Harte-Bavendamm/Henning-Bodewig

UWG-Kommentar

Gesetz gegen den unlauteren Wettbewerb (UWG)

Mit Preisangabenverordnung

Kommentar

Herausgegeben von

Prof. Dr. Henning Harte-Bavendamm
Rechtsanwalt in Hamburg

und

Prof. Dr. Frauke Henning-Bodewig
Max-Planck-Institut für
Innovation und Wettbewerb in München

Bearbeitet von

RiOLG a.D. Prof. em. *Dr. Hans-Jürgen Ahrens,* Göttingen, Prof. *Dr. Antonia Bakardjieva Engelbrekt,* Stockholm, RiOLG a.D. Prof. *Dr. Theo Bodewig,* Berlin, Vors.RiOLG a.D. *Hermann Brüning,* Hamburg, RA *Dr. Dirk Bruhn,* Hamburg, Vors.RiLG Prof. *Dr. Gunda Dreyer,* Kassel, RA *Dr. Christian Frank,* München, RiOLG Prof. *Dr. Jochen Glöckner,* Konstanz, RA *Dr. Michael Goldmann,* Hamburg, RA Prof. *Dr. Henning Harte-Bavendamm,* Hamburg, Prof. *Dr. Frauke Henning-Bodewig,* München, RA *Dr. Carl von Jagow,* Hamburg, RA *Dr. Erhard Keller,* Düsseldorf, RA *Dr. Hermann-Josef Omsels,* Berlin, Prof. *Dr. Peter Picht,* Zürich, Prof. *Dr. Rupprecht Podszun,* Düsseldorf, Vors.RiOLG *Konrad Retzer,* München, Prof. em. *Dr. Rolf Sack,* Mannheim, RA Prof. *Dr. Thomas Sambuc,* Stuttgart, RA *Dr. Karolina Schöler,* Hamburg, RA *Dr. Andreas Schulz,* München, Vors.RiLG *Dr. Jan Tolkmitt,* Hamburg, RA *Dr. Stefan Weidert,* Berlin

4. Auflage 2016

C.H.BECK

Zitiervorschlag (Beispiel):
Harte/Henning/*Glöckner,* Einl. B. Rdn. 17

www.beck.de

ISBN 978 3 406 68253 7

Wilhelmstraße 9, 80801 München
Satz, Druck, Bindung und Umschlaggestaltung: C. H. Beck Nördlingen
(Adresse wie Verlag)

Gedruckt auf säurefreiem, alterungsbeständigem Papier
(hergestellt aus chlorfrei gebleichtem Zellstoff)

Vorwort

Eine Neuauflage dieses Kommentars hat sich schon in relativ kurzem zeitlichem Abstand nach Erscheinen der 3. Auflage (2013) als erforderlich erwiesen. Maßgeblich waren zum einen die reichhaltige neue Rechtsprechung des Gerichtshofs, des Bundesgerichtshofs und der Instanzgerichte sowie die lebhaft vorangeschrittene rechtswissenschaftliche Diskussion. Zum anderen und in erster Linie galt es aber, eine erneute UWG-Novelle in Form des Zweiten Gesetzes zur Änderung des Gesetzes gegen den unlauteren Wettbewerb (ohne Übergangsfrist in Kraft getreten am 10. Dezember 2015) zu erfassen und einzuarbeiten. Obwohl der RefE und der RegE noch den lediglich klarstellenden Charakter zum Zwecke der besseren Anpassung an die Richtlinie über unlautere Geschäftspraktiken (RL 2005/29/EG vom 11. Mai 2005) betont hatten, lösten die Vorschläge der Bundesregierung insbesondere wegen ihrer Auswirkungen auf das Verhältnis der Unternehmen untereinander, das sog. B2B-Verhältnis, vielfältige Kritik aus. Erst in der letzten Phase des Gesetzgebungsverfahrens wurde dem berechtigten Petitum, derartige unionsrechtlich nicht gebotene Änderungen einer sorgfältig vorbereiteten „großen Lösung" vorzubehalten, durch eine Initiative des Bundestagsausschusses für Recht und Verbraucherschutz weitgehend Rechnung getragen. Die Endfassung des Gesetzestextes liegt damit deutlich näher an den etwa von der GRUR schon frühzeitig eingebrachten Vorschlägen.

Gleichwohl hat die UWG-Reform 2015 nicht unerhebliche Änderungen mit sich gebracht. Neben einer Anpassung der Generalklausel in § 3 UWG war dies vor allem (aber keineswegs nur) die Einfügung eines neuen § 4a UWG über die aggressiven Geschäftspraktiken, die mit zu einer Aufhebung der Nr. 1–6 von § 4 UWG a. F. beitrug; der neue § 4 ist nunmehr auf das Mitbewerberverhältnis beschränkt. In dieser 4. Auflage aufgegriffen wurden auch die im Frühjahr 2016 vorgenommenen Änderungen der PreisangabenVO.

Einer grundlegenden zivilrechtlichen Neuordnung sieht das traditionell in §§ 17 bis 19 UWG (strafrechtlich) geregelte Recht der Schutzvoraussetzungen und -grenzen für Geschäfts- und Betriebsgeheimnisse entgegen. Die „Europäisierung" setzt sich damit auch in diesem Spezialbereich fort, der dem Lauterkeitsrecht zugeordnet werden kann, gleichzeitig aber eine gewisse Nähe zu den Immaterialgüterrechten aufweist. Die Grundzüge der am 15. Juni 2016 veröffentlichten Richtlinie werden in dieser Auflage vor §§ 17 bis 19 UWG zusammengefasst.

Gegenüber der 3. Auflage hat es einige Änderungen unter den Autoren gegeben: Herr VorsRiOLG a. D. Prof. Dr. W. Seitz (München), der für den Beseitigungsanspruch verantwortlich war, ist aus Altersgründen ausgeschieden. Seinen Part hat Herr Dr. M. Goldmann (Hamburg) mit übernommen, der bei dieser Gelegenheit die gesamte Kommentierung des § 8 UWG sowie der Vorbemerkungen zu § 8 (Bereicherungs-, Auskunfts- und Rechnungslegungsansprüche, wettbewerbsrechtliche Einwendungen) grundlegend neu gestaltet hat. Aufgrund des Wegfalls der von ihm kommentierten Nr. 1 und Nr. 2 des § 4 UWG 2004/2008 ist auch Herr Dr. M. Stuckel (Stuttgart) nicht länger aktiv beteiligt. Die Behandlung der hiervon betroffenen Themen fällt mit in den Rahmen des neuen § 4a UWG 2015, für dessen Erläuterung Herr Prof. Dr. P. Picht (Zürich) verantwortlich zeichnet. In das Autorenteam neu eingetreten ist auch Herr VorsRiLG Dr. J. Tolkmitt (Hamburg), der die bisher allein von Herrn VorsRiOLG K. Retzer (München) verfassten Kommentierungen zu § 12 Abs. 3 und 4 sowie zu den §§ 13 bis 15 UWG aktualisiert hat. Herr Dr. S. Völker (Stuttgart), ursprünglich an der Kommentierung des § 5 UWG sowie vor allem der PreisangabenVO maßgeblich beteiligt, hat sich nach der 3. Auflage nun vollständig zurückgezogen und die weitere Betreuung seiner Abschnitte ganz in die Hände seines Sozius Dr. S. Weidert (Berlin) gegeben, der dem Autorenteam seit der 1. Auflage von 2004 angehört. Wir danken den Herren Prof. Dr. Seitz, Dr. M. Stuckel und Dr. S. Völker sehr herzlich für ihre langjährige Mitwirkung, die zur Etablierung dieses Kommentars signifikant beigetragen hat. Gleiches gilt für die nach ihrer Emeritierung bzw. wegen Wechsels ihrer Tätigkeitsschwerpunkte ausgeschiedenen Herren Prof. Dr. W. Schünemann (Dortmund), VorsRiBGH Prof. Dr. A. Bergmann (Karlsruhe) und T. Ubber (Frankfurt am Main).

Redaktionsschluss für diese Auflage war der 30. April 2016. In Einzelbereichen konnten noch Entwicklungen bis Mitte Juni 2016 berücksichtigt werden.

Herausgeber und Autoren haben seit Erscheinen der Erstauflage im Jahr 2004 wertvolle Anregungen erhalten und aufgenommen. Sie würden sich auch für die Zukunft glücklich schätzen, wenn dieser Kommentar die Diskussion über die weitere Entwicklung des Lauterkeitsrechts sowohl in Deutschland als auch in der Europäischen Union inspirieren würde, und sind für kritische Äußerungen aus dem Leserkreis jederzeit dankbar. Anregungen erbitten wir an henning@harte-bavendamm.de und fhb@ip.mpg.de.

Im Juli 2016

Frauke Henning-Bodewig (München)
Henning Harte-Bavendamm (Hamburg)

Inhaltsverzeichnis

Bearbeiterverzeichnis ... IX
Abkürzungsverzeichnis ... XI
Literaturverzeichnis ... XIX
Text UWG ... 1
Text Preisangabenverordnung ... 13

Kommentierung des UWG

Einleitung

A. Entwicklung und gegenwärtiger Stand des deutschen Lauterkeitsrechts ... 33
B. Europäisches Lauterkeitsrecht ... 55
C. Erläuterungen zum internationalen Lauterkeitsrecht ... 193
D. Internationales Lauterkeitsprozessrecht ... 248
E. Lauterkeitsprozessrecht in internationalen Vereinbarungen ... 269
F. Ausländisches Recht (Recht der Mitgliedstaaten der EU) ... 273
G. Stellung des Wettbewerbsrechts im Gesamtsystem ... 439
H. Medienspezifische Regelungen ... 499
I. Produktspezifische Regelungen ... 517
J. Berufsspezifische Regelungen ... 545

Kapitel 1. Allgemeine Bestimmungen

§ 1 Zweck des Gesetzes ... 557
§ 2 Definitionen ... 580
§ 3 Verbot unlauterer geschäftlicher Handlungen ... 687

Anhang zu § 3 Abs. 3: Per-se-Verbote für die Verbraucherwerbung ... 741

§ 3a Rechtsbruch ... 843
§ 4 Mitbewerberschutz ... 886
§ 4a Aggressive geschäftliche Handlungen ... 1039
§ 5 Irreführende geschäftliche Handlungen ... 1086
§ 5a Irreführung durch Unterlassen ... 1497
§ 6 Vergleichende Werbung ... 1592
§ 7 Unzumutbare Belästigungen ... 1682

Kapitel 2. Rechtsfolgen

Vorbemerkungen zu § 8 ... 1753
§ 8 Beseitigung und Unterlassung ... 1811
§ 9 Schadensersatz ... 1984
§ 10 Gewinnabschöpfung ... 2044
§ 11 Verjährung ... 2076

Kapitel 3. Verfahrensvorschriften

Vorbemerkungen zu § 12 ... 2099
§ 12 Anspruchsdurchsetzung, Veröffentlichungsbefugnis, Streitwertminderung, ... 2184
Anhang zu § 12 (Rechtsprechungsübersicht insbes. zu Fragen der Dringlichkeit) ... 2391
§ 13 Sachliche Zuständigkeit ... 2409

§ 14 Örtliche Zuständigkeit 2421
§ 15 Einigungsstellen 2450

Kapitel 4. Straf- und Bußgeldvorschriften

§ 16 Strafbare Werbung 2465
Vorbemerkungen zu §§ 17–19 2489
§ 17 Verrat von Geschäfts- und Betriebsgeheimnissen 2497
§ 18 Verwertung von Vorlagen 2530
§ 19 Verleiten und Erbieten zum Verrat 2534
§ 20 Bußgeldvorschriften 2537

Kommentierung der Preisangabenverordnung

Einführung 2541
§ 1 Grundvorschriften 2550
§ 2 Grundpreis 2584
§ 3 Elektrizität, Gas, Fernwärme und Wasser 2593
§ 4 Handel 2595
§ 5 Leistungen 2601
§ 6 Verbraucherdarlehen 2607
§ 6a Werbung für Verbraucherdarlehen 2621
§ 6b Überziehungsmöglichkeiten 2630
§ 6c Entgeltliche Finanzierungshilfen 2631
§ 7 Gaststätten, Beherbergungsbetriebe 2632
§ 8 Tankstellen, Parkplätze 2636
§ 9 Ausnahmen 2639
§ 10 Ordnungswidrigkeiten 2656

Anhang

I. Texte 2663
1. UWG 2004 mit den Änderungen aus der **1. UWG-Novelle** vom 22. Dezember **2008** 2665
2. Unterlassungsklagengesetz (UKlaG) 2675
3. Heilmittelwerbegesetz (HWG) 2681
4. Lebensmittel-, Bedarfsgegenstände- und Futtermittelgesetzbuch (Lebensmittel- und Futtermittelgesetzbuch – LFGB) 2686
5. Richtlinie 2005/29/EG des Europäischen Parlaments und des Rates über unlautere Geschäftspraktiken von Unternehmen gegenüber Verbrauchern im Binnenmarkt 2715
6. Richtlinie 2006/114/EG des Europäischen Parlaments und des Rates über irreführende und vergleichende Werbung 2726

II. Materialien 2733
1. Amtliche Begründung zum Entwurf eines Zweiten Gesetzes zur Änderung des Gesetzes gegen den unlauteren Wettbewerb BT-Drucks. 18/4535 2733
2. Amtliche Begründung zum Entwurf eines Zweiten Gesetzes zur Änderung des Gesetzes gegen den unlauteren Wettbewerb BT-Drucks. 18/6571 2751

III. Fundstellenverzeichnis 2761
1. EuGH 2761
2. BGH 2780

Sachregister 2857

Bearbeiterverzeichnis

Es haben bearbeitet:

RiOLG a. D. Prof. Dr. Hans-Jürgen Ahrens	Einleitung G. Rdn. 1–188
Prof. Dr. Antonina Bakardjieva Engelbrekt	Einleitung F. II., IV., XII., XIII., XVIII., XX. (mit Henning-Bodewig), XXI., XXIII (mit Henning-Bodewig)
RiOLG a. D. Prof. Dr. Theo Bodewig	Einleitung F. VIII., IX.
Vors.RiOLG a. D. Hermann Brüning	Vor § 12; § 12 A., B.
RA Dr. Dirk Bruhn	§ 4 B.; Anhang zu § 3 Abs. 3 Nr. 16, 17, 20
Vors.RiLG Prof. Dr. Gunda Dreyer	§ 5 A., B.; § 5 C. Rdn. 177–247; § 5 E. Rdn. 1–52; § 5 E. Rdn. 73–114; § 5 E. Rdn. 206–341; § 5 E. Rdn. 376–422; § 5 H. J.–K.; M.; § 5 a; § 16; Anhang zu § 3 Abs. 3 Nr. 1, 3, 4, 8, 10, 13, 14, 22
RA Dr. Christian Frank	Einleitung H.; § 4 Nr. 3; Anh zu § 3 Abs. 3 Nr. 11, 23; § 5a
RiOLG Prof. Dr. Jochen Glöckner	Einleitung B.–E.
RA Dr. Michael Goldmann	Vor § 8, §§ 8–10
RA Prof. Dr. Henning Harte-Bavendamm	Vor §§ 17–19, §§ 17–19
RA Prof. Dr. Frauke Henning-Bodewig	Einleitung F. I., III.–VII., X.–XIX., XX., XXII.–XXVII., Anhang zu § 3 Abs. 3 Einführung, Nr. 19, 26
RA Dr. Carl von Jagow	Einleitung I., J.; § 3a; § 4 Nr. 11
RA Dr. Erhard Keller	Einl A., § 2
RA Dr. Hermann-Josef Omsels	§ 4 A., D.
Prof. Dr. Peter Picht	§ 4a (mit Stuckel); Anhang zu § 3 Abs. 3 Nr. 12, 27, 28, 30 (mit Stuckel)
Prof. Dr. Rupprecht Podszun	§§ 1, 3
Vors.RiOLG Konrad Retzer	§§ 12 C.–E.; §§ 13–15 (mit Tolkmitt)
Prof. Dr. Rolf Sack	§ 6
RA Prof. Dr. Thomas Sambuc	Einleitung G. Rdn. 189–234; § 4 C.
RA Dr. Karolina Schöler	§ 7, Anh zu § 3 Abs. 3 Nr. 25, 29, § 20
RA Dr. Andreas Schulz	§ 11
RA Dr. Marc Stuckel	§ 4 Nr. 1, 2 (mit Picht); Anh zu § 3 Abs. 3 Nr. 12, 27, 28, 30 (mit Picht)
Vors.RiLG Dr. Jan Tolkmitt	§ 12 C.–E.; §§ 13–15 (mit Retzer)
RA Dr. Stefan Weidert	§ 5 C. Rdn. 1–176; § 5 C. Rdn. 248–297; § 5 D.; § 5 E. Rdn. 53–72, 115–205, 342–375; § 5 F., G., I.; § 5 L.; Anhang zu § 3 Abs. 3 Nr. 2, 4–7, 9, 15, 18, 21, 24, Preisangabenverordnung

Abkürzungsverzeichnis

a. A./A. A.	anderer Ansicht
a. a. O.	am angegebenen Ort
Abk	Abkommen
ABl.	Amtsblatt der Europäischen Gemeinschaft
abl.	ablehnend
Abs.	Absatz
abw	abweichend
AcP	Archiv für die civilistische Praxis (Band, Jahr, Seite)
AEUV	Vertrag über die Arbeitsweise der Europäischen Union i. d. F. v. 9.5.2008 (ABl. Nr. C S. 47)
a. F.	alte Fassung
AfP	Archiv für Presserecht (Jahr, Seite)
AG	Amtsgericht; Aktiengesellschaft
AGB	Allgemeine Geschäftsbedingungen
AGF/GfK	Arbeitsgemeinschaft Fernsehforschung
AktG	Aktiengesetz v. 6.9.1965 (BGBl. I S. 1089)
allg.	allgemein
a. M.	anderer Meinung
AMG	Gesetz über den Verkehr mit Arzneimitteln (Arzneimittelgesetz)
Amtl. Begrd.	amtliche Begründung
Anh.	Anhang
Anl.	Anlage
Anm.	Anmerkung
AO	Abgabenordnung i. d. F. v. 1.10.2002 (BGBl. I S. 3866)
AOL	American Online Inc.
AöR	Archiv des öffentlichen Rechts (Band, Seite)
AP	Arbeitsrechtliche Praxis. Nachschlagewerk des Bundesarbeitsgerichts
ApBetrO	Apothekenbetriebsordnung
ApGes	Apothekengesetz
ArbGG	Arbeitsgerichtsgesetz
ARD	Allgemeiner Rundfunk Deutschland
Art.	Artikel
ASA	Advertising Standards Authority (Großbritannien)
ASAI	Advertising Standards Authority for Ireland
AT	Allgemeiner Teil
Aufl.	Auflage
AWG	Außenwirtschaftsgesetz v. 6.6.2013 (BGBl. I S. 1482)
Az.	Aktenzeichen
BACC	Broadcast Advertising Clearance Center (Großbritannien)
BAG	Bundesarbeitsgericht (auch amtl. Sammlung seiner Entscheidungen, Band, Seite)
BAnz	Bundesanzeiger
BayObLG	Bayerisches Oberstes Landesgericht
BB	Betriebs-Berater (Jahr, Seite, Zeitschrift)
BB (AWD)	Der Betriebsberater, Außenwirtschaftsdienst (Jahr, Seite)
BBC	British Broadcasting Corporation (London)
Bd.	Band
Begrd	Begründung
Bek.	Bekanntmachung
Bekl	Beklagter
ber.	berichtigt
Beschl.	Beschluss
BGBInfoV	BGB-Informationspflichtenverordnung i. d. F. v. 5.8.2002 (BGBl. I S. 3002)
betr	betreffend
BGB	Bürgerliches Gesetzbuch i. d. F. v. 2.1.2002 (BGBl. I S. 42)
BGBl.	Bundesgesetzblatt
BGH	Bundesgerichtshof

Abkürzungen

BGHZ	Amtliche Sammlung der Entscheidungen des Bundesgerichtshofs in Zivilsachen (Band, Seite)
BGHSt	Entscheidungen des Bundesgerichtshofs in Strafsachen (Band, Seite)
BIM	Bundesminister des Inneren
BMJ	Bundesministerium der Justiz
BKartA	Bundeskartellamt
BMW	Bayerische Motoren-Werke
BO	Berufsordnung
BORA	Berufsordnung für Rechtsanwälte
BPatG	Bundespatentgericht (auch amtliche Sammlung seiner Entscheidungen)
BRAO	Bundesrechtsanwaltsordnung
BR-Drucks.	Bundesrats-Drucksache
BSC	Broadcasting Standards Commission
BSG	Bundessozialgericht
BStBl	Bundessteuerblatt
BT	Bundestag/Besonderer Teil
BT-Drucks.	Bundestagsdrucksache
BVerfG	Bundesverfassungsgericht
BVerfGG	Gesetz über das Bundesverfassungsgericht
BVerwG	Bundesverwaltungsgericht
BVP	Bureau de la Vèrification de Publicitè (Frankreich)
BW	Burgerlijk Wetboek (Niederlande)
BWM	Bundesminister für Wirtschaft
CA	Autonome Regionen (Communidades Autonòmas, Spanien)
CAP	Commitee on Advertising Practice (Großbritannien)/Codice di Autodisciplina Pubblicitaria (Italien)
CASI	Code of Advertising Standards for Ireland
CC	Code Civil (Frankreich)/Codice Civile (Italien)
c. i. c./cic	culpa in contrahendo
C. Cons.	Code de la Consommation (Frankreich)
CPI	Còdigo da Propriedade Industrial (Portugal)
CR	Computer und Recht (Jahr, Seite)
DAR	Deutsches Anwaltsrecht (Zeitschrift)
DB	Der Betrieb (Jahr, Seite)
DBGM	Deutsches Bundesgebrauchsmuster
DBP	Deutsches Bundespatent
ders.	derselbe
DesignG	Gesetz über den rechtlichen Schutz von Design v. 24.2.2014 (BGBl. I S. 122)
Die AG	Die Aktiengesellschaft, Zeitschrift für das gesamte Aktienwesen (Jahr, Seite)
dies.	dieselbe
DIHT	Deutscher Industrie- und Handelstag
Diss.	Dissertation
DJT	Deutscher Juristentag
DL-InfoV	Verordnung über Informationspflichten für Dienstleistungserbringer (Dienstleistungs-Informationspflichten-Verordnung) v. 12. März 2010 (BGBl. I S. 267)
DM	Deutsche Mark
DMA	Direct Marketing Authortiy (Großbritannien)
DÖV	Die öffentliche Verwaltung (Jahr, Seite)
DPA	Deutsches Patentamt, München
DRiZ	Deutsche Richterzeitung (Jahr, Seite)
DSL	Digital Subscriber Line
Drucks.	Drucksache
DVBl	Deutsches Verwaltungsblatt (Jahr, Seite)
DVO	Durchführungsverordnung
DZWiR	Deutsche Zeitschrift für Wirtschaftsrecht
ebd.	ebenda
EC	Electronic Commerce (Großbritannien)

e-commerce-RL .... Richtlinie 2000/31/EG des Europäischen Parlaments und des Rates vom 8. Juni 2000 über bestimmte rechtliche Aspekte der Dienste der Informationsgesellschaft, insbesondere des elektronischen Geschäftsverkehrs, im Binnenmarkt („Richtlinie über den elektronischen Geschäftsverkehr") (ABl. Nr. L 178 S. 1)
ECRL .... E-Commerce-Richtlinie
EFTA .... European Free Trade Association
EG .... Europäische Gemeinschaft
EGBGB .... Einführungsgesetz zum Bürgerlichen Gesetzbuche i. d. F. v. 21.9.1994 (BGBl. I S. 2494)
EGMR .... Europäischer Gerichtshof für Menschenrechte
EGV .... Vertrag über die Europäische Gemeinschaft
Einf. .... Einführung
Einl. .... Einleitung
EKMR .... Europäische Kommission für Menschenrechte
E-Mail .... Electronic-Mail (elektronische Post)
EMRK .... Europäische Konvention für Menschenrechte
endg. .... endgültig
Erl .... Erläuterung
ErstrG .... Gesetz über die Erstreckung von gewerblichen Schutzrechten (Erstreckungsgesetz)
EU .... Europäische Union
EuG .... Gericht erster Instanz der EG
EuGH (Slg) .... Gerichtshof der Europäischen Gemeinschaft (Sammlung der Rechtsprechung des Gerichtshofs, Band, Seite)
EuGVÜ .... Europäisches Gerichtsstands- und Vollstreckungsübereinkommen v. 27.9.1968
EuGVVO .... Verordnung (EG) Nr. 44/2001 des Rates vom 22. Dezember 2000 über die gerichtliche Zuständigkeit und die Anerkennung und Vollstreckung von Entscheidungen in Zivil- und Handelssachen (ABl. Nr. L 351 S. 1)
EuR .... Europarecht (Jahr, Seite)
EuZW .... Europäische Zeitschrift für Wirtschaftsrecht (Jahr, Seite)
e. V. .... eingetragener Verein; einstweilige Verfügung
EWiR .... Entscheidungen zum Wirtschaftsrecht, Verlag Kommunikationsforum Recht Wirtschaft Steuern, Köln
EWS .... Europäisches Wirtschafts- und Steuerrecht (Jahr, Seite)

f. .... folgende
ff. .... fortfolgende
Fn. .... Fußnote
FS .... Festschrift

G .... Gesetz
GATT .... General Agreement on Tariffs and Trade
GBl. .... Gesetzblatt
GebrMG .... Gebrauchsmustergesetz i. d. F. v. 22.8.1986 (BGBl. I S. 1455)
gem. .... gemäß
GeschmMG .... Geschmacksmustergesetz v. 12.3.2004 (BGBl. I S. 390)
GewA .... Gewerbearchiv (Jahr, Seite)
GewO .... Gewerbeordnung i. d. F. v. 22.2.1999 (BGBl. I S. 202)
GG .... Grundgesetz der Bundesrepublik Deutschland v. 23.5.1949 (BGBl. S. 1)
ggf. .... gegebenenfalls
GjS .... Gesetz über die Verbreitung jugendgefährdender Schriften i. d. F. v. 12.7.1985 (BGBl. I 1502)
GK .... Großkommentar zum UWG, hrsg. von Teplitzky/Peifer/Leistner
GKG .... Gerichtskostengesetz
GmbHR .... GmbH-Rundschau (Band, Seite)
GO .... Gemeindeordnung
GOÄ .... Gebührenordnung für Ärtze
GroßKomm .... Großkommentar
GRUR .... Gewerblicher Rechtsschutz und Urheberrecht, Zeitschrift der Deutschen Vereinigung für gewerblichen Rechtsschutz und Urheberrecht (Jahr, Seite)

Abkürzungen

GRUR Int	Gewerblicher Rechtsschutz und Urheberrecht, Zeitschrift der Deutschen Vereinigung für gewerblichen Rechtsschutz und Urheberrecht – Auslands- und internationaler Teil (Jahr, Seite)
Grds; grds	Grundsatz; grundsätzlich
GrZS	Großer Zivilsenat des RG oder des BGH
GVBl	Gesetz- und Verordnungsblatt
GVG	Gerichtsverfassungsgesetz i. d. F. v. 9.5.1975 (BGBl. I S. 1077)
GWB	Gesetz gegen Wettbewerbsbeschränkungen i. d. F. v. 26.6.2013 (BGBl. I S. 1750)
Halbbd.	Halbband
HandwO	Handwerksordnung i. d. F. v. 24.9.1998 (BGBl. I S. 3074)
Hdb.	Handbuch
HGB	Handelsgesetzbuch v. 10.5.1897 (RGBl. S. 219)
HK	Heidelberger Kommentar zum Wettbewerbsrecht, 2000
h. L.	herrschende Lehre
h. M.	herrschende Meinung
HMSO	Her Majesty's Stationary Office (Großbritannien)
HPG	Heilpraktikergesetz/Gesetz zur Regelung gewisser Handelspraktiken und zur Sanktionierung des unlauteren Wettbewerbs (Luxemburg)
Hrsg.	Herausgeber
HWG	Heilmittelwerbegesetz i. d. F. v. 19.10.1994 (BGBl. I S. 3068)
HWiG	Gesetz über den Widerruf von Haustürgeschäften und ähnlichen Geschäften v. 29.6.2000 (BGBl. I S. 955)
ICANN	Internet Corporation for Assigned Names and Numbers
i. d. F.	in der Fassung
i. d. R.	in der Regel
IDMA	Irish Direct Marketing Association
IHK	Industrie- und Handelskammer
IPR	Internationales Privatrecht
IPrax	Praxis des Internationalen Privat- und Verfahrensrechts (Jahrgang, Seite)
InsO	Insolvenzordnung v. 5.10.1994 (BGBl. I S. 2866)
i. S.	im Sinne
ITV	Independent Television Commission
i. V. m.	in Verbindung mit
JBl.	Justizblatt
JMStV	Jugendmedienschutzstaatsvertrag
JR	Juristische Rundschau (Jahr, Seite)
JurA	Juristische Analysen (Jahr, Seite)
JuS	Juristische Schulung (Jahr, Seite)
JW	Juristische Wochenschrift (Jahr, Seite)
JZ	Juristenzeitung (Jahr, Seite)
Kap.	Kapitel
KG	Kammergericht/Kommanditgesellschaft
KO	Konsumentenombudsmann
KOM	Entscheidungen der Kommission der Europäischen Gemeinschaft
K & R	Kommunikation und Recht (Jahr, Seite)
krit	kritisch
KWG	Gesetz über das Kreditwesen i. d. F. v. 11. 7. 1985 (BGBl. I 1472)
LadSchlG	Ladenschlussgesetz
LAG	Landesarbeitsgericht
LCD	Ley de Competencia des leal (Gesetz gegen den unlauteren Wettbewerb, Spanien)
LG	Landgericht
LKartBeh	Landeskartellbehörde
LMBG	Lebensmittel- und Bedarfsgegenständegesetz
LMG	Lebensmittelwerbegesetz (Österreich)
LMKV	Lebensmittelkennzeichnungsverordnung
LOCM	Gesetz zur Ordnung des Einzelhandels (Spanien)

LPC	Loi sur les Pratiques du Commerce (Belgien)
LPG	Landespressegesetz
LRE	Lebensmittelrechtliche Entscheidungen
LuGÜ	Übereinkommen von Lugano über die gerichtliche Zuständigkeit und die Vollstreckung gerichtlicher Entscheidungen in Zivil- und Handelssachen vom 16. September 1988
MA	Der Markenartikel (Jahr, Seite)
MarkenG	Gesetz über den Schutz von Marken und sonstigen Kennzeichen (Markengesetz) v. 25.10.1994 (BGBl. I S. 3082)
MarkenR	Markenrecht
m. Anm.	mit Anmerkung
MBO	Muster-Berufsordnung für die deutschen Ärztinnen und Ärzte
MDR	Monatsschrift für Deutsches Recht (Jahr, Seite)
MdSt	Mediendienstestaatsvertrag
mfg	marktvertriebsgesetz (Schweden)
MHA	Madrider Herkunftsabkommen
Mitt.	Mitteilungen
MMR	Multimedia und Recht (Jahr, Seite)
MSN	Microsoft Network
MTVO	Mineral- und Tafelwasserverordnung
Münchkomm/MüKo	Münchener Kommentar
MuW	Markenschutz und Wettbewerb (Jahr, Seite)
m. w. N.	mit weiteren Nachweisen
NdsVBl.	Niedersächsisches Verwaltungsblatt
n. F.	neue Fassung
NJW	Neue Juristische Wochenschrift (Jahr, Seite)
NJW-CoR	Computerreport (Jahr, Seite)
NJW-RR	NJW-Rechtsprechung-Report Zivilrecht (Jahr, Seite)
NJWE-WettbR	NJW-Entscheidungsdienst Wettbewerbsrecht (Jahr, Seite)
NKV	Nährwertkennzeichnungsverordnung
Nr.	Nummer
NRL	Nederlands Reclamecode (Niederlande)
NStZ	Neue Zeitschrift für Strafrecht
NTV	News-Television (Nachrichtenfernsehen)
NVwZ	Neue Zeitschrift für Verwaltungsrecht
NVwZ-RR	Rechtsprechungssammlung der Neuen Zeitschrift für Verwaltungsrecht
NZA	Neue Zeitschrift für Arbeits- und Sozialrecht (Jahr, Seite)
o.	oben
ÖBl	Österreichische Blätter für gewerblichen Rechtsschutz und Urheberrecht (Jahr, Seite)
ODCA	Office of the Director of Consumer Affairs (Irland)
OEM	Original Equipment Manufacturer
OFCOM	Office of Commuciations (Großbritannien)
OFT	Office of Fair Trading (Großbritannien)
Oftel	Office of Telecommunications
OGH	Oberster Gerichtshof (Wien)
ÖJZ	Österreichische Juristenzeitung
ÖOGH	Österreichischer Oberster Gerichtshof
ÖUWG	Österreichisches Gesetz gegen den unlauteren Wettbewerb
ÖZW	Österreichische Zeitschrift für Wirtschaftsrecht (Jahr, Seite)
OHG	offene Handelsgesellschaft
OLG	Oberlandesgericht
OVG	Oberverwaltungsgericht
OWiG	Gesetz über Ordnungswidrigkeiten
PAngV	Verordnung zur Regelung der Preisangaben
PatG	Patentgesetz
PECR	Privacy and Electronic Communication Regulations (Großbritannien)
PharmR	Pharmarecht (Jahr, Seite)
PR	Public relation

Abkürzungen

ProdHG .... Gesetz über die Haftung für fehlerhafte Produkte (Produkthaftungsgesetz) v. 15.12.1989 (BGBl. I S. 2198)
PrPG .... Gesetz zur Stärkung des Schutzes geistigen Eigentums und zur Bekämpfung der Produktpiraterie v. 7.3.1990 (BGBl. I S. 422)
PVÜ .... Pariser Verbandsübereinkunft vom 20.3.1883 zum Schutze des gewerblichen Eigentums

RA .... Radio Authority
RabelsZ .... Zeitschrift für ausländisches und internationales Privatrecht, begründet v. Rabel (Jahr, Seite)
RabattG .... Rabattgesetz v. 25.11.1933 (RGBl. S. 1011)
RBerG .... Rechtsberatungsgesetz v. 13.12.1935 (RGBl. S. 1478)
Rdn. .... Randnummer
RegE .... Regierungsentwurf
RegEntw .... Regierungsentwurf
RegTP .... Regulierungsbehörde für Telekommunikation und Post
RfStV .... Rundfunkstaatsvertrag
RG .... Reichsgericht
RGZ .... amtl. Sammlung der Entscheidungen des Reichsgerichts in Zivilsachen (Band, Seite)
RGBl .... Reichsgesetzblatt
RiLi/RL .... Richtlinie
RiStBV .... Richtlinien für das Strafverfahren und das Bußgeldverfahren
RIW .... Recht der Internationalen Wirtschaft (Jahr, Seite)
RL .... Richtlinie
Rs. .... Rechtssache
Rspr .... Rechtsprechung
RStV .... Rundfunkstaatsvertrag
RVG .... Rechtsanwaltsvergütungsgesetz v. 5.5.2004 (BGBl. I S. 718)
RVO .... Reichsversicherungsordnung v. 19.7.1911
RWP .... Rechts- und Wirtschaftspraxis, Forkel-Verlag, Lose-Blatt-Sammlung, Wb- und WerbeR
RWS-Skript .... Kommunikationsforum Recht Wirtschaft Steuern, Tagungs- und Verlagsgesellschaft mbH Köln
RWW .... Rechtsfragen in Wettbewerb und Werbung (Loseblattausgabe, hrsg. von Amann/Jaspers seit 1982)

S. .... Satz/Seite
s. .... siehe
s. a. .... siehe auch
SchwUWG .... Schweizerisches Bundesgesetz über den unlauteren Wettbewerb
SGB .... Sozialgesetzbuch
Slg. .... Sammlung europarechtlicher Entscheidungen (EuGH)
SNWG .... Säuglingsnahrungswerbungsgesetz
sog. .... so genannte
StaatsV/Stv .... Staatsvertrag
StGB .... Strafgesetzbuch i. d. F. v. 13.11.1998 (BGBl. I S. 3322)
StPO .... Strafprozessordnung i. d. F. v. 7.4.1987 (BGBl. I S. 1074)
str .... streitig
stRspr .... ständige Rechtsprechung
Stv .... Staatsvertrag

TabakStG .... Tabaksteuergesetz
TDG .... Teledienstegesetz
Teilbd. .... Teilband
TKG .... Telekommunikationsgesetz
TRIPS .... Trade related aspects of intellectual property rights (Abkommen über handelsbezogene Aspekte der Rechte des geistigen Eigentums)
Tz. .... Teilziffer

u. .... unten
UDRP .... Uniform Domain Name Dispute Resolution Policy
Ufita .... Archiv für Urheber-, Film-, Funk- und Theaterrecht (Band, Seite)

UGP-RL	Richtlinie 2005/29/EG des Europäischen Parlaments und des Rates vom 11. Mai 2005 über unlautere Geschäftspraktiken von Unternehmen gegenüber Verbrauchern im Binnenmarkt und zur Änderung der Richtlinie 84/450/EWG des Rates, der Richtlinien 97/7/EG, 98/27/EG und 2002/65/EG des Europäischen Parlaments und des Rates sowie der Verordnung (EG Nr. 2006/2004 des Europäischen Parlaments und des Rates (Richtlinie über unlautere Geschäftspraktiken) vom 11. Mai 2005 (ABl. Nr. L 149 S. 22, ber. ABl. 2009 Nr. L 253 S. 18)
UKlaG	Unterlassungsklagengesetz i. d. F. v. 27.8.2002 (BGBl. I S. 3422)
UKlaV	Unterlassungsklagenverordnung v. 3.7.2002
UN	Vereinte Nationen (United Nations)
UNICEF	Kinderhilfswerk der Vereinten Nationen (United Nations International Children's Emergency Fund)
UrhG	Gesetz über Urheberschutz und verwandte Schutzrechte
URL	Uniform Ressource Location (einheitliche Quellen-Adressierung)
Urt.	Urteil
u. U.	unter Umständen
UWG	Gesetz gegen den unlauteren Wettbewerb i. d. F. v. 26.6.2013 (BGBl. I S. 1750)
v.	vom
VerbrKrG	Verbraucherkreditgesetz i. d. F. v. 29.6.2000 (BGBl. I S. 340)
Verf.	Verfasser
VersR	Versicherungsrecht (Jahr, Seite)
VerstVO	Versteigerungsverordnung
VerwArch	Verwaltungsarchiv (Zeitschrift)
VG	Verwaltungsgericht
VGH	Verwaltungsgerichtshof
vgl.	vergleiche
Vkf-VO-E	Vorschlag für eine Verordnung über Verkaufsförderung
VO	Verordnung
VRS	Verkehrsrechtsammlung (Band, Seite)
VStS	Vereinigte Strafsenate
VuR	Verbraucher und Recht (Jahr, Seite)
VwGO	Verwaltungsgerichtsordnung
VwZG	Verwaltungszustellungsgesetz
WBezG	Gesetz zum Schutze der Warenbezeichnungen vom 12. Mai 1894
WeinG	Weingesetz
WettbR	Wettbewerbsrecht
WHO	Weltgesundheitsorganisation
WIPO	World Intellectual Property Organization
WIR	Wirtschaftsrecht (Jahr, Seite)
WiStG	Wirtschaftsstrafgesetz i. d. F. v. 3.6.1975 (BGBl. I S. 1313)
„wistra"	Zeitschrift für Wirtschaft – Steuer – Strafrecht
WiVerw	Wirtschaft und Verwaltung – Vierteljahresbeilage zum Gewerbearchiv (Jahr, Seite)
WM	Wertpapier-Mitteilungen (Jahr, Seite)
WPO	Wirtschaftsprüferordnung i. d. F. v. 5.11.1975 (BGBl. I S. 2803)
WRP	Wettbewerbsrecht in Recht und Praxis (Jahr, Seite)
WSI-Mitteilungen	Monatszeitschrift des Wirtschafts- und Sozialwissenschaftlichen Instituts in der Hans-Böckler-Stiftung
WuM	Wohnungswirtschaft und Mietrecht (Zeitschrift)
WuW	Wirtschaft und Wettbewerb (Jahr, Seite)
WuW/E	WuW-Entscheidungssammlung zum Kartellrecht
www	world wide web
WZG	Warenzeichengesetz v. 5.5.1936 (RGBl. S. 134)
ZAW	Zentralausschuss der Werbewirtschaft
z. B.	zum Beispiel
ZDF	Zweites Deutsches Fernsehen
Zentrale	Wettbewerbszentrale zur Bekämpfung unlauteren Wettbewerbs
ZEuP	Zeitschrift für Europäisches Privatrecht

Abkürzungen

ZfRV	Zeitschrift für Rechtsvergleichung, Internationales Privatrecht und Europarecht (Jahr, Seite)
ZHR	Zeitschrift für das gesamte Handels- und Wirtschaftsrecht (Band, Jahr, Seite)
Ziff.	Ziffer
ZIP	Zeitschrift für Wirtschaftsrecht und Insolvenzpraxis (Jahr, Seite)
zit.	zitiert
ZLR	Zeitschrift für das gesamte Lebensmittelrecht (Jahr, Seite)
ZNKN	Gesetz zur Bekämpfung des unlauteren Wettbewerbs (Polen)
ZPO	Zivilprozessordnung i. d. F. v. 5.12.2005 (BGBl. I S. 3202)
ZRP	Zeitschrift für Rechtspolitik (Jahr, Seite)
ZS	Zivilsenat
ZStW	Zeitschrift für die gesamte Strafrechtswissenschaft (Band, Seite)
z. T.	zum Teil
ZugabeVO	Zugabeverordnung
ZUM	Zeitschrift für Urheber- und Medienrecht/Film und Recht (Jahr, Seite)
ZVglRWiss	Zeitschrift für vergleichende Rechtswissenschaft
ZVP	Zeitschrift für Verbraucherpolitik (Band, Seite)
ZZP	Zeitschrift für Zivilprozeß (Jahr, Seite)

Literaturverzeichnis

(Spezialliteraturverzeichnisse finden sich bei den einzelnen Erläuterungen)

Ackermann, Wettbewerbsrecht, 1997, Berlin ua

Ahrens, Wettbewerbsverfahrensrecht, 1983, Köln, Berlin, Bonn, München

Ahrens, Der Wettbewerbsprozess, 7. Aufl. 2014, Köln, Berlin, München

Ahrens/Spätgens, Die gütliche Streiterledigung in UWG-Sachen, 2. Aufl. RWS-Skript 150

Amann/Jaspers, Rechtsfragen in Wettbewerb und Werbung-RWW (Loseblattausgabe, seit 1982)

Baer, Das Gesetz gegen den unlauteren Wettbewerb vom 7. Juni 1909, 1910, Berlin

Baudenbacher, Lauterkeitsrecht, Kommentar zum Gesetz gegen den unlauteren Wettbewerb (UWG), 2001

Bauer, Der unlautere Wettbewerb und seine Behandlung im Recht, 1902, München

Baumbach/Hefermehl, Wettbewerbsrecht, 23. Aufl. 2004, München (mittlerweile längst *Köhler/Bornkamm*)

Baumgärtel, Handbuch der Beweislast im Privatrecht, Bd. 3, UWG, bearbeitet von Gustav Ulrich, 1986, Köln-Berlin-Bonn-München

Beater, Verbraucherschutz und Schutzzweckdenken im Wettbewerbsrecht, 2000

Beater, Unlauterer Wettbewerb, 2011, Tübingen

Becher, Wettbewerbsrecht, 1928, Berlin

Bechtold, GWB. Kommentar, 8. Aufl. 2015, München

Berlit, Wettbewerbsrecht, 9. Aufl. 2014, München

Berneke, Die einstweilige Verfügung in Wettbewerbssachen, 3. Aufl. 2015

Böhm/Berg, Der Schutz gegen unlauteren Wettbewerb, 1910, München

Bokelmann, Das Recht der Firmen und Geschäftsbezeichnungen, 4. Aufl. 1997, Freiburg, München, Berlin

Borck, Die anwaltliche Praxis in Wettbewerbssachen, 1992, Stuttgart

Büscher/Dittmer/Schiwy, Gewerblicher Rechtsschutz, Urheberrecht, Medienrecht, 2. Aufl. 2011 Köln, München

Bußmann/Peitzcker/Kleine, Gewerblicher Rechtsschutz und Urheberrecht, 3. Aufl. 1962, Berlin

Callmann, Der unlautere Wettbewerb, 2. Aufl. 1932, Mannheim

Dauses [Hrsg.], Handbuch des EU-Wirtschaftsrechts, Grundwerk Stand: 39. EL 2/2016, München

Drexl, Die wirtschaftliche Selbstbestimmung des Verbrauchers. Eine Studie zum Privat- und Wirtschaftsrecht unter Berücksichtigung gemeinschaftlicher Bezüge, 1998.

ders., Die Einwirkung der Grundrechte auf die Auslegung der Generalklauseln des UWG, in: Neuordnung des Wettbewerbsrechts, 11. Ringberg-Symposium des Max-Plank-Instituts für ausländisches und internationales Patent-, Urheber- und Wettbewerbsrecht, 14. bis 18. Juni 1997, Schloss Ringberg, Tegernsee, Schricker Henning-Bodewig (Hrsg.), 1998/99, S. 163 ff.

Doepner, Heilmittelwerbegesetz, 2. Aufl. 2000, München

Ekey/Klippel/Kotthoff, Wettbewerbsrecht. Heidelberger Kommentar, 2. Aufl. 2005, Heidelberg (zit.: HK/*Bearbeiter*)

Elster, Wettbewerbsrecht mit dem Recht der Zugaben und Rabatte unter Berücksichtigung der Bestimmungen des Werberates, 1941, Berlin

Emmerich, Unlauterer Wettbewerb, 10. Aufl. 2016, München

Erdmann/Rojahn/Sosnitza, Handbuch des Fachanwalts Gewerblicher Rechtsschutz, 2. Aufl. 2011, Köln

Fezer, Markenrecht, 4. Aufl. 2009, München

Fezer/Büscher/Obergfell/Bearbeiter UWG, Lauterkeitsrecht, Kommentar zum Gesetz gegen den unlauteren Wettbewerb (UWG) 3. Aufl. 2016, München

Fikentscher, Wettbewerb und gewerblicher Rechtsschutz, 1958, München und Berlin

ders., Wirtschaftsrecht, Band I Weltwirtschaftsrecht und Europäisches Wirtschaftsrecht, Band II Deutsches Wirtschaftsrecht, 1983, München und Berlin

Finger, Das Reichsgesetz gegen den unlauteren Wettbewerb vom 7. Juni 1909 nebst dem Rechte am Namen, 4. Aufl. 1911, Berlin

Fuld, Das Reichsgesetz gegen den unlauteren Wettbewerb vom 7. Juni 1909, 1910, Hannover

v. Gamm, Wettbewerbsrechtliche Nebengesetze, 1977, Köln, Berlin, Bonn, München

ders, Gesetz gegen den unlauteren Wettbewerb, 3. Aufl. 1993, Köln, Berlin, Bonn, München

v. Gamm, Wettbewerbsrecht, 5. Aufl. 1987, Köln, Berlin, Bonn, München

Gaul/Bartenbach, Handbuch des gewerblichen Rechtsschutzes, 3. Aufl. ab 1984, Köln

Gerold/Schmidt, RVG. Rechtsanwaltsvergütungsgesetz, 22. Aufl. 2015, München

GK/*Bearbeiter.,* Großkommentar. UWG, Teplitzky/Peifer/Leistner (Hrsg.), 3 Bde., 2. Aufl. 2013, Berlin

Gloy/Loschelder/Erdmann, (Hrsg.) Handbuch des Wettbewerbsrechts, 4. Aufl. 2010, München

v. Godin, Kommentar zum Gesetz gegen den unlauteren Wettbewerb nebst Warenzeichenverletzungen, Zugabeverordnung und Rabattgesetz, 2. Aufl. 1974, Berlin u. New York

Literatur

v. Godin, Wettbewerbsrecht, Kommentar zum Gesetz gegen den unlauteren Wettbewerb und zum Zugabe- und Rabattrecht, 2. Aufl. 1974, Berlin

v. Godin/Hoth, Wettbewerbsrecht – Kommentar zum Gesetz gegen den unlauteren Wettbewerb, 1957, Berlin

Goldbaum, Gesetz gegen den unlauteren Wettbewerb, 1926, Berlin

Goldmann, Der Schutz des Unternehmenskennzeichens, 3. Aufl. 2014, Köln, Berlin, Bonn, München

Groeben/Bearb., Groeben, von der/Schwarze/Hatje (Hrsg.), Europäisches Unionsrecht, 7. Aufl. 2015

Gröning, Heilmittelwerberecht, 1998

Hailbronner/Klein/Magiera/Müller-Graff, Handkommentar zum Vertrag über die Europäische Union (EUV/EGV), 1998, Köln

Hasselblatt (Hrsg.), Münchener Anwaltshandbuch Gewerblicher Rechtsschutz, 4. Aufl. 2012, München

Hefermehl/Köhler/Bornkamm, Gesetz gegen den unlauteren Wettbewerb, 26. Aufl., 2008, München (mittlerweile längst *Köhler/Bornkamm*)

Hoene/Runkel, Wettbewerbsrecht, 3. Aufl. 2006, Bonn

Hubmann/Götting, Gewerblicher Rechtsschutz, 6. Aufl. 1998, München und Berlin

Immenga/Mestmäcker, GWB. Kommentar zum Kartellgesetz, 5. Aufl. 2014, München

Ingerl/Rohnke, Markengesetz. Kommentar 3. Aufl. 2010, München

Kahn/Weiß, Gesetz gegen den unlauteren Wettbewerb vom 7. Juni 1909, 2. Aufl. 1910, München

Kehl, Wettbewerbsrecht, 1990, Köln, Berlin, Bonn, München

Köhler/Bornkamm, Gesetz gegen den unlauteren Wettbewerb, 34. Aufl. 2016, München

Köhler/Piper, UWG, Gesetz gegen den unlauteren Wettbewerb, 5. Aufl. 2010, München

Kohler, Der unlautere Wettbewerb, 1914, Berlin

Koppensteiner, Wettbewerbsrecht Band 2: Unlauterer Wettbewerb, 3. Aufl. 1997, Wien

Kuhn, Das Gesetz gegen den unlauteren Wettbewerb vom 7. Juni 1909, 1911, Mannheim

Lehmann (Hrsg.), Rechtsschutz und Verwertung von Computerprogrammen, 2. Aufl. 1993, Köln

Lehmler, UWG, 2007, Neuwied

Leistner, Richtiger Vertrag und unlauterer Wettbewerb, 2007

Lettl, Der lauterkeitsrechtliche Schutz vor irreführender Werbung in Europa, 2004

Lobe, Die Bekämpfung des unlauteren Wettbewerbs, Band I: Der unlautere Wettbewerb als Rechtsverletzung nach dem bürgerlichen Gesetzbuch und den Nebengesetzen, 1907 Band III: Materialien des Gesetzes zur Bekämpfung des unlauteren Wettbewerbs, 1907, Leipzig

Marx, Wettbewerbsrecht, 1978, Berlin

Marshall, Unlauterer Wettbewerb, 2. Aufl. 1993, München

Melullis, Handbuch des Wettbewerbsprozesses, 3. Aufl. 2000, Köln

Mestmäcker/Schweitzer, Europäisches Wettbewerbsrecht, 3. Aufl. 2014, München

Meyer, Produktspezifische Werberegelungen im Europäischen Gemeinschaftsrecht, in: Neuordnung des Wettbewerbsrechts, 11. Ringberg-Symposium des Max-Planck-Instituts für ausländisches und internationales Patent-, Urheber- und Wettbewerbsrecht, 14. bis 18. Juni 1997, Schloss Ringberg, Tegernsee, Schricker/Henning-Bodewig (Hrsg.), 1998/99, S. 93ff.

Menke, Zur Fallgruppe „Gefühlsbetonte Werbung“ – Bemerkungen aus Anlass der „Arbeitsplätze bei uns“-Entscheidung des BGH, GRUR 1995, 534ff.

MüKo-BGB/*Bearb.,* Münchener Kommentar zum Bürgerlichen Gesetzbuch, Band 2: Schuldrecht Allgemeiner Teil §§ 241–432, Rebmann/Säcker/Rixecker (Hrsg.), 6. Aufl., 2012–2015, München

MüKo-UWG/Bearb., Münchener Kommentar zum Lauterkeitsrecht. Gesamtwerk in 2 Bänden, Heermann/Schlinghoff (Hrsg.), 2. Aufl. 2014, München

Müller, Das Reichsgesetz zur Bekämpfung des unlauteren Wettbewerbs vom 27. Mai 1896, 4. Aufl. 1904, Fürth

Nees/Beuth, Wettbewerbs- und Kartellrecht, 1980, Wiesbaden

Nerreter, Allgemeine Grundlagen eines deutschen Wettbewerbsrechts, 1936, Berlin

Niemöller, Das Verbraucherleitbild in der deutschen und europäischen Rechtsprechung. Diss. jur. Augsburg 1999. Europäisches Wirtschaftsrecht Bd. 18, München

Nirk, Gewerblicher Rechtsschutz, 1981, Stuttgart, Berlin, Köln, Mainz

Nirk/Kurtze, Wettbewerbsstreitigkeiten, 2. Aufl. 1992, München

Nordemann, Wettbewerbs- und Markenrecht, 11. Aufl. 2012, Baden-Baden

Ohly/Sosnitza, Kommentar zum Gesetz gegen den unlauteren Wettbewerb, 6. Aufl., 2014, München

Oppermann, Europarecht, 5. Aufl. 2011, München

Palandt, BGB, 75. Aufl. 2016, München

Reimer, Wettbewerbs- und Warenzeichenrecht, 3. Aufl. 1954, Köln-Berlin

Rengeling/Middeke/Gellermann (Hrsg.), Handbuch des Rechtschutzes in der EU, 3. Aufl., 2014

Rinck/Schwark, Wirtschaftsrecht, 6. Aufl. 1986

Rittner/Dreher, Europäisches und deutsches Wirtschaftsrecht, 3. Aufl. 2007, Heidelberg

ders./Dreher/Kulka, Wettbewerbs- und Kartellrecht, Eine systematische Darstellung des deutschen und europäischen Rechts, 8. Aufl. 2014, Heidelberg

Rödding, Wettbewerbsrecht (Schriftenreihe Recht für Kaufleute), 1988, Köln, Berlin, Bonn, München
Römermann/Hartung, Anwaltliches Berufsrecht, 2. Aufl. 2008, München
Rosenthal/Leffmann, Kommentar zum Gesetz gegen den unlauteren Wettbewerb, 9. Aufl. 1969, Berlin und Frankfurt
Rosenthal, Wettbewerbsgesetz nebst den materiellen Vorschriften des Warenzeichengesetzes, 8. Aufl. 1930, Berlin
Rudloff/Blochwitz, Das Recht des Wettbewerbs, 1938, Berlin
RWW, Rechtsfragen in Wettbewerb und Werbung, 1980 ff., Stuttgart
Sambuc, Der UWG-Nachahmungsschutz, 1996, München
Scherer, Privatrechtliche Grenzen der Verbraucherwerbung, 1996
Schotthöffer (Hrsg.), Handbuch des Werberechts in den EG-Staaten, Österreich, Schweiz und USA, 1991, Köln
Schramm, Grundlagenforschung auf dem Gebiet des gewerblichen Rechtsschutzes und Urheberrechts, 1954, Berlin u. Köln
Schricker, Gesetzesverletzung und Sittenverstoß, 1970, München
Schünemann, Wettbewerbsrecht, Studienbücher der Wirtschaft, 1989, München, Wien
Schwarze (Hrsg.), EU-Kommentar, 3. Aufl. 2012, Baden-Baden
SIWR, Schweizerisches Immaterialgüter- und Wettbewerbsrecht, v. Büren/David (Hrsg.). Bd. 1 Allgemeiner Teil Teilband 1 Grundlagen, 2. Aufl. 2002 (zit.: SIWR I/1/*Bearb.*); Bd. 5 Wettbewerbsrecht Teilband 1. Lauterkeitsrecht, 2. Aufl. 1998 (zit.: SIWR V/1/*Bearb.*); Bd. 5 Wettbewerbsrecht Teilband 2 Kartellrecht (zit.: SIWR V/2/*Bearb.*), 2000
Sosnitza, Wettbewerbsbeschränkungen durch die Rechtsprechung. Erscheinungsformen und Ursachen auf dem Gebiet des Lauterkeitsrechts, 1995
Speckmann, Wettbewerbsrecht, 3. Aufl. 2000, Köln, Berlin, Bonn, München
Sprüngli, Der unlautere Wettbewerb, 1955, Zürich
Ströbele/Hacker, Markengesetz. Kommentar, 11. Aufl. 2015, Köln
Teplitzky, Wettbewerbsrechtliche Ansprüche und Verfahren, 11. Aufl. 2016, Köln
Teplitzky/Peifer/Leistner (Hrsg.), UWG Großkommentar, 2. Aufl. 2013, Berlin (zit.: GK/*Bearbeiter*)
Tetzner, Kommentar zum Gesetz gegen den unlauteren Wettbewerb, 2. Aufl. 1957, Köln
Tilmann, Wirtschaftsrecht, 1986
Traub, Wettbewerbsrechtliche Verfahrenspraxis, Örtliche Besonderheiten in der Rechtsprechung der Oberlandesgerichte, 2. Aufl. 1991, Frankfurt am Main
Troller, Immaterielgüterrecht. Patentrecht, Markenrecht, Muster- und Modellrecht, Urheberrecht, Wettbewerbsrecht, Bd. I, 3. Aufl. 1983
Ullmann, UWG, juris Praxiskommentar, 3. Aufl. 2013, Saarbrücken
Ulmer, Sinnzusammenhänge im modernen Wettbewerbsrecht, 1932, Berlin
Ulmer/Reimer, Das Recht des unlauteren Wettbewerbs in den Mitgliedstaaten der Europäischen Wirtschaftsgemeinschaft, Band III – Deutschland 1968, München, Köln
Völker, Preisangabenrecht, 1996, München
Wassermann, Der Unlautere Wettbewerb nach deutschem Recht, 1911, Leipzig
Walter/Grüber [Hrsg.], Anwaltshandbuch Wettbewerbspraxis, 1998, Köln
Waetherill/Beaumont, EU Law. The essential guide to the legal workings of the European Union, 3. Aufl., 1999
Weinmann/Walden, Die Gesetzgebung gegen den Unlauteren Wettbewerb, 1927, Wien
Wenzel, Das Recht der Wort- und Bildberichterstattung, Handbuch des Äußerungsrechts, 5. Aufl., 2003, Köln

Gesetz gegen den unlauteren Wettbewerb (UWG)[1]

in der Fassung der Bekanntmachung vom 3. März 2010[2]

(BGBl. I S. 254)

FNA 43-7

zuletzt geänd. durch Art. 4 G zur Verbesserung der zivilrechtlichen Durchsetzung von verbraucherschützenden Vorschriften des Datenschutzrechts v. 17.2.2016 (BGBl. I S. 233)

Kapitel 1. Allgemeine Bestimmungen

§ 1 Zweck des Gesetzes

Dieses Gesetz dient dem Schutz der Mitbewerber, der Verbraucherinnen und Verbraucher sowie der sonstigen Marktteilnehmer vor unlauteren geschäftlichen Handlungen. Es schützt zugleich das Interesse der Allgemeinheit an einem unverfälschten Wettbewerb.

§ 2 Definitionen

(1) Im Sinne dieses Gesetzes bedeutet

1. „geschäftliche Handlung" jedes Verhalten einer Person zugunsten des eigenen oder eines fremden Unternehmens vor, bei oder nach einem Geschäftsabschluss, das mit der Förderung des Absatzes oder des Bezugs von Waren oder Dienstleistungen oder mit dem Abschluss oder der Durchführung eines Vertrags über Waren oder Dienstleistungen objektiv zusammenhängt; als Waren gelten auch Grundstücke, als Dienstleistungen auch Rechte und Verpflichtungen;
2. „Marktteilnehmer" neben Mitbewerbern und Verbrauchern alle Personen, die als Anbieter oder Nachfrager von Waren oder Dienstleistungen tätig sind;
3. „Mitbewerber" jeder Unternehmer, der mit einem oder mehreren Unternehmern als Anbieter oder Nachfrager von Waren oder Dienstleistungen in einem konkreten Wettbewerbsverhältnis steht;
4. „Nachricht" jede Information, die zwischen einer endlichen Zahl von Beteiligten über einen öffentlich zugänglichen elektronischen Kommunikationsdienst ausgetauscht oder weitergeleitet wird; dies schließt nicht Informationen ein, die als Teil eines Rundfunkdienstes über ein elektronisches Kommunikationsnetz an die Öffentlichkeit weitergeleitet werden, soweit die Informationen nicht mit dem identifizierbaren Teilnehmer oder Nutzer, der sie erhält, in Verbindung gebracht werden können;
5. „Verhaltenskodex" Vereinbarungen oder Vorschriften über das Verhalten von Unternehmern, zu welchem diese sich in Bezug auf Wirtschaftszweige oder einzelne geschäftliche Handlungen verpflichtet haben, ohne dass sich solche Verpflichtungen aus Gesetzes- oder Verwaltungsvorschriften ergeben;

---

[1] **Amtl. Anm.:** Dieses Gesetz dient der Umsetzung der Richtlinie 2005/29/EG des Europäischen Parlaments und des Rates vom 11. Mai 2005 über unlautere Geschäftspraktiken von Unternehmen gegenüber Verbrauchern im Binnenmarkt und zur Änderung der Richtlinie 84/450/EWG des Rates, der Richtlinien 97/7/EG, 98/27/EG und 2002/65/EG des Europäischen Parlaments und des Rates sowie der Verordnung (EG) Nr. 2006/2004 des Europäischen Parlaments und des Rates (ABl. L 149 vom 11.6.2005, S. 22; berichtigt im ABl. L 253 vom 25.9.2009, S. 18) sowie der Richtlinie 2006/114/EG des Europäischen Parlaments und des Rates vom 12. Dezember 2006 über irreführende und vergleichende Werbung (kodifizierte Fassung) (ABl. L 376 vom 27.12.2006, S. 21). Es dient ferner der Umsetzung von Artikel 13 der Richtlinie 2002/58/EG des Europäischen Parlaments und des Rates vom 12. Juli 2002 über die Verarbeitung personenbezogener Daten und den Schutz der Privatsphäre in der elektronischen Kommunikation (ABl. L 201 vom 31.7.2002, S. 37), der zuletzt durch Artikel 2 Nummer 7 der Richtlinie 2009/136/EG (ABl. L 337 vom 18.12.2009, S. 11) geändert worden ist.

Die Verpflichtungen aus der Richtlinie 98/34/EG des Europäischen Parlaments und des Rates vom 22. Juni 1998 über ein Informationsverfahren auf dem Gebiet der Normen und technischen Vorschriften und der Vorschriften für die Dienste der Informationsgesellschaft (ABl. L 204 vom 21.7.1998, S. 37), die zuletzt durch die Richtlinie 2006/96/EG (ABl. L 363 vom 20.12.2006, S. 81) geändert worden ist, sind beachtet worden.

[2] Neubekanntmachung des UWG v. 3.7.2004 (BGBl. I S. 1414) in der ab 4.8.2009 geltenden Fassung.

6. „Unternehmer" jede natürliche oder juristische Person, die geschäftliche Handlungen im Rahmen ihrer gewerblichen, handwerklichen oder beruflichen Tätigkeit vornimmt, und jede Person, die im Namen oder Auftrag einer solchen Person handelt;
7. „unternehmerische Sorgfalt" der Standard an Fachkenntnissen und Sorgfalt, von dem billigerweise angenommen werden kann, dass ein Unternehmer ihn in seinem Tätigkeitsbereich gegenüber Verbrauchern nach Treu und Glauben unter Berücksichtigung der anständigen Marktgepflogenheiten einhält;
8. „wesentliche Beeinflussung des wirtschaftlichen Verhaltens des Verbrauchers" die Vornahme einer geschäftlichen Handlung, um die Fähigkeit des Verbrauchers, eine informierte Entscheidung zu treffen, spürbar zu beeinträchtigen und damit den Verbraucher zu einer geschäftlichen Entscheidung zu veranlassen, die er andernfalls nicht getroffen hätte;
9. „geschäftliche Entscheidung" jede Entscheidung eines Verbrauchers oder sonstigen Marktteilnehmers darüber, ob, wie und unter welchen Bedingungen er ein Geschäft abschließen, eine Zahlung leisten, eine Ware oder Dienstleistung behalten oder abgeben oder ein vertragliches Recht im Zusammenhang mit einer Ware oder Dienstleistung ausüben will, unabhängig davon, ob der Verbraucher oder sonstige Marktteilnehmer sich entschließt, tätig zu werden.

(2) Für den Verbraucherbegriff gilt § 13 des Bürgerlichen Gesetzbuchs entsprechend.

§ 3 Verbot unlauterer geschäftlicher Handlungen

(1) Unlautere geschäftliche Handlungen sind unzulässig.

(2) Geschäftliche Handlungen, die sich an Verbraucher richten oder diese erreichen, sind unlauter, wenn sie nicht der unternehmerischen Sorgfalt entsprechen und dazu geeignet sind, das wirtschaftliche Verhalten des Verbrauchers wesentlich zu beeinflussen.

(3) Die im Anhang dieses Gesetzes aufgeführten geschäftlichen Handlungen gegenüber Verbrauchern sind stets unzulässig.

(4) Bei der Beurteilung von geschäftlichen Handlungen gegenüber Verbrauchern ist auf den durchschnittlichen Verbraucher oder, wenn sich die geschäftliche Handlung an eine bestimmte Gruppe von Verbrauchern wendet, auf ein durchschnittliches Mitglied dieser Gruppe abzustellen. Geschäftliche Handlungen, die für den Unternehmer vorhersehbar das wirtschaftliche Verhalten nur einer eindeutig identifizierbaren Gruppe von Verbrauchern wesentlich beeinflussen, die auf Grund von geistigen oder körperlichen Beeinträchtigungen, Alter oder Leichtgläubigkeit im Hinblick auf diese geschäftlichen Handlungen oder die diesen zugrunde liegenden Waren oder Dienstleistungen besonders schutzbedürftig sind, sind aus der Sicht eines durchschnittlichen Mitglieds dieser Gruppe zu beurteilen.

§ 3a Rechtsbruch

Unlauter handelt, wer einer gesetzlichen Vorschrift zuwiderhandelt, die auch dazu bestimmt ist, im Interesse der Marktteilnehmer das Marktverhalten zu regeln, und der Verstoß geeignet ist, die Interessen von Verbrauchern, sonstigen Marktteilnehmern oder Mitbewerbern spürbar zu beeinträchtigen.

§ 4 Mitbewerberschutz

Unlauter handelt, wer

1. die Kennzeichen, Waren, Dienstleistungen, Tätigkeiten oder persönlichen oder geschäftlichen Verhältnisse eines Mitbewerbers herabsetzt oder verunglimpft;
2. über die Waren, Dienstleistungen oder das Unternehmen eines Mitbewerbers oder über den Unternehmer oder ein Mitglied der Unternehmensleitung Tatsachen behauptet oder verbreitet, die geeignet sind, den Betrieb des Unternehmens oder den Kredit des Unternehmers zu schädigen, sofern die Tatsachen nicht erweislich wahr sind; handelt es sich um vertrauliche Mitteilungen und hat der Mitteilende oder der Empfänger der Mitteilung an ihr ein berechtigtes Interesse, so ist die Handlung nur dann unlauter, wenn die Tatsachen der Wahrheit zuwider behauptet oder verbreitet wurden;
3. Waren oder Dienstleistungen anbietet, die eine Nachahmung der Waren oder Dienstleistungen eines Mitbewerbers sind, wenn er

   a) eine vermeidbare Täuschung der Abnehmer über die betriebliche Herkunft herbeiführt,

b) die Wertschätzung der nachgeahmten Ware oder Dienstleistung unangemessen ausnutzt oder beeinträchtigt oder

c) die für die Nachahmung erforderlichen Kenntnisse oder Unterlagen unredlich erlangt hat;

4. Mitbewerber gezielt behindert.

§ 4a Aggressive geschäftliche Handlungen

(1) Unlauter handelt, wer eine aggressive geschäftliche Handlung vornimmt, die geeignet ist, den Verbraucher oder sonstigen Marktteilnehmer zu einer geschäftlichen Entscheidung zu veranlassen, die dieser andernfalls nicht getroffen hätte. Eine geschäftliche Handlung ist aggressiv, wenn sie im konkreten Fall unter Berücksichtigung aller Umstände geeignet ist, die Entscheidungsfreiheit des Verbrauchers oder sonstigen Marktteilnehmers erheblich zu beeinträchtigen durch

1. Belästigung,
2. Nötigung einschließlich der Anwendung körperlicher Gewalt oder
3. unzulässige Beeinflussung.

Eine unzulässige Beeinflussung liegt vor, wenn der Unternehmer eine Machtposition gegenüber dem Verbraucher oder sonstigen Marktteilnehmer zur Ausübung von Druck, auch ohne Anwendung oder Androhung von körperlicher Gewalt, in einer Weise ausnutzt, die die Fähigkeit des Verbrauchers oder sonstigen Marktteilnehmers zu einer informierten Entscheidung wesentlich einschränkt.

(2) Bei der Feststellung, ob eine geschäftliche Handlung aggressiv im Sinne des Absatzes 1 Satz 2 ist, ist abzustellen auf

1. Zeitpunkt, Ort, Art oder Dauer der Handlung;
2. die Verwendung drohender oder beleidigender Formulierungen oder Verhaltensweisen;
3. die bewusste Ausnutzung von konkreten Unglückssituationen oder Umständen von solcher Schwere, dass sie das Urteilsvermögen des Verbrauchers oder sonstigen Marktteilnehmers beeinträchtigen, um dessen Entscheidung zu beeinflussen;
4. belastende oder unverhältnismäßige Hindernisse nichtvertraglicher Art, mit denen der Unternehmer den Verbraucher oder sonstigen Marktteilnehmer an der Ausübung seiner vertraglichen Rechte zu hindern versucht, wozu auch das Recht gehört, den Vertrag zu kündigen oder zu einer anderen Ware oder Dienstleistung oder einem anderen Unternehmer zu wechseln;
5. Drohungen mit rechtlich unzulässigen Handlungen.

Zu den Umständen, die nach Nummer 3 zu berücksichtigen sind, zählen insbesondere geistige und körperliche Beeinträchtigungen, das Alter, die geschäftliche Unerfahrenheit, die Leichtgläubigkeit, die Angst und die Zwangslage von Verbrauchern.

§ 5 Irreführende geschäftliche Handlungen

(1) Unlauter handelt, wer eine irreführende geschäftliche Handlung vornimmt, die geeignet ist, den Verbraucher oder sonstigen Marktteilnehmer zu einer geschäftlichen Entscheidung zu veranlassen, die er andernfalls nicht getroffen hätte. Eine geschäftliche Handlung ist irreführend, wenn sie unwahre Angaben enthält oder sonstige zur Täuschung geeignete Angaben über folgende Umstände enthält:

1. die wesentlichen Merkmale der Ware oder Dienstleistung wie Verfügbarkeit, Art, Ausführung, Vorteile, Risiken, Zusammensetzung, Zubehör, Verfahren oder Zeitpunkt der Herstellung, Lieferung oder Erbringung, Zwecktauglichkeit, Verwendungsmöglichkeit, Menge, Beschaffenheit, Kundendienst und Beschwerdeverfahren, geographische oder betriebliche Herkunft, von der Verwendung zu erwartende Ergebnisse oder die Ergebnisse oder wesentlichen Bestandteile von Tests der Waren oder Dienstleistungen;
2. den Anlass des Verkaufs wie das Vorhandensein eines besonderen Preisvorteils, den Preis oder die Art und Weise, in der er berechnet wird, oder die Bedingungen, unter denen die Ware geliefert oder die Dienstleistung erbracht wird;
3. die Person, Eigenschaften oder Rechte des Unternehmers wie Identität, Vermögen einschließlich der Rechte des geistigen Eigentums, den Umfang von Verpflichtungen, Befähigung, Status, Zulassung, Mitgliedschaften oder Beziehungen, Auszeichnungen oder Ehrungen, Beweggründe für die geschäftliche Handlung oder die Art des Vertriebs;
4. Aussagen oder Symbole, die im Zusammenhang mit direktem oder indirektem Sponsoring stehen oder sich auf eine Zulassung des Unternehmers oder der Waren oder Dienstleistungen beziehen;

5. die Notwendigkeit einer Leistung, eines Ersatzteils, eines Austauschs oder einer Reparatur;
6. die Einhaltung eines Verhaltenskodexes, auf den sich der Unternehmer verbindlich verpflichtet hat, wenn er auf diese Bindung hinweist, oder
7. Rechte des Verbrauchers, insbesondere solche auf Grund von Garantieversprechen oder Gewährleistungsrechte bei Leistungsstörungen.

(2) Eine geschäftliche Handlung ist auch irreführend, wenn sie im Zusammenhang mit der Vermarktung von Waren oder Dienstleistungen einschließlich vergleichender Werbung eine Verwechslungsgefahr mit einer anderen Ware oder Dienstleistung oder mit der Marke oder einem anderen Kennzeichen eines Mitbewerbers hervorruft.

(3) Angaben im Sinne von Absatz 1 Satz 2 sind auch Angaben im Rahmen vergleichender Werbung sowie bildliche Darstellungen und sonstige Veranstaltungen, die darauf zielen und geeignet sind, solche Angaben zu ersetzen.

(4) Es wird vermutet, dass es irreführend ist, mit der Herabsetzung eines Preises zu werben, sofern der Preis nur für eine unangemessen kurze Zeit gefordert worden ist. Ist streitig, ob und in welchem Zeitraum der Preis gefordert worden ist, so trifft die Beweislast denjenigen, der mit der Preisherabsetzung geworben hat.

§ 5a Irreführung durch Unterlassen

(1) Bei der Beurteilung, ob das Verschweigen einer Tatsache irreführend ist, sind insbesondere deren Bedeutung für die geschäftliche Entscheidung nach der Verkehrsauffassung sowie die Eignung des Verschweigens zur Beeinflussung der Entscheidung zu berücksichtigen.

(2) Unlauter handelt, wer im konkreten Fall unter Berücksichtigung aller Umstände dem Verbraucher eine wesentliche Information vorenthält,

1. die der Verbraucher je nach den Umständen benötigt, um eine informierte geschäftliche Entscheidung zu treffen, und
2. deren Vorenthalten geeignet ist, den Verbraucher zu einer geschäftlichen Entscheidung zu veranlassen, die er andernfalls nicht getroffen hätte.

Als Vorenthalten gilt auch

1. das Verheimlichen wesentlicher Informationen,
2. die Bereitstellung wesentlicher Informationen in unklarer, unverständlicher oder zweideutiger Weise,
3. die nicht rechtzeitige Bereitstellung wesentlicher Informationen.

(3) Werden Waren oder Dienstleistungen unter Hinweis auf deren Merkmale und Preis in einer dem verwendeten Kommunikationsmittel angemessenen Weise so angeboten, dass ein durchschnittlicher Verbraucher das Geschäft abschließen kann, gelten folgende Informationen als wesentlich im Sinne des Absatzes 2, sofern sie sich nicht unmittelbar aus den Umständen ergeben:

1. alle wesentlichen Merkmale der Ware oder Dienstleistung in dem dieser und dem verwendeten Kommunikationsmittel angemessenen Umfang;
2. die Identität und Anschrift des Unternehmers, gegebenenfalls die Identität und Anschrift des Unternehmers, für den er handelt;
3. der Gesamtpreis oder in Fällen, in denen ein solcher Preis auf Grund der Beschaffenheit der Ware oder Dienstleistung nicht im Voraus berechnet werden kann, die Art der Preisberechnung sowie gegebenenfalls alle zusätzlichen Fracht-, Liefer- und Zustellkosten oder in Fällen, in denen diese Kosten nicht im Voraus berechnet werden können, die Tatsache, dass solche zusätzlichen Kosten anfallen können;
4. Zahlungs-, Liefer- und Leistungsbedingungen sowie Verfahren zum Umgang mit Beschwerden, soweit sie von Erfordernissen der unternehmerischen Sorgfalt abweichen, und
5. das Bestehen eines Rechts zum Rücktritt oder Widerruf.

(4) Als wesentlich im Sinne des Absatzes 2 gelten auch Informationen, die dem Verbraucher auf Grund unionsrechtlicher Verordnungen oder nach Rechtsvorschriften zur Umsetzung unionsrechtlicher Richtlinien für kommerzielle Kommunikation einschließlich Werbung und Marketing nicht vorenthalten werden dürfen.

(5) Bei der Beurteilung, ob Informationen vorenthalten wurden, sind zu berücksichtigen:

1. räumliche oder zeitliche Beschränkungen durch das für die geschäftliche Handlung gewählte Kommunikationsmittel sowie

2. alle Maßnahmen des Unternehmers, um dem Verbraucher die Informationen auf andere Weise als durch das Kommunikationsmittel nach Nummer 1 zur Verfügung zu stellen.

(6) Unlauter handelt auch, wer den kommerziellen Zweck einer geschäftlichen Handlung nicht kenntlich macht, sofern sich dieser nicht unmittelbar aus den Umständen ergibt, und das Nichtkenntlichmachen geeignet ist, den Verbraucher zu einer geschäftlichen Entscheidung zu veranlassen, die er andernfalls nicht getroffen hätte.

§ 6 Vergleichende Werbung

(1) Vergleichende Werbung ist jede Werbung, die unmittelbar oder mittelbar einen Mitbewerber oder die von einem Mitbewerber angebotenen Waren oder Dienstleistungen erkennbar macht.

(2) Unlauter handelt, wer vergleichend wirbt, wenn der Vergleich

1. sich nicht auf Waren oder Dienstleistungen für den gleichen Bedarf oder dieselbe Zweckbestimmung bezieht,
2. nicht objektiv auf eine oder mehrere wesentliche, relevante, nachprüfbare und typische Eigenschaften oder den Preis dieser Waren oder Dienstleistungen bezogen ist,
3. im geschäftlichen Verkehr zu einer Gefahr von Verwechslungen zwischen dem Werbenden und einem Mitbewerber oder zwischen den von diesen angebotenen Waren oder Dienstleistungen oder den von ihnen verwendeten Kennzeichen führt,
4. den Ruf des von einem Mitbewerber verwendeten Kennzeichens in unlauterer Weise ausnutzt oder beeinträchtigt,
5. die Waren, Dienstleistungen, Tätigkeiten oder persönlichen oder geschäftlichen Verhältnisse eines Mitbewerbers herabsetzt oder verunglimpft oder
6. eine Ware oder Dienstleistung als Imitation oder Nachahmung einer unter einem geschützten Kennzeichen vertriebenen Ware oder Dienstleistung darstellt.

§ 7 Unzumutbare Belästigungen

(1) Eine geschäftliche Handlung, durch die ein Marktteilnehmer in unzumutbarer Weise belästigt wird, ist unzulässig. Dies gilt insbesondere für Werbung, obwohl erkennbar ist, dass der angesprochene Marktteilnehmer diese Werbung nicht wünscht.

(2) Eine unzumutbare Belästigung ist stets anzunehmen

1. bei Werbung unter Verwendung eines in den Nummern 2 und 3 nicht aufgeführten, für den Fernabsatz geeigneten Mittels der kommerziellen Kommunikation, durch die ein Verbraucher hartnäckig angesprochen wird, obwohl er dies erkennbar nicht wünscht;
2. bei Werbung mit einem Telefonanruf gegenüber einem Verbraucher ohne dessen vorherige ausdrückliche Einwilligung oder gegenüber einem sonstigen Marktteilnehmer ohne dessen zumindest mutmaßliche Einwilligung,
3. bei Werbung unter Verwendung einer automatischen Anrufmaschine, eines Faxgerätes oder elektronischer Post, ohne dass eine vorherige ausdrückliche Einwilligung des Adressaten vorliegt, oder
4. bei Werbung mit einer Nachricht,
   a) bei der die Identität des Absenders, in dessen Auftrag die Nachricht übermittelt wird, verschleiert oder verheimlicht wird oder
   b) bei der gegen § 6 Absatz 1 des Telemediengesetzes verstoßen wird oder in der der Empfänger aufgefordert wird, eine Website aufzurufen, die gegen diese Vorschrift verstößt, oder
   c) bei der keine gültige Adresse vorhanden ist, an die der Empfänger eine Aufforderung zur Einstellung solcher Nachrichten richten kann, ohne dass hierfür andere als die Übermittlungskosten nach den Basistarifen entstehen.

(3) Abweichend von Absatz 2 Nummer 3 ist eine unzumutbare Belästigung bei einer Werbung unter Verwendung elektronischer Post nicht anzunehmen, wenn

1. ein Unternehmer im Zusammenhang mit dem Verkauf einer Ware oder Dienstleistung von dem Kunden dessen elektronische Postadresse erhalten hat,
2. der Unternehmer die Adresse zur Direktwerbung für eigene ähnliche Waren oder Dienstleistungen verwendet,
3. der Kunde der Verwendung nicht widersprochen hat und

4. der Kunde bei Erhebung der Adresse und bei jeder Verwendung klar und deutlich darauf hingewiesen wird, dass er der Verwendung jederzeit widersprechen kann, ohne dass hierfür andere als die Übermittlungskosten nach den Basistarifen entstehen.

Kapitel 2. Rechtsfolgen

§ 8 Beseitigung und Unterlassung

(1) Wer eine nach § 3 oder § 7 unzulässige geschäftliche Handlung vornimmt, kann auf Beseitigung und bei Wiederholungsgefahr auf Unterlassung in Anspruch genommen werden. Der Anspruch auf Unterlassung besteht bereits dann, wenn eine derartige Zuwiderhandlung gegen § 3 oder § 7 droht.

(2) Werden die Zuwiderhandlungen in einem Unternehmen von einem Mitarbeiter oder Beauftragten begangen, so sind der Unterlassungsanspruch und der Beseitigungsanspruch auch gegen den Inhaber des Unternehmens begründet.

(3) Die Ansprüche aus Absatz 1 stehen zu:

1. jedem Mitbewerber;
2. rechtsfähigen Verbänden zur Förderung gewerblicher oder selbständiger beruflicher Interessen, soweit ihnen eine erhebliche Zahl von Unternehmern angehört, die Waren oder Dienstleistungen gleicher oder verwandter Art auf demselben Markt vertreiben, wenn sie insbesondere nach ihrer personellen, sachlichen und finanziellen Ausstattung imstande sind, ihre satzungsmäßigen Aufgaben der Verfolgung gewerblicher oder selbständiger beruflicher Interessen tatsächlich wahrzunehmen und soweit die Zuwiderhandlung die Interessen ihrer Mitglieder berührt;
3. qualifizierten Einrichtungen, die nachweisen, dass sie in der Liste der qualifizierten Einrichtungen nach § 4 des Unterlassungsklagengesetzes oder in dem Verzeichnis der Europäischen Kommission nach Artikel 4 Absatz 3 der Richtlinie 2009/22/EG des Europäischen Parlaments und des Rates vom 23. April 2009 über Unterlassungsklagen zum Schutz der Verbraucherinteressen (ABl. L 110 vom 1.5.2009, S. 30) eingetragen sind;
4. den Industrie- und Handelskammern oder den Handwerkskammern.

(4) Die Geltendmachung der in Absatz 1 bezeichneten Ansprüche ist unzulässig, wenn sie unter Berücksichtigung der gesamten Umstände missbräuchlich ist, insbesondere wenn sie vorwiegend dazu dient, gegen den Zuwiderhandelnden einen Anspruch auf Ersatz von Aufwendungen oder Kosten der Rechtsverfolgung entstehen zu lassen. In diesen Fällen kann der Anspruchsgegner Ersatz der für seine Rechtsverteidigung erforderlichen Aufwendungen verlangen. Weiter gehende Ersatzansprüche bleiben unberührt.

(5) § 13 des Unterlassungsklagengesetzes ist entsprechend anzuwenden; in § 13 Absatz 1 und 3 Satz 2 des Unterlassungsklagengesetzes treten an die Stelle der dort aufgeführten Ansprüche nach dem Unterlassungsklagengesetz die Ansprüche nach dieser Vorschrift. Im Übrigen findet das Unterlassungsklagengesetz keine Anwendung, es sei denn, es liegt ein Fall des § 4a des Unterlassungsklagengesetzes vor.

§ 9 Schadensersatz

Wer vorsätzlich oder fahrlässig eine nach § 3 oder § 7 unzulässige geschäftliche Handlung vornimmt, ist den Mitbewerbern zum Ersatz des daraus entstehenden Schadens verpflichtet. Gegen verantwortliche Personen von periodischen Druckschriften kann der Anspruch auf Schadensersatz nur bei einer vorsätzlichen Zuwiderhandlung geltend gemacht werden.

§ 10 Gewinnabschöpfung

(1) Wer vorsätzlich eine nach § 3 oder § 7 unzulässige geschäftliche Handlung vornimmt und hierdurch zu Lasten einer Vielzahl von Abnehmern einen Gewinn erzielt, kann von den gemäß § 8 Absatz 3 Nummer 2 bis 4 zur Geltendmachung eines Unterlassungsanspruchs Berechtigten auf Herausgabe dieses Gewinns an den Bundeshaushalt in Anspruch genommen werden.

(2) Auf den Gewinn sind die Leistungen anzurechnen, die der Schuldner auf Grund der Zuwiderhandlung an Dritte oder an den Staat erbracht hat. Soweit der Schuldner solche Leistungen erst nach Erfüllung des Anspruchs nach Absatz 1 erbracht hat, erstattet die zuständige Stelle des Bundes dem Schuldner den abgeführten Gewinn in Höhe der nachgewiesenen Zahlungen zurück.

(3) Beanspruchen mehrere Gläubiger den Gewinn, so gelten die §§ 428 bis 430 des Bürgerlichen Gesetzbuchs entsprechend.

(4) Die Gläubiger haben der zuständigen Stelle des Bundes über die Geltendmachung von Ansprüchen nach Absatz 1 Auskunft zu erteilen. Sie können von der zuständigen Stelle des Bundes Erstattung der für die Geltendmachung des Anspruchs erforderlichen Aufwendungen verlangen, soweit sie vom Schuldner keinen Ausgleich erlangen können. Der Erstattungsanspruch ist auf die Höhe des an den Bundeshaushalt abgeführten Gewinns beschränkt.

(5) Zuständige Stelle im Sinn der Absätze 2 und 4 ist das Bundesamt für Justiz.

§ 11 Verjährung

(1) Die Ansprüche aus §§ 8, 9 und 12 Absatz 1 Satz 2 verjähren in sechs Monaten.

(2) Die Verjährungsfrist beginnt, wenn

1. der Anspruch entstanden ist und
2. der Gläubiger von den den Anspruch begründenden Umständen und der Person des Schuldners Kenntnis erlangt oder ohne grobe Fahrlässigkeit erlangen müsste.

(3) Schadensersatzansprüche verjähren ohne Rücksicht auf die Kenntnis oder grob fahrlässige Unkenntnis in zehn Jahren von ihrer Entstehung, spätestens in 30 Jahren von der den Schaden auslösenden Handlung an.

(4) Andere Ansprüche verjähren ohne Rücksicht auf die Kenntnis oder grob fahrlässige Unkenntnis in drei Jahren von der Entstehung an.

Kapitel 3. Verfahrensvorschriften

§ 12 Anspruchsdurchsetzung, Veröffentlichungsbefugnis, Streitwertminderung

(1) Die zur Geltendmachung eines Unterlassungsanspruchs Berechtigten sollen den Schuldner vor der Einleitung eines gerichtlichen Verfahrens abmahnen und ihm Gelegenheit geben, den Streit durch Abgabe einer mit einer angemessenen Vertragsstrafe bewehrten Unterlassungsverpflichtung beizulegen. Soweit die Abmahnung berechtigt ist, kann der Ersatz der erforderlichen Aufwendungen verlangt werden.

(2) Zur Sicherung der in diesem Gesetz bezeichneten Ansprüche auf Unterlassung können einstweilige Verfügungen auch ohne die Darlegung und Glaubhaftmachung der in den §§ 935 und 940 der Zivilprozessordnung bezeichneten Voraussetzungen erlassen werden.

(3) Ist auf Grund dieses Gesetzes Klage auf Unterlassung erhoben worden, so kann das Gericht der obsiegenden Partei die Befugnis zusprechen, das Urteil auf Kosten der unterliegenden Partei öffentlich bekannt zu machen, wenn sie ein berechtigtes Interesse dartut. Art und Umfang der Bekanntmachung werden im Urteil bestimmt. Die Befugnis erlischt, wenn von ihr nicht innerhalb von drei Monaten nach Eintritt der Rechtskraft Gebrauch gemacht worden ist. Der Ausspruch nach Satz 1 ist nicht vorläufig vollstreckbar.

(4) Macht eine Partei in Rechtsstreitigkeiten, in denen durch Klage ein Anspruch aus einem der in diesem Gesetz geregelten Rechtsverhältnisse geltend gemacht wird, glaubhaft, dass die Belastung mit den Prozesskosten nach dem vollen Streitwert ihre wirtschaftliche Lage erheblich gefährden würde, so kann das Gericht auf ihren Antrag anordnen, dass die Verpflichtung dieser Partei zur Zahlung von Gerichtskosten sich nach einem ihrer Wirtschaftslage angepassten Teil des Streitwerts bemisst. Die Anordnung hat zur Folge, dass

1. die begünstigte Partei die Gebühren ihres Rechtsanwalts ebenfalls nur nach diesem Teil des Streitwerts zu entrichten hat,
2. die begünstigte Partei, soweit ihr Kosten des Rechtsstreits auferlegt werden oder soweit sie diese übernimmt, die von dem Gegner entrichteten Gerichtsgebühren und die Gebühren seines Rechtsanwalts nur nach dem Teil des Streitwerts zu erstatten hat und
3. der Rechtsanwalt der begünstigten Partei, soweit die außergerichtlichen Kosten dem Gegner auferlegt oder von ihm übernommen werden, seine Gebühren von dem Gegner nach dem für diesen geltenden Streitwert beitreiben kann.

(5) Der Antrag nach Absatz 4 kann vor der Geschäftsstelle des Gerichts zur Niederschrift erklärt werden. Er ist vor der Verhandlung zur Hauptsache anzubringen. Danach ist er nur zulässig, wenn der angenommene oder festgesetzte Streitwert später durch das Gericht heraufgesetzt wird. Vor der Entscheidung über den Antrag ist der Gegner zu hören.

§ 13 Sachliche Zuständigkeit

(1) Für alle bürgerlichen Rechtsstreitigkeiten, mit denen ein Anspruch auf Grund dieses Gesetzes geltend gemacht wird, sind die Landgerichte ausschließlich zuständig. Es gilt § 95 Absatz 1 Nummer 5 des Gerichtsverfassungsgesetzes.

(2) Die Landesregierungen werden ermächtigt, durch Rechtsverordnung für die Bezirke mehrerer Landgerichte eines von ihnen als Gericht für Wettbewerbsstreitsachen zu bestimmen, wenn dies der Rechtspflege in Wettbewerbsstreitsachen, insbesondere der Sicherung einer einheitlichen Rechtsprechung, dienlich ist. Die Landesregierungen können die Ermächtigung auf die Landesjustizverwaltungen übertragen.

§ 14 Örtliche Zuständigkeit

(1) Für Klagen auf Grund dieses Gesetzes ist das Gericht zuständig, in dessen Bezirk der Beklagte seine gewerbliche oder selbständige berufliche Niederlassung oder in Ermangelung einer solchen seinen Wohnsitz hat. Hat der Beklagte auch keinen Wohnsitz, so ist sein inländischer Aufenthaltsort maßgeblich.

(2) Für Klagen auf Grund dieses Gesetzes ist außerdem nur das Gericht zuständig, in dessen Bezirk die Handlung begangen ist. Satz 1 gilt für Klagen, die von den nach § 8 Absatz 3 Nummer 2 bis 4 zur Geltendmachung eines Unterlassungsanspruchs Berechtigten erhoben werden, nur dann, wenn der Beklagte im Inland weder eine gewerbliche oder selbständige berufliche Niederlassung noch einen Wohnsitz hat.

§ 15 Einigungsstellen

(1) Die Landesregierungen errichten bei Industrie- und Handelskammern Einigungsstellen zur Beilegung von bürgerlichen Rechtsstreitigkeiten, in denen ein Anspruch auf Grund dieses Gesetzes geltend gemacht wird (Einigungsstellen).

(2) Die Einigungsstellen sind mit einer vorsitzenden Person, die die Befähigung zum Richteramt nach dem Deutschen Richtergesetz hat, und beisitzenden Personen zu besetzen. Als beisitzende Personen werden im Falle einer Anrufung durch eine nach § 8 Absatz 3 Nummer 3 zur Geltendmachung eines Unterlassungsanspruchs berechtigte qualifizierte Einrichtung Unternehmer und Verbraucher in gleicher Anzahl tätig, sonst mindestens zwei sachverständige Unternehmer. Die vorsitzende Person soll auf dem Gebiet des Wettbewerbsrechts erfahren sein. Die beisitzenden Personen werden von der vorsitzenden Person für den jeweiligen Streitfall aus einer alljährlich für das Kalenderjahr aufzustellenden Liste berufen. Die Berufung soll im Einvernehmen mit den Parteien erfolgen. Für die Ausschließung und Ablehnung von Mitgliedern der Einigungsstelle sind die § 41 bis 43 und § 44 Absatz 2 bis 4 der Zivilprozessordnung entsprechend anzuwenden. Über das Ablehnungsgesuch entscheidet das für den Sitz der Einigungsstelle zuständige Landgericht (Kammer für Handelssachen oder, falls es an einer solchen fehlt, Zivilkammer).

(3) Die Einigungsstellen können bei bürgerlichen Rechtsstreitigkeiten, in denen ein Anspruch auf Grund dieses Gesetzes geltend gemacht wird, angerufen werden, wenn der Gegner zustimmt. Soweit die Wettbewerbshandlungen Verbraucher betreffen, können die Einigungsstellen von jeder Partei zu einer Aussprache mit dem Gegner über den Streitfall angerufen werden; einer Zustimmung des Gegners bedarf es nicht.

(4) Für die Zuständigkeit der Einigungsstellen ist § 14 entsprechend anzuwenden.

(5) Die der Einigungsstelle vorsitzende Person kann das persönliche Erscheinen der Parteien anordnen. Gegen eine unentschuldigt ausbleibende Partei kann die Einigungsstelle ein Ordnungsgeld festsetzen. Gegen die Anordnung des persönlichen Erscheinens und gegen die Festsetzung des Ordnungsgeldes findet die sofortige Beschwerde nach den Vorschriften der Zivilprozessordnung an das für den Sitz der Einigungsstelle zuständige Landgericht (Kammer für Handelssachen oder, falls es an einer solchen fehlt, Zivilkammer) statt.

(6) Die Einigungsstelle hat einen gütlichen Ausgleich anzustreben. Sie kann den Parteien einen schriftlichen, mit Gründen versehenen Einigungsvorschlag machen. Der Einigungsvorschlag und seine Begründung dürfen nur mit Zustimmung der Parteien veröffentlicht werden.

(7) Kommt ein Vergleich zustande, so muss er in einem besonderen Schriftstück niedergelegt und unter Angabe des Tages seines Zustandekommens von den Mitgliedern der Einigungsstelle, welche in der Verhandlung mitgewirkt haben, sowie von den Parteien unterschrieben werden. Aus einem vor der Einigungsstelle geschlossenen Vergleich findet die Zwangsvollstreckung statt; § 797a der Zivilprozessordnung ist entsprechend anzuwenden.

(8) Die Einigungsstelle kann, wenn sie den geltend gemachten Anspruch von vornherein für unbegründet oder sich selbst für unzuständig erachtet, die Einleitung von Einigungsverhandlungen ablehnen.

(9) Durch die Anrufung der Einigungsstelle wird die Verjährung in gleicher Weise wie durch Klageerhebung gehemmt. Kommt ein Vergleich nicht zustande, so ist der Zeitpunkt, zu dem das Verfahren beendet ist, von der Einigungsstelle festzustellen. Die vorsitzende Person hat dies den Parteien mitzuteilen.

(10) Ist ein Rechtsstreit der in Absatz 3 Satz 2 bezeichneten Art ohne vorherige Anrufung der Einigungsstelle anhängig gemacht worden, so kann das Gericht auf Antrag den Parteien unter Anberaumung eines neuen Termins aufgeben, vor diesem Termin die Einigungsstelle zur Herbeiführung eines gütlichen Ausgleichs anzurufen. In dem Verfahren über den Antrag auf Erlass einer einstweiligen Verfügung ist diese Anordnung nur zulässig, wenn der Gegner zustimmt. Absatz 8 ist nicht anzuwenden. Ist ein Verfahren vor der Einigungsstelle anhängig, so ist eine erst nach Anrufung der Einigungsstelle erhobene Klage des Antragsgegners auf Feststellung, dass der geltend gemachte Anspruch nicht bestehe, nicht zulässig.

(11) Die Landesregierungen werden ermächtigt, durch Rechtsverordnung die zur Durchführung der vorstehenden Bestimmungen und zur Regelung des Verfahrens vor den Einigungsstellen erforderlichen Vorschriften zu erlassen, insbesondere über die Aufsicht über die Einigungsstellen, über ihre Besetzung unter angemessener Beteiligung der nicht den Industrie- und Handelskammern angehörenden Unternehmern (§ 2 Abs. 2 bis 6 des Gesetzes zur vorläufigen Regelung des Rechts der Industrie- und Handelskammern in der im Bundesgesetzblatt Teil III, Gliederungsnummer 701-1, veröffentlichten bereinigten Fassung), und über die Vollstreckung von Ordnungsgeldern, sowie Bestimmungen über die Erhebung von Auslagen durch die Einigungsstelle zu treffen. Bei der Besetzung der Einigungsstellen sind die Vorschläge der für ein Bundesland errichteten, mit öffentlichen Mitteln geförderten Verbraucherzentralen zur Bestimmung der in Absatz 2 Satz 2 genannten Verbraucher zu berücksichtigen.

(12) Abweichend von Absatz 2 Satz 1 kann in den Ländern Brandenburg, Mecklenburg-Vorpommern, Sachsen, Sachsen-Anhalt und Thüringen die Einigungsstelle auch mit einem Rechtskundigen als Vorsitzendem besetzt werden, der die Befähigung zum Berufsrichter nach dem Recht der Deutschen Demokratischen Republik erworben hat.

Kapitel 4. Straf- und Bußgeldvorschriften

§ 16 Strafbare Werbung

(1) Wer in der Absicht, den Anschein eines besonders günstigen Angebots hervorzurufen, in öffentlichen Bekanntmachungen oder in Mitteilungen, die für einen größeren Kreis von Personen bestimmt sind, durch unwahre Angaben irreführend wirbt, wird mit Freiheitsstrafe bis zu zwei Jahren oder mit Geldstrafe bestraft.

(2) Wer es im geschäftlichen Verkehr unternimmt, Verbraucher zur Abnahme von Waren, Dienstleistungen oder Rechten durch das Versprechen zu veranlassen, sie würden entweder vom Veranstalter selbst oder von einem Dritten besondere Vorteile erlangen, wenn sie andere zum Abschluss gleichartiger Geschäfte veranlassen, die ihrerseits nach der Art dieser Werbung derartige Vorteile für eine entsprechende Werbung weiterer Abnehmer erlangen sollen, wird mit Freiheitsstrafe bis zu zwei Jahren oder mit Geldstrafe bestraft.

§ 17 Verrat von Geschäfts- und Betriebsgeheimnissen

(1) Wer als eine bei einem Unternehmen beschäftigte Person ein Geschäfts- oder Betriebsgeheimnis, das ihr im Rahmen des Dienstverhältnisses anvertraut worden oder zugänglich geworden ist, während der Geltungsdauer des Dienstverhältnisses unbefugt an jemand zu Zwecken des Wettbewerbs, aus Eigennutz, zugunsten eines Dritten oder in der Absicht, dem Inhaber des Unternehmens Schaden zuzufügen, mitteilt, wird mit Freiheitsstrafe bis zu drei Jahren oder mit Geldstrafe bestraft.

(2) Ebenso wird bestraft, wer zu Zwecken des Wettbewerbs, aus Eigennutz, zugunsten eines Dritten oder in der Absicht, dem Inhaber des Unternehmens Schaden zuzufügen,

1. sich ein Geschäfts- oder Betriebsgeheimnis durch
   a) Anwendung technischer Mittel,

b) Herstellung einer verkörperten Wiedergabe des Geheimnisses oder

c) Wegnahme einer Sache, in der das Geheimnis verkörpert ist,

unbefugt verschafft oder sichert oder

2. ein Geschäfts- oder Betriebsgeheimnis, das er durch eine der in Absatz 1 bezeichneten Mitteilungen oder durch eine eigene oder fremde Handlung nach Nummer 1 erlangt oder sich sonst unbefugt verschafft oder gesichert hat, unbefugt verwertet oder jemandem mitteilt.

(3) Der Versuch ist strafbar.

(4) In besonders schweren Fällen ist die Strafe Freiheitsstrafe bis zu fünf Jahren oder Geldstrafe. Ein besonders schwerer Fall liegt in der Regel vor, wenn der Täter

1. gewerbsmäßig handelt,
2. bei der Mitteilung weiß, dass das Geheimnis im Ausland verwertet werden soll, oder
3. eine Verwertung nach Absatz 2 Nummer 2 im Ausland selbst vornimmt.

(5) Die Tat wird nur auf Antrag verfolgt, es sei denn, dass die Strafverfolgungsbehörde wegen des besonderen öffentlichen Interesses an der Strafverfolgung ein Einschreiten von Amts wegen für geboten hält.

(6) § 5 Nummer 7 des Strafgesetzbuches gilt entsprechend.

§ 18 Verwertung von Vorlagen

(1) Wer die ihm im geschäftlichen Verkehr anvertrauten Vorlagen oder Vorschriften technischer Art, insbesondere Zeichnungen, Modelle, Schablonen, Schnitte, Rezepte, zu Zwecken des Wettbewerbs oder aus Eigennutz unbefugt verwertet oder jemandem mitteilt, wird mit Freiheitsstrafe bis zu zwei Jahren oder mit Geldstrafe bestraft.

(2) Der Versuch ist strafbar.

(3) Die Tat wird nur auf Antrag verfolgt, es sei denn, dass die Strafverfolgungsbehörde wegen des besonderen öffentlichen Interesses an der Strafverfolgung ein Einschreiten von Amts wegen für geboten hält.

(4) § 5 Nummer 7 des Strafgesetzbuches gilt entsprechend.

§ 19 Verleiten und Erbieten zum Verrat

(1) Wer zu Zwecken des Wettbewerbs oder aus Eigennutz jemanden zu bestimmen versucht, eine Straftat nach § 17 oder § 18 zu begehen oder zu einer solchen Straftat anzustiften, wird mit Freiheitsstrafe bis zu zwei Jahren oder mit Geldstrafe bestraft.

(2) Ebenso wird bestraft, wer zu Zwecken des Wettbewerbs oder aus Eigennutz sich bereit erklärt oder das Erbieten eines anderen annimmt oder mit einem anderen verabredet, eine Straftat nach § 17 oder § 18 zu begehen oder zu ihr anzustiften.

(3) § 31 des Strafgesetzbuches gilt entsprechend.

(4) Die Tat wird nur auf Antrag verfolgt, es sei denn, dass die Strafverfolgungsbehörde wegen des besonderen öffentlichen Interesses an der Strafverfolgung ein Einschreiten von Amts wegen für geboten hält.

(5) § 5 Nummer 7 des Strafgesetzbuches gilt entsprechend.

§ 20 Bußgeldvorschriften

(1) Ordnungswidrig handelt, wer vorsätzlich oder fahrlässig entgegen § 7 Absatz 1

1. in Verbindung mit § 7 Absatz 2 Nummer 2 mit einem Telefonanruf oder
2. in Verbindung mit § 7 Absatz 2 Nummer 3 unter Verwendung einer automatischen Anrufmaschine

gegenüber einem Verbraucher ohne dessen vorherige ausdrückliche Einwilligung wirbt.

(2) Die Ordnungswidrigkeit kann mit einer Geldbuße bis zu dreihunderttausend Euro geahndet werden.

(3) Verwaltungsbehörde im Sinne des § 36 Absatz 1 Nummer 1 des Gesetzes über Ordnungswidrigkeiten ist die Bundesnetzagentur für Elektrizität, Gas, Telekommunikation, Post und Eisenbahnen.

Anhang
(zu § 3 Absatz 3)

Unzulässige geschäftliche Handlungen im Sinne des § 3 Absatz 3 sind

1. die unwahre Angabe eines Unternehmers, zu den Unterzeichnern eines Verhaltenskodexes zu gehören;
2. die Verwendung von Gütezeichen, Qualitätskennzeichen oder Ähnlichem ohne die erforderliche Genehmigung;
3. die unwahre Angabe, ein Verhaltenskodex sei von einer öffentlichen oder anderen Stelle gebilligt;
4. die unwahre Angabe, ein Unternehmer, eine von ihm vorgenommene geschäftliche Handlung oder eine Ware oder Dienstleistung sei von einer öffentlichen oder privaten Stelle bestätigt, gebilligt oder genehmigt worden, oder die unwahre Angabe, den Bedingungen für die Bestätigung, Billigung oder Genehmigung werde entsprochen;
5. Waren- oder Dienstleistungsangebote im Sinne des § 5a Abs. 3 zu einem bestimmten Preis, wenn der Unternehmer nicht darüber aufklärt, dass er hinreichende Gründe für die Annahme hat, er werde nicht in der Lage sein, diese oder gleichartige Waren oder Dienstleistungen für einen angemessenen Zeitraum in angemessener Menge zum genannten Preis bereitzustellen oder bereitstellen zu lassen (Lockangebote). Ist die Bevorratung kürzer als zwei Tage, obliegt es dem Unternehmer, die Angemessenheit nachzuweisen;
6. Waren- oder Dienstleistungsangebote im Sinne des § 5a Abs. 3 zu einem bestimmten Preis, wenn der Unternehmer sodann in der Absicht, stattdessen eine andere Ware oder Dienstleistung abzusetzen, eine fehlerhafte Ausführung der Ware oder Dienstleistung vorführt oder sich weigert zu zeigen, was er beworben hat, oder sich weigert, Bestellungen dafür anzunehmen oder die beworbene Leistung innerhalb einer vertretbaren Zeit zu erbringen;
7. die unwahre Angabe, bestimmte Waren oder Dienstleistungen seien allgemein oder zu bestimmten Bedingungen nur für einen sehr begrenzten Zeitraum verfügbar, um den Verbraucher zu einer sofortigen geschäftlichen Entscheidung zu veranlassen, ohne dass dieser Zeit und Gelegenheit hat, sich auf Grund von Informationen zu entscheiden;
8. Kundendienstleistungen in einer anderen Sprache als derjenigen, in der die Verhandlungen vor dem Abschluss des Geschäfts geführt worden sind, wenn die ursprünglich verwendete Sprache nicht Amtssprache des Mitgliedstaats ist, in dem der Unternehmer niedergelassen ist; dies gilt nicht, soweit Verbraucher vor dem Abschluss des Geschäfts darüber aufgeklärt werden, dass diese Leistungen in einer anderen als der ursprünglich verwendeten Sprache erbracht werden;
9. die unwahre Angabe oder das Erwecken des unzutreffenden Eindrucks, eine Ware oder Dienstleistung sei verkehrsfähig;
10. die unwahre Angabe oder das Erwecken des unzutreffenden Eindrucks, gesetzlich bestehende Rechte stellten eine Besonderheit des Angebots dar;
11. der vom Unternehmer finanzierte Einsatz redaktioneller Inhalte zu Zwecken der Verkaufsförderung, ohne dass sich dieser Zusammenhang aus dem Inhalt oder aus der Art der optischen oder akustischen Darstellung eindeutig ergibt (als Information getarnte Werbung);
12. unwahre Angaben über Art und Ausmaß einer Gefahr für die persönliche Sicherheit des Verbrauchers oder seiner Familie für den Fall, dass er die angebotene Ware nicht erwirbt oder die angebotene Dienstleistung nicht in Anspruch nimmt;
13. Werbung für eine Ware oder Dienstleistung, die der Ware oder Dienstleistung eines bestimmten Herstellers ähnlich ist, wenn dies in der Absicht geschieht, über die betriebliche Herkunft der beworbenen Ware oder Dienstleistung zu täuschen;
14. die Einführung, der Betrieb oder die Förderung eines Systems zur Verkaufsförderung, bei dem vom Verbraucher ein finanzieller Beitrag für die Möglichkeit verlangt wird, allein oder hauptsächlich durch die Einführung weiterer Teilnehmer in das System eine Vergütung zu erlangen (Schneeball- oder Pyramidensystem);
15. die unwahre Angabe, der Unternehmer werde demnächst sein Geschäft aufgeben oder seine Geschäftsräume verlegen;
16. die Angabe, durch eine bestimmte Ware oder Dienstleistung ließen sich die Gewinnchancen bei einem Glücksspiel erhöhen;
17. die unwahre Angabe oder das Erwecken des unzutreffenden Eindrucks, der Verbraucher habe bereits einen Preis gewonnen oder werde ihn gewinnen oder werde durch eine bestimmte Handlung einen Preis gewinnen oder einen sonstigen Vorteil erlangen, wenn es einen solchen Preis oder Vorteil tatsächlich nicht gibt, oder wenn jedenfalls die Möglichkeit, einen Preis oder sonstigen Vorteil zu erlangen, von der Zahlung eines Geldbetrags oder der Übernahme von Kosten abhängig gemacht wird;

18. die unwahre Angabe, eine Ware oder Dienstleistung könne Krankheiten, Funktionsstörungen oder Missbildungen heilen;
19. eine unwahre Angabe über die Marktbedingungen oder Bezugsquellen, um den Verbraucher dazu zu bewegen, eine Ware oder Dienstleistung zu weniger günstigen Bedingungen als den allgemeinen Marktbedingungen abzunehmen oder in Anspruch zu nehmen;
20. das Angebot eines Wettbewerbs oder Preisausschreibens, wenn weder die in Aussicht gestellten Preise noch ein angemessenes Äquivalent vergeben werden;
21. das Angebot einer Ware oder Dienstleistung als „gratis", „umsonst", „kostenfrei" oder dergleichen, wenn hierfür gleichwohl Kosten zu tragen sind; dies gilt nicht für Kosten, die im Zusammenhang mit dem Eingehen auf das Waren- oder Dienstleistungsangebot oder für die Abholung oder Lieferung der Ware oder die Inanspruchnahme der Dienstleistung unvermeidbar sind;
22. die Übermittlung von Werbematerial unter Beifügung einer Zahlungsaufforderung, wenn damit der unzutreffende Eindruck vermittelt wird, die beworbene Ware oder Dienstleistung sei bereits bestellt;
23. die unwahre Angabe oder das Erwecken des unzutreffenden Eindrucks, der Unternehmer sei Verbraucher oder nicht für Zwecke seines Geschäfts, Handels, Gewerbes oder Berufs tätig;
24. die unwahre Angabe oder das Erwecken des unzutreffenden Eindrucks, es sei im Zusammenhang mit Waren oder Dienstleistungen in einem anderen Mitgliedstaat der Europäischen Union als dem des Warenverkaufs oder der Dienstleistung ein Kundendienst verfügbar;
25. das Erwecken des Eindrucks, der Verbraucher könne bestimmte Räumlichkeiten nicht ohne vorherigen Vertragsabschluss verlassen;
26. bei persönlichem Aufsuchen in der Wohnung die Nichtbeachtung einer Aufforderung des Besuchten, diese zu verlassen oder nicht zu ihr zurückzukehren, es sein denn, der Besuch ist zur rechtmäßigen Durchsetzung einer vertraglichen Verpflichtung gerechtfertigt;
27. Maßnahmen, durch die der Verbraucher von der Durchsetzung seiner vertraglichen Rechte aus einem Versicherungsverhältnis dadurch abgehalten werden soll, dass von ihm bei der Geltendmachung seines Anspruchs die Vorlage von Unterlagen verlangt wird, die zum Nachweis dieses Anspruchs nicht erforderlich sind, oder dass Schreiben zur Geltendmachung eines solchen Anspruchs systematisch nicht beantwortet werden;
28. die in eine Werbung einbezogene unmittelbare Aufforderung an Kinder, selbst die beworbene Ware zu erwerben oder die beworbene Dienstleistung in Anspruch zu nehmen oder ihre Eltern oder andere Erwachsene dazu zu veranlassen;
29. die Aufforderung zur Bezahlung nicht bestellter, aber gelieferter Waren oder erbrachter Dienstleistungen oder eine Aufforderung zur Rücksendung oder Aufbewahrung nicht bestellter Sachen und
30. die ausdrückliche Angabe, dass der Arbeitsplatz oder Lebensunterhalt des Unternehmers gefährdet sei, wenn der Verbraucher die Ware oder Dienstleistung nicht abnehme.

Preisangabenverordnung (PAngV)[1]

In der Fassung der Bekanntmachung vom 18. Oktober 2002[2]

(BGBl. I S. 4197)

FNA 720-17-1

zuletzt geänd. durch Art. 11 G zur Umsetzung der WohnimmobilienkreditRL und zur Änd. handelsrechtlicher Vorschriften v. 11.3.2016 (BGBl. I S. 396)

§ 1 Grundvorschriften

(1) Wer Verbrauchern gemäß § 13 des Bürgerlichen Gesetzbuchs gewerbs- oder geschäftsmäßig oder wer ihnen regelmäßig in sonstiger Weise Waren oder Leistungen anbietet oder als Anbieter von Waren oder Leistungen gegenüber Verbrauchern unter Angabe von Preisen wirbt, hat die Preise anzugeben, die einschließlich der Umsatzsteuer und sonstiger Preisbestandteile zu zahlen sind (Gesamtpreise). Soweit es der allgemeinen Verkehrsauffassung entspricht, sind auch die Verkaufs- oder Leistungseinheit und die Gütebezeichnung anzugeben, auf die sich die Preise beziehen. Auf die Bereitschaft, über den angegebenen Preis zu verhandeln, kann hingewiesen werden, soweit es der allgemeinen Verkehrsauffassung entspricht und Rechtsvorschriften nicht entgegenstehen.

(2) Wer Verbrauchern gewerbs- oder geschäftsmäßig oder wer ihnen regelmäßig in sonstiger Weise Waren oder Leistungen zum Abschluss eines Fernabsatzvertrages anbietet, hat zusätzlich zu Absatz 1 und § 2 Absatz 2 anzugeben,

1. dass die für Waren oder Leistungen geforderten Preise die Umsatzsteuer und sonstige Preisbestandteile enthalten und
2. ob zusätzlich Fracht-, Liefer- oder Versandkosten oder sonstige Kosten anfallen.

Fallen zusätzliche Fracht-, Liefer- oder Versandkosten oder sonstige Kosten an, so ist deren Höhe anzugeben, soweit diese Kosten vernünftigerweise im Voraus berechnet werden können.

(3) Bei Leistungen können, soweit es üblich ist, abweichend von Absatz 1 Satz 1 Stundensätze, Kilometersätze und andere Verrechnungssätze angegeben werden, die alle Leistungselemente einschließlich der anteiligen Umsatzsteuer enthalten. Die Materialkosten können in die Verrechnungssätze einbezogen werden.

(4) Wird außer dem Entgelt für eine Ware oder Leistung eine rückerstattbare Sicherheit gefordert, so ist deren Höhe neben dem Preis für die Ware oder Leistung anzugeben und kein Gesamtbetrag zu bilden.

(5) Die Angabe von Preisen mit einem Änderungsvorbehalt ist abweichend von Absatz 1 Satz 1 nur zulässig

1. bei Waren oder Leistungen, für die Liefer- oder Leistungsfristen von mehr als vier Monaten bestehen, soweit zugleich die voraussichtlichen Liefer- und Leistungsfristen angegeben werden,
2. bei Waren oder Leistungen, die im Rahmen von Dauerschuldverhältnissen erbracht werden, oder
3. in Prospekten eines Reiseveranstalters über die von ihm veranstalteten Reisen, soweit der Reiseveranstalter gemäß § 4 Absatz 2 der BGB-Informationspflichten-Verordnung in der Fassung der Bekanntmachung vom 5. August 2002 (BGBl. I S. 3002), die zuletzt durch die Verordnung vom 23. Oktober 2008 (BGBl. I S. 2069) geändert worden ist, den Vorbehalt einer Preisanpassung in den Prospekt aufnehmen darf und er sich eine entsprechende Anpassung im Prospekt vorbehalten hat.

(6) Die Angaben nach dieser Verordnung müssen der allgemeinen Verkehrsauffassung und den Grundsätzen von Preisklarheit und Preiswahrheit entsprechen. Wer zu Angaben nach dieser Verordnung verpflichtet ist, hat diese dem Angebot oder der Werbung eindeutig zuzuordnen sowie leicht erkennbar und deutlich lesbar oder sonst gut wahrnehmbar zu machen. Bei der Aufgliederung von Preisen sind die Gesamtpreise hervorzuheben.

---

[1] Die VO wurde erlassen auf Grund von § 1 des Preisangaben- und Preisklauselgesetzes und des § 8 Abs. 1 Satz 1 Nr. 9 des Eichgesetzes.

[2] Neubekanntmachung der PAngV idF der Bek. v. 28.7.2000 (BGBl. I S. 1244) in der ab 1.1.2003 geltenden Fassung.

§ 2 Grundpreis

(1) Wer Verbrauchern gewerbs- oder geschäftsmäßig oder wer ihnen regelmäßig in sonstiger Weise Waren in Fertigpackungen, offenen Packungen oder als Verkaufseinheiten ohne Umhüllung nach Gewicht, Volumen, Länge oder Fläche anbietet, hat neben dem Gesamtpreis auch den Preis je Mengeneinheit einschließlich der Umsatzsteuer und sonstiger Preisbestandteile (Grundpreis) in unmittelbarer Nähe des Gesamtpreises gemäß Absatz 3 Satz 1, 2, 4 oder 5 anzugeben. Dies gilt auch für denjenigen, der als Anbieter dieser Waren gegenüber Verbrauchern unter Angabe von Preisen wirbt. Auf die Angabe des Grundpreises kann verzichtet werden, wenn dieser mit dem Gesamtpreis identisch ist.

(2) Wer Verbrauchern gewerbs- oder geschäftsmäßig oder wer ihnen regelmäßig in sonstiger Weise unverpackte Waren, die in deren Anwesenheit oder auf deren Veranlassung abgemessen werden (lose Ware), nach Gewicht, Volumen, Länge oder Fläche anbietet oder als Anbieter dieser Waren gegenüber Verbrauchern unter Angabe von Preisen wirbt, hat lediglich den Grundpreis gemäß Absatz 3 anzugeben.

(3) Die Mengeneinheit für den Grundpreis ist jeweils 1 Kilogramm, 1 Liter, 1 Kubikmeter, 1 Meter oder 1 Quadratmeter der Ware. Bei Waren, deren Nenngewicht oder Nennvolumen üblicherweise 250 Gramm oder Milliliter nicht übersteigt, dürfen als Mengeneinheit für den Grundpreis 100 Gramm oder Milliliter verwendet werden. Bei nach Gewicht oder nach Volumen angebotener loser Ware ist als Mengeneinheit für den Grundpreis entsprechend der allgemeinen Verkehrsauffassung entweder 1 Kilogramm oder 100 Gramm oder 1 Liter oder 100 Milliliter zu verwenden. Bei Waren, die üblicherweise in Mengen von 100 Liter und mehr, 50 Kilogramm und mehr oder 100 Meter und mehr abgegeben werden, ist für den Grundpreis die Mengeneinheit zu verwenden, die der allgemeinen Verkehrsauffassung entspricht. Bei Waren, bei denen das Abtropfgewicht anzugeben ist, ist der Grundpreis auf das angegebene Abtropfgewicht zu beziehen.

(4) Bei Haushaltswaschmitteln kann als Mengeneinheit für den Grundpreis eine übliche Anwendung verwendet werden. Dies gilt auch für Wasch- und Reinigungsmittel, sofern sie einzeln portioniert sind und die Zahl der Portionen zusätzlich zur Gesamtfüllmenge angegeben ist.

§ 3 Elektrizität, Gas, Fernwärme und Wasser

Wer Verbrauchern gewerbs- oder geschäftsmäßig oder wer ihnen regelmäßig in sonstiger Weise Elektrizität, Gas, Fernwärme oder Wasser leitungsgebunden anbietet oder als Anbieter dieser Waren gegenüber Verbrauchern unter Angabe von Preisen wirbt, hat den verbrauchsabhängigen Preis je Mengeneinheit einschließlich der Umsatzsteuer und aller spezifischen Verbrauchssteuern (Arbeits- oder Mengenpreis) gemäß Satz 2 im Angebot oder in der Werbung anzugeben. Als Mengeneinheit für den Arbeitspreis bei Elektrizität, Gas und Fernwärme ist 1 Kilowattstunde und für den Mengenpreis bei Wasser 1 Kubikmeter zu verwenden. Wer neben dem Arbeits- oder Mengenpreis leistungsabhängige Preise fordert, hat diese vollständig in unmittelbarer Nähe des Arbeits- oder Mengenpreises anzugeben. Satz 3 gilt entsprechend für die Forderungen nicht verbrauchsabhängiger Preise.

§ 4 Handel

(1) Waren, die in Schaufenstern, Schaukästen, innerhalb oder außerhalb des Verkaufsraumes auf Verkaufsständen oder in sonstiger Weise sichtbar ausgestellt werden, und Waren, die vom Verbraucher unmittelbar entnommen werden können, sind durch Preisschilder oder Beschriftung der Ware auszuzeichnen.

(2) Waren, die nicht unter den Voraussetzungen des Absatzes 1 im Verkaufsraum zum Verkauf bereitgehalten werden, sind entweder nach Absatz 1 auszuzeichnen oder dadurch, dass die Behältnisse oder Regale, in denen sich die Waren befinden, beschriftet werden oder dass Preisverzeichnisse angebracht oder zur Einsichtnahme aufgelegt werden.

(3) Waren, die nach Musterbüchern angeboten werden, sind dadurch auszuzeichnen, dass die Preise für die Verkaufseinheit auf den Mustern oder damit verbundenen Preisschildern oder Preisverzeichnissen angegeben werden.

(4) Waren, die nach Katalogen oder Warenlisten oder auf Bildschirmen angeboten werden, sind dadurch auszuzeichnen, dass die Preise unmittelbar bei den Abbildungen oder Beschreibungen der Waren oder in mit den Katalogen oder Warenlisten im Zusammenhang stehenden Preisverzeichnissen angegeben werden.

(5) Auf Angebote von Waren, deren Preise üblicherweise aufgrund von Tarifen oder Gebührenregelungen bemessen werden, ist § 5 Abs. 1 und 2 entsprechend anzuwenden.

§ 5 Leistungen

(1) Wer Leistungen anbietet, hat ein Preisverzeichnis mit den Preisen für seine wesentlichen Leistungen oder in den Fällen des § 1 Abs. 3 mit seinen Verrechnungssätzen aufzustellen. Dieses ist im Geschäftslokal oder am sonstigen Ort des Leistungsangebots und, sofern vorhanden, zusätzlich im Schaufenster oder Schaukasten anzubringen. Ort des Leistungsangebots ist auch die Bildschirmanzeige. Wird eine Leistung über Bildschirmanzeige erbracht und nach Einheiten berechnet, ist eine gesonderte Anzeige über den Preis der fortlaufenden Nutzung unentgeltlich anzubieten.

(2) Werden entsprechend der allgemeinen Verkehrsauffassung die Preise und Verrechnungssätze für sämtliche angebotenen Leistungen in Preisverzeichnisse aufgenommen, so sind diese zur Einsichtnahme am Ort des Leistungsangebots bereitzuhalten, wenn das Anbringen der Preisverzeichnisse wegen ihres Umfangs nicht zumutbar ist.

(3) Werden die Leistungen in Fachabteilungen von Handelsbetrieben angeboten, so genügt das Anbringen der Preisverzeichnisse in den Fachabteilungen.

§ 6 Verbraucherdarlehen

(1) Wer Verbrauchern gewerbs- oder geschäftsmäßig oder wer ihnen regelmäßig in sonstiger Weise den Abschluss von Verbraucherdarlehen im Sinne des § 491 des Bürgerlichen Gesetzbuchs anbietet, hat als Preis die nach den Absätzen 2 bis 6 und 8 berechneten Gesamtkosten des Verbraucherdarlehens für den Verbraucher, ausgedrückt als jährlicher Prozentsatz des Nettodarlehensbetrags, soweit zutreffend, einschließlich der Kosten gemäß Absatz 3 Satz 2 Nummer 1, anzugeben und als effektiven Jahreszins zu bezeichnen.

(2) Der anzugebende effektive Jahreszins gemäß Absatz 1 ist mit der in der Anlage angegebenen mathematischen Formel und nach den in der Anlage zugrunde gelegten Vorgehensweisen zu berechnen. Bei der Berechnung des effektiven Jahreszinses wird von der Annahme ausgegangen, dass der Verbraucherdarlehensvertrag für den vereinbarten Zeitraum gilt und dass Darlehensgeber und Verbraucher ihren Verpflichtungen zu den im Verbraucherdarlehensvertrag niedergelegten Bedingungen und Terminen nachkommen.

(3) In die Berechnung des anzugebenden effektiven Jahreszinses sind als Gesamtkosten die vom Verbraucher zu entrichtenden Zinsen und alle sonstigen Kosten einschließlich etwaiger Vermittlungskosten einzubeziehen, die der Verbraucher im Zusammenhang mit dem Verbraucherdarlehensvertrag zu entrichten hat und die dem Darlehensgeber bekannt sind. Zu den sonstigen Kosten gehören:

1. Kosten für die Eröffnung und Führung eines spezifischen Kontos, Kosten für die Verwendung eines Zahlungsmittels, mit dem sowohl Geschäfte auf diesem Konto getätigt als auch Verbraucherdarlehensbeträge in Anspruch genommen werden können, sowie sonstige Kosten für Zahlungsgeschäfte, wenn die Eröffnung oder Führung eines Kontos Voraussetzung dafür ist, dass das Verbraucherdarlehen überhaupt oder nach den vorgesehenen Vertragsbedingungen gewährt wird;
2. Kosten für die Immobilienbewertung, sofern eine solche Bewertung für die Gewährung des Verbraucherdarlehens erforderlich ist.

(4) Nicht in die Berechnung der Gesamtkosten einzubeziehen sind, soweit zutreffend:

1. Kosten, die vom Verbraucher bei Nichterfüllung seiner Verpflichtungen aus dem Verbraucherdarlehensvertrag zu tragen sind;
2. Kosten für solche Versicherungen und für solche anderen Zusatzleistungen, die keine Voraussetzung für die Verbraucherdarlehensvergabe oder für die Verbraucherdarlehensvergabe zu den vorgesehenen Vertragsbedingungen sind;
3. Kosten mit Ausnahme des Kaufpreises, die vom Verbraucher beim Erwerb von Waren oder Dienstleistungen unabhängig davon zu tragen sind, ob es sich um ein Bar- oder Verbraucherdarlehensgeschäft handelt;
4. Gebühren für die Eintragung der Eigentumsübertragung oder der Übertragung eines grundstücksgleichen Rechts in das Grundbuch;
5. Notarkosten.

(5) Ist eine Änderung des Zinssatzes oder sonstiger in die Berechnung des anzugebenden effektiven Jahreszinses einzubeziehender Kosten vorbehalten und ist ihre zahlenmäßige Bestimmung im Zeitpunkt der Berechnung des anzugebenden effektiven Jahreszinses nicht möglich, so wird bei der Berechnung von der Annahme ausgegangen, dass der Sollzinssatz und die sonstigen Kosten gemessen an der ursprünglichen Höhe fest bleiben und bis zum Ende des Verbraucherdarlehensvertrags gelten.

(6) Erforderlichenfalls ist bei der Berechnung des anzugebenden effektiven Jahreszinses von den in der Anlage niedergelegten Annahmen auszugehen.

(7) Ist der Abschluss eines Vertrags über die Inanspruchnahme einer Nebenleistung, insbesondere eines Versicherungsvertrags oder allgemein einer Mitgliedschaft, zwingende Voraussetzung dafür, dass das Verbraucherdarlehen überhaupt oder nach den vorgesehenen Vertragsbedingungen gewährt wird, und können die Kosten der Nebenleistung nicht im Voraus bestimmt werden, so ist in klarer, eindeutiger und auffallender Art und Weise darauf hinzuweisen,

1. dass eine Verpflichtung zum Abschluss des Vertrages über die Nebenleistung besteht und
2. wie hoch der effektive Jahreszins des Verbraucherdarlehens ist.

(8) Bei Bauspardarlehen ist bei der Berechnung des anzugebenden effektiven Jahreszinses davon auszugehen, dass im Zeitpunkt der Verbraucherdarlehensauszahlung das vertragliche Mindestsparguthaben angespart ist. Von der Abschlussgebühr ist im Zweifel lediglich der Teil zu berücksichtigen, der auf den Verbraucherdarlehensanteil der Bausparsumme entfällt. Bei Verbraucherdarlehen, die der Vor- oder Zwischenfinanzierung von Leistungen einer Bausparkasse aus Bausparverträgen dienen und deren preisbestimmende Faktoren bis zur Zuteilung unveränderbar sind, ist als Laufzeit von den Zuteilungsfristen auszugehen, die sich aus der Zielbewertungszahl für Bausparverträge gleicher Art ergeben. Bei vor- oder zwischenfinanzierten Bausparverträgen gemäß Satz 3 ist für das Gesamtprodukt aus Vor- oder Zwischenfinanzierungsdarlehen und Bausparvertrag der effektive Jahreszins für die Gesamtlaufzeit anzugeben.

§ 6a Werbung für Verbraucherdarlehen

(1) Jegliche Kommunikation für Werbe- und Marketingzwecke, die Verbraucherdarlehen betrifft, hat den Kriterien der Redlichkeit und Eindeutigkeit zu genügen und darf nicht irreführend sein. Insbesondere sind Formulierungen unzulässig, die beim Verbraucher falsche Erwartungen in Bezug auf die Möglichkeit, ein Verbraucherdarlehen zu erhalten oder in Bezug auf die Kosten eines Verbraucherdarlehens wecken.

(2) Wer gegenüber Verbrauchern für den Abschluss eines Verbraucherdarlehensvertrags mit Zinssätzen oder sonstigen Zahlen, die die Kosten betreffen, wirbt, hat in klarer, eindeutiger und auffallender Art und Weise anzugeben:

1. die Identität und Anschrift des Darlehensgebers oder gegebenenfalls des Darlehensvermittlers,
2. den Nettodarlehensbetrag,
3. den Sollzinssatz und die Auskunft, ob es sich um einen festen oder einen variablen Zinssatz oder um eine Kombination aus beiden handelt, sowie Einzelheiten aller für den Verbraucher anfallenden, in die Gesamtkosten einbezogenen Kosten,
4. den effektiven Jahreszins.

In der Werbung ist der effektive Jahreszins mindestens genauso hervorzuheben wie jeder andere Zinssatz.

(3) In der Werbung gemäß Absatz 2 sind zusätzlich, soweit zutreffend, folgende Angaben zu machen:

1. der vom Verbraucher zu zahlende Gesamtbetrag,
2. die Laufzeit des Verbraucherdarlehensvertrags,
3. die Höhe der Raten,
4. die Anzahl der Raten,
5. bei Immobiliar-Verbraucherdarlehen der Hinweis, dass der Verbraucherdarlehensvertrag durch ein Grundpfandrecht oder eine Reallast besichert wird,
6. bei Immobiliar-Verbraucherdarlehen in Fremdwährung ein Warnhinweis, dass sich mögliche Wechselkursschwankungen auf die Höhe des vom Verbraucher zu zahlenden Gesamtbetrags auswirken könnten.

(4) Die in den Absätzen 2 und 3 genannten Angaben sind mit Ausnahme der Angaben nach Absatz 2 Satz 1 Nummer 1 und Absatz 3 Nummer 5 und 6 mit einem Beispiel zu versehen. Bei der Auswahl des Beispiels muss der Werbende von einem effektiven Jahreszins ausgehen, von dem er erwarten darf, dass er mindestens zwei Drittel der auf Grund der Werbung zustande kommenden Verträge zu dem angegebenen oder einem niedrigeren effektiven Jahreszins abschließen wird.

(5) Verlangt der Werbende den Abschluss eines Versicherungsvertrags oder eines Vertrags über andere Zusatzleistungen und können die Kosten für diesen Vertrag nicht im Voraus bestimmt wer-

den, ist auf die Verpflichtung zum Abschluss dieses Vertrags klar und verständlich an gestalterisch hervorgehobener Stelle zusammen mit dem effektiven Jahreszins hinzuweisen.

(6) Die Informationen nach den Absätzen 2, 3 und 5 müssen in Abhängigkeit vom Medium, das für die Werbung gewählt wird, akustisch gut verständlich oder deutlich lesbar sein.

(7) Auf Immobiliar-Verbraucherdarlehensverträge gemäß § 491 Absatz 2 Satz 2 Nummer 5 des Bürgerlichen Gesetzbuchs ist nur Absatz 1 anwendbar.

§ 6b Überziehungsmöglichkeiten

Bei Überziehungsmöglichkeiten im Sinne des § 504 Abs. 2 des Bürgerlichen Gesetzbuchs hat der Darlehensgeber statt des effektiven Jahreszinses den Sollzinssatz pro Jahr und die Zinsbelastungsperiode anzugeben, wenn diese nicht kürzer als drei Monate ist und der Darlehensgeber außer den Sollzinsen keine weiteren Kosten verlangt.

§ 6c Entgeltliche Finanzierungshilfen

Die §§ 6 und 6a sind auf Verträge entsprechend anzuwenden, durch die ein Unternehmer einem Verbraucher einen entgeltlichen Zahlungsaufschub oder eine sonstige entgeltliche Finanzierungshilfe im Sinne des § 506 des Bürgerlichen Gesetzbuchs gewährt.

§ 7 Gaststätten, Beherbergungsbetriebe

(1) In Gaststätten und ähnlichen Betrieben, in denen Speisen oder Getränke angeboten werden, sind die Preise in Preisverzeichnissen anzugeben. Die Preisverzeichnisse sind entweder auf Tischen aufzulegen oder jedem Gast vor Entgegennahme von Bestellungen und auf Verlangen bei Abrechnung vorzulegen oder gut lesbar anzubringen. Werden Speisen und Getränke gemäß § 4 Abs. 1 angeboten, so muss die Preisangabe dieser Vorschrift entsprechen.

(2) Neben dem Eingang der Gaststätte ist ein Preisverzeichnis anzubringen, aus dem die Preise für die wesentlichen angebotenen Speisen und Getränke ersichtlich sind. Ist der Gaststättenbetrieb Teil eines Handelsbetriebes, so genügt das Anbringen des Preisverzeichnisses am Eingang des Gaststättenteils.

(3) In Beherbergungsbetrieben ist beim Eingang oder bei der Anmeldestelle des Betriebes an gut sichtbarer Stelle ein Verzeichnis anzubringen oder auszulegen, aus dem die Preise der im Wesentlichen angebotenen Zimmer und gegebenenfalls der Frühstückspreis ersichtlich sind.

(4) Kann in Gaststätten- und Beherbergungsbetrieben eine Telekommunikationsanlage benutzt werden, so ist der bei Benutzung geforderte Preis je Minute oder je Benutzung in der Nähe der Telekommunikationsanlage anzugeben.

(5) Die in den Preisverzeichnissen aufgeführten Preise müssen das Bedienungsgeld und sonstige Zuschläge einschließen.

§ 8 Tankstellen, Parkplätze

(1) An Tankstellen sind die Kraftstoffpreise so auszuzeichnen, dass sie

1. für den auf der Straße heranfahrenden Kraftfahrer,
2. auf Bundesautobahnen für den in den Tankstellenbereich einfahrenden Kraftfahrer

deutlich lesbar sind. Dies gilt nicht für Kraftstoffmischungen, die erst in der Tankstelle hergestellt werden.

(2) Wer für weniger als einen Monat Garagen, Einstellplätze oder Parkplätze vermietet oder bewacht oder Kraftfahrzeuge verwahrt, hat am Anfang der Zufahrt ein Preisverzeichnis anzubringen, aus dem die von ihm geforderten Preise ersichtlich sind.

§ 9 Ausnahmen

(1) Die Vorschriften dieser Verordnung sind nicht anzuwenden

1. auf Angebote oder Werbung gegenüber Verbrauchern, die die Ware oder Leistung in ihrer selbständigen beruflichen oder gewerblichen oder in ihrer behördlichen oder dienstlichen Tätigkeit verwenden; für Handelsbetriebe gilt dies nur, wenn sie sicherstellen, dass als Verbraucher ausschließlich die in Halbsatz 1 genannten Personen Zutritt haben, und wenn sie durch geeignete Maßnahmen dafür Sorge tragen, dass diese Personen nur die in ihrer jeweiligen Tätigkeit verwendbaren Waren kaufen;

2. auf Leistungen von Gebietskörperschaften des öffentlichen Rechts, soweit es sich nicht um Leistungen handelt, für die Benutzungsgebühren oder privatrechtliche Entgelte zu entrichten sind;
3. auf Waren und Leistungen, soweit für sie aufgrund von Rechtsvorschriften eine Werbung untersagt ist;
4. auf mündliche Angebote, die ohne Angabe von Preisen abgegeben werden;
5. auf Warenangebote bei Versteigerungen.

(2) § 1 Abs. 1 und § 2 Abs. 1 sind nicht anzuwenden auf individuelle Preisnachlässe sowie auf nach Kalendertagen zeitlich begrenzte und durch Werbung bekannt gemachte generelle Preisnachlässe.

(3) § 1 Abs. 2 ist nicht anzuwenden auf die in § 312 Absatz 2 Nummer 2, 3, 6, 9 und 10 und Absatz 6 des Bürgerlichen Gesetzbuchs genannten Verträge.

(4) § 2 Abs. 1 ist nicht anzuwenden auf Waren, die
1. über ein Nenngewicht oder Nennvolumen von weniger als 10 Gramm oder Milliliter verfügen;
2. verschiedenartige Erzeugnisse enthalten, die nicht miteinander vermischt oder vermengt sind;
3. von kleinen Direktvermarktern sowie kleinen Einzelhandelsgeschäften angeboten werden, bei denen die Warenausgabe überwiegend im Wege der Bedienung erfolgt, es sei denn, dass das Warensortiment im Rahmen eines Vertriebssystems bezogen wird;
4. im Rahmen einer Dienstleistung angeboten werden;
5. in Getränke- und Verpflegungsautomaten angeboten werden.

(5) § 2 Abs. 1 ist ferner nicht anzuwenden bei
1. Kau- und Schnupftabak mit einem Nenngewicht bis 25 Gramm;
2. kosmetischen Mitteln, die ausschließlich der Färbung oder Verschönerung der Haut, des Haares oder der Nägel dienen;
3. Parfüms und parfümierten Duftwässern, die mindestens 3 Volumenprozent Duftöl und mindestens 70 Volumenprozent reinen Äthylalkohol enthalten.

(6) Die Angabe eines neuen Grundpreises nach § 2 Abs. 1 ist nicht erforderlich bei
1. Waren ungleichen Nenngewichts oder -volumens oder ungleicher Nennlänge oder -fläche mit gleichem Grundpreis, wenn der geforderte Gesamtpreis um einen einheitlichen Betrag herabgesetzt wird;
2. leicht verderblichen Lebensmitteln, wenn der geforderte Gesamtpreis wegen einer drohenden Gefahr des Verderbs herabgesetzt wird.

(7) § 4 ist nicht anzuwenden
1. auf Kunstgegenstände, Sammlungsstücke und Antiquitäten im Sinne des Kapitels 97 des Gemeinsamen Zolltarifs;
2. auf Waren, die in Werbevorführungen angeboten werden, sofern der Preis der jeweiligen Ware bei deren Vorführung und unmittelbar vor Abschluss des Kaufvertrages genannt wird;
3. auf Blumen und Pflanzen, die unmittelbar vom Freiland, Treibbeet oder Treibhaus verkauft werden.

(8) § 5 ist nicht anzuwenden
1. auf Leistungen, die üblicherweise aufgrund von schriftlichen Angeboten oder schriftlichen Voranschlägen erbracht werden, die auf den Einzelfall abgestellt sind;
2. auf künstlerische, wissenschaftliche und pädagogische Leistungen; dies gilt nicht, wenn die Leistungen in Konzertsälen, Theatern, Filmtheatern, Schulen, Instituten oder dergleichen erbracht werden;
3. auf Leistungen, bei denen in Gesetzen oder Rechtsverordnungen die Angabe von Preisen besonders geregelt ist.

§ 10 Ordnungswidrigkeiten

(1) Ordnungswidrig im Sinne des § 3 Abs. 1 Nr. 2 des Wirtschaftsstrafgesetzes 1954 handelt, wer vorsätzlich oder fahrlässig
1. entgegen § 1 Abs. 1 Satz 1 Preise nicht, nicht richtig oder nicht vollständig angibt,
2. entgegen § 1 Abs. 1 Satz 2 die Verkaufs- oder Leistungseinheit oder Gütebezeichnung nicht oder nicht richtig angibt, auf die sich die Preise beziehen,

3. entgegen § 1 Abs. 2 Satz 1 Nr. 1, auch in Verbindung mit Satz 3, eine Angabe nicht, nicht richtig oder nicht vollständig macht,
4. entgegen § 1 Abs. 3 Satz 1 Stundensätze, Kilometersätze oder andere Verrechnungssätze nicht richtig angibt,
5. entgegen § 1 Abs. 4 oder 6 Satz 2 Angaben nicht in der dort vorgeschriebenen Form macht,
6. entgegen § 1 Abs. 6 Satz 3 den Gesamtpreis nicht hervorhebt oder
7. entgegen § 2 Abs. 1 Satz 1, auch in Verbindung mit Satz 2, oder § 2 Abs. 2 oder § 3 Satz 1 oder 3, auch in Verbindung mit Satz 4, eine Angabe nicht, nicht richtig oder nicht vollständig macht.

(2) Ordnungswidrig im Sinne des § 3 Abs. 1 Nr. 2 des Wirtschaftsstrafgesetzes 1954 handelt auch, wer vorsätzlich oder fahrlässig einer Vorschrift

1. des § 4 Abs. 1 bis 4 über das Auszeichnen von Waren,
2. des § 5 Abs. 1 Satz 1, 2 oder 4 oder Abs. 2, jeweils auch in Verbindung mit § 4 Abs. 5, über das Aufstellen, das Anbringen oder das Bereithalten von Preisverzeichnissen oder über das Anbieten einer Anzeige des Preises,
3. des § 6 Absatz 1 über die Angabe oder die Bezeichnung des Preises bei Verbraucherdarlehen,
4. des § 6 Absatz 7 oder § 6b über die Angabe von Voraussetzungen für die Verbraucherdarlehensgewährung oder des Zinssatzes oder der Zinsbelastungsperiode,
5. des § 6a Absatz 2 Satz 1 oder Absatz 3 über die Pflichtangaben in der Werbung,
6. des § 7 Abs. 1 Satz 1 oder 2, Abs. 2 Satz 1, Abs. 3 oder 4 über die Angabe von Preisen oder über das Auflegen, das Vorlegen, das Anbringen oder das Auslegen eines dort genannten Verzeichnisses,
7. des § 8 Abs. 1 Satz 1 über das Auszeichnen von Kraftstoffpreisen oder
8. des § 8 Abs. 2 über das Anbringen eines Preisverzeichnisses

zuwiderhandelt.

(3) Ordnungswidrig im Sinne des § 3 Abs. 1 Satz 1 Nr. 3 des Wirtschaftsstrafgesetzes 1954 handelt, wer vorsätzlich oder fahrlässig entgegen § 1 Abs. 2 Satz 1 Nr. 2 oder Satz 2, jeweils auch in Verbindung mit Satz 3, eine Angabe nicht, nicht richtig oder nicht vollständig macht.

§ 11 *(aufgehoben)*

Anlage
(zu § 6)

Berechnung des effektiven Jahreszinses

1. Grundgleichung zur Darstellung der Gleichheit zwischen Verbraucherdarlehens-Auszahlungsbeträgen einerseits und Rückzahlungen (Tilgung, Zinsen und Verbraucherdarlehenskosten) andererseits.

Die nachstehende Gleichung zur Ermittlung des effektiven Jahreszinses drückt auf jährlicher Basis die rechnerische Gleichheit zwischen der Summe der Gegenwartswerte der in Anspruch genommenen Verbraucherdarlehens-Auszahlungsbeträge einerseits und der Summe der Gegenwartswerte der Rückzahlungen (Tilgung, Zinsen und Verbraucherdarlehenskosten) andererseits aus:

$$\sum_{k=1}^{m} C_k \left(1+X\right)^{-t_k} = \sum_{l=1}^{m} D_l \left(1+X\right)^{-s_l}$$

Hierbei ist

- X der effektive Jahreszins;
- m die laufende Nummer des letzten Verbraucherdarlehens-Auszahlungsbetrags;
- k die laufende Nummer eines Verbraucherdarlehens-Auszahlungsbetrags, wobei $1 \leq k \leq m$;
- C_k die Höhe des Verbraucherdarlehens-Auszahlungsbetrags mit der Nummer k;
- t_k der in Jahren oder Jahresbruchteilen ausgedrückte Zeitraum zwischen der ersten Verbraucherdarlehensvergabe und dem Zeitpunkt der einzelnen nachfolgenden in Anspruch genommenen Verbraucherdarlehens-Auszahlungsbeträge, wobei $t_1 = 0$;
- m' die laufende Nummer der letzten Tilgungs-, Zins- oder Kostenzahlung;
- l die laufende Nummer einer Tilgungs-, Zins- oder Kostenzahlung;
- D_l der Betrag einer Tilgungs-, Zins- oder Kostenzahlung;

– s_l der in Jahren oder Jahresbruchteilen ausgedrückte Zeitraum zwischen dem Zeitpunkt der Inanspruchnahme des ersten Verbraucherdarlehens-Auszahlungsbetrags und dem Zeitpunkt jeder einzelnen Tilgungs-, Zins- oder Kostenzahlung.

Anmerkungen:

a) Die von beiden Seiten zu unterschiedlichen Zeitpunkten gezahlten Beträge sind nicht notwendigerweise gleich groß und werden nicht notwendigerweise in gleichen Zeitabständen entrichtet.

b) Anfangszeitpunkt ist der Tag der Auszahlung des ersten Verbraucherdarlehensbetrags.

c) Der Zeitraum zwischen diesen Zeitpunkten wird in Jahren oder Jahresbruchteilen ausgedrückt. Zugrunde gelegt werden für ein Jahr 365 Tage (bzw. für ein Schaltjahr 366 Tage), 52 Wochen oder zwölf Standardmonate. Ein Standardmonat hat 30,41666 Tage (d. h. 365/12), unabhängig davon, ob es sich um ein Schaltjahr handelt oder nicht.
Können die Zeiträume zwischen den in den Berechnungen verwendeten Zeitpunkten nicht als ganze Zahl von Wochen, Monaten oder Jahren ausgedrückt werden, so sind sie als ganze Zahl eines dieser Zeitabschnitte in Kombination mit einer Anzahl von Tagen auszudrücken. Bei der Verwendung von Tagen
   aa) werden alle Tage einschließlich Wochenenden und Feiertagen gezählt;
   bb) werden gleich lange Zeitabschnitte und dann Tage bis zur Inanspruchnahme des ersten Verbraucherdarlehensbetrags zurückgezählt;
   cc) wird die Länge des in Tagen bemessenen Zeitabschnitts ohne den ersten und einschließlich des letzten Tages berechnet und in Jahren ausgedrückt, indem dieser Zeitabschnitt durch die Anzahl von Tagen des gesamten Jahres (365 oder 366 Tage), zurückgezählt ab dem letzten Tag bis zum gleichen Tag des Vorjahres, geteilt wird.

d) Das Rechenergebnis wird auf zwei Dezimalstellen genau angegeben. Ist die Ziffer der dritten Dezimalstelle größer als oder gleich 5, so erhöht sich die Ziffer der zweiten Dezimalstelle um den Wert 1.

e) Mathematisch darstellen lässt sich diese Gleichung durch eine einzige Summation unter Verwendung des Faktors „Ströme" (Ak), die entweder positiv oder negativ sind, je nachdem, ob sie für Auszahlungen oder für Rückzahlungen innerhalb der Perioden 1 bis n, ausgedrückt in Jahren, stehen:

$$S=\sum_{k=1}^{n} A_k \left(1+X\right)^{-t_k},$$

dabei ist S der Saldo der Gegenwartswerte aller „Ströme", deren Wert gleich Null sein muss, damit die Gleichheit zwischen den „Strömen" gewahrt bleibt.

2. Es gelten die folgenden zusätzlichen Annahmen für die Berechnung des effektiven Jahreszinses:
   a) Ist dem Verbraucher nach dem Verbraucherdarlehensvertrag freigestellt, wann er das Verbraucherdarlehen in Anspruch nehmen will, so gilt das gesamte Verbraucherdarlehen als sofort in voller Höhe in Anspruch genommen.
   b) Ist dem Verbraucher nach dem Verbraucherdarlehensvertrag generell freigestellt, wann er das Verbraucherdarlehen in Anspruch nehmen will, sind jedoch je nach Art der Inanspruchnahme Beschränkungen in Bezug auf Verbraucherdarlehensbetrag und Zeitraum vorgesehen, so gilt das gesamte Verbraucherdarlehen als zu dem im Verbraucherdarlehensvertrag vorgesehenen frühestmöglichen Zeitpunkt mit den entsprechenden Beschränkungen in Anspruch genommen.
   c) Sieht der Verbraucherdarlehensvertrag verschiedene Arten der Inanspruchnahme mit unterschiedlichen Kosten oder Sollzinssätzen vor, so gilt das gesamte Verbraucherdarlehen als zu den höchsten Kosten und zum höchsten Sollzinssatz in Anspruch genommen, wie sie für die Kategorie von Geschäften gelten, die bei dieser Art von Verbraucherdarlehensverträgen am häufigsten vorkommt.
   d) Bei einer Überziehungsmöglichkeit gilt das gesamte Verbraucherdarlehen als in voller Höhe und für die gesamte Laufzeit des Verbraucherdarlehensvertrags in Anspruch genommen. Ist die Dauer der Überziehungsmöglichkeit nicht bekannt, so ist bei der Berechnung des effektiven Jahreszinses von der Annahme auszugehen, dass die Laufzeit des Verbraucherdarlehensvertrags drei Monate beträgt.
   e) Bei einem Überbrückungsdarlehen gilt das gesamte Verbraucherdarlehen als in voller Höhe und für die gesamte Laufzeit des Verbraucherdarlehensvertrags in Anspruch genommen. Ist die Laufzeit des Verbraucherdarlehensvertrags nicht bekannt, so wird bei der Berechnung des effektiven Jahreszinses von der Annahme ausgegangen, dass sie zwölf Monate beträgt.
   f) Bei einem unbefristeten Verbraucherdarlehensvertrag, der weder eine Überziehungsmöglichkeit noch ein Überbrückungsdarlehen beinhaltet, wird angenommen, dass
      aa) das Verbraucherdarlehen bei Immobiliar-Verbraucherdarlehensverträgen für einen Zeitraum von 20 Jahren ab der ersten Inanspruchnahme gewährt wird und dass mit der letzten Zahlung des Verbrauchers der Saldo, die Zinsen und etwaige sonstige Kosten ausgeglichen sind; bei Allgemein-Verbraucherdarlehensverträgen, die nicht für den Erwerb oder die Erhaltung von Rechten an Immobilien bestimmt sind oder bei denen das Verbraucherdarlehen im Rahmen von Debit-Karten mit Zahlungsaufschub oder Kreditkarten in Anspruch genommen wird, dieser

Zeitraum ein Jahr beträgt und dass mit der letzten Zahlung des Verbrauchers der Saldo, die Zinsen und etwaige sonstige Kosten ausgeglichen sind;

bb) der Verbraucherdarlehensbetrag in gleich hohen monatlichen Zahlungen, beginnend einen Monat nach dem Zeitpunkt der ersten Inanspruchnahme, zurückgezahlt wird; muss der Verbraucherdarlehensbetrag jedoch vollständig, in Form einer einmaligen Zahlung, innerhalb jedes Zahlungszeitraums zurückgezahlt werden, so ist anzunehmen, dass spätere Inanspruchnahmen und Rückzahlungen des gesamten Verbraucherdarlehensbetrags durch den Verbraucher innerhalb eines Jahres stattfinden; Zinsen und sonstige Kosten werden entsprechend diesen Inanspruchnahmen und Tilgungszahlungen und nach den Bestimmungen des Verbraucherdarlehensvertrags festgelegt.

Als unbefristete Verbraucherdarlehensverträge gelten für die Zwecke dieses Buchstabens Verbraucherdarlehensverträge ohne feste Laufzeit, einschließlich solcher Verbraucherdarlehen, bei denen der Verbraucherdarlehensbetrag innerhalb oder nach Ablauf eines Zeitraums vollständig zurückgezahlt werden muss, dann aber erneut in Anspruch genommen werden kann.

g) Bei Verbraucherdarlehensverträgen, die weder Überziehungsmöglichkeiten beinhalten noch Überbrückungsdarlehen, Verbraucherdarlehensverträge mit Wertbeteiligung, Eventualverpflichtungen oder Garantien sind, und bei unbefristeten Verbraucherdarlehensverträgen (siehe die Annahmen unter den Buchstaben d, e, f, l und m) gilt Folgendes:

aa) Lassen sich der Zeitpunkt oder die Höhe einer vom Verbraucher zu leistenden Tilgungszahlung nicht feststellen, so ist anzunehmen, dass die Rückzahlung zu dem im Verbraucherdarlehensvertrag genannten frühestmöglichen Zeitpunkt und in der darin festgelegten geringsten Höhe erfolgt.

bb) Lässt sich der Zeitraum zwischen der ersten Inanspruchnahme und der ersten vom Verbraucher zu leistenden Zahlung nicht feststellen, so wird der kürzestmögliche Zeitraum angenommen.

cc) Ist der Zeitpunkt des Abschlusses des Verbraucherdarlehensvertrags nicht bekannt, so ist anzunehmen, dass das Verbraucherdarlehen erstmals zu dem Zeitpunkt in Anspruch genommen wurde, der sich aus dem kürzesten zeitlichen Abstand zwischen diesem Zeitpunkt und der Fälligkeit der ersten vom Verbraucher zu leistenden Zahlung ergibt.

h) Lassen sich der Zeitpunkt oder die Höhe einer vom Verbraucher zu leistenden Zahlung nicht anhand des Verbraucherdarlehensvertrags oder der Annahmen nach den Buchstaben d, e, f, g, l oder m feststellen, so ist anzunehmen, dass die Zahlung in Übereinstimmung mit den vom Darlehensgeber bestimmten Fristen und Bedingungen erfolgt und dass, falls diese nicht bekannt sind,

aa) die Zinszahlungen zusammen mit den Tilgungszahlungen erfolgen,

bb) Zahlungen für Kosten, die keine Zinsen sind und die als Einmalbetrag ausgedrückt sind, bei Abschluss des Verbraucherdarlehensvertrags erfolgen,

cc) Zahlungen für Kosten, die keine Zinsen sind und die als Mehrfachzahlungen ausgedrückt sind, beginnend mit der ersten Tilgungszahlung in regelmäßigen Abständen erfolgen und es sich, falls die Höhe dieser Zahlungen nicht bekannt ist, um jeweils gleich hohe Beträge handelt,

dd) mit der letzten Zahlung der Saldo, die Zinsen und etwaige sonstige Kosten ausgeglichen sind.

i) Ist keine Verbraucherdarlehensobergrenze vereinbart, ist anzunehmen, dass die Obergrenze des gewährten Verbraucherdarlehens 170 000 Euro beträgt. Bei Verbraucherdarlehensverträgen, die weder Eventualverpflichtungen noch Garantien sind und die nicht für den Erwerb oder die Erhaltung eines Rechts an Wohnimmobilien oder Grundstücken bestimmt sind, sowie bei Überziehungsmöglichkeiten, Debit-Karten mit Zahlungsaufschub oder Kreditkarten ist anzunehmen, dass die Obergrenze des gewährten Verbraucherdarlehens 1500 Euro beträgt.

j) Werden für einen begrenzten Zeitraum oder Betrag verschiedene Sollzinssätze und Kosten angeboten, so sind während der gesamten Laufzeit des Verbraucherdarlehensvertrags der höchste Sollzinssatz und die höchsten Kosten anzunehmen.

k) Bei Verbraucherdarlehensverträgen, bei denen für den Anfangszeitraum ein fester Sollzinssatz vereinbart wurde, nach dessen Ablauf ein neuer Sollzinssatz festgelegt wird, der anschließend in regelmäßigen Abständen nach einem vereinbarten Indikator oder einem internen Referenzzinssatz angepasst wird, wird bei der Berechnung des effektiven Jahreszinses von der Annahme ausgegangen, dass der Sollzinssatz ab dem Ende der Festzinsperiode dem Sollzinssatz entspricht, der sich aus dem Wert des vereinbarten Indikators oder des internen Referenzzinssatzes zum Zeitpunkt der Berechnung des effektiven Jahreszinses ergibt, die Höhe des festen Sollzinssatzes jedoch nicht unterschreitet.

l) Bei Eventualverpflichtungen oder Garantien wird angenommen, dass das gesamte Verbraucherdarlehen zum früheren der beiden folgenden Zeitpunkte als einmaliger Betrag vollständig in Anspruch genommen wird:

aa) zum letztzulässigen Zeitpunkt nach dem Verbraucherdarlehensvertrag, welcher die potenzielle Quelle der Eventualverbindlichkeit oder Garantie ist, oder

bb) bei einem Roll-over-Verbraucherdarlehensvertrag am Ende der ersten Zinsperiode vor der Erneuerung der Vereinbarung.

m) Bei Verbraucherdarlehensverträgen mit Wertbeteiligung wird angenommen, dass
   aa) die Zahlungen der Verbraucher zu den letzten nach dem Verbraucherdarlehensvertrag möglichen Zeitpunkten geleistet werden;
   bb) die prozentuale Wertsteigerung der Immobilie, die die Sicherheit für den Vertrag darstellt, und ein in dem Vertrag genannter Inflationsindex ein Prozentsatz ist, der – je nachdem, welcher Satz höher ist – dem aktuellen Inflationsziel der Zentralbank oder der Höhe der Inflation in dem Mitgliedstaat, in dem die Immobilie belegen ist, zum Zeitpunkt des Abschlusses des Verbraucherdarlehensvertrags oder dem Wert 0 %, falls diese Prozentsätze negativ sind, entspricht.

Einleitung

Gesamtübersicht zur Einleitung

Rdn.

A. Entwicklung und gegenwärtiger Stand des deutschen Lauterkeitsrechts
I. Das UWG 1909 1
1. Von der Entstehung des Lauterkeitsrechts im 19. Jahrhundert bis zum UWG 1909 1
2. Entwicklung bis Ende des Zweiten Weltkriegs 3
3. Entwicklung bis 1980 6
4. Änderungsgesetze 1986 7
5. Erste Liberalisierungstendenzen von 1990–2000 8
6. Weitere Liberalisierungen ab dem Jahre 2000: Gesetz zur vergleichenden Werbung und Aufhebung von ZugabeVO und RabattG 9
7. Liberalisierung des Lauterkeitsrechts durch die Rechtsprechung 10
II. Modernisierung des Lauterkeitsrechts durch das UWG 2004 11
1. Anfänge und Grundlagen der Reform, Gesetzgebungsverfahren 11
2. Struktur des UWG 2004 14
3. Der Stand des Lauterkeitsrechts auf der Grundlage des UWG 2004 15
III. Reform des UWG 2004 im Lichte der UGP-Richtlinie durch das UWG 2008 . 16
1. Europäischer Hintergrund 16
2. UGP-Richtlinie als Basis des verbraucherbezogenen Lauterkeitsrechts und des UWG 2008 17
a) Verbraucherschutz- und Binnenmarktziel der Richtlinie 18
b) Vollharmonisierung 19
c) Sachlicher Anwendungsbereich 20
d) Regelungsinhalt 21
3. Gesetzgebungsverfahren 22
4. Grundzüge des UWG 2008 – Überblick über die damaligen Änderungen ... 23
5. Änderungen des UWG 2008 24
6. Kritik an der Umsetzung der UGP-Richtlinie im UWG 2008 25
IV. UWG-Reform 2015 26
1. Überblick über die Reform 26
2. Inkrafttreten und intertemporales Recht 28
V. Inhalt des UWG 2015 29
1. Normzweckklausel (§ 1 UWG) 29
2. Definitionen (§ 2 UWG) 30
3. Generalklauseln (§ 3 UWG) 32
4. Rechtsbruch (§ 3a UWG) 36
5. Mitbewerberschutz (§ 4 UWG) 37
6. Die entfallenen Tatbestände des Beispielskatalogs des § 4 UWG a. F. 38
7. Verbot aggressiver geschäftlicher Handlungen (§ 4a UWG) 39
8. Irreführungsverbote (§§ 5 und 5a UWG) 40
9. Vergleichende Werbung (§ 6 UWG) 43
10. Unzumutbare Belästigung (§ 7 UWG) 44
11. Stets unzulässige geschäftliche Handlungen gemäß dem „Anhang" zu § 3 Abs. 3 UWG („Black List") 45
12. Verfahrensrechtliche Regelungen (§§ 8 ff. UWG) 48
a) Lauterkeitsrechtliche Ansprüche 49
b) Anspruchsberechtigung 50
c) Anspruchsdurchsetzung, Aufwendungsersatz für Abmahnungen, einstweilige Verfügungen 51
d) Gewinnabschöpfung 52
e) Strafrechtliche Regelungen 53
VI. Bedeutungszuwachs des sonstigen Unionsrechts 54
VII. Bedeutungszuwachs des ausländischen Rechts 56
VIII. Bedeutungszuwachs des Verfassungsrechts 58

B. Europäisches Lauterkeitsrecht
I. Bedeutung der europäischen Regelungsvorgaben für das deutsche UWG 1
II. Entwicklung des Europäischen Lauterkeitsrechts 8
1. Scheitern der frühen Bemühungen um eine Gesamtharmonisierung 8
2. Negativ-Integration durch die Grundfreiheiten 10
a) Konzept der Negativ-Integration 10

Rdn.
aa) Anwendungsbereich ... 13
(1) Dassonville und Cassis de Dijon ... 14
(2) Keck und Mithouard ... 17
(3) Mangelnde Marktneutralität ohne einheimische Produkte ... 23
(4) Marktneutrale Verwendungsbeschränkungen: Ausnahme oder Bestätigung von Keck? ... 24
(5) Keck im Verfahren ... 27
bb) Abwägung mit den zwingenden Erfordernissen der Cassis-Formel – Europäisches Verbraucherleitbild ... 31
cc) Kohärenzvorbehalt ... 32
dd) Rechtfertigung gem. Art. 36 AEUV ... 35
b) Dienstleistungsfreiheit, Art. 56 AEUV ... 37
aa) Grenzüberschreitender Vertrieb von Dienstleistungen ... 38
bb) Beeinträchtigung von Werbe- und Vertriebsdienstleistern sowie der Empfänger der Werbung ... 40
c) Zusammenfassung und Konsequenzen für das deutsche Lauterkeitsrecht ... 44
aa) Anwendungsbereich von Warenverkehrs- und Dienstleistungsfreiheit 44
bb) Rechtfertigung durch zwingende Erfordernisse ... 45
3. Einzelmaßnahmen zur Positivharmonisierung des Lauterkeitsrechts ... 47
a) Irreführungsrichtlinie 1984/2006 ... 47
aa) Regelungsgehalt ... 50
bb) Konzeptionelle Mängel der Irreführungsverbote ... 51
b) Richtlinie über vergleichende Werbung 1997/2006 ... 53
c) Marktverhaltensregeln für den Fernabsatz ... 55
aa) Datenschutzrichtlinie für elektronische Kommunikation 2002 ... 55
bb) Richtlinie über den Fernabsatz von Finanzdienstleistungen 2002 ... 57
cc) Richtlinie über den elektronischen Geschäftsverkehr 2000 ... 59
d) Europarechtliche Werberegelungen ... 61
aa) Fernsehrichtlinie 1989/97 – Richtlinie über audiovisuelle Mediendienste 2007/2010 ... 62
bb) Humanarzneimittelrichtlinie 2001 ... 69
cc) Tabakwerbungsrichtlinien 1998/2003 ... 80
dd) Verordnung über nährwert- und gesundheitsbezogene Angaben über Lebensmittel 2006 ... 82
e) Ettikettierungsvorschriften ... 92
f) Verlagerung ins Immaterialgüterrecht ... 93
aa) Schutz gegen die Begründung von Verwechslungs- und Verwässerungsgefahr durch das Europäische Markenrecht ... 94
bb) Leistungsschutz durch Harmonisierung der Erfinderrechte ... 98
g) Richtlinie über unlautere Geschäftspraktiken 2005 ... 99
aa) (Geänderter) Vorschlag für eine Verordnung über Verkaufsförderung ... 103
bb) Grünbuch zum Verbraucherschutz in der Europäischen Union ... 104
h) Dienstleistungsrichtlinie 2006 ... 106
aa) Anwendungsbereich und Regelungsgehalt ... 107
bb) Reichweite des Herkunftslandprinzips ... 110
cc) Abstimmung auf lauterkeitsrechtliche Regelungen ... 111
i) Angestrebte Harmonisierung des Lauterkeitsrechts im Verhältnis zwischen Unternehmen („B2B") ... 115
aa) Novelle des Verbots irreführender Werbung ... 115
bb) Unlautere Handelspraktiken in der Lieferkette ... 116
cc) Verbesserung des Schutzes von Geschäftsgeheimnissen ... 117
III. Richtlinie über vergleichende Werbung 1997/2006 ... 118
1. Entwicklung ... 118
2. Totalharmonisierung ... 120
3. Struktur ... 123
4. Anwendungsbereich ... 126
a) Werbung ... 127
b) Erkennbarmachen eines Mitbewerbers oder seiner Produkte ... 128
aa) Mitbewerber ... 128
bb) Erkennbar machen und abstrakte Bezugnahmen ... 133
c) Vergleichserfordernis; insb. Konkordanzlisten ... 136
d) Zeitlicher Anwendungsbereich ... 146
5. Zulässigkeitserfordernisse ... 147
a) Verbotskatalog, Liberalisierungszweck und Günstigkeitsprinzip ... 148

Rdn.

b) EU-grundrechtskonforme Auslegung 152
aa) Persönlich vergleichende Werbung und unternehmensbezogene Vergleiche und Art. 4 lit. b IrreführungsRL 154
bb) Vergleiche subjektiver Produkteigenschaften und Art. 4 lit. c IrreführungsRL 157
cc) Vergleiche von Produkten mit geschützten Herkunftsangaben und Art. 4 lit. e IrreführungsRL 159
dd) „Offene" Imitationswerbung und Art. 4 lit. g IrreführungsRL 165
ee) Vergleichende Werbung und Spürbarkeitserfordernis 168
6. Vergleichende Werbung und EuGH als Super-Wettbewerbsgericht 170
IV. Richtlinie über unlautere Geschäftspraktiken 2005 172
1. Entwicklung 172
2. Totalharmonisierung 173
a) Reichweite der Bindung des Gesetzgebers 174
aa) Objektive Zielerreichung 176
(1) Konkretheit der bindenden Ziele der UGP-Richtlinie 177
(2) Zielverfehlung durch mitgliedstaatliches Recht? 180
bb) Publizität 183
(1) Umsetzung von Generalklauseln 184
(2) Konkretisierungskompetenz 186
(3) Approximation unionsrechtlicher Konkretisierungen 187
(4) Grenzen der richtlinienkonformen Auslegung unter dem Publizitätserfordernis 193
b) Reichweite der Bindung der Gerichte 196
aa) Paradigmenwechsel? 197
bb) Elemente der Kontinuität: Wettbewerbszentrierung des Lauterkeitsschutzes 206
cc) Graduelle Ausdifferenzierung des Europäischen Lauterkeitsrechts 208
dd) Reichweite der Pflicht zu richtlinienkonformer Auslegung 215
(1) Keine unmittelbare Anwendung im Rahmen zivilrechtlicher Streitigkeiten 215
(2) Zeitliche Erstreckung 216
(3) Richtlinienkonforme Auslegung und Vorlagemöglichkeit bzw. -pflicht bei überschießender Umsetzung 217
3. Struktur 219
4. Anwendungsbereich 226
a) Geschäftspraktiken von Unternehmen gegenüber Verbrauchern 226
b) Schutzzweck und unzulängliche Umschreibung des gegenständlichen Anwendungsbereichs 229
c) Schranken des gegenständlichen Anwendungsbereichs 237
aa) Schranken des Anwendungsbereichs oder konkurrenzrechtliches Zurücktreten? 237
bb) Keine Anwendung der UGP-Richtlinie im Verhältnis B2B und C2B, Art. 3 Abs. 1 UGP-RL 239
cc) Speziellere Unionsregelungen, Art. 3 Abs. 4 UGP-RL 241
dd) Vorschriften über Gesundheits- und Sicherheitsaspekte, Art. 3 Abs. 3 UGP-RL 244
ee) Standesrechtliche Regelungen, Art. 3 Abs. 8 UGP-RL 245
ff) Glücksspielrecht 246
gg) Verdeckte Grenzen der Totalharmonisierung? 248
d) Festhalten am integrierten Lauterkeitsrecht 249
5. Definitionen 250
a) Verbraucher und Unternehmer 250
b) Produkt 252
c) Geschäftspraktiken 253
d) Wesentliche Beeinflussung des wirtschaftlichen Verhaltens 262
e) Berufliche Sorgfalt 265
f) Aufforderung zum Kauf 269
g) Unzulässige Beeinflussung 270
h) Geschäftliche Entscheidung 271
6. Herkunftslandprinzip 272
7. Generalklausel 278
a) Verstoß gegen die berufliche Sorgfaltspflicht 279
aa) Wettbewerbsfunktionalität 281
bb) Induktive Wirkung der Sondertatbestände 285
cc) Anwendung der Generalklausel auf bloße Nicht-Information? 289

Rdn.
(1) Wettbewerb und Transparenz ... 291
(2) Anwendungsprobleme einer universellen lauterkeitsrechtlichen Informationspflicht ... 297
(3) Rechtspolitische Grenzen einer universellen lauterkeitsrechtlichen Informationspflicht ... 298
b) Eignung zur wesentlichen Beeinflussung des wirtschaftlichen Verhaltens .. 304
c) Umsetzung ... 312
aa) Abgrenzung zum nicht harmonisierten Bereich ... 312
bb) Anwendung von § 3 Abs. 1 ... 313
d) Verhältnis von § 3 Abs. 1 und Abs. 2 UWG ... 317
e) Adressatenkreis ... 318
f) Per-se Verbote ... 320
8. Irreführungen ... 324
a) Bezugspunkte der Irreführungsgefahr ... 324
b) Irreführung über die betriebliche Herkunft ... 326
c) Irreführung über die Einhaltung eines Verhaltenskodex ... 329
d) Irreführendes Unterlassen ... 330
9. Aggressive Geschäftspraktiken ... 346
a) Europäischer Unlauterkeitstatbestand ... 346
aa) Nötigung ... 352
bb) Belästigende Geschäftspraktiken ... 353
cc) Unzulässige Beeinflussung ... 357
b) Umsetzung ... 358
10. Per se-Verbote („Schwarze Liste") ... 360
11. Richtlinienkonformität des geltenden UWG ... 366
a) § 3a UWG: Rechtsbruch ... 367
b) § 4 UWG: Mitbewerberschutz ... 369
aa) „De-facto Schwarze Liste"? ... 369
bb) Einzelverstöße in § 4 UWG ... 372
(1) Gegenständlicher Anwendungsbereich ... 372
(2) § 4 Nr. 1, 2: Herabsetzung, Anschwärzung ... 373
(3) § 4 Nr. 3: Produktnachahmung ... 376
(4) § 4 Nr. 4: Gezielte Behinderung ... 378
c) § 7 Abs. 1 UWG: Unzulässigkeit unzumutbarer Belästigungen ... 380
V. Durchsetzung ... 386
1. Richtlinie über irreführende und vergleichende Werbung 1984/1997 – kodifizierte Fassung 2006 ... 387
2. Richtlinie über unlautere Geschäftspraktiken 2005 ... 391
3. Richtlinie über Unterlassungsklagen 1998/2009 ... 394
4. Richtlinie zur Durchsetzung der Rechte des Geistigen Eigentums 2004 ... 400
5. Verordnung über die Zusammenarbeit im Verbraucherschutz 2004 ... 404
a) Entwicklung ... 404
b) Inhalt ... 406
c) Stellungnahme ... 415
d) EG-Verbraucherschutz-Durchsetzungsgesetz 2006 ... 420
VI. Das „Losbrechmoment" im Europäischen Lauterkeitsrecht – Verbraucherleitbild und Anwendung ... 423
1. Institutionelle Einbettung ... 423
2. Entwicklung des Verbraucherleitbildes ... 428
a) Primärrechtliche Grundlagen ... 428
b) Schließung der Regelungslücken in den Irreführungsverboten des Sekundärrechts ... 430
c) Der Rückschwung des Pendels ... 433
3. Folgen für die Rechtsanwendung ... 438
a) Verhältnis sekundärrechtlicher Irreführungsverbote zum aus Art. 34 AEUV entwickelten Verbraucherleitbild ... 438
aa) Vorrang des Primärrechts ... 439
bb) Einheitlicher Irreführungstatbestand? ... 442
b) Verhältnis von Unionsrechtsakten zueinander ... 445
aa) UGP-Richtlinie und Irreführungsrichtlinie ... 445
bb) UGP-Richtlinie und Markenrecht ... 446
cc) UGP-Richtlinie und besondere Irreführungsverbote, Informationsgebote sowie Verbote unzulässiger Beeinflussung ... 450
c) Maßstäbe der Unlauterkeit bei Irreführungen ... 455
aa) Kein universeller Fortbestand der „labelling doctrine" ... 455
bb) Trennung der Verbraucherleitbilder ... 460

Rdn.
cc) Irreführungsgefahr als Rechtsbegriff ... 462
(1) Notwendigkeit der Interessenabwägung ... 462
(2) Normativer Begriff auf objektiver Grundlage ... 465
dd) Irreführung und Geschäftsentscheidungsrelevanz ... 472
(1) Richtigstellung vor Kaufentschluss und Anlockwirkung ... 476
(2) Normative Einschränkungen der Geschäftsentscheidungsrelevanz? 478
ee) Methode der Feststellung des Verständnisses der maßgeblichen Adressaten ... 481
d) Maßstäbe der Unlauterkeit bei aggressiven Geschäftspraktiken ... 488
aa) Beeinträchtigung der autonomen Entscheidung von Durchschnittsverbrauchern als Anknüpfungspunkt des Unlauterkeitsurteils ... 488
bb) Zugrundelegung eines offenen Leistungsbegriffs ... 500
cc) Intensität der Einflussnahme ... 504
(1) Direktmarketing ... 505
(2) Wertreklame ... 507
dd) Besonders schutzbedürftige Adressaten ... 510

C. Erläuterungen zum Internationalen Lauterkeitsrecht
I. Vorrang unmittelbar anwendbarer Kollisionsregeln des Unionsrechts, Art. 3 Nr. 1 EGBGB ... 8
1. Rom-II-Verordnung 2007 ... 10
a) Regelungsinhalt ... 10
b) Verhältnis zu anderen Rechtsakten des Unionsrechts ... 21
c) Übergangsfragen ... 21a
2. Kein kollisionsrechtlicher Gehalt der Cassis-Rechtsprechenung ... 22
3. Ausdrückliche kollisionsrechtliche Regelungen im sekundären Verbraucherrecht ... 24
4. Herkunftslandprinzip in werbungsrelevanten sektoriellen Richtlinien und seine Umsetzung ... 25
a) Vorgaben in Richtlinien ... 25
aa) Fernsehrichtlinie 1989/97 – Richtlinie über audiovisuelle Mediendienste 2007/2010 ... 26
bb) Richtlinie über den elektronischen Geschäftsverkehr 2000 ... 32
cc) Vorschlag für eine Verordnung über Verkaufsförderungsmaßnahmen 36
dd) Richtlinie über Tabakwerbung 2003 ... 37
ee) Richtlinie über unlautere Geschäftspraktiken 2005 ... 38
ff) Dienstleistungsrichtlinie 2006 ... 39
b) Umsetzung der Regelungen ... 40
aa) TDG und TMG ... 40
bb) Tabakwerbung ... 72
cc) Unlautere Geschäftspraktiken ... 73
II. Vorrang unmittelbar anwendbarer Regelungen des Völkerrechts, Art. 3 Nr. 2 EGBGB ... 74
III. Autonomes deutsches Internationales Lauterkeitsrecht ... 76
1. Allgemeine Anknüpfung deliktischer Ansprüche ... 77
2. Sonderanknüpfung bei Wettbewerbshandlungen ... 79
3. Künftige Reste autonomen deutschen Internationalen Lauterkeitsrechts ... 81
IV. Qualifikation ... 86
V. Konkurrenzen ... 90
VI. Lauterkeitsrechtliche Sonderanknüpfung ... 95
1. Rechtsnatur der Sonderanknüpfung ... 95
2. Auslegung der Sonderanknüpfung ... 100
a) Von der Anknüpfung an den Ort der wettbewerblichen Interessenkollision zur Auswirkungstheorie im deutschen Recht ... 100
b) Europäisches Lauterkeitskollisionsrecht auf dem Weg zum Auswirkungsprinzip ... 106
3. Grenzen der lauterkeitsrechtlichen Sonderanknüpfung, Art. 6 Abs. 2 Rom II-VO ... 115
a) Anknüpfung an den Ort der Niederlassung bei nicht-marktvermittelten Behinderungen ... 115
b) Recht des gemeinsamen Aufenthaltsorts ... 124
c) Recht des engeren Zusammenhangs ... 127
d) Notanknüpfung an die lex fori ... 130
VII. Anwendung der lauterkeitsrechtlichen Sonderanknüpfung ... 133
1. Beeinträchtigung am Sitz des geschädigten Unternehmens? ... 133
2. Beeinträchtigung kollektiver Verbraucherinteressen ... 136
3. Differenzierung von Werbe- und Absatzmarkt? ... 139

Rdn.
4. Spürbarkeitserfordernis ... 145
a) Wettbewerblicher „spillover" und Spürbarkeit ... 145
b) Spürbarkeit und Art. 6 Abs. 1 Rom II-VO ... 152
5. Multistate-Wettbewerb ... 153
a) Marktortprinzip und objektive Konkretisierung der Marktauswirkungen am Beispiel des Online Marketing ... 153
aa) Beschränkung durch Spürbarkeitserfordernis ... 158
bb) Beschränkung durch subsektive oder finale Anforderungen ... 162
cc) Beschränkung durch objektiv feststellbar begrenzte Marktauswirkungen ... 163
b) Konsequenzen für den Lauterkeitsprozess ... 170
VIII. Fallgruppen ... 175
1. Herabsetzung ... 175
2. Grenzüberschreitende Werbemaßnahmen ... 176
3. Grenzüberschreitender Vertrieb von geschützten Produkten ... 180
4. Grenzüberschreitende Werbung unter Verstoß gegen außerlauterkeitsrechtliche Vorschriften ... 181
IX. Das internationale Verhältnis im Prozess ... 184
1. Klagantrag und Urteilstenor bei Unterlassungsklagen ... 184
2. Anwendung ausländischen Rechts ... 185
3. Herkunftslandprinzip im gerichtlichen Verfahren ... 188
4. Verbandsklage ... 196
D. Internationales Lauterkeitsprozessrecht
I. Internationale Zuständigkeit ... 1
1. Grundzüge ... 1
2. Internationale Zuständigkeit gem. EuGVVO/RLugÜ ... 9
a) Territorialer Geltungsbereich von EuGVVO, EuGVÜ und RLugÜ ... 9
b) Gleichlauf von EuGVVO und RLugÜ ... 12
c) Grundstruktur von EuGVVO und RLugÜ ... 15
d) Gerichtsstand des Erfüllungsortes, Art. 7 Nr. 1 EuGVVO/Art. 5 Nr. 1 RLugÜ ... 15a
e) Gerichtsstand des Begehungsortes, Art. 7 Nr. 2 EuGVVO/Art. 5 Nr. 3 RLugÜ ... 16
aa) Unerlaubte Handlung ... 16
bb) Ort des schädigenden Ereignisses ... 19
f) Gerichtsstand der Streitgenossenschaft, Art. 8 Nr. 1 EuGVVO, Art. 6 Nr. 1 RLugÜ ... 26
g) Gerichtsstand für einstweilige Maßnahmen, Art. 35 EuGVVO, Art. 31 RLugÜ ... 30
h) Vereinbarter Gerichtsstand, Art. 25 EuGVVO, Art. 23 RLugÜ ... 36
i) Gerichtsstand durch rügelose Einlassung, Art. 26 EuGVVO, Art. 24 RLugÜ ... 37
3. Weitere Staatsverträge ... 38
4. Internationale Zuständigkeit nach autonomen IZPR ... 39
a) Konkretisierung des Erfolgsortes durch den Ort der wettbewerblichen Interessenkollision ... 40
b) Gerichtsstandsvereinbarungen ... 41
II. Internationale Vollstreckung ... 42a
1. Mitgliedstaatliche Urteile und andere Vollstreckungstitel ... 42a
2. Europäischer Zahlungsbefehl ... 42d
III. Justitielle Zusammenarbeit ... 43
1. EG-Verordnung über die Zustellung gerichtlicher und außergerichtlicher Schriftstücke in Zivil- oder Handelssachen in den Mitgliedstaaten ... 44
2. EG-Verordnung über die Zusammenarbeit zwischen den Gerichten der Mitgliedstaaten auf dem Gebiet der Beweisaufnahme in Zivil- oder Handelssachen ... 54
3. EG-Verordnungen zur Einführung eines Europäischen Verfahrens für geringfügige Forderungen ... 68
E. Lauterkeitsrecht in internationalen Vereinbarungen
I. Pariser Verbandsübereinkunft ... 1
II. WIPO Model Provisions ... 3
III. TRIPS ... 4
F. Ausländisches Recht (Recht der Mitgliedstaaten der EU)
I. Belgien ... 1
II. Bulgarien ... 36
III. Dänemark ... 77

Rdn.
IV. Estland ... 112
V. Finnland ... 133
VI. Frankreich ... 160
VII. Griechenland ... 199
VIII. Großbritannien ... 229
IX. Irland ... 268
X. Italien ... 300
XI. Kroatien ... 330a
XII. Lettland ... 331
XIII. Litauen ... 354
XIV. Luxemburg ... 377
XV. Malta ... 412
XVI. Niederlande ... 424
XVII. Österreich ... 458
XVIII. Polen ... 495
XIX. Portugal ... 524
XX. Rumänien ... 557
XXI. Schweden ... 589
XXII. Slowakische Republik ... 635
XXIII. Slowenien ... 669
XXIV. Spanien ... 692
XXV. Tschechische Republik ... 716
XXVI. Ungarn ... 755
XXVII. Zypern ... 784
G. Stellung des Wettbewerbsrechts im Gesamtsystem
I. Vorrang des Unionsrechts ... 1
1. Verbindlichkeit des Unionsrechts ... 1
a) Normenhierarchie ... 1
b) Rechtsquellen des Unionsrechts ... 5
2. Anwendung des Unionsrechts durch nationale Richter ... 15
a) Sicherung einheitlicher Auslegung durch Vorlage zum EuGH ... 15
b) Staatshaftung für judikatives Unrecht ... 21
c) Unionsrechtskonforme Auslegung des nationalen Rechts ... 24
II. Verfassungsrecht ... 32
1. Wirtschaftsverfassung ... 32
2. Grundrechtsüberblick ... 35
a) Grundgesetz ... 35
b) EU-Grundrechtecharta ... 45
3. Öffentliche Hand als Unternehmer ... 47
a) Kein allgemeines Subsidiaritätsprinzip ... 47
b) Kommunalrechtliche Schranken ... 50
c) UWG und Marktverhalten der öffentlichen Hand ... 56
4. Die Einwirkung von Grundrechten auf wettbewerbsrechtliche Verhaltensnormen ... 59
a) Handlungsfreiheit am Markt, Verstärkung des Unlauterkeitsschutzes ... 59
b) Traditioneller Ansatz zur Haftungsabschwächung unter Grundrechtseinfluss ... 61
c) Rechtswidrigkeitsbestimmung ... 66
d) Schutzbereichserweiterung des Art. 5 I 1 GG auf Wirtschaftswerbung ... 68
e) Grundrechtsschranken und UWG ... 72
5. Insbesondere: UWG-Verhaltensnormen und Meinungsäußerungsfreiheit ... 77
a) Konkurrenzen ... 77
b) Eingeschränkte Beachtung der Rechtsprechung des BVerfG ... 78
c) Auslegung von Werbeaussagen ... 79
d) Prozessuale Erwägungen des BVerfG ... 89
e) Sonstige Auswirkungen der Benetton-Entscheidung des BVerfG ... 94
f) Fachgerichtliche Rechtsprechung ... 103
6. Wirkung der Europäischen Grundrechtecharta ... 104
III. Kartellrecht ... 108
1. Allgemeines ... 108
2. Einzelne Bestimmungen des GWB, AEUV ... 116
a) § 1 GWB, Art. 101 AEUV (Kartellverbot) ... 116
b) § 1 GWB, Art. 101 AEUV (Preisbindungsverbot) ... 117
c) § 19 GWB, Art. 102 AEUV (Missbrauchsverbot) ... 118
d) § 20 GWB (Diskriminierungsverbot/Behinderungsverbot) ... 119
e) § 21 Abs. 1 GWB (Boykottverbot) ... 120

Rdn.

IV. Bürgerliches Recht ... 121
1. Verhältnis zum Deliktsrecht des BGB ... 121
a) UWG als Sonderdeliktsrecht ... 121
b) Rechtswidrigkeitsstruktur der UWG-Tatbestände ... 126
c) Probleme der Anspruchskonkurrenz ... 129
d) Konkurrierende Normen des allgemeinen Deliktsrechts ... 134
2. Vertragsrecht und UWG (einschließlich Folgeverträgen) ... 147
a) Vertragswirksamkeit, Vertragsauflösung ... 147
b) Verbindlichkeit von Werbeaussagen, insbesondere Sachmängelhaftung ... 156
c) Annäherung von Lauterkeitsrecht und Verbraucherprivatrecht ... 165
d) Deliktsrechtliche Durchbrechung der Relativität von Schuldverhältnissen 167
e) Systematische (bewusste) Verletzung vertragsrechtlicher Normen ... 171
f) AGB-Kontrolle ... 176
g) Erfüllungszwang ... 178
3. Wettbewerbsrechtliche Durchführungsverbote trotz Vertragsbindung ... 179
a) Unlauterkeit der Vertragsabwicklung ... 179
b) Pflichtenkollision: Unterlassungstitel contra Vertragserfüllung ... 182
4. Vertragliche Wettbewerbsverbote ... 187
V. Geistiges Eigentum ... 189
1. Wesensunterschiede und Sinnzusammenhänge ... 189
a) Geistiges Eigentum/Unlauterkeitsrecht ... 189
b) Geistiges Eigentum in der Wettbewerbsordnung ... 192
2. Begriff des Geistigen Eigentums ... 193
a) Terminologie ... 193
b) Geistiges und Sacheigentum ... 196
c) Naturrechtliche Grundierung brüchig ... 198
d) Wesensmerkmale geistigen Eigentums ... 199
3. Abgrenzung zum Lauterkeitsrecht ... 207
4. Berührungspunkte und Überschneidungen ... 210
a) Gemeinsamkeit: Kein Schutz abstrakter Ideen usw. ... 211
b) Ergänzender wettbewerbsrechtlicher Leistungsschutz ... 212
c) Übergänge zwischen Unlauterkeitsrecht und geistigem Eigentum ... 224
d) Weitere Berührungspunkkte ... 232
H. Medienspezifische Regelungen
I. Einleitung ... 1
II. Internet & Soziale Medien ... 2
1. Das Domain-Name-System ... 4
a) Top Level Domains ... 7
aa) Generische Top Level Domains ... 8
bb) Landesspezifische Top Level Domains ... 11
b) Second Level Domains ... 13
c) ENUM Domains ... 14
d) Streit um Domain-Namen ... 15
aa) Registrierung fremder Marken oder Namen ... 17
bb) Verwendung generischer Zeichen in Domain-Namen ... 18
2. Hyperlinks und Frames ... 19
a) Einfache oder Surface Links ... 20
b) Deep Links ... 21
c) Inline-Links/Hotlinks ... 22
d) Frames ... 23
3. Suchmaschinen ... 25
a) Meta Tags ... 28
b) Spamdexing ... 29
c) Clickspamming ... 30
4. Werbeformen ... 33
a) Banner-Werbung ... 34
b) Affiliate Programme ... 36
c) Keyword-Search-Advertising ... 37
d) E-Mail Marketing ... 39
d) Verhaltensbezogene Werbung ... 42
5. Typische Geschäftsmodelle ... 44
a) Online-Auktionen ... 45
b) Umgekehrte Versteigerungen ... 47
c) Virtuelle Käufergemeinschaften ... 50
d) Kundenbindungsmodelle ... 51
6. Das „Web 2.0" & Soziale Medien ... 52

Rdn.
III. Presse ... 58
1. Wettbewerb in der Presse ... 59
a) Gebot der Trennung von redaktionellem Inhalt und Werbung ... 59
b) Spezielle Werbeformen ... 63
2. Wettbewerb der Presseorgane ... 64
a) Marktforschungsdaten & Strukturanalysen – Werbung am Anzeigenmarkt 64
b) Abonnentenwerbung ... 67
IV. Rundfunk und Fernsehen ... 68
1. Gebot der Trennung von redaktionellem Inhalt und Werbung ... 69
2. Spezielle Werbeformen ... 72
3. Besondere Werbeverbote ... 79
V. Telekommunikation ... 82
1. Wettbewerb im Rahmen von Telekommunikationsleistungen ... 82
2. Wettbewerb der Telekommunikationsanbieter ... 90
I. Produktspezifische Regelungen
I. Allgemeines ... 1
II. Lebensmittel ... 2
1. Allgemeines ... 2
2. Einfluss des Europäischen Rechts ... 5
3. Täuschungsverbote ... 6
a) Allgemeines Irreführungsverbot in Art. 7 LMIV ... 6
b) Spezielle Irreführungsverbote ... 9
aa) Weinrecht ... 0
bb) Mineralwasser ... 10
cc) Kakao ... 11
dd) Fertigpackungen ... 12
4. Spezielle Werberegelungen ... 13
a) Verbot der krankheitsbezogenen Werbung ... 14
b) Health-Claims-Verordnung ... 15
aa) Gegenstand und Anwendungsbereich ... 16
bb) Nährwertbezogene Angaben ... 17
cc) Gesundheitsbezogene Angaben ... 18
dd) Ausnahmen ... 19
c) Verbot von Diäthinweisen bei Lebensmitteln des normalen Verzehrs ... 21
d) Säuglingsnahrungswerbung ... 22
e) Gentechnisch modifizierte Lebensmittel ... 23
f) Bezeichnungsschutzvorschriften ... 24
aa) Milch und Milcherzeugnisse ... 25
bb) Ökologischer Landbau ... 26
cc) Geographische Angaben und Ursprungsbezeichnungen; Spirituosen .. 27
dd) Lebensmittelkennzeichnungsrecht ... 29
5. Kennzeichnungsvorschriften ... 30
a) Lebenmittelkennzeichnungsverordnung (LMIV) ... 31
b) Nährwertkennzeichnungsverordnung ... 34
c) Diätverordnung (DiätV) ... 35
d) Neuartige Lebensmittel ... 35a
e) Vertikale Kennzeichnungsvorschriften ... 36
aa) Eier ... 36a
bb) Fisch ... 36b
cc) Fleisch ... 36c
dd) Fruchtsaft, Fruchtnektar ... 36d
ff) Kaffee ... 36f
gg) Kakaoerzeugnisse ... 36g
hh) Konfitüre ... 36h
ii) Milch und Milcherzeugnisse ... 36i
jj) Spirituosen ... 36j
kk) Streichfette ... 36k
ll) Wasser ... 36l
mm) Wein ... 36m
nn) Zucker ... 36n
III. Tabakerzeugnisse ... 37
1. Werbeverbote ... 37
2. Kennzeichnungsvorschriften ... 38
IV. Kosmetische Mittel ... 40
1. Spezifische Irreführungsverbote ... 40
2. Kennzeichnungsvorschriften ... 43

Rdn.
V. Arzneimittel ... 44
1. Allgemeines ... 44
2. Anwendungsbereich des HWG ... 48
3. Heilmittelwerberechtliches Irreführungsverbot ... 51
a) Irreführung über die Wirksamkeit ... 52
b) Erfolgsversprechen, Tarnen von Werbehandlungen ... 53
c) Irreführung über die Beschaffenheit und die Person des Herstellers ... 54
4. Werbeverbote und -beschränkungen ... 55
a) Nicht zugelassene Arzneimittel ... 55
b) Werbung in der Packungsbeilage ... 56
c) Homöopathische Arzneimittel ... 57
d) Zuwendungen und Werbegaben ... 58
e) Arzneimittelversand ... 59
f) Fernbehandlung von Krankheiten ... 60
g) Verschreibungspflichtige Arzneimittel ... 61
h) Spezifische Werbeverbote außerhalb der Fachkreise ... 62
i) Publikumswerbung bei schweren Krankheiten ... 65
j) Werbung mit Gutachten oder Zeugnissen gegenüber Fachkreisen ... 66
5. Pflichtangaben ... 67
J. Berufsspezifische Regelungen
I. Allgemeines ... 1
II. Rechtsberatende Berufe ... 3
1. Rechtsanwälte ... 4
a) Werbeverbot ... 5
b) Neuregelung des Standesrechts ... 6
c) Sachliche Unterrichtung ... 7
aa) Medien ... 8
bb) Sponsoring ... 9
cc) Teilbereiche der Berufstätigkeit ... 10
dd) Fachanwaltsbezeichnung ... 11
ee) Mediator ... 12
ff) Kooperationen ... 13
2. Notare ... 14
3. Rechtsberater ... 15
4. Steuerberater und Steuerbevollmächtigte ... 16
III. Heilberufe ... 18
1. Ärzte ... 19
a) Erlaubte Information ... 22
b) Verbotene Werbemaßnahmen ... 25
c) Sonstige verbotene wettbewerbliche Werbemaßnahmen ... 26
d) Haftung Dritter ... 28
2. Zahnärzte ... 29
3. Tierärzte ... 32
4. Heilpraktiker ... 33
5. Physiotherapeuten ... 34
6. Apotheker ... 35

A. Entwicklung und gegenwärtiger Stand des deutschen Lauterkeitsrechts

Inhaltsübersicht

Rdn.

I. Das UWG 1909 ... 1
1. Von der Entstehung des Lauterkeitsrechts im 19. Jahrhundert bis zum UWG 1909 ... 1
2. Entwicklung bis Ende des Zweiten Weltkriegs ... 3
3. Entwicklung bis 1980 ... 6
4. Änderungsgesetze 1986 ... 7
5. Erste Liberalisierungstendenzen von 1990–2000 ... 8
6. Weitere Liberalisierungen ab dem Jahre 2000: Gesetz zur vergleichenden Werbung und Aufhebung von ZugabeVO und RabattG ... 9
7. Liberalisierung des Lauterkeitsrechts durch die Rechtsprechung ... 10

II. Modernisierung des Lauterkeitsrechts durch das UWG 2004 ... 11
1. Anfänge und Grundlagen der Reform, Gesetzgebungsverfahren ... 11
2. Struktur des UWG 2004 ... 14
3. Der Stand des Lauterkeitsrechts auf der Grundlage des UWG 2004 ... 15

III. Reform des UWG 2004 im Lichte der UGP-Richtlinie durch das UWG 2008 ... 16
1. Europäischer Hintergrund ... 16
2. UGP-Richtlinie als Basis des verbraucherbezogenen Lauterkeitsrechts und des UWG 2008 ... 17
a) Verbraucherschutz- und Binnenmarktziel der Richtlinie ... 18
b) Vollharmonisierung ... 19
c) Sachlicher Anwendungsbereich ... 20
d) Regelungsinhalt ... 21
3. Gesetzgebungsverfahren ... 22
4. Grundzüge des UWG 2008 – Überblick über die damaligen Änderungen ... 23
5. Änderungen des UWG 2008 ... 24
6. Kritik an der Umsetzung der UGP-Richtlinie im UWG 2008 ... 25

IV. UWG-Reform 2015 ... 26
1. Überblick über die Reform ... 26
2. Inkrafttreten und intertemporales Recht ... 28

V. Inhalt des UWG 2015 ... 29
1. Normzweckklausel (§ 1 UWG) ... 29
2. Definitionen (§ 2 UWG) ... 30
3. Generalklauseln (§ 3 UWG) ... 32
4. Rechtsbruch (§ 3a UWG) ... 36
5. Mitbewerberschutz (§ 4 UWG) ... 37
6. Die entfallenen Tatbestände des Beispielskatalogs des § 4 UWG a. F. ... 38
7. Verbot aggressiver geschäftlicher Handlungen (§ 4a UWG) ... 39
8. Irreführungsverbote (§§ 5 und 5a UWG) ... 40
9. Vergleichende Werbung (§ 6 UWG) ... 43
10. Unzumutbare Belästigung (§ 7 UWG) ... 44
11. Stets unzulässige geschäftliche Handlungen gemäß dem „Anhang" zu § 3 Abs. 3 UWG („Black List") ... 45
12. Verfahrensrechtliche Regelungen (§§ 8 ff. UWG) ... 48
a) Lauterkeitsrechliche Ansprüche ... 49
b) Anspruchsberechtigung ... 50
c) Anspruchsdurchsetzung, Aufwendungsersatz für Abmahnungen, einstweilige Verfügungen ... 51
d) Gewinnabschöpfung ... 52
e) Strafrechtliche Regelungen ... 53

VI. Bedeutungszuwachs des sonstigen Unionsrechts ... 54
VII. Bedeutungszuwachs des ausländischen Rechts ... 56
VIII. Bedeutungszuwachs des Verfassungsrechts ... 58

Neueres Schrifttum, insb. zur UWG-Reform 2015: *Alexander,* Anmerkungen zum Referentenentwurf eines 2. Gesetzes zur Änderung des UWG, GRUR 2014, 1384 ff.; *Harte-Bavendamm,* Vermutete Verstöße gegen die „fachliche Sorgfalt" (§ 4 UWG RegE), FS Ahrens 2015, 101 ff.; *Henning-Bodewig,* Lauterkeit im B2B-Verhältnis – „anständige Marktgepflogenheiten", nicht „fachliche Sorgfalt"!, GRUR-Int. 2015, 529 ff.; *Henning-Bodewig,* Erneute UWG-Reform? Einige Anmerkungen zum Referentenentwurf 2014, WRP 2014 1407 ff.; *Henning-Bodewig,* Der Schutzzweck des UWG und die Richtlinie über unlautere Geschäftspraktiken, GRUR

2013, 238 ff.; *Ernst,* Corporate Social Responsibilty (CSR) und das Wettbewerbsrecht; *Fritzsche,* Überlegungen zum Referentenentwurf eines 2. Gesetzes zur Änderung des UWG, WRP 2014, 1392 ff.; *Glöckner,* UWG-Novelle mit Konzept und Konsequenz, WRP 2014, 1399 ff.; *Keller,* UWG-Reform 2015 – Die „fachliche Sorgfalt" wird einheitlicher Lauterkeitsmaßstab, WRP 2015, Editorial zu Heft 3; *Kirchhoff,* Die UWG-Novelle 2015 – nur Kodifizierung der Rechtsprechung oder substanziell Neues? WRP 2015, 659 ff.; *Köhler,* Das neue UWG 2015: Was ändert sich für die Praxis? NJW 2016, 593 ff.; *Köhler,* UWG-Reform 2015: Im Regierungsentwurf nicht angesprochene Defizite bei der Umsetzung der UGP-Richtlinie, WRP 2015, 1037 ff.; *Köhler,* Der Regierungsentwurf zur UWG-Novelle 2015: Nur Klarstellungen oder doch tiefgreifende Änderungen? WRP 2015, 275 ff.; *Köhler,* Alternativentwurf (UWG-AE) zum Regierungsentwurf (UWG-E) eines 2. Gesetzes zur Änderung des Gesetzes gegen den unlauteren Wettbewerb, WRP 2015, 1311 ff.; *Köhler,* Stellungnahme zum Referentenentwurf eines 2. Gesetzes zur Änderung des UWG, WRP 2014, 1410 ff.; *Köhler,* UWG-Reform 2015: Was ändert sich im Lauterkeitsrecht? WRP 2015 Editorial Heft 12; *Ohly,* Das neue UWG im Überblick, GRUR 2016, 3 ff.; *Ohly,* Alternativentwurf („große Lösung") zum Regierungsentwurf eines 2. Gesetzes zur Änderung des Gesetzes gegen den unlauteren Wettbewerb, WRP 2015, 1443 ff.; *Ohly,* Nach der Reform ist vor der Reform – Anmerkungen zum Referentenentwurf eines 2. Gesetzes zur Änderung des UWG, GRUR 2014, 1137 ff.; *Schlingloff,* Keine Änderungen für die Rechtspraxis? Ein erster Blick auf den Referentenentwurf zur Änderung des UWG, WRP 2014, 1424 ff.; *Sosnitza,* Der Regierungsentwurf zur Änderung des Gesetzes gegen unlauteren Wettbewerb, GRUR 2015, 318 ff.; *Timm-Wagner,* Die Umsetzung der Richtlinie über unlautere Geschäftspraktiken in Deutschland, GRUR 2013, 245 ff.; *Sack,* Anmerkungen zur geplanten Änderungen des UWG, WRP 2014, 1418 ff.

Stellungnahme von Verbänden zur UWG-Reform 2015: Verbraucherzentrale Bundesverband e. V. (vzbv) – Stellungnahme zum Referentenentwurf eines 2. Gesetzes zur Änderung des Gesetzes gegen unlauteren Wettbewerb, WRP 2015, 177 ff.; Zentralverband der deutschen Werbewirtschaft ZAW e. V. – Anmerkungen zum Entwurf eines 2. Gesetzes zur Änderung des Gesetzes gegen den unlauteren Wettbewerb, WRP 2015, 180 ff.; Markenverband – Position zum Entwurf eines 2. Gesetzes zur Änderung des Gesetzes gegen den unlauteren Wettbewerb, WRP 2015, 46 ff.; Deutscher Industrie- und Handelstag (DIHK) – Stellungnahme zum Referentenentwurf eines 2. Gesetzes zur Änderung des Gesetzes gegen den unlauteren Wettbewerb, WRP 2014, 1426 ff.; Deutsche Vereinigung für gewerblichen Rechtsschutz und Urheberrecht e. V. (GRUR) – Stellungnahme zum Entwurf eines 2. Gesetzes zur Änderung des Gesetzes gegen den unlauteren Wettbewerb, GRUR 2014, 1185 ff.; Handelsverband Deutschland (HDE) – Stellungnahme zu dem Referentenentwurf eines 2. Gesetzes zur Änderung des Gesetzes gegen unlauteren Wettbewerb, WRP 2014, 1430 ff.; Wettbewerbszentrale/*Münker* – Stellungnahme der Wettbewerbszentrale zum Referentenentwurf eines 2. Gesetzes zur Änderung des Gesetzes gegen unlauteren Wettbewerb, WRP 2014, 1434 ff.

Schrifttum zum UWG 2008 sowie zur UGP-Richtlinie bis einschließlich 2012: *Ahrens,* Das Verhältnis von UWG und Vertragsrecht aufgrund der EU-Richtlinie über unlautere Geschäftspraktiken, FS Loewenheim, 2009, 407 ff.; *Alexander,* Vertragsrecht und Lauterkeitsrecht unter dem Einfluss der Richtlinie 2005/29/EG über unlautere Geschäftspraktiken, WRP 2012, 515 ff.; *Beater,* Allgemeinheitsinteressen und UWG, WRP 2012, 6 ff.; *Brömmelmeyer,* Der Binnenmarkt als Leitstern der Richtlinie über unlautere Geschäftspraktiken, GRUR 2007, 295 ff.; *Fezer,* Plädoyer für eine offensive Umsetzung der Richtlinie über unlautere Geschäftspraktiken in das deutsche UWG, WRP 2006, 781 ff.; *Fezer,* Der Dualismus der Lauterkeitsrechtsordnung des b2c-Geschäftsverkehrs und des b2b-Geschäftsverkehrs im UWG, WRP 2009, 1163 ff.; *Fezer,* Eine Replik: Die Auslegung der UGP-RL vom UWG aus?, WRP 2010, 677 ff.; *Glöckner,* Richtlinienvorschlag über unlautere Geschäftspraktiken, deutsches UWG oder die schwierige Umsetzung von europarechtlichen Generalklauseln, WRP 2004, 936 ff.; *Glöckner,* Der gegenständliche Anwendungsbereich des Lauterkeitsrechts nach der UWG-Novelle 2008 – Ein Paradigmenwechsel mit Folgen, WRP 2009, 1175 ff.; *Glöckner/Henning-Bodewig,* EG-Richtlinie über unlautere Geschäftspraktiken: Was wird aus dem neuen UWG?, WRP 2005, 1311 ff.; *Gomille,* Äußerungsfreiheit und geschäftliche Handlung, WRP 2009, 525 ff.; *Henning-Bodewig,* Die Richtlinie 2005/29/EG über unlautere Geschäftspraktiken, GRUR Int. 2005, 629 ff.; *Hoeren,* Das neue UWG und dessen Auswirkungen auf den B2B-Bereich, WRP 2009, 789 ff.; *Keßler,* Lauterkeitsschutz und Wettbewerbsordnung – Zur Umsetzung der Richtlinie 2005/29/EG über unlautere Geschäftspraktiken in Deutschland und Österreich, WRP 2007, 714 ff.; *Keßler/Micklitz,* Das neue UWG – Auf halbem Wege nach Europa, VuR 2009, 88 ff.; *Köhler,* Zur Umsetzung der Richtlinie über unlautere Geschäftspraktiken, GRUR 2005, 793 ff.; *Köhler,* „Wettbewerbshandlung" und „Geschäftspraktiken" – Zur richtlinienkonformen Auslegung des Begriffs der Wettbewerbshandlung und zu seiner Definition im künftigen UWG, WRP 2007, 1393 ff.; *Köhler,* Die Durchsetzung des Vertragsrechts mit den Mitteln des Lauterkeitsrechts, FS Medicus, 2009, 225 ff.; *Köhler,* Die UWG-Novelle 2008, WRP 2009, 109 ff.; *Köhler,* Unzulässige geschäftliche Handlungen bei Abschluss und Durchführung eines Vertrags, WRP 2009, 898 ff.; *Köhler,* „Fachliche Sorgfalt" – Der weiße Fleck auf der Landkarte des UWG, WRP 2012, 22 ff.; *Köhler,* Richtlinienkonforme Gesetzgebung statt richtlinienkonformer Auslegung: Plädoyer für eine weitere UWG-Novelle, WRP 2012, 251 ff.; *Köhler,* Die Umsetzung der Richtlinie über unlautere Geschäftspraktiken in Deutschland – eine kritische Analyse, GRUR 2012, 1073 ff.; *Köhler/Lettl,* Das geltende europäische Lauterkeitsrecht, der Vorschlag für eine EG-Richtlinie über unlautere Geschäftspraktiken und die UWG-Reform, WRP 2003, 1019; *Kulka,* Der Entwurf eines „Ersten Gesetzes zur Änderung des Gesetzes gegen unlauteren Wettbewerb", DB 2008, 1548 ff.; *Lettl,* Das neue UWG, GRUR-RR 2009, 41 ff.; *Sack,* Individualschutz gegen unlauteren Wettbewerb, WRP 2009, 1330 ff.; *Scherer,* Lauterkeitsrecht und Leistungsstörungsrecht – Veränderung des Verhältnisses durch § 2 I Nr. 1 UWG? WRP 2009, 761 ff.; *Scherer,* Die „Verbrauchergeneralklausel" des § 3 II 1 UWG – Eine überflüssige Norm, WRP 2010, 586 ff.; *Schöttle,* Aus eins mach zwei – die neuen Generalklauseln im Lauterkeitsrecht, GRUR 2009, 546 ff.; *Seichter,* Der Umsetzungsbedarf der

Richtlinie über unlautere Geschäftspraktiken, WRP 2005, 1087 ff.; *Sosnitza,* Der Gesetzentwurf zur Umsetzung der Richtlinie über unlautere Geschäftspraktiken, WRP 2008, 1014 ff.; *Steinbeck,* Richtlinie über unlautere Geschäftspraktiken: Irreführende Geschäftspraktiken – Umsetzung in das deutsche Recht, WRP 2006, 632 ff.

Älteres Schrifttum zum UWG und zur UWG-Reform 2004: *Ahrens,* Die Entstehung der zivilrechtlichen Sanktionen des UWG, WRP 1980, 129 ff.; *Beater,* Entwicklungen des Wettbewerbsrechts durch die gesetzgebende und die rechtsprechende Gewalt – Eine rechtshistorische und rechtsvergleichende Skizze, in: FS Erdmann, 2002, S. 513 ff.; *Beier,* 100 Jahre Pariser Verbandsübereinkunft – Ihre Rolle in Vergangenheit, Gegenwart und Zukunft, GRUR Int. 1983, 339 ff.; *Bornkamm,* Wettbewerbs- und Kartellrechtsprechung zwischen nationalem und europäischem Recht, FS aus Anlass des 50 jährigen Bestehens von Bundesgerichtshof, Bundesanwaltschaft und Rechtsanwaltschaft beim Bundesgerichtshof, 2000, S. 343 ff.; *Engels/Salomon,* Vom Lauterkeitsrecht zum Verbraucherschutz: UWG-Reform 2003, WRP 2004, 32 ff.; *Fezer,* Modernisierung des deutschen Rechts gegen den unlauteren Wettbewerb auf der Grundlage einer Europäisierung des Wettbewerbsrechts, WRP 2001, 989 ff.; *Gloy,* Die Entwicklung des Wettbewerbsrechts und seiner Nebengebiete, in: FS GRUR, 1991, S. 855 ff.; *Henning-Bodewig,* Richtlinienvorschlag über unlautere Geschäftspraktiken und UWG-Reform, GRUR Int 2004, 183 ff.; *dies.,* Das neue Gesetz gegen den unlauteren Wettbewerb, GRUR 2004, 713 ff.; *Keßler/Micklitz,* Funktionswandel des UWG, WRP 2003, 919 ff.; *Keßler,* Lauterkeitsschutz und Wettbewerbsordnung – Zur Umsetzung der Richtlinie 2005/29/EG über unlautere Geschäftspraktiken in Deutschland und Österreich, WRP 2007, 714 ff.; *Köhler/Bornkamm/Henning-Bodewig,* Vorschlag für eine Richtlinie zum Lauterkeitsrecht und eine UWG-Reform, WRP 2002, 1317 ff.; *Köhler/Lettl,* Das geltende europäische Lauterkeitsrecht, der Vorschlag für eine EG-Richtlinie über unlautere Geschäftspraktiken und die UWG-Reform, WRP 2003, 1019 ff.; *Köhler,* UWG-Reform und Verbraucherschutz, GRUR 2003, 265 ff.; *Köhler,* Das neue UWG, NJW 2004, 2121 ff.; *Lettl,* Gemeinschaftsrecht und neues UWG, WRP 2004, 1079 ff.; *Loschelder,* Die Novellierung des Gesetzes gegen den unlauteren Wettbewerb, GRUR 1994, 535 ff.; *Sack/Münker/Kaestner,* Das reformierte UWG im Überblick – Die Sicht der Praxis, BB 2004, 1689 ff. *Niederleithinger,* Die vernachlässigte Einheit der Rechtsordnung im Wettbewerbsrecht, GRUR Int. 1996, 467 ff.; *Ohly,* Richterrecht und Generalklausel im Recht des unlauteren Wettbewerbs, 1997; *Sack,* Vergleichende Werbung und die Erheblichkeitsschwelle in § 3 des Regierungsentwurfs einer UWG-Novelle, WRP 2004, 30 ff.; *Schricker,* Deregulierung im Recht des unlauteren Wettbewerbs?, GRUR Int. 1994, 586 ff.; *Schricker,* Hundert Jahre Gesetz gegen den unlauteren Wettbewerb – Licht und Schatten, GRUR Int. 1996, 473 ff.; *Schricker/Henning-Bodewig,* Elemente einer Harmonisierung des Rechts des unlauteren Wettbewerbs in der Europäischen Union, WRP 2001, 1367 ff.; *Sosnitza,* Das Koordinatensystem des Rechts des unlauteren Wettbewerbs im Spannungsfeld zwischen Europa und Deutschland, GRUR 2003, 739 ff.; *Spätgens,* Wettbewerbsrechtsprechung im Wandel, in: FS Tilmann, 2003, S. 239 ff.; Stellungnahme der GRUR zum „Entwurf für eine europäische Richtlinie und ein deutsches Gesetz gegen unlauteren Wettbewerb" von Köhler/Bornkamm/Henning-Bodewig, GRUR 2003, 127 ff.; *Tilmann,* Die UWG-Novelle, BB 1994, 1793 ff.; *Ullmann,* Das Koordinatensystem des Rechts des unlauteren Wettbewerbs im Spannungsfeld von Europa und Deutschland, GRUR 2003, 817 ff.; *Wadle,* Das Reichsgesetz zur Bekämpfung des unlauteren Wettbewerb von 1896 – Etappe eines zögerlichen Beginns, JuS 1996, 1064 ff.

I. Das UWG 1909

1. Von der Entstehung des Lauterkeitsrechts im 19. Jahrhundert bis zum UWG 1909

Mit der durch die Gewerbeordnung von 1869 verwirklichten Gewerbefreiheit setzte in Deutschland eine – auch durch andere Faktoren begünstigte – stürmische wirtschaftliche Entwicklung ein, die auch und gerade aus heutiger Sicht zu immer drastischeren unlauteren Wettbewerbsformen führte. Das Markenschutzgesetz von 1874[1] konnte keine Grundlage gegen den unlauteren Wettbewerb bilden und verleitete das Reichsgericht in einem Urteil vom 30.11.1880 sogar zu dem Gegenschluss, dass nicht entsprechend diesem Gesetz angemeldete Marken auch keinen Schutz nach den Regeln der „concurrence déloyale" in Anspruch nehmen könnten.[2] Auch in der Folgezeit hat das Reichsgericht betont, dass die aus Art. 1392 ff. Code Civil von der französischen Rechtsprechung hergeleiteten Grundsätze über die concurrence déloyale im Handelsgesetzbuch und im gemeinen Recht keinen Boden hätten und eine Abhilfe gegen „dolose Konkurrenz" nur von der Gesetzgebung geschaffen werden könne.[3] Die geforderte gesetzgeberische Abhilfe ist – nachdem schon mit dem das Markenschutzgesetz von 1874 ablösenden Gesetz zum Schutz der Warenbezeichnungen vom 12.5.1894 (RGBl S. 441) eine Verbesserung erreicht worden war und die Rechtsprechung den Grundsatz der abschließenden Regelung auch des Wettbewerbsrechts durch das Warenbezeichnungsrecht aufgegeben hatte[4] – mit dem **Gesetz zur Bekämpfung des unlauteren Wettbewerbs vom 27.5.1896**[5] erfolgt. Das Gesetz enthielt in § 1 eine dem § 5 UWG n.F. vergleichbare Generalklausel gegen Irreführung sowie weitere Regelungen gegen Anschwärzung, gegen Geheim- 1

[1] RGBl S. 134.
[2] RGZ 3, 67/69 – *Apollinarisbrunnen.*
[3] RGZ 20, 71/75 f.; vgl. auch RGZ 18, 93/99 ff. und RGZ 29, 57 ff.
[4] RGZ 38, 128/131 – *Zigarrenausstattungen;* RGZ 48, 233/235 – *P. A. H. ... Solingen.*
[5] RGBl 1896, S. 145; abgedruckt auch in GRUR 1896, 178 f.

nisverrat sowie eine dem späteren § 16 UWG a. F. vergleichbare firmenrechtliche Regelung, aber noch keine dem französischen Vorbild folgende, dem § 1 UWG a. F. und heutigen § 3 UWG entsprechende Generalklausel.[6] Die skeptische Einschätzung Bismarcks,[7] der zu dem Gesetzentwurf meinte:

„Damit wird man nicht weit kommen. Schon die Überschrift – unlauterer Wettbewerb –, was das für ein Wort ist; das hört sich an wie Wachtelschlag auf dem Felde."

sollte sich für das Gesetz von 1896 noch als richtig erweisen. Ein umfassender Schutz vor unlauterem Wettbewerb war nämlich auf dieser Grundlage nicht gewährbar. Die konzeptionellen Schutzlücken konnten von der Rechtsprechung nach dem Inkrafttreten des BGB am 1.1.1900 auf der Grundlage der deliktsrechtlichen Generalklausel des § 826 BGB[8] nur teilweise geschlossen werden.

2 Erst das **Zweite Gesetz gegen den unlauteren Wettbewerb vom 7.6.1909**[9] beseitigte die Schwächen[10] des bisherigen Rechts. Dieses Gesetz bildete bis zum UWG 2004 die im Wesentlichen unveränderte gesetzliche Grundlage des Lauterkeitsrechts in Deutschland. An der Spitze des neuen Gesetzes stand nun – wenn auch erst im Gefolge der darüber geführten Reichstagsdebatte[11] – die berühmte „große" Generalklausel des § 1 UWG a. F., die lautete:

Wer im geschäftlichen Verkehr zu Zwecken des Wettbewerbs Handlungen vornimmt, die gegen die guten Sitten verstoßen, kann auf Unterlassung und Schadensersatz in Anspruch genommen werden.

Diese weite Generalklausel, die gewissermaßen die „Nussschale" des gesamten Rechts gegen den unlauteren Wettbewerb[12] bildete, ermöglichte es, sämtliche Erscheinungsformen des unlauteren Wettbewerbs zu erfassen. Mit der das ganze Gesetz beherrschenden Generalklausel des § 1 UWG a. F. und ihrem Verweis auf die „guten Sitten" im Wettbewerb wurde das Wettbewerbsrecht zu einem offenen, vom Richter im Einzelfall zu konkretisierenden Recht, wobei die Rationalität und Berechenbarkeit der Entscheidungen auf der Grundlage der notwendigerweise unbestimmten Weite des Tatbestandes durch die Herausbildung eines engmaschigen Netzes von Fallgruppen und Unterfallgruppen gewährleistet wurden.[13]

2. Entwicklung bis Ende des Zweiten Weltkriegs

3 Das UWG galt bis zum Ende des Zweiten Weltkriegs im Wesentlichen unverändert fort.[14] Die damaligen Änderungen betrafen insbesondere das Ausverkaufswesen.[15] Wesentliche Änderungen

[6] Zur ersten Lesung des Gesetzes im Reichstag und zur Aufnahme des Entwurfs in den interessierten Kreisen vgl. GRUR 1896, 18/61 f.; umfassend zur Gesetzentstehung GroßkommUWG/*Pahlow*, Einl. UWG B Rn. 13 ff.

[7] Bismarck-Gespräche, Von der Entlassung bis zum Tode, 1963, S. 401.

[8] RGZ 48, 114/119 f. – *Dampfschifffahrtsgesellschaft;* RGZ 60, 94/104 f. – *Feingoldschlägervereinigung;* vgl. weiter GroßkommUWG/*Pahlow,* 2. Aufl. Einl. UWG B Rn. 16 f. und *Beater,* Unlauterer Wettbewerb (2011), § 3 Rn. 294 f.

[9] RGBl 1909, S. 499; das Gesetz ist auch abgedruckt in GRUR 1909, 314 ff. Der Entwurf des Gesetzes mit Begründung findet sich in GRUR 1909, 39 ff., die erste Beratung des Gesetzesentwurfs ist in GRUR 1909, 106 ff. dokumentiert.

[10] Vgl. *von Bethmann-Hollweg* in der ersten Beratung des Gesetzesentwurfs (GRUR 1909, 106): „Dass das alte Wettbewerbsgesetz nicht all die Hoffnungen erfüllt hat, die man bei seinem Erlass an es knüpfte – darüber herrscht, glaube ich, Einstimmigkeit … Es wird gegenwärtig wohl allseitig anerkannt, dass das geltende Gesetz schädliche Lücken aufweist, die nur im Wege der Legislative ausgefüllt werden können, deren Ausfüllung aber im Interesse unseres wirtschaftlichen Lebens eine dringliche geworden ist."

[11] Abgedruckt in GRUR 1909, 106 ff., vgl. etwa die Ausführungen des Abgeordneten *Giese* (GRUR 1909, 108 f.): „Ein alter Wunsch richtet sich auf die Einführung einer Generalklausel, … die alle diejenigen Fälle … trifft, die durch die Spezialbestimmungen des Gesetzes nicht getroffen werden … Wenn es gelingt, eine solche erweiterte Generalklausel zu schaffen, so wird sie eine erfolgreiche Waffe gegen alle Machenschaften im Bereich des unlauteren Wettbewerbs bieten …"

[12] *Baumbach/Hefermehl*, Wettbewerbsrecht, 22. Aufl., Einl. UWG Rn. 17.

[13] *Köhler*/Bornkamm Einl. UWG Rn. 2.4; *Fezer* in Fezer, UWG, 2. Aufl., Einl. E Rn. 26, spricht zu Recht davon, dass sich die Generalklausel als ein „Erfolgsmodell" zur Bekämpfung unlauteren Wettbewerbs erwiesen habe.

[14] Auch der 1911 in der PVÜ aufgenommene Art. 10bis sicherte den Verbandsangehörigen einen wirksamen Schutz gegen unlauteren Wettbewerb, der in Art. 10bis Abs. 2 PVÜ in der Haager Revisionsfassung von 1925 als jede Wettbewerbshandlung definiert wurde, die den anständigen Gepflogenheiten in Gewerbe oder Handel zuwiderläuft; vgl. zu Art. 10bis PVÜ: die Kommentierung von *Glöckner* Einl. E Rn. 1 f. sowie *Keller* § 2 Rn. 187.

[15] Die Änderungsgesetze bis zum Jahr 2000 sind im Einzelnen bei *Köhler*/Bornkamm Einl. UWG Rn. 2.9 aufgeführt. Zur Entwicklung des Lauterkeitsrechts bis zum Ende des Zweiten Weltkrieges GroßkommUWG/*Pahlow* Einl. UWG B Rn. 21 ff.; *Beater,* Unlauterer Wettbewerb (2011), § 3 Rn. 297 ff.

außerhalb des UWG erfolgten jedoch durch die **Zugabeverordnung** und das **Rabattgesetz,** mit denen zugunsten der mittelständigen Wirtschaft das Angebot und die Gewährung von Zugaben und Rabatten eingedämmt werden sollten.

Mit der am 9.3.1932 als „erster Teil der Verordnung zum Schutze der Wirtschaft" erlassenen **ZugabeVO**[16] wurde – über alle Wirtschaftsstufen hinweg – verboten, im geschäftlichen Verkehr neben einer Ware oder einer Leistung eine Zugabe (Ware oder Leistung) anzubieten, anzukündigen oder zu gewähren. Das **Zugabeverbot** sollte dazu dienen, eine **unsachliche Beeinflussung der Kaufentscheidung** zu vermeiden, zugleich eine Verfälschung des Wettbewerbs auf dem Markt der Hauptleistung sowie dem Markt der Nebenleistung verhindern und einer Übersteigerung des Zugabewettbewerbs entgegentreten.[17] Später wurde als der für die Auslegung der ZugabeVO maßgebende Zweck der Schutz der Kunden vor Irreführung, unsachlicher Beeinflussung und Preisverschleierung gesehen.[18] Die ZugabeVO wurde mit dem europäischen Gemeinschaftsrecht als noch vereinbar angesehen,[19] ist aber im Jahre 2001 ersatzlos aufgehoben worden.[20] 4

Mit dem Gesetz über Preisnachlässe – kurz **„Rabattgesetz"** – vom 25.11.1933[21] wurde es grundsätzlich verboten, im Verkehr mit dem letzten Verbraucher für Waren oder Leistungen des täglichen Bedarfs einen Preisnachlass anzubieten oder zu gewähren. Erlaubt war lediglich ein Barzahlungsnachlass von höchstens 3%. Der Zweck des Rabattgesetzes bestand darin, eine Verschleierung künstlich überhöhter Preisgestaltungen und die damit verbundene Irreführungseignung zu verhindern und einer Verschiebung des Wettbewerbs unter Einzelhändlern durch die Gewährung von Nachlässen vom Normalpreis zu begegnen.[22] Das Rabattgesetz berührte zwar nicht die allgemeine Preisgestaltungsfreiheit der Händler, sondern lediglich deren Möglichkeit, individuell von allgemein angekündigten Normalpreisen wieder abweichen zu können. Es stand jedoch stets als wettbewerbsfeindlich und preiswettbewerbsbeschränkend in der Kritik,[23] zumal sein Anwendungsbereich durch eine extensive Auslegung des Begriffes der „Waren oder Leistungen des täglichen Bedarfs" ganz weit gezogen wurde.[24] Die EG-Kommission hatte das Rabattgesetz als mit dem EG-Vertrag unvereinbar angesehen und eine Klage zum EuGH angekündigt.[25] Das Rabattgesetz ist – zeitgleich mit der ZugabeVO – im Jahre 2001 ersatzlos aufgehoben worden.[26] 5

3. Entwicklung bis 1980

Mit dem Änderungsgesetz vom 21.7.1965 und dem damit eingeführten **Verbandsklagerecht für Verbraucherschutzverbände** hat auch der Gesetzgeber sich der bereits früher von Reichsgericht und Bundesgerichtshof entwickelten Auffassung angeschlossen, wonach das UWG **nicht lediglich einen reinen Konkurrentenschutz** bezweckt, sondern auch dem **Verbraucherschutz** dient.[27] Mit Gesetz vom 26.6.1969[28] wurden die §§ 6a und 6b a. F. und damit das Verbot der Hersteller- und Großhändlerwerbung sowie des Kaufscheinhandels in das UWG eingefügt und damit besondere Erscheinungsformen des Stufenwettbewerbs zugunsten des Mittelstands geregelt. Einen ganz erheblichen Einfluss auf die Entwicklung des Wettbewerbsrechts im Sinne einer Förderung der Verfolgung wettbewerbsrechtlicher Ansprüche hatte auch das „Fotowettbewerb"-Urteil des BGH, wonach der Abmahner vom Abgemahnten den Ersatz der Aufwendungen für eine Abmahnung 6

---

16 RGBl. I S. 121.

17 Zu den Schutzzwecken der früheren ZugabeVO vgl. *Köhler/Piper* 3. Aufl., Einf., ZugabeVO Rn. 2; *Baumbach/Hefermehl,* Wettbewerbsrecht, 21. Aufl., Einl. ZugabeVO Rn. 1 ff.

18 BGH GRUR 1995, 165/166 – *Kosmetikset;* BGH GRUR 1999, 515/517 – *Bonusmeilen.*

19 EuGH GRUR Int. 1983, 648 – *Oosthoek* sowie BGH GRUR 1999, 515/517 – *Bonusmeilen.*

20 Gesetz zur Aufhebung der ZugabeVO und zur Anpassung weiterer Rechtsvorschriften vom 23.7.2001, BGBl. I, S. 1661.

21 RGBl. I S. 1011.

22 Zu den Zwecken des Rabattgesetzes vgl. *Baumbach/Hefermehl,* Wettbewerbsrecht, 21. Aufl., Einl. RabattG Rn. 8 f.; *Köhler/Piper,* UWG, 3. Aufl., Einf. RabattG Rn. 5.

23 Zur Kritik vgl.: GroßkommUWG/*Pahlow* Einl. B Rn. 30 ff.

24 Als „Waren oder Leistungen des täglichen Bedarfs" wurden etwa auch Miniaturgolfbahnen (BGH GRUR 1977, 264 ff. – *Miniaturgolf*) und Pkws angesehen (BGH GRUR 1985, 983 ff. – *Kraftfahrzeug-Rabatt*).

25 Mitteilung der Kommission in GRUR Int. 1999, 809.

26 Gesetz zur Aufhebung des RabattG vom 23.7.2001, BGBl. I, S. 1663. Zur umfangreichen Diskussion um die Aufhebung des Rabattgesetzes und der Zugabeverordnung sowie deren Folgen nach altem Recht vgl. die Schrifttumsnachweise bei *Köhler/Piper,* UWG, 3. Aufl., § 1 vor Rn. 239.

27 *Schricker* GRUR Int 1996, 473/476 sah mit der Einführung der Verbraucherverbandsklage „vollendete Tatsachen" über den vom UWG auch verfolgten Verbraucherschutzweck bestätigt. Zur Entwicklung des Verbraucherschutzes im UWG vgl. *Beater,* Unlauterer Wettbewerb (2011), § 14 Rn. 1064 ff.

28 BGBl. I S. 633.

verlangen kann.[29] Die insbesondere eine Verstärkung des Verbraucherschutzes betreffenden Bemühungen um eine Reform des UWG Ende der 70er Jahre, mit einerseits dem von der damaligen sozialliberalen Koalition 1978 vorgelegten Änderungsentwurf[30] und andererseits dem von der damaligen CDU/CSU-Opposition vorgelegten Gegenentwurf,[31] blieben – auch in der folgenden Legislaturperiode – ohne Ergebnis.

4. Änderungsgesetze 1986

7 Der Erlass der nur als Mindeststandard verstandenen **Irreführungsrichtlinie**[32] im Jahre 1984 beeinflusste das deutsche Lauterkeitsrecht zunächst nicht. Eine nicht unerhebliche Umgestaltung des UWG brachten aber die **Änderungsgesetze des Jahres 1986** mit sich. Durch das Zweite Gesetz zur Bekämpfung der Wirtschaftskriminalität vom 15.5.1986[33] wurden der **Straftatbestand der progressiven Kundenwerbung des § 6c UWG a. F.** eingefügt und der lauterkeitsrechtliche Geheimnisschutz in § 17 UWG a. F. erweitert. Zudem sind durch das Gesetz zur Änderung wirtschafts-, verbraucher-, arbeits- und sozialrechtlicher Vorschriften vom 25.7.1986[34] die §§ 6d und 6e UWG a. F. neu eingefügt worden, die eine **Werbung mit mengenmäßigen Beschränkungen und Preisgegenüberstellungen** verboten. Zugleich wurden das Sonderveranstaltungs- und Räumungsverkaufsrecht unter Aufhebung der früheren Bestimmungen zusammengefasst und in §§ 7 und 8 UWG a. F. neu geregelt, die Klagebefugnis der Industrie- und Handelskammern sowie der Handwerkskammern neben einer redaktionellen Umgestaltung des § 13 UWG a. F. ausdrücklich festgelegt und in § 13a UWG a. F. ein Rücktrittsrecht für Abnehmer vorgesehen, die durch unwahre Werbung zum Vertragsschluss bestimmt worden sind.

5. Erste Liberalisierungstendenzen von 1990–2000

8 Eine erste deutliche Liberalisierung erfuhr das **seit dem 3.10.1990 im gesamten Deutschland geltende UWG** (Art. 8 Einigungsvertrag) durch das am 1.8.1994 in Kraft getretene Gesetz zur Änderung des UWG vom 25.7.1994.[35] Mit diesem Gesetz wurden die von der Rechtsprechung ohnehin nur restriktiv ausgelegten, als „abstrakte Gefährdungsdelikte" neben den §§ 6a und 6b UWG a. F. stets auch als wettbewerbsfeindlich kritisierten §§ 6d und 6e UWG a. F.[36] wieder gestrichen. Die Novelle war insbesondere darauf gerichtet, die **Verfolgbarkeit von Wettbewerbsverstößen einzuschränken.**[37] Zu diesem Zweck wurde die Klagebefugnis der „abstrakt" betroffenen Gewerbetreibenden und der Wirtschaftsverbände durch eine Neufassung des § 13 Abs. 2 Nrn. 1 und 2 UWG a. F. eingeschränkt,[38] der „fliegende Gerichtsstand" durch eine Neufassung des § 24 UWG a. F. erheblich eingeschränkt sowie eine die Anspruchsverfolgung betreffende Missbrauchsregelung in § 13 Abs. 5 UWG a. F. eingeführt. Die Regelung zum Schutz der geschäftlichen Bezeichnungen (Firma, besondere Geschäftsbezeichnungen, Titel) in § 16 UWG a. F. wurde durch Art. 25 des Markenrechtsreformgesetzes vom 25.10.1994[39] aufgehoben und in das am 1.1.1995 in Kraft getretene Markengesetz transferiert (vgl. §§ 1 Nr. 2, 5, 6 und 15 MarkenG). Schließlich wurden durch das Gesetz zur Bekämpfung der Korruption vom 13.8.1997[40] das „Schmiergeld"-Verbot des § 12 UWG a. F. aufgehoben und durch den im Wesentlichen inhaltsgleichen § 299 StGB ersetzt sowie mit Gesetz vom 22.6.1998[41] § 6c Satz 2 UWG a. F. gestrichen.

---

[29] BGHZ 52, 393/399 – *Fotowettbewerb.*

[30] Referentenentwurf nebst Begründung abgedruckt in WRP 1978, 277 ff.; dazu *Krieger* WRP 1978, 1 ff.; *Lindenmeyer/Henseler* WRP 1978, 87 ff.; *Ahrens* WRP 1978, 677 ff.

[31] BT-Drucks. 8/1670, hierzu *Gaedertz* WRP 1977, 681 ff.

[32] Richtlinie des Rates zur Angleichung der Rechts- und Verwaltungsvorschriften der Mitgliedstaaten über irreführende Werbung vom 10.12.1984, 84/450/EWG = GRUR Int. 1984, 688 ff., heute Richtlinie 2006/114/EG des Europäischen Parlaments und des Rates vom 12. Dezember 2006 über irreführende und vergleichende Werbung ABl. L 376 S. 21; zur Irreführungsrichtlinie vgl. *Glöckner* in Einl. B Rn. 58 ff.

[33] BGBl. I S. 721. Zu der im Vorfeld geführten Diskussion insbesondere über einen Verbraucherschadensersatzanspruch: *Schricker* GRUR 1979, 1 ff.

[34] BGBl. I S. 1169, bereinigt 1987 BGBl. I S. 565.

[35] BGBl. I S. 1738.

[36] Zur restriktiven Interpretation der Vorschriften der §§ 6d, 6e UWG a. F. vgl. BGH GRUR 1988, 834 ff. – *Schilderwald* (zu § 6e UWG a. F.) und BGH GRUR 1989, 213 f. – *Gesamtes Angebot* (zu § 6d UWG a. F.).

[37] Zur UWG-Novelle 1994 vgl. *Borck* WRP 1994, 349 ff.; *Kisseler* WRP 1994, 768 ff.; *Loschelder* GRUR 1994, 535 ff.; *Tilmann* BB 1994, 1793 ff.

[38] Zur früheren Klagebefugnis von „abstrakt" betroffenen Mitbewerbern vgl. Harte/Henning/*Keller*, § 2 Rn. 116.

[39] BGBl. I S. 3082.

[40] BGBl. I S. 2038.

[41] BGBl. I S. 1474.

6. Weitere Liberalisierungen ab dem Jahre 2000: Gesetz zur vergleichenden Werbung und Aufhebung von ZugabeVO und RabattG

9 Der Liberalisierungsdruck und die Liberalisierungsbereitschaft nahmen nicht zuletzt unter dem Eindruck der Rechtsprechung des EuGH sowie anhaltender Klagen über die „extreme Gipfellage" des deutschen Lauterkeitsrechts[42] weiter zu, obwohl die im Jahre 1995 vom Bundesministerium der Justiz eingerichtete „Arbeitsgruppe Überprüfung des Wettbewerbsrechts" noch zu dem Ergebnis gekommen war, dass eine umfassende Überarbeitung des Gesetzes gegen den unlauteren Wettbewerb nicht erforderlich sei.[43] Nachdem im Jahre 2000 zunächst die **PreisangabenVO** umfassend novelliert[44] worden war, nahm die bereits durch die Rechtsprechung des EuGH erzwungene „Europäisierung" des deutschen Lauterkeitsrechts durch das **Gesetz zur vergleichenden Werbung** und zur Änderung wettbewerbsrechtlicher Vorschriften vom 1.9.2000[45] ihren Fortgang. Damit wurden die Richtlinie 97/55/EWG vom 6.10.1997 zur Änderung der Richtlinie 84/450/EWG über irreführende Werbung zwecks Einbeziehung der vergleichenden Werbung in das deutsche Recht umgesetzt,[46] die Formen **zulässiger vergleichender Werbung in § 2 UWG a. F.** geregelt, die §§ 3 und 4 UWG a. F. ergänzt und zugleich §§ 6c und 24 Abs. 2 Satz 2 UWG a. F. neu gefasst. Mit den Gesetzen vom 23.7.2001[47] wurden schließlich die **ZugabeVO und das RabattG ersatzlos aufgehoben.**[48] Durch Art. 5 Abs. 24 SchuModG vom 26.11.2001[49] wurde § 13 Abs. 7 UWG a. F. eingefügt, und durch Gesetz vom 13.12.2001[50] wurde die Androhung in § 6 Abs. 2 Satz 2 UWG a. F. auf Euro umgestellt.

7. Liberalisierung des Lauterkeitsrechts durch die Rechtsprechung

10 Die durch die „kleine" UWG-Novelle von 1994 eingeleitete Liberalisierung des Wettbewerbsrechts fand ihre Entsprechung in einer **zunehmend liberalen Rechtsprechung.** Die dabei vor dem Hintergrund einer unverändert gebliebenen Textfassung des Gesetzes vollzogenen „stillen Wandlungen"[51] der Rechtsprechung, insbesondere unter dem Eindruck des zunehmend den Bereich des Lauterkeitsrechts erfassenden Gemeinschaftsrechts sowie der Rechtsprechung des EuGH[52] und des BGH,[53] haben zu einem nachhaltigen Umbruch des deutschen Lauterkeitsrechts geführt. Lediglich beispielhaft für diese Wandlungen seien genannt die in ihrer Bedeutung kaum zu überschätzende **Änderung des Verbraucherleitbildes** mit dem nunmehrigen Referenzmodell eines durchschnittlich informierten, aufmerksamen und verständigen Verbrauchers,[54] die Aufgabe des

---

[42] *Schricker* WRP 1993, 619.

[43] Bericht der Arbeitsgruppe „Überprüfung des Wettbewerbsrechts" in WRP 1997, 167 ff.

[44] PreisangabenVO in der Fassung der Bekanntmachung vom 28.6.2000, BGBl. I S. 1244, heute PreisangabenVO in der Fassung der Bekanntm. vom 18. Oktober 2002, BGBl. I S. 4197, zul. geänd. am 20. September 2013 (BGBl. I S. 3642).

[45] BGBl. I S. 1374.

[46] Die Rechtsprechung hatte allerdings bereits vor Ablauf der Umsetzungsfrist der Richtlinie die Zulässigkeit vergleichender Werbung im Wege richtlinienkonformer Auslegung des § 1 UWG a. F. anerkannt, vgl. BGH GRUR 1998, 824 – *Testpreis-Angebot;* BGH GRUR 1999, 69 – *Preisvergleichsliste II;* BGH GRUR 1999, 501 – *Vergleichen Sie.*

[47] BGBl. I S. 1661/1663.

[48] Ein bereits im Jahre 1994 unternommener erster Anlauf, das Rabattgesetz aufzuheben (vgl. BT-Drucks. 12/6722 und 12/7271), ist am damals noch vorhandenen Widerstand der Wirtschaftsverbände gescheitert. Zur umfassenden Diskussion um die Folgen der Aufhebung von RabattG und ZugabeVO vgl. *Berneke* WRP 2001, 615; *Cordes* WRP 2001, 867 ff.; *Köhler* BB 2001, 265 ff.; *Köhler* GRUR 2001, 1067 ff.; *Steinbeck* ZIP 2001, 1741 ff.

[49] BGBl. I S. 3138/3184.

[50] BGBl. I S. 3656/3677.

[51] Vgl. den unter dem Titel „Die stillen Wandlungen des Wettbewerbsrechts" stehenden Aufsatz von *Beater,* JZ 2000, 973 ff. zu der „Orient-Teppichmuster"-Entscheidung des BGH.

[52] EuGH GRUR Int. 1974, 467 – *Dassonville;* EuGH GRUR Int. 1979, 468 – *Cassis de Dijon;* EuGH GRUR Int. 1990, 955 – *GB-INNO;* EuGH GRUR Int. 1991, 215 – *Pall;* EuGH GRUR 1993, 747 – *Yves Rocher;* EuGH GRUR Int. 1993, 951 – *Nissan;* EuGH GRUR 1994, 296 – *Keck und Mithouard;* EuGH GRUR 1994, 303 – *Clinique;* EuGH GRUR Int. 1995, 804 – *Mars;* EuGH GRUR Int. 1995, 900 – *Alpine Investments;* EuGH GRUR Int. 1998, 795 – *Gut Springenheide;* EuGH GRUR Int. 2000, 756 – *naturrein;* EuGH GRUR Int. 2000, 354 – *Estée Lauder;* EuGH GRUR Int. 2002, 50 – *Toshiba;* EuGH GRUR Int. 2004, 742 – *Pippig.*

[53] Vgl. insoweit auch *Ullmann* GRUR 2003, 817 ff.

[54] EuGH GRUR Int. 1998, 795/797 = WRP 1998, 848/850 f. – *Gut Springenheide;* BGH GRUR 2000, 619/621 – *Orient-Teppichmuster;* BGH WRP 2004, 225/226 – *Mindestverzinsung;* zum Verbraucherleitbild siehe *Helm* WRP 2005, 931 ff.; *Helm,* FS Tilmann, 2003, S. 135 ff.; *Sack* WRP 2004, 521 ff.; *Lettl* GRUR 2004, 449 ff.; zum Verbraucherleitbild aus jüngerer Zeit: EuGH GRUR 2015, 701 Rn. 36 – *Himbeer-Vanille-Abenteuer;*

Verbotsgrundsatzes bei der vergleichenden Werbung,[55] die erweiterte Zulässigkeit von Kopplungsangeboten,[56] das Zurückdrängen der Reichweite des psychologischen Kaufzwangs,[57] die Einschränkungen im Rahmen der Fallgruppe Vorsprung durch Rechtsbruch[58] oder die Änderung der Rechtsprechung zu Vertriebsbindungssystemen.[59] Das **UWG 2004** hat sich diese „Entwicklungsstufe" der Rechtsprechung praktisch vollständig zu eigen gemacht.[60]

II. Modernisierung des Lauterkeitsrechts durch das UWG 2004

1. Anfänge und Grundlagen der Reform, Gesetzgebungsverfahren

11 Die **umfassende Reform des Lauterkeitsrechts durch das UWG 2004** nahm ihren Anfang in den Gesetzen zur Aufhebung der Zugabeverordnung und des Rabattgesetzes vom 23.7.2001.[61] In der Begründung beider Gesetze war angekündigt, dass das Bundesministerium der Justiz eine **Arbeitsgruppe** aus Vertretern der Verbraucher und der beteiligten Wirtschaftskreise einsetzen werde, die Vorschläge für die **weitere Modernisierung des Rechts gegen unlauteren Wettbewerb** und für ein europäisches Harmonisierungskonzept erarbeiten sollten.[62] Diese Arbeitsgruppe nahm noch im Jahre 2001 ihre Arbeit auf. In die Reformberatungen der Arbeitsgruppe eingegangen sind die von *Fezer* sowie *Schricker/Henning-Bodewig* erstatteten Gutachten.[63]

12 Grundlegend für das UWG 2004 wurde ein von *Köhler/Bornkamm/Henning-Bodewig* erarbeiteter **„Vorschlag" für eine Richtlinie zum Lauterkeitsrecht und eine UWG-Reform.**[64] Der Vorschlag entsprach in seiner Struktur (Normzweckklausel, Definitionsbestimmungen, Generalklausel, Beispielskatalog) und seinen sachlichen Regelungsvorschlägen schon in weitem Umfang dem später Gesetz gewordenen UWG 2004. Dass der Entwurf von *Köhler/Bornkamm/Henning-Bodewig* sich nicht lediglich auf einen Vorschlag für ein neues deutsches UWG beschränkte, sondern zugleich auch einen Vorschlag für eine EU-Richtlinie zum Lauterkeitsrecht vorsah, unterstrich den auch vom Gesetzgeber geteilten Willen, ein liberaleres, europarechtskonformes Recht gegen den unlauteren Wettbewerb zu schaffen. Der Entwurf bildete damit zugleich ein Referenzmodell für ein einheitliches europäisches Lauterkeitsrecht, das der in Deutschland allseits geteilten Forderung der Bundesregierung nach einem Mitbewerber wie Verbraucher gleichermaßen schützenden Rechtsrahmen entsprach.[65]

BGH GRUR 2015, 906 Rn. 22 – *TIP der Woche;* BGH GRUR 2015, 504 Rn. 17 – *Kostenlose Zweitbrille;* BGH GRUR 2012, 184 Rn. 19 – *Branchenbuch Berg* sowie Harte/Henning/*Keller* § 2 Rn. 244 und Erwägungsgrund 18 der UGP-RL, die auf einen Durchschnittsverbraucher abstellt, der angemessen gut unterrichtet und angemessen aufmerksam und kritisch ist.

[55] BGH GRUR 1998, 824 – *Testpreisangebot;* BGH GRUR 1999, 69 – *Preisvergleichsliste II;* BGH GRUR 1999, 501 – *Vergleichen Sie.*

[56] BGH GRUR 2002, 976 ff. – *Kopplungsangebot I* und BGH GRUR 2002, 979 ff. – *Kopplungsangebot II.*

[57] BGH WRP 2003, 742 ff. – *Umgekehrte Versteigerung II.*

[58] Vgl. BGH GRUR 2002, 825 ff. – *Elektroarbeiten;* BGH GRUR 2003, 164 ff. – *Altautoverwertung;* BGH WRP 2004, 337/339 – *Krankenkassenzulassung.*

[59] BGH GRUR 1999, 1109 ff. – *Entfernung der Herstellungsnummer;* BGH GRUR 1999, 1113 – *Außenseiteranspruch I;* BGH GRUR 2000, 724 ff. – *Außenseiteranspruch II;* BGH GRUR 2001, 448 ff. – *Kontrollnummerbeseitigung II.*

[60] Kritisch gerade dazu: *Engels/Salomon* WRP 2004, 32 ff.

[61] BGBl. I S. 1661 und 1663. Die Reform stand stets auch unter dem Eindruck der europäischen Vorhaben zum Lauterkeitsrecht, nämlich dem Vorschlag einer „VO-Verkaufsförderung" sowie dem „Grünbuch zum Verbraucherschutz" in der EU, das in der „Richtlinie über unlautere Geschäftspraktiken" gemündet ist, vgl. zu beiden Vorhaben unten *Glöckner* Einl. B Rn. 111 ff.

[62] BT-Drucks. 14/5441 vom 6.3.2001 zu A VI sowie BT-Drucks. 14/5594 vom 15.3.2001.

[63] *Fezer* WRP 2001, 989 ff. und *Schricker/Henning-Bodewig* WRP 2001, 1367 ff.

[64] WRP 2002, 1317 ff., hierzu die Stellungnahme der GRUR in GRUR 2003, 127 ff.

[65] Die EG-Kommission hat sich allerdings mit der Richtlinie 2005/29/EG vom 11. Mai 2005 über unlautere Geschäftspraktiken zunächst auf eine Harmonisierung des verbraucherbezogenen Lauterkeitsrechts beschränkt. In dieser Richtlinie ist anerkannt, dass es selbstverständlich „andere Geschäftspraktiken" gibt, die „zwar nicht den Verbraucher schädigen, sich jedoch nachteilig für die Mitbewerber und gewerblichen Kunden ausbilden können" (Erwägungsgrund 8). Weiter heißt es dort, dass die Kommission sorgfältig prüfen sollte, ob auf dem Gebiet des unlauteren Wettbewerbs über den Regelungsbereich dieser Richtlinie hinausgehende gemeinschaftliche Maßnahmen erforderlich sind. In dem Bericht der Kommission an das Europäische Parlament, den Rat und den europäischen Wirtschafts- und Sozialausschuss vom 14. März 2013 (Com(2013) 139 final) S. 12, zog die Kommission allerdings das Fazit, dass „die überwältigende Mehrheit der Mitgliedsstaaten und Interessenträger eine Ausweitung des Geltungsbereichs der Richtlinie nicht unterstützt, weder auf B2B-Geschäftshandlungen noch auf C2C- oder C2B-Beziehungen", sodass nach Auffassung der Kommission derzeit „nichts für eine entsprechende Ausweitung" der Richtlinie spricht.

Das UWG 2004 vom 3. Juli 2004[66] trat nach weiteren Diskussionen im Gesetzgebungsverfahren und einer erfolglosen Anrufung des Vermittlungsausschusses[67] durch den Bundesrat am 8. Juli 2004 in Kraft.[68] 13

2. Struktur des UWG 2004

Die Schwerpunkte der mit dem **UWG 2004 verbundenen inhaltlichen Änderungen** im Vergleich zum bisherigen Recht bildeten die Voranstellung einer den Zweck des UWG umreißenden **„Programmnorm"** sowie die **erstmalige Benennung des Verbrauchers als Schutzsubjekt in §§ 1, 3 UWG.** Weitere inhaltliche Neuerungen waren die **Ersetzung des als veraltet und europauntauglich angesehenen Begriffs der „guten Sitten" in der Generalklausel durch den auch sonst im europäischen Recht gebrauchten Begriff der „Unlauterkeit"** (in §§ 1, 3 UWG), die Einführung einer für alle Fälle des unlauteren Wettbewerbs geltenden **Bagatellgrenze** („materielle Erheblichkeitsschwelle") sowie der **Wegfall der Anspruchsberechtigung von nur „abstrakt" betroffenen Mitbewerbern.** Neu waren zudem der vollständige **Verzicht auf Regelungen über Sonderveranstaltungen, Jubiläumsverkäufe und Räumungsverkäufe** sowie die **Einführung eines Gewinnabschöpfungsanspruchs.** Mit dem UWG 2004 entfielen auch die bisherigen **abstrakten Gefährdungsdelikte der §§ 6, 6a und 6b UWG a. F.** (Insolvenzwarenverkauf, Hersteller- und Großhändlerwerbung sowie Kaufscheinhandel). Gestrichen wurde auch das in § 13a UWG a. F. geregelte Rücktrittsrecht bei strafbarer irreführender Werbung, das in der Praxis keine Bedeutung erlangt hatte. 14

3. Der Stand des Lauterkeitsrechts auf der Grundlage des UWG 2004

Mit dem UWG 2004 war eine **Liberalisierung** und grundlegende **Modernisierung** des deutschen Lauterkeitsrechts erreicht. Das wurde – grob skizziert – einerseits durch die **„Inkorporation" des neuesten Standes der gewandelten Rechtsprechung** (vgl. Rn. 10) sowie die **Aufgabe von unzeitgemäßen Beschränkungen des Wettbewerbs** (vgl. Rn. 14) und andererseits durch die **verstärkte Betonung des Verbraucherschutzzwecks des UWG** erreicht, wie er in den §§ 1, 3 UWG 2004 sowie dem Gewinnabschöpfungsanspruch zum Ausdruck kam. Der allgemein akzeptierte und bewährte Bestand des früheren Wettbewerbsrechts, wie er vor allem von der gewandelten Rechtsprechung und Literatur auf der Grundlage des § 1 UWG a. F. geschaffen worden war, blieb erhalten. Die früher auf der Grundlage des § 1 UWG a. F. entwickelten „Fallgruppen" waren – inhaltlich teilweise modifiziert in Anlehnung an die neuere Rechtsprechung – weitgehend in den Beispielskatalog des § 4 UWG sowie in § 7 UWG (belästigende Werbung) übernommen und stellten alsdann, ebenso wie die Regelungen zur irreführenden und vergleichenden Werbung, gesetzliche Konkretisierungen der **neu gefassten Generalklausel** des § 3 UWG dar. Diese neue Systematik des UWG führte zu einem verstärkten Gewicht der Einzeltatbestände und einer stärkeren normativen Einbindung der Generalklausel. 15

III. Reform des UWG 2004 im Lichte der UGP-Richtlinie durch das UWG 2008

1. Europäischer Hintergrund

Die UWG-Reform 2004 war – wie etwa gerade der „Doppelcharakter" des „Vorschlags" von *Köhler/Bornkamm/Henning-Bodewig* für eine „Richtlinie zum Lauterkeitsrecht und eine UWG-Reform"[69] zeigte – auf eine Europäisierung des deutschen Lauterkeitsrechts gerichtet. Angesichts des im Jahr 2004 ungewissen Zeitrahmens für die damaligen europarechtlichen lauterkeitsrechtlichen Vorhaben, nämlich des damals zur Debatte stehenden Vorschlags für eine „Verordnung über Verkaufsförderung im Binnenmarkt"[70] sowie die als Folgemaßnahme zu einem „Grünbuch zum Ver- 16

[66] BGBl. I S. 1414; zur Begründung des Gesetzesentwurfs vgl. BT-Drucks. 15/1487 v. 22.8.2003.

[67] Vgl. Beschluss des Bundesrats v. 14.5.2004, BR-Drucks. 288/04; vgl. zudem die Gegenäußerung des Bundesregierung BT-Drucks. 15/1478 v. 22.8.2003, S. 40 ff.

[68] Ausführlicher zum Gesetzgebungsverfahren des UWG 2004 vgl. die Einl. A Rn. 13–16 der 1. und 2. Aufl. dieses Kommentars.

[69] WRP 2002, 1317 ff., hierzu die Stellungnahme der GRUR in GRUR 2003, 127 ff.

[70] Vorschlag der Kommission für eine Verordnung über Verkaufsförderung im Binnenmarkt vom 2.10.2001 (KOM (2001) 546 endg.) und geänderte Fassung vom 15.5.2003 (9416/03), dazu Stellungnahme der Deutschen Vereinigung für gewerblichen Rechtsschutz und Urheberrecht in GRUR 2002, 410 ff. Die Kommission hat den Verordnungsvorschlag aufgegeben, vgl. ABl. C 64 vom 17.3.2006, S. 7.

braucherschutz in der Europäischen Union" zu erwartende Richtlinie,[71] hatte sich die Bundesregierung damals zu einer Reform entschlossen.[72] Die Folgemaßnahme zum „Grünbuch zum Verbraucherschutz" nahm aber alsdann vergleichsweise rasch Gestalt an und wurde schon im Juni 2005 als **„Richtlinie 2005/29/EG über unlautere Geschäftspraktiken im binnenmarktinternen Geschäftsverkehr"** (UGP-RL) im Amtsblatt der Europäischen Union verkündet. Mit Blick auf die von der Richtlinie geforderte Vollharmonisierung des von ihr allein erfassten verbraucherschutzbezogenen Lauterkeitsrecht war damit eine weitere Reform des deutschen UWG unvermeidlich.

2. UGP-Richtlinie als Basis des verbraucherbezogenen Lauterkeitsrechts und des UWG 2008

17 Die UGP-RL bildet in ihrem Anwendungsbereich die verbindliche Basis des deutschen verbraucherbezogenen Lauterkeitsrechts. Weil sich der deutsche Gesetzgeber – zu Recht – dazu entschlossen hat, das mitbewerber- und verbraucherbezogene Lauterkeitsrecht in ein und demselben Gesetz zu regeln, kommt der UGP-RL aber auch für das mitbewerberbezogene Lauterkeitsrecht eine kaum zu überschätzende Bedeutung zu. Die UGP-RL ist deshalb hier[73] kurz zu skizzieren:

18 **a) Verbraucherschutz- und Binnenmarktziel der Richtlinie.** Die Richtlinie bezweckt nach Art. 1, unlautere Geschäftspraktiken abzuwehren, die die wirtschaftlichen Interessen der Verbraucher beeinträchtigen und so zu einem reibungslosen Funktionieren des Binnenmarkts[74] und zum Erreichen eines hohen Verbraucherschutzniveaus beizutragen.[75] Die Richtlinie ist deshalb aus Verbrauchersicht[76] und im Lichte ihres Zwecks auszulegen, dem Verbraucher eine informierte („informationsgeleitete") und freie, mithin rationale Entscheidung zu ermöglichen[77] und ihn vor belästigenden, nötigenden und sonst unzulässigen Praktiken zu schützen, die seine Wahlfreiheit beeinträchtigen.[78] Soweit eine Vorschrift des nationalen Rechts nicht den Schutz der Verbraucher, sondern nur den Schutz der Mitbewerber und der sonstigen Marktteilnehmer bezweckt, ist der Anwendungsbereich der Richtlinie nicht berührt.[79]

19 **b) Vollharmonisierung.** Die UGP-RL bezweckt eine zwingende Rechtsangleichung und „Vollharmonisierung" im Bereich der „unlauteren Geschäftspraktiken" im Verhältnis zu Verbrauchern.[80] Es heißt insoweit in Erwägungsgrund 6:

> Die vorliegende Richtlinie gleicht deshalb die Rechtsvorschriften der Mitgliedstaaten über unlautere Geschäftspraktiken einschließlich der unlauteren Werbung an, die die wirtschaftlichen Interessen der Verbraucher unmittelbar und dadurch die wirtschaftlichen Interessen rechtmäßig handelnder Mitbewerber mittelbar schädigen. … Sie erfasst und berührt nicht die nationalen Rechtsvorschriften in Bezug auf unlautere Geschäftspraktiken, die lediglich die wirtschaftlichen Interessen von Mitbewerbern schädigen. …, die Mitgliedstaaten können solche Praktiken … weiterhin regeln.

Die UGP-RL erforderte nicht die Aufspaltung des deutschen Wettbewerbsrechts in ein allein verbraucherbezogenes und ein allein mitbewerberbezogenes Lauterkeitsrecht. Es ist nach allgemeiner Meinung möglich, sowohl den „B2B"- als auch den „B2C"-Bereich durch ein und denselben Rechtsakt in einem Gesetz zu regeln.[81]

20 **c) Sachlicher Anwendungsbereich.** Die UGP-RL gilt nach Art. 3 Abs. 1 für unlautere Geschäftspraktiken i. S. d. Art. 5 von Unternehmen gegenüber Verbrauchern vor, während oder nach Abschluss eines auf ein Produkt bezogenen Handelsgeschäfts. Sie definiert den Begriff der **„Ge-**

---

[71] „Grünbuch zum Verbraucherschutz in der Europäischen Union" (KOM (2001) 531 endg.).

[72] Kritisch dazu *Keßler* WRP 2007, 714/715; *Kulka* DB 2008, 1548 ff.

[73] Vgl. umfassend zur UGP-RL unten *Glöckner* Einl. B Rn. 183 ff.

[74] Vgl. dazu unten *Podszun,* § 1 Rn. 29.

[75] EuGH GRUR 2013, 297 Rn. 29 – *Köck.*

[76] EuGH GRUR 2013, 1159 Rn. 36 – *BKK Mobil Oil.*

[77] BGH GRUR 2014, 686 Rn. 23 – *Goldbärenbarren.*

[78] Erwägungsgrund 16 UGP-Richtlinie.

[79] EuGH GRUR Int. 2015, 1140 Rn. 29 – *Cdiscount;* EuGH GRUR 2013, 297 Rn. 31 – *Köck;* EuGH GRUR Int. 2013, 936 Rn. 31 – *Euronics Belgium.*

[80] EuGH GRUR Int. 2015, 1140 Rn. 34 – *Cdiscount;* EuGH GRUR Int. 2013, 942 Rn. 20 – *Citroen Belux;* EuGH GRUR Int. 2010, 221 – *Plus.*

[81] Vgl. den „Bericht der Kommission an das europäische Parlament, den Rat und den europäischen Wirtschafts- und Sozialausschluss über die Anwendung der UGP-Richtlinie" (COM(2013) 139 Final) S. 10; Gloy/Loschelder/*Erdmann,* HdBWettbR, § 3 Rn. 8; *Ohly*/Sosnitza Einf. A Rn. 1; *Fezer* WRP 2009, 1163, 1165; *Glöckner* WRP 2009, 1175, 1177.

schäftspraktiken im Geschäftsverkehr zwischen Unternehmen und Verbrauchern" in Art. 2 lit. d) und versteht darunter

jede Handlung, Unterlassung, Verhaltensweise oder Erklärung, kommerzielle Mitteilungen einschließlich Werbung und Marketing eines Gewerbetreibenden, die unmittelbar mit der Absatzförderung, dem Verkauf oder der Lieferung eines Produkts an Verbraucher zusammenhängt.

Die Richtlinie ging damit über das bisherige Recht hinaus, indem sie auch Handlungen nach Vertragsschluss erfasst und auf eine subjektive Wettbewerbsabsicht verzichtet. Das Vertragsrecht bleibt jedoch durch die Richtlinie unberührt (vgl. Erwägungsgrund 9).

d) Regelungsinhalt. Die zentrale Aussage der Richtlinie findet sich in der umfassenden Generalklausel des Art. 5 Abs. 1, wo es knapp heißt: **„Unlautere Geschäftspraktiken sind verboten".** Eine Geschäftspraktik ist nach Art. 5 Abs. 2 unlauter, wenn sie a) den Erfordernissen der **beruflichen Sorgfalt** widerspricht und b) in Bezug auf das jeweilige Produkt das Wirtschaftsverhalten des Durchschnittsverbrauchers, den sie erreicht oder an den sie sich richtet, wesentlich beeinflusst oder dazu geeignet ist, es wesentlich zu beeinflussen. Als unlauter sind nach § 5 Abs. 4 UGP-RL insbesondere die in Art. 6 und 7 speziell geregelten **irreführenden** sowie die in Art 8 und 9 speziell geregelten **aggressiven Geschäftspraktiken** anzusehen. Außerdem enthält die Richtlinie einen allgemein als **„Black List"** bezeichneten Anhang I von unterschiedlichen, im einzelnen aufgelisteten **Geschäftspraktiken, die unter allen Umständen als unlauter zu gelten haben** (Art. 5 Abs. 5). Die in der Richtlinie enthaltenen Regelungen zur Rechtsdurchsetzung brachten keinen Änderungsbedarf des deutschen Rechts mit sich. 21

3. Gesetzgebungsverfahren

Auf der Grundlage der Beratungen in der bereits zur UWG-Reform 2004 eingesetzten Arbeitsgruppe hat der Gesetzgeber im Juli 2007 einen ersten Referentenentwurf zur Änderung des UWG vorgelegt, der noch eine ganz zurückhaltende Anpassung des UWG an die Richtlinie vorsah. Deutlich stärkere Anpassungen an die UGP-Richtlinie enthielt dagegen der von der Bundesregierung im Frühjahr 2008 vorgelegte Gesetzentwurf. Dieser Entwurf ist mit insgesamt nur geringen Änderungen alsdann Gesetz geworden.[82] Die Verkündung des **UWG 2008** im Bundesgesetzblatt erfolgte am **29.12.2008.** Das UWG 2008 war vom 30.12.2008 bis zum 9. Dezember 2015 in Kraft. 22

4. Grundzüge des UWG 2008 – Überblick über die damaligen Änderungen

Das UWG regelte nach wie vor die verbraucher- und mitbewerberbezogenen Handlungen in ein und demselben Gesetz. Das deutsche Lauterkeitsrecht war aber nunmehr – auch soweit mitbewerberbezogene Handlungen berührt waren – in weitem Umfange **europarechtlich determiniert.**[83] Das UWG wurde noch stärker als bislang verbraucherschützend zur Gewährleistung einer informierten Entscheidung des Verbrauchers ausgerichtet. Sichtbarster Ausdruck hierfür waren die neuen Regelungen in § 3 Abs. 2 sowie § 5a Abs. 2 UWG. Die **Grundstruktur des UWG** mit einer vorangestellten **Schutzzweckklausel** sowie einer unlauteren Wettbewerb umfassend verbietenden **Generalklausel** mit sich daran anschließenden, aber nicht als „per se"-Verbote zu verstehenden Konkretisierungstatbeständen in den §§ 4ff. sowie § 7 UWG wurde beibehalten. Neu war zudem die Übernahme der durch die UGP-Richtlinie vorgegebenen **„Schwarzen Liste"** in einen Anhang des Gesetzes, in dem diejenigen irreführenden und aggressiven geschäftlichen Handlungen aufgeführt waren, die unter allen Umständen als unlauter und stets unzulässig anzusehen waren. 23

5. Änderungen des UWG 2008

Eine **Neufassung des Wortlauts des UWG 2008** in der seit dem 4. August 2009 geltenden Fassung wurde mit Gesetz vom 3. März 2010 bekannt gemacht.[84] Diese Neufassung berücksichtigte das Gesetz zur Bekämpfung unerlaubter Telefonwerbung,[85] mit dem § 7 Abs. 2 Nr. 2 UWG durch die Aufnahme des Erfordernisses einer „ausdrücklichen" Einwilligung des Verbrauchers bei telefonischer Werbung geändert und die Bußgeldvorschrift des § 20 UWG neu geschaffen wurde. Danach konnte eine unlautere Telefonwerbung gegenüber Verbrauchern mit einem Bußgeld von nun 24

---

[82] BGBl. I S. 2949.

[83] Vgl. dazu etwa *Köhler* WRP 2012, 251 ff.; *Fezer* WRP 2010, 677 ff.; *Glöckner* WRP 2009, 1175 ff.; *Hoeren* WRP 2009, 789 ff.; *Köhler* WRP 2009, 109 ff.; *Lettl* GRUR-RR 2009, 41 ff.

[84] BGBl. I S. 254.

[85] Vom 29. Juli 2009, BGBl. I S. 2413.

bis zu € 300 000,00 geahndet werden, um die unerwünschte Telefonwerbung weiter einzudämmen.[86]

6. Kritik an der Umsetzung der UGP-Richtlinie im UWG 2008

25 Die **Kommission** hat zum Ende des Jahres 2011 die Umsetzung der UGP-RL im UWG 2008 beanstandet und geltend gemacht, dass einige Bestimmungen der UGP-RL im UWG 2008 entweder keine Entsprechung fänden oder dort jedenfalls falsch umgesetzt worden seien. Außerdem enthalte das UWG 2008 weiterhin Vorschriften zu unlauteren Praktiken, die über die Vorschriften der Richtlinie hinausgingen und damit dem Zweck der Richtlinie zu einer vollständigen Harmonisierung des verbraucherbezogenen Lauterkeitsrechts zuwider liefen. Die Kommission hatte in ihrer Beanstandung allerdings nicht einen Fall aus dem Anwendungsbereich der UGP-RL genannt, der nicht den Vorgaben der UGP-RL entsprechend „gelebt" oder entschieden worden wäre. Insbesondere in Folge dieser Beanstandungen entwickelte sich eine umfangreiche Debatte[87] darüber, ob die UGP-RL im UWG 2008 hinreichend umgesetzt sei. Auch wenn Art. 288 Abs. 3 AEUV (früher Art. 249 EGV) den Mitgliedsstaaten die „Wahl der Form und der Mittel" zur Umsetzung einer Richtlinie überlässt und es grundsätzlich nicht erforderlich ist, den Richtlinientext selbst wörtlich zu übernehmen,[88] war anerkannt, dass eine richtlinienkonforme Auslegung eines bestehenden Gesetzes allein den Anforderungen an eine ordnungsgemäße Umsetzung im Sinne von Art. 288 Abs. 3 AEUV nicht genügt.[89] Es bestand sonach mehr und mehr Konsens darüber, dass das UWG 2008 einer erneuten Reform bedurfte und näher am Wortlaut der UGP-RL auszurichten war.

IV. UWG-Reform 2015

1. Überblick über die Reform

26 Mit Blick auf die Beanstandungen seitens der Kommission und die von der Kommission im Jahre 2014 erhobene **Vertragsverletzungsklage** nahm der Gesetzgeber eine weitere UWG-Reform in Angriff, die darauf abzielte, den Wortlaut des Lauterkeitsrechts näher an die UGP-RL heranzubringen. In der abschließenden Beschlussempfehlung hieß es dazu, dass der Gesetzesentwurf darauf abziele, „gesetzessystematische" Klarstellungen vorzunehmen, um eine vollständige Rechtsangleichung im Sinne der Richtlinie 2005/29/EG im Wortlaut des UWG zu erreichen".[90] Trotz dieses begrenzten, auf keine sachlichen Änderungen zu der „gelebten Praxis" gerichteten Regelungsziels wurde die UWG-Reform 2015 besonders lebhaft diskutiert.[91] Das Bundesministerium der Justiz und für Verbraucherschutz hatte Ende des Jahres 2014 einen ersten **Referentenentwurf**[92] vorgelegt. Der im Frühjahr 2015 vorgelegte **Gesetzesentwurf der Bundesregierung**[93] sah wie der Referentenentwurf noch zwei jeweils auf die „fachliche Sorgfalt" als materielles Unlauterkeitskriterium abstellende Generalklauseln für den B2B- und B2C-Bereich vor und wollte abweichend von dem Referentenentwurf den Beispielskatalog des § 4 UWG a. F. beibehalten und zu Beispielen von Verstößen gegen die fachliche Sorgfalt in Gestalt von Vermutungs- bzw. Beweislastregeln umgestalten. Der Regierungsentwurf ist aber im Laufe des Gesetzgebungsverfahrens nochmals erheblich geändert worden.

27 Das UWG 2015 fand seine endgültige Gestalt – in Anlehnung an Alternativentwürfe von *Köhler*[94] und *Ohly*[95] – in der Beschlussempfehlung und in dem Bericht des Ausschusses für Recht und Verbraucherschutz.[96] Das UWG 2015 verzichtete danach auf eine zur Verbrauchergeneralklausel des

---

[86] Begründung zum Gesetzesentwurf der Bundesregierung, BT-Drucks. 16/10734, S. 7 und weitere Verschärfung durch das Gesetz über unseriöse Geschäftspraktiken vom 20. September 2013, BGBl. I 3714. Die Neufassung des UWG 2008 berücksichtigte ferner das Gesetz zur Umsetzung der Verbraucherkreditrichtlinie vom 29. Juli 2009, mit dem § 8 Abs. 5 Satz 1 UWG geändert wurde.

[87] Exemplarisch: *Köhler* WRP 2012, 251 ff. und GRUR 2012, 1073 ff.; *Timm-Wagner* GRUR 2013, 245 ff.; *Henning-Bodewig* GRUR 2013, 238 ff.

[88] Calliess/*Ruffert*, EGV/AEUV, 4. Aufl. 2011, Art. 288 Rn. 32; vgl. auch *Hetmank* GRUR 2015, 323 ff.

[89] EuGH Rs. C-144/99, Slg. 2001, I-3541, Rn. 21 – *Kommission/Niederlande.*

[90] Beschlussempfehlung und Bericht des Ausschusses für Recht und Verbraucherschutz vom 4.11.2015, BT-Drucks. 18/6571 S. 1.

[91] Vgl. die Schriftumsangaben zur UWG-Reform 2015 am Anfang der Einleitung.

[92] Abgedruckt in GRUR 2014, 1180 ff., dazu die Stellungnahme der GRUR in GRUR 2014, 1185 ff.

[93] BT-Drucks. 18/4535 ff., abgedruckt auch in GRUR 2015, 341 ff. und WRP 2015, 263 ff.

[94] WRP 2015, 1311 ff.

[95] WRP 2015, 1443 ff.

[96] BT-Drucks. 18/6571.

§ 3 Abs. 2 UWG parallele Regelung für den B2B-Bereich und löste insbesondere den Beispielskatalog des § 4 UWG a. F. auf. Die verbraucherschutzbezogenen Regelungen des alten § 4-Beispielskatalogs wurden gestrichen und teilweise in die bestehenden Spezialregelungen integriert, der Rechtsbruchtatbestand in den neuen § 3a UWG ausgegliedert und die verbleibenden mitbewerberbezogenen Regelungen in neuer Zählung in dem neuen § 4 UWG zusammengefasst. Das Reformgesetz sieht ferner eine neue, sowohl gegenüber Verbrauchern als auch sonstigen Marktbeteiligten geltende Regelung über unlautere „aggressive geschäftliche Handlungen" vor und enthält ferner zahlreiche weitere Detailänderungen des alten Rechts. Die erforderliche Textangleichung des Lauterkeitsrechts an die UGP-RL erscheint nunmehr erreicht.[97] Es bleibt allerdings dabei, dass die verbraucherschutzbezogenen Regelungen im Anwendungsbereich der UGP-RL im Lichte der Richtlinie zu interpretieren sind und sonach nach wie vor „zwei Rechtstexte zur Hand zu nehmen" sind, um im geltenden UWG zu arbeiten.

2. Inkrafttreten und intertemporales Recht

Das UWG 2015 vom 2. Dezember 2015[98] ist am **10. Dezember 2015** in Kraft getreten und seit diesem Tage geltendes Recht. Aus vor dem Inkrafttreten des neuen Rechts begangenen Verletzungshandlungen können Unterlassungsansprüche, die ja in die Zukunft gerichtet sind, nur dann abgeleitet werden, wenn sie sowohl nach dem alten Recht als auch nach dem UWG 2015 begründet sind.[99] Etwaige Schadenersatz- und Auskunftsansprüche aus „alten", vor dem Inkrafttreten des UWG 2015 begangenen Verletzungshandlungen sind allerdings nach dem bisherigen Recht zu beurteilen.[100] 28

V. Inhalt des UWG 2015

Der Inhalt des UWG 2015 ist wie folgt zu skizzieren:

1. Normzweckklausel (§ 1 UWG)

An der Spitze des Gesetzes umreißt wie bislang der im Zuge des UWG 2015 unverändert gebliebene **§ 1 UWG als „Programmnorm"** den Zweck des UWG, dem Schutz der Mitbewerber, der Verbraucherinnen und Verbraucher sowie der sonstigen Marktteilnehmer vor unlauteren geschäftlichen Handlungen zu dienen (§ 1 Satz 1 UWG) und zugleich das Interesse der Allgemeinheit an einem unverfälschten Wettbewerb zu schützen (§ 1 Satz 2 UWG). Der lauterkeitsrechtliche Schutz erstreckt sich danach auf alle Marktbeteiligten. Das Interesse dieser Marktbeteiligten muss sich jedoch nicht zwangsläufig mit dem Interesse der Allgemeinheit an einem unverfälschten Wettbewerb decken. § 1 Satz 2 UWG kann damit auch überindividuelle Wertungen rechtfertigen.[101] Die Normzweckklausel und insbesondere der von ihr betonte Verbraucherschutzzweck können in Verbindung mit der Generalklausel die normative Grundlage für künftige Weiterentwicklungen des Wettbewerbsrechts bilden. 29

2. Definitionen (§ 2 UWG)

In § 2 UWG sind die für das Lauterkeitsrecht zentralen Begriffe, insbesondere der die frühere „Wettbewerbshandlung" ablösende Begriff der „geschäftlichen Handlung" (§ 2 Abs. 1 Nr. 1 UWG) sowie der des „Mitbewerbers" (§ 2 Abs. 1 Nr. 3 UWG) legaldefiniert. Außerdem finden sich dort Definitionen über „Marktteilnehmer", „Nachrichten", „Verhaltenskodex", „Unternehmer" und 30

---

[97] Unzufrieden insoweit allerdings immer noch *Köhler* NJW 2016, 593/598.

[98] BGBl. I 2015, 2158.

[99] Vgl. BGH GRUR 2016, 513 Rn. 13 – *Eizellspende.*

[100] Vgl. insoweit etwa BGH GRUR 2016, 418 Rn. 13 – *Feuchtigkeitsspendendes Gel-Reservoir.* Zur entsprechenden Problematik im Zusammenhang mit der UWG-Reform 2004 siehe nur BGH GRUR 2008, 727/728 Tz. 11 – *Schweißmodulgenerator;* BGH GRUR 2007, 800 Tz. 12 – *Außendienstmitarbeiter.*

[101] Vgl. dazu *Beater* WRP 2012, 6 ff.; *Henning-Bodewig* WRP 2011, 1014 ff. sowie Harte/Henning/*Keller* § 2 Rn. 109. Die Rechtsprechung berücksichtigte überindividuelle Allgemeininteressen etwa im Rahmen der Fallgruppe der „Marktstörung", des Schutzes der Presse als Institution durch besondere Regeln bei der Umsonstlieferung von Presseerzeugnissen. Überindividuelle Interessen können zu Maßstabsverschiebungen bei der lauterkeitsrechtlichen Bewertung führen. So ist gesundheitsbezogene Werbung tendenziell strenger als sonstige Werbung zu beurteilen und sind wahre, aber täuschungsgeeignete Angaben milder als schlicht unwahre Angaben zu bewerten.

den nach der UGP-RL zentralen Begriff der „unternehmerischen Sorgfalt". Für den Verbraucherbegriff ordnet das UWG in § 2 Abs. 2 die entsprechende Geltung des § 13 BGB an. Im Zuge der UWG-Reform 2015 hat der Gesetzgeber den Definitionskatalog um das Kriterium der „wesentlichen Beeinflussung des wirtschaftlichen Verhaltens des Verbrauchers" (§ 2 Abs. 1 Nr. 8 UWG), auf das etwa die Verbrauchergeneralklausel in § 3 Abs. 2 UWG abstellt, sowie um den grundlegenden Begriff der „geschäftlichen Entscheidung" (§ 2 Abs. 1 Nr. 9 UWG) erweitert. Der lauterkeitsrechtlichen Beurteilung unterliegen nur „geschäftliche Handlungen", die den Anwendungsbereich des Lauterkeitsrechts vom allgemeinen Deliktsrecht abgrenzen. Eine **geschäftliche Handlung** ist in **jedem Verhalten** zu sehen, das die **Absatz- oder Nachfrageinteressen eines Unternehmens objektiv fördert oder mit einem Vertragsschluss oder einer Vertragsdurchführung im objektiven Zusammenhang steht** und auf eine **geschäftliche Entscheidung des Adressaten** gerichtet ist. Diese „geschäftliche Entscheidung" des Adressaten muss noch nicht in einer rechtsgeschäftlichen Erklärung bestehen oder gar schon Teil des Geschäftsabschlusses selbst sein, ausreichend ist vielmehr jedwede Maßnahme in Richtung auf den vom Unternehmer letztlich erstrebten Geschäftsabschluss, wie etwa das Aufsuchen eines Geschäfts oder die nähere Beschäftigung mit einer Werbung.[102]

31 Das UWG 2015 hat den im UWG 2008 neu eingeführten Begriff der „fachlichen Sorgfalt" durch den Begriff der **„unternehmerischen Sorgfalt"** ersetzt, ohne dass damit eine sachliche Änderung verbunden wäre. Das UWG knüpft damit an die Definition der „beruflichen Sorgfalt" in Art. 2 lit. h) UGP-RL an (dazu eingehend § 2 Rn. 180ff.). Der Sorgfaltsverstoß bildet die materielle Grundlage des Unlauterkeitsurteils nach der UGP-RL. Eine Geschäftspraxis ist unlauter, wenn sie gemäß Art. 5 Abs. 2 lit. a) den Erfordernissen der beruflichen Sorgfaltspflicht widerspricht und nach Art. 5 Abs. 2 lit. b) das Entscheidungsverhalten des Verbrauchers beeinträchtigen kann. In vergleichbarer Weise erklärt nunmehr § 3 Abs. 2 UWG geschäftliche Handlungen gegenüber Verbrauchern für unzulässig, wenn sie nicht der für den Unternehmer geltenden unternehmerischen Sorgfalt entsprechen und dazu geeignet sind, das wirtschaftliche Verhalten des Verbrauchers wesentlich zu beeinflussen.

3. Generalklauseln (§ 3 UWG)

32 Die im Zuge des UWG 2015 erheblich geänderten **Generalklauseln des § 3 Abs. 1 und Abs. 2 UWG stellen die zentralen Vorschriften des neuen Gesetzes** dar. Die neu formulierte **Generalklausel des § 3 Abs. 1 UWG** lautet nunmehr:

„Unlautere geschäftliche Handlungen sind unzulässig".

§ 3 Abs. 1 UWG ist außerhalb des Anwendungsbereichs der UGP-RL und der Richtlinie über irreführende oder vergleichende Werbung wie bisher ein **Auffangtatbestand** und somit **echte Generalklausel** für solche unlauteren Handlungen, die von den weiteren Bestimmungen des UWG nicht erfasst werden, aber einen vergleichbaren Unrechtsgehalt aufweisen.[103] Das nach § 3 Abs. 1 UWG a. F. noch erforderliche „Spürbarkeitserfordernis" ist mit dem neuen Tatbestand entfallen. Der Gesetzgeber hat es nunmehr ganz der Rechtsprechung überlassen, in Konkretisierung des Tatbestandsmerkmals der Unlauterkeit für die vom Auffangtatbestand erfassten Fälle ggf. angemessene Spürbarkeitserfordernisse aufzustellen, um insbesondere Abmahnungen von Bagatellverstößen zu verhindern.[104] Dieser Weg erscheint umso mehr gangbar, als der neue Rechtsbruchtatbestand § 3a UWG nunmehr ein eigenes Relevanzerfordernis aufweist und weitere Fallkonstellationen aus dem B2B-Bereich – wie etwa die Fälle des § 4 Nr. 1–4 UWG oder die Fälle der „unzumutbaren" Belästigungen – von vornherein ein wettbewerblich relevantes Gewicht aufweisen. Soweit die Unlauterkeit einer geschäftlichen Handlung abschließend in der UGP-RL oder in der Richtlinie über irreführende vergleichende Werbung geregelt ist, sollen ausschließlich die „Verbrauchergeneralklausel" und die der Richtlinie entsprechenden Spezialtatbestände anwendbar sein.[105] Auf der Grundlage der Generalklausel des § 3 Abs. 1 UWG können insbesondere etwa neuartige Erscheinungsformen unlauterer Handlungen im Bereich des Mitbewerberschutzes und des Schutzes sonstiger Marktteilnehmer erfasst werden.

---

[102] Vgl. insoweit EuGH GRUR 2014, 196 Rn. 36 – *Trento Sviluppo* und Harte/Henning/*Keller* § 2 Rn. 216ff. und 226.

[103] Beschlussempfehlung und Bericht des Ausschusses für Recht und Verbraucherschutz, BT-Drucks. 18/6571 S. 13.

[104] Beschlussempfehlung und Bericht des Ausschusses für Recht und Verbraucherschutz, BT-Drucks. 18/6571 S. 14.

[105] Beschlussempfehlung und Bericht des Ausschusses für Recht und Verbraucherschutz, BT-Drucks. 18/6571 S. 14.

Die im Rahmen der UWG-Reform 2015 neu formulierte **„Verbrauchergeneralklausel"** des § 3 Abs. 2 UWG lautet nunmehr wie folgt: 33

Geschäftliche Handlungen, die sich an Verbraucher richten oder diese erreichen, sind unlauter, wenn sie nicht der unternehmerischen Sorgfalt entsprechen und dazu geeignet sind, das wirtschaftliche Verhalten des Verbrauchers wesentlich zu beeinflussen.

Auch wenn die „Verbrauchergeneralklausel" damit nicht dem einfacheren Wortlaut des Art. 3 UGP-RL („Diese Richtlinie gilt für unlautere Geschäftspraktiken im Sinne des Art. 5 von Unternehmen gegenüber Verbrauchern...") folgt, rückt sie das deutsche Recht doch wesentlich näher als bislang an den Wortlaut der Richtlinie und insbesondere deren Art. 5 heran. Die Vorschrift folgt der UGP-RL insbesondere in ihrem auf ein **materielles Unlauterkeitskriterium** („berufliche Sorgfalt") sowie ein **Relevanzkriterium** („wesentliche Beeinflussung des wirtschaftlichen Verhaltens des Verbrauchers") abstellenden Regelungsmodell. Sowohl das materielle Unlauterkeitskriterium als auch das Relevanzkriterium sind nunmehr in § 2 Abs. 1 Nr. 7 und Nr. 8 UWG legal definiert. Für den durch § 3 Abs. 2 UWG erfassten Bereich hat die Generalklausel § 3 Abs. 1 UWG nur noch die **Funktion einer Rechtsfolgenverweisung.**[106]

§ 3 Abs. 3 UWG verweist wie bislang auf den **Anhang** mit einer Liste geschäftlicher Handlungen gegenüber Verbrauchern **(„Black List")**, die stets unzulässig sind **(Verbote ohne Wertungsvorbehalt)**, ohne dass in diesen Fällen noch gesondert zu prüfen wäre, ob die Verbraucherinteressen spürbar beeinträchtigt sind, was bei einem „Black List"-Verstoß aber ohnehin regelmäßig anzunehmen wäre. Die bisher in § 3 Abs. 2 Satz 2 und Satz 3 UWG a. F. enthaltenen, auf besonders schutzwürdige Verbraucher abstellenden Beurteilungsmaßstäbe hat der Gesetzgeber nunmehr in einen neuen § 3 Abs. 4 UWG transferiert. 34

Die im Zuge der UWG-Reform 2015 heftig diskutierte **Abgrenzungsproblematik** zwischen der Verbrauchergeneralklausel des § 3 Abs. 2 UWG und der Generalklausel des § 3 Abs. 1 UWG bleibt auch im neuen Recht erhalten. Nicht alle geschäftlichen Handlungen, die entsprechend dem Wortlaut des § 3 Abs. 2 UWG an Verbraucher gerichtet sind oder diese erreichen, sind zugleich geeignet, die wirtschaftlichen Interessen von Verbrauchern zu beeinträchtigen, was solche Handlungen dem bindenden Anwendungsbereich der UGP-RL unterstellen würde. Es gibt vielmehr auch an Verbraucher gerichtete oder diese erreichende unlautere Handlungen (wie etwa eine mitbewerberherabsetzende Werbung in einer Verbraucherzeitschrift), die in erster Linie Mitbewerber schädigen. Für solche **doppelrelevanten Handlungen** ist aber auch eine **doppelte lauterkeitsrechtliche Beurteilung** zum einen nach den verbraucherschützenden Maßstäben als auch nach den mitbewerberschützenden Maßstäben möglich.[107] 35

4. Rechtsbruch (§ 3a UWG)

Im Rahmen der UWG-Reform 2015 hat der Gesetzgeber den **Rechtsbruchtatbestand** des § 4 Nr. 11 UWG a. F. in den neuen **eigenständigen Tatbestand des § 3a UWG** überführt. Der Wortlaut ist hinsichtlich des erforderlichen materiellen Verstoßes („Unlauter handelt, wer einer gesetzlichen Vorschrift zuwiderhandelt, die auch dazu bestimmt ist, im Interesse der Marktteilnehmer das Marktverhalten zu regeln") unverändert geblieben. Mit Blick auf den Wegfall des Spürbarkeitskriteriums in § 3 Abs. 1 UWG ist nunmehr allerdings der Rechtsbruchtatbestand des § 3a UWG um ein **eigenes Relevanzkriterium** ergänzt worden („und der Verstoß geeignet ist, die Interessen von Verbrauchern, sonstigen Marktteilnehmern oder Mitbewerbern spürbar zu beeinträchtigen"). Der Rechtsbruchtatbestand hat sich mittlerweile zu einer der **praktisch bedeutsamsten lauterkeitsrechtlichen Regelungen** entwickelt.[108] Die gesetzliche Neuregelung hat im Vergleich zur bisherigen Rechtslage zu keiner sachlichen Änderung geführt. 36

5. Mitbewerberschutz (§ 4 UWG)

Im Zuge der UWG-Reform 2015 hat der Gesetzgeber den alten Beispielskatalog des § 4 a. F. aufgelöst und in **§ 4 Nr. 1 bis 4 UWG n. F.** allein die **mitbewerberschützenden Vorschriften** des § 4 Nr. 7 bis 10 a. F. mit unverändertem Wortlaut übernommen. Es ist sonach nach wie vor verboten, Mitbewerber zu verunglimpfen (§ 4 Nrn. 1 und 2 UWG), Leistungen von Mitbewerbern 37

---

106 Beschlussempfehlung und Bericht des Ausschusses für Recht und Verbraucherschutz, BT-Drucks. 18/6571 S. 14; *Köhler* NJW 2016, 593/594.

107 Zum Prinzip der Doppelkontrolle doppelrelevanter Handlungen vgl. *Köhler* WRP 2015, 275/280 ff. und *Ohly* WRP 2015, 1443/1444.

108 Vgl. *Büscher* GRUR 2016, 113, *Ohly* WRP 2015, 1443/1447; *Metzger* GRUR Int. 2015, 687 ff.

unlauter nachzuahmen (§ 4 Nr. 3 UWG) oder Mitbewerber gezielt zu behindern (§ 4 Nr. 4 UWG). Mit der Neuregelung ist eine **klare Trennung** zwischen den verbraucherschützenden und den mitbewerberschützenden Vorschriften erreicht, was etwa auch der Fachausschuss für Marken- und Wettbewerbsrecht der GRUR sowie breite Teile der Literatur empfohlen hatten.[109] In der Gesetzesbegründung ist zu Recht hervorgehoben, dass die ausschließlich mitbewerberbezogenen Tatbestände des neuformulierten § 4 UWG nicht in den Anwendungsbereich der UGP-RL fallen.[110]

6. Die entfallenen Tatbestände des Beispielskatalogs des § 4 UWG a. F.

38 Hinsichtlich der **entfallenen Tatbestände** des **§ 4 UWG a. F.** hebt die Begründung zum UWG 2015[111] hervor, dass die **Tatbestände** des **§ 4 Nr. 1 und Nr. 2 UWG a. F.** sich in dem neuen § 4a UWG finden und der Schutz vor menschenverachtenden geschäftlichen Handlungen auf der Grundlage des § 3 Abs. 1 UWG gewährleistet ist.[112] Die bisherige Regelung des **§ 4 Nr. 3 UWG a. F.** findet sich nunmehr in § 5a Abs. 6 UWG. Die Irreführungsfälle betreffenden Tatbestände des **§ 4 Nr. 4 und Nr. 5 UWG a. F.** sind durch die allgemeinen Irreführungstatbestände der §§ 5 und 5a n. F. abgedeckt. Das in **§ 4 Nr. 6 UWG a. F.** noch enthaltene Verbot, die Teilnahme von Verbrauchern an einem Preisausschreiben oder Gewinnspiel von dem Erwerb einer Ware oder der Inanspruchnahme einer Dienstleistung abhängig zu machen, war nach der Rechtsprechung des EuGH[113] mit der UGP-RL nicht zu vereinbaren und wurde deshalb ersatzlos gestrichen.

7. Verbot aggressiver geschäftlicher Handlungen (§ 4a UWG)

39 Mit der UWG-Reform 2015 hat der Gesetzgeber in Umsetzung der Art. 8 und 9 der UGP-RL den neugeschaffenen Tatbestand des **§ 4a UWG über unlautere aggressive geschäftliche Handlungen** in das UWG eingefügt. Das Aggressionsverbot wurde zudem – über die UGP-RL hinaus – auch auf den Schutz **sonstiger Marktteilnehmer** erstreckt. Die entscheidende Regelung des § 4a Abs. 1 Satz 1 lautet nunmehr:

> Unlauter handelt, wer eine aggressive geschäftliche Handlung vornimmt, die geeignet ist, den Verbraucher oder sonstigen Marktteilnehmer zu einer geschäftlichen Entscheidung zu veranlassen, die dieser andernfalls nicht getroffen hätte.

Für eine aggressive Handlung kennzeichnend ist, dass sie die Entscheidungsfreiheit des Verbrauchers oder sonstigen Marktteilnehmers durch **Belästigung, Nötigung oder unzulässige Beeinflussung** erheblich beeinträchtigt.[114] Hierbei kommt es insbesondere auf die in § 4a Abs. 2 UWG im Einzelnen näher umschriebenen Umstände an. Der in § 4a Abs. 2 Satz 2 UWG vorgesehene Schutz von besonders schutzbedürftigen Verbrauchergruppen ist bereits durch § 3 Abs. 4 Satz 2 UWG gewährleistet und stellt eine unschädliche Doppelregelung dar.[115]

8. Irreführungsverbote (§§ 5 und 5a UWG)

40 Das seit jeher geltende Verbot der Irreführung ist in §§ 5 und 5a UWG in Anlehnung an die UGP-RL geregelt. Die dort formulierten **Irreführungsverbote knüpfen an den Begriff der geschäftlichen Handlung** an, wodurch nicht nur bloße Äußerungen, sondern jedwedes irreführende Verhalten (etwa ein irreführendes „Unterschieben von Waren") erfasst ist. Verboten sind unwahre und täuschungsgeeignete Angaben über geschäftliche Verhältnisse jedweder Art. Im Zuge der UWG-Reform 2015 ist nunmehr in § 5 Abs. 1 Satz 1 UWG ausdrücklich klargestellt, dass die Vorschrift auch dem Schutz der sonstigen Marktteilnehmer dient. Zudem ist in das Irreführungsverbot eine dem Art. 6 Abs. 1 der UGP-Richtlinie entsprechende Relevanzklausel aufgenommen wor-

---

[109] Vgl. exemplarisch die Stellungnahme der GRUR in GRUR 2014, 1185 ff.

[110] Beschlussempfehlung und Bericht des Ausschusses für Recht und Verbraucherschutz, BT-Drucks. 18/6571 S. 13.

[111] Beschlussempfehlung und Bericht des Ausschusses für Recht und Verbraucherschutz, BT-Drucks. 18/6571 S. 14.

[112] Vgl. zur Transformation des § 4 Abs. 1 Nrn. 1 und 2 in § 4a n. F.: *Fritzsche,* WRP 2016, 1/7.

[113] EuGH GRUR 2010, 244 ff. – *Plus Warenhandelsgesellschaft,* BGH GRUR 2011, 532 – *Millionenchance II;* BGH GRUR 2008, 807 ff. – *Millionenchance I.*

[114] Zu der Neuregelung der aggressiven geschäftlichen Handlung vgl. insgesamt *Fritzsche* WRP 2016, 1 ff.; *Scherer,* GRUR 2016, 233 ff.

[115] Zur Doppelregelung vgl. kritisch *Köhler* NJW 2016, 593/596.

den.[116] In § 5a UWG ist – wie bislang – geregelt, dass auch das **Verschweigen einer Information irreführend** sein kann. Die UWG-Reform 2015 hat den § 5a Abs. 2 UWG näher an den Wortlaut des Art. 7 der UGP-Richtlinie herangeführt. Danach handelt unlauter, wer im konkreten Fall unter Berücksichtigung aller Umstände dem Verbraucher eine wesentliche Information vorenthält, die der Verbraucher je nach den Umständen benötigt, um eine informierte geschäftliche Entscheidung zu treffen und deren Vorenthalten geeignet ist, den Verbraucher zu einer geschäftlichen Entscheidung zu veranlassen, die er andernfalls nicht getroffen hätte. Darüber hinaus handelt nach § 5a Abs. 6 UWG (entsprechend dem früheren § 4 Nr. 3 UWG) unlauter, wer den kommerziellen Zweck einer geschäftlichen Handlung nicht kenntlich macht, sofern sich dieser nicht unmittelbar aus den Umständen ergibt, und das Nichtkenntlichmachen geeignet ist, den Verbraucher zu einer geschäftlichen Entscheidung zu veranlassen, die er andernfalls nicht getroffen hätte.

Den Irreführungs-Regelungen liegt das **Leitbild eines Durchschnittsverbrauchers** zugrunde, 41
der angemessen gut unterrichtet und angemessen aufmerksam und kritisch ist (vgl. Erwägungsgrund 18 der UGP-RL). Auf der Grundlage der Rechtsprechung des EuGH stellt auch der BGH auf das Leitbild eines durchschnittlich informierten, aufmerksamen und verständigen Verbrauchers ab, der das fragliche Werbeverhalten mit einer der Situation angemessenen Aufmerksamkeit verfolgt.[117]

Eine geschäftliche Handlung ist nach **§ 5 Abs. 2 UWG** auch dann irreführend, wenn sie im Zu- 42
sammenhang mit der **Vermarktung von Waren oder Dienstleistungen** einschließlich vergleichender Werbung eine **Verwechslungsgefahr mit einer anderen Ware** oder Dienstleistung oder mit der Marke oder einem anderen Kennzeichen eines Mitbewerbers hervorruft. Der Anwendungsbereich dieser der Umsetzung von Art. 6 Abs. 2 lit. a) der UGP-RL dienenden Bestimmung ist noch nicht gänzlich klar. Einerseits lässt sich Art. 6 Abs. 2 lit. a) UGP-RL und dem folgend § 5 Abs. 2 UWG als eine weit über die Tatbestände der „Herkunftstäuschung" sowie des „ergänzenden Leistungsschutzes" von Produktgestaltungen hinausgehende Regelung verstehen, die sämtliche Arten von Produktverwechslungen und Zeichenverwechslungen erfasst. Andererseits stehen dem erhebliche systematische Bedenken entgegen, weil nicht angenommen werden kann, dass im Falle einer Verbraucherirreführung bei einer markenrechtlichen Verwechslungsgefahr oder einer Herkunftstäuschung im Sinne des Leistungsschutzes nach § 4 Nr. 3 UWG auch Dritte Ansprüche verfolgen können, obwohl sie selbst nicht Inhaber der Marke oder Leistungsschutzposition sind. Die letztgenannten, durchschlagend erscheinenden Erwägungen lassen es ratsam erscheinen, den Tatbestand des § 5 Abs. 2 UWG eng zu interpretieren. Es ist der Rechtsprechung aufgegeben, das Verhältnis zwischen kennzeichenrechtlichen und lauterkeitsrechtlichen Ansprüchen weiter zu konkretisieren.[118]

9. Vergleichende Werbung (§ 6 UWG)

Als **vergleichende Werbung**[119] ist jede Werbung anzusehen, die unmittelbar oder mittelbar ei- 43
nen Mitbewerber oder die von einem Mitbewerber angebotenen Waren oder Dienstleistungen erkennbar macht (§ 6 Abs. 1 UWG). In § 6 Abs. 2 UWG sind die Umstände angegeben, die eine vergleichende Werbung unlauter machen. Dies ist der Fall, wenn sich der Vergleich nicht auf Waren oder Dienstleistungen für den gleichen Bedarf oder dieselbe Zweckbestimmung bezieht (§ 6 Abs. 2 Nr. 1 UWG), wenn sich der Vergleich nicht objektiv auf eine oder mehrere wesentliche, relevante, nachprüfbare und typische Eigenschaften oder den Preis dieser Ware oder Dienstleistung bezieht (§ 6 Abs. 2 Nr. 2 UWG) oder wenn der Vergleich zu einer Gefahr von Verwechslungen zwischen dem Werbenden und einem Mitbewerber oder zwischen den von diesen angebotenen Waren oder Dienstleistungen führt (§ 6 Abs. 2 Nr. 3 UWG). Unlauter ist es auch, im Rahmen der vergleichenden Werbung den Ruf des von einem Mitbewerber verwendeten Kennzeichens in unlauterer Weise

---

116 Auch bisher nahm die Rechtsprechung bei Irreführungen regelmäßig eine wettbewerbliche Relevanz des Verhaltens an, vgl. zuletzt BGH WRP 2016, 331 Rn. 22 – *Piadina-Rückruf.*

117 BGH GRUR 2015, 906 Rn. 22 – *TIP der Woche;* BGH GRUR 2015, 504 Rn. 17 – *Kostenlose Zweitbrille;* BGH GRUR 2012, 184 Rn. 19 – *Branchenbuch Berg;* BGH GRUR 2009, 1064 Rn. 37 – *Geld-zurück-Garantie II;* BGH GRUR 2008, 807 Rn. 14 – *Millionen-Chance;* BGH GRUR 2006, 949 Rn. 16 – *Kunden werben Kunden;* BGH GRUR 2000, 619/621 – *Orientteppichmuster;* vgl. zum Verbraucherleitbild auch *Glöckner* oben Einl. B Rn. 33 ff. und *Dreyer* § 5 B. Rn. 15 ff. sowie Ohly/*Sosnitza* § 2 Rn. 112 ff.

118 Gesetzentwurf der Bundesregierung, BT-Drucks. 16/10734 S. 31.

119 Eine vergleichende Werbung setzt nach der jüngeren Rechtsprechung des BGH neben dem Erkennbarmachen konkreter Wettbewerber zwingend einen Vergleich der von diesen angebotenen Produkte (oder Dienstleistungen) voraus, vgl. BGH GRUR 2015, 1136 Rn. 19 – *Staubsaugerbeutel im Internet;* BGH GRUR 2012, 74 – *Coaching Newsletter* = WRP 2012, 77 m. Anm. *Köhler,* dazu auch *Scherer* GRUR 2012, 545 ff.

auszunutzen oder zu beeinträchtigen (§ 6 Abs. 2 Nr. 4 UWG), die Waren, Dienstleistungen, Tätigkeiten oder persönlichen oder geschäftlichen Verhältnisse eines Mitbewerbers herabzusetzen oder zu verunglimpfen (§ 6 Abs. 2 Nr. 5 UWG) oder eine Ware oder Dienstleistung als Imitation oder Nachahmung einer unter einem geschützten Kennzeichen vertriebenen Ware oder Dienstleistung darzustellen (§ 6 Abs. 2 Nr. 6 UWG).

10. Unzumutbare Belästigung (§ 7 UWG)

44 Das **Verbot der unzumutbaren Belästigung** ist umfassend in § 7 UWG geregelt. Nach § 7 Abs. 1 UWG ist eine geschäftliche Handlung unzulässig, durch die ein Marktteilnehmer in unzumutbarer Weise belästigt wird (§ 7 Abs. 1 Satz 1 UWG). Eine unzumutbare und unzulässige Belästigung liegt nach § 7 Abs. 1 Satz 2 UWG insbesondere in einer **Werbung,** obwohl erkennbar ist, dass der **angesprochene Marktteilnehmer diese Werbung nicht wünscht.** Eine **Telefonwerbung** gegenüber Verbrauchern ist ohne deren **vorherige ausdrückliche Einwilligung**[120] nach § 7 Abs. 2 Nr. 2 UWG stets unzulässig, eine Telefonwerbung gegenüber Gewerbetreibenden verlangt zumindest deren mutmaßliche Einwilligung. Ohne eine vorherige ausdrückliche Einwilligung des Adressaten (der Gewerbetreibender oder Verbraucher sein mag) ist auch eine **Werbung unter Verwendung einer automatischen Anrufmaschine, eines Faxgerätes oder elektronischer Post** stets unzulässig (§ 7 Abs. 2 Nr. 3 UWG). Auch eine **E-Mail-Werbung** (elektronische Post) ist sonach ohne vorherige ausdrückliche Einwilligung der Adressaten als unzumutbar belästigend anzusehen. Eine Ausnahme für E-Mail-Werbung gilt nur dann, wenn ein Unternehmer im Zusammenhang mit dem Verkauf einer Ware oder Dienstleistung von dem Kunden dessen elektronische Postadresse erhalten hat und der Unternehmer die Adresse zur Direktwerbung für eigene ähnliche Waren oder Dienstleistungen verwendet (vgl. § 7 Abs. 3 UWG mit weiteren dort aufgeführten Anforderungen). Im Übrigen ist nach § 7 Abs. 2 Nr. 4 UWG eine per E-Mail, SMS, MMS o. ä. versandte Werbung unzulässig, bei der die Identität des Absenders, in dessen Auftrag die Nachricht übermittelt wird, verschleiert oder verheimlicht wird oder bei der keine gültige Adresse vorhanden ist, an die der Empfänger eine Aufforderung zur Einstellung solcher Nachrichten richten kann.

11. Stets unzulässige geschäftliche Handlungen gemäß dem „Anhang" zu § 3 Abs. 3 UWG („Black List")

45 Das UWG 2008 hat die durch die UGP-RL vorgegebene „Black List" in einen Anhang des Gesetzes übernommen, in dem diejenigen irreführenden und aggressiven geschäftlichen Handlungen aufgeführt sind, die unter allen Umständen unlauter und stets unzulässig sind. Die Reihenfolge der aufgelisteten geschäftlichen Handlungen entspricht bis einschließlich Nr. 16 der Reihenfolge, in der die geschäftlichen Handlungen im Anhang I der Richtlinie aufgeführt sind. Der Tatbestand in Nr. 31 der Richtlinie ist in der deutschen „Schwarzen Liste" als Nr. 17 geführt, weil Gesetzgeber und Literatur in dem Verbot zunächst einen Irreführungstatbestand sahen.[121] Die Zählung der Tatbestände im deutschen Anhang ist deshalb ab Nr. 17 gegenüber der Richtlinie verschoben. Außerdem ist Nr. 26 des Anhangs I der UGP-RL (hartnäckiges und unerwünschtes Ansprechen über Telefon, Fax, E-Mail oder sonstige für den Fernabsatz geeignete Medien) nicht in der „Black List", sondern in § 7 Abs. 2 UWG umgesetzt. Im Zuge der UWG-Reform hat der Gesetzgeber lediglich die „Black-List"-Tatbestände der Nr. 13, 14 und 29 redaktionell überarbeitet, ansonsten aber keine Änderungen vorgenommen.

46 Die in der **„Black List"** aufgelisteten Einzeltatbestände gelten nur für geschäftliche Handlungen, die sich unmittelbar an Verbraucher richten. Nach Erwägungsgrund 17 der Richtlinie dient Anhang I dem Zweck, Verhaltensweisen, die unter allen Umständen als unlauter einzustufen sind, leichter identifizieren zu können, um auf diese Weise die Rechtssicherheit zu erhöhen. Es handelt sich dabei um **per se-Verbote ohne Relevanzprüfung,** so dass es nicht mehr auf eine Beurteilung des Einzelfalls ankommt (Verbote ohne Wertungsvorbehalt). Lediglich **beispielhaft** ist hier zu erwähnen, dass etwa

– nach Nr. 2 die nicht autorisierte Verwendung von Güte- und Qualitätszeichen unzulässig ist,
– nach Nr. 6 Lockangebote unzulässig sind, die darauf abzielen, andere als die beworbenen Waren oder Dienstleistungen abzusetzen,

---

[120] Das Erfordernis einer „ausdrücklichen" Einwilligung wurde durch das Gesetz zur Bekämpfung unlauterer Telefonwerbung vom 29. Juli 2009 BGBl. I S. 2413 ff. in § 7 Abs. 2 Nr. 2 UWG aufgenommen.

[121] Anders nunmehr EuGH GRUR 2012, 1269 Rn. 38 ff. – *Purely Creative,* der das Verbot den aggressiven Geschäftspraktiken zuordnet, vgl. dazu auch *Köhler* GRUR 2012, 1211 ff. und *Scherer* WRP 2013, 143 ff.

- nach Nr. 7 unwahre Angaben unzulässig sind, wonach bestimmte Waren oder Dienstleistungen nur für einen begrenzten Zeitraum verfügbar seien, um den Verbraucher unter zeitlichen Druck zu setzen,
- nach Nr. 10 unzulässig ist, den unzutreffenden Eindruck hervorzurufen, gesetzlich bestehende Rechte stellten eine Besonderheit des Angebots dar,
- nach Nr. 11 als redaktionelle Informationen getarnte entgeltliche Verkaufsförderungsmaßnahmen unzulässig sind,
- nach Nr. 15 unwahre Angaben über Geschäftsaufgaben oder Geschäftsraumverlegungen unzulässig sind,
- nach Nr. 16 die Angabe unzulässig ist, dass (zu ergänzen ist: der Kauf) eine(r) bestimmten Ware die Gewinnchancen bei einem Glücksspiel erhöhen würde,
- nach Nr. 28 die in eine Werbung einbezogene unmittelbare Aufforderung an Kinder, selbst die beworbene Ware zu erwerben oder ihre Eltern und/oder andere Erwachsene dazu zu veranlassen, untersagt ist.

Die **Tatbestände der „Black List"** sind von **unterschiedlichem Gewicht** und auch von **unterschiedlicher Streitrelevanz.** So erscheint das in Nr. 25 geregelte Verbot, nicht den Eindruck erwecken zu dürfen, dass der Verbraucher bestimmte Räumlichkeiten nicht ohne vorherigen Vertragsschluss verlassen kann, so evident und klar, dass hierüber eine gerichtliche Diskussion wohl kaum geführt zu werden braucht (was allerdings schon für die Beurteilung von „Bus-Kaffeefahrten" für Verbraucher, in deren Zusammenhang die Verbraucher auf die Nutzung des Busses angewiesen sind, nicht mehr selbstverständlich erscheint), während andere Verbote, wie etwa das Verbot redaktioneller Werbung in Nr. 11 oder das Verbot nach Nr. 28, unmittelbare Aufforderungen an Kinder zu richten, selbst die beworbenen Waren zu erwerben oder ihre Eltern oder andere Erwachsene dazu zu veranlassen, unschärfer und streitrelevanter erscheinen. 47

12. Verfahrensrechtliche Regelungen (§§ 8 ff. UWG)

Mit dem UWG 2008 wurden die anspruchs- und verfahrensrechtlichen Regelungen des § 8 UWG redaktionell überarbeitet. Das **Anspruchs- und Sanktionssystem** selbst blieb durch das UWG 2008 und UWG 2015 aber **unverändert.** Einzelnen Verbrauchern stehen weiter keine lauterkeitsrechtlichen Ansprüche zu. Die UGP-RL enthält nach ihrem Erwägungsgrund 9 keine Regelungen zu individuellen Klagerechten von Personen, die durch unlautere geschäftliche Handlungen geschädigt worden sind. Der Gesetzgeber brauchte deshalb keine besonderen individuellen Klagerechte für Verbraucher zur Umsetzung der UGP-RL zu schaffen.[122] 48

a) Lauterkeitsrechliche Ansprüche. In § 8 Abs. 1 UWG sind der **Unterlassungsanspruch** als Anspruchsgrundlage geregelt und die materiellrechtlichen Erfordernisse einer Erstbegehungs- oder Wiederholungsgefahr ausdrücklich genannt. Zudem ist dort auch der schon bislang anerkannte **Beseitigungsanspruch** klarstellend erwähnt. Der in § 9 UWG geregelte **Schadensersatzanspruch** kann allein Mitbewerbern zustehen und ist bei vorsätzlicher oder fahrlässiger Handlung gegeben. Das **schadensersatzrechtliche Presseprivileg** gemäß § 9 Satz 2 UWG erstreckt sich auf sämtliche Arten von Wettbewerbsverstößen und ist nicht mehr wie nach § 13 Abs. 6 Nr. 1 UWG a. F. auf Irreführungen beschränkt. Die **missbräuchliche Geltendmachung lauterkeitsrechtlicher Ansprüche** ist unzulässig (vgl. § 8 Abs. 4 UWG und § 13 Abs. 5 UWG a. F.). 49

b) Anspruchsberechtigung. Die lauterkeitsrechtliche **Anspruchsberechtigung** ist **abschließend in den §§ 8 bis 10 UWG** geregelt; die frühere Anspruchsberechtigung des „unmittelbar Verletzten" auf der Grundlage der verletzten Norm besteht nicht mehr.[123] Aus dem Kreis der **„Mitbewerber"** sind nur diejenigen anspruchsberechtigt, die – entsprechend der Bestimmung des § 2 Abs. 1 Nr. 3 UWG – in einem **„konkreten Wettbewerbsverhältnis"** zu dem Verletzer stehen. Im Übrigen sind – wie bisher – rechtsfähige Verbände zur Förderung gewerblicher oder selbständiger beruflicher Interessen (§ 8 Abs. 3 Nr. 2 UWG), Verbraucherschutzverbände im Sinne des § 8 Abs. 3 Nr. 3 UWG, Industrie- und Handelskammern sowie Handwerkskammern (§ 8 Abs. 3 Nr. 4 UWG) anspruchsberechtigt. 50

c) Anspruchsdurchsetzung, Aufwendungsersatz für Abmahnungen, einstweilige Verfügungen. Regelungen über die Anspruchsdurchsetzung, die sachliche und örtliche gerichtliche Zuständigkeit sowie die Einigungsstellen sind in den §§ 12 ff. UWG getroffen. In § 12 Abs. 1 UWG ist eine **Abmahnungsobliegenheit** statuiert, die jedoch nach wie vor keine Prozessvoraus- 51

[122] Vgl. die Begründung des Gesetzentwurfs der Bundesregierung, BT-Drucks. 16/10734 S. 35.
[123] Vgl. dazu Harte/Henning/*Keller* § 2 Rn. 113 ff.

setzung darstellt, so dass eine Prozessführung ohne Abmahnung lediglich negative Kostenfolgen nach sich ziehen kann; es handelt sich somit der Sache nach um eine Kostenregelung. Seit dem UWG 2004 ist in § 12 Abs. 1 Satz 1 UWG auch die von der Praxis entwickelte, mit einer angemessenen Vertragsstrafe bewehrte **Unterlassungsverpflichtung** erwähnt, die zur Beseitigung einer Wiederholungsgefahr führt und damit den materiellen Anspruch zum Wegfall bringt. Auch ein Anspruch auf **Erstattung der Abmahnkosten** ist in § 12 Abs. 1 Satz 2 UWG anerkannt, was zu bedauern ist, weil gerade die Abmahnkostenerstattung unselige Geister rief, die das ganze Rechtsgebiet in Misskredit gebracht haben. Die für den Bereich des Lauterkeitsrechts besonders wichtigen **einstweiligen Verfügungen** können gem. § 12 Abs. 2 UWG erlangt werden, ohne dass der Antragsteller den Verfügungsgrund glaubhaft zu machen hat. Die Eilbedürftigkeit in Wettbewerbssachen wird nach wie vor vermutet.[124]

52 **d) Gewinnabschöpfung.** Der in § 10 UWG geregelte **Gewinnabschöpfungsanspruch** war eine der umstrittensten Vorschriften des UWG 2004. Der Gewinnabschöpfungsanspruch sollte dazu beitragen, dass sich „unlauterer Wettbewerb nicht lohnt“ und zu Lasten einer Vielzahl von Abnehmern erzielte Gewinne, insbesondere auf Grund von „Streuschäden“ im Bagatellbereich, die von den Betroffenen regelmäßig nicht geltend gemacht werden, von dem unlauter Handelnden nicht vereinnahmt bleiben dürfen. Der Anspruch ist lediglich bei einer **vorsätzlichen Zuwiderhandlung** in allen Fällen des unlauteren Wettbewerbs gegeben und setzt eine **Gewinnerzielung zu Lasten einer Vielzahl von Abnehmern** voraus. Nur die gem. § 8 Abs. 3 Nrn. 2 bis 4 UWG klageberechtigten Verbände können einen Anspruch auf Gewinnabschöpfung geltend machen, und dies auch nur zugunsten des Bundeshaushalts. Ein Gewinnabschöpfungsanspruch mag für besonders krasse Fälle unlauteren Wettbewerbs (Schwindelrechnungen, Mogelpackungen o. ä.) gerechtfertigt sein. Die lediglich durch das Vorsatzerfordernis bestehende Beschränkung des Anspruchs erscheint jedoch nicht sachgerecht. Die komplizierten Anrechnungsregelungen des § 10 Abs. 2 bis 5 UWG mindern zusätzlich die Handhabbarkeit der Regelung.[125] Die Regelung hat in der Praxis keine hervorgehobene Bedeutung erlangt.

53 **e) Strafrechtliche Regelungen.** Das UWG enthält nach wie vor eine Vorschrift über die strafbare Werbung[126] (§ 16 UWG) sowie für die Praxis bedeutsame Regelungen über den strafbaren Verrat von **Geschäfts- und Betriebsgeheimnissen** und die strafbare Verwertung von Vorlagen (§§ 17 ff. UWG). Die zivilrechtliche Bedeutung dieser Vorschriften wird zumeist unterschätzt. Der Schutz von Geschäfts- und Betriebsgeheimnissen hat auch durch Art. 39 TRIPS-Abkommen eine erhebliche Aufwertung erfahren. Der Geschäfts- und Betriebsgeheimnisschutz steht unmittelbar vor einer **europäischen Vereinheitlichung.**[127]

VI. Bedeutungszuwachs des sonstigen Unionsrechts

54 Die Bedeutung des Unionsrechts für das Lauterkeitsrecht hat auch über lauterkeitsbezogene Richtlinien hinaus, insbesondere die UGP-RL sowie die Richtlinie über irreführende und vergleichende Werbung, in den vergangenen Jahren in geradezu dramatischer Weise zugenommen.[128] Den Ausgangspunkt der Entwicklung bildete dabei das unionsrechtliche Primärrecht, insbesondere die **Warenverkehrs- und Dienstleistungsfreiheit gem. Art. 34, 56 AEUV (früher Art. 28, 49 EG-Vertrag)** in ihrer weiten Auslegung durch die Rechtsprechung des EuGH.[129] Die Rechtsprechung des EuGH unterzieht lauterkeitsrechtliche Verbote einer europarechtlichen Verhältnismäßigkeitsprüfung unter dem Blickwinkel der Binnenmarktfreiheit.[130]

55 Der schleichend zunehmende, oft gar nicht mehr richtig wahrgenommene Bedeutungszuwachs des Unionsrechts beruht insbesondere auf einer **Vielzahl von sektorspezifischen,** nicht in erster Linie das Lauterkeitsrecht betreffenden **Unionsrechtsakten,** die den Bereich des Wettbewerbsrechts nur „am Rande“ berühren. Lauterkeitsrechtlich relevant sind beispielsweise insbesondere

---

[124] BT-Drucks. 15/1478, S. 25.

[125] Ausführlich zum Gewinnabschöpfungsanspruch die Kommentierung des § 10 von *Goldmann.* Zur Kritik der GRUR an dem Gewinnabschöpfungsanspruch in der Fassung des Vorschlags von *Köhler/Bornkamm/Henning-Bodewig* GRUR 2003, 127/131.

[126] Dazu *Alexander* WRP 2004, 407 ff.

[127] Hierzu *Harte-Bavendamm* Vor §§ 17 bis 19 UWG Rdn. 10 ff.

[128] Umfassend zum europäischen und internationalen Lauterkeitsrecht *Glöckner* Einl. B und C.

[129] Hierzu umfassend *Glöckner* Einl. B Rn. 10 ff.

[130] Paradigmatisch: EuGH GRUR Int. 1990, 955 – *GB-Inno;* EuGH GRUR Int. 1993, 951 – *Nissan,* EuGH GRUR Int. 1995, 804 – *Mars.*

die Richtlinie des Rates 2010/13/EU über audiovisuelle Mediendienste,[131] die Datenschutzrichtlinie 2002/58/EG über elektronische Kommunikation,[132] die „E-Commerce-Richtlinie" vom 8.6. 2000,[133] die Richtlinie über Unterlassungsklagen zum Schutz von Verbraucherinteressen,[134] die Richtlinie über die auch die Werbung für Humanarzneimittel einschließende Schaffung eines Gemeinschaftskodexes für Humanarzneimittel,[135] die Richtlinie über die Rechte der Verbraucher [136] sowie etwa die Richtlinie zu bestimmten Aspekten des Verbrauchsgüterkaufs und der Garantien für Verbrauchsgüter.[137] Die damit verbundene Unübersichtlichkeit erschwert nicht nur die Durchsetzbarkeit der Regelungen im Binnenmarkt, sondern auch die Transparenz der Rechtslage für die marktbeteiligten Unternehmen und Verbraucher.[138]

Am 5. Juli 2016 trat die Richtlinie (EU) 2016/943[139] in Kraft, die zu einer weitreichenden Ver- **55a**
einheitlichung des zivilrechtlichen **Geheimnisschutzes** führt, aber mittelbare Auswirkungen auch auf die strafrechtliche Seite haben kann.[140] Ob die Umsetzung in Deutschland noch innerhalb des UWG erfolgt oder ob ein eigenständiges Gesetz zu den zivil- und strafrechtlichen Voraussetzungen und Folgen des Geheimnisschutzes geschaffen wird, ist noch offen.

VII. Bedeutungszuwachs des ausländischen Rechts

Ein Bedeutungszuwachs des ausländischen Rechts ergibt sich nicht allein dadurch, dass selbst **56**
kleinere Unternehmen heute regelmäßig auch geschäftliche Verbindungen ins Ausland und insbesondere in das Gebiet der EU unterhalten und dann den dort geltenden Regelungen unterliegen. Die verstärkte Bedeutung ausländischen Rechts folgt vielmehr in umgekehrter Richtung auch daraus, dass ausländische Unternehmen in bestimmten Konstellationen ihr heimisches Recht mit nach Deutschland importieren und auch hier nur dem Recht ihres Heimatlandes unterliegen. Angesprochen ist damit das **„Herkunftslandprinzip"**,[141] wie es bereits heute etwa – in Umsetzung von Art. 3 Abs. 1 E-Commerce-RiLi – innerhalb der EU gilt.[142]

Das Herkunftslandprinzip bringt es mit sich, dass sich bei **grenzüberschreitenden Sachverhal-** **57**
ten in der EU stets das (richtlinienkonforme) **mildere** Heimatrecht des Herkunftslandes gegenüber einem eventuell strengeren Recht des Empfangsstaates **durchsetzt.** Damit wird die Kenntnis des nationalen Wettbewerbsrechts der anderen Mitgliedstaaten unerlässlich.[143] Die Kenntnis des ausländischen Rechts und der ausländischen Rechtspraxis nimmt aber auch deshalb an Bedeutung zu,

---

131 RiLi 2010/13/EU des Europäischen Parlaments und des Rates vom 10.3.2010 zur Koordinierung bestimmter Rechts- und Verwaltungsvorschriften der Mitgliedstaaten über die Bereitstellung audiovisueller Mediendienste (Richtlinie über audiovisuelle Mediendienste), ABl. L 95, S. 1.

132 RiLi 2002/58/EG des Europäischen Parlaments und des Rates vom 12.7.2002 über die Verarbeitung personenbezogener Daten und den Schutz der Privatsphäre in der elektronischen Kommunikation, ABl. L 201/37, zuletzt geänd. durch Art. 2 ÄndRL 2009/136/Eg v. 25.11.2009 (ABl. Nr. L 337 S. 11, ber. 2013 ABl. Nr. L 241 S. 9). Das UWG 2004 setzte Art. 13 dieser Richtlinie in § 7 UWG in nationales Recht um.

133 RiLi 2000/31/EG des Europäischen Parlaments und des Rates vom 8.6.2000 über bestimmte rechtliche Aspekte der Dienste der Informationsgesellschaft, insbesondere des elektronischen Geschäftsverkehrs im Binnenmarkt, ABl. L 178 vom 17.7.2000.

134 RiLi 98/27/EG des Europäischen Parlaments und des Rates über Unterlassungsklagen zum Schutz von Verbraucherinteressen, ABl. L 166 vom 11.6.1998, S. 51, zuletzt geändert durch Art. 9 Abs. 1 RiLi 2009/22/EG vom 23.4.2009, ABl. L 110, S. 30.

135 RiLi 2001/83/EG des Europäischen Parlamentes und des Rates vom 6.11.2001 zur Schaffung eines Gemeinschaftskodexes für Humanarzneimittel, ABl. L 311/67 vom 28.11.2001, zuletzt geändert durch Art. 1 ÄndRiLi 2012/26/EU vom 25.10.2012, ABl. L 299, S. 1.

136 RiLi 2011/83/EU des Europäischen Parlaments und des Rates vom 25.10.2011 über die Rechte der Verbraucher, ABl. L 304, S. 64.

137 RiLi 1999/44/EG des Europäischen Parlaments und des Rates zu bestimmten Aspekten des Verbrauchsgüterkaufs und der Garantien für Verbrauchsgüter, ABl. L 171 vom 7.7.1999, S. 12, geändert durch Art. 33 ÄndRiLi 2011/83/EU vom 25.10.2011, ABl. L 304, S. 64.

138 Zur Kritik der GRUR daran vgl. deren Stellungnahme zum Vorschlag für eine Verordnung über Verkaufsförderung in GRUR 2002, 410ff.

139 Richtlinie (EU) 2016 des Europäischen Parlaments und des Rates vom 8. Juni 2016 über den Schutz vertraulichen Know-hows und vertraulicher Geschäftsinformationen (Geschäftsgeheimnisse) vor rechtswidrigem Erwerb sowie vor rechtswidriger Nutzung und Offenlegung, ABl. Nr. L 157 vom 15. Juni 2016, S. 1.

140 Näher *Harte-Bavendamm* unten Vor §§ 17–19 Rdn. 10aff. und in der Kommentierung der §§ 17 und 18.

141 Vgl. dazu *Glöckner* Einl. C Rn. 25ff.

142 Das Hanseatische Oberlandesgericht hat in einem einstweiligen Verfügungsverfahren etwa niederländisches Wettbewerbsrecht angewendet, vgl. GRUR 2004, 880f. und dazu *Henning-Bodewig* GRUR 2004, 822ff. Zum Herkunftslandprinzip im Zusammenhang mit Gemeinschafts-Rechtsakten vgl. *Glöckner* Einl. C.

143 Vgl. in diesem Kommentar die „Länderberichte" zum Wettbewerbsrecht der Mitgliedstaaten, Einl. F.

weil die Rechtspraxis in anderen Mitgliedstaaten Indizwirkung für eine bestimmte Auslegung harmonisierten Rechts haben kann, soweit noch keine EuGH-Rechtsprechung vorliegt.

VIII. Bedeutungszuwachs des Verfassungsrechts

58 Wettbewerbliches Handeln unterliegt, ebenso wie seine Regelung durch den Gesetzgeber und die Interpretation durch die Gerichte, dem übergeordneten Verfassungsrecht. Nachdem das deutsche Wettbewerbsrecht bereits wiederholt Gegenstand von Entscheidungen des **Europäischen Gerichtshofs für Menschenrechte** war, hat sich in jüngerer Zeit auch das **BVerfG** verstärkt mit dieser Materie befasst.[144] Die Entscheidungen des BVerfG haben bereits unter Geltung des alten UWG vor 2004 nachhaltig die wettbewerbsrechtliche Sicht von Tatbeständen wie die schockierende oder gefühlsbetonte Werbung beeinflusst. Verstärkte Beachtung verdient auch die **EU-Grundrechtscharta.**[145]

---

[144] Vgl. etwa nur zur Bedeutung der Meinungsäußerungsfreiheit im Zusammenhang mit Äußerungen zu wirtschaftlichen Zwecken: BVerfG GRUR 2008, 81 ff. – *Pharmakartell;* vgl. auch BGH GRUR 2015, 694 Rn. 34 – *Bezugsquelle für Bachblüten;* ausführlich hierzu unten *Ahrens* Einl. G Rdn. 32 ff., sowie § 2 Rdn. 99 ff.

[145] Dazu BGH GRUR 2011, 631 Rn. 18 ff. – *Unser wichtigstes Cigarettenpapier,* und *B. Raue* GRURInt. 2012, 402 ff.; vgl. dazu auch *Anna Große-Wentrup,* Die Europäische Grundrechtecharta im Spannungsfeld der Kompetenzverteilung zwischen Europäischer Union und Mitgliedstaaten, 2003, unten *Ahrens* Einl. G Rn. 45 f.

B. Europäisches Lauterkeitsrecht

Inhaltsübersicht

Rdn.

I. Bedeutung der europäischen Regelungsvorgaben für das deutsche UWG 1
II. Entwicklung des Europäischen Lauterkeitsrechts 8
1. Scheitern der frühen Bemühungen um eine Gesamtharmonisierung 8
2. Negativ-Integration durch die Grundfreiheiten 10
a) Konzept der Negativ-Integration 10
aa) Anwendungsbereich 13
(1) Dassonville und Cassis de Dijon 14
(2) Keck und Mithouard 17
(3) Mangelnde Marktneutralität ohne einheimische Produkte 23
(4) Marktneutrale Verwendungsbeschränkungen: Ausnahme oder Bestätigung von Keck? 24
(5) Keck im Verfahren 27
bb) Abwägung mit den zwingenden Erfordernissen der Cassis-Formel – Europäisches Verbraucherleitbild 31
cc) Kohärenzvorbehalt 32
dd) Rechtfertigung gem. Art. 36 AEUV 35
b) Dienstleistungsfreiheit, Art. 56 AEUV 37
aa) Grenzüberschreitender Vertrieb von Dienstleistungen 38
bb) Beeinträchtigung von Werbe- und Vertriebsdienstleistern sowie der Empfänger der Werbung 40
c) Zusammenfassung und Konsequenzen für das deutsche Lauterkeitsrecht .. 44
aa) Anwendungsbereich von Warenverkehrs- und Dienstleistungsfreiheit 44
bb) Rechtfertigung durch zwingende Erfordernisse 45
3. Einzelmaßnahmen zur Positivharmonisierung des Lauterkeitsrechts 47
a) Irreführungsrichtlinie 1984/2006 47
aa) Regelungsgehalt 50
bb) Konzeptionelle Mängel der Irreführungsverbote 51
b) Richtlinie über vergleichende Werbung 1997/2006 53
c) Marktverhaltensregeln für den Fernabsatz 55
aa) Datenschutzrichtlinie für elektronische Kommunikation 2002 55
bb) Richtlinie über den Fernabsatz von Finanzdienstleistungen 2002 57
cc) Richtlinie über den elektronischen Geschäftsverkehr 2000 59
d) Europarechtliche Werberegelungen 61
aa) Fernsehrichtlinie 1989/97 – Richtlinie über audiovisuelle Mediendienste 2007/2010 62
bb) Humanarzneimittelrichtlinie 2001 69
cc) Tabakwerbungsrichtlinien 1998/2003 80
dd) Verordnung über nährwert- und gesundheitsbezogene Angaben über Lebensmittel 2006 82
e) Ettikettierungsvorschriften 92
f) Verlagerung ins Immaterialgüterrecht 93
aa) Schutz gegen die Begründung von Verwechslungs- und Verwässerungsgefahr durch das Europäische Markenrecht 94
bb) Leistungsschutz durch Harmonisierung der Erfinderrechte 98
g) Richtlinie über unlautere Geschäftspraktiken 2005 99
aa) (Geänderter) Vorschlag für eine Verordnung über Verkaufsförderung . 103
bb) Grünbuch zum Verbraucherschutz in der Europäischen Union 104
h) Dienstleistungsrichtlinie 2006 106
aa) Anwendungsbereich und Regelungsgehalt 107
bb) Reichweite des Herkunftslandprinzips 110
cc) Abstimmung auf lauterkeitsrechtliche Regelungen 111
i) Richtlinie über den Schutz von Geschäftsgeheimnissen 2016 .... 114a
j) Angestrebte Harmonisierung des Lauterkeitsrechts im Verhältnis zwischen Unternehmen („B2B") 115
aa) Novelle des Verbots irreführender Werbung 115
bb) Unlautere Handelspraktiken in der Lieferkette 116
III. Richtlinie über vergleichende Werbung 1997/2006 118
1. Entwicklung 118
2. Totalharmonisierung 120
3. Struktur 123

Rdn.

4. Anwendungsbereich ... 126
   a) Werbung ... 127
   b) Erkennbarmachen eines Mitbewerbers oder seiner Produkte ... 128
      aa) Mitbewerber ... 128
      bb) Erkennbar machen und abstrakte Bezugnahmen ... 133
   c) Vergleichserfordernis; insb. Konkordanzlisten ... 136
   d) Zeitlicher Anwendungsbereich ... 146
5. Zulässigkeitserfordernisse ... 147
   a) Verbotskatalog, Liberalisierungszweck und Günstigkeitsprinzip ... 148
   b) EU-grundrechtskonforme Auslegung ... 152
      aa) Persönlich vergleichende Werbung und unternehmensbezogene Vergleiche und Art. 4 lit. b IrreführungsRL ... 154
      bb) Vergleiche subjektiver Produkteigenschaften und Art. 4 lit. c IrreführungsRL ... 157
      cc) Vergleiche von Produkten mit geschützten Herkunftsangaben und Art. 4 lit. e IrreführungsRL ... 159
      dd) „Offene" Imitationswerbung und Art. 4 lit. g IrreführungsRL ... 165
      ee) Vergleichende Werbung und Spürbarkeitserfordernis ... 168
6. Vergleichende Werbung und EuGH als Super-Wettbewerbsgericht ... 170

IV. Richtlinie über unlautere Geschäftspraktiken 2005 ... 172
1. Entwicklung ... 172
2. Totalharmonisierung ... 173
   a) Reichweite der Bindung des Gesetzgebers ... 174
      aa) Objektive Zielerreichung ... 176
         (1) Konkretheit der bindenden Ziele der UGP-Richtlinie ... 177
         (2) Zielverfehlung durch mitgliedstaatliches Recht? ... 180
      bb) Publizität ... 183
         (1) Umsetzung von Generalklauseln ... 184
         (2) Konkretisierungskompetenz ... 186
         (3) Approximation unionsrechtlicher Konkretisierungen ... 187
         (4) Grenzen der richtlinienkonformen Auslegung unter dem Publizitätserfordernis ... 193
   b) Reichweite der Bindung der Gerichte ... 196
      aa) Paradigmenwechsel? ... 197
      bb) Elemente der Kontinuität: Wettbewerbszentrierung des Lauterkeitsschutzes ... 206
      cc) Graduelle Ausdifferenzierung des Europäischen Lauterkeitsrechts ... 208
      dd) Reichweite der Pflicht zu richtlinienkonformer Auslegung ... 215
         (1) Keine unmittelbare Anwendung im Rahmen zivilrechtlicher Streitigkeiten ... 215
         (2) Zeitliche Erstreckung ... 216
         (3) Richtlinienkonforme Auslegung und Vorlagemöglichkeit bzw. -pflicht bei überschießender Umsetzung ... 217
3. Struktur ... 219
4. Anwendungsbereich ... 226
   a) Geschäftspraktiken von Unternehmen gegenüber Verbrauchern ... 226
   b) Schutzzweck und unzulängliche Umschreibung des gegenständlichen Anwendungsbereichs ... 229
   c) Schranken des gegenständlichen Anwendungsbereichs ... 237
      aa) Schranken des Anwendungsbereichs oder konkurrenzrechtliches Zurücktreten? ... 237
      bb) Keine Anwendung der UGP-Richtlinie im Verhältnis B2B und C2B, Art. 3 Abs. 1 UGP-RL ... 239
      cc) Speziellere Unionsregelungen, Art. 3 Abs. 4 UGP-RL ... 241
      dd) Vorschriften über Gesundheits- und Sicherheitsaspekte, Art. 3 Abs. 3 UGP-RL ... 244
      ee) Standesrechtliche Regelungen, Art. 3 Abs. 8 UGP-RL ... 245
      ff) Glücksspielrecht ... 246
      gg) Verdeckte Grenzen der Totalharmonisierung? ... 248
   d) Festhalten am integrierten Lauterkeitsrecht ... 249
5. Definitionen ... 250
   a) Verbraucher und Unternehmer ... 250
   b) Produkt ... 252
   c) Geschäftspraktiken ... 253
   d) Wesentliche Beeinflussung des wirtschaftlichen Verhaltens ... 262
   e) Berufliche Sorgfalt ... 265

Rdn.
f) Aufforderung zum Kauf 269
g) Unzulässige Beeinflussung 270
h) Geschäftliche Entscheidung 271
6. Herkunftslandprinzip 272
7. Generalklausel 278
a) Verstoß gegen die berufliche Sorgfaltspflicht 279
aa) Wettbewerbsfunktionalität 281
bb) Induktive Wirkung der Sondertatbestände 285
cc) Anwendung der Generalklausel auf bloße Nicht-Information? 289
(1) Wettbewerb und Transparenz 291
(2) Anwendungsprobleme einer universellen lauterkeitsrechtlichen Informationspflicht 297
(3) Rechtspolitische Grenzen einer universellen lauterkeitsrechtlichen Informationspflicht 298
b) Eignung zur wesentlichen Beeinflussung des wirtschaftlichen Verhaltens .. 304
c) Umsetzung 312
aa) Abgrenzung zum nicht harmonisierten Bereich 312
bb) Anwendung von § 3 Abs. 1 313
d) Verhältnis von § 3 Abs. 1 und Abs. 2 UWG 317
e) Adressatenkreis 318
f) Per-se Verbote 320
8. Irreführungen 324
a) Bezugspunkte der Irreführungsgefahr 324
b) Irreführung über die betriebliche Herkunft 326
c) Irreführung über die Einhaltung eines Verhaltenskodex 329
d) Irreführendes Unterlassen 330
9. Aggressive Geschäftspraktiken 346
a) Europäischer Unlauterkeitstatbestand 346
aa) Nötigung 352
bb) Belästigende Geschäftspraktiken 353
cc) Unzulässige Beeinflussung 357
b) Umsetzung 358
10. Per se-Verbote („Schwarze Liste") 360
11. Richtlinienkonformität des geltenden UWG 366
a) § 3a UWG: Rechtsbruch 367
b) § 4 UWG: Mitbewerberschutz 369
aa) „De-facto Schwarze Liste"? 369
bb) Einzelverstöße in § 4 UWG 372
(1) Gegenständlicher Anwendungsbereich 372
(2) § 4 Nr. 1, 2: Herabsetzung, Anschwärzung 373
(3) § 4 Nr. 3: Produktnachahmung 376
(4) § 4 Nr. 4: Gezielte Behinderung 378
c) § 7 Abs. 1 UWG: Unzulässigkeit unzumutbarer Belästigungen 380
V. Durchsetzung 386
1. Richtlinie über irreführende und vergleichende Werbung 1984/1997 – kodifizierte Fassung 2006 387
2. Richtlinie über unlautere Geschäftspraktiken 2005 391
3. Richtlinie über Unterlassungsklagen 1998/2009 394
4. Richtlinie zur Durchsetzung der Rechte des Geistigen Eigentums 2004 400
5. Verordnung über die Zusammenarbeit im Verbraucherschutz 2004 404
a) Entwicklung 404
b) Inhalt 406
c) Stellungnahme 415
d) EG-Verbraucherschutz-Durchsetzungsgesetz 2006 420
VI. Das „Losbrechmoment" im Europäischen Lauterkeitsrecht – Verbraucherleitbild und Anwendung 423
1. Institutionelle Einbettung 423
2. Entwicklung des Verbraucherleitbildes 428
a) Primärrechtliche Grundlagen 428
b) Schließung der Regelungslücken in den Irreführungsverboten des Sekundärrechts 430
c) Der Rückschwung des Pendels 433
3. Folgen für die Rechtsanwendung 438
a) Verhältnis sekundärrechtlicher Irreführungsverbote zum aus Art. 34 AEUV entwickelten Verbraucherleitbild 438
aa) Vorrang des Primärrechts 439

Rdn.
bb) Einheitlicher Irreführungstatbestand? ... 442
b) Verhältnis von Unionsrechtsakten zueinander ... 445
aa) UGP-Richtlinie und Irreführungsrichtlinie ... 445
bb) UGP-Richtlinie und Markenrecht ... 446
cc) UGP-Richtlinie und besondere Irreführungsverbote, Informationsgebote sowie Verbote unzulässiger Beeinflussung ... 450
c) Maßstäbe der Unlauterkeit bei Irreführungen ... 455
aa) Kein universeller Fortbestand der „labelling doctrine" ... 455
bb) Trennung der Verbraucherleitbilder ... 460
(1) Notwendigkeit der Interessenabwägung ... 462
(2) Normativer Begriff auf objektiver Grundlage ... 465
dd) Irreführung und Geschäftsentscheidungsrelevanz ... 472
(1) Richtigstellung vor Kaufentschluss und Anlockwirkung ... 476
(2) Normative Einschränkungen der Geschäftsentscheidungsrelevanz? 478
ee) Methode der Feststellung des Verständnisses der maßgeblichen Adressaten ... 481
d) Maßstäbe der Unlauterkeit bei aggressiven Geschäftspraktiken ... 488
aa) Beeinträchtigung der autonomen Entscheidung von Durchschnittsverbrauchern als Anknüpfungspunkt des Unlauterkeitsurteils ... 488
bb) Zugrundelegung eines offenen Leistungsbegriffs ... 500
cc) Intensität der Einflussnahme ... 504
(1) Direktmarketing ... 505
(2) Wertreklame ... 507
dd) Besonders schutzbedürftige Adressaten ... 510

Schrifttum vor Einl B–E: *Ackermann,* Das Sprachenproblem im europäischen Primär- und Sekundärrecht und der Turmbau zu Babel, WRP 2000, 807; *Ahlfeld,* Zwingende Erfordernisse im Sinne der Cassis-Rechtsprechung des Europäischen Gerichtshofs zu Art. 30 EGV. Anwendungsbereiche – Einzelstaatliche Regelungsspielräume – Quellen, 1996; *Ahrens,* Das Herkunftslandprinzip in der E-Commerce-Richtlinie, CR 2000, 835; *ders.,* Verwirrtheiten juristischer Verkehrskreise zum Verbraucherleitbild einer „normativen Verkehrsauffassung", WRP 2000, 812; *Albrecht,* Europäisches Werberecht und seine Auswirkungen auf das deutsche Wettbewerbsrecht, WRP 1997, 926; *Alexander,* Die „Schwarze Liste" der UGP-Richtlinie und ihre Umsetzung in Deutschland und Österreich, GRUR Int. 2010, 1025; *ders.,* Die „Aufforderung zum Kauf" im Lauterkeitsrecht, WRP 2012, 125; *ders.,* Anmerkungen zum Referentenentwurf eines Zweiten Gesetzes zur Änderung des UWG, WRP 2014, 1384; *Alio,* Die Neufassung der Brüssel I-Verordnung, NJW 2014, 2395; *Bakardjieva Engelbrekt,* Fair Trading Law in Flux?, 2003; *Bär,* Internationales Kartellrecht und unlauterer Wettbewerb, in: Beiträge zum neuen IPR des Sachen-, Schuld- und Gesellschaftsrechts. Festschrift für Prof. Rudolf Moser, 1987, S. 143; *v. Bar,* in: Internationales Verbraucherschutzrecht, Kolloquium zu Ehren von Fritz Reichert-Facilides, Anton Schnyder (Hrsg.), 1995, S. 75; *Basedow,* Der kollisionsrechtliche Gehalt der Produktfreiheiten im europäischen Binnenmarkt: favor offerentis, RabelsZ 59 (1995), 1; *Baudenbacher,* Suggestivwerbung und Lauterkeitsrecht, 1978; *ders.,* Probleme der Rechtsverfolgung im schweizerischen Recht des unlauteren Wettbewerbs, GRUR Int. 1980, 344; *ders.,* Die wettbewerbsrechtliche Beurteilung grenzüberschreitender Werbe- und Absatztätigkeit nach schweizerischem Recht, GRUR Int. 1988, 310; *ders.,* Erschöpfung der Immaterialgüterrechte in der EFTA und die Rechtslage in der EU, GRUR Int. 2000, 584, 593; *Beater,* Verbraucherschutz und Schutzzweckdenken im Wettbewerbsrecht, 2000; *ders.,* Zum Verhältnis von europäischem und nationalem Wettbewerbsrecht. Überlegungen am Beispiel des Schutzes vor irreführender Werbung und des Verbraucherbegriffs, GRUR Int. 2000, 963; *Beier,* Hundert Jahre Pariser Verbandsübereinkunft – Ihre Rolle in Vergangenheit, Gegenwart und Zukunft, GRUR Int. 1983, 339; *Berger,* Die EG-Verordnung über die Zusammenarbeit der Gerichte auf dem Gebiet der Beweisaufnahme in Zivil- und Handelssachen, IPRax 2001, 522; *Berlit,* Auswirkungen der Aufhebung des Rabattgesetzes und der Zugabenverordnung auf die Auslegung von § 1 UWG und § 3 UWG, WRP 2001, 349; *Bernhard,* Cassis de Dijon und Kollisionsrecht – am Beispiel des unlauteren Wettbewerbs, EuZW 1992, 437; *ders.,* Das Internationale Privatrecht des unlauteren Wettbewerbs in den Mitgliedstaaten der EG, 1994; *Beyerlein,* Ergänzender Leistungsschutz gemäß § 4 Nr. 9 UWG als „geistiges Eigentum" nach der Enforcement-Richtlinie (2004/48/EG), WRP 2005, 1354; *Bischoff,* Besprechung des Gutachtens 1/2003 des EuGH vom 7.2.2006, EuZW 2006, 295; *Bleckmann,* Zur Problematik der Cassis de Dijon-Rechtsprechung des Europäischen Gerichtshofs, GRUR Int. 1986, 172; *Bodewig,* Elektronischer Geschäftsverkehr und Unlauterer Wettbewerb, GRUR Int. 2000, 475; *Böhler,* Wettbewerbsrechtliche Schranken für Werbemaßnahmen gegenüber Minderjährigen. Einfluss der UGP-RL auf die kinderschützenden Beispielstatbestände des § 4 UWG, WRP 2011, 1028; *Bornkamm,* Gerichtsstand und anwendbares Recht bei Kennzeichen- und Wettbewerbsverstößen im Internet, in: Neues Recht für neue Medien, Michael Bartsch, Bernd Lutterbeck (Hrsg.), 1998, S 99; *ders.,* Entwicklung der Rechtsprechung im Wettbewerbsrecht – Vergleichende Werbung, in: Werbung und Werbeverbote im Lichte des europäischen Gemeinschaftsrechts, Jürgen Schwarze (Hrsg.), 1999 (zit.: Werbung und Werbeverbote), S. 134; *ders.,* Wettbewerbs- und Kartellrechtsrechtsprechung zwischen nationalem und europäischem Recht, in: Festschrift aus Anlass des fünfzigjährigen Bestehens von Bundesgerichtshof, Bundesanwaltschaft und Rechtsanwaltschaft beim Bundesgerichtshof, Karlmann Geiß u. a. (Hrsg.), 2000, S. 343; *ders.,* Markenrecht und wettbewerbsrechtlicher Kennzeichenschutz – Zur Vorrangthese der Rechtsprechung, GRUR 2005, 97; *ders.,* Die

Schnittstellen zwischen gewerblichem Rechtsschutz und UWG. Grenzen des lauterkeitsrechtlichen Verwechslungsschutzes, GRUR 2011, 1; *Brannekämper,* Wettbewerbsstreitigkeiten mit Auslandsbeziehung im Verfahren der einstweiligen Verfügung, WRP 1994, 661; *Brenn,* Der elektronische Geschäftsverkehr, ÖJZ 1999, 481; *Buchner,* Rom II und das Internationale Immaterialgüter- und Wettbewerbsrecht, GRUR Int. 2005, 1004; *Buchner/Rehberg,* Wann ist der Verbraucher ein „mündiger" Verbraucher? Zur Diskussion um die Nutrition & Health Claims-Verordnung der EU, GRUR Int. 2007, 394; *Bücken,* Intertemporaler Anwendungsbereich der Rom II-VO, IPRax 2009, 125; *Burckhardt,* Die lauterkeitsrechtliche Beurteilung des modernen Direktmarketings, 2000; *Buschle,* Ende eines Missverständnisses – Kecks leiser Abgang (Konsumentenombudsmannen (KO) ./. Gourmet International Products AB (GIP), EuGH vom 8. März 2001, C-405/98), ELR 2001, 75; *ders.,* Kommunikationsfreiheit in den Grundrechten und Grundfreiheiten des EG-Vertrages, 2004; *Castendyk,* Werbung nach der Fernsehrichtlinie, in: Werbung und Werbeverbote im Lichte des europäischen Gemeinschaftsrechts, Jürgen Schwarze (Hrsg.), 1999, S. 151; *Cottier/Wermelinger,* Implementing and Enforcing Corporate Social Responsibility: The Potential of Unfair Competition Rules in International Law, in: Corporate Social Responsibility, Reto Hilty/Frauke Henning-Bodewig (Hrsg.), 2014, S. 81; *Crabit,* La directive sur le commerce électronique. Le projet „Méditerranée", R. D. U. E. 2000, 749; *Damm,* Privatautonomie und Verbraucherschutz, VersR 1999, 129; *v. Danwitz,* Nährwert- und gesundheitsbezogene Angaben im Visier des Gesetzgebers, GRUR 2005, 896; *ders.,* Werbe- und Anreicherungsverbot – Stand und Perspektiven der Auseinandersetzung, ZLR 2005, 201; *Dauses,* Die Rechtsprechung des EuGH zum Verbraucherschutz und zur Werbefreiheit im Binnenmarkt, EuZW 1995, 425; *ders.,* „... sed perseverare in errore ...", EuZW 2001, 577; *Dauses/Roth,* Neuere Entwicklungen in der Rechtsprechung des EuGH zur Warenverkehrsfreiheit in der EU, ZLR 1996, 507; *De Franceschi,* Unlautere Geschäftspraktiken und Luftbeförderungsverträge: Der Fall *Ryanair* und die Leitlinien der italienischen Rechtsprechung, euvr 2012, 41; *Dethloff,* Marketing im Internet und Internationales Wettbewerbsrecht, NJW 1998, 1596; *dies.,* Europäisches Kollisionsrecht des unlauteren Wettbewerbs, JZ 2000, 179; *dies.,* Europäisierung des Wettbewerbsrechts. Einfluss des europäischen Rechts auf das Sach- und Kollisionsrecht des unlauteren Wettbewerbs, 2001; *Deutsch,* Der Einfluss des europäischen Rechts auf den Irreführungstatbestand § 3 UWG – Gedanken zum Verbraucherleitbild und zur Relevanz bei Täuschungen, GRUR 1996, 541; *Drasch,* Das Herkunftslandprinzip im internationalen Privatrecht. Auswirkungen des europäischen Binnenmarktes auf Vertrags- und Wettbewerbsstatut, 1996; *Drexl,* Die wirtschaftliche Selbstbestimmung des Verbrauchers. Eine Studie zum Privat- und Wirtschaftsrecht unter Berücksichtigung gemeinschaftsrechtlicher Bezüge, 1998; *ders.,* Die Einwirkung der Grundrechte auf die Auslegung der Generalklauseln des UWG, in: Neuordnung des Wettbewerbsrechts, 11. Ringberg-Symposium des Max-Planck-Instituts für ausländisches und internationales Patent-, Urheber- und Wettbewerbsrecht, 14. bis 18. Juni 1997, Schloss Ringberg, Tegernsee, Gerhard Schricker, Frauke Henning-Bodewig (Hrsg.), 1998/99, S. 163; *ders.,* Community Legislation Continued: Complete Harmonisation, Framework Legislation or Non-Binding Measures – Alternative Approaches to European Contract Law, Consumer Protection and Unfair Trade Practices?, [2002] Eur. Bus. L. R. 557; *Dubs,* Das Lauterkeitsrecht nach schweizerischem Kollisionsrecht. Zugleich ein Beitrag zur Materialisierung des Internationalprivatrechts, 2000; *Dutoit,* Convergences et divergences des droits nationaux de la concurrence déloyale dans la CEE, in: Un droit européen de la concurrence déloyale en formation? Actes du colloque de Lausanne, 1994, S. 97; *Ebenroth,* Neue Ansätze zur Warenverkehrsfreiheit im Binnenmarkt der Europäischen Union, in: Festschrift für Henning Piper, Willi Erdmann u. a. (Hrsg.), 1996, S. 133; *Ebenroth/Hübschle,* Gewerbliche Schutzrechte und Marktaufteilung im Binnenmarkt der Europäischen Union, 1994; *Ehricke,* Die richtlinienkonforme Auslegung nationalen Rechts vor Ende der Umsetzungsfrist einer Richtlinie, EuZW 1999, 553; *Ennuschat,* Europäischer Gerichtshof kippt Glücksspielmonopol! Oder doch nicht?, GewA 2010, 425; *Fassbender,* Zum Erfordernis einer richtlinienkonformen Auslegung des Begriffs der vergleichenden Werbung, EuZW 2005, 42; *Fezer,* Europäisierung des Wettbewerbsrechts. Gemeinschaftsrechtliche Grenzen im Recht des unlauteren Wettbewerbs – Kommentar zur jüngsten Entwicklung der Rechtsprechung des EuGH zum Warenverkehrsrecht (Rechtssachen „Yves Rocher", „Keck und Mithouard" und „Hünermund"), JZ 1994, 317; *ders.,* Das wettbewerbsrechtliche Irreführungsverbot als ein normatives Modell des verständigen Verbrauchers im Europäischen Unionsrecht. Zugleich eine Besprechung der Entscheidung „Mars" des EuGH vom 6. Juli 1995 – Rechtssache C 470/93, WRP 1995, 671; *ders.,* Modernisierung des deutschen Rechts gegen den unlauteren Wettbewerb auf der Grundlage einer Europäisierung des Wettbewerbsrechts, WRP 2001, 989; *ders.,* Entwicklungslinien und Prinzipien des Markenrechts in Europa, GRUR 2003, 457; *ders.,* Objektive Theorie der Lauterkeit im Wettbewerb in: Perspektiven des geistigen Eigentums und des Wettbewerbsrechts: Festschrift für Gerhard Schricker zum 70. Geburtstag, Ansgar Ohly (Hrsg.), 2005, S. 671; *ders.,* Imitationsmarketing – Die irreführende Produktvermarktung im Sinne der europäischen Lauterkeitsrichtlinie (Art. 6 Abs. 2 lit. a RL), MarkenR 2006, 511; *ders.,* Plädoyer für eine offensive Umsetzung der Richtlinie über unlautere Geschäftspraktiken in das deutsche UWG, WRP 2006, 781; *ders.,* Das Informationsgebot der Lauterkeitsrichtlinie als subjektives Verbraucherrecht, WRP 2007, 1021; *ders.,* Normenkonkurrenz zwischen Kennzeichenrecht und Lauterkeitsrecht, WRP 2008, 1; *Fezer/Koos,* Das gemeinschaftsrechtliche Herkunftslandprinzip und die e-commerce-Richtlinie. Zur dringenden Notwendigkeit einer Harmonisierung des Wettbewerbsrechts in den Mitgliedstaaten der Europäischen Union als einer gemeinschaftsrechtlichen Aufgabe, IPRax 2000, 349; *Fleischer,* Vertragsschlussbezogene Informationspflichten im Gemeinschaftsprivatrecht, ZEuP 2000, 772; *Flessner,* Fakultatives Kollisionsrecht, RabelsZ 34 (1970), 547; *Franzen,* Privatrechtsangleichung durch die Europäische Gemeinschaft, 1999; *Fritzsche,* Überlegungen zum Referentenentwurf eines Zweiten Gesetzes zur Änderung des UWG, WRP 2014, 1392; *Gärtner,* Zum Richtlinienentwurf über den Schutz von Geschäftsgeheimnissen, NZG 2014, 650; *Gamerith,* Neue Herausforderungen für ein europäisches Lauterkeitsrecht. Studie für den Arbeitskreis „UWG" des Bundesministeriums für Wirtschaft und Arbeit, WRP 2003, 143; *ders.,* Der Richtlinienvorschlag über unlautere Geschäftspraktiken – Möglichkeiten einer harmonischen Umsetzung. Studie für den Arbeitskreis „UWG" des Bundesministeriums für Wirtschaft und Arbeit, WRP 2005, 391; *v. Gamm*, Vorschlag der EG-Kommission für eine Richtlinie des Rates über vergleichende Werbung und zur Änderung der Richtlinie 84/450/EWG über irreführende Werbung, ABlEG Nr. L 250 v. 19.9.1984, S. 17, WRP 1992, 143; *Gaugenrieder*, Einheitliche Grundlage für den Schutz von Geschäftsgeheimnissen in Europa – Zukunftstraum oder Alptraum, BB 2014, 1987; *Geimer*, Salut für die Verordnung (EG) Nr. 44/2001 (Brüssel I-VO), IPRax 2002, 69; *Glöckner*, Lauterkeitsrechtliche Behandlung des Telemarketing – Zur verbraucherschützenden Wirkweise des UWG, JKR 1998, 49; *ders.*, „Cold Calling" und europäische Richtlinie zum Fernabsatz – ein trojanisches Pferd im deutschen Lauterkeitsrecht, GRUR Int. 2000, 29; *ders.*, Grundverkehrsbeschränkungen und Europarecht. Zugleich ein Beitrag zum Anwendungsbereich der Kapitalverkehrsfreiheit, EuR 2000, 592; *ders.*, Wettbewerbsverstöße im Internet – Grenzen einer kollisionsrechtlichen Problemlösung, ZVglRWiss 99 (2000), 278; *ders.*, Äquivalenzbehauptungen in der Werbung nach europäischem Marken- und Lauterkeitsrecht, ELR 2001, 344; *ders.*, Think Big!, ELR 2002, 42; *ders.*, Neueste Entwicklungen im internationalen und europäischen Lauterkeitsrecht, in: Neueste Entwicklungen im europäischen und internationalen Immaterialgüterrecht. Fünftes St.Galler Internationales Immaterialgüterrechtsforum 2001 (IIF 2001), Carl Baudenbacher/Jürg Simon (Hrsg.), 2002, S. 239; *ders.*, Europäische Harmonisierung des Fernabsatzes an Verbraucher – abgeschlossen, aber nicht vollständig!, ELR 2003, 26; *ders.*, Schutz bekannter Marken gegen Rufausbeutung nach Europäischem Markenrecht (EuGH v. 9. Januar 2003, Rs. C-292/00 – Davidoff), ELR 2003, 161; *ders.*, Aktuelle Entwicklungen in der europäischen Gesetzgebung auf dem Gebiet des Lauterkeitsrechts, in: Neueste Entwicklungen im europäischen und internationalen Immaterialgüterrecht. 7. St. Galler Internationales Immaterialgüterrechtsforum 2003 (IIF 2003), Carl Baudenbacher/Jürg Simon (Hrsg.), 2004, S. 227; *ders.*, Beschreibende Angaben, markenmäßiger Gebrauch und die Unterordnung des Markenrechts unter ein Europäisches Lauterkeitsrecht, ELR 2004, 21; *ders.*, Richtlinienvorschlag über unlautere Geschäftspraktiken, deutsches UWG oder die schwierige Umsetzung von europarechtlichen Generalklauseln, WRP 2004, 936; *ders.*, Ist die Union reif für die Kontrolle an der Quelle?, WRP 2005, 795; *ders.*, Europäisches Lauterkeitsrecht, 2006; *ders.*, Zweckmehrheit im System des Europäischen Wettbewerbsschutzes, in: Grosch/Illman (Hrsg.), Gewerbliche Schutzrechte und ihre Durchsetzung – Festschrift für Tilman Schilling, 2007, S. 165; *ders.*, Der Schutz von Verwechslungsgefahr im Spannungsfeld von Kennzeichenrecht und verbraucherschützendem Lauterkeitsrecht, in: Geistiges Eigentum und Gemeinfreiheit, Ansgar Ohly, Diethelm Klippel (Hrsg.), 2007, S. 145; *ders.*, Keine klare Sache: der zeitliche Anwendungsbereich der Rom-II-Verordnung, IPRax 2009, 121; *ders.*, Der gegenständliche Anwendungsbereich des Lauterkeitsrechts nach der UWG-Novelle 2008 – ein Paradigmenwechsel mit Folgen, WRP 2009, 1175; *ders.*, The Scope of Application of the UCP Directive – I Know What You Did Last Summer, IIC 2010, 570; *ders.*, Der grenzüberschreitende Lauterkeitsprozess nach BGH vom 11.2.2010 – Ausschreibung in Bulgarien. Klärende Worte des Bundesgerichtshofs zum Ort der Beeinträchtigung der wirtschaftlichen Interessen und offene Fragen, WRP 2011, 137; *ders.*, The Regulatory Framework for Comparative Advertising in Europe – Time for a New Round of Harmonization, IIC 2012, 35; *ders.*, Über die Schwierigkeit, Proteus zu beschreiben – die Umsetzung der Richtlinie über unlautere Geschäftspraktiken in Deutschland, GRUR 2013, 224; *ders.*, Rechtsbruchtatbestand oder ... The Saga Continues!, GRUR 2013, 568; *ders.*, UWG-Novelle mit Konzept und Konsequenz, WRP 2014, 1399; *ders.* Good News from Luxembourg? Die Anwendung des Lauterkeitsrechts auf Verhalten zur Förderung eines fremden Unternehmens nach EuGH – RLvS Verlagsgesellschaft mbH, in: Festschrift für Helmut Köhler zum 70. Geburtstag, Alexander u. a. (Hrsg.), 2014, S. 159; *ders.*, Das Recht, die Verfügungsbefugnis und die Verhinderungsmacht am Beispiel des Verhältnisses zwischen Marken- und Lauterkeitsrecht, in: Marktkommunikation zwischen Geistigem Eigentum und Verbraucherschutz. Festschrift für Karl-Heinz Fezer zum 70. Geburtstag, Wolfgang Büscher u. a. (Hrsg.), 2016, S. 167; *Glöckner/Henning-Bodewig*, EG-Richtlinie über unlautere Geschäftspraktiken – Was wird aus dem „neuen" UWG?, WRP 2005, 1311; *Glöckner/Kur*, Wettbewerbshandlungen im Internet, GRUR 2014 Beil. Apr., 29; *Göhre*, Frischer Wind aus Brüssel? Der Vorschlag der Europäischen Kommission für eine Verordnung über Verkaufsförderung im Binnenmarkt und das Grünbuch der Europäischen Kommission zum Verbraucherschutz in der Europäischen Union, WRP 2002, 36; *Grandpierre*, Herkunftsprinzip kontra Marktortanknüpfung. Auswirkungen des Gemeinschaftsrechts auf die Kollisionsregeln im Wettbewerbsrecht, 1999; *Grünwald*, Das Verbot der irreführenden Werbung – ein Handelshemmnis?, 2000; GRUR, Deutsche Vereinigung für Gewerblichen Rechtsschutz und Urheberrecht e. V., Stellungnahme zum „Grünbuch über Verbraucherschutz in der Europäischen Union", GRUR 2002, 408 (zit.: GRUR Stellungnahme Grünbuch Verbraucherschutz); GRUR, Deutsche Vereinigung für Gewerblichen Rechtsschutz und Urheberrecht e. V., Stellungnahme zum Vorschlag für eine Verordnung über „Verkaufsförderung im Binnenmarkt", GRUR 2002, 410 (zit.: GRUR Stellungnahme Verkaufsförderungs-VO); *Günther*, Erwünschte Regelung unerwünschter Werbung? Zur Auslegung von Artikel 10 der Fernabsatzrichtlinie 97/7/EG, CR 1999, 172; *Halfmeier*, Vom Cassislikör zur E-Commerce-Richtlinie: Auf dem Weg zu einem europäischen Mediendeliktsrecht, ZEuP 2001, 837; *Handig*, Neues im Internationalen Wettbewerbsrecht – Auswirkungen der Rom II-Verordnung, GRUR Int 2008, 24; *Hecker*, Die Richtlinie über unlautere Geschäftspraktiken – Einige Gedanken zu den „aggressiven Geschäftspraktiken" – Umsetzung ins deutsche Recht, WRP 2006, 640; *v. Hein*, Die Kodifikation des europäischen IPR der außervertraglichen Schuldverhältnisse vor dem Abschluss?, VersR 2007, 440; *Heermann*, Auswirkungen der Europäischen Rechtsentwicklung auf das deutsche Wettbewerbsrecht oder Wohin steuert das deutsche Werberecht nach der Entscheidung des EuGH vom 7.3.1990 in Sachen „GB-INNO-BM ./. Confédération du commerce Luxembourgeois"?, WRP 1993, 578; *ders.*, Das deutsche Wettbewerbsrecht und die „Keck"-Rechtsprechung des EuGH. Missverständnisse und Argumentationsdefizite rund um den Begriff der „Verkaufsmodalitäten", WRP 1999, 381; *ders.*, Aktuelle Anwendungsfragen und -probleme zu § 4 Nr. 4 UWG, WRP 2011, 688; *ders.*, Richtlinienkonforme Auslegung und Anwendung von § 4 Nr. 2 UWG, GRUR 2011, 781; *Heerstraßen*, Die künftige Rolle von Präjudizien im Verfahren des Luganer Übereinkommens, RIW 1993, 179; *Heiderhoff,* Eine europäische Kollisionsregel für Pressedelikte, EuZW 2007, 428; *Heinemann,* Immaterialgüterschutz in der Wettbewerbsordnung. Eine grundlagenorientierte Untersuchung zum Kartellrecht des geistigen Eigentums, 2002; *Heinze,* Der europäische Deliktsgerichtsstand bei Lauterkeitsverstößen, IPRax 2009, 231; *Henning-Bodewig,* Das Grünbuch der EU-Kommission über die „Kommerziellen Kommunikationen", GRUR Int. 1997, 515; *dies.,* Der internationale Schutz gegen unlauteren Wettbewerb, in: Neuordnung des Wettbewerbsrechts, 11. Ringberg-Symposium des Max-Planck-Instituts für ausländisches und internationales Patent-, Urheber- und Wettbewerbsrecht, 14. bis 18. Juni 1997, Schloss Ringberg, Tegernsee, Gerhard Schricker, Frauke Henning-Bodewig (Hrsg.), 1998/99, S. 21; *dies.,* Werbung nach der Fernsehrichtlinie, in: Werbung und Werbeverbote im Lichte des europäischen Gemeinschaftsrechts, Jürgen Schwarze (Hrsg.), 1999, S. 170; *dies.,* Das Folgedokument zum Grünbuch über die kommerziellen Kommunikationen im Binnenmarkt: Ein neuer Ansatz der Kommission?, GRUR Int. 1999, 233; *dies.,* International Protection Against Unfair Competition – Art. 10bis Paris Convention, TRIPS and WIPO Model Provisions, 30 IIC 166 (1999); *dies.,* E-Commerce und irreführende Werbung. Auswirkungen des Herkunftslandprinzips auf das europäische und deutsche Irreführungsrecht, WRP 2001, 771; *dies.,* Das Europäische Wettbewerbsrecht: Eine Zwischenbilanz, GRUR Int. 2002, 389; *dies.,* Das Europäische Lauterkeitsrecht: B2C, B2B oder doch beides?, in: Festschrift für Winfried Tilmann. Zum 65. Geburtstag, Erhard Keller u. a. (Hrsg.), 2003, S. 149; *dies.,* Richtlinienvorschlag über unlautere Geschäftspraktiken und UWG-Reform, GRUR Int. 2004, 183; *dies.,* Die Richtlinie 2005/29/EG über unlautere Geschäftspraktiken, GRUR Int. 2005, 629; *dies.,* Neuorientierung von § 4 Nr. 1 und 2 UWG?, WRP 2006, 621; *dies.,* International Unfair Competition Law, in: Law Against Unfair Competition. Towards a New Paradigm in Europe?, Hilty/Henning-Bodewig (Hrsg.), 2007, S. 53; *dies.,* Nationale Eigenständigkeit und europäische Vorgaben im Lauterkeitsrecht, GRUR Int. 2010, 549; *dies.,* Der Schutzzweck des UWG und die Richtlinie über unlautere Geschäftspraktiken, GRUR 2013, 238; *dies.,* Internationale Standards gegen unlauteren Wettbewerb, GRUR Int. 2013, 1; *dies.,* § 2 International Protection against Unfair Competition, in: International Handbook on Unfair Competition, Frauke Henning-Bodewig (Hrsg.), 2013; *dies.,* „Unlautere" Geschäftspraktiken und der Bezug zu Art. 10bis PVÜ – Warum „unseriöse" Geschäftspraktiken keinen Sinn ergibt, GRUR Int. 2014, 997; *dies.,* TRIPS and Corporate Social Responsibility: Unethical Equals Unfair Business Practices?, in: TRIPS plus 20. From Trade Rules to Market Principles, Hanns Ullrich/Reto Hilty/Matthias Lamping/Josef Drexl (Hrsg.), 2016, S. 701; *Henning-Bodewig/Kur,* Marke und Verbraucher, Band II, 1988/89; *Henning-Bodewig/Schricker,* Stellungnahme des Max-Planck-Instituts für ausländisches und internationales Patent-, Urheber- und Wettbewerbsrecht zum Grünbuch zum Verbraucherschutz in der EU, KOM (2002) 531 endg., GRUR Int. 2002, 319; *Heyers,* Wettbewerblicher Schutz gegen das Einschieben in fremde Serien – Zugleich ein Beitrag zu Rang und Bedeutung wettbewerblicher Nachahmungsfreiheit nach der UWG-Novelle, GRUR 2006, 23; *Höder,* Die kollisionsrechtliche Behandlung unteilbarer Multistate-Verstöße, 2002; *Hödl,* Die Beurteilung von verkaufsbehindernden Maßnahmen im Europäischen Binnenmarkt. Neue Interpretationsansätze zu Art. 30 EGV auf der Grundlage der Keck-Entscheidung, 1997; *Höpperger/Senftleben,* Protection Against Unfair Competition at the International Level, in: Law Against Unfair Competition. Towards a New Paradigm in Europe?, Reto Hilty/Frauke Henning-Bodewig (Hrsg.), 2007, S. 61; *Hoeren,* Cybermanners und Wettbewerbsrecht – Einige Überlegungen zum Lauterkeitsrecht im Internet, WRP 1997, 993; *ders.,* Vorschlag für eine EU-Richtlinie über E-Commerce. Eine erste kritische Analyse, MMR 1999, 192; *Hösch,* Der Einfluss der Freiheit des Warenverkehrs (Art. 30 EWGV) auf das Recht des unlauteren Wettbewerbs, 1994; *Holznagel/Holznagel,* Zukunft der Haftungsregeln für Internet-Provider. Zugleich: Eine Kritik des Electronic Commerce-Richtlinienentwurfs vom 18.11.1998, K&R 1999, 103; *Huber/Bach,* Die Rom II-VO Kommissionsentwurf und aktuelle Entwicklungen, IPRax 2005, 73; *Hucke,* Erforderlichkeit einer Harmonisierung des Wettbewerbsrechts in Europa, 2001; *Hüttebräuker,* Vorschlag für eine EU-Verordnung über nährwert- und gesundheitsbezogene Angaben in Bezug auf Lebensmittel – eine kritische Bestandsaufnahme, WRP 2004, 188; *Jakob,* Wem gehört „Havana Club"? – Stationen eines hochprozentigen Handelskriegs, GRUR Int. 2002, 406; *Jametti Greiner,* Überblick zum Lugano-Übereinkommen über die gerichtliche Zuständigkeit und die Vollstreckung gerichtlicher Entscheidungen in Zivil- und Handelssachen, ZBJV 128 (1992), 42; *Jayme/Kohler,* Europäisches Kollisionsrecht 1997 – Vergemeinschaftung durch „Säulenwechsel"?, IPRax 1997, 385; *Jestaedt/Kästle,* Kehrtwende oder Rückbesinnung in der Anwendung von Art. 30 EGV: Das Keck-Urteil, EWS 1994, 26; *Joerges,* Die klassische Konzeption des Internationalen Privatrechts und das Recht des unlauteren Wettbewerbs, RabelsZ 36 (1972), 421; *John,* Das rundfunkrechtliche Trennungsgebot im Lauterkeitsrecht unter Geltung der UGP-Richtlinie, WRP 2011, 1357; *Joliet,* Das Recht des unlauteren Wettbewerbs und der freie Warenverkehr. Die Rechtsprechung des Europäischen Gerichtshofs, GRUR Int. 1994, 1; *ders.,* Der freie Warenverkehr: Das Urteil Keck und Mithouard und die Neuorientierung der Rechtsprechung, GRUR Int. 1994, 979; *ders.,* Droit de la concurrence déloyale et libre circulation des marchandises. La jurisprudence de la Cour de Justice des Communautés Européennes, in: Un droit européen de la concurrence déloyale en formation. Actes du colloque de Lausanne, 1994, S. 29; *Jung,* Die Health Claims Verordnung – Neue Grenzen gesundheitsbezogener Werbung für Lebensmittel, WRP 2007, 389; *Keilholz,* § 3 UWG und der mündige Bürger, in: Ein Richter, ein Bürger, ein Christ – Festschrift für Helmut Simon, Willy Brandt u. a. (Hrsg.), 1987, S. 681; *ders.,* Die misslungene Harmonisierung des Verbots der irreführenden Werbung in der EG und ihre Konsequenzen für die deutsche Rechtsprechung, GRUR Int. 1987, 390; *Keßler,* Die umweltbezogene Aussage in der Produktwerbung – dogmatische und wettbewerbstheoretische Aspekte des Irreführungsverbots, WRP 1988, 714; *Keßler,* Wettbewerbstheoretische Aspekte des Irreführungsverbots – eine ökonomische und dogmengeschichtliche Analyse, WRP 1990, 73; *ders.,* Wettbewerbsrechtliches Irreführungsverbot und Verbraucherinformation – erste Anmerkung zur „Yves Rocher"-Entscheidung des EuGH, WRP 1993, 571; *ders.,* Lauterkeitsschutz und Wettbewerbsordnung – zur Umsetzung der Richtlinie 2005/29/EG über unlautere Geschäftspraktiken in

Deutschland und Österreich, WRP 2007, 714; *Keßler/Micklitz,* Der Richtlinienvorschlag über unlautere Praktiken im binnenmarktinternen Geschäftsverkehr, BB 2003, 2073; *dies.,* Die Richtlinie 2005/29/EG über unlautere Geschäftspraktiken im binnenmarktinternen Geschäftsverkehr zwischen Unternehmern und Verbrauchern, BB Beil. 2005 Nr. 1, 1; *Kisseler,* Das deutsche Wettbewerbsrecht im Binnenmarkt, WRP 1994, 1; *Klauer,* Die Europäisierung des Privatrechts – Der EuGH als Zivilrichter, 1997; *Koch,* Internationale Gerichtszuständigkeit und Internet, CR 1999, 121; *Kocher,* Ungenügende Harmonisierung im Bereich der irreführenden Werbung am Beispiel der finnischen Rechtsprechung über Tiefstpreisgarantien, GRUR Int. 2002, 707; *Kohlegger,* Ein Vergleich zwischen EuGVÜ und LGVÜ, ÖJZ 1999, 41; *Kohler,* Integration und Auslegung – Zur Doppelfunktion des Europäischen Gerichtshofs, in: Ein internationales Zivilverfahrensrecht für Gesamteuropa. EuGVÜ, Lugano-Übereinkommen und die Rechtsentwicklungen in Mittel- und Osteuropa, Erik Jayme (Hrsg.), 1992, S 11; *Köhler,* Die „Bagatellklausel" in § 3 UWG, GRUR 2005, 1; *ders.,* Was ist „vergleichende Werbung"?, GRUR 2005, 273; *ders.,* Zur Umsetzung der Richtlinie über unlautere Geschäftspraktiken, GRUR 2005, 793; *ders.,* „Wettbewerbshandlung" und „Geschäftspraktiken". Zur richtlinienkonformen Auslegung des Begriffs der Wettbewerbshandlung und seiner Definition im künftigen UWG, WRP 2007, 1393; *ders.,* Zur richtlinienkonformen Auslegung und Neuregelung der „Bagatellklausel" in § 3 UWG, WRP 2008, 10; *ders.,* Gesundheitsversprechen in der Lebensmittelwerbung: Die wettbewerbliche Sicht, ZLR 2008, 135; *ders.,* Das Verhältnis des Wettbewerbsrechts zum Recht des geistigen Eigentums – Zur Notwendigkeit einer Neubestimmung auf Grund der Richtlinie über unlautere Geschäftspraktiken, GRUR 2007, 548; *ders.,* Unbestellte Waren und Dienstleistungen – neue Normen, neue Fragen, GRUR 2012, 217; *ders.,* Die Umsetzung der Richtlinie über unlautere Geschäftspraktiken in Deutschland – eine kritische Analyse, GRUR 2012, 1073; *ders.,* „Fachliche Sorgfalt" – Der weiße Fleck auf der Landkarte des UWG, WRP 2012, 22; *ders.,* Richtlinienkonforme Gesetzgebung statt richtlinienkonformer Auslegung: Plädoyer für eine weitere UWG-Novelle, WRP 2012, 251; *ders.,* Stellungnahme zum Referentenentwurf eines Zweiten Gesetzes zur Änderung des UWG, WRP 2014, 1410; *ders.,* UWG-Reform 2015: Im Regierungsentwurf nicht angesprochene Defizite bei der Umsetzung der UGP-Richtlinie, WRP 2015, 1037; *Köhler/Bornkamm/Henning-Bodewig,* Vorschlag für eine Richtlinie zum Lauterkeitsrecht und eine UWG-Reform, WRP 2002, 1317; *Köhler/Lettl,* Das geltende europäische Lauterkeitsrecht, der Vorschlag für eine EG-Richtlinie über unlautere Geschäftspraktiken und die UWG-Reform, WRP 2003, 1019; *Koos,* Europäischer Lauterkeitsmaßstab und globale Integration, 1996; *ders.,* Grundsätze des Lauterkeitskollisionsrechts im Lichte der Schutzzwecke des UWG, WRP 2006, 499; *Kotthoff,* Werbung ausländischer Unternehmen im Inland. Die Beurteilung grenzüberschreitender Werbung nach dem internationalen Privatrecht, dem Wettbewerbsrecht und dem Recht der Europäischen Union, 1995; *ders.,* Der Schutz des Euro-Marketings über Art. 30 EGV, WRP 1996, 79; *ders.,* Die Anwendbarkeit des deutschen Wettbewerbsrechts auf Wettbewerbshandlungen im Internet, CR 1997, 676; *Kreuzer/Klötgen,* Die Shevill-Entscheidung des EuGH: Abschaffung des Deliktsortsgerichtsstands des Art. 5 Nr. 3 EuGVÜ für ehrverletzende Streudelikte, IPRax 1997, 90; *Kroker,* Irreführende Werbung. Die Rechtsprechung des EuGH, 1998; *Kubis,* Internationale Zuständigkeit bei Persönlichkeits- und Immaterialgüterrechtsverletzungen, 1999; *Kugelmann,* Werbung als Dienstleistung, EuR 2001, 363; *Kulka,* Der Entwurf eines Ersten Gesetzes zur Änderung des Gesetzes gegen den unlauteren Wettbewerb, DB 2008, 1548; *Kur,* Ansätze zur Harmonisierung des Lauterkeitsrechts im Bereich des wettbewerblichen Leistungsschutzes, GRUR Int. 1998, 771; *dies.,* Die Harmonisierung des Lauterkeitsrechts durch Angleichungsmaßnahmen in angrenzenden Bereichen, in: Neuordnung des Wettbewerbsrechts, 11. Ringberg-Symposium des Max-Planck-Instituts für ausländisches und internationales Patent-, Urheber- und Wettbewerbsrecht, 14. bis 18. Juni 1997, Schloss Ringberg, Tegernsee, Gerhard Schricker, Frauke Henning-Bodewig (Hrsg.), 1998/99, S. 116; *Lange,* Der internationale Gerichtsstand der unerlaubten Handlung nach dem EuGVÜ bei Verletzung von nationalen Kennzeichen, WRP 2000, 940; *Leible,* Werbung für EG-Neuwagen, NJW 2000, 1242; *Leible,* Rechtswahl im IPR der außervertraglichen Schuldverhältnisse nach der Rom II-Verordnung, RIW 2008, 257; *Leible/Lehmann,* Die neue EG-Verordnung über das auf außervertragliche Schuldverhältnisse anzuwendende Recht („Rom II"), RIW 2007, 721; *Leible/Sosnitza,* § 17 LMBG nach „Darbo". Ein Plädoyer für die Streichung von § 17 Abs. 1 Nr. 4 LMBG, WRP 2000, 610; *Leistner,* Unfair Competition or Consumer Protection? The Commission's Unfair Commercial Pratices Proposal 2003, in: Bell/Kilpatrick (eds.), The Cambridge Yearbook of European Law Studies, Vol. 6, 2003-04, S. 141; *ders.,* Richtiger Vertrag und lauterer Wettbewerb, 2007; *Leistner/Pothmann,* E-Mail-Direktmarketing im neuen europäischen Recht und in der UWG-Reform, WRP 2003, 815; *Lengauer,* Zivilprozessuale Probleme bei der gerichtlichen Verfolgung von publikumswirksamen Wettbewerbsverstößen, 1995; *Lensdorf,* Das deutsche Werberecht im Rahmen des Euro-Marketing – Liberalisierung im Wege der Harmonisierung, 1998; *Lenz,* Unlauterer Wettbewerb und freier Warenverkehr in der Rechtsprechung des Europäischen Gerichtshofes, ZEuP 1994, 624; *Lettl,* Der lauterkeitsrechtliche Schutz vor irreführender Werbung in Europa, GRUR Int. 2004, 85; *ders.,* Gemeinschaftsrecht und neues UWG, WRP 2004, 1079; *Lindacher,* Internationale Zuständigkeit in Wettbewerbssachen. Der Gerichtsstand der Wettbewerbshandlung nach autonomem deutschen IZPR, in: Festschrift für Hideo Nakamura zum 70. Geburtstag, Andreas Heldrich, Takeyoshi Uchida (Hrsg.), 1996, S 323; *ders.,* Zum Internationalen Privatrecht des unlauteren Wettbewerbs, WRP 1996, 645; *ders.,* Die internationale Dimension lauterkeitsrechtlicher Unterlassungsansprüche: Marktterritorialität versus Universalität, GRUR Int. 2008, 453; *Linder,* Das UWG als Ansatz des Konsumentenschutzes: Instrumentalisierung des Lauterkeitsrechts im Hinblick auf den Schutz von Konsumenteninteressen?, 1994; *Loosen,* „Großer Bruder" statt „schöne neue Welt" – nährwert- und gesundheitsbezogene Werbung für Lebensmittel nach Verabschiedung der Claims-Verordnung, ZLR 2006, 521; *Ludwig,* Irreführende und vergleichende Werbung in der Europäischen Gemeinschaft, 1993; *Lurger/Vallant,* Die österreichische Umsetzung des Herkunftslandprinzips der E-Commerce-Richtlinie, MMR 2002, 203; *Lutz,* Veränderungen des Wettbewerbsrechts im Zuge der Richtlinie über unlautere Geschäftspraktiken, GRUR 2006, 908; *Mankowski,* Besondere Formen von Wettbewerbsverstößen im

Internet und Internationales Wettbewerbsrecht, GRUR Int. 1999, 995; *ders.*, Internet und Internationales Wettbewerbsrecht, GRUR Int. 1999, 909; *ders.*, Das Herkunftslandprinzip als Internationales Privatrecht der e-commerce-Richtlinie, ZVglRWiss 100 (2001), 137; *ders.*, Was soll der Anknüpfungspunkt des (europäischen) Internationalen Wettbewerbsrechts sein?, GRUR Int. 2005, 634; *ders.*, Wettbewerbsrechtliche strafbewehrte Unterlassungserklärung und internationale Gerichtsstandsvereinbarung, WRP 2015, 554; *Martin-Ehlers,* Die Irreführungsverbote des UWG im Spannungsfeld des freien europäischen Warenverkehrs, 1996; *Marx,* Vergleichende Werbung – wie weit reicht die Harmonisierung?, EWS 2001, 353; *Meier,* Einschränkung des deutschen Wettbewerbsrechts durch das Europäische Gemeinschaftsrecht, GRUR Int. 1990, 817; *ders.*, Die Lauterkeit des Handelsverkehrs: Zur Einwirkung des Art. 30 EWGV auf Auslegung und Anwendung der Generalklauseln des deutschen Wettbewerbsrechts, GRUR Int. 1993, 219; *Meisterernst/Haber,* Die VO (EG) 1924/2006 über nährwert- und gesundheitsbezogene Angaben, WRP 2007, 363; *Meyer,* Produktspezifische Werberegelungen im Europäischen Gemeinschaftsrecht, in: Neuordnung des Wettbewerbsrechts, 11. Ringberg-Symposium des Max-Planck-Instituts für ausländisches und internationales Patent-, Urheber- und Wettbewerbsrecht, 14. bis 18. Juni 1997, Schloss Ringberg, Tegernsee, Gerhard Schricker, Frauke Henning-Bodewig (Hrsg.), 1998/99, S. 93; *Micklitz,* Cross-Border Consumer Conflicts – A French-German Experience, JCP 1993, 411; *Micklitz/Keßler,* Europäisches Lauterkeitsrecht, GRUR Int. 2002, 885; *dies.*, Funktionswandel des UWG, WRP 2003, 919; *Müller,* Die demoskopische Ermittlung der Verkehrsauffassung im Rahmen des § 3 UWG, 1987; *Müller-Feldhammer,* Der Deliktsgerichtsstand des Art. 5 Nr. 3 EuGVÜ im internationalen Wettbewerbsrecht, EWS 1998, 162; *Müller-Graff,* Fakultatives Kollisionsrecht im internationalen Wettbewerbsrecht, RabelsZ 48 (1984), 289; *Münker,* Harmonisierung des Rechtsschutzes gegen unlauteren Wettbewerb in der Europäischen Union, WRP 1996, 990; *Nacken,* Das Grünbuch über die Kommerziellen Kommunikationen – der Beginn einer Harmonisierungsdiskussion?, WRP 1997, 929; *Nagel/Gottwald,* Internationales Zivilprozessrecht, 6. Aufl., 2007; *Naumann,* Voraussetzungen der vergleichenden Werbung, ELR 2003, 250; *Niederleithinger,* Harmonisierung des Wettbewerbsrechts – en détail oder en gros?, AnwBl 1992, 337; *Nielsen,* Brussels I and Denmark, IPRax 2007, 506; *Niemöller,* Das Verbraucherleitbild in der deutschen und europäischen Rechtsprechung. Verhandlungs- und Vertragsparität als Regelungsgehalt des § 3 UWG, 1999; *Noll-Ehlers,* Kohärente und systematische Beschränkung der Grundfreiheiten – Ausgehend von der Entwicklung des Gemeinschaftsrechts im Glücksspielbereich, EuZW 2008, 522; *Nordemann,* Irreführung und vergleichende Werbung in Europa, in: Werbung und Werbeverbote im Lichte des europäischen Gemeinschaftsrechts, Jürgen Schwarze (Hrsg.), 1999, S. 148; *Nordmann,* Neuere Entwicklungen im Recht der vergleichenden Werbung, GRUR Int. 2002, 297; *Novak,* Ungleichbehandlung von ausländischen Produkten oder Dienstleistungen – Einheitliche Rechtfertigungstatbestände im EG-Vertrag – Zugleich Urteilsanmerkung zu EuGH vom 9.7.1997, DB 1997, 2219 „De Agostini", DB 1997, 2589; *ders.*, Gedanken zum Verwechslungs- und Verwässerungsschutz im europäischen Markenrecht, EuZW 2001, 46; *Ofner,* Die Rom II-Verordnung – Neues Internationales Privatrecht für außervertragliche Schuldverhältnisse in der Europäischen Union, ZfRV 2008, 13; *Ohly,* Die vergleichende Werbung im britischen Recht, GRUR Int. 1993, 730; *ders.*, Die Bemühungen um eine Rechtsvereinheitlichung auf EU-Ebene von den Anfängen bis zur Richtlinie über irreführende Werbung von 1984, in: Neuordnung des Wettbewerbsrechts, 11. Ringberg-Symposium des Max-Planck-Instituts für ausländisches und internationales Patent-, Urheber- und Wettbewerbsrecht, 14. bis 18. Juni 1997, Schloss Ringberg, Tegernsee, Gerhard Schricker, Frauke Henning-Bodewig (Hrsg.), 1998/99, S. 69; *ders.*, Herkunftslandprinzip und Kollisionsrecht, GRUR Int. 2001, 899; *ders.*, Das Herkunftslandsprinzip im Bereich vollständig angeglichenen Lauterkeitsrechts, WRP 2006, 1401; *ders.*, Vergleichende Werbung für Zubehör und Warensortimente, Anmerkungen zu den EuGH-Urteilen „Siemens/VIPA" und „LIDL Belgium/Colryt", GRUR 2007, 3; *ders.*, Der Geheimnisschutz im deutschen Recht: heutiger Stand und Perspektiven, GRUR 2014, 1; *ders.*, Alternativentwurf („Große Lösung") zum Regierungsentwurf eines 2. Gesetzes zur Änderung des Gesetzes gegen den unlauteren Wettbewerb, WRP 2015, 1443; *Oliver,* Some Further Reflections on the Scope of Articles 28–38 (ex 30–36) EC, 36 CML Rev. 783, 797 (1999); *ders.*, Of Trailers and Jet Skis: Is the Case Law on Article 34 TFEU Hurtling in a New Direction?, 33 Fordh. Int. L.J. 1423 [2011]; *Oppenhoff,* Im Spannungsfeld zwischen Gemeinschaftsrecht und deutschem Wettbewerbsrecht, in: Festschrift für Otto-Friedrich Frhr. v. Gamm, Willi Erdmann u. a. (Hrsg.), 1990, S. 117; *Peifer,* Die Zukunft der irreführenden Geschäftspraktiken, WRP 2008, 556; *ders.*, Aufräumen im UWG – Was bleibt nach der Kodifikation zum irreführenden Unterlassen für § 4 Nr. 1, 4, 5 und 6 UWG?, WRP 2010, 1432; *ders.*, Vergleichende Werbung und sonst nichts? Überbordender Schutzbereich der Vorschriften zur vergleichenden Werbung?, WRP 2011, 1; *Perau,* Die „Clinique"-Entscheidung des EuGH. Anmerkungen zum Urteil des EuGH vom 2. Februar 1994, ZIP 1994, 394, ZIP 1994, 513; *ders.*, Werbeverbote im Gemeinschaftsrecht. Gemeinschaftsrechtliche Grenzen nationaler und gemeinschaftsrechtlicher Werbebeschränkungen, 1997; *Pescatore,* Variations sur la jurisprudence „Cassis de Dijon" ou la solidarité entre l'ordre public national et l'ordre public communautaire, in: Economic Law and Justice in Times of Globalisation. Festschrift for Carl Baudenbacher, Mario Monti u. a. (Hrsg.), 2008, S. 543; *Pflüger,* Reichweite internationalrechtlicher Vorgaben, in: Lauterkeitsrecht und Acquis Communautaire, Hilty/Henning-Bodewig (Hrsg.), 2009, S. 65; *Pflüger,* Der internationale Schutz gegen unlauteren Wettbewerb, 2010; *ders.*, Reichweite internationalrechtlicher Vorgaben, in: Lauterkeitsrecht und Acquis Communautaire, Reto Hilty/Frauke Henning-Bodewig (Hrsg.), 2009, S. 65; *Piekenbrock,* Die Bedeutung des Herkunftslandsprinzips im europäischen Wettbewerbsrecht, GRUR Int. 2005, 997; *Piper,* Zu den Auswirkungen des EG-Binnenmarktes auf das deutsche Recht gegen den unlauteren Wettbewerb, WRP 1992, 685; *Pipkorn,* Das Verbot von Maßnahmen gleicher Wirkung wie mengenmäßige Beschränkungen, in: Der Beitrag des Gerichtshofes der Europäischen Gemeinschaften zur Verwirklichung des Gemeinsamen Marktes, Ernst-Werner Fuß (Hrsg.), 1981, S. 9; *Plaß,* Die gesetzliche Neuregelung der vergleichenden Werbung, NJW 2000, 3161; *Pöchhacker,* Suggestivwerbung und unlauterer Wettbewerb, 1990; *Radeideh,* Fair Trading in EC Law, 2005; *Rauer,* Richtlinienentwurf:

Europaweit einheitlicher Schutz von Geschäftsgeheimnissen, GRUR-Prax 2014, 2; *Reese,* Das „6-Korn-Eier"-Urteil des EuGH – Leitentscheidung für ein Leitbild?, WRP 1998, 1035; *ders.,* Grenzüberschreitende Werbung in der Europäischen Gemeinschaft – unter besonderer Berücksichtigung der Auswirkungen des Gemeinschaftsrechts auf das deutsche Recht des unlauteren Wettbewerbs, 1994; *Reger,* Der internationale Schutz gegen unlauteren Wettbewerb und das TRIPS-Übereinkommen, 1999; *Reich,* Die wettbewerbsrechtliche Beurteilung der Haustürwerbung, GRUR 2011, 589; *Ritscher/Beutler,* Vergleichende Werbung – die neue EU-Richtlinie im Vergleich mit dem schweizerischen Recht, sic! 1998, 261; *Rönck,* Technische Normen als Gestaltungsmittel des Europäischen Gemeinschaftsrechts. Zulässigkeit und Praktikabilität ihrer Rezeption zur Realisierung des Gemeinsamen Marktes, 1995; *Rosenthal,* Das auf unerlaubte Handlungen im Internet anwendbare Recht, AJP/PJA 1997, 1340; *Roth,* Angleichung des IPR durch sekundäres Gemeinschaftsrecht, IPRax 1994, 165; *ders.,* Zur Tragweite der Harmonisierung im Recht des unlauteren Wettbewerbs, in: Festschrift für Ernst-Joachim Mestmäcker zum siebzigsten Geburtstag, Ulrich Immenga u. a. (Hrsg.), 1996, S. 725; *Rüffler,* Österreichisches und europäisches Wirtschaftsprivatrecht. Teil 6/2: Wettbewerbsrecht – UWG, 1998; *Ruhl/Bohner,* Vorsicht Anzeige! Als Information getarnte Werbung nach der UWG-Reform 2008, WRP 2011, 375; *Rüssmann,* Wettbewerbshandlungen im Internet – Internationale Zuständigkeit und anwendbares Recht, K&R 1998, 422; *Sack,* Die kollisions- und wettbewerbsrechtliche Beurteilung grenzüberschreitender Werbe- und Absatztätigkeit nach deutschem Recht, GRUR Int. 1988, 320; *ders.,* Grenzüberschreitende Zugabe- und Rabattwerbung, IPRax 1991, 386; *ders.,* Marktortprinzip und allgemeine Ausweichklausel im internationalen Wettbewerbsrecht, am Beispiel der sog. Gran-Canaria-Fälle, IPRax 1992, 24; *ders.,* Art. 30, 36 EG-Vertrag und das internationale Wettbewerbsrecht, WRP 1994, 281; *ders.,* Staatliche Regelungen sogenannter „Verkaufsmodalitäten" und Art. 30 EG-Vertrag, EWS 1994, 37; *ders.,* Die Berücksichtigung der Richtlinie 97/55/EG über irreführende und vergleichende Werbung bei der Anwendung der §§ 1 und 3 UWG, WRP 1998, 241; *ders.,* Staatliche Werbebeschränkungen und die Art. 30 und 59 EG-Vertrag, WRP 1998, 103; *ders.,* Das Verbraucherleitbild und das Unternehmerleitbild im europäischen und deutschen Wettbewerbsrecht, WRP 1998, 264; *ders.,* Die Auswirkungen des europäischen Rechts auf das Verbot irreführender Werbung, in: Werbung und Werbeverbote im Lichte des europäischen Gemeinschaftsrechts, Jürgen Schwarze (Hrsg.), 1999, S 102; *ders.,* Die Präzisierung des Verbraucherleitbildes durch den EuGH, WRP 1999, 399; *ders.,* Das internationale Wettbewerbs- und Immaterialgüterrecht nach der EGBGB-Novelle, WRP 2000, 269; *ders.,* Vergleichende Werbung nach der UWG-Novelle, WRP 2001, 327; *ders.,* Das internationale Wettbewerbsrecht nach der E-Commerce-Richtlinie (ECRL) und dem EGG-/TDG-Entwurf, WRP 2001, 1408; *ders.,* Herkunftslandprinzip und internationale elektronische Werbung nach der Novellierung des Teledienstegesetzes (TDG), WRP 2002, 271; *ders.,* Die Toshiba-Entscheidung des EuGH zur vergleichenden Werbung, WRP 2002, 363; *ders.,* Vergleichende Werbung und die Erheblichkeitsschwelle in § 3 des Regierungsentwurfs einer UWG-Novelle, WRP 2004, 30; *ders.,* Die neue deutsche Formel des europäischen Verbraucherleitbildes, WRP 2005, 462; *ders.,* Internationales Lauterkeitsrecht nach der Rom II-VO, WRP 2008, 845; *ders.,* Markenrechtliche Probleme vergleichender Werbung, GRUR 2008, 201; *ders.,* Die IPR-Neutralität der E-Commerce-Richtlinie und des Telemediengesetzes, EWS 2011, 65; *ders.,* Die Warenverkehrsfreiheit nach Art. 34 AEUV und die Ungleichbehandlung von Inlands- und Importware, EWS 2011, 265; *ders.,* Der EuGH zu Art. 3 E-Commerce-Richtlinie – die Entscheidung „eDate Advertising", EWS 2011, 513; *ders.,* Art. 6 Abs. 2 Rom II–VO und „bilaterales" unlauteres Wettbewerbsverhalten, GRUR Int. 2012, 601; *ders.,* Anmerkungen zur geplanten Änderung des UWG, WRP 2014, 1418; *Säcker,* Das UWG zwischen den Mühlsteinen europäischer Harmonisierung und grundrechtsgebotener Liberalisierung, WRP 2004, 1199; *Schack,* Internationale Urheber-, Marken- und Wettbewerbsrechtsverletzungen im Internet. Internationales Privatrecht, MMR 2000, 59; *Schaub,* Die Neuregelung des Internationalen Deliktsrechts in Deutschland und das europäische Gemeinschaftsrecht, RabelsZ 66 (2002), 18; *Scherer,* Normative Bestimmung von Verwechslungs- und Irreführungsgefahr im Markenrecht, GRUR 2000, 273; *dies.,* Partielle Verschlechterung der Verbrauchersituation durch die europäische Rechtsvereinheitlichung bei vergleichender Werbung, WRP 2001, 89; *dies.,* Das Ende des Verdikts der „gefühlsbetonten" Werbung – Aufgabe der „Sachlichkeits"-Doktrin?, GRUR 2008, 490, *dies.,* Die „Verbrauchergeneralklausel" des § 3 II 1 UWG – eine überflüssige Norm, WRP 2010, 586; *dies.,* Zum Anwendungsbereich von Nr. 29 des UWG-Anhangs („Schwarze Liste"), WRP 2012, 139; *Schluep,* Die Europaverträglichkeit des schweizerischen Lauterkeitsrechts, in: Un droit européen de la concurrence déloyale en formation? Actes du colloque de Lausanne, 1994, S. 67; *Schmid,* in: Neuordnung des Wettbewerbsrechts, 11. Ringberg-Symposium des Max-Planck-Instituts für ausländisches und internationales Patent-, Urheber- und Wettbewerbsrecht, 14. bis 18. Juni 1997, Schloss Ringberg, Tegernsee, Gerhard Schricker, Frauke Henning-Bodewig (Hrsg.), 1998/99, S. 253; *Schmidhuber,* Verhaltenskodizes im neuen UWG – Überlegungen zur Bedeutung für die lauterkeitsrechtliche Praxis in Deutschland, WRP 2010, 593; *Schmitz,* Die kommerzielle Kommunikation im Binnenmarkt im Lichte der neueren Rechtsprechung zur Warenverkehrsfreiheit, 2000; *Schönherr,* Wettbewerbsrechtliche Aspekte des Internet, ÖBl 1999, 267; *Schricker,* Deutsches Rabattrecht – weltweit? Bemerkungen zur Entscheidung des BGH vom 13. Mai 1977 – „Weltweit-Club", GRUR 1977, 646; *ders.,* Werbung, Wettbewerb und Verbraucherschutz: Neue Wege zur Bekämpfung unlauterer Geschäftspraktiken, in: Jahrbuch der Max-Planck-Gesellschaft 1979, S. 55; *ders.,* Probleme der Europäischen Angleichung des Rechts des unlauteren Wettbewerbs, in: Festschrift für Konrad Zweigert zum 70. Geburtstag, Ulrich Drobnig u. a. (Hrsg.), 1981, S. 537; *ders.,* Etikettierung beim Weinexport und internationales Wettbewerbsrecht, IPRax 1983, 103; *ders.,* Die Bekämpfung der irreführenden Werbung in den Mitgliedstaaten der EG, GRUR Int. 1990, 112; *ders.,* Die europäische Angleichung des Rechts des unlauteren Wettbewerbs – ein aussichtsloses Unterfangen?, GRUR Int. 1990, 771; *ders.,* Zur Werberechtspolitik der EG – Liberalisierung und Restriktion im Wettstreit, GRUR Int. 1992, 347; *ders.,* Deregulierung im Recht des unlauteren Wettbewerbs?, GRUR Int. 1994, 586; *ders.,* Einführung in das Recht der Werbung, Internationales und

Europäisches Recht, in: Recht der Werbung in Europa, Gerhard Schricker (Hrsg.), Grundwerk 1995; *ders.*, Twenty-Five Years of Protection Against Unfair Protection, 26 IIC 782 (1995); *Schricker/Henning-Bodewig*, Elemente einer Harmonisierung des Rechts des unlauteren Wettbewerbs in der Europäischen Union, WRP 2001, 1367; *Schünemann*, Mündigkeit versus Schutzbedürftigkeit – Legitimationsprobleme des Verbraucher-Leitbildes, in: Festschrift für Hans Erich Brandner zum 70. Geburtstag, Gerd Pfeiffer u. a. (Hrsg.), 1996, S. 279; *ders.*, „Unlauterkeit" in den Generalklauseln und Interessenabwägung nach neuem UWG, WRP 2004, 925; *Schwander*, Das UWG im grenzüberschreitenden Verkehr, in: Das UWG auf neuer Grundlage, Baudenbacher (Hrsg.), 1989, S. 161; *Schwintowski*, Konzept, Funktion und Entwicklung des deutschen und europäischen Wettbewerbsrechts, ZVglRWiss 92 (1993) 40; *Schwintowski*, Verkaufsmodalitäten und unlauterer Wettbewerb – zu Recht eine nationale Domäne? Freier Warenverkehr im Europäischen Binnenmarkt – eine Fundamentalkritik an der Rechtsprechung des EuGH zu Art. 28 EGV, in: Systembildung und Systemlücken in Kerngebieten des Europäischen Privatrechts, Stefan Grundmann (Hrsg.), 2000, S. 457; *Seichter*, Der Umsetzungsbedarf der Richtlinie über unlautere Geschäftspraktiken, WRP 2005, 1087; *Sosnitza*, Wettbewerbsbeschränkungen durch die Rechtsprechung. Erschreinungsformen und Ursachen auf dem Gebiet des Lauterkeitsrechts, 1995; *ders.*, Die Richtlinie über unlautere Geschäftspraktiken – Voll- oder Teilharmonisierung?, WRP 2006, 1; *ders.*, Der Gesetzesentwurf zur Umsetzung der Richtlinie über unlautere Geschäftspraktiken, WRP 2008, 1014; *Spindler*, Verantwortlichkeit von Diensteanbietern nach dem Vorschlag einer E-Commerce-Richtlinie, MMR 1999, 199; *ders.*, Das Gesetz zum elektronischen Geschäftsverkehr – Verantwortlichkeit der Diensteanbieter und Herkunftslandprinzip, NJW 2002, 921; *ders.*, Das Herkunftslandprinzip im neuen Teledienstegesetz, RIW 2002, 183; *ders.*, Herkunftslandprinzip und Kollisionsrecht – Binnenmarktintegration ohne Harmonisierung? Die Folgen der Richtlinie im elektronischen Geschäftsverkehr für das Kollisionsrecht, RabelsZ 66 (2002), 633; *Spindler/Volkmann*, Die zivilrechtliche Störerhaftung der Internet-Provider, WRP 2003, 1; *Spindler/Weber*, Die Umsetzung der Enforcement-Richtlinie nach dem Regierungsentwurf für ein Gesetz zur Verbesserung der Durchsetzung von Rechten des geistigen Eigentums, ZUM 2007, 257; *Springer*, Europäisches Gemeinschaftsrecht und die Auslegung des Irreführungsverbots gemäß § 3 UWG, 1995; *Stein*, Das Tabakwerbeverbot, in: Werbung und Werbeverbote im Lichte des europäischen Gemeinschaftsrechts, Jürgen Schwarze (Hrsg.), 1999 (zit. Werbung und Werbeverbote), S. 52; *Steinbeck*, Richtlinie über unlautere Geschäftspraktiken: Irreführende Geschäftspraktiken – Umsetzung in das deutsche Recht, WRP 2006, 632; *dies.*, Die Zukunft der aggressiven Geschäftspraktiken, WRP 2008, 865; *dies.*, Irrwege bei der Irreführung durch Unterlassen, WRP 2011, 1221; *Steindorff*, Unlauterer Wettbewerb im System des EG-Rechts, WRP 1993, 139; *ders.*, Unvollkommener Binnenmarkt, ZHR 158 (1994), 149; *Steiner*, Drawing the Line: Uses and Abuses of Article 30 EEC, 29 CML Rev. 749, 750 (1992); *Streinz*, Mindestharmonisierung im Binnenmarkt, in: Mindestharmonisierung im Europäischen Binnenmarkt. Referate des 7. Bonner Europa-Symposions vom 27. April 1996, Ulrich Everling, Wulf-Henning Roth (Hrsg.), 1996, S. 9; *Strepp*, Irreführung und Verwechslungsgefahr. Einige dogmatische Aspekte des Verhältnisses von Wettbewerbs- und Markenrecht, 2000; *Stuyck*, Das Recht des unlauteren Wettbewerbs und der Freie Waren- und Dienstleistungsverkehr in der Europäischen Union, WRP 1994, 578; *Stuyck/Terryn/Van Dyck*, La proposition de directive „pratiques commerciales déloyales": quel marché unique pour le consommateur, Rev. Eur. Dr. Consomm. 2003, 239; *Tebbens*, Die einheitliche Auslegung des Lugano-Übereinkommens, in: Europäisches Kollisionsrecht: Die Konventionen von Brüssel, Lugano und Rom. Ausländische Erfahrungen und österreichische Perspektiven, Gerte Reichelt (Hrsg.), 1993, S. 49; *ders.*, Les conflits de loi en matière de publicité déloyale à l'épreuve du droit communautaire, Rev. crit. dr. internat. privé 83 (1994), 451; *Thole*, Die internationale Zuständigkeit für Vertragsstrafe- und Unterlassungsklagen von Wettbewerbsverbänden, IPRax 2015, 65; *Tilmann*, Irreführende Werbung in Europa – Möglichkeiten und Grenzen der Rechtsentwicklung, GRUR 1990, 87; *ders.*, Richtlinie vergleichende Werbung, GRUR 1997, 790; *Timm-Wagner*, Die Umsetzung der Richtlinie über unlautere Geschäftspraktiken in Deutschland, GRUR 2013, 245; *Trägner*, Das Verbot irreführender Werbung nach § 3 UWG im Europäischen Binnenmarkt, 1993; *Troller*, Das internationale Privatrecht des unlauteren Wettbewerbs in vergleichender Darstellung der Rechte Deutschlands, Englands, Frankreichs, Italiens, der Schweiz und der USA, 1962; *Ukena/Opfermann*, Werbung und Sponsoring zugunsten von Tabakerzeugnissen, WRP 1999, 141; *Ulmer*, Das Recht des unlauteren Wettbewerbs in den Mitgliedstaaten der EWG, Bd. I, Vergleichende Darstellung mit Vorschlägen zur Rechtsangleichung, 1965; *van den Bergh*, Wer schützt die europäischen Verbraucher vor dem Brüsseler Verbraucherschutz? Zu den möglichen adversen Effekten der europäischen Richtlinien zum Schutze der Verbraucher, in: Effiziente Verhaltenssteuerung und Kooperation im Zivilrecht. Beiträge zum V. Travemünder Symposium zur ökonomischen Analyse des Rechts, Claus Ott, Hans-Bernd Schäfer (Hrsg.), 1996, S. 77; *van Meenen*, Lauterkeitsrecht und Verbraucherschutz im IPR, 1995; *van den Bergh/Lehmann*, Informationsökonomie und Verbraucherschutz im Wettbewerbs- und Warenzeichenrecht, GRUR Int. 1992, 588; *Veelken*, Nationales Lauterkeitsrecht und Europäisches Gemeinschaftsrecht, ZVglRWiss 92 (1993), 241; *ders.*, Kundenfang gegenüber dem Verbraucher, WRP 2004, 1; *Wägenbaur*, La législation de la Communauté Européenne en matière de concurrence déloyale, in: Un droit européen de la concurrence déloyale en formation? Actes du colloque de Lausanne, 1994, S. 9; *Wagner*, Internationales Deliktsrecht, die Arbeiten an der Rom II-Verordnung und der Europäische Deliktsgerichtsstand, IPRax 2006, 372; *ders.*, Änderungsbedarf im autonomen deutschen internationalen Privatrecht aufgrund der Rom II-Verordnung, IPRax 2008, 314; *Waldenberger*, Electronic Commerce: der Richtlinienvorschlag der EG-Kommission, EuZW 1999, 296; *Walter*, Grundlagen und Reichweite des Transparenzgebotes bei Wettbewerbshandlungen, 2008; *Weatherill*, Consumer Policy, in: The Evolution of EU Law, Paul Craig, Gráinne de Búrca (Hrsg.), 1999, S. 693; *Weber*, Internationale Harmonisierungsansätze im Lauterkeitsrecht, sic! 1998, 158; *Weinand*, Europarecht und Recht gegen den unlauteren Wettbewerb. Entwicklung und Harmonisierung des Rechts gegen den unlauteren Wettbewerb im EG-Rechtssystem, 1998; *Weyer*, Freier Warenverkehr und nationale Regelungsgewalt in der Europäischen Union. Eine Analyse des Anwendungsbereichs der Art. 30–36 EG-Vertrag auf Grundlage der Rechtsprechung des EuGH, 1997; *White,* In Search of the Limits to Article 30 of the EEC Treaty, 26 CML Rev. 235 (1989); *Widmer/Bähler,* Rechtsfragen beim Electronic Commerce. Sichere Geschäftstransaktionen im Internet, 1997; *Wiebe,* Die „guten Sitten" im Wettbewerb – eine europäische Regelungsaufgabe?, WRP 2002, 283; *Wilhelmsson,* The Abuse of the "Confident Consumer" as a Justification for EC Consumer Law, 27 J. Cons. Pol. 317, 318 ff. (2004).

I. Bedeutung der europäischen Regelungsvorgaben für das deutsche UWG

1 Bis zum 11. Dezember 2007 war das deutsche UWG in seinem Kern ein autonomes deutsches Gesetz, das auf der Grundlage seiner eigenen, über beinahe 100 Jahre entwickelten Funktionalität ausgelegt und angewendet werden konnte. Europäische Regelungseinflüsse waren nur punktuell zu beachten: Nach dem Scheitern des ehrgeizigen Vorhabens einer Gesamtharmonisierung des Lauterkeitsrechts (vgl. dazu u. Rdn. 8) war Marktverhalten allein durch die Richtlinie über irreführende Werbung (vgl. dazu u. Rdn. 47 ff.) im Sinne eines für die deutsche Lauterkeitsordnung kaum wahrnehmbaren Mindestschutzes harmonisiert; in der Folge wurden die Marktintegration hindernde Spitzen des deutschen Schutzes von Verbraucherinteressen durch die ausdrückliche Übernahme[1] des vom EuGH entwickelten Verbraucherleitbildes (vgl. u. Rdn. 423 ff.) gekappt. Die unangemessene Einflussnahme war europarechtlich nicht geregelt. Der Belästigungstatbestand wurde allein durch europarechtliche Regelungen des Fernabsatzes bzw. des Datenschutzes bei der elektronischen Kommunikation beeinflusst und insoweit sicherte der deutsche Staat im Rahmen der Europäischen Gesetzgebung den Fortbestand der traditionell restriktiven Behandlung innerhalb des Lauterkeitsrechts. Außerhalb der verbrauchergerichteten Tatbestände hielt allein die Richtlinie über vergleichende Werbung (vgl. dazu u. Rdn. 118 ff.) totalharmonisierende Regelungen bereit, die im Rahmen von § 2 UWG a. F. bzw. § 6 UWG bereits seit längerem Aufnahme ins UWG gefunden hatten.

2 Erst die **Richtlinie 2005/29 über unlautere Geschäftspraktiken**[2] (im Folgenden: **UGP-Richtlinie; UGP-RL**) führte zu drastischen Veränderungen: Seit Ablauf der Frist zur Anwendung der UGP-RL am 12. Dezember 2007 sind **große Teile des deutschen Lauterkeitsrechts** durch den Regelungsgehalt der UGP-RL **abschließend determiniert.** Durch die UGP-RL wird zunächst der in seiner praktischen Bedeutung quantitativ wohl überwiegende Bereich, nämlich das Verhalten von Gewerbetreibenden, das unmittelbar mit der Absatzförderung, dem Verkauf oder der Lieferung eines Produktes an Verbraucher zusammenhängt, erfasst. Weil die UGP-RL eine **Totalharmonisierung** bewirkt, gibt es insoweit keinerlei Regelungsspielräume mehr für den nationalen Gesetzgeber.

3 Doch selbst außerhalb ihres Anwendungsbereichs erstreckt sich der Einfluss der UGP-RL auf die Anwendung des UWG: Zwar geht der Anwendungsbereich des UWG nach wie vor weit über den der UGP-RL hinaus, da der deutsche Gesetzgeber nicht allein an der bewährten Schutzzwecktrias (Schutz der Verbraucher, der Gewerbetreibenden und der Allgemeinheit) festgehalten hat, wie sich aus § 1 ergibt, sondern auch geschäftliches Verhalten gegenüber Nicht-Verbrauchern durch dasselbe Gesetz erfasst, vgl. § 2 Abs. 1 Nr. 1. Weil der deutsche Gesetzgeber aber die UGP-RL in der Weise überschießend umgesetzt hat, dass geschäftliches Verhalten gegenüber Nicht-Verbrauchern im Regelfall (Ausnahmen begründen insb. § 3 Abs. 2, § 4a Abs. 2 S. 2 sowie § 5a Abs. 2) denselben Verhaltensnormen unterworfen ist, werden namentlich Irreführungen und aggressive geschäftliche Handlungen gegenüber gewerblichen Abnehmern den Regelungsstandards der UGP-RL unterworfen, da der deutsche Gesetzgeber eine Rechtsspaltung vermeiden wollte.[3]

4 Allein in denjenigen Rechtsbereichen, welche weder durch den Anwendungsbereich der UGP-RL erfasst noch durch die von ihr aufgestellten Verhaltensnormen beeinflusst werden (insb. **unmittelbar mitbewerbergerichtetes Verhalten**), behält das nationale Lauterkeitsrecht seinen autonomen, nur partiell oder punktuell (z. B. vergleichende Werbung) europarechtlich beeinflussten Charakter.

---

[1] BGH GRUR 2000, 619, 621 – *Orient-Teppichmuster.*

[2] Richtlinie 2005/29/EG des Europäischen Parlaments und des Rates vom 11. Mai 2005 über unlautere Geschäftspraktiken im binnenmarktinternen Geschäftsverkehr zwischen Unternehmen und Verbrauchern und zur Änderung der Richtlinie 84/450/EWG des Rates, der Richtlinien 97/7/EG, 98/27/EG und 2002/65/EG des Europäischen Parlaments und des Rates sowie der Verordnung (EG) Nr. 2006/2004 des Europäischen Parlaments und des Rates (Richtlinie über unlautere Geschäftspraktiken), ABl. 2005 Nr. L 149/22.

[3] Begründung RegE, BT-Drs. 16/10145, S. 11: „möglichst durch denselben Rechtsakt". Begründung RegE, BT-Drs. 18/4535, S. 8: „Da sich das UWG als ein das Lauterkeitsrecht einheitlich regelndes Gesetz bewährt hat, soll an dem Grundsatz festgehalten werden, dass (…) auch (der Schutz) von Mitbewerbern und sonstigen Marktteilnehmern in ein und demselben Gesetz geregelt ist."

Mit der UGP-RL wurde die **Matrix des deutschen Lauterkeitsrechts** strukturell in weiten Bereichen **„reloaded“.** Innerhalb des Anwendungsbereichs der UGP-RL (vgl. dazu u. Rdn. 226ff.) müssen die Normen und Rechtsbegriffe europarechtlich autonom – d.h. insbesondere nicht auf einem nationalen Vorverständnis aufbauend – ausgelegt werden (zur Wirkweise der Richtlinie bei der Rechtsanwendung vgl. u. Rdn. 215ff.). Die Konsequenzen sind nicht nur rechtstheoretischer Natur, sondern haben eminent praktische Bedeutung für den Rechtsanwender. So kann und muss bei der Auslegung der einschlägigen Sachverhalte nunmehr **europarechtlich argumentiert** werden;[4] im Zweifelsfall hat eine Vorlage an den **EuGH** zu erfolgen, der insofern das letzte Wort hat. 5

Dass aus dem „Reload“ in der Sache **keine „Revolutions“**[5] folgen mussten, lag allein daran, dass das UWG bereits vor der Umsetzung der UGP-RL durch die UWG-Novelle 2008 nach seiner wettbewerbsfunktionalen Konzeption und seinen Strukturen weitgehend richtlinienkompatibel war. An der Praxis zum UWG 2004 konnte in vielen – für die Praxis jedenfalls hinsichtlich der Ergebnisse wohl in den weitaus meisten – Fällen festgehalten werden, wenn und weil diese den von der UGP-RL statuierten Grundsätzen bereits entsprachen. Allerdings bleibt nach wie vor in jedem Einzelfall zu prüfen, ob die Neufassung des UWG und die Pflicht zur Auslegung im Licht der UGP-RL eine Interpretationsverschiebung bewirken. 6

Die naheliegende Absicht des deutschen Gesetzgebers, auf den seinerzeit bereits auf Hochtouren laufenden Europäischen Gesetzgebungsprozess durch den raschen Erlass des UWG 2004 noch Einfluss zu nehmen, erwies sich indes – jedenfalls im nachhinein – als überehrgeizig.[6] Hinzu kam, dass der Gesetzgeber bei der erforderlichen Umsetzung der UGP-RL im Jahr 2008 aus ebenso naheliegenden Gründen alles tat, um die Änderungen so unauffällig wie möglich in das UWG 2004 zu integrieren. Beides machte das deutsche Lauterkeitsrecht zum Dauerpatienten: Die anschließende Auseinandersetzung mit der EU Kommission mündete in die jüngste Novelle des UWG. Während im Fachdiskurs weitgehende Übereinstimmung zum Befund – die Rechtsanwendung stimmt mit den Vorgaben der UGP-RL überein; das UWG als positives Recht genügt den Transparenzanforderungen aber in wesentlichen Punkten nicht – hergestellt wurde,[7] prallte bei den Therapievorschlägen wiederum in der Rechtskultur eingebranntes Systemdenken auf den Wunsch nach homöopathischer Behandlung. Es erscheint symptomatisch, dass Referentenentwurf,[8] Regierungsentwurf[9] und die Beschlussempfehlung des Rechtsausschusses,[10] die in das letztlich verabschiedete Zweite Gesetz zur Änderung des Gesetzes gegen den unlauteren Wettbewerb[11] **(UWG 2015)** mündete, wiewohl sie alle betonen, nur gesetzessystematische Klarstellungen vorzunehmen, jeweils grundverschiedene Regelungskonzepte verfolgen. 6a

Wegen der besonderen Bedeutung, welche die totalharmonisierenden Richtlinienbestimmungen über vergleichende Werbung sowie unlautere Geschäftspraktiken gegenüber Verbrauchern erlangt haben, soll im folgenden die Entwicklung des Europäischen Lauterkeitsrechts (II.) nur knapp dargestellt werden. Dafür werden die totalharmonisierenden Europäischen Regelungen vergleichender Werbung (III.) und unlauterer Geschäftspraktiken gegenüber Verbrauchern (IV.) im Zusammenhang sowie vertieft erläutert. In diesem Kontext werden insbesondere die aus dem Europarecht resultierenden Folgen für den Gesetzgeber bzw. die Rechtsanwender vertieft dargestellt. Der letzte Abschnitt (V.) gilt der Durchsetzung des Lauterkeitsrechts. 7

---

[4] Vgl. etwa öOGH ÖBl 2008, 276 – *W.-Klaviere.*

[5] Vgl. die Filmtitel „Matrix“ (1999), „Matrix Reloaded“ (2003), „Matrix Revolutions“ (2005).

[6] Kritisch bereits *Ohly* GRUR 2004, 889, 900; *Henning-Bodewig* GRUR Int. 2004, 183; *Köhler* GRUR 2005, 793, 802.

[7] *Köhler* GRUR 2012, 1073, 1082; *ders.* WRP 2014, 1410; *ders.* WRP 2015, 1037ff.; *Henning-Bodewig* GRUR 2013, 238, 244; *Glöckner* GRUR 2013, 224, 238; *ders.* WRP 2014, 1399, 1400; *Timm-Wagner* GRUR 2013, 245, 248, *Fritzsche* WRP 2014, 1392; *Alexander* WRP 2014, 1384ff.; *Ohly,* WRP 2015, 1443ff.

[8] Referentenentwurf des Bundesministeriums der Justiz und für Verbraucherschutz – Entwurf eines Zweiten Gesetzes zur Änderung des Gesetzes gegen den unlauteren Wettbewerb, GRUR 2014, 1180.

[9] Gesetzentwurf der Bundesregierung, Entwurf eines Zweiten Gesetzes zur Änderung des Gesetzes gegen den unlauteren Wettbewerb, BT-Drs. 18/4535, abgedr. in GRUR 2015, 341, WRP 2015, 263.

[10] Beschlussempfehlung und Bericht des Ausschusses für Recht und Verbraucherschutz zu dem Gesetzentwurf der Bundesregierung – Drucksache 18/4535 vom 4. November 2015, BT-Drs. 18/6571.

[11] Zweites Gesetz zur Änderung des Gesetzes gegen den unlauteren Wettbewerb vom 2. Dezember 2015, BGBl I, S. 2158.

II. Entwicklung des Europäischen Lauterkeitsrechts

1. Scheitern der frühen Bemühungen um eine Gesamtharmonisierung

8 Bereits zu Beginn der 1960er-Jahre hatte die Europäische Kommission beim Max-Planck-Institut für Innovation und Wettbewerb[12] eine Bestandsaufnahme zum Recht des unlauteren Wettbewerbs in Auftrag gegeben. Unter der Leitung *Eugen Ulmers* entstand das umfangreiche **Gutachten** zum **„Recht des unlauteren Wettbewerbs in den Mitgliedstaaten der EWG".**[13] In dem ersten, 1965 erschienenen Band schlug *Ulmer* den Abschluss eines völkerrechtlichen Vertrages vor. Er sollte auf den Schutz gegen unlauteren Wettbewerb durch eine von mehreren Einzeltatbeständen ergänzte Generalklausel gerichtet sein.[14] Die Generalklausel werde sich zweckmäßigerweise an Art. 10bis Abs. 2 PVÜ anlehnen. Die Einzeltatbestände sollten die Herbeiführung einer Verwechslungsgefahr, die Anschwärzung bzw. vergleichende Werbung, die Begründung einer Irreführungsgefahr und den Schutz von Unternehmensgeheimnissen[15] regeln.

9 Verschiedene Umstände, namentlich der Widerstand der 1972 der Gemeinschaft beigetretenen *Common Law*-Staaten Großbritannien und Irland, führten jedoch unter der Geltung des Einstimmigkeitserfordernisses dazu, dass das anspruchsvolle Vorhaben umfassender Harmonisierung weiter und weiter eingeschränkt wurde, bis schließlich nicht mehr als die im Jahr 1984 verabschiedete und vergleichsweise bedeutungslose **Richtlinie über irreführende Werbung** (vgl. u. Rdn. 47 ff.; im folgenden: **Irreführungsrichtlinie 1984**) übrig blieb.[16] In Äußerungen aus den Reihen der Kommission schien allerdings Anfang der 90er-Jahre fast eine gewisse Erleichterung durch, dass sich das (über-)anspruchsvolle Projekt totgelaufen hatte.[17] Im Anschluss an den Maastrichter Vertrag mit seiner ausdrücklichen Niederlegung des Subsidiaritätsprinzips wurde die Reduzierung der Ansprüche damit gerechtfertigt, dass eine **allgemeine Harmonisierung nicht erforderlich** sei, weil zahlreiche Wettbewerbshandlungen nur lokale oder nationale Bedeutung hätten. Daneben sei eine solche Harmonisierung politisch nicht opportun: Generelle Regelungen zur Harmonisierung ließen sich nur dann durchsetzen, wenn ihre Notwendigkeit für die Verwirklichung des Binnenmarktes feststehe.[18] In der Folge wurden einzelne Gesichtspunkte in verschiedenen Gemeinschaftsrechtsakten spezifisch geregelt. Sie werden im folgenden dargestellt (Rdn. 47 ff.). Erst sehr viel später wurde wiederum erkannt, dass ein solcher *„piecemeal approach"* weder der lauterkeitsrechtlichen Problematik noch dem Anliegen der Marktintegration gerecht wird. Zwar ist es nicht gelungen, alle Formen unlauteren Wettbewerbsverhaltens einer einheitlichen gemeinschaftlichen Regelung zu unterwerfen. Immerhin wurde aber durch die UGP-RL (vgl. dazu noch u. IV., Rdn. 172 ff.) der besonders bedeutsame Bereich unmittelbar verbrauchergerichteter Geschäftspraktiken unionsweit und vollständig harmonisiert.

2. Negativ-Integration durch die Grundfreiheiten

10 **a) Konzept der Negativ-Integration.** Das Harmonisierungskonzept der Europäischen Wirtschaftsgemeinschaft wandelte sich in den 1970er- und 1980er-Jahren dramatisch. Ursprünglich hatte die **Marktintegration durch Positivharmonisierung** im Vordergrund gestanden. Die Grundfreiheiten, überwiegend als bloße Diskriminierungsverbote verstanden, sollten allein als Sicherheitsnetz für die verbleibenden, nicht harmonisierten Bereiche dienen. Die Vergrößerung der Runde der Mitgliedstaaten um 50% im Jahr 1972 und das Aufeinanderprallen verschiedener Rechtskulturen in Verbindung mit dem seinerzeit geltenden Einstimmigkeitserfordernis im Rat gem. Art. 100 EWGV (exemplarisch erscheint das erste Scheitern einer Regelung vergleichender Werbung;[19] vgl.

---

[12] Damals noch Institut für internationales und ausländisches Patent-, Marken- und Urheberrecht der Universität München.

[13] Die deutsche Ausgabe des Gutachtens ist in sechs Bänden veröffentlicht: *Ulmer,* Das Recht des unlauteren Wettbewerbs in den Mitgliedstaaten der EWG, Bd. I, Vergleichende Darstellung mit Vorschlägen zur Rechtsangleichung, 1965. Die folgenden Bände widmen sich den einzelnen Mitgliedstaaten und sind zwischen 1967 und 1981 erschienen. Mit der Erweiterung der Gemeinschaft wurde die Reihe fortgesetzt.

[14] *Ulmer* Rdn. 403 ff., 409 ff.

[15] *Ulmer* Rdn. 411 ff., 414 ff., 418 ff., 420 ff.

[16] Vgl. die Darstellungen von *Schricker* FS Zweigert, S. 537, 540 ff.; *Ohly* in: Neuordnung des Wettbewerbsrechts, S. 69, 72 ff.

[17] *Wägenbaur* in: Un droit européen de la concurrence déloyale en formation, S. 9, 26.

[18] *Wägenbaur* in: Un droit européen de la concurrence déloyale en formation, S. 9, 23.

[19] Vgl. Begründung zum Vorschlag der Kommission vom 21. Juni 1991 für eine Richtlinie des Rates über vergleichende Werbung und zur Änderung der Richtlinie 84/450 über irreführende Werbung, KOM (91) 147 endg., S. 3.

nunmehr Art. 114, 115 AEUV) brachten die Harmonisierungsbemühungen jedoch in weiten Bereichen zum Erliegen.

In dieser Situation durchschlug der EuGH bereits vor der Einheitlichen Europäischen Akte den Knoten, indem er die Grundfreiheiten, allen voran die Warenverkehrsfreiheit, als allgemeine Beschränkungsverbote auslegte (dazu sogl.), was eine **Positivharmonisierung weitgehend überflüssig** machte. Die Kommission und der Rat billigten dieses Vorgehen und bestätigten diese Praxis ausdrücklich durch die Übernahme der sog. **„Neuen Strategie".**[20] Im Ergebnis wurde in den 1980er-Jahren das Regel-/Ausnahmeverhältnis zwischen Positivharmonisierung und Negativ-Integration durch die Grundfreiheiten umgekehrt.[21] Nach dem Weißbuch der Kommission zur „Vollendung des Binnenmarkts" sollen die Harmonisierungsbemühungen auf die Bereiche reduziert werden, welche der EuGH als „zwingende Erfordernisse" anerkennt.[22] 11

Als Schwungrad[23] der Negativ-Integration diente namentlich die inzwischen in Art. 34 AEUV niedergelegte **Freiheit des Warenverkehrs.** Für nationale Regelungen kommt daneben zunehmend der **Dienstleistungsfreiheit** Bedeutung zu, da zum einen das vertriebene Produkt selbst eine Dienstleistung sein kann und zum anderen Unternehmen, die Werbeleistungen anbieten, durch Werbebeschränkungen an der Erbringung ihrer Leistungen gehindert werden. 12

aa) Anwendungsbereich. Aus dem Kontext des Art. 34 AEUV, welcher die **„Maßnahmen gleicher Wirkung"** auf die mengenmäßigen Beschränkungen, also Quoten bezieht und in unmittelbarem Zusammenhang mit dem Verbot von Zöllen in Art. 28 AEUV steht, ergibt sich ohne weiteres, dass **diskriminierende Maßnahmen verboten** sind. Umstritten war jedoch zunächst, ob neben diskriminierenden auch **unterschiedslos anwendbare Regelungen** unter das Verbot der Maßnahmen gleicher Wirkung des Art. 30 EWGV (nunmehr Art. 34 AEUV) fallen können.[24] In Betracht kommen nicht nur Produktnormen und technische Vorschriften, sondern auch die im allgemeinen nicht diskriminierenden unterschiedlichen Regelungen der Mitgliedstaaten[25] über Werbung. In solchen Fällen schadet dem Anbieter aus einem anderen Mitgliedstaat nicht die Diskriminierung, d. h. die ungleiche Behandlung, sondern **die Gleichbehandlung behindert** ihn. 13

(1) Dassonville und Cassis de Dijon. Der EuGH entschied diese Frage bereits 1974 in dem Vorabentscheidungsverfahren *Dassonville* und stellte fest, dass **jede Handelsregelung der Mitgliedstaaten, die geeignet ist, den innergemeinschaftlichen Handel unmittelbar oder mittelbar, tatsächlich oder potentiell zu behindern,** als **Maßnahme gleicher Wirkung** anzusehen sei.[26] Die endgültige Klarstellung erfolgte im Jahr 1979 im Urteil in der Rechtssache *Cassis de Dijon.*[27] Nach einer deutschen Regelung mussten Fruchtsaftliköre einen Mindestgehalt von 25% an Weingeist haben, weshalb der in Frankreich hergestellte Fruchtsaftlikör Cassis de Dijon mit einem Weingeistgehalt von nur 15–20% vom deutschen Markt ausgeschlossen wurde. Die zu untersuchende Vermarktungsregel war unterschiedslos für in- und ausländische Waren anwendbar. Der Gerichtshof bejahte gleichwohl die Anwendbarkeit von Art. 30 EWGV (jetzt Art. 34 AEUV). 14

Zugleich reagierte der EuGH auf das damit geschaffene Bedürfnis nach einer **Erweiterung der Rechtfertigungsgründe:** Nach der Formulierung aus dem Urteil *Cassis-de-Dijon* sind Hemmnisse für den Binnenhandel der Gemeinschaft, die sich aus Unterschieden der nationalen Regelungen über die Vermarktung ergeben, nur zulässig, soweit diese Bestimmungen notwendig sind, um **zwingenden Erfordernissen** gerecht zu werden, **insbesondere den Erfordernissen** des Schut- 15

---

[20] Vgl. das Weißbuch der Kommission an den Europäischen Rat „Vollendung des Binnenmarkts", KOM (85) 310 endg., S. 6 Rdn. 13; und die Entschließung des Rates v. 7.5.1985 über eine neue Konzeption auf dem Gebiet der technischen Harmonisierung und der Normung, ABl. 1985 Nr. C 136/1. Zu dieser „neuen Konzeption" vgl. *Rönck* S. 81 ff.; *Streinz* in: Mindestharmonisierung, S. 9, 10 ff.

[21] *Bleckmann* GRUR Int. 1986, 172, 176.

[22] Weißbuch der Kommission an den Europäischen Rat „Vollendung des Binnenmarkts", KOM (85) 310 endg., S. 19 Rdn. 65, 66.

[23] Weniger freundlich *Sack* EWS 1994, 37, 42: Brecheisen.

[24] Vgl. die Darstellungen bei *Pipkorn* in: Der Beitrag des Gerichtshofes der Europäischen Gemeinschaften zur Verwirklichung des Gemeinsamen Marktes, S. 9, 13 ff.; Groeben/Schwarze/Hatje/*Müller-Graff,* Art. 34 AEUV Rdn. 29 m. w. N. in Fn. 72.

[25] Durch Art. 36 des Abkommens über den Europäischen Wirtschaftsraum, ABl. 1994 Nr. L 1/3 wird der territoriale Anwendungsbereich der Grundfreiheiten freilich auf den Europäischen Wirtschaftsraum erweitert. Aus sprachlichen Gründen wird im folgenden gleichwohl allein von der „Gemeinschaft" bzw. der „Union" und ihren „Mitgliedstaaten" gesprochen.

[26] EuGH GRUR Int. 1974, 467 – *Dassonville,* Slg. 1974, 837 Rdn. 5.

[27] EuGH GRUR Int. 1979, 468 – *Cassis de Dijon,* Slg. 1979, 649. Im Hinblick auf die umfangreiche Literatur zur Tragweite der sog. *Cassis*-Rechtsprechung vgl. nur *Ahlfeld,* passim.

zes **der Lauterkeit des Handelsverkehrs und des Verbraucherschutzes.**[28] Damit gelang dem EuGH der vollständige Durchbruch zu einem Verständnis der Warenverkehrsfreiheit, das vom **Herkunftslandprinzip**[29] ausgeht.[30]

16 Nach 1979 kam es zwar zu zahlreichen Urteilen des EuGH über mitgliedstaatliche Regelungen lauterkeitsrechtlicher Natur.[31] Da die ersten Entscheidungen des EuGH die jeweils streitgegenständlichen mitgliedstaatlichen Regelungen billigten[32] oder keine Abweichung vom geltenden Recht bewirkten,[33] schien die **Relevanz der europarechtlichen Kontrolle** unter dem Prüfungsmaßstab der Grundfreiheiten jedoch zunächst begrenzt. Das änderte sich schlagartig mit einigen Urteilen aus den frühen 1990er-Jahren.[34] In *GB-INNO*[35] ging es um die luxemburgische Regelung, wonach bei Angeboten, die mit einem Preisnachlass verbunden sind, weder die Dauer des Angebots angegeben noch auf die früheren Preise hingewiesen werden durfte. In der Rechtssache *Yves Rocher*[36] war das deutsche Verbot der Werbung mit Eigenpreisvergleichen in § 6e UWG a. F. Streitgegenstand. Beide wurden als nicht zu rechtfertigende Maßnahmen gleicher Wirkung betrachtet und gaben den Anstoß zu einer ersten Deregulierungsdebatte zum deutschen UWG[37] sowie zu der Gesetzesnovelle von 1994.[38]

17 *(2) Keck und Mithouard.* Der **Einfluss der Warenverkehrsfreiheit auf nationale Lauterkeitsregeln blieb gleichwohl begrenzt.** Dafür ist vor allem die sog. *Keck*-Rechtsprechung des EuGH verantwortlich. Die Leiter zweier französischer Supermärkte, *Keck* und *Mithouard,* wurden in einem Strafverfahren beschuldigt, entgegen dem allgemeinen Verbot des Weiterverkaufs zum Verlustpreis Bier und Kaffee unter dem Einstandspreis verkauft zu haben. Die Angeklagten machten geltend, das Verbot verstoße gegen die Vorschriften über die Freiheit des Warenverkehrs.[39] Anlässlich dessen hielt der EuGH es für notwendig, seine bisherige Rechtsprechung zu überprüfen und klarzustellen. Bereits die Begründungen zahlreicher früherer Entscheidungen gerade aus dem Bereich des Lauterkeitsrechts hatten gezeigt, dass es einer spezifischen Verbindung zwischen der mitgliedstaatlichen Regelung und der Handelsbeschränkung bedurfte.[40] So entschied der EuGH in Aufnahme einer anderen bereits angelegten Rechtsprechungslinie,[41] dass **die Anwendung nationaler Bestim-**

---

[28] EuGH GRUR Int. 1979, 468 – *Cassis de Dijon,* Slg. 1979, 649 Rdn. 8.

[29] Der Begriff „Herkunftslandprinzip" wird mit einer Vielzahl von Inhalten verbunden. Für den Kollisionsrechtler handelt es sich um eine international-privatrechtliche Anknüpfungsregel; für den Europarechtler ist demgegenüber mit dem Begriff häufig die von der Regelung in der Richtlinie über den elektronischen Geschäftsverkehr geprägte Horrorvorstellung einer blinden Derogation des Marktortrechts verbunden. Hier wird der Begriff Herkunftslandprinzip demgegenüber so gebraucht, wie er im Europarecht entstanden ist, vgl. *Pescatore* FS Baudenbacher, S. 543, 546, 555.

[30] *Dauses* EuZW 1995, 425, spricht insoweit von einer „kopernikanischen Wende". Vgl. zum Herkunftslandprinzip die Mitteilung der Kommission über die Auswirkungen des Urteils des Europäischen Gerichtshofes vom 20. Februar 1979 in der Rechtssache 120/78 („Cassis de Dijon"), ABl. 1980 Nr. C 256/2: „Jedes aus einem Mitgliedstaat eingeführte Erzeugnis ist grundsätzlich im Hoheitsgebiet der anderen Mitgliedstaaten zuzulassen, sofern es rechtmäßig hergestellt worden ist, d. h. soweit es der im Ausfuhrland geltenden Regelung oder den dort verkehrsüblichen, traditionsmäßigen Herstellungsverfahren entspricht und in diesem Land in den Verkehr gebracht worden ist."

[31] Vgl. die Darstellungen bei *Reese* S. 66 ff.; *Joliet* GRUR Int. 1994, 1, 2 ff.; *Lenz* ZEuP 1994, 624 ff.; *Stuyck* WRP 1994, 578, 579 ff.

[32] EuGH GRUR Int. 1982, 439 – *Beele,* Slg. 1982, 707, zum niederländischen Verbot der sklavischen Nachahmung; GRUR Int. 1983, 648 – *Zugabeverbot,* Slg. 1982, 4575, zum niederländischen Zugabenverbot; GRUR Int. 1990, 459 – *Buet,* Slg. 1989, 1235, zu einem französischen Verbot des Haustürverkaufs für bestimmte Produkte.

[33] Die Entscheidung des EuGH GRUR Int. 1984, 291 – *Bocksbeutel,* Slg. 1984, 1299, entsprach in Begründung und Ergebnis im Wesentlichen dem Urteil des BGH GRUR 1979, 415, 416 – *Cantil-Flasche.*

[34] Vgl. *Schricker* GRUR Int. 1994, 586, 589: jähes Erwachen; *Bornkamm,* Anm. zu EuGH GRUR 1993, 747 – *Yves Rocher,* GRUR 1993, 748: dem deutschen Wettbewerbsrechtler sei endgültig die Illusion geraubt worden, im Kleingarten des deutschen Lauterkeitsrechts könnten weiterhin seltene, sonst in Europa nicht vorkommende Arten gezüchtet werden; *Martin-Ehlers* S. 19.

[35] EuGH GRUR Int. 1990, 955 – *GB-INNO-BM,* Slg. 1990, I-667.

[36] EuGH GRUR 1993, 747 – *Yves Rocher,* Slg. 1993, I-2361 m. Anm. *Schricker* WRP 1993, 615; *Bornkamm* GRUR 1993, 748. Vgl. dazu auch *Heermann* WRP 1993, 578 ff.; *Keßler* WRP 1993, 571 ff.

[37] Vgl. einerseits *Schricker* GRUR Int. 1994, 586, 590 ff., andererseits *Kisseler* WRP 1994, 1 ff.

[38] Gesetz zur Änderung des Gesetzes gegen den unlauteren Wettbewerb vom 25. Juli 1994, BGBl. I S. 1738.

[39] EuGH GRUR 1994, 296 – *Keck und Mithouard,* Slg. 1993, I-6097 Rdn. 3.

[40] Vgl. die Begründung des Vorliegens einer Maßnahme gleicher Wirkung in EuGH GRUR Int. 1983, 648 – *Oosthoek,* Slg. 1982, 4575 Rdn. 15; GRUR Int. 1990, 459 – *Buet,* Slg. 1989, 1235 Rdn. 7; GRUR Int. 1990, 955 – *GB-INNO-BM,* Slg. 1990, I- 667 Rdn. 7; GRUR 1993, 747 – *Yves Rocher;* Slg. 1993, I-2361 Rdn. 10.

[41] EuGH NJW 1981, 1885 – *Nachtbackverbot,* Slg. 1981, 1993 Rdn. 21; GRUR Int. 1986, 114 – *Cinéthèque,* Slg. 1985, 2605 Rdn. 20, 21; GRUR Int. 1991, 41 – *Torfaen,* Slg. 1989, 3851 Rdn. 11; EuZW 1991, 318 –

mungen, die bestimmte Verkaufsmodalitäten beschränken oder verbieten, nicht geeignet sei, den Handel zwischen den Mitgliedstaaten zu beschränken. Ausdrücklich stellte der Gerichtshof klar, dass dies nur dann zutreffe, wenn die fragliche Bestimmung für alle betroffenen Wirtschaftsteilnehmer gelte, die ihre Tätigkeit im Inland ausübten, **und der Absatz inländischer Erzeugnisse und der Erzeugnisse aus anderen Mitgliedstaten rechtlich wie tatsächlich in gleicher Weise berührt** werde.[42]

Mit dem *Keck*-Urteil schien zunächst der gesamte Bereich der nationalen **Lauterkeitsrechte** als **Beschränkung der Verkaufsmodalitäten** außerhalb des Anwendungsbereichs des Gemeinschaftsrechts zu liegen. Der EuGH stellte jedoch bereits ein Jahr später im Urteil *Clinique* klar, dass für alle nationalen Regelungen betreffend Bezeichnung, Form, Abmessungen, Gewicht, Aufmachung, Etikettierung und Verpackung von Waren nach wie vor die alte Rechtsprechung vor *Keck* gilt.[43] Zahlreiche lauterkeitsrechtliche Vorschriften knüpfen **an das Produkt bzw. seine Ausstattung** an und verbleiben so auf alle Fälle im Regelungsbereich der *Cassis*-Rechtsprechung. 18

Die **Unterscheidung zwischen vertriebs- und produktbezogenen Maßnahmen** sorgte für erhebliche Unruhe.[44] Die formale Abgrenzung nach der *Keck*-Rechtsprechung ist sicher kritikwürdig. Es bedarf wertender Entscheidungen, allerdings nicht über die abstrakte Frage, ob Vertriebsverbote von der *Keck*-Doktrin erfasst werden, sondern darüber, ob die konkreten Anknüpfungsmerkmale der Vertriebsregelungen eine umfassende Prüfung gebieten. Insgesamt lässt die Rechtsprechung des EuGH aber das Bestreben erkennen, das **Spannungsverhältnis** zwischen dem **freien Warenverkehr im Binnenmarkt** einerseits und den den **Mitgliedstaaten verbliebenen Regelungsbefugnissen** andererseits[45] aufzulösen. Die *Keck*-Rechtsprechung ist vor dem Hintergrund der **Bestimmung des Anwendungsbereichs** der Warenverkehrsfreiheit zu würdigen.[46] Insoweit unterscheidet sie sich fundamental von der *Cassis*-Rechtsprechung. 19

Ein Primärzweck der Entscheidung *Keck* bestand darin, die Auseinandersetzungen um die **Verhältnismäßigkeit**[47] bestimmter nationaler Normen zu **vermeiden.**[48] **Stattdessen** sollte nur mehr über das – vermeintlich leichter zu beurteilende – Vorliegen **bestimmter Verkaufsmodalitäten**[49] gestritten werden.[50] Der Verwendung des Prädikats „bestimmt" zur Kennzeichnung der Verkaufsmodalitäten im Sinne der *Keck*-Formel bedeutet nun allerdings nicht, dass die privilegierten Verkaufsmodalitäten weitergehende – insbesondere in den Entscheidungsgründen nicht genannte – Voraussetzungen erfüllen müssten. **Bestimmte Verkaufsmodalitäten** in diesem Sinne sind vielmehr sämtliche **rechtlich und tatsächlich unterschiedslos anwendbaren** Maßnahmen,[51] wie sich aus der klarstellenden Formulierung des EuGH im unmittelbar folgenden „sofern"-Satz der *Keck*-Formel ergibt, in welchem der Gerichtshof das Argument der handelspolitischen Neutralität[52] der Regelungen (im folgenden kurz: **Marktneutralität**[53]) betont, und damit zugleich den eigentlichen Hauptzweck der Entscheidung, nämlich die Rückführung der Rechtsprechung zur Warenverkehrsfreiheit auf das Erfordernis eines **spezifischen Binnenmarktbezuges,** offenlegt: Von der 20

Sonntagsarbeit, Slg. 1991, I-1027 Rdn. 10. Vgl. namentlich die Darstellung von GA *Tesauro,* Schlussanträge Rdn. 12 ff., zu EuGH Slg. 1993, I-6787 – *Hünermund.* Zu den verschiedenen Quellen der Doktrin vgl. *Joliet* in: Un droit européen de la concurrence déloyale en formation, S. 29, 58 Fn. 78; *Novak* DB 1997, 2589, 2590.

42 EuGH GRUR 1994, 296 – *Keck und Mithouard,* Slg. 1993, I-6097 Rdn. 16.

43 EuGH GRUR 1994, 303 – *Clinique,* Slg. 1994, I-317 Rdn. 13.

44 Zu der Veröffentlichungsflut im Anschluss an das *Keck*-Urteil vgl. nur die Zusammenfassung der Deutungsansätze bei *Beater* S. 66 ff.; *Schmitz* S. 162 ff.

45 Deutlich *Joliet* GRUR Int. 1994, 979, 984, zur Notwendigkeit einer Eingrenzung des Zugriffsbereichs: „Konnten wir, die wir dreizehn sind (gemeint sind die Richterinnen und Richter am EuGH, d. Verf.), behaupten, über mehr Weisheit und Intelligenz als alle Regierungen und nationale Parlamente der Gemeinschaft zu verfügen?". Ähnlich *Steindorff* ZHR 158 (1994), 149, 157, 160; *Ahlfeld* S. 56; *Hödl* S. 203.

46 *Weatherill/Beaumont* S. 608 ff., 612.

47 *Weatherill/Beaumont* S. 609 ff., heben hervor, dass gerade die englischen Gerichte, auf welche die Beurteilung der Ladenschlussregelungen im Shops Act zukam, sich bei der Anwendung des kontinentalen Rechtsinstituts schwertaten. Ähnlich *Steiner,* 29 CML Rev. 749, 759 ff. (1992): *Our courts are not at home with the proportionality principle.*

48 *Steindorff* ZHR 158 (1994), 149, 158; *Lenz* ZEuP 1994, 624, 642; *Baudenbacher,* vor Art. 2 Rdn. 82.

49 Die Abgrenzung nach den Verkaufsmodalitäten wird im allgemeinen auf den Aufsatz von *White* 26 CML Rev. 235, 246 ff. (1989), zurückgeführt, vgl. nur *Novak* DB 1997, 2589, 2590.

50 *Joliet* GRUR Int. 1994, 979, 984, führte aus, die Abgrenzung basiere auf einer Überlegung „rechtspolitischer Art". *Oliver* 36 CML Rev. 783, 797 (1999), stellt in den Vordergrund, dass *Keck* und die nachfolgenden Urteile die desaströse Verwirrung beseitigt hätten, die aus dem älteren Fallrecht entstanden war.

51 *Jestaedt/Kästle* EWS 1994, 26, 28; *Heermann* WRP 1999, 381, 383.

52 *Weatherill/Beaumont* S. 610.

53 Ähnlich *Köhler*/Bornkamm Einl UWG Rdn. 3.25.

Keck-Formel profitieren nämlich nur solche Regelungen, die den Absatz inländischer Erzeugnisse und der Erzeugnisse aus anderen Mitgliedstaaten **rechtlich wie tatsächlich in gleicher Weise berühren.**[54]

21 Die *Keck*-Rechtsprechung im so verstandenen Sinne ermöglicht dem EuGH einerseits, über den formal verstandenen Begriff der Diskriminierung hinauszugehen und die Behinderung durch Gleichbehandlung[55] zu erfassen,[56] gleichzeitig aber der Regelungssouveränität der Mitgliedstaaten gerecht zu werden, indem eine **spezifische Verbindung** zwischen der bloßen Beschränkung der Absatzmöglichkeit und der ausländischen Herkunft der Waren verlangt wird. Der Zugriff der Warenverkehrsfreiheit ist demgemäß davon abhängig, ob durch die nationale Regelung der **Marktzugang** von Anbietern aus anderen Mitgliedstaaten **erschwert** wird, d.h. ihm **Hindernisse** bereitet werden, **die inländischen Anbietern in dieser Form nicht im Wege stehen**[57] (zu den verfahrensrechtlichen Anforderungen sogl.). Die Maßgeblichkeit der Marktzugangserschwerung wurde durch die Rechtsprechung des EuGH zu den übrigen Grundfreiheiten bestätigt.[58] Geschlossen wurde der Kreis durch das *TK-Heimdienst*-Urteil des EuGH zur Warenverkehrsfreiheit, in welchem der EuGH bei der Beurteilung, ob eine „bestimmte Verkaufsmodalität" im Sinne der *Keck*-Doktrin vorlag, unmittelbar auf die Prüfung zurückgriff, ob der **Marktzugang** der Waren aus anderen Mitgliedstaaten stärker behindert wird als der von einheimischen Waren.[59] In seiner Entscheidung der Rechtssache *Gourmet* stellte der EuGH zunächst die *Keck*-Formel vollends vom Kopf auf die Füße:

„Nach Randnummer 17 des Urteils Keck und Mithouard fallen nationale Bestimmungen, die bestimmte Verkaufsmodalitäten beschränken oder verbieten, nur dann nicht in den Anwendungsbereich des Artikels 30 EG-Vertrag, wenn sie nicht geeignet sind, den Marktzugang für Erzeugnisse aus einem anderen Mitgliedstaat zu versperren oder stärker zu behindern, als sie dies für inländische Erzeugnisse tun."[60]

22 Diesen Weg hat der EuGH in jüngeren Entscheidungen weiterverfolgt.[61] Der EFTA-Gerichtshof hat das **materielle Kriterium der Marktneutralität** bereits einer Entscheidung zugrundegelegt, ohne die Entscheidung *Keck* überhaupt noch zu zitieren.[62] Da der EuGH die Keck-Rechtsprechung selbst nie aufgegeben hat[63] und ihre Weiterentwicklung unmittelbar aus den Erwägungsgründen der Entscheidung *Keck* abgeleitet werden kann, erscheint es immerhin zweckmäßiger, das **Kriterium der Marktzugangsbehinderung** als **„modern"** oder **„materiell" verstandene Keck-Doktrin** zu begreifen,[64] als in ihm ein neues Kriterium zu erkennen.[65] Unter der Keck-Doktrin als Kurzbezeichnung sollte daher richtigerweise nicht (mehr) die formale Unterscheidung nach produktbezogenen Regelungen und Regelungen bloßer Vertriebsmodalitäten, sondern die Unterscheidung nach Regelungen, die geeignet sind, den Marktzugang für Erzeugnisse aus einem anderen Mitgliedstaat zu versperren oder stärker zu behindern, als sie dies für inländische Erzeugnisse tun, und

---

[54] EuGH EuZW 1996, 600 – *Italienische Ladenöffnungszeiten,* Slg. 1996, I-2975 Rdn. 15ff.

[55] Vgl. dazu EuGH NJW 1981, 1885 – *Nachtbackverbot,* Slg. 1981, 1993 Rdn. 8, 10.

[56] Insoweit ist es nicht zutreffend, im *Keck*-Urteil eine Rückführung der Warenverkehrsfreiheit auf ein bloßes Diskriminierungsverbot im Bereich nicht-produktbezogener Regelungen zu erkennen, z.B. *Sack* EWS 1994, 37, 44; vgl. bereits *Hödl* S. 156. Eine tatsächliche Ungleichbehandlung i.S.d. Keck-Rechtsprechung ist auf der Grundlage der vom EuGH entwickelten Dogmatik nicht stets eine Diskriminierung im Rechtssinn: So begründet EuGH GRUR Int. 2001, 553 – *Gourmet,* Slg. 2001, I-1795 Rdn. 21ff., zunächst, weshalb das schwedische Werbeverbot für Alkoholika sich nicht marktneutral auswirkt, um anschließend im Zusammenhang der Rechtfertigungsmöglichkeit, a.a.O. Rdn. 32, darauf hinzuweisen, dass keine der dem Gerichtshof vorliegenden Informationen auf eine Diskriminierung hindeute. Anders *Novak,* DB 1997, 2589, 2590, allerdings auf der Grundlage eines weiteren Diskriminierungsbegriffs.

[57] Schwarze/*Becker,* Art. 34 AEUV Rdn. 47ff. Es ist insoweit nicht sinnvoll, die Begründung von Marktzutrittsschranken als Anknüfungspunkt einer (zu) weit verstandenen Diskriminierung *neben* die Diskriminierung durch Rechtsunterschiede zu stellen, so *Dethloff* S. 173ff.

[58] Vgl. bereits *Glöckner* EuR 2000, 592, 616ff.

[59] EuGH EuZW 2000, 309 – *TK-Heimdienst,* Slg. 2000, I-151 Rdn. 29.

[60] EuGH GRUR Int. 2001, 553 – *Gourmet,* Slg. 2001, I-1795 Rdn. 17.

[61] EuGH GRUR Int. 2004, 418 – *DocMorris,* Slg. 2003, I-14887 Rdn. 71; GRUR Int. 2004, 626 – *Karner Industrie-Auktionen,* Slg. 2004, I-3025 Rdn. 37; EuZW 2005, 497 – *Burmanjer,* Slg. 2005, I-4133 Rdn. 26.

[62] EFTA-GH v. 25.2.2005, Rs. E-4/04 – *Pedicel,* 2005 EFTA Ct.Rep. 1 Rdn. 46, 47.

[63] Vgl. etwa EuGH GRUR Int. 2004, 626, 628 – *Karner Industrie-Auktionen,* Slg. 2004, I-3025 Rdn. 37–42; EuZW 2004, 657 – *Douwe Egberts,* Slg. 2004, I-7007 Rdn. 51; EuZW 2009, 173 – *Komm. ./. Italien,* Slg. 2009, I-519 Rdn. 34.

[64] Ebenso Grabitz/Hilf/Nettesheim/*Randelzhofer/Forsthoff* Art. 57 AEUV Rdn. 110.

[65] Groeben/Schwarze/Hatje *Troberg,* Art. 34 AEUV Rdn. 41; *Dethloff* S. 173ff., begründet wohl Marktzutrittsschranken als Anknüpfungspunkt einer (zu) weit verstandenen Diskriminierung *neben* der Diskriminierung durch Rechtsunterschiede.

Regelungen, die dies nicht tun, in anderen Worten: sich marktneutral auswirken, verstanden werden.

23 *(3) Mangelnde Marktneutralität ohne einheimische Produkte.* Nach der modifizierten Keck-Formel scheinen mitgliedstaatliche Handelsregelungen stets marktneutral zu sein, wenn es keine einheimischen Produkte gibt, gegenüber denen der Marktzutritt behindert wird. Zu Recht haben die Europäischen Gerichte aber bereits festgestellt, dass auch dann von einer Behinderung des Marktzutritts auszugehen ist, wenn bestimmte Importerzeugnisse auf dem Markt bereits etabliert sind und der Marktzutritt anderer Importerzeugnisse durch Werbeeinschränkungen stärker behindert wird.[66]

24 *(4) Marktneutrale Verwendungsbeschränkungen: Ausnahme oder Bestätigung von Keck?* In dieses moderne Verständnis der *Keck*-Doktrin fügen sich auch die **jüngeren Entscheidungen des EuGH** ein. In der überwiegenden Anzahl der Fälle wurde unmittelbar auf das Kriterium der (fehlenden) Marktneutralität abgestellt, um den Anwendungsbereich der Warenverkehrsfreiheit zu begründen.[67] Eine **scheinbare Ausnahme** bilden die Entscheidungen zu an sich marktneutralen nationalen **Verwendungsbeschränkungen** für bestimmte Produkte wie Motorradanhänger[68] oder Jetboote (dabei handelt es sich um motorradähnliche Wasserfahrzeuge, deshalb auch „Wassermotorräder").[69] Auf den ersten Blick erscheinen etwa Regelungen, welche den Einsatz von Jetbooten aus Naturschutzerwägungen auf öffentlichen Wasserflächen praktisch ausschließen, als marktneutrale Regelungen, die importierte und einheimische Produkte tatsächlich wie rechtlich in gleicher Weise betreffen. Dass der EuGH sie gleichwohl an der Warenverkehrsfreiheit misst, scheint die Annahme, dass marktneutrale Regelungen dem Anwendungsbereich der Warenverkehrsfreiheit entzogen seien, zu falsifizieren.

25 Bei genauer Betrachtung handelt es sich dabei aber von vornherein nicht um eine neue Gruppe neben den produktbezogenen Regelungen und den bestimmten Verkaufsmodalitäten im Sinne des Urteils *Keck.* Vielmehr ist zu **differenzieren.** Im Grundsatz sind Verwendungsmodalitäten **wie Verkaufsmodalitäten zu behandeln** und dementsprechend auf ihre Marktneutralität hin zu untersuchen (die bei Verwendungsbeschränkungen regelmäßig gegeben sein wird),[70] denn sie entfalten ihre Wirkung typischerweise erst nach Einfuhr des jeweiligen Produkts beim Endverbraucher.[71] Eine straßenverkehrsrechtliche Vorfahrtregelung begründet zwar eine Verwendungsbeschränkung für Fahrzeuge; eine Kontrolle durch die Grundfreiheiten erscheint aber allein bei nicht marktneutralen Auswirkungen geboten.

26 Mitgliedstaatliche Verwendungsbeschränkungen fallen demgegenüber – ohne Rücksicht auf ihre Marktneutralität – jedenfalls dann unter das Beschränkungsverbot (vgl. dazu unten Rdn. 31 ff.) des Art. 34 AEUV, wenn sie den Endverbraucher daran hindern, von dem importierten Produkt in der ihm eigenen, wesensimmanenten Art Gebrauch zu machen, und für ihn somit einem **Erwerbsverbot gleichkommen.**[72] Dann schlagen Verwendungsmodalitäten in **produktbezogene Regelungen** um, was die Frage nach ihrer Marktneutralität erübrigt.[73]

27 *(5) Keck im Verfahren.* Durch die Anknüpfung der *Keck*-Formel an die faktische Benachteiligung wurde ein **Unsicherheitsfaktor** in die Dogmatik getragen, da die **tatsächlichen Auswirkungen**

---

66 Vgl. bereits EuGH EuZW 1995, 612 – *Komm ./. Griechenland,* Slg. 1995, I-1621 Rdn. 17; EFTA-GH v. 12.9.2011, Rs. E-16/10 – *Philip Morris,* noch nicht in Slg., Rdn. 48.

67 EuGH NJW 2008, 3693 – *Komm ./. Deutschland* (Regionalprinzip), Slg. 2008, I-6935 Rdn. 32 ff.; GRUR 2009, 792 – *LIBRO,* Slg. 2009, I-3717 Rdn. 17 ff.; GRUR 2011, 243 – *Ker-Optica,* Slg. 2010, I-12213, Rdn. 51 ff.; vgl. auch EFTA-GH v. 12.9.2011, Rs. E-16/10 – *Philip Morris,* noch nicht in Slg., Rdn. 49 ff.

68 EuGH EuZW 2009, 173 – *Komm ./. Italien,* Slg. 2009, I-519: Dort ging es um das italienische Verbot für Kleinkrafträder, Krafträder, dreirädrige und vierrädrige Kraftfahrzeuge, einen Anhänger zu ziehen, das den Absatz von eigens für diese Krafträder konzipierten Anhängern in Italien behinderte.

69 EuGH EuZW 2009, 617 – *Mickelsson und Roos,* Slg. 2009, I-4273: Das Verfahren betraf eine schwedische Regelung, die den Gebrauch von Jetbooten nur auf öffentlichen Wasserstraßen und besonders bezeichneten Wasserflächen erlaubte. Eine Bezeichnung dieser Wasserflächen war jedoch unterblieben, so dass lediglich öffentliche Wasserstraßen übrig blieben, deren Benutzung aber aufgrund des dort stattfindenden kommerziellen Schwerverkehrs gefährlich ist.

70 Vgl. Grabitz/Hilf/Nettesheim/*Leible/Streinz,* Art. 34 AEUV Rdn. 101.

71 Vgl. EuGH EuZW 2009, 173 – *Komm. ./. Italien,* Slg. 2009, I-519 Rdn. 22 ff., zu den Erklärungen des Königreichs Dänemark, der Bundesrepublik Deutschland, der Hellenischen Republik, der Französischen Republik, der Republik Zypern und des Königreichs Schweden; Grabitz/Hilf/Nettesheim/*Randelzhofer/Forsthoff,* Art. 57 AEUV Rdn. 105; zum Meinungsstand vgl. *Sack* EWS 2011, 265, 276.

72 EuGH EuZW 2009, 617 – *Mickelsson und Roos,* Slg. 2009, I-4273 Rdn. 27 f.; Grabitz/Hilf/Nettesheim/*Leible/Streinz,* Art. 34 AEUV Rdn. 101; *Oliver* 33 Fordh. Int. L. J. 1423 ff. [2011].

73 Vgl. dazu EuGH GRUR Int. 1979, 468 – *Cassis de Dijon,* Slg. 1979, 649 Rdn. 14 f.; GRUR Int. 1994, 56 – *Keck und Mithouard,* Slg. 1993, I-6097 Rdn. 15.

einer Regelung **stets einzelfallabhängig** sind.[74] Dem Urteil *De Agostini* zum schwedischen Verbot von an Kinder gerichteter Fernsehwerbung konnte entnommen werden, dass die Wirksamkeit verschiedener Absatzförderungsformen und damit auch die Frage nach einer unterschiedlichen Betroffenheit eingeführter Waren **eine vom vorlegenden Gericht zu beurteilende Frage** ist. Der EuGH hatte in diesem Zusammenhang das vorlegende Gericht auf die möglicherweise fehlende Marktneutralität ausdrücklich aufmerksam gemacht.[75]

28 Die sich daraus ergebende **Einzelfallabhängigkeit** der Tragweite der Grundfreiheiten wurde in der Literatur beanstandet.[76] Gelegentlich nahm denn auch der EuGH selbst zur Marktneutralität mitgliedstaatlicher Regelungen Stellung: So bejahte er die Marktneutralität in der Rechtssache *Italienische Ladenöffnungszeiten,*[77] obgleich das vorlegende italienische Gericht Zweifel geäußert hatte, ob eine Regelung zur Begrenzung der Ladenöffnungszeiten[78] inländische und importierte Waren tatsächlich in gleicher Weise berühre: Der italienische Markt sei nämlich gekennzeichnet durch eine große Zahl kleiner Betriebe mit einem sehr beschränkten Kundenkreis auf der einen Seite und durch große Einkaufszentren, die am Stadtrand oder außerhalb der Städte gelegen seien, auf der anderen Seite. Da der Verbraucher an Werktagen nur über wenig freie Zeit verfüge, seien diese großen Einkaufszentren nur an Sonntagen für die Kunden leicht erreichbar; die Unmöglichkeit, diese Zentren mit ausreichender Leichtigkeit und Häufigkeit zu erreichen, leite die Nachfrage zu den kleinen Betrieben um, die näher am Verbraucher gelegen seien, und damit zu inländischen Erzeugnissen, da in diesen kleinen Betrieben ausländische Erzeugnisse im allgemeinen nicht in derselben Auswahl und Menge zu finden seien. Dieser Zusammenhang erschien dem EuGH aber wohl zu ungewiss.

29 Ein Beispiel für die **Ablehnung der Marktneutralität durch den EuGH** selbst liefert das bereits angesprochene Urteil in der Rechtssache *Gourmet:* Streitgegenstand war das schwedische Verbot der Printwerbung für Getränke mit einem Alkoholgehalt von mehr als 2,25%, gegen welches die *Gourmet AB* als Herausgeberin einer Zeitschrift verstoßen hatte. *Gourmet AB* wandte ein, dass ein solches Verbot die Warenverkehrsfreiheit verletze, da es eingeführte Waren stärker belaste als einheimische. Der EuGH wies zwar darauf hin, dass eine genaue Untersuchung der die Lage in Schweden kennzeichnenden tatsächlichen Umstände dem nationalen Gericht obläge, wenn sie denn nötig wäre. Dennoch meinte er, selbst feststellen zu können, dass das schwedische Werbeverbot sich **nicht marktneutral** auswirke. Zunächst sei bei Erzeugnissen wie den alkoholischen Getränken, deren Genuss mit herkömmlichen gesellschaftlichen Übungen sowie örtlichen Sitten und Gebräuchen verbunden sei, ein totales Verbot jeder an die Verbraucher gerichteten Werbung geeignet, den Marktzugang für Erzeugnisse aus anderen Mitgliedstaaten stärker zu behindern als für inländische Erzeugnisse, weil der Verbraucher mit letzteren unwillkürlich besser vertraut sei.[79] Hinzu kam, dass in Schweden Printwerbung in Druckschriften zulässig war, die ausschließlich an den Verkaufsstätten verteilt werden. Insoweit wirkte sich das schwedische Vertriebsmonopol für Alkoholika[80] zum Nachteil der schwedischen Regelung aus.

30 Mit der Entscheidung *Gourmet* setzte der EuGH sich in einen gewissen Widerspruch zu den genannten älteren Urteilen. Die **Feststellungskompetenz** hinsichtlich der mangelnden Marktneutralität hatte er insb. in *De Agostini* sehr deutlich den **mitgliedstaatlichen Gerichten** zugewiesen. Davon rückte der EuGH in seiner Entscheidung *Gourmet* – leider unausgesprochen – ab. Wenn der EuGH mit dieser Entscheidung die anzulegenden Maßstäbe bewusst hätte verschieben wollen, wäre ein klärendes Wort angebracht gewesen. Stattdessen bezog sich der EuGH ausdrücklich auf sein Urteil in der Rechtssache *De Agostini*[81] und erweckte damit den Eindruck der Kontinuität. Tatsäch-

---

[74] *Kotthoff* S. 111; *Ebenroth* FS Piper, S. 133, 168; *Ahlfeld* S. 158; *Heermann* WRP 1999, 381, 384; *Oliver* 36 CML Rev. 783, 796 (1999).

[75] EuGH GRUR Int. 1997, 913 – *De Agostini,* Slg. 1997, I-3843 Rdn. 43. In gleicher Weise hat der EFTA-GH in *Nille* (norwegische Genehmigungspflicht für den Betrieb von Videovermietungen) das vorlegende Gericht auf eine nicht auszuschließende Diskriminierung hingewiesen, EFTA-GH v. 14.5.1997, Rs. E-5/96 – *Nille,* 1997 EFTA Ct. Rep. 32 Rdn. 29.

[76] *Sack* WRP 1998, 103, 108: Beurteilung in allgemeiner Weise und einheitlich für alle Importeure.

[77] EuGH EuZW 1996, 600 – *Italienische Ladenöffnungszeiten,* Slg. 1996, I-2975. Zu einem ähnlichen Sachverhalt war das Urteil des EuGH NJW 1994, 2141 – *Punto Casa,* Slg. 1994, I-2355, ergangen.

[78] Bereits EuGH NJW 1994, 2141 – *Punto Casa,* Slg. 1994, I-2355 Rdn. 12ff.

[79] EuGH GRUR Int. 2001, 553 – *Gourmet,* Slg. 2001, I-1795 Rdn. 21. Vgl. bereits EFTA-GH v. 27.6.1997, Rs. E-6/96 – *Wilhelmsen,* 1997 EFTA Ct. Rep. 56 Rdn. 73. Die fehlende Marktneutralität wurde auch in EuGH EuZW 2004, 657 – *Douwe Egberts,* Slg. 2004, I-7007 Rdn. 52, 53, bejaht.

[80] Es war vom EuGH EuZW 1998, 55 – *Franzén,* Slg. 1997, I-5909, im Grundsatz für zulässig erachtet worden.

[81] EuGH GRUR Int. 2001, 553 – *Gourmet,* Slg. 2001, I-1795 Rdn. 19.

lich mag der weitere Verlauf dieser Rechtssache eine Rolle gespielt haben: Trotz des Hinweises durch den EuGH hatte das schwedische Marktgericht *(Marknadsdomstolen)* bei der Fortsetzung des Verfahrens die Marktneutralität mit der Begründung bejaht, die von De Agostini geltend gemachten, den Marktzugang behindernden Umstände seien nicht durch das Produkt als solches oder seine Herkunft begründet worden, sondern durch die Position, die De Agostini in seiner Eigenschaft als ausländisches Unternehmen und als neuer Teilnehmer auf dem schwedischen Markt im Vergleich zu bereits in Schweden niedergelassenen einnehme.[82] Gerade letzterer Gesichtspunkt schließt – ganz im Gegenteil – die Marktneutralität aus! Die Entscheidung *Gourmet* ist damit wohl weniger als „leiser Abschied" von der *Keck*-Doktrin[83] zu deuten, denn als nachdrücklicher Hinweis an die Gerichte der Mitgliedstaaten, das Kriterium der Marktneutralität ernst zu nehmen.[84] Dennoch bildet die Dichte des Zugriffs der Grundfreiheiten bzw., in prozessualer Terminologie, das **Beweismaß** heute **im Hinblick auf die Frage nach der fehlenden Marktneutralität** nicht nur aus dogmatischen, sondern vor allem aus pragmatischen Gründen die **„offene Flanke"** der *Keck*-Doktrin. Insbesondere für die **anwaltliche Praxis** stellt die Begründung der fehlenden Marktneutralität einer nationalen Regelung im konkreten Fall die erste Hürde dar, bevor Gebrauch von der scharfen Waffe der Grundfreiheiten gemacht werden kann.

bb) Abwägung mit den zwingenden Erfordernissen der Cassis-Formel – Europäisches Verbraucherleitbild. In der Entscheidung *Cassis de Dijon*[85] bestätigte der EuGH nicht allein den Anwendungsbereich der Warenverkehrsfreiheit gemäß der *Dassonville*-Formel, sondern eröffnete den Mitgliedstaaten zugleich die Möglichkeit, den Warenverkehr durch nicht-diskriminierende Regelungen zu beschränken, „um **zwingenden Erfordernissen** gerecht zu werden, insbesondere den Erfordernissen … **der Lauterkeit des Handelsverkehrs und des Verbraucherschutzes"** (Hervorhebungen d. Verf.). Damit wurde den nationalen Lauterkeitsordnungen gleichwohl kein Persilschein ausgestellt,[86] sondern die **Notwendigkeit einer Abwägung** von Warenverkehrsfreiheit und Lauterkeitsschutz im Einzelfall begründet,[87] wie in den Entscheidungen *Bocksbeutel,*[88] *Pall,*[89] *Nissan,*[90] *Clinique,*[91] *Mars,*[92] *6-Korn,*[93] *Lifting*[94] und *naturrein*[95] (vgl. zu den Entscheidungen ausf. die 2. Auflage, Rdn. 129 ff.) zu der von den Mitgliedstaaten berufenen Irreführungsgefahr deutlich wurde. In ihnen prüfte der EuGH das Vorliegen der **Schutzvoraussetzungen autonom** und definierte den **Modelladressaten (vgl. dazu u. Rdn. 428).** 31

cc) Kohärenzvorbehalt. In jüngerer Zeit wird die Rechtfertigung mit zwingenden Erfordernissen vermehrt unter den Vorbehalt gestellt, dass die Mitgliedstaaten das von ihnen gewählte legitime Regelungsziel **„kohärent und systematisch"** verfolgen. Dieser Kohärenzvorbehalt, auch sog. ***hypocrisy test,***[96] wurde vom EuGH in Entscheidungen zum **Glücksspielbereich** entwickelt[97] und bisher lediglich auf Beschränkungen der Niederlassungsfreiheit durch mitgliedstaatliche Regelungen aus dem Gesundheitssystem[98] sowie auf Beschränkungen des freien Warenverkehrs durch 32

---

[82] Marknadsdomstolen GRUR Int. 1999, 466, 467 – *De Agostini II.*

[83] So *Buschle* ELR 2001, 75.

[84] Ähnlich EuGH GRUR 2004, 174 – *DocMorris,* Slg. 2003, I-14887 Rdn. 74.

[85] EuGH GRUR Int. 1979, 468 – *Cassis de Dijon,* Slg. 1979, 649 Rdn. 8.

[86] *Gormley,* Prohibiting Restrictions on Trade within the EEC. The theory and application of Articles 30–36 of the EEC Treaty, 1985, S. 52. A. A. noch *Hösl* S. 325.

[87] *Reese* S. 56; *Dauses* EuZW 1995, 425. *Rüffler* S. 65, bezeichnet das als Optimierungsproblem.

[88] EuGH GRUR Int. 1984, 291 – *Bocksbeutel,* Slg. 1984, 1299.

[89] EuGH GRUR Int. 1991, 215 – *Pall,* Slg. 1990, I-4827 Rdn. 19.

[90] EuGH GRUR Int. 1993, 951 – *Nissan,* Slg. 1992, I-131 Rdn. 4.

[91] EuGH GRUR 1994, 303 – *Clinique,* Slg. 1994, I-317 Rdn. 21 ff.

[92] EuGH GRUR Int. 1995, 804 – *Mars,* Slg. 1995, I-1923.

[93] EuGH GRUR Int. 1998, 795 – *6-Korn,* Slg. 1998, I-4657 Rdn. 31 ff. Die Formulierungen aus der *6-Korn-*Entscheidung finden sich nahezu wörtlich wiederholt im Urteil des EuGH GRUR Int. 1999, 345 – *Verbraucherschutzverein ./. Sektkellerei Kessler,* Slg. 1999, I-513 Rdn. 36.

[94] EuGH GRUR Int. 2000, 354 – *Estée Lauder ./. Lancaster,* Slg. 2000, I-117.

[95] EuGH GRUR Int. 2000, 756 – *naturrein,* Slg. 2000, I-2297.

[96] So GA *Mengozzi* Schlussanträge Rdn. 50 m. w. N., zu EuGH NVwZ 2010, 1409 – *Stoß u. a.,* Slg. 2010, I-8069, Rdn. 88, 97 f.

[97] EuGH EuZW 2004, 115 – *Gambelli,* Slg. 2003, I-13031 Rdn. 67; NJW 2007, 1515 – *Placanica,* Slg. 2007, I-1891 Rdn. 53; v. 8.9.2010, NVwZ 2010, 1409 – *Stoß u. a.,* Slg. 2010, I-8069, Rdn. 88, 97 f.; EuZW 2011, 841 – *Dickinger und Ömer,* Slg. 2011, I-8185, Rdn. 54.; v. 16.2.2012, verb. Rs. C-72, 77/10 – *Costa und Cifone,* noch nicht in Slg., Rdn. 63.

[98] EuGH EuZW 2009, 298 – *Hartlauer,* Slg. 2009, I-1721 Rdn. 55 ff.; NJW 2009, 2112 – *Apothekerkammer des Saarlandes,* Slg. 2009, I-4171 Rdn. 42 ff.; EuZW 2010, 578 – *Blanco Pérez und Chao Gómez,* Slg. 2010, I-4629 Rdn. 94 ff.

Fahrverbote[99] übertragen. Die Generalanwälte wenden das Kohärenzgebot dagegen zunehmend universell an[100] und der **EFTA-Gerichtshof** erkennt in ihm gar einen **allgemeinen Grundsatz.**[101]

33 Der Kohärenzvorbehalt hat eine sektorielle und einen horizontale Dimension.[102] **Zunächst** ist **jede einzelne Beschränkung der Grundfreiheiten gesondert** auf ihre Kohärenz hin zu überprüfen.[103] So hat der **EuGH** etwa anerkannt, dass zwischen den verschiedenen Arten von Glücksspielen erhebliche Unterschiede in der konkreten Ausformung und im Gefährdungspotential bestehen, die unterschiedliche Regelungen rechtfertigen können.[104] Daneben ist aber auch eine **gewisse Gesamtkohärenz** der mitgliedstaatlichen Politik **innerhalb des jeweiligen Regelungsbereichs** erforderlich.[105] So kann etwa eine mitgliedstaatliche Politik, die eher darauf abzielt, zur Teilnahme an anderen Glücksspielen zu ermuntern, als darauf, die Gelegenheiten zum Spiel zu verringern, zur Folge haben, dass das der Errichtung eines Sportwetten- und Lotteriemonopols zugrunde liegende Ziel, Anreize zu übermäßigen Ausgaben für das Spielen zu vermeiden und die Spielsucht zu bekämpfen, mit ihm nicht mehr wirksam verfolgt werden kann.[106] Der **EFTA-Gerichtshof** misst dem Kohärenzgebot eine deutlich **stärker sektorübergreifende Funktion** bei.[107]

34 Die **Prüfung** des Kohärenzkriteriums ist **Sache des mitgliedstaatlichen Gerichts,** das mit der Auslegung und Anwendung der nationalen Beschränkungsregelung befasst ist.[108] Beim gegenwärtigen Integrationsstand, der keine universelle Europäische Rechtsetzungskompetenz vorsieht, diese vielmehr durch die Verträge einzeln und konkret begründet wird, erschiene eine globale Kohärenzkontrolle durch die Unionsgerichte in der Tat als Überschreitung ihrer Verbandskompetenz. Die Geltungszeitlichkeit des Rechts und die dynamische Entwicklung von Gerechtigkeitsvorstellungen, unterschiedliche gesellschaftliche Wichtigkeit und Einsatz knapper Gesetzgebungsressourcen, politische Durchsetzungskraft und institutionelle Strukturen sorgen dafür, dass Rechtsordnungen bei hinreichend globaler Betrachtung stets hinter dem Ideal vollständiger Kohärenz und Systematik zurückbleiben werden. Für die neue Rechtsordnung der Union gilt das wohl noch stärker als für die Rechtsordnungen ihrer Mitgliedstaaten. Die Anwendung eines **globalen Kohärenztests** zur Begründung umfassender Kontrollkompetenz der Unionsgerichte käme einer ***probatio diabolica*** gleich.

35 *dd) Rechtfertigung gem. Art. 36 AEUV.* Als Grenze des Verbots von ein- bzw. ausfuhrbeschränkenden Maßnahmen sieht der AEU-Vertrag die **Rechtfertigung** auf der Grundlage von **Art. 36** vor. Es handelt sich dabei allerdings weder um eine allgemeine Schutzklausel noch um die Festlegung einer *domaine réservé* der Mitgliedstaaten.[109] Obgleich der EuGH den Anwendungsbereich der Warenverkehrsfreiheit durch seine *Dassonville*-Rechtsprechung erheblich ausgeweitet hatte, sprach er sich ausdrücklich gegen eine entsprechend extensive Auslegung der Ausnahmevorschrift in Art. 36 EGV (jetzt Art. 36 AEUV) aus: Zunächst wird der darin befindliche **Katalog der Schutzgüter** als **abschließend** betrachtet.[110] Daneben wird die Vorschrift wegen ihres letzten Satzes dahingehend

---

[99] EuGH v. 21.12.2011, Rs. C-28/09 – *Kommission ./. Österreich,* noch nicht in Slg., Rdn. 126.

[100] GA *Trstenjak* Schlussanträge Rdn. 101ff., zu EuGH v. 17.3.2011, Rs. C-221/09 – *AJD Tuna* (Verbot der Anlandung von Thunfisch), Slg. 2011, I-5389; GA *Mengozzi* Schlussanträge Rdn. 75ff., zu EuGH v. 3.3.2011, Rs. C-161/09 – *Kakavetsos-Fragkopoulos* (Verbringung, Verarbeitung und Inverkehrbringen getrockneter Weintrauben), Slg. 2011, I-915; GA *Kokott* Schlussanträge Rdn. 63ff., zu EuGH v. 10.2.2011, verb. Rs. C-436, 437/08 *Haribo und Österreichische Salinen* (Besteuerung ausländischer Dividenden), Slg. 2011, I-305; GA *Mengozzi* Schlussanträge Rdn. 40f., zu EuGH v. 17.11.2011, Rs. C-434/10 – *Aladzhov* (Beschränkung der Freizügigkeit wegen Steuerschulden), noch nicht in Slg.; GA *Bot* Schlussanträge Rdn. 65, zu EuGH v. 25.11.2015, Rs. C-441/14 – *Dansk Industrie,* noch nicht in Slg.

[101] EFTA-GH v. 14.3.2007, Rs. E-1/06 – *Spielautomaten,* 2007 EFTA Ct. Rep. 8 Rdn. 43.

[102] *Ennuschat* GewA 2010, 425, 426.

[103] EuGH NJW 2007, 1515 – *Placanica,* Slg. 2007, I-1891 Rdn. 49; *Noll-Ehlers* EuZW 2008, 522, 523.

[104] EuGH NVwZ 2010, 1409 – *Stoß u. a.,* Slg. 2010, I-8069, Rdn. 88, 97f., 1409; NVwZ 2010, 1422 – *Carmen Media Group,* Slg. 2010, I-8149, Rdn. 62f.; *Ennuschat* GewA 2010, 425, 426.

[105] *Ennuschat* GewA 2010, 425, 426.

[106] EuGH NVwZ 2010, 1409 – *Stoß u. a.,* Slg. 2010, I-8069, Rdn. 88, 97f. Rdn. 106f.; NVwZ 2010, 1422 – *Carmen Media Group,* Slg. 2010, I-8149, Rdn. 68, 71, mit ausführlicher Anm. zum Streitstand *Gundel* ZUM 2010, 955, 956f.; a. A. noch GA *Mengozzi* Schlussanträge Rdn. 72ff., zu EuGH NVwZ 2010, 1409 – *Stoß u. a.,* Slg. 2010, I-8069, Rdn. 88, 97f.

[107] Vgl. dazu EFTA-GH v. 14.3.2007, Rs. E-1/06 – *Spielautomaten,* 2007 EFTA Ct. Rep. 8 Rdn. 43ff.; v. 5.4.2001, Rs. E-3/00 – *ESA ./. Norwegen,* 2000-01 EFTA Ct. Rep. 73 Rdn. 41; ausführlich *Noll-Ehlers* EuZW 2008, 522, 524.

[108] EuGH EuZW 2011, 674 – *Zeturf,* Slg. 2011, I-5633, Rdn. 47; EuZW 2011, 841 – *Dickinger und Ömer,* Slg. 2011, I-8185, Rdn. 54.

[109] Groeben/Schwarze/Hatje/*Müller-Graff,* Art. 36 AEUV Rdn. 1.

[110] EuGH GRUR Int. 1982, 117 – *Irish Souvenirs,* Slg. 1981, 1625 Rdn. 8; NJW 1983, 1965 – *Kommission ./. Italien,* Slg. 1982, 2187 Rdn. 27.

verstanden, dass sie „Tatbestände nicht-wirtschaftlicher Art (enthalte, d. Verf.), die die Verwirklichung der in den Artikeln 30 bis 34 (nunmehr Art. 34, 35 AEUV, d. Verf.) aufgestellten Grundsätze nicht in Frage stellen können".[111]

Als **unionsrechtliche Begriffe** werden die aufgeführten Schutzgründe zwar im Grundsatz unionsrechtlich umgrenzt. Der EuGH gewährt den **Mitgliedstaaten** dabei jedoch einen gewissen **Konkretisierungsspielraum.**[112] Darüber hinaus obliegt es den Mitgliedstaaten, über die Intensität des Schutzes, d.h. das Schutzniveau, zu entscheiden.[113] Abgesehen davon stehen auch die Rechtfertigungsgründe des Art. 36 AEUV unter einem **Verhältnismäßigkeitsvorbehalt,**[114] der die Schranken-Schranke des Art. 36 S. 2 AEUV (willkürliche Diskriminierung oder verschleierte Handelsbeschränkung) weitgehend leerlaufen lässt.[115] Lauterkeitsrechtliche Regelungen der Mitgliedstaaten können nur selten durch Art. 36 AEUV gerechtfertigt werden. Denkbar ist dies immerhin z.B. bei Vertriebs- oder Werbeverboten im Bereich des Lebens- oder Arzneimittelrechts, die dem **Schutz von Leben und Gesundheit** der Verbraucher dienen,[116] vgl. Art. 3 Abs. 3 UGP-RL. Der Rechtfertigungsgrund des **Schutzes der öffentlichen Ordnung** wird demgegenüber **nicht** schon dadurch eröffnet, dass nationale Vorschriften **strafbewehrt** sind.[117] Der **Verbraucherschutz** zählt **ebenfalls nicht** zur öffentlichen Ordnung. Durch die Entscheidung *Kohl* wurde er exklusiv dem Bereich der *Cassis*-Doktrin zugewiesen.[118] Mitgliedstaatliche **Regelungen lauterkeitsrechtlicher Natur** sollen auch **nicht** unter den Rechtfertigungsgrund des **Schutzes des gewerblichen und kommerziellen Eigentums** fallen. Es erscheint zwar aus dogmatischen und praktischen Erwägungen fragwürdig, den markenrechtlichen Schutz vor der Begründung einer Verwechslungsgefahr oder den patentrechtlichen Schutz vor der Benützung einer geschützten Erfindung anderen Normsystemen zu unterwerfen als den lauterkeitsrechtlichen.[119] Jedoch macht die anhaltende Diskussion zu der Abgrenzung von spezifischem Gegenstand des Schutzrechts und seiner Ausübung[120] bzw. zur Erschöpfung[121] hinreichend deutlich, dass die Verortung der Problematik in Art. 36 AEUV allein zusätzliche Probleme schaffen würde, zumal die materiellen Standards der Rechtfertigung nach Art. 36 AEUV bzw. der *Cassis*-Formel weitgehend deckungsgleich sind. Zu beachten ist jedoch, dass der EuGH im Urteil *Turrón de Alicante* davon ausgegangen ist, dass der mitgliedstaatliche **Schutz geographischer Herkunftsangaben** an Art. 36 AEUV zu messen ist.[122] 36

b) Dienstleistungsfreiheit, Art. 56 AEUV. Als Konsequenz der **„Vorreiterrolle" der Warenverkehrsfreiheit** innerhalb der Dogmatik der Grundfreiheiten[123] wurde der Zugriff auf die Lauterkeitsrechtsordnungen der Mitgliedstaaten im Wege der Negativ-Integration zunächst auf die Art. 30ff. EWGV (nunmehr Art. 34ff. AEUV) gestützt. Die oben dargestellte Eingrenzung des Anwendungsbereichs der Warenverkehrsfreiheit durch die Entscheidung *Keck* hat die **Akzente ver-** 37

---

111 St. Rspr. seit EuGH v. 19.12.1961, Rs. 7/61 – *Kommission ./. Italien,* Slg. 1961, 695, 720; vgl. nur EuGH EuZW 1995, 369 – *Evans,* Slg. 1995, I-563 Rdn. 36.

112 EuGH GRUR Int. 1980, 229 – *Henn und Darby,* Slg. 1979, 3795 Rdn. 15, zur öffentlichen Sittlichkeit.

113 EuGH v. 20.5.1976, Rs. 104/75 – *de Peijper,* Slg. 1976, 613 Rdn. 14/18; GRUR Int. 1980, 229 – *Henn und Darby,* Slg. 1979, 3795 Rdn. 15; v. 4.2.1988, Rs. 261/85 – *Kommission ./. Vereinigtes Königreich,* Slg. 1988, 547 Rdn. 12; GRUR 2004, 174 – *DocMorris,* Slg. 2003, I-14887 Rdn. 103.

114 EuGH GRUR 1979, 68 – *Qualitätsbezeichnungen,* Slg. 1978, 1935 Rdn. 30; v. 12.7.1979, Rs. 153/78 – *Komm. ./. Deutschland,* Slg. 1979, 2555 Rdn. 8; NJW 1983, 2757 – *Komm. ./. Belgien,* Slg. 1983, 531 Rdn. 12; v. 9.7.1983, Rs. 42/82 – *Komm. ./. Frankreich,* Slg. 1983, 1013 Rdn. 54; DVBl. 1985, 333 – *Campus Oil,* Slg. 1984, 2727 Rdn. 37; EuZW 1995, 369 – *Evans,* Slg. 1995, I-536 Rdn. 38ff.

115 Groeben/Schwarze/Hatje/*Müller-Graff,* Art. 36 AEUV Rdn. 162ff. Vgl. aber EuGH NJW 1981, 1147 – *Frz. Alkoholika,* Slg. 1980, 2299 Rdn. 17: Darin wird die Möglichkeit einer Rechtfertigung des Werbeverbotes im Grundsatz anerkannt. Im zu entscheidenden Fall wurde in der Ausgestaltung des Verbotes jedoch ein Mittel zur Diskriminierung erkannt.

116 Vgl. EuGH NJW 1981, 1147 – *Frz. Alkoholika,* Slg. 1980, 2299 Rdn. 15; GRUR Int. 2001, 553 – *Gourmet,* Slg. 2001, I-1795 Rdn. 26ff. Zur Rechtfertigung auf der Grundlage des Gesundheitsschutzes vgl. *Dethloff* S. 182ff.

117 EuGH GRUR Int. 1984, 291 – *Bocksbeutel,* Slg. 1984, 1299 Rdn. 33.

118 EuGH GRUR Int. 1985, 110 – *Kohl,* Slg. 1984, 3651 Rdn. 19.

119 *Joliet* in: Un droit européen de la concurrence déloyale en formation, S. 29, 59ff.

120 Vgl. dazu *Ebenroth/Hübschle* Rdn. 78ff.; *Klauer* S. 234ff.; sowie grundlegend *Heinemann,* passim.

121 Vgl. dazu nur *Baudenbacher* GRUR Int. 2000, 584ff., sowie die übrigen, in GRUR Int. 2000, Heft 7, veröffentlichten, im Rahmen der 27. Tagung der Deutschen Gesellschaft für Rechtsvergleichung am 24.9.1999 gehaltenen, Referate.

122 EuGH GRUR Int. 1993, 76 – *Turrón de Alicante,* Slg. 1992, I-5529 Rdn. 23ff. Vgl. dazu *Joliet* in: Un droit européen de la concurrence déloyale en formation, S. 29, 38ff., 42.

123 Groeben/Schwarze/Hatje/*Müller-Graff* vor Art. 34ff. AEUV Rdn. 10.

schoben.[124] Insbesondere die Kommission stützt ihre **Harmonisierungsbemühungen inzwischen** schwerpunktmäßig auf die **Beeinträchtigung der Dienstleistungsfreiheit.** Letztere ist zunächst anwendbar, wenn nicht Waren, sondern **Dienstleistungen grenzüberschreitend vertrieben** werden (aa).[125] Die Dienstleistungsfreiheit kann daneben mittelbar auch den Warenvertrieb erfassen, sofern sich nationale Vermarktungsregelungen negativ auf die **Erbringung von Dienstleistungen, namentlich von Werbeunternehmen,** auswirken (bb).

38 *aa) Grenzüberschreitender Vertrieb von Dienstleistungen.* Spätestens seit der Entscheidung *Gebhard*[126] ist anerkannt, dass die Dienstleistungsfreiheit ebenso wie die Warenverkehrsfreiheit ein **Beschränkungsverbot** begründet. Damit werden Regelungen, durch welche Dienstleister in ihrer grenzüberschreitenden Tätigkeit eingeschränkt werden, grundsätzlich von Art. 56 AEUV erfasst. Dazu zählen lauterkeitsrechtliche Regelungen des Empfängerlandes, welche die konkrete Vertriebsform einschränken. Über das Verhältnis zwischen der Dienstleistungsfreiheit und mitgliedstaatlichen Einschränkungen des **Telefonmarketing** hat der EuGH in der Rechtssache *Alpine Investments*[127] bereits entschieden: Das niederländische Ministerium der Finanzen hatte einer auf Warentermingeschäfte spezialisierten niederländischen Gesellschaft das sogenannte *cold calling,* d.h. die Praxis, mit Privatleuten (u.a. in Belgien, Frankreich und dem Vereinigten Königreich) ohne deren vorherige schriftliche Zustimmung telefonisch Kontakt aufzunehmen, um ihnen verschiedene Finanzdienstleistungen anzubieten, untersagt. Dagegen wandte sich die betroffene Gesellschaft. Im Vorabentscheidungsverfahren ging es zunächst um die Frage, ob die *Keck*-Doktrin auf die Dienstleistungsfreiheit zu erstrecken sei. Der EuGH bejahte die Anwendbarkeit der Dienstleistungsfreiheit, weil das von der Regierung ausgesprochene Verbot **unmittelbar den Zugang** des betroffenen Unternehmens zum Dienstleistungsmarkt in den anderen Mitgliedstaaten **beeinflusse** und daher geeignet sei, den innergemeinschaftlichen Dienstleistungsverkehr zu behindern.[128] Die Argumentation des EuGH über die **unmittelbare Beschränkung des Marktzugangs** betrifft – *mutatis mutandis* – auch innerhalb der Union ansässige Anbieter, denen auf der Grundlage der Marktortregel der Zutritt auf den inländischen Markt durch die Beanstandung der Telefonwerbung versperrt wird.[129] Damit ist zugleich die Grenze des Anwendungsbereichs der Dienstleistungsfreiheit benannt: Wo der Marktzugang von Dienstleistern außerhalb des Mitgliedstaates nicht unmittelbar beeinflusst wird und die beschränkende Regel sich somit marktneutral auswirkt, greift die Dienstleistungsfreiheit nicht ein.[130] Bestätigt wurden diese Grundsätze durch die Entscheidung des EuGH in der Rechtssache *Mobistar:* Eine nach belgischem Recht erhobene Abgabe auf Sendetürme für Mobilfunksignale begründet keine Verletzung der Dienstleistungsfreiheit.[131] Sie verursacht zwar zusätzliche Kosten für die Dienstleister, berührt aber die Erbringung von Dienstleistungen zwischen Mitgliedstaaten in gleicher Weise wie deren Erbringung innerhalb eines einzigen Mitgliedstaats. Ausländische Betreiber werden durch diese Maßnahmen weder in tatsächlicher noch in rechtlicher Hinsicht stärker belastet als inländische Betreiber. Diese Abgrenzung wurde in der Entscheidung *United Pan-Europe Communications Belgium* bestätigt.[132] Ein Beispiel für mangelnde Marktneutralität lieferte das italienische Verbot der Werbung für Schönheitsoperationen über nationale Fernsehsender: Es wurde gerade deshalb an der Dienstleistungsfreiheit gemessen, weil solche Werbung auf lokalen Fernsehsen-

---

124 Vgl. die Darstellung von *Kugelmann* EuR 2001, 363, 374.

125 EuGH WuW/E EWG/MUV 803 – *Vlaamse Reisbureaus,* Slg. 1987, 3801 Rdn. 32; NJW 1994, 2013 – *Schindler,* Slg. 1994, I-1039 Rdn. 25 ff.; GRUR Int. 1995, 900 – *Alpine Investments,* Slg. 1995, I-1141. Zur Abgrenzung vgl. GA *Stix-Hackl,* Schlussanträge Rdn. 34 ff., zu EuGH Slg. 2002, I-607 – *Canal Satélite.*

126 EuGH NJW 1996, 579 – *Gebhard,* Slg. 1995, I-4165.

127 EuGH GRUR Int. 1995, 900 – *Alpine Investments,* Slg. 1995, I-1141.

128 EuGH GRUR Int. 1995, 900 – *Alpine Investments,* Slg. 1995, I-1141 Rdn. 32 ff.

129 *Glöckner* GRUR Int. 2000, 29, 35. *Rüffler* S. 94; *Sack* WRP 1998, 103, 113, sind der Auffassung, aus *Alpine Investments* lasse sich nicht entnehmen, ob die *Keck*-Doktrin auf die Dienstleistungsfreiheit anwendbar sei, weil es sich nicht um eine Beschränkung der Einfuhr, sondern um eine Ausfuhrbegrenzung handle. *Weinand* S. 64 ff., will die Grundsätze der *Alpine Investments*-Entscheidung zwar auf Einfuhrbeschränkungen übertragen, erkennt in ihnen jedoch eine Einschränkung der *Keck*-Doktrin. *Burckhardt* S. 175; *Dethloff* S. 236, entnehmen dem Urteil *e contrario,* dass die *Keck*-Doktrin bei Einfuhrbeschränkungen anzuwenden sei. In diese Richtung weist auch die Entscheidung des EuGH v. 22.1.2002, Rs. C-390/99 – *Canal Satélite,* Slg. 2002, I-607 Rdn. 29, 30, allerdings ohne ausdrückliche Stellungnahme. Schwarze/*Holoubek,* Art. 56, 57 AEUV Rdn. 74, will die *Keck*-Doktrin bei Beschränkungen durch den Empfangstaat nicht anwenden, weil die Dienstleistungsfreiheit auf dem Herkunftslandprinzip beruht.

130 Ähnlich nimmt *Hödl* S. 187 an, dass das Urteil die Intention der *Keck*-Rechtsprechung bestätigt. Vgl. die Zusammenfassung von GK/*Heinze* Einl C Rdn. 191: Erfordernis spezifischer Behinderung des Marktzugangs erforderlich.

131 EuGH EuZW 2005, 692 – *Mobistar und Belgacom Mobile,* Slg. 2005, I-7723 Rdn. 31 ff.

132 EuGH EuZW 2008, 86 – *United Pan-Europe Communications Belgium,* Slg. 2007, I-11135 Rdn. 29 ff.

dern zulässig blieb, und diese unterschiedliche Behandlung im nationalen Recht den Marktzutritt für ausländische Marktteilnehmer besonders erschwert.[133]

39 Wenngleich die niederländische Maßnahme im Fall *Alpine Investments* somit nicht durch die modern verstandene *Keck*-Doktrin geschützt wurde, blieb sie doch im Ergebnis unbeanstandet: Der EuGH ist zunächst dem Vortrag der niederländischen Regierung gefolgt, nach welchem die Privatperson, die im allgemeinen durch das *cold calling* überrascht werde, nicht in der Lage sei, sich über die Risiken, die sich aus der Art der ihr vorgeschlagenen Transaktionen ergeben, zu informieren oder die Qualität und den Preis der Dienstleistungen des Anrufers mit den Angeboten der Konkurrenten zu vergleichen. Da der Warenterminmarkt äußerst spekulativ und für wenig erfahrene Kapitalanleger schwer durchschaubar sei, hielt der EuGH es für erforderlich, diese vor den **aggressivsten Methoden der Kundenwerbung** zu schützen. *Alpine Investments* wandte ein, dass es dafür keines allgemeinen Verbotes der telefonischen Werbung bedürfe. Zum wirksamen Schutz der Verbraucher würde es ausreichen, wenn die Maklergesellschaften die unaufgefordert vorgenommenen Telefonanrufe aufzeichnen müssten, wie im Vereinigten Königreich. Diesbezüglich entgegnete der EuGH zutreffend, der Umstand, dass ein Mitgliedstaat weniger strenge Vorschriften erlasse als ein anderer Mitgliedstaat, bedeute nicht, dass dessen Vorschriften unverhältnismäßig seien. Abschließend hob der EuGH hervor, dass die in Rede stehende Regelung nur eine begrenzte Tragweite habe: Sie verbiete nämlich nur die telefonische oder persönliche Kontaktaufnahme mit potentiellen Kunden ohne deren vorherige schriftliche Zustimmung, so dass die anderen Methoden der Kontaktaufnahme zulässig blieben. Sodann betreffe diese Maßnahme allein die Beziehungen zu potentiellen Kunden, nicht aber zu den Personen, die bereits Kunden seien; diese hätten weiterhin die Möglichkeit, neuen Kontakten schriftlich zuzustimmen. Schließlich sei das Verbot nicht erbetener Telefonanrufe auf den Markt beschränkt, auf dem Missbräuche festgestellt worden seien, im vorliegenden Fall auf den Markt für Warenterminverträge.[134]

40 *bb) Beeinträchtigung von Werbe- und Vertriebsdienstleistern sowie der Empfänger der Werbung.* Nationale Vermarktungsregelungen – auch lauterkeitsrechtlicher Natur – beschränken insbesondere die **Betreiber von Werbemedien** wie z.B. die Herausgeber von Presseerzeugnissen oder Fernsehveranstalter, die Werberaum zur Verfügung stellen, Werbeagenturen und Direktmarketinganbieter. Besonders deutlich wird dies im Bereich des **Telemarketing,** das in Deutschland, Österreich und der Schweiz vergleichsweise strengen Anforderungen unterliegt. Agenturen, die sich auf die im Mitgliedstaat ihres Sitzes in weiterem Umfang gestattete Durchführung von Telefonwerbung spezialisiert haben, wird z.B. die Möglichkeit des Zugangs auf den deutschen Markt insgesamt genommen.[135] Dasselbe gilt für klassische Werbeleistungen, wenn sie grenzüberschreitend erbracht werden können, etwa für den Entwurf und die Gestaltung von Printwerbeanzeigen. Werbe- und Absatztätigkeiten selbständiger Dritter sind stets an den für Dienstleistungen geltenden Regeln zu messen. Im Anwendungsbereich der Dienstleistungsrichtlinie (vgl. dazu u. Rdn. 106ff.) sind deren Vorgaben zu beachten; im übrigen greifen die Art. 56ff. AEUV ein.[136] Bei selbständigen Dienstleistungen an Dritte muss die vom EuGH in seiner *Keck*-Rechtsprechung entwickelte Unterscheidung nach der Marktneutralität der die Einfuhr[137] beschränkenden Regelung nicht deshalb analog herangezogen werden, weil es sich in der Sache um eine Maßnahme zur Förderung des **Waren**absatzes handelt.[138] Eine ungerechtfertigte Differenzierung der europarechtlichen Maßgaben in Abhängigkeit davon, ob es sich um Maßnahmen der Eigen- oder der Fremdwerbung handelt, wird dadurch ausgeschlossen,

---

133 EuGH EuZW 2008, 505 – *Corporación Dermoestética,* Slg. 2008, I-5785 Rdn. 33.

134 EuGH GRUR Int. 1995, 900 – *Alpine Investments,* Slg. 1995, I-1141 Rdn. 47ff.

135 *Günther* CR 1999, 172, 178.

136 EuGH GRUR Int. 1989, 665 – *Bond van Adverteerders,* Slg. 1988, 2085 Rdn. 13ff.; GRUR Int. 1997, 913 – *De Agostini,* Slg. 1997, I-3843 Rdn. 48; GRUR Int. 2000, 266 – *ARD ./. PRO Sieben Media AG,* Slg. 1999, I-7599 Rdn. 49; GRUR 2001, 67 – *Deutschland ./. Parlament und Rat,* Slg. 2000, I-8419 Rdn. 99; GRUR Int. 2001, 553 – *Gourmet,* Slg. 2001, I-1795 Rdn. 37. Insoweit ist eine deutliche Akzentverschiebung insbesondere bei den Harmonisierungsbemühungen der Kommission erkennbar.

137 In EuGH GRUR Int. 2000, 266 – *ARD ./. PRO Sieben Media AG,* Slg. 1999, I-7599 Rdn. 49, ging es um die Ausfuhr beschränkende Regelungen. Durch strengere Regelungen des Niederlassungsstaates für die Berechnung der zulässigen Dauer von Werbeunterbrechungen bei Fernsehsendungen werden lediglich die in diesem Staat niedergelassenen Fernsehveranstalter gegenüber ihren Konkurrenten in anderen Mitgliedstaaten benachteiligt. Die damit verbundene Inländerdiskriminierung wird allerdings weder von der Grundfreiheit noch vom allgemeinen Gleichbehandlungsgebot erfasst, vgl. GA *Jacobs,* Schlussanträge Rdn. 83ff., zu EuGH Slg. 1999, I-7599 – *ARD ./. PRO Sieben Media AG;* EuGH GRUR Int. 2000, 266 – *ARD ./. PRO Sieben Media AG,* Slg. 1999, I-7599 Rdn. 53.

138 EuGH GRUR Int. 1997, 913 – *De Agostini,* Slg. 1997, I-3843 Rdn. 50; GRUR Int. 2001, 553 – *Gourmet,* Slg. 2001, I-1795 Rdn. 37ff.

dass der Anknüpfungspunkt der Grundfreiheit nicht mehr die **Waren**einfuhr, sondern die grenzüberschreitende Erbringung der **Werbedienstleistung** ist.

41 Bezogen auf die grenzüberschreitende Werbedienstleistung sind die in der *Keck*-Entscheidung entwickelten Grundsätze jedoch entsprechend anwendbar: Erfasst werden allein Werberegelungen, die ausländischen Anbietern von Werbedienstleistungen den **Marktzugang** in größerem Umfang erschweren als inländischen Anbietern.[139] Ein solches Verständnis wird durch die Entscheidung des EuGH in der Rechtssache *Alpine Investments* und seine Argumentation über die Einschränkung des Marktzugangs bestätigt. Einschränkende Werberegelungen der Einfuhrstaaten wirken sich **auf dem Markt für Werbedienstleistungen** im Allgemeinen neutral aus.[140] Ganz in diesem Sinne stellte der EuGH in der Entscheidung *Viacom Outdoor* fest, dass die **streitgegenständliche auf öffentlichen Plakatraum erhobene Werbungssteuer** weder eine rechtliche Ungleichbehandlung begründe noch geeignet sei, die grenzüberschreitend erbrachte Werbedienstleistung „zu behindern oder weniger attraktiv zu machen", ergänzt durch die Parenthese „– auch wenn … (die Dienstleistungen, d. Verf.) wegen des Ortes der Niederlassung des Erbringers oder des Empfängers der Dienstleistung grenzüberschreitenden Charakter haben sollten".[141] Durch letzteren Hinweis wird klargestellt, dass die Formulierung „weniger attraktiv" sich nicht auf das Nichtbestehen der mitgliedstaatlichen Regelung beziehen kann, denn durch die Belastung mit einer Steuer im Zielstaat wird die grenzüberschreitende Erbringung von Dienstleistungen selbstredend weniger attraktiv. Die Ausführungen des EuGH erlangen ihre Bedeutung vor dem Hintergrund, dass in Italien alle Maßnahmen der Außenwerbung auf öffentlichen Flächen gleichermaßen besteuert wurden und der Marktzutritt durch die vergleichsweise moderate Höhe der Steuer nicht beeinträchtigt wurde.

42 Schließlich könnte daran gedacht werden, in der lauterkeitsrechtlich begründeten Beschränkung von Werbung einen Eingriff in die passive Dienstleistungsfreiheit zu erkennen. Insoweit muss allerdings auf den „richtigen" Adressaten geachtet werden: Die Werbedienstleistung nimmt der nach der Verkehrsanschauung Werbende entgegen, nicht der Werbeadressat. Soweit die Grundfreiheit des Dienstleisters im Bereich der Werbung mit einem Grundrecht, der Meinungsäußerungsfreiheit, verknüpft ist, fallen die Rechtsinhaber auf der Passivseite auseinander: Der Besteller der Werbedienstleistung kann sich auf die passive Dienstleistungsfreiheit stützen, doch der Adressat der Werbemaßnahme auf die passive Informationsfreiheit.

43 Im Übrigen können Eingriffe in die Dienstleistungsfreiheit in Entsprechung zur warenverkehrsrechtlichen *Cassis*-Doktrin **gerechtfertigt** werden.[142] In der Entscheidung *Gebhard*[143] stellte der EuGH klar, dass „nationale Maßnahmen, die die Ausübung der durch den Vertrag garantierten grundlegenden Freiheiten behindern oder weniger attraktiv machen können, vier Voraussetzungen erfüllen müssen: Sie müssen in nichtdiskriminierender Weise angewandt werden, sie müssen aus zwingenden Gründen des Allgemeininteresses (vgl. o. Rdn. 31) gerechtfertigt sein, sie müssen geeignet sein, die Verwirklichung des mit ihnen verfolgten Zieles zu gewährleisten, und sie dürfen nicht über das hinausgehen, was zur Erreichung dieses Zieles erforderlich ist".[144] Diese Anforderungen wurden in der Rechtssache *De Agostini* bestätigt.[145]

44 **c) Zusammenfassung und Konsequenzen für das deutsche Lauterkeitsrecht.** *aa) Anwendungsbereich von Warenverkehrs- und Dienstleistungsfreiheit.* Die Warenverkehrs- bzw. Dienstleistungsfreiheit sind stets dann anwendbar, wenn – auch nicht-diskriminierende – mitgliedstaatliche Regelungen sich **nicht marktneutral** auswirken, d. h. für den grenzüberschreitenden Handel bzw. für grenzüberschreitend erbrachte Dienstleistungen den **Marktzutritt versperren oder weitergehend behindern, als sie dies für einheimische oder etablierte Waren und Dienstleistungen** tun. Bei produktbezogenen Regelungen wird dies unwiderleglich vermutet. Verwendungsbeschränkungen, welche den sozial sinnvollen Einsatz der Produkte praktisch ausschließen, werden produktbezogenen Regelungen gleichgestellt. Unsicherheiten bestehen nach wie vor in verfahrens-

---

139 *Kugelmann* EuR 2001, 363, 369.

140 Bereits *Perau* S. 171. Insoweit besteht ein Unterschied zu den Auswirkungen von Werberegelungen auf die grenzüberschreitende Vermarktung von Produkten, vgl. dazu die besondere Begründung der fehlenden Marktneutralität in EuGH GRUR Int. 2001, 553 – *Gourmet,* Slg. 2001, I-1795 Rdn. 21 ff., sowie zuvor den Hinweis in EFTA-GH v. 27.6.1997, Rs. E-6/96 – *Wilhelmsen,* 1997 EFTA Ct. Rep. 56 Rdn. 73. Das hat der EuGH in seiner Begründung der Entscheidung *Gourmet,* EuGH GRUR Int. 2001, 553 – *Gourmet,* Slg. 2001, I-1795 Rdn. 39, übersehen.

141 EuGH EuZW 2005, 282, 284 – *Viacom Outdoor,* Slg. 2005, I-1167 Rdn. 38.

142 EuGH GRUR Int. 1997, 913 – *De Agostini,* Slg. 1997, I-3843 Rdn. 51 ff.; GRUR Int. 2000, 266 – *ARD ./. PRO Sieben Media AG,* Slg. 1999, I-7599 Rdn. 50.

143 EuGH NJW 1996, 579 – *Gebhard,* Slg. 1995, I-4165.

144 EuGH NJW 1996, 579 – *Gebhard,* Slg. 1995, I-4165 Rdn. 37.

145 EuGH GRUR Int. 1997, 913 – *De Agostini,* Slg. 1997, I-3843 Rdn. 52.

rechtlicher Hinsicht. Der Praxis ist zu empfehlen, die fehlende Marktneutralität einer mitgliedstaatlichen Regelung im konkreten Fall darzulegen und ggf. unter Beweis zu stellen, damit das befasste Gericht zu einer europarechtlichen Auseinandersetzung gezwungen wird.

bb) Rechtfertigung durch zwingende Erfordernisse. Ist danach der **Anwendungsbereich** der Grundfreiheiten eröffnet, so kann eine **Rechtfertigung** von Behinderungen über die zwingenden Erfordernisse der *Cassis*-Formel erfolgen, wenn es an einer (abschließenden) Positiv-Harmonisierung fehlt.[146] Zu beachten sind insoweit insbesondere die Vorgaben der unten genannten Einzelrechtsakte, namentlich der Richtlinie über unlautere Geschäftspraktiken sowie der Dienstleistungsrichtlinie (vgl. dazu u. Rdn. 106 ff.). 45

Dabei ist der EuGH **großzügig bei der Anerkennung** der von den Mitgliedstaaten vorgetragenen Allgemeininteressen als zwingenden Erfordernissen. Insbesondere der **Schutz der Lauterkeit des Handelsverkehrs und der Verbraucher** sind als im Grundsatz schutzwürdige Interessen **anerkannt.** Der EuGH nimmt jedoch eine sehr **strenge Verhältnismäßigkeitsprüfung** vor. In zahlreichen Urteilen wird deutlich, dass es nicht um entweder-oder-Entscheidungen geht, sondern dass der EuGH sehr wohl differenziert, welches Maß etwa an Irreführungsgefahr er gewillt ist, im Interesse der Marktintegration hinzunehmen. Es geht bei dieser **Abwägung** allerdings weniger um den Ausgleich des europäischen Integrationsinteresses mit den nationalen Regelungskompetenzen. Vielmehr hat der EuGH deutlich gemacht, dass er mit seiner *Cassis*-Rechtsprechung die von den mitgliedstaatlichen Regelungen verfolgten Ziele des Gemeinwohls als schützenswerte Interessen des Europarechts selbst akzeptiert.[147] 46

3. Einzelmaßnahmen zur Positivharmonisierung des Lauterkeitsrechts

a) Irreführungsrichtlinie 1984/2006. Im Jahr 1984 wurde als Überbleibsel der ursprünglichen Bemühungen um die Gesamtharmonisierung des Lauterkeitsrechts (vgl. dazu o. Rdn. 8 ff.) die Richtlinie über irreführende Werbung[148] erlassen. In den Erwägungsgründen wird betont, dass die in den Mitgliedstaaten geltenden Vorschriften gegen irreführende Werbung stark voneinander abwichen, was sich auf die Errichtung und das Funktionieren des Gemeinsamen Marktes nachteilig auswirke. **Irreführende Werbung verfälsche den Wettbewerb.** Grenzüberschreitende Werbung werde durch die Rechtsverschiedenheiten behindert, der freie Waren- und Dienstleistungsverkehr erschwert. 47

Im Hinblick auf die bereits seinerzeit in den Vordergrund getretenen **Verbraucherinteressen**[149] heben die Erwägungsgründe in ihrer ursprünglichen Fassung hervor, dass die Werbung, unabhängig davon, ob sie zum Abschluss eines Vertrags führe, die wirtschaftlichen Interessen der Verbraucher berühre. Irreführende Werbung könne den Verbraucher zu nachteiligen Entscheidungen beim Erwerb von Waren oder anderen Gütern oder bei der Inanspruchnahme von Dienstleistungen veranlassen. Es liege im Interesse der Allgemeinheit der Verbraucher sowie all derer, die im Gemeinsamen Markt bei der Ausübung eines Handels, Gewerbes, Handwerks oder freien Berufs miteinander im Wettbewerb ständen, die einzelstaatlichen Bestimmungen zum Schutz gegen irreführende Werbung einander anzugleichen. Dem entspricht die Übernahme der sog. **„Schutzzwecktrias“** (Schutz von Verbrauchern, Gewerbetreibenden und der Allgemeinheit) in Art. 1 der Richtlinie in ihrer bis 2005 geltenden Fassung. Im Jahr 1997 wurde die Richtlinie über irreführende Werbung durch die Richtlinie über vergleichende Werbung umbenannt und gegenständlich erweitert (vgl. dazu u. Rdn. 53). Die Richtlinie über unlautere Geschäftspraktiken (vgl. dazu u. Rdn. 99 ff.) bewirkte im Jahr 2005, dass der Schutz der Verbraucher vor Irreführungen als Zweck der Richtlinie ausgenommen wurden. Im Hinblick auf all diese Änderungen wurde die Irreführungsrichtlinie in **kodifizierter Fassung als Richtlinie 2006/114/EG**[150] (im Folgenden stets: **Irreführungsrichtlinie; IrreführungsRL;** Artikelbezeichnungen beziehen sich nachfolgend, soweit nicht anders angegeben, auf die in der Richtlinie 2006/114 verwendete Zählung) neu erlassen. 48

Gegenwärtig wird die Richtlinie überarbeitet. Die Kommission beabsichtigt, einen Vorschlag zur Stärkung des Schutzes von Unternehmen vor grenzüberschreitenden irreführenden Vermarktungspraktiken vorzulegen. Dieser Vorschlag zur Änderung der Richtlinie über irreführende und verglei- 49

---

[146] EuGH GRUR Int. 1979, 468 – *Cassis de Dijon,* Slg. 1979, 649, Rdn. 8.

[147] Vgl. dazu im einzelnen *Glöckner,* Europäisches Lauterkeitsrecht, S. 117 ff.

[148] Richtlinie 84/450/EWG des Rates vom 10. September 1984 zur Angleichung der Rechts- und Verwaltungsvorschriften der Mitgliedstaaten über irreführende Werbung, ABl. 1984 Nr. L 250/17.

[149] *Schricker* in: Recht der Werbung in Europa, Einführung Rdn. 142; *Ludwig* S. 257; *Henning-Bodewig* GRUR Int. 2002, 389, 390 ff.

[150] Richtlinie 2006/114/EG des Europäischen Parlaments und des Rates vom 12. Dezember 2006 über irreführende und vergleichende Werbung (kodifizierte Fassung), ABl. 2006 Nr. L 376/21.

chende Werbung soll durch eine kommende Initiative zur Bekämpfung unlauterer Handelspraktiken zwischen Unternehmen in der Einzelhandelskette ergänzt werden.[151] Die Überarbeitung der Irreführungsrichtlinie ist auf spezifische problematische Bereiche, insbesondere den Adressbuchschwindel, gerichtet. Sie soll auch das Zusammenwirken der Irreführungsrichtlinie mit der Richtlinie über unlautere Geschäftspraktiken (vgl. dazu u. Rdn. 172ff.) klarstellen. Ein weiterer Schwerpunkt wird die Verbesserung der Effizienz grenzüberschreitender Durchsetzung einschließlich der Zusammenarbeit zwischen den zuständigen Behörden der Mitgliedstaaten sowie die Stärkung der wichtigsten materiellrechtlichen Bestimmungen sein. Zudem hat die Kommission eine Ad-hoc-Arbeitsgruppe nationaler Durchsetzungsbehörden eingesetzt. Der Europäische Wirtschafts- und Sozialausschuss hat dieser Mitteilung grundsätzlich zugestimmt.[152]

49a Auf der Grundlage der Mitteilung der Kommission über intelligente Regulierung[153] wurde Ende 2015 ein „Eignungstest" *(fitness check)* für den Acquis des Verbraucherrechts eingeleitet. Aus Gründen der Konsistenz und wegen des Sachzusammenhangs wurden die Preisangabenrichtlinie (vgl. dazu u. Rdn. 92), die Unterlassungsklagerichtlinie (vgl. dazu u. Rdn. 394), aber auch die Irreführungsrichtlinie in diesen Eignungstest einbezogen.[154] In der Konsequenz werden die Gesetzgebungsarbeiten an der Irreführungsrichtlinie jedoch frühestens ab Mitte 2017 fortgesetzt. Im Anschluss an die Mitteilung von 2012 war es zu einem Treffen der Regierungen und Vollzugsbehörden der Mitgliedsstaaten gekommen, bei dem Erfahrungen ausgetauscht und mögliche Lösungen auf Grundlage des bestehenden Rechts diskutiert wurden. Infolge der Eingliederung der Irreführungsrichtlinie in den Eignungstest fanden indes keine weiteren Treffen mehr statt.

50 *aa) Regelungsgehalt.* Die Irreführungsrichtlinie enthält bezüglich irreführender Werbung im Kern nur zwei Regelungen: Sie **definiert** zunächst in Art. 2 lit. a **„Werbung"** als jede Äußerung bei der Ausübung eines Handels, Gewerbes, Handwerks oder freien Berufs mit dem **Ziel, den Absatz** von Waren oder die Erbringung von Dienstleistungen, einschließlich unbeweglicher Sachen, Rechte und Verpflichtungen, **zu fördern.** Das Erfordernis einer Äußerung nach dem Erscheinungsbild des Kommunikationsaktes hat zu der Schwierigkeit bei der Erfassung des Insertionsschwindels durch die Übersendung von Zahlungsträgern geführt, welche die Kommission durch die Überarbeitung der Irreführungsrichtlinie beheben will.[155] Im übrigen handelt es sich aber um einen weiten Begriff, der z.B. auch die Nutzung eines Domain Namens oder – unabhängig von der Wahrnehmbarkeit für Menschen – den Einsatz von Metatags auf websites umfasst.[156] Artikel 2 lit. b[157] definiert **„irreführende Werbung"** als „jede Werbung, die in irgendeiner Weise – einschließlich ihrer Aufmachung – die Personen, an die sie sich richtet oder die von ihr erreicht werden, täuscht oder zu täuschen geeignet ist und die infolge der ihr innewohnenden Täuschung ihr wirtschaftliches Verhalten beeinflussen kann oder aus diesen Gründen einen Mitbewerber schädigt oder zu schädigen geeignet ist". Zu beachten ist, dass aus Anlass des Erlasses der UGP-Richtlinie zwar der Schutzzweck der Irreführungsrichtlinie eingeengt wurde, ihr gegenständlicher Anwendungsbereich im Hinblick auf Irreführungen aber nicht korrespondierend eingeschränkt wurde. Bei der Beurteilung der Frage, ob eine Werbung irreführend ist, sind gem. Art. 3 IrreführungsRL alle ihre Bestandteile zu berücksichtigen. Die darauf folgende Aufzählung ist nicht abschließend, wie sich aus der Formulierung „insbesondere" ergibt. Daneben ordnet Art. 5 Abs. 1 IrreführungsRL an, dass die „Mitgliedstaaten ... im Inte-

---

[151] Mitteilung der Kommission an das Europäische Parlament, den Rat, den Europäischen Wirtschafts- und Sozialausschuss und den Ausschuss der Regionen, Schutz von Unternehmen vor irreführenden Vermarktungspraktiken und Gewährleistung der wirksamen Durchsetzung Überarbeitung der Richtlinie 2006/114/EG über irreführende und vergleichende Werbung, COM[2012] 702 final.

[152] Stellungnahme des Europäischen Wirtschafts- und Sozialausschusses zu der Mitteilung der Kommission an das Europäische Parlament, den Rat, den Europäischen Wirtschafts- und Sozialausschuss und den Ausschuss der Regionen: „Schutz von Unternehmen vor irreführenden Vermarktungspraktiken und Gewährleistung der wirksamen Durchsetzung" – Überarbeitung der Richtlinie 2006/114/EG über irreführende und vergleichende Werbung, COM(2012) 702 final, ABl. 2013 Nr. C 271/61.

[153] Mitteilung der Kommission an das Europäische Parlament, den Rat, den Wirtschafts- und Sozialausschuss und den Ausschuss der Regionen v. 8.10.2010, Intelligente Regulierung in der Europäischen Union, KOM [2010] 543 endg.

[154] European Commission, REFIT Fitness Check of consumer law, <http://ec.europa.eu/smartregulation/roadmaps/docs/2016_just_023_evaluation_consumer_law_en.pdf>, site zul. besucht am 5.7.2016.

[155] Mitteilung der Kommission an das Europäische Parlament, den Rat, den Europäischen Wirtschafts- und Sozialausschuss und den Ausschuss der Regionen, Schutz von Unternehmen vor irreführenden Vermarktungspraktiken und Gewährleistung der wirksamen Durchsetzung Überarbeitung der Richtlinie 2006/114/EG über irreführende und vergleichende Werbung, COM[2012] 702 final, 5.2.1.

[156] EuGH v. 11.7.2013, Rs. C-657/11 – *Belgian Electronic Sorting Technology NV ./. Bert Peelaers und Visys NV,* noch nicht in Slg., Rdn. 60 = GRUR 2013, 1049.

[157] Vgl. dazu *Trägner* S. 64ff.; *Ludwig* S. 259.

resse der Gewerbetreibenden und der Mitbewerber sicher (-stellen, d. Verf.), dass **geeignete und wirksame Möglichkeiten zur Bekämpfung der irreführenden Werbung**" (Hervorhebung d. Verf.) vorhanden sind.

bb) Konzeptionelle Mängel der Irreführungsverbote. Die Irreführungsrichtlinie enthält wie sämtliche europarechtlichen Irreführungstatbestände bis hin zur UGP-Richtlinie (vgl. dazu u. Rdn. 172ff.) an zwei „Schaltstellen" der Anwendung **Lücken,** welche die angestrebte Harmonisierung zunächst vereitelt haben:[158] Zum einen fehlt eine **Normierung des materiellen Irreführungsstandards.** Das bezieht sich zunächst auf das intellektuelle Niveau der zu schützenden Adressaten. Sollen durchschnittlich intelligente und informierte Adressaten geschützt werden oder sollen auch unterprivilegierte Adressatenschichten unter den Schutz der Norm fallen?[159] Auf die Adressatengruppe von Verbrauchern bezogen lässt sich noch pointierter formulieren: Geht es den Irreführungsverboten um **Markt- oder um Minderheitenschutz?** Daneben wird die zugrundezulegende **Wahrnehmungssituation** nicht festgelegt. Soll die Beurteilung von einem aufmerksamen, Werbung kritisch analysierenden und Aufklärungshinweise sorgfältig studierenden Verbraucher ausgehen oder, wofür unter informationsökonomischen Gesichtspunkten vieles spricht, von einem Verbraucher, dessen knappe Zeit ihm nur gestattet, Werbeanzeigen „quer" zu lesen, der auf optische Schlüsselsignale für die (Wieder-)Erkennung von ihm geschätzter Produkte vertraut und der keine Lust verspürt, für einen halben Einkaufswagen voller Lebensmittel unverständliche Zutatenverzeichnisse im Detail zu prüfen? Zum zweiten legen sämtliche Rechtsakte **in methodischer Hinsicht** nicht fest, ob die **Verkehrsauffassung** empirisch oder nach eigener Sachkunde der Richterinnen und Richter **ermittelt** werden soll.[160] 51

Deswegen gelangten die nationalen Rechtsordnungen in ähnlich gelagerten Fällen häufig zu unterschiedlichen Ergebnissen.[161] Angesichts der Divergenzen wurden die Chancen, zu einem europaweit einheitlichen Irreführungsverbot zu gelangen, lange Zeit skeptisch beurteilt.[162] Seit 1995[163] wurden diese Lücken immerhin durch die **Rechtsprechung des EuGH** schrittweise geschlossen (vgl. dazu u. Rdn. 428ff.). 52

b) Richtlinie über vergleichende Werbung 1997/2006. Bereits in den Begründungserwägungen zur Irreführungsrichtlinie wurde ausgeführt, dass die Angleichung der Irreführungstatbestände nur eine erste Phase der Harmonisierung bilden solle. In einer zweiten Phase sollten anhand entsprechender Vorschläge der Kommission die unlautere Werbung und, soweit erforderlich, auch die vergleichende Werbung behandelt werden. Ihrem Auftrag kam die Kommission mit dem Vorschlag für eine Richtlinie über vergleichende Werbung am 28. Mai 1991[164] nach. Im Jahr 1997 wurde die Richtlinie 97/55/EG „zur Änderung der Richtlinie 84/450/EWG über irreführende Werbung zwecks Einbeziehung der vergleichenden Werbung"[165] erlassen. Die Richtlinie 84/450/EWG erhielt durch sie den Titel „... über irreführende und vergleichende Werbung". Im Jahr 2006 wurde die **Richtlinie über irreführende und vergleichende Werbung in einer kodifizierten Fassung** neu erlassen.[166] Im Rahmen der laufenden Novellierungsarbeiten (vgl. o. Rdn. 49f.) beabsichtigt die Kommission, die Definition des Begriffs der vergleichenden Werbung und seine Beziehung zu Rechten des Geistigen Eigentums der Mitbewerber, insbesondere Marken und Ursprungsbezeichnungen, zu überprüfen. Auch die Bedingungen, unter denen Werbung 53

---

[158] Skeptisch *Dutoit* in: Un droit européen de la concurrence déloyale en formation, S. 97, 105; *Springer* S. 49; *Ludwig* S. 261; *Münker* WRP 1996, 990; *Albrecht* WRP 1997, 926; *Dethloff* S. 12.

[159] Zweifelnd *Deutsch* GRUR 1996, 541, 542ff.

[160] Darin ist allerdings kein Versäumnis des Gesetzgebers der Richtlinie über irreführende und vergleichende Werbung zu erkennen. Zur Möglichkeit einer Harmonisierung der nationalen Gerichtsverfahren vgl. *Schelo,* Zur Rechtsangleichung im Europäischen Zivilprozessrecht: EG-Kompetenzen und Modellgesetz, 1999, passim.

[161] Vgl. beispielhaft den Fall *Direct Shopping,* ausführlich beschrieben bei *Micklitz* JCP 1993, 411ff.; *Kocher,* GRUR Int. 2002, 707ff. Vgl. zur Kritik an der Richtlinie i. ü. *Keilholz* GRUR Int. 1987, 390, 392; *ders.* FS Simon, S. 681, 688; *Schricker* GRUR Int. 1990, 112, 121; *Niederleithinger* AnwBl 1992, 337, 340ff.; *Henning-Bodewig* GRUR Int. 2002, 389, 393.

[162] *Keilholz* GRUR Int. 1987, 390ff.; *Tilmann* GRUR 1990, 87ff.

[163] Ebenso GA *Fennelly,* Schlussanträge Rdn. 27, zu EuGH Slg. 2000, I-117 – *Estée Lauder ./. Lancaster.*

[164] Vorschlag für eine Richtlinie des Rates über vergleichende Werbung und zur Änderung der Richtlinie 84/450 über irreführende Werbung, KOM (91) 147 endg., ABl. 1991 Nr. C 180/14.

[165] Richtlinie 97/55/EG des Europäischen Parlaments und des Rates vom 6. Oktober 1997 zur Änderung der Richtlinie 84/450/EWG über irreführende Werbung zwecks Einbeziehung der vergleichenden Werbung (97/55/EG), ABl. 1997 Nr. L 290/18.

[166] Richtlinie 2006/114/EG des Europäischen Parlaments und des Rates vom 12. Dezember 2006 über irreführende und vergleichende Werbung (kodifizierte Fassung), ABl. 2006 Nr. L 376/21.

rechtmäßig auf dem Vergleich von Preisen ausschließlich bestimmter Produktgruppen basieren kann, sollen geklärt werden.[167] Insgesamt sind aber keine Überraschungen zu erwarten. Vielmehr sollen auf der Grundlage der Rechtsprechung des Gerichtshofs bestimmte Aspekte der vergleichenden Werbung klargestellt werden.[168]

54 Mit der Richtlinie über vergleichende Werbung war für das deutsche Lauterkeitsrecht gesetzgebungstechnisch (Übergang vom Verbots- zum Missbrauchsprinzip) als auch inhaltlich (grundsätzliche Anerkennung der Zulässigkeit der vergleichenden Werbung) ein Paradigmenwechsel verbunden, der den Gesetzgeber, anders als im Zuge der Umsetzung der Irreführungsrichtlinie, zu massiven Eingriffen in das UWG (§ 2 UWG 2000) veranlasste. Deswegen und weil die Irreführungsrichtlinie im Hinblick auf die vergleichende Werbung einen Anspruch auf Totalharmonisierung stellt, werden die einschlägigen Vorschriften unten (III. Rdn. 118 ff.) im Zusammenhang dargestellt.

55 **c) Marktverhaltensregeln für den Fernabsatz.** *aa) Datenschutzrichtlinie für elektronische Kommunikation 2002.* Über das in Art. 13 Abs. 1 der am 12. Juli 2002 erlassenen **Datenschutzrichtlinie 2002/58 für elektronische Kommunikation**[169] zunächst niedergelegte Verbot der Werbung unter Verwendung von **Anrufmaschinen** und durch **Telefax** ohne vorherige Einwilligung bestand seit jeher breiter politischer Konsens.[170] Umstritten war aber die Behandlung anderer Formen unerwünschten Direktmarketings. Vor diesem Hintergrund erscheint bemerkenswert, dass Art. 13 Abs. 1[171] i. V. m. Art. 2 lit. h Richtlinie 2002/58 auch **E-Mail- und SMS- oder MMS-Werbung** ohne vorherige Einwilligung generell und ohne Einschränkungen nach dem Adressatenkreis verbietet. Das zugrundegelegte Regelungsmodell wird als ***opt-in*-Modell** bezeichnet, weil die potentiellen Adressaten sich positiv für den Erhalt von Werbebotschaften entscheiden können. Begründet wird dieses Vorgehen in Begründungserwägung 40 mit dem Harmonisierungsziel. Was damit gemeint ist, machte der Richtlinienvorschlag noch deutlicher: Die Koexistenz mit auf **Robinson-Listen** basierenden Schutzsystemen nach dem sog. ***opt-out-Modell,*** die ein Verbot von einer vorher ausdrücklich geäußerten Erklärung, keine Werbebotschaften erhalten zu wollen, abhängig machen, gestatte nicht die erwünschte Marktintegration, weil aus den E-Mail-Adressen häufig nicht hervorgehe, in welchen Mitgliedstaaten die Adressaten wohnten,[172] und die maßgeblichen Rechtsgrundsätze – insoweit greift das Herkunftslandprinzip der Richtlinie über den elektronischen Geschäftsverkehr nicht ein, vgl. deren Art. 3 Abs. 2 – von den Werbetreibenden daher nicht zu ermitteln seien. Zur Umsetzung der Richtlinie 2002/58 und anderer Richtlinien diente das Telekommunikationsgesetz vom 22. Juni 2004,[173] das am 26. Juni 2004 größtenteils in Kraft trat. Es wurde am

---

[167] Mitteilung der Kommission an das Europäische Parlament, den Rat, den Europäischen Wirtschafts- und Sozialausschuss und den Ausschuss der Regionen, Schutz von Unternehmen vor irreführenden Vermarktungspraktiken und Gewährleistung der wirksamen Durchsetzung Überarbeitung der Richtlinie 2006/114/EG über irreführende und vergleichende Werbung, COM[2012] 702 final, 4.2.

[168] Mitteilung der Kommission an das Europäische Parlament, den Rat, den Europäischen Wirtschafts- und Sozialausschuss und den Ausschuss der Regionen, Schutz von Unternehmen vor irreführenden Vermarktungspraktiken und Gewährleistung der wirksamen Durchsetzung Überarbeitung der Richtlinie 2006/114/EG über irreführende und vergleichende Werbung, COM[2012] 702 final, 5.2.1.

[169] Richtlinie 2002/58/EG des Europäischen Parlaments und des Rates vom 12. Juli 2002 über die Verarbeitung personenbezogener Daten und den Schutz der Privatsphäre in der elektronischen Kommunikation (Datenschutzrichtlinie für elektronische Kommunikation), ABl. 2002 Nr. L 201/37. Zuletzt geändert durch die Richtlinie 2009/136/EG des Europäischen Parlaments und des Rates vom 25. November 2009 zur Änderung der Richtlinie 2002/22/EG über den Universaldienst und Nutzerrechte bei elektronischen Kommunikationsnetzen und -diensten, der Richtlinie 2002/58/EG über die Verarbeitung personenbezogener Daten und den Schutz der Privatsphäre in der elektronischen Kommunikation und der Verordnung (EG) Nr. 2006/2004 über die Zusammenarbeit im Verbraucherschutz, ABl. 2009 Nr. L 337/11.

[170] Vgl. bereits Art. 10 Abs. 1 Richtlinie 97/7/EG des Europäischen Parlaments und des Rates vom 20. Mai 1997 über den Verbraucherschutz bei Vertragsabschlüssen im Fernabsatz – Erklärung des Rates und des Parlaments zu Artikel 6 Absatz 1 – Erklärung der Kommission zu Artikel 3 Absatz 1 erster Gedankenstrich, ABl. 1997 Nr. L 144/19.

[171] In der Fassung der Änderung durch die Richtlinie 2009/136/EG des Europäischen Parlaments und des Rates vom 25. November 2009 zur Änderung der Richtlinie 2002/22/EG über den Universaldienst und Nutzerrechte bei elektronischen Kommunikationsnetzen und -diensten, der Richtlinie 2002/58/EG über die Verarbeitung personenbezogener Daten und den Schutz der Privatsphäre in der elektronischen Kommunikation und der Verordnung (EG) Nr. 2006/2004 über die Zusammenarbeit im Verbraucherschutz, ABl. 2009 Nr. L 337/11.

[172] Vgl. Begründung Nr. 3 zum Vorschlag für eine Richtlinie des Europäischen Parlaments und des Rates über die Verarbeitung personenbezogener Daten und den Schutz der Privatsphäre in der elektronischen Kommunikation, ABl. 2000 Nr. C 365 E/223.

[173] BGBl. 2004, I S. 1190.

1. April 2007 durch das Telemediengesetz (TMG)[174] abgelöst, ohne dass die hier relevanten Regelungen geändert wurden.

56 Für andere als die in Art. 13 Abs. 1 Richtlinie 2002/58 genannten Werbemedien (automatische Anrufmaschinen, Telefax, elektronische Post), d. h. insbesondere die einfache **Telefonwerbung,** gestattet Art. 13 Abs. 3 allerdings – ebenso wie die Fernabsatzrichtlinie für Finanzdienstleistungen – den Mitgliedstaaten, **alternativ dem *opt-out-* oder dem *opt-in-*Modell** zu folgen.

57 *bb) Richtlinie über den Fernabsatz von Finanzdienstleistungen 2002.* Verträge, die den Fernabsatz von **Finanzdienstleistungen** betreffen, wurden trotz des anerkannten besonderen Schutzbedürfnisses gem. Art. 3 Abs. 1 1. Spiegelstrich der inzwischen durch die Verbraucherrechterichtlinie[175] aufgehobenen allgemeinen Fernabsatzrichtlinie[176] von ihrem gegenständlichen Anwendungsbereich **ausgenommen.** Damit sollte indes keine Privilegierung solcher Verträge bewirkt werden. Als **separates Regelungsinstrument** wurde am 23. September 2002 die **Richtlinie 2002/65/EG über den Fernabsatz von Finanzdienstleistungen**[177] erlassen. Sie trat am 9. Oktober 2002 in Kraft (vgl. Art. 22) und gilt noch heute.

58 Die von der Richtlinie 2002/65 aufgestellten **allgemeinen Marktverhaltensregeln** für den Fernabsatz von Finanzdienstleistungen entsprechen denjenigen der Datenschutzrichtlinie für die elektronische Kommunikation, d. h. der Einsatz von **automatischen Anrufmaschinen und Telefaxen** ist gem. Art. 10 Abs. 1 Richtlinie 2002/65 ohne vorherige Einwilligung des Verbraucher-Adressaten **verboten.** Im übrigen überlässt die Richtlinie über den Fernabsatz von Finanzdienstleistungen, obgleich sie gem. Art. 14 **formal** dem Prinzip der **Totalharmonisierung** verpflichtet ist, die **Behandlung anderer unerwünschter Mitteilungen** jedoch im Ergebnis ebenfalls dem **Gutdünken der Mitgliedstaaten,** die **alternativ** entweder dem in Deutschland und Österreich verfolgten ***opt-in-*Prinzip** (Werbemitteilung sind nur mit vorangegangener Zustimmung der Adressaten zulässig) oder dem vor allem in Großbritannien etablierten sog. ***opt-out-*Prinzip** (Werbemitteilungen sind zwar ohne vorherige Zustimmung der Adressaten zulässig; die Werbetreibenden müssen jedoch sog. „Robinson-Listen" beachten) folgen können, Art. 10 Abs. 2 Richtlinie 2002/65.[178] Damit bleibt der auf Verbraucher begrenzte Schutz der Richtlinie über den Fernabsatz von Finanzdienstleistungen gegen unerwünschte elektronische Post zwar hinter dem universell durch die Datenschutzrichtlinie für elektronische Kommunikation gewährten Schutz zurück.[179] Ein Konflikt entsteht daraus aber nicht, da gem. EGr. 26 S. 2 Richtlinie 2002/65 „die zusätzlichen Garantien unberührt bleiben, die dem Verbraucher aufgrund gemeinschaftsrechtlicher Regelungen über den Schutz der Privatsphäre und personenbezogener Daten zustehen". Ebenso wie im Hinblick auf die Regelung in der Datenschutzrichtlinie in der elektronischen Kommunikation auf die früher in Art. 10 Fernabsatzrichtlinie enthaltene Regel beim Erlass der Verbraucherrechterichtlinie verzichtet werden konnte (vgl. EGr. 61 VerbraucherrechteRL), hätte aber bei dieser Gelegenheit die ebenfalls überflüssige Regelung in Art. 10 Richtlinie 2002/65 aufgehoben werden können.

59 *cc) Richtlinie über den elektronischen Geschäftsverkehr 2000.* Die **Richtlinie 2000/31 über den elektronischen Geschäftsverkehr**[180] enthält ebenfalls ihrer Struktur nach lauterkeitsrechtliche Regelungen in Art. 7. Gemäß Absatz 1 der Vorschrift müssen durch **elektronische Post** (E-Mail) übermittelte **unerbetene kommerzielle Kommunikationen** bei Eingang beim Nutzer **klar und unzweideutig als solche bezeichnet** sein. Darüber hinausgehend werden die Mitgliedstaaten in Art. 7 Abs. 2 Richtlinie 2000/31 dazu verpflichtet sicherzustellen, dass Diensteanbieter, die unerbetene kommerzielle Informationen durch elektronische Post übermitteln, regelmäßig sog. **„Robin-**

---

[174] Art. 1 des Gesetzes zur Vereinheitlichung von Vorschriften über bestimmte elektronische Informations- und Kommunikationsdienste (Elektronischer-Geschäftsverkehr-Vereinheitlichungsgesetz – ElGVG), BGBl. 2007, I S. 179.

[175] Richtlinie 2011/83/EU des Europäischen Parlaments und des Rates vom 25. Oktober 2011 über die Rechte der Verbraucher, zur Änderung der Richtlinie 93/13/EWG des Rates und der Richtlinie 1999/44/EG des Europäischen Parlaments und des Rates sowie zur Aufhebung der Richtlinie 85/577/EWG des Rates und der Richtlinie 97/7/EG des Europäischen Parlaments und des Rates, ABl. 2011 Nr. L 304/64.

[176] Richtlinie 97/7/EG des Europäischen Parlamentes und des Rates vom 20. Mai 1997 über den Verbraucherschutz bei Vertragsabschlüssen im Fernabsatz, ABl. 1997 Nr. L 144/19.

[177] Richtlinie 2002/65/EG des Europäischen Parlaments und des Rates vom 23. September 2003 über den Fernabsatz von Finanzdienstleistungen an Verbraucher und zur Änderung der Richtlinie 90/619/EWG des Rates und der Richtlinien 97/7/EG und 98/27/EG, ABl. 2002 Nr. L 271/16.

[178] Vgl. dazu im einzelnen *Glöckner* ELR 2003, 26.

[179] Zutr. bereits *Leistner/Pothmann* WRP 2003, 815, 823 ff.

[180] Richtlinie 2000/31/EG des Europäischen Parlaments und des Rates vom 8. Juni 2000 über bestimmte rechtliche Aspekte der Dienste der Informationsgesellschaft, insbesondere des elektronischen Geschäftsverkehrs, im Binnenmarkt („Richtlinie über den elektronischen Geschäftsverkehr"), ABl. 2000 Nr. L 178/1.

son-Listen" konsultieren, in die sich natürliche Personen eintragen können, die keine derartigen Informationen zu erhalten wünschen, und dass die Diensteanbieter diese Listen beachten. Durch Art. 7 Abs. 2 Richtlinie 2000/31 wird jedoch nicht etwa das *Opt-out*-System im Bereich der E-Mail-Werbung materiellrechtlich vorgegeben. Die Standards der Datenschutzrichtlinie für elektronische Kommunikation bzw. der Fernabsatzrichtlinie für Finanzdienstleistungen werden nicht modifiziert. Die Regelung in Art. 7 Abs. 2 Richtlinie 2000/31 geht vielmehr davon aus, dass die nationalen Rechtsordnungen dem *Opt-out*-System folgen. Wenn das der Fall ist, muss die Beachtung der Robinson-Listen gewährleistet sein. Für Mitgliedstaaten, die nach den Vorgaben der Fernabsatzrichtlinien zulässigerweise dem *Opt-in*-System folgen, hatte die Vorschrift von vornherein keinen Anwendungsbereich.[181] Durch die später erlassene Datenschutzrichtlinie für elektronische Kommunikation und deren allgemeines Verbot unerwünschter elektronischer Post in Art. 13 Abs. 1 geht die Vorschrift auch im Hinblick auf diejenigen Mitgliedstaaten, die ursprünglich dem *Opt-out*-System folgten, seit deren Umsetzung weitgehend ins Leere.

60 Die Art. 12 bis 15 Richtlinie 2000/31 enthalten zudem die **Regelungen zur Verantwortlichkeit der Anbieter**[182] und erlangen für das Lauterkeitsrecht auf der **Sanktionenseite** Relevanz. Die Richtlinie will mit den Bestimmungen zur Verantwortlichkeit sämtliche Haftungsbereiche erfassen, also das Urheberrecht ebenso wie das Marken- und Lauterkeitsrecht, und versteht sich damit als Querschnitts- oder „horizontale Regelung". Ihr Anwendungsbereich ist beschränkt auf „in der Regel gegen Entgelt" erbrachte Dienstleistungen, wie sich aus der Verweisung innerhalb der Definition des Begriffs der „Dienste der Informationsgesellschaft" in Art. 2 lit. a Richtlinie 2000/31 auf Art. 1 Nr. 2 der sog. **Transparenzrichtlinie**[183] ergibt. Die Haftungsvorschriften in der Richtlinie über elektronischen Geschäftsverkehr knüpfen an die technischen Gegebenheiten *(caching, hosting)* an. Die reine **Durchleitung** soll gem. Art. 12 im Regelfall keine Haftung begründen. Unterlassungsansprüche des Geschädigten müssen von der Privilegierung ausgenommen werden. Die Betreiber von E-Mail-Diensten werden damit zwar von der Haftung freigestellt, bei Anbietern von *mailing lists* ist die Rechtslage demgegenüber zweifelhaft. Jedenfalls bei moderierten *mailing lists* greift die Haftungsprivilegierung in Art. 12 nicht ein.[184] Die europäische Lösung stellt hinsichtlich des *Caching* und des *Hosting* in den Art. 13 und 14 unterschiedliche Bedingungen auf. Artikel 14 Richtlinie 2000/31 verlangt, dass der Anbieter beim ***Hosting*** unverzüglich tätig wird, um die Information zu entfernen oder den Zugang zu ihr zu sperren, nachdem er erfahren hat oder ihm bewusst geworden ist, dass die Tätigkeit rechtswidrig ist. Schutzbehauptungen im Hinblick auf die Kenntnis der Rechtswidrigkeit wird dadurch vorgebeugt, dass die Kenntnis von Tatsachen oder Umständen, aus denen die Rechtswidrigkeit offensichtlich wird, zur Begründung der zivilrechtlichen Haftung auf Schadensersatz ausreicht. Überwachungspflichten im Hinblick auf die Inhalte werden in Art. 15 Richtlinie 2000/31 ausdrücklich ausgeschlossen. Die **Haftung für Hyperlinks** wird nicht geregelt.[185] Zur Umsetzung wurde das Gesetz über rechtliche Rahmenbedingungen für den elektronischen Geschäftsverkehr vom 14. Dezember 2001 erlassen,[186] das am 21. Dezember 2001 in Kraft trat. Die Regelung in Art. 7 Abs. 2 Richtlinie 2000/31 ist in Deutschland gegenstandslos. Artikel 7 Abs. 1 findet sich in § 7 Abs. 2 Nr. 4 UWG. Die Vorschriften über die Haftung wurden ohne Änderungen in den §§ 7ff. TMG[187] übernommen. Auf dieser Grundlage wird etwa die Haftung von Portalbetreibern begrenzt:[188] Der Annahme einer allgemeinen Prüfungspflicht von Diensteanbietern im Sinne der §§ 8 bis 10 TMG für die von Nutzern auf ihre Server eingestellten fremden Daten stehen § 7 Abs. 2 Satz 1 TMG bzw. Art. 15 Abs. 1 Richtlinie 2000/31 entgegen. Danach sind Überwachungspflichten allgemeiner Art ausgeschlossen. Dem Betreiber eines Bewertungsportals ist grundsätzlich nicht zuzumuten, jeden Beitrag vor der Veröffentlichung im Internet

---

181 Wie hier *Dethloff* S. 31.

182 Vgl. dazu *Holznagel/Holznagel* K&R 1999, 103ff.

183 Richtlinie 98/34/EG des Europäischen Parlaments und des Rates vom 22. Juni 1998 über ein Informationsverfahren auf dem Gebiet der Normen und technischen Vorschriften, ABl. 1998 Nr. L 204/37, geändert durch die Richtlinie 98/48/EG, ABl. 1998 Nr. L 217/18: „Dienstleistung der Informationsgesellschaft, d.h. jede in der Regel gegen Entgelt elektronisch im Fernabsatz und auf individuellen Abruf eines Empfängers erbrachte Dienstleistung."

184 *Spindler* MMR 1999, 199, 201. Zur Umsetzung im TDG vgl. *ders.* NJW 2002, 921; *Spindler/Volkmann* WRP 2003, 1.

185 BGH v. 18.6.2015, I ZR 74/14 – *Haftung für Hyperlink,* Rdn. 14.

186 BGBl. 2001, I S. 3721.

187 Art. 1 des Gesetzes zur Vereinheitlichung von Vorschriften über bestimmte elektronische Informations- und Kommunikationsdienste (Elektronischer-Geschäftsverkehr-Vereinheitlichungsgesetz – ElGVG), BGBl. 2007, I S. 179.

188 BGHZ 191, 19 Rn. 23 – *Stiftparfüm.*

auf eine mögliche Rechtsverletzung hin zu untersuchen. Nicht ausgeschlossen sind hingegen Überwachungspflichten in spezifischen Fällen.[189] Für eine erhöhte Prüfungspflicht spricht insbesondere, wenn der Betreiber bei seiner Tätigkeit Rechtsverletzungen in erheblichem Umfang Vorschub leistet oder sie durch eigene Maßnahmen fördert.[190]

d) Europarechtliche Werberegelungen. Einen erheblichen Anteil des vom Lauterkeitsrecht angesprochenen Marktverhaltens machen die verschiedenen Formen der Werbung aus. Auch **europarechtliche Werberegelungen**[191] haben daher z. T. lauterkeitsrechtliche Inhalte. **61**

aa) Fernsehrichtlinie 1989/97 – Richtlinie über audiovisuelle Mediendienste 2007/2010. Im Jahr 1989 entstand die **Fernsehrichtlinie**[192] parallel zur **Europaratskonvention** über grenzüberschreitendes Fernsehen vom 15. März 1989,[193] die ähnliche Grundsätze niederlegt. Die Fernsehrichtlinie wurde im Jahr 1997 durch die Richtlinie 97/36[194] an die in der Zwischenzeit eingetretenen tatsächlichen und rechtlichen Veränderungen angepasst. Dabei ging es vor allem darum, die Werberegelungen auf Teleshopping-Veranstaltungen zu erstrecken. Am 11. Dezember 2007 wurde eine neue Richtlinie „Audiovisuelle Mediendienste ohne Grenzen" verabschiedet.[195] Mit der Neuregelung sollte vor allem der **Medienkonvergenz** Rechnung getragen werden. Der Titel der Fernsehrichtlinie wurde daher zunächst geändert und bezieht sich seither auf „audiovisuelle Mediendienste", Art. 1 Nr. 1 der Änderungsrichtlinie. Im Jahr 2010 wurde die geänderte Richtlinie in kodifizierter Form als **Richtlinie 2010/13 über audiovisuelle Mediendienste** neu erlassen.[196] **62**

Werberegelungen finden sich nunmehr zunächst in den allgemeinen Vorschriften für alle audiovisuellen Mediendienste. Diese gelten gem. Art. 2 Abs. 1 Richtlinie 2010/13 **unabhängig vom verwendeten Medium** innerhalb des Anwendungsbereichs der Richtlinie. **„Audiovisuelle Mediendienste"** sind gem. Art. 1 Abs. 1 lit. a Richtlinie 2010/13 Dienstleistungen, für die ein Mediendiensteanbieter die redaktionelle Verantwortung trägt und deren Hauptzweck die Bereitstellung von Sendungen zur Information, Unterhaltung oder Bildung der allgemeinen Öffentlichkeit über elektronische Kommunikationsnetze im Sinne des Art. 2 lit. a der Richtlinie 2002/21/EG ist. Bei diesen audiovisuellen Mediendiensten handelt es sich entweder um Fernsehprogramme oder um audiovisuelle Mediendienste auf Abruf und/oder die audiovisuelle kommerzielle Kommunikation. Die Dienstleistung beruht demgemäß auf **„Sendungen"**, worunter eine Abfolge von bewegten Bildern mit oder ohne Ton verstanden wird. **63**

Audiovisuelle kommerzielle Kommunikation muss gem. Art. 9 Abs. 1 lit. a Richtlinie 2010/13 leicht als solche zu erkennen sein; **„Schleichwerbung"**[197] ist verboten. Gemäß Art. 9 Abs. 1 lit. b Richtlinie 2010/13 dürfen in der kommerziellen Kommunikation **keine subliminalen Techniken** eingesetzt werden. **Product Placement** ist zwar gem. Art. 11 Abs. 1, 2 Richtlinie 2010/13 für alle ab dem 19. Dezember 2009 produzierten Sendungen im Grundsatz verboten; die Ausnahmeregelung in Art. 11 Abs. 3 Richtlinie 2010/13 gestattet indes das Product Placement in an Erwachsene **64**

---

[189] BGH GRUR 2015, 1129 – *Hotelbewertungsportal,* Rdn. 31.

[190] BGH GRUR 2013, 1030 – *File-Hosting-Dienst,* Rdn. 44; BGH ZUM-RD 2013, 565 – *Prüfpflichten,* Rdn. 31; BGH GRUR 2015, 1129 – *Hotelbewertungsportal,* Rdn. 36.

[191] Vgl. dazu *Perau* S. 67 ff.; *Meyer* in: Neuordnung des Wettbewerbsrechts, S. 93 ff.

[192] Richtlinie 89/552/EWG des Rates vom 3. Oktober 1989 zur Koordinierung bestimmter Rechts- und Verwaltungsvorschriften der Mitgliedstaaten über die Ausübung der Fernsehtätigkeit, ABl. 1989 Nr. L 298/23.

[193] European Convention on Transfrontier Television v. 5. Mai 1989, abgeändert durch das Protocol amending the European Convention on Transfrontier Television ETS No. 171, in Kraft seit dem 1.3.2002, bereitgehalten unter <http://conventions.coe.int/Treaty/EN/Treaties/Html/132.htm>, (site zul. besucht am 10.12.2015).

[194] Richtlinie 97/36/EG des Europäischen Parlaments und des Rates vom 30. Juni 1997 zur Änderung der Richtlinie 89/552/EWG des Rates zur Koordinierung bestimmter Rechts- und Verwaltungsvorschriften der Mitgliedstaaten über die Ausübung der Fernsehtätigkeit, ABl. 1997 Nr. L 202/60, mittlerweile aufgehoben durch die Richtlinie 2010/13/EU des Europäischen Parlaments und des Rates vom 10. März 2010 zur Koordinierung bestimmter Rechts- und Verwaltungsvorschriften der Mitgliedstaaten über die Bereitstellung audiovisueller Mediendienste (Richtlinie über audiovisuelle Mediendienste), ABl. 2010 Nr. L 95/1.

[195] Richtlinie 2007/65/EG des Europäischen Parlaments und des Rates vom 11. Dezember 2007 zur Änderung der Richtlinie 89/552/EWG des Rates zur Koordinierung bestimmter Rechts- und Verwaltungsvorschriften der Mitgliedstaaten über die Ausübung der Fernsehtätigkeit, ABl. 2007 Nr. L 332/27.

[196] Richtlinie 2010/13/EU des Europäischen Parlaments und des Rates vom 10. März 2010 zur Koordinierung bestimmter Rechts- und Verwaltungsvorschriften der Mitgliedstaaten über die Bereitstellung audiovisueller Mediendienste (Richtlinie über audiovisuelle Mediendienste), ABl. 2010 Nr. L 95/1.

[197] Die Richtlinie definiert in Art. 1 lit. j Schleichwerbung als die Erwähnung oder Darstellung von Waren, Dienstleistungen, Namen, Marke oder Tätigkeiten eines Herstellers von Waren oder eines Erbringers von Dienstleistungen in Sendungen, wenn sie vom Mediendiensteanbieter absichtlich zu Werbezwecken vorgesehen ist und die Allgemeinheit über ihren eigentlichen Zweck irreführen kann. Eine Erwähnung oder Darstellung gilt insbesondere dann als beabsichtigt, wenn sie gegen Entgelt oder eine ähnliche Gegenleistung erfolgt.

gerichteten Kinofilmen, Filmen und Serien, Sportsendungen und Sendungen der leichten Unterhaltung, wenn kein Entgelt geleistet wurde und auf das Product Placement hingewiesen wird, vgl. im einzelnen die Anforderungen in Art. 11 Abs. 3, UAbs. 2 Richtlinie 2010/13. Die Einhaltung des Trennungsprinzips wird bei gesponserten[198] Sendungen besonders problematisch.[199] Dazu stellt Art. 10 Richtlinie 2010/13 besondere Anforderungen an zulässiges **Sponsoring.**

65 In Art. 9 Abs. 1 lit. c Richtlinie 2010/13 werden bestimmte Werbeformen aus allgemeinen **gesellschaftspolitischen Erwägungen** verboten. Damit wird z. T. über den traditionell verstandenen Regelungsbereich des Lauterkeitsrechts hinausgegangen: Audiovisuelle kommerzielle Kommunikation darf nicht die **Menschenwürde** verletzen, keine **Diskriminierungen** nach Rasse, Geschlecht oder ethnischer Herkunft, Staatsangehörigkeit, Religion oder Glauben, Behinderungen, Alter oder sexueller Ausrichtung beinhalten oder fördern sowie keine Verhaltensweisen fördern, welche die **Gesundheit** oder **Sicherheit** oder den **Schutz der Umwelt** gefährden.

66 Die Art. 9 Abs. 1 lit. d–f Richtlinie 2010/13 enthalten schließlich **gegenständlich anknüpfende Werbeverbote.** Gemäß Art. 9 Abs. 1 lit. d r Richtlinie 2010/13 ist jede Form der audiovisuellen kommerziellen Kommunikation für **Zigaretten und andere Tabakerzeugnisse** untersagt. Weiter darf gem. Art. 9 Abs. 1 lit. e Richtlinie 2010/13 für **alkoholische Getränke** weder speziell an Minderjährige gerichtet sein noch den übermäßigen Genuss solcher Getränke fördern. Audiovisuelle kommerzielle Kommunikation für **verschreibungspflichtige Arzneimittel und Behandlungen** ist gem. Art. 9 Abs. 1 lit. f Richtlinie 2010/13 untersagt. Die Werbeverbote für Tabak und Arzneimittel werden durch das an die Hersteller solcher Erzeugnisse gerichtete Verbot des Sponsoring in Art. 10 Abs. 2, 3 Richtlinie 2010/13 abgesichert.

67 Artikel 9 Abs. 1 lit. g Richtlinie 2010/13 dient unmittelbar dem **Jugendschutz.** Auf eine Generalklausel, wonach die audiovisuelle kommerzielle Kommunikation weder zur **körperlichen oder seelischen Beeinträchtigung Minderjähriger** führen darf, werden im einzelnen folgende Anforderungen zum Schutz Minderjähriger aufgestellt: Minderjährige dürfen zunächst **keinen direkten Kaufappellen** ausgesetzt werden, die ihre Unerfahrenheit und Leichtgläubigkeit ausnutzen, und sie dürfen auch **nicht unmittelbar** dazu **aufgefordert werden, ihre Eltern oder Dritte zum Kauf der beworbenen Ware oder Dienstleistung zu bewegen.** Weiter darf nicht das **besondere Vertrauen** ausgenutzt werden, das Minderjährige zu Eltern, Lehrern und anderen Vertrauenspersonen haben. Schließlich dürfen Minderjährige nicht ohne berechtigten Grund **in gefährlichen Situationen** gezeigt werden.

68 In ihrem Kapitel VII enthält die Richtlinie **besondere Schranken für die Fernsehwerbung** sowie das **Teleshopping** sowohl in qualitativer als auch in quantitativer Hinsicht. Artikel 19 Richtlinie 2010/13 gibt die **qualitativen Mindestanforderungen** vor, denen Fernsehwerbung stets zu genügen hat, und konkretisiert zugleich das **Gebot redaktioneller Trennung:**[200] Fernsehwerbung und Teleshopping müssen als solche leicht erkennbar und durch optische und/oder akustische und/oder räumliche Mittel eindeutig von anderen Programmteilen getrennt sein, Art. 19 Abs. 1 Richtlinie 2010/13. Einzeln gesendete Werbe- und Teleshoppingspots müssen gem. Art. 19 Abs. 2 Richtlinie 2010/13 die Ausnahme bilden.

69 *bb) Humanarzneimittelrichtlinie 2001.* Bereits die Fernsehrichtlinie hatte die Fernsehwerbung für verschreibungspflichtige Arzneimittel verboten. Der europäische Gesetzgeber fand, dass dieser Grundsatz auf die übrigen Medien auszudehnen sei und erließ zu diesem Zweck im Jahr 1992 die Arzneimittelwerbungsrichtlinie,[201] deren Regelungen sich nunmehr in der **Humanarzneimittelrichtlinie 2001/83**[202] befinden (dazu und zur Umsetzung vgl. *v. Jagow,* Einl I Rdn. 44 ff.). Die Richtlinie unterscheidet die in Art. 88 ff. geregelte **Öffentlichkeitswerbung** von der in Art. 91 ff. geregelten **Werbung bei den im Gesundheitswesen tätigen Personen.**

---

[198] Sponsoring ist gem. Art. 1 lit. k Richtlinie 2010/13 jeder Beitrag von nicht im Bereich der Produktion von audiovisuellen Werken tätigen öffentlichen oder privaten Unternehmen zur Finanzierung von audiovisuellen Mediendiensten oder Sendungen mit dem Ziel, ihren Namen, ihre Marke, ihr Erscheinungsbild, ihre Tätigkeiten oder ihre Leistungen zu fördern.

[199] Vgl. dazu *Henning-Bodewig* in: Werbung und Werbeverbote, S. 170 ff.

[200] Vgl. dazu *Castendyk* in: Werbung und Werbeverbote, S. 151, 158 ff.; EuGH, Rs. C-314/14 – *Sanoma Media Finland Oy/Nelonen Media.*

[201] Richtlinie 92/28/EWG des Rates vom 31. März 1992 über die Werbung für Humanarzneimittel, ABl. 1992 Nr. L 113/13 Rdn. 4.

[202] Richtlinie 2001/83/EG des Europäischen Parlaments und des Rates vom 6. November 2001 zur Schaffung eines Gemeinschaftskodexes für Humanarzneimittel, ABl. Nr. L 311/67, zuletzt geändert durch Richtlinie 2012/26/EU des Europäischen Parlaments und des Rates vom 25. Oktober 2012 zur Änderung der Richtlinie 2001/83/EG hinsichtlich der Pharmakovigilanz, ABl. 2012 Nr. L 299/1. Konsolidierte Fassung v. 16.11. 2012.

Gemäß Art. 88 Abs. 1 Richtlinie 2001/83 ist die **Öffentlichkeitswerbung** für Arzneimittel, die nur auf **ärztliche Verschreibung** abgegeben werden dürfen oder die **psychotrope Substanzen oder Suchtstoffe** im Sinne der internationalen Übereinkommen enthalten, **stets unzulässig.** Gleiches gilt gem. Art. 88 Abs. 2 Richtlinie 2001/83 für Arzneimittel, die nach ihrer Zusammensetzung und Zweckbestimmung so beschaffen und konzipiert sind, dass sie ohne Tätigwerden eines Arztes für die Diagnose, Verschreibung oder Behandlung nicht verwendet werden können. 70

Zulässig bleibt gem. Art. 88 Abs. 2 Richtlinie 2001/83 nur **Öffentlichkeitswerbung** für Arzneimittel, die nach ihrer Zusammensetzung und Zweckbestimmung so beschaffen und konzipiert sind, dass sie **ohne Tätigwerden eines Arztes** für die Diagnose, Verschreibung oder Behandlung verwendet werden können. Im Übrigen unterliegt die **zulässige Öffentlichkeitswerbung** strengen Anforderungen: Artikel 89 Abs. 1 lit. a, b Richtlinie 2001/83 statuieren zunächst detaillierte **Informationspflichten.** In Art. 90 Richtlinie 2001/83 wird das Irreführungsverbot des Art. 87 Abs. 3 Richtlinie 2001/83 im Hinblick auf die besondere **suggestive Wirkung** (vgl. die Formulierung „nahe legen") einer Arzneimittelwerbung konkretisiert. Zunächst darf Öffentlichkeitswerbung für ein Arzneimittel keine Elemente enthalten, die eine **ärztliche Untersuchung** oder einen chirurgischen Eingriff als **überflüssig** erscheinen lassen, insbesondere dadurch, dass sie eine Diagnose anbietet oder eine Behandlung auf dem Korrespondenzwege empfiehlt (lit. a). Die Werbung darf weiterhin weder nahelegen, dass die Wirkung des Arzneimittels **ohne Nebenwirkungen** garantiert wird oder einer anderen Behandlung oder einem anderen Arzneimittel entspricht oder **überlegen** ist (lit. b), noch dass die normale gute Gesundheit des Patienten durch die Verwendung des Arzneimittels verbessert (lit. c) oder im Falle der Nichtverwendung des Arzneimittels beeinträchtigt werden könnte (lit. d). 71

Öffentlichkeitswerbung darf darüber hinaus keine Umstände enthalten, die ausschließlich oder hauptsächlich für **Kinder** gelten (lit. d). Die **Ausnutzung fachlicher Autorität** durch Bezugnahme auf eine Empfehlung von Wissenschaftlern, von im Gesundheitswesen tätigen Personen oder von Personen, die aufgrund ihrer Bekanntheit zum Arzneimittelverbrauch anregen können, ist ebenso unzulässig (lit. e). Dasselbe gilt für die **Verharmlosung der von Arzneimittel ausgehenden Gefahren** durch die Gleichsetzung mit einem Lebensmittel, einem kosmetischen Mittel oder anderen Gebrauchsgütern (lit. g). 72

Im Hinblick auf die irreführende Tendenz des Begriffs ist es unzulässig nahezulegen, die Sicherheit oder Wirksamkeit des Arzneimittels sei darauf zurückzuführen, dass es sich um ein **„Naturprodukt"** handle (lit. h). Genauso unzulässig ist es, durch eine ausführliche Beschreibung oder Darstellung der Anamnese zu einer falschen **Selbstdiagnose** zu verleiten (lit. i). Generalklauselartig werden im übrigen die missbräuchliche, besorgniserregende oder irreführende Bezugnahme auf **Genesungsbescheinigungen** (***„testimonials"***; lit. i) und die Verwendung **bildlicher Darstellungen** der Veränderungen des menschlichen Körpers aufgrund von Krankheiten oder Schädigungen oder der Wirkung eines Arzneimittels im menschlichen Körper oder in Körperteilen (lit. j) verboten. 73

In Art. 91 ff. Richtlinie 2001/83 wird die **Werbung bei den im Gesundheitswesen tätigen Personen** geregelt. Die Richtlinie wechselt hier die Perspektive. An die Stelle des unkundigen und leicht zu beeinflussenden Patienten tritt das sachkundige Fachpersonal. Insoweit konnte der Gesetzgeber es bei der **Absicherung hinreichender Informationsmöglichkeiten** belassen. Gemäß Art. 91 Richtlinie 2001/83 muss jede Werbung für ein Arzneimittel bei den zu seiner Verschreibung oder Abgabe berechtigten Personen die wesentlichen Informationen im Einklang mit der Zusammenfassung der Produkteigenschaften und die Einstufung des Arzneimittels hinsichtlich der Abgabe umfassen. 74

Im Vorabentscheidungsverfahren *Gintec* ging es um die Frage, ob die Richtlinie nur einen Mindest- oder zugleich einen abschließenden Höchststandard für die Verbote der Öffentlichkeitswerbung für Arzneimittel setzt.[203] Der *Gintec International Import-Export GmbH* wurde im Ausgangsverfahren vorgeworfen, dass die Werbung für ihr frei verkäufliches Arzneimittel *„Roter Ginseng"* verbotene Hinweise auf Äußerungen Dritter im Sinne von § 11 Abs. 1 Nr. 11 HWG enthalte, soweit mit Ergebnissen einer Konsumentenbefragung geworben wurde. Das vorlegende Gericht stellte die Frage nach dem Grad der mit der Richtlinie erreichten Harmonisierung, um eine Regelung wie § 11 Abs. 1 Nr. 11 HWG beurteilen zu können. 75

Für eine unvollständige Harmonisierung des Bereichs der Arzneimittelwerbung wurde unter anderem EGr. 42. Richtlinie 2001/83 angeführt, wonach Maßnahmen, die aufgrund der Irreführungsrichtlinie[204] getroffen wurden, durch die Richtlinie nicht berührt werden dürfen. Dass Art. 7 IrreführungsRL 1997 den Mitgliedstaaten gestatte, Bestimmungen aufrechtzuerhalten oder zu erlassen, lasse den beschränkten Grad der mit der Richtlinie 2001/83 erreichten Harmonisierung erkennen. 76

---

[203] EuGH GRUR 2008, 267 – *Gintec,* Slg. 2007, I-9517.

[204] Die Richtlinie 84/450/EWG wurde durch die Richtlinie 2006/114/EG kodifiziert, vgl. o. Rdn. 48 ff.

77 Der EuGH entgegnete demgegenüber, dass die Irreführungsrichtlinie unbeschadet der Rechtsvorschriften der Gemeinschaft gelte, die auf die Werbung für bestimmte Waren oder Dienstleistungen anwendbar sind. Da die Richtlinie 2001/83 spezielle Vorschriften über die Arzneimittelwerbung enthalte, stelle sie eine Sonderregelung gegenüber der in der Irreführungsrichtlinie vorgesehenen allgemeinen Regelung des Schutzes gegen irreführende Werbung dar. Die Mindestharmonisierung der Richtlinie über irreführende und vergleichende Werbung sei daher für die Frage, wie weit die Harmonisierung der Humanarzneimittelrichtlinie gehe, unerheblich (EuGH – *Gintec,* Rdn. 31).

78 Vielmehr kam der EuGH zu dem Ergebnis, „dass mit der Richtlinie 2001/83 eine vollständige Harmonisierung des Bereichs der Arzneimittelwerbung erfolgt ist, wobei die Fälle, in denen die Mitgliedstaaten befugt sind, Bestimmungen zu erlassen, die von der in dieser Richtlinie getroffenen Regelung abweichen, ausdrücklich aufgeführt sind. Die Richtlinie ist somit dahin auszulegen, dass ein Mitgliedstaat in seinen innerstaatlichen Rechtsvorschriften kein uneingeschränktes und unbedingtes Verbot vorsehen darf, in der Öffentlichkeitswerbung für Arzneimittel Äußerungen Dritter zu verwenden, während deren Verwendung nach der Richtlinie nur wegen ihres konkreten Inhalts oder der Eigenschaft ihres Urhebers eingeschränkt werden darf" (EuGH – *Gintec,* Rdn. 39). Der Bundesgerichtshof geht inzwischen gleichfalls von der Totalharmonisierung aus.[205]

79 Gleichwohl bereitet das *per se*-Verbot des Art. 88 Richtlinie 2001/83 Schwierigkeiten, wie die Entscheidung *MSD Sharp & Dohme* des EuGH zeigt.[206] MSD Sharp & Dohme hatte als Herstellerin mehrerer verschreibungspflichtiger Medikamente deren Beipackzettel im Internet veröffentlicht. Fraglich ist, ob darin bereits gem. Art. 88 Richtlinie 2001/83 verbotene Werbung zu erkennen ist. Auf die Vorlage des Bundesgerichtshofs[207] befand der EuGH, dass die Veröffentlichung der Beipackzettel keine Werbung sei. Dies erstaunt einerseits, da die Veröffentlichung von Informationsmaterial zu gewerblich vertriebenen Produkten auf der Website des Herstellers jedenfalls zumindest mittelbar den Verkauf von Arzneimitteln zu fördern geeignet ist und damit nach allgemeinen Grundsätzen eine Information darstellt, die gem. Art. 86 Richtlinie 2001/83 als Arzneimittelwerbung einzustufen wäre. Andererseits macht der Fall überdeutlich, dass der weite Werbungsbegriff in Verbindung mit dem *per se*-Verbot des Art. 88 zu überschießenden und dysfunktionalen Beschränkungen führt. Das Verbot der Öffentlichkeitswerbung in Art. 88 Richtlinie 2001/83 wird gerade mit den Gesundheitsgefahren gerechtfertigt, die von einer Selbstmedikation durch unkundige Patienten ausgeht. Ein Verbot der Veröffentlichung der – einem Zulassungsverfahren unterliegenden – Beipackzettel hätte im Hinblick auf dieses Ziel kontraproduktive Wirkung: Beipackzettel gehen häufig verloren, wodurch die Gefahr einer uninformierten Selbstmedikation und die damit verbundenen Risiken steigen. Die Zugänglichmachung der Beipackzettel im Internet minimiert diese Risiken. Zugleich tritt der Werbecharakter der Veröffentlichung der Beipackzettel im Internet weitgehend in den Hintergrund. Der EuGH begründete die Ausnahme des streitigen Verhaltens vom Werbebegriff mit dem fehlenden Werbeziel, welches bei der Veröffentlichung der Packungsbeilagen im Internet nicht gegeben sei. Denn es handle sich hierbei um Informationen, die nur demjenigen zugänglich seien, der sich um sie bemühe („Pull-Dienste"), damit unterscheide sich das Verhalten maßgeblich von Informationen mit denen sich der Nutzer unaufgefordert konfrontiert sehe („Push-Dienste", also Pop-Up-Fenster, etc.). Dieser Zugang setzt sich indes in krassen Widerspruch zur bislang allgemeinen Auffassung, die vom Werbecharakter aller gewerblichen Websites ausgeht. Mit gleichem Ergebnis, aber anderer und besserer Begründung argumentierte GA *Trstenjak.* Sie legte die Richtlinie 2001/83 grundrechtskonform aus und gelangte so zu dem Ergebnis, dass das streitgegenständliche Verhalten vom Arzneimittelwerbebegriff auszunehmen sei.[208] Ähnlich hatte bereits der Bundesgerichtshof in der Begründung der Vorlagefrage einen Ausweg in Richtung einer Güter- und Interessenabwägung und einer teleologischen Reduktion des Arzneimittelwerbebegriffes gesucht.[209]

80 *cc) Tabakwerbungsrichtlinien 1998/2003.* Die **Tabakwerbungsrichtlinie** 1998/43[210] statuierte ein generelles Verbot jeder Form der Werbung für und des Sponsoring zugunsten von Tabakerzeugnis-

---

205 BGH GRUR 2012, 1058 – *Euminz,* Rdn. 10.

206 EuGH MMR 2011, 529 – *MSD Sharp & Dohme ./. Merckle GmbH,* Slg. 2011, I-3249.

207 BGH GRUR 2009, 988 – *Arzneimittelpräsentation im Internet.*

208 GA *Trstenjak* Schlussanträge Rdn. 60 ff. zu EuGH v. 5.5.2011, C-316/09 – *MSD Sharp & Dohme ./. Merckle GmbH,* Slg. 2011, I-3249.

209 Vgl. BGH GRUR 2009, 988 – *Arzneimittelpräsentation im Internet,* Rdn. 10 ff.

210 Richtlinie 98/43/EG des Europäischen Parlaments und des Rates vom 6. Juli 1998 zur Angleichung der Rechts- und Verwaltungsvorschriften der Mitgliedstaaten über Werbung und Sponsoring zugunsten von Tabakerzeugnissen, ABl. 1998 Nr. L 213/9, für nichtig erklärt durch EuGH GRUR 2001, 67 – *Bundesrepublik Deutschland ./. Parlament und Rat,* Slg. 2000, I-8419.

sen in der Gemeinschaft.[211] Auf eine Klage der Bundesrepublik Deutschland hin beanstandete der **EuGH** jedoch die gewählte Rechtsgrundlage[212] und erklärte die Richtlinie insgesamt für **nichtig.** Allerdings wies er darauf hin, dass auf der Grundlage von Art. 100a EGV (nunmehr Art. 110 AEUV) der Erlass einer Richtlinie, die bestimmte Formen der Werbung und des Sponsoring zugunsten von Tabakerzeugnissen verboten hätte, zulässig gewesen wäre.[213] Am 20. Juni 2003 trat die insoweit angepasste **Tabakwerbungsrichtlinie 2003/33**[214] in Kraft. Sie greift ebenfalls auf ein generelles Verbot von Tabakwerbung in Printmedien, im Rundfunk sowie im Internet zurück, Art. 3, 4 Richtlinie 2003/33. Daneben wird das Sponsoring von Veranstaltungen verboten, an denen mehrere Mitgliedstaaten beteiligt sind bzw. die in mehreren Mitgliedstaaten stattfinden, Art. 5 Abs. 1 Richtlinie 2003/33. Auf ein Verbot indirekter Werbung wird allerdings ebenso verzichtet wie auf ein Verbot von Plakat- oder Kinowerbung, um den vom EuGH **angemahnten Binnenmarktbezug** sicherzustellen.[215] Auch gegen diese Richtlinie klagte die Bundesrepublik Deutschland vor dem EuGH, blieb jedoch erfolglos.[216] Erst am 21.12.2006 wurde die Richtlinie durch das **Erste Gesetz zur Änderung des Vorläufigen Tabakgesetzes**[217] in nationales Recht umgesetzt. Ergänzt werden die Werbeverbote der Tabakwerbungsrichtlinie durch die Werbebeschränkungen in Art. 13 **Tabakproduktrichtlinie von 2014**[218]. Diese Richtlinie wurde durch das Tabakerzeugnisgesetz umgesetzt (vgl. dazu *v. Jagow,* Einl I Rdn. 37–39).

Zwischen dem Ablauf der Umsetzungsfrist der Richtlinie am 31.7.2005 und dieser Entscheidung 81
des EuGH hatte der Bundesgerichtshof bereits einen Fall zu entscheiden, der in den grundsätzlichen Regelungsbereich der Richtlinie fiel und die Frage aufwarf, ob die **Unterlassung eines Hinweises auf die gesundheitsgefährdende Wirkung** von Zigarillos in der Werbung unlauter sei.[219] Die Tabakwerbungsrichtlinie, die in Art. 3 eine entsprechende Pflicht begründet hätte, war noch nicht umgesetzt und vermochte zulasten der Bürger keine unmittelbare Wirkung zu entfalten. In Fortsetzung seiner älteren Rechtsprechung zum aUWG, wonach es angesichts der besonderen Bedeutung der menschlichen Gesundheit unlauter sei, Zigaretten zu bewerben und damit auch zum Rauchen aufzufordern, ohne zugleich durch einen Warnhinweis das Bewusstsein der Schädlichkeit des Rauchens wach zu halten,[220] nahm der BGH an, dass dasselbe nunmehr unter § 4 Nr. 1 UWG 2004 gelte. Denn auch eine solche Werbung führe im Ergebnis dazu, dass bestehende Gesundheitsrisiken verharmlost würden und der Verbraucher dadurch zu einem Tabakkonsum verleitet werden könnte, von dem er bei einem zugleich erfolgten Warnhinweis abgesehen hätte.[221] Dem mag im Ergebnis aus gesundheits- und gesellschaftspolitischen Gründen zuzustimmen sein;[222] die Verortung der Begründung in § 4 Nr. 1 UWG 2004, inzwischen § 4a Abs. 1 UWG, vermag indes nicht zu überzeugen. Der durch jene Vorschrift geschützte Entscheidungsprozess wird durch das Unterlassen von Warnhinweisen nicht berührt. Durch die Verharmlosung von Gesundheitsrisiken wird allenfalls die Entscheidungsgrundlage betroffen. Ob und welche Warnhinweise geschuldet werden, ist vordringlich § 5a UWG zu entnehmen.

dd) Verordnung über nährwert- und gesundheitsbezogene Angaben über Lebensmittel 2006. Am 19. Januar 82
2007 trat die **Verordnung Nr. 1924/2006 über gesundheitsbezogene Angaben**[223] (sog.

---

[211] Art. 3 Abs. 1 Richtlinie 98/43. Zur Kritik vgl. *Ukena/Opfermann* WRP 1999, 141, 142ff.; *Stein* in: Werbung und Werbeverbote, S. 52, 55.

[212] EuGH GRUR 2001, 67 – *Bundesrepublik Deutschland ./. Parlament und Rat,* Slg. 2000, I-8419 Rdn. 109ff.

[213] EuGH GRUR 2001, 67 – *Bundesrepublik Deutschland ./. Parlament und Rat,* Slg. 2000, I-8419 Rdn. 117.

[214] Richtlinie 2003/33/EG des Europäischen Parlaments und des Rates vom 26. Mai 2003 zur Angleichung der Rechts- und Verwaltungsvorschriften der Mitgliedstaaten über Werbung und Sponsoring von Tabakerzeugnissen, ABl. 2003 Nr. L 152/16.

[215] Vgl. EGr 12 Richtlinie 2003/33. Krit. dazu *Dauses* EuZW 2001, 577.

[216] EuGH EuZW 2007, 46 – *Bundesrepublik Deutschland ./. Parlament und Rat,* Slg. 2006, I-11573.

[217] BGBl 2006, I S. 3365.

[218] Richtlinie 2014/40/EU des Europäischen Parlaments und des Rates vom 3. April 2014 zur Angleichung der Rechts- und Verwaltungsvorschriften der Mitgliedstaaten über die Herstellung, die Aufmachung und den Verkauf von Tabakerzeugnissen und verwandten Erzeugnissen und zur Aufhebung der Richtlinie 2001/37/EG, ABl. 2014 Nr. L 127/1.

[219] BGH GRUR 2006, 953 – *Warnhinweis II.*

[220] BGH GRUR 1994, 219 – *Warnhinweis I.*

[221] BGH GRUR 2006, 953, 954 – *Warnhinweis II.*

[222] Vgl. in diese Richtung *Leistner* S. 130.

[223] Verordnung Nr. 1924/2006/EG des Europäischen Parlaments und des Rates vom 20. Dezember 2006 über nährwert- und gesundheitsbezogene Angaben über Lebensmittel, ABl. 2006 Nr. L 404/9 bzw. in der berichtigten Fassung ABl. 2007 Nr. L 12/3, zuletzt geändert durch Verordnung (EU) Nr. 1169/2011 des Europäischen Parlaments und des Rates vom 25. Oktober 2011 betreffend die Information der Verbraucher über Lebensmittel und zur Änderung der Verordnungen (EG) Nr. 1924/2006 und (EG) Nr. 1925/2006 des Europäischen Parlaments und

„Health Claims-Verordnung") in Kraft, die europaweit einheitliche Regeln für die Verwendung nährwert- und gesundheitsbezogener Angaben bei Lebensmitteln einführt (vgl. dazu u. *v. Jagow,* Einl. I Rdn. 15 ff.). Zweck der Verordnung ist nach ihrem Art. 1 Abs. 1 neben der Gewährleistung des Funktionierens des Binnenmarktes vor allem ein **hohes Verbraucherschutzniveau im Hinblick auf Ernährungsfragen.** Die Verbraucher sollen dazu animiert werden, sich „richtig", also gesund zu ernähren, um durch Fehlernährung ausgelöste Gesundheitsrisiken zu vermeiden.[224] Dazu regelt die Verordnung die Zulässigkeit nährwert- und gesundheitsbezogener Angaben im Rahmen von Werbemaßnahmen und auf Etiketten.

83 Die Verordnung über gesundheitsbezogene Angaben ist Teil eines verzweigten Systems von Vorschriften über den Vertrieb von Lebensmitteln. So verweist Art. 1 Abs. 5 VO Nr. 1924/2006 auf verschiedene Richtlinien, die teilweise speziellere Regelungen enthalten.[225] Außerdem wurde zeitgleich mit der Verordnung über gesundheitsbezogene Angaben eine weitere Verordnung erlassen, die den Zusatz von Vitaminen und Mineralstoffen zu Lebensmitteln regelt.[226] Insbesondere die Verordnung über gesundheitsbezogene Angaben löste indes eine kontroverse Diskussion aus:

84 Die **Kritiker** bezweifeln bereits die **Gesetzgebungskompetenz der Gemeinschaft** und halten die Verordnung für das **falsche Regelungsinstrument.**[227] Die gewichtigste inhaltliche Kritik knüpft an einen vermeintlichen Verstoß gegen das primäre materielle Gemeinschaftsrecht, insbesondere die Warenverkehrsfreiheit.[228] Schließlich wurde der Wechsel der Verfahrensweise angegriffen: Bis dahin war die Verwendung von nährwert- und gesundheitsbezogenen Angaben bei Lebensmitteln grundsätzlich erlaubt, und es fand eine nachträgliche Kontrolle statt. Die Verordnung führte demgegenüber in Art. 10 Abs. 1 das System des präventiven Verbots mit Erlaubnisvorbehalt ein, wobei die Art. 15 ff. verschiedene Arten des Genehmigungsverfahrens vorsehen.[229] Insbesondere die Einzelzulassung stellt den Verwender vor größere Schwierigkeiten. Um eine solche zu erlangen, muss unter anderem dargelegt werden, dass eine gesundheitsbezogene Angabe die Anforderungen der Verordnung erfüllt, Art. 15 Abs. 3 lit. c VO Nr. 1924/2006.[230]

---

des Rates und zur Aufhebung der Richtlinie 87/250/EWG der Kommission, der Richtlinie 90/496/EWG des Rates, der Richtlinie 1999/10/EG der Kommission, der Richtlinie 2000/13/EG des Europäischen Parlaments und des Rates, der Richtlinien 2002/67/EG und 2008/5/EG der Kommission und der Verordnung (EG) Nr. 608/2004 der Kommission, ABl 2011 Nr. L 304/18. Ausführlich hierzu *v. Jagow* unten Einl. I. Rdn. 15 ff.

224 *Buchner/Rehberg* GRUR Int. 2007, 394, 395.

225 Verordnung (EU) Nr. 609/2013 des Europäischen Parlaments und des Rates vom 12. Juni 2013 über Lebensmittel für Säuglinge und Kleinkinder, Lebensmittel für besondere medizinische Zwecke und Tagesrationen für gewichtskontrollierende Ernährung und zur Aufhebung der Richtlinie 92/52/EWG des Rates, der Richtlinien 96/8/EG, 1999/21/EG, 2006/125/EG und 2006/141/EG der Kommission, der Richtlinie 2009/39/EG des Europäischen Parlaments und des Rates sowie der Verordnungen (EG) Nr. 41/2009 und (EG) Nr. 953/2009 des Rates und der Kommission, ABl. 2013 Nr. L 181/35; Richtlinie 2009/54/EG des Europäischen Parlaments und des Rates vom 18. Juni 2009 über die Gewinnung von und den Handel mit natürlichen Mineralwässern, ABl. 2009 Nr. L 164/45; Richtlinie 98/83/EG des Rates vom 3. November 1998 über die Qualität von Wasser für den menschlichen Gebrauch, ABl. 1998 Nr. L 330/32, zul. geändert durch die Richtlinie (EU) 2015/1787 der Kommission vom 6. Oktober 2015 zur Änderung der Anhänge II und III der Richtlinie 98/83/EG des Rates über die Qualität von Wasser für den menschlichen Gebrauch, ABl. 2015 Nr. L 260/6; Richtlinie 2002/46/EG vom 10. Juni 2002 zur Angleichung der Rechtsvorschriften der Mitgliedstaaten über Nahrungsergänzungsmittel, ABl. 2002 Nr. L 183/51, zul. geändert durch die Verordnung (EU) 2015/414 der Kommission vom 12. März 2015 zur Änderung der Richtlinie 2002/46/EG des Europäischen Parlaments und des Rates im Hinblick auf (6S)-5-Methyltetrahydrofolsäure, Glucosaminsalz zur Verwendung bei der Herstellung von Nahrungsergänzungsmitteln, ABl. 2015 Nr. L 68/26.

226 Verordnung Nr. 1925/2006/EG des Europäischen Parlaments und des Rates vom 20. Dezember 2006 über den Zusatz von Vitaminen und Mineralstoffen sowie bestimmten anderen Stoffen zu Lebensmitteln, ABl. 2006 Nr. L 404/26, zuletzt geändert durch Verordnung (EU) 2015/403 der Kommission vom 11. März 2015 zur Änderung des Anhangs III der Verordnung (EG) Nr. 1925/2006 des Europäischen Parlaments und des Rates in Bezug auf Ephedra-Arten und Yohimbe (Pausinystalia Yohimbe (K. Schum) Pierre ex Beille), ABl. 2015 Nr. L 67/4.

227 *Hüttebräuker* WRP 2004, 188, 193 ff. m. w. N.

228 *Loosen* ZLR 2006, 521, 522; *Meisterernst/Haber* WRP 2007, 363, 365; *v. Danwitz* ZLR 2005, 201, 222, 223. Letzterer bezieht sich noch auf die ursprüngliche Fassung, allerdings blieben die von ihm kritisierten Punkte zumindest in den Grundzügen erhalten.

229 Nach Art. 13 VO Nr. 1924/2006 ist für bestimmte Angaben die allgemeine Zulassung möglich. Die betreffenden Angaben werden in einer Gemeinschaftsliste aufgeführt, vgl. dazu u. Rdn. 88. Weiter gibt es die Möglichkeit der Einzelzulassung gemäß Art. 15 und ein beschleunigtes Zulassungsverfahren gem. Art. 17 VO Nr. 1924/2006.

230 *v. Danwitz* GRUR 2005, 896, 901, weist zutreffend darauf hin, dass zu den allgemeinen Beweisproblemen der Zulassungsfähigkeit auch die geforderten Formulierungsvorschläge in allen Mitgliedsprachen Schwierigkeiten bereiten dürften.

Gleichzeitig wurden die materiellen **Voraussetzungen für die Zulässigkeit von nährwert- und gesundheitsbezogenen Angaben verschärft.** Bisher galt „nur" ein Irreführungsverbot unter Zugrundelegung des in der Rechtsprechung des EuGH entwickelten Modelladressaten (vgl. dazu u. Rdn. 428, 432). Die Verordnung regelt nunmehr im einzelnen, wann eine Angabe erlaubt ist (vgl. Art. 8 Abs. 1 VO Nr. 1924/2006). Unter anderem ist die Nachprüfbarkeit der Angaben nach anerkannten wissenschaftlichen Erkenntnissen erforderlich. **85**

Die Zulässigkeit solcher Angaben richtet sich darüber hinaus nach **Nährwertprofilen,** aufgrund derer die einzelnen Produkte eingeteilt werden. Die Profile sollten durch die Kommission bis zum 19. Januar 2009 festgelegt werden, Art. 4 Abs. 1 VO Nr. 1924/2006. Lebensmittel ohne ein bestimmtes (erwünschtes) Nährwertprofil, zu denken ist an Süßwaren, Snacks mit hohem Salz- und Fettgehalt, Kekse und Kuchen, dürfen im Grundsatz – die Ausnahmen regelt Art. 4 Abs. 2 VO Nr. 1924/2006 – gar keine nährwert- und gesundheitsbezogenen Angaben enthalten. Damit werden auch Angaben unzulässig, die für sich betrachtet der Wahrheit entsprächen. Diese Einschränkung der Meinungsäußerungsfreiheit kann indes unter lauterkeitsrechtlicher Perspektive gerechtfertigt werden: Ein Produkt soll nicht mit einem für sich genommen zutreffenden Aspekt beworben werden, der auf eine gesunde Ernährung hindeutet, wenn die Ware tatsächlich insgesamt als gesundheitsgefährdend eingestuft werden muss (z.B. „enthält Vitamin C" für Bisquits mit Orangenmarmelade). Auch wahre Angaben können irreführend sein. Die Veröffentlichung der Nährwertprofile wurde jedoch verschoben. Inzwischen hat die Kommission die Nährwertprofile, die nach Inkrafttreten der Lebensmittelinformationsverordnung (dazu vgl. u. Rdn. 92) ohnehin kaum noch erforderlich waren, zur Überprüfung gestellt.[231] **86**

Im selben Zusammenhang steht der zentrale Vorwurf, an welchen der vermeintliche Verstoß gegen das primäre Gemeinschaftsrecht geknüpft wird, dem Verbraucher werde zu wenig Eigenverantwortung abverlangt.[232] Betroffen ist das **Spannungsverhältnis zwischen Informationsbedarf**[233] **und Verbraucherentmündigung.**[234] Zugegebenermaßen lässt sich das der Verordnung zugrundegelegte Regelungsbedürfnis nicht ohne weiteres mit dem vom EuGH entwickelten Verbraucherleitbild vereinbaren.[235] Zu berücksichtigen ist jedoch, dass das im Rahmen der *Cassis*-Rechtsprechung zu den Grundfreiheiten entwickelte Verbraucherleitbild (vgl. dazu u. Rdn. 428) das Ergebnis einer Abwägung der konkurrierenden Allgemeininteressen an Wettbewerbsintensivierung durch Marktintegration einerseits und Verbraucherschutz bzw. Schutz des Wettbewerbs gegen Verfälschungen durch Irreführung andererseits darstellt. Eine solche ist notwendig, solange ein Rechtsgebiet nur teilharmonisiert ist (vgl. dazu u. Rdn. 439ff.). **87**

Auf der Grundlage von Art. 13 Abs. 3 VO Nr. 1924/2006 übermittelten die Mitgliedstaaten etwa 44000 gesundheitsbezogene Angaben, welche die Kommission zu einer Liste von rund 4600 Angaben zusammenfasste und der Europäischen Behörde für Lebensmittelsicherheit (EFSA) zur wissenschaftlichen Untersuchung, ob die Angaben fundiert waren, zuleitete. Mit Ausnahme der Angaben zu pflanzlichen Stoffen schloss die EFSA die Untersuchung der Angaben im Juni 2011 ab. Die am 16. Mai 2012 von der Europäischen Kommission genehmigte Liste[236] enthält immer noch 234 Angaben, die knapp 500 Einträgen in der zusammengefassten Liste entsprechen. Mehr als 1600 dieser Einträge werden nicht zugelassen. Das Vorgehen der Kommission unterstreicht die methodischen Unterschiede zwischen einer verwaltungsrechtlichen Regulierung und der lauterkeitsrechtli- **88**

---

[231] Evaluation of a) Regulation (EC) No 1924/2006 on nutrition and health claims made on food with regard to nutrient profiles and health claims made on plants and their preparations and of b) the general regulatory framework for their use in foods, < http://ec.europa.eu/smart-regulation/roadmaps/docs/2015_sante_595_evaluation_health_claims_en.pdf>, (site zul. besucht am 10.12.2015).

[232] Zum Teil wird von Vorzensur oder Überreglementierung gesprochen, vgl. *Buchner/Rehberg* GRUR Int. 2007, 394, die einen Teil der diesbezüglichen Kritik zusammengefasst haben. Es handelt sich um einen der wenigen Versuche deutscher Autoren, die Verordnung zu rechtfertigen.

[233] *Buchner/Rehberg* GRUR Int. 2007, 394, 396.

[234] *v. Danwitz* ZLR 2005, 201.

[235] Es ist bezeichnend, dass der EuGH ein absolutes, von einer Irreführungsgefahr unabhängiges, Verbot, bestimmte Angaben über das „Schlankerwerden" oder „ärztliche Empfehlungen" in die Werbung für Lebensmittel aufzunehmen, als nicht gerechtfertigte Verletzung der Warenverkehrsfreiheit betrachtet hat, EuGH EuZW 2004, 657 – *Douwe Egberts,* Slg. 2004, I-7007 Rdn. 59.

[236] Verordnung (EU) Nr. 432/2012 der Kommission vom 16. Mai 2012 zur Festlegung einer Liste zulässiger anderer gesundheitsbezogener Angaben über Lebensmittel als Angaben über die Reduzierung eines Krankheitsrisikos sowie die Entwicklung und die Gesundheit von Kindern, ABl. 2012 Nr. L 136/1, zul. geändert durch Verordnung (EU) 2015/7 der Kommission vom 6. Januar 2015 zur Zulassung einer anderen gesundheitsbezogenen Angabe über Lebensmittel als Angaben über die Reduzierung eines Krankheitsrisikos sowie die Entwicklung und die Gesundheit von Kindern und zur Änderung der Verordnung (EU) Nr. 432/2012, ABl. 2015 Nr. L 3/3.

chen Kontrolle. Das Lauterkeitsrecht fragt *a priori* nicht, welches Verhalten zulässig ist, sondern aus welchen Gründen bestimmte geschäftliche Handlungen unzulässig sein sollen.

89 Wegen der von der Verordnung gestellten hohen Anforderungen darf jedenfalls der **Begriff der „gesundheitsbezogenen" Angabe nicht übermäßig weit ausgelegt** werden. Kritikwürdig erscheint das Vorgehen des EuGH, nicht das Tatbestandsmerkmal im Lichte der betroffenen Grundrechte auszulegen und eine konkrete Gesundheitsgefährdung zu verlangen, sondern den abstrakten Verbotstatbestand isoliert an den Grundrechten zu messen und – naheliegenderweise – zu billigen.[237] Die Ergebnisse sind im Hinblick auf den Schutz der Meinungsäußerungs- sowie der Informationsfreiheit bedenklich. In einem Fall der Bewerbung von tatsächlich säurereduzierten Weinen als „bekömmlich" bejahte der EuGH angesichts des per se-Verbotes in Art. 4 Abs. 3 UAbs. 1 VO Nr. 1924/2006, dass es sich um eine gesundheitsbezogene Angabe handele, weil die eine leichte Aufnahme und Verdaulichkeit des Weins suggerierende Bezeichnung impliziere, dass das Verdauungssystem bei seinem Genuss nicht oder wenig leide und dass der Zustand dieses Systems selbst bei wiederholtem, also in größeren Mengen und langfristig erfolgendem Verzehr verhältnismäßig gesund und intakt bleibt, weil dieser Wein sich durch einen reduzierten Säuregehalt auszeichne. Damit sei die fragliche Angabe geeignet, eine nachhaltige positive physiologische Wirkung zu suggerieren, die in der Erhaltung des Verdauungssystems in gutem Zustand bestehe, während für andere Weine unterstellt werde, das sie bei häufigerem Verzehr nachhaltige negative Auswirkungen auf das Verdauungssystem und folglich auf die Gesundheit hätten.[238]

90 Für den Werbeslogan „So wichtig wie das tägliche Glas Milch" für einen zuckerhaltigen Früchtequark bejahte der Bundesgerichtshof konsequenterweise ebenfalls das Vorliegen einer **gesundheitsbezogenen Angabe.** Der Begriff erfasse daher **jeden Zusammenhang, der eine Verbesserung des Gesundheitszustands dank des Verzehrs des Lebensmittels impliziere.** Vorliegend geschehe dies, weil der Slogan an die unter den Durchschnittsadressaten verbreitete Meinung anknüpfe, Kinder und Jugendliche sollten im Hinblick auf diese gesundheitsfördernde Wirkung, insbesondere wegen der enthaltenen Mineralstoffe, täglich ein Glas Milch trinken, die diese positive Wirkung auf den Früchtequark übertrügen, der in dieser Hinsicht „dem täglichen Glas Milch" gleichgestellt werde.[239] Zutreffend geht der Bundesgerichtshof von der Idealkonkurrenz der allgemeinen Irreführungsverbote mit den lebensmittelrechtlichen Irreführungsverboten und den Etikettierungspflichten (dazu sogl.) aus.[240]

91 Eine **direkte Verknüpfung** der Verordnung über gesundheitsbezogene Angaben mit dem nationalen Lauterkeitsrecht stellt **§ 3a UWG** her. Die Verordnung über gesundheitsbezogene Angaben wird im allgemeinen als Vorschrift wahrgenommen, die i. S. d. § 3a auch dazu bestimmt ist, im Interesse der Marktteilnehmer das Marktverhalten zu regeln.[241] In mehreren Fällen wurden Verstöße gegen die Verordnung über gesundheitsbezogene Angaben bereits unter lauterkeitsrechtlichen Gesichtspunkten geprüft.[242]

92 **e) Ettikettierungsvorschriften.** Der Schaffung von Markttransparenz unter gleichzeitigem Abbau von Marktzutrittsschranken dienen vor allem Etikettierungs- und Kennzeichnungspflichten harmonisierende Rechtsakte. Auf der Vergütungsseite ist die Richtlinie über **Preisangaben**[243] zu nennen, auf der Leistungsseite begründen Unionsrechtsakte Mindestkennzeichnungspflichten für eine Vielzahl von Produkten. Die ältere Etikettierungsrichtlinie wurde 2011 durch die **Lebensmittelinformationsverordnung** Nr. 1169/2011[244] abgelöst. Sie verpflichtet die Unternehmen, Le-

---

[237] EuGH v. 6.9.2012, C-544/10 – *Deutsches Weintor,* noch nicht in Slg., Rdn. 42 ff. = WRP 2012, 1368.

[238] EuGH v. 6.9.2012, C-544/10 – *Deutsches Weintor,* noch nicht in Slg., Rdn. 39 ff. = WRP 2012, 1368.

[239] BGH GRUR 2015, 403 – *Monsterbacke II,* Rdn. 33 f.

[240] BGH GRUR 2015, 403 – Monsterbacke II, Rdn. 18.

[241] Davon geht BGH GRUR 2015, 403 – Monsterbacke II, Rdn. 32 ff., ersichtlich aus.

[242] Eine unzulässige gesundheitsbezogene Angabe bejahten OLG Rostock WRP 2011, 1330 – *reich an wertvollen Vitaminen und Nährstoffen,* für ein Hirseprodukt; KG Berlin Magazindienst 2011, 345 – *Reich an Vitamin B12,* für ein Nahrungsergänzungsmittel (Spirulina-Präparat); OLG Zweibrücken Magazindienst 2010, 883 – *Wirkt sich positiv auf den gesamten Organismus aus,* für ein Nahrungsergänzungsmittel.

[243] Richtlinie 98/6/EG des Europäischen Parlaments und des Rates vom 16. Februar 1998 über den Schutz der Verbraucher bei der Angabe der Preise der ihnen angebotenen Erzeugnisse, ABl. 1998 Nr. L 80/27.

[244] Verordnung (EU) Nr. 1169/2011 des Europäischen Parlaments und des Rates vom 25. Oktober 2011 betreffend die Information der Verbraucher über Lebensmittel und zur Änderung der Verordnungen (EG) Nr. 1924/2006 und (EG) Nr. 1925/2006 des Europäischen Parlaments und des Rates und zur Aufhebung der Richtlinie 87/250/EWG der Kommission, der Richtlinie 90/496/EWG des Rates, der Richtlinie 1999/10/EG der Kommission, der Richtlinie 2000/13/EG des Europäischen Parlaments und des Rates, der Richtlinien 2002/67/EG und 2008/5/EG der Kommission und der Verordnung (EG) Nr. 608/2004 der Kommission, ABl. 2011 Nr. L 304/18.

bensmittel nur mit folgenden Angaben in den Verkehr zu bringen: Angaben über die Bezeichnung des Lebensmittels, das Verzeichnis der Zutaten, bestimmte Zutaten und Verarbeitungshilfsstoffe, die Allergien und Unverträglichkeiten auslösen, die Menge bestimmter Zutaten oder Klassen von Zutaten, die Nettofüllmenge des Lebensmittels, das Mindesthaltbarkeitsdatum oder das Verbrauchsdatum, gegebenenfalls besondere Anweisungen für Aufbewahrung und/oder Anweisungen für die Verwendung, Name oder Firma und Anschrift des Lebensmittelunternehmers, Ursprungsland oder Herkunftsort, wo dies vorgesehen ist, eine Gebrauchsanleitung, falls es schwierig wäre, das Lebensmittel ohne eine solche angemessen zu verwenden, für Getränke mit einem Alkoholgehalt von mehr als 1,2 Volumenprozent die Angabe des vorhandenen Alkoholgehalts in Volumenprozent sowie eine Nährwertdeklaration, Art. 9 Abs. 1 VO Nr. 1169/2011. Im übrigen bestehen zahlreiche produktbezogene Informationspflichten, Art. 10 i.V.m. Anh. III VO Nr. 1169/2011.

f) Verlagerung ins Immaterialgüterrecht. Das im internationalen Rahmen feststellbare Harmonisierungsdefizit des Lauterkeitsrechts gegenüber dem Immaterialgüterrecht findet zumindest im Bereich der konkurrentengerichteten Wettbewerbsverstöße bis heute seine Entsprechung auf der Ebene des Europarechts. Im B2B-Bereich kann sogar von einer **Verlagerung der Harmonisierungsbemühungen ins Immaterialgüterrecht** gesprochen werden.[245] 93

aa) Schutz gegen die Begründung von Verwechslungs- und Verwässerungsgefahr durch das Europäische Markenrecht. Der Schutz von Wettbewerbern und der Marktgegenseite vor der Begründung der Gefahr einer Fehlzuordnung der betrieblichen Herkunft,[246] wird in erheblichem Umfang durch das Kennzeichenrecht geleistet.[247] Insoweit spielt die **Harmonisierung des Markenrechts** eine herausragende Rolle und muss in die Betrachtung der europäischen Rechtsquellen des Lauterkeitsrechts einbezogen werden.[248] In den Begründungserwägungen zur Markenrechtsrichtlinie aus dem Jahr 1989[249] wird ausgeführt: 94

„Zweck des durch die eingetragene Marke gewährten Schutzes ist es, insbesondere die Herkunftsfunktion der Marke zu gewährleisten; …"

Die Verletzung der Herkunftsfunktion hat zweierlei Dimension: Der Eingriff in den **Zuweisungsgehalt des Immaterialgüterrechts** löst zunächst die zeichenrechtlichen Ansprüche des Rechtsinhabers aus. Sachlich überlagert der so gewährte **immaterialgüterrechtliche Individualschutz** zwar den **lauterkeitsrechtlichen Wettbewerbsschutz.** Die vom Lauterkeitsrecht geschützten Allgemeininteressen gebieten jedoch, die lauterkeitsrechtlichen Rechtsbehelfe, mit welchen eine Verfälschung des Wettbewerbs im Interesse aller Marktbeteiligter verhindert werden soll, auch bei Zeichenverletzungen zur Verfügung zu stellen. Was der Europäische Gesetzgeber für bedeutend genug gehalten hat, um selbst den nicht harmonisierten Bereich des Leistungsschutzes durch das Verbot der Irreführung über die betriebliche Herkunft zu überlagern (vgl. EGr. 14 S. 6 UGP-RL, vgl. dazu u. Rdn. 326 ff.), muss erst recht für den kennzeichenrechtlichen Zuordnungsschutz gelten.[250] 95

Auch in materieller Hinsicht kann das Lauterkeitsrecht nach der Markenrechtsrichtlinie insbesondere **außerhalb der Begründung einer Verwechslungsgefahr**[251] eine selbständige Rolle spielen. Die in den Mitgliedstaaten geltenden Bestimmungen über den Schutz gegenüber der Verwendung eines Zeichens zu anderen Zwecken als der Unterscheidung von Waren oder Dienstleistungen bleiben gem. Art. 10 Abs. 6 MarkenrechtsRL unberührt, wenn die Benutzung des Zeichens **die** 96

---

245 Ähnlich *Kur* GRUR Int. 1998, 771, 773; *dies.* in: Neuordnung des Wettbewerbsrechts, S. 116, 123: Entlastung des Wettbewerbsrechts; *Reger* S. 2: Originäre Bereiche des Unlauterkeitsrechts würden gewerblichen Schutzrechten „zugeschlagen".

246 Der Begriff der „betrieblichen Herkunft" soll hier nicht „naturalistisch" in Anknüpfung an die Produktionsstätte verstanden werden. Er bezieht sich vielmehr auf die – allerdings wiederum nicht produkthaftungsrechtlich gedachte – Vermarktungsverantwortung des Herstellers. Vgl. dazu *Fezer* GRUR 2003, 457, 463 ff.

247 Zu dieser Verlagerung vgl. *Kur* in: Neuordnung des Wettbewerbsrechts, S. 116 ff.

248 *Schluep* in: Un droit européen de la concurrence déloyale en formation, S. 67, 70: Zum Lauterkeitsrecht gehört das gesamte Kennzeichenrecht. Ähnlich *Wägenbaur* in: Un droit européen de la concurrence déloyale en formation, S. 9, 27, zum Muster- und Modellrecht. A. A. *Rüffler* S. 19.

249 Erste Richtlinie 89/104/EWG des Rates vom 21. Dezember 1988 zur Angleichung der Rechtsvorschriften der Mitgliedstaaten über die Marken, ABl. 1989 Nr. L 40/1; inzwischen ersetzt durch die Richtlinie (EU) 2015/2436 des Europäischen Parlaments und des Rates vom 16. Dezember 2015 zur Angleichung der Rechtsvorschriften der Mitgliedstaaten über die Marken, ABl. 2015 Nr. L 336/1. Vgl. dort nun EGr. 16 S. 1.

250 Vgl. dazu bereits *Glöckner* in: Geistiges Eigentum und Gemeinfreiheit, S. 145 ff., 163 ff.; *Fezer* MarkenR 2006, 511, 512; *Köhler* GRUR 2007, 548, 550 ff. Inzwischen BGH GRUR 2013, 1161 – *Hard Rock Café,* Rdn. 60. Im Einzelnen vgl. u. *Sambuc* Einl G Rdn. 226, 233.

251 Zur Trennung beider Gesichtspunkte im Europarecht vgl. *Novak* EuZW 2001, 46, 48.

Unterscheidungskraft oder die Wertschätzung der Marke ohne rechtfertigenden Grund in unlauterer Weise ausnutzt oder **beeinträchtigt.**[252] Im Übrigen verlangt Art. 10 Abs. 2 lit. c MarkenrechtsRL unter denselben Voraussetzungen die Gewährung eines **„Schutzes bekannter Marken"**[253] außerhalb des Warenähnlichkeitsbereichs. In der Novelle des Unionsmarkenrechts wurde der Bekanntheitsschutz obligatorisch ausgestaltet.[254] Dass bereits die Markenrechtsrichtlinie a. F. nicht auf die Gewährung des kennzeichenrechtlichen Schutzes gegen Verwechslungsgefahr beschränkt war, wurde in der Entscheidung *Davidoff* des EuGH sehr deutlich. Darin ging es um die Frage, ob der besondere **Schutz gegen Verwässerung und Ausbeutung** gem. Art. 5 Abs. 2 MarkenrechtsRL a. F. – dem Wortlaut der Norm entsprechend – nur bei einer Verwendung **außerhalb** des Warengleichartigkeitsbereichs gewährt werden dürfe, oder ob die Mitgliedstaaten – erst recht – auch bei einer Verwendung für ähnliche Waren und Dienstleistungen so verfahren dürften. GA *Jacobs* hatte letzteres mit der Begründung verneint, innerhalb des Warengleichartigkeitsbereichs könne mit einer großzügigen Beurteilung der Verwechslungsgefahr geholfen werden.[255] Der EuGH ist dem nicht gefolgt, sondern hat die Anregung des vorlegenden Bundesgerichtshofs aufgegriffen, auch in solchen Fällen die Gewährung markenrechtlichen Schutzes gegen Verwässerung und Ausbeutung zu gestatten.[256] Die geltende Fassung bestätigt diesen Zugang.

97 Das Unionsmarkenrecht gewährt in Art. 9 Abs. 1 lit. c UnionsmarkenVO[257] seit jeher dem Inhaber einer **„bekannten" Unionsmarke Schutz außerhalb des Warenähnlichkeitsbereichs,** wenn die Benutzung des Zeichens die Unterscheidungskraft oder die Wertschätzung der Gemeinschaftsmarke ohne rechtfertigenden Grund in unlauterer Weise ausnutzt oder beeinträchtigt.

98 *bb) Leistungsschutz durch Harmonisierung der Erfinderrechte.* Der Schutz gegen Nachahmungen und damit der Schutz gewerblicher Leistungen i. e. S. ist die Domäne des immaterialgüterrechtlichen Schutzes der **Erfinderrechte**[258] auf sondergesetzlicher Grundlage: Patentrecht, Designrecht, Sortenschutzrecht und das Urheberrecht sind den Rechtsordnungen aller Mitgliedstaaten bekannt. Die Harmonisierungsbestrebungen der Gemeinschaft sind weit gediehen.[259] Auf eine Darstellung der gemeinschaftsrechtlichen Harmonisierung der Immaterialgüterrechte soll an dieser Stelle verzichtet werden, weil das Europarecht selbst den immaterialgüterrechtlichen Leistungsschutz und den Lauterkeitsschutz trotz ihrer gegenständlichen Bezüge strukturell trennt. Hinzweisen ist gleichwohl darauf, dass Problemkreise, die in Deutschland in der Vergangenheit zur Entwicklung des sog. ergänzenden lauterkeitsrechtlichen Leistungsschutzes geführt haben, inzwischen – häufig durch Rechtsakte des Unionsrechts veranlasst – durch Regelungen immaterialgüterrechtlicher Provenienz behandelt werden. So gewährt etwa das nicht eingetragene Gemeinschaftsgeschmacksmuster originellen Produktgestaltungen wie Modeneuheiten einen dreijährigen Schutz vor Nachahmung. Der

---

[252] Vgl. dazu EuGH GRUR 2003, 143 – *Robelco,* Slg. 2002, I-10913 Rdn. 30 ff.

[253] Vgl. dazu EuGH GRUR Int. 2000, 73 – *Chevy,* Slg. 1999, I-5421 Rdn. 12 ff.

[254] Vgl. Art. 10 Abs. 2 lit. c des Vorschlags einer Markenrechtsrichtlinie nach dem abschließenden Kompromisstext v. 8.6.2015, Interinstitutional Files 2013/0088 (COD); 2013/0089 (COD), 9547/15 ADD 2.

[255] GA *Jacobs,* Schlussanträge Rdn. 48 ff., zu EuGH Slg. 2003, I-389 – *Davidoff.*

[256] EuGH GRUR 2003, 240 – *Davidoff,* Slg. 2003, I-389 Rdn. 25 ff. Vgl. dazu *Glöckner* ELR 2003, 161.

[257] Verordnung (EG) Nr. 40/94 des Rates vom 20. Dezember 1993 über die Gemeinschaftsmarke, ABl. 1994 Nr. L 11/1; inzwischen aufgehoben und abgelöst durch die Verordnung (EG) Nr. 207/2009 des Rates vom 26. Februar 2009 über die Gemeinschaftsmarke (kodifizierte Fassung), ABl. 2009 Nr. L 78/1, geändert durch die Verordnung (EU) Nr. 2015/2424 des Europäischen Parlaments und des Rates vom 16. Dezember 2015, ABl. 2015 Nr. L 341/21.

[258] Den Begriff verwendete bereits *Nerreter,* Allgemeine Grundlagen eines deutschen Wettbewerbsrechtes, 1936, S. 89. Vgl. aus jüngerer Zeit *Baudenbacher* GRUR Int. 2000, 584, 593.

[259] *Klauer* S. 228. Vgl. zum Patentrecht einerseits das EPÜ, andererseits der Beschluss des Rates v. 10.3.2011 über die Ermächtigung zu einer Verstärkten Zusammenarbeit im Bereich der Schaffung eines einheitlichen Patentschutzes, ABl. Nr. L 76/53; ferner die Richtlinie 87/54/EWG vom 16. Dezember 1986 über den Rechtsschutz der Topographien von Halbleitererzeugnissen, ABl. 1987 Nr. L 24/36; die Richtlinie 2009/24/EG des Europäischen Parlaments und des Rates vom 23. April 2009 über den Rechtsschutz von Computerprogrammen (kodifizierte Fassung), ABl. 2009 Nr. L 111/16; die Richtlinie 96/9/EG des Europäischen Parlaments und des Rates vom 11. März 1996 über den rechtlichen Schutz von Datenbanken, ABl. 1996 Nr. L 77/20; zum Musterrecht vgl. die Richtlinie 98/71/EG des Europäischen Parlaments und des Rates vom 13. Oktober 1998 über den rechtlichen Schutz von Mustern und Modellen, ABl. 1998 Nr. L 289/28, sowie die Verordnung (EG) Nr. 6/2002 des Rates vom 12. Dezember 2001 über das Gemeinschaftsgeschmacksmuster, ABl. 2002 Nr. L 3/1; zum Urheberrecht vgl. die Richtlinie 2001/29/EG des Europäischen Parlaments und des Rates vom 22. Mai 2001 zur Harmonisierung bestimmter Aspekte des Urheberrechts und der verwandten Schutzrechte in der Informationsgesellschaft, ABl. 2001 Nr. L 167/10. Zur Harmonisierung der Sanktionen wurde die Richtlinie 2004/48/EG des Europäischen Parlaments und des Rates zur Durchsetzung der Rechte des geistigen Eigentums, ABl. 2004 Nr. L 157/16, erlassen.

lauterkeitsrechtliche Schutz von Nachbarrechten wurde im Rahmen des kodifizierten Schutzes der verwandten Schutzrechte durch Gewährung urheberrechtlichen Leistungsschutzes gem. §§ 70ff. UrhG z.B. für Lichtbildner, ausführende Künstler, Hersteller von Tonträgern und Sendeunternehmen überflüssig. Ähnliches gilt für den Schutz von Computerprogrammen auf der Grundlage von §§ 69aff. UrhG[260] und Datenbanken gem. §§ 4 Abs. 2, 87aff. UrhG.[261]

g) Richtlinie über unlautere Geschäftspraktiken 2005. Die im Lauterkeitsrecht traditionell federführende **Generaldirektion Binnenmarkt (DG Markt)** der Europäischen Kommission verfolgte seit Mitte der 90er-Jahre einen stark am Herkunftslandprinzip orientierten Ansatz, der nur in spezifischen Bereichen durch harmonisierende Maßnahmen ergänzt werden sollte. Insbesondere im **Grünbuch über kommerzielle Kommunikationen im Binnenmarkt von 1996**[262] und dem **Folgedokument von 1998**[263] bekannte sich die Kommission zu einem regulativen Zugang über die Grundfreiheiten, hob aber hervor, dass der Zweck verfolgt werde, jenseits der Grenzen möglicher Negativintegration mögliche Harmonisierungsbedürfnisse zu identifizieren.[264] 99

Die **Generaldirektion Gesundheit und Verbraucherschutz (DG Sanco)** beauftragte im Jahr 2000 u.a. das Institut für Europäisches Wirtschafts- und Verbraucherrecht e.V. mit einer Studie über die **Realisierbarkeit eines allgemeinen Rechtsrahmens zur Lauterkeit im Handelsverkehr,** die unter der Federführung von *Hans-W. Micklitz* im November 2000 erstellt wurde (im Folgenden: Micklitz-Studie).[265] Vor allem sollte mit der Studie das Ziel verfolgt werden, die disparaten und nicht ganz widerspruchsfreien Regelungen, die auf unterschiedliche Weise ins Lauterkeitsrecht intervenieren, durch ein kohärentes System zu ersetzen. 100

Micklitz' **Studie** mündete in einen Regulierungsvorschlag, der zwei Kernbestandteile hatte: Zunächst schlägt *Micklitz* den Erlass einer **Rahmenrichtlinie** vor, die auf einer **Generalklausel** ruhte und nicht ausschließlich verbraucherrechtliche Ziele verfolgte, sondern der bereits in Art. 1 IrreführungsRL 1997 niedergelegten **Schutzzwecktrias** verpflichtet war. Ergänzt werden sollte die Rahmenrichtlinie nach dem aus dem technischen Normenwesen bekannten Modell der **Ko-Regulierung** durch *Marketing Standards:* Handel, Industrie und Verbraucherverbände wurden ermutigt, *Marketing Standards* zu entwickeln, um die Generalklausel auszufüllen.[266] Diese Ko-Regulierung sollte sich allerdings von der überkommenen Selbstregulierung dadurch unterscheiden, dass die koregulatorischen Normen einem **rechtlichen Rahmen untergeordnet** sein sollten. Der rechtliche Rahmen bestand aus *mandatory requirements,* die ihrerseits als **Ausprägungen der Generalklausel** verstanden werden sollten.[267] 101

Am 2. Oktober 2001 wurden der Öffentlichkeit die Resultate der Tätigkeit beider Generaldirektionen präsentiert: Zunächst sollte der Verbraucherschutz im Binnenmarkt insgesamt modernisiert werden. Diesbezüglich wurde ein **Grünbuch zum Verbraucherschutz** verabschiedet. Ergänzt wurden diese Pläne der Kommission durch einen **Vorschlag für eine Verordnung über die Verkaufsförderung im Binnenmarkt,** die beide im Grünbuch vorgeschlagenen Regelungsalternativen (dazu sogl.) ergänzen könnte.[268] 102

aa) (Geänderter) Vorschlag für eine Verordnung über Verkaufsförderung. Auf der Grundlage der Vorarbeiten zu einer „Mitteilung über kommerzielle Kommunikationen" entstand der **Vorschlag für eine** 103

---

[260] Richtlinie 2009/24/EG des Europäischen Parlaments und des Rates vom 23. April 2009 über den Rechtsschutz von Computerprogrammen (kodifizierte Fassung), ABl. 2009 Nr. L 111/16.

[261] Richtlinie 96/9/EG des Europäischen Parlaments und des Rates vom 11. März 1996 über den rechtlichen Schutz von Datenbanken, ABl. 1996 Nr. L 77/20.

[262] Grünbuch der Kommission vom 8. Mai 1996, Kommerzielle Kommunikationen im Binnenmarkt, KOM (96) 192 endg.; vgl. dazu *Henning-Bodewig* GRUR Int. 1997, 515.

[263] Mitteilung der Kommission an den Rat, das Europäische Parlament und den Wirtschafts- und Sozialausschuss, Folgedokument zum Grünbuch über kommerzielle Kommunikationen im Binnenmarkt (im folgenden: Folgedokument), KOM (98) 121 endg. Vgl. dazu *Henning-Bodewig* GRUR Int. 1999, 233.

[264] Folgedokument, KOM (98) 121 endg., S. 9.

[265] Die Studie ist unterteilt in drei Abschnitte. Band III, <http://ec.europa.eu/consumers/archive/cons_int/safe_shop/fair_bus_pract/green_pap_comm/studies/sur21_vol3_en.pdf>, dient der Bestandsaufnahme, Band II, <http://ec.europa.eu/consumers/archive/cons_int/safe_shop/fair_bus_pract/green_pap_comm/studies/sur21_vol2_en.pdf>http://ec.europa.eu/dgs/health_consumer/library/surveys/sur21_vol2_en.pdf>, als Brücke zum abschließenden Vorschlag mit Begründung, der in Band I präsentiert wird., vgl. Micklitz-Studie, I, <http://ec.europa.eu/consumers/archive/cons_int/safe_shop/fair_bus_pract/green_pap_comm/studies/sur21_vol1_en.pdf>, S. 3 (sites zul. besucht am 10.12.2015).

[266] Micklitz-Studie, I, S. 60.

[267] Micklitz-Studie, I, S. 61.

[268] Vgl. dazu *Glöckner* ELR 2002, 42; *ders.* IIF 2001, 239, 271ff.; *Göhre* WRP 2002, 36ff.; *Henning-Bodewig* GRUR Int. 2002, 389, 395ff.; *Drexl* [2002] Eur. Bus. L.R. 557, 564ff.

Verordnung über Verkaufsförderung als Bestandteil einer „Mitteilung der Kommission zur Verkaufsförderung im Binnenmarkt".[269] Im Zentrum des Vorschlags stand die **Aufhebung nicht mehr zeitgemäßer allgemeiner Verbote und Beschränkungen,** die in verschiedenen Mitgliedstaaten Verkaufsförderaktionen reglementieren. Betroffen waren Zugabenverbote, Wertbegrenzungen für Rabatte oder Verbote einer Kopplung der Teilnahme an Werbepreisausschreiben an einen Kauf. Die Kommission verfolgte jedoch kein schlichtes Deregulierungsanliegen. Vielmehr sollten, wo mit den genannten Beschränkungen ernstzunehmende Ziele des Verbraucherschutzes verfolgt würden, weitreichende, teils revolutionäre, **Informationsvorschriften,** die ein **höheres Verbraucherschutzniveau** gewährleisten sollten, an die Stelle dieser Beschränkungen gesetzt werden. So würde beispielsweise das Anbieten und Bewerben von Zugaben ermöglicht, sofern der Wert der jeweiligen Zugabe in der betreffenden kommerziellen Kommunikation angegeben wird, Art. 4 i.V.m. Anh. Nr. 3.1 1. Spiegelstr. des Geänderten Vorschlags. Der Vorschlag scheiterte indes mehrfach am mangelnden Konsens im Rat über das Herkunftslandprinzip und wurde daraufhin zurückgezogen.[270] Von dem gescheiterten Vorschlag geht keinerlei „Sperrwirkung" im Hinblick auf die Regelung von Verkaufsförderungsmaßnahmen aus.[271]

104 *bb) Grünbuch zum Verbraucherschutz in der Europäischen Union.* Zeitgleich wurde ein **Grünbuch zum Verbraucherschutz in der Europäischen Union** verabschiedet.[272] Zwölf Mitgliedstaaten wünschten, dass die Kommission eine Rahmenrichtlinie über lautere Geschäftspraktiken ausarbeite.[273] Bereits am 11. Juni 2002 veröffentlichte die Kommission deshalb das Folgedokument zum Grünbuch über den Verbraucherschutz. Auch der Rat forderte die Kommission auf, der weiteren Befassung mit dem Grünbuch Priorität einzuräumen.

105 Am 18. Juni 2003 legte die Kommission einen Vorschlag für eine Richtlinie über unlautere Geschäftspraktiken[274] vor. Die Richtlinie 2005/29/EG über unlautere Geschäftspraktiken[275] (im Folgenden: UGP-Richtlinie; UGP-RL) wurde am 11.5.2005 beschlossen[276] und am 11.6.2005 im Amtsblatt verkündet (vgl. dazu im einzelnen u. Rdn. 172ff.). Sie war bis zum 12.6.2007 umzusetzen und ab dem 12.12.2007 anzuwenden. Spätestens seit diesem Zeitpunkt bestand eine Pflicht zu richtlinienkonformer Auslegung des geltenden Rechts.[277] Am 30.12.2008 trat das zur Umsetzung der UGP-Richtlinie erlassene Änderungsgesetz in Kraft, am 10.12.2015 das zweite Änderungsgesetz.

---

[269] Mitteilung der Kommission vom 2.10.2001 über Verkaufsförderung im Binnenmarkt, KOM (2001) 546 endg., S. 3, 6.

[270] Vgl. Vorschläge der Kommission, die auf ihre allgemeine Relevanz, auf ihre Auswirkungen auf die Wettbewerbsfähigkeit sowie auf sonstige Folgen überprüft und daraufhin zurückgezogen wurden, ABl. 2006 Nr. C 64/3.

[271] Bereits EuGH GRUR 2009, 599 – *VTB-VAB NV u.a.,* Slg. 2009, I-2949 Rdn. 29 a.E.; bestätigt in EuGH GRUR 2010, 244 – *Plus,* Slg. 2010, I-217 Rdn. 37.

[272] Grünbuch zum Verbraucherschutz in der Europäischen Union vom 2. Oktober 2001, KOM (2001) 531 endg.

[273] Verbraucherkommissar *Byrne,* Pressemitteilung vom 11.6.2002, IP/02/842.

[274] Vorschlag der Europäischen Kommission vom 18.6.2003 für eine Richtlinie des Europäischen Parlaments und des Rates über unlautere Geschäftspraktiken im binnenmarktinternen Geschäftsverkehr zwischen Unternehmen und Verbrauchern und zur Änderung der Richtlinien 84/450/EWG, 97/7/EG und 98/27/EG (Richtlinie über unlautere Geschäftspraktiken), KOM (2003) 356 endg.

[275] Richtlinie 2005/29/EG des Europäischen Parlaments und des Rates vom 11. Mai 2005 über unlautere Geschäftspraktiken im binnenmarktinternen Geschäftsverkehr zwischen Unternehmen und Verbrauchern und zur Änderung der Richtlinie 84/450/EWG des Rates, der Richtlinien 97/7/EG, 98/27/EG und 2002/65/EG des Europäischen Parlaments und des Rates sowie der Verordnung (EG) Nr. 2006/2004 des Europäischen Parlaments und des Rates (Richtlinie über unlautere Geschäftspraktiken), ABl. 2005 Nr. L 149/22 = GRUR Int. 2005, 69. Ein Überblick über die Richtlinie findet sich bei *Henning-Bodewig* GRUR Int. 2005, 629. Zum Richtlinienvorschlag vgl. *Stuyck/Terryn/Van Dyck* Rev. Eur. Dr. Consomm. 2003, 239; *Köhler/Lettl* WRP 2003, 1019; *Veelken* WRP 2004, 1; *Henning-Bodewig* GRUR Int. 2004, 183; *Glöckner* WRP 2004, 936; *Lettl* WRP 2004, 1079; *Leistner* in: Bell/Kilpatrick (eds.), The Cambridge Yearbook of European Law Studies, Vol. 6, 2003-04, S. 141ff. Der Titel der Richtlinie wurde in „Richtlinie über unlautere Geschäftspraktiken von Unternehmen gegenüber Verbrauchern im Binnenmarkt" berichtigt, Berichtigung der Richtlinie 2005/29/EG des Europäischen Parlaments und des Rates vom 11. Mai 2005 über unlautere Geschäftspraktiken im binnenmarktinternen Geschäftsverkehr zwischen Unternehmen und Verbrauchern und zur Änderung der Richtlinie 84/450/EWG des Rates, der Richtlinien 97/7/EG, 98/27/EG und 2002/65/EG des Europäischen Parlaments und des Rates sowie der Verordnung (EG) Nr. 2006/2004 des Europäischen Parlaments und des Rates (Richtlinie über unlautere Geschäftspraktiken), (ABl. L 149 vom 11.6.2005), ABl. 2009 Nr. L 253/18.

[276] Zur Entstehungsgeschichte ausführlich MüKo-UWG/*Micklitz* EG D Vor Rdn. 3.

[277] *Köhler* WRP 2008, 10; Voraufl. Einl. B Rdn. 349.

h) Dienstleistungsrichtlinie 2006. Die **Dienstleistungsrichtlinie 2006/123**[278] trat am 28. Dezember 2006 in Kraft. Die Mitgliedstaaten hatten die Dienstleistungsrichtlinie gem. Art. 44 bis zum 28. Dezember 2009 umzusetzen. In Deutschland wurde durch das Gesetz zur Umsetzung der Dienstleistungsrichtlinie im Gewerberecht und in weiteren Rechtsvorschriften[279] insbesondere ein neuer § 4 GewO geschaffen, der Art. 16 (Dienstleistungsfreiheit) Richtlinie 2006/123 umsetzt. Zugleich wurde im Zusammenspiel mit dem Vierten Gesetz zur Änderung verwaltungsrechtlicher Vorschriften[280] eine Entscheidungsfrist und Genehmigungsfiktion u. a. für Gewerbeanträge und die Möglichkeit der Verfahrensabwicklung in elektronischer Form sowie über eine einheitliche Stelle (einheitlicher Ansprechpartner im Sinne von Art. 6 Richtlinie 2006/123) eingeführt. Die in der Dienstleistungsrichtlinie geregelten Informationspflichten wurden in der Dienstleistungs-Informationspflichten-Verordnung[281] umgesetzt. Daneben erfolgten weitere Rechtsanpassungen durch Bund, Länder und Kommunen.[282] Die Umsetzung gestaltet sich vor allem aufgrund der erforderlichen Überprüfung der gesamten dienstleistungsbezogen Normen auf ihre Einfachheit (Art. 5 Abs. 1 Richtlinie 2006/123) und ihre Vereinbarkeit mit den Vorgaben der Richtlinie hin schwierig. Das im Januar 2010 gegen Deutschland wegen unvollständiger Umsetzung der Dienstleistungsrichtlinie eingeleitete **Vertragsverletzungsverfahren**[283] wurde am 26. Januar 2012 eingestellt.[284] 106

aa) Anwendungsbereich und Regelungsgehalt. Als Teil der Ausführung der sogenannten Lissabon-Strategie[285] sollte die Dienstleistungsrichtlinie mithelfen, die Ziele dieser Strategie zu erreichen, namentlich dazu beitragen, Arbeitsplätze zu schaffen und die **Wettbewerbsfähigkeit bzw. Produktivität zu steigern.** Um diese Ziele verfolgen zu können, müssten auch auf dem Dienstleistungsmarkt – der diesbezüglich bis dahin eher stiefmütterlich behandelt wurde – **Beschränkungen des Freiverkehrs i. S. d. Art. 56 AEUV abgebaut und dadurch der Dienstleistungsverkehr zwischen den Mitgliedstaaten vereinfacht** werden. 107

Nach Art. 2 Abs. 1 Richtlinie 2006/123 ist der Anwendungsbereich eröffnet „für **Dienstleistungen,** die von einem in einem Mitgliedstaat niedergelassenen Dienstleistungserbringer angeboten werden" Weiter bestimmt Art. 4 Nr. 1 Richtlinie 2006/123, dass **jede selbständige Tätigkeit, die in der Regel gegen Entgelt erbracht wird** und von Art. 50 EG (inzwischen Art. 57 AEUV) erfasst wird, eine Dienstleistung darstellt; es handelt sich also um einen sehr breiten Anwendungsbereich. 108

Die Dienstleistungsrichtlinie strebt zum einen **Verwaltungsvereinfachungen** an, Art. 5ff. Dazu gehören eine **Vereinfachung der Verfahren,** Art. 5 Richtlinie 2006/123, die **Einführung einheitlicher Ansprechpartner,** Art. 6 Richtlinie 2006/123 sowie ein **Recht auf Information,** Art. 7 Richtlinie 2006/123. Zum anderen betrifft die Richtlinie die **Niederlassungsfreiheit der Dienstleistungserbringer,** was neben genauen Vorschriften bzgl. etwaiger Genehmigungsverfahren, Art. 9ff. Richtlinie 2006/123, auch deren inhaltliche Anforderungen betrifft, Art. 14ff. Richtlinie 2006/123. Weiter werden in Art. 16ff. Richtlinie 2006/123 unter der Überschrift „Freier Dienstleistungsverkehr" Regelungen getroffen, welche die Reichweite des Herkunftslandprinzips betreffen. Dazu gehören auch die Rechte der Dienstleistungsempfänger, Art. 19ff. Richtlinie 2006/123, und die Qualität der Dienstleistungen, Art. 22ff. Richtlinie 2006/123. 109

---

[278] Richtlinie 2006/123/EG des Europäischen Parlaments und des Rates vom 12. Dezember 2006 über Dienstleistungen im Binnenmarkt, ABl. 2006 Nr. L 376/36.

[279] BGBl. 2009, I S. 2091.

[280] BGBl. 2008, I S. 2418.

[281] BGBl. 2010, I S. 267.

[282] Auf Bundesebene z. B. durch das Gesetz zur Umsetzung der Dienstleistungsrichtlinie in der Justiz und zur Änderung weiterer Vorschriften, BGBl. 2010, I S. 2248, und das Gesetz zur Umsetzung der Dienstleistungsrichtlinie auf dem Gebiet des Umweltrechts sowie zur Änderung umweltrechtlicher Vorschriften, BGBl. 2010, I S. 1163.

[283] Pressemitteilungen vom 24.6.2010, IP/10/821, und 27.10.2011, IP/11/1283. Zur Klageeinreichung vgl. Pressemitteilung vom 27.10.2011, IP/11/1283.

[284] Pressemitteilung vom 31.5.2012, IP/12/534.

[285] Die Lissabon-Strategie bezeichnet eine Agenda, die auf einem Sondergipfel der Staats- und Regierungschefs der EU beschlossen wurde. Nach dieser sollte neben den bereits erwähnten Zielen auch eine soziale Komponente verfolgt werden. Alles in allem war das angestrebte Ziel die Union bis zum Jahr 2010 zum „wettbewerbsfähigsten und dynamischsten wissensbasierten Wirtschaftsraum" zu machen. Nachdem die Kernziele der Lissabon-Strategie nicht erreicht wurden, vgl. dazu das Arbeitsdokument der Kommission zur Bewertung der Lissabon-Strategie, SEK (2010) 114 endg., S. 3, wurde zur Bewältigung der globalen Wirtschafts- und Finanzkrise die Wachstumsstrategie „Europa 2020" verabschiedet, vgl. die Schlussfolgerungen des Europäischen Rates vom 17.6.2010, EUCO 13/10, S. 1; zu Europa 2020 vgl. die Mitteilung der Kommission zu Europa 2020, KOM (2010) 2020 endg.

110 *bb) Reichweite des Herkunftslandprinzips.* Artikel 16 Richtlinie 2006/123 spricht nicht mehr von einem Herkunftslandprinzip, sondern verpflichtet nach seinem Abs. 1 S. 2 den Mitgliedstaat, in dem die Dienstleistung erbracht wird, die freie Aufnahme und freie Ausübung von Dienstleistungstätigkeiten innerhalb seines Hoheitsgebiets zu gewährleisten. Nachfolgend werden Gründe aufgezählt, die nicht zu einem Verbot der Ausführung einer Dienstleistung führen dürfen. Darin ist zwar strukturell die Kodifizierung der Grundsätze zu erkennen, welche der EuGH bzgl. der Anerkennung und Beschränkung von Dienstleistungen angewendet hat.[286] In der Sache **fehlt** aber in der Aufzählung des Art. 16 Abs. 1 lit. b Richtlinie 2006/123 der **Schutz der Verbraucher und der Lauterkeit des Handelsverkehrs,** die als **zwingende Erfordernisse** i. S. d. *Gebhard*-Rechtsprechung durch das Lauterkeitsrecht verursachte Beschränkungen grenzüberschreitender Dienstleistungen bisher rechtfertigen konnten (vgl. dazu o. Rdn. 43).

111 *cc) Abstimmung auf lauterkeitsrechtliche Regelungen.* Eine weitere Fragestellung, die sich aus der Reichweite des Herkunftslandsprinzips ergibt, ist das **Verhältnis zwischen den Regelungen der Dienstleistungsrichtlinie und denen des Lauterkeitsrechts.** Gemäß EGr. 10 UGP-RL gilt diese „nur insoweit, als keine spezifischen Vorschriften des Gemeinschaftsrechts vorliegen, die spezielle Aspekte unlauterer Geschäftspraktiken regeln". Weiter stellt EGr. 32 Richtlinie 2006/123 fest, dass diese Richtlinie „im Einklang mit der gemeinschaftlichen Gesetzgebung zum Verbraucherschutz wie etwa der Richtlinie 2005/29/EG" steht. Da das Lauterkeitsrecht nicht von den Vorbehalten des Art. 16 Abs. 1 lit. b Richtlinie 2006/123 umfasst wird, droht die Dienstleistungsrichtlinie mit dem in ihr verankerten Herkunftslandprinzip die Regelungen der UGP-Richtlinie, insbesondere die im Gesetzgebungsverfahren vereinbarte Einschränkung des Herkunftslandprinzips, zu konterkarieren.

112 Bei der Entwicklung einer Lösung ist zunächst davon auszugehen, dass die Dienstleistungsrichtlinie nicht als *lex specialis* i. S. d. Art. 3 Abs. 4 UGP-RL anzusehen ist.[287] Im übrigen ist vom **Zweck der Dienstleistungsrichtlinie, Beschränkungen der Dienstleistungs- und Niederlassungsfreiheit zu beseitigen,** auszugehen. Wo Maßnahmen des sekundären Unionsrechts bereits zu einer **Totalharmonisierung** geführt haben, ist das **Ziel der Marktintegration erreicht;** Vorschriften des mitgliedstaatlichen Rechts, die totalharmonisierende Richtlinien umsetzen, stehen der Marktintegration *a priori* nicht entgegen. Eine solche Deutung wird durch die Begründung im Richtlinienvorschlag[288] gestützt und erklärt zugleich die Feststellung in EGr. 32 Richtlinie 2006/123, wonach diese „im Einklang" mit der UGP-Richtlinie steht. Die harmonisierten Vorschriften des Lauterkeitsrechts werden innerhalb der Anwendungsbereiche der **UGP-Richtlinie** sowie der totalharmonisierenden Regelungen der Richtlinie über irreführende und vergleichende Werbung[289] **(vergleichende Werbung)** nicht mehr am allgemeinen Maßstab der Dienstleistungsrichtlinie (Herkunftslandprinzip!) gemessen. Es bleibt bei der zusätzlichen Anwendung des Art. 22 Richtlinie 2006/123.[290]

113 Etwas anders stellt sich die Rechtslage im Bereich nicht totalharmonisierender Unionsregelungen dar. Im Hinblick auf die nur **mindestharmonisierten Regelungen über irreführende Werbung**[291] ist seit jeher anerkannt, dass insbesondere den Grundfreiheiten eine Begrenzung des Maximalschutzes zu entnehmen sein kann.[292] So stellt sich die Frage, ob durch die Anwendung der Dienstleistungsrichtlinie den Mitgliedstaaten ein engeres Regelungskorsett angelegt wird. Dagegen spricht maßgeblich, dass nach dieser Logik nachträglich sämtliche lediglich mindestharmonisierenden Richtlinien im Anwendungsbereich der Dienstleistungsrichtlinie zu totalharmonisierenden Richtlinien umgewandelt würden. Ein entsprechender Regelungswille des Gemeinschaftsgesetzgebers ist indes nicht feststellbar. Es bleibt daher die in **Art. 3 Abs. 1** Richtlinie 2006/123 niedergelegte Regel anwendbar, wonach **allgemeine Regelungen** wie die in der Dienstleistungsrichtlinie enthaltenen (vgl. die Umschreibung in EGr. 12 Richtlinie 2006/123 als „Rechtsrahmen") **durch speziellere Regelungen** wie die in der Irreführungsrichtlinie **verdrängt werden.** Insoweit definieren **allein die Grundfreiheiten das zulässige Höchstmaß** mitgliedstaatlicher Beschränkung.

114 **Anderes gilt demgegenüber für die nicht harmonisierten Bereiche** wie etwa den Geschäftsverkehr zwischen Unternehmern (B2B-Bereich) außerhalb des Anwendungsbereichs der Irre-

---

286 Calliess/Ruffert/*Kluth,* Art. 59 AEUV Rdn. 29.

287 Arbeitspapier der Kommissionsdienststellen v. 3.12.2009, Leitlinien zur Umsetzung/Anwendung der Richtlinie 2005/29/EG über unlautere Geschäftspraktiken im Binnenmarkt, SEK (2009) 1666, S. 22.

288 Vorschlag der Kommission v. 25.2.2004 für eine Richtlinie des Europäischen Parlaments und des Rates über Dienstleistungen im Binnenmarkt, KOM (2004) 2 endg., S. 18.

289 Vgl. Art. 8 Abs. 1 UAbs. 2 der Richtlinie 2006/114/EG des Europäischen Parlaments und des Rates vom 12. Dezember 2006 über irreführende und vergleichende Werbung (kodifizierte Fassung), ABl. 2006 Nr. L 376/21.

290 Arbeitspapier der Kommissionsdienststellen v. 3.12.2009, Leitlinien zur Umsetzung/Anwendung der Richtlinie 2005/29/EG über unlautere Geschäftspraktiken im Binnenmarkt, SEK (2009) 1666, S. 22.

291 Vgl. nunmehr Art. 8 Abs. 1 UAbs. 1 IrreführungsRL.

292 EuGH GRUR Int. 2004, 626 – *Karner Industrie-Auktionen,* Slg. 2004, I-3025 Rdn. 33 f.

führungsrichtlinie. Insoweit kommt die **Dienstleistungsrichtlinie uneingeschränkt** zur Anwendung. Für das Verhältnis der Dienstleistungsrichtlinie zum deutschen **UWG** ist dementsprechend **zu differenzieren.** Nationale Beschränkungen der Dienstleistungsfreiheit durch das Lauterkeitsrecht in nicht harmonisierten Bereichen müssen sich im Anwendungsbereich der Dienstleistungsrichtlinie (vgl. dazu o. Rdn. 106ff.) an den **eingeschränkten Rechtfertigungsmöglichkeiten in Art. 16 Abs. 1 lit. b, Abs. 3 Richtlinie 2006/123** messen lassen.

i) Richtlinie über den Schutz von Geschäftsgeheimnissen 2016. Bereits aus dem Jahr 2013 stammt ein Vorschlag für eine Richtlinie zur Verbesserung des Geheimnisschutzes.[293] Angesichts der Tatsache, dass alle EU-Mitgliedstaaten von der Bindung des Art. 39 TRIPs ohnehin erfasst werden, bot er in der Sache wenig Anlass zur Diskussion.[294] Verschiedene Schwächen, namentlich in den Formulierungen, sowie die öffentliche Aufmerksamkeit der Snowdon-Affäre führten jedoch zu weitreichenden Änderungsvorschlägen im Bericht des Rechtsausschusses.[295] Bereits in der Ersten Lesung im Europäischen Parlament wurde der im Trilog-Verfahren abgestimmte Text[296] jedoch mit großer Mehrheit verabschiedet.[297] Die Richtlinie[298] ist am 5. Juli 2016 in Kraft getreten und muss gem. Art. 19 Abs. 1 bis zum 9. Juni 2018 umgesetzt werden (im Einzelnen vgl. u. *Harte-Bavendamm,* vor §§ 17–19 Rdn. 10a). 114a

j) Angestrebte Harmonisierung des Lauterkeitsrechts im Verhältnis zwischen Unternehmen („B2B"). *aa) Novelle des Verbots irreführender Werbung.* Nach fast dreißigjährigem Bestehen soll die für den Bereich nicht verbrauchergerichteter irreführender Werbung nach wie vor anwendbare Richtlinie 2006/114 novelliert werden (vgl. dazu bereits o. Rdn. 47ff.). Im selben Kontext sollen auch die Regelungen über vergleichende Werbung im Hinblick auf die Rechtsprechung des EuGH nachgeführt werden (vgl. dazu bereits o. Rdn. 53). 115

bb) Unlautere Handelspraktiken in der Lieferkette. Die Beschränkungen zum einen des EU-kartellrechtlichen Verbots missbräuchlichen Verhaltens auf marktbeherrschende Unternehmen i.e.S. und zum anderen der Klauselrichtlinie bzw. der UGP-Richtlinie auf Verbrauchergeschäfte bzw. Geschäftspraktiken gegenüber Verbrauchern hat auf der Ebene des Unionsrechts eine schmerzhafte Lücke gelassen, deren Schließung vor allem für diejenigen Fälle angemahnt wird, in denen Unternehmen in Lieferbeziehungen wirtschaftlich von bestimmten Lieferanten bzw. Abnehmern abhängig sind. Sie hat die Kommission zur Verabschiedung eines Grünbuchs veranlasst.[299] Der Wirtschafts- und Sozialausschuss hat das Dokument begrüßt.[300] 116

Der sich in den Mitgliedstaaten rasch verändernde Rechtsrahmen veranlasste die Kommission indes zur Zurückhaltung, um zunächst die Auswirkungen der freiwilligen *Supply Chain Initiative*[301] 117

---

293 Vorschlag der Kommission v. 28.11.2013 für eine Richtlinie des Europäischen Parlaments und des Rates über den Schutz vertraulichen Know-hows und vertraulicher Geschäftsinformationen (Geschäftsgeheimnisse) vor rechtswidrigem Erwerb sowie rechtswidriger Nutzung und Offenlegung COM [2013] 813 final.

294 Vgl. die Stellungnahme des Genelralsekretariats des Rates v. 26.5.2014, Interinstitutional File 2013/0402 (COD), Dok-Nr. 9870/14, S. 2: „the overall objective of the draft directive met a large consensus between the Member States which welcomed this initiative."

295 Bericht des Rechtsausschusses des Europäischen Parlaments vom 22.6.2015 über den Vorschlag für eine Richtlinie des Europäischen Parlaments und des Rates über den Schutz vertraulichen Know-hows und vertraulicher Geschäftsinformationen (Geschäftsgeheimnisse) vor rechtswidrigem Erwerb sowie rechtswidriger Nutzung und Offenlegung, COM [2013] 813.

296 Standpunkt des Europäischen Parlaments festgelegt in erster Lesung am 14. April 2016 im Hinblick auf den Erlass der Richtlinie (EU) 2016/... der Europäischen Parlaments und des Rates über den Schutz vertraulichen Know-hows und vertraulicher Geschäftsinformationen (Geschäftsgeheimnisse) vor rechtswidrigem Erwerb sowie rechtswidriger Nutzung und Offenlegung, P8 TA(2016)0131.

297 Vgl. dazu *Gärtner* NZG 2014, 650; *Gaugenrieder* BB 2014, 1987; *Ohly* GRUR 2014, 1; *Rauer* GRUR-Prax 2014, 2.

298 Richtlinie (EU) 2016/943 vom 8. Juni 2016 über den Schutz vertraulichen Know-hows und vertraulicher Geschäftsinformationen (Geschäftsgeheimnisse) ABl. 2016 Nr. L 157/1.

299 Grünbuch über unlautere Handelspraktiken in der B2B-Lieferkette für Lebensmittel und Nicht-Lebensmittel, COM [2013] 37 final. Vgl. dazu *Hilty/Henning-Bodewig/Podszun,* Stellungnahme des Max-Planck-Instituts für Immaterialgüter- und Wettbewerbsrecht vom 29.4.2013 zum Grünbuch über unlautere Handelspraktiken in der B2B-Lieferkette, <http://www.ip.mpg.de/fileadmin/templates/pdf/MPI_Stellungnahme_Gruenbuch_B2B_2013-04-30_01.pdf>, (site zul. besucht am 10.12.2015).

300 Stellungnahme des Europäischen Wirtschafts- und Sozialausschusses zum Thema Grünbuch über unlautere Handelspraktiken in der B2B-Lieferkette für Lebensmittel und Nicht-Lebensmittel in Europa, COM [2013] 37 final, ABl. 2013 Nr. C 327/26.

301 Vgl. dazu <http://www.supplychaininitiative.eu/>, site zul. besucht am 6.7.2016.

und der Veränderungen des Regulierungsrahmens in den Mitgliedstaaten zu beobachten.[302] Dem Europäischen Parlament ging dies nicht weit genug: Es hat die Kommission zu weitergehendem Eingreifen aufgefordert.[303]

III. Richtlinie über vergleichende Werbung 1997/2006

1. Entwicklung

118 Seit dem Erlass der Richtlinie über vergleichende Werbung im Jahr 1997 (vgl. dazu o. Rdn. 53) blieben die diesbezüglichen Vorschriften der Irreführungsrichtlinie weitgehend unverändert. Mit Erlass der UGP-Richtlinie wurde zwar der Schutzzweck der Irreführungsrichtlinie im Hinblick auf irreführende Werbung reduziert, doch wurde ihr gegenständlicher Anwendungsbereich nicht eingeschränkt. Überdies blieb der auf „Festlegung der Bedingungen für zulässige vergleichende Werbung" gerichtete Schutzzweck erhalten. Der Verbotsgrund der Begründung einer Irreführungsgefahr knüpft – wegen des nicht eingeschränkten Anwendungsbereichs ohne Not – gespalten an. Die Reihenfolge der Zulässigkeitserfordernisse wurde geändert und Art. 3a Abs. 2 IrreführungsRL 1997 wurde gestrichen.

119 Mit der Kodifizierung in der Richtlinie 2006/114 ging eine Neunummerierung einher. Daneben wurde der bisherige Art. 7 Abs. 2 IrreführungsRL zu Art. 8 Abs. 1 UAbs. 2 IrreführungsRL, so dass die auf Abs. 1 beschränkte Verweisung in Art. 4 IrreführungsRL (vorher Art. 3 lit. a IrreführungsRL 1997) in ihrem Sinn verändert wurde (vgl. dazu sogl. Rdn. 122 ff.). Ein angekündigter Vorschlag zur Überarbeitung der Vorschriften über vergleichende Werbung (vgl. dazu o. Rdn. 53) steht noch aus.

2. Totalharmonisierung

120 Anders als bei der Irreführungsrichtlinie 1984 strebte der Europäische Gesetzgeber bei Erlass der Richtlinie über vergleichende Werbung 1997 bereits eine **Totalharmonisierung** an. Die Mindestharmonisierungsklausel in Art. 7 IrreführungsRL 1984 wurde zu diesem Zweck durch Einfügung eines Absatzes 2 modifiziert, wonach die Mindeststandardklausel des Absatzes 1 „nicht für vergleichende Werbung [gilt, d. Verf.], soweit es sich um den Vergleich handelt". Im Rahmen des Zulässigkeitskataloges wurde bei der Verweisung auf die Begründung einer Irreführungsgefahr ausdrücklich auf Art. 7 Abs. 1 IrreführungsRL 1997 verwiesen. Insbesondere der deutsche Gesetzgeber ging davon aus, dass dadurch sichergestellt worden sei, die Möglichkeit der Mitgliedstaaten, ein höheres Schutzniveau gegen irreführende Werbung zu gewährleisten, bestehe auch bei Irreführungen im Rahmen vergleichender Werbung.[304]

121 Im Vorlageverfahren *Pippig ./. Hartlauer*[305] nutzte der österreichische Oberste Gerichtshof die Gelegenheit,[306] um zunächst die grundlegende Frage nach dem Verhältnis der Verweisung in Art. 3a Abs. 1 lit. a auf Art. 7 Abs. 1 IrreführungsRL 1997 zu klären.[307] Der OGH hatte eine Auslegungsmöglichkeit angeboten, wonach die Verursachung irriger Vorstellungen über andere Eigenschaften der verglichenen Waren und Leistungen nach einem u. U. strengeren nationalen Irreführungsmaßstab beurteilt werden könnte, und allein Angaben über das Ergebnis des Vergleichs der Totalharmonisierung des Art. 7 Abs. 2 a. F. unterlägen. Der EuGH folgte diesem Ansinnen nicht. Eine Unterscheidung zwischen den verschiedenen Bestandteilen des Vergleichs, d. h. zwischen den Angaben über das Angebot des Werbenden, den Angaben über das Angebot des Mitbewerbers und dem Verhältnis zwischen den beiden Angeboten sei nicht vorzunehmen.[308] Der Verweis in Art. 3a Abs. 1 lit. a a. F. auf die gem. Art. 7 Abs. 1 a. F. möglichen strengeren Standards der Mitgliedstaaten werde zwar durch Art. 7 Abs. 2 a. F. insgesamt derogiert. Diesen **„scheinbar bestehenden Widerspruch"** löste der EuGH aber dadurch auf, dass er die Richtlinie anhand ihrer Ziele, d. h. insbesondere des Ziels der Marktintegration durch Totalharmonisierung der vergleichenden Werbung, auslegte und so zum **Vorrang** der Regelung in Art. 7 Abs. 2 a. F. gelangte (EuGH – *Pippig,*

---

[302] Bericht der Kommission an das Europäische Parlament und den Rat v. 29.1.2016 über unlautere Handelspraktiken zwischen Unternehmen in der Lebensmittelversorgungskette, KOM[2016] 32 endg., 4.

[303] Entschließung des Europäischen Parlaments vom 7. Juni 2016 zu unlauteren Handelspraktiken in der Lebensmittelversorgungskette, P8_TA-PROV(2016)0250, EGr. 50, 56.

[304] Begründung RegE, BT-Drs. 14/2959, S. 7.

[305] EuGH GRUR 2003, 533 – *Pippig,* Slg. 2003, I-3095.

[306] Was GA *Tizzano,* Schlussanträge Rdn. 38, zu EuGH Slg. 2003, I-3095 – *Pippig,* dazu veranlasste, diese Vorlagefrage wegen mangelnder Bestimmtheit und des hypothetischen Charakters dieses Teils der Frage, für unzulässig zu halten.

[307] Vgl. dazu GA *Tizzano,* Schlussanträge Rdn. 40 ff., zu EuGH Slg. 2003, I-3095 – *Pippig; Naumann,* ELR 2003, 250, 253 m. w. N.

[308] EuGH GRUR 2003, 533 – *Pippig,* Slg. 2003, I-3095 Rdn. 37.

Rdn. 42 ff.). Dieses Vorgehen mag aus dogmatischer und historischer Sicht kritikwürdig sein – bei einer solchen Auslegung hätte sich der Europäische Gesetzgeber den Verweis in Art. 3a Abs. 1 lit. a a. F. auf Art. 7 Abs. 1 a. F. sparen können –, aus integrationspolitischer Sicht war es unabdingbar!

Im Zuge der **Kodifizierung der Richtlinie über irreführende und vergleichende Werbung** wurde die **Normstruktur des bisherigen Art. 7, dessen Regelungsgehalt sich nunmehr in Art. 8 findet, verändert.** Aus dem bisherigen Absatz 2 wurde Unterabsatz 2 des ersten Absatzes. Die soeben geschilderte Auslegungsproblematik wurde mit dieser redaktionellen Änderung behoben, da nunmehr Art. 4 lit. a für die vergleichende Werbung insgesamt auch auf die Regelung in Art. 8 Abs. 1 UAbs. 2 verweist. Die Rechtsprechung des EuGH wird damit positivrechtlich unterfüttert. Kritikwürdig ist ein solches Verfahren allerdings insoweit, als das **Kodifikationsverfahren keine materiell-inhaltlichen Änderungen zur Folge haben darf.**[309] Nur im Hinblick darauf rechtfertigt sich das **vereinfachte Gesetzgebungsverfahren.** 122

3. Struktur

In Art. 2 lit. c IrreführungsRL wird die **vergleichende Werbung definiert** als: 123

„jede Werbung, die unmittelbar oder mittelbar einen Mitbewerber oder die Erzeugnisse oder Dienstleistungen, die von einem Mitbewerber angeboten werden, erkennbar macht".

Vergleichende Werbung ist nach Art. 4 IrreführungsRL **zulässig, sofern** sie nicht irreführend ist (lit. a), Waren oder Dienstleistungen für den gleichen Bedarf oder die gleiche Zweckbestimmung vergleicht (lit. b), eine oder mehrere wesentliche, relevante, nachprüfbare und typische Eigenschaften, zu denen auch der Preis gehören kann, objektiv vergleicht (lit. c), Mitbewerber oder deren Erzeugnisse oder Kennzeichen nicht herabsetzt oder verunglimpft (lit. d), sich bei Waren mit Ursprungsbezeichnungen in jedem Fall auf Waren mit derselben Bezeichnung bezieht (lit. e), den Ruf einer Marke, einer Firma, anderer Kennzeichen eines Mitbewerbers oder Ursprungsbezeichnungen von Konkurrenzerzeugnissen nicht in unlauterer Weise ausnutzt (lit. f), die Ware oder Dienstleistung nicht als Imitation oder Nachahmung einer anderen Ware oder Dienstleistung mit geschützter Marke oder geschütztem Handelsnamen darstellt (lit. g) und schließlich auf dem Markt keine Verwechslungsgefahr zwischen dem Werbenden und einem Mitbewerber oder deren Kennzeichen verursacht (lit. h).[310] Die Erfordernisse sind kumulativ zu erfüllen, EGr. 11 S. 1 IrreführungsRL. 124

Im Hinblick auf Verstöße ordnen die Art. 5–7 IrreführungsRL dieselben Sanktionen an wie für Verstöße gegen das Verbot irreführender Werbung (vgl. dazu u. Rdn. 387). 125

4. Anwendungsbereich

Die weite Definition vergleichender Werbung ermöglicht es, alle Arten der vergleichenden Werbung abzudecken.[311] Erfasst wird jede **bezugnehmende Werbung,** d. h. die persönliche, die sachlich kritisierende und die anlehnend vergleichende Werbung.[312] Es genügt die nur **mittelbare Bezugnahme** auf einen Mitbewerber oder die von ihm angebotenen Leistungen.[313] 126

a) Werbung. „Werbung" ist in Art. 2 lit. a IrreführungsRL definiert als „jede Äußerung bei der Ausübung eines Handels, Gewerbes, Handwerks oder freien Berufs mit dem Ziel, den Absatz von Waren oder die Erbringung von Dienstleistungen, einschließlich unbeweglicher Sachen, Rechte und Verpflichtungen zu fördern". Aus Art. 2 lit. d UGP-RL ergibt sich, dass die Werbung einen Teilbereich der geschäftlichen Handlung ausmacht. Überdies lässt sich festhalten, dass beide Begriffe sich strukturell entsprechen: Während eine geschäftliche Handlung aber in jeglichem Verhalten erkannt werden kann, setzt die Werbung eine Äußerung, mithin nach dem objektiven Erscheinungsbild einen Kommunikationsakt voraus (vgl. dazu o. Rdn. 50). Unternehmensbezug wird in beiden Fällen verlangt. Umstritten ist, ob daneben ein besonderer Marktbezug vorausgesetzt wird. Hinsichtlich der Wettbewerbsförderung genügt bei der geschäftlichen Handlung ein objektiver Zusammenhang, während bei der Werbung ein finaler Zusammenhang vorliegen muss. 127

b) Erkennbarmachen eines Mitbewerbers oder seiner Produkte. *aa) Mitbewerber.* In der Rechtssache *de Landtsheer Emmanuel*[314] ging es um einen Vergleich eines Bieres mit Champagner. 128

---

309 Vorschlag der Europäischen Kommission vom 19.5.2006 für eine Richtlinie des Europäischen Parlaments und des Rates über irreführende und vergleichende Werbung (kodifizierte Fassung), KOM (2006) 222 endg., Begr. Nr. 4.
310 Vgl. dazu *Tilmann* GRUR 1997, 790, 795 ff.; *Ritscher/Beutler* sic! 1998, 261, 262 ff.; *Hucke* S. 446 ff.
311 EuGH GRUR 2003, 533 – *Pippig,* Slg. 2003, I-3095 Rdn. 35.
312 MüKo-UWG/*Micklitz* EG D Art. 6 Rdn. 132.
313 EuGH GRUR 2003, 533 – *Pippig,* Slg. 2003, I-3095 Rdn. 35.
314 EuGH GRUR 2007, 511 – *de Landtsheer Emmanuel,* Slg. 2007, I-3115.

Auf die Problematik des Sonderschutzes von Herkunftsangaben und Ursprungsbezeichnungen soll an dieser Stelle nicht eingegangen werden (vgl. dazu u. Rdn. 159ff.). Den belgischen Gerichten stellte sich in lauterkeitsrechtlicher Hinsicht zunächst die Frage, ob es sich überhaupt um vergleichende Werbung handelte, die einen Mitbewerber erkennbar mache.

129 Fraglich ist bereits, ob es sich bei den Herstellern von Champagner um **„Mitbewerber"** i. S. d. Art. 2 lit. c IrreführungsRL im Verhältnis zum Hersteller eines Bieres handelt. Die Problematik schöpft im wesentlichen zum einen aus den überschießenden Zulässigkeitserfordernissen in Art. 4 IrreführungsRL, zum anderen aus dem Erfordernis des Vergleichs von Produkten für den gleichen Bedarf oder dieselbe Zweckbestimmung gem. Art. 4 lit. c IrreführungsRL: Würde im Rahmen von Art. 2 lit. c IrreführungsRL ein enges Wettbewerbsverhältnis verlangt, so liefe das Zulässigkeitserfordernis in Art. 4 lit. c IrreführungsRL im wesentlichen leer (EuGH – *de Landtsheer Emmanuel,* Rdn. 45). Überdies würde das Harmonisierungsziel nur sehr eingeschränkt erreicht. Würde der Mitbewerberbegriff demgegenüber sehr weit – ähnlich wie in § 2 Abs. 1 Nr. 3 UWG – ausgelegt, so begründete Art. 4 lit. c IrreführungsRL ein weitreichendes *per se*-Verbot bloß bezugnehmender Werbung.

130 Der EuGH löste dieses Problem sehr pragmatisch: Die Einstufung von Unternehmen als **„Mitbewerber"** beruhe „definitionsgemäß auf der **Substituierbarkeit** der Waren oder Dienstleistungen, die sie auf dem Markt anbieten" (EuGH – *de Landtsheer Emmanuel,* Rdn. 28; Hervorhebung d. Verf.). Fragwürdig ist zwar, auf welche Definition sich der EuGH bezieht, denn die Irreführungsrichtlinie enthält eine solche ebensowenig wie die UGP-Richtlinie (vgl. dazu u. Rdn. 172ff.).[315] Umso **überzeugender ist aber die Bezugnahme auf den aus der kartellrechtlichen Marktabgrenzung stammenden Begriff der Substituierbarkeit.** Um das oben angesprochene Problem zu umgehen, verweist der EuGH allerdings auf eigene Entscheidungen zu Art. 110 AEUV. Im Kontext der mitgliedstaatlichen Kontrolle diskriminierender Besteuerungssysteme hatte der EuGH bereits entwickelt, dass von einem gewissen Grad der Substitution zwischen Waren ausgegangen werden könne, wenn Waren in gewisser Weise gleichen Bedürfnissen dienen können.[316] Für die konkrete Beurteilung dieses Substitutionsgrades sind die nationalen Gerichte zuständig. Die Beurteilung ist im Licht der Ziele der Irreführungsrichtlinie und der in der Rechtsprechung des Gerichtshofs herausgearbeiteten Grundsätze vorzunehmen. Zumindest zwischen einem Teil der von den betreffenden Unternehmen angebotenen Produktpalette muss ein **Wettbewerbsverhältnis** bestehen.

131 Fraglich bleibt insoweit, wie weit die **lauterkeitsrechtliche Betrachtung im Ergebnis von der kartellrechtlichen abweicht.**[317] Einer weitgehenden Festlegung hat der EuGH sich enthalten und dem mitgliedstaatlichen Gericht stattdessen aufgegeben abzustellen auf (1) den augenblicklichen Zustand des Marktes und die Verbrauchsgewohnheiten und ihre Entwicklungsmöglichkeiten, (2) den Teil des Gemeinschaftsgebiets, in dem die Werbung verbreitet wird, ohne jedoch gegebenenfalls die Auswirkungen, die die Entwicklung der in anderen Mitgliedstaaten festgestellten Verbrauchsgewohnheiten auf den in Frage stehenden innerstaatlichen Markt haben kann, auszuschließen, sowie (3) die besonderen Merkmale der Ware, für die geworben werden soll, und das Image, das der Werbende ihnen geben will (EuGH – *de Landtsheer Emmanuel,* Rdn. 42).

132 Diese Kriterien entsprechen den für die Prüfung des Erfordernisses des Vergleichs von Produkten für den gleichen Bedarf oder dieselbe Zweckbestimmung gem. Art. 4 lit. c IrreführungsRL anzulegenden. Während jedoch die Definition der vergleichenden Werbung in Art. 2 lit. c IrreführungsRL das Bestehen eines Wettbewerbsverhältnisses zwischen Unternehmen erfordert, wofür die Prüfung genügt, ob die von ihnen angebotenen Waren untereinander in allgemeiner Weise einen gewissen Grad an Substituierbarkeit aufweisen (vgl. o.), verlangt Art. 4 lit. c IrreführungsRL eine individuelle und konkrete Beurteilung der speziellen Waren, die in der Werbeaussage miteinander verglichen werden, um zu ermitteln, ob sie wirklich untereinander substituierbar sind (EuGH – *de Landtsheer Emmanuel,* Rdn. 47, 48).

133 *bb) Erkennbar machen und abstrakte Bezugnahmen.* In der Rechtssache *de Landtsheer Emmanuel* hatte der Bierhersteller sein Produkt abstrakt mit Champagner in Bezug gesetzt. So stellte sich die weitere Frage, ob dadurch einzelne Mitbewerber, nämlich die Hersteller von Champagner, erkennbar gemacht wurden. Der EuGH stellte klar, dass der Umstand, dass ein Unternehmen in seiner Werbe-

---

[315] Die Annahme einer ungenauen Übersetzung liegt freilich nahe. Verfahrenssprache war französisch und die maßgebliche Formulierung in Rdn. 28 *„par définition"* wird üblicherweise eher mit „per definitionem" oder „per se" übersetzt.

[316] EuGH RIW 1980, 714 – *Komm. ./. Vereinigtes Königreich,* Slg. 1980, 417 Rdn. 14; EuGH NJW 1989, 660 – *Komm. ./. Belgien,* Slg. 1987, 3299 Rdn. 10.

[317] MüKo-UWG/*Micklitz* EG D Art. 6 Rdn. 166.

aussage nur auf eine Warengattung Bezug nehme, nicht von vornherein das Erkennbarmachen eines Mitbewerbers ausschließt. Unerheblich ist auch, dass eine solche abstrakte Bezugnahme wegen der Struktur des in Frage stehenden Marktes mehrere Mitbewerber oder die von ihnen angebotenen Waren oder Dienstleistungen erkennbar macht (EuGH – *de Landtsheer Emmanuel,* Rdn. 18ff.).

Durch den abstrakten Vergleich des Bieres mit Champagner im Fall *de Landtsheer Emmanuel* werden dessen Hersteller dann erkennbar gemacht, wenn es möglich ist, diese Unternehmen oder die von ihm angebotenen Waren konkret als diejenigen zu erkennen, auf welche die Werbeaussage konkret Bezug nimmt (EuGH – *de Landtsheer Emmanuel,* Rdn. 24). **134**

Dies festzustellen obliegt dem mitgliedstaatlichen Gericht. Es hat unter Berücksichtigung aller relevanten Umstände der Streitsache zu prüfen, ob eine Werbung ein oder mehrere bestimmte Unternehmen oder die von ihnen gelieferten Waren oder erbrachten Dienstleistungen unmittelbar oder mittelbar für den Verbraucher als diejenigen erkennbar macht, auf die die Werbeaussage sich konkret bezieht. Dabei hat es – wie stets – auf die mutmaßliche Wahrnehmung des normal informierten und angemessen aufmerksamen und verständigen Durchschnittsverbrauchers abzustellen (EuGH – *de Landtsheer Emmanuel,* Rdn. 22, 23). **135**

c) Vergleichserfordernis; insb. Konkordanzlisten. Ob ein Mitbewerber oder seine Produkte erkennbar gemacht werden, hängt von der jeweiligen Äußerung im Kontext der Marktbedingungen ab (vgl. dazu ausf. u. *Sack,* § 6 Rdn. 72). Umstritten ist indes, ob auch die **einseitige Bezugnahme** ohne eigentlichen Werbevergleich von der Richtlinie erfasst wird.[318] Insoweit ist zu differenzieren: Trotz missverständlicher Äußerungen[319] ist davon auszugehen, dass die Regelung in Art. 2 lit. c IrreführungsRL über das bloße Erkennbarmachen des Mitbewerbers hinaus ein Element des Inbezugsetzens verlangt. Einige jüngere Entscheidungen des EuGH machen dies hinreichend deutlich.[320] Der Bundesgerichtshof ist – nach gewissem Mäandern[321] – ebenfalls zu dieser Auffassung gelangt.[322] Ein solches Inbezugsetzen kann implizit durch die Gegenüberstellung als kompatibles Ersatzprodukt (Verbrauchsmaterialien, Ersatzteile, Zubehör) geschehen. Mehr ist den Entscheidungen *Toshiba* und *Siemens* (dazu sogl. Rdn. 137ff.) nicht zu entnehmen. **136**

Im Ausgangsverfahren der Rechtssache *Toshiba ./. Katun*[323] ging es um einen an Fachhändler gerichteten Katalog der Beklagten für die von ihr vertriebenen Ersatzteile und Verbrauchsmaterialien für Kopiergeräte, darunter solche der Klägerin. Diese Kataloge enthielten zum einen Listen, in welchen nacheinander zunächst unter der Kategorie „OEM Art.-Nr." die **Artikelbezeichnung des „Originalherstellers"** (OEM = *Original Equipment Manufacturer*) und die Artikelbezeichnung von *Katun* genannt wurden, ferner eine Produktbeschreibung gegeben und schließlich die Geräte aufgezählt wurden, für welche die Zubehörteile vorgesehen waren. Zum anderen enthielten die Kataloge Hinweise wie: „Sie können … ihre Kosten reduzieren, ohne an Leistung oder Qualität einzubüßen. Dank ihres geringen Service- und Kostenaufwands stellen diese Qualitätsprodukte für die Händler insgesamt eine rentablere Alternative dar oder die ideale Lösung für viele leistungsstarke Toshiba-Kopierer." Dagegen hatte *Toshiba* auf Unterlassung und Schadensersatz geklagt. Auf der Grundlage der älteren Leitentscheidung *Verbrauchsmaterialien* des Bundesgerichtshofs[324] hatte sie lediglich die Verwendung ihrer eigenen Artikelnummern beanstandet. *Katun* hatte eingewandt, dass jene ältere Rechtsprechung nicht mit den unter Geltung der Richtlinie über vergleichende Werbung anzulegenden Maßstäben zu vereinbaren sei. Dagegen hatte *Toshiba* geltend gemacht, dass es sich bei der Verwendung der Artikelnummern überhaupt nicht um vergleichende Werbung im Sinne der Richtlinie handele, weil mit ihnen kein Vergleich von Eigenschaften der Produkte vorgenommen werde. **137**

Wenn diesem Vortrag gefolgt worden wäre, wäre die Harmonisierung der vergleichenden Werbung insgesamt bedroht worden. Daraus erklärt sich die aufwendige Begründung des EuGH zu Anwendungsbereich und Reichweite von Art. 2 lit. c und Art. 4 lit. c IrreführungsRL. An den offenen Wortlaut der Irreführungsrichtlinie anknüpfend führte der EuGH zunächst aus, dass verglei- **138**

---

[318] Vgl. *Sack* WRP 2001, 327, 335 m. w. N.; *ders.,* u. § 6 Rdn. 76ff.; MüKo-UWG/*Micklitz* EG D Art. 6 Rdn. 141ff. Dagegen wohl BGH GRUR 2002, 75, 77 – *Soooo … billig.*

[319] BGH GRUR 2012, 74 – *Coaching-Newsletter,* Rdn. 18.

[320] EuGH GRUR 2007, 69 – *Lidl ./. Colruyt,* Slg. 2006, I-8501 Rdn. 24ff.; GRUR 2007, 511 – *de Landtsheer Emmanuel,* Slg. 2007, I-3115 Rdn. 52.

[321] Zunächst einen Werbevergleich verlangend BGH GRUR 1999, 1100, 1101 – *Generika-Werbung,* juris-Rdn. 24; GRUR 2002, 75, 76 – *„SOOOO … BILLIG!"?;* GRUR 2002, 982, 983 – *DIE „STEINZEIT" IST VORBEI!;* dann ablehnend BGH GRUR 2004, 607, 611 – *Genealogie der Düfte.*

[322] BGH GRUR 2012, 74 – *Coaching-Newsletter,* Rdn. 18.

[323] EuGH GRUR Int. 2002, 50 – *Toshiba,* Slg. 2001, I-7945.

[324] BGH GRUR 1996, 781 – *Verbrauchsmaterialien.*

chende Werbung im Sinne der Irreführungsrichtlinie bereits dann vorliege, wenn ein Mitbewerber oder dessen Erzeugnisse oder Dienstleistungen unmittelbar oder mittelbar erkennbar gemacht werden (EuGH – *Toshiba,* Rdn. 29). Im Hinblick auf die Auslegung zog der EuGH zutreffend EGr. 6 IrreführungsRL 1997 heran, wonach der Begriff der vergleichenden Werbung breit gefasst werden solle, um alle Arten der vergleichenden Werbung abzudecken (EuGH – *Toshiba,* Rdn. 30). Anschließend folgt aber die bei weitem überschießende Aussage, dass es sich schon dann um vergleichende Werbung handele, wenn eine Äußerung in einer beliebigen Form vorliege, die auf einen Mitbewerber oder seine Produkte bezugnehme. Hierbei sei es ohne Belang, ob ein Vergleich zwischen den vom Werbenden angebotenen Erzeugnissen und Dienstleistungen und denjenigen des Mitbewerbers vorliege (EuGH – *Toshiba,* Rdn. 31).

139 Dieser weitreichenden letzten Äußerungen hätte es nicht bedurft. Die Annahme eines Werbevergleichs hätte demgegenüber unmittelbar auf nicht nur in Deutschland und Österreich[325] anerkannte lauterkeitsrechtliche Grundsätze gestützt werden können: Maßgebend für die Behandlung des Wettbewerbsverhaltens ist seine Wirkung aus der Sicht der angesprochenen Verkehrskreise. Insoweit war nicht allein die Bezugnahme auf die Produkte von Toshiba offensichtlich. Durch die listenförmige Gegenüberstellung wurde in erster Linie eine konkludente Kompatibilitätsbehauptung („passend für …"; „unsere Produkte sind geeignet für den Betrieb in …"; „unsere Produkte können als Ersatz für … verwendet werden") aufgestellt. Bei der Kompatibilität handelt es ohne weiteres sich um eine „wesentliche, relevante, nachprüfbare und typische Eigenschaft" der Waren. Unerheblich ist insoweit, ob der Werbende unmittelbar auf das zu ersetzende Ersatzteil bezugnimmt („ersetzt …") oder auf den Verwendungszweck im Hauptprodukt („passend für …"). Auch in letzterem Fall ist der Vergleichsgegner, der Hersteller des Originalersatzteils, erkennbar, und damit die Voraussetzung für die Annahme vergleichender Werbung erfüllt.[326]

140 Die vom EuGH zunächst zugrundegelegte Annahme, dass die bloße Verwendung der Original-Artikelnummern keinen Vergleich objektiver und nachprüfbarer Eigenschaften gem. Art. 3 Abs. 1 lit. c IrreführungsRL (nunmehr Art. 4 lit. c IrreführungsRL) begründe (EuGH – *Toshiba,* Rdn. 33), war im Ausgangspunkt verfehlt. Der EuGH selbst erkannte dies auch im weiteren Fortgang der Urteilsgründe (EuGH – *Toshiba,* Rdn. 39) an. Diese scheinbare (man beachte die vorsichtige Formulierung, wonach die Gegenüberstellung keinen Vergleich begründen „dürfte"; EuGH – *Toshiba,* Rdn. 33 a.E.) Widersprüchlichkeit liegt indes wohl nicht an einer gespaltenen Auslegung des Vergleichsbegriffs,[327] sondern daran, dass der EuGH der aus historischen Gründen verschobenen Perspektive der deutschen Dogmatik auf den Leim gegangen ist: Mit seiner fragwürdigen Annahme, dass in der „schlichten Angabe der Marke des Herstellers der Originalmodelle oder der Referenzen der Modelle …, für die die Ersatzteile und Verbrauchsmaterialien hergestellt werden", kein Vergleich zu erkennen sein dürfte (EuGH – *Toshiba,* Rdn. 33), übernahm der EuGH womöglich unbedacht die damals in Deutschland herrschende Meinung.[328] Sie war darauf zurückzuführen, dass unter der Geltung des Verbotsprinzips die Bejahung eines Werbevergleichs im Regelfall in die Unzulässigkeit führte. Um diese unangemessene Rechtsfolge bei wettbewerbsfördernden Substitutionshinweisen zu vermeiden, hatte man bei bloßen Gegenüberstellungen das Vorliegen vergleichender Werbung abgelehnt und derartige Hinweise unter den flexibleren Standards der offenen Anlehnung geprüft.[329] Unter dem neuen Regelungsregime führte die Ablehnung des Vergleichs indes zum genau entgegengesetzten Ergebnis, nämlich der Unzulässigkeit gem. Art. 4 lit. b, c IrreführungsRL. Bei unvorbelasteter Betrachtung lag dem Rechtsstreit *Toshiba* aber ohne weiteres ein Werbevergleich zugrunde und auf die Frage, ob ein Vergleichserfordernis zum Tatbestand vergleichender Werbung gehört, kam es deshalb gar nicht an.[330] Gleichwohl ist aus der *Toshiba*-Entscheidung des EuGH oftmals gefolgert worden, dass der Tatbestand der vergleichenden Werbung keinen Vergleich erfordere.[331] Auch der erste Wandel der Rechtsprechung des Bundesgerichtshofs steht im Zusammenhang mit dieser Fehldeutung.

141 Im Bemühen, derartige Konkordanzlisten angesichts ihrer markttransparenzfördernden Wirkung vor einem vermeintlichen Verstoß gegen Art. 4 lit. c IrreführungsRL zu retten, erteilte der EuGH

---

[325] Vgl. GA *Léger,* Schlussanträge, Rdn. 47ff., zu EuGH Slg. 2001, I-7945 – *Toshiba.*

[326] Vgl. u. *Sack* § 6 UWG Rdn. 148.

[327] Vgl. u. *Sack* § 6 UWG Rdn. 104. Anders aber wohl Fezer/*Koos* § 6 UWG Rdn. 84 (a.E. einschränkend); MüKo-UWG/*Menke,* § 6 Rdn. 77 a.E.

[328] Vgl. etwa Hefermehl/*Köhler*/Bornkamm, 23. Aufl., 2004, § 6 Rdn. 25.

[329] Vgl. etwa BGH GRUR 1996, 781 – *Verbrauchsmaterialien,* juris-Rdn. 26.

[330] Ähnlich auch u. *Sack* § 6 Rdn. 88; *Ohly* GRUR 2007, 3, 5; *Köhler* GRUR 2005, 273, 275; *Nordmann* GRUR Int. 2002, 297, 298. A.A. noch Hefermehl/*Köhler*/Bornkamm, 23. Aufl., 2004, § 6 Rdn. 18.

[331] In diesem Sinne insb. MüKo-UWG/*Menke* § 6 Rdn. 119, 99; *Faßbender* EuZW 2005, 42, 42f.; jurisPK-UWG/*Müller-Bidinger* § 6 Rdn. 104; HK-UWG/*Plaß* § 6 Rdn. 44.

ihnen indes eine **uneingeschränkte Absolution** und übersah dabei eine Differenzierung, die bei lauterkeitsrechtlicher Betrachtung auf der Hand liegt und von GA *Léger*[332] vorbereitet worden war: Das Wettbewerbsverhalten von *Katun* ging nämlich über die Aufstellung einer bloßen Kompatibilitätsbehauptung hinaus. Vor allem die ergänzenden Hinweise begründen neben der schlichten **Kompatibilitätsbehauptung** eine pauschale **Äquivalenzbehauptung** („unsere Produkte sind **gleich gut** wie ..."). Bei einer solchen Äquivalenzbehauptung geht es nicht um die bloße Behauptung der Verwendungsfähigkeit, die bei der Kompatibilitätsbehauptung im Vordergrund steht, sondern um **qualitative Gesichtspunkte** wie z.B. die Lebensdauer, Robustheit oder Handhabung der Produkte.[333] Eine pauschale Behauptung der Gleichwertigkeit in diesem Sinne erfüllt in der Tat nicht die von Art. 4 lit. c IrreführungsRL aufgestellten Anforderungen. Diese Betrachtung passt zu der in zahlreichen Lauterkeitsrechtsordnungen anerkannten Abgrenzung der verbotenen **„offenen Anlehnung"** von zulässigen Hinweisen auf den Verwendungszweck.[334] Im Bemühen, die transparenz- und wettbewerbsfördernden Konkordanzlisten unter Angabe der Original-Artikelnummern zu schützen, übersah der EuGH den Gesichtspunkt der Äquivalenzbehauptung: Wollte man pauschale und nicht nachprüfbare Behauptungen qualitativer Gleichwertigkeit generell gestatten, so würde der Zweck der Richtlinie über vergleichende Werbung allerdings ebenso vereitelt.[335]

Diese, vom Verfasser bereits im Anschluss an die dargestellte Entscheidung hervorgehobene,[336] **142**
Unterscheidung scheint einer Entscheidung des EuGH aus Anlass eines jüngeren Vorabersuchens[337] zugrundezuliegen: Seit 1983 benutzt Siemens für Zusatzteile zu seinen unter der Marke **„Simatic"** vertriebenen speicherprogrammierbaren Steuerungen ein Bestellnummernsystem, das aus der Kombination mehrerer Großbuchstaben und Zahlen besteht und das für eine Zusatzkomponente zur Steuerung S 5 etwa „6ES 5 928-3UB21" lauten kann. Das Bestellnummernsystem ist in Fachkreisen bekannt. Die Beklagte stellt kompatible Zusatzkomponenten her und übernimmt für diese Teile den Kern der Siemens-Bestellnummer. Lediglich die erste Zeichengruppe wird ersetzt. Aus „6ES 5 928-3UB21" würde so „V 928-3UB21".

Verglichen mit einer bloßen Konkordanzliste macht diese Praxis den Abnehmern die Substitution **143**
noch leichter; sie greift aber auch stärker in die Interessen der Originalherstellerin ein. Der EuGH ging davon aus, die wesentlichen Probleme des Falls schon in seiner Toshiba-Entscheidung gelöst zu haben, was nicht zuletzt daran deutlich wird, dass auf Schlussanträge des Generalanwalts verzichtet wurde. Noch drängender als in *Toshiba* stellt sich jedoch die Frage, ob es sich überhaupt um vergleichende Werbung handelt, da auf den ersten Blick gar kein Vergleich zu den Produkten der Klägerin angestellt wurde. Auf der Grundlage der oben entwickelten Differenzierung lässt sich diese Entscheidung gut begründen. Wegen der **Verkehrsbekanntheit des Nummernsystems** von Siemens wirkte die Übernahme der Bestellnummernkomponenten von Siemens wie eine Konkordanzliste. Insoweit begründete die Übernahme dieser Nummern-Bestandteile eine **Behauptung der Kompatibilität zu den entsprechenden Siemens-Produkten.**

Der **EuGH** spricht diesbezüglich nunmehr allerdings von einer **Behauptung „funktionale(r)** **144**
Gleichwertigkeit" ihrer Produkte mit den Originalteilen der Klägerin, in welchem jedenfalls ein Vergleich wesentlicher, relevanter, nachprüfbarer und typischer Eigenschaften der Produkte zu erkennen sei (EuGH – *Siemens,* Rdn. 17). In diesem Zusammenhang zitiert der EuGH zwar seine eigene Entscheidung *Toshiba,* Rdn. 56. An der angegebenen Stelle wird allerdings nicht von funktionaler Gleichwertigkeit gesprochen, sondern von der „Gleichwertigkeit hinsichtlich der technischen Eigenschaften". Der Begriff der „funktionalen Gleichwertigkeit" wurde erst über den Vorlagebeschluss des Bundesgerichtshofs[338] in die Europäische Rechtsprechung (Verfahrenssprache in der Rechtssache *Siemens ./. VIPA* war deutsch) eingeführt. Der Bundesgerichtshof zitiert an dieser Stelle seine eigene Entscheidung im Fall *Ersetzt,*[339] in welcher er allerdings seinerseits noch auf die vom EuGH in der *Toshiba*-Entscheidung in den Vordergrund gerückte „Gleichwertigkeit hinsichtlich der technischen Eigenschaften" zurückgegriffen hatte. Trotz der wechselseitigen Bezugnahmen und der formellen Kontinuität ist mit der **begrifflichen Metamorphose** eine Verschiebung der Begriffsinhalte verbunden. Während die Gleichwertigkeit **hinsichtlich der technischen Eigenschaften**

332 GA *Léger,* Schlussanträge Rdn. 48ff., 56ff., zu EuGH Slg. 2001, I-7945 – *Toshiba.*

333 GA *Léger,* Schlussanträge Rdn. 60, zu EuGH Slg. 2001, I-7945 – *Toshiba.*

334 Vgl. die Zusammenfassung bei BGH GRUR 1996, 781, 782ff. – *Verbrauchsmaterialien.* Zum schweizerischen Lauterkeitsrecht vgl. BGE 73 II 194, 195ff. – *Gillette;* 102 II 292, 296 – *Lattoflex;* sowie *Baudenbacher/Glöckner* Art. 3 lit. e Rdn. 76ff.

335 Vgl. im Übrigen zu der Entscheidung *Glöckner* ELR 2001, 344; *Sack* WRP 2002, 363.

336 *Glöckner* ELR 2001, 344.

337 EuGH GRUR 2006, 345 – *Siemens ./. VIPA,* Slg. 2006, I-2147.

338 BGH GRUR 2005, 348 – *Bestellnummernübernahme.*

339 BGH GRUR 2003, 444, 445 – *Ersetzt.*

auch die kaum nachprüfbare technische Äquivalenz umfasst, kann die **funktionale Gleichwertigkeit auf die bloße Kompatibilität reduziert** werden.

145 Dass in *Siemens ./. VIPA* eine solche reduzierte Bedeutung vorausgesetzt wurde, machen die Hinweise in den Entscheidungen des BGH – *Ersetzt* und des EuGH – *Siemens ./. VIPA* deutlich, bei denen jeweils die **Rufausbeutung im Zentrum der Prüfung** stand. In beiden Fällen wurde nämlich nicht geprüft, ob die jeweils Beklagten eine besondere Qualität der jeweils bezuggenommenen Originalprodukte in irreführender Weise in Anspruch genommen hatten, was nahegelegen hätte, wären in der Behauptung „funktionaler Gleichwertigkeit" auch sämtliche technischen Eigenschaften der kopierten Produkte enthalten gewesen. Vielmehr beschränkte sich die Untersuchung auf die Frage, ob die **Verkehrsdurchsetzung der Produkte der Klägerinnen gleichsam als Infrastruktur für den Vertrieb der Beklagten mitgenutzt** werden dürfe.

146 **d) Zeitlicher Anwendungsbereich.** Die Richtlinie über vergleichende Werbung ist zunächst bei der Auslegung der zu ihrer Umsetzung[340] mit Wirkung vom 14. September 2000 erlassenen §§ 2, 4 UWG a. F. bzw. des § 6 zu berücksichtigen. Daneben hat sie aber auch für **„Alt-Fälle"** Bedeutung. Der Bundesgerichtshof begründete die Änderung seiner Rechtsprechung zur vergleichenden Werbung noch vor dem Inkrafttreten der UWG-Novelle vom 1. September 2000 damit, dass ein Verhalten, das der europäische Gesetzgeber als grundsätzlich zulässig bezeichnet habe, nicht als sittenwidrig im Sinne des § 1 UWG bezeichnet werden könne – unabhängig davon, ob die **Umsetzungsfrist** noch laufe.[341] Mit dieser Begründung fand die Entscheidung durchweg Zustimmung.[342]

5. Zulässigkeitserfordernisse

147 Die Zulässigkeitserfordernisse werden im einzelnen bei der Regelung vergleichender Werbung in § 6 von *Sack* erläutert. An dieser Stelle sollen allein einige im strukturellen Kontext des Europarechts stehende Gesichtspunkte hervorgehoben werden.

148 **a) Verbotskatalog, Liberalisierungszweck und Günstigkeitsprinzip.** Die in Art. 4 IrreführungsRL aufgezählten Zulässigkeitserfordernisse gestatten vergleichende Werbung nur unter sehr **restriktiven Bedingungen.** So erlaubt etwa Art. 4 lit. b IrreführungsRL seinem Wortlaut nach ausschließlich Produktvergleiche, scheint aber unternehmensbezogenen Vergleichen entgegenzustehen. Weiter verlangt Art. 4 lit. c IrreführungsRL, dass diese Vergleiche sachbezogen und objektiv sind. Damit wären alle Vergleiche, die auf subjektiv wahrgenommene Qualitäten wie etwa das Aussehen, den physiologischen Geschmack oder die subjektiven Präferenzen abstellen, stets unzulässig. Gemäß Art. 4 lit. g IrreführungsRL könnten Produkte, die unter geschützten Kennzeichen vertrieben werden, zwar von Mitbewerbern nachgeahmt werden, die Mitbewerber dürften die Nachahmung aber in der Werbung nicht hervorheben. Schließlich würde Art. 4 lit. e IrreführungsRL sämtliche Vergleiche von Waren mit Ursprungsbezeichnungen mit Waren ohne dieselbe Ursprungsbezeichnung ausschließen.

149 Vor diesem Hintergrund war vor allem unmittelbar nach Verabschiedung der Richtlinie über vergleichende Werbung vertreten worden, dass Art. 3a IrreführungsRL 1997 (inzwischen Art. 4 IrreführungsRL) lediglich eine Reihe von Zulässigkeitsvoraussetzungen aufstelle, unter denen vergleichende Werbung auf alle Fälle zulässig sein müsse **(Zulässigkeitskatalog).** Der Wortlaut spricht vor allem unter Berücksichtigung der Entstehungsgeschichte[343] durchaus für eine solche wettbewerbsfreundliche Interpretation. Es war zunächst aber nicht klar, ob der Regelung daneben zu entnehmen ist, dass die Mitgliedstaaten vergleichende Werbung auch stets zu verbieten haben **(Verbotskatalog),** wenn die wie gezeigt sehr restriktiven Zulässigkeitsbedingungen nicht erfüllt sind

---

[340] Gesetz zur vergleichenden Werbung und zur Änderung wettbewerbsrechtlicher Vorschriften vom 1. September 2000, BGBl. I S. 1374. Vgl. dazu *Plaß,* Die gesetzliche Neuregelung der vergleichenden Werbung, NJW 2000, 3161 ff. In Österreich wurde die Richtlinie über vergleichende Werbung umgesetzt durch Art. II des Bundesgesetzes, mit dem Bestimmungen über den Vertragsabschluss im Fernabsatz in das Konsumentenschutzgesetz eingefügt und das Bundesgesetz gegen den unlauteren Wettbewerb 1984 sowie das Produkthaftungsgesetz geändert werden (Fernabsatz-Gesetz), BGBl. I Nr. 185/1999. Vgl. dazu *Hucke* S. 240.

[341] BGH GRUR 1998, 824, 827 – *Testpreis-Angebot.* Vgl. dazu auch *Bornkamm* in: Werbung und Werbeverbote, S. 134, 136 ff. Ebenso OGH GRUR Int. 1999, 794 – *AMC/ATC.*

[342] *Ohly,* Anm. zu BGH GRUR 1998, 824 – *Testpreisangebote,* GRUR 1998, 828; *Sack* WRP 1998, 241, 244; *Ehricke* EuZW 1999, 553, 556; *Nordemann* in: Werbung und Werbeverbote, S. 148, 149.

[343] Während der Wortlaut des Geänderten Vorschlags für eine Richtlinie des Europäischen Parlaments und des Rates über vergleichende Werbung und zur Änderung der Richtlinie 84/450/EWG über irreführende Werbung, KOM (94) 151 endg., ABl. 1994 Nr. C 136/4, noch ein im Sinne des Verbotsprinzips klarstellendes „nur" enthielt, wurde dieses „nur" im Gemeinsamen Standpunkt wieder fallen gelassen.

(zum Streitstand vgl. u. *Sack,* § 6 Rdn. 19ff.). Mit dem **totalharmonisierenden Regelungsziel** ist indes nur letztere Interpretation zu vereinbaren, wie der EuGH in der Entscheidung *Pippig* hinreichend deutlich gemacht hat.[344] Auch der deutsche Gesetzgeber ging bei der Umsetzung von einem Verbotskatalog aus.[345]

150 So stellt sich umso dringlicher die Frage, ob das mit der Richtlinie über vergleichende Werbung zumindest auch verfolgte Liberalisierungsanliegen inzwischen völlig aufgegeben wurde. Tatsächlich darf aber zunächst nicht vernachlässigt werden, dass im Kernbereich nicht durch Auskunft oder Abwehr veranlasster sachbezogener Vergleiche durchaus eine Liberalisierung stattgefunden hat: Die der vergleichenden Werbung immanente Herabsetzung[346] und Rufausnutzung,[347] die über Jahrzehnte das Verbot vergleichender Werbung[348] trugen, müssen nun bei der Anwendung von Art. 4 lit. d, f IrreführungsRL außer Betracht bleiben.[349] Insoweit wurde nicht allein die Regelungsstruktur (vom Verbots- zum Missbrauchprinzip), sondern auch die Grundsatzentscheidung über die Zulässigkeit vergleichender Werbung paradigmatisch geändert.

151 Die inzwischen wohl allgemein (an-)erkannte **überschießende Wirkung der Zulässigkeitserfordernisse** in Art. 4 IrreführungsRL[350] muss auf andere Weise korrigiert werden. In diesem Sinne betont der EuGH seit den ersten Entscheidungen, dass die an die vergleichende Werbung gestellten Anforderungen in dem für sie **günstigsten Sinn** ausgelegt werden müssen.[351] Während die erste Entscheidung *Toshiba* diesen Grundsatz noch aus den in den Begründungserwägungen genannten Zielen ableitete, wonach vergleichende Werbung dazu beitragen solle, die Vorteile der verschiedenen vergleichbaren Erzeugnisse objektiv herauszustellen und so den Wettbewerb zu fördern,[352] zog die unmittelbar folgende Entscheidung *Pippig* ihn bereits zur Auflösung eines „scheinbar bestehenden Widerspruchs" heran.[353] Spätere Entscheidungen verwendeten den nun schon als „ständige Rechtsprechung" bezeichneten[354] und abstrakt der Prüfung vorangestellten Grundsatz kaum verhohlen dazu, übermäßig restriktive Zulässigkeitsvoraussetzungen gegen ihren eindeutigen Wortlaut richterrechtlich zurückzustutzen,[355] oder eine offene Abwägung wettbewerbsfördernder und wettbewerbsbeschränkender Auswirkungen zu ermöglichen.[356]

152 **b) EU-grundrechtskonforme Auslegung.** Die beschriebene Entwicklung des **Günstigkeitsprinzips** ist methodisch angreifbar: Tatsächlich lassen sich den Quellen der Richtlinie über vergleichende Werbung nämlich keine auf die Existenz eines solchen Prinzips deutenden Hinweise entnehmen. Ein Liberalisierungsanliegen ist, soweit es über die grundsätzliche Entscheidung über die Zulässigkeit vergleichender Werbung hinausgeht, im Gesetzgebungsverfahren in den Hintergrund getreten, was bereits der deutsche Gesetzgeber bei der Umsetzung aussprach.[357] Im Verlauf des Europäischen Gesetzgebungsverfahrens wurde die Regelung mit immer mehr die vergleichende Werbung einschränkenden Anforderungen belastet. Das Ergebnis ist eine „kleinkarierte und materiell nicht überzeugende" Regelung.[358] Ein „Günstigkeitsprinzip" kann nicht als Leitmotiv der Gesamtregelung vergleichender Werbung abgeleitet, sondern muss ihm vielmehr – aus anderen Rechtsgründen entwickelt – entgegengesetzt werden.

153 Diese Rechtsgründe sind in den beim Erlass der Richtlinie über vergleichende Werbung in ihrer Bedeutung noch nicht erkannten **Unionsgrundrechten** zu erkennen. Die **Geltung der Mei-**

---

344 EuGH GRUR 2003, 533 – *Pippig,* Slg. 2003, I-3095 Rdn. 54, 70.

345 Begründung RegE, BT-Drs. 14/2959, S. 6.

346 Vgl. dazu in Deutschland grundlegend *J. Kohler,* Persönliche und sachliche Reklame in der Großindustrie MuW XVI, 127, 128.

347 Vgl. dazu in Deutschland grundlegend *Lobe,* Der Hinweis auf fremde gewerbliche Leistung als Mittel zur Reklame, MuW XVI, 129, 131.

348 Grundlegend RG GRUR 1931, 1299, 1301 – *Hellegold.*

349 *Köhler*/Bornkamm § 6 Rdn. 170; MüKo-UWG/*Menke* § 6 Rdn. 283ff., 285.

350 Vgl. u. *Sack* § 6 Rdn. 42; *Peifer* WRP 2011, 1, 3ff.; *Glöckner* IIC 2012, 35.

351 EuGH GRUR 2002, 354 – *Toshiba,* Slg. 2001, I-7945 Rdn. 37; EuGH GRUR 2003, 533 – *Pippig,* Slg. 2003, I-3095 Rdn. 42; EuGH GRUR 2007, 69 – *Lidl ./. Colruyt,* Slg. 2006, I-8501 Rdn. 22, 32; EuGH GRUR 2007, 511 – *de Landtsheer Emmanuel,* Slg. 2007, I-3115 Rdn. 35, 63; EuGH GRUR 2009, 756 – *L'Oréal,* Slg. 2009, I-5185 Rdn. 69; EuGH GRUR 2011, 159 – *Lidl ./. Vierzon,* Slg. 2010, I-11761, Rdn. 21.

352 EuGH GRUR 2002, 354 – *Toshiba,* Slg. 2001, I-7945 Rdn. 36.

353 EuGH GRUR 2003, 533 – *Pippig,* Slg. 2003, I-3095 Rdn. 42. Ähnlich zog EuGH GRUR 2007, 69 – *Lidl ./. Colruyt,* Slg. 2006, I-8501 Rdn. 32, ihn zur Auslegung eines offenen Wortlauts heran.

354 Vgl. dazu die inhaltsanalytische Untersuchung von *Dederichs,* Die Methodik des EuGH, 2004, S. 23, 37ff.

355 EuGH GRUR 2007, 511 – *de Landtsheer Emmanuel,* Slg. 2007, I-3115 Rdn. 63.

356 EuGH GRUR 2009, 756 – *L'Oréal,* Slg. 2009, I-5185 Rdn. 69; EuGH GRUR 2011, 159 – *Lidl ./. Vierzon,* Slg. 2010, I-11761, Rdn. 21.

357 Begründung RegE, BT-Drs. 14/2959, S. 6.

358 *Ohly,* Das neue UWG – Mehr Freiheit für den Wettbewerb?, GRUR 2004, 889, 896.

nungsäußerungsfreiheit im Unionsrecht ist anerkannt, wobei der EuGH sich bei seinen Begründungen **ausdrücklich an Art. 10 EMRK orientiert.**[359] Gebunden wird namentlich die Union selbst.[360] Auch wird die **Wirtschaftswerbung vom Schutzbereich umfasst.**[361] Eingriffe können aufgrund der in Art. 10 Abs. 2 EMRK genannten Ziele des Schutzes des Rufs und der Rechte anderer gerechtfertigt werden.[362] Insoweit gilt jedoch ein **Verhältnismäßigkeitsvorbehalt.** Die Interessenabwägung zwischen der Meinungsäußerungsfreiheit und dem Schutz der Rechte anderer, der gem. Art. 10 Abs. 2 EMRK in einer demokratischen Gesellschaft unabdingbar ist, wird vom EGMR sehr weitreichend untersucht. Bedeutung hat die **EU-grundrechtskonforme Auslegung** vor allem bei den Zulässigkeitsvoraussetzungen in Art. 4 lit. b, c, e, g IrreführungsRL sowie im Hinblick auf die Frage nach dem Bestehen eines quantitativen Spürbarkeitserfordernisses.

154 *aa) Persönlich vergleichende Werbung und unternehmensbezogene Vergleiche und Art. 4 lit. b IrreführungsRL.* Nach dem ursprünglichen Vorschlag für eine Richtlinie über vergleichende Werbung war auch die **persönlich vergleichende Werbung** zulässig, wenn der Name in Verbindung mit wahren Tatsachenangaben genannt wird und darin insbesondere keine Herabsetzung lag. Indem der Vorschlag auf ein „hauptsächliches Abzielen auf Rufausbeutung" abstellte, sah er wohl in der bloßen Nennung eines fremden Namens oder einer fremden Marke auch noch keine anlehnende vergleichende Werbung. In der verabschiedeten und bis heute geltenden Fassung ist die persönlich vergleichende Werbung jedoch **unzulässig.**[363] Das ergibt sich daraus, dass persönlich vergleichende Werbung zwar vergleichende Werbung i. S. d. Art. 2 lit. c IrreführungsRL ist, aber der Anforderung des Art. 4 lit. b, c nicht genügt, wonach zulässige Werbung lediglich relevante Eigenschaften von Waren und Dienstleistungen vergleichen darf. Die Voraussetzungen des Art. 4 IrreführungsRL gelten kumulativ, vgl. EGr. 11 IrreführungsRL. Auch vor **anlehnender vergleichender Werbung** wird durch das Verbot der unlauteren Ausnutzung fremden Rufes angemessen geschützt.[364]

155 Der Rückgriff auf das in Art. 4 lit. d IrreführungsRL enthaltene Zulässigkeitserfordernis ist zur Begründung dieses Ergebnisses allerdings weder hinreichend noch erforderlich: Z. T. wird angenommen, dass die persönlich vergleichende Werbung von Art. 2 lit. c IrreführungsRL erfasst sein müsse, da anderenfalls die in Art. 4 lit. d IrreführungsRL enthaltene Beschränkung, die vergleichende Werbung dürfe nicht die „Tätigkeiten oder die Verhältnisse eines Mitbewerbers" herabsetzen, keinen Sinn ergäbe.[365] Die Vorschriften über vergleichende Werbung schützen – neben dem unverfälschten Wettbewerb – nicht die Interessen der Produkte, auf welche sich der Vergleich bezieht, sondern allein die Interessen der Hersteller dieser Produkte. Das erklärt zunächst, weshalb bereits der Anwendungsbereich der Vorschriften an das Erkennbarmachen entweder der Produkte oder des Mitbewerbers selbst anknüpft: In beiden Konstellationen fällt die aus dem Werbevergleich resultierende Herabsetzung auf den Mitbewerber zurück. Daneben wird deutlich, dass eben durchaus auch die sachlich vergleichende Werbung i. S. d. Art. 4 lit. d IrreführungsRL zu einer Herabsetzung der Tätigkeiten oder der Verhältnisse des Mitbewerbers führen kann, und dann verboten ist. Der Gegenschluss aus Art. 4 lit. d IrreführungsRL ist daher nicht zwingend, doch wegen der klaren Regelungsstruktur der Art. 2 lit. c, 4 IrreführungsRL auch nicht erforderlich.

156 Von persönlich vergleichender Werbung sind allerdings solche **unternehmensbezogenen Vergleiche** zu unterscheiden, bei denen Aussagen gemacht werden, die allein formal unternehmensbezogen sind (z. B. Alter, Qualifikation, Kapitalausstattung etc.), in der Sache aber die Qualität der Produkte beschreiben. Das ist insbesondere bei **Dienstleistungen** (Qualifikation der tatsächlichen Erbringer) oder bei **Vertrauensqualitäten von Waren** (Verlässlichkeit, auch in Zukunft Reparaturservices oder langjährige Haltbarkeitsgarantien in Anspruch nehmen zu können), der Fall.

157 *bb) Vergleiche subjektiver Produkteigenschaften und Art. 4 lit. c IrreführungsRL.* Der Regelung in Art. 4 lit. c IrreführungsRL, wonach nachprüfbare Eigenschaften objektiv verglichen werden müssen, ist weiter zu entnehmen, dass allein sachliche Produktvergleiche zulässig sein sollen. Vergleiche, bei denen mit der **subjektiven Wahrnehmung** sich verändernde Qualitäten wie **Geschmack, Schönheit oder sozialer Zusatznutzen wie Image, Prestige** etc. angesprochen werden, sind danach *per se* verboten. In der Rechtfertigungslogik der Irreführungsrichtlinie ist das konsequent und gewollt, denn die zur Rechtfertigung des Eingriffs in die Persönlichkeitsrechte der Mitbewer-

---

[359] Vgl. nur EuGH GRUR Int. 1997, 951 – *Vereinigte Familiapress,* Slg. 1997, I-3689 Rdn. 25.
[360] EuGH GRUR Int 1985, 187 – *VBVB,* Slg. 1984, 19 Rdn. 34; v. 13.12.1989, Rs. 100/88 – *Oyowe und Traore,* Slg. 1989, 4285 Rdn. 16. Vgl. dazu *Buschle* S. 138.
[361] EuGH GRUR 2004, 965 – *Karner,* Slg. 2004, I-3025 Rdn. 51.
[362] EGMR v. 11.12.2003, Rs. 39069/97 – *Krone Verlag ./. Österreich,* Rdn. 27 = M&R 2004, 43.
[363] Vgl. auch *Köhler*/Bornkamm § 6 Rdn. 16 m. w. N.
[364] Vgl. dazu EuGH GRUR Int. 2002, 50 – *Toshiba,* Slg. 2001, I-7945.
[365] Fezer/*Koos* § 6 Rdn. 23; MüKo-UWG/*Micklitz* EG D Art. 6 Rdn. 151.

ber (vgl. EGr. 9 IrreführungsRL: „die Mitbewerber schädigen") herangezogene Markttransparenz (vgl. EGr. 8 IrreführungsRL: „zulässiges Mittel zur Unterrichtung der Verbraucher über ihre Vorteile") wird durch solche nicht sachbezogenen Vergleiche nicht gefördert.

Vernachlässigt wird bei einer derart verengten Perspektive, dass auch nicht sachlich vergleichende Werbung den Wettbewerb dadurch fördert, dass sie den Adressaten die Existenz substitutionsfähiger Angebote unmittelbar vor Augen führt. Die die Mitbewerber schädigende Wirkung wird gleichzeitig durch den Umstand minimiert, dass auch ein formal als Urteil des Werbenden erscheinender Vergleich (z.B. „schöner als Golf" für ein Automobil der Kompaktklasse) ohne weiteres das eigene Urteil des Adressaten anspricht und dadurch in seiner herabsetzenden Wirkung relativiert wird. Vor diesem Hintergrund bedarf es im Lichte der **Meinungsäußerungsfreiheit** einer **engen Auslegung** des Zulässigkeitserfordernisses. **158**

cc) Vergleiche von Produkten mit geschützten Herkunftsangaben und Art. 4 lit. e IrreführungsRL. Im Vorabentscheidungsverfahren *de Landtsheer,* bei dem es um die Anlehnung der Werbung von Bier an Champagner ging, hatte die vorlegende Cour d'appel de Bruxelles beinahe ungläubig die Frage gestellt, ob nach Art. 3a Abs. 1 lit. f IrreführungsRL 1997 (nunmehr Art. 4 lit. e IrreführungsRL) tatsächlich jeder Vergleich unzulässig sei, der sich bei Waren ohne Ursprungsbezeichnung auf Waren mit Ursprungsbezeichnung beziehe.[366] **159**

GA *Mengozzi* bejahte in seinen Schlussanträgen diese Frage und hielt „keinen ernsthaften Zweifel an der Auslegung dieser Bestimmung" für möglich.[367] Der Lesart, dass nur dann, wenn Erzeugnisse mit Ursprungsbezeichnungen miteinander verglichen würden, es sich um dieselben Ursprungsbezeichnungen handeln müsse, die Vorschrift dem Vergleich von Erzeugnissen ohne Ursprungsbezeichnung mit Erzeugnissen mit Ursprungsbezeichnung aber nicht entgegenstehe, hielt er das *argumentum a maiore ad minus* entgegen: Es erscheine „etwas merkwürdig und unwahrscheinlich, dass sich der Gemeinschaftsgesetzgeber bei der Festlegung der Bedingungen für die Zulässigkeit des Werbevergleichs darum bemüht haben sollte, den Vergleich zwischen Erzeugnissen mit unterschiedlichen Ursprungsbezeichnungen zu verbieten, ohne gleichzeitig darum bemüht zu sein, den Vergleich zwischen einem Erzeugnis mit Ursprungsbezeichnung und einem Erzeugnis ohne Ursprungsverzeichnis durch ein entsprechendes Verbot zu regeln" (Schlussanträge Rdn. 119[368]). Dass die Vorschrift den Wettbewerb zugunsten der Erzeugnisse mit Ursprungsbezeichnungen erheblich beschränke, erkannte GA *Mengozzi* zwar, fügte sich aber der bewussten Entscheidung des Gemeinschaftsgesetzgebers, die nicht über den Weg der Auslegung zur Diskussion gestellt werden könne (Schlussanträge Rdn. 124). **160**

Der EuGH[369] legte sich weniger Zurückhaltung gegenüber dem Europäischen Gesetzgeber auf: Er verwies zunächst auf die in EGr. 12 IrreführungsRL 1997 (nunmehr EGr. 12 IrreführungsRL) zum Ausdruck gebrachte Absicht des Gesetzgebers, die sondergesetzlichen Wertungen zu schützen (EuGH – *de Landtsheer,* Rdn. 59), und führte aus, welche Nutzungen einer Ursprungsbezeichnung im Widerspruch zu Art. 13 Abs. 1 GGA/GUB-VO stehen (EuGH – *de Landtsheer,* Rdn. 60). **161**

Die Zulässigkeitsvoraussetzung in Art. 3a Abs. 1 lit. f IrreführungsRL 1997 (nunmehr Art. 4 lit. e IrreführungsRL) prüfte der EuGH demgegenüber primär unter Zugrundelegung der eigenen Funktionalität der Irreführungsrichtlinie (EuGH – *de Landtsheer,* Rdn. 61) und nannte insoweit die **Möglichkeit verbesserter Verbraucherinformation** (EuGH – *de Landtsheer,* Rdn. 62). Im Hinblick darauf setzte er seine ständige Rechtsprechung fort, wonach die an vergleichende Werbung gestellten Anforderungen so günstig wie möglich für diese Werbung auszulegen sind (EuGH – *de Landtsheer,* Rdn. 63). **162**

Vor diesem Hintergrund schränkte der EuGH den Anwendungsbereich der Zulässigkeitsvoraussetzung drastisch ein: Sofern alle anderen Zulässigkeitsvoraussetzungen für vergleichende Werbung eingehalten seien, erscheine ein Schutz von Ursprungsbezeichnungen, der sich im Sinne eines **absoluten Verbots** von Vergleichen zwischen Waren ohne Ursprungsbezeichnung und Waren mit Ursprungsbezeichnung auswirkte, **nicht gerechtfertigt** und ohne berechtigte Grundlage in Art. 3a Abs. 1 lit. f IrreführungsRL 1997 (nunmehr Art. 4 lit. e IrreführungsRL; EuGH – *de Landtsheer,* Rdn. 70). **163**

---

366 EuGH GRUR 2007, 511 – *de Landtsheer Emmanuel,* Slg. 2007, I-3115, 4. Vorlagefrage.

367 GA *Mengozzi,* Schlussanträge Rdn. 116, zu EuGH Slg. 2007, I-3115 – *de Landtsheer Emmanuel.* In diesem Sinne wurde die gegenteilige Entscheidung des EuGH in der Literatur als „sensationell" wahrgenommen, vgl. *Fusi,* Anm. zu EuGH v. 19.4.2007, C-381/05, Diritto Industriale 2007, 393, 394.

368 Das Beispiel war bereits von *Meli,* La pubblicità comparativa fra vecchia e nuova disciplina, Giur. comm. 1999, 267, 288/I, bemüht worden.

369 EuGH GRUR 2007, 511 – *de Landtsheer Emmanuel,* Slg. 2007, I-3115.

164 So anerkennenswert die Entscheidung unter wettbewerblicher Perspektive erscheint, so schwer ist sie methodisch nachzuvollziehen. Der EuGH besteht darauf, dass ein *per se*-Verbot des Vergleichs mit Erzeugnissen mit Ursprungsbezeichnungen sich nicht ausdrücklich aus dem Wortlaut ergebe, sondern eine extensive Auslegung dieser Zulässigkeitsvoraussetzung für vergleichende Werbung voraussetze (EuGH – *de Landtsheer,* Rdn. 71). Diese Einschätzung kann nur schwer geteilt werden. Tatsächlich nimmt der EuGH eine teleologische Reduktion des übermäßig weiten Wortlautes der Zulässigkeitsvoraussetzung vor und rechtfertigt diese mit dem Günstigkeitsprinzip.

165 *dd) „Offene" Imitationswerbung und Art. 4 lit. g IrreführungsRL.* Ähnlich problematisch erscheint das pauschale Verbot der Darstellung eines Produkts als Imitation oder Nachahmung eines kennzeichengeschützten Produkts in Art. 4 lit. g IrreführungsRL ohne Rücksicht darauf, ob der Vertrieb dieses nachgeahmten Produkts zulässig ist. Die auch sog. **„Parfümklausel"** geht auf das Interesse Frankreichs zurück, im Interesse seiner Hersteller von Luxusparfums die Verwendung von Duftvergleichslisten untersagen zu können. So nimmt es nicht wunder, dass der EuGH in der Vorabentscheidung *L'Oréal,*[370] in deren Ausgangsverfahren es um genau solche **Duftvergleichslisten** ging, sehr weitreichende Annahmen aufstellte: Es seien „nicht nur Werbebotschaften verboten, die den Gedanken an eine Imitation oder Nachahmung **ausdrücklich** wecken, sondern auch solche Botschaften, die in Anbetracht ihrer Gesamtdarstellung und des wirtschaftlichen Kontextes im jeweiligen Fall **geeignet …** [seien, d. Verf.], den betreffenden Verkehrskreisen diesen Gedanken implizit zu vermitteln" (EuGH – *L'Oréal,* Rdn. 75; Hervorhebungen d. Verf.).

166 Wichtig bleibt jedoch, auch insoweit im Auge zu behalten, dass Art. 4 lit. g IrreführungsRL gerade die **Darstellung als Imitation** oder Nachahmung verlangt. Darauf sind auch die Ausführungen des EuGH, die eine implizite Vermittlung genügen lassen, bezogen. Auf diese Weise gelingt es, diese Entscheidung zu Duftvergleichslisten von der ständigen **wettbewerbsfreundlichen Rechtsprechung** des EuGH **zu Konkordanzlisten** bei Verbrauchsmaterialien oder Zubehörteilen[371] **abzugrenzen.**

167 Unter Zugrundelegung des Günstigkeitsprinzips stellt sich Art. 4 lit. g als **Konkretisierung des Rufausbeutungstatbestandes** in Art. 4 lit. f IrreführungsRL dar. Konkordanzlisten nützen im Regelfall nicht den besonderen Ruf, sondern allein die Marktverbreitung eines Hauptprodukts aus. Nach der Grundsatzentscheidung zugunsten vergleichender Werbung muss dies zulässig sein, weil der Werbevergleich eben auch mit sogar unter bekannten Marken vertriebenen Produkten gestattet wird (EGr. 14, 15 IrreführungsRL). Wegen der Marktbesonderheiten bei Parfums, namentlich der besonders hohen Gefährdung gegenüber Trittbrettfahrern, und dem Umstand, dass dort nicht die bloße Marktverbreitung, sondern der gute Ruf, wie er in der Bekanntheit des Duftes zum Ausdruck kommt, ausgenutzt wird, kann die Vorschrift bei einer in diesem Sinne restriktiven Auslegung im Sinne des Günstigkeitsprinzips wettbewerblich gerechtfertigt werden.

168 *ee) Vergleichende Werbung und Spürbarkeitserfordernis.* Durch § 6 Abs. 2 UWG wird die in § 3 Abs. 1 UWG vorausgesetzte **Unlauterkeit** der geschäftlichen Handlung **konkretisiert.** Während der Wortlaut der Norm kein Spürbarkeitserfordernis mehr enthält, soll sich nach dem Willen des Gesetzgebers an dessen Fortgeltung zwar nichts geändert haben.[372] Der Gesetzgeber hat jedoch zugleich zum Ausdruck gebracht, dass ausschließlich die der allgemeinen Generalklausel nachfolgenden Bestimmungen anzuwenden sind, soweit die Unlauterkeit abschließend in der UGP- oder der Irreführungsrichtlinie geregelt sind.[373] Die Problematik der Anwendung des Spürbarkeitserfordernisses auf die vergleichende Werbung (vgl. dazu die Vorauf., Einl B Rdn. 177 ff.) hat sich damit erledigt.

169 Die besondere Frage, ob die teilweise übermäßig restriktiv ausgefallenen Zulässigkeitserfordernisse des Art. 4 IrreführungsRL bzw. § 6 Abs. 2 UWG über das Spürbarkeitserfordernis in ihrer Schärfe reduziert werden können, ist gleichfalls beantwortet. Die Lösung des Problems überschießender Verbotstatbestände kann weder aus dem nationalen Recht in das Europarecht getragen werden – dem steht der Vorrang des Europarechts entgegen – noch methodenehrlich im Wege der isolierten Auslegung der Irreführungsrichtlinie gewonnen werden: Wortlaut, innere Systematik und Entstehungsgeschichte belegen, dass die Regelungen der Irreführungsrichtlinie über vergleichende Werbung genau so „kleinkariert und materiell nicht überzeugend" gemeint sind, wie sie in der Rechts-

---

[370] EuGH GRUR 2009, 756 – *L'Oréal,* Slg. 2009, I-5185; vgl. dazu *Dreher* ELR 2009, 309.

[371] Vgl. EuGH GRUR 2002, 354 – *Toshiba,* Slg. 2001, I-7945 Rdn. 31; EuGH GRUR 2006, 345 – *Siemens ./. VIPA,* Slg. 2006, I-2147 Rdn. 12.

[372] Beschlussempfehlung und Bericht des Ausschusses für Recht und Verbraucherschutz v. 4.11.2015, BT-Drs. 18/6571, S. 15.

[373] Beschlussempfehlung und Bericht des Ausschusses für Recht und Verbraucherschutz v. 4.11.2015, BT-Drs. 18/6571, S. 15.

anwendung erscheinen (vgl. bereits o. Rdn. 152ff.). Die in der Sache unangemessenen Tatbestände sollten methodisch überzeugender durch eine EU-grundrechtskonforme Auslegung der Zulässigkeitsvoraussetzungen in Art. 4 IrreführungsRL eingeschränkt werden (vgl. dazu bereits o. Rdn. 152ff.). Die wettbewerblichen Auswirkungen der beanstandeten vergleichenden Werbung gehen dann bereits in die Reichweite des Unlauterkeitstatbestandes ein. Einer selbständigen Prüfung der Spürbarkeit bedarf es nicht mehr.

6. Vergleichende Werbung und EuGH als Super-Wettbewerbsgericht

In der Rechtssache *Toshiba* legte das Landgericht Düsseldorf dem EuGH zur Beantwortung folgende Fragen vor: Liegt vergleichende Werbung im Sinne der Richtlinie bereits dann vor, wenn ein Anbieter von Ersatzteilen und Verbrauchsmaterialien in seinem Katalog die Original-Artikelnummern angibt? Der EuGH[374] bejahte diese Frage. Für diesen Fall hatte das Landgericht die weiterführende Frage gestellt, ob es sich insoweit um zulässige vergleichende Werbung handele. Auch diese Frage beantwortete der EuGH im positiven Sinne. Die Folgefrage, ob die Original-Artikelnummern Unterscheidungszeichen im Sinne des Art. 4 lit. d IrreführungsRL seien, verneinte der EuGH ebenso wie die Frage, ob durch ihre Verwendung in den Katalogen eines Konkurrenten der Ruf von *Toshiba* in unlauterer Weise ausgenutzt werde. 170

Bei allen gestellten Fragen handelte es sich um spezifisch lauterkeitsrechtliche Fragen. Der EuGH hat die eigentliche Sachentscheidung bei keiner Frage dem mitgliedstaatlichen Gericht überlassen, sondern mit der Beantwortung der Vorlagefragen zugleich die maßgeblichen Entscheidungen im Hauptverfahren getroffen. Ähnlich ist der EuGH in der Entscheidung *Pippig*[375] aus dem Jahr 2003 vorgegangen. Auch hier erfolgte eine Rückverweisung allein im Hinblick auf die tatsächlichen Voraussetzungen des Imagetransfers im Sinne des Art. 4 lit. f IrreführungsRL. Ebenso ist der EuGH in den jüngeren Rechtssachen *Siemens ./. VIPA, Lidl ./. Colruyt* und *Lidl ./. Vierzon* verfahren. Alle Entscheidungen machen deutlich, dass außerhalb der Anwendung der Grundfreiheiten, nämlich bei der Auslegung des Sekundärrechts, der EuGH durchaus **nach Art eines Fachgerichts zu entscheiden** weiß.[376] Allein in der Entscheidung in der Rechtssache *de Landtsheer Emmanuel*[377] hat der EuGH sich bei der Frage, ob ein Vergleich auf eine ganze Warengattung, vorliegend Champagner, den Wettbewerber erkennbar macht, zurückgehalten und die Würdigung dem Tatsachengericht überlassen (EuGH – *de Landtsheer,* Rdn. 22ff.). 171

IV. Richtlinie über unlautere Geschäftspraktiken 2005

1. Entwicklung

Die **UGP-Richtlinie**[378] wurde seit ihrem Inkrafttreten nur geringfügig verändert. Durch eine **Berichtigung**[379] wurden die deutsche und die italienische Sprachfassung geändert: In der deutschen Sprachfassung wurden die etwas schwammigen Formulierungen, die auf den Geschäftsverkehr zwischen Unternehmen und Verbrauchern abstellten, im Titel der Richtlinie, in EGr. 8, in Art. 2 lit. d, in Art. 3 Abs. 1 sowie in allen verweisenden Vorschriften in die Formulierung **„Geschäftspraktiken von Unternehmen gegenüber Verbrauchern"** geändert (vgl. dazu u. Rdn. 226ff., 231). Von geringerer Bedeutung blieb, dass die Kommission im Jahr 2009 **Leitlinien zur Umsetzung und Anwendung der Richtlinie** (im folgenden: Leitlinien) verabschiedet hat.[380] Im Jahr 2013 verabschiedete die Kommission eine **Mitteilung über die Anwendung der** 172

---

374 EuGH GRUR Int. 2002, 50 – *Toshiba,* Slg. 2001, I-7945.

375 EuGH GRUR 2003, 533 – *Pippig,* Slg. 2003, I-3095.

376 Vgl. hierzu auch *Glöckner* WRP 2004, 936, 945.

377 EuGH GRUR 2007, 511 – *de Landtsheer Emmanuel,* Slg. 2007, I-3115.

378 Richtlinie 2005/29/EG des Europäischen Parlaments und des Rates vom 11. Mai 2005 über unlautere Geschäftspraktiken im binnenmarktinternen Geschäftsverkehr zwischen Unternehmen und Verbrauchern und zur Änderung der Richtlinie 84/450/EWG des Rates, der Richtlinien 97/7/EG, 98/27/EG und 2002/65/EG des Europäischen Parlaments und des Rates sowie der Verordnung (EG) Nr. 2006/2004 des Europäischen Parlaments und des Rates (Richtlinie über unlautere Geschäftspraktiken), ABl. 2005 Nr. L 149/22.

379 Berichtigung der Richtlinie 2005/29/EG des Europäischen Parlaments und des Rates vom 11. Mai 2005 über unlautere Geschäftspraktiken im binnenmarktinternen Geschäftsverkehr zwischen Unternehmen und Verbrauchern und zur Änderung der Richtlinie 84/450/EWG des Rates, der Richtlinien 97/7/EG, 98/27/EG und 2002/65/EG des Europäischen Parlaments und des Rates sowie der Verordnung (EG) Nr. 2006/2004 des Europäischen Parlaments und des Rates (Richtlinie über unlautere Geschäftspraktiken) (ABl. L 149 vom 11.6.2005), ABl. 2009 Nr. L 253/18.

380 Arbeitspapier der Kommissionsdienststellen v. 3.12.2009, Leitlinien zur Umsetzung/Anwendung der Richtlinie 2005/29/EG über unlautere Geschäftspraktiken im Binnenmarkt, SEK (2009) 1666.

UGP-RL,[381] in der sie zunächst ihre Zufriedenheit mit dem Funktionieren der UGP-RL zum Ausdruck brachte, jedoch die Notwendigkeit verstärkter nationaler Durchsetzungsmaßnahmen sowie einer verstärkten Zusammenarbeit bei der grenzüberschreitenden Durchsetzung, insbesondere im Falle unlauterer Praktiken, die gleichzeitig in verschiedenen Mitgliedstaaten auftreten, feststellte.

2. Totalharmonisierung

173 Wie bereits bei den Regelungen über vergleichende Werbung stand beim Erlass der UGP-RL das Ziel der **Totalharmonisierung** zum Zweck der Marktintegration im Vordergrund. Eine ausdrückliche Regelung, wie etwa in Art. 8 Abs. 1 UAbs. 2 IrreführungsRL fehlt zwar. Der in Art. 1 UGP-RL enthaltene Hinweis auf das reibungslose Funktionieren des Binnenmarktes, die fehlende Mindestklausel sowie die deutlichen Hinweise auf die Ersetzung der mitgliedstaatlichen Generalklauseln durch ein einziges, gemeinsames und generelles Verbot (EGr. 11 S. 2, 13 S. 2 UGP-RL) machen das Regelungsanliegen des Europäischen Gesetzgebers aber hinreichend deutlich. Nicht zuletzt wurde der Verzicht auf Art. 4 Abs. 1 des Vorschlags mit der Totalharmonisierung begründet, die eine solche Vorschrift überflüssig mache.[382] Dementsprechend wurde die UGP-Richtlinie von Anfang an als totalharmonisierend verstanden.[383] Der deutsche Gesetzgeber legte bereits seiner Umsetzungsregelung im Jahr 2008 ebenfalls ausdrücklich dieses Verständnis zugrunde.[384] Der EuGH hat den Anspruch auf Totalharmonisierung in den Entscheidungen *VTB*[385] und *Plus*[386] bestätigt und die Praxis der Rechtsanwendung leistet ihm Folge.[387]

174 **a) Reichweite der Bindung des Gesetzgebers.** Gemäß Art. 288 Abs. 3 AEUV bindet die Richtlinie die Mitgliedstaaten hinsichtlich des zu erreichenden Ziels, überlässt ihnen aber, zur Erreichung dieses Ziels die im nationalen Recht geeignetste Form und die dazu erforderlichen Mittel zu wählen. Die Diskussion um die geeignetste Form und die erforderlichen Mittel nahm in Deutschland viel Raum in Anspruch und fand auf hohem Niveau statt.[388] Im Ergebnis entschied sich der Gesetzgeber bereits bei der Umsetzung im Jahr 2008 dafür, an dem in Deutschland etablierten Modell des integrierten Schutzes von Mitbewerber-, Abnehmer- (insb. Verbraucher-) und Allgemeininteressen festzuhalten, das von einheitlichen Regelungen für alle geschäftlichen Handlungen sowohl gegenüber Verbrauchern als auch gegenüber Unternehmern ausgeht. Auf dieser Grundlage wurden in erheblichem Umfang Neuregelungen erlassen (vgl. insb. § 2 Abs. 1 Nr. 1 UWG 2008: geschäftliche Handlung; § 3 Abs. 2, 3 i. V. m. Anh. UWG 2008: verbraucherrechtliche Generalklausel und *per se*-Verbote; §§ 5, 5a UWG 2008: Irreführende geschäftliche Handlungen und Irreführung durch Unterlassen; § 7 UWG 2008: Unzumutbare Belästigungen). In weitem Umfang hielt der deutsche Gesetzgeber eine vergleichsweise wortlautnahe Umsetzung für geboten (insb. Anhang zu § 3 Abs. 3 UWG 2008), doch teilweise nahm er für sich in Anspruch, die in der UGP-RL verwendete Diktion den Strukturen des deutschen Rechts anzugleichen.

175 Im Hinblick auf letzteres wurde der Vorwurf der unzureichenden Umsetzung erhoben. Nach der **Rechtsprechung des EuGH** sind für die Beurteilung, ob **Umsetzungsregelungen** den unionsrechtlichen Auftrag erfüllen, **zwei Aspekte** maßgeblich: Zum einen muss die **materielle Rechtslage** im Mitgliedstaat nach der Umsetzung den Vorgaben der Richtlinie entsprechen (dazu sogl. aa). Zum anderen muss diese Rechtslage **in spezifischer Weise** ausgehend vom positiven Recht **erkennbar** sein (dazu sogl. bb).[389]

176 *aa) Objektive Zielerreichung.* Im Hinblick auf die mitgliedstaatliche Verpflichtung, die durch die Richtlinie bindend vorgegebenen Ziele zu erreichen, sind zunächst die Vorgaben der Richtlinie zu

---

[381] Mitteilung der Kommission v. 14.3.2013 an das Europäische Parlament, den Rat und den Europäischen Wirtschafts- und Sozialausschuss über die Anwendung der Richtlinie über unlautere Geschäftspraktiken. Stärkung des Verbraucherschutzes, Vertrauensbildung im Binnenmarkt, COM [2013] 138 final.

[382] IP/04/658 v. 18.5.2004, S. 2. Zu offen gelassenen Fragen vgl. *Glöckner* WRP 2004, 936, 939.

[383] Zu deren verdeckten Lücken vgl. *Sosnitza* WRP 2006, 1; *Ohly* WRP 2006, 1401, 1409 ff.

[384] Begründung RegE, BT-Drs. 16/10145, S. 1.

[385] EuGH GRUR 2009, 599 – *VTB-VAB NV u. a.*, Slg. 2009, I-2949 Rdn. 52.

[386] EuGH GRUR 2010, 244 – *Plus*, Slg. 2010, I-217 Rdn. 41.

[387] Vgl. nur BGHZ 187, 231 – *Millionenchance II*, Rdn. 19.

[388] Vgl. nur die Beiträge von *Gamerith* WRP 2005, 391, 429 ff.; *Köhler* GRUR 2005, 793; *Seichter* WRP 2005, 1087; *Glöckner/Henning-Bodewig* WRP 2005, 1311; *Sosnitza* WRP 2006, 1; *Hecker* WRP 2006, 640; *Steinbeck* WRP 2006, 632; *Lutz* GRUR 2006, 908; *Fezer* WRP 2006, 781; *Keßler* WRP 2007, 714; *Köhler* WRP 2007, 1393; *Sosnitza* WRP 2008, 1014; *Kulka* DB 2008, 1548.

[389] EuGH v. 11.10.2001, C-254/00 – *Komm. ./. Niederlande*, Slg. 2001, I-7567 Rdn. 7; EuGH v. 17.1.2002, C-394/00 – *Komm. ./. Irland*, Slg. 2002, I-581 Rdn. 11.

untersuchen (1), bevor geprüft wird, ob diese Ziele durch die mitgliedstaatlichen Regelungen verfehlt werden (2).

(1) Konkretheit der bindenden Ziele der UGP-RL. Am Ausgangspunkt des Gesetzgebungsverfahrens zur UGP-RL wurde in Verfolgung des im Weißbuch „Europäisches Regieren“[390] niedergelegten Regelungskonzepts von einer „Rahmenrichtlinie“ gesprochen.[391] Auch der Gesetzgeber des UWG 2004 nahm diesen Begriff noch auf.[392] Das Europarecht kennt indes keine Rahmenrichtlinie als Rechtsinstitut.[393] Die UGP-RL ist zwar einem sehr umfassenden Regelungsmodell verpflichtet; es fehlt aber nach ihrem Regelungskonzept ganz und gar an einem Erfordernis der Ausfüllung durch ergänzende Rechtsakte.[394] Der Umstand, dass die UGP-RL ursprünglich als „Rahmenrichtlinie“ bezeichnet wurde, kann nichts daran ändern, dass der Rechtsakt als Richtlinie gem. Art. 288 Abs. 3 AEUV für die Mitgliedstaaten **verbindlich Ziele festschreibt.** **177**

Insoweit stellt sich vor allem die Frage nach der Bedeutung des Umstandes, dass die UGP-RL mit Generalklauseln und unbestimmten Rechtsbegriffen operiert. Durch Generalklauseln delegiert der Gesetzgeber Konkretisierungsbefugnisse an die Rechtsprechung. Im europarechtlichen Kontext wird die Folgefrage aufgeworfen, ob damit zugleich eine (Auslegungs-)Kompetenzverlagerung **an die Mitgliedstaaten, d. h. deren Gesetzgeber und Gerichte,** verbunden ist. Sie wäre nur dann zu bejahen, wenn die in der UGP-RL und insb. der Generalklausel verwendeten **Rechtsbegriffe** nicht **europarechtlich autonom** auszulegen wären. Dabei ist von dem Grundsatz auszugehen, dass in auf Rechtsharmonisierung gerichteten Unionsrechtsakten verwendete Rechtsbegriffe stets solche des Unionsrechts sind, die folgerichtig unabhängig von der Bedeutung, die sie im Kontext des nationalen Rechts haben mögen, d. h. „autonom“ auszulegen sind, weil anderenfalls der Harmonisierungszweck verfehlt würde.[395] Mit der **UGP-RL** wurde eine **Totalharmonisierung** angestrebt. Die Annahme einer konkludenten Verweisung auf die nationalen Begriffe der Unlauterkeit etc. verträgt sich damit jedenfalls nicht. **178**

Zu untersuchen bleibt, ob daneben der Umstand der denkbar **offenen Formulierungen** („unlauter“, „berufliche Sorgfaltspflicht“, „Marktgepflogenheiten“, „Treu und Glauben“, „zu täuschen geeignet“, „Ausnutzung einer Machtposition“) zu einer anderen Wertung zwingt. Unbestimmte Rechtsbegriffe im Europäischen Sekundärrecht sollten indes nicht als Indiz dafür gewertet werden, dass der europäische Gesetzgeber ihre Auslegung ins Belieben, der mitgliedstaatlichen Organe gestellt hat. Vielmehr unterliegt die mitgliedstaatliche Regelung auch insoweit **voller europarechtlicher Kontrolle.** Anders als bei der Verweisung auf das nationale Recht ordnet sich das Europarecht im Fall der Verwendung unbestimmter Rechtsbegriffe nicht unter. Im Ergebnis ist davon auszugehen, dass im Anwendungsbereich der UGP-RL materiell ein **einziger Begriffsinhalt der Unlauterkeit europaweit** gelten soll.[396] Dem entspricht die Einschätzung des Ministerrates, das Herkunftslandprinzip könne als Folge der vollständigen Harmonisierung aufgegeben werden.[397] **179**

(2) Zielverfehlung durch mitgliedstaatliches Recht? Völlig unabhängig vom Befund zum Wortlaut der einzelnen Vorschriften des UWG (vgl. dazu u. Rdn. 186 ff.) muss davon ausgegangen werden, dass das geltende deutsche Lauterkeitsrecht im Hinblick auf die **objektive Zielerreichung vollumfänglich den Vorgaben der UGP-RL** entspricht. Das ergibt sich bereits aus der **Befolgung der Pflicht zur richtlinienkonformen Auslegung** durch die Gerichte: **180**

Die unionsrechtliche Pflicht der mitgliedstaatlichen Gerichte zur Auslegung des nationalen Rechts im Lichte der umzusetzenden Richtlinie besteht nach der Rechtsprechung des EuGH zwar nur „soweit wie möglich“.[398] In Deutschland umfassen diese Möglichkeiten aber sogar die **wortlautübersteigenden Auslegungsmethoden** der **Analogie** bzw. der **teleologischen Reduktion.** Der Weg zu ihnen wird eröffnet, wenn gesetzliche Regelungen **planwidrig unvollständig** sind. Das kann selbst bei klarem Wortlaut der Fall sein, wenn ausweislich der Gesetzgebungsmaterialien **widersprüchliche Ziele,** insbesondere die Umsetzung einer Richtlinie einerseits und ein beson- **181**

390 Weißbuch der Europäischen Kommission vom 25.7.2001: Europäisches Regieren, KOM (2001) 428 endg.

391 Z. B. *Sosnitza* WRP 2006, 1, 2.

392 BT-Drs. 15/1487 S. 12.

393 Vgl. dazu im Einzelnen *Glöckner* WRP 2004, 936, 942.

394 So aber missverständlich die Darstellung im Bericht der Kommission „Bessere Rechtsetzung 2003“, KOM (2003) 770, Rdn. 71. Der Bericht fußt insoweit ersichtlich auf dem Ko-Regulierungsmodell, dem im Grünbuch über den Verbraucherschutz noch ein erheblicher Anwendungsbereich zugedacht worden war.

395 Vgl. zul. EuGH v. 22.6.2016, Rs. C-280/15 – *Nikolajera,* noch nicht in Slg., Rdn. 45 m. w. N.

396 *Henning-Bodewig* GRUR Int. 2004, 183, 190; MüKo-UWG/*Leible* EG A Rdn. 189; *Ohly*/Sosnitza Einf C Rdn. 45.

397 MüKo-UWG/*Micklitz*.

398 Vgl. grundlegend EuGH v. 13.11.1990, Rs. C-106/89 – *Marleasing SA ./. La Comercial Internacional de Alimentacion SA,* Slg. 1990, I-4135 Rdn. 8.

deres, mit der Richtlinie nicht in Einklang stehendes Ziel verfolgt werden.[399] Bei der Novellierung des UWG verfolgte der deutsche Gesetzgeber ausdrücklich das Ziel, das seinerzeit geltende UWG an die Vorgaben der UGP-RL anzupassen.[400]

182 Vor diesem Hintergrund sind deutsche Gerichte in der Lage, sowohl über die Generalklausel des § 3 UWG jegliches Verhalten zu verbieten, das womöglich unter Abweichung von den Vorgaben der Art. 6ff. UGP-RL von den Sondertatbeständen des UWG nicht erfasst wird, als auch dem Wortlaut nach anwendbare Verbotstatbestände des UWG unangewendet zu lassen, wenn ihre Anwendung im Widerspruch zu den Vorgaben der UGP-RL stände. Ihre diesbezügliche Bereitschaft haben die deutschen Gerichte, allen voran der Bundesgerichtshof, in Entscheidungen zu § 4 Nrn. 6,[401] 11[402] UWG 2008, ausdrücklich deutlich gemacht. Im Fall der Nichtanwendung überschießender Verbotstatbestände kommen die UGP-RL korrekt umsetzende Tatbestände zum Zuge.[403]

183 *bb) Publizität.* Es genügt jedoch nicht, dass das mitgliedstaatliche Recht durch die Gerichte im Sinne der Regelungen einer Richtlinie ausgelegt und angewendet wird. Traditionell wird davon ausgegangen, dass ein Mitgliedstaat seiner Umsetzungspflicht nicht dadurch genügen kann, dass er die Anpassung des Rechts seinen Gerichten überlässt. Der Pflicht zur richtlinienkonformen Auslegung darf daher nicht entnommen werden, dass die richtlinienkonforme Auslegung die Umsetzung ersetzen könnte. Im **Zentrum der Umsetzungspflicht** stehen die Herstellung von **Publizität, Klarheit und Bestimmtheit.**[404] In der Entscheidung *Kommission ./. Schweden*[405] fasste der EuGH seine ständige Rechtsprechung in der Weise zusammen, dass jeder Mitgliedstaat, der Adressat einer Richtlinie ist, die Verpflichtung hat, in seiner nationalen Rechtsordnung alle erforderlichen Maßnahmen zu ergreifen, um die volle Wirksamkeit der Richtlinie gemäß ihrer Zielsetzung zu gewährleisten. Unerlässlich ist es, dass die sich aus den nationalen Umsetzungsmaßnahmen ergebende Rechtslage **hinreichend bestimmt und klar ist und dass die Begünstigten in die Lage versetzt werden, von allen ihren Rechten Kenntnis zu erlangen** und diese gegebenenfalls vor den nationalen Gerichten geltend zu machen.[406] Besonders wichtig ist die letzte Voraussetzung, wenn die Richtlinie darauf abzielt, den **Angehörigen anderer Mitgliedstaaten Ansprüche** zu verleihen.

184 *(1) Umsetzung von Generalklauseln.* Diesbezüglich lautet die Schlüsselfrage, wie weitgehend Regelungen wie die in der UGP-RL getroffenen den Umsetzungsspielraum der Mitgliedstaaten bei der legistischen Ausformung einschränken oder ausschließen. Falsch wäre es sicher, der Wahl der Richtlinie als Regelungsinstrument zu entnehmen, dass die Mitgliedstaaten stets weite Umsetzungsspielräume haben müssten. Es ist im Gegenteil anerkannt, dass auch durch Richtlinien sehr detaillierte Regelungen getroffen werden können. Der Umsetzungsspielraum der Mitgliedstaaten schrumpft auch, je konkreter die in der Richtlinie enthaltenen Regelungen gefasst sind.[407] Dass durch eine Richtlinie nicht allein eine Mindest-, sondern zugleich eine Totalharmonisierung bewirkt wird, kann die Reichweite der Umsetzungspflicht hingegen nicht verschieben, wenn man davon absieht, dass den Mitgliedstaaten selbstverständlich das „Abweichen nach oben" verwehrt ist. Daher sind die Mitgliedstaaten nicht schon deshalb einer Pflicht unterworfen, die UGP-Richtlinie gleichsam „eins zu eins" umzusetzen, weil die UGP-Richtlinie anerkanntermaßen ein „einziges, gemeinsames, generelles Verbot" unlauterer Geschäftspraktiken anstrebt, vgl. EGr. 13 S. 2 UGP-RL.

185 Tatsächlich verschiebt die umfangreiche **Verwendung von Generalklauseln** und **unbestimmten Rechtsbegriffen** wie in der UGP-RL im Gegenteil die Anforderungen an die gesetzgeberische Umsetzung zugunsten der Mitgliedstaaten, deren legistischer **Umsetzungsspielraum** wächst. Es ist eine Konsequenz des Grundsatzes der Unionstreue, dass von Mitgliedstaaten die Aufgabe in der Praxis bewährter unbestimmter Rechtsbegriffe nicht verlangt werden kann, wenn die unbestimmten Rechtsbegriffe der Richtlinie keinen Mehrwert im Hinblick auf Rechtssicherheit und Rechtsklarheit bieten. Insbesondere der Publizitätsaspekt wird an dieser Stelle nicht berührt. Uni-

---

[399] Grundlegend BGHZ 179, 27 – *Quelle,* Rdn. 20ff., 24.
[400] Begründung RegE, BT-Drs. 16/10145, S. 1.
[401] Die Anwendung der Vorschrift wird ausdrücklich im Leitsatz 1 BGHZ 187, 231 – *Millionenchance II,* ausgeschlossen.
[402] BGH WRP 2010, 1143 – *Gallardo Spyder,* Rdn. 15.
[403] BGHZ 187, 231 – *Millionenchance II,* Leitsatz 2.
[404] Bereits EuGH NVwZ 1998, 48 – *Kommission ./. Deutschland,* Slg. 1997, I-1653 Rdn. 39.
[405] EuGH EuZW 2002, 467 – *Kommission ./. Schweden,* Slg. 2002, I-4147 Rdn. 15ff., m. Anm. *Wittwer* ELR 2002, 245.
[406] Vgl. insb. EuGH EuZW 2001, 437 – *Kommission ./. Niederlande,* Slg. 2001, I-3541 Rdn. 17 m. Anm. *Wittwer* ELR 2001, 334.
[407] *Alexander* GRUR Int. 2010, 1025, 1029.

onsbürger werden nicht von der Geltendmachung ihrer Rechte absehen, weil ein mitgliedstaatlicher Gesetzgeber einen unbestimmten Rechtsbegriff anstelle eines anderen ebenso unbestimmten Rechtsbegriffs verwendet hat.

(2) Konkretisierungskompetenz. Den durch die Richtlinie über unlautere Geschäftspraktiken ge- **186**
währten Umsetzungsspielraum macht die Formulierung in EGr. 14 S. 5 UGP-RL sehr deutlich: Die UGP-RL ordnet an, dass eine unlautere Irreführung auch durch die Unterlassung wesentlicher Angaben erfolgen kann, Art. 7 Abs. 1 UGP-RL. Der genannte Erwägungsgrund stellt klar, dass der Umstand der Totalharmonisierung die Mitgliedstaaten nicht daran hindert, in ihren nationalen Rechtsvorschriften für bestimmte Produkte, z. B. Sammlerstücke oder elektrische Geräte, ausdrücklich die wesentlichen Kennzeichen festzulegen, deren Weglassung rechtserheblich wäre. Dieser Hinweis ist verallgemeinerungsfähig. In diesem Sinne nimmt der Bundesgerichtshof zu Recht an, dass der Gesetzgeber auch über die Kompetenz verfügt, in der UGP-RL enthaltene Generalklauseln zu konkretisieren.[408] Maßgeblich ist allerdings, dass der Konkretisierungstatbestand keine Wertungsspielräume abschneidet, welche der offenere Tatbestand der Richtlinie vorsieht.[409]

(3) Approximation unionsrechtlicher Konkretisierungen. In der genannten Entscheidung *Kommission ./.* **187**
Schweden hat der EuGH es genügen lassen, dass Schweden im Rahmen seiner Umsetzung der Klauselrichtlinie die im Anhang der Richtlinie enthaltene indikative Liste missbräuchlicher Klauseln nur in die Gesetzgebungsmaterialien aufgenommen hatte. Mit der Begründung, dass die im Anhang der Richtlinie enthaltene Liste nicht bezwecke, den Verbrauchern über die sich bereits aus den Art. 3 bis 7 Richtlinie 93/13 ergebenden hinausreichende Ansprüche zuzuerkennen und nichts an dem Ziel ändere, das mit der Richtlinie angestrebt werde und das als solches für die Mitgliedstaaten verbindlich sei, hat der EuGH es für möglich gehalten, die volle Wirksamkeit der Richtlinie in einem hinreichend genauen und klaren rechtlichen Rahmen zu gewährleisten, ohne die Liste im Anhang der Richtlinie zum Bestandteil der sie umsetzenden Bestimmungen zu machen. Dem Informationscharakter der Liste werde durch ihre Übernahme in die Gesetzesmaterialien hinreichend Rechnung getragen. Der Vortrag der schwedischen Regierung, dass nach einer in Schweden und den anderen nordischen Ländern fest begründeten Rechtstradition die Materialien ein wichtiges Hilfsmittel für die Auslegung von Gesetzen darstellten, diese Materialien leicht konsultiert werden könnten, und darüber hinaus die Unterrichtung der Allgemeinheit über die Klauseln, die als missbräuchlich angesehen würden oder werden könnten, auf unterschiedliche Weise sichergestellt werde, wurde vom EuGH als ausreichend erachtet, um hinreichende Sicherheit dafür zu bieten, dass die Allgemeinheit von dieser Liste Kenntnis erlangen kann.

Vergleichbar ist die Rechtslage bei der UGP-Richtlinie im Hinblick auf die **Sondertatbe-** **188**
stände der Art. 6–9 (zu den Tatbeständen in Anh. I vgl. u. Rdn. 320 ff.). Sie geben nicht mehr Rechte als die Generalklausel in Art. 5, sondern konkretisieren im Zusammenspiel mit Art. 5 Abs. 4 lediglich, wann eine Geschäftspraktik irreführend oder aggressiv und damit unlauter ist (EGr. 13 S. 4 UGP-RL). Vor diesem Hintergrund muss es genügen, im nationalen Recht die **Einzeltatbestände approximativ** zu formulieren,[410] solange sichergestellt ist, dass zum einen der **materielle Schutzstandard,** welchen die Richtlinie vorsieht, weder unter- noch überschritten wird (vgl. bereits o. Rdn. 182), und zum anderen die **geschützten Verbraucher unschwer Kenntnis über die ihnen gewährten Rechte** erlangen können.

Beide Anforderungen stehen im Hinblick auf die in § 5 Abs. 1 UWG geregelten Irreführungsge- **189**
genstände nicht in Rede. Etwaige Lücken können stets durch die Generalklausel geschlossen werden. Auch im Hinblick auf die **Publizität des Schutzes** bestehen keine Bedenken: Ein knapper und genereller, kategorisch formulierter Irreführungstatbestand vermag den materiellen Schutzstandard ebenso zu sichern wie die detailverliebte Aufzählung in Art. 6 Abs. 1 UGP-RL und wird von den geschützten Verbrauchern womöglich gar besser verstanden.

Nicht ganz nachvollziehbar erscheint, weshalb eine solche Argumentation im Zusammenhang **190**
der Umsetzung der UGP-RL ausgeschlossen sein soll.[411] Soweit nach dem vorstehend beschriebenen Vorschlag Lücken durch die **Generalklausel zu schließen wären**[412] würde durch die **Eröffnung ihres Anwendungsbereichs** nur dem **nach den Konkretisierungstatbeständen ohnehin zu erfüllenden Regelungsauftrag Folge geleistet.** Die Verteidigung eines wie auch immer

---

[408] BGH GRUR 2009, 1064 – *Geld-zurück-Garantie II,* Rdn. 19.
[409] Vgl. insb. EuGH GRUR 2010, 244 – *Plus,* Slg. 2010, I-217 Rdn. 48.
[410] So ist wohl auch EuGH – *Komm. ./. Großbritannien,* Slg. 1997, I-2649 Rdn. 33, 37, zu verstehen. Darin hat der EuGH klargestellt, dass bei der Frage, ob eine nationale Umsetzungsmaßnahme ungeeignet sei, der „allgemeine rechtliche Kontext" zu berücksichtigen sei.
[411] So MüKo-UWG/*Micklitz* EG D Art. 5 Rdn. 73.
[412] Ebenso *Gamerith* WRP 2005, 391, 422; *Ohly*/Sosnitza, Einf C Rdn. 54; *Sosnitza* WRP 2008, 1014, 1029.

gearteten *status quo ante* steht insoweit nicht in Rede.[413] Die Kombination der Annahmen, die Konkretisierungstatbestände seien quasi wörtlich umzusetzen, und die mitgliedstaatlichen Generalklauseln dürften nur bei Extrem- und Evidenzfällen zum Einsatz kommen, entspricht demgegenüber weder der Verwendung der Richtlinie, welche den Mitgliedstaaten gem. Art. 288 Abs. 3 AEUV die Wahl der Form und der Mittel zur Erreichung der für sie verbindlichen Ziele überlässt, als Regelungsinstrument noch der Verwendung einer europarechtlichen Generalklausel als Gesetzgebungstechnik. Die weitere Begründung, das Angebot einer Generalklausel, die aber in der Praxis nicht zur Anwendung kommen dürfe, weil die geregelten Fallgruppen der irreführenden oder aggressiven Werbung ein konzeptionell geschlossenes System geschaffen hätten,[414] sei nur ein politisches Mittel gewesen, mit welchem die Kommission den Mitgliedstaaten die Harmonisierung des Lauterkeitsrechts schmackhaft gemacht habe,[415] unterstellt der Kommission darüber hinaus politische Unlauterkeit.

191 Im Gegenteil eröffnet die soweit ersichtlich im Europarecht erstmalig in dieser Konsequenz verwendete **Gesetzgebungstechnik der Verbindung einer Generalklausel mit Konkretisierungstatbeständen** in einer Richtlinie den Mitgliedstaaten gesetzgebungstechnische **Spielräume zur bruchfreien Einpassung** ins jeweilige Gesamtrechtssystem – selbstverständlich stets unter den **Prämissen der materiellen Erfüllung** des Regelungsauftrags sowie der **Gewährleistung ausreichender Rechtssicherheit.** Wäre dies nicht gewollt gewesen, so hätte – angesichts des wegen der Verwendung einer europarechtlichen Generalklausel umfassenden Regelungsgehalts – das Ziel einfacher und ehrlicher durch den Erlass als Verordnung erreicht werden können, worauf der Europäische Gesetzgeber allerdings bewusst und begründet (EGr. 23 UGP-RL) verzichtet hat.

192 Allgemeiner gesprochen kann die Richtlinie nicht verwendet werden, um Mitgliedstaaten auf Umsetzungen durch gleichsam wörtliche Übernahme der Regelungstexte zu verpflichten: Wenn der Europäische Gesetzgeber beabsichtigt, den Mitgliedstaaten den Freiraum bei der Wahl von Form und Mitteln zur Umsetzung zu nehmen, weil er das „Störpotential" fürchtet, das aus sprachlich oder strukturell voneinander abweichenden mitgliedstaatlichen Rechtsquellen resultiert, muss er auf das Regelungsinstrument der Verordnung gem. Art. 288 Abs. 2 AEUV zurückgreifen, die nicht allein unmittelbar in der gesamten Union gilt, sondern zugleich mitgliedstaatliche Umsetzungsregelungen verbietet, welche deren Wirksamkeit vereiteln könnten[416] Der Europäische Gesetzgeber kann aber **nicht gleichzeitig** in Anspruch nehmen, durch die Verwendung der Richtlinie als in die mitgliedstaatliche Souveränität milder eingreifendes Mittel dem **Subsidiaritätsprinzip gem. Art. 4 Abs. 1 EUV** und seiner Pflicht zur **Unionstreue gem. Art. 4 Abs. 3 EUV** zu genügen, wie er es ausweislich EGr. 23 beim Erlass der UGP-RL getan hat, aber gleichzeitig den Mitgliedstaaten eine **quasi-wörtliche Übernahme der Richtlinienregelungen aufoktroyieren.**

„Il y a lieu de rappeler que la transposition en droit interne d'une directive n'exige pas nécessairement une reprise formelle et textuelle de ses dispositions dans une disposition légale expresse et spécifique et peut se satisfaire d'un contexte juridique général, dès lors que celui-ci assure effectivement la pleine application de la directive d'une façon suffisamment claire et précise (voir, notamment, arrêt du 12 juillet 2007, Commission/Autriche, C-507/04, Rec. p. I-5939, point 89)."[417]

193 *(4) Grenzen der richtlinienkonformen Auslegung unter dem Publizitätserfordernis.* Selbstredend ist der mitgliedstaatliche Gesetzgeber gefordert, Regelungen, die nicht allein vom Wortlaut der Richtlinie abweichen, sondern geradezu über deren **Sinn täuschen,** in angemessener Frist **anzupassen bzw. zu streichen,** selbst wenn sie im Wege der richtlinienkonformen Auslegung unangewendet bleiben oder auf einen richtlinienkonformen Gehalt reduziert werden. Das galt etwa für § 4 Nr. 6, aber auch für die Ausgestaltung des Zusammenspiels der Regelungen in § 3 Abs. 1 und Abs. 2 UWG 2008 und gilt heute noch für die Formulierung des Rechtsbruchtatbestandes in § 3a. Allgemein lässt sich formulieren, dass spätestens dann, wenn die **richtlinienkonforme Auslegung nur mit gesetzeswortlautübersteigenden Mitteln** gelingt, eine **Anpassung des Gesetzestexts erforderlich** wird.

194 Korrelat der legistischen Freiheit der mitgliedstaatlichen Gesetzgeber bei der Umsetzung ist ihre Verantwortung, durch die Ausgestaltung der nationalen Vorschriften kein Störungspotential in die Anwendung des totalharmonisierten Rechts zu tragen. Mit dem Regelungsinstrument der Richtlinie ist die bruchfreie Einpassung der Unionsregelung ins nationale Recht untrennbar verbunden.

---

[413] Zum Anwendungsbereich der Generalklausel außerhalb der Tatbestände der Art. 6–8 UGP-RL vgl. u. Rdn. 288 ff.

[414] MüKo-UWG/*Micklitz* EG D Art. 5 Rdn. 72.

[415] MüKo-UWG/*Micklitz* EG D Art. 5 Rdn. 73.

[416] EuGH v. 31.1.1978, Rs. 94/77 – *Zerbone,* Slg. 1978, 99 Rdn. 22/27.

[417] EuGH v. 27.10.2011, Rs. C-311/10 – *Komm. ./. Polen,* Slg. 2011, I-159, Rdn. 40.

Dazu gehört auch und gerade die **Anknüpfung an Begrifflichkeiten und Strukturen des nationalen Rechts.** Die fortgesetzte Verwendung solcher Begriffe ist daher im Ausgangspunkt **schutzwürdig.** Dem steht jedoch die **Notwendigkeit** gegenüber, den Rechtsanwendern als Folge der Richtlinie **geänderte Inhalte hinreichend deutlich** zu machen. Das kann insbesondere im Rahmen der Gesetzgebungsmaterialien geschehen, wenn die Begriffe hinreichend offen sind (z. B. „unlauter"). Aus der Mehrdeutigkeit der Begriffe resultiert dann eine Klarstellungspflicht.

Bei Begriffen, die weitergehend **rechtlich vorgeprägt** sind, wie etwa der den Regelungen in § 7 zugrundeliegende Belästigungsbegriff, und die erheblich von den Begrifflichkeiten der Richtlinie abweichen, im Beispiel dem des Art. 8 UGP-RL, wird unabhängig von der sprachlichen Offenheit des Begriffs eine **Pflicht** begründet, Fehlverständnisse durch das **Ausweichen auf eine andere Begrifflichkeit** zu vermeiden, selbst wenn an den Regelungen inhaltlich festgehalten werden kann. 195

b) Reichweite der Bindung der Gerichte. Ist damit festzuhalten, dass zum einen das **UWG nunmehr im Anwendungsbereich der UGP-RL als Umsetzungsgesetz vollumfänglich durch deren Wertungen gebunden** ist und seine Legitimation aus dem europäischen Regelungsauftrag schöpft sowie zum anderen die Gerichte ohne weiteres befugt sind, das UWG punktgenau konform mit den Zielvorgaben der UGP-RL auszulegen, so bleibt die für die Praxis enorm relevante Frage zu beantworten, ob oder wie weit bei der Anwendung des zur Umsetzung der UGP-RL erlassenen UWG gleichwohl auf den Stand des autonomen deutschen Lauterkeitsrechts zurückgegriffen werden darf. Insoweit ist zunächst die Frage zu beantworten, ob die Vorgaben der UGP-RL in materieller Hinsicht grundstürzend vom Inhalt des etablierten deutschen Lauterkeitsrechts abweichen (aa). Anschließend ist zu untersuchen, anhand welcher Wertungen des Unionsrechts lauterkeitsrechtliche Verhaltens- und Sanktionsnormen konkretisiert werden können (bb). 196

aa) Paradigmenwechsel? Aus verschiedenen Richtungen ist angemerkt worden, durch die UGP-RL sei ein **Paradigmenwechsel** für das deutsche Recht des unlauteren Wettbewerbs bewirkt worden. Das ist sicher richtig, insoweit die UGP-RL das **Lauterkeitsrecht aus der Perspektive geschädigter Verbraucher** „denkt".[418] Ganz konkrete Folgen hat das für Formen von Wettbewerbsverhalten, bei denen bislang ganz überwiegend der Schutz der Mitbewerber im Vordergrund gestanden hat (zur Produktnachahmung unter Begründung einer Verwechslungsgefahr vgl. EGr. 14 S. 6 UGP-RL; zur Irreführung über die betriebliche Herkunft vgl. u. Rdn. 377 ff.; zur Vorsprungserlangung durch Rechtsbruch vgl. u. Rdn. 367 ff.). 197

Soweit angenommen wird, die UGP-RL habe insgesamt zu einer grundlegenden Neuausrichtung, zur Ablösung eines sonderdeliktsrechtlich konzipierten, Mitbewerber schützenden, geschäftsmoralisch interpretierten und auf ein Verhaltensrecht konzentrierten Lauterkeitsrechts alter Prägung durch eine moderne, durchgängig wettbewerblich, d. h. an den Erfordernissen einer *workable competition* auf die Verhinderung von Wettbewerbsverfälschungen ausgerichtete, moderne Lauterkeitsordnung geführt,[419] liegt dem eine sehr überspitzte Abbildung der Grundkonzeption des jüngeren deutschen Lauterkeitsrechts – gleichgültig, ob vor oder nach 2004 – zugrunde. Die deutsche **Praxis orientiert** sich **in allen relevanten Fragen im Ergebnis** bereits seit längerer Zeit **an einer wettbewerbsbezogen-funktionalen Interpretation des Lauterkeitsrechts.**[420] 198

Aus verschiedenen Richtungen wird eine Hinwendung zu einem **Recht der Marktkommunikation** erkannt.[421] Dem ist insoweit zuzustimmen, als Marktkommunikation ein bedeutender, vielleicht der bedeutendste einzelne Regelungsgegenstand des Lauterkeitsrechts ist. Er ist jedoch kaum sein einziger: Industriespionage hat z. B. viel mit Wettbewerb, doch nur wenig mit Marktkommunikation zu tun. Auf der anderen Seite stehen verschiedene andere Rechtsgebiete außerhalb des klassischen Lauterkeitsrechts, namentlich das Markenrecht oder das Verbraucherprivatrecht, in engem Zusammenhang mit der Marktkommunikation. So wäre eine Umgruppierung der Rechtsdisziplinen sicher ebenso intellektuell reizvoll, wie eine Querschnittsuntersuchung hermeneutischen Gewinn verspricht. 199

Eine solche an der Marktkommunikation ausgerichtete Umgruppierung erscheint indes vor allem deshalb wenig sinnvoll, weil die Entwicklung des Europäischen Rechts selbst sich weitgehend entlang der etablierten Rechtsdisziplinen vollzieht. Die große Bedeutung der **Marktkommunikation innerhalb der UGP-RL** ist vor allem auf deren Beschränkung auf **Geschäftspraktiken im Geschäftsverkehr zwischen Unternehmen und Verbrauchern** zurückzuführen. Dabei geht es 200

---

[418] Vgl. insb. *Fezer* WRP 2006, 781, 784; *Keßler* WRP 2007, 714, 716.
[419] *Keßler/Micklitz* BB Beil. 2005 Nr. 1, 1.
[420] Ähnlich in der Bewertung *Sosnitza* WRP 2008, 1014, 1016 f.
[421] *Fezer* Einl E Rdn. 302 ff.

schwerpunktmäßig[422] um Werbung oder andere Marketingmaßnahmen, die auf Kommunikationsakten mit Verbrauchern als Wirtschaftsteilnehmern auf der Marktgegenseite beruhen. Der Oberbegriff, unter welchem die Kommission gem. EGr. 8 S. 3 UGP-RL gehalten ist, sorgfältig zu prüfen, ob über den Regelungsbereich dieser Richtlinie hinausgehende gemeinschaftliche Maßnahmen erforderlich sind, ist demgegenüber das Gebiet des unlauteren Wettbewerbs – nicht etwa die Marktkommunikation gegenüber Unternehmen.

201 Eine andere Verschiebung, die in engem Zusammenhang mit der verbraucherschützenden Zielrichtung der UGP-RL steht, wird verschiedenen Hinweisen[423] auf die von Beeinträchtigungen freizuhaltende **Fähigkeit zur „informierten Entscheidung" des Verbrauchers** entnommen: Geschaffen werde damit ein lauterkeitsrechtliches Informationsmodell des Verbraucherschutzes.[424] Das UWG 2004 wurde beanstandet, weil es das das EG-Recht beherrschende Informationsparadigma, welches zum Kernbestand des Europäischen Verbraucherrechts gehöre, nur unzureichend verwirklicht habe.[425] Substantielle Änderungen seien gefordert.

202 Richtig ist daran, dass der **Information der Marktteilnehmer im Unionsrecht eine kaum zu unterschätzende Bedeutung** zukommt. Zunächst wurde das **Informationsparadigma** vom EuGH im Rahmen der *Cassis*-Doktrin entwickelt, um einen – auch vom Europarecht – geboten erachteten Verbraucherschutz zu gewähren, gleichzeitig aber durch ihn motivierte Behinderungen des freien Waren- und Dienstleistungsverkehrs zu beseitigen (vgl. dazu u. Rdn. 428ff.). Informationspflichten wurden insoweit aber nicht durch das Europarecht begründet, sondern erhielten dessen Weihen, weil sie als milderes Mittel zur Verfolgung zwingender Erfordernisse des Verbraucherschutzes erschienen, auf diese Weise weitergehende Vertriebsverbote als überschießend erkennen ließen und damit deren Überwindung gestatteten.[426] Anschließend zog der Europäische Gesetzgeber die Information als tragendes Element des Verbraucherschutzes heran.[427] Jeder europarechtlich begründeten Informationspflicht ging allerdings ein Gesetzgebungsverfahren voraus, in welchem Voraussetzungen und Reichweite der Informationspflichten detailliert geregelt wurden.

203 Zutreffend ist ebenfalls, dass die UGP-RL sehr **konkrete Vorgaben enthält, welche Informationen in welchen Situationen von Unternehmen bereitzustellen sind.** Fraglich ist demgegenüber, ob die UGP-RL allgemeine, d.h. über die ausdrücklichen Regelungen in Art. 7 hinausgehende und auf die Generalklausel zu stützende Informationspflichten begründet (vgl. dazu u. Rdn. 289ff.). Diese Frage bedarf gründlicherer Untersuchung[428] und wird sich aller Voraussicht nach erst aufgrund der sich entwickelnden Praxis beantworten lassen. Es kann daher kaum verwundern, dass auch Proponenten der These, wonach das Informationsparadigma zum zentralen Parameter der Marktkommunikation aufzuwerten sei,[429] im Ergebnis nur dann von durchsetzbaren Recht auf Information ausgehen, wenn das Lauterkeitsrecht in das Vertragsrecht interveniert und das Informationsgebot unionsrechtlich verankert ist.[430] Ebenso wenig hilft die Floskel von der „informierten Entscheidung" in Zusammenhängen weiter, in welchen von vornherein **nicht in die Informiertheit** als Grundlage der Entscheidung, **sondern in die Freiheit** des Entscheidungsprozesses eingegriffen wird (z.B. Art. 8 i.V.m. 2 lit. j UGP-RL, vgl. dazu u. Rdn. 346).

204 Unlauterer Wettbewerb kann auch durch andere Geschäftspraktiken als Akte der Marktkommunikation begangen werden und Verbraucherschutz gegen unlautere Geschäftspraktiken darf sich nicht auf den Schutz der Information als Entscheidungsgrundlage beschränken.[431] Der Wunsch, unter Berufung auf die neuen europarechtlichen Vorgaben manch alten Zopf – oder zumindest dessen Überbleibsel – abzuschneiden, ist nachvollziehbar und wird nachvollzogen. Über einem

---

422 Selbst gegenüber Verbrauchern wird man allerdings bestimmte Regeln kaum noch unter den Gesichtspunkt der Marktkommunikation subsumieren können, vgl. etwa Nr. 27 Anh. I UGP-RL: systematische Nichtbeantwortung einschlägiger Schreiben, um so den Verbraucher von der Ausübung seiner vertraglichen Rechte abzuhalten.

423 EGr. 6 a.E.; 14 S. 1, 2; Art. 2 lit. e, j, Art. 7 Abs. 1 UGP-RL.

424 *Fezer* Einl E Rdn. 378; *ders.* WRP 2006, 781, 787.

425 MüKo-UWG/*Micklitz,* 1. Aufl., Einl D Rdn. 10.

426 *Glöckner* Europäisches Lauterkeitsrecht, S. 122ff.

427 Zum Einsatz von Informationspflichten als Element des Schutzes wirtschaftlicher Verbraucherinteressen vgl. *Glöckner* Europäisches Lauterkeitsrecht, S. 195ff.

428 Vgl. bereits *Walter,* Grundlagen und Reichweite des Transparenzgebotes bei Wettbewerbshandlungen, 2008, passim.

429 MüKo-UWG/*Micklitz,* 1. Aufl., Einl D Rdn. 17.

430 MüKo-UWG/*Micklitz,* Einl D Art. 11 Rdn. 18; Art. 7 Rdn. 39.

431 So aber wohl *Radeideh,* der die Regelung des *fair trading,* verstanden als Marktverhalten zwischen Unternehmen und Verbrauchern, S. 4, insgesamt auf ein einheitliches Prinzip reduziert, wonach Verbraucher in die Lage zu versetzen sind, ihre wirtschaftlichen Wahlentscheidungen in voller Kenntnis der Tatsachen zu treffen, S. 184. Zutreffend die Differenzierung von MüKo-UWG/*Micklitz* Einl D Rdn. 26.

vermeintlichen Paradigmenwechsel darf es jedoch nicht dazu kommen, dass bislang in Deutschland – und teils jetzt auch erstmals durch das Europarecht ausdrücklich – anerkannte (vgl. EGr. 11 S. 2, Art. 8, 9 UGP-RL zu aggressiven Geschäftspraktiken) Lauterkeitsverstöße vernachlässigt werden, allein weil der Verbraucher über ausreichende Information verfügt (vgl. dazu u. Rdn. 459). Tatsächlich lässt sich die Entscheidung *Teekanne* des EuGH eher gegen als für eine Verselbständigung des Informationsparadigmas anführen (vgl. dazu u. Rdn. 458f.).

Der Gesetzgeber der UGP-RL hat nicht über Regelungsmodelle entschieden, sondern über **205** konkrete Regelungen, die – jede einzelne für sich und in ihrem Zusammenwirken – nicht nur im Wortlaut, sondern auch und vor allem in ihrem Geiste von den Mitgliedstaaten umzusetzen sind. Da die UGP-RL in Deutschland nicht durch Verwaltungsbehörden durchgesetzt wird, ist Deutschland vor allem im Rahmen der richtlinienkonformen Auslegung durch die Gerichte in der Pflicht. Seit dem Ablauf der Umsetzungsfrist am 12. Dezember 2007 machen die Begründungen der Entscheidungen deutscher Gerichte deutlich, dass diese Pflicht wahrgenommen wird;[432] besondere Erwähnung verdienen in diesem Zusammenhang die Vorlagebeschlüsse gem. Art. 267 AEUV.[433]

bb) Elemente der Kontinuität: Wettbewerbszentrierung des Lauterkeitsschutzes. Zuständige Gerichte kön- **206** nen weder die Entscheidung mangels einschlägiger Vorgaben des Unionsrechts verweigern noch aus Anlass jedes Einzelfalls (in Deutschland registrierte juris allein für 2014 über 500 Gerichtsentscheidungen zum UWG) eine Vielzahl besonderer Fragen dem EuGH zur Vorabentscheidung vorlegen. Sie können aber bewährte Grundsätze auf ihre Kompatibilität mit dem **System des europarechtlichen Wettbewerbsschutzes** überprüfen und bei positivem Ergebnis unter neuer Begründung (vgl. o.) beibehalten oder anderenfalls verwerfen. Zu Recht wird in diesem Sinne auf die Notwendigkeit einer **Einpassung des nationalen Lauterkeitsrechts in ein Gesamtsystem zum Schutz des funktionsfähigen Wettbewerbs** hingewiesen,[434] wobei die im europarechtlichen Kontext häufig wiederholte Formel vom wirksamen Wettbewerb[435] keine Bezugnahme auf ein bestimmtes ökonomisches Wettbewerbsmodell enthält.

Ob der Schutz des Wettbewerbs das Verbot bestimmter Verhaltensformen fordert und rechtfer- **207** tigt, ist vielmehr unter Einbeziehung all dessen zu bestimmen, was im jüngeren Kartellrechtsjargon als *„sound economic evidence"* beschrieben wird. Die **Erfahrungssätze des Lauterkeitsrechts,** seien sie bezogen auf die Wahrnehmung geschäftlicher Handlungen durch die Marktgegenseite oder auf deren Verhalten oder das der Wettbewerber, sind zu hinterfragen, auf ihre Plausibilität zu überprüfen und auf deren Reichweite zu beschränken.[436] Insbesondere sind die zugrunde liegenden Annahmen offenzulegen. Wertvolle Hinweise kann insoweit die durch die *New Industrial Economics* von neuem angestoßene experimentelle Ökonomik geben. Die Kommission bekennt sich in ihren Leitlinien zur Anwendung der UGP-RL ausdrücklich zu einer Berücksichtigung verhaltensökonomischer Erkenntnisse.[437]

cc) Graduelle Ausdifferenzierung des Europäischen Lauterkeitsrechts. Als Konsequenz der europäischen **208** Verteilung justizieller Kompetenz sind zur Konkretisierung der zur Umsetzung der UGP-RL erlassenen Regelungen in erster Linie[438] die **mitgliedstaatlichen Gerichte** berufen. Deren **Pflicht zur richtlinienkonformen Auslegung** steht außer Frage (vgl. dazu o. Rdn. 180ff.).

Der **Konkretisierungsgrad der europarechtlichen Vorgaben ist jedoch durchaus unter- 209 schiedlich.** Der Europäische Gesetzgeber hat sich an verschiedenen Stellen große Mühe gegeben, bestimmte Formen von Wettbewerbsverhalten zu sanktionieren (vgl. etwa die Tatbestände im Anh. I UGP-RL) oder freizusprechen (vgl. EGr. 6 S. 5 UGP-RL: anerkannte Werbe- und Marketingmethoden wie rechtmäßige Produktplatzierung, Markendifferenzierung oder Anreize, die auf rechtmäßige Weise die Wahrnehmung von Produkten durch den Verbraucher und sein Verhalten beeinflussen können). Sehr rasch ist jedoch im lauterkeitsrechtlichen Tagesgeschäft die Grenze sol-

---

432 Vgl. nur BGH WRP 2008, 1175 – *Millionenchance I;* BGH WRP 2009, 1229 – *Geld-zurück-Garantie II;* BGH WRP 2009, 1076 – *Brillenversorgung;* BGH WRP 2010, 1143 – *Gallardo Spyder;* BGHZ 187, 231 – *Millionenchance II;* BGH WRP 2012, 309 – *Betriebskrankenkasse.*

433 BGH WRP 2008, 1175 – *Millionenchance I;* BGH WRP 2012, 309 – *Betriebskrankenkasse.*

434 Vgl. z. B. *Keßler* WRP 2007, 714, 716. Zur wettbewerblich-funktionalen Auslegung vgl. nur *Baudenbacher* Art. 1 Rdn. 12ff.; Voraufl. *Schünemann* § 1 Rdn. 39ff.

435 Vgl. nur EuGH v. 21.2.1973, Rs. 6/72 – *Continental Can, Slg.* 1973, 214 Leitsatz 11.

436 Vgl. dazu *Beutel* Wahrnehmungsbezogene richterliche Erfahrungssätze im Marken- und Lauterkeitsrecht, 2011.

437 Arbeitspapier der Kommissionsdienststellen v. 3.12.2009, Leitlinien zur Umsetzung/Anwendung der Richtlinie 2005/29/EG über unlautere Geschäftspraktiken im Binnenmarkt, SEK (2009) 1666, S. 37.

438 In verschiedenen Mitgliedstaaten, so etwa in Italien oder Ungarn, werden allerdings auch Wettbewerbsbehörden eingesetzt, die vorrangig die Anwendungspraxis prägen.

cher klärender Hinweise erreicht. In negativer Hinsicht stellen die in der in Anhang I UGP-RL geregelten Fallkonstellationen der „schwarzen Liste" in der Praxis glücklicherweise selten vorkommende, besonders grobe Wettbewerbsverstöße dar. Auch auf der anderen Seite des Lichtspektrums ist die Feststellung „blütenweißer" Geschäftspraktiken nicht so einfach, wie der genannte Erwägungsgrund es nahe legt: Die Frage etwa, wann *product placement* rechtmäßig ist, ist gerade umstritten und problematisch (zur Verwendung in audiovisuellen Mediendiensten vgl. die aufwendige Regelung in Art. 11 Richtlinie 2010/13/EU; dasselbe gilt für Anreize, welche die Wahrnehmung von Produkten oder das Verbraucherverhalten beeinflussen können. Hier ist es gerade die Aufgabe der Art. 5–9 UGP-RL, die Grenzen zwischen zulässiger und unzulässiger Beeinflussung zu ziehen.

210 Überdies nimmt der **Konkretisierungsgrad der Regelungen** in der UGP-RL rasch ab. Im Bereich des Irreführungstatbestandes kann zwar noch auf die Praxis des EuGH zu den Grundfreiheiten zurückgegriffen werden. Selbst hier hat aber die Totalharmonisierung zu einer erheblichen Inhaltsverschiebung geführt (vgl. dazu u. Rdn. 433ff.). In anderen Bereichen lassen sich Sondertatbeständen im Sekundärrecht verallgemeinerungsfähige Wertungen entnehmen. Aus den in Art. 9 Abs. 1 lit. a, b, 19 Richtlinie 2010/13 sowie Art. 6 lit. a Richtlinie 2000/31 für audiovisuelle Mediendienste und Dienste im elektronischen Geschaftsverkehr aufgestellten Regelungen lassen sich ein allgemeines Gebot der Erkennbarkeit der kommerziellen Kommunikation (vgl. auch Nr. 11 Anh. I UGP-RL) und, negativ gewendet, Verbote der Schleichwerbung sowie unterschwelliger (subliminaler) Werbung ableiten. Auch die in Art. 6 lit. c, d Richtlinie 2000/31 für Dienste im elektronischen Geschäftsverkehr aufgestellten Anforderungen an die Transparenz bei Angeboten zur Verkaufsförderung, Preisausschreiben oder Gewinnspielen sind verallgemeinerungsfähig. Allerdings wird der EuGH seiner Aufgabe, das Recht methodenehrlich weiterzuentwickeln und insbesondere die Möglichkeit und Reichweite von wortlautübersteigenden Auslegungsformen auszuloten, nicht gerecht.[439]

211 Jedenfalls werden die Inhalte der UGP-RL im Hinblick auf konkrete Sachverhalte häufig nicht im Sinne der *acte-clair* Doktrin[440] eindeutig sein. Wo Zweifel am Inhalt der UGP-RL bestehen bleiben, entscheidungsrelevant sind und von den Parteien gerügt werden, hat das letztinstanzlich entscheidende Gericht die Fragen dem EuGH zur Entscheidung gem. Art. 267 AEUV vorzulegen. Den **Auslegungsvorrang behält somit der EuGH.**

212 Die **Rolle der mitgliedstaatlichen Gerichte im judiziellen Dialog** darf dennoch nicht unterschätzt werden. Sie leisten einen erheblichen Beitrag zur europäischen Rechtsentwicklung durch die **Auswahl der Fälle, welche in ein Vorabentscheidungsverfahren geführt werden, durch die Formulierung der Rechtsfragen sowie durch deren Begründung.** Diese Vorlagemöglichkeit bestand bereits seit dem Inkrafttreten der UGP-RL, d.h. seit dem 12. Juni 2005. Die vor allem in Deutschland und Österreich rege Prozesstätigkeit auf dem Gebiet des Lauterkeitsrechts bietet reichlich Gelegenheit zur Auswahl geeigneter Vorlageverfahren. Auf dem Gebiet des Markenrechts hat der EuGH in der Vergangenheit die Bereitschaft gezeigt, guten Argumentationen vorlegender Höchstgerichte – selbst gegen die Schlussanträge des Generalanwaltes – zu folgen.[441] Auf dem Gebiet des Lauterkeitsrechts zeigt die *Teekanne*-Entscheidung,[442] dass der EuGH sogar bereit ist, eigene Positionen zu modifizieren.

213 Es wird allerdings größerer Anstrengungen bedürfen, um aus dem für die Entwicklung des Europäischen Lauterkeitsrechts existentiellen **judiziellen Dialog** ein flüssiges Gespräch zu machen. Die vorlegenden Gerichte haben dabei einige allgemeine Grundsätze zu beachten:

- Die europäische Lauterkeitsrechtsordnung ist vor allem eine autonome Rechtsordnung. Begründungen, die sich auf tradierte Rechtssätze des nationalen Lauterkeitsrechts stützen, sind in dieser Form nicht überzeugend.
- Die europäische Rechtsordnung ist weniger eine dogmatische als eine politische Rechtsordnung. Die häufig am Anfang der Begründungserwägungen zu findenden beschwörenden Verweise auf das mit einer Richtlinie angestrebte hohe Verbraucherschutzniveau machen deutlich, dass es dem EuGH leichter fällt, entlang der klaren Linien abstrakter *„policies"* zu entscheiden, als den häufig verwinkelten Wegen der durch politische Kompromisse entstandenen konkreten Normlogiken zu folgen.

---

[439] Vgl. etwa EuGH v. 17.10.2013, Rs. C-391/12– *RLvS Verlagsgesellschaft,* noch nicht in Slg. = WRP 2013, 1575, und dazu *Glöckner* FS-Köhler, S. 159, 171.

[440] EuGH NJW 1982, 1257 – *C. I. L. F. I. T,* Slg. 1982, 3415.

[441] EuGH GRUR 2003, 240 – *Davidoff,* Slg. 2003, I-389; EuGH GRUR 2003, 514 – *Linde u. a.,* Slg. 2003, I-3161; EuGH GRUR 2004, 224 – *Gerolsteiner,* Slg. 2004, I-691.

[442] EuGH v. 4.6.2015, C-195/14 – *Teekanne,* noch nicht in Slg., = GRUR 2015, 701.

– Verschiedene jüngere Entscheidungen haben gezeigt, dass der EuGH – nicht selten wohl aus institutionellen Gründen – mit abstrakten Rechtsfragen überfordert wird.[443] Je konkreter die Fragen und der dazu mitgeteilte Sachverhalt,[444] desto sinnvoller erscheinen die gegebenen Anworten.

Doch auch den EuGH treffen aus dem Grundsatz der Unionstreue **Pflichten zur Zusammenarbeit:** Wenn der EuGH gleich einem Fachgericht entscheidet (vgl. dazu o. Rdn. 170f. im Zusammenhang der vergleichenden Werbung), dürfen die mitgliedstaatlichen Fachgerichte zu Recht erwarten, dass er seine Entscheidungen mit adäquater Qualität begründet und sich angemessen mit den aufgeworfenen Problemen auseinandersetzt. Bei den lauterkeitsrechtlichen Entscheidungen der jüngeren Zeit hat es daran nicht selten gefehlt. Diese Kritik darf nicht missverstanden werden. Im Interesse der angestrebten Totalharmonisierung wäre eine Forderung nach *judicial self-restraint* verfehlt. Es kann deshalb nicht darum gehen, den EuGH zu „bremsen". Im Gegenteil mag gerade die Unzulänglichkeit der unionsrechtlichen Rechtsquellen Grund dafür sein, auf der Grundlage von nach System und Struktur anerkannten Quellen bestehende Lücken zu füllen oder überschießende Regelungen im Einklang mit einem beschränkteren Regelungswillen des Gesetzgebers zu stutzen. Gelegenheit zu notwendiger und vom EuGH zu leistender Rechtsfortbildung gibt es reichlich. Dabei mag es sogar durchaus dazu kommen, dass der EuGH Fragen entscheidet, welche der Unionsgesetzgeber nicht zu klären vermochte. So bestimmte er z.B. in *Pippig*[445] zu Recht die Frage nach der Reichweite der Vollharmonisierung durch Art. 7 Abs. 2 IrreführungsRL 1997. Als Pendant zu dieser Kompetenz trägt der EuGH indes die Verantwortung für eine methodenehrliche Aufbereitung seiner Entscheidungen. Selbst wenn die Kollegialstruktur der Spruchkörper eine stringente Begründung häufig nicht erleichtern mag, schuldet der EuGH diese Qualität der Auseinandersetzung sowohl den Mitgliedstaaten als auch der Gesamtheit der Rechtsanwender, für die seine Entscheidungen systemprägende Kraft haben. 214

dd) Reichweite der Pflicht zu richtlinienkonformer Auslegung. (1) Keine unmittelbare Anwendung im Rahmen zivilrechtlicher Streitigkeiten. Eine **unmittelbare Anwendung der UGP-RL ist ausgeschlossen,** soweit – wie nach dem zur Umsetzung erlassenen UWG – zivilrechtliche Ansprüche Privater in Rede stehen.[446] Lediglich im Vertikalverhältnis, d.h. zwischen Mitgliedstaat und Bürger bleibt es dem Staat versagt, sich auf seine Säumnis bei der Umsetzung zu berufen.[447] Allenfalls in Strafverfahren wegen Verstößen gegen die §§ 16ff. UWG 2004 kann sich der Angeklagte unmittelbar auf ihm günstiges Richtlinienrecht berufen. 215

(2) Zeitliche Erstreckung. Soweit das nach den Grundsätzen des intertemporalen Rechts (vgl. dazu *Keller* Einl A Rdn. 28) **geltende Recht** zur Anwendung gelangt, ist es innerhalb des gegenständlichen Anwendungsbereichs der maßgebenden Richtlinien **von Europarechts wegen richtlinienkonform** auszulegen. Für Sachverhalte, die zwar noch **unter der Geltung des UWG 2004, aber nach dem Ablauf der Umsetzungsfrist abgeschlossen** wurden, ist **formell das UWG 2004** anwendbar. Wegen des **Ablaufs der Frist zur Umsetzung der UGP-RL** besteht aber auch insoweit eine **Pflicht zu richtlinienkonformer Auslegung.**[448] 216

(3) Richtlinienkonforme Auslegung und Vorlagemöglichkeit bzw. -pflicht bei überschießender Umsetzung. Dass eine **überschießende,** d.h. über den Anwendungsbereich der Richtlinie hinausgehende **Umsetzung** grundsätzlich unionsrechtlich unschädlich ist,[449] wirft die Frage auf, wie sich eine solche überschießende Umsetzung auf die Vorlagemöglichkeit bzw. -pflicht der Gerichte auswirkt. Für Rechtsfragen, die aus der Anwendung überschießend umgesetzter Richtlinien resultieren, bedarf es zunächst einer **richtlinienkonformen Auslegung.** Das ergibt sich zwar nicht aus einer unions- 217

---

[443] So ließ etwa EuGH GRUR Int. 1998, 795 – *6-Korn,* Slg. 1998, I-4657, die methodische Frage nach der Ermittlung der Verkehrsauffassung weitgehend unbeantwortet. In EuGH GRUR Int. 2002, 50 – *Toshiba,* Slg. 2001, I-7945 Rdn. 31, schoss der EuGH mit seiner Formulierung über die Erforderlichkeit eines Vergleichs weit über das Ziel hinaus; es dauerte Jahre, bis EuGH und mitgliedstaatliche Gerichte diesen Fehler korrigierten. In EuGH GRUR 2009, 599 – *VTB-VAB NV u. a.,* Slg. 2009, I-2949 Rdn. 49, 50, brachte der EuGH wiederum durch eine weit ausgreifende Formulierung große Unsicherheit in die Rechtsanwendung.

[444] Vgl. die Hinweise bei Rengeling/Middeke/Gellermann/*Middeke,* § 10 Rdn. 81ff.

[445] EuGH GRUR 2003, 533 – *Pippig,* Slg. 2003, I-3095 Rdn. 42.

[446] Die anerkannten Ausnahmen von diesem Grundsatz, insbesondere die reflexhafte Berücksichtigung der Unwirksamkeit sowie die Nichtanwendung richtlinienwidriger Regelungen als Vorfrage, vgl. EuGH EuZW 1996, 379 – *CIA Security,* Slg. 1996, I-2201; vgl. im einzelnen Groeben/Schwarze/Hatje/*Geismann* Art. 288 AEUV Rdn. 53, 54, greifen bei den UWG-Tatbeständen nicht ein. Ebenso GK/*Heinze* Einl C Rdn. 15.

[447] EuGH v. 4.12.1974, Rs. 41–74 – *Van Duyn,* Slg. 1974, 1348 Rdn. 12; ausdrücklich gegen sog. horizontale Direktwirkung EuGH v. 28.9.2006, Rs. C-104/05 P – *El Corte Inglès,* Slg. 1996, I-1281 Rdn. 15ff.

[448] EuGH NJW 2006, 2465 – *Adeneler,* Slg. 2006, I-6057 Rdn. 115, 124; BGHZ 138, 55, 60f. – *Testpreis-Angebot;* BGH GRUR 2008, 807 – *Millionenchance I; Köhler* WRP 2008, 10.

[449] Vgl. u. Rdn. 249; bereits *Glöckner/Henning-Bodewig* WRP 2005, 1311, 1325.

rechtlichen Verpflichtung, wohl aber aus dem **mitgliedstaatlichen Interesse, eine gespaltene Auslegung** des nach dem **Willen des nationalen Gesetzgebers einheitlichen Rechts zu verhindern,** insbesondere um Abgrenzungsschwierigkeiten im Hinblick auf den Anwendungsbereich der UGP-RL zu vermeiden.[450]

218 Die so begründete Notwendigkeit richtlinienkonformer Auslegung des nationalen Rechts auch außerhalb des harmonisierten Bereichs legt den durch den EuGH bestätigten Schluss nahe, dass eine **korrespondierende Vorlagemöglichkeit** bestehen muss.[451] Nicht geklärt ist damit allerdings, ob bei Vorliegen der sonstigen Voraussetzungen des Art. 267 AEUV das letztinstanzliche Gericht verpflichtet ist, die Fragestellung dem EuGH vorzulegen.[452] Nimmt man aber eine Pflicht zur richtlinienkonformen Auslegung an, um eine Rechtsspaltung zu verhindern, so muss konsequenterweise auch eine Vorlagepflicht angenommen werden, auch wenn sich eine solche nicht aus dem Europarecht selbst ergibt.

3. Struktur

219 Der sachliche Geltungsbereich der UGP-RL wird von dem **weit gefassten Konzept der „lauteren Geschäftspraktiken"** bestimmt. Während die UGP-Richtlinie in der Fassung des ursprünglichen Vorschlags – anders als insbesondere die Irreführungsrichtlinie in ihrer ursprünglichen Fassung – **allein dem Schutz der Verbraucher** dienen sollte, Art. 1, 5 Abs. 2, 2. Spiegelstr. des Vorschlags, wurde in der endgültigen Fassung klargestellt, dass die Richtlinie daneben mittelbar die wirtschaftlichen Interessen der Mitbewerber schützt, EGr. 6 S. 1, 8 S. 2. Folgerichtig sollen auch Mitbewerber klagebefugt sein, Art. 11 Abs. 1 UGP-RL. Allerdings konnten sich die durchaus zahlreichen Stimmen, die einen umfassenden Anwendungsbereich der Richtlinie gefordert hatten, nicht durchsetzen: Erfasst wird nur verbrauchergerichtetes Marktverhalten der Unternehmen (vgl. dazu u. Rdn. 226).

220 Die im Richtlinienvorschlag noch vorgesehene Verpflichtung des Herkunftsstaates, die Geschäftspraktiken der in ihm niedergelassenen Gewerbetreibenden zu kontrollieren (Prinzip der **„Kontrolle an der Quelle"**), wurde bereits in der politischen Einigung aufgegeben. Das ist sinnvoll, da die damit verbundene Regelung bei reinem Wettbewerbsexport im Widerspruch zum kollisionsrechtlichen Marktortprinzip gem. Art. 6 Abs. 1 Rom II-VO steht (vgl. dazu u. Einl C Rdn. 47 ff.).

221 Die UGP-Richtlinie begründet in der **Generalklausel** des Art. 5 Abs. 1 ein zwingendes **Verbot unlauterer Geschäftspraktiken.** Eine Geschäftspraktik[453] gilt gem. Art. 5 Abs. 2 UGP-RL als unlauter, wenn sie zum einen den Erfordernissen der **beruflichen Sorgfaltspflicht** widerspricht und zum anderen das **wirtschaftliche Verhalten des angesprochenen Durchschnittsverbrauchers wesentlich beeinflusst oder dazu geeignet** ist. Gemäß EGr. 18 S. 2 UGP-RL wird damit auf den in der Rechtsprechung des EuGH entwickelten Durchschnittsverbraucher bezuggenommen (vgl. dazu u. Rdn. 318, 428 f.). Mit Art. 5 Abs. 3 UGP-RL werden allerdings explizit darüber hinausgehend **Verbrauchergruppen** geschützt, die auf Grund von geistigen oder körperlichen Gebrechen, Alter oder Leichtgläubigkeit **besonders schutzwürdig** sind. Hierdurch soll aber weder zu dem „leichtgläubigen Verbraucher" zurückgekehrt, noch der Gewerbetreibende übermäßig belastet werden.[454] Zu diesem Zweck bindet die Vorschrift die Anknüpfung an solche Verbrauchergruppen an die Voraussetzungen, dass diese **Gruppen eindeutig identifizierbar** sind und die Geschäftspraktiken **für den Gewerbetreibenden voraussehbar** nur die Entscheidungen dieser Gruppe wesentlich beeinflussen. Fraglos handelt es sich bei der Bestimmung der Reichweite dieser Norm um eine entscheidende Stellschraube für den Wert der Gesamtregelung. Bei der Beurteilung der besonderen Schutzwürdigkeit bestimmter von Werbemaßnahmen angesprochenen Gruppen werden die mitgliedstaatlichen Gerichte sicher eine gewisse Freiheit genießen. Es erscheint allerdings zu

---

[450] BGH NJW 2002, 1881, 1884.

[451] Zu den §§ 84 ff. HGB, die auch bzgl. Dienstleistungen gelten, wobei die zugrunde liegende Richtlinie nur Waren betrifft vgl. EuGH EuZW 2006, 341 – *Honyvem Informazioni Commerciali Srl/Mariella De Zotti,* Slg. 2006, I-2879; zu Verbraucherkredit und Haustürgeschäften, bei denen ein Unterschied des Anwendungsbereichs dadurch entsteht, dass die nationalen Regelungen ein Haustürgeschäft auch dann annehmen, wenn die auslösende Situation nur bei Vertragsanbahnung vorliegt vgl. EuGH EuZW 2002, 84 – *Heininger,* Slg. 2001, I-9945; EuGH v. 26.9.1985, Rs. C-166/84 – *Thomas Duenger GmbH ./. Oberfinanzdirektion Frankfurt/Main,* Slg. 1985, 3001.

[452] Für eine solche Vorlagepflicht MüKo/*Ernst,* Einl vor § 241 Rdn. 63.

[453] Obgleich die Richtlinie selbst den Singular „Geschäftspraxis" zu „Geschäftspraktiken" bildet, soll im folgenden die sprachlich korrekte Begrifflichkeit, vgl. dazu *Fezer* WRP 2006, 781, 785 Fn. 23, Verwendung finden.

[454] Vgl. dazu auch *Glöckner/Henning-Bodewig* WRP 2005, 1311, 1330; *Henning-Bodewig* WRP 2006, 621, 624; MüKo-UWG/*Micklitz* EG D Art. 5 Rdn. 53.

weitgehend, die damit verbundenen Fragen insgesamt einer Prärogative nationaler Moralvorstellungen – etwa über den angemessenen Umgang mit Senioren oder Kindern – zu überstellen.[455]

Auf die Generalklausel lässt die UGP-RL einen gestuften **Beispielskatalog** unlauterer Geschäftspraktiken folgen. In Art. 5 Abs. 4 lit. a i. V. m. 6ff. UGP-RL werden **irreführende Handlungen** näher geregelt. Bemerkenswert ist die detaillierte Regelung des irreführenden Unterlassens in Art. 7 UGP-RL. Als irreführend gilt danach auch das **Vorenthalten** von unter Würdigung aller tatsächlicher Umstände **wesentlichen Informationen.**[456] Informationen, die Gewerbetreibende aufgrund anderer Akte des Unionsrechts verschaffen müssen, sind gem. Art. 7 Abs. 5 UGP-RL stets wesentlich. Spezifische lauterkeitsrechtliche Informationspflichten werden zwar nicht begründet. Bestimmte Informationen werden aber in Art. 7 Abs. 4 UGP-RL im Fall der Aufforderung zum Kauf ausdrücklich als wesentlich erklärt. 222

Aggressive Geschäftspraktiken, wie sie in Art. 8ff. näher geregelt sind, sind gem. Art. 5 Abs. 4 lit. b UGP-RL ebenfalls unlauter. Die Vorschrift verlangt, dass die Entscheidungsfreiheit des Verbrauchers durch „unzulässige Beeinflussung ... erheblich beeinträchtigt wird" und der Verbraucher dadurch „veranlasst wird, eine geschäftliche Entscheidung zu treffen, die er anderenfalls nicht getroffen hätte". Der Begriff der **„unzulässigen Beeinflussung"** wird in Art. 2 lit. j UGP-RL definiert. 223

Schließlich verweist Art. 5 Abs. 5 UGP-RL auf die **„schwarze Liste"** von in einem Anhang konkret aufgelisteten Geschäftspraktiken, die unter allen Umständen als unlauter anzusehen sind. Dabei handelt es sich um typische Geschäftspraktiken, für welche klargestellt wird, dass es sich um irreführende oder aggressive Geschäftspraktiken handelt. Dazu zählen u. a. **Lockangebote, *bait-and-switch,* redaktionelle Werbung, Schneeballsysteme, hartnäckige und unerwünschte Telefon-, Telefax-, E-Mail- und SMS-Werbung, an Kinder gerichtete Werbung** und die **Zusendung unbestellter Waren.** Diese im Anhang genannten Geschäftspraktiken sind gem. Art. 5 Abs. 5 UGP-RL „unter allen Umständen" unlauter. 224

Die im Grünbuch entwickelte Idee der **Ko-Regulierung** konnte sich im Vorschlag nicht durchsetzen.[457] Immerhin gestattet Art. 10 UGP-RL den Mitgliedstaaten, die **Kontrolle unlauterer Geschäftspraktiken** durch die **Urheber nationaler Kodizes** zuzulassen, sofern diese Kontrolle nur **neben der staatlichen Kontrolle** steht. Die Begründung führt dazu aus, dass es durchaus ein Potential für EU-weit anwendbare Kodizes zur Förderung der Konvergenz hinsichtlich der an die berufliche Sorgfalt zu stellenden Anforderungen gebe. Allerdings müsse gewährleistet sein, dass derartige Kodizes den Wettbewerb nicht verhinderten, einschränkten oder verzerrten.[458] Dieser sehr zurückhaltenden Einschätzung kann zugestimmt werden, und die Rolle, welche Kodizes nach Art. 10 UGP-RL noch spielen, kann toleriert werden.[459] Ihre praktische Bedeutung ist in Deutschland überschaubar.[460] 225

4. Anwendungsbereich

a) Geschäftspraktiken von Unternehmen gegenüber Verbrauchern. Die Kommission wollte ursprünglich die UGP-RL auf Geschäfte zwischen Unternehmern und Verbrauchern beschränken. Dieser Zugang war **niemals sinnvoll.**[461] Eines der Regelungsziele der UGP-RL, nämlich die „Vereinfachung der bestehenden Vorschriften und, soweit möglich, Entreglementierung als prioritäres Anliegen",[462] wird dadurch verfehlt: Durch die Beschränkung des gegenständlichen Anwendungsbereichs der UGP-RL kommt es zu einer **weiteren Rechtsspaltung** im Recht des unlauteren Wettbewerbs, wenn die Mitgliedstaaten die UGP-RL nicht überschießend umsetzen:[463] An die Stelle der unterschiedlichen Behandlung nationaler und europäischer Sachverhalte auf der Grundlage der Negativ-Integration durch die Grundfreiheiten und der unterschiedlichen Behand- 226

---

455 So MüKo-UWG/*Micklitz* EG D Art. 5 Rdn. 63.

456 Zum Verhältnis von Irreführung durch aktives Tun und durch Unterlassen sowie zum Erfordernis der Entscheidungsrelevanz beim Unterlassen vgl. *Steinbeck* WRP 2011, 1221.

457 Zur Kritik daran vgl. bereits *Glöckner* IIF 2001, 239, 280ff., *ders.* ELR 2002, 42, 47. Zurückhaltend zur Bedeutung dieses Regulierungsmodells auch MüKo-UWG/*Micklitz,* 1. Aufl., EG D Rdn. 52.

458 Begründung des Vorschlags für eine Richtlinie über unlautere Geschäftspraktiken, KOM (2003) 356 endg., Rdn. 73.

459 *Henning-Bodewig/Schricker* GRUR Int. 2002, 319, 323. Zur verbleibenden Bedeutung der Kodizes vgl. MüKo-UWG/*Micklitz* EG D Art. 10 Rdn. 1ff.

460 Vgl. *Schmidhuber* WRP 2010, 593, 595.

461 Zur Kritik vgl. bereits *Henning-Bodewig/Schricker* GRUR Int. 2002, 319, 320; *Gamerith* WRP 2003, 143, 162; ausführlich *ders.* WRP 2005, 391, 413.

462 Mitteilung der Kommission vom 11.6.2002, Folgemaßnahmen zum Grünbuch über Verbraucherschutz in der EU, KOM (2002) 289 endg., S. 10.

463 *Henning-Bodewig* GRUR 2013, 238, 239f.

lung von Offline- und Online-Marketing auf der Grundlage der Richtlinie über den elektronischen Geschäftsverkehr tritt in einem solchen Fall die Verschiedenheit der Regelungen des Wettbewerbsverhaltens gegenüber Verbrauchern im Verhältnis zum Wettbewerbsverhalten gegenüber gewerblich tätigen Abnehmern.[464] Diese Rechtsspaltung ist insoweit umso überflüssiger, als die Irreführungsrichtlinie zum Schutz gewerblicher Adressaten fortbesteht (vgl. dazu o. Rdn. 48 ff.).

227 Die **unterschiedliche Überlappung des Irreführungstatbestandes** in Abhängigkeit von den Adressaten (gegenüber Verbrauchern: allein UGP-RL; gegenüber allen Adressaten: Irreführungsrichtlinie) führt nicht allein zu einer überflüssigen formalen **Rechtsspaltung,**[465] sondern es könnte ein **Auseinanderdriften der materiellen Irreführungsmaßstäbe** hinzutreten, da imRahmen der bezüglich der Irreführung nur mindestharmonisierenden Irreführungsrichtlinie ein Bedürfnis nach Marktintegration besteht, welche nur durch die Zugrundelegung des vom EuGH entwickelten Modell des Durchschnittsadressaten (vgl. dazu u. Rdn. 455 ff.) zu gewährleisten ist. Demgegenüber beruht die **UGP-RL auf dem Konzept der Totalharmonisierung,** welches die **Marktintegration unabhängig vom Niveau des Verbraucherschutzes** bewirkt, und damit eine **stärkere Berücksichtigung der Schutzwürdigkeit der angesprochenen Verbrauchergruppen** gestattet.[466]

228 Im Verlauf des Europäischen Gesetzgebungsverfahrens wurde die **wesensmäßige Verknüpfung von Verbraucher- und Wettbewerberinteressen im Wettbewerb**[467] immerhin ausdrücklich anerkannt (EGr. 6 S. 1, 8 S. 2 UGP-RL) und den Mitbewerbern die Klagebefugnis erteilt (Art. 11 Abs. 1 UGP-RL: „einschließlich Mitbewerbern"). In der Tat hat selbst Wettbewerbsverhalten gegenüber Nicht-Verbrauchern wie etwa die individuelle Behinderung oder Ausbeutung Auswirkungen auf den Wettbewerb und damit letztlich für die Verbraucher, ebenso wie in entgegengesetzter Richtung Wettbewerbsverhalten gegenüber Verbrauchern, wie etwa Irreführungen oder aggressive Werbung, zugleich die Wettbewerber schädigen kann und wird, indem Geschäft wettbewerbswidrig umgeleitet wird. Selbst die nordischen Ombudsleute – Verbraucherschützer *par excellence* – hatten in ihrer Stellungnahme beanstandet, dass Wettbewerbspraktiken wie die sklavische Nachahmung oder die Anschwärzung nicht erfasst werden, obwohl von beiden eine irreführende Wirkung auf die Verbraucher ausgehe.[468] Diesbezüglich wurde klargestellt, dass die UGP-RL jegliches irreführendes Verhalten erfasst (EGr. 14 S. 6 UGP-RL). Unbefriedigend bleibt jedoch nach wie vor die beschränkte Reichweite der Harmonisierung im Hinblick auf nicht-verbrauchergerichtete Formen des Wettbewerbsverhaltens.[469] Dieses Problem hat der EuGH durch eine großzügige Auslegung des Begriffs der geschäftlichen Handlung gegenüber Verbrauchern[470] weitgehend entschärft (zu daraus resultierenden Problemen vgl. u. Rdn. 232 ff.).

229 **b) Schutzzweck und unzulängliche Umschreibung des gegenständlichen Anwendungsbereichs.** Trotz – oder wegen – der intensiven Diskussion um das der UGP-RL zugrundezulegende Regelungsmodell ist die für die Bestimmung der Reichweite mitgliedstaatlicher Bindung maßgebliche Definition des gegenständlichen Anwendungsbereichs gründlich misslungen: Nach dem Zweckartikel in Art. 1 UGP-RL sollen nur die mitgliedstaatlichen Regelungen über solche „unlauteren Geschäftspraktiken, die die wirtschaftlichen Interessen der Verbraucher beeinträchti-

---

464 *Henning-Bodewig/Schricker* GRUR Int. 2002, 319, 320; *Henning-Bodewig* GRUR Int. 2002, 389, 396; *Henning-Bodewig* FS Tilmann, S. 149, 157; GRUR Stellungnahme Grünbuch Verbraucherschutz, GRUR 2002, 408, 410; *Bakardjieva Engelbrekt* S. 611. *Henning-Bodewig* GRUR Int. 2010, 549, 559 f., *dies.* GRUR 2013, 238, 241, weist darauf hin, dass in Mitgliedstaaten, die dem zweispurigen Regelungsansatz der UGP-Richtlinie gefolgt sind, inzwischen ernsthafte Abstimmungsprobleme aufgetaucht sind.

465 Vgl. bereits *Glöckner/Henning-Bodewig* WRP 2005, 1311, 1316. Detaillierte Gegenüberstellung bei MüKo-UWG/*Micklitz* EG D Art. 6 Rdn. 2. Auch bei der Überarbeitung der Irreführungsrichtlinie steht die Klarstellung des Verhältnisses zur UGP-Richtlinie auf der Agenda, Mitteilung der Kommission an das Europäische Parlament, den Rat, den Europäischen Wirtschafts- und Sozialausschuss und den Ausschuss der Regionen, Schutz von Unternehmen vor irreführenden Vermarktungspraktiken und Gewährleistung der wirksamen Durchsetzung Überarbeitung der Richtlinie 2006/114/EG über irreführende und vergleichende Werbung, COM[2012] 702 final, 5.

466 In dieser Richtung bereits – wenngleich im Regelungszusammenhang der Etikettierungsrichtlinie EuGH v. 4.6.2015, C-195/14 – *Teekanne,* noch nicht in Slg., = GRUR 2015, 701, sowie die Wahrnehmung von *Ohly*/Sosnitza Einf C Rdn. 52.

467 *Henning-Bodewig/Schricker* GRUR Int. 2002, 319, 320; *Köhler/Bornkamm/Henning-Bodewig* WRP 2002, 1317, 1324; *Gamerith* WRP 2003, 143, 162.

468 *Statement from the Consumer Ombudsmen in Sweden, Denmark, Finland and Norway on the proposal for a directive on Unfair Commercial Practices* (COM (2003) 356 final) v. 29.9.2003.

469 Ebenso MüKo-UWG/*Micklitz* EG D Art. 3 Rdn. 17.

470 EuGH GRUR 2009, 599 – *VTB-VAB NV u. a.,* Slg. 2009, I-2949 Rdn. 49, 50; EuGH GRUR 2010, 244 – *Plus,* Slg. 2010, I-217 Rdn. 39.

gen", harmonisiert werden. Dazu klärt EGr. 6 S. 1 UGP-RL, dass die Richtlinie die Vorschriften über unlautere Geschäftspraktiken angleiche, „die die wirtschaftlichen Interessen der **Verbraucher unmittelbar** und dadurch die wirtschaftlichen Interessen rechtmäßig handelnder **Mitbewerber mittelbar** schädigen". Der in Art. 3 Abs. 1 UGP-RL definierte **gegenständliche Anwendungsbereich korrespondiert** mit diesem eingeschränkten Harmonisierungszweck jedoch **nicht:** Danach erfasst die UGP-Richtlinie nämlich (seit der Berichtigung,[471] vgl. dazu u. Rdn. 231) sämtliche „unlautere Geschäftspraktiken im Sinne des Artikels 5 von Unternehmen gegenüber Verbrauchern". Der Verweis auf Art. 5 UGP-RL, der die Unlauterkeit definiert, ist im Rahmen einer Definition zur Bestimmung des Anwendungsbereichs ein Missgriff.[472] Dafür scheint die Definition der Geschäftspraktik von Unternehmen gegenüber Verbrauchern in Art. 2 lit. d UGP-RL weiterzuhelfen, die jedes Verhalten, das „unmittelbar mit der Absatzförderung, dem Verkauf oder der Lieferung eines Produkts an Verbraucher zusammenhängt" umfasst. Durch die Aufnahme des Adverbs „unmittelbar" in Art. 2 lit. d UGP-RL wird der Mangel der Abstimmung mit Art. 1 UGP-RL indes nur auf den ersten Blick verdeckt, denn selbstverständlich gibt es Geschäftspraktiken, die zwar unmittelbar mit der Absatzförderung zusammenhängen, ohne aber unmittelbar wirtschaftliche Verbraucherinteressen zu schädigen.[473] **Wörtlich verstanden** erfasst der **weite Anwendungsbereich** deswegen **Geschäftspraktiken,** bei denen der **primäre Schutzzweck** überhaupt **nicht betroffen** ist. Zu denken ist etwa an nicht irreführende Herabsetzungen von Mitbewerbern gegenüber Verbrauchern (§ 4 Nr. 1, 2), das Angebot unlauter anlehnend oder unter Vorlagenerschleichung nachgeahmter Produkte an Verbraucher (§ 4 Nr. 3 lit. b, c), die Verletzung von Normen im Zuge von Angeboten an Verbraucher (z.B. Verletzung von Geschäftsöffnungszeiten, § 3a), selbst den Preiskampf in Vernichtungsabsicht (§ 4 Nr. 4).

Der EuGH hat diesen Konflikt bislang methodisch sehr konservativ zu bewältigen gesucht. In **230** seiner Entscheidung *VTB*[474] zum belgischen Koppelungsverbot ging er ohne jegliche Problematisierung, doch unter ausdrücklicher Bezugnahme auf Rn. 69, 70 der Schlussanträge seiner Generalanwältin, vom Vorliegen einer Geschäftspraxis von Unternehmen gegenüber Verbrauchern aus. GA *Trstenjak* hatte in den bezuggenommenen Randnummern indes lediglich das Vorliegen einer Geschäftspraktik ohne weiteres bejaht, was in der Tat nahelag. Sie war auf den „persönlichen Anwendungsbereich" der Geschäftspraktik erst in den anschließenden Randnummern eingegangen, was vom EuGH aber gar nicht mehr gewürdigt wurde. In den folgenden Entscheidungen *Plus, Mediaprint, Wamo* und *Köck* erkannte der EuGH die Problematik zwar, nahm aber unter Bezugnahme auf EGr. 6 S. 3 UGP-RL vom Anwendungsbereich der UGP-RL allein solche nationale Rechtsvorschriften aus, die unlautere Geschäftspraktiken betreffen, die **„lediglich"** die wirtschaftlichen Interessen von Mitbewerbern schädigen.[475]

Die Entscheidungen des EuGH sind von erheblicher Bedeutung für die Rechtsentwicklung. Aus **231** integrationspolitischer Sicht mag man begrüßen, dass der EuGH mit seiner naiv erscheinenden Ignoranz der gesetzgeberischen Fehlleistung dem europäischen Lauterkeitsrecht einen Harmonisierungsschub verliehen hat, zu dem der Europäische Gesetzgeber trotz des Regelungsauftrags in EGr. 8 S. 4 UGP-RL auf absehbare Zeit angesichts der unterschiedlichen Vorstellungen etwa über den Leistungsschutz oder den Persönlichkeitsschutz im Wettbewerb wohl kaum in der Lage gewesen wäre. Zu dieser Deutung der Entscheidungen passt, dass der Europäische Gesetzgeber sich im Anschluss an die Entscheidung beeilte, den **Wortlaut der UGP-RL zu berichtigen:** An die Stelle des im Hinblick auf den Nexus zum beschränkten Verbraucherschutzzweck offeneren „zwischen Unternehmen und Verbrauchern" wurde sowohl in Art. 2 lit. d als auch in Art. 3 Abs. 1 UGP-RL der deutschen Fassung die schärfere, aber auch erweiternde Formulierung **„von Unternehmen gegenüber Verbrauchern"** gesetzt.[476]

---

471 Berichtigung der Richtlinie 2005/29/EG des Europäischen Parlaments und des Rates vom 11. Mai 2005 über unlautere Geschäftspraktiken im binnenmarktinternen Geschäftsverkehr zwischen Unternehmen und Verbrauchern und zur Änderung der Richtlinie 84/450/EWG des Rates, der Richtlinien 97/7/EG, 98/27/EG und 2002/65/EG des Europäischen Parlaments und des Rates sowie der Verordnung (EG) Nr. 2006/2004 des Europäischen Parlaments und des Rates (Richtlinie über unlautere Geschäftspraktiken), (ABl. L 149 vom 11.6.2005), ABl. 2009 Nr. L 253/18.

472 Vgl. bereits *Glöckner* WRP 2009, 1175, 1177; *ders.* IIC 2010, 570, 576; GK/*Heinze* Einl C Rdn. 244.

473 Ausführlich bereits *Glöckner* IIC 2010, 570, 578 ff.

474 EuGH WRP 2009, 722 – *VTB*, Slg. 2009, I-2949, Rdn. 50.

475 EuGH WRP 2010, 232 – *Plus*, Slg. 2010, I-217, Rdn. 39; EuGH WRP 2011, 45 – *Mediaprint*, Slg. 2010, I-10909, Rdn. 23; EuGH, GRUR Int. 2011, 853 – *Wamo BVBA*, Slg. 2011, I-5835, Rdn. 22; EuGH v. 17.1.2013, Rs. C-206/11 – *Georg Köck*, noch nicht in Slg., Rdn. 30 = WRP 2013, 460.

476 Berichtigung der Richtlinie 2005/29/EG des Europäischen Parlaments und des Rates vom 11. Mai 2005 über unlautere Geschäftspraktiken im binnenmarktinternen Geschäftsverkehr zwischen Unternehmen und Ver-

232 Die eigentlichen Probleme entstehen aus dem mangelnden Zuschnitt der UGP-RL auf derartige Geschäftspraktiken. Ohne die Begründung einer Irreführungsgefahr oder eine aggressive Beeinflussung der geschäftlichen Entscheidung der Verbraucher bleibt allein die Generalklausel anwendbar, deren Umschreibung der Unlauterkeit allerdings kaum eine Subsumtion relevanter Geschäftspraktiken gestattet. Für die Praxis bedeutet dies ein erhebliches Maß an Rechtsunsicherheit in weiten Bereichen, namentlich weil konkretisierende mitgliedstaatliche Regelungen nach den von der Kommission zugrundegelegten Vorstellungen von der mitgliedstaatlichen Konkretisierungskompetenz nicht mit dem Anspruch der UGP-RL auf Totalharmonisierung zu vereinbaren wären.

233 Tatsächlich ging auch die **Begründung zum Vorschlag der UGP-RL** noch wie selbstverständlich davon aus, dass die Herabsetzung von Mitbewerbern ohne Irreführung der Verbraucher ebenso wie die sklavische Nachahmung ohne Begründung einer Verwechslungsgefahr nicht in den Anwendungsbereich der UGP-RL fielen.[477] Auch die **Leitlinien der Kommission** schließen Verbote des Preiskampfs in Vernichtungsabsicht ebenso wie des Verkaufs unter Einstandspreis vom Anwendungsbereich der UGP-RL aus.[478] Der Bundesgerichtshof hat erstere Einschätzung im Hinblick auf § 4 Nr. 7 UWG 2008 geteilt.[479] Nach den genannten Entscheidungen des EuGH fällt die Begründung indes schwer, da die deutschen UWG-Tatbestände gem. § 1 insgesamt zumindest auch dem Verbraucherschutz dienen. Immerhin sind Änderungen der Problemsicht durch den EuGH erkennbar:

234 Die Entscheidung *RLvS Verlagsgesellschaft*[480] begrenzt den Anwendungsbereich der UGP-RL in einer Weise, die sich nur mit einem gewachsenen Bewusstsein der Problematik konkurrierender Regelungszwecke – *in casu* das Interesse am **Schutz des Vertrauens in Neutralität und Objektivität der Presse** – erklären lässt.[481] In der Entscheidung *Euronics* fordert der EuGH die mitgliedstaatlichen Gerichte beinahe dazu auf, andere Gesetzeszwecke zu erkennen als den vom Gesetzgeber ausdrücklich benannten Verbraucherschutz: Obgleich das vorlegende Gericht darauf hingewiesen hatte, dass das belgische Verbot des Verkaufs unter Einstandspreis den Schutz der Verbraucher bezwecke, eröffnete der EuGH ihm wiederholt die Möglichkeit der Feststellung, dass das Verbot eben nicht diesem Zweck dienen solle.[482]

235 Im Hintergrund dessen muss die gewachsene Erkenntnis unterstellt werden, dass **Verbraucherschutz eben nicht gleich Verbraucherschutz** ist: Bereits in Art. 85 Abs. 3 EWGV (inzwischen Art. 101 Abs. 3 AEUV) wurde niedergelegt, dass die Beteiligung der Verbraucher am Gewinn aus wettbewerbsbeschränkenden Abreden zur Freistellung vom Kartellverbot führen könne, und in Art. 86 lit. b EWGV (inzwischen Art. 102 lit. b AEUV), dass ein Missbrauch einer marktbeherrschenden Stellung in der Einschränkung der Erzeugung, des Absatzes oder der technischen Entwicklung zum Schaden der Verbraucher zu erkennen ist. Eine im eigentlichen Sinne verbraucherschützende Funktion wurde den kartellrechtlichen Regelungen gleichwohl über Jahrzehnte nicht beigemessen. Erst in jüngerer Zeit hat der Verbraucherschutz auch den Weg ins Kartellrecht gefunden. Immerhin kann es vor diesem Hintergrund nicht verwundern, dass Gesetzgeber häufig zur Begründung allgemeiner Wettbewerbsregeln auf den Verbraucherschutz zurückgegriffen haben. In zahlreichen Fällen – das dem Fall *Euronics* zugrundeliegende Verbot des Verkaufs unter Einstandspreis mag prototypisch dafür stehen – schützen solche Vorschriften den Verbraucher indes nicht vor geschäftlichen Handlungen, die ihn unmittelbar schädigen, sondern vor Handlungen, die allenfalls mittelbar, nämlich über die Verschlechterung der Marktstruktur, die Wahlmöglichkeiten von Verbrauchern einschränken.

236 Der in Art. 2 lit. d UGP-RL verwendeten Formulierung gelingt die Eingrenzung des Anwendungsbereichs der UGP-RL in einem ersten Schritt nur insoweit, als bei der ganz überwiegenden Zahl unlauterer geschäftlicher Handlungen, nämlich insbesondere dem irreführenden Verhalten und den aggressiven Geschäftspraktiken, die Adressaten der Geschäftspraktik auch diejenigen sind, deren wirtschaftliche Interessen unmittelbar geschädigt werden. Es **bedarf** aber einer **weiteren Ein-**

---

brauchern und zur Änderung der Richtlinie 84/450/EWG des Rates, der Richtlinien 97/7/EG, 98/27/EG und 2002/65/EG des Europäischen Parlaments und des Rates sowie der Verordnung (EG) Nr. 2006/2004 des Europäischen Parlaments und des Rates (Richtlinie über unlautere Geschäftspraktiken), (ABl. L 149 vom 11.6.2005), ABl. 2009 Nr. L 253/18.

[477] KOM (2003) 356 endg., Rdn. 40.

[478] Arbeitspapier der Kommissionsdienststellen v. 3.12.2009, Leitlinien zur Umsetzung/Anwendung der Richtlinie 2005/29/EG über unlautere Geschäftspraktiken im Binnenmarkt, SEK (2009) 1666, S. 16.

[479] BGH GRUR 2012, 74 – *Coaching-Newsletter,* Rdn. 28.

[480] EuGH v. 17.10.2013, Rs. C-391/12, WRP 2013, 1575 – *RLvS Verlagsgesellschaft,* noch nicht in Slg.

[481] Vgl. *Glöckner,* in: FS Köhler, S. 159, 164 ff.

[482] EuGH v. 7.3.2013, Rs. C-343/12 – *Euronics,* noch nicht in Slg., Rdn. 17, 31 = GRUR Int. 2013, 936. Ähnlich bereits EuGH GRUR Int. 2011, 853 – *Wamo BVBA,* Slg. 2011, I-5835, Rdn. 24 ff., 27.

schränkung, um solche **Geschäftspraktiken** auszugrenzen, bei denen **wirtschaftliche Verbraucherinteressen nicht unmittelbar geschädigt werden.**[483] Diese Einschränkung kann auf die EGr. 6 S. 1, 8 S. 1 UGP-RL gestützt werden. Begründungserwägung 6 S. 1 UGP-RL ist zu entnehmen, dass nur diejenigen Rechtsvorschriften über solche geschäftliche Handlungen harmonisiert werden, „die die wirtschaftlichen Interessen der Verbraucher **unmittelbar** (...) schädigen" (Hervorhebung d. Verf.). Begründungserwägung 6 S. 3 UGP-RL bekräftigt dies aus entgegengesetzter Perspektive. Denn jegliche unmittelbare Schädigung wirtschaftlicher Verbraucherinteressen führt in den Anwendungsbereich von Art. 3 Abs. 1 UGP-RL. Diese Deutung (maßgeblich sind die Wirkungen der Geschäftspraktiken, nicht aber die Regelungszwecke der mitgliedstaatlichen Vorschriften) ist zum einen vor dem Hintergrund des *effet utile* der auf vollständige Marktintegration sowie ein hohes Verbraucherschutzniveau gerichteten UGP-RL geboten. Dass eine unmittelbare Schädigung wirtschaftlicher Verbraucherinteressen tatsächlich unabdingbar ist, geht zum anderen aus EGr. 8 S. 3 UGP-RL hervor, der für „andere Geschäftspraktiken, die zwar nicht den Verbraucher schädigen, (...)" die Regelungskompetenz der Mitgliedstaaten ausdrücklich bestätigt, sowie aus EGr. 10 S. 6 UGP-RL, wonach die UGP-RL den gemeinschaftlichen Besitzstand in Bezug auf Geschäftspraktiken ergänzt, die den wirtschaftlichen Interessen der Verbraucher schaden. Zusammengenommen machen diese Begründungserwägungen deutlich, dass die für den Anwendungsbereich der UGP-RL für Geschäftspraktiken „*business-to-consumer*" vis-à-vis „*business-to-business*" erforderliche Abgrenzung weder allein nach der Adressierung der geschäftlichen Handlung (= geschäftliche Handlung gerichtet an Verbraucher) noch nach dem Schutzzweck der mitgliedstaatlichen Vorschrift (= Regelung soll zumindest auch dem Verbraucherschutz dienen[484]) vorgenommen werden darf, sondern danach zu erfolgen hat, ob durch die im Rahmen einer auf Absatzförderung gerichteten Strategie vorgenommene geschäftliche Handlung **wirtschaftliche Verbraucherinteressen unmittelbar gefährdet** werden.

c) Schranken des gegenständlichen Anwendungsbereichs. *aa) Schranken des Anwendungsbereichs oder konkurrenzrechtliches Zurücktreten?* Unter der Überschrift „Anwendungsbereich" definiert die UGP-RL in Art. 3 Abs. 1 zunächst ihren gegenständlichen Anwendungsbereich (zu diesbezüglichen Schwächen vgl. bereits o. Rdn. 229 ff.). In den anschließenden Absätzen 2–10 finden sich in unterschiedlichen Formulierungen Hinweise darauf, dass die UGP-RL für bestimmte mitgliedstaatliche Vorschriften „nicht gilt" (Abs. 10) oder diese „unberührt lässt" (Abs. 2, 3, 7, 8), dass Mitgliedstaaten „Vorschriften beibehalten" oder „Anforderungen stellen" können (Abs. 5, 9), schließlich dass andere Rechtsvorschriften der Union denen der UGP-RL unter bestimmten Umständen vorgehen (Abs. 4). In methodischer Hinsicht handelt es sich dabei zum einen um ganz unterschiedliche Instrumente, die zum anderen – anders als ihre systematische Stellung und die Überschrift der Regelung es vermuten lassen – gerade nicht den gegenständlichen Anwendungsbereich der UGP-RL einschränken. **237**

Am deutlichsten macht Art. 3 Abs. 4 UGP-RL, dass es sich insoweit um eine echte Regelung des Konkurrenzverhältnisses handelt. Doch auch die übrigen Regelungen schränken die Anwendbarkeit der UGP-RL nicht ein, sondern modifizieren jeweils in auslegungsbedürftiger Weise deren Anspruch auf Totalharmonisierung. **238**

bb) Keine Anwendung der UGP-RL im Verhältnis B2B, C2C und C2B, Art. 3 Abs. 1 UGP-RL. Die einzigen echten Schranken des Anwendungsbereichs resultieren aus der Regelung in Art. 3 Abs. 1 UGP-RL selbst: Keine Anwendung findet die UGP-RL im Verhältnis ***business to business*** (kurz: **B2B,** gemeint ist das Verhältnis Unternehmer zu Unternehmer), Art. 3 Abs. 1 UGP-RL.[485] Sehr klar ist danach, dass unmittelbar unternehmensgerichtetes Verhalten nicht erfasst wird. Das können marktvermittelte Geschäftspraktiken sein, wenn die Marktgegenseite nicht aus Verbrauchern besteht, aber auch nicht marktvermittelte Geschäftspraktiken im Zusammenhang des Geschäftsverkehrs mit anderen Unternehmen.[486] Bei marktvermittelten Geschäftspraktiken gegenüber Verbrauchern werden die oben (vgl. o. Rdn. 229 f.) beschriebenen Probleme aufgeworfen. **239**

Ebenfalls nicht von der UGP-RL erfasst wird das wirtschaftliche Verhalten von Nicht-Unternehmen. Auf der Grundlage der Art. 3 Abs. 1, 2 lit. d, b UGP-RL wird allein das Verhalten von natürlichen oder juristischen Personen erfasst, die „im Rahmen ihrer gewerblichen, handwerklichen oder beruflichen Tätigkeit" handeln. Nicht gewerbliche Verkäufe unter Verbrauchern ***(con-*** **240**

---

[483] GK/*Heinze* Einl C Rdn. 269 ff.

[484] Zur Gefahr der Manipulation durch die mitgliedstaatlichen Gesetzgeber vgl. GK/*Heinze* Einl C Rdn. 276, *Glöckner* WRP 2014, 1399, 1402.

[485] BGH GRUR 2011, 539 – *Rechtsberatung durch Lebensmittelchemiker,* Rdn. 23.

[486] EGr 6 UGP-RL; EuGH GRUR 2011, 76, 77 – *Mediaprint,* Rdn. 21.

***sumer to consumer,* kurz: C2C)** liegen damit außerhalb des Anwendungsbereichs der UGP-RL. Dasselbe gilt für das **Nachfrageverhalten** von Unternehmen gegenüber Verbrauchern **(*consumer to business,* kurz: C2B).** Von dieser Ausnahme betroffen werden z. B. Geschäftspraktiken von Auto-, Antiquitäten oder Gebrauchtwarenhändlern, die als Ankäufer gegenüber Verbrauchern auftreten.[487] Dies gilt freilich nur, solange allein die Nachfrageseite betroffen ist. Bei der Verbindung mit einem Absatzgeschäft (z. B. Inzahlungnahme eines Gebrauchtwagens bei einem Neuwagenkauf) wird die UGP-RL wieder anwendbar.

241 *cc) Speziellere Unionsregelungen, Art. 3 Abs. 4 UGP-RL.* Die – wegen des **Prinzips der begrenzten Einzelermächtigung** notwendigerweise punktuelle – Unionsgesetzgebung legt nach einem auch unionsrechtlich etablierten Grundsatz für die Koordination **tatbestandlich überlappender Vorschriften** die Meta-Regel *lex specialis derogat legi generali* zugrunde, die sich in Art. 3 Abs. 4 UGP-RL wiederfindet. Vorab verdient Beachtung, dass der Anwendungsbereich des unionsrechtlichen Spezialitätsprinzips weiter ist als in der deutschen Methodenlehre: Nach deutscher Vorstellung ist die konkurrenzmäßige Verdrängung einer allgemeineren Regelung nur dann zulässig, wenn die vermeintlich speziellere Norm dieselben Zwecke verfolgt.[488] Weitere Zwecke schließen eine Verdrängung an sich aus. Im Unionsrecht wird die Frage nach der Spezialität demgegenüber eher phänomenologisch erfasst. So wurde etwa die Richtlinie 2001/83, die spezielle Vorschriften für die Arzneimittelwerbung enthält (vgl. o. Rdn. 69) als Sonderregelung gegenüber der UGP-RL erkannt,[489] obgleich die Arzneimittelrichtlinie „in erster Linie einen wirksamen Schutz der öffentlichen Gesundheit" (EGr. 2 Richtlinie 2001/83) anstrebt, und den Schutz wirtschaftlicher Verbraucherinteressen sowie den mittelbaren Schutz der Wettbewerber jedenfalls nicht nennt. Die Folgen der Spezialität sind zumindest unscharf: Im Fall einer Kollision sollen die Bestimmungen der spezielleren Norm vorgehen und auf diese speziellen Aspekte unlauterer Geschäftspraktiken anwendbar sein.[490] Klar ist damit, dass **speziellere Vorschriften, die schärfere Anforderungen aufstellen,** z. B. zur Werbung und Marketing im Zusammenhang mit Flugpreisen[491] oder zur Öffentlichkeitswerbung für Arzneimittel (vgl. dazu o. Rdn. 71 ff.) europarechtlich erhalten werden.[492] Auch mitgliedstaatlichen Verboten, die von solchen spezielleren Unionsregelungen gedeckt sind, steht die UGP-RL deshalb nicht entgegen, vgl. EGr. 10 S. 3 UGP-RL.[493]

242 Unberührt bleibt davon aber die Frage, ob die Regelungen des spezielleren Rechtsaktes beanspruchen, die Anforderungen an lauteres Marktverhalten **abschließend** zu regeln, oder ob **bei milderen Anforderungen speziellerer Vorschriften ergänzend** auf allgemeinere Vorschriften wie die in der UGP-RL enthaltenen Grundsätze zurückzugreifen ist. Nach der zutreffenden Ansicht der Kommission ergänzt die UGP-RL sektorale Vorschriften und füllt etwaige Lücken im Schutz vor unlauteren Geschäftspraktiken.[494] Es bedarf demnach einer **Auslegung** der jeweils spezielleren Rechtsakte, ob diese beanspruchen, die Folgen einer bestimmten Geschäftspraktik abschließend zu regeln.[495] Die universelle Schutzwürdigkeit der mit der UGP-RL verfolgten Interessen wird die Annahme einer in diesem Sinne abschließenden Regelung nur selten gestatten (vgl. dazu u. Rdn. 385, 451 ff.).

243 Nicht unproblematisch ist das **Verhältnis von Art. 3 Abs. 4 zu Art. 3 Abs. 5 UGP-RL.**[496] Danach konnten die Mitgliedstaaten bis zum 12. Juni 2013 in dem durch die UGP-Richtlinie harmonisierten Bereich nationale Vorschriften beibehalten, die restriktiver oder strenger sind als die

---

[487] Arbeitspapier der Kommissionsdienststellen v. 3.12.2009, Leitlinien zur Umsetzung/Anwendung der Richtlinie 2005/29/EG über unlautere Geschäftspraktiken im Binnenmarkt, SEK (2009) 1066, S. 10.

[488] Z. B. *Rüthers/Fischer/Birk,* Rechtstheorie, 8. Aufl., 2015, Rdn. 771; *Larenz,* Methodenlehre der Rechtswissenschaft, 6. Aufl., 1991, S. 269, knüpfte hingegen an den Anwendungsbereich der Normen an.

[489] EuGH v. 16.7.2015, verb. Rs. C-544, 545/13 – *Abcur AB,* noch nicht in Slg., Rdn. 80 = GRUR 2015, 1028.

[490] EuGH v. 16.7.2015, verb. Rs. C-544, 545/13 – *Abcur AB,* noch nicht in Slg., Rdn. 81 = GRUR 2015, 1028.

[491] Verordnung (EG) Nr. 1008/2008 des Europäischen Parlaments und des Rates vom 24. September 2008 über gemeinsame Vorschriften für die Durchführung von Luftverkehrsdiensten in der Gemeinschaft, ABl. 2008 Nr. L 293/3.

[492] Arbeitspapier der Kommissionsdienststellen v. 3.12.2009, Leitlinien zur Umsetzung/Anwendung der Richtlinie 2005/29/EG über unlautere Geschäftspraktiken im Binnenmarkt, SEK (2009) 1666, S. 21.

[493] BGH GRUR 2011, 843 – *Vorrichtung zur Schädlingsbekämpfung,* Rdn. 14.

[494] Arbeitspapier der Kommissionsdienststellen v. 3.12.2009, Leitlinien zur Umsetzung/Anwendung der Richtlinie 2005/29/EG über unlautere Geschäftspraktiken im Binnenmarkt, SEK (2009) 1666, S. 21.

[495] In diesem Sinne etwa EuGH GRUR 2008, 267 – *Gintec,* Slg. 2007, I-9517, zum Verhältnis der Arzneimittelrichtlinie zur Irreführungsrichtlinie, vgl. dazu o. Rdn. 77 ff.

[496] Offen lassend BGH GRUR 2015, 1240 – *Der Zauber des Nordens,* Rdn. 34.

UGP-RL und[497] zur Umsetzung von Richtlinien erlassen wurden, die Klauseln über eine Mindestangleichung enthalten. Auf den ersten Blick scheint die Existenz der Übergangsvorschrift in Art. 3 Abs. 5 UGP-RL gegen die Privilegierung speziellerer Vorschriften durch Art. 3 Abs. 4 UGP-RL zu sprechen.[498] Es ist jedoch zunächst aus historischer Sicht zu beachten, dass diese Regelung ohne weitere Begründung gegen Ende des Gesetzgebungsverfahrens in die UGP-RL aufgenommen wurde, um die Bedenken der skandinavischen Mitgliedstaaten gegen eine Erosion ihres Verbraucherschutzniveaus zu zerstreuen.[499] Gegen eine den Anwendungsbereich von Absatz 4 einschränkende Wirkung spricht auch die pauschale und von Absatz 4 abweichende Formulierung „Die Mitgliedstaaten können … beibehalten, …". Unter systematischen Gesichtspunkten behält die Regelung in Absatz 5 auch bei einer den Stichtag des Absatzes 5 überschreitenden Anwendung inswoweit eigenständige Bedeutung, als sie allein verlangt, dass die mitgliedstaatlichen Regelungen „in dem durch diese Richtlinie angeglichenen Bereich" erlassen sein mussten, wohingegen Absatz 4 als darüber hinausgehendes Erfordernis aufstellt, dass „besondere Aspekte unlauterer Geschäftspraktiken" geregelt werden müssen, mithin ein Spezialitätserfordernis begründet wird. Aus subjektiv-teleologischer Perspektive ist zu beachten, dass der Richtliniengeber selbst in EGr. 15 S. 5 UGP-RL nahelegt, dass er vom Fortgelten weitergehender mitgliedstaatlicher Informationspflichten auf der Grundlage von Mindestharmonisierungsrichtlinien ausgeht. Allein das pauschale Unlauterkeitsverdikt auf der Grundlage von Art. 5 Abs. 4, 7 Abs. 1, 5 UGP-RL soll nicht aus der Verletzung solcher nichtunionsweit geltender Informationspflichten resultieren können. Im Hinblick auf den verbraucherschützenden Zweck der UGP-RL erscheint schließlich fernliegend, dass der Europäische Gesetzgeber mit dieser Regelung gleichsam durch die Hintertür[500] sämtliche Verbraucherrechtsrichtlinien, die – teilweise bis heute unverändert – dem Mindestschutzprinzip folgen, in totalharmonisierende Richtlinien umwandeln wollte. Nichts anderes wäre aber die Folge, wenn die Anwendung von Art. 3 Abs. 4 UGP-RL auf nur mindestharmonisierende Richtlinien unterbliebe. Die Annahme, dass eine vertragsrechtliche Sanktionierung auf der Grundlage von Art. 3 Abs. 2 UGP-RL ebenso wie weitergehende Beschränkungen gestützt auf andere Öffnungsklauseln möglich bliebe,[501] differenziert das Verhältnis von Art. 3 Abs. 5 zu Absatz 4 (Spezialität) unnötig und ohne Anhaltspunkt in der UGP-RL vom Verhältnis derselben Vorschrift zu den anderen Öffnungsklauseln.

dd) Vorschriften über Gesundheits- und Sicherheitsaspekte, Art. 3 Abs. 3 UGP-RL. Gemäß Art. 1 **244**
UGP-RL wird allein die Harmonisierung mitgliedstaatlicher Regelungen über unlautere Geschäftspraktiken bezweckt, welche die **wirtschaftlichen Interessen** der Verbraucher beeinträchtigen. Vor diesem Hintergrund wird zunächst die Ausnahmeregelung in Art. 3 Abs. 3 UGP-RL verständlich, wonach mitgliedstaatliche Vorschriften in Bezug auf die **Gesundheits- und Sicherheitsaspekte** von Produkten unberührt bleiben. Diese Regelung gestattet nicht allein die unmittelbare Fortgeltung solcher – regelmäßig verwaltungsrechtlicher – Regelungen[502], sondern auch ihre Heranziehung im Rahmen des Lauterkeitsrechts unter dem Gesichtspunkt des Rechtsbruchs.[503] Obgleich in Art. 3 Abs. 3 UGP-RL nicht genannt, anerkennt die Kommission, dass dieselben Grundsätze auch bei **Umweltschutzvorschriften** gelten.[504]

ee) Standesrechtliche Regelungen, Art. 3 Abs. 8 UGP-RL. Standesrechtliche Regelungen, hierzu zäh- **245**
len **berufsständische Kodizes** und andere spezifische Regelungen für **reglementierte Berufe,** lässt die UGP-RL ebenfalls unberührt, Art. 3 Abs. 8 UGP-RL. Diese können somit ebenfalls als Marktverhaltensregelung über § 3a UWG ohne Rücksicht auf die UGP-RL erfasst werden.[505]

ff) Glücksspielrecht. Gemäß EGr. 9 UGP-RL berührt diese nicht die gemeinschaftlichen und na- **246**
tionalen Vorschriften zu Niederlassungsbedingungen und Genehmigungsregelungen, einschließlich solcher Vorschriften, die sich im Einklang mit dem Gemeinschaftsrecht auf Glücksspiele beziehen.

---

497 Zum verunglückten und zu korrigierenden Wortlaut in der deutschen Fassung vgl. bereits MüKo-UWG/*Micklitz* Einl D Rdn. 38; *Glöckner* GRUR 2013, 568, 573.

498 So insb. GK/*Heinze* Einl C Rdn. 308.

499 Vgl. die Erklärung Dänemarks und Schwedens, Anl. II, S. 14, zum Protokoll der 2583. Tagung des Rates der EU (Wettbewerbsfähigkeit) v. 17./18.5.2004, Dok.-Nr. 9586/04, S. 14.

500 Ähnliche Wertung („Handstreichcharakter") von MüKo-UWG/*Micklitz* Einl D Art. 5 Rdn. 14.

501 GK/*Heinze* Einl C Rdn. 317.

502 EuGH v. 16.7.2015, verb. Rs. C-544, 545/13 – *Abcur,* noch nicht in Slg., Rdn. 75ff. = GRUR 2015, 1028.

503 BGH GRUR 2011, 843 – *Vorrichtung zur Schädlingsbekämpfung,* Rdn. 14; GRUR 2015, 916 – *Abgabe ohne Rezept,* Rdn. 15.

504 Arbeitspapier der Kommissionsdienststellen v. 3.12.2009, Leitlinien zur Umsetzung/Anwendung der Richtlinie 2005/29/EG über unlautere Geschäftspraktiken im Binnenmarkt, SEK (2009) 1666, S. 15.

505 BGH GRUR 2012, 79 – *Rechtsberatung durch Einzelhandelsverband,* Rdn. 11.

Damit ist indes keine Ausnahme vom Anwendungsbereich der UGP-RL verbunden. Vielmehr bleibt die UGP-RL im Hinblick auf ihre eigenen Regelungsziele, den Verbraucherschutz gegenüber unlauteren, insbesondere irreführenden oder unangemessen aggressiven, Geschäftspraktiken, anwendbar. Dies wird durch den Sondertatbestand in Nr. 16 Anh. I UGP-RL bestätigt, wonach die Behauptung, Produkte könnten die Gewinnchancen bei Glücksspielen erhöhen, stets verboten ist.

247 Eingeschränkt wird allein der Anspruch der UGP-RL auf Totalharmonisierung. Weitergehende mitgliedstaatliche Regelungen, wie z. B. die Werbeverbote in § 5 GlüStV, bleiben danach zulässig. Insbesondere können Verstöße gegen diese über § 3a UWG ohne Rücksicht auf die UGP-RL erfasst werden.[506] Selbstverständlich müssen entsprechende nationale Regelungen sich mit dem übrigen Unionsrecht in Einklang befinden, EGr. 9 UGP-RL. Konflikte bestehen in diesem Bereich regelmäßig mit der Dienstleistungs- und der Niederlassungsfreiheit.

248 *gg) Verdeckte Grenzen der Totalharmonisierung?* Bereits verschiedentlich wurde auf die eher **verdeckte Begrenzung des gegenständlichen Anwendungsbereichs** hingewiesen, die in EGr. 7 S. 2 UGP-RL enthalten ist.[507] Danach bezieht sich die UGP-RL „nicht auf die **gesetzlichen Anforderungen in Fragen der guten Sitten und des Anstands,** die in den Mitgliedstaaten sehr unterschiedlich sind". Die zitierten „guten Sitten" sind sicher nicht die guten Sitten des § 1 UWG a. F. – die Harmonisierung würde sonst ausgeschlossen! Vielmehr handelt es sich dabei um einen sehr weitgefassten Ausnahmetatbestand, mit welchem national unterschiedlich vorgeprägte Moralvorstellungen (plastischer die englischsprachige Formulierung *„taste and decency"*) erfasst werden können. Die Kommission selbst will mitgliedstaatlichen Rechtsvorschriften, welche den Schutz der Menschenwürde, die Verhinderung von Diskriminierung oder das Verbot der Abbildung nackter Personen bzw. der Darstellung von antisozialem Verhalten verfolgen, mit dieser Vorschrift erfassen.[508] Gleichwohl können und dürfen über diese verdeckte Beschränkung des Anwendungsbereichs der UGP-RL nicht breitflächig Geschäftspraktiken eximiert werden, da sonst der Harmonisierungszweck vereitelt würde. Abgrenzungsversuche über das Kriterium der Beeinträchtigung der Wahlfreiheit führen, wiewohl gut gemeint, kaum weiter. Regelungen wie das beispielhaft genannte Verbot des direkten Ansprechens auf der Straße beeinträchtigen selbstverständlich die Wahlfreiheit der Verbraucher, indem sie ihnen diesen womöglich erwünschten Vertriebskanal nehmen – und dies unabhängig davon, ob sie auf den Schutz gegen unzulässige Beeinflussung (dann im Anwendungsbereich von Art. 8, 9 UGP-RL), auf den Schutz gegen Belästigung durch unerwünschte Werbemaßnahmen (so die Logik des § 7 UWG) oder auf gewerbepolizeiliche Gründe gestützt werden.[509] Das direkte persönliche Ansprechen auf der Straße wird in EGr. 7 S. 3 UGP-RL ausdrücklich als Beispiel genannt. Der deutsche Gesetzgeber hat daher zu Recht bezweifelt, ob dasselbe für sämtliche Formen des Direktmarketing gelten könne.[510]

249 **d) Festhalten am integrierten Lauterkeitsrecht.** Die **Beschränkung des gegenständlichen Anwendungsbereichs** der UGP-RL, musste sich im nationalen Recht nicht nachteilig auswirken, da die Mitgliedstaaten frei blieben, außerhalb des gegenständlichen Anwendungsbereichs der UGP-RL in den Schranken des allgemeinen Europarechts zu legiferieren, vgl. EGr. 6 S. 3 UGP-RL. Der deutsche Gesetzgeber hielt vor diesem Hintergrund bewusst am integrierten Regelungsmodell des deutschen Lauterkeitsrechts fest.[511]

5. Definitionen

250 **a) Verbraucher und Unternehmen.** Die **Definitionen des Verbrauchers bzw. des Gewerbetreibenden** in der UGP-RL scheinen auf den ersten Blick von denjenigen in den §§ 13 BGB, 2 Abs. 1 Nr. 6 UWG abzuweichen. Nach der Definition des **Verbrauchers** aus Art. 2 lit. a UGP-RL ist ein „Verbraucher" jede natürliche Person, die im Geschäftsverkehr im Sinne dieser Richtlinie zu Zwecken handelt, die nicht ihrer gewerblichen, handwerklichen oder beruflichen

---

[506] BGH GRUR 2012, 201 – *Poker im Internet,* Rdn. 18; GRUR 2012, 193 – *Sportwetten im Internet II,* Rdn. 16.

[507] *Glöckner/Henning-Bodewig* WRP 2005, 1311, 1320: erhebliche Beeinträchtigung des Harmonisierungsziels; *Sosnitza* WRP 2006, 1, 6: versteckte Öffnungsklausel; MüKo-UWG/*Micklitz* EG D Art. 5 Rdn. 18 ff.

[508] Arbeitspapier der Kommissionsdienststellen v. 3.12.2009, Leitlinien zur Umsetzung/Anwendung der Richtlinie 2005/29/EG über unlautere Geschäftspraktiken im Binnenmarkt, SEK (2009) 1666, S. 15. Vgl. auch GK/*Heinze* Einl C Rdn. 287.

[509] Insoweit erscheint die Abgrenzung von *Keßler* WRP 2007, 714, 718, problematisch.

[510] Begründung RegE, BT-Drs. 16/10145, S. 29.

[511] Begründung RegE, BT-Drs. 16/10145, S. 11. Bestätigend Arbeitspapier der Kommissionsdienststellen v. 3.12.2009, Leitlinien zur Umsetzung/Anwendung der Richtlinie 2005/29/EG über unlautere Geschäftspraktiken im Binnenmarkt, SEK (2009) 1666, S. 16.

Tätigkeit zugerechnet werden können, wohingegen die deutsche Regelung in § 13 BGB jede natürliche Person umfasst, die ein Rechtsgeschäft zu einem Zwecke abschließt, der weder ihrer gewerblichen noch ihrer **selbständigen** beruflichen Tätigkeit zugerechnet werden kann. Die Verfolgung von Zwecken, die der **nicht-selbständigen beruflichen** Tätigkeit zuzuordnen sind, schließt folglich die Anwendung der Regelungen der UGP-RL aus, die der deutschen, an den Verbraucherbegriff anknüpfenden, Regelungen hingegen nicht. Der deutsche Verbraucherbegriff ist somit weiter. Da die UGP-RL es jedoch nicht verbietet, den wettbewerblichen Verbraucherschutz auch auf solche Personen zu erstrecken, die keine Verbraucher i. S. d. Art. 2 lit. a UGP-RL sind, ist die weitere Fassung des Verbraucherbegriffs im Hinblick auf den Anwendungsbereich gem. Art. 3 Abs. 1 UGP-RL jedenfalls unschädlich.[512] Daneben stellt sich die Frage, ob die Formulierung in Art. 2 lit. a UGP-RL tatsächlich den Verbraucherbegriff einengt oder ob im Wege der systematischen Auslegung festgestellt werden kann, dass die unselbständige berufliche Tätigkeit auch im Unionsrecht die Verbrauchereigenschaft nicht ausschließen kann.[513] Im Bereich der Sachnormen knüpft das UWG die meisten Vorschriften von vornherein nicht an die Verbrauchereigenschaft.[514] Wo dies der Fall ist (es bleiben §§ 3 Abs. 2, 3, 4a Abs. 2 S. 2, 5a Abs. 2, 7 Abs. 2 Nr. 1, 2 1. Alt., § 16 Abs. 2), schöpft das deutsche Recht weitgehend Gestaltungsspielräume aus, welche das Europarecht lässt.[515]

Ähnliches gilt an sich auch für das synonyme[516] Begriffspaar **Gewerbetreibender/Unternehmer.** Nach Art. 2 lit. b UGP-RL ist jedoch auch diejenige Person Gewerbetreibender, die im Namen oder Auftrag eines Gewerbetreibenden handelt. Solche Personen wurden zwar vom deutschen Unternehmerbegriff gem. §§ 2 Abs. 2 UWG 2004, 14 BGB nicht erfasst. Die lauterkeitsrechtliche Haftung der deutschen Regelungen trifft aber von vornherein nicht den Unternehmer, sondern den unmittelbar Handelnden, der kein Unternehmer sein muss. Soweit er ein gewisses Mindestmaß an Entscheidungsspielraum[517] hat, das es gestattet, sein Verhalten als geschäftliche Handlung zu qualifizieren, wird sein Verhalten vom Anwendungsbereich des UWG erfasst und damit dem Regelungsauftrag der UGP-RL genügt.[518] Die nach der UGP-RL geforderte Haftung der Unternehmer ergäbe sich nach deutschen Vorstellungen aus allgemeinen Zurechnungsnormen, die durch § 8 Abs. 2 ergänzt werden (vgl. u. *Keller,* § 2 Rdn. 251). Gleichwohl erkannte der Gesetzgeber an dieser Stelle Anpassungsbedarf,[519] weshalb im Lauterkeitsrecht mit der Definition in § 2 Abs. 1 Nr. 6 UWG ein anderer als der allgemeine Unternehmerbegriff des § 14 BGB gilt. 251

b) Produkt. Das UWG sprach in der Vergangenheit zwar von **Waren und Dienstleistungen.** Nach Art. 2 lit. c UGP-RL ist ein Produkt aber jede Ware oder Dienstleistung. Mit der UWG-Novelle 2015 wurde der Sprachgebrauch jedenfalls in diesem Sinne vereinheitlicht, vgl. § 2 Abs. 1 Nr. 9 (vgl. u. *Keller,* § 2 Rdn. 24, 218). 252

c) Geschäftspraktiken. Nach der Legaldefinition in Art. 2 lit. d UGP-RL ist eine **Geschäftspraktik** jede Handlung, Unterlassung, Verhaltensweise oder Erklärung, kommerzielle Mitteilung einschließlich Werbung und Marketing eines Gewerbetreibenden, die unmittelbar mit der Absatzförderung, dem Verkauf oder der Lieferung eines Produkts an Verbraucher zusammenhängt. 253

Der deutsche Gesetzgeber gab im Zuge der UWG-Novelle 2008 die Verwendung des ehrwürdigen Begriffs der **Wettbewerbshandlung** zur Bestimmung des gegenständlichen Anwendungsbereichs des UWG auf. Zu groß erschien ihm die begriffliche Abweichung von der „Geschäftspraktik" der UGP-RL.[520] Handlungen während und nach Vertragsschluss hätten nicht notwendigerweise etwas mit Wettbewerb zu tun.[521] Auf der anderen Seite wollte er aber weder den Begriff der Geschäftspraxis noch gar der Geschäftspraktik übernehmen, weil diesen in der deutschen Sprache eine abwertende Bedeutung zukomme, der die ebenfalls erfassten lauteren Verhaltensfor- 254

---

512 Begründung RegE, BT-Drs. 16/10145, S. 12; *Lettl* WRP 2004, 1079, 1090.

513 So *Köhler*/Bornkamm § 2 Rdn. 162. Vgl. EuGH v. 3.10.2013, Rs. C-59/12 – *BKK Mobil Oil,* noch nicht in Slg., Rdn. 33 = WRP 2013, 154.

514 Vgl. bereits *Glöckner/Henning-Bodewig* WRP 2005, 1311, 1325.

515 BGHZ 187, 231 – *Millionenchance II.* Strafrechtliche Sanktionen werden auf der Grundlage von Art. 11 UGP-RL ohnehin nicht gefordert.

516 EuGH v. 3.10.2013, Rs. C-59/12 – *BKK Mobil Oil,* noch nicht in Slg., Rdn. 31 = WRP 2013, 154.

517 Vgl. dazu BGH GRUR 2011, 340, Rdn. 30 – *Irische Butter.*

518 *Köhler*/Bornkamm, § 8 Rdn. 2.5 ff.

519 Begründung RegE, BT-Drs. 16/10145, S. 12. Krit. dazu *Sosnitza* WRP 2008, 1014, 1018.

520 Zur beschränkten Bindung des Gesetzgebers im Hinblick auf den Wortlaut der Regelungen vgl. bereits *Glöckner/Henning-Bodewig* WRP 2005, 1311, 1322. Eine Bindung im Hinblick auf den Wortlaut lehnt auch *Keßler* WRP 2007, 714, 718 m. w. N. in Fn. 32, ab.

521 Begründung RegE, BT-Drs. 16/10145, S. 20.

men diskreditiere.[522] Der Gesetzgeber hat sich insoweit für den Begriff der **„geschäftlichen Handlung“** entschieden und diesen in § 2 Abs. 1 Nr. 1 definiert.

255 Eine **inhaltliche Problemstellung** ergab sich zunächst aus der – neben dem Marktbezug (vgl. dazu *Keller,* § 2 Rdn. 28) – zweiten Voraussetzung der Wettbewerbshandlung gem. § 2 Abs. 1 Nr. 1 UWG 2004, wonach mit dem **Ziel gehandelt werden musste, zugunsten eines Unternehmens den Absatz oder den Bezug von Waren oder Dienstleistungen zu fördern.** Ein solches Merkmal – unabhängig davon, ob dieses Ziel subjektiv interpretiert wird, was durch die Formulierung nahegelegt wurde,[523] oder objektiv, was der Struktur des Wettbewerbsschutzes entspricht[524] – kennt die UGP-RL nicht.

256 Zu Recht hat sich der Gesetzgeber nicht auf eine Auseinandersetzung über die Frage eingelassen, ob auch der UGP-RL ein Erfordernis (objektiver) Finalität eigen sei, sondern das **Wettbewerbsförderungsziel durch ein objektives Kriterium eingetauscht.** Er hat auch nicht, wie in der Literatur vorgeschlagen worden war,[525] ein Unmittelbarkeitserfordernis eingeführt, sondern § 2 Abs. 1 Nr. 1 verlangt lediglich einen **objektiven Zusammenhang zwischen dem fraglichen Verhalten und der Absatzförderung** bzw. der Durchführung des Vertrages. Alle Fragen werden indes auch durch diese Definition nicht beantwortet: So beschränkt die Definition die lauterkeitsrechtliche Haftung auf Verhalten von Personen „zugunsten eines eigenen oder fremden Unternehmens“. Die unstreitig erforderliche Wettbewerbsrelevanz wird bereits durch das Erfordernis des objektiven Zusammenhangs mit der Absatzförderung zum Ausdruck gebracht. Während die UGP-Richtlinie „jede Handlung, Unterlassung, Verhaltensweise“ als Anknüpfungspunkt einer möglichen Haftung genügen lässt (und die weitere Nennung der „kommerzielle[n] Mitteilung einschließlich Werbung und Marketing eines Gewerbetreibenden“ sprachlich redundant erscheint), hat der deutsche Gesetzgeber an dieser Stelle eine Eingrenzung vorgenommen, die, wenn ihr Gehalt über das Erfordernis des objektiven Zusammenhangs mit der Absatzförderung hinausgehen sollte, innerhalb des Anwendungsbereichs der UGP-Richtlinie gegen diese verstoßen würde. Zutreffend kann der Formulierung aber entnommen werden, dass die geschäftliche Handlung wie die Geschäftspraktik gem. Art. 2 lit. d UGP-RL zunächst Unternehmens- sowie Marktbezug verlangt (vgl. u. *Keller,* § 2 Rdn. 273 ff.).

257 Die **Schlüsselfrage nach der lauterkeitsrechtlichen Haftung der Medien für objektiv wettbewerbsrelevante Äußerungen** wurde inzwischen zum Teil geklärt: Im europäischen Gesetzgebungsverfahren war sie soweit ersichtlich nicht diskutiert worden.[526] Der EuGH hat in der Rechtssache *RLvS Verlagsgesellschaft* leider die Chance versäumt, den Harmonisierungsanspruch der UGP-RL auf die Medien, insbesondere die Presse, zu erstrecken. Die UGP-RL ist nach seiner Lesart nicht auf das Verhalten von Medienunternehmen, die fremden Wettbewerb fördern, anwendbar.[527] Aus der Entscheidung spricht der Respekt vor der Sonderrolle der Presse, wohl auch die im Augenblick noch fehlende Fähigkeit oder Bereitschaft, Rechtsharmonisierung und Grundrechtsschutz methodisch zu verbinden.[528] Die Beantwortung der Frage bleibt damit den Mitgliedstaaten überlassen:

258 In Rechtssystemen, welche die objektive Wettbewerbsrelevanz genügen lassen, wird die Anwendbarkeit des UWG auf redaktionelle Medienäußerungen regelmäßig bejaht.[529] In der Begründung des deutschen Regierungsentwurfs zum UWG 2008 wird demgegenüber kategorisch behauptet, redaktionelle Äußerungen ständen in keinem objektiven Zusammenhang mit dem Absatz von Waren.[530] Eine derart pauschale Beurteilung verbietet sich indes. Insbesondere **getarnte Werbung** wird ohne weiteres von der UGP-RL erfasst (vgl. Nr. 11 Anh. I UGP-RL, ebenso die Leitlinien),[531] worauf die Begründung des Regierungsentwurfs zum UWG 2008 zutreffend hin-

---

522 Begründung RegE, BT-Drs. 16/10145, S. 20.

523 In diesem Sinne etwa Hefermehl/*Köhler*/Bornkamm, 26. Aufl., 2008, § 2 Rdn. 26. Weitere Nachw. bei *Köhler* WRP 2007, 1393, 195 Fn. 5.

524 Vgl. bereits *Fezer* FS Schricker, S. 671, 673; *ders.* WRP 2006, 781, 785; *Glöckner,* Europäisches Lauterkeitsrecht, S. 531 ff.; *Sosnitza* WRP 2008, 1014, 1017.

525 *Köhler* WRP 2007, 1393, 1395; Hefermehl/*Köhler*/Bornkamm, 26. Aufl., 2008, § 2 Rdn. 4b m. w. N. Ebenso bereits MüKo-UWG/*Micklitz* EG D Art. 3 Rdn. 14 ff.

526 *Keßler* WRP 2007, 714, 719, schlägt diesbezüglich eine teleologische Reduktion von Art. 5 Abs. 1 UGP-RL vor.

527 EuGH v. 17.10.2013, Rs. C-391/12, noch nicht in Slg., Rdn. 40 ff. = GRUR 2013, 1245.

528 Vgl. dazu *Glöckner* in: FS Köhler, S. 159, 165 ff.

529 Für die Schweiz vgl. BGE 117 IV 193 – *Bernina;* 120 II 76 – *Mikrowellen;* 124 III 72 – *Kassensturz;* 125 III 185 – *Mikrowellen II.*

530 Begründung RegE, BT-Drs. 16/10145, S. 21.

531 Arbeitspapier der Kommissionsdienststellen v. 3.12.2009, Leitlinien zur Umsetzung/Anwendung der Richtlinie 2005/29/EG über unlautere Geschäftspraktiken im Binnenmarkt, SEK (2009) 1666, S. 9.

weist.[532] Soweit nach der alten Rechtslage, d. h. der Rechtsprechung *Frank der Tat*[533] bzw. § 2 Abs. 1 Nr. 1 UWG 2004 eine Medienhaftung für redaktionelle Äußerungen begründet würde, muss dies auch nach § 2 Abs. 1 Nr. 1 gelten. Die Begründung der Nicht-Anwendbarkeit des UWG auf redaktionelle Medienäußerungen im Regierungsentwurf, dass der objektive Zusammenhang allein dann fehle, wenn solche Äußerungen „**nur** der Information der Leserschaft **dienten**" (Hervorhebung d. Verf.),[534] ist problematisch, weil sie gleichsam unter umgekehrten Vorzeichen **doch ein finales Element** einführen würde, welches die UGP-RL nicht verwendet und – in Gestalt der Wettbewerbsförderungsabsicht – vom deutschen Gesetzgeber bewusst aufgegeben wurde.[535] Man wird der Entscheidung *Coaching-Newsletter* des Bundesgerichtshofs immerhin entnehmen können, dass bei redaktionellen Beiträgen die Befreiung von der lauterkeitsrechtlichen Haftung nur unter engen Voraussetzungen gewährt wird. Bereits der Umstand, dass redaktionelle Beiträge in einem Newsletter den Eindruck fördern, der gewerblich tätige Anbieter sei besonders fachkundig und wissenschaftlichem Arbeiten verpflichtet, genügt, um eine geschäftliche Handlung zu begründen.[536] Der Vorgehensweise des deutschen Gesetzgebers, die damit zusammenhängenden Fragen nicht im Gesetz zu regeln, ist immerhin abzugewinnen, dass sie eine künftige kohärente Entwicklung des Europäischen und des deutschen Lauterkeitsrechts gestattet.

Gemäß Art. 3 Abs. 1 UGP-RL gilt diese für unlautere Geschäftspraktiken im Sinne des Art. 5 zwischen Unternehmen und Verbrauchern vor, **während und nach Abschluss** eines auf ein Produkt bezogenen Handelsgeschäfts. Daneben bringen Art. 6 Abs. 1 lit. b – Kundendienst – und lit. e – Ersatzteile und Reparatur – sowie Nr. 27 Anh. I UGP-RL zum Ausdruck, dass auch **After-Sales-Maßnahmen** durch den Begriff der Geschäftspraktiken erfasst werden. Der Gesetzgeber hat in der Definition der geschäftlichen Handlung klargestellt, dass **sowohl Verhalten vor als auch während oder nach einem Geschäftsabschluss** in einem **objektiven Zusammenhang mit der Absatzförderung oder mit der Durchführung eines Vertrages** stehen kann. Das ist begrüßenswert. Die Rechtsprechung legt diese Änderung ausdrücklich zugrunde.[537] **259**

In der Konsequenz kann aber nach dem Wortlaut des § 2 Abs. 1 Nr. 1 etwa jegliche unberechtigte Weigerung, bestehende Mängelansprüche zu erfüllen, als geschäftliche Handlung qualifiziert werden, die am Maßstab des § 3 zu messen wäre. Der EuGH entnimmt weder der Formulierung der Begriffe „Geschäftspraxis", *„commercial practice", „pratique commerciale"*, die auf das Erfordernis einer wettbewerblichen Breitenwirkung des Verhaltens hindeuten, noch dem Hinweis in EGr. 9 S. 2, dass die UGP-RL nicht in das Vertragsrecht eingreifen möchte, und der Umsetzung in Art. 3 Abs. 2 UGP-RL,[538] dass singuläres, sich im Individualrechtsverhältnis erschöpfendes Verhalten aus dem Anwendungsbereich der UGP-RL auszuschließen ist (in diesem Sinne vgl. die Ausführungen in der Vorauflage).[539] An dieser Stelle erhält die – unten (Rdn. 265) näher beanstandete – Konnotation des Verstoßes gegen eine „fachliche Sorgfaltspflicht" als Verstoß gegen eine außerlauterkeitsrechtliche Sorgfaltspflicht praktische Bedeutung, wäre doch in jedem Einzelfall zu hinterfragen, welcher Umgang etwa mit Qualitätsbeanstandungen vom Gewerbetreibenden nach Treu und Glauben billigerweise erwartet werden kann. Bei unzutreffenden Auskünften würde die Unlauterkeit gar unwiderleglich vermutet.[540] **260**

Eine derart extensive Auslegung des Begriffs mit der damit verbundenen Erstreckung der totalharmonisierenden Wirkung der UGP-RL, wie sie der EuGH in der Rechtssache *Nemzeti* entwickelt hat, wird die Rechtsdurchsetzung des Lauterkeitsrechts in Deutschland nachhaltig beeinflussen: Bislang wird davon ausgegangen, dass bei jeder einzelnen Verletzungshandlung die Wiederholungsgefahr vermutet und ein Unterlassungsanspruch gewährt wird. Verbunden ist dies mit dem Anspruch auf Erstattung der Abmahnkosten gem. § 12 UWG. Diese Rechtsfolgen, angewendet auf jegliches Verhalten im Zuge der Durchführung und Abwicklung von Verträgen, erscheinen bei weitem überschießend. Fraglich ist, ob diesen Folgen durch die Begründung eines Negativerfordernises der mangelnden Einbindung in eine Geschäftsstrategie[541] entgangen werden **261**

---

532 Begründung RegE, BT-Drs. 16/10145, S. 32.

533 BGH GRUR 1986, 898, 899 – *Frank der Tat.*

534 Begründung RegE, BT-Drs. 16/10145, S. 21. Darauf hebt wohl auch BGH GRUR 2012, 74 – *Coaching-Newsletter,* Rdn. 15 („wenn er allein der Information ... dient").

535 Begründung RegE, BT-Drs. 16/10145, S. 20 f.

536 BGH GRUR 2012, 74 – *Coaching-Newsletter,* Rdn. 16.

537 BGH GRUR 2009, 876 – *Änderung der Voreinstellung II,* Rdn. 25; BGH GRUR 2010, 1117 – *Gewährleistungsausschluss im Internet,* Rdn. 18.

538 Zu den Überlappungen vgl. grundlegend *Leistner* S. 525 ff.

539 EuGH v. 16.4.2015, Rs. C-388/13 – *Nemzeti,* noch nicht in Slg., Rdn. 41 ff. = GRUR 2015, 600.

540 Vgl. EuGH v. 16.4.2015, Rs. C-388/13 – *Nemzeti,* noch nicht in Slg. = GRUR 2015, 600.

541 So GK/*Heinze* Einl C Rdn. 258.

kann. Der EuGH hat selbst darauf hingewiesen, dass erforderliche Korrekturen bei den Rechtsfolgen vorzunehmen sind.[542] In Betracht zu ziehen ist demgemäß, die Vermutung der Wiederholungsgefahr in Fällen einzuschränken, in denen sich ein Verstoß wegen der Umstände des Einzelfalles nicht wiederholen kann, weil der objektive Sorgfaltspflichtverstoß unverschuldet oder nur versehentlich begangen wurde.

262 **d) Wesentliche Beeinflussung des wirtschaftlichen Verhaltens.** Nach Art. 2 lit. e UGP-RL liegt eine **„wesentliche Beeinflussung des wirtschaftlichen Verhaltens des Verbrauchers"** vor, wenn eine Geschäftspraktik angewendet wird, „um die Fähigkeit des Verbrauchers, eine informierte Entscheidung zu treffen, spürbar zu beeinträchtigen und damit den Verbraucher zu einer geschäftlichen Entscheidung zu veranlassen, die er andernfalls nicht getroffen hätte".

263 Die Definition ist nur eingeschränkt gelungen: Dass der Verbraucher durch eine Geschäftspraktik zu einer geschäftlichen Entscheidung veranlasst wird, die er anderenfalls nicht getroffen hätte, ist jeder (funktionierenden) Marketingmaßnahme eigen. So verstanden geht das Kriterium nicht über den Zusammenhang mit der Absatzförderung etc. gem. Art. 2 lit. d UGP-RL hinaus, den jede Geschäftspraktik aufweisen muss. Eine Klarstellung, dass damit die **Geschäftsentscheidungsrelevanz gerade des Verstoßes gegen die berufliche Sorgfaltspflicht** gemeint sein muss (vgl. dazu u. Rdn. 307ff.), fehlt in der Definition der UGP-RL leider. Daneben wird „die Fähigkeit, eine informierte Entscheidung zu treffen" von vornherein nur bei den Irreführungs- bzw. Verschleierungsfällen beeinträchtigt. Bei Eingriffen in den Entscheidungsprozess taugt das Kriterium nicht.

264 Immerhin bleibt der Hinweis, dass das Verhalten die Entscheidung der Verbraucher **„spürbar" beeinträchtigen** *(„appreciably impair", „compromettant sensiblement")* muss. Damit bringt die UGP-RL besser als die ältere deutsche Formulierung der Nicht-Unerheblichkeit im UWG 2004 zum Ausdruck, dass auf ein **allgemeines Prinzip des Wettbewerbsrechts** zurückzugreifen ist. Das Erfordernis **der Spürbarkeit** bildet das **Korrelat zum Auswirkungsprinzip,** das nicht allein als kollisions-, sondern auch als **materiellrechtliches Prinzip das gesamte Wettbewerbsrecht prägt.**[543] Der Gesetzgeber hat inzwischen zwar die Definition der wesentlichen Beeinflussung in § 2 Abs. 1 Nr. 8 aufgenommen, dafür aber den Hinweis auf das Spürbarkeitserfordernis in der Generalklausel aufgegeben. Im Hinblick auf das Gesetzgebungsverfahren kann indes auf keinen Änderungswillen geschlossen werden.[544] Die Existenz des Spürbarkeitserfordernisses steht aber jedenfalls der Annahme nicht entgegen, dass die verschiedenen gesetzlich typisierten Verletzungstatbestände nicht allein über die Unlauterkeit, sondern auch über die Spürbarkeitsschwelle entscheiden.

265 **e) Berufliche Sorgfalt.** Bereits im Ausgangspunkt verfehlt erscheint die **Anknüpfung des qualitativen Kriteriums**[545] **der Unlauterkeit** an die Verletzung der **„beruflichen Sorgfalt"** in Art. 5 Abs. 2 UGP-RL. Die Formulierung der „beruflichen Sorgfalt" entspricht begrifflich nicht dem der UGP-RL zugrundeliegenden Ziel des Verbraucherschutzes.[546] Daneben passt der Begriff sprachlich nicht zu dem verfolgten Zweck: Man mag einem Gewerbetreibenden, der ein fehlerhaftes Produkt vertreibt, ohne es vorher zu prüfen, ggf. einen Verstoß gegen die berufliche Sorgfalt vorwerfen – darum geht es aber der UGP-RL nicht! Die Argumentation über die Sorgfaltspflichtverletzung legt nahe, dass die Verletzung außerwettbewerblicher Pflichten[547] zur Unlauterkeit führt. Daran könnte aber allenfalls bei Verstößen gegen Pflichten gedacht werden, die aus exogenen Quellen stammen (etwa Verstoß gegen verbraucherrechtliche Informationspflichten, vgl. Art. 7 Abs. 1, 4 UGP-RL; Vereitelung der Ausübung eines verbraucherrechtlich begründeten Widerrufsrechts, Art. 9 lit. d UGP-RL),[548] wenn insoweit lauterkeitsrechtlich der Vorwurf an die Verletzung einer Pflicht zur Verschaffung von Rechtskenntnis geknüpft würde. All das führt aber am Zweck der Vor-

---

[542] EuGH v. 16.4.2015, Rs. C-388/13 – *Nemzeti,* noch nicht in Slg., Rdn. 57ff. = GRUR 2015, 600.

[543] *Glöckner,* Europäisches Lauterkeitsrecht, S. 534.

[544] Beschlussempfehlung und Bericht des Ausschusses für Recht und Verbraucherschutz v. 4.11.2015, BT-Drs. 18/6571, S. 15.

[545] Der Verstoß gegen die berufliche Sorgfaltspflicht ist nur eines von zwei Elementen, welche nach dem Regelungsmodell der Richtlinie die Unlauterkeit begründen, vgl. Art. 5 Abs. 2 UGP-RL. Dennoch erscheint es methodisch zulässig, die Begrifflichkeit zu abstrahieren und in der Verletzung der beruflichen Sorgfaltspflicht das qualitative, marktverhaltensbezogene Element zu erkennen, welches der deutsche Gesetzgeber mit dem Begriff der Unlauterkeit in § 3 UWG gemeint hat, ähnlich *Köhler* WRP 2008, 10, 12, und inzwischen BGHZ 187, 231 – *Millionenchance II,* Rdn. 23: Unwert- und Relevanzkriterium.

[546] Bereits *Glöckner* WRP 2004, 936, 939. Ebenso MüKo-UWG/*Micklitz* EG D Art. 5 Rdn. 27; *Ohly*/Sosnitza Einf C Rdn. 51.

[547] In diesem Sinne wohl MüKo-UWG/*Micklitz* EG D Art. 5 Rdn. 28ff.: Konkretisierung der Berufspflichten durch Berufskodizes.

[548] Krit. zur Umsetzung auch *Sosnitza* WRP 2008, 1014, 1018.

schriften, bestimmtes Marktverhalten aus objektiven Gründen zu verbieten, vorbei.[549] Tatsächlich begründet die UGP-RL selbst die maßgebenden Pflichten für Geschäftspraktiken. Bei besonders aggressivem Marketing oder bei der Werbung mit irreführenden Angaben – um die es der UGP-RL geht –, steht demgemäß nicht notwendigerweise ein Verstoß gegen eine außerhalb der UGP-RL selbst begründete Sorgfaltspflicht im Raum. Das österreichische Vorabentscheidungsverfahren *CHS Tour*[550] dürfte nicht zuletzt auf die in der deutschen Sprache bestehende Konnotation des Begriffs der Verletzung der beruflichen Sorgfaltspflicht zurückzuführen sein. Zutreffend weist *Köhler* darauf hin, dass es der Regelung vor allem um die Pflicht des Gewerbetreibenden zur Rücksichtnahme auf die wirtschaftlichen Interessen der Verbraucher geht.[551]

Auch die gesetzliche Definition in Art. 2 lit. h UGP-RL überzeugt wenig. Die Formulierung der **„anständigen Marktgepflogenheiten"** ist angelehnt an die Definition unlauteren Wettbewerbs in der PVÜ (vgl. dazu u. Einl E Rdn. 1ff.). Mit ihr muss sie zunächst die Kritik teilen, eher nach dem Maßstab der Geschäftsmoral („anständig", *„honest", „honnête"*) denn dem der Wettbewerbsschädlichkeit ausgefüllt zu werden. Die ursprüngliche Begründung im Richtlinienvorschlag, die Verwendung dieses Begriffs sei notwendig, damit eine dem allgemeinen Handelsbrauch und den Gepflogenheiten entsprechende Geschäftspraktik von der Generalklausel nicht erfasst werde,[552] vermag erst recht nicht zu überzeugen. Es sollte ganz im Gegenteil hervorgehoben werden, dass die Unlauterkeit einer Geschäftspraktik nicht durch ihre Branchenüblichkeit ausgeschlossen wird.[553] 266

Bei der Umsetzung war die Frage zu beantworten, ob die Definition der **beruflichen Sorgfalt** einer Umsetzung in das nationale Recht bedarf. Im Bewusstsein der Problematik abstrakter Definitionen der Unlauterkeit enthielt das UWG 2004 mit gutem Grund keine solche. Bereits die Begründung des Regierungsentwurfs zum UWG 2004 stellte jedoch immerhin fest, dass eine Handlung dann als unlauter anzusehen sei, wenn sie „den anständigen Gepflogenheiten" des Marktes entgegenlaufe.[554] 267

Der Gesetzgeber hat jedenfalls Umsetzungsbedarf erkannt[555] und 2008 eine Definition in § 2 Abs. 1 Nr. 7 aufgenommen. Er hat allerdings den Begriff der beruflichen Sorgfaltspflicht durch denjenigen der „fachlichen Sorgfalt" ersetzt. Dass damit die berufliche Sorgfaltspflicht im Sinne der UGP-RL gemeint ist, wurde in der Begründung klargestellt. Die sprachliche Abweichung wurde damit begründet, dass Berufe nach deutschem Recht allein von natürlichen Personen ausgeübt werden, die von der UGP-RL begründeten Sorgfaltspflichten aber auch juristische Personen treffen sollen.[556] Bei der UWG-Novelle 2015 wurde der Begriff durch den der **„unternehmerischen Sorgfalt"** ersetzt.[557] Damit kann vor allem der oben beschriebenen Irreführungstendenz dieses Begriffs entgegengewirkt werden. 268

f) Aufforderung zum Kauf. Die **Aufforderung zum Kauf** löst gem. Art. 7 Abs. 4 UGP-RL bestimmte Informationspflichten aus, bei deren Fehlen eine Irreführung durch Unterlassen vorliegt. Dieser Fall ist in § 5a Abs. 3 geregelt. Der Gesetzgeber erkannte auch diesbezüglich Umsetzungsbedarf,[558] dem wegen der auf die Begründung von Informationspflichten beschränkten Bedeutung allerdings nicht in einer allgemeinen Definition, sondern innerhalb des Regelungszusammenhangs in § 5a Abs. 3 Rechnung getragen wurde (vgl. dazu u. Rdn. 343). 269

g) Unzulässige Beeinflussung. Der Begriff der **unzulässigen Beeinflussung** aus Art. 2 lit. j UGP-RL wurde erst mit der UWG-Novelle 2015 in § 4a Abs. 1 Nr. 3 in enger sprachlicher Anlehnung definiert. 270

h) Geschäftliche Entscheidung. Weil dieser Begriff aus sich heraus verständlich sei, verzichtete der Gesetzgeber im Jahr 2008 noch auf eine Definition der „geschäftlichen Entscheidung" wie sie 271

---

549 Tatsächlich zeigen die von *De Franceschi* euvr 2012, 41, 43f., berichteten Erfahrungen, dass etwa in Italien eine Entscheidung des Staatsrates erforderlich war, um deutlich zu machen, dass der lauterkeitsrechtliche Begriff der fachlichen Sorgfalt sich vom vertrags- und deliktsrechtlichen Begriff unterscheide.

550 EuGH v. 19.9.2013, Rs. C-435/11 – *CHS Tour Services GmbH,* noch nicht in Slg., Rdn. 18, 48 = GRUR Int. 2012, 268.

551 *Köhler*/Bornkamm § 3 Rdn. 3.19; *ders.* WRP 2012, 22, 24.

552 Begründung des Vorschlags für eine Richtlinie über unlautere Geschäftspraktiken, KOM (2003) 356 endg., Rdn. 53.

553 *Ohly*/Sosnitza Einf C Rdn. 51.

554 Begründung RegE, BT-Drs. 15/1487, S. 16.

555 Begründung RegE, BT-Drs. 16/10145, S. 12.

556 Begründung RegE, BT-Drs. 16/10145, S. 21.

557 Vgl. dazu bereits *Köhler* WRP 2012, 22.

558 Begründung RegE, BT-Drs. 16/10145, S. 12.

Art. 2 lit. k UGP-RL vornimmt.[559] Inzwischen wurde sie in § 2 Abs. 1 Nr. 9 aufgenommen. Es handelt sich dabei um einen weiten Begriff, der nicht erst die eigentliche Geschäftsentscheidung, z. B. einen Kaufvertrag abzuschließen, sondern auch vorgelagerte Entscheidungen, etwa ein Geschäftslokal aufzusuchen oder zu betreten, umfasst.[560]

6. Herkunftslandprinzip

272 Zum Herkunftslandprinzip führte die Begründung des Richtlinienvorschlages aus, dass die durch die Richtlinie herbeigeführte Konvergenz die Voraussetzungen für die Einführung des **Grundsatzes der gegenseitigen Anerkennung** schaffe.[561] Tatsächlich fügt dieser Grundsatz der gegenseitigen Anerkennung **(Herkunftslandprinzip i. e. S.)** sich als materiellrechtliches Prinzip in die Dogmatik der Grundfreiheiten und insb. die *Cassis*-Rspr. des EuGH, auch wenn er **im Fall der Totalharmonisierung** an sich als **überflüssig** erscheint. Nach der Begründung des Richtlinienvorschlags handelt es sich um eine Art von Reserveregelung für den Fall, in dem der Zielstaat unter der Generalklausel strengere Anforderungen stellt als der Herkunftsstaat.[562]

273 Es bedürfte im nationalen Recht allerdings einer Norm, die klarstellt, dass im Anwendungsbereich der UGP-RL weder die Warenverkehrs- noch die Dienstleistungsfreiheit aus Gründen eingeschränkt werden darf, die mit dem durch die Richtlinie geregelten Sachgebiet zusammenhängen, vgl. Art. 4 UGP-RL.[563] Im Hinblick auf die der Regelung in Art. 4 UGP-RL vorangegangene politische Auseinandersetzung sah der Gesetzgeber dies allerdings anders, stellte sich auf den Standpunkt, dass in Art. 4 UGP-RL nur eine Wiederholung der Waren- und Dienstleistungsfreiheit, die auch außerhalb der umzusetzenden Richtlinie zu beachten sei (zu den Problemen bereits oben Rdn. 31 ff.), zu erkennen sei, und verzichtete auf die Umsetzung.[564] Hinzuweisen ist auf die Parallelproblematik anlässlich der Umsetzung des vergleichbaren Art. 8 Tabakwerbungsrichtlinie.[565]

274 Es ist daher zumindest in Betracht zu ziehen, dass der EuGH die in Art. 4 UGP-RL enthaltene Verpflichtung nicht als bloß deklaratorische Vorschrift zur Wiedergabe der auf der Grundlage der *Cassis*-Doktrin (vgl. dazu o. Rdn. 14 ff.) geltenden Grundsätze begreifen wird,[566] sondern als **Niederlegung des Herkunftslandprinzips.**

275 Weil insoweit die materielle Rechtslage nach dem Willen des Europäischen Gesetzgebers totalharmonisiert ist, geht *Ohly* davon aus, dass die Berufung auf das Herkunftslandprinzip insofern ausgeschlossen ist, als bei einem Rechtsstreit das Gericht des Marktortes keinen Vergleich der nationalen Rechtsordnungen vornehmen dürfe, sondern allein das nationale Recht europarechtskonform auszulegen habe, da auch die Rechtsordnung des Herkunftslandes die Vorgaben der UGP-Richtlinie zu beachten habe.[567] Es ist allerdings fraglich, ob damit der Zweck der Binnenmarktklausel erreicht würde. Die Annahme scheint immerhin plausibel, dass mitgliedstaatliche Gerichte, die in den Strukturen des eigenen Lauterkeitsrechts sozialisiert wurden, seltener annehmen werden, dass die Regelungen des eigenen Rechts richtlinienwidrig seien, die des Herkunftslandes aber richtlinienkonform. Große Relevanz hat diese Konstellation in der Zeit seit 2007 aber nicht erlangt.[568] Die Annahme liegt nahe, dass das erreichte Maß an Rechtsharmonisierung bereits so groß ist, dass Rechtskonflikte beim Exportmarketing kaum noch auftreten.

276 Wird Art. 4 UGP-RL als „echte" Herkunftslandklausel verstanden, so hat dies insbesondere folgende Konsequenzen: Der Einwand der Rechtmäßigkeit des Wettbewerbsverhaltens im Herkunftsland greift zunächst durch. Wenn das Herkunftslandprinzip, wie inzwischen überwiegend angenommen (vgl. u. Einl C Rdn. 22 ff., 25 ff.), nicht kollisionsrechtlich verstanden wird, handelt es sich hierbei um eine **materielle Begrenzungsnorm.** Da insoweit der **Inhalt ausländischen Rechts entscheidungserheblich** wird, ist das Gericht nach dem allgemeinen Grundsatz *„iura novit curia"*

---

559 Begründung RegE, BT-Drs. 16/10145, S. 13.

560 EuGH v. 19.12.2013, Rs. C-281/12 – *Trento Sviluppo,* noch nicht in Slg., Rdn. 36 = GRUR 2014, 19.

561 Begründung des Vorschlags für eine Richtlinie über unlautere Geschäftspraktiken, KOM (2003) 356 endg., Rdn. 47, sowie EGr. 8.

562 Begründung des Vorschlags für eine Richtlinie über unlautere Geschäftspraktiken, KOM (2003) 356 endg., Rdn. 49.

563 Protokollerklärung der Kommission zur politischen Einigung. Ebenso *Veelken* WRP 2004, 1, 13 f. Dagegen *Gamerith* WRP 2005, 391, 411. Vgl. auch *Ohly* WRP 2006, 1401, 1408 ff.

564 Begründung RegE, BT-Drs. 16/10145, S. 15. Krit. auch GK/*Heinze* Einl C Rdn. 238.

565 Vgl. bereits *Glöckner/Henning-Bodewig* WRP 2005, 1311, 1326.

566 Hiergegen spricht bereits aus der Perspektive der Dogmatik der Grundfreiheiten, dass der EuGH die Anwendung der Grundfreiheiten als Beschränkungsverbote immer an das Erfordernis fehlender Positivharmonisierung geknüpft hat, vgl. EuGH GRUR Int. 1979, 468 – *Cassis de Dijon,* Slg. 1979, 649 Rdn. 8.

567 *Ohly* WRP 2006, 1401, 1406; Ebenso Köhler/*Bornkamm* § 5 Rdn. 1.31 b.

568 Vgl. immerhin OLG Köln GRUR-RR 2014, 298 – *Tourismusabgabe,* Rdn. 13.

zur **Amtsermittlung** verpflichtet. Insoweit sind jedoch die **Grundsätze analog** heranzuziehen, die bei jeder Anwendung ausländischen Rechts im Rahmen des **§ 293 ZPO** entwickelt wurden (vgl. dazu u. Einl C Rdn. 130, 186). Für das Vorliegen der tatsächlichen Umstände, die diese Normen ausfüllen, trägt derjenige die objektive Beweislast, der sich darauf beruft.

Wird nach diesen Grundsätzen festgestellt, dass das angegriffene Verhalten im Herkunftsstaat zuläs- **277**
sig ist, so kann der über das Herkunftslandprinzip darauf gestützte **Einwand** allein mit der Begründung überwunden werden, die zugrunde liegende Würdigung nach dem Recht des Herkunftslandes **verstoße ihrerseits eindeutig gegen die Vorgaben der UGP-RL.** Maßgebend ist insoweit die *Acte-Clair*-Doktrin zur Vorlagepflicht gem. Art. 267 AEUV.[569] In Anbetracht der Offenheit der von der UGP-RL verwendeten Begriffe und der Notwendigkeit, aus ganz unterschiedlichen Lauterkeitsrechtssystemen ein autonomes Rechtsgebiet des Europarechts zu schaffen, wird man ohne bestehende Judikatur des EuGH nur selten von solchen eindeutigen Rechtslagen ausgehen dürfen.

7. Generalklausel

Nach Art. 5 Abs. 1 UGP-RL sind unlautere Geschäftspraktiken verboten. Die Unlauterkeit ver- **278**
langt zum einen einen Verstoß gegen die berufliche Sorgfaltspflicht, Art. 5 Abs. 2 lit. a UGP-RL (dazu u. a)), zum anderen die Eignung zur wesentlichen Beeinflussung des wirtschaftlichen Verhaltens des Durchschnittsverbrauchers, Art. 5 Abs. 2 lit. b. UGP-RL (dazu u. b)). Dabei lässt sich die Zweiteilung des Tatbestandes auf eine Normlogik zurückführen, deren erster Teil einen besonderen **Handlungsunwert** verlangt, der mit dem **Verstoß gegen die berufliche Sorgfaltspflicht** umschrieben ist. Der zweite Teil macht den **wettbewerbsfunktionalen Kontext** der Verhaltensnormen deutlich: Die Einhaltung der beruflichen Sorgfaltspflicht wird den Gewerbetreibenden nicht aus allgemeinen Ordnungserwägungen aufgegeben, sondern um die wirtschaftlichen Interessen der Verbraucher zu schützen. Auch eine Verletzung der beruflichen Sorgfaltspflicht bleibt unerheblich, wenn die angesprochenen Verbraucher keine anderen geschäftlichen Entscheidungen im Fall des pflichtgemäßen Verhaltens getroffen hätten. Ein besonderer **Erfolgsunwert** der Geschäftspraktik muss daher hinzutreten.[570]

a) Verstoß gegen die berufliche Sorgfaltspflicht. Die berufliche Sorgfaltspflicht, deren Ver- **279**
letzung Art. 5 Abs. 2 lit. a UGP-RL verlangt, wird in Art. 2 lit. h UGP-RL definiert. Zur Kritik an dem Definitionsversuch vgl. bereits o. Rdn. 265 ff.

Es ist allerdings keineswegs so, dass Art. 5 Abs. 2 lit. a UGP-RL in Ermangelung von Verhaltens- **280**
kodizes konturlos bleibt.[571] Zutreffend ist allerdings, dass weder das Tatbestandsmerkmal der beruflichen Sorgfaltspflicht aus sich heraus noch seine Definition in Art. 2 lit. h mit der alternativen Anknüpfung an die „anständigen Marktgepflogenheiten" oder „Treu und Glauben" Erkenntniswert haben.[572] Begrifflich-deduktive Methoden versagen hier. Demgegenüber vermag zum einen, die Beschreibung des **Schutzzwecks in Art. 1 UGP-RL** im Hinblick auf die gebotene funktionale Auslegung weiterzuhelfen. Zum anderen liefern die **konkretisierenden Tatbestände der Art. 6 ff. UGP-RL Induktionsmaterial** zur Auslegung des Begriffs der beruflichen Sorgfaltspflichten (vgl. dazu u. Rdn. 285 ff.).

aa) Wettbewerbsfunktionalität. Ist der **Begriff der Unlauterkeit einerseits ein originär europa- 281**
rechtlicher und ist der in den Art. 5 Abs. 2 lit. a, 2 lit. h UGP-RL unternommene Versuch einer **begrifflichen Definition andererseits weitgehend fehlgeschlagen** (vgl. dazu o. Rdn. 265), so bleibt für eine sinnvolle Ausfüllung zunächst, die in Art. 1 UGP-RL niedergelegte **Markt- und Wettbewerbsfunktionalität** heranzuziehen. **Zweckartikel und Generalklausel** sind innerhalb der UGP-RL wie im UWG (vgl. dazu u. *Podszun* § 3 Rdn. 37, 43) oder im schweizerischen UWG[573] als **strukturelle Einheit** zu begreifen. Gemäß Art. 1 UGP-RL soll durch die Harmoni-

---

569 EuGH NJW 1982, 1257 – *C. I. L. F. I. T,* Slg. 1982, 3415 Rdn. 5 ff. Vgl. dazu Rengeling/Middeke/Gellermann/*Middeke,* § 10 Rdn. 65 ff.

570 Ähnlich in der Bewertung BGHZ 187, 231 – *Millionenchance II,* Rdn. 23: Unwert- und Relevanzkriterium; ebenso *Köhler* WRP 2012, 251, 252; ähnlich bereits *ders.* WRP 2008, 10, 12: Eigenart und Wirkungsweise; MüKo-UWG/*Drexl* IntUnlWettbR Rdn. 14; *Bakardjieva Engelbrekt* S. 612: *materiality condition codifying a de minimis rule.* Ganz anders in der Deutung wohl MüKo-UWG/*Micklitz* EG D Art. 5 Rdn. 30 ff., 33 ff., 135: berufliche Sorgfaltspflicht wegen Scheitern von Kodizes unerheblich; maßgebend demgegenüber die Beeinträchtigung der informierten Entscheidung.

571 MüKo-UWG/*Micklitz* EG D Art. 5 Rdn. 33.

572 Vgl. bereits *Glöckner* WRP 2004, 936, 939. Ähnlich Piper/*Ohly,* 4. Aufl., Einf C Rdn. 57. Zum Begriff der „anständigen Gepflogenheiten" gem. Art. 10bis PVÜ ebenso MüKo-UWG/*Drexl* IntUnlWettbR Rdn. 28.

573 *Baudenbacher* Art. 2 Rdn. 4, 26; Botschaft zu einem Bundesgesetz gegen den unlauteren Wettbewerb (UWG) v. 18.5.1983, BBl. 1983 II 1009, 1042 (152.1), 1059 (241.2).

sierung der mitgliedstaatlichen Regelungen über unlautere Geschäftspraktiken, die die wirtschaftlichen Interessen der Verbraucher beeinträchtigen, zu einem reibungslosen Funktionieren des Binnenmarkts und zum Erreichen eines hohen Verbraucherschutzniveaus beigetragen werden. Marktintegration und Verbraucherschutz werden durch das Instrument der Totalharmonisierung untrennbar verbunden; der Regelungszusammenhang – das bringt die Formulierung über die Beeinträchtigung der „wirtschaftlichen Verbraucherinteressen" deutlich zum Ausdruck – ist jedoch der des Wettbewerbs und der Marktbedingungen.

282 In diesem Sinne wird insbesondere von *Micklitz* und *Keßler* ganz zu Recht die Notwendigkeit einer Einpassung des nationalen Lauterkeitsrechts in ein **Gesamtsystem zum Schutz des funktionsfähigen Wettbewerbs** hervorgehoben.[574] Die im europarechtlichen Kontext häufig wiederholte Formel vom wirksamen Wettbewerb[575] enthält indes keine Bezugnahme auf ein bestimmtes ökonomisches Wettbewerbsmodell. Das macht bereits der insoweit verwendete englische Begriff *effective* deutlich.

283 Den von *Keßler* und *Micklitz* demgegenüber verschiedentlich verwendeten[576] terminus technicus *workable competition* benutzt die Europäische Praxis soweit ersichtlich nicht[577], sondern verwendet das Argument des Wettbewerbsschutzes in flexibler Weise und lässt bedarfsgemäß jüngere Entwicklungen der Wettbewerbstheorie einfließen. Insoweit besteht die Gefahr, dass durch das Argument mit dem Schutz der *workable competition* auf ein Wettbewerbsmodell abgestellt wird, das tatsächlich die Herstellung völliger Markttransparenz anstrebt. Bereits der Begriff der *workable competition* geht auf die frühen Arbeiten von *J. M. Clark*[578] zurück, in welchen *workable competition* noch als zweitbeste Lösung zum Modell des vollkommenen Wettbewerbs[579] verstanden wurde. Generell werden workability-Konzepte mit der traditionellen Harvard-Schule der 1950er- und 1960er-Jahre assoziiert.[580] Auch die von *Kantzenbach*[581] unter dem Gesichtspunkt des funktionsfähigen Wettbewerbs vertretenen Konzepte der Intensivierung der Wettbewerbsintensität gründeten noch auf der statischen Annahme, durch die Marktstruktur das Marktverhalten der Akteure steuern zu können. *Clark* wandte sich später dynamischen Wettbewerbsmodellen zu;[582] in Deutschland leitete insbesondere die Kritik *Hoppmanns*[583] eine Wende der Wettbewerbstheorie zu einem sytemtheoretischen Verständnis als ergebnisoffenem System des Wettbewerbs „als Entdeckungsverfahren" ein.[584] Ökonomen sind sich jedoch demgemäß heute weitgehend einig, dass ***workable competition*** oder **funktionsfähiger Wettbewerb** (im technischen Sinne) als **Wettbewerbsmodelle überholt** sind.

284 Größere Bedeutung kommt heute im Recht des unlauteren Wettbewerbs denjenigen Funktionsbedingungen zu, die weniger an die Marktstruktur denn an die geschäftlichen Entscheidungen der Marktgegenseite, insbesondere der Verbraucher anknüpfen. Bei Irreführungen und aggressiven Geschäftspraktiken liegt der Konnex zutage: Bei beiden Bereichen – der Sicherung von **Entscheidungsgrundlage wie -prozess** – können entweder in der Natur der Entscheidungsträger und/oder der vom Unternehmen gesteuerten Entscheidungssituation Unvollkommenheiten bestehen, welche das Einschreiten der Rechtsordnung gebieten.

285 *bb) Induktive Wirkung der Sondertatbestände.* Gegengerichtet zur zweckorientierten Ausfüllung der Generalklausel verläuft vor allem der Weg der **Konkretisierung durch Fallreihenbildung.** Diesen Weg hat der Europäische Gesetzgeber durch die Schaffung von Sondertatbeständen in den Art. 6ff. sowie die Aufnahme des Anhangs I UGP-RL selbst beschritten.

286 Deren Bedeutung erschöpft sich nicht in der Klarstellung, dass z. B. die Beeinträchtigung der Entscheidungsfreiheit des Durchschnittsverbrauchers durch unzulässige Beeinflussung aggressiv und

---

[574] *Keßler* WRP 2007, 714, 716.

[575] Vgl. nur EuGH v. 21.2.1973, Rs. 6/72 – *Continental Can,* Slg. 1973, 214 Leitsatz 11.

[576] *Keßler/Micklitz* BB 2005, Beil. 1, 1, 3.

[577] Die einzige Entscheidung der Unionsgerichte, in welcher der Begriff technisch eingesetzt wurde, ist die Entscheidung EuGH v 25.10.1977, Rs. 26/76 – *Metro I,* Slg. 1977, 1875, Ls. 4, Rdn. 20; zitierend und auseinandersetzungslos EuG v. 12.12.1996, Rs. T-88/92 – *Leclerc,* Slg. 1996, II-1961, Rdn. 107.

[578] *Clark,* Toward a Concept of Workable Competition, 30 Am. Econ. Rev. 241 ff. (1940).

[579] Vgl. die Darstellung von *Hoppmann,* Das Konzept der optimalen Wettbewerbsintensität, JBNSt 179 (1966), 286, 288.

[580] Vgl. nur die Botschaft zu einem Bundesgesetz über Kartelle und andere Wettbewerbsbeschränkungen (Kartellgesetz, KG) v. 23.11.1994, BBl. 1995 I 468, 502 (143).

[581] Die Funktionsfähigkeit des Wettbewerbs, 1967.

[582] *Clark,* Competition: Static Models and Dynamic Aspects, 45 Am. Econ. Rev. 450 (1955).

[583] *Hoppmann,* JBNSt 179 (1966), 286; *ders.,* Die Funktionsfähigkeit des Wettbewerbs, JBNSt 181 (1967), 251. Im Ergebnis attestierte *Hoppmann* dem Attribut „funktionsfähig" allein, im günstigen Fall überflüssig, im ungünstigen Fall irreführend zu sein, vgl. *Hoppmann,* Workable Competition, ZBJV 102 (1966), 249, 272.

[584] Vgl. dazu in der Voraufl. *Schünemann* § 1 Rdn. 35; *Baudenbacher* Art. 1 Rdn. 26ff.; *Leistner* S. 51.

mithin unlauter ist, und der damit geschaffenen Rechtssicherheit. In der kontinentaleuropäischen Rechtstradition ist anerkannt, dass eine **Wechselwirkung zwischen Generalklauseln und den sie konkretisierenden Tatbeständen** besteht. Während insbesondere Zweckartikel wie in Art. 1 UGP-RL die Auslegung aller Einzeltatbestände beeinflussen,[585] stellen die Einzeltatbestände ihrerseits „Induktionsmaterial" zur Auslegung der Generalklausel bereit.[586]

In der Sache geht es darum, den **Einzeltatbeständen verallgemeinerungsfähige Argumente zu entnehmen,** die im Rahmen der Generalklausel zum Tragen gebracht werden können, auch wenn die Einzeltatbestände nicht erfüllt sind. Es darf allerdings nicht verkannt werden, dass diese Methode umso unergiebiger wird, je abstrakter bereits die Einzeltatbestände formuliert sind. In der UGP-Richtlinie nähern sich die Sondertatbestände (anders als die *black list*) der Problematik nicht über die phänomenologische Beschreibung konkreter Geschäftspraktiken (z.B. „Anreißen", *„cold calling"*, Werbung mit „Mondpreisen"). Vielmehr zählt bereits Art. 5 Abs. 4 UGP-RL zwei abstrakte Gesichtspunkte auf, welche verbrauchergerichtete Geschäftspraktiken unlauter – weil wettbewerbsverfälschend – erscheinen lassen: Es sind die **Beeinträchtigung der Entscheidungsgrundlage** (Irreführung, irreführendes Unterlassen) sowie die Beeinträchtigung des **Entscheidungsprozesses** (unzulässig aggressive Beeinflussung).[587] 287

Artikel 5 Abs. 4 UGP-RL stellt klar, dass diese Gesichtspunkte kein abschließendes Urteil über die Unlauterkeit gestatten („Unlautere Geschäftspraktiken sind **insbesondere** solche, die ... irreführend ... oder ... aggressiv ... sind." Hervorhebung d. Verf.). Dem ist aus methodischer Sicht beizupflichten. Allerdings fällt es schwer Gründe zu finden, aus denen die wirtschaftlichen Interessen von Verbrauchern unmittelbar beeinträchtigende geschäftliche Handlungen, die weder irreführend noch aggressiv sind, in Ansehung des beschränkten Schutzzwecks der UGP-Richtlinie unlauter sein sollten, da die jeweils bezuggenommenen Vorschriften denkbar weit formuliert sind (vgl. bereits EGr. 13 UGP-RL a.E.). Bereits die unzumutbare Überziehung mit unerwünschten Werbemaßnahmen gem. § 7 lässt sich kaum in dieses Modell einfügen. Immerhin legt die abschließende Formulierung der Irreführungskriterien in Art. 6 Abs. 1 UGP-RL den Rückgriff auf die Generalklausel nahe, wenn **über andere als die dort aufgeführten Gegenstände irregeführt** wird. Dafür spricht insbesondere, dass bereits die in Anh. I Nr. 14 UGP-RL als *per se* irreführende Geschäftspraktiken genannten Schneeballsysteme zu keinem der im Katalog des Art. 6 Abs. 1 UGP-RL genannten Bezugspunkte der Irreführung passen.[588] Ähnliches gilt für die in Anh. I Nr. 21 UGP-RL verbotene Übersendung von Zahlungsaufforderungen.[589] Artikel 6 UGP-RL lässt indes keinen Zweifel an der Intention des Gesetzgebers, jegliche wettbewerbsverfälschende Irreführung zu erfassen.[590] Das gestattet den Rückgriff auf die Generalklausel. 288

cc) Anwendung der Generalklausel auf bloße Nicht-Information? Seit Ende der 1960er-Jahre wird diskutiert, in welchem Umfang die Rationalität wirtschaftlicher Entscheidungen bzw. die Aufgeklärtheit der sie treffenden Wirtschaftsteilnehmer zu gewährleisten ist, um zum einen die Konsumentensouveränität wiederherzustellen und zum anderen optimale Marktergebnisse zu erzielen. Aus lauterkeitsrechtlicher Sicht ist zu beantworten, ob die **bloße Nicht-Information,** d.h. das Unterlassen von Aufklärung unlauter sein kann. Methodisch könnte **die Generalklausel** ein solches Verhalten erfassen; fraglich ist jedoch zunächst, ob die ausdrücklichen Regelungen irreführender Unterlassungen in Art. 7 UGP-RL eine solche Annahme gestatten. Die Informationspflichten der Art. 7 Abs. 4, 5 UGP-RL (vgl. dazu u. Rdn. 336ff.) fügen sich in ein Modell ein, das keine selb- 289

---

[585] Ohly/*Sosnitza* § 1 Rdn. 1; *Köhler*/Bornkamm § 1 Rdn. 6; *Baudenbacher* Art. 1 Rdn. 11.

[586] Bereits *Germann*, Zur Rechtsfindung im Wettbewerbsrecht auf der Grundlage des Entwurfs eines Bundesgesetzes über den unlautern Wettbewerb, ZBJV 72 (1936), 49, 55; *Baudenbacher*, Suggestivwerbung, S. 105; *ders.* Art. 2 Rdn. 7. Die selbständig konkretisierende Wirkung der Sondertatbestände wird a.a.O. allerdings nicht in Frage gestellt.

[587] Die plastische Unterscheidung wurde soweit ersichtlich von *Beater*, Verbraucherschutz, S. 139ff., 190ff., etabliert. MüKo-UWG/*Micklitz* EG D Art. 1 Rdn. 7, verwendet die Begriffe der „inneren" bzw. „äußeren" Handlungsfreiheit. Diese scheinen auf den ersten Blick dem hier zugrundegelegten System zu korrespondieren (vgl. a.a.O. Rdn. 41: liegen Informationen vor, so ist äußere Handlungsfreiheit gewahrt; innere Handlungsfreiheit wird hingegen verletzt, wenn die Entscheidungsfindungsprozesse beeinträchtigt werden). Bei genauerem Hinsehen wird aber deutlich, dass *Micklitz* die Fallgruppen der unzureichenden Information nicht der Entscheidungsgrundlage (äußere Handlungsfreiheit, vgl. in diesem Sinne *Beater*, Verbraucherschutz, S. 153ff.), sondern der inneren Handlungsfreiheit zuordnet (vgl. a.a.O. Rdn. 42).

[588] Vgl. dazu MüKo-UWG/*Micklitz* EG D Art. 6 Rdn. 68.

[589] Vgl. dazu BGH GRUR 2012, 184 – *Branchenbuch Berg*, Rdn. 30.

[590] So ausdr. zur Parallelregelung in der IrreführungsRL EuGH v. 11.7.2013, Rs. C-657/11 – *Belgian Electronic Sorting Technology NV*, noch nicht in Slg., Rdn. 34ff. = GRUR 2013, 1049. Das ist in deren Regelungskontext methodisch fragwürdig, da der Werbebegriff eine Äußerung voraussetzt.

ständigen lauterkeitsrechtlichen Informationspflichten begründet, sondern davon ausgeht, dass es einer gesetzgeberischen Vorentscheidung darüber bedarf, welche generell-abstrakt beschriebenen Informationen zu verschaffen sind. Die Regelungen werden als politischer Kompromiss über die zu verschaffenden Informationen betrachtet.[591]

290 Ein zwingendes Argument gegen die Bejahung einer auf die Generalklausel gestützten Informationspflicht im konkreten Einzelfall[592] ist dem indes wohl nicht zu entnehmen. Verschiedene Gründe sprechen aber durchaus **gegen eine solche Erweiterung des Zugriffsbereichs** des Lauterkeitsrechts:

291 *(1) Wettbewerb und Transparenz.* Unvollständige Information ist nicht nur ein unvermeidliches Übel, sondern eine der Triebfedern des dynamischen Wettbewerbsprozesses. Vollständige Information ist demgemäß auch und gerade unter wettbewerbstheoretischen Gesichtspunkten keineswegs erstrebenswert. Moderne Wettbewerbstheorien gehen davon aus, dass die Frage nach der Verteilung von Informationslasten und -pflichten unmittelbar nach den Erkenntnissen der neueren Informationsökonomik zu beantworten ist. Diese legen indes eher nahe, dass eine pauschale lauterkeitsrechtliche Begründung von Informationspflichten zur Schaffung von Markttransparenz überschießend wäre.

292 Weil die verschiedenen Wettbewerbstheorien insoweit konvergieren, als nach Ansicht aller durch auf falschen Annahmen beruhende geschäftliche Entscheidungen Ressourcen fehlgeleitet werden,[593] fällt zwar die Wertung leicht, dass Irreführungen zu verbieten sind. Verkürzt erscheint aber bereits die weitere Folgerung,[594] dass der Anknüpfung an das Konzept des funktionsfähigen Wettbewerbs Pflichten zur Produkt- und Anbieterinformation zu entnehmen sind, weil Markttransparenz eine unverzichtbare Voraussetzung dafür sei, dass die Konsumenten frei und unabhängig entscheiden können.

293 Zunächst spiegelt der mit der Begründung solcher Informationspflichten verbundene Wunsch nach einer Verbesserung der Entscheidungsgrundlage insbesondere von Verbrauchern das nach wie vor bestehende Misstrauen gegenüber emotionaler, motivierender Werbung wider.[595] Diese Perspektive ist indes überholt. Ein solches Sachlichkeitsgebot lässt sich nicht rechtfertigen.

294 Daneben vernachlässigen weitreichende Informationspflichten, dass auch der nicht-informierte Werbeadressat durchaus frei und unabhängig entscheiden kann, wodurch eine Verfälschung des Wettbewerbs ausgeschlossen ist. Das zu Recht aufgestellte Postulat, wonach allein die subjektiven Konsumentenpräferenzen maßgebend für die Antwort auf die Frage sein dürfen, wie Leistungen im Wettbewerb zu bewerten sind,[596] muss zugleich die vorgelagerte Frage erfassen, auf welcher Informationsgrundlage diese Präferenzentscheidung getroffen werden soll. Dann erscheint es allein konsequent, dem Verbraucher die Wahl zu überlassen, uninformiert eine geschäftliche Entscheidung zu treffen. Bei schlicht uninformierten Entscheidungen ohne Irrtum und ohne äußere Beeinflussung steht die Konsumentensouveränität in keiner Weise in Frage. Maßgebend ist die Bewertung des marktbezogenen Leistungsangebotes im Spiegel der Konsumentscheidung der Verbraucher.

295 Soweit daher im Ausgangspunkt der These zuzustimmen ist, dass das **Lauterkeitsrecht in all seinen Ausprägungen seine Begründungen europarechtskonform durch eine konsistente und kohärente Ausrichtung am Wettbewerbsschutz** finden kann und muss, ist davor zu warnen, den Wettbewerbsschutz mit der Herstellung von Markttransparenz gleichzusetzen. Es mag Situationen geben, in welchen Märkte in spezifischer Weise intransparent sind und aus dieser Intransparenz Wettbewerbsverfälschungen drohen. Eine Wettbewerbsverfälschung droht aber nicht, wenn Nachfrager ihre geschäftlichen Entscheidungen in bewusster oder zumindest gleichgültiger Unkenntnis treffen (dazu sogl.).

296 Ein Zwang zur Beeinflussung dieser Entscheidungen durch Information mag aus gesellschaftlichen Gründen (z. B. Umweltschutz: Information über CO_2-Ausstoß von Kraftfahrzeugen;[597] Gesundheitsschutz: Schadstoffe und Risiken beim Rauchen) sinnvoll erscheinen; der Wettbewerbs-

---

[591] *Bakardjieva Engelbrekt* S. 612.

[592] *Walter* S. 312.

[593] Auch die ökonomische Analyse geht davon aus, dass es im Fall von Irreführungen zu Fehlallokationen von Ressourcen kommt, die zu verhindern sind, vgl. *Posner,* Economic Analysis of Law, 8. Aufl., 2011, S. 122 ff.

[594] *Keßler* WRP 2007, 714, 720.

[595] Exemplarisch *Radeideh* S. 213: *„... consumers are only able to process adequately the information they are given, if the information does not distract them by irrational content."*.

[596] Vgl. bereits *Sosnitza,* Wettbewerbsbeschränkungen S. 96 ff.; *Glöckner* Europäisches Lauterkeitsrecht, S. 569.

[597] Richtlinie 1999/94/EG des Europäischen Parlaments und des Rates vom 13. Dezember 1999 über die Bereitstellung von Verbraucherinformationen über den Kraftstoffverbrauch und CO_2-Emissionen beim Marketing für neue Personenkraftwagen, ABl. 2000 Nr. L 12/16.

schutz gebietet ihn indes nicht. Die Begründung einer lauterkeitsrechtlichen Informationspflicht erscheint deshalb nicht gerechtfertigt.

(2) Anwendungsprobleme einer universellen lauterkeitsrechtlichen Informationspflicht. Die Bandbreite des Kontexts verbrauchergerichteten Wettbewerbsverhaltens ist extrem weit, worauf Art. 7 Abs. 3 UGP-RL ausdrücklich Rücksicht nimmt. Daraus resultiert ein praktisches Problem: Wollte man positive Informationspflichten unabhängig von einer Irreführungsgefahr gestützt auf die Generalklausel begründen, so wäre erhebliche Rechtsunsicherheit die Folge. Denn etwa die Aushändigung eines Werbefaltblattes, das bestimmte Informationen nicht enthält und als bloßes Werbeinstrument gem. Art. 7 Abs. 3 UGP-RL auch nicht enthalten müsste, könnte in einer späteren Verhandlungsphase im Hinblick auf die fehlende Information für ungenügend und zugleich für unlauter erachtet werden. 297

(3) Rechtspolitische Grenzen einer universellen lauterkeitsrechtlichen Informationspflicht. Ein strukturelles Argument gegen eine universelle Informationspflicht wird von der **Informationsökonomik** bereitgestellt. Die Informationsverarbeitungsfähigkeit jedes Verbrauchers ist beschränkt. Ein *information overload* hilft dem zu schützenden Verbraucher nichts. Weil Papier geduldig und Information billig ist, werden Unternehmen eine selbständige lauterkeitsrechtliche Pflicht zur Information tendenziell mit „Sicherheitsreserve" erfüllen, um ein lauterkeitsrechtliches Haftungsrisiko auszuschließen.[598] Damit kommt es zu einer Überflutung mit Information, die zum absehbaren Ausschluss ihrer Wahrnehmung durch die Verbraucher führt.[599] 298

Schließlich sollte der lauterkeitsrechtlichen Regulierung der verschiedene Tatbestände ein **konsistentes Verbraucherleitbild** zugrundegelegt werden: Bei der Beinflussung mit sozialem Engagement wird nunmehr zu Recht angenommen, dass es jedem Verbraucher überlassen bleiben soll zu entscheiden, ob, wie und wovon er sich beeinflussen lassen will (vgl. dazu u. Rdn. 500ff., 503). Dieselbe **Souveränität sollte dem bewusst unwissenden Verbraucher** zugestanden werden. Wer bereit ist, einen Personenwagen zu kaufen, ohne zu wissen, wie groß das in Litern gemessene Fassungsvermögen des Kofferraums ist – sei es, weil ihn dieser Umstand nicht interessiert oder weil ein Blick in den geöffneten Kofferraum für sie oder ihn eine ausreichende Entscheidungsgrundlage geschaffen hat – bedarf, ganz unabhängig davon, ob das Fahrzeug auf einem Plakat oder in einer umfassenden Produktbeschreibung beworben wird, ob die Werbung den Kaufverhandlungen vorgelagert oder das Verhandlungsstadium bereits erreicht ist, es sich um einen zweisitzigen Sportwagen oder einen Mini-Van handelt, keiner obligatorischen Belehrung. 299

Wer an dieser Information interessiert ist, kann sie ohne erhebliche **Suchkosten** erfragen. Ist der Verkäufer nicht bereit, eine entsprechende Information bereitzustellen, so erscheint ein durchsetzbares lauterkeitsrechtliches[600] **„Recht auf Information"**[601] ungeachtet seiner Praktikabilität bereits in der Sache als **unangemessen.** Der Verbraucher, der seine geschäftliche Entscheidung nicht treffen will, ohne über eine genaue Größenangabe zu verfügen, wird den informationsunwilligen Unternehmer durch eine Nichtberücksichtigung des Angebots strafen. Eine **Wettbewerbsverfälschung durch offene Nicht-Information ist jedenfalls nicht zu befürchten,** weshalb es in solchen Fällen keines lauterkeitsrechtlich begründeten Rückgriffs auf die Generalklausel bedarf. 300

In zwei Konstellationen sind Modifikationen dieses Grundsatzes zu erwägen. Zum einen können **isolierte Informationspflichten** unter Heranziehung des **Ingerenzgedankens** angenommen werden, wo erst das eigene geschäftliche Verhalten des Marktteilnehmers eine **spezifische Intransparenz schafft.** Der europäische Gesetzgeber hatte auf diese Weise qualifizierte Informationspflichten bei verschiedenen Verkaufsförderungsmaßnahmen begründen wollen (vgl. dazu o. Rdn. 103). In ähnlicher Weise zeigte der BGH auf, dass Koppelungsangebote missbräuchlich sein können, wenn die Gefahr besteht, dass die Verbraucher über den Wert des tatsächlichen Angebots, namentlich über den Wert der angebotenen Zusatzleistung, unzureichend informiert wer- 301

---

[598] Dieses Phänomen wird in der Diskussion um Informationspflichten zur Gewährleistung von Produktsicherheit bzw. zur Vermeidung von Produkthaftung bekannt, vgl. dazu *Meyer,* Instruktionshaftung, 1992, S. 262ff.; *Endres/Lüdeke,* Produktsicherheit, 2001, S. 201.

[599] *van den Bergh* in: Effiziente Verhaltenssteuerung, S. 77, 85; *Niemöller* S. 11. Eine vermeintliche Ablösung des Irreführungsverbots durch ein Informationsgebot sollte daher nicht unbedingt als Errungenschaft der Informationsökonomik bezeichnet werden, so *Peifer* WRP 2008, 556, 557.

[600] Zum vertragsrechtlichen Informationsrecht vgl. Art. 5 Richtlinie 2011/83/EU des Europäischen Parlaments und des Rates vom 25. Oktober 2011 über die Rechte der Verbraucher, zur Abänderung der Richtlinie 93/13/EWG des Rates und der Richtlinie 1999/44 des Europäischen Parlaments und des Rates sowie zur Aufhebung der Richtinie 85/577/EWG des Rates und der Richtlinie 97/7/EG des Europäischen Parlaments und des Rates, ABl. 2011 Nr. L 304/64. Es umfasst ebenfalls nur die im Lauterkeit gem. Art. 7 UGP-RL geschuldeten Angaben.

[601] In diesem Sinne wohl MüKo-UWG/*Micklitz* EG D Art. 7 Rdn. 10; *Fezer* WRP 2007, 1021, 1027.

den.[602] Mangelnde Information kann auf diese Weise durchaus die Unlauterkeit einer an sich nicht irreführenden geschäftlichen Handlung begründen.

302 Zum anderen erscheinen Konstellationen denkbar, in denen Konsumenten ihre eigene Unkenntnis nicht zumindest sachgedanklich mitbewusst ist, ohne dass eine konkrete Fehlvorstellung besteht. Solche Situationen können sich ergeben, wenn für die fragliche geschäftliche Entscheidung maßgebende Entscheidungserfordernisse überhaupt nicht bekannt sind. In solchen Fällen verdeckter Nicht-Information[603] können besonders bedeutende Fehlleitungen verursacht werden.

303 Der Anpassungsbedarf wird indes gering sein. Im Regelfall wird der oben genannte Gesichtspunkt der vom Unternehmen zu verantwortenden Intransparenz weiterhelfen. Wo z.B. eine Wahlmöglichkeit für Intransparenz sorgt, wird eine entsprechende Informationspflicht begründet. Fehlt es an einer Intransparenz, so bedarf es keiner Informationspflicht.

304 **b) Eignung zur wesentlichen Beeinflussung des wirtschaftlichen Verhaltens.** Weil die UGP-RL in den Art. 6–8 nicht allein das qualitative Element (etwa: „Ein Verstoß gegen die berufliche Sorgfaltspflicht liegt insbesondere vor, wenn …"), sondern über Art. 5 Abs. 4 UGP-RL die Unlauterkeit insgesamt konkretisiert, findet das Erfordernis der **wesentlichen Beeinträchtigung der wirtschaftlichen Entscheidung gem. Art. 5 Abs. 2 lit. b,** wie definiert in Art. 2 lit. e und k UGP-RL (geschäftliche Entscheidung), **ausschließlich im Rahmen der Generalklausel** Anwendung.

305 Die **Sondertatbestände** der Art. 6–8 UGP-RL werden demgegenüber sprachlich mit der **Notwendigkeit belastet, auch das quantitative Element, den für die Annahme der Unlauterkeit erforderlichen Erfolgsunwert, mitregeln zu müssen.** Sie tun dies durch die (leider nicht einheitlich gebrauchte) Formulierung „und die somit einen Durchschnittsverbraucher zu einer geschäftlichen Entscheidung veranlasst oder zu veranlassen geeignet ist, die er sonst nicht getroffen hätte" (so in Art. 7 Abs. 1 UGP-RL; ähnlich Art. 6 Abs. 1, 2, Art. 7 Abs. 2, Art. 8 UGP-RL).

306 Dieses Kriterium entspricht der Definition der wesentlichen Beeinflussung in Art. 2 lit. e UGP-RL nur partiell,[604] nämlich im Hinblick auf deren letzten Halbsatz, nicht aber im Hinblick auf das vorgelagerte und zugleich weitergehende Erfordernis, „die Fähigkeit des Verbrauchers, eine informierte Entscheidung zu treffen, spürbar zu beeinträchtigen". Weitergehender **Begründungen zur spürbaren Beeinträchtigung** der Fähigkeit, eine informierte Entscheidung zu treffen, **bedarf es daher im Rahmen der Sondertatbestände nicht.** Letztere konkretisieren mithin nicht allein den Verstoß gegen die berufliche Sorgfaltspflicht gem. Art. 5 Abs. 2 lit. a UGP-RL, sondern antizipieren zugleich, dass Irreführungen und aggressive Geschäftspraktiken stets geeignet sind, die Fähigkeit der Verbraucher, eine informierte Entscheidung zu treffen, spürbar zu beeinträchtigen. Das ist sinnvoll, weil die **Irreführung bzw. die Aggressivität indizieren, dass die Grundlage oder der Prozess der Entscheidung spürbar beeinträchtigt sind.** Wegen der **Totalharmonisierung darf auch im Rahmen der deutschen Umsetzungstatbestände (§§ 4a, 5, 5a) nichts anderes** gelten. Die besondere Verletzungsform begründet bereits die Spürbarkeit der Beeinträchtigung.

307 Im Ergebnis verlangt die UGP-RL damit innerhalb der Fallgruppen der Irreführung und der unangemessenen Einflussnahme nicht mehr als die Eignung zur Veranlassung einer **geschäftlichen Entscheidung,** die anderenfalls nicht getroffen worden wäre. Die geschäftliche Entscheidung wird durch Art. 2 lit. k UGP-RL sehr breit definiert und umfasst alle Rechtshandlungen, die auf den Vertragsschluss, die Erfüllung oder die Erhaltung von Verträgen gerichtet sind. Verkürzt wurde diese Eignung als „Relevanz für die Verbraucherentscheidung"[605] oder „geschäftliche Relevanz"[606] bezeichnet. Nachfolgend wird der Begriff **„Geschäftsentscheidungsrelevanz"** verwendet.

308 Die Struktur der objektiven Verhaltensnormen der UGP-RL macht allerdings nicht deutlich, ob diese **Geschäftsentscheidungsrelevanz der konkreten Geschäftspraktik insgesamt oder allein ihrem spezifischen Unlauterkeitsgehalt** anhaften muss. Der deutschen Lauterkeitsrechtsordnung sind beide Aspekte vertraut: Im Rahmen des allgemeinen Erfordernisses der Wettbewerbshandlung wurde traditionell verlangt, dass sich das geschäftliche Verhalten eines Gewerbetreibenden auf gegenwärtige oder potentielle Mitbewerber auswirken kann.[607] Bei unmittelbar

---

[602] BGH v. 11.3.2004, I ZR 161/01, Rdn. 15 m. w. N. In diesem Sinne kann bereits EuGH GRUR Int. 1983, 648 – *Oosthoek,* Slg. 1982, 4575 Rdn. 18, 20, interpretiert werden, in welchem der EuGH ein Zugabenverbot im Hinblick auf die transparenzschädigende Wirkung von Koppelungsangeboten als gerechtfertigt anerkannte.

[603] *Walter* S. 123.

[604] Ähnlich *Radeideh* S. 261.

[605] *Steinbeck* WRP 2006, 632.

[606] *Köhler* WRP 2008, 10, 12.

[607] Vgl. z.B. *Baumbach/Hefermehl,* 17. Aufl., 1993, Einl UWG Rdn. 214.

verbraucherbezogenem Verhalten ist das der Fall, wenn deren geschäftliche Entscheidung beeinflusst wird.

Daneben wurde im deutschen Recht insbesondere im Rahmen des Irreführungstatbestandes seit jeher die **wettbewerbliche Relevanz** geprüft. Sie wurde zwar ebenfalls als Eignung definiert, eine Marktentscheidung zu beeinflussen.[608] Insoweit geht es allerdings sehr eindeutig nicht um die Relevanz der konkreten angegriffenen Geschäftspraktik – etwa einer Preisauszeichnung, eines Plakats oder eines Fernsehspots –, sondern um die **spezifische Relevanz ihres wettbewerbsverfälschenden Bestandteils,** d.h. der irreführenden Angabe. Die UGP-RL ist insoweit mehrdeutig. Zumindest in den Art. 7 Abs. 1, 2 und Art. 8 wird durch die Verwendung von „somit" bzw. „dadurch" (engl. *thereby*) bzw. „und dies veranlasst" sprachlich klargestellt, dass das Erfordernis geschäftlicher Relevanz sich auf das irreführende Unterlassen bzw. die unzulässige Beeinflussung beziehen muss. In den Art. 6 Abs. 1, 2 UGP-RL fehlt ein solcher Hinweis jedoch – Analogie oder Umkehrschluss? Für eine auf die Geschäftspraktik als solche bezogene Auslegung der geschäftlichen Relevanz spricht zwar insbesondere die Struktur der Generalklausel. Nach ihr ist die Eignung, eine geschäftliche Entscheidung zu veranlassen, nicht im Hinblick auf den Verstoß gegen die berufliche Sorgfaltspflicht, sondern im Hinblick auf die Geschäftspraktik zu prüfen. Dagegen lässt sich allerdings ins Feld führen, dass das Erfordernis der allgemeinen Wettbewerbsrelevanz sich bereits aus der Definition der Geschäftspraktik (unmittelbarer Zusammenhang mit Absatzförderung etc.) ergibt. 309

Aus systematischen Gründen muss das **Erfordernis der Geschäftsentscheidungsrelevanz** in den Sondertatbeständen aber durchweg **auf die unlauterkeitsbegründenden Umstände** gestützt werden, wie es die oben zitierten Formulierungen verlangen.[609] Zunächst spricht gegen einen Umkehrschluss, dass der Gesetzgeber bei der Formulierung der jeweiligen Passagen offensichtlich unsorgfältig war. Für die Analogie spricht demgegenüber, dass Werbung mit falschen, aber nicht irreführenden Tatsachen mangels Wettbewerbsrelevanz der Irreführung nicht verboten werden muss.[610] Schließlich gestattet eine solche Auslegung einen Gleichlauf mit der an Nicht-Verbraucher gerichteten irreführenden Werbung, die gem. Art. 2 lit. b IrreführungsRL geeignet sein muss, „infolge der ihr innewohnenden Täuschung" das wirtschaftliche Verhalten ihrer Adressaten zu beeinflussen. 310

Eine solche Deutung „passt" nicht zuletzt zu dem **Verzicht auf das weitere Erfordernis der spürbaren Beeinträchtigung** der Fähigkeit des Verbrauchers, eine informierte Entscheidung zu treffen, wie es für die Generalklausel in Art. 5 Abs. 2 lit. b, 2 lit. e UGP-RL erforderlich ist: Soweit die Irreführung bzw. die unangemessene Einflussnahme wettbewerblich relevant sind, weil sie geeignet sind, die geschäftliche Entscheidung der Adressaten zu beeinflussen, ergibt sich bereits aus der Natur der Lauterkeitsverstöße, dass sie die Fähigkeit der Verbraucher zu einer freien und unverfälschten Entscheidung und damit den Wettbewerb auch **spürbar** beeinflussen. Separat zu prüfen bleibt allein die Geschäftsentscheidungsrelevanz der Irreführung (vgl. nunnehr §§ 4a Abs. 1 S. 1, 5 Abs. 1 S. 1 a.E., 5a Abs. 2 Nr. 2).[611] Bei den besonders groben Verstößen, die in Anhang I aufgezählt sind, wird gem. Art. 5 Abs. 5 UGP-RL auch die Geschäftsentscheidungsrelevanz unwiderleglich vermutet. 311

c) Umsetzung. *aa) Abgrenzung zum nicht harmonisierten Bereich.* Die Generalklausel in Art. 5 Abs. 2 lit. b bzw. 2 lit. e UGP-RL wurde inzwischen in den §§ 3 Abs. 2, 2 Abs. 1 Nr. 7, 8, 9 weitgehend wortlautgetreu umgesetzt. Der **Anwendungsbereich der unionsrechtlichen Generalklausel** wurde im UWG allerdings mit den Worten „Geschäftliche Handlungen, die sich an Verbraucher richten oder diese erreichen" umschrieben. Mit dieser Formulierung soll sichergestellt werden, dass der Anwendungsbereich der totalharmonisierenden UGP-RL gem. Art. 3 Abs. 1 i.V.m. 2 lit. d UGP-RL umfassend abgebildet wird.[612] Die gewählte Formulierung findet allein in Art. 5 Abs. 2 lit. b UGP-RL eine unionsrechtliche Stütze. Dort wird sie allerdings dazu verwendet, den maßgeblichen Adressaten zu identifizieren. Ihr funktionaler Zusammenhang ist damit ein ganz anderer als die Definition des Anwendungsbereichs der UGP-RL. Mit der Regelung in § 3 Abs. 2 wurde mithin ein gravierender „Konstruktionsfehler" der UGP-RL (vgl. dazu o. Rdn. 229) ins UWG übernommen und verfestigt: Die UGP-RL soll zwar primär die wirtschaftlichen Interessen der Verbraucher schützen, EGr. 6, 8, Art. 1 UGP-RL. Ihr gegenständlicher Anwendungsbereich umfasst aber gem. Art. 3 Abs. 1, 2 lit. d UGP-RL alle Geschäftspraktiken von Unternehmen ge- 312

---

608 Begründung RegE, BT-Drs. 15/1487, S. 19; BGH, GRUR 2003, 628, 630 – *Klosterbrauerei; Köhler* WRP 2008, 10, 12.

609 Ebenso *Radeideh* S. 276.

610 Vgl. dazu bereits *Glöckner/Henning-Bodewig* WRP 2005, 1311, 1330, und u. Rdn. 474.

611 Richtig daher BGH GRUR 2008, 186 – *Telefonaktion. Alexander* GRUR Int. 2010, 1025, 1033 spricht insoweit von einer Vermengung innerhalb des „Drei-Stufen-Systems" der UGP-Richtlinie.

612 Begr RegE, BT-Drs. 18/4535, S. 12.

genüber Verbrauchern, d. h. alle Verhaltensweisen von Gewerbetreibenden, die unmittelbar mit der Absatzförderung, dem Verkauf oder der Lieferung eines Produkts an Verbraucher zusammenhängen. Die oben (Rdn. 245) beschriebenen Tendenzen auf der Ebene des Unionsrechts zur Korrektur dieses Fehlers im Wege einer wertenden Bestimmung des Anwendungsbereichs[613] werden auf der Ebene des nationalen Rechts verhindert. Die weitere Rechtsentwicklung wird antizipiert und überdies in eine kaum erstrebenswerte Richtung gelenkt.

313 *bb) Anwendung von § 3 Abs. 1.* Noch problematischer erscheinen die Folgerungen der unionsrechtlichen Generalklausel außerhalb ihres Anwendungsbereichs für die Anwendung der Generalklausel in § 3 Abs. 1. Nach der Vorstellung des Gesetzgebers dient die Vorschrift außerhalb des Anwendungsbereichs der UGP-RL als Auffangtatbestand für geschäftliche Handlungen, die von den Konkretisierungstatbeständen nicht erfasst werden, aber einen vergleichbaren Unlauterkeitsgehalt aufweisen. Der Gesetzgeber hat es der Rechtsprechung überlassen, „wie nach bisheriger Rechtslage ... in Konkretisierung des Tatbestandsmerkmals der Unlauterkeit ... gegebenenfalls angemessene Spürbarkeitserfordernisse aufzustellen, um insbesondere Abmahnungen von Bagatellverstößen zu verhindern".[614]

314 Weder das Vorgehen des Gesetzgebers noch das erzielte Ergebnis oder seine Begründung vermögen zu überzeugen. Die in § 3 Abs. 3 UWG-RegE[615] enthaltene Regelung war sicher nicht frei von Schwächen. Das betrifft insbesondere die Aufnahme des kritikwürdigen Begriffs (vgl. dazu o. Rdn. 265) der „fachlichen Sorgfalt". Dafür lag der Gesamtregelungsstruktur des UWG nach dem Regierungsentwurf ein ausgewogenes und stimmiges Konzept zugrunde, das zudem hinsichtlich des Aufbaus der Verhaltensnormen demjenigen der UGP-RL entsprach. Die vorgeschlagene Unternehmergeneralklausel hätte den seit 2004 erreichten Stand der Rechtserkenntnis in eine praktikable und unionsrechtskompatible Prüfungsstruktur umgesetzt.[616] Die im letzten Stadium des Gesetzgebungsverfahrens vorgenommene Änderung hat die Grundstruktur des novellierten UWG maßgeblich verändert. Wegen weniger und eher kosmetischer Schwächen hat der Gesetzgeber den Rechtsanwendern eine strukturell und inhaltlich überholte Regelung mit der Begründung an die Hand gegeben, dass die Praxis ja immer noch wie bisher verfahren könne. Der ergänzende Hinweis, dass mit dem „bei Bedarf" herangezogenen Spürbarkeitserfordernis Abmahnungen von Bagatellverstößen verhindert werden sollten, führt nicht weiter, denn das anerkannte Spürbarkeitserfordernis ist ein Element des Unrechtstatbestandes, mithin der relevanten Verhaltensnorm. Als solches ist es unabhängig von der Notwendigkeit, rechtsmissbräuchliche Abmahnungen zu verhindern. Diese Aufgabe erfüllt § 8 Abs. 4 UWG. Dem im Gefolge der Entscheidung *Nemzeti* (vgl. dazu o. Rdn. 261) wachsenden Bedürfnis, Marktteilnehmer vor ungerechtfertigt erscheinenden gebührenpflichtigen Abmahnungen zu schützen, muss ohnehin, insbesondere über den Tatbestand der Generalklausel hinaus, Rechnung getragen werden.

315 Die Rechtsanwendung hat nach dem erklärten Willen des Gesetzgebers auch künftig bei der Anwendung des § 3 Abs. 1 „wie bisher" zu verfahren, d. h. durchweg den Umstand zu berücksichtigen, dass weder „die guten Sitten" noch die unternehmerische Sorgfalt per se durchsetzungsfähig sind, sondern nur dann, wenn ihre Verletzung Interessen von Marktteilnehmern spürbar beeinträchtigt. Dem steht nicht entgegen, dass bei bestimmten typisierten Verletzungshandlungen die spürbare Interessenbeeinträchtigung indiziert wird. Innerhalb des Anwendungsbereichs der UGP-RL ist der Unionsgesetzgeber bereits von dieser Einsicht ausgegangen (vgl. o. Rdn. 306) und auch außerhalb des Anwendungsbereichs der UGP-Richtlinie sollte sie fruchtbar gemacht werden. In der Konsequenz kann bei Verletzungen des § 4 im Regelfall auf eine gesonderte Prüfung der Spürbarkeit der Interessenbeeinträchtigung verzichtet werden; bei der Anwendung des § 3 Abs. 1, zu denken ist etwa an die Fallgruppe der allgemeinen Marktbehinderung, ist sie demgegenüber stets zu prüfen (vgl. dazu u. *Podszun* § 3 Rdn. 181 ff.).

316 Nach der Begründung des Regierungsentwurfs zum UWG 2004 war zwar unter der in § 3 UWG verlangten Verfälschung des Wettbewerbs „von vornherein nicht eine Verfälschung des Wettbewerbs als Institution der Marktwirtschaft" zu verstehen, sondern die Wirkungen wettbewerbswidrigen Verhaltens auf das Marktgeschehen.[617] Eine Aufspaltung der Begriffe des Wettbewerbs im

---

[613] EuGH v. 7.3.2013, Rs. C-343/12 – *Euronics,* noch nicht in Slg., Rdn. 17, 31 = GRUR Int. 2013, 936, Ähnlich bereits EuGH GRUR Int. 2011, 853 – *Wamo BVBA,* Slg. 2011, I-5835, Rn. 24 ff., 27.

[614] Beschlussempfehlung und Bericht des Ausschusses für Recht und Verbraucherschutz zu dem Gesetzentwurf der Bundesregierung – Drucksache 18/4535 – Entwurf eines Zweiten Gesetzes zur Änderung des Gesetzes gegen den unlauteren Wettbewerb, BT-Drs. 18/6571, S. 14 f.

[615] Begründung RegE, BT-Drs. 18/4535.

[616] Vgl. dazu bereits *Glöckner* WRP 2014, 1399, 1400 f.

[617] Begründung RegE, BT-Drs. 15/1487, S. 17.

lauterkeitsrechtlichen Sinne auf der einen Seite und des Begriffs des „Wettbewerbs als Institution der Marktwirtschaft" auf der anderen war jedoch niemals sinnvoll.[618] Im Ergebnis führt jede Beeinflussung des wirtschaftlichen Verbraucherverhaltens durch unlautere Geschäftspraktiken zu einer Beeinträchtigung des Wettbewerbs.[619] Diese Deutung wurde durch die **Übernahme des Spürbarkeitskriteriums** im Jahr 2008 bestätigt.[620] Der häufig verwendete Ausdruck „Bagatellklausel"[621] – und ähnlich der Begründungsansatz in der Begründung des Rechtsausschusses – ist zwar insoweit missverständlich, als er darauf hinzudeuten scheint, dass zwar eine Rechtsverletzung vorliegt, diese aber wegen ihrer geringen Bedeutung die Inanspruchnahme der staatlichen Rechtsdurchsetzungsmechanismen nicht rechtfertigt *(„De minimis non curat praetor.")*.[622] Vor dem Hintergrund der Schutzzweckbestimmung des § 1 S. 2 UWG lässt sich die Norm aber besser in dem Sinne deuten, dass Verstöße gegen objektive Verhaltensgebote von vornherein nur dann **wettbewerbs**rechtsrelevant sind, wenn sie zu einer Wettbewerbsbeeinträchtigung führen (können). Das Merkmal der Spürbarkeit der Interessenbeeinträchtigung hätte folglich dieselbe Funktion wie etwa im EU-Kartellrecht das vom EuGH als ungeschriebenes Tatbestandsmerkmal des Art. 101 AEUV entwickelte „Spürbarkeitserfordernis"[623] zur Wettbewerbsbeschränkung, wenngleich eine kartellrechtsanaloge Betrachtung **der Wettbewerbsbeeinträchtigung** keineswegs zu der von manchen befürchteten Konsequenz zwingt, dass jeder Verletzte im UWG-Prozess neben dem Verletzungstatbestand auch die Marktfolgen der Verletzungshandlung vorzutragen und zu beweisen und dazu womöglich Marktuntersuchungen anzustrengen bzw. vorzufinanzieren hätte.[624] Die Wettbewerbsbeeinträchtigung und ihre Erheblichkeit können in den meisten Fällen unmittelbar der Natur der fraglichen Geschäftspraktik entnommen werden[625] – und müssen dies nach der Systematik der UGP-RL ohnehin in all jenen Fällen, die von Art. 6–8 UGP-RL erfasst werden (vgl. o. Rdn. 307).

d) Verhältnis von § 3 Abs. 1 und Abs. 2 UWG. Eines der Hauptprobleme bei der richtlinienkonformen Anwendung des UWG 2008 bestand in dem wenig geklärten Verhältnis der beiden Generalklauseln.[626] Zu diesem Zweck hat der Gesetzgeber in der UWG-Novelle 2015 vor allem die tückische „jedenfalls"-Formulierung in § 3 Abs. 2 beseitigt.[627] Während der Regierungsentwurf aber noch durch zwei trennscharf formulierte Regelungen im positiven Recht deutlich machen wollte, dass der totalharmonisierende Anspruch der in § 3 Abs. 2 umgesetzten Generalklausel der UGP-RL nicht durch die Anwendung der allgemeinen Generalklausel beeinträchtigt werde, bleibt dieses Verhältnis im nunmehr geltenden Recht ungeklärt. Allein ein vergleichsweise versteckter Hinweis in den Gesetzgebungsmaterialien[628] bestätigt, dass ausschließlich die Bestimmungen zur Umsetzung der UGP-RL anzuwenden sind, soweit die Unlauterkeit einer geschäftlichen Handlung abschließend in der UGP-RL oder der Irreführungsrichtlinie geregelt sind. **317**

e) Adressatenkreis. Die UGP-RL begnügt sich im Hinblick auf das den objektiven Verhaltensnormen zugrundezulegende Verbraucherleitbild, auf „den **Durchschnittsverbraucher, der angemessen gut unterrichtet und angemessen aufmerksam und kritisch ist, unter Berücksichtigung sozialer, kultureller und sprachlicher Faktoren in der Auslegung des Gerichtshofs**" bezugzunehmen (EGr. 18 S. 2). Im Regelfall ist auf denjenigen Durchschnittsver- **318**

---

[618] Vgl. dazu bereits ausführlich *Glöckner/Henning-Bodewig* WRP 2005, 1311, 1328; *Keßler* WRP 2007, 714, 716; MüKo-UWG/*Micklitz* EG D Art. 5 Rdn. 43.

[619] *Köhler* WRP 2008, 10, 11.

[620] Vgl. bereits *Glöckner/Henning-Bodewig,* WRP 2005, 1311, 1328.

[621] Begründung RegE, BT-Drs. 15/1487, S. 17; *Köhler* GRUR 2005, 1.

[622] In diesem Sinne insb. *Köhler,* GRUR 2005, 1, 2.

[623] Es wird nicht verkannt, dass ausgerechnet dort – nämlich im EU-Kartellrecht – ebenfalls die Begriffe „Bagatellbekanntmachung" bzw. *„De minimis notice"* für die Bekanntmachung der Kommission über Vereinbarungen von geringer Bedeutung, die den Wettbewerb gemäß Artikel 81 Absatz 1 des Vertrags zur Gründung der Europäischen Gemeinschaft nicht spürbar beschränken (de minimis), ABl. 2001 Nr. C 368/13, verwendet wird.

[624] In diesem Sinne die Befürchtung von *Köhler* GRUR 2005, 1, 3.

[625] Vgl. BGH GRUR 2008, 186 – *Telefonaktion.* Ähnlich im Kontext des EU-Kartellrechts zum Missbrauchstatbestand EuGH v. 6.10.2015, C-23/14 – *Post Danmark A/S*, noch nicht in Slg., Rdn. 73 = GRUR Int. 2016, 68.

[626] Vgl. Voraufl. Rdn. 333 ff.; *Glöckner* WRP 2014, 1399, 1400.

[627] Begründung RegE, BT-Drs. 18/4535, S. 12.

[628] In Übereinstimmung mit der Rechtsprechung des EuGH, vgl. EuGH EuZW 2002, 465 – *Komm. ./. Schweden,* Slg. 2002, I-4147, Rdn. 23, soll davon ausgegangen werden, dass auch in Deutschland die Gesetzgebungsmaterialien, d. h. insbesondere die Regierungsbegründung, von der Rechtsgemeinschaft bei der Auslegung von Gesetzen zur Kenntnis genommen werden und daher als Beitrag zur erforderlichen Publizität und Transparenz gewürdigt werden können. Vorliegend findet sich der Hinweis allerdings nur in der erfahrungsgemäß eher selten konsultierten Begründung der Beschlussempfehlung des Rechtsausschusses, BT-Drs. 18/6571, S. 15.

braucher abzustellen, den die Geschäftspraktik erreicht oder an den sie sich richtet. Wenn sich eine Geschäftspraktik an eine bestimmte Gruppe von Verbrauchern wendet, ist auf das durchschnittliche Mitglied dieser Gruppe abzustellen, Art. 5 Abs. 2 lit. b UGP-RL. Unabhängig von der Ausrichtung der Geschäftspraktik ist gem. Art. 5 Abs. 3 UGP-RL auf das Durchschnittsmitglied einer eindeutig identifizierbaren Gruppe von Verbrauchern, die aufgrund von geistigen oder körperlichen Gebrechen, Alter oder Leichtgläubigkeit im Hinblick auf diese Praktiken oder die ihnen zugrunde liegenden Produkte besonders schutzbedürftig sind, abzustellen, wenn die Geschäftspraktiken voraussichtlich in einer für den Gewerbetreibenden vernünftigerweise vorhersehbaren Art und Weise das wirtschaftliche Verhalten nur dieser Gruppe wesentlich beeinflusst.

319 Über diese Vorschrift kann der Schutzbereich der UGP-RL erheblich erweitert werden (vgl. bereits o. Rdn. 221). Eine wortlautnahe Umsetzung ist nunmehr in § 3 Abs. 4 erfolgt.

320 **f) Per se-Verbote.** Die UGP-RL verknüpft Verstöße gegen die in Anh. I UGP-RL geregelten Tatbestände über Art. 5 Abs. 5 UGP-RL mit dem Unlauterkeitsurteil „unter allen Umständen". Der deutsche Gesetzgeber ist diesem Regelungsmodell gefolgt[629] und hat die Einzeltatbestände der **„Schwarzen Liste"** in einen Anhang überführt, der über § 3 Abs. 3 mit der Verbotsnorm verknüpft wird. Der erforderliche **Ausschluss der Wertungsmöglichkeit** wird durch die Formulierung „stets unzulässig" bewirkt.

321 **Die abschließende Liste** der in Anh. I UGP-RL enthaltenen Tatbestände, bei denen es weder einer konkreten Begründung der Verletzung der beruflichen Sorgfaltspflicht noch einer Begründung der Beeinflussung der geschäftlichen Entscheidung bedarf, darf **nur durch den Europäischen Gesetzgeber erweitert werden,** EGr. 17 S. 3, 4 UGP-RL.[630] Die damit verbundene Starrheit sollte nicht beanstandet werden.[631] Die Art. 6–8 UGP-RL bzw. die Generalklausel schaffen alle erforderlichen Spielräume, um unlauteres Verhalten zu erfassen. Allerdings wird den Mitgliedstaaten die Möglichkeit genommen, innerhalb der Sondertatbestände Fallreihen zu entwickeln, bei denen vergleichbar den Tatbeständen im Anhang ohne Wertung des konkreten Falles entschieden wird.[632] Es erscheint fragwürdig, ob der Gesetzgeber den Anwendungsbereich der *per se*-Verbote dadurch faktisch erweitern kann, dass er Tatbestände mit einer Beweislastverteilung versieht, wie etwa in Anh. Nr. 5 UWG, wo dem Unternehmer die Beweislast für die Angemessenheit des Bevorratungszeitraums überbürdet wird, wenn diese zwei Tage unterschreitet.[633]

322 Daneben ist jeweils zu hinterfragen, ob aus einem solchen absoluten Verbot ein Indiz zu entnehmen ist, dass in seinem **Vor- und Umfeld** liegende Sachverhalte nach einer wertenden Prüfung durch die Art. 6 ff. bzw. 8 ff. zu erfassen sind, oder ob ganz im Gegenteil das *argumentum e contrario,* ein Umkehrschluss aus den negativen Tatbestandsmerkmalen, zu ziehen ist. Dazu liefert Anh. I Nr. 26 ein anschauliches Beispiel: Weist die Erfassung der Telefonwerbung über das Verbot des hartnäckigen und unerwünschten Ansprechens über Telefon in erster Linie darauf hin, dass unerwünschte Telefonwerbung wegen der mit ihr verbundenen Beeinträchtigung der Entscheidungsbildung generell ein lauterkeitsrechtliches Problem darstellt, oder ist dem Erfordernis des „hartnäckigen" Ansprechens zu entnehmen, dass das nicht-hartnäckige, insbesondere das einmalige oder sporadische, Ansprechen niemals die Entscheidungsbildung der Durchschnittsadressaten beeinträchtigen kann?

323 Gerade **wegen der einschneidenden Wirkung der *per se*-Verbote,** jegliche Wertungsmöglichkeit auszuschließen, darf **kein Umkehrschluss** gezogen werden. Wegen des Ausschlusses der Wertungsmöglichkeit musste der Gesetzgeber einen **„Sicherheitsabstand"** in die im Anhang I geregelten Verbotsnormen formulieren. Innerhalb dieses „Sicherheitsabstands" sind die erfassten Geschäftspraktiken zwar nicht „unter allen Umständen" wettbewerbswidrig, können es aber nach den jeweiligen Umständen auf der Grundlage der §§ 3 ff. sein.[634]

8. Irreführungen

324 **a) Bezugspunkte der Irreführungsgefahr.** Im Vergleich zur Irreführungsrichtlinie 1997, deren Art. 3 lit. a–c die frühere Regelung in § 5 Abs. 2 UWG 2004 nachgebildet war, nennt Art. 6

---

[629] Vgl. dazu *Alexander* GRUR Int. 2010, 1025.

[630] EuGH GRUR 2009, 599 – *VTB-VAB NV u. a.,* Slg. 2009, I-2949 Rdn. 56.

[631] Vgl. die bei MüKo-UWG/*Micklitz* EG D Art. 7 Rdn. 24, wiedergegebene Kritik.

[632] Zutr. Begründung RegE, BT-Drs. 16/10145, S. 29.

[633] Zum Umgang mit solchen verfahrensrechtlichen Umgehungsversuchen vgl. EuGH v. 17.1.2013, Rs. C-206/11 – *Köck,* noch nicht in Slg., Rdn. 50 = EuZW 2013, 309, zum generellen Verbot unter Erlaubnisvorbehalt.

[634] EuGH v. 3.4.2014, Rs. C-515/12 – *4finance,* noch nicht in Slg., Rdn. 32 = GRUR Int. 2014, 592; BGH GRUR 2012, 184 – *Branchenbuch Berg,* Rdn. 29; MüKo-UWG/*Micklitz* EG D UGP-RL Rdn. 23; *Köhler/Bornkamm* Anhang zu § 3 III Rdn. 0.8.

Abs. 1 UGP-RL erheblich **mehr einzelne Irreführungsgegenstände.** Das Fehlen der Einleitung „insbesondere" weist dafür darauf hin, dass die in der UGP-RL enthaltene Aufzählung anders als die in der Irreführungsrichtlinie enthaltene abschließend sein soll. Der Gesetzgeber erkannte insoweit bereits 2008 **Umsetzungsbedarf.**[635]

Die **Verwendung einer Generalklausel** in einer Richtlinie verschiebt insoweit die Anforderungen an die Umsetzung (vgl. dazu bereits o. Rdn. 185ff.). Die Art. 6–9 UGP-RL geben nicht mehr Rechte als die Generalklausel, sondern konkretisieren im Zusammenspiel mit Art. 5 Abs. 4 lediglich, wann eine Geschäftspraktik irreführend oder aggressiv und damit unlauter ist (EGr. 13 S. 4 UGP-RL). Vor diesem Hintergrund genügt es, im nationalen Recht die **Einzeltatbestände approximativ** zu formulieren (vgl. dazu bereits o. Rdn. 188),[636] solange sichergestellt ist, dass zum einen der **materielle Schutzstandard,** welchen die Richtlinie vorsieht, weder unter- noch überschritten wird, und zum anderen die **geschützten Verbraucher unschwer Kenntnis über die ihnen gewährten Rechte** erlangen können (vgl. o. Rdn. 187). 325

b) Irreführung über die betriebliche Herkunft. Artikel 6 Abs. 2 UGP-RL enthält zwei Fälle bestimmter Irreführungen. Das ist zunächst die Begründung einer **Verwechslungsgefahr bei der Vermarktung eines Produkts.** Der Gesetzgeber hat diesbezüglich zu Recht **keinen bedeutenden Unterschied zur Täuschung über die kommerzielle Herkunft** erkannt.[637] Da letztere bereits im Rahmen der Umsetzung der Richtlinie über irreführende Werbung durch § 5 Abs. 2 Nr. 1 eingeführt wurde, bestand an sich keine erneute Umsetzungspflicht. 326

Ohne weiteres wäre aber nicht erkennbar gewesen, ob die Einschränkung der Anwendung der **Irreführung über die betriebliche Herkunft** bei der **Begründung einer kennzeichenrechtlichen Verwechslungsgefahr** auf Fälle der sog. **„qualifizierten Herkunftstäuschung"** aufrechterhalten werden konnte und sollte.[638] Der Gesetzgeber erkannte bereits bei der Novelle 2008 das Problem und ging zutreffend davon aus, dass die UGP-RL keinen „Vorrang des Markenrechts" kenne,[639] auf welchen die Einschränkung des Irreführungstatbestandes zurückgehe. Insoweit ist es zu begrüßen, dass durch den Sondertatbestand in § 5 Abs 2 jedenfalls klargestellt wird, dass an der älteren Praxis nicht festgehalten werden kann. Dass der Gesetzgeber meinte, die weitere Entwicklung des Verhältnisses zwischen kennzeichenrechtlichen und lauterkeitsrechtlichen Ansprüchen der Rechtsprechung überlassen zu können,[640] mag im Hinblick auf den Umsetzungsauftrag kritisiert werden. Nicht übersehen werden darf freilich, dass die Fragestellung im Europarecht weder diskutiert wurde, noch in ihrer praktischen Konsequenz **(Aktivlegitimation!)** auftauchte, da es insoweit an einer Harmonisierung mangelt. 327

Nunmehr konkretisieren sowohl § 5 Abs. 1 Nr. 1 als auch § 5 Abs. 2 das Irreführungsverbot. Im Hinblick auf die Vorgabe des europäischen Rechts ist allein von Bedeutung, dass dem lauterkeitsrechtlichen Anspruch desjenigen, der mit Blick auf die mit einer Kennzeichenverletzung oder einer Produktnachahmung einhergehende Irreführung Unterlassung oder Schadensersatz begehrt, nicht mit der von der deutschen Rechtsprechung entwickelten These vom Vorrang des Markenrechts, des Geschmacksmusterrechts oder des individualrechtlichen Leistungsschutzes begegnet werden kann.[641] Inzwischen sind die Fragen für die Praxis in weitem Umfang durch die Entscheidung *Hard Rock Café* des Bundesgerichtshofs geklärt.[642] Der Vorrang des Markenrechts wurde jedenfalls für die Fälle der Konkurrenz mit einer Irreführung der Verbraucher über die betriebliche Herkunft aufgegeben. 328

c) Irreführung über die Einhaltung eines Verhaltenskodex. Der zweite Fall des Art. 6 Abs. 2 UGP-RL betrifft die **Nichteinhaltung von Verhaltenskodizes.** Sofern diese den Unternehmer verpflichten und er auf sie hingewiesen hat, sich dann aber gerade nicht an sie hält, ist 329

---

635 Begründung RegE, BT-Drs. 16/10145, S. 16.

636 In diesem Sinne ist wohl auch EuGH – *Komm. ./. Großbritannien,* Slg. 1997, I-2649 Rdn. 33, 37, zu verstehen. Darin hat der EuGH klargestellt, dass bei der Frage, ob eine nationale Umsetzungsmaßnahme ungeeignet sei, der „allgemeine rechtliche Kontext" zu berücksichtigen sei.

637 Begründung RegE, BT-Drs. 16/10145, S. 16, 17. Anders jedoch *Steinbeck* WRP 2006, 632, 637f.

638 Vgl. dazu *Ingerl,* WRP 2004, 809; *Bornkamm* GRUR 2005, 97; *Glöckner* in: Geistiges Eigentum und Gemeinfreiheit, S. 145, 165ff.; *Steinbeck* WRP 2006, 632, 638ff.; *Fezer* WRP 2006, 781, 790; *ders.* WRP 2008, 1; *Köhler* GRUR 2007, 548. Zur Abgrenzung Markenrecht/UWG bereits ausführlich *Henning-Bodewig/Kur,* Marke und Verbraucher, Band II, 1988/89.

639 Begründung RegE, BT-Drs. 16/10145, S. 17.

640 Begründung RegE, BT-Drs. 16/10145, S. 17.

641 *Bornkamm* GRUR 2011, 1, 3.

642 BGH GRUR 2013, 1161 – *Hard Rock Café,* Rdn. 60. Zu verbliebenen Fragen vgl. *Glöckner* FS Fezer, S. 167, 172ff.

darin eine Irreführung zu erkennen. Da das UWG 2004 keine vergleichbare Regelung kannte, kam der Gesetzgeber 2008 seiner Umsetzungspflicht durch Einfügung des § 5 Abs. 1 S. 2 Nr. 6 nach.

330 **d) Irreführendes Unterlassen.** Das traditionelle lauterkeitsrechtliche Regelungsmodell beruht in diesem Bereich allein auf der **Verhinderung von Irreführungen.** Diese müssen zwar nicht schuldhaft begangen werden und bedürfen auch keiner objektiv unrichtiger Angaben. Ausreichend, doch stets erforderlich ist aber das Vorliegen einer auf Tatsachen bezogenen **Fehlvorstellung** der Adressaten. Davon ist die **Nicht-Vorstellung, das schlichte Unwissen, zu unterscheiden.**

331 Mit dieser Begründung wurde die Begründung besonderer Informationspflichten im Rahmen des Irreführungsverbots stets abgelehnt. Eine Nicht-Information begründete allein dann eine Irreführung, wenn eine bestimmte Angabe durch sie irreführend wurde. Wirbt etwa ein Kfz-Vertragshändler in einer Zeitungsannonce für Fahrzeuge eines bestimmten aktuellen Typs und einer bestimmten Ausstattung lediglich mit einem Preis, ohne ein Baujahr zu nennen oder sonst einen Hinweis zu geben, dass es sich um Gebrauchtfahrzeuge handelt, so wird der Verkehr annehmen, dass Neufahrzeuge beworben werden. Im Kern des Vorwurfs steht nicht die unterbliebene Information und die daraus resultierende Unkenntnis der Adressaten über das Alter der Fahrzeuge, sondern die Begründung der Gefahr konkreter Fehlvorstellungen der Adressaten, nämlich dass hier Neufahrzeuge beworben würden, welche durch die Gesamtumstände der geschäftlichen Handlung verursacht wird. Tatsächlich ist es in solchen Fällen beliebig,[643] ob man an die Werbung als positives Tun anknüpft und deren Irreführungseignung prüft, oder an die unterlassene Angabe, dass es sich um Gebrauchtfahrzeuge handele. Maßgebend ist in beiden Fällen die **konkrete Fehlvorstellung** der Adressaten.

332 Weil die Annahme europaweit **konsensfähig** war (vgl. EGr. 14 S. 2 UGP-RL), dass der Verkehr jedenfalls bei **für den Vertragszweck wesentlichen Informationen vom Werbenden deren Offenlegung erwartet** und aus ihrem Fehlen anderweitige Schlüsse zieht, regeln Art. 7 Abs. 1, 2 UGP-RL, dass ein diesbezügliches Unterlassen der Irreführung gleichzustellen ist. Dem Verweis in Art. 7 Abs. 1 auf die Vereitelung der „informierten geschäftlichen Entscheidung" ist nicht zu entnehmen, dass das bloße Fehlen bestimmter Information die Unlauterkeit begründen soll. Gemäß EGr. 14 S. 2, Art. 5 Abs. 4 UGP-RL sollen durch die getrennte Regelung irreführender Handlungen und Unterlassungen in den Art. 6, 7 UGP-RL insgesamt **sämtliche irreführenden Praktiken** erfasst werden. In EGr. 14 S. 1 UGP-RL wird deutlich gemacht, dass der Mangel an Information *per se* noch nicht die Unlauterkeit begründet: Vielmehr sollen sämtliche Praktiken umfasst werden, welche den Verbraucher **durch Täuschung** von der informierten Entscheidung abhalten. Dieser strukturelle Zusammenhang macht das **fortbestehende Erfordernis einer Fehlvorstellung auch beim irreführenden Unterlassen** deutlich.[644]

333 Wenngleich also den Ausgangsregelungen der UGP-Richtlinie keine selbständigen und vom Bestehen einer Irreführungsgefahr unabhängigen lauterkeitsrechtlichen Informationspflichten zu entnehmen sind,[645] gehen die **detaillierten Regelungen** der Art. 7 Abs. 4, 5 UGP-RL doch erheblich über das Maß hinaus, das § 5 Abs. 2 S. 2 UWG 2004 vorsah.[646] Der Gesetzgeber hat daher mit gutem Grund bereits 2008 entschieden, die weitreichenden Vorgaben in § 5a UWG zu übernehmen.[647] In der UWG-Novelle 2015 wurden die Regelungen im Wortlaut noch enger an Art. 7 UGP-RL geführt. Die Änderungen sind vor allem deshalb zu begrüßen, weil sie die strukturelle Parallele des Tatbestandes mit den übrigen Konkretisierungstatbeständen deutlich machen, indem in § 5a Abs. 2 klarer zwischen der Wesentlichkeit der Information als Grund der Informationspflicht und der Geschäftsentscheidungsrelevanz ihrer Verletzung unterschieden wird.[648] Kritikwürdig ist allenfalls die sprachliche Gestaltung des *„châpeau"*, da die Einschränkung „im konkreten Fall unter Berücksichtigung aller Umstände" bezugslos geworden ist. Der Wunsch nach Angleichung des

---

[643] MüKo-UWG/*Micklitz* EG D Art. 7 Rdn. 11: Frage des Geschmacks. Stärker differenzierend *Steinbeck* WRP 2011, 1221, 1222 f.

[644] *Steinbeck* WRP 2006, 632, 636. A. A. *Fezer* WRP 2006, 781, 786 ff.; MüKo-UWG/*Micklitz* EG D Art. 7 Rdn. 5; *Keßler* WRP 2007, 714, 720 f.

[645] *Walter* S. 128.

[646] *Steinbeck* WRP 2006, 632, 635. Nach *Fezer* ist Art. 7 UGP-RL „Ausdruck eines Paradigmenwechsels im europäischen Wettbewerbsrecht, dessen Politikansatz ein Informationsmodell des lauterkeitsrechtlichen Verbraucherschutzes ist", WRP 2006, 781, 787. Nach *Keßler* konstituiert die Norm durch die Begründung marktbezogener Informationspflichten die Funktionsbedingungen einer *„workable competition"*, WRP 2007, 714, 721. Vgl. hierzu auch ausführlich MüKo-UWG/*Micklitz* EG D Art. 7 Rdn. 4.

[647] Begründung RegE, BT-Drs. 16/10145, S. 17.

[648] Begründung RegE, BT-Drs. 18/4535, S. 14 f.

Wortlauts (hier: zu Art. 7 Abs. 1 UGP-RL) war hier angesichts der unterschiedlichen Satzstrukturen nicht hilfreich.

Anders als bei der gescheiterten Verordnung über Verkaufsförderungsmaßnahmen sollten aber auch durch die UGP-RL **keine originären Informationspflichten** geschaffen werden. Deutlich wird dies durch die **Anbindung des Art. 7 an die Irreführung** gem. Art. 5 Abs. 4 lit. a, 6 UGP-RL (vgl. bereits o. Rdn. 332). Homogen fügt sich insb. Art. 7 Abs. 1 UGP-RL in die allgemeine Irreführungsdogmatik ein: Von einer „vorenthaltenen"[649] Information lässt sich nur sprechen, wenn der Adressat einer Geschäftspraktik diese Information erwartet – und wegen ihrer Wesentlichkeit für die Erreichung des Geschäftszwecks erwarten darf – und die Geschäftspraktik aus der Sicht des maßgeblichen Durchschnittsadressaten deshalb irreführend wird. Dasselbe gilt für die Regelung in Art. 7 Abs. 2 UGP-RL im Hinblick auf die gleichgestellten Formen der Zugangsverhinderung zu wesentlichen Informationen, die inzwischen in § 5a Abs. 2 S. 2 niedergelegt sind. **334**

Die Anknüpfung der Informationspflicht an eine Irreführung wird auch durch die Entwicklung einer **Theorie gestufter Informationspflichten** gestützt,[650] die sich in der Regelung des **Art. 7 Abs. 3, 4 UGP-RL** erkennen lässt. Der **Werbeadressat erwartet schließlich nur mediums- bzw. verhandlungsstandskonforme Informationen:** Je großvolumiger das eingesetzte Werbematerial (eine schmale Zeitungsanzeige oder ein 20seitiger Werbeprospekt),[651] je höher der selbstgesetzte Anspruch des kommerziellen Kommunikationsakts, je fortgeschrittener das Verhandlungsverhältnis, desto weiter steigen die schutzwürdigen Erwartungen des Adressaten und desto näher wird liegen, dass eine Nichtinformation einen Irrtum begründet. **335**

Verschiedene der in den weiteren Regelungen genannten Informationen scheinen sich freilich nur schwierig in dieses Regelungskonzept einzufügen. Gemäß **Art. 7 Abs. 5 UGP-RL** sind die **europarechtlich geschuldeten Informationen stets als wesentlich** zu behandeln. In diesen Fällen wird regelungstechnisch tatsächlich aus der **bloßen Nichtinformation unabhängig von deren objektivem Verständnis eine Irreführung.** Dies lässt sich auf verschiedene Weise deuten: Man könnte zunächst annehmen, dass der Europäische Gesetzgeber selbst davon ausgegangen sei, in den insbesondere in Anh. II UGP-RL genannten Rechtsakten von vornherein nur für „wesentliche" Umstände Informationspflichten begründet zu haben, und insoweit lediglich auf seine aus anderem Anlass zum Ausdruck gebrachte Wertung verweise. Eine so weitreichende Annahme erscheint jedoch angesichts der Vielgestalt unionsrechtlicher Informationspflichten (die Liste in Anh. II UGP-RL ist nicht abschließend) überschießend. In der Norm könnte ferner ein Teilaspekt des in der UGP-RL nicht geregelten Tatbestands der **Vorsprungserlangung durch Rechtsbruch** erkannt werden.[652] Dagegen spricht indes, dass ein solcher Tatbestand außerhalb des eigentlichen Anwendungsbereichs der UGP-Richtlinie läge und ausgehend von ihrem Gesetzeszweck auch nicht gefordert würde. Systemgerecht lässt sich der Tatbestand des Art. 7 Abs. 5 UGP-RL als **abstrakter Gefährdungstatbestand** des Unionsrechts begreifen:[653] Eine konkrete Irreführungsgefahr muss das Weglassen europarechtlich geschuldeter Informationen zwar nicht begründen; angesichts der Wertigkeit dieser Informationen genügt aber bereits die abstrakte Gefahr einer Fehlvorstellung angesichts ihrer Nicht-Bereitstellung. In der Sache erhalten die unionsrechtlichen Informationspflichten über die bisweilen stumpfen vertragsrechtlichen oder gewerbepolizeirechtlichen Sanktionen hinaus ein weiteres Durchsetzungsinstrument. Fragwürdig erscheint dieses Vorgehen allenfalls im Hinblick auf die nach wie vor unterentwickelte Harmonisierung des Lauterkeitsrechts auf der Durchsetzungsebene. **336**

Auch die in **Art. 7 Abs. 4 UGP-RL** genannten Informationen, die bei Aufforderungen zum Kauf zu verschaffen sind, scheinen auf den ersten Blick nicht in ein Modell zu passen, das keine selbständigen Informationspflichten begründet. Begründungserwägung 14 S. 3 UGP-RL bezeichnet sie als **„Basisinformationen"**. Sie betreffen die Identität des Anbieters (lit. b), die wesentlichen Merkmale des Produkts (lit. a), den Preis (lit. c) sowie die Zahlungs-, Liefer- und Leistungsbedingungen (lit. d) und schließlich das Bestehen etwaiger Rücktritts- oder Widerrufsrechte (lit. e). **337**

---

[649] Es soll zwar nicht vorenthalten werden, dass dem in der deutschen Fassung verwendeten Begriff „vorenthalten" in anderen Sprachfassungen keine vergleichbar deutlichen Begriffe entsprechen: engl. *omit,* frz. *omettre,* worauf *Steinbeck* WRP 2006, 632, 635 Fn. 31 bereits hingewiesen hat. Es ist aber nicht zu verkennen, dass der sprachliche Sinngehalt auch dieser Begriffe – weglassen, auslassen – davon ausgeht, dass eine Teil-Nichtaussage eine Gesamtaussage verfälscht. Ausgelassen werden kann nur, was eigentlich dazugehört.

[650] Vgl. dazu *Steinbeck* WRP 2006, 632, 635. Ähnlich *Walter* S. 311 ff.: Theorie des dynamischen Transparenzgebotes.

[651] Arbeitspapier der Kommissionsdienststellen v. 3.12.2009, Leitlinien zur Umsetzung/Anwendung der Richtlinie 2005/29/EG über unlautere Geschäftspraktiken im Binnenmarkt, SEK (2009) 1666, S. 58.

[652] MüKo-UWG/*Micklitz* EG D Art. 8, 9 Rdn. 6.

[653] MüKo-UWG/*Micklitz* EG D Art. 7 Rdn. 33.

338 Gesetzgebungstechnisch, aber auch in der Sache, handelt es sich indes um **Konkretisierungen der „wesentlichen Informationen"** gem. Art. 7 Abs. 1 UGP-RL, die der Durchschnittsverbraucher benötigt, um eine informierte Entscheidung zu treffen.[654] Das ist besonders gut nachzuvollziehen im Hinblick auf die „wesentlichen Merkmale des Produkts" (lit. a). Eine Bezugnahme auf das Produkt in Wort oder Bild kann geeignet sein, die Voraussetzung der Angabe der Merkmale des Produkts zu erfüllen, und zwar auch dann, wenn ein und dieselbe Bezugnahme in Wort oder Bild verwendet wird, um ein in verschiedenen Ausführungen angebotenes Produkt zu bezeichnen. Es ist im Einzelfall unter Berücksichtigung der Beschaffenheit und der Merkmale des Produkts sowie des verwendeten Kommunikationsmediums zu ermitteln, ob der Verbraucher hinreichend informiert ist, um das Produkt im Hinblick auf eine geschäftliche Entscheidung identifizieren und unterscheiden zu können.[655] Der Unternehmer kann seiner Informationspflicht auch genügen, wenn er zwar nur bestimmte Merkmale angibt und im Übrigen auf seine Website verweist, sofern sich dort wesentliche Informationen über die maßgeblichen Merkmale des Produkts, dessen Preis und die übrigen Erfordernisse gemäß Art. 7 UGP-RL finden.[656] Dies findet sich nunmehr in § 5a Abs. 5 Nr. 2.

339 Information über die **Konditionen** (lit. d) verlangt der Gesetzgeber nur dann, wenn diese von den Erfordernissen der beruflichen Sorgfalt abweichen. Unter Einbeziehung der Definition in Art. 2 lit. h UGP-RL führt das zu dem seltsam anmutenden Ergebnis, dass unangemessene Konditionen wohl regelmäßig auf der Grundlage der Klauselrichtlinie vertragsrechtlich unwirksam sein werden, lauterkeitsrechtlich aber einen aufklärenden Hinweis auf die Unwirksamkeit verlangen. Jedenfalls werden lautere Zahlungs-, Liefer- und Leistungsbedingungen nicht für so wesentlich gehalten, dass über sie zu informieren wäre.

340 Wegen der hohen Bedeutung des Preises bei der Entscheidungsfindung, die sich bereits in der frühzeitigen Regulierung der Preisangaben in der Gemeinschaft niedergeschlagen hat,[657] hat der Gesetzgeber alle Umstände, die mit der **Preisberechnung** zusammenhängen, für wesentlich gehalten (lit. c). Nach Ansicht des EuGH kann gem. Art. 7 Abs. 4 lit. c UGP-RL zwar nicht *per se* als irreführende Unterlassung angesehen werden, wenn in einer Aufforderung zum Kauf nur ein „ab"-Preis angegeben wird. Es ist jedoch insbesondere zu prüfen, ob die Auslassung der Einzelheiten der Berechnung des Endpreises den Verbraucher daran hindert, eine informierte geschäftliche Entscheidung zu treffen, und ihn folglich zu einer geschäftlichen Entscheidung veranlasst, die er sonst nicht getroffen hätte. Es sind außerdem die Beschränkungen des verwendeten Kommunikationsmediums, die Beschaffenheit und die Merkmale des Produkts sowie die übrigen Maßnahmen zu berücksichtigen, die der Gewerbetreibende tatsächlich getroffen hat, um die Informationen dem Verbraucher zur Verfügung zu stellen.[658] Dies regelt § 5a Abs. 5. Zu beachten wird aber sein, dass spätestens die Richtlinie über Preisangaben[659] vermittelt durch Art. 7 Abs. 5 UGP-RL die Nennung des Endpreises verlangt.[660]

341 Die Informationspflicht zu bestehenden **Rücktritts- oder Widerrufsrechten** (lit. e) hat einen selbständigen Anwendungsbereich gegenüber der Regelung in Art. 7 Abs. 5 UGP-RL in all jenen Fällen, in denen die Informationspflicht über das Rücktritts- bzw. Widerrufsrecht nicht europarechtlicher Natur ist. Für den Begriff „Rücktritts- oder Widerrufsrecht" ist allerdings zu fordern, dass es sich um ein zum Zeitpunkt des Vertragsschlusses bereits bestehendes Recht handeln muss. Was bleibt, ist eine europarechtliche Konkretisierung, dass solche Rechte stets wesentliche Umstände sind, über welche – unabhängig von einer sondergesetzlichen Informationspflicht – aufzuklären ist. Schließlich handelt es sich bei der Identität des Anbietenden (lit. b) ebenfalls um eine – für jedes

---

[654] Ebenso Arbeitspapier der Kommissionsdienststellen v. 3.12.2009, Leitlinien zur Umsetzung/Anwendung der Richtlinie 2005/29/EG über unlautere Geschäftspraktiken im Binnenmarkt, SEK (2009) 1666, S. 57.

[655] EuGH GRUR 2011, 930 – *Konsumentombudsmannen ./. Ving Sverige AB,* Slg. 2011, I-3903, Rdn. 49.

[656] EuGH GRUR 2011, 930 – Konsumentombudsmannen ./. Ving Sverige AB, Slg. 2011, I-3903, Rdn. 59.

[657] Vgl. Richtlinie 98/6/EG des Europäischen Parlaments und des Rates vom 16. Februar 1998 über den Schutz der Verbraucher bei der Angabe der Preise der ihnen angebotenen Erzeugnisse, ABl. 1998 Nr. L 80/27, beziehungsweise deren Vorgänger, die Richtlinie 79/581/EWG des Rates vom 19. Juni 1979 über den Schutz der Verbraucher bei der Angabe der Lebensmittelpreise, ABl. 1979 Nr. L 158/19, und die Richtlinie 88/314/EWG des Rates vom 7. Juni 1988 über den Schutz der Verbraucher bei der Angabe der Preise von anderen Erzeugnissen als Lebensmitteln, ABl. 1988 Nr. L 142/19.

[658] EuGH GRUR 2011, 930 – *Konsumentombudsmannen ./. Ving Sverige AB,* Slg. 2011, I-3903, Rdn. 72.

[659] Richtlinie 98/6/EG des Europäischen Parlaments und des Rates vom 16. Februar 1998 über den Schutz der Verbraucher bei der Angabe der Preise der ihnen angebotenen Erzeugnisse, ABl. 1998 Nr. L 80/27.

[660] Zum Verhältnis zwischen preisangabenrechtlichem Angebot und lauterkeitsrechtlicher Aufforderung zum Kauf vgl. bereits BGH WRP 2010, 370 – *Kamerakauf im Internet,* Rdn. 16; differenzierend *Alexander* WRP 2012, 125, 131.

Austauschgeschäft – wesentliche Information. Alle vertraglichen Rechte sind wenig wert, wenn der Verpflichtete nicht bekannt ist.

Mit der **Konkretisierung in Art. 7 Abs. 4 UGP-RL** mag eine **Verdichtung von Informationspflichten** verbunden sein, wenn Werbeangaben sich auf konkrete Vertragsschlüsse hin konkretisieren. Zu begrüßen sind solche Pflichten, wenn sie die **Transaktionsaufwendungen der Beteiligten reduzieren,** indem sie etwa weitere Kontaktaufnahmen (zur Ermittlung des Anbieters, der konkreten Konditionen etc.) überflüssig machen. Allerdings ist die Frage zu stellen, ob insoweit nicht das Eigeninteresse der gewerblichen Anbieter genügt, eine effiziente Ausgestaltung des „Informationstrichters"[661] sicherzustellen. 342

All diese Angaben werden lediglich bei **Aufforderungen zum Kauf** geschuldet. Die Aufforderung zum Kauf wird in Art. 2 lit. i UGP-RL als „kommerzielle Kommunikation, die die Merkmale des Produkts und den Preis in einer Weise angibt, die den Mitteln der verwendeten kommerziellen Kommunikation angemessen ist und den Verbraucher dadurch in die Lage versetzt, einen Kauf zu tätigen", definiert. Die beschriebene Verdichtung der Informationspflichten wird damit gerechtfertigt, dass die Aufforderung zum Kauf bei den Verbrauchern einen Kaufimpuls auslöse und sie damit einem höheren Risiko aussetze.[662] 343

Im Hinblick auf die **Pflicht zur Angabe des Preises eines Produkts** scheint es sich auf den ersten Blick um eine einigermaßen sinnfreie Ringverweisung zu handeln. Bei genauerer Betrachtung sind jedoch Unterschiede erkennbar: Nach Ansicht des EuGH verlangt Art. 2 lit. i UGP-RL nicht die Nennung des Endpreises.[663] Das Erfordernis der Angabe des Produktpreises, das über das Vorliegen einer Aufforderung zum Kauf zu den weitergehenden Informationspflichten führt, kann deshalb auch bei der Angabe eines „ab"-Preises, also des niedrigsten Preises, zu dem das beworbene Produkt oder die beworbenen Produktgruppen erworben werden können, erfüllt sein, obwohl es das beworbene Produkt oder die beworbenen Produktgruppen zugleich auch in anderen Ausführungen oder mit anderen Merkmalen zu Preisen gibt, die nicht angegeben werden. Anhand der Beschaffenheit und der Merkmale des Produkts sowie des verwendeten Werbemediums ist zu prüfen, ob die Nennung des „ab"-Preises den Verbraucher in die Lage versetzt, eine geschäftliche Entscheidung zu treffen.[664] Bei teleologischer Betrachtung geht es um die Frage, ob auch bloße „ab"-Preise bereits den besonderen Kaufimpuls auslösen, der die erhöhten Pflichtangaben des Art. 7 Abs. 4 UGP-RL rechtfertigt. Davon zu unterscheiden sind die Anforderungen an die dann vorzunehmenden Preisangaben: Bereits Art. 7 Abs. 4 lit. c UGP-RL konkretisiert diese im Hinblick auf Steuern, Abgaben, Preisberechnung oder Spesen und stellt u. U. höhere Anforderungen.[665] Bedeutung erlangt die „Aufforderung zum Kauf" durch die weiteren Informationspflichten: Wenn ein Angebot – nicht im vertragsrechtlichen Sinne – durch die Beschreibung bestimmter Eigenschaften des Produkts und des Preises konkrete Vertragsschlüsse vorbereiten soll, sind bereits die Informationen über die Identität des Anbieters, sämtliche wesentlichen Produktmerkmale sowie etwaige Rücktritts- oder Widerrufsrechte zu verschaffen. Nach der Rechtsprechung des EuGH[666] ist daher aus teleologischen und grammatischen Gründen nicht erforderlich, dass dem Verbraucher eine tatsächliche Möglichkeit geboten werden muss, das Produkt zu kaufen, oder dass die Werbung im Zusammenhang mit einer solchen Möglichkeit, solange der Verbraucher nur hinreichend über das beworbene Produkt und dessen Preis informiert ist, um eine geschäftliche Entscheidung treffen zu können. 344

Der Gesetzgeber hat insoweit zu Recht Umsetzungsbedarf erkannt,[667] im Hinblick auf die fehlende allgemeine Bedeutung des Begriffs „Aufforderung zum Kauf" allerdings unmittelbar in § 5a Abs. 3 allein darauf abgestellt, dass Produkte unter Hinweis auf deren Merkmale und Preis so angeboten werden, dass ein durchschnittlicher Verbraucher das Geschäft abschließen kann. Ganz zentral geht es dieser Definition um die **Abgrenzung zur Aufmerksamkeitswerbung.**[668] Die vom deutschen Gesetzgeber bewusst angestrebte begriffliche Entfernung von der vertragsrechtlichen *invitatio ad offerendum*[669] ist zu begrüßen, denn die Konkretheit der *invitatio,* die im Vertragsrecht dem Offerenten häufig weitere Ausführungen zum Vertragsgegenstand erspart, ist bei der lauter- 345

---

[661] Vgl. dazu *Alexander* WRP 2012, 125, 126.

[662] Arbeitspapier der Kommissionsdienststellen v. 3.12.2009, Leitlinien zur Umsetzung/Anwendung der Richtlinie 2005/29/EG über unlautere Geschäftspraktiken im Binnenmarkt, SEK (2009) 1666, S. 57.

[663] EuGH GRUR 2011, 930 – *Konsumentombudsmannen ./. Ving Sverige AB,* Slg. 2011, I-3903, Rdn. 36.

[664] EuGH GRUR 2011, 930 – *Konsumentombudsmannen ./. Ving Sverige AB,* Slg. 2011, I-3903, Rdn. 41.

[665] EuGH GRUR 2011, 930 – *Konsumentombudsmannen ./. Ving Sverige AB,* Slg. 2011, I-3903, Rdn. 63.

[666] EuGH GRUR 2011, 930 – *Konsumentombudsmannen ./. Ving Sverige AB,* Slg. 2011, I-3903, Rdn. 33.

[667] Begründung RegE, BT-Drs. 16/10145, S. 12.

[668] Begründung RegE, BT-Drs. 16/10145, S. 25.

[669] Begründung RegE, BT-Drs. 16/10145, S. 25.

keitsrechtlichen Aufforderung zum Kauf gerade nicht erforderlich. Hier genügt es, dass die Aufforderung zum Kauf auf ein inhaltlich spezifizierbares Geschäft gerichtet ist, bei dem allein der wesentliche Inhalt bereits für den Verbraucher erkennbar ist.[670]

9. Aggressive Geschäftspraktiken

346 **a) Europäischer Unlauterkeitstatbestand.** Ein Novum innerhalb des Europäischen Lauterkeitsrechts stellt die flächendeckende Einführung eines Verbots der erheblichen Beinträchtigung der Verhaltens- oder Entscheidungsfreiheit von Verbrauchern durch Mittel unzulässiger Einflussnahme in den Art. 5 Abs. 4 lit. b i.V.m. 8ff. UGP-RL dar. Als zweiten Beispielsfall der **Unlauterkeit** regelt Art. 8 UGP-RL **die aggressiven Geschäftspraktiken.** Sie müssen zunächst durch die Mittel der **Belästigung, Nötigung** oder **unzulässigen Beeinflussung** erfolgen. Für alle drei Mittel der Aggression gleichermaßen gilt **Art. 9 UGP-RL, der allerdings lediglich Beurteilungskriterien** zur Bestimmung der unzulässigen Beeinflussung bzw. der (nicht näher definierten) Belästigung und Nötigung bereithält. Danach aggressive Geschäftspraktiken sind nur dann unlauter, wenn sie die **Entscheidungs- oder Verhaltensfreiheit** des Durchschnittsverbrauchers **„tatsächlich oder voraussichtlich erheblich beeinträchtigen"** und ihn **dadurch zumindest voraussichtlich zu einer ansonsten nicht getroffenen Entscheidung** veranlassen.

347 Das Regelungsmodell zu **aggressiven Geschäftspraktiken** erscheint wenig geglückt. Die Definition des Zentralbegriffs der **unzulässigen Beeinflussung** in Art. 2 lit. j UGP-RL, die auf die **wesentliche Beschränkung der Fähigkeit des Verbrauchers zu einer informierten Entscheidung** abstellt, führt wörtlich genommen am Problem der aggressiven Geschäftspraktiken geradewegs vorbei, denn diese werden die Informiertheit der Entscheidung von vornherein gar nicht berühren. Gemeint kann damit allenfalls sein, dass eine gemessen an den vorliegenden Informationen an sich zu treffende Entscheidung (z.B. „ich benötige keinen neuen Staubsauger und kaufe deshalb keinen") durch die unzulässige Beeinflussung (z.B. durch den Vertreter, der sich weigert, die Wohnung zu verlassen) beeinträchtigt wird. Besser formuliert die Kommission selbst in ihren Leitlinien als Zweck der UGP-RL, dass „Verbraucher **in Kenntnis der Sache sinnvolle** Entscheidungen treffen können" sollen (Hervorhebung d. Verf.).[671] Daneben bleiben maßgebende Standards zu den Anforderungen, die an die **Machtposition,** an die wesentliche Einschränkung der Fähigkeit zu einer informierten Entscheidung sowie an die erhebliche Beeinträchtigung der Entscheidungsfreiheit zu stellen sind, undefiniert. Auch die Leitlinien geben dazu keine Anhaltspunkte:

348 Die Beeinflussung (ergänze: die von jeglicher Werbung ausgeht) ist gem. Art. 2 lit. j UGP-RL unzulässig, wenn eine Machtposition zur Druckausübung in der Weise genutzt wird, dass die Entscheidungsfreiheit wesentlich eingeschränkt wird. Es bleibt nicht mehr als der Hinweis, dass eine **Machtposition ausgenutzt** werden und die Einschränkung der Entscheidungsfreiheit **„wesentlich"** sein muss.

349 Die zunächst erforderliche Machtposition wird nicht näher umschrieben, und bei der Bestimmung der Wesentlichkeit der Beeinträchtigung der Entscheidungsfreiheit helfen die in Art. 9 UGP-RL enthaltenen Hinweise nur wenig weiter, da sie allein Vektoren bereithalten, aber keine „Nullinie" der Unlauterkeit festlegen. Etwas Orientierung bietet allein die Verweisung auf den Durchschnittsverbraucher. Der unionsrechtlichen Regelung **aggressiver Geschäftspraktiken** fehlt insoweit die **Kalibrierung.**

350 Vor diesem Hintergrund können immerhin die Tatbestände im Anhang I einen gewissen Anhalt bieten: Wenn man den Begriff **„Machtposition"** eng auslegte, bliebe nur sehr wenig Raum für eine Anwendung dieses Tatbestandes in Art. 8 UGP-RL, die dadurch in die Nähe des kartellrechtlichen Ausbeutungsmissbrauchs – allerdings ausschließlich gegenüber Verbrauchern – gerückt würde. Was gemeint ist, zeigt jedoch etwa Nr. 30 Anh. I UGP-RL: Danach sind – unabhängig von Wahrheitsgehalt – ausdrückliche Hinweise gegenüber dem Verbraucher, dass „Arbeitsplätze oder Lebensunterhalt des Gewerbetreibenden gefährdet sind, falls der Verbraucher das Produkt oder die Dienstleistung nicht erwirbt", verboten. Die tatsächlich bestehende „Machtposition" des Werbenden ist hier bei ökonomischer Betrachtung überaus gering. Sie resultiert allenfalls aus dem **Appell an das Mitleid oder auch an die als solche empfundene gesellschaftliche Verantwortung.**[672]

351 Das zweite Erfordernis, die **Veranlassung zu einer geschäftlichen Entscheidung, die anderenfalls nicht getroffen worden wäre,** vermag nicht, das Verbot einzuschränken. Weil es Aufga-

---

[670] *Alexander* WRP 2012, 125, 130.

[671] Arbeitspapier der Kommissionsdienststellen v. 3.12.2009, Leitlinien zur Umsetzung/Anwendung der Richtlinie 2005/29/EG über unlautere Geschäftspraktiken im Binnenmarkt, SEK (2009) 1666, S. 7.

[672] Ebenso *Henning-Bodewig* WRP 2006, 621, 625; *Steinbeck* WRP 2008, 865, 867.

be jeglicher – auch legitimer – Werbung ist, ihre Adressaten zu Entscheidungen zu bewegen, die sie ohne die Werbemaßnahme nicht treffen würden, ist die Geschäftsentscheidungsrelevanz der unzulässigen Beeinflussung wohl stets zu bejahen. Während die Existenz für den Wettbewerb unerheblicher Irreführungen kaum zu leugnen ist, und die Geschäftsentscheidungsrelevanz deshalb ein sinnvolles und von Art. 6 Abs. 1 UGP-RL zu Recht gefordertes Erfordernis unlauterer Irreführung ist, werden unzulässige Beeinflussungen stets auch geschäftsentscheidungsrelevant sein, soweit sie im Rahmen von Geschäftspraktiken ausgeübt werden.

aa) Die **Nötigung** wird innerhalb der UGP-RL zwar nicht definiert, aber konkretisiert durch die Anwendung körperlicher Gewalt. Typische Nötigungsfälle dürften daher in der Anwendung von *vis absoluta* zu erkennen sein. 352

bb) **Belästigende Geschäftspraktiken:** Nicht allein wegen der sprachlichen Übereinstimmung mit § 7 UWG scheint das Beeinflussungsmittel der Belästigung dem deutschen Juristen vertraut. Die UGP-RL geht zudem davon aus, dass bestimmte typische Belästigungsformen jedenfalls grundsätzlich in ihrem Anwendungsbereich liegen können; so enthält der Anhang in Nr. 26 das *per se*-Verbot des „hartnäckigen und unerwünschten Ansprechens über Telefon, Fax, E-Mail" und des unerbetenen Zusendens von Waren in Nr. 29. Gleichwohl wäre es **verfehlt, die Belästigungsbegriffe in Art. 8, 9 UGP-RL, 4a Abs. 1 Nr. 1 UWG einerseits und § 7 UWG andererseits inhaltlich gleichzusetzen.**[673] 353

In der Entscheidung *Werbewagen* des Bundesgerichtshofs[674] wurde die Unlauterkeit des Ansprechens auf der Straße noch zweispurig begründet: Die Werbeadressaten würden zunächst in ihrer Individualsphäre beeinträchtigt. Daneben wurde angenommen, dass zumindest bei einem Teil der angesprochenen Passanten durch das individuelle Ansprechen auf der Straße zu Werbezwecken aus einer gewissen Verlegenheit Hemmungen entständen, welche die Adressaten in ihrer Entscheidungsfreiheit beschränkten. In der Folge ist das **Unlauterkeitsmoment der Belästigung jedoch von der Beeinträchtigung der Entscheidungsfreiheit durch Ausübung von Druck oder die Begründung eines psychologischen Kaufzwangs losgelöst** worden. So lehnte der Bundesgerichtshof in seinen jüngeren Entscheidungen zum *Ansprechen in der Öffentlichkeit* eine relevante Beeinträchtigung der Entscheidungsfreiheit durch das Ansprechen in der Öffentlichkeit im Hinblick auf die „Werberesistenz" der Verbraucher zwar ab, hielt aber gestützt auf den Belästigungsgesichtspunkt am Unlauterkeitsurteil fest.[675] 354

Abgeschlossen wurde diese Entwicklung mit der **Trennung der Tatbestände in §§ 4 Nr. 1, 2 einerseits und § 7 andererseits** im UWG 2004 und der Unterscheidung von Unlauterkeit und Unzulässigkeit im UWG 2008.[676] Wenn Art. 8 UGP-RL von der „Belästigung" spricht, so ist demgegenüber nicht die allein wegen des unzumutbaren Eingriffs in die Individualsphäre unlautere Belästigung des § 7 UWG gemeint, was sich bereits daraus ergibt, dass durch Belästigungen i. S. d. Art 8 UGP-RL die Entscheidungs- oder Verhaltensfreiheit des Verbrauchers beeinträchtigt werden muss.[677] 355

Die im Sinne von Art. 8 UGP-RL zu verstehende Belästigung muss demgemäß **intensiv genug sein, um auf die Entscheidungsfreiheit einwirken** zu können.[678] Der bloße Eingriff in die Privatsphäre genügt ebenso wenig wie die Ablenkung der Aufmerksamkeit des Verbrauchers auf das Anliegen des Unternehmers.[679] Deutlich macht das der Umstand, dass auch das unerwünschte Ansprechen durch Telekommunikationsmittel in Nr. 26 Anh. I UGP-RL „hartnäckig" zu erfolgen hat. Die **die Entscheidungsfreiheit beeinträchtigende Belästigung** i. S. d. Art. 8 UGP-RL wird regelmäßig übergehen in die unzulässige Beeinflussung gem. Art. 2 lit. j UGP-RL. Die beanstandete „Blässe" der Begriffe der Nötigung und Belästigung[680] schadet deswegen auch nicht. Beide Begriffe gehen in dem in Art. 2 lit. j UGP-RL definierten Begriff der **unzulässigen Beeinflussung** auf. 356

---

[673] Ebenso *Ohly*/Sosnitza Einf C Rdn. 44, 56; *Steinbeck* WRP 2008, 865; *Köhler*/Bornkamm § 4a Rdn. 1.38. Anders wohl *Köhler* GRUR 2012, 217, 218 f.

[674] BGH, GRUR 1965, 315, 316 – *Werbewagen*.

[675] BGH, GRUR 2004, 699, 700 ff. – *Ansprechen in der Öffentlichkeit;* ebenso GRUR 2005, 443, 444 – *Ansprechen in der Öffentlichkeit II*.

[676] *Reich* GRUR 2011, 589, 592.

[677] Fraglich ist, ob belästigende Werbung, die nicht die Entscheidungsfreiheit der Verbraucher beeinträchtigt, von der Binnenmarktklausel des Art 4 UGP-RL umfasst wird. Nimmt man EGr. 7 S. 2 UGP-RL ernst, so ist diese und damit ihr Art. 4 auf solche Fälle nicht anwendbar, so etwa *Köhler*/Bornkamm Einl. Rdn. 3.57; in der Konsequenz auch *Ohly*/Sosnitza § 7 Rdn. 11 a. E. Es bleibt dann bei der Geltung der Grundfreiheiten.

[678] Ebenso MüKo-UWG/*Micklitz* EG D Art. 8–9 Rdn. 17.

[679] So aber *Köhler*/Bornkamm § 4a Rdn. 1.40.

[680] MüKo-UWG/*Micklitz* EG D Art. 8–9 Rdn. 15.

357 *cc)* **Unzulässige Beeinflussung:** Gemäß Art. 2 lit. j UGP-RL muss es sich um „die Ausnutzung einer Machtposition" gegenüber dem Verbraucher handeln, welche die „Fähigkeit des Verbrauchers zu einer informierten Entscheidung wesentlich einschränkt". Die Entscheidung selbst wird indes statt durch Täuschung durch Aggression beeinträchtigt.[681] Sinnvoll wäre allenfalls eine Definition, die darauf abstellt, ob die an sich auf der Grundlage der vorliegenden Information zu treffende Entscheidung durch die Ausnutzung der Machtposition vereitelt wird. Letztere – sinnvolle – Interpretation kollidiert allerdings mit der annähernd gleichlautenden Formulierung in Art. 2 lit. e UGP-RL zur „wesentlichen Beeinflussung", in welcher mit der Beeinträchtigung der Fähigkeit des Verbrauchers, eine informierte Entscheidung zu treffen, auch und insbesondere die Fälle erfasst werden sollen, in denen nicht der Entscheidungsprozess, sondern dessen Grundlage von unlauteren Geschäftspraktiken betroffen werden.

358 **b) Umsetzung.** Seit der UWG-Novelle 2015 finden sich die Regelungen in § 4a wieder. In § 4a Abs. 1 Nr. 3 wird auch die Definition der unzulässigen Beeinflussung in Art. 2 lit. j UGP-RL wortlautnah übernommen. Bereits nach der oben dargestellten Entwicklung der Rechtsprechung zu § 4 Nr. 1, 2 UWG 2004/2008 war gewährleistet, dass – anders als nach der überkommenen Lehre vom „Kundenfang" – **stets ein besonderes Maß an Aggressivität** verlangt wurde, wie es Art. 8 UGP-RL voraussetzt.

359 Im Sinne einer richtlinienkonformen Auslegung sollte § 4a Abs. 1 Nr. 3 indes nicht entnommen werden, dass die **Unterlassung von Warnhinweisen,** durch welche bestehende **Gesundheitsrisiken verharmlost** werden, den **Vorwurf einer unangemessenen Einflussnahme** begründet.[682] Der Struktur der Art. 8, 9 UGP-RL entspricht allein die Erfassung von Sachverhalten, in welchen vom Werbenden ein besonderer, von der Rechtsordnung nicht gebilligter Entscheidungsdruck aufgebaut und so der Entscheidungsprozess in seiner Freiheit beeinträchtigt wird. Daran fehlt es beim Unterlassen von Warnhinweisen ganz und gar. Die in der letzten Phase des Gesetzgebungsverfahrens aufgenommene Regelung in § 4a Abs. 2 S. 2 stört gleichfalls das Regelungsgefüge des UWG und droht, im Fall einer autonomen Interpretation mit der UGP-Richtlinie in Konflikt zu geraten.

10. Per se-Verbote („Schwarze Liste")

360 Bei den Sondertatbeständen der Art. 6–8 UGP-RL wird die Unlauterkeit zwar gesetzgebungstechnisch durch die Fiktion der irreführenden Wirkung bzw. der Aggressivität bewirkt (Art. 6–8: „gilt als"), die entsprechenden Tatbestandsvoraussetzungen besitzen aber weite Wertungsspielräume (z. B. Art. 6 Abs. 1: Irreführungseignung; Art. 8: Beeinträchtigung der Entscheidungsfreiheit) und setzen jeweils, wenngleich mit leicht variierenden Formulierungen, die Geschäftsentscheidungsrelevanz voraus. Wie bei der Generalklausel ist auch bei den Sondertatbeständen eine Beurteilung des Einzelfalles erforderlich (EGr. 17 UGP-RL). Demgegenüber enthält Anh. I UGP-RL Geschäftspraktiken, die gem. Art. 5 Abs. 5 UGP-RL **„unter allen Umständen"** als unlauter anzusehen sein sollen. Methodisch handelt es sich insoweit um echte *per se*-Verbote. Hier soll nach der Vorstellung des Gesetzgebers **keine Einzelfallprüfung** mehr vorgenommen werden (EGr. 17 UGP-RL). Mit der Anordnung der Unlauterkeit wird nicht nur über den Verstoß gegen die berufliche Sorgfaltspflicht gem. Art. 5 Abs. 2 lit. a UGP-RL, sondern **zugleich abschließend über das Vorliegen der Geschäftsentscheidungsrelevanz** entschieden. Damit ist der Europäische Gesetzgeber in der Niederlegung der im Anh. I UGP-RL enthaltenen Regelungen über die Anordnungen in Art. 5 ff. UGP-RL hinausgegangen. Im Hinblick auf die geforderte Rechtssicherheit verlangte dieser Umstand eine **ausdrückliche und punktgenaue Umsetzung im Gesetz.**[683]

361 Problematisch ist an diesem Vorgehen allerdings, dass die **Geschäftspraktiken** in der *black list* **keineswegs so trennscharf** umschrieben sind, dass sich Auslegungsprobleme und damit eine Einzelfallwertung vermeiden ließen;[684] diese Wertungen werden lediglich in die Interpretation der einzelnen Tatbestandsmerkmale „verschoben". Gleichwohl ist der nationale Gesetzgeber verpflichtet, die entsprechenden Vorschriften so auszugestalten, dass über die stets erforderliche Subsumtion des konkreten Sachverhalts unter das *per se*-Verbot hinaus keine Wertungsspielräume mehr bestehen

---

[681] Richtig *Radeideh* S. 215: es geht um die Möglichkeit, eine Entscheidung gemäß den Präferenzen zu treffen; MüKo-UWG/*Micklitz* EG D Art. 8–9 Rdn. 16: Mittel der Beeinflussung ist nicht Täuschung, sondern Aggression.

[682] BGH GRUR 2006, 953, 954 – *Warnhinweis II.*

[683] Begründung RegE, BT-Drs. 16/10145, S. 16. Bereits *Glöckner/Henning-Bodewig* WRP 2005, 1311, 1323; *Steinbeck* WRP 2006, 632, 633; *Fezer* WRP 2006, 781, 783. Ebenso *Alexander* GRUR Int. 2010, 1025, 1029.

[684] Zur Kommentierung der 31 Geschäftspraktiken in der *black list* vgl. u. Anh. § 3 Abs. 3; *Köhler/Bornkamm* Anh zu § 3 III; MüKo-UWG/*Micklitz,* Einl D Art. 6–8 UGP-RL; *Ruhl/Bohner* WRP 2011, 375; *I. Scherer* WRP 2012, 139.

dürfen. Vielmehr musste entweder eine Regelung der Sachverhalte der *„black list"* in den einzelnen Tatbeständen des UWG erfolgen (wobei klarzustellen war, dass keine Wertungsmöglichkeiten bestehen)[685] oder aber die *„black list"* als Ganzes in das UWG integriert werden.

Der Gesetzgeber hat in letzterem Sinne die **schwarze Liste dem UWG als Anhang beigefügt.** Zu diesem Zweck wurde § 3 Abs. 3 eingeführt, wonach die im Anhang aufgeführten geschäftlichen Handlungen gegenüber Verbrauchern stets unzulässig sind. Vom **Modell der überschießenden Umsetzung der UGP-RL abweichend** wurde damit bei den Tatbeständen des Anhangs eine Trennung vorgenommen: Lediglich im Verhältnis zu Verbrauchern wurde die Wertungsmöglichkeit ausgeschlossen, da ihre Anwendung im Verhältnis zu Nicht-Verbrauchern als übermäßig einengend empfunden wurde.[686] Zutreffend ist daran zwar, dass das Regelungsmodell der UGP-RL überaus starr ist. Im Hinblick auf die besondere Offensichtlichkeit und Schwere der Rechtsverstöße ist aber schwer nachvollziehbar, in welchen Fällen der Anwendung der im Anhang aufgeführten Praktiken die Spürbarkeit oder die Geschäftsentscheidungsrelevanz fehlen sollte. 362

Ausschlaggebend für diese Art der Umsetzung war entsprechend den obigen Ausführungen der **Ausschluss der im Erfordernis der Spürbarkeit der Wettbewerbsbeeinträchtigung sowie der Geschäftsentscheidungsrelevanz enthaltenen Wertungsmöglichkeit.**[687] Die in der deutschen Diskussion bisweilen vorgetragene Ansicht, man könne in bestimmten nicht für sanktionswürdig befundenen Fällen über das zusätzliche Erfordernis der Wettbewerbsbeeinträchtigung „korrigieren",[688] findet in der UGP-RL keine Stütze. Dasselbe gilt für die im Regierungsentwurf zur UWG-Novelle 2008 wiedergegebene Annahme,[689] auch die im Anhang geregelten Verbote ständen unter einem Vorbehalt der Verhältnismäßigkeit. Zwar spricht die Richtlinie selbst von einem **Verhältnismäßigkeitsprinzip** (EGr. 18 S. 2 UGP-RL). Aus dem Kontext wird jedoch deutlich, dass es sich dabei um das **Verhältnismäßigkeitsprinzip handelt, das im Spannungsverhältnis von Marktintegration und Verbraucherschutz zur Entwicklung des Verbraucherleitbildes durch den EuGH geführt hat (vgl. dazu u. Rdn. 427).** Da die UGP-Richtlinie eine Totalharmonisierung anstrebt, entfällt das dem Verbraucherschutz u. U. gegengerichtete Interesse an Marktintegration, welches erst die Notwendigkeit der Abwägung begründet und damit die Anwendung einer Verhältnismäßigkeitsschranke trägt. Begründet werden könnte ein allgemeines Verhältnismäßigkeitsprinzip allein durch die **Anwendung der Europäischen Grundrechte,** zu welchen sich EGr. 25 UGP-RL ausdrücklich bekennt (vgl. dazu u. Rdn. 440f.). Es erscheint angesichts der besonderen Schwere der in Anh. I abgebildeten Lauterkeitsverstöße indes höchst unwahrscheinlich, ein überwiegendes Interesse der Gewerbetreibenden am Schutz ihres Grundrechts auf Meinungsäußerung gem. Art. 10 EMRK zu begründen. In Einzelfall **mangelnder Sanktionsbedarf** kann nur durch Lösungen **innerhalb der Einzeltatbestände** berücksichtigt werden.[690] Tatsächlich hat der EuGH bislang die Tatbestände des Anh. I UGP-RL überaus rigide angewendet.[691] 363

Bei der Umsetzung wurden allerdings nicht alle Tatbestände des Anh. I UGP-RL übernommen. So fehlt Nr. 26 Anh. I UGP-RL, wodurch **„hartnäckiges und unerwünschtes Ansprechen über Telefon, Fax, E-Mail oder sonstige für den Fernabsatz geeignete Medien"** als unlauter eingestuft wird, weil das Verbot bereits in § 7 Abs. 2, der die Werbung mit einem Telefonanruf, unter Verwendung einer automatischen Anrufmaschine, eines Faxgerätes oder elektronischer Post ohne vorherige Einwilligung des Verbrauchers als unzumutbare Belästigung einstuft, enthalten sei.[692] Indem § 7 Abs. 2 eine Wertungsmöglichkeit ausschließt und allein die Erfüllung des Tatbestandes in § 7 die Unzulässigkeit begründet, wird – trotz des nicht leicht nachzuvollziehenden Aufbaus der Regelung – den Vorgaben der UGP-Richtlinie genüge getan. 364

Bei der Formulierung des Tatbestandes in Nr. 14 Anh. UWG (Schneeballwerbung) war der deutsche Gesetzgeber 2008 im Hinblick auf das Element „bei dem der Verbraucher die Möglichkeit vor Augen hat, eine Vergütung zu erzielen" recht deutlich von anderen Sprachfassungen abgewichen, die verlangen, dass gleichsam als Vergütung für eine Einzahlung die Möglichkeit bestehen muss, von 365

---

[685] So *Fezer* WRP 2006, 781, 783.
[686] Begründung RegE, BT-Drs. 16/10145, S. 22.
[687] Begründung RegE, BT-Drs. 16/10145, S. 22.
[688] *Seichter* WRP 2005, 1087, 1091; *Ohly*/Sosnitza Einf C Rdn. 53.
[689] Begründung RegE, BT-Drs. 16/10145, S. 30.
[690] MüKo-UWG/*Micklitz* EG D UGP-RL Rdn. 11.
[691] EuGH v. 18.10.2012, Rs. C-428/11 – *Purely Creative Ltd. u.a.,* noch nicht in Slg., Rdn. 31ff. = GRUR 2012, 1269, zu Nr. 31 Anh. I UGP-RL (Sweepstakes); EuGH v. 3.4.2014, Rs. C-515/12 – *4finance,* noch nicht in Slg., Rdn. 23f., 34 = GRUR Int. 2014, 592, zu Nr. 14 Anh. I UGP-RL (Beitragserfordernis für Schneeballsystem).
[692] Begründung RegE, BT-Drs. 16/10145, S. 16.

Dritten wiederum Zahlungen zu erhalten. Im Anschluss an die Entscheidung *4finance* des EuGH[693] wurde die Formulierung 2015 angepasst

11. Richtlinienkonformität des geltenden UWG

366 Im Hinblick auf die Regelungen der UGP-RL wurde bereits auf die Konformität der Umsetzungsvorschriften eingegangen. Es bleibt, die Regelungen des UWG, die kein Vorbild in der UGP-RL haben, einer kritischen Prüfung zu unterziehen.

367 **a) § 3a UWG: Rechtsbruch.** Abgesehen von der strukturverwandten Regelung in Art. 7 Abs. 5 UGP-RL (vgl. dazu o. Rdn. 336) kennt das Unionsrecht keinen vergleichbaren Tatbestand. Das verwundert umso mehr, als das Unionsrecht selbst nicht allein im Bereich des Direkt- und Distanzmarketings,[694] sondern insbesondere im Umfeld des Irreführungsverbots zahlreiche, z. T. vorverlagerte und abstrakte Gefährdungstatbestände bereithält und darauf gründende Verbote bestimmter Geschäftspraktiken errichtet. Auf der Grundlage der ausdrücklichen Anerkennung in EGr. 6 S. 1, 8 S. 2 UGP-RL muss der Umstand Berücksichtigung finden, dass die Verletzung von gesetzlichen Normen nicht allein die möglicherweise primär geschützten Verbraucher, sondern mittelbar auch die sich rechtskonform verhaltenden Mitbewerber schädigt. Dem trägt im deutschen Recht § 3a Rechnung. Die Regelung wurde aus dem „Beispielskatalog" des § 4 UWG 2008 herausgelöst. Richtig ist daran, dass der Rechtsbruchtatbestand sich weder auf eine Vertiefung des Verbraucherschutzes reduzieren lässt, noch „ganz überwiegend Regelungen außerhalb des Geltungsbereichs der Richtlinie" betrifft.[695] Tatsächlich betrifft die Regelung mit der oben gegebenen Begründung „doppelrelevante" geschäftliche Handlungen *par excellence*. Der Mitbewerberschutz wird durch den Anspruch der UGP-RL auf Totalharmonisierung überlagert, was tatsächlich in einer Vielzahl von Fällen eine richtlinienkonforme Auslegung – tatsächlich eine Nicht-Anwendung der Vorschrift – erfordern wird.[696] Der Tatbestand des § 3a, der die Formulierung des § 4 Nr. 11 UWG 2008 übernimmt und um das insoweit anerkannt geltende Spürbarkeitserfordernis des § 3 Abs. 1 UWG 2008 ergänzt, verbirgt diese Zusammenhänge.[697]

368 § 3a darf jedenfalls nur auf solche Rechtsverletzungen angewendet werden, die entweder **nicht vom Anwendungsbereich der UGP-RL erfasst werden** (geschäftliche Handlung gegenüber Unternehmen),[698] nach der UGP-RL „unberührt bleiben" (vgl. dazu bereits o. Rdn. 244ff.: im Glücksspielrecht, vgl. EGr. 9 UGP-RL;[699] Gesundheits- und Sicherheitsaspekte, vgl. Art. 3 Abs. 3 UGP-RL;[700] standesrechtliche Regelungen, vgl. Art. 3 Abs. 8 UGP-RL)[701] oder aber wenn die verletzten Verbotstatbestände durch speziellere Unionsregelungen gedeckt sind, vgl. EGr. 10 S. 3, Art. 3 Abs. 4 UGP-RL.[702]

369 **b) § 4 UWG: Mitbewerberschutz.** *aa) „De-facto Schwarze Liste"?* § 4 UWG konkretisiert nach dem Regelungsmodell des UWG die Unlauterkeit i. S. d. § 3 Abs. 1 UWG. Bezogen auf die Vorgängerregelung in § 4 UWG 2008 hatte die EU-Kommission beanstandet, dass damit Wertungsspielräume abgeschnitten würden und die Zahl der *per se*-Verbote unzulässig erweitert werde.

370 Tatsächlich hatte der EuGH in der Entscheidung *Plus* nicht einmal berücksichtigt, dass § 4 Nr. 6 UWG 2008 unter dem Vorbehalt der spürbaren Interessenbeeinträchtigung gem. § 3 Abs. 1 stand. Dies sollte indes nicht maßgeblich gegen diese Einordnung sprechen. Zunächst hatte bereits der Bundesgerichtshof in seinem Vorlagebeschluss diesen Aspekt nicht hervorgehoben, sondern im Gegenteil die maßgebliche Entscheidungserheblichkeit geprüft und bejaht.[703] GA *Trstenjak* stützte ihre Annahme, dass es sich bei § 4 Nr. 6 UWG 2008 um ein *per se*-Verbot handele, zu Unrecht auf diese Bejahung sowie eine vermeintliche Praxis, nach welcher im Fall des § 4 Nr. 6 UWG 2008 stets von der Erheblichkeit der Wettbewerbsbeschränkung auszugehen sei. Nicht zuletzt wurde die Vorlagefrage, nach der die streitgegenständliche Regelung Koppelungsangebote verbietet, „ohne dass es darauf ankommt, ob die Werbemaßnahme im Einzelfall Verbraucherinteressen beeinträch-

---

693 EuGH v. 3.4.2014, Rs. C-515/12 – *4finance,* noch nicht in Slg., Rdn. 23f. = GRUR Int. 2014, 592.

694 Darauf weist MüKo-UWG/*Micklitz* EG D Art. 8 Rdn. 6, zu Recht hin.

695 So aber die Beschlussempfehlung und Bericht des Ausschusses für Recht und Verbraucherschutz zu dem Gesetzentwurf der Bundesregierung – Drucksache 18/4535 vom 4. November 2015, BT-Drs. 18/6571, S. 15.

696 Seit BGH GRUR 2009, 1180 Ls. 2 – *0,00 Grundgebühr.*

697 Kritisch dazu bereits *Glöckner* GRUR 2013, 568, 572ff.; Vorauﬂ. Rdn. 457.

698 BGH GRUR 2011, 539 – *Rechtsberatung durch Lebensmittelchemiker,* Rdn. 23.

699 BGH GRUR 2012, 201 – *Poker im Internet,* Rdn. 18; GRUR 2012, 193, Rdn. 16.

700 BGH GRUR 2011, 843 – *Vorrichtung zur Schädlingsbekämpfung,* Rdn. 14.

701 BGH GRUR 2012, 79 – *Rechtsberatung durch Einzelhandelsverband,* Rdn. 11.

702 BGH MPR 2011, 88 – *Ärztliches Berufsrecht.*

703 BGH GRUR 2008, 807 – *Millionenchance I,* Rdn. 15.

tigt“,[704] missverstanden: Aus der Begründung des Vorlagebeschlusses ergab sich im Gegenteil, dass die Erheblichkeit der Wettbewerbsbeeinträchtigung und damit die Prüfung der Entscheidungsrelevanz gem. Art. 5 Abs. 2 lit. b UGP-RL bejaht worden war; die Formulierung der Vorlagefrage bezog sich vielmehr auf die Ausgestaltung der Vorschrift als **abstrakter Gefährdungstatbestand,** der eben keine konkrete Irreführungsgefahr voraussetzt.

Die §§ 4–6 UWG lassen jedenfalls die Argumentation unberührt, dass es Verstößen an Geschäftsentscheidungsrelevanz mangelt, weil die Adressaten der Maßnahme dieselbe geschäftliche Entscheidung auch ohne die Beeinflussung durch die unlauteren geschäftlichen Handlungen getroffen hätten. Das entspricht zum Irreführungstatbestand jahrzehntealter Praxis und der inzwischen geltenden Regelung in § 5 Abs. 1 S. 1, wurde im Zusammenhang mit den jüngeren §§ 4a, 5a UWG ausdrücklich ins Gesetz aufgenommen. Im Rahmen von § 4 fehlt eine solche Klarstellung indes. Vom Vorwurf der Intransparenz bliebe die Regelung daher nur verschont, wenn sie nicht vom Harmonisierungsziel des Unionsrechts erfasst würden. **371**

bb) Einzelverstöße in § 4. (1) Gegenständlicher Anwendungsbereich. Die Konkretisierungstatbestände differenzieren dem integrierten Schutzmodell des UWG entsprechend nicht nach den Adressaten der darin geregelten geschäftlichen Handlungen. *A priori* können sie daher auch Geschäftspraktiken i. S. d. Art. 3 Abs. 1 i. V. m. 2 lit. d UGP-RL erfassen. Sie sind insoweit an der UGP-RL zu messen. **372**

(2) § 4 Nr. 1, 2: Herabsetzung, Anschwärzung. Sowohl bei § 4 Nr. 1 als auch Nr. 2 UWG handelt es sich um Tatbestände, die zwar in erster Linie die Grundrechte sowie wirtschaftlichen Interessen der betroffenen Mitbewerber schützen, aber durch unmittelbare Einwirkung auf Verbraucher begangen werden können. Insoweit stellt sich in aller Schärfe die oben (Rdn. 229 ff., 236) aufgeworfene Frage nach der Bestimmung des **Anwendungsbereichs der UGP-RL.** Die UGP-RL will gemäß der Umschreibung ihres Schutzzwecks (vgl. EGr. 6 S. 1, 8 S. 1 UGP-RL) ausschließlich Regelungen harmonisieren, welche „die wirtschaftlichen Interessen der Verbraucher unmittelbar … schädigen“, EGr. 8 S. 1 UGP-RL. Durch Herabsetzungen oder nicht irreführende Anschwärzungen von Mitbewerbern werden aber, selbst wenn sie unmittelbar gegenüber Verbrauchern und zur Absatzförderung begangen werden, deren wirtschaftliche Interessen im Regelfall nicht unmittelbar geschädigt. **373**

Die sprachlich ausgreifende Begründung der Entscheidungen *VTB* und *Plus* würde es zwar gestatten, die Regelungen dem gegenständlichen Anwendungsbereich der UGP-RL zu unterwerfen. Der Regelungszweck der UGP-RL zwingt aber zu einer **engeren Auslegung** von Art. 3 Abs. 1 UGP-RL, als sein überschießender Wortlaut gestattet. Der unbestrittene Grundsatz der **praktischen Wirksamkeit** wird dadurch nicht in Frage gestellt, dass Geschäftspraktiken, die unmittelbar allein Mitbewerber, Verbraucher aber allenfalls mittelbar – wenn nämlich solchermaßen unlauter behinderte Mitbewerber vom Markt verdrängt werden und die Konsumentenauswahl sich verringert – schädigen, nicht von der UGP-RL erfasst werden. Der Unionsgesetzgeber hat in den EGr. 6 S. 1, 8 S. 1 UGP-RL zum Ausdruck gebracht, dass er solche, zwar u. U. verbrauchervermittelten, aber nicht unmittelbar verbraucherschädigenden Geschäftspraktiken nicht regeln wollte. Ganz konkret lässt sich schließlich den **Gesetzgebungsmaterialien** entnehmen, dass nicht irreführende Herabsetzungen nicht von der UGP-RL erfasst werden sollten.[705] Unter systematischen Gesichtspunkten ist zu berücksichtigen, dass der Europäische Gesetzgeber in den Art. 6–9 sowie Anh. I UGP-RL allein konkretisierende Hinweise zur Beurteilung von Geschäftspraktiken gegeben hat, die wirtschaftliche Interessen der Verbraucher unmittelbar, nämlich durch Irreführung oder unangemessene Einflussnahme, schädigen. **374**

Insoweit bleibt es bei einer Überlagerung durch die UGP-RL allein in denjenigen Fällen, in denen sich herabsetzende Äußerungen über Mitbewerber an Verbraucher richten und zugleich geeignet sind, deren wirtschaftliche Interessen unmittelbar zu beeinträchtigen.[706] Dazu kommt es, wenn angesprochene Verbraucher durch **irreführende Angaben** in geschäftsentscheidungsrelevanter Weise getäuscht werden. **375**

(3) § 4 Nr. 3: Produktnachahmung. Soweit Produktnachahmungen Verbraucherinteressen unmittelbar schädigen, weil sie eine **relevante Verwechslungsgefahr** begründen, vollziehen die §§ 4 Nr. 3 lit. a, 5 Abs. 1 Nr. 1 (Irreführung über die betriebliche Herkunft), Abs. 2 UWG die in EGr. 14 S. 6 UGP-RL zum Ausdruck gebrachte Wertung unmittelbar nach. **376**

---

[704] GA *Trstenjak,* Schlussanträge Rdn. 83, zu EuGH Slg. 2010, I-217 – *Plus.*

[705] Vorschlag für eine Richtlinie des Europäischen Parlaments und des Rates über unlautere Geschäftspraktiken im binnenmarktinternen Geschäftsverkehr zwischen Unternehmen und Verbrauchern und zur Änderung der Richtlinien 84/450/EWG, 97/7/EG and 98/27/EG (Richtlinie über unlautere Geschäftspraktiken), KOM [2003] 356 endg., Rdn. 40.

[706] Vgl. bereits *Glöckner* WRP 2014, 1399, 1403.

377 Soweit aber keine Verwechslungsgefahr begründet wird, werden allein die Interessen der Mitbewerber unmittelbar geschädigt. Insoweit ist die Rechtslage der bei der Herabsetzung und nicht irreführenden Anschwärzung vergleichbar: Die Tatbestände bewegen sich außerhalb des Anwendungsbereichs der UGP-RL, selbst wenn nachgeahmte Produkte an Verbraucher vertrieben werden.[707]

378 *(4) § 4 Nr. 4: Gezielte Behinderung.* Diesbezüglich ist noch weitergehend zu differenzieren: Bestimmte Behinderungsformen werden in keiner Weise durch an Verbraucher gerichtetes Verhalten begangen. Dazu gehören etwa das Abwerben von Mitarbeitern oder der Bezugsboykott. Insoweit ist eine verdrängende Wirkung der UGP-RL ausgeschlossen.

379 Bestimmte Formen der Behinderung können zwar durch an Verbraucher gerichtetes Verhalten begangen werden (Herabsetzung, Anschwärzung, vergleichende Werbung, Produktnachahmung), sind aber Gegenstand selbständiger und nach h. M. speziellerer Tatbestände (vgl. dazu bereits o.). Schließlich können bestimmte Formen der Behinderung durch an Verbraucher gerichtetes Verhalten i. w. S. begangen werden (z. B. **Aufruf zum Verbraucherboykott, Überkleben von Werbeplakaten, Abfangen von Kunden**). Hierbei ist zu unterscheiden: Das einfache Zusammentreffen zweier unterschiedlicher Unlauterkeitselemente in derselben konkreten geschäftlichen Handlung (etwa Abfangen von Kunden durch unzulässige Beeinflussung) lässt die rechtlich getrennte Behandlung unberührt: Dass die Regelung aggressiver geschäftlicher Praktiken in § 4a Abs. 1 durch die Art. 8 ff. UGP-RL totalharmonisiert ist, führt im Fall ihrer unionsrechtlichen Zulässigkeit daher nicht zu einer Freistellung im Hinblick auf die Behinderung von Mitbewerbern als Folge des Abfangens von Kunden. Anders stellt sich die Rechtslage im Fall von im eigentlichen Sinn doppelrelevanten geschäftlichen Handlungen dar.[708] Bei geschäftlichen Handlungen, die *uno actu* und **untrennbar** zugleich unmittelbar wirtschaftliche Verbraucherinteressen und die Interessen von Mitbewerbern schädigen (z. B., Produktnachahmung unter Begründung der Gefahr von Verwechslungen durch Verbraucher), setzt sich wiederum der Anspruch der UGP-RL auf Totalharmonisierung durch. Im übrigen bewegen sich aber Behinderungen, die durch § 4 Nr. 4 erfasst werden, **nicht mehr im gegenständlichen Anwendungsbereich der UGP-RL.** Die bloß mittelbare Beeinträchtigung von Verbraucherinteressen, die sich aus der möglichen Marktverschließung durch Verdrängung der Mitbewerber ergibt, genügt nicht, den Anwendungsbereich der UGP-Richtlinie zu eröffnen.

380 **c) § 7 Abs. 1 UWG: Unzulässigkeit unzumutbarer Belästigungen.** In der Vorschrift wird zwar weder auf den Durchschnittsverbraucher noch auf die Kausalität der Belästigung für die geschäftlichen Entscheidungen abgestellt. Dennoch ist die Vorschrift richtlinienkonform. Die Gesamtregelung in § 7 hat innerhalb des UWG einen Sonderstatus, wie bereits daran deutlich wird, dass sie zum einen dem Wortlaut nach nicht die Unlauterkeit konkretisiert, sondern unmittelbar die Unzulässigkeit begründet, und zum anderen die Sanktionsnormen in den §§ 8 ff. die Unzulässigkeit gem. § 7 durchweg selbständig neben der Unzulässigkeit gem. § 3 nennen. Die Zielrichtung von § 7 ist nicht die Verhinderung von Geschäftspraktiken, welche die Entscheidungsfreiheit durch Irreführung, unangemessene Beeinflussung oder in sonstiger Weise beeinträchtigen – Schutz gegen unangemessene Beeinflussung gewährt bereits § 4a –, sondern der **Schutz** der Adressaten, innerhalb ihrer **individuellen privaten oder beruflichen Sphären,** von geschäftlichen Handlungen verschont zu bleiben, die sie nicht wünschen.[709] Der in § 7 verwendete Belästigungsbegriff entspricht von vornherein nicht dem in § 4a Abs. 1 Nr. 1 UWG und Art. 8 UGP-RL verwendeten, welcher die unzulässige Beeinflussung konkretisiert (vgl. bereits o. Rdn. 353).

381 Die von § 7 UWG geregelten Fälle unzumutbarer Belästigungen werden zwar vom Wortlaut des Art. 3 Abs. 1, 2 lit. e UGP-RL erfasst, soweit die geschäftlichen Handlungen von Unternehmen an Verbraucher gerichtet sind. Für die besonders relevanten Bereiche der belästigenden Werbung unter Verwendung elektronischer Post, elektronischer Anrufmaschinen, von Telefax oder Telefon enthält § 7 Abs. 2 und 3 UWG aber Sonderregelungen, die sich auf gem. Art. 3 Abs. 4 UGP-RL unberührte speziellere unionsrechtliche Vorschriften stützen können.

382 Verschiedene europäische Rechtsakte gestatten nämlich eine **weitestgehende Beibehaltung der bestehenden Regelungen:** So verlangt Art. 13 Abs. 1 Richtlinie 2002/58 ein Verbot der Verwendung von automatische Anrufmaschinen, Faxgeräten oder elektronischer Post für die Zwe-

[707] Vgl. auch insoweit Vorschlag für eine Richtlinie des Europäischen Parlaments und des Rates über unlautere Geschäftspraktiken im binnenmarktinternen Geschäftsverkehr zwischen Unternehmen und Verbrauchern und zur Änderung der Richtlinien 84/450/EWG, 97/7/EG and 98/27/EG (Richtlinie über unlautere Geschäftspraktiken), KOM [2003] 356 endg., Rdn. 40.

[708] Vgl. dazu *Glöckner* WRP 2014, 1399, 1402.

[709] Begründung RegE, BT-Drs. 14/1587, S. 20: „Die Belästigung besteht darin, dass die Wettbewerbshandlung den Empfängern aufgedrängt wird."; BGH GRUR 2005, 443 – *Ansprechen in der Öffentlichkeit II,* juris-Rdn. 24.

cke der Direktwerbung ohne die vorherige Einwilligung der Adressaten. Es findet sich in § 7 Abs. 2 Nr. 3 wieder. Darüber hinausgehend verlangt Nr. 26 Anh. I UGP-RL, dass das hartnäckige Ansprechen über für den Fernabsatz geeignete Medien „unter allen Umständen" verboten sein soll. Dies wird für die Telefonwerbung in § 7 Abs. 2 Nr. 2 umgesetzt, wobei allerdings bereits der erste unerwünschte Werbeanruf unzulässig ist. Insoweit stützt der Gesetzgeber sich ebenfalls zu Recht auf die Datenschutzrichtlinie für elektronische Kommunikation[710] (vgl. dazu o. Rdn. 55), die in Art. 13 Abs. 3 den Mitgliedstaaten im Hinblick auf die Telefonwerbung das Festhalten an sog. *opt-in* Systemen (vgl. dazu o. Rdn. 55ff.) gestattet. In EGr. 14 S. 9 UGP-RL hat der europäische Gesetzgeber ausdrücklich klargestellt, dass diese Vorschrift unberührt bleiben solle. Mit § 7 Abs. 2 Nr. 4 UWG wird Art. 13 Abs. 4 Richtlinie 2002/58 umgesetzt.[711] Soweit die Umsetzungsnorm über den Anwendungsbereich von Art. 13 Abs. 4 Richtlinie 2002/58 („elektronische Nachricht") hinausgeht, kann dies mit der allgemein auf den Gesichtspunkt der Irreführung bzw. Verschleierung gestützten Unlauterkeit begründet werden.

Natürlich mag man sich fragen, warum ein „hartnäckiges und unerwünschtes kommerzielles An- 383
sprechen per E-Mail" überhaupt einer lauterkeitsrechtlichen Regelung bedarf, wenn jede Art von E-Mail-Werbung durch die (insoweit vorgehende) Datenschutzrichtlinie für elektronische Kommunikation ohnehin verboten ist, was der Europäische Gesetzgeber zu allem Überfluss selbst zum Ausdruck bringt. An dieser Stelle wirkt sich die durch die UGP-RL bewirkte **Verkomplizierung des europäischen Rechtsrahmens** am stärksten aus. Partiell erklären lässt die Gesetzgebungstechnik sich durch die noch nicht unionsweit harmonisierte Regelung der Telefonwerbung: Insoweit begründet Nr. 26 Anh. I UGP-RL in Mitgliedstaaten, die bislang zulässigerweise dem *opt out*-Prinzip gefolgt sind, ein Mindestverbot.

Durch § 7 Abs. 1 S. 2 wird vor allem die Briefkastenwerbung gegen den erkennbaren Wunsch 384
des Adressaten („Keine Werbung!") verboten. Von § 7 Abs. 1 S. 1 erfasst bleibt die unerwünschte Behelligung mit geschäftlichen Handlungen anderer Art. Nach den geäußerten Vorstellungen des deutschen Gesetzgebers erfolgt der Schutz der Unternehmen durch das Merkmal der Unzumutbarkeit, das eine spezielle Bagatellschwelle errichtet.[712] Weil niemand einen Anspruch darauf hat, von Werbung verschont zu bleiben, scheitern an der Unzumutbarkeitsschwelle sämtliche „üblichen" Werbeformen, selbst wenn sie z.B. Verbraucher über Zeitschriften oder Fernseher in ihrer Privatsphäre erreichen.

Grenzwertig sind jedoch Formen der Direktwerbung, die sich in ihrer in die Individualsphäre 385
eindringenden Wirkung qualitativ von „normaler" Öffentlichkeitswerbung unterscheiden. Seit jeher unterwerfen die Mitgliedstaaten das **persönliche Ansprechen zu Werbezwecken,** sei es an der Haustür, am Arbeitsplatz oder auf öffentlichen Verkehrsflächen, besonderen Regelungen. Diese Möglichkeit sollte ihnen nach dem geäußerten Willen des Europäischen Gesetzgebers, EGr. 7 S. 4 UGP-RL, erhalten bleiben. Der normative Teil der UGP-RL bildet diese Annahme zwar nicht ab und Ausführungen dazu, wie diese Möglichkeit in die Struktur des Art. 3 UGP-RL einzubinden ist, fehlen. Der maßgebliche Wille des Europäischen Gesetzgebers trägt aber jedenfalls die Annahme, dass ein Tatbestand, der genau diese Fallgruppen der persönlichen Direktansprache erfasst und noch dazu nicht pauschal, sondern sachangemessen unter dem Vorbehalt der Unzumutbarkeit[713] verbietet, von der UGP-RL nicht ausgeschlossen werden kann. Dabei trägt der in EGr. 7 S. 4 zum Ausdruck gebrachte Vorbehalt der „guten Sitten" und des Anstandes genau die in § 7 UWG – in bewusster Abweichung[714] von der übrigen Struktur der lauterkeitsrechtlichen Verhaltensnormen – geregelten Verbote: Mit ihnen sollen eben nicht die wirtschaftlichen Interessen der Verbraucher geschützt werden: Der Schutz wirtschaftlicher Interessen der Verbraucher liegt § 4a UWG zugrunde, welcher die Freiheit der Entscheidungsfindung schützt. In § 7 UWG geht es demgegenüber um den **Schutz von beruflicher und Privatsphäre.**[715] Die Einbindung ins Lauterkeitsrecht hat neben traditionellen Gründen vor allem die Funktion, die **Rechtsschutzmöglichkeiten zugunsten der Adressaten zu verbessern:** Individuell stehen diesen zwar u.U. negatorische Ansprüche im Hinblick auf die Verletzung ihrer Persönlichkeitsrechte, die Funktionsvereitelung der Empfangseinrichtungen o.ä. zu,[716] wodurch die in Art. 13 Abs. 6 Richtlinie 2002/58 nunmehr niedergelegte

---

710 Begründung RegE, BT-Drs. 16/10145, S. 29.
711 Begründung RegE, BT-Drs. 16/10145, S. 29.
712 Begründung RegE, BT-Drs. 16/10145, S. 28.
713 Zur Auslegung vgl. BGH GRUR 2005, 443 – *Ansprechen in der Öffentlichkeit II,* juris-Rdn. 20ff.
714 Begründung RegE, BT-Drs. 16/10145, S. 30.
715 Begründung RegE, BT-Drs. 16/10145, S. 28: „für Werbung gilt, bei der erkennbar ist, dass der angesprochene Marktteilnehmer diese nicht wünscht."
716 Vgl. bereits *Glöckner* JKR 1998, 51, 66ff.

Pflicht der Mitgliedstaaten, den individuell Betroffenen gerichtlichen Rechtsschutz einzuräumen, erfüllt wird. Die gerichtliche Geltendmachung dieser Ansprüche ist aber wegen der häufig wechselnden Verletzer nicht wirtschaftlich möglich bzw. sinnvoll. Die Unterwerfung unter das Lauterkeitsrecht steht daher eher im Kontext der **Verbesserung des kollektiven Rechtsschutzes** durch Mitbewerber- und Verbandsklagen. Die Änderung der Richtlinie 2002/65 steht dem nicht entgegen. Auf der Grundlage von Art. 3 Abs. 4 UGP-RL kann der Richtlinie 2002/58 als spezieller Regelung nicht entnommen werden, den Rechtsschutz abschließend zu regeln. Im Gegenteil legen die Begründungserwägungen nahe, dass neben der bei grenzüberschreitenden Verstößen geforderten Anwendung der VO Nr. 2006/2004 auch Mitbewerber- und Verbandsklagen, wie sie § 8 Abs. 3 UWG vorsieht, zur Effektivierung des Rechtsschutzes verwendet werden dürfen.

V. Durchsetzung

386 Für die Praxis von kaum zu unterschätzender Bedeutung sind die unionsrechtlichen Vorschriften, durch welche die **Durchsetzung des Lauterkeitsrechts harmonisiert** wird. Im Zentrum des Problems unterschiedlicher Wettbewerbsbedingungen stand nicht zuletzt die ganz unterschiedliche Handhabung der wettbewerblichen Verhaltensnormen durch Behörden und Gerichte.

1. Richtlinie über irreführende und vergleichende Werbung 1984/1997 – kodifizierte Fassung 2006

387 Gemäß Art. 5 Abs. 1 IrreführungsRL haben die Mitgliedstaaten im Interesse der Gewerbetreibenden und ihrer Mitbewerber sicherzustellen, dass **geeignete und wirksame Mittel zur Bekämpfung der irreführenden Werbung vorhanden sind, und die Einhaltung der Bestimmungen über vergleichende Werbung zu gewährleisten.** Diese Mittel müssen Rechtsvorschriften umfassen, die es den Personen oder Organisationen, die nach dem nationalen Recht ein berechtigtes Interesse am Verbot irreführender Werbung oder an der Regelung vergleichender Werbung haben, gestatten, entweder gerichtlich gegen eine solche Werbung vorzugehen oder eine solche Werbung vor eine Verwaltungsbehörde zu bringen, die zuständig ist, über Beschwerden zu entscheiden oder geeignete gerichtliche Schritte einzuleiten, wobei es jedem Mitgliedstaat obliegt zu entscheiden, welches der vorstehend genannten Mittel gegeben sein soll und ob das Gericht oder die Verwaltungsbehörden ermächtigt werden sollen, die Durchführung eines bestimmten Vorverfahrens zu verlangen.

388 Diese Vorschrift hat die wirksame und gleichförmige Entwicklung des Irreführungsverbots nicht sicherstellen können. Die **Kompromisslösung** sollte sowohl das in Deutschland praktizierte integrierte Schutzkonzept, das auf private Klagen vertraut, wie auch, etwa in Großbritannien praktizierte, Systeme, die mit einer Selbstkontrolle operieren, oder kombinierte Systeme, die sich aus zivil-, verwaltungs- und strafrechtlichen Komponenten zusammensetzen, gestatten.[717] Im Ergebnis blieb es in Deutschland bei einem leicht zugänglichen und kostengünstigen Rechtsschutz durch die Zivilgerichte, in Großbritannien bei einem System, welches die Selbstkontrolle lediglich mit einem dünnen Netz, gebildet aus der möglichen Beschwerde beim Director General of Fair Trading und dessen möglicher Klage,[718] rechtlich absicherte. Vervollständigt wird das bunte Bild durch die skandinavischen Marktgesetze, die durch Ombudsleute und Marktgerichte durchgesetzt werden, sowie die mit Wettbewerbsbehörden operierenden Durchsetzungssysteme wie etwa in Italien oder Ungarn.[719]

389 Daneben wird die Frage der **Aktivlegitimation bzw. der Beschwerdeberechtigung nicht unionsrechtlich geregelt.** Die als Relativsatz formulierte Einschränkung „die nach dem nationalen Recht ein berechtigtes Interesse am Verbot irreführender Werbung oder an der Regelung vergleichender Werbung haben", wird nicht nur auf das vorstehende Substantiv „Organisationen" bezogen, wodurch allein die Voraussetzungen der Verbandsklage dem mitgliedstaatlichen Prozessrecht zugewiesen würden, sondern auch auf die voran geregelten „Personen".[720] Immerhin war in der

[717] Zu diesem Ansatz vgl. insb. *Hucke* S. 407 ff.

[718] Zu solchen Klagen ist es in der Vergangenheit nur äußerst selten gekommen, vgl. die Darstellung bei *Ohly* GRUR Int. 1993, 730, 737. Im Jahr 2002 wurde der *Director General* durch das *Office of Fair Trading* abgelöst. Seit dem 1. April 2014 wurden die Funktionen des OFT von der *Competition and Market Authority* (CMA) übernommen. Auf der Grundlage von sec. 11, 205 Enterprise Act 2002 haben auch Verbraucherschutzeinrichtungen, die vom Ministerium für Handel und Industrie (Department of Trade and Industry) bestimmt wurden, die Möglichkeit, sog. *super-complaints* zu erheben.

[719] Vgl. zusammenfassend *Henning-Bodewig* GRUR 2013, 238, 240 ff.

[720] Vgl. *Lettl* WRP 2004, 1079, 1129.

Vergangenheit die Aktivlegitimation der betroffenen Mitbewerber in allen Mitgliedstaaten unbestritten.[721]

Im Zuge der Novelle der Irreführungsrichtlinie soll insbesondere die Verfolgung grenzüberschreitender Verletzungen durch ein System verbessert werden, das der Zusammenarbeit beim Verbraucherschutz (vgl. dazu u. Rdn. 404) entspricht.[722] Die Einsetzung einer *Ad hoc*-Arbeitsgruppe nationaler Durchsetzungsbehörden und anderer wichtiger Behörden wurde angekündigt, um den Informationsaustausch und die Koordinierung der Durchsetzungsaktivitäten zu fördern.[723] 390

2. Richtlinie über unlautere Geschäftspraktiken 2005

Im Bestreben um ein vom Gesetzgebungsziel der Marktintegration gefordertes *level playing field* sowie um Rechtssicherheit hat der Europäische Gesetzgeber sich bei der Umschreibung der objektiven Verhaltensnormen größte Mühe gegeben. Umso enttäuschender ist es, dass auf der Ebene der Durchsetzung kaum ein Fortschritt gegenüber der Irreführungsrichtlinie erzielt wurde.[724] Artikel 11 UGP-RL hat deren Regulierungsdefizit übernommen. Veranlasst durch die Diskussion um den Schutzzweck der UGP-RL (vgl. dazu o. Rdn. 219, 228) hat der Gesetzgeber allerdings bei der Aufzählung der zu berechtigenden Personen im Anschluss an den auf die mitgliedstaatliche Rechtsordnung verweisenden Relativsatz „einschließlich Mitbewerbern" eingefügt. Auf diese Weise wurde der *status quo ante* im Hinblick auf die Aktivlegitimation erhalten. 391

Problematisch ist jedoch, freilich nicht erst, aber doch ganz besonders seit dem Erlass der UGP-Richtlinie, ob auch den **Verbrauchern Rechte** vermittelt werden. Unter dem autonomen deutschen Recht war dies im Hinblick auf mögliche Ansprüche aus § 823 Abs. 2 BGB stets abgelehnt worden.[725] Mit dem Argument, das in der Praxis bewährte Durchsetzungssystem einer Kombination von zivilrechtlichen und strafrechtlichen Sanktionen erfülle die Anforderung geeigneter und wirksamer Mittel zur Bekämpfung unlauterer geschäftlicher Praktiken, verneinte der deutsche Gesetzgeber auch nach Erlass der UGP-RL Umsetzungsbedarf.[726] Insbesondere müsse keine Konsumentenindividualklage eingeführt werden, weil die UGP-RL gem. EGr. 9 S. 1 keine Regelungen zu individuellen Klagerechten von Personen enthalte, die durch unlautere Geschäftspraktiken geschädigt seien.[727] In der Literatur wurde die Ablehnung auf das Argument gestützt, die Irreführungsrichtlinie bzw. UGP-RL schützten lediglich die **kollektiven Verbraucherinteressen,** denen durch die Möglichkeit der Verbraucherverbandsklage Rechnung getragen werde.[728] Im Übrigen bestehe angesichts des vertragsrechtlichen Rechtsschutzes kein individuelles Schutzbedürfnis. 392

Angesichts der europarechtlichen Ausgangslage ist am Vorgehen des deutschen Gesetzgebers zwar nichts zu beanstanden. Tatsächlich ist es aber ein Ärgernis, dass der Europäische Gesetzgeber, so nachdrücklich er die harmonische Anwendung der objektiven Verhaltensnormen verfolgt, den Mitgliedstaaten auf der Durchsetzungsebene so weitgehend entgegengekommen ist. Die Disbalance zwischen dem bei den Verhaltensnormen entwickelten Harmonisierungseifer und der bei den Sanktionsnormen ebenso offensichtlichen Trägheit verblüfft. Darüber noch hinausgehend ermutigt der EuGH die Mitgliedstaaten, eine von ihm selbst offensichtlich nicht für abschließend überzeugend gehaltenen Auslegung der Verhaltensnormen durch Begrenzung der Sanktionen zu korrigieren.[729] Dass die Schlamperei den Despotismus mildern kann,[730] ist zwar seit langem bekannt, daraus 393

[721] Vgl. MüKo-UWG/*Micklitz* EG D Art. 11 Rdn. 16.

[722] Mitteilung der Kommission an das Europäische Parlament, den Rat, den Europäischen Wirtschafts- und Sozialausschuss und den Ausschuss der Regionen, Schutz von Unternehmen vor irreführenden Ver-marktungspraktiken und Gewährleistung der wirksamen Durchsetzung Überarbeitung der Richtlinie 2006/114/EG über irreführende und vergleichende Werbung, COM[2012] 702 final, 5.2.2.

[723] Mitteilung der Kommission an das Europäische Parlament, den Rat, den Europäischen Wirtschafts- und Sozialausschuss und den Ausschuss der Regionen, Schutz von Unternehmen vor irreführenden Ver-marktungspraktiken und Gewährleistung der wirksamen Durchsetzung Überarbeitung der Richtlinie 2006/114/EG über irreführende und vergleichende Werbung, COM[2012] 702 final, 5.1.

[724] *Henning-Bodewig* GRUR Int. 2010, 549, 563. Vgl. dazu *Bakardjieva Engelbrekt* S. 614 ff. Die Autorin hat die verdienstvolle Aufgabe übernommen, die Frage nach der Harmonisierung des Lauterkeitsrechts insgesamt aus einer Perspektive der *institutional choice* zu untersuchen.

[725] Grundlegend BGH GRUR 1975, 150 – *Prüfzeichen.* Vgl. Begründung RegE, BT-Drs. 15/1487, S. 22.

[726] Begründung RegE, BT-Drs. 16/10145, S. 18.

[727] Begründung RegE, BT-Drs. 16/10145, S. 19.

[728] Vgl. *Gamerith* WRP 2005, 391, 403 ff.

[729] EuGH v. 16.4.2015, Rs. C-388/13 – *Nemzeti,* noch nicht in Slg., Rdn. 59 = GRUR 2015, 600.

[730] *Adler,* Bericht an die Internationale (Internationaler Sozialistenkongress in Paris 1889), zitiert nach Callesen, Briefwechsel Victor Adler – Friedrich Engels, 2011, S. 127: „Die österreichische Regierung ist gleich unfähig, bei einem Werke der Gerechtigkeit konsequent zu sein wie bei einem Werke der Unterdrückung; sie schwankt beständig hin und her, – wir haben den Despotismus gemildert durch Schlamperei".

eine Regelungsmaxime des Unionsrechts zu entwickeln aber ganz und gar verfehlt. Es mutet doch einigermaßen seltsam an, eine Richtlinie zum Schutz der Verbraucher zu erlassen, wenn die Verbraucher sich nicht auf die in ihr begründeten Rechtspflichten berufen dürfen.[731]

3. Richtlinie über Unterlassungsklagen 1998/2009

394 Der Verbraucherschutz durch die Begründung von Rechten oder Pflichten im Einzelrechtsverhältnis dient dem Schutz individueller Verbraucherinteressen. Der Schutz **kollektiver Verbraucherinteressen** bedarf demgegenüber einer breiteren Basis. Unter Kollektivinteressen sind die **Interessen zu verstehen, bei denen es sich nicht um eine Kumulierung von Interessen durch einen Verstoß geschädigter Personen handelt.** Kollektiven Verbraucherinteressen dienen vor allem **Verbandsklagen.** Sie wurden bereits in mehreren Verbraucherschutzrichtlinien vorgesehen. Dabei traten jedoch regelmäßig Probleme bei der grenzüberschreitenden Rechtsverfolgung auf, die durch die **Richtlinie über Unterlassungsklagen aus dem Jahr 1998,**[732] **in kodifizierter Fassung neu erlassen als Richtlinie 2009/22/EG,** behoben werden sollten: Einzelstaatliche Maßnahmen zur Umsetzung dieser Richtlinien würden in ihrer Wirksamkeit beeinträchtigt, wenn Verhaltensweisen sich in einem anderen Mitgliedstaat auswirkten als dem, in dem sie ihren Ursprung haben. Diese Schwierigkeiten könnten dem reibungslosen Funktionieren des Binnenmarkts abträglich sein, denn man brauche nur den Ausgangspunkt einer unerlaubten Verhaltensweise in einen anderen Staat zu verlegen, um vor jeglicher Durchsetzungsmaßnahme geschützt zu sein. Das aber stelle eine Wettbewerbsverzerrung dar. Die genannten Schwierigkeiten seien schließlich dazu angetan, das **Vertrauen der Verbraucher in den Binnenmarkt** zu beeinträchtigen, und könnten den Handlungsrahmen für die Verbraucherorganisationen oder die unabhängigen öffentlichen Stellen einschränken, die für den Schutz der durch eine gemeinschaftsrechtswidrige Verhaltensweise beeinträchtigten Kollektivinteressen der Verbraucher zuständig sind.

395 Demgemäß verpflichtet zunächst Art. 2 Richtlinie 2009/22 die Mitgliedstaaten, die institutionelle Infrastruktur zur wirksamen Bekämpfung von Verstößen gegen kollektive Verbraucherinteressen bereitzustellen. Sie haben die zuständigen Gerichte oder Verwaltungsbehörden für die Entscheidung über die von qualifizierten Einrichtungen eingelegten Rechtsbehelfe zu bestimmen. Bei ihnen müssen Rechtsbehelfe eingelegt werden können, die auf eine mit aller gebotenen Eile und gegebenenfalls im Rahmen eines Dringlichkeitsverfahrens ergehende Anordnung der Einstellung oder des Verbots eines Verstoßes, auf Maßnahmen wie die Publikation des Urteils oder einer Richtigstellung, um die fortdauernde Wirkung des Verstoßes abzustellen, sowie, wenn dies nach dem Recht des Mitgliedstaats zulässig ist, auf eine Zwangsgeldanordnung gerichtet sind.

396 **„Qualifizierte Einrichtung"** in diesem Sinne ist gem. Art. 3 Richtlinie 2009/22 jede Stelle oder Organisation, die nach dem Recht eines Mitgliedstaats ordnungsgemäß errichtet wurde und ein berechtigtes Interesse daran hat, die Einhaltung der in Art. 1 genannten verbraucherschützenden Bestimmungen sicherzustellen; der Begriff bezeichnet in Mitgliedstaaten, in denen solche Stellen bestehen, unabhängige öffentliche Stellen, die speziell für den Schutz der kollektiven Verbraucherinteressen zuständig sind, und/oder Organisationen, deren Zweck im Schutz der kollektiven Verbraucherinteressen besteht, entsprechend den im Rahmen der nationalen Rechtsvorschriften festgelegten Kriterien.

397 **Grenzüberschreitende Verstöße** können auf der Grundlage von Art. 4 Richtlinie 2009/22 verfolgt werden. Die Vorschrift basiert auf einem bei der Kommission geführten Verzeichnis „qualifizierter Einrichtungen", die von den Mitgliedstaaten mitgeteilt werden. Davon ausgehend muss jeder Mitgliedstaat die erforderlichen Maßnahmen treffen, damit im Fall eines Verstoßes, dessen Ursprung in seinem Hoheitsgebiet liegt, jede qualifizierte Einrichtung eines anderen Mitgliedstaats, in dem die von dieser qualifizierten Einrichtung geschützten Interessen durch den Verstoß beeinträchtigt werden, nach Vorlage des Verzeichnisses das zuständige Gericht oder die zuständige Verwaltungsbehörde anrufen kann. Die Gerichte oder Verwaltungsbehörden akzeptieren das Verzeichnis als Nachweis der Berechtigung der qualifizierten Einrichtung zur Klageerhebung unbeschadet ihres Rechts zu prüfen, ob der Zweck der qualifizierten Einrichtung deren Klageerhebung in einem speziellen Fall rechtfertigt.

---

[731] *Säcker* WRP 2004, 1199, 1219; *Fezer* WRP 2006, 781, 788; MüKo-UWG/*Micklitz* EG D Art. 11 Rdn. 19.

[732] Richtlinie 98/27/EG des Europäischen Parlaments und des Rates vom 19. Mai 1998 über Unterlassungsklagen zum Schutz der Verbraucherinteressen, ABl. 1998 Nr. L 166/51, inzwischen abgelöst durch die Richtlinie 2009/22/EG des Europäischen Parlaments und des Rates vom 23. April 2009 über Unterlassungsklagen zum Schutz der Verbraucherinteressen (kodifizierte Fassung), ABl. 2009 Nr. L 110/30, EGr. 4ff.

Die **Umsetzung** erfolgte zunächst an versteckter Stelle durch das **Gesetz über Fernabsatzverträge** und andere Fragen des Verbraucherrechts sowie zur Umstellung von Vorschriften auf Euro vom 27. Juni 2000,[733] das am 30. Juni 2000 in Kraft trat, und § 13 Abs. 2 Nr. 3 UWG a. F. entsprechend änderte. Erst über ein Jahr später wurde im Zuge der Schuldrechtsreform das Gesetz über Unterlassungsklagen bei Verbraucherrechts- und anderen -verstößen erlassen.[734] 398

Die **selbständige Regelung der lauterkeitsrechtlichen Unterlassungsklage** qualifizierter Einrichtungen blieb indes dabei wie bei den nachfolgenden UWG-Novellen 2004 und 2008 erhalten. Wegen der unterschiedlichen Anknüpfungspunkte der Durchsetzung können qualifizierte Einrichtungen durchaus aus mehreren Rechtsgründen aktivlegitimiert sein, z. B. im Fall der Verwendung unwirksamer Allgemeiner Geschäftsbedingungen: Zu Recht hat der Bundesgerichtshof angenommen, dass die Anwendbarkeit des § 4 Nr. 11 UWG 2008 (inzwischen § 3a) nicht wegen eines Vorrangs des § 2 Abs. 1 Satz 1 und Abs. 2 Nr. 1 UKlaG ausgeschlossen ist. Eine ausdrückliche Vorrangregelung lässt sich weder dem UKlaG noch dem UWG entnehmen. Das UKlaG stellt kein in sich geschlossenes Rechtsschutzsystem dar.[735] 399

4. Richtlinie zur Durchsetzung der Rechte des Geistigen Eigentums 2004

Die **Richtlinie 2004/48 zur Durchsetzung der Rechte des Geistigen Eigentums**[736] aus dem Jahr 2004 soll zur Harmonisierung des gewerblichen Rechtsschutzes und des Urheberrechts beitragen. Die Richtlinie zielt gem. Art. 1 auf die Harmonisierung der zum Schutz des Geistigen Eigentums zur Verfügung stehenden Maßnahmen, Verfahren und Rechtsbehelfe. Es handelt sich allerdings gem. Art. 2 Abs. 1 Richtlinie 2004/48 lediglich um eine Teilharmonisierung, bei der die Mitgliedstaaten das Recht behalten, weitergehende Maßnahmen zu treffen. 400

Außer dem Hinweis in Art. 1 Satz 2 Richtlinie 2004/48, dass zu den Rechten des geistigen Eigentums i. S. d. Richtlinie auch gewerbliche Schutzrechte zählen, wird auf diesen Zentralbegriff nicht näher eingegangen. **Ob** und inwieweit **das Lauterkeitsrecht durch die Richtlinie betroffen** ist, wird offen gelassen. Nach Art. 1 Abs. 2 PVÜ, der alle Mitgliedstaaten angehören, zählt auch das Lauterkeitsrecht zum gewerblichen Eigentum im weitesten Sinne. Demgegenüber geht das TRIPs offensichtlich von einem engeren Begriff des Geistigen Eigentums aus (vgl. dazu u. Einl E Rdn. 4 ff.). Die Begründungserwägungen nehmen auf beide Normsysteme bezug. Einen vergleichsweise deutlichen Hinweis, dass die Richtlinie die Durchsetzungsinstrumente des Lauterkeitsrechts nicht harmonisieren will, gibt EGr. 13 S. 2 Richtlinie 2004/48: Danach werden die Mitgliedstaaten durch die Richtlinie nicht daran gehindert, die Bestimmungen dieser Richtlinie bei Bedarf zu innerstaatlichen Zwecken auf Handlungen **auszuweiten,** die den unlauteren Wettbewerb einschließlich der Produktpiraterie oder vergleichbare Tätigkeiten betreffen.[737] Diese Formulierung macht deutlich, dass das Lauterkeitsrecht im Ausgangspunkt nicht von den Vorgaben der Richtlinie 2004/48 erfasst wird. 401

Der **Anwendungsbereich** der Richtlinie 2004/48 ist allerdings **dynamisch** ausgestaltet: Das Lauterkeitsrecht zählt zwar nicht obligatorisch zum Geistigen Eigentum im Sinne der Richtlinie; wenn aber das mitgliedstaatliche Recht das Lauterkeitsrecht zum Geistigen Eigentum zählt, muss auch den Vorgaben der Richtlinie 2004/48 entsprechender Rechtsschutz gewährt werden. Das ergibt sich aus dem Hinweis in EGr. 13 S. 1, wonach der Anwendungsbereich der Richtlinie so breit wie möglich gewählt werden muss, damit er alle Rechte des Geistigen Eigentums erfasst, die den Rechtsvorschriften der jeweiligen Mitgliedstaaten unterliegen. In ähnlicher Weise hat der EuGH zur Begrifflichkeit des TRIPs-Abkommens entschieden, dass lauterkeitsrechtliche Sachverhalte grundsätzlich von den einzelnen nationalen Rechtsordnungen unter den Begriff „Rechte des geistigen Eigentums" gezogen werden können.[738] 402

Nach deutschem Verständnis wird das Lauterkeitsrecht zwar insgesamt dem „Gewerblichen Rechtsschutz" zugerechnet.[739] Die Regelungen der Richtlinie 2004/48 kommen namentlich im 403

---

733 BGBl. 2000, I S. 897.

734 BGBl. 2001, I S. 3138, 3173.

735 BGH GRUR 2010, 1117 – *Gewährleistungsausschluss im Internet,* Rdn. 31.

736 Richtlinie 2004/48/EG des Europäischen Parlamentes und des Rates vom 29. April 2004 zur Durchsetzung der Rechte des geistigen Eigentums, ABl. 2004 Nr. L 157/1, berichtigt durch ABl. 2004 Nr. L 195/16.

737 Ähnlich der Wortlaut der englischen *(extend),* französischen *(étendre),* italienischen *(estendere)* und spanischen *(extender)* Fassung. Restriktiv auch die Erklärung der Kommission zu Art. 2 der Richtlinie, ABl. 2005 Nr. L 94/73.

738 EuGH GRUR 2001, 235, 238 – *Dior,* Slg. 2000, I-11307.

739 Dasselbe Verständnis liegt der Pariser Verbandsübereinkunft zugrunde, vgl. deren Art. 10bis und dazu u. Einl. E Rdn. 1.

Umfeld der Immaterialgüterrechte zum Tragen. Diese werden im Lauterkeitsrecht insbesondere durch § 4 Nr. 3 beim ergänzenden Leistungsschutz relevant.[740] Diesbezüglich stellt sich insbesondere die Frage, wie die Norm dogmatisch einzuordnen ist. Verschiedene Entscheidungen des Bundesgerichtshofs weisen recht eindeutig auf eine Deutung im Sinne originären Leistungsschutzes hin,[741] wohingegen die sonst gepflegte Sprachregelung betont, dass stets nur die Art und Weise der Verwendung fremder Arbeitsergebnisse den Anknüpfungspunkt des Unlauterkeitsurteils bilden könne. Der deutsche Gesetzgeber hat das Lauterkeitsrecht gleichwohl weder als tauglichen materiellen Bezugspunkt der Durchsetzungsrichtlinie erkannt noch materielle Änderungen vorgenommen.

5. Verordnung über die Zusammenarbeit im Verbraucherschutz 2004

404 **a) Entwicklung.** Im Hintergrund des vergleichsweise plötzlichen Interesses der DG Sanco für das Lauterkeitsrecht stehen rechtlich vergleichsweise einfach gelagerte Sachverhalte, in denen ganz eindeutig unseriöse Geschäftemacher das Durchsetzungsdefizit ausnutzen, welches beim sog. *offshore*-Wettbewerb entsteht. Beispielhaft sei der Fall genannt, welcher der Entscheidung des deutschen Bundesgerichtshofs aus dem Jahr 1997 – *Werbegewinnspiel im Ausland*[742] – zugrundelag:

Der Beklagte betrieb in Deutschland einen Einzelhandel. In Frankreich wohnhafte Verbraucher erhielten in französischer Sprache abgefasste Schreiben, in denen ihnen die Zusendung von Waren mit einem zugesicherten Wert von mehr als 600 FF versprochen wurde, falls der Einsender seinerseits zuvor 99 FF per Scheck oder internationaler Postanweisung an den Beklagten übersende. In anderen Schreiben wurde die Zusendung von Geld- oder Sachpreisen im Wert von 100 bis 10.000 FF versprochen, wenn die Empfänger zuvor an ihn eine Summe von 59,90 FF schickten. Wer zahlte, erhielt entweder Waren unter dem versprochenen Wert oder überhaupt nichts. Der Kläger war ein in Bonn ansässiger Verbraucherschutzverein, und beanstandete das Verhalten des Beklagten als einen Verstoß gegen § 1 und § 3 UWG a. F. Seine Klagebefugnis gemäß § 13 Abs. 2 Nr. 3 UWG a. F. sei unabhängig davon zu bejahen, dass sich der Wettbewerbsverstoß nur gegenüber Endverbrauchern in Frankreich auswirke.

405 Der BGH wies die Klage als unbegründet ab. Anwendbar sei auf der Grundlage der **Marktortregel** allein französisches Recht. Das deutsche UWG könne daher keinen Unterlassungsanspruch begründen. Auf die Verletzung französischen Rechts habe der Kläger sich aber nicht berufen. Immerhin ließ der BGH offen, ob die Klagebefugnis des Verbrauchervereins u. U. auch Verletzungen des französischen Wettbewerbsrechts umfasse. Der kaltschnäuzige Umgang der deutschen Justiz mit den Interessen der geschädigten französischen Konsumenten ist bei der Kommission nicht unbemerkt geblieben. Das **Durchsetzungsdefizit** war eines der von der DG Sanco seit dem Grünbuch über Verbraucherschutz verfolgten Kernthemen. Es wurde erkannt, dass bei so evidenten Wettbewerbsverstößen ein verwaltungsrechtlicher Durchsetzungsmechanismus unabdingbar ist. Am 18. Juli 2003 legte die Kommission deshalb einen Vorschlag für eine Verordnung über die Zusammenarbeit im Verbraucherschutz vor.[743] Die daraus resultierende Verordnung Nr. 2006/2004 trat am 29.12. 2004 in Kraft.[744]

406 **b) Inhalt.** Der Schutz der Verbraucher gegen grenzüberschreitende Verstöße erfordere die Einrichtung eines **Netzes öffentlicher Durchsetzungsbehörden** im gesamten Binnenmarkt. Die bestehenden nationalen Durchsetzungsregelungen für die Gesetze zum Schutz der Verbraucherinteressen seien nicht an die Erfordernisse einer Durchsetzung im Binnenmarkt angepasst. Eine wirksame und effiziente Zusammenarbeit bei der Durchsetzung sei in solchen Fällen gegenwärtig nicht möglich (EGr. 2 VO Nr. 2006/2004). Die Verordnung regelt die Bedingungen, unter denen die zuständigen Behörden in den Mitgliedstaaten, die als für die Durchsetzung der Gesetze zum Schutz der Verbraucherinteressen verantwortlich benannt wurden, miteinander und mit der Kommission zusammenarbeiten, um im Interesse des Schutzes der wirtschaftlichen Interessen der Verbraucher zu gewährleisten, dass diese Gesetze eingehalten werden und das reibungslose Funktionieren des Binnenmarkts sichergestellt wird, Art. 1 VO Nr. 2006/2004. Die für den Anwendungsbereich der Verordnung maßgebenden Gesetze zum Schutz der Verbraucherinteressen werden gem. Art. 3 lit. a VO

---

740 Vgl. dazu *Beyerlein* WRP 2005, 1354.

741 BGH GRUR 2005, 349 – *Klemmbausteine III,* zur zeitlichen Begrenzung des Leistungsschutzes; dieses Verständnis bestätigend *Heyers* GRUR 2006, 23, 27.

742 BGH GRUR 1998, 419 – *Werbegewinnspiel im Ausland.* Vgl. dazu u. Einl C Rdn. 196.

743 Vorschlag für eine Verordnung des Europäischen Parlaments und des Rates über die Zusammenarbeit zwischen den für die Durchsetzung der Verbraucherschutzgesetze zuständigen nationalen Behörden („Verordnung über die Zusammenarbeit im Verbraucherschutz"), KOM (2003) 443 endg.

744 Verordnung (EG) Nr. 2006/2004 des Europäischen Parlaments und des Rates vom 27. Oktober 2004 über die Zusammenarbeit zwischen den für die Durchsetzung der Verbraucherschutzgesetze zuständigen nationalen Behörden („Verordnung über die Zusammenarbeit im Verbraucherschutz"), ABl. 2004 Nr. L 364/1.

Nr. 2006/2004 im Anhang abschließend aufgeführt. Dabei handelt es sich um den **Gesamtbestand der Richtlinien zum Schutz der wirtschaftlichen Verbraucherinteressen.** Dazu zählt **auch die UGP-Richtlinie,** vgl. deren Art. 16 Nr. 2.

Jeder Mitgliedstaat hat gem. Art. 4 Abs. 1 VO Nr. 2006/2004 die **zuständigen Behörden** und eine zentrale Verbindungsstelle zu benennen, die für die Anwendung dieser Verordnung zuständig sind. Die Mitgliedstaaten können gem. Art. 4 Abs. 2 S. 2 VO Nr. 2006/2004 auch Stellen benennen, die ein legitimes Interesse daran haben, dass innergemeinschaftliche Verstöße eingestellt oder verboten werden. 407

Die zuständigen Behörden müssen über die in Art. 4 Abs. 3 VO Nr. 2006/2004 zur Durchführung dieser Verordnung **erforderlichen Ermittlungs- und Durchsetzungsbefugnisse** verfügen. Zu diesen Befugnissen muss gem. Art. 4 Abs. 6 VO Nr. 2006/2004 mindestens das Recht gehören, Unterlagen aller Art und jeder Form einzusehen; von jedermann Auskünfte anzufordern und erforderlichenfalls durch gerichtliche Anordnung zu erzwingen; Ermittlungen vor Ort durchzuführen; Verkäufer oder Dienstleistungserbringer schriftlich aufzufordern, Verstöße einzustellen bzw. von ihnen eine verbindliche Verpflichtung einzuholen, den innergemeinschaftlichen Verstoß einzustellen und diese schriftliche Verpflichtung zu veröffentlichen, die Einstellung oder das Verbot eines innergemeinschaftlichen Verstoßes zu fordern oder eine gerichtliche Anordnung zu erwirken, in der die Einstellung verlangt wird, einschl. des Rechts, die entsprechenden Entscheidungen zu veröffentlichen, und schließlich eine gerichtliche Anordnung zu erwirken, derzufolge im Falle der Nichtbeachtung einer Entscheidung die unterlegene beklagte Partei einen bestimmten Betrag an eine öffentliche Kasse oder an einen anderen im Rahmen einzelstaatlicher Rechtsvorschriften bezeichneten Begünstigten zu zahlen hat. 408

Die zuständigen Behörden sollen im Wege der **Amtshilfe** tätig werden, d.h. auf Verlangen der ersuchenden Behörde. Die Amtshilfe beschränkt sich zunächst auf die **Lieferung von Informationen,** Art. 6 Abs. 1 VO Nr. 2006/2004. Die ersuchte Behörde stellt erforderlichenfalls entsprechende Ermittlungen an oder trifft andere notwendige Maßnahmen, um die angeforderten Informationen zu beschaffen, Art. 6 Abs. 2 VO Nr. 2006/2004. In Art. 7 VO Nr. 2006/2004 kommt der angestrebte „Netzwerkcharakter" besonders gut zum Ausdruck: Auch ohne Ersuchen sollen die Behörden von sich aus für grenzüberschreitende Verstöße relevante Informationen weitergeben. 409

Sehr viel weiterreichend ist das **Durchsetzungsersuchen** gem. Art. 8 VO Nr. 2006/2004: Auf Verlangen einer ersuchenden Behörde hat die ersuchte Behörde nämlich alle erforderlichen Maßnahmen zu treffen, um unverzüglich eine Einstellung oder ein Verbot des innergemeinschaftlichen Verstoßes zu bewirken. Dazu gehört gegebenenfalls, dass vor einem höheren Gericht Rechtsmittel eingelegt werden, falls ein Klageverfahren vor Gericht nicht erfolgreich ist. 410

Die ersuchte Behörde kann zwar diesen Verpflichtungen auch dadurch nachkommen, dass sie eine Stelle, die gemäß Art. 4 Abs. 2 S. 2 VO Nr. 2006/2004 als Stelle benannt worden ist, die ein legitimes Interesse an der Einstellung oder dem Verbot innergemeinschaftlicher Verstöße hat, anweist, alle ihr nach innerstaatlichem Recht zur Verfügung stehenden Durchsetzungsmaßnahmen zu treffen, um die Einstellung oder das Verbot des innergemeinschaftlichen Verstoßes im Auftrag der ersuchten Behörde zu bewirken, Art. 8 Abs. 3 S. 1 VO Nr. 2006/2004. Falls diese Stelle die Einstellung oder das Verbot des innergemeinschaftlichen Verstoßes nicht unverzüglich bewirkt, bleiben aber die beschriebenen Verpflichtungen der ersuchten Behörde bestehen. Überdies steht dieses – auf die österreichische und deutsche Durchsetzungspraxis durch private Klagen von Verbraucherverbänden zugeschnittene[745] – Vorgehen unter dem Vorbehalt der Abstimmung mit der ersuchenden Behörde, Art. 8 Abs. 4, 5 VO Nr. 2006/2004. 411

Angesichts dieser weitreichenden Verpflichtungen wurde in Art. 15 Abs. 2 VO Nr. 2006/2004 niedergelegt, dass ein **Durchsetzungsersuchen nur abgelehnt** werden kann, wenn die ersuchende Behörde keine ausreichenden Informationen erteilt hat, oder bereits ein Gerichtsverfahren eingeleitet oder abgeschlossen wurde oder nach Ausermittlung kein innergemeinschaftlicher Verstoß angenommen werden kann. **Informationsersuchen** können gem. Art. 15 Abs. 3 VO Nr. 2006/2004 abgelehnt werden, wenn bereits ein Gerichtsverfahren eingeleitet oder abgeschlossen wurde oder die ersuchende Behörde sich nicht zur Gewährleistung der Vertraulichkeit geschützter Informationen bereiterklärt. 412

Unstimmigkeiten zwischen ersuchender und ersuchter Behörde werden einem **Ausschussverfahren** überantwortet, das im Ratsbeschluss 1999/468/EG[746] geregelt ist, Art. 15 Abs. 6 VO Nr. 2006/2004. 413

---

[745] MüKo-UWG/*Micklitz* EG D Art. 11 Rdn. 60.
[746] ABl. 1999 Nr. L 184/23. Konsolidierte Version ABl. 2006 Nr. L 200/11.

414 Die Bestimmungen über die gegenseitige Amtshilfe gelten jedoch lediglich für **innergemeinschaftliche Verstöße,** Art. 2 Abs. 1 VO Nr. 2006/2004. Darunter wird „jede Handlung oder Unterlassung (verstanden, d. Verf.), die gegen die in Buchstabe a) genannten Gesetze zum Schutz der Verbraucherinteressen verstößt und die Kollektivinteressen von Verbrauchern schädigt oder schädigen kann, die in einem anderen Mitgliedstaat oder anderen Mitgliedstaaten als dem Mitgliedstaat ansässig sind, in dem die Handlung oder die Unterlassung ihren Ursprung hatte oder stattfand, oder in dem der verantwortliche Verkäufer oder Dienstleistungserbringer niedergelassen ist, oder in dem Beweismittel oder Vermögensgegenstände betreffend die Handlung oder die Unterlassung vorhanden sind", Art. 3 lit. b ZusAVerbrVO.

415 **c) Stellungnahme.** Die **Schaffung von Wettbewerbsbehörden,** die Kartellbehörden gleich auch Lauterkeitsverstöße unter Einsatz hoheitlicher Gewalt verfolgen und ahnden können, ist in Staaten mit traditionell zivilrechtlicher Ausrichtung des Lauterkeitsrechts, wie z. B. Deutschland, nicht weniger als revolutionär. Dennoch sollten entsprechende Tendenzen begrüßt werden. Denn selbst in Deutschland, das für die Strenge seines Lauterkeitsrechts und die Intensität der Durchsetzung berühmt, ja berüchtigt war, sind in bestimmten Bereichen Wettbewerbsverstöße – teils auch der schlimmsten Sorte! – an der Tagesordnung. Dabei geht es nicht nur um das verbreitete *Cold Calling,* sondern vor allem um Werbegewinnspiele nach Art von *Sweepstakes,* bei denen Adressaten der Eindruck vermittelt wird, sie hätten bereits hohe Gewinne erzielt und müssten nur noch eine Bearbeitungsgebühr einsenden, um diesen Gewinn zu realisieren. Nach wie vor verbreitet ist die Praxis, Überweisungsträger zu übersenden, bei denen sich allein aus dem auf der Rückseite kleinstgedruckten Text ergibt, dass erst mit der Unterschrift auf dem Überweisungsträger der Vertrag zustandekommt. Vollmundige Werbungen für Wundermittel, die den Benzinverbrauch von Personenwagen um 40% reduzieren, die Haare wieder wachsen lassen und Cellulite beseitigen, füllen die Anzeigenseiten von Auto-Zeitschriften, TV-Magazinen und der Yellow Press. Es handelt sich dabei um vergleichsweise offene und offensichtliche Wettbewerbsverstöße. Dennoch mangelt es an der Durchsetzung, sei es, weil in einem **„Kartell der Unlauteren"**[747] keine Partei ein Interesse daran hat *(cold calling),* sei es weil der **Urheber des Wettbewerbsverhaltens nicht greifbar** ist (Werbegewinnspiele) oder weil sich der **Aufwand eines Rechtsstreits** für die allein geschädigten Konsumenten nicht lohnt.

416 Andere Rechtsordnungen haben hier längst die Konsequenzen gezogen und **Behörden mit der Verfolgung unseriöser Geschäftemacher betraut.** In der Schweiz ebenso wie in Deutschland wird demgegenüber regelmäßig darauf hingewiesen, dass eine Durchsetzung des Lauterkeitsrechts mit öffentlichen Mitteln angesichts der Vielzahl und Vielgestaltigkeit der Wettbewerbsverstöße zum einen nicht möglich wäre und zum anderen die Verwaltung wegen der Bewertungsproblematik überfordern würde.[748] Ersterem Argument ist zu entgegnen, dass es nicht darum gehen kann, die Durchsetzung durch Private zu **ersetzen,** sondern allein, sie in Bereichen mit feststellbaren Vollzugsmängeln zu **ergänzen.** Eine quantitative Überforderung einer Verwaltungsbehörde ist daher nicht zu befürchten. Die weitergehende Einschätzung, dass mangelnde Kompetenz der Verwaltungsbehörden den Gesetzgeber zur Instrumentalisierung privater Kläger beeinflusst habe,[749] ist wohl unzutreffend, solange die Durchsetzung des Lauterkeitsrechts nicht den **allgemeinen** Verwaltungsbehörden zugemutet wird,[750] sondern **Wettbewerbs**behörden geschaffen bzw. genutzt werden. Immerhin ist bei der Kartellbekämpfung international ein Trend zur Schaffung hochspezialisierter Behörden feststellbar. Die guten Ergebnisse, die mit einem solchen Mechanismus seit jeher in den USA, wo die Federal Trade Commission (FTC) nicht nur Kartellrechtsverstöße, sondern gem. sec. 5 FTC Act auch *unfair methods of competition* verfolgt[751] und in jüngerer Zeit in Italien[752] oder Ungarn gemacht werden, zeigen, dass es trotz der Vielgestaltigkeit der Wettbewerbshandlungen möglich ist, für die Entwicklung des Lauterkeitsrechts und der Wirtschaftspraxis wichtige Akzente zu setzen.[753]

---

747 *Baudenbacher* GRUR Int. 1980, 344, 345.

748 *Schricker* in: Jahrbuch der Max-Planck-Gesellschaft 1979, S. 55.

749 *Lengauer* S. 17.

750 So stellt sich die Rechtslage allerdings *de lege lata* im Bereich der strafrechtlich sanktionierten Wettbewerbsverstöße dar.

751 15 U. S. C. A. § 45a 1.

752 Vgl. *Amato,* Il gusto della libertà, 1998, S. 51 ff. Zu den Vorzügen der Durchsetzung durch die Autorità Garante im Vergleich zur Durchsetzung durch die ordentlichen Gerichte vgl. *Balzano,* L'Autorità Garante della Concorrenza e l'autodisciplina pubblicitaria alla luce della nuova disciplina sulla pubblicità ingannevole, Riv. Dir. Comm. 1993 I 653, 662 ff.

753 Die Autorità Garante veröffentlicht wöchentlich ihre Entscheidungen im Boll. Sett. <http://www.agcm.it/bollettino-settimanale/> (site zul. besucht am 10.12.2015); darunter sind in letzter Zeit im Schnitt 5–10 *provvedimenti* zu *pratiche commerciali scorrette.*

Damit würde die privatrechtliche Rechtsdurchsetzung sinnvoll ergänzt. Aufgrund der Kontrolle durch die öffentlichrechtlichen Kautelen ist es ferner möglich, die Behörden bei der Ermittlung von Verstößen gegen das Lauterkeitsrecht mit **Zwangsbefugnissen** auszustatten, wie die Verordnung es vorsieht. Damit könnten auch bislang verborgen gebliebene bzw. anders nicht zu beweisende oder nicht zu verfolgende Wettbewerbsverletzungen wie namentlich die in den letzten Jahren praktizierten Missbräuche von Gewinnversprechungen durch *Sweepstakes* aufgedeckt und geahndet werden, die zwar unterhalb der Schwelle strafbaren Betrugs liegen, aber gleichwohl erhebliche Schäden verursachen. Schließlich gestattet die **Sanktionierung durch flexible Geldbußen,** nachhaltig gegen Wettbewerbsverletzer vorzugehen. Die Bußen könnten sich einerseits am gesamtwirtschaftlich angerichteten Schaden orientieren und so eine hinreichende Präventionswirkung auch bei Streudelikten ausüben, andererseits durch Abschöpfung des Gewinns aus dem Wettbewerbsverstoß ausschließen, dass unlauterer Wettbewerb sich am Ende doch lohnt. Damit sind sie unter generalpräventiven Aspekten den zivilrechtlichen Sanktionen strukturell überlegen[754] und praktikabler als der Anspruch auf Gewinnabschöpfung nach § 10. Das allgemeine Deliktsrecht gestattet die Einbeziehung solcher Gesichtspunkte nur sehr eingeschränkt. **417**

Gleichwohl ist der Zugang der Verordnung kritikwürdig. Die **Beschränkung auf „innergemeinschaftliche Verstöße"** entspricht zwar der Logik der Zuständigkeitsverteilung zwischen Mitgliedstaaten und der Union und damit auch dem aus dem Kartellrecht bekannten Erfordernis der Zwischenstaatlichkeit der Wettbewerbsbeschränkung. Unter Praktikabilitätsgesichtspunkten ist jedoch die **Schaffung von 28 solcher Behörden, die im Wege der Amtshilfe tätig werden,** mehr als **problematisch.** Wie soeben gezeigt, vermag eine Behörde lediglich, die privatrechtliche Durchsetzung in bestimmten Bereichen sinnvoll zu ergänzen. Es bedarf dann aber weitgehender Freiheit der Behörde bei der Ausübung ihres Auswahlermessens hinsichtlich der Frage, welchen Verstößen sie in welcher Weise nachgehen will. Die Behörden rechtlich zum Tätigwerden zu verpflichten, um die Effektivität des grenzüberschreitenden Rechtsschutzes nicht zu beeinträchtigen, wird diesem Bedürfnis nach Flexibilität bei der Ausübung des Aufgreifermessens nicht gerecht. Das findet seinen Niederschlag in der etwas „zahnlosen" Umsetzung durch Überweisung von Konfliktfällen in das Ausschussverfahren. **418**

Es ist nicht einsichtig, weshalb nicht dem erfolgreichen Modell der Europäischen Kartellrechtsdurchsetzung folgend eine Abteilung Unlauterer Wettbewerb bei der Generaldirektion Wettbewerb geschaffen wird, der entsprechend den Zuständigkeiten der Kommission im Bereich des EU-Kartellrechts die vom Verordnungsvorschlag umfassten Eingriffsermächtigungen erteilt werden. Zwar besteht gerade in der Kartellrechtsdurchsetzung eine Tendenz zur Dezentralisierung. Es ist aber auch unleugbar, dass die Kommission die Möglichkeit zum Einschreiten behalten hat, und vor allem eine **wichtige Rolle bei der Koordination des Behördennetzwerks** (ECN) wahrnimmt. Eine vergleichbare Funktion ist auch bei der Durchsetzung innergemeinschaftlicher Wettbewerbsverstöße unabdingbar. Die Bereitstellung einer Datenbank gem. Art. 10 sowie die Unterrichtungspflichten gem. Art. 16 Abs. 1, 17 Abs. 1 VO Nr. 2006/2004 genügen nicht, um die Kommission zur „Spinne" im Netzwerk der Lauterkeitsbehörden[755] zu machen. In den letzten vier Jahren hat sich ein Durchschnitt von ca. 240 Ermittlungs- bzw. Durchsetzungsersuchen pro Jahr ergeben.[756] **419**

d) EG-Verbraucherschutzdurchsetzungsgesetz 2006. In Deutschland trat am 21. Dezember 2006 das EG-Verbraucherschutzdurchsetzungsgesetz; VSchDG)[757] in Kraft, welches der Durchführung der Verordnung Nr. 2006/2004 über die Zusammenarbeit im Verbraucherschutz dient. Dieses Gesetz benennt in § 2 die für die Durchführung der Verordnung in Deutschland zuständigen Behörden. **420**

Für Verstöße gegen die IrreführungsRL, die UGP-RL sowie gegen die Fernabsatzrichtlinien ist seit dem 16. Januar 2015 gem. § 2 Nr. 1 lit. a VSchDG das **Bundesministerium der Justiz und für Verbraucherschutz** zuständige Behörde i. S. d. Art. 4 Abs. 1, 3 lit. c der Verordnung. Als zentrale Verbindungsstelle im Sinne des Art. 4 Abs. 1, 3 lit. d der Verordnung wird in § 3 Abs. 1 VSchDG ebenfalls das Bundesministerium der Justiz und für Verbraucherschutz festgelegt. Die Ablösung des Bundesamtes für Verbraucherschutz und Lebensmittelsicherheit ist aus strukturellen Gründen zu begrüßen. Allerdings ist die Frage zu stellen, weshalb nicht auf die naheliegende Mög- **421**

---

[754] Unter diesem Gesichtspunkt ist die Aufnahme sog. Marktstörungsabgaben in die Marktgesetze der skandinavischen Staaten zu würdigen.

[755] MüKo-UWG/*Micklitz* EG D Art. 11 Rdn. 58.

[756] Vgl. die Statistik auf <http://ec.europa.eu/internal_market/scoreboard/performance_by_governance_tool/consumer_protection_cooperation_network/index_en.htm#maincontentSec2> (site zul. besucht am 10.12.2015).

[757] BGBl. 2006, I S. 3367.

lichkeit zurückgegriffen wurde, das **Bundeskartellamt** mit den erforderlichen Mitteln auszustatten und für zuständig zu erklären. Beim Bundeskartellamt hätte nicht allein auf ökonomische Expertise und Branchenkenntnis, sondern auch auf institutionelles Know how im Hinblick auf die Zusammenarbeit in einem europäischen Netwerk von Durchsetzungsbehörden sowie eigene Durchsetzungstätigkeit vom Ermittlungsverfahren bis hin zur Sanktionierung bestanden.

422 Von der Möglichkeit des Art. 4 Abs. 2 S. 2 ZusAVerbrVO wurde Gebrauch gemacht: Gemäß § 7 Abs. 1 VSchDG soll die zuständige Stelle, bevor sie eine Durchsetzungsmaßnahme ergreift, eine gem. UKlaG oder § 8 Abs. 3 Nr. 2–4 genannte Stelle beauftragen, auf das Abstellen innergemeinschaftlicher Verstöße hinzuwirken. Der beauftragte Dritte muss in die Beauftragung einwilligen und hinreichend Gewähr für die ordnungsgemäße Erfüllung der Aufgabe bieten. Solche Beauftragungen können gem. § 7 Abs. 3 VSchDG auch in **Rahmenvereinbarungen** zustande kommen. Rahmenvereinbarungen wurden zwischen dem Bundesamt für Verbraucherschutz einerseits sowie dem Verbraucherzentrale Bundesverband e. V. sowie der Zentrale zur Bekämpfung unlauteren Wettbewerbs e. V. („Wettbewerbszentrale") andererseits geschlossen.

VI. Das „Losbrechmoment" im Europäischen Lauterkeitsrecht – Verbraucherleitbild und Anwendung

1. Institutionelle Einbettung

423 Die Darstellung hat gezeigt, dass die Anwendung des Lauterkeitsrechts nach Breite (UGP-RL; Irreführungsrichtlinie; spezielle Regelungen) und Tiefe (Totalharmonisierung von geschäftlichen Handlungen „B2C" sowie vergleichender Werbung) maßgeblich vom Unionsrecht beeinflusst wird. Die Institutionen der EU nehmen ihre Rolle dabei durchaus expansiv wahr: Das gilt vielleicht am geringsten für die EU Kommission in ihrer Rolle als Initiatorin unionsrechtlicher Gesetzgebung, wesentlich stärker bereits für ihre Rolle als Hüterin der Verträge und bis heute wahrscheinlich am ausgeprägtesten für den EuGH als „Motor der Integration". Seinen augenscheinlichsten Niederschlag findet dies in der ausgreifenden Rechtsprechung zum Anwendungsbereich harmonisierender Richtlinien (z. B. zum Begriff vergleichender Werbung oder zur Geschäftspraktik) und in der schwach ausgeprägten Rücksichtnahme auf nationale Kulturen der Gesetzgebungstechnik.

424 So weit der Einfluss des Europarechts reicht und so intensiv die Bemühungen, den Zugriffsbereich des Unionsrechts zu klären, insbesondere im Zuge der Arbeiten an der UGP-RL waren und noch sind,[758] so blass bzw. widersprüchlich sind die materiellen Signale im Hinblick darauf, was aus unionsrechtlichen Gründen weshalb verboten oder zulässig sein soll. In den meisten Fällen geht es um die Frage, welches Maß an latenter oder aktueller Irreführungsneigung, Informationsmangel oder werblicher Beeinflussung von den Adressaten hinzunehmen ist. Wenn es sich dabei um Verbraucher handelt, ist damit die Schlüsselfrage nach dem **Verbraucherleitbild** angesprochen.

425 Die Verwirrung in den Mitgliedstaaten, jedenfalls in Deutschland, liegt sicher in erheblichem Umfang an der verzögerten Wahrnehmung der maßgeblichen Entwicklungstendenzen im Gemeinschafts- bzw. Unionsrecht: Die deutsche Rechtsprechung griff bereits ab Mitte der 1990er-Jahre die Tendenzen zur Liberalisierung auf, die von der Anwendung der Grundfreiheiten seit Ende der 1970er- und spürbar seit Anfang der 1990er-Jahre[759] auf die deutschen Verbotstatbestände ausgegangen waren.

426 Das UWG von 2004 reagierte nicht allein als Folge der Anordnung des Herkunftslandprinzips in der E-Commerce-Richtlinie (vgl. dazu u. Einl C Rdn. 32 ff.) aus dem Jahr 2000 mit weiterer Deregulierung (insb. der Abschaffung der Regulierung von Sonderverkäufen), sondern versah diese mit einer wirtschaftspolitischen Finalität[760] und konzipierte auf dieser Grundlage ein methodisch und strukturell gelungenes Gesetz. Die Gerichte folgten diesem Aufruf zur Liberalisierung. Befürchtungen, dass auf der Grundlage der Generalklausel die Wertungen des Gesetzgebers missachtet würden, die durch etliche Veröffentlichungen aus dieser Zeit schienen,[761] erwiesen sich als unbegründet.

427 **Vernachlässigt** wurde vor allem in der Folgezeit, dass mit der oben beschriebenen und weitreichenden Totalharmonisierung durch die Richtlinien über vergleichende Werbung (III.,

---

[758] So wird etwa fortlaufend an der Aktualisierung der Leitlinien, Arbeitspapier der Kommissionsdienststellen v. 3.12.2009, Leitlinien zur Umsetzung/Anwendung der Richtlinie 2005/29/EG über unlautere Geschäftspraktiken im Binnenmarkt, SEK (2009) 1666, gearbeitet.

[759] EuGH GRUR 1993, 747 – *Yves Rocher,* Slg. 1993, I-2361 Rdn. 7, 23; EuGH GRUR 1994, 303 – *Clinique,* Slg. 1994, I-317 Rdn. 17, 24.

[760] Begründung RegE, BT-Drs. 15/1487, S. 12.

[761] In dieser Richtung z. B. *Ullmann,* GRUR 2003, 817; Harte/Henning/*Schünemann,* 1. Aufl., § 3 Rdn. 45 ff., 48, mit dem Aufruf zu „materieller Subsidiarität" der Generalklausel.

Rdn. 120ff.) und unlautere Geschäftspraktiken (IV., Rdn. 173ff.), aber auch durch spezialgesetzliche Regelungen wie die Humanarzneimittelrichtlinie oder die Verordnung über gesundheitsbezogene Angaben (II.3., Rdn. 75ff.), **aus unionsrechtlicher Perspektive der Hauptgrund für die Liberalisierung des Lauterkeitsrechts entfallen** war. Das Unionsrecht wechselte – aus deutscher Sicht teils unerkannt, teils unversehens – in die Rolle eines selbst nunmehr überregulierenden und – restriktiven Rechts mit der bizarren Folge, dass inzwischen gelegentlich[762] auf unionsrechtlicher Grundlage wieder gilt, was überkommen geglaubtem deutschem Standard entsprach. Verstärkt wurden diese Missverständnisse freilich durch mangelnde methodische Klarheit und Offenheit vor allem bei den Begründungen von Urteilen und Beschlüssen des EuGH sowie in den Rechtsetzungsakten des Unionsrechts, die in aller Regel durch die Verwendung identischer Begriffe nach außen eine inhaltliche Kontinuität beschworen, diese allerdings in der Sache keineswegs gewährleisteten. Vor diesem Hintergrund soll nachfolgend zunächst die Entwicklung dargestellt werden, bevor einige Schlussfolgerungen für die Rechtsanwendung gezogen werden.

2. Entwicklung des Verbraucherleitbildes

a) Primärrechtliche Grundlagen. Noch vor dem Erlass der Irreführungsrichtlinie im Jahr 1984 hatte der EuGH bereits durch seine *Cassis*-Rechtsprechung und die Anerkennung der zwingenden Erfordernisses der Lauterkeit des Handelsverkehrs und des Verbraucherschutzes (vgl. dazu o. Rdn. 15) die Notwendigkeit einer fallweisen Abwägung der betroffenen Interessen begründet. Vor allem bei abstrakten Gefährdungstatbeständen sowie Vertriebsverboten der Mitgliedstaaten, die an Irreführungsgefahren anknüpften, welche durch Informationen oder Kennzeichnung vermieden werden konnten, hielt der EuGH regelmäßig das Interesse an der Marktintegration für gewichtiger als das Interesse am Schutz der Verbraucher oder der Lauterkeit im Handelsverkehr. Für hinreichenden Schutz sollten Informationspflichten (sog. *„labelling doctrine"*) bzw. konkrete Irreführungsverbote genügen, die an eine greifbare Gefährdungslage anknüpften. In mehreren Entscheidungen wurde ein Verbraucherleitbild entwickelt, das bis heute – zumindest begrifflich – Bestand hat. Hervorzuheben ist in diesem Zusammenhang die Entscheidung *6-Korn* aus dem Jahr 1998. Darin hielt der EuGH fest, dass auf die „mutmaßliche Erwartung eines durchschnittlich informierten, aufmerksamen und verständigen Durchschnittsverbrauchers" abzustellen sei.[763] **428**

Die **Unterschiede in der Anwendung des Irreführungsverbots** zwischen der überkommenen deutschen Praxis und dem EuGH beruhten weniger darauf, dass der Modelladressat des deutschen Rechts für deutlich weniger intelligent gehalten wurde als der vom EuGH zugrundegelegte. Zu dem Auseinanderdriften der Maßstäbe kam es im wesentlichen deshalb, weil deutsche Gerichte bei der Beurteilung der Irreführungsgefahr praktisch ohne Ausnahme davon ausgegangen waren, dass Werbung nur **flüchtig wahrgenommen** werde. In der Entscheidung *Orient-Teppichmuster*[764] übernahm der Bundesgerichtshof demgegenüber nicht nur formal das Verbraucherleitbild des EuGH, sondern machte auch deutlich, dass die **Irreführungsgefahr stets im Hinblick auf die konkrete Gefährdungssituation** zu beurteilen ist. Das muss auf der Grundlage der Rechtsprechung des EuGH für zulässig gehalten werden.[765] Als Beleg dafür, dass auch der EuGH die Mitgliedstaaten nicht etwa auf die Zugrundelegung einer von durchschnittlicher Aufmerksamkeit geprägten Wahrnehmungssituation festlegen wollte, kann herangezogen werden, dass in der Folge durch eine Änderung der Übersetzungspraxis für die deutschsprachigen Fassungen der Entscheidungen der Europäischen Gerichte vom **„normal informierten und angemessen aufmerksamen und verständigen Durchschnittsverbraucher"** gesprochen wird. Hierdurch wird nicht nur der Streitpunkt umgangen, ob sich das „durchschnittlich" auch auf „aufmerksam und verständig" bezieht, sondern auch die Frage nach der genauen Übersetzung des englischen Begriffes *„reasonably"*.[766] Im Hinblick auf die zugrundezulegende Aufmerksamkeit des Adressaten ist maßgeblich, welches „Nutzerverhalten" bei der in Rede stehenden Geschäftspraktik angemessen ist. **429**

---

[762] Vgl. etwa die Betrachtung der bloß anlockenden irreführenden Werbung, wenn der Irrtum vor dem Geschäftsabschluss beseitigt wird, o. Rdn. 271.

[763] EuGH GRUR Int. 1998, 795 – *6-Korn,* Slg. 1998, I-4657 Rdn. 31.

[764] BGH GRUR 2000, 619, 621 – *Orient-Teppichmuster.* Vgl. auch bereits BGH GRUR 1997, 304, 306 – *Energiekosten-Preisvergleich II;* GRUR 1998, 1037, 1038 – *Schmuck-Set;* vgl. dazu *Bornkamm* FS BGH, S. 343, 360. Ebenso OGH ÖBl 2001, 18 – *Lego-Klemmbausteine,* m. Anm. *Augenhofer* ÖBl 2001, 59; *Hauer* ÖBl 2001, 60.

[765] Anders sieht das offensichtlich die Kommission, welche die *Orient-Teppichmuster*-Entscheidung des BGH als Beleg dafür heranzieht, dass die deutsche Rechtsprechung nicht das Verbraucherleitbild des Europarechts zugrundelegt, vgl. Vorschlag der Kommission für eine Richtlinie über unlautere Geschäftspraktiken, KOM (2003) 356 endg., Rdn. 12 i. V. m. der erweiterten Folgenabschätzung der GFA, http://ec.europa.eu/consumers/cons_int/safe_shop/fair_bus_pract/impact_assessment_en.pdf (site zul. besucht am 16.4.2012), Tz. 1.4 zu Fn. 31.

[766] Vgl. *Sack* WRP 2005, 462.

430 **b) Schließung der Regelungslücken in den Irreführungsverboten des Sekundärrechts.** Das allgemeine, von der Irreführungsrichtlinie und der UGP-RL begründete Verbot irreführender Werbung bzw. irreführender Geschäftspraktiken wurde bereits dargestellt (vgl. o. Rdn. 50ff., 324ff.). Das Europarecht konstituiert daneben – parallel zu den nationalen Rechtsordnungen – zahlreiche **Irreführungsverbote verwaltungsrechtlicher Natur.**[767] Vorschriften, welche die Irreführung der Verbraucher verhindern sollen, finden sich in Rechtsakten des abgeleiteten Rechts von sektorieller Bedeutung, etwa[768] in der Verordnung über kosmetische Mittel[769] oder der Verordnung betreffend die Information der Verbraucher über Lebensmittel.[770] In demselben Kontext ist die Verordnung über ein europäisches Umweltzeichen[771] („europäische Blume") zu erwähnen. Mit dem Umweltzeichen darf erst nach Vergabe und nur im Zusammenhang mit dem Produkt, für das es verliehen wurde, geworben werden. Jede falsche oder irreführende Werbung mit dem Zeichen wird untersagt, Art. 10 Abs. 1. Eine umfassende Darstellung würde den hier gesetzten Rahmen sprengen.[772] Die besondere Komplexität resultiert zum einen aus dem Zusammenwirken mit allgemeineren unionsrechtlichen Irreführungsverboten sowie zum anderen dem Zusammenspiel zweier Regelungsebenen über zwei UWG-Tatbestände, nämlich der Begründung einer Irreführungsgefahr bzw. dem irreführenden Unterlassen sowie dem Rechtsbruch.

431 Alle diese Vorschriften sprechen in unterschiedlichen Formulierungen und Sprachfassungen von „irreführender Werbung" (z.B. Art. 10 Abs. 1 VO Nr. 66/2010), „irreführenden" Informationen (z.B. Art. 7 Abs. 1 VO Nr. 1169/2011), „vortäuschen" (z.B. Art. 20 Abs. 1 VO Nr. 1223/2009). „Irreführende Werbung" wird in Art. 2 lit. b IrreführungsRL immerhin noch definiert als Werbung, „die in irgendeiner Weise ... täuscht oder zu täuschen geeignet ist". Ähnliches regelt Art. 6 Abs. 1 UGP-RL. Es fehlt jedoch an Hinweisen über den Gegenstand und die Methode zur gerichtlichen Feststellung eben dieser Täuschungseignung.

432 Die Lücken wurden durch die oben angesprochene Rechtsprechung des EuGH zum Verbraucherleitbild im primärrechtlichen Zusammenhang der Cassis-Rechtsprechung geschlossen. In verschiedenen Entscheidungen hat der EuGH die **Einheitlichkeit von Irreführungstatbeständen und Verbraucherleitbild** über die verschiedenen Regelungszusammenhänge hinweg hervorgehoben. In der Konsequenz entstand der Eindruck eines einheitlichen, das gesamte EU-Verbraucherrecht überwölbenden Schutzprinzips, das geprägt war von einem vergleichsweise optimistischen Verbraucherbild, nämlich einem informierten, aber jedenfalls informierbaren Verbraucher, der seine soziale Umwelt und die Märkte mit wachen Sinnen und Verständnis verfolgt,[773] seine wirtschaftlichen Chancen im Binnenmarkt „smart" nutzt und deshalb insbesondere der Werbung aufgeschlossen und kritisch gegenübertritt, Werbebehauptungen durch Konsultation geschuldeter Produktinformation überprüft,[774] ein „Recht auf wahre Information"[775] hat und durch zutreffende Information nicht irregeführt werden kann.[776] Solche Darstellungen finden sich bis heute in der deutschsprachigen Literatur.[777]

433 **c) Der Rückschwung des Pendels.** Ohne Änderung der offiziellen Lesart – so beruft sich EGr. 18 UGP-RL mehrfach auf die Rechtsprechung des Gerichtshofs – hat erst im Verlauf der

767 Zu verschiedenen berufsspezifischen Irreführungsverboten vgl. u. *v. Jagow* Einl J.

768 Vgl. ausführlich MüKo-UWG/*Micklitz* EG E Rdn. 6ff.

769 Art. 20 Abs. 1 Verordnung (EG) Nr. 1223/2009 des Europäischen Parlaments und des Rates vom 30. November 2009 über kosmetische Mittel, ABl. 2009 Nr. L 342/59.

770 Art. 7 Verordnung (EU) Nr. 1169/2011 des Europäischen Parlaments und des Rates vom 25. Oktober 2011 betreffend die Information der Verbraucher über Lebensmittel und zur Änderung der Verordnungen (EG) Nr. 1924/2006 und (EG) Nr. 1925/2006 des Europäischen Parlaments und des Rates und zur Aufhebung der Richtlinie 87/250/EWG der Kommission, der Richtlinie 90/496/EWG des Rates, der Richtlinie 1999/10/EG der Kommission, der Richtlinie 2000/13/EG des Europäischen Parlaments und des Rates, der Richtlinien 2002/67/EG und 2008/5/EG der Kommission und der Verordnung (EG) Nr. 608/2004 der Kommission, ABl. 2011 Nr. L 304/18.

771 Art. 10 Abs. 1 Verordnung (EG) Nr. 66/2010 des Europäischen Parlaments und des Rates vom 25. November 2009 über das EU-Umweltzeichen, ABl. 2010 Nr. L 27/1.

772 Vgl. die Darstellung der verschiedenen Normsysteme bei MüKo-UWG/*Micklitz* Einl E.

773 Exemplarisch EGr. 8 Richtlinie 2000/13: „Eine detaillierte Etikettierung, die Auskunft gibt über die genaue Art und die Merkmale des Erzeugnisses, ermöglicht es dem Verbraucher, sachkundig seine Wahl zu treffen, und ist insofern am zweckmäßigsten, als sie die geringsten Handelshemmnisse nach sich zieht."

774 Z.B. EuGH EuZW 1996, 245 – *Kommission ./. Deutschland,* Slg. 1995, I-3599 Rdn. 34; EuGH GRUR Int. 2000, 756 – *naturrein,* Slg. 2000, I-2297.

775 EuGH GRUR Int. 1990, 955 – *GB-INNO-BM,* Slg. 1990, I-667.

776 So die verbreitete Lesart von EuGH GRUR 1993, 747 – *Yves Rocher,* Slg. 1993, I-2361 Rdn. 17.

777 Vgl. diesbezüglich die Zusammenfassungen von MüKo-UWG/*Micklitz* Einl D Art. 6 Rdn. 87; GK/*Heinze* Einl C Rdn. 156ff.

letzten 10 bis 15 Jahre ein Paradigmenwechsel stattgefunden, dessen Ursachen nicht ganz klar sind: Die in der Entwicklung des Unionsrechts gravierendste rechtliche Aufwertung des Verbraucherschutzes fand schließlich bereits mit der Schaffung von Art. 129a EWGV durch den Maastricht-Vertrag 1992 statt; allenfalls die erst im Gefolge der Tabakwerbungsentscheidung des EuGH[778] im Jahr 2000 einsetzende Verschiebung des verbraucherrechtlichen Regelungskonzepts auf die Totalharmonisierung mag zu einer Verzögerung der rechtspolitischen Grundentscheidungen geführt haben. Der Beitritt der 10, inzwischen 13 Mitgliedstaaten, deren Einwohner den Übergang von der Kommando- zur Marktwirtschaft als Verbraucher häufig sehr einschneidend erlebten, mag sich ebenfalls ausgewirkt haben. Möglicherweise kamen auch Legitimationsgesichtspunkte zum Tragen: Allzu oft hatten Regierungen der Mitgliedstaaten unpopuläre Maßnahmen über die Europäische Gemeinschaft und später Union toleriert oder gar gefördert, waren aber zuhause als – leider unterlegene – Kämpfer für Arbeitnehmer, Landwirte oder eben Verbraucher aufgetreten. Es liegt nahe, dass die EU nicht auf Dauer die Rolle des wirtschaftsorientierten und unternehmensgesteuerten Buhmannes behalten wollte.

Jedenfalls wurde in den Jahren seit etwa 2001 eine Vielzahl von Rechtsakten erlassen, in denen 434
der Europäische Gesetzgeber selbst ein grundverschiedenes Leitbild des Verbrauchers zugrundelegte: Dabei folgt die – bereits tief in den 1990er-Jahren einsetzende – Gewährung umfassender Verbraucherrechte im Vertragsrecht[779] noch weitgehend der Binnenmarktlogik: Verbraucher werden als passive Marktbürger nur dann andere als die ihnen vertrauten heimischen Anbieter, insbesondere solche aus anderern Mitgliedstaaten, zur Deckung ihrer wirtschaftlichen Bedürfnisse heranziehen, wenn sie darauf vertrauen können, dass ein Mindestsockel an Rechten unabhängig von der Niederlassung des Anbieters oder dem Ort des Vertragsschlusses oder der -durchführung gewährleistet ist *(„confident consumer“)*.[780] Eine Verstärkung des Verbraucherschutzes dient so unmittelbar der Marktintegration.

Daneben standen Rechtsakte, bei denen eine paternalistische Grundhaltung zwar unverkennbar 435
ist, aber das gesetzgeberische Einschreiten vornehmlich mit dem **Gesundheitsschutz** begründet werden kann, wie z. B. Werbeverbote für latent gesundheitsgefährdende Lebensmittel[781] oder Aufklärungspflichten über die Gesundheitsgefahren auf Zigarettenpackungen,[782] denen die Europäische Rechtsprechung bereitwillig folgte:

Das Verbot, einen tatsächlich gegenüber anderen Weißweinen säurereduzierten Weißwein als 436
„bekömmlich“ zu bewerben,[783] ist ebenso wie das Verbot, für eine Zigarette mit dem Hinweis „ohne Zusatzstoffe“ zu werben,[784] kaum mit der aus der Entscheidung *GB-Inno* gefolgerten „Recht auf zutreffende Informationen“ vereinbar. Die gesundheitlichen Gefahren des Rauchens sind – jedenfalls dem Durchschnittsadressaten der Werbung, wie er von der Rechtsprechung entwickelt

---

[778] EuGH GRUR 2001, 67 – *Bundesrepublik Deutschland ./. Parlament und Rat,* Slg. 2000, I-8419 Rdn. 109 ff.

[779] EGr. 4, 5 Richtlinie 1999/44/EG des Europäischen Parlaments und des Rates vom 25. Mai 1999 zu bestimmten Aspekten des Verbrauchsgüterkaufs und der Garantien für Verbrauchsgüter, ABl. 1999 Nr. L 171/12; EGr. 8 Richtlinie 2008/48/EG des Europäischen Parlaments und des Rates vom 23. April 2008 über Verbraucherkreditverträge und zur Aufhebung der Richtlinie 87/102/EWG des Rates, ABl. 2008 L 13/66; EGr. 6 S. 3 Richtlinie 2011/83/EU des Europäischen Parlaments und des Rates vom 25. Oktober 2011 über die Rechte der Verbraucher, zur Abänderung der Richtlinie 93/13/EWG des Rates und der Richtlinie 1999/44/EG des Europäischen Parlaments und des Rates sowie zur Aufhebung der Richtlinie 85/577/EWG des Rates und der Richtlinie 97/7/EG des Europäischen Parlaments und des Rates, ABl. 2011 L 304/64.

[780] *Wilhelmsson* 27 J. Cons. Pol. 317, 318 ff. (2004).

[781] Verordnung Nr. 1924/2006/EG des Europäischen Parlaments und des Rates vom 20. Dezember 2006 über nährwert- und gesundheitsbezogene Angaben über Lebensmittel, ABl. 2006 Nr. L 404/9; berichtigte Fassung ABl. 2007 Nr. L 12/3, zuletzt geändert durch Verordnung (EU) Nr. 1169/2011 des Europäischen Parlaments und des Rates vom 25. Oktober 2011 betreffend die Information der Verbraucher über Lebensmittel und zur Änderung der Verordnungen (EG) Nr. 1924/2006 und (EG) Nr. 1925/2006 des Europäischen Parlaments und des Rates und zur Aufhebung der Richtlinie 87/250/EWG der Kommission, der Richtlinie 90/496/EWG des Rates, der Richtlinie 1999/10/EG der Kommission, der Richtlinie 2000/13/EG des Europäischen Parlaments und des Rates, der Richtlinien 2002/67/EG und 2008/5/EG der Kommission und der Verordnung (EG) Nr. 608/2004 der Kommission, ABl 2011 Nr. L 304/18. Vgl. dazu o. Rdn. 82.

[782] Art. 8 ff. Richtlinie 2014/40/EU des Europäischen Parlaments und des Rates vom 3. April 2014 zur Angleichung der Rechts- und Verwaltungsvorschriften der Mitgliedstaaten über die Herstellung, die Aufmachung und den Verkauf von Tabakerzeugnissen und verwandten Erzeugnissen und zur Aufhebung der Richtlinie 2001/37/EG, ABl. 2014 Nr. L 127/1.

[783] EuGH v. 6.9.2012, C-544/10 – *Deutsches Weintor,* noch nicht in Slg., Rdn. 51 = GRUR 2012, 1161.

[784] Vgl. Art. 13 Abs. 1 lit. b; EGr. 27 Richtlinie 2014/40/EU des Europäischen Parlaments und des Rates vom 3. April 2014 zur Angleichung der Rechts- und Verwaltungsvorschriften der Mitgliedstaaten über die Herstellung, die Aufmachung und den Verkauf von Tabakerzeugnissen und verwandten Erzeugnissen und zur Aufhebung der Richtlinie 2001/37/EG, ABl. 2014 Nr. L 127/1.

wurde (vgl. dazu o. Rdn. 428f.) – bekannt.[785] Auch die von der Rechtsordnung gleichwohl aufgestellten qualifizierten Informationspflichten[786] werden also keineswegs benötigt, um die Funktionsfähigkeit des Wettbewerbs sicherstellen, sondern sollen über eine **Zwangsinformation** der Käufer die sozialen Kosten aus der Gesundheitsschädlichkeit des Rauchens minimieren.[787]

437 In jüngster Zeit gingen auch Rechtsakte zum Schutz der wirtschaftlichen Verbraucherinteressen auf ein Modell vorverlagerten, verhaltensorientierten Schutzes über, das für die oben beschriebenen Modelladressaten eigentlich überschießend wirkt. Beispielhaft können die Tatbestände des Anhangs der UGP-RL in der extensiven Lesart der zu ihnen ergangenen Entscheidungen des EuGH[788] genannt werden, aber auch die Vorverlagerung des Schutzes durch eine weite Definition des Begriffs der Geschäftspraktiken (zur Erfassung bloß anlockender geschäftlicher Handlungen vgl. u. Rdn. 477).[789] Ausdrücklich ist der EuGH über seine Etikettierungsrechtsprechung hinausgegangen (vgl. u. Rdn. 455ff.). **Vor diesem Hintergrund führen Hinweise auf das in der Marktöffnungsphase durch den EuGH entwickelte Verbraucherleitbild den Rechtsanwender in die Irre.**

3. Folgen für die Rechtsanwendung

438 **a) Verhältnis sekundärrechtlicher Irreführungsverbote zum aus Art. 34 AEUV entwickelten Verbraucherleitbild.** Das Europäische Sekundärrecht hält zahlreiche Vorschriften bereit, die entweder die Begründung einer Irreführungsgefahr verbieten oder konkretisierende Vorschriften zur Etikettierung und Bezeichnung bereithalten (vgl. o. Rdn. 430ff.). Das Verhältnis dieser Vorschriften zu der Entwicklung des Verbraucherleitbildes im Zusammenhang mit primärrechtlichen Vorschriften wird verschiedentlich problematisiert: So wird behauptet, dass das Sekundärrecht kein anderes Leitbild zugrundelegen dürfe, weil der EuGH in der Anwendung des Primärrechts ein optimistischeres Verbraucherleitbild entwickelt habe (vgl. die Nachw. o. Rdn. 84ff.).

439 *aa) Vorrang des Primärrechts.* Selbstverständlich überwindet das Primärrecht im Grundsatz sekundärrechtliche Vorschriften.[790] Es wäre dennoch falsch, ein sekundärrechtliches Irreführungsverbot am Maßstab des im Rahmen der *Cassis*-Rechtsprechung zu Art. 34 AEUV entwickelten Verbraucherleitbildes zu messen. Das ergibt sich aus der Prämisse der *Cassis*-Rechtsprechung selbst. Zwingende Erfordernisse der Lauterkeit des Handelsverkehrs oder des Verbraucherschutzes rechtfertigen nämlich nur **in Ermangelung unionsrechtlicher Regelungen** Beschränkungen des freien Waren- und Dienstleistungsverkehrs.[791] Sobald diese unionsrechtlichen Regelungen bestehen, ist die mitgliedstaatliche Maßnahme primär an ihnen zu messen. Führt die sekundärrechtliche Regelung nur zu einer Teilharmonisierung (Mindestklausel), wie in der Irreführungsrichtlinie, so bleiben die Mitgliedstaaten ergänzend den Anforderungen des Primärrechts unterworfen.[792] Die sekundärrechtliche Regelung wird aber als solche nicht am Primärrecht gemessen – was für die Mitgliedstaaten recht ist, ist für die Union lange nicht billig: Wenn die Union die Bezeichnung von Kosmetika in einer Weise, die einen assoziativen Zusammenhang mit einer medizinischen Wirkung herstellt,[793] zur Harmonisierung der Regelungen innerhalb der Union auf einem hohen Verbraucherschutzni-

---

785 Auf eine Neigung des Adressaten, ein Krebserkrankungsrisiko zu unterschätzen oder aus dem Entscheidungsszenario zu eliminieren, weist *Leistner* S. 130 hin.

786 Art. 8ff. Richtlinie 2014/40/EU des Europäischen Parlaments und des Rates vom 3. April 2014 zur Angleichung der Rechts- und Verwaltungsvorschriften der Mitgliedstaaten über die Herstellung, die Aufmachung und den Verkauf von Tabakerzeugnissen und verwandten Erzeugnissen und zur Aufhebung der Richtlinie 2001/37/EG, ABl. 2014 Nr. L 127/1.

787 Ausführlich *Leistner* S. 131.

788 EuGH v. 18.10.2012, Rs. C-428/11 – *Purely Creative Ltd. u.a.,* noch nicht in Slg., Rdn. 31ff. = GRUR 2012, 1269, zu Nr. 31 Anh. I UGP-RL (Sweepstakes); EuGH v. 3.4.2014, Rs. C-515/12 – *4finance,* noch nicht in Slg., Rdn. 23f., 34 = GRUR Int. 2014, 592, zu Nr. 14 Anh. I UGP-RL (Beitragserfordernis für Schneeballsystem). Ähnliche Wertung von GK/*Heinze* Einl C Rdn. 66.

789 EuGH v. 19.12.2013, Rs. C-281/12 – *Trento Sviluppo,* noch nicht in Slg., Rdn. 36 = GRUR 2014, 19.

790 MüKo-UWG/*Micklitz* EG D Art. 6 Rdn. 7

791 EuGH GRUR Int. 1979, 468 – *Cassis de Dijon,* Slg. 1979, 649 Rdn. 8. Klarstellend EuGH GRUR 2004, 174 – *DocMorris,* Slg. 2003, I-14887 Rdn. 64.

792 Deutlich EuGH GRUR 2004, 174 – *DocMorris,* Slg. 2003, I-14887 Rdn. 64, zur Mindestklausel in der Fernabsatzrichtlinie; GRUR 2004, 965 – *Karner,* Slg. 2004, I-3025 Rdn. 34, zur Irreführungsrichtlinie. Es trifft daher nicht ganz den Kern, wenn die Anwendung von Art. 28 EG (nunmehr Art. 34 AEUV) auf das mitgliedstaatliche Recht im Rahmen des Art. 8 IrreführungsRL auf die Bindung des sekundären Gemeinschaftsrechts an das Primärrecht zurückgeführt wird, so aber MüKo-UWG/*Micklitz* EG D Art. 8 Rdn. 8 Zum Auslegungsproblem vgl. MüKo-UWG/*Leible* EG A Rdn. 122.

793 Vgl. EuGH GRUR 1994, 303 – *Clinique,* Slg. 1994, I-317.

veau generell untersagte, würde Art. 34 AEUV keine Handhabe gegen ein solches Verbot bieten.[794] Für das europäische Sekundärrecht gelten die Grundfreiheiten – wiewohl höherrangiges Recht – nicht als Beschränkungsverbote,[795] weil dieser Garantiegehalt gerade an das Nichtvorliegen positivharmonisierender Rechtsakte geknüpft ist. Es wurde deshalb zu Recht darauf hingewiesen, dass die unionsrechtlichen Irreführungsstandards durchaus unterschiedlich sein können, wenn als Folge einer sekundärrechtlich bewirkten Vollharmonisierung das im Rahmen der grundfreiheitsrechtlichen Bewertung vordringlich verfolgte Interesse an Marktintegration nicht in die Abwägung einzustellen ist.[796]

Als Schranken übermäßig restriktiver unionsrechtlicher Normen kommen daher nicht die Grundfreiheiten, sondern allenfalls die **Unionsgrundrechte** in Betracht.[797] Insoweit mag der Umstand, dass der EuGH alle Irreführungsverbote einheitlich auslegt (dazu sogl.), auf die unterschwellige Erkenntnis zurückzuführen sein, dass unionsrechtliche Irreführungsverbote als Schranken der Meinungsäußerungsfreiheit in derselben Weise einer Schranken-Schranke der Verhältnismäßigkeit zu unterwerfen sind wie als Schranken der gleichgerichteten Grundfreiheiten.[798] **440**

Von Nachteil wirkt es sich allerdings aus, dass der EuGH die erforderliche **EU-Grundrechtsprüfung** nicht auf den Akt konkreter Rechtsanwendung bezieht, sondern lediglich auf den **einschränkenden Unionsrechtsakt.**[799] Als Folge der Anerkennung der gesetzgeberischen Notwendigkeit der Abstraktion sowie des weiten gesetzgeberischen Ermessensspielraums insbesondere bei Einschränkungen der Freiheit zur Meinungsäußerung im wirtschaftlichen Kontext bleibt die Grundrechtskontrolle eine viel zu schwache Waffe gegen überschießende Verbotstatbestände. Die Kontrolldichte der vom EuGH ausgeübten Unionsgrundrechte bleibt erheblich hinter derjenigen zurück, die im nationalen Kontext bei der Kontrolle durch das Bundesverfassungsgericht[800] bereits erreicht wurde. **441**

bb) Einheitlicher Irreführungstatbestand? Der EuGH hat sehr früh auf eine homogene Auslegung der verschiedenen Irreführungstatbestände und Verbraucherleitbilder hingewirkt. Im Fall *Clinique* legte er die in der **teilharmonisierten Irreführungsrichtlinie** sowie der (vollharmonisierten) Vorschriften über die Verpackung und Etikettierung kosmetischer Mittel enthaltenen Irreführungsverbote „wie das gesamte abgeleitete Recht im Lichte der Bestimmungen des EWG-Vertrags über den freien Warenverkehr" aus.[801] Ähnlich verfuhr er später in den Fällen *6-Korn*[802] und *Lifting.*[803] Auch im Kontext des Markenrechts wurden die Begriffe der Irreführung über die kommerzielle Herkunft sowie die Verwechslungsgefahr zusammengeführt.[804] **442**

Im Bereich **vollharmonisierter Rechtsgebiete** ist die Praxis des EuGH uneinheitlich. An sich sollte hier die Heranziehung der Grundfreiheiten ausgeschlossen sein.[805] Nicht zu verkennen ist aber, dass auch vollharmonisierende Rechtsakte des Unionsrechts häufig nur einen begrenzten Regelungszweck haben. Das mag nicht selten[806] gerechtfertigt haben, zur Berücksichtigung davon **443**

---

[794] Zutr. MüKo-UWG/*Leible* EG A Rdn. 123 Missverständlich insoweit MüKo-UWG/*Micklitz* EG D Art. 6 Rdn. 7. Anderes gilt selbstverständlich, wenn die sekundärrechtliche Vorschrift eine unmittelbare oder mittelbare Diskriminierung begründet, vgl. MüKo-UWG/*Leible* EG A Rdn. 119 mit Beispielen.

[795] MüKo-UWG/*Leible* EG A Rdn. 118.

[796] *Beater* GRUR Int. 2000, 963, 973; *Glöckner,* Europäisches Lauterkeitsrecht, S. 486.

[797] MüKo-UWG/*Leible* EG A Rdn. 118.

[798] MüKo-UWG/*Leible* EG A Rdn. 123; *Streinz,* Europarecht, 9. Aufl., 2012, Rdn. 759. Vgl. bereits *Glöckner/Henning-Bodewig* WRP 2005, 1311, 1314 ff.

[799] EuGH v. 6.9.2012, C-544/10 – *Deutsches Weintor,* noch nicht in Slg., Rdn. 59 = GRUR 2012, 1161.

[800] Exemplarisch BVerfG GRUR 2001, 170 – *Benetton;* BVerfG GRUR 2003, 442 – *Benetton-Werbung II.*

[801] EuGH GRUR 1994, 303 – *Clinique,* Slg. 1994, I-317 Rdn. 12.

[802] EuGH GRUR Int. 1998, 795 – *6-Korn,* Slg. 1998, I-4657 Rdn. 27 ff.

[803] EuGH GRUR Int. 2000, 354, 356 – *Estée Lauder ./. Lancaster,* Slg. 2000, I-117 Rdn. 28.

[804] EuGH GRUR 2008, 698 – *O2,* Slg. 2008, I-4254 Rdn. 50.

[805] MüKo-UWG/*Leible* EG A Rdn. 123. Richtig demgemäß EuGH GRUR Int. 2000, 354, 356 – *Estée Lauder ./. Lancaster,* Slg. 2000, I-117 Rdn. 23. Vgl. aber demgegenüber EuGH GRUR 1994, 303 – *Clinique,* Slg. 1994, I-317 Rdn. 17, wo der EuGH feststellte, dass die deutschen Rechtsvorschriften, durch welche das Irreführungsverbot der vollharmonisierenden Richtlinie 76/768 umgesetzt wurden, in ihrer Anwendung im Einklang mit den ex-Art. 30 und 36 EWG-Vertrag in deren Auslegung durch den Gerichtshof stehen müssten.

[806] Prototypisch EuGH GRUR Int. 1997, 913 – *De Agostini,* Slg. 1997, I-3843 Rdn. 37, 60: Schutz der Jugend in Fernsehrichtlinie abschließend geregelt, nicht aber Schutz gegen Irreführung. Anders lag demgegenüber die Rechtssache *Clinique,* wo der EuGH selbst feststellte, dass die Richtlinie ausweislich ihrer Begründungserwägungen ausdrücklich die zwingenden Erfordernisse zum Schutz der Verbraucher und der Lauterkeit des Handelsverkehrs im Sinne der *Cassis*-Rechtsprechung festgelegt habe und das Ziel des Schutzes der Gesundheit von Menschen im Sinne des Art. 30 EG verfolge, da eine irreführende Information über die Eigenschaften dieser Erzeugnisse Auswirkungen auf die Volksgesundheit haben könnte, EuGH GRUR 1994, 303 – *Clinique,* Slg. 1994, I-317 Rdn. 15.

nicht erfasster zwingender Interessen des Verbraucher- oder Wettbewerbsschutzes das mitgliedstaatliche Lauterkeitsrecht anzuwenden. Dann muss diese Anwendung selbstredend wieder am Maßstab der *Cassis*-Doktrin und damit am Europäischen Verbraucherleitbild gemessen[807] werden. Diese **feststellbare Tendenz der Rechtsprechung, unabhängig von der Provenienz der Regelungen einheitliche Maßstäbe an alle Irreführungsverbote anzulegen,** mag die große Nonchalance bei der Abstimmung der Irreführungsrichtlinie und der Richtlinie über unlautere Geschäftspraktiken[808] erklären.

444 Für die Zukunft ist eine **Offenlegung und Differenzierung im Hinblick auf Regelungszwecke** (z.B. Schutz wirtschaftlicher Verbraucherinteressen; Schutz der Verbrauchergesundheit) und **Verbraucherleitbilder** (bloß **marktfunktionaler Schutz** durch allgemeines Lauterkeitsrecht;[809] **marktkorrigierender Verbraucherschutz** bei Verbrauchergesundheit[810]) anzumahnen. Differenzierende Standards gestatten zugleich, die sehr häufig auftretende Frage nach dem Verhältnis unterschiedlicher Unionsrechtsakte einfacher und kohärenter zu beantworten.

445 **b) Verhältnis von Unionsrechtsakten zueinander.** *aa) UGP-RL und Irreführungsrichtlinie.* Bei untrennbaren geschäftlichen Handlungen im Anwendungsbereich der UGP-RL überlagert letztere als Folge ihres totalharmonisierenden Anspruchs die Irreführungsrichtlinie im Hinblick auf die Frage, ob diese als Folge der Begründung einer Irreführungsgefahr unzulässig sind. Im Hinblick auf an Verbraucher gerichtete vergleichende Werbung kommt die Irreführungsrichtlinie zwar neben der UGP-RL zur Anwendung, vgl. EGr. 6 S. 4 UGP-RL; es bleibt aber beim Irreführungsstandard der UGP-RL, vgl. Art. 4 lit. a IrreführungsRL. Das Zusammenwirken der Irreführungsrichtlinie mit der UGP-RL soll im Zuge der laufenden Gesetzgebungsarbeiten an einer Reform ersterer klargestellt werden.[811]

446 *bb) UGP-Richtlinie und Markenrecht.* Gemäß EGr. 9 S. 2 UGP-RL „berührt" die Richtlinie nicht die gemeinschaftlichen und nationalen Vorschriften im Bereich des Schutzes des geistigen Eigentums (en. *is without prejudice,* fr. *s'applique sans préjudice,* it. *non pregiudica,* es. *tampoco afecta*). Es fehlt zwar eine korrespondierende Regelung im verfügenden Teil der UGP-RL. Der hierdurch bewirkte Verlust an Rechtssicherheit bleibt aber überschaubar, wie die Parallelregelung zum Vertragsrecht in Art. 3 Abs. 2 UGP-RL deutlich macht („bleibt unberührt"). Was das bedeutet, führt der Europäische Gesetzgeber nämlich nicht aus. Relativ selbstverständlich erscheint, dass die Verbotsnormen im Recht des Geistigen Eigentums, insbesondere im Markenrecht, fortbestehen und selbständig angewendet werden können: Der Ausschluss der Gefahr einer Irreführung über die kommerzielle Herkunft i.S.d. Art. 6 Abs. 1 lit. b UGP-RL ändert also z.B. nichts an der Anwendbarkeit des Identitätsschutzes gem. Art. 10 Abs. 2 lit. a MarkenrechtsRL.[812]

447 Die lapidare Feststellung in den Begründungserwägungen verhält sich indes nicht mit gleicher Klarheit zur Problematik von vorgesehenen Handlungsspielräumen: Es entspricht allgemeiner Auffassung, dass die Markenrechtsrichtlinie die mitgliedstaatlichen Markenrechtsordnungen in dem Sinne harmonisiert, dass Markenrechte als subjektive Rechte gewährt werden.[813] Wie alle Eigentumsrechte weisen sie ihrem Inhaber einen Freiraum zu, innerhalb dessen er im Rahmen der allgemeinen Rechtsordnung von seinem Recht Gebrauch machen kann. Zu diesem Gebrauch zählen der Einsatz im Geschäftsverkehr durch dauerhafte oder zeitweise Überlassung an Dritte (Lizenzierung), durch Vergleich, aber auch der schlichte Verzicht auf die Durchsetzung, wie er etwa gelebten „Gleichgewichtslagen"[814] zugrundeliegt. All diese vom Europäischen Markenrecht eingeräumten Möglichkeiten können durch die konkurrierende Anwendung des Europäischen Lauterkeitsrechts konterkariert werden. Die Möglichkeit der Geltendmachung der Irreführungsgefahr durch Dritte nähme dem Markeninhaber nämlich weitgehend die Möglichkeit, privatautonom einschlägige Verpflichtungen zu begründen. Aus dem subjektiven Recht am Kennzeichen folgende Verfügungsbefugnis und gegengerichtete Verhinderungsmacht stoßen an dieser Stelle unvermittelt

---

807 So ausdrücklich EuGH GRUR 2004, 174 – *DocMorris,* Slg. 2003, I-14887 Rdn. 64 m.w.N.

808 Vgl. dazu MüKo-UWG/*Micklitz* EG D Art. 6 Rdn. 5.

809 GK/*Heinze* Einl C Rdn. 65.

810 GK/*Heinze* Einl C Rdn. 67.

811 Mitteilung der Kommission an das Europäische Parlament, den Rat, den Europäischen Wirtschafts- und Sozialausschuss und den Ausschuss der Regionen, Schutz von Unternehmen vor irreführenden Vermarktungspraktiken und Gewährleistung der wirksamen Durchsetzung Überarbeitung der Richtlinie 2006/114/EG über irreführende und vergleichende Werbung, COM[2012] 702 final, 5.

812 Richtlinie (EU) 2015/2436 des Europäischen Parlaments und des Rates vom 16. Dezember 2015 zur Angleichung der Rechtsvorschriften der Mitgliedstaaten über die Marken, ABl. 2015 Nr. L 336/1.

813 *Ekey,* in: Heidelberger Kommentar zum Markenrecht, Bd. 1, 3. Aufl., 2014, § 14 Rn. 39.

814 BGH GRUR 2013, 397 – *Peek & Cloppenburg III.*

aufeinander. Anders als der Europäische Gesetzgeber glauben machen will, berührt die Anwendung der lauterkeitsrechtlichen Regelungen den Schutz des Geistigen Eigentums in solchen Fällen eben doch.[815]

An dieser Stelle muss ein in der in der Praxis des EuGH zu erkennender Grundsatz fruchtbar gemacht werden, wonach Rechtsnormen des Unionsrechts so auszulegen sind, dass sie sich sinnvoll ergänzen **(„kohärente Auslegung")**.[816] Wenn also der spezifische Gegenstand[817] des Markenrechts auch in der Möglichkeit erkannt wird, über das Recht zu dessen Verwertung zu verfügen, darf die Anwendung der verbraucherschützenden UGP-RL diese Möglichkeit nicht völlig ausschließen.[818] **448**

Vor dem Hintergrund, dass der Gesetzgeber der UGP-RL bestimmte Fälle, in denen deren Anwendungsbereich in den des Immaterialgüterschutzes hineinragt, erkennbar erfassen wollte, wie etwa die Produktnachahmung unter Begründung einer Verwechslungsgefahr, vgl. EGr. 14 S. 6 UGP-RL, kommen weder die Annahme einer Beschränkung des Anwendungsbereichs der UGP-RL noch eine Verdrängung unter dem Gesichtspunkt der Spezialität, die Art. 3 Abs. 4 UGP-RL entnommen werden könnte, in Betracht. Der pauschale Ausschluss des lauterkeitsrechtlichen Schutzes im Sinne der überkommenen Vorrangthese war niemals angemessen und würde auch zur Lösung des Binnenkonflikts innerhalb der europarechtlichen Subsysteme nicht beitragen. Er verdeckt und verhindert zugleich die Notwendigkeit eines angemessenen **Interessenausgleichs:** So bleibt allein, die gebotene **Einschränkung tatbestandsimmanent** vorzunehmen.[819] Erforderlich ist damit eine Lösung innerhalb der §§ 4 Nr. 3 lit. a, 5 Abs. 1 Nr. 1, Abs. 2 UWG, die sämtlich die Begründung einer Irreführungs- bzw. Verwechslungsgefahr verlangen. **449**

cc) UGP-RL und besondere Irreführungsverbote, Informationsgebote sowie Verbote unzulässiger Beeinflussung. Im Hinblick auf besondere unionsrechtliche Regelungen greift die Anordnung des Art. 3 Abs. 4 UGP-RL ein: Rechtsvorschriften der Union, die besondere Aspekte unlauterer Geschäftspraktiken regeln, sollen denen der UGP-RL vorgehen und für diese besonderen Aspekte maßgebend sein. Der Formulierung lässt sich zweierlei entnehmen: **450**

Anders als etwa die Vorschriften des Immaterialgüter- oder Vertragsrechts bleiben solche Regelungen nicht nur unberührt, sondern sollen denen der UGP-RL vorgehen. In einer Richtung wird damit zunächst die politische Absicht bekräftigt, mit der UGP-RL ein horizontal wirkendes „Auffangnetz" zu schaffen, das einen Mindestschutzstandard sichert, vgl. EGr. 10 S. 4 UGP-RL. Schwierigkeiten entstehen aus der Formulierung indes, wenn die spezielleren Vorschriften hinter dem von der UGP-RL etablierten Maß an Verbraucherschutz zurückfallen. In solchen Fällen sollte indes im Regelfall keine Verdrängungswirkung angenommen werden. Es ist nicht ersichtlich, dass der Unionsgesetzgeber den durch die UGP-RL gewährten Verbraucherschutz sektoriell beschränken wollte. Allenfalls mag eine Vermutung begründet werden, dass beispielsweise in sektoriellen Rechtsakten konkret begründete Informationspflichten sämtliche wesentlichen Informationen i. S. d. Art. 7 Abs. 1 UGP-RL sind, vgl. dazu auch Art. 7 Abs. 5 UGP-RL. **451**

Daneben verdient Beachtung, dass der Vorrang eben nur so weit reicht, als „besondere Aspekte" geregelt sind. **Jenseits dieser besonderen Aspekte** bleibt der **Rückgriff** auf die UGP-RL stets **möglich.** **452**

Besondere Schwierigkeiten bereiten unionsrechtliche Sonderregelungen, die noch dem Regelungsprinzip der **Mindestharmonisierung** folgen, wie etwa Art. 10 Richtlinie 98/6. Bei der Preisauszeichnung handelt es sich durchaus um Geschäftspraktiken i. S. d. Art. 2 lit. d UGP-RL. Demgemäß wird die Informationspflicht in Art. 3 Abs. 4 Richtlinie 98/6 in Anh. II UGP-RL ausdrücklich aufgeführt. Wenig klar erscheint jedoch, dass vom Privileg des Art. 3 Abs. 4 UGP-RL auch solche mitgliedstaatlichen Regelungen erfasst werden, die von der Mindestklausel Gebrauch machen und weitergehende Pflichten begründen, da der Ablauf der Übergangsfrist in Art. 3 Abs. 5 UGP-RL gegen die Anwendbarkeit der Spezialitätsregel zu sprechen scheint. Aus den genannten **453**

---

[815] Vgl. bereits *Glöckner* FS Fezer, S. 167, 179 ff.

[816] Beispiele rechtsaktübersteigender kohärenter Auslegung finden sich etwa bei EuGH GRUR Int 2000, 69-*Farmitalia,* Slg. 1999, I-5553, Rn. 20; EuGH GRUR 2006, 694 – *Massachusetts Institute of Technology,* Slg. 2006, I-4089, Rn. 22 ff.; EuGH GRUR Int. 2010, 41 – *AHP Manufacturing,* Slg. 2009, I-7295, Rn. 23 ff., jeweils zur Reichweite ergänzender Schutzzertifikate; GA *Trstenjak,* Schlussanträge Rn. 87 ff., zu EuGH, C-453/10 – *Perenicová,* ECLI:EU:C:2011:788, zum Verhältnis der UGP-Richtlinie zur Klauselrichtlinie. Positiv auch GK/*Heinze* Einl C Rdn. 23.

[817] Bewusst wird hier an die Diktion des EuGH zur Beschränkung der Privilegierung des Geistigen Eigentums im Rahmen der Warenverkehrsfreiheit gem. Art. 36 AEUV angeknüpft, vgl. EuGH, 21.6.2012, C-5/11 – Donner, GRUR 2012, 817. Ebenso bereits *Fezer,* GRUR 2010, 953, 958.

[818] Ähnlich bereits *Fezer,* GRUR 2010, 953; *Bornkamm,* GRUR 2011, 1, 7.

[819] *Fezer,* GRUR 2009, 451, 457: tatbestandliche Begrenzungsfunktion.

Gründen (vgl. o. Rdn. 243) ist indes von einer selbständigen Anwendung beider Tatbestände auszugehen.

454 Stets ist zu beachten, dass Rechtsakte des Unionsrechts, wiewohl sie äußerlich ähnliche Sachverhalte regeln, nicht notwendigerweise „spezieller" i. S. d. Art. 3 Abs. 4 UGP-RL wirken. So schützen etwa die Verbote der unerwünschten Fax- oder E-Mail-Werbung in Art. 13 Abs. 1 RL 2002/58 (vgl. dazu o. Rdn. 382) von vornherein nicht wirtschaftliche Verbraucherinteressen, sondern gem. Art. 1 Abs. 1 die Grundrechte und Grundfreiheiten, insbesondere das Recht auf Privatsphäre, in Bezug auf die Verarbeitung personenbezogener Daten im Bereich der elektronischen Kommunikation.

455 **c) Maßstäbe der Unlauterkeit bei Irreführungen.** *aa) Kein universeller Fortbestand der „labelling doctrine".* In der Vergangenheit hatte der EuGH den bei der Anwendung der Grundfreiheiten bestehenden Zielkonflikt zwischen dem Interesse an Marktintegration und dem gegengerichteten Interesse am Schutz vor Wettbewerbsverfälschungen durch Irreführungsgefahren regelmäßig mithilfe des **„Informationsparadigmas"** aufgelöst: Im europäischen Verbraucherrecht und bei der Abwägung der „zwingenden Gründe des Schutzes der Verbraucher und der Lauterkeit des Handels" im Sinne der *Cassis*-Formel wurde der Grundsatz entwickelt, dass ein informierter Abnehmer ein hinreichend geschützter Abnehmer sei, so dass weitergehende Vertriebsverbote nicht erforderliche Beschränkungen des Handelsverkehrs begründen. Information ging daher vor Vertriebsbeschränkung.[820] Ergänzt wurde dieser Grundsatz durch ein vergleichsweise optimistisches Bild von der **Informationsverarbeitungsfähigkeit** der europäischen Abnehmer.[821] Das gallt vor allem im Hinblick auf den Verbraucher und das in diesem Zusammenhang maßgebende **Verbraucherleitbild.**

456 Bei unterstellter Informierbarkeit wird der materielle Konflikt damit jedoch einseitig zulasten des Verbrauchers ausgetragen, dem die aus der **Marktintegration resultierenden Transaktionskosten** bislang sehr einseitig aufgebürdet wurden.[822] Ein nicht untypisches Beispiel bot das Urteil des EuGH vom 26. Oktober 1995:[823] In Deutschland ist es bekanntlich üblich, Sauce hollandaise und béarnaise auf Butterbasis herzustellen. Deutsches Lebensmittelrecht schrieb demgemäß vor, dass entsprechende Trockenprodukte, die nicht aus Butter bestanden, mit einem entsprechenden Hinweis zu versehen seien. Der EuGH hielt diese Hinweispflicht jedoch für nicht erforderlich, weil der Verbraucher das Zutatenverzeichnis lesen und die gemäss der Lebensmittelrichtlinie verwendeten Abkürzungen verstehen werde. In der Entscheidung *naturrein*[824] aus dem Jahr 2000 nahm der EuGH ebenfalls an, dass die durch eben diese Bezeichnung einer Marmelade begründete Irreführungsgefahr im Hinblick auf die Verwendung des Konservierungsmittels Pektin durch dessen Aufnahme im Zutatenverzeichnis gemäß den Vorgaben der Etikettierungsrichtlinie ausgeschlossen werde. Es war stets fragwürdig, ob der Durchschnittsverbraucher überhaupt in der Lage ist, die von Lebensmittelchemikern entworfene Liste von Zutaten, bei denen die Bezeichnung unter dem Namen der Klasse, gefolgt von ihrem spezifischen Namen oder der EG-Nummer zwingend vorgeschrieben ist,[825] zu verstehen. Maßgebend muss sein, dass der Verbraucher nicht gezwungen werden darf, für ein geringwertiges Produkt minutenlange Warenkunde zu betreiben.[826] Eine auf den Schutz des Wettbewerbs konzentrierte Betrachtung des Lauterkeitsrechts muss vielmehr die **Verteilung der Transaktionskosten** einbeziehen.[827]

457 Insoweit ist zu beachten, dass der **Unionsgesetzgebung im Bereich des Schutzes mittelbarer Vermögensinteressen** der Verbraucher durch Kennzeichnungspflichten und Informationsgebote durchaus der Gesichtspunkt zugrundeliegt, den Konsumenten **Suchkosten zu ersparen** und den gesellschaftlichen Gesamtaufwand durch Belastung des *cheapest cost avoiders* zu minimieren.[828]

---

820 *Glöckner,* Europäisches Lauterkeitsrecht, S. 522; *Radeideh* S. 47.

821 *Weatherill* in: The Evolution of EU law, S. 693, 701. *van den Bergh* in: Effiziente Verhaltenssteuerung, S. 77, 84, spricht von „Informationseuphorie". Vgl. auch *Grünwald* S. 82 ff.

822 *Sack* WRP 1999, 399, 401; *Weatherill* in: The Evolution of EU law, S. 693, 700; *Beater* GRUR Int. 2000, 963, 970, *ders.* S. 97; *Hucke* S. 102: Risikoverlagerung.

823 EuGH EuZW 1996, 245 – *Kommission ./. Deutschland,* Slg. 1995, I-3599 Rdn. 34.

824 EuGH GRUR Int. 2000, 756 – *naturrein,* Slg. 2000, I-2297.

825 Vgl. Anh. II der Richtlinie 2000/13/EG des Europäischen Parlaments und des Rates vom 20. März 2000 zur Angleichung der Rechtsvorschriften der Mitgliedstaaten über die Etikettierung und Aufmachung von Lebensmitteln sowie die Werbung hierfür, ABl. 2000 Nr. L 109/29.

826 Ebenso *Buchner/Rehberg* GRUR Int. 2007, 394, 401.

827 Bereits *van den Bergh/Lehmann* GRUR Int. 1992, 588, 589 ff.

828 *van den Bergh/Lehmann* GRUR Int. 1992, 588, 594 ff. Beachtlich ist insoweit nicht zuletzt, dass im Bereich des sekundären Verbraucherrechts im Bereich der Kennzeichenregelungen, d. h. außerhalb des Erfordernisses der Marktintegration, ein erheblich weniger informierter und alerter Durchschnittsadressat zugrundegelegt wird, *Beater* GRUR Int. 2000, 963, 973.

Derselbe Grundsatz muss auf die Anwendung lauterkeitsrechtlicher Regelungen und insbesondere auf das Irreführungsverbot übertragen werden.[829] Demgemäß hat die dem Unlauterkeitsurteil zugrundeliegende Interessenabwägung vor allem zu berücksichtigen, welche **Transaktionskosten** auf der Seite des **Anbieters (Kosten der Marktanpassung)** bzw. auf der Seite der **Abnehmer (Transaktionsaufwand zur Überwindung der Irreführungsgefahr)** erforderlich sind. Sie müssen unter Berücksichtigung des Gebotes der Gesamtkostenminimierung[830] und der Schutzwürdigkeit des Interesses des Anbieters an der Zulässigkeit seines Wettbewerbsverhaltens zwischen dem Wettbewerber und der Marktgegenseite verteilt werden. Diese Notwendigkeit ging in der Praxis bei der Feststellung (d. h. regelmäßig bei der Ablehnung) der Irreführungsgefahr *ex cathedra* bzw. der Behauptung der Möglichkeit hinreichender Konsumentenaufklärung leicht unter. Im Gegenteil drängte sich bei der Betrachtung der Rechtsprechung des EuGH die Annahme auf, dass er bei seiner **Etikettierungsrechtsprechung** wie insgesamt bei der Auslegung der **unionsrechtlichen Irreführungsverbote** gleichsam die Freizeit der europäischen Verbraucher als Verfügungsmasse der Marktintegration betrachtete.[831]

An dieser Stelle hatte der **Wegfall des Bedürfnisses nach rechtlicher Marktintegration** infolge der durch die UGP-RL bewirkten **Totalharmonisierung** durchaus segensreiche Wirkung: In der Entscheidung *Teekanne* aus dem Jahr 2015 gab der EuGH im Konflikt zwischen der Begründung einer Irreführungsgefahr durch die Produktbezeichnung und -aufmachung einerseits und der Erfüllung der lebensmittelrechtlichen Grundinformationspflichten durch ein zutreffendes Zutatenverzeichnis andererseits dem Schutz der Verbraucher vor Irreführung den Vorrang.[832] Ausdrücklich zitiert der EuGH die anderslautenden Entscheidungen *Kommission ./. Deutschland („Sauce béarnaise")* und *naturrein*[833] und stellt daraufhin fest, dass der Umstand, dass das Verzeichnis der Zutaten auf der Verpackung des im Ausgangsverfahren in Rede stehenden Erzeugnisses angebracht ist, für sich allein nicht ausschließen kann, dass die Etikettierung des Erzeugnisses und die Art und Weise, in der sie erfolgt, geeignet sein können, den Käufer irrezuführen.[834] 458

Die Entscheidung *Teekanne* bezieht sich zwar ausdrücklich allein auf das Verhältnis des Irreführungsverbots in Art. 2 Abs. 1 lit. a i zur Kennzeichnungspflicht in Art. 3 Abs. 1 der Etikettierungsrichtlinie. Überdies wurden die Regelungen der Etikettierungsrichtlinie durch die Lebensmittelinformationsverordnung (vgl. dazu o. Rdn. 92) aufgehoben, innerhalb welcher sie fortbestehen. Der EuGH hat aber sehr deutlich gemacht, dass – auch wenn die Etikettierungsrichtline eine spezifische Bestimmung des Lebensmittelrechts darstelle – Art. 2 Abs. 1 lit. a bekräftige, dass die Etikettierung eines Lebensmittels nicht irreführend sein dürfe. Die rechtskonforme **Information verschafft mithin keine Absolution** (mehr!) vom Vorwurf der irreführenden Etikettierung. Dieser Grundsatz kann nicht allein innerhalb der Etikettierungsvorschriften angewendet werden, sondern erfasst auch das Verhältnis zwischen besonderen Informationspflichten und allgemeinem Irreführungsverbot. 459

bb) Trennung der Verbraucherleitbilder. Die Entscheidung des EuGH ist zu begrüßen.[835] Wenn sie tatsächlich eine **allgemeine Entwicklung innerhalb unionsrechtlich totalharmonisierter Rechtsgebiete** auslöst, wird sie wegen der Weite des Anwendungsbereichs der UGP-RL von maßgeblicher Bedeutung für die Entwicklung des lauterkeitsrechtlichen Verbraucherschutzes sein. Diesbezüglich bleibt allein zu kritisieren, dass der EuGH seine Fortbildung des Rechts nicht offenlegt, sondern durch die ausdrückliche Bezugnahme auf das etablierte Modell des Durchschnittsverbrauchers[836] eher verdeckt. 460

Tatsächlich gestattet allein die **Totalharmonisierung,** sei es durch die Lebensmittelinformationsverordnung oder die UGP-Richtlinie, das **Irreführungsverbot im Sinne eines wettbewerbsfunktional idealen Schutzstandards** (dazu sogl.) anzuwenden. Im nur **mindestharmonisierten Bereich,** welcher der Kontrolle durch die Grundfreiheiten unterworfen ist, kann die *labelling doctrine* nach wie vor genutzt werden, um Handelshemmnisse abzubauen. 461

---

[829] *Linder* S. 61 m. w. N.

[830] Vgl. dazu *van den Bergh* in: Effiziente Verhaltenssteuerung, S. 77, 80 ff.; *van den Bergh/Lehmann* GRUR Int. 1992, 588, 590.

[831] Exemplarisch EuGH EuZW 1996, 245 – *Kommission ./. Deutschland,* Slg. 1995, I-3599 Rdn. 34; GRUR Int. 2000, 756 – *naturrein,* Slg. 2000, I-2297 Rdn. 22. Ähnlich in der Bewertung *Beater* GRUR Int. 2000, 963, 970, *ders.* S. 97.

[832] EuGH v. 4.6.2015, C-195/14 – *Teekanne,* noch nicht in Slg., Rdn. 38 = GRUR 2015, 701.

[833] EuGH v. 4.6.2015, C-195/14 – *Teekanne,* noch nicht in Slg., Rdn. 37 = GRUR 2015, 701.

[834] EuGH v. 4.6.2015, C-195/14 – *Teekanne,* noch nicht in Slg., Rdn. 38 = GRUR 2015, 701.

[835] Vgl. bereits die Kritik in der Voraufl., Einl B Rdn. 54 ff., 57.

[836] EuGH v. 4.6.2015, C-195/14 – *Teekanne,* noch nicht in Slg., Rdn. 36 = GRUR 2015, 701.

462 *cc) Irreführungsgefahr als Rechtsbegriff. (1) Notwendigkeit der Interessenabwägung.* Stets ist in der Sache ein Kompromiss zwischen freiem, d.h. möglichst geringen staatlichen Einschränkungen unterliegendem, und unverfälschtem, d.h. seine Funktionen erfüllenden Wettbewerb zu finden. Im Bereich des Irreführungsverbots bedeutet das, dass die Bestimmung der **quantitativen Aufgreifschwelle**[837] irreführender Angaben im Sinne einer **Optimierung der Wettbewerbsfunktionen** zwischen **Wettbewerbsintensivierung durch Marktintegration sowie Information** einerseits und **Wettbewerbsschutz gegen irreführungsbedingte Verfälschung** andererseits zu erfolgen hat.

463 Ein wettbewerbsbezogenes Verständnis des Lauterkeitsrechts gebietet zunächst eine **Loslösung** von der Vorstellung, dass bereits die Irreführung eines **„nicht unerheblichen Teils der angesprochenen Verkehrskreise“**[838] die relevante Irreführungsgefahr begründen kann. Die überkommene deutsche Praxis zu § 3 UWG a.F., die für ihre großzügige Bejahung einer relevanten Irreführungsgefahr berüchtigt war, ist nicht zuletzt auf die Zugrundelegung des Obersatzes zurückzuführen, wonach für die Bestimmung der Verkehrsauffassung bereits das (falsche) Verständnis eines „nicht unerheblichen Teils der angesprochenen Verkehrskreise“ ausreicht. Die allgemeine Anerkennung dieser Formel wurde durch eine unheilige Allianz[839] von Konkurrenten- und Konsumentenschutz bei der Durchsetzung des Irreführungsverbots begünstigt.[840] Eine wettbewerbsbezogene Auslegung des lauterkeitsrechtlichen Irreführungsverbotes verbietet demgegenüber ein absolutes, allein auf die falsche Vorstellung eines wie groß auch immer definierten Teils des angesprochenen Verkehrskreises bezogenes Verständnis. An das Vorliegen einer Irreführungsgefahr sind unmittelbar Rechtsfolgen geknüpft; es handelt sich um einen **Rechtsbegriff,** dessen Voraussetzungen im Rahmen einer wertenden Abwägung zu bestimmen sind.[841]

464 Das bedeutet allerdings nicht, dass es Sache des Gesetzgebers oder der Gerichte sei festzulegen, wie der Verkehr bestimmte Angaben zu verstehen habe. **Das Lauterkeitsrecht begründet Verhaltensnormen für die Unternehmen, nicht für die Konsumenten.** Insbesondere „Erziehungsargumente“ sind daher fehl am Platze.[842] Existente Irreführungsgefahren und die damit verbundene Verfälschung des Wettbewerbs können nicht mit dem Argument ignoriert werden, dass nur der geschädigte Adressat aus seinen Fehlern lerne und ein „gehöriges“ Misstrauen entwickle.[843]

465 *(2) Normativer Begriff auf objektiver Grundlage.* Andererseits kann es auch nicht darum gehen, eine objektiv festzustellende Irreführungsgefahr nur um das Korrektiv einer besonderen Interessenabwägung zu ergänzen.[844] Sinnvollerweise sollte die **Entscheidung über das Vorliegen einer Irreführungsgefahr im Wege einer integrierten Interessenabwägung** vorgenommen werden, ähnlich der im allgemeinen Deliktsrecht vorgenommenen Prüfung des Vorliegens einer Verletzung des allgemeinen Persönlichkeitsrechts. In diese Abwägung sind **irreführungsbegründende und irreführungshindernde Umstände einzustellen.**

466 Bei dieser Interessenabwägung geht es um die **Abgrenzung individueller Freiräume:** Sie hat einerseits die **Freiheitsrechte des Wettbewerbers**[845] sowie das **Allgemeininteresse an freiem Wettbewerb,** andererseits das **Allgemeininteresse** am Schutz der Wettbewerbsordnung vor **Verfälschungen** zu berücksichtigen. Insoweit sind namentlich die Intensität und Bedeutung der **objektiv** bestehenden **Irreführungsgefahr** zu berücksichtigen.[846]

467 Das durch die allgemeine Handlungs- oder Wirtschaftsfreiheit bzw. die Meinungsäußerungsfreiheit gedeckte Interesse des Wettbewerbers, sein Fortkommen durch die Irreführung selbst zu fördern, ist bereits deshalb nicht schutzwürdig, weil der Wettbewerber die ihm gewährte Freiheit missbraucht, indem er die Funktionsbedingungen des Wettbewerbs selbst beeinträchtigt. Im Fall glatt irreführender Äußerungen („dreister Lügen“) fällt die Interessenabwägung deshalb stets zulasten des Wettbewerbers aus. Überspitzt ausgedrückt wäre unter diesen Umständen selbst ein einziger irregeführter Nachfrager zu viel.[847]

---

837 Begriff von GK/*Lindacher* § 5 UWG Rdn. 62.

838 Vgl. BGH GRUR 1955, 37, 40 – *Cupresa;* allg. dazu GK/*Lindacher* § 5 UWG Rdn. 262ff.

839 Ähnlich *Henning-Bodewig* WRP 2001, 771: Behinderungswettbewerb qua Gericht „unter dem Deckmäntelchen des Schutzes der Verbraucher“.

840 Vgl. dazu *Glöckner,* Europäisches Lauterkeitsrecht, S. 552ff.

841 Ähnlich *Dethloff* S. 17.

842 Bereits GK/*Lindacher,* 1. Aufl., § 3 UWG Rdn. 102.

843 *Trägner* S. 141.

844 Bereits *Niemöller* S. 213ff. Das meint wohl auch *Strepp* S. 66.

845 *Springer* S. 185.

846 GK/*Lindacher* § 5 UWG Rdn. 61.

847 In diesem Sinne etwa BGH GRUR 2003, 628, 630 – *Klosterbrauerei;* Köhler/*Bornkamm* § 5 Rdn. 2.107f., 2.209.

Daneben steht das Interesse des Wettbewerbers, sein Fortkommen durch von der Rechtsordnung gebilligte Wirkungen der fraglichen Äußerung – etwa die einfache Erregung von Aufmerksamkeit, die Informationsvermittlung an nicht irregeführte Adressaten oder der Gebrauch etablierter Kennzeichen – zu fördern. Dieses Interesse ist im Grundsatz schutzwürdig. **468**

Gegengerichtet ist demgegenüber das Interesse der Allgemeinheit am **Schutz des unverfälschten Wettbewerbs.** Es wird umso stärker berührt, je größer das Irreführungspotential ist. Maßgebend ist dabei zunächst, **wie viele** Adressaten irregeführt werden.[848] Die **empirische Feststellung** durch **Umfrageforschung** hat insoweit **besondere Bedeutung,** weil erst sie bei bestehenden schutzwürdigen Interessen der Wettbewerber und der Allgemeinheit an der Zulässigkeit der beanstandeten Angabe eine **Gewichtung** des Interesses am Schutz des unverfälschten Wettbewerbs – jenseits des „Bauchgefühls" der entscheidenden Gerichtspersonen – und damit eine bewusste Abwägung gestattet. **469**

Insoweit geht es darum, die **Transaktionskosten zu minimieren:**[849] Zu berücksichtigen ist, ob der Wettbewerber das Irreführungspotential durch zumutbare Maßnahmen, etwa klarere oder eindeutigere Ausdrücke und Bezeichnungen oder Information unproblematisch ausschalten kann. An dieser Stelle kann an die von der Ökonomischen Analyse des Rechts entwickelten Grundsätze zur Belastung des *cheapest risk avoiders* bzw. die Erkenntnisse der **Informationsökonomik**[850] angeknüpft werden.[851] Von Relevanz ist dabei, ob eine vorvertragliche Informationseinholung durch den Kaufinteressenten möglich ist,[852] ob die zur Verfügung stehende Information zuverlässig und aktuell, d. h. inhaltlich korrekt ist, ob den Nachfragern aufgrund ihrer Ausbildung die Verarbeitung der erhältlichen Information möglich ist, ob die Menge der Information von ihnen verarbeitet werden kann und schließlich, ob der Grenznutzen der Information die Grenzkosten der Suche übersteigt.[853] **470**

Maßgebliche Bedeutung hat in diesem Zusammenhang die **Intensität der Irreführung.** So sind Fälle denkbar, in denen zwar eine Irreführung anzunehmen ist, diese jedoch gegenständlich als unbedeutend erscheint. So wurde zu Recht die Irreführung über einen ausreichenden Vorrat eines besonders beworbenen „D-Netz-Handtelefons" verneint: Die in einer Anzeige beworbenen Geräte waren zwar nicht vorrätig. Vorrätig waren allerdings Geräte, die sich von den beworbenen nur dadurch unterschieden, dass auf ihnen Marken- und Typenbezeichnungen der Telekom angebracht waren.[854] **471**

Ein Beispiel für die hier vorgestellte **integrative Betrachtung des Irreführungsbegriffs** liefert der *Klosterbrauerei*-Fall[855] des Bundesgerichtshofs: Der BGH nahm zunächst zu Recht an, dass der Verkehr die Bezeichnung „Kloster" für Bier oder für eine Brauerei in der Weise verstehe, dass das Bier entweder in einer wirklichen Klosterbrauerei – also in einer zu einem Kloster gehörenden Brauerei – gebraut worden sei oder dass zumindest ein Bezug zur klösterlichen Brautradition der früheren Jahrhunderte, insbesondere zu einer klösterlichen Braustätte, bestehe, woran es im zu entscheidenden Fall fehlte. Die Bejahung einer Irreführungsgefahr bedeute jedoch nicht zwingend auch das Vorliegen eines Lauterkeitsverstoßes. Der Bundesgerichtshof verwies zunächst auf seine etablierte Praxis zur Interessenabwägung: In der Rechtsprechung sei anerkannt, dass eine Irreführungsgefahr in besonderen Ausnahmefällen hinzunehmen sei, wenn die Belange der Allgemeinheit nicht in erheblichem Maße und ernstlich in Mitleidenschaft gezogen werden, weil nur eine geringe Irreführungsgefahr vorliege. Durch seine anschließenden Ausführungen stellte der Bundesgerichtshof diese Grundsätze jedoch in einen völlig neuen Zusammenhang: Sie seien nämlich Ausdruck des Verhältnismäßigkeitsgrundsatzes, unter dessen Vorbehalt das Irreführungsverbot stehe. Auch wenn im Allgemeinen das Interesse des Werbetreibenden an der Weiterverwendung einer irreführenden **472**

---

[848] BGH GRUR 1994, 519, 520 – *Grand Marnier; Springer* S. 185.

[849] Vgl. dazu *van den Bergh* in: Effiziente Verhaltenssteuerung, S. 77, 89 ff.

[850] Grundlegend *Stigler,* The Economics of Information, 69 J. Pol. Econ. 213 ff. (1961).

[851] *van den Bergh/Lehmann* GRUR Int. 1992, 588, 589 ff.; *Keßler* WRP 1993, 571, 575; *Linder* S. 61 ff.; *Drexl* S. 193 ff.; *Rüffler* S. 287.

[852] Das ist typischerweise bei sog. „Vertrauensgütern", also z. B. Medikamenten, bei denen der Patient dem Arzt vertrauen muss, nicht der Fall.

[853] *Nelson,* Information and Consumer Behavior, 78 J. Pol. Econ. 311, 313 (1970). Vgl. die Aufzählung bei *Fleischer* ZEuP 2000, 772, 776.

[854] BGH GRUR 1998, 949, 950 – *D-Netz-Handtelefon.* In dieselbe Kategorie fällt OGH WBl 1993, 266 – *5000 Anzeigen:* Die Ankündigung, eine Zeitung enthalte 5000 Anzeigen, war falsch, da es tatsächlich 113 weniger waren. In BGH GRUR 1973, 206 – *Skibindungen,* hatte der Hersteller für bestimmte Skibindungen mit Rennerfolgen geworben, wobei die im Handel erhältlichen Bindungen sich von den im Rennen eingesetzten und im Übrigen baugleichen Bindungen allein durch weniger harte Federn unterschieden.

[855] BGH GRUR 2003, 628 – *Klosterbrauerei.*

Angabe nicht schutzwürdig sei, könne es doch im Einzelfall das Schutzbedürfnis der Allgemeinheit und das individuelle Interesse eines Mitbewerbers überwiegen. Der BGH berief sich zur Stützung seiner Annahme ausdrücklich auf die Praxis des EuGH, der den Verhältnismäßigkeitsgrundsatz als Korrektiv für das Irreführungsverbot heranziehe, wenn das Verbot eine Beeinträchtigung des Handelsverkehrs nicht zu rechtfertigen vermöge. Im Streitfall erkannte der Bundesgerichtshof ein Überwiegen der Interessen der Beklagten gegenüber dem Interesse der Allgemeinheit und der Klägerin an einem Verbot der Bezeichnungen „Kloster Pilsner" und „Klosterbrauerei". Auf der einen Seite seien die Fehlvorstellungen, welche die angegriffenen Bezeichnungen beim Verbraucher bewirkten, für die Kaufentscheidung zwar von Bedeutung, aber doch nur von geringem Gewicht. Das Interesse der Beklagten an einer Weiterverwendung der beanstandeten Bezeichnungen ergebe sich auf der anderen Seite vor allem aus der langjährigen Verwendung, die in der Vergangenheit niemals von einem Wettbewerber oder von dritter Seite beanstandet worden sei. Damit sei ihr über viele Jahrzehnte ein wertvoller Besitzstand zugewachsen, auf den sie sich berufen könne. Diese Abwägung werde zusätzlich dadurch entscheidend bestimmt, dass die Beklagte sich nach Ausstoß und Verbreitungsgebiet in der Tradition des Unternehmens halte, das seit nunmehr über 160 Jahren in Pfullingen und Umgebung Bier unter der Bezeichnung „Kloster" und „Klosterbrauerei" vertreibe.

473 Richtig an der Entscheidung ist das **klare Bekenntnis zur Beurteilung der Irreführungsgefahr als Ergebnis einer Abwägungsentscheidung.** Fragwürdig ist allerdings die Verortung dieser Abwägung: Der Bundesgerichtshof hat zunächst das Vorliegen einer Irreführungsgefahr bejaht und diese erst in einem zweiten Schritt unter einen **„Vorbehalt der Interessenabwägung"** gestellt. Dogmatisch wird dabei offen gelassen, ob es sich bei den überwiegenden Interessen um einen Rechtfertigungsgrund handeln soll. Näher liegt eine Deutung, dass der Bundesgerichtshof mit dieser Lösung lediglich sicherstellen wollte, dass der sich auf überwiegende Interessen berufende Wettbewerber das Vorliegen der überwiegenden Interessen darlegen und beweisen muss. In der jüngeren Entscheidung *Master of Science Kieferorthopädie* scheint er demgegenüber eine offene Abwägung vorzunehmen.[856]

474 *dd) Irreführung und Geschäftsentscheidungsrelevanz.* Bereits Art. 2 lit. b IrreführungsRL verlangt, dass eine Werbeangabe nicht allein geeignet ist irrezuführen, sondern daneben „infolge der ihr innewohnenden Täuschung ihr [sc. ihrer Adressaten, d. Verf.] wirtschaftliches Verhalten beeinflussen kann oder aus diesen Gründen einen Mitbewerber schädigt oder zu schädigen geeignet ist". Die Art. 6, 7 UGP-RL setzen in ähnlicher Weise voraus, dass die irreführende Handlung „somit einen Durchschnittsverbraucher zu einer geschäftlichen Entscheidung veranlasst oder zu veranlassen geeignet ist, die er sonst nicht getroffen hätte" (so die Formulierung in Art. 7 Abs. 1 UGP-RL). Beide Formulierungen bringen dadurch zum Ausdruck, dass die lauterkeitsrechtlichen Irreführungsverbote nicht die Wahrheit als solche schützen, sondern **irreführendes Verhalten** im Wettbewerb wegen seiner **schädigenden Wirkung** verbieten. Mit bezug auf Letztere offenbart sich indes der unterschiedliche Schutzzweck der Vorschriften: Die UGP-RL beschränkt die Beurteilung irreführenden Verhaltens auf die Beeinflussung der geschäftlichen Entscheidung der angesprochenen Verbraucher, während die Irreführungsrichtlinie nicht allein Nicht-Verbraucher als Adressaten einbezieht, sondern zugleich die Mitbewerberschädigung gleichrangig neben die Beeinflussung von deren geschäftlicher Entscheidung stellt („oder").

475 Dieser Aspekt wurde im deutschen Lauterkeitsrecht traditionell unter dem Gesichtspunkt der **wettbewerblichen Relevanz** geprüft. Eine zusätzliche Spürbarkeitsprüfung nach § 3 UWG war ausgeschlossen, da die wettbewerbliche Relevanz ein dem Irreführungstatbestand immanentes spezifisches Relevanzerfordernis darstellte.[857] Dieses Verständnis des Irreführungstatbestandes entsprach sowohl der Irreführungs-, als auch der UGP-RL.[858] Erstere stellt in Art. 2 lit. b lediglich auf eine Eignung der Beeinflussung des wirtschaftlichen Verhalten des Adressaten ab, Letztere errichtet in Art. 6 Abs. 1 eine von der für die Generalklausel gem. Art. 5 Abs. 2 lit. b UGP-RL zu unterscheidende Relevanzschwelle („… und ihn … zu einer geschäftlichen Handlung veranlasst, die er ansonsten nicht getroffen hätte"), ohne dass es auf die spürbare Beeinträchtigung der Fähigkeit, eine informierte Entscheidung zu treffen, i. S. d. Art. 5 Abs. 2 lit. b i. V. m. 2 lit. e UGP-RL – die in den Relevanzerfordernissen der Art. 3 Abs. 1, 2 abgebildet ist – noch ankäme oder ankommen dürfte (vgl. dazu bereits o. Rdn. 304 ff.). Inzwischen wurde die überfällige positiv-rechtliche Anordnung der Relevanzschwelle in § 5 Abs. 1 S. 1 a. E. nachgeholt. Sie wird hier als **„Geschäftsentscheidungsrelevanz"** bezeichnet.

---

[856] Z. B. BGH GRUR 2010, 1024 – *Master of Science Kieferorthopädie,* Rdn. 29 a. E.

[857] BGH GRUR 2009, 888, 889 – *Thermoroll;* GRUR 2012, 286, 288 Rdn. 18 – *Falsche Suchrubrik;* Köhler/*Bornkamm* § 5 Rdn. 2.20 f., 2.169.

[858] Köhler/*Bornkamm* § 5 Rdn. 2.21.

476 *(1) Richtigstellung vor Kaufentschluss und Anlockwirkung.* Auf den ersten Blick scheint es an der Geschäftsentscheidungsrelevanz in Fällen zu fehlen, in denen Angaben zwar irreführen, sich aber im Marktverhalten der Adressaten nicht auswirken, weil sie im Verlauf der Verhandlungen korrigiert werden. Dabei ist freilich Vorsicht geboten. Aus unionsrechtlicher Perspektive stellt bereits die Entscheidung, ein Geschäftslokal zu betreten, eine geschäftliche Entscheidung i. S. d. Art. 6, 2 lit. k dar.[859] Tatsächlich kann die bloße **Möglichkeit der Aufklärung eines Irrtums** im Regelfall nicht die Gefahr einer Wettbewerbsverfälschung ausschließen; es bedarf vielmehr **konkreter Anhaltspunkte,** dass eine Richtigstellung erfolgen wird. Im Übrigen kann der Wettbewerb selbst im Fall der rechtzeitigen Richtigstellung beeinträchtigt werden, wenn bis zu diesem Zeitpunkt bereits **nicht ersatzfähige Transaktionskosten** *(sunk costs)* oder ein **anderweitiger Wettbewerbsvorsprung** des irreführend Werbenden entstanden sind. Zutreffend hat der Bundesgerichtshof in der jüngeren Entscheidung *Telefonaktion* die wettbewerbliche Relevanz einer irreführenden Angabe trotz ihrer Richtigstellung darauf gestützt, dass der irreführend Werbende eine erste Kontaktaufnahme für die Mitgliederwerbung nutzen könne.[860]

477 Andererseits erscheint die pauschale Bejahung der Geschäftsentscheidungsrelevanz in jedem Fall der **bloßen Anlockung** durch irreführende Angaben[861] – durch das ältere deutsche Lauterkeitsrecht ebenso wie das moderne europäische – unangemessen. Insoweit bedarf es einer stärkeren Berücksichtigung situativer Elemente,[862] worauf GA *Tesauro* im Fall *Nissan* zu Recht hingewiesen hat.[863] Wo auch aus Sicht der Verbraucher keine schutzwürdigen wirtschaftlichen Interessen unmittelbar berührt sind, bedarf es des Eingriffs der Lauterkeitsrechtsordnung nicht.

478 *(2) Normative Einschränkungen der Geschäftsentscheidungsrelevanz?* Fraglich ist, ob unter dem Gesichtspunkt der vermeintlich fehlenden **Geschäftsentscheidungsrelevanz** auch normative Aspekte zur Beschränkung der lauterkeitsrechtlichen Haftung Berücksichtigung finden können. Einen Grenzfall stellt insoweit ein älteres Urteil des Bundesgerichtshofs dar, in dem angenommen wurde, dass die Abnehmer auf die unterbliebene Verwendung der härteren Federn beworbener Rennskibindungen in den tatsächlich in den Verkauf gelangenden Bindungen „vernünftigerweise" keinen Wert legten.[864] Richtigerweise können aber Erwägungen des Inhalts, dass bestimmte Umstände für die Kaufentscheidung unerheblich sein müssten – zu denken ist vor allem an die irreführende Werbung mit Vorurteilen[865] –, die Geschäftsentscheidungsrelevanz der Irreführung nicht ausschließen.[866] Es handelt sich dabei um eine Konsequenz aus dem gebotenen weiten Leistungsbegriff: Ebenso wie Gerichte sich nicht anmaßen können festzulegen, dass bestimmte Umstände des Angebotes wie z. B. die Vermittlung eines Zusatznutzens keine „gewerbliche Leistung" seien, können sie entscheiden, dass bestimmte Umstände unerheblich für die Bewertung der Leistung zu sein haben. Ganz in diesem Sinne hat der Bundesgerichtshof im oben (Rdn. 472) geschilderten *Klosterbrauerei*-Fall[867] die wettbewerbliche Relevanz zu Recht bejaht: Das Berufungsgericht hatte angenommen, die Verbraucher seien sich darüber im klaren, dass bei Beachtung des Reinheitsgebots für den einzelnen Bierbrauer nur ein relativ geringer Spielraum verbleibe mit der Folge, dass Verbraucher sich in erster Linie an Geschmacksrichtungen und Biergattungen orientierten. Damit missachtete das Berufungsgericht, dass auch die Kaufentscheidung verständiger Verbraucher maßgeblich durch Erwägungen beeinflusst werden kann, die sich einer rationalen Überprüfung entziehen. Die beworbene klösterliche Brautradition stellt ein solches Qualitätssignal dar, das – ähnlich wie die Alterswerbung – eine unternehmensbezogene positive Assoziation weckt. Derartige versteckte Qualitätssignale können für die Kaufentscheidung des Publikums maßgeblich sein. Dies werde nicht zuletzt auch

---

859 EuGH v. 19.12.2013, Rs. C-281/12 – *Trento Sviluppo,* noch nicht in Slg., Rdn. 36 = GRUR 2014, 19. Vgl. bereits Arbeitspapier der Kommissionsdienststellen v. 3.12.2009, Leitlinien zur Umsetzung/Anwendung der Richtlinie 2005/29/EG über unlautere Geschäftspraktiken im Binnenmarkt, SEK (2009) 1666, S. 26.

860 BGH GRUR 2008, 186, 189 – *Telefonaktion.*

861 Vgl. z. B. Köhler/*Bornkamm* § 5 UWG Rdn. 2.192.

862 *Hucke* S 104.

863 GA *Tesauro,* Schlussanträge Rdn. 8, 9, zu EuGH Slg. 1992, I-131- *Nissan:* Beim Kauf von Personenwagen sei davon auszugehen, dass sich potentielle Käufer vor dem Erwerb über das Vorhandensein bestimmter Ausstattungsmerkmale informieren würden. Ganz in diesem Sinne BGH GRUR 2003, 626, 627 – *Umgekehrte Versteigerung II;* Köhler/*Bornkamm* § 5 UWG Rdn. 2.196.

864 BGH GRUR 1973, 206, 207 – *Skibindungen.*

865 Vgl. dazu GK/*Lindacher* § 3 UWG Rdn. 129. Zum entgegengesetzten Fall – der Irreführung über die geographische Herkunft bei objektiver Gleichwertigkeit der Ware, vgl. OLG Köln GRUR 1989, 694, 695 – *Frischgeflügel,* und dazu krit. *Oppenhoff* FS v. Gamm, S. 117, 124 ff.

866 *Heermann* WRP 1993, 578, 593; *Müller,* Verkehrsauffassung, S. 209. A. A. *Springer* S. 184. Zur Deutung des Urteils *Pall* in diesem Zusammenhang vgl. noch u. Rdn. 480.

867 BGH GRUR 2003, 628 – *Klosterbrauerei.*

durch das Verhalten der Anbieter selbst belegt, die derartigen Merkmalen, durch die sie sich von ihren Wettbewerbern abzusetzen vermögen, in der Aufmachung ihrer Produkte und in der Werbung generell einen breiten Raum einräumen. In einer solchen Situation dürfen die Gerichte der Werbemaßnahme nicht die wettbewerbliche Relevanz absprechen.

479 Die Geschäftsentscheidungsrelevanz muss stets im Hinblick auf die Auswirkungen der fraglichen irreführenden Angabe auf den Wettbewerb untersucht werden. Der Konsumentenschutz ist insoweit unerheblich. Es spielt daher weder eine Rolle, ob dem Schutzinteresse der Marktgegenseite Genüge getan ist, noch ob die Abweichung der Realität von den Werbeangaben die Abnehmer begünstigt.[868] Im Hinblick auf die maßgebende Fehlleitung der Nachfrage kann es allein darauf ankommen, ob eine unzutreffende Vorstellung der Abnehmer sich deshalb **nicht in einer Fehlleitung der Nachfrage** niederschlägt, weil ihre **Marktentscheidung ohne die Irreführung nicht anders ausfallen** würde.[869]

480 Im Zweifel ist aber davon auszugehen, dass zumindest Täuschungen, d.h. **Irreführungen durch Unwahrheit,**[870] **geschäftsentscheidungsrelevant** sind. „Wer falsche Angaben macht, tut dies mit Vorbedacht. Der Kaufmann weiß besser als das Gericht, worauf das Publikum Wert legt."[871] Dem ist nach wie vor wenig hinzuzufügen.[872] Die Beispiele aus der Rechtsprechung, in denen die wettbewerbliche Relevanz unwahrer Angaben verneint wurde, betreffen tatsächlich durchweg *innocent cases,* in denen entweder nur minimale Abweichungen vorlagen oder in denen an der Verwendung bestimmter Bezeichnungen ein schutzwürdiges Interesse bestand, das gegen die Irreführungsgefahr abzuwägen war,[873] oder bei denen die fraglichen Angaben offensichtlich nicht mit Blick auf eine qualifizierte Beeinflussung der Abnehmer erfolgten.[874] Der letztere Fall kann bis hin zur Verursachung von Fehlvorstellungen reichen, die völlig geschäftsirrelevant sind. Mit dieser Begründung kann das Urteil *Pall*[875] des EuGH zur unzutreffenden Verwendung eines Hinweises auf Markenschutz gestützt werden: Verbrauchern ist, anders als potentiellen Wettbewerbern, der Umstand, ob ein Kennzeichen registerrechtlich geschützt ist, regelmäßig gleichgültig; anders als beim Patentschutz begründet die **Schutzberühmung keine Qualitätserwartung.**[876] Ebenso liegt der Fall, in dem ein Handelsvertreter in einer Anzeige mit der Angabe „Direkt ab Fabrik" warb und damit den unzutreffenden Eindruck hervorrief, die Anzeige stamme vom Hersteller selbst. Diese Irreführung war für das beworbene Geschäft aber ganz unerheblich, weil die Kunden tatsächlich in unmittelbare Vertragsbeziehungen zum Hersteller traten und der Hersteller selbst die Waren lieferte und einbaute.[877] Im Hinblick auf solche Irreführungen bedarf es – ebenso wie im Fall der bloßen Anlockung – einer **situativen Gegenkontrolle** zur Bejahung der Geschäftsentscheidungsrelevanz.[878]

481 *ee) Methode der Feststellung des Verständnisses der maßgeblichen Adressaten.* Ähnlich unterschiedlich wie der materiellen Frage nach dem den Irreführungsverboten zugrundeliegenden Schutzstandard

---

868 So BGH GRUR 2000, 239, 241 – *Last-Minute-Reise,* zur Werbung mit der Bezeichnung „Last minute" für längerfristig buchbare Reisen: Der Eindruck der Kurzfristigkeit sei lauterkeitsrechtlich unerheblich, da eine Abweichung durch längere Fristen dem Kunden nur zugute komme.

869 Deshalb muss der Entscheidung des BGH GRUR 2000, 239, 241 – *Last-Minute-Reise,* zur Werbung mit der Bezeichnung „Last minute" für längerfristig buchbare Reisen, widersprochen werden. Die Angabe „Last minute" hat bei Flugreisen Signalwirkung im Hinblick auf günstige Preise, ganz unabhängig davon, wie günstig die Preise wirklich sind. Ohne diese Signalwirkung würden zahlreiche Abnehmer sich anders entscheiden. An der wettbewerblichen Relevanz – zumindest im Hinblick auf die mitgeschützten Interessen der Mitbewerber – kann deshalb kein Zweifel bestehen. In diesem Sinne wohl auch Köhler/*Bornkamm* § 5 Rdn. 2.191.

870 Vgl. zur Terminologie *Baudenbacher/Glöckner* Art. 3 lit. b Rdn. 45. Insb. der Europäische Gesetzgeber verwendet die Begriffe indes weitgehend synonym, ausführlich MüKo-UWG/*Micklitz* EG D Art. 6 Rdn. 105.

871 *Callmann,* Anm. zu RG, JW 1929, 3072.

872 Krit. demgegenüber *Springer* S. 171 ff. Sein Einwand, der Vorsatz des Werbenden dürfe nicht einfach unterstellt werden, ist sicher stichhaltig, übersieht aber, dass die Grundaussage von Prämissen ausgeht, unter denen der Vorsatz mit guten Gründen angenommen werden kann („wer *falsche* Angaben macht", Hervorhebung d. Verf.).

873 BGH WRP 1961, 154, 157 – *Hautleim;* OGH JBl 1993, 330 – *Webpelz.*

874 OLG Stuttgart WRP 1983, 447 – *Möbelhallen:* Verwendung dieser Bezeichnung für ein Unternehmen, das seine Geschäfts- und Ausstellungsräume in einem mehrstöckigen Gebäude hat, wenn das Geschäftshaus ebenso groß ist, dass dort ebenso viele Möbel ebenso günstig und ebenso übersichtlich aufgestellt werden können wie in zwei großen Gebäuden, die vorwiegend aus einem einzigen hohen Raum bestehen; OGH ÖBl 1990, 162, 163 – *S-Real-Service:* unzutreffender Eindruck, eine Sparkasse selbst, aber nicht ein nur organisatorisch und wirtschaftlich verbundenes Unternehmen, biete Immobiliendienstleistungen an.

875 EuGH GRUR Int. 1991, 215 – *Pall,* Slg. 1990, I-4827 Rdn. 19.

876 So auch OGH ÖBl 1994, 315, 117 – *CRYSTAL.*

877 BGH GRUR 1976, 596, 597 – *Aluminiumrolläden.*

878 *Trägner* S. 126.

näherten sich die Rechtsordnungen der Mitgliedstaaten dem methodischen Problem, auf welche Weise die Verletzung festzustellen sei. Die Irreführungsrichtlinie hatte – ebenso wie die sektoriellen Irreführungsverbote – keine Regelung getroffen (vgl. bereits o. Rdn. 51).

Begründungserwägung 18 S. 5 UGP-RL sieht vor, dass der Begriff des **Durchschnittsverbrauchers nicht auf einer statistischen Grundlage** beruhe. Allein gelesen könnte diesem Satz entnommen werden, dass der Europäische Gesetzgeber die Verwendung von auf Verkehrsbefragungen gestützten Sachverständigengutachten damit ausgeschlossen habe.[879] Der in den Begründungserwägungen unmittelbar folgende Satz fordert die nationalen Gerichte und Verwaltungsbehörden aber auf, sich „auf ihre eigene Urteilsfähigkeit **unter Berücksichtigung der Rechtsprechung des Gerichtshofs**" (Hervorhebung d. Verf.) zu verlassen. Im Zusammenhang gelesen liegt die Deutung näher, dass der Europäische Gesetzgeber auf die vom EuGH entwickelten Handlungsanweisungen zurückgreifen wollte:[880] 482

Der *Mars*-Entscheidung aus dem Jahr 1995 war wegen der in diesem Urteil verwendeten Formulierung „Von verständigen Verbrauchern kann erwartet werden"[881] in der Literatur in methodischer Hinsicht ein Bekenntnis zu einem **normativen Begriff der Irreführungsgefahr** entnommen worden.[882] In der Konsequenz wäre insb. der deutschen Praxis, die den Begriff der Irreführungsgefahr traditionell im Ausgangspunkt objektiv verstand und die Frage stellte, ob **tatsächlich eine Irreführungsgefahr** begründet werde, der Boden entzogen worden. Die jüngeren Entscheidungen des EuGH in den Rechtssachen *6-Korn,*[883] *Sektkellerei Kessler*[884] und *Lifting*[885] machen demgegenüber deutlich, dass der EuGH selbst nicht so weit gehen möchte. Die darin verwendete Formulierung, maßgebend sei die **„mutmaßliche Erwartung"** eines durchschnittlichen Adressaten, spricht im Gegenteil für eine **objektive** Betrachtungsweise.[886] Mit einer **normativen Betrachtungsweise** ließe sich die vom Gerichtshof ausdrücklich **gestattete empirische Feststellung des Verbraucherverständnisses gar nicht vereinbaren,** denn bei Zugrundelegung eines normativen Irreführungsbegriffs wäre das tatsächliche, d. h. objektive Verständnis der angesprochenen Verkehrskreise unerheblich.[887] Vor allem die Entscheidung *6-Korn*[888] ist vor dem Hintergrund der nach dem *Mars*-Urteil entbrannten Diskussion im deutschen Recht und der im Hinblick darauf gezielten, wenn auch missverständlich formulierten, Vorlagefragen zu würdigen. Danach bleibt den Gerichten gestattet, auf Umfragegutachten zurückzukommen, wenn sie sich selbst zu einer Beurteilung außerstande sehen. In der Rechtssache *Ving* bestätigte der EuGH diese Sichtweise.[889] Eine Festlegung der nationalen Gerichte auf ein normatives Verständnis der Irreführungsgefahr ist jedenfalls ausgeschlossen.[890] 483

Freilich würde eine Normativierung des Irreführungsbegriffs im eigentlichen Sinne, die mit einem Ausschluss der Möglichkeit tatsächlicher Beweiserhebung einherginge, den Gerichten in jedem einzelnen Prozess und gleichzeitig allen an der Errichtung des Gebäudes eines homogenen Europäischen Irreführungsverbots Beteiligten die Arbeit erheblich erleichtern. Es stellt sich aber die Frage, ob diesem Argument so beherrschende Bedeutung beizumessen ist, dass man eine in der Sache überzeugende Vorgehensweise aufzugeben hätte.[891] 484

---

[879] Vgl. bereits *Glöckner* WRP 2004, 936, 941 Fn. 56.

[880] Die Deutung von MüKo-UWG/*Micklitz* EG D Art. 5 Rdn. 67, der Europäische Gesetzgeber habe eine Abschaffung der Möglichkeit der Einholung von Gutachten an den Vorbehalt geknüpft, dass der EuGH seine Rechtsprechung ändere, liegt wohl eher fern; etwas andere Nuancierung *ders.* EG D Art. 6 Rdn. 34.

[881] EuGH GRUR Int. 1995, 804 – *Mars,* Slg. 1995, I-1923 Rdn. 24.

[882] *Fezer* WRP 1995, 671, 675; *Niemöller* S. 187 ff.; *Scherer* GRUR 2000, 273, 275; *Dethloff* S. 199.

[883] EuGH GRUR Int. 1998, 795 – *6-Korn,* Slg. 1998, I-4657 Rdn. 33 ff., 35.

[884] EuGH GRUR Int. 1999, 345 – *Verbraucherschutzverein ./. Sektkellerei Kessler,* Slg. 1999, I-513.

[885] EuGH GRUR Int. 2000, 354 – *Estée Lauder ./. Lancaster,* Slg. 2000, I-117 Rdn. 29 ff.

[886] *Reese* WRP 1998, 1035, 1038 ff.; *Sack* WRP 1999, 399, 401; *Niemöller* S. 188. A. A. *Scherer* GRUR 2000, 273, 275.

[887] So auch *Sack* WRP 1999, 399, 401; und in konsumentenrechtlichem Zusammenhang *Damm* VersR 1999, 129, 136. Diesen Zusammenhang vernachlässigt *Scherer* GRUR 2000, 273, 275, und gelangt auf diese Weise zu der Schlussfolgerung, dass der EuGH „ganz evident" die empirische zugunsten der normativen Feststellungsweise ausscheide. Vgl. dazu allg. *Ahrens* WRP 2000, 812 ff.

[888] EuGH GRUR Int. 1998, 795 – *6-Korn,* Slg. 1998, I-4657.

[889] EuGH GRUR 2011, 930 – *Konsumentombudsmannen ./. Ving Sverige AB,* Slg. 2011, I-3903, Rdn. 22.

[890] *Sack* WRP 1999, 399, 401; *Niemöller* S. 189. A. A. *Strepp* S. 65. Gemessen an der insoweit deutlichen Judikatur des EuGH erscheint auch die Darstellung der Kommission, Arbeitspapier der Kommissionsdienststellen v. 3.12.2009, Leitlinien zur Umsetzung/Anwendung der Richtlinie 2005/29/EG über unlautere Geschäftspraktiken im Binnenmarkt, SEK (2009) 1666, S. 29, in der die normative Formulierung des EuGH weiterverwendet wird, irreführend.

[891] In diese Richtung MüKo-UWG/*Micklitz* EG D Art. 6 Rdn. 34.

485 Die Kritik tut jeden Hinweis auf das tatsächliche Verbraucherverhalten[892] oder die (informations-)ökonomischen Zusammenhänge von Irreführung, Information und Verbot als Versuch ab, die Lufthoheit um die Anwendung des harmonisierten Lauterkeitsrechts wiederzugewinnen.[893] Damit wird eine Polarität zwischen vermeintlich deutschtümelndem Wettbewerbsrecht überkommener Prägung und unterstellt modernem Lauterkeitsrecht europäischen Zuschnitts aufgebaut, die schon seit langem nicht mehr den tatsächlichen Verhältnissen entspricht. Die Kommission selbst bekennt sich inzwischen ausdrücklich zu der Berücksichtigung verhaltensökonomischer Erkenntnisse,[894] die ebenfalls auf empirischen Grundlagen ruhen. Richtig ist, dass man in Deutschland und Österreich[895] bereits seit einiger Zeit **Erfahrungen im Umgang mit Meinungsumfragen** gesammelt hat. Wo diese Erfahrung fehlt, bestehen regelmäßig negative Vorurteile gegenüber deren Wert.[896] Auch kommt es bisweilen zu – nach dem **aktuellen Stand der Umfrageforschung** – annähernd grotesken Fehlurteilen.[897]

486 Die im Hintergrund sich abzeichnende Kritik, durch die Möglichkeit der Durchführung von Meinungsumfragen erweitere man den Interpretationsspielraum der nationalen Gerichte,[898] ist unbegründet: Tatsächlich schränken Gerichte durch Einholung von Gutachten vorhandene Wertungsspielräume ein.[899] Vielleicht würde es die homogene Rechtsentwicklung gar fördern, wenn in allen Mitgliedstaaten der Rechtsschutz stärker auf – selbstverständlich nach den Standards der Umfrageforschung durchzuführende – Meinungsumfragen gestützt würde.

487 Auch wenn sich Österreich und Deutschland hinsichtlich der Verwendung von auf Umfragen gestützten Gutachten im Lauterkeitsrecht vergleichsweise isoliert sehen,[900] korrespondieren diesem Umstand jedenfalls keine methodischen Bedenken grundsätzlicher Art: **Im Kennzeichenrecht** ist der Einsatz der Umfrageforschung europaweit zwar nicht im Verkehr durchgesetzt, aber weit verbreitet. Der **im Kartellrecht** von der Europäischen Kommission eingeschlagene *more economic approach* erodiert normative, auf abstrakte Wertungen von Gesetzgeber und Gerichten gestützte, Entscheidungen weitgehend und verlangt eine am konkreten Verhalten der Marktbeteiligten orientierte Beweisführung auch und gerade im Prozess. Der verstärkte Rückgriff auf empirische, insbesondere ökonomische Argumente wird also in einer benachbarten Disziplin gerade vom Europarecht selbst gefördert. Wie im Kartellrecht bedarf es auch im Lauterkeitsrecht sicher einer **Diskussion um Vor- und Nachteile des Einsatzes empirischer Methoden unter Einbeziehung der Verfahrenseffizienz und einer eventuellen Abschreckungswirkung im Hinblick auf den Effektivitätsgrundsatz.** Mit der Reduktion der Pflicht zur Einholung von Gutachten in der Entscheidung *Elternbriefe*[901] hat das deutsche Lauterkeitsrecht diesbezüglich jedoch wohl einen insgesamt gelungenen Ausgleich gefunden, der zugleich dem von der Europäischen Rechtsprechung entwickelten Regel-Ausnahme-Verhältnis entspricht.[902]

488 **d) Maßstäbe der Unlauterkeit bei aggressiven Geschäftspraktiken.** *aa) Beeinträchtigung der autonomen Entscheidung von Durchschnittsverbrauchern als Anknüpfungspunkt des Unlauterkeitsurteils.* Bei einem Verständnis des Lauterkeitsrechts als einem Instrument zum **Schutz der wirtschaftlichen Verbraucherinteressen sowie der Funktionsbedingungen des Wettbewerbs** ist der Zugriff

---

892 So von *Lettl* S. 112. Vernachlässigt wird dabei, dass *Lettl S.* 85 ff., 91, ausdrücklich den empirischen Befund unter den Vorbehalt der lauterkeitsrechtlichen Bewertung stellt.

893 MüKo-UWG/*Micklitz* EG D Art. 6 Rdn. 33.

894 Arbeitspapier der Kommissionsdienststellen v. 3.12.2009, Leitlinien zur Umsetzung/Anwendung der Richtlinie 2005/29/EG über unlautere Geschäftspraktiken im Binnenmarkt, SEK (2009) 1666, S. 37. Vgl. auch <http://ec.europa.eu/consumers/behavioural_economics/index_en.htm> (site zul. besucht am 10.12.2015).

895 Auch dort werden Meinungsumfragen als Beweismittel zur Irreführungsgefahr zugelassen, vgl. OGH ecolex 1995, 497 – *PM-Privatmarkt.*

896 Exemplarisch GA *Fennelly* Schlussanträge Rdn. 28, zu EuGH Slg. 1998, I-4657 – *6-Korn;* wiedergegeben im Arbeitspapier der Kommissionsdienststellen v. 3.12.2009, Leitlinien zur Umsetzung/Anwendung der Richtlinie 2005/29/EG über unlautere Geschäftspraktiken im Binnenmarkt, SEK (2009) 1666, S. 32.

897 EuG GRUR Int. 2007, 137 – *Vitakraft/Vitacoat,* Slg. 2006, II-2211 Rdn. 43, lehnte die Verwendung einer Marktstudie mit der Begründung ab, die Art der Fragestellung sei unzulässig führend gewesen. In jenem Kontext – Frage nach der Verkehrsdurchsetzung eines Kennzeichens – war dieser Vorwurf umfragemethodisch unhaltbar, vgl. dazu *Niedermann,* Empirische Erkenntnisse zur Verkehrsdurchsetzung, GRUR 2006, 367, 373 f.

898 MüKo-UWG/*Micklitz* EG D Art. 6 Rdn. 32; skeptisch auch GK/*Heinze* Einl C Rdn. 234.

899 Was MüKo-UWG/*Micklitz* EG D Art. 6 Rdn. 35, im Zusammenhang der Beurteilung der wettbewerblichen Relevanz auch selbstverständlich zugrundelegt.

900 Im internationalen Vergleich verdient die Praxis der US-amerikanischen FTC Hervorhebung, vgl. bereits FTC Policy Statement on Deception v. 14.10.1983, appended to *Cliffdale Associates, Inc.,* 103 F. T. C. 110, 174 (1984), Fn. 8, 13.

901 BGH GRUR 2002, 550, 552 – *Elternbriefe.*

902 *Lettl* S. 310.

auf geschäftliche Handlungen, bei denen in die Entscheidungsautonomie der Marktgegenseite, namentlich von Verbrauchern, eingegriffen wird, nicht nur zulässig, sondern geboten.[903] Fehlsteuerungen wirtschaftlicher Entscheidungen können auch durch Beeinträchtigungen des Entscheidungsprozesses bewirkt werden.[904] Darauf zielen die Regelungen in Art. 8, 9 UGP-RL, § 4a UWG.

Fraglich ist stets, **wie weitgehend der Schutz der Autonomie** zu gewähren ist. Absolute Autonomie des Einzelnen ist innerhalb einer Gesellschaft unmöglich. Dementsprechend kann es auch im Lauterkeitsrecht nur darum gehen, ein für die Wettbewerbsordnung unerlässliches Mindestmaß an Autonomie der Marktbeteiligten sicherzustellen. So häufig der Eingriff in die Autonomie bzw. Entschließungsfreiheit der Abnehmer zur Begründung der Unlauterkeit herangezogen wird,[905] so **undeutlich** bleibt der **Inhalt des** zugrundegelegten **Autonomiekonzepts.** Eine Hinterfragung des Konzepts der Willensfreiheit auf seinen objektiv fassbaren Gehalt führt nur wenig weiter. **489**

Im Bereich des Strafrechts ist im Zusammenhang der erforderlichen Freiwilligkeit des Rücktritts vom Versuch herausgearbeitet worden, dass mit der autonomen Entscheidung nicht die sittliche, moralische oder ethische Autonomie im Sinne der Selbstgesetzgebung *Kants* gemeint ist. Eine Entscheidung ist vielmehr dann **autonom,** wenn – etwa im Rahmen des Rücktritts – eine **funktional, auf diese Bestimmung bezogene** Verhaltensalternative besteht. Es geht bei der Freiwilligkeit **nicht um die Qualität,** sondern um die **Intensität der Motive,** welche die Freiheit der Entscheidung ausschließt.[906] Dabei ist stets der Regelungszusammenhang von maßgebender Bedeutung. Dementsprechend werden innerhalb der verschiedenen Rechtsgebiete durchaus unterschiedliche Anforderungen an die Eigenverantwortlichkeit der Entscheidung gestellt: Willensmängel werden im allgemeinen Zivilrecht, das auf der Privatautonomie und damit der Prämisse beruht, dass allen am Wirtschaftsverkehr teilnehmenden Individuen die Fähigkeit und die Bereitschaft gemeinsam ist, gezielt den eigenen wirtschaftlichen Nutzen zu suchen und von knappen Ressourcen vernünftigen Gebrauch zu machen, anders behandelt als im Strafrecht, dessen Schuldvorwurf auf die verantwortliche Entscheidung gegen das Recht gestützt wird, oder im Staatsrecht, welches die demokratische Legitimation der Regierenden aus der bei politischen Wahlen und Abstimmungen geäußerten Entscheidung der Wahlberechtigten ableitet. **490**

Dasselbe hat auch im Lauterkeitsrecht zu gelten. Der Begriff der **Autonomie** bzw. der Willensfreiheit ist – wie die Irreführungs- oder Verwechslungsgefahr – kein objektiver, der Seinswelt zugeordneter, sondern gleichfalls ein **Rechtsbegriff,** der im Hinblick auf das zu schützende Rechtsgut auszulegen ist.[907] Soweit das Lauterkeitsrecht im Hinblick auf den bezweckten Schutz der Wettbewerbsordnung ausgelegt wird, gerät die Argumentation allerdings an dieser Stelle in die Nähe eines Zirkelschlusses: Die relevante Gefahr einer Wettbewerbsverfälschung wird nämlich umgekehrt angenommen, wenn und weil die Autonomie der Wettbewerbsteilnehmer in qualifizierter Weise beeinträchtigt wird. Der Begriff der Autonomie der Wettbewerbsteilnehmer kann daher nicht seinerseits durch das Verständnis des Wettbewerbs bestimmt werden, ohne ein bestimmtes Vorverständnis „guten" oder „richtigen" Wettbewerbs einzubringen. Bei der Auslegung des Autonomiebegriffs muss die „Rückverweisung" auf das Wettbewerbskonzept folglich abgelehnt werden. **491**

Stattdessen muss der normative Gehalt der Autonomie aus ihrem Geltungsgrund abgeleitet werden. Autonomie ist nicht allein Funktionsbedingung des Wettbewerbs, d.h. muss nicht allein gewährleistet werden, um den Wettbewerb zu schützen, sondern der Wettbewerb wird zugleich geschützt, um durch ihn die Autonomie des Einzelnen zu erhalten.[908] Die Reichweite des Autonomiebegriffs ist demgemäß der objektiven Wertordnung der Verfassung zu entnehmen. Maßge- **492**

---

[903] Vgl. nur *Micklitz/Keßler* WRP 2003, 919, 921.

[904] Vgl. bereits *Beater* Verbraucherschutz, S. 190ff.; *ders.* § 16 Rdn. 1ff.

[905] Vgl. § 4a. Zum alten Recht vgl. nur *Baumbach/Hefermehl,* 22. Aufl., 2001, Einl UWG Rdn. 161. *Drexl* S. 7ff., errichtet ein ganzes Modell des Verbraucherschutzes auf das Konzept der „wirtschaftlichen Selbstbestimmung". A.a.O. S. 630, wird ausgeführt, dass sich eine Beeinträchtigung der wirtschaftlichen Selbstbestimmung durch ein Vertrags- oder Wettbewerbsversagen definiert. Dieses Versagen sei wiederum über die Koordinationsordnung des Marktes zu ermitteln. Ob der Begriff der Selbstbestimmung damit inhaltlich bestimmbar wird, soll hier dahingestellt bleiben. Die deutsche Rechtsprechung gründet in weiten Bereichen auf unterstellten Beeinträchtigungen der „freien Willensentschließung" oder „Willensbeeinträchtigung", vgl. die Nachw. bei *I. Scherer* S. 39ff.

[906] *Meyer,* Ausschluss der Autonomie durch Irrtum, 1984, S. 121, 132ff.

[907] *Drexl* S. 431, zur wirtschaftlichen Selbstbestimmung.

[908] Genau umgekehrt ordnet *Drexl* S. 7 das Verhältnis: Autonomie werde dem Einzelnen nicht um ihrer selbst willen eingeräumt, sondern weil sich über die Selbstbestimmung die Koordinationsordnung des Marktes verwirkliche.

bende Bedeutung erlangt dabei das allgemeine Persönlichkeitsrecht des Betroffenen.[909] Davon ausgehend ist die bloße Beeinflussung der Abnehmer legitim, so lange der Abnehmer sie erkennt und inhaltlich zumindest mitträgt. Eine **Kontrollfrage** kann lauten, ob der Abnehmer, der einem Werbeappell gefolgt ist, *ex post,* d.h. **nach dem Wegfall der motivierenden Wirkung** durch die Einflussnahme des Werbenden, das **Geschäft** in seiner konkreten Form noch **gutheißen** kann.

493 *Micklitz*[910] wendet gegen dieses Verfahren ein, dass eine verhaltenswissenschaftliche Betrachtung eine Prämisse des Unionsrechts, nämlich die Zugrundelegung der informierten Entscheidung am Markt, in Frage gestellt werde. Diese berücksichtige das reale Verhalten nicht. Der dem Unionsrecht zugrunde liegende Begriff des informierten Verbrauchers sei im Kern ein normativer. Entscheidend komme es darauf an, ob durch die Geschäftspraktiken die „äußere Handlungsfreiheit" beeinträchtigt werde, die gewahrt sei, wenn der Schutz der Entscheidungsgrundlagen gesichert sei.[911]

494 Die Grundannahme,[912] das Europäische Lauterkeitsrecht hebe stark auf die äußere Handlungsfreiheit (Schutz der Entscheidungsgrundlagen) ab, weil es ein normatives Modell proklamiere, während das nationale Lauterkeitsrecht daneben die innere Handlungsfreiheit (unbeeinträchtigter Entscheidungsfindungsprozess) sicherstellen wolle, ist nach Erlass der UGP-RL überholt. Denn ein wesentliches Verdienst der UGP-RL besteht gerade in der perspektivischen Öffnung des Europäischen Lauterkeitsrechts im Hinblick auf den Umstand, dass der Wettbewerb nicht nur durch eine Beeinträchtigung der Entscheidungsgrundlagen, sondern ebenso durch eine Beeinträchtigung der Entscheidungsprozesse verfälscht werden kann.[913] Es ist bereits deshalb geboten, den Schutz gegen Irreführungen und unangemessene Einflussnahmen – auch methodisch – soweit als möglich analog zu begründen und auszugestalten.

495 Die Autonomie wird nicht allein durch die Verpflichtung zur Zurverfügungstellung einer hinreichenden Entscheidungsgrundlage gewahrt, sondern ebenso durch den **Schutz der Fähigkeit, auf eben dieser Grundlage zu einer nach zu definierenden Maßstäben als „frei" bewerteten Entscheidung zu gelangen.** Wird dies einmal anerkannt, so bedarf es der **Definition einer Relevanzschwelle** für die Annahme einer unlauteren Beeinträchtigung (vgl. zur diesbezüglichen Kritik an der UGP-RL o. Rdn. 347), da jegliche, auch ganz unstreitig rechtmäßige, Werbung Einfluss auf den Entscheidungsprozess zu nehmen sucht – darin besteht ihre ureigene Aufgabe.[914]

496 Bei der Festlegung dieser Schwelle auf **Erkenntnisse der Verhaltenswissenschaften zurückzugreifen,** steht keineswegs im Widerspruch zur Methodik der Beurteilung der Irreführungsgefahr. Der Irreführungsbegriff des Europarechts ist zwar ein Rechtsbegriff, aber kein normativer Begriff im strengen Sinne (vgl. dazu bereits o. Rdn. 465 ff.). Ebenso wenig wie das Bestehen der Irreführungsgefahr ist die Gefahr einer erheblichen Beeinträchtigung einer geschäftlichen Entscheidung der unmittelbaren Beweiserhebung zugänglich, und ebenso sehr ist sie das **Ergebnis einer wertenden Abwägung.** Dass in diese Abwägung **empirisch gegründete Umstände, und damit in diesem Fall psychologische und soziologische Erkenntnisse,**[915] einfließen müssen, ist – in beiden Fällen – nur sinnvoll. Die Parallele zum Irreführungstatbestand wird dadurch fortgesetzt, dass die oben beschriebene Kontrollfrage im Regelfall von den Richterinnen und Richtern, die zu den potentiellen Adressaten einer Werbemaßnahme zählen, *ex cathedra* beantwortet werden kann.[916] Die hier vorgeschlagene Kontrollfrage ist schließlich nicht in dem Sinne (miss-) zu verstehen, dass eine Beweiserhebung bezüglich des Einzelfalles zu erfolgen hätte.

497 *Micklitz'* Konzept ruht auf einer Zentrierung des Lauterkeitsrechts auf den Wettbewerbsschutz und ist ökonomisch rückbezogen auf das Konzept der *workable competition.*[917] Ersterem ist uneingeschränkt zuzustimmen.[918] Soweit dem Konzept der *workable competition* aber ein Lauterkeitsschutz entnommen wird, der sich auf die normative Gewährleistung von Transparenz in der Marktkommunikation beschränkt (vgl. dazu o. Rdn. 283 ff.), werden jüngere Entwicklungen innerhalb der

---

909 Das erkennt auch *Drexl* S. 253 ff., 254, an.
910 MüKo-UWG/*Micklitz* EG D Art. 5 Rdn. 37.
911 So die Umschreibung von MüKo-UWG/*Micklitz* EG D Art. 1 Rdn. 8.
912 Von MüKo-UWG/*Micklitz* EG D Art. 1 Rdn. 8 selbst als überspitzt dargestellt.
913 Wie MüKo-UWG/*Micklitz* EG D Art. 8–9 Rdn. 1 selbst feststellt.
914 MüKo-UWG/*Micklitz* EG D Art. 8–9 Rdn. 32.
915 Vgl. etwa die Beispiele bei *Leistner* S. 123 ff.
916 Im Gegenteil werden Sachverständigengutachten auf der Grundlage von Verkehrsbefragungen regelmäßig nicht weiterführen, vgl. bereits *Glöckner,* Europäisches Lauterkeitsrecht, S. 573. Dass es sich um eine fiktive Bewertung handelt, so zu Recht MüKo-UWG/*Micklitz* EG D Art. 5 Rdn. 51, schließt allerdings die Zugrundelegung einer hypothetischen tatsächlichen Reaktion der Adressaten nicht aus.
917 MüKo-UWG/*Micklitz,* 1. Aufl., EG D Rdn. 18.
918 Vgl. bereits *Glöckner,* Europäisches Lauterkeitsrecht, S. 509 ff.; o. Rdn. 282.

Wirtschaftswissenschaften ausgeblendet: Ein verstärkter Rückgriff auf spieltheoretische Modelle gestattet die Berücksichtigung der Interaktivität und der Verknüpfung von Parallel- und Austauschprozessen, wie sie für den wirtschaftlichen Wettbewerb typisch ist. Die Spieltheorie gewährleistet jedoch nur, dass der interaktive Charakter von Wettbewerbshandlungen berücksichtigt wird; ein Allheilmittel ist sie nicht: *„The power of game theory as applied to law ... must derive in the end from the accuracy of these predictions about the choices people make.“*[919] Im Hinblick auf diese *pattern predictions* öffnet sich die Ökonomie in den letzten Jahren nicht allein den Verhaltenswissenschaften *(behavioral economics),*[920] sondern auch den Neurowissenschaften *(neuro-economics).*[921] Die Rechtswissenschaft darf sich – im Lauterkeitsrecht ebenso wenig wie im Kartellrecht – hinter vermeintlich „normativen“ Entscheidungen verstecken. Diese Entscheidungen benötigen eine robuste, ökonomisch belastbare Grundlage. Im Kartellrecht hat man im Zuge des vielberufenen *„more economic approach“* den ersten Schritt getan. Vor dem zweiten – im gesamten Lauterkeitsrecht ungleich bedeutenderen – sollte man nicht zurückschrecken: Die empirische Grundlagen dürfen weder bei der Beurteilung der Wahrnehmung der Verbraucher von geschäftlichen Handlungen der Unternehmen noch bei ihren Reaktionen darauf ausgeblendet werden. Jedenfalls sollte zumindest eine Auseinandersetzung mit den das Unlauterkeitsurteil tragenden Annahmen und Mustervorhersagen *(„pattern predictions“)* im Hinblick auf ihre systemimmanenten und funktionalen Plausibilitäten[922] stattfinden[923] und diese Annahmen sollten in der Urteilsbegründung als solche offengelegt werden. Da es sich um Annahmen betreffend das Wettbewerbs- bzw. Wirtschaftsverhalten von aktiven oder passiven Wettbewerbsteilnehmern handelt, ist es nicht nur legitim, sondern geboten, die Erkenntnisse der angrenzenden Wissenschaften zu berücksichtigen.[924]

Ausgeschlossen wird die Willensfreiheit zunächst durch die Anwendung von *vis absoluta.* Ihre 498
Ausübung im Wettbewerb ist daher zu verbieten. Bei der im Regelfall „nur“ angewandten *vis compulsiva* bleibt die Willensfreiheit demgegenüber im Grundsatz erhalten. Dennoch gebietet der Persönlichkeitsschutz des Betroffenen ein weitergehendes Verbot der Ausübung von Zwang, oder allgemeiner, von Einwirkungen auf die Entscheidung. Dem entsprechen die strafrechtliche Sanktionierung der Nötigung und die zivilrechtliche Anordnung der Nichtigkeitsfolge für Rechtsgeschäfte, die unter Anwendung von Zwang zustandegekommen sind. Im Lauterkeitsrecht kann die Autonomie des Einzelnen im Grundsatz in weiterem Umfang geschützt werden, da gegen den Dritten im Regelfall keine Strafsanktionen verhängt werden und – anders als u. U. bei der Nichtigkeit von Rechtsgeschäften – kein Verkehrsinteresse an der Beständigkeit besteht. Im Hintergrund dessen ist stets zu sehen, dass durch **allgemeine** Beschränkungen der Intensität zulässiger Einwirkungen **alle Wettbewerber in gleicher Weise betroffen** werden.

Allerdings darf daraus nicht geschlossen werden, dass der Schutz der Autonomie bis ins Unendli- 499
che erhöht werden dürfte. Unter dem maßgebenden Gesichtspunkt des Eingriffs in die autonome Entscheidung geht die europäische Rechtsordnung – wenngleich im Hinblick auf die Irreführungsgefahr – von einem **Durchschnittsadressaten** aus (vgl. o. Rdn. 428 ff.). Bei der Beurteilung, ob eine relevante „Beeinflussungsgefahr“ i. S. d. § 4a UWG begründet wird, ist auf denselben Durchschnittsverbraucher zurückzugreifen, der im hier zu beurteilenden Kontext nicht „normal informiert und angemessen aufmerksam und verständig“, sondern **angemessen verständig und nicht überdurchschnittlich beeinflussbar** sein müsste. Dieses Verständnis wird durch die UGP-Richtlinie bestätigt, indem diese einheitlich, d. h. auch hinsichtlich der in Art. 5 Abs. 4 lit. b, 8, 9 UGP-RL erfassten aggressiven Geschäftspraktiken auf einen einheitlich verstandenen Durchschnittsverbraucher abstellt. Artikel 8 stuft eine Geschäftspraktik als aggressiv ein, wenn „unter Berücksichtigung aller tatsächlichen Umstände die Entscheidungs- oder Verhaltensfreiheit des Durchschnittsverbrauchers in Bezug auf das Produkt“ beeinflusst wird.

---

919 *Baird/Gertner/Picker,* Game Theory and the Law, 1998, S. 271.

920 Z. B. *Fehr/Gächter/Kirchsteiger,* Reciprocity as a Contract Enforcement Device: Experimental Evidence, Econometrica 65 (1997), 833: Experimente mit sequentiellen Soziale-Dilemma-Spiele belegen, dass es zu erheblichen Abweichungen von den Prognosen des konventionellen ökonomischen Modells kommt.

921 Z. B. *Fehr,* Neuroökonomik. Die Erforschung der biologischen Grundlagen des menschlichen Sozialverhaltens, 2006, S. 15: „Ökonomen nehmen beispielsweise an, dass der Belief eines Individuums über die Handlung anderer Spieler unabhängig ist von den Präferenzen des Individuums. Diese Annahme schließt motivierte Beliefbildung aus und macht es daher schwierig, Fragen über ... die Struktur und den Inhalt von ... ökonomischen Werbekampagnen, welche die Emotionen der Menschen ansprechen, zu verstehen. Vielleicht gibt es aber neuronale und affektive Mechanismen, welche es den Präferenzen ermöglichen, die Beliefs zu beeinflussen, und umgekehrt.“

922 *Schluep* in: Un droit européen de la concurrence déloyale en formation, S. 67, 88.

923 Ähnlich bereits *Ohly* in: Neuordnung des Wettbewerbsrechts, S. 69, 79, zur Verwendung von Präjudizien.

924 Vgl. bereits *Glöckner,* Europäisches Lauterkeitsrecht, S. 537.

500 *bb) Zugrundelegung eines offenen Leistungsbegriffs.* Davon ausgehend lassen sich zunächst bestimmte Formen der Einflussnahme als unschädlich ausmachen: Ein modernes Verständnis des Wettbewerbsschutzes gebietet die Anknüpfung an einen **„offenen" Leistungsbegriff.**[925] Der Wettbewerber muss es in der Hand haben, die von ihm erbrachte Leistung selbst zu gestalten, soweit der Markt ihn dabei trägt. Die Vermittlung von Zusatznutzen zählt dazu.[926] Es ist nicht Aufgabe des Lauterkeitsrechts, die Abnehmer in paternalistischer Manier zur Verwendung ihrer Mittel allein nach den Parametern von Preis und Qualität der Leistung anzuhalten oder die Wettbewerber auf ein darauf beschränktes Werbeverhalten zu verpflichten. Ein solch enges Verständnis ist mit dem vom Europarecht gem. Art. 119, 120 AEUV geforderten System der **offenen Marktwirtschaft mit freiem Wettbewerb** nicht zu vereinbaren.[927]

501 Die ältere deutsche Praxis, die angenommen hatte, dass eine **gefühlsbetonte Werbung,**[928] durch welche die Entschließung des Kunden unter Ausnutzung seiner Gefühle in einer dem Leitbild des Leistungswettbewerbs widersprechenden Weise in seiner Kaufentscheidung unsachlich beeinflusst werde, unlauter sei,[929] wurde zu Recht durch die *H. I. V. positive II*-Entscheidung[930] des Bundesverfassungsgerichts sowie ein gewandeltes Verbraucherleitbild überwunden. In der Entscheidung *Artenschutz* lehnte der Bundesgerichtshof trotz des fehlenden sachlichen Zusammenhangs die Unlauterkeit ab, da sich keine tatsächliche Beeinträchtigung der freien Willensbildung feststellen ließ.[931]

502 In der Vergangenheit war insbesondere der Satz aufgestellt worden, dass ein Unternehmen wettbewerbswidrig handle, wenn es sich das **Mitgefühl** oder die **soziale Hilfsbereitschaft** der Umworbenen für eigennützige Zwecke planmäßig zunutze mache, ohne dass ein sachlicher Zusammenhang mit der Leistung, wie den Eigenschaften einer Ware, ihrer Herstellungsart oder Preiswürdigkeit bestehe.[932] Freilich verfolgen Aktionen, bei denen ein Teil der Einnahmen „guten Zwecken" zugeführt wird, keineswegs altruistische Zwecke, sondern dienen dem eigennützigen Gewinnstreben des Unternehmens. Darauf sollte allerdings das Unlauterkeitsurteil nicht gestützt werden, denn geschäftliche Handlungen dienen typischerweise dem eigennützigen Gewinnstreben, und der europäische Modelladressat, der „normal informierte und angemessen aufmerksame und verständige Durchschnittsverbraucher" (vgl. o. Rdn. 428) erkennt das auch. Der mangelnde Sachzusammenhang ist kein tauglicher Gesichtspunkt zur Begründung des Unlauterkeitsurteils.[933] Dieses Ergebnis wird durch die hier (vgl. o. Rdn. 492) entwickelte Kontrollfrage bestätigt: Wer ein bestimmtes Bier trinkt, um damit den Regenwald zu retten, wird das damit vermittelte gute Gefühl sicher noch dann haben, wenn er den Werbeappellen nicht mehr ausgesetzt ist. In den Entscheidungen *Regenwaldprojekt I und II* wurde auch höchstgerichtlich abgesichert, dass eine unlautere Handlung erst dann vorliegt, „wenn der Einfluss ein solches Ausmaß erreicht, dass er die freie Entscheidung des Verbrauchers zu beeinträchtigen vermag", da es dem Käufer grundsätzlich selbst überlassen ist, ob er sich durch das Engagement des Unternehmens beeinflussen lässt.[934]

503 Es muss dem Markt und damit der Marktgegenseite überlassen werden zu entscheiden, um welchen Zusatznutzens willen eine bestimmte Kaufentscheidung getroffen wird.[935] Es ist nicht Aufgabe des Lauterkeitsrechts, darüber zu befinden, welche Überlegungen sachfremd und welche sachgemäß sind.[936] Allein die Abnehmer haben zu bestimmen, welche Kriterien für ihre wirtschaftliche Entscheidung relevant sein sollen, und die Wettbewerber haben es in der Hand, diesen Präferenzen in

---

925 *Menke* GRUR 1995, 534, 537; *I. Scherer* S. 48; *Sosnitza* S. 236.

926 MüKo-UWG/*Sosnitza* Grundl Rdn. 15.

927 *Menke* GRUR 1995, 534, 537. Zu beachten ist allerdings, dass das Europarecht selbst an einigen Stellen bedenklich in die Nähe einer solchen Bevormundung der Wettbewerbsteilnehmer gerät, vgl. z. B. die Formulierung des EuGH GRUR Ausl. 1966, 580 – *Consten und Grundig,* Slg. 1966, 322, 391, nach der es als grundsätzlich wettbewerbsschädlich betrachtet wird, wenn es den Herstellern gelingt, ihr Produkt von denjenigen anderer Hersteller durch Markenpflege und Werbung abzuheben.

928 Vgl. dazu *Ahrens* unten Einl. G Rdn. 98-100; *Picht* § 4a Rdn. 91 ff.

929 Vgl. noch *Baumbach/Hefermehl,* 22. Aufl., 2001, § 1 UWG Rdn. 185 m. w. N.

930 BVerfG GRUR 2003, 442 – *H. I. V. positive II.*

931 BGH GRUR 2006, 75, 76 – *Artenschutz;* vgl. auch die folgenden Entscheidungen BGH GRUR 2007, 247 – *Regenwaldprojekt I;* GRUR 2007, 251 – *Regenwaldprojekt II.*

932 Vgl. nur *Baumbach/Hefermehl,* 22. Aufl., 2001, § 1 UWG Rdn. 186a.

933 *Menke* GRUR 1995, 534, 536 ff.; *Sosnitza* S. 95.

934 BGH GRUR 2007, 247 – *Regenwaldprojekt I;* GRUR 2007, 251 – *Regenwaldprojekt II.*

935 Prägnant BGH GRUR 2006, 75, 76 – *Artenschutz:* „Es ist ihnen (den Adressaten, d. Verf.) aber überlassen, ob sie sich in ihrer Entscheidung dadurch beeinflussen lassen wollen, dass sich die Bekl. für den Umweltschutz einsetzt."

936 Bereits *Sosnitza* S. 97, 125, 236.

ihrem Marketing zu folgen oder aber evtl. gar, sie aktiv zu prägen.[937] Es ist daher zu begrüßen, dass § 4a den Begriff der Unsachlichkeit nicht mehr verwendet.

504 *cc) Intensität der Einflussnahme.* Auch im Übrigen, d.h. im Hinblick auf die **Frage nach der zulässigen Intensität der Einwirkung** auf die Marktgegenseite,[938] sollte die oben entwickelte Kontrollfrage als Test herangezogen werden. Danach ist maßgebend, ob die Adressaten *ex post,* d.h. nach Wegfall der motivatorischen Wirkung der Werbemaßnahme, ihre eigene wirtschaftliche Entscheidung zumindest billigen würden. Bei der Beurteilung dieser Frage sollte ein weitestmöglicher Gleichlauf mit der Behandlung des Schutzes vor Irreführungen angestrebt werden.[939]

505 *(1) Direktmarketing.* Das **individuelle Ansprechen** von Passanten auf öffentlichen Straßen oder Plätzen wird im Regelfall nicht zu einer hinreichenden Einflussnahme führen. Der Leitentscheidung zum sog. **„Anreißen"** – *Kraftfahrzeugnummernschilder*[940] – lag zwar ein durchaus beachtliches Bedrohungspotential zugrunde, an dem es im Regelfall des individuellen Ansprechens jedoch fehlen wird. Dies wurde vom BGH in den Entscheidungen *Ansprechen in der Öffentlichkeit I und II* bestätigt. In beiden Fällen hat der BGH angenommen, dass eine gezielte individuelle Ansprache unter den heutigen Verhältnissen für sich genommen noch nicht bei einem erheblichen Teil der Angesprochenen eine psychische Zwangslage schafft, die sie geneigt machen kann, auf ein beworbenes Angebot einzugehen[941] (zur belästigenden Wirkung vgl. o. Rdn. 354ff., 380).

506 Auch bei den anderen Formen des **Direktmarketing** fehlt es im Regelfall an einer hinreichenden Aggressivität. Allein bei **Vertreterbesuchen** und bei **Telefonmarketing** kommt es zu einem unmittelbaren Kontakt, von dem gleichwohl im Regelfall keine hinreichende Beeinflussungsintensität ausgehen wird. Allerdings wurde an anderer Stelle bereits darauf hingewiesen, dass sich ein Lauterkeitsverstoß bei **unerbetenen Werbeanrufen** gleichwohl über den Gedanken des Rechtsbruchs gestützt auf die Verletzung von Individualrechtsgütern der Adressaten[942] (allgemeines Persönlichkeitsrecht,[943] Privatsphäre, Besitz oder Eigentum an Empfangseinrichtungen) begründen lässt.[944] Bei der Kodifikation der Fallreihen wurde freilich der Begründungsansatz über die Belästigung beibehalten, vgl. § 7.

507 *(2) Wertreklame.* Im Bereich der **Wertreklame** hat die deutsche Praxis nunmehr den Weg zu einer modernen, wettbewerbsbezogenen Rechtsanwendung gefunden. Wertreklame ist unmittelbar leistungsbezogen: Sie gibt „statt Worte Werte".[945] Daher war seit jeher nur schwer verständlich, weshalb der Abnehmer zu sachfremden Überlegungen gebracht werden sollte. Inzwischen hat sich die Rechtsprechung von dieser überholten Perspektive distanziert.[946]

508 Damit wurde der richtige Weg zur Kontrolle der Wertreklame gewiesen. Er führt über die **Beseitigung der mit der Wertreklame häufig verbundenen Irreführungsgefahr** (Wert der Zugabe, Höhe der Gewinnchancen beim Werbegewinnspiel etc.) und den **Schutz des Verbrauchers**

---

[937] *Lensdorf* S. 22; *Drexl* in: Neuordnung des Wettbewerbsrechts, S. 163, 173.

[938] *I. Scherer* S. 62ff., 63, will ausgehend von der Beherrschbarkeit der werblichen Beeinflussung abgrenzen. Es müsse darauf ankommen, ob der Verbraucher noch die Möglichkeit hat, seinen Willen anders zu bilden als dies durch die werbliche Beeinflussung angestrebt wird; der Verbraucher müsse noch in der Lage sein, der Beeinflussung zu widerstehen, die Werbeappelle nicht zu befolgen, sich anders zu verhalten als durch die betreffende Werbung gefordert. Beim Wort genommen wird letzteres praktisch stets der Fall sein – der Verbraucher wird ja nicht hypnotisiert oder in anderer Form jeglicher Möglichkeit beraubt, seinen Willen zu bilden und zu betätigen. Jedenfalls so eng verstanden erscheint das Kriterium der Beherrschbarkeit zur Differenzierung als ungeeignet. *I. Scherer* S. 66, scheint demgemäß das eigene Kriterium durch das Erfordernis eines Quorums relativieren zu wollen – ein Postulat, das sich nur schwer mit der unmittelbar voranstehenden Anknüpfung an einen „flüchtigen Durchschnittsbetrachter", a.a.O. S. 65, vereinbaren lässt.

[939] Bereits *Glöckner* JKR 1998, 49, 76; *Baudenbacher/Glöckner* Art. 3 lit. h Rdn. 4.

[940] BGH GRUR 1960, 431 – *Kraftfahrzeugnummernschilder.*

[941] BGH GRUR 2004, 699, 700 – *Ansprechen in der Öffentlichkeit I,* GRUR 2005, 443, 444 – *Ansprechen in der Öffentlichkeit II.*

[942] In diesem Sinn bereits Art. 12 der Richtlinie 97/66/EG des Europäischen Parlaments und des Rates vom 15. Dezember 1997 über die Verarbeitung personenbezogener Daten und den Schutz der Privatsphäre im Bereich der Telekommunikation, ABl. 1998 Nr. L 24/1, zu unerbetenen Anrufen sowie Art. 13 des Vorschlags für eine Richtlinie des Europäischen Parlaments und des Rates über die Verarbeitung personenbezogener Daten und den Schutz der Privatsphäre in der elektronischen Kommunikation, KOM (2000) 385 endg., ABl. 2000 Nr. C 365 E/223, allgemein zu unerbetenen Nachrichten.

[943] Für Werbe-E-Mails vgl. BGH v. 15.12.2015, VI ZR 134/15, noch nicht veröff.

[944] Vgl. *Glöckner* JKR 1998, 49, 75; *ders.* GRUR Int. 2000, 29, 30.

[945] Bereits *Baumbach,* Das gesamte Wettbewerbsrecht. Systematischer Kommentar zum Wettbewerbsgesetz, Warenbezeichnungsgesetz und den einschlägigen Vorschriften anderer Gesetze, 2. Aufl., 1931, S. 177.

[946] BGH GRUR 2002, 979, 981 – *Koppelungsangebot II.*

gegen eine Überbürdung der Transaktionsaufwendungen, die bei Koppelungsangeboten i. w. S. stets erforderlich sind, um die **Angebotstransparenz wiederherzustellen.**

509 Die anlockende Wirkung, die von einer Zugabe oder einer Gewinnchance ausgehen kann, mag aus der Sicht des Mitbewerbers unangemessen, übertrieben oder aggressiv sein. Die Art. 5 Abs. 4 lit. b, 8, 9 UGP-RL, und ihnen folgend § 4a UWG, „denken" die Aggressivität indes aus der Perspektive des Adressaten des Angebots. Aus dessen Sicht wird die von der tatsächlich bestehenden wirtschaftlichen Attraktivität eines Angebots ausgehende Einflussnahme aber weder unangemessen noch unsachlich erscheinen.[947] Die behindernde Wirkung zulasten der Mitbewerber ist allenfalls über § 4 Nr. 4 UWG bzw. §§ 18 ff. GWB zu berücksichtigen.

510 *dd) Besonders schutzbedürftige Adressaten.* Die mit der UWG-Novelle 2004 entstandene Regelung in § 4 Nr. 2 UWG 2004 war nie besonders gelungen, insoweit sie einen Doppeltatbestand schaffte, der einerseits eine Leitlinie für die Anwendung von § 4 Nr. 1 UWG 2004 für die Beeinträchtigung der Entscheidungsfreiheit besonderer Adressatengruppen aufstellte, andererseits aber als selbständiger Konkretisierungstatbestand wirkte.[948] Die redaktionelle Anpassung an die Vorgaben der UGP-RL im Zuge der UWG-Novelle 2008 hat die damit verbundenen Probleme nicht behoben und neue geschaffen.[949] Die Aufhebung der Norm ist daher zu begrüßen. Das unterschiedliche Schutzbedürfnis kann über die Regelung in § 3 Abs. 4, die unionsrechtskonform auf alle geschäftlichen Handlungen angewendet werden kann, zur Geltung gebracht werden. Vor diesem Hintergrund ist die erst aufgrund der Beschlussempfehlung des Rechtsausschusses in § 4a Abs. 2 S. 2 aufgenommene Regel zum einen überflüssig und zum anderen im Hinblick auf den Vorwurf mangelnder Richtlinienkonformität gefährlich.[950]

---

[947] Zutreffend LG Hamburg PharmR 2011, 487 juris-Rdn. 30; *Peifer* WRP 2010, 1432, 1435. Offen lassend BGHZ 187, 231 – *Millionenchance II,* Rdn. 27.

[948] Vgl. BGH GRUR 2006, 161 – *Zeitschrift mit Sonnenbrille,* Rdn. 21.

[949] Krit. auch *Köhler*/Bornkamm § 4 Rdn. 2.1; vgl. *Böhler* WRP 2011, 1028, 1029 ff.

[950] Vgl. *Köhler*/Bornkamm § 4a UWG Rdn. 2.10.

C. Erläuterungen zum Internationalen Lauterkeitsrecht

Verordnung (EG) Nr. 864/2007 des Europäischen Parlaments und des Rates vom 11. Juli 2007 über das auf außervertragliche Schuldverhältnisse anzuwendende Recht (Rom II), ABl. 2007 Nr. L 199/40

Unerlaubte Handlungen

Artikel 4 Allgemeine Kollisionsnorm

(1) Soweit in dieser Verordnung nichts anderes vorgesehen ist, ist auf ein außervertragliches Schuldverhältnis aus unerlaubter Handlung das Recht des Staates anzuwenden, in dem der Schaden eintritt, unabhängig davon, in welchem Staat das schadensbegründende Ereignis oder indirekte Schadensfolgen eingetreten sind.

(2) Haben jedoch die Person, deren Haftung geltend gemacht wird, und die Person, die geschädigt wurde, zum Zeitpunkt des Schadenseintritts ihren gewöhnlichen Aufenthalt in demselben Staat, so unterliegt die unerlaubte Handlung dem Recht dieses Staates.

(3) Ergibt sich aus der Gesamtheit der Umstände, dass die unerlaubte Handlung eine offensichtlich engere Verbindung mit einem anderen als dem in den Absätzen 1 oder 2 bezeichneten Staat aufweist, so ist das Recht dieses anderen Staates anzuwenden. Eine offensichtlich engere Verbindung mit einem anderen Staat könnte sich insbesondere aus einem bereits bestehenden Rechtsverhältnis zwischen den Parteien – wie einem Vertrag – ergeben, das mit der betreffenden unerlaubten Handlung in enger Verbindung steht.

Artikel 6 Unlauterer Wettbewerb und den freien Wettbewerb einschränkendes Verhalten

(1) Auf außervertragliche Schuldverhältnisse aus unlauterem Wettbewerbsverhalten ist das Recht des Staates anzuwenden, in dessen Gebiet die Wettbewerbsbeziehungen oder die kollektiven Interessen der Verbraucher beeinträchtigt worden sind oder wahrscheinlich beeinträchtigt werden.

(2) Beeinträchtigt ein unlauteres Wettbewerbsverhalten ausschließlich die Interessen eines bestimmten Wettbewerbers, ist Artikel 4 anwendbar.

(3) a) Auf außervertragliche Schuldverhältnisse aus einem den Wettbewerb einschränkenden Verhalten ist das Recht des Staates anzuwenden, dessen Markt beeinträchtigt ist oder wahrscheinlich beeinträchtigt wird.

b) Wird der Markt in mehr als einem Staat beeinträchtigt oder wahrscheinlich beeinträchtigt, so kann ein Geschädigter, der vor einem Gericht im Mitgliedstaat des Wohnsitzes des Beklagten klagt, seinen Anspruch auf das Recht des Mitgliedstaats des angerufenen Gerichts stützen, sofern der Markt in diesem Mitgliedstaat zu den Märkten gehört, die unmittelbar und wesentlich durch das den Wettbewerb einschränkende Verhalten beeinträchtigt sind, das das außervertragliche Schuldverhältnis begründet, auf welches sich der Anspruch stützt; klagt der Kläger gemäß den geltenden Regeln über die gerichtliche Zuständigkeit vor diesem Gericht gegen mehr als einen Beklagten, so kann er seinen Anspruch nur dann auf das Recht dieses Gerichts stützen, wenn das den Wettbewerb einschränkende Verhalten, auf das sich der Anspruch gegen jeden dieser Beklagten stützt, auch den Markt im Mitgliedstaat dieses Gerichts unmittelbar und wesentlich beeinträchtigt.

(4) Von dem nach diesem Artikel anzuwendenden Recht kann nicht durch eine Vereinbarung gemäß Artikel 14 abgewichen werden.

Artikel 3 EGBGB Anwendungsbereich; Verhältnis zu Regelungen der Europäischen Gemeinschaft und zu völkerrechtlichen Vereinbarungen

Soweit nicht

1. unmittelbar anwendbare Regelungen der Europäischen Gemeinschaft in ihrer jeweils geltenden Fassung, insbesondere die Verordnung (EG) Nr. 864/2007 des Europäischen Parlaments und des Rates vom 11. Juli 2007 („Rom II") (ABl. EU L 199 S. 40) über das auf außervertragliche Schuldverhältnisse anzuwendende Recht, oder
2. Regelungen in völkerrechtlichen Vereinbarungen, soweit sie unmittelbar anwendbares innerstaatliches Recht geworden sind,

maßgeblich sind, bestimmt sich das anzuwendende Recht bei Sachverhalten mit einer Verbindung zu einem ausländischen Staat nach den Vorschriften dieses Kapitels (Internationales Privatrecht).

Artikel 40 EGBGB Unerlaubte Handlung

(1) Ansprüche aus unerlaubter Handlung unterliegen dem Recht des Staates, in dem der Ersatzpflichtige gehandelt hat. Der Verletzte kann verlangen, dass anstelle dieses Rechts das Recht des Staates angewandt wird, in dem der Erfolg eingetreten ist. Das Bestimmungsrecht kann nur im ersten Rechtszug bis zum Ende des frühen ersten Termins oder dem Ende des schriftlichen Vorverfahrens ausgeübt werden.

(2) Hatten der Ersatzpflichtige und der Verletzte zur Zeit des Haftungsereignisses ihren gewöhnlichen Aufenthalt in demselben Staat, so ist das Recht dieses Staates anzuwenden. Handelt es sich um Gesellschaften, Vereine oder juristische Personen, so steht dem gewöhnlichen Aufenthalt der Ort gleich, an dem sich die Hauptverwaltung oder, wenn eine Niederlassung beteiligt ist, an dem sich diese befindet.

(3) Ansprüche, die dem Recht eines anderen Staates unterliegen, können nicht geltend gemacht werden, soweit sie

1. wesentlich weiter gehen als zur angemessenen Entschädigung des Verletzten erforderlich,
2. offensichtlich anderen Zwecken als einer angemessenen Entschädigung des Verletzten dienen oder
3. haftungsrechtlichen Regelungen eines für die Bundesrepublik Deutschland verbindlichen Übereinkommens widersprechen.

(4) Der Verletzte kann seinen Anspruch unmittelbar gegen einen Versicherer des Ersatzpflichtigen geltend machen, wenn das auf die unerlaubte Handlung anzuwendende Recht oder das Recht, dem der Versicherungsvertrag unterliegt, dies vorsieht.

Artikel 41 EGBGB Wesentlich engere Verbindung

(1) Besteht mit dem Recht eines Staates eine wesentlich engere Verbindung als mit dem Recht, das nach den Artikeln 38 bis 40 Abs. 2 maßgebend wäre, so ist jenes Recht anzuwenden.

(2) Eine wesentlich engere Verbindung kann sich insbesondere ergeben

1. aus einer besonderen rechtlichen oder tatsächlichen Beziehung zwischen den Beteiligten im Zusammenhang mit dem Schuldverhältnis oder
2. in den Fällen des Artikels 38 Abs. 2 und 3 und des Artikels 39 aus dem gewöhnlichen Aufenthalt der Beteiligten in demselben Staat im Zeitpunkt des rechtserheblichen Geschehens; Artikel 40 Abs. 2 Satz 2 gilt entsprechend.

Artikel 42 EGBGB Rechtswahl

Nach Eintritt des Ereignisses, durch das ein außervertragliches Schuldverhältnis entstanden ist, können die Parteien das Recht wählen, dem es unterliegen soll. Rechte Dritter bleiben unberührt.

Inhaltsübersicht

Rdn.

I. Vorrang unmittelbar anwendbarer Kollisionsregeln des Unionsrechts, Art. 3 Nr. 1 EGBGB ... 8
  1. Rom-II-Verordnung 2007 ... 10
    a) Regelungsinhalt ... 10
    b) Verhältnis zu anderen Rechtsakten des Unionsrechts ... 21
    c) Übergangsfragen ... 21a
  2. Kein kollisionsrechtlicher Gehalt der Cassis-Rechtsprechung ... 22
  3. Ausdrückliche kollisionsrechtliche Regelungen im sekundären Verbraucherrecht ... 24
  4. Herkunftslandprinzip in werbungsrelevanten sektoriellen Richtlinien und seine Umsetzung ... 25
    a) Vorgaben in Richtlinien ... 25
      aa) Fernsehrichtlinie 1989/97 – Richtlinie über audiovisuelle Mediendienste 2007/2010 ... 26
      bb) Richtlinie über den elektronischen Geschäftsverkehr 2000 ... 32
      cc) Vorschlag für eine Verordnung über Verkaufsförderungsmaßnahmen . 36
      dd) Richtlinie über Tabakwerbung 2003 ... 37
      ee) Richtlinie über unlautere Geschäftspraktiken 2005 ... 38
      ff) Dienstleistungsrichtlinie 2006 ... 39
    b) Umsetzung der Regelungen ... 40
      aa) TDG und TMG ... 40
      bb) Tabakwerbung ... 72
      cc) Unlautere Geschäftspraktiken ... 73
II. Vorrang unmittelbar anwendbarer Regelungen des Völkerrechts, Art. 3 Nr. 2 EGBGB ... 74
III. Autonomes deutsches Internationales Lauterkeitsrecht ... 76
  1. Allgemeine Anknüpfung deliktischer Ansprüche ... 77
  2. Sonderanknüpfung bei Wettbewerbshandlungen ... 79
  3. Künftige Reste autonomen deutschen Internationalen Lauterkeitsrechts ... 81
IV. Qualifikation ... 86
V. Konkurrenzen ... 90
VI. Lauterkeitsrechtliche Sonderanknüpfung ... 95
  1. Rechtsnatur der Sonderanknüpfung ... 95
  2. Auslegung der Sonderanknüpfung ... 100
    a) Von der Anknüpfung an den Ort der wettbewerblichen Interessenkollision zur Auswirkungstheorie im deutschen Recht ... 100
    b) Europäisches Lauterkeitskollisionsrecht auf dem Weg zum Auswirkungsprinzip ... 106

Rdn.

3. Grenzen der lauterkeitsrechtlichen Sonderanknüpfung, Art. 6 Abs. 2 Rom II-VO 115
a) Anknüpfung an den Ort der Niederlassung bei nicht-marktvermittelten Behinderungen 115
b) Recht des gemeinsamen Aufenthaltsorts 124
c) Recht des engeren Zusammenhangs 127
d) Notanknüpfung an die lex fori 130

VII. Anwendung der lauterkeitsrechtlichen Sonderanknüpfung 133
1. Beeinträchtigung am Sitz des geschädigten Unternehmens? 133
2. Beeinträchtigung kollektiver Verbraucherinteressen 136
3. Differenzierung von Werbe- und Absatzmarkt? 139
4. Spürbarkeitserfordernis 145
a) Wettbewerblicher „spillover" und Spürbarkeit 145
b) Spürbarkeit und Art. 6 Abs. 1 Rom II-VO 152
5. Multistate-Wettbewerb 153
a) Marktortprinzip und objektive Konkretisierung der Marktauswirkungen am Beispiel des Online Marketing 153
aa) Beschränkung durch Spürbarkeitserfordernis 158
bb) Beschränkung durch subsektive oder finale Anforderungen 162
cc) Beschränkung durch objektiv feststellbar begrenzte Marktauswirkungen 163
b) Konsequenzen für den Lauterkeitsprozess 170

VIII. Fallgruppen 175
1. Herabsetzung 175
2. Grenzüberschreitende Werbemaßnahmen 176
3. Grenzüberschreitender Vertrieb von geschützten Produkten 180
4. Grenzüberschreitende Werbung unter Verstoß gegen außerlauterkeitsrechtliche Vorschriften 181

IX. Das internationale Verhältnis im Prozess 184
1. Klagantrag und Urteilstenor bei Unterlassungsklagen 184
2. Anwendung ausländischen Rechts 185
3. Herkunftslandprinzip im gerichtlichen Verfahren 188
4. Verbandsklage 196

Schrifttum: Vgl. vor Einl B.

1 Die Frage nach dem anzuwendenden Recht bildet den – meist unproblematischen, mitunter auch übersehenen – Einstieg in die Prüfung der Unlauterkeit einer geschäftlichen Handlung. Das heimische Recht darf nur im Fall eines nationalen Sachverhalts unbesehen angewendet werden. Im **internationalen Verhältnis, d. h. bei Sachverhalten mit Verbindung zu einem ausländischen Staat, vgl. Art. 1 Abs. 1 Rom II-VO, Art. 3 EGBGB,** bestimmen die Regelungen des **Internationalen Privatrechts** das anzuwendende Recht.

2 **Vorrangig** zu berücksichtigen sind **unmittelbar anwendbare Regelungen der Europäischen Union, vgl. Art. 3 Nr. 1 EGBGB.** Für schadensbegründende Ereignisse, die nach dem 11. Januar 2009[1] eingetreten sind, hält die sog. **Rom II-Verordnung**[2] über das auf außervertragliche Schuldverhältnisse anzuwendende Recht unmittelbar anwendbare und abschließende Kollisionsregeln bereit (vgl. dazu der Überblick u. Rdn. 10 ff.).

3 Bis dahin waren allein punktuelle Gemeinschaftsregelungen zu beachten, die allerdings nicht unmittelbar anwendbar sind. Weil die in Richtlinien enthaltenen Regelungen gleichwohl für die Auslegung des zu ihrer Umsetzung erlassenen Rechts maßgeblich sind, werden sie ebenfalls im Kontext des Unionsrechts dargestellt (I.2–4; u. Rdn. 22 ff.): Als kollisionsrechtliche Sonderregelung zu beachten ist nach h. M. das in der Richtlinie über audiovisuelle Mediendienste niedergelegte Sendestaatsprinzip (dazu u. Rdn. 27 ff.). Auch der in Umsetzung des in der Richtlinie über den elektronischen Geschäftsverkehr niedergelegten Prinzips der „Kontrolle an der Quelle" (vgl. u. Rdn. 46 ff.) erlassene § 3 Abs. 1 TMG enthält eine Sonderkollisionsnorm für sog. Offshore-Wettbewerb (dazu u. Rdn. 56 ff.). Im Übrigen ist das **Herkunftslandprinzip** des europäischen Rechts aber im Sinne einer materiellen Beschränkung der Sanktionsgewalt der nationalen Rechtsordnung zu verstehen (vgl. u. Rdn. 22 ff., 25 ff.).

[1] EuGH EuZW 2012, 35 – *Homawoo ./. GMF,* Slg. 2011, I-11603, Rdn. 37. Vgl. dazu u. Rdn. 21a.
[2] Verordnung (EG) Nr. 864/2007 des Europäischen Parlaments und des Rates vom 11. Juli 2007 über das auf außervertragliche Schuldverhältnisse anzuwendende Recht (Rom II), ABl. 2007 Nr. L 199/40.

4 Gleichfalls vorrangig heranzuziehen sind gem. Art. 3 Nr. 2 EGBGB Kollisionsregeln in völkerrechtlichen Vereinbarungen, soweit diese unmittelbar anwendbar geworden sind (II.; u. Rdn. 74).

5 Im Übrigen war bis zum Eintreten der Geltungskraft der Rom II-Verordnung das autonome deutsche **Internationale Privatrecht** auf der Grundlage der Art. 40ff. EGBGB anzuwenden (dazu u. III., Rdn. 76ff.). Lauterkeitsverstöße werden zwar traditionell als unerlaubte Handlungen qualifiziert (III.; dazu u. Rdn. 77); spätestens seit den 1960er-Jahren hat sich jedoch eine **Sonderanknüpfung** lauterkeitsrechtlicher Ansprüche **nach dem Marktortprinzip** entwickelt (dazu u. Rdn. 79). Lediglich bei gezielten Behinderungen soll der Sitzstaat des Geschädigten maßgebend sein (vgl. u. Rdn. 115ff.).

6 Für schadensbegründende Ereignisse, die vor dem **11. Januar 2009** eingetreten sind, bleibt zwar das autonome deutsche Kollisionsrecht anwendbar. Im Hinblick auf die seit dem eingetretene **Rechtsänderung** sollten die offenen und im Bereich des Lauterkeitsrechts weitgehend von der Rechtsprechung konkretisierten Tatbestände der Art. 40, 41 EGBGB aber durch die Praxis auf das nunmehr geltende Recht zugeführt werden, zumal die Unterschiede gerade im Lauterkeitsrecht eher die Begründungen als die Ergebnisse betreffen werden.[3] In diesem Sinne werden **Anwendungsprobleme nachfolgend schwerpunktmäßig unter Zugrundelegung der Rom II-Verordnung** (IV., V., VI., VII.) dargestellt. Die Sachfragen stellen sich unter der Geltung der Rom II-Verordnung in ähnlicher Weise wie nach dem früheren Recht:

7 Bei der Anwendung des Marktortprinzips differenziert die h.M. nach dem Werbe- und dem Absatzort (dazu u. Rdn. 139ff.) und hält mit wenig überzeugenden Gründen den Werbeort für maßgebend. Große Probleme bereitet bis heute sog. *multistate*-Marketing (dazu u. Rdn. 153ff.). Dabei kommt es auf der Grundlage des Marktortprinzips zu einer **Normenkumulation.** Bei (geographisch) unteilbaren geschäftlichen Handlungen hat der Marktteilnehmer sich nach der strengsten Wettbewerbsordnung zu richten. Insbesondere bei geschäftlichen Handlungen im Internet vermag jedoch einerseits das Produkt, andererseits die Vertriebspolitik der Wettbewerbsteilnehmer (objektive Gestaltung der Website, eingehaltene *disclaimer*) den Marktort objektiv zu konkretisieren (dazu u. Rdn. 163ff.). Im Prozess führt das Marktortprinzip zu einer Parzellierung der Ansprüche (dazu u. Rdn. 170ff.). Im Einzelnen ist nach der Art der Wettbewerbsverstöße zu differenzieren (dazu u. Rdn. 177ff.).

I. Vorrang unmittelbar anwendbarer Kollisionsregeln des Unionsrechts, Art. 3 Nr. 1 EGBGB

8 Die Regelung in Art. 3 Abs. 2 S. 2 EGBGB a.F. hatte für Kollisionsnormen des gemeinschaftsrechtlichen Sekundärrechts nur deklaratorische Bedeutung.[4] Soweit unionsrechtliche Kollisionsnormen unmittelbar anwendbar sind, genießen sie kraft ihrer Natur Vorrang vor dem nationalen Recht.[5] Die Regelung in Art. 3 Nr. 1 EGBGB[6] formuliert diesen Zusammenhang nunmehr noch deutlicher.[7] Die **europarechtliche Vereinheitlichung des Kollisionsrechts** im Bereich des Lauterkeitsrechts hat mit der Verabschiedung der **Rom II-Verordnung**[8] (1.) einen **qualitativen Sprung**[9] vollzogen. Mit ihrer Geltung werden nicht allein die autonomen deutschen Vorschriften im Wesentlichen obsolet.[10] Unionsrechtliche Sonderregelungen, die bislang lediglich punktuell vorrangig gegenüber dem nationalen Recht anzuwenden waren, werden nunmehr flächendeckend vom IPR der Europäischen Union (Rom I-, Rom II-Verordnung) überlagert. Sie behalten ihre Bedeutung künftig allein unter dem Gesichtspunkt der Spezialität oder indem sie auf materiellrechtlicher Ebene die kollisionsrechtlichen Wertungen überwinden.

9 Zu differenzieren sind diesbezüglich die Harmonisierung durch das Recht der Grundfreiheiten (2.), durch vertragsstatutsbezogene Vorschriften im Unionsverbraucherrecht (3.) und schließlich durch wettbewerbsstatutsbezogene Anordnungen des Herkunftslandprinzips (4.),[11] wie sie insbeson-

---

[3] Beispielhaft BGH GRUR 2010, 847 – *Ausschreibung in Bulgarien,* Rdn. 19.

[4] Staudinger/*Hausmann,* Bearb. 2003, Art. 3 EGBGB Rdn. 40.

[5] Vgl. Art. 288 Abs. 2 AEUV für Verordnungen; EuGH EuR 1966, 360 – *Costa ./. E.N.E.L.,* Slg. 1964, 1253, für das Primärrecht.

[6] Gesetz zur Anpassung der Vorschriften des Internationalen Privatrechts an die Verordnung (EG) Nr. 864/2007 vom 10. Dezember 2008, BGBl. I S. 2401.

[7] Staudinger/*Hausmann* Art. 3 EGBGB Rdn. 15; GK/*Klass* Einl D Rdn. 7.

[8] Zum Entstehen vgl. ausf. GK/*Klass* Einl D Rdn. 161ff.

[9] *Leible/Lehmann* RIW 2007, 721, 735: „neues Zeitalter".

[10] *Sack* WRP 2008, 845, 846.

[11] Zur Terminologie und den Begriffen „Herkunftsland" bzw. „Ursprungsland" vgl. *Sack* WRP 1994, 281, 288.

dere in den Richtlinien über audiovisuelle Mediendienste sowie über elektronischen Geschäftsverkehr enthalten sein könnten.

1. Rom II-Verordnung 2007

a) Regelungsgehalt. Die Verordnung Nr. 864/2007 über das auf außervertragliche Schuldverhältnisse anzuwendende Recht (im Folgenden: **Rom II-Verordnung; Rom II-VO**)[12] gilt für außervertragliche Schuldverhältnisse in **Zivil- und Handelssachen.** Letzterer Begriff ist **autonom** und insbesondere unter Rückgriff auf die Judikatur des EuGH zur EuGVVO bzw. zum EuGVÜ (vgl. dazu u. Einl D Rdn. 4ff.) auszulegen.[13] Zivilrechtliche Ansprüche aus Wettbewerbsverletzungen gehören jedenfalls dazu. 10

Die fraglichen Schuldverhältnisse müssen weiter eine **Verbindung zum Recht verschiedener Staaten** aufweisen, Art. 1 Abs. 1 Rom II-VO. Der Geltungsbereich der Verordnung beschränkt sich damit nicht auf Rechtsstreitigkeiten, deren Anknüpfungsmomente ein **internationales Verhältnis innerhalb der EU** begründen, sondern die Verordnung regelt innerhalb ihres gegenständlichen Anwendungsbereichs **universell** das Internationale Privatrecht aller Mitgliedstaaten[14] mit Ausnahme Dänemarks.[15] Im Hinblick auf die auf diese Weise verhinderte Rechtsspaltung (Verordnungsrecht für Unionssachverhalte – autonomes mitgliedstaatliches Kollisionsrecht für Drittstaatssachverhalte) ist die Ausdehnung des Anwendungsbereichs zu begrüßen.[16] 11

Entsprechendes gilt im Hinblick auf die **Rechtsfolge:** Sie kann nämlich nicht nur in der Anwendung des Rechts eines Mitgliedstaates, sondern gemäß den Anknüpfungsregeln der Verordnung auch in der **Anwendung des Rechts eines Drittstaates** bestehen, Art. 3 Rom II-VO. Es handelt sich mithin um **allseitige Kollisionsnormen.** 12

Eine ausdrückliche Einschränkung des Anwendungsbereichs der Verordnung im Hinblick auf den **Vorrang speziellerer unionsrechtlicher Kollisionsnormen,** wie sie Art. 3 des Geänderten Vorschlags[17] noch vorgesehen hatte,[18] fehlt in der verabschiedeten Fassung zwar. Nach dem allgemeinen Grundsatz *lex specialis derogat legi generali* verdrängen in spezielleren Rechtsakten enthaltene Regelungen aber die allgemeineren.[19] In diesem Sinne stellt Begründungserwägung 35 fest, dass die Rom II-Verordnung die Möglichkeit der Aufnahme von Kollisionsnormen für außervertragliche Schuldverhältnisse in Vorschriften des Gemeinschaftsrechts in Bezug auf besondere Gegenstände nicht ausschließt, und Art. 27 ordnet an, dass die Rom II-Verordnung nicht die Anwendung von Vorschriften des Gemeinschaftsrechts berührt, die für besondere Gegenstände Kollisionsnormen für außervertragliche Schuldverhältnisse enthalten. 13

Die etwas gewundene Formulierung in EGr. 35 S. 4 Rom II-VO, wonach die „Anwendung der Vorschriften im anzuwendenden Recht, die durch die Bestimmungen dieser Verordnung berufen wurden, ... nicht die Freiheit des Waren- und Dienstleistungsverkehrs, wie sie in den Rechtsinstrumenten der Gemeinschaft wie der Richtlinie 2000/31/EG des Europäischen Parlaments und des Rates vom 8. Juni 2000 über bestimmte rechtliche Aspekte der Dienste der Informationsgesellschaft, insbesondere des elektronischen Geschäftsverkehrs, im Binnenmarkt („Richtlinie über den elektronischen Geschäftsverkehr") ausgestaltet ist, beschränken" sollte, steht in engem Zusammenhang mit der Auseinandersetzung um die Wirkweise des Herkunftslandprinzips in der Richtlinie über den elektronischen Geschäftsverkehr (vgl. dazu u. Rdn. 32ff.). 14

Dass **unlauterer Wettbewerb als unerlaubte Handlung** zu qualifizieren ist, ergibt sich mittelbar aus Art. 6 Rom II-VO, der für diesen eine Sonderanknüpfung bereithält. Im **Regelfall** ist auf unerlaubte Handlungen das Recht des **Ortes** anzuwenden, an welchem der **Schaden eintritt,** Art. 4 Abs. 1 (sog. *lex loci damni;* vgl. EGr. 16, 18 Rom II-VO). **Indirekte Folgen** sind damit **aber** 15

---

[12] Verordnung (EG) Nr. 864/2007 des Europäischen Parlaments und des Rates vom 11. Juli 2007 über das auf außervertragliche Schuldverhältnisse anzuwendende Recht (Rom II), ABl. 2007 Nr. L 199/40.

[13] EGr. 7 Rom II-VO; Begründung des Vorschlags der Europäischen Kommission vom 22.7.2003 für eine Verordnung des Europäischen Parlaments und des Rates über das auf außervertragliche Schuldverhältnisse anzuwendende Recht („Rom II"), KOM (2003) 427 endg. (im Folgenden: Begründung, KOM (2003) 427 endg.), S. 8.

[14] Staudinger/*Fezer/Koos* IntWirtschR Rdn. 439; MüKo-UWG/*Mankowski* IntWettbR Rdn. 33; *Handig* GRUR Int. 2008, 25.

[15] Art. 1 Abs. 4 Rom II-VO. Zu den Gründen vgl. u. Einl D Rdn. 9.

[16] Zustimmend auch *Leible/Lehmann* RIW 2007, 721, 724. Krit. demgegenüber *Wagner* IPRax 2006, 372, 389.

[17] Geänderter Vorschlag für eine Verordnung des Europäischen Parlaments und des Rates über das auf außervertragliche Schuldverhältnisse anzuwendende Recht („Rom II"), KOM (2006) 83 endg.

[18] Auf dieser Basis beruht die Darstellung von MüKo-UWG/*Mankowski* IntWettbR Rdn. 30, 35.

[19] MüKo-UWG/*Mankowski* IntWettbR Rdn. 35.

nicht gemeint, wie EGr. 13 Rom II-VO klarstellt. Beispielhaft wird darauf hingewiesen, dass bei Personen- oder Sachschäden als Staat, in dem der Schaden eintritt, der Staat gelten solle, in dem der Personen- oder Sachschaden tatsächlich eingetreten sei, (ergänze:) nicht aber derjenige Staat, in dem die negativen Vermögensfolgen eintreten.

16 Als **Ausnahme** von dieser allgemeinen Regel (so EGr. 18 Rom II-VO) ordnet Art. 4 Abs. 2 Rom II-VO an, dass das **Recht des Aufenthaltsorts** anzuwenden ist, wenn die Person, deren Haftung geltend gemacht wird, und die Person, die geschädigt wurde, zum Zeitpunkt des Schadenseintritts ihren **gewöhnlichen Aufenthalt in demselben Staat** haben.

17 Den Rückgriff auf die Rechtsordnung eines anderen Staates gestattet Art. 4 Abs. 3 Rom II-VO als **„Ausweichklausel"**, wenn sich aus der Gesamtheit der Umstände ergibt, dass die unerlaubte Handlung eine **offensichtlich engere Verbindung** mit diesem als dem in den Absätzen 1 oder 2 bezeichneten Staat aufweist. Der Anwendungsbereich dieser Norm für Lauterkeitsverstöße ist begrenzt, weil im Regelfall die Präzisierungen des Schadensorts in Art. 6 Abs. 1, 2 Rom II-VO auf die denkbar engste Verbindung abstellen.[20] Eine offensichtlich engere Verbindung mit einem anderen Staat könnte sich aber immerhin aus einem **bereits bestehenden Rechtsverhältnis** zwischen den Parteien – wie einem Vertrag – ergeben, das mit der betreffenden unerlaubten Handlung in enger Verbindung steht, Art. 4 Abs. 3 S. 2 Rom II-VO.

18 Die Folgeregelungen werden in den Begründungserwägungen als Sonderbestimmungen für Bereiche charakterisiert, bei welchen die Anwendung der beschriebenen Regelungen nicht zu einem angemessenen Interessenausgleich führt (EGr. 19). Zu den in Art. 6 Rom II-VO bereitgehaltenen **Sonderregelungen für aus Wettbewerbsverletzungen verursachte Schäden** führen die Begründungserwägungen allerdings ausdrücklich aus, dass diese keine Ausnahmen von der allgemeinen Regel nach Art. 4 Abs. 1, sondern vielmehr **eine Präzisierung** derselben darstellen sollen (EGr. 21 S. 1 Rom II-VO).[21]

19 Gemäß Art. 6 Abs. 1 Rom II-VO ist auf außervertragliche **Schuldverhältnisse aus unlauterem Wettbewerbsverhalten** das Recht des Staates anzuwenden, in dessen Gebiet die **Wettbewerbsbeziehungen oder die kollektiven Interessen der Verbraucher beeinträchtigt worden sind oder wahrscheinlich beeinträchtigt werden.** Der Anwendungsbereich von Art. 6 Abs. 1 Rom II-VO entspricht im wesentlichen dem des UWG.[22] Durch diese Anknüpfung soll die Kollisionsnorm die Wettbewerber, die Verbraucher und die Öffentlichkeit schützen und das reibungslose Funktionieren der Marktwirtschaft sicherstellen (EGr. 21 S. 2). Wenn ein unlauteres Wettbewerbsverhalten ausschließlich die Interessen eines bestimmten Wettbewerbers beeinträchtigt, bleibt demgegenüber Art. 4 anwendbar, Art. 6 Abs. 2 Rom II-VO.

20 Eine vorherige Rechtswahl wird angesichts der Natur von Wettbewerbsbeziehungen bereits selten praktisch werden. Doch auch die nicht fern liegende Möglichkeit einer nachträglichen **Rechtswahl** wird nach Art. 6 Abs. 4 Rom II-VO ausgeschlossen. Nach der Systematik der Norm gilt dieser Ausschluss sogar für die betriebsbezogenen Verstöße des Art. 6 Abs. 2 Rom II-VO. Das mag man kritisieren[23] oder als ausdrückliche Anerkennung des Umstandes begrüßen, dass es im Wettbewerb kein relevantes Verhalten gibt, dessen objektive Auswirkungen nicht zumindest mittelbar auch die Marktgegenseite und die Allgemeinheit berühren.[24]

21 **b) Verhältnis zu anderen Rechtsakten des Unionsrechts.** Gemäß Art. 27 Rom II-VO berührt die Verordnung nicht die Anwendung von **Vorschriften des Unionsrechts, die für besondere Gegenstände Kollisionsnormen** für außervertragliche Schuldverhältnisse enthalten. Diese Vorschrift ist kritisiert worden, da sie eine weitgehende Aushöhlung der in der Verordnung getroffenen Regelungen gestattet.[25] Insbesondere die verschiedenen Anordnungen des Herkunftslandprinzips (vgl. dazu sogl. Rdn. 22ff.) lassen – unabhängig davon, ob sie kollisionsrechtlich oder als sachrechtliche Beschränkungsnormen verstanden werden – die Anordnungen in Art. 6 Abs. 1, 2 Rom II-VO in weiten Bereichen (Fernsehwerbung, kommerzielle Kommunikationen im Internet) leer laufen.

21a **c) Übergangsfragen.** Gemäß Art. 32 Rom II-VO „gilt" die Verordnung in ihrem wesentlichen Teil erst seit dem 11. Januar 2009, ihr zeitlicher Anwendungsbereich ist gem. Art. 31 Rom II-VO

---

[20] Fezer/*Hausmann/Obergfell* Einl I Rdn. 253.

[21] Zur Gesetzgebungsgeschichte bis zum Geänderten Vorschlag vgl. Staudinger/*Fezer/Koos* IntWirtschR Rdn. 430ff.; bis zum Parlamentsentwurf 2007 vgl. *v. Hein* VersR 2007, 440.

[22] OLG Köln GRUR-RR 2014, 298 – *Tourismusabgabe,* Rdn. 11.

[23] Ausf. Nachw. bei Staudinger/*Fezer/Koos* IntWirtschR Rdn. 670.

[24] So ausdrücklich Begründung, KOM (2003) 427 endg., S. 17.

[25] Bereits *Buchner* GRUR Int. 2005, 1004, 1010: „Etikettenschwindel".

auf schadensbegründende Ereignisse beschränkt, die nach ihrem „Inkrafttreten" eintreten. Dem wird entnommen, dass es insgesamt bis zum 11. Januar 2009 bei der Anwendung der überkommenen Grundsätze bleibe.[26] Die dieser Annahme zugrundeliegende – und häufig unreflektierte – Gleichsetzung des in Art. 31 Rom II-VO bezuggenommenen Inkrafttretens mit der in Art. 31 Rom II-VO geregelten Geltung ist indes verkürzt. Bereits die sprachliche Unterscheidung von Inkrafttreten und Geltung – nicht nur in der deutschen Fassung – legt eine Differenzierung nahe. Tatsächlich enthalten andere Verordnungen im Sachzusammenhang der Zivilrechtspflege ausdrücklich separate Regelungen zum Inkrafttreten und zum Beginn der Geltung (z. B. Art. 24 BeweisaufnahmeVO Nr. 1206/2001, vgl. dazu u. Einl D Rdn. 54; Art. 26 ZustellungsVO Nr. 1393/2007, vgl. dazu u. Einl D Rdn. 44; Art. 29 BagatellVO Nr. 861/2007, vgl. dazu u. Einl D Rdn. 68). Vor diesem Hintergrund hat auch der EuGH angenommen, dass die **Rom II-Verordnung bereits am 20. August 2007 in Kraft getreten** ist.[27] Die befremdlichen Folgen im Hinblick auf Rechtssicherheit und Prozessökonomie, die resultieren würden, wenn schadensbegründende Ereignisse, die nach diesem Zeitpunkt eingetreten sind, erst ab dem Anwendungsstichtag der Rom II-Verordnung zu unterwerfen wären, haben den EuGH indes veranlasst, bei der Auslegung von Art. 31 Rom II-VO, der sich nach seiner Überschrift auf die „zeitliche Anwendbarkeit" bezieht, den durch Art. 32 Rom II-VO festgesetzten Anwendungszeitpunkt zu berücksichtigen, so dass die Rom II-Verordnung allein auf schadensbegründende Ereignisse angewandt wird, die von diesem Zeitpunkt an eintreten.[28] Mit der so gefundenen „schlanken" Lösung wird man sicher einfacher leben können als mit dem misslungenen Versuch der Differenzierung durch den Europäischen Gesetzgeber. Einmal mehr stellt sich jedoch die Frage nach dem Verhältnis zwischen gesetzgebender und rechtsprechender Gewalt: Hätte der Gesetzgeber eine so einfache Lösung gewollt, so hätte er sich nicht in einer Reihe von Regelungsvorschlägen[29] zur Gesetz gewordenen Fassung durchringen müssen. Das vom Europäischen Gesetzgeber verfolgte Regelungsziel lässt sich gerade beim Auseinanderfallen von Inkrafttreten und Anwendung erkennen: Der Gesetzgeber wollte den Gerichten eine Übergangsfrist zur Aneignung des neuen Rechts einräumen, gleichzeitig aber weder rückwirkend die Rechtslage ändern noch die Harmonisierung weiter als in Art. 32 Rom II-VO geregelt aufschieben, was die in Art. 31 Rom II-VO getroffene Regelung motivierte.[30] Letzeres Ziel wurde durch die Rechtsprechung geopfert.

2. Kein kollisionsrechtlicher Gehalt der Cassis-Rechtsprechung

In der Literatur wird z. T. die Auffassung vertreten, der in den Art. 34, 36 AEUV (früher Art. 28, 22
30 EG) niedergelegten **Warenverkehrsfreiheit** in ihrer Deutung durch den EuGH in der Rechtssache *Cassis de Dijon* (vgl. dazu o. Einl B Rdn. 14) sei eine kollisionsrechtliche Anknüpfung des internationalen Wettbewerbsrechts an das Recht des Herkunftslandes zu entnehmen.[31] Noch weitergehend wird gefolgert, dass die Rechtsprechung des EuGH im Ergebnis auf das Günstigkeitsprinzip hinauslaufe: Das in Rede stehende Wettbewerbsverhalten sei zulässig, wenn es entweder den Bestimmungen des Herkunftslandes oder des Marktortes entspreche.[32]

Eine solche Interpretation ist indes weder zwingend noch sinnvoll. Freilich liegt auf der Hand, 23
dass dem europarechtlichen Herkunftslandprinzip (vgl. dazu o. Einl B Rdn. 15) auch durch eine entsprechende kollisionsrechtliche Anknüpfung genügt werden kann. „Warum also „nicht gleich" an das Recht des Ursprungslandes anknüpfen?"[33] Der Grund dafür liegt in der *Cassis*-Rechtsprechung selbst. Der Schutz der **Verbraucher sowie der Lauterkeit des Handels ist ein „zwingendes Erfordernis" des öffentlichen Interesses,** welches die durch eine diskriminierungsfreie Anwendung des Marktortrechts u. U. eintretende Beschränkung des Warenverkehrs rechtfertigen kann (vgl. bereits o. Einl B Rdn. 31). Die in der *Cassis*-Formel zum Ausdruck gebrachte **Notwendigkeit der Abwägung** würde durch eine **kollisionsrechtliche Deutung des**

---

[26] BGH GRUR 2010, 847, 848 – *Ausschreibung in Bulgarien,* allerdings ohne Problematisierung; *Leible/Lehmann* RIW 2007, 721, 724; *Ofner* ZfRV 2008, 13, 15; *Köhler*/Bornkamm Einl Rdn. 5.28; *Bücken* IPRax 2009, 125.

[27] EuGH EuZW 2012, 35 – *Homawoo ./. GMF,* Slg. 2011, I-11603, Rdn. 37.

[28] EuGH EuZW 2012, 35 – *Homawoo ./. GMF,* Slg. 2011, I-11603, Rdn. 37.

[29] Detailliert wiedergegeben bei GA *Mengozzi* Schlussanträge Rdn. 25 ff., zu EuGH EuZW 2012, 35 – *Homawoo ./. GMF,* Slg. 2011, I-11603, Rdn. 37.

[30] Vgl. *Glöckner* IPRax 2009, 121, 123.

[31] *Bernhard* EuZW 1992, 437 m. w. N. in Fn. 1; *Basedow* RabelsZ 59 (1995), 1, 12 ff.; *Drasch* S. 313, 365; *Grandpierre* S. 106 ff., 118. Offen lassend *Kropholler* IPR, § 53 VI 1.

[32] *Basedow* RabelsZ 59 (1995), 1, 16 ff. Dagegen selbst *Drasch* S. 332, 365; *Grandpierre* S. 187.

[33] *Bernhard* EuZW 1992, 437, 440.

Herkunftslandprinzips umgangen.[34] Ferner zeigt die Rechtsprechung des EuGH, dass er selbst stets von der – auch von den vorlegenden Gerichten unterstellten – Anwendbarkeit der nationalen Vorschriften ausgegangen ist und diese nicht in Frage gestellt hat.[35] Aus den **Grundfreiheiten des Europarechts** sind daher **keine Kollisionsnormen** abzuleiten.[36]

3. Ausdrückliche kollisionsrechtliche Regelungen im sekundären Verbraucherrecht

24 Ausdrückliche Regelungen kollisionsrechtlicher Natur finden sich im europäischen Sekundärrecht vor allem im Bereich der **Verbraucherrechtsrichtlinien.** Das ist nur konsequent, denn der Erlass von Richtlinien geht von deren Umsetzung durch die nationalen Rechtsordnungen aus. Die das materielle Verbraucherrecht innerhalb der EU harmonisierenden Richtlinien könnten durch die Wahl einer nicht harmonisierten außereuropäischen Rechtsordnung umgangen werden.[37] Der Zweck der Verbraucherrechtsrichtlinien, die Harmonisierung des Sachrechts für Binnensachverhalte, gebietet den Erlass von Sonderkollisionsregeln für den Fall einer im Grundsatz zulässigen Wahl der Rechtsordnung von **Drittstaaten.**[38] Die Anordnungen der Richtlinien haben zur Einfügung von Art. 29a EGBGB in das deutsche Internationale Privatrecht geführt. Sie betreffen indes wie auch Art. 29a EGBGB allein das **Vertragsstatut.** Die Verabschiedung der sog. Rom I-Verordnung[39] machte als Folge der universellen Wirkung auch dieser Regelungen und der umfassenden Absicherung verbraucherschützender Vorschriften durch Art. 6 Abs. 1, 2 Rom I-VO eine solche Vorschrift überflüssig. Durch das Gesetz zur Anpassung der Vorschriften des Internationalen Privatrechts an die Verordnung (EG) Nr. 593/2008 v. 25.7.2009[40] wurde Art. 29a EGBG ersatzlos gestrichen.

4. Herkunftslandprinzip in werbungsrelevanten sektoriellen Richtlinien und seine Umsetzung

25 **a) Vorgaben in Richtlinien.** Das Europarecht scheint in der Richtlinie über audiovisuelle Mediendienste und in der Richtlinie über den elektronischen Geschäftsverkehr **Sonderregelungen für das Wettbewerbsstatut** aufzustellen, in denen nicht an den Ort der Beeinträchtigung der Wettbewerbsbeziehungen bzw. der kollektiven Verbraucherinteressen gem. Art. 6 Abs. 1 Rom II-VO, sondern an das Herkunftsland angeknüpft wird:

26 *aa) Fernsehrichtlinie 1989/97 – Richtlinie über audiovisuelle Mediendienste 2007/2010.* In dem Bestreben, einen einheitlichen europäischen Fernsehmarkt zu schaffen, wurde 1989 die **Fernsehrichtlinie** erlassen.[41] Als Folge der **Medienkonvergenz** wurde die Richtlinie überarbeitet und im Jahr 2010 in kodifizierter Form als **Richtlinie 2010/13 über audiovisuelle Mediendienste**[42] neu erlassen (vgl. bereits o. Einl B Rdn. 62 ff.). Am Herkunftslandprinzip wurde indes festgehalten. Begründungserwägung 33 Richtlinie 2010/13 bezeichnet es als Kernbestandteil der Richtlinie und unverzichtbar für die Schaffung des Binnenmarktes.

27 Dementsprechend gebietet Art. 2 Abs. 1 Richtlinie 2010/13 jedem Mitgliedstaat, dafür zu sorgen, dass alle audiovisuellen Mediendienste, die von seiner Rechtshoheit unterworfenen Mediendiensteanbietern übertragen werden, den Vorschriften des Rechtssystems entsprechen, die auf für

---

[34] *Bernhard* EuZW 1992, 437, 443; *Sack* WRP 1994, 281, 289; Staudinger/*v. Hoffmann* Art. 40 EGBGB Rdn. 295. *Drasch* S. 328 ff., 366, und *Grandpierre* S. 183 ff., korrigieren dieses Ergebnis wiederum, indem sie die *Keck*- und *Cassis*-Rechtsprechung innerhalb der kollisionsrechtlichen Anknüpfungsregel berücksichtigen.

[35] *Tebbens* Rev. crit. dr. internat. privé 83 (1994), 451, 474 ff.; *Sack* WRP 1994, 281, 285; *Kotthoff* S. 23; *Martin-Ehlers* S. 46.

[36] *Rüffler* S. 145; *Fezer/Koos* IPRax 2000, 349, 350; *Dethloff* S. 269 ff., 275; *Ahrens* CR 2000, 835, 838; *Ohly* GRUR Int. 2001, 899, 901; *Halfmeier* ZEuP 2001, 837, 853; MüKo-BGB/*Drexl* IntLautR Rdn. 48; MüKo-UWG/*Mankowski* IntWettbR Rdn. 155; *Staudinger/Fezer/Koos* IntWirtschR Rdn. 425; GK/*Klass* Einl D Rdn. 105.

[37] Diese Problematik lag der Entscheidung des EuGH EuZW 2001, 50 – *Ingmar,* Slg. 2000, I-9305, zugrunde, und wurde durch die Annahme gelöst, es handle sich bei den streitgegenständlichen Regelungen zum Schutz des Handelsvertreters um zwingendes Recht, das nicht durch eine Rechtswahl umgangen werden könne.

[38] *Rühl,* § 12 AGBG im System des internationalen Verbraucherschutzrechts, RIW 1999, 321, 322.

[39] Verordnung (EG) Nr. 593/2008 des Europäischen Parlaments und des Rates vom 17. Juni 2008 über das auf vertragliche Schuldverhältnisse anzuwendende Recht (Rom I), ABl. 2008 Nr. L 177/6.

[40] BGBl. 2009, I S. 1574.

[41] Richtlinie 89/552/EWG des Rates vom 3. Oktober 1989 zur Koordinierung bestimmter Rechts- und Verwaltungsvorschriften der Mitgliedstaaten über die Ausübung der Fernsehtätigkeit, ABl. 1989 Nr. L 298/23 (Fernsehrichtlinie).

[42] Richtlinie 2010/13/EU des Europäischen Parlaments und des Rates vom 10. März 2010 zur Koordinierung bestimmter Rechts- und Verwaltungsvorschriften der Mitgliedstaaten über die Bereitstellung audiovisueller Mediendienste (Richtlinie über audiovisuelle Mediendienste), ABl. 2010 Nr. L 95/1.

die Allgemeinheit bestimmte audiovisuelle Mediendienste in diesem Mitgliedstaat anwendbar sind. Insoweit **verpflichten** die Art. 5ff. Richtlinie 2010/13 **die Mitgliedstaaten** dazu, mit geeigneten Mitteln im Rahmen ihrer Rechtsvorschriften dafür zu sorgen, dass die ihrer Rechtshoheit unterworfenen Mediendiensteanbieter die durch die Richtlinie 2010/13 niedergelegten Mindestbestimmungen einhalten **(„Kontrolle an der Quelle“).** Die **Kehrseite** dessen ist die in Art. 3 Abs. 1 Richtlinie 2010/13 niedergelegte **Verpflichtung der jeweils anderen Mitgliedstaaten, den freien Empfang zu gewährleisten** und die Weiterverbreitung von audiovisuellen Mediendiensten aus anderen Mitgliedstaaten in ihrem Hoheitsgebiet nicht aus Gründen zu behindern, die in mit dieser Richtlinie koordinierte Bereiche fallen (sog. **Sendestaatsprinzip**). Sie bleiben gem. Art. 3 Abs. 2 Richtlinie 2010/13 allein unter engen Voraussetzungen befugt, die Weiterverbreitung von Fernsehprogrammen vorübergehend auszusetzen. Für Abrufdienste gelten die neu eingeführten Regelungen des Art. 3 Abs. 4, 5 Richtlinie 2010/13.

Von der ganz herrschenden Meinung wurde der Anordnung des Sendestaatsprinzips bislang **kollisionsrechtlicher Gehalt** beigemessen.[43] Für ein kollisionsrechtliches Verständnis sprach vor allem die Formulierung von EGr. 15 Richtlinie 1989/552.[44] Es war allerdings bereits danach zweifelhaft, ob insoweit tatsächlich eine echte Ausnahme von dem im übrigen nachweisbaren materiellrechtlichen Verständnis des Herkunftslandprinzips begründet werden sollte, denn mit Bezug auf die Parallelregelung in Art. 1 Abs. 2 lit. b der später erlassenen **Satelliten- und Kabelweiterverbreitungsrichtlinie**[45] wurde im Grünbuch der Kommission „Urheberrecht und verwandte Schutzrechte in der Informationsgesellschaft“ ausdrücklich festgestellt, dass die Richtlinie nicht auf die Frage des Kollisionsrechts eingehen wolle, sondern lediglich den Sendeakt definiere, gegenüber dem Rechtsschutz gesucht werde.[46] In der kodifizierten Fassung der Richtlinie ist die maßgebliche Begründungserwägung nicht mehr enthalten. 28

Jedenfalls reicht der **Geltungsanspruch** eines kollisionsrechtlich verstandenen Herkunftslandprinzips nicht weiter als der **sachliche Anwendungsbereich** der Richtlinie, d. h. ihr **koordinierter Bereich,**[47] wie Entscheidungen des EFTA-Gerichtshofs und des EuGH zur Reichweite der Fernsehrichtlinie deutlich gemacht haben: Schwedische[48] und norwegische[49] Regelungen verbieten im Fernsehen ausgestrahlte Werbespots, die darauf gerichtet sind, die Aufmerksamkeit von Kindern unter zwölf Jahren zu erregen.[50] In der Rechtssache *Mattel und Lego* wurde dem **EFTA-Gerichtsof** 1995 die Frage vorgelegt, ob die norwegische Regelung mit dem in der EU-Fernsehrichtlinie verankerten Sendestaatsprinzip vereinbar war. Im Ausgangsverfahren war der norwegische Konsumentenombud gegen Werbesendungen für Barbie-Puppen und Lego-Bausteine vorgegangen, die von Großbritannien nach Norwegen ausgestrahlt wurden.[51] Der EFTA-Gerichtshof beantwortete nicht allein die Vorlagefrage zur Vereinbarkeit einer solchen Regelung mit dem in der Fernsehrichtlinie[52] 29

---

[43] MüKo-UWG/*Mankowski* IntWettbR Rdn. 99; *Roth* IPRax 1994, 165, 171, 174; GK/*Schricker,* 1. Aufl., Einl Rdn. F 159; GK/*Klass* Einl D Rdn. 122; Staudinger/*v. Hoffmann* Art. 40 EGBGB Rdn. 300; *Rüffler* S. 148; *Grandpierre* S. 18; *Dethloff* S. 51; *Mankowski* ZVglRWiss 100 (2001), 137, 142. A. A. *Halfmeier* ZEuP 2001, 837, 858; Staudinger/*Fezer/Koos* IntWirtschR Rdn. 572.

[44] „Im Gemeinsamen Markt müssen alle Fernsehsendungen, die ihren Ursprung in der Gemeinschaft haben und für den Empfang in der Gemeinschaft bestimmt sind, speziell diejenigen, welche für den Empfang in einem anderen Mitgliedstaat bestimmt sind, dem auf die zum Empfang durch die Allgemeinheit im Ursprungsmitgliedstaat bestimmten Fernsehsendungen *anwendbaren* Recht dieses Mitgliedstaats ebenso wie dieser Richtlinie entsprechen.“ (Hervorhebung d. Verf.). Vgl. bereits die Ausführungen in Fernsehen ohne Grenzen. Grünbuch über die Errichtung des gemeinsamen Marktes für den Rundfunk, insbesondere über Satellit und Kabel (Mitteilung der Kommission an den Rat), KOM (84) 300 endg., S. 147ff.

[45] Richtlinie 93/83/EWG des Rates vom 27. September 1993 zur Koordinierung bestimmter urheber- und leistungsschutzrechtlicher Vorschriften betreffend Satellitenrundfunk und Kabelweiterverbreitung, ABl. 1993 Nr. L 248/15.

[46] Grünbuch der Kommission v. 19.7.1995 – Urheberrecht und verwandte Schutzrechte in der Informationsgesellschaft, KOM (95) 382 endg., S. 40.

[47] Staudinger/*v. Hoffmann* Art. 40 EGBGB Rdn. 300; *Rüffler* S. 149ff.; *Dethloff* S. 52.

[48] § 11 Radiolag (1966: 755; Rundfunkgesetz).

[49] § 1 Markedsføringsloven No. 47 v. 16. Juni 1972 (Marktgesetz) i. V. m. § 3-1 Abs. 2 Krinkastingsloven No. 127 v. 4. Dezember 1992 (Fernsehgesetz).

[50] Zur Vereinbarkeit der Regelung mit Art. 34 AEUV (früher Art. 30 EGV) vgl. EuGH GRUR Int. 1997, 913 – *De Agostini,* Slg. 1997, I-3843 Rdn. 39ff. Zuvor bereits EFTA-GH GRUR Int. 1996, 52 – *Mattel und Lego,* 1994/95 Ct. Rep. 113 Rdn. 56, zur vergleichbaren norwegischen Regelung.

[51] EFTA-GH GRUR Int. 1996, 52 – *Mattel und Lego,* 1994/95 EFTA Ct. Rep. 113.

[52] Die den Entscheidungen zugrundeliegende Richtlinie 89/552/EWG des Rates vom 3. Oktober 1989 zur Koordinierung bestimmter Rechts- und Verwaltungsvorschriften der Mitgliedstaaten über die Ausübung der Fernsehtätigkeit, ABl. 1989 Nr. L 298/23 (sog. Fernsehrichtlinie), wurde 2010 in geänderter Form durch die Richtlinie 2010/13/EU des Europäischen Parlaments und des Rates vom 10. März 2010 zur Koordinierung

niedergelegten Sendestaatsprinzip, sondern stellte fest, **die Fernsehrichtlinie behalte in ihrer Begründungserwägung 17 bestehende oder künftige Harmonisierungsakte des Gemeinschaftsrechts vor,** vor allem soweit sie dem **Schutz von Verbrauchern und der Lauterkeit von Handelsgeschäften und des Wettbewerbs** dienten. Damit werde Bezug genommen auf die Richtlinie des Rates 84/450/EWG vom 10. September 1984 zur Angleichung der Rechts- und Verwaltungsvorschriften der Mitgliedstaaten über irreführende Werbung, die auch Teil des EWR-Rechts sei. Die Fernsehrichtlinie wolle mithin einen Mitgliedstaat nicht daran hindern, Maßnahmen nach der Richtlinie 84/450/EWG zu ergreifen mit Bezug auf eine Werbung, die nach der zuletzt genannten Richtlinie als irreführend anzusehen sei. In Fällen der grenzüberschreitenden Sendung sei der Empfangsstaat auch eher in der Lage, festzustellen, ob eine Fernsehwerbung, die sich an das Publikum in diesem Staat richte, irreführend sei oder nicht. Beim Urteil darüber, ob eine Werbung irreführend sei oder nicht, seien normalerweise höhere Maßstäbe anzulegen, wenn sich die Werbung spezifisch an Kinder richte.[53]

30 In den verbundenen Rechtssachen *Schwedischer Konsumentenombudsman gegen De Agostini und TV-Shop i Sverige AB* wurde der **EuGH** mit denselben Rechtsfragen[54] befasst. Er legte die Fernsehrichtlinie zwar dahingehend aus, „dass eine Bestimmung eines nationalen Rundfunkgesetzes, wonach eine Werbeanzeige, die im Fernsehen während der Werbezeit ausgestrahlt wird, nicht darauf gerichtet sein darf, die Aufmerksamkeit von Kindern unter zwölf Jahren zu erregen, auf Fernsehsendungen aus anderen Mitgliedstaaten nicht angewendet werden darf",[55] **folgte dem EFTA-Gerichtshof** jedoch, indem er ausführte, „dass die Richtlinie 84/450/EWG des Rates vom 10. September 1984 zur Angleichung der Rechts- und Verwaltungsvorschriften der Mitgliedstaaten über irreführende Werbung (ABl. L 250, S. 17), die insbesondere in ihrem Artikel 4 Absatz 1 vorsieht, dass die Mitgliedstaaten im Interesse sowohl der Verbraucher als auch der Wettbewerber und der Allgemeinheit für geeignete und wirksame Möglichkeiten zur Bekämpfung der irreführenden Werbung sorgen, im Bereich der Fernsehwerbung ihren Sinn verlöre, wenn der Empfangsstaat gegenüber einem Werbetreibenden keine Maßnahmen mehr treffen könnte; dies stände im Gegensatz zur der Willenskundgebung des Gemeinschaftsgesetzgebers (vgl. in diesem Sinne Urteil des Gerichtshofes der Europäischen Freihandelsassoziation vom 16. Juni 1995, E-8/94 und E-9/94, Forbrukerombudet/Mattel Scandinavia und Lego Norge, Report of the EFTA Court 1 January 1994-30 June 1995, 113, Randnrn. 54 bis 56 und 58)."[56] Gestützt auf diese Ausführungen gelangte der EuGH zu dem Schluss, die Fernsehrichtlinie verwehre es „einem Mitgliedstaat nicht, gemäß einer allgemeinen Regelung zum Schutz der Verbraucher gegen irreführende Werbung Maßnahmen gegenüber einem Werbetreibenden wegen einer von einem anderen Mitgliedstaat aus ausgestrahlten Fernsehwerbung zu treffen, sofern diese Maßnahmen nicht die Weiterverbreitung im eigentlichen Sinne von Fernsehsendungen aus diesem anderen Mitgliedstaat im Hoheitsgebiet des erstgenannten Mitgliedstaats behindern." (EuGH – *De Agostini,* Rdn. 38).

31 Beide Entscheidungen machen deutlich, dass aufgrund der Fernsehrichtlinie **außerhalb** des **harmonisierten Bereichs** eine kollisionsrechtliche Anknüpfung nach dem Herkunftslandprinzip nicht verlangt wird. Denn sonst hätte die Anwendung des Rechts des Empfangsstaates bereits aus diesem Grund beanstandet werden müssen. Die Änderungsrichtlinie zur Einbeziehung audiovisueller Mediendienste bzw. inzwischen die kodifizierte Fassung in der Richtlinie 2010/13 bestätigen diese Einschätzung: Die Möglichkeiten der Beschränkung von im Ausland niedergelassenen Fernsehprogrammen bleiben in Art. 3 Abs. 2 Richtlinie 2010/13 inhaltlich unverändert erhalten. Durch die Anfügung von Art. 3 Abs. 4, 5 wurden Regelungen für die Beschränkung von Abrufprogrammen geschaffen, die in ihren materiellen und prozeduralen Anforderungen jenen in Art. 3 Abs. 4–6 Richtlinie 2000/31 über den elektronischen Geschäftsverkehr entsprechen (vgl. EGr. 37 Richtlinie 2010/13).

32 *bb) Richtlinie über den elektronischen Geschäftsverkehr 2000.* Im Anwendungsbereich der **Richtlinie 2000/31 über den elektronischen Geschäftsverkehr**[57] wird wie bereits bei der Fernsehrichtlinie

---

bestimmter Rechts- und Verwaltungsvorschriften der Mitgliedstaaten über die Bereitstellung audiovisueller Mediendienste (Richtlinie über audiovisuelle Mediendienste), ABl. 2010 Nr. L 95/1, neu erlassen.

[53] EFTA-GH GRUR Int. 1996, 52 – *Mattel und Lego,* 1994/95 EFTA Ct. Rep. 113 Rdn. 54ff., 58.

[54] In einem Fernsehspot war folgende Werbung enthalten: „Alle zwei Wochen kannst Du Teile für ein fluoreszierendes Dinosauriermodell und die Hefte sammeln, die zusammen ein Nachschlagewerk ergeben. Alles für nur 7,50 Kronen", EFTA-GH v. 27.2.1995, E-4/94 – *De Agostini,* 1994/95 EFTA Ct. Rep. 89; v. 27.2.1995, E-5/94 – TV Shop i Sverige, 1994/95 EFTA Ct. Rep. 93.

[55] EuGH GRUR Int. 1997, 913 – *De Agostini,* Slg. 1997, I-3843 Rdn. 62.

[56] EuGH GRUR Int. 1997, 913 – *De Agostini,* Slg. 1997, I-3843 Rdn. 37.

[57] Richtlinie 2000/31/EG des Europäischen Parlaments und des Rates vom 8. Juni 2000 über bestimmte rechtliche Aspekte der Dienste der Informationsgesellschaft, insbesondere des elektronischen Geschäftsverkehrs, im Binnenmarkt („Richtlinie über den elektronischen Geschäftsverkehr"), ABl. 2000 Nr. L 178/1.

vom **Herkunftslandprinzip** ausgegangen, Art. 3 Abs. 2. Das Herkunftslandprinzip wird im lauterkeitsrechtlichen Bereich allein für die **grenzüberschreitende E-Mail-Werbung durchbrochen,** Art. 3 Abs. 3 i.V.m. Anh. Spiegelstr. 8 Richtlinie 2000/31. In der Literatur war bereits Art. 3 Abs. 2 des Richtlinienvorschlags als Kollisionsregel interpretiert worden.[58] Eine solche Deutung ist indes nicht zwingend. Bereits Begründungserwägung 7 des Richtlinienvorschlags machte deutlich, dass die Richtlinie nicht darauf abziele, spezifische Regeln des Internationalen Privatrechts betreffend das anwendbare Recht herbeizuführen. In diesem Sinne ist eine weitere **Klarstellung** durch die Aufnahme von **Art. 1 Abs. 4** Richtlinie 2000/31[59] und einen Hinweis im zweiten Halbsatz der Begründungserwägung 23[60] erfolgt.

Im Hinblick auf die vor allem in Deutschland heftig ausgetragene Auseinandersetzung (vgl. dazu noch die Voraufl Einl C Rdn. 32ff.) hatte der Bundesgerichtshof die Frage zunächst ausdrücklich offengelassen.[61] Auf seinen Vorlagebeschluss hin[62] bestätigte der EuGH in der Rechtssache *eDate Advertising* in Übereinstimmung mit der inzwischen wohl überwiegenden Meinung in Deutschland[63] jedenfalls, dass Art. 3 Richtlinie 2000/31 keine Umsetzung in Form einer speziellen Kollisionsregel verlangt.[64] Deutlicher noch hatte GA *Cruz Villalòn*[65] plädiert, dass Art. 3 Richtlinie 2000/31 keine Regelung über das anwendbare Recht einführe.[66] In diesem Sinne hat der Bundesgerichtshof inzwischen festgehalten, dass **§ 3 Abs. 2 TMG keine Kollisionsnorm** enthält, sondern ein **sachrechtliches Beschränkungsverbot** begründet.[67] 34

Unabhängig davon, ob man das Herkunftslandprinzip der Richtlinie über den elektronischen Geschäftsverkehr kollisionsrechtlich oder sachrechtlich begreift,[68] bietet es der **Kritik breite Angriffsfläche:** *Fezer* und *Koos* haben zutreffend darauf hingewiesen, dass die sekundärrechtliche Niederlegung eines materiellrechtlich verstandenen Herkunftslandprinzips dessen Einschränkungen bei marktneutralen Beschränkungen des Warenverkehrs (*Keck*-Doktrin) übergeht und faktisch zu einer **Privilegierung des Online- gegenüber dem Offline-Marketing** führt.[69] Generell wird ein *„race to the bottom"* befürchtet.[70] Das liegt insbesondere daran, dass der **„koordinierte Bereich"** in der Richtlinie über den elektronischen Geschäftsverkehr – anders als in der Richtlinie über audiovisuelle Mediendienste – offener definiert wird und geschäftliche Handlungen erfasst, die in der Sache gerade **nicht harmonisiert** wurden.[71] Überdies kann das unionsrechtlich begründete Herkunftslandprinzip nur im europäischen Rahmen gelten. Als missliche Konsequenz hätte man mit einer **Rechtsspaltung** zu leben: Bei „europäischen Sachverhalten" müsste die Eingriffsmöglichkeit 35

---

[58] *Mankowski* GRUR Int. 1999, 909, 912ff.; *ders.* ZVglRWiss 100 (2001), 137ff.; *Brenn* ÖJZ 1999, 481, 482, unklar 484.

[59] „Diese Richtlinie schafft weder zusätzliche Regeln im Bereich des internationalen Privatrechts, noch befasst sie sich mit der Zuständigkeit der Gerichte." Vgl. dazu *Crabit* R.D.U.E. 2000, 749, 798ff.

[60] Die Begründungserwägung lautet vollständig: „(23) Diese Richtlinie zielt weder darauf ab, zusätzliche Regeln im Bereich des internationalen Privatrechts hinsichtlich des anwendbaren Rechts zu schaffen, noch befasst sie sich mit der Zuständigkeit der Gerichte; Vorschriften des anwendbaren Rechts, die durch Regeln des Internationalen Privatrechts bestimmt sind, dürfen die Freiheit zur Erbringung von Diensten der Informationsgesellschaft im Sinne dieser Richtlinie nicht einschränken."

[61] BGH WRP 2006, 736, 739 – *Arzneimittelwerbung im Internet.*

[62] BGH WRP 2010, 108 – *www.rainbow.at.*

[63] Vgl. *Köhler*/Bornkamm Einl Rdn. 3.47; *Piekenbrock* GRUR Int. 2005, 997, 1003; *Koos* WRP 2006, 499, 503 m.w.N. in Fn. 39. W. Nachw. zum Streitstand bei BGH WRP 2006, 736, 739 – *Arzneimittelwerbung im Internet.*

[64] EuGH GRUR 2012, 300 – *eDate Advertising,* Slg. 2011, I-10269 Rdn. 63.

[65] GA *Cruz Villalòn* Schlussanträge Rn. 70ff., 72, zu EuGH GRUR 2012, 300 – *eDate Advertising,* Slg. 2011, I-10269 Rdn. 63.

[66] Zu der aus der Verwendung des Attributs „zusätzlich" resultierenden Problematik vgl. *Sack* EWS 2011, 65.

[67] BGH GRUR 2012, 850 – *rainbow.at II,* Rdn. 30; OLG Köln GRUR-RR 2014, 298 – *Tourismusabgabe,* Rdn. 13. Entsprechend zu § 20 öECG öOGH GRUR Int. 2013, 1163, 1166 – *VfG Versandapotheke für Österreich.*

[68] *Spindler* MMR 1999, 199, 206; *Ohly* GRUR Int. 2001, 900, 906. Offen lassend auch BGH WRP 2006, 736, 739 – *Arzneimittelwerbung im Internet* m.w.N.; *Bodewig* GRUR Int. 2000, 475, 479.

[69] *Fezer/Koos* IPRax 2000, 349, 353ff. Vgl. ausführlich Staudinger/*Fezer/Koos* IntWirtschR Rdn. 597.

[70] *Hoeren* MMR 1999, 192, 194; *Mankowski* GRUR Int. 1999, 909, 914; *ders.* ZVglRWiss 100 (2001), 137, 163ff.; *Fezer/Koos* IPRax 2000, 349, 354; *Bodewig* GRUR Int. 2000, 475, 481; *Henning-Bodewig* WRP 2001, 771, 772; *Lurger/Vallant* MMR 2002, 203, 207. *Bornkamm* FS BGH, S. 343, 353, spricht von „erheblichem Harmonisierungsdruck". Als erste, wenngleich *in casu* zu begrüßende, Ausprägung solcher Tendenzen muss die Entscheidung der deutschen Bundesregierung gewertet werden, Rabattgesetz und Zugabeverordnung im Zusammenhang mit der Umsetzung der Richtlinie über den elektronischen Geschäftsverkehr abzuschaffen, vgl. *Berlit* WRP 2001, 349.

[71] Zu dieser Problematik vgl. *Henning-Bodewig* WRP 2001, 771, 774; *Dethloff* S. 55.

der nach der Auswirkungstheorie berufenen Rechtsordnung auf das Maß der Rechtsordnung des Herkunftslandes beschränkt werden, bei „internationalen Sachverhalten" nicht. In der Literatur ist zu Recht die Meinung geäußert worden, dass ein europarechtliches Herkunftslandprinzip allein dem weiteren Ausbau der **„Festung Europa"** dient.[72] Dem vom Herkunftsprinzip in der Richtlinie 2000/31 ausgehenden Regelungsdruck bzw. dem in EGr. 65 Richtlinie 2000/31 enthaltenen Handlungsauftrag ist immerhin der Anstoß zu der weitreichenden Totalharmonisierung des Lauterkeitsrechts innerhalb der EU durch die UGP-Richtlinie (vgl. dazu Einl B Rdn. 172ff.) zu verdanken.

cc) Vorschlag für eine Verordnung über Verkaufsförderungsmaßnahmen (†)

Artikel 3 des Geänderten Vorschlags für eine Verordnung über Verkaufsförderungsmaßnahmen

Nutzung und kommerzielle Kommunikation von Verkaufsförderaktionen

...

2. Die Mitgliedstaaten und die nichtöffentlichen Regulierungsstellen beschränken weder den freien Dienstleistungsverkehr noch den freien Verkehr von Waren, die von der Nutzung von Verkaufsförderaktionen profitieren, auf Grund der Nutzung dieser Verkaufsförderung und Hinweisen darauf im Rahmen kommerzieller Kommunikation; das gemeinschaftliche und das einzelstaatliche Wettbewerbsrecht bleiben davon unberührt.

36 Der **Geänderte Vorschlag für eine Verordnung über Verkaufsförderungsmaßnahmen** enthielt keine echte Regelung des Binnenmarktes, weil eine Verordnung aufgrund ihrer unmittelbaren Anwendbarkeit und ihres Vorrangs gegenüber dem mitgliedstaatlichen Recht ohnehin europaweit gilt. Insoweit bedurfte es allein einer **Sperrklausel,** welche die Reichweite des Vorrangs umschreibt. Sie war in Art. 3 Abs. 2 des inzwischen zurückgezogenen Vorschlags[73] enthalten. Aus den Rechtswirkungen der Verordnung ergibt sich, dass die Vorschrift die Anwendbarkeit des nationalen Rechts auf der materiellrechtlichen Ebene begrenzt. Kritik an der Sperrklausel des Art. 3 Abs. 2 entzündete sich jedoch im Hinblick auf die darin umschriebene Reichweite der Sperrwirkung.[74]

37 *dd) Richtlinie über Tabakwerbung 2003.* Gemäß Art. 8 der **Tabakwerbungsrichtlinie**[75] dürfen die Mitgliedstaaten den freien Verkehr von Waren und Dienstleistungen, die mit dieser Richtlinie im Einklang stehen, nicht verbieten oder einschränken. Auch dieser, unter der Überschrift „Freier Verkehr von Waren und Dienstleistungen" getroffenen, Regelung liegt ein materiellrechtliches Verständnis zugrunde.

ee) Richtlinie über unlautere Geschäftspraktiken 2005

Artikel 4 der Richtlinie über unlautere Geschäftspraktiken
Binnenmarkt

Die Mitgliedstaaten dürfen den freien Dienstleistungsverkehr und den freien Warenverkehr nicht aus Gründen, die mit dem durch diese Richtlinie angeglichenen Sachgebiet zusammenhängen, einschränken.

38 Die Formulierung in Art. 4 UGP-RL lässt kaum Zweifel, dass auch insoweit eine **materiellrechtliche Beschränkung** der mitgliedstaatlichen Rechtsordnungen angestrebt wird.[76] Zur Problematik der Reichweite vgl. o. Einl B Rdn. 272).

39 *ff) Dienstleistungsrichtlinie 2006.* Die in Art. 16 Richtlinie 2006/123[77] enthaltene Vorschrift wird ebenfalls überwiegend **sachrechtlich interpretiert.**[78] Die Regelung in Art. 3 Abs. 2 Richtlinie 2006/123, wonach die Dienstleistungsrichtlinie nicht die Regeln des Internationalen Privatrechts betrifft, stützt diese Annahme.

40 **b) Umsetzung der Regelungen.** *aa) TDG und TMG.* Durch das Gesetz über rechtliche Rahmenbedingungen für den elektronischen Geschäftsverkehr **(Elektronischer Geschäftsverkehr-**

---

[72] *Mankowski* GRUR Int. 1999, 909, 914.

[73] Vgl. Vorschläge der Kommission, die auf ihre allgemeine Relevanz, auf ihre Auswirkungen auf die Wettbewerbsfähigkeit sowie auf sonstige Folgen überprüft und daraufhin zurückgezogen wurden, ABl. 2006 Nr. C 64/3.

[74] *Glöckner* IIF 2001, 239, 277; *Göhre* WRP 2002, 36, 42; *Henning-Bodewig* GRUR Int. 2002, 389, 397; GRUR Stellungnahme Vorschlag Verkaufsförderungs-VO, GRUR 2002, 410, 412.

[75] Richtlinie 2003/33/EG des Europäischen Parlaments und des Rates vom 26. Mai 2003 zur Angleichung der Rechts- und Verwaltungsvorschriften der Mitgliedstaaten über Werbung und Sponsoring zugunsten von Tabakerzeugnissen, ABl. 2003 Nr. L 152/1.

[76] Staudinger/*Fezer/Koos* IntWirtschR Rdn. 573; GK/*Klass* Einl D Rdn. 154.

[77] Richtlinie 2006/123/EG des Europäischen Parlaments und des Rates vom 12.12.2006 über Dienstleistungen im Binnenmarkt, ABl. 2006 Nr. L 376/36.

[78] Staudinger/*Fezer/Koos* IntWirtschR Rdn. 576; GK/*Klass* Einl D Rdn. 157.

Gesetz – EGG)[79] wurden die hier relevanten Vorgaben der Richtlinie über den elektronischen Geschäftsverkehr im **Teledienstegesetz (TDG)** umgesetzt. Das TDG wurde seinerseits mit Wirkung vom 1. März 2007 in das **Telemediengesetz (TMG)** überführt. Die im Hinblick auf die Anwendung des Herkunftslandprinzips relevanten Normen blieben dabei weitgehend unverändert.

„**§ 1 Anwendungsbereich**

...

(5) Dieses Gesetz trifft weder Regelungen im Bereich des internationalen Privatrechts noch regelt es die Zuständigkeit der Gerichte.

§ 3 Herkunftslandprinzip

(1) In der Bundesrepublik Deutschland nach § 2a niedergelassene Diensteanbieter und ihre Telemedien unterliegen den Anforderungen des deutschen Rechts auch dann, wenn die Telemedien in einem anderen Staat innerhalb des Geltungsbereichs der Richtlinien 2000/31/EG und 89/552/EWG geschäftsmäßig angeboten oder erbracht werden.

(2) Der freie Dienstleistungsverkehr von Telemedien, die in der Bundesrepublik Deutschland von Diensteanbietern geschäftsmäßig angeboten oder erbracht werden, die in einem anderen Staat innerhalb des Geltungsbereichs der Richtlinien 2000/31/EG und 89/552/EWG niedergelassen sind, wird nicht eingeschränkt. Absatz 5 bleibt unberührt."

(1) Kollisionsrecht und TMG. Die Schwierigkeiten bei der Auslegung der Art. 1 Abs. 4, Art. 3 Richtlinie 2000/31 setzten sich im Zuge der Umsetzung fort. Der **Entwurf des Bundesjustizministeriums**[80] hatte einen dogmatisch perfekten Balanceakt zwischen kollisionsrechtlicher Neutralität und materieller Aufgabenbewältigung versucht. Zu diesem Zweck enthielten sowohl § 4 Abs. 1 als auch Abs. 2 TDG-E einerseits einen **Kollisionsrechtsvorbehalt,** andererseits einen **Günstigkeitsvergleich.** *Sack* hat jedoch nachgewiesen, dass selbst dieser aufwendige Vorschlag nicht frei von systematischen Brüchen war.[81] Im Übrigen glaubte die Europäische Kommission im Kollisionsrechtsvorbehalt einen Verstoß gegen die Vorgaben von Art. 3 Abs. 1 Richtlinie 2000/31 zu erkennen (dazu sogl.). Die verabschiedete Fassung kommt ohne die Kollisionsrechtsvorbehalte und Günstigkeitsvergleiche aus. Damit stellt sich jedoch die Frage, ob § 3 TMG wirklich keine kollisionsrechtlichen Regelungen trifft, wie es § 1 Abs. 5 TMG postuliert. Zweckmäßigerweise sind insoweit die beiden Regelungsbereiche des § 3 TMG zu unterscheiden: 41

(2) Geltung des Herkunftslandprinzips, § 3 Abs. 2 TMG. Die in § 3 TMG enthaltenen Regelungen tragen insgesamt die amtliche Überschrift **„Herkunftslandprinzip".** Das ist eine bemerkenswerte – und zugleich verhängnisvolle – Abweichung gegenüber dem Richtlinientext, dessen Art. 3 die Überschrift „Binnenmarkt" trägt. Tatsächlich übermittelt allein § 3 Abs. 2 TMG den Regelungsgehalt, der im Europarecht gewöhnlich unter dem Begriff **„Herkunftslandprinzip"** verstanden wird, nämlich den **Grundsatz gegenseitiger Anerkennung,** wie er vom EuGH im Fall *Cassis-de-Dijon*[82] entwickelt wurde und im Zuge der seit der Einheitlichen Europäischen Akte verfolgten sog. „Neuen Strategie",[83] in das Harmonisierungskonzept der EU einging.[84] Dieses Herkunftslandprinzip führt, wie oben (Einl B Rdn. 15) dargestellt, als materiellrechtliche Regel des Europarechts vermittelt durch dessen Vorrang allein zu einer fallweisen Begrenzung des Geltungsanspruchs des anwendbaren Sachrechts und ist kollisionsrechtlich tatsächlich neutral. Das so verstandene Herkunftslandprinzip liegt der Wirkungsweise der Grundfreiheiten (vgl. o. Rdn. 22ff., heute nahezu unstreitig) sowie dem Sendestaatsprinzip der Richtlinie über audiovisuelle Mediendienste (nach hier vertretener Auffassung) zugrunde. Die Richtlinie über elektronischen Geschäftsverkehr gestattet jedenfalls eine materiellrechtliche Deutung (vgl. dazu o. Rdn. 34). Auf dieser Grundlage wird die in § 3 Abs. 2 S. 1 TMG getroffene Regelung inzwischen ebenfalls von der Praxis als sachrechtliche Begrenzungsnorm gedeutet.[85] 42

Eine praktische **Anwendungsfrage** resultiert allerdings zunächst aus der **Reichweite der Harmonisierung.** Weil die Richtlinie über den elektronischen Geschäftsverkehr **nicht die Lieferung** 43

---

[79] BGBl. 2001, I S. 3721.

[80] Gesetzentwurf der Bundesregierung, Entwurf eines Gesetzes über rechtliche Rahmenbedingungen für den elektronischen Geschäftsverkehr (Elektronischer Geschäftsverkehr-Gesetz – EGG), BT-Drs. 14/6098.

[81] *Sack* WRP 2001, 1408, 1417, 1419.

[82] EuGH GRUR Int. 1979, 468 – *Cassis de Dijon,* Slg. 1979, 649. Vgl. dazu o. Einl B Rdn. 14.

[83] Vgl. dazu das Weißbuch der Kommission an den Europäischen Rat „Vollendung des Binnenmarkts", KOM (85) 310 endg., S. 6 Rdn. 13, S. 19 Rdn. 65ff. Vgl. bereits Einl B Rdn. 11.

[84] So deutlich nun EuGH v. 25.10.2011, verb. Rs. C-509/09, 161/10 = GRUR 2012, 300; GA *Cruz Villalòn* Schlussanträge Rdn. 71, zu EuGH GRUR 2012, 300 – *eDate Advertising,* Slg. 2011, I-10269 Rdn. 63.

[85] BGH GRUR 2012, 850 – *rainbow.at II,* Rdn. 30; OLG Köln GRUR-RR 2014, 298 – *Tourismusabgabe,* Rdn. 13.

von Produkten regelt, ist die Vorschrift auf Vertriebsverbote nicht anwendbar, vgl. Art. 2 lit. h ii, 2. Spiegelstr. Richtlinie 2000/31.[86]

44 Weitere Einschränkungen ergeben sich aus **Art. 3 Abs. 4** Richtlinie 2000/31. Danach können die Mitgliedstaaten das Herkunftslandprinzip einschränkende Maßnahmen ergreifen, wenn **besondere Allgemeininteressen** auf dem Spiel stehen und ein Konsultationsverfahren mit dem Herkunftsstaat erfolglos durchlaufen wurde. Entsprechende Regelungen enthielten im deutschen Recht zunächst § 4 Abs. 2 S. 2 i. V. m. § 5 TDG und nunmehr § 3 Abs. 2 S. 2 i. V. m. § 3 Abs. 5 TMG. Auf dieser Grundlage lehnte der Bundesgerichtshof die Anwendung des niederländischen Rechts auf eine in den Niederlanden ansässige Händlerin mit Arzneimitteln ab. Ein Werbeverbot für im Inland nicht zugelassene Arzneimittel diene dem **Schutz der öffentlichen Gesundheit und sei für die Verfolgung dieses Ziels verhältnismäßig** i. S. d. § 3 Abs. 5 S. 1 Nr. 2 TMG (die Entscheidung erging noch zu § 4 Abs. 5 S. 1 Nr. 3 TDG).[87] Methodisch ist dieser Umgang fragwürdig. Die **Ausnahmevorschriften** in Art. 3 Abs. 4 Richtlinie 2000/31 **setzen** ein bestimmtes, in lit. b geregeltes **Konsultationsverfahren mit den Behörden** des Niederlassungsstaates **voraus.** Lediglich unter den Voraussetzungen des Art. 3 Abs. 5 Richtlinie 2000/31, d. h. **in dringlichen Fällen,** kann davon abgewichen werden. Allerdings wird dann eine **Mitteilung an die Kommission und den Niederlassungsstaat** verlangt.

45 Dieses **Konsultationsverfahren würde umgangen,** wenn in jedem (Einzel-)Rechtsstreit auf der Grundlage von § 3 Abs. 5 TMG unter unmittelbarer Anwendung der genannten Kriterien der Einwand der Zulässigkeit des Wettbewerbsverhaltens im Herkunftsland abgewehrt werden könnte. Daneben würde das **Herkunftslandprinzip** als Ganzes **ausgehöhlt.**[88]

46 *(3) Anordnung der Kontrolle durch das Recht des Niederlassungsstaates, § 3 Abs. 1 TMG.* Das eigentliche **kollisionsrechtliche Problem** entsteht demgemäß nicht aus den Art. 3 Abs. 2 Richtlinie 2000/31 bzw. § 3 Abs. 2 TMG, sondern aus den **Anordnungen der Kontrolle durch das Recht des Niederlassungsstaates** in Art. 3 Abs. 1 Richtlinie 2000/31 bzw. § 3 Abs. 1 TMG.[89] Sie haben **mit dem Herkunftslandprinzip im Sinne eines Prinzips gegenseitiger Anerkennung gar nichts** zu tun – die amtliche Überschrift des § 3 TMG ist insoweit irreführend! –, sondern **ordnen vielmehr an,** dass die **Mitgliedstaaten die in ihren Territorien niedergelassenen Diensteanbieter wirksamer Kontrolle unterwerfen.** Die in Art. 3 Abs. 1 Richtlinie 2000/31 getroffene Regelung ist insoweit allenfalls die **sachnotwendige Voraussetzung,** um im **Binnenmarkt** (vgl. die Überschrift dieser Vorschrift!) dem Herkunftslandprinzip folgen zu können: Dazu muss gewährleistet sein, dass der Niederlassungsstaat selbst die Kontrolle vornimmt. Die Richtlinie bringt das mit der Formulierung zum Ausdruck: „Jeder Mitgliedstaat **trägt dafür Sorge,** dass die Dienste der Informationsgesellschaft, die von einem in seinem Hoheitsgebiet niedergelassenen Diensteanbieter erbracht werden, den in diesem Mitgliedstaat geltenden innerstaatlichen Vorschriften entsprechen, …" (Hervorhebung d. Verf.). Der deutsche Gesetzgeber ist diesem Auftrag mit der Anordnung „in der Bundesrepublik Deutschland niedergelassene Diensteanbieter … unterliegen den Anforderungen des deutschen Rechts …" nachgekommen.

47 Die **Reichweite des europarechtlichen Regelungsauftrags** ist indes vor allem in der deutschen Literatur umstritten. Weitgehend klar erscheint allein, dass zu den „geltenden innerstaatlichen Vorschriften" i. S. d. Art. 3 Abs. 1 Richtlinie 2000/31 nicht auch das Kollisionsrecht gehören kann. Eine **Gesamtverweisung** wäre sinnlos, da es in allen Fällen, in denen das nationale Kollisionsrecht des Herkunftslandes an den Marktort anknüpft, zu eben der Rechtskumulation käme, die durch die Richtlinie vermieden werden soll.[90] Erst recht gilt dies unter Zugrundelegung der Regelung in Art. 6 Abs. 1 Rom II-VO.

48 *α) Kritik in der Literatur.* Eine **bloße Sachnormverweisung** soll ebenfalls nicht in Frage kommen, weil sie jedenfalls in Fällen echten *off shore*-Marketings (der in Mitgliedstaat A niedergelassene Anbieter wird ausschließlich auf den Märkten anderer Mitgliedstaaten aktiv) in Konflikt mit der berufenen kollisionsrechtlichen Neutralität der Richtlinie träte:[91] Nach dem vermeintlich unberührten Kollisionsrecht des Herkunftsstaates komme in solchen Fällen vielmehr das Recht des

---

[86] BGH WRP 2006, 736, 738 – *Arzneimittelwerbung im Internet;* WRP 2006, 1516, 1517 – *Pietra di Soln.*

[87] BGH WRP 2006, 736, 738 – *Arzneimittelwerbung im Internet.* Dem folgend LG Karlsruhe IPRspr 2011, Nr 166, 398.

[88] Ebenso *Ohly* WRP 2006, 1401, 1405 m. w. N. in Fn. 66.

[89] Staudinger/*Fezer/Koos* IntWirtschR Rdn. 611.

[90] *Fezer/Koos* IPrax 2000, 349, 353; Staudinger/*Fezer/Koos* IntWirtschR Rdn. 583; *Crabit* R. D. U. E. 2000, 749, 803; *Ohly* GRUR Int. 2001, 899, 905; *Sack* WRP 2002, 271, 274; *ders.* EWS 2011, 513, 514 f.; *Lurger/Vallant* MMR 2002, 203, 205.

[91] *Sack* WRP 2002, 271, 274; *ders.* WRP 2008, 845, 857, mit Bezug auf Art. 3 Abs. 1 Richtlinie 2000/31.

Marktortes zur Anwendung.[92] Für die **erste Alternative,** in welcher das Recht des **Marktortes strengere Anforderungen** stellt als das Herkunftsrecht, wird eine teleologische Reduktion des in Art. 3 Abs. 2 Richtlinie 2000/31 niedergelegten Herkunftslandprinzips gefordert,[93] weil das Ziel der Richtlinie, dem „gutgläubig" multinational agierenden Unternehmen zu ermöglichen, sich auf lediglich eine, nämlich seine Heimatrechtsordnung einzustellen, beim *off shore*-Marketing nicht gefährdet sei.[94] Der Gewerbetreibende habe sich insoweit auf die rechtlichen Anforderungen des Zielstaates einzustellen. Für die **zweite Alternative,** in welcher das Recht des **Herkunftsorts strengere Anforderungen** stellt als das Recht des Marktortes, wird die Anwendung des Herkunftsortsrechts erst recht abgelehnt, weil am Marktort kein entsprechendes Regelungsbedürfnis bestehe. In der Konsequenz wurde verschiedentlich die Ansicht vertreten,[95] Art. 3 Abs. 1 Richtlinie 2000/31 bzw. § 3 Abs. 1 TMG seien eng auszulegen bzw. teleologisch zu reduzieren mit der Folge, dass reine Exportsachverhalte nach wie vor dem Recht des Marktortes unterworfen seien. Schließlich wird die Entscheidung des Bundesgerichtshofs *reinbow.at II* auf den Gesamttatbestand des § 3 TMG bezogen.[96]

β) Europarechtskonforme Auslegung. Sämtliche Argumente sind inhaltlich berechtigt und aus der Sicht des Wettbewerbsjuristen wohlfundiert: Im Bereich des gesamten Wettbewerbsrechts, d.h. im Kartell- wie im Lauterkeitsrecht, hat sich das **Marktort- oder Auswirkungsprinzip als kollisionsrechtliche Grundregel** (vgl. dazu noch u. Rdn. 95ff.) auch international weitgehend durchgesetzt, da es die materielle Grundfunktion der Rechtsgebiete – den effektiven Schutz des wirksamen Wettbewerbs – als kollisionsrechtliches Anknüpfungsmerkmal aufgreift. Ganz in diesem Sinne folgt die Art. 6 Abs. 1, 3 Rom II-VO ebenfalls dem Marktort- bzw. Auswirkungsprinzip (vgl. u. Rdn. 106ff.). 49

Abweichungen von diesem Prinzip führen unter **wettbewerblichen Gesichtspunkten** zu **adversen Effekten.** Bereits das sachrechtlich verstandene Herkunftslandprinzip der *Cassis-de-Dijon*-Rechtsprechung führt zur **Inländerdiskriminierung,** weil das Konzept der Negativ-Integration darauf beruht, dass die im grenzüberschreitenden Verhältnis durch die Grundfreiheiten überwundene nationale Norm für Inländer nach wie vor Geltung behält. Die wettbewerbsrechtliche Grundregel der *par condicio concurrentium* wird also bereits an dieser Stelle eingeschränkt.[97] Weiterreichende Anordnungen des Herkunftslandprinzips im Sinne eines Anerkennungsprinzips erzwingen weitere Zugeständnisse beim Schutz des unverfälschten Wettbewerb als Unionsziel gem. Art. 3 Abs. 3 EU i.V.m. Protokoll (Nr. 27) über den Binnenmarkt und den Wettbewerb (früher Art. 3 Abs. 1 lit. g EG). Das gilt zunächst bei milderen Vorschriften des Herkunftslandes und „reinen" Exportsachverhalten (*off shore*-Wettbewerb), bei welchen der rechtfertigende Grund für eine möglicherweise eintretende Wettbewerbsverzerrung – die durch einheitliches Marketing ermöglichten Effizienzgewinne – entfällt.[98] 50

Ins Quadrat wird die bei jeder Geltung des Herkunftslandprinzips eintretende **Wettbewerbsverzerrung** jedoch erhoben, wenn im Sinne einer Ausübungsanordnung **selbst das strengere Recht des Herkunftslandes auf reine Auslandssachverhalte** angewendet werden soll. In einem solchen Fall werden Anbieter gezwungen, Regeln einzuhalten, die zum einen ihren am Marktort niedergelassenen Konkurrenten nicht auferlegt sind – ein Verstoß gegen den Grundsatz der *par condicio* –, und die zum anderen dem Verkehr im Bestimmungsland überhaupt nicht bekannt sind, bei denen es also an den in der *Cassis*-Rechtsprechung als Rechtfertigungsgründe anerkannten zwingenden Erfordernissen des Allgemeininteresses offensichtlich fehlt. Der in Art. 3 Abs. 1 Richtlinie 2000/31 niedergelegte Kontrollauftrag pervertiert geradezu den Gedanken des Wettbewerbsschutzes. 51

Dennoch hat sich die Europäische Gemeinschaft, d.h. weder die Generaldirektion Binnenmarkt noch die Kommission allein, zur Verabschiedung der in Art. 3 Abs. 1 Richtlinie 2000/31 enthaltenen Regelung entschlossen. Insoweit sollte zunächst klargestellt werden, dass die oben dargestellten Interpretationsversuche, mit denen der Regelungsgehalt von Art. 3 Abs. 1 Richtlinie 2000/31 „zurückbuchstabiert" und die angesprochenen Probleme angemessen gelöst werden sollen, wiewohl gut gemeint, an der **Regelungsintention der Vorschrift** vorbeigehen. In der Kommission ist man 52

---

92 MüKo-BGB/*Drexl* IntLautR Rdn. 79.
93 *Sack* WRP 2002, 271, 278ff.
94 *Sack* WRP 2002, 271, 276, 278ff., 280.
95 *Sack* WRP 2002, 271, 276ff.; *ders.* WRP 2008, 845, 856; *Ohly* GRUR Int. 2001, 899, 902 (allerdings noch auf der Grundlage des Regierungsentwurfs zum EGG).
96 GK/*Klass* Einl D Rdn. 150.
97 EuGH NJW 1981, 1885 – *Nachtbackverbot,* Slg. 1981, 1993 Rdn. 10.
98 *Sack* WRP 2002, 271, 276.

sich einig, dass **Art. 3 Abs. 1** Richtlinie 2000/31 **auch und gerade bei reinem *off shore*-Wettbewerb** anzuwenden ist.[99] Die eintretenden adversen Effekte für den Wettbewerb sind weder Redaktionsversehen noch bei der Verabschiedung unbekannt gewesen. Sie sind untrennbar mit dem mit der Vorschrift angestrebten Regelungsmodell verbunden und wurden daher bewusst in Kauf genommen.

53 Im Hintergrund dessen steht ein durchaus beeindruckendes **Konzept.** Es wird bereits daraus ersichtlich, dass die Niederlegung des Herkunftslandprinzips i. e. S. in Art. 3 Abs. 2 Richtlinie 2000/31 nicht etwa in den Vordergrund gerückt und allein an die Ausübung der Kontrolle im Herkunftsstaat geknüpft wird, wie es dem marktintegrationspolitischen Gedanken des Verzichts auf Kontrolle im Marktortstaat im Vertrauen auf Kontrolle im Herkunftsstaat[100] entspräche. Vielmehr steht die Anordnung der **Kontrolle durch den Herkunftsstaat an erster Stelle,** und die Gesamtregelung figuriert unter der Bezeichnung **„Binnenmarkt".** Ergänzt wird dieser bemerkenswerte Zugang durch EGr. 22 Richtlinie 2000/31:

„(22) Die Aufsicht über Dienste der Informationsgesellschaft hat am Herkunftsort zu erfolgen, um einen wirksamen Schutz der Ziele des Allgemeininteresses zu gewährleisten. Deshalb muss dafür gesorgt werden, dass die zuständige Behörde diesen Schutz nicht allein für die Bürger ihres Landes, sondern für alle Bürger der Gemeinschaft sichert. Um das gegenseitige Vertrauen der Mitgliedstaaten zu fördern, muss die Verantwortlichkeit des Mitgliedstaates des Herkunftsortes der Dienste klar herausgestellt werden. Um den freien Dienstleistungsverkehr und die Rechtssicherheit für Anbieter und Nutzer wirksam zu gewährleisten, sollten die Dienste der Informationsgesellschaft zudem grundsätzlich dem Rechtssystem desjenigen Mitgliedstaates unterworfen werden, in dem der Anbieter niedergelassen ist."

54 Artikel 3 Abs. 1 Richtlinie 2000/31 in Verbindung mit der zitierten Begründungserwägung 22 schafft ein neuartiges Modell der **Aufgabenteilung im Binnenmarkt:** Die Rechtspflege wird nicht mehr durch diejenigen Rechtsordnungen durchgeführt, die von einer geschäftlichen Handlung **betroffen** sind, sondern vielmehr gleichsam **treuhänderisch für alle Unionsbürger** vom jeweiligen Niederlassungsstaat vorgenommen. Es handelt sich in der Sache um **stellvertretende Rechtspflege** im Interesse anderer Gemeinwesen.

55 Die Richtlinie begründet das **Prinzip der „Kontrolle an der Quelle"** mit dem Binnenmarktgedanken. In der Kommission wird darüber hinausgehend für die Anwendbarkeit des Prinzips auf *off shore*-Marketing das Argument angeführt, man wolle „Rechtsdumping" verhindern. Es solle Unternehmen nicht gestattet werden, nationale Standards zu missachten,[101] weil ihr Marktverhalten „nur" auf das EU-Ausland gerichtet sei.[102] Vor diesem Hintergrund ist eine teleologische Reduktion von § 3 Abs. 1 TMG als Folge der geforderten europarechtskonformen Auslegung unzulässig.[103] Die **Erfassung von *off shore*-Marketing** ist **keine unbeabsichtigte überschießende Rechtsfolge,** sondern durchaus **angestrebt.** Angesichts dessen erscheint es überaus bedauerlich, dass im Vorabentscheidungsverfahren *eDate Advertising* nicht auf diese Besonderheit der Regelungsanordnung in Art. 3 Abs. 1 Richtlinie 2000/31 eingegangen wurde.[104] Bevor zu diesem durchaus **visionären Konzept** Stellung genommen wird, soll allerdings auf seine Umsetzung im deutschen Recht eingegangen werden:

56 *γ) Off shore-Marketing und Kollisionsrecht.* Spätestens **an dieser Stelle muss** bei der Umsetzung, wenn das anwendbare Kollisionsrecht dem Marktort- bzw. Auswirkungsprinzip folgt – wie das Europäische und früher das deutsche –, **mit dem vermeintlichen Dogma der kollisionsrechtlichen Neutralität gebrochen werden.** Denn anders lassen sich die klaren Ziele der Richtlinie[105] nicht umsetzen: Wendete sich z. B. ein in Deutschland niedergelassener Anbieter mit irreführenden Online-Angeboten **ausschließlich** an in Frankreich niedergelassene Abnehmer, so wäre auf der Grundlage von Art. 6 Abs. 1 Rom II-VO (vgl. dazu u. Rdn. 106ff.) allein die französische Rechtsordnung anwendbar.[106] Der Kontrollauftrag des Art. 3 Abs. 1 Richtlinie 2000/31 ginge – ohne eine entsprechende Regelung – ins Leere. Weil aber nach dem eindeutigen Regelungsauftrag der Richtlinie sichergestellt werden muss, dass die erbrachten Dienste den im Niederlassungsstaat geltenden, d. h. den deutschen Vorschriften entsprechen, muss das auf der Grundlage des Art. 6 Abs. 1

---

99 *Crabit* R. D. U. E. 2000, 749, 800.

100 Vgl. dazu *Mankowski* GRUR Int. 1999, 909, 913 (Anerkennungsgedanke).

101 Vgl. insoweit den nicht untypischen Fall BGH GRUR 1998, 419 – *Gewinnspiel im Ausland.*

102 *Crabit* R. D. U. E. 2000, 749, 760.

103 Staudinger/*Fezer/Koos* IntWirtschR Rdn. 609, 613f.

104 GA *Cruz Villalòn* Schlussanträge Rdn. 71, zu EuGH GRUR 2012, 300 – *eDate Advertising,* Slg. 2011, I-10269 Rdn. 63, nimmt an, dass Art. 3 Abs. 1 Richtlinie 2000/31 allein die Anwendbarkeit der Normen des Mitgliedstaats der Dienstleistung bestätige; der EuGH äußert sich überhaupt nicht zum Sinn der Vorschrift.

105 Die Annahme von GK/*Klass* Einl D Rdn. 151 lässt sich mit der Richtlinie 2000/31 kaum vereinbaren.

106 Vgl. BGH GRUR 1998, 419 – *Gewinnspiel im Ausland.*

Rom II-VO bei echtem *off shore*-Marketing ins Ausland verweisende allgemeine Kollisionsrecht durch eine Norm überwunden werden, welche die Geltung des deutschen Rechts für diesen Fall anordnet. Hier geht es – anders als beim Herkunftslandprinzip i. e. S. (dazu o. Rdn. 23 ff.)! – **nicht** um eine sachliche **Beschränkung** eines nach dem unberührten Kollisionsrecht anwendbaren Rechts. Vielmehr muss die **Anwendbarkeit des** deutschen **Rechts** erst gegen die allgemeine Regel des Art. 6 Abs. 1 Rom II-VO **positiv begründet** werden.

Dazu bedarf es in Deutschland allerdings kollisionsrechtlicher Vorschriften. In der Kommission wird Art. 3 Abs. 1 Richtlinie 2000/31 zwar als völlig **neuartiger Zugang zur Rechtsintegration** gedeutet: Indem die Vorschrift den „Binnenmarkt" in ihr Zentrum rücke, solle die klassische kollisionsrechtliche Dreistufenprüfung bei internationalen Verhältnissen „Zuständigkeit – anwendbares Recht – Sachrecht" überwunden werden.[107] Wie bei rein nationalen Sachverhalten, so solle auch bei europäischen Sachverhalten im Regelungsbereich der Richtlinie über den elektronischen Geschäftsverkehr die Frage nach dem anwendbaren Recht gar nicht gestellt werden. Dieses Verständnis stand nicht zuletzt im Hintergrund der massiven Intervention der Kommission im Verlauf des deutschen Gesetzgebungsverfahrens, welches im Ergebnis zur Abschaffung der Kollisionsrechtsvorbehalte führte. Die Idee der Überwindung der stets zum **Primat des Kollisionsrechts** über das harmonisierte Sachrecht führenden Frage nach dem anwendbaren Recht ist sicher bestechend. Sie liegt nicht zuletzt der Schaffung von Unionsimmaterialgüterrechten zugrunde. Im Hinblick auf bestimmte regulatorische Zwecke, dort der unionsweite Schutz von Immaterialgüterrechten, hier die Ermöglichung gemeinschaftsweiten Online Marketings, werden die nationalen Grenzen innerhalb des Binnenmarkts für unbeachtlich erklärt. Dass dieses Konzept im Grundsatz zukunftstauglich ist, zeigen die Unionsimmaterialgüterrechte. 57

Im Hinblick auf dieses Ziel entsteht jedoch aus dem von der Gemeinschaft gewählten **Mittel der Gesetzgebung,** nämlich der Richtlinie, ein entscheidendes Problem. Anders als Verordnungen – die als Regelungsinstrument zur Schaffung der Unionsimmaterialgüterrechte gewählt wurden – sind Richtlinien nicht unmittelbar anwendbar, sondern bedürfen gem. Art. 288 Abs. 3 AEUV (ex-Art. 249 Abs. 3 EG) der Umsetzung durch die Mitgliedstaaten. Im Ergebnis bleibt es damit bei einer Mehrheit zwar harmonisierter, aber dennoch nationaler Rechtsordnungen. Diese Mehrheit von Rechtsordnungen **verlangt** bei grenzüberschreitenden Sachverhalten nach wie vor eine **Beantwortung der vorrangigen Frage nach dem anwendbaren Recht.** Das eigentliche Regelungsziel des Art. 3 Abs. 1 Richtlinie 2000/31, nämlich die Überwindung dieser Ebene, hätte nur im Wege einer Verordnung erreicht werden können. So bleibt es dem Prinzip des Art. 288 Abs. 3 AEUV (ex-Art. 249 Abs. 3 EG) entsprechend bei einer *obligation de résultat.*[108] 58

Das Postulat des § 1 Abs. 5 TMG wird durch § 3 Abs. 1 TMG tatsächlich Lügen gestraft. In der Literatur wurde die Situation mit dem Bild von *René Magritte,* ‚Ceci n'est pas une pipe' verglichen.[109] Man mag insoweit auch in Anlehnung an *Medicus'* Diktion von „perplexer" Gesetzgebung sprechen.[110] Das deutsche Recht hätte eine kollisionsrechtliche Sondervorschrift schaffen müssen, um dem europäischen Regelungsauftrag („trägt dafür Sorge"[111]) gerecht zu werden. Es hat dies jedoch nicht getan und stattdessen festgehalten, dass keine zusätzlichen Kollisionsnormen geschaffen werden.[112] Es ist insoweit der **Dogmatik aufgegeben, eine Lösung zu finden,** welche dem europarechtlichen Regelungsauftrag gerecht wird, die Trennung von Kollisions- und Sachrecht berücksichtigt und zugleich den widersprüchlichen Normen des nationalen Rechts jeweils einen sinnvollen Anwendungsbereich belässt.[113] 59

δ) Trennung von Herkunftslandprinzip und Ausübungsanordnung. Ein in der Literatur angebotener Lösungsvorschlag besteht darin, das **Herkunftslandprinzip insgesamt,** d. h. sowohl den Regelungsgehalt von Abs. 1 als auch von Abs. 2, **kollisionsrechtlich zu interpretieren** und Art. 1 Abs. 4 Richtlinie 2000/31 ebenso wie § 1 Abs. 5 TMG zu ignorieren.[114] Eine solche Lösung „passt" indes zum einen nicht zum europarechtlichen Verständnis des Herkunftslandprinzips i. e. S.[115] Zum ande- 60

---

[107] *Crabit* R. D. U. E. 2000, 749, 801: *„Les règles du DIP seront écartees . . .".*

[108] Der Hinweis auf den zwingenden Charakter und die genauen und bestimmten Anordnungen des Art. 3 Richtlinie 2000/31 von *Crabit* R. D. U. E. 2000, 749, 802, geht daher fehl.

[109] *Vermeer* Molengrafica 1999/2000, 151, 180, zit. bei *Mankowski* IPrax 2002, 257, 258 Fn. 11; *Ohly* GRUR Int. 2001, 899, 900.

[110] *Medicus,* Allgemeiner Teil des BGB, 10. Aufl., 2010, Rdn. 759: Perplexität als innere Widersprüchlichkeit.

[111] Vgl. dazu EuGH GRUR 2012, 300 – *eDate Advertising,* Slg. 2011, I-10269 Rdn. 63.

[112] In Österreich wurde dieser Fehler vermieden, vgl. dazu *Lurger/Vallant* MMR 2002, 203, 204 ff.

[113] Spöttisch diesbezüglich *Mankowski* IPrax 2002, 257, 258 Fn. 18: „verzweifelt zu nennendes Bemühen, sowohl ein sinnhaftes Konzept zu entwickeln, als auch nicht in Gegensatz zu Wortlaut . . . zu geraten".

[114] *Mankowski* IPrax 2002, 257 ff.

[115] Das vernachlässigt *Mankowski* IPrax 2002, 257, 262.

ren würde sie den Auslegungsgrundsatz missachten, wonach jeder geltenden Norm ein sinnvoller Anwendungsbereich zuzuweisen ist. Ein **anderer Lösungsvorschlag** entwickelt aus Art. 1 Abs. 4 Richtlinie 2000/31 einen Grundsatz der **„IPR-Neutralität"** der Richtlinie, welchem Vorrang gegenüber der Regelungsintention des Art. 3 Abs. 1 Richtlinie 2000/31 zukomme.[116] Ein solcher Grundsatz kann der Richtlinie 2000/31 indes nicht entnommen werden. Bereits im europäischen Gesetzgebungsverfahren konnte sich die deutsche Regierung, die eine Regelung des Wortlauts „lässt die Regelungen des Internationalen Privatrechts unberührt" aufgenommen haben wollte, nicht durchsetzen.[117]

61 Insoweit gebietet im Gegenteil der **Grundsatz europarechtskonformer Auslegung,** § 3 Abs. 1 TMG den Vorrang gegenüber § 1 Abs. 5 TMG zu gewähren.[118] Dem kann nicht entgegengehalten werden, dass § 1 Abs. 5 TMG seinerseits auf Art. 1 Abs. 4 Richtlinie 2000/31 zurückzuführen und der Konflikt bereits in ihr begründet sei.[119] Die Richtlinie 2000/31 konnte sich wohl tatsächlich auf den Standpunkt stellen, dass sie **keine zusätzlichen** Regelungen zum anwendbaren Recht enthalte,[120] wenn, wie oben ausgeführt, das Herkunftslandprinzip i. S. von Art. 3 Abs. 2 Richtlinie 2000/31 materiellrechtlich verstanden wird. Im Hinblick auf die **tatsächliche Kontrolle** durch die Rechtsordnungen der Niederlassungsstaaten beschränkt sich die Richtlinie auf den an die Mitgliedstaaten erteilten **Auftrag, „dafür Sorge zu tragen".**[121] Nicht mehr ist auch der Entscheidung des EuGH in der Rechtssache *eDate Advertising* zu entnehmen.[122] Wie die Mitgliedstaaten dies bewirken, bleibt ihnen überlassen[123] (vgl. o. Rdn. 46).

62 In das TMG muss also eine **kollisionsrechtliche Regelung hineingelesen** werden, nämlich in Art. 3 Abs. 1 TMG. Anders kann die Anwendung des deutschen Rechts auf die sich ausschließlich auf anderen Märkten innerhalb der EU auswirkenden Wettbewerbshandlungen in Deutschland niedergelassener Diensteanbieter nicht begründet werden.[124] Die in **§ 1 Abs. 5 TMG** enthaltene Regelung muss europarechtskonform ausgelegt, d. h. **insoweit teleologisch reduziert** werden. Sie **behält immerhin ihre Bedeutung,** indem sie anordnet, dass das in **§ 3 Abs. 2 Richtlinie 2000/31 niedergelegte Herkunftslandprinzip** i. e. S. in Deutschland nicht auf kollisionsrechtlichem, sondern auf **sachrechtlichem Wege** umgesetzt wird.

63 Die **disparaten Regelungsgehalte** der in Art. 3 Richtlinie 2000/31 bzw. § 3 TMG enthaltenen Anordnungen legen nahe, die Vorschrift nicht einheitlich kollisions- oder materiellrechtlich, sondern **differenziert auszulegen:**[125] Auf **„Importsachverhalte",**[126] bei denen deutsche Gerichte als **Erfolgsortgerichte** zuständig sind, ist ausschließlich die **materiellrechtliche Lösung** des § 3 Abs. 2 TMG anzuwenden. Auf der Ebene des Kollisionsrechts bleibt es bei der Anwendung der allgemeinen Grundsätze. Das Recht des **Herkunftsorts** wirkt **materiell begrenzend,** wenn es niedrigere Anforderungen stellt als das Recht des Marktorts.[127] Das entspricht dem bekannten Vorgehen auf der Grundlage der Negativ-Integration durch die Grundfreiheiten, mit der Ausnahme, dass innerhalb des koordinierten Bereichs der Richtlinie keine Rechtfertigung durch die Schutzgüter der *Cassis*-Formel möglich ist. Wenn das Recht des Herkunftsortes strenger ist als das deutsche Recht, bleibt insoweit eine nicht zu bedauernde Lücke (dazu sogl.).[128] Auf **„Exportsachverhalte",** für deren Beurteilung deutsche Gerichte als Sitzstaatsgerichte zuständig sein mögen, ist gem.

---

116 *Sack* WRP 2002, 271, 273 ff.; *ders.* WRP 2008, 845, 855 ff.; *ders.* EWS 2011, 513, 514 f.

117 Zur Gesetzgebungsgeschichte vgl. *Crabit* R. D. U. E. 2000, 749, 803.

118 *Mankowski* IPrax 2002, 257, 258. A. A. *Sack* WRP 2002, 271, 276.

119 So der Vorwurf von *Mankowski* IPrax 2002, 257 ff.; *Lurger/Vallant* MMR 2002, 203, 208.

120 Ablehnend *Lurger/Vallant* MMR 2002, 203, 208; *Mankowski* IPrax 2002, 257, 258.

121 Vgl. insoweit *Crabit* R. D. U. E. 2000, 749, 799 ff., der zunächst begründet, weshalb Art. 3 Richtlinie 2000/31 selbst nicht kollisionsrechtlicher Natur sei, und im unmittelbaren Anschluss seine Auswirkungen auf die mitgliedstaatlichen Kollisionsrechtsordnungen darstellt.

122 EuGH GRUR 2012, 300 – *eDate Advertising,* Slg. 2011, I-10269 Rdn. 63.

123 EuGH GRUR 2012, 300 – *eDate Advertising,* Slg. 2011, I-10269 Rdn. 63. *Crabit* R. D. U. E. 2000, 749, 800, nennt im Hinblick auf die Umsetzung von Art. 3 Abs. 2 Richtlinie 2000/31 eine kollisionsrechtliche, eine sachrechtliche und sogar eine (allerdings fragwürdige) prozessuale Lösung.

124 Ebenso OLG Hamburg GRUR-RR 2015, 110 – *Buddy Bots,* Rdn. 151; Staudinger/*Fezer/Koos* IntWirtschR Rdn. 609. Die Abweichung von der in Art. 6 Abs. 1 Rom-II-VO niedergelegten Regel kann durch Art. 27 Rom-II-VO gerechtfertigt werden.

125 Dagegen wohl *Mankowski* IPrax 2002, 257, 262.

126 Ähnliche Begriffe („Wettbewerbsimport" bzw. „-export") verwendet *Schricker* IPRax 1983, 103; GK/*Schricker,* 1. Aufl., Einl Rdn. F 178.

127 Der Beschl. des OLG Hamburg GRUR 2004, 880 – *Active Two,* m. Anm. *Henning-Bodewig* GRUR 2004, 822, ist daher nur unter der Voraussetzung richtig begründet, dass die wettbewerblichen Interessen der Parteien auch in den Niederlanden kollidierten.

128 An dieser Stelle unterscheidet sich die hier vertretene Lösung von der kollisionsrechtlichen Lösung.

§ 3 Abs. 1 TMG als Sonderkollisionsnorm deutsches Recht anzuwenden. Die Begrenzung des Anwendungsbereichs von § 3 Abs. 1 TMG als Sonderkollisionsnorm für Exportsachverhalte beruht auf der Formulierung „In der Bundesrepublik Deutschland niedergelassene Diensteanbieter ...". Die Annahme einer allseitigen Kollisionsnorm lässt sich im Hinblick auf den eindeutigen Wortlaut und die intensive Diskussion dieses Problems im Gesetzgebungsverfahren nicht begründen. Zumindest auf der europäischen Ebene wäre zwar eine einheitliche Lösung sinnvoller. Auf der nationalen Ebene kann aber gut mit einer Differenzierung gearbeitet werden.

(4) Konsequenzen für die Rechtsanwendung. α) Zusammenspiel mit den Zuständigkeitsregelungen in der EuGVVO. In der Literatur wurde nicht zuletzt die mangelnde **Abstimmung mit dem System der gerichtlichen Zuständigkeit nach der EuGVVO** beanstandet. Dem liegt allerdings wohl ein Missverständnis zugrunde. Im Hinblick auf die Zuständigkeit zur gerichtlichen Durchsetzung stellt die Richtlinie über den elektronischen Geschäftsverkehr ebenfalls keine zusätzlichen Regeln auf, Art. 1 Abs. 4 Richtlinie 2000/31. In Art. 3 Abs. 1 verpflichtet die Richtlinie die Mitgliedstaaten zunächst zum Erlass der Rechtsnormen, die für eine Kontrolle der in ihnen niedergelassenen Diensteanbieter im koordinierten Bereich erforderlich sind, daneben aber auch zur verwaltungsrechtlichen Ausübung dieser Kontrolle sowie in den Art. 18, 20 Richtlinie 2000/31 zur Einrichtung geeigneter Verfahren zur Gewährung privatrechtlichen Rechtsschutzes. **Keinesfalls wird** aber durch diese Vorschriften **im Widerspruch zu Art. 7 Nr. 2 EuGVVO die gerichtliche Kontrolle den Gerichten des Sitzstaates** (vgl. dazu u. Einl D Rdn. 15 ff.) vorbehalten. Die Gerichte des Schadensortes bleiben zuständig.[129] Sie haben jedoch auf der Grundlage von Art. 3 Abs. 2 Richtlinie 2000/31 das Recht des Herkunftsstaates zu berücksichtigen. Dies kann – wie z. B. in Österreich – durch eine kollisionsrechtliche Lösung erfolgen. Im Fall der vom deutschen Gesetzgeber gewählten Lösung sind **niedrigere rechtliche Standards** des Herkunftslandes aber als **materiellrechtliche Schranken** zu berücksichtigen, § 3 Abs. 2 TMG. 64

Höhere rechtliche Anforderungen des Herkunftsstaates müssten von deutschen Marktortgerichten demgegenüber zunächst kollisionsrechtlich zur Geltung gebracht werden. Insoweit verhält es sich an sich nicht anders als beim *off shore*-Wettbewerb in Deutschland niedergelassener Anbieter. Insoweit besteht jedoch eine **Regelungslücke.** Wegen des klaren Wortlauts der Vorschrift handelt es sich bei der in **§ 3 Abs. 1 TMG** enthaltenen Kollisionsnorm nämlich um eine **einseitige Kollisionsnorm.** Insoweit bliebe zwar eine systemwidrige Lücke bei der Rechtsdurchsetzung. Denn einerseits steht das Regelungsziel nach der Intention des europäischen Gesetzgebers fest: Es ist die Durchsetzung der höheren Standards des Herkunftsstaates. Andererseits können diese Standards nur im Herkunftsland durchgesetzt werden. Dem deutschen Gesetzgeber kann insoweit allerdings kein Vorwurf gemacht werden. Denn diese Lücke ist tatsächlich bereits in der Formulierung von Art. 3 Abs. 1 Richtlinie 2000/31 angelegt. Man hätte die Richtlinie daher „überschießend" durch eine **allseitige Kollisionsnorm** umsetzen müssen, wie es in Österreich geschehen ist,[130] um ihren eingebauten Systemfehler zu korrigieren. 65

β) „Kontrolle an der Quelle" und zivilrechtliche Ansprüche. Artikel 3 Abs. 1 Richtlinie 2000/31 und ihm folgend § 3 Abs. 1 TMG haben daneben **Konsequenzen für das lauterkeitsrechtliche Sanktionensystem:** In der Konsequenz der Betrachtung der Regelungen als Ausprägung des Gedankens stellvertretender Rechtspflege liegt es, unter Anwendung des Rechts des Herkunftsstaates entgegen dem beim Marktortprinzip zugrundezulegenden (vgl. u. Rdn. 171) Prinzip der Parzellierung der Rechtsfolgen das **Recht des Herkunftsstaates** auf den gesamten Geltungsbereich der Richtlinie **zu exportieren.** Für zivilrechtliche Ansprüche aus Lauterkeitsverstößen heißt das: **Negatorische Ansprüche** müssen **nicht auf das Gebiet des Herkunftsstaates beschränkt** werden. Es kann ferner eine **Gesamtschadensliquidation** stattfinden.[131] Dieses Ergebnis entspricht der *Shevill*-Rechtsprechung des EuGH (vgl. dazu u. Einl D Rdn. 25), die ebenfalls die Zuständigkeit des Gerichts am (Wohn-)Sitz des Beklagten für die Geltendmachung des Gesamtschadens bejaht. 66

(5) Kritik am System des Art. 3 Richtlinie 2000/31: Wettbewerb und Binnenmarkt. Was an der Regelung in Art. 3 Richtlinie 2000/31 sicher nicht kritisiert werden kann, ist der Mangel an **Visionen und an Mut, sie umzusetzen.**[132] Dementsprechend hat das oben dargestellte Regelungskonzept es durchaus verdient, nicht an der Elle überkommener und ausschließlich lauterkeitsrechtli- 67

---

[129] Die von *Crabit* R. D. U. E. 2000, 749, 800 ff., dargestellte Möglichkeit des an sich zuständigen Marktortgerichts, seine Zuständigkeit abzulehnen, verstößt gegen die gleichrangige Regelung der EuGVVO.

[130] § 20 Abs. 1 ECG, vgl. dazu *Lurger/Vallant* MMR 2002, 203, 207.

[131] Ebenso *Sack* WRP 2013, 1545 Rdn. 10 für den Fall, dass man der Sachnormverweisungstheorie zu Art. 3 Abs. 1 Richtlinie 2000/31 folgt.

[132] Vgl. bereits *Kuner,* Editorial, MMR 1999, 185: „den Atem verschlagende Konsequenz".

cher[133] Strukturen gemessen zu werden. Es muss jedoch dem eigenen Anspruch gerecht werden und insoweit den Anforderungen des Europarechts genügen.

68 Neben dem oben geschilderten Widerspruch, der aus der Verwendung der Richtlinie als Regelungsinstrument und der angestrebten Aufhebung der kollisionsrechtlichen Frage nach dem anwendbaren Recht entsteht, resultiert ein zweites europarechtliches Problem aus einer möglichen Verletzung des primärrechtlichen Unionsziels des Wettbewerbsschutzes. Mit der Streichung von Art. 3 Abs. 1 lit. g EG durch den Lissabon-Vertrag ist keine Veränderung der „Zielkoordinaten" des EU-Rechts verbunden. Bereits im Verlaufe der Arbeit am Lissabonner Vertrag traten dem die Kommission selbst sowie mehrere Mitgliedstaaten entschieden entgegen, was zur Aufnahme des Protokolls Nr. 27 führte. Darin wird klargestellt, dass der Schutz des Binnenmarktes gem. Art. 3 Abs. 3 EU das System zum Schutz des Wettbewerbs umfasst. Der EuGH hat die erste sich bietende Gelegenheit genutzt, die Kontinuität hervorzuheben[134] Unter dem „System, das den **Wettbewerb innerhalb des Binnenmarkts vor Verfälschungen schützt**", werden zwar gewöhnlich die Vorschriften des Europäischen Wettbewerbsrechts (Art. 101 ff. AEUV; ex-Art. 81 ff. EG) verstanden. Der Wettbewerb kann jedoch auch durch andere Wettbewerbshandlungen verfälscht werden. In diesem Sinne weist EGr. 3 IrreführungsRL[135] ausdrücklich darauf hin dass, „irreführende und unzulässige vergleichende Werbung geeignet [ist], zur Verfälschung des Wettbewerbs im Binnenmarkt" zu führen. Eine Beschränkung von Art. 3 Abs. 3 EU i. V. m. Protokoll Nr. 27 auf den Schutz gegen Wettbewerbsbeschränkungen erscheint damit nicht vereinbar. Wie durch Irreführungen wird der Wettbewerb verfälscht, wenn das Grundprinzip der *par condicio concurrentium* verletzt wird. Freilich lässt sich trefflich darüber streiten, welche Umstände im einzelnen zur *par condicio* zählen. Im übrigen verfügt der Unionsgesetzgeber bei der Verfolgung konfligierender Ziele wie hier der Marktintegration und des Wettbewerbsschutzes über ein beträchtliches und der Kontrolle nur sehr beschränkt zugängliches Ermessen.

69 Dennoch wird zumindest eine Kontrolle der Grundlagen der Ermessensausübung zu erfolgen haben. Dabei ist zweierlei zu beachten: Der Regelungszugang von Art. 3 Abs. 1 Richtlinie 2000/31, die **Begründung eines Binnenmarktes,** beruht nicht auf einer nach kartellrechtlichen Grundsätzen festgestellten **Homogenität des geographischen Marktes innerhalb der EU bzw. des EWR,** sondern auf dessen **Fiktion, da es aufgrund der unterlassenen materiellen Harmonisierung an der Vergleichbarkeit der rechtlichen Rahmenbedingungen**[136] **fehlt.** Der Abbau rechtlicher Handelshemmnisse, insbesondere durch die Totalharmonisierung durch die UGP-Richtlinie, hat zwar in gewissem Umfang zu einer Vergrößerung der geographischen Märkte geführt, aber keinesfalls zwangsläufig zu ihrer „Globalisierung" oder auch nur Europäisierung. Indem der europäische Gesetzgeber dies vernachlässigt hat, und seine Entscheidung zugunsten der Marktintegration auf die Fiktion eines wettbewerblich hinreichend homogenen Binnenmarktes gestützt hat,[137] hat er zugleich seine Abwägungsentscheidung auf unzutreffender tatsächlicher Grundlage getroffen.

70 Darüber hinaus muss die Frage gestellt werden, ob die absolute Anordnung der „Kontrolle an der Quelle" überhaupt vom **Binnenmarktziel** gefordert wird. Tatsächlich kann es der Regelung vor allem bei *off shore*-Marketing nicht mehr um die bloße Erleichterung des Marktzugangs gehen, welche dem Herkunftslandprinzip i. e. S. zugrunde liegt (vgl. dazu o. Einl B Rdn. 15). Dies gilt vor allem für das Agieren auf Märkten mit niedrigerem Schutzniveau. Insoweit begründet die vorgesehene „Kontrolle an der Quelle" **faktisch ein Exporthindernis,** das u. U. sogar gegen Art. 35 AEUV (ex-Art. 29 EG) verstößt.

71 Im Hintergrund der ausnahmslosen Anordnung des Herkunftslandprinzips steht das Ziel einer **unbedingten Normenkonzentration.** Die als Konsequenz des Marktortprinzips bei multinationalem Marketing eintretende Normenkumulation, die zu Recht als Bremsschuh des E-commerce empfunden wird,[138] soll unter allen Umständen vermieden werden.[139] Dieser **allgemeine Wohl-**

---

[133] In der Fachdiskussion wird bisweilen vernachlässigt, dass die Richtlinie über den elektronischen Geschäftsverkehr nicht etwa nur das Lauterkeitsrecht, sondern ebenso alle anderen Rechtsbereiche, die von ganz anderen Strukturen geprägt sind, erfasst.

[134] EuGH GRUR Int 2011, 413 – *TeliaSonera,* Slg 2011, I-527–600, Rdn. 20.

[135] Richtlinie 2006/114/EG des Europäischen Parlaments und des Rates vom 12. Dezember 2006 über irreführende und vergleichende Werbung (kodifizierte Fassung), ABl. 2006 Nr. L 376/21.

[136] Vgl. nur die Bekanntmachung der Kommission über die Definition des relevanten Marktes im Sinne des Wettbewerbsrechts der Gemeinschaft, ABl. 1997 Nr. C 372/5, Rdn. 8.

[137] Sehr deutlich *Crabit* R. D. U. E. 2000, 749, 759.

[138] Vgl. bereits *Glöckner* ZVglRWiss 99 (2000), 278, 298.

[139] *Spindler* RabelsZ 66 (2002), 633, 637. Ausdrücklich EGr. 28 der Änderungsrichtlinie 2007/65: „Zur Förderung einer starken, wettbewerbsfähigen und integrierten europäischen audiovisuellen Industrie" solle nur ein Mitgliedstaat für einen Diensteanbieter zuständig sein.

fahrtsgesichtspunkt findet jedoch – ebenso wie etwa der Schutz der Gesundheit als selbständiges Regelungsziel – keine Grundlage im Unionsrecht.

bb) Tabakwerbung. Die **Tabakwerbungsrichtlinie** wurde durch ein **Gesetz zur Änderung des Vorläufigen Tabakgesetzes** umgesetzt, ohne dass das Herkunftslandprinzip eine eigene Regelung erhalten hätte. Der Regierungsentwurf[140] enthält keine Begründung dafür. 72

cc) Unlautere Geschäftspraktiken. Auch die letzten Änderungen des UWG zur **Umsetzung der Richtlinie 2005/29 über unlautere Geschäftspraktiken** glaubten, ohne eine ausdrückliche Anordnung des Herkunftslandprinzips auszukommen. Im Hinblick auf die der Regelung in Art. 4 Richtlinie 2005/29 vorangegangene politische Auseinandersetzung stellte der Gesetzgeber sich auf den Standpunkt, dass in Art. 4 Richtlinie 2005/29 nur eine **Wiederholung der Verpflichtung aus der Waren- und Dienstleistungsfreiheit** zu erkennen sei, die ohnehin beachtet werden müssten.[141] Im Allgemeinen wird jedenfalls von einer sachrechtlichen Wirkung der Vorschrift ausgegangen.[142] 73

II. Vorrang unmittelbar anwendbarer Regelungen des Völkerrechts, Art. 3 Nr. 2 EGBGB

Bereits gemäß Art. 3 Abs. 2 EGBGB a. F. genossen **kollisionsrechtliche Regelungen in internationalen Verträgen Vorrang** gegenüber den allgemeinen Vorschriften im EGBGB. Es handelte sich hierbei zwar nach herrschender Ansicht nur um eine deklaratorische Regelung,[143] durch welche zum Ausdruck gebracht werden sollte, dass völkerrechtliche Vereinbarungen vorrangig zu prüfen seien, da sie nach dem Grundsatz *lex posterior derogat legi priori* **älteres** staatliches Recht verdrängten. **Nachfolgendes** staatliches Recht sollte dagegen, da es dem transformierten Staatsvertragsrecht gleichrangig ist, als *lex posterior* seinerseits das Staatsvertragsrecht abändern können. Immerhin war auch insoweit anerkannt, dass **nachfolgendes** staatliches Recht sorgfältig daraufhin zu prüfen sei, ob es – völkerrechtswidrig – die aus der vorangegangenen Vereinbarung resultierende Rechtslage abändern oder lediglich den Raum, welchen der Staatsvertrag frei lässt, ausfüllen wolle.[144] Für letzteres spreche eine Vermutung.[145] Im Regelfall blieb es damit bei der **primären Anwendung völkerrechtlicher Vereinbarungen.** Mit überzeugenden Gründen vertrat *Hausmann* demgegenüber die Auffassung, es handle sich um eine konstitutive Regelung.[146] In diesem Sinne[147] regelt nunmehr auch Art. 3 Nr. 2 EGBGB die Behandlung von Kollisionsregeln in völkerrechtlichen Vereinbarungen. 74

Die internationale **Vereinheitlichung des Lauterkeitskollisionsrechts** ist indes noch weniger weit gediehen als die des Sachrechts.[148] Selbst die PVÜ enthält keine Vorschrift zur Frage des anwendbaren Rechts,[149] sondern beschränkt sich auf die Verpflichtung der Verbandsstaaten zum Erlass eines materiellen Minimums an Lauterkeitsrechtsschutz.[150] Die PVÜ hat insoweit nur fremdenrechtlichen Charakter. Dasselbe gilt für die meisten bilateralen Staatsverträge.[151] Soweit letztere allerdings Kollisionsnormen enthalten, wie insbesondere die **zweiseitigen Abkommen über den Schutz von Herkunftsangaben,** gehen sie den innerstaatlichen Regeln für die Anknüpfung von Wettbewerbsverstößen vor.[152] Gemäß Art. 2, 3 der jeweils gleichlautenden Verträge zwischen Deutschland einerseits und Frankreich, Italien, Griechenland und Spanien andererseits sowie Art. 4, 5 des 75

---

[140] BT-Drs. 16/1940.

[141] Begründung RegE, BT-Drs. 16/10145 S. 27. In diesem Sinne wohl auch *Köhler*/Bornkamm Einl Rdn. 3.40: Herkunftslandprinzip „nicht mehr vorgesehen". Dagegen MüKo-UWG/*Micklitz* EG D Art. 4 Rdn. 8. Im Rahmen der UWG-Novelle 2015 wurde dazu nicht mehr Stellung genommen.

[142] Bereits *Glöckner/Henning-Bodewig* WRP 2005, 1311, 1326; Staudinger/*Fezer/Koos* IntWirtschR Rdn. 573.

[143] MüKo/*Sonnenberger* Art. 3 EGBGB Rdn. 12 ff.; Soergel/*Kegel* vor Art. 3 EGBGB Rdn. 36 ff.

[144] Soergel/*Kegel* vor Art. 3 EGBGB Rdn. 36.

[145] Vgl. bereits RGZ 71, 293, 296; BGH NJW 1984, 1302, 1304.

[146] Staudinger/*Hausmann* Art. 3 EGBGB, Bearb. 2003, Rdn. 16. Ausdrücklich für Verdrängung BGH NJW 1999, 2442.

[147] Staudinger/*Hausmann* Art. 3 EGBGB Rdn. 27.

[148] *Dethloff* S. 48 ff. Zur internationalen Harmonisierung des materiellen Lauterkeitsrechts vgl. u. Einl E Rdn. 1 ff.

[149] Zu kollisionsrechtlichen Folgen des Grundsatzes der Inländerbehandlung gem. Art. 2 Abs. 1 PVÜ vgl. MüKo-BGB/*Drexl* IntLautR Rdn. 25 ff., 26.

[150] GK/*Schricker*, 1. Aufl., Einl Rdn. F 157; Staudinger/*Fezer/Koos*, IntWirtschR Rdn. 421; Staudinger/*v. Hoffmann* Art. 40 EGBGB Rdn. 293; *Grandpierre* S. 15.

[151] Staudinger/*v. Hoffmann* Art. 40 EGBGB Rdn. 293.

[152] Staudinger/*Fezer/Koos* IntWirtschR Rdn. 422; *Grandpierre* S. 15.

schweizerisch-deutschen Vertrages dürfen die in der Anlage aufgeführten Bezeichnungen „nur unter denselben Voraussetzungen benutzt werden, wie sie in der Gesetzgebung der Bundesrepublik Deutschland vorgesehen sind“.[153]

III. Autonomes deutsches Internationales Lauterkeitsrecht

76 Für **bis zum 11. Januar 2009** begangene schadensstiftende Wettbewerbshandlungen mit internationaler Dimension **gelten gem. Art. 31 Rom II-VO, 294 Abs. 1 Satz 1 AEUV (ex-Art. 254 Abs. 1 Satz 1 EG) die in Art. 40 ff. EGBGB enthaltenen Kollisionsregeln,** da Wettbewerbsverstöße traditionell als Ansprüche aus unerlaubter Handlung qualifiziert werden.[154] **Für danach** begangene Wettbewerbshandlungen werden die autonomen nationalen Vorschriften im hier relevanten Zusammenhang obsolet[155] bzw. behalten nur **marginale Bedeutung,**[156] **insbesondere bei Pressedelikten.**[157] Der Gesetzgeber hat die Vorschriften im Hinblick auf die von der Rom II-VO nicht erfassten Bereiche gleichwohl beibehalten.[158]

1. Allgemeine Anknüpfung deliktischer Ansprüche

77 **Bis 1999** enthielt das EGBGB keine Kollisionsnorm für unerlaubte Handlungen. Insoweit waren die **maßgeblichen Rechtsgrundsätze richterrechtlichen Ursprungs** und wurden durch die Sonderregel in Art. 38 EGBGB a. F. *(„privilegium germanicum“)* lediglich ergänzt. Ansprüche aus unerlaubter Handlung wurden üblicherweise nach der sog. Deliktsortsregel *(lex loci delicti commissi)* angeknüpft. Maßgebend war danach, wo die unerlaubte Handlung **begangen** wurde.[159] Problematisch war daran, dass die meisten unerlaubten Handlungen nicht allein eine **Tathandlung,** sondern auch den Eintritt eines bestimmten **Taterfolges** umfassten. Nach herkömmlicher Auffassung **(„Ubiquitätsregel“)** waren **sämtliche Rechtsordnungen** anwendbar, wo entweder ein Teilakt der Ausführungshandlung begangen worden war (Handlungsort) oder wo der Erfolg zumindest teilweise eingetreten war (Erfolgsort). Z. T. wurde insoweit auch vom **„Günstigkeitsprinzip“** gesprochen, weil der Anspruch des Verletzten durch die ihm günstigsten Rechtssätze gestützt werden konnte.[160] Als **Begehungsort** konnte demgemäß eine kaum zu übersehende Vielzahl von Handlungs- und Erfolgsorten zur Anknüpfung in Frage kommen.

78 Im Jahr 1999 wurde das Kollisionsrecht der unerlaubten Handlungen novelliert. Dabei wurden aber lediglich die allgemeinen Grundsätze der Anknüpfung deliktischer Ansprüche kodifiziert und teilweise modifiziert. Eine **Sonderregelung für geschäftliche Handlungen fehlt** jedoch, anders als im IPR Österreichs oder der Schweiz (vgl. dazu u. Rdn. 100)[161] oder der Rom II-VO. Auf sie wurde verzichtet, weil die neuen Regelungen „sowohl bei der Tatortregel selbst als auch über die Ausweichklausel des Artikels 41 EGBGB-E allgemein ein hohes Maß an Flexibilität“ vorsähen.[162]

2. Sonderanknüpfung bei geschäftlichen Handlungen

79 Die soeben beschriebene Anknüpfung an den Begehungsort wurde frühzeitig als für Lauterkeitsverstöße unangemessen und überschießend erkannt. In der Sache ging es vor allem darum, im Ausland agierenden deutschen Unternehmen die Bürde des auf der Grundlage der **„Nussbaumschen Regel“**[163] anzuwendenden und meist **strengeren Heimatrechts**[164] zu nehmen.[165] Der Umstand,

---

153 Die Abkommen sind abgedr. und erläutert bei *Fezer* Int MarkenR Rdn. 32 ff.
154 Vgl. bereits RGZ 140, 25, 29 – *Hohner.*
155 *Sack* WRP 2008, 845, 846.
156 Vgl. *Wagner* IPRax 2008, 314, 316.
157 Vgl. dazu *Heiderhoff* EuZW 2007, 428.
158 Vgl. Gesetzentwurf der Bundesregierung für ein Gesetz zur Anpassung der Vorschriften des Internationalen Privatrechts an die Verordnung (EG) Nr. 864/2007, BT-Drs. 16/9995, S. 6.
159 BGHZ 21, 266, 270 – *Uhrenrohwerke.*
160 Z. B. *Sack* WRP 2000, 269, 271; *Bornkamm* in: Neues Recht für neue Medien, S. 99, 105, spricht vom „Meistbegünstigungsgrundsatz“ des Internationalen Deliktsrechts.
161 MüKo-BGB/*Drexl* IntLautR Rdn. 1.
162 BT-Drs. 14/343, S. 10.
163 Nach *Nussbaum,* Deutsches Internationales Privatrecht, 1932, S. 339 ff., 340: „… alle im Inland niedergelassenen Gewerbetreibenden [müssen] untereinander ihren gesamten Wettbewerb auch für das Ausland nach den inländischen Vorschriften gegen den unlauteren Wettbewerb einrichten … Letzteres erscheint gewissermaßen als eine Auflage, welche an die Ausübung des inländischen Gewerbebetriebs geknüpft wird.“
164 So insb. noch RGZ 140, 25, 30 – *Hohner.*
165 Deutlich in BGH GRUR Int. 1962, 88, 90 – *Kindersaugflasche;* im Grundsatz ausdrücklich bestätigt in BGH GRUR 1964, 316, 318 – *Stahlexport.*

dass die deliktsrechtliche Anknüpfung ohnehin nicht positiv-rechtlich verankert war, erleichterte der Rechtsprechung, besondere Grundsätze für Anknüpfung von Ansprüchen aus unlauterem Wettbewerb zu entwickeln.[166] In der grundlegenden *Kindersaugflaschen*-Entscheidung aus dem Jahr 1962 stellte der Bundesgerichtshof fest, dass

> „der Begehungsort als Anknüpfung für das anzuwendende Recht ... jedoch nicht in jedem Fall schlechthin dem Handlungsort gleichgeachtet werden (kann, d. Verf.). Ein Begehungsort kann vielmehr nur dort angenommen werden, wo in einen geschützten Rechtskreis, sei es auch nur durch einen Teilakt der unerlaubten Handlung eingegriffen wird. ... Unlauterer Wettbewerb kann hiernach in der Regel nur dort begangen werden, wo wettbewerbliche Interessen der Mitbewerber aufeinanderstoßen; denn nur an dem Ort wettbewerblicher Interessenüberschneidung wird das Anliegen der Verhinderung unlauterer Wettbewerbshandlungen berührt."[167]

Ansprüche aus unlauterem Wettbewerb unterstanden nach der Rechtsprechung grundsätzlich dem Recht des Staates, auf dessen Territorium die wettbewerblichen Interessen der Mitbewerber aufeinandertrafen.[168] Dieser Ort wurde auch definiert als „... der Marktort, an dem durch dieses Verhalten im Wettbewerb mit anderen Unternehmen auf die Entschließung des Kunden eingewirkt werden soll."[169] Daher wurde auch vom **„Marktortprinzip"** gesprochen. Da der Gesetzgeber bei der IPR-Novelle 1999 auf den Erlass einer Sonderanknüpfung verzichtet hatte, ging die herrschende Meinung davon aus, dass sich die Rechtslage durch die Novelle für den Bereich des Lauterkeitskollisionsrechts nicht geändert habe.[170] Auch die Rechtsprechung hielt unter der Geltung des Art. 40 EGBGB an der Anwendung des Marktortprinzips fest.[171] Zur Frage, ob die Anknüpfung an den Marktort als Begehungsort unter Art. 40 Abs. 1 oder als Ort der engeren Verbindung gem. Art. 41 EGBGB zu subsumieren ist, vgl. u. Rdn. 127. 80

3. Künftige Reste autonomen deutschen Internationalen Lauterkeitsrechts

Mit der **Geltung der Rom II-VO** wurde das **autonome deutsche Internationale Lauterkeitsrecht,** wie es vorstehend dargestellt wurde, **durch das Europäische Verordnungsrecht abgelöst.** Manche Elemente des bisherigen deutschen Rechts lassen sich zwar zwanglos in der Rom II-VO wieder erkennen,[172] andere werden vielleicht in das neue Recht integriert werden können. Von einer schlichten Fortgeltung der überkommenen Grundsätze unter einem „neuen Rechtskleid", ähnlich etwa wie nach der IPR-Novelle 1999, wird man aber aus methodischen Gründen nicht ausgehen können – zu deutlich ist der **Anspruch der Rom II-VO auf autonome Interpretation ihrer Tatbestände** (vgl. nur EGr. 11 S. 2 zum „außervertraglichen Schuldverhältnis"). 81

Ein Restbereich, in welchem es bei der Anwendung der nationalen Regelungen bleibt, resultiert aus den Beschränkungen des sachlichen Anwendungsbereichs der Rom II-VO. Im lauterkeitsrechtlichen Kontext ist insb. der **Ausschluss von außervertraglichen Schuldverhältnissen aus der Verletzung der Privatsphäre oder der Persönlichkeitsrechte,** einschließlich der Verleumdung, gem. Art. 1 Abs. 1 lit. g Rom II-VO von Bedeutung. 82

Die Begründungserwägungen machen dazu keine Ausführungen. Die **Regelung resultiert aus einem problematischen Kompromiss:** Der ursprüngliche Kommissionsvorschlag sah eine Sonderregelung vor, nach welcher als Reserveregel auf die *lex fori* abzustellen sei, wenn die allgemeine Deliktsortregel mit den wesentlichen Grundsätzen der *lex fori* in Bezug auf die Meinungs- und Informationsfreiheit unvereinbar wäre, Art. 6 Abs. 1 V-Rom II-VO. Eine solche ausdrückliche Regelung wurde ausführlich mit der bestehenden Rechtsunsicherheit begründet. Das Parlament verlangte demgegenüber einen noch weitergehenden Schutz der Herausgeber. Weil sich die in der Ersten Lesung des Parlaments verabschiedete Fassung und die des Rates nicht vertrugen, hielt es die 83

---

[166] GK/*Schricker,* 1. Aufl., Einl Rdn. F 168.

[167] BGH GRUR Int. 1962, 88, 91 – *Kindersaugflasche.* Bestätigt in st. Rspr. BGH GRUR 1964, 316, 318 – *Stahlexport;* GRUR 1971, 153, 154 – *Tampax;* GRUR 1977, 672, 673 – *Weltweit-Club;* GRUR 1991, 463, 464 – *Kauf im Ausland;* GRUR 1998, 419, 420 – *Gewinnspiel im Ausland.*

[168] BGH GRUR Int. 1962, 88, 92 – *Kindersaugflasche;* GRUR 1964, 316, 318 – *Stahlexport;* GRUR 1971, 153, 154 – *Tampax;* GRUR 1977, 672, 673 – *Weltweit-Club;* GRUR 1991, 463, 464 – *Kauf im Ausland;* GRUR 1998, 419, 420 – *Gewinnspiel im Ausland;* WRP 1998, 854, 855 – *Co-Verlagsvereinbarung;* WRP 2006, 736, 739 – *Arzneimittelwerbung im Internet.* Vgl. *Staudinger/v. Hoffmann* Art. 40 EGBGB Rdn. 303 ff.; GK/*Schricker,* 1. Aufl., Einl Rdn. F 184; *v. Bar,* in: Internationales Verbraucherschutzrecht, S. 75, 77; *Dethloff* S. 61 ff.; *Ohly*/Sosnitza Einf B Rdn. 14. Umfassende Darstellung bei Staudinger/*Fezer/Koos* IntWirtschR Rdn. 443 ff.

[169] BGH GRUR 1991, 462, 464 ff. – *Kauf im Ausland.*

[170] *Sack* WRP 2000, 269, 273; MüKo-UWG/*Mankowski,* 1. Aufl., IntWettbR Rdn. 265; Staudinger/*Fezer/Koos* IntWirtschR Rdn. 621. Vgl. auch BT-Drs. 14/343, S. 10.

[171] BGH WRP 2004, 1484 – *Rotpreis-Revolution;* WRP 2007, 174, 175 – *Schulden Hulp;* GRUR 2010, 847 – *Ausschreibung in Bulgarien,* Rdn. 10.

[172] So etwa BGH GRUR 2010, 847 – *Ausschreibung in Bulgarien,* Rdn. 19.

Kommission für die beste Lösung, Pressedelikte und ähnliche Handlungen vom Anwendungsbereich des Geänderten Vorschlags auszunehmen.[173] Beschränkt wurde diese Ausnahme immerhin auf Verletzungen „durch die Medien". Wegen befürchteter Schwierigkeiten bei der Abgrenzung des Medienbegriffs wurde auch letztere Einschränkung schlussendlich aufgegeben, so dass sich nunmehr zumindest potentiell erhebliche Überschneidungen des gem. Art. 1 Abs. 1 lit. g Rom II-VO nicht geregelten Bereichs mit unlauterem Wettbewerbsverhalten ergeben.

84 Zu weit würde es sicher führen, die Betätigung im Wettbewerb insgesamt als Ausdruck eines allgemeinen Persönlichkeitsrechts zu begreifen. Das ergibt sich freilich weniger aus einer engen Auslegung des Persönlichkeitsrechts, sondern aus **historischer bzw. systematischer Auslegung der Rom II-Verordnung,** da anderenfalls die Regelungen in deren Art. 6 (vgl. o.) leerlaufen müssten. Andererseits könnten einigermaßen zwanglos die **Anschwärzung oder Verleumdung, die, als geschäftliche Handlung begangen, Wettbewerbsverletzungen gem. § 4 Nr. 1, 2 UWG begründen, von der Ausnahme erfasst werden.**

85 Auch diesbezüglich sollte jedoch dem Grundsatz *lex specialis derogat legi generali* folgend **Art. 6 der Vorrang gegenüber Art. 1 Abs. 1 lit. g Rom II-VO** eingeräumt werden, da nicht jede Verletzung der Privatsphäre oder der Persönlichkeitsrechte mit einer Beeinträchtigung der Wettbewerbsbeziehungen oder kollektiven Verbraucherinteressen einhergeht.[174] Dem könnte freilich entgegengehalten werden, dass **Art. 6 erst innerhalb des Anwendungsbereichs** der Verordnung zum Tragen kommt, so dass die Vorschrift systematisch nachrangig zu beachten wäre. Gegen dieses Verständnis spricht indes zunächst die **offene Formulierung des Art. 1 Abs. 1 lit. g Rom II-VO.** Eine so beherrschende Stellung der Ausnahmevorschrift wäre allein dann gerechtfertigt, wenn ihre Tatbestandsmerkmale hinreichend klar und eindeutig wären. Daran fehlt es jedoch, da bereits über den Begriff der Persönlichkeitsrechtsverletzung keine Einigkeit besteht und die Rom II-Verordnung ihn nicht definiert. Bei historischer Auslegung wird deutlich, dass die Vorschrift im wesentlichen die Haftung der *yellow press* gegenüber den von ihr dargestellten Personen, und damit einen Bereich, in dem die meisten mitgliedstaatlichen Rechtsordnungen wohl gar keine lauterkeitsrechtliche Haftung vorsehen, im Auge hat.[175] Eine extensive Auslegung der Ausnahmevorschrift erscheint daher nicht geboten, so dass das gem. Art. 6 Abs. 1, 2 Rom II-VO zu bestimmende Statut auch dann maßgebend sein sollte, wenn mit dem unlauteren Wettbewerbsverhalten eine Verletzung der Privatsphäre oder der Persönlichkeitsrechte verbunden ist. Mit einer solchen Auslegung wird das autonome deutsche Internationale Lauterkeitsrecht allerdings gänzlich bedeutungslos.[176]

IV. Qualifikation

86 Bei der Frage, ob Ansprüche „aus unlauterem Wettbewerb" geltend gemacht werden, verbot sich bereits unter Zugrundelegung des autonomen deutschen IPR eine Beurteilung ausschließlich nach den Maßstäben des nationalen materiellen Rechts.[177] Ebenso verfehlt war eine Anwendung der Grundsätze der *lex causae.* Maßgebend musste vielmehr eine **funktionale Analyse** der in Frage stehenden Ansprüche unter Zugrundelegung des **Schutzzwecks des Lauterkeitsrechts** sein.[178] Dabei war zu berücksichtigen, dass das Lauterkeitsrecht einen Grundbestand **allgemeiner Marktverhaltensregeln** konstituiert. Von ihm sind zunächst **besondere Marktverhaltensregeln,** zu unterscheiden, wie sie etwa in verschiedenen Rechtsakten insb. im Bereich des Verbraucherrechts niedergelegt sind. Daraus folgt, dass beispielsweise die Inhaltskontrolle Allgemeiner Geschäftsbedingungen in Art. 8 des schweizerischen UWG bei funktioneller Betrachtung nicht als Anspruch aus unlauterem Wettbewerb im Sinne des Art. 40 EGBGB,[179] sondern vertragsrechtlich zu qualifizieren ist. Davon zu unterscheiden sind die auf den Einsatz unwirksamer Geschäftsbedingungen zurückgehenden deliktischen Ansprüche auf Unterlassung etc.[180]

---

173 Geänderter Vorschlag, KOM (2006) 83 endg., S. 7.

174 So auch BGH GRUR 2014, 601 – *englischsprachige Pressemitteilung,* Rdn. 36.

175 Vgl. etwa BGH GRUR 2012, 850 – *rainbow.at.*

176 Ebenso Staudinger/*Fezer/Koos* IntWirtschR Rdn. 437; GK/*Klass* Einl D Rdn. 7: nur für Altfälle. Beispielhaft BGH GRUR 2014, 601 – *englischsprachige Pressemitteilung,* Rdn. 36.

177 Vgl. nur *Kropholler* IPR, § 16.

178 Vgl. nur *Kropholler* IPR, § 17.

179 ZK-IPRG/*Vischer* Art. 136 IPRG Rdn. 6.

180 EuGH EuZW 2002, 657 – *Henkel,* Slg. 2002, I-8111 Rdn. 41 ff. BGH WRP 2009, 1545, 1547 – *Klauseln in AGB ausländischer Luftverkehrsunternehmen,* unterwirft verbraucherrechtliche Unterlassungsklagen Art. 4 Rom II-VO, lässt aber offen, ob Art. 6 Rom II-VO anwendbar ist; Vorlagebeschluss des öOGH GRUR Int. 2015, 722, 724 f. – *Grenzüberschreitende Verbandsklage.* Das Vorabentscheidungsverfahren ist beim EuGH als Rs. C-191/15 anhängig.

Die damit angesprochenen Schwierigkeiten der Qualifikation setzen sich unter dem geltenden Recht fort. Im Gesetzgebungsverfahren zur **Rom II-Verordnung** wurde die Notwendigkeit einer Sonderregelung vor allem mit der Begründung angegriffen, deren **Anwendungsbereich sei nur schwer abzugrenzen.**[181] Die Kommission konnte sich demgegenüber mit ihrer Sonderregelung in Art. 6 Rom II-VO durchsetzen, was in Deutschland allgemein begrüßt wird.[182] Dennoch ist den Einwänden Rechnung zu tragen. *Mankowski* stellt zu Recht fest, dass selbst die Großkommentierungen bei der Definition unlauteren Wettbewerbs wortkarg sind.[183] Dies liegt allerdings weder an der Nachlässigkeit der Autoren noch an der intuitiven Verständlichkeit des Begriffs, sondern schlicht an dem **Scheitern aller Versuche, die Unlauterkeit zu definieren.**[184] *Mankowskis* Hinweis auf das in Deutschland gewachsene Selbstverständnis, wonach unlauterer Wettbewerb nach nationalem Verständnis ist, was im UWG und seinen Nebengesetzen verboten wird,[185] trifft zu.[186] 87

Damit wird zugleich die **Kernproblematik** der Europäischen Regelungsinstrumente aufgezeigt: Es fällt zwar relativ leicht, mit dem **Wettbewerbsverhalten als Marktverhalten** den gegenständlichen Anwendungsbereich des Lauterkeitsrechts zu umschreiben;[187] schwierig ist aber die **Definition** des eigentlichen, durch die **Unlauterkeit** definierten, Zugriffsbereichs: Die Unlauterkeit von Wettbewerbsverhalten ergibt sich – jedenfalls in Ermangelung einer Vollharmonisierung des betreffenden Rechtsgebiets – erst aus den Wertungen nationaler Rechtsordnungen. Hinzu kommt die spezifische Abgrenzungsproblematik zu anderen Rechtsgebieten: Auch die Verwendung eines verwechslungsfähigen Kennzeichens oder die Anwendung eines Treuerabattschemas durch ein marktbeherrschendes Unternehmen werden als geschäftliche Handlungen erfolgen. Gleichwohl wird man kaum davon ausgehen können, dass es sich um unlauteren Wettbewerb handelt: Im ersten Fall wird man (je nach Standpunkt zum Verhältnis von Immaterialgüter- und Lauterkeitsrecht) die Verletzung eines subjektiven Rechts, im zweiten Fall einen Kartellrechtsverstoß annehmen, aber eben nicht ohne weiteres eine unlautere geschäftliche Handlung. 88

Der Europäischen Rechtsordnung ist hier eine **anspruchsvolle Aufgabe** gestellt: Der **Begriff des unlauteren Wettbewerbs** ist nicht auf der Grundlage deutscher, romanischer oder skandinavischer Vorstellungen, sondern **europarechtlich autonom** zu entwickeln.[188] So lange das Rechtsgebiet nicht gesamthaft harmonisiert ist, wird hier der **Rechtsvergleichung besondere Bedeutung** für eine funktionelle Qualifikation zukommen. Besondere Bedeutung hat dies im Hinblick auf die durchaus unterschiedlichen Anknüpfungen für Immaterialgüterrechtsverletzungen (Art. 8 Rom II-VO), Kartellrechtsverletzungen (Art. 6 Abs. 3 Rom II-VO) und allgemeine Delikte (Art. 4 Rom II-VO) sowie – letztendlich – vertragsrechtliche Folgen (Rom I-VO).[189] 89

V. Konkurrenzen

Bei der Qualifikation geht es um die Frage, welche Kollisionsnorm auf ein materiell-rechtliches Regime Anwendung finden soll. Davon ist die Konkurrenzfrage zu unterscheiden: Innerhalb der Rom II-Verordnung werden die Norm über Wettbewerbsbeschränkungen (Art. 6 Abs. 3) ebenso wie die Normen betreffend den unlauteren Wettbewerb (Art. 6 Abs. 1, 2) als „Präzisierung" der allgemeinen Regelung des Art. 4 Abs. 1 verstanden, vgl. EGr. 21 S. 1 Rom II-VO. Zum Verhältnis der für **Verletzungen von Immaterialgüterrechten dem Schutzlandprinzip** *(lex loci protectionis)* folgenden (vgl. EGr. 26 Rom II-VO) Regel in Art. 8 Rom II-VO gibt die Rom II-Verordnung jedoch keine Auskunft. Nach letzterer unterstehen die Ansprüche dem Recht des Staates, für den der Schutz der Immaterialgüter beansprucht wird. Auch insoweit handelt es sich um eine Sonderregel zur deliktischen Anknüpfung, wie sich bereits aus der Systematik der Rom II-Verordnung er- 90

---

[181] Bericht des Rechtsausschusses über den Vorschlag des Europäischen Parlaments und des Rates über das auf außervertragliche Schuldverhältnisse anzuwendende Recht („Rom II") v. 27.6.2005, Dossier-Nr. 2003/0168 (COD), A6–0211/2005, S. 23. Vgl. im Einzelnen MüKo-UWG/*Mankowski* IntWettbR Rdn. 21 ff.

[182] *Mankowski* GRUR Int. 2005, 634; *Leible/Lehmann* RIW 2007, 721, 729.

[183] *Mankowski* GRUR Int. 2005, 634, 635.

[184] *Glöckner,* Europäisches Lauterkeitsrecht, S. 5 ff.

[185] *Mankowski* GRUR Int. 2005, 634, 635.

[186] Bereits *Glöckner,* Europäisches Lauterkeitsrecht, S. 12.

[187] *Glöckner,* Europäisches Lauterkeitsrecht, S. 8: Wettbewerbshandlungen im Sinne von Marktverhalten; konkretisierend *Mankowski* GRUR Int. 2005, 634, 637; MüKo-UWG/*Mankowski* IntWettbR Rdn. 12.

[188] *Mankowski* GRUR Int. 2005, 634, 635: Jedwede rein nationale Sichtweise ist unangemessen; MüKo-UWG/*Mankowski* IntWettbR Rdn. 11; GK/*Klass* Einl D Rdn. 11. Ähnlich Staudinger/*Fezer/Koos* IntWirtschR Rdn. 390; *Handig* GRUR Int. 2008, 25, 26; *Sack* WRP 2008, 845, 846.

[189] Verordnung (EG) Nr. 593/2008 des Europäischen Parlaments und des Rates über das auf vertragliche Schuldverhältnisse anzuwendende Recht (Rom I), ABl. 2008 Nr. L 177/6.

gibt. Die Abweichung von der allgemeinen Deliktsortsanknüpfung ist als Folge des quasi weltweit geltenden materiellen Territorialitätsprinzips im Immaterialgüterrecht sinnvoll.[190] Gemäß den nationalen Rechtsordnungen bestehen Immaterialgüterrechte räumlich nur innerhalb des Staates, in dem sie verliehen worden sind.[191] Vor allem im Umfeld des Immaterialgüterrechtsschutzes (sog. ergänzender Leistungsschutz; erweiterter Schutz bekannter Zeichen etc.) stellt sich die Frage der Anknüpfung nach dem Lauterkeits- oder Immaterialgüterrechtsstatut. Die kollisionsrechtliche Konkurrenzfrage ist vorrangig gegenüber der materiellrechtlichen Konkurrenzfrage zu klären.

91 Nicht selten konkurrieren lauterkeitsrechtliche schließlich mit **allgemeinen deliktischen Ansprüchen,** so wenn der Wettbewerbsverstoß zugleich eine Verletzung des allgemeinen oder eines besonderen Persönlichkeitsrechts (z. B. Namensrecht) oder eine Verletzung des Rechts am eingerichteten und ausgeübten Gewerbebetriebs bewirkt, wenn der Tatbestand der sittenwidrigen Schädigung gem. § 826 BGB erfüllt ist oder wenn ein Schutzgesetz in einer Weise verletzt wird, die zugleich lauterkeitsrechtlich den Tatbestand einer Vorsprungserlangung durch Rechtsbruch erfüllt und eine unerlaubte Handlung gem. § 823 Abs. 2 BGB begründet. In solchen Fällen würde im internationalen Verhältnis die Entscheidung der Rechtsordnung für die Maßgeblichkeit des Ortes der wettbewerblichen Interessenkollision unterlaufen, wenn allein die auf das UWG bzw. andere Wettbewerbsgesetze gestützten Ansprüche durch die Marktortregel erfasst würden, konkurrierende Ansprüche des allgemeinen Deliktsrechts aber nach wie vor der allgemeinen Deliktsortregel unterfielen.

92 Durch eine parallele Anwendbarkeit verschiedener Kollisionsregeln (z. B. Art. 4 Abs 1, Art. 6 Abs. 1 Rom II-VO) könnte der Zweck der Sonderregelungen in Art. 6 ff. Rom II-VO unterlaufen werden. Im Verhältnis zu **Art. 4 Rom II-VO** muss daher der **Spezialitätsgrundsatz gelten,** d. h. auch nach allgemeinen Grundsätzen unerlaubte Handlungen werden nicht nach Art. 4 Rom II-VO angeknüpft, wenn die Verletzung durch eine geschäftliche Handlung erfolgt.[192] Nicht ganz klar ist immerhin der **Grenzverlauf zum Prozessstatut bei der Verbandsklage:** Wollte man das Lauterkeitsstatut nach der Rom II-VO insgesamt auf die Klagebefugnis von Verbänden (vgl. dazu u. Rdn. 196) anwenden,[193] so liefe die Regelung in Art. 11 Abs. 1 UGP-RL in der Sache leer, welche den Mitgliedstaaten die Wahl der Durchsetzungsweise überlässt. Der Entscheidung *Henkel*[194] kann kaum etwas anderes entnommen werden, da darin ein österreichischer Verbraucherschutzverein, der in Österreich klagebefugt war, vor österreichischen Gerichten klagte, die österreichisches Recht anwandten.

93 Verletzungen von **Immaterialgüterrechten** sind demgegenüber im Regelfall auf der Grundlage von Art. 8 Rom II-VO getrennt anzuknüpfen. Die Wertung des Art. 6 Abs. 1 Rom II-VO wird hierdurch regelmäßig nicht gestört, da alle Ansprüche das Bestehen von Immaterialgüterrechten in demjenigen Staat, in welchem um Schutz nachgesucht wird, voraussetzen, und in diesem Fall auch die Wettbewerbsbeziehungen auf diesem Markt beeinträchtigt werden, wenn die Verletzung durch eine geschäftliche Handlung begangen wird. Umgekehrt ist allerdings bei einer lauterkeitsrechtlichen Beurteilung nach Rechten anderer Jurisdiktionen, die auf der Grundlage von Art. 6 Abs. 1 Rom II-VO möglich bleiben mag, die territoriale Begrenztheit des immaterialgüterrechtlichen Schutzes zu berücksichtigen.

94 Nach hier vertretener Auffassung sollte ein **Auseinanderfallen der lauterkeitsrechtlichen und der kartellrechtlichen Anknüpfung** gem. Art. 6 Abs. 1, 2 einerseits und Abs. 3 Rom II-VO andererseits aufgrund der harmonischen Auslegung (dazu sogl.) von vornherein **ausgeschlossen** sein.

---

190 Vgl. *Bornkamm* in: Neues Recht für neue Medien, S. 99, 113; *Sack* WRP 2000, 269, 270 ff.; Staudinger/*Fezer/Koos* IntWirtschR Rdn. 404 ff.

191 Staudinger/*v. Hoffmann* Art. 40 EGBGB Rdn. 371.

192 MüKo-BGB/*Drexl* IntLautR Rdn. 119 aE; Staudinger/*Fezer/Koos* IntWirtschR Rdn. 400; GK/*Klass* Einl D Rdn. 31. Erwägenswert ist allenfalls eine gesonderte Anknüpfung in denjenigen Fällen, in denen der besondere Schutzzweck der allgemein deliktsrechtlichen Norm im Fall einer Verletzung durch geschäftliche Handlungen innerhalb der lauterkeitsrechtlichen Schutzzwecktrias nicht erfasst wird, vgl. MüKo-BGB/*Drexl* IntLautR Rdn. 120; Staudinger/*Fezer/Koos* IntWirtschR Rdn. 401 a. E.

193 So *Ofner* ZfRV 2008, 13, 18. Vgl. dazu öOFH GRUR Int. 2015, 481, 484 – *Klimaneutral.*

194 EuGH EuZW 2002, 657 – *Henkel,* Slg. 2002, I-8111.

VI. Lauterkeitsrechtliche Sonderanknüpfung

1. Rechtsnatur der Sonderanknüpfung

Kamen Troller hatte die Lehre von der wettbewerbsmäßigen Interessenkollision[195] entwickelt, welche von der deutschen Rechtsprechung aufgegriffen[196] und zu der oben (Rdn. 79 ff.) dargestellten Sonderanknüpfung für Ansprüche aus unlauterem Wettbewerb ausgebaut wurde.[197] Nach ihr war das Recht des Ortes maßgeblich, an dem der Wettbewerber versuchte, sein Produkt mit unlauteren Mitteln an den Kunden zu bringen, an dem sonach die Interessen zweier Wettbewerber aufeinandertrafen.[198] Bei Verstößen mit Kundenkontakt war der Absatzmarkt maßgebend.[199] Die Lehre von der **wettbewerblichen Interessenkollision** war in Deutschland bis zum Inkrafttreten der Rom II-Verordnung herrschend.[200] Formal[201] wurde der Einklang mit dem allgemeinen Internationalen Deliktsrecht durch die Phrase gewahrt, beim unlauteren Wettbewerb fielen Handlungs- und Erfolgsort am Ort der wettbewerblichen Interessenkollision zusammen.[202] Dies durfte jedoch nicht darüber hinwegtäuschen, dass in der Sache eine **weitgehende Emanzipation des Internationalen Lauterkeitsrechts vom allgemeinen Internationalen Deliktsrecht** stattgefunden hatte.[203] 95

Mit großer Klarheit hat der Europäische Gesetzgeber deutlich gemacht, dass die Regel des Art. 6 lediglich den in Art. 4 Abs. 1 für maßgeblich erklärten **Deliktsort präzisiert** (EGr. 21 S. 1 Rom II-VO). Damit wird zugleich das Lauterkeitsrecht als (Sonder-)Deliktsrecht qualifiziert. In der Literatur wird dieser **dogmatische Zugang** als **anachronistisch** bezeichnet.[204] 96

Es stellt sich allerdings die Frage, ob mit dieser **formalen Anbindung der Anknüpfung** zugleich eine Vorentscheidung über materielle Konsequenzen verbunden ist. Sie ist wohl zu verneinen. Die Einordnung ins Deliktsrecht folgt der soweit ersichtlich in allen Mitgliedstaaten im Ausgangspunkt traditionell zugrundegelegten Qualifikation zivilrechtlicher Ansprüche aus Lauterkeitsverstößen. Bereits im nationalen Kontext rechtfertigt sich die Einordnung als deliktische Haftung bereits aus dem Umstand, dass die lauterkeitsrechtlichen Normen **allgemeine, von keiner Sonderverbindung abhängige Verhaltenspflichten** begründen, **Typika vertraglicher Haftung** wie insbesondere die Verschuldenszurechnung nach § 278 BGB deshalb **nicht eingreifen** und das gesamte Sanktionensystem einschließlich der so bedeutenden **quasi-negatorischen Ansprüche deliktsrechtlichen Strukturen** folgt.[205] 97

Im europarechtlichen Kontext kann auf die vom EuGH im Zusammenhang der **Abgrenzung zu Art. 7 Nr. 1 EuGVVO** entwickelte Rechtsprechung zur „unerlaubten Handlung" i. S. d. Art. 7 Nr. 2 EuGVVO zurückgegriffen werden, vgl. EGr. 7 Rom II-VO. Danach bezieht sich der Begriff **„unerlaubte Handlung"** auf **alle Klagen, mit denen eine Schadenshaftung des Beklagten geltend gemacht wird und die nicht an einen Vertrag anknüpfen.**[206] Eben diesen Zusammenhang hebt auch die Begründung zum Geänderten Vorschlag hervor.[207] Innerhalb der 98

---

195 *K. Troller* S. 50 und passim.

196 Ausdrücklich BGH GRUR 1964, 316, 319 – *Stahlexport.* Zul. BGH GRUR 2010, 847 – *Ausschreibung in Bulgarien,* Rdn. 12.

197 *Schricker* IPRax 1983, 103, 104.

198 *K. Troller* S. 127 ff.

199 *K. Troller* S. 132 ff.

200 Vgl. Staudinger/*v. Hoffmann* Art. 40 EGBGB Rdn. 303 ff.; GK/*Schricker,* 1. Aufl., Einl Rdn. F 184; *v. Bar,* in: Internationales Verbraucherschutzrecht, S. 75, 77; *Dethloff* S. 61 ff.; *Ohly*/Sosnitza Einf. B Rdn. 14. Umfassende Darstellung bei Staudinger/*Fezer/Koos* IntWirtschR Rdn. 443 ff., 450.

201 GK/*Schricker* 1. Aufl., Einl Rdn. F 183.

202 *Mankowski* GRUR Int. 1999, 909, 910; *Sack* WRP 2000, 269, 272. Nach st. Rspr. kann im Hinblick auf die Besonderheiten des Wettbewerbsrechts als Begehungsort nur der Ort angesehen werden, an dem die wettbewerblichen Interessen der Mitbewerber aufeinandertreffen, BGH GRUR 1991, 463, 464 – *Kauf im Ausland;* GRUR 1998, 419, 420 – *Gewinnspiel im Ausland.*

203 GK/*Schricker,* 1. Aufl., Einl Rdn. F 183; GK/*Klass* Einl D Rdn. 28; *Kropholler* IPR, § 53 VI 1; Staudinger/*Fezer/Koos* IntWirtschR Rdn. 448, 480. Im Hinblick auf die damit eröffnete materielle Auseinandersetzung um das Anknüpfungsmoment ist seine formelle Lozierung (als Handlungs-, Erfolgsort oder Ort wesentlich engerer Verbindung) von untergeordneter Bedeutung.

204 Staudinger/*Fezer/Koos* IntWirtschR Rdn. 639. Für das deutsche Recht aus jüngerer Zeit MüKo-BGB/*Drexl* IntLautR Rdn. 10.

205 Insoweit anerkennend auch MüKo-UWG/*Micklitz,* 1. Aufl., EG D Rdn. 15: deliktsrechtliche Rechtsfolgenorientierung.

206 Vgl. insoweit EuGH Slg. 2002, I-7357 Rdn. 21 – *Tacconi.*

207 KOM (2006) 83 endg., S. 3.

außervertraglichen Haftung „denkt" die Verordnung allein in den Kategorien Delikt, ungerechtfertigte Bereicherung, auftragslose Geschäftsführung und Verschulden bei Vertragsverhandlungen, vgl. Art. 2 Abs. 1 Rom II-VO. Die neben dem Delikt genannten Kategorien sind noch weniger für die Erfassung privatrechtlicher Ansprüche aus Wettbewerbsverletzungen geeignet. Für das Marktordnungs- oder Marktkommunikationsrecht[208] finden sich keine gesonderten Kollisionsnormen, auch wenn der überindividualistische Schutzzweck und die quasi-polizeirechtliche, präventive Wirkweise des Lauterkeitsrechts[209] heute weitgehend Allgemeingut sind. Auf das **Kartellstatut** könnte zwar zurückgegriffen werden.[210] Zu einer in diesem Sinne einheitlichen Regelung konnte es aber bereits aus Gründen der Genese der Rom II-VO kaum kommen, da die Sondervorschrift für unlauteren Wettbewerb bereits im ursprünglichen Kommissionsvorschlag enthalten war, während diejenige für Wettbewerbsbehinderungen (heute Art. 6 Abs. 3 Rom II-VO) erst viel später aufgenommen wurde. Überdies wäre nach dem Willen des Europäischen Gesetzgebers auch das Kartellstatut lediglich als „Präzisierung" des Schadensorts zu begreifen (vgl. EGr. 21 S. 1 Rom II-VO). Schließlich ist es zweckmäßig, die unterschiedlichen Schutzrichtungen von materiellem Kartell- und Lauterkeitsrecht auch durch – jeweils auf dem Auswirkungsprinzip beruhende – selbständige Konkretisierungen im Kollisionsrecht zum Ausdruck zu bringen, wie es bereits der schweizerische Gesetzgeber in Art. 136, 137 chIPRG getan hat.

99 Dass die Ansprüche aus Lauterkeitsverstößen nicht allein den Zweck verfolgen, individuelle Interessen zu schützen, wie es für das allgemeine Privatrecht typisch ist, sondern das Lauterkeitsrecht zentral den **Schutz des Allgemeininteresses an einem unverfälschten und funktionsfähigen Wettbewerb** verfolgt,[211] ist so lange kein durchschlagendes Argument,[212] als der Gesetzgeber sich bei der Verfolgung dieses Ziels für eine **Durchsetzung im Wege der Gewährung zivilrechtlicher Ansprüche entschieden hat und diese Ansprüche deliktsrechtlich** ausgestaltet hat. Auf der Grundlage einer solchen rein **gesetzgebungstechnischen Interpretation** ist eine Einbindung von Lauterkeitsverstößen in das „Internationale Deliktsrecht" begrifflich akzeptabel, solange inhaltlich klar ist, dass der Anknüpfung von Ansprüchen aus Lauterkeitsverstößen ein funktionaler, an der Wirkung eines Marktverhaltens orientierter, Ansatz zugrundeliegt.[213] In diesem Sinne hatte bereits der ursprüngliche Kommissionsvorschlag auf einen breiten Konsens der Kollisionsregeln der Mitgliedstaaten verwiesen.[214]

2. Auslegung der Sonderanknüpfung

100 **a) Von der Anknüpfung an den Ort der wettbewerblichen Interessenkollision zur Auswirkungstheorie im deutschen Recht.** Die oben beschriebene Entwicklung vom allgemeinen Internationalen Deliktsrecht zur Sonderanknüpfung an den Ort der wettbewerblichen Interessenkollision wurde innerhalb des deutschen Sprachraums mit der ausdrücklichen Niederlegung des **Auswirkungsprinzips** in den Kollisionsrechten Österreichs und der Schweiz zum Abschluss gebracht.[215] Artikel 136 Abs. 1 chIPRG ordnet etwa an, dass Ansprüche aus unlauterem Wettbewerb dem Recht des Staates unterstehen, „auf dessen Markt die unlautere Handlung ihre Wirkung entfaltet". Gemäß § 48 Abs. 2 a. F. öIPRG waren[216] Schadenersatz- und andere Ansprüche aus unlauterem Wettbewerb „nach dem Recht des Staates zu beurteilen, auf dessen Markt sich der Wettbewerb auswirkt".

101 Aus der Natur des Wettbewerbsdelikts, welches nicht die Verletzung eines absolut geschützten Rechtsgutes bzw. eines absoluten Rechts zum missbilligten Taterfolg macht und deshalb nicht von einem Erfolgsunwert im klassisch zivilistischen Sinne getragen wird, sondern an bestimmte unerwünschte Handlungen und deren Verhaltensunwert anknüpft, wird häufig abgeleitet, dass für die lauterkeitsrechtliche Anknüpfung nicht die Auswirkungen maßgeblich sein könnten, sondern allein das zielgerichtete Einwirken des Verletzers (sog. **Einwirkungsprinzip;**[217] die Terminologie ist

---

[208] So MüKo-BGB/*Drexl* IntLautR Rdn. 8.
[209] *Fezer/Hausmann/Obergfell* Einl I Rdn. 220 ff.
[210] *Fezer/Hausmann/Obergfell* Einl I Rdn. 237.
[211] So zutr. Staudinger/*Fezer/Koos* IntWirtschR Rdn. 394, 395.
[212] Ähnliche Wertung von MüKo-UWG/*Mankowski* IntWettbR Rdn. 10 zu Fn. 18.
[213] Vgl. bereits *Baudenbacher* vor Art. 2 Rdn. 38; Staudinger/*Fezer/Koos* IntWirtschR Rdn. 639 a. E.
[214] Begründung, KOM (2003) 427 endg., S. 17.
[215] *Bär* FS Moser, S. 143, 146.
[216] Im Zuge der Europäisierung des Internationalen Privatrechts durch die Verordnungen Rom I und Rom II änderte der österreichische Gesetzgeber am 17.11.2009 das IPRG und insbesondere auch § 48 Abs. 2 IPRG grundlegend, BGBl. I Nr. 135/2009.
[217] Vgl. *Kotthoff* S. 21 ff.; *van Meenen* S. 122 ff.; *Dethloff* S. 65 ff.

nicht einheitlich).[218] Maßgeblich soll danach das Recht des Staates sein, auf dessen Markt der vermeintliche Verletzer zielgerichtet eingewirkt hat. Wegen der objektiven Ubiquität von **geschäftlichen Handlungen im Internet** hat die subjektive Kriterien in den Vordergrund stellende Einwirkungslehre in der jüngeren Zeit neue Gefolgschaft erhalten. Literatur und jüngere Rechtsprechung haben auf die **Finalität des Wettbewerbshandelns** zurückgegriffen, um einen letzten **„archimedischen Punkt"**[219] für die Behandlung von Wettbewerbsverstößen im Internet zu erlangen. Im Online-Bereich soll das Recht des Landes gelten, in dem ein **E-Mail bestimmungsgemäß empfangen** oder von dem aus eine **homepage bestimmungsgemäß abgerufen** wird.[220]

Die Differenzierung von Auswirkungs- bzw. Einwirkungstheorie im Zusammenhang mit der Bestimmung des Erfolgsorts ist lediglich eine weitere **Ausprägung der allgemeinen Schutzzweckdiskussion im Lauterkeitsrecht.**[221] Die „Einwirkungstheorie" beruht im Ansatz auf der originär individualrechtlichen Begründung des Lauterkeitsrechts.[222] Demgegenüber berücksichtigt die „Auswirkungstheorie" den Charakter des Lauterkeitsrechts als Schutzgesetz der Wettbewerbsordnung.[223] Insoweit **bewirken auch Wettbewerbsverletzungen einen Erfolg,** indem sie den **Wettbewerb auf einem bestimmten Markt verfälschen** – und auf genau diesen Erfolgsort kann kollisionsrechtlich abgestellt werden. Das von der Einwirkungstheorie im Ausgangspunkt herangezogene Element der Finalität[224] widerspricht demgegenüber dem das gesamte Internationale Wirtschaftsrecht beherrschenden Grundsatz, wonach eine Rechtsordnung dann anwendbar ist, wenn die geschäftliche Handlung sich auf ihrem Markt **objektiv auswirkt.**[225] Im Übrigen ist es wenig praktikabel, da die Beweggründe und Vorstellungen der Beteiligten sich als innere Tatsachen im Regelfall nur über die nach außen getretenen und insoweit objektivierten Umstände ermitteln lassen. **102**

In der Lehre wurde im übrigen hervorgehoben, dass trotz des finalen Charakters der „Einwirkung" die **verobjektivierte Zielrichtung** einer Wettbewerbshandlung maßgeblich sei.[226] Damit gelangt die Einwirkungstheorie in der Praxis ohnehin meist **zum selben Ergebnis wie die Auswirkungstheorie.**[227] Erst recht gilt dies, wenn eine **Einwirkungstheorie auf objektivierter Grundlage** vertreten wird.[228] In diesem Sinne vollzieht etwa *Drexl* zwar alle Argumente nach, die für einen Gleichlauf der kartell- und der lauterkeitsrechtlichen Anknüpfung sprechen, entzieht sich dieser Konsequenz aber unter mehrfachem Hinweis auf die unterschiedlichen Regelungsziele der Rechtsgebiete:[229] Das Wettbewerbsrecht schütze die Funktionsfähigkeit des Wettbewerbs gegen Beschränkungen, wohingegen das Lauterkeitsrecht Spielräume zulässigen Marktverhaltens abstecke. Das ist unzweifelhaft richtig, doch nicht letztlich zwingend, denn das kartellrechtliche Verbot des Missbrauchs einer marktbeherrschenden Stellung grenzt ebenfalls die Spielräume von Unternehmen **103**

---

[218] Ebensolche Wahrnehmung von *Koos* WRP 2006, 499, 509: „große Bandbreite der sich unterscheidenden Interpretationen des Einwirkungsbegriffs". Umfassende Darstellung bei Staudinger/*Fezer/Koos* IntWirtschR Rdn. 497 ff., und Fezer/*Hausmann/Obergfell* Einl I Rdn. 207.

[219] *Hoeren* WRP 1997, 993, 997.

[220] BGH WRP 2006, 736, 739 – *Arzneimittelwerbung im Internet;* OLG Frankfurt a. M. CR 1999, 458 – *Anbieten im Internet;* LG München CR 2000, 464 – *Intershopping.com; Hoeren* WRP 1997, 993, 998; *ders.* Werberecht im Internet am Beispiel der ICC Guidelines on Interactive Marketing Communications, in: Cyberlaw, S. 111, 113; *Dethloff* NJW 1998, 1596, 1600; *Rüssmann* K&R 1998, 422, 426; *Mankowski* GRUR Int. 1999, 909, 915 ff.

[221] *Baudenbacher* vor Art. 2 Rdn. 44; *Glöckner* ZVglRWiss 99 (2000), 278, 292; *Koos* WRP 2006, 499, 504.

[222] Deutlich *van Meenen* S. 141 ff., 142, der eine Gleichstellung mit dem kartellrechtlichen Auswirkungsprinzip mit der kaum noch akzeptablen Begründung ablehnt, das Lauterkeitsrecht habe „in erster Linie noch immer eine individualschützende Aufgabe". Vgl. demgegenüber zutr. *Kropholler* IPR, § 53 IV: „Zum zentralen Anknüpfungspunkt entwickelt sich – dem Recht gegen Wettbewerbsbeschränkungen vergleichbar – der betroffene Markt."

[223] *Schricker* IPRax 1983, 103, 105; GK/*Schricker,* 1. Aufl., Einl Rdn. F 194; *Baudenbacher* GRUR Int. 1988, 310, 317; *ders.* vor Art. 2 Rdn. 44; Staudinger/*Fezer/Koos* IntWirtschR Rdn. 480. Das übersieht *Dubs,* S. 64.

[224] Es wird nicht verkannt, dass es auch Modelle gibt, die Einwirkungstheorie von finalen Anforderungen zu lösen, vgl. *Höder* S. 234; Fezer/*Hausmann/Obergfell* Einl I Rdn. 225: Einwirkung auf der Grundlage von nach objektiven Kriterien zu bestimmender Wirkung.

[225] Bereits GK/*Schricker,* 1. Aufl., Einl Rdn. F 196. Vgl. dazu allg. Staudinger/*Fezer/Koos* IntWirtschR Rdn. 21, und im besonderen Rdn. 479 ff. Zutr. auch *Höder* S. 55 ff. Ausdrücklich gegen eine Berücksichtigung finaler Begründungselemente im Kontext der Bestimmung des die Internationale Zuständigkeit bestimmenden Erfolgsortes GA *Cruz Villalòn* Schlussanträge Rn. 62 ff., zu EuGH GRUR 2012, 300 – *eDate Advertising,* Slg. 2011, I-10269 Rdn. 63.

[226] *Kotthoff* S. 22 mwN; *ders.* CR 1997, 676, 680; GK/*Klass* Einl D Rdn. 223.

[227] *Koos* WRP 2006, 499, 508. Das bestätigen *Dethloff* S. 66; MüKo-UWG/*Mankowski* Int-WettbR Rdn. 145; Fezer/*Hausmann/Obergfell* Einl I Rdn. 230, wenngleich aus entgegengesetzter Perspektive.

[228] So insb. *Höder* S. 234.

[229] MüKo-BGB/*Drexl* IntLautR Rdn. 11 ff., 15. Ihm folgend GK/*Klass* Einl D Rdn. 217.

ein (die Schaffung einer marktbeherrschenden Stellung wird als solche außerhalb der Zusammenschlusskontrolle kartellrechtlich nicht geahndet) und die geschäftsentscheidungsrelevante Irreführung beeinträchtigt ebenfalls die Funktionsfähigkeit des Wettbewerbs. Im Hinblick auf die unbestritten verschiedenen Schutzrichtungen ist die – strukturell identische – Spürbarkeitsschwelle freilich jeweils schutzzweckbezogen auszulegen.

104 Ein modernes, wettbewerbsbezogenes Verständnis des materiellen Lauterkeitsrechts gebietet demgegenüber für das Lauterkeitskollisionsrecht, die ganz herrschende Theorie von der wettbewerblichen Interessenkollision konsequent weiterzudenken, um einen größtmöglichen **Gleichlauf mit dem im Internationalen Kartellrecht etablierten Auswirkungsprinzip** herzustellen.[230] Dass das Kartellrecht Interessen der Allgemeinheit und die Marktordnung schützt,[231] ist ebenso richtig, aber unvollständig, wie die Aussage, dass das Lauterkeitsrecht Individualinteressen schützt und wirtschaftspolitisch neutral ist. Die auch von den Gegnern einer Anerkennung des Auswirkungsprinzips bestätigte **Konvergenz der Rechtsgebiete**[232] ist in der Praxis viel weiter gediehen als es in der kollisionsrechtlichen Diskussion wahrgenommen wird:[233] Das jahrzehntealte **Misstrauen gegenüber der Begründung privatrechtlicher Ansprüche aus Kartellrechtsverletzungen** ist mit der Diskussion um das *private enforcement*[234] **zurückgegangen;**[235] gleichzeitig ist deutlich geworden, dass die klassische **kartellrechtliche Kontrolle der Marktstruktur** – exemplarisch im Fall der Zusammenschlusskontrolle – auf einem Wettbewerbsmodell aufbaut, das darauf vertraut, über die Marktstruktur das Marktverhalten und damit die Marktergebnisse steuern zu können. **Moderne Wettbewerbsmodelle** beziehen demgegenüber – methodisch auf der **Grundlage spieltheoretischer Modelle** – viel stärker das **interaktive Verhalten der Beteiligten** ein und nähern sich dabei der Anwendung von marktverhaltensbezogenen Erfahrungssätzen, wie sie das Lauterkeitsrecht seit den 1920er-Jahren wenngleich in aller Regel eher intuitiv denn auf empirische Forschungsergebnisse gestützt entwickelt hat.

105 Im aktuellen Diskurs wird die unterschiedliche Anknüpfung nicht selten damit begründet, dass das Kartellrecht als Marktordnungsrecht auf den Schutz des Marktgefüges als Gesamtkomplex gerichtet sei.[236] Durch eine solche Betrachtung wird indes die Problematik verkürzt. Denn auch das Kartellrecht erfasst nicht etwa nur solche Formen von Wettbewerbsverhalten, welche den freien Wettbewerb als Institution und abstrakte Grundvoraussetzung der offenen Marktwirtschaft (vgl. Art. 119, 120 AEUV; ex-Artikel 4, 98 EG) beeinträchtigen, sondern insbesondere solche Verhaltensformen, die auf konkreten Märkten die Freiheit des Wettbewerbs, nicht zuletzt: die Freiheit bestimmter Marktteilnehmer zur wirtschaftlichen Betätigung, in konkreter Weise beschränken. In ganz entsprechender Weise schützt das Lauterkeitsrecht gegen Wettbewerbsverhalten, das auf konkreten Märkten den Wettbewerb verfälscht. Der unbestritten unterschiedlichen Schutzrichtung ist es zu verdanken, dass Lauterkeitsverstöße in aller Regel keine Marktabgrenzungen verlangen. Der Auswirkungsbegriff kann gleichwohl in beiden Teilrechtsgebieten des Wettbewerbsrechts interessen- und systemgerecht als Leitmotiv der Anknüpfung herangezogen werden – und dies ohne Anpassungen zu erfordern, die aufwendiger wären als die Anpassungen, der der Einwirkungsbegriff nach inzwischen überwiegender Auffassung bedarf (z. B. Interpretation auf objektiver Grundlage; unter Einbeziehung des Spürbarkeitskriteriums; „Auslandswerbung für Inlandsabsatz" etc.).[237]

106 **b) Europäisches Lauterkeitskollisionsrecht auf dem Weg zum Auswirkungsprinzip.** Artikel 6 Abs. 1 Rom II-VO knüpft an die Beeinträchtigung der Wettbewerbsbeziehungen oder der kol-

---

230 Vgl. ausführlich Staudinger/*Fezer/Koos* IntWirtschR Rdn. 502 ff., 504.

231 MüKo-UWG/*Mankowski* IntWettbR Rdn. 144; ähnlich Fezer/*Hausmann/Obergfell* Einl I Rdn. 227.

232 MüKo-BGB/*Drexl* IntLautR Rdn. 13, 15.

233 Vgl. etwa Fezer/*Hausmann/Obergfell* Einl I Rdn. 227: Das Kartellrecht vernachlässigt weder Verbraucherinteressen noch die Interessen der Konkurrenten.

234 Zum Zusammenhang der Ausgestaltung von Anspruchsberechtigung und Klagebefugnis im Hinblick auf die Verschiebung der Schutzzwecke vgl. *Glöckner,* Individualschutz und Funktionenschutz in der privaten Durchsetzung des Kartellrechts – Der Zweck heiligt die Mittel nicht – er bestimmt sie!, WRP 2007, 490. Vgl. inzwischen Richtlinie 2014/104/EU des Europäischen Parlaments und des Rates vom 26. November 2014 über bestimmte Vorschriften für Schadensersatzklagen nach nationalem Recht wegen Zuwiderhandlungen gegen wettbewerbsrechtliche Bestimmungen der Mitgliedstaaten und der Europäischen Union, ABl. 2014 Nr. L 349/1.

235 Dem entspricht, dass der Bundesgerichtshof die Anwendung von § 3a UWG auf Fälle der Kartellrechtsverletzung ausschließt. Zwar haben die kartellrechtlichen Normen unzweifelhaft wettbewerbsregelnde Funktion. Der detaillierten Regelung der Aktivlegitimation in § 33 GWB entnimmt der BGH jedoch eine abschließende Regelung, BGH GRUR 2006, 773, 774 – *Probeabonnement.*

236 Fezer/*Hausmann/Obergfell* Einl I Rdn. 227. In diesem Sinne lassen sich immerhin die Ausführungen in der Begründung zur UWG-Novelle 2004, BT-Drs. 15/1487, S. 17, deuten.

237 *Koos* WRP 2006, 499, 509.

lektiven Verbraucherinteressen an. Weder dieser Formulierung noch den Begründungserwägungen der Rom II-Verordnung lässt sich eine dogmatische Begründung entnehmen. In der Sache lassen sich hinter der „präzisierenden" Regelung des Art. 6 Abs. 1 Rom II-VO demgegenüber unschwer die Argumente erkennen, die im nationalen Kontext zur Anwendung des Marktortprinzips als Konkretisierung des Deliktsorts oder aber zur Ablösung des allgemeinen Deliktsstatuts durch das Auswirkungsprinzip geführt haben.[238] Das Europäische Parlament hatte zwar nach der Ersten Lesung eine Aufgabe der im Vorschlag enthaltenen speziellen Anknüpfung für unlauteren Wettbewerb gefordert,[239] der Geänderte Vorschlag hielt aber an der Sonderregelung für unlauteren Wettbewerb fest und kam dem Parlament insoweit entgegen, als er feststellte, dass bereits Art. 5 des ursprünglichen Vorschlags keine vom allgemeinen Deliktsort abweichende Regelung begründen, sondern allein diesen konkretisieren sollte.[240] Auch die britische Delegation beanstandete lediglich die mögliche Rechtskumulation.[241] Im weiteren Gesetzgebungsverfahren blieb diese Konkretisierung nach dem Ort der Beeinträchtigung von Wettbewerbsbeziehungen oder kollektiven Verbraucherinteressen unumstritten.

Die **Diskussion um Auswirkungsprinzip und Einwirkungsprinzip, Einwirkungsprinzip auf objektiver Grundlage oder Marktortprinzip als Konkretisierung des Deliktsorts** wird durch die Europäische Regelung damit nicht unmittelbar präjudiziert.[242] Aus dieser Offenheit sollte der Europäischen Regelung kein Vorwurf erwachsen, denn es ist nicht Aufgabe der Gesetzgebung, dogmatische Auseinandersetzungen zu entscheiden. 107

Bemerkenswert ist an dieser Regelung allerdings zunächst, dass eine europäische Regelung des Kollisionsrechts aus dem Jahr 2007 den **Zweck des Lauterkeitsrechts** nicht auf Schutz der kollektiven Verbraucherinteressen reduziert – wie es bei den Gesetzgebungsarbeiten zur Richtlinie über unlautere Geschäftspraktiken zunächst versucht wurde –, sondern ein **integriertes Schutzmodell** zugrundelegt,[243] wie es der Richtlinie über irreführende und vergleichende Werbung in ihrer bis 2005 geltenden Fassung entsprach. Sehr deutlich macht das EGr. 21 S. 2, wonach die Kollisionsnorm im Bereich des unlauteren Wettbewerbs **„die Wettbewerber, die Verbraucher und die Öffentlichkeit** schützen und das **reibungslose Funktionieren der Marktwirtschaft** sicherstellen" soll. Dies schlägt sich in der alternativen Anknüpfung an die Beeinträchtigung der Wettbewerbsbeziehungen bzw. der kollektiven Verbraucherinteressen nieder.[244] 108

Beide Anknüpfungsalternativen, sowohl die Beeinträchtigung kollektiver Verbraucherinteressen als auch die Beeinträchtigung der Wettbewerbsbeziehungen, stellen konsequente Ausprägungen der bereits in der Begründung des Vorschlags hervorgehobenen **Grundannahme der Kommission** dar, dass das **Lauterkeitsrecht auf den Marktschutz gerichtet** ist und damit ein **makro-ökonomisches Ziel** verfolgt.[245] Dem folgend wird gar postuliert, dass **Schadensersatzklagen rein akzessorisch** seien und von einem **Urteil über das allgemeine Funktionieren des Marktes** abhängen müssten.[246] Damit wird zum Ausdruck gebracht, dass die individuellen zivilrechtlichen Ansprüche gegenüber dem übergeordneten Zweck des Wettbewerbsschutzes dienende Funktion haben.[247] Einschränkende Finalitätskriterien wie die „bestimmungsgemäße Abrufbarkeit" sind mit einem solchen Verständnis jedenfalls nicht vereinbar.[248] 109

Zugleich wird die **Parallelität von lauterkeitsrechtlichem und kartellrechtlichem** – darum ist es den Regelungen in Art. 6 Abs. 3 Rom II-VO (vgl. EGr. 23) zu tun – **Wettbewerbsschutz hervorgehoben.**[249] Das mit beiden Regelungskomplexen verfolgte Allgemeininteresse am Schutz des funktionsfähigen, d. h. freien und unverfälschten, Wettbewerbs wird durch den einheitlichen Ausschluss der Rechtswahlmöglichkeit in Art. 6 Abs. 4 Rom II-VO bekräftigt. 110

---

[238] Staudinger/*Fezer/Koos* IntWirtschR Rdn. 644; *Handig* GRUR Int. 2008, 24, 27.

[239] Bericht des Rechtsausschusses über den Vorschlag des Europäischen Parlaments und des Rates über das auf außervertragliche Schuldverhältnisse anzuwendende Recht („Rom II") v. 27.6.2005, Dossier-Nr. 2003/0168 (COD), A6–0211/2005, S. 23 (Abänderung 29).

[240] KOM (2006) 83 endg., S. 6.

[241] Vermerk der britischen Delegation für den Ausschuss für Zivilrecht (Rom II) v. 18.1.2006, Dossier Nr. 2003/0168 (COD), Dok.-Nr. 5460/06, S. 3.

[242] Ebenso aus entgegengesetzter Perspektive Fezer/*Hausmann/Obergfell* Einl I Rdn. 233.

[243] *Handig* GRUR Int. 2008, 25, 26; *Lindacher* GRUR Int. 2008, 453.

[244] So ausdrücklich die Stellungnahme der Kommission v. 15.7.2007 zu den Abänderungen des Europäischen Parlaments, Dossier Nr. 2003/0168 (COD), Dok.-Nr. 7541/07, S. 4.

[245] Begründung, KOM (2003) 427 endg., S. 18.

[246] A. a. O.

[247] Vgl. in diesem Sinne bereits *Glöckner,* Europäisches Lauterkeitsrecht, S. 511 ff., 513; *ders.* FS Schilling, S. 165, 190.

[248] *Sack* WRP 2008, 845, 852.

[249] *Handig* GRUR Int. 2008, 25, 28.

111 Wenngleich die Verordnung sich also nicht unmittelbar zur dogmatischen Herleitung der Anknüpfung in Art. 6 Abs. 1 Rom II-VO äußert, so lassen sich aus deren **systematischer Einbettung doch Schlussfolgerungen** ziehen: Zunächst geht die Regelung davon aus, dass der Deliktsort, das ist der Ort des Schadenseintritts gem. Art. 4 Abs. 1 und mithin der Erfolgsort,[250] durch Art. 6 Abs. 1 Rom II-VO präzisiert wird. Das setzt zunächst voraus, dass das Lauterkeitsrecht ein Erfolgsunrecht (jenseits der Verletzung subjektiver Rechte der Wettbewerbsteilnehmer wie etwa das Recht am Unternehmen oder das Persönlichkeitsrecht) kennt – eine Annahme, die insbesondere von Vertretern der Einwirkungslehre schwer zu teilen sein wird. Begründbar ist diese Annahme nur, wenn als **Erfolg des Lauterkeitsverstoßes** die auf einen bestimmten Markt bezogene **Wettbewerbsverfälschung** als ihre **Auswirkung**[251] erkannt wird.[252]

112 Vieles spricht daher dafür, (auch) die Regelung in Art. 6 Abs. 1 Rom II-VO als **kollisionsrechtliche Ausprägung** eines allgemeinen, **das gesamte Wettbewerbsrecht überspannenden, Auswirkungsprinzips**[253] zu verstehen. In diesem Sinne sollte auch die sprachlich neutrale Entscheidung des Gemeinsamen Senates der Obersten Bundesgerichte verstanden werden, wonach bei der Bestimmung des Marktortes auf die von der geschäftlichen Handlung „ausgehenden Wirkungen"[254] abzustellen ist. In jüngerer Zeit verwenden die Gerichte die beide Ansätze sprachlich versöhnende Formulierung, wonach der Ort maßgeblich sein soll, „an dem auf die Entschließung des Kunden eingewirkt werden soll und an dem sich das entsprechende Marktverhalten auf die Mitbewerber auswirkt".[255]

113 Der Anwendung der Auswirkungstheorie zur Anknüpfung im Lauterkeitsrecht wird regelmäßig entgegengehalten, dass sie zu einer Ausdehnung der Anknüpfung führe.[256] Tatsächlich ist es dieser Folge zu verdanken, dass etwa das schweizerische Kollisionsrecht in Art. 137 Abs. 1 chIPRG für Wettbewerbsbehinderungen, worunter Kartellrechtsverletzungen verstanden werden, eine **unmittelbare Betroffenheit** des Geschädigten verlangt.[257] In Art. 136 Abs. 1 chIPRG, wo die Auswirkungstheorie für Ansprüche aus unlauterem Wettbewerb niedergelegt ist, fehlt eine solche Formulierung zwar; die wohl h. M. wendet dieses Erfordernis aber auch im Rahmen des Art. 136 Abs. 1 IPRG an.[258]

114 Dem entspricht, dass sowohl der ursprüngliche als auch der **Geänderte Vorschlag** noch eine **unmittelbare Beeinträchtigung** der Wettbewerbsbeziehungen oder der kollektiven Verbraucherinteressen verlangten, weil nur die direkten Wirkungen eines unlauteren Wettbewerbsverhaltens in Betracht zu ziehen seien.[259] Diese Eingrenzung wurde indes im Gemeinsamen Standpunkt aufgegeben, nachdem das österreichische Justizministerium auf die Streichung dieser Einschränkung hingewirkt hatte, weil das Erfordernis der Unmittelbarkeit wie das der Wesentlichkeit allein das materielle Recht betreffe, kollisionsrechtlich aber auch im Fall mittelbarer Beeinträchtigungen klar sein müsse, welches Recht anzuwenden sei.[260] Dieser Einwand vermag nicht zu überzeugen. Mittelbarkeit bzw. Unwesentlichkeit reduzieren lediglich die Zahl eventuell anwendbarer Rechtsordnungen und reduzieren damit die *compliance costs*. Eine Berücksichtigung der mangelnden Unmittelbarkeit bzw. Wesentlichkeit erst auf der Ebene des Sachrechts hängt demgegenüber zum einen vom jeweiligen Sachrecht ab und erspart selbst im Fall bejahter Mittelbarkeit bzw. Unwesentlichkeit nicht das Auffinden des materiellen Sachrechts. Weil im weiteren Gesetzgebungsverfahren keine Begründung mehr für die Aufgabe des Kriteriums gegeben wurde, sollte nicht der Schluss gezogen werden, der Gesetzgeber habe die Einschätzung der österreichischen Delegation geteilt.[261] Dies gilt umso mehr,

---

250 So bereits *Huber/Bach* IPRax 2005, 73, 76, zum Kommissionsentwurf.

251 *Handig* GRUR Int. 2008, 25, 29.

252 So bereits *Leistner* S. 670; *Leistner/Stang,* Die Neuerung der wettbewerbsrechtlichen Verkehrspflichten, WRP 2008, 533, 535; Staudinger/*Fezer/Koos* IntWirtschR Rdn. 644.

253 So bereits *Glöckner,* Europäisches Lauterkeitsrecht, S. 621; ähnlich Staudinger/*Fezer/Koos* IntWirtschR Rdn. 480 ff.; *Koos* WRP 2006, 499, 506.

254 GmS-OGB GRUR 2013, 417- *Medikamentenkauf im Versandhandel,* Rdn. 15; OLG München WRP 2014, 1078, 1079 – *Kooperationsmodell zwischen deutscher und niederländischer Apotheke.* Ähnlich öOGH GRUR Int. 2013, 1163, 1165 – *VfG Versandapotheke für Österreich.*

255 OLG Köln GRUR-RR 2014, 298 – *Tourismusabgabe,* Rdn. 12.

256 *Höder* S. 84 ff., 110, 113 („Statutenhäufung verschärft sich in extremer Weise"); Fezer/*Hausmann/Obergfell* Einl I Rdn. 230.

257 Botschaft zum Bundesgesetz über das internationale Privatrecht (IPR-Gesetz) vom 10. November 1982, BBl 1983 I 263, 429; BasK-IPR/*Dasser* Art. 137 Rdn. 16.

258 *Baudenbacher* vor Art. 2 Rdn. 47 m. w. N. in Fn. 140; BasK-IPR/*Dasser* Art. 136 Rdn. 13.

259 Begründung, KOM (2003) 427 endg., S. 18.

260 Vermerk der österreichischen Delegation für den Ausschuss für Zivilrecht (Rom II) v. 3.5.2004, Dossier Nr. 2003/0168 (COD), Dok.-Nr. 9009/04, S. 2.

261 Staudinger/*Fezer/Koos* IntWirtschR Rdn. 643; GK/*Klass* Einl D Rdn. 7. Anders wohl *Handig* GRUR Int. 2008, 25, 28.

als die Begründung zum Kommissionsvorschlag ausdrücklich darauf hinweist, dass die kollisionsrechtlich relevante Wettbewerbsschädigung nicht mit dem Schaden, für den Ersatz begehrt werde, verwechselt werden dürfe.[262] Näher liegt daher die Annahme, dass der Gesetzgeber das Unmittelbarkeitserfordernis deshalb nicht für weiterführend hielt, weil es letztlich eine Wertungsfrage aus einem unbestimmten Rechtsbegriff – dem der Beeinträchtigung – in einen anderen – den der Unmittelbarkeit – verlagert hätte, ohne die erforderliche Wertung als solche weitergehend zu präjudizieren. Dem entspricht, dass der Europäische Gesetzgeber – anders als der etwa des schweizerischen IPRG – auch bei der Regelung des auf die Haftung aus Kartellrechtsverstößen anwendbaren Rechts auf die Aufnahme eines Unmittelbarkeitserfordernisses verzichtet hat.[263]

Für eine kollisionsrechtliche Abschichtung mittelbarer und nicht wesentlicher Beeinträchtigung **114a** spricht der Gleichlauf mit der behördlichen Kartellrechtsdurchsetzung. Ausdrücklich hat der EuGH das ungeschriebene Spürbarkeitserfordernis im Rahmen des Art. 101 Abs. 1 AEUV auch auf die Eignung zur Beeinträchtigung des Handels zwischen Mitgliedstaaten bezogen.[264] Diesem Tatbestandselement wird im Allgemeinen kollisionsrechtliche Funktion beigemessen.[265] Es kommt damit bei der Prüfung durch die Wettbewerbsbehörden der Mitgliedstaaten sowie der EU Kommission zur Anwendung. Weder im Rahmen der privaten Kartellrechtsdurchsetzung im kollisionsrechtlichen Kontext des Art. 6 Abs. 3 Rom II-VO noch im Rahmen der in Deutschland schwerpunktmäßig privaten Durchsetzung des Lauterkeitsrechts erscheint es sinnvoll, von dieser Betrachtung abzuweichen.

3. Grenzen der lauterkeitsrechtlichen Sonderanknüpfung, Art. 6 Abs. 2 Rom II-VO

a) Anknüpfung an den Ort der Niederlassung bei nicht-marktvermittelten Behinderungen. *Kamen Troller* hatte bei bestimmten Wettbewerbsverletzungen, insbesondere der Abwerbung, der Bestechung, der Industriespionage oder der Verleitung zum Vertragsbruch, angenommen, dass die Interessenkollision am „Produktionsort" eines Wettbewerbers stattfinde, weshalb das am Ort des Betriebs geltende Recht anzuwenden sei.[266] Der Bundesgerichtshof übernahm in seiner *Stahlexport*-Entscheidung, welche die Versendung herabsetzender Schreiben über einen inländischen Wettbewerber im Ausland betraf, diese Differenzierung für das deutsche Recht, machte aus ihr aber eine Einschränkung des Marktortprinzips. In Fällen dieser Art sei es **115**

„… unter dem Gesichtspunkt ausreichender Schutzgewährung geboten und für den Verletzer nicht unbillig, Inlandsrecht anzuwenden; denn durch die unmittelbare Richtung der Wettbewerbshandlung gegen einen Inländer ist eine besondere Inlandsbeziehung gegeben".[267]

Wenn ein unlauteres Wettbewerbsverhalten **ausschließlich die Interessen eines bestimmten Wettbewerbers beeinträchtigt,** bleiben auch gem. **Art. 6 Abs. 2 Rom II-VO** die allgemeinen Regelungen des Art. 4 anwendbar. Die Begründung zum Kommissionsvorschlag nennt Fälle der **Industriespionage, der Preisgabe von Geschäftsgeheimnissen, der Bestechung, der unlauteren Mitarbeiterabwerbung oder der Anstiftung zum Vertragsbruch,**[268] beschränkt sich aber auf den vagen Hinweis, dass die mit dieser Regel erfassten Fälle „vor allem als „bilateral"[269] einzustufen" seien. Daher bestehe kein Grund dafür, dass der Geschädigte das Recht des Schadensortes sowie das Recht des gemeinsamen Aufenthalts nicht in Anspruch nehmen sollte. Überdies entspreche eine solche Regel der niederländischen, schweizerischen und deutschen Praxis.[270] **116**

---

[262] Begründung, KOM (2003) 427 endg., S. 18.

[263] Insoweit verdient Beachtung, dass die Sonderregelung für die Anknüpfung von Ansprüchen aus Kartellrechtsverletzungen, die erst später aufgenommen wurde, zunächst ebenfalls die Voraussetzungen der Unmittelbarkeit und Wesentlichkeit aufnahm und dies in den Begründungserwägungen erläuterte, vgl. den Vermerk des Vorsitzes v. 2.5.2005, Dossier Nr. 2003/0168 (COD), Dok.-Nr. 8498/96, S. 15. Erst später verschwanden diese Einschränkungen zunächst aus dem normativen Teil, vgl. Gemeinsamer Standpunkt v. 11.8.2006, Dossier Nr. 2003/0168 (COD), Dok.-Nr. 9751/06, und erst im Vermittlungsverfahren verschwand auch die Klärung in den Begründungserwägungen – begründungslos.

[264] EuGH GRUR Int. 1998, 598 – *Javico,* Slg. 1998, I-1983, Rdn. 15.

[265] Immenga/Mestmäcker/*Zimmer,* EU-Wettbewerbsrecht, Art. 101 Abs. 1 Rdn. 194; Groeben/Schwarze/Hatje/*Schröter/Voet van Vormizeele* Art. 101 Rdn. 190.

[266] *K. Troller* S. 140 ff. Zu Art. 136 Abs. 2 chIPRG vgl. Botschaft zum Bundesgesetz über das internationale Privatrecht (IPR-Gesetz) vom 10. November 1982, BBl 1983 I 263, 429 (284.33).

[267] BGH GRUR 1964, 316, 319 – *Stahlexport.*

[268] Begründung, KOM (2003) 427 endg., S. 18.

[269] Damit greift die Begründung möglicherweise ältere deutsche Formulierungen auf, vgl. die Nachw. bei Fezer/*Hausmann/Obergfell* Einl I Rdn. 176 Fn. 895.

[270] Begründung, KOM (2003) 427 endg., S. 18.

117 Im Hinblick auf die Zweckmäßigkeit einer solchen Regelung ist zu differenzieren. Nach der älteren und auf der Grundlage von Art. 40 EGBGB geltenden deutschen Regelung stand stets auch die Anknüpfung nach dem **Handlungsort** im Raum,[271] die unter wettbewerblicher Perspektive eher zufällig und deshalb unangemessen erscheint (z.B. Betriebsspionage, vgl. u.). Bei der Anwendung von **Art. 4 Abs. 1 Rom II-VO** kommt die Anknüpfung nach dem Handlungsort indes von vornherein **nicht in Frage.**

118 Der gem. Art. 4 Abs. 1 Rom II-VO heranzuziehende Erfolgsort wurde demgegenüber generalisierend mit dem Sitz des geschädigten Unternehmens bzw. der geschädigten Niederlassung gleichgesetzt.[272] Ausdrücklich ordnet in diesem Sinne Art. 136 Abs. 2 chIPRG die Anknüpfung an den Ort der betroffenen Niederlassung an. Eine solche Deutung verträgt sich allerdings jedenfalls unter der Geltung der Rom II-VO nur schwer mit dem Hinweis, dass der Vermögensschaden als bloßer indirekter Schaden irrelevant sein soll.[273]

119 Als für die Anknüpfung nach Art. 4 Abs. 1 Rom II-VO relevanter Schaden bleibt so allein die Beeinträchtigung der Wettbewerbsstellung (vgl. bereits o. Rdn. 111). Kaum zu leugnen ist, dass die zu erfassenden Formen von Wettbewerbsverhalten wenngleich vielleicht nicht zu Beeinträchtigungen der kollektiven Verbraucherinteressen, so doch zu **Beeinträchtigungen der Wettbewerbsbeziehungen überall dort führen, wo die betroffenen Marktteilnehmer in Wettbewerb** stehen.[274] Insoweit hätte allerdings kein Bedarf bestanden, von der Grundregel des Art. 6 Abs. 1 Rom II-VO abzuweichen. Dies gilt umso mehr, wenn der Ort der Beeinträchtigung der Wettbewerbsbeziehungen oder kollektiven Verbraucherinteressen als bloße Präzisierung des Schadensortes gem. Art. 4 Abs. 1 Rom II-VO interpretiert wird.[275] Der diesbezügliche Hinweis des Gesetzgebers in EGr. 21 S. 1 wird durch eine solche Interpretation der Verweisung in Art. 6 Abs. 2 Rom II-VO zwar bestätigt. Zumindest der Regelverweis von Art. 6 Abs. 2 auf Art. 4 Abs. 1 Rom II-VO erscheint aber wenig hilfreich.[276] Die eigentliche Bedeutung der Regelung ist in der Eröffnung der Anwendbarkeit des gemeinsamen Heimatrechts, Art. 4 Abs. 2 Rom II-VO, und des Vertragsstatuts, Art. 4 Abs. 3 Rom II-VO zu erkennen.

120 Im Hinblick auf die primäre Rechtsfolge des Art. 6 Abs. 2 Rom II-VO erscheint die zum deutschen Recht geäußerte Kritik an der Einschränkung des Marktortprinzips[277] überholt – jedenfalls solange der Schadensort nicht unbesehen mit dem Sitz des Geschädigten gleichgesetzt wird.

121 Beim **Behinderungswettbewerb durch Domain Grabbing** hat der öOGH[278] im Zusammenhang der Internationalen Zuständigkeit indes angenommen, dass der Erfolgsort allein am Sitz der Klägerin zu lokalisieren sei. Das ist bei der **Domainvermarktung,** bei welcher der Verletzer die Registrierung eines Zeichens als Domain in der (zumindest überwiegenden) Absicht bewirkt, vom Zeichenberechtigten einen finanziellen Vorteil für die Übertragung der Domain zu erlangen, zutreffend, weil insoweit auch kein potentielles Wettbewerbsverhältnis besteht. Fragwürdig ist die Annahme indes bereits bei der **Domainblockade,** bei welcher eine Domain belegt, aber nicht oder nur zum Schein benutzt wird, um ein **Vertriebshindernis für den Zeicheninhaber** zu errichten. Wenn hier ein Wettbewerbsverhältnis besteht, wirkt sich die Behinderungsmaßnahme auf dem jeweiligen Markt aus.

122 Der bloße Umstand, dass die Wettbewerbsverletzung als solche nicht (wie z.B. bei Irreführungen der Abnehmer)[279] marktvermittelt erfolgt ist, schließt jedenfalls nicht aus, dass der Verletzte im Wettbewerb mit dem Verletzer auf einem bestimmten Markt Nachteile davonträgt. Sind dergestalt **konkrete Auswirkungen auf bestimmten Märkten** absehbar, so sollte als Erfolgsort der Ort der Beeinträchtigung der Wettbewerbsstellung herangezogen werden. Die Rechtssicherheit wird nicht weitergehend beeinträchtigt als in anderen Fällen der Kumulation von Marktauswirkungen. Das Vertrauen eines Verletzers, der z.B. Fertigungsstätten in Fernost ausspioniert, um den so erlangten Wettbewerbsvorsprung auf europäischen oder amerikanischen Märkten auszunutzen, es komme allein das wenig durchschlagende Recht des Staates der ausspionierten Niederlassung zur Anwen-

---

[271] Vgl. Staudinger/*Fezer/Koos* IntWirtschR Rdn. 660.
[272] *Lindacher* GRUR Int. 2008, 453, 457 m.w.N. in Fn. 35.
[273] Ebenso *Sack* GRUR Int. 2012, 601, 602, zum Unternehmenssitz.
[274] Staudinger/*Fezer/Koos* IntWirtschR Rdn. 659.
[275] Staudinger/*Fezer/Koos* IntWirtschR Rdn. 653.
[276] *Handig* GRUR Int. 2008, 24, 28, definiert den Schadensort des Art. 4 Abs. 1 Rom II-VO wohl als Auswirkungsort. Ausdrücklich *Lindacher* GRUR Int. 2008, 453, 454: Erfolgsort ist der jeweilige Marktort.
[277] GK/*Schricker,* 1. Aufl., Einl Rdn. F 196; *Lindacher* WRP 1996, 645, 650; *Baudenbacher* vor Art. 2 UWG Rdn. 31; MüKo-BGB/*Drexl* IntUnlWettbR, 1. Aufl., Rdn. 91.
[278] öOGH vom 20.3.2007, 17 Ob 2/07d – *palettenbörse.com II.* Vgl. dazu u. *Omsels* § 4 Nr. 4 Rdn. 88 ff.
[279] BGH GRUR 1982, 495 – *Domgarten-Brand.*

dung, ist jedenfalls nicht schutzwürdig.[280] Andererseits erscheint es wenig überzeugend, das Recht der Hauptniederlassung bzw. des Sitzes des ausspionierten Unternehmens auf diese Weise zu exportieren. Die Anknüpfung an den Sitz der Niederlassung bei betriebsbezogenen Wettbewerbshandlungen ist deshalb restriktiv anzuwenden.[281]

Noch unter der Geltung des autonomen deutschen IPR gab der Bundesgerichtshof in der Entscheidung *Ausschreibung in Bulgarien* seine im *Stahlexport*-Fall, in dem ein deutsches Unternehmen einen ebenfalls deutschen Wettbewerber in **Schreiben an die Schweizer Kundschaft herabgesetzt** hatte,[282] entwickelte Rechtsprechung, wonach das Recht des Unternehmenssitzes bei Behinderungssachverhalten anwendbar bleiben solle, zu Recht auf. Obwohl es sich um einen Behinderungssachverhalt handelt, erfolgt die Behinderung doch **marktvermittelt.**[283] Insoweit besteht kein Anlass, die herabsetzende Werbung kollisionsrechtlich anders zu behandeln als die irreführende Werbung.[284] Abschließend sicherte der Bundesgerichtshof diese grundlegenden Wertentscheidungen im Hinblick auf ihre Konsistenz mit den jüngeren Regelungen der Rom II-Verordnung ab. Zunächst stellte der Bundesgerichtshof fest, dass die Anwendung des bulgarischen Rechts auf der Grundlage des Marktortprinzips mit der Anordnung in Art. 6 Abs. 1 Rom II-VO übereinstimme, wonach das Recht desjenigen Staates anzuwenden sei, in dessen Gebiet die Wettbewerbsbeziehungen beeinträchtigt würden. Dem ist ohne weiteres zuzustimmen.[285] Anschließend hatte der Bundesgerichtshof die Frage zu beantworten, ob Art. 6 Abs. 2 Rom II-VO mit der Folge eingreift, dass deutsches Recht als gemeinsames Heimatrecht gem. Art. 4 Abs. 2 Rom II-VO anwendbar sei. Der Wortlaut von Art. 6 Abs. 2 Rom II-VO legt das an sich nahe, da Art. 4 Abs. 2 und auf dessen Grundlage das gemeinsame Heimatrecht anwendbar bleiben, „wenn ein unlauteres Wettbewerbsverhalten ausschließlich die Interessen eines bestimmten Wettbewerbers beeinträchtigt".[286] Bei nüchterner Betrachtung wäre das – *grano cum salis*[287] – vorliegend gegeben, jedenfalls soweit die Unlauterkeit des Kundenschreibens sich allein aus der Herabsetzung, nicht aber aus einer begleitenden Irreführung der Adressaten ergibt, was vorliegend jedenfalls nicht erstellt war. An dieser Stelle schränkte der Bundesgerichtshof den Anwendungsbereich von Art. 6 Abs. 2 Rom II-VO erheblich ein, indem er die – wie beschrieben (vgl. o. Rdn. 116) wenig aussagekräftigen – Gesetzgebungsmaterialien zu dieser Norm in der Weise interpretierte, dass den von Art. 6 Abs. 2 Rom II-VO erfassten unternehmensbezogenen Eingriffen die unmittelbar marktvermittelte Einwirkung auf die geschäftlichen Entscheidungen der ausländischen Marktgegenseite fehle, die eine Sonderanknüpfung an das gemeinsame Heimatrecht ausschließe.[288] Marktvermittelte Behinderungen bleiben demgemäß dem Anwendungsbereich des Art. 6 Abs. 1 Rom II-VO unterworfen, selbst wenn sie „ausschließlich" Interessen der Mitbewerber berühren.[289] Auch dem ist zuzustimmen.[290] Die wesentliche Funktion der Verweisung in Art. 6 Abs. 2 Rom II-VO besteht in der Eröffnung der alter- 123

---

[280] *Baudenbacher* vor Art. 2 Rdn. 31. *K. Troller* S. 144, auf dessen Arbeiten die entsprechende Regelung in Art. 136 Abs. 2 chIPRG zurückzuführen ist, will ebenfalls dann, wenn der Schädiger aufgrund seines unlauteren Eindringens in das Fabrikationsgeheimnis sein Produkt verbessern oder verbilligen konnte, und dadurch auf dem Markt Vorteile erzielt, die allgemeine Kollisionsregel zum Zuge kommen lassen.

[281] *Lindacher* WRP 1996, 645, 650, mahnt Zurückhaltung in der Bejahung reiner Individualbetroffenheit an; skeptisch Staudinger/*Fezer/Koos* IntWirtschR Rdn. 391, 653 ff. Ebenso für das schweizerische Recht *Schwander* in: UWG auf neuer Grundlage, S. 161, 179. Vgl. auch OLG Koblenz GRUR 1993, 763, 764 – *Kfz-Reinigungsmittel:* Keine Anwendung des Grundsatzes bei Kennzeichenrechtsverletzung auf ausländischem Markt, wenn zahlreiche Konkurrenten existieren und in besonderem Maße schutzwürdige Belange der amerikanischen Verbraucher betroffen wären.

[282] BGH GRUR 1964, 316 – *Stahlexport.*

[283] Darauf stellt *Sack* WRP 2008, 845, 850; *ders.* GRUR Int. 2012, 601 604, ab.

[284] BGH GRUR 2010, 847 – *Ausschreibung in Bulgarien,* Rdn. 13 ff., 18.

[285] Ebenso in der Bewertung *Sack* WRP 2008, 845, 856; Fezer/*Hausmann/Obergfell* Einl I Rn. 248; *Glöckner* WRP 2011, 137, 139.

[286] Die Anwendbarkeit in diesem Sinne unterstellend hatten sich bereits Staudinger/*Fezer/Koos,* 2006, IntWirtschR Rdn. 387, skeptisch und MüKo-BGB/*Drexl,* IntUnlWettbR Rdn. 87, 88, ablehnend zum entsprechenden Kommissionsvorschlag geäußert. In der aktuellen Auflage gehen *Fezer/Koos* IntWirtschR Rn. 658, davon aus, dass unter der Geltung der Rom II-VO diskussionswürdig bleibe, welche geschäftlichen Handlungen „bilateral" i. S. d. Art. 6 Abs. 2 Rom II-VO seien.

[287] Zutreffend wird darauf hingewiesen, dass es bei wettbewerbsrelevantem Verhalten wegen der untrennbaren Verknüpfung von Parallel- und Austauschprozessen im Wettbewerb gar keine solche „ausschließliche" Betroffenheit geben kann, z. B. *Lindacher* GRUR Int. 2008, 453, 457; jurisPK-BGB/*Wurmnest,* Art. 6 Rom II-VO Rdn. 24; Staudinger/*Fezer/Koos,* IntWirtschR Rdn. 658.

[288] BGH GRUR 2010, 847 – *Ausschreibung in Bulgarien,* Rdn. 19.

[289] BGH GRUR 2010, 847 – *Ausschreibung in Bulgarien,* Rdn. 19; bestätigt durch BGH GRUR 2014, 601 – *englischsprachige Pressemitteilung,* Rdn. 37; *Sack* GRUR Int. 2012, 601, 607 f.; GK/*Klass* Einl D Rdn. 233.

[290] Ausführlich *Glöckner* WRP 2011, 137, 139 f. Ebenso jurisPK-BGB/*Wurmnest* Art. 6 Rom II-VO Rdn. 25.

nativen Anknüpfung gem. Art. 4 Abs. 2, 3 Rom II-VO,[291] wenn es an einer Möglichkeit fehlt, den Schadensort wettbewerbsbezogen zu konkretisieren (vgl. o.). Das bestätigen die Ausführungen in der Begründung des Kommissionsvorschlags, wonach in diesen Fällen der Rückgriff auf den gemeinsamen Heimatort und das Vertragsstatut möglich bleiben soll.[292] Daran knüpft der Bundesgerichtshof an,[293] indem er bei „unmittelbar marktvermittelten Einwirkungen" die Anwendbarkeit von Art. 6 Abs. 2 Rom II-VO ausschließt. Entsprechend bleibt der Rückgriff auf Art. 6 Abs. 2 Rom II-VO in den Fällen der Produktnachahmung – auch ohne Herkunftstäuschung –, bei der (auch nicht-irreführenden) vergleichenden Werbung oder der unberechtigten Abnehmerverwarnung verwehrt.[294] Vor diesem Hintergrund erscheint zwar irritierend, dass der Bundesgerichtshof in der jüngeren Entscheidung *Hotelbewertungsportal,* der ebenfalls einen Herabsetzungsfall betraf, Art. 6 Abs. 2 Rom II-VO zitiert.[295] Da die insoweit gegebene Begründung aber auf den Ort des Ansehensverlustes und damit ersichtlich auf den Regelungszusammenhang des Art. 6 Abs. 1 Rom II-VO abstellte und auch kein Auseinanderfallen von Marktort und Schadensort eintrat, muss wohl von einem Redaktionsversehen ausgegangen werden,

124 **b) Recht des gemeinsamen Aufenthaltsorts.** Nach autonomem deutschen Recht wurden die Überbleibsel der Nussbaumschen Regel (vgl. dazu o. Rdn. 79) erst im Jahr 2010 abschließend beseitigt. In der Entscheidung *Ausschreibung in Bulgarien* gab der Bundesgerichtshof ausdrücklich die Annahme auf, dass auf dem Auslandsmarkt in Wettbewerb stehende deutsche Unternehmen dem **gemeinsamen Heimatrecht** unterworfen bleiben.[296] Entscheidend gegen ein solches Vorgehen spricht, dass das **Marktortprinzip eine abschließende Sonderregelung** im Verhältnis zu Art. 40 Abs. 1 EGBGB darstellt, die durch den Rückgriff auf Art. 40 Abs. 2 EGBGB unterlaufen würde.[297] Das lässt sich weniger formal-logisch als wertungsmäßig begründen. Der Vorrang des gemeinsamen Wohnsitzrechts wird regelmäßig mit der **Zufälligkeit des ausländischen Begehungsortes im Hinblick auf eine zwischen den Parteien bestehende rechtliche Beziehung oder mit einer sozialen Einbettung des Delikts,** etwa einer unerlaubten Handlung innerhalb einer im gleichen fremden Recht domizilierten Personengruppe, begründet. Beides trifft auf geschäftliche Handlungen nicht zu. Die **Marktgesetze sind ihrer Natur nach national und territorial.** Dazu zählt auch das Lauterkeitsrecht. Wer im Ausland wirtschaftlich tätig wird, stellt sich auf den dortigen Markt ein und erwartet, nach dessen Gesetzen behandelt zu werden.[298] Die Annahme einer „geschlossenen Gesellschaft" ausländischer Wettbewerber, die zur Anwendung ihres Heimatrechts führe,[299] ist verfehlt. Ein sachlicher Grund für die Ungleichbehandlung des Inländerwettbewerbs im Ausland gegenüber dem Ausländerwettbewerb im Inland ist jedenfalls heute nicht mehr ersichtlich. Daneben ist nicht zu begründen, warum die Anwendung unterschiedlichen materiellen Rechts zu einer abweichenden Beurteilung derselben Wettbewerbsmaßnahme, etwa einer Werbung, führen können sollte, je nach dem, ob neben den inländischen Unternehmen noch ein oder mehrere ausländische Unternehmen auf dem ausländischen Markt tätig sind. Schließlich wird es häufig nur schwer zu klären sein, ob es auf einem bestimmten ausländischen Markt einheimische Wettbewerber oder solche aus Drittstaaten gibt.[300]

---

[291] Staudinger/*Fezer/Koos* IntWirtschR Rdn. 653.

[292] Begründung, KOM (2003) 427 endg., S. 18.

[293] In gewisser Weise befriedigt mag *Kamen Troller* diese Entwicklung zur Kenntnis nehmen. Er formulierte bereits 1962: „III. Der Ort der wettbewerblichen Interessenkollision in Fällen von unwahren und anschwärzenden Äußerungen. 1. Auch in diesen Fällen ist der Ort der wettbewerbsmäßigen Interessenkollision nach denselben Prinzipien festzustellen wie beim Hervorrufen einer Verwechslungsgefahr. Er ist an jenem Ort gelegen, an dem der unlauter handelnde Wettbewerbsteilnehmer versucht, den *Goodwill* den ein Konkurrent, dessen Produkte oder Unternehmen an jenem Ort besitzen, durch anschwärzende oder unwahre Behauptungen zu schwächen und dadurch den (potentiellen) Angebotsadressaten des lauter Handelnden an jenem Ort dazu zu bringen, sein eigenes Angebot anstelle desjenigen des Angegriffenen zu berücksichtigen." *K. Troller* S. 136.

[294] *Ohly*/Sosnitza Einf B Rdn. 21.

[295] BGH GRUR 2015, 1129 – *Hotelbewertungsportal,* Rdn. 15.

[296] BGH GRUR 2010, 847 – *Ausschreibung in Bulgarien,* Rdn. 15.

[297] Staudinger/*Fezer/Koos* IntWirtschR Rdn. 666; *Ohly*/Sosnitza Einf B Rdn. 28. Ähnlich zum schweizerischen Recht *Schwander* in: UWG auf neuer Grundlage, S. 161, 180; *Bär* FS Moser, S. 143, 147. Völlig verfehlt noch zum alten Recht OLG München GRUR 1992, 634 – *PC Professionell:* (entsprechende) Anwendbarkeit der Verordnung über die Rechtsanwendung.

[298] BasK-IPR/*Dasser* Art. 136 Rdn. 17.

[299] So insb. RGZ 140, 25, 29 – *Hohner;* OLG Hamm NJW-RR 1986, 1047, 1048 – *Wörishofer* (zur Internationalen Zuständigkeit); offengelassen in BGHZ 35, 329, 334 ff. – *Kindersaugflasche.* Vgl. *Sack* IPRax 1991, 386, 389.

[300] BGH GRUR 2010, 847 – *Ausschreibung in Bulgarien,* Rdn. 15; *Köhler*/Bornkamm Einl UWG Rdn. 5.14; Fezer/*Hausmann/Obergfell* Einl I Rdn. 251; *Sack* WRP 2000, 269, 279 f.

Auf der Grundlage der Anwendung von Art. 6 Rom II-VO ist für die Anwendung des gemeinsamen Heimatrechts jedenfalls bei marktvermittelten Verstößen kein Raum.[301] Fraglich ist jedoch, ob sich an diesem Ergebnis durch die unmittelbare Anwendung von Art. 4 Abs. 2 Rom II-VO etwas ändern kann, da die Regelung in Art. 6 Abs. 1 gem. EGr. 21 S. 1 lediglich den Schadensort nach Art. 4 Abs. 1 Rom II-VO präzisiert. Die Anordnung des **gemeinsamen Heimatrechts in Art. 4 Abs. 2 Rom II-VO** überwindet diese Regel aber gerade als Ausnahme, EGr. 18 S. 2. Ein weiteres systematisches Argument zugunsten der Anwendbarkeit des gemeinsamen Heimatrechts könnte daraus abgeleitet werden, dass die Rechtswahlmöglichkeit gem. Art. 14 in Art. 6 Abs. 4 Rom II-VO ausdrücklich ausgeschlossen wird, die Anwendbarkeit von Art. 4 Abs. 2 aber nicht. Schließlich hat der Europäische Gesetzgeber die Regelung des Geänderten Vorschlags, die in Art. 7 Abs. 1 S. 1 ausschließlich auf Art. 5 Abs. 1 GV-Rom II-VO verwies, in der Gesetz gewordenen Fassung aufgegeben. 125

Doch lässt sich letzteres Argument auch umkehren, da keine Hinweise in den Gesetzgebungsmaterialien darauf hindeuten, dass der Gesetzgeber mit dem Verzicht auf Art. 7 Abs. 1 S. 1 des Geänderten Vorschlags das Ziel verfolgte, die allgemeine Deliktsortregel einschließlich der Ausnahme für das gemeinsame Heimatrecht zum Tragen zu bringen. Maßgebend muss der **Zweck dieser Vorschrift** selbst sein. Die Ausnahmeregelung wurde mit der **Berücksichtigung der „berechtigten Erwartungen beider Parteien“**[302] begründet. Bei geschäftlichen Handlungen, die auch **kollektive Verbraucherinteressen** beeinträchtigen, können Erwartungen der Wettbewerber, nach einem gemeinsamen Heimatrecht behandelt zu werden, nicht als berechtigt anerkannt werden. Überdies werden auch die **Wettbewerbsbeziehungen** auf dem Gebiet beeinträchtigt, in dem sich die Wettbewerber an die Marktgegenseite wenden. Schließlich ist der Europäische Gesetzgeber mit der Gesetz gewordenen Regelung in Art. 6 Abs. 1 Rom II-VO beinahe wörtlich bei der Fassung von Art. 5 Abs. 1 des ursprünglichen Vorschlags angelangt. Diesbezüglich erklärt die Begründung ausdrücklich, dass die Vorschrift für den gemeinsamen Aufenthalt für diesen Bereich nicht passe.[303] Anders stellt sich die Rechtslage in den Fällen des Art. 6 Abs. 2 Rom II-VO dar[304] (dazu vgl. bereits o.). 126

c) Recht des engeren Zusammenhangs. In den Gesetzgebungsmaterialien zur IPR-Novelle von 1999 wurde die unterlassene Schaffung einer Sonderregelung für unlauteren Wettbewerb damit begründet, dass sich die im Entwurf von 1984[305] noch vorgesehene Lösung mithilfe der Ausweichklausel in Art. 41 EGBGB auch ohne eine Spezialnorm erzielen lasse.[306] Diese Ansicht vermochte nicht zu überzeugen.[307] Nach Art. 41 EGBGB ist das Recht eines anderen Staates als des nach Art. 40 EGBGB berufenen anzuwenden, wenn mit dem Recht dieses Staates eine **wesentlich engere Verbindung** als mit dem an sich berufenen besteht. Dabei kann sich eine wesentlich engere Verbindung insbesondere aus einer besonderen rechtlichen oder tatsächlichen Beziehung zwischen den Beteiligten im Zusammenhang mit dem **Schuldverhältnis** ergeben. Die Regelung in Art. 41 EGBGB sollte demgemäß auf Fälle beschränkt bleiben, in denen eine allgemeine Anknüpfungsregel wegen der **Besonderheiten des individuellen Sachverhalts** als **unpassend** erscheint.[308] Die lauterkeitsrechtliche Sonderanknüpfung beruhte demgegenüber nicht auf Besonderheiten individueller Sachverhalte. Sie war daher als Konkretisierung des Begehungsortes (wegen der Struktur der Norm müsste wohl allerdings vom „Handlungsort“ gesprochen werden) im Rahmen des Art. 40 Abs. 1 EGBGB[309] oder – vorzugswürdig[310] – als eine diesbezügliche Sonderanknüpfung[311] zu interpretieren. 127

---

[301] Begründung, KOM (2003) 427 endg., S. 18. Vgl. *Sack* WRP 2008, 845, 847.

[302] Begründung, KOM (2003) 427 endg., S. 13.

[303] Begründung, KOM (2003) 427 endg., S. 18. Krit. zur Anwendung des Art. 4 Abs. 2 auch Fezer/*Hausmann/Obergfell* Einl I Rdn. 252. Abl. *Ofner* ZfRV 2008, 13, 18; *Sack* WRP 2008, 845, 847.

[304] In diesem Sinne die Anwendbarkeit des gemeinsamen Heimatrechts bejahend MüKo-UWG/*Mankowski* IntWettbR Rdn. 248; *Handig* GRUR Int. 2008, 25, 27; *Sack* WRP 2008, 845, 850f.

[305] Art. 40 Abs. 2 Nr. 2 EGBGB-E (BJM), abgedruckt in der Stellungnahme des Max-Planck-Instituts für ausländisches und internationales Patent-, Urheber- und Wettbewerbsrechts zum Entwurf eines Gesetzes zur Ergänzung des internationalen Privatrechts (außervertragliche Schuldverhältnisse und Sachen), GRUR Int. 1985, 104.

[306] Begründung RegE, BT-Drs. 14/343, S. 10.

[307] Krit. bereits *Kropholler* IPR, § 53 IV 1; Staudinger/*Fezer/Koos* IntWirtschR, 2006, Rdn. 390.

[308] *Mankowski* GRUR Int. 1999, 909, 910; Fezer/*Hausmann/Obergfell* Einl I Rdn. 253; Staudinger/*Fezer/Koos* IntWirtschR, 2006, Rdn. 390.

[309] So *Sack* WRP 2000, 269, 272.

[310] Ein solches Vorgehen hätte das Argument für sich, dass die unpassende Anknüpfung an das Recht des gemeinsamen Aufenthaltsortes gem. Art. 40 Abs. 2 EGBGB vermieden würde, die anderenfalls erst aufwendig über Art. 41 Abs. 1 EGBGB begründet werden muss, vgl. Staudinger/*Fezer/Koos* IntWirtschR, 2006, Rdn. 400.

[311] Staudinger/*Fezer/Koos* Int WirtschR Rdn. 442 a. E.; *Koos* WRP 2006, 499, 501.

128 Angesichts dieser im Rahmen von Art. 40 EGBGB bereits vorzunehmenden Konkretisierung des Handlungsortes auf den Marktort war es allerdings im allgemeinen kaum vorstellbar, dass ein engerer Zusammenhang zu einem anderen Staat bestehen sollte.[312] Die als Beispiel genannte Beziehung zwischen den Beteiligten trägt eine Abweichung von der allgemeinen Marktortregel im Internationalen Lauterkeitsrecht im Regelfall gerade nicht. Sie wird allenfalls für **„vertragsakzessorische" Wettbewerbsverletzungen** in Betracht kommen. Aus dem bloßen Wettbewerbsverhältnis kann sich demgegenüber keine engere Beziehung zu einem gemeinsamen Heimatrecht der Wettbewerber ergeben. *Sack* hatte vorgeschlagen, eine solche, engere Verbindung für die bekannten „Gran-Canaria-Fälle" (dazu noch u. Rdn. 139ff., 143) anzunehmen.[313] Dabei stellte sich jedoch wohl die Frage, ob tatsächlich eine engere Beziehung zum Heimatort der Urlauber als zu dem Ort der Werbe- und der Verkaufshandlung bejaht werden konnte.

129 Entsprechendes gilt nun bei Anwendung der Rom II-Verordnung. Im Gegenteil darf hier aus den oben genannten systematischen Erwägungen der Rückgriff auf **Art. 4 Abs. 3 lediglich in den Fällen des Art. 6 Abs. 2 Rom II-VO** gestattet werden. Allerdings wird es sich bei unlauterem Wettbewerbsverhalten im Umfeld von Vertragsschluss und -abwicklung auch typischerweise um „bilaterale" Lauterkeitsverstöße i.S.d. Art. 6 Abs. 2 Rom II-VO handeln. *Sack* schlägt vor, Wettbewerbsverzerrungen auf Märkten an anderen Orten, als die bei nicht-marktvermittelten Verletzungen gem. Art. 6 Abs. 2, 4 Abs. 1 Rom II-VO zur Anknüpfung berufen wären, zur Begründung einer offensichtlich engeren Verbindung heranzuziehen.[314] Dem ist im Ergebnis zuzustimmen; hinsichtlich der Begründung erscheint eine Lösung über Art. 6 Abs. 1 Rom II-VO (vgl. o. Rdn. 119) einfacher.

130 **d) Notanknüpfung an die *lex fori*.** Gerichte neigen dazu, sich – wenn sie sich überhaupt mit der Frage des anwendbaren Rechts befassen – auf Erwägungen zur Möglichkeit der Anwendung ihrer Heimatrechtsordnung zu beschränken. Der „Drang zur *lex fori*"[315] war indes stets verfehlt. Bereits das Marktortprinzip enthielt eine **allseitige Kollisionsnorm.**[316] Das **Kollisionsrecht ist von Amts wegen** anzuwenden. Der Grundsatz *„iura novit curia"* gilt auch für die anzuwendenden **ausländischen Rechtsordnungen.** Ergab sich aus dem Sachvortrag des Klägers, dass ein bestimmtes Wettbewerbsverhalten Auswirkungen auf verschiedenen nationalen Märkten zeitigt,[317] so hat das Gericht auf der Grundlage von **§ 293 ZPO** sämtliche betroffenen Rechtsordnungen einzubeziehen (vgl. dazu näher u. Rdn. 185ff.). Wird beispielsweise vom Kläger vorgetragen, dass der Beklagte ihn auf seiner Website unlauter herabgesetzt habe, und dass beide als Konkurrenten auf dem westeuropäischen und nordamerikanischen Markt aktiv seien, so genügt dieser Vortrag, um das Gericht zur Anwendung sämtlicher westeuropäischer und nordamerikanischer Lauterkeitsrechte zu verpflichten.[318] Insoweit müssen deutsche Gerichte auch das zur Anwendung berufene ausländische Recht von Amts wegen ermitteln.[319] Es ist rechtsfehlerhaft, wenn ein Gericht, das ersichtlich keine Spezialkenntnisse hat, der Anregung, sachverständigen Rat einzuholen, nicht folgt.[320] Es muss sogar ohne solche Anregung gem. § 144 ZPO von Amts wegen ein Gutachten einholen. Das Gericht darf aber ebenso die Parteien zur Mitwirkung auffordern; letztere unterliegen einer Mitwirkungspflicht, wenn sie selbst ohne besondere Schwierigkeiten Zugang zu den Erkenntnisquellen der fremden Rechtsordnung verschaffen konnten.[321]

131 Wenn der Inhalt des ausländischen Rechts dennoch nicht festgestellt werden kann, was insb. im **Verfügungsverfahren** häufig der Fall sein kann,[322] können die Beweislastregeln keine Anwendung finden.[323] Die Rechtsprechung weicht auf die **Anwendung deutschen Rechts** aus, wenn starke

---

312 Fezer/*Hausmann/Obergfell* Einl I Rdn. 253.
313 *Sack* WRP 2000, 269, 273.
314 *Sack* GRUR Int. 2012, 601, 602f.
315 *Bornkamm* in: Neues Recht für neue Medien, S. 99, 112.
316 Vgl. nur *Sack* GRUR Int. 1988, 320, 323.
317 Demgegenüber obliegt es den Gerichten freilich nicht festzustellen, wo die Marktauswirkungen eintreten.
318 Das Urteil des öOGH ÖBl 1998, 225 – *Haftgel*, steht dem nicht entgegen, da allein das in Österreich gesetzte Wettbewerbsverhalten angegriffen wurde.
319 Zöller/*Geimer* § 293 ZPO Rdn. 14.
320 BGH IPrax 1995, 38.
321 BGH NJW 1964, 2012.
322 OLG Köln GRUR 1994, 646 – *Georgisches Telekommunikationssystem.* Vgl. demgegenüber OLG Hamburg GRUR 2004, 880 – *Active Two:* Anwendung niederländischen Lauterkeitsrechts im Verfügungsverfahren.
323 Zöller/*Geimer* § 293 ZPO Rdn. 27.

Inlandsbeziehungen bestehen[324] und die Parteien nicht widersprechen.[325] Die Literatur befürwortet demgegenüber die Anwendung des Grundsatzes größtmöglicher Annäherung an den unbekannten Rechtszustand.[326]

An dieser Praxis hat sich durch die Rom II-VO nichts geändert. Sie enthält zwar detaillierte und im Wesentlichen gelungene Kollisionsnormen für annähernd den gesamten Bereich der außervertraglichen Haftung. Ihr fehlen aber Regelungen über die Handhabe des Kollisionsrechts durch die Gerichte. Das führt dazu, dass das IPR und die Anwendung ausländischen Rechts in Jurisdiktionen, welche die Anwendbarkeit und den Inhalt ausländischen Rechts als dem Beibringungsgrundsatz unterliegende Tatsachen behandeln, faktisch kaum eine Rolle spielen. Das Fehlen verfahrensrechtlicher Vorschriften droht, die praktische Wirksamkeit der Rom II-VO in Frage zu stellen. Vgl. dazu die Überprüfungsklausel in Art. 30 Rom II-VO. **132**

VII. Anwendung der lauterkeitsrechtlichen Sonderanknüpfung

1. Beeinträchtigung am Sitz des geschädigten Unternehmens?

Ein aus der im nationalen Recht geführten Diskussion um Auswirkungs- und Einwirkungsprinzip bekannter Einwand beruht darauf, dass die **Niederlassungen aller geschädigten Unternehmen** die Anknüpfung begründen könnten,[327] wenn man sie zur geographischen **Fixierung des (geschädigten) Vermögens** von natürlichen und juristischen Personen und dieses für die Bestimmung der Auswirkungsorte heranzöge. Tatsächlich handelt es sich dabei indes lediglich um mittelbare Auswirkungen, welche die Anknüpfung bereits nach altem Recht nicht gestatteten. **133**

Unter Anwendung der **Rom II-Verordnung** kann diesem Argument bereits auf der Ebene der allgemeinen Deliktsanknüpfung entgegnet werden: Sogenannte **„indirekte" Schadensfolgen,** die allein über die Vermögensbeeinträchtigung begründet werden, sollen allgemein **irrelevant** sein, EGr. 17 Rom II-VO.[328] Der Kommissionsvorschlag lehnt sich dabei ausdrücklich an die Rechtsprechung des EuGH zu Art. 5 Nr. 3 EuGVÜ[329] an.[330] **134**

Dem ließe sich allerdings entgegenhalten, dass was für die in EGr. 17 S. 2 Rom II-VO ausdrücklich genannten Körper- oder Sachschäden leicht zu begründen ist, bei der Wettbewerbsverletzung schwer fällt, da insoweit der **Vermögensschaden keine indirekte Schadensfolge, sondern vielmehr unmittelbarer Schaden** ist. Die Kommission hat demgegenüber ausdrücklich darauf hingewiesen, dass der Schaden, für welchen Ersatz begehrt werde, häufig mit der wettbewerbsschädigenden Wirkung verwechselt werde, welche die Anwendung des Lauterkeitsrechts bedinge.[331] Daraus erhellt, dass der erlittene Vermögensschaden auch im Lauterkeitsrecht nicht als **direkter Schaden** verstanden werden darf, welcher die Anknüpfung begründen könnte. Letzterer **besteht vielmehr in der Beeinträchtigung der Wettbewerbsstellung** des durch das unlautere Wettbewerbsverhalten geschädigten Marktteilnehmers. Maßgebend ist daher von vornherein nicht, wo das geschädigte Vermögen belegen ist, sondern wo die Wettbewerbsbeziehungen primär beeinträchtigt werden. **135**

2. Beeinträchtigung kollektiver Verbraucherinteressen

Werden durch unlauteres Wettbewerbsverhalten **kollektive Verbraucherinteressen** unmittelbar beeinträchtigt, so führte bereits die Theorie von der **wettbewerblichen Interessenkollision** bzw. das Marktortprinzip zum Ort der betroffenen Verbraucherinteressen. Denn dort „soll das Wettbewerbsrecht unlauteres Konkurrenzverhalten verhindern; auf diesen Ort beziehen sich auch das durch das Wettbewerbsrecht ebenfalls geschützte – und deshalb bei der Rechtsanknüpfung zu beachtende – Interesse der möglichen Kunden, als Marktteilnehmer vor unlauterem Verhalten bei der Werbung und dem Abschluss von Verträgen geschützt zu werden, sowie das daraus resultierende Interesse der Allgemeinheit an einem lauteren Wettbewerb".[332] **136**

---

[324] Dieses Erfordernis wurde relativiert in BGH NJW 1982, 1215: es sei grundsätzlich deutsches Recht anzuwenden, falls dies nicht „äußerst unbefriedigend" sei. Ebenso OLG Köln GRUR 1994, 646 – *Georgisches Telekommunikationssystem*.

[325] BGHZ 69, 387.

[326] Nachw. bei Zöller/*Geimer* § 293 ZPO Rdn. 27.

[327] Vgl. nur *Höder* S. 110: Erfassung des Niederlassungsmarktes.

[328] Vgl. dazu ausführlich *Sack* WRP 2008, 845, 847.

[329] EuGH EuZW 1995, 765 – *Marinari*, Slg. 1995, I-2719, vgl. dazu u. Einl D Rdn. 24.

[330] Begründung, KOM (2003) 427 endg., S. 12.

[331] Begründung, KOM (2003) 427 endg., S. 18. Dieser Hinweis erfasst unmittelbar die Konstellation, mit welcher etwa *Höder* S. 84 ff. die Praktikabilität der Auswirkungstheorie in Frage stellt.

[332] BGH GRUR 2004, 1035, 1036 – *Rotpreis-Revolution*.

137 In **Art. 6 Abs. 1 Rom II-VO** tritt die Beeinträchtigung der **kollektiven Verbraucherinteressen** als selbständiges Anknüpfungsmoment neben die Möglichkeit der Beeinträchtigung der Wettbewerbsbeziehungen. Mit dieser Formulierung wird auf die Richtlinie über Unterlassungsklagen,[333] auf deren Grundlage die verbraucherschützende Wirkung des materiellen Lauterkeitsrechts heute im wesentlichen zum Tragen gebracht wird, bezuggenommen (vgl. dazu o. Einl B Rdn. 394). Inhaltlich erfasst werden damit die durch die UGP-Richtlinie verbotenen unlauteren Geschäftspraktiken.

138 Wegen der **unlösbaren Verbindung von Parallel- und Austauschprozessen** im Wettbewerb werden die Orte der beeinträchtigten Wettbewerbsbeziehungen und der kollektiven Verbraucherinteressen allerdings **bei marktvermittelten Lauterkeitsverstößen** zumeist (zu Ausnahmen vgl. Einl B Rdn. 229, 233 im Zusammenhang des Anwendungsbereichs der UGP-Richtlinie) koinzidieren. Insbesondere bei Irreführungen ist auf den Raum abzustellen, in welchem die Werbeadressaten erreicht werden, soweit diese von der Werbemaßnahme erreichten Adressaten nach ihrem gewöhnlichen Verhalten das irreführend werbende Angebot bei ihren geschäftlichen Entscheidungen berücksichtigen.

3. Differenzierung von Werbe- und Absatzmarkt?

139 Im Anschluss an eine Veröffentlichung von *Sack*[334] hatte der Bundesgerichtshof in seiner Entscheidung zum *Kauf im Ausland* den **Marktort** weitergehend **konkretisiert:**

> „Auf die Staatsangehörigkeit, den Wohnsitz oder den gewöhnlichen Aufenthalt der angesprochenen möglichen Kunden kommt es daher grundsätzlich ebenso wenig an, wie darauf, wo Vorbereitungshandlungen stattfinden oder ein etwaiger Schaden eintritt. Wenn es um die Beurteilung von Maßnahmen bei der Gewinnung von Kunden geht, ist der Marktort, an dem diese Maßnahmen auf den Kunden einwirken sollen, auch dann der für die Bestimmung des anwendbaren Rechts maßgebliche Ort der wettbewerblichen Interessenkollision, wenn der spätere Absatz auf einem anderen Markt stattfinden soll. In einem solchen Fall ist zwar auch das Absatzinteresse anderer Wettbewerber auf diesem Markt berührt, es handelt sich insoweit nur um Auswirkungen des zu beurteilenden Wettbewerbsverhaltens, die nicht zur Anwendbarkeit des Rechts des Absatzmarktes führen."[335]

140 Davon ausgehend wurde bei der Anwendung des Marktortprinzips im deutschen Recht gewöhnlich der Werbe- vom **Absatzmarkt** unterschieden[336] und es wurde von der Maßgeblichkeit des **Werbemarktes** ausgegangen. Sehr deutlich machte dies die Entscheidung *Rotpreis-Revolution:* Auf Werbeanzeigen eines luxemburgischen Sportgeschäfts in einer grenznah in Deutschland vertriebenen Tageszeitung wurde deutsches Lauterkeitsrecht angewendet, „selbst wenn der spätere Absatz auf einem anderen Markt stattfinden soll".[337]

141 Dem Bundesgerichtshof ist im Hinblick auf das für die seinerzeit umstrittenen „*Gran-Canaria*-Fälle", in denen deutsche Urlauber auf Gran Canaria gezielt mit deutschsprachigen Einladungen zu Verkaufsveranstaltungen eines deutschen Unternehmens eingeladen wurden, wobei die Lieferung ebenfalls direkt an die deutschen Heimatadressen der Urlauber erfolgen sollte, erzielte Ergebnis zuzustimmen. Die Begründung über die **Differenzierung von Werbe- und Absatzmarkt** erscheint demgegenüber jedoch **nicht** als **überzeugend.** Sie verkennt zunächst, dass es einen isolierten Werbemarkt in der Wirtschaftswirklichkeit kaum gibt.[338] Wirtschaftliche Werbung ist auf die Förderung eines Produktabsatzes gerichtet.[339] Wo es an einem Produktabsatz fehlt, können Werbehandlungen kaum lauterkeitsrechtlich relevant sein.[340] Dass der Absatzmarkt für die Bestimmung des Marktortes ganz entscheidende Bedeutung hat, hat die Praxis der Gerichte zur Marktortbestimmung bei vermeintlichen **Wettbewerbsverletzungen im Internet** deutlich gemacht. Hier werden sog. **eingehaltene *disclaimer*** (z. B. „Kein Vertrieb in Österreich und Deutschland") bereits auf der kollisionsrechtlichen Ebene für wirksam gehalten (vgl. dazu u. Rdn. 166), um die Anwendbarkeit der entsprechenden Lauterkeitsrechtsordnungen auszuschließen, obwohl die betreffenden Websites durchaus den Werbemarkt dieser Staaten erreichen.

---

[333] Richtlinie 2009/22/EG des Europäischen Parlaments und des Rates vom 23. April 2009 über Unterlassungsklagen zum Schutz der Verbraucherinteressen (kodifizierte Fassung), ABl. 2009 Nr. L 110/30.

[334] *Sack* GRUR Int. 1988, 320, 323.

[335] BGH GRUR 1991, 462, 465 – *Kauf im Ausland.*

[336] Z. B. Fezer/*Hausmann/Obergfell* Einl I Rdn. 277 ff.

[337] BGH WRP 2004, 1484, 1485 – *Rotpreis-Revolution.* Vgl. dazu *Sack* WRP 2008, 845, 849.

[338] Gedacht werden kann allenfalls an die Werbung eines Unternehmens in einem Staat, in dem kein Vertrieb stattfindet, zum Aufbau einer Marke im Hinblick auf einen künftigen Marktzutritt oder, um dessen Einwohner zu einem Konsum zu motivieren, falls sie in der Zukunft einmal in das Vertriebsgebiet reisen.

[339] Vgl. nur Art. 2 lit. a IrreführungsRL; Staudinger/*v. Hoffmann* Art. 40 EGBGB Rdn. 329; *Mankowski* GRUR Int. 1999, 909, 911; MüKo-UWG/*Mankowski* IntWettbR Rdn. 161.

[340] In diesem Sinne *Ohly*/Sosnitza Einf B Rdn. 23.

Hätte man die etwas verkrampfte Distanzierung[341] vom kartellrechtlichen Auswirkungsprinzip aufgegeben und statt dessen den Marktort nach kartellrechtlichen Grundsätzen bestimmt, so wäre womöglich aufgefallen, dass es der Differenzierung gar nicht bedurft hätte: Die „Inlandswerbung für Auslandsabsatz" ist keineswegs problematisch,[342] wenn die **aus dem Kartellrecht bekannten Grundsätze zum relevanten geographischen Markt** übertragen werden.[343] Der insoweit relevante **geographische Markt** hängt von den „Gewohnheiten und wirtschaftlichen Möglichkeiten der Verkäufer und der Käufer" ab.[344] Bei einer solchen Betrachtung wird deutlich, dass in allen von *Sack* genannten Beispielen[345] ebenso wie in den Fällen *Kauf im Ausland* und *Rotpreis-Revolution* der – richtig verstandene – Absatzort durchaus dem Werbeort entsprach. In sämtlichen genannten Fällen, insbesondere in Fällen der eigentlichen grenzüberschreitenden Werbung weicht allein der **Ort der tatsächlichen Leistungserbringung** vom Werbeort ab. Im **Kartellrecht** ist anerkannt, dass der **vertragsrechtliche Erfüllungsort** für die Beurteilung des relevanten geographischen Marktes **nicht maßgeblich** ist.[346] Dasselbe muss im Lauterkeitskollisionsrecht gelten.[347] Wirbt also das luxemburgische Sportfachgeschäft in einer Trierer Tageszeitung,[348] so befindet sich bei richtigem Verständnis auch der Absatzort in Deutschland, wenn und weil es den Gewohnheiten der Trierer Konsumenten entspricht, Sportartikel auch jenseits der Grenze zu erwerben. 142

Auch in den viel diskutierten **„*Gran-Canaria*-Fällen"** wäre der deutsche Markt kein relevanter (Absatz-)Markt gewesen. Die Beurteilung des relevanten Marktes hat unter Zugrundelegung der typischen Geschäftsabwicklung und des Aktionsradius' der Lieferanten und Abnehmer zu erfolgen. Zum Zeitpunkt der in diesem Fall kritischen Entscheidungssituation, dem Zeitpunkt von Werbung, Vertragsanbahnung und Vertragsschluss auf Gran Canaria, hatten die deutschen Touristen keine Möglichkeit, mit konkurrierenden Anbietern von Merino-Wollprodukten **in Deutschland** Kontakt aufzunehmen. Der Bundesgerichtshof hebt als maßgeblichen Gesichtspunkt zutreffend hervor, dass die Beklagte sich im wesentlichen dem Wettbewerbsdruck von Unternehmen **in Spanien** ausgesetzt sah.[349] Dieser Gesichtspunkt sollte als allein maßgeblich für die Anwendung spanischen Lauterkeitsrechts erachtet werden. 143

Auf der Grundlage von **Art. 6 Abs. 1 Rom II-VO** sollte die bereits terminologisch problematische[350] und inhaltlich fragwürdige Differenzierung zwischen Werbe- und Absatzmarkt aufgegeben werden. Es genügt festzuhalten, dass der Ort der tatsächlichen Leistungserbringung unmaßgeblich ist. Entscheidend ist das zu erwartende Verhalten der Marktgegenseite, insbesondere die vorhandene oder fehlende Bereitschaft, wirtschaftliche Bedürfnisse grenzüberschreitend zu decken.[351] 144

4. Spürbarkeitserfordernis

a) Wettbewerblicher „spillover" und Spürbarkeit. Unter Zugrundelegung von Art. 6 Abs. 1 Rom II-VO werden grenzüberschreitende Werbemaßnahmen regelmäßig am **Lauterkeitsrecht des Zielstaates** gemessen. Besondere Probleme entstehen allerdings, wenn die Werbebotschaften nicht „für sich" übermittelt werden (wie z. B. Plakate, Postwurfsendungen), und damit im Hinblick auf den Zielstaat steuerbar sind, sondern von anderen Medien wie z. B. Zeitungen, Zeitschriften oder Fernsehübertragungen transportiert werden. Dabei sind verschiedene Konstellationen zu unterscheiden: Ein Fernsehsender kann von vornherein eine Vielzahl von Staaten erreichen. Die redaktionellen Beiträge ebenso wie die Werbung werden dann regelmäßig auf das gesamte Sende- 145

---

341 Vgl. die oben zitierte Formulierung „… es handelt sich insoweit *nur um Auswirkungen,* die nicht zur Anwendbarkeit des Rechts des Absatzmarktes führen" (Hervorhebung d. Verf.), BGH GRUR 1991, 462, 465 – *Kauf im Ausland.* Ähnliche Bewertung bei *Koos* WRP 2006, 499, 508: Konservatismus der Vertreter der Einwirkungstheorien.

342 Vgl. aber *Sack* WRP 2000, 269, 272.

343 Staudinger/*Fezer/Koos* IntWirtschR Rdn. 510.

344 Groeben/Schwarze/Hatje/*Schröter/Bartl* Art. 102 Rdn. 151 m. w. N.

345 *Sack* GRUR Int. 1988, 320, 323. Das einzige Beispiel, in dem Werbe- und Absatzmarkt tatsächlich eventuell auseinanderfallen, ergibt sich aus der Entscheidung des RG GRUR 1936, 670 ff. – *Primeros:* In einer tschechoslowakischen Zeitung, die auch in Deutschland gelesen wurde, wurde in deutscher Sprache für Kondome geworben, die nur in der Tschechoslowakei erhältlich waren. Allerdings wies das RG selbst darauf hin, dass „bei dem starken Verkehr über die Grenze hin und her" eine Einwirkung auf den Absatz weder ausgeschlossen noch unwahrscheinlich sei, a. a. O., S. 677.

346 Dies stellt *Sack* WRP 2008, 845, 848, zu Recht klar.

347 Wie hier Staudinger/*Fezer/Koos* IntWirtschR Rdn. 509; MüKo-UWG/*Mankowski* IntWettbR Rdn. 162.

348 BGH WRP 2004, 1484, 1485 – *Rotpreis-Revolution.*

349 BGH GRUR 1991, 463, 465 – *Kauf im Ausland.*

350 *Sack* WRP 2008, 845, 848.

351 Bekanntmachung der Kommission über die Definition des relevanten Marktes im Sinne des Wettbewerbsrechts der Gemeinschaft, ABl. 1997 Nr. C 373/5, Rdn. 48 ff.

gebiet ausgerichtet sein. Eine Zeitung mag zwar nationalen Charakter haben, aufgrund ihrer Qualität jedoch auch im Ausland gelesen oder vertrieben werden. Schließlich gibt es reine „Irrläufer", z.B. regionale oder nationale Zeitungen und Zeitschriften, die über Flugzeuge und deren Ausstattung an Bordlektüre oder über Individualreisende über die Grenzen gelangen.

146 Bei **Druckerzeugnissen** wurde nach deutschem Recht danach abgegrenzt, ob sie innerhalb des **regelmäßigen Geschäftsbetriebs** ins Land gelangten.[352] Noch auf der Grundlage der Anknüpfung nach allgemeinen Grundsätzen des Internationalen Deliktsrechts befand das Reichsgericht, dass bei Presseerzeugnissen der Begehungsort nicht nur am Erscheinungs-, sondern auch am Vertriebsort liege.[353] Davon ausgehend konnten all diejenigen Jurisdiktionen unberücksichtigt bleiben, in denen das Presseerzeugnis nicht „vertrieben" wurde. Von einem Verbreiten könne nicht gesprochen werden, wenn nur da und dort durch Dritte ein Stück oder eine Mehrzahl von Stücken der ausländischen Druckerzeugnisse über die Grenze gelangten.[354]

147 Damit wurde aber lediglich der unbeabsichtigte ***spillover*** der Werbung für kollisionsrechtlich unbeachtlich erklärt. So lange Druckerzeugnisse **im Rahmen des Vertriebssystems** die Grenze überquerten, wurde das Recht des Zielstaates – auch nach der *Stahlexport*-Entscheidung – von der Rechtsprechung für maßgeblich gehalten. So bejahte das Oberlandesgericht Hamburg *obiter* eine zur Anwendung des deutschen Rechts führende **Inlandsbeziehung,** obwohl nur zwei Hefte einer Zeitschrift im Abonnement nach Hamburg geliefert wurden.[355]

148 Auf der Grundlage einer im Sinne der kartellrechtlichen Auswirkungstheorie verstandenen Theorie von der wettbewerblichen Interessenkollision kann die Anwendung des Rechts des Zielstaates einfacher begründet werden. Auch der Ausschluss von Sachverhalten, in denen nur einige wenige Exemplare von Presseerzeugnissen in die Jurisdiktion gelangen, fällt leichter, weil im Regelfall **wettbewerblich relevante Auswirkungen verneint** werden können. Insoweit wird die Rigidität der Abgrenzung auf der Grundlage des geschäftsmäßigen Vertriebs vermieden.[356]

149 Vergleichbar dem **Spürbarkeitserfordernis** des europäischen Kartellrechts müssen auch im Lauterkeitsrecht diejenigen Rechtsordnungen unberücksichtigt bleiben, in denen ein eventueller Wettbewerbsverstoß die Marktverhältnisse nicht nennenswert beeinträchtigt. Die funktionale Betrachtung des Lauterkeitsrechts gebietet demgemäß die Einschränkung, dass das angegriffene Wettbewerbsverhalten am behaupteten Auswirkungsort zu **spürbaren Beeinträchtigungen** geführt hat.[357] Daran fehlt es z.B. in Fällen, in denen nur wenige Dutzend Exemplare eines Presseerzeugnisses über die Grenze gelangen – unabhängig davon, ob dies im Rahmen des regelmäßigen Vertriebs geschieht.[358]

150 Insoweit bleibt das **Spürbarkeitserfordernis allerdings eine de-minimis-Regel,** mit der die Anwendung von Rechtsordnungen ausgeschlossen werden kann, wenn die dort objektiv eintretenden Marktauswirkungen zu unbedeutend sind, um ein Eingreifen der Rechtsordnung zu gebieten. Die kollisionsrechtliche Spürbarkeitsschwelle stellt das Pendant zur sachrechtlichen Spürbarkeitsschwelle des § 3 Abs. 1 UWG dar (vgl. dazu o. Einl B Rdn. 313ff.).[359] Beim Kartellrecht besteht die Verletzung in der Beeinträchtigung des freien Wettbewerbs durch seine Vermachtung. Sie setzt den **Ausschluss von Ausweichmöglichkeiten der Marktgegenseite und mithin eine gewisse Breite** der Auswirkungen voraus. Daran knüpft die Beurteilung der **Spürbarkeit anhand bestimmter Marktanteile.**[360]

---

[352] So bereits RG GRUR 1936, 670, 676 – *Primeros.* Vgl. auch BGH GRUR 1971, 153, 155 – *Tampax;* GRUR 1978, 194, 195 – *profil;* OLG Frankfurt a.M. ZUM 1991, 593 – *Zulässigkeit von Preisvergleichen;* OLG München IPRax 2009, 256 juris-Rdn. 34 – *Salzburger Nachrichten* (zur Internationalen Zuständigkeit); MüKo-UWG/*Mankowski* IntWettbR Rdn. 173.

[353] RG GRUR 1936, 670, 676 – *Primeros.*

[354] RG GRUR 1936, 670, 676 – *Primeros;* BGH GRUR 1978, 194, 195 – *profil.*

[355] OLG Hamburg GRUR Int. 1987, 105, 107 – *IR/UV-Kombinationstrockner.*

[356] GK/*Schricker,* 1. Aufl., Einl Rdn. F 190; MüKo-UWG/*Mankowski* IntWettbR Rdn. 175. In diesem Sinne OLG München WRP 1986, 357 (zur örtlichen Zuständigkeit); OLG Stuttgart GRUR 1987, 925 – *expo data;* OLG Frankfurt ZUM 1991, 593, 594 – *Zulässigkeit von Preisvergleichen:* Hinzukommen müsse, dass die Verbreitung geeignet sei, den Wettbewerb an dem fraglichen Ort zu beeinflussen.

[357] *Sack* WRP 1988, 320, 328; *Brannekämper* WRP 1994, 661, 664; MüKo-BGB/*Drexl* IntLautR Rdn. 183; GK/*Schricker,* 1. Aufl., Einl Rdn. F 190 mwN. Ebenso zum schweizerischen Recht *Baudenbacher* GRUR Int. 1988, 310, 318; *ders.* vor Art. 2 Rdn. 63; *Schwander* in: UWG auf neuer Grundlage, S. 161, 177; und zum österreichischen Recht *Schönherr* ÖBl 1999, 267, 268.

[358] In diesem Sinne auch OLG Stuttgart GRUR 1987, 925 – *expo data.*

[359] MüKo-BGB/*Drexl* IntLautR Rdn. 177. Anders demgegenüber die Stellungnahme der österreichischen Delegation zur Rom II-VO v. 3.5.2004, Dossier Nr. 2003/0168, Dok.-Nr. 9009/04, S. 2.

[360] Vgl. nur Bekanntmachung der Kommission über Vereinbarungen von geringer Bedeutung, die den Wettbewerb gemäß Artikel 81 Absatz 1 des Vertrags zur Gründung der Europäischen Gemeinschaft nicht spürbar beschränken (de minimis), ABl. 2001 Nr. C 368/13.

Dem **Lauterkeitsrecht geht es demgegenüber um die Verhinderung der Verfälschung** des Wettbewerbs. Insoweit ist weniger die Marktstellung des Verletzers als die **Natur der Verletzung wesentlich für die Anforderungen an die Spürbarkeit:** Geschäftsentscheidungsrelevante Irreführungen können jeden einzelnen Adressaten fehlleiten und dadurch den Wettbewerb beeinträchtigen. Wie beim materiellen Irreführungstatbestand die Spürbarkeit der Beeinträchtigung der geschäftlichen Entscheidung der Verbraucher nicht mehr zu prüfen ist (vgl. Einl B Rdn. 306), bedarf es auch bei der Frage nach dem anwendbaren Recht keines **Vortrags zur Marktstruktur bei der Begründung kollisionsrechtlicher Spürbarkeit** 151

b) Spürbarkeit und Artikel 6 Abs. 1 Rom II-VO. Gegen eine Interpretation von **Art. 6 Abs. 1 Rom II-VO** im Sinne einer Anknüpfung an spürbare Marktauswirkungen scheint auf den ersten Blick der Verzicht auf ein solches Erfordernis im Tatbestand der Norm zu sprechen, nachdem sowohl der ursprüngliche als auch der Geänderte Vorschlag das Erfordernis einer **wesentlichen Beeinträchtigung** noch enthielten.[361] Zusammen mit dem Erfordernis der Unmittelbarkeit wurde auch die Wesentlichkeit als geschriebenes Tatbestandsmerkmal aufgegeben (vgl. dazu o. Rdn. 114). Insoweit ist jedoch ebenso daran festzuhalten, dass bei einem marktorientierten Verständnis der „Wettbewerbsbeziehungen" bzw. der kollektiven Verbraucherinteressen bereits der Begriff der Beeinträchtigung selbstverständlich eine für den Wettbewerb bzw. die kollektiven Verbraucherinteressen **spürbare Beeinträchtigung** voraussetzt.[362] Das ungeschriebene Tatbestandserfordernis der Spürbarkeit hat auch im **EU-Kartellrecht eine Doppelfunktion** und wird sowohl auf die den Anwendungsbereich des EU-Kartellrechts begründende Beeinträchtigung des zwischenstaatlichen Handels als auch auf die materielle Wettbewerbsbeschränkung bezogen.[363] Es entspricht damit der Praxis des EU-Kartellrechts, dem einheitlichen Grundsatz des Spürbarkeitserfordernisses als Korrelat des Auswirkungsprinzips bereits auf der kollisionsrechtlichen Ebene Ausschlusswirkung beizumessen. Die von der österreichischen Regierung bemühte Argumentation, die Spürbarkeit sei allein eine Frage des materiellen Rechts, wird im EU-Kartellrecht damit nicht zugrundegelegt. 152

5. Multistate-Wettbewerb

a) Marktortprinzip und objektive Konkretisierung der Marktauswirkungen am Beispiel des Online Marketing. In der Literatur wird z. T. hervorgehoben, dass ein wesentlicher Vorteil der wettbewerbsrechtlichen Anknüpfung nach dem Auswirkungsprinzip gegenüber der deliktischen Anknüpfung darin zu erkennen sei, dass das mit letzterer verbundene Ubiquitätsprinzip (Anwendbarkeit der Normen sowohl am Ort aller Schädigungshandlungen als auch sämtlicher Rechtsgutsverletzungen) ausgeschaltet und durch einen einheitlichen Ort der Marktauswirkungen ersetzt werde.[364] Bei einfachen **Distanzdelikten**[365] führt das Marktortprinzip, wie es nunmehr in Art. 6 Abs. 1 Rom II-VO niedergelegt ist, in der Tat zu einer **Normenkonzentration auf das Recht des Marktortes.**[366] 153

Es wäre indes verfehlt, daraus zu schließen, dass unter Zugrundelegung von Art. 6 Abs. 1 Rom II-VO jeweils nur eine – möglichst die heimische – Lauterkeitsrechtsordnung zur Anwendung käme. Bei konsequenter Anwendung des Auswirkungsprinzips können durchaus **mehrere Rechtsordnungen** kumulativ **anwendbar** sein.[367] Zu einer **Normenkumulation** kann es insbe- 154

---

[361] So *Handig* GRUR Int. 2008, 25, 28; *Sack* WRP 2008, 845, 854.

[362] *Leible/Lehmann* RIW 2007, 721, 729; Staudinger/*Fezer/Koos* IntWirtschR Rdn. 643 mwN; GK/*Klass* Einl D Rdn. 225, sogar auf der Grundlage der Einwirkungslehre.

[363] Vgl. deutlich EuGH GRUR Int. 1998, 598 – *Javico,* Slg. 1998, I-1983 Rdn. 16, 25 ff., zur kollisionsrechtlichen Spürbarkeit; Groeben/Schwarze/Hatje/*Schröter/Voet van Vormizeele* Art. 101 AEUV Rdn. 199.

[364] *Schwander* in: UWG auf neuer Grundlage, S. 161, 177.

[365] Die Verwendung des dem Internationalen Deliktsrecht zuzurechnenden Begriffs mag aus eben diesem Grund beanstandet werden, vgl. Fezer/*Hausmann/Obergfell* Einl I Rdn. 287, kennzeichnet aber treffend die Möglichkeit des geographischen Auseinanderfallens des konkreten zu beanstandenden Wettbewerbsverhaltens und seiner Marktauswirkungen.

[366] Deutlich BGH GRUR 1991, 463, 465 – *Kauf im Ausland;* GK/*Schricker,* 1. Aufl., Einl Rdn. F 185; Staudinger/*Fezer/Koos* IntWirtschR Rdn. 458: Schwerpunktbetrachtung, soweit auf den Interessenkollisionsort als Ort des Wettbewerbsschwerpunkts abgestellt wird; besonders deutlich in diesem Sinne BGH GRUR Int. 1988, 357, 358 – *Ein Champagner unter den Mineralwässern.*

[367] *K. Troller* S. 137; *Baudenbacher* GRUR Int. 1988, 310, 318; GK/*Schricker,* 1. Aufl., Einl Rdn. F 189; BasK-IPR/*Dasser* Art. 136 Rdn. 13; *Schwander,* UWG auf neuer Grundlage, S. 161, 177; *Bornkamm* in: Neues Recht für neue Medien, S. 99, 114; Staudinger/*Fezer/Koos* IntWirtschR Rdn. 520; *Fox* E. C. L. R. 1999, 334, 336. Auch Art. II.2 der Resolution II – The conflict-of-laws rules on unfair competition – des Institut de Droit International sieht die Rechtskumulation vor, Institut de Droit International. Annuaire Vol. 60 Tome II, 1984, S. 292 ff.

sondere[368] durch **multinationales Marketing** kommen.[369] In diesen Fällen muss die geschäftliche Handlung nach allen anwendbaren Lauterkeitsrechtsordnungen zulässig sein; dass das Verhalten in einer Jurisdiktion zulässig ist, steht dem Unlauterkeitsurteil nach einer anderen Lauterkeitsrechtsordnung nicht entgegen.[370] Bei **unteilbaren geschäftlichen Handlungen** müssen die Wettbewerbsteilnehmer sich faktisch nach dem **strengsten Lauterkeitsrecht** richten. Besondere Ansatzpunkte für eine Begrenzung der Normenkumulation bietet Art. 6 Abs. 1 Rom II-VO nicht. Da die Norm ausdrücklich auf die objektive (drohende) Beeinträchtigung von Wettbewerbsbeziehungen bzw. kollektiven Verbraucherinteressen abstellt, sollte bei geschäftlichen Handlungen im Internet jedenfalls die – ohnehin kaum weiterführende – Beschränkung durch das auf ein subjektives Element abstellende Erfordernis der „bestimmungsgemäßen Abrufbarkeit" (dazu sogl.) aufgegeben werden.[371]

154a Die nach Art. 6 Abs. 1 Rom II-VO mögliche Rechtskumulation in Verbindung mit der Möglichkeit des *forum shopping*[372] wurde vom Europäischen Parlament zwar missbilligt.[373] Als Kompromiss wurde in Art. 6 Abs. 3 lit. b Rom II-VO eine Sonderregelung geschaffen.[374] Aus ihrem Wortlaut und der Systematik der Vorschriften erhellt jedoch,[375] dass der Anwendungsbereich dieser Norm auf die **zivilrechtliche Haftung aus Kartellrechtsverletzungen** beschränkt ist: Artikel 6 Abs. 3 lit. b selbst nimmt sprachlich auf Einschränkungen des Wettbewerbs Bezug. Die Erläuterungen in EGr. 23 machen deutlich, dass damit ausschließlich Kartellrechtsverstöße gemeint sind. Überdies ist die Vorschrift in Art. 6 Abs. 3 integriert, der bereits in lit. a an dieselben Einschränkungen des Wettbewerbs anknüpft. Insoweit muss es außerhalb der Anwendung dieser Sondervorschrift bei der Anwendung der allgemeinen Grundsätze bleiben[376] (vgl. dazu u. Einl D Rdn. 25f.).[377] Man gelangt danach zu einer **„Mosaikbetrachtung"**, die bereits den Vorstellungen der Kommission in der Begründung des Vorschlags zugrundelag.[378] Die unbestreitbaren Nachteile der Rechtskumulation müssen auf andere Weise gemildert werden.

155 Die Problematik von **multistate-Sachverhalten** und der damit verbundenen Normenkumulation hat durch den Einsatz des Internet als Marketinginstrument an Brisanz gewonnen.[379] Vor nicht allzu langer Zeit wurde noch beanstandet, dass bislang keine vertiefte Auseinandersetzung aus kollisionsrechtlicher Warte stattgefunden hätte.[380] Inzwischen ist die kollisionsrechtliche Behandlung von Wettbewerbsverstößen im Internet Gegenstand eingehender Diskussion geworden.[381]

156 Bei **geschäftlichen Handlungen im Internet** sind kollisionsrechtlich relevante Auswirkungen überall dort anzunehmen, wo in das Marktgeschehen eingegriffen wird. Der Ort der **Netzeinspeisung** ist demgemäß **unerheblich.**[382] **Ausgangspunkt** für die Begründung marktrelevanter Auswirkungen ist der **Abruf bestimmter Websites.**[383] Bei abnehmerorientierten Tatbeständen (z.B. Täuschung, unangemessene Einflussnahme) sind all jene Orte maßgebend, an denen geschäftliche

---

368 Normenkumulation tritt ebenfalls ein, wenn ein einheitliches Verhalten Auswirkungen auf mehreren Produktmärkten hat, wie beispielsweise in Fällen von Koppelungsangeboten i.w.S., z.B. OLG Innsbruck HWR 1986, H 4, 34, 35.

369 GK/*Schricker,* 1. Aufl., Einl Rdn. F 189.

370 BGH WRP 1987, 446 – *Unternehmensberatungsgesellschaft I;* WRP 2007, 1346, 1348 – *Bundesdruckerei.*

371 Bereits *Sack* WRP 2008, 845, 852.

372 Übersehen wurde dabei freilich, dass das *forum shopping* nicht durch die Rechtskumulation, sondern die zahlreichen besonderen Gerichtsstände gem. Art. 5 Nr. 3 EuGVVO ermöglicht wird, vgl. dazu u. Einl D Rdn. 19ff.

373 Abschließendes Arbeitsdokument des Vermittlungsausschusses v. 10.5.2007, Interinstitutionelles Dossier 2003/0168 (COD), Dok.-Nr. 9457/07, S. 18.

374 Abschließendes Arbeitsdokument des Vermittlungsausschusses v. 10.5.2007, Interinstitutionelles Dossier 2003/0168 (COD), Dok.-Nr. 9457/07.

375 Der Bericht der Delegation des Europäischen Parlaments im Vermittlungsausschuss v. 28.6.2007, A6–0257/2007, S. 7, legt allerdings nahe, dass diese Trennung nicht erkannt wurde.

376 Vgl. dazu *Lindacher* GRUR Int. 2008, 453, 456.

377 *Leible/Lehmann* RIW 2007, 721, 729.

378 Begründung KOM (2003) 427 endg., S. 12.

379 Vgl. dazu *Hoeren* WRP 1997, 993, 997ff.

380 *Hoeren* WRP 1997, 993, 998.

381 *Rosenthal* AJP/PJA 1997, 1340ff.; *Bornkamm* in: Neues Recht für neue Medien, S. 99ff.; *Dethloff* NJW 1998, 1596ff.; *dies.* JZ 2000, 179ff.; *Rüssmann* K&R 1998, 422ff.; *Mankowski* RabelsZ 63 (1999), 203ff.; *ders.* GRUR Int. 1999, 909ff.; *ders.* GRUR Int. 1999, 995ff.; *Sack* WRP 2000, 269, 277ff.; *Schack,* MMR 2000, 59ff.

382 KG Berlin GRUR Int. 2002, 448, 449 – *Knoblauch-Kapseln;* LG Hamburg GRUR Int. 2002, 163, 164 – *hotel-maritime.dk; Bornkamm* in: Neues Recht für neue Medien, S. 99, 114; *Rüssmann* K&R 1998, 422, 425; *Mankowski* GRUR Int. 1999, 909, 910 m.w.N. in Fn. 22; Fezer/*Hausmann/Obergfell* Einl I Rdn. 299.

383 *Mankowski* GRUR Int. 1999, 909, 910 m.w.N. in Fn. 21.

Entscheidungen der Abnehmer beeinflusst werden. Die von der Rechtsprechung vorgenommene weitere Eingrenzung, wonach sich der Internet-Auftritt **bestimmungsgemäß** auch im Inland ausgewirkt haben muss,[384] wird ohne eine entsprechende objektive Konkretisierung (dazu sogl.) regelmäßig folgenlos bleiben. Bei konkurrentenorientierten Tatbeständen (Herabsetzung, Ausbeutung) ist zudem erforderlich, dass die Betroffenen am fraglichen geographischen Markt präsent sind.[385]

Dennoch bleibt es bei einer für den Anbieter hinderlichen Häufung verschiedener Rechtsordnungen. Je mehr die Anbieter versuchen, dem Wesen des Internet als global verfügbarem Medium gerecht werdende, d.h. **international nutzbare Angebote** zu machen, desto schwerer wird die **Last der Normenkumulation.**[386] Vor diesem Hintergrund sind die Versuche zu begreifen, die Zahl der auf geschäftliche Handlungen im Internet anwendbaren Rechtsordnungen zu begrenzen.[387] Der Ort der wettbewerblichen Interessenkollision sei mit Blick auf den Wettbewerb von Internetanbietern zu konkretisieren. Der **Ort der Abrufbarkeit** könne **lediglich** als **Ausgangspunkt** dienen. Weitere, wertende Überlegungen seien für eine sachgerechte Erfassung nötig.[388] 157

aa) Beschränkung durch Spürbarkeitserfordernis. Nach inzwischen wohl anerkannter Meinung ist zunächst die **Schranke der Spürbarkeit** (vgl. dazu bereits o. Rdn. 145ff.) zu überwinden. Für Vertreter einer Auswirkungstheorie ergibt sich dieses Erfordernis zwingend aus der Anknüpfung an den Schutz des Wettbewerbs, dessen es eben nicht bedarf, so lange dieser Wettbewerb nicht spürbar beeinträchtigt wird.[389] Doch auch Vertreter der Einwirkungstheorie instrumentalisieren die Spürbarkeit.[390] 158

Bei geschäftlichen Handlungen im Internet soll das Kriterium der **Spürbarkeit** nach in der Literatur vertretener Auffassung durch **die finale Ausrichtung indiziell ausgefüllt** werden.[391] Dem ist entgegenzutreten. Das Spürbarkeitserfordernis findet seinen Grund und seine Grenzen im Zweck des Lauterkeitsrechts, die Wettbewerbsordnung und damit den Markt als Institution zu schützen. Dass Lauterkeitsrecht Marktverhaltensrecht ist, ändert daran nichts und rechtfertigt auch nicht die besondere Berücksichtigung subjektiver Vorstellungen des Wettbewerbers.[392] 159

Zweifelhaft ist die Leistungsfähigkeit dieses Instruments indes, soweit es über eine allgemeine Bagatellgrenze hinausgehend die Rechtskumulation verhindern soll.[393] Wiewohl das Ziel legitim erscheint – und insbesondere im europäischen Rahmen die Bestrebungen, ein Herkunftslandprinzip zu etablieren, trägt –, erscheint das Mittel fragwürdig. Zuzustimmen ist allerdings der Feststellung, dass das **Spürbarkeitskriterium nicht allein auf quantitative Aspekte im engeren Sinne bezogen** werden darf, sondern nach wertenden Gesichtspunkten auszufüllen ist.[394] Das liegt allerdings vor allem an dem **gegenüber dem Kartellrecht unterschiedlichen Bezugspunkt der Wettbewerbsverletzung** (vgl. bereits o. Rdn. 103). 160

Der Annahme, dass eine weitergehende kollisionsrechtliche **Verhältnismäßigkeitsprüfung aus völkerrechtlichen Gründen** geboten sei, ist zu entgegnen, dass die **völkerrechtlichen Bedenken,** die wohl insbesondere die Zurückhaltung des EuGH[395] gegenüber der Anwendung eines kartellrechtlichen Auswirkungsprinzips erklären, inzwischen in der soweit ersichtlich weltweiten Pra- 161

---

384 BGH WRP 2006, 736, 738 – *Arzneimittelwerbung im Internet;* WRP 2007, 174, 175 – *Schulden Hulp;* zul. BGH GRUR 2014, 601 – *englischsprachige Pressemitteilung,* Rdn. 38. Abl. jedenfalls nach Art. 6 Abs. 1 Rom II-VO *Sack* WRP 2008, 845, 852.

385 EuGH GRUR Int. 1998, 298 – *Shevill,* Slg. 1995, I-415 Rdn. 29. Offenlassend für Wettbewerbsverletzungen BGH GRUR 2014, 601 – *englischsprachige Pressemitteilung,* Rdn. 46.

386 Bereits *Glöckner* ZVglRWiss 99 (2000), 278, 298.

387 Vgl. auch die Nachw. bei *Sack* WRP 2000, 269, 274.

388 *Mankowski* GRUR Int. 1999, 909, 910.

389 Vgl. bereits o. Rdn. 145ff.; ebenso *Koos* WRP 2006, 499, 507; Staudinger/*Fezer/Koos* IntWirtschR Rdn. 529.

390 *Höder* S. 60; Fezer/*Hausmann/Obergfell,* Einl I Rdn. 293; MüKo-UWG/*Mankowski* IntWettbR Rdn. 210ff.; MüKo-BGB/*Drexl* IntLautR Rdn. 182f.

391 *Mankowski* GRUR Int. 1999, 909, 916ff. Ähnlich *Sack* WRP 2000, 269, 278: Die Spürbarkeit sei i.d.R. auf den bestimmungsgemäßen Verbreitungsort beschränkt, enger nunmehr *ders.* WRP 2008, 845, 852.

392 MüKo-BGB/*Drexl* IntLautR Rdn. 177.

393 So insb. *Höder* S. 66ff., 81; *Koos* WRP 2006, 499, 507; Staudinger/*Fezer/Koos* IntWirtschR Rdn. 533. Dagegen wohl auch MüKo-BGB/*Drexl* IntLautR Rdn. 177; MüKo-UWG/*Mankowski* IntWettbR Rdn. 213.

394 *Koos* WRP 2006, 499, 507.

395 Der EuGH hat eine ausdrückliche Stellungnahme bisher vermieden und stellte in der Vergangenheit darauf ab, dass wettbewerbswidrige Absprachen innerhalb der Gemeinschaft durchgeführt wurden, so EuGH NJW 1988, 3086 – *Zellstoff,* Slg. 1988, 5193 Rdn. 12ff., 16, bzw. dass die Unternehmen Niederlassungen innerhalb der Gemeinschaft betrieben, EuGH v. 14.7.1972, Rs. 48/69 – *ICI,* Slg. 1972, 619 Rdn. 132ff. Vgl. dazu Groeben/Schwarze/*Schröter* vor Art. 81–85 EG Rdn. 95ff.

xis[396] ausgeräumt sind, wenn die **Marktauswirkungen direkt, spürbar und vernüftigerweise vorhersehbar**[397] sind. All dies ist bei typischem multinationalem Marketing im Internet der Fall. Es bedarf daher auch unter diesem Gesichtspunkt keiner weiteren „Aufladung" des Spürbarkeitserfordernisses. Vielmehr besteht die Gefahr, dass die materielle Auseinandersetzung über die Wettbewerbsbeeinträchtigung insgesamt in die kollisionsrechtliche Fragestellung verlagert wird.

162 *bb) Beschränkung durch subjektive oder finale Anforderungen.* Insbesondere die Rechtsprechung unternimmt den Versuch einer Eingrenzung durch die Einbeziehung subjektiver Erfordernisse: Der Internet-Auftritt müsse sich **bestimmungsgemäß im Inland auswirken.**[398] Die Bestimmungsgemäßheit wird allerdings **typischerweise ausschließlich aufgrund objektiver Umstände** festgestellt.[399]

163 *cc) Beschränkung durch objektiv feststellbar begrenzte Marktauswirkungen.* Richtiger erscheint es demgegenüber, bei Wettbewerbshandlungen im Internet über die allein als Bagatellgrenze zu verstehende Grenze der Spürbarkeit (vgl. dazu o. Rdn. 150) hinaus[400] die **Auswirkungsorte** aufgrund der **objektiven**[401] **Gestaltung der Website einzugrenzen** und damit zu einer Vermeidung der Normenkumulation beizutragen. Die Differenzierung von Werbe- und Absatzmarkt[402] hat in der Vergangenheit bisweilen den Blick darauf verstellt,[403] dass **jegliche Wirtschaftswerbung auf eine bestimmte Absatztätigkeit gerichtet** ist.[404] Wettbewerbliche Interessen sind nur berührt, wenn die Werbung im Internet nicht nur empfangen werden kann, sondern auch geeignet ist, eine Absatzhandlung auszulösen.[405] Die **Absatztätigkeit** ist gerade bei der Werbung im Internet geeignet, den Ort der Marktauswirkung zu konkretisieren. Sie bestimmt den relevanten Markt; es handelt sich nicht allein um ein Indiz zur Bemessung der Spürbarkeitsschwelle.[406]

164 *(1) Beschränkung der Marktauswirkungen durch die Natur des Produkts.* Zunächst vermag die **Natur der Produkte,** für die im Internet geworben wird, u. U.[407] die Marktauswirkungen zu begrenzen. Die Websites einer örtlichen Gaststätte oder eines Pizzabringdienstes mögen zwar weltweit abgerufen werden können; das beworbene Produkt wird indes lokal vermarktet. Dem **globalen Werbemarkt korrespondiert kein entsprechender Absatzmarkt.** Entsprechend **eng sind die Marktauswirkungen.**[408]

---

396 Im EU-Kartellrecht EuG WuW/E EU-R 213 – *Gencor,* Slg. 1999, II-753 Rdn. 89 ff. Eine überschießende extraterritoriale Anwendung des US-Kartellrechts nach der *effects doctrine,* vgl. insb. *Hartford Fire Insurance Co. v. California,* 113 S. Ct. 2891 (1993), wird durch den Federal Trade Improvement Antitrust Act (FTAIA) eingeschränkt.

397 So die Kriterien des Federal Trade Antitrust Improvement Act (FTAIA) von 1982, die in § 403 Restatement (Third) of Foreign Relations Law of the United States (1987) übernommen wurden, und bereits in der genannten *Gencor* Entscheidung des EuG, und später insbesondere im Empagran-Fall des U.S. Supreme Court begrenzend herangezogen wurden, *F. Hoffmann-La Roche Ltd. v. Empagran S. A.,* 124 S. Ct. 2359 (2004).

398 BGH WRP 2006, 736, 738 – *Arzneimittelwerbung im Internet;* WRP 2006, 1516, 1517 – *Pietra di Soln;* BGH GRUR 2014, 601 – *englischsprachige Pressemitteilung,* Rdn. 38.

399 GK/*Klass* Einl D Rdn. 223 m. w. N.

400 Die Kritik von *Höder* S. 66 Fn. 204, beruht wohl auf einem Missverständnis: Bereits in ZVglRWiss 99 (2000), 278, 294, sollte zum Ausdruck gebracht werden, dass mit der Spürbarkeitsschwelle bei Wettbewerbsverletzungen im Internet das Problem der Normenkumulation nicht zu lösen ist, a. a. O. S. 295. Das „darüber hinaus" bezieht sich auf das zusätzliche Instrument zur Verhinderung der Normenkumulation. Die Umstände in der Gestaltung der website dienen der Beantwortung der Frage, auf welchen Absatzmärkten überhaupt lauterkeitsrechtsrelevante Auswirkungen eintreten. Die Frage nach einer Beschränkung der Absatzmärkte durch objektive Konkretisierung des Angebots, welche relevante Auswirkungen ausschließt, ist argumentativ der Frage nach der Spürbarkeit eintretender Auswirkungen vorgelagert.

401 So auch *Mankowski* GRUR Int. 1999, 909, 921, in seiner Zusammenfassung; *Ohly*/Sosnitza Einf B Rdn. 25.

402 Vgl. nur BGH GRUR 1991, 463 – *Kauf im Ausland,* sowie die Nachw. bei *Sack* WRP 2000, 269, 272 Fn. 34. Vgl. dazu bereits o. Rdn. 139 ff.

403 Tatsächlich ist die hier vorgeschlagene Lösung auch unter Anknüpfung an die Theorie der wettbewerblichen Interessenkollision praktikabel, vgl. *Sack* WRP 2008, 845, 852.

404 Staudinger/*v. Hoffmann* Art. 40 EGBGB Rdn. 329; *Mankowski* GRUR Int. 1999, 909, 911.

405 *Widmer/Bähler,* S. 233; *Bornkamm* in: Neues Recht für neue Medien, S. 99, 115.

406 So etwa Fezer/*Hausmann/Obergfell* Einl I Rdn. 303.

407 LG Frankfurt a. M. CR 1999, 450, 451 – *Anbieten im Internet:* keine Begrenzung, wenn angebotenes Produkt (in casu: Füllfederhalter) weltweit verwendbar.

408 LG Hamburg GRUR Int. 2002, 163 – *hotel-maritime.dk* (unter dem Gesichtspunkt des fehlenden Inlandsbezugs); *Widmer/Bähler* S. 233; *Sack* WRP 2008, 845, 852. Vgl. auch z. B. *Bensusan Restaurant Corp. v. King and The Blue Note,* 937 F. Supp. 295, 299 (S. D. N. Y. 1996), zur Frage der örtlichen Zuständigkeit: Ein Jazz-Club in Columbia, Miss., trat im Internet mit dem Namen „Blue Note" des bekannten New Yorker Jazz-Clubs auf. Das New Yorker Gericht erklärte sich auf der Grundlage des New Yorker *long-arm statute* für unzuständig. Die bloße Zugriffsmöglichkeit der website von New York aus genüge nicht.

(2) Beschränkung der Marktauswirkungen durch die Vertriebspolitik des Anbieters. In der Literatur wird darauf verwiesen, dass der Internet-Anbieter es in der Hand habe, durch die Gestaltung seiner Angebote deutlich zu machen, an welchen Kundenkreis er sich wende. Er soll die technisch unumgängliche Universalität des Mediums für sich entschärfen können.[409] Dieser Gesichtspunkt wird zum Teil unter dem Obersatz der mangelnden Finalität,[410] z. T. auch unter dem der Spürbarkeit,[411] herangezogen. Sinnvollerweise muss demgegenüber angenommen werden, dass eine Internet-Werbung trotz ihrer unleugbaren Präsenz **außerhalb des Vertriebsbereichs objektiv keine Marktauswirkungen** zeitigt, wenn ein Anbieter bestimmte geographische **Märkte tatsächlich nicht bedient** und das bei seinem Internet-Auftritt deutlich macht. **165**

Eine solche erkennbare Begrenzung des wirtschaftlichen Aktionsgebiets kann sich unmittelbar aus einer **Vertriebspolitik** ergeben. Weist der Internet-Anbieter darauf hin, dass er allein einen bestimmten und umgrenzten Markt bedienen will, **und setzt er diese Beschränkung praktisch um („eingehaltene *disclaimer*“),** so sind auch nur die entsprechenden Lauterkeitsrechtsordnungen heranzuziehen.[412] **Bloß interne Weisungen genügen allerdings nicht.**[413] Werden ***disclaimer* nicht eingehalten,** so fehlt es ebenfalls an einer Konkretisierung des Marktortes.[414] Bei der Beurteilung der Ernsthaftigkeit eines *disclaimers* (z. B. „aber nicht an britische Adressen“) können entgegenstehende Indizien auf der Website (z. B. Preisangaben in Pfund) berücksichtigt werden.[415] **166**

Der Grundsatz, wonach eingehaltene *disclaimer* die Marktauswirkungen geographisch beschränken, darf jedoch nicht verabsolutiert werden. Immerhin sind **Fälle denkbar,** in welchen **zwar der Absatz durch den Werbenden selbst ausgeschlossen** wird, die fragliche Werbung gleichwohl aber noch dadurch den **Absatz beeinflusst, dass sie das entsprechende Produktangebot eines Dritten begünstigt.**[416] **167**

Wenn eine Einschränkung sich weder aus der Natur der vertriebenen Produkte noch aus einer ausdrücklichen Begrenzung auf ein bestimmtes Vertriebsgebiet ergibt, muss auf **Indizien** zurückgegriffen werden:[417] Dazu zählt zunächst die verwendete **Sprache.** Bei mehrsprachigen Websites ist davon auszugehen, dass der Internet-Anbieter einen den verwendeten Sprachen entsprechenden Vertriebsbereich hat. Bei der Verwendung nur einer Sprache ist zu differenzieren: Andere Sprachen als die englische indizieren einen auf den jeweiligen Sprachraum begrenzten Vertriebsbereich.[418] Übernationale Marktauswirkungen sind allenfalls innerhalb der kulturellen Sprachgrenzen denkbar. Bei einer deutschsprachigen Website ist in der Regel von der Anwendbarkeit des deutschen Lauterkeitsrechts auszugehen.[419] Darüber hinaus kann ein Vertriebsbereich angenommen werden, der Österreich und den deutschsprachigen Teil der Schweiz umfasst, bei einer französischsprachigen muss der wallonische Teil Belgiens und die romanische Schweiz einbezogen werden. Wird demgegenüber die englische Sprache von einem Anbieter verwendet, dessen Sitz sich nicht in einem eng- **168**

---

[409] *Rüssmann* K&R 1998, 422, 426.

[410] *Rüssmann* K&R 1998, 422, 426.

[411] *Mankowski* GRUR Int. 1999, 909, 917 ff.; *Sack* WRP 2000, 269, 278; *Höder* S. 66 ff.; Staudinger/*Fezer*/*Koos* IntWirtschR Rdn. 530.

[412] So ausdrücklich BGH WRP 2006, 736, 739 – *Arzneimittelwerbung im Internet;* KG Berlin GRUR Int. 2002, 448 – *Knoblauch-Kapseln.* Zurückhaltender noch OLG Frankfurt a. M. CR 1999, 450, 451 – *Anbieten im Internet;* OGH ÖBl 2003, 31, 32 – *Boss-Zigaretten IV:* bloß indizielle Wirkung. Wie hier *Widmer*/*Bähler* S. 235; *Bornkamm* in: Neues Recht für neue Medien, S. 99, 115; *Sack* WRP 2008, 845, 852. A. A. Staudinger/*Fezer*/*Koos* IntWirtschR Rdn. 530. Die Annahme der kollisionsrechtlichen Relevanz der Beschränkung des Vertriebsgebiets steht im deutschen Recht auf den ersten Blick in gewissem Widerspruch zur bereits erwähnten *Tampax*-Entscheidung des BGH GRUR 1971, 153, 154, in welcher die Anwendbarkeit deutschen Rechts angenommen worden war, obwohl der Urheber der angegriffenen Anzeige allein in der Schweiz wirtschaftlich tätig war. Vereinbaren lassen sich die Aussagen gleichwohl, da im *Tampax*-Fall eine für ein Produkt werbende Anzeige angegriffen wurde, welches – wenngleich von einem anderen Unternehmen – auch auf dem deutschen Markt vertrieben wurden. Daraus ergaben sich trotz der Beschränkung des Vertriebsgebietes der Beklagten relevante Auswirkungen auf dem deutschen Markt.

[413] OLG Frankfurt a. M. CR 1999, 450, 451 – *Anbieten im Internet.*

[414] BGH WRP 2006, 736, 739 – *Arzneimittelwerbung im Internet;* OGH ÖBl. 2003, 31, 32 – *Boss-Zigaretten IV.*

[415] BGH WRP 2006, 736, 738 – *Arzneimittelwerbung im Internet* „ersichtlich nicht ernst gemeint“.

[416] Ähnlich war der Fall BGH GRUR 1971, 153 – *Tampax,* gelagert.

[417] Beispielhaft OLG Frankfurt a. M. CR 1999, 450 – *Anbieten im Internet.* Vgl. dazu im einzelnen *Mankowski* GRUR Int. 1999, 909, 917 ff.; *Ohly*/Sosnitza Einf B Rdn. 25.

[418] GmS-OGB GRUR 2013, 417- *Medikamentenkauf im Versandhandel,* Rdn. 15; OLG Köln GRUR-RR 2014, 298 – *Tourismusabgabe,* Rdn. 12: Verwendung der deutschen Sprache indiziert Auswirkungen auf dem deutschen Markt.

[419] GmS-OGB GRUR 2013, 417 – *Medikamentenkauf im Versandhandel,* Rdn. 15; OLG Köln GRUR-RR 2014, 298 – *Tourismusabgabe,* juris-Rdn. 12; OLG Köln GRUR-RR 2014, 218 – *Gerüstelement,* juris-Rdn. 6.

lischsprachigen Staat befindet, kann dem entnommen werden, dass der Anbieter einen internationalen Vertriebsbereich hat. Selbst wenn ein Anbieter eine deutschsprachige Website betreibt, auf dieser Website aber auf englischsprachige websites verweist, ist davon auszugehen, dass auch diese Websites Auswirkungen auf dem deutschen Markt haben.[420] Ähnliches gilt für die verwendete top level domain: Die Verwendung der top level domain <.de> indiziert jedenfalls, dass Deutschland zum Vertriebsbereich zählt.[421]

169 **Weitere Indizien** halten die auf der Website gemachten **Hinweise zur Vertragsdurchführung** bereit.[422] Angebote, die Preisangaben in mehreren Währungen enthalten, deuten auf einen entsprechenden Vertriebsbereich. Auch die vorgesehene Zahlungsweise *(„mail your check")* oder Angaben zur Durchführung *(„shipment US $ 10 within US and CDN")* können auf einen bestimmten Markt verweisen.[423] Je internationaler die Präsentation *(„main export markets: worldwide",*[424] *„we ship worldwide", „payment by credit card"),* desto eher ist ein internationaler Vertriebsbereich anzunehmen.

170 **b) Konsequenzen für den Lauterkeitsprozess.** Das Konzept der objektiven Konkretisierung des Absatzmarktes bietet zugleich eine **Möglichkeit zur Konfliktlösung** für den Fall, dass das beanstandete Werbeverhalten ursprünglich gerade nicht konkretisiert ist. Es bedarf insoweit freilich der weiteren Zugrundelegung des im EuGH-Urteil *Shevill* (vgl. dazu u. Einl D Rdn. 25) zum Ausdruck gekommenen Prinzips, dass die **Anwendung einer nationalen Rechtsordnung nicht zu ihrem faktischen Export führen darf:**[425] Die Gerichte müssen bei Streitigkeiten im internationalen Verhältnis auf der Rechtsfolgenseite auch die kollisionsrechtlichen Voraussetzungen ihrer Rechtsanwendung berücksichtigen.

171 Unproblematisch lösen lassen sich dadurch Fälle, in denen **reparatorische Rechtsbehelfe** geltend gemacht werden. Der **ersatzfähige Schaden** kann jeweils nur unter Zugrundelegung des oder der Vertriebsgebiete berechnet werden, in denen das beanstandete Verhalten unzulässig ist. Auch die für das Lauterkeitsrecht als Marktordnungsrecht typischeren **negatorischen Rechtsbehelfe** (Anspruch auf Unterlassung und Beseitigung) sollen **im Grundsatz für jeden Staat separat** beurteilt werden.[426] Beseitigungs- und Unterlassungsgebote sind entsprechend zu fassen.[427] Vor allem im Internet begangene Wettbewerbsverstöße scheinen sich allerdings auf den ersten Blick einer solchen „mosaikartigen" Behandlung zu entziehen, da ihnen **unteilbare Handlungen** zugrundeliegen.[428] Der Ausschluss der Abrufbarkeit aus bestimmten Staaten ist technisch nur sehr eingeschränkt möglich.[429] Durch ein allgemeines Verbot würde der Internet-Anbieter gezwungen, die beanstandete Website insgesamt vom Netz zu nehmen. Die angegriffene geschäftliche Handlung im Internet kann nur insgesamt entweder begangen oder unterlassen werden. Im Bereich der Kennzeichenrechte käme es gar zu einer wechselseitigen Blockierung von Marken, die jeweils im nationalen Rahmen wirksam geschützt werden.[430]

172 Die **gebotene Begrenzung der Reichweite der Sanktion** lässt sich mit der oben dargestellten Möglichkeit der **objektiven Konkretisierung des Absatzmarktes** verbinden: Eine geschäftliche Handlung, die nach einem anwendbaren Lauterkeitsrecht unzulässig ist, kann auch dadurch „gerettet" werden, dass der betroffene Wettbewerber die **Marktauswirkungen** in dieser Jurisdik-

---

[420] BGH GRUR 2014, 601 – *englischsprachige Pressemitteilung,* Rdn. 31, 38.

[421] BGH GRUR 2014, 601 – *englischsprachige Pressemitteilung,* Rdn. 32, 38; KG v. 27.11.2015, 5 U 20/14, juris-Rdn. 44.

[422] *Widmer/Bähler* S. 235.

[423] LG Karlsruhe IPRspr 2011, Nr 166, 398, juris-Rdn. 46; *Höder* S. 76; bereits *Glöckner* ZVglRWiss 99 (2000), 278, 297.

[424] OLG Frankfurt a. M. CR 1999, 450 – *Anbieten im Internet.*

[425] GK/*Schricker,* 1. Aufl., Einl Rdn. F 185.

[426] OGH ÖBl. 1998, 225, 227 – *Haftgel; Schlosser* Art. 5 Rdn. 20.

[427] OGH ÖBl 1998, 225, 227 – *Haftgel; Bär* FS Moser, S. 143, 159.

[428] *Sack* GRUR Int. 1988, 323, 325; *ders.* WRP 2000, 269, 274, 278; *Lindacher* WRP 1996, 645, 648.

[429] Vgl. die ältere Darstellung in *Shea on behalf of American Reporter v. Reno,* 930 F. Supp. 916, 933 ff. (S. D. N. Y. 1996). Ähnlich *Schneider,* Die Wirksamkeit der Sperrung von Internet-Zugriffen, MMR 1999, 571, 573 ff. In der Zwischenzeit gibt es zwar *Geolocation Technologies,* die mithilfe der IP-Adresse einen Rückschluss auf den Ort des Abrufs gestatten. Eine sichere Zuordnung ist damit jedoch nicht möglich, da zum einen kein zentrales Register der IP-Adressen unter Zuordnung eines geographischen Standortes existiert, zum anderen mit jedermann zugänglichen Methoden wie dem VPN-Tunneln oder dem Gebrauch von Anonymisierungstechnologien die Erkennung des tatsächlichen Orts des Abrufs ausgeschlossen werden kann.

[430] *Bettinger,* zitiert nach *Baumann,* Tagungsbericht „Territoriales Kennzeichenrecht im Internet (Überlegungen zur internationalen Tatortzuständigkeit, zum Kollisionsrecht und materiellen Recht bei Kennzeichenkonflikten im Internet)", GRUR 1999, 971; *Glöckner/Kur* GRUR 2014, Beil. April, 29, 31 m. w. N. Diese Konsequenz vernachlässigt *Sack* WRP 2000, 269, 274.

tion **beseitigt.** Beim Online Marketing kann er zwar nicht den Eingriff in den Werbemarkt territorial begrenzt ausschließen, wohl aber den Eingriff in den maßgebenden Absatzmarkt. Durch eine **Verurteilung zur Einstellung des Vertriebs in der betroffenen Jurisdiktion** wird den vom Lauterkeitsrecht geschützten Interessen Genüge getan.[431]

Freilich wäre ein Vertriebsverbot, jedenfalls außerhalb des Bereichs von Kennzeichenkonflikten, überschießend. Eine Anpassung der Online-Werbung würde den Wettbewerbsverstoß ebenso beseitigen. Insoweit muss daran gedacht werden, den Verletzer **alternativ zu verurteilen,** entweder die konkrete Verletzungshandlung einzustellen oder aber die Vermarktung innerhalb der betroffenen Jurisdiktion zu unterlassen. **173**

Die dazu gebotene **Alternativverurteilung** ist nach geltendem Prozessrecht durchaus möglich. Alternativanträge sind zwar nach höchstrichterlicher Rechtsprechung grundsätzlich mangels Bestimmtheit unzulässig.[432] Der Bundesgerichtshof erkennt jedoch Ausnahmen an. So wurde z.B. folgendes Urteil nicht beanstandet: „Die Beklagte wird ... verurteilt, die noch in ihrem Besitz befindlichen Druckschriften mit der zu a) genannten Behauptung unleserlich zu machen oder – nach ihrer Wahl – diese Druckschriften zu vernichten".[433] Nach herrschender Meinung können **mehrere Beseitigungsmaßnahmen** angegeben werden, wobei die Art der Beseitigungsmaßnahme jeweils inhaltlich konkret zu bestimmen ist.[434] Die anerkannte Ausnahme muss nicht auf eine Mehrheit von Beseitigungsmöglichkeiten beschränkt werden. Ihr liegt der verallgemeinerungsfähige Rechtsgedanke zugrunde, dass dem Schuldner billigerweise nicht eine bestimmte Handlungsweise aufgezwungen werden darf, wo auch eine andere Form des Vorgehens zum selben Ergebnis führt.[435] **174**

VIII. Fallgruppen

1. Herabsetzung

Im Fall der Herabsetzung durch nicht irreführende Tatsachenangaben oder durch Werturteile werden Konsumenteninteressen von vornherein nicht (unmittelbar) berührt. Daher ist festzustellen, wo die wettbewerblichen Interessen der betroffenen Unternehmen im Sinne des Art. 6 Abs. 1 Rom II-VO aufeinandertreffen. Maßgeblich wird danach sein, auf welchem Markt die Herabsetzung begangen wird und sich im Wettbewerb auswirkt. Ein Rückgriff auf Art. 6 Abs. 2 Rom II-VO ist bei marktvermittelten Verstößen nicht geboten.[436] Im Fall einer grenzüberschreitenden Ehrverletzung wird die Beeinträchtigung der Ehre und des Ansehens einer Person durch eine ehrverletzende Veröffentlichung an den Orten, an denen die Veröffentlichung verbreitet wird, nur dann verwirklicht, wenn der Betroffene dort bekannt ist.[437] Bei der Prüfung von wegen ihrer herabsetzenden Wirkung unlauteren Handlungen besteht zwar anders als bei Persönlichkeitsverletzungen kein Wohnsitzerfordernis, allerdings bedarf es eines Ansehensverlusts an dem Ort, der für die Anknüpfung herangezogen werden soll.[438] **175**

2. Grenzüberschreitende Werbemaßnahmen

In Fällen **marktvermittelter Wettbewerbshandlungen** durch **Irreführungen, Herabsetzungen** oder **aggressive Marketingpraktiken** war bereits nach autonomem deutschen Recht der Ort maßgebend, an dem auf die Adressaten der Werbemaßnahmen eingewirkt wurde, wenn dadurch an diesem Ort der Wettbewerb beeinflusst wurde.[439] Wo die Vorbereitungshandlungen stattfinden oder **176**

---

[431] Diese Möglichkeit hat auch der österreichische OGH GRUR Int. 1999, 1062, 1065 –*TV-Movie,* anerkannt. Dabei ging es um die Vermarktung von Fernsehzeitschriften in Österreich, auf deren Titelblatt mit einem Gewinnspiel geworben wurde. Das war nach deutschem Recht als dem Recht des Erscheinungsortes zulässig, nach österreichischem Recht allerdings verboten. Der OGH nahm an, dass die Werbung als solche nicht verboten werden könne. Es genüge, „wenn die Bekl. klarstellt, dass österreichische Leser an ihren Gewinnspielen nicht teilnehmen können". Ebenso *Bornkamm* in: Neues Recht für neue Medien, S. 99, 116, für Kennzeichenkonflikte im Internet.

[432] BGH NJW-RR 1990, 122.

[433] Vgl. z.B. die Vorinstanz in BGH GRUR 1954, 337, 338 – *Radschutz.*

[434] Vgl. dazu auch *Teplitzky* Kap. 24 Rdn. 8; GK/*Köhler,* 1. Aufl., vor § 13 Rdn. B 133.

[435] *Teplitzky* Kap. 24 Rdn. 4.

[436] BGH GRUR 2010, 847 – *Ausschreibung in Bulgarien,* Rdn. 19; BGH GRUR 2014, 601 – *englischsprachige Pressemitteilung,* Rdn. 37.

[437] EuGH GRUR Int. 1998, 298 – *Shevill,* Slg. 1995, I-415 Rdn. 29.

[438] BGH GRUR 2015, 1129 – *Hotelbewertungsportal,* Rdn. 15.

[439] BGHZ 35, 329, 334ff. – *Kindersaugflasche;* GRUR 1991, 463, 464 – *Kauf im Ausland;* GRUR 1998, 419, 420 – *Gewinnspiel im Ausland.*

der wirtschaftliche Schaden eintritt, war dagegen ebenso unerheblich wie die Staatsangehörigkeit, der Wohnsitz oder der gewöhnliche Aufenthalt der angesprochenen möglichen Kunden.[440] Dasselbe gilt auf der Grundlage von Art. 6 Abs. 1 Rom II-VO. Die Verordnung stellt selbst klar, dass der Ort, an welchem der wirtschaftliche (Folge-)Schaden eintritt, irrelevant ist (vgl. bereits o. Rdn. 134). Dasselbe gilt für den Ort von Vorbereitungshandlungen.[441]

177 Davon ausgehend unterfällt etwa grenzüberschreitende Werbung mit **Werbeprospekten** für einen grenznahen Supermarkt[442] dem Recht des Zielortes, weil durch die Werbung auch der Absatzmarkt über die Grenze verlagert wird. Dasselbe gilt für die gezielte Ansprache von Abnehmern im Ausland durch ***Direct mailing***[443] oder durch **Werbeanzeigen** in einer jenseits der Grenze verbreiteten Tageszeitung.[444] Wird in Medien gegen das Gebot der redaktionellen Trennung verstoßen, so ist das Verbreitungsgebiet der Medien maßgebend.[445] Demgegenüber unterliegt ein in Frankreich ansässiger Geschäftsmann, der allein dort nach französischem Recht in zulässiger Weise Pflanzenschutzmittel anbietet, und so Kunden zum Kauf dieser Mittel gewinnt, grundsätzlich nicht dem deutschen Wettbewerbsrecht. Dies gilt auch dann, wenn er an deutsche Kunden verkauft, selbst wenn er weiß, dass diese die bei ihm gekauften Produkte später unter Verstoß gegen das deutsche Kennzeichnungsrecht in Deutschland weiterverkaufen.[446] Ebenso wäre es beispielsweise einem luxemburgischen Kaufmann unbenommen, in Deutschland damit zu werben, dass Kunden an einem deutschen Feiertag, an dem der Verkauf in Deutschland gegen die Bestimmungen des Ladenschlussgesetzes verstieße, in seinem Luxemburger Geschäftslokal willkommen seien.[447]

178 Für **Werbung in Presseerzeugnissen** gelten die oben (vgl. o. Rdn. 146 ff.) gemachten Ausführungen. **Fernsehwerbung** unterliegt im Anwendungsbereich der Europaratskonvention über grenzüberschreitendes Fernsehen (vgl. o. Einl B Rdn. 62) deren Anforderungen. Innerhalb der EU enthält die Richtlinie über audiovisuelle Mediendienste Sonderregelungen. Das darin enthaltene Herkunftslandprinzip wird von der h. M. als Sonderregelung zum Marktortprinzip verstanden (vgl. o. Rdn. 28 ff.).

179 Auf **Online Marketing** ist das Recht all derjenigen Staaten anzuwenden, in denen die fragliche Website abgerufen werden kann, sofern die Werbung auf dem Markt dieser Staaten Auswirkungen hat.[448] Die Marktauswirkungen können insb. durch die Natur des beworbenen Produkts (Verwendung der Bezeichnung „Hotel Maritime" für ein dänisches Hotel)[449] oder durch die Vertriebspolitik des Werbenden („eingehaltene *disclaimer*") begrenzt werden. Auf ausschließlich ins EU-Ausland gerichtete Wettbewerbshandlungen in Deutschland niedergelassener Anbieter ist allerdings auf der Grundlage von § 3 Abs. 1 TMG als Sonderregel zum Marktortprinzip deutsches Recht anzuwenden (im Einzelnen vgl. o. Rdn. 46 ff., 62). Im Übrigen ist bei Wettbewerbshandlungen im EU-Ausland niedergelassener Anbieter, die sich in Deutschland auswirkt, auf der materiellrechtlichen Ebene das Gebot der gegenseitigen Anerkennung gem. § 3 Abs. 2 TMG zu berücksichtigen (vgl. dazu o. Rdn. 32 ff., 63).

3. Grenzüberschreitender Vertrieb von geschützten Produkten

180 Die oben entwickelten Grundsätze des Marktortprinzips gelten auch für den Vertrieb von Produkten, welche **ergänzenden lauterkeitsrechtlichen Leistungsschutz** genießen.[450] Macht ein deutscher Hersteller von Automobilreinigungsmitteln gegen einen inländischen Konkurrenten Ansprüche geltend, weil dieser amerikanische Händler mit Produkten beliefert, die dann in den USA unter Verletzung der dem deutschen Hersteller zustehenden Kennzeichenrechte vertrieben werden, so ist US-amerikanisches Recht anwendbar. Die Erzeugnisse beider Parteien stehen auf dem US-amerikanischen Markt in Konkurrenz mit einer Vielzahl gleichartiger Produkte anderer Hersteller.

---

[440] BGH GRUR 1998, 419, 420 – *Gewinnspiel im Ausland.*
[441] *Sack* WRP 2008, 845, 847.
[442] Vgl. etwa die Konstellation in EuGH GRUR Int. 1990, 955 – *GB-INNO,* Slg. 1990, I-667.
[443] BGH GRUR 1998, 3419, 420 – *Gewinnspiel im Ausland.*
[444] BGH WRP 2004, 1484, 1485 – *Rotpreis-Revolution.*
[445] BGH WRP 2007, 1346, 1348 – *Bundesdruckerei.*
[446] OLG Karlsruhe GRUR 1999, 354 – *Pflanzenschutzmittelverkauf im Ausland.*
[447] BGH WRP 2004, 1484, 1485 – *Rotpreis-Revolution.*
[448] Die Verbindung stellt OLG Köln GRUR-RR 2014, 298 – *Tourismusabgabe,* Rdn. 12, auch sprachlich her: Maßgeblich sein der „Ort, an dem auf die Entschließung des Kunden *eingewirkt* werden soll[e] und an dem sich das entsprechende Marktverhalten auf die Mitbewerber auswirk[e]" (Hervorhebung d. Verf.).
[449] LG Hamburg GRUR Int. 2002, 163 – *hotel-maritime.dk.*
[450] BGHZ 35, 329, 334 ff. – *Kindersaugflasche.*

Überdies wären im Fall der in Frage stehenden Herkunftstäuschung in besonderem Maße die schutzwürdigen Belange der amerikanischen Verbraucher berührt.[451]

4. Grenzüberschreitende Werbung unter Verstoß gegen außerlauterkeitsrechtliche Vorschriften

Insoweit ist zu differenzieren: Bei grenzüberschreitendem Marketing ergibt sich der **Anwendungsbereich der außerlauterkeitsrechtlichen Vorschriften aus ihrem jeweiligen territorialen Geltungsanspruch.**[452] Die Frage des Rechtsbruches ist also als selbständige Vorfrage nach der Maßgabe des für die verletzten Vorschriften geltenden Kollisionsrechts anzuknüpfen Im Fall *Weltweit-Club*[453] (ein Zigarettenhersteller hatte „XYZ Passports" herausgebracht, die für mehrere Feriengebiete zur Verfügung standen und in denen in dem jeweiligen Urlaubsgebiet gelegene Hotels, Pensionen, Cafés, Restaurants, Diskotheken, Autovermietungen und Geschäfte verschiedener Art aufgeführt, beschrieben und mit der Angabe des gewährten Club-Rabatts versehen waren) fehlte es insoweit bereits am Rechtsbruch, da der Geltungsanspruch des damals geltenden deutschen Rabattverbots auf das Gebiet der Bundesrepublik beschränkt war und die Gewährung von Rabatten im Ausland nicht erfasst wurde. 181

Insbesondere beim Vertrieb von Arzneimitteln hat der Gesetzgeber durch die mit Wirkung vom 26. Oktober 2012 in Kraft getretene Regelung des § 78 Abs. 1 Satz 4 AMG klargestellt, dass die auf der Grundlage des § 78 Abs. 1 Satz 1 AMG erlassene Arzneimittelpreisverordnung auch für gemäß § 73 Abs. 1 Satz 1 Nr. 1a AMG in den Geltungsbereich dieses Gesetzes verbrachte Arzneimittel gilt.[454] Bereits vor diesem Zeitpunkt unterwarf das deutsche Preisrecht die im Wege des Versandhandels durch eine Versandapotheke aus dem EU-Ausland an Endverbraucher in Deutschland erfolgende Abgabe der von § 78 Abs. 2 Satz 2 AMG erfassten apothekenpflichtigen Arzneimittel der im deutschen Recht vorgesehenen Preisbindung.[455] 182

Nur wenn danach überhaupt ein Gesetzesverstoß zu bejahen ist, stellt sich die Frage nach der Anwendbarkeit des deutschen Lauterkeitsrechts unter dem Gesichtspunkt des Rechtsbruchs. Nach verbreiteter Auffassung ist der Handlungsort der Ort des Rechtsbruchs.[456] Dem ist zu widersprechen: Gerade der Fall *Weltweit-Club* macht deutlich, dass entscheidend ist, **auf welchem Markt der gesetzesuntreue Wettbewerber sich einen Vorsprung verschafft.** Der Bundesgerichtshof ging zu Recht von der Anwendbarkeit deutschen Lauterkeitsrechts aus, weil die wettbewerblichen Auswirkungen der Werbeaktion auf dem deutschen Markt für Zigaretten eintraten.[457] Zutreffend begründete der öOGH die Anwendbarkeit des österreichischen Lauterkeitsrechts mit den Auswirkungen auf dem österreichischen Markt, welche die Werbung eines Inkassounternehmens zeitigte, dem die in Deutschland nach dem RBerG erforderliche behördliche Genehmigung fehlte.[458] 183

IX. Das internationale Verhältnis im Prozess

1. Klagantrag und Urteilstenor bei Unterlassungsklagen

Insbesondere bei **Unterlassungsklagen** findet sich selten in Antrag oder Tenor ein **Hinweis auf die territoriale Reichweite** des Verbots. Ohne weitere Einschränkungen beziehen sich **Anträge und Urteile jeweils (nur) auf das Hoheitsgebiet der Bundesrepublik Deutschland.**[459] Ein nicht weiter qualifizierter Unterlassungstitel verbietet daher im Kern vergleichbare Handlungen im Ausland nicht.[460] 184

2. Anwendung ausländischen Rechts

Gerichte wenden in verbreiteter Praxis[461] ein zur Anwendung berufenes ausländisches Lauterkeitsrecht nur an, wenn sich eine Partei darauf berufen hat. Dieses Vorgehen wird nur selten be- 185

[451] OLG Koblenz GRUR 1993, 763, 764 – *Kfz-Reinigungsmittel.*
[452] *Schricker* GRUR 1977, 646, 648.
[453] BGH GRUR 1977, 672, 674 – *Weltweit-Club.*
[454] BGH GRUR 2014, 593 – *Sofort-Bonus,* Rdn. 9.
[455] GmS-OGB GRUR 2013, 417- *Medikamentenkauf im Versandhandel,* Rdn. 21 ff.
[456] *Köhler*/Bornkamm Einl UWG Rdn. 5.17, freilich nur noch für Gesetzesverstöße ohne Einwirkung auf die Marktgegenseite.
[457] *Schricker* GRUR 1977, 646, 648; *Baudenbacher* Art. 2 Rdn. 322.
[458] öOGH v. 13.3.2002, 4 Ob 28/02 – *Inkassounternehmen.*
[459] BGH WRP 2007, 1346, 1348 – *Bundesdruckerei.* Vgl. öOGH GRUR Int. 2015, 481, 484 – *Klimaneutral.*
[460] OLG Köln v. 29.1.2010, I-6 W 145/09, 6 W 145/09.
[461] Z. B. BGH GRUR 1991, 463, 465 – *Kauf im Ausland;* GRUR 1998, 419, 420 – *Werbegewinnspiel im Ausland;* WRP 2007, 1346, 1348 – *Bundesdruckerei;* OLG Koblenz GRUR 1993, 763, 764 – *Kfz-Reinigungsmittel.*

gründet. In Betracht kommen dafür zwei Argumentationsstränge: Der erste ist kollisionsrechtlicher Natur und beruht auf der **Theorie des fakultativen Kollisionsrechts.**[462] Diese besagt im Kern, dass die Anwendung des Kollisionsrechts und damit der ausländischen Rechtsordnung vom Willen der Parteien abhängt. Eine solche Einschränkung ist indes abzulehnen. Sie widerspricht dem allgemeinen Grundsatz, dass sowohl das deutsche Internationale Privatrecht als auch die danach berufene Rechtsordnung **von Amts wegen anzuwenden** sind, auch ohne dass sich zumindest eine der Parteien auf die Anwendung ausländischen Rechts beruft.[463]

186 Der zweite Argumentationsstrang knüpft an den **zweigliedrigen Streitgegenstandsbegriff** an, der im Wettbewerbsprozess nicht nur durch den Lebenssachverhalt, sondern **auch durch das vom Kläger vorgetragene anwendbare Recht bestimmt** werde.[464] Mit ähnlicher Begründung wird im Kennzeichenrecht davon ausgegangen, dass die Gerichte z. B. ausschließlich die geltend gemachte Verletzung einer eingetragenen Gemeinschaftsmarke zu prüfen haben, auf eine dem Sachverhalt zu entnehmende Verletzung einer parallel bestehenden nationalen (Benutzungs-)Marke aber nicht eingehen müssten.[465] Diese Begründung setzt sich indes in Widerspruch zu der innerhalb des nationalen Rechts allgemein anerkannten Nicht-Maßgeblichkeit der zur Stützung einer Klage vom Kläger angeführten Anspruchsgrundlagen.[466] Diese Regel gilt nicht nur innerhalb des deutschen Rechts, sondern auch im Hinblick auf die vorgelagerte Frage des anzuwendenden Rechts, da der Grundsatz „*iura novit curia*" auch das anzuwendende Recht umfasst. Wenn also der vorgetragene Lebenssachverhalt sowohl eine Verletzung deutschen als auch eine Verletzung ausländischen Rechts ausfüllt, ist es an den Gerichten, die betroffenen Rechtsordnungen zur Anwendung zu bringen.[467] In diesem Sinne hat der Bundesgerichtshof inzwischen klargestellt, dass jedenfalls im Lauterkeitsrecht die Beurteilung des Streitfalls nach ausländischem Recht keinen anderen Streitgegenstand darstellt als seine Bewertung auf der Grundlage deutschen Rechts.[468] Davon abzugrenzen sind freilich Fälle, in denen bereits der Tatsachenvortrag eine Anknüpfung an ein fremdes Recht nicht trägt. Es ist nicht Aufgabe der Gerichte – und widerspräche dem Beibringungsgrundsatz –, nach Statuten zu fahnden.[469]

187 Dass die Rechtsausführungen der Parteien möglicherweise allein auf deutsches Recht gestützt sind, kann schließlich unter dem Gesichtspunkt einer denkbaren **Wahl einheimischen Rechts** nichts ändern. Zunächst bedarf es für eine solche Annahme eines entsprechenden Gestaltungswillens. Dies setzt die Kenntnis der Parteien voraus, dass auf eine lauterkeitsrechtliche Streitigkeit an sich ausländisches Recht Anwendung fände.[470] Dies selbst vorausgesetzt wird der Anwendungsbereich der Rechtswahl schmal bleiben: Solange noch autonomes deutsches IPR Anwendung findet, wird die Rechtswahlmöglichkeit auf der Grundlage von Art. 42 EGBGB von der zutreffenden Auf-

---

[462] Aus der Literatur vgl. *Flessner* RabelsZ 34 (1970), 547 ff.; *Müller-Graff* RabelsZ 48 (1984) 289, 315.

[463] BGH NJW 1993, 2305, 2306: „Die Kollisionsnormen des Einführungsgesetzes zum BGB sind Gesetz und beanspruchen damit allgemeine Verbindlichkeit. Es kommt deshalb nicht darauf an, ob sich zumindest eine der Parteien auf die Anwendung ausländischen Rechts beruft. Der verschiedentlich vertretenen Auffassung, die ein fakultatives Kollisionsrecht befürwortet (...), ist der Gesetzgeber bei der Reform des internationalen Privatrechts durch das Gesetz vom 25.7.1986 (BGBl I, 1142) bewusst nicht gefolgt (vgl. Begründung des Regierungsentwurfs BT-Dr 10/504 S. 25 f., ...; ferner *v. Bar,* IPR, 1. Bd., § 7 Rdn. 541)."

[464] OLG Koblenz GRUR 1993, 763, 764 – *Kfz-Reinigungsmittel.* Differenzierend zum nationalen Recht *Götz,* Die Neuvermessung des Lebenssachverhalts – Der Streitgegenstand im Unterlassungsprozess, GRUR 2008, 401.

[465] Exemplarisch der dem Vorlagebeschluss des öOGH, ÖBl 2007, 213 – *Pago,* zugrunde liegende Fall: In Betracht kam allein eine Verletzung durch Rufausbeutung gem. Art. 9 Abs. 1 lit. c GMV. Sie setzt allerdings Bekanntheit innerhalb der gesamten (den diesbezüglichen Anforderungen galt die Vorlagefrage) Gemeinschaft voraus. Ohne weiteres erfolgversprechend wäre die Stützung eines auf Österreich beschränkten Anspruchs auf die Verletzung einer in Österreich bekannten Marke gem. § 10 Abs. 2 öMSchG gewesen. Ob das Zeichen auch national eingetragen war, lässt sich dem Sachverhalt nicht entnehmen. In Deutschland wäre nach der geschilderten Praxis eine allein auf Verletzung der Gemeinschaftsmarke gestützte Klage abgewiesen worden, wenn die gemeinschaftsweite Bekanntheit abgelehnt worden wäre, so lange die Klägerin ihren Anspruch nicht auch auf die Verletzung der nationalen Marke gestützt hätte, obwohl ein auf die Verletzung einer deutschen Benutzungsmarke gestützter und auf das Bundesgebiet beschränkter Anspruch bestanden hätte, vgl. BGH GRUR 2001, 755, 757 – *Telefonkarte;* GRUR 2007, 1461 – *Kinder II* Rdn. 55.

[466] Vgl. nur Zöller/*Vollkommer* Einl Rdn. 69.

[467] Staudinger/*Fezer/Koos* IntWirtschR Rdn. 838.

[468] BGH GRUR 2010, 847 – *Ausschreibung in Bulgarien,* Rdn. 21. Ausdrücklich offen gelassen wurde die Frage, ob dies auch gelte, wenn ein Verbraucherverband klage, a. a. O. Rdn. 22, vgl. dazu *Glöckner* WRP 2011, 137, 146 f.

[469] Staudinger/*Fezer/Koos* IntWirtschR Rdn. 843.

[470] Vgl. nur BGH GWR 2011, 258 Rdn. 48; *Leible* RIW 2008, 257, 261.

fassung abgelehnt,[471] weil durch eine **Rechtswahl** im Bereich des Lauterkeitsrechts als Konsequenz der Ausrichtung auf den Schutz des Wettbewerbs als Institution sowie der Verbraucher regelmäßig **Drittinteressen** betroffen sind, über welche die Parteien **keine Dispositionsbefugnis** haben. Entsprechendes gilt gem. Art. 6 Abs. 4 Rom II-VO. Ausnahmen sind allenfalls anzuerkennen, wo Ansprüche aus unlauterem Wettbewerb vertragsakzessorisch angeknüpft werden. So bleibt es bei dem Grundsatz, dass allein im Fall nicht feststellbaren ausländischen Rechts das deutsche Recht als Ersatzrecht angewendet werden dürfte.

3. Herkunftslandprinzip im gerichtlichen Verfahren

Wird das Herkunftslandprinzip (vgl. dazu o. Rdn. 22ff.) **kollisionsrechtlich** interpretiert, so zählt seine **Anwendung nach allgemeinen Grundsätzen zu den Aufgaben des Gerichts.** Wird das Herkunftslandprinzip demgegenüber **sachrechtlich interpretiert,** so bedarf es **ergänzender Überlegungen:** Da das Herkunftslandprinzip lediglich dem Normadressaten zugute kommen soll, begründet das Recht des Herkunftslandes allein eine Schranke der Anwendung des strengeren inländischen Rechts. Demgemäß muss der Normadressat zunächst vortragen, dass das nach deutschem Recht zu sanktionierende Verhalten im Recht seines Herkunftslandes zulässig war bzw. ist. Im Prozess handelt es sich dabei um eine **Einwendung, die nach allgemeinen Grundsätzen der Darlegungslast desjenigen unterliegt, der sich auf sie beruft.** Da diese Einwendung sich indes **auf Rechtsfragen** stützt, erscheint es angemessen, im Hinblick auf die **Beibringungslast dieselben Grundsätze anzuwenden wie bei der kollisionsrechtlich gebotenen Anwendung ausländischen Rechts** (vgl. dazu bereits o. Rdn. 185ff.).[472] 188

Im Hinblick auf die **Reichweite des Herkunftslandprinzips** ist auf dessen Zweck abzustellen: Dem Unternehmen, das ein Produkt in seinem Herkunftsland rechtmäßig vertreibt, soll die Gelegenheit verschafft werden, es auch in den übrigen Mitgliedstaaten zu vertreiben. Dass im Herkunftsland nicht rechtmäßig vertriebene Produkte auch in den übrigen Mitgliedstaaten nicht verkehrsfähig werden, hat die Kommission bereits in ihrer Mitteilung über die Auswirkungen des Urteils des Europäischen Gerichtshofes vom 20. Februar 1979 in der Rechtssache 120/78 („Cassis de Dijon")[473] deutlich zum Ausdruck gebracht. Unerheblich ist daher, wenn im Herkunftsland lediglich **faktisch keine Maßnahmen** gegen den Vertrieb ergriffen worden sind oder etwa **keine zivilrechtlichen Abwehransprüche** von Wettbewerbern oder Dritten gewährt werden – maßgeblich ist die materielle Rechtmäßigkeit von Erzeugung und Vertrieb. 189

Ursprünglich hatte das Herkunftslandprinzip vor allem im nicht- bzw. teilharmonisierten Bereich Bedeutung, wo es über die Grundfreiheiten zum Tragen gebracht, zugleich aber mit einem Gemeinwohlvorbehalt (*Cassis*-Doktrin) versehen wird. **In vollharmonisierten Bereichen ist das Herkunftslandprinzip an sich überflüssig.** Seine Rolle in der UGP-RL ist daher fragwürdig. Für die Kommission stellten die Regelungen über den Binnenmarkt („Kontrolle an der Quelle" + Herkunftslandprinzip) vor allem ein Auffangnetz[474] für die Unternehmen dar, mit dessen Hilfe die Marktintegration beschleunigt werden sollte. Als in der politischen Einigung das Prinzip der Kontrolle an der Quelle aufgehoben wurde, wurde festgestellt, dass das angestrebte Konzept des „Ursprungslandes" durch die umfassende Harmonisierung irrelevant geworden sei.[475] 190

So stellt sich nunmehr die Frage, wie die Gerichte mit dem **Einwand der Zulässigkeit des Wettbewerbsverhaltens im Herkunftsstaat im vollharmonisierten Bereich** umzugehen haben. Zweifellos kann sich niemand auf das Herkunftslandprinzip berufen, um zwingendes Unionsrecht zu umgehen.[476] Mit der **Zulässigkeit** eines Marktverhaltens im Herkunftsstaat, **die allein auf der unterlassenen, verfehlten oder verzögerten Umsetzung einer Richtlinie beruht,** welche eben dieses Verhalten verbietet, **kann der Marktzugang** im Binnenmarkt **nicht erzwungen** werden. 191

Insbesondere in dem von Generalklauseln und unbestimmten Rechtsbegriffen beherrschten Lauterkeitsrecht werden die Fälle aber selten so einfach liegen. Beschränkt sich das mit dem Einwand der Zulässigkeit des Wettbewerbsverhaltens im Herkunftsland konfrontierte Gericht, wie von *Ohly* vorgeschlagen, darauf, die Vereinbarkeit der anzuwendenden nationalen Rechtsnorm mit dem Uni- 192

---

[471] *Sack* WRP 2000, 269, 285.

[472] *Ohly*/Sosnitza Einf C Rdn. 85.

[473] ABl. 1980 Nr. C 256/2: „jedes ... rechtmäßig hergestellte und in den Verkehr gebrachte Erzeugnis".

[474] Begründung des Vorschlags für eine Richtlinie über unlautere Geschäftspraktiken, KOM (2003) 356 endg., Rdn. 49: Reserveregelung.

[475] IP/04/658 v. 18.5.2004, S. 2.

[476] *Ohly* WRP 2006, 1401, 1406.

onsrecht zu prüfen und diese Norm richtlinienkonform anzuwenden[477] (ergänze: wozu es ohnehin verpflichtet ist), so besteht zumindest die Gefahr, dass die im eigenen nationalen Recht geschulten und sozialisierten Richterinnen und Richter eher von der Unionsrechtskonformität dieses Rechts als der des großzügigeren Rechts des Herkunftslandes ausgehen werden. Ganz zu Recht weist *Ohly* auf das **Vorabentscheidungsverfahren** hin, auf das gegebenenfalls zurückgegriffen werden kann: Eine eineindeutige Auslegung der im lauterkeitsrechtlichen Kontext in Rede stehenden Gemeinschaftsregelungen wird nur selten möglich sein; der **Anwendungsbereich der *„Acte-clair"*-Doktrin ist entsprechend eng.** Faktisch wird man im Fall eines substantiiert begründeten[478] Einwandes der Zulässigkeit im Herkunftsland **regelmäßig spätestens in letzter Instanz auf das Vorabentscheidungsverfahren** zu rekurrieren haben.[479]

193 Dabei entsteht indes das Problem der **Formulierung der Vorlagefrage.** Gemäß Art. 267 lit. a AEUV entscheidet der EuGH über die **Auslegung von Unionsrechtsakten.** Bezugspunkt ist demgemäß der **Inhalt des sekundären Unionsrechts,** nicht die Vereinbarkeit des nationalen Rechts mit dem Europarecht.

194 Gleichwohl liefern die **Regelungen des nationalen Rechts den Hintergrund,** vor welchem der Inhalt der gemeinschaftsrechtlichen Vorgaben zu beurteilen ist. Insoweit bedeutet es einen erheblichen Unterschied, ob auf die Regelung des Herkunftslandes oder auf die des Marktorts abgestellt wird. Mit der Entscheidung über den Bezugspunkt der Untersuchung des Europarechts verschiebt sich demgemäß die Argumentationslast. Ein anschauliches Beispiel liefert der von *Ohly* bereits herangezogene Beispielsfall,[480] in welchem RyanAir in Werbeanzeigen erheblich niedrigere eigene Flugpreise mit denen der British Airways (BA) zu ausgewählten Destinationen verglichen und diese Liste mit „Expensive BA...DS" überschrieben hatte. Nach dem von *Ohly* vorgeschlagenen Vorgehen würden deutsche Gerichte, welche die Zulässigkeit der vergleichenden Werbung zu prüfen hätten, allein deutsches Recht anwenden, da im totalharmonisierten Bereich der vergleichenden Werbung sämtliche nationalen Vorschriften denselben, durch richtlinienkonforme Auslegung zu ermittelnden Inhalt haben müssen. Auftauchende Zweifel, ob ein Verbot mit der Richtlinie über irreführende und vergleichende Werbung zu vereinbaren sei, würden zu einer Frage führen, ob Art. 4 lit. d Irreführungsrichtlinie zu entnehmen sei, dass **keine** Herabsetzung vorliege, wenn die Produkte des Mitbewerbers als teuer *(expensive)* oder überteuert[481] bezeichnet oder der Mitbewerber bzw. seine Mitarbeiter mit einem landläufigen Schimpfwort *(bastards)* belegt werden.

195 **Nimmt man demgegenüber das Herkunftslandprinzip ernst,** so müsste, wenn der Nachweis gelingt, dass britische Gerichte in dieser Bezeichnung im Wettbewerb tatsächlich keine relevante Herabsetzung erkennen, die Frage unter umgekehrten Vorzeichen gestellt werden: Steht Art. 4 lit. d Irreführungsrichtlinie dieser Beurteilung der (britischen) Gerichte entgegen und gebietet eine Bejahung einer Herabsetzung? Anderenfalls wäre die Rechtsanwendung im Herkunftsland nicht richtlinienwidrig.

4. Verbandsklage

196 Die prozessualen Voraussetzungen der Befugnis zur Geltendmachung von Unterlassungsklagen im Wege der Verbandsklage gehören zum Prozessrecht und unterliegen deshalb der *lex fori,* d.h. im Grundsatz den Zulässigkeitsvoraussetzungen des deutschen Prozessrechts.[482] Nach der § 8 Abs. 3 Nr. 2–4 UWG zugrundeliegenden Konzeption folgt allerdings die Klagebefugnis aus der materiellen Berechtigung, welche durch eben diese Vorschriften begründet wird. Die Praxis wie die überwiegend vertretene Meinung gehen von einer Doppelnatur der Vorschriften aus.[483] In jüngerer Zeit wurde mit beachtlichen Gründen gefordert, die besonderen Anforderungen an institutionelle Kläger ausschließlich materiell zu deuten.[484] Nicht zuletzt die kollisionsrechtliche Behandlung der Verbandsklage legt demgegenüber nahe, dass die besonderen Anforderungen der § 8 Abs. 3 Nr. 2–4 durchaus eine selbständige prozessuale Bedeutung haben. Weist der Marktort ins Ausland, wird aber

---

[477] *Ohly* WRP 2006, 1401, 1406. Dem folgend wohl OLG Köln GRUR-RR 2014, 298 – *Tourismusabgabe,* Rdn. 13.

[478] Darauf stellt auch öOGH GRUR Int. 2013, 1163, 1166 – *VfG Versandapotheke für Österreich,* zentral ab.

[479] Vgl. bereits *Glöckner* IIF 2003, 223, 266. OLG Köln GRUR-RR 2014, 298 – *Tourismusabgabe,* Rdn. 13, macht nicht letztlich deutlich, worauf die vorgetragene „liberalere Praxis" im Herkunftsland zurückging.

[480] Zurückgehend auf Justice *Jacob,* High Court of Justice v. 5.12.2000, *British Airways Plc. v. Ryanair Ltd.,* 2001 E.T.M.R. 235.

[481] Vgl. BGH GRUR 1999, 501, 503 – *vergleichen Sie.*

[482] LG Hamburg RIW 1998, 894 – *Wettbewerbswidrige Anzeigenakquisition auf Auslandsmarkt.*

[483] *Köhler*/Bornkamm § 8 Rdn. 3.9 m.w.N.

[484] Vgl. Darstellung bei *Köhler*/Bornkamm § 8 Rdn. 3.10ff.

in Deutschland geklagt, so können materielle Aktivlegitimation und Klagebefugnis auseinanderdriften:[485] Werden etwa, wie im Fall *Werbegewinnspiel im Ausland,* allein französische Verbraucher geschädigt, so entscheidet französisches Recht nicht allein über die Frage der Unlauterkeit des Wettbewerbsverhaltens und die daran geknüpften Rechtsbehelfe, sondern auch über die Aktivlegitimation eines Verbraucherschutzverbandes. § 8 Abs. 3 Nr. 3 UWG wäre diesbezüglich von vornherein nicht auf die Frage der Aktivlegitimation anzuwenden, sondern statt dessen Art. L. 421-2 Code de la Consommation.[486] Dem deutschen Prozessrecht bliebe allein, über das Pendant der Klagebefugnis zu befinden. So ist auch die Regelung in Art. 4 Abs. 1 Satz 2 UnterlassungsklagenRL zu verstehen, wonach die Gerichte und Behörden der Mitgliedstaaten das Recht behalten zu prüfen, ob der Zweck der qualifizierten Einrichtung deren Klageerhebung in einem speziellen Fall rechtfertigt. Die Annahme der Doppelfunktionalität der Regelungen in § 8 Abs. 3 Nr. 2–4 UWG gestattet eine differenzierte Betrachtung:[487] Soweit § 8 UWG Regelungen enthält, welche die prozessual verstandene Klagebefugnis betreffen, sollten diese auch auf ausländische qualifizierte Einrichtungen angewendet werden. Bei Klagen deutscher Verbände wegen der Verletzung sind die § 8 Abs. 3 Nr. 2–4 UWG zunächst im Hinblick auf die darin gestellten prozessualen Anforderungen als Ausgestaltung der Klagebefugnis zum Tragen zu bringen, obgleich die Formulierung, wonach den Verbände allein die „Ansprüche aus Absatz 1" zustehen, der wiederum Zuwiderhandlungen gegen §§ 3, 7 UWG voraussetzt, darauf hinzuweisen scheint, dass deutsches Lauterkeitsrecht zur Anwendung kommen müsse.[488] Im Hinblick auf die materielle Anspruchsberechtigung bedarf es in zweierlei Hinsicht der Korrektur: Zum einen sollte einem u. U. enger formulierten Verbandszweck kein Ausschluss der Aktivlegitimation entnommen werden. Insoweit ist die vom Bundesgerichtshof in der Entscheidung *Werbegewinnspiel im Ausland* offen gelassene Frage in dem Sinne zu beantworten, dass ein deutscher Verbraucherschutzverband im Zweifel auch berechtigt sein sollte, die wirtschaftlichen Interessen im EWR-Ausland betroffener Verbraucher zu vertreten. Zum anderen ist auf vom ausländischen Recht, das ebenfalls der Vorstellung des nationalen Rechtsstreits verhaftet sein mag, aufgestellte besondere Anforderungen an die Aktivlegitimation von Verbraucherschutzverbänden zu verzichten, die vom in Deutschland klagenden deutschen Verbraucherschutzverband typischerweise nicht zu erbringen wären (z. B. die Anerkennung gem. Art. L. 421-1 Code de la Consommation).

---

[485] Vgl. dazu bereits *Glöckner* WRP 2011, 137, 146 f.
[486] Ähnlich die Annahme von GK/*Halfmeier* Einl E Rdn. 101.
[487] In diesem Sinne wohl auch öOGH GRUR Int 2015, 481, 483 f. – *klimaneutral II.*
[488] So noch LG Aachen VuR 1994, 39. Dass in diesem Fall auch den Regelungen des § 8 Abs. 3 die Zulässigkeit der Verbandsklage zu entnehmen ist, ist unstr.

D. Internationales Lauterkeitsprozessrecht

Inhaltsübersicht

Rdn.

I. Internationale Zuständigkeit ... 1
1. Grundzüge ... 1
2. Internationale Zuständigkeit gem. EuGVVO/RLugÜ ... 9
a) Territorialer Geltungsbereich von EuGVVO, EuGVÜ und RLugÜ ... 9
b) Gleichlauf von EuGVVO und RLugÜ ... 12
c) Grundstruktur von EuGVVO und RLugÜ ... 15
d) Gerichtsstand des Erfüllungsortes, Art. 7 Nr. 1 EuGVVO/Art. 5 Nr. 1 RLugÜ ... 15a
e) Gerichtsstand des Begehungsortes, Art. 7 Nr. 2 EuGVVO/Art. 5 Nr. 3 RLugÜ ... 16
aa) Unerlaubte Handlung ... 16
bb) Ort des schädigenden Ereignisses ... 19
f) Gerichtsstand der Streitgenossenschaft, Art. 8 Nr. 1 EuGVVO, Art. 6 Nr. 1 RLugÜ ... 26
g) Gerichtsstand für einstweilige Maßnahmen, Art. 35 EuGVVO, Art. 31 RLugÜ ... 30
h) Vereinbarter Gerichtsstand, Art. 25 EuGVVO, Art. 23 RLugÜ ... 36
i) Gerichtsstand durch rügelose Einlassung, Art. 26 EuGVVO, Art. 24 RLugÜ ... 37
3. Weitere Staatsverträge ... 38
4. Internationale Zuständigkeit nach autonomen IZPR ... 39
a) Konkretisierung des Erfolgsortes durch den Ort der wettbewerblichen Interessenkollision ... 40
b) Gerichtsstandsvereinbarungen ... 41
II. Internationale Vollstreckung ... 42a
1. Mitgliedstaatliche Urteile und andere Vollstreckungstitel ... 42a
2. Europäischer Zahlungsbefehl ... 42d
III. Justitielle Zusammenarbeit ... 43
1. EG-Verordnung über die Zustellung gerichtlicher und außergerichtlicher Schriftstücke in Zivil- oder Handelssachen in den Mitgliedstaaten ... 44
2. EG-Verordnung über die Zusammenarbeit zwischen den Gerichten der Mitgliedstaaten auf dem Gebiet der Beweisaufnahme in Zivil- oder Handelssachen ... 54
3. EG-Verordnungen zur Einführung eines Europäischen Verfahrens für geringfügige Forderungen ... 68

Schrifttum: Vgl. vor Einl B.

I. Internationale Zuständigkeit

1. Grundzüge

1 Bei Wettbewerbsstreitigkeiten mit Auslandsberührung stellt sich systematisch wie praktisch an erster Stelle die Frage nach dem **Gerichtsstand:** Welchen Staates Gerichte haben über den Rechtsstreit zu befinden? Die sog. **Internationale Zuständigkeit** ist damit der örtlichen Zuständigkeit vorgelagert.[1]

2 Die Regelung der Internationalen Zuständigkeit kann auf unterschiedliche Weise erfolgen: Common law-Rechtsordnungen unterscheiden zwar in der Theorie zwischen Internationaler Zuständigkeit und der Frage nach dem anwendbaren Recht, führen aber regelmäßig beide Fragen unter dem Gesichtspunkt der ***jurisdiction*** zusammen. Wo die Anwendbarkeit des eigenen Rechts bejaht wird, wird die entsprechende *personal jurisdiction* angenommen;[2] umgekehrt ist die Anwendbarkeit ausländischen Rechts ein hinreichender Grund zur Klagabweisung, weil sich das angerufene Gericht als *forum non conveniens* (dazu sogl.) betrachtet.[3] Auch im deutschsprachigen Rechtsraum

[1] Zur Notwendigkeit einer gedanklichen Trennung vgl. Zöller/*Geimer* IZPR Rdn. 38.
[2] Nachw. bei *Jaspers,* Forum shopping in England und Deutschland, 1990, S. 22.
[3] Nachw. bei *Berger,* Zuständigkeit und Forum Non Conveniens im amerikanischen Zivilprozess, RabelsZ 41 (1977), 39, 62.

wird die Problematik auf durchaus verschiedene Weise angegangen. So enthält das schweizerische IPR-Gesetz[4] für sämtliche Kollisionsnormbereiche **Sondervorschriften** zur Regelung der Internationalen Zuständigkeit. Für Klagen aus unerlaubter Handlung gilt Art. 129 IPRG.[5] Das autonome österreichische[6] wie das deutsche IPR enthalten demgegenüber keine Sondervorschriften zur Zuständigkeit. Beide gehen vom Grundsatz der ***lex fori* des Prozessrechts** aus, d. h. jedes Gericht wendet im Grundsatz sein eigenes Prozessrecht an.[7] Auf dieser Grundlage sind die Vorschriften zur örtlichen Zuständigkeit **doppelfunktional:**[8] Ist ein Gericht im Geltungsbereich des UWG örtlich zuständig,[9] so begründet dies zugleich seine Internationale Zuständigkeit.

Die nach den Grundsätzen der §§ 12 ff. ZPO bzw. der Sonderregelung in § 14 UWG festgestellte Internationale Zuständigkeit wird nicht etwa dadurch beseitigt, dass es im Inland an einer **Vollstreckungsmöglichkeit** mangelt, oder dass im Inland kein Feststellungsinteresse besteht.[10] Die im Common Law anerkannte Lehre vom ***forum non conveniens***[11] ist auf das deutsche Recht **nicht übertragbar.** 3

Aufgrund des **Vorrangs des Europarechts**[12] werden die allgemeinen Regeln über die Internationale Zuständigkeit innerhalb der EU durch die Sondervorschriften der seit dem 10. Januar 2015 anzuwendenden **Verordnung (EG) Nr. 1215/2012 über die gerichtliche Zuständigkeit und die Anerkennung und Vollstreckung von Entscheidungen in Zivil- und Handelssachen**[13] (im Folgenden: **EuGVVO**) verdrängt. Diese Verordnung löste die Vorgängerregelung aus dem Jahr 2001[14] ab.[15] 4

Die EuGVVO 2001 entstand durch die „Vergemeinschaftung“[16] des **Übereinkommens von Brüssel von 1968** über die gerichtliche Zuständigkeit und die Vollstreckung gerichtlicher Entscheidungen in Zivil- und Handelssachen[17] (im folgenden: **EuGVÜ**). Diesem Umstand verdankt sie ihre bis heute verbreitete Bezeichnung als „Brüssel (I)-Verordnung“.[18] Nicht-Mitgliedstaaten der EWG war freilich bereits unter der Geltung des Brüsseler Übereinkommens der Beitritt verwehrt gewesen. Im Jahr 1981 wurden deshalb Verhandlungen zwischen den damals insgesamt achtzehn Mitgliedstaaten von EG und EFTA aufgenommen, die mit dem **Übereinkommen von Lugano**[19] (im Folgenden: Lugano-Übereinkommen; **LugÜ**) endeten. Ihm gehörten die EU-Mitgliedstaaten, die EFTA-Vertragsstaaten Schweiz, Island und Norwegen (nicht aber Liechtenstein!) sowie Polen an. Das Lugano-Übereinkommen war weitestgehend inhaltsgleich dem EuGVÜ. Es handelte sich um ein sog. **„Parallelabkommen“.** Abweichungen[20] ergaben sich allerdings aus dem Umstand, 5

---

[4] Bundesgesetz über das internationale Privatrecht (IPRG) vom 18. Dezember 1987 (Stand am 1. Januar 2011), SR 291.

[5] Vgl. dazu *Baudenbacher/Glöckner* Art. 12 Rdn. 29 ff.

[6] Vgl. nur *Fasching,* Zivilprozessrecht, 2. Aufl. 1990, Rdn. 76.

[7] Zöller/*Geimer* IZPR Rdn. 1; *Kropholler* IPR, § 56 IV, S. 595.

[8] OLG Stuttgart GRUR 1987, 925 – *expo data;* Zöller/*Geimer* IZPR Rdn. 37; *Kropholler* IPR, § 58 II, S. 609 ff.; Staudinger/*Fezer/Koos* IntWirtschR Rdn. 813: analoge Anwendung der Vorschriften über die örtliche Zuständigkeit mit bloßer Indizwirkung.

[9] Dazu und zur Konkretisierung des besonderen Gerichtsstandes der unerlaubten Handlung gem. § 32 ZPO („Gericht, in dessen Gericht die Handlung begangen ist“), vgl. u. *Retzer* § 14 Rdn. 59 ff., 82 ff.

[10] Zöller/*Geimer* IZPR Rdn. 48, 49.

[11] Vgl. dazu *Schack,* Einführung in das US-amerikanische Zivilprozessrecht, 4. Aufl. 2011, Rdn. 82 ff.; *Erwand,* Forum non conveniens und EuGVÜ, 1996, passim.

[12] EuGH EuR 1966, 360 – *Costa ./. ENEL,* Slg. 1964, 1253.

[13] Verordnung (EU) Nr. 1215/2012 des Europäischen Parlaments und des Rates vom 12. Dezember 2012 über die gerichtliche Zuständigkeit und die Anerkennung und Vollstreckung von Entscheidungen in Zivil- und Handelssachen (Neufassung), ABl. 2012 Nr. L 351/1.

[14] Verordnung (EG) Nr. 44/2001 des Rates vom 22. Dezember 2000 über die gerichtliche Zuständigkeit und die Anerkennung und Vollstreckung von Entscheidungen in Zivil- und Handelssachen, ABl. 2001 Nr. L 12/1.

[15] Zu den Neuerungen vgl. *Alio* NJW 2014, 2395.

[16] Vgl. dazu den Vorschlag für eine Verordnung (EG) des Rates über die gerichtliche Zuständigkeit und die Anerkennung und Vollstreckung von Entscheidungen in Zivil- und Handelssachen, KOM (99) 348 endg., Tz. 1.2.; *Kropholler/v. Hein* Einl EuGVO Rdn. 22.

[17] Übereinkommen von Brüssel von 1968 über die gerichtliche Zuständigkeit und die Vollstreckung gerichtlicher Entscheidungen in Zivil- und Handelssachen, ABl. 1972 Nr. L 299/32.

[18] Z. B. <https://e-justice.europa.eu/content_brussels_i_regulation_recast-350-de.do>, site zul. besucht am 27.1.2016.

[19] Übereinkommen über die gerichtliche Zuständigkeit und die Vollstreckung gerichtlicher Entscheidungen in Zivil- und Handelssachen. Abgeschlossen in Lugano am 16. September 1988, BGBl 1994 II, S. 2658. Vgl. den Überblick von *Jametti Greiner* ZBJV 128 (1992), 42; *Baudenbacher/Glöckner* Art. 12 Rdn. 9 ff.

[20] Zum „Lugano-Konvergenzsystem“ vgl. im Einzelnen *Jayme/Kohler* IPRax 1997, 385, 397. Zu den früher bestehenden Unterschieden im Detail *Kohlegger* ÖJZ 1999, 41 ff.

dass das EuGVÜ mit den Beitrittsübereinkommen z. T. geändert wurde. In den Jahren 1998–1999 wurden Bestrebungen unternommen, beide Übereinkommen zu novellieren. Die EuGVVO 2001 setzte die Ergebnisse dieser Vorarbeiten weitgehend um.[21]

6 Die Änderungen wurden anschließend in eine revidierte Fassung des Lugano-Übereinkommen übernommen. Ein materieller Konsens wurde zwar früh erzielt. In formaler Hinsicht bestand aber auf der Seite der EG-Mitgliedstaaten zunächst Unklarheit über die Zuständigkeit zum Abschluss einer solchen Änderungsvereinbarung nach der Vergemeinschaftung dieses Politikbereichs. Diesbezüglich erstattete der EuGH am 7. Februar 2006 ein **Gutachten** und bejahte die **ausschließliche Zuständigkeit der Gemeinschaft.**[22]

7 Auf dieser Grundlage wurde am 30. Oktober 2007 in Lugano das **revidierte Übereinkommen von Lugano (im Folgenden: Revidiertes Lugano-Übereinkommen; RLugÜ)** über die gerichtliche Zuständigkeit und die Anerkennung und Vollstreckung von Entscheidungen in Zivil- und Handelssachen unterzeichnet.[23] Nach der Ratifizierung durch die Schweiz trat das Revidierte Lugano-Übereinkommen[24] **am 1. Januar 2011 in Kraft. Es entspricht im Wesentlichen, insbesondere der Artikelzählung, der EuGVVO 2001.**

8 Der allgemein anerkannte **Vorrang** der im **Revidierten Lugano-Übereinkommen** enthaltenen Gerichtsstandsregelungen[25] ergibt sich aus Art. 3 Nr. 2 EGBGB, der auch auf die im EGBGB selbst nicht geregelte Frage der Internationalen Zuständigkeit anzuwenden ist, da die Doppelfunktionalität der nationalen Gerichtsstandsregeln auf dem Grundsatz der *lex fori* des Prozessrechts und damit einer ebenfalls kollisionsrechtlichen Regel beruht. Im folgenden werden wegen ihres Vorranges zunächst die Vorschriften von EuGVVO und Revidiertem Lugano-Übereinkommen kommentiert. Darauf folgen Ausführungen zur Internationalen Zuständigkeit nach den allgemeinen Grundsätzen.

2. Internationale Zuständigkeit gem. EuGVVO/RLugÜ

9 **a) Territorialer Geltungsbereich von EuGVVO, EuGVÜ und RLugÜ.** EU-Verordnungen gelten für alle Mitgliedstaaten. Davon macht die **EuGVVO** allerdings auf den ersten Blick eine Ausnahme, die auf das Konzept der Vergemeinschaftung der ursprünglich unter Art. 220 EGV abgeschlossenen völkerrechtlichen Verträge zurückzuführen ist. **Dänemark** beteiligte sich gemäß den Art. 1 und 2 des dem EU-Vertrag und dem EG-Vertrag beigefügten Protokolls über die Position Dänemarks[26] nicht an der Annahme dieser Verordnung. Sie ist deshalb für Dänemark unionsrechtlich nicht bindend und ihm gegenüber nicht anwendbar. Für die Beziehungen zwischen Dänemark und den durch diese Verordnung gebundenen Mitgliedstaaten galt daher zunächst allein das EuGVÜ in Verbindung mit dem Protokoll von 1971, vgl. EGr. 21 ff. EuGVVO a. F. Inzwischen wird die Frage nach der Internationalen Zuständigkeit nunmehr allerdings **innerhalb der Europäischen Union** wieder **einheitlich** geregelt, nachdem **Dänemark** sich in dem am 1. Juli 2007 in Kraft getretenen **Abkommen** vom 19. Oktober 2005 zwischen der Europäischen Gemeinschaft und dem Königreich Dänemark über die gerichtliche Zuständigkeit und die Anerkennung und Vollstreckung von Entscheidungen in Zivil und Handelssachen der Geltung der EuGVVO 2001 anschloss.[27] Dasselbe gilt für die aktuelle EuGVVO.[28]

10 Im Verhältnis der Mitgliedstaaten der EU zu Nicht-Mitgliedstaaten, die dem LugÜ bzw. RLugÜ beigetreten sind, das sind **Island, Liechtenstein, Norwegen und die Schweiz,** sowie schließlich

---

[21] *Kropholler/v. Hein* Einl EuGVO Rdn. 21, 23. Zu den materiellen Veränderungen vgl. *Kropholler/v. Hein* Einl EuGVO Rdn. 24 ff.

[22] EuGH v. 7.2.2006, Gutachten 1/03, Slg. 2006, I-1145. Vgl. dazu *Bischoff* EuZW 2006, 295; Anm. *Lavranos* CML Rev. 2006, 1087.

[23] Beschluss 2007/712/EG des Rates vom 15. Oktober 2007 über die Unterzeichnung – im Namen der Gemeinschaft – des Übereinkommens über die gerichtliche Zuständigkeit und die Anerkennung und Vollstreckung von Entscheidungen in Zivil- und Handelssachen, ABl. 2007 Nr. L 339/1.

[24] Übereinkommen über die gerichtliche Zuständigkeit und die Anerkennung und Vollstreckung von Entscheidungen in Zivil- und Handelssachen – Protokoll 1 über bestimmte Zuständigkeits-, Verfahrens- und Vollstreckungsfragen – Protokoll 2 über die einheitliche Auslegung des Übereinkommens und den ständigen Ausschuss, ABl. 2007 Nr. L 339/3.

[25] Er wird zumeist ohne Begründung bejaht, z. B. OLG München NJW 1982, 1951; *Ohly*/Sosnitza Einf B Rdn. 5; *Brannekämper* WRP 1994, 661.

[26] Konsolidierte Fassungen des Vertrags über die Europäische Union und des Vertrags über die Arbeitsweise der Europäischen Union – Protokoll 22 über die Position Dänemarks, ABl. 2012 Nr. C 326/299.

[27] ABl. 2005 Nr. L 299/62. Vgl. im Einzelnen *Nielsen* IPRax 2007, 506.

[28] Abkommen zwischen der Europäischen Gemeinschaft und dem Königreich Dänemark über die gerichtliche Zuständigkeit und die Anerkennung und Vollstreckung von Entscheidungen in Zivil- und Handelssachen, ABl. 2013 Nr. L 79/4.

für das Verhältnis der RLugÜ-Vertragsstaaten untereinander gilt das RLugÜ. Das RLugÜ ist gem. Art. 70 Abs. 1 lit. c als offenes Abkommen konzipiert, d.h. der Beitritt steht auch Staaten offen, die weder EU- noch EFTA-Mitgliedstaaten sind.

Werden beispielsweise Schweizer Gerichte mit der Frage ihrer Internationalen Zuständigkeit im Verhältnis zu einem EU-Mitgliedstaat befasst, so wenden sie selbstverständlich allein das RLugÜ an, da sie durch die EuGVVO nicht gebunden sind. Im umgekehrten Fall, etwa einer deutsch-schweizerischen Rechtsstreitigkeit vor deutschen Gerichten, wären demgegenüber *a priori* an sich beide Regimes anwendbar. Ihr Verhältnis wird durch Art. 64 Abs. 2 lit. a RLugÜ, 73 Abs. 1 EuGVVO geregelt. Danach bestimmt sich die Internationale Zuständigkeit nach dem RLugÜ, wenn der Beklagte seinen Wohnsitz im Hoheitsgebiet eines Staates hat, in welchem zwar das RLugÜ, nicht aber die EuGVVO gilt, oder wenn die Gerichte eines solchen Vertragsstaates nach den Art. 22 oder 23 zuständig sind. Für die EU-Mitgliedstaaten gilt diese Normierung gem. Art. 68 Abs. 2 EuGVVO nunmehr als Verweis auf die Verordnung. Demgegenüber bleibt es gem. Art. 64 Abs. 1 RLugÜ bei der Anwendung der EuGVVO, wenn die in der EuGVVO enthaltenen Anknüpfungsmerkmale in einem EU-Mitgliedstaat verwirklicht sind, also wenn beispielsweise ein in Frankreich wohnhafter Schweizer in Deutschland verklagt werden soll.[29] 11

b) Gleichlauf von EuGVVO und RLugÜ. Seit dem Lissabon-Vertrag sind innerhalb der EU alle Gerichte gem. Art. 267 AEUV berechtigt, dem EuGH Fragen zur Auslegung der EuGVVO zur Vorabentscheidung vorzulegen. Für die Vertragsstaaten des LugÜ kommt ein Vorlageverfahren zwar nicht in Frage. Um den mit unterschiedlichen Auslegungen der Bestimmungen verbundenen Verlust der angestrebten Harmonisierung zu vermeiden, wurde aber das **Protokoll Nr. 2 über die einheitliche Auslegung des Übereinkommens**[30] vereinbart, dessen Art. 1 nunmehr vorsieht: 12

> „1. Jedes Gericht, das dieses Übereinkommen anwendet und auslegt, trägt den Grundsätzen gebührend Rechnung, die in maßgeblichen Entscheidungen von Gerichten der durch dieses Übereinkommen gebundenen Staaten sowie in Entscheidungen des Gerichtshofs der Europäischen Gemeinschaften zu den Bestimmungen dieses Übereinkommens oder zu ähnlichen Bestimmungen des Lugano-Übereinkommens von 1988 und der in Artikel 64 Absatz 1 dieses Übereinkommens genannten Rechtsinstrumente entwickelt worden sind."

Zur Durchführung des in Protokoll Nr. 2 angelegten Verfahrens haben die Vertragsstaaten gem. Art. 3 ein System zum **Austausch von Informationen** über die in Anwendung des LugÜ ergangenen Entscheidungen letztinstanzlicher Gerichte und des Gerichtshofs der Europäischen Gemeinschaften sowie anderer besonders wichtiger, rechtskräftig gewordener Entscheidungen eingerichtet. Zur Sicherung einer einheitlichen Rechtsprechung und der parallelen Auslegung von LugÜ bzw. RLugÜ und EuGVVO wurde ferner gem. Art. 4 Protokoll Nr. 2 zum Lugano-Übereinkommen ein **„Ständiger Ausschuss"** eingerichtet. Im Rahmen dieses „Ständigen Ausschusses" findet jährlich ein **Meinungsaustausch** über die Entwicklung der Rechtsprechung statt. Als zusätzliche Maßnahme hat der Ständige Ausschuss beschlossen, dass regelmäßig ein **Bericht** über diese Rechtsprechung erstellt wird, der sie analysiert und insbesondere bestehende oder sich abzeichnende Auslegungsdivergenzen aufzeigt. Die Berichte werden im Internet[31] zugänglich gemacht und in der Schweizerischen Zeitschrift für internationales und europäisches Recht (SZIER) publiziert. Online werden mitgliedstaatliche Entscheidungen zur EuGVVO auf der website von unalex bereitgehalten.[32] 13

„Rechnung tragen" soll nach einer Auffassung auf jeden Fall weniger bedeuten als „beachten".[33] Es gebe keine Bindung der nationalen Gerichte an die einschlägigen Entscheidungen des EuGH zum EuGVÜ und umgekehrt. Jedoch bestehe zumindest der Zwang, sich mit den tragenden Gründen von präjudiziellen EuGH-Entscheidungen auseinanderzusetzen und diese Gründe in die eigene Entscheidung der Rechtsfrage einzustellen. Dabei genüge es nicht, einfach auf das entsprechende Präjudiz des EuGH hinzuweisen und dann ein abweichendes Urteil zu fällen. Vielmehr sollen die nationalen Gerichte Gründe und Faktoren nennen, die eine Entscheidung gegen das Präjudiz tragen.[34] Dabei soll es weniger auf das konkrete Ergebnis der Auslegung durch den EuGH als 14

---

[29] Vgl. im Einzelnen *Kropholler/v. Hein* Einl EuGVO Rdn. 101.

[30] Protokoll Nr. 2 über die einheitliche Auslegung des Übereinkommens, dem Übereinkommen über die gerichtliche Zuständigkeit und die Vollstreckung gerichtlicher Entscheidungen in Zivil- und Handelssachen. Geschlossen in Lugano am 16. September 1988, ABl. 1988 Nr. L 319/9, 29, beigefügt. Abgedr. auch bei *Kropholler/v. Hein* Textanhang III.

[31] < https://www.bj.admin.ch/bj/de/home/wirtschaft/privatrecht/lugue-2007/rechtsprechung.html>, (site zul. besucht am 10.12.2015).

[32] < http://www.unalex.eu/Default.aspx>, (site zul. besucht am 10.12.2015).

[33] *Heerstraßen* RIW 1993, 179, 181 ff.

[34] *Heerstraßen* RIW 1993, 179, 182; *Tebbens* in: Europäisches Kollisionsrecht, S. 49, 53, mit einem Hinweis auf die Materialien zum Lugano-Übereinkommen.

vielmehr auf die „Grundsätze" seiner Entscheidung, d.h. die zugrundeliegenden Überlegungen, ankommen.[35] Eine abschließende Definition des „gebührend Rechnung Tragens" ist jedoch nicht möglich.[36] „Richterliche Überzeugungsbildung als psychologischer Prozess lässt sich innerhalb des Rahmens, der von den Eckdaten des positiven Rechts und der hierarchischen Ordnung der Gerichtsverfassung bestimmt wird, kaum messbar steuern."[37] Von allen Hinweisen ist daher allein die Ermahnung zur Offenlegung der tragenden Erwägungen weiterführend.

15 **c) Grundstruktur von EuGVVO und RLugÜ.** Personen, die ihren **Wohnsitz** im Hoheitsgebiet eines Mitglieds- bzw. Vertragsstaates haben,[38] können nur vor den Gerichten **dieses Staates** verklagt werden – *actor sequitur forum rei,* Art. 4 EuGVVO, Art. 2 RLugÜ **(allgemeiner Gerichtsstand).** Der Begriff des Wohnsitzes wird aber nicht autonom europarechtlich definiert, sondern ist kollisionsrechtlich nach Art. 62 Abs. 2 EuGVVO, Art. 59 RLugÜ zu bestimmen. Ein deutsches Zivilgericht hat also die §§ 7ff. BGB anzuwenden. Bei juristischen Personen und Gesellschaften tritt gem. Art. 63 EuGVVO, Art. 60 RLugÜ der Sitz an die Stelle des Wohnsitzes. Anders als bei natürlichen Personen wird bei ihnen der Sitz durch die Verordnung selbst als satzungsmäßiger Sitz (Art. 63 Abs. 1 lit. a EuGVVO), als Hauptverwaltung (Art. 63 Abs. 1 lit. b EuGVVO)[39] oder als Hauptniederlassung (Art. 63 Abs. 1 lit. c EuGVVO)[40] definiert. Dieser Gerichtsstand darf ihnen von Europarechts wegen nicht durch den Einwand des *forum non conveniens* genommen werden.[41] Vor den Gerichten eines anderen Mitglieds- bzw. Vertragsstaates können sie nur verklagt werden, wenn einer der in der EuGVVO bzw. im RLugÜ genannten **besonderen Gerichtsstände** besteht, Art. 5 EuGVVO, Art. 3 RLugÜ. Überdies werden bestimmte Gerichtsstände des nationalen Rechts ausdrücklich ausgeschlossen. In Deutschland war dies bisher der Gerichtsstand des Vermögens gem. § 23 ZPO, in Österreich der Gerichtsstand des Vermögens gem. § 99 der Jurisdiktionsnorm[42] und in der Schweiz der Gerichtsstand des Arrestortes gem. Art. 4 chIPRG, vgl. Art. 3 Abs. 2 i.V.m. Anh. I EuGVVO a.F./RLugÜ. Eine neue Liste der gem. Art. 5 Abs. 2 EuGVVO notifizierten Zuständigkeitsregeln wurde noch nicht bekanntgemacht. Im einzelnen kommen bei Wettbewerbsverletzungen folgende Gerichtsstände in Betracht.

15a **d) Gerichtsstand des Erfüllungsortes, Art. 7 Nr. 1 EuGVVO/Art. 5 Nr. 1 RLugÜ**

„**Artikel 7 EuGVVO, Artikel 5 RLugÜ**

Eine Person, die ihren Wohnsitz im Hoheitsgebiet eines Mitgliedstaats[43] hat, kann in einem anderen Mitgliedstaat[44] verklagt werden …

1. a) wenn ein Vertrag oder Ansprüche aus einem Vertrag den Gegenstand des Verfahrens bilden, vor dem Gericht des Ortes, an dem die Verpflichtung erfüllt worden ist oder zu erfüllen wäre;

Bei Wettbewerbsverletzungen werden nur selten Verträge zwischen den Parteien zur Begründung eines besonderen Gerichtsstandes herangezogen werden können. In Betracht zu ziehen ist dies jedoch insbesondere bei Unterwerfungserklärungen. Verletzt ein ausländischer Marktteilnehmer seine gegenüber einem deutschen Mitbewerber oder Verband abgegebene Unterwerfungserklärung, so sind die deutschen Gerichte für die Klage auf die vereinbarte Vertragsstrafe nicht zuständig. Der Erfüllungsort wird auf der Grundlage von Art. 7 Nr. 1 lit. a EuGVVO nach der *lex causae* bestimmt. Ist auf den Vertrag deutsches Sachrecht anzuwenden, so werden, bei Unterwerfungsvereinbarungen, die bis zum 17.12.2009 geschlossen wurden, auf der Grundlage von Art. 28ff. EGBGB, für jüngere Unterwerfungsvereinbarungen auf der Grundlage von Art. 3, 4 Rom I-VO deutsches Recht auf

---

[35] Wegen der Vielzahl der im Geltungsbereich des LugÜ möglicherweise einschlägigen Präjudizien soll die Berücksichtigungspflicht weitgehend auf die Höchstgerichte der Lugano-Staaten beschränkt werden, *Tebbens* in: Europäisches Kollisionsrecht, S. 49, 53ff.

[36] Bereits *Baudenbacher/Glöckner* Art. 12 Rdn. 13.

[37] *Kohler* in: Internationales Zivilverfahrensrecht, S. 11, 21. Vgl. dazu auch *Baudenbacher,* Some Remarks on the Method of Civil Law, 1999 Tex. Int. L.J. 333, 358.

[38] Vgl. dazu EuGH v. 15.3.2012, Rs. C-292/10 – *de Visser,* noch nicht in Slg., Rdn. 37ff. = GRUR Int. 2012, 544.

[39] Maßgebend ist der Ort, an dem die Willensbildung und die eigentliche unternehmerische Leitung der Gesellschaft erfolgt, vgl. BGH NJW-RR 2008, 551; BAG AP § 38 ZPO Nr. 22 Rdn. 16.

[40] Gemeint ist der Mittelpunkt der geschäftlichen Tätigkeit, an dem auch die personellen und sachlichen Mittel konzentriert sind, vgl. BAG RIW 2010, 232, 234, Rdn. 33ff.

[41] EuGH EuZW 2005, 345 – *Owusu./.Jackson,* Slg. 2005, I-1383 Rdn. 37ff.

[42] Gesetz vom 1. August 1895 über die Ausübung der Gerichtsbarkeit und die Zuständigkeit der ordentlichen Gerichte in bürgerlichen Rechtssachen (Jurisdiktionsnorm), RGBl. Nr. 111/1895, zul. geändert BGBl. I Nr. 128/2004.

[43] Das RLugÜ formuliert „durch dieses Übereinkommen gebundenen Staates".

[44] Das RLugÜ formuliert „durch dieses Übereinkommen gebundenen Staat".

den Unterlassungsvertrag anzuwenden. Die Abfassung der Unterwerfungsverpflichtung in deutscher Sprache, ihre Anknüpfung an die einschlägigen Regeln des deutschen gewerblichen Rechtsschutzes sowie ihr territorialer Bezug legen entweder bereits eine konkludente Wahl deutschen Rechts nahe oder begründen eine offensichtlich engere Beziehung zum deutschen Recht. Nach diesem ist auch der Erfüllungsort zu bestimmen. Die Zahlungspflicht teilt als Nebenpflicht das Schicksal der Hauptpflicht in Gestalt der geschuldeten Unterlassung. Obgleich die Unterlassung in Deutschland geschuldet war, kann auf dieser Grundlage kein Erfüllungs-„ort" ermittelt werden, da sich die Unterlassungsverpflichtung auf das gesamte Territorium bezieht. Zurückzugreifen ist daher auf den Sitz des Unterlassungsschuldners. Die internationale Zuständigkeit folgt auch nicht aus Art. 7 Nr. 2 EuGVVO. Der Anspruch auf Zahlung einer Vertragsstrafe ist weder ein Anspruch aus einer unerlaubten Handlung noch ein Anspruch aus einer Handlung, die einer unerlaubten Handlung gleichgestellt ist.[45] Ohne gesonderte Erfüllungsorts- oder Gerichtsstandsvereinbarung wird keine Zuständigkeit begründet.[46]

e) Gerichtsstand des Begehungsortes, Art. 7 Nr. 2 EuGVVO/Art. 5 Nr. 3 RLugÜ

„Artikel 7 EuGVVO, Artikel 5 RLugÜ

Eine Person, die ihren Wohnsitz im Hoheitsgebiet eines Mitgliedstaats[47] hat, kann in einem anderen Mitgliedstaat[48] verklagt werden …

2.[49] wenn eine unerlaubte Handlung oder eine Handlung, die einer unerlaubten Handlung gleichgestellt ist, oder wenn Ansprüche aus einer solchen Handlung den Gegenstand des Verfahrens bilden, vor dem Gericht des Ortes, an dem das schädigende Ereignis eingetreten ist oder einzutreten droht;"[50]

aa) Unerlaubte Handlung. Der Begriff der **unerlaubten Handlung** in Art. 7 Nr. 2 EuGVVO, Art. 5 Nr. 3 RLugÜ ist **autonom auszulegen.**[51] Er dient als Kriterium zur Abgrenzung des Anwendungsbereichs einer der besonderen Zuständigkeitsregeln, auf die der Kläger zurückgreifen kann. Bei seiner Auslegung im Rahmen der Anwendung der EuGVVO bzw. des RLugÜ müssen in erster Linie deren jeweilige Systematik und die verfolgten Zwecke berücksichtigt werden, damit deren volle Wirksamkeit sichergestellt wird.[52] Nach ständiger Rechtsprechung bezieht sich der Begriff „eine unerlaubte Handlung oder eine Handlung, die einer unerlaubten Handlung gleichgestellt ist" im Sinne von Art. 7 Nr. 2 EuGVVO, Art. 5 Nr. 3 EuGVÜ auf alle Klagen, mit denen eine Schadenshaftung des Beklagten geltend gemacht wird und die **nicht an einen „Vertrag"** im Sinne von Art. 7 Nr. 1 EuGVVO, Art. 5 Nr. 1 RLugÜ anknüpfen.[53] In der Rechtssache *Henkel* hat der EuGH ausgeführt, dass der Begriff des „schädigenden Ereignisses" in Art. 5 Nr. 3 EuGVÜ weit zu verstehen sei und im Bereich des Verbraucherschutzes nicht nur Sachverhalte erfasse, in denen ein Einzelner einen individuellen Schaden erleide, sondern u. a. auch Angriffe auf die Rechtsordnung durch die Verwendung missbräuchlicher Klauseln.[54] Vor diesem Hintergrund muss davon ausgegangen werden, dass **unlauterer Wettbewerb**[55] und die **Verletzung von Immaterialgüterrechten**[56] ebenfalls unerlaubte Handlungen im Sinne der Vorschrift sind, wie die Gerichte der Mitglied- bzw. Vertragsstaaten bereits angenommen haben. Weiter gestützt wird diese Annahme durch die Regelung in Art. 6 Rom II-VO (vgl. dazu o. Einl C Rdn. 18 ff., 96 ff.), da sich ausweislich deren Begründung die Rechtsakte zur Harmonisierung des Internationalen Privatrechts in Zivil- und Handelssachen ergänzen sollen.[57] 16

---

[45] KG IPRax 2015, 90, 92, und dazu *Thole* IPRax 2015, 65.

[46] Vgl. dazu *Mankowski* WRP 2015, 554.

[47] Das RLugÜ formuliert „durch dieses Übereinkommen gebundenen Staates".

[48] Das RLugÜ formuliert „durch dieses Übereinkommen gebundenen Staat".

[49] Im RLugÜ handelt es sich noch um die Nr. 3.

[50] Im LugÜ fehlte die Tatbestandsalternative „oder einzutreten droht"; das RLugÜ verwendet dieselbe Formulierung wie die EuGVVO.

[51] EuGH NJW 1988, 3088 – *Kalfelis ./. Schröder,* Slg. 1988, 5579 Rdn. 15 ff.; EuZW 2002, 657 – *Henkel,* Slg. 2002, I-8111 Rdn. 35. Allg. EuGH GRUR 2012, 300 – *eDate Advertising,* Slg. 2011, I-10269 Rdn. 63; BGH GRUR 2012, 850 – *rainbow.at,* Rdn. 13.

[52] Ausdrücklich EuGH EuZW 1992, 447 – *Mario Reichert u. a. ./. Dresdner Bank AG,* Slg. 1992, I-2149 Rdn. 15.

[53] EuGH EuZW 2002, 657 – *Henkel,* Slg. 2002, I-8111 Rdn. 36 m. w. N.

[54] EuGH EuZW 2002, 657 – *Henkel,* Slg. 2002, I-8111 Rdn. 42.

[55] BGH GRUR 1988, 483 – *AGIAV;* GRUR 2005, 431, 432 – *Hotel Maritime;* WRP 2006, 736, 738 – *Arzneimittelwerbung im Internet;* BGH GRUR 2014, 601 – *englischsprachige Pressemitteilung,* Rdn. 16; *Kropholler/v. Hein* Art. 5 EuGVO Rdn. 74 m. w. N.

[56] EuGH v. 19.4.2012, Rs. C-523/10 – *Wintersteiger,* noch nicht in Slg., Rdn. 39 = GRUR 2012, 654; BGH GRUR 2005, 431, 432 – *Hotel Maritime;* LJ *Dillon* in *Molnlycke AB v. Procter & Gamble Ltd.,* [1992] 4 All ER 47, 52 (C. A.).

[57] Begründung, KOM (2003) 427 endg., S. 2.

17 Umstritten war die Einordnung **präventiver Klagen.**[58] Im Zuge der Revisionsarbeiten am Brüsseler Übereinkommen bzw. der EuGVVO 2001 wurde durch die Anfügung der Worte „... oder einzutreten droht" indes klargestellt, dass sie ebenfalls von Art. 7 Nr. 2 EuGVVO, Art. 5 Nr. 3 RLuGÜ erfasst werden. Der Wortlaut des Art. 5 Nr. 3 EuGVÜ bzw. LugÜ („... eingetreten ist") schien gegen eine Einbeziehung zu sprechen. Eine Abschichtung war indes bereits unter der Geltung des EuGVÜ nicht zweckmäßig.[59] Die Ergänzung des Wortlautes von Art. 5 Nr. 3 EuGVVO a. F. sollte daher nicht als konstitutive Änderung, sondern als bloße Klarstellung verstanden werden,[60] nicht zuletzt um den erwünschten Gleichlauf von EuGVVO und LugÜ (vgl. dazu o. Rdn. 12 ff.) sicherzustellen. Im Grundsatz sollte es insgesamt auch für vorbeugende Klagen bei der sachlich angemessenen Regelung des Art. 7 Nr. 2 EuGVVO, Art. 5 Nr. 3 RLugÜ bleiben.[61] In diesem Sinne hat sich der EuGH in der Rechtssache *Henkel* zur Auslegung des EuGVÜ geäußert.[62] Dementsprechend wurde die revidierte Fassung des LugÜ angepasst. Negative Feststellungsklagen werden nach der Entscheidung des EuGH in der Rechtssache *Folien Fischer* ebenfalls erfasst.[63]

18 Die gem. Art. 7 Nr. 2 EuGVVO, Art. 5 Nr. 3 RLugÜ zuständigen Gerichte sind im Fall materiellrechtlicher Anspruchskonkurrenz **ausschließlich befugt,** über die **deliktischen Anspruchsgrundlagen** zu entscheiden.[64] Davon werden zwar z. B. konkurrierende Ansprüche aus §§ 823, 826 BGB, Art. 41 Abs. 2 chOR, § 1295 öABGB ebenso wie quasi-negatorische Ansprüche aus dem Schutz absoluter Rechte[65] umfasst, nicht aber vertragliche oder bereicherungsrechtliche Anspruchsgrundlagen.[66] Die Begrenzung der Zuständigkeit kann also zu einer **Aufspaltung** des einheitlichen Prozessstoffs führen. Erklärt wird dieses missliche Ergebnis[67] mit dem **Ausnahmecharakter** des besonderen Gerichtsstandes gegenüber dem Regelfall des Wohnsitzgerichtsstandes.[68] Immerhin bleibt das Gericht der unerlaubten Handlung befugt, über **Vorfragen,** etwa ob eine deliktische Verletzungshandlung aufgrund einer vertraglichen Vereinbarung rechtmäßig ist, zu entscheiden.[69]

19 *bb) Ort des schädigenden Ereignisses.* Der EuGH legt auch die Wendung „Ort, an dem das schädigende Ereignis eingetreten ist" **vertragsautonom** aus und entnimmt ihr, dass sie sowohl den Ort des ursächlichen Geschehens, also den **Handlungsort,**[70] als auch den Ort der Verwirklichung des **Schadenserfolges** meine.[71] An dieser Stelle tritt daher das lauterkeitskollisionsrechtliche Grundproblem, das Verhältnis zwischen Handlungs-, Erfolgs- und Marktort (vgl. dazu o. Einl C Rdn. 100 ff.) in seiner prozessrechtlichen Ausprägung in Erscheinung. Offen ist bisher, ob im Rahmen des Gerichtsstandes nach Art. 7 Nr. 2 EuGVVO, 5 Nr. 3 RLugÜ **bei Wettbewerbsdelikten** ähnlich wie im Kollisionsrecht gem. Art. 6 Abs. 1 Rom II-VO eine **Konzentration** des Hand-

---

[58] Vgl. LG Bremen RIW 1991, C-416, das Berufungsurteil des OLG Bremen RIW 1992, 231, 233, sowie den Vorlagebeschluss des Bundesgerichtshofs, GRUR 1994, 530 – *Beta.* Die Sache war beim EuGH unter dem Aktenzeichen C-136/94 anhängig, ist aber später gestrichen worden, ABl. 1994 Nr. C 331/4. Vgl. dazu *Müller-Feldhammer* EWS 1998, 162 ff.

[59] Bereits *Baudenbacher/Glöckner* Art. 12 Rdn. 17.

[60] Ebenso der Vorschlag für eine Verordnung (EG) des Rates über die gerichtliche Zuständigkeit und die Anerkennung und Vollstreckung von Entscheidungen in Zivil- und Handelssachen, KOM (99) 348 endg., Erl. zu Art. 5. Anders demgegenüber HGer St.Gallen v. 16.8.2005, HG.2004.53.

[61] In diesem Sinne zu Art. 5 Nr. 3 RLugÜ BGH GRUR 2015, 1129 – *Hotelbewertungsportal,* Rdn. 12; MüKo-ZPO/*Gottwald* IZPR Art. 5 Rdn. 40.

[62] EuGH EuZW 2002, 657 – *Henkel,* Slg. 2002, I-8111 Rdn. 49.

[63] EuGH v. 25.10.2012, Rs. C-133/11 – *Folien Fischer,* noch nicht in Slg., Rdn. 55. Vgl. den Vorlagebeschluss des BGH WRP 2011, 605 Rn. 14 ff. – *Trägermaterial für Kartenformulare.*

[64] *Nagel/Gottwald* § 3 Rdn. 80.

[65] *Kropholler/v. Hein* Art. 5 EuGVO Rdn. 74; MüKo-ZPO/*Gottwald* IZPR Art. 5 Rdn. 38.

[66] EuGH NJW 1988, 3088 – *Kalfelis ./. Schröder,* Slg. 1988, 5565 Rdn. 17, 19; BGH GRUR 1988, 483, 485 – *AGIAV;* Kropholler/*von Hein* Art. 5 EuGVO Rdn. 75.

[67] Abl. insb. Kropholler/*von Hein* Art. 5 EuGVO Rdn. 79.

[68] EuGH NJW 1988, 3088 – *Kalfelis ./. Schröder,* Slg. 1988, 5565 Rdn. 19 ff.

[69] BGH GRUR 1988, 483, 485 – *AGIAV;* Kropholler/*von Hein* Art. 5 EuGVO Rdn. 80.

[70] Die wechselseitige Handlungsortszuständigkeit, die im deutschen Recht auf § 830 BGB gestützt werden kann, ist allerdings unter Art. 7 Nr. 2 EuGVVO ausgeschlossen. Wird die Internationale Zuständigkeit auf den Handlungsort gestützt, so muss der Beklagte selbst eine ursächliche Handlung innerhalb dieses Staates begangen haben, vgl. EuGH v. 16.5.2013, Rs. C-228/11 – *Melzer,* noch nicht in Slg., Rdn. 30 ff. = NJW 2013, 2099; EuGH v. 5.6.2014, Rs. C-360/12 – *Coty Germany,* noch nicht in Slg., Rdn. 50. Es bedarf in solchen Fällen eines Vorgehens über den Gerichtsstand der Streitgenossenschaft.

[71] EuGH NJW 1977, 493 – *Bier ./. Mines de Potasse d'Alsace,* Slg. 1976, 1735 Rdn. 25. Die nationalen Gerichte sind der EuGH-Rechtsprechung weitgehend gefolgt, vgl. Nachw. bei Kropholler/*von Hein* Art. 5 EuGVO Rdn. 83. Bestätigt in EuGH GRUR 2012, 300 – *eDate Advertising,* Slg. 2011, I-10269 Rdn. 63; v. 19.4.2012, Rs. C-523/10 – *Wintersteiger,* noch nicht in Slg., Rdn. 19 = GRUR 2012, 654.

lungs- bzw. Erfolgsorts **auf den Marktort** stattfindet. Die wohl überwiegende Meinung hat dies bislang abgelehnt:[72]

Der mit Art. 4 Rom II-VO verbundene **Ausschluss der Anknüpfung an den Handlungsort** lässt sich nur schwer auf die Internationale Zuständigkeit übertragen: Bereits der Wortlaut der einschlägigen Vorschriften legt eine unterschiedliche Auslegung nahe: Die EuGVVO erklärt den Ort des Eintritts des schädigenden **Ereignisses** für maßgeblich, wohingegen Art. 4 Abs. 1 Rom II-VO auf den Ort des Schadens**eintritts** abstellt und den Ort von **schadensbegründenden Ereignissen** ausdrücklich für **unbeachtlich** erklärt.[73] Auch der Gesetzgeber der Rom II-Verordnung war sich dieser Differenzierung bewusst: Für eine Erstreckung der Internationalen Zuständigkeit auf den Handlungsort gebe es die – vom EuGH in der Rechtssache *Bier* genannten – guten Gründe. Demgegenüber wurde die kollisionsrechtliche Reduktion der Anknüpfungsmomente auf den Schadensort mit dem Wunsch nach größerer Berechenbarkeit der Ergebnisse gerechtfertigt.[74] Zu einer Konzentration ließe sich insoweit nur gelangen, wenn – wie im deutschen Recht traditionell angenommen – von einem Zusammenfallen von Handlungs- und Erfolgsort im Marktort[75] ausgegangen würde, oder aber der Begehungsort selbst als der Ort betrachtet wird, an dem die kollektiven Verbraucherinteressen oder die Interessen der Mitbewerber beeinträchtigt werden.[76] 20

Im Hinblick auf die Bestimmung des **Schadensortes** erscheint demgegenüber vergleichsweise eindeutig die Ansicht vorzugswürdig, die eine **Konkretisierung unter Zugrundelegung des Maßstabes in Art. 6 Rom II-VO** vornimmt.[77] Sie kann neben Praktikabilitätserwägungen (weitgehender Ausschluss der Anwendung fremden Rechts; typischerweise größere Beweisnähe) vor allem unter systematischen und historischen Gesichtspunkten für sich in Anspruch nehmen, dass der jüngere Gesetzgeber der Rom II-Verordnung sich nicht nur ausdrücklich für eine einheitliche Auslegung ausgesprochen, sondern für diese einheitliche Auslegung Raum geschaffen hat, indem er die Sonderregelung in Art. 6 Rom II-VO ebenso ausdrücklich als bloße Präzisierung des Schadensortes gem. Art. 4 Abs. 1 Rom II-VO bezeichnet hat. Nichts spricht daher dagegen, den Schadensort gem. Art. 7 Nr. 2 EuGVVO, Art. 5 Nr. 3 RLugÜ in derselben Weise zu präzisieren. Im Gegenteil betont EGr. 7 Rom II-VO den **Einklang** der darin enthaltenen Kollisionsnormen **mit den Regelungen der EuGVVO.** Vor diesem Hintergrund sollte die Internationale Zuständigkeit bei Lauterkeitsverstößen zumindest unter Zugrundelegung des Schadensortes im Gleichlauf mit dem gem. Art. 6, 8 Rom II-VO anwendbaren Recht bestimmt werden. Der **Schadensort** ist bereits nach allgemeinen Grundsätzen nicht der Ort, an dem Vermögensfolgeschäden eintreten.[78] In Bezug auf Immaterialgüterrechtsverletzungen hat der EuGH klargestellt, dass die Verwirklichung des Schadenserfolgs in einem bestimmten Mitgliedstaat voraussetzt, dass das Recht, dessen Verletzung geltend gemacht wird, in diesem Mitgliedstaat auch geschützt ist.[79] Dieses Erfordernis ist auf die Fälle übertragbar, in denen es um den Schutz eines solchen Rechts durch ein innerstaatliches Gesetz gegen den unlauteren Wettbewerb geht, also insbesondere beim lauterkeitsrechtlichen Nachahmungsschutz.[80] Beim Wettbewerbsdelikt ist demgegenüber maßgeblich, an welchem **Marktort die Wettbewerbsposition** bzw. **kollektive Verbraucherinteressen** beeinträchtigt sind.[81] 20a

Die Rechtsprechung des EuGH in anderem Zusammenhang stützt die Annahme, dass der Ort des schädigenden Ereignisses **im Hinblick auf den Schutzzweck der verletzten Norm zu konkretisieren** ist. So wie bei einer Persönlichkeitsverletzung erforderlich ist, dass der Verletzte im Verbreitungsgebiet einer herabsetzenden Veröffentlichung bekannt ist,[82] ist bei einer geschäftlichen 21

---

[72] Z. B. LG Hamburg GRUR Int. 2002, 163 – *hotel-maritime.dk.* Vgl. die Darstellung des Streitstandes bei Staudinger/*Fezer/Koos* IntWirtschR Rdn. 791 ff., 804.

[73] Den Unterschied betont auch EuGH EuZW 2009, 608 – *Zuid-Chemie,* Slg. 2009, I-6917 Rdn. 28; v. 19.4.2012, Rs. C-523/10 – *Wintersteiger,* noch nicht in Slg., Rdn. 30 ff. = GRUR 2012, 654; *Sack* GRUR Int. 2012, 601, 602.

[74] Begründung, KOM (2003) 427 endg., S. 12.

[75] So etwa *Mankowski,* GRUR Int. 1999, 909, 910; *Sack* WRP 2000, 269, 272; GK/*Klass* Einl D Rdn. 194. Ähnlich zur EuGVVO Staudinger/*Fezer/Koos,* IntWirtschR Rn. 804.

[76] So etwa BGH GRUR 1991, 463, 464 – *Kauf im Ausland;* GRUR 1998, 419, 420 – *Werbegewinnspiel im Ausland.*

[77] Staudinger/*Fezer/Koos,* IntWirtschR Rn. 805; GK/*Halfmeier* Einl E Rdn. 181.

[78] EuGH EuZW 1995, 765 – *Marinari,* Slg. 1995, I-2719 Rdn. 14.

[79] EuGH v. 19.4.2012, Rs. C-523/10 – *Wintersteiger,* noch nicht in Slg., Rdn. 25 = GRUR 2012, 654; EuGH v. 3.10.2013, Rs. C-170/12 – *Pinckney,* noch nicht in Slg., Rdn. 33 = GRUR 2014, 100.

[80] EuGH v. 5.6.2014, Rs. C-360/12 – *Coty Germany,* noch nicht in Slg., Rdn. 55.

[81] Vgl. dazu ausführlich *Glöckner* WRP 2011, 137, 142 ff.

[82] EuGH GRUR Int. 1998, 298 – *Shevill,* Slg. 1995, I-415 Rdn. 29.

Handlung erforderlich, dass die Wettbewerbsbeziehungen oder die kollektiven Verbraucherinteressen an dem den Gerichtsstand vermeintlich begründenden Ort beeinträchtigt werden.[83] In verschiedenen Entscheidungen hat der EuGH die **besonders enge Beziehung** hervorgehoben, die aus Gründen einer geordneten Rechtspflege und einer sachgerechten Gestaltung des Prozesses eine Zuständigkeit der Gerichte am besonderen Gerichtsstand des Art. 7 Nr. 2 EuGVVO rechtfertigt.[84] Wird demgemäß tragend auf die Verfahrenseffizienz abgestellt, so wird bei Wettbewerbsverletzungen eine Zuständigkeit am Ort der Marktauswirkungen besonders nahe liegen.

22 In der Entscheidung *Hotel Maritime* nahm der Bundesgerichtshof ausdrücklich nur zum Erfolgsort der Kennzeichenverletzung Stellung.[85] In der späteren Entscheidung zur *Arzneimittelwerbung im Internet* wurde demgegenüber bei der Bestimmung des Gerichtsstandes gem. Art. 5 Nr. 3 EuGVÜ für einen Lauterkeitsverstoß ausdrücklich auf den Erfolgsort abgestellt, der sich aus den **bestimmungsgemäßen Auswirkungen des Internet-Auftritts** ergebe.[86] Der „Ort der Verwirklichung des Schadenserfolgs" im Sinne des Art. 7 Nr. 2 EuGVVO liege im Falle von Wettbewerbsverletzungen im Internet im Inland, wenn sich der Internetauftritt bestimmungsgemäß auf den inländischen Markt auswirken solle. In der Sache stellte der Bundesgerichtshof damit zwar auf dieselben Umstände ab wie bei der anschließenden kollisionsrechtlichen Prüfung, nämlich die bestimmungsgemäßen Auswirkungen. Während der Bundesgerichtshof diese bestimmungsgemäßen Auswirkungen im Rahmen der kollisionsrechtlichen Prüfung allerdings zur Bestimmung des Orts der wettbewerblichen Interessenkollision heranzog, begründet er damit im Rahmen der Internationalen Zuständigkeit sprachlich konservativ das Vorliegen eines Erfolgsorts.[87] Das Ergebnis befriedigt; eine eindeutig auf die Wertung des Art. 6 Abs. 1 Rom II-VO rekurrierende Begründung wäre allerdings umso wünschenswerter, als der Bundesgerichtshof in seinem Vorlagebeschluss in der Rechtssache *Trägermaterial für Kartenformulare* für Kartelldelikte bereits von einem Gleichklang der Erfolgsortbestimmung mit Art. 6 Abs. 3 Rom II-VO ausging.[88]

23 Daneben ist konsequenterweise auch im Rahmen der Frage nach der Internationalen Zuständigkeit zu klären, ob bei Wettbewerbshandlungen durch individuelle Behinderung als Ausnahme zur Marktortregel auf den Sitz des Geschädigten abzustellen ist.[89] Auf diesen kann jedenfalls nur bei mangelnder physischer Lokalisierbarkeit zurückgegriffen werden.[90]

24 Für die Sonderproblematik, welche sog. **„Distanzdelikte"** aufwerfen, bei denen Handlungs- und Erfolgsort auseinanderfallen, hatte der EuGH zunächst im Jahr 1976 in der Rechtssache *Mines de Potasse d'Alsace* die deliktische Zuständigkeit der Wahl des Klägers überlassen.[91] Artikel 5 Nr. 3 EuGVÜ wolle zum einen dem Verletzten einen zusätzlichen Gerichtsstand gewähren.[92] Zum anderen begründe bei einer unerlaubten Handlung je nach Sachlage sowohl der **Ort des ursächlichen Geschehens** als auch der Ort der **Verwirklichung des Schadenserfolges** eine kennzeichnende Verknüpfung für die gerichtliche Zuständigkeit.[93] Begrenzt wurde die Öffnung des Gerichtsstandes des Erfolgsorts durch die Regel, wonach der Ort des Schadenseintritts nicht auch am Wohnsitz oder Sitz eines nur mittelbar Geschädigten liege, sondern allein dort, wo das haftungsauslösende Ereignis den **unmittelbar** Betroffenen geschädigt habe.[94] Die in Art. 5 Nr. 3 EuGVÜ enthaltene Wendung „Ort, an dem das schädigende Ereignis eingetreten ist", ist dementsprechend so auszulegen, dass sie

[83] Ebenso *Nagel/Gottwald* § 3 Rdn. 86.

[84] EuGH v. 27.10.1998, Rs. C-51/97 – *Réunion Européenne ./. Spliethoff's,* Slg. 1998, I-6511 Rdn. 27; EuGH EuZW 2009, 608 – *Zuid-Chemie,* Slg. 2009, I-6917 Rdn. 24; EuGH GRUR 2012, 300 – *eDate Advertising,* Slg. 2011, I-10269 Rdn. 63; v. 19.4.2012, Rs. C-523/10 – *Wintersteiger,* noch nicht in Slg. Rdn. 18.

[85] BGH GRUR 2005, 431, 432 – *Hotel Maritime.*

[86] BGH WRP 2006, 736, 738 – *Arzneimittelwerbung im Internet;* BGH GRUR 2014, 601 – *englischsprachige Pressemitteilung,* Rdn. 24; BGH GRUR 2015, 1129 – *Hotelbewertungsportal,* Rdn. 12. Ähnlich OLG München IPRax 2009, 256 Rdn. 35 – *Salzburger Nachrichten.*

[87] Ähnlich auch *Lindacher* GRUR Int. 2008, 453, 454.

[88] BGH WRP 2011, 605 Rdn. 23 – *Trägermaterial für Kartenformulare.* Ebenso bereits OLG Hamburg GRUR-RR 2008, 31 juris-Rdn. 33.

[89] So etwa OGH v. 20.3.2007, 17 Ob 2/07d – *palettenbörse.com II.*

[90] GK/*Halfmeier* Einl E Rdn. 186.

[91] EuGH NJW 1977, 493 – *Bier ./. Mines de Potasse d'Alsace,* Slg. 1976, 1735 Rdn. 25. Die nationalen Gerichte sind der EuGH-Rechtsprechung weitgehend gefolgt, vgl. Nachw. bei Kropholler/*von Hein* Art. 5 EuGVO Rdn. 83. Bestätigt in EuGH GRUR 2012, 300 – *eDate Advertising,* Slg. 2011, I-10269 Rdn. 63; BGH GRUR 2014, 601 – *englischsprachige Pressemitteilung,* Rdn. 17.

[92] EuGH NJW 1977, 493 – *Bier ./. Mines de Potasse d'Alsace,* Slg. 1976, 1735 Rdn. 20/23. Das halten *Kreuzer/Klötgen* IPRax 1997, 90, 93, für die *ratio conventionis.*

[93] EuGH NJW 1977, 493 – *Bier ./. Mines de Potasse d'Alsace,* Slg. 1976, 1735 Rdn. 15/19; betont („entscheidender Grund") auch von Kropholler/*von Hein* Art. 5 EuGVO Rdn. 82.

[94] Kropholler/*von Hein* Art. 5 EuGVO Rdn. 87.

nicht den Ort bezeichnet, an dem der Geschädigte einen **bloßen Vermögensschaden** als Folge eines in einem anderen Vertragsstaat entstandenen und dort von ihm erlittenen Erstschadens erlitten zu haben behauptet.[95] Dieser Grundsatz stimmt mit der kollisionsrechtlichen Wertung auf der Grundlage des Marktortprinzips überein (vgl. dazu o. Einl C Rdn. 134f.).

Die Behandlung sog. **„Streudelikte“**[96] (auch **„multistate-Problematik“**; zur internationalprivatrechtlichen Dimension vgl. o. Einl C Rdn. 153ff.) wurde vom EuGH in den Rechtssachen *Fiona Shevill*[97] und *eDate Advertising*[98] geklärt: Der „France-Soir“ war von Frau Shevill wegen eines ehrverletzenden Artikels im Vereinigten Königreich verklagt worden, wohl weil das englische Recht bei Ehrverletzungen eine Schadensvermutung vorsieht. Allerdings wurden in England und Wales nur 230 Exemplare der Zeitung (bei einer Gesamtauflage von ca. 24000) verkauft. Der EuGH setzte seine ältere Rechtsprechung zwar fort, modifizierte sie aber zugleich deutlich: Grundsätzlich kann die Klage zunächst am **Ort des ursächlichen Geschehens** erhoben werden.[99] Kritikwürdig ist diesbezüglich allerdings die apodiktische Feststellung, das könne nur der Ort der Niederlassung des Herausgebers des Presseerzeugnisses sein.[100] Daneben hat der Verletzte eine Klagemöglichkeit an dem Ort, an dem sich der **Schadenserfolg** verwirklicht hat. Der Schadenserfolg verwirklicht sich dort, wo die **schädigenden Auswirkungen** zulasten des Verletzten eintreten. Im Fall einer grenzüberschreitenden Ehrverletzung durch Presseerzeugnisse tritt die Beeinträchtigung der Ehre und des Ansehens an all denjenigen Orten ein, an denen die Veröffentlichung verbreitet wird, wenn der Betroffene dort bekannt ist. Somit sind die Gerichte jedes Mitglied- bzw. Vertragsstaates zuständig, in dem die Veröffentlichung verbreitet wird und das Ansehen des Verletzten beeinträchtigt worden ist. Unerwünschtes *forum shopping* schließt der EuGH aus – und insoweit modifizierte er die *Potasse d'Alsace*-Rechtsprechung –, indem er die Rechtsverfolgung am Erfolgsort **gegenständlich** auf den **Umfang der in dem jeweiligen Staat eingetretenen Verletzung beschränkt**[101] (sog. **Mosaiktheorie**).[102] Wenn der Kläger seinen Gesamtschaden geltend machen wolle, müsse er die Klage entweder gem. Art. 2 EuGVÜ am Wohnsitz des Beklagten oder gem. Art. 5 Nr. 3 EuGVÜ am Verursachungsort erheben. Diese Rechtsprechung wurde in der Literatur beanstandet,[103] überzeugt aber durch ihr Ergebnis: Bei grenzüberschreitendem Marketing wird der Export der jeweils strengsten Rechtsordnung wirksam verhindert.[104] Eine Gesamtschadensliquidation unter dem schärfsten Statut ist jedenfalls nicht möglich.[105] 25

Angesichts der Vielzahl möglicher Erfolgsorte einerseits und der Schwere der Verletzung andererseits führte der EuGH in der Rechtssache *eDate Advertising* eine weitere Sonderregel für **Persönlichkeitsverletzungen im Internet** ein: Den **Gesamtschaden** kann der Verletzte bei Persönlichkeitsverletzungen durch Inhalte, die auf einer Website veröffentlicht worden sind, entweder am **(Wohn-)Sitz des Schädigers** oder bei den Gerichten des Mitgliedstaates, in dem sich der **Mittelpunkt seiner Interessen** befindet, geltend machen.[106] Letzteres Kriterium ermögliche sowohl dem Verletzten, ohne Schwierigkeiten festzustellen, welches Gericht er anrufen könne, als auch dem Beklagten vorauszusehen, vor welchem Gericht er verklagt werden könne.[107] An anderen Erfolgsorten bleibe es bei der begrenzten Kognitionsbefugnis der Gerichte. Der Erwägung der Cour d'appel de Liège, bei Schädigungen im Internet die Internationale Zuständigkeit gem. Art. 7 Nr. 2 EuGVVO, Art. 5 Nr. 3 RLugÜ auszuschließen, wenn eine Website „international“ ausgerichtet ist, einen Mitgliedstaat nur wie alle anderen erreichten Zielstaaten betrifft und eine objektiv geringe Be- 25a

---

[95] EuGH EuZW 1995, 765 – *Marinari,* Slg. 1995, I-2719 Rdn. 14ff. Auch kann nicht davon ausgegangen werden, dass bei bloßen Vermögensschäden ein Erfolgsort stets am Wohnort des Geschädigten als Mittelpunkt seines Gesamtvermögens liege, EuGH ÖJZ 2005, 271 – *Kronhofer,* m. Anm. *Wittwer,* ELR 2004, 437. Vgl. dazu auch *Blobel,* Der europäische Deliktsgerichtsstand und reine Vermögensschäden, EuLF 2004, 187.

[96] Kritisch zur Verwendung des Begriffs auf Wettbewerbsverletzungen Fezer/*Hausmann/Obergfell* Einl I Rdn. 287.

[97] EuGH GRUR Int. 1998, 298 – *Shevill,* Slg. 1995, I-415.

[98] EuGH GRUR 2012, 300 – *eDate Advertising,* Slg. 2011, I-10269 Rdn. 63.

[99] EuGH GRUR Int. 1998, 298 – *Shevill,* Slg. 1995, I-415 Rdn. 24.

[100] Dagegen mit beachtlichen Gründen *Kreuzer/Klötgen* IPRax 1997, 90, 93. Vgl. bereits *Baudenbacher/Glöckner* Art. 12 Rdn. 20.

[101] EuGH GRUR Int. 1998, 298 – *Shevill,* Slg. 1995, I-415 Rdn. 33.

[102] *Kreuzer/Klötgen* IPRax 1997, 90, 96; Kropholler/*von Hein* Art. 5 EuGVO Rdn. 84.

[103] *Kreuzer/Klötgen* IPRax 1997, 90, 94ff.

[104] Zum Online Marketing vgl. bereits *Glöckner* ZVglRWiss 99 (2000), 278, 298ff.

[105] EuGH GRUR Int. 1998, 298 – *Shevill,* Slg. 1995, I-415 Rdn. 33. Ebenso *Lindacher* WRP 1996, 645, 648; MüKo-BGB/*Drexl* IntLautR Rdn. 184.

[106] EuGH GRUR 2012, 300 – *eDate Advertising,* Slg. 2011, I-10269 Rdn. 63; BGH GRUR 2012, 850 – *rainbow.at,* Rdn. 16.

[107] EuGH GRUR 2012, 300 – *eDate Advertising,* Slg. 2011, I-10269 Rdn. 63.

deutung auf diesem Markt hat,[108] ist damit[109] wohl der Boden entzogen. Für Kennzeichenverletzungen im Internet gelten letztere Grundsätze allerdings wegen der Territorialität des Schutzes nicht.[110]

25b Ob der EuGH die Kognitionsbefugnis der Erfolgsortsgerichte auch bei anderen Streudelikten, namentlich bei Lauterkeitsrechtsverletzungen, entsprechend der Shevill-Doktrin einschränken will, ist zwar offen.[111] Für eine Übertragung der zu Ehrverletzungen entwickelten Grundsätze spricht immerhin, dass der vom EuGH betonte Gesichtspunkt der Vermeidung des *forum shopping* bei grenzüberschreitenden Wettbewerbshandlungen, insb. dem Multistate Marketing, besonders zum Tragen kommt.[112] Der Bundesgerichtshof hat aber jedenfalls die Übertragung der Grundsätze über Persönlichkeitsverletzungen im Internet auf geschäftliche Handlungen abgelehnt. Weil etwa § 4 Nr. 1, 2 UWG – anders als eine Verletzung des Persönlichkeitsrechts – voraussetzen, dass die Handlung geeignet ist, die wettbewerblichen Interessen des Mitbewerbers auf dem fraglichen Markt zu beeinträchtigen, ist bei einem Verstoß gegen diese Normen durch eine Internetveröffentlichung – wie auch bei anderen Wettbewerbsverletzungen im Internet – ein Gerichtsstand im Inland nur begründet, wenn sich der Internetauftritt bestimmungsgemäß auf den inländischen Markt auswirken soll. Dagegen kommt es nicht darauf an, ob der in der Internetveröffentlichung genannte Mitbewerber seinen gewöhnlichen Aufenthalt und Lebensmittelpunkt im Inland hat.[113]

f) Gerichtsstand der Streitgenossenschaft, Art. 8 Nr. 1 EuGVVO/Art. 6 Nr. 1 RLugÜ

„**Artikel 8 EuGVVO, Artikel 6 RLugÜ**

Eine Person, die ihren Wohnsitz im Hoheitsgebiet eines Mitgliedstaats[114] hat, kann auch verklagt werden:

1. wenn mehrere Personen zusammen verklagt werden, vor dem Gericht des Ortes, an dem einer der Beklagten seinen Wohnsitz hat,[115] sofern zwischen den Klagen eine so enge Beziehung gegeben ist, dass eine gemeinsame Verhandlung und Entscheidung geboten erscheint, um zu vermeiden, dass in getrennten Verfahren widersprechende Entscheidungen ergehen könnten;“

26 Wenn mehrere Personen zusammen, d. h. **als Streitgenossen,** verklagt werden, kann eine Person, die ihren Wohnsitz in dem Hoheitsgebiet eines Mitglied- bzw. Vertragsstaats hat, gem. Art. 8 Nr. 1 EuGVVO, Art. 6 Nr. 1 RLugÜ vor dem Gericht verklagt werden, in dessen Bezirk einer der Beklagten seinen Wohnsitz hat. Die Vorschrift war bereits unter der Geltung des EuGVÜ eng ausgelegt worden. In der Rechtssache *Kalfelis* hatte der EuGH unter Berufung auf den Ausnahmecharakter der besonderen Gerichtsstände angenommen, dass die Vorschrift des Art. 6 Nr. 1 EuGVÜ nur eingreife, „wenn die Klagen gegen die verschiedenen Beklagten bei ihrer Erhebung **im Zusammenhang stehen,** das heißt, wenn eine gemeinsame Verhandlung und Entscheidung geboten erscheint, um zu vermeiden, dass in getrennten Verfahren **widersprechende Entscheidungen** ergehen könnten.“[116]

28 Die Revision der EuGVÜ griff diese Tendenzen auf. Die EuGVVO verlangt in diesem Sinne zur Einschränkung des besonderen Gerichtsstandes der Streitgenossenschaft eine **„enge Beziehung“** zwischen den Klagen. Im LugÜ fehlte dieses Erfordernis zwar. Auch insoweit sollte jedoch im Hinblick auf den geforderten Auslegungsgleichlauf die vor der Revision bereits angelegte restriktive Auslegung der Vorschrift übernommen werden.[117] Die revidierte Fassung des LugÜ wurde entsprechend angepasst.

28a Entscheidungen „widersprechen“ sich allerdings nicht bei jeder abweichenden Entscheidung des Rechtsstreits, sondern diese Abweichung muss außerdem bei derselben Sach- und Rechtslage auf-

---

[108] Vorabentscheidungsersuchen der Cour d'appel de Liège (Belgien), eingereicht am 29. Dezember 2008 – *Real Madrid Football Club u. a.,* ABl. 2009 Nr. C 55/18, geführt als Rs. C-584/08, gelöscht durch Beschluss v. 24.3.2009, ABl. 2009 Nr. C 141/36.

[109] EuGH GRUR 2012, 300 – *eDate Advertising,* Slg. 2011, I-10269 Rdn. 63.

[110] EuGH v. 19.4.2012, Rs. C-523/10 – *Wintersteiger,* noch nicht in Slg., Rdn. 24 f. = GRUR 2012, 654.

[111] Kropholler/*von Hein* Art. 5 EuGVO Rdn. 85; GK/*Halfmeier* Einl E Rdn. 187.

[112] Kropholler/*von Hein* Art. 5 EuGVO Rdn. 85; MüKo/*Kreuzer,* 3. Aufl., Art. 38 IPRG Rdn. 248; *Glöckner* ZVglRWiss 99 (2000), 278, 299. Bejahend für Kennzeichenrechtsverletzungen *Lange* WRP 2000, 940, 943. Vgl. im österreichischen Recht OGH v. 11.8.2005, 4 Ob 98/05 y – *Katalogfotos im Online-Shop.*

[113] BGH GRUR 2014, 601 – *englischsprachige Presseveröffentlichung,* Rdn. 24. Ähnlich GK/*Halfmeier* Einl E Rdn. 192.

[114] Das RLugÜ formuliert „durch dieses Übereinkommen gebundenen Staates“.

[115] Im LugÜ endet die Vorschrift an dieser Stelle; die Einschränkung im nachfolgenden sofern-Satz fehlt; die Formulierung im RLugÜ entspricht derjenigen der EuGVVO.

[116] EuGH NJW 1988, 3088 – *Kalfelis ./. Schröder,* Slg. 1988, 5579 Rdn. 12.

[117] Kropholler/*von Hein* Art. 6 EuGVO Rdn. 8. In diesem Sinne versteht auch der Vorschlag für eine Verordnung (EG) des Rates über die gerichtliche Zuständigkeit und die Anerkennung und Vollstreckung von Entscheidungen in Zivil- und Handelssachen, KOM (99) 348 endg., Erl. zu Art. 6, die Erweiterung lediglich als Klarstellung.

treten.[118] Unterschiedliche nationale Regelungen, wie etwa im Hinblick auf die Verletzungshandlung beim Schutz Europäischer Patente, rechtfertigen daher getrennte Verfahren,[119] erzwingen diese aber nicht.[120] Die Vorschriften können einen besonderen Gerichtsstand nur für Personen begründen, die ihren (Wohn-)Sitz innerhalb der Mitgliedstaaten haben, nicht aber zulasten von Personen, die in Drittstaaten wohnen.[121]

Für den Gerichtsstand des Art. 8 Nr. 1 EuGVVO, Art. 6 Nr. 1 RLugÜ im Verhältnis zu einem Zweitbeklagten ist allerdings unerheblich, ob die (zuständigkeitsbegründende) Klage gegen den Erstbeklagten zulässig ist.[122] Einer Anwendung von Art. 6 Nr. 1 EuGVVO/RLuGÜ steht ebenfalls nicht entgegen, dass gegen mehrere Beklagte erhobene Klagen auf unterschiedlichen Rechtsgrundlagen beruhen.[123] Die Rücknahme der Klage, selbst gegen den „Ankerbeklagten", beeinträchtigt die Zuständigkeit nicht mehr.[124] 29

Die Regelung kann und darf auch strategisch eingesetzt werden, um vorteilhafte Gerichtsstände zu begründen. Ausgeschlossen wird die zuständigkeitsbegründenden Wirkung der Streitgenossenschaft allein, wenn eine Zweckentfremdung durch beweiskräftige Indizien belegt wird, die den Schluss zulassen, dass der Kläger die Voraussetzungen für die Anwendung dieser Bestimmung künstlich herbeigeführt oder aufrechterhalten hat. In Betracht gezogen kann dies, wenn der Kläger etwa den förmlichen Abschluss eines Vergleichs mit dem „Ankerbeklagten" bewusst bis nach der Erhebung der Klage hinausgezögert hat, nur um die Zuständigkeit des angerufenen Gerichts für die anderen Beklagten zu begründen. Dafür müssen jedoch beweiskräftige Indizien für das Bestehen eines kollusiven Zusammenwirkens der betreffenden Parteien zu dem Zweck, die Voraussetzungen für die Anwendung dieser Bestimmung im Zeitpunkt der Klageerhebung künstlich herbeizuführen oder aufrechtzuerhalten, dargelegt werden. Der Umstand, dass bei Erhebung der Klage bereits Vergleichsverhandlungen geführt wurden, genügt als solcher nicht.[125] 29a

g) Gerichtsstand für einstweilige Maßnahmen, Art. 35 EuGVVO/Art. 31 RLugÜ

„Artikel 35 EuGVVO, Art. 31 RLugÜ

Die im Recht eines Mitgliedstaats[126] vorgesehenen einstweiligen Maßnahmen einschließlich Sicherungsmaßnahmen[127] können bei den Gerichten dieses Staates auch dann beantragt werden, wenn für die Entscheidung in der Hauptsache das Gericht eines anderen Mitgliedstaats[128] zuständig ist."

Einstweilige oder sichernde Maßnahmen sind im allgemeinen beim **Gericht der Hauptsache** gem. den in der EuGVVO bzw. RLugÜ begründeten Zuständigkeiten zu beantragen, ohne dass dessen Zuständigkeit von weiteren Voraussetzungen abhinge.[129] **Schiedsvereinbarungen** schließen sowohl die Zuständigkeit in der Hauptsache als auch die „Annexkompetenz" für einstweilige Maßnahmen aus.[130] 30

Für den Erlass **einstweiliger Maßnahmen** begründen Art. 35 EuGVVO, Art. 31 RLugÜ eine **Sonderzuständigkeit,** die neben die stets bestehende Zuständigkeit nach den allgemeinen Vorschriften tritt. Diese Sonderzuständigkeit ist allein davon abhängig, dass der Rechtsstreit in den sachlichen Anwendungsbereich der EuGVVO bzw. des RLugÜ fällt. Für sie ist unerheblich, ob ein Hauptsacheverfahren bereits eingeleitet wurde oder eingeleitet werden kann, selbst wenn dieses Verfahren vor einem Schiedsgericht stattfinden müsste.[131] 31

Problematisch ist allerdings, dass die Übereinkommen keine **Definition der „einstweiligen Maßnahmen"** enthalten. Aus Art. 35 EuGVVO, Art. 31 RLugÜ selbst ergibt sich nur, dass Sicherungsverfügungen stets einstweilige Maßnahmen i. S. d. Regelungen sind. Umstritten war jedoch bereits unter der Geltung des EuGVÜ, ob der zusätzliche Gerichtsstand auch Unterlassungsverfü- 32

---

[118] EuGH v. 11.4.2013, C-645/11 – *Land Berlin,* noch nicht in Slg., Rn. 43 = NJW 2013, 1661.
[119] EuGH GRUR 2007, 47 – *Roche ./. Primus,* Slg. 2006, I-6535 Rdn. 27.
[120] EuGH v. 1.12.2011, Rs. C-145/10 – *Painer,* noch nicht in Slg., Rdn. 80 = GRUR 2012, 166.
[121] EuGH v. 11.4.2013, Rs. C-645/11 – *Land Berlin,* noch nicht in Slg., Rdn. 49 ff. = EuZW 2013, 503.
[122] EuGH EuZW 2006, 667 – *Reisch Montage ./. Kiesel,* Slg. 2006, I-6827 Rdn. 27.
[123] EuGH EuZW 2007, 703 – *Freeport,* Slg. 2007, I-8319 Rdn. 47.
[124] EuGH v. 21.5.2015, Rs. C-352/13 – *CDC,* noch nicht in Slg., Rdn. 33.
[125] EuGH v. 21.5.2015, Rs. C-352/13 – *CDC,* noch nicht in Slg., Rdn. 29 ff.
[126] Das RLugÜ formuliert „durch dieses Übereinkommen gebundenen Staates".
[127] Das RLugÜ verwendet den Begriff „einschließlich solcher, die auf eine Sicherung gerichtet sind, …".
[128] Das RLugÜ formuliert „durch dieses Übereinkommens gebundenen Staates aufgrund dieses Übereinkommens".
[129] EuGH EuZW 1999, 413 – *van Uden,* Slg. 1998, I-7091 Rdn. 48; EuZW 1999, 727 – *Mietz,* Slg. 1999, I-2277 Rdn. 40 ff.
[130] EuGH EuZW 1999, 413 – *van Uden,* Slg. 1998, I-7091 Rdn. 48.
[131] EuGH EuZW 1999, 413 – *van Uden,* Slg. 1998, I-7091 Rdn. 48.

gungen umfasst, da sie zumindest partiell die Hauptsache vorwegnehmen. Das Fehlen einer Beschreibung des Anwendungsbereichs von Art. 24 EuGVÜ in Verbindung mit stark divergierenden nationalen Regelungen des vorläufigen Rechtsschutzes hatten die Kommission zu einer Mitteilung[132] sowie zu einem Vorschlag zur Änderung der Vorschrift[133] veranlasst. Darin war eine einheitliche Definition der „einstweiligen Maßnahmen, einschließlich solcher, die auf eine Sicherung gerichtet sind", enthalten. Demgemäß sollten in einem neuen Abschnitt 6a in Art. 18a Abs. 2 EuGVÜ „einstweilige Maßnahmen einschließlich solcher, die auf eine Sicherung gerichtet sind" definiert werden als „dringende Maßnahmen, die es ermöglichen sollen, eine Untersuchung in einem Rechtsstreit durchzuführen, Beweismaterial oder Vermögen im Hinblick auf die Entscheidung oder die Zwangsvollstreckung zu sichern, eine tatsächliche oder rechtlich bestehende Lage aufrechtzuerhalten oder zu regeln, um Rechte zu wahren, deren Anerkennung bei dem mit der Hauptsache befassten Gericht beantragt wird oder beantragt werden kann".[134]

33 Der in der Mitteilung der Kommission noch enthaltene Vorschlag fand indes keinen Eingang in die EuGVVO. Artikel 31 EuGVVO 2001 war annähernd wortlautidentisch zu Art. 24 EuGVÜ. Der Kommissionsvorschlag zur EuGVVO verweist insoweit lakonisch auf den „Hintergrund der Entscheidungen des Gerichtshofs zu Auslegungsfragen im Zusammenhang mit dem Protokoll zum Brüsseler Übereinkommen" und zitiert die Entscheidungen des EuGH in den Rechtssachen *van Uden* und *Mietz*. Es ist allerdings nicht ganz nachvollziehbar, weshalb – anders als beispielsweise bei Art. 5 Nr. 3 oder Art. 6 Nr. 1 EuGVVO 2001 – darauf verzichtet wurde, die Rechtslage durch Kodifizierung der vom EuGH entwickelten Grundsätze zu klären. Die Neufassung der EuGVVO hat in der deutschen Sprachfassung zu einer leichten redaktionellen Verschiebung, aber ebenfalls zu keiner Klärung dieser Frage geführt.

34 Tatsächlich hatte der EuGH in der Rechtssache *van Uden* festgestellt, dass „unter „einstweiligen Maßnahmen einschließlich solcher, die auf eine Sicherung gerichtet sind", im Sinne von Artikel 24 … Maßnahmen auf Rechtsgebieten, die in den Anwendungsbereich des Übereinkommens fallen, zu verstehen (sind, d. Verf.), die eine Veränderung der Sach- oder Rechtslage verhindern sollen, um Rechte zu sichern, deren Anerkennung im Übrigen bei dem in der Hauptsache zuständigen Gericht beantragt wird (vgl. Urteil Reichert und Kockler, a. a. O., Rdn. 34)".[135] Im Hinblick auf den Einwand der **Vorwegnahme der Hauptsache** stellte der EuGH fest, dass „die Anordnung der vorläufigen Erbringung einer vertraglichen Hauptleistung nur dann eine einstweilige Maßnahme im Sinne des Artikels 24 des Übereinkommens dar (-stelle, d. Verf.), wenn die Rückzahlung des zugesprochenen Betrages an den Antragsgegner in dem Fall, dass der Antragsteller nicht in der Hauptsache obsiegt, gewährleistet ist und wenn die beantragte Maßnahme nur bestimmte Vermögensgegenstände des Antragsgegners betrifft, die sich im örtlichen Zuständigkeitsbereich des angerufenen Gerichts befinden oder befinden müssten".[136]

35 Die Grenze der Zuständigkeit nach Art. 35 EuGVVO, Art. 31 RLugÜ wird durch das Erfordernis gezogen, „dass zwischen dem Gegenstand der beantragten Maßnahmen und der gebietsbezogenen Zuständigkeit des Vertragsstaats des angerufenen Gerichts eine reale Verknüpfung besteht".[137] An einer solchen **„realen Verknüpfung"** fehlt es, wenn die beantragte einstweilige Verfügung das Verbot an den ausländischen Beklagten zum Gegenstand hat, rufschädigende Behauptungen auf einem Drittmarkt zu verbreiten. Für eine einstweilige Verfügung eines österreichischen Klägers gegen ein in Italien ansässiges Konkurrenzunternehmen auf Unterlassung rufschädigender Äußerungen über seine Produkte in Japan besteht daher keine internationale Zuständigkeit der österreichischen Gerichte, auch wenn dort die Hauptsache anhängig ist.[138]

36 **h) Vereinbarter Gerichtsstand, Art. 25 EuGVVO/Art. 23 RLugÜ.** Im Anwendungsbereich von EuGVVO bzw. RLugÜ sind sowohl **vorherige** als auch **nachträgliche Gerichtsstands-**

---

[132] Mitteilung der Kommission an den Rat und an das Europäische Parlament: – „Wege zu einer effizienteren Erwirkung und Vollstreckung von gerichtlichen Entscheidungen in der Europäischen Union", KOM (97) 609 endg., ABl. 1998 Nr. C 33/3. Diese Mitteilung zeichnete sich durch ihre Doppelfunktion aus. Der Gesamtkatalog der darin enthaltenen Maßnahmen war Bestandteil des beigefügten Vorschlags für ein Übereinkommen, welches das EuGVÜ ersetzen soll. Ergänzt wurde der Vorschlag durch Anregungen für die parallele Revision des LugÜ.

[133] Vorschlag für einen Rechtsakt des Rates über die Ausarbeitung des Übereinkommens über die gerichtliche Zuständigkeit, die Anerkennung und die Vollstreckung gerichtlicher Entscheidungen in Zivil- und Handelssachen in den Mitgliedstaaten der Europäischen Union, KOM (97) 609 endg., ABl. 1997 Nr. C 33/20.

[134] Vorschlag der Kommission (KOM (97) 609 endg.), ABl. 1998 Nr. C 33/20.

[135] EuGH EuZW 1999, 413 – *van Uden*, Slg. 1998, I-7091 Rdn. 37.

[136] EuGH EuZW 1999, 413 – *van Uden*, Slg. 1998, I-7091 Rdn. 47. Bestätigt in EuGH EuZW 1999, 727 – *Mietz*, Slg. 1999, I-2277 Rdn. 42 ff.

[137] EuGH EuZW 1999, 413 – *van Uden*, Slg. 1998, I-7091 Rdn. 40.

[138] öOGH GRUR Int. 2011, 450 – *Schneeketten*.

vereinbarungen in Wettbewerbsstreitigkeiten grundsätzlich zulässig. Ihre Wirksamkeit ist allerdings an qualifizierte **Formerfordernisse** gebunden und setzt voraus, dass zumindest eine Partei in einem Mitglieds- bzw. Vertragsstaat ihren **Wohnsitz** hat. Ein solchermaßen vereinbarter Gerichtsstand ist zugleich ein **ausschließlicher.**

i) Gerichtsstand durch rügelose Einlassung, Art. 26 EuGVVO/Art. 24 RLugÜ. Beide Abkommen sehen auch, entsprechend § 39 ZPO, die Begründung der Internationalen Zuständigkeit durch **rügelose Einlassung** vor. Keine rügelose Einlassung stellt das hilfsweise Eingehen auf den klägerischen Vortrag dar.[139] Von einer Einlassung auf das Verfahren ist jedoch bereits dann auszugehen, wenn der Beklagte die Zuständigkeitsrüge nicht spätestens in der Stellungnahme erhebt, die nach dem innerstaatlichen Prozessrecht als das erste Verteidigungsvorbringen vor dem angerufenen Gericht anzusehen ist.[140] Vor den deutschen Zivilgerichten ist danach im Gegensatz zu § 39 ZPO keine Einlassung zur Hauptsache erforderlich; die Internationale Zuständigkeit wird bereits durch die rügelose Einlassung in der Klageerwiderung begründet.[141] 37

3. Weitere Staatsverträge

Regelungen in bilateralen Staatsverträgen mit EuGVVO-Mitgliedstaaten bzw. RLugÜ-Vertragsstaaten wurden gem. Art. 69 EuGVVO, Art. 65 RLugÜ ersetzt. Mit Nicht-Mitgliedstaaten bzw. RLugÜ-Vertragsstaaten bestehen soweit ersichtlich keine Staatsverträge, die Regelungen der Internationalen Zuständigkeit für die Beurteilung lauterkeitsrechtlicher Streitigkeiten enthalten.[142] Verschiedene bilaterale Abkommen wirken sich allein mittelbar im Rahmen der Frage nach der Anerkennung und Vollstreckung ausländischer Urteile aus.[143] 38

4. Internationale Zuständigkeit nach autonomem IZPR

Außerhalb des Anwendungsbereichs internationaler Verträge bleibt es für die Bestimmung der Internationalen Zuständigkeit bei den Grundsätzen zur Bestimmung des Gerichtsstandes gem. § 14. Diesbezüglich kann auf die Erläuterungen von *Retzer/Tolkmitt* verwiesen werden. An dieser Stelle soll allein auf zwei Sonderfragen eingegangen werden. 39

a) Konkretisierung des Erfolgsortes durch den Ort der wettbewerblichen Interessenkollision. *Lindacher* hat darauf hingewiesen, dass der tragende Gesichtspunkt für die im Internationalen Lauterkeitsrecht vorgenommene Konkretisierung des Deliktsorts auf den Ort der wettbewerblichen Interessenkollision (vgl. dazu o. Einl C Rdn. 19, 79), nämlich die **Verhinderung von Wettbewerbsverzerrungen,** für die sachgerechte Bestimmung der internationalen Zuständigkeit keine Rolle spiele.[144] Andererseits sei die alternative Anknüpfung an einen Handlungs- oder Erfolgsort sachgerecht, weil sie es dem Geschädigten ermögliche, flexibel auf eingetretene oder drohende Interessenverletzungen zu reagieren und die etwaige Sach- oder Beweisnähe zu nutzen.[145] Demgegenüber geht die ganz herrschende Meinung[146] und vor allem die Praxis[147] von einem **Gleichklang in der kompetenz- und kollisionsrechtlichen Anknüpfung** aus. Ihr ist zuzustimmen. Es ist zwar richtig, dass die gebotene Wettbewerbsneutralität auch durch Gerichte anderer Staaten zu erreichen sein mag, wenn sie das Recht des Marktortes anwenden. Für die Parallelität von Zuständigkeitsbegründung und Rechtsanwendung am Marktort spricht jedoch die für das Internationale Verfahrens- ebenso wie für das Internationale Privatrecht bedeutsame **Nähe zum Sachverhalt** sowie zum **anwendbaren Recht.**[148] Beide Gesichtspunkte sind gerade bei Wettbewerbsstreitigkeiten von eminenter Bedeutung.[149] 40

---

139 Bereits EuGH Slg. 1983, 2503 – *Gerling,* 2. Ls.; BGH NJW 2006, 1806 Rn. 9.

140 Vgl. zu der inhaltsgleichen Vorschrift des Art. 18 EuGVÜ BGH NJW-RR 2002, 1357, 1358; EuGH Slg. 1981, 1671, Rn. 15f. – *Elefanten Schuh.*

141 BGH IHR 2011, 258.

142 Vgl. die Darstellung bei *Schack* Rdn. 58ff.

143 Vgl. *Schütze,* Deutsches Internationales Zivilprozessrecht, 1985, S. 42 m. w. N.

144 *Lindacher* FS Nakamura, S. 323, 325ff.

145 *Lindacher* GRUR Int. 2008, 453, 454. Vgl. z. B. LG Hamburg v. 26.9.2008, 308 O 248/07, das bei Urheberrechtsverletzung im Internet allein auf § 32 ZPO sowie die Abrufbarkeit in Deutschland abstellt.

146 Nachw. bei *Lindacher* FS Nakamura, S. 323 Fn. 9; *Baudenbacher/Glöckner* Art. 12 Rdn. 35 m. w. N. zum schweizerischen Recht.

147 Vgl. insb. die Darstellung von *Koch* CR 1999, 121, 124. Aus der jüngeren Praxis ausdrücklich BGH WRP 2006, 736, 738 – *Arzneimittelwerbung im Internet.*

148 GK/*Erdmann,* 1. Aufl., § 24 Rdn. 32; *Kropholler,* IPR, § 58 II 2, S. 569.

149 Exemplarisch OLG Köln, OLGR 1994, 110: Berücksichtigung der Verkehrsauffassung in Bahrein und den Vereinigten Arabischen Emiraten durch das deutsche Gericht.

41 **b) Gerichtsstandsvereinbarungen.** Eine an sich nicht gegebene Internationale Zuständigkeit deutscher Gerichte kann nach h. M. durch Vereinbarung begründet werden **(Prorogation).** Die an sich gegebene Internationale Zuständigkeit deutscher Gerichte kann nach autonomem deutschen IZPR zwar im allgemeinen durch Vereinbarungen abbedungen werden **(Derogation).** Für deliktische Klagen, also insb. für Klagen wegen Wettbewerbsverletzungen, nimmt die h. M. jedoch ein **Derogationsverbot vor Eintritt des Schadens** an.[150]

42 Damit gälte im autonomen deutschen IZPR eine andere Regelung als im europäischen IZPR (vgl. dazu o. Rdn. 36). Die Abweichung wird indes in der Sache selten relevant werden, da bei deliktischen Handlungen Vereinbarungen vor Schadenseintritt kaum denkbar sind. Wo deliktische Ansprüche mit vertraglichen Ansprüchen konkurrieren – und im Hinblick auf die damit vorhandenen Vertragsbeziehungen vorherige Abreden denkbar sind – bejaht die h. M. auch im autonomen deutschen Recht, dass zulässige Gerichtsstandsvereinbarungen über vertragliche Ansprüche im Zweifel auch deliktische Ansprüche mit umfassen.

II. Internationale Vollstreckung

1. Mitgliedstaatliche Urteile und andere Vollstreckungstitel

42a Die EuGVVO 2001 regelte ebenso wie bereits das EuGVÜ auch die Internationale Vollstreckbarkeit von Urteilen. Das gegenseitige Vertrauen in die Justiz im Rahmen der Gemeinschaft rechtfertigte zwar, dass die in einem Mitgliedstaat ergangenen Entscheidungen, außer im Falle der Anfechtung, von Rechts wegen, ohne ein besonderes Verfahren, anerkannt werden. Aufgrund dieses gegenseitigen Vertrauens wurde es auch für gerechtfertigt erachtet, dass das Verfahren, mit dem eine in einem anderen Mitgliedstaat ergangene Entscheidung für vollstreckbar erklärt wird, rasch und effizient vonstatten gehe. Die **Vollstreckbarerklärung** einer Entscheidung musste daher fast automatisch nach einer einfachen formalen Prüfung der vorgelegten Schriftstücke erfolgen, ohne dass das Gericht die Möglichkeit hatte, von Amts wegen eines der in der EuGVVO 2001 vorgesehenen Vollstreckungshindernisse aufzugreifen. Jedoch wurde zur Wahrung der Verteidigungsrechte des Schuldners ein Rechtsbehelf im Wege eines Verfahrens mit beiderseitigem rechtlichen Gehör gegen die Vollstreckbarerklärung eingeräumt, wenn der Schuldner der Ansicht war, dass einer der Gründe für die Versagung der Vollstreckung vorlag, vgl. EGr. 16 – 18 EuGVVO 2001.

42b Dieses Rechtsmittel gegen die Vollstreckbarerklärung (sog. **Exequatur**) wurde als Hindernis im Rechtsraum der Union betrachtet. Der Europäische Gesetzgeber geht mit der geltenden EuGVVO davon aus, dass das gegenseitige Vertrauen in die Rechtspflege innerhalb der Union nunmehr den Grundsatz rechtfertige, dass eine in einem Mitgliedstaat ergangene Entscheidung in allen Mitgliedstaaten anerkannt werde, ohne dass es hierfür eines besonderen Verfahrens bedürfe. Außerdem rechtfertige die angestrebte Reduzierung des Zeit- und Kostenaufwands bei grenzüberschreitenden Rechtsstreitigkeiten die Abschaffung der Vollstreckbarerklärung, die der Vollstreckung im ersuchten Mitgliedstaat bisher vorausgehen musste. Eine von den Gerichten eines Mitgliedstaats erlassene Entscheidung soll daher so behandelt werden, als sei sie im ersuchten Mitgliedstaat ergangen, vgl. EGr. 26 EuGVVO. Für Beklagte ist es daher nunmehr unerlässlich, Rechtsschutz innerhalb desjenigen Justizsystems zu suchen, vor dem sie verklagt werden.

42c Die EuGVVO wirkt zwar unmittelbar; für die praktische Handhabung bedurfte es allerdings verschiedener Änderungen des deutschen Prozessrechts.[151]

2. Europäischer Zahlungsbefehl

42d Auf der Grundlage der Verordnung über ein europäisches Mahnverfahren[152] können Gläubiger von bezifferten und fälligen Geldforderungen in grenzüberschreitenden Rechtssachen in Zivil- und Handelssachen, d. h. wenn mindestens eine der Parteien ihren Wohnsitz oder gewöhnlichen Aufenthalt in einem anderen Mitgliedstaat als dem des befassten Gerichts hat, unter Verwendung des Formblatts A gemäß Anhang I der Verordnung einen Antrag auf Erlass eines Europäischen Zahlungsbefehls stellen, vgl. Art. 2, 3, 4, 6, 7 der Verordnung.

---

[150] Zöller/*Geimer* IZPR Rdn. 70.

[151] Gesetz zur Durchführung der Verordnung (EU) Nr. 1215/2012 sowie zur Änderung sonstiger Vorschriften. Vom 8. Juli 2014, BGBl. 2014, I S. 890.

[152] Verordnung (EG) Nr. 1896/2006 des Europäischen Parlaments und des Rates vom 12. Dezember 2006 zur Einführung eines Europäischen Mahnverfahrens, ABl. 2006 Nr. L 399/1. Dänemark beteiligt sich an dem Verfahren nicht, Art. 2 Abs. 3.

Wenn diese Voraussetzungen erfüllt sind und der Anspruch nicht offensichtlich unbegründet ist, erlässt das Gericht unter Verwendung des Formblatts E gem. Anhang V der Verordnung, Art. 12 der Verordnung so bald wie möglich und in der Regel binnen 30 Tagen nach Einreichung des Antrags einen Europäischen Zahlungsbefehl. 42e

Der Antragsgegner kann unter Verwendung des Formblatts F gem. Anhang VI der Verordnung beim Ursprungsgericht Einspruch gegen den Europäischen Zahlungsbefehl einlegen. Der Einspruch muss in Papierform oder durch andere – auch elektronische – im Ursprungsmitgliedstaat zulässige Kommunikationsmittel innerhalb von 30 Tagen ab dem Tag der Zustellung des Zahlungsbefehls an den Antragsgegner versandt werden. Im Einspruch muss der Antragsgegner lediglich angeben, dass er die Forderung bestreitet, ohne dafür eine Begründung zu liefern, Art. 16 der Verordnung. 42f

Der fristgerechte Einspruch bewirkt, dass das Verfahren vor den zuständigen Gerichten des Ursprungsmitgliedstaats nach den Regeln eines ordentlichen Zivilprozesses weitergeführt wird, es sei denn, der Antragsteller hat ausdrücklich beantragt, das Verfahren in einem solchen Fall zu beenden, § 17 der Verordnung. Legt der Antragsgegner nicht fristgerecht Einspruch ein, so erklärt das Gericht den Europäischen Zahlungsbefehl unter Verwendung des Formblatts G gemäß Anhang VII der Verordnung unverzüglich für vollstreckbar. Das Ursprungsgericht überprüft allein das Zustellungsdatum des Europäischen Zahlungsbefehls. Die Voraussetzungen der Zwangsvollstreckung für die Vollstreckbarkeit richten sich nach den Rechtsvorschriften des Ursprungsmitgliedstaats. Schließlich übersendet das Gericht dem Antragsteller den vollstreckbaren Europäischen Zahlungsbefehl, § 18 der Verordnung. 42g

III. Justizielle Zusammenarbeit

Selbst wo ein einheimisches Gericht seine Zuständigkeit nach den voranstehenden Grundsätzen bejaht und nach den kollisionsrechtlichen Grundsätzen das nationale Recht anwendet, kann das Prozessverhältnis Auslandsberührung haben. Insoweit gelten allerdings keinerlei Sonderregelungen für Wettbewerbsstreitigkeiten. Auf eine ausführliche Darstellung wird daher verzichtet. Es sollen aber die Grundzüge des europäischen Prozessrechts dargestellt werden. 43

1. EG-Verordnung über die Zustellung gerichtlicher und außergerichtlicher Schriftstücke in Zivil- oder Handelssachen in den Mitgliedstaaten

Am 31. Mai 2001 trat die Verordnung (EG) Nr. 1348/2000 des Rates vom 29. Mai 2000 über die Zustellung gerichtlicher und außergerichtlicher Schriftstücke in Zivil- oder Handelssachen in den Mitgliedstaaten[153] in Kraft.[154] Zur Durchführung wurde in Deutschland das Zustellungsdurchführungsgesetz (ZustDG)[155] erlassen. Die VO Nr. 1348/2000 wurde am 30. Dezember 2007 durch die seit dem 13. November 2008 geltende **Verordnung Nr. 1393/2007**[156] (im folgenden: **ZustellungsVO**) abgelöst, mit welcher das Ziel einer weiteren Beschleunigung verfolgt wurde. 44

Der Rat hatte bereits 1997 ein Übereinkommen über die Zustellung gerichtlicher und außergerichtlicher Schriftstücke in Zivil- oder Handelssachen in den Mitgliedstaaten der Europäischen Union erstellt und das Übereinkommen den Mitgliedstaaten zur Annahme gemäß ihren verfassungsrechtlichen Vorschriften empfohlen. Dieses Übereinkommen ist allerdings nicht in Kraft getreten. Nach der Vergemeinschaftung des Bereichs Justiz und Inneres wurden die bei der Aushandlung dieses Übereinkommens erzielten Ergebnisse gewahrt und sein Inhalt weitgehend in die Verordnung übernommen. Das **Vereinigte Königreich und Irland** haben sich an der Annahme und Anwendung dieser Verordnung **beteiligt.** Dänemark wirkt jedoch an der Annahme dieser Verordnung – wie ursprünglich bei der EuGVVO und bereits bei der ZustellungsVO 2001 – nicht mit. Die ZustellungsVO ist daher für Dänemark nicht verbindlich und ihm gegenüber nicht anwendbar, vgl. EGr. 29, Art. 1 Abs. 3 ZustellungsVO. Zwischen der EU und **Dänemark** wurde jedoch **bilateral** die Anwendung der **Zustellungsverordnung vereinbart.**[157] 45

---

153 ABl. 2000 Nr. L 160/37.

154 Vgl. dazu *Nagel/Gottwald* § 8 Rdn. 54ff.

155 Gesetz zur Durchführung gemeinschaftsrechtlicher Vorschriften über die Zustellung gerichtlicher und außergerichtlicher Schriftstücke in Zivil- oder Handelssachen in den Mitgliedstaaten, BGBl. 2001, I S. 1536.

156 Verordnung (EG) Nr. 1393/2007 des Europäischen Parlaments und des Rates vom 13. November 2007 über die Zustellung gerichtlicher und außergerichtlicher Schriftstücke in Zivil- oder Handelssachen in den Mitgliedstaaten (Zustellung von Schriftstücken) und zur Aufhebung der Verordnung (EG) Nr. 1348/2000 des Rates, ABl. 2007 Nr. L 324/79.

157 Abkommen zwischen der Europäischen Gemeinschaft und dem Königreich Dänemark über die Zustellung gerichtlicher und außergerichtlicher Schriftstücke in Zivil- oder Handelssachen, ABl. 2005 Nr. L 300/55.

46 Das mit der ZustellungsVO angestrebte Ziel ist die Gewährleistung der Wirksamkeit und Schnelligkeit der gerichtlichen Verfahren in Zivilsachen. Dazu sollen gerichtliche und außergerichtliche Schriftstücke unmittelbar und auf schnellstmöglichem Wege zwischen den von den Mitgliedstaaten benannten örtlichen Stellen übermittelt werden. Zu diesem Zweck benennen die Mitgliedstaaten **Übermittlungsstellen** und **Empfangsstellen,** Art. 2 ZustellungsVO.

47 Der Verfahrensbeteiligte, der die Zustellung wünscht, übergibt das Dokument der zuständigen Übermittlungsstelle. Die Übermittlungsstelle übermittelt das Dokument der Empfangsstelle unmittelbar und so schnell wie möglich, Art. 4 Abs. 1 ZustellungsVO. Dabei kann die **Übermittlung** auf jedem geeigneten Übermittlungsweg erfolgen, sofern das empfangene Dokument mit dem versandten Dokument **inhaltlich genau übereinstimmt** und alle darin enthaltenen Angaben mühelos **lesbar** sind, Art. 4 Abs. 2 ZustellungsVO. Aus Sicherheitsgründen ist dem zu übermittelnden Schriftstück ein **Antrag** beizufügen, der nach dem Formblatt im Anhang I der ZustellungsVO erstellt wird. Das Formblatt ist in der **Amtssprache des Empfangsmitgliedstaats** oder, wenn es in diesem Mitgliedstaat mehrere Amtssprachen gibt, der Amtssprache oder einer der **Amtssprachen des Ortes, an dem die Zustellung erfolgen soll,** oder in einer sonstigen Sprache, die der Empfangsmitgliedstaat zugelassen hat, auszufüllen. Jeder Mitgliedstaat hat die Amtssprache oder die Amtssprachen der Europäischen Union anzugeben, die er außer seiner oder seinen eigenen für die Ausfüllung des Formblatts zulässt, Art. 4 Abs. 3 ZustellungsVO.

48 Nach Erhalt des Schriftstücks übersendet die Empfangsstelle der Übermittlungsstelle schnellstmöglich, auf jeden Fall innerhalb von sieben Tagen nach Erhalt des Schriftstücks, eine **Empfangsbestätigung** unter Verwendung des Formblatts in Anhang I, Art. 6 Abs. 1 ZustellungsVO. Auf eine schnelle Übermittlung muss eine schnelle **Zustellung** des Schriftstücks in den Tagen nach seinem Eingang durch die Empfangsstelle folgen, Art. 7 ZustellungsVO. Kann das Schriftstück nach Ablauf eines Monats nicht zugestellt werden, so setzt die Empfangsstelle die Übermittlungsstelle davon in Kenntnis und unternimmt weiterhin alle für die Zustellung erforderlichen Schritte, wenn die Zustellung innerhalb einer angemessenen Frist möglich scheint.

49 Die **Annahme** der solcherart zugestellten Dokumente darf allein aus Gründen ihrer **sprachlichen Verständlichkeit** verweigert werden. Um die Interessen des Empfängers zu wahren, berechtigt die Zustellungsverordnung den Empfänger, die **Annahme** von Dokumenten zu **verweigern,** wenn sie **nicht in der Amtssprache** oder einer der Amtssprachen des Orts, an dem die Zustellung vorgenommen wird, oder in einer anderen Sprache des Übermittlungsmitgliedstaats, die der Empfänger versteht, abgefasst sind, Art. 8 Abs. 1 ZustellungsVO. „Zuzustellende Schriftstücke" gem. Art. 8 Abs. 1 ZustellungsVO bezeichnen, wenn es sich hierbei um verfahrenseinleitende Schriftstücke handelt, alle Schriftstücke, deren rechtzeitige Zustellung an den Beklagten diesen in die Lage versetzt, seine Rechte in einem gerichtlichen Verfahren des Übermittlungsstaats geltend zu machen. Einem solchen Schriftstück müssen sich mit Bestimmtheit zumindest Gegenstand und Grund des Antrags sowie die Aufforderung, sich vor Gericht einzulassen, oder, nach Art des laufenden Verfahrens, die Möglichkeit zur Einlegung eines gerichtlichen Rechtsbehelfs entnehmen lassen. Unterlagen, die lediglich eine Beweisfunktion haben und für das Verständnis von Gegenstand und Grund des Antrags nicht unerlässlich sind, sind demgegenüber kein integrierender Bestandteil des verfahrenseinleitenden Schriftstücks im Sinne der ZustellungsVO. Anlagen zur Klagschrift sind daher nicht zwingend zu übersetzen.[158] Wird der Empfangsstelle mitgeteilt, dass der Empfänger die Annahme des Schriftstücks gem. Abs. 1 verweigert, so setzt sie die Übermittlungsstelle unverzüglich davon in Kenntnis und sendet den Antrag sowie die Schriftstücke, um deren Übersetzung ersucht wird, zurück.

50 Aufgrund der verfahrensrechtlichen Unterschiede zwischen den Mitgliedstaaten bestimmt sich der **Zustellungszeitpunkt** in den einzelnen Mitgliedstaaten nach unterschiedlichen Kriterien. Unter diesen Umständen und in Anbetracht der möglicherweise daraus entstehenden Schwierigkeiten sieht Art. 9 ZustellungsVO deshalb vor, dass sich der Zustellungszeitpunkt im Grundsatz **nach dem Recht des Empfangsmitgliedstaats** bestimmt. **Zur Wahrung von Fristen** bestimmt sich der Zustellungszeitpunkt im Verhältnis zum Antragsteller jedoch nach dem **Recht des Übermittlungsmitgliedstaats.**

51 Das beschriebene Verfahren unter Einbeziehung von Übermittlungs- und Empfangsstellen ist nicht zwingend. Gemäß Art. 12 ZustellungsVO ist die Übermittlung auf konsularischem oder diplomatischem Weg in Ausnahmefällen zulässig. Eine unmittelbare Zustellung ist gem. Art. 15 ZustellungsVO möglich, wenn sie nach dem Recht des Empfangsmitgliedstaates zulässig ist. Nach Art. 14 ZustellungsVO steht es den Mitgliedstaaten frei, Personen, die ihren Wohnsitz in einem anderen

---

[158] EuGH NJW 2008, 1721 – *Ingenieurbüro Michael Weiss und Partner GbR gegen Industrie- und Handelskammer Berlin,* Slg. 2008, I-3367 Rdn. 64ff.

Mitgliedstaat haben, gerichtliche Schriftstücke unmittelbar durch **Postdienste per Einschreiben mit Rückschein oder gleichwertigem Beleg** zustellen zu lassen.

52 In den Beziehungen zwischen den Mitgliedstaaten, die Vertragsparteien **bilateraler oder multilateraler Übereinkünfte** oder Vereinbarungen sind, hat die ZustellungsVO gem. Art. 20 Abs. 1 in ihrem Anwendungsbereich Vorrang vor den Bestimmungen der Übereinkünfte oder Vereinbarungen mit demselben Anwendungsbereich. Es steht den Mitgliedstaaten jedoch gem. Art. 20 Abs. 2 ZustellungsVO frei, Übereinkünfte oder Vereinbarungen zur weiteren Beschleunigung oder Vereinfachung der Übermittlung von Schriftstücken beizubehalten oder zu schließen, sofern diese Übereinkünfte oder Vereinbarungen mit dieser Verordnung vereinbar sind.

53 Die nach dieser Verordnung übermittelten **Daten** müssen angemessen **geschützt** werden. Diese Frage wird durch die Richtlinie 1995/46/EG bzw. ab dem 25.5.2018 die Verordnung Nr. 679/016 und die Richtlinie 2002/58/EG geregelt, die gem. Art. 22 Abs. 4 ZustellungsVO unberührt bleiben.

2. EG-Verordnung über die Zusammenarbeit zwischen den Gerichten der Mitgliedstaaten auf dem Gebiet der Beweisaufnahme in Zivil- oder Handelssachen

54 Am 1. Juli 2001 trat die Verordnung (EG) Nr. 1206/2001 des Rates vom 28. Mai 2001 über die Zusammenarbeit zwischen den Gerichten der Mitgliedstaaten auf dem Gebiet der Beweisaufnahme in Zivil- oder Handelssachen[159] (im Folgenden: **BeweisaufnahmeVO**) in Kraft.[160] Mit Ausnahme der Art. 19, 21 und 22, welche die gerichtliche Praxis nicht betreffen, gilt sie gem. Art. 24 Abs. 2 erst seit dem 1. Januar 2004.

55 Das Haager Übereinkommen vom 18. März 1970 über die Beweisaufnahme im Ausland in Zivil- oder Handelssachen[161] galt nur zwischen elf Mitgliedstaaten der Europäischen Union. Es wurde deshalb für erforderlich gehalten, die Zusammenarbeit der Gerichte der Mitgliedstaaten auf dem Gebiet der Beweisaufnahme weiter zu verbessern. Dem dient die BeweisaufnahmeVO. **Dänemark beteiligt sich** gem. den Art. 1 und 2 des dem EU-Vertrag und dem EG-Vertrag beigefügten Protokolls über die Position Dänemarks **nicht** an der Annahme dieser Verordnung, die daher für Dänemark nicht bindend und Dänemark gegenüber nicht anwendbar ist. Im Verhältnis zu Dänemark gilt weiter das Haager Übereinkommen.

56 Ziel der BeweisaufnahmeVO ist die **effiziente Abwicklung** gerichtlicher Verfahren in Zivil- oder Handelssachen. Dieser Zweck führt in Verbindung mit dem Grundsatz der praktischen Wirksamkeit dazu, dass der Begriff der Beweisaufnahme autonom und keinesfalls eng, etwa auf die Zeugeneinvernahme beschränkt, auszulegen ist. Die Beweisaufnahme kann sich auf Urkunden oder andere Gegenstände erstrecken, die in Augenschein genommen oder durch Sachverständige untersucht werden können.[162] Die Verordnung verlangt, dass die **Übermittlung** der Ersuchen um Beweisaufnahme und deren Erledigung **direkt und auf schnellstmöglichem Wege** zwischen den Gerichten der Mitgliedstaaten erfolgt. Anders als bei der Zustellung von Dokumenten nach der ZustellungsVO erfolgt das Ersuchen um Beweisaufnahme daher nicht unter Einbeziehung von Übermittlungs- und Empfangsstellen, sondern direkt zwischen **ersuchendem** und **ersuchtem Gericht,** Art. 2 Abs. 1 BeweisaufnahmeVO. Um dem ersuchenden Gericht den Zugang zum zuständigen ersuchten Gericht zu erleichtern, sieht die BeweisaufnahmeVO vor, dass jeder Mitgliedstaat eine **Liste** der für die Durchführung von Beweisaufnahmen nach dieser Verordnung zuständigen Gerichte erstellt.[163] In dieser Liste ist auch der örtliche Zuständigkeitsbereich und gegebenenfalls die besondere fachliche Zuständigkeit dieser Gerichte anzugeben, Art. 2 Abs. 2 BeweisaufnahmeVO. Problematisch erscheint allerdings, ob das in der Verordnung geregelte Amtshilfeverfahren auch zur Beweissicherung eingesetzt werden kann.[164]

57 Das **Ersuchen** wird unter Verwendung eines Formblattes erstellt. Die BeweisaufnahmeVO regelt seinen **Mindestinhalt,** vgl. Art. 4 BeweisaufnahmeVO. Es ist in der Amtssprache des ersuchten Mitgliedstaats oder, wenn es in diesem Mitgliedstaat mehrere Amtssprachen gibt, in der Amtssprache oder einer der Amtssprachen des Ortes, an dem die beantragte Beweisaufnahme durchgeführt

---

[159] ABl. 2001 Nr. L 174/1.

[160] Vgl. dazu *Nagel/Gottwald* § 9 Rdn. 9 ff.; *Berger* IPRax 2001, 522.

[161] Vgl. dazu die Erläuterungen von *Schack* Rdn. 808 ff.

[162] GA *Kokott,* Schlussanträge Rdn. 43 ff., zu EuGH v. 27.9.2007, Rs. C-175/06 – *Tedesco ./. Tomasoni,* Slg. 2007, I-7929.

[163] Vgl. dazu die Erklärungen der Mitgliedstaaten zur BeweisaufnahmeVO, abgedr. in IPRax 2004, 160.

[164] Das zu dieser Frage anhängige Vorabentscheidungsverfahren EuGH Rs. C-175/06 – *Tedesco ./. Tomasoni,* wurde wegen Erledigung des Hauptverfahrens gestrichen, Slg. 2007, I-7929. Befürwortend GA/*Kokott* Schlussanträge Rdn. 46 ff.

werden soll, oder in einer anderen **Sprache,** die der ersuchte Mitgliedstaat zugelassen hat, abzufassen. Jeder Mitgliedstaat hat die Amtssprache bzw. die Amtssprachen der Organe der Europäischen Gemeinschaft anzugeben, die er außer seiner bzw. seinen eigenen für die Ausfüllung des Formblatts zulässt, Art. 5 BeweisaufnahmeVO.

58 Das Ersuchen wird auf dem schnellstmöglichen Wege übermittelt, mit dem der ersuchte Mitgliedstaat sich einverstanden erklärt hat. Sie kann im Grundsatz auf **jedem geeigneten Übermittlungsweg** erfolgen, sofern das empfangene Dokument mit dem versandten Dokument **inhaltlich genau übereinstimmt** und alle darin enthaltenen Angaben **lesbar** sind.

59 Ein Ersuchen um Beweisaufnahme soll rasch erledigt werden. Das ersuchte zuständige Gericht übersendet dem ersuchenden Gericht deshalb **innerhalb von sieben Tagen** nach Eingang des Ersuchens eine **Empfangsbestätigung** unter Verwendung eines Formblatts. Wenn das Ersuchen nicht den Bedingungen der Art. 5 (Sprache) und 6 (Lesbarkeit) entspricht, bringt das ersuchte Gericht einen entsprechenden Vermerk in der Empfangsbestätigung an, Art. 7 BeweisaufnahmeVO. Kann ein Ersuchen nicht erledigt werden, weil es nicht alle erforderlichen inhaltlichen Angaben gem. Art. 4 enthält, so setzt das ersuchte Gericht das ersuchende Gericht unverzüglich, spätestens aber innerhalb von 30 Tagen nach Eingang des Ersuchens unter Verwendung eines Formblatts davon in Kenntnis und ersucht es, ihm die fehlenden Angaben zu übermitteln, Art. 8 Abs. 1 BeweisaufnahmeVO.

60 Sind die Voraussetzungen der Art. 4, 5 und 6 BeweisaufnahmeVO erfüllt, so erledigt das ersuchte Gericht das Ersuchen unverzüglich, spätestens aber **innerhalb von 90 Tagen** nach Eingang des Ersuchens, Art. 10 Abs. 1 BeweisaufnahmeVO. Ist das ersuchte Gericht nicht in der Lage, das Ersuchen innerhalb von 90 Tagen nach Eingang zu erledigen, so setzt es das ersuchende Gericht hiervon in Kenntnis, wobei es die Gründe für die Verzögerung sowie den Zeitraum angibt, der nach seiner Einschätzung des ersuchten Gerichts für die Erledigung des Ersuchens voraussichtlich benötigt wird, Art. 15 BeweisaufnahmeVO.

61 Das ersuchte Gericht erhebt im Grundsatz nach Maßgabe seines **eigenen Rechts** Beweis, Art. 10 Abs. 2 BeweisaufnahmeVO. Das ersuchende Gericht kann jedoch auch beantragen, dass das Ersuchen nach einer **besonderen Form** erledigt wird, die das Recht seines Mitgliedstaats vorsieht. Das ersuchte Gericht hat einem solchen Antrag zu entsprechen, wenn nicht diese Form mit dem Recht des Mitgliedstaats des ersuchten Gerichts unvereinbar oder wegen erheblicher tatsächlicher Schwierigkeiten unmöglich ist. In letzterem Fall hat das ersuchte Gericht das ersuchende Gericht entsprechend zu unterrichten, Art. 10 Abs. 3 BeweisaufnahmeVO.

62 Das ersuchende Gericht kann das ersuchte Gericht sogar bitten, die Beweisaufnahme unter Verwendung von **Kommunikationstechnologien,** insbesondere im Wege der Videokonferenz und der Telekonferenz, durchzuführen. Auch solchen Anträgen hat das ersuchte Gericht unter denselben Voraussetzungen zu entsprechen, Art. 10 Abs. 4 BeweisaufnahmeVO.

63 Um die Wirksamkeit der BeweisaufnahmeVO zu gewährleisten, ist die Möglichkeit, die Erledigung eines **Ersuchens um Beweisaufnahme abzulehnen,** auf eng begrenzte Ausnahmefälle beschränkt. Dazu gehört vor allem die Berufung auf **Aussageverweigerungsrechte,** die entweder nach dem Prozessrecht des ersuchenden oder des ersuchten Gerichts bestehen, Art. 14 Abs. 1 BeweisaufnahmeVO.

64 Gemäß Art. 11, 12 BeweisaufnahmeVO haben die Parteien und gegebenenfalls ihre Vertreter sowie Beauftragte des ersuchenden Gerichts das Recht, der Beweisaufnahme beizuwohnen, damit sie die Verhandlungen wie im Falle einer Beweisaufnahme im Mitgliedstaat des ersuchenden Gerichts verfolgen können. Die Bedingungen ihrer **Anwesenheit** werden jedoch vom ersuchten Gericht nach Maßgabe seines eigenen Rechts festgelegt.

65 Ist das Ersuchen **erledigt,** so übermittelt das ersuchte Gericht dem ersuchenden Gericht unverzüglich die Schriftstücke, aus denen sich die Erledigung des Ersuchens ergibt, und sendet gegebenenfalls die Schriftstücke, die ihm von dem ersuchenden Gericht zugegangen sind, zurück. Den Schriftstücken ist eine Erledigungsbestätigung beizufügen, Art. 16 BeweisaufnahmeVO.

66 Die BeweisaufnahmeVO sieht nicht allein die Beweisaufnahme durch das ersuchte Gericht in einem anderen Mitgliedstaat – vergleichbar der kommissarischen Beweisaufnahme –, sondern in Art. 17 auch die **unmittelbare Beweisaufnahme** durch das Gericht vor, bei dem der Rechtsstreit anhängig ist. Um eine unmittelbare Beweisaufnahme in einem anderen Mitgliedstaat durchzuführen, muss ein **Ersuchen** bei der nach Art. 3 Abs. 3 bestimmten **Zentralstelle** oder zuständigen Behörde gestellt werden. Die Zentralstelle oder die zuständige Behörde des ersuchten Mitgliedstaats teilt dem ersuchenden Gericht innerhalb von 30 Tagen nach Eingang des Ersuchens mit, ob dem Ersuchen stattgegeben werden kann und, soweit erforderlich, unter welchen Bedingungen nach Maßgabe des Rechts ihres Mitgliedstaats die betreffende Handlung vorzunehmen ist. Die Zentralstelle oder die zuständige Stelle kann die unmittelbare Beweisaufnahme außer aus Gründen, die sich aus der Reichweite der Verordnung selbst ergeben, nur mit der Begründung ablehnen, dass die beantragte unmittelbare Beweisaufnahme wesentlichen Rechtsgrundsätzen ihres Mitgliedstaats zuwiderlaufe.

Die unmittelbare Beweisaufnahme ist nur statthaft, wenn sie auf **freiwilliger Grundlage** und ohne Zwangsmaßnahmen erfolgen kann, da das Gericht auf fremdem Territorium keine Hoheitsgewalt ausüben kann. Dies muss das Gericht zu vernehmenden Personen mitteilen. Die Beweisaufnahme wird von einem nach Maßgabe des Rechts des Mitgliedstaats des ersuchenden Gerichts bestimmten Gerichtsangehörigen oder von einer anderen Person wie etwa einem Sachverständigen durchgeführt. 67

3. EG-Verordnung zur Einführung eines Europäischen Verfahrens für geringfügige Forderungen

Am 1. August 2007 trat die Verordnung (EG) Nr. 861/2007 zur Einführung eines Europäischen Verfahrens für geringfügige Forderungen in Kraft (im Folgenden: **BagatellVO**).[165] Zwar haben viele Mitgliedstaaten vereinfachte zivilrechtliche Verfahren für Bagatellsachen eingeführt, da der Zeit-/Kostenaufwand und die Schwierigkeiten, die mit der Rechtsverfolgung verbunden sind, nicht unbedingt proportional zum Wert der Forderung abnehmen. Die Hindernisse für ein schnelles Urteil mit geringen Kosten verschärften sich aber in grenzüberschreitenden Fällen. Daher hielt der Europäisches Gesetzgeber es für erforderlich, ein europäisches Verfahren für geringfügige Forderungen einzuführen (EGr. 7ff. BagatellVO). Ziel eines solchen europäischen Verfahrens sollte der **erleichterte Zugang zur Justiz** sein. Die Verzerrung des Wettbewerbs im Binnenmarkt aufgrund des unterschiedlichen Funktionierens der verfahrensrechtlichen Instrumente, die den Gläubigern in den einzelnen Mitgliedstaaten zur Verfügung stehen, machten eine Gemeinschaftsregelung erforderlich, die für Gläubiger und Schuldner in der gesamten Europäischen Union **gleiche Bedingungen** gewährleiste. Mit dem europäischen Verfahren für geringfügige Forderungen sollten Streitigkeiten mit geringem Streitwert in grenzüberschreitenden Fällen vereinfacht und beschleunigt und die Kosten verringert werden, indem ein **fakultatives Instrument** zusätzlich zu den Möglichkeiten geboten wird, die nach dem Recht der Mitgliedstaaten bestehen und unberührt bleiben. 68

Der Anwendungsbereich der BagatellVO, grenzüberschreitende Zivil- und Handelssachen, erfasst grundsätzlich auch lauterkeitsrechtliche Ansprüche, deren **Streitwert € 2000 nicht überschreitet,** Art. 2 Abs. 1 BagatellVO. Das Europäische Verfahren für geringfügige Forderungen basiert auf dem in Anh. I BagatellVO enthaltenen Klageformblatt A, welches der vermeintliche Gläubiger ausfüllen und unmittelbar an das zuständige Gericht leiten kann, Art. 4 Abs. 1 BagatellVO. Das Klageformblatt ist allerdings in einer Sprache des Gerichts auszufüllen, Art. 6 Abs. 1 BagatellVO. 69

In einer **Vorprüfung** untersucht das angerufene Gericht, ob die erhobene Klage in den Anwendungsbereich der BagatellVO fällt, ob die Angaben des Klägers ausreichend und klar genug sind, das Klageformblatt A ordnungsgemäß ausgefüllt und die Klage offensichtlich unbegründet oder offensichtlich unzulässig ist, Art. 4 Abs. 3, 4 BagatellVO. Es informiert den Kläger, wenn das Bagatellverfahren nicht anwendbar ist und gibt dem Kläger unter Fristsetzung Gelegenheit, das Klageformblatt zu vervollständigen oder zu berichtigen oder ergänzende Angaben zu machen oder Unterlagen vorzulegen oder die Klage zurückzunehmen. Dafür verwendet es wiederum ein Formblatt. Ist die Klage offensichtlich unbegründet oder offensichtlich unzulässig oder versäumt es der Kläger, das Klageformblatt fristgerecht zu vervollständigen oder zu berichtigen, so wird die Klage zurück- bzw. abgewiesen, Art. 4 Abs. 4 S. 2 BagatellVO. 70

Anderenfalls wird das eigentliche Verfahren eingeleitet, das im Regelfall schriftlich stattfindet, Art. 5 Abs. 1 BagatellVO. Wiederum unter Einsatz eines Formblatts (C) wird dem Beklagten eine Kopie des Klageformblattes zugestellt. Innerhalb von 30 Tagen, nachdem die letzten Antworten der Parteien eingegangen sind, erlässt das Gericht ein Urteil, fordert die Parteien innerhalb einer bestimmten Frist, die 30 Tage nicht überschreiten darf, zu weiteren die Klage betreffenden Angaben auf, führt eine Beweisaufnahme durch oder lädt die Parteien zu einer mündlichen Verhandlung vor, die innerhalb von 30 Tagen nach der Vorladung stattzufinden hat. Das Gericht erlässt sein Urteil entweder innerhalb von 30 Tagen nach einer etwaigen mündlichen Verhandlung oder nach Vorliegen sämtlicher Entscheidungsgrundlagen. Das Urteil wird den Parteien gem. Art. 13 BagatellVO zugestellt, Art. 7 BagatellVO. Es kann unionsweit vollstreckt werden, Art. 20 BagatellVO. Weitere Vorschriften dienen vor allem dazu, die Verfahrenskosten niedrig zu halten. 71

---

[165] Verordnung (EG) Nr. 861/2007 des Europäischen Parlaments und des Rates vom 11. Juli 2007 zur Einführung eines europäischen Verfahrens für geringfügige Forderungen, ABl. 2007 Nr. L 199/1.

72 Die Bagatellverordnung wird kaum zu einer Explosion des Geschäftsanfalls gerade im Lauterkeitsrecht führen. Dafür sorgt bereits der Ausschluss der Konsumentenindividualklage. Zur Geltendmachung von Streuschäden wäre ein solches Verfahren sicher geeignet. Dennoch ist mittelfristig mit einer Zunahme der grenzüberschreitenden Prozesstätigkeit auf der Grundlage der Bagatellverordnung zu rechnen.

E. Lauterkeitsrecht in internationalen Vereinbarungen

Inhaltsübersicht

	Rdn.
I. Pariser Verbandsübereinkunft	1
II. WIPO Model Provisions	3
III. TRIPS	4

Schrifttum: Vgl. vor Einl B.

I. Pariser Verbandsübereinkunft

1 Das internationale Recht des unlauteren Wettbewerbs ist im Gegensatz zum internationalen Immaterialgüterrecht nur wenig entwickelt.[1] Es beruht nach wie vor auf der **Pariser Verbandsübereinkunft vom 20. März 1883 zum Schutz des gewerblichen Eigentums (PVÜ).** Sie war zunächst vor allem auf die internationale Gewährleistung hinreichenden Patentschutzes gerichtet,[2] erlangte jedoch zunehmend Bedeutung für das Lauterkeitsrecht.[3] In der Brüsseler Fassung von 1900 wurde der Grundsatz der Inländerbehandlung in **Art. 10bis PVÜ** auf den **Schutz gegen unlauteren Wettbewerb** erstreckt.[4] Auf der Washingtoner Revisionskonferenz von 1911 wurde Art. 10bis PVÜ dahingehend umformuliert, dass den Verbandsangehörigen ein wirksamer Schutz gegen unlauteren Wettbewerb zu gewähren ist. In der Haager Fassung von 1925 wurde der „unlautere" Wettbewerb" definiert. Zugleich wurden die Verbandsstaaten verpflichtet, das Hervorrufen von Verwechslungen und die Anschwärzung durch falsche Angaben zu untersagen. In der Folgezeit wurden die Niederlassung und die gewerbliche oder kaufmännische Tätigkeit als Gegenstände der Verwechslung und Anschwärzung einbezogen und der Beispielskatalog der zu untersagenden Tatbestände auf die irreführende Werbung hinsichtlich der Beschaffenheit, der Art der Herstellung, der wesentlichen Eigenschaften, der Brauchbarkeit oder der Menge der Waren erweitert. **Artikel 10ter PVÜ** begründet schließlich nach kontinentaleuropäischer Auffassung eine weitgehende **Sanktionierungspflicht** der Verbandsstaaten,[5] wobei die offene Regelung in Art. 10bis Abs. 1 PVÜ den Verbandsstaaten weiten Umsetzungsspielraum lässt, um nationalen Traditionen gerecht zu werden.[6] In den USA wird der Norm allerdings allein die Funktion beigemessen, die Reichweite der Geltung des Inländerbehandlungsgrundsatzes zu definieren.[7]

2 In Staaten mit einem entwickelten und weitreichenden Lauterkeitsrechtsschutz wie Deutschland, Österreich oder der Schweiz kommt der Verpflichtung aus Art. 10bis PVÜ kaum eigenständige Bedeutung zu.[8] Demgegenüber bildet(e) die Vorschrift in anderen Rechtsordnungen den Ausgangs-

---

[1] *Schricker* 26 IIC 782 (1995); *Henning-Bodewig* in: Neuordnung des Wettbewerbsrechts, S. 21; *dies.* 30 IIC 166, 167 (1999); *Reger* S. 4. Vgl. insgesamt zum internationalen Wettbewerbsrecht *Pflüger,* Der internationale Schutz gegen unlauteren Wettbewerb, passim.

[2] Vgl. *Beier* GRUR Int. 1983, 339, 342; *Henning-Bodewig* in: Neuordnung des Wettbewerbsrechts, S. 21, 22; *dies.* 30 IIC 166, 168 (1999); *dies.* in: Law Against Unfair Competition, S. 53 ff. Auch das schweizerische PatentG wurde in Reaktion auf die PVÜ erlassen, vgl. die Darst. bei *Troller* Bd. I, S. 44 ff. *Reger* S. 12, weist zutreffend darauf hin, dass die Vernachlässigung des Lauterkeitsschutzes nicht zuletzt mit dem niedrigen Entwicklungsstand des Rechtsgebiets insgesamt zu erklären ist.

[3] Zur Entwicklung vgl. *Henning-Bodewig* in: Neuordnung des Wettbewerbsrechts, S. 21, 24 ff.; *Reger* S. 16.

[4] Vgl. dazu *Reger* S. 16.

[5] Zu den materiellen Verpflichtungen vgl. die Studie des Instituts für Europäisches Wirtschafts- und Verbraucherrecht e. V. über die Machbarkeit eines allgemeinen gesetzlichen Rahmens für den lauteren Geschäftsverkehr, November 2000, Band 3, < http://ec.europa.eu/consumers/cons_int/safe_shop/fair_bus_pract/green_pap_comm/studies/sur21_vol3_en.pdf>, (site zul. besucht am 10.12.2015); im Folgenden: Micklitz-Studie, III), S. 467 ff.

[6] *Henning-Bodewig* in: Int. Handbook, § 2 Rn. 67.

[7] *Mattel, Inc. v. MCA Records, Inc.,* 296 F.3d 894, 908 (9th Cir. 2002): *„The Paris Convention provides for national treatment, and does not define the substantive law of unfair competition."* Bestätigt in *Empresa Cubana del Tabaco v. Culbro Corp.,* 399 F. 3d 462, 484 f. (2nd Cir. 2005). Ausf. *Int'l Cafe, S. A. L. v. Hard Rock Cafe Int'l (U. S. A.), Inc.,* 252 F. 3d 1274, 1277 f. (11th Cir.2001).

[8] *Henning-Bodewig* 30 IIC 166, 188 (1999); *Gamerith* WRP 2003, 143, 145. Für die Schweiz *Schluep* in: Droit européen de la concurrence déloyale en formation, S. 67, 73.

punkt für einen wettbewerbsorientierten Lauterkeitsrechtsschutz[9] und wurde zu Recht als „*law against unfair competition in a nutshell*" bezeichnet.[10] Mit der Etablierung nationaler Lauterkeitsrechtsordnungen ist die – seit 1967 unveränderte – Regelung zunehmend bedeutungslos geworden.[11] Die **Schwächen** von Art. 10bis PVÜ liegen darin, dass die Vorschrift ein **Wettbewerbsverhältnis** voraussetzt, und die Auslegung der Generalklausel die Verfolgung eines **traditionellen geschäftsmoralischen Ansatzes** jedenfalls gestattet.[12]

2a Insbesondere multinational agierende Unternehmen machen in erheblichem Umfang Gebrauch von der Möglichkeit, einheitliche Standards im Hinblick auf den Umgang mit natürlichen Ressourcen, Arbeitsrecht, den sie umgebenden Sozialstrukturen etc. zu setzen und einzuhalten. Man sollte ihnen dabei zunächst ein gewisses intrinsisches Interesse an der Vereinfachung der innerbetrieblichen Abläufe zugutehalten. Im Vordergrund wird freilich vordringlich das Interesse stehen, insbesondere an Produktionsstandorten in Niedriglohnländern als ausländisches Unternehmen positiv aufgenommen zu werden, weil die gesetzlichen Mindeststandards freiwillig überschritten werden, und in den Vertriebsgebieten zugleich ein entsprechendes Marketingargument in der Hand zu haben. Die Kommunikation dieser Unternehmenspolitik schafft über die damit verbundenen Reputationsgewinne zugleich in gesellschaftsrechtlicher Hinsicht die Möglichkeit der Unternehmensleitungen, solche kurzfristig gewinnmindernden Maßnahmen zu ergreifen, als auch in lauterkeitsrechtlicher Hinsicht die Möglichkeit, sog. *green washing* zu verhindern. Wirbt ein Unternehmen etwa mit einer Mitgliedschaft bzw. Teilnahme an einem sog. ***CSR instrument,*** darunter sind von verschiedenen internationalen Organisationen und NGOs entwickelte Programme zu verstehen, nach denen Unternehmen in integrierter Form soziale Verantwortung *(corporate social responsibility; CSR)* übernehmen können, so begründet die tatsächliche Nicht-Beteiligung eine *misleading practice* i. S. d. Art. 10bis Abs. 3 PVÜ. Dasselbe gilt, wenn ein Unternehmen die beworbenen Standards nicht einhält. Auch einzelne, nicht unmittelbar produktbezogene Werbeangaben etwa zum Umweltschutz, Arbeitsschutz können unabhängig von der Übernahme eines *CSR instruments* im Fall ihrer Nichtbeachtung irreführend sein, wenn es sich nach allgemeinen Regeln um Tatsachenangaben handelt.[13] Zu beachten ist freilich, dass auf dieser Grundlage selbst im Verletzungsfall niemals die Einhaltung der übernommenen CSR Standards verlangt werden kann, sondern stets nur die Unterlassung der irreführenden Werbung mit ihnen.

II. WIPO Model Provisions

3 Seit 1970 wird die PVÜ durch das in Genf eingerichtete Internationale Büro der *World Intellectual Property Organisation* (WIPO) verwaltet. Versuche der WIPO, das internationale Recht des unlauteren Wettbewerbs im Rahmen der PVÜ fortzuentwickeln, sind erfolglos geblieben.[14] Die Strategie wurde deshalb insgesamt aufgegeben. Statt dessen wird ein neues Konzept verfolgt: Nach einer Studie[15] hat das Internationale Büro im Jahr 1996 *Model Provisions on Protection Against Unfair Competition*[16] vorgelegt.[17] Sie sollen in ihren Art. 2 bis 6 die Verpflichtung der Verbandsstaaten aus Art. 10bis PVÜ konkretisieren,[18] reichen jedoch in ihrer Bedeutung über eine bloße Aktualisierung weit hinaus:[19] Auffällig ist zunächst, dass die Zahl der **Sondertatbestände** erhöht und der **Anwendungsbereich** der bestehenden Sondertatbestände erweitert wurde. Weniger ins Auge springt die **konzeptionelle Verschiebung:** Zwischen den Parteien muss **kein Wettbewerbsverhältnis** be-

[9] Rechtsvergleichend u. *Henning-Bodewig* Einl F. Vgl. auch *dies.* GRUR Int. 2002, 389.

[10] *Schricker* 26 IIC 782 (1995); ebenso *Henning-Bodewig* 30 IIC 166, 187 (1999); *Reger* S. 17.

[11] *Henning-Bodewig* GRUR Int. 2010, 549, 553. Zum Bedeutungsgewinn im Hinblick auf die Zunahme der Zahl der Verbandsstaaten vgl. *dies.* in: Int. Handbook, § 2 Rn. 5.

[12] *Reger* S. 19. Vgl. *Henning-Bodewig* in: Neuordnung des Wettbewerbsrechts, S. 21, 32 ff.; *dies.* in: Int. Handbook, § 2 Rn. 37 ff.; *Pflüger* in: Lauterkeitsrecht und Acquis Communautaire, S. 65, 77 ff., 80; *Höpperger/Senftleben* in: Law Against Unfair Competition, S. 61, 64 f.

[13] Vgl. dazu ausf. *Cottier/Wermelinger* in: CSR, S. 81, 87 ff.; *Henning-Bodewig* in: TRIPS plus 20, S. 701, 714.

[14] *Henning-Bodewig* 30 IIC 166, 172 ff. (1999); *dies.* in: Int. Handbook, § 2 Rn. 69. Vgl. hierzu auch *Pflüger* S. 147 ff.

[15] Protection Against Unfair Competition – Analysis of the Present World Situation, WIPO publication No. 725(E).

[16] Model Provisions on Protection Against Unfair Competition. Articles and Notes, World Intellectual Property Organization (WIPO), 1996, WIPO publication No. 832(E) (im Folgenden: WIPO-MP).

[17] Vgl. dazu *Henning-Bodewig* in: Neuordnung des Wettbewerbsrechts, S. 21, 37 ff.; *dies.* 30 IIC 166, 182 (1999); *Reger* S. 317 ff.

[18] WIPO-MP, Note 1.01. Zum materiellen Gehalt der Model Provisions vgl. Micklitz-Studie, III, S. 473 ff.

[19] *Henning-Bodewig* in: Neuordnung des Wettbewerbsrechts, S. 21, 39; *dies.* in: Int. Handbook, § 2 Rn. 74.

stehen[20] und der **Konsumentenschutz** wurde in den Zweck der Regelungen aufgenommen.[21] Die WIPO hoffte, dass möglichst viele der Verbandsstaaten die *Model Provisions* als Ausprägung ihrer bereits bestehenden Verpflichtung in ihre nationalen Rechtsordnungen übernähmen. Dass diese Erwartungen sich bestätigen werden, erscheint immer unwahrscheinlicher.

III. TRIPs

Wie bereits über 100 Jahre zuvor die PVÜ, so hat auch das **Abkommen über handelsbezogene Aspekte der Rechte des geistigen Eigentums (TRIPs)**[22] unter dem Dach der WTO sein Entstehen im wesentlichen dem Bemühen um verbesserten weltweiten Schutz der Immaterialgüterrechte zu verdanken. Gegenüber der PVÜ wurde vor allem der Durchsetzungsmechanismus entscheidend verbessert.[23] Lauterkeitsrechtliche Regelungen enthält es nur am Rande, nämlich im Hinblick auf den Schutz von **geographischen Angaben**[24] und **Geschäftsgeheimnissen.**[25] Bedeutung hat daneben der in TRIPs niedergelegte Markenschutz im Hinblick auf die Vermeidung einer Verwechslungsgefahr. 4

Darüber hinaus ist allerdings wohl nicht einmal der in Art. 10bis PVÜ erreichte Standard des Lauterkeitsschutzes in das TRIPs übernommen worden, obwohl das Lauterkeitsrecht nach dem Verständnis der PVÜ zum gewerblichen Rechtsschutz zählt.[26] Die Verpflichtung der Mitglieder auf den Mindeststandard der PVÜ in Art. 2 Abs. 1 TRIPs[27] („Paris plus") gilt ausgehend vom Wortlaut der Norm allein für die in den Teilen II, III und IV des TRIPs geregelten Materien.[28] Im *Havana-Club*-Fall ging es um den Schutz von Handelsnamen unter TRIPs auf der Grundlage von Art. 2 Abs. 1 TRIPs i. V. m. Art. 8 PVÜ.[29] Der *Panel Report* hatte Art. 2 Abs. 1 TRIPs unter Rückgriff auf die Entstehungsgeschichte sehr eng ausgelegt.[30] Der *Appellate Body Report* trat den Ausführungen im *Panel Report* ausdrücklich entgegen. Tatsächlich erscheint es als wenig sinnvoll, den Schutz von Handelsnamen insgesamt auszuklammern, obwohl Art. 2 Abs. 1 TRIPs pauschal auf die Art. 1 bis 12 PVÜ verweist, ohne Art. 8 PVÜ auszunehmen.[31] An diese weitere Lesart von Art. 2 Abs. 1 TRIPs knüpft auch der EuGH in der Rechtssache *Anheuser-Busch*[32] an. Es ist jedoch zumindest zweifelhaft, ob mit einer entsprechenden Begründung auch der Schutz gegen unlauteren Wettbewerb gem. Art. 10bis PVÜ insgesamt über Art. 2 Abs. 1 in den Geltungsbereich des TRIPs einbezogen werden kann, da insoweit mit den Art. 22, 39 TRIPs zumindest an zwei Stellen lauterkeitsrechtliche Regelungen aufgenommen werden.[33] Das TRIPs konzentriert sich auf Patente, Marken 5

---

[20] WIPO-MP, Note 1.06. Vgl. dazu *Höpperger/Senftleben* in: Law Against Unfair Competition, S. 61, 69.

[21] WIPO-MP, Note 1.06, 1.10. Vgl. dazu *Henning-Bodewig* in: Int. Handbook, § 2 Rn. 75.

[22] Agreement on Trade Related Aspects of Intellectual Property Rights. Übereinkommen über handelsbezogene Aspekte der Rechte des geistigen Eigentums, BGBl. 1994, II S. 1730.

[23] Vgl. dazu *Cottier/Wermelinger* in: CSR, S. 81, 91 ff.

[24] Vgl. dazu EuG v. 14.7.2015, T-55/14 – *Lembergerland,* noch nicht in Slg., MittPatAnw 2015, 461 (red. Ls.); TGI Paris v. 30.5.2013 RG 2010/01706 – *Darjeeling,* IIC 2015, 868.

[25] Vgl. dazu EuG v. 8.10.2013, T-545/13 – *Glyphosat* = CUR 2014, 45; GA *Kokott,* Schlussanträge Rdn. 53 ff., zu EuGH, C-673/138 – *Stichting Greenpeace; Henning-Bodewig* 30 IIC 166, 179 (1999).

[26] *Henning-Bodewig* WRP 2001, 771.

[27] *„Article 2 TRIPs Intellectual Property Conventions*

1. In respect of Parts II, III and IV of this Agreement, Members shall comply with Articles 1–12 and 19 of the Paris Convention (1967).“

[28] *Schricker* 26 IIC 782, 783 Fn. 7 (1995); *Henning-Bodewig* in: Neuordnung des Wettbewerbsrechts, S. 21, 35; skeptisch *dies.,* in: TRIPS plus 20, S. 701, 719; *Reger* S. 293 ff., 295; Micklitz-Studie, III, S. 469, 470. A. A. ist wohl die WIPO, vgl. WIPO-MP, Note 1.01, sowie die Stellungnahme von *Baeumer,* wiedergegeben im Tagungsbericht von *Schmid* in: Neuordnung des Wettbewerbsrechts, S. 253, 273 ff. Ähnlich *Höpperger/Senftleben,* in: Law Against Unfair Competition, S. 61 f.; *Cottier/Wermelinger,* in: CSR, S. 81, 93.

[29] Vgl. im Einzelnen die Darstellung von *Jakob* GRUR Int. 2002, 406.

[30] Panel Rep. U. S.-Section 211 Omnibus Appropriations Act of 1998 v. 6.8.2001, WT/DS 176/R, Rdn. 8.39 ff. zum Schutz von Handelsnamen.

[31] Appellate Body Rep. U. S.-Section 211 Omnibus Appropriations Act of 1998 v. 2.2.2002, AB-2001-7, WT/DS 176/AB/R, Rdn. 320 ff., 338. Ähnliche Analyse von *Wadlow,* The Law of Passing-Off: Unfair Competition by Misrepresentation, 2011, Rn. 2–072 ff.; *Henning-Bodewig* in: Int. Handbook, § 2 Rn. 108; *dies.,* in: TRIPS plus 20, S. 701, 719.

[32] EuGH GRUR 2005, 153 – *Anheuser-Busch ./. Budvar,* Slg. 2004, I-10989 Rdn. 91.

[33] Skeptisch auch *Pflüger* in: Lauterkeitsrecht und Acquis Communautaire, S. 65, 72; *Henning-Bodewig* GRUR Int. 2010, 549, 554; *dies.* GRUR Int. 2014, 997, 1000; *dies.* in: Int. Handbook, § 2 Rn. 108 ff.; *dies.,* in: TRIPS plus 20, S. 701, 719; MüKo-BGB/*Drexl* IntLautR Rdn. 32. Unter Verweis auf die Entstehungsgeschichte bejahend *Cottier/Wermelinger,* in: CSR, S. 81, 93.

und Urheberrechte und erfasst den unlauteren Wettbewerb nur in den genannten Teilaspekten wie den Schutz von geographischen Angaben und Geschäftsgeheimnissen.[34] Das hat dazu geführt, dass das TRIPs faktisch bremsende Wirkung beim weltweiten Aufbau entwickelter Lauterkeitsgesetzgebungen hatte.[35] Selbst die WIPO tut sich bei der Kommunikation ihrer Bemühungen im Bereich des Lauterkeitsrechts schwer.[36] Erst in jüngster Zeit lässt eine Zunahme wissenschaftlicher Stellungnahmen hoffen, dass der „Dornröschenschlaf" des internationalen Rechts des unlauteren Wettbewerbs beendet wird.[37]

---

[34] Zusammenfassend *Weber* sic! 1998, 158, 159 ff.

[35] Im Ergebnis hatten die Model Provisions bis heute kaum die beabsichtigte Wirkung.

[36] So konzentriert sich etwa die Website der WIPO auf die klassischen Immaterialgüterrechte (Patente, Marken, Designs) sowie geographische Herkunftsangaben. Der Schutz des lauteren Wettbewerbs findet nicht statt (Stand März 2016).

[37] *Henning-Bodewig* GRUR Int. 2013, 1, 2 m. zahlr. Nachw.

F. Ausländisches Recht (Recht der Mitgliedstaaten der EU)

Gesamtinhaltsübersicht

		Rdn.
I.	Belgien	1
II.	Bulgarien	36
III.	Dänemark	77
IV.	Estland	112
V.	Finnland	133
VI.	Frankreich	160
VII.	Griechenland	199
VIII.	Großbritannien	229
IX.	Irland	268
X.	Italien	300
XI.	Kroatien	330a
XII.	Lettland	331
XIII.	Litauen	354
XIV.	Luxemburg	377
XV.	Malta	412
XVI.	Niederlande	424
XVII.	Österreich	458
XVIII.	Polen	495
XIX.	Portugal	524
XX.	Rumänien	557
XXI.	Schweden	589
XXII.	Slowakische Republik	635
XXIII.	Slowenien	669
XXIV.	Spanien	692
XXV.	Tschechische Republik	716
XXVI.	Ungarn	755
XXVII.	Zypern	785

I. Belgien

Inhaltsübersicht

	Rdn.
1. Rechtsquellen	
2. Kurzcharakteristik des belgischen Wettbewerbsrechts	1
3. Regelung der Werbung	9
a) Irreführende Werbung	9
b) Vergleichende Werbung	14
c) Belästigende Werbung	18
d) Medien- und produktspezifische Werberegelungen	19
4. Besondere Verkaufsmethoden, Direktmarketing	21
5. Sales Promotion	23
6. Herabsetzung, Anschwärzung	29
7. Ausnutzung fremder Leistungen, Verwechslungsgefahr, Nachahmung	30
8. Vorsprung durch Rechtsbruch	32
9. Sanktionen, Verfahren	33

Schrifttum: Artikelsgewijze Commentaar Handels- en Economisch Recht (Loseblattsammlung); *Baekeland,* Het gesamenlijk aanbod van artikel 71 WMPC en het Europarecht: conformiteit of diversiteit, DAOR 2010, 70; *Ballon,* Vergelijkende reclame na de wet van 25 mei 1999, D.C.C.R. 1999, S. 230; *Ballon/Stuyck* (Hrsg.), Verkoop op afstand en telematica, 1997; *Byl/Plas,* Loteries, jeux de hasard et concours promotionnels: état des lieux et perspectives, T.B.H. 2012, 547; *Buydens,* Produktpiraterie und unlauterer Wettbewerb, GRUR Int. 1995, S. 15; *Coipeo/Wéry/Patoul,* Les pratiques du commerce, l'information et la protection du consommateur: commentaire de la loi du 14 juillet et de la loi du 2 août 2002, 2006; *Daele,* Vergelijkende reclame: een eerste overzicht van rechtspraak na 2 jaar toepassing van de nieuwe wetgeving, T.B.H., 2002, S, 247; *Daele,* Vergelijkende reclame: overzicht van rechtspraak (2002–2004), T.B.H. 2005, S. 759; *De Caluwé/Delcorde/Leurquin,* Les pratiques du commerce (Loseblattsammlung); *De Bauw* (Hrsg.), Jaarboek Handelspraktijken & Marketing (erscheint jährlich); *de Bauw,* Becommentaried Wetboek Handelspraktijken, 2006; *De Brouwer/De Vroede* (Hrsg.), Handelpraktijken. Het nieuwe in de wet van 14 juli 1991 betreffende de handelspraktijken en de voorlichting en bescherming van de consument, Die Keure, 1992; *De Brouwer,* Le droit des promotions commerciales, 2. Aufl. 1997; *De Brouwer/Sorreaux,* La nouvelle loi sur les pratiques du commerce et la protection du consommateur:

une occasion manquée, T. B. H. 2008, S. 371; *Francq,* Le décloisonnement progressif du droit rélatif à la concurrence déloyale en Belgique, GRUR Int. 1996, S. 448; *Ferrant,* Belgique, in: Greffe/Greffe, La publicité et la loi, 11. Aufl. 2009, S. 706; *Gillardin/Putzeys* (Hrsg.), Les pratiques du commerce. Autour et alentour, 1997; *Gielen,* Bescherming tegen nodeloos verwarringogewaar, ook bekend als bescherming tegen slaafse nabootsing, Festschrift für Spoor, 2007, S. 99; *Gol,* Pratiques du commerce et protection du consommateur: la nouvelle donne, J. T. 2008, S. 773; *Heitkamp,* Das Wettbewerbsrecht in Belgien in: Heidelberger Kommentar zum Wettbewerbsrecht, 2. Aufl. 2004, S. 847; *Henning-Bodewig,* Belgien, in: *Schricker* (Hrsg.), Recht der Werbung in Europa, 1995; *dies.,* Die Regelung der Werbung im belgischen Handelspraktikengesetz vom 14. Juli 1991, GRUR Int. 1994, S. 455; *dies.,* Lauterkeitsrecht in Belgien – Das Marktgesetz von 2010, WRP 2013, 1266; *Heremans* (Hrsg.), La nouvelle loi aux pratiques du marché et à la protection du consommateur, 2012; *Keirsbilck/Stuyck,* Een kritische analyse van de wet marktpraktijken en consumentenbescherming, R.D.C. 2010, 703; *Jacquemin,* Le loi du 6 avril 2010 relative aux pratiques du marché et à la protection du consommateur, JT 2010, 545; *Kocks,* Werberecht in Belgien, in: *Schotthöfer* (Hrsg.), Handbuch des Werberechts in den EU-Staaten, 2. Aufl. 1997, S. 113; *Puttemans,* Droits intellectuels et concurrence déloyale, 2000; *Schricker/Francq/Wunderlich,* La répression de la concurrence deloyale, Tome II/1, Belgique, Luxembourg, in: Ulmer, La répression de la concurrence déloyale dans les Etats members de la C. E. E., 1994; *Steenot,* Belgium: Private Law Remedies for Breach of the Prohibition of Unfair Commercial Practices, EuCML 2015, 188; *Steennot/Dejonghe,* Handboek consumentenbescherming en handelspraktijken, 2007; *Straetmans*/Stuyck (Eds.), Commercial Practices, 2014; *Strowel/Thirry,* Code de la propriété intellectuelle. Traités, lois et règlements, 4. Aufl. 2011; *Stuyck,* Neuere Entwicklungen im belgischen Lauterkeitsrecht, GRUR Int. 2015, 899; *Stuyck,* Belgian Report: Example of an Integrated Approach, in: Hilty/Henning-Bodewig (Hrsg.), Law Against Unfair Competition 2007, S. 139; *Stuyck,* De nieuwe richtlijn oneerlijke handelspraktijken. Gevolgen voor de wet op de handelspraktijken, T. B. H. 2005, S. 901; *Stuyck/van Dyck/Radeideh,* Belgium, in: Micklitz/Keßler (Hrsg.), Market Practices Regulation and Consumer Protection in the EC Member States and the US, 2002, S. 20; *Stuyck,* Beginselen van Belgisch Privaatrecht, VIII: Handels- en Economisch Recht, Deel 2 A: Handelspraktijken, 4. Aufl. 2015; *Terryn,* De omzetting van de richtlijn oneerlijke handelspraktijken in Belgie: reculer pour mieux sauter?, TvC 2008, S. 25; *Van den Bergh,* Das neue belgische Gesetz über die Handelspraktiken und die Information und den Schutz des Verbrauchers, GRUR Int. 1992, S. 803; *Verdure,* L'harmonisation des pratiques commerciales déloyales dans le cadre de la directive 2005/29/CE: prémière bilan jurisprudentiel, CDE 2010, 312; *Vermandele,* Publicité comparative: aperçon de la jurisprudence belge récente, D. C. C. R. 2005, S. 69; *Wellens,* Doorwerking van de intellectuële rechten in de Wet Handelspraktijken, 2007; *Wellens,* Oneerlijke handelspraktijken in België en Luxemburg: naar een depotloos beschmeringsregime voor onderscheidende kenmerken, Festschrift für Gielen, 2015, S. 4217.

1. Rechtsquellen

Code de droit économique/Wetboek van economisch recht, Buch VI. vom 28.2.2013 (WGB).

2. Kurzcharakteristik des belgischen Wettbewerbsrechts

1 Die maßgebliche Grundlage des belgischen Wettbewerbsrechts findet sich seit 2013 im **Wirtschaftsgesetzbuch** (Code de droit économique/Wetboek van economisch recht; im folgenden abgekürzt WGB), wo es im Buch VI/livre VI geregelt ist.[1] Das **vorwiegend zivilrechtlich** (durch eine spezielle „action en cassation“) sanktionierte belgische Lauterkeitsrecht – das in der Regel kompromisslos durchgesetzt wird und zu einem **hohen Schutzniveau** für Unternehmen und Verbraucher geführt hat – zielt auf eine **Gesamtregelung aller Marktpraktiken** ab.

2 Das belgische Lauterkeitsrecht hat eine **bewegte Geschichte** hinter sich.[2] Eine umfassende Regelung fand sich erstmalig im Handelspraktikengesetz von 1971, das 1991 durch das Gesetz über die Handelspraktiken und die Information und den Schutz des Verbrauchers abgelöst wurde. Das in der belgischen Literatur als **LPCC 1991** bezeichnete Gesetz enthielt umfassende Regelungen, die von den traditionellen Tatbeständen des unlauteren Wettbewerbs über solche des Verbraucherschutzes, auch vertragsrechtlicher Natur (z. B. AGB), bis hin zu eher gewerberechtlichen Vorschriften reichten und die sich durch eine große Regelungsdichte auszeichneten. 2002 erfolgte dann eine „kleine Reform“ und 2007 eine „große Reform“, die die *Richtlinie 2005/29/EG* umsetzte, wodurch das Gesetz noch komplexer wurde. Die Hoffnung, damit eine sichere Basis für die gemeinschaftsrechtlichen Neuerungen unter dem Dach des bewährten belgischen Lauterkeitsrechts geschaffen zu ha-

[1] Die jeweils neueste Fassung von Gesetzen findet sich (auf französisch) auf der Homepage des Wirtschaftsministeriums: http://mineco.fgov.be; die Urteile des höchsten Gerichts – Cour de Cassation – unter http:/www.cass.be. Die Entscheidungen (und die Literatur) sind teils auf französisch, teils auf flämisch; häufig mit einer Zusammenfassung in der jeweils anderen Sprache, z. B. in dem von *De Bauw* herausgegebenem „Jaarboek Handelspraktijken & Mededinging“.

[2] Ausführlich zu den Grundzügen des belgischen Wettbewerbsrechts *Henning-Bodewig,* in: *Schricker* (Hrsg.), (1995); *Stuyck,* in: Henning-Bodewig (2007); zur Reform von 2010 ausführlich *Henning-Bodewig,* WRP 2013; 1266 und *Heremans* (Hrsg.), *Jacquemin* und *Keirsbilck/Stuyck;* zur aktuellen Regelung im WGB *Stuyck,* GRUR Int. 2015, 899. Den derzeit umfassendsten Überblick (auf flämisch) bietet das Buch von *Stuyck,* Beginselen … von 2015; vgl. auch *Steenot,* EuCLM 2015, 188.

ben, erwies sich jedoch als trügerisch. Jedenfalls wurde am 6. April 2010 ein neues „Marktgesetz" (« Loi relative aux pratiques du marché et à la proctetion du consommateur » = **LPMC 2010**) erlassen, Es übernahm weite Teile des LPCC 1991, gliederte sie jedoch abweichend und wurde insgesamt **noch umfangreicher** und schwerfälliger.[3] Inhaltlich zeichnet es sich durch eine **gewisse Liberalisierung** des eher strengen Wettbewerbsrechts aus.[4] Am **28.2.2013** wurde das Marktgesetz dann – mit einigen Änderungen – in das neue **Wirtschaftsgesetzbuch** (WGB), den „Code économique" eingegliedert. Hierin wurden ein großer Teil der belgischen Wirtschaftsgesetze transferiert – u.a. auch das belgische Kartellrecht, das Urheberrecht und Patentrecht (nicht jedoch das Marken- und Designrecht) und verschiedene Verbraucherschutzregelungen.

Der **Code de droit économique** enthält 18 Bücher (livres). Das in erster Linie einschlägige „Livre VI" ist in 7 Titel („titres") gegliedert, die wiederum in Kapitel – mit mehr oder weniger umfangreichen Artikeln – untergliedert sind. Titel 1 ist einigen Grundprinzipien gewidmet. Titel 2 behandelt schwerpunktmäßig die „Information du marché", zu der in Kapitel 5 auch die vergleichende Werbung und in Kapitel 6 die „promotions en matière de prix" zählen. Titel 3 betrifft den vertragsrechtlichen Verbraucherschutz („des contracts avec les consommateurs"), der in Kapitel 5 aber auch die Kopplungsgeschäfte regelt. Der **Schwerpunkt** des bisherigen materiell-rechtlichen Lauterkeitsrechts findet sich in **Titel 4,** der die **„pratiques interdites"** enthält. Hier ist (als Folge der Umsetzung der Richtlinie 2005/29/EG) eine Trennung in B2B- und B2C-Praktiken zu verzeichnen: Kapitel 1 regelt die „pratiques commerciales déloyales à l'egard des consommateurs", Kapitel 2 die „pratiques du marché déloyales à l'égard de personnes autres que les consommateurs"; Kapitel 3 die „communications aux consommateurs" und die „communications non souhaitées" und Kapitel 4 den „vente à perte". Titel 5 befaßt sich mit den „accords collectifs de consommateurs" und Titel 6 mit „dénominations enregistrées; Titel 7 enthält Schlußbestimmungen. Auffallend ist zum einen die Einbeziehung auch des **vertragsrechtlichen Verbraucherschutzes** in das Regelungswerk, zum anderen die Teilung in B2B- und B2C-Praktiken bei den „pratiques interdits" in Titel 4. Letzteres ist auf die Umsetzung der Richtlinie 2009/25/EG zurückzuführen und hat auch das Ziel, bestimmte Tatbestände klar vom B2C-Bereich (und damit der Auslegung anhand der Richtlinie) abzugrenzen. Obgleich in der **sehr umfangreichen Regelung** – wie bereits im Marktgesetz 2010 – die verbraucherschützenden Bestimmungen den Schwerpunkt bilden, ist das belgische Lauterkeitsrecht nach wie vor ein vor allem durch die Durchsetzung der Wettbewerber geprägtes Recht (vgl. Rdnr. 33). 3

Welche Rolle in Anbetracht dieser umfassenden Regelung den **beiden Generalklauseln** zukommt, die die Handelspraktikengesetze von 1971 und 1991 beherrschten, ist unklar. Die traditionelle Generalklausel des Art. VI 104 WGB verbietet (in enger Anlehnung an § 10bis PVÜ) jeden Verstoß eines Unternehmers gegen die „anständigen Gebräuche", durch die ein anderes Unternehmen in seinen wirtschaftlichen Interessen verletzt werden könnte. Art. VI 93 WGB enthält eine Generalklausel zugunsten der Verbraucher, die Art. 5 der Richtlinie entspricht. Während die Generalklausel im B2B-Verhältnis wie bisher ausgelegt werden wird, ist die Auslegung der neuen Generalklausel europäisch determiniert.[5] 4

Normadressat der Regelung in Buch VI WGB ist nicht mehr der „Verkäufer", sondern das Unternehmen **(„entreprise"),** zu dem natürliche und juristische Personen zählen, die auf dauerhafte Weise ein wirtschaftliches Ziel verfolgt, einschließlich Organisationen.[6] Für die **freien Berufe** findet sich in Buch IVX WGB eine Sonderregelung, die weitgehend der in Buch VI entspricht.[7] 5

Der **Schutzzweck** umfasst nach wie vor grundsätzlich sowohl die Interessen der **„Unternehmen"** als auch die der **Verbraucher;**[8] Blöcke des Gesetzes sind jedoch – bedingt durch die Richtlinie 2005/29/EG – nunmehr stärker auf das Verhältnis Unternehmen/Verbraucher, andere auf das 6

---

[3] Nach *Keirsbilck/Stuyck,* S. 716, ist das Gesetz nunmehr von einem durchschnittlich erfahrenen und aufmerksamen Durchschnittsadressaten kaum mehr zu verstehen.

[4] Gleichwohl hat die Kommission diese nochmalige, fast wörtliche Umsetzung der Richtlinie 2005/29/EG erneut beanstandet.

[5] Das ist insofern von Bedeutung, als die frühere Verbrauchergeneralklausel in Art. 94 LPCC dezidiert den wenig aufmerksamen Verbraucher schützte, der modernen Werbe- und Marketingmethoden gegenüber unterlegen ist. Vgl. Cour de Cassation 17.10.1997, RCJB 1998, S. 441 – *Movitex* mit Anm. *Stuyck;* in dieselbe Richtung Cour de Cassation 12.10.2000, T.B.H. 2001, S. 669 – *Saint-Brice* mit Anm. von *Straetmans.*

[6] Zu den Änderungen durch das Abstellen auf das „entreprise" (statt Verkäufer) *Keirsbilck/Stuyck* sowie *Jacquemin.*

[7] Es enthält jedoch keine Schwarze Liste. Das zuvor geltende Gesetz vom 21.10.1992 ist abgedruckt bei *Henning-Bodewig* (Fn. 1), Anhang.

[8] So ausdrücklich die Gesetzesbegründung zum LPMC 2010, wiedergegeben bei *Keirsbilck/Stuyck,* S. 710 ff.

Verhältnis der Unternehmen untereinander bezogen.[9] Nach wie vor trägt das Gesetz auch den Interessen der Allgemeinheit am Funktionieren des Wettbewerbs und (bei Sonderverkäufen etc.) denen des **Mittelstandes**[10] Rechnung. **Ein Wettbewerbsverhältnis** oder ein „Handeln zu Zwecken des Wettbewerbs" sind nicht erforderlich.

7 Die primär dem **Konkurrentenschutz** dienenden Regelungen die nunmehr in den Art. VI 104 ff. WGB zu finden sind, wurden bereits im zuvor geltenden Marktgesetz von 2010 durch die Fülle von wortreichen Einzelregelungen, insbesondere bei den Verbrauchertatbeständen, regelungstechnisch an den Rand gedrängt. In der Rechtspraxis dürften sie jedoch nach wie vor eine große Rolle spielen. Sie stehen in engem Zusammenhang mit den Regelungen des geistigen Eigentums.[11] Das **Verhältnis zu den IP-Rechten** ist traditionell **kompliziert.**[12] Mit Ausnahme des Urheberrechts, der verwandten Schutzrechte und der Datenbanken konnte der Handelsgerichtspräsident auch schon früher die Unterlassung der Verletzung von IP-Rechten anordnen – war die beantragte Unterlassungsanordnung jedoch (auch) auf die Verletzung von IP-Rechten gestützt, so galt ausschließlich das hierfür zuständige Gericht als entscheidungsbefugt.[13]

8 Im Bereich des **Verbraucherschutzes** bestehen enge Berührungspunkte mit dem im Code civil geregelten (sonstigen) Vertragsrecht. Wichtige Teile (Fernverkäufe, AGB, allgemeine Informationspflichten, Labelling etc.) sind jedoch auch im WGB selbst geregelt. Art. VI 38 WGB bestimmen auch die **vertragsrechtlichen Folgen** unerlaubter Marktpraktiken gegenüber dem Verbraucher.[14] Die u.a. dem Schutz vor marktstarken Mitbewerbern dienenden Vorschriften der Sonderverkäufe, Verlustverkäufe etc. sind wiederum im Zusammenhang mit dem **Kartellgesetz,** geregelt in Buch IV WGB, zu sehen. Das WGB sieht für alle Verstöße nunmehr die „action en cessation" vor, daher kann z.B. unmittelbar gegen Verletzung der kartellrechtliche Vorschriften, wenn auch mit gewissen Einschränkungen, geklagt werden.[15]

3. Regelung der Werbung

9 **a) Irreführende Werbung.** Die irreführende Werbung im **B2B-Verhältnis** ist in Art. VI 105 Nr. 1 WGB geregelt, wobei Art. VI 106 auch die Vortäuschung von Rechnungen für angeblich erbrachte Leistungen etc. umfasst. Im Verhältnis zum **Verbraucher** regeln nunmehr die Art. VI 97 ff. WBG die Irreführung einschließlich der Irreführung durch Unterlassen. Diese Regelung entspricht fast wörtlich der in Art. 6 und 7 der Richtlinie 2005/29/EG. Die Irreführungstatbestände der „black list" finden sich gleichfalls wörtlich in den Art. VI 100 WGB. Im Ergebnis sind damit **sämtliche Erscheinungsformen** der irreführenden Werbung **erfasst.**[16]

10 Art. IV 93 ff. GWB schreiben nunmehr ausdrücklich das Abstellen auf das europäische Leitbild des Durchschnittsverbrauchers vor. Die frühere belgische Rechtsprechung, die zwar i.d.R. von einem **durchschnittlich aufmerksamen, verständigen Werbeadressaten** mit einem Minimum an „bon sense" ausging, wobei die Bedeutung der Angaben für die Adressaten zu Differenzierungen

---

[9] Dem Sinn dieser Trennung stand man im Gesetzgebungsverfahren eher kritisch gegenüber, sah jedoch in Anbetracht der europäischen Vorgaben wenig Spielraum.

[10] *Scheja,* Der Mittelstandsschutz im belgischen Gesetz über die Handelspraktiken, 1993.

[11] Dazu *Strowel/Thierry,* Code de la propriété intellectuëlle, 4. Aufl. 2011; zum Benelux-Markengesetz vgl. *Vanhees,* Länderbericht Belgien in: Lange (Hrsg.), Internationales Handbuch des Marken- und Kennzeichenrechts, 2009, S. 1 ff. und den Kommentar von *Braun,* Précis des Marques, 5. Aufl. 2009; zu den nicht eingetragenen Kennzeichenrechten *Stuyck/Demeure,* in: Schricker/Bastian/Knaak (Hrsg.), Gemeinschaftsmarke und Recht der EU-Mitgliedstaaten, 2006, S. 155 ff.; zum Urheberrecht *Brison/Vanhees* (Hrsg.), Hommage à Jan Corbet, 3. Aufl. 2012. Im WGB sind nunmehr das Urheber- und das Patentrecht geregelt, nicht jedoch das Marken- und Designrecht, das der Benelux-Gesetzgebung unterstehen.

[12] Vgl. auch Fn. 53. Der frühere Art. 96 Abs. 1 LPCC verneinte die Kompetenz des Handelspraktikenrichters für alle IP-Regelungen. Diese Vorschrift wurde jedoch mit Gesetz vom 19. April 2007 durch eine Regelung ersetzt, die dem Handelsgerichtspräsidenten auch im Bereich der IP-Rechte Befugnisse einräumt. Zur Abgrenzung generell *Wellens* (2007); *Francq,* GRUR Int. 1996, 448 ff. und *Puttemans,* Droit intellectuel et concurrence déloyale, 2000; einen aktuellen Überblick über die Diskussion, die unter den Stichworten „Zusammenhang, Reflexwirkung und ergänzende Funktion" geführt wird, gibt *Stuyck,* Beginselen ... (2015), S. 120.

[13] Ausführlich hierzu *Steenot/Dejonghe,* S. 294 ff.

[14] In sieben spezifizierten Fällen des Verstoßes gegen die „black list" ist der Verbraucher für den Verstoß zu entschädigen oder kann die Bezahlung verweigern; diese Möglichkeit besteht auch für andere Verstöße, wenn das Gericht dies für angemessen erachtet; ausführlich dazu *Steenot,* EuCLM 2015, 188 und *De Cristofaro,* GRUR Int. 2010, 1017, 1022 f.; *Stuyck,* JT 2000, S. 20 ff.; zu diesem Themenkreis bereits Cour de Cassation, T.B.H. 1994, S. 610 mit Anm. von *Stuyck/Pauwells;* vgl. auch *Stuyck,* T.B.H. 2005, S. 901, 913.

[15] Zum Verhältnis des Lauterkeitsrechts zum Kartellrecht vgl. Cour de Cassation 7.1.2000, PCC 2000, S. 405 und *Stuyck,* Beginselen (2015).

[16] Ausführlich zur irreführenden Werbung *Stuyck,* Beginselen ... (2015).

führen konnte,[17] jedoch auch auf den besonders schutzbedürftigen Verbrauchers abgestellt,[18] dürfte daher im B2C-Bereich kaum mehr haltbar sein. Gleiches gilt für die nun ausdrücklich geregelte **Relevanz**, die im früheren Recht kaum thematisiert wurde.[19]

Bislang war die Auslegung des Irreführungsverbots in Belgien relativ streng. Ist eine Werbeaussage, häufig in Form der Superlativwerbung, als offensichtliche Übersteigerung („riesig", „der Beste", „Schönste" etc.) zu erkennen, so gilt sie zwar als unschädliche **Marktschreierei.**[20] Wird die Werbung hingegen mit nachprüfbaren Fakten vermischt, so wird sie i. d. R. auch ernst genommen. Dies gilt insbesondere für Preisaspekte oder „sensible" Fragen wie z. B. die Umweltfreundlichkeit von Produkten. **11**

Neben dem Verbot der **Irreführung durch Unterlassen** statuiert Titel 3 des WGB für „des contracts avec les consommateurs" umfassende **Informationspflichten** des Verkäufers gegenüber dem Verbraucher.[21] Sie betreffen Preisangaben, Preispromotion, Preisherabsetzungen (dazu noch Rdnr. 23), Angaben über die Menge, das Labelling etc. Der Verkäufer hat dabei spätestens bei Vertragsschluss **die erforderlichen oder zu erwartenden Informationen** zur Verfügung zu stellen. Geregelt sind auch die rechtlichen **Folgen der Irreführung** für mit dem Konsumenten abgeschlossene **Verträge,** die anhand der tatsächlichen Angaben der Werbung auszulegen sind.[22] **12**

Eine **Beweislastumkehr** ist nur für das Abmahnverfahren des Wirtschaftsministers vorgesehen. Bei der **Passivlegitimation** gilt die Besonderheit der „kaskadenförmigen Haftung" (s. Rdn. 34). **13**

b) Vergleichende Werbung. Die vergleichende Werbung ist nicht im Titel 4 („pratiques interdits") und im Zusammenhang mit der Werbung geregelt, sondern im Kapitel 5 des 2. Titels („Information du marché"). Gemäß Art. VI 17 WGB ist sie nur **zulässig,** sofern die in Nr. 1–8 genannten Voraussetzungen erfüllt sind.[23] **14**

Der **Mitbewerber** muß zumindest **identifizierbar** sein. Die bisherige Rechtsprechung hat dies weit ausgelegt. Das ungestattete Anbringen von **Metatags** des Konkurrenten auf der eigenen Website stellt jedoch keine vergleichende Werbung dar.[24] **15**

Die vergleichende Werbung muss weiter **wesentliche, relevante, repräsentative und nachprüfbare** Eigenschaften vergleichen.[25] Als „nicht objektiv" werden häufig **pauschale Vergleiche** angesehen, z. B. die Behauptung eines Telefonanbieters, man könne „doppelt so lange telefonieren" oder Kunden seien „allgemein mit der Qualität (von Konkurrenzangeboten) unzufrieden".[26] Dabei sind die Grenzen zur **Irreführung** fließend. Diese wird insbesondere dann bejaht, wenn bestimmte **Umstände verschwiegen** werden, z. B. zusätzlich entstehende Kosten oder Einschränkungen des Angebots.[27] **16**

---

[17] Und auch die Situation, in der der Verbraucher die Werbung wahrnimmt, etwa eine Anzeige in der Zeitung sieht.

[18] S. Fn. 4.

[19] Eine Auswirkung auf das Entscheidungsverhalten wurde jedoch z.B. verneint bei nur geringfügiger Unterschreitung der angegebenen Freiminuten in der Werbung eines Telefondienstleisters, vgl. Hof van Beroep te Brussel 16.5.2006, Jaarboek Handelspraktijken § Mededinging, 2006, S. 132.

[20] Zum Beispiel wurde die Werbung eines Möbelhändlers „Toujour le moins cher! Nous vous apportons les preuves. Venez!" als ernst zu nehmende Angabe gewertet, da sie durch Preisbeispiele „untermauert" war. Anders hingegen die Werbung für Windeln „Selbst nass sind sie trocken", Pres. Tribunal de commerce Verviers 16.3. 2001, JT 2001, S. 1316; ausführlich zu neueren Entscheidungen *Stuyck,* Beginselen (2015), S. 275.

[21] Ausführlich *Stuyck,* Beginselen (2015), S. 403. Zu den Pflichten aus dem früheren LPCC vgl. De *Boeck,* De informatieverplichting van de professioneel t. a. v. de consument, in: Consumentenrecht, 1998, S. 1; *De Caluwé/ Delcorde/Leurquin,* Rdn. 12.1 ff.

[22] Vgl. *De Cristofaro,* GRUR Int. 2010, 1017; *Steennot,* EuCLM 2015, 188 sowie Fn. 14.

[23] Die vergleichende Werbung wurde früher eher streng beurteilt; bis 1999 bestand sogar ein generelles Verbot. So wurden laut *Daele,* T. B. H. 2002, S. 247 in den ersten beiden Jahren nach ihrer Zulassung bei insgesamt 32 Entscheidungen 26 Verbote ausgesprochen; in 15 Fällen wegen Herabsetzung, in 6 wegen Irreführung. Zu neueren Entscheidungen vgl. etwa *Daele,* T. B. H. 2004, S. 759 und *Stuyck,* Beginselen (2015), S. 266.

[24] Es fehlt sowohl an einer „werblichen Äußerung", als auch an einem Vergleich zwischen dem Werbenden und dem Mitbewerber, Hof van Beroep te Antwerpen 9.10.2000, R. D. C. 2001, S. 408 mit Anm. von *Evrard.*

[25] Der Vergleich zwischen einem generischen Heilmittel und einem für nicht genau für dieselbe Indikation verschriebenen „Marken"medikament erfüllt dies nicht. Voorz. Rechtbank van koophandel te Brussel 15.9. 2000, zitiert bei *Daele,* S. 252.

[26] Vgl. die bei *Daele,* S. 254 f. wiedergegebenen Entscheidungen.

[27] Ein punktueller Preisvergleich kann ein allgemein niedriges Preisniveau signalisieren, z.B. bei Telediensteanbietern, bei denen häufig unterschiedliche Aspekte und Leistungen in den Vergleich einbezogen werden; vgl. Voorz. Rechtbank van koophandel te Brussel 24.9.2001 – *Telenet . /. Belcom* und vom 7.6.2000 – *Mobistar . /. KPN Orange Belgium* (wiedergegeben bei *Daele,* S. 254 ff.).

17 Besonders streng hat sich die belgische Rechtsprechung in der Vergangenheit beim Verbot der **herabsetzenden** und **rufausbeutenden Werbung** gezeigt. Werbesprüche wie „Wer unbedingt mehr Geld ausgeben will" wurden z.B. als unnötige Herabsetzung angesehen,[28] Vergleiche mit bekannten Marken leicht als Rufausbeutung qualifiziert (wenn die bekannte Marke „übermäßig" herausgestellt wird).[29]

18 **c) Belästigende Werbung.** Art. VI 101 WGB enthält ein spezielles Verbot der **aggressiven Geschäftspraktiken** gegenüber dem Verbraucher (ergänzt durch die per se-Verbote der „schwarzen Liste"). Diese Regelung entspricht fast wörtlich Art. 8 und 9 der Richtlinie unlautere Geschäftspraktiken.[30] Darüber hinaus gilt für alle Marktteilnehmer in Art. VI 110ff. WGB ein Vebot der **„communications non souhaitées"**, das u.a. ein weitreichendes Verbot der Telefonwerbung beinhaltet (s. Rdn. 22).

19 **d) Medien- und produktspezifische Werberegelungen.** Die Werbung im **Fernsehen** ist in mehreren Verordnungen (für die flämische und französische Gemeinschaft) geregelt; in ihnen finden sich die in der Richtlinie audiovisuelle Mediendienste enthaltenen Verbote der Schleichwerbung, des Product Placement etc.[31] Die **E-Commerce-**Richtlinie wurde mit Gesetz vom 11. März 2003 umgesetzt.[32]

20 Für bestimmte Produkte – insbesondere **Lebensmittel, Alkohol, Medikamente** – gelten besondere Werbevorschriften.[33] Für **Tabak** besteht ein weitgehendes Werbeverbot, das auch die indirekte Werbung erfasst.[34]

4. Besondere Verkaufsmethoden, Direktmarketing

21 Art. IV 45ff. WGB regeln den **Fernverkauf**[35] und den Verkauf auf Abstand. Die **unaufgeforderte Zusendung von Waren** gegenüber dem Verbraucher ist weitgehend verboten;[36] für **Haustürgeschäfte** bestehen zugunsten des Verbrauchers umfangreicher Schutzmaßnahmen.[37] Das Gesetz vom 25. Juli 1993 über den **ambulanten Handel** enthält ein grundsätzliches Verbot des Verkaufs im Heim des Verbrauchers (Art. 4), für das allerdings großzügige Ausnahmen bestehen. **Schneeballsysteme** sind grundsätzlich verboten.[38]

22 Unerbetene Werbung per **Fax** und die **Telefonwerbung mittels automatischer Anrufsysteme** sind gegenüber natürlichen Personen gemäß Art. VI 112 WGB ohne vorherige Zustimmung nicht zulässig.[39] **Opt-in** gilt gemäß der Verweisung auf das Gesetz vom 11. März 2003 auch für elektronische Post **(spams).** Im B2B-Verhältnis gilt das opt-out Prinzip.

5. Sales Promotion

23 Die größten **Änderungen** im belgischen Lauterkeitsrecht der letzten 20 Jahre sind im Bereich der **Sales Promotion** zu verzeichnen. Sie sind fast ausschließlich auf die europäischen Vorgaben

---

[28] Voorz. Rechtbank van koophandel te Brussel 4.9.2000 – *Toyota . /. Daewoo* (wiedergegeben bei *Daele,* S. 257). Instruktiv auch *Belgakom . /. Telenet* (Vergleich Internetdienste via Kabel und Telefon), in der verschiedene Leistungen der Konkurrenz – in durchaus witziger Form – als „delayed" etc. bezeichnet wurden. Erst die geänderte Werbung „Häufig ist eine Telefonleitung unerlässlich … Ohne eine derartige Leitung ist es schwierig …" fand schließlich Gnade vor den Augen der Richter, vgl. Voorz. Rechtbank van koophandel te Brussel 5.1.2001 – *Belgakom . /. Telenet* (wiedergegeben bei *Daele*). Auch die neuere Rechtsprechung zeigt sich überwiegend streng; vgl. z.B. Hof van Beroep te Brussel 12.9.2006 (ironischer Vergleich von Handyanbietern) und vom 16.5.2006 (Vergleiche zwischen Telefonanbietern), Jaarboek Handelspraktiken & Mededinging, 2006, S. 308, 193.

[29] Zum Beispiel bei einem Vergleich generischer Medikamente mit bekannten Markenmedikamenten, Voorz. Rechtbank van koophandel te Brussel 28.5.2001 – *The Beecham Group Plc . /. Eurogenerics NV* (wiedergegeben bei *Daele,* S. 260).

[30] Ausführlich zu Inhalt und Interpretation *Glöckner,* Einl. B.

[31] Zur TV-Werbung *Ferrant,* in: Greffe/Greffe (Hrsg.), La publicité et la loi, 11. Aufl. 2009, S. 766ff. Zum europäischen Recht *Frank,* Einl. H Rdn. 70.

[32] *Stuyck/van Dyck/Radeideh,* S. 734ff.

[33] Ausführlich hierzu *Ferrant,* S. 766ff.

[34] *Ferrant,* S. 772 f.

[35] Zu den weitgehend übereinstimmenden Regelungen im LPCC 1991 vgl. etwa V*an den Bergh* GRUR Int. 1992, 803; *De Caluwé/Delcorde/Leurquin,* Rdn. 23.1–23.69.

[36] Zum Zusenden unbestellter Waren vgl. auch *Stuyck/van Dyck/Radeideh,* S. 32.

[37] Vgl. *Stuyck/van Dyck/Radeideh,* S. 29.

[38] Ein derartiges System (und nicht ein grundsätzlich zulässiges MLM-System) liegt dann vor, wenn das Vorankommen innerhalb der „Pyramide" mehr von der Rekrutierung neuer Mitglieder als vom Verkauf der Produkte abhängt, vgl. *Stuyck/van Dyck/Radeideh,* S. 31, Cour d'appel de Bruxelles 16.9.1998, Ann. Prat. Comm, 1998, S. 354 mit Anm. von *Stuyck.*

[39] Generell zur Werbung per Telefon vgl. *Stuyck/van Dyck/Radeideh,* S. 26ff.; *Ferrant,* S. 754.

zurückzuführen, die den belgischen Gesetzgeber mehrfach zu Änderungen der ursprünglich sehr rigiden Regelung gezwungen haben. So enthielt noch das Handelspraktikengesetz von 1991 zahlreiche Verbote, die jedoch im Anschluss an die EuGH-Entscheidung in Sachen VAT-VAB weitgehend abgemildert oder aufgehoben würden.[40]

Alle Arten der Verkaufsförderung zwischen Unternehmen sind auf der Grundlage der **Generalklausel** des Art. VI 104 WGB und im Verhältnis Unternehmer/Verbraucher auf der Grundlage der Verbrauchergeneralklausel des Art. VI 93 WGB erfassbar; letztere ist europäisch determiniert.[41] Weiter sind sie an den umfangreichen Irreführungsvorschriften zu messen (s. Rdn. 9). 24

Rabatte sind grundsätzlich **zulässig,** müssen jedoch nach wie vor den strengen Vorschriften zur **Ankündigung von Preisherabsetzungen** genügen.[42] Weiter darf die Preisreduzierung nicht zu einem **Verlustverkauf** führen; die Regelung in Art. VI 116 WGB ist nunmehr so gefaßt, dass sie klar nicht den Verbraucherschutz bezweckt (und damit nicht in den Anwendungsbereich der Richtlinie 2005/29/EG fällt).[43] 25

Bei einer Werbung für **Sonderangebote** muss der Verkäufer über entsprechend ausreichenden Vorrat verfügen,[44] sonst hat der Verbraucher einen Anspruch auf einen Gutschein. **Wertgutscheine** („bons de valeur") unterliegen umfangreichen **Informationspflichten** (und begründen eine Einlösungspflicht des Werbenden). 26

Kopplungsgeschäfte – also auch **Zugaben** – gegenüber dem Verbraucher waren noch bis 2009 grundsätzlich verboten.[45] Als Folge der VAT-VAB-Entscheidung des EuGH[46] besteht dieses generelle Verbot nur noch dann, wenn zumindest eine Leistung den Finanzsektor betrifft.[47] Ansonsten sind Kopplungsangebote an den allgemeinen Vorschriften zu messen. 27

Eine die **Werbung für Gewinnspiele,** insbesondere **Sweepstakes,** verbietende Regelung, die auch vom Zufall abhängige „promotional contests" erfasste, wurde aufgehoben. **Promotion games** sind jedenfalls **grundsätzlich erlaubt**[48] wenngleich gerade hier einige Zweifelsfragen – insbesondere bezüglich bei Gewinnspielen – bleiben.[49] 28

6. Herabsetzung, Anschwärzung

Das belgische Recht gewährte bislang über Art. 94/2 Nr. 6 LPCC 1991 und ergänzend über seine Generalklausel des Art. 94/3 LPCC im Verhältnis von Verkäufern untereinander auch außerhalb des Markenrechts und der vergleichenden Werbung (s. Rdn. 17) **weitreichenden Schutz gegen** jede Form der **Herabsetzung und Anschwärzung.**[50] Es ist davon auszugehen, dass dieser Schutz unverändert über Art. VI WGB und ergänzend die Generalklausel des Art. VI 104 WGB fortbesteht.[51] 29

7. Ausnutzung fremder Leistungen, Verwechslungsgefahr, Nachahmung

Auch die **Ausbeutung fremden Rufs** wird auf der Grundlage der Generalklausel des Art. VI 104 WGB beurteilt. 30

Art.VI 105 WGB verbietet Geschäftspraktiken, durch die eine **Verwechslungsgefahr** auf Seiten des Verbrauchers entstehen könnte. Im B2B-Verhältnis wird auch die Verwechslungsgefahr zwischen Handelsnamen (die nicht in einem speziellen Gesetz geregelt sind) und eine **Nachahmung fremder Leistungen** auf der Grundlage der Generalklausel beurteilt.[52] Letztere setzt i. d. R. das 31

---

[40] Vgl. zu diesem Themenkreis *Stuyck,* GRUR Int. 2015, 899; zum früheren Recht; ausführlich *De Brouwer* (2007).

[41] Das ist insofern nicht unerheblich, als das frühere belgische Recht gerade bei Sales Promotion eher auf einen besonders schutzbedürftigen Verbraucher abgestellt hat, vgl. Fn. 4.

[42] Dazu *Keirsbilck/Stuyck,* S. 723 ff.; *Byl/Plas,* S. 556 ff., *Stuyck,* GRUR Int. 2015, 899.

[43] *Stuyck,* Beginselen (2015), S. 361.

[44] Vgl. Cour de Cassation 12.9.1996, T. B. H. 1997, S. 21 (Ausnahme: „force majeure").

[45] Ausführlich *de Brouwer,* S. 99 ff.; *De Caluwé/Delcorde/Leurquin,* Rdn. 17.1–17.124. *Steenot/Dejonghe,* S. 203 ff.; *Stuyck,* GRUR Int. 2015, 899.

[46] GRUR 2009, 599; dazu *Glöckner,* Einl. B.

[47] Diese Ausnahme wird weit ausgelegt, vgl. *Stuyck,* GRUR Int. 2015, 899.

[48] Dazu ausführlich *Baekeland; Stuyck,* Beginselen (2015), S. 435.

[49] Vgl. insbesondere Hof van Beroep te Gent 8.2.2001, T. B. H. 2001, S. 700 mit Anm. von *de Brouwer;* ausführlich zur Rechtslage nach dem Gesetz von 2010 *Byl/Plas;* zur jetzigen Rechtslage *Stuyck,* Beginselen (2015), S. 435.

[50] Ausführlich dazu *De Caluwe/Delcorde/Leurqin,* Rdn. 27.9–27.21; *Schricker/Francq/Wunderlich,* S. 429 ff.; *Stuyck,* Beginselen (2015), S. 252.

[51] Zur Rufausbeutung vgl. etwa *Schricker/Wunderlich,* S. 187 ff.

[52] Ausführlich *Wellens* (2007) und *Wellens* im FS Gielen (2015); *Gielen* in FS Spoor (2007).

(vermeidbare) Hervorrufen von Verwechslungsgefahr voraus. Aber auch die Unmittelbarkeit der Leistungsübernahme oder der Umstand, dass der Nachahmer (noch nicht amortisierte) Investitionen eines Konkurrenten eingespart hat, können eine Rolle spielen.[53]

8. Vorsprung durch Rechtsbruch

32 Es ist davon auszugehen, dass wie bisher **unabhängig vom Schutzzweck** die Verletzung **jeder gesetzlichen Norm** einen Verstoß gegen die „anständigen Gepflogenheiten" i. S. der Generalklausel des Art. VI 104 WGB darstellt.[54] Die Verletzung von Vorschriften zugunsten der Verbraucher – gleichgültig ob im WGB oder außerhalb dieses – ist daher durch Mitbewerber verfolgbar. Nachdem nunmehr alle Verstöße gegen das WGB mit der speziellen Unterlassungsklage (s. Rdn. 33) verfolgbar sind, gilt dies z.B. auch für Verstöße gegen die kartellrechtlichen Vorschriften; allerdings mit gewissen Einschränkungen (vgl. Rdn. 8).

9. Sanktionen, Verfahren

33 Zentrale Sanktion des Buch VI WGB, wie bereits in allen Vorgängerregelungen, ist die Unterlassungsklage **(„action en cessation"),** die in einem besonderen Verfahren („référé") beim Präsidenten des Handelsgerichts (Rechtbank van koophandel/Tribunal de commerce) zu erheben ist. Beim **Référé-Verfahren** handelt es sich um ein Eilverfahren, das jedoch zu einem endgültigen Urteil führt und vorläufig vollstreckbar ist. Die Unterlassungsklage setzt nicht den Nachweis besonderer Eilbedürftigkeit voraus. Der Handelsgerichtspräsident hat weitreichende Befugnisse, kann auch die Urteilsveröffentlichung anordnen. Die Befugnisse wurden 2007 in Bezug auf IP-Rechte erweitert (s. Rdn. 5). **Schadensersatzklagen** sind auf der Grundlage des Art. 1382 Code Civil geltend zu machen. Neu in das WGB eingeführt wurden Entschädigungen der Verbraucher für bestimmte Verstöße (s. Rdnr. 8) sowie eine Art class action, die von Verbraucherverbänden geltend gemacht werden kann.

34 **Aktivlegitimiert** für den Unterlassungsanspruch sind alle „Interessierten" (also theoretisch auch der individuelle Verbraucher), Unternehmen, der Wirtschaftsminister, berufliche und zwischenberufliche Vereinigungen sowie Verbraucherverbände. **Passivlegitimiert** ist grundsätzlich der Störer. Im Werbebereich besteht einschränkend eine sog. **kaskadenförmige Haftung,** d.h. andere Personen als der Werbungtreibende („annonceur") können nur subsidiär zur Verantwortung gezogen werden.[55]

35 Bestimmte Vorschriften des WGB sind zudem **straf- und verwaltungsrechtlich sanktioniert.** Die **verwaltungsrechtlichen** Sanktionen sind beim **Wirtschaftsminister** konzentriert, dem zunehmend für die Rechtsdurchsetzung Bedeutung zukommt. Er ist nicht nur für die **Unterlassungsklage aktivlegitimiert,** sondern kann ein **„Abmahnverfahren"** einleiten, das den in Anspruch Genommenen die Möglichkeit eines „Vergleichs" – Absehen einer Klageerhebung gegen Zahlung einer Geldbuße – eröffnet. Die **Gerichtskosten** hat in Belgien in der Regel die unterlegene Partei zu tragen; die Rechtsanwaltskosten trägt jede Partei grundsätzlich selbst.

---

[53] Ausführlich zur sklavischen Nachahmung *Wellens* (2007 und 2015) und *Buydens* (1995); zum parasitären Wettbewerb auch *De Caluwé/Delcorde/Leurquin,* Rdn. 25.18–25.23; *Schricker/Francq/Wunderlich,* S. 351 ff.; speziell zum Schutz von Werbung gegen Nachahmung *Henning-Bodewig* (Fn. 1), Rdn. 346 ff. und *Leroy/Mouffe.* Vgl. auch Cour d'appel de Liège 17.1.2006, Jaarboek Handeslpraktijken 2006, S. 110 (parasitärer Wettbewerb bei Übernahme des Slogans „General Tour Nr. 1 Bruxelles-Wallonie").

[54] Dazu *Stuyck* (2007 und 2015).

[55] Zu den Sanktionen, Verfahren und Aktivlegitimation ausführlich *Stuyck,* Beginselen (2015), S. 95 ff. sowie (zu zivilrechtlichen Sanktionen) *Steenot* (2015); zum früheren Recht (das jedoch in Teilen unverändert geblieben ist), auf deutsch *Heitkamp,* S. 852; *Henning-Bodewig* (Fn. 1), Rdn. 504 ff.; *Schricker/Francq/Wunderlich,* S. 200 ff.

II. Bulgarien

Inhaltsübersicht

Rdn.

1. Rechtsquellen ...
2. Kurzcharakteristik des bulgarischen Wettbewerbsrechts ... 36
3. Regelung der Werbung ... 46
   a) Irreführende Werbung ... 47
   b) Vergleichende Werbung ... 52
   c) Produkt- und medienspezifische Werberegelungen ... 53
   d) Sonstige Werbevorschriften ... 56
4. Direktmarketing, spezielle Marketingtechniken, aggressive Geschäftspraktiken ... 57
5. Sales Promotion ... 59
6. Herabsetzung ... 63
7. Verwechslungsgefahr, Nachahmung ... 64
8. Behinderungswettbewerb ... 68
9. Vorsprung durch Rechtsbruch ... 71
10. Sanktionen, prozessuale Regeln ... 72

Schrifttum: *Alexiev,* Novata uredba na nelojalnite tŭrgovski praktiki v Zakona za zaštita na potrebitelite (Die Neuregelung der unlauteren Geschäftspraktiken im Verbraucherschutzgesetz), Tŭrgovsko i konkurentno pravo, 2007 (9), S. 78; *Bakardjieva,* Das Recht des unlauteren Wettbewerbs in Bulgarien, GRUR Int., 1994, S. 671; *Bakardjieva,* Das neue Wettbewerbsgesetz in Bulgarien, GRUR Int. 1999, S. 395; *Bakardjieva,* Bulgarien, in: *Schricker* (Hrsg.), Recht der Werbung in Europa, 2002; *Dietz,* Die Einführung von Gesetzen gegen den unlauteren Wettbewerb in ehemals sozialistischen Staaten Mittel- und Osteuropas, GRUR Int. 1994, S. 649; *Dimitrov,* Die Neuregelung des Wettbewerbs in Bulgarien, GRUR Int. 1994, S. 676; *Goleminov,* Pravna zaštita na potrebitelite (Rechtsschutz der Verbraucher), Sofia, Ciela, 2001; *Kodžabašev,* Izpolzvane na čužda firma, marka ili otličitelen znak (Benutzung fremder Marke, Handelsnamen oder Kennzeichens), Trgovsko i konkurentno pravo, 2007, 52; *Markov,* Ograničavane na konkurencijata (Restriction of Competition), Sibi 2000; *Pritchard,* Consumer Protection in Bulgaria, Centre de droit de la consommation, Université Catholique de Louvain, CICPP No. 17; *Stefanov,* Die Durchsetzung von gewerblichen Schutzrechten in Bulgarien, GRUR Int. 2003, S. 336; *Stojanov,* Komentar na Zakona za zaštita na konkurencijata (Kommentar zum Wettbewerbsgesetz), Sofi R, 2000: Varadinov, Nelojalni turgovski praktiki v otnošenijata turgovec – potrebitel (Unlautere Geschäftspraktiken in die Verhältnissen zwischen Unternehmen und Verbraucher, Sibi, 2014.

1. Rechtsquellen

Gesetz zum Schutz des Wettbewerbs vom 14.11.2008 (WettG); Gesetz zum Schutz der Verbraucher vom 24.11.2005, in Kraft getreten am 10.6.2006 (VSchG).

2. Kurzcharakteristik des bulgarischen Wettbewerbsrechts

a) Bulgarien gehört zu den Ländern, die einen integrierten Ansatz des Wettbewerbsrechts haben. 36
Das **Gesetz zum Schutz des Wettbewerbs** (WettG)[56] von 2008 dient sowohl der Freiheit als auch der Fairness des Wettbewerbs. Kapitel 7 ist mit „Verbot des unlauteren Wettbewerbs" überschrieben. Herausragende Bedeutung kommt dabei der **Generalklausel** gegen unlauteren Wettbewerb in Art. 29 WettG zu. Sie verbietet jedes Wettbewerbsverhalten (sowohl positives Tun als auch Unterlassen), das gegen die **guten Geschäftspraktiken** verstößt und die **Interessen von Mitbewerbern** verletzt oder verletzen könnte.

Diese den unlauteren Wettbewerb bekämpfenden Vorschriften sind nur auf im Kern **geschäftliche** Verhaltensweisen anwendbar und an die Bedingung eines **Wettbewerbsverhältnisses** geknüpft.[57] Ob letzteres besteht, hängt vom Auftreten auf dem relevanten Markt ab, wobei die Beurteilung jedoch flexibler als in Antitrustfällen ist.[58] 37

[56] Staatsblatt (Dŭržaven vestnik, D.V.) Nr. 102 v. 28.11.2008, zuletzt geändert D.V. Nr. 56 v. 24.7.2015. Eine englische Übersetzung findet sich auf der Website der „Kommission zum Schutz des Wettbewerbs" (www.cpc.bg). Das Gesetz hat das Wettbewerbsgesetz von 1998 ersetzt.

[57] Persönliche Äußerungen von Gewerbetreibenden in den Medien oder auf Konferenzen und im Rahmen öffentlicher Diskussionen fallen nicht in den Anwendungsbereich des Gesetzes, vgl. Oberstes Verwaltungsgericht (OVG) No. 2640 vom 14.3.2006, Fall Nr. 10 929/2005.

[58] Zum Beispiel erstreckt sich das Verbot unlauteren Wettbewerbs in den Fällen der Ausnutzung des Goodwill eines anderen und des parasitären Wettbewerbs auch auf Fallgestaltungen ohne direkte Wettbewerbsbeziehung. S. *Kodžabašev,* Tŭrgovsko i konkurentno pravo, 2007, 52, 55.

38 Der Begriff der **guten Geschäftspraktiken** wird in § 1 Nr. 2 der Zusätzlichen Bestimmungen des WettG umschrieben als „die Regeln des Marktverhaltens, die sich auf die Gesetze und Handelsbräuche gründen und die nicht gegen die bonos mores verstoßen". Die Generalklausel erfordert dabei nicht den Nachweis einer tatsächlichen Verletzung der Interessen der Mitbewerber; es genügt, Bedingungen zu schaffen, die eine Verletzung dieser Interessen begünstigen.[59] Dabei kommt es auf die objektive Natur und die Auswirkungen des fraglichen Verhaltens an, während die Absicht des Handelnden irrelevant ist.

39 Die Generalklausel wird durch eine Anzahl von Bestimmungen ergänzt, die **spezifische Tatbestände** unlauteren Wettbewerbs erfassen (Art. 30–37 WettG). Nach ständiger Rechtsprechung ist diese Liste **nicht abschließend.**[60] **Durch die Art. 32 bis Art. 34 WettG wurde die Richtlinie 2006/114 über irreführende und vergleichende Werbung in das WettG umgesetzt.**

40 **b)** Parallel zum WettG finden sich im **Verbraucherschutzgesetz** (VSchG)[61] eine Reihe von Bestimmungen, die die Fairness kommerzieller Transaktionen betreffen. Das Verbraucherschutzgesetz, in dem mehrere gemeinschaftsrechtliche Richtlinien umgesetzt wurden, enthält einen Katalog von **Verbraucherschutzrechten** und statuiert die Bedingungen ihres Schutzes.

41 In Kapitel 4, Abschnitt 3 (früher Abs. 4) **VSchG** findet sich seit August 2007 auch die **Umsetzung der Richtlinie 2005/29/EG** über unlautere Geschäftspraktiken (abgedruckt im Anhang; zu Inhalt und Interpretation ausführlich *Glöckner,* Einl. B.). **Die Generalklausel gegen unlautere Geschäftspraktiken** (s. Art. 5 der Richtlinie) wurde in Art. 68 lit. d VSchG übernommen. Sie stellt auf die Begriffe „bonos mores" und „berufliche Kompetenz" ab.[62] In Übereinstimmung mit der Richtlinie wird die Generalklausel durch zwei kleine Generalklauseln über irreführende und aggressive Geschäftspraktiken ergänzt sowie durch eine Liste von Geschäftspraktiken, die unter allen Umständen als unlauter gelten. Erfüllt eine Geschäftspraxis alle Voraussetzungen der kleinen Generalklauseln oder der „schwarze Liste" ist nicht mehr zu prüfen, ob diese Praxis auch den Erfordernissen der „bonos mores" und der beruflichen Sorgfalt widerspricht.[63] Das VSchG begrenzt die Anwendung der Generalklausel auf Geschäftspraktiken, die geeignet sind, das wirtschaftliche Verhalten des Durchschnittsverbrauchers zu beeinflussen, wobei die besondere Schutzbedürftigkeit bestimmter Verbrauchergruppen in Art. 68d (2) VSchG berücksichtigt wird, sofern auf diese abgezielt wird. In der Praxis der Kommission zum Schutz der Verbraucher und der Rechtsprechung des Obersten Verwaltungsgerichts gibt es zahlreiche Beispiele, in denen Geschäftspraktiken als unlauter ausschließlich auf Grundlage der Generalklausel untersagt wurden.[64]

42 **c)** Ursprünglich verfolgte auch das WettG den Schutz der Interessen der Verbraucher. Als Folge der Umsetzung der Richtlinie über unlautere Geschäftspraktiken in das VSchG wurde der Schutzzweck des WettG jedoch auf geschäftliche Handlungen im **B2B-Verhältnis** beschränkt. Im **B2C-Verhältnis** unterliegen Geschäftspraktiken nunmehr dem VSchG. Das daraus insgesamt resultierende Schutzsystem ist nicht unproblematisch, da die sich **überschneidenden Regelungen** nicht immer in Inhalt und Terminologie sauber voneinander abgegrenzt sind. Dies muss umso bedenklicher erscheinen, als ihre Durchsetzung teilweise auf unterschiedlichem Wege erfolgt.[65]

43 So werden die Regeln zur Bekämpfung des unlauteren Wettbewerbs im **WettG** fast ausschließlich auf verwaltungsrechtlichem Wege durch eine unabhängige staatliche Behörde, die **„Kommission zum Schutz des Wettbewerbs"** (KSW) (Kapitel 2, Art. 3–14; Kapitel 12 WettG) durchge-

---

[59] S. das Urteil des OVG Nr. 9340 vom 8.10.2007, Fall Nr. 5185/2007.

[60] S. das Urteil des OVG Nr. 8364 vom 27.7.2006, Fall Nr. 11337/2003: die Registrierung einer Domain, die mit der eines Mitbewerbers identisch ist, verletzt nicht die Spezialvorschrift von Art. 34 (1) and Art. 33, verstößt jedoch gleichwohl gegen die Generalklausel.

[61] D. V. Nr. 99 vom 9.12.2005, zuletzt geändert D.V. v. 28.7.2015.

[62] Im Schrifttum wird der Hinweis auf die bonos mores (gute Sitten) in Art. 68d als eine Abweichung von der Generalklausel der Richtlinie kritisiert. Die Anwendung des Begriffs „berufliche Kompetenz" statt „berufliche Sorgfalt" wird gleichfalls als eine ungenaue Übersetzung der Richtlinie kritisch gesehen; vgl. Varadinov, op. cit., 44.

[63] S. das Urteil des OVG Nr. 8485 vom. 13.6.2012, Fall Nr. 7915/2011. Diese Auslegung steht mit dem Urteil des EuGH im Fall C-435/11 CHS/Team 4 Travel im Einklang, vgl. Varadinov, op. cit., 48.

[64] S. zum Beispiel die Entscheidung des OVG Nr. 2838 vom 27.2.2012, Fall Nr. 4868/2011: ein Unternehmen im Bereich der Telekommunikation hatte einen Vertrag wegen Nichtzahlung von drei Rechnungen beendet; danach wurde den Vertrag automatisch auf eine neue einjährige Frist verlängert, um den neuen Vertrag so gleich wieder zu beenden. Nach dem Gericht war das einzige Ziel dieser Geschäftspraxis, dem Kunden zusätzliche Vertragsstrafen aufzuerlegen. Für weitere Beispiele s. Varadinov, op. cit., 55 ff.

[65] Vgl. im diesem Sinne Varadinov, der die überschneidende Anwendungsbereiche der beiden Gesetze als mit dem Prinzip *ne bis in idem* unvereinbar ansieht, op. cit., 84 ff.

setzt. Ihre Hauptaufgabe ist die Durchsetzung der Regelungen des Kartellrechts und der staatlichen Subventionen.

Demgegenüber obliegt die Durchsetzung des **VSchG** einer Regierungsbehörde, der **„Kommission zum Schutz der Verbraucher"** (KSV). Sie steht unter Aufsicht des Wirtschaftsministers und unterhält regionale, über das Land verteilte Niederlassungen (Art. 165 VSchG). Der Kommission stehen bei der Ermittlung von Verstößen gegen die kollektiven Rechte der Verbraucher und ihre Sanktionierung weitreichende Befugnisse zur Verfügung (Art. 165 (3) und Kapitel 10 VSchG); **Verbraucherorganisationen,** ebenso wie **individuelle Verbraucher** haben großzügige Klagemöglichkeiten (Kap. 9 Abschnitt 4, s. auch Rdn. 74–76). **44**

Der Schutz des Wettbewerbs und der Schutz der Verbraucher genießen in Bulgarien **Verfassungsrang** (Art. 19 der Verfassung von Bulgarien von 1991). **45**

3. Regelung der Werbung

Die Regelung der Werbung ist auf eine Anzahl gesetzlicher Vorschriften aufgeteilt, die sowohl horizontaler als auch vertikaler Natur sind und zudem häufiger sektorspezifischen Charakters haben. Die Umsetzung der beiden Richtlinien über unlautere Geschäftspraktiken und über irreführende und vergleichende Werbung hat zu einer Zersplitterung der Werberegelung geführt; nunmehr findet sich die Regelung der Werbung in B2B Verhältnissen im WettG, während die Regelung der Werbung in B2C-Verhältnissen – sich im VSchG findet.[66] **46**

a) Irreführende Werbung. Art. 31 **WettG** verbietet **Irreführungen** über wesentliche Merkmale von Waren oder Dienstleistungen durch **inkorrekte Informationen** oder **falsche Darstellungen von Fakten.** **47**

Darüber hinaus wird irreführende Werbung in Art. 32–33 WettG geregelt. Die Bestimmungen entsprechen weitgehend denen der Richtlinie 84/450/EG (vgl. die im Anhang abgedruckte, nunmehr konsolidierte Richtlinie 2006/114/EG). Nach Art. 32 (1) WettG ist die irreführende Werbung verboten, wobei sowohl der Werbungtreibende als auch seine Agentur haften (Art. 32 (2) WettG). Die Definitionen von Werbung in § 1 Nr. 11 der Zusätzlichen Bestimmungen WettG und der irreführenden Werbung in Art. 33 (1) WettG entsprechen denen der Richtlinie.[67] Gleiches gilt für die Auflistung der bei der Bestimmung des irreführenden Charakters zu berücksichtigenden Umstände (Art. 33 (2) WettG). **48**

Kapitel 4, Abschnitt 3 VSchG befasst sich mit unlauteren Geschäftspraktiken, wobei Art. 68e VSchG Art. 6 der Richtlinie über unlautere Geschäftspraktiken entspricht. Eine Geschäftspraktik ist demnach als **irreführend** anzusehen, „wenn sie falsche Angaben enthält und somit unwahr ist, oder wenn sie in irgendeiner Weise, einschließlich sämtlicher Umstände ihrer Präsentation, selbst mit sachlich richtigen Angaben, dem Durchschnittsverbraucher in Bezug auf einen oder mehrere der nachstehend aufgeführten Punkte täuscht oder zu täuschen geeignet ist".[68] Auch das **Relevanzerfordernis** ist in dieser Vorschrift zu finden. Art. 68e (3) VSchG regelt das Hervorrufen von **Verwechslungsgefahr** und das Nichteinhaltens von **Verhaltenskodices.** **49**

Art. 68f VSchG erstreckt das Verbot irreführender Geschäftspraktiken auf **irreführende Unterlassungen.** Das Relevanzerfordernis gilt auch hier. Die Bedeutung des Kommunikationsmediums wird in Art. 68f (3) VSchG hervorgehoben.[69] Die Information gilt als wesentlich bei einer **Aufforderung zum Kauf** i.S. v. Art. 68f (4) VSchG. In Art. 68g VSchG findet sich schließlich die **blacklist** von irreführenden Geschäftspraktiken, die unter allen Umständen verboten sind. **50**

---

[66] Die Richtlinie über irreführende und vergleichende Werbung war zuvor in einem separaten Kapitel des VSchG (Kap. 3, Art. 32–42) umgesetzt. Durch das neuen WettG aus 2008 und eine entsprechende Änderung des VSchG wurden jedoch die B2B-Voschriften zur irreführende und vergleichenden Werbung in das WettG (Art. 32–34) transferiert. S. Änderung des VSchG, D. V. Nr. 102 v 28.11.2008.

[67] Eine Werbung gilt als irreführend, wenn sie in irgendeiner Weise, einschließlich ihrer Präsentation, die Personen, an die sie sich richtet oder die sie erreicht, täuscht oder zu täuschen geeignet ist und wenn sie mittels ihrer täuschenden Natur geeignet ist, ihr wirtschaftliches Verhalten zu beeinflussen oder aus diesem Grunde einen Mitbewerber schädigt oder zu schädigen geeignet ist (Art. 33 (1)).

[68] Dass auch wahre Information auf eine Weise präsentiert sein kann, dass die Werbung für den Verbraucher irreführend macht, wurde vom OVG durch das Urteil Nr. 6419 vom 8.5.2012 im Fall Nr. 5173/2011 bestätigt.

[69] S. das Urteil des OVG Nr. 472 vom 1.11.2012, Fall Nr. 7761/2011: In einem Telekom-Geschäft wurde mit dem folgenden Logo geworben: „Mit der neuen Prepaid-Karte genießen Sie endlose Geldprämien beim jedem Karteaufladen. Für weitere Informationen fragen Sie bitte unser Personal." Weder das Logo noch die Verkäufer informierten jedoch darüber, dass der Kunde, um die Geldprämien zu bekommen, die erste Aufladung innerhalb eines Monats durchführen sollte. Diese Information war lediglich auf der Webseite der Firma zu finden. Für weitere Beispiele irrführender Unterlassungen aus der Rechtsprechung des OVG s. Varadinov, op. cit., 126ff.

51 Die für die Durchsetzung des WettG zuständige „Kommission zum Schutz des Wettbewerbs" (KSW) hat in einer reichen Entscheidungspraxis die Fallgruppen der irreführenden Werbung konkretisiert. Aber auch auf der Grundlage des VSchG gibt es eine beträchtliche Anzahl Entscheidungen der Kommission zum Schutz der Verbraucher (KSV). Viele der Entscheidungen sind mit Berufung und Revision zum OVG angegriffen worden. Die Verwaltungspraxis und das Fallrecht auf der Grundlage beider gesetzlicher Regelungswerke entsprechen dabei den europäischen Vorgaben des **„angemessen aufmerksamen und angemessen informierten Durchschnittsverbrauchers".**[70] Dabei wird jedoch auch der Bedeutung der Zielgruppe Rechnung getragen (s. Art. 68 d(2) VSchG).[71] Besonders strenge Standards gelten für Werbung, die an **Kinder,** Kranke oder ältere Leute gerichtet ist. Umgekehrt wird unterstellt, dass **Fachleute** und sonstige besonders sachkundige Verbraucher mehr Aufmerksamkeit aufwenden und sachkundiger im Hinblick auf bestimmte Terminologien sind.[72] Der Standard der Bekämpfung von Irreführungen kann insgesamt als ziemlich hoch angesehen werden.[73]

52 **b) Vergleichende Werbung.** Die vergleichende Werbung ist **in Art. 32 in Verbindung mit** Art. 34 WettG geregelt. Art. 32 WettG verbietet die unerlaubte vergleichende Werbung. Nach Art. 34 (1) WettG gilt als vergleichende Werbung jede Werbung, die ausdrücklich oder implizit einen Mitbewerber oder seine Güter oder Dienstleistungen erkennbar macht. Art. 34 (2) p. 1–8 statuiert die Bedingungen einer erlaubten vergleichenden Werbung in Übereinstimmung mit Art. 4 der Richtlinie 2006/114/EG.

53 **c) Produkt- und medienspezifische Werberegelungen.** Eine Anzahl von Verwaltungsgesetzen enthalten (auch) Werberegelungen für bestimmte Produkte oder **bestimmte Medien.** Die Werbung für **Tabak** und Tabakprodukte im Radio und Fernsehen, in der Presse und im Internet ist grundsätzlich verboten, wobei nur wenige enge Ausnahmen bestehen.[74]

54 Die Werbung für **hochprozentige Alkoholgetränke** ist grundsätzlich verboten. Die Werbung für Wein und Bier ist erlaubt, jedoch zahlreichen Beschränkungen, insbesondere im Interesse des Schutzes von Kindern, unterworfen.[75] Die Werbung für verschreibungspflichtige **Heilmittel** in Massenmedien ist verboten, einschließlich Internetwerbung;[76] im Übrigen ist die Werbung für Heilmittel einer vorherigen Genehmigung durch die Heilmittelbehörde[77] unterstellt.

55 Weiterreichende Beschränkungen für die Werbung für Tabakprodukte, Alkohol, Heilmittel und psychotherapeutische Substanzen finden sich im **Radio- und Fernsehgesetz.**[78] Kapitel 4 des Radio- und Fernsehgesetzes befasst sich mit audiovisuellen kommerziellen Kommunikationen und enthält Regelungen über Fernseh- und Radiowerbung, Sponsoring, Produktplatzierung und Tele-

---

[70] S. zum Beispiel das Urteil des OVG Nr. 6419 vom 8.5.2012 im Fall Nr. 5173/2011: der Durchschnittsverbraucher ist mit dem Begriff „territoriale Abdeckung" für Mobilfunknetz gut vertraut und weiß, dass die Behauptung, ein Mobilfunknetz biete eine landesweite Abdeckung nicht als allumfassend (d.h. auf jeden Punkt des Landesterritoriums und zu jeder Zeit) verstanden werden könnte.

[71] Durch eine Gesetzesnovelle aus 2014 wurde Art. 68 d(2) VSchG näher an den Text der entsprechenden Bestimmung der Richtlinie (Art. 5(3) Richtlinie 2015/29/EG) gebracht.

[72] S. das Urteil des Stadtgerichts Sofia im Fall Nr. 1102/07 – Prestige, das auf Art. 39 (aufgehoben) VSchG gestützt ist und das die besondere Schutzbedürftigkeit von Kindern innerhalb der Verbraucherschaft anerkennt. Vgl. auch die Entscheidung des OVG (5 Mitglieder-Panel) Nr. 10792 vom 26.11.2003, Fall Nr. 8127/2003: danach ist der Ausdruck „kostenloses Brot" hinreichend bekannt im Bäckereisektor; s. Entscheidung des Vorsitzenden der KSV Nr. 731 vom 18.7.2012 betreffend Geschäftspraktiken einer Telekomgesellschaft, die an älteren Leuten gerichtet waren, vgl. Varadinov, op. cit., 70.

[73] S. das Urteil des Stadtgerichts Sofia vom 1.8.2007, Fall Nr. 10319/2006, dass gestützt auf Art. 35 und 38 (aufgehoben) VSchG das Angebot von Messern mit erheblich geringerer Qualität als die im Fernsehen und Internet beworbenen „Miracle Blade"-Messer als irreführend ansah. S. auch das Urteil des OVG Nr. 14103 vom 12.11.2012, Fall Nr. 6979/012: die Werbung „Ein Geschäft für deutsche Waren" wurde als irreführend untersagt, weil die Waren aus Deutschland importiert doch in China hergestellt waren. Für weitere Beispiele aus der Rechtsprechung des OVG s. Varadinov, op. cit., 97 ff.

[74] S. Art. 35 des Tabakgesetzes, D.V. Nr. 101 vom 30.11.1993, zuletzt geändert D.V. Nr. 50 vom 3.7.2012. Der Einsatz von Marken von Tabakunternehmen in der Werbung, falls diese nicht verboten sind, ist erlaubt, wenn sich die Werbung nicht an Minderjährige richtet oder diese darstellt.

[75] S. Art. 55 des Gesundheitsgesetzes, D.V. Nr. 70 vom 10.8.2004, zuletzt ergänzt D.V. Nr. 80 vom 16.10.2015.

[76] S. Art. 248 und 248a des Heilmittelgesetzes, D.V. Nr. 31 vom 13.4.2007, zuletzt geändert D.V. Nr. 12 vom 13.2.2015. Im Kapitel 11 des Heilmittelgesetzes sind weitere Bestimmungen über Heilmittelwerbung zu finden.

[77] S. Art. 251 Heilmittelgesetz. Bei der Heilmittelbehörde wird ein Heilmittelwerbungsrat gegründet.

[78] Gesetz vom 13.11.1998, D.V. Nr. 138 vom 24.11.1998, zuletzt geändert D.V. Nr. 96 vom 9.12.2015. Vgl. insb. Art. 75 (2), Art. 76 (1)–(3).

shopping, die im Wesentlichen die Bestimmungen der Richtlinie über audiovisuelle Mediendienste (Richtlinie 2010/13/EU) folgen.[79]

d) Sonstige Werbevorschriften. In seiner ursprünglichen Fassung von 2005 enthielt das **VSchG** in Art. 39 ein weitreichendes Verbot der **unlauteren Werbung,** das auch die diskriminierende Werbung, die Werbung mit der Angst oder das Hervorrufen moralischer oder mentaler Störungen bei Kindern erfasste. Diese Bestimmung wurde jedoch als Folge der Umsetzung der Richtlinie über unlautere Geschäftspraktiken (D. V. Nr. 64/2007) aufgehoben.[80] 56

4. Direktmarketing, spezielle Marketingtechniken, aggressive Geschäftspraktiken

Haustürverkäufe und **Fernverkäufe** sind in Kapitel 4 Abschnitt 1 und 2 des VSchG mittels eingehender **Informationspflichten** und **cooling off**-Zeiten geregelt. Das opt-in-Prinzip für **unerbetene kommerzielle Kommunikationen** via E-Mail ist in Art. 6 des Gesetzes über den elektronischen Geschäftsverkehr statuiert.[81] Art. 62 VSchG verbietet die Zusendung von Waren oder das Anbieten von Dienstleistungen ohne ausdrückliche vorherige Aufforderung des Konsumenten. 57

Die Regeln bezüglich **aggressiver Geschäftspraktiken** der Richtlinie unlautere Geschäftspraktiken wurden in Art. 68h bis Art. 68j VSchG umgesetzt, einschließlich der **„blacklist"** der unter allen Umständen verbotenen aggressiven Praktiken in Art. 68j VSchG. Laut Art. 68j Nr. 3 ist das hartnäckiges und unerwünschtes Ansprechen von Kunden über Telefon, Fax, E-Mail oder sonstige für den Fernabsatz geeignete Medien als unlautere Geschäftspraxis verboten, außer in Fällen und in den Grenzen, in denen ein solches Verhalten nach gesetzlichen Vorschriften gerechtfertigt ist, um eine vertragliche Verpflichtung durchzusetzen. Dies gilt unbeschadet des Datenschutzgesetzes und des Artikels 6 des Gesetzes über den elektronischen Geschäftsverkehr. 58

5. Sales Promotion

Werbegeschenke, **Zugaben,** promotional games und andere Formen der **Sales Promotion** unterliegen einer strikten Regelung im WettG. Gemäß Art. 36 (2) WettG sind kostenlose Zugaben oder solche zu einem ungewöhnlich niedrigen oder fiktiven Preis verboten; ausgenommen sind Gegenstände von unbedeutendem Wert, Zubehör und Mengenrabatte. 59

Der Verkauf von Waren oder das Angebot von Dienstleistungen mittels Preiswettbewerben und Gewinnspielen **(promotional games)** der unterschiedlichsten Art, bei denen Geld oder sonstige Preise zu gewinnen sind, ist ebenfalls verboten, wenn der Wert des Preises beträchtlich den Wert des verkauften Produktes übersteigt (Art. 36 (3) WettG). Die KSW hat Richtlinien zur Interpretation dieser Vorschriften erlassen.[82] 60

Das früher im Verbraucherschutzgesetz geregelte Verbot von **Kopplungsgeschäfte,** d. h. das Angebot von zwei oder mehr Waren oder Dienstleistungen zu einem Gesamtpreis, wenn keine inhaltliche Beziehung zwischen den angebotenen Waren oder Dienstleistungen besteht, wurde durch eine Gesetzesänderung in 2014 aufgehoben (vgl. Art. 67 VSchG). 61

---

[79] Art. 75 verbietet Schleichwerbung in der audiovisuellen kommerziellen Kommunikation, sowie die Anwendung von Techniken der unterschwelligen Beeinflussung; nach Art. 85 (1) und (2) muss jede Werbung klar identifizierbar und deutlich getrennt vom sonstigen Programm sein.

[80] Art. 39 VSchG hatte zu einer interessanten Beanstandungspraxis und Rechtsprechung geführt. Zur sexuell belästigenden Werbung s. *Millan/Elliott,* Offensive Advertising, Public Policy and the Law: The Rulings on the Zagorka Case, (27) Journal of Consumer Policy, 2004, 475–493. Zur Kinderwerbung s. das Urteil des Regionalgerichts Sofia im Fall Nr. 1102/07 – Prestige. Die Werbung wurde verboten, da sie als geeignet angesehen wurde, das moralische Wertesystem von Kindern durch die unkritische Darstellung von Gewalt und das Fehlen von Mitgefühl zu stören.

[81] D.V. Nr. 51 vom 23.6.2006, zuletzt geändert D.V. Nr. 57 vom 28.7.2015.

[82] Nach der Richtlinien der KSW (Entscheidung Nr. 55 vom 29.1.2009) ist von einem unbedeutenden Wert auszugehen, wenn der gekoppelte Gegenstand nicht 10% des Wertes des Hauptproduktes übersteigt. Ein Preiswettbewerb stellt eine Verletzung von Art. 36 (3) WettG dar, wenn der Wert des Preises hundertmal den Wert der Produkte übersteigt oder fünfzehnmal den Mindestlohn in Bulgarien. Durch Entscheidung der KSW Nr. 1435 vom 11.11.2010 wurde auch eine Richtlinie über die Auslegung des Begriffes „Mengenrabatte" in Art. 36(2) WettG angenommen. Vgl. die Entscheidung des OVG Nr. 7482 vom 28.7.2005, Fall No. 3270/2005, die eine zu Absatzzwecken veranstaltete Lotterie für Schokoladendesserts betraf; die Preise bestanden dabei u. a. aus einem Mercedes C-220 und Autos der Marke BMW. In der Entscheidung betont der OVG, dass die Preise in einem derartigen Missverhältnis zu denen des verkauften Produktes stehen, dass die Gewinnchancen ernsthaft das Verbraucherverhalten beeinflussen und zu einer Störung des Marktes führen können. *Kodžabašev,* Pazar i pravo, 2006 (4), 67.

62 Die Ankündigung von **Preisreduzierungen** und **Aus- bzw. Sonderverkäufen** unterliegt weitreichenden **Informationspflichten** (Art. 63–66 VSchG). Die Konformität dieser Bestimmungen mit der Richtlinie über unlautere Geschäftspraktiken kann in Frage gestellt werden.

6. Herabsetzung

63 Nach Art. 30 WettG sind Wettbewerbshandlungen verboten die den guten Ruf von Mitbewerbern verletzen durch die Behauptung oder Verbreitung von **unwahren Informationen** oder durch die **falschen Darstellung** von Tatsachen. Die Vorschrift ist nicht anwendbar, wenn die verbreitete Information der Wahrheit entspricht.[83]

7. Verwechslungsgefahr, Nachahmung

64 Art. 35 WettG zielt auf die Unterdrückung **parasitären Wettbewerbs** ab.

65 Art. 35 (1) verbietet dabei das Angebot von, bzw. die Werbung für Produkte mit der Aufmachung, der Verpackung, dem Namen oder anderer Merkmale, die über die **Herkunft,** den Hersteller, den Verkäufer oder Art oder Ort der Herstellung **täuschen könnten.** Die Eignung zur Irreführung ist von ausschlaggebender Bedeutung; ein Nachweis tatsächlicher Verwechslungen muss nicht erbracht werden.[84]

66 Weiterhin ist nach Art. 35 (2) WettG parasitärer Wettbewerb verboten, wenn die Benutzung von **Handelsnamen, Marken oder Unterscheidungszeichen,** die mit denen eines anderen identisch oder ihnen ähnlich sind, auf eine Art und Weise erfolgt, die zu einer Verletzung der **Interessen von Mitbewerbern** führt.[85] Diese Vorschrift greift unabhängig von der Verwechslungsgefahr ein. Nach der Praxis der KSW und der Rechtsprechung des OVG gelten die Interessen der Mitbewerber, typischerweise Inhaber der fraglichen Zeichen, als verletzt, wenn die benutzte Marke etc. bei Verbrauchern große Bekanntheit genießt und mit hoher Qualität verbunden wird.[86]

67 Art. 68e (3) VSchG bezeichnet als irreführende Geschäftspraktik die Vermarktung eines Produktes, einschließlich vergleichender Werbung, die eine **Verwechslungsgefahr** mit Produkten, Marken, Handelsnamen oder anderen Unterscheidungszeichen eines Mitbewerbers hervorruft.

8. Behinderungswettbewerb

68 Das WettG nennt unter der Überschrift **„unlauteres Anlocken von Kunden"** einige verbotene Handlungen des Behinderungswettbewerbs. Hierzu gehören z. B. das **Verleiten zum Vertragsbruch** oder das Verleiten dazu, von einem **Vertragsschluss** mit einem anderen Unternehmen abzusehen (Art. 36 (1) WettG).[87]

69 Eine andere Art von Behinderungswettbewerb ist der **Verlustverkauf,** d. h. der Verkauf zu einem Preis, der unter dem der Herstellung und der Vermarktungskosten liegt. Ein derartiger Verlustverkauf ist jedoch nur verboten, wenn er **beträchtliche Mengen** von Waren betrifft und über eine **längere Zeit** andauert (Art. 36 (4) WettG).[88]

70 Art. 37 WettG verbietet den Erwerb, die Benutzung oder die Offenlegung von **Betriebsgeheimnissen,** wenn die vorgenannten Handlungen gegen die guten Geschäftspraktiken verstoßen. Als „Betriebs- oder Handelsgeheimnis" gelten alle Tatsachen, Informationen, Entscheidungen und

---

[83] S. die Entscheidung des OVG (5-Mitglieder-Panel) Nr. 10790 vom 6.11.2007, Fall Nr. 7666/2007 – Viagra ./. Levitra; die Verbreitung objektiv zutreffender Tatsachen über das Produkt des Händlers stellt keine Verletzung von Art. 31 WettG dar.

[84] S. die Entscheidung des OVG, Fünfte Kammer, No. 10006 vom 16.10.2006, Fall Nr. 4854/2006: MATPU-2000 wurde als verwechslungsfähig ähnlich mit der Handelsmarke MATPU, die seit über 20 Jahren auf dem Markt für Transportdienstleistungen bekannt ist, angesehen.

[85] Eine Bezugnahme auf die Interessen der Verbraucher in der ursprünglichen Fassung dieser Vorschrift ist durch die letzte Änderung des WettG entfallen.

[86] S. die Entscheidung des OVG, 5-Mitglieder-Panel, Nr. 10882 vom 3.12.2002, Fall Nr. 956/2002 – Marelli: Keine Verletzung von Art. 33 (1) (jetzt Art. 36 (1) WettG), wenn nicht nachgewiesen wurde, dass das Originalprodukt sich auf dem Markt durchgesetzt hat und mit einem bestimmten Unternehmen verbunden wird. Vgl. auch die Entscheidung des OVG, 5-Mitglieder-Panel, No. 4441 vom 10.5.2003, Fall Nr. 4562/2002: Das Kennzeichen „Pomorie" ist verwechslungsfähig ähnlich mit der eingetragenen Marke „Pomorin" für Zahnpasta; die Benutzung würde die Interessen des Inhabers der Originalmarke verletzen; vgl. weiter die Entscheidung des OVG, 5-Mitglieder-panel, Nr. 11441 vom 20.11.2006, Fall Nr. 8576/2006: „167 Stunden" stellt eine Nachahmung der bekannten Bezeichnung „168 Stunden" dar.

[87] Bezüglich Zugaben, Rabatte und zu Absatzzwecken veranstalteten Preiswettbewerben s. Rdn. 59–60.

[88] *Kodžabašev,* Pazar i pravo, 2006(2), 77. S. die Entscheidung des OVG Nr. 8324 vom 26.7.2006, Fall Nr. 9212/2005.

Daten, die sich auf die Wirtschaftstätigkeit eines Unternehmens beziehen, sofern der rechtmäßige Inhaber ein Interesse an ihrer Gemeinhaltung und angemessene Maßnahmen zur Sicherung der Vertraulichkeit ergriffen hat (Zusätzliche Bestimmungen, § 1 Nr. 9 WettG).[89]

Schließlich wurde 2015 eine neue Bestimmung (Art. 37a) in das Wettbewerbsgesetz eingeführt, die den Missbrauch einer überlegenen Verhandlungsposition regelt. Art. 37a untersagt jede Handlung oder Unterlassung seitens eines Unternehmens, das eine stärkere Verhandlungsposition geniesst, die der guten Geschäftspraxis widerspricht und den Interessen der schwächeren Verhandlungspartei und der Verbraucher schadet oder zu schädigen geeignet ist. Als unlauter werden Handlungen oder Unterlassungen bezeichnet, die keine objektive wirtschaftliche Rechtfertigung haben, wie zum Beispiel die unbegründete Verweigerung der Lieferung oder des Kaufs von Waren oder Dienstleistungen, das Auferlegen unangemessener oder diskriminierender Bedingungen oder die ungerechtfertigte Kündigung der Handelsbeziehungen.

9. Vorsprung durch Rechtsbruch

Das **WettG** definiert lautere Geschäftspraktiken als „die Regeln des Marktverhaltens, die sich aus den Gesetzen und Handelsbräuchen ergeben". Folglich kann die Verletzung von gesetzlichen Verpflichtungen außerhalb des Anwendungsbereichs des WettG unlauteren Wettbewerb gegenüber gesetzestreuen Mitbewerbern darstellen.[90] 71

10. Sanktionen, prozessuale Regeln

Das **WettG** statuiert primär **verwaltungsrechtliche Sanktionen** und verwaltungsrechtliche Möglichkeiten der Durchsetzung. Die KSW kann eine Untersuchung ex officio beginnen oder aber nach Anzeige jeder Person, deren Rechte durch einen Verstoß gegen das WettG verletzt werden könnten (Art. 38 (1) Nr. 1 and 3 WettG). Dies schließt **gewerbliche Verbände** ein, nicht jedoch einzelne Verbraucher und Verbraucherorganisationen (s. die Zusätzlichen Bestimmungen, § 1 Nr. 4 WettG). Das Verfahren vor der KSW hat quasi-richterlichen Charakter, wobei dem Antragsteller die Stellung einer interessierten Partei zukommt. Die KSW kann die **Unterlassung** anordnen und beträchtliche Geldstrafen (bis zu 10% des Umsatzes des verletzenden Unternehmens) auferlegen (Art. 100 (1) p. 6 WettG). Betroffene **Personen, sowohl natürliche wie auch juristische Personen (z. B. betroffene Unternehmen)** können daneben **Schadensersatzklagen** vor den Zivilgerichten entsprechend den Grundsätzen der Zivilprozessordnung erheben (Art. 104 WettG). 72

Verletzungen des **VSchG** sind gleichfalls mit **Unterlassungsanordnungen** und Geldbußen (bis zu 50 000 Leva) sanktioniert (s. Art. 68m und Art. 210a bis 201c VSchG); zuständig ist hier die „Kommission zum Schutz der Verbraucher" und ihre regionalen Büros (Art. 191 VSchG). Nach einer 2014 erfolgten Gesetzesänderung hat der Verbraucher das Recht, den Vertrag, der mit dem Händler in Folge einer unlauteren Geschäftspraxis geschlossen wurde, zu kündigen und Schadenersatz auf zivilrechtlichem Wege zu fordern. Die nicht angefochtene Entscheidung der KSV oder die rechtsgültig gewordene Entscheidung des Obersten Verwaltungsgerichts ist bezüglich der Unlauterkeit der Geschäftspraktik für das Zivilgericht bindend (Art. 68n VSchG). 73

Art. 186 (1) VSchG räumt **Verbraucherorganisationen** bei einer Verletzung der kollektiven Interessen der Verbraucher die **Klagebefugnis** für Unterlassungsklagen ein. Unterlassungsverfahren sind vor den ordentlichen Gerichten einzuleiten und beschleunigt durchzuführen (Art. 186b (1) VSchG). Das Verfahren der **kollektiven Klage** bestimmt sich dabei nach Kapitel 33 Zivilprozessordnung. Art. 186 (3) VSchG statuiert ein ähnliches Klagerecht für die KSV. 74

Das Gericht kann in derartigen Verfahren den Gewerbetreibenden auch dazu verurteilen, das Gerichtsurteil zu **veröffentlichen** oder eine **berichtigende Mitteilung** zu machen (Art. 187 (1) VSchG).[91] Verstöße gegen Anordnungen des Gerichtes sind mit einer Geldbuße gemäß Art. 527 (3) der Zivilprozessordnung verfolgbar. 75

Verbraucherorganisationen haben zusätzlich die Aktivlegitimation für die Erhebung **repräsentativer Schadensersatzklagen** zur Geltendmachung kollektiver Verbraucherinteressen. Die Entschädigung wird der Organisation gewährt und kann von dieser nur zum Zwecke des Verbraucher- 76

[89] S. die Entscheidung des OVG, 5-Mitglieder-Panel, No. 8713 vom 7.10.2005, Fall Nr. 4407/2005: Keine Information kann generell und a priori als Handelsgeheimnis gelten; entscheidend ist die Art und Weise, in der ein Unternehmen die Information behandelt und den Zugang zu ihr einschränkt oder verhindert.

[90] S. die Entscheidung der KSW Nr. 106 vom 29.4.2004; die Verbreitung von Tabakwerbung durch einen Fernsehveranstalter unter Verletzung der diesbezüglich bestehenden gesetzlichen Verbote stellt einen Akt unlauteren Wettbewerbs gegenüber anderen gesetzestreuen Fernsehveranstaltern dar.

[91] Betreffend eine gleichartige Befugnis der Vorsitzenden des KSV in Fällen von unlauteren Geschäftspraktiken siehe Art. 68 l (3) VSchG, vgl. Varadinov, op. cit., 224.

schutzes verwendet werden (Art. 188 VSchG). Verbraucherorganisationen können weiter eine **Sammelklage** im Namen von mindestens zwei bestimmten Verbrauchern bezüglich des von ihnen erlittenen Schadens erheben, sofern diese Schäden eine gemeinsame Ursache haben und die fraglichen Verbraucher die Verbraucherorganisation zur Erhebung der Klage bevollmächtigt haben (Art. 189 VSchG). Das Verfahren richtet sich nach Kap. 33 der Zivilprozessordnung.

III. Dänemark

Inhaltsübersicht

Rdn.

1. Rechtsquellen
2. Kurzcharakteristik des dänischen Wettbewerbsrechts 77
3. Regelung der Werbung 83
   a) Irreführende Werbung 83
   b) Vergleichende Werbung 88
   c) Getarnte Werbung 89
   d) Belästigende Werbung 90
   e) Produkt- und medienspezifische Werberegelungen (Hinweise) 91
   f) Sonstige Werberegelungen 93
4. Direktmarketing 96
5. Sales Promotion 98
6. Herabsetzung, Rufausbeutung 102
7. Ausbeutung fremder Leistungen, Verwechslungsgefahr, Nachahmung 106
8. Behinderung 108
9. Rechtsbruch 109
10. Sanktionen 110

Schrifttum: *Alsted,* Das Wettbewerbsrecht in Dänemark, in: Heidelberger Kommentar zum Wettbewerbsrecht, 2. Aufl. 2004, S. 864; *Bakardijeva-Engelbrekt,* The Scandinavian Model of Unfair Competition Law, in: Hilty/Henning-Bodewig (Eds.), Law Against Unfair Competition, 2007, S. 161; *Dahl,* Antitrust, Unfair Competition, Marketing Practices and Consumer Law in: *Gammeltoft-Hansen/Gomard/Philip* (Hrsg.), Danish Law, 1982, S. 297; *Eckhardt-Hansen,* Werberecht in Dänemark, in: Schotthöfer (Hrsg.), Handbuch des Werberechts in den EU-Staaten, 2. Aufl. 1997, S. 148; *Eriksen,* Reform des dänischen Kartellrechts, GRUR Int. 2004, 537; *Keyßner,* Täuschung durch Unterlassen – Informationspflichten in der Werbung, 1986; *Keßler/Bruun-Nilsen,* Denmark in: Micklitz/Keßler (Hrsg.), Marketing Practices Regulation and Consumer Protection in the EC-Member States and the US, 2002, S. 44; *Heide-Jorgensen,* Lærebog i konkurrenceret og markedsforingsret, 2008; *Heide-Jørgensen,* Advertising Law. Marketing Law and Commercial Freedom of Expression, 2013; Krüger-*Andersen,* Unlauterer Wettbewerb und Verbraucherschutz in Dänemark, GRUR Int. 1976, S. 322; *Kur/Schovsbo,* Dänemark, in: *Schricker* (Hrsg.), Recht der Werbung in Europa, 1998; *Kur,* Rundfunkwerbung in den nordischen Ländern, GRUR Int. 1989, S. 363; *dies.,* Die geschlechtsdiskriminierende Werbung im Recht der nordischen Länder, WRP 1995, S. 790; *Madsen,* Markedsret, Teil 2, 6. Aufl. 2015; *Madsen,* Markesret, Teil 3, Immaterialret, 5. Aufl. 2015; *Petersen/Rosenmeier/Schovsbo,* Immaterialret, 4. Aufl. 2015; *Reinel,* Dokumentation der Besonderheiten des Wettbewerbsrechts in Europa – Dänemark, WRP 1990, S. 92; *Schneider,* Werbe- und Marketingrecht in Dänemark WRP 1975, S. 570; *Söchtig,* Die Rechtsdurchsetzung des Lauterkeitsrechts in Dänemark, 2008; *Vestergaard-Jensen/Storgaard,* Danemark, in: Greffe/Greffe (Hrsg.), La publicité et la loi, 11. Aufl. 2009, S. 791.

1. Rechtsquellen

Gesetz Nr. 1460 vom 17.12.2013 (Marktverhaltensgesetz).

2. Kurzcharakteristik des dänischen Wettbewerbsrechts

77 Das dänische Wettbewerbsrecht hat seine gegenwärtige Grundlage in dem **Marktverhaltensgesetz** („Lov om markedsforing") vom 17.12.2013.[92] Es handelt sich dabei um eine konsolidierte Fassung der 1974 niedergelegten Marktverhaltensregeln, die im Laufe der Zeit immer wieder reformiert (und an die europäischen Vorgaben angepasst, s. Rdn. 80) wurden, in ihrem Ansatz jedoch eine erstaunliche Kontinuität aufweisen. So zielt auch das Marktverhaltensgesetz 2013 auf eine Regelung **des gesamten Marktverhaltens** ab.[93] Von zentraler Bedeutung ist die **Generalklausel**

---

[92] Das Gesetz von 2013 findet sich auch auf Englisch auf der Website des dänischen Verbraucherombudsmanns http://www.forbrug.dk.

[93] Der umfassendste Überblick (auf englisch) zum Marktverhaltensrecht findet sich auf englisch bei *Heide-Jørgensen,* 2013; zum Gesetz von 1994 auf deutsch *Kur/Schovsbo; Reinel* und *Eckhardt-Hansen.* Aktuelle Bezüge

in § 1 Nr. 1, wonach Kaufleute „gute Marktpraktiken" gegenüber Verbrauchern und anderen Kaufleuten und im Allgemeininteresse beachten müssen. Daneben finden sich in § 3 ein generalklauselartig weites Verbot der irreführenden und unlauteren Geschäftspraktiken sowie einige **Sondertatbestände:** § 5 regelt die vergleichende Werbung, § 6 unerbetene Anrufe etc., § 7 die „informativen Hinweise", § 8 Werbung gegenüber Kindern und Jugendlichen, § 9 Sales Promotion, § 12 Garantien, § 13 Preisinformation, § 17 die Kennzeichnung und Etikettierung und § 19 Geschäftsgeheimnisse. Neben diesen speziellen Regelungen greift ergänzend und als **Auffangtatbestand** jedoch stets die **Generalklausel** ein, deren Gedanken der **sozialen Verantwortung** von Rechtsprechung und Literatur betont wird (s. Rdn. 93). Unter sie werden zudem so unterschiedliche Fallgestaltungen wie die Manipulation von Verbrauchern, die Ausbeutung fremder Leistungen oder der Vertrieb gefährlicher Produkte subsumiert.[94]

Der **Anwendungsbereich** des Marktverhaltensgesetzes ist gemäß § 2 denkbar **weit.**[95] Er bezieht 78
vor- und nachvertragliches geschäftliches Verhalten ein und gilt für private, öffentlich-rechtliche Personen und Angehörige der freien Berufe gleichermaßen („private business activity and public activity to the extent that products or services are offered in the market"). Ein **Wettbewerbsverhältnis, ein Handeln zu Zwecken des Wettbewerbs** oder eine Gewinnerzielungsabsicht werden **nicht vorausgesetzt.** Es genügt die geschäftliche Betätigung. Ausgenommen sind nach § 2 Abs. 2 und 3 allerdings Finanzgeschäfte, sofern der Wirtschaftsminister spezielle Lauterkeitsvorschriften erlassen hat.[96]

Trotz der Betonung des Verbraucherschutzes ist das Marktverhaltensgesetz, wie § 1 Nr. 1 zeigt, 79
kein reines Verbraucherschutzgesetz. Vielmehr stehen **Schutz der Verbraucher,** der **Unternehmen und der Allgemeinheit** gleichberechtigt nebeneinander.

Hieran hat auch die Umsetzung der **Richtlinie 2005/29/EG über unlautere Geschäftspraktiken** nichts geändert. Das Umsetzungsgesetz Nr. 1547 vom 20.12.2006[97] hat lediglich in die Ge- 80
neralklausel des § 1 einen Abs. 2 eingefügt, nach dem Markthandlungen, die die Interessen der Verbraucher verletzen, geeignet sein müssen, das wirtschaftliche Verhalten der Verbraucher spürbar zu beeinflussen. Weiter wurde die „kleine" Generalklausel des § 3 leicht abweichend gefasst sowie ein sich auf „Kaufaufforderungen" beziehender § 12a hinzugefügt und die Sales Promotion-Vorschriften in §§ 9-11 neu gefasst. Die sog. „schwarze Liste" der Richtlinie (auf jeden Fall unlautere Geschäftspraktiken) soll gemäß § 3 Abs. 4 der Familien- und Verbraucherminister erlassen. Struktur und Ausrichtung des Marktgesetzes wurden damit in vollem Umfang beibehalten.

Im zweiten Teil des Marktverhaltensgesetzes (Kapitel 5) finden sich Vorschriften zu den Sanktio- 81
nen und zum Verfahren. Das Marktgesetz ist vorwiegend **zivilrechtlich sanktioniert.** Die Durchsetzung insbesondere (aber nicht ausschließlich) im Verbraucherschutzbereich obliegt jedoch einer Behörde, der der **Verbraucherombudsmann** vorsteht. Diesem kommt, wie in allen skandinavischen Ländern, **zentrale Bedeutung** zu.[98] Der Verbraucherombudsmann verfügt über weitreichende und **breit gefächerte Befugnisse,** die mit der Reform von 2006 noch einmal erweitert wurden. Er kann Klage auf Unterlassung einer von ihm beanstandeten geschäftlichen Handlung erheben, individuelle Verhandlungen mit einzelnen Unternehmen führen, Kontrollmaßnahmen durchführen, selbst Verbote aussprechen und **Richtlinien für bestimmte Werbe- und Vertriebspraktiken**[99] aufstellen. Es ist daher für die Beurteilung eines konkreten Sachverhalts i.d.R. ratsam, die (häufig auch auf englisch erhältliche) Auslegung des Verbraucherombudsmanns zu ermitteln. Dessen Richtlinien haben zwar keine unmittelbar bindende Wirkung, werden von den

gerade im Verhältnis zu den anderen skandinavischen Staaten aufzeigend (auf englisch) *Bakardjieva Engelbrekt* (2007) und auf französisch *Vestergaard-Jensen/Storgaard* (2009). Aus der dänischen Literatur vgl. insbesondere die Werke von *Madsen, Heide-Jørgensen* und *Koktvegaard/Heide-Jorgensen.* Wegen der bestimmenden Rolle des Verbraucherombudsmans für die Auslegung und Durchsetzung des Gesetzes (s. Rdn. 81) sind die zahlreichen guidelines und Anordnungen des Verbrauchersombudsmanns, die sich zumeist auch auf englisch auf seiner Website (Fn. 92) finden, unverzichtbar.

[94] S. etwa die Fallgruppen bei *Alsted,* S. 866 f.

[95] Zum Anwendungsbereich etwa *Kur/Schovsbo,* Rdn. 17 ff. In räumlicher Hinsicht ist erforderlich, dass die Handlung einen Bezug zum dänischen Markt aufweist, was bei reinen Exporthandlungen nicht der Fall sein kann; vgl. hierzu die bei *Kur/Schovsbo,* Rdn. 21, Fn. 22 wiedergegebenen Entscheidungen.

[96] Dass die Tätigkeit der Verbraucherverbände ausgenommen ist, würde jedenfalls für das frühere Recht daraus geschlossen, dass eine die Haftung der Verbraucherverbände ermöglichende Regelung in § 2 Abs. 4 des Gesetzes von 1974 bewusst nicht in das Gesetz von 1994 übernommen wurde; vgl. *Kur/Schovsbo,* Rdn. 74.

[97] S. Fn. 92.

[98] Zu den Aufgaben des Konsumentenombudsmanns und zum Verfahren vgl. die (englische) Website des Verbraucherombudsmanns (Fn. 92).

[99] Die aktuelle Fassung der Richtlinien ist (zumeist auch auf Englisch) über die in Fn. 92 genannte Website erhältlich.

Gerichten jedoch zur Interpretation herangezogen. Die starke Stellung des Ombudsmannes und die allgemeine Respektierung seiner „informellen" Beanstandungen dürfte eine der Ursachen dafür sein, dass es in Dänemark trotz strikter Durchsetzung der Lauterkeitsregeln nur relativ **wenig Gerichtsurteile** gibt.

82 Das Marktgesetz steht im Zusammenhang mit dem **Kartellgesetz** von 2005.[100] So kann § 1 Marktverhaltensgesetz etwa bei Tatbeständen unterhalb der Eingriffsschwelle des Kartellgesetzes eingreifen.[101] Aber auch mit den **Regelungen des geistigen Eigentums,** insbesondere dem Markengesetz, gibt es Berührungspunkte (dazu noch Rdn. 107);[102] im Bereich des Verbraucherschutzes mit anderen speziellen **Gesetzen zum Schutz der Verbraucher,**[103] die teilweise jedoch auch in das Marktgesetz selbst integriert wurden.[104] Im Übrigen wird häufig auf die Verhaltensnormen der **Internationalen Handelskammer** (ICC-Kodex) verwiesen.

3. Regelung der Werbung

83 **a) Irreführende Werbung.**[105] **§ 3 Abs. 1** Marktverhaltensgesetz enthält eine Art Generalklausel: „Traders may not use misleading or improper statements or omit material information if this is likely to distort consumers or other traders economic behaviour in the market". Das Verbot der **irreführenden oder „unbilligen" Angaben** schützt alle Marktbeteiligten. Der Begriff der **„Angabe"** wird weit verstanden, erfasst jede Äußerung direkter oder indirekter Natur.[106] Da das Gesetz in § 3 Abs. 1 die „improper statements" den irreführend wirkende **„Maßnahmen"** gleichstellt, erübrigt sich in der Praxis eine exakte Abgrenzung.

84 Ob eine Unwahrheit oder Irreführung vorliegt, entscheidet sich aus der **Sicht der angesprochenen Verkehrskreise.** Obgleich die dänischen Gerichte seit langem das europäische Leitbild des „verständigen Durchschnittsverbrauchers" zugrunde legen, werden unverkennbar **strenge Anforderungen** an den Wahrheitsgehalt von Werbung gestellt.[107] **„Werbemäßige Übertreibungen"** werden selten bejaht. Das Relevanzerfordernis bei Handlungen gegenüber dem Verbraucher ist seit der Reform von 2013 (s. Rdn. 80) in § 1 Abs. 2 geregelt; auch § 3 Abs. 2 betont (für alle Marktteilnehmer), dass spürbare Auswirkungen auf das wirtschaftliche Verhalten möglich sein müssen. Kennzeichnend für das dänische Recht ist weiter die starke Betonung **verfassungsrechtlicher Grundsätze**, insb. der Meinungsfreiheit.[108]

85 Generell (und nach dem Wortlaut losgelöst vom Irreführungsverbot) besteht nach § 3 Abs. 1 ein Verbot „to omit **material information**". Dies greift zumindest dann ein, wenn (wie regelmäßig) überhaupt irgendwelche Aussagen gemacht werden. Diese dürfen nicht durch Weglassen anderer Aspekte ein insgesamt „inadäquates" Bild der tatsächlich gewährten Vorteile zeichnen.[109] Dabei kommt es stark auf die Art des Produktes, die Schwere der bei Nichtaufklärung drohenden Nachteile etc. an. Im Übrigen besteht spätestens bei Vertragsschluss gemäß § 7 eine Verpflichtung zur Aufklärung über alle maßgeblichen Umstände. Weiter schreibt § 12a bei einer Aufforderung zum Kauf gegenüber dem Verbraucher bestimmte Informationen vor.

86 § 3 Abs. 3 Marktverhaltensgesetz enthält eine **Beweislastumkehr.** Danach ist im Zivilverfahren die Richtigkeit aller tatsächlichen Angaben vom Werbenden zu beweisen. Diese Nachweispflicht

---

100 Gesetz Nr. 785 vom 8. August 2005; zum dänischen Kartellrecht etwa *Eriksen,* GRUR Int. 2004, 573.

101 *Keßler/Bruun-Nielsen,* S. 58.

102 Zum dänischen gewerblichen Rechtsschutz vgl. etwa *Madsen* und *Petersen/Rosenmeier/Schovsbo;* speziell zum Markenrecht *Wallberg,* Varemoerkaloren og Fællesmærkeloven med Kommentarer, 4. Aufl. 2008; zu den nicht eingetragenen Kennzeichen *Schovsbo,* in: Schricker/Bastian/Knaak (Hrsg.), Gemeinschaftsmarke und Recht der EU-Mitgliedstaaten, 2006, S. 178; zu den Schutzmöglichkeiten für Werbung, den Persönlichkeitsrechten etc. knapp auch *Vestergaard-Jensen/Storgaard,* S. 797 ff. Das dänische Urheberrecht findet sich bei *Möhring/Schulze/Ulmer/Zweigert* (Hrsg.), Quellen des Urheberrechts, Band 1.

103 Z. B. dem Gesetz Nr. 886 v. 23.12.1997 („Doorstep Sales Act"); zu weiteren Verbraucherschutzgesetzen *Keßler/Bruun-Nielsen,* S. 44.

104 § 13 Marktgesetz hat z. B. das Gesetz Nr. 209 zur Regelung der Preiswerbung und -bezeichnung („lov om mærkning og skiltning med pris") v. 28.3.2000 ersetzt.

105 Zur irreführenden Werbung vgl. insb. (auf englisch) *Heide-Jorgensen* (2013) und *Bakardjieva Engelbrekt,* S. 173 f.; *Vestergaard-Jensen/Storgaard,* S. 807 ff.

106 Selbst ein Duft kann ein Hinweis auf eine Produkteigenschaft sein; s. *Kur/Schovsbo,* Rdn. 33, Fn. 33.

107 Zumindest in der Vergangenheit wurden Irreführungen relativ leicht bejaht, vgl. die bei *Kur/Schovsbo,* Rdn. 32 ff. wiedergegebene Rechtsprechung; vgl. auch See- und Handelsgericht Kopenhagen 24.8.1995, GRUR Int. 1996, S. 834 – *McDonald/McAllen.*

108 Ausführlich dazu *Heide-Jorgensen* (2013).

109 Zu den Aufklärungspflichten ausführlich *Bakardjieva Engelbrekt,* S. 173; *Keyßner* und *Kur/Schovsbo,* Rdn. 38 f.

besteht bereits im Moment, in dem die Angabe gemacht wird. Auch der Verbraucherombudsmann kann die Vorlage aller relevanten Unterlagen verlangen. Im Strafverfahren obliegt der Nachweis demgegenüber der Anklagebehörde.

In der **Praxis** sind es vor allem Irreführungen über den **Preis,** die Preisgestaltung, das Preisniveau etc. – die auch durch Vorschriften wie die über Preisangaben geregelt sind[110] –, die die Gerichte beschäftigen. Die Rechtsprechung ist hier überwiegend streng.[111] Sie greift häufig auf die vom Ombudsmann 2002 erlassene Richtlinie **„Marketing und Preisinformation"**[112] zurück, die auf das genaueste das Marketing und die Werbung mit dem Preis regelt. **Preisgarantien** sind z. B. an strenge Voraussetzungen geknüpft. **Ausverkäufe** (die ansonsten nicht geregelt sind) dürfen sich nur auf zu Beginn der Aktion in den Geschäftsräumen befindliche Waren beziehen etc. Streng beurteilt wird auch die Werbung mit **Umweltschutzargumenten,** die nicht nur den Anforderung des Umweltschutzgesetzes,[113] sondern auch den Richtlinien der nordischen Verbraucherombudsmänner zum Umweltschutz von 1997[114] genügen müssen. 87

b) Vergleichende Werbung. Obgleich die vergleichende Werbung auch bislang im dänischen Wettbewerbsrecht nicht verboten war,[115] hat sich der dänische Gesetzgeber bereits 2000 entschlossen, die Richtlinie **97/55/EG fast wortgleich** zu übernehmen. Die Regelung der vergleichenden Werbung findet sich heute in § 5 des Marktverhaltensgesetzes. Offenbar wird sie vor allem unter **Irreführungsgesichtspunkten streng** beurteilt. Gleiches gilt für jede über das notwendige Maß hinausgehende Kritik oder die Ausbeutung fremden Rufs (vgl. Rdn. 102 ff.). 88

c) Getarnte Werbung. Die **Tarnung des kommerziellen Charakters** ist gemäß § 4 expressis verbis verboten („An advertisement shall be designed in such a way that it will be clearly understood to be an advertisement irrespective of its form and irrespective of the medium in which it is presented."). Dazu wird getarnte Werbung im dänischen Recht (unter Hinweis auf Art. 12 ICC-Kodex) auch als unvereinbar mit der Generalklausel angesehen.[116] So wurde etwa ein Vertragsangebot, das als Rechnung aufgemacht war, als **Verstoß gegen § 1** verboten.[117] Bei der Anzeigenwerbung darf sich der Werbende nicht hinter einer Postfachadresse verstecken.[118] Im Fernsehbereich und für den elektronischen Geschäftsverkehr bestehen zusätzliche Regelungen, s. Rdn. 91. Der Ombudsman hat in einer Guideline ausdrücklich darauf hingewiesen, dass bezahlte Statements in den Medien offengelegt werden müssen und dass das Tarnungsverbot gerade unter dem Gesichtspunkt des Schutzes von Kindern und Jugendlichen strikt auszulegen ist, auch bei product placement in Filmen und online-Spielen. 89

d) Belästigende Werbung. Gemäß § 1 Abs. 1 Marktverhaltensgesetz **(Generalklausel)** gilt es generell als verboten, andere Marktteilnehmer zu **manipulieren, zu belästigen oder in ihre Privatsphäre einzudringen.**[119] Zusätzlich enthält § 3 Abs. 2 unter dem Titel „misleading and imporper marketing" ein Verbot der **aggressiven Markthandlungen,** die geeignet sind, den Verbraucher oder andere Kaufleute unlauter zu beeinflussen.[120] Die Frage der Belästigung spielt jedoch auch im dänischen Recht vor allem beim Direktmarketing eine Rolle (Rdn. 100 ff.). 90

e) Produkt- und medienspezifische Werberegelungen (Hinweise). Die Fernsehwerbung ist im **Gesetz über den Hörfunk und die Fernsehtätigkeit** von 2002 und in den darauf bezogenen „Werbebekanntmachungen" geregelt.[121] Hier finden sich die Gebote und Verbote der Fernsehrichtlinie, z. B. das Gebot der Trennung von Werbung und Programm. Darüber hinaus sind die **Richtlinien** der Nordic Ombudsmen für die Fernsehwerbung vom August 1991[122] zu beachten, 91

---

[110] S. Rdn. 98.
[111] Vgl. etwa die bei *Heide-Jorgensen* (2013) und *Kur/Schovsbo,* Rdn. 44 ff. wiedergegebenen Urteile.
[112] Erhältlich (auf Englisch) über die Website des Verbraucherombudsmanns (Fn. 92).
[113] UmweltschutzG vom 6.9.1991; s. dazu *Keßler/Bruun-Nielsen,* S. 57.
[114] Erhältlich über die in Fn. 92 genannte Website.
[115] Ein knapper aktueller Überblick findet sich bei *Vestergaard-Jensen/Storgaard,* S. 810 f.
[116] S. *Kur/Schovsko,* Rdn. 102 ff.
[117] SH, UfR 1980, S. 342.
[118] *Kur/Schovsbo,* Rdn. 104.
[119] Zu den ethischen Anforderungen der Generalklausel vgl. etwa *Bakardjieva Engelbrekt,* S. 166 ff.; dort auch Hinweise auf einschlägige Urteile.
[120] Diese Regelung geht auf die Richtlinie 2005/29/EG zurück, die in diesem Kommentar im Anhang abgedruckt ist. Zu ihrer Interpretation vgl. *Glöckner,* Einl. B.
[121] Das Radio- und Fernsehsendegesetz Nr. 1052 vom 17. Dezember 2002 ist in seiner neuesten Fassung über die in Fn. 92 genannte Website erhältlich; dazu *Vestergaard-Jensen/Storgaard,* S. 821 f.
[122] Die aktuelle Fassung findet sich auf der Website des Verbraucherombudsmanns (Fn. 92).

die detaillierte Vorschriften zur Werbekennzeichnung, zur Schleichwerbung, aber auch zum Inhalt der Werbung und zum Schutz von Kindern und Jugendlichen enthalten und generell die „soziale Verantwortung" der Fernsehwerbung betonen. Der Handel im **Internetbereich** ist durch das E-Commerce-Gesetz und die ausführlichen Richtlinien der Nordic Consumer Ombudsmen geregelt.[123]

92 Detaillierte Vorschriften bestehen auch für die Werbung für einzelne Produkte.[124] Die **Tabakwerbung** ist z. B. im Tabakwerbegesetz geregelt; ergänzend gilt ein vom Gesundheitsminister mit der Tabakindustrie ausgehandeltes Selbstbeschränkungsabkommen.[125] Für die **Alkoholwerbung** bestehen Richtlinien des Verbraucherombudsmannes; Zuwiderhandlungen werden in der Praxis als Verstoß gegen das Gebot der „sozialen Verantwortung" i. S. d. Generalklausel in § 1 Marktgesetz gewertet.[126] Werbung ist für Getränke mit einem Alkoholgehalt über 2,8% im Rundfunk verboten.

93 **f) Sonstige Werberegelungen.** Das dänische Lauterkeitsrecht betont die **soziale Verantwortung der Werbung und des Marketings.** Eine Missachtung dieser Verantwortung stellt unmittelbar einen Verstoß gegen die Generalklausel des § 1 Abs. 1 Marktverhaltensgesetz dar.[127]

94 So sind **Kinder und Jugendliche** vor den schädlichen Einflüssen von Werbung und Marketing zu schützen, insbesondere im Zusammenhang mit potentiell gefährlichen Produkten oder Verhaltensweisen. § 8 verlangt zudem, dass das Alter und der Mangel an Erfahrung in der an Kinder und Jugendliche gerichteten Werbung berücksichtigt wird. Zu beachten sind auch hier vor allem die sehr präzisen Guidelines des **Ombudsmanns** zu „children and young people", die z.B. auch „unrealistic and destorted beauty or body ideals" ansprechen oder den Einsatz von Kindern und Jugendlichen als Absatzhelfer. Gleiches gilt für **Gewaltdarstellungen,** die Werbung mit der **Angst** oder die Verletzung **religiöser Gefühle**[128] bzw. bestimmte Formen der **„schockierenden Werbung",**[129] vor denen insbesondere Kinder zu schützen sind. Auch die **geschlechts- oder rassendiskriminierende Werbung** verstößt gegen das Gebot der sozialen Verantwortung; dies insbesondere dann, wenn Frauen in der Werbung auf „herabwürdigende Weise" darstellt werden.[130]

95 § 12 Marktgesetz regelt ausführlich die Werbung mit **Garantien.**[131]

4. Direktmarketing

96 Unerbetene **Haustürgeschäfte** und **Werbeanrufe gegenüber dem Verbraucher** in dessen Haus, Arbeitsplatz, Klub, Schule sind gemäß § 6 Verbrauchervertragsgesetz **grundsätzlich verboten.**[132] In Umsetzung der gemeinschaftsrechtlichen Vorgaben wurde jedoch auch in das Marktverhaltensgesetz ein Verbot aufgenommen. So untersagt § 6 „unsolicited communication with specific customers", d.h. jede Kontaktaufnahme zum Zwecke des Verkaufs per **E-mail, automatischer Anrufmaschine oder per Fax.**[133] Bezüglich **individueller Anrufe** gegenüber dem Verbraucher wird auf das Verbrauchervertragsgesetz verwiesen, so dass indirekt auch hier die „opt-in"-Lösung gilt. Für die **E-mail-Werbung** besteht (in Umsetzung der Datenschutz-Richtlinie)[134] in § 6 Abs. 2 insofern eine Modifizierung, als nach einem Verkauf auf elektronischem Wege ähnliche Produkte

---

[123] Gesetz Nr. 227 vom 22. April 2002. „Position Statement of the Nordic Consumer Ombudsmen on e-commerce and marketing on the Internet", erhältlich über die Website des Verbraucherombudsmanns (Fn. 92).

[124] Ausführlich dazu *Vestergaard-Jensen/Storgaard,* S. 821 f. Die meisten einschlägigen Regelungen sind in der aktuellen Fassung über die in Fn. 92 genannte Website erhältlich.

[125] Gesetz Nr. 492 vom 7. Juni 2001. Zum Selbstbeschränkungsabkommen, siehe *Keßler/Bruun-Nielsen,* S. 56.

[126] Dazu *Keßler/Bruun-Nielsen,* S. 56.

[127] Dazu *Bakardjieva Engelbrekt,* S. 166 ff.

[128] Verneint z. B. in der „Papst"-Werbung für Schuhe; GRUR Int. 1993, S. 553 mit Anm. von *Kur* (dabei handelte es sich allerdings um ein Strafverfahren – im Zivilverfahren wären wahrscheinlich strengere Maßstäbe angelegt worden).

[129] Der Verbraucherombudsmann ist gegen die „Benetton"-Werbung nicht vorgegangen, weil er dieser nicht noch mehr Publicity verschaffen wollte, vgl. *Kur/Schovsbo,* Rdn. 113; *Heide-Jorgensen,* in FS Kopvedgaard, 2003.

[130] Vgl. die bei *Kur* WRP 1995, S. 790 und *Kur/Schovsbo,* Rdn. 114 ff. wiedergegebenen – z. T. sehr strikten – Entscheidungen. Laut der Richtlinie des Verbraucherombudsmanns über geschlechtsdiskriminierende Werbung von 1993 (abgedruckt bei *Kur/Schovsbo,* Anhang) ist die Darstellung nackter Personen allerdings noch nicht zu beanstanden.

[131] Dazu *Kur/Schovsbo,* (s. auch Fn. 92).

[132] Gesetz Nr. 451 über bestimmte Verbraucherverträge vom 9. Juni 2004; dazu *Keßler/Bruun-Nielsen,* S. 48. Das Gesetz enthält Ausnahmen für Versicherungsleistungen.

[133] Im Januar 2004 wurde eine dänische Gesellschaft, die trotz Protestes von Verbraucherschutzorganisationen 15 000 unerbetene Werbefaxe versandt hatte, vom See- und Handelsgericht Kopenhagen zu einer Geldbuße von 66 700 Euro verurteilt; s. den Bericht in Covington News Banner Online vom 23.1.2004.

[134] Vgl. dazu *Glöckner,* Einl. B.

angeboten werden dürfen, sofern der Kunde sich dies nicht verbittet. Ergänzend und konkretisierend greifen stets die ausführlichen Richtlinien der Nordic Ombudsmen ein.[135]

Als **Mindestanforderung** gilt also stets die **„opt out"**-Lösung des § 6 Abs. 3. Danach hat der Anbieter den ihm bekannten Wunsch einer natürlichen Person, nicht behelligt zu werden, sowie Einträge in ein Register zu respektieren. Es ist gemäß § 6 Abs. 5 sofort und unmissverständlich über den **Zweck aufzuklären** und auf die Möglichkeit der Untersagung hinzuweisen; hierfür dürfen nach § 6 Abs. 6 keine Kosten anfallen. Das **Zusenden von unbestellten Waren** kann gegen die Generalklausel des § 1 verstoßen, z.B. wenn – entgegen der Regelung im Verbrauchervertragsgesetz – der Eindruck einer Zahlungs- oder Aufbewahrungspflicht erweckt wird.[136] **Schneeballsysteme** etc. verstoßen gleichfalls gegen § 1 und 3, wenn sie mit einer Pflicht zur Rekrutierung von Freunden oder Familienangehörigen einhergehen, sich an ein besonders leichtgläubiges Publikum wenden, unrealistische und nicht belegte Verdienstversprechen machen oder aber nicht über ein ausreichendes Vertriebsnetz verfügen.[137] 97

5. Sales Promotion

Rabatte sind **grundsätzlich zulässig.**[138] Ein Verbot des Verlustverkaufs besteht im dänischen Recht nicht. Preisherabsetzungen und ihre Ankündigung werden jedoch nach den sehr strengen Irreführungsregeln beurteilt und müssen den detaillierten Vorschriften für Preisangaben nach § 13 genügen. Weiter besteht nach § 9 Abs. 2 die Pflicht, auf einen möglicherweise begrenzten Vorrat der preisreduzierten Waren klar und unmissverständlich hinzuweisen. § 16 enthält eine Regelung des „organized discounts". Das frühere Verbot des § 10 von Rabatten und sonstigen Leistungen mittels Rabattmarken und **Coupons, die vor dem Kauf** ausgegeben werden,[139] wurde aufgehoben und Sales Promotions in § 9 Marktverhaltensgesetz neu geregelt. Unbedingt zu beachten sind für alle Formen der Sales Promotions die strikten **Guidelines** des Konsumentenombudsmanns von 2007.[140] 98

Zugaben oder Leistungen, die diesen gleichzustellen sind, sind gemäß § 9 Abs. 1 **zulässig,** wenn die Voraussetzungen ihres Erhalts eindeutig sind; gleiches gilt für den Wert der Zugabe.[141] Gleiches gilt für **Werbegeschenke.** Wird ein zu einem Kauf hinzugegebenen Gegenstand als „gratis" angekündigt, so gilt dies als Synonym für eine Zugabe. Besondere Vorschriften der Zugabegewährung, zumeist strikte Verbote, bestehen für Arzneimittel, Alkohol, Tabakwerbung,[142] und auch für Sales Promotion-Aktionen gegenüber Kindern und Jugendlichen. 99

Für **Kundenbindungssysteme** haben die fünf Nordic Ombudsmen weiter spezielle Richtlinien („loyalty programmes in marketing") veröffentlicht,[143] die § 9 präzisieren und ergänzen. 100

Zu Absatzförderungszwecken erfolgende **Gewinnspiele** („promotional games"), deren Teilnahme von einem Kauf abhängt, waren früher (nach § 11) verboten;[144] Diese Vorschrift wurde jedoch aufgehoben. Eine **Kopplung an den Warenabsatz** gilt jedenfalls nicht mehr grundsätzlich als unzulässig.[145] 101

6. Herabsetzung, Rufausbeutung

Gemäß Art. 4 Abs. 2 des dänischen Markengesetzes besteht unter bestimmten Umständen ein **markenrechtlicher Schutz gegen Herabsetzung und Rufausbeutung.**[146] Obgleich das Mar- 102

---

[135] Erhältlich über die in Fn. 92 angegebene Website.

[136] Zum Zusenden unbestellter Waren vgl. *Kur/Schovsbo,* Rdn. 105 ff.; nach Umsetzung der Richtlinie 2005/29/EG besteht auch ein Verbot bestimmter Praktiken unter dem Gesichtspunkt der aggressiven Geschäftspraktiken (vgl. Rdn. 90).

[137] *Keßler/Bruun-Nielsen,* S. 51.

[138] Durch das Gesetz 621/2011. Die Aufhebung erfolgte im Anschluss an das Urteil des EuGH in Sachen VTB-VAB.

[139] Vgl. See- und Handelsgericht Kopenhagen, UfR 1993, 631: Verbot von Coupons in einer Zeitschrift, die zu Geschenken im Wert von 15 DKK oder einer Barauszahlung von 5 DKK berechtigten.

[140] Erhältlich über die Website des Verbraucherombudsmanns, Fn. 92.

[141] So heißt es in § 9 Abs. 1: „no material information may be omitted, including information on the value of any additional services likely to materially distort the economic behavior of consumers."

[142] Dazu *Vestergaard-Jensen/Storgaard,* S. 815 ff.

[143] Zu erhalten über die Website des Verbraucherombudsmanns (Fn. 92).

[144] *Keßler/Bruun-Nielsen,* S. 54. Die Aufhebung erfolgte vor dem Hintergrund der Rechtsprechung des EuGH (EuGH GRUR 2010, 244 – Plus Warenhandelsgesellschaft).

[145] Keßler/*Bruun-Nielsen,* S. 54.

[146] Zum Markenrecht vgl. die in Fn. 102 angegebene Literatur.

kengesetz grundsätzlich als lex specialis gilt, wird in der Praxis häufig – wegen der flexibleren Rechtsfolgen – auch der Schutz aus dem Marktverhaltensgesetz in Anspruch genommen.[147]

103 Außerhalb des Bereichs der vergleichenden Werbung (Rdn. 88) verbietet § 3 Abs. 2 des Marktverhaltensgesetzes 2013 unter der Überschrift „misleading and improper marketing" alle unlauteren Angaben, die das wirtschaftliche Verhalten von Verbrauchern und anderen Marktteilnehmern spürbar beeinflussen können. Hierunter fallen alle Hinweise auf **persönliche Umstände** des Mitbewerbers und alle kritischen Äußerungen, die über den gebotenen Anlass hinaus unnötig abwertend oder lächerlich machend sind.[148]

104 Die **Rufausbeutung** wird zudem in § 5 Abs. 2 Nr. 7 Marktverhaltensgesetz und über die Generalklausel des § 1 erfasst. Bisher zeigt sich die Rechtsprechung hier eher streng. So wurde z.B. die Bezeichnung eines Imbissstandes als „McAllan" wegen Ausbeutung der Wertschätzung der Bezeichnung „McDonalds" (und wegen Irreführung der Verbraucher über mögliche geschäftliche Verbindungen) verboten.[149]

105 Auch die zu Absatzzwecken erfolgende **Ausnutzung des Namens und der Bekanntheit** von Personen fällt unter § 1 Abs. 1.[150] Die Einzelheiten werden durch eine vom Verbraucherombudsmann 1997 erlassenen Richtlinie erläutert.

7. Ausbeutung fremder Leistungen, Verwechslungsgefahr, Nachahmung

106 § 3 Marktverhaltensgesetz verbietet irreführende Angaben und § 5 Abs. 2 Nr. 4 die vergleichende Werbung, durch die eine **Verwechslungsgefahr bezüglich Geschäftskennzeichen** entstehen könnte. Voraussetzung ist eine gewisse **Eigenart,** welche auch durch umfangreiche Benutzung erworben werden kann; weiter darf kein Freihaltebedürfnis zugunsten des Benutzers bestehen.[151] Weiter regelt § 18, dass „trader must not use business identifiers in a manner likely to cause confusion with those of others".

107 Der Schutz gegen **Nachahmung** erfolgt ansonsten auf der Grundlage der Generalklausel, § 1 Marktverhaltensgesetz. Er setzt ein Produkt oder eine Leistung von einer gewissen Eigenart voraus und erfordert in der Regel das Vorliegen von **Verwechslungsgefahr.** In besonders gelagerten Fällen kann die Generalklausel jedoch auch ohne Verwechslungsgefahr eingreifen. So wurde etwa der Vertrieb von mit den bekannten Legosteinen kompatiblen Spielsteinen als wettbewerbswidrig verboten.[152]

8. Behinderung

108 § 19 Marktverhaltensgesetz schützt **Betriebs- und Geschäftsgeheimnisse** sowie technische Zeichnungen gegen die unbefugte Übernahme und Verwendung.[153]

9. Rechtsbruch

109 Die Verletzung anderer Normen kann einen Verstoß gegen die Generalklausel des § 1 Abs. 1 Marktverhaltensgesetz darstellen, wenn die verletzte Norm gleichfalls die Regelung der Marktverhältnisse im Interesse der Verbraucher und der Unternehmen bezweckt.

10. Sanktionen

110 Das dänische Marktverhaltensgesetz ist in erster Linie **zivilrechtlich sanktioniert,** weist jedoch auch – durch die zentrale Funktion des Verbraucherombudsmannes (s. Rdn. 81), dessen Rechtstellung in den §§ 22ff. geregelt ist – **verwaltungsrechtliche** Bezüge auf. Nach dem Gesetz vom 10.6.2003 (Consumer Complaint Act) können Verbraucher Beschwerden auch zum Consumer Complaint Board erheben.

111 Als zivilrechtliche Sanktionen kommen gemäß § 20 Marktverhaltensgesetz die Anordnung der **Unterlassung,** die **Folgenbeseitigung** und **Schadensersatz** in Betracht. **Aktivlegitimiert** ist

---

147 Zur Abgrenzung vgl. *Schovsbo* (Fn. 102), S. 181 f.

148 *Kur/Schovsbo,* Rdn. 86 ff.

149 GRUR Int. 1996, 136.

150 *Kur/Schovsbo,* Rdn. 125 sowie *Schovsbo* (Fn. 102), S. 191 ff. Vgl. auch die *Shit op Chanel*-Entscheidung, GRUR Int. 1982, S. 456, die allerdings vor Novellierung des dänischen Markengesetzes erfolgte.

151 *Kur/Schovsbo,* Rdn. 125; *Schovsbo* (Fn. 102), S. 178 ff.

152 Vgl. UfR 1995, S. 92 = GRUR Int. 1995, 717 – *Lego/Byggis.*

153 Abs. 1 verbietet das Verschaffen von Kenntnis und den Erwerb durch Angestellte auf ungebührliche Weise. Erfolgen Kenntnisse etc. auf legale Weise, so darf das Betriebsgeheimnis etc. während einer bestimmten Zeit nicht genutzt werden.

grundsätzlich jeder, der ein berechtigtes Interesse geltend machen kann, also auch der einzelne Verbraucher, § 27. Gemäß § 28 Marktverhaltensgesetz kann der **Verbraucherombudsmann** gleichgerichtete **Ansprüche der Verbraucher gebündelt** geltend machen. **Zuständig** ist bei Streitigkeiten mit Schwerpunkt auf marktgerichtliche Verhaltensnormen in erster Instanz das **See- und Handelsgericht in Kopenhagen,** § 21 Marktverhaltensgesetz.

IV. Estland

Inhaltsübersicht

	Rdn.
1. Rechtsquellen	
2. Kurzcharakteristik des estnischen Wettbewerbsrechts	112
3. Regelung der Werbung	118
a) Irreführende Werbung	118
b) Vergleichende Werbung	119
c) Getarnte Werbung	120
d) Medien- und produktspezifische Werberegelungen	121
e) Weitere Regelungen der Werbung	123
4. Informationspflichten	125
5. Besondere Vertriebsmethoden, Direktmarketing	126
6. Anschwärzung	127
7. Ausnutzung fremder Leistungen, Verwechslungsgefahr, Nachahmung	128
8. Behinderungswettbewerb	129
9. Sanktionen, Verfahren	130

Schrifttum: British Institute of International and Comparative Law: Unfair Commercial Practices. An analysis of the existing laws on unfair commercial practices between business and consumers in the new Member States. General Report, 2005 *(BIICL-Report); Dietz,* Die Einführung von Gesetzen gegen den unlauteren Wettbewerb in ehemals sozialistischen Staaten Mittel- und Osteuropas, GRUR Int. 1994, S. 649; *Janusauskaite,* Implementation of the EU enforcement directive in the Baltic countries, 2010; *Käerdi,* Länderbericht Estland, in: Schmidt-Kessel/Schubmehl (Hrsg.), Lauterkeitsrecht in Europa, 2011, S. 217 ff.; *Koitel,* Länderbericht UdSSR und Estland in: Beier/Bastian/Kur (Hrsg.), Wettbewerbsrecht und Verbraucherschutz in den Länder Mittel- und Osteuropas, 1992, S. 60; *Koitel,* WiRO 1993, S. 443; *Mizaras,* Unfair Competition Law in the Baltic States, in: Hilty/Henning-Bodewig (Hrsg.), Law Against Unfair Competition: Towards a New Paradigm in Europe? 2007, S. 249; *Pisuke,* Consumer Protection in Estonia, in: Alexiev et al., Consumer Protection in Bulgaria, Czech Republic, Estonia, Hungary, Latvia, Lithuania and Romania, CICPP No. 4; *Pisuke,* The Influence of Social Reforms and the Information Society on Consumers in a Transition Economy, in: Wilhelmsson/Tuominen et al (Hrsg.), Consumer Law in the Information Society, 2000, S. 31.

1. Rechtsquellen

Wettbewerbsgesetz vom 5.6.2001 (KS); Werbegesetz vom 12.3.2008 (RS); Verbraucherschutzgesetz vom 9.12.2015 (TKS).

2. Kurzcharakteristik des estnischen Wettbewerbsrechts

Die rechtlichen Reglungen zum Schutz gegen den unlauteren Wettbewerb werden in Estland als **112**
Teil des weiter gefassten Rechtsgebiets des Wettbewerbsrechts verstanden.[154] Das **Wettbewerbsgesetz** aus dem Jahr 2001 (Konkurentsiseadus = **KS**) verfolgt als doppelte **Zielsetzung** die Förderung des freien Wettbewerbs und die Lauterkeit des Geschäftsverkehrs.

Die Vorschriften über den unlauteren Wettbewerb finden sich in Kapitel 7 KS. Eine herausgeho- **113**
bene Stellung nimmt darin die **Generalklausel** des Art. 50 KS mit dem zentralen Begriff der **„unlauteren Handelspraktiken"** ein. Nach der Definition des Gesetzes ist ein Verhalten unlauter, wenn es gegen die guten Sitten oder Gebräuche verstößt (Art. 50 (1) KS). Eine Reihe von Tatbeständen wird ausdrücklich als Wettbewerbsverstoß benannt. Die Durchsetzung liegt ausschließlich in den Händen der betroffenen Parteien und fällt in die Zuständigkeit der ordentlichen Gerichtsbarkeit (Art. 53 KS).[155]

---

[154] Estnische Gesetze in englischer Sprache sind über die Website: http://www.legaltext.ee/indexen.htm erhältlich. Der z. Zt. ausführlichste Überblick über das estnische Lauterkeitsrecht auf deutsch findet sich bei *Käerdi* (2011).

[155] Nach den früheren Wettbewerbsgesetzen aus den Jahren 1993 und 1998 lag die Zuständigkeit für die Durchsetzung noch beim Wettbewerbsrat (Konkurentsiamet = KSt).

114 Eine parallele, speziell auf den **Schutz der Verbraucher** ausgerichtete Pflicht zum fairen Geschäftsverhalten ist in Art. 14 (1) des **Verbraucherschutzgesetzes** von 2015 zu finden (Tarbijakaitseseadus = **TKS**). Dieses Gesetz dient vor allem der **Umsetzung der Richtlinie über unlautere Geschäftspraktiken** (abgedruckt im Anhang, ausführliche Erläuterung bei *Glöckner,* Einl. B.) (Abschnitt 2, TKS).

115 Der Begriff der Geschäftspraktiken umfasst sowohl Handlungen wie auch Unterlassungen, Verhaltensweisen, kommerzielle Mitteilungen, einschließlich Werbung und Marketing (Art. 13 (1) TKS). Art. 15 enthält eine gesetzliche **Definition der Unlauterkeit,** die sich auf den Standard der beruflichen Sorgfalt, einbegriffen die anständigen Marktgepflogenheiten und der allgemeine Grundsatz von Treu und Glauben, stützt (Art. 15 (1) und 5 TKS). Die Geschäftspraktik muss geeignet sein, das wirtschaftliche Verhalten des Durchschnittsverbrauchers wesentlich zu beeinflussen (Art. 15 (3) TKS). Der **Maßstab** des angemessen unterrichteten und angemessen aufmerksamen und kritischen **Durchschnittsverbrauchers** unter Berücksichtigung sozialer, kultureller und sprachlicher Faktoren ist gesetzlich festgelegt (Art. 15 (2) TKS). Die spezielle Schutzbedürfnisse von besonders anfälligen Verbrauchergruppen werden jedoch berücksichtigt (Art. 15 (3) TKS). Nach Art. 15 TKS sind unlautere Geschäftspraktiken vor, während und nach Abschluss eines Verbrauchervertrages verboten. Weitere Vorschriften sind den irreführenden (Art. 16 TKS) und den aggressiven Geschäftspraktiken (Art. 18 TKS) gewidmet.[156]

116 Für den Bereich der Werbung ist auch das **Werbegesetz** aus dem Jahr 2008 von Bedeutung (Reklaamiseadus = RS). Mit dem RS wurde versucht, den **gesamten Bereich der Werbung** in einem **einheitlichen Gesetz** zu regeln. Viele der Vorschriften und Grundprinzipien im RS stammen aus **europäischen Richtlinien.** Nach Art. 2 RS wird Werbung definiert als: „Angaben, die mit dem Zweck veröffentlicht werden, den Absatz von Waren oder Dienstleistungen zu erhöhen, ein Ereignis oder eine Idee zu fördern oder sonstige angestrebte Ergebnisse in anderen Bereichen herbeizuführen, und die der Werbende gegen ein Entgelt oder sonstige Gegenleistung verbreitet".[157] Trotz des breit angelegten Anwendungsbereichs des RS finden sich zusätzliche Regelungen über Werbung auch im KS und im TKS.

117 Wie diese Vorschriften im Einzelnen zueinander stehen, ist noch nicht völlig klar. Da das Lauterkeitsrecht in Estland kaum Tradition hat, gibt es noch **wenig Rechtsprechung** und administrative Entscheidungen.[158]

3. Regelung der Werbung

118 **a) Irreführende Werbung.** Irreführende Werbung ist gemäß **Art. 4 RS** verboten. Die Definition der irreführenden Werbung entstammt der Richtlinie 2006/144/EG (der früheren Richtlinie 84/450/EWG). Für das B2C-Verhältnis gilt **Art. 16 TKS,** der es verbietet, Verbraucher durch irreführende Geschäftspraktiken, sowohl Handlungen als Unterlassungen, zu beeinflussen. Die Definition von irreführenden Geschäftspraktiken wie auch der Transaktionstest stammt aus der Richtlinie 2005/29/EG. Art. 16 (6) TKS enthält die schwarze Liste von irreführenden Geschäftspraktiken die unter allen Umständen als unlauter gelten. Die **Veröffentlichung** irreführender Angaben ist außerdem nach dem **KS** als Wettbewerbsverstoß verboten (Art. 51 KS).[159] Gemäß Art. 50 (3) KS finden jedoch die Vorschriften des RS Anwendung, wenn irreführende Angaben in Werbeaussagen enthalten sind.

119 **b) Vergleichende Werbung.** Vergleichende Werbung ist **ausschließlich im RS** geregelt (Art. 5). Abgesehen von kleineren Änderungen sind diese Vorschriften eng am Wortlaut der Richtlinie 97/55/EG (jetzt Teil der konsolidierten Richtlinie 2006/114/EG) orientiert.

---

[156] Vgl. Verbraucherschutzbehörde (Tallinn), 8.7.2009, zur Irreführung über ein Preisangebot für einen Video on Demand-Service, der lediglich eine Anmeldegebühr nennt und verschweigt, dass zusätzliche Zahlungen notwendig sind, um Videos anzusehen; vgl. auch „Bakker Holland OÜ"; Verbraucherschutzbehörde (Tallinn), 16.1. 2013. irreführende Angabe über einen vermeintlichen Geldgewinn stellen eine aggressive Geschäftspraktik dar.

[157] Legt man diese Vorschrift wörtlich aus, scheint der Begriff der Werbung keine wirtschaftliche Zielsetzung vorauszusetzen und würde daher sogar Informationskampagnen von gemeinnützigen Organisationen erfassen. Gleichzeitig ist diese Definition aber auch relativ eng, da sie nicht alle Arten von Angaben erfasst.

[158] Vgl. *Käerdi* (2011), S. 217 ff.

[159] Der Begriff der irreführenden Angaben wird im KS definiert als falsche Informationen, die bei durchschnittlicher Aufmerksamkeit des Käufers geeignet sind, einen irreführenden Eindruck des Angebots oder eine Beeinträchtigung des Ansehens oder der Geschäftstätigkeiten eines anderen Unternehmens zu verursachen. Vgl. die Entscheidung des KSt in dem Fall „Pärnu", Jahresbericht des KSt für das Jahr 1999, S. 12. Vgl. Harju Country Court (Tallinn), 23.3.2088, 2-06-2008, 2-06-13546, zur Irreführung von Käufern durch Bewerben einer angeblich „prämierten" Sektmarke.

c) Getarnte Werbung. Werbung muss gemäß **Art. 3 RS** so dargestellt werden, dass sie bei durchschnittlicher Aufmerksamkeit als solche erkennbar ist. Schleichwerbung ist verboten. Der kommerzielle Zweck eines Angebots muss klar erkennbar sein. 120

d) Medien- und produktspezifische Werberegelungen.[160] Kapitel 3 und 4 RS enthalten eine detaillierte Liste von Beschränkungen und besonderen Voraussetzungen, die bei der Werbung für bestimmte Produkte und Dienstleistungen zu beachten sind. Art. 17 RS sieht ein völliges Werbeverbot für **Tabakprodukte** vor. Werbung für **alkoholische Getränke,** die einen Anreiz zum erstmaligen Genuss von Alkohol schafft, die zum Kauf dieser Getränke aufruft, oder die sich an Personen unter 21 Jahre richtet, ist verboten. Alkoholische Getränke mit einem hohen Alkoholgehalt (mehr als 22 Volumenprozent) unterliegen strengeren Beschränkungen als Getränke mit geringerem Alkoholgehalt (Art. 28 RS). Weitere Beschränkungen und besondere Zulässigkeitsvoraussetzungen gelten bei der Werbung für gesundheitsbezogene oder moralisch anstößige Produkte oder Dienstleistungen. 121

Regelungen zur Werbung in **Rundfunk und Fernsehen** finden sich im Gesetz über Mediendienste aus dem Jahr 2011. 122

e) Weitere Regelungen der Werbung. Art. 3 (4) RS verbietet **Werbung,** die gegen die guten Sitten und Gebräuche verstößt oder zu unrechtmäßigem Handeln oder zu Verstößen gegen das allgemeine Anstandsgefühl aufruft.[161] Ausdrücklich untersagt ist eine Diskriminierung aufgrund von Nationalität, Rasse, Geschlecht, Sprache, Alter usw., ebenso wie die Werbung mit der Angst oder mit Gewalt. Unzulässig ist auch die Werbung, die Darstellungen von sexuellen Handlungen, unangemessene Nacktheit und sozial nicht akzeptables sexuelles Verhalten enthält (Art. 3 (4) Nr. 19 RS). 123

Werbung gegenüber **Kindern** darf nicht deren natürliche Leichtgläubigkeit oder deren Mangel an Erfahrung ausnutzen; der Einsatz von Kindern in der Werbung ist beschränkt (Art. 8 und 9 (1) RS). 124

4. Informationspflichten

Nach dem TKS existiert ein **Grundrecht der Verbraucher** auf zur Verfügungstellung von Informationen, die notwendig sind, um eine bewusste Auswahl unter verschiedenen angebotenen Waren und Dienstleistungen treffen zu können (Art. 3(2) TKS).[162] Werbung muss zudem klar erkennbare Angaben über den Werbenden enthalten (Art. 3(2) RS). Die Unterlassung von wesentlichen Informationen, die der durchschnittliche Verbraucher benötigt, um eine informierte geschäftliche Entscheidung zu treffen, gilt als irreführende Geschäftspraktik laut Art. 16 (1) TKS. Art. 17 TKS listet die Informationen auf, die bei einer Aufforderung zum Kauf als wesentlich gelten. 125

5. Besondere Vertriebsmethoden, Direktmarketing

Die Richtlinie 97/7/EG über den Fernabsatz und die Richtlinie 85/577/EWG über den Verbraucherschutz außerhalb von Geschäftsräumen geschlossenen Verträgen sind in Kapitel 2, Abschnitte 3 und 4 des estnischen Obligationenrechts aus dem Jahre 2001 (Võlaõigusseadus = VS) wie auch in den Art. 13 und 14 TKS umgesetzt worden. Art. 60 VS sieht ein **„opt-in"** Prinzip für nicht erbetene Werbung per **Fax,** voice mail oder **E-mail** vor. Andere Kommunikationswege können genutzt werden, sofern der Verbraucher sie nicht ausdrücklich verboten hat („opt-out").[163] 126

---

[160] Z. B. medizinische Produkte, medizinische Dienstleistungen, Finanzdienstleistungen, giftige, entzündliche und in sonstiger Weise gefährliche Produkte und für Lebensmittel, Waffen und Munition und Glücksspiel. Werbung für Betäubungsmittel und Psychopharmaka ist verboten, ebenso Werbung für Prostitution; ausführlich dazu *Käerdi* (2011), S. 217 ff. Soweit diese auf europäischen Vorgaben beruhen vgl. Einl. H und I.

[161] Vgl. *Käerdi,* ebenda; zur agressiven Werbung die in Fn. 156 genannte Entscheidung.

[162] Dieses Recht ist weiter durch einen detaillierten Katalog von Informationspflichten der Anbieter in Art. 4–8 TKS konkretisiert, einschließlich Pflichten für Preisangaben; vgl. dazu die Entscheidung „OÜ OX Eesti" der Verbraucherschutzbehörde (Tallinn), v. 2.4.2013 (No. 6-25/12-003378-001) zur irreführenden Preisberechnung von Paketen.

[163] Vgl. *Käerdi* (2011), S. 217 ff. Verkäufe nach dem Schneeball-Prinzip, die bislang nur über Betrugsvorschriften des Strafgesetzbuches erfasst werden konnten (vgl. *Fazekas,* Some Facts about Pyramidal Sales in Central and East European Countries, CLJ 1998, 495, unter Bezug auf die Fälle „AS Gering" und „AS Sire"), sind infolge der Umsetzung der UGP-RL (Rdn. 114) nunmehr ausdrücklich verboten.

6. Anschwärzung

127 Gemäß **Art. 50 KS** ist die Anschwärzung eines Wettbewerbers oder die Herabsetzung von Waren eines Wettbewerbers verboten.[164] Darüber hinaus ist es unzulässig, eine Person, Tätigkeit, Ware oder eine Dienstleistung in Werbeaussagen direkt oder indirekt herabzusetzen (Art. 6 RS). Ganz allgemein ist die Verbreitung von falschen Informationen über anderen Personen, über deren Produkten oder Dienstleistungen in der Werbung als anstößige Werbung verboten. Weiterhin statuiert Art. 1047 VS eine Schadensersatzpflicht für den Fall, dass die wirtschaftlichen oder beruflichen Tätigkeiten eines anderen mittels inkorrekter Informationen (1) oder Offenbarung von Tatsachen, die die berufliche Situation der Person negativ beeinflussen können (2), gestört werden.

7. Ausnutzung fremder Leistungen, Verwechslungsgefahr, Nachahmung

128 Das KS enthält **keine ausdrückliche Regelung** der **Nachahmung** von Produkten oder die Verwendung von geschäftlichen Zeichen, durch die eine Verwechslungsgefahr entstehen kann. Die Regelung des Art. 50 (1) Nr. 1 KS über irreführende Angaben wird jedoch so ausgelegt, dass auch die durch die Verwendung von Marken verursachte Verwechslungsgefahr als Irreführung im Sinne dieser Vorschrift gilt.[165]

8. Behinderungswettbewerb

129 Das estnische Recht verbietet die Verwendung **vertraulicher Informationen** über einen Wettbewerber, sofern diese Informationen unrechtmäßig erlangt wurden. Das gleiche gilt für den Missbrauch vertraulicher Informationen durch einen Angestellten oder Vertreter eines Wettbewerbers, wenn zuvor auf diesen Angestellten oder Vertreter eingewirkt wurde, damit dieser im Interesse der einwirkenden Person oder eines Dritten handelt (vgl. Art. 50 (1) Nr. 2 und 52 KS). Gemäß Art. 1049 VS ist es illegal, die wirtschaftlichen oder beruflichen Betätigungen eines anderen während einer signifikanten Zeit ganz oder teilweise zum Stillstand zu bringen, wenn dieser Stillstand mittels eines Eingriffs in die Aktivitäten durch eine ungesetzliche Drohnung, einen verbotenen Boykott, Demonstration oder Streik erreicht wird.

9. Sanktionen, Verfahren

130 Im Streitfall erfolgt die Entscheidung, ob ein Wettbewerbsverstoß nach dem **KS** vorliegt, gemäß Art. 53 KS auf **zivilrechtlichem Wege.** Eine Klagebefugnis steht dabei ausschließlich den betroffenen Wettbewerbern zu.

131 Das **RS** ist **verwaltungsrechtlich** ausgestaltet. Die Durchsetzung dieser Vorschriften sowie die allgemeine Überwachung des Marktes obliegt verschiedenen Behörden. Sie erfolgt überwiegend durch Verhängung von Bußgeldern (Kapitel 5 RS).

132 Das **TKS** dient dem Recht der Verbraucher auf effektiven Rechtsschutz.[166] Die **Verbraucherschutzbehörde,** wie auch andere Behörden auf zentraler oder regionale Ebene, überwachen den Markt und können im Fall von Rechtsverletzungen Unterlassungsverfügungen aussprechen und gegebenenfalls Bußgelder verhängen (61–67 TKS). Die Bußgelder für die Verletzung des Verbots gegen unlautere Geschäftspraktiken können für juristische Personen bis zu 32.000 Euro betragen. Der Vorsitzende der Verbraucherschutzbehörde und von ihm beauftragten Personen können in Fälle von Verletzungen der in TKS und VS geschützten kollektiven Verbraucherinteressen (und insbesondere in Fällen von unlauteren Geschäftspraktiken) einem Anbieter auferlegen, die verletzende Handlung zu beenden oder zu verzichten (Art. 65 TKS). Unterlassungsverfügungen sind mit Bußgeldern versehen. Verbraucherorganisationen sind für Unterlassungsklagen aktivlegitimiert. Schadensersatzansprüche können auf der Grundlage der allgemeinen Grundsätze des Obligationenrechts über die außervertragliche Haftung geltend gemacht werden.

---

164 Dazu ausführlich *Käerdi* (2011), S. 228 ff. Vgl. den Fall „OÜ Kirjastus Avita", Jahresbericht des KSt für das Jahr 1999, S. 13.

165 Vgl. den Jahresbericht des KSt für das Jahr 1998, S. 12, Fälle „Klubitakso/Klubi Takso"; „Canon Kabushiki Kaisha/Canon-Control". Die Entscheidungen sind gerichtlich bestätigt worden. Ausführlich zur sklavischen Nachahmung *Käerdi* (2011), S. 225 ff.

166 Zur Integration des Verbraucherschutzrechts in das allgemeine Zivilrecht vgl. *Pisuke,* 2001, S. 35; zur EU-Enforcement Richtlinie *Janusauskaite* (2010).

V. Finnland*

Inhaltsübersicht

	Rdn.
1. Rechtsquellen	
2. Kurzcharakteristik des finnischen Wettbewerbsrechts	133
3. Regelung der Werbung	138
a) Irreführende Werbung	138
b) Vergleichende Werbung	142
c) Getarnte Werbung	143
d) Belästigende Werbung	144
e) Produktspezifische Werberegelungen (Hinweise)	145
f) Sonstige unlautere Werbung	146
4. Informationspflichten	147
5. Direktmarketing	148
6. Sales Promotion	151
7. Herabsetzung, Rufausbeutung	155
8. Ausnutzung fremder Leistungen, Nachahmung	156
9. Vorsprung durch Rechtsbruch	157
10. Sanktionen, Verfahren	158

Schrifttum: *Bakardjieva Engelbrekt,* The Scandinavian Model of Unfair Competition Law, in: Hilty/Henning-Bodewig (Hrsg.), Law Against Unfair Competition, 2007, S. 161; *Bruun,* Intellectual property in Finland, 2001; *Bruun/Mansala,* Finlande, in: Greffe/Greffe (Hrsg.), La publicité et la loi, 11. Aufl. 2009, S. 895; *Fallund/Salmi,* Finnland, in: Schotthöfer (Hrsg.), Handbuch des Werberechts in den EU-Staaten, 2. Aufl. 1997, S. 217; *Kaulamo,* Finnland, in: *Schricker* (Hrsg.), Recht der Werbung in Europa, 2002; *dies.,* Probleme des finnischen Wettbewerbs- und Marketingrechts, 2004; *Keßler/Wilhelmsson,* Finland, in: Micklitz/Keßler (Hrsg.), Marketing Practices Regulation and Consumer Protection in the EC Member States and the US, 2002, S. 60; *Kur,* Das Recht des unlauteren Wettbewerbs in Finnland, Norwegen und Schweden, GRUR Int. 1996, S. 38; *Mäkinen et. al.,* Markkinaoikeuden perusteet, 2. Aufl. 2006; *Oesch/Kankaanpaa* (Hrsg.), Sopimaton Menettely Elinkeinotoiminnassa Verkkotalouden Aikana, 2012; *Paloranta,* Markinnoinni Netiika käytännossa, 2014; *Syria,* Palvelukonseptin suoja ja immateriaalioikeus – palvelutuotteen sopimaton jäljittely (Protection of the service concept and intellelctual property rights – the service product and unfair imitation), 2016; *Wilhelmsson,* Konsumentskyddet i Finland, 1989; *ders.,* Kuluttajansuoja, in: Kirsti Rissanen (Hrsg.), Yritysoikeus, 2. Aufl. 2006, S. 723.

1. Rechtsquellen

Gesetz Nr. 1061 vom 22.12.1978 über ungebührliches Verhalten im Geschäftsverkehr (SopMenL); Verbraucherschutzgesetz Nr. 38 vom 20.1.1978 (KSL).

2. Kurzcharakteristik des finnischen Wettbewerbsrechts

Das **finnische Wettbewerbsrecht** ist auf **zwei Gesetze aufgeteilt, wird jedoch weitgehend als Einheit verstanden.** Die Rechtsverhältnisse zwischen Gewerbetreibenden sind im **„Gesetz über ungebührliches Verhalten im Geschäftsverkehr"** („Laki sopimattomasta menettelystä elinkeinotoiminnassa" = SopMenL) geregelt.[167] Im Verhältnis Gewerbetreibender/Letztverbraucher gilt das 2. Kapitel des **Verbraucherschutzgesetzes** („Kuluttajansuojalaki" = KSL).[168] Auch die **Richtlinie 2005/29/EG** über unlautere Geschäftspraktiken wurde dort umgesetzt, soweit dies in das System des KSL passte – z. B. wurde an der beherrschenden Generalklausel in Kapitel 2 § 1 KSL nichts geändert und die ‚black list' der RL in eine VO (Nr. 601 vom 11.9.2008) verschoben. 133

Trotz der Aufteilung der Rechtsmaterie nach Schutzzwecken stimmen SopMenL und KSL in weiten Bereichen **inhaltlich überein.**[169] So ist in beiden der **Anwendungsbereich sehr weit,** bezieht jede Marketingpraktik bei Bedarfsgütern (Kapitel 2 § 1 KSL) bzw. jede geschäftliche Praktik (§ 1 SopMenL) ein.[170] Weiter enthalten beide Gesetze eine (fast übereinstimmende) **Generalklau-** 134

* Die Verf. dankt Herrn Dr. *Syria,* Helsinki, für wertvolle Hinweise.

167 Abgedruckt GRUR Int. 1979, 556; auf Englisch in der aktuellen Fassung abrufbar unter http://www.finlex.fin.

168 Auf Englisch zu finden auf der in der vorherigen Fn. angegebenen Website. Das KSL wurde 2013 (durch Gesetz Nr. 1211) und 2015 (durch Gesetz Nr. 1699) geändert. Die Reform von 2013 betraf die Umsetzung der Richtlinie über Verbraucherrechte, die von 2015 etablierte alternative Streitbeilegungsmechanismen.

169 Ausführlich dazu *Kaulamo* (2002).

170 Unter „Bedarfsgüter" sind Waren zu verstehen, die natürlichen Personen zur Verwendung im privaten Haushalt angeboten werden.

sel, die von **Einzeltatbeständen** ergänzt wird: Das **KSL** regelt die falsche und irreführende Werbung, das Zusenden unbestellter Waren, spezielle Formen der Preiswerbung, Zugaben und Kopplungsgeschäfte, Gewinnspiele. Der Zweck des Gesetzes ist einerseits die Verhinderung unlauterer Werbung gegenüber Verbrauchern und andererseits die Verpflichtung, dem Verbraucher ausreichende Informationen über wichtige kommerzielle Aspekte zur Verfügung zu stellen.[171] Das **SopMenL** befasst sich mit wahrheitswidrigen oder irreführenden Angaben, unsachlichen oder wegen der Art der Darstellung ungebührlichen Angaben, vergleichender Werbung (wobei auf die Regelung im KSL verwiesen wird), vom Zufall abhängigen Gewinnspielen, Schutz von Geschäftsgeheimnissen.

135 Von **zentraler Bedeutung** ist in beiden Gesetzen die **Generalklausel.** § 1 **SopMenL** verbietet jede geschäftliche Praktik, die gegen die **„guten Geschäftssitten"** verstößt oder „sonst als ungebührlich gegenüber anderen Gewerbetreibenden anzusehen ist". Kapitel 2 § 1 Abs. 1 KSL bezieht sich auf Marketingpraktiken, die gegen die „guten Sitten verstoßen" und unfair oder ungebührlich gegenüber Verbrauchern sind; nach § 3 gilt ein Marketing z. B. dann stets als ungebührlich, wenn es Angaben nicht enthält, die für die **Gesundheit** oder für die **wirtschaftliche Sicherheit der Verbraucher** von Bedeutung sind. Nach § 2 KSL ist ein Marketing „unfair", wenn es allgemein akzeptierten ethischen Vorstellungen zuwiderläuft (z. B. Diskriminierung, Kinderschutz, Umweltschutz). Das **zentrale Kriterium der Ungebührlichkeit** wird in beiden Gesetzen **weitgehend übereinstimmend ausgelegt.**[172] Zur Interpretation werden häufig die Verhaltensregeln für die Werbepraxis der Internationalen Handelskammer **(ICC-Kodex)** herangezogen. Vor allem ist es jedoch ratsam, zur Beurteilung eines bestimmten Sachverhalts die **Richtlinien des Konsumentenombudsmanns zu kennen.** Sie sind zwar rechtlich nicht unmittelbar bindend, werden jedoch i.d.R. von den Unternehmen beachtet und von dem letztlich zur Rechtsdurchsetzung zuständigen Marktgericht zur Auslegung herangezogen.[173] Wie allgemein im skandinavischen Recht wird die **„soziale Verantwortung"** von Werbung und Marketing betont.[174]

136 Die **Durchsetzung** des SopMenL erfolgt über zivilrechtliche Klagen betroffener Gewerbetreibender; die des KSL im Wesentlichen durch den Konsumentenombudsmann. Das **Schutzniveau ist hoch;** die bestehenden Vorschriften werden strikt durchgesetzt.

137 Die Regelung des Geschäftsverhaltens gegenüber dem Letztverbraucher im KSL hat, wie bereits ihr Standort zeigt, enge Bezüge zu den sonstigen Regelungen des vertrags- und deliktsrechtlichen Verbraucherschutzes. Die Regelung im SopMenL weist demgegenüber jedenfalls teilweise Berührungspunkte mit dem **gewerblichen Rechtsschutzes** auf.[175]

3. Regelung der Werbung

138 **a) Irreführende Werbung.** Gemäß Kapitel 2 **§ 2 KSL** dürfen „im Rahmen des Marketings ... **keine wahrheitswidrigen oder irreführenden** Angaben gemacht werden". **§ 2 SopMenL** verbietet die Benutzung von wahrheitswidrigen oder irreführenden Ausdrücken im Hinblick auf die eigene gewerbliche Tätigkeit oder die eines anderen Unternehmens, sofern diese geeignet sind, sich auf die Nachfrage oder das Angebot von Gütern auszuwirken oder dem anderen Unternehmen einen geschäftlichen Schaden zuzufügen. Daneben gelangen stets auch die **Generalklauseln** des SopMenL und des KSL zur Anwendung. Da Irreführungen somit sowohl gegenüber dem Verbraucher als auch dem Gewerbetreibenden „ungebührlich" sind, erübrigt sich eine scharfe Abgrenzung.[176]

---

[171] *Mäkinen et. al.,* S. 61.

[172] Vgl. insbesondere *Kaulamo* (2002), Rdn. 51 ff.

[173] Die zahlreichen Richtlinien und Stellungnahmen des Konsumentenombudsmannes können – zum Teil auch auf Englisch – über www.kuluttajavirasto.fi bezogen werden. Der finnische KO erlässt nicht selten Richtlinien im Verband mit den anderen „Nordic Ombudsmen", die dann (auch auf Englisch) am besten auf der Website des dänischen KO zu finden sind (s. Länderbericht Dänemark, Fn. 92). Von großer Bedeutung ist in Finnland auch der „Council of Ethics in Advertising", der bei der finnischen Handelskammer angesiedelt ist; ausführlich dazu (auf finnisch) *Paloranta* (2014). Seine Beanstandungen sind z.T. auch (auf englisch) auf der Website www.finncham.de zu finden. Generell greifen alle Beurteilungsinstanzen, auch die Selbstkontrolle, reibungslos ineinander über.

[174] Zur Grundhaltung und insbesondere zur sozialen Verantwortung in Hinsicht auf Werbeinhalte *Bakardjieva Engelbrekt,* S. 161; *Wilhelmsson Thomas,* Suomen kuluttajansuojajärjestelmä, 1991, S. 143 sowie das dort zitierte Urteil des Marktgerichts MT 1994, 7.

[175] Vgl. dazu *Bruun,* Intellectual Property in Finland, 2001. Ein guter Überblick über die nicht eingetragenen Kennzeichenrechte findet sich bei *Häkkenen/Elo/Oesch/Eskola,* in: Schricker/Bastian/Knaak (Hrsg.), Gemeinschaftsmarke und Recht der EU-Mitgliedstaaten, 2006, S. 256.

[176] In der Praxis wird zumeist nur bei eindeutigen Irreführungsfällen auf die Sondervorschriften zurückgegriffen; s. *Kaulamo* (2002), Rdn. 53.

Die **Anwendung der Irreführungsverbote** – über die i. d. R. das Marktgericht aus eigener Sachkunde entscheidet[177] – ist streng. Dies gilt vor allem für die Annahme **werbemäßiger Übertreibungen**[178] und bei besonders sensiblen Verbrauchergruppen, etwa **Kindern,** die gemäß KSL besonders zu schützen sind. Kinder dürfen nur dann in der Werbung vorkommen und Werbeaussagen machen, wenn dies bei normaler Betrachtung zu der Werbung passt.[179] 139

Den Werbenden trifft gemäß § 4 des Gesetzes über das Verbraucheramt die (strafbewehrte) Pflicht, dem **Verbraucherombudsmann** alle benötigten **Unterlagen zur Verfügung zu stellen.** Auch wird es als „ungebührlich" i. S. d. Generalklausel angesehen, wenn derjenige, der eine Tatsachenbehauptung aufstellt, deren Richtigkeit nicht nachweisen kann.[180] Im Ergebnis trifft den **Werbenden die Beweislast für die inhaltliche Richtigkeit** der Werbung. Je beeinflussbarer die Zielgruppe und je wichtiger die Informationen sind, desto höher sind die **Anforderungen an die Nachweispflicht.** 140

Die größte Fallgruppe der irreführenden Werbung ist die der **irreführenden bzw. unvollständigen Angaben über den Preis.** Die Gegenüberstellung mit eigenen zuvor geforderten Preisen ist in Kapitel 2 § 11 KSL geregelt. Zu beachten sind weiter die Preisangabenverordnung von 1999[181] und die Guidelines, insb. die am 27.1.2015 neu erlassenen **Guidelines** über Preisangaben des Konsumentenombudsmannes, die auch bestimmte Formen der werbemäßigen Herausstellung von Preisen oder Sonderverkäufen regelt.[182] Auch zum sog. **„Terminologiemissbrauch"** gibt es eine eigene Marketinganweisung des Konsumentenombudsmannes, z. B. bezüglich der Verwendung des Begriffs **„Preisgarantie".**[183] Gleiches gilt für die Verwendung von **Testergebnissen** im Rahmen des Marketing[184] und die Werbung mit **Umweltargumenten,** bezüglich derer dem Werbende weitreichende Informationspflichten auferlegt werden.[185] Insbesondere vage oder nicht exakt belegbare Aussagen werden häufig verboten.[186] 141

b) Vergleichende Werbung. Die Regelung der vergleichenden Werbung findet sich seit der Reform von 2008 in **§ 2a SopMenL.** Sie entspricht im Wesentlichen der **Richtlinie 97/55/EG.** Die Auslegung ist vor allem unter Irreführungsgesichtspunkten streng.[187] Die Behauptung, das „beste" Produkt zu haben, gilt i.d.R. als ernstzunehmende Überlegenheitsbehauptung gegenüber Konkurrenzprodukten. 142

---

[177] Demoskopische Meinungsumfragen sind jedenfalls nicht üblich, s. *Kaulamo* (2002), Rdn. 56.

[178] Das Marktgericht (MAO 2005, 238) fand z. B. die Werbeaussage „Das Billigste und Einfachste. Darum das Beste." ungebührlich. Die Angabe „das Beste" sei zwar nur eine bloße Anpreisung, die aber in Verbindung mit dem Wort „darum" zur unerlaubten Werbung werde. Vgl. auch MAO 2003, 239 (Sicherheitseigenschaften eines Wagens) und MT 1992, 29 (Fernsehwerbung für Kredite in Form humoristischer Cartoons erweckt keinen falschen Eindruck über die Kreditbeziehungen).

[179] Dieses Verbot wird in der Praxis strikt durchgesetzt. Der KO hat hierzu eine Marketinganweisung erlassen, vgl. *Kaulamo* (2002), Rdn. 61. Das Marktgericht (MAO 2003, 80) hat u. a. an Minderjährige gesendete Werbebriefe mit SIM-Karten verboten, obgleich hiermit kein Vertragsschluss verbunden war. Handys hätten eine stark anlockende Wirkung auf Minderjährige, deren Ausnutzung ungebührlich sei. Siehe auch MT 1995, 16.

[180] Vgl. etwa MAO 2003, 73; Werbung mit Energieverbrauch bei der Herstellung von Isoliermaterial ist ohne Nachweis, dass der Herstellungsprozess „weniger Energie als der *aller* anderen Produkte" brauche, ungebührlich. Siehe auch *Mäkinen et. al.* (2006), S. 66 und MAO 2006, 205/206, wo es als ausreichend angesehen wurde, dass der Gesamteindruck unklar blieb und ein Teil der Zuschauer einen falschen Eindruck erhalten könnte.

[181] Abgedruckt bei *Kaulamo* (2002), Anhang.

[182] Zu finden auf der Website des Konsumentenombudsmans (Fn. 173).

[183] Dazu *Kocher,* GRUR Int. 2002, S. 707. Der Konsumtenombudsman hat z.B. am 3.2.2015 das Sportgeschäft XXL wegen irreführende Preiswerbung beim Marktgericht verklagt, weil XXL nicht nachweisen konnte, dass es tatsächlich das günstigste Angebot hat.

[184] *Kaulamo* (2002), Rdn. 108 (MAO 2003, 239); MT 2001, 10 (MAO 2006, 205/206).

[185] Vgl. MT 2001, 9. Ein Handyverkäufer hatte eine Werbekampagne zum Sammeln alter Telefone einer Recyclingfirma unterstützt. Da der Verkäufer die gesetzliche Pflicht hat, gebrauchte Handys zurückzunehmen und die Werbung die Vorstellung eines besonders umweltfreundlichen Verhaltens hervorrief, wurde sie als ungebührlich verboten. Aus der umfangreichen Rechtsprechung vgl. weiter MT 1992, 3; 1992, 5; 1994, 12; 2001, 20; MAO 2003, 77 und 2003, 78.

[186] Vgl. etwa MT 1992, 26, wiedergegeben bei *Kaulamo* (2002): Ein Commercial mit dem Song „What a wonderful world", zu dem ein Auto durch unberührte Landschaft fährt, während es aus dem Off heißt: „Jeder Kilometer wirtschaftlicher. Für eine saubere Umwelt. Opel." wurde als irreführend verboten, da der Werbende den (durch Musik und Bild verstärkten) Eindruck besonderer Umweltfreundlichkeit nicht beweisen konnte. In der Stellungnahme des Konsumentenombudsmans zu „Factual Claims and Comparions in Marketing" werden z.B. die Voraussetzungen für die Verwendung von Begriffen wie „eco-frinedly", „grocers", „environmental" etc. festgelegt. Ergänzend gibt es Guidelines für das Marketing mit Umweltargumenten bei Autos von 2009 und generell Umwelt-Marketing von 2002.

[187] Vgl. *Mäkinen et. al.,* S. 68 ff. und MT 1996, 1; KKO 2005, 38 und MT 2001, 19.

143 **c) Getarnte Werbung.** Die Tarnung des kommerziellen Charakters von Absatzmaßnahmen ist sowohl nach dem SopMenL, als auch nach Kap. 2 § 4 KSL verboten; weiter muss ihr Urheber erkennbar sein.[188] Dieses Verbot wird streng gehandhabt; die Nordic Ombudsmen kamen 2015 überein, detaillierte gemeinsame Guidelines zu erlassen, die z.B. auch verdeckte kommerzielle Praktiken bei Blogs im **Internet** erfassen sollen. Für das **Fernsehen** besteht ein zusätzliches Schleichwerbeverbot; die Werbung muss sich vom Programm nicht nur technisch, sondern auch inhaltlich unterscheiden.[189] Für das **Internet** bestehen (in Umsetzung der E-Commerce-Richtlinie) Identifizierungs- und Aufklärungspflichten über den kommerziellen Charakter.[190]

144 **d) Belästigende Werbung.** Belästigende Marketingmethoden, einschließlich Werbung, verstoßen gegen die **Generalklausel** des Kapitel 2 § 2a KSL und (in Umsetzung der Richtlinie 2005/29/EG) gemäß Kapitel 2 § 9 KSL gegen das Verbot **aggressiver Geschäftspraktiken.** Sie können insbesondere auch eine ungebührliche unlautere Handlung darstellen (vgl. Rdn. 146).

145 **e) Produktspezifische Werberegelungen (Hinweise).**[191] Gemäß § 9 **Lebensmittelgesetz** ist nicht nur wahrheitsgemäß zu werben, sondern es sind auch ausreichende **Informationen** über das Lebensmittel zur Verfügung zu stellen. Verboten sind alle Andeutungen in Richtung auf eine medizinisch-therapeutische Wirkung wie „Milch hilft gegen Osteoporose".[192] Die Werbung für **Arzneimittel** unterliegt dem geänderten Arzneimittelgesetz (AMG);[193] zusätzlich besteht eine Anordnung des Arzneimittelamtes zum Marketing von Arzneimitteln vom 26.9.1997. Gemäß § 91a ist die Werbung von rezeptpflichtigen Arzneimitteln verboten. Nach dem **Alkoholgesetz**[194] ist die Werbung für Getränke mit mehr als 22% Alkoholgehalt nur in Fachzeitschriften und in spezialisierten Verkaufsstätten zulässig. Ansonsten bestehen strikte Werbebeschränkungen, die auch die indirekte Werbung erfassen.[195] Über die Einhaltung wacht eine Behörde, die zugleich spezielle Marketinganweisungen für einzelne Getränke und Marketingpraktiken ausarbeitet.[196] Die Werbung für **Tabakprodukte** ist nach dem Tabakgesetz[197] außer am „point of sale" generell verboten. Dies gilt gemäß § 8 Abs. 1 Tabakgesetz auch für die indirekte Werbung und alle sonstigen verkaufsfördernden Maßnahmen, z.B. die Bewerbung und Vermarktung von Schuhen unter der Marke „Camel Boots".[198]

146 **f) Sonstige unlautere Werbung.** Gemäß Kapitel 2 § 1 KSL ist jedes gegenüber dem Verbraucher **ungebührliche oder sonst unlautere Marketing** verboten. Unter „unlauter" wird nach § 2 Abs. 1 nicht nur **jede Störung der Verbraucherentscheidung** verstanden, sondern auch der Verstoß gegen **allgemein anerkannte gesellschaftliche Wertungen.** Insbesondere der Schutz von **Kindern und Jugendlichen** wird im finnischen Recht stark betont und die Guidelines des Konsumentenombudsmanns von 2004 zu „Minors, Marketing und Purchases" nennen etliche Sachverhalte (häufig auch im Zusammenhang mit Sales Promotion und dem Internet), die vom Konsumentenombudsmann beanstandet oder vom Marktgericht verboten wurden. Die Darstellung von **Gewalt** zu Zwecken der Absatzförderung gilt stets als unlauter, auch wenn sie sich in Form einer humoristischen Aufmerksamkeitswerbung darstellt.[199] Auch eine **geschlechtsdiskriminierende**

---

[188] Dies gilt insbesondere dann, wenn Kinder und Jugendliche angesprochen werden, dazu *Kaulamo* (2002), Rdn. 179. Im Fall MAO 2003, 18 hatte eine Gesellschaft zur technischen Überwachung von Fahrzeugen potentielle Kunden brieflich an die obligatorisch anstehenden Kontrollen erinnert, einen Termin hierfür vorgeschlagen und der Einladung eine ausgefüllte Zahlungsanweisung beigelegt. Dies wurde verboten, weil der unverbindliche Charakter des Angebots nicht deutlich erkennbar war; es konnte auch als verbindliche Zahlungsverpflichtung verstanden werden.

[189] *Kaulamo* (2002), Rdn. 183.

[190] Ausführlich *Oesch*/Kankaanpaa. Soweit diese Regelungen auf europäischen Vorgaben beruhen, vgl. *Frank,* Einl. H. Vgl. auch Einl. I zu den europäischen Vorgaben.

[191] Ausführlich dazu *Bruun/Mansala,* S. 895 ff.

[192] MT 1993, 23. Zulässig hingegen „Kalzium verstärkt die Knochen"; vgl. *Kaulamo,* a.a.O. Siehe auch MT 1997, 26 („Gesundheitsmargarine").

[193] Gesetz Nr. 395/1987, abgedruckt bei *Kaulamo* (2002), Anhang; Kommentierung unter Rdn. 269 ff.

[194] Gesetz Nr. 1143/1994, abgedruckt bei *Kaulamo* (2002), Anhang; Kommentierung unter Rdn. 286 ff.

[195] Siehe etwa MAO 2004, 26, wonach es unzulässig ist, im Internet für Alkohol zu werben, sofern nicht ausschließlich Fachleute diese Webseite besuchen können.

[196] *Kaulamo* (2002), Rdn. 287 f. Weitere Informationen sind (teilweise auch auf Englisch) auf der Webseite des Produktüberwachungszentrums, www.sttv.fi, zu finden.

[197] Gesetz Nr. 693/1976, abgedruckt bei *Kaulamo* (2002) Anhang; Kommentierung unter Rdn. 297 ff.

[198] MT 1988, 1 – *Camel Boots;* dazu *Kaulamo* (2002), Rdn. 299. Siehe auch ein weiteres Unterlassungsurteil im gleichen Fall, MT 2000, 10.

[199] Vgl. MT 1998, 18 – *Gone with the Winchester* (Fernsehwerbespot für Eiskrem, bei dem eine Soldatengruppe einen Bauernhof überfällt); dazu *Kaulamo* (2002), Rdn. 190. Siehe auch MT 2001, 16 (Fernsehwerbung eines Mobiltelefonanbieters mit Straßenkrawallen ohne Produktbezug.).

Werbung[200] und die **schockierende Werbung**[201] können in bestimmten Konstellationen unlauter sein.

4. Informationspflichten

Gemäß Kapitel 2 § 2 KSL stellt es unabhängig von einer Irreführung durch Unterlassung unlauteren Wettbewerb dar, wenn das Marketing nicht die für die **Gesundheit oder die wirtschaftliche Sicherheit der Verbraucher erforderlichen Informationen** enthält. Umfang und Deutlichkeit hängen dabei auch vom Grad der potentiellen Gefährdung ab.[202] 147

5. Direktmarketing[203]

Das **Zusenden unbestellter Waren** ist gemäß Kapitel 2 § 10 KSL verboten, wenn hierdurch der Eindruck erweckt wird, der Verbraucher müsse diese bezahlen, zurücksenden oder in irgendeiner Weise selbst tätig werden. **Werbematerial** muss von außen erkennbar sein (Kapitel 2 § 4 KSL) und darf nicht (z. B. durch Comics) gezielt die Neugier oder Aufmerksamkeit von Kindern erregen. 148

Die Werbung mittels **Telekommunikation,** einschließlich **E-mail-Werbung,** ist durch das Gesetz über den Datenschutz in der elektronischen Kommunikation von 2004[204] geregelt. Danach gilt für die Werbung mittels automatischer Systeme gegenüber einer natürlichen Person die „opt in“-Lösung, ansonsten „opt out“. Werbung mittels Telekommunikation wird, wie die Telefon- und Faxwerbung, auf der Grundlage der **Generalklausel** beurteilt. Danach ist sie unlauter, wenn sie den Verbraucher belästigt, Einrichtungen blockiert oder Kosten verursacht.[205] Von erheblicher Bedeutung für die Interpretation ist dabei der gemeinsame Standpunkt der Nordic Ombudsmen[206] zum E-Commerce von 2002. 149

Haustürgeschäfte und das Ansprechen von Verbrauchern in der Öffentlichkeit sind grundsätzlich zulässig, solange sie nicht aufdringlich sind; zu beachten sind dabei die am 7.4.2015 neu gefassten Guidelines des Konsumentenombudmanns zu „door-to-soor-selling“. **Schneeballsysteme** sind unlauter.[207] 150

6. Sales Promotion

Die Gewährung von **Rabatten** unterliegt keinen generellen Einschränkungen. Allerdings wird das Irreführungsverbot gerade im Hinblick auf die Wahrheit und Vollständigkeit der Ankündigung/Werbung mit Preisreduzierungen sehr streng gehandhabt (s. oben). Zu beachten sind insbesondere die Marketinganweisungen des Konsumentenombudsmanns im Hinblick auf Preisaktionen und Sonderverkäufe. Gemäß Kapitel 2 § 11 KSL darf bei der Preisreduzierung eines Bedarfsgutes die angegebene Preisdifferenz den Betrag nicht übersteigen, um den der Preis tatsächlich niedriger ist als der früher vom Gewerbetreibende geforderte. 151

Gekoppelte Angebote und Zugaben sind **grundsätzlich zulässig.** Sie dürfen jedoch nach der Generalklausel bei leicht beeinflussbaren Adressaten die Werbung nicht beherrschen.[208] Gemäß Kapitel 2 §§ 11 ff. KSL, § 3 Abs. 2 SopMenL bestehen zudem **Transparenzpflichten.** Gemäß Kapitel 2 § 12 (1) KSL ist bei Kopplungsangeboten und Zugaben der Preis jedes einzelnen Produktes anzugeben, sofern dieser zehn Euro übersteigt. Der Konsumentenombudsmann hat zur Verwen- 152

---

[200] MT 1994, 7 – *Panu* (Werbung für Malerfarbe mit einer herabsetzenden Darstellung der Frau); vgl. dazu *Kaulamo,* in: Schricker, Rdn. 193; *Kur,* WRP 1995, 790. Ergänzend erfolgte hier eine Kontrolle durch den „Rat für Gleichberechtigung in der Werbung“. Aus der neueren Rechtsprechung siehe MT 2001, 6 (Darstellung der Frau als Geschlechtsobjekt in einer Möbelwerbung).

[201] Vgl. GRUR Int. 1996, S. 251 (Unlauterkeit verneint).

[202] Vgl. etwa MT 1988, 4 – *Pauschalreisen.* Zu den Informationspflichten ausführlich *Kaulamo,* in: Schricker, Rdn. 112. *Mäkinen et. al.,* S. 61. Siehe auch MAO 2003, 116 (Infopflichten bei Versicherungen).

[203] Ausführlich dazu *Keßler/Wilhelmssen,* S. 65 ff.; *Mäkinen et. al.,* S. 79.

[204] Gesetz Nr. 516 von 16.6.2004; ausführlich dazu *Oesch/Kankaaupaa* (Hrsg.), 2012. Das Marktgericht (MAO 2003, 119) hat z. B. einer Boulevardzeitschrift verboten, potentielle Kunden ohne vorherige Einwilligung per SMS nach ihrem Interesse an dieser Zeitschrift zu fragen. Zu den Pflichten des Internetproviders, Zugang zu bestimmten „piracy related“ Websites zu geben, vgl. *Phihlajarinne,* GRUR Int. 2012.

[205] So hat das Marktgericht 1997 z. B. die unerbetene Werbung auf Handys als unlauter verboten, MT 1997, 20.

[206] Erhältlich über die in Fn. 92 angegebene Website des dänischen Ombudsmann.

[207] *Keßler/Wilhelmsson,* S. 66. Siehe auch MT 1994, 14 (sog. Schneeballmarketing ungebührlich) und MT 1997, 9 (Network Marketing – System mit Aktienzeichnung und -verkauf).

[208] Vgl. MT 2002, 7 (Werbung für ein Hamburgermenu, bei dem die Zugabe, ein Spielzeug für Kinder, im Mittelpunkt stand). Siehe auch z. B. MT 1999, 16; 2000, 8 und KKO 2005, 81.

dung des Ausdrucks „gratis“ etc. Richtlinien erlassen; weiter bestehen für **Kundenbindungssysteme** Richtlinien aller skandinavischen Ombudsmen.[209]

153 **Promotional games,** die vom Zufall abhängen sind zwar zulässig, werden jedoch insbesondere bei einer Kopplung an den **Erwerb von Waren**, streng beurteilt. Der Konsumentenombudsmann hat z.B. 2013 einen Hersteller wegen eines promotional game verklagt, da der sehr hohe ausgesetzte Preis von 100 000 Euro im Verhältnis zu dem geringen Preis des Produktes (Papiertaschentücher, Toilettenpapier) einen irreführenden Eindruck über die (in Wahrheit extrem unwahrscheinliche) Gewinnchance erwecke; darüber hinaus werde ein so unsachlicher Einfluss auf den Konsumenten ausgeübt, dass dieser Qualität und Preiswürdigkeit des beworbenen Produkts nicht mehr beachte, was einer aggressiven Geschäftspraktik nahekomme.[210] Insbesondere bei promotional games gegenüber **Minderjährigen** ist die Praxis sehr streng (s. Rdn. 146). Auf jeden Fall sind die einschlägigen Bedingungen klar und eindeutig anzugeben und dürfen nicht den Gesamteindruck des Werbematerials beherrschen.[211]

154 Für die grundsätzlich zulässigen **Ausverkäufe, Schlussverkäufe** gelten Richtlinien des Konsumentenombudsmannes.

7. Herabsetzung, Rufausbeutung

155 Gemäß **§ 2 Abs. 2 SopMenL** sind unsachliche oder wegen der Art ihrer Darstellung oder Form als **ungebührlich anzusehende geschäftliche Behauptungen** verboten. Obgleich hiermit unmittelbar die anschwärzende und herabsetzende Bezugnahme angesprochen ist, wird in der Praxis eine Beurteilung auf der Grundlage der Generalklausel bevorzugt. Häufig geht es dabei um unnötig negative Äußerungen im Rahmen von **Systemvergleichen** oder um den Vorwurf eines gesetzwidrigen Verhaltens.[212] Gleichfalls auf der Grundlage der Generalklausel wird die **Rufausbeutung** beurteilt.[213]

8. Ausnutzung fremder Leistungen, Nachahmung

156 Das SopMenL enthält **keine Sonderbestimmung** der **Verwechslungsgefahr.** Da der markenrechtliche und der wettbewerbsrechtliche Schutz sich nicht grundsätzlich ausschließen,[214] kann jedoch die Nachahmung eines Kennzeichens, das eine ausreichende Eigenart zur Unterscheidung von anderen Kennzeichen besitzt, als „ungebührliches Verhalten“ im Geschäftsverkehr nach § 1 SopMenL verboten werden.[215] Auch in den sog. **„look-alike“-Fällen** haben Gerichte z. T. die Nachahmung von Verpackungen als Verstoß gegen § 1 SopMenL gewertet.[216] Liegt keine Herkunftstäuschung vor, werden jedoch „goodwill“ und Leistungen eines anderen Unternehmens **parasitär ausgenutzt,** so ist eine Beurteilung auf der Grundlage von § 1 SopMenL zwar möglich, scheint jedoch in der Praxis kaum vorzukommen.

9. Vorsprung durch Rechtsbruch

157 Die Verletzung von Vorschriften, die den Schutz der Verbraucher bezwecken, wird in aller Regel zugleich eine Verletzung der Generalklausel des SopMenL von Kapitel 2 § 1 KSL darstellen.

---

[209] „Loyalty programmes“; am besten zu finden auf der Website des dänischen Konsumentenombudsmanns, s. Dänemark, Fn. 92.

[210] MAO 332/08. Vgl. auch MT 2000, 9; die Werbekampagne eines Handyanbieters ist unlauter, weil die aktuellen Kunden automatisch an der Lotterie teilnahmen, während andere Verbraucher einen Lotterieschein in einem Geschäft ausfüllen mussten; dazu auch *Mäkinen* et al., S. 90 ff. Wie diese Verbote vor dem Hintergrund der Rechtsprechung des EuGH (vgl. EuGH GRUR 2010, 244 – Plus Warenhandelsgesellschaft) zu sehen sind, ist offen.

[211] Vgl. MT 2000, 8: Ein Telefonanbieter warb für seine Produkte fast ausschließlich mit einer Lotterie, in der man eine Wohnung gewinnen konnte. Da das Gewinnspiel die Werbung beherrschte, wurde sie als ungebührlich verboten.

[212] *Kaulamo* (2002), Rdn. 165; *Kur*, GRUR Int. 1996, S. 38. Vgl. z. B. MAO 2006, 205/206. („Tele Finland kämpft gegen unbestimmte Versprechen“ – Herabsetzung der Konkurrenten, deren Aussagen indirekt als unbestimmt abqualifiziert werden).

[213] Vgl. etwa MT 2000, 18.

[214] Dazu *Häkkänen/Elo/Oesch/Eskola*. Ausführlich (auf finnisch) das 2016 erschienene Werk von *Syria* zum Schutz von Dienstleistungskonzepten nach IP-Rechten und Wettbewerbsrecht.

[215] S. z. B. MT 1995, 3; 2002, 2 und MAO 2003, 81; weiter die bei *Kaulamo* (2002), Rdn. 219 wiedergegeben Entscheidungen.

[216] Zu den look alikes vgl. insbesondere *Kaulamo* (2002), Rdn. 309 ff. In einem Crocs betreffenden Fall bestätigte das Marktgericht (MAO 332/08) den wettbewerbsrechtlichen Schutz nach § 1 SoMenL gegen unmittelbare Leistungsübernahme; auch in dem Fall Granströms wurde ein Schutz auch ohne Verwechslungsgefahr gewährt (MAO 121/12); dabei verwies das Marktgericht auf die schwedische Rechtspraxis.

10. Sanktionen, Verfahren[217]

158 **Zentrale Sanktion des SopMenL** ist die vom **Marktgericht** zu erlassende vorläufige oder endgültige **Verbotsverfügung.** Daneben sind auch Berichtigungsmaßnahmen und die Urteilsveröffentlichung möglich. Durch die Gesetze 99/2013 und 100/2013 wurde die Möglichkeit geschaffen, dass das Marktgericht sowohl unlauteren Wettbewerb als auch IP-Rechte betreffende Aspekte in einem Verfahren entscheiden kann. **Aktivlegitimiert** sind Gewerbetreibende. Schadensersatzansprüche können, Verschulden vorausgesetzt, nach allgemeinen Regeln geltend gemacht werden. Bestimmte vorsätzliche oder grob fahrlässige Verstöße sind strafbewehrt.

159 Die Durchsetzung des **KSL** obliegt dem **Konsumentenombudsmann.** Da für beide Gesetze letztlich das **Marktgericht** ausschließlich zuständig ist, wird bei einer Klageerhebung durch die Mitbewerber und den Konsumentenombudsmann im selben Verfahren entschieden.

VI. Frankreich

Inhaltsübersicht

	Rdn.
1. Rechtsquellen	
2. Kurzcharakteristik des französischen Wettbewerbsrechts	160
3. Regelung der Werbung	167
a) Irreführende Werbung	167
b) Vergleichende Werbung	170
c) Getarnte Werbung	176
d) Sonstige Werbevorschriften	177
e) Medien- und produktspezifische Regelungen (Hinweis)	179
4. Direktwerbung	180
5. Sales Promotion	184
6. Herabsetzung	189
7. Verwechslungsgefahr	190
8. Ausbeutung fremder Leistungen, Nachahmung	191
9. Individuelle Behinderung	193
10. Vorsprung durch Rechtsbruch	195
11. Sanktionen, Verfahren	196

Schrifttum: *Arn,* La publicité choquante, 2001; *Baudenbacher/Klauer,* Der Tatbestand der „concurrence déloyale" des französischen Rechts und der Vertrieb selektiv gebundener Waren durch einen Außenseiter, GRUR Int. 1991, S. 799; *Biolay,* Ventes promotionelles, in: Juriscl. Concurrence – Consommation, 2013, Fasc. 907; *Biolay,* La nouvelle directive européenne relative aux pratiques déloyales: défense prioritaire du consommateur et pragmatisme: Gaz. Pal. 2005, S. 3; *Blaise,* Droit des Affaires, Commerçants, Commerce, Distribution, 2. Aufl. 2013; *Bout/Bruschi/Luby/Poillot-Peruzzeto,* Lamy droit économique, 2014; *Buydens,* Produktpiraterie und unlauterer Wettbewerb in Belgien und Frankreich, GRUR Int. 1995, S. 15; *Calais-Auloy/Steinmetz,* Lamy Droit économique, 2006; *Calais/Temple,* Droit de la consommation, 2010; *Dehlfing,* Das Recht der irreführenden Werbung in Deutschland, Großbritannien und Frankreich, 1999; *Delbarre,* in: J. Cl., Conc., Cons. 2013, Fasc: 300: Ventes avec primes; *Dreier/v. Lewinski,* Frankreich, in: *Schricker* (Hrsg.), Recht der Werbung in Europa, 2004; *Ebenroth,* Französisches Wettbewerbs- und Kartellrecht im Markt der Europäischen Union, 1995; *Greffe/Greffe,* La publicité et la loi, 11 Aufl. 2009; *Großerichter/Regeade,* Französische Gesetzgebung und Rechtsprechung zum Handels- und Wirtschaftsrecht im Jahr 2001, RIW 2002, S. 866; *Henning-Bodewig,* Adwords und der Werbende – Verwirrung nicht nur im französischen Recht, GRUR Int. 2011, 592; *Kraßer,* Frankreich, in: Ulmer (Hrsg.), Das Recht des unlauteren Wettbewerbsrechts in den Mitgliedstaaten der Europäischen Wirtschaftsgemeinschaft, 1967; *Labarthette,* Le débauchage de personnelle, parent pauvre de l'action en concurrence déloyale, D. 2005, S. 1231; *Langer,* Das französische Wettbewerbsrecht, WRP 1991, S. 11; *Laurent,* La publicité comparative harmonisée, Contrats-Conc.-Cons. Okt. 2001, S. 6; *Lecuyer,* Publicité comparative JCl. Conc. Cons., Fasc. 796 (2013); *Le Geoffic,* Dénigrement, JCl. Conc.Cons., Fasc. 210 (2014); *Le Tourneau,* Parasitisme, JCl., Conc. Cons., Fasc. 227 (2013); *Lucas-Schlötter,* Länderbericht Frankreich, in: Schmidt-Kessel/Schubmehl (Hrsg.), Lauterkeitsrecht in Europa, 2011, S. 237; *Luby,* La directive n° 2005/29 sur les pratiques commerciales déloyales. Une illustration de la nouvelle approche par la Commission europoéenes: Europe, 2005, Etude 10; *Malauny-Vignal,* Dénigrement, Juriscl. Concurrence – Consommation, 2004, fasc. 210; *Malaurie-Vignal,* Dénigrement, Juriscl. Concurrence – Consommation, 2004, Fasc. 210; *Mathey,* Le commerce électronique dans la loi n° 2004-575 du 21 juin 2004 pour la confiance dans l'économie numérique, Contrats, conc., consom. 2004, n° 13; *Mesa,* Des exigences probatoires du parasitisme économique, Concurrence Nr. 4-2010; *Passa,* Contrefaçon et concurrence déloyale, 1997; *Passa,* Domaine de l'action en concurrence déloyale, J-Cl. Concurrence-Consommation, Fasc. 240, 1998; *Picot,* L'obligation de communication préalable à l'épreuve de la directive sur la publicité comparative, Dalloz 2001, S. 914; *Peschel,* Die anlehnende vergleichende Werbung im deutschen und

[217] Dazu insb. *Kaulamo* (2002), Rdn. 309 ff.

französischem Recht, 1998; *Nérisson,* France, in: Henning-Bodewig (Hrsg.), International Handbook on Unfair Competition Law, 2013, S. 206 ff.; *Picot,* L'obligation de communication prépable à l'épeuvre de la dire active sur la publicité comparative, Dalloz 2001, S. 914; *Radeideh/Franck,* in: Micklitz/Keßler (Hrsg.), Marketing Practices Regulation and Consumer Protection in the EC Member States and the US, 2002, S. 75; *Ranke,* Werberecht in Frankreich, in: Schotthöfer (Hrsg.), Handbuch des Werberechts in den EU-Staaten, 2. Aufl. 1997, S. 245; *Raymond,* Droit de la consommation, 2005; *ders.,* Incidences possibles de la transposition de la directive n 2005/29/CE du 11 mai 2005 sur le droit français de la consommation, Contrats, conc., consom. 2006, S. 5; *Rojinsky/Teisonnière,* L'encadrement du commerce électronique par la loi n° 2004-575 du 21 juin 2004, JCP G, 2004, Actualité, n° 414; *v. Sachsen Gessaphe,* Das kränkelnde deutsche Adhäsionsverfahren und sein französischer Widerpart der action civile, ZZP 1999, S. 3; *Saint-Esteben/Bretzner,* La charge de la preuve en matière de publicité trompeuse ou de nature à induire en erreur, Rec. Dalloz; S. 1610; *Schlötter,* Der Schutz von Betriebs- und Geschäftsgeheimnissen und die Abwerbung von Arbeitnehmern, 1997; *Serra,* Rép. Com. Dalloz, Concurrence déloyale, Nr. 116 ff.; *Serra,* Concurrence interdite et concurrence déloyale, Dalloz 2003, S. 900 (Jurisprudence – Somm. commentés); *Serra* (Hrsg.), Concurrence déloyale, Dalloz, Thèmes et commentaires, 2001; *Schmidt-Szalewski,* Der Unterschied zwischen der Klage wegen Verletzung gewerblicher Schutzrechte und der Wettbewerbsklage in der französischen Rechtsprechung, GRUR Int. 1991, S. 1; *Sonnenberger,* Betrachtungen zur Methodik des französischen Wettbewerbsrechts erläutert am Beispiel der „responsabilité", in: Festschrift für Köhler, 2014, S. 673; *Sonnenberger/Dammann,* Französisches Handels- und Wirtschaftsrecht, 3. Aufl. 2007; *Stadelmann,* Die Entwicklung der kritisierenden vergleichenden Werbung in Deutschland und in Frankreich, 1999; *Szönyi,* Das französische Werbe- und Verbraucherrecht, GRUR Int. 1996, S. 83; *Thiébart,* in: Campbell (Hrsg.), Unfair Trade Practices – The Comparative Law Yearbook of International Business, 1996, S. 91; *Tréfigny,* Frankreich, in: Lange (Hrsg.), Internationales Handbuch des Marken- und Kennzeichenrechts, 2009, S. 187; *Varet,* Le cadre juridique du spam: état des lieux, in: Contracts, Commerce, Consommation (chronique) 2002, S. 14; *Victor-Granzer,* Das Wettbewerbsrecht in Frankreich, in: Heidelberger Kommentar zum Wettbewerbsrecht, 2. Aufl. 2005, S. 871; *Vogel,* Droit de la concurrence déloyale, 3. Aufl. 2007; *Vogel,* French Competition Law, 2008.

1. Rechtsquellen

Art. 1382, 1383 Code Civil (CC); Art. L.121 ff. Code de la Consommation (C. Cons.).

2. Kurzcharakteristik des französischen Wettbewerbsrechts

160 Das französische Recht kennt **keine zusammenhängende Regelung des Lauterkeitsrechts.** Die Rechtsprechung hat zwar bereits im 19. Jahrhundert auf der Grundlage der allgemeinen deliktsrechtlichen Generalklausel des Art. 1382 CC den Schutz vor **„concurrence déloyale**[218] entwickelt. Daneben wurden jedoch im Laufe der Zeit **zahlreiche Gesetze, Verordnungen,** etc. erlassen, die überwiegend straf- und verwaltungsrechtlich sanktioniert sind und sich heute zumeist im **Code de la Consommation** (C. Cons.) – der zuletzt durch das Gesetz Nr. 2014-344 (Loi Hamon) reformiert wurde – finden; daneben spielt auch das **Strafrecht** eine Rolle. Insgesamt kann der Schutz gegen unlauteren Wettbewerb, wenn auch mitunter **schwer zugänglich,**[219] durchaus als **effizient** (und streng) bezeichnet werden.

161 **Art. 1382 CC** verpflichtet denjenigen, der einem anderen einen Schaden zufügt, zum Ersatz desselben. Das auf dieser Grundlage von der Rechtsprechung geschaffene **zivilrechtliche Delikt der „concurrence déloyale"** setzt ein **Wettbewerbsverhältnis** zwischen den Parteien, ein fehlerhaftes Verhalten des Beklagten **(„faute"),** einen **Schaden** („préjudice") und die **Kausalität** zwischen „faute" und Schaden („lien de causalité") voraus.[220]

162 Die **„faute"** wird als Verstoß gegen die „usages honnêtes du commerce" definiert. In einer **reichen Kasuistik** wurden hierzu folgende **Fallgruppen** entwickelt:[221]
– die Anschwärzung („dénigrement"),

---

[218] Zum Unterschied zur „concurrence illicite" – dem gegen gesetzliche Vorschriften verstoßenden Wettbewerb – s. etwa *De Ferrier,* in: Serra, Dalloz, S. 47.

[219] Es fehlt in der französischen Literatur an übergreifenden, alle Aspekte einbeziehenden Darstellungen; zumeist werden entweder die deliktsrechtliche „concurrence déloyale" oder aber einzelne Aspekte des Verbraucherrechts behandelt. Ein guter Überblick über das aktuelle französische Lauterkeitsrecht findet sich jedoch auf Deutsch bei *Lucas-Schlötter* (2011), auf Englisch bei *Nérisson* (2013) und auf Französisch bei *Vogel* (2009) sowie *Serra,* Rapport introductif, S. 1 ff. (2004). Zu den Grundlagen der „concurrence déloyale" nach wie vor lesenswert *Kraßer* (1967). Allgemein zum französischen Handels- und Wirtschaftsrecht *Sonnenberger/Dammann* (2007).

[220] Im Mittelpunkt steht dabei die „faute". Die übrigen Erfordernisse werden eher flexibel gehandhabt. So wird nicht mehr in allen Fällen ein Wettbewerbsverhältnis gefordert (s. Rdn. 192). Ein Schadenseintritt wird i. d. R. vermutet und es wird nicht selten zu einem symbolischen Schadensersatz verurteilt, s. Rdn. 197. Die Bedeutung der „faute" gerade im Lauterkeitsrecht ist jedoch dogmatisch schwer einzuordnen, vgl. *Sonnenberger* (2014) und die bei *Picot,* in: Recueil Dalloz, 2014, S. 2488 (Abschnitt 3: Concurrence déloyale) aufgeführte Rechtsprechung.

[221] Die Einteilung variiert in der Literatur etwas, vgl. *Arn,* S. 191 ff.

– das Hervorrufen von Verwechslungen („confusion"),
– die individuelle Behinderung („désorganisation"),
– die parasitäre Ausnutzung fremder Leistungen („le parasitisme"),
– die Irreführung („tromperie").

Daneben bestimmen im Bereich der Werbung und des Marketings mehrere zumeist straf- und verwaltungsrechtlich sanktionierte Regelungen die Beziehungen zum **Verbraucher** (teilweise aber auch der Unternehmen untereinander). Sie sind seit 1993 im **Code de la Consommation** (C. Cons.)[222] zusammengefasst, der jedoch nicht (nur) auf den Schutz der Verbraucher beschränkt ist. Auch die **Richtlinie 2005/29/EG über unlautere Geschäftspraktiken** (abgedruckt im Anhang; dazu ausführlich *Glöckner,* Einl. B.) wurde hier – keineswegs immer wörtlich – umgesetzt.[223] Dem 1. Kapitel des 2. Buches des C. Cons. wurde ein „chapitre préliminaire" vorgeschaltet, das in Art. L. 120-1 die Generalklausel des Art. 5 der Richtlinie enthält. Der Irreführungstatbestand in Art. L-121-1-I wurde neu gefasst; er findet nach Abs. 3 aber auch im B2B-Verhältnis Anwendung. Demgegenüber ist der in Art. L.121-1-II C. Cons. neu eingefügte Tatbestand der Irreführung durch Unterlassen auf Geschäfte mit dem Verbraucher beschränkt. Art. L. 122-11-15 C. Cons. enthalten nunmehr eine Regelung der aggressiven Geschäftspraktiken. 163

Zum gegenwärtigen Zeitpunkt sind folgende dem Lauterkeitsrecht im weiteren Sinne zuzuordnende Sachverhaltskonstellationen **im C. Cons. geregelt:** 164
– irreführende Geschäftspraktiken,
– die vergleichende Werbung,
– Zugaben, Kopplungsgeschäfte,
– Gewinnspiele,
– Schneeballsysteme,
– Ursprungsbezeichnungen.
– Verkauf unter Einstandspreis

Der Schutz gegen „concurrence déloyale" im Code Civil und die diversen Regelungen im C. Cons. haben **unterschiedliche Ansätze.** Bei **Art. 1382 CC** geht es um den Individualschutz von einzelnen Personen (Unternehmen), der in engem Zusammenhang mit den im **„Code de la Propriété Intellectuelle"**[224] zusammengefassten Regelungen des geistigen Eigentums steht. Die Regelungen im **Code de la Consommation** dienen demgegenüber dem Schutz der Verbraucher und/oder der Mitbewerber, der Allgemeinheit und häufig auch des mittelständischen Handels. Es besteht eine enge Verbindung mit anderen wirtschaftspolitischen Gesetzen, insbesondere mit den in Art. L. 442 ff. **Code de Commerce** und im **Loi de Modernisation de l'Economie** (Gesetz Nr. 2008-776 vom 4.8.2008)[225] geregelten Tatbeständen. Die **Selbstkontrolle** erfolgt durch das „Bureau de la Vérification de Publicité" (BVP).[226] 165

Zwischen den Regelungen im C. Cons. und Art. 1392 CC gibt es gewisse **Querverbindungen,** insbesondere **prozessualer Art** (Möglichkeit der sog. „action civile"); dazu Rdn. 167, 198. 166

3. Regelung der Werbung

a) Irreführende Werbung. Grundsätzlich kann der **Mitbewerber** wegen irreführender Werbung die zivilrechtliche Klage der „concurrence déloyale" auf der Grundlage von **Art. 1382 CC** erheben. In der Praxis geschieht dies jedoch relativ selten. Zumeist werden zivilrechtliche Ansprü- 167

---

[222] Die neueste Fassung ist erhältlich über www.legifrance.gouv.fr. Auf dieser Website finden sich – gut aufbereitet – auch die wichtigsten französischen Urteile.

[223] „Loi Châtel pour le développement de la concurrence au service des consommateurs". Anhang 1 der Richtlinie wurde erst mit der „Loi de modernisation de L'économic" vom 4.8.2008 in Art. L.121-1I C. Cons. eingefügt.

[224] Die neueste Fassung der IP-Gesetze ist unter www.legifrance.gouv.fr erhältlich. Zum gewerblichen Rechtsschutz in Frankreich vgl. etwa *Passa,* Droit de la Propriété Industrielle, 2006; *Schmidt-Szalewski,* Le droit de la propriété industrielle, 7. Aufl. 2009; *Boucke,* Intellectual Property Law in France, 2011. Zum Recht der nicht eingetragenen Kennzeichen *Kraßer,* in: Schricker/Bastian/Knaak (Hrsg.), Gemeinschaftsmarke und Recht der EU-Mitgliedstaaten, 2006, S. 274; zum Markenrecht *Tréfigny,* Frankreich, in: Lange (Hrsg.), Internationales Handbuch des Marken- und Kennzeichenrechts, (2009), S. 185; zum Urheberrecht *Lucas-Schloetter,* GRUR Int. 2007, S. 658. Zum Schutz von Werbung, Persönlichkeitsrechten etc. vgl. *Greffe/Greffe,* (2009).

[225] Diese Gesetze regeln z. B. aufgezwungene Preisen („prix imposés"), diskriminierende Praktiken und Vertragsbruch („rupture brutale des rélations commerciales"), selektive Vertriebssysteme etc., vgl. auch Rdn. 193. Die Regelung im Code de Commerce geht auf verschiedene Gesetze, insbesondere die Ordonannce vom 1.12.1986 und die Gesetze vom 1.7.1896 und 15.5.2001 zurück; dazu etwa *Szönyi,* GRUR Int. 2002, S. 105. Durch das Gesetz Nr. 2008-776 vom 4.8.2008 wurden die Diskriminierungstatbestände liberalisiert.

[226] Zur Selbstkontrolle ausführlich *Greffe/Greffe,* S. 9; *Dreier/v. Lewinski,* Rdn. 387 ff.

che mittels der „partie civil“ im Strafverfahren nach Art. L.121-1 ff. C. Cons. geltend macht (s. Rdn. 198).

168 Der **Schwerpunkt** der Bekämpfung irreführender Werbung liegt heute jedenfalls bei den strafrechtlich sanktionierten **Art. L. 121-1-15 C. Cons.** Die Regelung wurde 2008 an die Richtlinie unlautere Geschäftspraktiken angepasst (s. Rdn. 163), insbesondere wurde erstmalig ein eigener Tatbestand der Irreführung durch Unterlassung eingeführt. Dass die Neuregelung von 2008 zu grundlegenden Neuerungen führen wird, darf gleichwohl bezweifelt werden.[227] In Anbetracht der gerade im französischen Recht zu beobachtenden **Kontinuität der Rechtsprechung** wird den bisherigen Grundsätzen nach wie vor große Bedeutung zukommen. Dies gilt insbesondere für den grundlegenden Irreführungstatbestand in Art. L.121-1-I C. Cons., der (anders als die Richtlinie) für Verbraucher wie Unternehmen gleichermaßen gilt und der folgende Voraussetzungen hat:
– Es muss sich um eine Geschäftspraktik, insbesondere Werbung handeln,
– diese muss falsche oder zur Irreführung geeignete Angaben enthalten,
– dadurch muss eine Täuschungsgefahr bezüglich eines der enumerativ aufgezählten Elemente entstehen,
– den Werbenden trifft ein (vermutetes) Verschulden; er hat den **Entlastungsnachweis** zu führen.[228]

169 **Passivlegitimiert** ist nach Art. L. 121-5 Abs. 1 C. Cons. in erster Linie diejenige Person, für deren Rechnung die irreführende Handlung begangen wurde, d. h. der diese zugute kommt.[229] Das Delikt der irreführenden Geschäftspraktik wird nach französischem Recht bestraft, wenn es in Frankreich begangen wurde oder Auswirkungen auf französische Marktteilnehmer hat.

170 **b) Vergleichende Werbung.** Die vergleichende Werbung wurde bereits 1992 geregelt und später unverändert in Art. L. 121-8-14 C. Cons. übernommen. Eine **formale Umsetzung** und Anpassung an die Richtlinie 97/55/EG ist **erst 2001** erfolgt.[230] Die vergleichende Werbung gilt als Unterfall der Herabsetzung und kann damit grundsätzlich „concurrence déloyale“ darstellen.[231] Eine nach Art. 121-8 C. Cons. erlaubte Praktik ist jedoch im Ergebnis nicht über Art. 1382 CC verbietbar.

171 Der **Anwendungsbereich** von Art. L. 121-8 C. Cons. erstreckt sich auch auf die vergleichende Werbung gegenüber gewerblichen Abnehmern.[232] Der Vergleich kann (heute) auch durch Verweis auf fremde **Testergebnisse** erfolgen,[233] nicht jedoch auf **Verpackungen,** Rechnungen, Fahrkarten, Zahlungsmitteln, Eintrittskarten für Veranstaltungen an öffentlich zugänglichen Orten (Art. L. 121-11 C. Cons.).[234]

172 Die vergleichende Werbung muss **„lauter und richtig und darf nicht irreführend oder herabsetzend“** sein. Nachdem sich das Verbot der Irreführung bereits aus Art. L. 121-1 C. Cons. er-

---

[227] Allerdings hat es auch einige Änderungen im System gegeben, vgl. *Passa,* L'imbroglio crée par le nouvel article L-121-1 du Code de la Consommation, Propriétés intellectuelles (2008), 255. Ausführlich zur irreführenden Werbung *Lucas-Schlötter* (2011), S. 287 ff.; *Nérisson* (2013), S. 216 ff.

[228] Der Werbende hat „alles Erforderliche“ zu tun, um die Richtigkeit seiner Angaben zu überprüfen, und hat auch für Handlungen Dritter, etwa seiner Werbeagentur, einzustehen. Der Entlastungsbeweis gelingt mitunter bei Lockvogelangeboten, sofern die eingetretenen Lieferschwierigkeiten unvorhersehbar waren oder bei einer Vorprüfung durch das BVP (Rdn. 165), das auf Antrag des Werbenden eine rechtliche Überprüfung von Werbung ermöglicht; vgl. *Raymond,* Rdn. 66 ff.

[229] In der Vergangenheit wurde hierunter nicht nur das werbungtreibende Unternehmen verstanden, sondern auch seine Werbeagentur und im Einzelfall selbst ein Franchisenehmer oder ein Makler; vgl. *Dreier/v. Lewinski,* Rdn. 79. Ist der strafrechtlich Verantwortliche eine juristische Person, so richtet sich die Sanktion letztlich gegen den Geschäftsführer („dirigeant“), d. h. denjenigen, der tatsächlich für die fragliche Werbung verantwortlich ist. Weitere Personen können nach den allgemeinen Grundsätzen des Code pénal (Art. 60-3) als Teilnehmer, Anstifter, Gehilfe etc. verantwortlich sein; dazu *Greffe/Greffe,* Rdn. 1366 ff.

[230] Durch die Ordonnance v. 23.8.2001. Mit der Umsetzung der Richtlinie wurden die Art. L. 121–8 und ff. C. Cons. geändert und angepasst; bestimmte Artikel wurden gestrichen, z. B. die Pflicht zur Mitteilung des beabsichtigten Vergleichs an den betroffenen Mitbewerber (Art. L. 121-12 a. F.); Ein kurzer Überblick über die vergleichende Werbung findet sich auf deutsch bei *Lucas-Schlötter* (2011), S. 274 ff. und auf englisch bei *Nérisson* (2013), S. 217 ff.; die aktuelle Rechtsprechung und Literatur ist auf französisch eingehend erörtert bei *Lécuver* (2013); vgl. auch *Laurent,* Contracts-Conc.-Cons 2001, 6; *Wilhem/Dubarry,* Revue Lamy Droit des Affaires 2002; *Stadelmann* (mit zahlreichen Hinweisen auf Rechtsprechung und Literatur zur früheren Rechtslage); zur jetzigen Rechtslage vgl. *Biolay.* J. Cl. Concurr, Cons. Fasc. 902. Zu der vorrangigen Auslegung nach Unionsrecht vgl. *Glöckner,* Einl. B.

[231] Dies wird betont durch Art. L. 121–14, C. Cons., der ausdrücklich auf Art. 1382 CC verweist.

[232] Vgl. etwa CA Versailles 11.5.2000, Gaz. Pal. 2000, 2, Somm. 2739; vgl. weiter *Nérisson* (2013), S. 217 ff.

[233] Dies war im früheren Recht umstritten; vgl. *Dreier/v. Lewinski,* Rdn. 117.

[234] Vgl. CA Aix-en-Provence 21.12.2001, Contrats-Conc.-Cons. 2002, Nr. 83 mit Anm. v. *Raymond.*

gibt, hängt die Zulässigkeit regelmäßig von der (nicht näher definierten) Forderung eines lauteren Vergleichs ab. „Loyal" wird vor allem als Verbot der **Herabsetzung** interpretiert; dieses Verbot wird streng gehandhabt.[235] Verboten ist danach jeder Vergleich, der über das absolut notwendige Maß hinaus kritisiert, im Ton grob oder aggressiv ist, abwertet, lächerlich macht oder sonst in der Form verletzend ist. Es besteht **kein Gebot der Vollständigkeit.**[236]

Gemäß Art. L. 121-9 C. Cons. darf der Vergleich nicht primär zur **Ausnutzung der Bekanntheit** („notoriété") einer Marke führen. Dies liegt bei einem Vergleich mit renommierten Marken nahe, kann aber nicht unterstellt werden.[237] 173

Der Vergleich muss weiter **objektiv** sein und sich auf **wesentliche, wichtige und nachprüfbare** Charakteristika beziehen. Ein Vergleich von **allgemeinen Meinungen** oder **Wertschätzungen** genügt daher selbst dann nicht, wenn diese (vom Werbungtreibenden oder Dritten) durch eine Umfrage oder Untersuchung ermittelt wurden.[238] Für die Richtigkeit aller tatsächlichen Behauptungen ist der **Werbende** gemäß Art. L. 121-12 C. Cons. **beweispflichtig.**[239] Die verglichenen Eigenschaften müssen **wesentlich** („essentielle") und **relevant** („significative"), dauerhaft und dem Produkt selbst anhaftend[240] sein. Der Vergleich muss sich schließlich auf aktuell auf dem Markt erhältliche Waren oder Dienstleistungen der gleichen Art („de même nature") beziehen, was **zumindest Substituierbarkeit** erfordert. 174

Eine verbotene vergleichende Werbung löst gemäß Art. L. 121-14 C. Cons. primär **strafrechtliche** Sanktionen aus. Mitbewerber können jedoch auch eine **zivilrechtliche Klage** nach Art. 1382 CC erheben. 175

c) Getarnte Werbung. Die Tarnung von Werbung dürfte nunmehr durch den neu eingeführten Art. 121-9-II C. Cons. im Verhältnis zum Verbraucher eine Irreführung darstellen.[241] Gemäß Art. 10 Abs. 2 des **Presse**gesetzes von 1986 müssen redaktionelle Beiträge mit eindeutigem Werbecharakter mit „publicité" oder „communiqué" gekennzeichnet werden und die Schleichwerbung im **Fernsehen** ist ausdrücklich verboten.[242] 176

d) Sonstige Werbevorschriften. Die **belästigende**[243] und die **schockierende**[244] **oder geschlechtsdiskriminierende Werbung,** das sog. **„social sponsoring",**[245] die Werbung mit und vor Kindern, etc. gelten bislang eher als Domaine der Selbstkontrolle. Die Umsetzung der Richtlinie 2005/29/EG im C. Cons (s. Rdn. 163) hat jedoch nunmehr zu einer Regelung geführt, die jedenfalls die Belästigung teilweise als aggressive Geschäftspraktiken zu erfassen vermag. 177

Das Gesetz Nr. 94/665 vom 4.8.1994 schreibt weiter die Verwendung der **französischen Sprache in der Werbung** vor.[246] Ausnahmen bestehen z. B. für die Bezeichnung typischer Erzeugnisse und Spezialitäten oder für in geschützten Marken verwendete fremdsprachliche Ausdrücke. 178

e) Medien- und produktspezifische Regelungen (Hinweise). Das französische Recht enthält eine Fülle **produktspezifischer Werberegelungen.**[247] Die Werbung im **Fernsehen** ist durch 179

---

[235] Die Herabsetzung ist seit 2001 auch ausdrücklich in Art. L. 121-9 (2) genannt. Ausführlich zur Herabsetzung im Rahmen der vergleichenden Werbung *Le Geoffic* (2013), unter C.

[236] In der früheren Literatur (wiedergegeben bei *Stadelmann,* S. 68) wurde vereinzelt vertreten, dass sich der Mitbewerber nicht nur einen Konkurrenten herauspicken dürfe, da ansonsten der Eindruck entstehe, dass die übrigen Produkte nicht den genannten Nachteil haben.

[237] Ein Antrag auf Gesetzesänderung (Zulässigkeit nur des Vergleichs von Marken mit in etwa gleichem Bekanntheitsgrad) wurde 1990 abgelehnt.

[238] *Stadelmann,* S. 70; Werbeslogans wie „70% der befragten Verbraucher ziehen Produkt X dem Produkt Y vor" sind also unzulässig. Vgl. TGI Paris Réf. v. 23.9.1991, Gaz. Pal. 1991, 2. Jurisprudence 576, wo Renault untersagt wurde, wie folgt zu werben: „Renault verkauft doppelt so viele Autos in Deutschland wie VW in Frankreich".

[239] Zur Beweispflicht des Werbenden innerhalb kurzer Zeit vgl. *Stadelmann,* S. 83.

[240] Laut parlamentarischer Vorgeschichte soll verhindert werden, dass mit Eigenschaften, die beim normalen Gebrauch keine Rolle spielen, geworben wird (z. B. Vergleich eines Waschmittels bei Temperaturen von 150° Grad, wenn derartige Temperaturen nicht erreicht werden).

[241] Vgl. *Lucas-Schlötter* (2011); S. 312.

[242] Zum Internet vgl. Rdn. 179, 181.

[243] Vgl. *Lucas-Schlötter* (2011), S. 312; *Nérisson* (2013), S. 226.

[244] Die Cour de Cassation hat mit Entscheidung vom 14.11.2006, abgedruckt Iris 2007, S. 10, die Darstellung der Abendmahlszene in einer Werbung für Kleidung als zulässig angesehen. Ausführlich zu dieser Thematik *Arn,* S. 225 ff.

[245] *Radeideh/Franck,* S. 93; vgl. jedoch zu den durch das Gesetz Nr. 72-618 statuierten Voraussetzungen im Einzelnen *Dreier/v. Lewinski,* Rdn. 183.

[246] Das Gesetz ist auf der in Fn. 222 angegebenen Website zu finden.

[247] Ein ausführlicher Überblick findet sich bei *Greffe/Greffe,* Rdn. 1531 ff. Die aktuelle Fassung der Gesetze ist über die in Fn. 222 genannte Website erhältlich.

Gesetz Nr. 86/1067 vom 30. September 1986 geregelt;[248] danach ist z.B. die Fernsehwerbung für **alkoholische Getränke** mit mehr als 1,2% Alkoholgehalt und für literarische Erzeugnisse verboten. Für die **Presse** gilt das Gesetz von 1986,[249] geschäftliche Handlungen im **Internet** sind durch das Gesetz Nr. 2004/575 („Loi pour la confiance dans l'economie numérique") geregelt; können jedoch auch concurrence déloyale unter dem Gesichtspunkt der Behinderung (oder eine Markenverletzung) – z.B. bei der Adword-Problematik – darstellen.[250]

4. Direktwerbung

180 **Haustürgeschäfte** sind gemäß Art. L. 121-21-33 C. Cons. nur bei bestimmten Produkten (z.B. Gesundheitsprodukte) eingeschränkt.[251] Das **Zusenden unbestellter Waren**[252] ist nach Art. L. 122-2 C. Cons. verboten, wenn hiermit der Eindruck einer Zahlungs- oder Rücksendepflicht erweckt wird.[253] Die Direktwerbung durch **Briefe, Kataloge, Prospekte** ist gemäß Art. L. 121-21 ff. C. Cons. bei Beachtung der handelsrechtlichen Pflichtangaben grundsätzlich zulässig. Nach dem Ausführungsdekret Nr. 91-638 vom 9.7.1991 ist es allerdings strafrechtlich verboten, Verbrauchern, die mehr als zwei Monate in eine Liste (sog. **„Liste Safran"**) eingetragen sind, Werbematerial zuzuschicken.

181 Der 2008 neu gefasste Art. L. 121-20-5 C. Cons. verweist auf Art. L. 33-4-1 des Code des Postes Télécommunication und verbietet damit die **Telefonwerbung durch automatische Anrufsysteme** und die **Faxwerbung** ohne vorherige Zustimmung des Verbrauchers („opt in").[254] Für persönliche Telefonanrufe gilt bislang die „opt out"-Lösung. Auf jeden Fall ist der Zweck des Anrufs offenzulegen und Kinder dürfen nicht angesprochen werden. Unerbetene **Internetwerbung** („spamming")[255] ist nach dem Gesetz Nr. 2004/575 vom 21. Juni 2004 („Loi pour la confidance dans l'économie numérique") geregelt und ohne vorherige Zustimmung nur unter engen Voraussetzungen zulässig.

182 Grundsätzlich müssen bei jeder unerbetenen Werbung Angaben gemacht werden, wie der Empfänger ihre Einstellung erreichen kann. Die **Identität des Absenders** darf nicht verschleiert werden (Art. L. 121-20-5 Abs. 5 C. Cons.) Nach Art. 20 Abs. 2 des Gesetzes bleiben die Vorschriften des Art. L. 121-1 C. Cons. unberührt.

183 **Schneeballsysteme** sind gemäß Art. L. 122-6 f. C. Cons. strafrechtlich verboten.[256]

5. Sales Promotions

184 **Rabatte** gegenüber dem Verbraucher sind grundsätzlich **zulässig,** dürfen allerdings nicht zu einem **Verkauf unter Einstandspreis** (Art. L. 442-1 ff. Code de commerce) oder zu einer Irreführung (s. Rdn. 167) führen.[257] Es bestehen weiter strikte Anforderungen an die Preisangaben, die auch die Ankündigung von Preisherabsetzungen erfassen. Rabatte gegenüber Wiederverkäufern unterliegen dem kartellrechtlichen Diskriminierungsverbot.

185 Ursprünglich enthielt Art. L.221-35 C. Cons. ein Zugabeverbot gegenüber dem Verbraucher, das alle Zugaben von nicht nur „faible valeur" verbot. Dieses wurde jedoch durch das Gesetz 2011-525

---

[248] *Radeideh/Franck,* S. 93; *Biolay,* J. Cl. Cons., Cons., Droit de la concurrence en matière audiovisuelle, Fasc. 140 (2002). Die Regelung des Teleshopping findet sich in dem Dekret Nr. 92-992 vom 1. September 1992 in der Fassung des Dekrets 95-477 vom 25.1.1995.

[249] Dazu *Dreier/v. Lewinski,* Rdn. 211.

[250] Dazu *Henning-Bodewig,* GRUR Int. 2011, 592.

[251] Die Cour de Cassation definiert den Begriff der Haustürgeschäfte weit: vgl. etwa Cass. 9.7.2003, Contracts-Conc-Cons. Nov. 2003, 40. Zu den Besonderheiten vertragsrechtlicher Art *Rott,* Die Umsetzung der Haustürwiderrufsrichtlinie, 2000, S. 48 ff.

[252] Oder das Zusenden von (mit Zahlungen verbundenen) Mitgliedskarten, ausgefüllten Bestellscheinen etc. Warenproben oder Gutscheine zum Bezug von Waren sind demgegenüber zulässig.

[253] Dazu *Dreier/v. Lewinski,* Rdn. 128.

[254] Zu der vorherigen (im Ergebnis übereinstimmenden) Rechtslage *Varet,* Communication-Commerce électronique, 2002, S. 14.

[255] Vgl. auch *Verbiest,* La Protection juridique du Cyber consommateur, Publicité, Contrats et contentieux, 2002; *Nguema,* La concurrence déloyale dans le commerce électronique, 2014; *Well-Szöny,* Keyword Advertising, GRUR Int. 2009, 557; *Henning-Bodewig,* GRUR Int. 2011, 592; Cour d'appel Douai, GRUR Int. 2012; 579 mit Anm. *Well-Szöny.*

[256] Zur Abgrenzung *Desurvire,* Controverse autour des réseaux de vente multi-niveaux, Contrats-Conc.-Cons. Juin 1995, S. 6.

[257] Ausführlich *Raymond,* Promotion des ventes par une action directe sur les prix, J. Cl., Conc., Cons. Fasc. 280 ff.; *Lucas-Schlötter* (2011), S. 305 ff.

aufgehoben, so dass Zugaben (ohne Wertgrenze) grundsätzlich erlaubt sind, sofern sie nicht gegen das allgemeinen Verbot unlauterer Geschäftspraktiken in Art. L-120-1 C.Cons. verstoßen. Spezielle Zugabeverbote bestehen jedoch für Arzneimittel, Tabakwaren und Alkohol.[258]

Nicht genehmigte Lotterien sind verboten.[259] Zulässig sind demgegenüber sog. „loterie publicitaire", bei denen sämtliche Teilnehmer gewinnen (Art. L. 121-36 C. Cons.),[260] der Gewinn also bereits feststeht. Durch das Gesetz 2011-525 wurde das bis dahin geltende Verbot eines „finanziellen Einsatz", zu dem auch die **Kopplung mit dem Erwerb von Waren** oder Dienstleistungen und alle Umgehungsgeschäfte zählte, aufgehoben; Gewinnspiele sind also nur noch dann unzulässig, wenn sie gegen die allgemeinen Schranken des Art. L-120-1 verstoßen. Gemäß L. 121-36 § 2 C. Cons. muss ein zulässiges Gewinnspiel (z. B. im Versandhandel) den zu gewinnenden Preis klar und deutlich (einschließlich seines Wertes) angeben. 186

Preisrätsel etc., bei denen der Gewinn (ernsthaft) von dem Können der Teilnehmer abhängt, waren bereits vor dieser Liberalisierung auch bei Kopplung an den Warenabsatz erlaubt 187

6. Herabsetzung

Der Schutz gegen Herabsetzung **(„dénigrement")** gilt als eine der Hauptkategorien der „concurrence déloyale".[261] Nicht nur bei der vergleichenden Werbung[262] wird der Schutz den Mitbewerbern auf der Grundlage von Art. 1382 CC problemlos gewährt.[263] Es genügt jede wahre oder unwahre Äußerung, durch die ein erkennbarer Mitbewerber, das Unternehmen oder sein Produkt unnötig herabgesetzt wird.[264] Auch wenn Kritik erlaubt ist, darf sie nicht missbräuchlich oder exzessiv sein,[265] bei einer **wahren** Äußerung muss der defamierende Charakter deutlicher durch zusätzliche Umstände, etwa die besondere Aggressivität der Wortwahl oder ein Lächerlichmachen zutage treten.[266] Als **kollektive Abwertung** („dénigrement collectif") wurden angesehen etwa die Werbung eines Zigarettenherstellers „Ein Keks am Tag ist schädlicher als das Passivrauchen",[267] Aufschriften auf der Verpackung wie „Kaufen Sie besser ein Qualitätsprodukt" bzw. die (implizite) Behauptung, Konkurrenzprodukte seien veraltet.[268] 188

7. Verwechslungsgefahr

Der Tatbestand der **„Confusion"**, gleichfalls einer der Haupttatbestände de „concurrence déloyale"[269] erfordert, dass die angesprochenen Verkehrskreise die fraglichen Erzeugnisse oder Leistungen irrtümlich einem anderen Unternehmen zurechnen könnten.[270] Soweit dies durch die Verwendung ähnlicher oder identischer Kennzeichen geschieht, erfolgt die Abgrenzung zum **Markengesetz** von 1995[271] dadurch, dass es um „faits distincts de la contrefaçon" handeln muss. Allerdings ist die 189

---

[258] *Lucas-Schlötter*, a.a.O.

[259] Dazu *Lecourt*, JCP 1999, I, S. 155; *Raymond*, Fasc. 281, Rdn. 20 ff.; *Biolay*, Fas. 907, Rdn. 95 ff.

[260] Rechtsprechung hierzu bei *Biolay*, Fasc. 907, Rdn. 114 ff.; vgl weiter J. O. 3012 1986, S. 15 775; *Ranke*, Rdn. 85; *Lecourt*, JCP 1999, I, 155; *Greffe/Greffe*, Rdn. 1486 ff.; *Thiebart*, S. 97; *Radeideh/Franck*, S. 88.

[261] Vgl. Rdn. 162.

[262] Vgl. Rdn. 170.

[263] Ausführlich zur „dénigrement" *Le* Geaffic (2014); *Lucas-Schlötter* (2011), S. 309; dort auch zahlreiche Hinweise auf neuere Entscheidungen und Literatur.

[264] Z. B. wenn auf den Mitbewerber durch die Bezugnahme auf seinen Werbeslogan hingewiesen wird: T. com. Paris, 6.11.2002, Contrats, conc., consom., 2003, n° 101 und T. com. Paris 26.11.2004, Gaz. Pal. 13.5. 2005, S. 15 mit Anm. *Elsen*.

[265] Die Gleichsetzung der Umweltpolitik eines Unternehmens mit dem Tod auf der Internetseite von Greenpeace wurde als herabsetzend angesehen, TGI Paris, 9.7.2004, Comm. com. électr., comm., n° 110 mit Anm. *Caron*. Die Grenze zwischen zulässiger kritischer Meinungsäußerung und Herabsetzung ist unter Beachtung der Meinungsfreiheit zu ziehen. Der Autor einer gastronomischen Kritik verfügt daher über einen weiten Spielraum, soweit er nicht bösgläubig ist.

[266] *Malaurie-Vigual*, Dénigrement, J. Cl. Conc., Cons. Fasc. 210 (1996), Rdn. 13.

[267] CA Paris 24.9.1996, Dalloz Affaires, 1996, 1189; vgl. auch CA Bordeaux 3.7.1991, Gaz.Pal. 1971, 2, 398.

[268] CA Paris 21.6.1984, Gaz.Pal. 1985, 2, Somm. 296.

[269] Vgl. Rdn. 162.

[270] Dazu etwa vgl. *Nérisson* (2013), S. 221 ff. Eine Verwechslungsgefahr („confusion") besteht z. B. zwischen den Bezeichnungen „Olymprix" und „Olympique": Cass. com., 11.3.2004, Contrats, conc. consom. 2004, n° 126. Zur confusion durch Domainnamen vgl. Cass. com. 7.7.2004, Comm. com. électr. 2004, comm. 111 mit Anm. *Caron;* Cass. com., 13.12.2005, Contrats, conc., consom. 2006, n° 26 („locatour.fr" und „Locatour.com").

[271] *Passa*, Domaine de l'action en concurrence déloyale, in: J. C.conc., Cons. Fasc. 240, Rdn. 32 (1998).

Rechtsprechung hierzu recht großzügig, z. B. wurde die Ähnlichkeit von Farben und Aussehen eines Pressluftgerätes ohne weiteres unter dem Gesichtspunkt der „confusion" berurteilt.[272]

8. Ausbeutung fremder Leistungen, Nachahmung

190 Der Schutz gegen **Rufausbeutung,** der gleichfalls auf der Grundlage des Art. 1382 CC gewährt wird, spielt außerhalb der vergleichenden Werbung vor allem bei der Nachahmung, bei Systemvergleichen und geographischen Herkunftsangaben eine Rolle.[273] Er wird grundsätzlich, ebenso wie der Schutz vor Herabsetzung, streng gehandhabt.

191 Gegen die **Nachahmung** nicht nur banaler fremder Produkte und Leistungen[274] kann auf der Grundlage von Art. 1382 CC insb. dann vorgegangen werden, wenn eine Verwechslungsgefahr besteht. In Umsetzung der Richtlinie 2005/29/EG findet sich im C.cons. aber auch das Verbot des Hervorrufens einer Irreführungsgefahr durch verwechslungsfähige Kennzeichen.

192 Unter dem Gesichtspunkt der **„concurrence parasitaire"** kann gegen die Ausbeutung fremder Leistungen dann vorgegangen werden, wenn entweder eine Rufausbeutung vorliegt oder aber ein hinreichend originelles Leistungsergebnis, das eine **Innovation** darstellt oder auf einer erheblichen **Investition** beruht, kopiert wird. Erfasst sind Sachverhalte außerhalb der rein technischen Übernahme[275] zum Zwecke der Einsparung eigener Aufwendungen.[276] Der Verkauf zu niedrigerem Preis durch den Nachahmer kann ein Indiz hierfür darstellen, begründet als solcher aber nicht die Unlauterkeit. Die Klage wegen parasitären Wettbewerbs setzt nicht unbedingt ein direktes Wettbewerbsverhältnis voraus. Sie ist dogmatisch nicht unumstritten, praktisch jedoch von großer Bedeutung, zumindest als fall back-Argument bei (auch auf IP-Rechte gestützten) Klagen gegen Nachahmung, Verwechslungsgefahr etc.[277]

9. Individuelle Behinderung

193 Unter den Tatbestand der „désorganisation" – einem der traditionellen Tatbestände der „concurrence déloyale" i. S. v. Art. 1382 CC – fallen verschiedene Handlungen, die sich unter dem Oberbegriff der „Behinderung" zusammenfassen lassen.[278] Das **Abwerben von Arbeitnehmern** ist grundsätzlich erlaubt, sofern nicht eine Mitwirkung am Vertragsbruch vorliegt.[279] Gleiches gilt für

---

[272] Cour de cassation 14.2.2012, No. 1´.27 873 (Société Kärchner France v. société DCM Friesband).

[273] Vgl. dazu etwa *Nérisson* (2013), S. 220 ff.

[274] Zur Nachahmung einer Produktaufmachung (Haarwaschmittel Fructis von Garnier) vgl. CA Versailles 8.11.2001; unter Einbeziehung neuerer Rechtsprechung besprochen durch *Dorandeu*, in: Serra, Dalloz 2003, S. 1032. Allgemein zum Ausnutzen fremder Leistung *Lucas-Schlötter* (2011), S. 249 ff.

[275] Nicht als concurrence parasitaire gilt z.B. die Nachahmung einer neuen Verpackungsform, die technisch bedingt ist, vgl. CA Paris, 2.4.2004, Gaz.Pal. 13–14, S. 2005, S. 13.

[276] Dazu *Nérisson* (2013), S. 221 f.; *Le Tourneau*, Parasitisme, in: J. Cl.Conc., Cons., Fasc. 227 (2002); ein ausführlicher Überblick über aktuelle Urteile und Literatur findet sich bei *Le Tourneau* (2013). Das grundsätzliche Verbot der concurrence parasitaire wurde von der Cour de cassation – trotz Kritik in der Literatur – zumindest indirekt bestätigt durch Cass. 30.1.2001, D 2001 Jur. 1939 mit Anm. *Le Tourneau;* ausführlich besprochen bei *Großerichter/Rageade,* RIW 2002, S. 866, 871 f. Allein die Verwechslungsgefahr stellt jedoch keine Ausbeutung dar (TGI Paris, 1.6.2005, Petits affiches 18.8.2005, S. 9, n° 165 mit Anm. *Poumarède*); so bereits zuvor Cass. Com. 8.7.2003, PIBD, III, S. 519. Parasitismus liegt jedoch i. d. R. vor, wenn ein Unternehmen sich ins „Fahrwasser" anderer Unternehmen begibt und sich deren Anstrengungen und Investitionen zunutze macht. Es sind aber erhebliche Arbeit oder Investitionen notwendig, vgl. CA Dijon, 15.9.2005, JCP E 2005, pan. N° 1703;, vgl. aber auch Cass. 6.9.2011, No. 10-18299 – Design sportswear und Cass. Com. 7.2.2015 (Übernahme eines TV-Formats durch konkurrierenden Sender); sowie Cour d'appel de Paris vom 9.9.2014 und 22.10.2015 (Royal de Luxe v. Coca-Cola); die Urteile sind erhältlich über die Datenbank www.legifrance.gouv.fr; vgl. weiter die bei *Mesa* (2010) aufgeführte Rechtsprechung.

[277] Vgl. die Fn. 275 und zum Wettbewerbsverhältnis etwa Cass. 30.1.1996, Dalloz 1997, Jur. S. 232 mit Anm. *Serra* (Ein französisches Blumengeschäft hatte den Werbeslogan des niederländischen Amts für Milchprodukte „La Hollande, l'autre pays du fromage" in abgewandelter Form übernommen – „La Côte Azur, l'autre pays de la tulipe").

[278] Vgl. etwa *Lucas-Schlötter* (2010), S. 278 ff.; *Nérisson* (2013), S. 220 ff.

[279] Ausführlich *Schlötter,* S. 118 ff. Zur grundsätzlichen Zulässigkeit der Abwerbung von Arbeitnehmern, sofern keine schuldhaften „manoeuvres" hinzutreten: Cass. com. 11.2.2003, D. 2003, S. 692; Cass. com. 21.1.2004, unveröffentlicht. Im Hinblick auf die mögliche Haftung eines Dritten bezüglich des Bruchs eines arbeitsvertraglichen Konkurrenzverbots ist die französische Rechtsprechung eher streng. So wurden die Pflichten des neuen Arbeitgebers verschärft; dieser muss sich nicht nur über die eventuelle Existenz eines solchen Verbots informieren, sondern auch das faire Verhalten seines neuen Angestellten überprüfen; vgl. CA Versailles 29.6.2000, Dalloz 2001, Jurisprudence 134 mit Anm. v. *Picod;* vgl. weiter zur „tierce complicieté" Cass. 18.12.2001, besprochen durch *Picod,* in: Serra, Concurrence interdite, Dalloz 2003, Nr. 15, 1029. Es kann wei-

die **Absatzbehinderung** („détournement de clientèle"), solange nicht „besondere Umstände"[280] hinzutreten. **Selektive Vertriebssysteme**[281] sind im Code de commerce geregelt; **Parallelimporte** grundsätzlich zulässig.[282] Der Tatbestand der Behinderung hat neuerdings im Zusammenhang mit der **Adword-Problematik** die Gerichte beschäftigt.[283]

Die Verletzung von vertraulichem **Know How bzw. Betriebs- und Geschäftsgeheimnissen** kann „concurrence déloyale" darstellen.[284] Gegen den das Geheimnis verratenden Angestellten kann jedoch in aller Regel nur vertragsrechtlich vorgegangen werden. Die Verletzung von (auch nachvertraglichen) Wettbewerbsverboten stellt eine Straftat nach Art. L. 152-7 Code du travail dar.[285] 194

10. Vorsprung durch Rechtsbruch

Die Verletzung jedes Gesetzes kann eine unrechtmäßige Handlung i. S. v. Art. 1382 CC darstellen, sofern sie eine Missachtung der geschäftlichen „usages honnêtes" erkennen lässt. 195

11. Sanktionen, Verfahren

Das französische Recht des unlauteren Wettbewerbs zeichnet sich durch eine **verwirrende Vielzahl** von unterschiedlichen, sich teilweise überschneidenden **Sanktionsmöglichkeiten** aus.[286] 196

Die zivilrechtliche **„action en concurrence déloyale"** auf der Grundlage von Art. 1382 CC (s. Rdn. 173, 174) können betroffene Unternehmen, also insbesondere Mitbewerber und gewerbliche Verbände erheben. Es bestehen Ansprüche auf **Schadensersatz, Unterlassung** und **Beseitigung.**[287] Der Schadensersatzanspruch wird häufig in Form eines symbolischen Schadensersatzes gewährt. **Einstweiliger Rechtsschutz** kann gemäß Art. 809 i. V. m. Art. 873 Neue Zivilprozessordnung geltend gemacht werden, sofern ein unmittelbarer Schaden droht und eine offensichtliche Rechtsverletzung vorliegt.[288] 197

Die Vorschriften im **„Code de la Consommation"** sind **straf- und verwaltungsrechtlich** sanktioniert, z. B. findet sich eine Regelung für irreführende Geschäftspraktiken in Art. L. 213 C. Cons., wonach die Geldbuße 50% der Werbeausgaben betragen kann. Allerdings kann im Strafverfahren auch die Einstellung der Werbung, ihre Berichtigung und sogar teilweise Schadensersatz angeordnet werden. Normalerweise erfolgt die Ermittlung durch eine **Behörde** („Direction générale de la concurrence et de la répression des fraudes"), die häufig nach Hinweisen Dritter tätig wird und bei einem begründeten Verdacht die Angelegenheit an den Staatsanwalt weitergibt. Aber auch der betroffene **Mitbewerber,** ein Verbraucher, die Verbraucherverbände[289] können zivilge- 198

---

ter unlauter sein, auf einen Schlag alle Mitarbeiter eines Konkurrenten abzuwerben (nicht jedoch, ohnehin gekündigte Angestellte bei sich einzustellen); vgl. CA Paris 3.4.2002, D.1031 mit Anm. v. *Robin.*

280 Bejaht z. B. bei der sog. „couponage électronique", bei der ein automatisches Lesegerät an der Kasse billigere Konkurrenzprodukte aufzeigt und dem Kunden einen Gutschein ausstellt; vgl. Cass. 18.11.1997, JCP 1998, 10026 mit Anm. v. *Gautier;* weiter *Blaise,* Nr. 686 ff.

281 Vgl. dazu etwa die Entscheidung Cass. 25.4.2001, D. 2001 Jur. 1946 mit Anm. v. *Chevrier;* besprochen bei *Großerichter/Rageade* RIW 2002, 866, S. 870 f.

282 Auch unter Berücksichtigung der Rechtsprechung des EuGH wird von den französischen Gerichten allerdings verlangt, dass Parallelimporte nicht gegen die Prinzipien des Lauterkeitsrechts verstoßen; vgl. die vier Entscheidungen der Cour de Cassation v. 27.10.1992, Dalloz 1992, Jurisprudence, S. 404 mit Anm. v. *Bénebent,* vgl. weiter Cass. Dalloz 1995, Somm. S. 211. Zu Parallelimporten auch *Radeideh/Franck,* S. 94 und *Dutoit,* Concurrence déloyale et droit comparé, in: *Serra,* S. 68.

283 *Henning-Bodewig,* GRUR Int. 2011, 592 (Besprechung mehrerer Urteile zur Behinderung im Internet). Vgl. auch CA *Douai* 5.10.2011 GRUR Int. 2012, 57 mit Anm. *Well-Szöny* (Reservierung zahlreicher Domains für Bier ist concurrence déloyale).

284 Ausführlich *Schlötter,* S. 130 ff.; weiter etwa CA Paris 27.9.2000, Dalloz 2001, Jurisprudence 1309 mit Anm. v. *Auguet.* (Der Firma Chantelle wurde wegen Verletzung ihres „savoir faire" durch einen ehemaligen Angestellten ein beträchtlicher Schadensersatz zugesprochen.).

285 Vgl. Cass. v. 12.6.1974, Annales de la Prop. Indus. 1975, S. 98.

286 Ausführlich etwa *Lucas-Schlötter* (2011), S. 313 ff.

287 Die gerichtliche Zuständigkeit kann sich auch aus der „qualité" der Parteien (Unternehmer = Trib.com.) und der Art der Klage ergeben. Beispielsweise sind die Tribunaux de grande instance zuständig, wenn parallel zu der „action en concurrence déloyale" eine Klage wegen der Verletzung eines gewerblichen Schutzrechts erhoben wird.

288 Verlangt werden kann nur die Unterlassung; in Ausnahmefällen auch ein Vorschuss auf Schadensersatz; zu einstweiligen Anordnungen im Strafverfahren nach Art. 121-3 C. Cons. *Victor-Granzer,* S. 874.

289 Ein Gesetzesentwurf zur Schaffung einer class action scheiterte 2007.

richtliche Ansprüche im Wege des Adhäsionsverfahrens **(„partie civile")** vor den Strafgerichten geltend machen und damit das Strafverfahren in Gang setzen.[290]

VII. Griechenland

Inhaltsübersicht

	Rdn.
1. Rechtsquellen	
2. Kurzcharakteristik des griechischen Wettbewerbsrechts	199
3. Regelung der Werbung	208
a) Irreführende Werbung	208
b) Vergleichende Werbung	212
c) Getarnte Werbung	213
d) Belästigende und aggressive Werbung	214
e) Produkt- und medienspezifische Werberegelungen (Hinweise)	215
f) Sonstige Werberegelungen	216
4. Direktmarketing	217
5. Sales Promotion	220
6. Herabsetzung, Anschwärzung	224
7. Verwechslungsgefahr	225
8. Ausnutzen fremder Leistungen, Nachahmung	226
9. Individuelle Behinderung	227
10. Rechtsbruch	228

Schrifttum: *Alexandridou,* Die gesetzgeberische Entwicklung des Verbraucherschutz- und Wettbewerbsrechts in Griechenland, GRUR Int. 1992, S. 120; *dies.,* in: Ulmer (Hrsg.), Das Recht des unlauteren Wettbewerbs in den Mitgliedstaaten der EWG, Bd. VII, Griechenland, 1994; *dies.,* The Greek Consumer Protection Act of 1994, GRUR Int. 1996, S. 400; *dies.,* ERCL 2008, 174; *Apostolopoulos,* Die Liberalisierung des griechischen Lauterkeitsrechts im Rahmen der europäischen Rechtsangleichung, 2007; *ders.,* Die E-Commerce-Richtlinie 2000/31/EG und das Herkunftslandprinzip: Die Umsetzung in das griechische Recht, GRUR Int. 2004, S. 570; *von Bar,* Ausländisches Privat- und Privatverfahrensrecht, 3. Aufl. 2011, S. 214; *Cryssospathis,* Grèce, in: Greffe/Greffe (Hrsg.), La publicité et la loi, 11. Aufl. 2009, S. 912; *Fasouli,* Die Richtlinie über unlautere Geschäftspraktiken und ihre Umsetzung in Griechenland, 2014; *Georgakopoulos,* Egchiridio emporikou dikeou. I empori, Geniko meros Commercial Law, The traders, General Part, Band I, 1984; *Gouga,* Griechenland, in: Schmidt-Kessel/Schubmehl (Hrsg.), Lauterkeitsrecht in Europa, 2011, S. 323; *Gouskos,* Die Beurteilung des Verkaufs mit Zugaben nach dem griechischen Gesetz gegen den unlauteren Wettbewerb, GRUR Int. 2000, S. 38; *Keßler/Alexandridou,* Greece, in: Micklitz/Keßler (Hrsg.), Marketing Practices Regulation and Consumer Protection in the EC-Member States and the US, 2002, S. 128; *Kosmides,* Überblick über die Novelle zum Verbraucherschutzgesetz, GRUR Int. 2008, 362; *Liakopoulos,* Intellectual property law in Greece, 1999; *Neuberger,* Der wettbewerbsrechtliche Gewinnabschöpfungsanspruch im europäischen Rechtsvergleich, 2006, S. 142; *Papathoma-Baetge,* in: *Papagiannis* (Hrsg.), Griechisches Wirtschafts- und Unternehmensrecht, 1997, S. 55; *Rokas,* Athemitos Antagonismos, (Unfair Competition) 1996; *Selekos,* Die Preisunterbietung als Mittel des unlauteren Wettbewerbs nach griechischem Recht, GRUR Int. 1994, S. 212; *Tzoulia,* Greece: The Impact of the UCP Directive on National Contract and Tort Law, EuCML 2015, 256.

1. Rechtsquellen

Gesetz Nr. 146 gegen den unlauteren Wettbewerb vom 27.1.1914 in der Fassung von 2009 (UWG); Gesetz Nr. 2251/1994 vom 15.11.1994 (Verbraucherschutzgesetz)

2. Kurzcharakteristik des griechischen Wettbewerbsrechts

199 Das griechische Wettbewerbsrecht[291] beruht auf **zwei Säulen:** Zum einen auf dem Gesetz Nr. 146 von 1914 gegen den unlauteren Wettbewerb **(UWG).**[292] Zum anderen auf dem **Verbrau-**

[290] Zur sog. „partie civile", vgl. *v. Sachsen Gessaphe* ZZP 1999, 3; *Thiébart,* S. 119ff.; *Dreier/v. Lewinski,* Rdn. 363. Wird eine öffentliche Strafklage erhoben, so ist ein anhängiges Zivilverfahren bis zur Entscheidung des Strafgerichts auszusetzen und das Zivilgericht ist an die relevanten Tatsachenfeststellungen des Strafgerichts gebunden.

[291] Eine ausführliche aktuelle Darstellung auf deutsch findet sich bei *Fasouli* (2014); vgl. auch *Apostolopoulos* (2007), *Gouga* (2011). Eingehend auch in Bezug auf das Gesamtsystem und angrenzende Rechtsgebiete, allerdings ohne Berücksichtigung der Reform vom 10.7.2007 *Alexandridou,* in: Ulmer (Hrsg.) (1994); *dies.* (speziell zur Umsetzung der UGP-Richtlinie) in ERCL 2008, 174. Allgemein zum griechischen Privatrecht auf Englisch *Kerameus/Kotsiris* (Hrsg.), Introduction to Greek Law, 3. Aufl. 2008 und *Tzoulia,* EuCML 2015, 256; dort auch aktuelle Hinweise zum griechischen Vertrags- und Deliktsrecht.

[292] Auf Deutsch abgedruckt bei *Alexandridou* (1994), S. 241.

cherschutzgesetz Nr. 2251/1994[293] in der Fassung vom 10.7.2007, das vor allem Werbetatbestände regelt und durch das Gesetz L.2328/95[294] ergänzt wird. UWG und Verbraucherschutzgesetz überschneiden sich im Regelungsbereich, sind grundsätzlich **nebeneinander anwendbar und werden als Einheit verstanden.**[295]

Das Gesetz Nr. 146/1914 (UWG) entspricht in weiten Bereichen dem **deutschen UWG** von 1909. Es enthält in Art. 1 eine weitgefasste **Generalklausel,** an die sich einige **Einzeltatbestände** anschließen, u. a. Art. 3 (irreführende Angaben), Art. 7 (Ausverkauf), Art. 11 (Anschwärzung), Art. 13 (Hervorrufen von Verwechslungen), Art. 16 ff. (Geheimnisschutz). 200

Beherrschende Vorschrift ist jedoch die **Generalklausel.** Der dort verwendete Begriff der **„guten Sitten"** verweist auf die herrschende Sozialmoral („Anstandsgefühl aller billig und gerecht Denkenden der Gewerbetreibenden").[296] Die Rechtsprechung greift jedoch auch auf rechtliche Maßstäbe zurück, nämlich die Grundrechte der Verfassung,[297] das Kartellrecht, allgemeine Rechtsregeln und europäische Vorgaben, mitunter auch auf den „Code der Werbeethik".[298] Unmittelbar unter die Generalklausel werden z. B. folgende **Fallgruppen** subsumiert: Kundenfang, Ausbeutung fremder Leistungen, Rechtsbruch und Marktstörung.[299] 201

Die Anwendung setzt ein **Handeln zum Zwecke des Wettbewerbs** im geschäftlichen Verkehr und ein **Wettbewerbsverhältnis** voraus. Hieran werden strenge Anforderungen gestellt, z. B. wird ein Wettbewerbsverhältnis auf unterschiedlichen Handelsstufen verneint.[300] Die freien Berufe sind nicht einbezogen. 202

Der **Schutzzweck** des UWG erfasst grundsätzlich nur **Wettbewerber.** Von namhaften Stimmen in der Literatur und z. T. auch in der Rechtsprechung wird zwar vertreten, dass das UWG heutiger Prägung auch die Allgemeinheit und die Verbraucher schütze.[301] Dieser Schutz ist jedoch wohl nur reflexartig. **Aktivlegitimiert** sind jedenfalls nur Mitbewerber, ihre Verbände und die IHK.[302] 203

Das **Verbraucherschutzgesetz** von 1994[303] regelt die **irreführende, vergleichende und sonstige unlautere Werbung** sowie einige weitere verbraucherrelevante Tatbestände. In ihm wurden die meisten europäischen Vorgaben zum Verbraucherschutz, z.B. auch die Richtlinie 2011/83/EU über Verbraucherrechte umgesetzt. Zweck des Verbraucherschutzgesetzes ist es, die Gesundheit und die Sicherheit der Verbraucher zu gewährleisten und ihre wirtschaftlichen Interessen zu schützen. Art. 9 enthielt ursprünglich (wie das UWG) eine auf die guten Sitten abstellende Generalklausel. Mit Gesetz vom 10.7.2007 wurde das Verbraucherschutzgesetz jedoch umfassend novelliert.[304] Die Tatbestände der irreführenden und aggressiven Geschäftspraktiken der **Richtlinie 2005/29/EG** über unlautere Geschäftspraktiken (abgedruckt im Anhang; dazu ausführlich *Glöckner,* Einl. B) wurden fast wortwörtlich in die Art. 9 lit. a bis i übernommen; die Generalklausel des Art. 9 so gefasst, dass diese nunmehr nicht mehr auf die guten Sitten, sondern auf **unlautere Geschäftspraktiken** abstellt. 204

---

[293] Auszugsweise abgedruckt in GRUR Int. 1995, S. 894. Das Gesetz wurde zwischenzeitlich einige Male geändert, z. B. durch den Erlass Nr. Z 1-496 v. 7.12.2000 zur Regelung der vergleichenden Werbung, vor allem jedoch durch das Reformgesetz vom 10.7.2007 (dazu Rdn. 204).

[294] Das Gesetz 2328/95 regelt vor allem die Rundfunkwerbung, den Schutz der Persönlichkeit, der Ehre und des Privatlebens.

[295] Zum Verhältnis der beiden Regelungswerke zueinander ausführlich *Fasouli* (2014), S. 147 ff.; *Tzoulia* (2015), S. 258.

[296] Zur Generalklausel und ihrer Auslegung ausführlich *Fasouli* (2014), S. 168 ff.; *Apostolopoulos* (2007), S. 131 ff.; *Alexandridou* (1994), Rdn. 35 ff.

[297] *Alexandridou* (1994), Rdn. 40; *Liakopoulos,* Viomichaniki Idioktisia (Industrial Property), S. 418 f.; LG Athen 17500/1993 (Einzelrichter); *Armenopoulos* (1994), 819, S. 820.

[298] Zur Praxis der Werbeselbstkontrolle *Alexandridou* (1994), Rdn. 303. Der Code regelt vor allem die irreführende, die getarnte und die „unanständige" Werbung sowie die Werbung gegenüber Kindern.

[299] Zu den einzelnen von der Generalklausel erfassten Fallgruppen etwa *Papathoma-Baetge,* S. 61 ff.; *Gouga* (2011), S. 325 ff.

[300] *Cocalis,* S. 124 f.; LG Athen 18743/1992 (Einzelrichter), EEmpD 1993, S. 141; a. A. *Karakostas/Tzouganatos,* Prostasia tou katanaloti (Consumer Protection), 2. Aufl. 2002, S. 292 m. w. N.

[301] Aus der Literatur vgl. etwa *Gouga* (2011), S. 302; *Alexandridou* (1994), Rdn. 24 ff.; *Papathoma-Baetge,* S. 57, a. A. *Cocalis,* S. 126. In der Rechtsprechung wurde der Schutz der Verbraucher z. B. bejaht durch LG Athen 97/1986, EEmpD 1986, S. 703, 706, 710. Die Umsetzung der Richtlinie 2005/29/EG (s. Rdn. 204) im Verbraucherschutz geht vor.

[302] Zur Aktivlegitimation, Passivlegitimation, den Ansprüchen und zum Verfahren ausführlich *Alexandridou* (1994), Rdn. 83 ff.

[303] Auszugsweise auf Deutsch abgedruckt GRUR Int. 1995, S. 894; dazu ausführlich *Fasouli* (2014), S. 126 ff.

[304] Dazu *Kosmides,* GRUR Int. 2008, 362; *Gouga* (2011), S. 323; *Alexandridoú,* ERCL 2008, 174.

205 Die **Durchsetzung des Verbraucherschutzgesetzes** erfolgt gleichfalls primär auf **zivilrechtlichem** Wege, auch wenn administrative Sanktionsmöglichkeiten bestehen und 2004 die Institution eines Ombudsmannes geschaffen wurde.[305] **Aktivlegitimiert** für die Unterlassungsklage sind gemäß Art. 10 Abs. 8, 9, 10 und 15 die Verbraucherverbände und die IHK, im Bereich des Direktmarketing auch einzelne Personen. Ob für die zentrale Vorschrift der Generalklausel des Art. 9 auch **Mitbewerber** aktivlegitimiert sind, ist fraglich[306] Schadensersatzansprüche sind jedenfalls nur nach dem UWG vorgesehen. Auch bei der **Passivlegitimation** bestehen Unterschiede; so sind die freien Berufe nicht in das UWG einbezogen (wohl jedoch in das Verbraucherschutzgesetz).

206 Das UWG ergänzt die Regelungen des **gewerblichen Rechtsschutzes.**[307] Bei der Interpretation der einzelnen Tatbestände fließen z. T. auch Wertungen des Kartellrechts ein.[308]

207 **Entscheidungen** zum Lauterkeitsrechts sind in Griechenland relativ **selten,** was die Beurteilung konkreter Sachverhalte erschwert.[309] Dies gilt umso mehr, als die Neuregelung des Verbraucherschutzgesetzes von 2007 den früheren terminologischen Gleichklang zwischen UWG und Verbraucherschutzgesetz beendet hat, so dass die Interpretation der von beiden Gesetzen erfassten Tatbestände unklar ist.

3. Regelung der Werbung

208 **a) Irreführende Werbung.** Die irreführende Werbung ist an mehreren Stellen geregelt. **Art. 3 UWG** enthält ein im Wesentlichen dem deutschen Recht (§ 3 UWG a. F.) entsprechendes Verbot der irreführenden Angaben, das durch einen Straftatbestand in Art. 4 ergänzt wird. Art. 6 regelt irreführende Konkursverkäufe. **Art. 9 lit. d und e Verbraucherschutzgesetz** beinhalten seit der Neufassung von 2007 den Text von Art. 6 und 7 der Richtlinie 2005/29/EG (Irreführung durch positives Tun und Unterlassen), wobei Art. 9 lit. f. die Irreführungstatbestände der „black list" wiedergibt.

209 Der Irreführungstatbestand im UWG setzt eine **„Angabe"** voraus. Diese muss sich an einen unbestimmten Kreis von Personen wenden.[310] Art. 9 des Verbraucherschutzgesetzes stellt demgegenüber im B2C-Verhältnis auf den Begriff der **„Geschäftspraktiken"** ab, enthält in der Neufassung von Art. 9 Abs. 1 lit. a jedoch auch noch eine Definition der Werbung, die die Zielsetzung des Werbenden betont.[311] Unter welchen Voraussetzungen **werbemäßige Übertreibungen** als unschädlich angesehen werden, ist mangels hinreichenden Rechtsprechungsmaterials schwer auszumachen.[312] Zu **Relevanz** und Irreführungsquote finden sich in der bisherigen griechischen Rechtsprechung selten Ausführungen: Es steht jedoch fest, dass sich die Irreführung auf das Entscheidungsverhalten der Verbraucher auswirken können muss.[313]

---

[305] Ausführlich zu den Rechtsfolgen unlauteren Wettbewerbs *Apostopoulos* (2007), S. 277 ff.; *Fasouli,* (2014), S. 216 ff.; *Neuberger* (2006), S. 142 ff. (zur Verbandsklage); zu den Durchsetzungsmöglichkeiten nach allgemeinem Zivilrecht und ihren Überschneidungen, aber auch zur class action etc. vgl. *Tzoulia* (2015).

[306] Bejahend zum alten Recht *Marinos,* Athemitos Antagonismos (Unfair Competition), 2002, Rdn. 646; *Liakopoulos,* S. 473; a. A. *Alexandridou* GRUR Int. 1996, S. 400, 402 f.; vgl. auch LG Athen 2339/1997, DEE 1997, S. 470, 471 (bejahend nur für die vergleichende Werbung). Nach der Neufassung von 2007 legt das Verbraucherschutzgesetz den engen Verbraucherbegriff der Richtlinie 2005/29/EG zugrunde, der gewerbliche Abnehmer nicht einschließt. Möglich wäre ein Vorgehen von Mitbewerbern auf der Grundlage des UWG unter dem Gesichtspunkt des Rechtsbruches; dazu Rdn. 228.

[307] Zum gewerblichen Rechtsschutz in Griechenland *Alexandridou* (1994), Rdn. 69 ff.; *Gouga,* S. 327 f.; *Karatidis,* in: Papagiannis (Hrsg.), Griechisches Wirtschafts- und Unternehmensrecht, 1997, S. 441 ff.; *Liakopoulos,* Industrial Property, 5. Aufl. 2000, S. 190 ff.; zum griechischen Recht der nicht eingetragenen Kennzeichen *Gouga,* in: Schricker/Bastian/Knaak (Hrsg.). Gemeinschaftsmarke und Recht der EU-Mitgliedstaaten, 2006, S. 318. Zum griechischen Urheberrecht vgl. *Möhring/Schulze/Ulmer/Zweigert* (Hrgs.), Quellen des Urheberrecht, Band 2.

[308] Kartellgesetz vom 26.9.1977 (Nr. 703/1977); dazu etwa *Gouga* (2011), S. 329 ff.

[309] Die zur Zeit ausführlichste und aktuellste Darstellung der griechischen Rechtsprechung auf deutsch findet sich bei *Fasouli* (2014); *Apostopoulos* (2007) S. 196 ff. und *Gouga* (2011), S. 349 ff.

[310] Ausführlich zum Irreführungsrecht *Fasouli,* (2014), S. 187 ff.; *Gouga,* (2011), S. 349 ff.; *Alexandridou* (1994), Rdn. 276, 278.

[311] *Apostolopoulos* (2007), S. 188 ff.; *Alexandridou* (1994), Rdn. 280 f.

[312] *Alexandridou* (1994), Rdn. 280; vgl. LG Athen 17 522/1982 (Einzelrichter), EEmpD 1984, S. 146, wonach „starke Übertreibungen … nicht ernst genommen werden". Die Aussage: „Die meisten Krankenhäuser ziehen Pampers vor" wurde allerdings als ernst zu nehmende Aussage eingestuft (und wegen unzureichender Repräsentativität als irreführend und – da vergleichend – herabsetzend). LG Athen (Einzelrichter) 17522/1982, EEmpD 1984, 146; vgl. auch Fn. 371.

[313] Für das Verbraucherschutzgesetz ergibt sich dies nunmehr schon aus der Definition der irreführenden Werbung in Art. 9, nach der die irreführende Werbung (wie bei Art. 6 der Richtlinie 2005/29/EG) „… das wirtschaftliche Verhalten der angesprochenen Verbraucher beeinflussen können muss"; vgl. auch *Apostolopoulos* (2007), S. 196 ff.; *Gouga* (2011), S. 349 ff.

210 In der Praxis geht es häufig um Irreführungen über den **Preis.**[314] Für Sonderangebote gilt Art. 7 Abs. 12 UWG (dazu Rdn. 220). Von großer Bedeutung ist weiter der Schutz **geographischer Herkunftsangaben,**[315] der in Art. 3 UWG und in Art. 9 lit. d Verbraucherschutzgesetz (irreführende Werbung) geregelt ist; danach sind auch Verbraucherverbände in bestimmten Konstellationen aktivlegitimiert. In der Praxis geht es häufig um **englischsprachige Ausdrücke,** bei denen das Problem der Abgrenzung zu den allgemein in die griechische Sprache übernommenen Fremdwörtern („style", „fashion" etc.) besteht.[316]

211 Die Gerichte stellen die Irreführungseignung in aller Regel kraft eigener Sachkunde fest. Eine **Beweislastumkehr** findet nicht statt.

212 **b) Vergleichende Werbung.** Die **vergleichende Werbung** ist gemäß Art. 9 Abs. 2 Verbraucherschutzgesetz – in weitgehender Übereinstimmung mit der Richtlinie 2006/114/EG – **zulässig.** Seit 2000 dürfen von Dritten durchgeführte **Warentests** gemäß Abs. 4 nur mit schriftlicher Zustimmung der für den Test zuständigen Person verwendet werden; der Werbende haftet für den Inhalt des Tests, als habe er ihn selbst durchgeführt. Rechtsprechung zur vergleichenden Werbung ist bislang wenig vorhanden.[317]

213 **c) Getarnte Werbung.** Die frühere Vorschrift in Art. 9 Nr. 6d des Verbraucherschutzgesetzes, der die **subliminale Werbung** und die Tarnung von Werbung als **wissenschaftliche Stellungnahme, journalistische Untersuchung** oder Kommentar verbot, wurde durch die Reform von 2007 aufgehoben. Im **Fernsehen** besteht jedoch ein Trennungs- und Kennzeichnungsgebot und ein Verbot der Schleichwerbung. Im **Internet** werden kommerziellen Kommunikationen durch Art. 5 des Dekrets Nr. 131/2003 Informationspflichten auferlegt.[318] Im Übrigen verstößt die Tarnung von Werbung auch gegen die **Generalklausel** des Art. 1 UWG und stellt (im B2C-Verhältnis) eine Irreführung gemäß Art. 9 lit. d Verbraucherschutzgesetz dar.

214 **d) Belästigende und aggressive Werbung.** Gegen Art. 1 UWG kann auch die (unzumutbare) Belästigung verstoßen; der Schwerpunkt liegt jedoch heute bei Art. 9 lit. g und h des Verbraucherschutzgesetzes, die – in wortwörtlicher Umsetzung von Art. 7 und 8 der Richtlinie 2005/29/EG – aggressive Geschäftspraktiken gegenüber dem Endverbraucher verbieten.[319]

215 **e) Produkt- und medienspezifische Werberegelungen (Hinweise).** Werbung, Teleshopping und Sponsoring im **Rundfunk** sind im Gesetz Nr. 2328/95 geregelt, mit dem auch die Vorgaben der Fernsehrichtlinie umgesetzt wurden.[320] Spezielle Regelungen bestehen vor allem für **Heilmittel,**[321] **Lebensmittel**[322] und **Alkohol.**[323] Die Werbung für **Tabakwaren** ist im Fernsehen verboten.[324] Gemäß Art. 9 Abs. 6 Verbraucherschutzgesetz besteht ein Verbot der Werbung für Spielzeug im Fernsehen und Rundfunk. Gemäß Art. 9 Verbraucherschutzgesetz kann der Handelsminister Werbevorschriften für bestimmte Waren oder Dienstleistungen erlassen.

216 **f) Sonstige Werberegelungen.** Das Verbraucherschutzgesetz enthielt bis zur Reform von 2007 in Art. 9 Nr. 6 ein Verbot der Werbung, die **Angstgefühle,** Aberglauben oder Vorurteile erweckt oder missbraucht oder kriminelles Verhalten fördert, die **diskriminierend** nach Geschlecht, Rasse, Nationalität, Abstammung, Überzeugung oder physischen oder geistigen Eigenschaften ist oder

---

314 Dazu *Alexandridou* (1994), Rdn. 287 ff.

315 Eingehend *Alexandridou* (1994), Rdn. 315 ff.

316 Zu den mittelbaren Herkunftsangaben *Alexandridou* (1994), Rdn. 326.

317 Zu neueren Entscheidungen vgl. *Gouga* (2011), S. 343 ff.; *Fasouli* (2014), S. 195 ff.; *Apostoloupos* (2007), S. 210 ff. Die Identifizierbarkeit der Mitbewerber wird offenbar relativ großzügig bejaht; der in Fn. 312 geschilderte „Pampers"-Fall wurde jedenfalls als unzulässige (da irreführende und herabsetzende) vergleichende Werbung angesehen. Vgl. weiter LG Kavala 410/1994 (Einzelrichter), EEmpD 1995, S. 510 ff.

318 Damit wurde die Richtlinie 31/2000/EG umgesetzt; dazu *Apostopoulos,* GRUR Int. 2004, S. 570.

319 Ausführlich dazu *Fasouli*, S. 209 ff.

320 *Keßler/Alexandridou,* S. 135. Vgl. auch das neue Dekret Nr. 100/2000 zu Fernsehwerbung, Sponsoring und Teleshopping; zum europäischen Recht Einl. H.

321 Gemäß Art. 16 des Dekrets Nr. 96/1973 in der Fassung des Dekrets 1316/1983; dazu (auf französisch) *Chryssospathis,* in: Greffe/Greffe (Hrsg.), La publicité et la loi, 11. Aufl. 2009, S. 841; S. 841. S. auch Art. 21 des Ministerbeschlusses Nr. Y6a/776/1993, sowie Art. 5 Nr. 7 des Dekrets Nr. 100/2000 über die Heilmittelwerbung im Fernsehen.

322 Gemäß Art. 10 im „Kodex für Lebensmittel und Getränke" von 1987 in der Fassung von 1995; zum europäischen Recht Einl. I.

323 Die Fernsehwerbung für Alkohol ist gemäß Art. 5 Abs. 8 und 9 des Dekrets Nr. 100/2000 eingeschränkt; weiter regelt ein neuer Ministerbeschluss von 2003 die Bezeichnung, Etikettierung und Werbung.

324 Warnhinweise bei Tabakwerbung sind durch das Dekret Nr. 1591 vom Mai 1989 vorgeschrieben.

den Eindruck eines übermäßig verlockenden Angebots hervorruft. Diese Vorschriften wurden mit der Reform von 2007 aufgehoben. Im B2C-Verhältnis finden sie sich jedoch jedenfalls teilweise in Art. 9 lit. g Verbraucherschutzgesetz als aggressive Geschäftspraktiken wieder. Im Verhältnis der Gewerbetreibenden untereinander können die vorgenannten Aspekte einen Verstoß gegen die Generalklausel des § 1 UWG begründen. Im übrigen gelten sie als Domäne der **Selbstkontrolle.**[325]

4. Direktmarketing

217 Allgemein muss Direktmarketing nach Art. 9 Nr. 13 Verbraucherschutzgesetz so erfolgen, dass „das **Privatleben des Verbrauchers** nicht gestört wird". Bei Fernverkäufen bestehen zudem umfassende Schutzmaßnahmen für Letztverbraucher.[326] Gemäß Art. 4 Nr. 4 Verbraucherschutzgesetz (und nach Art. 1 UWG) ist das **Zusenden unbestellter Waren** verboten, wenn damit der Eindruck einer Zahlungs-, Aufbewahrungs- oder Rücksendepflicht erweckt wird.[327] **Haustürgeschäfte** dürfen nicht die Privatsphäre des Verbrauchers verletzen.[328] Das Zusenden oder der **Einwurf von Werbematerial** ist erlaubt, solange der Adressat nicht widerspricht.

218 An den Verbraucher gerichtete Werbung per automatisierte **Telefonanrufe** oder **Fax** ist gemäß Art. 9 Abs. 5 Verbraucherschutzgesetz nur zulässig, wenn die spezialgesetzlichen Voraussetzungen erfüllt sind; danach muss die ausdrückliche Zustimmung vorliegen **(„opt-in")**. Gleiches gilt (mit wenigen Ausnahmen) für unerbetene **e-mail-Werbung** (spams) nach dem Gesetz 3471/2006.

219 **Schneeballsysteme** etc. sind nach der VO vom 18.9.1926 und nach § 1 UWG **verboten;** die dazu abgeschlossenen Verträge nichtig.[329]

5. Sales Promotion

220 Die **Wertreklame** ist im griechischen Recht nicht spezialgesetzlich geregelt.[330] **Zugaben und Preisreduzierungen** sind generell zulässig, auch ein Verbot des Verlustverkaufs besteht nicht.[331] Die Wertreklame ist daher vor allem an den **Irreführungsverboten** im UWG und im **Verbraucherschutzgesetz** zu messen. Die frühere Vorschrift in Art. 9 Nr. 6c, wonach nicht der **„Eindruck eines übermäßig verlockenden Angebots"** hervorgerufen werden durfte, wurde offenbar aufgehoben.

221 Nicht genehmigte **Lotterien**[332] sind nach Art. 8 des Gesetzes 2515/97 verboten. Alle anderen „promotional games" sind an der Generalklausel des Art. 1 UWG sowie an den Irreführungsverboten zu messen (s. oben). Bei vom Zufall abhängigen Gewinnspielen gilt jede **Kopplung mit dem Erwerb von Waren** als unzulässig. Dazu zählt auch der nur psychische Druck. Ob dies auch für **Preisrätsel** gilt, ist unklar.[333] Trotz dieser Einschränkungen scheinen „promotional games" in Griechenland weit verbreitet zu sein.[334]

222 Art. 7 Abs. 12 UWG verbietet **Sonderangebotsveranstaltungen** „für einzelne oder in beschränkter Anzahl angebotene Warengattungen, die der Anlockung des Publikums und seiner Ausnutzung auf Grund der für die anderen im Geschäft verkauften Waren geforderten Preisen dienen". Diese Vorschrift geht über ein Verbot irreführender **Lockvogelangebote** hinaus, das sich im Verbraucherschutzgesetz findet.

223 Art. 6 UWG regelt den **Konkurswarenverkauf,** Art. 7 die Voraussetzungen, unter denen ein **Ausverkauf** zulässig ist, Art. 7 Abs. 10 erlaubt die **Saisonschlussverkäufe,** die durch Dekret näher geregelt sind.

---

325 Zur Werbeselbstkontrolle *Fasouli* (2014), S. 235 ff.

326 Ausführlich *Keßler/Alexandridou,* S. 133 f.; zum Direktmarketing und Haustürgeschäften *Fasouli,* S. 212 ff.

327 *Keßler/Alexandridou,* S. 137.

328 *Keßler/Alexandridou,* S. 135.

329 *Keßler/Alexandridou,* S. 137; *Marinos* in: *Rokas* (Hrsg.), Unfair Competition, Art. 1 Rdn. 62.

330 Dazu *Apostolopoulos* (2007), S. 241 ff., rechtsvergleichend *Bodewig/Henning-Bodewig* WRP 2000, 1341, 1352 f.

331 Dieser kann jedoch im Einzelfall gegen Art. 1 UWG verstoßen, vgl. *Keßler/Alexandridou,* S. 140; weiter *Selekos,* Die Preisunterbietung als Mittel des unlauteren Wettbewerbs nach griechischem Recht, GRUR Int. 1994, S. 121, 124 f.; LG Kavala 478/1984 (Einzelrichter), EEmpD 1985, S. 359, 360. Vgl. weiter Aktuelle Informationen, GRUR Int. 2003, S. 797.

332 Dazu *Keßler/Alexandridou,* S. 141; *Alexandridou* (1994), Rdn. 372 ff.

333 Vgl. *Marinos,* Unfair Competition, Rdn. 376 unter Hinweis auf das Berufungsgericht Athen 59/1968, EEN 1968, S. 384 und LG Athen 8734/1992 (Einzelrichter), EEmpD 1993, S. 504.

334 *Alexandridou* (1994), Rdn. 372 ff.; *Apostolopoulos* (2007), S. 244.

6. Herabsetzung, Anschwärzung

224 Auch außerhalb der vergleichenden Werbung (s. Rdn. 212) ist die Herabsetzung und Anschwärzung gemäß Art. 11 UWG verboten;[335] ergänzend greift die Generalklausel des Art. 1 UWG ein. Art. 12 enthält einen entsprechenden Straftatbestand.

7. Verwechslungsgefahr

225 Das Hervorrufen von **Verwechslungsgefahr** ist gemäß Art. 13 UWG verboten;[336] unter dem Gesichtspunkt der Irreführung des Vebrauchers besteht (in Umsetzung der Richtlinie 2005/29/EG) auch ein Verbot im Verbraucherschutzgesetz

8. Ausnutzen fremder Leistungen, Nachahmung

226 Die **Nachahmung** von Produkten, Leistungen etc. wird dann als Verstoß gegen die „guten Sitten" i. S. d. Generalklausel des Art. 1 UWG angesehen, wenn sie zu einer **Verwechslungsgefahr** oder **Rufausbeutung** führt. Die in diesem Bereich relativ reichhaltige Rechtsprechung[337] berücksichtigt aber auch Aspekte wie die Kenntnis des Nachahmers, die Art und Weise der Übernahme und die Höhe der Investitionen des Kopierten (ohne dass sich offenbar klare Kriterien herausgebildet hätten). Insbesondere im Bereich der Nachahmung von Mustern und Modellen hat der wettbewerbsrechtliche Schutz große Bedeutung, z. B. wenn die Voraussetzungen für den Schutz als geistiges Eigentumsrecht fehlen.[338] Auch **Computerprogramme** genießen auf diese Weise Schutz.[339]

9. Individuelle Behinderung

227 Die Behinderung von Konkurrenten gehört zu den Hauptfallgruppen der Generalklausel des Art. 1 UWG. Im Einzelnen zählen dazu das Abfangen von Kunden, Diskriminierung, Boykott, Preisunterbietung, Verleiten zum Vertragsbruch, jedoch auch das Domain-Grabbing.[340] Die meisten dieser Praktiken sind nicht per se unlauter, können es bei Hinzutreten „besonderer Umstände" jedoch werden. Der Schutz von **Geschäftsgeheimnissen** ist in den Art. 16–18 UWG geregelt.[341]

10. Rechtsbruch

228 Die Verletzung von Vorschriften außerhalb des UWG und des Verbraucherschutzgesetzes verstößt gegen die Generalklausel des Art. 1 UWG, wenn die verletzte Vorschrift **wettbewerbsregelnd** oder **ethisch fundiert** ist; z. B. den Schutz der Gesundheit oder Sicherheit des Verbrauchers bezweckt (Lebensmittel, Kosmetika). Bei anderen Normen muss der Verletzer einen rechtswidrigen Vorsprung im Wettbewerb erlangen können.[342]

---

[335] Die Vorschrift entspricht § 14 a. F. des deutschen UWG von 1909. Zur Rufschädigung *Gouga*, (2011), S. 141 f.

[336] Die Vorschrift entspricht dem früheren § 16 des deutschen UWG von 1909. Ausführlich dazu *Gouga* (2011), S. 333 f.

[337] Siehe die Nachweise bei *Apostolopoulos* (2007), S. 154 ff.; *Alexandridou* (1994), Rdn. 197 ff.; *Gouga* (2011), S. 333 ff.; *Chryssopathis* (Fn. 312); vgl. z. B. Areopag 15/1972, EEmpD 1972, S. 400.

[338] *Cocalis,* S. 137 f.; vgl. auch Aeropag 1192/2003, Chr./D 2004, S. 170 (im Bereich des Patentschutzes) und LG Athen 8234/2002 (Einzelrichter), Chr./D 2004, S. 176 (Urheberrechtliche Aspekte).

[339] Einzelrichter Thessaloniki, 1971/89; Commercial Law Review 1991, S. 157.

[340] Vgl. LG Athen (K) 3359/2003, EmpD 2003, 695 – rolex.gr; vgl. Weiter lG Athen (E) 8975/1991, EEmpD 1992, 499 (Einfügen von Bildern in Bildfrequenz eines konkurriendeN Fernsehveranstalters). Ausführlich zur Behinderung *Alexandridou* (1994), Rdn. 389 ff.; S. 215 f.; *Apostolopoulos* (2007), S. 170 f.; zum Boykott *Gouga* (2011), S. 345 f.

[341] Dazu *Gouga* (2011), S. 338 ff.; *Alexandridou* (1994), Rdn. 204 ff. Diese Regelung entspricht weitgehend der des deutschen UWG von 1909.

[342] Zum Rechtsbruch *Gouga* (2011), S. 347 f.; vgl. LG Thessaloniki 14944/1997, EEmpD 1997, S. 802, 807 ff. mit Anm. von *N. Rokas* und *Mikroulea.*

VIII. Großbritannien*

Inhaltsübersicht

	Rdn.
1. Rechtsquellen	
2. Kurzcharakteristik des englischen Wettbewerbsrechts	229
3. Werbung	242
a) Irreführende Werbung	242
b) Vergleichende Werbung	245
c) Getarnte Werbung	246
d) Belästigende Werbung	268
e) Herabsetzende, beleidigende und anschwärzende Werbung	249
f) Produkt- und medienspezifische Regelungen	250
4. Direktmarketing	251
5. Sales Promotion	256
6. Herabsetzung, Anschwärzung	258
7. Verwechslungsgefahr	259
8. Ausnutzen fremder Leistungen (Nachahmung), Rufausbeutung	260
9. Individuelle Behinderung	261
10. Vorsprung durch Rechtsbruch	262
11. Sanktionen, Verfahren	263

Schrifttum (Auswahl): *Arnold,* English Unfair Competition Law, IIC 2013, Heft 1; *Bodewig,* Das Recht des unlauteren Wettbewerbs in Großbritannien. Ein Gleichklang von Fallrecht, Gesetzesrecht und Selbstkontrolle, GRUR Int. 2004, 435 ff.; *Bradgate/Brownsword/Twigg-Flessner,* The Impact of Adopting a Duty to Trade Fairly, (Report für DTI) Juli 2003; *Byrt,* Grande-Bretagne, in: Greffe/Greffe (Hrsg.), La publicité et la loi, 11. Aufl. 2009, S. 855; *Carty,* An Analysis of the Economic Torts, 2001; *dies.,* Registered Trademarks and Permissable Comparative Advertising, Vol. 24 EIPR 2002, 294 ff.; *Cornish/Llewellyn,* Intellectual Property, Patents, Copyrights, Trademarks & Allied Rights, 7. Aufl. 2010; *Davis,* Unfair Competition Law in the United Kingdom, in: Hilty/Henning-Bodewig (Hrsg.), Law Against Unfair Competition, 2007, S. 183 ff.; *Davis,* in: Henning-Bodewig (Hrsg.), International Handbook on Unfair Competition Law, 2013, S. 591; *dies.,* Why the United Kingdom should have a law against misappropriation, vol. 69 Cambridge Law Journal (CLJ) 2010, 561 ff.; *Devenny,* Private Redress Mechanismus in England and Wales for Unfair Commercial Practices, EuCML 2016, 100; *Eckel,* Die Kohärenz der Harmonisierung von irreführender und vergleichender Werbung in Deutschland und England, 2015 (zitiert als Eckel 2015); *ders.,* The Tort of Passing-off and Malicious Falsehood and the Concept of Full Harmonisation, GRUR Int. 2016, 11; *ders.,* Markenrechtliche Zulässigkeit vergleichender Werbung in Deutschland und Großbritannien, GRUR Int. 2015, 438; *ders.,* A common Approach for Collective Redress in Antitrust and Unfair Competition: a comparison between the EU, Germany and the United Kingdom. IIC 2015, Heft 9; *ders.,* Grenzen der Rechtsdurchsetzung durch materiell-rechtliche Harmonisierung, EuZW 2015, Heft 10; *Farkas,* Does the UK need a general law against unfair competition? A fashion industry insight, 2011 E. I. P. R., 33; *Fröndhoff,* Die Inhaltsbeschränkungen irreführender und vergleichender Werbung – England und Deutschland im Vergleich, 2002; *Guthy,* Die Umsetzung der Richtlinie 2005/29/EG in Deutschland und Großbritannien, 2011; Haesen, Der Schutz gegen den unlauteren Wettbewerb in Deutschland und England vor dem Hintergrund fortschreitender europäischer Harmonisierung, 2014; *Hasselblatt,* Die vergleichende Werbung, 2002, S. 111; *Howells,* The end of an era – implementing the Unfair Commercial Practices Directive in the United Kingdom, J.B.L. 2009, 183 ff.; *Howells/Weatherill,* Consumer Protection Law, 2. Aufl. 2005; *Howells/Voigt,* United Kingdom, in: *Micklitz/Keßler* (Hrsg.), Marketing Practices Regulation and Consumer Protection in the EC Member States and the US, 2002, S. 361; *Jergolla,* Die Werbeselbstkontrolle in Großbritannien, 2003; *dies.,* Die britische Werbeselbstkontrolle anhand des Advertising Code – eine Gegenüberstellung mit der Rechtslage in Deutschland, WRP 2003, S. 431; *dies.,* Der neue British Code of Advertising, Sales Promotion and Direct Marketing, WRP 2003, S. 606; *Johnson,* Vereinigtes Königreich, in: Lange (Hrsg.), Internationales Handbuch des Marken- und Kennzeichenrechts, 2009, S. 983 ff.; *Kebbedies,* Vergleichende Werbung – die europäischen Harmonisierungsbemühungen im deutschen und englischen Lauterkeitsrecht 2004; *Mountstephens/Ohly,* Das Markenrecht in Großbritannien und Nordirland, in: Schricker/Kuaak/Bastian (Hrsg.), Gemeinschaftsmarke und Recht der EU-Staaten, 2006, S. 617; *Müller,* Länderbericht England, in: Schmidt-Kessel/Schubmehl (Hrsg.), Lauterkeitsrecht in Europa, 2011, S. 163 ff.; *Ohly,* Richterrecht und Generalklausel im Recht des unlauteren Wettbewerbs, 1995; *ders.,* Vereinigtes Königreich von Großbritannien und Nordirland, in: Schricker (Hrsg.), Recht der Werbung in Europa, 1995 *(Schricker/Ohly); Ohly,* Persönlichkeitsschutz im englischen Recht, RabelsZ 65 (2001) S. 39; *Ohly/Spence,* The Law of Comparative Advertising: Directive 97/55/EC in the United Kingdom and Germany, 2000 (auszugsweise übersetzt in GRUR Int. 1999, S. 681); *Palomba,* The Use of Celebrities in Advertising – How the Position Has Changed, Communications Law 2002, S. 223; *Ramsay,* Consumer Law and Policy, 3. Aufl. 2012; *Ulmer/v. Westerholt,* Das Recht des unlauteren Wettbewerbs in den Mitgliedstaaten der EWG, Band VI: Vereinigtes Königreich von Großbritannien und Nordirland, 1981; *v. Westerholt,* Die

* Der Verf. dankt *Dr. Phillip Eckel,* LL. M. (London) für wertvolle Hinweise.

Passing off-Klage im englischen Recht, 1976; *Wadlow,* The Law of Passing-off. Unfair Competition by Misrepresentation, 4. Aufl. 2011; *ders.,* The Emergent European Law of Unfair Compeitition and Its Consumer Law Origins, J.P.O. 2012, 1 ff., *ders.,* Passing off at the Crossroads Again, E.I.P.R. 2011, S. 447 ff.; *Waßmuß,* Wettbewerbsrecht und Verbraucherschutz in England 2014; *Department of Trade and Industry* und *Office of Fair Trading,* verschiedene Berichte und Veröffentlichungen.

1. Rechtsquellen

Common law: passing off, injurious bzw. malicious falsehood, defamation; **Gesetze und Verordnungen:** Trade Description Act 1968, Consumer Rights Act 2015; Consumer Protection from Unfair Trading Regulations 2008 (Amendment Regulations 2015), Business Protection from Misleading Marketing Regulations 2008; **Selbstkontrolle:** British Code of Advertising, Sales Promotion and Direct Marketing 12th ed.; BCAP Radio Advertising Standards Code; BCAP Television Advertising Standards Code; OFCOM Broadcasting Code vom 28.2.2011.

2. Kurzcharakteristik des englischen Wettbewerbsrecht

Das englische Recht[343] kennt weder eine umfassende gesetzliche noch fallrechtliche Regelung des unlauteren Wettbewerbs.[344] Typisch sind vielmehr verschiedene anerkannte Tatbestände des Fallrechts und gesetzliche Vorschriften, die jeweils Teilaspekte des unlauteren Wettbewerbs regulieren.[345] Hinzu kommen – mit staatlicher Billigung, Unterstützung und Anerkennung[346] – geschaffene Kodizes der Selbstkontrolle der Wirtschaft. 229

Die **passing off-Klage** ist der praktisch wichtigste fallrechtliche Rechtsbehelf; sie könnte wegen ihrer weiten Tatbestandsvoraussetzungen (zumindest bei extensiver Auslegung) am ehesten die Funktion einer Generalnorm gegen unlauteren Wettbewerb übernehmen. Sie richtet sich ursprünglich gegen die täuschende Verwendung von Individualkennzeichen, wenn z.B. ein Anbieter seine eigenen Produkte als die eines anderen ausgibt.[347] Schutzgegenstand ist jedoch nicht das Kennzeichen, sondern der darin verkörperte Goodwill. Der Begriff des Kennzeichens wird deshalb sehr weit ausgelegt und z.B. auf Verpackungen oder Werbeslogans ausgedehnt. Auch falsche Angaben über die Zusammensetzung eines Produkts oder das Angebot von Gebrauchtwagen als neu sind verboten worden.[347] Die **Voraussetzungen einer passing off-Klage** sind: Ein geschäftlicher Ruf (goodwill) des Klägers; eine irreführende Angabe des Beklagten („misrepresentation"), die zu Verwechslungsgefahr („risk of confusion") führt, und die Wahrscheinlichkeit eines Schadens.[348] Täuschungsvorsatz ist nicht erforderlich.[349] Problematisch ist die **Abgrenzung zu markenrechtlichen Ansprüchen,** insbes. bei sog. **„look alikes".** Da nach der „Sabél/Puma"-Entscheidung des EuGH auch in Großbritannien die Hervorrufung einer gedanklichen Verbindung mit einem älteren Zeichen nur als Unterfall der Verwechslungsgefahr angesehen wird,[350] liegt es nahe, dass für Fälle bloßer Assoziation die passing off-Klage ins Feld geführt wird. In der Folge der „Pub Squash"-Ent- 230

---

[343] Es wird bewusst der Begriff „englisches Recht" (und nicht „britisches Recht") gewählt. Die folgenden Ausführungen gelten uneingeschränkt nur für England und Wales. Schottisches und nordirisches Recht weisen Besonderheiten auf, auf die nur vereinzelt eingegangen werden kann. S. *Huntley,* S. 317 ff.; *Ohly,* Richterrecht, S. 14 f.

[344] Ein aktueller ausführlicher Überblick über das englische Lauterkeitsrecht findet sich in den Werken von *Eckel* (2015) und *Haesen* (2014); vgl. weiter *Davis* (2013), S. 592 ff.; *Müller,* in: Lange (2011), S. 163 ff. Zum Verbraucherschutz in Großbritannien vgl. Department of Trade and Industry (DTI) unter http://www.dti.gov.uk/ccp/topics1/pdf1/benchuk.pdf (2003). Das Ministerium ist mittlerweile umbenannt in Department for Business Enterprise and Regulatory Reform.

[345] Unter dem Einfluss des europäischen Rechts (allerdings vor dem „Brexit" von 2016) wurde verstärkt über die Einführung einer allgemeinen Verpflichtung „to trade fairly" diskutiert, s. z.B. die Studie im Auftrag des DTI von *Bradgate/Brownsword/Twigg-Flessner,* The Impact of Adopting a Duty to Trade Fairly, http://www.dti.gov.uk/ccp/topics1/pdf1/unfairreport.pdf (2003). und die Arbeiten von *Davis* (2007), S. 194 ff. und *Arnold* (2013).

[346] Dies wird unterstrichen durch die Bemühungen Großbritanniens, die Selbstkontrolle als gleichwertigen Durchsetzungsmechanismus bei der Umsetzung von EU-Richtlinien zu verankern.

Ausführlich *Wadlow* (2011); *Kroher,* GRUR Int. 1982, 92; *Schricker/Ohly,* Rdn. 102 ff.; *Mountstephens.*

[347] Fundstellen bei *Schricker/Ohly,* Rdn. 109 ff.

[348] Der Schaden für den Goodwill muss nicht konkret sein, Irvine v. Talksport Ltd, [2002] 1 W.L.R. 2355 = GRUR Int. 2003, S. 255, 257.

[349] *Schricker/Ohly,* Rdn. 102 unter Bezugnahme auf Reckitt & Coleman v. Borden [1990] R.P.C. 340, HL = GRUR Int. 1991, S. 142, 143 – *Jif* m. Anm. *Kroher* und Erven Warnink v. Townend, GRUR Int. 1980, 120, 121 f. – *Advocaat.*

[350] GRUR 1998, 387. S. dazu ausführlich *Cornish/Llewellyn,* Rdn. 17–94 ff. Zum englischen Markenrecht vgl. die ausführliche Darstellung von *Johnson* (2009) *Mountstephens/Ohly* (2006); zu Modeerzeugnissen ausführlich *Farkas,* 2011 E.I.P.R 33.

scheidung des Privy Council[351] haben die Gerichte aber auch in solchen Fällen eine Irreführungsgefahr bei Verwendung klar unterschiedlicher Kennzeichen idR verneint. Es reicht nicht aus, dass bei den angesprochenen Verkehrskreisen eine bloße Gedankenverbindung (association) mit dem etablierten Produkt hervorgerufen wird.

231 Die Klage wegen **„injurious falsehood“** erfasst falsche Angaben, welche den Kläger – auch ohne Beeinträchtigung seines Rufs – schädigen.[352] Die unwahre Äusserung muss Umstände aus seinem Bereich betreffen.[353] Es ist grobe Fahrlässigkeit erforderlich.[354] Die Unrichtigkeit muss der Kläger beweisen. Diese Einschränkungen des Tatbestands und die beweisrechtlichen Probleme verringern die praktische Relevanz.

232 Mit der Klage wegen **defamation** nach englischem Recht[355] kann der Kläger gegen Äußerungen vorgehen, welche die persönliche Ehre beeinträchtigen und zur Herabsetzung in der Öffentlichkeit geeignet sind.[356] Es wird Verleumdung in schriftlicher („libel“) und mündlicher Form („slander“) unterschieden.[357] Im Unterschied zu „libel“ ist i. d. R. bei „slander“ auch ein Schaden des Klägers Voraussetzung. Verschulden ist nicht gefordert. Die Beweislast für die Wahrheit liegt beim Beklagten. Die Bedeutung liegt insbesondere bei kritischen Äußerungen über Produkte.

233 Daneben gibt es eine Reihe **anderer Klagegründe:**[358] „Inducement to breach of contract“, „intimidation“ bzw. „unlawful threat“, „conspiracy“, „breach of statutory duties“, „breach of confidence“.

234 An einer Auseinandersetzung mit der Frage, inwieweit die Klagegründe des Common Law mit dem **europarechtlichen Sekundärrecht**, namentlich den Richtlinien 2005/29/EG und 2005/114/EG vereinbar sind, hat es in Großbritannien bereits vor dem Brexit von 2016 gefehlt; man ist der Ansicht, das Common Law stelle aufgrund seiner historischen Verwurzelung eine unabhängige Rechtsquelle dar.[359]

235 Von den gesetzlichen Vorschriften, die im Lauterkeitsrecht eine Rolle spielen, ist der **Trade Description Act von 1968** der älteste.[360] Er enthält Vorschriften über falsche Beschreibungen von Waren und Dienstleistungen (Sec. 1 ff., 14); explizite oder implizite falsche oder irrführende Informationen über das Unternehmen, seine Warne und Dienstleistungen, die von den „Local Trading Standars Autorities“ überwacht werden. Der Trade Description Act wurde jedoch 2008 in seinem Anwendungsbereich stark eingeschränkt. Der Consumer Protection Act 1987, der irreführende Preisangaben (auch Preisvergleiche) für Waren, Dienstleistungen, Wohnraum etc. gegenüber dem Verbraucher (Sec. 20 ff.) regelt(e), wurde 2015 durch den **Consumer Rights Act 2015** ergänzt bzw. ersetzt.[361]

236 Die **Business Protection from Misleading Marketing Regulations 2008**[362] setzen die **Richtlinie 2006/114/EG** um (dazu *Glöckner,* Einl. B.). Sie regeln die vergleichende Werbung und die irreführende Werbung im B2B-Verhältnis. Ebenso wie schon bei den zuvor geltenden Control

---

[351] Cadbury-Schweppes v. Pub Squash [1981] R. P. C. 429, PC betraf die Nachahmung von Stil und Thematik einer erfolgreichen Werbekampagne. Folgeentscheidungen sind u. a. Scott v. Nice-Pak [1989] F. S. R. 14 (blaue Behälter für Babytücher); Financial-Times v. Evening Standard [1991] F. S. R. 17 (rosa Seiten in einer Zeitung); United Biscuits v. Burtons Biscuits [1991] F. S. R. 14 (Verpackung). Abweichend *Reckitt & Colman v. Borden* a. a. O. wo die Verwendung einer zitronenförmigen Flasche durch einen Konkurrenten trotz anderer Kennzeichnung Irreführungsgefahr hervorrief, weil sie beim Publikum durch Gewöhnung so stark mit dem „Erstverwender“ assoziiert werde, dass die unterschiedliche Marke nicht beachtet werde. *Cornish/Llewellyn,* Rdn. 16–39 haben die Rechtslage wie folgt zusammengefasst: „The judges are not, however, prepared to allow any wholesale abandonment of the need to show confusion of customers leading to damage in favour of some loosely defined wrong covering cases where all that can be said is that a defendant derives some tangential advantage from imprecise recollection and association“. Vgl. auch High Court of Justice 31.1.2014, GRUR Int 2014, 578.

[352] Das schottische Recht kennt diesen Klagegrund nicht; entsprechende Fälle werden mit der Klage wegen „verbal injury“ erfasst, Länderbericht Großbritannien zu Frage 140, AIPPI, Yearbook 1998/IV, S. 97.

[353] Falsche Behauptungen des Beklagten über seine eigenen Produkte sind deshalb nicht erfasst.

[354] *Schricker/Ohly,* Rdn. 75 ff.

[355] Das schottische Recht kennt diesen Klagegrund ebenfalls, weist jedoch einige Besonderheiten auf, Länderbericht Großbritannien zu Frage 140, AIPPI, Yearbook 1998/IV, S. 97; *Schricker/Ohly,* Rdn. 74.

[356] *Schricker/Ohly,* Rdn. 66, 70 ff.

[357] Zu dem in diesem Punkt etwas unterschiedlichen schottischen Recht s. *Schricker/Ohly,* Rdn. 74.

[358] S. dazu und zur Rechtsprechung *Ohly,* Richterrecht, S. 34 ff. Zum „law of mispresentation“, das sich aus den verschiedenen Aspekten ergibt, vgl. auch *Devenney* (2016); *Wadlow* (2011).

[359] Vgl. ausführlich dazu *Eckel,* EuZW 2015, Heft 10.

[360] Die britischen Gesetze und Verordnungen sind über die website von Her Majesty's Stationary Office (HMSO) zugänglich (http://www.hmso.gov.uk/).

[361] Erhältlich über die vorgenannte Website; vgl. auch *Devenney* (2016). Zum Act 1987 vgl Warwickshire County Council v. Johnson [1993] 1 All ER 299 = GRUR Int 1993, S. 880 – *20 Pfund billiger* m. Anm. *Strobel.*

[362] Erhältlich über die in Fn. 361 genannte Website.

of Misleading Advertisements Regulations 1988 bleibt die Rolle der **Selbstkontrolle** der Industrie erhalten. Die Regulations werden durchgesetzt durch die **Competition and Markets Authority (CMA)**, die das **Office of Fair Trading** seit Ende 2014 ersetzt. Sie greift selbst i. d. R. nur ein, wenn die Schutz durch die lokalen staatlichen Stellen und die Selbstkontrolle versagt und es im Interesse der Allgemeinheit liegt. Entsprechend müssen zunächst die dortigen Rechtsmittel ausgeschöpft werden. Nimmt sich die CMA eines Falles an, versucht es in aller Regel vor Antrag auf Unterlassungsverfügung eine einvernehmliche Lösung mit dem Werbenden.[363]

Eine gewisse Konsolidierung der verstreuten Vorschriften zum Schutz der Verbraucher ist durch die **Consumer Protection from Unfair Trading Practices Regulations 2008 (Amendment 2015)**[364] erfolgt. Sie setzen die Richtlinie 2005/29/EC über unlautere Geschäftspraktiken um und heben große Teile des Trade Description Act 1968 und Part 3 des Consumer Protection Act 1987 (über irreführende Preisangaben) auf. Die materiell-rechtlichen Vorschriften entsprechen denen der Richtlinie. Teil 3 nützt freilich der Spielraum, den die Richtlinie bei der **Durchsetzung** gewährt. Nach reg. 8 (1) muss der Gewerbetreibende „knowingly or recklessly" handeln, was nach reg. 8 (2) allerdings weitgehend vermutet wird; in einigen Bereichen (reg. 12) besteht auch eine verschuldensunabhängige Haftung. Reg. 17 erlaubt die „due diligence defence". Die allgemein im englischen Recht wichtigen *Kodizes* (s. Rdn. 239) sind auch in den Regulations 2008 von großer Bedeutung. Die reformierten Consumer Protection (Amendment) Regulations 2014 sehen mit Geltung ab dem 1.10.14 die Möglichkeit der Geltendmachung eines Minderungs-, Rücktritts- und Schadensersatzrechts für **Endverbraucher** bei irreführenden (reg. 5 CPRs) und aggressiven (reg. 7 CPRs) Handlungen vor.[365] Damit obliegt die privatrechtliche Durchsetzung der Regulations nicht mehr ausschließlich der Competiton and Market Authority (CMA). 237

Eine Reihe von **weiteren Gesetzen und Verordnungen** betreffen irreführende Angaben für Verbraucherkredite, Grundstücke und Bauten, Lebensmittel, Arzneimittel, Gegenstände aus Edelmetall, Pauschalreisen etc.[366] 238

Wie mehrfach betont, kommt der britischen Selbstkontrolle große Bedeutung zu.[367] Der wichtigste Kodex ist der **„British Code of Advertising, Sales Promotion and Direct Marketing"** des Committee on Advertising Practice **(CAP)**.[368] Nicht erfasst wird u. a. die Werbung in Radio und Fernsehen.[369] Die Durchsetzung des Code erfolgt durch die **Advertising Standards Authority (ASA)**.[370] Soweit gleichzeitig einen Verstoss gegen staatliche Vorschriften vorliegt und die ASA keinen angemessenen Schutz gewährt oder gewähren kann,[371] steht subsidiär der Weg zur CMA (Rdn. 236) offen. 239

Aufsichtsbehörde für Fernsehen und Radio ist das Office of Communications (OFCOM).[372] In OFCOM wurden die Zuständigkeiten zur Regulierung der Kommunikations-Indus- 240

---

363 Vgl. etwa Director General of Fair Trading v. Tobyward Ltd, [1989] 2 All ER 266 = GRUR Int. 1989, S. 846. Die Erwirkung der Unterlassung einer Werbung erfolgte gegenüber der Barclay's Bank, die für ihre Kreditkarte nach Ansicht des OFT grob täuschender Weise mit „0% Zinsen für immer" geworben worden hatte, Pressemitteilung des OFT PN149/03 vom 18. November 2003. Eine Ausnahme bildete auch der Sachverhalt, der letztlich zu der Purely Creative-Entscheidung des EuGH (WRP 2012, 1509) führte.

364 Der Text ist erhältlich über die in Fn. 361 angegebene Website. Zu den Regulations 2008 ausführlich *Davis* (2013); S. 592 ff.; *Müller* (2011), S. 181 f., *Guthy* (2011) *Haesen* (2014); *Waßmuß* (2014) und *Ecke* (2015).

365 Ausführlich *Devenney* (2016).

366 Consumer Credit Act 1974 (Sec. 43–46) und Consumer Credit (Advertisements) Regulations 1989 (SI 1989/1125); Property Misdescription Act 1991 (Sec. 1 (1) mit Property Misdescriptions (Specified Matters) Order 1992; Food Safety Act 1990 (Sec. 15); Medicines Act 1968 (Sec. 92 ff.); Tobacco Advertising and Promoting Act 2002; Hallmarking Act 1973 (in der Fassung von 1999); Food Labeling Regulations 1984; Package Travel, Package Holidays and Package Tours Regulations 1992; Trading Stamps Act 1964 (der demnächst abgeschafft wird, http://www.dti.gov.uk/ccp/consultpdf/tstampres.pdf.

367 Ausführlich dazu *Jorgella* (2003). Seit 2001 besteht ein (freiwilliges) Anerkennungsverfahren für die Codes bei der CMA, nunmehr geregelt in Sec. 8 Enterprise Act 2002. Es prüft dabei u. a., ob der Code den Konsumenten mehr als die ohnehin bestehenden gesetzlichen Rechte einräumt und ob eine wirksamer Durchsetzungsmechanismus besteht.

368 Am 1.10.2010 in 12. Auflage wirksam geworden; Text erhältlich unter http://www.cap.org.uk.

369 Für die genaue Auflistung der nicht erfassten Aktivitäten s. Rule 1.2 ASA/CAP Code.

370 Ein unabhängiges Gremium der Werbeindustrie mit Mitgliedern aus den betroffenen Branchen und wichtigen gesellschaftlichen Gruppen.

371 S. als Beispielsfall Office of Fair Trading v. Tobyward Ltd, [1989] 1 WLP 517 = GRUR Int. 1989, S. 846, in dem die ASA Verstöße gegen den Code sah, sich mit dem werbenden Unternehmen aber nicht über Abhilfemassnahmen einigen konnte. Die ASA rief daher das OFT an, welches eine gerichtliche Unterlassungsverfügung beantragte. Vgl. auch Fn. 354.

372 Die Independent Television Commission (ITV) und die Radio Authority (RA) sind am 18.12.2003 durch den Communications Act von 2003 aufgelöst worden.

trie zusammengefasst[373] und damit auch für die Werbung und die Aufstellung von Kodizes und Richtlinien.[374] Es bestehen verschiedene Kodizes für Werbung, Sponsoring etc., die sich im Wesentlichen im **BCAP Radio Advertising Standards Code,** den **BCAP Television Advertising Standards Code** und den **OFCOM Broadcasting Code 2005** finden.[375]

241 **Weitere Kodizes** gibt es für verschiedene Branchen, z.B. den Direktvertrieb[376] und die Finanzwirtschaft.[377]

3. Werbung

242 **a)** Es gibt **kein allgemeines zivilrechtliches Verbot irreführender Werbung.** Den insofern breitesten Anwendungsbereich hat noch die **passing off-Klage.**[378] Sie wird z.B. auch erfolgreich von **Prominenten** gegen die unerlaubte werbliche Nutzung ihrer Person eingesetzt.[379] Auch die Klagegründe „injurious (malicious) falsehood" oder „defamation" können gegen irreführende Werbung erfolgreich sein.[380]

243 Im Übrigen erfolgt die Bekämpfung täuschender Werbung im B2B-Verhältnis auf der Grundlage der **Business Protection from Misleading Marketing Regulations 2008** und im B2C-Verhältnis durch die **Consumer Protection from Unfair Trading Regulations 2008/2014** (s. Rdn. 236, 237), die jedoch (meist subsidiär) gegenüber der Selbstkontrolle sind.

244 Der **British Code of Advertising, Sales Promotion and Direct Marketing,**[381] enthält in Rule 2.1 die generalklauselartige Vorschrift: „All marketing communications should be legal, decent, honest and truthful." Dies wird ergänzt durch eine Erläuterung dieser Begriffe, z.B. der Wahrhaftigkeit (truthfulness).[382] Gestattet sind eindeutig erkennbare Unwahrheiten oder Übertreibungen (Rule 3.4). Tatsachenbehauptungen müssen substantiiert werden können (Rule 3.1), blosse Meinungsäusserungen sind als solche kenntlich zu machen (Rule 8.1). Diese Grundregeln werden für einzelne Werbemaßnahmen weiter präzisiert, etwa für „testimonials and endorsements" durch Prominente oder andere Personen (Art. 14). Für **Werbung im Fernsehen** stellt der BCAP Television Advertising Standards Code[383] ein Irreführungsverbot auf.[384] Besonders geregelt ist die Verwendung des Begriffs „free" (gratis, umsonst) vgl. dazu auch Rdn. 256. In der **Radiowerbung** regelt der BCAP Radio Advertising Standards Code[385] auch die irreführende Werbung.[386] Besonders erwähnt wird die Superlativwerbung; ihre Richtigkeit ist zu belegen, wenn sie nicht eindeutig als werbliche Übertreibung (puffery) erkennbar ist.[387]

245 **b)** Die **vergleichende Werbung,** geregelt in den **Business Protection from Misleading Marketing Regulations 2008,** wird in England traditionell liberal gehandhabt.[388] Einen eigenen zivilrechtlichen Klagegrund gibt es nicht; am ehesten ist ihre zivilrechtliche Einhaltung über „injurious falsehood" (bei Täuschung)[389] und „defamation" (Anschwärzung)[390] erzwingbar. Nach Sec.

---

[373] Neben ITC und RA gingen auch die Broadcasting Standards Commission (BS C), das Office of Telecommunications (Oftel) und die Radiocommunications Agency darin auf.

[374] Sec. 9 Broadcasting Act 1990, novelliert 1996 durch Regelungen für Radio und Fernsehen in digitaler Form und durch den Communications Act 2003.

[375] Die Codes sind rhältlich über http://www.ofcom.org.uk/codes_guidelines/broadcasting/.

[376] S. dazu unten.

[377] http://www.fsa.gov.uk/. Informationen für die Praxis enthält ein Handbuch http://www.fsa.gov.uk/handbook/BL2COBpp/COB/Chapter_2.pdf. Kap. 3 ferner enthält umfassende Regeln für „Financial Promotion".

[378] Sie bietet zivilrechtlichen Schutz für betroffene Gewerbetreibende. Verbraucher werden von ihr nur indirekt mitgeschützt.

[379] Irvine v. Talksport Ltd., Fn. 7. Zu dieser Problematik und dem Einsatz von „look alikes" oder „sound alikes" s. *Palomba,* Communications Law 2002, S. 223 und *Blum,* Personality disorder: Strategies for protecting celebrity names and images in the UK, JIPLP 2014, 201.

[380] Zu den jeweiligen Voraussetzungen s. o. Rdn. 231.

[381] http://www.cap.org.uk/cap/codes/. Vgl. auch *Byrt,* S. 855.

[382] Rule 7.1: „No marketing communication should mislead, or be likely to mislead, by inaccuracy, ambiguity, exaggeration, omission or otherwise."

[383] http://www.cap.org.uk/cap/codes/.

[384] Sec. 5.1. Für an Kinder gerichtete Werbung gilt ferner Sec. 7.1, wo u. a. die Ausnutzung der Leichtgläubigkeit von Kindern verboten wird.

[385] http://www.cap.org.uk/cap/codes/.

[386] Sec. 2 Nr. 3 erläutert dies noch etwas näher.

[387] Sec. 2 Nr. 4.

[388] Umfassend dazu *Ohly/Spence,* 2000 und die Beiträge von *Eckel* (2015).

[389] S. dazu III. 1. konstruktiv der vergebliche Versuch der British Airways dem Konkurrenten Ryan Air eine vergleichende (herabsetzende) Werbung verbieten zu lassen, British Airways v Ryan Air, [2001] FSR 541.

[390] S. dazu oben Rdn. 231 ff.

10 (6) des Markengesetz von 1994 ist es nunmehr[391] auch ohne Gestattung des Markeninhabers erlaubt, die Marke zur Identifizierung von Dienstleistungen und Waren des Inhabers oder Lizenznehmers zu benutzen, soweit dies „honest practices in industrial and commercial matters" entspricht.[392] Wahre, nicht herabsetzende Vergleiche verstossen dagegen nicht.[393] Eine täuschende vergleichende Werbung ist hingegen unlauter.[394] Umfassender ist die Regelung der vergleichenden Werbung im **ASA/CAP Code.**; vgl. Rdn. 239.

c) Eine allgemeine gesetzliche Regelung oder einen Klagegrund gegen **getarnte Werbung** gibt es nicht. Allerdings enthält der **Consumer Protection from Unfair Trading Practices (Amendment) Regulations 2014** (Rdn. 237) das Verbot der Irreführung über den kommerziellen Charakter einer Geschäftspraktik. Der ASA/CAP Code verbietet die Verschleierung von Werbung (Rule 22.1) und verankert den **Trennungsgrundsatz** für Werbung und redaktionellen Teil,[395] der auch für die **Radio- und Fernsehwerbung** gilt. Für die Fernsehwerbung enthält der Code ferner ein ausdrückliches Verbot der **subliminalen Werbung.** 246

Der OFCOM Broadcasting Code sieht strenge Regeln für das **Sponsoring** von Sendungen und das **Product Placement** in Radio und Fernsehen vor.[396] Die Durchsetzung dieser Regeln ist nicht der Selbstkontrolle der Industrie überlassen, sondern wird von OFCOM selbst wahrgenommen. Verboten ist auch die **unangemessene Herausstellung** (undue prominence) bestimmter Waren und Dienstleistungen ohne klare redaktionelle Veranlassung.[397] 247

d) Die übermäßig **belästigende Werbung** ist als aggressive Geschäftspraktik in den Consumer Protection from Unfair Trading Regulations 2008 (s. Rdn. 237) verboten.[398] Umfassend geregelt worden sind in jüngster Zeit unerbetene Telefonanrufe, Faxe, Emails und SMS-Nachrichten. Die **geschlechtsdiskriminierende Werbung** obliegt der **ASA** (Rdn. 239).[399] 248

e) Herabsetzende, beleidigende und anschwärzende Werbung kann nach common law als „defamation" oder „injurious falsehood" angreifbar sein. Letzteres scheint nur begrenzten Schutz zu bieten, wenn angebliche Herabsetzungen im Zusammenhang mit wahrer, nicht irreführender vergleichender Werbung stehen.[400] Nach der Regelung in den Business Protection from Misleading Marketing Regulations 2008 (Rdn. 236) dürfen Vergleiche Kennzeichen, die Produkte, die Tätigkeiten oder die Verhältnisse eines Mitbewerbers nicht herabsetzen oder verunglimpfen. Dies wurde im ASA/CAP Code übernommen und auf alle Marketingkommunikationen ausgedehnt.[401] Die **schockierende Werbung** war mehrfach Gegenstand von Entscheidungen der **ASA.**[402] 249

f) Es bestehen zahlreiche **produkt- und medienspezifische Regelungen** der Werbung. Der **BBC** sind die Ausstrahlung von Werbung und das Sponsoring von Sendungen generell nicht erlaubt. Für **Printmedien** und die **Werbung im Kino** gelten die allgemeinen Vorschriften.[403] Die 250

---

[391] Anders Sec. 4 (1) (b) des Markengesetzes von 1938, das jede Art der Bezugnahme auf fremde eingetragene Marken verbot. Zum geltenden englischen Markenrecht ausführlich *Johnson* (2009).

[392] Vgl. hierzu ausführlich *Eckel*, GRUR Int. 2015, 438 ff.

[393] S. die grundlegenden Entscheidungen Barclays Bank v. RBS Advanta (1996 RPC 307), Vodafone Group v. Orange Personal Communications Services Ltd (1997 FSR 34), British Telecommunications v. AT&T Communications (UK) Limited (1997 EIPR (5) D-134), Cable & Wireless v. British Telecommunications (1998 FSR 383).

[394] Vgl. auch den vom Department of Trade herausgegebenen Code of Practice for Traders on Price Indications, a. a. O., in dem sowohl der Eigenpreisvergleich geregelt ist wie auch der Fremdvergleich.

[395] Rule 23.2.

[396] Sec. 9 und 10 des Code.

[397] Rule 10.4 des OFCOM Broadcasting Code.

[398] Vgl. auch den Protection from Harassment Act 1997. Auch das common law bietet in Einzelfällen Schutz gegen das unbefugte Betreten von Grundstücken (trespass to land) oder – so wird vertreten – etwa gegen die Scheibenwischerwerbung bei Autos (trespass to goods). Gehäufte Anrufe können als nuisance (Besitzstörung) angegriffen werden, *Schricker/Ohly*, Rdn. 89 ff. Zum Persönlichkeitsschutz vgl. *Byrt*, S. 883.

[399] Die ASA geht besonders strikt gegen „frauenfeindliche", sex-betonte Werbung vor; vgl. etwa www.bbc.com/news/uk-333403401 („beach body"-campaign) oder Median Guardian 27.7.2011 (retouschierte Fotos von Julia Roberts für Kosmetikwerbung).

[400] S. als vor Implementierung der Richtlinie entschiedenes Beispiel British Airways v Ryan Air, [2001] FSR 541, wo die Beklagte BA in einer ansonsten wahren vergleichenden Werbung als „expensive ba. . .rds" (bastards) bezeichnet hatte. Das Gericht fand dies „vulgar" aber nicht „malicious".

[401] Rule 20.1.

[402] S. die von der BBC vorgestellten Videofilme http://news.bbc.co.uk/1/hi/magazine/3 306 723.stm von verbotener und nicht verbotener schockierender Werbung.

[403] Für die Verlage hat die Newspaper Society eine Abteilung eingerichtet, bei der geplante Werbung auf rechtliche Probleme untersucht werden kann. http://www.newspapersoc.org.uk/Default.aspx?page=1266.

Town and Country Planning (Control of Advertisements) Regulations 1992 regeln das **Aussenwerberecht.**[404] Nach dem **Tobacco Advertising and Promotion Act 2002,**[405] der durch Regulations ergänzt wird,[406] ist jede Werbung für Tabakwaren (einschließlich Sponsoring) verboten. Auch in Fernsehen ist die Werbung für Tabakwaren und für brandsharing-Produkte verboten.[407] Der **Radio-Code** verbietet die Werbung für Tabakprodukte und „to advertise a brand name that is the same as, likely to be mistaken for, or connected with a tobacco product, if the purpose or effect is to promote a tobacco product".[408] **Werbeverbote** gelten auch für „inacceptable" Waren und Dienstleistungen **im kommerziellen Fernsehen.**[409] Nicht verboten, aber **reguliert** ist dort Werbung für Arzneimittel, medizinische Behandlungen, Gesundheitswerbung, Nahrungsmittel, Diätkost und -beratung, Finanzdienstleistungen, alkoholische Getränke, Unterricht, Partnervermittlungen, Telefondienste, Fernabsatz, Lotterien, Bingo etc.[410] **Medienübergreifend** besteht für **Medikamentenwerbung** gegenüber Konsumenten ein weitgehendes Verbot.[411] Andere Regelungen finden sich für **Lebensmittel,**[412] **Konsumentenkredite,**[413] **Pauschalreisen,**[414] **Wetten und Bingo**[415] uva. Daneben bestehen entsprechende produktspezifische Vorschriften im ASA/CAP Code.

4. Direktmarketing

251 Großbritannien hat die EU-Richtlinien über **Haustürgeschäfte,**[416] **Fernabsatz**[417] und **E-commerce**[418] umgesetzt. Aber auch beim Direktmarketing steht die Selbstkontrolle im Vordergrund. Neben den ASA/CAP Code[419] tritt der (für Verbandsmitglieder verbindliche)[420] Code of Practice der Direct Marketing Authority (DMA).[421] Ferner hat die Direct Selling Association (für Mitglieder verbindlich) einen Code of Ethics[422] und einen detaillierteren Code of Practice for Consumers,[423] der mit der CMA abgestimmt ist.

252 **Unbestellte Telefonanrufe, Faxe, Emails (Spam) und SMS-Nachrichten und die Hinterlassung von Cookies** auf dem Kundencomputer werden von den Privacy and Electronic Communications (EC Directive) Regulations (PECR) geregelt.[424] Die Durchsetzung obliegt dem Office

---

[404] Erlassen nach Sec. 220 ff. Town and Country Planning Act.

[405] In Kraft seit 14.2.2003, also vor der Richtlinie Nr. 2003/33/EG vom 23.5.2003.

[406] S. dazu die website des Gesundheitsministeriums http://www.dh.gov.uk/en/Publichealth/Healthimprovement/Tobacco/index.htm. Drei Verordnungen ergänzen und präzisieren das Gesetz: Advertising and Promotion (Point of Sale) Regulations 2004, Advertising and Promotion (Spezialist Tobacconist) Regulations 2004 und (für die Benutzung von „Tabakmarken" für andere Waren und Dienstleistungen und umgekehrt), die Tobacco Advertising and Promotion (Brandsharing) Regulations 2004. S. auch Tobacco Advertising and Promotion Act 2002 etc. (Amendment) Regulations 2006 für ein Verbot der Tabakwerbung im Internet.

[407] Sec. 3.1d).

[408] Sec. 3 Nr. 10.

[409] Sec. 3.

[410] Sec. 8 bis 11. Eine ähnliche Liste besteht für die Radiowerbung, Appendix 3 (Prohibited Categories) des Code und Sec. 1 Nr. 4.7 mit Verweisungen auf die jeweilis einschlägigen Rules.

[411] Ausführlich: Medicines and Healthcare Products Regulatory Agency, The Blue Guide; Advertising and Promotion of Medicines in the UK, http://www.mhra.gov.uk/home/groups/pl-a/documents/publication/con2 022 589.pdf.

[412] S. Sec. 14 und 15 des Food Safety Act 1990 und die verschiedenen dazu ergangenen Regulations.

[413] Consumer Credits (Advertisements) Regulations 1989.

[414] Package Travels, Package Holidays and Package Tours Regulations 1992.

[415] Betting, Gaming and Lotteries Act 1963 and Gaming Act 1968, z. T. liberalisiert durch die Deregulation (Betting and Bingo Advertising etc.) Order 1997.

[416] Richtlinie 85/577/EWG, umgesetzt durch Consumer Protection (Cancellation of Contracts Concluded Away from Business Premises) Regulations 1987.

[417] Richtlinie 97/7/EG, umgesetzt durch Consumer Protection (Distance Selling) Regulations 2000, in Kraft seit 31.10.2000.

[418] Richtlinie 2900/31/EG, umgesetzt durch Electronic Commerce (EC) Regulations 2002, in Kraft seit 21.8.2002.

[419] A. a. O.

[420] Für die übrigen Unternehmen gilt auf jeden Fall der ASA/CAP Code.

[421] Ein vom Verband der Direktvertriebsunternehmen errichtetes unabhängiges Gremium, http://www.dma.org.uk/content/Pro-Code.asp. Die beiden Kodizes überschneiden sich, doch enthält der DMA Code auch zusätzliche Materien wie z. B. das Telemarketing, ASA/CAP Code Sec. 41.1.

[422] http://www.dsa.org/ethics/code/, der unter A. 1. täuschende, ungesetzliche und unlautere (unethical) Praktiken gegenüber Verbrauchern verbietet.

[423] http://www.dsa.org/ethics/consumers.htm.

[424] In Kraft seit 11.12.2003; sie implementieren die Richtlinie 2002/38/EG. Sie lösen die zur Umsetzung der Datenschutzrichtlinie ergangenen Telecommunications (Data Protection and Privacy) Regulations 1999 ab.

of the Information Commissioner.[425] Auch hier sind Selbstkontrollorgane (Direct Marketing Authority (DMA)[426] und ASA) vorgeschaltet. Bei **unverlangten Emails und SMS** gilt für einzelne Verbraucher, Einzelgeschäftsinhaber und „partnerships" das **„opt-in System"**. Bei Emails muss der Absender erkennbar sein, es muss eine gültige Adresse angegeben werden, bei der man fordern kann, in Zukunft verschont zu werden, und der Werbecharakter muss ohne Öffnen klar erkennbar sein. Vor dem Ablegen von **Cookies** muss darüber informiert und die Möglichkeit der Zurückweisung gegeben werden. Opt-in gilt auch für **automatisierte Anrufe** und **unverlangte Faxe.** Für **unverlangte Telefonanrufe** gilt wie für **unverlangte Werbepost** ein **Opt-out System,** das durch die Regelung in der Consumer Protection from Unfair Trading Regulation 2008 ergänzt wurde. Die Robinson-Listen werden von sog. „Preference Services" geführt, welche Einrichtungen der DMA sind.

Bei **Haustürgeschäften**[427] bestehen weitreichende Informationspflichten. Nach dem ASA/CAP Code müssen ferner Vertreterbesuche vorher angekündigt werden[428] und es muss die Möglichkeit eingeräumt werden, sich diese zu verbitten.[429] 253

Die **Zusendung unbestellter Waren** ist in den Consumer Protection from Unfair Trading Practises Regulations 2008 (Rdn. 237) geregelt. Der Empfänger solcher Waren muss keine Zahlungen leisten und kann sie als Geschenk behalten.[430] Für manche Produkte sind **unaufgeforderte Werbung oder Zusendung verboten.**[431] 254

Betrügerische **Schneeballvertriebssysteme** sind nur schwer von legalen Multi-Level-Marketing-Systemen zu unterscheiden.[432] Zulässige Vertriebssysteme stimmen mit den Vorschriften von Part XI des Fair Trading Act und den Trading Schemes Regulations 1997 überein. Schneeballsysteme verstoßen dagegen und gegen die Consumer Protection from Unfair Trading Regulation 2008 und Kodizes von ASA/CAP und DMA.[433] 255

5. Sales Promotion

Zugaben, Rabatte und besondere Verkaufsveranstaltungen sind weitgehend zulässig und unterliegen kaum rechtlichen Beschränkungen, müssen jedoch den europäischen Vorgaben in den Consumer Protection from Unfair Trading (Amendment) Regulations 2014 (vgl. dazu Rdn. 237) entsprechen.[434] Im Rahmen der Selbstkontrolle regelt der ASA/CAP Code aber auch solche Marketingmaßnahmen.[435] Wie für die Werbung gilt, dass sie legal, anständig, aufrichtig und wahrheitsgemäß sein sollen[436] und die Prinzipien des fairen Wettbewerbs beachten.[437] Bei **Rabatten** regelte der Trading Stamps Act 1964 bis zu seiner Aufhebung 2005 das Rabattmarkenwesen. Diese werden jetzt durch den Supply of Goods and Services Act 1982 und dem Sale of Goods Act 1979 erfasst.[438] Zusätzlich sind die Preisauszeichnungsvorschriften des Code of Practice for Traders on Price Indications zu beachten, die das Verbot irreführender Preisangaben in Bezug auf Sonderangebote, Zugaben und Rabatte spezifizieren.[439] Bei Sonderangeboten soll der Anbieter in der Lage sein, die 256

---

[425] Früher der Data Protection Commissioner.

[426] http://www.dma.org.uk/.

[427] Geregelt durch die Consumer Protection (Cancellation of Contracts Concluded Away from Business Premises) Regulations 1987 zur Umsetzung der Richtlinie 85/577/EWG.

[428] Auch nach Antwort der Konsumenten auf eine Werbung.

[429] BCA Rule 42.7. S. a. Sec. 48 ff. Consumer Credit Act 1974 und Sec. 56 Financial Services Act 1986.

[430] Unsolicited Goods and Services Act 1971 und 1975, geändert durch die Consumer Protection (Distance Selling) Regulations 2000, S. I. 2000 Nr. 2334, zur Implementierung der Fernabsatzrichtlinie der EU.

[431] Z. B. für Kreditkarten, sexuell ausgerichtete Literatur oder Kreditwerbung für Minderjährige, *Schicker/Ohly,* Rdn. 90 f.

[432] Für die Unterschiede aus der Sicht des Weltverbandes der nationalen Direktverkaufsverbände (WFDSA) s. die Stellungnahme unter http://www.wfdsa.org/legal_reg/ge_ppaper1.asp. und http://www.wfdsa.org/legal_reg/ge_ppaper3.asp.

[433] S. die Informationen des Department of Business Enterprise and Regulatory Reform unter http://www.berr.gov.uk/consumers/fact-sheets/page38 333.html.

[434] *Circus/Painter,* Sales Promotion Law, London (1989) und *Ulmer/v. Westerholt,* Rdn. 513 ff.: vgl. Jedoch auch die rechtlichen Auseinandersetzungen, die zu der Purely Creative Entscheidung des EuGH geführt haben. WRP 2012, 1509.

[435] Rule 27 bis 38.

[436] Rule 2.1. Diese Begriffe werden in den Regeln 4 bis 7 präzisiert.

[437] Rule 2.1. Diese Begriffe werden in den Regeln 4 bis 7 präzisiert.

[438] DTI, Guidance on the Repeal of the Trading Stamp Act 1964, http://www.berr.gov.uk/files/file 14320.pdf.

[439] Am 18.3.2000 (Art. 2(1) bereits am 4.12.1999) ist ferner die Price Marking Order 1999 (Statutory Instrument No 3042) in Kraft getreten, welche die EU-Richtlinie 98/6/EG umsetzt.

voraussichtliche Nachfrage zu befriedigen.[440] Der Werbekodex erlaubt **Zugaben** („free offers"), **Proben** („free trials") oder **Geschenke** („premiums"), soweit die allgemeinen Vorschriften gegen täuschende Werbung etc. beachtet werden.[441]

257 Der ASA/CAP Code regelt ferner die Werbung mit **Preisausschreiben** (promotions with prizes).[442] Genaue Informationen über Teilnahmebedingungen und Gewinnchancen müssen bereitgestellt werden. Betrügerische Praktiken (sog. scams) verstossen nicht nur gegen allgemeine strafrechtliche Vorschriften, sondern auch gegen die Regulations über täuschende Werbung und den ASA/CAP Code.

6. Herabsetzung, Anschwärzung

258 Gegen **Herabsetzungen und Anschwärzungen** können im common law die Tatbestände „defamation" oder „injurious falsehood" eingesetzt werden.[443] Der ASA/CAP Code verbietet in Rule 20.1 bei Marketingmaßnahmen, Unternehmen oder ihre Produkte in unfairer Weise anzugreifen oder zu diskreditieren. Im Rahmen vergleichender Werbung werden entsprechend Anschwärzung und Herabsetzung von Produkten, Kennzeichen, Aktivitäten des Wettbewerbers verboten.[444]

7. Verwechslungsgefahr

259 Die Verwechslungsgefahr spielt vor allem bei der **passing off**-Klage eine Rolle, vgl. Rdn. 230.

8. Ausnutzen fremder Leistungen (Nachahmung); Rufausbeutung

260 Ein über die Spezialgesetze des Gewerblichen Rechtsschutzes und Urheberrechts hinaus reichendes **wettbewerbsrechtliches Verbot der Nachahmung ist unbekannt.**[445] Soweit die Nachahmung Verwechslungsgefahr hervorruft, kann gegen sie nach den allgemeinen Regeln vorgegangen werden (z. B. als „passing off").[446] Für die **Rufausbeutung** gibt es im common law keine Klageart. Der ASA/CAP Code verbietet es, unlautere Vorteile aus Marken, Handelsnamen oder anderen Kennzeichen oder Herkunftsangaben von Konkurrenzprodukten zu ziehen.[447]

9. Individuelle Behinderung

261 Das **Abwerben von Kunden oder Arbeitnehmern** und ihre Beschäftigung entgegen einem wirksamen Wettbewerbsverbot kann als „inducement" to bzw. „procurement of breach of contract" klagbar sein.[448] **Know how** ist vertrags- und deliktsrechtlich geschützt;[449] Geheimhaltungsklauseln werden z. T. bei Arbeitnehmern auch aus der allgemeinen Treuepflicht abgeleitet. Klagegründe des common law sind „breach of contractual obligation of fidelity" oder „abuse of confidential information". Die Anstiftung zum Geheimnisverrat ist ein Delikt, wenn der Anstifter von dem Vertrag weiss und den Vertragsbruch zumindest bewusst fahrlässig (reckless) in Kauf nimmt. Auch eine Klage wegen conspiracy ist denkbar.

10. Vorsprung durch Rechtsbruch

262 Das common law kennt die Fallgruppe des **„breach of statutory duties".** Allerdings bereitet es in der Praxis erhebliche Schwierigkeiten, den Schutzzweck der verletzten Norm zu eruieren und nachzuweisen, dass gerade der Kläger und seine Schäden davon erfasst sind.[450] So wurde z. B. der

---

[440] Rule 30. Hier gelten jetzt auch die Vorschriften der Consumer Protection Regulations 2008 bezüglich „bait and switch".

[441] Ausdrücklich geregelt ist die Verwendung des Wortes „free" (im Sinne von „gratis"), Rule 32.

[442] Rule 33 bis 35. Vgl. hierzu die rechtlichen Auseinandersetzungen, die zur Purely-Creative-Entscheidung des EuGH haben (Fn. 434).

[443] S. dazu oben.

[444] Zur Spruchpraxis der ASA s. *Jergolla,* a. a. O., S. 222 ff. und *Eckel* (2015).

[445] Ausführlich *Wadlow* (2011); *Schricker/Ohly,* Rdn. 130; zu Modeerzeugnissen *Farkas* (2011).

[446] S. dazu oben Rdn. 230; auch Rule 21 ASA/CAP Code.

[447] Rule 20.2. Zur Spruchpraxis der ASA s. *Jergolla,* a. a. O., S. 232 ff.

[448] Die Voraussetzungen sind Vertragsbruch des Angestifteten, mindestens grob fahrlässige Nicht-Kenntnis auf Seiten des Anstifters und direkter oder bedingter Vorsatz hinsichtlich des Bruchs dieses Vertrages. S. als Beispiel den Fall Unique Pub Properties v. Beer and Minerals, [2003] All ER (D) 314 (June) vom 23.6.2003, in dem ein Getränkehändler Gaststätten mit Ausschliesslichkeitsbindungen an andere Lieferanten beliefert hatte, obwohl ihm diese Bindungen bekannt waren oder hätten bekannt sein müssen.

[449] S. ausführlich *Cornish/Llewellyn,* Rdn. 8-01 ff.

[450] *Ohly,* Richterrecht, S. 37 ff.

Trade Description Act nicht als ein solches Schutzgesetz angesehen.[451] Es spricht daher viel dafür, dass auch die Consumer Protection from Unfair Trading Practices (Amemdment) Regulations 2014 (s. Rdn. 237) nicht als Schutzgesetz gelten.

11. Sanktionen; Verfahren

Die Tatbestände des **common law** werden durch zivilrechtliche Klagen des Verletzten durchgesetzt.[452] Die Voraussetzungen sind vom Kläger zu beweisen; bei Schwierigkeiten der Bezifferung (etwa bei goodwill) kann das Gericht den Schaden schätzen.[453] Statt Schadensersatz kann der Kläger einen **Bereicherungsausgleich** beantragen (sog. „account of profits"), der jedoch im Ermessen des Gerichts steht. **Strafschadensersatz** („punitive damages") ist allenfalls bei defamation möglich. Ein erhöhter Schadensersatz („aggravated damages") kann bei extrem böswilligen Motiven oder Verhaltensweisen gewährt werden. Eine **Urteilsveröffentlichung** kann angeordnet werden. 263

In der Praxis ist der (einstweilige) **Unterlassungsanspruch** am wichtigsten. Die meisten Verfahren werden nach der Entscheidung darüber beendet. Die Gerichte prüfen summarisch die Schlüssigkeit der Klage und wägen dann die Interessen der Parteien gegeneinander ab.[454] In besonders dringlichen Fällen ist eine einstweilige Verfügung ohne Beteiligung des Beklagten (ex parte) zu erlangen. Eine Besonderheit ist die **Durchsuchungsanordnung** (search order), wonach der Kläger weitgehende Rechte zur Beweissicherung hat.[455] 264

Die **Business Protection from Misleading Marketing Regulations 2008** und die **Consumer Protection from Unfair Trading Practices (Amendment) Regulations 2014** (Rdn. 236, 237) werden durch die **CMA** durchgesetzt und sind strafrechtlich sanktioniert. Ein **Strafverfahren** kann von den Aufsichtsbehörden eingeleitet werden. Diese Möglichkeit haben im englischen Recht[456] auch Private. In einfachen Fällen kann das Strafgericht dann auch die **Entschädigung des Verletzten** anordnen.[457] **Zivilrechtliche** Klagemöglichkeiten bestehen bei einer Verletzung der **Consumer Protection from Unfair Trading Pra ctices (Amendment) Regulations 2015** neuerdings für Endverbraucher (Rdn. 237). 265

Bei Verletzung staatlicher Vorschriften kann die Aufsichtsbehörde bei Gericht eine **Unterlassungsanordnung** beantragen. Mit den **Stop Now Orders** (E.C. Directive) Regulations 2001[458] wurde die Möglichkeit erleichtert, bei grenzüberschreitender Verletzung europäischer Verbraucherschutzvorschriften gerichtlich Unterlassung zu beantragen. Ein Verstoß gegen gerichtliche Anordnungen ist als **contempt of court** mit Geldstrafe oder Gefängnis bedroht. 266

Entscheidungen der ASA (s. Rdn. 239) werden **veröffentlicht.** Sie kann Änderung oder Zurückziehen der Anzeige verlangen. Bei Weigerung kann die CMA eingeschaltet werden und eine gerichtliche **Unterlassungsanordnung** beantragen. Medien veröffentlichen beanstandete Anzeigen nicht. Bei den Verbandskodizes ist die härteste Sanktion der **Ausschluss.** OFCOM kann im Fernsehen und Radio die Ausstrahlung beanstandeter Werbung verbieten. In Extremfällen kann die **Lizenz entzogen** werden. 267

---

451 *Arnold,* 2013, S. 70.
452 S. hierzu und zum folgenden *Schricker/Ohly,* Rdn. 166ff.
453 Es kann auch ein bloß nomineller Schadensersatz gewährt werden.
454 American Cyanamid v. Ethicon, [1975] RCP 513.
455 Ch. 12, sec. 7 Civil Procedure Act 1997 (früher „Anton Piller Order" genannt).
456 Das gilt nicht für das schottische Recht.
457 *Schricker/Ohly,* Rdn. 178ff.
458 In Kraft getreten am 1.6.2001, S. I. 2001/1422 (in Umsetzung der Richtlinie 1998/27/EG über Unterlassungsklagen).

IX. Irland

Inhaltsübersicht

	Rdn.
1. Rechtsquellen	
2. Kurzcharakteristik des irischen Wettbewerbsrechts	268
3. Werbung	272
a) Irreführende Werbung	272
b) Vergleichende Werbung	277
c) Belästigende Werbung	281
d) Schockierende und anstößige Werbung	283
e) Herabsetzende, beleidigende und anschwärzende Werbung	284
f) Medienspezifische Werberegelungen	285
4. Sales Promotion	288
5. Direktmarketing	291
6. Herabsetzung, Anschwärzung, Rufausbeutung	292
7. Verwechslungsgefahr	293
8. Ausnutzen fremder Leistungen (Nachahmung)	294
9. Individuelle Behinderung	295
10. Vorsprung durch Rechtsbruch	296
11. Sanktionen	297

Schrifttum: *Barrett/Voigt,* Ireland, in: Micklitz/Keßler (Hrsg.), Marketing Practices Regulation and Consumer Protection in the EC Member States and the US, 2002, S. 149; *Bodewig,* Das Recht des unlauteren Wettbewerbs in Irland, GRUR Int. 2004, 827; *Conrads-Hassel,* Das Recht des unlauteren Wettbewerbs in Irland, WRP 1990, S. 222; *Doneland/Harley,* Irelande, in: Greffe/Greffe (Hrsg.), La publicité et la loi, 11. Aufl. 2009, S. 919; *Forde,* Commercial Law, 3. Aufl. 2005; *Grehan,* Werberecht in Irland, in: Schotthöfer (Hrsg.), Handbuch des Werberechts in den EU-Staaten, 2. Aufl. 1997, S. 367; *Lettl,* Der lauterkeitsrechtliche Schutz vor irreführender Werbung in Europa, 2004; *Maguire,* Consumer Law Handbook, 2000; *Mooney-Cotter/McNeese* (Hrsg.), Business Law, 2. Aufl. 2003; *Parkes,* Irland in: Schricker/Bastian/Knaak (Hrsg.), Gemeinschaftsmarke und Recht der EU-Mitgliedstaaten, 2006, S. 363 ff.; *Reilly,* Commercial Practices in Ireland, 157 Commercial Law Practitioner (2008), S. 127; Part II: 15 CPL 157; *ders.,* Collective redress for consumers under the Consumer Protection Act. 26 ILT 260 (2008); *ders.,* The role of traders in the enforcement of the Unfair Commercial Practices Directive 216 DULJ 1000 (2009); *ders.,* The Unfair Commercial Practices Directive and the average consumer, 12 CLP 124 (2005); *Schuster,* The Consumer Protection Act 2007 – „Enforcing the new rules", 3 Quarterly Review of Tort Law, p. 7; *Willi,* Nicht eingetragene Marke in Irland, GRUR Int. 2008, 468.

1. Rechtsquellen

Common law: passing off, injurious falsehood, defamation; **Gesetze, Verordnungen:** Consumer Protection Act 2007; European Communities (Misleading and Comparative Marketing Communications) Regulations 2008; **Selbstkontrolle:** ASAI Code of Standards for Advertising, Promotional and Direct Marketing in Ireland, 7th ed. (ab 1.3.2016).

2. Kurzcharakteristik des irischen Wettbewerbsrechts

268 Auch wenn die Republik Irland seit 1921 selbstständig ist, haben die gemeinsame Rechtstradition und die wirtschaftliche Verflechtung mit Großbritannien dazu geführt, dass das **irische Recht**[459] **dem von Großbritannien recht ähnlich ist.** Dies zeigt sich insbesondere im Fallrecht; zwar sind britische Entscheidungen für irische Gerichte nicht bindend, doch haben sie durchaus argumentatives Gewicht. Auch das irische Parlament nimmt bei der Gesetzgebung häufig britische Lösungen zum Vorbild.

269 Diese Ähnlichkeiten finden sich auch im Lauterkeitsrecht (zu den Unterschieden vgl. Rdn. 270).[460] So hat sich auch in Irland **kein umfassendes abgrenzbares Regelungssystem** entwickelt. Einschlägig sind vielmehr verschiedene, meist dem Deliktsrecht zuzuordnende Fallgruppen von allgemeiner Anwendbarkeit, die im wesentlichen Gewerbetreibende schützen. Die **passing off**-Klage schützt vor Verwechslungsgefahr,[461] die Delikte **„injurious falsehood"** und

---

[459] Soweit hier vom irischen Recht gesprochen wird, ist die Republik Irland gemeint. In Nordirland gilt britisches Recht. Für einen Führer zu Informationen zum irischen Recht mit zahlreichen Links s. *Whelan,* Guide to Irish Law, http://www.uce.ie/law/irishlaw/guide/.

[460] Mit gebotener Vorsicht kann deshalb ergänzend auf die Darstellung des britischen Rechts verwiesen werden.

[461] *Parkes,* Rdn. 6 ff.

„defamation" erfassen weitgehend die Anschwärzung. Ein weitergehender deliktsrechtlicher Rechtsschutz, etwa gegen eine Rufausbeutung ohne Verwechslungsgefahr, besteht nicht.

Hinzu kommen, wie in England, etliche straf- bzw. verwaltungsrechtlich geprägte **Gesetze** und Verordnungen, die **ebenfalls nur bruchstückhaft** Tatbestände des unlauteren Wettbewerbs unter Verbraucherschutzgesichtspunkten (mit-)erfassen.[462] Die **europäischen Vorgaben** haben jedoch auch in Irland dazu geführt, dass die Regeln für Werbung und Marketing nunmehr in zwei größeren Gesetzeswerken niedergelegt sind: im **Consumer Protection Act 2007** und in den **European Communities (Misleading and Comparative Communication) Regulations 2007.** Während der irische Consumer Information Act 1978 noch keine zivilrechtliche Klagemöglichkeit vorsah,[463] und die Durchsetzung dem „Office of the Director of Consumer Affairs" (ODCA)[464] überliess, wird der ihn ersetzende **Consumer Protection Act 2007** zwar gleichfalls in erster Linie administrativ durchgesetzt, nämlich seit dem **Competition and Consumer Protection Act 2014** (der primär kartellrechtliche Vorschriften enthielt) einheitlich durch die **Competition and Consumer Protection Commision (CCPC).** Diese ist die zentrale Stelle zur Überwachung und Durchsetzung des Consumer Protection Act 2007 und anderer verbraucherschützender Vorschriften. Daneben gibt es in Sect. 71 (2) aber auch die Möglichkeit zur **zivilrechtlichen Unterlassungsklage durch jedermann** („any person"). Da der Consumer Protection Act 2007 in seinen Sect. 41 ff. im Wesentlichen die Richtlinie 2005/29/EG über unlautere Geschäftspraktiken umsetzt, ist dies von nicht unerheblicher (potentieller) Bedeutung für das irische Lauterkeitsrecht. Auch die „Regulations" 2007 werden offenbar zunehmend für Klagen von Unternehmen genutzt; teilweise wird sogar die Frage gestellt, ob es „A New Unfair Competition Law for Ireland" gäbe.[465] 270

Ganz dem britischen Vorbild entspricht die wichtige Rolle der **Selbstkontrolle** der Wirtschaft. Ihre Kodizes, d. h. vor allem der von der **Advertising Standards Authority for Ireland** (ASAI) herausgegebene „Code of Standards for Advertising, Promotional and Direct Marketing in Ireland"[466] spiegeln die gesetzlichen Regeln wieder und ergänzen sie zum Teil. Diese und zahlreiche andere Codes[467] bewirken, dass zahlreiche Konflikte durch die Selbstkontrolle beigelegt werden. Ihr Zweck ist vornehmlich der Schutz der Verbraucher. 271

3. Werbung

a) Ein zivilrechtliches Verbot der **irreführenden Werbung** ist im **common law** nur über die „passing off"-Klage möglich, soweit eine Herkunftstäuschung vorliegt, kann sie auch neben markenrechtlichen Ansprüchen eine Rolle spielen.[468] Ferner sind Ansprüche wegen „injurious falsehood" und „defamation" denkbar.[469] 272

Im kodifizierten Recht bestehen mit dem **Consumer Protection Act 2007** und den **European Communities (Misleading and Comparative Marketing Communications) Regulations 2008** zwei primär straf- bzw. verwaltungsrechtlich ausgerichtete Verbote von irreführender und unzulässig vergleichender Werbung. Sec. 42 ff. Consumer Protection Act 2007, die nur im B2C-Verhältnis Anwendung finden, verbieten in Übereinstimmung mit der UGP-Richtlinie jede irreführende Werbung durch positives Tun oder Unterlassen. Die **European Communities (Misleading and Comparative Marketing Communications) Regulations 2008** setzen die Richt- 273

---

462 Für eine vollständige Liste aller staatlichen Vorschriften, welche Werbung und Sales Promotion Aktivitäten in den verschiedensten Branchen regeln s. http://www.asai.ie/codes_2002/appendix. html.

463 Nach common law kann allerdings jede natürliche Person als Ankläger in einem Strafverfahren auftreten. Irische Gerichte können in einfach gelagerten Fällen auch eine Entschädigung des Opfers anordnen (Criminal Justice Act 1992). Unklar ist allerdings, inwieweit diese im Hinblick auf Vergewaltigungsopfer geschaffene Regelung verallgemeinerungsfähig ist.

464 Seine Kompetenzen umfassten die strafrechtliche Verfolgung irreführender Werbung ebenso wie die Information der Verbraucher über missbräuchliche Praktiken, darüber hinaus aber auch die Durchsetzung verbraucherschützender Sicherheitsbestimmungen und die Information über vertragliche Rechte. Die Durchsetzung des Kartellrechts obliegt der CCPC.

465 Vgl. *Reilly*, The Role of Traders in the Enforcement of the Unfair Commercial Practices Directive: A New Unfair Competition Law for Ireland?, 31 Dublin U.L.J. 100/2009.

466 Im Internet unter http://www.asai.ie. Zurzeit gilt die 6. Fassung von 2007.

467 S. die Liste unter http://www.asai.ie/appendix2.asp.

468 S. die bei *Grehan*, Rdn. 24 berichtete Entscheidung des High Court betreffend eine Werbung für Spülmittel als „Mild Green Fair Liquid" einerseits und als „Mildly Green Friary Dishwashing Liquid" andererseits.

469 S. Rdn. 270; aus der Lit. vor allem *Reilly* (2009). Nach einer Entscheidung des Irish High Court [2011] IEHC 433 stellt eis keine commercial practices dar, wenn z.B. Brot in einer verwechslungsfähigen Verpackung auf den Markt gebracht wird.

linie 2006/114/EG im Irreführungsbereich nahezu wortgleich um, nunmehr allerdings beschränkt auf B2B-Praktiken.

274 Nach wie vor von überragender Bedeutung in der Praxis dürfte jedoch auch weiterhin der **Code of Standards for Advertising, Promotional and Direct Marketing in Ireland** sein. Er wird von der **ASAI** überwacht. Der Anwendungsbereich ist breit: Erfasst ist nicht nur die Werbung in den Printmedien, auf Plakaten etc., sondern auch in Radio und Fernsehen und im Kino. Werbung muss nach dem Code „legal, decent, truthful and honest" sein.[470] Diese Begriffe werden jeweils definiert und erläutert. Offensichtliche Unwahrheiten oder Übertreibungen sind danach gestattet, soweit von ihnen keine wesentliche Täuschungsgefahr ausgeht. Zusätzlich fordert eine Art Generalklausel, dass jede Werbung „the principles of fair competition generally accepted in business" respektieren solle. Eine besondere eigenständige Bedeutung etwa als Auffangtatbestand für sonst nicht erfasste Sachverhalte kommt dieser Vorschrift aber offensichtlich nicht zu. Bei der Beurteilung der Werbung müssen die gesamten Umstände berücksichtigt werden.[471] Die Entscheidungspraxis der ASAI wird als relativ streng beurteilt.[472]

275 Eigene Regeln bestehen gegen den irreführenden Einsatz von **„Testimonials und Endorsements"** von Prominenten, Fachleuten und Konsumenten.[473] **Preisangaben** müssen u. a. sich auf das abgebildete Produkt beziehen und die Umsatzsteuer enthalten.[474]

276 Für **Fernsehwerbung** gilt die „General Advertising Code" der Broadcasting Commission of Ireland (BCI), der am 10. April 2007 in Kraft trat.[475] Über das allgemeine Irreführungsverbot hinaus muss danach Werbung als solche erkennbar sein, Sec. 3.3, und sie ist klar von redaktionellen Beiträgen zu trennen, Sec. 4.1.

277 **b)** Eine ausdrückliche Umsetzung der Richtlinie 97/55 über **vergleichende Werbung** ist erst 2008 erfolgt (s. Rdn. 273). Bis dahin war Irland in Absprache mit der Europäischen Kommission der Überzeugung, dass der Consumer Information Act 1978 den Grundsätzen der Richtlinie bereits entspreche, da man die vergleichende Werbung unter dem Täuschungsaspekt untersuchen könne.[476] In den letzten Jahren hat die Regelung der vergleichenden Werbung – mit ihrer engen Verbindung zum Markenrecht – in Irland einige vielbeachtete Gerichtsverfahren zwischen den großen Supermarktketten Aldi, Tesco und Dunnes ausgelöst.[477] Dabei ging es, was eine gewisse Neuerung für das irische Recht bedeutet, in diesem Bereich auch um Klagen Privater (s. Rdn. 270).

278 Gem. Sec. 14 Sec. 14 (6) **Trade Marks Act** 1996 ist die Benutzung fremder Marken zur Identifizierung der Waren oder Dienstleistungen des Zeicheninhabers oder seines Lizenznehmers nunmehr ausdrücklich gestattet. Wie in England muss diese Benutzung aber „in accordance with honest practices in industrial or commercial matters" geschehen und sollte nicht vorgenommen werden „without due cause, take unfair advantage of, or be detrimental to the distinctive character or reputation of the Trade Mark".[478]

279 Auch die **zivilrechtlichen Klagegründe** des Fallrechts (passing off, injurious falsehood, defamation, slander of goods) können bei Vorliegen der entsprechenden Voraussetzungen auch gegen vergleichende Werbung eingesetzt werden. „Defamation" kann z. B. vorliegen, wenn der Vergleich sich auf Umstände des Wettbewerbers bezieht, die mit dessen wirtschaftlichen Aktivitäten nichts zu tun haben.[479] In der Praxis spielt dies jedoch nur eine geringe Rolle.

---

[470] Sec. 2.1.

[471] Dazu gehören die Merkmale der angesprochenen Verkehrskreise, die Eigenheiten des Mediums als Werbeträger, Platzierung und Kontext der Werbung und die Art der beworbenen Produkte; Sec. 2.21.

[472] So *Lettl*, S. 290.

[473] Sec. 2.36 bis 2.40. Dazu *Donelan/Harley* (2009).

[474] Sec. 2.41 bis 2.40.

[475] http://www.bci.ie/documents/BCI_gen_ad_code_mar_07.pdf. Die Erarbeitung neuerer Codes obliegt der Broadcasting Commission of Ireland (BCI). Beschwerden wegen Verletzung der Codes können an die Broadcasting Complaints Commission (BCC) gerichtet werden. Diese Beschwerden und die Entscheidungen der BCC werden veröffentlicht, http://www.bcc.ie/decisions.html.

[476] Sec. 5, 5c) NCA, Putting Consumers First.

[477] So hat Aldi am 9.6.2015 gegen den Konkurrenten Dunnes Store eine Unterlassungsanordnung des Irish High Court wegen unzulässiger irreführender und vergleichender Werbung (und Markenverletzung) erwirkt. [2005] IEHC 551. Das Gericht sah es als irrerelevant an, dass die spezielle Aktion beendet war. Allerdings habe ein Mitbewerber keinen Anspruch darauf, eine irreführende Werbung eines Konkurrenten mittels des „interim or interlocutary relief" zu stoppen; vgl. 2009 IEHC 569 – Tesco v. Dunnes.

[478] AIPPI, Länderbericht Irland zu Frage 168.

[479] S. dazu und zu den anderen Klagegründen des Fallrechts – allerdings zur Rechtslage vor der Umsetzung der EU-Richtlinie zur vergleichenden Werbung – AIPPI, Landesbericht Irland zu Frage 140, Yearbook 1998 IV, S. 108 ff.

Die Vorschriften des Code der **Selbstkontrolle** setzen sich hingegen eingehender mit der vergleichenden Werbung auseinander, wobei der Wortlaut sich kaum von dem der britischen Kodizes unterscheidet. Der wahre Vergleich ist i. d. R. zulässig. Er muss fair sein und darf nicht durch die Auswahl der verglichenen Merkmale dem Werbenden einen künstlichen Vorteil verschaffen. Herabsetzungen und Anschwärzungen sind zu vermeiden. Tatsachenbehauptungen müssen substantiiert werden können. Der „goodwill" des Konkurrenten darf nicht in unfairer Weise ausgenutzt werden. 280

c) Auch für **belästigende Werbung** gibt es **keine allgemeine und umfassende Regelung** im Fallrecht oder Gesetzesrecht, allerdings werden **einige Spielarten** (mit) erfasst. Der CPA 2007 enthält Regelungen zur aggressiven Werbung (Sec. 53 ff.); die Richtlinie 2001/31/EG über elektronischen Geschäftsverkehr wurde am 26.2.2003 in irisches Recht umgesetzt.[480] Danach müssen **unverlangte Werbe-Emails** eindeutig als solche erkennbar gemacht sein und der Werbende muss regelmäßig die „opt-out"-Register überprüfen. Für **unverlangte Anrufe** im Direktmarketing gilt ebenfalls ein Opt-out-System, bei **unverlangten Faxe**n und **automatisierten Telefonanrufen** gilt für Unternehmen das opt-out-System, für natürliche Personen hingegen opt-in.[481] Das opt-out-Register wird von der Commission for Communications Regulation[482] überwacht. 281

Mit Arten der belästigenden Werbung setzen sich auch verschiedene **Branchen-Codes** auseinander. Der Werbekodex für das Bankgewerbe verbietet z. B. unverlangte Telefonanrufe und Vertreterbesuche, es sei denn bei bestehenden Kundenbeziehungen und bei Nichtkunden, die dem zugestimmt haben.[483] 282

d) Nach dem ASAI Code darf Werbung nicht ohne gute Gründe **Ängste oder Beunruhigung**[484] oder **Gewalt oder antisoziales Verhalten** hervorrufen.[485] **Schockierende und anstößige Werbung** ist gesetzlich und im Fallrecht nicht geregelt; während der ASAI Code einige allgemein formulierte Verbote, die auch solche Fälle miterfassen, enthält. So darf nach Rule 2.15 eine Werbung nichts enthalten, was wahrscheinlich schwerwiegenden und verbreiteten **Anstoß erregt.** Anstößiges oder provokatives Material sollte nicht zum blossen Zweck der Erregung von Aufmerksamkeit benutzt werden, 2.19. Werbung muss die Würde des Menschen respektieren und darf nicht bestimmte Gruppen diskriminieren, herabsetzen oder beleidigen; sie darf sie auch nicht für reine Werbezwecke missbrauchen, 2.16–2.18. 283

e) Herabsetzende, beleidigende und anschwärzende Werbung ist weder gesetzlich noch im Fallrecht unfassend geregelt. Die zivilrechtlichen Fallgruppen der „defamation" oder „injurious falsehood" können jedoch einschlägig sein. Bei der vergleichenden Werbung (Rdn. 277) dürfen Vergleiche weder Marken, Handelsnamen oder andere Kennzeichen noch die Waren, die Dienstleistungen, die Tätigkeiten oder die Verhältnisse eines Mitbewerbers herabsetzen oder verunglimpfen.[486] 284

f) Medienspezifische Werberegelungen gibt es für die Printmedien nicht; hier gilt in vollem Umfang der ASAI Code. Für das **Fernsehen** gilt der „General Advertising Code".[487] Generell ist auch hier **irreführende Werbung** verboten (sec. 3.1.2 ff.). Der **Trennungsgrundsatz** von Werbung und Programm findet sich in Sec. 4.1 ff.; für das Sponsoring wird dies präzisiert in Chapter 7. **Product Placement** (surreptitious advertising) ist verboten, ebenso **subliminale Werbung** (sec. 4.1). Sondervorschriften bestehen für Werbung in **Kinderprogrammen** und für **Tabakwaren** (verboten), **alkoholische Getränke** und andere Waren und Dienstleistungen (chapter 8). 285

Für eine ganze Reihe von Waren und Dienstleistungen bestehen **produktspezifische Werberegelungen.**[488] Die Public Health (Tobacco) (Amendment) Act 2004 verbietet Tabakwerbung und Veranstaltungssponsoring durch Tabakunternehmen bis auf schmale Ausnahmebereiche. 286

---

480 Durch die European Communities (Directive 2001/31/EC) Regulations 2003, geändert durch die European Communities (Electronic Communications Networks and Services) (Data Protection and Privacy) Regulations 2003 (S. I. No. 523 of 2003) zur Umsetzung der Richtlinie 2002/58/EG am 6.11.2003.

481 8th Report on the Implementation of the Telecommunications Regulatory Package, Ireland, 92, http://europa.eu.int/information_society/topics/ecomm/all_about/implementation_enforcement/index_en.htm.

482 http://www.comreg.ie.

483 Consumer Protection Code, Chapter 2, No. 32–38, herausgegeben von der Zentralbank und der Irish Financial Services Regulatory Authority, http://www.ifsra.ie.

484 2.28.

485 2.30.

486 Art. 3a (1) (e) der Richtlinie 2006/114/EG.

487 http://www.bci.ie/codes/gen_advertising_code.html.

488 Zu finden auf der Website der ASAI (Fn. 454). Ausführlich dazu *Donelan/Harley,* S. 929 f.

287 Ergänzend zum Consumer Protection Act 2007 sind Vorschriften zur Werbung für **Konzert- und Theaterveranstaltungen,**[489] **Benzin**[490] und **Flugtickets**[491] erlassen worden. **Weitere Sonderregelungen** bestehen für die Werbung für **Alkoholische Getränke, Arzneimittel, Kosmetika,** Dienstleistungen, die sich auf Gesundheit und Schönheit beziehen, **Finanzdienstleistungen,**[492] **Arbeitsvermittlung** etc. Strikt reguliert nach Art und Inhalt ist auch die Werbung der **Solicitors.**[493] Verboten sind danach etwa Slogans wie „No win no fee", „most cases settled out of court" oder „first free consultation".[494]

4. Sales Promotion

288 Eine umfassende gesetzliche oder fallrechtliche Regelung von **Sales Promotion** Aktivitäten besteht nicht. Für Sales Promotion gilt vor allem der **ASAI Code** of Standards for Advertising, Promotional an Direct Marketing in Ireland.[495] Erfasst sind **Zugaben, Rabatte und Gratis-Angebote, Gutscheine, Coupons, Warenproben, Preisausschreiben,** werblicher Einsatz von Persönlichkeiten und Maßnahmen im Zusammenhang mit wohltätigen Vereinigungen. Auch für diese Sales Promotion-Massnahmen gelten zuvörderst die Allgemeinen Grundsätze des ASAI Code (Sec. 2) etwa gegen Irreführung. Eine Präzisierung dieses Grundsatzes findet sich in Sec 3.21 mit den Bedingungen dafür, wann ein Angebot als gratis (free) bezeichnet werden darf. **Rabatte und Zugaben** sowie **besondere Verkaufsveranstaltungen** sind ansonsten erlaubt. Einzig für **Rabattmarken und Prämien**[496] gibt es mit dem Trading Stamps Act 1980 eine gesetzliche Spezialregelung,[497] wonach bestimmte Mindestangaben auf bzw. im Zusammenhang mit den Marken vorgeschrieben sind. Sec. 2.45–2.48 des ASAI Code regeln, dass bei beworbenen **Sonderangeboten** eine angemessene Menge der Waren geliefert werden können.

289 Bei **Preisausschreiben** ist zu unterscheiden.[498] **Lotterien,** bei denen der Erfolg weitgehend von Zufall abhängt und bei denen für die Teilnahme eine Gegenleistung zu erbringen ist, unterliegen dem Gaming and Lotteries Act 1956 und sind – mit Ausnahmen – verboten.[499] Nach der Rechtsprechung liegt eine verbotene Lotterie auch dann vor, wenn nur in einem ersten Schritt der Zufall entscheidet, von den erfolgreichen Teilnehmern in einem zweiten Schritt aber Wissensantworten erwartet werden.[500] Andere promotional games sind gestattet. Der ASAI Code hält für die faire Durchführung jedoch Regeln bereit (Sec. 12.44 bis 12.55)

290 Die **progressive Kundenwerbung** in Form der **Schneeballsysteme** („pyramid selling") ist im CPA 2007 (Sec. 64 ff.) geregelt.

5. Direktmarketing

291 Irland hat die Haustürgeschäftsrichtlinie,[501] die Fernabsatzrichtlinie[502] und die E-commerce-Richtlinie[503] umgesetzt, so dass die entsprechenden Informationspflichten und Werbevorschriften anwendbar sind. Für das Direktmarketing besteht das Recht, sich aus Adressenlisten etc. streichen zu lassen. Durchgeführt wird dies von der Irish Direct Marketing Association (IDMA), die auch einen für die Mitglieder verbindlichen Code of Practice und ergänzende Kodizes für Telemarketing

---

[489] Consumer Information (Advertisements for Concert or Theatre Performances) Order 1997 (S. I. No. 103 of 1997).

[490] Consumer Information (Diesel and Petrol) (Reduction in Retail Price) Order 1997 (S. I. No. 179 of 1997).

[491] Consumer Information (Advertisements for Airfares) Order 2000 (S. I. No. 468 of 2000).

[492] S. dazu den Consumer Credit Act 1995 (No. 24 of 1995), der die Verbraucherkreditrichtlinie umsetzt.

[493] Solicitor's (Advertising) Regulations 2002, in Kraft seit 1.2.2003.

[494] http://www.venables.co.uk/n0301irishsolicitorsadvertising.htm.

[495] Chapter 3 des ASAI Code.

[496] S. dazu *Grehan,* Rdn. 29 f.

[497] Das Gesetz erfasst nicht Treuekarten und produktspezifische Marken von Einzelhändlern.

[498] S. zu Verlosungen, Lotterien und Preisausschreiben *Grehan,* Rdn. 28 ff.

[499] S. zu den Erfahrungen mit dem Gesetz – auch im grenzüberschreitenden Verkehr – den Bericht „Review of the Gaming and Lotteries Act 1956–1986" aus dem Jahre 1999 auf der Website des Justizministeriums http://www.justice.ie.

[500] Flynn v. Denieff, [1990] ILRM 391.

[501] European Communities (Cancellation of Contracts Negotiated away from Business Premises) Regulations, 1989, (S. I. No. 224 of 1989).

[502] European Communities (Protection of Consumers in Respect of Contracts Made by Means of Distance Communications) Regulations, 2001, (S. I. No. 207 of 2001).

[503] European Communities (Directive 2001/30/EC) Regulations 2003, (S. I. No. 68 of 2003).

und Datenschutz erlassen hat.[504] Zum Fernabsatz enthält der ASAI Code in Sec. 4 eigene Vorschriften, neben denen ergänzend die allgemeinen Regeln gelten.

6. Herabsetzung, Anschwärzung; Rufausbeutung

Gegen **Herabsetzungen und Anschwärzungen** können die common law Klagegründe der „defamation" oder der „injurious falsehood" eingesetzt werden. Für die **Rufausbeutung** gibt es (außerhalb der vergleichenden Werbung, s. Rdn. 277) keine eigene Klageart. Der ASAI Code enthält jedoch in Sec. 2.55 ein Verbot der Ausbeutung oder unfairen Nutzung des goodwill eines Anderen, welcher mit dessen Marke, Name, Slogan oder Werbekampagne verbunden ist. Sec. 2.56 verbietet ferner eine die Gefahr von Irreführungen hervorrufende Nachahmung fremder Werbung 292

7. Verwechslungsgefahr

Bei der Verwechslungsgefahr stellen die Gerichte bei der Anwendung des Fallrechts („passing off", s. Rdn. 269) auf den objektiven Durchschnittsverbraucher ab. Der neue Consumer Protection Act 2007 hat ausdrücklich das Verbraucherleitbild des EuGH übernommen. Den gleichen Maßstab verwendet die ASAI im Rahmen der Selbstkontrolle.[505] 293

8. Ausnutzen fremder Leistungen (Nachahmung)

Ein über die Spezialgesetze des Gewerblichen Rechtsschutzes und Urheberrechts hinaus reichendes wettbewerbsrechtliches Verbot der Nachahmung ist unbekannt. Soweit die Nachahmung allerdings Verwechslungsgefahr hervorruft, kann gegen sie nach den allgemeinen Grundsätzen vorgegangen werden (z. B. als **passing off**).[506] 294

9. Individuelle Behinderung

Das **Abwerben von Kunden oder Arbeitnehmern** und ihre Beschäftigung entgegen einem wirksamen Wettbewerbsverbot kann – wie in Grossbritannien – als „inducement" to bzw. „procurement of breach of contract" klagbar sein. Der **Schutz von know how** ist nicht sondergesetzlich geregelt, sondern dem Vertragsrecht überlassen. Essentiell sind deshalb Geheimhaltungsvereinbarungen mit Arbeitnehmern und Geschäftspartnern. Deren Verletzung kann als „breach of contractual obligation of fidelity" oder „abuse of confidential information" klagbar sein.[507] 295

10. Vorsprung durch Rechtsbruch

Wie in England erfasst die deliktsrechtliche Fallgruppe **„breach of statutory duties"** den Ersatz von Schäden, die durch den Bruch gesetzlicher Vorschriften hervorgerufen wurden, welche gerade solche Schäden verhindern sollen. 296

11. Sanktionen

Im **zivilrechtlichen Fallrecht** steht im Vordergrund die Sanktion des **Schadensersatzes. Aktivlegitimiert** ist bei zivilrechtlichen Klagen nach **common law** der Verletzte. In der Regel sind das die Konkurrenten, die geschädigt wurden. Unter bestimmten Umständen kann nach Sec. 74 (2) Consumer Protection Act auch der einzelne Verbraucher einen Schadensersatzanspruch haben. 297

Die konsumentenschutzrechtlichen Vorschriften des **Consumer Protection Act 2007** und der European Communities (Misleading and Comparative Marketing Communications) Regulations 2008 werden hauptsächlich durch **Unterlassungsverfügungen der Competition and Consumer Protection Commission** (CCPA) und der Gerichte durchgesetzt. Klagebefugt ist die CCPC,[508] aber auch der Einzelne.[509] Das Gericht kann die **Veröffentlichung seiner Entschei-** 298

---

[504] http://www.idma.ie/legal/. S. dazu auch *Barrett/Voigt,* S. 164 ff. S. auch die Information des Data Protection Commissioner, A Consumer Guide to Dealing with Unsolicited Direct Marketing auf dessen website www.dataprotection.ie.

[505] S. dazu *Lettl,* S. 238 ff., der bei der ASAI aber eine strengere Tendenz als bei den Gerichten sieht.

[506] *Grehan,* Rdn. 22 ff. S. auch ASAI Code 2,56; zur Nachahmung fremder Werbung vgl. *Donelan/Harley,* S. 929.

[507] Vgl. dazu *Enchelmeier,* Die Durchsetzung von Immaterialgüterrechten u. Schutz von Betriebsgeheimnissen im englischen Zivilprozessrecht, GRUR Int. 2012, 503.

[508] Sec. 71 (2) Consumer Protection Act; Sec. 4 (2) Regulations.

[509] Sec. 71 (2) Consumer Protection Act („anybody"), Sec. 4 (1) Regulations. Vgl. hierzu auch Fn. 464a.

dung anordnen. Gesetz und Regulations sind zusätzlich strafbewehrt.[510] Ein solches **Strafverfahren** kann auch von Privaten angestrengt werden. Ein Verstoß hat (außer bei Schneeballsystemen) keine Auswirkungen auf Verträge (Sect. 66).

299 Beschwerden bei der **ASAI** können Verbraucher wie Konkurrenten einlegen. Zu ihren Sanktionen gehört die regelmäßige Veröffentlichung ihrer Entscheidungen mit Namen des Werbenden und der Werbeagentur. Verletzt eine Werbung oder Sales Promotion-Massnahme die Regeln des ASAI Code, muss sie geändert oder zurückgezogen werden, die Medien werden sich weigern, sie zu veröffentlichen.[511] Mitglieder, welche Entscheidungen der ASAI missachten, können mit Geldbuße belegt und/oder ihrer Mitgliedschaft enthoben werden.

X. Italien*

Inhaltsübersicht

	Rdn.
1. Rechtsquellen	
2. Kurzcharakteristik des italienischen Wettbewerbsrechts	300
3. Regelung der Werbung	306
a) Irreführende Werbung	306
b) Vergleichende Werbung	308
c) Getarnte Werbung	311
d) Belästigende Werbung	312
e) Sonstige Werbevorschriften	313
f) Medien- und produktspezifische Werberegelungen (Hinweise)	316
4. Direktmarketing	317
5. Sales Promotion	318
6. Herabsetzung, Anschwärzung	321
7. Ausnutzen fremder Leistungen, Nachahmung, Verwechslungsgefahr	323
8. Behinderung	326
9. Vorsprung durch Rechtsbruch	328
10. Sanktionen, Verfahren	329

Schrifttum: *Alpa/Radeideh,* Italy, in: Micklitz/Keßler (Hrsg.), Marketing Practices and Consumer Protection in the EC-Member States and the US, 2002, S. 201; *Auteri,* Brief Report on Italian Unfair Competition Law, in: Hilty/Henning-Bodewig (Hrsg.), Law Against Unfair Competition, 2007, S. 151; *Auteri,* Italy, in: Henning-Bodewig (Hrsg.), International Handbook on Unfair Competition Law, 2013, S. 312; *Auteri/Floridia/Mangini/Olivieri/Ricolfi/Spada,* Diritto Industriale, 4. Aufl. 2012; *Auteri,* Introduzione: un nuovo diritto della concorrenza sleale?, in: Genovese (Hrsg.), I decreti legislativi sulle pratiche commerciali scorrette, 2008, S. 1; *Bastian,* Länderbericht Italien, in: Schmidt-Kessel/Schubmehl (Hrsg.), Lauterkeitsrecht in Europa, 2011, S. 355; *dies.,* Italien, in: Schricker (Hrsg.), Recht der Werbung in Europa, 1997 (zitiert: *Schricker/Bastian*); *Berruti,* La concorrenza sleale nel mercato: giurisdizione ordinaria e normativa antitrust, 2002; *De Cristofaro* (Hrsg.), Pratiche Commerciali scorrette e Codice del Consumo, 2008; *De Cristofaro,* Pratiche commerciali scorrette e responsabilità d'impresa, in: Alpa/Conte, La responsabilità d'impresa, 2015, S. 253; *De Cristofaro/Zaccaria* (Hrsg.), Commentario breve al Diritto dei consumatori, 2. Aufl. 2013; *De Cristofaro,* Unfair Commercial Practices and Italian Private Law, EuCML 2015, S. 251; *De Franceschi,* Unlautere Geschäftspraktiken und Luftbeförderungsverträge: Der Fall Ryanair und die Leitlinien der italienischen Rechtsprechung, euvr 2012, S. 41; *Di Cataldo,* Das neue italienische Gesetzbuch für das gewerbliche Eigentum, GRUR Int. 2007, 185; *Genovese* (Hrsg.), I decreti legislativi sulle pratiche commerciali scorrette, 2008; *Fusi/Testa,* Italie, in: P.-B.Greffe/F. Greffe (Hrsg.), La publicité et la loi, 11. Aufl. 2009, S. 937; *Ghidini,* La concorrenza sleale, 2001; *A. Lehmann,* Werbeselbstkontrolle in Italien und Deutschland, GRUR Int 2006, 123; *Kindler,* Italienisches Handels- und Wirtschaftsrecht; *Lettl,* Der lauterkeitsrechtliche Schutz vor irreführender Werbung in Europa, 2004, S. 240; *Liuzzo,* Prozessuale Aspekte des italienischen Werberechts, GRUR Int. 1992, S. 599; *Maggi,* Giurisprudenza recente di diritto industriale: un osservatorio, Riv. dir. ind. 2001, S. 364; *Magnani,* Appropriazione di Know-how, concorrenza parassitaria e sfruttamento di lavori altrui, Responsabilità civile e previdenza, 1997; *V. Meli,* Le clausole generali relative alla pubblicità, AIDA 2008, S. 257; *Nivarra,* Concorrenza sleale e responsabilità d'impresa, in: Alpa/Conte (Hrsg.), La responsabilità d'impresa, 2015, 191; *Padovini,* Konsumentenschutz und Zivilprozeß in Italien nach dem Gesetz 281 v. 30. Juli 1998 (Gesetz zum Schutz der Rechte der Konsumenten), ZfRV 1999, S. 9; *Ruggero,* Le vendite a prezzi predatori e le strategie di marketing, Giur. comm. 2003, S. 165; *Somarriello,* Vergleichende Werbung in Italien und Deutschland, 2002; *Somarriello,* Vergleichende und irreführende Werbung in Italien nach Umsetzung der Richtlinie 97/55/EG, GRUR Int. 2003, S. 29; *Spada,* Dalla concorrenza sleale alle pratiche commerciali scor-

[510] Sec. 76 ff. Consumer Protection Act (Geldstrafe und Gefängnis); Sec. 6(5) Regulations (Geldstrafe). Eine Strafverfolgung wird aber nur bei besonders schwerwiegenden Verstößen eingeleitet, *Conrads-Hassel,* WRP 1990, 222, 226.
[511] ASAI Code Kap. 4 Sec. 18 ff.
* Die Verfasserin dankt *Prof. Dr. Alberto De Franceschi,* Universität Ferrara, für wertvolle Hinweise.

rette nella prospettiva rimediale, Riv. dir. ind. 2011, S. 45; *Togo,* Die Einführung der kollektiven Schadensersatzklage in Italien, GRUR Int. 2009, 132; *Ubertazzi* (Hrsg.), Commentario breve alle leggi su proprietà intellettuale e concorrenza, 6. Aufl. 2016; *Vanzetti,* Italien, in: Lange (Hrsg.), Internationales Handbuch des Marken- und Kennzeichenrechts 2009, S. 303; *Vanzetti/di Cataldo,* Manuale di diritto industriale, 7. Aufl. 2012.

1. Rechtsgrundlagen

Art. 2598–Art. 2601 Codice Civile (CC); Decreto legislativo Nr. 206/2005 (Codice del Consumo); Decreto legislativo Nr. 145/2007; Codice di Autodisciplina della Comunicazione Commerciale (CAP).

2. Kurzcharakteristik des italienischen Wettbewerbsrechts

Wenn es um die Bekämpfung unlauteren Wettbewerbs (**„concorrenza sleale"**) geht, müssen in Italien regelmäßig **mehrere Regelungssets** herangezogen werden. Gleichwohl bildet das italienische Lauterkeitsrecht bezüglich seiner materiellrechtlichen Grundlagen ein **kohärentes Gesamtsystem,** das freilich bei der Rechtsdurchsetzung Differenzierungen aufweist.[512] 300

Der zivilrechtliche Schutz gegen unlauteren Wettbewerb findet sich vor allem in den Art. 2598–2601 **Codice Civile** (CC). Er ist nach h. M. auf **Mitbewerber** beschränkt. **Art. 2598 CC** enthält „unbeschadet der Bestimmungen über den Schutz der Unterscheidungszeichen und gewerblichen Schutzrechte" die Tatbestände 301
- Hervorrufen von Verwechslungen einschließlich sklavischer Nachahmung,
- Anschwärzung und Anmaßung von Vorzügen,
- Verstoß gegen die Grundsätze der „beruflichen Korrektheit", wenn dadurch das Unternehmen eines anderen geschädigt werden könnte (sog. **Generalklausel**).

Ein zweiter Regelungsset findet sich in dem Decreto legislativo Nr. 206 vom 6.9.2005, dem **Codice del consumo.**[513] In das Verbrauchergesetzbuch wurde zunächst das frühere Decreto legislativo Nr. 74/1992 über irreführende und vergleichende Werbung transferiert, welches dann durch das Decreto legislativo Nr. 146 vom 2.8.2007 aufgehoben und durch eine fast wörtlich mit der **Richtlinie 2005/29/EG** übereinstimmende Regelung ersetzt wurde. Art. 18 bis 27-*quater* des Codice del Consumo regeln nunmehr, wie die Richtlinie, irreführende und aggressive Geschäftspraktiken und enthalten in Art. 20 ein generelles Verbot der „inkorrekten" Geschäftspraktiken.[514] 302

Die im Codice del Consumo enthaltenen Vorschriften über unlautere Geschäftspraktiken galten ursprünglich nur im **„B2C"-Verhältnis.** Durch Art. 7 des Decreto legge Nr. 1 vom 14.1.2012 wurde dann jedoch Art. 19 ergänzt, der nun den Anwendungsbereich einiger Vorschriften auf die „unlauteren Geschäftspraktiken zwischen Unternehmen und Mikrounternehmen" ausdehnt; der letztgenannte Artikel bestimmt aber gleichzeitig, dass „für die **Mikrounternehmen** der Schutz gegen irreführende und vergleichende Werbung ausschließlich durch das Decreto legislativo 2. August 2007, Nr. 145 gewährt wird". Als „Mikrounternehmen" im Sinne des Codice del consumo ist jede Person (Gesellschaft oder Verband) zu verstehen, die, abgesehen von ihrer Form, eine auch individuelle oder familiäre wirtschaftliche Tätigkeit ausübt, weniger als 10 Personen beschäftigt und einen Jahresumsatz bzw. eine Bilanzierungssumme von 2 Millionen Euro gemäß Art. 2 Abs. 2 des Anhangs zur Empfehlung der Kommission Nr. 2003/361/EG vom 6. Mai 2003 nicht überschreitet. In den Anwendungsbereich des Art. 19 Codice del consumo fallen allerdings nur die unlauteren Geschäftspraktiken, die nicht als irreführende oder vergleichende „Werbung" einzustufen sind. Auf derart zu qualifizierenden Geschäftspraktiken findet vielmehr das **Decreto Legislativo Nr. 145 vom 2.8.2007** Anwendung.[515] 303

---

[512] Ausführlich zu Entstehungsgeschichte und Grundzügen des italienischen Lauterkeitsrechts auf Englisch *Auteri,* (2013); auf Deutsch *Bastian* (2011).

[513] Zum Codice del Consumo *Alpa,* Introduzione, in Alpa (Hrsg.), I contratti dei consumatori, Milano 2014, S. 16 und *De Cristofaro,* Il codice del consumo, Le nuove leggi civili commentate 2006, S. 755. Zur Anwendung insb. unter Berücksichtigung der Richtlinie 2005/29/EG vgl. *De Cristofaro,* EuCML 2015, S. 251; *De Franceschi,* euvr 2012, S. 41 (Fall Ryan Air). Für eine englische Sprachfassung der im Codice del consumo enthaltenen Vorschriften zu den unlauteren Geschäftspraktiken s. http://www.agcm.it/en/list-consumer-protection.html.

[514] Laut *Consiglio di Stato* kann eine unlautere Geschäftspraktik auch in einer zeitlichen Phase relevant werden, in der die vertraglich geschuldeten Leistungen schon vollständig erbracht worden sind und somit die Geschäftsabwicklung abgeschlossen ist: im konkreten Fall handelte es sich um die von einer Bank geschuldete aber nicht vorgenommene Löschung einer auf einen erfüllten Darlehensvertrag gegründeten Hypothek: Consiglio di Stato, sezione VI, 24. 8. 2011, Nr. 4800, *Intesa San Paolo,* Rn. 4.2., der den engen Zusammenhang zwischen dem Darlehensvertrag und der darauf gegründeten Hypothek hervorgehoben hat.

[515] Für eine englische Sprachfassung des Decreto Legislativo Nr. 145 vom 2.8.2007, s. http://www.agcm.it/en/list-consumer-protection.html.

Dieses Decreto regelt die irreführende Werbung gegenüber Gewerbetreibenden und die vergleichende Werbung gegenüber allen Marktteilnehmern. Die Regelung entspricht im Wesentlichen der konsolidierten **Richtlinie 2006/114/EG** (abgedruckt im Anhang). Zusätzlich wurden aus dem aufgehobenen Decreto legislativo Nr. 74/1992 jedoch einige weitere Tatbestände beibehalten, z.B. der Programmsatz, dass jede Werbung „offenkundig, wahr und korrekt" sein muss. Geregelt sind weiter die getarnte und die subliminale Werbung, die Verwendung bestimmter Begriffe wie „Garantie", die Werbung für gefährliche Erzeugnisse und die Werbung vor und mit Kindern.

Die im Codice del Consumo enthaltenenen Vorschriften über unlautere Geschäftspraktiken sowie die Bestimmungen des Decreto Legislativo Nr. 145 vom 2.8.2007 werden durch eine Verwaltungsbehörde, die **Autorità Garante della Concorrenza e del Mercato** (AGCM, s. Rdn. 330) durchgesetzt. Gegen ihre Anordnungen kann vor dem Tribunale Amministrativo Regionale (TAR Lazio-Roma, sezione I) vorgegangen werden, dessen Urteile wiederum vor dem Consiglio di Stato (Sezione VI) anfechtbar sind.

304 Von besonderer Bedeutung ist in Italien die **Selbstkontrolle.** Ihr zugrunde liegt der mehrfach neu gefasste **„Codice di Autodisciplina della Comunicazione Commerciale" (CAP),**[516] dessen Regeln auch zur Auslegung der Generalklausel des Art. 2598 Nr. 3 CC herangezogen werden.[517] Die Durchsetzung obliegt dem „Instituto di Autodisciplina Pubblicitaria" mit dem Entscheidungsorgan der **„Giurì".**

305 Die unterschiedlichen Möglichkeiten zur Bekämpfung unlauteren Wettbewerbs überschneiden sich teilweise.[518] Die **Schutzzwecke** sind jedoch **unterschiedlich:** Bei Art. 2598 CC geht es um individualrechtliche Ansprüche von Unternehmern, die in einem gewissen Bezug zu den seit 2005 im „Codice dei Diritti di Proprietà Industriale" zusammengefassten **IP-Rechten** stehen.[519] Demgegenüber dient der **Codice del Consumo** vom 6. September 2005 primär den Interessen der Verbraucher (indirekt aber auch denen der Allgemeinheit und der Mitbewerber) sowie – seit 2012 – den der sog. „Mikrounternehmen" (s. Rdn. 303) und steht in einem gewissen Zusammenhang mit dem **Kartellrecht.**[520] Das Decreto legislativo Nr. 145/2007 regelt hingegen die irreführende Werbung im „B2B"-Verhältnis sowie die vergleichende Werbung im Interesse aller Marktbeteiligten.

3. Regelung der Werbung

306 **a) Irreführende Werbung.** Der **traditionelle Rechtsschutz** gegen irreführende Werbung besteht – für Mitbewerber und ihre Verbände – in der zivilrechtlichen Klage auf der Grundlage von **Art. 2598 Nr. 2 CC** („Anmaßung von Vorzügen"); ergänzend greift die Generalklausel der Nr. 3 („berufliche Korrektheit") ein. Daneben besteht eine Regelung zugunsten der Verbraucher in **Art. 18 ff. Codice del Consumo** und zugunsten der Unternehmen untereinander in Art. 2, 3 des Decreto legislativo **Nr. 145/2007.** Die für beide Regelungswerke gleichermaßen zuständige Behörde **Autorità Garante della Concorrenza e del Mercato** hat weitreichende Befugnisse (s. Rdn. 330). Ihre Entscheidungspraxis ist **überwiegend strikt.**[521]

---

[516] Zurzeit gilt die 60. Fassung vom 12. November 2015; die italienische und englische Fassung ist unter http://www.iap.it/il-diritto/codice-e-regolamenti/il-codice abrufbar. Auf der Website des Instituto dell'Autodiscipline Publicitaria (IAP) finden sich auch die meisten Beanstandungen. Obwohl der CAP nur Mitglieder bindet, wird er allgemein respektiert und die (nach der Einleitung zum Kodex zwingende) Unterwerfungsklausel in fast alle Standardverträge im Werbebereich übernommen, vgl. *Somarriello,* GRUR Int. 2003, 29. Zu den Verhaltenscodices allgemein *Fabbio,* in: Genovese (Hrsg.), S. 159; *A. Lehmann* (2006).

[517] Vgl. etwa Corte di Cassazione 15.2.1999, Nr. 1259 zur Berücksichtigung des CAP bei der Auslegung von Art. 2598 Nr. 3 CC (RIC 196, 3.2001, S. 34).

[518] Was mitunter zur unterschiedlichen Beurteilung ein- und desselben Sachverhalts führt; ausführlich *Somarriello* GRUR Int. 2003, S. 29.

[519] Der Text des Gesetzbuchs für das gewerbliche Eigentum ist auf der Website http://www.uibm.gov.it/index.php/inglese zu finden. Ausführlich *Di Cataldo,* GRUR Int. 2007, 185. Zum Verhältnis des italienischen Lauterkeitsrechts zu den IP-Rechten vgl. insb. *Auteri* (2007); zum Recht der nicht eingetragenen Kennzeichen *Bastian/Mansani,* Italien, in: Schricker/Bastian/Knaak (Hrsg.), Gemeinschaftsmarke und Recht der EU-Mitgliedstaaten, 2006, S. 387; zum italienischen Markenrecht *Vanzetti,* in: Lange (2009).

[520] Dies wird bereits deutlich dadurch, dass die Autorità Garante für beide Bereiche zuständig ist. Zum Kartellgesetz vgl. etwa *Beck,* Das italienische Kartellgesetz – Überblick und erste Erfahrungen, WuW 1991, S. 707; *Pera,* Das neue italienische Kartellgesetz, Jahrbuch für italienisches Recht, S. 5 (1992); *Giammarco,* Die Generalklausel des unlauteren Wettbewerbs als Grundlage kartellrechtlicher Entscheidungen in Italien, GRUR Int. 1989, S. 29; generell zum Verhältnis Lauterkeitsrecht/Kartellrecht *Auteri* (2013), S. 317 f.

[521] So wurde etwa die Werbung für einen Internetanschluss („mit Fastweb wird Internet 200 Mal schneller") als irreführend verboten, da die Verbraucher sie nicht – wie eigentlich üblich – nur auf die Anfangsgeschwindig-

Dem Werbenden kann die **Beweislast** für die sachliche Richtigkeit der in der Werbung enthaltenen Tatsachenbehauptungen auferlegt werden (Art. 8 Nr. 5 des Decreto legislativo Nr. 145/2007, Art. 27 Nr. 5 des Codice del Consumo). 307

b) Vergleichende Werbung. Die Regelung der vergleichenden Werbung wurde 2007 in das Decreto legislativo **Nr. 145/2007** überführt.[522] Sie entspricht im Wesentlichen der Richtlinie 97/55/EG (jetzt Teil der konsolidierten Fassung der Richtlinie 2006/114/EG).[523] 308

Systemvergleiche und die sog. **Superlativwerbung** etc. fallen in die Kompetenz der Zivilgerichte (Art. 2598 Nr. 2, 3 CC). So wurde z. B. eine Werbung für Kontaktlinsen mit dem Spruch „enthält fünfmal mehr Sauerstoff als normale Kontaktlinsen" lediglich als Bezugnahme auf den allgemeinen Markt für Kontaktlinsen angesehen.[524] 309

Von den Bedingungen, die eine zulässige vergleichende Werbung zu erfüllen hat, spielen insbesondere die Verbote der **Irreführung** und der **Herabsetzung** eine Rolle.[525] Insbesondere **pauschale und allgemein gehaltene Behauptungen** über Konkurrenzprodukte sind verboten, zumal sie häufig nicht **relevante, typische, nachprüfbare, objektive Eigenschaften** betreffen.[526] 310

c) Getarnte Werbung. Die subliminale und die **getarnte Werbung** („pubblicità subliminale e pubblicità redazionale") sind **verboten.** Gemäß Art. 5 Abs. 1 des Decreto legislativo Nr. 145/2007 muss jede Werbung „als solche klar erkennbar" und in der Presse von anderen Formen der Mitteilung durch eine deutlich wahrnehmbare graphische Gestaltung unterscheidbar sein.[527] In Art. 22 Abs. 2[528] und Art. 23 lit. m[529] des Codice del Consumo finden sich in dieselbe Richtung gehende Verbote. 311

d) Belästigende Werbung. Ein Verbot der belästigenden Werbung besteht in Italien in Form des Verbots der **aggressiven Geschäftspraktiken** in Art. 24,[530] 25,[531] 26[532] des Codice del Consumo. Sie setzen die entsprechenden Vorschriften der Richtlinie 2005/29/EG um (s. Rdn. 302). 312

e) Sonstige Werbevorschriften. Gemäß Art. 1 Abs. 2 des Decreto legislativo Nr. 146/2007 muss jede Werbung **„offenkundig, wahr und korrekt"** sein. Hierin wird jedoch lediglich ein **Programmsatz** gesehen. Unmittelbare Ansprüche können daher auf diese Vorschrift nicht gestützt werden. 313

Art. 7 des Decreto legislativo Nr. 145/2007 untersagt die Ausnutzung der mangelnden Geschäftserfahrung und der Leichtgläubigkeit von **Kindern und Jugendlichen** oder der „natürlichen Gefühle der Erwachsenen für Kinder". Art. 21 Nr. 4 Codice del Consumo enthält ein Verbot von Geschäftspraktiken, die die Sicherheit von Kindern und Jugendlichen gefährden.[533] 314

---

keit beziehen könnten; Autorità Garante Nr. 909, Bd. 12/2000. S. auch 4.8.2016, PS 10211 (VW) und generell *De Franceschi* (Fn. 513).

522 Zur Vorgängerregelung vgl. *Somarriello.*

523 Dazu *Auteri* (2013), S. 328 ff.

524 Siehe jedoch auch die Entscheidung der Autorità Garante vom 18.1.2001, Nr. 9127 Boll 3/01 und der Giurì vom 30.5.2000, Nr. 148/00, kommentiert bei *Somariello,* S. 35 f. (Identifizierbarkeit bejaht bei Verwendung eines ähnlichen Maskottchens – Hund – wie der Konkurrent, der Marktführer ist).

525 Dazu *Somarriello,* GRUR Int. 2003, S. 29, 35.

526 Verboten wurde etwa die Werbung eines Pay TV-Anbieters mit einem bekannten Schauspieler, der zuvor für die Konkurrenz tätig war, und das von ihm nun beworbene Angebot pauschal als „besser" hinstellte, Autorità Garante v. 23.1.2001, Nr. 9143, Boll. 4/01. Ähnlich auch die Selbstkontrolle, die z. B. pauschal herabsetzende Äußerungen über, nach Meinung der Giurì, nicht vergleichbare Nahrungsmittel (ohne ausdrückliche Nennung des Mitbewerbers) untersagt hat; vgl. die Entscheidung Barilla Alimentare spa, Bauli spa, Gruppo Biondì gegen Danone vom 18.11.2003, Nr. 201/2003. Auch die Zivilgerichte betonen, dass die behauptete Überlegenheit des eigenen Produktes hinreichend durch Fakten belegt werden muss.

527 Bei der getarnten Werbung in der Presse geht es regelmäßig um die Abgrenzung Werbung/journalistische Meinungsäußerung; vgl. etwa die bei *Schricker/Bastian,* Rdn. 110 ff. wiedergegebenen Entscheidungen der Autorità Garante.

528 Dazu *De Franceschi*, Art. 22, in: De Cristofaro/Zaccaria (Hrsg.), S. 179 f.

529 Dazu *De Franceschi*, Art. 23, in: De Cristofaro/Zaccaria (Hrsg.), S. 195 f.

530 Dazu *De Franceschi*, Art. 24, in: De Cristofaro/Zaccaria (Hrsg.), S. 208 ff.

531 Dazu *De Franceschi*, Art. 25, in: De Cristofaro/Zaccaria (Hrsg.), S. 214 ff.

532 Dazu *Scaramuzzino,* Art. 26, in: De Cristofaro/Zaccaria (Hrsg.), S. 219 ff.

533 Nach bisheriger Auffassung der Autorità Garante genügt es z. B., dass die Werbung unerwünschte Wirkungen auf Kinder und Jugendliche hat. So hat die Autorità Garante (Entscheidung Nr. 1752, Boll 4/1994) z. B. die Benetton-Werbung mit dem Foto eines sterbenden Aids-Kranken u. a. deshalb verboten, weil Kinder und Jugendliche psychische Schäden nehmen könnten. Zu beachten sind weiter Art. 10 Abs. 3 des Gesetzes vom 3.5.2004 sowie Art. 3 der VO Nr. 525/1991, mit dem die Kinderschutzvorschriften der Fernsehrichtlinie umgesetzt wurden (Art. 10 Abs. 3 des Gesetzes 12 vom 3.5.2004). Dazu *De Franceschi*, Art. 21, in: De Cristofaro/Zaccaria (Hrsg.), S. 175 ff.

315 Die **Werbung mit der Angst,** das Ausnutzen von Gefühlen des Aberglaubens, der Leichtgläubigkeit etc. wird im B2C-Verhältnis im Codice del Consumo erfasst; daneben greift vor allem die **Selbstkontrolle** ein, Art. 8 CAP. Gemäß Art. 9 CAP darf die Werbung physische und psychische **Gewalt** weder bejahen noch darstellen und auch nicht Verhaltensweisen zeigen, die nach dem Geschmack und dem Empfinden der Verbraucher als **unanständig, vulgär oder abstoßend** angesehen werden.[534]

316 **f) Medien- und produktspezifische Werberegelungen (Hinweise).** Das italienische Recht kennt eine Fülle von medien- und produktspezifischen Werberegelungen.[535] Auch hier greifen gesetzliche Regelungen und Selbstkontrolle ineinander. Nach dem Gesetz Nr. 52 vom 22. 2. 1983 ist z.B. die Werbung für **Tabakprodukte** generell untersagt; dies gilt auch für andere Produkte als Tabakwaren, die Tabakmarken tragen.[536] Für das Fernsehen bestehen Sonderregelungen.[537]

4. Direktmarketing

317 Die **Zusendung unbestellter Waren** ist nach Art. 26 lit. f Codice del Consumo sowie Art. 19 CAP (Selbstkontrolle) verboten, wenn nicht deutlich darauf hingewiesen wird, dass keine Pflicht zur Zahlung oder Zurücksendung besteht. Für die unerbetene Werbung per **Telefon** und per **Fax** gegenüber dem Verbraucher ist nach Art. 58 Codice del Consumo wohl vom das opt-in-Prinzip auszugehen. Es findet außerdem Art. 26 lit. c Codice del Consumo Anwendung, der Nr. 26 des Anhangs I der UGP-Richtlinie entspricht. Auf jeden Fall ist der kommerzielle Zweck sofort und unmissverständlich offen zu legen.[538]

5. Sales Promotion

318 Das italienische Wettbewerbsrecht regelt Sales Promotion und aleatorische Werbemittel vor allem durch das **Decreto legislativo Nr. 430 vom 6.10.2001.**[539] Eine Kontrolle erfolgt weiter unter dem Gesichtspunkt der irreführenden Werbung und über das Decreto legislativo Nr. 114 vom 31.3.1998 zur Reform des Einzelhandels,[540] das sich mit Preisangaben und den „besonderen Verkäufen" (Ausverkäufe, Räumungsverkäufe, Saisonschlussverkäufe, Sonderangebote) befasst.[541] Preisnachlässe, die zu einem Verlustverkauf führen, dürfen weiter (sofern nicht besondere Umstände vorliegen) nur dreimal pro Jahr (und bestimmter Dauer) stattfinden.[542] Gegenüber dem Verbraucher findet auch Art. 23, lit. q Codice del Consumo Anwendung, der Nr. 15 des Anhangs I der UGP-Richtlinie entspricht.

319 Angebote mit **Zugaben** und Kopplungsgeschäfte sind grundsätzlich **zulässig,**[543] müssen jedoch die in dem Decreto legislativo Nr. 430/2001 geregelten Voraussetzungen erfüllen und sich in den Grenzen der „beruflichen Korrektheit" (Art. 2598 Nr. 3 CC) halten.

320 **Lotterien** sind gleichfalls in dem Decreto legislativo Nr. 430/2001 geregelt. „Promotional games" sind danach nicht verboten, müssen jedoch je nach Gestaltung angezeigt werden und unterliegen **Transparenzpflichten** (ebenso Art. 21 CAP).[544] Gemäß Art. 12 kann jeder Interessierte vom Handelsministerium eine Überprüfung verlangen. Die Ausnutzung des Spielinstinkts zu Absatzzwecken gilt grundsätzlich als unlauter.[545] Ob damit auch die Kopplung an den Kauf von Waren verbo-

---

[534] So hat die „Giurì" provozierende Werbung verboten, z.B. wenn Menschen (nach Ansicht der Giurì) in obszönen Positionen Buchstaben des Alphabets nachstellen, Benetton Group spa, Giurì vom 14.11.2003, Nr. 199/2003.

[535] Vgl. dazu ausführlich *Fusi/Testa,* S. 951.

[536] Vgl. Corte di Cassazione 6.10.1995, Foro it. 1995, I, 3458 (Vertrieb von Schülermäppchen in Form von Zigarettenschachteln); ebenso Corte di Cassazione (11.7.1990, Giust. civ. 1991, I, 650) (Werbung eines Reiseveranstalters für Camel-Trophy und Camel-Adventure-Reisen) – anders hingegen noch Corte di Cassazione 27.4.1990. Giur. it. 1990, I, S. 1, 1574) (Werbung für Kleidungsstücke mit einem Marlboro-Schriftzug).

[537] Dazu *Fusi/Testa,* S. 951.

[538] *Alpa/Radeideh,* S. 211.

[539] Ausführlich *Auteri* (2013), S. 329 ff.

[540] *Hofer/Lösch/Torricelli/Genta,* S. 413 ff.

[541] Vgl. auch Art. 20 CAP: Danach darf nicht zu Unrecht der Eindruck erweckt werden, dass es sich um einen außergewöhnlichen Verkauf handelt.

[542] Vgl. *Auteri* (2013), S. 329. Zur Frage, ob der Verlustverkauf gegen die „berufliche Korrektheit" des Art. 2598 CC verstößt, *Ruggero,* Giur. comm. 2003, S. 165 ff.

[543] Vgl. *Fusi/Testa,* S. 951. Sie gelten sogar als Ausdruck der in Art. 41 Verfassung geschützten unternehmerischen Freiheit.

[544] *Alpa/Radeideh,* S. 214; *Francetti,* S. 243.

[545] *Francetti,* S. 214; *Alpa/Radeideh,* S. 214.

ten ist, ist unklar,[546] wird jedoch wohl in Anbetracht der Rechtsprechung des EuGH (dazu *Glöckner,* Einl. B) zu verneinen sein.

6. Herabsetzung, Anschwärzung

Die **Anschwärzung** („denigrazione") wird auf der Grundlage von **Art. 2598 Nr. 2 CC** beurteilt;[547] im Rahmen der vergleichenden Werbung (Rdn. 308) gilt abschließend[548] das Decreto legislativo Nr. 145/2007. 321

Die Hauptbedeutung von Art. 2598 Nr. 2 CC liegt bei der **einseitigen Kritik** und beim **Systemvergleich.**[549] Erfasst sind sowohl Tatsachenbehauptungen als auch Werturteile über geschäftliche Verhältnisse. Auch **wahre Äußerungen** dürfen nicht unnötig aggressiv, suggestiv oder ansonsten herabsetzend formuliert sein; im Übrigen greift ergänzend die Generalklausel in Nr. 3 („berufliche Korrektheit") ein. **Schutzrechtsverwarnungen** und (nicht gerichtlich vorgeschriebene) **Urteilsveröffentlichungen** sind nur zulässig, wenn das behauptete Schutzrecht (oder Urteil) tatsächlich besteht und die Art und Weise der Mitteilung sich in den Grenzen des absolut Notwendigen hält. 322

7. Ausnutzen fremder Leistungen, Nachahmung, Verwechslungsgefahr

Gemäß **Art. 2598 Nr. 1 CC** begeht unlauteren Wettbewerb, wer die Gefahr von **Verwechslungen mit fremden Unterscheidungszeichen** (einschließlich Domains oder Zeitschriftentitel) herbeiführt oder die Erzeugnisse eines Wettbewerbers **sklavisch nachahmt** oder mit irgendwelchen anderen Mitteln Handlungen begeht, die geeignet sind, **Verwechslungen mit den Erzeugnissen** und der Tätigkeit eines Wettbewerbers herbeizuführen.[550] 323

Die **sklavische Nachahmung des Äußeren** von Erzeugnissen – worunter die Ware und ihre Verpackung verstanden wird – ist also stets **verboten,** wenn eine **Verwechslungsgefahr** vorliegt. Auch ohne Verwechslungsgefahr gibt es jedoch neuere Entscheidungen, die ein „Anmaßen von Vorzügen" i. S. v. Art. 2598 Nr. 2 CC bejahen, wenn charakteristische Aufmachungen, die Assoziationen zum Produkt des Konkurrenten hervorrufen, übernommen werden.[551] 324

Im Übrigen ist die Nachahmung von (nicht sondergesetzlich geschützten) Erzeugnissen zwar grundsätzlich frei. Es widerspricht jedoch der **„beruflichen Korrektheit"** der Generalklausel des Art. 2598 Nr. 3 CC, die mit erheblichem Arbeitsaufwand und Kosten geschaffenen Leistungsergebnisse eines Konkurrenten auszunutzen **(parasitärer Wettbewerb),** um eigene Aufwendungen einzusparen.[552] Hierfür werden i. d. R. jedoch „besondere Umstände" vorliegen müssen, z. B. eine gewisse Systematik des Nachahmens,[553] ein Anbieten zu erheblich niedrigerem Preis gegenüber derselben Zielgruppe oder sonstige Behinderungsmaßnahmen.[554] Die Vorschriften im CC setzen ein Wettbewerbsverhältnis voraus (s. Rdn. 301); die ergänzend eingreifende **Selbstkontrolle** in Art. 13 Abs. 1 CAP untersagt die sklavische Nachahmung (z. B. einer Werbung)[555] auch bei nicht konkurrierenden Erzeugnissen und ohne Verwechslungsgefahr. 325

---

546 Ausführlich *Auteri* (2013), S. 328 f. Die bisherigen Entscheidungen zu promotional games betreffen mehr den Täuschungsaspekt, vgl. Tribunale di Milano 9.2.1976, Giur. Ann. Dir. Ind. 1976, S. 808; Autorità Garante 17.3.1993, Nr. 1020; und vom 14.9.1995 Nr. 3266.

547 *Schricker/Bastian,* Rdn. 88; *Schricker,* S. 160 ff.

548 Eine nach der VO Nr. 145/2007 zulässige vergleichende Werbung kann nicht gemäß Art. 2598 Nr. 2 CC verboten werden. Insofern gelten nunmehr einheitliche Maßstäbe.

549 Ausführlich zur „denigrazione" *Vanzetti/Di Cataldo,* S. 77 ff.; *Auteri* (2013), S. 332 f.

550 Zum Ausnutzen fremder Leistungen ausführlich *Auteri/Floridia/Mangini/Olivieri,* S. 339 ff.; *Bastian* (2011), S. 377 ff.; *Auteri* (2013), S. 331 ff. Zur sklavischen Nachahmung ausführlich *Nivarra,* in: Alpa/Conte (Hrsg.), S. 215 ff.

551 Ausführlich *Auteri,* ebenda.

552 So bereits die Entscheidung der Corte di Cassazione vom 17.4.1962, GRUR Ausl. 1964, S. 515; s. auch Corte di Cassazione 20.4.1996, Nr. 3787 und Tribunale di Napoli 23.10.1995, Foro Padano 1996, I, S. 80; vgl. weiter *Maggi,* Riv. dir. ind. 2001, III, S. 364, 368 unter Hinweis auf das Urteil des Tribunale di Milano vom 9.3. 2001 (sklavische Nachahmung von Designermode). Ausführlich zum parasitären Wettbewerb *Vanzetti/Di Cataldo,* S. 89 ff.

553 Die Nachahmung nur eines von 50 Stoffmusters reicht z. B. nicht aus, s. Tribunale Verona 17.7.1998, wiedergegeben in RIC 196, 3. 2001, S. 34.

554 Vgl. Corte di Cassazione 20.4.1996, Nr. 3787 (Nachahmung technischer Aspekte, Know how etc. unter Einschaltung einer ehemaligen Mitarbeiters).

555 Zur Nachahmung von Werbung vgl. insbesondere *Fusi/Testa,* S. 951 ff.

8. Behinderung

326 Praktiken wie der **Boykott** und die Lieferungsverweigerung sind im Kartellgesetz Nr. 287 vom 10.10.1990 („Norme per la tutela della concorrenza e del mercato") geregelt.[556] Das **Abwerben von Arbeitnehmern** verstößt nur dann gegen das Gebot der „beruflichen Korrektheit" in Art. 2598 Nr. 3 CC, wenn die hierfür eingesetzten Mittel zu beanstanden sind,[557] z. B. wenn gezielt besonders qualifizierte und für den Betrieb notwendige Arbeitnehmer abgeworben werden.[558] Gleiches gilt für das **Abwerben von Kunden;** z. B. ist die „Umleitung" von für Konkurrenten bestimmte Telefonanrufe auf die eigene Leitung unlauter.[559]

327 Der Schutz von **Geschäftsgeheimnissen** und know how ist auf der Grundlage der Generalklausel in Art. 2598 Abs. 3 CC („berufliche Korrektheit") zu beurteilen.[560]

9. Vorsprung durch Rechtsbruch

328 Die Verletzung anderer Vorschriften verstößt gegen Art. 2598 Nr. 3 CC, wenn die verletzte Norm zumindest auch darauf abzielt, den Wettbewerb zu regeln.[561] Nach vorherrschender Meinung gilt dies jedenfalls für öffentlich-rechtlich sanktionierte Normen, also auch für den Codice del consumo und das Decreto legislativo Nr. 145/2007.

10. Sanktionen, Verfahren

329 Der im **Codice Civile** geregelte Rechtsschutz (Art. 2598–2601 CC) ist **zivilrechtlicher** Art.[562] Voraussetzung ist ein (zumindest potentielles) **Wettbewerbsverhältnis** zwischen Kläger und Beklagten.[563] **Aktivlegitimiert** sind der betroffene Unternehmer und gewerbliche Verbände (Art. 2601 CC);[564] nach überwiegender Meinung hingegen nicht die Verbraucherverbände,[565] zumal deren Klagebefugnis nunmehr in Art. 139 des Codice del Consumo geregelt ist. Beantragt werden kann **Unterlassung, Beseitigung, Schadensersatz** und **Urteilsveröffentlichung** (Art. 2599 CC). Die Anordnung der Unterlassung kann im einstweiligen Verfügungsverfahren entsprechend den allgemeinen Vorschriften des Art. 700 Codice di Procedura Civile erfolgen. Zuständig sind die ordentlichen Gerichte.

330 Die Vorschriften des **Decreto legislativo Nr. 145/2007** (irreführende, vergleichende und sonstige unlautere Werbung) sowie die Vorschriften im **Codice del consumo** über unlautere Geschäftspraktiken gegenüber dem Verbraucher werden von der „**Autorità Garante** della Concorrenza e del Mercato" durchgesetzt. (s. Rdn. 303). Diese kann **Unterlassungsanordnungen** mit endgültiger oder – in Eilfällen – auch vorläufiger Wirkung treffen (Art. 8 Abs. 3) und auch die Veröffentlichung der Entscheidung oder eine berichtigende Erklärung anordnen (Art. 8 Abs. 7 Satz 2). **Antragsberechtigt** sind die Mitbewerber, die Verbraucher und (subsidiär) ihre jeweiligen Verbände (Art. 8 Abs. 2). Die Verbraucherverbände können außerdem eine Unterlassungsklage zum Schutze der „interessi collettivi dei consumatori" nach den Art. 139 und 140 Codice del consumo (in Umsetzung der Richtlinie 2009/22/EG) einreichen. Dem einzelnen Verbraucher steht ferner nach Art. 140-*bis* Codice del consumo eine Art von „class action" zur Verfügung,[566] um Ersatz für Schäden,

---

556 Ausführlich dazu *Francetti,* S. 217 ff.

557 *Francetti,* S. 229; ausführlich zu diesem Problemkreis *Schricker,* S. 155 ff.

558 Corte die Cassazione 9.6.1998 Nr. 5671, wiedergegeben bei RIC 196, 3. 2001, S. 34; Corte di Cassazione 16.5.1983, Nr. 3365, Giur. Ann. Dir. Jur. 1983, S. 1596.

559 *Francetti,* a. a. O.

560 Ausführlich *Francetti,* S. 240 ff.; *Magnani,* Responsabilità civile e previdenza 1997, S. 139 ff.; zur Ausnutzung von Informationen eines früheren Angestellten des Konkurrenten vgl. etwa Tribunale di Verona 23.7.1998; wiedergegeben in RIC 196, 3. 2001, S. 35.

561 Dazu *Auteri* (2007) S. 153 f. Corte di Cassazione 23.2.1976 Nr. 582; Giur. Ann. Dir. Ind. 1976, S. 783; vom 8.5.1978, Nr. 2220, Giur. Ann. Dir. Ind. 1978, S. 1001.

562 Ausführlich dazu *Auteri* (2013), S. 312 ff.; *Liuzzo,* GRUR Int. 1992, S. 599; *Francetti,* S. 245 ff.; *Preussler,* S. 729 ff.

563 S. dazu im Einzelnen *Auteri* (2013), S. 312 ff. Ein Wettbewerbsverhältnis wurde z. B. bejaht zwischen einem (ausländischen) Unternehmen, das für Italien eine Lizenz erteilt hatte und einem italienischen Nachahmer. Klagebefugt ist auch der Lizenznehmer (die Entscheidungen sind wiedergegeben in RIC 196, 3. 2001, S. 32).

564 Vgl. Corte di Cassazione 7. 8. 2014, Nr. 17792, Foro it. 2014, I, 1174; *Nivarra,* in: Alpa/Conte (Hrsg.), S. 200 ff.

565 Vgl. Corte Costituzionale 12. 3. 1998, Nr. 59, Foro it. 1998, I, 2158.

566 Dazu *Togo,* GRUR Int. 2009, 123. Die Sammelklage ist freilich an einige Voraussetzungen gebunden, die sich aus Art. 49 Abs. 1 des Gesetzes Nr. 99/2009 ergeben. Erfahrungen hiermit gibt es, soweit ersichtlich, noch nicht. Zu den Verbindungen mit dem Zivilrecht ausführlich *De Cristofaro,* EuCLM 2015, 251.

die durch eine an mehrere Verbraucher gerichtete Geschäftspraktik entstanden sind, zu bekommen. Die Anordnungen der AGCM (vgl. Rdn. 303) können von dem Tribunale amministrativo regionale (TAR Lazio-Roma, sezione I) beanstandet werden, dessen Urteile wiederum vor dem Consiglio di Stato (sezione VI) angefochten werden können, falls der Kläger ein berechtigtes Interesse nachweisen kann.[567]

XI. Kroatien*

Inhaltsübersicht

	Rdn.
1. Rechtsgrundlagen	
2. Kurzcharakteristik des Wettbewerbsrechts Kroatiens	300a
3. Regelung der Werbung	330b
4. Herabsetzung; Rufausbeutung, Nachahmung, Behinderung	330c
5. Durchsetzung	330d

Schrifttum: *Von Bar,* Ausländisches Privat- und Privatverfahrensrecht in deutscher Sprache, 9. Aufl. 2013, S. 378; *Büttner/Trbojevic,* Consumer Organisations in Serbia, Croatia, Montenegro, in: Karanikic/Micklitz/Reich (Eds.), Modernisierung Consumer Law. The Experience of the Western Balkan, 2012, S. 377; *Mišćenić,* Consumer Protection Law, in: Josipović (Ed.), Introduction to the Law of Croatia, 2014, S. 279; *Josipović,* Das Konsumentenschutzgesetz – Beginn der Europäisierung des Kroatischen Vertragsrechts, in: Grundmann/Schauer (Hrsg.), The Architecture of European Codes and Contract Law., 2006, S.129; *Josipović,* Enforcement in Consumer Protection Regulation, Journal of Consumer Policy 2013, 287; *Krneta,* Gewerblicher Rechtsschutz und Urheberrecht in den Ländern des ehemaligen Jugoslawien, GRUR Int. 1993, 717; *Krneta,* Das neue kroatische Kartellgesetz, GRUR Int. 1996, 913; *Liha,* Consumer Protection in the Process of European Enlargement: Challenges for Croatia, Policy Documentation Center 2005; *Micklitz,* The Law of the Western Balkan Countries in the Mirror of Consumer Law, in: Karanikic/Micklitz/Reich (Eds.), Modernising Consumer Law: The experience of the Western Balkan, 2012, S. 9; *Okroša,* Das Markenrecht in Kroatien, in: Ekey/Bender/Fuchs-Wissemann (Hrsg.), Markenrecht Bd. 1, 3. Aufl. 2014, S. 1240; *Straus,* Das Recht des unlauteren Wettbewerbs mit Hinweisen auf die Rechtslage in Kroatien, GRUR Int. 1994, 700; *Liszt,* Croatia: Overview, in: Global Competition Review (GCR) 2015 (Internet); *Bakardjieva Engelbrekt,* in: Weatherill/Bernitz (Eds.), The Regulation of Unfair Commercial Practices Under Directive 2009/29: New Rules and New Techniques, 2007; *Zlatović,* Markenschutzrecht, 2008.

1. Rechtsgrundlagen

Wettbewerbsgesetz vom 30.6.2009 in der Fassung vom 21.6.2013; Verbraucherschutzgesetz von 2003 in der Fassung von 2015; Werbegesetz vom 27.3.2009.

2. Kurzcharakterisierung des Wettbewerbsrechts Kroatiens

Kroatien ist seit dem 1.7.2013 Mitglied der Europäischen Union. Der Europäische Acquis wurde **330a** – verteilt auf verschiedene Regelungswerke – offenbar vollständig übernommen. Der Zugang zur Rechtslage in Kroatien ist für Außenstehenden nicht einfach, wobei Schwierigkeiten weniger das Bestehen der materiell-rechtlichen Bestimmungen als vielmehr die wichtige Frage ihrer Durchsetzung macht. Relativ gut erschließbar ist noch das Vortragsrecht.[568] Was das nicht hiervon erfaßte Lauterkeitsrecht betrifft, so ist davon auszugehen, dass die zahlreichen hierzu zählenden **europäischen Richtlinien** und Verordnungen zum Lauterkeitsrecht im weiteren Sinne fast vollständig – zumeist telle quelle – **in das kroatische Recht transformiert** wurden.

Wie die meisten früheren ost-europäischen EU-Staaten hat auch Kroatien wegen der Schwierigkeiten des Übergangs zu einem marktwirtschaftlichen System zunächst den Schwerpunkt auf die Regelung des **Kartellrechts** und des **Verbraucherschutzrechts,**[569] das weitgehend europäischen Vorgaben unterliegt, gesetzt. Gleiches gilt für das Recht des **geistigen Eigentums.** Kroatien ist Vertragsstaat des Europäischen Patentübereinkommens (EPÜ), der Klassifikationsabkommen von Nizza, Locarno und Straßburg und gehört dem Madrider Abkommen über die internationale Registrierung von Marken an. Generell kann davon ausgegangen werden, dass gerade im IP-Bereich

---

[567] Ausführlich *Auteri* (2007), S. 156f.

* Die Verf. dankt Prof. Dr. *Mateja Durovic,* City University of Hong Kong, für wertvolle Hinweise.

[568] Zum Schuldrecht Kroatiens vgl. *Josipovic* (2014) und die weiterführenden Hinweise auf das Privatrecht bei *v. Bar,* S. 378.

[569] Zum Verbraucherschutzrecht ausführlich *Josipović* (2006) und *Mišieni* (2014); zum Kartellrecht *Krneta,* GRUR Int. 1996, und *Liszt* (2011).

dem europäischen Acquis genügt wird.[570] An nationalen Gesetzen wären das Patentgesetz von 2003, in der Fassung von 2013 (Zakon o patentne, NN 173/03; NN 76/13) zu nennen, das Gesetz über Autorenrechte und verwandte Rechte, das Gesetz über geographische Herkunftsangaben und das Design-Gesetz sowie das (dem Lauterkeitsrecht am nächsten verwandte) Markenschutzgesetz von 2003 in der Fassung von 2011 und die es ergänzende Markenschutzordnung. Charakteristisch ist weiter der enge Zusammenhang mit dem **Schuldrecht,** geregelt im Gesetz von 1978, das auch bestimmte Fälle des irreführenden Unterlassens von Angaben erfasst und die Möglichkeit des Schadensersatzes eröffnet.

3. Regelung der Werbung

330b Die Werbung gegenüber dem Verbraucher (B2C) ist als Teil der unlauteren Geschäftspraktiken im **Verbraucherschutzgesetz** geregelt. Hier finden sich die Vorschriften über die **irreführende** und **aggressive** Werbung. Diese entsprechen fast wörtlich der Richtlinie 2005/29/EG (vgl. *Glöckner,* Einl. B); ihre Auslegung wird daher primär anhand der europäischen Vorgaben zu erfolgen haben. Die **vergleichende Werbung** ist demgegenüber im **Werbegesetz** zu finden; ebenso wie die Regelung der irreführenden Werbung im B2B-Verhältnis. Beide Reglungskomplexe sind fast wörtlich aus der Richtlinie 2006/114/EG übernommen, auf deren unionsrechtliche Auslegung (vgl. Einl. B) verwiesen wird.

Daneben gibt es eine Anzahl **produkt- und medienspezifischer** Regelungen, die gleichfalls weitgehend den jeweiligen Vorgaben des Unionsrechts entsprechen. Zu nennen wäre etwa die VO zur elektronischen Kommunikation, die am 24.2.2015 neu gefasst wurde und die von der „Croatian Regulatory Authority for Network Industries" durchgesetzt wird. Ergänzend ist jedenfalls im Verbraucherschutzbereich auch das allgemeine **Schuldrecht** (vgl. Rdn. 330a) heranzuziehen.

4. Herabsetzung; Rufausbeutung, Nachahmung, Behinderung

330c Weniger ausgeprägt als der (europäisch weitgehend vorgegebene) Schutz der Verbraucher scheint im kroatischen Recht der **Schutz des Mitbewerbers** zu sein. Soweit hier nicht der IP-Rechtsschutz eingreift, der den europäischen Vorgaben entspricht, können unlautere Wettbewerbshandlungen im B2B-Bereich von Angehörigen anderer PVÜ-Verbandsländer jedoch über **Art. 10bis PVÜ** geltend gemacht werden (vgl. *Glöckner,* Einl. E). Dieser garantiert einen Mindestschutz für die in Art. 10bis Abs. 3 PVÜ explizit genannten Tatbestände der Herabsetzung, Verwechslungsgefahr und der Irreführung über das eigenen Produkt; jedoch wird auch ein Schutz gegen andere die Mitbewerber schädigende Sachverhalte, z.B. die Behinderung, auf der Grundlage der Generalklausel in Art. 10bis PVÜ Abs. 2 PVÜ möglich sein.

5. Durchsetzung

330d Obgleich zivilrechtliche Rechtsbehelfe möglich sind, steht in der Praxis die **behördliche Durchsetzung** im Vordergrund; offenbar gibt es jedoch auch hier noch einige Durchsetzungsdefizite. Die Durchsetzung des **Verbraucherschutzgesetzes** und des **Werbegesetzes** erfolgt jedenfalls auf öffentlich-rechtlichem Wege; beteiligt sind eine Vielzahl von staatlichen Stellen.[571] Verbraucherorganisationen und wohl auch der individuelle Verbraucher sowie Mitbewerber können jedoch durch Beschwerden ein Verfahren zum Schutz der kollektiven Verbraucherinteressen in Gang setzen. Im Übrigen sind sie auf die aus dem Schuldrecht folgenden Rechtsschutzmöglichkeit angewiesen.

---

[570] Vgl. den Bericht in GRUR Int. 1999, 982; zu den IP-Rechten weiter *Krneta,* GRUR Int. 1993, 717; *Zlatović* (2008) und *Okroša* (2014).

[571] *Mišćenić* (2014), S. 284, 288 f.

XII. Lettland

Inhaltsübersicht

Rdn.

1. Rechtsquellen
2. Kurzcharakteristik des lettischen Wettbewerbsrechts 331
3. Regelung der Werbung 336
   a) Irreführende Werbung 337
   b) Vergleichende Werbung 339
   c) Getarnte Werbung 340
   d) Medien- und produktspezifische Werberegelungen 341
   e) Weitere Werberegelungen 343
4. Informationspflichten 344
5. Besondere Vertriebsmethoden, Direktmarketing 345
6. Sales Promotion 346
7. Herabsetzung, Anschwärzung 347
8. Ausnutzung fremder Leistung, Verwechslungsgefahr, Nachahmung 348
9. Behinderungswettbewerb 350
10. Vorsprung durch Rechtsbruch 351
11. Sanktionen, Verfahren 352

Schrifttum: *British Institute of International and Comparative Law,* Unfair Commercial Practices. An analysis of the existing national laws on unfair commercial practices between business and consumers in the new Member States, General Report, 2005 (BIICL Report); *Cambier,* Comparative and Misleading Advertising Legislation in Central and Eastern Europe, CICPP No. 12; *Dietz,* Die Einführung von Gesetzen gegen den unlauteren Wettbewerb in ehemals sozialistischen Staaten Mittel- und Osteuropas, GRUR Int. 1994, 649; *Mizaras,* Unfair Competition Law in the Baltic States, in: Hilty/Henning-Bodewig, Law Against Unfair Competition: Towards a New Paradigm in Europe, 2007, S. 249; *Torgans,* Consumer Protection in Latvia, in: *Alexiev et al.,* Consumer Protection in Bulgaria, Czech Republic, Estonia, Hungary, Latvia, Lithuania and Romania, CICPP No. 4, 143.

1. Rechtsquellen

Wettbewerbsgesetz von 2001 (KL); Werbegesetz von 2000 (RL); Verbraucherschutzgesetz von 1999 (PTAL); Gesetz über unlautere Geschäftspraktiken von 2007 (KPL).

2. Kurzcharakteristik des lettischen Wettbewerbsrechts

Der lettische Gesetzgeber hat die Fragen der **Freiheit und der Lauterkeit des Wettbewerbs in einem einheitlichen Gesetz** geregelt. Das Wettbewerbsgesetz aus dem Jahr 2001 (Konkurences likums = **KL**)[572] erfasst unterschiedliche Arten von Wettbewerbsbeschränkungen und unlauteren Wettbewerbshandlungen. Es ermöglicht die Rechtsdurchsetzung durch den **Wettbewerbsrat** (Konkurences Padome = KP) aber auch auf privatrechtlichem Wege. 331

Die Regelungen über unlauteren Wettbewerb sind in Kapitel V KL zusammengefasst. Art. 18 (1) und (2) KL enthalten eine **weit gefasste Generalklausel** zur Bekämpfung des unlauteren Wettbewerbs. Nach Art. 18 (2) KL sind unlautere Wettbewerbshandlungen definiert als Verhaltensweisen, die zur Folge haben, dass gegen gesetzliche Regelungen oder faire Handelsbräuche verstoßen wird, und die geeignet sind, eine Behinderung, Beschränkung oder Verzerrung des Wettbewerbs zu verursachen. Diese Generalklausel wird durch einen **Katalog verbotener unlauterer Wettbewerbshandlungen** ergänzt (Art. 18 (3) Nr. 1–5. KL). Der Katalog ist nicht abschließend. Die Generalklausel findet auch auf Tatbestände Anwendung, die nicht durch die Katalogvorschriften gedeckt sind.[573] 332

Informationspflichten gegenüber Verbrauchern, aber auch andere Rechte der Verbraucher sind im **Verbraucherschutzgesetz** aus dem Jahr 1999 (Pateretaju tiesibu aizardzibas likums = **PTAL**) festgelegt. Die Durchsetzung des PTAL und anderen Verbraucherschutzgesetzen ist einer staatlichen Behörde, dem **Zentrum zum Schutz der Verbraucherrechte** (Patéretáju tiesíbu aizsardzíbas centrs = PTAC) anvertraut. 333

---

[572] Der Gesetzestext in englischer Sprache ist auf der Website des Wettbewerbsrats unter http://www.competition.lv zu finden. Eine Sammlung lettischer Gesetze in englischer Sprache steht auf der Website http://www.ttc.lv zur Verfügung.

[573] Siehe die Entscheidung des KP Nr. E02-88 vom 16.8.2006 – *Copy Pro/Copy General,* Jahresbericht des KP für das Jahr 2006, S. 31–32.

334 Die Richtlinie über unlauteren Geschäftspraktiken wurde im Dezember 2007 durch das **Gesetz über unlautere Geschäftspraktiken** umgesetzt (Komercprakses likums = **KPL**). Das Verbot unlauterer Geschäftspraktiken findet sich in Art. 4 KPL. Irreführende Handlungen und Unterlassungen sind in Art. 5 und Art. 6 geregelt, wobei Art. 6 Abs. 3 die notwendigen Informationen im Falle der Aufforderung zum Kauf auflistet und Art. 7 die irreführende Geschäftspraktiken aus der schwarzen Liste der Richtlinie wiedergibt. Art. 8 und 9 sind aggressiven Geschäftspraktiken gewidmet. Kontrolle und Rechtsdurchsetzung des KPL liegen in erster Linie beim PTAC.

335 Und schließlich ist das **Werbegesetz** aus dem Jahr 1999 (Reklams likums = **RL**) für das lettische Wettbewerbsrecht von Bedeutung. Sämtliche diese Gesetze **überschneiden** sich.

3. Regelung der Werbung

336 Die wichtigste Rechtsquelle zur Regelung der Werbung ist das **Werbegesetz (RL),** in dem u. a. die Richtlinie 2006/114/EG umgesetzt wurde (vgl. Einl. B). Der Begriff der Werbung ist in Art. 1 RL definiert. Art. 3 RL enthält eine Generalklausel für Werbemaßnahmen, nach der jede **Werbung rechtmäßig, wahrheitsgetreu und objektiv** sein und mit **ethischen Grundsätzen** im Einklang stehen muss. Die Werbung soll nicht das öffentliche Vertrauen in die Werbung enttäuschen und soll den Grundsätzen eines fairen Wettbewerbs genügen.

337 **a) Irreführende Werbung.** Irreführende Werbung ist durch Art. 8 RL **generell verboten.**[574] Nach Umsetzung der Richtlinie 2005/29/EG ist die irreführende Werbung auch als unlautere Geschäftspraktik nach Art. 5 und 6 KPL anzusehen.[575]

338 In seiner Entscheidungspraxis nimmt der Wettbewerbsrat **(KP)** ausdrücklich Bezug auf die „Estée Lauder"-Entscheidung des EuGH (C-220/98) und geht vom Leitbild eines **„Durchschnittsverbrauchers"** aus. Dieser wird vom KP als intelligent, informiert, umsichtig, aufmerksam und vorsichtig charakterisiert.[576] **Spitzenstellungsbehauptungen** wie „der Beste", „der Größte", der „Billigste" sind jedoch unzulässig, wenn sie tatsächlich ernst genommen werden und nicht erweislich wahr sind.[577]

339 **b) Vergleichende Werbung.** Vergleichende Werbung ist jede Werbung, die unmittelbar oder mittelbar einen Mitbewerber oder die Erzeugnisse oder Dienstleistungen, die von einem Mitbewerber angeboten werden, in einem Vergleich erkennbar macht (Art. 9 (1) RL).[578] Derartige vergleichende Werbung ist **zulässig,** wenn sie die in Art. 9 (3) RL genannten Voraussetzungen erfüllt. Die **Beweislast** hierfür trägt der Werbende.[579] Die Einzelheiten der Regelung sind inhaltlich der Richtlinie 2006/114/EG (vgl. Einl. B) nachgebildet.[580]

340 **c) Getarnte Werbung.** Nach Art. 12 (3) RL besteht die allgemeine medienübergreifende Verpflichtung, bei der Verbreitung von Werbung eine **deutliche Trennung der Werbung von anderen Inhalten** vorzunehmen.[581]

---

[574] Der Katalog unlauterer Wettbewerbshandlungen enthält unter anderem ein Verbot der Verbreitung falscher, unvollständiger oder verzerrter Informationen, die Marktteilnehmer betreffen, Art. 18 (3) Nr. 3 KL.

[575] Beide Gesetze sind europäisch, d. h. anhand der Richtlinien 2005/29/EG und 2006/114/EG auszulegen (vgl. Einl. B). Es ist dabei von einem weitgehend einheitlichen Irreführungsmaßstab auszugehen.

[576] Die Schwelle liegt damit wohl höher als in der EuGH-Rechtsprechung. Vgl. die Entscheidung des KP Nr. 770/03/10 vom 22.12.2003 – *Pampers.*

[577] Vgl. die Entscheidung des KP vom 14.5.2003 Nr. 102/03/07/7 – *SIA BT 1;* Entscheidung des KP Nr. 110 vom 4.10.2006 – *SiltumaEksperts* („die niedrigsten Preise in Lettland" für Elektroartikel), Entscheidung des KP Nr. 80 vom 17.8.2006 – *Parex Asset Management* („der günstigste Pensionsplan"), Jahresbericht des KP für das Jahr 2006, S. 34–36. Entscheidung des PTAC Nr. E03-PTU-K47-30 vom 14.6.2012 („die besten und günstigsten Mauersteine").

[578] In der *„Pampers"*-Entscheidung hat der KP klargestellt, dass ein Vergleichstest mit einer anonymisierten und nicht mit einer Marke gekennzeichneten Windel es den Verbrauchern nicht ermögliche, einen Wettbewerber oder dessen Produkte direkt oder indirekt zu identifizieren. Vgl. Entscheidung des KP vom 22.12.2003 Nr. 770/03/10. Vgl. Entscheidung des PTAC vom 22.1.2013 Nr. 21-06/552-K-161 zur Irreführung einer vergleichenden Werbung, die nicht alle notwendigen und relevanten Informationen über den Mitbewerber enthält.

[579] Vgl. die Entscheidung des KP vom 11.9.2003 Nr. 800/03/09/11 – *Telekom Baltija.*

[580] Behauptungen, die Dienstleistungen eines Mitbewerbers seien unzuverlässig, wurden als unzulässige vergleichende Werbung untersagt, siehe Entscheidung des KP Nr. 20 vom 17.3.2006 – *Latvijas Mobilais Telefons (LMT)/Tele 2,* Jahresbericht des KP aus dem Jahr 2006, S. 36–37.

[581] Bezüglich der Werbung in elektronischen Medien vgl. Art. 22 (1) und (3) des Rundfunk- und Fernsehgesetzes.

d) Medien- und produktspezifische Werberegelungen. Das Gesetz über **Alkohol** (Alkoholisko dzérienu aprites likums = ADAL) aus dem Jahr 2004 enthält verschiedene Verbote und Einschränkungen der Werbung für Alkohol und alkoholhaltige Getränke (Art. 10–11 ADAL). Auch die öffentliche Werbung für verschreibungspflichtige **Medikamente** und Betäubungsmittel ist unzulässig.[582] 341

Besondere Anforderungen für Werbung in **Rundfunk und Fernsehen** sind im Rundfunk- und Fernsehgesetz aus dem Jahr 1996 enthalten (Radio un televizija likum, RTL). Die Regelungen entsprechen weitgehend denen der Richtlinie 89/552/EWG in ihrer Fassung aus dem Jahr 1997.[583] 342

e) Weitere Werberegelungen. Gemäß Art. 4 RL darf Werbung keine **Propaganda für Gewalt oder Krieg** verbreiten. Verboten sind außerdem alle Formen **diskriminierender Werbung** sowie Werbung, die das Vertrauen, mangelnde Erfahrung oder mangelndes Wissen der Adressaten ausnutzt. Werbung, die an **Kinder** gerichtet ist, muss besonderen Anforderungen genügen, insbesondere der besonderen Schutzbedürftigkeit von Kindern als Werbeadressaten Rechnung tragen (Art. 5 RL). 343

4. Informationspflichten

Das Verbraucherschutzgesetz von 1999 (PTAL) erklärt die Wahl- und Entscheidungsfreiheit sowie das **Recht auf Information** zu allgemeinen Verbraucherrechten (Art. 3 und 4 PTAL). Diesen Rechten entspricht die Verpflichtung des Verkäufers, den Verbrauchern vollständige Informationen über die Waren und Dienstleistungen sowie über die Modalitäten der Vertragserfüllung und der Gewährleistung zu verschaffen.[584] 344

5. Besondere Vertriebsmethoden, Direktmarketing

Das PTAL sieht Regelungen für **Haustürgeschäfte, Fernabsatz** und Time-Share-Verträge vor, die inhaltlich den Regelungen der entsprechenden EG-Richtlinien entsprechen (vgl. Art. 9 bis 11 PTAL). Für Werbung durch **Fax-**Schreiben, automatische Anrufsysteme und andere Telekommunikationstechniken, die zu einem individuellen Kontakt mit Verbrauchern führen, gilt das **„opt-in"**-Prinzip (Art. 10 PTAL).[585] Die Richtlinie über den elektronischen Geschäftsverkehr wurde durch das Gesetz über Dienste der Informationsgesellschaft in lettisches Recht umgesetzt.[586] In Art. 9 dieses Gesetzes ist das Verbot von nicht angeforderten **E-mails** und anderen elektronischen Kommunikationen festgelegt („opt-in"-Prinzip). 345

6. Sales Promotion

Nach Art. 6 RL galten ursprünglich bei der Werbung für **Sonderangebote** detaillierte Informationspflichten. Diese Bestimmungen wurden jedoch 2014 aufgehoben, so dass Sales Promotion Maßnahmen an den allgemeinen Vorschriften, vor allem am Irreführungsverbot (vgl. Rdn. 337) zu messen sind. 346

7. Herabsetzung, Anschwärzung

Gemäß Art. 18 (3) Nr. 3 KL stellt die Verbreitung von **unzutreffenden, unvollständigen oder verzerrten Informationen** über andere Marktteilnehmer einen Wettbewerbsverstoß dar. Darüber hinaus ist es gemäß Art. 4 (2) Nr. 5 RL unzulässig, in der Werbung andere Personen oder deren Verhalten, Namen, Produkte oder Marken zu diffamieren, herabzusetzen oder lächerlich zu machen. 347

---

[582] Vgl. Art. 4 der Verordnung Nr. 41 aus dem Jahr 2001 über Regelungen der Werbung für medizinische Produkte.

[583] Die allgemeinen Regelungen über Fernsehwerbung und Teleshopping sind in Art. 20 RTL festgelegt. Vgl. auch das Verbot von Werbung für Tabak und Tabakerzeugnisse in Art. 24 (1) RTL und die erhebliche Einschränkungen bezüglich der Werbung für alkoholische Getränke in Art. 24 (2) RTL. Die letzteren Vorschriften gelten doch nicht für Werbung, die als Hintergrund für Sportveranstaltungen auftritt (Art. 24 (3) RTL).

[584] Diese allgemeine Verpflichtung wird durch eine besondere Liste von zwingenden Mindestinformationen in Kapitel IV PTAL konkretisiert. Vgl. zur Plicht dem Verbraucher Preisinformationen in leserlicher Form bereitzustellen. Entscheidung des PTAC vom 7.4.2011 Nr. E02-KREUD-11 – Lattelecom.

[585] Siehe auch Kabinettsverordnung Nr. 207 vom 28.5.2002 zum Fernabsatz, die zusätzliche Informationspflichten begründet und eine Umsetzung der Richtlinie 2000/31/EG darstellt.

[586] Gesetz von 4. November 1999, siehe insbesondere Kapitel 3 über kommerzielle Kommunikationen.

8. Ausnutzung fremder Leistungen, Verwechslungsgefahr, Nachahmung

348 Das KL enthält zwei Bestimmungen, die mit dem Markenschutz zusammenhängen. Die erste Bestimmung betrifft die Verwendung oder **Nachahmung von Unterscheidungskennzeichen,** durch die es zu Täuschungen über die Identität eines Unternehmens kommen kann. Die zweite Bestimmung betrifft Nachahmungen, die geeignet sind, über die **Herkunft von Waren** zu täuschen (vgl. Art. 18 (3) Nr. 1 und 2 KL).

349 Des Weiteren statuiert Art. 4 (2), Nr. 6 RL ein allgemeines Verbot, in der Werbung Unterscheidungszeichen eines anderen Unternehmens (einschließlich Marken) zu verwenden. Dieses Verbot scheint unabhängig davon zu gelten, ob die Verwendung des Zeichens zu einer Verwechslungsgefahr führt.[587] Gemäß Art. 9 (1) Nr. 2 KPL ist jegliche Art der Vermarktung eines Produkts, die eine Verwechslungsgefahr mit anderen Produkten etc. hervorrufen könnte, als irreführende Geschäftspraktik untersagt.

9. Behinderungswettbewerb

350 **Geschäftsgeheimnisse** werden durch Art. 18 (3) Nr. 4 KL geschützt.[588] Auch die Ausübung von Druck auf Angestellte anderer Unternehmen durch Bedrohung oder Bestechung stellt einen Fall des unzulässigen Behinderungswettbewerbs dar (Art. 18 (3) Nr. 5 KL). **Verkäufe unter Einstandspreis** sind dagegen zulässig, sofern das Unternehmen nicht über eine marktbeherrschende Stellung verfügt.[589]

10. Vorsprung durch Rechtsbruch

351 Die Generalklausel des KL zum lauteren Wettbewerb hebt den Rechtsbruch ausdrücklich als **Wettbewerbsverstoß** hervor.

11. Sanktionen, Verfahren

352 Bis 2014 war der **Wettbewerbsrat (KP)** für die Feststellung von Wettbewerbsverstößen zuständig und konnte dem Verletzer rechtliche Verpflichtungen und verwaltungsrechtliche Bußgelder in erheblicher Höhe auferlegen (Art. 19 KL; inzwischen aufgehoben). Die ordentlichen Gerichte entscheiden über **zivilrechtliche Klagen,** z. B. auf Feststellung von Wettbewerbsverletzungen und auf Schadensersatz (Art. 20, 21 KL).

353 Die **Durchsetzung des RL** wird unter anderem vom KP und dem **PTAC** überwacht. Die Kontrollbehörden können dem Werbenden die weitere Verbreitung der Werbung untersagen, ihn zur Veröffentlichung einer Gegendarstellung verpflichten, die Werbung zurückrufen und verwaltungsrechtliche Bußgelder auferlegen (Art. 15 RL). Zur Durchsetzung des PTAL steht eine große Bandbreite von zivilrechtlichen, verwaltungsrechtlichen und strafrechtlichen Ansprüchen bzw. Sanktionen zur Verfügung (siehe Art. 25, Art. 33 PTAL). Das PTAC ist auch zur Einhaltung der Rechtsvorschriften und zur Rechtsdurchsetzung des KPL zuständig (Art. 14 KPL).[590]

---

[587] Darüber hinaus sind Werbung und ihre einzelnen Bestandteile (Text, Slogan, visuelle Darbietung, Klang- oder sonstige Spezialeffekte) durch Art. 4 (2) Nr. 7 vor zu einer Verwechslungsgefahr führenden Nachahmungen geschützt. Eine Werbung für Vodka, die mittels Husarenfiguren und anderen Elementen an das zaristische Russland anspielte, wurde vom KP allerdings nicht als Nachahmung der Werbung eines Mitbewerbers mit einem ähnlichen historischen Motiv angesehen. Der historische Hintergrund sei nicht geschützt und die historischen Figuren wiesen keine besondere Originalität auf („Latvijas Balzams/Carskij Pokrov"). Siehe Jahresbericht des KP aus dem Jahr 2006, S. 37–38.

[588] Siehe die Entscheidung des KP Nr. E02-28 vom 5.4.2006, Jahresbericht des KP für das Jahr 2006, S. 30–31.

[589] Siehe die Entscheidung des KP Nr. 45 vom 31.10.2002, Jahresbericht des KP für das Jahr 2002, S. 12; bestätigt durch Entscheidung des KP Nr. 49 vom 24.5.2006 – *Baltic Logistic System – Latvija (BLS-L),* Jahresbericht des KP für das Jahr 2006, S. 32.

[590] Zur Durchsetzung der Enforcement-Richtlinie vgl. *Janusauskaite* (2010).

XIII. Litauen*

Inhaltsübersicht

	Rdn.
1. Rechtsquellen	
2. Kurzcharakteristik des litauischen Wettbewerbsrechts	354
3. Regelung der Werbung	360
a) Irreführende Werbung	361
b) Vergleichende Werbung	363
c) Getarnte Werbung	364
d) Medien- und produktspezifische Werberegelungen	365
e) Weitere Werberegelungen	366
4. Informationspflichten	368
5. Sales Promotion, Direktmarketing	369
6. Herabsetzung, Anschwärzung	370
7. Ausnutzung fremder Leistungen, Verwechslungsgefahr, Nachahmung	371
8. Behinderungswettbewerb	373
9. Vorsprung durch Rechtsbruch	374
10. Sanktionen, Verfahren	375

Schrifttum: *British Institute of International and Comparative Law,* Unfair Commercial Practices. An analysis of the existing national laws on unfair commercial practices between business and consumers in the new Member States, General Report, 2005 (BIICL Report); *Cambier,* Comparative and Misleading Advertising Legislation in Central and Eastern Europe, CICPP Nr. 12; *Dietz,* Die Einführung von Gesetzen gegen den unlauteren Wettbewerb in ehemals sozialistischen Staaten Mittel- und Osteuropas, GRUR Int. 1994, p. 649; *Henning-Bodewig,* Unfair Competition Law. European Union and the Member States, 2006, S. 187; *Jakutavičius,* Apsauga nuo nesąžiningos konkurencijos: produktų imitavimo atvejai. Daktaro disertacija, Vilniaus universitetas, 2009; *Jakutavičius,* Nesąžiningos konkurencijos teisė: koncepcijų ir doktrinos įvairovė užsienio valstybėse. VU mokslo darbai. Teisė, 2008, 66 (2), S. 44; *Keserauskas/Lurje/Surblytė,* Lithuania, in: Fine (Ed.), European Competition Laws, 2015, Chapter 10 B; *Mizaras,* Lithuania, in: Henning-Bodewig (Hrsg.), International Handbook on Unfair Competition Law, 2013, S. 376; *Mizaras,* The Relationship between Intellectual Property Rights, Protection against Unfair Competition and Unfair Commercial Practices: A Lithuanian Perspective, in: Ohly (Hrsg.), Common Principles of European Intellectual Property Law, 2012, S. 255; *Mizaras,* Unfair Competition Law in the Baltic States, in: Hilty/Henning-Bodewig, Law Against Unfair Competition. Towards a New Paradigm in Europe?, 2007, S. 249; *Mizaras, Autorių teisė.* I tomas, 2008; *Rimkevičius,* Klaidinančios reklamos vertinimo kriterijai Europos Sąjungoje ir Lietuvoje. Daktaro disertacija, 2012; *Rimkevičius,* Sąžiningos ir nesąžiningos komercinės veiklos samprata, 2011, 81; *Surblytė,* Atsakomybė už neteisėtą komercinės paslapties įgijimą, atskleidimą ar jos naudojimą. (Die Haftung für den widerrechtlichen Erwerb, die Offenlegung und die Nutzung von Geschäftsgeheimnissen), 2008; *Truskaitė, J.,* Komercinių žymenų teisinės apsaugos problemos. Daktaro disertacija. Vilniaus universitetas, 2009; *Viitanen,* Consumer Protection in Lithuania, in: Alexiev et al., Consumer Protection in Bulgaria, Czech Republic, Estonia, Hungary, Latvia, Lithuania and Romania, CICPP Nr. 4, S. 171;

1. Rechtsquellen

Wettbewerbsgesetz VIII-1099 von 1999 (KĮ); Werbegesetz VIII-1871 von 2000 (RĮ); Zivilgesetzbuch von 2000 (CK); Verbraucherschutzgesetz von 1994 (VTGĮ); Gesetz zum Verbot unlauterer Geschäftspraktiken von 2007 (NKĮ).

2. Kurzcharakteristik des litauischen Wettbewerbsrechts

Das Recht zur Bekämpfung unlauteren Wettbewerbs hat in Litauen – bedingt durch die politische Entwicklung – **keine lange Tradition.** Erst 1992 wurde erstmalig ein Wettbewerbsgesetz erlassen, das sich auf Art. 46 der Verfassung (freier und fairer Wettbewerb) stützen konnte. Das noch heute geltende Nachfolgegesetz, das **Wettbewerbsgesetz von 1999** (Konkurencijos ístatymas = **KĮ)**[591] schafft die rechtlichen Grundlagen für die Kontrolle sowohl von Wettbewerbsbeschrän- 354

* Die Verf. danken *Dr. Gintare Surblytė,* LLM (München), Max-Planck-Institut für Innovation und Wettbewerb, München, für wertvolle Hinweise.

[591] Das KI wurde bis 2015 elfmal geändert. Die zurzeit geltende Fassung ist zu finden unter: http://e-seimas.lrs.lt/portal/legalAct/lt/TAD/TAIS.77016/XQolixhUfO. Eine Sammlung litauischer Gesetze in englischer Sprache findet sich auf der Website: http://www.lrs.lt. Zum litauischen Wettbewerbsrecht ausführlich und aktuell auf englisch *Mizaras,* in: Henning-Bodewig (Hrsg.), 2013, S. 376 ff. Allgemein zum litauischen Recht (auf litauisch) die Einführung von *Galginaitis/Himmelreich/Vrubliaúskaite* (Hrsg.), 2010; zur neueren Entwicklung des Wettbewerbsrecht in Litauen *Keserauskas/Lurje/Surblytė* (2015).

kungen als auch von unlauteren Handelspraktiken (Art. 1 KĮ). Litauen gehört daher zu den Ländern, in denen die Regeln über die **Freiheit des Wettbewerbs** und die Regeln zur **Lauterkeit des Wettbewerbs in einem einheitlichen Gesetz** zusammengefasst sind. Die Regelungen über den unlauteren Wettbewerb sind in Kapitel III KĮ enthalten. Von zentraler Bedeutung ist dabei die **Generalklausel** zur Bekämpfung unlauterer Wettbewerbshandlungen, die einen Standard lauteren Wettbewerbsverhaltens umschreibt (Art. 15 (1) KĮ). Diese sehr allgemein gehaltene Regelung wird durch einen nicht abschließenden **Katalog unlauterer Wettbewerbshandlungen** konkretisiert (Art. 15 (1) Nr. 1–7 KĮ). Die Einhaltung des KĮ kann sowohl vor den **ordentlichen Gerichten** als auch im Wege verwaltungsrechtlicher Verfahren vor dem **Wettbewerbsrat** (Konkurencijos Tarba = KT) durchgesetzt werden.

355 Laut Art. 1.137 Abs. 4 des litauischen **Zivilgesetzbuches** (Civilinis Kodeksas = **CK**)[592] darf die Ausübung der bürgerlichen Rechte weder zu einer unlauteren und gesetzeswidrigen Einschränkung des Wettbewerbs noch zu einem Missbrauch einer marktbeherrschenden Stellung führen. Das CK regelt auch einzelne Tatbestände des unlauteren Wettbewerbs, z. B. dem Schutz von Geschäftgeheimnissen.

356 Von Bedeutung ist weiter das **Verbraucherschutzgesetz** aus dem Jahr 1994 (Vartotojė Teissių Apsaugos Įstatymas = **VTAĮ**), das einerseits eine Reihe von Verbraucherrechten und andererseits umfassende Informationspflichten der Gewerbetreibenden festlegt. Art. 6 des VTAĮ enthält ein allgemeines Gebot der **lauteren Geschäftspraktiken.**[593] Das VTAĮ regelt im Einzelnen Strukturen und Institutionen im Bereich des Verbraucherschutzes sowie die prozessualen Wege der Rechtdurchsetzung (Kap. 3, 6, 7 VTAĮ). Der Schwerpunkt der **Rechtsdurchsetzung** liegt bei der **staatlichen Verbraucherschutzbehörde** (Valstybinė vartotojų teisių apsaugos tarnyba = VVTAT), die unter der Aufsicht des Justizministeriums steht (Art. 11 VTAĮ).

357 Daneben regelt das **Werbegesetz** aus dem Jahr 2000 (Reklamostatymas = **RĮ**), das 2007 erheblich geändert wurde, die Werbung allgemein.[594] In ihm erfolgte die Umsetzung einiger Richtlinien, insb. die der RL 2006/114/EG. Das Gesetz sieht eine zweispurige Rechtdurchsetzung vor. Der KT ist für die Kontrolle der irreführenden und vergleichenden Werbung zuständig, während die VVTAT die Aufsicht über die übrigen Werbeverbote und Einschränkungen im RĮ ausübt (Art. 17–19 (1) und (2) RĮ).

358 Die Richtlinie über unlautere Geschäftspraktiken wurde 2007 durch ein eigenes **Gesetz zum Verbot unlauterer Geschäftspraktiken** (Nesæiningos Komercinės Veiklos Vartotojams Draudimo Įstatymas = **NKĮ**) umgesetzt.[595] Es entspricht fast wortwörtlich der Richtlinie. Aufsicht und Durchsetzung des Gesetzes obliegen vor allem der Verbraucherschutzbehörde. Die Befugnisse des KT auf dem Gebiet der irreführenden und vergleichenden Werbung wurden aber beibehalten (vgl. Art. 9 NKĮ).

359 Das **Verhältnis dieser unterschiedlichen Vorschriften** zur Bekämpfung unlauteren Wettbewerbs zueinander, zu denen noch **Art. 10bis Pariser Verbandsübereinkunft** gerechnet werden, ist schwer zu durchschauen, zumal einschlägige zivil- oder verwaltungsrechtliche Entscheidungen selten sind. Die Regelungen im Wettbewerbsgesetz, Verbraucherschutzgesetz und Geschäftspraktikengesetz weisen eine Nähe zum **Kartellrecht** auf, während die Nähe zu den IP-Rechten weniger ausgeprägt ist.[596]

3. Regelung der Werbung

360 Die rechtlichen Grundlagen zur Regelung der Werbung finden sich vor allem im **Werbegesetz** (RĮ) und im Geschäftspraktikengesetz von 2007. Beide Gesetze sind anhand der europäischen Vorgaben (vgl. Einl. B) auszulegen. Die in Art. 2 (8) enthaltende Definition der Werbung entstammt der Richtlinie 84/450/EWG (Art. 2 (8) RĮ).

361 **a) Irreführende Werbung.** Irreführende Werbung ist gemäß Art. 5 (1) RĮ verboten. Gleichzeitig stellt irreführende Werbung einen Wettbewerbsverstoß nach dem Wettbewerbsgesetz dar, wobei das KĮ aber hinsichtlich der Einzelheiten dieses Tatbestands auf das RĮ verweist (Art. 16 (3) KI.

---

592 Das Zivilgesetzbuch wurde wiederholt geändert; die seit dem 1.1.2016 geltende Fassung ist zu finden unter http://e-seimas.lrs.lt/portal/legalAct/lt/TAD/TAIS.

593 Auch das VTA wurde mehrfach geändert. Die ab dem 1.1.2016 geltende Fassung ist abrufbar unter hppt://e-seimas.lrs.lt/portal/legalAct/lt/TAD/TAIS.6020/zbMxRFgLuC?jfwid=llykxy2r2x.

594 Die aktuelle Fassung ist zu finden unter hppt://e-seimas.lrs.lt/portal/legalAct/lt/TAD/TAIS.108104/inVPKhmjre.

595 Gesetz Nr. X-1409 vom 21.12.2007; in Kraft getreten am 1. Februar 2008.

596 Zum Verhältnis der Vorschriften zueinander ausführlich *Mizaras,* (2013), S. 380 ff.; zum Verhältnis zu den IP-Rechten derselbe Autor in Ohly (Hrsg.) (2012), S. 255 ff. und zum Urheberrecht in GRUR Int. 2002, 305.

Nachdem im B2C-Verhältnis nunmehr Art. 4–6 NKI gelten, ist anzunehmen, dass die Regelung im Werbegesetz auf den B2B-Bereich beschränkt ist.

Gleichwohl ist von einer **einheitlichen Interpretation** auszugehen. Nach dem Werbegesetz kam es auch bisher nicht nur auf den Wahrheitsgehalt der Werbeaussage an, sondern primär darauf, wie die Werbeaussage ihrem **Gesamteindruck** nach verstanden wird. Eine Werbung kann daher auch durch das Vorenthalten wesentlicher Informationen irreführend wirken. Für die Beurteilung, ob Werbeaussagen irreführend wirken, gilt der Maßstab eines **durchschnittlichen Verbrauchers.** Ist die Werbung auf eine besondere Verbrauchergruppe gerichtet, gilt als Maßstab der Durchschnittsverbraucher dieser Gruppe (Art. 5(8) RĮ, s. auch Art. 5 (2)). Die **Beweislast** obliegt gemäß Art. 5 (2) RĮ dem Werbenden. Der Wettbewerbsrat hat eine relativ reiche Entscheidungspraxis zur Durchsetzung des Verbotes entwickelt.[597] 362

b) Vergleichende Werbung. Die Regelungen zur vergleichenden Werbung sind ebenfalls im **Werbegesetz** enthalten. Die Definition der vergleichenden Werbung (Art. 2 (4) RĮ) sowie die Voraussetzungen, unter denen vergleichende Werbung zulässig ist (Art. 6 (1) 1–8) RĮ), entsprechen der Richtlinie 2006/114/EG. 363

c) Getarnte Werbung. Werbung muss in allen Medien **klar als solche erkennbar sein.** Schleichwerbung ist unzulässig (Art. 8 RĮ, vgl. auch Art. 4 (8) RĮ). 364

d) Medien- und produktspezifische Werberegelungen. Im litauischen Recht finden sich einige produktspezifische Werbeverbote und -beschränkungen. So ist nach Art. 16 RĮ Werbung für **Waffen und Munition** stark eingeschränkt. Auch Werbung für **Tabakprodukte** ist, abgesehen von wenigen Ausnahmen, unzulässig (Art. 17 des Gesetzes zur Kontrolle von Tabakprodukten, 1995).[598] Beschränkt zulässig ist die Werbung für Gesundheitsdienstleistungen (Art. 15 RĮ) und für Lebensmittel (Art. 14 RĮ). Bei der Werbung für **alkoholische** Getränke gelten Beschränkungen, die in Kapitel 4, Abschnitt 3, Art. 29, 30 des Gesetzes zur Kontrolle von Alkohol geregelt sind.[599] 365

e) Weitere Werberegelungen. Nach dem RĮ hat Werbung eine Reihe ethisch-sittlicher Aspekte zu beachten. Werbung soll nach Art. 4 Abs. 2 Nr. 1 RL nicht die **allgemeinen Moralprinzipien**, die in der Gesellschaft gelten, verletzen, nicht ehrverletzend sein, zu keinem ethnisch, religiös, national oder anders motivierten Hass aufstacheln, nicht zu Verhaltensweisen anregen, die ein **Sicherheitsrisiko** darstellen können und nicht den **Aberglauben,** das Vertrauen oder den **Mangel an Erfahrung** oder Wissen der angesprochenen Verkehrskreise ausnutzen (Art. 4 (2) RĮ). 366

Werbung gegenüber **Kindern** darf diesen keine körperlichen oder seelischen Schäden zufügen (Art. 7 RĮ). 367

4. Informationspflichten

Nach Art. 5 des Verbraucherschutzgesetzes haben Verbraucher gegenüber den Anbietern einen **Anspruch auf Informationen** über die erworbenen Waren und Dienstleistungen. Diese allgemeine Informationspflicht wird durch Art. 6.353 CK konkretisiert dies durch die notwendige Pflicht, danach sind notwendige, wahre und umfassende Auskünfte u. a. über Preis, Qualität, Gebrauchsweise, Sicherheit und Garantiefrist erforderlich. Eine Verletzung der Auskunftspflichtige kann zu Schadenersatzansprüchen führen. 368

5. Sales Promotion, Direktmarketing

Preisreduzierungen und **Sales Promotion-Maßnahmen** dürfen nicht zu einem Kaufzwang für Verbraucher führen (Art. 6:350 Zivilgesetzbuch). Für bestimmte Produkte (Tabakwaren, Alko- 369

---

597 Zum Beispiel wurden 2006 Werbeaussagen mit undeutlichen Angaben zur Preisherabsetzung und Steuererstattung beim Computerkauf sowie übertriebene Behauptungen über günstige Preise für Flugtickets als irreführend im Wege der einstweiligen Verfügung untersagt, s. Jahresbericht des KT für das Jahr 2006, abrufbar unter: http://www.konkuren.lt/english/misleading/other.htm. Ausführlich zur irreführenden Werbung *Mizaras* (2013), S. 385 ff.

598 Gesetz Nr. I-1143 vom 20.12.1995. Das Gesetz wurde bis 2016 insgesamt 29 mal geändert, die aktuelle Fassung ist abrufbar unter https://e-seimas.lrs.lt/portal/legalAct/lt/TAD/29d1618220b711e58a4198cd6292b7a?jfwid=zmj9nzfb. Hier wurde auch die Richtlinie 2003/33/EG über Werbung und Sponsoring zugunsten von Tabakerzeugnissen umgesetzt. Ausführlich zu produktspezifischen Werberegelungen *Mizaras,* (2013), S. 387 ff.

599 Gesetz Nr. I-857 vom 18.4.1995. Das Gesetz wurde seit 1995 50 mal geändert; die aktuelle Fassung ist abrufbar unter: https://e-seimas.lrs.lt/portal/legalAct/lt/TAD/TAIS.17752/zJNmGVUrtq. Ursprünglich sahen die beiden Gesetze zur Kontrolle von Tabak bzw. von Alkohol vollständige Werbeverbote vor. Diese strengen Verbote wurden jedoch vom Litauischen Verfassungsgericht für verfassungswidrig erklärt. Vgl. Entscheidung vom 13.2.1997 in der Rechtssache Nr. 6/96–10/96. Ausführlich *Mizaras,* (2013), S. 388.

hol, Medikamente) sind sie in Spezialgesetzen geregelt. Ansonsten sind sie an den allgemeinen Vorschriften zu messen; vor allem jedoch anhand der europäischen Vorgaben (vgl. Einl. B) auszulegen. **Telefonwerbung** oder Werbung per **Fax** oder **E-Mail** darf nur mit vorheriger Zustimmung der Verbraucher erfolgen. Dieses **„opt-in"**-Prinzip ist in Art. 13 RĮ geregelt. Für alle anderen Formen des Direktmarketings gegenüber Endverbrauchern gilt das „opt-out"-Prinzip, das ebenfalls in Art. 13 RĮ vorgesehen ist. **Haustürgeschäfte** und Fernabsatz sind im CK (vgl. hierzu Teil IV, Kapitel IV, Art. 6.357, Art. 6.366–6.367 CK) geregelt. Diese Vorschriften folgen im Wesentlichen dem Inhalt der entsprechenden EG-Richtlinien. **Aggressive Geschäftspraktiken** gegenüber Verbrauchern sind nach Art. 8 NKĮ untersagt.

6. Herabsetzung, Anschwärzung

370 Die Verbreitung von unrichtigen oder nicht nachweisbaren Angaben über andere Unternehmen ist nach Art. 15 (1) Nr. 6 KĮ als wettbewerbswidriges Verhalten verboten.

7. Ausnutzung fremder Leistungen, Verwechselungsgefahr, Nachahmung

371 Das KĮ enthält diesbezüglich zwei Vorschriften, die beide eng mit dem **Markenrecht** von 2000 verbunden[600] sind. Nach Art. 15 (1) Nr. 1 stellt es einen Wettbewerbsverstoß dar, unerlaubt eine Marke zu verwenden, die mit der Marke, dem Namen oder einem sonstigen Unterscheidungszeichen eines anderen Unternehmens identisch oder ähnlich ist.

372 Nach Art. 15 sind außerdem **Nachahmungen von Produkten oder von Produktverpackungen** eines anderen Unternehmens unzulässig, bei denen die äußere Form, Packungsfarbe oder andere unterscheidende Merkmale nachgeahmt werden, sofern dadurch die Gefahr von Verwechslungen entsteht oder der Ruf des anderen Unternehmens ausgebeutet wird (Art. 15 (1) Nr. 5 KĮ; vgl. aber auch Art. 15 (5) KĮ). Das Hervorrufen von Verwechslungsgefahr im B2C-Verhältnis ist als **irreführende Handlung** gemäß Art. 5 (2) Nr. 1 NKĮ geregelt.

8. Behinderungswettbewerb

373 Der Schutz von **Geschäftsgeheimnissen** erfolgt durch Art. 16 (1) Nr. 3 KĮ und Art. 1.116 Zivilgesetzbuch.[601] Eine parallele Regelung des Geheimnisverrats findet sich im CK. Nach Art. 16 (1) Nr. 4 KĮ ist es verboten, Angestellte eines Wettbewerbers zu einer Vertragsverletzung zu verleiten, um hierdurch Vorteile für das eigenen Unternehmen zu erlangen oder dem Wettbewerber Nachteile zuzufügen.

9. Vorsprung durch Rechtsbruch

374 Der Verstoß gegen gesetzliche Ge- oder Verbote dürfte als unlauteres Verhalten anzusehen sein (vgl. das Gebot der lauteren Geschäftspraktiken in Art. 6 VTGĮ). Gemäß Art. 9 RĮ ist jede Werbung für verbotene Waren, Dienstleistungen oder sonstiges unrechtmäßiges Verhalten unzulässig.

10. Sanktionen, Verfahren[602]

375 Der durch unlauteren Wettbewerb Geschädigte kann vom Verletzer **Unterlassung, Schadensersatz** sowie gegebenenfalls eine **Gegendarstellung** verlangen und unter bestimmten Voraussetzungen **Waren oder deren Verpackung beschlagnahmen oder vernichten** lassen (Art. 16 (1) KĮ). Diese Rechte, mit Ausnahme des Schadensersatzanspruchs, können auch von **Berufs- oder Verbraucherorganisationen** geltend gemacht werden. Sofern die Interessen einer größeren Zahl von Verbrauchern oder Wettbewerbern durch unlauteres Verhalten beeinträchtigt worden sind, kann der Wettbewerbsrat (KT) eigene Ermittlungen anstellen. Der KT kann Bußgelder in beträchtlicher Höhe sowie andere Sanktionsmaßnahmen verhängen.

376 Die Einhaltung der werberechtlichen Vorschriften wird durch mehrere **Institutionen überwacht.** Die Führungsrolle kommt dabei der Verbraucherschutzbehörde (VVTAT) und dem KT zu. Zwischen den beiden Institutionen besteht eine Art Arbeitsteilung. Dem KT kommt die Überwachung von Fällen irreführender oder unzulässiger vergleichender Werbung zu, während der VVTAT die Einhaltung der übrigen wettbewerbsrechtlichen Vorgaben des RĮ überwacht (Art. 17 RĮ). Der

---

[600] Zum Verhältnis zum Markenrecht und den andere IP-Rechten vgl. *Mizaras,* in: Ohly (2012).

[601] Vgl. auch Art. 16 (3) KA, nach dem für ehemalige Angestellte während der Dauer eines Jahres eine Geheimhaltungspflicht besteht. Die Regelung folgt im Übrigen Art. 39 TRIPs.

[602] Dazu siehe *Mizaras,* in: Henning-Bodewig (Hrsg.) (2013), S. 393ff. Zur Umsetzung der Enforcement-Richtlinie ausführlich *Janusauskaite* (2010).

KT kann Unterlassungsverfügungen erlassen (unter anderem im Wege des einstweiligen Rechtsschutzes), Gegendarstellungen verlangen und verwaltungsrechtliche Sanktionen verhängen (Art. 19 (2), Nr. 1–6 RĮ). Der Status und die Zuständigkeiten des VVTAT im Bereich des Verbraucherschutzes sind in Kapitel IX des VTAĮ geregelt. Irreführende Werbung oder unzulässige vergleichende Werbung kann Schadenersatzansprüche begründen (Art. 6.301–6.303 CK).

XIV. Luxemburg

Inhaltsübersicht

	Rdn.
1. Rechtsquellen	
2. Kurzcharakteristik des luxemburger Wettbewerbsrechts	377
3. Regelung der Werbung	381
a) Irreführende Werbung	381
b) Vergleichende Werbung	385
c) Getarnte Werbung	387
d) Belästigende Werbung	388
f) Produkt- und medienspezifische Werberegelungen (Hinweise)	389
4. Direktmarketing	391
5. Sales Promotion	395
6. Herabsetzung	400
7. Ausbeutung fremder Leistungen, Rufausbeutung, Nachahmung	401
8. Individuelle Behinderung	404
9. Sanktionen, Verfahren, Kosten	406

Schrifttum: *Emering,* Dokumentation der Besonderheiten des Wettbewerbsrechts in Europa, WRP 1991, S. 72; *Harles/Wagner-Chartier,* Luxembourg, in: Greffe/Greffe (Hrsg.), La publicité et la loi, 11. Aufl. 2009, S. 960; *Henning-Bodewig/Decker,* Luxemburg, in: Schricker (Hrsg.), Recht der Werbung in Europa, 2002; *Henning-Bodewig,* Das Wettbewerbsrecht in Luxemburg, GRUR Int. 1994, S. 808; *Lege,* Sprache und Verbraucherinformation in der EU, Deutschland und Luxemburg, 2009; *Radeideh/Schmitz,* in: Micklitz/Keßler (Hrsg.), Marketing Practices Regulation and Consumer Protection in the EC Member States and the US, 2002, S. 220; *Rott,* Die Umsetzung der Haustürwiderrufsrichtlinie in den Mitgliedstaaten, 2000; *Schricker/Francq/Wunderlich,* Belgique, Luxembourg in: Ulmer (Hrsg.), La répression de la concurrence déloyale, Bd II/1, 1974; *Wellens,* Oneerlijke handelspraktijken in Belgie en Luxemburg: naar een depotloos beschermingsregime voor onderscheidende kenmerken, Festschrift für Gielen, 2015, S. 427; *Wellens,* La Protection contre des look-a-likes en droit luxembourgeois, BMM 2015/1.

1. Rechtsquellen

Gesetz zur Regelung bestimmter Handelspraktiken und zur Sanktionierung des unlauteren Wettbewerbs vom 30.7.2002 (HPG); Gesetz vom 29.4.2009 zur Änderung des HPG; Verbraucherschutzgesetz vom 8.4.2011 (VerbSchG).

2. Kurzcharakteristik des luxemburger Wettbewerbsrechts

Das luxemburger Lauterkeitsrecht beruht auf mehreren gesetzlichen Regelungen, deren Verhält- 377
nis zueinander mehrfach geändert wurde. Zu nennen wäre zunächst das **Handelspraktikengesetz** (HPG) vom 30.7.2002.[603] Ebenso wie die früheren Handelspraktikengesetze in Belgien handelt es sich um eine **vorwiegend zivilrechtlich sanktionierte Regelung,** die darauf abzielt, das gesamte Marktverhalten zu erfassen. Das HPG 2002 schützt vor allem die Interessen **der Gewerbetreibenden** (einschließlich freier Berufe).[604] In Umsetzung der **Richtlinie 2005/29/EG** wurde 2009 ein weiteres Handelspraktikengesetz[605] erlassen, das im wesentlichen der Richtlinie entsprach, jedoch gemäß Art. 1 Nr. 6 unbeschadet der Regelung im Gesetz von 2002, modifiziert am 30.7.2002, gilt. Die Vorschriften der Richtlinie wurden dann mit Gesetz vom 8.4.2011 jedoch in das **Verbraucherschutzgesetz (VerbSchG)** übernommen (s. Rdnr. 380). Infolge dieses komplexen Verwei-

[603] Verkündet in Amtsblatt des Großherzogtums Luxemburg v. 21.8.2002, S. 1830. Die Luxemburger Gesetzgebung ist über http://www.legilux.lu erhältlich. Der (unveränderte) Gesetzesvorschlag vom 17.9.2001 ist mit Begründung unter Nr. 4844/Abgeordnetendrucksache vom 2.10.2001 und bei *Henning-Bodewig/Decker,* Anhang zu finden. Das zuvor geltende Gesetz von 1986, das jedenfalls teilweise übernommen wurde, ist in GRUR Int. 1994, 144 abgedruckt; ausführlich dazu *Henning-Bodewig/Decker.* Zur Entwicklung des Wettbewerbsrechts in Luxemburg und den früheren Regelungen vgl. insbesondere *Schricker/Francq/Wunderlich.*

[604] Für diese gilt zudem das Gesetz von 28.12.1988.

[605] Loi du 29 avril 2009 relative aux pratiques commerciales déloyales et modifiant la loi modifiée du 30 juillet 2002 réglementant certaines pratiques commerciales …, abrufbar über www.legilux.lu.

sungssystems sind daher heute im wesentlichen zwei Gesetze einschlägig: Das speziell für Verbraucher geltende **VerbSchG** und das **Handelspraktikengesetz** von 2002 in seiner Fassung von 2009.

378 Das **Handelspraktikengesetz** war in früheren Fassungen eine eher rigide, ordnungspolitische Regelung. Auch heute noch setzen die meisten Tatbestände eine Wettbewerbshandlung und ein **Wettbewerbsverhältnis**[606] voraus. Nicht zu Wettbewerbszwecken erfolgende Berichte in den Medien, Warentestberichte etc. fallen daher nicht in den Anwendungsbereich. Obwohl Ziel des Gesetzes von 2002 u. a. die Liberalisierung war – aufgehoben wurden z. B. die Zugabeverbote –, handelt es sich nach wie vor um eine **eher restriktive Gesamtregelung.** So enthält das 1. Kapitel eine **ausführliche Regelung der „gewissen Handelspraktiken",** zu denen Saisonschlussverkäufe, Liquidationsverkäufe etc. zählen. Das 2. Kapitel dient der Bekämpfung „gewisser Missbräuche" des Wettbewerbs. Es enthält in Art. 14 die wettbewerbsrechtliche **Generalklausel,** die stark an Art. 10bis PVÜ angelehnt ist, nach der Reform von 2002 jedoch auch die freien Berufe einbezieht. In früheren Fassungen des HPG wurde die Generalklausel durch einen 13 Beispielsfälle enthaltenden Katalog von Verhaltensweisen erläutert, der jedoch im HPG 2002 ersatzlos entfallen ist. In der Amtlichen Begründung zum Gesetzesentwurf[607] wird jedoch betont, dass die früheren Beispielsfälle nunmehr direkt unter die Generalklausel subsumierbar seien. Die bisherige Rechtsprechung und Literatur[608] kann daher weitgehend herangezogen werden. Im HPG 2002 findet sich erstmalig eine zusammenfassende Regelung der **Werbung,**[609] insbesondere der vergleichenden und irreführenden Werbung; für die irreführende Werbung im **B2C-Verhältnis** ist nunmehr allerdings das **VerbSchG** maßgeblich (s. Rdn. 380).

379 Das luxemburger Wettbewerbsrecht weist bereits seiner Entstehungsgeschichte nach einen **engen Zusammenhang mit den Rechten des geistigen Eigentums** auf,[610] insbesondere dem Benelux-Markengesetz. Gewisse Bezüge bestehen auch zum Handelsnamensgesetz vom 10.8.1915[611] und zum Kartellgesetz vom 16.6.1987. Zu den vertragsrechtlichen Bezügen vgl. Rdn. 411.

380 Das Lauterkeitsrecht im B2C-Verhältnis findet seine Grundlage heute vor allem im **Verbraucherschutzgesetz** von 1983, das 2011 neu erlassen wurde.[612] Es regelt in erster Linie den vertragsrechtlichen Verbraucherschutz, d.h. dient der Umsetzung der europäischen Vorgaben. Buch 1 befasst sich mit „Information des consommateurs et pratiques commerciales déloyales". Während die Art. L-111-1 ff. generelle Vorschriften zur Verbraucherinformation, zu Preisangaben etc. enthalten, wurde in Art. L-121-1 ff. die **Richtlinie 2005/29/EG über unlautere Geschäftspraktiken** umgesetzt.[613] Hier finden sich weitgehend wortgleich die Generalklausel (Art. L-122-1), die Tatbestände der irreführenden (Art. L.122-2) und aggressiven (Art. L-122-5) Geschäftspraktiken und die jeweilige „black list". Wie sich diese (nur im Verhältnis zum Verbraucher geltenden) Regelungen zu denen im HPG verhalten, ist noch nicht abzusehen, zumal es relativ **wenig Rechtsprechung** gibt. Größere Prozesse werden offenbar eher in Belgien oder Frankreich geführt; insbesondere die belgische und französische Rechtsprechung hat großen Einfluss. Fest steht jedoch, dass im Geltungsbereich der Richtlinie 2005/29/EG die Umsetzungsregelung in Buch 1 des VerbrSchG vorgeht.

3. Regelung der Werbung

381 **a) Irreführende Werbung.** Die Regelung der irreführenden Werbung in Art. 17 HPG entspricht **fast wörtlich** Art. 2 Nr. 2 und 3 der **Irreführungsrichtlinie.** Der Begriff der Werbung ist in Art. 15 definiert. Die Amtliche Begründung betont, dass z. B. auch täuschende Angaben über gesundheitsfördernde Wirkungen, über die Umweltfreundlichkeit oder Gewinnchancen erfasst werden. Weiter ist davon auszugehen, dass die im HPG 1986 geregelten Irreführungsaspekte[614] auch weiterhin von Art. 17 erfasst sind. So war es im HPG 1986 verboten, zu Unrecht den Anschein

---

[606] Vgl. *Henning-Bodewig/Decker*, Rdn. 20 ff.

[607] S. Fn. 603.

[608] Ausführlich dokumentiert bei *Henning-Bodewig/Decker.*

[609] Im HPG 1986 gab es nur vereinzelt Tatbestände, die (auch) auf Werbeaspekte anwendbar waren, vgl. *Henning-Bodewig/Decker,* Rdn. 32 ff. Werbetatbestände sind jetzt jedoch auch im VerbraucherschutzG geregelt; s. Rdn. 380.

[610] Zum einheitlichen Benelux-Markengesetz vgl. *Braun,* Précis des Marques, 5. Aufl. 2009; zum Recht der nicht eingetragenen Kennzeichen *Decker,* Luxemburg, in: Schricker/Bastian/Knaak (Hrsg.), Gemeinschaftsmarke und Recht der EU-Mitgliedstaaten, 2006, S. 436.

[611] Dazu *Hillebrand,* Das Firmenrecht in Frankreich, Belgien und Luxemburg, 1974; *Elvinger,* La protection de la dénomination sociale en droit luxembourgois, in: Jura vigilantibus, *Lacier,* 1994; *Decker,* a. a. O.

[612] Code de la consommation vom 8.4.2011, abgedruckt im Amtsblatt des Großherzogtums Luxemburg v. 12.4.2011, abrufbar über www.legilux.lu.

[613] Zur Richtlinie, die als Anhang abgedruckt ist, ausführlich *Glöckner*, Einl. B.

[614] Ausführlich dazu *Henning-Bodewig/Decker,* Rdn. 31 ff.

eines „besonders günstigen Angebots" zu erwecken, **Sonderangebote** zu bewerben, wenn nicht zumindest einen Tag die Nachfrage befriedigt werden kann, oder wahrheitswidrig auf eine **Großhändlereigenschaft** hinzuweisen. Weiter mussten Werbeangaben zwar nicht vollständig sein; das **Fehlen wichtiger Informationen** wird jedoch als unlauterer Wettbewerb angesehen.[615] Die Regelung gilt nach der Reform von 2009 nur noch im B2B-Verhältnis. Im **B2C-Verhältnis** gelten die Vorschriften in **VSchG** (s. Rdn. 380), die europäisch auszulegen sind (vgl. Einl. B).

Nachdem Art. 17i HPG 1986 (falsche Angaben über den Ursprung oder die Herkunft) im HPG 2002 ersatzlos entfallen ist, ist anzunehmen, dass **geographische Herkunftsangaben** und Ursprungsbezeichnungen[616] nunmehr anhand des Irreführungsbestandes und der Generalklausel (Rufausbeutung) beurteilt werden. 382

Bei der **Beurteilung der Irreführungsgefahr** werden dieselben Kriterien wie bei der Beurteilung der markenrechtlichen Verwechslungsgefahr herangezogen.[617] Danach ist auf den aufmerksamen und kritischen **Durchschnittsbetrachter** abzustellen. Die frühere luxemburger Rechtsprechung[618] hat – wohl nicht zuletzt wegen der Ausrichtung auf die Interessen der Unternehmen – nur relativ zögernd eine Irreführung bejaht. In neueren Entscheidungen wird jedoch betont, dass der Verbraucher keine Pflicht zur gründlichen Befassung mit Werbung habe, er sich im Gegenteil auf das ihm offensichtlich Dargebotene verlassen dürfe. Welcher Prozentsatz der angesprochenen Verkehrskreise einer Irreführungsgefahr unterliegen muss, lässt sich den Luxemburger Entscheidungen – ebenso wenig wie die Relevanz – nicht entnehmen.[619] Klargestellt ist nunmehr jedoch, dass es auf ein Verschulden des Werbenden nicht (mehr) ankommt.[620] 383

Die **Beweislast** bezüglich der Unwahrheit der angegriffenen Werbebehauptung und ihre Eignung zur Irreführung liegt grundsätzlich beim Kläger. Allerdings kann der Beklagte gemäß Art. 288 Zivilprozessordnung vom Gericht zur **Mitwirkung bei der Beweisführung** aufgefordert werden, wovon relativ häufig Gebrauch gemacht wird. 384

b) Vergleichende Werbung. In Art. 18 HPG wurden die Vorschriften der **Richtlinie 2006/114/EG wortgleich umgesetzt.** Danach ist die vergleichende Werbung unter den in Art. 18 Abs. 2 HGB genannten Voraussetzungen zulässig; die Auslegung erfolgt vor allem nach den europäischen Vorgaben (vgl. Einl. B). 385

Da die vergleichende Werbung im HPG 1986 noch strikt verboten war,[621] ist die bisherige – ohnehin nicht sehr umfangreiche – Rechtsprechung nur noch bedingt heranziehbar.[622] Nach wie vor wird jedoch von einer **weiten Interpretation** des Begriffs der vergleichenden Werbung, insbesondere der **Identifizierbarkeit** auszugehen sein, die auch anhand der Marktverhältnisse zu bestimmen ist.[623] In Anbetracht der traditionell strikten Auslegung der Tatbestände der Anschwärzung und der Herabsetzung ist weiter zu erwarten, dass die Luxemburger Rechtsprechung (wie die belgische) die vergleichende Werbung gerade unter dem Aspekt der **Herabsetzung** kritisch sehen wird.[624] 386

---

615 Zum Beispiel die Werbung eines Telefonanbieters mit besonders günstigen Tarifen, in der jedoch nicht erwähnt wurde, dass diese nur während eines bestimmten Zeitraums galten. Cour d'appel de Luxembourg 18.2.1998 – *Mobillux SA ./. CMDSA* (unveröffentlicht).

616 Ausführlich dazu *Henning-Bodewig/Decker,* Rdn. 43.

617 *Henning-Bodewig/Decker,* Rdn. 43.

618 Wiedergegeben bei *Henning-Bodewig/Decker,* a. a. O.

619 Insofern werden die europäischen Vorgaben des EuGH („signifikanter Teil der Werbeadressaten") zur Anwendung gelangen; s. in diesem Kommentar *Glöckner,* Einl. B.

620 Die Frage, ob der gute Glauben des Werbenden die Irreführung auszuschließen vermag, war lange Zeit umstritten.

621 Zum früheren Recht vgl. *Henning-Bodewig/Decker,* Rdn. 65 ff.

622 Anders die nach Erlass der Richtlinie (aber vor Umsetzung in das Luxemburger Recht) ergangene Rechtsprechung. So wurde die bloße Gegenüberstellung von Telefontarifen für zulässig angesehen (Präsident des Handelsgerichts Luxemburg 25.4.2001, nicht veröffentlicht), die Werbung eines Zeitungsverlages mit der Angabe, ein Konkurrenzblatt sei „über 30% teurer und weniger umfassend" hingegen als herabsetzend verboten, Präsident des Handelsgerichts Luxemburg 9.10.2001 – *Editpresse Luxembourg SA ./. Saint Paul Luxemburg SA* (unveröffentlicht); ebenso die Fernsehwerbung von Pepsi Cola (vgl. Fn. 624).

623 So wurde etwa das Wort „Premier" in einer Werbung für Mineralwasser als vergleichende Werbung angesehen, da es nur einen einzigen großen Konkurrenten auf dem Luxemburger Markt gab. Präsident Handelsgericht Diekirch 23.11.1990, Pas. Lux. 1992, 92 Nr. 76; gleichfalls die Behauptung eines Mobilfunkanbieters, er sei der „preisgünstigste", da es in Luxemburg nur vier Anbieter gab, Präsident Handelsgericht Luxemburg 29.10.1997 – *Mobilux SA ./. CMD SA* (unveröffentlicht).

624 So wurde 1991 als Herabsetzung (auf der Grundlage der Generalklausel) etwa eine Fernsehwerbung für Pepsi Cola angesehen, in der ein Tänzer eine rote Dose zu der Musik „I don't like that feeling" hinter sich warf; Präsident Handelsgericht Luxemburg 18.10.1991 – *The Coca Cola Comp. et SA Sountérage Luxembourg ./. SA RTL* (unveröffentlicht).

387 **c) Getarnte Werbung.** Art. 28 **Mediengesetz** vom 27. Juli 1991 in der Fassung vom 2.4. 2001[625] schreibt die klare Erkennbarkeit von Fernsehwerbung und ihre optische bzw. akustische Trennung von anderen Programmteilen vor und verbietet Schleichwerbung. Das **Gesetz über den elektronischen Geschäftsverkehr** vom 5. Juli 2004 statuiert den Grundsatz der klaren Erkennbarkeit aller kommerziellen Kommunikationen im Internet. Bei der **Presse** wird dies aus Art. 11 der Verhaltensregeln für die Werbepraxis der Internationalen Handelskammer abgeleitet. Ein Verbot der Verschleierung des kommerziellen Charakters unter dem Gesichtspunkt der Irreführung ist weiter im B2C-Verhältnis aus Art. 6.122-2 VSchG ableitbar.

388 **d) Belästigende Werbung.** Die Belästigung der Verbraucher durch Werbung oder andere Absatzmaßnahmen ist unter dem Gesichtspunkt der aggressiven Geschäftspraktiken im Verbraucherschutzgesetz geregelt (s. Rdn. 380). Sie kann zudem auf der Grundlage der **Generalklausel** des Art. 14 erfasst werden.[626]

389 **e) Produkt- und medienspezifische Werberegelungen (Hinweise).**[627] Die Werbung für **Arzneimittel** ist im Gesetz vom 11.4.1983 geregelt; ergänzend greifen Ausführungsverordnungen ein. Bei der Publikumswerbung (mit Ausnahme der Erinnerungswerbung) besteht eine präventive Kontrollpflicht (Art. 19 Abs. 2). Die Werbung für **Lebensmittel** und ihre Aufmachung und Etikettierung unterliegt der VO von 14.12.2000 sowie verschiedenen Sonderbestimmungen; sie erfasst auch **Alkohol.** Die Werbung für **Tabakwaren** ist durch das sog. Tabakgesetz stark eingeschränkt.

390 Die Werbung im **Rundfunk** ist im Mediengesetz vom 27.7.1991 geregelt; dort finden sich in Umsetzung der Fernsehrichtlinie auch produktspezifische Einschränkungen (Tabakwaren, Heilmittel, Alkohol) und inhaltliche Anforderungen. Für den **„commerce électronique"** gilt das Gesetz über den elektronischen Geschäftsverkehr vom 14.8.2000.

4. Direktmarketing

391 Art. 8 des Gesetzes über Haustürgeschäfte erfasst auch unerbetene **Telefonanrufe** und **Faxe,** die auf den Abschluss von Geschäften zielen, welche nicht notwendig für die professionellen Aktivitäten des Adressaten sind.[628]

392 Gemäß Art. 48 des Gesetzes über den elektronischen Geschäftsverkehr[629] gilt für unangeforderte kommerzielle Kommunikationen per **e-mail** die „opt-out"-Lösung. Entsprechende Register sind jedoch bislang offenbar noch nicht installiert worden.[630]

393 **Haustürbesuche** sind durch Art. 8 des Gesetzes vom 16.7.1987[631] verboten, wenn sie Verträge über Güter oder Dienstleistungen, die nicht für die gewerbliche Tätigkeit notwendig sind, betreffen. Gleichwohl abgeschlossene Verträge sind nach Art. 9 nichtig. Die Abgrenzung zum erlaubten Verkauf am Wohnort des Verbrauchers („démachage à domicile") ist unklar.[632] Spezielle Vorschriften für das Zusenden von **Werbematerial** bestehen nicht.[633]

394 **Kettenverkäufe** („vente en chaine") oder vergleichbare kommerzielle Praktiken sind nach Art. 22 HPG verboten.[634]

---

[625] Abgedruckt *Henning-Bodewig/Decker,* Anhang.

[626] Die Amtliche Begründung (Fn. 603) stellt ausdrücklich fest, dass unter die Generalklausel auch übermäßig aggressive Einwirkungen zu Marketingzwecken auf den Verbraucher subsumierbar seien; dabei wird auf das entsprechende Verbot im Schweizer Recht verwiesen.

[627] Ausführlich dazu *Harles/Wagner-Chartier,* S. 976. Die einschlägigen Gesetzesbestimmungen sind im Anhang abgedruckt; die neuete Fassung der Gesetze ist über die in Fn. 575 angegebene Website erhältlich. Zur Alkohol- und Tabakwerbung auch *Radeideh/Schmitz,* S. 231 ff.; zur Lebensmittelwerbung *Lege.*

[628] *Radeideh/Schmitz,* S. 222 f.

[629] S. Rdn. 387.

[630] *Radeideh/Schmitz,* S. 222. Weiter sind die (durch die Richtlinie 31/2000/EG vorgeschriebenen) Transparenzanforderungen einzuhalten.

[631] Loi du 16.7.1987 concernant de colportage, la vente ambulante, l'étalage de marchandises et la sollicitation de commandes.

[632] *Rott,* S. 85.

[633] In der Literatur wird vereinzelt eine analoge Anwendung des Gesetzes über Haustürgeschäfte für möglich gehalten.

[634] Als Kettenverkäufe werden angesehen die Errichtung eines Netzes von Verkäufern, von denen jeder Vorteile mehr aus der Ausdehnung des Netzes als aus dem Verkauf von Gütern oder Dienstleistungen an Dritte erhofft. In Abs. 3 wird ausdrücklich das Schneeballsystem gleichgestellt. Abs. 4 verbietet die wissentliche Teilnahme an derartigen Systemen. MLM-Systeme werden nicht erfasst, da bei ihnen der erhoffte Vorteil vor allem aus dem Verkauf von Waren oder Dienstleistungen an Dritte resultiert. Seit 1999 gibt es eine Direktmarketing-Vereinigung (Association pour la Vente Directe), die einen insbesondere auf „homeparties" zugeschnittenen Selbstregulierungscode aufgestellt hat.

5. Sales Promotion

Zugaben, Kopplungsangebote und Werbegeschenke sind **grundsätzlich zulässig.**[635] Sie sind jedoch an dem Verbot der irreführenden Angaben zu messen. Ob und inwieweit daneben die Generalklausel des Art. 14 HPG eine Schranke bildet, bleibt abzuwarten.[636] 395

Rabatte dürfen allerdings nach wie vor nicht zu einem **Verkauf mit Verlust** (Art. 20 HPG) führen. Dieses Verbot gilt auch für Großhändler, wenn sich der Einzelhändler in rechtlicher oder wirtschaftlicher Abhängigkeit befindet.[637] 396

Zu Promotionszwecken veranstaltete Lotterien, **Gewinnspiele** („jeux-concours") und Werbetombolas sind (nur) unter den in Art. 21 HPG genannten Bedingungen zulässig. Sie müssen angezeigt (und überprüft) werden und dürfen zu keinem Irrtum über die Anzahl und den Wert der Preise oder die Bedingungen ihres Erhalts führen. Die Teilnahme darf weiter an **keine finanzielle Gegenleistung** geknüpft sein. Dazu zählte wohl auch die **Kaufverpflichtung.**[638] Ob dieses Verbot vor dem Hintergrund der europäischen Rechtsprechung im B2C-Bereich Bestand haben kann, erscheint fraglich; richtungsweisend dürfte die Entwicklung im belgischen Recht sein.[639] 397

Sales Promotion-Maßnahmen im **Internet** müssen gemäß Art. 47 des Gesetzes über den elektronischen Geschäftsverkehr die Teilnahmebedingungen auf leicht zugängliche, präzise und unmissverständliche Art und Weise angeben. 398

Das HPG 2002 enthält eine eingehende Regelung der **Sonderveranstaltungen (Saisonschlussverkäufe), Straßenverkäufe** und der öffentlichen **Versteigerungen** neuer Waren.[640] 399

6. Herabsetzung

Die **Anschwärzung** eines Konkurrenten durch falsche oder unbewiesene Angaben über seine Person, sein Unternehmen, seine Waren etc. ist als Verstoß gegen die Generalklausel des Art. 14 HGP anzusehen. Gleiches gilt für wahre Angaben, die in ihrer Diktion etc. unnötig scharf sind.[641] Das Verbot der Herabsetzung wird im Luxemburger Recht traditionell **strikt durchgesetzt.**[642] 400

7. Ausbeutung fremder Leistungen, Rufausbeutung, Nachahmung

Auch die **Rufausbeutung** ist auf der Grundlage der Generalklausel zu beurteilen. Der Hauptanwendungsfall liegt heute bei Systemvergleichen und **geographischen Herkunftsangaben.** So wurde etwa die Benutzung der Bezeichnung eines Käses als „type trappiste" nicht nur als irreführend, sondern auch als rufausbeutend und damit als gegen die Generalklausel verstoßend angesehen.[643] 401

Gemäß Art. 17f des HPG 1986 war es untersagt, **Verwechslungen** zwischen der Person, den Produkten, den Dienstleistungen, den Unternehmen eines Konkurrenten hervorzurufen. Derartige Fälle werden, wie die Amtliche Begründung klarstellt, nunmehr direkt von der Generalklausel des Art. 14 erfasst. Eine **Nachahmung von Produkten** oder Kennzeichen, die zu einer **Verwechs-** 402

---

635 Die frühere, sehr restriktive Regelung (dazu *Bodewig/Henning-Bodewig* WPR 2000, 1341 ff.) wurde 2002 aufgehoben.

636 In der Amtlichen Begründung wird darauf hingewiesen, dass die Generalklausel auch ein übermäßig aggressives Marketingverhalten gegenüber dem Verbraucher erfasse.

637 Erlaubt sind Verlustverkäufe in den in Abs. 3 genannten Fällen, etwa bei Waren, die einer raschen Verschlechterung unterliegen, bei Produkten, deren Handelswert z. B. durch einen grundlegenden Wandel der Technik sinkt oder wenn der Preis auf Grund der Notwendigkeit des Wettbewerbs dem üblichen Preis angeglichen werden muss.

638 Nachdem Preisausschreiben (bei denen der Gewinn nicht vom Zufall abhängig ist) nicht unter den Begriff der „lotteries", „jeux-concours", „tombolas publicitaires" fallen, gilt für sie (wohl) kein Verbot der Kopplung mit einem Kauf von Produkten.

639 Vgl. insofern den Länderbericht Belgien und hier vor allem *Stuyck,* GRUR Int 2015, 899.

640 Auch hier wäre die Vereinbarkeit mit dem europäischen Recht (vgl. *Glöckner,* Einl. 8) zu prüfen. Für Sommer- und Winterschlussverkäufe werden pro Jahr gesonderte Regelungen in einer Verordnung festgesetzt.

Das HPG 1986 enthielt in Art. 17h ein ausdrückliches Verbot der Anschwärzung, das von der Rechtsprechung auch auf wahre, jedoch unnötig herabsetzende Äußerungen erweitert wurde, vgl. *Henning-Bodewig/Decker,* Rdn. 63. Nachdem laut Amtlicher Begründung (Fn. 699) die nicht übernommenen Beispielsfälle der Generalklausel nunmehr unmittelbar unter diese zu subsumieren sind, hat sich inhaltlich keine Änderung ergeben.

642 Das Verbot der Herabsetzung in der vergleichenden Werbung ist jetzt jedoch anhand des europäischen Rechts (vgl. *Glöckner,* Einl. B). auszulegen.

643 Cour d'appel de Luxembourg 14.5.1986, Pas. Lux. 1992, 83 Nr. 43. Das Gericht sah die Bezeichnung „trappiste" als Herkunftsangabe an. Der von den Trappistenmönchen aufgebaute goodwill und Ruf werde unlauter ausgenutzt.

lungsgefahr führt, ist daher auf jeden Fall unlauter; dieser Tatbestand scheint auch im luxemburger Recht eine Rolle zu spielen. Allerdings wird hier häufig zugleich ein Schutz nach dem Benelux-Markengesetz oder dem Benelux-Geschmacksmustergesetz in Betracht kommen. Ob und inwieweit dieser als lex specialis vorgeht, ist insb. wegen Art. 6 der UGP-Richtlinie umstritten[644] Hauptfälle waren bisher der Schutz von **Werbematerial** gegen Nachahmung[645] und die Verwechslungsgefahr bei **Handelsnamen.**[646]

403 In besonders gelagerten Fällen wird auch die **parasitäre Ausnutzung** einer fremden Leistung (ohne Rufausbeutung und Verwechslungsgefahr) unter die Generalklausel subsumierbar sein.[647]

8. Individuelle Behinderung[648]

404 Gemäß Art. 309 Strafgesetzbuch ist es Angestellten bis zu zwei Jahren nach ihrer Betriebszugehörigkeit verboten, **Betriebs- oder Fabrikationsgeheimnisse** weiterzugeben, soweit diese Weitergabe eine Wettbewerbsverzerrung bewirkt und in der Absicht erfolgt, einen persönlichen Vorteil zu erlangen oder jemanden zu schaden. Weiter verstößt die ungenehmigte Verwendung von Modellen, Mustern, technischen Berechnungen, Formen oder ganz allgemein von irgendwelchen Angaben oder Dokumenten eines Konkurrenten, die zum Zweck einer Arbeit, einer Prüfung oder einer Ausschreibung **anvertraut** wurden, gegen die Generalklausel.[649]

405 Das **Abwerben von Arbeitnehmern** kann unlauteren Wettbewerb darstellen, wenn es mit einem fremden Vertragsbruch (Konkurrenzklausel) einhergeht.

9. Sanktionen, Verfahren, Kosten

406 Das Handelspraktikengesetz von 2002 ist (wie das belgische) in erster Linie **zivilrechtlich** – mit einer speziellen Unterlassungsklage (**„action en cessation“)** – sanktioniert.[650] Diese ist in einer Art einstweiligen Verfügungsverfahren („référé“) zu erheben, führt jedoch zu einem endgültigen Urteil. Ein Nachweis der Eilbedürftigkeit ist nicht erforderlich. Zuständig ist in erster Instanz (ausschließlich) der Präsident des Handelsgerichts, der auch die Sicherung durch ein Zwangsgeld anordnen kann. **Schadensersatzklagen** sind auf der Grundlage der allgemeinen deliktsrechtlichen Generalklausel des Art. 1382 Code Civil zu erheben.

407 Die Unterlassungsklage setzt eine vom Kläger zu belegende **Wiederholungsgefahr** voraus.[651] Sie wird bei bereits erfolgten Verstößen vermutet. Die Luxemburger Gerichte stellen i. d. R. strenge Anforderungen an den Entfall der Wiederholungsgefahr.[652] Verneint wird sie häufiger bei dritten Personen (etwa einem Verleger).

408 Für die Unterlassungsklage **aktivlegitimiert** ist jede Person, jeder berufliche Verband und jede Verbrauchervereinigung, die in der Preiskommission vertreten ist. Theoretisch ist auch der einzelne Verbraucher klagebefugt. Für die Generalklausel wird freilich die **Eigenschaft des Klägers als Kaufmann, Handwerker oder Industrieller** oder Freiberuflicher vorausgesetzt. In der Praxis werden Klagen vor von allem Wettbewerbern erhoben.

409 **Passivlegitimiert** ist grundsätzlich jeder, der den beanstandeten Wettbewerbsverstoß begangen hat. Entscheidend ist die tatsächliche Handlung, nicht die rechtliche Zurechenbarkeit. Für die in

---

644 Dazu *Wellens* (2015). Da das Marken- und Designrecht Beneluxrecht ist, sind vor allem die Entscheidungen des Benelux-Gerichtshofs, aber auch die in den Niederlanden und Belgien von Interesse. Offenbar hat aber auch das französische Recht (etwa bezüglich des „parasitime“) Einfluss, vgl. z.B. die Entscheidungen in Sachen Tango/Tele 2 und Gespart SA/Accessit SARL, zitiert bei *Wellens*, Festschrift Gielen, 2015, S. 440.

645 Dazu *Henning-Bodewig/Decker,* Rdn. 85. Die nachgeahmte Werbemaßnahme muss hinreichend „distincte“ (und ausgearbeitet) sein, was allerdings bei Vorliegen einer Nachahmungshandlung häufig unterstellt wird. Vgl. etwa Trib. d'arrondissement Luxembourg vom 8.5.2009 Nr. 600/2009 – Grillpalast Caterin/Grillpalast.

646 Ausführlich *Wellens* (2015).

647 Die Begründung zum Gesetzesvorschlag (S. 18) nennt in ihrer Auflistung der nunmehr unter die Generalklausel des Art. 14 subsumierbaren Sachverhalte auch den früheren Art. 17 k. Danach war es verboten, vom Material eines Konkurrenten, der Verpackung, der Behälter seiner Produkte einen ungenehmigten Gebrauch zu machen, auch wenn dies ohne Absicht, sich diese anzueignen oder Verwechslungen hervorzurufen, geschah. Zur parasitären Ausnutzung im Einzelnen *Schricker/Francq/Wunderlich,* S. 977 ff. und *Wellens* (2015).

648 Zum Tatbestand der Behinderung vgl. insbesondere *Schricker/Francq/Wunderlich,* S. 1111 ff.

649 Vgl. die Begründung zum Gesetzesentwurf, 17 f.

650 Zu Sanktionen und Verfahren vgl. die Darstellung bei *Henning-Bodewig/Decker,* Rdn. 134 ff.

651 Zur Wiederholungsgefahr *Henning-Bodewig/Decker,* Rdn. 139 ff.

652 So genügt es nicht, dass der Beklagte die beanstandete Handlung beendet und ihre Wiederholung nicht wahrscheinlich erscheint. Auch die Art und Weise der Formulierung der Schriftsätze, die gerichtsbekannte Feindseligkeit zwischen den Parteien, der scharfe Wettbewerb oder generell das frühere Verhalten des Beklagten gelten als Indizien für die Wiederholungsgefahr.

Art. 16ff. HPG geregelten Werbetatbestände besteht eine **„kaskadenförmige Haftung"**. In erster Linie ist der Werbungtreibende („annonceur") verantwortlich, d.h. derjenige, der die Werbung in Auftrag gibt und dem sie zugute kommt. Andere Personen unterliegen nur einer subsidiären Haftung, d.h. sie haften dann, wenn der Werbungtreibende weder seinen Wohnsitz in Luxemburg hat noch dort einen Verantwortlichen benennt.

Gemäß Art. 25 HPG sind die wichtigsten Vorschriften des Gesetzes zusätzlich **strafrechtlich** **410**
sanktioniert. Gemäß Art. 25 Abs. 1 HPG kann weiter jeder Verstoß gegen eine Unterlassungsanordnung mit einer Geldbuße belegt werden.

Das **Verbraucherschutzgesetz** (und damit auch die in Umsetzung der Richtlinie 2005/29/EG **411**
übernommenen Vorschriften über irreführende und aggressive Geschäftspraktiken) werden durchgesetzt durch „jedermann" („à la requête de toute personne"), also Unternehmern und auch von Verbrauchern oder ihren Verbänden, weiter auf Antrag des Verbraucherschutzministers (Art. L 320-1 VSchG). Art. L-122-8 sieht weiter empfindliche Geldbußen vor. Ein Verstoß gegen das Gesetz hat i.d.R. auch Auswirkungen auf die mit dem Verbraucher geschlossenen **Verträge**.[653]

XV. Malta

Inhaltsübersicht

	Rdn.
1. Rechtsquellen	
2. Kurzcharakteristik des maltesichen Wettbewerbsrechts	412
3. Irreführende und vergleichende Werbung	414
4. Sonstige Regelungen von Werbung und Marketing	415
5. Behinderung, Verwechslungsgefahr etc.	420
6. Durchsetzung	421

Schrifttum: *von Bar, Ausländisches Privat- und Verfahrensrecht in deutscher Sprache,* 9. Aufl. 2013, S. 408; *British Institute of International and Comparative Law,* Unfair Commercial Practices. An Analysis of the Existing National Law on Unfair Commercial Practices between Business and Consumers in the New Member States, 2005 (BIICL Report).

1. Rechtsquellen

Consumer Affairs Act (Chapter 378 of the Laws of Malta) vom 29.1.2008; Commercial Code (Chapter 13 of the Laws of Malta).

2. Kurzcharakteristik des maltesischen Wettbewerbsrechts

Das maltesische Recht kennt **keine zusammenhängende Regelung** des Rechts des unlauteren **412**
Wettbewerbs. Vorhanden sind jedoch verstreute Vorschriften, die unlauteres Wettbewerbsverhalten (mit)erfassen.[654] Neben dem „Competition Act" von 1994 (Chapter 379 of the Laws of Malta), der sich mit kartellrechtlichen Fragen befasst (Vereinbarungen zwischen Unternehmen, abgestimmte Verhaltensweisen, Missbrauch marktbeherrschender Stellung), ist es vor allem der **„Consumer Affairs Act"** von 1994 (Chapter 378 of the Laws of Malta),[655] dessen Teil VI unlautere Wettbewerbspraktiken im Interesse der Verbraucher verwaltungsrechtlich sanktioniert. Die Interessen der **Mitbewerber** untereinander werden durch Art. 32–37 des **Commercial Code** (Chapter 13 of the Laws of Malta) gewahrt; dieser enthält z.B. in den Art. 32-37 Verbote zum Hervorrufen von Verwechslungsgefahr, Herabsetzung etc.; diese Vorschriften ähneln denen des British **common law,** insbesondere „passing off" (Vgl. Rdn. 420). Das **maltesische Recht** ist jedoch kein reines common law; insbesondere das **Zivilrecht** beruht auf dem **Code Napoléon.** Unternehmen, die durch unlauteren Wettbewerb in ihrem Interesse verletzt sind, können daher ihre individuellen Rechte auf der Grundlage der **deliktsrechtlichen Generalklausel** (Art. 1031-1033) geltend machen. Veröffentlichtes Rechtsprechungsmaterial hierzu gibt es, soweit ersichtlich, jedoch nicht. Insgesamt

---

653 Ausführlich *De Christofaro,* GRUR Int 2010, 1017.

654 Literatur zum maltesischen Wettbewerbsrecht fehlt fast völlig. Den umfassendsten Überblick gibt zur Zeit der im Auftrag der Kommission erarbeitete BIICL-Report (2005), abrufbar unter http://docs.justice.gov.mt/lom/legislation/english/leg/vol_10/chapt379.pdf. Gesetze und Verordnungen von Malta sind auf der Internetseite www.justice.gov.mt/legalservices.asp in der Spalte „Laws of Malta" zu finden (jeweils nach „Chapter" nummeriert). Hinweise zu zivilrechtlichen Aspekten finden sich bei *von Bar.*

655 Der Consumer Affairs Act ist abrufbar unter http://docs.justice.gov.mt/lom/legislation/english/leg/vol_10/chapt378.pdf.

scheint die Durchsetzung der Vorschriften zur Bekämpfung unlauteren Wettbewerbs in Malta vor allem auf **verwaltungsrechtlichem Wege** zu erfolgen.

413 Der **Schwerpunkt** der materiell-rechtlichen Regelungen zur Bekämpfung unlauteren geschäftlichen Verhaltens liegt jedenfalls heute im **„Consumer Affairs Act"**. Er enthält im Anschluß an eine grundlegende Aufzählung von General Principles in Art. 43 einen Katalog von Rechten der Verbraucher, insbesondere vertragsrechtlicher Art, z. B. missbräuchliche Klauseln in Verbraucherverträgen, Verbrauchsgütergarantien und die Haftung für fehlerhafte Produkte. Im Consumer Affairs Act wurden auch die meisten einschlägigen **EU-Richtlinien** umgesetzt. Dies gilt auch für die **Richtlinie 2005/29/EG** über unlautere Geschäftspraktiken (abgedruckt im Anhang, kommentiert von *Glöckner,* Einl. B), die durch den Act vom 29. Januar 2008 umgesetzt wurde und dazu führte, dass sich nun in Art. 51 B erstmalig im Maltesischen Recht eine (allerdings auf B2C-Verhältnisse beschränkte) **Generalklausel gegen unlautere Geschäftspraktiken** findet. Der in Abschnitt VII des Consumer Affairs Act neu aufgenommene Teil „Unfair commercial practices and illicit schemes" enthält im Wesentlichen wortgleich die Vorschriften der Richtlinie, also neben der Generalklausel (Art. 51 B) den Definitionenkatalog (Art. 51 A), die Irreführung durch positives Tun (Art. 51 C), durch Unterlassen (Art. 51 D) sowie die Regelung der aggressiven Geschäftspraktiken (Art. 51 E). Im Anhang I findet sich die „blacklist" der Richtlinie. Bislang gibt es nur sehr wenig Rechtsprechung und fast keine Literatur zum Schutz gegen unlauteren Wettbewerb in Malta.

3. Irreführende und vergleichende Werbung

414 **Irreführende** Geschäftspraktiken sind seit der Reform von 2008 gegenüber dem Verbraucher gemäß Art. 51 C und Art. 51 D des **Consumer Affairs Act** – entsprechend den Vorgaben von Art. 6 und 7 der Richtlinie 2005/29/EG (dazu Einl. B) – verboten. Eine gewisse Rolle scheint dabei die **Irreführung** durch Unterlassen im Grenzbereich zum **Vertragsrecht** zu spielen. 2010 hat das Maltese Consumer Tribunal z.B. einen Hersteller wegen irreführender Werbung verurteilt, weil dieser nicht konkrete Angaben zum erforderlichen Wasserdruck einer Filteranlage gemacht hatte.[656] Auch im B2B-Verhältnis gilt ein der Richtlinie 84/450/EWG (nunmehr konsolidierte Richtlinie 2006/114/EG) entsprechendes Verbot der irreführenden Werbung in Art. 32 B **Commercial Code.** Der **„Trade Descriptions Act"** (Chapter 313 of the Laws of Malta) sanktioniert falsche Angaben strafrechtlich. Die **vergleichende Werbung** wurde durch den Act von 2008 in Art. 32 A des Commercial Code eingefügt. Gemäß Art. 321 (2) ist vergleichende Werbung nur ausnahmsweise bei Erfüllung bestimmter Voraussetzungen (die mit der Richtlinie 97/55/EG übereinstimmen; zur Auslegung Einl. B) zulässig.

4. Sonstige Regelungen von Werbung und Marketing

415 In Umsetzung der Richtlinie 2005/29/EG findet sich in Art. 51 E des Consumer Affairs Act nunmehr ein Verbot der **aggressiven Geschäftspraktiken** gegenüber dem Verbraucher, das Art. 8 und 9 der Richtlinie entspricht. Einzelne Formen des Marketing sind gesondert geregelt, z.B. der Haustürverkauf durch den Doorstep Contracts Act.

416 Das Anbieten von **Geschenken** und Preisen etc. ist nicht untersagt, begründet jedoch i. d. R. nach Art. 51 Consumer Affairs Act die Pflicht zur Aushändigung des angekündigten Geschenks oder der Zugabe und zur klaren und unmissverständlichen Information über die Bedingungen des Angebots, insbesondere auch über die Art und Weise der Geschenke oder Zugaben. **„Chain letter schemes"** sind verboten (Art. 51 Consumer Affairs Act).

417 Auf der Grundlage einer Gesetzesermächtigung in Art. 7 des Consumer Affairs Act wurden 2001 die **„Distance Selling Regulations"**[657] erlassen, mit denen zugleich Regelungen der Fernabsatzrichtlinie umgesetzt wurden, und die auch ein Verbot unerwünschter Kommunikation mit dem Verbraucher enthalten. Aufgrund von unlauterem Druck, Beeinflussung etc. geschlossene Verträge mit dem Verbraucher sind nach Art. 974 Civil Code nichtig. Die Regelung von Preisangaben findet sich im „Consumer Affairs Act **(Price Indication)**".[658]

418 Bezug zum Wettbewerbsrecht haben auch andere **Spezialgesetze,** wie der Food Safety Act (Chapter 449 of the Laws of Malta) in Verbindung mit der Labelling, Presentation and Advertising

---

[656] Entscheidung des Maltese Consumer Tribunal, CCT 29/10. Unlautere Geschäftspraktiken lassen ansonsten das Vertragsrecht unberührt; vgl. *De Christofaro,* GRUR Int 2010, 1017.

[657] 2001, Subsidiary Legislation 378.08.

[658] 2002, Subsidiary Legislation 378.09. Beide Verordnungen sind abrufbar über http://docs.justice.gov.mt/lom/Legislation/English/SubLeg/378/08.PDF und -09.PDF. Häufig werden auch europäische Regelungen herangezogen – z. B. die VO Nr. 1008/2008 über Preisangaben bei Flugreisen.

of Foodstuff Regulation von 2004, die u.a. die Werbung für Lebensmittel regeln; der bereits erwähnte **„Doorstep Contracts Act"** (Chapter 317), der **„Medicines Act"** (Chapter 458) mit Vorschriften über die Werbung für Arzneimittel, der „**Tobacco** („Smoking Control") **Act**" (Chapter 315) mit allgemeinen und medienspezifischen Vorgaben für die Werbung für Tabakwaren[659] sowie der „Broadcasting Code for the protection of minors" (2000, Subsidiary Legislation 350.05) zum Schutz von Minderjährigen vor Fernsehwerbung.[660]

Der **„Electronic Commerce Act"** von 2002 (Chapter 426)[661] ermächtigt in Art. 25 (e) den Minister zur Umsetzung der E-Commerce-Richtlinie und insbesondere zur Statuierung von Informationspflichten für kommerzielle Kommunikationen. 419

5. Behinderung, Verwechslungsgefahr etc.

Der Schutz von Gewerbetreibenden vor bestimmten Handlungen unlauteren Wettbewerbs, insbesondere solchen, die die **individuelle Behinderung** von **Konkurrenten** betreffen, ist im **Commercial Code** (Chapter 13 of the Laws of Malta)[662] unter dem Titel „of limits of competition" (Art. 32–37) geregelt. Die Benutzung von Marken und anderen Kennzeichen, die **Verwechslungen** mit von anderen benutzten Marken oder Kennzeichen hervorrufen können sowie **falsche Herkunftsangaben** sind gemäß Art. 32 verboten; diese Vorschriften entsprechen inhaltlich dem „passing off"-Schutz. Sie stehen im engen Zusammenhang mit den **IP-Rechten,** insbesondere dem Markenrecht,[663] das im Trademarks Act (Chapter 416 of the Laws of Malta) geregelt ist; weiter gilt der Trade Discription Act (Chapter 313 of the Laws of Malta). Verboten ist auch die **Anschwärzung;** Händler dürfen zu Wettbewerbszwecken keine Nachrichten verbreiten, die dem Geschäft eines anderen schaden könnten (Art. 34), und sie dürfen keine **Mitarbeiter eines Konkurrenten** mit dem Zweck abwerben, dadurch die Kunden des Mitbewerbers auszuspannen (Art. 35). Bei Verstoß gegen eines dieser Verbote ist der geschädigte Mitbewerber zur Erhebung der **Schadensersatzklage** berechtigt, kann jedoch auch eine Geldbuße („penalty") beantragen (Art. 37). 420

6. Durchsetzung

Die **Durchsetzung** der verbraucherschutz- und wettbewerbsrelevanten Aspekte des **Consumer Affairs Act** obliegt dem „Ministry of Finance and Economic Affairs" und hier wiederum der „Consumer and Competition Division" mit der zentralen Figur des **„Director General of the Consumer and Competition Division":** Während die „Commission for Fair Trading" kartellrechtliche Beschwerden behandelt, ermöglicht das „Information and Client Affairs Directorate" die **gütliche Einigung** eines Streits zwischen dem einzelnen geschädigten Verbraucher und dem Händler. 421

Bei einem Scheitern dieser „Güteverhandlungen" kann der Verbraucher seinen Anspruch vor dem **„Consumer Claims Tribunal"** weiter verfolgen. Eingetragene „consumer associations" können Beschwerden wegen der Verletzung des „Consumer Affairs Act" bei der zuständigen Behörde einreichen (Art. 37 Consumer Affairs Act). 422

Nach dem „Consumer Affairs Act" hat der **„Director General"** die Kompetenz – sei es auf eigene Initiative, sei es auf Antrag – eine **Anordnung** („compliance order") gegenüber einem Händler zu erlassen oder diesem eine „administrative fine" (Art. 106 A) aufzuerlegen, um weitere Verstöße zu verhindern. Der betroffene Händler kann gegen „decisions, orders or measures" des Direktors Beschwerde zum „Consumer Appeals Board" einlegen (Art. 110 A) bzw. Klage vor Gericht erheben. 423

---

[659] Die Chapter 313, 315 und 317 sind im Internet zu finden unter http://docs.justice. gov.mt/lom/legislation/english/leg/vol_7/chapt313.pdf beziehungsweise – 315.pdf und – 317.pdf; der „Medicines Act" (Chapter 458) unter http://docs.justice.gov.mt/lom/legislation/english/leg/vol_14/chapt458.pdf.

[660] Zu finden unter http://docs.justice.gov.mt/lom/Legislation/English/SubLeg/350/05.pdf.

[661] Zu finden unter http://docs.justice.gov.mt/lom/legislation/english/leg/vol_13/chapt426.pdf.

[662] Abrufbar unter http://docs.justice.gov.mt/lom/legislation/english/leg/vol_2/chapt13.pdf.

[663] Zum gewerblichen Rechtsschutz in Malta s. *„Trademarks Act"* (Chapter 416), *„Patents and Designs Act"* (Chapter 417), beide zu finden unter http://docs.justice.gov.mt/lom/legislation/english/leg/vol_13/chapt416. pdf beziehungsweise -417. pdf, und *„Industrial Property (Protection) Ordinance"* (1999, zuletzt geändert 2000, Chapter 29), auf der Webseite http://clea.wipo.int/PDFFILES/English/MT/MT002EN.PDF herunterzuladen. Ein Überblick über formale Aspekte des gewerblichen Rechtsschutzes in Malta findet sich in der Loseblattsammlung „Manual Industrial Property", Band 4.

XVI. Niederlande

Inhaltsübersicht

	Rdn.
1. Rechtsquellen	
2. Kurzcharakteristik des niederländischen Wettbewerbsrechts	424
3. Regelung der Werbung	429
a) Irreführende Werbung	429
b) Vergleichende Werbung	434
c) Getarnte Werbung	437
d) Belästigende Werbung	438
e) Sonstige Werbung	439
f) Produkt- und medienspezifische Werberegelungen (Hinweise)	440
4. Direktmarketing, besondere Verkaufsmethoden	442
5. Sales Promotion	444
6. Herabsetzung	446
7. Ausnutzen fremder Leistungen, Rufausbeutung (Nachahmung)	447
8. Individuelle Behinderung	450
9. Rechtsbruch	452
10. Sanktionen, Rechtsdurchsetzung	453

Schrifttum: *Van Boom,* Inpassing en handhaving van de Wet oneerlijke handelspraktijken, TvC 2008-1, S. 4; *Boukema/Drijber,* Vergelijkende reclame vergeleken, IER 2004-5; *van Eek/Czernik,* Dutch and German Applicability of the UCP-Directive on Competing Businesses, GRUR Int. 2016, 539; *Geerts,* Het verwarringwekkend slaafs nabootsen van andermans product in het licht van art: 193a-j BW en art. 6:162, BW, IER 2013/1, 1; *Geerts/Vollebrekt,* Oneerlijke handelspraktiken, misleidende reclame en vergelijkende reclame, 2009; *Gielen,* Bescherming tegen noock os verwarringsgevaar, ook bekend als bescherming teegen slaafse nabootsin, Festschrift für Spoor, 2007, S. 99; *Gielen et al* (Hrsg.), Kort begrip van het intellectuele eigendomsrecht, 10. Aufl. 2011; *Heerkens,* De juridische positie van gedupeerden van het piramidespel in Nederland en Europa, Jaarboek Consumentenrecht 1998; *Henning-Bodewig,* Das neue (alte) Recht des unlauteren Wettbewerbs der Niederlande, GRUR Int. 1993, S. 126; *Henning-Bodewig/Verkade/Quaedvlieg,* Niederlande, in: Schricker (Hrsg.), Recht der Werbung in Europa, 1995; *Holzhauer,* Ontoelaatbare reclame, 1994; *Hondius/Rijken* (Hrsg.), Handboek Consumentenrecht, 3. Aufl. 2011; *Kabel,* Reclamerecht en oneerlijke mededinging – Ontwikkelingen in 2006, IER 2007-4, S. 203; *Kabel,* Reclame en oneerlijke mededinging, IER 2006-2, S. 57; *Kabel,* Grensoverschrijdende reclame en oneerlijke mededinging, A. A 1993, S. 74; *Kabel,* Reclamerecht online, IER 2001, S. 257; *Kabel/Vollebregt,* Kroniek reclamerecht en oneerlijke mededinging 2004, IER 2005-2, S. 85; *Kamperman Sanders,* Unfair competition law: the protection of intellectual and industrial creativity, 1997; *Keirsbilck,* The New European Law of Unfair Commercial Practices and Competition Law, 2011; *van der Kooij,* Niederlande, in: Lange, Internationales Handbuch des Marken- und Kennzeichenrechts, 2009, S. 565; *Kroon/Mastenborke,* De Richtlinie onerelijke handelspraktijken en de implementatie daarvon in het BW, IER 2008, 206; *Loos,* Oneerlijke handelspraktijken, TvC 2008-1, S. 1; *Mak,* Unfair Commercial Practices and Dutch Private Law, EuCML 2015, 246; *Mom,* Kollektiver Rechtsschutz in den Niederlanden, 2011; *van Nispen,* Ongeoorloofde mededinging, in: Onrechtmatige Daad IV, (Loseblattsammlung); V*an Nispen/Hydecoper/Cohen Jehoram,* Industriële eigendom, 3 Aufl. 2012; *Nillessen/van der Zandt,* The Netherlands, in: Campbell (Hrsg.), Unfair Trade Practices – The Comparative Law Yearbook of International Business, 1996, S. 251; V*an Nispen,* Niederlande, in: Schricker/Bastian/Knaak, Gemeinschaftsmarke und Recht der EU-Mitgliedstaaten, 2006, S. 444; *Van Nieuwenhofen-Helbach,* Nederlands handels- en faillissenmentsrecht II, Industriële eigendom en mededingingsrecht, 1989; *Quaedvlieg,* Leistungsschutz in den Niederlanden, GRUR Int. 1997, S. 971; *Radeideh/de Vrey,* Netherlands, in: Micklitz/Keßler (Hrsg), Marketing Practices Regulation and Consumer Protection in the EC Member States and the US, 2002, S. 238; *Ribbink,* Werberecht in den Niederlanden in: Schotthöfer (Hrsg), Handbuch des Werberechts in den EU-Staaten, 2. Aufl. 1997, S. 445; *Tsoutsanis,* Domeinnamgeschillen, 2003; *Schaap,* Pays-Bas, in: Greffe/Greffe (Hrsg.), La publicité et la loi, 11. Aufl. 2009, S. 981; *Verdel,* Bescherming van niet-consumenten door het onstaan van reflexwerking van de „swarte lijsten" uit de wet oneerlijke handelspraktijken, TvC 2008-1, S. 34; *Verkade,* Ongeoorloofde mededinging, 2. Aufl. 1986; *Verkade,* Oneerlijke handelspraktijken jegens consumenten, 2009; *Verkade,* Misleidende (B2B) reclame en vergelijkende reclame, 2011; *Verkade,* Bescherming door Art. 6: 162 BW tegen nabootsing na verval van modelrecht?, in: Festschrift für Gielen, 2015, S. 369; *Vollebrekt,* De wet oneerlijke handelspraktijken en bedragscodes, TvC 2010, 266; *de Vrey,* Netherlands, in: Henning-Bodewig (Hrsg.), International Handbook on Unfair Competition Law, 2013, S. 398; *de Vrey,* Towards a European Unfair Competition Law, 2006; *de Vrey,* Vergelijkende reclame: da vergelijking opgelost?, IER 2001, S. 164.

1. Rechtsquellen

Art. 6:162; Art. 6:194–196 Burgerlijk Wetboek (BW); Nederlandse Reclamecode (NRC).

2. Kurzcharakteristik des niederländischen Wettbewerbsrechts*

Obgleich praktisch von großer Bedeutung, hat das Recht zur Bekämpfung des unlauteren Wettbewerbs **(„ongeoorloofde" bzw. „oneerlijke mededinging")** in den Niederlanden bislang keine zusammenhängende gesetzliche Regelung erfahren. Es gründet sich traditionell auf die allgemeine **deliktsrechtliche Generalklausel** in Art. 6:162 **Burgerlijk Wetboek** (BW), die seit 1919 mittels der hierzu ergangenen **Rechtsprechung** umfassenden Schutz gewährt (s. Rdn. 427), sowie eine starke **Selbstkontrolle.**[664] 424

Allerdings haben die **europäischen Vorgaben** auch in den Niederlanden mehr und mehr zu einer **Kodifizierung** geführt. Die **Richtlinie 2005/29/EG** über unlautere Geschäftspraktiken (ausführlich *Glöckner,* Einl. B) wurde durch die **Reform von 2008 in Buch 6 des Burgerlijk Wetboek** durch einen neuen Abschnitt 3 A mit dem Titel „Oneerlijke Handelspraktijken" umgesetzt (Art. 6:193a-j BW). Nach Art. 6: 193b Abs. 1 BW handelt ein Unternehmer „unrechtmäßig gegenüber dem Verbraucher, wenn er eine Handelspraktik anwendet, die unlauter ist". Nach Art. 6:193b Abs. 2 BW ist die Handelspraktik unlauter, wenn sie (a) gegen die professionelle Sorgfalt („toewijding") verstößt und (b) geeignet ist, die Fähigkeit des Durchschnittsverbrauchers, eine informierte Entscheidung zu treffen, spürbar zu beschränken. Nach Art. 6:193b Abs. 3 BW ist eine Handelspraktik insbesondere dann unlauter, wenn sie irreführend i. S. d. Art. 6:193c–g BW oder aggressiv i. S. v. Art. 6:193h und i BW ist. In Art. 6:193b Abs. 4 BW findet sich die Einschränkung, dass Übertreibungen in der Werbung etc., die nicht ernst genommen werden, keine unlautere Handelspraktik darstellen. 425

Schon einige Jahre zuvor hatte der niederländische Gesetzgeber die **europäischen Vorgaben zur irreführenden und vergleichenden Werbung** in Art. 6:194 BW und Art. 6:194 BW umgesetzt. Erstere Vorschrift bezieht sich jedoch seit 2008 nur noch auf Irreführungen im B2B-Verhältnis, während die Regelung der vergleichenden Werbung in Art. 6:193c–g BW für alle gilt und 2008 nur leicht angepasst wurde. In Art. 6:193i BW findet sich eine Beweislastumkehr. 426

Die allgemeine **Generalklausel in Art. 6:162 BW** dürfte auch weiterhin die **beherrschende Norm** des niederländischen Wettbewerbsrechts bleiben. Hierunter wurden bislang alle geschäftlichen Handlungen subsumiert, die Auswirkungen auf das niederländische Staatsgebiet haben.[665] Im Wesentlichen waren alle Handlungen erfasst, die auch im deutschen Wettbewerbsrecht eine Rolle spielen.[666] Der Schutzzweck umfasste bislang auch den Verbraucher;[667] ob die nunmehr speziell für den Verbraucher geltende Regelung in Art. 6:193a–i BW an der Auslegung der Generalklausel des Art. 6:162 BW etwas ändert, bleibt abzuwarten.[668] Ein **Wettbewerbsverhältnis** wird jedenfalls **nicht vorausgesetzt.** Der **Schutzstandard ist hoch,** obgleich in der niederländischen Rechtspraxis eine Tendenz zu einer **zurückhaltenden Anwendung** der Generalklausel festzustellen ist, was einerseits auf die starke Selbstkontrolle, andererseits auf den traditionell weitreichenden Schutz 427

---

* Die Verf. dankt Herrn Dr. mr. *Rogier de Vrey* für wertvolle Hinweise.

664 Zur Entwicklung des niederländischen Wettbewerbsrechts und zu seiner Stellung im Gesamtsystem vgl. die ausführliche Darstellung auf englisch bei *Keirsbilck* (2011); *de Vrey* (2013) und *Eek/Czernik* (2016); einen nicht mehr ganz aktuellen, aber in vielem noch zutreffenden Überblick auf deutsch geben *Henning-Bodewig,* GRUR Int. 1993, S. 126; *Henning-Bodewig/Verkade/Quaedvlieg,* (1995). Auf holländisch vgl. etwa die Werke von *van Nispen, Geerts/Volle* (2009), *Verkade* (2009 und 2011). Die wichtigste niederländische Rechtsprechung ist abrufbar unter http://www.rechtspraak.nl; zur Umsetzung der UGP-Richtlinie in das holländische Recht vgl. etwa die Beiträge von *Kroon/Mastenborke* und *van Boom.*

665 Zum niederländischen IPR vgl. insbesondere *Kabel,* A. A. 1993, S. 714; Instruktiv die Entscheidung der Rechtbank Arnehm vom 31.8.2005 (IER 2005-6, S. 368 mit Anm. von *Kabel*), in der es um Internetdienste des in Großbritannien niedergelassenen Anbieters Ladbrokers ging; materiell-rechtlich stand dabei der Tatbestand des Rechtsbruchs im Vordergrund. In einer weiteren Entscheidung des Voorz. Rechtbank Breda vom 25.10.2006 (IER 2007-1, S. 17 mit Anm. *Kabel*) hat die englische Behörde OFT gegen ihrer Meinung nach irreführende, auf England gerichtete sweepstakes eines in den Niederlanden ansässigen Betreibers geklagt. Das holländische Gericht verneinte eine Irreführungsgefahr der englischen Konsumenten.

666 Seit der grundlegenden Entscheidung des Hoge Raad, NJ 1919, 161 – *Lindenbaum/Cohen* (dazu etwa *Kamperman Sanders,* S. 39 ff.; *Henning-Bodewig* GRUR Int. 1993, 126 ff.) legt die Rechtsprechung die deliktsrechtliche Generalklausel so aus, dass auch ein Verstoß gegen ungeschriebenes Recht im wirtschaftlichen Verkehr erfasst wird. Die ursprüngliche Generalklausel in Art. 1401 BW wurde vor einigen Jahren (unter Berücksichtigung der *Lindenbaum/Cohen*-Entscheidung) neu gefasst, ohne den „ongeoorloofde mededinging" ausdrücklich zu nennen. Zu den einzelnen unter Art. 1401 BW (heute Art. 6:162 BW) subsumierbaren Fallgruppen vgl. etwa *Henning-Bodewig,* GRUR Int. 1993, S. 126.

667 *Van Nispen,* IV., Rdn. 9; *de Vrey,* S. 100 f.

668 Zum unlauteren Wettbewerb im B2B-Verhältnis *Kabel,* IER 2007-3, S. 143; sowie *Verdel,* TvC 2008-1, S. 34; im B2C-Verhältnis *Verkade* (2009).

durch die **IP-Rechte,**[669] insbesondere das **Markenrecht,** zurückzuführen ist. Insgesamt zeichnet sich das niederländische Recht durch eine Anzahl wichtiger **Entscheidungen der Rechtsprechung und eine Fülle von Literatur** aus.

428 Wie mehrfach betont, kommt der **Selbstkontrolle** eine besondere, nicht mit der deutschen Selbstkontrolle zu vergleichende Bedeutung zu.[670] Sie regelt auf der Grundlage **eines engmaschigen Netzes verschiedener Codes** – von denen der **Nederlands Reclame Code (NRC)**[671] der wichtigste ist – einen Großteil aller wettbewerbsrechtlichen Streitigkeiten. Obwohl die hierzu ergehenden Entscheidungen der **Reclame Code Commissie (RRC)** und der nächsten Instanz, des College van Beroep, keine rechtliche Bindung haben, finden sie allgemein Beachtung und werden gleichberechtigt wie Gerichtsentscheidungen zitiert. Unternehmer tun daher gut dran, diese (gesetzlichen Regelungen gleichkommenden) Codes bei der Ausübung ihrer Tätigkeit in den Niederlanden zu beachten.

3. Regelung der Werbung

429 **a) Irreführende Werbung.** Die **Art. 6:194 ff. BW** enthalten seit 1980 eine Regelung der irreführenden Werbung. Sie gilt seit der Reform von 2008 nur noch im Verhältnis von Gewerbetreibenden untereinander, während im Verhältnis Unternehmen/Verbraucher die neu eingefügten Vorschriften der **Art. 6:183c–g BW** zur Anwendung gelangen. Nachdem das niederländische Recht schon bislang gemeinschaftsrechtlich ausgelegt wurde, ist jedoch mit einem Bruch in der bisherigen Irreführungsrechtsprechung nicht zu rechnen.[672]

430 Die niederländische Rechtspraxis stellt von jeher auf die Sicht des **Durchschnittsadressaten** ab.[673] **Werbemäßige Übertreibungen** wie „riesig", „super" oder Alleinstellungsbehauptungen („x ist immer der günstigste" etc.) werden häufig toleriert.

431 Relativ streng beurteilt wird die Werbung in den Niederlanden stets dann, wenn sie **für den Adressaten wichtige Aspekte** betrifft. Neben dem Preis sind dies insbesondere Aspekte der Gesundheit, Sicherheit und Umweltfreundlichkeit; bei ihnen wird z. B. auch die Werbung mit „Selbstverständlichkeiten" strikt unterbunden.[674]

432 Die irreführende Angabe muss sich auf das **kommerzielle Verhalten der Werbeadressaten auswirken können,** was im B2C-Verhältnis in Art. 6:193a Abs. 2b BW nunmehr ausdrücklich festgestellt ist.

---

[669] Vgl. hierzu Rdn. 449. Zum Benelux-Markengesetz vgl. etwa auf deutsch *Kooij* (2009), auf französisch *Braun,* Précis des Marques, 5. Aufl. 2009; auf niederländisch *van Nispen/Hydecoper/Cohen Jehoram* (2011); zum niederländischen Recht der nicht eingetragenen Kennzeichen *Van Nispen,* in: Schricker/Bastian/Knaak (Hrsg.), Gemeinschaftsmarke, S. 444 ff.; zum übrigen gewerblichen Rechtsschutz etwa *Van der Kooij/Mulder,* Hoofdzaken intellectuele eigendom, 6. Aufl. 2010 (die „ongeoorloofde mededinging" als Teil des gewerblichen Rechtsschutzes erörtern); *van Nieuwenhoven Helbach,* Industriële eigendom, 2002. Das Urheberrecht ist kommentiert bei *Spoor,* Auteursrecht, 3. Aufl. 2011; auf deutsch finden sich Hinweise in *Möhring/Schulze/Ulmer/Zweigert* (Hrsg.), Quellen des Urheberrechts (Band 4). Die jeweils neueste Entwicklung der IP-Rechte wird im jährlich erscheinenden Überblicksaufsatz in IER dokumentiert.

[670] Zur Selbstkontrolle vgl. etwa *Holzhauer,* S. 168 ff.; *Henning-Bodewig/Verkade/Quaedvlieg,* Rdn. 36 ff.; *Vollebregt* (2010).

[671] Der NRC (und mehrere spezielle Codes) sind auf Englisch erhältlich unter http://www.reclamecode.nl.

[672] Ausführlich zum Irreführungsrecht *de Vrey* (2013), S. 406 ff.; *Verkade* (2009); *Geerts/Vollebregt* (2009), S. 6 ff., *Geerts/Vollebregt,* IEF 9516; *Henning-Bodewig/Verkade/Quaedvlieg* (1995), Rdn. 184 ff.; s. auch die Zusammenstellung bei *Kabel* (Hrsg.), Praktijkboek Reclame en Aanduidingsrecht (Loseblattsammlung). Das College van Berop der Selbstkontrolle hat 2015 eine vom deutschen Touristikverband gesponserte redaktionelle Berichterstattung über Restaurants nicht als Werbung angesehen (2015/00109).

[673] Zur Auslegung der Werbung für Marmelade mit angeblich 98% Fruchtanteil (und relativierenden Hinweisen) vgl. Rdn. 2015/00350; des Begriffs „borg" bei einer cash back-Aktion Gerechtshof Amsterdam 19.4.2007, TvC 2008-1, S. 49 mit Anm. *van Campen;* des Begriffs „Tageszeitung" Voorz. Rechtbank Arnhem 30.5.2007, TvC 2008-1, S. 42 mit Anm. *v. Steijger.* Als reine Übertreibung wurde etwa angesehen: „CA ist doch günstiger", nicht jedoch „Endlich Klarheit für Brillenkäufer: Fielmann ist immer der günstigste", Hof Arnhem IER 2003-2, S. 134 (a. A. die Vorinstanz, Rechtbank Amelo IER 2002, S. 266 mit Anm. von *Kabel.* Eine dem Konkurrenzprodukt ähnliche lila Farbe für ein Asthma-Inhaliergerät wurde (nach Ablauf des Patents) als nicht irreführend angesehen, da Adressaten Ärzte und Apotheker seien, Rechtbank Midden-Nederling vom 30.12.2015, AZ: C/16/40367.

[674] So wurde etwa die Werbeangabe „ohne Farbstoff" (für Kartoffelchips) oder „ungespritzt" (für Fleischwaren) als unzulässige Werbung mit Selbstverständlichkeiten angesehen. Im Umweltschutzbereich verbietet zudem Art. 5 NRC alle Behauptungen, die zu Unrecht suggerieren, dass vergleichbare Produkte die (angeblich beim Produkt des Werbenden fehlenden oder verminderten) umweltschädlichen Bestandteile enthalten könnten. Obgleich sog. „botanicals" nach der Health Claims VO zurzeit nicht verboten sind, hat die RCC die Behauptung „enhances concentration" für ein Nahrungsergänzungsmittel als irreführend verboten.

Art. 6:195 Abs. 1 BW statuiert eine **Umkehr der Beweislast**[675] **für die Wahrheit und Vollständigkeit der tatsächlichen Angaben,** sofern diese nicht im Einzelfall **unredlich** wäre. Der Kläger muss die Irreführung hinreichend substantiieren und es darf nicht der Verdacht der Ausspionierung von Betriebsgeheimnissen bestehen. Abs. 2 enthält eine weitere Beweislastumkehr für das Verschulden beim **Schadensersatzanspruch.**[676] Die Beweislastumkehr gilt nur für das Hauptsacheverfahren. Im Verfahren der einstweiligen Verfügung (s. Rdn. 456) ist der Richter jedoch ohnehin nicht an bestimmte Beweislastregeln gebunden (richtet sich jedoch normalerweise nach Art. 6:195 BW). Im B2C-Verhältnis gilt nunmehr die entsprechende Beweislastregelung des Art. 6:193i BW, wonach gleichfalls der „handelaar bewijslast ter zake van de materiële juistheit en volledigkeit van de informatie" trägt. 433

b) Vergleichende Werbung. Die vergleichende Werbung ist in **Art. 6:194 BW** geregelt.[677] Der Wortlaut stimmt weitgehend mit dem der Richtlinie 2006/114/EG überein. Art. 195 BW enthält jedoch auch für irreführende Vergleiche eine **Beweislastumkehr:** Danach hat der Werbende, „binnen kurzer Zeit die Beweise, auf denen die materielle Richtigkeit und Vollständigkeit der tatsächlichen Angaben beruhen", beizubringen.[678] 434

Wie in der Beweislastregelung zum Ausdruck gelangt, beurteilt die Rechtsprechung die vergleichende Werbung vor allem unter **Irreführungsgesichtspunkten** streng.[679] Dies gilt insbesondere für **„Auslassungen",** etwa dem Preisvergleich zwischen zwei Anbietern von Online-Diensten, bei dem eine besondere „Voordeelsnummer" des Konkurrenten unerwähnt blieb.[680] Eher großzügig war die Beurteilung hingegen bei einem „Geschmackstest" für Hundefutter, der – obgleich offenbar nicht in allen Einzelheiten ganz korrekt wiedergegeben – insgesamt noch als „objektiv" und nicht irreführend eingestuft wurde.[681] 435

Als **herabsetzend** wurde etwa die Reaktion eines Brillenherstellers auf die vergleichende (irreführende) Werbung eines Konkurrenten mit „ben je belazerd?" (ungefähr: „bin ich denn blöd!") angesehen oder der Werbespruch „Warum bei Albert Heijn zu viel bezahlen" (zudem zu pauschal).[682] Auch das Auftreten des bekannten Mac-Donald-Clowns im Lokal des Konkurrenten Burger King wurde als McDonald lächerlich machend und damit als herabsetzend i. S. v. Art. 6:194a Abs. 2 lit. e BW eingestuft.[683] 436

c) Getarnte Werbung. Als täuschend wurde etwa ein kommerzielles Angebot zur Markenrecherche verboten, weil es den Eindruck einer Rechnung erweckte.[684] Im B2C-Verhältnis stellt gemäß Art. 6:193c BW die Verschleierung des kommerziellen Charakters eine Irreführung dar. Medienübergreifend verbietet Art. 7 NRC zudem die sog. **anonyme Werbung** und der Social Media Advertising Code. Für die **Presse** gilt zusätzlich Art. 13 des Codes für das Anzeigewesen,[685] im **Rundfunkbereich** Art. 52j des sog. Medienbeschlusses. 437

---

675 Zur Beweislastumkehr *Henning-Bodewig/Verkade/Quaedvlieg,* Rdn. 133 ff.

676 Danach trifft denjenigen, „der den Inhalt oder die Form der Angabe ganz oder zum Teil selbst bestimmt oder hat bestimmen lassen" (mit Ausnahme der Medien) die Beweislast für das Nichtvor-liegen des Verschuldens.

677 Zur vergleichenden Werbung s. etwa *de Vrey,* IER 2001, S. 164, *Kabel,* IER 2005-2, 57 und IER 2005-2, 85, *Verkade* (2011). Bis zur Verabschiedung der Richtlinie 97/55/EG galt die vergleichende Werbung zwar als zulässig, wurde jedoch häufig wegen Verstoßes gegen Art. 13 Benelux-Markengesetz verboten, da kein „hinreichender Anlass" zu einer Markennennung bestehe. Diese Auffassung schwingt auch heute noch in einigen Entscheidungen mit, z. B. hat der Vorsitzende der Rechtbank Arnhem mit Entscheidung vom 16.8.2006 (IER 2006-5, S. 281 mit kritischer Anm. von *Kabel*) den Nachweis der Notwendigkeit der Markennennung verlangt; andernfalls liege ein Verstoß gegen Art. 13a Abs. 1 lit. d BMW und Art. 6: 194a BW vor.

678 Dazu *Verkade,* BIE 2001, 75. (Diese Regelung hat insofern Erstaunen hervorgerufen, als bei der übrigen irreführenden Werbung die Zeitangabe fehlt).

679 Besonders deutlich Rechtbank Amelo (Fn. 677). Seit der Reform von 2008 erfolgt die Beurteilung der Irreführung im B2C-Verhältnis anhand der Vorschriften von Art. 6:193a BW. Jüngere Entscheidungen der Selbstkontrolle zeigen eine liberale Tendenz; zB wurden Preisgegenüberstellungen von LIDL unter der Headline „Mmm, tasty. Mmm, also tasty" nicht beanstandet, RCC 2016/00014.

680 Rechtbank Amsterdam IER 2003-6, S. 388 – *KPN.*

681 Hof Den Bosch IER 2003, 270 – *Royal Canin/Hill's Pet* (anders die Vorinstanz, die von einer Irreführung ausgegangen war). Die auf einen Käsetest einer neutralen Organisation zurückgehende (wahre) Behauptung „der leckerste Käse im Test" wurde als zulässig angesehen (RCC 2014/00935).

682 Zu diesen und weiteren Fällen vgl. etwa *Kabel,* IER 2005-2, 57 und 85.

683 Voorz. Rechtbank Amsterdam IER 2005-3, S. 194.

684 Hof Amsterdam BIE 2001, S. 239. Das Gericht ordnete neben der Unterlassung die Richtigstellung an, wobei vorgeschrieben wurde, dass diese das Angebot zur Rückzahlung bereits geleisteter Beträge enthalten müsse. Zur „Werbung" durch einen Restaurantkritiker in Medien, vgl. Fn. 649.

685 *Henning-Bodewig/Verkade/Quaedvlieg,* Rdn. 532.

438 **d) Belästigende Werbung.** Infolge der Umsetzung der Richtlinie unlautere Geschäftspraktiken besteht gemäß Art. 6:193b BW ein Verbot der **aggressiven Geschäftspraktiken** gegenüber dem Verbraucher. Der Aspekt der Belästigung findet sich jedoch vor allem in den Codes der **Selbstkontrolle,** etwa beim Direktmarketing (Rdn. 442).

439 **e) Sonstige Werbung.** Die Werbung mit der **Angst,**[686] das Appellieren an das Unbewusste, der Missbrauch von Gefühlen der sozialen Verantwortung, das Ausnutzen der Unerfahrenheit (insbesondere von Kindern und Jugendlichen), die übermäßig sexbetonte, gewaltverherrlichende oder diskriminierende Werbung werden in aller Regel auf der Grundlage des **NRC** beurteilt (Rdn. 428). Dieser untersagt gemäß Art. 2 und 3 alle Werbeformen, die „gegen den **guten Geschmack und die guten Sitten** verstoßen", was durchaus **streng durchgesetzt** wird.[687] Weiter können spezielle Codes eingreifen. So ist das sog. **„social sponsoring"** zwar grundsätzlich zulässig, muss jedoch, wenn auf die Umwelt bezogen, den strengen Anforderungen des „Milieu Reclame Code" genügen.[688]

440 **f) Produkt- und medienspezifische Werberegelungen (Hinweise).** Das niederländische Recht kennt zahlreiche **produktspezifische Werbevorschriften,**[689] zu denen wiederum verschiedene wichtige „Besondere Codes" der Selbstkontrolle bestehen. Die **Lebensmittelwerbung** ist z.B. im „Warengesetz" geregelt, zu dem es Beschlüsse und Kodizes gibt, z.B. die Codes der Dutch Food and Consumer Product Safety Authority. Werbung für Kredite muss „Warnhinweise" (u.a. Bild eines Männchens mit Fußfesseln) tragen,[690] Alkoholwerbung hat Warnhinweise (und den strengen) Advertising Code for Alcohol (2014) zu beachten.

441 Ein **Pressegesetz** gibt es in den Niederlanden nicht, die **Rundfunkwerbung** ist jedoch umfassend geregelt.[691] Die meisten die Werbung betreffenden Vorschriften finden sich im Mediengesetz („Mediawet") und den darauf gestützten Medienbeschlüssen. Im öffentlich-rechtlichen Rundfunk besteht ein Werbemonopol der **„Stichting Ether Reclame"** (STER), die die von ihr verwaltete Werbung einer **präventiven Kontrolle** unterwirft. Die **Internetwerbung** fällt unter den Telecomunication Act; weiter gilt ein „Besonderer Code" vom 15.8.2000.[692]

4. Direktmarketing, besondere Verkaufsmethoden

442 **Kommerzielle Telefonanrufe durch automatische Anrufsysteme** und die Werbung **per Fax** sind nur bei **vorheriger Zustimmung** zulässig,[693] die E-mail-Werbung nur in den Grenzen der Richtlinie 2002/58/EG erlaubt.[694] Im Übrigen gilt das „opt out"-Prinzip. Von opt-out gehen auch Art. 7, 46 BW (die die Fernabsatzrichtlinie umsetzen) und der „Code für unangeforderte Werbung" aus. Das Gesetz zum Schutz von Personendaten vom 6. Juli 2000 regelt die Benutzung von im Wege des Fernabsatzes erhaltenen persönlichen Daten. Unabhängig davon darf die Werbung nicht zu einer Behinderung oder Belästigung führen (s. Rdn. 438).

443 **Haustürgeschäfte** sind durch das sog. *„Colportagewet"* von 1973 geregelt. Das Zusenden **unangeforderter Waren** ist im B2C-Verhältnis in Art. 6:193 BW geregelt, vor allem jedoch durch Art. 7 des „Code über Direktmarketing".[695] Das Zusenden von **Werbematerial** ist erlaubt, sofern

---

[686] Bejaht insbesondere dann, wenn kein Zusammenhang zwischen Werbemotiv und Produkt besteht. Gemäß Art. 13 Abs. 2 Mediawet ist die Angstwerbung im Fernsehen ausdrücklich verboten. Zu den Werbevorschriften im B2C-Verhältnis ausführlich *Verkade* (2009); vgl. auch Fn. 687.

[687] Z.B. hat die RCC 2015 großflächige Werbetafeln für den Erotiksender webcamsex.nl mit einer kaum verhüllten Darstellerin verboten; nicht hingegen die Werbung für denselben Anbieter durch Flugzeug(Banner) Werbung. Besonders streng ist auch die Beurteilung der an Kinder gerichteten Werbung nach dem Children's Advertising and Youth Advertising Code, z.B. Werbung für ein Armband mit dem Aufdruck „I'm no whimp"; und in Spielen versteckte Werbung etc. Verboten wurden auch Kinder erschreckende Werbetafeln in der Nähe von Schulen etc., RCC 22.10.2015, 2015/01015.

[688] Abrufbar unter der in Fn. 671 genannten Internetanschrift. Zum Umweltsponsoring vgl. PRAR II 56ff.; *Holzhauer,* S. 168ff.

[689] Ausführlich dazu *Schaap,* S. 996.

[690] Die Rechtsgrundlage hierfür ist die „Nadere regeling gedragstoezicht financiële ondernemingen (Nrgfo)" vom 13.10.2008.

[691] Ausführlich *Buning* (Hrsg.), Communicatie & Mediarecht, 2. Aufl. 2007; *Radeideh/de Vrey,* S. 244ff. Die RCC hat z.B. die Werbung für Käse mit den Hinweis, dass bestimmte Konkurrenzprodukten vorwiegend Milch von in Ställen gehaltenen Kühen als irreführend und herabsetzend beurteilt, RCC 2015/00821.

[692] Dazu *Radeideh/de Vrey,* S. 243f. Der Code wurde von der DMSA (Dutch Association for Direct Marketing, Distance Sailing and Sales Promotion) erstellt. Vgl. weiter *Kabel,* Reclamerecht online, IER 2001, S. 257ff.

[693] Gemäß Art. 11 des Telekommunikationsgesetzes vom 19. Oktober 1998; dazu *Radeideh/de Vrey,* S. 241ff.

[694] Dazu in diesem Kommentar *Glöckner,* Einl. B.

[695] Dazu *Radeideh/de Vrey,* S. 241ff.

der Absender sich eindeutig identifizieren lässt[696] und der Empfänger dies nicht mittels eines Aufklebers an seinem Postkasten untersagt hat.[697] **Schneeballsysteme** sind bereits nach dem Gesetz über Glückspiele verboten.[698]

5. Sales Promotion

444 Maßnahmen der Verkaufsförderung sind in den Niederlanden grundsätzlich nur an den **allgemeinen Bestimmungen** zu messen, d. h. insbesondere am **Irreführungsverbot** (s. Rdn. 429). Der mit einer Preisreduzierung Werbende muss nachweisen können, dass der behauptete höhere Preis tatsächlich während einer angemessenen Zeit gefordert wurde. Im Rahmen der vergleichenden Werbung ist weiter der Anfang und das Ende von Verkaufsaktionen anzugeben. **Verlustverkäufe** sind weder wettbewerbsrechtlich noch kartellrechtlich als solche verboten.[699]

445 **Glücksspiele** bedürfen nach dem Gesetz über Glücksspiele der staatlichen Erlaubnis.[700] Zu Absatzzwecken veranstaltete **„promotional games"** sind zulässig, wenn sie dem strengen „Code of Conduct on promotional games of chance" von 2014 entsprechen.[701] Dieser statuiert nicht nur Informationspflichten, sondern enthält insbesondere bei großen Gewinnen/Preisen strenge Zulassungsvoraussetzungen.[702]

6. Herabsetzung

446 Unwahre oder **nicht erweislich wahre Angaben** über andere Marktteilnehmer verstoßen gegen Art. 6:162 BW. Gleiches gilt für wahre Angaben zu Wettbewerbszwecken, die den Goodwill eines anderen zu schädigen geeignet sind, und ist nicht relevant, übermäßig aggressiv, verletzend oder beeinträchtigend wirken.[703] Ein Hinweis auf **persönliche Umstände** (Religion, Rasse, Lebenswandel etc.) in einem abwertenden Kontext ist stets unzulässig. **Schutzrechtsverwarnungen** sind nur zulässig, wenn sie sachlich geboten, nicht „anprangernd" und auf die von einer möglichen Schutzrechtsverletzung Betroffenen beschränkt sind.

7. Ausnutzen fremder Leistungen, Rufausbeutung (Nachahmung)

447 Die ungestattete **Ausnutzung fremden Rufs** („aanleunen") ist gleichfalls auf der Grundlage der allgemeinen Generalklausel der Art. 6:162 BW zu beurteilen. Außerhalb des Markenrechts und der vergleichenden Werbung spielt dieser Tatbestand vor allem bei geographischen **Herkunftsangaben**[704] und bei der Nachahmung eine Rolle.[705]

---

[696] *Radeideh/de Vrey,* S. 251 f.

[697] *Radeideh/de Vrey,* S. 249 f.

[698] „Wet op de Kansspelen" in der Fassung des Gesetzes vom 12.12.2001 (Stbl. 664); dazu *Radeideh/de Vrey,* S. 253 ff.

[699] Ausführlich *Bodewig/Henning-Bodewig* WRP 2000, S. 1341 ff. Für bestimmte Produkte (Heilmittel, Tabakwaren) bestehen Sonderregelungen, z. B. enthält der Reclamebesluit Geneesmiddelen ein Verbot der „gunstbetooning", vgl. dazu *Hoogenraad,* IER 2002, S. 79 ff.

[700] Dazu *Radeideh/de Vrey,* S. 254 f.; *Kabel,* IER 2002, S. 77; Hof den Bosch NJ 1999, S. 726. Zu Glückspielen im Internet insbesondere *Koning/Wisman,* NJB 2001, S. 1235 ff. Die Situation ist unklar; es wird mit einer Liberalisierung gerechnet. 2012 wurde die „Kansspelautoriteit", die Lizenzen vergibt, errichtet.

[701] Abrufbar über die in Fn. 671 angegebene Website; insgesamt zur Problematik *Holzhauer,* S. 32 ff.; *Valkenbuts,* Rechtsvergleijkende onderzoek van sweepstakes, Jaarboek Consumentenrecht 1991, S. 283 ff.; PRAR XII D 1 ff. Speziell zu den Telefonspielen im Fernsehen *Palm,* TvC 2008-1, S. 42.

[702] Ausführlich zum Sweepstake-Code *Radeideh/de Vrey,* S. 254 f. Kritisch zu dieser Regelung Hoge Raad, IER 2006, S. 18; *Santman/Rörsch,* BIE 2006-12, S. 264.

[703] So der Hoge Raad seit der grundlegenden *Felix Kattenbrood*-Entscheidung aus dem Jahr 1941, NJ 1941, S. 660; vgl. hierzu *Baeumer/v. Manen,* S. 197 ff.; *Holzhauer,* S. 129 f.; *de Vrey,* S. 111 f. Auch in der Spruchpraxis der Reclame Code Commissie spielen die Aspekte der Herabsetzung und Anlehnung eine wichtige Rolle; hierzu gibt es eine Vielzahl von Entscheidungen (die allerdings nicht immer eine klare Linie erkennen lassen); vgl. auch *Henning-Bodewig/Verkade/Quaedvlieg,* Rdn. 239 ff.

[704] So wurde z. B. der Vertrieb eines Käses in Champagnerflaschenform untersagt, nicht hingegen ein sich in Werbung und Aufmachung an Butter anlehnendes Streichfett-Produkt, da es kein „Butterimage" gebe; vgl. Rechtbank Den Haag 6.12.2000, BIE 2001, 424 sowie *Kabel,* IER 2002, S. 78.

[705] In der *Substral*-Entscheidung (Hoge Raad GRUR Int. 1986, 348) hat der Hoge Raad zwar ganz generell von den „Normen" gesprochen, welche Mitbewerber vor anschwärzend oder rufausbeutend wirkenden Angaben schützten. Die Beurteilung hängt aber stark von den Umständen des Einzelfalles ab; vgl. PRAR XII C.

448 Auch das **ungenehmigte Ausnutzen der Popularität bekannter Personen** zu Werbezwecken gilt als „Anlehnen"; zugleich weist diese Fallgruppe jedoch persönlichkeitsrechtliche Züge auf und fällt häufig unter Art. 19ff. des Urhebergesetzes (sog. „Porträtrecht").[706]

449 Der Schutz gegen **Nachahmung** spielt im niederländischen Wettbewerbsrecht eine große Rolle. Es wird auf der Grundlage der allgemeinen deliktsrechtlichen Generalklausel in Art. 6:162 BW gewährt und setzt voraus, dass das nachgeahmte Produkt etc. hinreichend „distinktive" ist und spezifisch lauterkeitsrechtliche Umstände hinzutreten.[707] Als derartiger Umstand gilt vor allem das Hervorrufen einer **Verwechslungsgefahr,** die ohne Beeinträchtigung der Praktikabilität etc. hätte vermieden werden können. **Ohne Verwechslungsgefahr** gewährt die niederländische Rechtsprechung einen ergänzenden Leistungsschutz – unter dem Gesichtspunkt der **parasitären Ausnutzung** – nur ganz **ausnahmsweise.**[708]

8. Individuelle Behinderung

450 Der **Schutz von Know-How** ist im niederländischen Recht nicht zusammenhängend geregelt.[709] Art. 273 Strafgesetzbuch erfasst den vorsätzlichen Geheimnisverrat durch einen (auch früheren) Angestellten.[710] In allen übrigen Fällen, z.B. bezüglich der Verwertung des Geheimnisses, kann jedoch die allgemeine deliktsrechtliche Generalklausel des Art. 6:162 BW eingreifen.[711]

451 Das **Abwerben von Arbeitskräften** durch Mitbewerber ist nur ausnahmsweise unlauter, insbesondere wenn es mit dem Bruch von Betriebsgeheimnissen oder der Teilnahme an einem Vertragsbruch einhergeht. Das **massenweise Verschicken von E-Mails** zu kommerziellen Zwecken wurde unter dem Aspekt der Behinderung verboten.[712] Ein individueller **Boykott** ist dann unlauter, wenn dem Boykottierten praktisch keine Alternativen offen stehen.[713] Das sog. **Ambush-Marketing** – z.B. das massenhafte Verteilen von deutlich mit der eigenen Bildmarke für Bier versehener Kleidung bei einem vom Konkurrenten Heiniken exklusiv gesponserten Spiel der WM 2006 – ist unlauter.[714]

---

706 Vgl. Hoge Raad, NJ 1979, S. 383 – *Das Schaf mit den 5 Pfoten;* dazu *Henning-Bodewig/Verkade/Quaedvlieg,* Rdn. 309f.; eingehend *Schuijt/Visser,* Portretrecht, 2003. Vgl. auch Hoge Raad vom 14.6.2013, NJ 2015, 112 mit Anm. *Hugenkoltz* in Sachen Cruijff/Tirion.

707 In der niederländischen Rechtsprechung und Literatur wird stark die sog. „negative Reflexwirkung" der spezialgesetzlichen Regelungen des geistigen Eigentums betont. Zudem enthält das Einheitliche Benelux-Markengesetz eine Sperrvorschrift, die einen wettbewerbsrechtlichen Schutz von nicht hinterlegten Marken verbietet; im Benelux-Designrecht hat sich dies geändert. Als „leading cases" gelten die Entscheidungen des Hoge Raad 26.6.1953, NJ 1954, S. 90 – *Hyster Krane;* Hoge Raad 8.1.1960, NJ 1960, S. 415 – *Scrabble* und vor allem Hoge Raad 27.6.1986, GRUR Int. 1987, S. 732 – *Decca/Holland Nautik* Vgl. zu dieser Problematik *Geerts,* IER 2013, 1; *Quaedvlieg,* GRUR Int. 1997, S. 971; *Kamperman Sanders,* S. 39; *Nillessen/van der Zandt,* S. 265ff.; *de Vrey,* S. 112ff.; *de Vrey* (213), S. 411ff.; *Van Nispen,* in: Schricker/Bastian/Knaak, S. 444f.; *Gielen* (2007) und *Verkade* (2015). Zur Verwechslungsgefahr bei beschreibenden Domains vgl. Hoge Raad 11.12.2015, ECLI:NL:HR:2015:3554.

708 Die fraglichen Leistungen müssen „auf einer Linie mit den Rechten des geistigen Eigentums liegen". Hieran werden i.d.R. hohe Anforderungen gestellt; die Tatsache, dass hohe Investitionen getätigt wurden, etc. genügt jedenfalls nicht, vgl. Rechtbank Amsterdam 15.12.04, IER 2005-2, 132. So wurde etwa die Ausstrahlung eines Fußballspieles durch den niederländischen Rundfunk nicht als parasitäre Ausnutzung der kommerziellen Leistung des niederländischen Fußballbundes angesehen (Hoge Raad 27.10.1987, NJ 1988, S. 310 – *KNVB./. NOS*) und auch die Übernahme einer bestimmten Marketingstrategie durch einen Konkurrenten nicht beanstandet (Rechtbank Breda 18.12.1990, BIE 1992, S. 47). Häufig spielt der Aspekt der parasitären Ausnutzung eine Rolle bei der Nachahmung von Werbung. Ein Schutz, etwa des Werbeslogans ist nicht ausgeschlossen, kommt jedoch relativ selten vor; Entscheidungen zum Schutz der Werbeidee sind noch seltener. In der Regel geht es hier (ebenso wie beim Schutz von Fernsehformaten etc.) eher um die urheberrechtliche Schutzfähigkeit; dazu *Henning-Bodewig/Verkade/Quaedvlieg,* Rdn. 369ff.; *Schaap,* S. 996. Vgl. auch die in Fn. 707 genannte Literatur, etwa *Verkade* (2015), aber auch die Literatur im Länderbericht Belgien.

709 Vgl. *Hagemans,* Bescherming van bedrijfsgeheimen, Festschrfit für Gielen, 2015, S. 123 sowie *Bisschop* et al., Study on Trade Secrets and Parasitic Copying (look-alikes), Hogan Lovell's Final Report on parasitic copying for the European Commission, Appendix 6, p. 20.

710 Ausführlich *de Vrey* (2013), S. 414.

711 *Baeumer/v. Manen,* Rdn. 181f.; *Quaedvlieg* GRUR Int. 1997, 971; *Nillessen/van der Zandt,* S. 259.

712 Vgl. Gerechtshof Arnhem 4.2.2003, NJ 2004/54 – *Rath ./. Staat der Nederlanden:* Rath, der indirekt mit dem Vertrieb von Medikamenten befasst ist, hatte Mio. E-Mails an Mitglieder des niederländischen Parlaments geschickt, in denen er seinem Zorn über die Europäische Regelung für Vitamine Luft machte. Das Gericht sah dies als kommerzielle Kommunikation an und verbot das weitere Verschicken wegen Behinderung.

713 Zum Beispiel bei einer Weigerung der niederländischen Verwertungsgesellschaft BUMA, bestimmte Künstler aufzunehmen; Rechtsprechung bei *Verkade,* Rdn. 198.

714 Gerechtshof Amsterdam 23.11.2006, IER 2007-2, S. 34.

9. Rechtsbruch

Die Verletzung außerwettbewerbsrechtlicher Normen kann zugleich eine Unlauterkeit im Sinne von Art. 6:162 BW darstellen. Nach der **„Schutznormtheorie"** müssen die fraglichen Vorschriften jedoch gerade den Kläger vor den Folgen dieser unlauteren Handlung zu bewahren beabsichtigen.[715] 452

10. Sanktionen, Rechtsdurchsetzung

Das niederländische Wettbewerbsrecht ist traditionell **zivilrechtlich sanktioniert.** Mit Gesetz vom 20. November 2006 wurde jedoch beim Wirtschaftsministerium die sog. **„Consumentenautoriteit"** errichtet, die die **kollektiven Interessen der Verbraucher** wahrnehmen soll. Sie hat gemäß Art. 305d BW die Befugnis, beim Gerechtshof Den Haag die Unterlassung unlauterer Handlungen, die das Verbraucherinteresse verletzen, zu beantragen und kann Geldbußen verhängen. Im Bereich der Werbung wird sie allerdings erst dann tätig, wenn sich das Problem nicht auf der Ebene der Selbstkontrolle lösen lässt.[716] 453

Im Mittelpunkt der Ansprüche steht jedenfalls nach wie vor der verschuldensunabhängige **Unterlassungsanspruch.** Relativ häufig ist bei der irreführenden und vergleichenden Werbung noch die **berichtigende Werbung,** Art. 6:198 BW. Eine Klage auf **Auskunft**[717] ist unter bestimmten Bedingungen zulässig. 454

Für die **Unterlassungsklage** wegen irreführender und vergleichender Werbung ist aktivlegitimiert jeder in seiner geschäftlichen Sphäre von dem Wettbewerbsverstoß Betroffene, Interessenverbände (sofern sie die Voraussetzungen des Gesetzes über die Verbandsklage erfüllen),[718] bestimmte Verbraucherverbände, und theoretisch auch der einzelne Verbraucher.[719] Kontrovers wird diskutiert, ob und wie Unternehmen gegen Verletzungen der neu eingeführten B2C-Vorschriften in Art. 6:193a bis i BW vorgehen können.[720] **Passivlegitimiert** ist grundsätzlich jeder, der den Wettbewerbsverstoß selbst begeht oder zu ihm beiträgt. 455

Klagen werden häufig im sog. **„kort geding"-Verfahren** erhoben, das in etwa dem deutschen einstweiligen Verfügungsverfahren entspricht.[721] In der Praxis begnügen sich die Parteien häufig damit. Die **Rechtsanwaltskosten** trägt grundsätzlich jede Partei selbst. 456

Das Verfahren vor der **Reclame Code Commissie** (in zweiter Instanz: College van Beroep) kann von jedermann angeregt werden und erfreut sich wegen seiner Kostengünstigkeit auch bei Mitbewerbern großer Beliebtheit.[722] Die Sanktionen sind auf öffentliche oder vertrauliche „Empfehlungen" beschränkt, werden jedoch durchgängig respektiert. 457

---

[715] Verneint z. B. bezüglich des Verstoßes gegen das „Wet tarieven gesondheitszorg"; da dieses nicht dem Schutz kommerzieller Interessen der Pharmaindustrie dient; vgl. Gerechtshof Amsterdam IER 2005-4, S. 246.

[716] Zum zivilrechtlichen Rechtsschutz ausführlich *Henning-Bodewig/Verkade/Quaedvlieg,* Rdn. 595 ff.; *de Vrey* (2013), S. 419 ff.; *Keirsbilck* (2011); zum kollektiven Rechtsschutz *Mom,* (2011).

[717] Zur Nennung von Lieferanten, Abnehmern etc. vgl. *Van Veen,* S. 737.

[718] Gesetz v. 6.4.1994; dazu Rechtbank Rotterdam, IER 1991, S. 70; *Hondius,* S. 26.

[719] Entscheidungen hierzu sind z. Z. nicht bekannt; zur Thematik ausführlich *Mak,* EuCLM 2015, 246.

[720] Dazu *Steijger,* Wetgevingspraktiken onder de loep genomen: en analyse van de implementatie van de Richtlijn Oneerlijke Handelspraktijken in Nederland, NTER 2007, S. 132; *van Boom,* TvC-1 2008, S. 4; *Verdel,* TvC 2008-1, S. 34 (letzterer insb. zu den Tatbeständen der „black list"); *Mak,* EuCLM 2015, 246; *Van Eek/Czernik,* GRUR Int. 2016, Heft 6.

[721] Es wird in erster Instanz beim Präsidenten der Rechtbank van koophandel eingeleitet und gilt primär für Unterlassungsansprüche. Liegen Rechtsverletzung und Verschulden auf der Hand, so kann ausnahmsweise auch ein Vorschuss auf den Schadensersatz gewährt werden. Das „kort geding"-Verfahren kann jederzeit in das Hauptsacheverfahren übergehen; ausführlich *Henning-Bodewig/Verkade/Quaedvlieg,* Rdn. 629 ff.

[722] Ausführlich *Vollebrekt* (2010).

XVII. Österreich

Inhaltsübersicht

	Rdn.
1. Rechtsquellen	
2. Kurzcharakteristik des österreichischen Wettbewerbsrechts	458
3. Regelung der Werbung	464
a) Irreführende Werbung	464
b) Vergleichende Werbung	469
c) Getarnte Werbung	472
d) Belästigende Werbung	474
e) Produkt- und medienspezifische Werberegelungen (Hinweise)	475
f) Sonstige Werbevorschriften	479
4. Direktmarketing	480
5. Sales Promotion	483
6. Verwechslungsgefahr	487
7. Herabsetzung, Anschwärzung	488
8. Ausbeutung fremder Leistungen, Nachahmung	489
9. Individuelle Behinderung	491
10. Rechtsbruch	492
11. Sanktionen, Verfahren	493

Schrifttum: *Alexander,* Die „schwarze Liste" der UGP-Richtlinie und ihre Umsetzung in Deutschland und Österreich, GRUR Int. 2010, 1025M; *ders.*; Die Umsetzung von Art. 7 der Richtlinie 2005/29/EG über unlautere Geschäftspraktiken in Deutschland und Österreich, GRUR Int. 2012, 1. *Artmann,* Nachahmen und Übernahme fremder Leistung im Wettbewerb, ÖBl 1999, S. 3; *dies.,* Zur Wettbewerbswidrigkeit „gefühlsbetonter Werbung", wbl 1998, S. 474; *dies.,* Die Beurteilung der Fallgruppe „Rechtsbruch" nach der UWG-Novelle 2007, wbl 2009. 253: *dies.,* Wettbewerbsrecht und Umweltschutz, 1997; *Augenhofer,* Unfair Commercial Practices and Austrian Private Laws, EuCLM 2016, 92; *Bultmann/Schuhmacher,* Austria, in: Micklitz/Keßler (Hrsg.), Marketing Practices Regulation and Consumer Protection in the EC Member States and the US, 2002, S. 1; *Ciresa,* Handbuch der Urteilsveröffentlichung, 4. Aufl. 2012; *Donath,* Aufhebung des österreichischen Zugabeverbots, GRUR Int. 2013, 229; *ders.* Österreich: Patent- und Markenrechtsnovelle 2014 bringt signifikante Änderungen mit sich, GRUR Int. 2014, 348; *Eberwein,* Wettbewerbsrechtliche Aspekte von Suchmaschinen und Domains: Die Rechtslage in Deutschland und Österreich, 2012; *Enzinger/Spiring,* Der Handy-Boom und die Preisschlacht der Mobilfunkanbieter, ecolex, 2001, S. 243; *Essl,* E-Commerce-Richtlinie und Wettbewerbsrecht: Eine kritische Anmerkung, ÖBl 2000, S. 156; *ders.,* Freihaltebedürfnis bei generischen und beschreibenden Internet-Domains, ÖBl 2000, S. 99; *Enzinger,* Lauterkeitsrecht, 2012; *Farnleitner/Straberger,* Nahversorgungsgesetz, 1978; *Fitz/Gamerith,* Handelsrecht-Wettbewerbsrecht: Unlauterer Wettbewerb und Kartelle, 4. Aufl. 2004; *Gamerith/Mildner,* Wettbewerbsrecht I – UWG, 8. Aufl. 2014; *ders.,* Vergleichende Werbung, Auswirkungen der Richtlinie 97/55/EG auf das österreichische Wettbewerbsrecht, ÖBl 1998, S. 114; *Griss/Wiebe,* UWG, 2009; *Gruber,* Österreichisches Kartellrecht, 2013; Gruber, Wettbewerbsrechtlicher Nachahmungsschutz gegen kompatible Produkte?, wbl 2000, S. 145; *Gumpoldsberger/Baumann* (Hrsg.), UWG, 2006; *Griss,* Schnittstellen zwischen Kartell- und Lauterkeitsrecht, wbl 2010, 1; *Handig,* Zahlreiche unzulässige per se-Verbote im Gefolge der RL-UGP, ÖBl 2011, 196; *Harrer,* Die Aktivlegitimation des Verbrauchers im Lauterkeitsrecht, ÖBl. 2012, 100; *Heidinger,* Das Zugabeverbot – eine unendliche Geschichte, MR 2012, 3; *ders.,* Zugabeverbot quo vadis, MR 2009, 45; *ders.,* Die Fallgruppe Rechtsbruch nach der UWG-Novelle 2007, MR 2008, 108; *ders.,* Informationspflichten und Lauterkeitsrecht, ecolex 2007, S. 779; *Hochedlinger,* Die Telefonnummer als Gegenstand des Marken- und Wettbewerbsrechts, ÖBl 2001, S. 200; *Hödl,* Die Folgen des EuGH-Urteils „Familiapress" für § 9a UWG, wbl 1997, S. 324; *Höhne,* Zum Stand der Domain-Judikatur des OGH, MR 2000, S. 356; *Kapferer/Pahl,* Kennzeichenschutz für Internet-Adressen („domains"), ÖBl 1998, S. 275; *Kessler,* Das neue UWG auf halbem Weg nach Europa?, VuR 2009, 80; *Köhler,* Wettbewerbswidriges Ausnutzen fremden Vertragsbruchs? Ein Vergleich zwischen österreichischem und deutschem Lauterkeitsrecht, GRUR Int. 2014, 1006; *Koppensteiner,* Das UWG nach der Novelle 2007, in Augenhofer (Hrsg.), Die Europäisierung des Kartell- und Lauterkeitsrecht, 2009, S. 85; *ders.*; Zugaben zu periodischen Druckschriften de lege ferenda, ÖBl 2001, S. 3; *ders.,* Zugaben de lege ferenda, ÖBl 2000, S. 195; *ders.,* Österreichisches und europäisches Wettbewerbsrecht, 3. Aufl. 1997; *Kosenik-Werle* (Hrsg.), Konsumentenschutzgesetz, 3. Aufl. 2010; *Kraft/Steinmair,* UWG Praxiskommentar, 2014; *Kusco,* Österreichisches und europäisches Wettbewerbs-, Marken-, Muster- und Patentrecht, 1995; *ders.* (Hrsg.), Markenschutz, 2. Aufl. 2012; *Laga,* Das österreichische Spam-Verbot, Ein rechtlich bedenkliches Kuriosum, ÖBl 2000, S. 243; *Paiser/Kusznier/Pöchhacker,* Österreich, in: Schubmehl/Schmidt-Kessel (Hrsg.), Lauterkeitsrecht in Europa, 2011, S. 433; *Plasser,* Förderung fremden Wettbewerbs und die UWG-Novelle 2007, MR 2010, 35; *Prunbauer,* Zur Zulässigkeit von Gewinnspielen nach den UWG-Novellen 1992 und 1993, MR 1993, S. 137; *Prunbauer-Glaser/Seidelberger* (unter Mitarbeit von *Tahedl*), Die Wettbewerbsfibel, 12. Aufl. 2015; *Rüffler,* Zum Einfluss von Art. 30 EG-V und der MarkenRL auf nationale Irreführungsverbote, wbl 1997, S. 8; *ders.,* Umweltwerbung und Wettbewerbsrecht, ÖBl 1999, S. 267; *Schönherr/Wiltschek,* UWG. Kommentierte Gesetzesausgabe, 2003; *dies.,* UWG, 1994; *Schuhmacher* (Hrsg.), Verbraucherschutz in Österreich und der EG, 1991;

Schuhmacher, Die UWG-Novelle 2007, wbl 2007, S. 557; *ders.*, Das Ende der österreichischen per se-Verbote von Geschäftspraktiken gegenüber Verbrauchern, wbl 23011, 612; *Seidelberger,* UWG in Österreich und Deutschland, FS 100 Jahre Wettbewerbszentrale, 2012, S. 165; *Stomper,* Gattungsbezeichnungen als Domainname, ecolex, 2001, S. 351; *Tahedl,* Zur Kennzeichnungspflicht für Radio- und Fernsehwerbung, ecolex, 1997, S. 583; *Walter,* „JUSLINE" – „Domain-Grabbing" im Internet, MR 1998, S. 106; *Wamprechtshamer,* Die Neuordnung der vergleichenden Werbung, ÖBl 2000, S. 147; *Wiebe/Heidinger,* Austria, in: Henning-Bodewig (Hrsg.), International Handbook on Unfair Competition Law, 2013, S. 105; *Wiebe/Kodek* (Hrsg.), UWG. Gesetz gegen den unlauteren Wettbewerb, 2. Aufl. 2013; *Wiebe,* Umsetzung der Geschäftspraktikenrichtlinie und Perspektiven für eine UWG-Reform, JB 2007, 69; *Wiebe,* Wettbewerbs- und Immaterialgüterrecht, 3. Aufl. 2015; *Wiltschek,* UWG 7. Aufl. 2003; *ders.,* Neues im Irrgarten des UWG, ecolex 1999, S. 635; *Wiltschek/Majchrzak,* Die UWG-Novelle 2007, ÖBl 2008; *dies.,* Wettbewerbs- und Markenrecht in Österreich, WPR 2008, 987; WRP 2009, 875; WRP 2010, 963; WRP 2011, 994; WRP 2014, 893; WRP 2013, 1137; WRP 2014, 926, 1024; WRP 2015, 957, 1068; *Zweng,* Die wettbewerbsrechtliche Beurteilung der Werbung mit Gewinnspielen, 1993.

1. Rechtsquellen

Bundesgesetz gegen den unlauteren Wettbewerb von 1984/2007 (UWG); Konsumentenschutzgesetz (KSchG).

2. Kurzcharakteristik des österreichischen Wettbewerbsrechts

Das österreichische Wettbewerbsrecht gründet sich im Wesentlichen auf das **Bundesgesetz gegen den unlauteren Wettbewerb** von 1984 (UWG), das 2007 umfassend novelliert wurde; seitdem sind noch mehrere Änderungen (zuletzt 2015) erfolgt.[723] Es wird in einigen Punkten durch das sog. „Nahversorgungsgesetz"[724] und das KSchG ergänzt. 458

In **Systematik und Inhalt** ist das österreichische Wettbewerbsrecht dem **deutschen nicht unähnlich,** hat jedoch infolge der Reform des deutschen UWG von 2004/2008 und der Reform des österreichischen UWG von 2007 eine etwas andere Richtung genommen. So wurde durch die 2007 erfolgte **Umsetzung der Richtlinie 2005/29/EG** über unlautere Geschäftspraktiken (abgedruckt im Anhang; dazu *Glöckner* in Einl. B) in das österreichische Recht die zuvor auf die guten Sitten abstellende **Generalklausel** in § 1 UWG verändert.[725] Sie hat nunmehr zwei Teile: § 1 Abs. 1 Nr. 1 UWG verbietet Geschäftspraktiken „oder sonstige unlautere Handlungen", die geeignet sind, den Wettbewerb zum Nachteil von Unternehmen nicht nur unerheblich zu beeinflussen; § 1 Abs. 2 Nr. 2 UWG untersagt solche Geschäftspraktiken, die den Erfordernissen der beruflichen Sorgfalt widersprechen und das wirtschaftliche Verhalten des Durchschnittsverbrauchers (näher erläutert in § 1 Abs. 2 UWG) zu beeinflussen geeignet sind. Nach § 1 Abs. 3 UWG sind unlautere Geschäftspraktiken (gleichgültig, wem gegenüber) insbesondere solche, die aggressiv oder irreführend sind. § 1 Abs. 4 UWG enthält im Wesentlichen die Definitionen aus Art. 2 der Richtlinie, so wie auch die vorstehend genannten Regelungen fast durchwegs wörtlich der Richtlinie entnommen sind. § 1 Abs. 5 UWG regelt schließlich die **Beweislast:** Der wegen einer unlauteren Geschäftspraktik in Anspruch Genommene hat die Richtigkeit der Tatsachenbehauptungen zu beweisen, sofern dies im Einzelfall angemessen erscheint. Ein neu eingefügter § 1a UWG befasst sich mit aggressiven Geschäftspraktiken, während sich die irreführenden Geschäftspraktiken nunmehr in § 2 UWG finden. Der Gesetzeswortlaut entspricht auch hier fast wörtlich den Art. 6 bis 9 der Richtlinie; ebenso wie bei den Tatbeständen der **„Schwarzen Liste"** (auf die § 1a Abs. 3 UWG und § 2 Abs. 2 UWG verweisen), die jedoch nicht nur gegenüber dem Verbraucher, sondern **auch im B2B-Verhältnis** gelten. Die irreführende Werbung ist nunmehr in § 2, die vergleichende Werbung 459

---

[723] Die jeweils aktuelle Fassung aller Bundesgesetze (sowie Entscheidungen) können kostenlos über das Rechtsinformationssystem RIS unter www.ris.bka.gv.at abgerufen werden. Die Begründung zur UWG-Reform 2015, die der näheren Übernahme der UPG-RL – ohne inhaltliche Änderungen – diente, ist abrufbar unter www.parklinkom.gv.at. Für die Auslegung des österreichischen UWG sind, wie in Deutschland, vor allem die Entscheidungen des obersten Zivilgerichts (OGH) maßgeblich sowie die Lehrbücher bzw. Kommentare, z.B. von *Koppensteiner, Griss/Wiebe, Schönherr/Wiltschek, Wiebe/Kodek, Fitz/Gammerith* und *Gumpoldsberger/Baumann.* Einen guten aktuellen Überblick gibt auch die „Wettbewerbsfibel" von *Prunbauer-Glaser/Seidelberger* (2015). Über die Entwicklung im Wettbewerbs- und Markenrecht informieren die jährlich in WRP erscheinenden Überblicke von *Wiltschek/Majchrzak,* z.B. in WRP 2015, 957 und 1068.

[724] Gesetz vom 29.6.1977 zur Verbesserung der Nahversorgung und der Wettbewerbsbedingungen.

[725] UWG-Novelle vom 17.10.2007, BGBl. I/79, erhältlich über www.ris.bka.gv.at. Zur Umsetzung vgl. etwa *Schuhmacher,* wbl 2007, S. 557, *Wiltschek/Majchzak,* ÖBl. 2008, 4, *Wiebe,* JBl 2007, 69; *Alexander,* GRUR Int. 2012, 1; *Keßler/Micklitz,* VuR 2009, 88; sowie die Sonderausgabe „Recht und Werbung" Nr. 170 (Dez. 2007) des Schutzverbandes gegen unlauteren Wettbewerb. Vgl. weiter die Vorlage des OGH vom 5.7.2011 und die Anm. dazu von *Kulka,* RdW 2012/85, 81.

§ 2a UWG geregelt. Es folgen **Sondertatbestände:** § 3 UWG regelt den Anspruch gegen die Presse bei Abdruck irreführender Anzeigen, § 7 UWG die Herabsetzung (Anschwärzung), § 8 geographische Angaben, § 9a Zugaben, § 9 den Missbrauch von Kennzeichen eines Unternehmens, § 9c Einkaufsausweise, § 10 Bestechung von Bediensteten oder Beauftragten, § 11 Verletzung von Geschäftsgeheimnissen, § 12 Vorlagenmissbrauch. Die §§ 27 ff. UWG enthalten verwaltungsrechtliche Bestimmungen (Schneeballsystem, Gewinnspiele, Konkursware, Anmaßung von Auszeichnungen und Vorrechten, Kennzeichnungen, Ausverkäufe, Abschnittverkäufe, Sonderverkäufe).

460 Das UWG setzte vor der Reform von 2007 eine Handlung im geschäftlichen Verkehr zu Zwecken des Wettbewerbs sowie ein Wettbewerbsverhältnis[726] voraus. Für die meisten Tatbestände (Ausnahme: § 7) kommt es nach § 1 Abs. 1 Nr. 1 und 2 UWG jetzt nur auf das Vorliegen einer **„Geschäftspraktik"** bzw. unlauteren Handlung an.[727] **Schutzzweck** des UWG insgesamt ist auch nach den Reformen von 2007 und 2015 sowohl der Schutz der Mitbewerber als auch der der Verbraucher und der Allgemeinheit. Hieran hat der OGH auch nach 2007 dezidiert festgehalten.[728]

461 Die zum neuen UWG ergangenen Entscheidungen[729] zeigen, dass die bisherige Rechtsprechung, die in einer **reichen Kasuistik** verschiedene Fallgruppen (Kundenfang, Behinderung, Ausbeutung, Rechtsbruch etc.) entwickelt hat, weitgehend richtungsweisend bleiben wird. Dies dürfte insb. für den nun in § 2 UWG enthaltenen Irreführungstatbestand gelten, zu dem es **umfangreiches Rechtsprechungsmaterial** gibt, das bereits seit längerem den europäischen Vorgaben folgt. Auch die (für Verbraucher und Unternehmen gleichermaßen geltende) „blacklist" stellt inhaltlich für das österreichische Lauterkeitsrecht **keine Neuerung** dar.

462 Eine gewisse **Interpretationsverschiebung** könnte allenfalls dadurch entstehen, dass bei der Auslegung der Generalklausel des § 1 Abs. 1 UWG im Unternehmerverhältnis stärker als bisher **gesamtwirtschaftliche Überlegungen** und damit kartellrechtliche Wertungen[730] einfließen. Denn die Verbindung mit dem Kartellrecht wird betont durch die Neufassung von 2007, wonach die unlautere Geschäftspraktik den Wettbewerb zum Nachteil von Unternehmen nicht nur unerheblich zu beeinflussen geeignet sein muss. Weiter hat der OGH den Rechtsbruchtatbestand nunmehr stärker objektiv ausgelegt (dazu noch unter Rdn. 492). Andere Tatbestände wie die der Verwechslungsgefahr, Herabsetzung etc., die die Rechte zum **Schutz des geistigen Eigentums**[731] ergänzen, bleiben hingegen von etwaigen Interpretationsänderungen unberührt. An Bedeutung gewonnen hat hingegen die Abgrenzung zum **allgemeinen Zivilrecht.**[732]

463 Indirekte Wirkung, zumindest bei der Auslegung der Generalklausel, haben auch der **Selbstbeschränkungscode** der österreichischen Werbewirtschaft[733] und die Wertungen des Verbraucherschutzgesetzes.[734]

3. Regelung der Werbung

464 **a) Irreführende Werbung. § 2 UWG** verbietet **irreführende Geschäftspraktiken,** wobei die einzelnen Begriffe in § 1 Abs. 4 UWG definiert sind. Der Wortlaut von Art. 6, 7 und der Definitionenkatalog der Richtlinie wurde fast wörtlich übernommen; auf die Tatbestände der „Schwarzen Liste", die im Anhang zu finden sind, verweist § 2 Abs. 2 UWG. Erfasst ist also wie bisher

---

[726] Der Begriff des Wettbewerbsverhältnisses wurde dabei sehr weit ausgelegt, s. etwa OGH 9.3.1999, MR 1989, S. 186 – *Talfahrt der A.* Es konnte auch ad hoc, d. h. erst durch die beanstandete Wettbewerbshandlung entstehen, vgl. etwa OGH 24.2.1998, ÖBl. 1998, S. 229 – *Nintendo.*

[727] Dazu *Schuhmacher,* wbl 2007, S. 557, 559; *Plassner,* medien und recht, 2010, S. 35;. Zur Förderung fremden Wettbewerbs vgl. OGH GRUR Int. 2013, 77.

[728] Vgl. etwa OGH GRUR Int. 2009, 342 – Stadtrundfahrten.

[729] Vgl. die ausführliche Darstellung der Rechtsprechung in den in Fn. 696 genannten Werken; ein aktueller kanpper Überblick über Tendenzen findet sich auch bei *Prunbauer-Glaser/Seidelberger* (2015).

[730] Der Text des Kartellgesetzes ist unter der in Fn. 723 genannten Adresse abrufbar; vgl. dazu *Griss,* wbl 2010, 1; *Gamerith,* Kartellrecht (2014); *Gruber,* Kartellrecht (2013).

[731] Die neueste Fassung der Gesetze ist abrufbar unter der in Fn. 723 angegebenen Website. Zum österreichisches IP-Recht allgemein etwa *Kusco* und *Wiebe;* zum österreichischen Markenrecht *Hauer,* Österreich, in: Lange (Hrsg.), Internationales Handbuch des Marken- und Kennzeichenrechts, 2009, S. 665; zum Recht der nicht eingetragenen Kennzeichen *Joller/Knaak,* Österreich, in: Schricker/Bastian/Knaak (Hrsg.), Gemeinschaftsmarke und Recht der EU-Mitgliedstaaten, 2006, S. 473 ff.; zu neueren Entwicklungen *Donath,* GRUR Int. 2014, 348, zum Recht am eigenen Bild *Donath,* GRUR Int. 2013, 534; zur Urheberrechtsnovelle *Donath,* GRUR Int. 2012, 389 und GRUR Int. 2014, 37.

[732] Vgl. *Augenhofer* (2016).

[733] Abrufbar unter www.werberat.at.

[734] Das Gesetz regelt vor allem den vertragsrechtlichen Verbraucherschutz; dazu insbesondere *Schumacher* (Hrsg.), Verbraucherschutz in Österreich und der EG, 1992; *Kosenik-Werle* (2010).

jede Äußerung mit verifizierbarem Tatsachenkern. **Werbemäßige Übertreibungen,** z.B. durch **Superlativ**behauptungen, werden nur in Ausnahmefällen als unbeachtlich angesehen.[735] Ein **Verschweigen** wesentlicher Umstände, nunmehr ausdrücklich in § 2 Abs. 4 UWG geregelt, stellt eine Irreführung dar, insbesondere wenn die dort genannten Informationen nicht gegeben werden.[736]

Die **Eignung zur Irreführung** (nunmehr ausdrücklich geregelt in § 2 UWG) beurteilt sich nach ständiger Rechtsprechung nach der **Auffassung der Durchschnittsadressaten** der Werbung (siehe auch § 1 Abs. 1), die bei bestimmten Produkten und in bestimmten Situationen die Werbung ihrem **Gesamteindruck** nach **eher flüchtig** auf sich wirken lässt.[737] Bei einer **mehrdeutigen Aussage** ist die ungünstigste Auslegung zugrunde zu legen (Unklarheitenregel),[738] wenn die Gefahr einer Interpretation der angesprochenen Verkehrskreise in diesem Sinne besteht. **465**

Die Irreführung muss das Entscheidungsverhalten des Durchschnittsverbrauchers der angesprochenen Verkehrskreise beeinflussen können, § 1 Abs. 2 UWG, § 2 Abs. 1 UWG. Die Möglichkeit einer **Aufklärung vor Vertragsschluss** beseitigt jedoch nach bisheriger Rechtsprechung nicht die Täuschungseignung.[739] **466**

Der **Gegenstand der Irreführung** kann sich auf jeden Aspekt der **geschäftlichen Verhältnisse** beziehen, die in § 2 UWG enumerativ aufzuzählen sind. In der Praxis geht es häufig um die Irreführung über den **Preis.**[740] Bei **Sonderangeboten** wird ein Vorrat zur Deckung der üblichen Nachfrage erwartet,[741] bei **Preissenkungen** („Statt"-Preiswerbung) muss der vorherige Preis während einer angemessenen Zeit ernsthaft verlangt worden sein.[742] **Preisgarantien** sind zulässig, sofern die Preise für vergleichbare Waren tatsächlich gefordert werden und der Werbende laufend die Preise der Branche beobachtet und seine eigene Preisgestaltung entsprechend angleicht.[743] Einen weiteren Schwerpunkt bildet die Irreführung über die **Eigenschaften des Produktes**[744] und über **Herkunftsangaben.**[745] Insbesondere die **Umweltwerbung**[746] wird relativ strikt beurteilt, ebenso **467**

---

[735] So nach neuem Recht auch OGH MR 2008, 162 – „Die neue Nr. 1". Als irreführend wurde etwa angesehen: „führende Werbeagentur" (OGH ÖBl. 2001, S. 76). Als irrelevante, da objektiv nicht nachprüfbare Übertreibung hingegen „Österreichs reinstes Bier" (OGH ÖBl. 1981, S. 119); „das beste Magazin" (OGH ÖBl. 2000, S. 429); vgl. hierzu auch die jährlich im WRP erscheinenden Überblicke von *Wiltschek/Majchrzak.* Zur Umsetzung von Art. 7 der UGP-Richtlinie ausführlich *Alexander,* GRUR Int. 2012, 1; instruktive neuere Irreführungsfälle sind dargestellt etwa bei *Prunberger-Glaser/Seidelberger* (2015), S. 127.

[736] Ständige Rechtsprechung vgl. z.B. OGH ÖBl. 1998, S. 465 – *Kombinationsangebot;* dazu *Wiltschek* WRP 1999, S. 709, 720. Vgl. weiter OGH ÖBl 2010, 269 – sanvit Mystik (Irreführung durch Werbung mit korrektem, aber fünf Jahre zurückliegendem Testergebnis); OGH ÖBl 2009, 175 – Red Bull/Wodka (Diskothekenbesucher erwarten Aufklärung darüber, dass das von ihnen bestellte Getränke durch ein anderes ersetzt wird). Anders kann es sein, wenn die Kenntnis des verschwiegenen Umstands erwartet werden kann, vgl. etwa OGH ÖBl. 2000, 165 – *Amtstag eines Notars;* OGH GRUR Int. 2014, 183 (fehlender Hinweis auf Mindestpreis bei Fernsehwerbung für Brillen).

[737] Vgl. etwa OGH 4 Ob. 177/07 – Das beste Wachstum; OGH medien und Recht 2008, 257 – w-Klaviere.

[738] Vgl. etwa OGH 17.11.1987, ÖBl. 1989, S. 46 – *Handelsregister;* OGH 3.12.1991, wbl 1992, S. 241 – *Kfz-Angebote;* OGH 20.10.1998, ÖBl. 1999, S. 22 – *Stockerauer Salat-Erdäpfel.*

[739] Vgl. OGH 18.11.2008, MR 2009, 52.

[740] Ausführlich dazu etwa die Kommentierung bei *Koppensteiner, Prunbauer-Glaser/Seidelberger, Wiebe/Kodek, Griss/Wiebe.* Vgl. aus der reichhaltigen Rechtsprechung etwa auch OGH GRUR Int. 2013, 580 (irreführende Werbung mit Klimafreundlichkeit) und OGH GRUR Int. 2014, 485 (irreführende Angaben und Prospekthaftung).

[741] OGH 15.1.1980, ÖBl. 1980, S. 43 – *Schallplatten-Sonderpreis.* Zu Lockvogelangeboten s. etwa OGH 23.11.1971, ÖBl. 1972, S. 36 – *Niedrigpreis-Werbung.*

[742] OGH 12.1.1988, WBl. 1988, S. 232 – *Großer Schuhverkauf;* OGH 26.11.1996, ÖBl. 1997, S. 70 – *B-Tiefpreishammer;* OGH 25.6.1996, ÖBl. 1997, S. 10 – *EU-Tiefpreis;* OGH 25.9.1979; ÖBl. 1980, S. 76 – *Computer-Preissturz;* OGH 13.9.2000, ÖBl. 2001, S. 121 – *Konzernpreise.*

[743] *Prunbauer-Glaser/Seidelberger,* S. 61 ff.

[744] Vgl. OGH MR 2011, 148 – Waldbeeren Fruchtschnitte (die Abbildung von Waldfrüchten auf einem Müsliriegel wurde als nicht irreführend angesehen, obgleich der Riegel nur 2,6% konzentriertes Fruchtwasser enthielt).

[745] Zum Beispiel ist der Vertrieb österreichischer Salami mit Schleifen in den ungarischen Landesfarben ohne aufklärenden Hinweis irreführend (OGH ÖBl. 1972, S. 12 – *Ungarische Salami III*); der Hinweis „Mode for Austria" für italienische Lodenstoffe, deren Etiketten Wappen österreichischer Gebietskörperschaften ähneln, stellt keine hinreichende Aufklärung dar, OGH ÖBl. 2000, S. 139 – *Tiroler Loden.*

[746] Zur Umweltwerbung vgl. insbesondere *Artmann* und *Rütter,* ÖBl. 1999, 267 ff. Eine Irreführung über die Herstellung durch Dritte stellte es z.B. dar, wenn ein Unternehmer, der mit „Eigenherstellung" wirbt, die Produkte durch selbständige Subunternehmer im Ausland produzieren lässt; OGH 10.9.2008, Schutzverband Newsletter 5/2008.

die **Alleinstellungswerbung** und **Spitzenstellungsbehauptungen,**[747] sofern sie nicht eine werbemäßige Übertreibung (Rdn. 464) darstellen.

468 Gemäß § 1 Abs. 5 UWG trifft den Werbenden die **Beweislast** für die Richtigkeit der tatsächlichen Werbebehauptungen, sofern eine Interessenabwägung dies angemessen erscheinen lässt.[748]

469 **b) Vergleichende Werbung.** Nach § 2a Abs. 1 UWG ist die vergleichende Werbung **zulässig,** wenn sie nicht gegen die §§ 1, 1a, 2, 7 oder 9 Abs. 1–3 UWG verstößt. Nach § 2 Abs. 2 UWG muss der Vergleich von Waren mit Ursprungsbezeichnung sich auf die jeweils gleichen Bezeichnungen beziehen und bei Sonderangeboten ist Beginn und Ende dieser Aktion anzugeben.[749]

470 Die vergleichende Werbung wird von der Rechtsprechung vor allem unter dem Gesichtspunkt der **Irreführung** und der **Herabsetzung streng beurteilt.**[750] Unlauter sind insbesondere **pauschale Abwertungen.**[751] Der Mitbewerber und sein Produkt dürfen weder über das absolut erforderliche Maß hinaus schlecht noch lächerlich gemacht werden.[752] Es dürfen keine wesentlichen Umstände verschwiegen werden[753] und die Nennung einer bekannten Marke muss nachvollziehbar sein.[754]

471 Das Gebot der **Sachlichkeit** gilt auch für **Systemvergleiche,** bei denen bestimmte Mitbewerber nicht identifizierbar sind. Auch sie müssen zutreffend und sachlich sein, dürfen keine vermeidbare Herabsetzung oder aggressive Wortwahl enthalten.[755]

472 **c) Getarnte Werbung.** Die **Tarnung von Werbung** verstößt (medienübergreifend) gegen die **Generalklausel des § 1 UWG.** Dies gilt für als Privatpost getarnte Werbesendungen ebenso wie für die redaktionelle Werbung oder das Product Placement im Fernsehen.[756] Medienrechtliche Sonderregelungen bestehen für die Presse, den Rundfunk und das Internet (s. Rdn. 478).

473 Nach § 28a UWG **(„Erlagscheinwerbung")** muss bei der Werbung für Eintragungen in Verzeichnisse, bei Zahlscheinen, Rechnungen, Korrekturangeboten oder ähnlichem unmissverständlich klar sein, dass auf einen Vertragsschluss abgezielt wird.[757] Dieses Verbot ergibt sich nunmehr auch aus Ziff. 21 des Anhangs („blacklist").

474 **d) Belästigende Werbung.** Die (übermäßig) belästigende Werbung wurde früher ausschließlich unter die **Generalklausel** des § 1 UWG subsumiert. In der Praxis handelte es sich zumeist um Fälle des Direktmarketings, s. Rdn. 480. Nunmehr besteht in § 1a Abs. 3 UWG ein ausdrückliches Verbot der **aggressiven Geschäftspraktiken,** das inhaltlich Art. 8, 9 der Richtlinie 2005/29/EG entspricht, also auch die an Kinder gerichtete Werbung erfasst[758] und **auch im B2B-Verhältnis** gilt.

475 **e) Produkt- und medienspezifische Werberegelungen (Hinweise).**[759] Die **Lebensmittelwerbung** ist erfasst im Bundesgesetz vom 23.1.1975 (LMG) geregelt. § 9 Abs. 1 LMG enthält ein

[747] Die Spitzenstellung muss in allen in Betracht kommenden Aspekten zutreffen, signifikant und andauernd sein, vgl. etwa OGH 20.11.1990, ÖBl. 1991, S. 75 – *Das beste Wasser;* OGH 16.1.2001, ÖBl. 2001, S. 2623 – *NetLine* (vgl. auch OGH 4 OB. 245/07).

[748] OGH 20.8.2002, RdW 2003, S. 20 – *Frischmilch;* bei der vergleichenden Werbung soll den Werbenden die Beweislast für alle Behauptungen treffen; so *Prunbauer/Seidelberger,* S. 56.

[749] Hierzu *Gamerith,* ÖBl. 1998, S. 114 ff.; *Wamprechtshammer,* ÖBl. 2000, S. 147; OGH GRUR Int. 2012, 180 (Markenrechtsverletzung durch vergleichende Werbung).

[750] Was vom EuGH (Urteil vom 11.12.03, Bericht ÖJZ 2004, S. 397) – Pippig teilweise beanstandet wurde, vgl. *Glöckner,* Einl. B.

[751] Vgl. etwa OGH 24.10.2000, ÖBl. 2002, S. 19 – *Heisser Streit;* OGH 9.4.2002, ÖBl. 2002, S. 173 – *Mehr darf der Spass nicht kosten!;* OGH 10.11.1998, ÖBl. 1999, S. 13 – *Kleiner Bruder;* OGH 3.4.1990, MR 1990, S. 48 – *Bank-Pfandverkauf.*

[752] Verboten wurde z. B. ein trauriges „Smile-Zeichen" in Verbindung mit dem Kennzeichen des Konkurrenten, OGH 13.4.1999, MR 1999, S. 186 – *Negative Smile.*

[753] Vgl. etwa OGH 13.11.2001, ÖBl. 2002, S. 13 – *Freiminuten.*

[754] Vgl. etwa OGH 28.9.1999, ÖBl. 2000, S. 20 – *LKW-Entfernung;* OGH 19.11.1999, WBl. 2002, S. 117 – *Eternit;* OGH 17.2.2001, ecolex 2002, S. 110 – *Flori.*

[755] OGH OBl 2011, 228 – Velux.

[756] Vgl. etwa OGH 21.11.1995 ÖBl. 1996, 120 – *Offener Brief* (Vortäuschen von Empfehlungen).

[757] Dazu *Kucsko,* in: FS Krejci, 2001, S. 215 mit weiterführenden Hinweisen; vgl. auch die in der Mitteilung des Schutzverbandes 5/2008 wiedergegebene Strafanzeige gegen „Yellow Page" wegen Irreführung.

[758] Der OGH hat mit Urteil vom 8.7.2008 eine an Kinder gerichtete Werbung („Pony-Club") als Irreführung der Kinder und zugleich als Belästigung der Eltern (nicht jedoch als Verstoß gegen das per se-Verbot in der Schwarzen Liste) angesehen; vgl. medien und recht 2008, 308. Zur Kinderwerbung vgl. weiter OGH GRUR Int. 2013, 817 (Werbung für Zugabeaktion – Stickeralbum) sowie GRUR Int. 2014, 181 (keine direkte Kaufaufforderung).

[759] Erhältlich über das Internet (s. Fn. 723). Ausführlich dazu *Mayer,* Autriche, in: Greffe/Greffe (Hrsg.), La publicité et la loi, 11. Aufl. 2009, S. 684 ff.

weitgefasstes Verbot der gesundheitsbezogenen Angaben, das von der Rechtsprechung strikt durchgesetzt wird.[760] Die Werbung für **Kosmetika** fällt jedenfalls teilweise in den Anwendungsbereich.[761]

Werbespezifische Vorschriften für **Arzneimittel** finden sich in dem Arzneimittelgesetz vom 2.3. 476
1983.[762] Dieses enthält neben einem allgemeinen Irreführungsverbot u.a. Werbe- und Marketingbeschränkungen für bestimmte Arten von Arzneimitteln.

Die Werbung für **Alkohol** unterliegt gleichfalls dem LMG. § 11 des Tabakgesetzes von 1995 re- 477
gelt die Werbung für **Tabakwaren.** Für beide gelten zudem die medienrechtlichen Bestimmungen des Rundfunkgesetzes.

Für die **Presse** schreibt § 26 des Mediengesetzes vom 12.6.1981[763] die eindeutige Trennung von 478
redaktionellem Text und Werbung und gegebenenfalls die Kennzeichnungspflicht als „Anzeige", „entgeltliche Einschaltung" oder „Werbung" vor. Für die **Fernsehwerbung**[764] gelten gemäß § 5 Abs. 3 Rundfunkgesetz verschiedene Werbebeschränkungen, die denen der Fernsehrichtlinie entsprechen; für den Hörfunk das Regionalradiogesetz.[765] Die **Internet-Werbung** ist in Umsetzung der Richtlinie 2000/31/EG im Gesetz über die Telekommunikation geregelt.[766]

f) Sonstige Werbevorschriften. Ob die Werbung mit der **Angst,** die **schockierende Wer-** 479
bung, die diskriminierende und **gefühlsbetonte Werbung,** die jedenfalls theoretisch unter die frühere Generalklausel des § 1 UWG subsumiert werden konnten,[767] auch nach der Reform von 2007 noch erfasst sind, erscheint fraglich. Maßgeblich ist jetzt vor allem die Regelung der aggressiven Geschäftspraktiken (vgl. Rdnr. 474).

4. Direktmarketing

Das **Zusenden unbestellter Waren** ist als per se-Verbot des Anhangs („blacklist") verboten.[768] 480
Unerbetene **Hausbesuche** sind zulässig, wenn von ihnen keine unzumutbare Belästigung ausgeht.[769] Gleiches gilt für das **Ansprechen von Personen in der Öffentlichkeit.**[770]

Unerbetene **Telefon-, Fax- und E-mail-Werbung** ist nach ständiger höchstrichterlichen 481
Rechtsprechung wettbewerbswidrig, wenn nicht zuvor ausdrücklich oder stillschweigend das **Einverständnis** erklärt wurde.[771] Auch im gewerblichen Bereich muss das Einverständnis zumindest vorausgesetzt werden können.[772] Diese Rechtsprechung wurde im Telekommunikationsgesetz vom 1.8.1997 kodifiziert. Der Begriff des „Anrufens zu Werbezwecken" ist auch dann erfüllt, wenn der Angerufene nur um seine Zustimmung zur weiteren Telefonwerbung gebeten wird.[773] Ausnahmen bestehen für laufende Vertragsverhältnisse. Ziff. 26 des Anhangs, auf den § 1a Abs. 3 UWG (aggressive Geschäftspraktiken) verweist, verbietet zusätzlich das hartnäckige Ansprechen per Telefon etc.

---

760 Die Werbeaussage „schöne Haut, schönes Haar" auf der Verpackung und in der Print- und Radiowerbung für ein Produkt aus Hefe, Hirse und Weizenkeim wurde (trotz des schlagwortartigen Charakters) als nach § 9 Abs. 1 LMG unzulässige Aussage über physiologische und pharmakologische Wirkungen angesehen, OGH ÖBl. 1992, S. 114 – *Prioflor.*

761 Das Verbot gesundheitsbezogener Angaben ist hier allerdings gemäß §§ 9 Abs. 1, 26 Abs. 2 LMG abgemildert. Nicht gestattet ist jedoch etwa die Bezeichnung „kario-med" für eine Zahnpasta, da sie den Eindruck erweckt, dass Karies entweder verhütet oder geheilt werden könne (vgl. OGH ÖBl. 1982, S. 39 – „kario-med"; dazu *Gladt,* Zulässige „gesundheitsbezogene Angaben" für kosmetische Mittel, ÖJZ 1991, S. 51). Zulässig sind nach der Ausnahmebestimmung des § 26 Abs. 2 Hinweise wie „bakterienhemmend", „astringierend" etc.; OGH wbl 1993, 58 – *Sensodyne F.*

762 Neueste Fassung abrufbar über die in Fn. 723 angegebene Internetadresse.

763 Neueste Fassung abrufbar unter der in Fn. 723 angegebenen Internetanschrift. Zum Mediengesetz allgemein *Foregger/Litzka,* Mediengesetz, 3. Aufl. 1999; *Foregger* (Hrsg.), Mediengesetz, 4. Aufl. 2000; speziell zur redaktionellen Werbung *Wünsch* in: FS Schönherr, S. 97 ff.

764 Dazu etwa *Tahedl,* ecolex 1997, 583.

765 Erhältlich über die in Fn. 723 genannte Website.

766 BGBl. I 100/1997 (abrufbar über das Internet, s. Fn. 723); dazu *Bultmann/Schuhmacher,* S. 6.

767 Die gefühlsbetonte Werbung iVm dem Sponsoring war früher eher als unlauter angesehen worden; vgl. ausführlich *Artmann,* ÖBl. 1998, S. 427. Sie gilt heute als zulässig, vgl. OGH ÖBl 2007, 120 – Hilf uns Helfen.

768 Dies entspricht ständiger österreichischer Rechtsprechung; vgl. etwa OGH 19.9.1994, ÖBl. 1995, S. 64 – *Fachbuchverlag.*

769 Es bestehen jedoch zahlreiche Einschränkungen für bestimmte Produkte in der Gewerbeordnung, vgl. *Bultmann/Schuhmacher,* S. 9.

770 OGH 29.1.1980 ÖBl. 1980, 92 – *Buchgemeinschaftswerbung.*

771 Vgl. *Prunbauer/Seidelberger,* S. 26 ff. Zur Faxwerbung vgl. OGH 28.10.1997, GRUR Int. 1998, S. 726; speziell zur E-mail-Werbung *Laga,* ÖBl. 2000, S. 243.

772 OGH 8.11.1983 ÖBl. 1984, S. 13 – *Telefonwerbung I.*

773 OGH 18.5.1999 ÖBl. 1999, S. 429 – *Telefonwerbung III.*

482 Eine als **Privatpost getarnte Werbesendung** (Ansichtskarte) stellt eine mit dem Schutz des Privatbereichs unvereinbare Belästigung dar.[774] Der Abschluss von Verträgen nach dem **Schneeballsystem** und glückspielartigen Formen des Vertriebs von Waren sind nach § 27 UWG verboten.[775] Hier finden sich auch ausführliche Bestimmungen zum Schutz der Verbraucher.

5. Sales Promotion

483 Nach **Aufhebung des Rabattgesetzes** (1992) besteht in § 9c UWG lediglich noch eine Vorschrift über zum wiederholten Bezug berechtigende Einkaufsausweise, etc. Ansonsten sind **Preisnachlässe grundsätzlich zulässig** und wie alle Verkaufsförderungsmaßnahmen vor allem europäisch (vgl. Einl. B) auszulegen.[776] Ein Verbot des Verkaufs unter Einstandspreis besteht im Kartellgesetz nur für marktmächtige Unternehmen.

484 **Zugaben** sind in § 9a UWG sehr restriktiv geregelt. Nach dem Mediaprint-Urteil des EuGH[777] von 2010 sind diese gegenüber dem Verbraucher allerdings nur bei Eingreifen auch anderer Verbotstatbestände untersagt. **Werbegeschenke** oder Kopplungsangebote sind ohnehin generell zulässig.

485 Auch die Teilnahmemöglichkeit an einem Preisausschreiben **(Gewinnspiel)** ist als Zugabe anzusehen. Hiervon gibt es Ausnahmen für sog. „kleine Gewinnspiele", d. h. Gewinnspiele, deren Preise einen bestimmten Wert nicht übersteigen. Sonderregelungen gelten wiederum für Gewinnspiele in periodischen Druckwerken.[778]

486 Die §§ 33a–f UWG regeln **Ausverkaufsankündigungen.**[779] Hierunter fallen nach dem Deregulierungsgesetz von 1992 nicht mehr Saisonschlussverkäufe, Saisonräumungsverkäufe, Inventurverkäufe etc.

6. Verwechslungsgefahr

487 § 9 UWG gewährt sämtlichen **„Kennzeichen des Unternehmens"** – Firmennamen, besonderen Geschäftsbezeichnungen, jedoch auch eingetragenen und nichteingetragenen Marken und Ausstattungen – **Schutz vor Verwechslungsgefahr.**[780] Zusätzlich besteht seit der Reform von 2007 in § 2 Abs. 3 UWG ein Verbot der Irreführung durch Hervorrufen von Verwechslungsgefahr. Auch **Domainnamen** fallen unter § 9 UWG, wenn sie ein Unternehmenskennzeichen darstellen oder enthalten; der Prioritätsjüngere muss seiner Domain einen unterscheidungskräftigen Zusatz hinzufügen,[781] wobei Ausnahmen für das Recht des Gleichnamigen (Interessenabwägung) bestehen.[782]

7. Herabsetzung, Anschwärzung

488 Die **Anschwärzung** ist in § 7 UWG geregelt. Diese Vorschrift entspricht in etwa § 14 des deutschen UWG von 1909. Sie gilt für **nicht erweisliche wahre Tatsachenbehauptungen.** Wertur-

---

[774] OGH 14.3.2000 ÖBl. 2000, S. 337 – *Black Jack.*

[775] Zur Abgrenzung zu den erlaubten MLM-Systemen insbesondere *Bultmann/Schuhmacher,* S. 8.

[776] Ausführlich *Heidinger* (2012); *Wiebe/Heidinger* (2013), S. 121. Am 4.11.2015 hat der österreichische Verwaltungsgerichtshof dem EuGH die Frage vorgelegt, ob das für Tankstellen bestehende Verbot, die Benzinpreise öfter als einmal am Tag anzuheben, möglicherweise als per se-Verbot gegen die Richtlinie 2005/29/EG verstößt (Case. C-565/15).

[777] EuGH GRUR 2011, 76 – Medienprint, vgl. danach OGH, medien und recht 2011, S. 4 – Fußballer des Jahres; OGH ÖBl. 2013, 7 – Sensationelle Geschenkaktion; OGH ÖBl 2011, 168 – Treuepunkteaktion.

[778] Die Zulässigkeit dieses strikten Zugabeverbots für die Presse wurde vom EuGH (GRUR Int. 1997, S. 892) in der *Familiapress*-Entscheidung gebilligt. Zur Problematik der Gewinnspiele vgl. etwa *Hödl,* WBl. 1997, 200 und *Koppensteiner,* ÖBl. 2000, 195 und 2001, S. 3; *Zweng* (1993); *Prunbauer,* MR 1993, 137 und vor allem OGH GRUR Int. 2013, 153 (keine besondere Anlockwirkung durch Gewinnspiel für VIP-Tickets beim Hahnenkammrennen) sowie OGH GRUR Int. 2014, 601 (wettbewerbswidriges Gewinnspiel).

[779] Ausführlich *Prunbauer-Glaser/Seidelberger,* S. 119 ff.; vgl. vor allem OGH GRUR Int. 2013, 665 (fehlende behördliche Bewilligung).

[780] Zum sog. Imitationsmarketing vgl. OGH GRUR Int. 2013, 378 und OGH GRUR Int. 2012, 823 (Verkehrsgeltung der Produktausstattung).

[781] Vgl. etwa OGH 13.7.1999, ÖBl 2000, S. 39 – *Sattler.at;* OGH 29.1.2002, ÖBl 2002, S. 331 – *Graz 2003.at;* OGH 25.9.2001, ÖBl 2002, S. 142 – *bundesheer.at II.* Zur Frage der Behinderung durch Domains, Metatags etc. etwa *Prunbauer-Glaser/Seidelberger,* S. 23 ff.; ausführlich zu Rechtsfragen der Domains die Beiträge von *Essl, Kapferer, Pahl, Stomper, Walter* sowie *Eberwein* (2012).

[782] OGH 29.5.2002, ÖBl. 2002, S. 182 – *dillinger.at;* zum Verhältnis zum Markenrecht vgl. *Joller/Knaak,* S. 504 f.

teile und wahre herabsetzende Tatsachenbehauptungen werden auf der Grundlage der Generalklausel des § 1 UWG beurteilt.[783]

8. Ausbeutung fremder Leistungen, Nachahmung

Eine gemäß § 1 Abs. 1 UWG (Generalklausel) unlautere **Ausbeutung fremden Rufs** liegt dann vor, wenn eine fremde Bezeichnung als Vorspann für die eigenen Waren verwendet wird. Dies kann auch bei Zusätzen wie „passend für" der Fall sein[784] oder bei der Ausnutzung der Bekanntheit einer Bezeichnung für eine ganz andere Geschäftstätigkeit.[785] 489

Die **Nachahmung** von (nicht sondergesetzlich geschützten) fremden Leistungsergebnissen ist außerhalb des Bereichs der Verwechslungsgefahr und der Rufausbeutung nur bei Hinzutreten „besonderer wettbewerbsrechtspezifischer Umstände" unlauter.[786] Im Falle der Verwechslungsgefahr kann nunmehr auch der Irreführungsschutz nach Art. 2 Abs. 3 UWG eingreifen (s. Rdn. 464 ff.). Im Einzelfall können unlauterkeitsbegründende Umstände auch in der „glatten" Übernahme fremder Leistungen mittels moderner Vervielfältigungstechniken oder in subjektiven Elementen wie der Planmäßigkeit liegen.[787] Voraussetzung ist jedoch in jedem Fall, dass das nachgeahmte Produkt hinreichende **wettbewerbsrechtliche Eigenart** aufweist, die auch durch Verkehrsbekanntheit erreicht werden kann.[788] 490

9. Individuelle Behinderung

Die Behinderung von Mitbewerbern ist dann als Verstoß gegen die Generalklausel anzusehen, wenn sie mit dem Ziel der **Verdrängung** erfolgt.[789] Hierunter kann der Boykott, die Geschäftsverweigerung, die **Diskriminierung,** das **„Anzapfen"**, die Absatz-, Werbe- und Bezugsbehinderung und bestimmte Formen des **Preiskampfes** fallen. Eine neue Form der Behinderung steht im Zusammenhang mit **Domains, Metatags** und **Links.**[790] 491

10. Rechtsbruch

Die neuere Rechtsprechung stellt darauf ab, ob „mit guten Gründen" gegen außerwettbewerbsrechtliche Normen verstoßen wurde, um hierdurch einen ungerechtfertigten **Vorteil gegenüber gesetzestreuen Mitbewerbern** zu erlangen.[791] An einer (subjektiv vorwerfbaren) Nichtbeachtung des Gesetzes fehlt es, wenn der Verletzer sich auf eine vertretbare Rechtsansicht beruft. 492

11. Sanktionen, Verfahren[792]

Im Mittelpunkt der Sanktionen steht der **verschuldensunabhängige Unterlassungsanspruch,** für den im Wettbewerbsrecht die **Wiederholungsgefahr** vermutet wird. Er kann auch als vorbeugende Unterlassungsklage und im einstweiligen Verfügungsverfahren (besondere Voraussetzung für Wettbewerbssachen: § 24 UWG) geltend gemacht werden. Der Anspruch auf Unterlassung umfasst 493

---

[783] Vgl. hierzu etwa *Prunbauer-Glaser/Seidelberger,* S. 1 ff.; *Fitz/Gamerith,* S. 21 ff.; *Joller/Knaak,* S. 504; OGH 15.2.1994, ÖBl. 1994, S. 11 – *Götz-Zitat.*

[784] OGH 12.2.2002, ÖBl. 2002, S. 221 – *Geberit.*

[785] OGH ecolex 2000, S. 657 (Bezeichnung eines Lokals als „Rolling Stone"); OGH 17.9.1996, ÖBl 1997, S. 83 – *Football Association* (Emblem der Fußballnationalmannschaft auf Trikots).

[786] Ausführlich *Fitz/Gamerith,* S. 64 ff.; zum Sonderfall der „kompatiblen Produkte" insbesondere *Gruber* wbl 2000, 145.

[787] *Wiebe/Kodek,* § 1 Rdn. 634 ff. Vgl. etwa OGH 4.3.1980, ÖBl. 1980, S. 97 – *Österreichisches Lebensmittelbuch;* OGH 27.7.1993 ÖBl. 1993, 156 – *Loctite;* OGH 29.9.1998, ÖBl. 1999, S. 176 – *Alternative zu Kreditkartenunternehmungen;* OGH 15.2.2000 ÖBl. 2001, 22; – *Jobservice* (Unlauterkeit verneint); OGH 19.12.2000 ÖBl. 2001, 111 – *Online-Stellenmarkt.*

[788] Vgl. etwa OGH 3.10.2000 ÖBl. 2001, 116 – *Norweger Pullover;* OGH 22.3.2001 ÖBl. 2002, 87 – *Studioline;* eine bloße Werbeidee oder Idee einer neuen Verkaufsform erfüllt diese Vor. i. d. R. nicht, vgl. etwa OGH 8.3.1994 ÖBl. 1995, 14 – *Hello Pizza.* Zum Imitationsmarketing vgl. die in Fn. 780 angegebene neuere Rechtsprechung.

[789] *Wiebe/Kodak,* § 1 Rdn. 634 ff.

[790] Zur Abwerbung von Mitarbeitern OGH GRUR 2015, 176; generell zum Ausnutzen fremden Vertragsbruchs *Köhler,* GRUR Int. 2014, 100; zur Behinderung durch Werbung in Nähe des Wettbewerbers OGH GRUR Int. 2014, 1185 und GRUR Int. 2013, 474. OGH ÖBl 2000, 72 – Format.at und (für Suchmaschinen und Domains) *Eberstein* (2012).

[791] OGH ecolex 2010, 471 – Zero intern; OGH medien und recht 2010, 39 mit Anm. *Korn* (insb. auch zur Wiederholungsgefahr). Ausführlich zum Rechtsbruch *Artmann,* wbl 2009, 253; *Heidinger,* MR 2008, 108.

[792] Ausführlich dazu alle in Fn. 723 genannten Kommentare.

den Beseitigungsanspruch. Neu eingefügt wurde durch die Reform von 2007 in § 14a UWG ein erleichterter Auskunftsanspruch gegenüber Teleanbietern.

494 **Aktivlegitimiert** sind alle durch den Wettbewerbsverstoß unmittelbar Betroffenen (§§ 14, 34 Abs. 3 UWG), Vereinigungen zur Förderung wirtschaftlicher Interessen von Unternehmen (§§ 14, 34 Abs. 3 UWG) sowie bei einigen Vorschriften auch die Bundesarbeitskammer etc. und der Verein für Konsumenteninformation (§ 14). Einem **Verbraucher,** der z. B. im Zusammenhang mit einem Gewinnspiel einen Rechtsanwalt einschaltet, stehen eigene **Schadensersatzansprüche** auf Erstattung der Rechtsanwaltskosten zu.[793]

XVIII. Polen

Inhaltsübersicht

	Rdn.
1. Rechtsquellen	
2. Kurzcharakteristik des polnischen Wettbewerbsrechts	495
3. Regelung der Werbung	503
a) Irreführende Werbung	504
b) Vergleichende Werbung	505
c) Getarnte Werbung	506
d) Belästigende Werbung	507
e) Medien- und produktspezifische Werbung	508
f) Weitere Regelungen der Werbung	509
4. Besondere Verkaufsmethoden, Direktmarketing	510
5. Sales Promotion	511
6. Anschwärzung, Rufausbeutung	513
7. Ausnutzen fremder Leistungen, Verwechslungsgefahr, Nachahmung	514
8. Behinderungswettbewerb, Marktstörung	516
9. Vorsprung durch Rechtsbruch	519
10. Sanktionen, Verfahren	520

Schrifttum: *von Bar,* Ausländisches Privat- und Verfahrensrecht, 9. Aufl. 2013, S. 527; *British Institute of International and Comparative Law,* Unfair Commercial Practices. An analysis of the existing national laws on unfair commercial practices between business and consumers in the new Member States, General Report, 2005 (BIICL Report); *Buck,* Gewerblicher Rechtsschutz im polnisch-deutschen Geschäftsverkehr, in: Glowik/Smyczck (Hrsg.), Internationales Marketing und Management, 2008, S. 29; *Dietz,* Die Einführung von Gesetzen gegen den unlauteren Wettbewerb in ehemals sozialistischen Staaten Mittel- und Osteuropas, GRUR Int. 1994, S. 649; *Gadek,* Generalna klauzula odpowiedzialności za czyn nieuczciwej konkurencji (art. 3 u. z. n. k.), 2003; *Kępiński* (Hrsg.), The Evaluation of the New Polish Legislation in the Matter of Consumer Protection from the European Perspective, 2001; *Kępiński,* Geographical Indications Under Polish Industrial Property Law, IIC 2003, S. 751; *Kępiński,* Relationship between the general clause of unfair competition and particular torts of unfair competition in Polish law, in: Witzleb/Ellger/Mankowski/Merkt/Remien (Hrsg.), Festschrift für Martiny, 2014, S. 1131 *Kępiński/Harding,* The New Polish Unfair Competition Law, ECLR 1995/8, 487; *Kępiński* (Hrsg.), Prawo konkurencji, Bd. 15 der Reihe System Prawa Prywatnego, 2014; *Łętowska,* Ochrona niektórych praw konsumentów, 2001; *Markiewicz-Szöke,* Der wettbewerbsrechtliche Schutz vor irreführender Werbung: Deutschland und Polen im Vergleich, 2009; *Nymstowska,* Trifft die Schwarze Liste der unlauteren Geschäftsprakiken ins Schwarze?, GRUR Int. 2010, 1033; *Namystowska,* To B2C or not to B2C. Some reflections on the regulation of unfair commercial practices from the Polish perspective, JCP 2913, Nr. 3; *Nestoruk,* Prawo konkurencji, 2008; *Nestoruk,* Poland, in Henning-Bodewig (Ed.), International Handbook on Unfair Competition Law, 2013, S. 422; *Nestoruk,* Das Verbot der sog. Regalmiete im polnischen Lauterkeitsrecht – eine verfassungsrechtliche Perspektive; GRUR Int. 2015, 1015; *Nestoruk,* Zivil- und strafrechtliche Aspekte des wettbewerbsrechtlichen Nachahmungsschutzes in Polen, in: Joerden/Scheffler/Sinn/Wolf (Hrsg.), Frankfurter FS für Szwarc, 2010, S. 745; *Nestoruk,* Poland: The Impact of the UCP-Directive on National Contract and Tort-Law, EuCLM 2015, 198; *Nestoruk,* Prawo konsumenckie w Polsce i Unii Europejskiej, 2011; *Nowińska/Skubisz,* Reklama porównancza, Panstwo i Prawo 1995, S. 26 ff.; *Sikorski,* Implementation of the UCP-Directive in Polish Law, MR-Int 2009, 51; *Skubisz,* Das Recht des unlauteren Wettbewerbs in Polen, GRUR Int. 1994, S. 681; *Skubisz/Szwaja,* Poland: Unfair Competition Law, in: Hilty/Henning-Bodewig, Law Against Unfair Competition: Towards a New Paradigm in Europe, 2007, S. 231; *Szwaja* (Hrsg.), Ustawa o zwalczaniu nieuczciwej konkurencji. Kommentarz, 2000; *ders.,* Die Genese der Generalklausel des neuen polnischen UWG, GRUR 1996, S. 484; *Traple* (Hrsg.), Prawo reklamy i promocji, 2007; *Walczak,* Prawne aspekty reklamy w ustawodawstwie polskim, europejskim i międzynarodowym, 2001; *Wiszniewska,* Polen, in: Schricker (Hrsg.), Recht der Werbung in Europa, 1999; *Wiszniewska,* Novellierung des polnischen Gesetzes über die Bekämpfung des unlauteren Wettbewerbs, GRUR Int. 2001, S. 213.

[793] Vgl. OGH GRUR Int. 1999, 181 – *Erster Hauptpreis.* Zum Schadensersatz vgl. *Krutzler,* Schadensersatz im Lauterkeitsrecht, 2015, und *Harrer,* ÖBl 2012, 100; zur geplanten Verbandsklage *Augenhofer,* EuCLM 2016, 92.

1. Rechtsquellen

Gesetz zur Bekämpfung des unlauteren Wettbewerbs vom 16.4.1993 (ZNKU); Gesetz zum Schutz des Wettbewerbs und der Verbraucher vom 16.2.2007 (OKiKU); Gesetz gegen unlautere Geschäftspraktiken vom 23.8.2007 (PNPRU).

2. Kurzcharakteristik des polnischen Wettbewerbsrechts

Das moderne polnische Recht des unlauteren Wettbewerbs basiert auf dem **Gesetz zur Bekämpfung des unlauteren Wettbewerbs** (Ustawa o zwalczaniu nieuwczciwej konkurencij = **ZNKU**) aus dem Jahr 1993, [794] das jedoch 2007 durch das Gesetz zum Schutz der Verbraucher und das in Umsetzung der Richtlinie 2005/29/EG erlassene Gesetz über unlautere Geschäftspraktiken nicht unerheblich modifiziert wurde. Kennzeichnend ist die starke verfassungsrechtliche Verankerung.[795] 495

Das ZNKU dient vor allem dem Funktionieren des Wettbewerbs und regelt auch auf der Grenze zum Kartellrecht liegende Tatbestände (vgl. Rdnr. 515). Gemäß Art. 1 soll es primär „im Interesse der Allgemeinheit, der Unternehmer und Kunden unlauteren Wettbewerb verhindern und bekämpfen". Auch wenn Art. 1 den Verbraucher nicht expressis verbis nennt, wird dessen Schutz unter den Begriff **„Kunden"** subsumiert. Das Gesetz geht damit nach wie vor von der klassischen **Schutzzwecktrias** des Wettbewerbsrechts aus. 496

Das ZNKU enthält eine **Generalklausel** über den unlauteren Wettbewerb (Art. 3 (1) ZNKU). Danach stellt jedes Verhalten einen Wettbewerbsverstoß dar, das gegen das Gesetz oder gegen die **guten Sitten** verstößt und die Interessen von anderen Unternehmen oder Kunden beeinträchtigt oder verletzt.[796] Diese weitgefasste Definition setzt **kein Wettbewerbsverhältnis** voraus. Neben Verstößen gegen die guten Sitten erfasst die Generalklausel jeden Verstoß gegen **gesetzliche Pflichten** als Wettbewerbsverstoß. Bei der Auslegung des Begriffs der guten Sitten werden die herrschenden ethischen Standards für geschäftliches Verhalten, die Interessen der Allgemeinheit und der Verbraucher, sowie die allgemeinen Rechtsprinzipien herangezogen. Ergänzt wird die Generalklausel in Art. 3 (2) ZNKU durch einen (nicht abschließenden) **Katalog besonderer Tatbestände,** die in Kapitel 2 ZNKU näher geregelt sind. Sie konkretisieren die Generalklausel und füllen den abstrakten Begriff der „guten Sitten" aus, wobei die Generalklausel als Auffangtatbestand für nicht gesetzlich geregelte Verhaltensweisen dient.[797] **Klagebefugt** nach dem ZNKU sind nur die geschädigten oder in ihren Interessen beeinträchtigten Mitbewerber oder ihre Organisationen. Der **Präsident des Polnischen Amtes für den Schutz des Wettbewerbs und der Verbraucher (UOKiK)** kann jedoch Verstöße gegen das kollektive Verbraucherinteresse mit Unterlassungsanordnungen und beträchtlichen Geldbußen sanktionieren.[798] 497

Dogmatisch gehört das polnische Wettbewerbsrecht zum **Privatrecht.**[799] Es ist eng verwandt mit dem **Recht des geistigen Eigentums**[800] und insbesondere mit dem Markenrecht. Nach einer Grundsatzentscheidung, die noch zum Wettbewerbsgesetz von 1926 erging, kann der marken- und 498

---

[794] Neu gefaßt im Dz. U 2003 Nr. 153 Pos. 1503. Das Gesetz trat am 8.12.1993 in Kraft. Es wurde mehrfach geändert, am eingreifendsten 2007. Interessanterweise ist der zivilrechtliche Teil des noch aus der Vorkriegszeit (1926) stammenden Gesetzes über den unlauteren Wettbewerb auch in Zeiten der sozialistischen Planwirtschaft niemals formell außer Kraft gesetzt worden. Vgl. die Entscheidung des Verfassungsgerichts aus dem Jahre 1991, GRUR Int. 1991, S. 64; dazu *Wiszniewska,* 1995, Nr. 26. Da das ZNKU von 1993 einige der Grundprinzipien des Gesetzes von 1926 übernommen hat, werden auf dieser Grundlage ergangene Entscheidungen auch heute noch zur Auslegung herangezogen.

[795] Die umfassendste aktuelle Darstellung des polnischen Lauterkeitsrechts auf englisch findet sich zurzeit bei *Nestoruk* (2013); zur verfassungsrechtlichen Perspektive auch *Nestoruk,* GRUR 2015, 1055.

[796] In ihrer ursprünglichen Fassung wies die Generalklausel ausdrücklich auf die Interessen der Verbraucher hin. Dieser Hinweis wurde 2007 in Folge der Umsetzung der Richtlinie über unlautere Geschäftspraktiken durch das PNPRU (s. Rdn. 500) gestrichen.

[797] *Wiszniewska,* (1999), Nr. 48; *Szwaja,* (2000), S. 41 und GRUR Int. 1996, S. 484. Die Auffangfunktion der Generalklausel ist hingegen nicht unumstritten, vgl. *Wiszniewska* 2001, S. 215. Zum Verhältnis Generalklausel und Einzeltatbestände ausführlich *Kępiński* (2015).

[798] Die früher bestehende Aktivlegitimation für örtliche Verbraucherombudsmänner und -organisationen ist wieder entfallen.

[799] Die Bezüge zum Schuldrecht und Deliktsrecht finden sich bei *Nestoruk,* EuCLM 2015, 198; vgl. auch *von Bar* (2011).

[800] 2000 wurde in Polen ein neues und umfassendes Gesetz über das gewerbliche Eigentum verabschiedet. Gesetz vom 30.6.2000, Dz. U 2001, Nr. 49, Art. 508. Zum Verhältnis zwischen den IP-Rechten und dem ZNKU vgl. *Kępiński,* (2003), S. 751; *Nestoruk* (2013), S. 423; ein kurzer Überblick über die IP-Rechte findet sich auch bei *Buck* (2008).

wettbewerbsrechtliche Schutz kumulativ geltend gemacht werden. In einer späteren Entscheidung, die ebenfalls auf das Wettbewerbsgesetz von 1926 gestützt ist, aber nach dem Übergang zur freien Marktwirtschaft erging, ist der Oberste Gerichtshof dann jedoch davon ausgegangen, dass das **Markenrecht** gegenüber dem Wettbewerbsrecht als ***lex specialis*** anzusehen ist.[801]

499 Enge Bezüge hat das ZNKU aber auch zum **Kartellgesetz** vom 16.2.2007. Nach der Entscheidung des Kartellgerichtshofs aus dem Jahr 1991[802] dient das **Kartellrecht** dem Schutz der Unabhängigkeit und der Entscheidungsfreiheit der Unternehmer und hat dabei insbesondere die Wettbewerbsstruktur im Blick; so dass die Lauterkeit der Wettbewerbsbeziehungen oder die Beurteilung von Werbemaßnahmen in den Anwendungsbereich des ZNKU fallen. Gleichwohl gibt es einige Tatbestände im ZNKU, die der Marktregulierung dienen und in andere Ländern eher im Kartellrecht zu finden sind (s. Rdn. 515).

500 Die Richtlinie 2005/29/EG über unlautere Geschäftspraktiken (vgl. *Glöckner,* Einl. B) wurde durch das **Gesetz gegen unlautere Geschäftspraktiken** vom 23.8.2007 (Ustawa o przeciwdziałaniu nieuczciwym praktykom rynkowym = **PNPRU**) umgesetzt. Zweck des Gesetzes ist die Unterdrückung unlauterer Geschäftspraktiken im Interesse der Allgemeinheit und der Verbraucher (Art. 1 PNPRU). Das Gesetz übernimmt wörtlich die Definitionen „Geschäftspraktiken", „Aufforderung zum Kauf", „geschäftliche Entscheidung" und „Durchschnittsverbraucher" (Art. 2 PNPRU), nicht hingegen die Terminologie der Generalklausel der Richtlinie („Verletzung der beruflichen Sorgfaltspflicht"). Statt dessen stellt das **Verbot unlauterer Geschäftspraktiken** in Art. 3 – wie die Generalklausel in Art. 3 ZNKU – auf die „guten Sitten" ab. Das generelle Verbot wird in Art. 4 näher ausgestaltet und in Art. 5 und 6 auf **irreführende** Handlungen und Unterlassungen und durch Art. 8 auf **aggressive** Geschäftspraktiken erstreckt. Art. 7 und Art. 9 PNPRU enthalten schwarze Listen von Geschäftspraktiken, die unter allen Umständen als unlauter gelten. Verboten sind jedoch auch Geschäftspraktiken in Form sog. **Konsortien** (d. h. Systeme zum Grosseinkauf, die auf die Häufung von Verbraucheraufträgen zur Finanzierung des Einkaufs bauen – Art. 12, in Verbindung mit Art. 2 Nr. 10 PNPRU).[803]

501 Insbesondere im Bereich der Werbung überschneiden sich ZNKU und PNPRU. Offenbar scheint es im polnischen Recht jedoch **keine scharfe Trennung zwischen B2C- und B2B-Tatbeständen** zu geben; auch bestehen Überschneidungen mit dem **allgemeinen Zivilrecht.**[804] Zwar ist der Schwerpunkt des PNPRU der Verbraucherschutz, dieser Schutzzweck wird jedoch über den Schutz der „Kunden" auch vom ZNKU miterfasst und Mitbewerber können gegen Verletzungen des PNPRU klagen (s. Rdn. 519). Im Geltungsbereich der Richtlinie 2005/29/EG ist jedoch der B2C-Bereich europarechtlich auszulegen.

3. Regelung der Werbung

502 Die Werbung unterliegt in Polen einer Reihe von Regelungen, die über **verschiedene Gesetze verstreut** und vor allem nach den europäischen Vorgaben (vgl. Einl. B) auszulegen sind. Die bislang wichtigsten Vorschriften finden sich in Art. 16 **ZNKU,** der streng ausgelegt wird. Nach der „kleinen Generalklausel" in Art. 16(2) Nr. 1 stellen solche Werbemaßnahmen einen Wettbewerbsverstoß dar, die gesetzeswidrig sind, gegen die guten Sitten verstoßen oder die Menschenwürde verletzen. Nachdem die Irreführung der Verbraucher auch im **PNPRU** (s. Rdn. 501) geregelt ist und diese Vorschriften in Umsetzung der Richtlinie 2005/29/EG ergingen, spielt Art. 16 ZNKU nunmehr vorwiegend im „B2B"-Verhältnis eine Rolle. Die Bestimmung der **Irreführung** dürfte jedoch auch künftig eher einheitlich – und damit eher streng[805] – für alle Marktteilnehmer erfolgen.

503 **a) Irreführende Werbung.** Um das polnische Recht stärker in Einklang mit dem Gemeinschaftsrecht zu bringen, wurde bei einer Änderung des ZNKU eine **Beweislastumkehr** für Fälle irreführender Werbung eingeführt (Art. 18a ZNKU).

---

801 Dazu *Namyslowska,* GRUR Int. 2010, 1033 und *Nestoruk* (2013), S. 423.

802 XVI Amr 9/91 – „Westa/PZU", OG 1992, Nr. 3 S. 24 ff. Zum polnischen Kartellrecht vgl. auch *Schröder/Metzlaff,* GRUR Int. 2002, 399 und (auf polnisch) *Kępiński* (2014).

803 Der erst 2004 in das ZNKU eingeführte Tatbestand wurde aus diesem durch die Reform von 2007 wieder ausgegliedert und in das PNPRU überführt. Zur „schwarzen Liste" vgl. *Namyslowska,* GRUR Int. 2010, 1033.

804 Ausführlich zum Privatrecht *Nestoruk,* EuCLM 2015, 198; allgemein zur B2C-Problematik *Nawyslowska,* JCP 2013, Nr. 3.

805 Ausführlich *Markiewicz-Szöbe* (2009); *Nestoruk* (2013); *Wiesziniewska* (1995) Der Präsident des UOKiK hat in mehreren Fällen trotz Übertreibungen eine Irreführung bejaht (z. B. bei Mitteln zur Gewichtsreduzierung durch den Slogan „Essen Sie so viel Sie wollen, ohne zuzunehmen" oder die Bezeichnung „Mineralwasser" für normales Wasser oder die Bezeichnung „Wildkirsche" für einen Wein aus Apfelkonzentrat). *Sikorski* (2009), weist in Fn. 21 darauf hin, dass man die fehlende Erfahrung der Verbraucher berücksichtige.

b) Die vergleichende Werbung ist entsprechend der Richtlinie 97/55/EG in Art. 16(1), Nr. 6 ZNKU geregelt und ist nach den europäischen Vorgaben auszulegen. Zugleich wurde der Schutz gegen die Nachahmung von unterscheidungskräftigen Zeichen verbessert.[806] 504

c) Getarnte Werbung. Getarnte Werbung ist gemäß Art. 16 (1) Nr. 4 ZNKU **verboten bleibt.** 505
Als getarnte Werbung gilt jede Aussage, die einen Anreiz zum Erwerb von Waren oder Dienstleistungen schafft und dabei den unzutreffenden Eindruck vermittelt, es handele sich um neutrale Informationen. Nach Ansicht der Literatur ist diese Bestimmung unter anderem auf die unterschied-lichen Formen des **„Product Placement"** anwendbar. Für die Sonderbereiche der Presse, des Rundfunks und des Fernsehens ist der Grundsatz, dass Werbung als solche erkennbar sein muss, im Pressegesetz[807] bzw. im Rundfunk- und Fernsehgesetz geregelt.[808]

d) Die belästigende Werbung, d.h. die Werbung, die einen **erheblichen Eingriff in die** 506
Privatsphäre der Kunden darstellt, insbesondere in Form von Belästigung der Kunden an öffentlichen Plätzen, durch Zusendung nicht bestellter Ware auf Kosten der Verbraucher oder durch Missbrauch technischer Informationswege, ist gemäß Art. 16(1), Nr. 5 ZNKU verboten.[809] Auch die **unerbetene Werbung** durch **Fax oder Telefon** fällt unter diese Vorschrift, die hiermit die Fernabsatzrichtlinie 97/7/EG umsetzt. Das Spamming-Verbot ist (unter Verweis auf das ZNKU) in Art. 10 des Gesetzes über den elektronischen Geschäftsverkehr zu finden. Daneben bestehen die Vorschriften gegen **aggressive Geschäftspraktiken** im PNPRU, die die Richtlinie 2005/29/EG umsetzen (s. Rdn. 500).

e) Medien und produktspezifische Werberegelungen.[810] Das polnische Recht sieht in ver- 507
schiedenen verwaltungsrechtlichen Vorschriften Beschränkungen der Werbung für bestimmte Produktkategorien oder für bestimmte Medien vor. So enthält Art. 8 Abs. 1 des Tabakgesetzes ein Verbot der Werbung für **Tabakprodukte** im Rundfunk, Fernsehen sowie in Presseerzeugnissen für Kinder und Jugendliche. Gleiches gilt für verschreibungspflichtige **Medikamente** in den Massenmedien.[811] Auch die Werbung für **Alkohol** ist (bis auf Bier) weitgehend verboten.[812]

f) Weitere Regelungen der Werbung. Art. 16 (1) Nr. 3 ZNKU regelt die **gefühlsbetonte** 508
Werbung. Danach sind Werbemaßnahmen verboten, die durch das Hervorrufen von Angst, durch den Missbrauch bestehender Vorurteile oder durch die Ausnutzung der Leichtgläubigkeit von Kindern auf die Gefühle der Verbraucher einwirkt. Diese Regelung erfasst alle Sachverhalte, in denen **psychischer Druck auf Kunden** ausgeübt und dadurch ihre **Entscheidungsfreiheit eingeschränkt** wird.[813] Eine noch allgemeiner gefasste Vorschrift enthält Art. 16 (1) Nr. 1 ZNKU, wonach Werbung die **menschliche Würde** nicht missachten darf.[814]

---

[806] Vgl. *Wiszniewska,* GRUR Int. 2001, S. 213, 216f.

[807] Dz. U. 1984 Nr. 5 Pos. 24 mit zahlreichen späteren Änderungen. Vgl. auch Art. 12(2) Pressegesetz, der getarnte Werbung im Zusammenhang mit journalistischer Tätigkeit verbietet, wenn der Journalist hieraus einen wirtschaftlichen oder persönlichen Vorteil zieht.

[808] Dz. U. 1993 Nr. 7 Pos. 34 mit zahlreichen späteren Änderungen. Der Grundsatz der Trennung von Werbung und Programm ist in Art. 16 (1) des Gesetzes geregelt. Schleichwerbung ist verboten (Art. 16c des Rundfunkgesetzes). Vgl. *Wiszniewska,* 1999, Nr. 121, 243, 261.

[809] Die Literatur vertritt eine weite Auslegung dieser Vorschrift, die jede Form der Kontaktaufnahme mit Verbrauchern auf öffentlichen Plätzen erfasst, wenn diese die Verbraucher zum Besuch von Restaurants, Geschäften oder zum Kauf von Waren oder Dienstleistungen veranlassen soll. Vgl. *Skubisz,* in: Szwaja, 2000, Nr. 130.

[810] Dazu *Nestoruk* (2013) S. 430ff.

[811] Vgl. Teil 4, Art. 52–64 und insbesondere Art. 57 Gesetz vom 6.9.2001 über Arzneimittelrecht, Dz. U. 2001 Nr. 126 Pos. 1381 mit zahlreichen späteren Änderungen; vgl. *Skubisz,* in: Szvaja, 2000, Nr. 130.

[812] Vgl. Art. 13 (3) des Gesetzes über Mäßigung und Bekämpfung des Alkoholismus vom 26.10.1982, Dz. U. 2002, Nr. 147, Pos. 1231, mit zahlreichen späteren Änderungen, das alle Formen der Werbung für alkoholische Getränke verbietet (der Begriff der „alkoholischen Getränke" ist in Art. 46 des gleichen Gesetzes definiert).

[813] Die Literatur nennt als Beispiel für derartigen psychischen Druck auch die Werbung mit Gewinnchancen für Preise, die im Verhältnis zum Wert der beworbenen Produkte unverhältnismäßig hoch sind, vgl. *Wiszniewska,* 1999, Nr. 128.

[814] Das Berufungsgericht von Danzig hat diese Bestimmung 1996 auf ein Gewinnspiel angewendet, bei dem die Teilnahmebedingungen nicht klar bestimmt waren und der falsche Eindruck entstand, dass die Teilnehmer durch Lösen eines einfachen Problems bereits einen Preis erhalten, während sie hierdurch tatsächlich nur zur Teilnahme an dem Spiel berechtigt wurden. Das Gericht stellte fest, dass diese Werbung beim durchschnittlichen Verbraucher ein Gefühl der Enttäuschung, der Selbstverachtung und des Getäuschtseins hervorrufen (Berufungsgericht Danzig, 6.11.1996, I ACr 839/96 – „Nagroda Roku" (Preis des Jahres)); vgl. *Wiszniewska,* 1999, Nr. 135.

4. Besondere Verkaufsmethoden, Direktmarketing

509 Das ZNKU enthielt ursprünglich keine Bestimmungen zum Direktmarketing oder anderen Verkaufsmethoden. Durch die Änderung des Gesetzes im Jahre 2007 wurden mehrere Vorschriften zu verschiedenen Formen von **aggressiven Werbetechniken** aufgenommen. Das Gesetz verbietet nunmehr z.B. ausdrücklich die Organisation von Verkäufen nach dem sogenannten Schneeballsystem (Art. 17c ZNKU). Regelungen über Haustürgeschäfte und den **Fernabsatz** einschließlich Finanzdienstleistungen finden sich in Kapitel 2-4 des 2014 erlassenen Gesetzes über Verbraucherrechte.[815] Art. 6 dieses Gesetzes führt – ebenso wie Art. 10 des 2002 zur Umsetzung der Richtlinie 2000/31/EG erlassenen Gesetzes über elektronisch erbrachte Dienstleistungen – ein „opt-in" Prinzip für die Verbreitung unerbetener geschäftlicher Kommunikationen durch **Fax, Anrufsysteme oder Email** an individuelle Verbraucher ein.

5. Sales Promotion

510 **Sonderangebote** und Preisreduzierungen allgemein unterliegen detaillierten Vorschriften gemäß Art. 15 ZNKU.[816] Seit 2000 enthält Art. 17a ZNKU ein Verbot von Zugaben mit Ausnahmen für Zugaben von sehr geringem Wert, Originalproben oder gesetzlich zulässigen zufallsunabhängigen Werbeverlosungen bzw. Wettbewerben (Art. 17a(2), Nr. 2 ZNKU).[817]

511 Daneben gilt für Sales Promotion im **B2C-Verhältnis** die Regelung im PNPRU, die die Richtlinie 2005/29/EC umsetzt.[818] Wie die restriktiven Regelungen der Sales Promotion vor dem Hintergrund der neueren Resprechung des EuGH (vgl. *Glöckner,* Einl. B) zu beurteilen sind, ist noch unklar;[819] der EuGH[820] hat ein spezielles Kopplungsverbot auf den Telekommunikationssektor als mit der Richtlinie unvereinbar erklärt.

6. Anschwärzung, Rufausbeutung

512 **Art. 14 ZNKU** verbietet die Verbreitung von unwahren oder irreführenden Angaben über Unternehmen Dritter, soweit dies in der Absicht geschieht, Vorteile für das eigene Unternehmen oder Nachteile für das Unternehmen des Wettbewerbers herbeizuführen. Diese Vorschrift ist die Grundlage für die Bekämpfung von **Rufausbeutung** und von **herabsetzender Werbung.** Für Sachverhalte der Rufschädigung ohne Verwechslungsgefahr, des free riding etc. wird jedoch auch die Generalklausel in Art. 3 Abs. 1 ZNKU (s. Rdnr. 497) herangezogen.

7. Ausnutzung fremder Leistungen, Verwechslungsgefahr, Nachahmung

513 Art. 5 ZNKU dient dem **Schutz von Geschäftsbezeichnungen im weitesten Sinne.** Danach ist es unzulässig, charakteristische Symbole, die zuvor rechtmäßig zur Bezeichnung eines anderen Unternehmens verwendet wurden (z.B. Geschäftsbezeichnung, Name, Geschäftsabzeichen, Abkürzungen) so zu verwenden, dass Kunden über die Identität des Unternehmens irregeführt werden können.[821] Das sog. Ambush-Marketing wird i.d.R. auf der Grundlage der Generalklausel (Art. 3) beurteilt (s. Rdnr. 497).

---

[815] Ustawa o prawach konsúmenta, Dz. U 2014, Pos. 827. Damit wurde die RL 2011/83/EU umgesetzt.

[816] Nach Art. 16(4) muss derartige Werbung klar und eindeutig bestimmen, an welchem Datum das Sonderangebot beginnt und wann es endet oder muss den Zusatz enthalten, dass das Angebot nur solange gilt, wie die Waren oder Dienstleistungen verfügbar sind.

[817] Zur Interpretation von Art. 17a ZNKU hat der Präsident des UOKiK eine umfangreiche (nicht bindende) Stellungnahme veröffentlicht. Das Schreiben vom 4.2.2003 ist im Amtsblatt des UOKiK 0203 Nr. 1, Pos. 240 veröffentlicht. Daneben gibt es seit 2014 sektorspezifische Kopplungsverbote, z.B. beim Vertrieb von Schulbüchern und Bildungsmaterial im Gesetz vom 7.9.1991 in der Fassung von 2015.

[818] Vgl. Rdn. 500.

[819] Vgl. *Nestoruk* (2013), S. 434 ff. Einer der Fälle, die vom Präsidenten des UOKiK anhängig gemacht wurden, betraf eine Massenwerbekampagne, bei der eine unter verschiedenen Namen auftretende Firma personalisierte Briefe an die Privatadresse von Verbrauchern schickte. Diese Briefe, die zahlreiche täuschende Elemente enthielten, drängten Verbraucher zur Teilnahme an Gewinnspielen mit beträchtlichen Geldpreisen. Das Regionalgericht von Warschau untersagte diese Werbung aufgrund ihres irreführenden Charakters und aufgrund des Missbrauchs von Gefühlen und der Leichtgläubigkeit von Verbrauchern nach Art. 16(1) Nr. 2 und 3 ZNKU. Vgl. Urteil des Bezirksgerichts Warschau vom 5.10.2001 – „ZXY".

[820] EuGH 11.3.2010 – Rs. C-522/08 – Telekomunikacja Polska SA v. Prezes Urzed Komunikacji Elektronicznej; vgl. dazu *Namyslowska,* GRUR Int. 2010, 1033.

[821] Zusätzlich existieren Bestimmungen für infolge von Unternehmensaufspaltungen oder -umgruppierungen entstehende Streitigkeiten über die Verwendung der Geschäftsbezeichnung. Der Prioritätsgrundsatz ist in Art. 7 ZNKU geregelt; ausführlich dazu *Nestoruk* (2013), S. 440 ff.

Das ZNKU enthält mit Art. 13 auch eine Sonderregelung über Produktnachahmungen.[822] Danach ist die sog. **sklavische Nachahmung** der äußeren Erscheinung eines Produktes verboten, wenn sie geeignet ist, Kunden über die Identität des Produktes oder des Herstellers irrezuführen. Die Nachahmung der technischen Funktionsweise des Produktes ist nicht erfasst; kann es hierdurch zu einer Verwechslungsgefahr kommen, hat der Nachahmer geeignete klarstellende Hinweise an dem Produkt anzubringen. **514**

8. Behinderungswettbewerb; Marktstörung

In Kap. 2 des ZNKU finden sich in den Art. 5-17 einige Tatbestände, die bereits in Art. 3 Abs. 2 schlagwortartig als unlauterer Wettbewerb bezeichnet werden und die im allgemeinen unter dem Stichwort des **Erschwerens des Marktzutritts** zusammengefasst werden. Sie haben in der Praxis große Bedeutung und ergänzen das Kartellrecht (Rdn. 499), das i.d.R. Marktmacht voraussetzen. Es handelt sich um Behinderungsfälle mit marktstörungsrelevantem Einschlag.[823] So verbietet etwa Art. 15 (1) Nr. 3 ZNKU **Verkäufe unter Einstandspreis** mit dem Ziel, einen Wettbewerber auszuschalten.[824] **Verlustverkäufe** stellen unabhängig von ihrem Zweck einen Wettbewerbsverstoß dar, wenn sie in Geschäftsräumen mit einer Fläche von mehr als 400 qm durchgeführt werden und hierdurch der Marktzutritt für kleine Unternehmen behindert wird (Art. 15 (4) ZNKU).[825] Nach Art. 15 Nr. 2 ZNKU ist es außerdem unzulässig, Dritte zum **Vertragsbruch** zu verleiten oder Dritte vom Abschluss von Verträgen mit anderen Unternehmen abzuhalten. Auch die objektiv nicht gerechtfertigte **unterschiedliche Behandlung von Kunden** gilt als Wettbewerbsverstoß (Art. 15 (3) ZNKU). **515**

Art. 15 (2) Nr. 3 und Art. 1514 ZNKU verbietet den Handel mit **Gutscheinen,** die zum wiederholten Erwerb von Waren beim gleichen Zwischenhändler oder bei einem wirtschaftlich verbundenen Unternehmen berechtigen.[826] Gleichfalls dem Schutze kleiner und mittlerer Unternehmern dient Art. 17d ZNKU, der die sog. **Eigenmarkenverbreitung** regelt. Danach gilt als wettbewerbswidrig das Inverkehrbringen von Waren durch Discountketten mit Eigenmarken, die über 20% der Umsätze hinausgehen und bei der die Eigenmarke dem Eigentümer der Kette oder der von ihm abhängigen Einheiten zusteht. Die Anwendung dieser 2002 eingeführten Vorschrift stößt auf große Schwierigkeiten in der Praxis, da weder der Begriff der Eigenmarke noch der eines Discountgeschäfts klar und unmissverständlich definiert ist.[827] **516**

Die Vorschriften zum **Mißbrauch der Nachfragemacht des Handels** führten zu einer Vielzahl von zivilrechtlichen Prozessen und 2014 sogar zu einem vielbeachteten Urteil des polnischen Verfassungsgerichts.[828] Dabei stand insbesondere die „Regalmiete" im Vordergrund, d.h. das in Art. 15 (1) Nr. 4 ZNKU zu findende Verbot der Forderung anderer Zahlungen als der Handelsmarge für die Annahme der Ware zum Verkauf. Die Frage, ob Handelsunternehmen von ihren Lieferanten spezielle Zahlungen für die Aufnahme der fraglichen Waren verlangen können – die häufig auch als Rabatte oder Prämien deklariert werden – gilt als eine der umstrittensten des polnischen Wettbewerbsrechts. **517**

Art. 11 ZNKU enthält eine umfangreiche zivilrechtliche Regelung zum Schutz der **Unternehmensgeheimnisse.**[829]

---

822 Dazu *Nestoruk*, in: Joerden/Scheffler/Sinn/Wolf (2010).

823 Ausführlich *Nestoruk*, GRUR Int. 2015, 1015.

824 Die Frage der Kampfpreisunterbietung hat 2003 bei der Einführung einer Zeitschrift auf dem polnischen Markt durch das Tochterunternehmens des Bild-Herausgebers eine Rolle gespielt; sowohl die auf Art. 15 gestützten Zivilrechtsklage als auch das Kartellrechtsverfahren blieben erfolglos.

825 Für Schlussverkäufe gelten Ausnahmen. Schlussverkäufe sind jedoch lediglich als Sommer- bzw. Winterschlussverkauf und für die Dauer von einem Monat zulässig. Eine Ausnahme gilt auch für den Verkauf von Waren mit ablaufendem Haltbarkeitsdatum (Art. 15 (5) Nr. 2 ZNKU) sowie unter bestimmten Voraussetzungen für Räumungs- und Konkursverkäufe (Art. 15 (5) Nr. 3 ZNKU).

826 Derartige Praktiken werden als Behinderung der Wahlfreiheit der Käufer angesehen. Im Zuge des Gesetzgebungsverfahrens sind diese einschränkenden Vorschriften auf ihre Vereinbarkeit mit dem Gemeinschaftsrecht hin überprüft worden. Sie wurden dabei als bloße Vertriebsmodalitäten im Sinne der *Keck und Mithouard*-Rechtsprechung des Europäischen Gerichtshofs angesehen. Vgl. das Gutachten des Ausschusses für die europäische Integration vom 10.4.2002 (Doc. DH/945/2002), Anhang zur Seijm-Drucksache Nr. 379 vom 10.4.2002.

827 Unklar ist auch, worauf sich die Umsatz-Schwelle (z.B. Gesamtumsatz der Kette oder der mit Eigenmarkenwaren erzielte Umsatz) beziehen soll. Ausführlich zur umstrittenen Eigenmarkenverbreitung *Nestoruk* (2013), S. 442.

828 Ausführlich *Nestoruk*, GRUR Int. 2015, 1015.

829 Dazu *Nestoruk* (2013), S. 439. „Die Befreiung vom vertraglichen Verbot der Konkurrenztätigkeit kann nicht mit der Aufhebung des gesetzlichen Verbots der Offenbarung (Verbreitung) des Unternehmensgeheimnisses durch den Arbeitgeber gleichgesetzt werden." – so das Oberste Gericht (Sad Najwyzszky), Urteil vom 25.1.2007, 1 PK 207/06.

9. Vorsprung durch Rechtsbruch

518 Wie oben erwähnt, nennt die **Generalklausel des ZNKU ausdrücklich Fälle des Rechtsbruchs** als Wettbewerbsverstoß (Art. 3 (1) ZNKU). Ebenso sind Werbemaßnahmen, die gegen gesetzliche Pflichten verstoßen, verboten (Art. 16 (1) Nr. 1 ZNKU). Diese Vorschriften sind sehr weit gefasst, so dass der Eindruck entsteht, jegliche Rechtsverletzung falle in den Anwendungsbereich der Generalklausel des Art. 3 ZNKU bzw. der entsprechenden Regelung über Werbemaßnahmen. In der Literatur herrscht jedoch die Ansicht vor, dass die Generalklausel trotz ihrer offenen Formulierung das ungeschriebene Erfordernis enthält, dass die Rechtsverletzung im Hinblick auf den **Schutzzweck** des ZNKU, nämlich den Schutz des fairen Wettbewerbs, von Relevanz sein muss.[830] Besonders wichtig ist, dass hierdurch ein **Bindeglied zu den Vorschriften im PNPRU** geschaffen wird.[831]

10. Sanktionen, Verfahren

519 Das **ZNKU** ist **vorwiegend privatrechtlicher Natur,** so dass seine Durchsetzung im Wesentlichen auf zivilrechtlichem Wege erfolgt. Wettbewerber, deren Interessen durch einen Wettbewerbsverstoß beeinträchtigt wurden, können Unterlassung, Schadensersatz und Herausgabe einer ungerechtfertigten Bereicherung verlangen. Darüber hinaus können Wettbewerber den Verletzer durch eine gerichtliche Verfügung verpflichten lassen, eine Widerrufserklärung abzugeben oder den status quo wieder herzustellen, der vor dem Wettbewerbsverstoß bestand (Art. 18 ZNKU). Nationale und regionale Berufs- und Gewerbeorganisationen können Unterlassung, Wiederherstellung des status quo und eine Widerrufserklärung für einige, aber nicht alle Wettbewerbsverstöße verlangen.[832] Individuelle Verbraucher und Verbraucherorganisationen haben dagegen keine Klagebefugnis;[833] aber der Präsident des UOKiK (vgl. Rdn. 498) kann Verstöße gegen das kollektive Verbraucherinteresse ahnden.

520 Mit der Änderung des ZNKU im Jahr 2000 wurde weiter eine **Art zivilrechtliche Strafe** eingeführt: Die Zahlung einer angemessenen Geldsumme, die für einen sozialen Zweck im Zusammenhang mit der Förderung der polnischen Kultur und dem Schutz des nationalen Erbes bestimmt ist (Art. 18 (1) Nr. 6 ZNKU).[834] Diese Sanktion kann jedoch nur dann verhängt werden, wenn die Rechtsverletzung schuldhaft (polnisch: zawiniony) erfolgt ist, also vorsätzlich oder zumindest fahrlässig.

521 Zahlreiche Wettbewerbsverstöße nach dem ZNKU sind außerdem **strafrechtlich (mit Geld- oder Gefängnisstrafen) sanktioniert** (vgl. Kapitel 4 ZNKU: Strafvorschriften).

522 Das **PNPRU** wird gleichfalls primär auf **zivilrechtlichem Wege** durchgesetzt. **Klagebefugt** sind sowohl einzelne **Verbraucher,** deren Interessen durch unlautere Geschäftspraktiken verletzt oder beeinträchtigt werden als auch **Verbraucherorganisationen** und **Verbraucherombudsmänner** auf regionaler und zentraler Ebene (Art. 12 (2) PNPRU). Verstösse gegen die gesetzlichen Ge- und Verbote gelten aber auch als Verletzungen der kollektiven Interessen der Verbraucher und können vom Präsidenten des UOKiK (s. Rdn. 497) mit Unterlassungsanordnungen etc. belegt werden (Art. 24 (2) OKiKU).

---

[830] Vgl. *Wiszniewska* (1999), Nr. 45; *Skubisz* (1994). Ein Beispiel für die Durchsetzung der gesetzlichen Verpflichtungen des ZNKU ist das Verfahren, das vom Präsidenten des UOKiK gegen eine große Brauerei eingeleitet wurde. Die Brauerei hatte in beschränktem Umfang alkoholfreies Bier unter derselben Marke wie ihre alkoholischen Produkte hergestellt. Durch massive Werbemaßnahmen für die angeblich alkoholfreie Marke versuchte die Brauerei, das Verbot der Alkoholwerbung zu umgehen, das nach dem polnischen Gesetz über die Bekämpfung des Alkoholismus gilt. Vgl. Urteil des Obersten Gerichts v. 26.9.2002, III CKN 213/01 – „Okocimskie Zaktady Piwowarskie".

[831] Vgl. *Nestoruk* (2013), S. 444.

[832] Berufsorganisationen können bei Verletzung folgender Vorschriften keine Unterlassungsverfügung verlangen: Art. 5 bis 7 (Verwechslungsgefahr von Geschäftsbezeichnungen, Marken oder anderen Unterscheidungszeichen), Art. 11 (Geschäftsgeheimnisse), Art. 14 (Verbreitung von irreführenden Informationen) und Art. 15a (Bestechung von Angehörigen des öffentlichen Dienstes im Rahmen des Geschäftsbetriebes) (vgl. Art 19(2) ZNKU).

[833] Zu den zivilrechtlichen Folgen unlauteren Wettbewerbs vgl. *Nestoruk,* EuCLM 2015, 198. In einzelnen Fällen vorsätzlicher Täuschung mit schweren Schäden, die als Straftatbestand anzusehen sind, kann der Verletzte also auch ein individueller Verbraucher, einen Antrag auf Einleitung eines Strafverfahrens stellen.

[834] Zur Kritik an dieser neuen Sanktion vgl. *Szwaja,* 2000, S. 533.

XIX. Portugal

Inhaltsübersicht

	Rdn.
1. Rechtsquellen	
2. Kurzcharakteristik des portugiesischen Wettbewerbsrechts	524
3. Regelung der Werbung	532
a) Irreführende Werbung	532
b) Vergleichende Werbung	534
c) Getarnte Werbung	535
d) Belästigende Werbung	536
e) Produkt- und medienspezifische Werberegelungen (Hinweise)	537
f) Sonstige Werberegelungen	539
4. Direktmarketing	541
5. Sales Promotion	543
6. Herabsetzung, Verwechslungsgefahr, Rufausbeutung	547
7. Ausnutzen fremder Leistungen, Rufausbeutung, Nachahmung	549
8. Behinderung	551
9. Rechtsbruch	553
10. Sanktionen, Verfahren	554

Schrifttum: *Bodewig/Henning-Bodewig,* Das Recht der Rabatte und Zugaben in der EU, WRP 2000, 1341; *Da Costa/Mendes/Wollmann,* Das Wettbewerbsrecht in Portugal, in: Heidelberger Kommentar zum Wettbewerbsrecht, 2. Aufl. 2004, S. 987; *De Oliveira Ascensao,* Portugal, in: Ulmer (Hrsg.), Das Recht des unlauteren Wettbewerbs in den Mitgliedstaaten der EWG, 2005; *ders.,* Concorrenica Desleal, 2002; *ders.,* Länderbericht Portugal, in: Lange (Hrsg.), Internationales Handbuch des Marken- und Kennzeichenrechts, 2009, S. 729 ff.; *Gonçalves,* Manual de Direito Industrial, 2005; *Jalles/Dein,* Werberecht in Portugal, in: Schotthöfer (Hrsg.), Handbuch des Werberechts in den EU-Staaten, 2. Aufl. 1997, S. 507; *Kuhlmann,* Der unlautere Wettbewerb im portugiesischen Recht, 1988; *Maia,* The implementation of Directive 2005/29/EU from the perspective of Portugues private law, EuCLM 2015, 204; *Möllering,* Das Recht des unlauteren Wettbewerbs in Portugal, WRP 1991, S. 634; *Monteiro/Serens/Maia/Herzog,* Länderbericht Portugal, in: Schmidt-Kessel/Schubmehl (Hrsg.), Lauterkeitsrecht in Europa, 2011, S. 531 ff.; *Moreira Rato,* Portugal, in: Greffe/Greffe (Hrsg.), Loi de la publicité, 11. Aufl. 2009, S. 1003; *Patricio Paul,* O nove limite da Concorrencia Desleal, 2004; *Pereira,* Publicidade comparativa e pràticas commerciais desleais, in: Monteira/Pinto, Estudos de Direito do Consumidor, Nr. 7 (2005), S. 341; *Schricker,* Einführung in das portugiesische Recht des unlauteren Wettbewerbs, GRUR Int. 1994, S. 819; *Voigt,* Portugal, in: Micklitz/Keßler (Hrsg.), Marketing Practices Regulation and Consumer Protection in the EC Member States and the US, 2002, S. 267.

1. Rechtsquellen

Gesetzbuch über den gewerblichen Rechtsschutz vom 5.3.2003, Art. 317, 318, 331 (CPI); Gesetzesdekret Nr. 330/90 (Werbegesetzbuch); Gesetz Nr. 24/96 zum Schutz der Verbraucher; Gesetzesdekret Nr. 57/2008 vom 26.3.2008.

2. Kurzcharakteristik des portugiesischen Wettbewerbsrechts*

Das Recht des unlauteren Wettbewerbs ist in Portugal auch nach der Reform von 2003 **vorwiegend öffentlich-rechtlich** ausgestaltet.[835] Seine Entwicklung steht in engem Zusammenhang mit der des **gewerblichen Rechtsschutzes,**[836] für den eine erste Kodifikation bereits sehr früh im **„Código da Propriedade Industrial“ (CPI)** erfolgte.[837] Hierin wurden auch die Regelungen zur Bekämpfung des unlauteren Wettbewerbs **(„concorrencia desleal“)** aufgenommen. Seit die- 524

* Die Verf. dankt Prof. *de Oliveira Ascensão,* Universität Lissabon für wertvolle Hinweise.

[835] Die eingehendste Darstellung des portugiesische Wettbewerbsrechts auf Deutsch – auch bezüglich der Stellung des Lauterkeitsrechts im Gesamtsystem – findet sich in dem 2005 erschienenen Buch von *de Oliveira Ascensao* in der Ulmer-Reihe; eine aktuelle Darstellung auch bei *Monteiro* et at. (2011) und zu neueren Entwicklungen *Maia* (2015)); nach wie vor lesenswert *Schricker,* GRUR Int. 1994, 819.

[836] Zum gewerblichen Rechtsschutz in Portugal vgl. das Gesetz Nr. 16/95, abgedruckt GRUR Int. 1997, 608 sowie den Überblick bei *de Oliveira Ascensao,* in: Ulmer, Rdn. 33 ff. und die Beiträge desselben Verfassers zu den nicht eingetragenen Kennzeichen in: Schricker/Bastian/Knaak (Hrsg.), Gemeinschaftsmarke und Recht der EU-Mitgliedstaaten, 2006, S. 507 ff. und in: Lange (Hrsg.), Internationales Handbuch des Marken und Kennzeichenrechts, 2009, S. 729 ff. Auf Portugiesisch s. insb. *Gonçalves,* Manual de Direito Industrial, 2. Aufl. 2008.

[837] Diário do Governo v. 21.12.1894.

ser Zeit ist das Lauterkeitsrecht **Bestandteil des Gesetzbuchs über den gewerblichen Rechtsschutz.**[838]

525 Durch das Gesetzesdekret Nr. 36/03 vom 5.3.**2003** wurde das **CPI neu verkündet.** Die Regelung des unlauteren Wettbewerbs findet sich nunmehr in den Art. 317, 318 und 331. Der neu gefasste Art. 317 CPI beinhaltet die **Generalklausel,** die gegenüber der zuvor geltenden Fassung z. T. abweichende Definitionen enthält (Kriterium der „wirtschaftlichen Betätigung" als Voraussetzung/dafür Entfall des subjektiven Merkmals der „Absicht, einem anderen zu schaden oder einem Dritten einen unrechtmäßigen Vorteil zu verschaffen"). Bei den im Anschluss an die Generalklausel aufgeführten **Sondertatbeständen** wurde die Regelung der irreführenden Werbung vom CPI in das Werbegesetz transferiert und dafür **geographische Herkunftsangaben** und die Ursprungsbezeichnungen als eigener Tatbestand (in Art. 325 CPI) geregelt. Auch dem Schutz von Geschäftsgeheimnissen etc. ist nunmehr ein eigener Tatbestand gewidmet (Art. 318 CPI), der im Wesentlichen den TRIPS-Vorgaben entspricht. Die **Sanktionen** finden sich in Art. 331 CPI; hier ist die größte Neuerung, nämlich eine Herabstufung des Delikts des unlauteren Wettbewerbs von einer Straftat zur **Ordnungswidrigkeit** zu verzeichnen.[839]

526 Die **Umsetzung der Richtlinie 2005/29/EG** erfolgte 2008 in einer gesonderten Regelung durch das Gesetzesdekret Nr. 57/2008 vom 26.3.2008. Es regelt die unlauteren Geschäftspraktiken im Verhältnis zum Verbraucher und lehnt sich dabei in Inhalt und Formulierung stark an die Richtlinie an (abgedruckt im Anhang; kommentiert von *Glöckner,* Einl. B). Es weist jedoch auch einige Besonderheiten auf[840] und überschneidet sich nicht unerheblich mit anderen Regelungswerken.

527 Als andere Gesetze wären neben den kartellrechtlichen Regelungen vor allem das **Gesetzbuch der Werbung** („Codigo da Publicidade")[841] – das eine umfassende Regelung des werblichen Verhaltens anstrebt – und das **Verbraucherschutzgesetz** zu nennen. Ein 2006 vorgestelltes umfassendes „Verbrauchergesetzbuch", das die verstreuten Regelungen jedenfalls teilwiese zusammenfassen sollte, scheiterte.

528 Die portugiesische Wettbewerbsordnung beruht heute also auf **mehreren gesetzlichen Säulen:**
– den Vorschriften über den unlauteren Wettbewerb in **Art. 317, 318, 331 CPI;**
– dem **Gesetzesdekret Nr. 57/2008** über unlautere Geschäftspraktiken;
– dem **Werbegesetzbuch** vom 23.10.1990 in der Fassung von 2008;
– dem **Verbraucherschutzgesetz** von 1996[842]
– der relativ jungen **Kartellgesetzgebung;**[843]
– das **Gesetzesdekret Nr. 270/93** vom 29.10.1993,[844] das u. a. Schlussverkäufe, Ausverkäufe, Verkäufe unter Einstandspreis und Direktverkäufe an den Letztverbraucher erfasst;
– dem **„Verhaltenskodex der Werbung"** des portugiesischen Verbandes der Werbeagenturen.

529 Die vorgenannten gesetzlichen Vorschriften verfolgen **unterschiedliche Zielsetzungen.** Während es in Art. 317 ff. CPI vor allem um den Schutz der Wettbewerber geht, bezieht das Werbegesetzbuch neben den (im Vordergrund stehenden) Interessen der Verbraucher auch die Interessen der Unternehmen und der Allgemeinheit ein; das Gesetzesdekret Nr. 57/2008 über unlautere Geschäftspraktiken ist demgegenüber auf das B2C-Verhältnis beschränkt.

530 Unterschiedlich ist auch der **Anwendungsbereich.** Art. 317 **CPI** setzt eine **Wettbewerbshandlung** und ein **Wettbewerbsverhältnis** voraus, das – sehr eng – nur bei einer Identität oder

---

[838] Bis 2003 galt das CPI in der Fassung der Gesetzesverordnung Nr. 15/95 vom 24.1.1995, wobei die Regelung des unlauteren Wettbewerbs sich in einer einzigen Vorschrift – § 260 des Gesetzes – fand; diese enthielt eine Generalklausel und einige Sondertatbestände, die u. a. das Hervorrufen von Verwechslungen, die anlehnende Bezugnahme, die Anschwärzung, falsche Angaben und Geschäftsgeheimnisse behandelten.

[839] Im früheren Recht wurde mit Geld- oder Freiheitsstrafe bestraft, „wer in der Absicht, einem anderen zu schaden, oder sich oder einem Dritten einen unrechtmäßigen Vorteil zu verschaffen, eine Wettbewerbshandlung begeht, die gegen die Normen und anständigen Gebräuche auf dem jeweiligen Handelsgebiet verstößt".

[840] Dazu ausführlich – insb. auch zu den Überschneidungen mit dem allgemeinen Zivilrecht – *Maia,* EuCLM 2015, 204.

[841] Gesetz Nr. 330/90 vom 23.10.1990, abgedruckt GRUR Int. 1994, S. 830 (inzwischen mehrfach geändert). insb. auch durch die Umsetzung der Richtlinie 2005/29/EU; vgl. Fn. 806.

[842] Lei 24/96 da Defesa do Consumidor; dazu *Voigt,* S. 271 ff. und auch *Maia,* EuCLM 2015, 204 (insb. zum Verhältnis zur VO N. 57/2008). Verbraucherrechtliche Vorschriften sind im Internet unter http:/www.apdconsumopt/und hppt://www.ic.pt erhältlich. Das Decreto-Lei 143/2001 vom 26.4.2001, welches Schneeballsystem, den Fernabsatz etc. regelte, wurde durch den Erlass 24/2014 (zur Umsetzung von RL 2011/83/EU) aufgehoben.

[843] Gesetz Nr. 18/2003 vom 11.6.2013; dazu *Monteiro* et al. (2011), S. 553 f.

[844] Dazu *Monteiro* et al. (2011), S. 551 ff.

Verwandtschaft der geschäftlichen Tätigkeit bejaht wird.[845] Nach der Neuregelung von 2003 besteht Klarheit, dass das Gesetz auch auf freie Berufe anwendbar ist. Der Anwendungsbereich des **Werbegesetzbuches** wird demgegenüber vom **Begriff der Werbung** umrissen; dieser wird sehr **weit** verstanden, umfasst auch „Werbung" für religiöse, weltanschauliche, karitative, sozialpolitische oder sonstige gemeinnützige Zwecke;[846] das Gesetz gilt nur für Nicht-Konsumenten. Das **Gesetzesdekret Nr. 57/2008** umreißt den Anwendungsbereich durch den Begriff **„Geschäftspraktiken"** gegenüber dem Verbraucher; diese Regelung ist eine reine B2C-Regelung.

Die **unterschiedlichen Vorschriften** sind, ebenso wie die zahlreichen produktspezifischen Regelungen, grundsätzlich **nebeneinander anwendbar.** Im Bereich der **Werbung** gehen allerdings die Vorschriften des Werbegesetzes denen des CPI vor (Art. 2 Werbegesetz), wobei die Regelung der irreführenden und aggressiven Geschäftspraktiken gegenüber Verbrauchern in dem Gesetzesdekret Nr. 57/2008 wiederum grundsätzlich (bei der irreführenden Werbung gibt es Verweise) eine Spezialregelung darstellt.[847] 531

3. Regelung der Werbung

a) Irreführende Werbung. Falsche Angaben waren ursprünglich in Art. 260 lit. d CPI in fünf Einzeltatbeständen geregelt; diese Regelung ist durch die Reform von 2003 ersatzlos entfallen. Ausschließlich einschlägig sind daher nunmehr die Vorschriften im **Werbegesetzbuch** und im **Gesetzesdekret Nr. 57/2008.**[848] Gemäß Art. 10 Werbegesetzbuch muss die Werbung „die Wahrheit respektieren und darf die Fakten nicht deformieren". Angaben bezüglich Ursprung, Natur, Zusammensetzung, Eigenschaft und Bedingungen des Erwerbs der erworbenen Ware oder Dienstleistung müssen „zu jeder Zeit vor der zuständigen Stelle **beweisbar sein**". Dasselbe Erfordernis ergibt sich aus dem neuen Art. 11 des Werbegesetzbuches i. V. m. Art. 22 Gesetzesdekret Nr. 57/2008, der den in der Richtlinie 2005/29 enthaltenen Irreführungstatbeständen entspricht. Offenbar wird durch Art. 11 Abs. 1 Werbegesetz, der auf die Regelung im Gesetzesdekret Nr. 57/2008 verweist, bei der irreführenden Werbung ein einheitliches Konzept angestrebt. Zu berücksichtigen ist weiter Art. 9 Abs. 1 Werbegesetzbuch, wonach der Verbraucher vor Vertragsschluss vollständig und redlich über die **wesentlichen Eigenschaften der Leistung aufzuklären ist.** 532

Wie diese einzelnen Vorschriften tatsächlich angewendet werden, lässt sich in Anbetracht der eher **spärlichen Rechtsprechung**[849] für ausländische Interessierte schwer ausmachen. Wie in Spanien sind die Gerichte jedenfalls in der Vergangenheit eher vom Leitbild eines Durchschnittsverbrauchers, der Werbung ohnehin misstraut, ausgegangen, was zu einer relativ **toleranten Haltung gegenüber werbemäßigen Übertreibungen** geführt hat. Durch Art. 5 des Gesetzesdekrets Nr. 57/2008 wurde jetzt jedoch das Europäische Leitbild des verständigen Durchschnittsverbrauchers verbindlich festgeschrieben.[850] 533

b) Vergleichende Werbung. Gemäß Art. 16 **Werbegesetzbuch** sind Vergleiche verboten, die sich nicht auf wesentliche, nahe liegende und objektiv beweisbare Charakteristika der Güter oder Dienstleistung stützen oder die ihnen andere gegenüberstellen, die nicht ähnlich oder unbekannt sind. Ergänzend gilt **Art. 317 CPI** der „nicht genehmigte Hinweise oder Bezugnahmen auf einen Namen ... eines Dritten" und das Hervorrufen von Verwechslungsgefahr, irreführende Angaben und die Herabsetzung von Konkurrenten verbietet. Als zulässig wurde z.B. ein auf Höhe, Größe, Gewicht bezogener Vergleich zwischen den Hamburgern zweier Fastfood-Ketten angesehen, nicht hingegen die Behauptung angeblicher Vorzügen einer Werbeagentur, da diese nicht verifizierbaren seien.[851] 534

---

[845] Ausführlich *Schricker,* GRUR Int. 1994, S. 821 ff.; *De Oliveira Ascensao,* in: Ulmer, Rdn. 61 ff.

[846] *Schricker,* GRUR Int. 1994, S. 821; der Werbebegriff wurde durch Gesetz vom 17.1.1995 neu gefasst; vgl. dazu Aktuelle Informationen, GRUR Int. 1995, S. 432.

[847] Die Hauptüberschneidung im Bereich der täuschenden und falschen Angaben zwischen dem CPI und den Werberegelungen in anderen Gesetzen ist durch die 2003 erfolgte Streichung der entsprechenden Regelung im ehemaligen Art. 260 CPI entfallen. Um die gleichwohl vorhandenen Überschneidungen zu beseitigen, plant der portugiesische Gesetzgeber eine zusammenfassende Regelung in einem Verbraucherschutzgesetz; vgl. *Monteiro et al.* (2011), S. 584. Diese Pläne sind jedoch offenbar gescheitert, vgl. *Maia*, EuCLM 2015, 204; zugleich ausführlich zu Überschneidungen.

[848] Ausführlich zur irreführenden Werbung *De Oliveira Ascensao,* in: Ulmer, Rdn. 76 sowie (jedoch noch vor der Gesetzesänderung von 2003) *Schricker,* GRUR Int. 1994, S. 826 ff.; vgl. auch *Moreiro Rato,* S. 1003 ff.

[849] Vgl. die bei den vorgenannten Autoren wiedergegebene Rechtsprechung.

[850] Ausführlich dazu *Monteiro et al.* (2011), S. 531 ff.

[851] Beispiele geschildert bei *Garrigues,* An approach to Portuegese Advertising Law, www.WorldTrademarkReview.com, December/January 2010, 70; vgl. auch *Monteiro* et al., (2010), S. 572.

535 **c) Getarnte Werbung.** Der Schutz vor „versteckter Werbung", der sogar Verfassungsrang hat,[852] ist im **Werbegesetzbuch** gleich **mehrfach geregelt.** Nach Art. 8 muss der kommerzielle Charakter stets unmissverständlich erkennbar sein. Hörfunk- und Fernsehwerbung muss deutlich vom sonstigen Programm getrennt sein. Art. 9 verbietet die subliminale Werbung und die Schleichwerbung. Auch aus dem Gesetzesdekret Nr. 57/2008 lässt sich (unter dem Gesichtspunkt der Irreführung) ein Verbot der Tarnung ableiten.

536 **d) Belästigende Werbung.** Die belästigende Werbung ist jedenfalls dann, wenn sie zugleich eine aggressive Geschäftspraktik darstellt, in Art. 11, 12 Gesetzesdekret Nr. 57/2008 in Umsetzung der Richtlinie 2005/29 geregelt.

537 **e) Produkt- und medienspezifische Werberegelungen[853] (Hinweise).** Die Werbung für **Alkohol** ist gemäß Art. 17 Werbegesetzbuch im Fernsehen und Hörfunk zwischen 7.00 und 21.30 Uhr verboten, unterliegt ansonsten inhaltlichen Beschränkungen, die insbesondere einen (exzessiven) Genuss von Alkohol verhindern sollen. Die Werbung für **Tabak** ist, sofern nicht ausdrücklich erlaubt, gemäß Art. 18 für alle Medien mit Sitz in Portugal untersagt. Gleiches gilt gemäß Art. 19 für verschreibungspflichtige medizinische Behandlungen und **Medikamente** außerhalb von Fachkreisen. *Lebensmittel* werden vor allem von der „Autorida segurança Alimentar e Economica" überwacht.[854]

538 Die **Fernsehwerbung** ist im dritten Kapitel des Werbegesetzbuches, ergänzt durch das Gesetzesdekret 16/94, geregelt.[855] Danach muss Werbung vom Programm klar getrennt werden, Werbung als solche erkennbar sein und es bestehen produktspezifische Werbebeschränkungen für Medikamente. Für Teleshopping gelten gemäß Art. 25a entsprechende Regelungen; für die Radiowerbung zusätzlich das Radiogesetz vom 23.2.2001, für kommerzielle Kommunikationen im **Internet** das Gesetzesdekret Nr. 143/2001, das insbesondere die E-Commerce-Richtlinie umsetzt, sowie das Gesetzesdekret vom 7.1.2004 zur Umsetzung der Fernabsatzrichtlinie.

539 **f) Sonstige Werberegelungen.** Art. 7 Werbegesetzbuch verbietet u. a. die Werbung, die gegen verfassungsrechtlich geschützte Werte verstößt, namentlich
- einen Angriff auf die Menschenwürde enthält;
- nach Rasse oder Geschlecht diskriminiert;
- Gewalt oder illegale oder kriminelle Aktivitäten stimuliert oder an solche appelliert;
- herabsetzende Bezugnahme auf nationale oder religiöse Institutionen oder Symbole oder historische Persönlichkeiten enthält;
- obszöne Sprache enthält;
- zu einem umweltschädlichen Verhalten aufruft.

540 Bild und Wort anderer Personen dürfen nicht unbefugt benutzt werden; **Testimonials** sind nur unter bestimmten Bedingungen erlaubt (Art. 15). Die Verwendung **ausländischer Sprachen** ist eingeschränkt (Art. 7 Abs. 3). Gemäß Art. 13 darf Werbung in keiner Weise zu Verhaltensweisen ermuntern, die für die **Gesundheit** oder **Sicherheit des Verbrauchers** schädlich sein können; dieser Tatbestand ist bereits dann erfüllt, wenn Informationen über die potentielle Gefährlichkeit des Produktes fehlen. Insbesondere die an **Kinder und Minderjährige** gerichtete Werbung ist strengen Anforderungen unterworfen (Art. 14, Art. 13 Abs. 3 Werbegesetzbuch).

4. Direktmarketing

541 **Haustürgeschäfte** sind gemäß Art. 15 Abs. 1 des Gesetzes Nr. 134/2001 erlaubt, wenn dem Verbraucher bestimmte Informationen über den Anbieter gegeben werden.[856] Das **Zusenden unbestellter Waren** ist demgegenüber generell verboten.[857]

542 Die **Telefonwerbung** über automatische Anrufsysteme und die **Faxwerbung** gegenüber dem Verbraucher sind gemäß Art. 11 Abs. 1 des Gesetzesdekrets Nr. 143/2001 von der **vorherigen Zustimmung** abhängig; hierfür ist der Werbende beweispflichtig (Art. 12). Für alle übrigen Formen des Direktmarketings statuiert Art. 11 Abs. 2 des Gesetzes ein „opt-out"-System. Dies gilt auch für

[852] Gemäß Art. 60 der Verfassung sind „alle Formen versteckter, indirekter oder arglistiger Werbung" zu verbieten.
[853] Entscheidungen und rechtliche Grundlagen sind auf der Website http://www.asae.pt zu finden.
[854] Ausführlich *Moreira Rato,* Portugal, in: Greffe/Greffe, La publicité et la loi, 11 Aufl. 2009, S. 1003 ff.
[855] Dazu *Voigt,* S. 273.
[856] *Voigt,* S. 275.
[857] *Voigt,* S. 276; nach dem Gesetzesdekret Nr. 57/2008 gilt in Umsetzung der UGP-RL (s. Rdn. 526) ein entsprechendes per se-Verbot.

die **E-mail-Werbung** gegenüber juristischen Personen, während natürliche Personen dem „opt-in"-System unterliegen.[858]

5. Sales Promotion

Ein ausdrückliches Verbot für Preisherabsetzungen oder Zugaben besteht im portugiesischen Recht nicht.[859] Das Gesetz Nr. 370/93 regelt jedoch die **Ankündigung von Preisherabsetzungen.** Gemäß Art. 3 muss der Werbende den **vorherigen Preis nachweisen** können und für die Dauer der Aktion über angemessene Vorräte verfügen (Art. 5). Der **Verkauf unter Einstandspreis** ist gemäß Art. 15 verboten. Art. 16 Nr. 3 und 4 des Werbegesetzbuches schreibt Angaben über die Verfügbarkeit von Sonderangeboten vor. **543**

Gemäß Art. 21 Werbegesetzbuch sind **Glücks- oder Zufallsspiele** verboten, wenn sie den „wesentlichen Gegenstand der Werbebotschaft" bilden. Ob damit nur Glücksspiele iSv Lotterien (nicht jedoch „promotional games") gemeint sind, ist zweifelhaft.[860] Für Preisrätsel etc. bestehen, soweit ersichtlich, keine Vorschriften. **544**

Die Voraussetzungen, unter denen **Saisonschlussverkäufe** und **Ausverkäufe** stattfinden dürfen, sind in Art. 8–13 der Gesetzesverordnung Nr. 253/86 geregelt.[861] **545**

Schneeballsysteme und gleichgestellte Systeme sind gemäß Art. 27 Abs. 2 der Gesetzesverordnung Nr. 143/2001 und zudem nach dem Gesetzesdekret Nr. 57/2008 verboten. **546**

6. Herabsetzung, Verwechslungsgefahr, Rufausbeutung

Gemäß Art. 317 CPI handelt unlauter, wer **falsche Angaben** im Handel oder Gewerbe **mit dem Ziel der Herabsetzung** eines Handelsgeschäfts, der Waren oder Dienstleistungen oder des Rufes eines Mitbewerbers macht. Die objektive Diskreditierung genügt also nicht; sie muss **beabsichtigt** sein.[862] **547**

Art. 317 CPI verbietet weiter Handlungen, die **Verwechslungen** mit den Unternehmen, den Waren, Dienstleistungen oder dem Image von Wettbewerbern hervorrufen könnten. Der wettbewerbsrechtliche Schutz ergänzt hier insbesondere den markenrechtlichen. Er setzt voraus, dass das fragliche Kennzeichen, Produkt etc. im Zeitpunkt der unlauteren Handlung tatsächliche ausreichende Unterscheidungskraft besitzt.[863] Die Irreführung durch Hervorrufen von Verwechslungsgefahr zwischen Kennzeichen etc. ist im B2C-Verhältnis nunmehr auch durch das Dekret 57/2008 verboten. **548**

7. Ausnutzen fremder Leistungen, Rufausbeutung, Nachahmung

Gemäß Art. 317 CPI ist auch die **Rufausbeutung,** die nicht zu einer Verwechslungsgefahr führt – auch bei Gebrauch fremder Unterscheidungszeichen mit dem Zusatz „Typ" etc. – untersagt.[864] **549**

Die **sklavische Nachahmung** ist als solche im portugiesischen Recht nicht geregelt. Sofern sie zu einer Verwechslungsgefahr führt, ist sie von Art. 317 CPI erfasst. Die Beurteilung einer nicht mit einer Verwechslungsgefahr einhergehenden Nachahmung ist unklar; z. T. wird hier ein Eingreifen der Generalklausel in Art. 317 CPI („lautere Gebräuche") bejaht. **550**

8. Behinderung

Die unbefugte Aneignung, Benutzung oder Weitergabe von **Geschäfts- oder Betriebsgeheimnissen** ist seit 2003 in einem Sondertatbestand in Art. 318 CPI – unter dem Titel „Schutz nicht offenbarter Informationen" – geregelt. Die Neuregelung dient vor allem der Anpassung an die TRIPS-Vorgaben. Gleichwohl ist die Regelung nach wie vor Teil des unlauteren Wettbewerbs.[865] **551**

---

[858] Vgl. das Gesetzesdekret vom 7.1.2004.

[859] *Bodewig/Henning-Bodewig,* WRP 2000, S. 1352; *Schricker,* GRUR Int. 1994, S. 829; *Voigt,* S. 275.

[860] *Schricker,* GRUR Int. 1994, S. 828.

[861] Dazu ausführlich *De Oliveira Ascensao,* in: Ulmer, S. 437 ff.

[862] Vgl. *De Oliveiro Ascensao,* in: Ulmer, S. 332 ff.

[863] *De Oliveira Ascensao,* S. 300 ff.; *Oehen-Mendes,* Portugal, in: Schricker/Stauder (Hrsg.), Handbuch des Ausstattungsschutzes, 1986, S. 724 ff.; *Schricker,* GRUR Int. 1994, S. 824. Verneint wurde die hinreichende Eigenart z. B. für den Titel einer Fernsehsendung „Telejournal", der deshalb gegen die identische Verwendung durch einen anderen Fernsehsender nicht geschützt ist, vgl. RIC 184, 3. 1997, S. 30. Zur Verwechslungsfahr bei nicht eingetragenen Rechten vgl. *De Oliveira Ascensao* in Schricker/Bastian/Knaak (Hrsg.): Gemeinschaftsmarke und Recht der EU-Mitgliedstaaten (2006), S. 507 ff.

[864] *Schricker,* GRUR Int. 1994, S. 825; *De Oliveira Ascensao,* S. 300 ff.

[865] Ausführlich *De Oliveira Ascensao,* in: Ulmer, S. 314 ff.; vgl. weiter *Schricker,* a. a. O.

552 Das **Abwerben von Arbeitnehmern** gilt dann als unlauter, wenn es zum Zweck der Schädigung des Mitbewerbers erfolgt.[866]

9. Rechtsbruch

553 Jede **Verletzung der gesetzlich geschützten Rechte der Verbraucher** ist zugleich als Verletzung des **Werbegesetzbuches** anzusehen (Art. 12). Ob und unter welchen Umständen der Verstoß gegen andere Vorschriften einen Verstoß gegen die „anständigen Gebräuche" nach Art. 317 CPI (Rdn. 525) darstellt, ist unklar.[867]

10. Sanktionen, Verfahren[868]

554 Verstöße gegen das **Gesetzbuch über den gewerblichen Rechtsschutz** werden als **Ordnungswidrigkeiten** geahndet; verhängt werden kann ein Bußgeld von 3000 bis 30 000 Euro bei juristischen und 750–7500 Euro bei natürlichen Personen (Art. 331 CPI). Die Einzelheiten bestimmen sich nach dem Gesetzesdekret 433/82 vom 27.10.1982. **Schadensersatzansprüche** des durch unlauteren Wettbewerb Geschädigten sind auf der Grundlage von Art. 483 Codigo Civil möglich. Im Rahmen der Schadensersatzklagen können auch Unterlassungsanträge gestellt werden. Selbstständige Unterlassungsanträge scheinen in der Praxis hingegen nicht sehr verbreitet zu sein.

555 Die Verletzung der Vorschriften des **Werbegesetzbuchs** und des **Gesetzesdekrets Nr. 57/2008** kann **als Ordnungswidrigkeit geahndet** werden. Die Durchsetzung obliegt verschiedenen **Behörden,** u. a. dem Verbraucherschutzinstitut (Art. 19 Abs. 3 Gesetzesdekret Nr. 57/2008). Zusätzlich zur Unterlassung können die Einziehung, die Untersagung der Werbetätigkeit, der Entzug öffentlicher Zuschüsse und die Schließung von Geschäften angeordnet werden (Art. 35 Abs. 1 Werbegesetzbuch).

556 Für betroffene **Privatpersonen** besteht auch in diesem Bereich die Möglichkeit zur Geltendmachung von Schadensersatzansprüchen (Art. 30 Werbegesetzbuch, Art. 15 Gesetzesdekret Nr. 57/2008) und zur Erhebung einer Unterlassungsklage (Art. 16 Gesetzesdekret Nr. 57/2008). Praktisch dürften die Betroffenen jedoch ihr Ziel leichter durch einen Antrag auf Gewährung einstweiligen Rechtschutzes bei der zuständigen Behörde und ggf. eine Schadensersatzklage nach Abschluss des Verfahrens erreichen.

XX. Rumänien

Inhaltsübersicht

	Rdn.
1. Rechtsquellen	
2. Kurzcharakteristik des rumänischen Wertbewerbsrechts	557
3. Regelung der Werbung	563
a) Irreführende Werbung	564
b) Vergleichende Werbung	567
c) Getarnte Werbung	568
d) Hinweise auf produkt- und medienspezifische Werberegelungen	569
f) Weitere Werberegelungen	571
4. Informationsanforderungen	572
5. Direktmarketing, spezielle Marketingspraktiken	573
6. Sales Promotion	574
7. Herabsetzung	575
8. Verwechslungsgefahr, Nachahmung	576
9. Behinderungswettbewerb	578
10. Rechtsbruch	581
11. Sanktionen, Verfahren	582

Schrifttum: *Anghel,* Consumer Protection in Romania, in: *Alexiev et al.,* Consumer Protection in Bulgaria Czech Republic, Estonia, Hungary, Latvia, Lithuania and Romania, CICPP No. 4, 1995, S. 197; *Cambier,* Comparative and Misleading Advertising Legislation in Central and Eastern Europe, CICPP No. 12, 1999, 61

[866] *De Oliveira Ascensao,* in: Ulmer, S. 350 ff.
[867] Vgl. *Voigt,* S. 283.
[868] Ausführlich zu den Sanktionen *De Oliveira Ascensao,* in: Ulmer, S. 186 ff.; *Kuhlmann,* S. 188 ff.; zum Verhältnis des Gesetzesdekrets Nr. 57/2008 (Umsetzung der UGP-Richtlinie) zu den Rechtsbehelfen des allgemeinen Zivilrechts vor allem *Maia* (2015); zu den zivilrechtlichen Folgen unlauterer Geschäftspraktiken auch *Di Christofaro,* GRUR 2010, 1017.

Capatina, Dreptul concurentei comerical: concurenta onest, Lumina lex, Bucharest, 1994; *Capatina,* Dreptul concurentei comeciale: concurenta neloiala pe piata interna si internationala, Lumina Lex, Bucharest, 1996; *Corhan,* Dreptual concurentei comericale, note de curs, ed. Europa nova Lugoj, 998; *Dietz,* Die Einführung von Gesetzen gegen den unlauteren Wettbewerb in ehemals sozialistischen Staaten Mittel- und Osteuropas, GRUR Int. 1994, S. 649; *Eminescu,* Das Recht des unlauteren Wettbewerbs in Rumänien, GRUR Int. 1994, S. 688; *Eminescu,* Concurenta nella: drept roman si comparat, Lumina Lex 1995.

1. Rechtsquellen

Gesetz zur Bekämpfung unlauteren Wettbewerbs von 1991 (LCCN); Wettbewerbsgesetz von 2000 (LP); Verordnung zum Schutz der Verbraucher von 1992 (OPC); Gesetz zur Bekämpfung unlauterer Geschäftspraktiken im B2C-Verhältnis von 2007 (LCPI); Gesetz über irreführende und vergleichende Werbung von 2008/2013.[869]

2. Kurzcharakteristik des rumänischen Wettbewerbsrechts

Rumänien war eines der ersten zentral- und osteuropäischen Länder, die nach Einführung von Demokratie und Marktwirtschaft ein spezielles Gesetz zur Bekämpfung unlauteren Wettbewerbs erließen. Das **Gesetz zur Bekämpfung unlauteren Wettbewerbs** (Lege privind combaterea concurentei neloiale = **LCCN**) stammt von 1991. Es lehnt sich eng an das vor dem Zweiten Weltkrieg geltende Wettbewerbsgesetz vom 17. Mai 1932[870] an, wurde jedoch später ergänzt, um auch den Interessen der Verbraucher Rechnung zu tragen,[871] was nunmehr aber vorwiegend durch das 2007 erlassene Gesetz (Rdn. 561) erfolgt. 557

Zentrale Vorschrift des LCCN ist eine **weitgefasste Generalklausel gegen unlauteren Wettbewerb.** Gemäß Art. 1 LCCN müssen Gewerbetreibende in Übereinstimmung mit den guten Sitten und anständigen Geschäftspraktiken handeln, unter Berücksichtigung der Interessen der Verbraucher und der Anforderungen an einen lauteren Wettbewerb. Jede geschäftliche Handlung, die bei der Vermarktung von Produkten oder Dienstleistungen gegen die anständigen Gebräuche verstößt, gilt als Handlung unlauteren Wettbewerbs (Art. 2 LCCN). Die Generalklausel wird durch eine **umfassende Auflistung der verbotenen Handlungen unlauteren Wettbewerbs** ergänzt, z.B. das Verbot des illegalen Erwerbs und Gebrauchs von Geschäftsgeheimnissen, des Vertragsbruchs, der Pyramidensysteme, der irreführenden Darstellungen, der täuschende Benutzung der Marke oder des Geschäftszeichens eines Wettbewerbers oder der Herabsetzung von Wettbewerbern (vgl. z.B. Art. 1 Nr. 1, 4 und 5 LCCN). 558

Verstöße gegen die im **LCCN** aufgeführten Verpflichtungen ziehen je nach der Art des Verstoßes **zivil- oder strafrechtliche Folgen** nach sich oder stellen alternativ Verwaltungsverstöße dar (Art. 3 i.V.m. Art. 4 und 4 LCCN). 559

Speziell für die Regelung der Werbung ist weiter das **Werbegesetz von 2000** (Lege Privind Publicitatea = LP) einschlägig. Zum Schutz der wirtschaftlichen Interessen der Verbraucher besteht weiter die **Verordnung zum Schutz der Verbraucher** (Ordonaţă privind protecţia consumatorilor = OCP), die um neue Kategorien von Verbraucherrechten und ihnen entsprechende Verpflichtungen der Gewerbetreibenden erweitert wurde. 2004 kam ergänzend der **Verbraucherschutzcode** (Lege privind Codul consumulie = CC)[872] hinzu, der darauf abzielt, die Gesetzesmaterie des Verbraucherrechts zu vereinheitlichen und zu systematisieren. Die **Durchsetzung** der Regelungen zum **Verbraucherschutz** wurde der **nationalen Behörde** zum Schutz der Verbraucher (Autoritatea Naţional pentru Protecţia Consumatorilor = **ANPC**) anvertraut. Status und Befugnisse des ANCP und anderer öffentlich-rechtlicher Organisationen auf dem Gebiet des Verbraucherschutzes sind in Kapitel 5 des OCP geregelt. 560

2007 wurde schließlich – zum Zwecke der Umsetzung der Richtlinie 2005/29/EG – das **Gesetz über unlautere Geschäftspraktiken im Unternehmer-/Verbraucherverhältnis** (Lege privind combaterea practicilor incorecte ale comecianţilor în relaţi cu consumatorii = LCPI) erlassen. Das LCPI lehnt sich eng an die Richtlinie an, übernimmt die Definitionen der Richtlinie und deren 561

---

[869] Gesetz Nr. 11 vom 29. Januar 1991, Monitorul Oficial Nr. 24/30.1.1991.
Gesetz Nr. 148 vom 26. Juli 2000, Monitorul Oficial Nr. 359/2.8.2000.
VO Nr. 21/1992, mit Ergänzungen neu veröffentlicht in Monitorul Oficial, Nr. 208/28.3.2007.
Gesetz Nr. 363/2007 vom 21. Dezember 2007 Moniturol Official Nr. 899/29.12.2007.
Gesetz Nr. 158/2008, neu veröffentlicht mit Gesetz Nr. 202/2013, Moniturol Official Nr. 399/3.7.2013.

[870] Dazu ausführlich *Eminescu,* 1994; *Dietz,* 1994. Rumänien ratifizierte die PVÜ in ihrer Washingtoner Fassung durch das Gesetz vom 13.3.1924.

[871] S. Gesetz Nr. 298 vom 7. Juni 2001 zur Ergänzung des LCCN, Monitorul Official Nr. 313/12.6.2001.

[872] S. Gesetz Nr. 296/2004 vom 28. Juni 2004.

Generalklausel bezüglich unlauterer Geschäftspraktiken in Art. 4 LCPI. Als unlautere Geschäftspraktiken gelten insbesondere irreführende oder aggressive Geschäftspraktiken. **Irreführende Geschäftspraktiken** sind im Detail in Kapitel 2, Abschrift 1 des LCPI geregelt. **Aggressive Geschäftspraktiken** sind in Kapitel 2, Abschnitt 2 LCPI geregelt. Art. 8 und 9 LCPI entsprechen dabei fast wörtlich Art. 8 und 9 der Richtlinie und sind entsprechend auszulegen (vgl. Einl. B). Die **„black list"** von Geschäftspraktiken, die unter allen Umständen als unlauter anzusehen sind, findet sich im Anhang zum LCPI. Das LCPI wird auf zivilrechtlichem und verwaltungsrechtlichem Wege durchgesetzt (s. unten).

562 Das **Gesetz über irreführende und vergleichende Werbung** von 2007[873] regelt die irreführende Werbung im B2B-Verhältnis und die vergleichende Werbung allgemein; es entspricht der Richtlinie 2006/114/EG. Das Gesetz wurde 2013 umfassend reformiert.[874]

3. Regelung der Werbung

563 Die Hauptgrundlage zur Regelung der Werbung fand sich ursprünglich im LP **(Werbegesetz)**, das durch eine Anzahl von Regierungsanordnungen bezüglich der Werbung für bestimmte Kategorien von Produkten oder Dienstleistungen ergänzt wird. Art. 5 LP statuiert als generelle Anforderung, dass Werbung anständig, korrekt und im Geiste sozialer Verantwortung erfolgen soll. Es gelten jedoch auch spezielle Vorschriften für das B2C und B2B-Verhältnis (vgl. Rdn. 561, 562).

564 **a) Irreführende Werbung.** Irreführende Werbung ist im LP definiert als jede Werbung, die auf irgendeine Weise, einschließlich ihrer Aufmachung, die Personen, an die sie sich richtet oder die sie erreicht, irreführend könnte, und welche durch ihre irreführende Natur geeignet ist, das wirtschaftliche Verhalten der Verbraucher zu beeinflussen oder, aus diesen Gründen, einen Mitbewerber verletzt oder zu verletzen geeignet ist (Art. 4 (b) LP). Irreführende Werbung ist **nach Art. 6 (a) LP verboten.** Dieses Verbot stellt eine Ergänzung des auf den Mitbewerber bezogenen Verbots der irreführenden positiven Darstellung des eigenen Unternehmens zum Nachteil eines Mitbewerbers im LCCN dar (Art. 4 (1) (d) LCCN) sowie des allgemeinen Verbots der täuschenden Benutzung von Marken oder geschäftlichen Zeichen eines Mitbewerbers (Art. 5 LCCN, dazu noch unten Rdn. 561f.).

565 Bei der Bewertung, ob eine Werbung irreführend ist, folgt dass LP im Detail den in Art. 3 der Richtlinie 2006/114/EG (früher: Richtlinie 84/450/EWG) genannten **Kriterien** (s. Art. 7 LP). Das Unterlassen, wesentliche Informationen bezüglich der Identifikation oder Merkmale eines Produktes oder Dienstleistung zur Verfügung zu stellen, stellt gleichfalls unlauteren Wettbewerb dar (Art. 7 (f) LP).

566 Mit Inkrafttreten des LCPI ist die **irreführende Werbung im B2C-Verhältnis** daneben auch als irreführende Geschäftspraktik gemäß Kapitel 2, Abschnitt 1 LCPI geregelt. Das Verbot umfasst sowohl irreführende Handlungen als auch irreführende Unterlassungen wesentlicher Informationen (s. Rdn. 562).

567 **b) Vergleichende Werbung.** Die gesetzliche Grundlage der vergleichenden Werbung findet sich im Gesetz von 2008, das 2013 reformiert wurde (vgl. Rdn. 562).[875] Vergleichende Werbung ist verboten, wenn sie nicht den im Gesetz genannten Kriterien entspricht, welche wiederum mit den in Art. 4 der Richtlinie 2006/114/EG genannten Anforderungen identisch sind.

568 **c) Getarnte Werbung. Subliminale Werbung** ist gemäß Art. 6 (b) LP verboten. Sie wird in Art. 4 (d) LP definiert als jede Werbung, die Anreize enthält, welche nicht bewusst wahrgenommen werden können, jedoch das wirtschaftliche Verhalten einer individuellen Person zu beeinflussen geeignet sind. **Getarnte Werbung** kann weiter nach dem LCPI (in Umsetzung der Richtlinie 2005/29/EG) irreführende Werbung darstellen.

569 **d) Hinweise auf produkt- und medienspezifische Werberegelungen.** Kapitel 3 des LP enthält einige produktspezifische Beschränkungen und Verbote. So ist die Werbung für **Tabakprodukte** im Radio und Fernsehen, in der Presse und auf anderen Informationsträgern, wie z.B. Tickets zum öffentlichen Transport, verboten (Art. 10 LP). **Alkohol-** und Tabakwerbung ist weiter in medizinischen Einrichtungen und mehr als 200 Meter von öffentlichen Straßen untersagt (Art. 11

[873] Vgl. Fn. 869.
[874] Dazu *Cojocariu,* IRIS 2013-8:1/29.
[875] Unklar ist, inwieweit daneben noch das Werbegesetz gilt. Vergleichende Werbung ist auch hier definiert als jede Werbung, die direkt oder indirekt einen Mitbewerber oder die von ihm angebotenen Waren oder Dienstleistungen zu identifizieren geeignet ist (Art. 4 (c) LP).

LP).[876] Weitere Einchränkungen der Werbung für Alkohol- und Tabakprodukte, insbesondere wenn sie sich an Minderjährige richtet, finden sich in Art. 13 LP. Die Werbung für verschreibungspflichtige **Arzneimittel** und Psychopharmaka (Art. 14 und 17 LP) ist ebenso verboten wie die Werbung für **Waffen,** Munition und ähnliche Produkte, die die persönliche Sicherheit gefährden könnten (Art. 15 LP).

Werbung und Teleshopping im **Fernsehen und Rundfunk** sind im Gesetz zur Regelung audiovisueller Fragen (Legea audiovizualului = LA)[877] geregelt. Gemäß Art. 29 (1) LA dürfen Werbung und Teleshopping nicht der körperlichen, psychischen oder moralischen Entwicklung von **Minderjährigen** und Kindern schaden, die menschliche Würde verletzen, auf der Grundlage von Rasse, Religion, Geschlecht, Nationalität oder sexueller Orientierung diskriminieren, zu einem Verhalten, das die öffentliche Gesundheit oder Sicherheit oder die Umwelt gefährden kann, auffordern oder ein unanständiges oder unmoralisches Verhalten gut heißen. Werbung und Teleshopping, die die gesetzlich geschützten Interessen der Verbraucher verletzen, sind im Rundfunk untersagt (Art. 29 (2) LA). Im Fernsehen ist die Werbung für Zigaretten oder Tabakprodukte sowie für verschreibungspflichtige Medikamente völlig verboten (Art. 30 und 31 LA), während die Werbung für Alkohol und die an Kinder gerichtete Werbung detaillierten Beschränkungen unterliegt (Art. 32 und 33 LA). 570

e) Weitere Werberegelungen. Die **aggressiven** Geschäfts**praktiken** sind im Gesetz von 2007 geregelt (vgl. Rdn. 561).[878] Das LP statuiert eine Anzahl allgemeiner Anforderungen bezüglich der **ethischen Aspekte der Werbung.** Danach soll Werbung nicht die **menschliche Würde** und öffentliche Moral verletzen; nicht zu Hass oder Diskriminierung auf der Basis von ethnischen, nationalen, rassistischen, religiösen oder anderen Umständen aufstacheln; nicht ein Verhalten fördern, das eine Bedrohung der Sicherheit oder der Umwelt darstellt; nicht Aberglauben, Leichtgläubigkeit oder Mangel an Erfahrung oder Informationen ausbeuten (Art. 6 (a)–(g) LP). Werbung soll weiter nicht Produkte und Dienstleistungen promoten, welche unter Verstoß gegen gesetzliche Vorschriften hergestellt oder verkauft werden (Art. 6 (j) LP). Die Beschränkungen der an Kinder gerichteten Werbung in der Fernsehrichtlinie wurden in Art. 16 LP übernommen und gelten für alle Medien. 571

4. Informationsanforderungen

Kapitel 4 OPC enthält **detaillierte Informationsanforderungen.** Art. 18 OPC statuiert ein generelles Recht der Verbraucher, auf vollständige, korrekte und genaue Weise über die **wesentlichen Charakteristika** der von Händlern angebotenen Waren und Dienstleistungen informiert zu werden, damit unter Berücksichtigung der eigenen Interessen eine rationale Wahl zwischen diesen Produkten getroffen werden kann. Dieses **generelle Recht der Verbraucher** wird im Folgenden durch spezifische Anforderungen, z. B. an die Etikettierung und die Angaben von Preisen präzisiert (Art. 22 OPC i. V. m. Kapitel 7 CC).[879] 572

5. Direktmarketing, spezielle Marketingmethoden

Elektronischer Geschäftsverkehr, einschließlich kommerzielle Kommunikationen, ist durch das **Gesetz über den elektronischen Handel** (Lege privind comerţu electronic = LCE)[880] geregelt. Gemäß Art. 6 LCE ist die Werbung mittels elektronischer Post nur mit Zustimmung oder nach Aufforderung des Verbrauchers zulässig („opt in"-Grundsatz). **Haustürgeschäfte** und **Fernverkäufe** sind in getrennten Regierungsverordnungen geregelt.[881] Sie folgen im Allgemeinen den jeweiligen EU-Richtlinien, zu deren Umsetzung sie erlassen wurden. 573

---

[876] Weitere Vorschriften zur Tabakwerbung finden sich im Gesetz Nr. 349/2002 zum Schutz und zur Bekämpfung der Wirkung des Konsums von Tabakprodukten, Monitorul Oficial, Teil I, Nr. 435 vom 21. Juni 2002.

[877] Legea audiovizualului Nr. 504 vom 11. Juli 2002, Monitorul Oficial Nr. 534 vom 22. Juli 2002 mit weiteren Ergänzungen.

[878] Die Auslegung erfolgt anhand der Richtlinie 2005/29/EG (vgl. Einl. B).

[879] Die Regierungsanordnung Nr. 947 vom 13. Oktober 2000 zur Bekämpfung der Preise für zum Kauf angebotene Produkte erfolgte zur Umsetzung der EU-Preisangabenrichtlinie.

[880] Gesetz Nr. 365/2002 vom 7. Juni 2002, erneut veröffentlicht in Monitorul Oficial, Teil I Nr. 959 vom 29. November 2006.

[881] S. die Regierungsanordnung Nr. 106/20.08 zu außerhalb von Verkaufsräumen geschlossenen Verbraucherverträgen, die mit Gesetz Nr. 60 vom 16. Januar 2002 bestätigt und ergänzt wurde; die Regierungsanordnung Nr. 130/2000 zum Schutz der Verbraucher bezüglich Abschluss und Ausführung von Fernverkäufen. S. weiter die Regierungsanordnung Nr. 85/2004 zum Schutz der Verbraucher bei im Fernverkehr abgeschlossenen Finanzdienstleistungen.

6. Sales Promotion

574 **Pyramidensysteme** stellen gemäß Art. 4 (1) (c) LCCN eine Handlung unlauteren Wettbewerbs dar. Sie werden definiert als Abschlüsse von Verträgen, mit Hilfe derer ein Unternehmer Waren oder Dienstleistungen günstig zur Verfügung stellt, sofern der Käufer weitere Käufer heranschafft, mit denen der Händler ähnliche Verträge abschließen kann.

7. Herabsetzung

575 Gemäß Art. 4 (1) (e) LCCN ist die Mitteilung oder Verbreitung von **falschen Behauptungen über einen Mitbewerber** oder seine Waren oder Dienstleistung unlauterer Wettbewerb. Diese Vorschrift ergänzt das Verbot der irreführenden positiven Darstellung des eigenen Unternehmens zum Nachteil eines Mitbewerbers (Art. 4 (1) (d) LCCB).

8. Verwechslungsgefahr, Nachahmung

576 Gemäß Art. 5 (1) (a) LCCN stellt die Benutzung einer Firma, eines Emblems oder einer speziellen Bezeichnung oder Aufmachung, die geeignet ist, eine **Verwechslungsgefahr** mit der legal benutzten älteren Firma etc. eines anderen Händler hervorzurufen, ein Vergehen unlauteren Wettbewerbs dar, das mit Haft von einem Monat bis zu zwei Jahren oder einer **Geldbuße** von 20 000 bis 100 000 Lei bestraft wird. Dieselben Sanktionen bestehen für Angaben bezüglich der Herstellung, des Imports oder des Exports, der Lagerung, des Verkaufs oder des Angebots zum Kauf von Gütern, die über Patente, Herkunftsangaben oder Charakteristika von Waren bzw. den Namen des Herstellers oder Händlers andere Händler oder Verbraucher bewusst **täuschen** (Art. 5 (1) (b) LCCN).

577 Jede Erwähnung, die geeignet ist, das Publikum zu Unrecht glauben zu lassen, dass Waren aus einem bestimmten Ort, einem bestimmten Gebiet oder einem bestimmten Land stammen, wird – sofern die Produktbezeichnungen nicht generisch (geworden) sind – als **täuschende Herkunftsangabe** angesehen (Art. 5 (2) und (3) LCCN).

9. Behinderungswettbewerb

578 **Geschäftsgeheimnisse** sind nach dem LCCN geschützt. Hierunter fällt nach Art. 1 Nr. 1 (c) LCCN jede Information, die den Personen, die normalerweise mit dieser Art von Information befasst sind, ganz oder teilweise nicht allgemein bekannt oder zugänglich ist und deren Inhaber angemessene Schritte zur Geheimhaltung unternommen hat.[882] Gemäß Art. 1 Nr. 1 (b) LCCN verstößt es gegen die anständigen Gebräuche, Geschäftsgeheimnisse ohne Gestattung ihres rechtmäßigen Inhabers auf eine unlautere Weise, u. a. mittels Vertragsbruchs, Vertrauensbruch oder Verleitung zum Vertragsbruch durch dritte Parteien zu benutzen, zu offenbaren oder zu erwerben, wenn solche Praktiken die Position von Mitbewerbern auf dem Markt beeinträchtigen.

579 Die Offenbarung von Geschäftsgeheimnissen durch **Mitbewerber** oder **Angestellte** begründet einen Gesetzesverstoß und ist verwaltungsrechtlich sanktioniert (Art. 4 (c) LCCN). Offenbarung, Erwerb und Benutzung eines Geschäftsgeheimnisses stellen, wenn sie aus Handlungen der Betriebs- oder Industriespionage resultieren, ein strafrechtliches Vergehen dar, das mit Haft von sechs Monaten bis zu zwei Jahren oder einer Geldbuße bis zu 50 Mio. Lei bestraft wird (Art. 5 (e) (LCCN). Dasselbe gilt für die Offenlegung und Benutzung von Geschäftsgeheimnissen durch öffentliche Ämter innehabende Personen, die Zugang zu der Information in ihrer Eigenschaft als Repräsentant der Öffentlichkeit erlangt haben.

580 Spezielle Vorschriften regeln weiter den **Vertragsbruch durch Angestellte** oder die **Verleitung zu einem Vertragsbruch** mit dem Ziel, eigene Vorteile zu erzielen oder einem Mitbewerber Nachteile zuzufügen (Art. 4 (f)–(g) LCCN).

10. Rechtsbruch

581 Art. 66 (j) LP untersagt die Werbung für Waren und Dienstleistungen, die unter Verletzung **gesetzlicher Verbote** hergestellt oder angeboten wurden. Der Verstoß gegen gesetzliche Verpflichtungen kann als Verstoß gegen die **anständigen Geschäftspraktiken** angesehen werden und folglich eine Handlung unlauteren Wettbewerbs gegenüber gesetzestreuen Mitbewerbern darstellen.

11. Sanktionen, Verfahren

582 Verstöße gegen Art. 4 (1) (a)–(h) **LCCN** sind dem **Verwaltungsrecht** zuzuordnen und sind durch verwaltungsrechtliche Bußgelder sanktioniert. Sie werden ausgesprochen nach Beschwerden

[882] Die Auslegung erfolgt nach Art. 39 TRIPS.

betroffener Parteien, nach Ermittlungen der entsprechend bevollmächtigten Angehörigen der örtlichen Industrie- und Handelskammern oder der staatlichen Handelsinspektion. Die Beamten ordnen das Bußgeld unter Feststellung des jeweiligen Gesetzesverstoßes an (Art. 4 (4) LCCN).

Ein Gewerbetreibender, der eine Handlung unlauteren Wettbewerbs begangen hat, kann ver- **583**
pflichtet werden, das unrechtmäßige Verhalten zu beenden, die unrechtmäßige Folgen zu beseitigen und den verursachten Schaden zu erstatten (Art. 6 LCCN). **Aktivlegitimiert** sind Mitbewerber und berufliche Verbände sowie Verbraucherorganisationen. Die Rechtsdurchsetzung erfolgt mittels **privater Klagen** vor dem örtlich zuständigen Gericht.[883]

In den in Art. 5 LCCN genannten Fällen hängt die **Strafverfolgung** von der Anzeige der be- **584**
einträchtigten Partei oder einer Benachrichtigung der örtlichen Handelskammer oder irgendeiner anderen beruflichen Organisation ab, oder, im Falle einer schwerwiegenden Beeinträchtigung des Wettbewerbs von der Benachrichtigung eines zuständigen Beamten des Wettbewerbsrats (Art. 8 LCCN).

Verletzungen der Vorschriften des LP **(Werbegesetz)** ziehen, je nach Art des Verstoßes, zivil- **585**
rechtliche, verwaltungsrechtliche oder strafrechtlichen Folgen nach sich (Art. 22 LP). Personen, deren Rechte und Interessen verletzt sind, können auf Unterlassung und Schadensersatz vor den ordentlichen Gerichten klagen (Art. 23 LP).

Die Durchsetzung des LP erfolgt durch verschiedene **Verwaltungsstellen,** die die Kompetenz **586**
zur Auferlegung verwaltungsrechtlicher Bußgelder und Unterlassungsanordnungen haben. Eine zentrale Rolle spielt dabei die **Verbraucherschutzbehörde,** ANCP, welche die Verletzung einer Anzahl von verbraucherrelevanten Verboten, z.B. irreführende und vergleichende, subliminale Werbung sanktionieren kann (Art. 24 (1) (a) LP). Der **Wettbewerbsrat** wiederum ist befugt, die auf den Schutz von Mitbewerberinteressen abzielenden Regeln der vergleichenden Werbung durchzusetzen (Art. 24 (1) (b) LP i.V.m. Art. 8 (e)–(i) LP). Die örtlichen Behörden haben die Kompetenz zur Feststellung und Sanktionierung von Verstößen gegen die Regelungen der ethischen Anforderungen an die Werbung und bestimmter Beschränkungen der Tabak- und Alkoholwerbung (vgl. Art. 24 (c) LP). Die verwaltungsrechtliche Durchsetzung von Beschränkungen der Alkoholwerbung und der an Kinder gerichteten Werbung und die Werbeverbote für verschreibungspflichtige Medikamente und Psychopharmaka obliegt dem Gesundheitsministerium (Art. 24 (1) (d)). Die Fernsehwerbung schließlich wird vom Nationalrat für audiovisuelle Medien überwacht (Art. 24 (1) (e)).

Eine Anzahl von staatlichen Behörden und zugelassenen Verbraucherorganisationen haben das **587**
Recht, die Unterlassung unlauterer Praktiken, die die **kollektiven Interessen der Verbraucher** berühren, gemäß der Regierungsanordnung Nr. 1553/2004 vom 23. September 2004 über Unterlassungsanordnungen zum Schutz der kollektiven Interessen der Verbraucher zu verlangen. Die Voraussetzungen, die eine **Verbraucherorganisation** zu erfüllen hat, um die Verbraucher wirksam vertreten zu können, finden sich in Kapitel 6 OPC.

Personen und Organisationen, die ein berechtigtes Interesse an der Bekämpfung unlauterer **588**
Geschäftspraktiken i.S. d. LPCI haben, können derartige Praktiken vor den ANCP bringen. Der ANCP kann nach Überprüfung der Beschwerdeentscheidung eine gesetzliche Klage gegen einen Gewerbetreibenden, der eine unlautere Geschäftspraktik begangen hat oder vermutlich begehen wird, einleiten (Art. 10 LCPI). Mitbewerber können gleichfalls den ANCP über unlautere Geschäftspraktiken informieren. Der ANCP und die regionalen Abteilungen sowie andere mit dem ANCP verbundene Institutionen können begründete Verwaltungsanordnungen sowie Entscheidungen mit den im LCPI vorgesehenen Sanktionen treffen (Art. 12 LCPI). Der ANCP kann insbesondere die Unterlassung von unlauteren Geschäftspraktiken anordnen oder gerichtliche Schritte zur Anordnung einer derartigen Unterlassung einleiten (Art. 13 (1) (a) LCPI). Derartige Unterlassungsanordnungen und Verfahren können auch bezüglich Handlungen, die noch nicht begangen wurden, jedoch unmittelbar bevorstehen, angeordnet bzw. eingeleitet werden (Art. 13 (1) (b) LCPI). Desweiteren ermächtigt das Gesetz den ANCP, verwaltungsrechtliche Bußgelder aufzuerlegen sowie den Verletzer zur Vornahme berichtigender Angaben und Werbung zu verpflichten (Art. 13 (2) und Art. 14 LCPI).

[883] Auf unlauteren Wettbewerb gestützte Klagen sind vor dem Gericht, in dessen Bezirk die Handlung begangen wurde oder der Beklagte seine geschäftliche Niederlassung hat oder hilfsweise, wo der Beklagte seinen Wohnsitz hat, zu erheben, Art. 7 LCCN.

XXI. Schweden

Inhaltsübersicht

Rdn.
1. Rechtsquellen
2. Kurzcharakteristik des schwedischen Wettbewerbsrechts ... 589
3. Regelung der Werbung ... 598
a) Irreführende Werbung ... 598
b) Vergleichende Werbung ... 604
c) Getarnte Werbung ... 607
d) Belästigende Werbung ... 608
e) Produkt- und medienspezifische Werberegelungen (Hinweise) ... 609
f) Sonstige Werberegelungen ... 612
4. Informationspflichten ... 614
5. Direktmarketing, besondere Werbemethoden ... 616
6. Sales Promotion ... 620
7. Herabsetzung, Rufausbeutung ... 624
8. Ausbeutung fremder Leistungen, Nachahmung ... 627
9. Rechtsbruch ... 630
10. Sanktionen, Verfahren ... 631

Schrifttum: *Bakardjieva Engelbrekt,* Fair Trading Law in Flux? National Legacies, Institutional Choice and the Process of Europeanisation, 2003; *dies.,* The Scandinavian Model of Unfair Competition Law, in: Hilty/Henning-Bodewig (Hrsg.), Law Against Unfair Competition, 2007, S. 161f. (zitiert: Bakardjieva Engelbrekt 2007); *dies.,* Suède, in: Greffe/Greffe, La publicité et la loi, 11. Aufl. 2009, S. 1015–1039; *dies.,* Sweden, in: Henning-Bodewig (Hrsg.), International Handbook on Unfair Competition, 2013, S. 503; *Behrendt,* Electronic commerce in German and Swedish law, 2000; *Bernitz,* Das neue schwedische Marktgesetz – insbesondere der Schutz von Gewerbetreibenden gegen Nachahmung, GRUR Int. 1996, S. 433; *ders.,* The EC directive on comparative advertising and its implementation in the Nordic Countries especially in relation to intellectual property, 42 Scandinavian Studies in Law, 2002, S. 11; *ders.,* The Unfair Commercial Practices Directive and the Legislation Implementing it in Sweden: A Comparison, in: Lidgard (Hrsg.) National Developments in the Intersection Between IP and Competition Law, Swedish Studies in European Law, 2011, S. 241; *ders.,* Otillbörlig konkurrens, in: Bernitz, Karnell Pehrson, Sandgren (Hrsg.), Immaterialrätt och otillbörlig konkurens, 13. Aufl., Stockholm 2013; *ders.,* Svensk och europeisk marknadsrätt 2: Marknadsföringsrätten, 2013; *Dahlbeck/Koch,* Das Wettbewerbsrecht in Schweden, in: Heidelberger Kommentar zum Wettbewerbsrecht, 2. Aufl. 2004, S. 994; *Fischler/Vogel,* Schwedisches Handels- und Wirtschaftsrecht mit Verfahrensrecht, 3. Aufl. 1978, S. 168; *Keßler/Edling,* Sweden, in: Micklitz/Keßler (Hrsg.), Marketing Practices Regulation and Consumer Protection in the EC Member States and the US, 2002, S. 285; *Keyßner,* Täuschung durch Unterlassen – Informationspflichten in der Werbung, 1986; *Kur,* Das Recht des unlauteren Wettbewerbs in Finnland, Norwegen und Schweden, GRUR Int. 1996, S. 38; *dies.,* Schweden, in: Schricker (Hrsg.), Recht der Werbung in Europa, 1995; *dies.,* Die geschlechtsdiskriminierende Werbung im Recht der nordischen Länder, WRP 1995, S. 790; *Levin,* Werbung und Informationsfreiheit – die Praxis des schwedischen Marktgerichts, GRUR Int. 1987, S. 207; *dies.,* Marknadsföringslagen: en kommentar, 2014; *Nordell,* Marknadsrätten. En Introduktion, 6. Aufl. 2014; *ders.,* Marknadsrättens goodwillskydd, 2003; *Plogell,* Schweden, in: Schotthöfer (Hrsg.), Handbuch des Werberechts in den EU-Staaten, 2. Aufl. 1997, S. 527; *Svensson,* Den svenska marknadsföringslagstiftningen, 2013; *Svensson/Stenlund/Brink/Ström,* Praktisk marknadsrätt, 8. Aufl. 2010; *Treis,* Recht des unlauteren Wettbewerbs und Marktvertriebsrecht in Schweden, 1991.

1. Rechtsquellen

Marktvertriebsgesetz vom 5.6.2008 (mfl).

2. Kurzcharakteristik des schwedischen Wettbewerbsrechts

589 Die **wesentliche Grundlage** des schwedischen Wettbewerbsrechts findet sich im **Marktvertriebsgesetz** („marknadsföringslag = mfl") vom 5.6.2008.[884] Wie der Name bereits sagt, befasst sich das mfl nicht allein mit Wettbewerbshandlungen, sondern ganz allgemein „mit dem Vertrieb von oder der Nachfrage nach Produkten durch einen Gewerbetreibenden im Rahmen seiner Gewerbe-

[884] SFS 2008:486. Das Vorgängergesetz vom 27.4.1995 (SFS 1995:450 – deutsche Übersetzung GRUR Int. 1997, S. 37) wurde aufgehoben. Das mfl von 2008 ist (auf Schwedisch) über die Website des schwedischen Parlaments http://www.riksdagen.se/sv/Dokument-Lagar/Lagar/Svenskforfattningssamling/Marknadsforingslag-2008486_sfs-2008-486/?bet=2008:486 erhältlich. Einen umfassenden Überblick über das mfl geben *Kur* in: Recht der Werbung in Europa (1995) sowie *Treis* (1991) (beide beziehen sich jedoch vor allem auf das mfl 1975) sowie (auf Englisch) die Werke bzw. Beiträge von *Keßler/Edling* und *Bakardijieva Engelbrekt* (2007) und (2013); auf Schwedisch insbesondere die von *Bernitz, Levin, Nordell* und *Svensson/Stenlund/Brink/Ström.*

tätigkeit". Als **„Vertriebsmaßnahmen"** gelten dabei gemäß § 3 mfl „Werbung und andere Maßnahmen im Rahmen der gewerblichen Tätigkeit, die zur Förderung des Absatzes und des Angebots von Produkten geeignet sind", wobei die Handlungen, Unterlassungen und Verhaltensweisen von Gewerbetreibenden vor, während und nach Vertragsschluss und der Lieferung eines Produktes an Verbraucher oder Unternehmen erfasst sind und der Begriff „Produkte" auch Dienstleistungen umfasst. **Keine Vertriebspraktiken** sind demgegenüber Maßnahmen ohne kommerzielle Zielsetzung. Auf sie ist das mfl – auch wegen der **starken verfassungsrechtlichen Absicherung** der Meinungs- und Pressefreiheit im schwedischen Recht[885] – nicht anwendbar. Im Übrigen setzt das mfl jedoch **weder ein Wettbewerbsverhältnis noch eine Wettbewerbshandlung** voraus, sondern bezieht jede geschäftliche Betätigung, auch von Angehörigen freier Berufe, ein.

Die Umsetzung der **Richtlinie 2005/29/EG** hat zwar zu einem Neuerlass des Marktvertriebsgesetzes von 1995 geführt, das nunmehr in seiner Fassung vom 5.6.2008[886] gilt. Eine Änderung der bisherigen Struktur des Gesetzes ist damit jedoch nicht einhergegangen; vielmehr wurde nicht nur am Titel des Gesetzes sondern auch an seinen **Grundprinzipien festgehalten.** Auch die Ausrichtung und Interpretation des schwedischen Lauterkeitsrechts haben sich durch die Neufassung relativ wenig geändert. Ein entscheidender Grund dafür ist vielleicht, dass das schwedische Marktgesetz seinerseits stark die Richtlinie über unlautere Geschäftspraktiken beeinflusst hat,[887] so dass der Gesetzgeber ohnehin von einer weitgehenden Übereinstimmung der tragenden Grundsätze ausgegangen ist. Die Europäische Kommission hat jedoch im Jahr 2014 ein **Vertragsverletzungsverfahren** Nr. 2014/2132 wegen mangelhafter Umsetzung der Richtlinie 2005/29/EG über unlautere Geschäftspraktiken gegen die schwedische Regierung eingeleitet. In einem Mahnschreiben vom 25.9.2014 vertritt die Kommission die Auffassung, dass Schweden seine Verpflichtungen im Hinblick auf die Umsetzung der Richtlinie nicht vollständig erfüllt habe. Insbesondere wurde die fehlende Definition einiger zentraler Begriffe, wie zum Beispiel des Begriffs der „beruflichen Sorgfalt", sowie die Nichtübereinstimmung einiger Bestimmungen des mfl mit denen der Richtlinie, kritisch bewertet (siehe unten Rdn. 592, 593 und 608). **590**

Im Gegensatz zur Richtlinie bezweckt das Gesetz, wie § 1 mfl betont, einen **integrierten Schutz der Interessen von Mitbewerbern und Verbrauchern** vor einem unlauteren Marktvertrieb. Weder der Ausdruck „Geschäftspraktiken" der Richtlinie noch deren Beschränkung auf B2C-Verhältnisse wurden also übernommen. Vielmehr wurde der Anwendungsbereich der neuen, aus der Richtlinie stammenden Bestimmungen, auf B2B-Verhältnisse ausgedehnt. Auf die „blacklist" der Richtlinie wird in § 4 mfl verwiesen. Die „blacklist" ist jedoch ins Gesetz nicht übernommen, sondern in Form einer eigenständigen Bekanntmachung veröffentlicht worden.[888] Die dort genannten Tatbestände gelten für alle Marktteilnehmer gleichermaßen. **591**

Von **zentraler Bedeutung** ist nach wie vor die **Generalklausel.** Gemäß § 5 mfl muss der Marktvertrieb mit den **guten Vertriebssitten** übereinstimmen. Gemäß der Definition in § 3 Abs. 3 mfl sind hierunter zu verstehen „gute Geschäftspraktiken sowie die Beachtung aller Normen zum Schutz der Verbraucher und Gewerbetreibenden beim Marktvertrieb von Produkten". **Die Definition der Richtlinie („berufliche Sorgfalt" etc.) wurde bewusst in den Gesetzestext nicht übernommen,** sondern nur in den Vorarbeiten zum mfl erwähnt.[889] Diese Umsetzungsmethode ist seitens der Europäischen Kommission scharf als mangelhaft kritisiert worden. Die Kritik wurde jedoch von der schwedischen Regierung unter Hinweis auf die Gesetzgebungstradition, bereits etablierte Konzepte und die Implementierung in den Vorarbeiten zurückgewiesen.[890] **592**

Für das schwedische Recht neu ist daher allenfalls die explizite Regelung der Relevanz in § 6 mfl, wonach das unlautere Marktverhalten geeignet sein muss, sich spürbar auf das wirtschaftliche

---

[885] Das Marktgericht hat z. B. die Anwendung des mfl auf die geschlechtsdiskriminierende und schockierende Werbung abgelehnt, s. Rdn. 613. Zur Frage der Einwirkung des Verfassungsrechts auf den Rechtsschutz vgl. insbesondere *Levin,* GRUR Int. 1987, S. 207 f. Vgl. MD 2007:31 – *Greenpeace.* Verschiedene Drucksachen und Materialien in welchen Greenpeace sich gegen die Anwendung des Begriffes „kohlendioxidfrei" einsetzte, wurden nicht als Marktvertrieb, und deshalb als außerhalb des Anwendungsbereichs des mfl, gesehen. Siehe Levin, 2014, S. 22 f.; vgl. Bernitz, Marknadsföringsrätten (2013), 59 f. mit weiteren Hinweisen.

[886] S. Fn. 849.

[887] Vgl. *Bakardjieva Engelbrekt* (2007), S. 161 mit Nachweisen; z. T. wird von einer „swedisation" des unionsrechtlichen Verbraucherschutzes gesprochen.

[888] S. Bekanntmachung (2008:487) anlässlich der Reform des Marktvertriebsgesetzes (2008:486).

[889] Prop. 2007/08:115, S. 70.

[890] Siehe Mahnschreiben der Europäischen Kommission vom 25.9.2014, C(2014) 6679 final; vgl. Schreiben der schwedischen Regierung an der Europäischen Kommission vom 24.11.2014, Ju 2014/6168/KO mit Hinweise u.a. auf MD 2010:31, wo der Marktgericht die Werbung für Investmentfonds als unlauter beurteilte, weil der Werbenden das von ihm zu erwartende Niveau der beruflichen Sorgfalt nicht beobachtet hatte.

Verhalten der Adressaten – also im Gegensatz zur Richtlinie Verbraucher und Gewerbetreibende – auszuwirken. Im Schrifttum wird dieses Erfordernis als „Transaktionstest" bezeichnet.[891] Auch wenn schon bislang eine derartige Relevanz gefordert wurde, hat die ausdrückliche Statuierung dieses Erfordernisses eine Diskussion ausgelöst, ob die Änderung zu einer weniger strengen Handhabung des Verbots der Irreführung (dazu Rdn. 600) führen würde.[892] Ein Blick auf die Rechtsprechung nach Inkrafttreten des mfl 2008 zeigt jedoch, dass dem Relevanzerfordernis nur begrenzte Bedeutung beigemessen wird. Die Beurteilung erfolgt typischerweise in zwei Stufen, wobei zunächst das Vorliegen einer unlauteren oder irreführenden Geschäftspraxis festgestellt wird und erst danach die Auswirkung auf das wirtschaftlichen Verhalten der Adressaten geprüft werden. Letzere Prüfung wird eher routinemäßig durchgeführt und die Gerichte haben in der Regel kein Problem, dieses Kriterium als erfüllt anzusehen.[893]

593 Nach wie vor werden zur **Auslegung** der Generalklausel die Verhaltensregeln der Internationalen Handelskammer **(ICC-Kodex),**[894] die Vorarbeiten zum mfl[895] sowie die Entscheidungen des Marktgerichts[896] und die **Richtlinien des Konsumentenombudsmanns**[897] herangezogen. Die Tragfähigkeit der Vorarbeiten zum mfl als Auslegungsgrundlage wurde jedoch, wie bereits erwähnt, von der Europäischen Kommission stark in Frage gestellt. Neuerdings wird der Rechtsprechung des EuGH sowie den Leitlinien der Kommission zur Umsetzung und Anwendung der Richtlinie als Auslegungshilfe steigende Bedeutung beigemessen.[898] Im Schrifttum wird das Prinzip der richtlinienkonformen Auslegung hervorgehoben.[899] Im Übrigen wird bei der Auslegung der Generalklausel stark das ethische Moment betont, insbesondere die **soziale Verantwortung** der Anbieter gegenüber der Marktgegenseite.

594 Die Generalklausel wird ergänzt durch eine Anzahl von **Einzeltatbeständen:** aggressiver Marktvertrieb (§ 7), irreführender Marktvertrieb (§§ 8–12 mfl), Identifizierbarkeit der Werbung (§ 9 mfl), irreführende Verpackungsgrößen (§ 13), irreführende Nachahmung von Produkten (§ 14), Konkurswarenverkäufe, Ausverkäufe, Sonderverkäufe (§§ 15–17), vergleichende Werbung (§ 18), Werbung mit Garantien (§ 22) und unerbetene Werbung (§ 19).

595 Die Vorschriften zur Durchsetzung des Marktvertriebsgesetzes 2008 finden sich in den §§ 23 ff. mfl. Wie bereits die Vorgängergesetze ist auch das mfl 2008 vorwiegend **zivilrechtlich sanktioniert.** Bei der Rechtsdurchsetzung kommt – neben den einzelnen Unternehmen – dem **Konsumentenombudsmann zentrale Bedeutung** zu. Er hat weitreichende und breit gefächerte Befugnisse (s. Rdn. 633), erledigt insbesondere einen Großteil der Streitigkeiten im außergerichtlichen (informellen) Beanstandungsverfahren.

596 § 1 mfl nennt einige **Gesetze,** die das **mfl ergänzen.** Von Bedeutung sind insbesondere das E-Handelsgesetz (lag om elektronisk handel och andra informationssamhällets tjänster = ehl) vom 6.6.2002, das Distanz- und Haustürgeschäftsgesetz (distanz- och hemförsäljningslagen = dhfl) vom 24.2.2005 und das Rundfunk- und Fernsehegesetz (radio- och TV lagen = rtvl) vom 17.6.2010. Auch das Preisinformationsgesetz von 2004, das Lebensmittelgesetz von 2006, das Arzneimittelgesetz von 1992, das Tabakgesetz von 1993, das Alkoholgesetz von 2010, das Verbraucherkreditgesetz von 2010 und das Versicherungsgesetz von 2005 spielen in der Praxis eine große Rolle. Einige Vor-

---

[891] Steen, Genomsnitsskonsumentens snedvridna ekonomiska beteende – konsekvenser av svenskt införlivande av direktivet om otillbörliga affärsmetoder, ERT 2009, Nr. 4, S. 617 f.; vgl. *Nordell,* Transaktionstestet och dess tillämpning i Marknadsdomstolens praxis, NIR 2011, Nr. 6, S. 548 f.

[892] Siehe, Steen, op. cit.

[893] *Nordell* ist sogar der Meinung, dass das Relevanzerfordernis in der Rechtsprechung des Marktgerichts marginalisiert werden. Vgl. *Nordell,* Transaktionstestet och dess tillämpning i Marknadsdomstolens praxis, NIR 2011, Nr. 6, S. 548 f; vgl. *Bernitz,* Marknadsföringsrätten, S. 84.

[894] Aktuelle Fassung erhältlich unter http://www.iccwbo.org/.

[895] Siehe Prop. 2007/08:115.

[896] S. Konsolidierter Kodex der ICC Praxis der Werbe- und Marketingkommunikation 2011, erhältlich auf http://www.iccgermany.de/fileadmin/ICC_Dokumente/Marketing/ICC_Kodex_Marketing_Deutsch.pdf. Die Rechtsprechung des Marktgerichts ist seit 2000 über der Website des Gerichts abrufbar: hrrp.//www.marknadsdomstolen.se.

[897] Der Konsumentenombudsmann steht dem Verbraucheramt vor. Die Richtlinien des Verbraucheramtes – seit 2008 in „allmänna råd" (allgemeine Hinweise) umbenannt, um den unverbindlichen Charakter zu betonen – sind bis 1994 z. T. abgedruckt bei *Kur,* Recht der Werbung in Europa; aktuell auf Schwedisch erhältlich unter http://publikationer.konsumentverket.se/sv/publikationer/regler/.

[898] Zum Beispiel weist der Marktgericht in seinem Urteil MD 2012:4 *KO v Tele2* auf den Leitlinien der Kommission zur Umsetzung/Anwendung der Richtlinie 2005/29/EG über unlautere Geschäftspraktiken (SEK(2009) 1666, S. 60 f.) hin; vgl. Schreiben der schwedischen Regierung an der Europäischen Kommission vom 24.11.2014, Ju 2014/6168/KO, S. 2.

[899] *Bernitz,* Marknadsföringsrätten, 2013, S. 53; *Levin,* Marknadsföringslagen, 2014, S. 5 f.

schriften des mfl grenzen an die Regelungen zum **Schutz des geistigen Eigentums**[900] an. Auch kartellrechtliche Wertungen können indirekt eine Rolle spielen.[901]

Insgesamt zeichnet sich das Wettbewerbsrecht in Schweden durch einen **hohen Schutzstandard** aus. **597**

3. Regelung der Werbung

a) Irreführende Werbung.[902] Der irreführende Marktvertrieb ist in den §§ 8 ff. mfl geregelt. **598** Diese Tatbestände, die sowohl im Verhältnis zum Verbraucher als auch im Verhältnis der Gewerbetreibenden untereinander gelten, wurden 2008 neu gefasst. Damit sind jedoch keine bedeutenden inhaltlichen Änderungen erfolgt. Möglicherweise wurde dem Relevanzerfordernis (Rdn. 602), d.h. dem Transaktionstest, in der neueren Rechtsprechung des Marktgerichts größere Bedeutung beigemessen.[903] **Spezifische Irreführungstatbestände** finden sich für irreführende Verpackungsgrößen, § 13 mfl, irreführende Nachbildung, § 14 mfl, Konkurswarenverkauf, § 15 mfl, Schlussverkäufe etc., §§ 16, 18 mfl. Zu beachten sind weiter die (nicht bindenden) Richtlinien des Konsumentenombudsmanns über Preisinformation.[904]

Das Irreführungsverbot wird traditionell weit verstanden. Es umfasst das direkte oder indirekte **599** Vermitteln eines falschen Eindrucks über geschäftliche Verhältnisse. Bei der Bestimmung der **Eignung zur Irreführung** stellt die schwedische Rechtsprechung stark auf die **Adressatengruppe,** die **Art des Produktes** und die **konkrete Verkaufssituation** ab. Je sensibler die Adressatengruppe (z.B. Jugendliche, Kranke), je wichtiger das Produkt für sie ist (Gesundheit, Sicherheit, Umwelt etc.) und je weniger die Erwerbssituation zu einer intensiven Befassung mit der Werbung einlädt (Allerweltsprodukt, Vertrieb über Selbstbedienungsläden etc.), desto höher sind auch die Anforderungen an Wahrheit, Klarheit und Eindeutigkeit der Werbung.[905]

Obwohl das neue mfl den Begriff „Durchschnittsverbraucher" nicht ausdrücklich anwendet, ist **600** dieser Begriff schon aus den Vorarbeiten zum ersten Marktvertriebsgesetz vom 1970 bekannt. Die Bedeutung des Begriffes wird in den Vorarbeiten zum neuen mfl 2008 hervorgehoben.[906] Das Marktgericht ist mit der Rechtsprechung des EuGH zum Durchschnittsverbraucher gut vertraut und orientiert sich bei der Beurteilung von Unlauterkeit und Irreführung am Maßstab des angemessen gut unterrichteten und angemessen aufmerksamen und kritischen Durchschnittsverbrauchers.[907] Wenn eine Geschäftspraxis an Gewerbetreibende gerichtet ist, wird stattdessen der durchschnittliche Abnehmer/Kunde als Maßstab genommen.[908]

---

[900] Zur Abgrenzung *Bakardjieva Engelbrekt* (2007), S. 169 ff. Ein Überblick über das schwedische Recht des gewerblichen Eigentums findet sich bei *Levin,* Lärobok i immaterialrätt, 10. Aufl. 2011 und *Bernitz/Karnell/Pehrson/Sandgren,* Immaterialrätt, 13. Aufl. 2013; speziell zum Markengesetz vgl. *Wessman,* Varumärkeskonflikter, 2002. Auf Deutsch (mit zahlreichen weiterführenden Hinweisen) zum Recht der nicht eingetragenen Kennzeichen *Lunell,* in: Schricker/Bastian/Knaak (Hrsg.), Gemeinschaftsmarke und Recht der EU-Mitgliedstaaten, 2006, S. 532; zum schwedischen Urheberrecht vgl. *Möhring/Schulze/Ulmer/Zweigert* (Hrsg.), Quellen des Urheberrechts, Band. 4.

[901] Zum schwedischen Kartellgesetz von 1993 vgl. insbesondere *Bernitz,* Den svenska konkurrenslagen, 1996; Nach der amtlichen Begründung SOU 1993:59, S. 198 soll die Auslegung des mfl nicht zu Wettbewerbsbeschränkungen führen. Ein neues Kartellgesetz ist am 1.11.2008 in Kraft getreten. Zum neuen Gesetz vgl. *Bernitz,* Svensk och europeisk marknadsrätt. 1, Konkurrensrätten och marknadsekonomins rättsliga grundvalar, 4. Aufl. 2015; zur Abgrenzung siehe auch *Bakardjieva Engelbrekt* (2007), S. 168.

[902] Ausführlich zum Irreführungsrecht nach dem mfl 1995 *Kur,* Rdn. 65 ff.; *Bakardjieva Engelbrekt* (2007), S. 173.

[903] *Nordell,* Transaktionstestet och dess tillämpning i Marknadsdomstolens praxis, NIR 2011, Nr. 6, S. 548 f.

[904] KOVFS 2012:01 Konsumentverkets föreskrifter om prisinformation.

[905] Siehe MD 2006:27 – *Antula Healthcare,* MD 2009:41 – *Alternativa Hälsokliniken* und MD 2014:13 – *KO/JM Sales and Marketing* wonach die Anforderungen an die Klarheit und Wahrheit besonders streng bei der Publikumswerbung für Gesundheitsprodukte sind; vgl. MD 2011:12 – *KO/Mercedes Benz* und MD 2011:13 – *NPT Sweden,* strenge Standards bei umweltbezogene Werbung. Siehe MD 2012:14 – *KO v. Stardoll,* Werbung die an Minderjährige gerichtet ist, soll besonders hohen Standards entsprechen. Demgegenüber unterliegt die an andere Unternehmer gerichtete Werbung geringeren Anforderungen, vgl. MD 2007:1 – *Layher,* Werbung für Baugerüste; vgl. Marktgericht MD 2006:22 – *LPAB,* Werbung für Faltwände; siehe auch MD 2011:27 – *Carl Malmsten,* die Adressatengruppe besteht aus Verbrauchern mit gewissem Interesse für Design; ausführlich zum Verbraucherleitbild s. Bernitz, Marknadsföringsrätten, 2013, S. 77 f.

[906] Prop. 2007/08:115, S. 66 f.

[907] Siehe MD 2012:4 – *KO v Tele2 AB & Hi3G Access AB,* vgl. Schreiben der schwedischen Regierung, Ju2014C/6167/KO, 2.

[908] Siehe MD 2008:5 – *Eniro/Infomaster;* man konnte davon ausgehen, dass der durchschnittliche Abnehmer/Gewerbetreibende angemessen gut unterrichtet und angemessen aufmerksam war, sowie berufliche Kompetenz und Erfahrung in seinem Wirksamkeitsgebiet besaß.

Die Rechtsprechung geht von einem eher **flüchtigen Betrachter** oder Leser aus, der vor allem auf die Richtigkeit von **blickfangmäßig hervorgehobenen Angaben** vertraut.[909] Auch Fachleuten könne nicht zugemutet werden, einen längeren Text bis zu Ende zu lesen, um einen korrekten Gesamteindruck zu gewinnen.[910] Kleingedruckte Aufklärungen („disclaimer"), z.B. auf einer Verpackung, würden in der Regel keine Beachtung finden.[911] Irrelevante **„werbemäßige Übertreibungen"** wurden nur selten bejaht.[912] In neueren Entscheidungen wurde z.T. ein weniger strenger Maßstab angelegt.[913] Die Erwartungen, dass diese Tendenz durch die ausdrückliche Regelung der Relevanz in § 6 des Marktvertriebsgesetzes 2008 verstärkt werden würde, haben sich jedoch nicht erfüllt (s. Rdn. 592). Auszugehen dürfte vielmehr davon sein, dass das **schwedische Recht gerade im Bereich der Irreführung nach wie vor streng** bleibt.[914] Im Schrifttum wird die strenge Haltung in Bezug auf Superlative und Übertreibungen sowie die bescheidene Bedeutung des Relevanzerfordernisses als mit der Richtlinie 2005/29 wenig übereinstimmend kritisiert.[915]

601 Auch die **Irreführung durch Unterlassen** ist in §§ 10 Abs. 3 mfl nunmehr ausdrücklich geregelt. Änderungen gegenüber der früheren Rechtslage dürfte dies nicht bewirken, da gemäß § 4 Abs. 2 des mfl 1995 bereits weitreichende **Informationspflichten** bestanden, unter die Unterlassungsfälle subsumiert wurden (s. Rdn. 614).[916] In Übereinstimmung mit der Richtlinie legt § 11 mfl fest, dass eventuelle räumliche oder zeitliche Beschränkungen des für die Geschäftspraxis verwendeten Kommunikationsmediums bei der Entscheidung darüber, ob Informationen vorenthalten wurden, zu berücksichtigen sind.[917]

602 Gemäß § 6 mfl muss die irreführende Angabe geeignet sein, spürbare **Auswirkungen auf das kommerzielle Verhalten** der Werbeadressaten zu haben. In der Praxis wurde dieser Aspekt bislang

---

909 Siehe MD 2006:23 – *Specavers;* Bei Werbung, die an die Allgemeinheit gerichtet ist, ist zu beachten, dass sie eher schnell gelesen wird; sie muss auch dann einen korrekten Eindruck geben. Aus der älteren Rechtsprechung vgl. etwa Marktgericht MD 1975:20 – *Philips.* Vgl. weiter das Urteil des Marktgerichts vom 31.10.2000, MD 2000:25 – *Hästens Sängar.* Im konkreten Fall wurde die Irreführungsgefahr verneint, weil die Verbraucher bei dem konkreten Produkt (Matratzen) eher bereit seien, auf Feinheiten der Werbung zu achten. In der neueren Rechtsprechung wird vom „Durchschnittskunden" gesprochen, MD 2007:12 – *Synsam.*

910 Marktgericht MD 1977, 8, S. 432 – *Expressen.*

911 Ein klein gedruckter Hinweis auf die Herkunft aus Schweden auf einer ansonsten nur englische Ausdrücke aufweisenden Bierdose vermag z.B. den irreführenden Hinweis auf die geographische Herkunft nicht zu relativieren, vgl. Marktgericht GRUR Int. 1983, 211 – *Louis Light.*

912 Dies gilt selbst für Werbesprüche wie „sensationell" (MD 1975, 24 – *T J Vaba*); „hypereffektiv" (MD 1975, 7 – *Import-Export AB* für Feuerlöscher) etc. Auch in der jüngeren Rechtsprechung werden Übertreibungen wie „Sie kontaktieren fast das ganze Internet-Schweden mit einer Werbung bei Autobytel" (MD 2005:16) und „garantiert zufrieden" als irreführend verboten, weil die Verbraucher sie als Versprechen einer besonderen Garantie auffassen (MD 2003:32 – *Axel Optik*); anders MD 1989, 28 – *Statens Invandraverk.* (Der Werbespruch „Verantwortung und Qualität" wurde nicht als unlauter angesehen, da nicht auf konkrete Verhältnisse hinweisend.). Siehe auch MD 2007:11 – *Manpower,* Behauptungen wie „das größte Rekrutierungsunternehmen" und „leitende Marktstellung" wurden wegen mangelnder Beweise als irreführend untersagt.

913 Vgl. z.B. MD 2003:3 – *Ryanair.* Ausdrücke wie „ausgewählte Flugreisen" und „das Angebot unterliegt gewissen Begrenzungen" im Zusammenhang mit der Werbung für preiswerte Flugreisen wurden mit Hinweis auf den „verständigen Durchschnittsverbraucher" als ausreichend angesehen, um eine Irreführung über die Vorteile des Angebots insgesamt auszuschließen. Siehe auch MD 2010:28 – *L'Oreal.* Die Werbeaussage, eine Hautcreme sei „die Quelle einer gesunden Haut" würde als eine nicht wörtlich zu nehmende Behauptung akzeptiert unter ausdrücklicher Bezugnahme auf Art. 5(3) der Richtlinie über die unlauteren Geschäftspraktiken, wo bestätigt wird, dass solche Behauptungen und Übertreibungen einen Teil der üblichen und rechtmäßigen Werbepraxis darstellen und von der Richtlinie unberührt bleiben.

914 Ein Widerspruch zum Leitbild des EuGH wurde darin bislang nicht gesehen. Der Marktgericht hat z.B. die Werbebehauptung einer Telekommunikationengesellschaft, man garantiere „die beste Netzabdeckung" als unlauter angesehen, MD 2009:14 – *TeliaSonera;* gleichermaßen die Behauptung, einer Unterhaltungs- und Haushaltselektronikkette, man sei „in allem am billigsten", MD 2009:38 – *Elgiganten*; und auch die Werbung für ein Auto als „das sicherste der Welt", MD 2010:8 – *Volvo*; MD 2013:16 – *Bauhaus,* „wo bessere Produkte weniger kosten".

915 Siehe *Bernitz,* Marknadsföringsrätten, 2013, S. 93.

916 Siehe, aus der neueren Rechtsprechung des Marktgerichts, MD 2009:29 – *Expert,* Unterlassung von Information über den effektiven Jahreszinssatz beim Kreditkauf; MD 2010:14 – *KO/TeliaSonera*: Unterlassung von wichtigen Informationen bei Werbung für Mobilfunkverträge.

917 Siehe MD 2009:29 – *Expert*: ein Werbeplakat, das über die Möglichkeiten zum Kreditkauf informierte, wurde nicht als ein Kommunikationsmedium, das räumliche und zeitliche Beschränkungen im Sinne des § 11 mfl auferlegte, angesehen.

selten problematisiert, zumal Verbraucherombudsmann und Marktgericht die Irreführungsgefahr i. d. R. kraft eigener Einschätzung feststellen.[918]

Bereits im außergerichtlichen Verfahren obliegt dem Werbenden gegenüber dem Ombudsmann die **Pflicht zur Substantiierung aller Angaben** und zur Vorlage von Waren etc. zum Zwecke der Untersuchung, § 42 mfl. Darüber hinaus entspricht es h. M., dass der Werbende für alle tatsächlichen Angaben beweispflichtig ist.[919] 603

b) Vergleichende Werbung. Die „korrekte" vergleichende Werbung war in Schweden von jeher zulässig.[920] Gleichwohl hat der schwedische Gesetzgeber mit Wirkung zum 1.5.2000 zunächst in § 8a mfl 1995, dann in § 18 des mfl 2008 eine Sonderregelung aufgenommen. Sie entspricht in **Aufbau und Inhalt weitgehend der Richtlinie 97/55/EG (jetzt Richtlinie 2006/114/EG).** Die **Identifizierbarkeit** eines oder mehrerer Konkurrenten genügt;[921] an dieser fehlt es, wenn es sich nicht um konkurrierende Produkte handelt.[922] **Systemvergleiche** etc. sind jedoch etwa denselben Beurteilungsgrundsätzen unterworfen wie identifizierende Produktvergleiche. 604

Das schwedische Recht beurteilt die vergleichende Werbung vor allem unter dem Gesichtspunkt der **Wahrheit und Korrektheit.** Der Vergleich nur einzelner Aspekte ist zwar zulässig, muss jedoch offengelegt werden und der Gesamteindruck darf die Situation nicht „schief" wiedergeben.[923] Den vergleichend Werbenden trifft die **Beweislast für alle tatsächlichen Behauptungen.**[924] **Übertreibende Darstellungen** haben zu unterbleiben. **Herabsetzende,**[925] lächerlich machende oder rufausbeutende Äußerungen über die Konkurrenten entsprechen bereits nicht den „guten Marktvertriebssitten".[926] 605

Auch **Preisvergleiche** sind nur zulässig, wenn die jeweiligen Preise tatsächlich **aktuell gefordert** werden und der Preis des Vergleichenden **nicht ein Sonderangebotspreis** oder spezieller Preis ist (der mit dem regulären Preis der Konkurrenz verglichen wird).[927] Im Übrigen ist gerade bei Preisvergleichen dem Entstehen eines irreführenden Gesamteindrucks (z. B. über die Preiswürdigkeit insgesamt) durch hinreichende Informationen vorzubeugen.[928] 606

---

[918] Über die relativ bescheidene Bedeutung der Relevanzkriterien im mfl 2008 siehe oben Rdn. 592 und 600. Zur Anwendung von demoskopischen Umfragen als Beweis im skandinavischen Marken- und Marktvertriebsrecht s. *Viken, Monica,* Markedsundersøkelser som bevis i varemerke- og markedsføringsrett, Gyllendal, 2012.

[919] So hat z. B. das Marktgericht (MD 1994:15 – *Novaglass*) Behauptungen wie „absolut dicht" und „die besten Dichtwerte auf dem Markt" (bezüglich Dachmaterial) als irreführend untersagt, weil der Werbende sie nicht belegen konnte. Siehe auch MD 2014:8 – *KO v Handelsbolag D-service.* Behauptungen, dass ein Produkt positive Effekte für die Gesundheit aufweise, sind als irreführend anzusehen, wenn diese von den Werbenden nicht belegt werden können; s. auch die in Fn. 912 zitierten Entscheidungen.

[920] Ausführlich dazu *Kur* (Fn. 884), Rdn. 162 ff.; *Bernitz,* in: 42 Scandinavian Studies in Law, 2002, S. 11 ff.

[921] Vgl. MD 1996:98 – *Pagema.* Ein Filzstift der Marke „Standford Magnum 44" wurde mit einem anderen „auf dem Markt bekannten Marker" verglichen. Das Marktgericht bejahte einen Werbevergleich; dieser wurde verboten, weil die Behauptungen der Überlegenheit nicht belegt werden konnten. Dagegen wurden Behauptungen wie „die besten Marktgarantien" und „der beste Service" für Arbeitsvermittlungsunternehmen nicht als vergleichende Werbung qualifiziert, weil diese Behauptungen weder zu einer direkten noch zu einer indirekten Identifizierung eines Wettbewerbers führten. Die Werbung wurde doch als irreführend beurteilt, s. MD 2010:18 – *Manpower.* Ähnlich MD 2010:9 – *Mars/Lantmannen Doggy*: Behauptungen, dass einheimisch (in Schweden) produziertes Tierfutter besser als importiertes Futter war, enthielten keine zureichende Identifizierung eines Konkurrenten.

[922] Vgl. MD 2002:20 – *Champagne.* Die Bezeichnung „Joghurt mit Champagnergeschmack" wurde nicht als vergleichende Werbung gemäß § 8a mfl 1995 angesehen, jedoch wegen unzulässiger Rufausbeutung auf der Grundlage der Generalklausel untersagt.

[923] MD 2006:33 – *Infonet/Infosoc.* Es wurde betont, dass das korrekte Gesamtbild der vergleichenden Werbung von großer Bedeutung sei. Wenn nur Einzelaspekte verglichen werden, muss dies offenkundig sein oder offengelegt werden.

[924] MD 2005:32 betraf eine vergleichende Werbung bezüglich Preis und Qualität. Der Werbende konnte nicht beweisen, dass diese Werbeaussagen wahr waren und wurde deshalb wegen irreführender Werbung verurteilt. Siehe auch MD 2010:6 – *KPA Pensionsförsäkring* (irreführender Vergleich bei Werbung von Rentenversicherungen).

[925] MD 2003: 29 – *Motor AB* (Kritisierender Vergleich zwischen Pendelzugfahren und Autofahren).

[926] MD 2003:33 – *Ryanair;* MD 2003:32 – *Axet Optik.*

[927] MD 2003:33 – *Ryanair.* Der Fluggesellschaft „Ryanair" wurden Preisvergleiche ohne deutliche Angabe, dass der Preisvergleich sich nicht auf die Niedrigpreistickets der verglichenen Fluggesellschaften bezieht, verboten.

[928] S. die in den vorstehenden Fn. angegebenen Entscheidungen. Siehe auch MD 2007:12: Das Marktgericht hat die Werbeaussage „bis zu 50% niedrigerer Preis" als unlauter angesehen, da diese nur auf einige Produkte des Werbenden (im Vergleich zu konkurrierenden Produkten) zutraf. Mit Urteil MD 2007:15 wurde auch die Werbeaussage „Wir haben nicht nur niedrigere Preise" verboten, da die Preise tatsächlich nicht niedriger als die der Konkurrenz waren. Als zulässig wurde dagegen angesehen, den Internetverkauf als günstiger als dem Ladenverkauf hinzustellen, da hier typischerweise niedrigere Operationskosten anfallen.

607 **c) Getarnte Werbung.** Gemäß § 9 mfl müssen – medienübergreifend – Ausgestaltung und Präsentation einer jeden (eindeutig[929]) kommerziellen Zwecken dienenden Vertriebsmaßnahme so erfolgen, dass **kein Zweifel über den kommerziellen Charakter** entstehen kann. Weiter ist der für die Vertriebsmaßnahme **Verantwortliche anzugeben.** Daneben bestehen **spezielle Vorschriften für einzelne Medien,** s. Rdn. 610f. Ergänzend greift stets die **Generalklausel** des § 5 mfl ein.[930]

608 **d) Belästigende Werbung.** Die Belästigung von Abnehmern zu Vertriebszwecken galt schon bisher als Verstoß gegen die **Generalklausel** des Marktvertriebsgesetzes[931] und ist infolge der Umsetzung von Art. 8, 9 der Richtlinie 2005/29/EG nunmehr auch in § 7 mfl unter dem Gesichtspunkt des aggressiven Marktvertriebs geregelt. Dieses Verbot gilt auch im B2B-Verhältnis. Durch eine Gesetzesänderung, die am 1. März 2016 in Kraft treten soll, werden die Tatbestände des aggressiven Marktvertriebs im mfl in bessere Übereinstimmung mit den entsprechenden Bestimmungen der Richtlinie gebracht (s. § 7a mfl).[932]

609 **e) Produkt- und medienspezifische Werberegelungen (Hinweise).**[933] Für **Lebensmittel** und **Heilmittel**[934] sowie sonstige Gesundheitsprodukte bestehen eingehende Werberegelungen. Gleiches gilt für die Werbung für **Alkohol.**[935] Nach dem Alkoholgesetz[936] ist die Werbung im Radio und Fernsehen stets, bei einem Alkoholgehalt über 15%[937] auch in den Printmedien verboten.[938] Die Werbung für Tabakprodukte ist nach dem **Tabakgesetz**[939] außerhalb des „point of sale" unzulässig. Die Verbote für Alkohol und Tabakwaren gelten auch für die Werbung mit anderen Produkten, wenn der Verdacht der **Umgehung** nahe liegt.

610 Die Werbung in der **Presse** ist nicht spezialgesetzlich geregelt.[940] Eine ausführliche Regelung hat demgegenüber die Werbung im **Rundfunk und im Fernsehen** erfahren.[941] Sie betont (zusätzlich zu den von der Fernsehrichtlinie vorgeschriebenen Aspekten) insbesondere den Schutz von **Kin-**

---

[929] Das mfl ist nicht auf Darstellungen und Äußerungen anwendbar, die vorwiegend nichtkommerziellen Zwecken dienen. Vor dem Hintergrund der starken Betonung der Meinungs- und Pressefreiheit werden nur Darstellungen mit eindeutig kommerziellem Charakter nach dem mfl beurteilt, s. Marktgericht MD 1987:27 – *Radoninstitutet*; *Kur,* Rdn. 192ff.

[930] Vgl. *Keßler/Edling,* S. 288; zum Product Placement s. den in MD 1992: 19 – *Hempel Färg* entschiedenen Fall. Vgl. auch MD 2006, 15: die Werbung auf der ersten Seite der Zeitung darf nicht durch ihr Layout, grafische Gestaltung oder Inhalt dem Zeitungstext gleichen. Vgl. auch *Nordell,* Marknadsföringens öpperhetskrav – reklamidentifiering och sändarangivelse, SvJT 1999, S. 846ff. Nach dem Urteil MD 2007:15 müssen die Werbung als solche und der Werbende durch das Werbematerial erkennbar sein.

[931] *Kur,* Rdn. 175ff.

[932] Prop. 2015/16:46, Ändring i reglerna om aggressiv marknadsföring.

[933] Ausführlich *Bakardjieva Engelbrekt* in: Greffe/Greffe (Hrsg.), 2009, S. 1015ff.

[934] Zur Heilmittelwerbung vgl. *Kur* (Fn. 848), Rdn. 358ff.; die einschlägigen Vorschriften sind im Anhang abgedruckt. Ein neues Heilmittelgesetz ist am 1. 1. 2016 in Kraft getreten (läkemedelslag, 2015:315). Siehe MD 2006:27. Die Werbung für Heilmittel darf nicht den Eindruck einer heilenden Wirkung bei anderen als den zugelassenen Indikationen erwecken. Nunmehr ist eine solche Geschäftspraktik auch auf der Grundlage der „black list", der Richtlinie unter allen Umständen ausdrücklich untersagt (s. p. 17 Richtlinie: Falsche Behauptung, ein Produkt könne Krankheiten, Funktionsstörungen oder Missbildungen heilen), vgl. MD 2014:13 – *JM Sales and Marketing.*

[935] Dazu *Kur,* Rdn. 391ff.; *Bakardjieva Engelbrekt* (2003), S. 535ff.; *Bakardjieva Engelbrekt* (2013).

[936] Alkoholwerbung wurde bis 1.1.2000 im Alkoholvertriebsgesetz (1978, 763) geregelt (abgedruckt bei *Kur,* Anhang). Nunmehr sind die Vorschriften über Alkoholvertrieb in Kap. 7 §§ 1–10 Alkoholgesetz (SFS 2010, 1622), zu finden; dazu auch *Keßler/Edling,* S. 297.

[937] Siehe auch den Fall MD 2006:26, wo es um Werbung für Wein bzw. für Alkoholprodukte mit einem Alkoholgehalt unter 15% ging. Die Werbung hatte Weinprodukte (aber auch andere Gegenstände, u. a. Lebensmittel, Weingläser und Pizzaverpackungen) abgebildet. Sie wurde als unlauter beurteilt, da Produkte mit Alkoholgehalt unter 15% gemäß Kap. 7 § 5 Alkoholgesetz nur mit Bildern des Produkts oder seiner Rohstoffe, der Verpackung oder der Marken beworben werden dürfen.

[938] Nach der alten Fassung des Alkoholgesetzes war bei einem Alkoholgehalt über 3,5% die Werbung auch in den Printmedien verboten (und damit nur am „point of sale" zulässig). Als Folge der EuGH-Entscheidung im Falle *Gourmet* (EuGH GRUR Int. 2001, 553; s. auch Marktgericht MD 2003:5 – *Gourmet II*) wurde das Werbeverbot in den Printmedien auf Getränke mit einem Alkoholgehalt über 15% beschränkt (s. § 13 Alkoholgesetz, geändert SFS 2003, 166). Jegliche Werbung für Alkoholgetränke, auch solche mit einem geringeren Alkoholgehalt, unterliegt jedoch strengen inhaltlichen Anforderungen, soll vor allem dem sog. Enthaltsamkeitsgrundsatz entsprechen (s. kap. 7 § 1 Alkoholgesetz). Zu beachten sind weiter Richtlinien des Verbraucheramtes, die die gesetzlichen Pflichten präzisieren, z.B. die Außenwerbung verbieten; dazu *Keßler/Edling,* S. 297.

[939] Tabakgesetz 1993, 581; dazu *Keßler/Edling,* S. 286, 297; *Kur,* Rdn. 413ff.

[940] Bei der Presse spielt insbesondere die Frage der Passivlegitimation des Verlagsunternehmens eine Rolle, vgl. *Kur,* Rdn. 251ff.

[941] Radio- und Fernsehgesetz (SFS 2010:696).

dern und Jugendlichen: so besteht ein allgemeines Verbot der an die Zielgruppe unter 12 Jahren gerichteten Werbung oder der Werbung im Zusammenhang mit Kindersendungen.[942] Wie die EuGH-Entscheidung „de Agostini“[943] gezeigt hat, gilt dies allerdings nicht für eine aus einem anderen Mitgliedstaat nach Schweden (auch in schwedischer Sprache) übermittelte Werbung, die dem niedrigeren **Standard des Herkunftslandes** genügt.

Die E-Commerce-Richtlinie wurde durch das **Gesetz über den elektronischen Geschäftsverkehr** und andere Dienstleistungen der Informationsgesellschaft umgesetzt.[944] Zu beachten ist weiter die Stellungnahme der „Nordic Ombudsmen on Internet Commerce and Marketing“, die u. a. ausführliche Werberegelungen enthält.[945] **611**

f) Sonstige Werberegelungen. Wie eingangs ausgeführt (s. Rdn. 593), wurde jedenfalls unter Geltung des mfl 1995 und unter Berufung auf Artikel 4 ICC Kodex, die **„soziale Verantwortung“** jeder Vertriebsmaßnahme betont. Mit dieser unvereinbar sind die Ausnutzung von Gefühlen der **Angst** und des Aberglaubens, **Gewaltdarstellungen,** unter Sicherheits- und Gesundheitsgesichtspunkten bedenkliche Darstellungen, generell **aggressive Vertriebsmethoden.** Verboten wurde z. B. **612**

- die Werbung für Überlebenskoffer im Zusammenhang mit der Jahrtausendwende[946] und die Fernsehwerbung einer Versicherung mit Personen, die entsetzt über die ihnen gesetzlich zustehende Rente sind;[947]
- die Werbung für Schuhe, bei der der Eindruck erweckt wird, als trete jemand auf ein menschliches Gesicht;[948]
- eine Fernsehwerbung (Teleshopping), bei der die Angebotsfrist (zudem auf unklare Weise) auf 15 Minuten verringert wurde;[949]
- eine Radiowerbung für Kredite, da die Werbeaussagen „Sie bekommen sofort ein Darlehen“ und „Sie haben in 15 Minuten Geld auf Ihrem Konto“ sich an Menschen in unstabiler Finanzlage richten, deren Situation ausgebeutet wird.[950]

Unter Geltung des Marktvertriebsgesetzes 2008 sind aggressive Vertriebsmethoden auf Grundlage der speziellen Bestimmungen in §§ 7 und 7a mfl zu prüfen. Ansonsten bleibt der ICC Kodex für die Auslegung der Generalklausel und des Begriffs der guten Marktvertriebssitten weiterhin von Bedeutung.

Besondere Zurückhaltung ist jedenfalls bei der an **Kinder und Jugendliche** (unter 16 Jahren) gerichteten Werbung geboten,[951] z. B. wurde eine Werbung mit dem Cartoon eines Skateboarders, der keinen Helm trägt, untersagt.[952] Die **geschlechtsdiskriminierende Werbung** und die **schockierende Werbung** werden demgegenüber aus verfassungsrechtlichen Gründen nicht unter die Generalklausel subsumiert,[953] sondern an ein Gremium der Werbeselbstkontrolle verwiesen, das zumeist strenge Maßstäbe anlegt.[954] **613**

4. Informationspflichten

Unabhängig von jeder Irreführung statuierte § 4 Abs. 2 des mfl 1995 die Pflicht, dem Verbraucher alle Informationen **„von besonderer Bedeutung“** zur Verfügung zu stellen.[955] Im Markt- **614**

---

[942] Z. B. wurde der „Pokemon Rap“ am Ende der beliebten Fernsehserie Pokemon vom Marktgericht als an Kinder gerichtete Werbung angesehen; s. Pressemitteilung 2001–05–02 des Konsumentenombudsmannes.

[943] EuGH GRUR Int. 1997, 316 – *de Agostini;* s. auch MD 2000:4 – *De Agostini.*

[944] Das Gesetz übernimmt in §§ 8 und 9 die in der EG-Richtlinie niedergelegten Informationsanforderungen gegenüber Dienstleistungsanbietern (dazu in diesem Kommentar *Glöckner,* Einl. B.). Sie werden als Konkretisierung der Generalklausel über unlauteren Marktvertrieb verstanden. Übertretungen sind folgerichtig mit den Mitteln des Marktvertriebsgesetzes zu bekämpfen (s. § 15 SFS 2002, 562).

[945] Das „Nordic Consumer Ombudsmen‘s Position on Internet Commerce and Marketing“ ist auf Englisch z. B. über der Website des dänischen Verbraucherombudsmanns erhältlich: http://www.consumerombudsman.dk/Regulatory-framework/dcoguides/Internet-Commerce-and-Marketing. Die Stellungnahme wurde zuletzt in Oktober 2015 revidiert.

[946] MD 2000:8 – *Bodion.*

[947] MD 2001:17 – *Wasa Livs Försäkringar.*

[948] MD 1996:7 – *Unit.*

[949] MD 2000:4 – *TV-Shop.*

[950] MD 2007:17 – *Mobillån.*

[951] Vgl. etwa Marktgericht MD 1983:16 – *Skandinavisk Press Svenska försäljnings AB;* weiter MD 1997:4, *Egmont Serieförlaget Ab;* MD 1999:26 – *Svensk-norsk Idéköp* (zum Verbot des an Kinder gerichteten Marktvertriebs).

[952] Marktgericht MD 1979:24 – *Don George.*

[953] Vgl. *Kur,* Rdn. 208 ff.; *dies.,* WRP 1995, S. 789.

[954] Vorher war das der Rat für Marktethik (MER). Nunmehr ist der sogenannte Werbungsombudsmann (Reklamombudsmann) zuständig.

[955] Zu den Informationspflichten ausführlich *Keyßner,* vgl. weiter *Kur,* Rdn. 114 f.

vertriebsgesetz 2008 ist die Informationspflicht nunmehr als Verbot der Irreführung durch Unterlassen (§ 10 Abs. 3) und als Gebot der Informationsvermittlung bei einer Aufforderung zum Kauf (§ 12) geregelt.[956]

615 Zu beachten sind auf jeden Fall die **spezialgesetzlichen Informationsanforderungen.**[957] Ein wichtiger Anhaltspunkt sind weiter die **Richtlinien des Verbraucheramtes** und die unter seiner Leitung ausgehandelten Selbstbeschränkungsabkommen der jeweiligen Branche.[958]

5. Direktmarketing, besondere Werbemethoden

616 Für jedes Direktmarketing gilt zunächst die **Generalklausel** des § 5 mfl und damit das Gebot der **„sozialen Verantwortung"** (Rdn. 593).[959] Des Weiteren hat das Markgericht jedes an **Jugendliche** (unter 16 Jahre) gerichtete Direktmarketing **generell verboten.**[960] Schließlich ist das Direktmarketing für bestimmte Produkte (Tabakwaren, Alkohol, Heilmittel) untersagt.

617 Das **Zusenden unbestellter Waren** ist gemäß Nr. 29 der „black list" der Richtlinie, auf die § 4 mfl verweist, verboten, wenn der Empfänger dadurch über seine Zahlungsverpflichtung irregeführt wird.[961]

618 Gemäß § 19 mfl ist die **unerbetene Werbung per Fax** sowie die **Telefonwerbung durch automatische Anrufsysteme untersagt** („opt in");[962] Gleiches gilt mit einigen Ausnahmen für die **E-Mail-Werbung.** In allen übrigen Fällen gilt gemäß § 21 mfl das „opt out"-Prinzip. Sofern danach Telefonanrufe zulässig sind, hat der Werbende den kommerziellen Zweck sofort offen zu legen und darf keinesfalls den Verbraucher belästigen.[963] Eine von der Regierung eingesetzte Untersuchungskommission hat in 2015 ihren Bericht über den verstärkten Verbraucherschutz bei Telefonmarketing eingereicht. Im Bericht wurde die Möglichkeit einer „opt-in" Regelung für die Telefonwerbung zwar diskutiert, schließlich aber als für den relevanten Wirtschaftssektor allzu belastend zurückgewiesen.

619 Die Zusendung von **Werbematerial per Post** oder per Einwurf ist zulässig, solange der Empfänger es nicht verboten hat („opt out"). Der kommerzielle Zweck muss unmissverständlich (von außen) erkennbar sein.[964] **Haustürgeschäfte** sind grundsätzlich erlaubt, müssen jedoch den Anforderungen des Gesetzes über Haustürgeschäfte[965] genügen. **Schneeballsysteme** gelten als in der Regel unvereinbar mit der Generalklausel.[966]

6. Sales Promotion

620 Das schwedische Recht kennt **kein generelles Verbot von Zugaben oder Rabatten;**[967] lediglich für bestimmte Produkte (Heilmittel, Alkohol, Tabak) bestehen Einschränkungen. Kopplungsgeschäfte und Rabatte wurden im mfl von 1995 in § 13 mfl geregelt. Das mfl von 2008 hat diese Vorschrift nicht übernommen. Nach wie vor haben **Kopplungsangebote** jedoch besonderen **Informationspflichten** zu genügen. So sind stets die Bedingungen des Angebots, die Beschaffen-

---

[956] S. dazu MD 2011:30 KO v Ving und Case C-122/10 Konsumentombudsmannen v. Ving, Entscheidung des EuGH vom 12. Mai 2011.

[957] Vgl. die unter Rdn. 596 genannten Gesetze; weiter *Kur,* Rdn. 130 ff.

[958] Erhältlich über die in Fn. 897 genannte Adresse.

[959] Verboten wurde z. B. das Versenden von Werbematerial an Schwangere und Eltern von Kindern unter sechs Monaten, da hierdurch auch Personen, deren Kind verstorben ist, erreicht würden, Marktgericht MD 1988, 3 – *Bljölagret Nilsson.*

[960] Marktgericht MD 1983:16 – *Skandinavisk Press Svenska Försälinnings AB;* MD 1997:4 – *Egmont Serieförlaget AB;* MD 1999:26 – *Svens-norsk Idéköp.*

[961] Nach dem früheren § 19 bestand ein Verbot, wenn keine Zahlungspflicht besteht und das Marketing darauf abzielt, einen falschen Eindruck zu erwecken.

[962] Siehe MD 2005:16, wo das Marktgericht die Werbung per SMS ohne vorherige Einwilligung des Kunden für unzulässig erklärt hat.

[963] *Keßler/Edling,* S. 291. Siehe auch MD 2006:18 – *KO/TV4 Vision*; Telefonwerbung wurde als unzulässig beurteilt, weil die angerufene Person die Werbung ausdrücklich abgelehnt hatte. Die Informationspflichten der Dienstleistungsanbieter sind im Gesetz über den elektronischen Vertriebsverkehr geregelt (Rdn. 611). Zumindest indirekt gelten auch hier die Richtlinien der nordischen Verbraucherombudsmänner. Zur vertragsrechtlichen Seite *Behrendt,* Electronic Commerce in German and Swedish Law, 2000.

[964] *Kur,* Rdn. 185.

[965] Dazu *Keßler/Edling,* S. 292 f.

[966] MD 1973:3 – *Holiday Magic.* Das Marktgericht hat dies insbesondere mit der Unerfahrenheit privater Personen, die die Wirkungsweise derartiger Systeme nicht durchschauen, begründet. Zulässig sind demgegenüber sog. „Home-Parties", wenn über den Zweck aufgeklärt wurde, vgl. *Keßler/Edling,* S. 293.

[967] Die strengen Einschränkungen des mfl von 1975 wurden durch Informationspflichten ersetzt; dazu *Bodewig/Henning-Bodewig* WRP 2000, 1361 ff.

heit und der Wert des Angebots sowie die zeitlichen Grenzen seiner Geltung unmissverständlich offenzulegen. Der Verbraucher muss in der Lage sein, z. B. den **Wert einer Zugabe** einschätzen zu können.[968] Eine gewisse **Lockerung der Praxis** als Folge der Umsetzung der Richtlinie 2005/29 ist jedoch zu verzeichnen. So hat das Marktgericht ausdrücklich seine frühere strengere Rechtsprechung zu Sonderangeboten mit Ausdrücken wie „kostenlos", „gratis" und „2 zum Preis von 1" etwas abgemildert.[969]

Rabatte sind – auch der Höhe nach – unbeschränkt zulässig. Die Beurteilung erfolgt vor allem anhand der (strengen) **Irreführungsvorschriften,** s. Rdn. 598 ff.[970] Ein Verbot des **Verlustverkaufs** besteht im schwedischen Recht nicht. 621

Zu kommerziellen Zwecken erfolgende **Gewinnspiele** bedürfen der **Genehmigung** nach dem Lotteriegesetz, die in der Regel nicht erteilt wird.[971] Nicht vom Zufall abhängige **Preisrätsel** etc. sind hingegen offenbar auch bei einer Kopplung an den Erwerb von Waren zulässig.[972] 622

Besondere Verkaufsveranstaltungen sind nicht verboten, ihre Bezeichnung jedoch an die Erfüllung bestimmter Voraussetzungen gebunden. So müssen gemäß § 15 mfl **„Konkurswarenverkäufe"** tatsächlich aus der Konkursmasse stammende Produkte betreffen. Die Bezeichnung **„Ausverkauf"** (oder „Schlussverkauf", „Räumungsverkauf" etc.) ist gemäß § 16 mfl nur zulässig, wenn das gesamte Warenlager oder ein klar begrenzter Teil umfasst ist, der Verkauf zeitlich beschränkt erfolgt und die Preise wesentlich unter den normalen Preisen liegen. Der Begriff **„Saisonschlussverkauf"** darf nur verwandt werden, wenn der Verkauf sich auf zum üblichen Sortiment des Gewerbetreibenden gehörende Produkte bezieht (und die Preise wesentlich unter den normalen Preisen liegen).[973] 623

7. Herabsetzung, Rufausbeutung

Unwahre herabsetzende Äußerungen waren im mfl von 1995 ausdrücklich verboten.[974] Dieses Verbot wurde insofern in das Gesetz von 2008 übernommen, als § 10 Abs. 2 Nr. 5 und Abs. 3 mfl (anders als die Richtlinie) auch unwahre Angaben über andere Gewerbetreibende, ihre Produkte etc. unter dem Gesichtspunkt der Irreführung verbietet.[975] Nicht erweislich wahre herabsetzende Äußerungen und **wahre Äußerungen** können wegen Verstoßes gegen die **Generalklausel** des § 5 mfl unlauter sein, wenn sie unnötig herabsetzend oder lächerlich machend wirken. Bei der vergleichenden Werbung greift § 18 Nr. 5 mfl ein.[976] 624

---

968 Siehe – allerdings zum mfl 1995 – MD 2007:12: Es ist unzulässig, ein Produkt als „kostenlos" zu bewerben, wenn es den Kauf einer anderen Ware voraussetzt; vgl. Marktgericht MD 2000:7 – *Super Personal Computer Trading* (Ein Sonderangebot für ein Internetabonnement wurde u. a. verboten, weil die mit dem Angebot verbundenen Kosten nicht deutlich genug angegeben waren) sowie MD 1998:7 – *Fritjdsresor AB* (unzureichende Information über zeitliche und andere Einschränkungen eines Rabattangebots; Auferlegung einer Marktstörungsabgabe) und MD 1997:18 – *Spiesresor.*

969 S. das Urteil MD 2011:28 – *„Specavers";* Sonderangebote für Brillen mit Ausdrücken wie „2 zum Preis von einer" und „gratis" wurden unter gewissen Voraussetzungen als zulässig angesehen (nämlich wenn die Brille von gleicher Qualität wie normale Angebote ist, auch separat angeboten wird und keine zusätzlichen Kosten der Lieferung hinzukommen); dies unter anderem mit Hinweis auf Commission Guidance on the Implementation/Application of the Directive 2005/29 on unfair commercial practices, Commission Staff Working Doc. SEC (2009) 1666, 3 December 2009, p. 56.

970 Vgl. z. B. MD 2005:31.

971 Vgl. *Kur* GRUR Int. 1996, 48; *Keßler/Edling,* S. 295.

972 *Keßler/Edling,* S. 295 (unter Hinweis auf MD 1997, 18 – *Spiesresor*); anders *Kur,* GRUR Int. 1996, 48.

973 Das Marktgericht (MD 2005:31 – *KO/Orientmattor*) hat z. B. Werbeaussagen wie „Wir schließen" und „Lagerräumung" verboten, wenn der Ausverkauf nicht für das ganze Lager oder für eine begrenzte Zeit gilt und wenn die Preise nicht erheblich niedriger als die normalen Preise sind.

974 Nach dem Marktgericht (MD 2007:09 – *Allt om bostad/HemNet*) wurde z. B. die Botschaft „Allt om Bostad hat die Information auf ihrer Webseite gestohlen" verboten. Siehe auch MD 2006:2 – *Svensk Rörinfordring/Proline*: unzulässige Behauptung eines Gewerbetreibenden sein Konkurrent habe gegen seine geschützte Immaterialgüterrechte verstoßen; das Gleiche galt für Schreiben oder andere Kontaktaufnahmen an Kunden des Konkurrenten, in denen mitgeteilt wurde, dass die Kunden gegen Rechte anderer Marktteilnehmer verstoßen könnten, wenn sie die Leistung des Konkurrenten in Anspruch nehmen.

975 Siehe MD 2009: 37 – *Mediakontakten*: Behauptung, dass ein konkurrierendes Unternehmen zweifelhafte Geschäftsmethoden anwendet; MD 2010:23 – *Safe Xrossing*: Behauptung, die Produkte eines konkurrierenden Unternehmens würden Imitationen und Abbildungen darstellen und mangelhafte Funktionen aufweisen; vgl. *Nordell*, 2013, 554 ff.

976 Was den Aspekt der Herabsetzung betrifft, so war die schwedische Rechtsprechung – gleichgültig, auf welcher Grundlage – bisher überwiegend streng; vgl. die bei *Kur* GRUR Int. 1996, 46 wiedergegebene Rechtsprechung, insbesondere auch Marktgericht MD 1987:11 – *Armani* sowie die *Boss*-Entscheidung (Fn. 925) und – zur Herabsetzung beim Systemvergleich – die in Fn. 977 genannte Entscheidung. Aus der neueren Rechtsprechung

625 Der wettbewerbsrechtliche Schutz gegen **Rufausbeutung** wurde ursprünglich nur zurückhaltend[977] gewährt. Mittlerweile ist jedoch anerkannt, dass auch die „isolierte Rufausbeutung" – d. h. die Rufausbeutung, die nicht mit einer Irreführungsgefahr einhergeht – einen Verstoß gegen die Generalklausel des § 5 mfl darstellt.[978] Die Voraussetzungen dazu sind: (i) dass der Originalprodukt auf dem Markt bekannt ist und einen guten Ruf genießt; (ii) dass ein anderes Unternehmen diesen Ruf auf unbefugte Weise ausnutzt, um sich unlautere Vorteile zu verschaffen oder dem Originalinhaber unlauteren Schaden zuzufügen und (iii) dass die **Marktübersicht für den Verbrauchern verschlechtert wird.**[979] Mit dem Inkrafttreten des neuen mfl 2008 hat sich die Frage gestellt ob nicht die Einführung des Relevanzerfordernisses in § 6 zu einer restriktiven Rechtsprechung führen wird. Bei den Vorarbeiten zum neuem mfl 2008 (s. Rdn. 590) war die Regierung jedoch der Meinung, dass die Anforderung an die Verschlechterung der Marktübersicht für Verbraucher das **Relevanzkriterium in der Regel erfüllen** sollte.[980] Dies wurde in der nachfolgenden Rechtsprechung des Marktgerichts bestätigt.[981]

626 Der Schutz gegen Rufausbeutung und Herabsetzung nach dem mfl überschneidet sich häufig mit dem **markenrechtlichen Schutz der bekannten Marke,** der auch außerhalb des Gleichartigkeitsbereichs gewährt wird.[982] Beide Ansprüche können nebeneinander geltend gemacht werden, da sie auf unterschiedlichen Voraussetzungen beruhen (zu verfahrensrechtlichen Fragen s. Rdn. 634).[983]

8. Ausbeutung fremder Leistungen, Nachahmung

627 **§ 14 mfl** enthält ein Verbot der **„irreführenden Produktnachahmungen"**[984] (wobei als „Produkt" auch Dienstleistungen zu verstehen sind). Der Schutz erfordert danach (kumulativ), dass das nachgeahmte Produkt eine **gewisse Eigenart** aufweist, **auf dem Markt bekannt ist** und die Nachahmung zu einer **Verwechslungsgefahr** führen kann.[985]

628 Ein Produkt ist dann **„eigenartig",** wenn es eine gewisse Originalität aufweist, und es nicht – wie § 14 Satz 2 mfl ausdrücklich feststellt – um eine **Form** geht, die vorrangig dazu dient, das Produkt **funktionstauglich** zu machen. Letzteres hat die Rechtsprechung wiederholt beschäftigt.[986]

---

sei etwa MD 2007:19 – *Specsavers* (Verbot der Behauptung, günstigere Konkurrenzprodukte, hier Brillen, seien von schlechter Qualität und gefährdeten die Gesundheit des Kunden).

[977] Dazu *Kur* GRUR Int. 1996, 46. Vgl. insbesondere MD 1993:9 – *Boss.* Eine Lebensversicherung warb für eine „Boss" genannte Versicherungsleistung; dabei wurde (in ähnlicher Schriftart wie der des bekannten Bekleidungsunternehmens) das Bild eines in einen eleganten Anzug gekleideten Hundes verwendet. Das Marktgericht sah hierin eine gegen die guten Vertriebssitten verstoßende Rufausbeutung. Das Vorliegen einer unnötigen Herabsetzung wurde dagegen verneint. Siehe auch MD 1996:3 – *Galliano.*

[978] Wegweisend war das Urteil des Marktgerichts im Fall MD 1999:21 – *Robinson.* In diesem Urteil wurde eine Werbekampagne für Kartoffelchips, die im Zuge einer beliebten TV-Sendung unter dem Namen „Robinson" erfolgte und die auf den Namen und die Motive der TV-Sendung anspielte, als unlautere Rufausbeutung auf Grundlage der Generalklauseln untersagt.

[979] Das Marktgericht hat in den Jahren nach dem *Robinson*-Urteil wiederholt Rechtsstreitigkeiten auf der Grundlage der Rufausbeutungslehre entschieden, vgl. z. B. MD 2001:14 – *Svenska Spel;* MD 2002:28 – *Santa Maria AB;* MD 2002:33 – *Hästens III;* MD 2003:3 – *Hästens IV;* MD 2008: 8 – *Hotell Villa Villekulla*; MD 2010:21 – *Golden State Vintners.* Zur Rufausbeutung bei geografischen Herkunftsangaben vgl. die in Fn. 922 angegebene *Champagner*-Entscheidung.

[980] Prop. 2007/08:115, S. 113, 145, vgl. *Bernitz*, Marknadsföringsrätten, 2013, S. 130 ff.

[981] Vgl. MD 2008:15 – *Mag Instrument*; siehe insbesondere MD 2012:11 – *Apoteket/Datoteket.*

[982] S. das Urteil des Obersten Gerichtshofs NJA 1995, 635 – *Galliano I.* Vgl. weiter Marktgericht 1996:3 – *Galliano II* (GRUR Int. 1997, 1013 mit Anm. *Wessman*). Zur Abgrenzung zu den IP-Rechten allgemein *Bakardjieva Engelbrekt,* 2007, S. 169.

[983] Siehe jedoch MD 2012:15 – *Elskling.* In diesem Fall handelte es sich um Werbung anhand von Schlüsselwörter (key word advertising) im Bereich von Preisvergleiche über Stromlieferung. Das Marktgericht hat, unter Bezugnahme auf EuGH-Entscheidung in den verbundenen Rechtsachen C-236/08-238/08 *Google v. Louis Vuitton,* die Werbung auf Grundlage sowohl des Markengesetzes als auch des Marktvertriebsgesetzes geprüft stellte aber weder einer Markenverletzung noch eine unlauteren Rufausbeutung fest.

[984] Vgl. hierzu insbesondere *Lunell; Bernitz,* GRUR Int. 1996, 433; *Kur,* GRUR Int. 1996, 46; weiter *Kur,* in *Schricker/Stauder* (Hrsg.), Handbuch des Ausstattungsrechts, 1986, S. 590 ff.

[985] MD 2007:21 – *Taxi Stockholm/M.A.* Es ist z. B. unzulässig, wenn ein Taxifahrer die gleichen oder nachahmende Firmenzeichen benutzt wie ein anderes Unternehmen.

[986] Zumindest die ältere Rechtsprechung, wiedergegeben bei *Bernitz,* GRUR Int 1996, 433, war nicht immer konsistent. So wurde ein Verstoß gegen § 8 mfl (jetzt § 14) z. B. bei einer nur ähnlichen Annäherung an die Farbkombination der Knorr-Verpackung bejaht, nicht hingegen bei der Übernahme gleich mehrerer Element des Marketingkonzepts eines Konkurrenten (MD 1993:26 – *Hemglass*).

Generell besteht eine deutliche Zurückhaltung bei der Gewährung des Schutzes von Formen, während man im Übrigen (soweit es sich um kein Allerweltserzeugnis handelt) eher großzügig ist.[987] Der für § 14 mfl erforderliche **Bekanntheitsgrad** wird in der Regel nicht genau bestimmt, ist jedoch niedriger anzusetzen als der Grad der markenrechtlichen Verkehrsgeltung. In der Regel genügt es, dass das nachgeahmte Produkt eine gewisse Unterscheidungskraft aufweist, so dass es mit einem bestimmten (wenn auch namentlich nicht bekannten) Gewerbetreibenden in Verbindung gebracht werden kann. Bei der Beurteilung der **Verwechslungsgefahr** geht das schwedische Recht mitunter von einem situationsbedingt flüchtigen Betrachter aus, der sich stark von dem **Gesamteindruck** leiten lässt.[988]

Die **parasitäre Ausbeutung fremder Leistungen** (ohne Verwechslungsgefahr) oder die systematische Nachahmung ist theoretisch auf der Grundlage der Generalklausel des § 5 mfl zu beurteilen (siehe aber oben Rdn. 592). Klagen waren unter Geltung des mfl 1995 jedoch offenbar selten erfolgreich.[989] Ist die Nachahmung allerdings auf einen Geheimnisverrat, eine unbefugte Nutzung anvertrauter Unterlagen etc. zurückzuführen, so kann die Verwertung nach dem **Gesetz zum Schutz von Geschäftsgeheimnissen** von 1990 verboten sein.[990] 629

9. Rechtsbruch

Die Verletzung von Vorschriften, die auf den Schutz von Verbrauchern oder Gewerbetreibenden abzielen, stellt einen **Verstoß gegen die Generalklausel** des § 5 mfl dar (der so genannten „lagstridighetsprincipen"). Solche Vorschriften sind insbesondere in den in § 1 mfl aufgezählten Gesetzen (die so genannten „ergänzenden Gesetze", oder „Annexgesetzgebung", s. oben Rdn. 596) zu finden, z.B. im Alkoholgesetz, Tabakgesetz, Rundfunk- und Fernsehgesetz usw. Das Marktgericht hat festgelegt, dass dieses Prinzip so selbstverständlich und etabliert sei, dass es keine ausdrückliche Verankerung in der Gesetzgebung bräuchte.[991] 630

10. Sanktionen, Verfahren

Das mfl enthält ein **breitgefächertes Sanktionsarsenal.** Im Mittelpunkt steht das **Verbot** der beanstandeten Vertriebsmaßnahmen (§ 23 mfl), das durch die Möglichkeit der Auferlegung von **Informationsverpflichtungen** (§§ 24 ff. mfl) und die Anordnung der **Beseitigung** irreführender Darstellungen (§§ 39–41 mfl) ergänzt wird. 631

Bei zumindest fahrlässigen Verstößen gegen die §§ 7–10, 12–22 mfl – also nicht die Generalklausel des § 5 mfl – kann auch **Schadensersatz** verlangt werden oder aber dem Gewerbetreibenden die Zahlung einer sog. **„Marktstörungsabgabe"** auferlegt werden (§§ 29–36 mfl). Für den **Schadensersatzanspruch** sind auch einzelne **Verbraucher** aktivlegitimiert. Diese Möglichkeit ist jedoch wegen des bekannten Problems des unzureichenden Anreizes bisher nicht benutzt worden. Das **Gruppenklagengesetz** (SFS 2002:599) bietet theoretisch die Grundlage dafür, einzelne Schadensersatzansprüche in eine Gruppenklage zu vereinen. Die letztere kann auch von dem Verbraucherombudsmann geführt werden. Das Gesetz hat aber noch keine selbständige praktische Bedeutung im Bereich des Marktvertriebsrechts erlangt.[992] 632

Für den **Unterlassungsanspruch aktivlegitimiert** sind Gewerbetreibende, Verbände von Gewerbetreibenden, Verbraucher oder Arbeitnehmer sowie der Konsumentenombudsmann. Der **Konsumentenombudsmann** kann (in weniger gravierenden Fällen) auch selbst Verfügungen erlassen; letztere werden mit Anerkenntnis durch den Betroffenen rechtskräftig. Gegenüber dem Konsumentenombudsmann bestehen weitreichende **Aufklärungspflichten** (§§ 42 mfl). Eine Ge- 633

987 Siehe den zweiten Lego-Fall MD 2006:3 – *Lego II* und MD 2007:16 – *Mini MagLite* wo kein Schutz von Formen gewährt wurde, weder auf Grundlage der irreführenden Produktnachahmung noch auf Grundlage der unlauteren Rufausbeutung. Umgekehrt wurde in MD 2004, 23 – *Lego I* das Marketing von Bausteinen, die sehr ähnlich wie die Legosteine ausgeformt waren, unter der Marke „Coco" als Verstoss gegen das Verbot von irreführender Nachahmung beurteilt. Vgl. auch MD 2001:12 – *Elflugan,* wo die Form einer Lampe als besonders kreativ und eigenartig angesehen wurde. Ausführlich dazu *Bernitz,* 2011, 357 ff.

988 Siehe MD 2006:28 – *Promonte/Taxi Stockholm.*

989 Vgl. dazu die Ausführungen in MD 2003:22 – *Fazer* und MD 2003:7 – *Digestivekex* (Verurteilung wegen irreführender Nachahmung einer Verpackung von Knäckebrot der Marke „Finncrisp" bzw. der Verpackung einer bekannten Sorte Butterkeks).

990 *Bernitz* GRUR Int. 1996, 441.

991 MD 2009:41 – *Alternativa hälsokliniken*, vgl. Bernitz, Marknadsföringsrätten, 2013.

992 Siehe ausführlich zum Gruppenklagegesetz Lindblom, Grupptalan i Sverige – Bakgrund och kommentarer till lagen om grupprättegång, 2008.

setzesänderung, die darauf abzielt, dem Konsumentenombudsmann stärkere Sanktionsmöglichkeiten zu gewähren, ist am 1.10.2016 in Kraft getreten. Danach werden Verfügungen des KO auch ohne Anerkenntnis der Betroffenen rechtsgültig und die Obergrenze der **Marktstörungsabgabe** wurde erhöht.[993]

634 **Zuständig** für auf das mfl gestützte Klagen auf Schadensersatz und Marktstörungsabgabe war bisher das **Stadtgericht Stockholm,** als Berufungsinstanz das **Marktgericht.** Für Unterlassungsklagen war das Marktgericht in erster und letzter Instanz zuständig (§§ 47ff. mfl). Eine Verbindung mit auf andere Gesetze – etwa zum Schutz des geistigen Eigentums – gestützten Klagen war wegen dieser gerichtlichen Organisation heutzutage im Prinzip nicht möglich, § 62 mfl (s. Rdn. 626). Allerdings ist eine umfangreiche und bedeutungsvolle institutionelle Reform am 1.9. 2016 in Kraft getreten. Das Marktgericht als Spezialgericht für Streitigkeiten im Bereich des Kartellrechts, Marktvertriebsrechts, der allgemeinen Geschäftsbedingungen usw. wurde aufgehoben, zugleich aber ein neues Gericht (das sogenannten Patent- und Marktgericht) mit Zuständigkeit für das Immaterialgüterrecht, das Kartell- und das Marktvertriebsrecht in das System der allgemeinen Gerichte integriert. Diese institutionelle Innovation ermöglicht die Verbindung von Klagen aus dem Bereich des Immaterialgüterrechts und des unlauteren Wettbewerbsrechts. Das bisherige, relativ schnelle Unterlassungsverfahren vor dem Marktgericht als erste und letzte Instanz entfällt zukünftig.[994]

XXII. Slowakische Republik

Inhaltsübersicht

	Rdn.
1. Rechtsgrundlagen	
2. Kurzcharakteristik des Wettbewerbsrechts der Slowakei	635
3. Regelung der Werbung	643
a) Begriff der Werbung	643
b) Irreführende Werbung	644
c) Vergleichende Werbung	646
d) Getarnte Werbung	648
e) Belästigende Werbung	649
f) Produkts- und medienspezifische Werbevorschriften (Hinweise)	650
g) Sonstige Werbevorschriften	656
4. Direktmarketing	660
5. Sales Promotion	663
6. Verwechslungsgefahr, Herabsetzung, Rufausbeutung, Nachahmung, Behinderung, Rechtsbruch	664
7. Sanktionen, Verfahren	665

Schrifttum: *Dietz,* Die Einführung von Gesetzen gegen den unlauteren Wettbewerb in die ehemals sozialistischen Staaten Mittel- und Osteuropas, GRUR Int. 1994, S. 649; *Drgoncová,* Nekalá súťaž ako prostriedok ochrany spotrebiteľa, Justičná revue 4/2005, S. 486; *Jakob,* Porovnávacia reklama z pholadu prava, 2010; *Mojžiš,* Zodpovednostné vzťahy pri tvorbe a použití reklamy a ich súvis s nekalou súťažou, Justičná revue 2000, S. 544; *Ovečková/Patakyová, et al,* Obchodný zákonník. Komentár, 2006; *Skreko,* The Legal Regulation of Unfair Competition Law in the Slovak Republic, in: *Hilty/Henning-Bodewig* (Hrsg.), Law Against Unfair Competition, 2007, S. 211; *Vozár,* Porovnávacia reklama, Právny obzor 2000, S. 119; *Vozár;* Generálna klausula nekalej súťaže, Právny obzor 1999, S. 213; *Vozár,* Reklama a právo. Veda, Bratislava, 1997; *Vozár,* Klamlivá reklama I, II, III. Stratégie, 1999, č. 3, 4, 5; *Zajacová,* Tschechisches und slowakische Lauterkeitsrecht im Lichte der europäischen Rechtsangleichung, 2015.

1. Rechtsquellen

Gesetz Nr. 513/1991 Zb., §§ 41–55 (Handelsgesetzbuch = HGB); Gesetz Nr. 147/2001 Z.z. über Werbung (Werbegesetz); Gesetz Nr. 250/2007 Z.z. (Verbraucherschutzgesetz).

---

[993] S. Ds 2015:45, Stärkta sanktionsmöjligheter för Konsumentombudsmannen; Prop 2015/16:168.

[994] S. prop. 2015/16:57 Ny patent- och marknadsdomstol und lag (2015:188) om patent-och marknadsdomstolar.

2. Kurzcharakteristik des Wettbewerbsrechts der Slowakei*

Das **gegenwärtige Lauterkeitsrecht** der Slowakei beruht im Wesentlichen auf den **§§ 44 ff. HGB,**[995] dem **Werbegesetz** von 2001[996] sowie dem **Verbraucherschutzgesetz** von 1992, das 2007 in Umsetzung der Richtlinie 2005/29/EG über unlautere Geschäftspraktiken neu erlassen wurde.[997] 635

Die Vorschriften im **HGB** enthalten allgemeine Bestimmungen zum Wirtschaftswettbewerb; § 41 z. B. regelt den Begriff des Wettbewerbers. Ursprünglich regelte § 42 den Missbrauch der Beteiligung am Wirtschaftsleben sowohl durch unlautere Wettbewerbshandlungen als auch durch unzulässige Wettbewerbsbeschränkungen. Während letztere jedoch seit 2001 in einem Sondergesetz (Gesetz Nr. 136/2001 Z. z. über den Schutz des wirtschaftlichen Wettbewerbs) geregelt sind, finden sich die Vorschriften zur Bekämpfung des unlauteren Wettbewerbs nach wie vor in den §§ 44–55 HGB. Sie gehen auf die Gesetzgebung der ehemaligen CSFR von 1991 zurück,[998] und wurden später in die Gesetze der Republik der Slowakei transferiert. Diese **Entwicklung verlief am Anfang ähnlich wie in der Tschechischen Republik.** Das tschechische Recht (vgl. den Bericht Tschechien) nahm dann aber einen anderen Weg. Während in der Slowakei die maßgebliche Regelung im HGB blieb und im Laufe der Zeit lediglich (geringfügig) geändert wurde, wurde sie in der Tschechischen Republik 2013 ins BGB transferiert. Materiell-rechtlich besteht zwischen den Regelungen im slowakischen HGB und den tschechischen BGB jedoch noch immer große Übereinstimmung, so dass die Rechtsprechung des Nachbarstaates, die wiederum auf die Regelung im Recht der ehemaligen CSFR zurückgeht, jedenfalls teilweise herangezogen werden kann. 636

In § 44 HGB findet sich eine **Generalklausel** („Gute Sitten im Wettbewerb"). Hierunter sind nach einer Entscheidung des Obersten Gerichts[999] die maßgeblichen Grundsätze des Wettbewerbs, so wie diese in den zur Regelung der Marktwirtschaft erlassenen Gesetzen zum Ausdruck gelangen, zu verstehen. Der Begriff der „guten Sitten" im Wettbewerb ist dabei objektiv determiniert. Im Anschluss an die Generalklausel finden sich einige **Sondertatbestände:** Täuschende Werbung, täuschende Kennzeichnung von Waren, Verwechslungsgefahr, Rufausbeutung, Bestechung, Herabsetzung, Schutz von Geschäftsgeheimnissen, Gefährdung der Gesundheit und Umwelt. 637

Die Regelung im HGB gilt für alle Handlungen im Wirtschaftswettbewerb. Ein **Wettbewerbsverhältnis** wird zwar **vorausgesetzt,** jedoch weit definiert; auch Personen, die ähnliche oder substituierbare Waren oder Dienstleistungen anbieten, können Wettbewerber sein.[1000] Bei einigen Tatbeständen besteht eine enge Beziehung zu den Regelungen zum Schutz des **gewerblichen Eigentums.**[1001] Insbesondere zur Interpretation der Generalklausel sind jedoch auch die Wertungen des **Kartellgesetzes** vom 27.2.2001[1002] heranzuziehen. 638

Das **Werbegesetz** vom 5.4.2001 regelt im Interesse der Verbraucher, der Unternehmer und der Allgemeinheit eine **Vielzahl von Werbetatbeständen,** insbesondere auch die vergleichende Werbung. Es enthält insbesondere **umfangreiche produktspezifische Werbevorschriften.** Auch im Werbegesetz findet sich in § 3 Abs. 1 eine **Generalklausel** (Werbung muss im Einklang mit den Regeln des wirtschaftlichen Wettbewerbs und den guten Sitten stehen). Nach der Neuregelung 639

---

* Die Verf. dankt Prof. Dr. *Petr Hajn,* Universität Brünn sowie Frau Dr. *Jana Zajaková,* LL. M. (München) für wertvolle Hinweise. Der derzeit aktuellste Überblick über das slowakische Lauterkeitsrecht auf deutsch findet sich bei *Zajaková,* Tschechisches und slowakische Lauterkeitsrecht im Lichte der Europäischen Rechtsangleichung, 2015 und auf englisch bei *Skreko,* in: Hilty/Henning-Bodewig (2007).

[995] Abgedruckt in Zbierka zákonov Nr. 98/1991, S. 2474; zu Übersetzungen ins Englische vgl. *Zajakova* (2015), S. 35.

[996] Deutsche Übersetzung GRUR Int. 2003, S. 714; vgl. dazu auch Aktuelle Informationen, GRUR Int. 2001, S. 803. Das Werbegesetz wurde durch das Gesetz Nr. 648/2007 Z. z. geändert; die Novelle trat am 29.1.2007 in Kraft.

[997] Gesetz Nr. 250/2007 Z. z.

[998] Abgedruckt bei *Beier/Bastian/Kur* (Hrsg.), Wettbewerbsrecht und Verbraucherschutz in Mittel- und Osteuropa, S. 312 ff.; vgl. dazu auch den Beitrag von *Knap* auf S. 105 ff. Zur Entwicklung des slowakischen Lauterkeitsrechts ausführlich *Zajakova,* 2015, S. 33.

[999] Urteil vom 6.6.2000, Az 1 Obo 344/99; vgl. *Skreko,* S. 214 f.

[1000] Ausführlich dazu *Zajakova* (2015); *Skreko,* S. 212 f.

[1001] Gesetz Nr. 435/2001 Z. z. (Patentgesetz); Gesetz Nr. 444/2002 Z. z. (Designgesetz); Gesetz Nr. 618/2003 Z. z. (Urhebergesetz); Gesetz Nr. 55/1997 Z. z. (Markengesetz); Gesetz Nr. 469/2003 Z. z. (Herkunfts- und geographische Bezeichnungen). Das Recht des gewerblichen Rechtsschutzes der Slowakei ist z. B. dargestellt bei *Svidron,* Základy práva duševnéko vlastuíctva, 2000; auf Englisch (unter formalen Aspekten) in Band 5 der Loseblattsammlung „Manual of Industrial Property"; das Urheberrechtsgesetz von 1997 bei *Sadlonová* GRUR Int. 1998, 950. Hinweise auf neuere Regelungen und zum Verhältnis des Lauterkeitsrechts zu den IP-Rechten allgemein *Skreko* (2007), S. 213 und *Zajakova* (2015).

[1002] Vgl. dazu auch die Aktuellen Informationen in GRUR Int. 2001, 802.

durch die Novelle Nr. 102/2007 Z. z. obliegt die **Aufsicht** über das Gesetz verschiedenen **staatlichen Stellen,** nämlich der amtlichen Kontrolle für Nahrungsmittel, der staatlichen Anstalt für Arzneimittelkontrolle, der staatlichen Anstalt für tierärztliche Bio-Präparate und Arzneimittel, der Anstalt des öffentlichen Gesundheitswesens sowie regionalen Organen des öffentlichen Gesundheitswesens. Für die Tabakwerbung und in allen nicht speziell zugewiesenen Fällen ist die Slowakische Handelsinspektion zuständig. Die **Werbeselbstkontrolle** erfolgt durch den „Rat für Werbung".

640 Die Regelungen des **Werbegesetzes** und die Lauterkeitsregeln im **HGB** sind grundsätzlich **nebeneinander anwendbar.** Auch wenn § 44 HGB von „guten Sitten im Wettbewerb" spricht, § 3 Abs. 1 Werbegesetz hingegen nur von „guten Sitten", ist davon auszugehen, dass für beide Gesetze dieselben Kriterien zur Bestimmung der Unlauterkeit gelten und dass insbesondere ein nach dem Werbegesetz verbotenes Verhalten zugleich einen Verstoß gegen die Generalklausel des § 44 HGB darstellt.

641 Als dritte Schiene der Beurteilung lauterkeitsrechtlicher Sachverhalte gilt das **Verbraucherschutzgesetz** von 1992, das am 9.5.2007 in Umsetzung der **Richtlinie 2005/29/EG** über unlautere Geschäftspraktiken neu erlassen wurde (ausführlich zu der im Anhang abgedruckten Richtlinie *Glöckner,* Einl. B). § 2a definiert den Begriff **„Verbraucher"** als natürliche oder juristische Person, die für den eigenen oder für den Verbrauch von Mitgliedern ihres Haushalts Erzeugnisse kauft oder Dienstleistungen nutzt. Nach § 2p sind **„Geschäftspraktiken"** jede Handlung, Unterlassung, Verhaltensweise oder Erklärung, geschäftliche Kommunikation einschließlich Werbung und Marketing eines Verkäufers, die unmittelbar mit der Absatzförderung, dem Angebot, dem Verkauf oder der Lieferung eines Produktes an Verbraucher zusammenhängt. § 2q definiert „aggressive Geschäftspraktiken"; § 5 enthält ein generelles Verbot unlauterer Geschäftspraktiken (das wortwörtlich Art. 5 der Richtlinie entspricht). § 8 regelt „irreführende Handlungen und irreführende Unterlassungen". § 9 „aggressive Geschäftspraktiken", § 10 „Verhaltenskodizes". Der Anhang des Gesetzes nennt irreführende und aggressive Geschäftspraktiken, die unter allen Umständen als unlauter gelten. Sämtliche dieser Vorschriften sind fast wörtlich der Richtlinie 2005/29/EG (einschließlich ihrer „black list") entnommen.

642 Das **Verhältnis der Regelungen** im Verbraucherschutzgesetz, Werbegesetz und HGB zueinander ist noch **unklar.** Nach einer Novelle des Werbegesetzes[1003] von 2007 gilt dieses offenbar nicht, soweit es sich um durch das Verbraucherschutzgesetz speziell verbotene Geschäftspraktiken handelt.

3. Regelung der Werbung

643 **a) Begriff der Werbung.** Die Werbung ist teils im HGB, teils im Werbegesetz und seit 2007 auch im Verbraucherschutzgesetz geregelt. Soweit der Begriff **„Werbung"** verwendet wird, ist davon auszugehen, dass einheitlich die **Definition in § 2 Abs. 1 lit. a Werbegesetz** gilt. Danach ist Werbung die Präsentation von Produkten in jeder Form mit dem Ziel, diese auf dem Markt durchzusetzen.[1004] Der Produktbegriff umfasst gemäß Abs. 1 lit. b neben Waren auch Dienstleistungen, Immobilien, Handelsnamen geschützte Marken, Herkunftsbezeichnungen sowie andere Rechte und Verpflichtungen, die mit der unternehmerischen Tätigkeit zusammenhängen. **Keine Werbung** sind nach § 2 Abs. 2 lit. a–d die Angabe des Sitzes einer juristischen Person etc., die Kennzeichnung von Briefen oder Umschlägen mit dem Handelsnamen oder einer geschützten Marke und von Produkten mit gesetzlich vorgeschriebenen Angaben, gesetzlich vorgeschriebene Jahresberichte über die Wirtschaftstätigkeit, Wirtschaftsprüfungsberichte, etc.

644 **b) Irreführende Werbung.** Gemäß § 3 Abs. 2 Werbegesetz darf Werbung nicht irreführend sein.[1005] Da keine weitere Regelung im Werbegesetz erfolgt, ist die Regelung der irreführenden Werbung in **§ 45 HGB maßgeblich.** Speziell im Verhältnis zum Verbraucher gilt seit 2007 aber auch das Verbot der irreführenden Geschäftspraktiken in § 8 des **Verbraucherschutzgesetzes,** das wörtlich der Richtlinie 2005/29/EG entnommen ist, also auch die Irreführung durch Unterlassen regelt. Nach der vom Normzweck her umfassenderen Regelung des § 45 HGB liegt eine irreführende Werbung vor, wenn die Werbung für Waren, Dienstleistungen, Immobilien etc die Personen, für die sie bestimmt ist oder die sie erreicht, irreführt oder irreführen könnte und wenn hierdurch das ökonomische Verhalten dieser Personen beeinflusst oder andere Wettbewerber oder Verbraucher

[1003] Gesetz Nr. 648/2007 Z. z. in Kraft getreten am 29.12.2007.
[1004] Im B2C-Verhältnis gilt gemäß § 2p des Verbraucherschutzgesetzes die (wörtlich der Richtlinie 2005/29/EG entnommen) Definition der Geschäftspraktik, die teils enger, teils weiter zu sein scheint.
[1005] Ausführlich dazu *Zajakova* (2015), S. 164 ff.

geschädigt werden könnten. In Abs. 2 werden drei Gruppen von Bezugspunkten der Irreführung genannt, die in etwa denen der Irreführungsrichtlinie 2006/114/EG entsprechen.

Wie diese Vorschriften im Einzelnen ausgelegt werden, lässt sich schwer abschätzen. Fest steht, dass die Frage der Eignung der Irreführung aus der Sicht der **Werbeadressaten** zu beurteilen ist. Weiter sind die konkreten Umstände der Angabe zu berücksichtigen. Das vom EuGH entwickelte Leitbild des „verständigen Durchschnittsverbrauchers" wird zugrunde gelegt, jedoch dürfte in Anbetracht des starken Schutzes von Kindern und Jugendlichen im Werbegesetz und des ausdrücklichen Verbots der Ausnutzung von Unerfahrenheit und Unkenntnis in § 3 Abs. 4a die mangelnde Erfahrung einzelner Verbrauchergruppen mit Werbepraktiken und werbemäßigen Übertreibungen eine Rolle spielen; im B2C-Verhältnis wird dies nunmehr ausdrücklich auch in § 7 Abs. 3 Verbraucherschutzgesetz festgehalten. **645**

c) Vergleichende Werbung. Die vergleichende Werbung ist in § 4 **Werbegesetz** geregelt. Inhalt und Terminologie stimmen im Wesentlichen mit der **Richtlinie 2006/114/EG** überein. Die Frage der Sonderangebote wurde allerdings nicht in die Regelung der vergleichenden Werbung, sondern als Unterfall der „Allgemeinen Anforderungen an die Werbung" in § 3 Abs. 8 Werbegesetz aufgenommen. Auch wird in § 4 Abs. 3 ausdrücklich festgestellt, dass andere als die in § 4 Abs. 2 genannte vergleichende Werbung unzulässig ist. **646**

Bislang gibt es noch **wenig Rechtsprechung zur vergleichenden Werbung.** Sie dürfte jedoch – wie in das tschechische Republik – vor allem unter den Aspekten der **Irreführung** und der **Herabsetzung** relativ streng beurteilt werden. **647**

d) Getarnte Werbung. Gemäß § 3 Abs. 3 Werbegesetz darf Werbung nicht verdeckt sein. Weiter verbietet § 3 Abs. 4j Werbegesetz die subliminale Werbung. Es besteht also ein allgemeines, **medienübergreifendes Verbot der Tarnung** von Werbung, das speziell gegenüber dem Verbraucher noch durch ein Verbot der „Advertorials" im Anhang Nr. 11 des Verbraucherschutzgesetzes ergänzt wurde. **648**

e) Belästigende Werbung.[1006] Abgesehen von einer Regelung der Telefonwerbung (dazu unten) enthält § 3 Abs. 7 Werbegesetz ein **allgemeines Verbot der Belästigung durch Werbung.** Danach darf „Werbung nicht gezielt verbreitet werden, wenn der Empfänger die Übermittlung der Werbung zuvor abgelehnt hat". Wie diese **„opt out"**-Lösung im Einzelnen realisiert werden wird, ist noch offen. Aus dem Wort „gezielt" ist jedoch zu entnehmen, dass die versehentlich noch weiterbetriebene Werbung – z. B. weil der Betreffende nicht sofort aus dem Computer herausgenommen wurde etc. – nicht hierunter fällt. Macht der Werbende keine effektiven Anstalten, die weitere Werbung zu verhindern, kann jedoch (wohl) ein Verstoß gegen die guten Sitten nach § 3 Abs. 1 Werbegesetz vorliegen. Im B2C-Verhältnis gilt nunmehr auch das Verbot der **aggressiven Geschäftspraktiken** in § 9 des Verbraucherschutzgesetzes (dazu Rdn. 641). **649**

f) Produkt- und medienspezifische Werbevorschriften (Hinweise). Das **Werbegesetz** enthält **detaillierte produktspezifische Werberegelungen.** Zusätzlich und ergänzend greift stets das Verbot der gegen die „guten Sitten" verstoßenden Werbung in § 3 Abs. 1 ein. **650**

Gemäß § 5 Abs. 1 Werbegesetz darf Werbung **Alkohol** nicht als vorteilhaft für die physische oder psychische Leistung oder als problemlösend hinstellen, nicht zum unmäßigen Konsum animieren oder Abstinenz als Mangel hinstellen oder den Alkoholgehalt betonen. Die Werbung für Alkohol darf sich nicht an Minderjährige wenden und es dürfen keine minderjährig erscheinenden Personen in der Werbung auftreten. **651**

Die Werbung für **Tabakprodukte** ist gemäß § 6 Abs. 1 in allen Informationsträgern **verboten.** Gleiches gilt für die Verteilung von Mustern in der Öffentlichkeit und auf öffentlich verteilten Werbegegenstände, mittels Sponsoring etc. Abs. 3 enthält einige Ausnahmen (Kennzeichnung von Lieferfahrzeugen, Werbung in den Verkaufsstellen etc.). **652**

Die Werbung für **Arzneimittel** (definiert in § 8 lit. a–g) ist gemäß § 8 Abs. 4 Werbegesetz, der durch die Novelle Nr. 342/2006 Z. z. neu gefasst wurde, für nicht registrierte, verschreibungspflichtige und bestimmte Arten von Arzneimitteln ganz verboten, ansonsten umfangreichen inhaltlichen Anforderungen unterworfen. In Abs. 8 sind die Pflichtangaben geregelt. **Ausnahmen** bestehen gemäß Abs. 7 z. B. bei für das Fachpublikum bestimmten Informationen und bei Informationen im Zusammenhang mit dem Gesundheitszustand einer Person, wenn sie keine Informationen über ein konkretes Arzneimittel beinhalten. Ein 2006 neu eingefügter § 7a verbietet die zu Gewinnerzielung erfolgende Werbung bezüglich Organe, Gewebe und Zellen. **653**

[1006] Ausführlich dazu *Jakob* (2010) und *Zajakova* (2015).

654 Bezüglich der Vermarktung von **Lebensmitteln** enthält § 3 Abs. 4 lit. i und h Werbegesetz das Verbot, **Lebensmittel und Nahrungsergänzungsmittel** so zu präsentieren, als hätten diese medikamentöse Wirkung oder Produkte als gesundheitsfördernd zu präsentieren, ohne dies durch ein Fachgutachten belegen zu können. Eine besondere Regelung der irreführenden Werbung, die auf die §§ 45, 46 HGB verweist, findet sich im Gesetz 152/1995 z.z. über Nahrungsmittel.[1007] Verboten ist weiter die (Publikums-)Werbung für **Waffen und Munition** (§ 7).

655 Für den **Rundfunk** gilt das Gesetz Nr. 308/2000 Z. z. Gemäß § 32 Abs. 2 ergänzt es die Regelung im Werbegesetz.

656 **g) Sonstige Werbevorschriften.** Gemäß § 3 Abs. 4 lit. a **Werbegesetz** darf Werbung nicht das **Vertrauen des Verbrauchers, seinen Mangel an Erfahrung und Kenntnis ausnutzen.** Minderjährige dürfen laut § 3 Abs. 4 lit. n Werbegesetz nicht zu potentiell körperlich oder seelisch schädlichen Verhaltensweisen animiert oder in gefährlichen Situationen gezeigt werden; untersagt ist die Telefon-, Fax oder E-mail-Werbung für Produkte, die nicht an Minderjährige verkauft werden dürfen und Werbung mit dem Ziel, Eltern etc zum Kauf zu bewegen. Werbung darf weiter nicht die **menschliche Würde** missachten, **nationale** oder **religiöser** Gefühle verletzen oder **diskriminierend** wirken bzw. Gewalt, Vandalismus oder **Vulgarität** fördern oder billigen, z.B. indem die Blöße des menschlichen Körpers auf obszöne Weise präsentiert wird.

657 Werbung darf generell keine Produkte präsentieren, deren Herstellung, Verkauf, Benutzung verboten ist (Art. 3 Abs. 4 lit. b). Über die **Gefahren** von potentiell für die **Umwelt** und die **Gesundheit** von Menschen, Tieren und Pflanzen gefährlichen Produkten ist unmissverständlich aufzuklären. Werden Produkte als für Menschen, Tiere oder Pflanzen **gesundheitsfördernd** hingestellt, so muss dies durch ein **Fachgutachten** belegt werden können. Keinesfalls darf die physische oder psychische Gesundheit der Bürger gefährdet werden.

658 **Persönliche Daten** und Aussagen Dritter dürfen ohne ausdrückliche Genehmigung in der Werbung nicht verwandt werden und die Werbung darf generell nicht in die **Rechte Dritter** eingreifen.

659 Gemäß § 3 Abs. 5 Werbegesetz muss Werbung in Übereinstimmung mit den Anforderungen an die **slowakische Sprachkultur,** etc. und die gefestigte **Fachterminologie** erfolgen.

4. Direktmarketing

660 **Werbung** darf nicht gezielt verbreitet werden, wenn der Empfänger sich dies verbeten hat (s. Rdn. 649). Ein Verstoß gegen diese generelle **„opt out"**-Lösung wird verallgemeinernd für alle Marketingmethoden anzunehmen sein, d.h. derartige Handlungen stellen einen Verstoß gegen die Generalklausel des § 44 HGB („guten Sitten") dar. Auf dieser Grundlage sind Vertreterbesuche, das Zusenden unerbetenen Werbematerials etc. zu beurteilen. Im B2C-Verhältnis gilt nunmehr auch das Verbot aggressiver Geschäftspraktiken in § 9 des Verbraucherschutzgesetzes (Rdn. 641).

661 Für die Werbung mittels **Anrufe über automatische Anrufsysteme, Faxe und Internet** sieht § 3 Abs. 6 Werbegesetz darüber hinaus die **„opt in"**-Lösung vor, d.h. sie ist nur bei vorheriger Zustimmung des Empfängers gestattet. Für „hartnäckige" Anrufe gilt Anhang 1 Nr. 3 (aggressive Geschäftspraktiken) des Verbraucherschutzgesetzes.

662 **Schneeballsysteme** werden an dem Verbot der Ausnutzung der Leichtgläubigkeit und Unerfahrenheit in § 3 Abs. 4a Werbegesetz und der Generalklausel in § 44 HGB gemessen; weiter gilt § 4 Abs. 5 des Verbraucherschutzgesetzes.

5. Sales Promotion

663 **Rabatte, Zugaben und Werbegeschenke** sind – außer für bestimmte Produkte, s. Rdn. 650ff. – gesetzlich nicht geregelt. § 3 Abs. 8 Werbegesetz erfasst nur die Werbung für **Sonderangebote,** die bestimmten Informationspflichten unterliegt.

6. Verwechslungsgefahr, Herabsetzung, Rufausbeutung, Nachahmung, Behinderung, Rechtsbruch

664 Die Beurteilung auf der Grundlage der **§§ 47–54 Abs. 1 HGB** entspricht fast wortwörtlich der des **tschechischen Rechts,** auf das verwiesen wird.[1008]

[1007] Die Werbung darf nur in einschlägigen Publikationen veröffentlicht werden und nur wissenschaftlich belegte, sachlich richtige Aussagen enthalten. Die Verwendung bestimmter Worte ist untersagt. Gleiches gilt für das Verteilen von Mustern, für Hinweise auf Ermäßigungen, Zugaben weiterer Produkte und Sonderangebote. Ausführlich zur irreführenden Werbung bei Nahrungsmitteln *Zajakowa* (2015), S. 179ff.

[1008] Ausführlich zu den mitbewerberbezogenen Tatbeständen *Zajakowa* (2015), S. 295ff.

7. Sanktionen, Verfahren[1009]

Die Vorschriften im **HGB** sind **zivilrechtlich sanktioniert;** bezüglich der Einzelheiten wird auf die Ausführungen zum tschechischen Recht verwiesen. 665

Das Werbegesetz ist **verwaltungsrechtlich sanktioniert.** Bei einem Verstoß können die zur Durchsetzung zuständigen Stellen (Rdn. 639) gemäß § 11 die weitere (oder auch die drohende) Verbreitung der Werbung untersagen, die Veröffentlichung dieser Untersagung oder eine berichtigende Kundgebung in den Massenmedien anordnen. Daneben können Geldbußen verhängt werden; bei einigen Tatbeständen auch gegen den Werbemittler. Bei der **irreführenden und der vergleichenden Werbung** besteht gemäß § 11 Abs. 2 die Pflicht, **Beweise für die Richtigkeit der tatsächlichen Behauptungen** binnen 15 Tagen nach Aufforderung vorzulegen. 666

Auch das **Verbraucherschutzgesetz** ist **verwaltungsrechtlich sanktioniert.** Die einschlägigen Organe sind das Wirtschaftsministerium, Aufsichtsorgane und Gemeinden. Das Wirtschaftsministerium stellt zugleich die Verbindungsstelle zur EU dar. Generelles Aufsichtsorgan ist die **Slowakische Handelsinspektion;** die Gemeinden üben die örtliche Marktaufsicht aus. Die Aufsichtsorgane verbieten durch einstweilige Verfügung u. a. unlautere Geschäftspraktiken; dazu können Geldbußen bis 10 000 Kronen verhängt werden. Bei Verletzung der gesetzlichen Pflichten nach dem Verbraucherschutzgesetz kann das Aufsichtsorgan gegen Verkäufer, Hersteller oder Lieferanten Geldbußen bis zu 2 000 000 Kronen und bei einer wiederholten Verletzung bis zu 5 000 000 Kronen verhängen. 667

Verstöße gegen das Werbegesetz und das Verbraucherschutzgesetz ziehen teilweise auch **zivilrechtliche** Folgen nach sich. Nach dem Verbraucherschutzgesetz (§§ 3 ff.) hat jeder Verbraucher das Recht, über die Verbraucherorganisationen (§ 25) seine Rechte vor Gericht geltend zu machen und Unterlassung, Beseitigung sowie eine angemessene finanzielle Genugtuung zu verlangen. 668

XXIII. Slowenien*

Inhaltsübersicht

	Rdn.
1. Rechtsgrundlagen	
2. Kurzcharakteristik des slowenischen Wettbewerbsrechts	669
3. Regelung der Werbung	679
a) Irreführende Werbung	679
b) Vergleichende Werbung	681
c) Sonstige Werbevorschriften	682
4. Sales Promotion	683
5. Verwechslungsgefahr	684
6. Herabsetzung, Rufausbeutung	685
7. Sklavische Nachahmung	686
8. Behinderung	687

Schrifttum: *Dietz,* Die Einführung von Gesetzen gegen den unlauteren Wettbewerb in ehemals sozialistische Staaten Mittel- und Osteuropas, GRUR Int. 1994, S. 649; *Grilc,* Unfair Competition Law in Slovenia, in: Hilty/Henning-Bodewig (Hrsg.), Law Against Unfair Competition, 2007, S. 211; *Grilc,* Sokantna reclama – medetiko, moralo in komercial-nostjo, Zb. znan. razpr. – Prav. fak. Univ. Edvarda Kardelja Ljublj., 1996, 56, str 97; *Grilc/Podobnik,* Das Wettbewerbsrecht in Slowenien, in: Heidelberger Kommentar zum Wettbewerbsrecht, 2. Aufl. 2004, S. 1006; *Lubarda,* Vastvo potronšnikow pred nepoštenimi poslovnimi prakesami (Der Schutz der Verbraucher gegen unlautere Geschäftspraktiken), Pravna Praksa 2008, S. 32; *Puharic,* Jugoslawien, in: Beier/Bastian/Kur (Hrsg.), Wettbewerbsrecht und Verbraucherschutz in Mittel- und Osteuropa, 1992, S. 111; *Krneta,* Die Neuregelung des Wettbewerbsrechts in Slowenien, GRUR Int. 1994, S. 289; *Straus,* Das Recht des unlauteren Wettbewerbs in Slowenien mit Hinweisen auf die Rechtslage in Kroatien, GRUR Int. 1994, S. 700; *ders.,* Die Entwicklung des jugoslawischen Wettbewerbsrechts und die Neuregelung von 1974, GRUR Int. 1976, S. 426; *ders.,* Das Wettbewerbsrecht in Jugoslawien, 1970; *Zabel,* Podjetje in delo, 1992.

1. Rechtsgrundlagen

Gesetz zum Schutz des Wettbewerbs von 1993 (Zakon o varstvu konkurrence = ZVK); Gesetz über den Verbraucherschutz von 1998 (Zakon o varstvu potrosnikov = ZVPot); Gesetz zum Schutz der Verbraucher vor unlauteren Geschäftspraktiken von 2007 (Zakon o varstvu portošnikov pred nepoštenimi poslavnimi praksami = ZVPNPP).

[1009] Ausführlich dazu *Zajakowa* (2015), S. 395 ff.

* Die Verf. danken Herrn Dr. *Miha Trampuz* und Herrn Dr. *Robert Kordic* für wertvolle Hinweise.

2. Kurzcharakteristik des slowenischen Wettbewerbsrechts

669 **a)** Die **Republik Slowenien** ist ab 1990 in mehreren Schritten als eigenständiger Staat aus dem ehemaligen Jugoslawien entstanden.[1010] In der Anfangsphase wurden die **Gesetze Jugoslawiens**[1011] **in das slowenische Recht übernommen,** sofern sie mit der Verfassung und den Gesetzen Sloweniens vereinbar waren. Zu den verfassungsrechtlich gesicherten Rechten zählt neben dem Recht auf Privateigentum und freie wirtschaftliche Betätigung auch der Schutz vor unlauteren Wettbewerb (Art. 47 Abs. 3 Verfassung).

670 Übernommen wurde zunächst auch das jugoslawische Gesetz vom 8.8.1990 über den Handel,[1012] das Vorschriften zur Bekämpfung unlauteren Wettbewerbs enthielt. Diese Regelung wurde in der Literatur jedoch als Rückschritt gegenüber den zuvor geltenden Wettbewerbsgesetzen von 1974 und 1962 kritisiert.[1013] Am **25.3.1993** erließ die Republik Slowenien daher ein **eigenes Gesetz zum Schutz des Wettbewerbs.** Das sog. **ZVK** bildete zunächst die alleinige Grundlage des Rechts zur Bekämpfung des unlauteren Wettbewerbs. 1998 wurde es jedoch um ein **Verbraucherschutzgesetz,** das sog. **ZVPot,** ergänzt.[1014] In Umsetzung der **Richtlinie 2005/29/EG** wurde schließlich 2007 ein spezielles **Gesetz zum Schutz der Verbraucher vor unlauteren Geschäftspraktiken** (das sog. **ZVPNPP**) erlassen; der Bereich der irreführenden Werbung gegenüber Verbrauchern wurde aus dem ZVPot ausgeklammert. Insgesamt bestehen daher gerade im Werbebereich mehrere sich überlappende Vorschriften, deren Verhältnis zueinander noch nicht völlig klar ist.

671 **b)** In seinem dem Verbraucherschutz dienenden Teil ist das slowenische Lauterkeitsrecht vorwiegend administrativ sanktioniert. Anders dagegen das **ZVK.** Dieses Gesetz zielte ursprünglich auf einen Schutz der Institution Wettbewerb auf breiter Basis ab.[1015] Es enthielt anfangs sowohl kartell- wie lauterkeitsrechtliche Vorschriften. 1999 wurde jedoch das Kartellrecht in einem eigenen Gesetz geregelt,[1016] so dass die **Vorschriften zur Bekämpfung unlauteren Wettbewerbs** übrig blieben. Sie finden sich vor allem in **Art. 13** des Gesetzes, der primär **zivilrechtlich sanktioniert** ist.

672 Art. 13 Abs. 2 ZVK enthält als wichtigste Vorschrift eine **Generalklausel.** Danach ist unlauterer Wettbewerb jede von einem Unternehmen bei seinem Marktauftritt vorgenommene Handlung, die gegen die **„guten Sitten"** im Geschäftsverkehr verstößt und dadurch anderen Marktteilnehmern Schaden zufügen könnte.

673 An die Generalklausel schließen sich 14 (nur durch Spiegelstriche gekennzeichnete) **Einzeltatbestände** an, die – in einer zum Teil schwer zugänglichen Systematik und Formulierung – folgende **Fallgruppen** regeln:[1017] Die unlautere **Werbung** (d. h. die unwahre, irreführende vergleichende, anlehnende und diskriminierende Werbung), **Bestechung, unwahre Kennzeichnung** von Waren und Dienstleistungen, Verheimlichen von Produktmängeln und sonstige Irreführung der Verbraucher, **Eingriff in Geschäftsbeziehungen,** ungerechtfertigte Nichterfüllung oder Kündigung von Verträgen, **Scheinausverkäufe,** unberechtigte Nutzung von Kennzeichen, unbefugte Inanspruchnahme von Diensten von **Vertretern** anderer Unternehmen, **Prämiengeschäfte** und Verletzung von **Betriebsgeheimnissen.**

674 Bezüglich des **Verhältnisses zwischen den Sondertatbeständen und der Generalklausel** wird überwiegend vertreten, dass die Sondertatbestände stets auch die Voraussetzungen der Generalklausel zu erfüllen haben.[1018]

675 Die Anwendung des ZVK erstreckt sich in **persönlicher Hinsicht** auf alle natürlichen oder juristischen Personen, die eine **wirtschaftliche Tätigkeit** ausüben. Die Tätigkeit muss wenigstens überwiegend auf dem Markt abgewickelt werden, was bei den **freien Berufen** zweifelhaft sein

---

[1010] Zur Entwicklung (insbesondere auch zum wirtschaftlichen Hintergrund) des slowenischen Rechts vgl. *Straus,* GRUR Int. 1994, 700; *Krneta,* GRUR Int. 1994, 289; *Grilc/Podobnik,* S. 1006. Der aktuellste Überblick (auf englisch) findet sich zur Zeit bei *Grilc* (2007).

[1011] Zum früheren jugoslawischen Recht insbesondere *Straus,* GRUR Int. 1976, 426.

[1012] Auszugsweise abgedruckt auf Deutsch bei *Beier/Bastian/Kur* (Hrsg.), S. 232; dazu ausführlich *Puharic,* S. 111 ff.

[1013] S. *Krneta,* GRUR Int. 1994, 294 f.; zum Gesetz von 1974 insbesondere *Straus,* GRUR Int. 1976, 426 zum Gesetz von 1962 *Straus* (1970).

[1014] Das ZVPot wurde 2012 ergänzte (vor allem um eine Regelung der Gewährleistung); vgl. dazu *Metelko* Pravna praksa 2012, S. 22.

[1015] Ausführlich dazu *Grilc/Podobnik* und *Grilc,* in: *Hilty*/Henning-Bodewig (Hrsg.), Law afainst unfair competition, 2007, S. 221 ff.

[1016] Gesetz Nr. 56/99; geändert durch Gesetz Nr. 37/04; vgl. dazu *Krneta,* GRUR Int. 1994, 289.

[1017] Dazu *Grilc* (Fn. 1015) und *Grilc/Podobnik; Straus* GRUR Int. 1994, 700, 708.

[1018] Vgl. *Grilc* (Fn. 1015); *Straus* GRUR Int. 1994, 700, 708.

kann.[1019] Die Anwendung setzt weiter lediglich eine **Handlung im geschäftlichen Verkehr** anlässlich des Marktauftritts eines Unternehmens voraus, erfordert aber **kein Wettbewerbsverhältnis.**[1020] Das ZVK ist auf alle Handlungen, die sich auf dem **Staatsgebiet Sloweniens** auswirken, anwendbar. **Schutzzweck** ist der Schutz aller Marktteilnehmer einschließlich der Verbraucher[1021] und – wie sich bereits aus dem früheren Kontext der Regelung ergibt – des Wettbewerbs als Institution.

Diese Schutzzwecke sind auch bei der **Interpretation des Begriffs „gute Sitten"** in Art. 13 ZVK zu beachten. Jedenfalls bei einigen Tatbeständen des Art. 13 ZVK bestehen jedoch auch Berührungspunkte zum **Gesetz über das industrielle Eigentum,**[1022] das seinerseits die Anwendung von auf Art. 13 ZVK gestützten Klagen nicht einschränkt[1023] sowie zu den im Folgenden dargestellten Gesetzen zum Schutz der Verbraucher. **676**

c) Speziell zum Schutz der Verbraucher besteht seit 1998 ein **Verbraucherschutzgesetz** (das sog. ZVPot), dem 2007 ein **Gesetz zum Schutz der Verbraucher** vor **unlauteren Geschäftspraktiken** (ZVPNPP) zur Seite gestellt wurde. Im ZVPot ist neben dem vertragsrechtlichen Verbraucherschutz auch die vergleichende Werbung geregelt, während das ZVPNPP im Wesentlichen die **Richtlinie 2005/29/EG** über unlautere Geschäftspraktiken umsetzt (abgedruckt im Anhang; dazu ausführlich *Glöckner,* Einl. B). **677**

d) Zum noch jungen Wettbewerbsrechts Sloweniens gibt es bislang nur **wenig Rechtsprechungsmaterial.**[1024] Die zivilrechtliche Regelung des Art. 13 ZVK knüpft jedoch bewusst an das frühere jugoslawische Recht an, insbesondere auch an die Gesetze von 1962 und 1974, zu deren Auslegung wiederum häufig das **deutsche und österreichische Wettbewerbsrecht** herangezogen wurde;[1025] heute scheint auch die bulgarische und ungarische Rechtsprechung eine Rolle zu spielen. Sofern die Änderungen im Wirtschafts- und Gesellschaftsbereich, die seit Gründung der Republik Slowenien stattgefunden haben, berücksichtigt werden, können daher die zum früheren jugoslawischen Recht ergangenen Entscheidungen noch (bedingt) herangezogen werden. Bezüglich der Auslegung des ZVPot und des ZVPNPP kann auf das europäische Recht und seine entsprechenden Richtlinien und ihre Interpretation verwiesen werden (vgl. *Glöckner,* Einl. B). **678**

3. Regelung der Werbung

a) Irreführende Werbung. Die unwahre und irreführende Werbung ist in **mehreren Gesetzen und Tatbeständen** geregelt: **Art. 13 Abs. 3** Spiegelstrich 1 **ZVK** verbietet das Werben, Promoten oder Anbieten von Waren oder Dienstleistungen mittels unwahrer oder zu einer Täuschung (Verwirrung) der Verbraucher führenden Daten, Informationen oder Ausdrücken. Spiegelstrich 4 erfasst den Verkauf unter Bezeichnungen oder Daten, die zu einer Täuschung über die Herkunft, Herstellungsmethode, Menge, Güte oder andere Produkteigenschaften führen könnten. Spiegelstrich 6 untersagt das Verbergen von Warenmängeln oder jede andere Täuschungsbehandlung gegenüber dem Verbraucher. **679**

Diese zivilrechtliche Regelung im ZVK wird ergänzt durch die Regelung im ZVPot und seit 2007 im **ZVPNPP;** beide verbieten irreführende Geschäftspraktiken bzw. Angaben gegenüber dem Verbraucher. Es gibt bislang wenig **Rechtsprechungsmaterial,** aus dem sich eine Auslegung dieser Vorschriften ergeben würde.[1026] **680**

[1019] *Straus,* a. a. O.

[1020] *Krneta,* GRUR Int. 1994, S. 294.

[1021] *Krneta,* a. a. O.

[1022] S. dazu die Aktuellen Informationen, GRUR Int. 2001, 803. Die Gesetze zum Schutz des geistigen Eigentums in Slowenien sind auf Englisch in der vom Slovenian Intellectual Property Office (SIPO) herausgegebenen Gesetzessammlung „Intellectual Property Acts" (2001) zu finden.

[1023] Bei einem Zusammentreffen der Verletzung absoluter Rechte und wettbewerbsrechtlicher Tatbestände hat der Verletzte die freie Wahl, s. *Straus* GRUR Int. 1994, S. 707.

[1024] Siehe dazu *Grilc* (Fn. 1015) und *Grilc/Podobinik.*

[1025] *Straus,* GRUR Int. 1994, 702.

[1026] Das höchste Gericht der Slowakei hat 2008 die auf einen Briefumschlag aufgedruckten Bedingungen für ein Gewinnspiel nicht als irreführende Werbung angesehen, da der verständige Durchschnittsadressat derartige Angaben beachte und seine Entscheidungsfreiheit nicht verfälscht werde; Vrhovno Sodisce Republike Slowenje vom 13.3.2008; demgegenüber hat das Verwaltungsgericht Ljubljana mit Urteil vom 10.11.2010 einen Händler wegen irreführender Preiswerbung verurteilt, weil dieser bei einer Anzahl der mit durchgestrichenen Preisen beworbenen Waren den höheren Preis nicht tatsächlich gefordert hatte (UPRS I U 2181/2009); die Klage des Händlers gegen eine Anordnung des Marktinspektions-Behörde wurde als unbegründet zurückgewiesen. Gleichfalls als irreführend sah dasselbe Gericht die Werbung für ein promotional game an (bei der der Preis als

681 **b) Vergleichende Werbung.** Auch die vergleichende Werbung ist **nicht zusammenhängend geregelt.** Art. 13 Abs. 2 Spiegelstrich 2 ZVK verbietet „das Werben, Annoncieren und Anbieten von Waren oder Dienstleistungen unter Angabe von Daten oder unter Verwendung von Ausdrücken, mit welchen das Ansehen eines anderen Unternehmens, seiner Erzeugnisse oder Dienstleistungen ausgenutzt oder die Qualität der Erzeugnisse eines anderen Unternehmens bewertet oder herabgesetzt wird". Die vergleichende Werbung ist jedoch seit 1998 auch in **Art. 12 ZVPot** entsprechend den Vorgaben der Richtlinie 97/55/EG geregelt. Sie ist daher im Ergebnis (nur) unter den dort enumerativ aufgezählten Bedingungen zulässig.[1027]

682 **c) Sonstige Werbevorschriften.** Hieraus lässt sich zugleich ein **Verbot der anlehnenden (rufausbeutenden) und der herabsetzenden (anschwärzenden) Werbung** entnehmen. Gemäß Art. 13 Abs. 2 Spiegelstrich 3 ZVK ist es weiter verboten, ein anderes Unternehmen durch eine **Bezugnahme auf Nationalität, Rasse, Religion oder politische Überzeugung** herabzusetzen. Der letzte Halbsatz in Art. 13 Spiegelstrich 1 ZVK **(„Ausnutzen der Uninformiertheit oder Verletzlichkeit der Verbraucher")** lässt sich möglicherweise so interpretieren, dass auch dann, wenn keine Irreführung vorliegt, bestimmte Sachverhalte, bei denen die Interessen der Verbraucher verletzt werden, unlauter sein können.[1028] Die **aggressiven Geschäftspraktiken** gegenüber dem Verbraucher sind jedenfalls nach dem ZVPNPP verboten.[1029] Das slowenische Recht kennt weiter ausführliche Regelungen für **bestimmte Produkte,** z. B. **Tabakwaren,** kosmetische Produkte, Heilmittel sowie im Medienbereich.[1030]

4. Sales Promotion

683 Gemäß Art. 13 Spiegelstrich 9 ZVK darf nicht mit **Ausverkäufen** etc. oder **Preissenkungen** geworben werden, wenn dies zu einer **Irreführung** der Verbraucher führen könnte. Weiter ist es nach Spiegelstrich 13 verboten, Käufer durch das **Versprechen oder Gewähren von Geschenken, Vergünstigungen** etc. anzulocken, wenn diese Vorteile erheblich den Wert der Waren, bei deren Kauf sie gewährt werden, übersteigen. Ansonsten sind Promotional Games jedoch, sofern hinreichend transparent, vor allem an den Irreführungstatbeständen gemessen.[1031]

5. Verwechslungsgefahr

684 Gemäß Art. 13 Abs. 3 Spiegelstrich 10 ZVK ist die **ungerechtfertigte Benutzung des Namens, der Firma, Marke oder sonstigen geschäftlichen Bezeichnung** unlauter, wenn hierdurch eine **Verwechslungsgefahr** entstehen könnte. Zumindest im früheren Recht Jugoslawiens ist dieser Schutz relativ großzügig gewährt worden. So hat das Oberste Gericht Sloweniens 1976 auf Klage des dänischen Spielzeugherstellers LEGO die gleich lautende Bezeichnung von Bauelementen durch einen slowenischen Bauunternehmer verboten.[1032]

6. Herabsetzung, Rufausbeutung

685 Gemäß Art. 13 Abs. 3 Spiegelstrich 4 ZVK ist die **Anschwärzung** eines anderen Unternehmens (unabhängig vom Wahrheitsgehalt) unlauter, wenn hierdurch **der Ruf geschädigt** werden könnte (s. auch Rdn. 735).

7. Sklavische Nachahmung

686 Die Nachahmung etc. ist nicht ausdrücklich geregelt. Sie kann, jedenfalls wenn Verwechslungsgefahr oder Rufausbeutung vorliegt, jedoch in bestimmten Fällen auf der Grundlage der Generalklausel verboten werden.[1033]

„frei" bezeichnet und die zu zahlende Steuer verschwiegen wurde); Entscheidung vom 16.1.2013 UPRS II U 353/2012. Zum Schutz der Verbraucher vor irreführender Werbung vgl. auch *Lubarda,* Prava praksa 2008/28, S. 32.

[1027] *Grilc/Podobnik,* Rdn. 18; *Grilc* (Fn. 1015).

[1028] Zur Beurteilung der schockierenden Werbung vgl. *Grilc,* a. a. O.

[1029] Zum unerwünschten Telefonmarketing vgl. *Dolžan,* Pravna Praska, 2009, S. 14.

[1030] Ausführlich dazu *Grilc* (Fn. 1015), S. 228 f.

[1031] Vgl. die in Fn. 1026 angegebene Rechtsprechung. Zum Telefon Marketing vgl. *Dolžan,* Pavna praksa 2009/33, S. 14.

[1032] GRUR Int. 1977, 204 – *Lego* mit Anm. v. *Straus.*

[1033] *Straus* GRUR Int. 1994, 700, 709 unter Hinweis auf das frühere jugoslawische Recht.

8. Behinderung

687 Gemäß Art. 13 Abs. 3 Spiegelstrich 7 ZVK sind Handlungen unlauter, die auf den Bruch von **Geschäftsbeziehungen** anderer Unternehmen abzielen oder diese ver- oder behindern wollen. Gleiches gilt nach Spiegelstrich 8 für die ungerechtfertigte **Nichterfüllung oder Kündigung von Verträgen** in der Absicht, den gleichen oder einen ähnlichen Vertrag mit einem anderen Unternehmen abzuschließen. Spiegelstrich 12 untersagt die unbefugte Inanspruchnahme von Diensten eines für ein anderes Unternehmen tätigen **Handelsvertreters** etc. Spiegelstrich 14 ZVK schützt **Geschäftsgeheimnisse** bei widerrechtlich erlangter Kenntnis und bei unbefugter Nutzung eines anvertrauten Geheimnisses.[1034]

688 Verstöße gegen Art. 13 ZVK lösen zivilrechtliche Ansprüche auf **Schadensersatz, Unterlassung, Beseitigung und Urteilsveröffentlichung** aus, Art. 26. **Aktivlegitimiert** ist jeder betroffene Marktteilnehmer. Die Regelungen des **ZVPot** und des **ZVPNPP** werden in erster Linie **verwaltungsrechtlich** durchgesetzt, wobei – so Art. 12 ZVPNPP – das Marktinspektorat der Republik Slowenien und andere Inspektionsorgane zuständig sind.

XXIV. Spanien

Inhaltsübersicht

Rdn.

1. Rechtsquellen
2. Kurzcharakteristik des spanischen Wettbewerbsrechts 689
3. Regelung der Werbung 694
a) Irreführende Werbung 695
b) Vergleichende Werbung 696
c) Getarnte Werbung 697
d) Belästigende Werbung 698
e) Produkt- und medienspezifische Werbeverbote (Hinweise) 699
f) Sonstige Werbevorschriften 701
4. Direktmarketing, besondere Verkaufsveranstaltungen 703
5. Sales Promotion 704
6. Verwechslungsgefahr 707
7. Herabsetzung, Anschwärzung 708
8. Ausbeutung fremder Leistungen, Nachahmung 709
9. Behinderung 712
10. Verletzung außerwettbewerbsrechtlicher Normen, Rechtsbruch 713
11. Sanktionen 714

Spanisches Schrifttum: *Ayala Muñoz,* Aspectos jurídicos procesales del nuevo Derecho de la competencia desleal, La reforma de la Ley General de Publicidad, Revista de Derecho de la Competencia y la Distribución (RCD), 7/2010, S. 119; *Bercovitz* (Hrsg.), Comentarios a la Ley de Competencia Desleal, 2011; *Cámara Lapuente,* Comentario al artículo 20, in: S. Cámara Lapuente (Hrsg.), Comentarios a las Normas de Protección de los Consumidores, 2011, S. 277; *Cámara Lapuente,* Comentario al artículo 60 in: Cámara Lapuente (Hrsg.), Comentarios a las Normas de Protección de los Consumidores, 2011, S. 486; *Emparanza Sobejano,* El régimen jurídico de las prácticas comerciales con los consumidores y usuarios, RCD, 7/2010, S. 71; *Emparanza Sobejano,*Las propuestas telefónicas o por correo electrónico no deseadas: Un supuesto de prácticas agresivas por acoso, Actas de Derecho Industrial y Derecho de Autor (ADI), 2010–2011, S. 153; *Fernández-Nóvoa,* La Directiva Comunitaria sobre Prácticas Comerciales Desleales, Diario La Ley, No 6408, 2006, S. 1; *García Pérez,* Consideraciones preliminares sobre la incidencia en la Ley de Competencia Desleal del Anteproyecto de Ley que incorpora la Directiva sobre las prácticas comerciales desleales, Diario La Ley, No 7051, 7.11.2008, S. 1; *García Pérez,* Ley de Competencia Desleal, 2008; *García Pérez,* Nuevas relaciones entre la Ley de Marcas y la Ley de Competencia Desleal, Aranzadi Civil-Mercantil, 1/2012 (www.westlaw.es); *García Pérez,* Tiempo de cambios para el Derecho contra la competencia desleal: La Directiva sobre prácticas comerciales desleales, Actas de derecho industrial y derecho de autor, 2005–2006, S. 475; *Gómez Segade,* La nueva cláusula general en la Ley de competencia desleal, in: *Gómez Segade/García Vidal* (Hrsg.), El Derecho mercantil en el umbral del siglo XXI, Marcial Pons; *Gómez Segade,* La propiedad industrial en España, in: Tecnología y Derecho, Estudios jurídicos del Prof. Dr. h. c. José Antonio Gómez Segade recopilados con ocasión de la conmemoración de los XXV años de cátedra, 2001, S. 83; *Lema Devesa,* La publicidad engañosa y la publicidad comparativa en la Ley de Competencia Desleal, Comunicaciones en Propiedad Industrial y Derecho de la Competencia, no 58, 2010, S. 89; *Lema Devesa/Gómez Montero,* Código de Publicidad, 2010; *Marco Alcalá,* El tratamiento de los signos distintivos en la reforma de la Ley de Competencia Desleal: Principales cuestiones, ADI, 2010–11, S. 231; *Martínez Sanz/Puetz,* Ámbito de aplicación y cláusula general de competencia desleal, RCD, 7/2010, S. 17; *Massaguer,* Comentario a la Ley de Competencia Desleal, 1999; *Massaguer,* El nuevo Derecho contra la Competencia Desleal. La Directiva 2005/29/CE sobre las Prácticas

[1034] Daz *Krneta* GRUR Int. 1994, 295.

Comerciales Desleales, 2006; *Massaguer,* La protección de los signos distintivos y prestaciones objeto de propiedad intelectual por medio de la Ley de Competencia Desleal, in Moral Soldevilla (Hrsg.), Problemas Actuales de Derecho de la Propiedad Industrial, I Jornada de Barcelona, 2011, S. 157; *Massaguer.* (und Marcos, Suñol), La transposición al Derecho español de la Directiva 2005/29/CE sobre Prácticas Comerciales Desleales, Boletín de información del Ministerio de Justicia, No 2013, 2006, S. 1925; *Menéndez,* La Competencia Desleal, 1988, S. 153; *Palau Ramírez,* „Sobre la compatibilidad de la normativa de ordenación de comercio y protección de los consumidores con la Directiva sobre prácticas comerciales desleales o la adaptación pendiente", RCD 7/2010, S. 175; *Ruiz Peris,* El laberinto de la cláusula general de la Ley de Competencia Desleal, ADI 2009-10, S. 435; *Tato Plaza,* La reforma del Derecho español contra la competencia desleal: Rasgos generales, ADI, 2009-10, S. 455, S. 466; *Tato Plaza,* La reforma de la Ley General de Publicidad, RCD, 7/2010, S. 141; *Tato Plaza/Fernández Carballo-Calero/Herrera Petrus,* La reforma de la Ley de Competencia Desleal, 2010; *Viera González,* La tipificación de los ilícitos concurrenciales en la reforma del Derecho español de competencia desleal, RCD, 7/2010, S. 45, S. 68; *Zubiri de Salinas,* Prácticas agresivas por acoso, in: Bercovitz (Hrsg.), Comentarios a la Ley de Competencia Desleal, 2011, S. 785.

Deutsches und englisches Schrifttum: *Bueso Guillén/Voigt,* Spain, in: Micklitz/Keßler (Hrsg.), Marketing Practices Regulation and Consumer Protection in the EC Member Status and the US, 2002, S. 301; *Domínguez Pérez,* Nachahmung und ungerechtfertigte Ausnutzung fremder Leistungen im spanischen Recht gegen unlauteren Wettbewerb, GRUR Int. 2001, S. 1017; *Fischer/Fischer,* Spanisches Handels- und Wirtschaftsrecht, 2. Aufl. 1995; *Freyer,* Das neue spanische Gesetz gegen unlauteren Wettbewerb, ZVglRWiss 91 (1992), S. 96; *Fröhlingsdorf,* Das spanische Wettbewerbsrecht, in: Löber/Peuster (Hrsg.), Aktuelles spanisches Handels- und Wirtschaftsrecht, 1991, S. 497; *ders.,* Neue spanische Gesetzgebung zum unlauteren Wettbewerb, RIW 1991, S. 987; *Fuchs,* Verbraucherschutz in Spanien, Die Rechtslage nach dem Konsumentenschutzgesetz von 1984, 1990; *Garcia Pérez,* Spanien, in: Schmidt-Kessel/Schubmehl (Hrsg.), Lauterkeitsrecht in Europa, 2011, S. 633; *ders.,* Spain, in: Henning-Bodewig (Hrsg.), International Handbook on Unfair Competition Law, 2013, S. 473 (zitiert: *Garcia Pérez* (2013)); *ders.,* Zur Entscheidung des Tribunale Supremo vom 7.4.2014, GRUR Int. 2015, 1047; *Klein,* Die Entwicklung des Rechts gegen unlauteren Wettbewerb in Spanien unter besonderer Berücksichtigung der Irreführung durch Unterlassen, 2013; *Knothe/Bellido Penadés,* Der einstweilige Rechtsschutz im spanischen Wettbewerbsrecht, GRUR Int. 1998, S. 667; *Leible,* Das neue spanische Gesetz gegen den unlauteren Wettbewerb, ZfRV 1992, S. 257; *ders.,* Bedeutung und Bestimmung der Verkehrsauffassung im spanischen Recht des unlauteren Wettbewerbs, WRP 1992, S. 1; *Lema Devesa,* Der Schutz des Verbrauchers im allgemeinen Werbegesetz Spaniens, GRUR Int. 1990, S. 208; *Mascaray Marti,* Das Wettbewerbsrecht in Spanien, in: Heidelberger Kommentar zum Wettbewerbsrecht, 2. Aufl. 2004, S. 1016; *Micklitz/Rott,* Verbraucherschutz bei Fernabsatzgeschäften in Spanien und Portugal, RIW 2000, S. 490, *Neumeier,* Der wettbewerbsrechtliche Gewinnabschöpfungsanspruch im europäischen Rechtsvergleich, 2006, S. 154; *Otero Lastres,* Das neue spanische Gesetz gegen unlauteren Wettbewerb, GRUR Int. 1992, S. 183; *Röhrenbach/Meister,* Dokumentation der „Besonderheiten" des Wettbewerbsrechts in Europa – Spanien, WRP 1999, S. 307; *Rott,* Die Umsetzung der Haustürwiderrufsrichtlinie in den Mitgliedstaaten, 2000; *Schiller v.,* Werberecht in Spanien, in: Schotthöfer (Hrsg.), Handbuch des Werberechts in den EU-Staaten 2. Aufl. 1997, S. 113; *Schricker/v. Bredow,* Recht der Werbung in Europa, Spanien, 1990; *Schulze,* Das spanische Kartellrecht, WuW 1991, S. 993; *Tato Plaza,* Das neue System zur Selbstkontrolle der Werbung in Spanien, GRUR Int. 1999, S. 853; *Vicent Chuliá,* Das spanische Gesetz gegen unlauteren Wettbewerb im Meinungsstreit, GRUR Int. 1994, S. 14; *Wirth,* Das neue Recht des unlauteren Wettbewerbs in Spanien. Eine Darstellung des Gesetzes 3/1991 über unlauteren Wettbewerb mit rechtsvergleichenden Bezügen, 1996; *ders.,* Die Werbeselbstkontrolle in Spanien, WRP 1993, S. 94.

1. Rechtsquellen

Gesetz Nr. 3/1991 über den unlauteren Wettbewerb von 1991 (LCD) in der Fassung des Gesetzes 29/2009 vom 30.12.2009; Gesetz Nr. 34/1988 vom 15.11.1988 (Werbegesetz); Gesetz zum Schutz der Verbraucher von 1987 in der Fassung von 2009 (Verbraucherschutzgesetz).

2. Kurzcharakteristik des spanischen Wettbewerbsrechts

689 Das **spanische Wettbewerbsrecht** beruht im Wesentlichen auf dem **Gesetz Nr. 3/1991 gegen den unlauteren Wettbewerb (LCD),** das zivilrechtlich sanktioniert ist. Es entsprach ursprünglich in etwa dem deutschen UWG von 1909, wurde jedoch durch das Reformgesetz 29/2009 an die Richtlinie 2005/29/EG angeglichen. Anders als diese schützt das LCD jedoch nach wie vor **alle Marktbeteiligten** vor unlauteren Wettbewerbshandlungen, nur Kapitel III ist nach der Reform von 2009 auf B2C-Geschäftspraktiken beschränkt.[1035] Wie bereits die Präambel feststellt, ist Zweck des Gesetzes das Funktionieren des Wettbewerbs. Erfasst werden **zu Zwecken des Wett-**

[1035] Das Ley de competencia desleal (LCD) vom 10.1.1991 ist auf Deutsch abgedruckt in GRUR Int. 1991, S. 551; die Fassung durch das Gesetz 27/2009 vom 30.12.2009 ist abrufbar unter http://boe.es/buscar/act.php?id=BOE-A-1991-628. Der umfassendste Überblick über das spanische Lauterkeitsrecht auf deutsch findet sich zurzeit bei *Klein* (2013) und auf englisch bei *Garcia Pérez* in: Henning-Bodewig, (Ed.), 2013; die Darstellung von *Garcia Pérez* in: Schmidt-Kessel/Schubmehl (2011) erfolgte vor der Reform von 2009. Auf Spanisch findet sich eine aktuelle, ausführliche Kommentierung vor allem in den Werken von *Massaguer; Garcia Pérez* und *Bercowitz.*

bewerbs vorgenommene Handlungen, wobei der Wettbewerbszweck bei einer objektiven Eignung zur Wettbewerbsförderung vermutet wird (Art. 2 Abs. 2 LCD). Ein **Wettbewerbsverhältnis** wird **nicht vorausgesetzt** (Art. 3 Abs. 2 LCD). Art. 5 enthält eine **Generalklausel:** Danach ist jedes Verhalten unlauter, das objektiv nicht den Anforderungen an „den guten Glauben“ entspricht; für das B2C-Verhältnis findet sich ein eigener der Richtlinie 2005/29/EG entsprechender Absatz[1036] Im Anschluss an die Generalklausel sind **mehrere Einzeltatbestände** geregelt, die jedoch den Rückgriff auf die Generalklausel nicht ausschließen: Verwechslungshandlungen (Art. 6), Täuschungshandlungen (Art. 7), Zugaben, Prämien etc. (Art. 8), Anschwärzung (Art. 9), Vergleiche (Art. 10), Nachahmung (Art. 11), Rufausbeutung (Art. 12), Geheimnisverletzung (Art. 13), Verleitung zum Vertragsbruch (Art. 14), Verletzung anderer Normen (Art. 15), Diskriminierung (Art. 16) und Verlustverkauf (Art. 17). Da das LCD 2009 europarechtlich angeglichen wurde, gibt es nun auch ein (teilweise) nur im B2C-Verhältnis anwendbares Kapitel, dessen Vorschriften im Wesentlichen denen der Richtlinie entsprechen (s. Rdn. 693).[1037]

Neben dem LCD kommt auf Bundesebene noch das gleichfalls **zivilrechtlich sanktionierte Werbegesetz von 1988**[1038] zur Anwendung. Geregelt ist hier die vergleichende Werbung sowie die sonstige unlautere Werbung (diskriminierende, unterschwellige, anschwärzende Werbung etc.), produktspezifische Besonderheiten sowie Werbeverträge. Die irreführende und aggressive Werbung im B2C-Verhältnis wird allerdings nach der Reform von 2009 nur noch nach dem LCD beurteilt.[1039] In Art. 6b Werbegesetz findet sich eine Art beschränkte Generalklausel: Danach ist jede Werbung unlauter, die „den Normen der Korrektheit und den **guten Handelsgepflogenheiten**“ zuwiderläuft. Dazu zählen auch die Anforderungen an den „guten Glauben“ nach Art. 5 LCD. 690

Neben LCD und Werbegesetz gelangt ergänzend auch das **Verbraucherschutzgesetz** von 1987 in seiner Neufassung durch den Real Decreto Legislative 1/2007zur Anwendung. Es ist verwaltungsrechtlich sanktioniert und eröffnet die Möglichkeit von Beschwerden einzelner Verbraucher und Verbände. Auf Bundesebene einschlägig ist schließlich noch das **Gesetz zur Ordnung des Einzelhandels (LOCM),**[1040] das alle Warenverkäufe des Einzelhandels regelt, u. a. Schlussverkäufe, Ausverkäufe, Zugaben und alle sonstigen Verkäufe, bei denen durch niedrige Preise oder vorteilhafte Konditionen der Absatz gefördert werden soll. Der Verstoß gegen die Vorschriften des LOCM stellt eine Ordnungswidrigkeit dar, deren Durchsetzung den „Autonomen Regionen“ obliegt. 691

Den **„Autonomen Regionen“** („Comunidades Autonómas“ = CA), steht im Bereich des innerstaatlichen Handels und des Verbraucherschutzes die ausschließliche Kompetenz zu.[1041] Sämtliche der 17 autonomen Regionen haben von ihrer Gesetzgebungskompetenz Gebrauch gemacht mit der Folge, dass praktisch für **jede Werbe- oder Marketingpraktik,** die Verbraucherbelange berührt, zugleich **regional beschränkte Regelungen der CA** bestehen. 692

Das ohnehin komplizierte **Verhältnis zwischen diesen unterschiedlichen Regelungswerken** ist infolge der Umsetzung der Richtlinie 2005/29/EG noch **undurchschaubarer** geworden.[1042] Im Zweifelsfall ist ein bestimmtes Wettbewerbsverhalten an **sämtlichen Regelungen** (einschließlich denen der CA) zu messen. Eine gewisse Richtschnur bilden die wichtigen Entscheidungen des **Tribunal Supremo**[1043] sowie die einflussreichen Kommentierungen der spanischen **Literatur.**[1044] 693

[1036] Laut Präambel (GRUR Int. 1991, 551, 552) hat „guter Glaube“ – anders als „anständige Gebräuche“ o. ä. – keinen „ständischen Beigeschmack“ Die höchstrichterliche Rechtsprechung hat wiederholt „guten“ Glauben mit „ehrenhaft lauteres Verhalten“ gleichgesetzt, vgl. die bei *Otero Lestres,* GRUR Int. 1995, 186 wiedergegebene Rechtsprechung und etwa Tribunal Supremo vom 19.4.2002;. andererseits weist *Garcia Pérez* (2013) S. 483 ff. und GRUR Int. 2015, 1047 darauf hin, dass allgemeine ethische Anforderungen nicht gelten.

[1037] Die erst sehr spät erfolgte Umsetzung durch das Reformgesetz vom 30.12.2009 ist teilweise auch im Verbraucherschutzgesetz erfolgt und hat laut *Garcia Peres* (2013) zu einer „kafkaesken Rechtslage“ mit Zersplitterung des zuvor relativ einheitlichen Lauterkeitsrechts geführt.

[1038] Ley General de Publicidad vom 11.11.1988; abgedruckt GRUR Int. 1989, 904; erheblich geändert durch das Reformgesetz vom 30.12.2009. Zur ursprünglichen Fassung auf Deutsch *Lema Devesa, Fuchs* und *Rauscher;* zur neuen Rechtslage *Klein* (2013); auf Spanisch etwa *Tato Plaza* und *Tato Plaza et al.*

[1039] In Art. 20 des Gesetzes finden sich hingegen Art. 7.IV und Teile des Art. 5 der RL 2005/29/EG.

[1040] Zum LOCM vgl. etwa *Bueso Guillén/Voigt,* S. 312 f.

[1041] Der spanische Zentralstaat hat demgegenüber die Kompetenz zur allgemeinen Planung der wirtschaftlichen Tätigkeit. Die Regelungen der CA können hier im Einzelnen nicht erörtert werden. Sie sind zum Teil wiedergegeben bei *Bueso Guillén/Voigt,* S. 315 ff. *Berg* in der spanischen Literatur findet sich eine Kommentierung bei *Carcias-Duran/Goizuëta y Besaga/Iranzo/Martin/Rodriguez Morullo y Otero/Sáez Septién/Sanchez Suarez/Swaratz Giron* (2001).

[1042] Vgl. *Garcia Pérez* (2013), S. 476 ff.

[1043] Wiedergegeben etwa bei *Garcia Pérez,* Ley de Competenical Desleal, 2008; auf deutsch bei *Klein* (2013) und *Garcìa Pérez* (2013).

[1044] Insb. die Werke von *Massuager, Garcia Pérez, Bercovitz.*

694 Einige der Vorschriften im LCD (z. T. aber auch im Werbegesetz) weisen enge Berührungspunkte mit dem **Recht des geistigen Eigentums** auf, insbesondere dem Markenrecht.[1045] Andere Tatbestände überschneiden sich wiederum mit dem **Kartellgesetz** von 1989[1046] (z. B. Verlustverkauf) bzw. mit dem **Verbraucherschutzgesetz** von 1987 (das Ordnungsgelder für Irreführungen vorsieht, aber auch die vorübergehende Betriebsschließung und Einziehung gefälschter Produkte sowie das Verhältnis zum LCD in Bezug auf Sales Promotion regelt). Zu beachten ist schließlich die freiwillige **Selbstkontrolle** der Wirtschaft durch die „Autocontrol de da Publicidad" mit dem Entscheidungsorgan „Jurado de la publicidad" **(JAP).**[1047]

3. Regelung der Werbung

695 **a) Irreführende Werbung.** Die irreführende Werbung ist nach der Reform von 2009 (s. Rdn. 689) in **Art. 5 und 7 LCP** geregelt. Obwohl diese Vorschriften in etwa der UGP-Richtlinie entsprechen, gelten sie nicht nur für Verbraucher, sondern **für alle Marktteilnehmer.** Art. 21-7 LCP setzen die Irreführungstatbestände der „blacklist" der Richtlinie um. Diese Neuregelung hebt die frühere Regelung im Werbegesetz auf (s. Rdn. 690).[1048]

696 **b) Vergleichende Werbung. Art. 10 LCD** verbietet Vergleiche, die irreführend oder anschwärzend sind oder „sich auf Umstände beziehen, die nicht ähnlich, nicht relevant oder nicht beweisbar" sind. Es wird im Wesentlichen auf die Art. 5, 7 LCD (irreführende Werbung), Art. 9 LCD (Herabsetzung), Art. 12 LCD (Rufausbeutung), und Art. 20 LCD (Verwechslungsgefahr) verwiesen. Bezüglich der **Auslegung** der einzelnen **Zulässigkeitskriterien** sind vor allem die europäischen Vorgaben in der Richtlinie 2006/114/EG maßgeblich.[1049] Nach der Rechtsprechung (und Entscheidungspraxis der Selbstkontrolle) bestimmt sich die **Identifizierbarkeit** eines bestimmten Mitbewerbers unter Berücksichtigung der Marktverhältnisse.[1050] Als **herabsetzend** wurde etwa die Werbung für Flüssigwaschmittel mit „Problem Nr. 16 der Pulverwaschmittel" angesehen (Eindruck einer Vielzahl von Mängeln).[1051]

697 **c) Getarnte Werbung.** Art. 3d, Art. 7 Werbegesetz verbieten die **unterschwellige Werbung.** Die übrigen Formen der Tarnung des kommerziellen Charakters werden unter die **Irreführungsregelungen** subsumiert.[1052] Nach Art. 11 Werbegesetz sind die **Medien** verpflichtet, Werbung deutlich abzugrenzen. Generell müssen alle Werbenden den kommerziellen Charakter zweifelsfrei **offen legen** („principo de autenticidad").

698 **d) Belästigende Werbung.** Die belästigende Werbung wird vor allem nach dem 3. Kap. des LCD, das die Vorschriften der **aggressiven Geschäftspraktiken** in Art. 8, 9 der Richtlinie 2005/29/EG (abgedruckt im Anhang) umsetzt, beurteilt.[1053]

[1045] Vgl. den konsolidierten Text des Gesetzes über gewerblichen Rechtsschutz, bestätigt durch den Königlichen Erlaß Nr. 1/1996 und ergänzt durch das Gesetz Nr. 5/1999, sowie das Gesetz Nr. 21/2014 vom 4.11.2014. Zu den Bestrebungen einer Regelung im Handelsgesetzbuch *Garcia* Peres, GRUR Int. 2015, 205, vgl. auch Rdn. 707. Zum spanischen Markenrecht vom 7.12.2001 vgl. *Conde Gallego* GRUR Int. 2002, 13; *Dominguez Peres* GRUR Int. 2001, 1017; zum Recht der nicht eingetragenen Kennzeichen *Gomes Segade/Garcia Vidal* in: Schricker/Bastian/Knaak (Hrsg.), Gemeinschaftsmarke und Recht der EU-Mitgliedstaaten, 2006, S. 563 ff. Die spanische Rechtsprechung sieht die IP-Rechte als i. d. R. die lauterkeitsrechtlichen Vorschriften ausschließend an; vgl. *Garcia Pérez* (2013), S. 479.

[1046] Zum Verhältnis LCD/Kartellrecht auf deutsch *Berg,* S. 151 ff.; auf spanisch ausführlich *Folguera Crespo,* Relación entre la Ley de Defensa de la competencia y la Ley de Competencia desleal. Falseamiento de la libre competencia por actos desleales, en Protección penal, competencial desleal y tribunales de marcas comunitarias, ANDEMA, CGPJ, Madrid. Neuere Rechtsprechung zum Verhältnis LCD/Kartellrecht findet sich bei *Garcia Pérez* (2013), S. 479.

[1047] Der JAP entscheidet auf der Grundlage des „Codigo de Conducte Publicitaria." Zur Werbeselbstkontrolle vgl. insbesondere *Wirth* WRP 1993, 94, *Tato Plaza* GRUR 1998, 85; *ders.,* Autoregulation publicitaria y Codigo de conducta sobre publicidad en Internet, in: Gomez Segade (Hrsg.).

[1048] Zum Irreführungsrecht allgemein *Garcia Peres* (2013), S. 488 ff. *und Klein* (2013); *dort zahlreiche weitere Nachweise.*

[1049] Auch kann in Einzelfällen auf die frühere Beurteilung der vergleichenden Werbung zurückgegriffen werden, s. *Schricker/v. Bredow,* Rdn. 44 ff.; *Berg,* S. 236 ff.

[1050] Vgl. Audiencia Provicial de Alava 22.2.2000 – *Guiaraba;* dazu *Domínguez Pérez,* De nuevo sobre la publicidad comparativa comentario a la sentencia de la AP de Alava de 22.2.2000, ADI 2001, S. 547 ff.; weiter JAP 25.6.2002 – *Cruz del Sur,* ADI 2002; JAP 2.12.1999 – *Henkel Iberica.*

[1051] JAP 8.7.1999 – *Wash and go;* zur Anschwärzung bei Vergleichen auch Tribunale Supremo 4.6.2002, ADI 2002 – *Elg nou.*

[1052] *Lema Devesa,* S. 210.

[1053] Vgl. *Garcia Pérez* (2013), S. 497.

e) Produkt- und medienspezifische Werbeverbote (Hinweise).[1054] Das spanische Recht enthält eine Vielzahl von Spezialregelungen für **Lebensmittel, Arzneimittel, alkoholische Getränke, Tabakprodukte** für Kosmetika, Kraftfahrzeuge, Spielzeug, Versicherungs- und Finanzdienstleistungen, Immobilien, Waffen etc. 699

An **medienspezifischen Regelungen** ist vor allem die Regelung im Gesetz 25/1994 **(Rundfunkgesetz)** zu nennen.[1055] Für die **Presse** statuiert das Königliche Dekret 2198/1976 die Pflicht zur Kennzeichnung von Werbung.[1056] 700

f) Sonstige Werbevorschriften. Art. 3d i.V.m. Art. 7 Werbegesetz verbietet die Werbung, die gegen die **Würde der Person** verstößt oder die durch die Verfassung anerkannte Werte und Rechte verletzt, insbesondere solche, die dem **Schutz von Kindern, Jugendlichen** und Frauen dienen.[1057] 701

Unzulässig ist es schließlich, beim Verbraucher **emotionalen Druck** zu erzeugen, etwa durch das Vortäuschen einer Gefahrenlage oder einer sich angeblich nur kurzfristig bietenden Gelegenheit,[1058] oder „das Appellieren an irrationale Gefühle", etwa Mitgefühl, Angst oder Fremdenhass.[1059] 702

4. Direktmarketing, besondere Verkaufsveranstaltungen

Haustürbesuche, Zusenden unbestellter Ware und **Ansprechen von Verbrauchern** auf öffentlichen Plätzen sind auf Bundesebene nicht expressis verbis verboten, können jedoch in bestimmten Fällen – z.B. wenn der Eindruck einer Abnahmepflicht suggeriert wird oder ein bestimmter Grad an Belästigung überschritten wird – unter die **Generalklausel** des LCD, das 3. Kapitel des LCD (aggressive Geschäftspraktiken) und des Werbegesetzes fallen (s. Rdn. 689f.).[1060] Zu beachten sind gerade in diesem Bereich die **zahlreichen Bestimmungen der CA,** die z.T. striktere Regelungen enthalten.[1061] Die Werbung per **Telefon** ist in Art. 26 LCD im Wege des opt-out-Systems geregelt; den Anrufenden trifft die Pflicht zur Angabe einer identifizierenden Telefonnummer. Art. 29.2 LCD enthält ein per-se-Verbot für hartnäckige, unerwünschte Anrufe. **Cold calling per automatische Anrufsysteme, Fax und E-Mail** sind nach Art. 20, 21 des E-commerce-Gesetzes verboten.[1062] **Pyramidensysteme** (Schneeballsysteme) etc. sind nach Art. 24 LCD verboten.[1063] 703

5. Sales Promotion[1064]

Die Ankündigung und Gewährung von **Rabatten** ist i.d.R. unlauter, wenn sie zu einer **Irreführung** führt (Art. 5, 7 LCD) oder ein verbotener **Verkauf unter Selbstkosten** (Art. 17 LCD) vorliegt. Für Einzelhändler enthält Art. 14 LOCM besondere Vorschriften,[1065] die offenbar restriktiver sind. 704

Infolge der Reform von 2009 wurde Art. 8 Abs. 1 LCD, der das Gewähren von **Geschenken zu Werbezwecken** an bestimmte Bedingungen knüpfte und Kopplungsgechäfte einschränkte, aufgehoben. Es gelten die allgemeinen Regelungen in den Art. 28, 29 LCD über aggressive Geschäftspraktiken sowie Art. 22 über irreführende „promotional games". Zum Teil weitergehende Bestim- 705

1054 Die Werberegelungen werden erörtert bei *Lema Devesa/Gómez Montero,* Código de Publicidad, 2010; vgl. auch *Massaguer,* S. 74ff.; *Schricker/v. Bredow,* Rdn. 93ff.; *Bueso Guillén/Voigt,* S. 350ff. (zu Alkohol und Tabak); *De Los Santos/Bassolts,* (2009), S. 826ff. Eine besondere Rechtsgrundlage bildet Art. 7 Nr. 1 Werbegesetz bezüglich Regelungen für Produkte, die die Sicherheit oder Gesundheit gefährden.

1055 Die aktuelle Fassung des Gesetzes ist erhältlich über http://www.aap.es.

1056 Nicht ohne weiteres als Werbung erkennbare Annoncen sind mit dem Wort „Publicidad" und einer graphischen Umrandung zu versehen.

1057 So ist eine an Kinder gerichtete Werbung unlauter, wenn durch Testimonials das Kaufinteresse aufgrund produktfremder Überlegungen herbeigeführt werden soll, Entscheidung des JAP vom 14.1.2004, vgl. *Massaguer,* S. 75.

1058 *Massaguer,* S. 120f.

1059 *Massaguer,* S. 134; vgl. auch die Entscheidung der JAP 19.9.2003.

1060 Dazu *Bueso Guillén/Voigt,* S. 323.

1061 Zu den CAs vgl. Rdn. 692; z.T. wiedergegeben bei *Bueso Guillén/Voigt,* S, 327ff.

1062 Gesetz zur Umsetzung der Richtlinie 2000/31/EG; vgl. *Garcia Pérez* (2013), S. 476; *Bueso Guillén/Voigt,* S. 322. Für den Datenschutz gilt das Ley oriánica de protección de datos de caraácter personel (Nr. 15/1999).

1063 Dazu *Bueso Guillén/Voigt,* S. 330f.

1064 Dazu *Garcia Pérez* (2013), S. 491; *Bodewig/Henning-Bodewig* WRP 2000, 1363ff.; *Palau Ramíirez,* Descuentos promocionales, Madrid 1998; *Alfonso Espenosa,* Régimen jurdico general del comerco minorista.

1065 Ausführlich *Palau Ramnírez,* Descuentos promocionales.

mungen enthalten Art. 32–34 LOCM (Zugaben oder Geschenke durch Einzelhändler), die allerdings nur dann gelten, wenn die CA (vgl. Rdn. 692) keine eigenen Regelungen getroffen haben.

706 Für **Sonderverkäufe im Einzelhandel** enthält das LOCM ausführliche Bestimmungen für den Warenschlussverkauf (Art. 24ff.), den Verkauf von Restposten (Art. 28ff.), den Ausverkauf (Art. 30f.), den Verkauf zu niedrigen Preisen oder vorteilhaften Konditionen zur Absatzförderung (Art. 27).

6. Verwechslungsgefahr

707 **Art. 6 und 11 LCD** verbieten das Hervorrufen einer **Verwechslungsgefahr** – Art. 6 durch die Präsentation von Produkten oder Dienstleistungen; Art. 11 durch das sog. Imitationmarketing von Produkten oder Dienstleistungen. In Umsetzung der Richtlinie 2005/29/EG wurde in Art. 5 ein Verbot der Irreführung über die kommerzielle Herkunft hinzugefügt, das – anders als die Richtlinie – alle Marktteilnehmer schützt, aber speziell für Verbraucher Verbote in Art. 20 und 25 (in Umsetzung von Art. 6 Abs. 2 der RL und des per se-Verbots von Nr. 13 der „blacklist") enthält. Wie diese verschiedenen Vorschriften voneinander abzugrenzen sind, ist noch unklar,[1066] zumal auch **Art. 6b Werbegesetz** jedes Verhalten, das geeignet ist, eine Verwechslung mit der Tätigkeit, den Leistungen oder dem Geschäftsbetrieb eines anderen hervorzurufen, als unlauter einstuft. Das **Risiko der Assoziation** über die Herkunft der Leistung genügt jedenfalls nach Art. 6 Abs. 2 LCD. Allerdings muss das übernommene Merkmal hinreichende Unterscheidungskraft aufweisen. Die Abgrenzung zum spanischen **Markengesetz** erfolgt bislang offenbar auf die Weise, dass zumindest in den Bereichen, in denen der markenrechtliche Schutz nicht eingreift, Art. 6 LCD zur Anwendung gelangt[1067] (s. auch Rdn. 695). Relativ häufig geht es beim lauterkeitsrechtlichen Schutz um **Handelsnamen** oder **Werbematerial.**[1068]

7. Herabsetzung, Anschwärzung

708 Art. 9 LCD verbietet herabsetzende Äußerungen über Dritte, die nicht korrekt, wahr und angemessen sind. Als unangemessen gelten nach Art. 9 Abs. 2 LCD auch „Äußerungen über die **Nationalität,** den **Glauben,** das **Privatleben** oder sonstige strikt persönliche Umstände des Betroffenen". Grundsätzlich schützt Art. 9 LCD jedoch das ordnungsgemäße Funktionieren des Wettbewerbs und nicht die „Ehre"; es geht also um die Kreditwürdigkeit, die freilich bei objektiv beleidigenden Äußerungen als verletzt angesehen wird.[1069]

8. Ausbeutung fremder Leistungen, Nachahmung

709 Art. 12 LCD verbietet die ungerechtfertigte, zum eigenen oder fremden Nutzen erfolgende Rufausnutzung. Da die Anwendung kein Wettbewerbsverhältnis voraussetzt, ergänzt diese Vorschrift vor allem das spanische Markengesetz.[1070] Nach Art. 12 Abs. 2 LCD ist auch die Verwendung fremder Kennzeichen oder Ursprungsangaben mit **Zusätzen wie „Modell",** „System", „Typ" unlauter.

710 Art. 11 Abs. 1 LCD statuiert den **Grundsatz der Nachahmungsfreiheit** für Produkte oder Dienstleistungen selbst, sofern kein Ausschließlichkeitsrecht besteht. Dies gilt allerdings nach Abs. 2 dann nicht, wenn die Nachahmung geeignet ist, „in Bezug auf die Leistung seitens der Verbraucher eine **Assoziation** zu erzeugen oder eine ungerechtfertigte **Ausnutzung fremden Rufs oder fremder Mühe** mit sich bringt", sofern die vorgenannten Risiken nicht „unvermeidbar" sind.[1071] Eine Assoziationsgefahr scheidet jedoch aus, wenn die Kennzeichnung oder Verpackung die unterschiedliche Herkunft hinreichend deutlich macht.[1072] In Abs. 3 wird schließlich die **systematische Nachahmung** für unlauter erklärt, wenn sie auf eine Behinderung abzielt und „über das hinaus geht, was nach den Umständen als natürliche Antwort des Marktes angesehen werden kann".[1073]

1066 *Garcia Pérez* (2013), S. 493.

1067 Zum Verhältnis wettbewerbsrechtlicher Schutz gegen Verwechslungsgefahr/markenrechtlicher Schutz *Gomes-Segade/Garcia Vidal,* S. 614f. sowie *Domínguez Pérez,* Comentario à la sencentica de TS v. 18.10.2000 – *Capdevila,* CCJC 2001, S. 343ff.

1068 Vgl. hierzu Tribunale Supremo 23.9.2003 – *Tejano Pepe.*

1069 Vgl. Tribunale Supremo vom 7.4.2015, GRUR Int. 2015, 1047 mit Anm. von *Garcia-Pérèz.*

1070 Vgl. Audiencia Provincial Barcelona 24.11.2004 und die in Fn. 1045, 1067 angegebene Literatur.

1071 Vgl. dazu *Garcia Pérez* (2011), S. 646ff.; *ders.* (2013), S. 493; *Domínguez Peréz* GRUR Int. 2001, 1117ff. Audiencia Provincial de Toledo v. 8.1.2002, ADI 2002.

1072 Tribunal Supremo (s. die folgende Fn.).

1073 So Tribunal Supremo v. 17.10.2002 – *Modital* CCJC 2003, 197.

Die spanische Rechtsprechung hat anfangs den Schutz gegen Nachahmung, auch unter dem Gesichtspunkt der **ungerechtfertigten Ausnutzung fremder Leistungen,** aber auch der Behinderung, relativ großzügig bejaht.[1074] In jüngeren Urteilen wird der Tatbestand jedoch eher auf glatte Reproduktionen begrenzt.[1075] 711

9. Behinderung

Das spanische Lauterkeitsrecht kennt keine Spezialregelung der wettbewerblichen Behinderung. 712
Sie wird jedoch unter die Generalklausel des Art. 5 LCD subsumiert.[1076] Die Verletzung von **Betriebsgeheimnissen** ist in Art. 13 LCD,[1077] die Verleitung zum **Vertragsbruch** in Art. 14 CCD geregelt.[1078] Die Verleitung zu einer normalen Vertragsbeendigung oder die Ausnutzung eines fremden Vertragsbruchs ist hingegen nur in Ausnahmefällen – z. B. Ziel der Erlangung von Geschäftsgeheimnissen, Täuschung, Marktverdrängungsabsicht – unlauter.[1079] Art. 16 LCD enthält ein Verbot der **Diskriminierung** von Verbrauchern (s. Rdn. 714).

10. Verletzung außerwettbewerbsrechtlicher Normen, Rechtsbruch

Gemäß Art. 15 LCD ist die Ausnutzung eines erheblichen **Wettbewerbsvorteils** auf dem Markt 713
unlauter, wenn dieser durch eine Gesetzesverletzung erlangt wurde.[1080] Ansonsten kommt es gemäß Abs. 2 darauf an, ob die fraglichen Rechtsnormen „die Regelung der Wettbewerbstätigkeit zum Gegenstand haben". Des Weiteren ist die Werbung unter **Verletzung produkt- und dienstleistungsspezifischer Werbevorschriften** (z. B. auch solche der CA)[1081] unlauter (Art. 3e Werbegesetz). Nach Art. 5 LCD verstößt wiederum die Verletzung der Vorschriften des Werbegesetzes gegen die Generalklausel in Art. 4 LCD.

11. Sanktionen

Das **LCD** sieht die **Feststellung** der **Unlauterkeit, Unterlassung, Beseitigung, Berichti-** 714
gung, Schadensersatz, Urteilsveröffentlichung und **Herausgabe der ungerechtfertigten Bereicherung** vor (Art. 18 LCD).[1082] **Aktivlegitimiert** sind Personen, die am Markt teilnehmen und deren wirtschaftliche Interessen durch die Handlungen des unlauteren Wettbewerbs unmittelbar geschädigt oder bedroht werden sowie gewerbliche Verbände und Verbraucherverbände (Art. 20 LCD). Nach einer neueren Entscheidung des Tribunale Supremo besteht keine Aktivlegitimation von Unternehmen bei einer die Verbraucher schützenden Norm wie die Diskriminierung in Art. 16 LCD, da es an einer unmittelbaren Interessenverletzung fehlt.[1083] **Passivlegitimiert** ist

---

1074 Ausführlich hierzu *Domínguez Pérez* GRUR Int. 2001, 1017 ff. Die Entscheidungen scheinen allerdings nicht immer konsistent zu sein.

1075 Das Tribunal Supremo hat z. B. die Nachahmung fremder Aufkleber unmittelbar nach Ablauf des Patentschutzes bzw. die keine Verwechslungsgefahr erzeugende Annäherung an die Aufmachung von Haarwaschmittel (look alike) nicht verboten. Urteil v. 17.7.1997 – *Esselte Busines System,* wiedergegeben RIC 190, 3. 1999, S. 24; dazu *Domínguez Pérez* in RIC 1998, 7707. Vgl. auch Tribunale Supremo 5.6.1997; wiedergegeben RIC 190, 3. 1999, S. 24 f. (look alikes). Mit Urteil vom 30.12.2012 RJ 2011, wurde die vorherige Rechtsprechung, die eine Übernahme durch technische Mittel erforderte, aufgehoben. Zwei neuere Urteile des Tribunal Supremo gewähren großzügigen Schutz bei erheblichen Investitionen; bei der Nachahmung einer Werbekampagne (ECLI:ES:2013:4598) und beim Fußball-Sponsoring (ECLI:ES:2014:5212).

1076 So hat das Tribunale Supremo mit Urteil vom 7.4.2014 z.B. die Auffassung der Vorinstanz bestätigt, dass das Verhalten von Ryanair gegenüber online agierenden Reisevermittlern eine Behinderung darstelle; das Urteil ist auszugsweise auf deutsch in GRUR Int. 2015, 1047 mit Anm. *Garcia Pérèz* abgedruckt.

1077 Die Vorschrift, die keine Wettbewerbshandlung voraussetzt, wird relativ selten wegen ihrer hohen Anforderungen an die Geheimhaltung angewendet, Kundenlisten fallen nicht darunter. Zu neueren Entscheidungen vgl. *Garcia-Pérèz* (2011), S. 656: sie wenden Art. 39 TRIPs an.

1078 Vgl. etwa Barcelona PC v. 28.5.2005, JUR 2007/227643.

1079 Als unlauter wurde z. B. der Vertrieb durch einen ehemaligen Angestellten eines amerikanischen Konzerns von ähnlichen Produkten auf denselben Vertriebswegen mit ähnlicher Werbung angesehen, Audiencia Provincal de Barcelona 14.5.1995, wiedergegeben RIC 184, 3. 1997, S. 22. Vgl. auch Tribunal Supremo v. 19.6.2013 und 29.10.2014 (vgl. Fn. 1075).

1080 Ausführlich dazu *Berg,* S. 292 ff. und *Garcia Peres* (2013), S. 494 sowie *Höfinghoff,* Vorsprung durch Rechtsbruch in Deutschland und Spanien (2004). Der Verstoß etwa gegen baurechtliche Vorschriften genügt nicht, vgl. Audiencia Provincal 1.9.1995, wiedergegeben RIC 184, 3. 1997, S. 23.

1081 Siehe oben, Rdn. 692.

1082 Vgl. dazu *Garcia Pérez* (2013), S. 498; *Masarary Marti,* S. 1016; zum einstweiligen Rechtsschutz insbesondere *Knothe/Penadés* GRUR Int. 1998, 667.

1083 GRUR Int. 2015, 1047 mit Anm. *Garcia Pérèz.*

grundsätzlich jeder, der am unlauteren Wettbewerb mitgewirkt hat;[1084] bei Arbeitern oder Mitarbeitern in Ausübung ihrer Funktionen ist die Klage jedoch gegen den Dienstherrn zu richten. Zu diesen zivilrechtlichen Sanktionen hat die Reform von 2009 mit Art. 19 LCD eine Sanktionierung verschiedener Vorschriften über Art. 49.1 des Verbraucherschutzgesetzes durch **staatliche Verbraucherschutzbehörden** ermöglicht. Diese Möglichkeit wird offenbar von Verbrauchern, die theoretisch aktivlegitimiert sind, und von Verbänden bevorzugt genutzt.

715 Das (gleichfalls zivilrechtlich sanktionierte) **Werbegesetz** sieht als Sanktionen die **Einstellung und/oder Berichtigung** der Werbung vor. **Aktivlegitimiert** sind alle Personen, die ein berechtigtes Interesse haben sowie die zuständigen Verwaltungsorgane, Verbrauchervereinigungen. Passivlegitimiert ist nur der Werbende selbst.[1085] Vor Klageerhebung hat gemäß Art. 26 eine **Abmahnung** zu erfolgen. In geeigneten Fällen können die Zivilgerichte eine **Beweislastumkehr** anordnen.

XXV. Tschechische Republik

Inhaltsübersicht

	Rdn.
1. Rechtsgrundlagen	
2. Kurzcharakteristik des tschechischen Wettbewerbsrecht	716
3. Regelung der Werbung	727
a) Irreführende Werbung	727
b) Vergleichende Werbung	732
c) Getarnte Werbung	733
d) Belästigende Werbung	734
e) Produkt- und medienspezifische Werberegelungen (Hinweise)	735
f) Sonstiges	738
4. Direktmarketing	740
5. Sales Promotion	741
6. Verwechslungsgefahr	742
7. Herabsetzung, Rufausbeutung	744
8. Ausbeutung fremder Leistungen, Nachahmung	747
9. Behinderung	748
10. Vorsprung durch Rechtsbruch	749
11. Sonstiges	750
12. Sanktionen, Verfahren	752

Schrifttum: *Brandt,* Das Wettbewerbsrecht der EU und Tschechischen Republik, 2014; *Bohata,* Tschechische Republick: Verbraucherschutzgesetz nach der großen Novelle, WiRO 2008, 176; *Císarová/Krest'anová,* Zákon o regulaci reklamy, Prag 2002; *Dědič,* Obchodní zákonik, komentář. Praha: Prospektrum, 1997; *Dietz,* Die Einführung von Gesetzen gegen den unlauteren Wettbewerb in ehemals sozialistischen Staaten Mittel- und Osteuropas, GRUR Int. 1994, S. 649; *Faldyna,* Obchodní zákoník s komentářem, Praha, CODEX Bohemia, 2000; *Hajn,* The Law Against Unfair Competition in the Czech Republic, in: Hilty/Henning-Bodewig (Hrsg.), Law against Unfair Competition, 2007, S. 205; *ders.,* Unfair Competition Law in the EU and in the Czech Republic, Legal Studies and Practice Journal 4/2006, S. 385; *ders.,* Soutèzni chování a právo proti nekalé soutezi, Brünn, 2000; *ders.,* Nové pohledy na generálni klausuli proti nekalé soutěži, Právní Rozhledy 2002, 552; *ders.,* Směrnice o nekalých ochodních praktikach a ceske pravo. (Richtlinie über unlautere Geschäftspraktiken und das tschechische Recht). Pravni rohledy nr. 22/2007, S. II ff.; *ders.,* Zjevné i méně zřejmé změny v českém právu proti nekalé soutězi. (Eindeutige und weniger eindeutige Änderungen im Recht des unlauteren Wettbewerbs). Obchodněprávni revue Nr. 7/2011, S. 193 ff.; *Hajn/Telec,* Tschechien, in: Lange (Hrsg.), Internationales Handbuch des Marken- und Kennzeichenrechts, 2009, S. 939; *Havlin,* Právni prostředky ochrany proti nekalé soutěži, Obchodni právo 1999 Nr. 5 S. 20; *Eliás/Hajn,* Kurs obchodního práva – obecná cást, soutezni právo, Prag 2002; *Knap,* in: Beier/Bastian/Kur (Hrsg.), Wettbewerbsrecht und Verbraucherschutz in Mittel- und Osteuropa,1992, S. 55; *Kouba,* Unlauterer Wettbewerb in der tschechischen Republik (Teil 1), WiRO 2000, S. 329 und S. 366; *Kulhánek,* Generální klauzule proti nekalé soutěži, Obchodní právo, 1998, S. 19; *ders.,* Reklama a dobré mravy soutěže, Obchodní právo, 1998, S. 12–13; *Macek,* Rozhodnutí ve vècech obchodního jména a nekalé soutěže, 2000; *ders.,* Rozhodnutí ve věcech obchodni firmy a nekalé soutěže. (Entscheidungen in Sachen des Firmennamens und des unlauteren Wettbewerbs). II. Teil, 2011; *Munková,* Právo proti nekalé soutěži, 2001; *Ondrejová,* Generální klauzule nekalé soutěze vaktuální rozhodovací praxi Nejvyssího soudu ČR. (Generalklausel des unlauteren Wettbewerbs in der aktuellen Entscheidungspraxis des Obersten Gerichts der Tschechischen Republik). Soudni rozhledy Nr. 4/2009, S. 12 I ff.; *ders.,* Hledisko tzv. pruměrného spotřebitele v nekalé soutěži. (Das Kriterium des Durchschnittsverbrauchers im unlauteren Wettbewerb). Obchodněpravni revue Nr. 8/2009,

[1084] Vgl. Audiencia Provincial de Guadalajara 18.1.2002, ADI 2002.
[1085] Nach Ansicht von *Massaguer,* S. 137 also nicht derjenige, der für Rechnung eines anderen tätig wird.

S. 222 ff.; *ders.*, Právo proti nekalé soutěži. (Recht gegen den unlauteren Wettbewerb). 3. Aufl. 2008; *Opltova*, Das Recht des unlauteren Wettbewerbs in der Tschechischen Republik, GRUR Int. 1994, S. 710; *Ondrejová*, Právm prostředky ochrany proti nekalé soutěži. (Rechtsmittel im Recht des unlauteren Wettbewerbs). 2010; *Patěk*, Nekalá soutěž po vstupu do EU. (Unlauterer Wettbewerb nach dem Beitritt zur EU). Pravni rádce Nr. 9/2005, S. 23 ff.; *Štenglová*, Obchodní zakoník, 2006; *Večerková*, Nekalá soutěž a reklama (vybrané kapitoly), Masarykova Univerzita, Brno, 2005; *Vecerková*, Nekalá soutěž a reklama (vybrané kapitoly). (Unlauterer Wettbewerb und Werbung (ausgewählte Kapitel)). Brno, Masarykova univerzita, 2005; *Winter*, Reklama a právo, 2001; *Zajacova*, Tschechisches und slowakisches Lauterkeitsrecht im Lichte der europäischen Rechtsangleichung, 2015.

1. Rechtsgrundlagen

Gesetz Nr. 89/2012 Sb., §§ 2972–2990 (Bürgerliches Gesetzbuch = BGB); Gesetz Nr. 40/1995 Sb. (Werbegesetz); Gesetz Nr. 634/1992 Sb. (Verbraucherschutzgesetz).

2. Kurzcharakteristik des tschechischen Wettbewerbsrechts*

Das heutige Recht des **unlauteren Wettbewerbsrechts** in der Tschechischen Republik[1086] wird **716** als „vierspurig" bezeichnet: Es beruht seit dem **1.1.2014** auf einer Regelung im **neuen BGB** von 2012 (die jedoch in vielem der früheren Regelung in den §§ 44 ff. des HGB entspricht), dem **Werbegesetz** von 1995 und dem **Verbraucherschutzgesetz** von 1992, in dem 2008 die wesentlichen Teile der Richtlinie 2005/29/EG über unlautere Geschäftspraktiken umgesetzt wurden. Als viertes Standbein gilt der **strafrechtliche** Schutz vor unlauterem Wettbewerb. Unterschiedlich bei diesen verschiedenen Regelungswerken ist vor allem die **Durchsetzung**, die bei der BGB-Regelung strikt zivilrechtlich, ansonsten jedoch (zumindest auch) administrativ ist. Insgesamt ergibt dies ein nicht einfach zu durchschauendes Gesamtbild.

Bis zum 1.1.2014 war der maßgebliche zivilrechtliche Schutz vor unlauterem Wettbewerb in den **717** §§ 41 ff. **HGB** zu finden, die wiederum auf eine entsprechende Regelung der damaligen CSFR von 1991 zurückgingen. Am 22.3.2012 wurde das **neue Bürgerliche Gesetzbuch** beschlossen, in dessen §§ 2972 ff. die HBG-Vorschriften zum Lauterkeitsrecht transferiert wurden. Diese Neuregelung trat zum **1.1.2014 in Kraft.**[1087] Da die HGB-Vorschriften weitgehend unverändert geblieben sind, dürfte sich gegenüber der bisherigen rechtlichen Beurteilung nur wenig ändern.[1088]

Mit der **Regelung des unlauteren Wettbewerbs im BGB** ist eine bemerkenswerte Rich- **718** tungsänderung erfolgt. Ursprünglich war eine einheitliche Regelung mit dem Kartellgesetz geplant,[1089] dann aber wurde (wie in der Slowakei) der traditionellen Regelung im HGB der Vorzug gegeben.[1090] Diese war nicht nur im Rahmen von Handelsbeziehungen anwendbar, sondern erforderte lediglich eine **Handlung im Wirtschaftswettbewerb,** ohne **Wettbewerbsverhältnis.** Gleiches gilt nun für die neue Regelung im BGB. Sofern keine gegenteilige Verpflichtung aus internationalen Verträgen besteht, hängt die **Anwendung tschechischen Rechts** von einer Auswirkung auf den tschechischen Markt ab. Ausländische Unternehmen werden wie tschechische Unternehmen behandelt.[1091]

Der **Schutzzweck** der Regelung in den §§ 2972 ff. BGB erfasst den Schutz der Mitbewerber **719** und der Verbraucher; teilweise wird auch das Interesse der Allgemeinheit am Funktionieren des wirtschaftlichen Wettbewerbs geschützt.

Von zentraler Bedeutung für die Regelung ist die **Generalklausel** in § 2976 Abs. 1 BGB. Da- **720** nach stellt es unlauteren Wettbewerb dar, wer „im Wirtschaftsverkehr" eine gegen die „guten Sitten des Wettbewerbs" verstoßende Handlung begeht, „die geeignet ist, bei anderen Wettbewerbern oder Kunden einen Nachteil hervorzurufen".[1092] Der Begriff der **„guten Sitten"** im Wettbewerb wird dabei objektiv, d.h. unabhängig vom Bewusstsein der Sittenwidrigkeit oder Absicht interpre-

---

* Die Verf. dankt Prof. Dr. *Petr Hajn*, Universität Brünn und Frau Dr. *Jana Zajaková*, LL.M. (München), für wertvolle Hinweise.

1086 Den ausführlichsten und aktuellsten Überblick über das tschechische Lauterkeitrecht gibt z.Z. *Zajaková* (2015). Sie zitiert und erörtert ausführlich auch die (umfangreiche) Literatur in tschechischer Sprache sowie die aktuelle Rechtsprechung. In der tschechischen Literatur sind vor allem die Werke von *Hajn* führend.

1087 Eine deutsche Übersetzung findet sich bei *Zajakova* (2015) im Anhang.

1088 Ausführlich *Zajakova* (2015), S. 84 ff.

1089 Vgl. Aktuelle Informationen, GRUR Int. 2001, S. 273.

1090 Vgl. etwa *Munkova*, 3. Aufl. 2008; eine einheitliche Regelung scheiterte, weil die Verabschiedung des Kartellgesetzes vorgezogen werden musste, vgl. *Opltova*, S. 710 f.

1091 So das Oberste Gericht vom 23.10.2003; 29 Odo 106/2001.

1092 Ausführlich zur Generalklausel und ihre Auslegung in der Rechtsprechung *Zajakova* (2015), S. 83 ff.

tiert.[1093] Entscheidend ist, ob die Handlung objektiv geeignet ist, die soziale Funktion des wirtschaftlichen Wettbewerbs zu beeinträchtigen und damit die positiven Auswirkungen des Wettbewerbs zu schmälern bzw. negativ zu beeinflussen. Die Generalklausel wird auch neben den Einzeltatbeständen selbstständig angewandt; unter sie werden (von der Rechtsprechung entwickelte) **„Fallgruppen"** subsumiert, die denen des deutschen UWG von 1909 nicht unähnlich sind.[1094] Dazu zählen insbesondere die im B2B-Verhältnis geltenden Tatbestände (vgl. Rdnr. 743 ff.).

721 Im Anschluss an die Generalklausel nennt § 2976 Abs. 2 BGB jedoch selbst die wichtigsten Fälle, die „insbesondere" unlauteren Wettbewerb darstellen **(Sondertatbestände).** Es handelt sich dabei um die irreführende Werbung, die täuschende Kennzeichnung von Waren oder Dienstleistungen; das Hervorrufen von Verwechslungsgefahr; die parasitäre Rufausnutzung; die Bestechung; die Herabsetzung; die unzulässig vergleichende Werbung; die Verletzung von Geschäftsgeheimnissen, die unzumutbare Belästigung und die Gefährdung der Gesundheit und der Umwelt. Sie werden in den folgenden Paragraphen im Einzelnen erörtert (§§ 2977–2987 BGB). Die §§ 2988–2990 BGB behandeln die (zivilrechtlichen) Sanktionen.

722 Das **Werbegesetz** von 1995, das gleichfalls 2008 geändert wurde, unterwirft den **Inhalt der Werbung,** die keine unlautere Geschäftspraktik darstellt, sowie die vergleichende Werbung bestimmten Anforderungen. Grundsätzlich sind die Vorschriften im BGB und im Werbegesetz **nebeneinander anwendbar.** Auch § 2 Abs. 3 Werbegesetz enthält eine **Generalklausel,** die jede gegen die **„guten Sitten"** verstoßende Werbung verbietet. Der Begriff der guten Sitten wird dabei weiter verstanden als im HGB, eher im Sinne allgemeiner Anforderungen an ethische Verhaltensweisen. Im Werbegesetz finden sich auch Vorschriften zum Schutz von Jugendlichen sowie **umfangreiche produktspezifische Werberegelungen,** s. Rdn. 735 ff. Das Werbegesetz dient auch dem Schutz öffentlicher Interessen.

723 Im **Verbraucherschutzgesetz** von 1992, das früher ausschließlich das Verbrauchervertragsrecht enthielt, wurde mit Gesetz vom Nr. 36/2008 Sb. die **Richtlinie 2005/29/EG über unlautere Geschäftspraktiken** umgesetzt (ausführlich *Glöckner,* Einl. B). Im Verhältnis zum Verbraucher sind nunmehr auch hier Regelungen zu irreführenden und aggressiven Geschäftspraktiken zu finden. Die Generalklausel des Art. 5 der Richtlinie wurde, ebenso wie die Regelungen der aggressiven und irreführenden Geschäftspraktiken und die sog. „black list", fast wörtlich übernommen. Im Verhältnis zum Werbegesetz, das unlautere Geschäftspraktiken ausklammert, geht im B2C-Bereich das Verbraucherschutzgesetz bezüglich der expressis verbis geregelten Tatbestände vor.[1095] Die Regelungen im BGB und im Verbraucherschutzgesetz sind komplementär, wobei in B2C-Verhältnis das Verbraucherschutz-Gesetz vorgeben dürfte; unterschiedlich sind vor allem die Sanktionen (Rdnr. 752 ff.).

724 Im Bereich der Werbung ist schließlich auch die **Selbstkontrolle** durch den „Rat für Werbung" zu erwähnen.[1096]

725 Die Regelungen des unlauteren Wettbewerbs im BGB stehen in einem gewissen Zusammenhang mit dem **Kartellgesetz,**[1097] dies macht § 2972 BGB deutlich. Berührungspunkte bestehen bei einigen Tatbeständen (täuschende Kennzeichnung, Verwechslungsgefahr, parasitäre Handlungen) jedoch auch mit den **Gesetzen zum Schutz des Geistigen Eigentums,** d. h. dem Patentgesetz Nr. 529/1990, dem Designgesetz Nr. 207/2000, dem Urhebergesetz Nr. 121/2000 und vor allem dem Markengesetz Nr. 441/2003.[1098]

726 Bislang gibt es in Tschechien relativ wenig **Rechtsprechungsmaterial** zu den neuen Regelungen im BGB oder dem Verbraucherschutzgesetz nach seiner Reform von 2008, das auf deutsch oder englisch veröffentlicht wäre. Die früheren Entscheidungen können jedoch in bestimmten Fällen herangezogen werden und das 2015 erschienene Werk von *Zajaková* bereitet die tschechische Rechtsprechung auf deutsch umfassend auf.[1099]

[1093] So z. B. Obergericht Prag, R 33 Cmo 982/94, wonach die subjektive Überzeugung, dass die benutzten Zeichen keine fremden Rechte verletzen, für die Beurteilung der Sittenwidrigkeit irrelevant ist; ausführlich zur Rechtsprechung auf der Grundlage der Generalklausel *Ondrejova* (2009); vgl. weiter dazu auch *Macek,* S. 133 und *Opltova,* S. 712.

[1094] *Zajakova* (2015), S. 84 ff. Vgl. aus der tschechischen Literatur etwa *Hajn,* S. 129 ff., der von „richterlichen Tatbeständen" spricht.

[1095] Ausführlich zur Richtlinie und ihrer Bedeutung für das tschechische Recht *Zajakova* (2015); *Patek* (2005); *Hajn* (2011 und 2007); *Munkóva* (2008).

[1096] *Zajakova* (2015), S. 51.

[1097] Gesetz Nr. 143/2001 Sb., in Kraft getreten am 1.7.2001. Zum Anwendungsbereich vgl. die Aktuellen Informationen, GRUR Int. 2001, S. 803; *Zajakova* (2015), S. 41.

[1098] Dazu ausführlich *Hajn/Telec* (2009).

[1099] Einen Überblick über die neuere Rechtsprechung auf Tschechisch gibt insbesondere *Macek* (2011).

3. Regelung der Werbung

a) Irreführende Werbung. Die irreführende Werbung ist an mehreren Stellen geregelt. Zu nennen wäre zunächst **§ 2977 BGB.** Hierauf verweist § 2 Abs. 1 lit. c Werbegesetz. Seit 2008 findet sich eine Regelung der irreführenden Werbung im B2C-Verhältnis aber auch im **Verbraucherschutzgesetz;** sie entspricht fast wörtlich den Art. 6, 7 der Richtlinie 2005/29/EG.[1100] Es ist davon auszugehen, dass sämtliche Vorschriften anhand einheitlicher Kriterien auszulegen sind, wobei in Zweifelsfragen den gemeinschaftsrechtlichen Vorgaben gefolgt wird.[1101] 727

§ 2977 BGB erfasst alle Angaben über das eigene oder ein fremdes Unternehmen, Waren, Leistungen etc., die geeignet sind, **falsche Vorstellungen** hervorzurufen und dadurch dem eigenen oder fremden Unternehmen einen Vorteil zum Nachteil anderer Wettbewerber oder Verbraucher zu verschaffen. Auf welche Weise die Angaben verbreitet werden, ist nach Abs. 2 unerheblich. Es sind auch **wahre Angaben** oder „Halbwahrheiten" erfasst, wenn sie unter den konkreten Umständen irreführend wirken.[1102] Im B2C-Verhältnis gilt die Regelung im Verbraucherschutzgesetz, die expressis verbis auch die Irreführung durch Unterlassen regelt. 728

§ 2978 BGB verbietet die „täuschende Bezeichnung von Waren oder Dienstleistungen" und damit auch irreführende **geografische Herkunftsangaben;**[1103] dies ergänzt das Gesetz 452/2001 zum Schutz von Herkunftsangaben und geographischen Bezeichnungen. Danach stellt es eine unlautere Wettbewerbshandlung dar, wenn durch eine Kennzeichnung von Waren oder Dienstleistungen die irreführende Annahme hervorgerufen wird, die Waren stammten aus einem bestimmten Staat, Gebiet oder Ort oder wiesen wegen ihrer Herkunft besondere charakteristische Merkmale auf. Wahre Angaben sind erfasst, z. B. muss „Kölnisch Wasser" aus Köln am Rhein und nicht aus Köln bei Prag sein. In Abs. 2 ist auch die Kennzeichnung mittels **Hinzufügungen wie „Typ"**, „Gattung", „Art" untersagt, wenn hierdurch die Fehlvorstellung über die Herkunft und Natur nicht ausgeräumt wird. § 2978 BGB schließt auch falsche Angaben über die betriebliche Herkunft von einem bestimmten Hersteller ein. 729

In allen Fallgestaltungen der Irreführung kommt es entscheidend auf die **Vorstellung der angesprochenen Verkehrskreise** an.[1104] Das europäische Leitbild des verständigen Durchschnittsverbrauchers wird dabei anerkannt. In der tschechischen Literatur wird jedoch auch betont, dass spezielle Verbrauchergruppen (etwa Jugendliche) generell leichtgläubiger sind (was nunmehr auch Ausdruck im Verbraucherschutzgesetz findet) und dass die tschechischen Verbraucher insgesamt noch weniger Erfahrung mit „Tricks" der Werbung haben. **Werbemäßige Übertreibungen** werden dann toleriert, wenn sie eindeutig als solche zu erkennen sind (z. B. „Pilsen – die Hauptstadt des Bieres").[1105] 730

Das **Relevanzerfordernis** kommt in § 2977 BGB in der Voraussetzung zum Ausdruck, dass die Handlung Auswirkungen auf das wirtschaftliche Verhalten von Mitbewerbern oder Kunden haben muss. Es wurde bislang selten problematisiert. Inwieweit die Regelung im Verbraucherschutzgesetz, die (in Umsetzung der Richtlinie 2005/29/EG) im B2C-Verhältnis die Relevanz ausdrücklich regelt, hier eine Änderung bewirkt, lässt sich noch nicht abschätzen. 731

b) Vergleichende Werbung. Die vergleichende Werbung war im früheren Recht der CSFR nicht ausdrücklich verboten, galt jedoch als unlauter.[1106] Durch die Reform von 2000 hatte der tschechische Gesetzgeber zunächst in § 50a HGB eine Vorschrift eingefügt, die fast wörtlich mit der Richtlinie 97/55/EG übereinstimme; sie findet sich nunmehr in **§ 2980 BGB.**[1107] Vergleichende 732

[1100] Ausführlich zum Werberecht *Večerkova* (2005) und *Zajakova* (2015).

[1101] Zum Inhalt der Vorschriften ausführlich in diesem Kommentar *Glöckner,* Einl. B.

[1102] Unter Geltung der Regelungen im HGB wurde z. B. die Behauptung, man verfüge über eine staatliche Genehmigung als irreführend eingestuft, wenn diese nur für einen Teil der Erzeugnisse erteilt wurde, vgl. *Macek,* S. 124. Das Obergericht Prag (Az: RS Cmo 1511/94) hat auf der Grundlage der §§ 45, 46 HGB einem Zeitungsherausgeber eine „angemessene Genugtuung in Geld" gewährt, weil ein Konkurrent eine Wochenzeitschrift in demselben Format, derselben graphischen und farblichen Gestaltung verbreitet hatte. In der Entscheidung des Obergerichts Prag (Az: R 3 Cmo 209/97) ging es um die Bezeichnung und Aufmachung des Backmittels KWAS in Plastikflaschen, die als täuschend angesehen wurde, da ein Konkurrent bereits – gleichfalls in Plastikflaschen und unter der Bezeichnung KVAS – ein Backmittel anbot.

[1103] Zu Firmennamen und unlauterem Wettbewerbs ausführlich *Macek* (2011).

[1104] Ausführlich dazu *Ondrejová* (2009).

[1105] Vgl. insbesondere *Hajn,* S. 266.

[1106] So hat das Obergericht Prag, R 3 CNMO 803/95, festgestellt, dass sich zwar grundsätzlich jedes Unternehmen im besten Licht darstellen dürfe, ein Vergleich mit der Konkurrenz jedoch gegen die „guten Sitten" verstoße.

[1107] Dazu *Macek,* S. 209.

Werbung ist danach zulässig, wenn sie nicht irreführt, wesentliche, relevante Kriterien objektiv vergleicht, nicht herabsetzend oder rufausbeutend ist. Die Auslegung dieser Voraussetzungen scheint eher strikt gehandhabt zu werden.[1108]

733 **c) Getarnte Werbung. § 2 Abs. 1 lit. b Werbegesetz** verbietet die auf das Unterbewusste abzielende Werbung, lit. d die getarnte Werbung. Für das Fernsehen besteht ein spezielles Verbot der Schleichwerbung, vgl. Rdn. 737. Auch das Verbraucherschutzgesetz verbietet die Täuschung über den kommerziellen Charakter.

734 **d) Belästigende Werbung.** § 2 Abs. 1 lit. e Werbegesetz verbietet die nicht verlangte bzw. nicht erwünschte Werbung, sofern sie den Adressaten übermäßig belästigt oder bei ihm Kosten verursacht. Die Vorschriften zu aggressiven Geschäftspraktiken der Richtlinie 2005/29/EG finden sich (einschließlich „black list"-Tatbestände) im Verbraucherschutzgesetz. Aber auch der neue § 2986 BGB verbietet die „unzumutbare Belästigung" durch unerbetene Ausübung, Mails, Faxe etc.

735 **e) Produkt- und medienspezifische Werbereglungen (Hinweise).**[1109] **Tabakwerbung** ist gemäß § 3 Werbegesetz, § 48 Abs. 1 Fernsehgesetz im Fernsehen ganz und im Rundfunk zwischen 6.00 und 22.00 Uhr verboten. Ansonsten darf sie nicht übermäßig zum Rauchen animieren und insbesondere nicht Jugendliche zum Rauchen verführen. Gleiches gilt gemäß § 4 Werbegesetz und § 52 Fernsehgesetz für die **Alkoholwerbung,** die jedoch im Rundfunk grundsätzlich zulässig ist.

736 **Pharmazeutische Produkte** dürfen gemäß §§ 2a, 5 bis 5b Werbegesetz nur beworben werden, wenn sie in Tschechien zugelassen sind. Für verschreibungspflichtige und suchtfördernde Arzneimittel besteht ein Werbeverbot; in § 5g ist die Werbung für Pflanzenschutzmittel, in § 5h für tierärztliche Arzneimitteln, in § 6a für Bestattungsdienste geregelt. Die Werbung für **Lebensmittel** und **Säuglingsnahrung** ist in den §§ 5d–f Werbegesetz geregelt; sie darf insbesondere nicht über gesundheitliche und andere Effekte irreführen, und der Absatz von Säuglingsnahrung darf nicht durch Warenproben, Preisnachlässe oder andere Vorteile geführt werden. Werbung für **Waffen, Munition** ist gemäß § 6 Werbegesetz stark eingeschränkt.

737 Das Gesetz Nr. 231/2001 vom 15.5.2001 über die Durchführung von **Rundfunk- und Fernsehsendungen** enthält in Umsetzung der Fernsehrichtlinie u. a. ein Trennungs- und Kennzeichnungsgebot für Werbung und ein Schleichwerbeverbot.

738 **f) Sonstiges.** Das Werbegesetz untersagt jede **Werbung für Waren** und Dienstleistungen, **deren Verkauf gesetzlich verboten** ist. Da § 52 HGB z. B. das Anbieten von der Gesundheit und der Umwelt schadenden Produkten untersagt, besteht auch ein entsprechendes Werbeverbot.

739 Werbung darf gemäß § 2 Abs. 3 Werbegesetz weiter nicht den **guten Sitten** widersprechen, nationale oder religiöse Gefühle verletzen, politische Überzeugungen angreifen, gegen die menschliche **Würde** verstoßen, **Gewalt verherrlichen** oder **Angstgefühle** ausnutzen. Besonderer Wert wird gemäß § 2c Werbegesetz auf den **Schutz von Kindern und Jugendlichen** (bis 18) gelegt; diese dürfen bis 15 Jahre nur bedingt im Rahmen von Werbemaßnahmen mitwirken.

4. Direktmarketing

740 Das Direktmarketing ist vor allem auf der Grundlage von § 2 Abs. 1 lit. e Werbegesetz und § 2986 BGB (belästigende Werbung, s. Rdn. 734) und der Umsetzung der Vorschriften der Richtlinie 2005/29/EG zur aggressiven Werbung im Verbraucherschutzgesetz zu beurteilen; im Übrigen auf der Grundlage der Generalklauseln in § 2 Abs. 3 Werbegesetz und § 2936 BGB.

5. Sales Promotion

741 Gleiches gilt für Sales Promotion-Maßnahmen, die zudem am Irreführungsverbot zu messen sind. Für Sonderverkäufe statuiert § 50a Abs. 3 HGB zusätzlich bestimmte Transparenzerfordernisse; für Säuglings- und Kindernahrung gelten zusätzliche Einschränkungen (s. Rdn. 736).

[1108] Z. B. wurde es als unlauter angesehen, wenn in der Werbung die eigenen Produkte nur als (bessere) Alternative zu den Produkten der Konkurrenz genannt werden, ohne dies mit relevanten Angaben zu untermauern (Obergericht Olomo^{2}c vom 24.6.2003, Az: 4 Cmo 169/2003); ausführlich zur Auslegung und zu neueren Entscheidungen *Zajakova* (2015).

[1109] Ausführlich dazu *Zajakova* (2015), S. 254 ff.

6. Verwechslungsgefahr

Gemäß § 2981 BGB stellt das Hervorrufen von **Verwechslungsgefahr** unlauteren Wettbewerb dar.[1110] Eine Unlauterkeit liegt dann vor, wenn (ungestattet) 742
(a) eine von einem anderen bereits rechtmäßig benutzte **Firma** oder eine sonstige Unternehmensbezeichnung benutzt wird;
(b) wenn besondere Bezeichnungen oder die **Ausstattung** von Erzeugnissen, Leistungen, Geschäftsunterlagen, die für ein bestimmtes Unternehmen als charakteristisch gelten, benutzt werden, z. B. die Kennzeichnung der Verpackung von Drucksachen, Katalogen, Werbemitteln;
(c) wenn fremde **Erzeugnisse,** deren Verpackung oder Ausführung in einer eine Verwechslungsgefahr mit dem Unternehmen, dem Handelsnamen oder der besonderen Warenbezeichnung eines Mitbewerbers begründenden Weise **nachgeahmt** werden, es sei denn, dass es sich um funktionell, technisch oder ästhetisch determinierte Elemente handelt, und der Nachahmer alle zumutbaren Maßnahmen zur Verhinderung oder zumindest Einschränkung der Verwechslungsgefahr getroffen hat.

Die Benutzung der Bezeichnungen etc. des Konkurrenten und die Nachahmungen seiner Leistungen sind nur bei Bestehen einer **realen Verwechslungsgefahr** rechtwidrig. Diese liegt auch dann vor, wenn irrige Vorstellungen über die Beziehungen zu anderen Wettbewerbern, ihren Leistungen etc. hervorgerufen werden. Im Allgemeinen führt die Beurteilung nach § 2981 BGB zu denselben Ergebnissen wie bei der markenrechtlichen Verwechslungsgefahr.[1111] Im B2C-Verhältnis regelt das Verbraucherschutzgesetz nunmehr in Umsetzung von Art. 6 Abs. 2 der Richtlinie 2005/29/EG die Irreführung durch Verwechslungsgefahr. 743

7. Herabsetzung, Rufausbeutung

Die **Herabsetzung** ist in **§ 2984 BGB** geregelt. Danach ist es unlauter, falsche Angaben über die Verhältnisse, Erzeugnisse oder Leistungen eines Wettbewerbers zu machen oder zu verbreiten, wenn hierdurch andere Wettbewerber oder Verbraucher beeinträchtigt werden könnten. Gleichgestellt sind nach Abs. 2 **wahre Behauptungen,** sofern sie zur Beeinträchtigung geeignet sind (also z. B. im Ton unangemessen verletzend, grob oder aggressiv sind, in der Sache über das Gebotene hinausgehen) und der Handelnde nicht „zu einer derartigen Handlung durch die Umstände genötigt wurde".[1112] Der Einwand der **gerechtfertigten Verteidigung** gilt nur bei wahren Angaben. Grundsätzlich hat der Kläger die Unwahrheit der Angabe nachzuweisen; eine Beweislastumkehr findet nicht statt. 744

Gemäß § 2982 BGB ist die **parasitäre Rufausbeutung** unlauter. Sie setzt einen Mißbrauch des Rufs eines Wettbewerbers voraus, die es ermöglicht, einen sonst nicht erreichbaren Vorteil für die Ergebnisse der eigenen oder fremden Tätigkeit zu erlangen. Die nicht auf diesen Wettbewerbsvorteil abzielende Rufausbeutung sowie alle anderen Formen der parasitären Ausbeutung fremder Leistungen etc. können jedoch auf der Grundlage der Generalklausel beurteilt werden.[1113] 745

Die vorgenannten Regelungen der Herabsetzung und der Rufausbeutung sind bei der **vergleichenden Werbung** (vgl. Rdn. 732) so auszulegen, dass deren Zweck nicht unterminiert wird. Eine nach § 2980 BGB zulässige vergleichende Werbung kann daher nicht verboten werden. Was die **Abgrenzung zum Markenrecht** betrifft, so werden bekannte Marken gegen Herabsetzung und Rufausbeutung (Verwässerung) geschützt. Die Vorschriften im BGB und Markenrecht haben 746

[1110] Hierzu und zu den weiteren Tatbeständen im B2B-Verhältnis *Zajakova* (2015), S. 295 ff.

[1111] Das oberste Gericht (Az.: 320 do 155/2004, deutsche Übersetzung GRUR Int. 2007, S. 762) hat einem Unternehmen die Benutzung der Abkürzung „CZ" in Verbindung mit einer bekannten numerischen Angabe eines Konkurrenten, der schon früher „CZ" benutzte, verboten. Hierin liege ein unzulässiges Hervorrufen von Verwechslungsgefahr und ein Schmarotzen an fremdem Ruf. Auch die Benutzung einer eingetragenen Marke kann unlauteren Wettbewerb darstellen. Zum Beispiel wurde für eine kleine Gesellschaft die Marke „CEZ" eingetragen. Da es sich dabei um eine allgemein bekannte Abkürzung des Handelsnamens „Ceske Energetické Závody" des größten Stromproduzenten Tschechiens handelt, hat das Obergericht in Prag (R 3 Cmo 1446/94) dem ersten Unternehmen die Benutzung der Bezeichnung „CEZ" untersagt vgl. dazu *Macek,* S. 78. Neuere Entscheidungen sind weiter bei *Zajakova* (2015), S. 295 ff. besprochen.

[1112] Ausführlich dazu *Zajakova* (2015), S. 343 ff. Nach einem Urteil des Obergerichts Prag (Az: R 3 Cmo 610/95) erfüllt es den Tatbestand des § 50 HGB, wenn ein Unternehmer in einem Brief an Kunden eine frühere (unschwer identifizierbare) Angestellte, die nunmehr selbstständig tätig ist, kritisiert.

[1113] Ausführlich dazu *Zajakova* (2015), S. 311 ff. S. die Entscheidung des Obersten Gerichts, wiedergegeben in Fn. 1045. Nach einem Urteil des Obergerichts Prag (Az: R 3 Cmo 156/95) verstößt es gegen § 48 HGB, jetzt § 2982 BGB, wenn ein Wettbewerber in einem Flugblatt auf die frühere Tätigkeit seiner Angestellten bei einem Konkurrenten hinweist, um die besondere Qualifikation der Angestellten herauszustreichen.

jedoch andere Ansatzpunkte und können deshalb auch nebeneinander geltend gemacht werden (und auch zu unterschiedlichen Bewertungen durch die Gerichte führen).

8. Ausbeutung fremder Leistungen, Nachahmung etc.

747 Die Ausbeutung fremder Leistungen, insbesondere durch Nachahmung, ist dann verboten, wenn sie zu einer **Verwechslungsgefahr** oder **Rufausbeutung** führt (s. Rdn. 742) bzw. mit den in Rdn. 748 genannten Tatbeständen einhergeht. In allen übrigen Fällen kann die Generalklausel des § 2976 BGB eingreifen.

9. Behinderung

748 Die **Bestechung** ist nach § 2983 BGB als unlauterer Wettbewerb anzusehen. Gleiches gilt gemäß § 2985 BGB für die **Verletzung von Geschäftsgeheimnissen.**[1114]

10. Vorsprung durch Rechtsbruch

749 Die Verletzung anderer als der in §§ 2972 BGB geregelten Normen kann einen Verstoß gegen die „guten Sitten im Wettbewerb" i. S. d. **Generalklausel** des § 2976 BGB darstellen, wenn sie zu einem Vorsprung im Wettbewerb führt.[1115] Bei einer Verletzung der Vorschriften des **Werbegesetzes** (und wohl auch des Verbraucherschutzgesetzes) ist dies zu vermuten.

11. Sonstiges

750 Unlauterer Wettbewerb begeht gemäß § 2198 BGB, wer die Bedingungen des Wettbewerbs dadurch verzerrt, dass er Waren herstellt oder vertreibt oder Leistungen vornimmt, die die **rechtlich geschützten Interessen an der Umwelt verletzen oder die Gesundheit gefährden,** um dadurch für sich oder einen anderen einen Vorteil (zum Nachteil anderer Wettbewerber oder der Verbraucher) zu erlangen.[1116]

751 Dies gilt unabhängig davon, ob eine Gefährdung tatsächlich entstanden ist, oder ob dem Handelnden diese bewusst war. Das Erlangen eines Vorteils oder eines Nachteils auf Seiten anderer Wettbewerber oder der Verbraucher wird bei Eintritt einer Gefährdung weitgehend unterstellt.[1117]

12. Sanktionen, Verfahren[1118]

752 Die wichtigsten Vorschriften gegen unlauteren **Wettbewerb** sind **zivilrechtlich sanktioniert.** Das gilt insbesondere für die Regelung in den §§ 2972 ff. BGB. § 2988 BGB nennt als Sanktionen die **Unterlassung,** die **Beseitigung,** den **Schadensersatz,** die Herausgabe der **ungerechtfertigten Bereicherung** und die „**angemessene Genugtuung,** die auch in Geld gewährt werden kann". Unter letzterem ist eine Art Schmerzensgeld zu verstehen, das jedoch mit einem immateriellen Schaden zu begründen ist. **Aktivlegitimiert** sind Wettbewerber (wobei ein konkretes Wettbewerbsverhältnis nicht vorausgesetzt wird) und bei bestimmten Verstößen auch juristische Personen, die befugt sind, die Interessen der Wettbewerber oder der Verbraucher zu vertreten. Daneben ist auch der einzelne Verbraucher für die in den §§ 2976-2981, 2987 BGB enthaltenen Verbote aktivlegitimiert. Dies folgt aus § 2989 Abs. 2 BGB, wonach bei Klagen von Verbrauchern eine Beweislastumkehr stattfindet, d. h. der Beklagte muss bei Unterlassungs- und Beseitigungsklagen nachweisen, dass er keine unlautere Handlung begangen hat; bei Schadensersatzklagen und Klagen auf ungerechtfertigte Bereicherung gilt die Beweislastumkehr auch für die Kausalität zwischen unlauterer Wettbewerbshandlung und Schaden. Die Mehrheit von Klägern oder Beklagten und die Nebenintervention sind in §§ 90 ff. Prozessordnung geregelt. Die Anordnung von **vorläufigen Maßnahmen** ist bei einer gewissen Wahrscheinlichkeit der Begründetheit des Anspruchs gemäß §§ 74 ff., 102 Prozessordnung möglich und üblich.

[1114] Ausführlich dazu *Zajaova* (2015), S. 331 ff.

[1115] Ein Vorsprung wurde zum Beispiel bejaht bei einer Fahrschule, die öffentlich-rechtliche Anforderungen an die Ausbildung der Fahrlehrer nicht beachtete. Die erste Instanz hatte die Klage einer anderen Fahrschule mit der Begründung, dass die Kontrolle von Fahrschulen dem Verwaltungsrecht obliege, abgewiesen. Dies wurde vom Obergericht Prag aufgehoben und der Klage wurde – gestützt auf § 44 Abs. 2 HGB – stattgegeben. Die nicht ordnungsmäßige Schulung sei für die beklagte Fahrschule wirtschaftlich vorteilhaft und führe so zu einem Vorsprung im Wettbewerb (R 3 Cmo 253/91); dazu *Macek,* S. 98.

[1116] Ausführlich dazu *Zajakova* (2015), S. 370.

[1117] *Opltova,* S. 713.

[1118] Zu den Sanktionen und zum Verfahren ausführlich *Zajakova* (2015), S. 395 ff. und *Ontrejová* (2010).

Das **Werbegesetz** ist **administrativ** (durch Geldbußen) sanktioniert, ermöglicht jedoch auch die Anordnung der **Unterlassung** und **Beseitigung.** Durchgesetzt wird es durch die in § 7 Werbegesetz genannten Organe, z.B. den Rat für Rundfunk und Fernsehen, das Gesundheitsministerium, in allen nicht genannten Fällen das Kreisgewerbeamt des Bezirks, in dem das handelnde Unternehmen seine Tätigkeit entfaltet. 753

Das **Verbraucherschutzgesetz** ist gleichfalls verwaltungsrechtlich sanktioniert. Da davon auszugehen ist, dass die zu Wettbewerbszwecken erfolgende Verletzung der im Verbraucherschutzgesetz geregelten Geschäftspraktiken (dazu Rdn. 723) als Verstoß gegen die „guten Sitten" i.S.v. § 2976 BGB angesehen wird, dürften auch Gewerbetreibende diese Vorschriften auf zivilrechtlichem Wege durchsetzen können. 754

XXVI. Ungarn

Inhaltsübersicht

	Rdn.
1. Rechtsquellen	
2. Kurzcharakteristik des ungarischen Wettbewerbsrechts	755
3. Regelung der Werbung	762
a) Irreführende Werbung	763
b) Vergleichende Werbung	767
c) Getarnte Werbung	769
d) Belästigende Werbung	770
e) Medien- und produktspezifische Werberegelungen	771
4. Informationspflichten	774
5. Sales Promotion	776
6. Herabsetzung, Anschwärzung	777
7. Ausnutzung fremder Leistung, Verwechslungsgefahr, Nachahmung Behinderung	778
8. Vorsprung durch Rechtsbruch	780
9. Sanktionen, Verfahren	781

Schrifttum: *Bacher,* Hungary, in: Henning-Bodewig (Hrsg.), International Handbook on Unfair Competition Law, 2013, S. 260; *British Institute of International and Comparative Law,* Unfair Commercial Practices. An analysis of the existing national laws on unfair commercial practices between business and consumers in the new Member States, General Report, 2005 (BIICL Report); *Bodnár,* A versenytörvēny magyarázata; 2002; *Boytha,* Versenyjogi ismeretek (Matters of Competition Law), 1998; *Cseres,* The Hungarian Cocktail of Competition Law and Consumer Protection: Should it be Dissolved?, JCP 2004, S. 43; *ders.,* Competition Law and Consumer Protection, 2005; *Darázs,* Hungary, in: Campbell (Hrsg.), Unfair Trading Practices, 1997; *Dietz,* Die Einführung von Gesetzen gegen den unlauteren Wettbewerb in ehemals sozialistischen Staaten Mittel- und Osteuropas, GRUR Int. 1994, S. 649; *Fazekas,* Some facts about pyramidal sales in Central and East European Countries, CLJ 1998, S. 495; *Firniksz,* The Legal Framework of Unfair Marketing Practices in Hungary, in: Hilty/Henning-Bodewig (Hrsg.), Law Against Unfair Competition: Towards a New Paradigm in Europe, 2007, S. 200; *Kajdiné Suhajda/Kardos,* Reklámjogi és reklámetikai kézikönyv (Handbuch über Werberecht und ethische Grundprinzipien der Werbung), 1998; *Kasay/Godolle/Mezo,* Taking unfair advantage of trademarks: parasitism and free riding, AIPPI, Q 245, 2015; *Maniet,* Consumer Protection in Hungary, in: Alexiev et al., Consumer Protection in Bulgaria, Czech Republic, Estonia, Hungary, Latvia, Lithuania and Romania, CICPP No. 4, S. 107; *Sárközy* (Hrsg.), Versenyjog (Wettbewerbsrecht), 2001; *Tattay,* Neuregelung des geistigen Eigentums in Ungarn, GRUR Int. 2011, 295; *Tattay,* Intellectual Property Law in Hungary, 2010; *Várady,* The Emergence of Competition Law in (Former) Socialist Countries, Am. J. Comp. Law 1999, S. 229; *Vörös,* Länderbericht Ungarn, in: *Beier/Bastian/Kur* (Hrsg.), Wettbewerbsrecht und Verbraucherschutz in den Länder Mittel- und Osteuropas, 1992; *Vida,* Schutz gegen unlauteren Wettbewerb in Ungarn, WiRO 1993, S. 257; *ders.,* Wettbewerbs- und Warenzeichenrecht in der ungarischen Rechtsprechung, GRUR Int. 1991, S. 791; *ders.,* Das Recht des unlauteren Wettbewerbs in Ungarn, WRP 1991, S. 465; *ders.,* Schutz der Verbraucher gegen irreführende Werbung, GRUR Int. 2007, S. 56; *ders.,* Ungarn, in: Schmidt-Kessel/Schubmehl (Hrsg.), Lauterkeitsrecht in Europa, 2011, S. 679–718; *ders.,* Die unlautere Nachahmung im ungarischen Wettbewerbsrecht, WRP 2010, 44.

1. Rechtsquellen

Gesetz LVII von 1996 über das Verbot von unlauteren und beschränkenden Handelspraktiken (VT); Gesetz LVIII von 2008 über geschäftliche Werbemaßnahmen (RT); Gesetz CLV von 1997 über Verbraucherschutz (FTT); Gesetz XLVII von 2008 über unlauteren Geschäftspraktiken.[1119]

[1119] Die Gesetzestexte sind z.T. in englischer Sprache über die Website des Amtes für wirtschaftlichen Wettbewerb (GHV): http://www.gvh.hu. zu erhalten.

2. Kurzcharakteristik des ungarischen Wettbewerbsrechts

755 Ungarn kann auf eine **lange Geschichte** bei der rechtlichen Bekämpfung unlauteren Wettbewerbs zurückblicken. Bereits 1923 wurde ein Wettbewerbsgesetz erlassen, das stark von dem deutschen UWG 1909 inspiriert war. Auch während des kommunistischen Regimes bestand (jedenfalls formal) ein zivilrechtlicher Schutz gegen unlauteren Wettbewerb, zuletzt durch das Gesetz von 1984. Trotz dieser traditionell **zivilrechtlichen Wurzeln** des Lauterkeitsrechts hat Ungarn dann aber auch die Entwicklung anderer ehemals sozialistischen EU-Staaten mitgemacht, nämlich die starke Betonung der Verbindung des Lauterkeitsrechts mit dem **Kartellrecht**. Hinzugekommen sind später spezifische Werberegelungen und vor allem – infolge der europäischen Vorgaben – Sondervorschriften für **Verbraucher**. So sind zur Beurteilung eines lauterkeitsrechtlichen Sachverhalts heute verschiedene Regelungswerke heranzuziehen.[1120] Die **maßgebliche Grundlage** des ungarischen Wettbewerbsrechts (im übergreifenden Sinn) findet sich heute im Gesetz LVII aus dem Jahr 1996 über das Verbot von unlauteren und wettbewerbsbeschränkenden Handelspraktiken (**Wettbewerbsgesetz,** Versenytörvény, VT), wobei jedoch seit der Reform von 2007 die spezifisch im B2C-Verhältnis geltenden Regeln dem **Gesetz XLVII von 2008,** das die UCP-Richtlinie umsetzt,[1121] zu entnehmen sind.

756 Das **VT** ist ein umfassendes Gesetz zur Regelung des Marktverhaltens und hat einen sehr weiten Anwendungsbereich; enthält also sowohl kartellrechtliche als auch lauterkeitsrechtliche Vorschriften. Die **Ziele eines freien und lauteren Wettbewerbs werden durch ein einheitliches Gesetz verfolgt.** Gemäß der Präambel des VT schützt das Gesetz das öffentliche Interesse an einem dem ökonomischen und gesellschaftlichen Fortschritt dienenden Wettbewerb, das Interesse der Unternehmen an der Wahrung geschäftlicher Integrität sowie die Interessen der Verbraucher.

757 Im Rahmen des Gesetzes erfolgte ursprünglich eine **Unterscheidung zwischen wettbewerber- und verbraucherbezogenen unlauteren Handelspraktiken;** letztere wurden jedoch durch das Gesetz von 2008 ausgeklammert (Rdn. 761). Die wesentlichen Vorschriften über unlautere Wettbewerbshandlungen, die Interessen der Wettbewerber beeinträchtigen, finden sich nach wie vor in Kapitel II des VT unter dem Titel „Verbot des unlauteren Wettbewerbs". Die **Generalklausel** des Art. 2 VT ist hier von zentraler Bedeutung. Nach ihr ist es unzulässig, sich im Geschäftsverkehr **unlauter** zu verhalten und so die rechtmäßigen Interessen der Wettbewerber und Verbraucher zu gefährden oder zu verletzen, oder sich in einer Weise zu verhalten, die den Erfordernissen der geschäftlichen Integrität widerspricht. Die Generalklausel wird durch eine kleine Zahl von **spezifischen Tatbeständen** konkretisiert (siehe Art. 3–7 VT).

758 Das VT enthält eine eigenwillige **Mischung aus zivil- und verwaltungsrechtlichen Elementen.** Die Regelungen über den unlauteren Wettbewerb in Kapitel II werden hauptsächlich durch die Betroffenen im Wege zivilrechtlicher Verfahren vor den ordentlichen Gerichten durchgesetzt (Art. 86 VT). Dagegen werden die verbraucherbezogenen Vorschriften und die Regelungen über Wettbewerbsbeschränkungen im verwaltungsrechtlichen Verfahren durchgesetzt.

759 Das **Amt für wirtschaftlichen Wettbewerb** (Gazdasági Versenyhivatal, **GHV**) nimmt bei der Anwendung und Durchsetzung des VT eine zentrale Rolle ein (Art. 33 VT). Dies erklärt sich durch den gesetzgeberischen Ansatz, das **Kartell- und das Wettbewerbsrecht in einem einheitlichen Wettbewerbsgesetz** zu regeln. Unter dem Dach des GHV existiert der sogenannte **Wettbewerbsrat** als ein vom GHV zu unterscheidendes Gremium, das die eigentliche Entscheidungsfunktion in individuellen Fällen ausübt und über ein beträchtliches Maß an Unabhängigkeit verfügt (Art. 35).

760 Durch das Gesetz LVIII über geschäftliche Werbemaßnahmen (**Werbegesetz,** Reklámtörvény = RT) von 1997 wurden die im Bereich der Werbung bestehenden **EG-Richtlinien umgesetzt** (insb. die RL über vergleichende Werbung, über die Werbung für Tabakprodukte und im Fernsehen). Auch dieses Gesetz verfügt über eine **gemischte Struktur aus zivilrechtlichen und verwaltungsrechtlichen Regelungen.** Weitere Vorschriften über den Verbraucherschutz sind in dem umfassenden Gesetz aus dem Jahr 1997 über den **Verbraucherschutz** (Törvény a fogyasztóvédelemröl = FTT)[1122] und in einer Reihe von Regierungsverordnungen zu spezifischen Bereichen des Verbraucherschutzes (z. B. zum Fernabsatz oder Haustürgeschäften) enthalten. Das FTT wird unter

---

[1120] Ausführlich zum ungarischen Lauterkeitsrecht auf englisch insb. *Bacher* (2013) und *Vida* (2011); in beiden Werken finden sich auch Hinweise auf die einschlägige ungarische Literatur; vgl. weiter auf deutsch die neueren Aufsätze von *Vida* in WRP und GRUR Int.

[1121] Für die Generalklausel des VT galt noch bis 2007, dass sie auch auf verbraucherbezogene Tatbestände angewandt werden konnte, siehe *Cseres,* 2004, S. 58; *Bacher/Bárdos/Stadler,* S. 5.

[1122] Für eine deutsche Übersetzung siehe GRUR Int 2001, 1025.

aktiver Mitwirkung der Nationalen Verbraucherschutzbehörde (Nemzeti Fogyasztóvédelmi Hatóság=NFH) durchgesetzt.

Die **Richtlinie 2005/29/EG** wurde in einem **separaten Gesetz XLVII über unlautere Geschäftspraktiken** umgesetzt, das am 1. September 2008 in Kraft getreten ist. Das Gesetz übernimmt im Wesentlichen die Vorschriften der Richtlinie (abgedruckt im Anhang, Kommentierung durch *Glöckner* in Einl. B). Die Neuregelungen, die durch das GHV durchgesetzt werden, haben jedoch auf das bisherige System des ungarischen Wettbewerbsrechts offenbar wenig Auswirkungen gehabt. Einige Bestimmungen sind nunmehr allerdings auf das Verhältnis der Unternehmen untereinander beschränkt, während im B2C-Verhältnis das Gesetz XLVII über unlautere Geschäftspraktiken Anwendung findet. **761**

Aufgrund der engen Verwandtschaft, die das ungarische Wettbewerbsrecht mit dem **Kartell- und dem Verbraucherschutzrecht** hat, ist seine Verbindung zum Recht des **geistigen Eigentums** weniger offensichtlich. Die Vorschrift des Art. 6 VT über die Nachahmung unterscheidungskräftiger Zeichen (vgl. Rdn. 778) kann jedoch als Ergänzung des Markenrechts angesehen werden und neben den Ausschließlichkeitsrechten des geistigen Eigentums ergänzenden Schutz vermitteln.[1123] **762**

3. Regelung der Werbung

Die Vorschriften über Werbemaßnahmen sind im ungarischen Recht über eine Reihe von Gesetzen verstreut und bilden verschiedene, häufig **überlappende Regelungsebenen;** sie sind jedenfalls zT europäisch auszulegen (vgl. Einl. B).[1124] Die umfassendste Regelung der Werbung ist im RT enthalten. Gleichzeitig bietet Art. 8 VT einen umfangreichen Schutz gegen Täuschung von Verbrauchern. Darüber hinaus ist das FTT darauf angelegt, eine Irreführung der Verbraucher durch unzureichende, unzutreffende oder irreführende Produktbeschreibungen zu verhindern. **763**

a) Irreführende Werbung. Art. 8 (1) VT verbietet ausdrücklich die Täuschung, allerdings nur im B2B-Verhältnis.[1125] Die irreführende Werbung gegenüber Verbrauchern ist nunmehr im Gesetz von 2008 geregelt und wird entsprechend der RL 2005/29/EG ausgelegt. Eine Reihe zusätzlicher Regelungen über irreführende Werbung finden sich in Art. 7 RT. Inhaltlich unterscheiden sich diese Vorschriften nicht wesentlich von den Regelungen des VT. **764**

Die bisherige Auslegung der Irreführungsvorschriften, die wahrscheinlich auch weiterhin nach **einheitlichen Maßstäben** erfolgen wird, war überwiegend **streng.**[1126] **765**

Übertreibungen sind unzulässig, wenn sie sich auf nachprüfbare Tatsachen beziehen.[1127] Sogar Behauptungen wie „das Beste" oder „feinste" können als Wettbewerbsverstoß unzulässig sein, es sei denn, sie sind erweislich wahr. Eine **Überlegenheitsbehauptung** darf nach Auffassung des Wettbewerbsrats in der Werbung nur verwendet werden, wenn sich der **Wahrheitsgehalt** dieser Behauptungen durch objektive wissenschaftliche Untersuchungen mit hinreichender Sicherheit **beweisen lässt.**[1128] **766**

[1123] Zu den Schnittstellen der lauterkeitsrechtlichen Regelungen mit dem Kartellrecht und den IP-Rechten vgl. *Bacher* (2013) und Vida (2011); speziell zum Markenrecht *Vida*, GRUR Int. 1991, 791; und *Tattay*, GRUR Int. 2011, 295.

[1124] Teilweise ist dies eine Folge der Umsetzung des „acquis communautaire" ins ungarische Recht. Ursprünglich waren die Regelungen der Werbung vorwiegend allgemeiner Natur und waren im Wettbewerbsgesetz (VT) zusammengefasst. Mit Änderung des VT im Jahr 1996 wurden die Regelungen über irreführende und vergleichende Werbung jedoch im RT angesiedelt; vgl. *Cseres*, S. 51.

[1125] Vgl. *Bacher* (2013), S. 275; *Vida*, GRUR Int. 2007, 56.

[1126] Zum Irrführungsrecht und zur Auslegung durch die Gerichte vgl. (auf englisch) *Bacher* (2013) und (auf deutsch) *Vida*, GRUR Int. 2007, 681. Vgl. etwa die Entscheidung des GHV Nr. Vj-56/2006 und Vj-114/2007 über die irreführende Werbung für Kredite der OTP Bank, bestätigt durch das Berufungsgericht Budapest. Vgl. auch die Entscheidung Vj-134/2007 über die irreführende Werbung von Telekom Dienstleistungen (UPC Hungary Telecommunications Ltd.) und die Entscheidung des Wettbewerbsrates Nr. Vj-153/2007 über die irreführende Werbung von SMS-Dating Dienstleistungen (SMS-magic) der Digitania Gesellschaft, wo maximale Bussgelder verhängt wurden.

[1127] So ist beispielsweise die Behauptung eines Werbetreibenden, er verfüge über die größte Auswahl von Pop-, Rock-, klassischer und anderer Musik als irreführend qualifiziert worden, da der Werbetreibende keine Beweise für seine Behauptung erbringen konnte. Vgl. die Entscheidung Nr. Vj-245/1995/28 – „Fotex Records", die unter der Geltung des früheren Wettbewerbsgesetzes aus dem Jahr 1990 ergangen ist.

[1128] Eine Verkehrsbefragung, nach deren Ergebnis eine bestimmte Joghurtmarke unter den befragten Personen am beliebtesten war, wurde nicht als ausreichender Nachweis betrachtet, da dieses Ergebnis lediglich subjektive Werturteile widerspiegele, Entscheidung Nr. Vj 140/1994 – „Danone", die unter der Geltung des früheren Wettbewerbsgesetzes aus dem Jahr 1990 ergangen ist. Neuere Entscheidungen zur Irreführung in den vorherigen Fn.

767 Nach dem RT besteht die Möglichkeit, den Werbetreibenden in begründeten Fällen dazu zu verpflichten, seine Behauptungen zu belegen (Art. 17 (3) RT).

768 **b) Vergleichende Werbung.** Eine detaillierte Regelung der vergleichenden Werbung findet sich in **Art. 7a–c RT.**[1129] Diese Vorschriften dienen der (durchaus nicht immer wortgleichen) Umsetzung der Richtlinie 97/55/EG in ungarisches Recht. Art. 7a unterscheidet zwei Gruppen von Zulässigkeitsvoraussetzungen für vergleichende Werbung – positive (Art. 7a (3) RT) und negative (Art. 7a (2) RT). Unter den positiven Voraussetzungen ist hervorzuheben, dass die vergleichende Werbung gegebenenfalls objektiv über den Preis informieren muss (Art. 7a (3) (c) RT). Sofern eine zulässige vergleichende Werbung vorliegt, sieht Art 7a (4) RT ausdrücklich vor, dass der Inhaber einer Marke deren Verwendung für die vergleichende Werbung nicht verbieten darf, soweit die Verwendung der Marke erforderlich und angemessen ist und nicht im Übermaß erfolgt.[1130]

769 Auf **irreführende Behauptungen** in der vergleichenden Werbung sind die allgemeinen Vorschriften über die Irreführung anwendbar. Auf dieser Grundlage hat der Wettbewerbsrat die Werbung der Supermarktketten „Auchan" und „Tesco" während eines heftigen Preiskriegs für unzulässig erklärt. Die aufgestellten Behauptungen, billiger zu sein als der Wettbewerber, wurden als nachprüfbare Tatsachenbehauptung qualifiziert, die eines Nachweises ihres Wahrheitsgehalts bedurft hätten.[1131]

770 **c) Getarnte Werbung.** Der Einsatz von getarnter Werbung und Schleichwerbung gegenüber dem Verbraucher ist im Gesetz XLVII von 2007 als Unterfall der irreführenden Werbung durch Unterlassen erfasst. Darüber hinaus enthält das Gesetz Nr. 1 über Rundfunk- und Fernsehdienste aus dem Jahr 1996 (Rádiózásról és televíziózásról szólo törvény = RTT) Sonderregeln über die Trennung von Programm und Werbesendungen.[1132]

771 **d) Belästigende Werbung.** Geschäftliche Handlungen gegenüber dem Verbraucher sind als aggressive Geschäftsmethoden nach dem Gesetz XLVII von 2007 verboten.[1133]

772 **e) Medien- und produktspezifische Werberegelungen.** Besondere Beschränkungen für die Werbung in bestimmten Medien und für bestimmte Kategorien von Produkten finden sich in einer Reihe von Gesetzen und Verordnungen. Die allgemein gehaltene Vorschrift des Art. 6 (2) RT untersagt Werbung für Waren, deren Herstellung oder Vertrieb unzulässig ist. Soweit diese Vorschriften auf europäischen Vorgaben beruhen, wird auf die Einl. B, H, I verwiesen.

773 Das RT sieht darüber hinaus Beschränkungen der **Alkohol- oder Tabakwerbung** an öffentlichen Plätzen vor (Art. 12 (2) (e) RT). Im Jahr 2002 wurde ausdrücklich ein fast vollständiges Verbot der Tabakwerbung in das RT aufgenommen.[1134] Auch pornographische Werbeinhalte oder Werbung für sexuelle Dienstleistungen sind nach Art. 5a RT verboten. Ausgenommen ist lediglich Werbung in „Sex-Shops" für Erotikartikel.

774 Werbung in **elektronischen Medien** unterliegt nach dem RTT einer detaillierten Regelung. Die Vorschriften lehnen sich eng an den Inhalt der EG-Fernsehrichtlinie 89/552/EWG in ihrer durch die Richtlinie 97/36/EG geänderten Fassung an.[1135] Die Fernsehsender sind nach dem RTT von einer Haftung für die von ihnen ausgestrahlten Werbung befreit, sofern nicht ein Fall vorsätzlicher Täuschung vorliegt (Art. 10 (1) RTT).[1136]

[1129] Zur vergleichenden Werbung *Bacher* (2013), S. 277.

[1130] Unzulässig sind Vergleiche mit fiktiven Produkten oder Unternehmen, mit Produkten, die auch für Kaufleute nicht erhältlich sind, mit Produkten oder Unternehmen, die nicht eindeutig identifizierbar sind, oder mit nicht ähnlichen Produkten oder Unternehmen (Art. 7c RT).

[1131] Entscheidungen Vj-209/2000 – „Auchan"; Vj-217/2000 – „Tesco", wiedergegeben bei *Cseres.*

[1132] Es gilt der Grundsatz, dass Werbung als solche erkennbar sein muss. Werbung muss deutlich vom übrigen Programm getrennt werden (Art. 10 (3) RTT). Versteckte Werbung und Schleichwerbung sind unzulässig (Art. 10 (5) RTT).

[1133] Auch vor Einführung dieser Verbote gab es in der Entscheidungspraxis des Wettbewerbsrats zahlreiche Fälle, in denen Haustürgeschäfte oder aggressive Methoden des Direktmarketings als unzulässige Eingriffe in die Privatsphäre der Verbraucher und als Beschränkung ihrer Entscheidungsfreiheit angesehen wurden.

[1134] Siehe Jahresbericht des Verbraucherschutzinspektorats, 2002, unter 3.1.

[1135] Kapitel IV des RTT enthält einen ausführlichen Katalog von Werbebeschränkungen und -verboten. Neben dem vollständigen Verbot der Werbung für Tabak und verschreibungspflichtige Medikamente verbietet das RTT auch jegliche Werbung für Schusswaffenmunition. Werbung für alkoholische Getränke und Werbung gegenüber Kindern unterliegt ähnlichen Begrenzungen wie sie die EG-Fernsehrichtlinie vorsieht. Darüber hinaus darf Alkoholwerbung, mit Ausnahme der Werbung für Getränke mit niedrigem Alkoholgehalt, nicht zur Hauptsendezeit ausgestrahlt werden.

[1136] Die Überwachung der Einhaltung dieses Gesetzes obliegt der Nationalen Rundfunk- und Fernsehkommission. Bei Verstößen kann sie Bußgelder verhängen. Außerdem kann die Kommission Verfahren einleiten, soweit es um Fragen des Verbraucherschutzes oder um Fälle unlauteren Wettbewerbs geht (Art. 41 (1) (k) RTT.

4. Informationspflichten

775 Das Gesetz CVIII aus dem Jahr 2001 über elektronische, geschäftliche Dienstleistungen und über Fragen der Informationsgesellschaft dient dazu, die europäische **E-Commerce-**Richtlinie (Richtlinie 2000/31/EG) in ungarisches Recht umzusetzen. Nach diesem Gesetz finden das Herkunftslandprinzip und die in der Richtlinie genannten Informationspflichten Anwendung.

776 Die **Verbraucherinformation** ist ansonsten insbesondere im Verbraucherschutzgesetz geregelt. Das sog. FTT enthält eine Aufzählung zwingender Angaben, die auf Etiketten und in Produktbeschreibungen enthalten sein müssen. Darüber hinaus sind in Umsetzung von Artikel 6 der Richtlinie 2005/29/EG unter dem Gesichtspunkt der Irreführung durch Unterlassen den Verbraucher bestimmte Informationen zur Verfügung zu stellen.

5. Sales Promotion

777 **Preisnachlässe und Geschenke** sind **grundsätzlich zulässig,** sofern sie keine irreführenden Angaben über Zahlungsbedingungen, Zugaben oder sonstige Umstände enthalten (Art. (2) (c) VT) und darüber hinaus weder die objektive Beurteilung der Angebote und Waren erschweren noch zu einer Beschränkung der Entscheidungsfreiheit der Verbraucher führen (Art. 10 VT). Das gleiche gilt für die Veranstaltung von **Gewinnspielen** zu Werbezwecken. Schneeballsysteme sind verboten.[1137]

6. Herabsetzung, Anschwärzung

778 Gemäß **Art. 3 VT** stellt die Gefährdung oder Beeinträchtigung des Ansehens eines Wettbewerbers einen Wettbewerbsverstoß dar. Ein solcher Wettbewerbsverstoß liegt immer vor, wenn unzutreffende Behauptungen über einen Wettbewerber aufgestellt werden oder wenn Tatsachen verfälscht werden.

7. Ausnutzung fremder Leistung, Verwechslungsgefahr, Nachahmung, Behinderung

779 Art. 6 verbietet die **Verwendung von Unterscheidungszeichen** eines Wettbewerbers, d. h. von Zeichen, durch die der Wettbewerber oder seine Waren von den Verbrauchern identifiziert werden kann (z. B. Namen oder Marke). Der Oberste Gerichtshof hat diese Vorschrift dahingehend ausgelegt, dass sie auch auf Fälle der **Rufausbeutung** anwendbar ist, ohne dass das Bestehen von Verwechslungsgefahr nachgewiesen werden müsste.[1138]

780 Art. 6 VT ist auch auf Fälle der **Nachahmung** der äußeren Erscheinung, der Verpackung oder der Kennzeichnung eines Produkts anwendbar. Hier gelten jedoch die zusätzlichen Voraussetzungen, dass die Verpackung oder das Erscheinungsbild charakteristisch sein und der Wiedererkennung des Produkts oder des Wettbewerbers dienen müssen. Außerdem muss eine Wettbewerbsverhältnis zwischen den Parteien vorliegen, was strikt ausgelegt wird; gleichwohl scheinen Rechtsstreitigkeiten auf der Grenze zu IP-Verletzungen im ungarischen Recht eine wichtige Rolle zu spielen.[1139] Der Schutz von **Geschäftsgeheimnissen** ist ausführlich in Art. 4 (1) V geregelt.

8. Vorsprung durch Rechtsbruch[1140]

781 Das ungarische Recht enthält **keine ausdrückliche Vorschrift,** nach der ein Gesetzesverstoß per se einen Wettbewerbsverstoß darstellen würde. Ein Verstoß gegen gesetzliche Pflichten kann aber in den Anwendungsbereich der Generalklausel des Art. 3 VT fallen.[1141]

1137 Zu Sonderangeboten, die im Zusammenhang mit vergleichender Werbung gemacht werden, siehe Art. 7b RT. Zu promotional games vgl. *Fazekas* (1998), S. 495 unter Hinweis auf die Entscheidung des Wettbewerbsrats in der Sache „BC Pyramid Game" Nr. Vj-105/1994, durch die eine erhebliche Geldstrafe verhängt wurde. Es gilt als irreführend, wenn in einem Promotionsangebot der ursprünglich geforderte Preis oder die genauen Produkte, die vom Angebot erfasst sind, nicht genannt werden, Entscheidung des Wettbewerbsrats vom 25.1.2013.

1138 Zur Nachahmung ausführlich *Vida,* WRP 2010, 44; *Bacher* (2013), S. 271. Vgl. auch den Bericht über eine Entscheidung des obersten Gerichts (Bírósági Határozatok 1993, S. 27 ff., AZ Pf IV 20 672/1992), die sich auf die gleichlautende Vorschrift des Wettbewerbsgesetzes aus dem Jahr 1984 stützt. Der Fall betraf das Marketing eines ungarischen Unternehmens für Zubehör für die bekannten Barbie-Puppen. Vgl. auch GRUR Int. 1989, S. 235 – „FABULAND-Märchenfiguren I".

1139 Vgl. dazu, *Vida,* WRP 2010, 44; *Bacher* (2013), S. 273; *Karsay/Godollo/Mezo* (2015).

1140 Ausführlich *Bacher* (2013), S. 262 ff.

1141 *Bacher/Bárdos/Stadler,* S. 4. Während der Geltung des Wettbewerbsgesetzes von 1990 hat der Wettbewerbsrat mehrfach Werbekampagnen als Wettbewerbsverstoß angesehen, die gegen die gesetzlichen Vorschriften über Alkohol- und Tabakwerbung verstoßen hatten. Vgl. den Bericht über diese Entscheidungen bei *Vida,* WiRO 1993, S. 260 f.

9. Sanktionen, Verfahren[1142]

782 Die **Durchsetzung des VT** erfolgt in seinem lauterkeitsrechtlichen B2B-Bereich primär durch Klagen der einen Wettbewerbsverstoß Geschädigten; dieser kann gemäß Art. 86 VT **Unterlassung, Schadensersatz, Wiederherstellung** des status quo vor dem Wettbewerbsverstoß und gegebenenfalls eine **Genugtuung** durch öffentliche Äußerung des Verletzers verlangen. Für das Verfahren sind die ordentlichen Gerichte nach der Zivilprozessordnung zuständig.

783 Der VT kann jedoch auch durch den **Wettbewerbsrat** durchgesetzt werden, dem eine Reihe Sanktionsmöglichkeiten zur Verfügung stehen: Er kann eine Unterlassungsverfügung aussprechen, ein Bußgeld verhängen und die Veröffentlichung einer Richtigstellung verlangen.

784 Die **Durchsetzung des RT** erfolgt auf verschiedenen Wegen. Für wettbewerberbezogene Verstöße gegen die Vorschriften über irreführende und vergleichende Werbung (Art. 7 und 7a RT) sind die ordentlichen Gerichte zuständig. Verbraucherbezogene Verstöße gegen diese Vorschriften fallen in die Zuständigkeit des **Wettbewerbsrats** (Art. 15 RT); dieser ist auch zur Durchsetzung des Gesetzes von 2008, das zur Umsetzung der Richtlinie 2005/29/EG erging, befugt. Die Überwachung der Werbetätigkeit in ihrer Gesamtheit obliegt dem NFH und den örtlichen Verbraucherinspektoraten. Diese Gremien können Verfahren wegen Verletzung von Vorschriften des RT einleiten und in diesen Verfahren Sanktionen verhängen und Unterlassungsverfügungen erlassen, unter anderem im Wege des einstweiligen Rechtsschutzes, soweit dies zum Schutz der rechtlichen und wirtschaftlichen Interessen des Geschädigten erforderlich ist. Das Verfahren wird entweder von Amts wegen oder auf Antrag der betroffenen Parteien oder der Verbraucherorganisationen eingeleitet (Art. 16 RT) und unterliegt den Verfahrensvorschriften für das Verwaltungsverfahren. Im Falle der Verletzung von Persönlichkeitsrechten können die Parteien ihre Rechte entsprechend den Regelungen des Zivilrechts und des Zivilprozessrechts unmittelbar gerichtlich geltend machen (Art. 15 (5) RT).

XXVII. Zypern

Inhaltsverzeichnis

	Rdn.
1. Rechtsquellen	
2. Kurzcharakteristik des zyprischen Wettbewerbsrechts	785
3. Irreführende Werbung	787
4. Vergleichende Werbung	790
5. Sonstige Vorschriften für Werbung und Marketing	791
6. Ausnutzen fremder Leistung. Verwechslungsgefahr	794

Schrifttum: *British Institute of International and Comparative Law,* Unfair Commercial Practices. An Analysis of the Existing National Laws on Unfair Commerical Practices between Business and Con-sumers in the New Member States, 2005 (BIICL Report); *Brockhoff,* Maßnahmen der AGV zur Unterstützung von Verbraucherorganisationen in den Ländern Mittel- und Osteuropas, in: Micklitz (Hrsg.), Rechtseinheit oder Rechtsvielfalt in Europa?, 1996, S. 241;*Neocleous & Co.,* Introdution to Cyprus Law, 2000.

1. Rechtsquellen

Unfair Business-to-Consumer Commercial Practices Law von 2007 (Law 103 (I) 2007); The Control of Misleading Advertising Act (Law 92 (I) 2000); Trade Discription Act von 1987–2000.

2. Kurzcharakteristik des zyprischen Wettbewerbsrechts

785 Das Wettbewerbsrecht in Zypern[1143] ist **nicht einheitlich geregelt.** Mehrere Gesetze befassen sich **punktuell** mit spezifischen Themen des Wettbewerbs-, Werbe- und Verbraucherschutzrechts; dabei stellt das 2007 erlassene Gesetz Nr. 103 (I)/2007 zur Kontrolle unlauterer Geschäftspraktiken noch die umfassendste Regelung dar. Da das Recht Zyperns durch die **Rechtstradition Großbritanniens** geprägt ist, bestehen weiter Klagemöglichkeiten nach **common law,** z.B. bei passing off. Weiter sind falsche und irreführende Darstellungen nach Sec. 10 und 11 das Trade Description Act 1987–2000 verboten.

[1142] Ausführlich *Bacher* (2013), S. 280ff.

[1143] Ein Überblick über das zypriotische Recht findet sich bei *Neocleours* (2000). Den umfassensten Überblick über die Vorschriften zur Bekämpfung von unfair commerical practices im Zyprischen Recht (allerdings auf den Aspekt des Verbraucherschutzes beschränkt) gibt zur Zeit der 2005 im Auftrag der Kommission erstellte BIICL Report, abrufbar über die Website des British Insitutes of International and Comparative Law.

Die **gemeinschaftsrechtlichen Vorgaben,** insbesondere im Bereich des Verbraucherschutzes, haben jedoch auch in Zypern zu einer **zunehmenden Kodifizierung** geführt.[1144] 2000 wurde mit dem Gesetz Nr. 92 (I)/2000 erstmalig die irreführende und vergleichende Werbung gesetzlich geregelt; diese Regelung wurde 2007 mit dem Gesetz Nr. 98 (I)/2007 an die konsolidierte Fassung der Richtlinie 2006/114/EG (abgedruckt im Anhang, Kommentierung bei *Glöckner,* Einl. B) angepasst. Mit Gesetz Nr. 103/I/2007 erfolgte dann eine fast wortgleiche Umsetzung der **Richtlinie 2005/29/EG über unlautere Geschäftspraktiken** (abgedruckt im Anhang; Kommentierung bei *Glöckner,* Einl. B). Damit enthält das zypriotische Recht erstmalig eine (wenn auch auf B2C-Verhältnisse beschränkte) **Generalklausel** gegen unlautere Geschäftspraktiken.

Nach wie vor werden die bestehenden Kodifizierungen zum Schutz vor unlauteren Geschäfts- **786**
praktiken **primär verwaltungsrechtlich,** z. T. auch strafrechtlich durchgesetzt. Die Durchsetzung erfolgt zumeist durch das „Competition and Consumer Protection Service of the Ministry of Commerce“ und ihren Direktor. Dessen Anordnungen können letztlich zu Gerichtsentscheidungen führen, wobei publizierte Entscheidungen selten sind; offenbar wird auch von den bestehenden zivilrechtlichen Klagemöglichkeiten wenig Gebrauch gemacht. Es ist daher schwer auszumachen, wie die einzelnen Regelungen **in der Praxis** ausgelegt werden. Soweit es sich um Umsetzungen europäischer Richtlinien handelt, können jedoch die gemeinschaftsrechtlichen Vorgaben (in Verbindung mit ihrer Auslegung insbesondere in Großbritannien, mitunter auch Griechenland) einen Anhaltspunkt geben.

3. Irreführende Werbung

Im Werbebereich hat das 2000 erlassene **„Gesetz zur Kontrolle der irreführenden und ver- 787**
gleichenden Werbung“ die Richtlinie 84/450/EWG (in der durch die Richtlinie 97/55/EG geänderten Fassung) ins zyprische Recht umgesetzt. **Zweck** des Gesetzes war ursprünglich der Schutz der Verbraucher, der Gewerbetreibenden und der Allgemeinheit. Mit Gesetz Nr. 98 (I)/2007 wurde der Schutzzweck jedoch auf den B2B-Bereich – entsprechend der konsolidierten Richtlinie 2006/114/EG – beschränkt. Im B2C-Bereich gelten nunmehr die Art. 5 und 6 des **Gesetzes Nr. 103 (I)/2007,** die wörtlich die Art. 6 und 7 der Richtlinie 2005/29/EG über unlautere Geschäftspraktiken umsetzen.[1145] Auch der **Trade Discription Act** enthält ein Verbot der falschen und irreführenden Produktangaben, das strafrechtliche sanktioniert ist.

Die **Durchsetzung** der Gesetze Nr. 98 (I) 2007 und Nr. 103 (I)/2007 erfolgt auf **öffentlich- 788**
rechtlichem Wege. Zuständig ist der **Director General** der „Competition and Consumer Protection Division“ des „Ministry of Commerce, Industry and Tourism“, der nach einer bei ihm eingereichten Beschwerde oder von Amts wegen untersucht, ob eine schon veröffentlichte oder vor der Veröffentlichung stehende Werbung irreführend ist. Sofern er es für erforderlich hält, kann der Director General die Unterlassung anordnen und/oder ein Bußgeld auferlegen. Dabei sind die Interessen aller Beteiligten sowie das öffentliche Interesse zu berücksichtigen; der Inanspruchgenommene muss gehört werden.

Nach dem Gesetz zur Kontrolle der irreführenden und vergleichenden Werbung sind **aktivlegi- 789**
timiert für die Unterlassungsklage alle Organisationen, die ein berechtigtes Interesse nachweisen können. Keine Klagebefugnis haben offenbar die Verbraucherverbände, die auf Beschwerden beim „General Director“ beschränkt sind. **Passivlegitimiert** ist jeder, der für die Veröffentlichung der fraglichen Werbung verantwortlich ist. Für eine Unterlassungsanordnung ist weder der Nachweis eines Schadenseintritts noch ein Verschulden (Vorsatz oder Fahrlässigkeit) des Handelnden notwendig.

4. Vergleichende Werbung

Die Regelung der vergleichenden Werbung findet sich im Gesetz Nr. 92 (I)/2000, das durch das **790**
Gesetz Nr. 98 (I)/2007 novelliert wurde. Die Regelung entspricht inhaltlich der **Richtlinie 97/55/EG** in der jetzigen Fassung der Richtlinie 2006/114/EG. Auch hier erfolgt die Durchsetzung in erster Linie durch den Director General.

[1144] Die Gesetze sind jedenfalls teilweise in griechischer Sprache auf der Website der „Cyprus Consumer association“ www.cyprusconsumers.org.cy zu finden.

[1145] Die Richtlinien sind im Anhang abgedruckt und in der Einl. B kommentiert. Eine der wenigen Entscheidungen betrifft die Frage, ob eine gemeinnützige Organisation als „trader“ anzusehen sei; vgl. Urteil des Supreme Court of Cyprus vom 7.11.2013 (Nr. 136, 2011).

5. Sonstige Vorschriften für Werbung und Marketing

791 In Umsetzung der Richtlinie 2005/29/EG wurde in das zypriotische Recht erstmalig ein Verbot der **aggressiven Geschäftspraktiken** gegenüber dem Verbraucher aufgenommen, welches inhaltlich den Art. 8 und 9 der Richtlinie entspricht. Das Gesetz Nr. 14 (I)/2000 über Vertragsschlüsse mit Verbrauchern im Fernabsatz verbietet weiter das **Zusenden unbestellter Waren** mit gleichzeitiger Zahlungsaufforderung. Das „Gesetz über den Abschluss von Verbraucherverträgen außerhalb der Geschäftsräume" regelt Vertragsschlüsse nach **Kaffeefahrten** zu Werbezwecken, **Haustürverkäufe** und die Werbung am Arbeitsplatz. Bezüglich der Verbraucher**kredite** finden sich außerdem Werberegelungen zur Information des Verbrauchers im Gesetz „Consumer Credit and Consumer Protection" von 2002.

792 Die **Rundfunkwerbung** ist im Radio and Television Act von 1998 geregelt. Die Werbung per **Telefon** mit automatischen Anrufsystemen, per **Fax** und **E-mail** ist entsprechend den gemeinschaftsrechtlichen Vorgaben (insbesondere Richtlinie 2000/31/EG über elektronische Kommunikation; umgesetzt durch den Information Society Services Act von 2004) und Richtlinie Nr. 97/66/EG (dazu *Glöckner,* Einl. B Rdn. 64) im Sinne des „opt-in"-Grundsatzes geregelt; ansonsten gilt nach dem Consumer Distance Contracts Act die „opt-out"-Lösung. Individuelle „hartnäckige" Telefonanrufe bei Verbrauchern sind infolge der Umsetzung der „blacklist" der Richtlinie über unlautere Geschäftspraktiken nunmehr auch durch das Gesetz Nr. 103 (I)/2007 verboten.

793 **Rabatte und Zugaben** sind jedenfalls nicht generell geregelt. Im „Sales of Goods at Discount Prizes Act" gab es ursprünglich eine Regelung, die Preisnachlässe außerhalb bestimmter Zeiten verbot. Mit Urteil vom 10.11.2011 (Nr. 26326/2009) hat der Disctrict Court of Limassol diese Regelung jedoch als gegen die Richtlinie 2005/29/EG verstoßend angesehen, da sie ein unzulässiges per se-Verbot darstelle. Der Code of Advertising verbietet jedoch jede an **Kinder** gerichtete Werbung mit Zugaben, die disproportional herausgestellt werden. Die Werbung für **Spielzeug** ist im Rundfunk während bestimmter Zeiten untersagt.[1146]

6. Ausnutzung fremder Leistung, Verwechslungsgefahr

794 Für Fragen des Behinderungswettbewerbs und der Marktstörung (Diskriminierung, Preisunterbietung, unentgeltliche Abgabe von Presseerzeugnissen etc.) ist die „Commission for the Protection of Competition" zuständig, die auf der Grundlage des Kartellgesetzes[1147] entscheidet.

795 Neben der Klage wegen Markenverletzung nach Section 6 (1) des Trade Mark Law, Chap. 268[1148] kann – wie im englischen Recht – auch eine common law-Klage wegen **„passing-off"** bei Nachahmung des Namens, Kennzeichens, der Etiketten etc. eines anderen erhoben werden; sie setzt Verwechslungsgefahr voraus.[1149] Der **Trade Description Act** untersagt Angaben, die zu einer Verwechslungsgefahr führen; diese Vorschrift ist jedoch verwaltungsrechtlich sanktioniert. Auch das **Gesetz Nr. 103 (I)/2007** verbietet (in Umsetzung von Art. 6 Abs. 2 der Richtlinie unlautere Geschäftspraktiken) das Hervorrufen von Verwechslungsgefahr, wenn diese zu einer Irreführungsgefahr bei Verbrauchern führen kann.

1146 Vgl. Cyprus Radio Station Authority v. Capital TV, Fall Nr. 45/2003/57 vom 12.11.2003. (Der Fall betraf eine Werbung von Lego während der für Spielzeugwerbung gesperrten Tageszeiten.).

1147 Gesetz Nr. 207/1989, erhältlich (auf Englisch) über die Webseite der „Commission for the Protection of Competition" unter www.competition.gov.cy/competition/competition.nsf/legislation_en/legislation_en?OpenDocument. Vgl. zum Kartellrecht auch *Neocleous,* S. 750 ff.

1148 Der Gesetzestext sowie weitere Gesetze zum gewerblichen Rechtsschutz in Zypern sind im Internet unter http://clea.wipo.int (unter Bibliographic Index – Cyprus) zu finden. Auf Englisch zum gewerblichen Rechtsschutz in Zypern *Neoclerous,* S. 807 ff.; zu den formalen Aspekten von Marken- und Patentrecht die Loseblattsammlung, „Manual Industrial Property", Band 2.

1149 Vgl. *Chrysostomides,* Trade Marks in Cyprus, 1990, S. 17; *Neocleous,* S. 807 ff.

G. Stellung des Wettbewerbsrechts im Gesamtsystem

Inhaltsübersicht

Rdn.

I. Vorrang des Unionsrechts ... 1
1. Verbindlichkeit des Unionsrechts ... 1
a) Normenhierarchie ... 1
b) Rechtsquellen des Unionsrechts ... 5
2. Anwendung des Unionsrechts durch nationale Richter ... 15
a) Sicherung einheitlicher Auslegung durch Vorlage zum EuGH ... 15
b) Staatshaftung für judikatives Unrecht ... 21
c) Unionsrechtskonforme Auslegung des nationalen Rechts ... 24
II. Verfassungsrecht ... 32
1. Wirtschaftsverfassung ... 32
2. Grundrechtsüberblick ... 35
a) Grundgesetz ... 35
b) EU-Grundrechtecharta ... 45
3. Öffentliche Hand als Unternehmer ... 47
a) Kein allgemeines Subsidiaritätsprinzip ... 47
b) Kommunalrechtliche Schranken ... 50
c) UWG und Marktverhalten der öffentlichen Hand ... 56
4. Die Einwirkung von Grundrechten auf wettbewerbsrechtliche Verhaltensnormen ... 59
a) Handlungsfreiheit am Markt, Verstärkung des Unlauterkeitsschutzes ... 59
b) Traditioneller Ansatz zur Haftungsabschwächung unter Grundrechtseinfluss ... 61
c) Rechtswidrigkeitsbestimmung ... 66
d) Schutzbereichserweiterung des Art. 5 I 1 GG auf Wirtschaftswerbung ... 68
e) Grundrechtsschranken und UWG ... 72
5. Insbesondere: UWG-Verhaltensnormen und Meinungsäußerungsfreiheit ... 77
a) Konkurrenzen ... 77
b) Eingeschränkte Beachtung der Rechtsprechung des BVerfG ... 78
c) Auslegung von Werbeaussagen ... 79
d) Prozessuale Erwägungen des BVerfG ... 89
e) Sonstige Auswirkungen der Benetton-Entscheidung des BVerfG ... 94
f) Fachgerichtliche Rechtsprechung ... 103
6. Wirkung der Europäischen Grundrechtecharta ... 104
III. Kartellrecht ... 108
1. Allgemeines ... 108
2. Einzelne Bestimmungen des GWB, AEUV ... 116
a) § 1 GWB, Art. 101 AEUV (Kartellverbot) ... 116
b) § 1 GWB, Art. 101 AEUV (Preisbindungsverbot) ... 117
c) § 19 GWB, Art. 102 AEUV (Missbrauchsverbot) ... 118
d) § 20 GWB (Diskriminierungsverbot/Behinderungsverbot) ... 119
e) § 21 Abs. 1 GWB (Boykottverbot) ... 120
IV. Bürgerliches Recht ... 121
1. Verhältnis zum Deliktsrecht des BGB ... 121
a) UWG als Sonderdeliktsrecht ... 121
b) Rechtswidrigkeitsstruktur der UWG-Tatbestände ... 126
c) Probleme der Anspruchskonkurrenz ... 129
d) Konkurrierende Normen des allgemeinen Deliktsrechts ... 134
2. Vertragsrecht und UWG (einschließlich Folgeverträgen) ... 147
a) Vertragswirksamkeit, Vertragsauflösung ... 147
b) Verbindlichkeit von Werbeaussagen, insbesondere Sachmängelhaftung ... 156
c) Annäherung von Lauterkeitsrecht und Verbraucherprivatrecht ... 165
d) Deliktsrechtliche Durchbrechung der Relativität von Schuldverhältnissen 167
e) Systematische (bewusste) Verletzung vertragsrechtlicher Normen ... 171
f) AGB-Kontrolle ... 176
g) Erfüllungszwang ... 178
3. Wettbewerbsrechtliche Durchführungsverbote trotz Vertragsbindung ... 179
a) Unlauterkeit der Vertragsabwicklung ... 179
b) Pflichtenkollision: Unterlassungstitel contra Vertragserfüllung ... 182
4. Vertragliche Wettbewerbsverbote ... 187

Rdn.
V. Geistiges Eigentum 189
1. Wesensunterschiede und Sinnzusammenhänge 189
a) Geistiges Eigentum/Unlauterkeitsrecht 189
b) Geistiges Eigentum in der Wettbewerbsordnung 192
2. Begriff des Geistigen Eigentums 193
a) Terminologie 193
b) Geistiges und Sacheigentum 196
c) Naturrechtliche Grundierung brüchig 198
d) Wesensmerkmale geistigen Eigentums 199
3. Abgrenzung zum Lauterkeitsrecht 207
4. Berührungspunkte und Überschneidungen 210
a) Gemeinsamkeit: Kein Schutz abstrakter Ideen usw. 211
b) Ergänzender wettbewerbsrechtlicher Leistungsschutz 212
c) Übergänge zwischen Unlauterkeitsrecht und geistigem Eigentum 224
d) Weitere Berührungspunkkte 232

I. Vorrang des Unionsrechts

Schrifttum: 1. Aufsätze, Monographien: *Auer,* Neues zu Umfang und Grenzen der richtlinienkonformen Auslegung, NJW 2007, 1106 ff.; *Bäcker,* Altes und Neues zum EuGH als gesetzlichem Richter, NJW 2011, 270 ff.; *Betz,* Die verfassungsrechtliche Absicherung der Vorlagepflicht, 2013; *Brechmann,* Die richtlinienkonforme Auslegung. Zugleich ein Beitrag zur Dogmatik der EG-Richtlinie, 1994; *Breuer,* Staatshaftung für judikatives Unrecht; 2011; *Brosius-Gersdorf,* Bindung der Mitgliedstaaten an die Gemeinschaftsgrundrechte, 2005; *Büscher,* Interdependenzen zwischen der Rechtsprechung der Gerichte der EG und der nationalen Gerichte, GPR 2008, 210 ff.; *Calliess,* Europäische Gesetzgebung und nationale Grundrechte, JZ 2009, 113 ff.; *Colneric,* Auslegung des Gemeinschaftsrechts und gemeinschaftsrechtskonforme Auslegung, ZEuP 2005, 225 ff.; *Dänzer-Vanotti,* Richtlinienkonforme Auslegung und Rechtsfortbildung, StVj 1991, 1 ff.; *v. Danwitz,* Rechtswirkungen von Richtlinien in der neueren Rechtsprechung des EuGH, JZ 2007, 697 ff.; *Di Fabio,* Richtlinienkonformität als ranghöchstes Normauslegungsprinzip?, NJW 1990, 947 ff.; *C. Dörr,* Neues zum unionsrechtlichen Staatshaftungsanspruch, WM 2010, 961 ff.; *ders.,* Der unionsrechtliche Staatshaftungsanspruch in Deutschland zwanzig Jahre nach Francovich, EuZW 2012, 86 ff.; *Ehricke,* Die richtlinienkonforme Auslegung nationalen Rechts vor Ende der Umsetzungsfrist einer Richtlinie, EuZW 1999, 553 ff.; *Fastenrath,* BVerfG verweigert willkürlich die Kooperation mit dem EuGH, NJW 2009, 272 ff.; *Gellermann,* Beeinflussung des bundesdeutschen Rechts durch Richtlinien der EG, 1994; *Grundmann,* Einwirkung von EG-Richtlinien des Privat- und Wirtschaftsrechts auf nationales Recht, JuS 2002, 768 ff.; *Gundel,* Neue Grenzlinien für die Direktwirkung nicht umgesetzter EG-Richtlinien unter Privaten, EuZW 2001, 143 ff.; *Hahn,* Nationale Auslegungsmethoden vergleichend betrachtet, ZfRV 2003, 163 ff.; *Heinrich,* Die Auslegung von europäischen Richtlinien und Verordnungen, ÖJZ 2011, 1068 ff.; *Chr. Herrmann,* Richtlinienumsetzung durch die Rechtsprechung, 2003; *ders.,* Die Reichweite der gemeinschaftsrechtlichen Vorlagepflicht in der neueren Rechtsprechung des EuGH, EuZW 2006, 231 ff.; *Chr. Hofmann,* Die zeitliche Dimension der richtlinienkonformen Auslegung, ZIP 2006, 2113 ff.; *Jarass,* Grundfragen der innerstaatlichen Bedeutung des EG-Rechts, 1994; *Jud,* Die Grenzen der richtlinienkonformen Interpretation, ÖJZ 2003, 521 ff.; *Kiethe/Groeschke,* Die Stärkung der Rechte des Klägers im Berufungs- und Revisionsrecht durch die Köbler-Entscheidung des EuGH, WRP 2006, 29 ff.; *Kirchhof,* in: Müller-Graff (Hrsg.), Perspektiven des Rechts in der EU, 1998, S. 163 ff.; *Klamert,* Richtlinienkonforme Auslegung und unmittelbare Wirkung von EG-Richtlinien in der Rechtsprechung der österreichischen Höchstgerichte, JBl. 2008, 158 ff.; *ders.,* Richtlinienkonforme teleologische Reduktion bis zur Gegenstandslosigkeit, JBl. 2011, 738 ff.; *Kockott/Henze/Sobotta,* Die Pflicht zur Vorlage an den Europäischen Gerichtshof und die Folgen ihrer Verletzung, JZ 2006, 633; *Köhler,* Zur richtlinienkonformen Auslegung und Neuregelung der „Bagatellklausel" in § 3 UWG, WRP 2008, 10 ff.; *Kremer,* Staatshaftung für Verstöße gegen Gemeinschaftsrecht durch letztinstanzliche Gerichte, NJW 2004, 480 ff.; *Krimphove,* Neues zur Geltung nicht umgesetzter europäischer Richtlinien, EuZW 2014, 178 ff.; *Leible/Sosnitza,* Richtlinienkonforme Auslegung vor Ablauf der Umsetzungsfrist und vergleichende Werbung, NJW 1998, 2507 ff.; *Martens,* Methodenlehre des Unionsrechts, 2013; *Michael/Payandeh,* Richtlinienkonforme Rechtsfortbildung zwischen Unionsrecht und Verfassungsrecht, NJW 2015, 2392 ff.; *Metzger,* Extra legem, intra ius: Allgemeine Rechtsgrundsätze im europäischen Privatrecht, 2009; *Möllers/Möhring,* Recht und Pflicht zur richtlinienkonformen Rechtsfortbildung bei generellem Umsetzungswillen des Gesetzgebers, JZ 2008, 919; *Müller/Christensen,* Juristische Methodik Band II Europarecht, 2003; *Polzin,* Das Rangverhältnis von Verfassungs- und Unionsrecht nach der neuesten Rechtsprechung des BVerfG, JuS 2012, 1 ff.; *Raue,* Die Verdrängung deutscher durch europäische Grundrechte im gewerblichen Rechtsschutz und Urheberrecht, GRUR Int. 2012, 402 ff.; *Reimer,* Richtlinienkonforme Rechtsanwendung: Spielräume und Bindungen nach mitgliedstaatlichem Recht, JZ 2015, 910 ff.; *Ress,* Die richtlinienkonforme „Interpretation" innerstaatlichen Rechts, DÖV 1994, 489 ff.; *Riehm,* Die überschießende Umsetzung vollharmonisierender EG-Richtlinien im Privatrecht, JZ 2006, 1035 ff.; *Riesenhuber* (Hrsg.), Europäische Methodenlehre, 2006; *Royla/Lackhoff,* Die innerstaatliche Beachtlichkeit von EG-Richtlinien und das Gesetzmäßigkeitsprinzip, DVBl. 1998, 1116 ff.; *Ruffert,* Der EuGH als gesetzlicher Richter im Sinne des Grundgesetzes, NJW 2013, 1905 ff.; *Schilling,* Bestand und allgemeine Lehren der bürgerschützenden allgemeinen Rechtsgrundsätze des Gemeinschaftsrechts, EuGRZ 2000, 3 ff.; *Schoendorf-Haubold,* Die Haftung der Mitgliedstaaten für die Verletzung von EG-Recht durch nationale Gerichte, JuS 2006, 112 ff.; *Schroeder,* Die Auslegung des EU-Rechts, JuS 2004, 180 ff.; *Schürnbrand,* Die Grenzen richtlinienkonformer Rechtsfortbildung im Privatrecht, JZ 2007, 910 ff.; *Schwarze,* Der Schutz der Grundrechte durch den EuGH, NJW 2005, 3459 ff.; *Suhr,* Richtlinienkonforme Auslegung im Privatrecht und nationale Auslegungsmethodik, 2012; *Tietjen,* Das System des gemeinschaftsrechtlichen Staatshaftungsrechts, 2010; *Vogenauer,* Eine gemeineuropäische Methodenlehre des Rechts – Plädoyer und Programm, ZEuP 2005, 234 ff.; *Weiß,* Zur Wirkung von Richtlinien vor Ablauf der Umsetzungsfrist, DVBl. 1998, 568 ff.

2. Kommentare, Handbücher, Lehrbücher: *Borchardt,* Die rechtlichen Grundlagen der Europäischen Union, 5. Aufl. 2012; *Buerstedde,* Juristische Methodik des Europ. Gemeinschaftsrechts, 2006; *Calliess/Ruffert,* EUV-AEUV, Kommentar, 4. Aufl. 2011; *Dauses,* Handbuch des EG-Wirtschaftsrechts, Loseblattsammlung; *Fischer,* Der Vertrag von Lissabon, 2. Aufl. 2010; *Gebauer/Wiedmann,* Zivilrecht unter europ. Einfluß, 2. Aufl. 2010; *Grabitz/Hilf/Nettesheim,* Kommentar zur Europäischen Union, Loseblattsammlung, 56. Aufl. 2015; *v. d. Groeben/Schwarze/Hatje,* Europäisches Unionsrecht, 7. Aufl. 2015; *Herdegen,* Europarecht, 17. Aufl. 2015; *Jarass,* Charta der Grundrechte der Europäischen Union, 2. Aufl. 2013; *Kilian,* Europäisches Wirtschaftsrecht, 4. Aufl. 2011; *Lenz/Borchardt,* EU- und EG-Vertrag, 6. Aufl. 2012; *J. Meyer,* Charta der Grundrechte der Europäischen Union, 4. Aufl. 2014; *Meyer-Ladewig,* Europäische Menschenrechtskonvention, 4. Aufl. 2015; *Oppermann/Classen/Nettesheim,* Europarecht, 6. Aufl. 2014; *Rengeling/Middeke/Gellermann,* Handbuch des Rechtsschutzes in der Europäischen Union, 3. Aufl. 2014; *Schulze/Zuleeg/Kaddelbach* (Hrsg.), Europarecht, 3. Aufl. 2015; *Schwarze,* EU-Kommentar, 3. Aufl. 2012; *Streinz,* Europarecht, 9. Aufl. 2012; *ders.,* EUV/AEUV, Vertrag über die Europäische Union und Vertrag zur Gründung der Europäischen Gemeinschaft, 2. Aufl. 2012; *Tettinger/Stern* (Hrsg.), Kölner Gemeinschaftskommentar zur Europäischen Grundrechte-Charta, 2006; *Vedder/Heintschel von Heinegg,* Europäisches Unionsrecht, 2011.

1. Verbindlichkeit des Unionsrechts

a) Normenhierarchie. Die EU ist eine Rechtsgemeinschaft. Sie setzt ihre Ziele mit Hilfe des 1
Unionsrechts durch. Der EuGH erkennt allen Normen des primären und sekundären Unionsrechts in den Mitgliedstaaten unmittelbare Wirkung zu, soweit die Normen abschließend, vollständig und rechtlich perfekt sind, nämlich zu ihrer Anwendung keiner weiteren Ausführungsakte bedürfen.[1] Bei Normkonflikten mit nationalem Recht der Mitgliedstaaten hat das **Unionsrecht** auch ohne ausdrückliche Regelung im EUV oder AEUV **Vorrang.**[2] Begründet wird dies mit der Autonomie und der unmittelbaren Wirksamkeit der Unionsrechtsordnung sowie dem Grundsatz der Sicherung der Funktionsfähigkeit der Union.[3]

Das **BVerfG** hat das Vorrangprinzip trotz der damit verbundenen Relativierung der nationalen 2
Grundrechte auf Grund der **Integrationsermächtigung** des Art. 23 GG (ex Art. 24 Abs. 1 GG) anerkannt.[4] Sie gestattet dem Bund die Einräumung von Hoheitsrechten an die EU, wovon der Bund mit der Ratifizierung der EU-Gründungsverträge Gebrauch gemacht hat. Der Bundestag ist auch nach der Übertragung von Hoheitsrechten auf die Union noch am Rechtssetzungsprozess beteiligt, so dass das Demokratieprinzip und die Rechte aus Art. 38 GG gewahrt sind.[5] Das Unionsrecht ist weder Bestandteil der nationalen Rechtsordnung noch Völkerrecht, sondern eine **eigenständige Rechtsordnung,** die aus einer autonomen Rechtsquelle fließt.

Das BVerfG geht davon aus, dass in der EU ein dem nationalen Grundrechtsschutz gleichwertiger 3
unionsrechtlicher Schutz entwickelt worden ist und eine **Überprüfung** des **Unionsrechts an** den Grundrechten des **GG ausscheidet.**[6] Der Vorrang des Unionsrechts findet seine Grenze dort, wo Organe oder Einrichtungen der EU das Unionsrecht in einer Weise handhaben, die vom deutschen Zustimmungsgesetz nicht gedeckt ist.[7] Der Grundsatz der **Europarechtsfreundlichkeit des GG** zwingt zu besonderer Zurückhaltung des BVerfG bei der Kontrolle von Rechtsakten der EU im Rahmen einer Entscheidung über den Erlass einer einstweiligen Anordnung nach § 32 BVerfGG.[8]

Der Vorrang des Unionsrechts ist ein **Anwendungsvorrang** und **kein Geltungsvorrang.**[9] Die 4
nationale Rechtsnorm verliert nicht ihre Gültigkeit, ist also nicht als „inexistent" zu betrachten,[10]

---

[1] EuGH, Slg. 1964, 1251 – *Costa/ENEL.*

[2] EuGH, Slg. 1969, 1, 14; 1970, 1125, 1135 (Tz. 3); 1975, 1219, 1230 (Tz. 3); 1978, 629, 644 – *Simmenthal II.* Aufgegriffen in Protokollerklärung Nr. 17 zum Lissabon-Vertrag, ABl. EU Nr. C 115 S. 344.

[3] *Wegener* in: Calliess/Ruffert[4] Art. 19 EUV Rdn. 27 u. 33.

[4] BVerfGE 31, 145, 174; 73, 339, 387 = NJW 1987, 577 – *Solange II* unter Relativierung von BVerfGE 37, 271, 285 – *Solange I;* 123, 267, 402 = NJW 2009, 2267, Tz. 335 u. 343 – *Lissabon;* 126, 286, 304 = NJW 2010, 3422, Tz. 59 – *Mangold;* GRUR 2012, 53, Tz. 81 – *Le-Corbusier-Möbel* = NJW 2011, 3428.

[5] BVerfGE 89, 155, 184 ff. (Maastricht-Urteil). Zum Lissabon-Vertrag ähnlich BVerfGE 123, 267, 370 = NJW 2009, 2267, Tz. 273 ff.

[6] BVerfGE 73, 339, 387 – *Solange II;* 102, 147, 162 ff. = NJW 2000, 3124; 118, 79, 95; BVerfG NJW 2012, 45, Tz. 46.

[7] BVerfGE 89, 155, 188; 123, 267, 400 = NJW 2009, 2267, Tz. 340 f. (Reservekompetenz des BVerfG), 409 f.

[8] BVerfG NJW 2014, 375, Tz. 9 und 12 – *Außervollzugsetzung kartellrechtlicher Vollstreckung.*

[9] *Wegener* in: Calliess/Ruffert[4] Art. 19 EUV Rdn. 28.

[10] EuGH, Slg. 1998, I-6307, 6333, Tz. 21 – *IN. CO. GE.'90; Borchardt,* Rechtliche Grundlagen[5] Rdn. 145.

sondern darf nur im konkreten Fall nicht angewandt werden, soweit sie mit primärem oder sekundärem Unionsrecht kollidiert; die Unanwendbarkeit setzt nicht voraus, dass die nationale Norm vorher auf gesetzgeberischem Weg beseitigt worden ist.[11] Insofern lassen sich nur begrenzt Vergleiche zu der Normenhierarchie ziehen, wie sie durch Art. 31 GG für das Verhältnis von Bundesrecht zu Landesrecht festgelegt ist, abgesehen von den strukturellen Abweichungen des Verhältnisses der Rechtssubjekte zueinander.[12] Für **die verbindliche Auslegung** des Unionsrechts ist der EuGH (gegebenenfalls schon das EuG) zuständig. Soweit das Unionsrecht nicht auf das Recht der Mitgliedstaaten verweist, gebietet seine einheitliche Anwendung eine autonome Auslegung[13] unter Berücksichtigung des Kontextes der maßgeblichen Norm und des mit der Regelung verfolgten Ziels.[14]

5 **b) Rechtsquellen des Unionsrechts.** *aa) Primäres Unionsrecht.* Rechtsquelle des Unionsrechts ist zunächst das primäre Unionsrecht. Soweit es Bedeutung für das Zivilrecht hat, ist es im AEUV niedergelegt. Von besonderer Bedeutung für die Interpretation sind die **Grundfreiheiten,** insbesondere die **Warenverkehrsfreiheit** des Art. 34 AEUV; als Maßnahmen gleicher Wirkung wie Zölle und Importbeschränkungen können nationale Vorschriften u. a. des Unlauterkeitsrechts wirken. Soweit diese Maßnahmen nicht durch die in Art. 36 AEUV benannten Gründe gerechtfertigt sind, können die ausdifferenzierten Regeln der umfangreichen sog. „Cassis"-Rechtsprechung des EuGH zum Schutz der Lauterkeit des Handelsverkehrs eine Rechtfertigung bilden.

6 Zum primären Unionsrecht gehört die **Europäische Grundrechtecharta.**[15] Bei der Auslegung von Richtlinien der EU müssen Behörden und Gerichte der Mitgliedstaaten eine Kollision mit den Unionsgrundrechten und allgemeinen Grundsätzen des Unionsrechts wie dem Prinzip der Verhältnismäßigkeit vermeiden.[16] Grundfreiheiten können eine **horizontale Wirkung** zwischen **Privatrechtssubjekten** erlangen, ohne dass dieselben Maßstäbe anzulegen sind, wie sie für die Mitgliedstaaten gelten.[17]

7 *bb) Sekundäres Unionsrecht.* Sekundäres Unionsrecht ist vor allem das von den Unionsorganen in Form von Verordnungen und Richtlinien gesetzte Recht (Art. 288 AEUV). **Verordnungen** (Art. 288 Abs. 2 AEUV) gelten mit ihrem Erlass regelmäßig in allen ihren Teilen unmittelbar für die EU-Bürger, es sei denn, ihnen fehlt ausnahmsweise die inhaltliche Unbedingtheit und Bestimmtheit.[18] Verordnungen sind damit a priori Bestandteil der in den Mitgliedstaaten geltenden Rechtsordnung bei eingeschränktem Vorrang vor nationalem Recht.[19]

8 **Richtlinien** (Art. 288 Abs. 3 AEUV) sind grundsätzlich nur hinsichtlich der zu erreichenden Ziele verbindlich. Sie richten sich an die Mitgliedstaaten und bedürfen der **Transformation** in nationales Recht durch den nationalen Gesetzgeber, dem dafür Form und Mittel freistehen, der aber die innerhalb der Richtlinie bestimmte Umsetzungsfrist zu wahren hat. Für die Umsetzung hat der EuGH der Sache nach einen regelmäßig zu wahrenden **Rechtsnormvorbehalt** begründet.[20] Der Gesetzestext nationaler Vorschriften, die inhaltlich der Richtlinie widersprechen, muss geändert werden; eine Korrektur durch bloße richtlinienkonforme Auslegung (unten Rdn. 27) genügt nicht den Anforderungen an die Herstellung von Rechtssicherheit.[21]

9 Während der Umsetzungsfrist darf der Mitgliedstaat keine nationalen Vorschriften erlassen, die die Erreichung eines Richtlinienzieles ernsthaft gefährden würden **(Frustrationsverbot),** wobei es auf eine Intention der Richtlinienumsetzung nicht ankommt.[22] Wird eine Richtlinie mangelhaft oder nicht fristgerecht umgesetzt, kann sie nach Fristablauf **unmittelbare Wirkung** entfalten,[23] was

---

[11] EuGH, Slg. 1978, 629, 644, Tz. 21 ff. – *Simmenthal.*

[12] Vgl. auch BVerfG NJW 2009, 2267, Tz. 335.

[13] EuGH WRP 2015, 698, Tz. 33 – *Nemzeti Fogyasztóvédelmi Hatóság/UPC.*

[14] StRspr; EuGH Slg. 1984, 107, Tz. 11 – *Ekro;* GRUR 2011, 50, Tz. 32 – *Padawan;* GRUR 2014, 972, Tz. 14 – *Vandersteen* (zum Begriff Parodie).

[15] ABl. EU Nr. C 83 S. 389.

[16] EuGH GRUR Int. 2008, 323 = WRP 2008, 334, Tz. 68 – *Promusicae.*

[17] Schlussantrag Generalanwalt Maduro in der Rs. C-438/05 – *Viking Line,* Tz. 49 ff., dazu weniger eingehend EuGH, Urt. v. 11.12.2007, Tz. 61 f. (zur Begrenzung der Privatautonomie, Streik zur Erzwingung eines Tarifvertrages mit Begrenzung der Dienstleistungsfreiheit des Art. 43 EG).

[18] *Gärditz* in: Rengeling/Middeke/Gellermann[3] § 34 Rdn. 31; *Schroeder* in: Streinz[2] Art. 288 AEUV Rdn. 60.

[19] *Schroeder* in: Streinz[2] Art. 288 AEUV Rdn. 58 f.

[20] *Gärditz* in: Rengeling/Middeke/Gellermann[3] § 34 Rdn. 36; *Wegener* in: Calliess/Ruffert[4] Art. 19 EUV Rdn. 37.

[21] *Schroeder* in: Streinz[2] Art. 288 AEUV Rdn. 95.

[22] EuGH NJW 2005, 3695, 3698, Tz. 68 – *Mangold;* NJW 2006, 2465, Tz. 121 – *Adeneler/ELOG* m. Bespr. *Hofmann* ZIP 2006, 2113 ff. und *Auer* NJW 2007, 1106 ff.

[23] *Ruffert* in: Calliess/Ruffert[4] Art. 288 AEUV Rdn. 51; *v. Danwitz* JZ 2007, 697, 699.

sämtliche Träger öffentlicher Gewalt von Amts wegen zu beachten haben.[24] Ist eine Richtlinie zwar ordnungsgemäß umgesetzt, die nationale Umsetzungsvorschrift aber nicht richtlinienkonform angewandt worden, kann ein Marktbürger sich auf inhaltlich unbedingte Vorschriften berufen.[25]

Bei der Bewältigung von Umsetzungsdefiziten ist zwischen vertikalen und horizontalen Direkt- 10 wirkungen zu unterscheiden. **Vertikale Richtlinienwirkungen** treten zwischen Marktbürger und seinem Mitgliedstaat ein. Vermieden wird damit ein treuwidriges Verhalten des säumigen Mitgliedstaates.[26] Unerheblich ist, ob der Staat als Hoheitsträger handelt; Einrichtungen, die unabhängig von ihrer Rechtsform kraft staatlichen Rechtsakts unter staatlicher Aufsicht eine Dienstleistung im öffentlichen Interesse erbringen und deren Rechtsbefugnisse umfangreicher als die einer Privatperson sind, werden **dem Staat zugerechnet.**[27]

Begünstigt die **Richtlinienbestimmung** den **Marktbürger,** kann er sich darauf trotz fehlen- 11 der Umsetzung zur Abwehr belastenden staatlichen Verhaltens oder zur Herleitung von Leistungsansprüchen berufen.[28] Dafür müssen bestimmte **normstrukturelle Anforderungen** gegeben sein, insbesondere muss die Richtlinienbestimmung hinreichend genau, bestimmt und unbedingt sein,[29] sodass es zur Anwendung einer Konkretisierung durch eine Umsetzungsmaßnahme nicht bedarf.[30] **Belastende Wirkungen** kommen grundsätzlich **nicht** in Betracht, weil eine Richtlinie nach ständiger Rechtsprechung des EuGH nicht selbst Verpflichtungen für private Gemeinschaftsbürger begründen kann.[31] Sie können aber reflexartig eintreten, wenn sich nationale Behörden richtlinienkonform verhalten.[32] Ein Betroffener kann sich auf die unmittelbare Wirkung einer Richtlinie in der Regel dann nicht berufen, wenn damit zwangsläufig **zugleich** ein **privater Dritter** in seinen Rechten **beeinträchtigt** würde.[33]

Horizontale Direktwirkungen im Verhältnis der Marktbürger zueinander hat der EuGH aus- 12 geschlossen.[34] Bei unterbliebener fristgerechter Richtlinienumsetzung kann eine **Staatshaftung für legislative Versäumnisse** eingreifen;[35] bei unzulänglicher Umsetzung muss die nationale Regelung eklatant von Wortlaut und Zielen der Richtlinie abweichen, wenn sie eine Staatshaftung auslösen soll.[36] Dafür muss Ziel der Richtlinie sein, dass Rechte an Einzelne verliehen werden, der Inhalt der Rechte auf der Grundlage der Richtlinie bestimmt werden kann und ein Kausalzusammenhang

---

[24] EuGH, Slg. 1991, I-3757, 3789, Tz. 16 – *Verholen;* NJW 2004, 3547, Tz. 110 – *Pfeiffer/DRK; Ruffert* in: Calliess/Ruffert[4] Art. 288 AEUV Rdn. 73 ff.

[25] EuGH, Slg. 2002, I-6325, 6358, Tz. 27 – *Marks & Spencer; Hetmeier* in: Lenz/Borchardt[6] Art. 288 AEUV Rdn. 13.

[26] *Schroeder* in: Streinz[2] Art. 288 AEUV Rdn. 103.

[27] EuGH NJW 2007, 2029, Tz. 40 – *Farrell/Whitty.*

[28] EuGH, Slg. 1989, 1839, 1870, Tz. 29 ff. – *Costanzo;* 1996, I-5403, 5451 f. – *Kraaijeveld BV;* 1997, I-6907, 6940, Tz. 47 – *Kampelmann* EuGH EuZW 2014, 189, Tz. 18 – *Portgas; Hetmeier* in: Lenz/Borchardt[6] Art. 288 AEUV Rdn. 13.

[29] *Gärditz* in: Rengeling/Middeke/Gellermann[3] § 34 Rdn. 39; *Ruffert* in: Calliess/Ruffert[4] Art. 288 AEUV Rdn. 75 f.; *Schroeder,* in: Streinz[2] Art. 288 AEUV Rdn. 108 ff.

[30] EuGH, Slg. 1990, I-496 – *EGKS/Bussoni; Hetmeier* in: Lenz/Borchardt[6] Art. 288 AEUV Rdn. 13.

[31] EuGH, Slg. 1986, 723, 749, Tz. 48 – *Marshall;* 1987, 2141, 2159, Tz. 24 – *Traen;* 1987, 3969, 3986, Tz. 9 f. – *Kolpinghuis Nijmwegen;* 1990, I-4135, 4158, Tz. 6 – *Marleasing;* 1996, I-4705, 4730, Tz. 41 – *Arcaro* EuGH, Urt. v. 24.1.2012, Rs. C-282/10, Tz. 37 f. – *Maribel Dominguz,* EuGH, Urt. v. 19.4.2016, Rs. C-441/14, Tz. 30 – Dansk Industri; *Schroeder* in: Streinz[2] Art. 288 AEUV Rdn. 116 (im Einzelnen streitig).

[32] *Gärditz* in: Rengeling/Middeke/Gellermann[3] § 34 Rdn. 40; *Schroeder* in: Streinz[2] Art. 288 AEUV Rdn. 118.

[33] EuGH, Slg. 1998, I-5199, 5219, Tz. 17 – *Coote* (stg. Rspr.); *Hetmeier* in: Lenz/Borchardt[6] Art. 288 AEUV Rdn. 14; differenzierend EuGH, Slg. 2004, I-723, Tz. 56 ff.

[34] EuGH, Slg. 1986, 723, 749, Tz. 48 – *Marshall* = NJW 1986, 2178; 1987, 2141, 2159, Tz. 24 – *Traen;* 1990, I-4135, 4158, Tz. 6 – *Marleasing;* 1994, I-3325, 3356 f., Tz. 24 f. – *Faccini Dori* = NJW 1994, 2473; 1996, I-1281, 1303 f., Tz. 15 ff. – *El Corte Inglés;* 1996, I-3603, 3617, Tz. 26 – *Eurim-Pharm;* 1997, I-6843, 6866, Tz. 26 – *Daihatsu Deutschland;* 1998, I-5199, 5219, Tz. 17 – *Coote;* 2000, I-6007, 6027, Tz. 13 – *Centrosteel;* EuZW 2001, 153, 156 – *Unilever;* NJW 2004, 3547, 3549, Tz. 108 f. – *Pfeiffer/DRK;* Slg. 2005, 3565, 3654, Tz. 74 – *Berlusconi;* ZIP 2014, 287, Tz. 36 – *Association médiale sociale;* GRUR 2014, 473, Tz. 43 – *OSA.* Dazu *Gärditz* in: Rengeling/Middeke/Gellermann[3] § 34 Rdn. 42; *Mankowski/Hölscher/Gerhardt* in: Rengeling/Middeke/Gellermann[3] § 38 Rdn. 129 f.; *Ruffert,* in: Calliess/Ruffert[4] Art. 88 AEUV Rdn. 57.

[35] EuGH, Slg. 1996, I-1029, 1144 ff. – *Brasserie du pêcheur und Factortame;* 1996, I-2553, 2614 – *Hedley Lomas;* 1996, I-4845, 4879 f. – *Dillenkofer;* 1998, I-1531, 1599 – *Norbrook Laboratories;* 1998, I-5255, 5281 – *Brinkmann;* 2001, I-5063, 5098 f. – *Larsy;* 2002, I-2631, 2660 – *Leitner/TUI;* NJW 2006, 2465, Tz. 112 – *Adeneler/ELOG;* EuGH, Slg 2010, I – 635 – *Trasportes Urbanos y Servicios Generales SAL, Tz. 29;* NJW 2007, 2032, Tz. 43 – *Farrell/Whitty;* EuZW 2007, 182 – *Robbins;* BGH ZIP 2006, 23, Tz. 5 f.; BGH NJW 2009, 2534, Tz. 30; BGHZ 181, 199 = EuZW 2009, 865; BGH NJW 2011, 772, Tz. 7 – *Vergütungsansprüche* = GRUR 2010, 924; BGH VersR 2011, 503, Tz. 9 – *Trichinenschau.* Dazu *Dörr* WM 2010, 961 ff.; *ders.* EuZW 2012, 86 ff.

[36] EuGH, Slg. 1996, I-1631, 1669, Tz. 43 – *British Telecommunications; Leible* ZHR 162 (1998), 594, 605.

zwischen Nichtumsetzung und Schaden besteht.[37] Auf eine **Grundfreiheit,** etwa die Warenverkehrsfreiheit, kann sich der Geschädigte auch dann berufen, wenn die unzulänglich umgesetzte Richtlinie selbst kein Individualrecht verleiht.[38] Zur Staatshaftung wegen fehlerhafter Rechtsanwendung unten Rdn. 21. Bei verspäteter Umsetzung einer Richtlinie müssen die nationalen Gerichte ab Ablauf der Umsetzungsfrist[39] das nationale Recht richtlinienkonform auslegen (zur Methode unten Rdn. 24 ff.).

13 **Vor Ablauf der Umsetzungsfrist** dürfen Gerichte ihre nationalen Vorschriften nicht in einer Weise auslegen, die die mit einer Richtlinie verfolgten Ziele nach Ablauf der Umsetzungsfrist ernsthaft gefährden würde.[40] Sie dürfen aber bereits in diesem Zeitraum das nationale Recht **richtlinienbezogen auslegen.**[41] Davon hat der BGH z. B. in seiner Entscheidung *Testpreis-Angebot* vom 5.2.1998 zur vergleichenden Werbung durch Auslegung der Generalklausel des § 1 UWG 1909 Gebrauch gemacht.[42] Allerdings hat die Rechtsprechung die verfassungsrechtliche Prärogative des nationalen Gesetzgebers zu beachten, wenn eine legislative Wahlfreiheit bei der Richtlinienumsetzung besteht.

14 *cc) Einzelfallentscheidungen, Empfehlungen, Stellungnahmen.* Das Unionsrecht kennt darüber hinaus verbindliche **Einzelfallentscheidungen** als rechtliches Handlungsinstrument (Art. 288 Abs. 4 AEUV), die sich nicht nur an Privatpersonen, sondern auch an Mitgliedstaaten richten können,[43] sowie **Empfehlungen** und **Stellungnahmen** (Art. 288 Abs. 5 AEUV), die zwar unverbindlich sind, aber gleichwohl rechtlich erheblich sein können.[44] Nationale Gerichte müssen Empfehlungen zur Auslegung solcher innerstaatlicher Rechtsvorschriften heranziehen, die zur Durchführung von Empfehlungen[45] oder zur Ergänzung verbindlicher gemeinschaftsrechtlicher Vorschriften[46] erlassen worden sind.

2. Anwendung des Unionsrechts durch nationale Richter

15 **a) Sicherung einheitlicher Auslegung durch Vorlage zum EuGH.** Art. 267 AEUV stellt eine Vorlageverpflichtung für nationale Gerichte auf, die den institutionellen Weg für eine **verbindliche Auslegung des Unionsrechts** durch den EuGH schafft. Art. 256 Abs. 3 Unterabs. 1 AEUV erklärt das EuG anstelle des EuGH für Vorabentscheidungsverfahren zuständig, soweit dies für besondere Sachgebiete in der Satzung des EuGH festgelegt ist. Der EuGH ist **nicht** für die Auslegung und **Anwendung nationalen Rechts** zuständig.[47] Fehlerhafte Fragen, die sich darauf beziehen, werden gegebenenfalls in eine Auslegung des fraglichen Unionsrechts umgedeutet, die es dem nationalen Gericht ermöglicht, Folgerungen aus dem Unionsrecht für die Anwendung des nationalen Rechts zu ziehen.[48] **Vorlageberechtigt** sind nur mitgliedstaatliche Gerichte.[49] Die Auslegung ist deklaratorischer Natur und wirkt daher grundsätzlich auf den Zeitpunkt des Inkrafttretens der ausgelegten Vorschrift zurück.[50] Ob aus Vertrauensschutzgründen eine Rückwirkung ausgeschlossen sein soll, hat der EuGH zu entscheiden.[51]

16 Gegenstand der **Vorlagefrage** ist eine vom nationalen Gericht abstrakt zu formulierende Frage zur Auslegung des primären oder sekundären Unionsrechts oder zur Gültigkeit der Handlungen der Unionsorgane (z. B. zur Rechtsetzungszuständigkeit).[52] Das nationale Gericht hat zunächst für eine Sachverhaltsaufklärung zu sorgen, damit die **Entscheidungserheblichkeit** der Vorlagefrage

---

[37] EuGH NJW 2006, 2465, 2468, Tz. 112 – *Adeneler/ELOG.*
[38] EuGH EuZW 2009, 334, Tz. 26 – *Danske Slagterier.*
[39] EuGH NJW 2006, 2465, 2468, Tz. 115 – *Adeneler/ELOG.*
[40] EuGH NJW 2006, 2465, 2468, Tz. 123 – *Adeneler/ELOG.*
[41] *v. Danwitz* JZ 2007, 697, 701.
[42] BGHZ 138, 55 = GRUR 1998, 824 = WRP 1998, 718.
[43] Dazu, insbesondere zur unmittelbaren Wirkung wie bei Richtlinien, *Ruffert* in: Calliess/Ruffert[4] Art. 288 AEUV Rdn. 90; *Schroeder* in: Streinz[2] Art. 288 AEUV Rdn. 138.
[44] Dazu *Ruffert* in: Calliess/Ruffert[4] Art. 288 AEUV Rdn. 95 ff.; *Schroeder* in: Streinz[2] Art. 288 AEUV Rdn. 143.
[45] *Hetmeier* in: Lenz/Borchardt[6] Art. 288 AEUV Rdn. 33.
[46] EuGH, Slg. 1989, 407, 4421, Tz. 18 f. – *Grimaldi/Fonds des Maladies Professionnelles;* kritisch dazu wegen Rechtsfortbildung gegen den Vertragstext *Ruffert* in: Calliess/Ruffert[4] Art. 288 AEUV Rdn. 95.
[47] *Ehricke* in: Streinz[2] Art. 267 AEUV Rdn. 14.
[48] *Karpenstein* in: Grabitz/Hilf/Nettesheim Art. 267 AEUV (2013) Rdn. 33.
[49] *Ehricke* in: Streinz Art. 267 AEUV Rdn. 28.
[50] EuGH, Urt. v. 12.2.2008, Rs. C-2/06 – *Kempter,* Tz. 35, EuZW 2008, 148.
[51] BVerfG ZIP 2015, 335, Tz. 27 – *Massenentlassungsrichtlinie* (gegen das BAG).
[52] *Ehricke* in: Streinz[2] Art. 267 AEUV Rdn. 74.; *Middeke* in: Rengeling/Middeke/Gellermann[3] § 10 Rdn. 40, zum Vorlageverfahren ebenda Rdn. 79 ff.; *Wegener* in Calliess/Ruffert[4] Art. 257 AEUV Rdn. 50.

(Art. 267 Abs. 3 AEUV) feststeht.[53] Es hat in seinem Vorlagebeschluss die Entscheidungserheblichkeit darzulegen. Das nationale Gericht muss die Auslegung durch den EuGH für **erforderlich** halten (Art. 267 Abs. 2 AEUV); die subjektive Einschätzung durch das nationale Gericht ist dafür maßgebend.[54] Die Vorlagepflicht trifft Gerichte, die im konkreten Fall letztinstanzlich entscheiden. Sie gilt **nicht** für Verfahren des **einstweiligen Rechtsschutzes.**[55]

Von der **Vorlagepflicht ausgenommen** sind auch hinreichend geklärte unionsrechtliche Fragen[56] **(acte clair-Doktrin).** Das ist der Fall, wenn bereits gesicherte Rechtsprechung des EuGH vorliegt oder wenn die richtige Anwendung des Unionsrechts derart offenkundig ist, dass vernünftige Zweifel nicht verbleiben. Bei der Bildung dieser Überzeugung hat sich der nationale Richter der Eigenheiten des Unionsrechts sowie der besonderen Schwierigkeiten seiner Auslegung und der Gefahr voneinander abweichender Gerichtsentscheidungen bewusst zu sein.[57] Auf die Beurteilung der Gültigkeit von Unionshandlungen, etwa des Erlasses einer Verordnung, ist diese Rechtsprechung nicht zu übertragen.[58] 17

Die Missachtung der Vorlageverpflichtung bedeutet, die Rechtssache dem gesetzlichen Richter zu entziehen. Der **EuGH ist gesetzlicher Richter** im Sinne des **Art. 101 Abs. 1 S. 2 GG.**[59] Ein Verstoß gegen dieses Justizgrundrecht kann mit der Verfassungsbeschwerde angegriffen werden,[60] die aber auf eine bloße Willkürkontrolle beschränkt ist, damit das BVerfG nicht „oberstes Vorlagenkontrollgericht" wird.[61] Die Nichtvorlage schafft zudem einen Grund für eine **revisionsrechtliche Nichtzulassungsbeschwerde** (§ 544 ZPO), weil eine Frage von grundsätzlicher Bedeutung im Sinne des § 543 Abs. 2 Nr. 1 ZPO betroffen ist.[62] Die Nichtzulassung eines Rechtsmittels bei eröffnetem Instanzenzug trotz Erfordernisses einer Vorlage an den EuGH verstößt gegen den Anspruch auf effektiven Rechtsschutz, unterliegt insoweit aber ebenfalls nur einer verfassungsgerichtlichen Willkürkontrolle.[63] Die Zuständigkeit des EuGH gilt auch für die Festlegung der **zeitlichen Reichweite des Unionsrechts** und damit den Ausschluss der Rückwirkung aus Vertrauensschutzgründen.[64] 18

Der Gebrauch des Vorlagerechts kann nicht seinerseits das Prinzip des gesetzlichen Richters wegen fehlender Zuständigkeit des EuGH verletzten.[65] Der **EuGH prüft selbst,** ob die **Vorlage unzulässig** ist, weist sie allerdings nur zurück, wenn die Vorlage offensichtlich in keinem Zusammenhang mit der Realität oder dem Gegenstand des Ausgangsrechtsstreits steht, wenn das Problem hypothetischer Natur ist, oder wenn der EuGH nicht über erforderliche tatsächliche oder rechtliche Angaben zur zweckdienlichen Beantwortung der Vorlagefrage verfügt.[66] 19

Zwischen einer **Vorlage an** den **EuGH** nach Art. 267 AEUV und einer Vorlage an das **BVerfG** nach Art. 100 Abs. 1 GG gibt es **keine** feste **Rangfolge.**[67] Allerdings muss vor einer abstrakten 20

[53] EuGH, Slg. 1992, I-4871, 4933 – *Meilicke;* 1998, I-7835, 7867, Tz. 26 – *Levez;* 1998, I-4261, 4265, Tz. 4 – *deAgostini.*

[54] EuGH, Slg. 1981, 3045, 3062, Tz. 15 – *Foglia Novello II;* 1994, I-711, 734, Tz. 17 – *Eurico Italia; Middeke* in: Rengeling/Middeke/Gellermann³ § 10 Rdn. 53.

[55] EuGH, Slg. 1977, 957, 972, Tz. 6 – *Hoffmann-LaRoche/Centrafarm;* 1982, 3723, 3734, Tz. 8 ff. – *Morson; Ehricke* in: Streinz² Art. 267 AEUV Rdn. 44; *Wegener* in: Calliess/Ruffert⁴ Art. 234 EGV Rdn. 31.

[56] Dazu BverfG NJW 2012, 598, Tz. 28 – *Pfanderhebungspflicht.*

[57] EuGH, Slg. 1982, 3415, 3430, Tz. 16 f. – *C. I. L. F. I. T.;* Slg. 2005, 8151, Tz. 33 ff.

[58] EuGH, Slg. 2005, I-10513, 10547, Tz. 19 ff. – *Gaston Schul Douane-Expediteur* m. Bespr. *Herrmann* EuZW 2006, 231 ff.

[59] BVerfGE 73, 339, 367 – *Solange II* = NJW 1994, 2017; NJW 2001, 1267; NJW 2002, 1486, 1487; GRUR 2007, 1083, 1084 – *Dr. R's Vitaminprogramm;* NJW 2007, 1521 – *Vermittlung von Sportwetten;* NJW 2010, 1268 – *Massenentlassungsrichtline;* NJW 2010, 3422, Tz. 88 – *Honeywell;* NJW 2011, 288, Tz. 48 – *Geräteabgabe;* NJW 2012, 45, Tz. 59 – *Investitionszulagengesetz;* GRUR 2012, 53, Tz. 96 u. 98 – *Le-Corbusier-Möbel* = NJW 2011, 3428; NJW 2012, 598, Tz. 23 – *Pfanderhebungspflicht;* BGH GRUR 2009, 994, Tz. 11 – *Vierlinden.*

[60] BVerfGE 75, 223, 245; *Ehricke* in: Streinz² Art. 267 AEUV Rdn. 52; *Borchardt* in: Lenz/Borchardt⁶ Art. 267 AEUV Rdn. 50.

[61] Zur Prüfungsdichte und zu unterschiedlichen Bezugspunkten der Kammern des BVerfG *Fastenrath* NJW 2009, 272, 274; *Ruffert* NJW 2013, 1905, 1909; *Bäcker* NJW 2011, 270, 271; nachfolgend zu den besprochenen Entscheidungen BVerfG GRUR 2012, 53, Tz. 98 – *Le-Corbusier-Möbel;* NJW 2012, 598, Tz. 23 ff. – *Pfanderhebungspflicht;* ZIP 2013, 924, Tz. 28 – *Offenlegung des Jahresabschlusses;* ZIP 2015, 335, Tz. 15 ff. – *Massenentlassungsrichtlinie;* BGH MarkenR 2012, 71, Tz. 29 – *Thüringer Klöße.*

[62] Streitig, ablehnend *Ehricke* in: Streinz² Art. 267 AEUV Rdn. 53 m. w. N.

[63] BVerfG NJW 2014, 1796, Tz. 19–21 – *Policenmodell.*

[64] BVerfG ZIP 2015, 335, Tz. 27.

[65] *Latzel* JZ 2014, 392, 394 (zu einer missverständlichen Sentenz in BVerfG JZ 2014, 396, Tz. 177 – *Filmförderung.*

[66] EuGH GRUR 2014, 674, Tz. 19 – *Salame Felino.*

[67] BVerfG NJW 2007, 51, Tz. 52; NJW 2012, 45, Tz. 56.

Normenkontrollvorlage nach Art. 100 Abs. 1 GG auch von einem Instanzgericht geklärt werden, ob der deutsche Gesetzgeber an Unionsrecht gebunden war, oder ob er einen Entscheidungsspielraum hatte; vermieden wird damit der Zwang zur EuGH-Vorlage durch das BVerfG.[68] Nur wenn ein **Umsetzungsspielraum** besteht, ist er grundgesetzkonform auszufüllen.[69] Fehlt ein Spielraum, muss das Fachgericht überdies prüfen, ob das anwendbare Unionsrecht mit den Unionsgrundrechten vereinbar ist, und dies gegebenenfalls durch den EuGH klären lassen.[70]

21 **b) Staatshaftung für judikatives Unrecht.** Wird Unionsrecht von einem letztinstanzlich entscheidenden Gericht unrichtig angewandt, kann der Mitgliedstaat dafür auf Schadensersatz haften.[71] Die Haftung für eine unionsrechtswidrige Entscheidung besteht wegen der Besonderheit der richterlichen Funktion sowie des Bedürfnisses nach Rechtssicherheit nur im Ausnahmefall; der **Verstoß** muss **offenkundig und erheblich** sein.[72] Die **Offenkundigkeit** wird bestimmt durch Gesichtspunkte des Einzelfalles wie das Maß an Klarheit und Präzision der verletzten Norm, die Vorsätzlichkeit des Verstoßes, die Entschuldbarkeit des Rechtsirrtums, gegebenenfalls die Stellungnahme eines Gemeinschaftsorgans sowie die Verletzung der Vorlagepflicht nach Art. 267 Abs. 3 AEUV.[73]

22 Die verletzte **Norm** muss bezwecken, **dem Einzelnen Rechte** zu verleihen, und es muss ein unmittelbarer **Kausalzusammenhang** zwischen qualifiziertem Normverstoß und Schaden bestehen.[74] Der offenkundige Verstoß kann nicht nur die **Auslegung** einer materiellen oder verfahrensrechtlichen Unionsrechtsbestimmung betreffen, sondern auch die **Sachverhalts- und Beweiswürdigung,** nämlich die besonderen Vorschriften über die Beweislast, den Wert der Beweise, die Zulässigkeit der Beweisarten oder die Anwendung von Vorschriften, die eine rechtliche Qualifizierung des Sachverhalts erfordern.[75]

23 Legt das **nationale Recht** Kriterien darüber fest, welche Natur oder welchen Grad der Verstoß des Gerichts haben muss, damit eine Staatshaftung begründet ist, etwa ein Erfordernis vorsätzlichen oder grob fehlerhaften richterlichen Verhaltens, dürfen dadurch keine strengeren Anforderungen aufgestellt werden, als sie dem Merkmal eines offenkundigen Verstoßes zu entnehmen sind.[76] Das **Spruchrichterprivileg** des § 839 Abs. 2 S. 1 BGB ist daher in Unionsrechtsfällen zu modifizieren.[77] Zumutbarer **Primärrechtsschutz** ist in Anspruch zu nehmen.[78] Zum ersatzfähigen Schaden gehört auch entgangener Gewinn.[79]

24 **c) Unionsrechtskonforme Auslegung des nationalen Rechts.** Der EuGH hat eine allgemeine **Loyalitätspflicht** zwischen den Mitgliedstaaten und der Gemeinschaft bejaht, die früher aus Art. 10 EGV abgeleitet wurde und die nunmehr in Art. 4 Abs 3 EUV verankert ist. Eine Wirkung dieses Grundsatzes ist die Verpflichtung der nationalen Gerichte zur **Unionstreue** und daraus folgend zur unionsrechtskonformen Auslegung ihres nationalen Rechts,[80] die unabhängig

---

[68] BVerfG NJW 2012, 45, Tz. 43 u. 52f.

[69] BVerfG GRUR 2012, 53, Tz. 88 – *Le-Corbusier-Möbel.*

[70] BVerfG GRUR 2012, 53, Tz. 91 – *Le-Corbusier-Möbel.*

[71] EuGH, Slg. 2003, I-10 239 – *Köbler* = NJW 2003, 3539 (Tz. 33, 50) = JZ 2004, 295 m. Anm. *v. Danwitz,* mit Bspr. *Kremer* NJW 2004, 480 ff. und *Schöndorf-Haubold* JuS 2006, 112 ff.; NJW 2006, 3337, 3338, Tz. 30 f. – *Traghetti del Mediterraneo* = EuZW 2006, 561 m. Anm. *Seegers; Mankowski/Hölscher/Gerhardt* in: Rengeling/Middeke/Gellermann³ § 38 Rdn. 156. Zur Haftung wegen wirtschaftsbeeinträchtigender Äußerungen eines Beamten anlässlich eines Interview EuGH EuZW 2007, 480 – *AGM-COS.MET.*

[72] EuGH NJW 2003, 3539, Tz. 53 – *Köbler;* EuGH, Rs. C-524/04, Slg. 2007, I-2157, Tz. 118 – *Test Claimants in the Thin Cap Group Litigation.* Die qualifizierten Voraussetzungen im Sportwettenfall verneinend BGH NJW 2013, 168, Tz. 16; ebenso im Fall der Rücknahme von Einweggetränkeverpackungen, BGH NJW 2009, 2534, Tz. 12 und 24.

[73] EuGH NJW 2003, 3539, Tz. 55 – *Köbler;* NJW 2006, 3337, Tz. 32, 43 – *Traghetti del Mediterraneo;* Urt. v. 16.7.2015, Rs. C-681/13, Tz. 66 – Diageo Brands BV, GRUR 2015, 1035; Urt. v. 9.9.2015, Rs. C-160/14 – Ferreira da Silva, EuZW 2016, 111.

[74] EuGH NJW 2003, 3539, Tz. 51 – *Köbler.*

[75] EuGH NJW 2006, 3337, Tz. 39 – *Traghetti del Mediterraneo.*

[76] EuGH NJW 2006, 3337, Tz. 44 – *Traghetti del Mediterraneo;* s. auch EuGH EuZW 2016, 111, Tz. 50 – Ferreira da Silva (zum Effektivitätsgrundsatz).

[77] Zu möglichen, jedoch nicht zwingenden Konsequenzen im Berufungs- und Revisionsrecht der ZPO bei der Erlangung des Primärrechtsschutzes *Kiethe/Groeschke* WRP 2006, 29 ff.

[78] Dazu EuGH EuZW 2009, 334 Tz. 60–64 (auf Vorlage des BGH), nachfolgend BGHZ 181, 199, Tz. 23 – *Schweinefleischvermarktung;* EuGH GRUR 2015, 1035 Tz. 64 f. – Diageo Brands BV.

[79] EuGH EuZW 2007, 480, Tz. 95 – *AGM-COS.MET.*

[80] EuGH NJW 2004, 3547, Tz. 113 ff. – *Pfeiffer/DRK;* BVerfG GRUR 2012, 53, Tz. 80 – *Le-Corbusier-Möbel;* NJW 2012, 669, Tz. 46 – *Immobilienfondsfinanzierung;* ZIP 2015, 335, Tz. 31 – *Massenentlassungsrichtlinie.* Zur völkerrechtskonformen Auslegung des EG-Sekundärrechts *Rosenkranz* EuZW 2007, 238 ff. (zur SGAE-Entscheidung des EuGH v. 7.12.2006).

davon gilt, ob die Norm des Unionsrechts unmittelbar anwendbar ist.[81] Die unionsrechtskonforme Auslegung **vermeidet** einen **Normenkonflikt,** der wegen des Vorrangs des Unionsrechts mit der Unanwendbarkeit des nationalen Rechts zu lösen wäre. Bei unmittelbar anwendbarem Unionsrecht spielt die unionsrechtskonforme Auslegung wegen des dann geltenden Vorranges keine Rolle.

Die unionsrechtskonforme Auslegung setzt voraus, dass eine **direkte oder indirekte Kollision** zwischen Unionsrecht und nationalem Recht besteht.[82] Fehlt es an jeglicher Kollision, können die nationalen Stellen das nationale Recht im Licht des Unionsrechts auslegen, sind dazu aber nicht verpflichtet (**unionsrechtsorientierte Auslegung;** zur richtlinienbezogenen Auslegung Rdn. 12 und 27).[83] Weist das nationale Gesetz Lücken auf und fehlt es an einer unmittelbar anwendbaren Bestimmung des Unionsrechts, besteht für die Mitgliedstaaten **eine Pflicht zur unionsrechtskonformen Fortbildung** des nationalen Rechts.[84] 25

Noch unzureichend geklärt ist die Verpflichtung zur Beachtung **allgemeiner Rechtsgrundsätze** des Unionsrechts.[85] Dabei ging es vor Erlass der verbindlichen Grundrechtecharta vor allem um die Geltung von Grundrechtsgewährleistungen.[86] Auch nach Einführung der GRCh in die Unionsrechtsordnung mit primärrechtlichem Rang kommt allgemeinen Rechtsgrundsätzen wegen Art. 6 Abs. 3 EUV als ungeschriebenem primären Unionsrecht Bedeutung zu, und zwar – mit möglicher Drittwirkung im Verhältnis zwischen Privaten – als Maßstab für die Beurteilung der Rechtmäßigkeit und Gültigkeit von Rechtsakten der Union und als Grundlage richterlicher Rechtsfortbildung.[87] Die Ermittlung allgemeiner Rechtsgrundsätze erfolgt im Wege rechtsvergleichender Zusammenschau der nationalen Rechte. Eine gemeineuropäische **Methodenlehre** befindet sich erst in der Entwicklung.[88] Praktiziert wird auch im Unionsrecht die grammatikalische, historische, systematische und teleologische Auslegung.[89] Keine Bedeutung für das Wettbewerbsrecht hat die **rahmenbeschlusskonforme Auslegung.**[90] 26

Ein Fall der unionsrechtskonformen Auslegung ist die **richtlinienkonforme Auslegung,** die der EuGH erstmals 1984 in der Rechtssache *von Colson und Kamann*[91] zu einer Rechtsanwendungspflicht[92] verdichtet hat. Die Auslegung nationalen Rechts, das auf Richtlinien beruht und sie umsetzt, ist am Richtlinienprogramm zu orientieren;[93] das nationale Gericht muss den **Auslegungsspielraum** des nationalen Rechts zugunsten des Unionsrechts **ausnutzen,** nämlich seine Auslegung soweit wie möglich am Wortlaut und Zweck der Richtlinie ausrichten, um das mit der Richtlinie verfolgte Ziel zu erreichen und auf diese Weise Art. 267 Abs. 3 AEUV zu beachten.[94] Dasselbe gilt für die Interpretation **sonstigen nationalen Rechts,** das dem Unionsrecht entgegen- 27

---

[81] EuGH, Slg. 1984, 1921, 1942, Tz. 26 ff. – *Harz;* 1987, 3969, 3986, Tz. 12 ff. – *Kolpinghuis Nijmwegen;* 1989, 3533, 3546, Tz. 6 – *Nijman;* 1990, I-4135, 4159, Tz. 8 – *Marleasing;* 1994, I-3325, 3357, Tz. 26 – *Dori;* 1996, I-4705, 4730, Tz. 41 f. – *Arcaro;* 1998, I-5357, 5399 f., Tz. 25 – *Tögel; Gärditz* in: Rengeling/Middeke/Gellermann[3] § 34 Rdn. 61; *Kahl* in: Calliess/Ruffert[4] Art. 4 EUV Rdn. 92; *Streinz*[2] Art. 4 EUV Rdn. 16, 31, 33.

[82] *Kahl* in: Calliess/Ruffert[4] Art. 4 EUV Rdn. 92.

[83] *Kahl* in: Calliess/Ruffert[4] Art. 4 EUV Rdn. 92.

[84] *Kahl* in: Calliess/Ruffert[4] Art. 4 EUV Rdn. 93.

[85] Vgl. dazu *v. Danwitz* JZ 2007, 697, 701, 704 f.

[86] Ein Anwendungsfall ist EuGH NJW 2005, 3695, Tz. 75 ff. – *Mangold.* Zum Grundrechtsschutz durch den EuGH *Schwarze* NJW 2005, 3459 ff. Den Grundsatz der Rechtssicherheit zitierend BGH, Beschl. v. 16.12.2014 – KRB 47/13, WuW/E DE-R 4679 Tz. 19 – *Grenzen der Verbandsgeldbuße.*

[87] Schlußantrag Generalanwältin *Trstenjak* in der Rs. C-282/10 – *Maribel Dominguez,* Tz. 93 bis 95, 126.

[88] Vgl. dazu *Vogenauer* ZEuP 2005, 234 ff., 245 ff.; *Colneric* ZEuP 2005, 225 ff.; *Riesenhuber* (Hrsg.), Europäische Methodenlehre, 2006 (rezensiert von *Möllers* ZHR 171 [2007], 754); *Babusiaux,* Die richtlinienkonforme Auslegung, 2007; *Höpfner/Rüthers,* AcP 209 (2009), 1 ff.; *Gebauer,* in: Gebauer/Wiedmann, Zivilrecht unter europäischem Einfluss, 2. Aufl. 2012, Kap. 4; *Fleischer,* RabelsZ 75 (2011), 700, 710 ff.; *Wendehorst,* RabelsZ 75 (2011), 730, 757 ff. Zur Auslegung bei Existenz verschiedener Sprachfassungen u. a. EuGH GRUR Int. 2010, 849, Tz. 35 u. 37 – *reifen.eu;* zur Berücksichtigung des effet utile EuGH GRUR 2011, 1025, Tz. 136 – *L'Oréal/eBay.*

[89] Vgl. Schlussantrag Generalanwältin *Trstenjak* in der Rs. C-29/10 – *Koelzsch,* Tz. 58.

[90] Dazu EuGH NJW 2005, 2839 – *Pupino* m. Bespr. *Wehnert* NJW 2005, 3760 ff. und *Egger* EuZW 2005, 652 ff.

[91] EuGH, Slg. 1984, 1891, 1909, Tz. 28.

[92] EuGH NJW 2006, 2465, Tz. 117 – *Adeneler/ELOG.*

[93] *Kotzur* in: Geiger/Khan/Kotzur, EUV/AEUV[5], Art. 288 AEUV Rdn. 14; *Veelken* JuS 1993, 265, 271.

[94] EuGH, Slg. 1990, I-4135, 4159 (Tz. 8) – *Marleasing;* 1993, I-6911, 6932 (Tz. 20) – *Wagner Miret;* 2002, I-6325, 6357 f. (Tz. 24) – *Marks & Spencer;* NJW 2006, 2465, 2468 (Tz. 111) – *Adeneler/ELOG;* ZIP 2014, 287, Tz. 38 – *Association médiale sociale;* GRUR 2014, 473, Tz. 44 – *OSA;* NJW 2014, 1941, Tz. 54 – Crédit Lyonnais; *Schroeder* in: Streinz[2] Art. 288 AEUV Rdn. 128.

steht.[95] Auslegungsleitende Richtlinienbestimmungen sind nicht nur solche, die wegen ihrer konkreten Formulierung unmittelbare Wirkung erlangen können, sondern sind auch und gerade die übrigen Bestimmungen.[96] Ergeben sich bei der Auslegung des nationalen Rechts Zweifel, die auf Zweifeln an Inhalt und Tragweite des Unionsrechts beruhen, ist die Auslegung des Unionsrechts unter den Voraussetzungen des Art. 267 AEUV durch **Vorlage an den EuGH** verbindlich zu klären. Die richtlinienkonforme Auslegung hat auch bei **richtlinienüberschießender Umsetzung** im nationalen Recht Bedeutung, ohne dass sich diese Verpflichtung aus dem Unionsrecht ergibt.[97]

28 Die unionsrechtskonforme Auslegung hat **unter den Interpretationsregeln Vorrang,** weil dadurch die Rechtsquelle mit dem höheren Rang durchgesetzt wird.[98] Gegebenenfalls wird ein Konflikt mit den Grundfreiheiten des primären Unionsrechts, etwa der Warenverkehrsfreiheit (Art. 34 AEUV), für die Entscheidung obsolet, wenn das nationale Recht bereits dem Sekundärrecht durch Auslegung angepasst werden kann.[99] Sie findet ihre Grenze an einer ausdrücklich entgegenstehenden Regel der lex lata, berechtigt also **nicht** zur Entscheidung **contra legem.**[100] Dies gilt jedenfalls für Richtlinien, denen anderenfalls unmittelbare Wirkung zu Lasten der Bürger zugemessen würde, obwohl sie gem. Art. 288 Abs. 3 AEUV Verpflichtungen nur für die Mitgliedstaaten begründen.[101] Einem benachteiligten Bürger bleibt dann nur die unionsrechtliche Staatshaftung des Mitgliedstaates. Das Verbot der Auslegung contra legem steht in einem Spannungsverhältnis zu dem Verlangen des EuGH, das nationale Recht unter voller Ausschöpfung des richterlichen Beurteilungsspielraums in einen richtlinienkonformen Zustand zu bringen,[102] was eine **Rechtsfortbildung** einschließen dürfte. Zu beachten sind dabei jedoch die methodentheoretischen Grenzen der Rechtsfortbildung.[103]

29 Verwirklicht werden kann eine unionsrechtliche Vorgabe u. U. in **Kombination mit** den **herkömmlichen Auslegungsregeln.** So hat der BGH z. B. in der Entscheidung „Bodensee-Tafelwasser" den Vorgaben der Etikettierungsrichtlinie 2000/13/EG vom 20.3.2000, die einen über einen konkreten Irreführungsschutz hinausgehenden abstrakten Gefährdungstatbestand nicht zulässt, dadurch zum Durchbruch gegenüber § 15 Abs. 1 Nr. 2 der Mineralwasser- und TafelwasserVO[104] verholfen, dass diese Norm **teleologisch reduziert** wurde und nunmehr eine bestimmte Herkunftsangabe nur noch bei Vorliegen einer konkreten Irreführungsgefahr zu untersagen ist.[105]

30 Der Erlass der **Richtlinie** 2005/29/EG über **unlautere Geschäftspraktiken,** die in ihrem Anwendungsbereich das Lauterkeitsrecht vollständig harmonisiert hat und den Geschäftsverkehr zwischen Unternehmern und Verbrauchern grundsätzlich abschließend regelt,[106] hat zu einer **Neuinterpretation des UWG** geführt.[107] Auf die von der EU-Kommission am 12.12.2011 erhobenen umfangreichen Beanstandungen wegen unzureichender Umsetzung der UGP-RL in Deutschland geht die UWG-Änderung von 2015 zurück (näher dazu *Keller* Einl. A Rdn. 26 ff.). Eingehender Prüfung bedürfen jeweils die Marktverhaltensnormen im Sinne des § 3a UWG (ex § 4 Nr. 11). Ob

---

[95] EuGH NJW 2004, 3547, Tz. 15 f. – *Pfeiffer/DRK.* Vgl. als Beispiel BGH WRP 2002, 1267 – *Bodensee-Tafelwasser.*

[96] *Gärditz* in: Rengeling/Middeke/Gellermann³ § 34 Rdn. 62 f.

[97] BGH NJW 2013, 220, Tz. 20 – *Aus- und Einbaukosten.*

[98] Vgl. *Canaris* in: FS Bydlinski, S. 47, 68, 70; a. A. *Jud* ÖJZ 2003, 521, 524.

[99] Vgl. dazu BGH WRP 2002, 1267, 1269 – *Bodensee-Tafelwasser.*

[100] EuGH, Slg. 2005, I-5285 = NJW 2005, 2839, Tz. 44 und 47 – *Pupino;* NJW 2006, 2465, Tz. 110 – *Adeneler/ELOG* = JZ 2007, 187 m. Anm. *Franzen* und Bespr. *Hofmann* ZIP 2006, 2113 ff. sowie *Auer* NJW 2007, 1106 ff.; Urt. v. 24.1.2012, Rs. C-282/10 – *Maribel Dominguez,* Tz. 25, NJW 2012, 509; ZIP 2014, 287, Tz. 39 – *Association médiale sociale;* GRUR 2014, 473, Tz. 45 – *OSA;* Urt. v. 19.4.2016, Rs. C-441/14, Tz. 32 – Dansk Industri; BVerfG NJW 2012, 669, Tz. 47 – *Immobilienfondsfinanzierung;* ZIP 2015, 335, Tz. 31 – *Massenentlassungsrichtlinie;* BGH NJW 2014, 2646, Tz. 33 – *Policenmodell;* BGH WRP 2014, 1203, Tz. 46 – *PC III;* BGH, Beschl. v. 16.12.2014 – KRB 47/13, WuW/E DE-R 4679, Tz. 19 – *Grenze der Verbandsgeldbuße; Canaris* in: FS Bydlinski, S. 47, 91 ff.; *Borchardt,* Rechtliche Grundlagen⁵ Rdn. 153. A. A. *Pfeiffer* NJW 2009, 412 unter Hinweis auf die Entscheidung BGH NJW 2009, 427 – *Quelle.*

[101] Schlussantrag Generalanwältin *Trstenjak* in der Rs. C-282/10 – *Maribel Dominguez,* Tz. 62.

[102] EuGH NJW 1984, 2021, 2022, a. E. – *von Colson.*

[103] *Michael/Pyandeh* NJW 2015, 2392, 2396.

[104] MTVO, BGBl. 1984 I S. 1036 i. d. F. v. 29.10.2001, BGBl. I S. 2785.

[105] BGH WRP 2002, 1267, 1268; s. auch zum Versicherungsrecht BGH NJW 2014, 2646, Tz. 33.

[106] EuGH GRUR 2011, 76, Tz. 27 – *Mediaprint;* BGH GRUR 2011, 843, Tz. 14 – *Vorrichtung zur Schädlingsbekämpfung.*

[107] Zu § 4 Nr. 6 UWG: BGH GRUR 2011, 532, Tz. 15 u. 25 – *Millionen-Chance II;* OLG Köln WRP 2013, 92, 93 Rdn. 11 – *Fruchtgummi-Glückswochen;* zu § 4 Nr. 2 UWG a. F.: *Heermann* GRUR 2011, 781 ff.; zu § 4 Nr. 4 u. 5 UWG a. F.: *Köhler* WRP 2011, 1023 ff.; zu § 4 I Nr. 3 MarkenG i. S. d. Art. 4 lit. d RL 2006/114/EG (vergleichende Werbung) BGH GRUR 2011, 1158, Tz. 21 f. – *Teddybär.* Eingehend zur UPG-RL *Glöckner* oben Einl. B Rdn. 172 ff.

die nationale Norm von der Vollharmonisierung der UGP-RL erfasst wird, hat der EuGH zu entscheiden.[108]

Lässt sich ein Normwiderspruch unter Berücksichtigung der innerstaatlichen Kompetenzen 31 **nicht durch Auslegung** des nationalen Rechts im Lichte der richtliniengestützten Vorgaben beheben, ist es Sache des **nationalen Gesetzgebers,** sein Umsetzungsversagen so schnell wie möglich zu beheben.[109] Gegebenfalls ist der Sachverhalt Anlass für ein **Vertragsverletzungsverfahren** der Kommission gegen den Mitgliedstaat.

II. Verfassungsrecht

Schrifttum: *Achatz,* Grundrechtliche Freiheit im Wettbewerb, 2011; *Achterberg/Püttner/Würtenberger* (Hrsg.), Besonderes Verwaltungsrecht Band I, 2. Aufl. 2000; *Antweiler,* Öffentlich-rechtliche Unterlassungsansprüche gegen kommunale Wirtschaftstätigkeit, NVwZ 2003, 1466 ff.; *Badura,* Wirtschaftliche Betätigung der Gemeinde zur Erledigung von Angelegenheiten der örtlichen Gemeinschaft im Rahmen der Gesetze, DÖV 1998, 818 ff.; *ders.,* Wirtschaftsverfassung und Wirtschaftsverwaltung, 4. Aufl. 2011; *Brohm,* Wirtschaftstätigkeit der öffentlichen Hand und Wettbewerb, NJW 1994, 281 ff.; *Brüning,* „Nichts geht mehr" – Zum grundrechtlichen Schutz der Berufsfreiheit vor staatlicher Wirtschaftstätigkeit, JZ 2009, 29 ff.; *Burgi,* Verwalten durch öffentliche Unternehmen im europäischen Institutionenwettbewerb, VerwArch 93 (2002), 255 ff.; *Classen,* Die wettbewerbs- und verfassungsrechtliche Beurteilung produktunabhängiger Wirtschaftswerbung, 2006; *David,* Wettbewerbsrechtliche Ansprüche gegen Betätigung von Kommunen und deren Gesellschaften, NVwZ 2000, 738 ff.; *Di Fabio,* Wettbewerbsprinzip und Verfassung, in: FIW (Hrsg.), Freier Wettbewerb – Verantwortung des Staates, 2008, S. 1 ff.; *Dolzer,* Bonner Kommentar zum Grundgesetz, Loseblattsammlung; *Ehlers,* Empfiehlt es sich, das Recht der öffentlichen Unternehmen im Spannungsfeld von öffentlichem Auftrag und Wettbewerb national und gemeinschaftsrechtlich neu zu regeln?, Gutachten zum 64. DJT 2002, Teil E; *Dreher,* Wirtschaftsverfassung und Wirtschaftsrecht, JZ 2014, 185 ff.; *Ehlers/Fehling/Pünder,* Besonderes Verwaltungsrecht, Bd. 1: Öffentliches Wirtschaftsrecht, 3. Aufl. 2012; *Ehlers* (Hrsg.), Europäische Grundrechte und Grundfreiheiten, 4. Aufl. 2015; *J. Erdmann,* Wirtschaftliche Betätigung von Wirtschaftskammern, DVBl. 1998, 13 ff.; *Erichsen,* Gemeinde und Private im wirtschaftlichen Wettbewerb, 1987; *Faßbender,* Rechtsschutz privater Konkurrenten gegen kommunale Wirtschaftsbetätigung, DÖV 2005, 89 ff.; *Frenz,* Kommunalwirtschaft außerhalb des Wettbewerbsrechts?, WRP 2002, 1367 ff.; *ders.,* Rekommunalisierung und Europarecht nach dem Vertrag von Lissabon – Daseinsvorsorge, Wettbewerbsregeln, Grundfreiheiten, WRP 2008, 73 ff.; *A. Fuchs,* Zivilrechtliche Sanktionen gegen gesetzwidrigen Wettbewerb durch die öffentliche Hand?, Festschrift Brohm (2002), S. 275 ff.; *Gersdorf,* Öffentliche Unternehmen im Spannungsfeld zwischen Demokratie- und Wirtschaftlichkeitsprinzip, 2000; *Gomille,* Mehrdeutigkeit und Meinungsfreiheit, JZ 2012, 769 ff.; *Hellermann,* Örtliche Daseinsvorsorge und gemeindliche Selbstverwaltung, 2000; *Henneke,* Das Recht der Kommunalwirtschaft in Gegenwart und Zukunft, NdsVBl. 1999, 1 ff.; *Hösch,* Die kommunale Wirtschaftstätigkeit, 2000; *J. Ipsen,* Rechtsschutz gegen kommunale Wirtschaftstätigkeit, ZHR 170 (2006) 422 ff.; *Isensee/Kirchhof* (Hrsg.), Handbuch des Staatsrechts, 2. Aufl., einzelne Teilbände in 3. Aufl.; *Jarass/Pieroth,* Grundgesetz für die Bundesrepublik Deutschland, 13. Aufl. 2014; *Jensen,* Kommunale Daseinsvorsorge im europäischen Wettbewerb der Rechtsordnungen, 2015; *Klement,* Wettbewerbsfreiheit – Bausteine einer europäischen Grundrechtstheorie, 2015, S. 383 ff., 451 ff.; *Judith/Stegemann,* Der Staat als Unternehmer – (Re-)Kommunalisierung im wettbewerbsrechtlichen Kontext, WuW 2015, 736 ff.; *Köhler,* Wettbewerbsrecht im Wandel: Die neue Rechtsprechung zum Tatbestand des Rechtsbruchs, NJW 2002, 2761 ff.; *ders.,* Wettbewerbsverstoß durch rechtswidrigen Marktzutritt?, GRUR 2001, 777 ff.; *ders.,* Wettbewerbsrechtliche Grenzen der Betätigung kommunaler Unternehmen, WRP 1999, 1205 ff.; *Leisner,* Wettbewerb als Verfassungsprinzip, 2012; *Löwer,* Der Staat als Wirtschaftssubjekt und Auftraggeber, VVDStRL 60 (2001), 416 ff.; *v. Mangoldt/Klein/Starck,* Das Bonner Grundgesetz, Band 1, 6. Aufl. 2010; *Th. Mann,* Öffentliche Unternehmen im Spannungsfeld von öffentlichem Auftrag und Wettbewerb, JZ 2002, 819 ff.; *Maunz/Dürig u. a.,* Grundgesetz, Loseblattsammlung, Stand 2012; *Th. Müller,* Wettbewerb und Uniosnverfassung, 2013; *v. Münch/Kunig,* Grundgesetz, 6. Aufl. 2012; *Papier,* Grundgesetz und Wirtschaftsverfassung, WM 2009, 1869 ff.; *Peukert,* Der Wandel der europäischen Wirtschaftsverfassung im Spiegel des Sekundärrechts, ZHR 173 (2009), 536 ff.; *Poppen,* Der Wettbewerb der öffentlichen Hand, Grundlagen und Grenzen unter besonderer Berücksichtigung des § 4 Nr. 11 UWG, 2007; *Rittner/Dreher,* 60 Jahre GG und das Wirtschaftsrecht, Jahrbuch für öffentliches Recht n. F., 60 (2011), 59 ff.; *Schliesky,* Vom kommunalen Wirtschaftsrecht zum öffentlichen Wettbewerbsrecht, NdsVBl. 2005, 113 ff.; *Schmidt-Aßmann/Schoch* (Hrsg.), Besonderes Verwaltungsrecht, 14. Aufl. 2008; *Sachs,* Grundgesetz, 7. Aufl. 2014; *Frederik Schmidt,* Die unternehmerische Freiheit im Unionsrecht, 2010; *Schmidt-Leithoff,* Gemeinschaftswirtschaft im Wettbewerb, 2011; *Schulte/Klos,* Handbuch Öffentliches Wirtschaftsrecht, 2016; *Sodan,* Rechtsschutz gegen den gesetzwidrigen Marktzutritt kommunaler Wirtschaftsunternehmen, Festschrift Peter Raue, 2006, S. 335 ff.; *Stober,* Neuregelung des Rechts der öffentlichen Unternehmen?, NJW 2002, 2357 ff.; *ders.,* Allgem. Wirtschaftsverwaltungsrecht, 17. Aufl. 2011; *ders.,* Wirtschaftsrecht, 2. Aufl. 2012; *Stober/Vogel* (Hrsg.), Wirtschaftliche Betätigung der öffentlichen Hand, 2000; *Storr,* Der Staat als Unternehmer, 2001; *Wallerath* (Hrsg.), Kommunen im Wettbewerb, 2001; *D. Weber,* Wettbewerbsrechtlicher Unterlassungsschutz gegen

[108] Beispiel: EuGH GRUR 2013, 1245 – *Good News,* nachfolgend BGH WRP 2014, 1058 – *Good News II.*
[109] EuGH NJW 2007, 3625, Tz. 37 f. – *ONP/Jonkman; Gärditz* in: Rengeling/Middeke/Gellermann[3] § 34 Rdn. 62.

kommunale Wirtschaftstätigkeit, 2000; *Weiss,* Privatisierung und Staatsaufgaben, 2002; *W. Weiß,* Zu den Zulässigkeitsschranken für die Kommunalwirtschaft in Österreich, ÖJZ 2003, 281 ff.; *Wurzel/Schraml/Becker,* Rechtspraxis der kommunalen Unternehmen, 3. Aufl. 2015.

1. Wirtschaftsverfassung

32 Versuche, die **Wirtschaftsordnung der Marktwirtschaft** als eine vom GG verbürgte Wirtschaftsverfassung argumentativ abzusichern, haben sich im öffentlichen Recht nicht durchsetzen können, weder zurzeit der alten Bundesrepublik Deutschland noch in der im Anschluss an die Wiedervereinigung geführten Diskussion. In der Frühzeit der Bundesrepublik ist insbesondere von *Nipperdey* die Auffassung vertreten worden, das Grundgesetz enthalte eine institutionelle Garantie der sozialen Marktwirtschaft.[110] Das BVerfG hat schon sehr bald entschieden, dass das **GG wirtschaftspolitisch neutral** sei; es habe die Frage der Wirtschaftsordnung bewusst offen gelassen, um freier Auseinandersetzung, Entscheidung und Gestaltung Raum zu geben. Die soziale Marktwirtschaft beruhe auf einer wirtschafts- und sozialpolitischen Entscheidung des Gesetzgebers, die durch eine andere Entscheidung ersetzt oder modifiziert werden könne, so dass es nicht darauf ankomme, ob ein wirtschaftslenkendes Gesetz marktkonform sei.[111]

33 An der Offenheit des GG hat sich auch dadurch nichts geändert, dass in Art. 1 Abs. 3 S. 1 des **Staatsvertrages über die Währungs-, Wirtschafts- und Sozialunion** vom 18.5.1990[112] das Bekenntnis zum Wirtschaftssystem der sozialen Marktwirtschaft niedergelegt ist[113] und die Fortgeltung der Verpflichtungen aus diesem Vertrag in Art. 40 Abs. 1 des Einigungsvertrages vom 30.8.1990[114] angeordnet wurde. Das GG wurde insoweit nicht ergänzt; die soziale Marktwirtschaft ist durch die Verträge weder ausdrücklich in Verfassungsrang erhoben worden, noch ist eine verbindliche Verpflichtung zur Auslegung in diesem Sinne geschaffen worden.[115] Die Neutralität darf allerdings nicht als wirtschaftsverfassungsrechtliche Inhalts- oder Entscheidungslosigkeit verstanden werden. Anerkannt ist, dass das Ordnungsgefüge der Marktwirtschaft, die durch das **wirtschaftliche Handeln** von (staatsfreien) Privatrechtssubjekten konstituiert wird, indirekt **durch Grundrechtsverbürgungen** zugunsten der Marktteilnehmer verfassungsrechtlich gesichert wird.[116] Die Bundesländer Thüringen und Brandenburg haben die ökologisch-soziale Marktwirtschaft als Staatsziel in ihre Verfassungen aufgenommen (Art. 38 ThürVerf; Art. 42 Abs. 2 S. 1 BbgVerf).

34 Der **EU-Vertrag** in der Fassung von Lissabon sorgt mit den Grundsätzen, die in Protokoll Nr. 27[117] (System, das den Wettbewerb innerhalb des Binnenmarktes vor Verfälschungen schützt) und in Art. 119 Abs. 1 AEUV (Verpflichtung auf eine offene Marktwirtschaft mit freiem Wettbewerb) niedergelegt sind, für mehr Ordnungstreue, doch hat auch die EU eine relativ offene Wirtschaftsverfassung.[118] Sie schließt weder eine Wirtschaftsregulierung noch eine öffentliche Wirtschaft, sondern nur eine reine Staatswirtschaft oder ein striktes Zurückdrängen der Privatwirtschaft aus.[119] Marktfremde Eingriffe in die freiheitliche Wirtschaftsordnung bedürfen einer besonderen Rechtfertigung.[120]

2. Grundrechtsüberblick

35 **a) Grundgesetz.** Mehrere Grundrechte verbürgen freies wettbewerbliches unternehmerisches Handeln, stützen aber auch die kritische Auseinandersetzung mit diesem.[121] Die Wahrnehmung von

---

[110] *Nipperdey,* Soziale Marktwirtschaft und GG, 3. Aufl. 1965 (erstmals 1954), S. 24 ff.; ebenso *Böhm,* Wirtschaftsordnung und Staatsverfassung, 1950, S. 51. Zur Entwicklung der Vorstellungen *R. Schmidt* in: Isensee/Kirchhof, HdbStR Bd. IV[3] (2006) § 92 Rdn. 12 ff.

[111] BVerfGE 4, 7, 18 – *Investitionshilfe;* später ebenso 30, 292, 317 – *Erdölbevorratung;* 50, 290, 338 – *Mitbestimmung.* Zur Mehrdeutigkeit des Neutralitätsbegriffs *Rittner/Dreher,* Wirtschaftsrecht, 3. Aufl. 2008, § 2 Rdn. 56 ff.

[112] BGBl. II S. 537.

[113] *Di Fabio* in: Maunz/Dürig Art. 2 (2001) Rdn. 76, ferner 116; *Schmidt-Preuß* DVBl. 1993, 236, 247; a. A. *Isensee* in: Isensee/Kirchhof HdbStR Bd. IX[3] (2011) § 190 Rdn. 180; *Huber* in: Schmidt-Aßmann/Schoch, Bes. Verwaltungsrecht[14], 3. Kap. Rdn. 26.

[114] BGBl. II S. 889.

[115] *Stober,* Allgemeines Wirtschaftsverwaltungsrecht[18] § 5 I 4; *Gröschner* ThürVBl. 1996, 246, 247; *Bryde* in: v. Münch/Kunig, GG[6], Art. 14 Rdn. 2.

[116] Vgl. nur *Isensee* in: Isensee/Kirchhof HdbStR Bd. IX[3] (2011) § 190 Rdn. 181; *Schmidt-Preuß* DVBl. 1993, 236, 247; *R. Schmidt* in: Isensee/Kirchhof HdbStR Bd. IV[3] (2006) § 92 Rdn. 26 f.

[117] Zuvor stärker verankert in Art. 3 Abs. 1 lit. g EGV a. F.

[118] *Stober,* Allg. Wirtschaftsverwaltungsrecht[18] § 5 II 3.

[119] *Ehlers* Gutachten zum 64. DJT E 33.

[120] *Dreher* JZ 2014, 185, 188.

[121] Dazu BGH GRUR 2014, 1228 – *Ärztebewertung II* = NJW 2015, 489; BGH GRUR 2015, 289, Tz. 12 f. und 21 – *Hochleistungsmagneten.* S. auch EGMR MMR 2014, 35 – *Delfi.*

Wettbewerbschancen fällt unter dem Stichwort der **Wettbewerbsfreiheit** (gegen den Staat gerichtet) als Teil der allgemeinen Handlungsfreiheit unter **Art. 2 Abs. 1 GG,**[122] wird aber auch – ohne Einfluss auf die Entscheidungsergebnisse – unter Art. 12 Abs. 1 GG[123] subsumiert. Die Wettbewerbsfreiheit gibt dem einzelnen Unternehmer das Recht, auf einem Wirtschaftssektor mit anderen staatsfrei zu konkurrieren.[124] Jedes Unternehmen soll sich im Rahmen freier Leistungskonkurrenz auf dem Markt gegenüber anderen Unternehmen behaupten.[125] Grundrechtlich wirksam wird der Schutz der Wettbewerbsfreiheit namentlich in Gestalt einer Gewährleistung **gleicher Wettbewerbschancen.**[126] Dies bedeutet, dass der Staat die Gleichheit der Chancen im Wettbewerb zu wahren hat. Das Grundrecht schützt vor willkürlichen Veränderungen oder Beeinflussungen des Wettbewerbs;[127] es sichert einzelne Wettbewerber vor solchen Staatseingriffen, die seine Konkurrenten ohne sachliche Rechtfertigung begünstigen bzw. die im Wettbewerb unterschiedliche Start- oder Konkurrenzbedingungen schaffen.[128]

Die Wettbewerbsfreiheit genießt im Ergebnis aber wegen des **weiten Eingriffsvorbehalts,** unter dem dieses Grundrecht steht, einen geringen Schutz. Eine Verletzung kommt nur in Betracht, 36
wenn durch hoheitliche Maßnahmen die Fähigkeit privater Unternehmer zur Teilnahme am Wettbewerb so stark beschnitten wird, dass deren Möglichkeit zur **eigenverantwortlichen Betätigung in unerträglichem Maße eingeschränkt** ist.[129] Geboten ist eine Absenkung der Eingriffsschwelle, z.B. auf *erhebliche* Einschränkungen.[130] Anfänglich benutzte Formeln klangen auch wesentlich moderater, etwa die Sentenz des BVerfG, es müsse ein angemessener Spielraum zur Entfaltung von Unternehmensinitiative verbleiben.[131] Die Formulierung eines hohen Schwellenwertes wird von der Sorge bestimmt, dem **Staat** werde die Möglichkeit genommen, **lenkend** in das Wirtschaftsgeschehen einzugreifen. Nach der Rechtsprechung des BVerfG ist eine Einschränkung der wirtschaftlichen Betätigungsfreiheit zulässig, wenn dies durch überwiegende Gründe des Allgemeinwohls geboten ist. Ein vertretbares und verfassungsrechtlich zulässiges wirtschaftspolitisches Ziel reicht zur Rechtfertigung aus.[132]

Der **Eigentumsschutz** (Art. 14 Abs. 1 GG) kann zur Schutzbegründung in Betracht kommen, 37
dürfte aber zur Erhaltung von Handlungsfreiheit am Markt nicht einschlägig sein, weil es in einer **Marktwirtschaft** keine gesicherten Marktpositionen geben kann sondern **nur Wettbewerbschancen** (s. auch unten Rdn. 126).[133] Art. 14 Abs. 1 GG schützt nur Rechtspositionen, die einem Rechtssubjekt bereits zustehen, nicht dagegen erst in der Zukunft liegende Umsatzmöglichkeiten.[134] Geschützt sind jedoch Kennzeichen, die als Marken (§ 14 Abs. 1 MarkenG) und als geschäftliche Bezeichnungen (§ 15 Abs. 1 MarkenG) absolut geschützte Rechte darstellen; Art. 14 GG

---

[122] BVerwGE 30, 191, 198 – *Winzergenossenschaft* = NJW 1969, 522, 523; 60, 154, 160f. – *Krankenhausfinanzierungsgesetz* = NJW 1980, 2764, 2765; 65, 167, 174 – *Klett-Passage;* VGH Mannheim NJW 1984, 251, 253; VGH München NJW 1985, 758, 759; VGH Kassel ZIP 2008, 1520, 1523; *Di Fabio* in: Maunz/Dürig Art. 2 Abs. 1 (2001) Rdn. 116, 119.

[123] BVerfGE 32, 311, 317 – *Grabsteinwerbung;* 46, 120, 137 – *Datex;* BVerwGE 71, 183, 189, 192 – *Arzneimittel-Transparenzliste;* 79, 326, 329 – *Kfz-Haftpflichtversicherungstarif;* OVG Münster NVwZ 1984, 522, 524 m. w. N. zur Subsidiarität des Art. 2 Abs. 1 GG; *Di Fabio* in: Maunz/Dürig Art. 2 (2001) Abs. 1 Rdn. 80 und 116; *Manssen* in: v. Mangoldt/Klein/Starck[6], Art. 12 GG Rdn. 71.

[124] *Leisner* BB 1970, 405, 410.

[125] *Di Fabio* in: Maunz/Dürig Art. 2 (2001) Abs. 1 Rdn. 87f.

[126] *Scholz,* Entflechtung und Verfassung, S. 97.

[127] *Scholz* in: Maunz/Dürig Art. 12 (2006) Rdn. 144f.

[128] *Scholz,* Konkurrenzprobleme bei behördlichen Produktkontrollen, S. 34.

[129] BVerwGE 30, 191, 198 – *Winzergenossenschaft;* 65, 167, 174 (mit der Formulierung: Einschränkung der Fähigkeit zur Teilnahme am Wettbewerb in einem Maße, dass die Möglichkeit der verantwortlichen Betätigung beeinträchtigt ist); BVerwG DVBl. 1978, 639 – *kommunale Wohnraumvermittlung;* NJW 1991, 1943 („konkrete und greifbare Einschränkung") NJW 1995, 2938, 2939 – *FWT;* OVG Münster NVwZ 1984, 522, 525; VGH Mannheim NJW 1984, 251, 253; VGH Mannheim NJW 1995, 274; VGH München NJW 1985, 758, 759 („Existenzgefährdung").

[130] *Ehlers,* Gutachten zum 64. DJT E 41; ähnlich *Di Fabio* in: Maunz/Dürig Art. 2 (2001) Abs. 1 Rdn. 122; *Papier* in: Benda/Maihofer/Vogel § 18 Rdn. 46.

[131] BVerfGE 12, 341, 347; 27, 375, 384f.; 50, 290, 366 – *Mitbestimmungsgesetz;* 65, 167, 174; BVerfG NJW 1991, 1943 (Konkurrentenklage gegen Lizenzierung eines Hörfunkprogramms wegen Missachtung des LRundfunkG). Überhaupt keinen Schwellenwert benennen BVerwGE 30, 191, 197f.; 60, 154, 160.

[132] BVerfGE 18, 315, 327 – *Milch- und FettG;* 19, 101, 114 – *Zweigstellensteuer;* 21, 292, 299 – RabattG.

[133] BVerfGE 17, 232, 248 – *ApothekenG;* 28, 119, 142 – *SpielbankenVO;* 51, 193, 221f. – *Weinbergsrolle;* 78, 205, 211 – *DenkmalschutzG;* GRUR 1972, 358, 360 – *Grabsteinwerbung;* WRP 1997, 424, 428 – *Rauchen schadet der Gesundheit.* Ebenso zu Art. 12 Abs. 1 GG BVerwGE 71, 183, 193 – *Arzneimittel-Transparenz-liste.*

[134] BVerfGE 102, 197, 211; 108, 370, 384; 126, 112, Tz. 83 – *privater Rettungsdienst.*

erstreckt sich auf sie und die anderen Schutzrechte des **geistigen Eigentums.**[135] Zahlreiche Entscheidungen des BVerfG haben sich mit dem Urheberrecht und den verwandten Schutzrechten,[136] aber auch mit dem Patentrecht,[137] dem Markenrecht[138] und geographischen Herkunftsangaben[139] befasst.

38 Das Grundrecht der **Berufsfreiheit** (Art. 12 Abs. 1 GG) schützt das Auftreten am Markt im Rahmen der Berufsausübung.[140] Erfolgt die unternehmerische Berufstätigkeit nach den Grundsätzen des Wettbewerbs, wird die Reichweite des Freiheitsschutzes auch durch die rechtlichen Regeln mitbestimmt, die den Wettbewerb ermöglichen und begrenzen; Art. 12 Abs. 1 GG sichert in diesem Rahmen die **Teilhabe am Wettbewerb** nach Maßgabe seiner Funktionsbedingungen.[141] Einbezogen ist der Schutz von **Betriebs- und Geschäftsgeheimnissen.**[142] Eine oft zitierte Sentenz aus BVerwGE 39, 329, 336, Art. 12 Abs. 1 schütze nicht vor Konkurrenz, auch nicht vor dem Wettbewerb der öffentlichen Hand, verstellt den Blick dafür, dass keine Parität zwischen staatlichen und privaten Unternehmen besteht; der Staat kann sich nur auf Kompetenzen, nicht aber auf ein Unternehmergrundrecht stützen, während nach weithin in Rechtsprechung und Literatur vertretener Ansicht eine staatliche Wirtschaftskonkurrenz den Grundrechtsschutz des Art. 12 Abs. 1 GG zugunsten privater Unternehmen auslöst.[143]

39 Bis in die 90er Jahre des 20. Jahrhunderts ist an Art. 12 Abs. 1 GG auch und nahezu ausschließlich die **Begrenzung der Werbung durch** das **UWG** gemessen worden.[144] Das BVerfG zieht in einer nicht überzeugenden und auch nicht näher begründeten Abgrenzung zum Schutzbereich der Meinungsäußerungsfreiheit trotz dessen Erstreckung auf Werbung auch die Kontrolle der Werberestriktionen in den **Berufsrechten freier Berufe**[145] sowie sonstige Werbeverbote[146] unter das Grundrecht des Art. 12 Abs. 1 GG; dieses erfasse auch die berufliche Außendarstellung der Grundrechtsberechtigten einschließlich der Werbung für die Inanspruchnahme ihrer Dienste (dazu auch unten Rdn. 70).[147]

40 Für das Wettbewerbsrecht kann der Grundrechtskonflikt bei kritischer **Bewertung unternehmerischer Leistungen** einschließlich solcher freiberuflicher Art bedeutsam werden. Beim Einsatz des **Internet** lässt sich schwer abgrenzen, ob eine geschäftliche Handlung gem. § 2 Abs. 1 Nr. 1 UWG vorliegt oder die Kontrolle nach §§ 823 Abs. 1, 824 BGB zu erfolgen hat.[148] Intensiv wirken Bewertungen, wenn sie anonym und ohne Angabe realer Hintergründe auf **Bewertungsplattfor-**

---

135 Eingehend dazu *Jänich,* Geistiges Eigentum, 2002, S. 138 ff.

136 BVerfGE 31, 229 – *Kirchen- und Schulgebrauch;* 31, 248 – *Bibliotheksgroschen;* 31, 255 – *Tonbandvervielfältigungen;* 31, 270 – *Schulfunksendungen;* 31, 275 – *Schallplatten;* 49, 382 – *Kirchenmusik;* 79, 1 – *private Vervielfältigungen;* 79, 29 – *Vollzugsanstalten;* 81, 12 – *Vermietungsvorbehalt;* 81, 208 – *Bob Dylan.* BVerfG GRUR 2010, 999 – *Drucker und Plotter;* GRUR 2011, 227 – *Kopierstationen;* GRUR 2011, 225 – *PC.*

137 BVerfG GRUR 1964, 554 – *Künstliche Bräunung;* BVerfGE 36, 281 – *Erfindung;* BVerfG GRUR 2012, 53, Tz. 58 und 67 – *Le Corbusier;* GRUR 2014, 169, Tz. 75 – *Übersetzerhonorare.*

138 BVerfGE 51, 193 – *Warenzeichen;* 78, 58 – *Ausstattung.*

139 BVerfGE 51, 193 – *Weinbergsrolle.*

140 Vgl. BVerfGE 102, 197, 212 f., Tz. 63 – *Spielbanken;* 105, 252, 265 ff. = NJW 2002, 2621, 2622 – *Glykolwein;* 115, 276, 303 f. = NJW 2006, 1261, Tz. 94 – *Oddset* (staatl. Wettmonopol); 126, 112, Tz. 92 – *privater Rettungsdienst;* BVerwGE 71, 183, 189 – *Arzneimittel-Transparenzliste.;* BGH GRUR 2015, 289, Tz. 13 – *Hochleistungsmagneten.*

141 BVerfGE 105, 252, 265, Tz. 43 – *Glykolwein* = NJW 2002, 2621; 115, 205, 229, Tz. 82 = MMR 2006, 375, 376 – *DTAG.*

142 BVerfG MMR 2006, 375, 376 – *DTAG.* Eingehend zum Geheimnisschutz und zur neuen Geheimnisschutz-RL *Harte-Bavendamm* unten vor §§ 17–19 UWG (insbes. Rdn. 10 ff.).

143 Dazu *Kluth* in: Stober/Vogel S. 23, 27 ff.; *Selmer* ebenda S. 78 ff.; *Ehlers* Gutachten zum 64. DJT E 40; *Ipsen* ZHR 170 (2006), 422, 441 ff.; *Schliesky* Nds.VBl. 2005, 113, 120, spricht von einem „Dornröschenschlaf" des Grundrechts in der Judikatur.

144 BVerfG GRUR 1972, 358, 360 – *Grabsteinwerbung;* GRUR 1993, 751 – *Großmarkt-Werbung I;* GRUR 1993, 754 – *Großmarktwerbung II;* GRUR 1999, 247, 248 f. – *Metro.*

VerfGE 71, 162, 174 – *Sieg über das Altern;* 71, 183, 196 – *Indikationsangaben;* 85, 248, 256 f. – *Hackethal* = NJW 1992, 2341; 94, 372, 389 = NJW 1996, 3067 – *Apothekenwerbung;* BVerfG NJW 1997, 2510 – *Briefbogenlogo;* NJW 2000, 3195 – *Anwaltssponsoring* m. Bespr. *Ahrens* NJW 2000, 3188 f.; NJW 2002, 1331 – *Knie-/Wirbelsäulenspezialist;* WRP 2003, 1099, 1100 – *Internetwerbung für Gefäßklinik;* NJW 2003, 3470 – *Zahnarztinternetwerbung;* GRUR 2006, 425 – *Informationen über Behandlungsmethoden.* GRUR 2011, 530, Tz. 29 – *Zahnarzt-Preisvergleich;* NJW 2011, 2636, Tz. 41 – *Zahnarzt für Implantologie;* NJW 2011, 3147, Tz. 20 – *Zahnärztehaus;* GRUR 2015, 507, Tz. 17 – *Werbetassen* (zu § 43a BRAO). Dieser Rechtsprechung folgend BGHZ 147, 71, 74 – *Anwaltswerbung II/Mittagsimbiss;* BGH NJW 2001, 2886, 2887 – *Anwaltsrundschreiben.*

146 BVerfG NJW-RR 2007, 1048 – *Geistheiler.* Ebenso BVerwG NJW 2005, 3510 – *Eigenwerbung an Taxen.*

147 BVerfG NJW-RR 2007, 1048; ebenso BVerwG NJW 2005, 3510.

148 Zur Haftung von Portalbetreibern nach UWG *Schaub,* FS Köhler (2014) S. 593, 596 ff.

men im Internet erfolgen und daher über Suchmaschinen jederzeit leicht und dauerhaft auffindbar sind.[149] Plattformbetreiber und Unternehmer können sich beide auf Art. 12 Abs. 1 GG berufen.[150] Der Konflikt ist durch Abwägung des gegebenenfalls betroffenen allgemeinen Persönlichkeitsrechts und des Rechts auf informationelle Selbstbestimmung einerseits sowie der den Portalbetrieb erfassenden Meinungsäußerungsfreiheit andererseits zu lösen.[151] Auch Wirtschaftsunternehmen ist der soziale Geltungsanspruch über Art. 2 Abs. 1 GG und Art. 8 Abs. 1 EMRK sowie Art. 7 GRCh gewährleistet.[152] Die tendenzielle Bevorzugung der Meinungsäußerungsfreiheit durch deutsche Gerichte entspricht nicht der Sicht des EGMR.[153] Gegen Suchmaschinenbetreiber kann sich unter Berücksichtigung von Art. 7 und 8 GRCh ein Anspruch auf **Datenlöschung** ergeben.[154]

Herausragende Bedeutung kommt den Kommunikationsgrundrechten zu, also der **Meinungsäußerungsfreiheit** (Art. 5 Abs. 1 S. 1 GG) und der **Pressefreiheit** sowie der **Rundfunkfreiheit** (Art. 5 Abs. 1 S. 2 GG). Näher dazu unten Rdn. 66 ff. Von Art. 5 Abs. 1 GG ist nicht zwingend der Gesamtbereich **„kommerzieller Kommunikation"** erfasst und schon gar nicht in der terminologischen Eigenwilligkeit, mit der die EU-Kommission und das Unionsrecht diesen Begriff benutzen.[155] Die Kommission beschreibt damit ihre rechtspolitischen Aktivitäten u. a. im Bereich des Unlauterkeitsrechts und bezieht darin Verkaufsförderaktionen wie das Veranstalten von Gewinnspielen oder das Anbieten von Diensten im Internet (vgl. die Richtlinie zum elektronischen Geschäftsverkehr) ein. Der Begriff der Werbung wird demgegenüber in Art. 2 Nr. 1 der Irreführungsrichtlinie 84/450/EWG als „jede Äußerung" im geschäftlichen Bereich mit dem Ziel, „den Absatz von Waren ... zu fördern", bezeichnet. Auch im engeren Sinne als Wirtschaftswerbung verstanden („commercial speech" in der Rechtsprechung des US-Supreme Court[156] und des EGMR zu Art. 10 EMRK)[157] wird kommerzielle Kommunikation vom BVerfG nicht uneingeschränkt dem Schutzbereich der Meinungsäußerungsfreiheit zugeordnet (dazu unten Rdn. 68). 41

---

[149] S. dazu – ohne Wettbewerbsbezug – BGH GRUR 2014, 1228 – *Ärztebewertung II* = NJW 2015, 489; EGMR MMR 2014, 35, Tz. 92 – *Delfi*. Zur Intensität der Beeinträchtigung EuGH GRUR 2014, 895, Tz. 36 ff. – *Google Spain*.

[150] BGH GRUR 2014, 1228, Tz. 25 mit teilw. kritischer Besprechung durch *Kühling* NJW 2015, 447 ff.

[151] BGH GRUR 2014, 1228, Tz. 26 und 28.

[152] BGH GRUR 2015, 289, Tz. 12 – *Hochleistungsmagneten* (ohne Erwähnung des Art. 7 GRCh).

[153] Zu anonymen Nutzerkommentaren in einem Internetforum EGMR MMR 2014, 35, Tz. 82 und 89 ff. – Delfi m. Anm. *Milstein*.

[154] EuGH GRUR 2014, 895, Tz. 69, 81, 93 ff. – *Google Spain* (ohne Heranziehung von Art. 11 GrCh).

[155] Vgl. etwa Art. 2 f. der E-Commerce-Richtlinie 2002/31/EG; Art 2d der UGP-Richtlinie, dazu *Köhler/Lettl* WRP 2003, 1019, 1034; *Henning-Bodewig* GRUR Int. 2004, 183. In gleicher Weise *Micklitz/Keßler* WRP 2003, 919, 921 ff., 927; *dies.* GRUR Int. 2002, 885, 899 f.

[156] *New York Times v. Sullivan,* 376 U. S. 254 (1964), betr. bezahlte Anzeige der Bürgerrechtsbewegung wegen eines Polizeieinsatzes; *Bigelow v. Virginia,* 421 U. S. 809, 822 (1975), betr. Zeitungsanzeige mit Abtreibungshinweis; *Virginia State Board of Pharmacy v. Virginia Citizens Consumer Council,* 425 U. S. 748 (1976), betr. Preiswerbung von Apotheken für rezeptpflichtige Medikamente; *Bates v. State Bar of Arizona* 433 U. S. 748 (1976), betr. Preiswerbung von Anwälten; *Ohralik v. Ohio State Bar Ass'n,* 436 U. S. 447 (1978) = 98 S. Ct. 1912; *In re Primus,* 436 U. S. 412 (1978) = 98 S. Ct. 1893; *Zauderer v. Office of Disciplinary Counsel,* 471 U. S. 626 (1985) = 105 S. Ct. 2265; *In re R. M. J.,* 455 U. S. 191 (1982) = 102 S. Ct. 929; *Shapero v. Kentucky Bar Ass'n,* 486 U. S. 466 (1988) = 108 S. Ct. 1916 = 100 L. Ed. 2d 475, betr. anwaltliche Briefwerbung; *Ibanez v. Florida Board of Accountancy,* 114 S. Ct. 2084 (1994) = 62 U. S. Law Week 4503; *Edenfield v. Fane,* 50 U. S. 761 (1963), betr. direkte telefonische Werbung neuer Mandanten durch Certified Public Accountant; *Florida Bar v. Went for it Inc.,* 515 U. S. 618 (1995) = 63 U. S. Law Week 4644, betr. Verbot anwaltlicher Briedwerbung bis 30 Tage nach einem Unfallereignis; *Greater New Orleans Broadcasting Assn. v. United States,* 527 U. S. 173, 184 (1999); *Lorillard Tobacco v. Reilly,* 533 U. S. 525, 554 f. (2001), betr. Beschränkung von Zigarettenwerbung; *Thompson v. Western States Medical Center* 535 U. S. 357 (2002) = 122 S. Ct. 1497, betr. Verbot der Werbung für individuell auf ärztliche Anordnung hergestellte Medikamente.

[157] EGMR GRUR Int. 1984, 631 – *Barthold* = NJW 1985, 2885, 2868 (Tz. 42), abweichend vom BVerfG; GRUR Int. 1985, 468 – *Tierärztlicher Nachtdienst II;* Serie A Nr. 165 – *markt intern* (Tz. 26), abweichend vom BVerfG, dazu *Krüger* GRUR 1989, 738 ff. und *Müller* WRP 1992, 20 ff.; NJW 1995, 857 – *Jacubowski* m. Bespr. *Krüger* GRUR 1996, 252 f.; GRUR Int. 1999, 156, 160 f. – *Hertel* (Tz. 47–51) mit weitgehender nachfolgender Bestätigung der schweiz. Ausgangsentscheidung BGE 120 II 76 = GRUR Int. 1995, 812 – *Mikrowellen I* durch BG GRUR Int. 1999, 1065, 1067 – *Mikrowellen II;* EGMR Slg. 1998-III, 1052 – Schöpfer/Schweiz; Slg. 2002-II – *Nikula/Finnland;* NJW 2003, 497 – *Stambuk;* GRUR 2013, 859 – *Ashby Donald* (Veröffentlichung urheberrechtlich geschützter Modefotos); NJW-RR 2013, 1132 – *Kaperzynski* (verweigerte Gegendarstellung); MMR 2014, 35 – *Delfi* (anonyme Nutzerkommentare auf Internetforum); NJW 2014, 3501 *Brosa* (Wahlflugblatt); NJW 2015, 763 – *Tierbefreier* (heimliche Tierversuchsaufnahmen); GRUR 2015, 709 – *Axel Springer* (Schlussfolgerungen über Beweggründe) = NJW 2015, 1501. Zur Anwendung auf Anwaltswerbung: EGMR, Urt. v. 24.2.1994, Serie A Nr. 285 – *Fall Casado Coca,* abweichend vom spanischen VerfGH zu Art. 20 span. Verfassung im dortigen Ausgangsfall. S. ferner Europäisches Patentamt, GRUR Int. 1992, 288, 289; österr. VfGH ÖBl. 1994, 151, 154; ÖJZ

42 Der **Vereinigungsfreiheit** gem. Art. 9 Abs. 1 GG stehen kartellrechtliche Beschränkungen nicht entgegen, etwa der Zwang zur Aufnahme in eine Wirtschaftsvereinigung (§ 20 Abs. 6 GWB), das Verbot wettbewerbsbeschränkender Beschlussfassungen (§ 1 GWB) oder die Untersagung von Unternehmenszusammenschlüssen nach § 36 Abs. 1 GWB bzw. der EU-FusionskontrollVO. Durch die **Koalitionsfreiheit** gem. Art. 9 Abs. 3 GG wird das autonome kollektive Aushandeln von Arbeits- und Wirtschaftsbedingungen geschützt.

43 Die **Wissenschaftsfreiheit** (Art. 5 Abs. 3 S. 1 GG), die unter keinem Gesetzesvorbehalt steht, für die aber insofern eine Grundrechtsschranke gilt, als eine Abwägung gegen kollidierende Grundrechte vorzunehmen ist,[158] sichert die Publikation wissenschaftlicher Veröffentlichungen, von denen Unternehmensinteressen nachteilig berührt werden. Die **Kunstfreiheit** (Art. 5 Abs. 3 GG) kann einschlägig sein, wenn Werbung künstlerisches Ausdrucksmittel ist,[159] oder wenn es um die humorvolle Benutzung eines fremden Kennzeichens geht;[160] sie ist aber abzuwägen gegen andere Grundrechte wie die Eigentumsfreiheit des Markeninhabers.[161]

44 Für die Anwendung anderer Grundrechte sind sachverhaltseigentümliche Sonderlagen erforderlich. So hat der BGH in dem Benetton-Fall *HIV positive* zur Verbotsbegründung **Art. 1 Abs. 1 GG** herangezogen (dazu unten Rdn. 67). In dem Fall des katholischen Kanzelaufrufs zum Spenden abgelegter Altkleidung, der wegen des temporären Zusammenbruchs des Rohstoffmarktes nachteilige Wirkungen für Rohstoffhändler hatte, war das Grundrecht der **Religionsfreiheit** (Art. 4 GG) einschlägig.[162]

45 **b) EU-Grundrechtecharta.** Im **Unionsrecht** waren Grundrechte zunächst auf der Grundlage gemeinschaftsrechtlicher Verfassungsüberlieferungen und der EMRK durch Art. 6 Abs. 2 EUV a. F. anerkannt,[163] auch wenn die EG der EMRK nicht selbst förmlich beigetreten war.[164] An deren Stelle getreten ist mit primärrechtlichem Rang die Europäische **Grundrechtecharta** (GRCh, dazu unten Rdn. 78 und 104ff.). Sie ist von den mitgliedstaatlichen Fachgerichten anzuwenden.[165] Unter Beachtung des Art. 51 Abs. 1 GRCh ist danach nur das Recht der Union grundrechtlich überprüfbar;[166] für die nationale Grundrechtsprüfung bleibt daneben Raum. Die GRCh enthält **keine** isolierten Grundrechte, die eine Basis für die **Schaffung neuer Rechte** der Unionsbürger sein könnte, sondern beachtet über Art. 51 GRCh das Subsidiaritätsprinzip des Art. 5 Abs. 1 EUV und gem. Art. 6 Abs. 1 EUV die Zuständigkeitsfestlegungen der Union.[167]

46 Bei **Entsprechung** der Rechte der **GRCh** und der durch die **EMRK** garantierten Rechte haben die Verbürgungen der GRCh mindestens die Bedeutung und Tragweite, die die Rechte der EMRK verleihen (Art. 52 Abs. 3, 53 GRCh).[168] Art. 1 des Zusatzprotokolls zur EMRK schützt auch das geistige Eigentum.[169] Soweit vollharmonisiertes Unionsrecht mit den Unionsgrundrechten übereinstimmt, kommt eine einschränkende verfassungskonforme Interpretation aufgrund von Verbürgungen des GG nicht in Betracht.[170] Art. 11 GRCh garantiert die Freiheit der **Meinungsäußerung** und der Berichterstattung,[171] Art. 15 Abs. 1 GRCh die **Berufsfreiheit,** Art. 16 GRCh die

---

1999, 908, 910 (Vergabe von Rundfunksendezeit für kommerzielle Werbung); OGH GRUR Int. 2002, 341, 343 – *Medienprofessor.* Zur Rechtsprechung des EGMR *Matscher,* FS Schütze I (1999) S. 543ff.

[158] Vgl. BVerfGE 77, 240, 255 – *Herrnburger Bericht;* 67, 213, 228 = NJW 1985, 261, 262 – *Anachronistischer Zug.*

[159] Zur Berücksichtigung im Rahmen des § 2 Abs. 1 Nr. 1 UWG OLG Köln GRUR-RR 2013, 466, 469 – *Bachblüten* (nicht mehr erwähnt in der Revisionsentscheidung BGH GRUR 2015, 694).

[160] S. dazu BGH GRUR 2005, 583 – *Lila Postkarte;* BGH WRP 2015, 1343 Tz. 46ff. – *Springender Pudel* (zuvor: OLG Hamburg GRUR-RR 2010, 201); OLG Hamburg WRP 2010, 1411 – *IPOD/eiPott;* KG GRUR-RR 2011, 456 – *nackter Mann.*

[161] BGH WRP 2015, 1343 Tz. 46 (auch zu Art. 13 und 17 Abs. 2 GRCh); s. auch unten Rdn. 107.

[162] BVerfGE 24, 236 = GRUR 1969, 137, 138 – *Aktion Rumpelkammer,* unter Aufhebung von LG Düsseldorf NJW 1968, 2219.

[163] Ehlers/*Walter,* Grundrechte⁴ § 1 Rdn. 25 und 33.

[164] Zuständigkeit der EG verneint von EuGH, Slg. 1996, I-1759 – *Gutachten 2/94;* dazu Ehlers/*Walter* Grundrechte⁴ § 1 Rdn. 29.

[165] BVerfG GRUR 2012, 53, Tz. 91 – *Le-Corbusier-Möbel* = NJW 2011, 3428.

[166] EuGH JZ 2011, 145, Tz. 51 – *McB* m. Anm. *Thym.*

[167] Dazu *Lenaertz* AnwBl 2014, 772, 785; *Masing* AnwBl 2014, 786f.; s. ferner *Kingreen* JZ 2013, 801, 803ff.

[168] EuGH JZ 2011, 145, Tz. 53 – *McB;* Schlussantrag Generalanwältin *Trstenjak* in der Rs. C-282/10 – *Maribel Dominguez,* Tz. 85.

[169] EGMR GRUR 2013, 859, Tz. 40 – *Ashby Donald.*

[170] So OLG Hamburg GRUR 2010, 74, 77 – *Läusemittel* (zu § 11 I HWG u. a. gegen BGH GRUR 2007, 809 – *Krankenhauswerbung*).

[171] Dazu BGHZ 187, 240, Tz. 20 – *AnyDVD* = NJW 2011, 2436; BGH GRUR 2012, 74, Tz. 28 – *Coaching-Newsletter.*

unternehmerische Freiheit,[172] Art. 17 Abs. 2 GRCh das **geistige Eigentum** und Art. 13 GRCh die Freiheit der **Kunst. Drittwirkung** kommt den Unionsgrundrechten im Hinblick auf Art. 51 Abs. 1 S. 1, 52 Abs. 2 GRCh nicht zu.[173]

3. Öffentliche Hand als Unternehmer

a) Kein allgemeines Subsidiaritätsprinzip. Das GG schließt nach ganz h. M. eine allgemeine erwerbswirtschaftliche Betätigung der öffentlichen Hand nicht aus, sondern registriert sie als ein Faktum, dem keine grundsätzlichen Barrieren entgegengesetzt werden.[174] Sie bedarf keiner ausdrücklichen verfassungsrechtlichen Legitimation,[175] auch wenn postuliert wird, dass eine Verfolgung öffentlicher Aufgaben erforderlich ist.[176] Ihre **Teilnahme an** der **Erwerbswirtschaft,** die äußerlich häufig in ein Handeln von Privatrechtssubjekten (Kapitalgesellschaften) gekleidet ist, stellt als solche **keinen Eingriff in Grundrechte** privater Konkurrenten dar. Art. 12 Abs. 1 GG schützt nach überkommener Exegese weder generell vor Konkurrenz, noch vor Konkurrenz durch die öffentliche Hand, garantiert also der Privatwirtschaft nicht die Ausschließlichkeit des wirtschaftlichen Handelns.[177] 47

Trotz der **Wettbewerbsvorteile** der **öffentlichen Hand** verstößt deren erwerbswirtschaftliche Betätigung nicht gegen Art. 3 Abs. 1 GG, sofern nicht willkürliche Differenzierungen zum Vorteil eines öffentlichen Unternehmens unternommen werden.[178] **Verdrängungs- oder Auszehrungswettbewerb,** der über Art. 2 Abs. 1 GG abgewehrt werden kann (s. oben Rdn. 35), liegt erst vor, wenn es sich um ruinösen, die Existenz gefährdenden Wettbewerb handelt.[179] Ein „Fiskusabwehrrecht" besteht, wenn eine behördliche Monopolstellung geschaffen wird.[180] Den Kommunen ist eine von ihrem Aufgabenbereich abgelöste Betätigung verwehrt, die ohne Verfolgung eines öffentlichen Zwecks ausschließlich auf Gewinnerzielung gerichtet ist.[181] Wettbewerbsrechtlich bedenklich sind **öffentlich-private Partnerschaften**[182] als Hybridformen kommunaler Wirtschaftstätigkeit, wenn sie dazu eingesetzt werden, öffentliche Ausschreibungen der Leistungsvergabe zu unterlaufen. 48

Für das **Unionsrecht** ergibt sich aus **Art. 106 AEUV** die Zulässigkeit wirtschaftlicher Betätigung der öffentlichen Hand.[183] Ergänzt wird diese Norm durch den programmatischen Art. 14 AEUV (ex. Art. 16 EGV).[184] Eine Entwicklung des Sekundärrechts hin zum französischen Modell des Service Public könnte auf Grund der Konzeption erfolgen, die im Grünbuch zu den Leistungen der **Daseinsvorsorge** vom 21.5.2003[185] erkennbar ist.[186] Der Lissabon-Vertrag hat das Recht der Mitgliedstaaten zum Erlass von Regeln über die Daseinsvorsorge in Art. 14 AEUV und im Protokoll Nr. 26 (Über Dienste von allgemeinem Interesse) festgeschrieben. 49

---

172 Näher dazu *Blanke* in: Tettinger/Stern, Kölner Gemeinschaftskommentar (mit rechtsvergleichenden Hinweisen).

173 Schlussantrag Generalanwältin *Trstenjak* in der Rs. C-282/10 – *Maribel Dominguez,* Tz. 80, 83 u. 88. Daraus aber zu weitreichende Schlüsse ziehend *Gietzelt/Grabrucker* MarkenR 2015, 333, 337 f.

174 Vgl. BGH GRUR 2005, 960, 961 – *Friedhofsruhe; Ronellenfitsch* in: Isensee/Kirchhof, HStR Band IV[3] (2006) § 98 Rdn. 42; *Papier* in: Benda/Maihofer/Vogel § 18 Rdn. 44. Vgl. auch unten § 4 Nr. 4 UWG.

175 VerfGH Rheinland-Pfalz DVBl. 2000, 992, 993. Für eine allgemeine kompetenzrechtliche Rechtfertigung *Scholz* in: Maunz/Dürig Art. 12 (2006) Rdn. 413 f.

176 *Ehlers* Gutachten zum 64. DJT. E 34; *Mann* JZ 2002, 819, 820.

177 BVerfGE 24, 236, 251 – *Lumpensammler;* BVerwGE 39, 329, 336 – *Bestattungswesen;* 71, 183, 193; OVG Münster NVwZ 1984, 522, 524; *Di Fabio* in: Maunz/Dürig Art. 2 Abs. 1 (2001) Rdn. 120 f.; *Jarass/Pieroth* GG[13] Art. 12 Rdn. 23.

178 Vgl. zur Anwendung von Art. 3 I BVerfGE 21, 292, 304 – *RabattG;* OVG Münster NVwZ-RR 2005, 738 – *Abfallentsorgungsabgaben.*

179 *Di Fabio* in: Maunz/Dürig Art. 2 Abs. 1 (2001) Rdn. 121. Ähnlich die österreichische Sicht: OGH ÖBl. 2005, 260, 261 – *Billigdiesel-Tankstellen* (stg. Rspr.).

180 *Tettinger* NJW 1998, 3473, 3474.

181 BVerfGE 61, 82, 107 f. – *AtomanlagenVO;* BVerwGE 39, 329, 334 – *Bestattungswesen.*

182 Zu ihnen *Burgi,* Gutachten D zum 67. DJT 2008; *Podszun,* Wirtschaftsordnung durch Zivilgerichte, 2014, S. 65 ff.

183 *Suerbaum* in: Ehlers/Fehling/Pünder[3] Band 1, § 13 Rdn. 21 ff.

184 Dazu *Ehlers* Gutachten zum 64. DJT E 53 m. w. N.; *Frenz* WRP 2008, 73, 76 ff.

185 KOM (2003) 270 endg.

186 *Ruge* ZRP 2003, 353 ff.; demgegenüber die Zielsetzungen positiv bewertend *Knauff* EuZW 2003, 453, 455. Zum öffentlichen Personennahverkehr als Daseinsvorsorgeleistung EuGH EuZW 2003, 496 – *Altmark Trans,* m. Bspr. *Franzius* NJW 2003, 3093 ff.; *Michaels/Kühlschelm* EuZW 2003, 520 ff. und *Wernicke* EuZW 2003, 481. *Broß* JZ 2003, 874, 876 sieht Beschränkungen des Wettbewerbs zu Lasten der öffentlichen Hand (z. B. durch Ausschreibungspflichten) als die Daseinsvorsorge zerstörend und das Gemeinwesen aushöhlend an. Rechtsvergleichend zum Service Public *Bullinger* JZ 2003, 597 ff.

50 **b) Kommunalrechtliche Schranken.** Das konkurrierende **unternehmerische Auftreten kommunaler Gebietskörperschaften** am Markt ist durch Normen der landesrechtlichen **Gemeindeordnungen** beschränkt. Die Gemeindeordnungen enthalten eine **Subsidiaritätsklausel,** indem sie – mit Differenzierungen in Einzelheiten – bestimmen, dass die Gemeinde nur wirtschaftlich tätig werden darf, wenn der öffentliche Zweck durch andere Unternehmen nicht besser und wirtschaftlicher erfüllt werden kann.[187] Umstritten ist die Bedeutung der territorialen Begrenzung der wirtschaftlichen Tätigkeit auf das Gemeindegebiet (**„Örtlichkeitsprinzip").** Daraus wird zum Teil abgeleitet, dass eine Kommune sich grundsätzlich nur innerhalb der Gemeindegrenzen betätigen dürfe,[188] was allerdings als eine allein die Kompetenzen abgrenzende Regelung gesehen wird, die nicht dem Schutz einzelner Unternehmer dient.[189] Ob durch begrenzende Vorschriften nur die Gemeinden vor den Risiken unternehmerischen Handelns bewahrt oder ob auch private Mitbewerber vor deren Wettbewerb geschützt werden sollen, ist von Bundesland zu Bundesland unterschiedlich beurteilt worden.[190]

51 Die **verwaltungsgerichtliche Durchsetzung** der kommunalrechtlichen Normen im Wege der allgemeinen Leistungsklage privater Unternehmer scheitert an fehlender Klagebefugnis (§ 42 Abs. 2 VwGO), weil die drittschützende Wirkung der kommunalrechtlichen Vorschriften von den Verwaltungsgerichten in der Regel verneint und die (zu hoch angesetzte) Eingriffsschwelle für die Bejahung eines Grundrechtseingriffs (s. oben Rdn. 35) regelmäßig nicht überschritten wird.[191] Hier bestehen unerträgliche **Rechtsschutzdefizite,** die Ausdruck eines unterentwickelten öffentlichen Wettbewerbsrechts sind und die der Passivität der Kommunalaufsicht nichts entgegenzusetzen haben.[192] Soweit hier ein Wandel eingetreten ist, scheitert die Abwehr kommunaler Konkurrenzen u. U. an der Befürwortung einer kommunalen Einschätzungsprärogative bei Beurteilung der Erforderlichkeit eigenwirtschaftlicher Betätigung.[193]

52 Der **Rechtsweg zu** den **ordentlichen Gerichten** ist gegeben, weil auch die Wettbewerbsverhältnisse der öffentlichen Hand und damit die Kontrolle des Verhaltens gemeindlicher Konkurrenzunternehmer dem Privatrecht unterstellt werden.[194] In Betracht kommt **§ 3a UWG** (ex § 4 Nr. 11), der das Zuwiderhandeln gegen solche gesetzlichen Vorschriften als unlauter ansieht, die auch dazu bestimmt sind, das **Marktverhalten** im Interesse der Marktteilnehmer zu regeln.

53 Umstritten ist, ob Gemeinden sich für ihre privatwirtschaftliche Betätigung zur Erfüllung öffentlicher Aufgaben auf die Selbstverwaltungsgarantie des **Art. 28 Abs. 2 S. 1 GG** berufen können.[195]

---

[187] Dazu *Ehlers* Gutachten zum 64. DJT E 79 ff., ferner E 116 (dort generell zur öffentlichen Hand); *Gaß,* in: Wurzel/Schraml/Becker, Rechtspraxis der kommunalen Unternehmen, 3. Aufl. 2015, Teil C Rdn. 131 ff. Zum öffentlichen Zweck des Betreibens eines Bürgerwindparks OVG Schleswig, Urt. v. 11.7.2013 – 2 LB 32/12, juris Tz. 89 ff. und des Betreibens einer Photovoltaikanlage in einem Solarpark OVG Sachs.Anh., Urt. v. 7.5.2015 – 4 L 163/12, juris Tz. 46 ff.

[188] *Seeberg* LKV 1995, 353, 354 (zu Brandenburg); *Schmahl* LKV 2000, 47, 49 (zu Brandenburg); *Meyer* LKV 2000, 321, 323; *Gern* NJW 2002, 2593 ff. einschränkend für Abfallentsorgung OLG Düsseldorf NVwZ 2000, 714, 715 = NZBau 2000, 155, 156 – *Awista.*

[189] *Dolde* ZHR 166 (2002), 515, 521; *Ehlers* Gutachten zum 64. DJT E 104. A. A. wohl *Gaß,* in: Wurzel/Schraml/Becker, Rechtspraxis der kommunalen Unternehmen^3, Teil C Rdn. 167.

[190] Z. B. für Bayern bejaht von OLG München NVwZ 2000, 835 f. (Vorinstanz zu BGH NJW 2002, 2645 – *Elektroarbeiten*); für NRW bejaht von OLG Hamm NJW 1998, 3504, 3505 – *Gelsengrün;* OLG Düsseldorf NJW-RR 1997, 1470, 1471 – *Nachhilfeunterricht;* OLG Düsseldorf (2. ZS) DVBl. 2000, 284 – *Altautoverwertung;* OLG Düsseldorf (20. ZS) NVwZ 2002, 248; OLG Düsseldorf (VergS) ZIP 2002, 1651, 1654 f. – *DAR;* OVG Münster NVwZ 2003, 1520, 1521 – *Fitness-Studio* = NJW 2004, 314 (LS) m. Bspr. *Antweiler* NVwZ 2003, 1466 ff.; für Baden-Württemberg verneint von OLG Karlsruhe NVwZ 2001, 712, 713 – *Landschaftsbau.* Differenzierend dazu *Gaß,* in: Wurzel/Schraml/Becker, Rechtspraxis der kommunalen Unternehmen^3, Teil C Rdn. 134.

[191] BVerwGE 39, 329, 336 (zu Baden-Württemberg); NJW 1995, 2938, 2939; VGH Mannheim NJW 1995, 274; VGH Kassel DÖD 1998, 39, 40; a. A. VerfGH RhlPf DVBl. 2000, 992, 995; OVG Münster NVwZ 2003, 1520, 1521. Kritisch dazu *Tettinger* NJW 1998, 3473, 3474; *J. Erdmann* DVBl. 1998, 13, 19 (zur Betätigung von Wirtschaftskammern); *Ehlers* Gutachten zum 64. DJT E 84, 91 f., 151; *Di Fabio* in: Maunz/Dürig Art. 2 Abs. 1 (2001) Rdn. 122; *Suerbaum* in: Ehlers/Fehling/Pünder^3 Band 1 § 13 Rdn. 79. Zustimmend u. a. *Pagenkopf* GewArch 2000, 177, 184.

[192] Vgl. dazu *Stober* NJW 2002, 2357, 2365; *Ipsen* ZHR 170 (2006), 422, 451; *Sodan* in: FS Raue (2006), S. 335, 346 f.

[193] So in OVG Münster NVwZ 2008, 1031.

[194] Allgemein dazu GmS-OGB BGHZ 102, 280, 285 – *Rollstühle;* BGHZ 66, 229, 237; 67, 81, 89; 82, 375, 383 – *Brillen-Selbstabgabestellen;* 121, 126, 128 – *Vermessungsingenieur.*

[195] Bejahend: VerfGH RhlPf. DVBl. 2000, 992, 993 m. Anm. *Henneke;* Ehlers Gutachten zum 64. DJT E 68; *Pünder* DVBl. 1997, 1353. Ablehnend: *Löwer* in: v. Münch/Kunig GG^6 Art. 28 Rdn. 40; *ders.* VVDStRL 60 (2001), 416, 435 f., 454; *Suerbaum* in: Ehlers/Fehling/Pünder^3 Band 1 § 13 Rdn. 33. Gegen eine Heranziehung

In der Daseinsvorsorge zählt die wirtschaftliche Betätigung der Gemeinden zum überkommenen, typusprägenden Bild der kommunalen Selbstverwaltung. Die Erbringung wirtschaftlicher Leistungen zur Daseinssicherung wie z. B. die Wasser-, Abfall- und Energieversorgung gehört zum traditionellen Leistungsbild kommunaler Gebietskörperschaften. Art. 28 Abs. 2 GG schützt Gemeinden aber allenfalls im Verhältnis zum Staat vor einem Aufgabenentzug zugunsten Privater, **rechtfertigt** hingegen **keinen Grundrechtseingriff** gegenüber privaten Unternehmern.[196]

Der **rechtswidrige Marktzutritt** von Unternehmen der Gemeinden und kommunalen Verbän- 54
de kann **nicht** über **§ 3a UWG** (ex § 4 Nr. 11) abgewehrt werden.[197] Der BGH hat insoweit den begrenzenden Vorschriften der Landesgemeindeordnungen in seiner **Entscheidung *Elektroarbeiten*** vom 25.4.2002 in Abkehr von früherer Rechtsprechung[198] eine auf die Lauterkeit des Wettbewerbs bezogene Schutzfunktion abgesprochen und auch den Rückgriff auf § 823 Abs. 2 BGB verwehrt, indem er die Haftungserheblichkeit der kommunalrechtlichen Norm im Hinblick auf präventive und restituierende Rechtsfolgen verneint hat.[199] Zwar sind die nationalen sowie der europäische Gesetzgeber und nicht der BGH dazu berufen, die ordnungspolitisch bedeutsame Aufgabe zu lösen, welchen Stellenwert öffentliche Unternehmen in einer auf Privatautonomie gegründeten Wirtschaftsordnung haben sollen,[200] doch bot die notwendige Neujustierung der Fallgruppe des Wettbewerbsvorsprungs durch Gesetzesverletzung **keinen Anlass,** den gegenüber kommunalen Unternehmen erreichten **Rechtsschutz** einseitig richterrechtlich **abzubauen.** Der Referentenentwurf zum UWG 2004 wollte das Ergebnis dieser Entscheidung – rechtspolitisch begrüßenswert – verändern; der im Bundestag eingebrachte Gesetzentwurf hat diesen Schritt jedoch entgegen dem Verlangen des Bundesrates nicht vollzogen, sondern in § 4 Nr. 11 UWG a. F. (= § 3a UWG 2015) das Zuwiderhandeln gegen gesetzliche Vorschriften nur dann für unlauter erklärt, wenn die verletzte Gesetzesnorm zur Regelung des *Marktverhaltens* bestimmt ist.[201] Die **Trennung** von Marktzutritt und Marktverhalten ist indes **gekünstelt.**[202] Sie vernachlässigt zudem, dass es sehr verschiedenartige Marktzutrittsvorschriften gibt.[203] Kartellrechtlichen Schutz gibt es **dagegen** im **Vergabeverfahren** nach § 97 GWB, wenn ein kommunales Unternehmen sich an einer Ausschreibung gar nicht beteiligen darf.[204]

Rechtspolitische **Rechtfertigung** des unbegrenzten Marktzutritts kann **nicht** sein, dass damit 55
der **Wettbewerb** durch einen Newcomer **belebt** werde.[205] Der Wettbewerb eines Unternehmens der öffentlichen Hand ist keine „normale" Konkurrenz.[206] Das öffentliche Unternehmen genießt subtile Vorteile vielfältiger Art, die von politischem Filz bei der Auftragserteilung bis zu existenzsichernden wirtschaftlichen Vorteilen mit beihilfeähnlichem Charakter reichen,[207] ohne dass ein privater Wettbewerber die Chance einer substantiierten Sachverhaltsdarlegung besitzt. Für die Zurückhaltung des BGH kann allenfalls sprechen, dass es primär Aufgabe der Verwaltungsgerichtsbarkeit ist, ein funktionsfähiges **öffentliches Wettbewerbsrecht** zu **entwickeln.** In der Literatur zum öffent-

---

des Art. 28 Abs. 2 GG zur Begrenzung gemeindeexterner Betätigung OVG Münster NVwZ 2008, 1031 m. Anm. *Ennuschat* NVwZ 2008, 966.

[196] Vgl. dazu *Ehlers* Gutachten zum 64. DJT E 72 ff.; *Meyer* LKV 2000, 321, 322; *Wieland/Hellermann* DVBl. 1996, 401, 408.

[197] BGHZ 150, 343, 348 = NJW 2002, 2645, 2647 – *Elektroarbeiten* = GRUR 2002, 825, 827 = WRP 2002, 943, 945 = ZIP 2002, 1645 m. abl. Anm. *Dreher* = JZ 2003, 315 m. Anm. *Ehlers.* Besprechung von *Köhler* NJW 2002, 2761 ff. (zust.); *Haslinger* WRP 2002, 1023 ff. (abl.); *Frenz* WRP 2002, 1367 ff. (abl.).

[198] BGH GRUR 1965, 373, 375 = WRP 1965, 139 – *Blockeis II;* GRUR 1973, 655, 657 – *Möbelauszeichnung;* Nichtannahmebeschl. v. 8.10.1998 gegen OLG Hamm NJW 1998, 3504 – *Gelsengrün.* S. aber auch BGH GRUR 1974, 733, 734 – *Schilderverkauf.*

[199] BGH NJW 2002, 2645, 2648; vertieft in WRP 2003, 262, 265 – *Altautoverwertung.*

[200] Übersicht dazu bei *Stober* NJW 2002, 2357 ff.

[201] Zum RegE BT-Drs. 15/1487 v. 22.8.2003, S. 19.

[202] *Dreher* a. a. O.; *Frenz* WRP 2002, 1367, 1368 f.; *Doepner* WRP 2003, 1292, 1299.

[203] Näher dazu *Doepner* WRP 2003, 1292, 1297 f. Die Subsidiaritätsklauseln einiger Bundesländer als Marktverhaltensregeln qualifizierend *Poppen,* Wettbewerb der öffentlichen Hand, S. 305.

[204] Vgl. OLG Düsseldorf ZIP 2002, 1651, 1653 = WuW/E Verg. 611 – *DAR* und NVwZ 2000, 714 = NZBau 2000, 155 – *Awista;* s. auch OLG Celle OLGR 2002, 57 = WuW/E Verg 539 betr. die Hamburger Anstalt öff. Rechts für Stadtentwässerung. Zum Rechtsweg bei der Vergabe von Dienstleistungskonzessionen BGH NZBau 2012, 248 (Kurzfassung in GRUR-Prax 2012, 122 mit Anm. *Schreiber*) – *Rettungsdienstleistungen III* (Form, nicht Ziel der Vergabe maßgeblich).

[205] So aber BGH NJW 2002, 2645, 2647 – *Elektroarbeiten;* BVerwGE 71, 183, 193 – *Arzneimittel-Transparenzliste* und BVerwG NJW 1995, 2938, 2339: „weitgehend systemimmanente Verschärfung des marktwirtschaftlichen Konkurrenzdrucks"; *Köhler* WRP 1999, 1205, 1212; *ders.* GRUR 2001, 777, 780. Ablehnend *Doepner* WRP 2003, 1292, 1300.

[206] *Dolde* ZHR 166 (2002), 515, 519.

[207] Vgl. dazu etwa *Hill* BB 1997, 425; *Henneke* NdsVBl. 1999, 1, 6.

lichen Recht wird vertreten, die Exegese der Art. 12 Abs. 1 und 14 Abs. 1 GG fortzuentwickeln, um zu einem Schutz privater Unternehmen vor solchen Konkurrenzbetätigungen der öffentlichen Hand zu gelangen, die nicht durch öffentliche Zwecke gerechtfertigt sind.[208]

56 **c) UWG und Marktverhalten der öffentlichen Hand.** Das über § 3 Abs. 1 UWG abzuwehrende unlautere **Marktverhalten** – nicht nur der Kommunen – kann betroffen sein, wenn **öffentlich-rechtliche Aufgaben** mit der erwerbswirtschaftlichen Tätigkeit **verquickt** werden (dazu näher § 4 Nr. 4, ex § 4 Nr. 10, Rdn. 273 ff.),[209] die **amtliche Autorität** oder das Vertrauen in die Objektivität und Neutralität der Amtsführung **missbraucht** werden[210] oder wenn der **Bestand des Wettbewerbs** auf dem betroffenen Markt **gefährdet** wird.[211] Dafür erforderliche Indizien müssen freilich schon sehr konkrete Aussagekraft haben, um vom BGH akzeptiert zu werden. Kein Unlauterkeitsgesichtspunkt per se ist die Mitfinanzierung der Wirtschaftsunternehmen durch Steuern und Abgaben;[212] allerdings soll eine Ausnahme gegeben sein, wenn diese Finanzmittel „in unlauterer Weise eingesetzt werden".[213]

57 Nicht unlauter ist es für sich genommen, **Überkapazitäten** zu schaffen, die nur ausgelastet werden können, wenn dadurch zugleich private Wettbewerber völlig verdrängt werden.[214] Aus dem Anbieten der Leistung zu einem **niedrigen Pauschalpreis** kann nicht auf einen unlauteren Verdrängungswettbewerb geschlossen werden, wenn der Preis nicht unangemessen ist.[215] Ebenso wenig soll es unlauter sein, die Wirtschaftsleistung örtlich so anzubieten, dass sie mit einer **zeitgleichen Erbringung einer Hoheitsleistung** räumlich verbunden wird, etwa indem zur Verschrottung bestimmte Altautos bei deren Abmeldung in der Kfz-Zulassungsstelle entgegengenommen werden;[216] dies gilt jedenfalls dann, wenn private Mitbewerber von einer gleichartigen Zusammenarbeit mit dem Straßenverkehrsamt nicht aus unsachlichen Gründen ausgeschlossen werden.

58 Eine **Ausnutzung amtlicher Beziehungen** zur Werbung oder zum Abschluss von Verträgen liegt nicht vor, wenn ein enger **Zusammenhang** zwischen der **hoheitlichen Tätigkeit** und der Teilnahme am **Wirtschaftsleben** besteht und die Handlung der Erfüllung amtlicher Aufgaben in der Weise dient, dass sie nur als eine Art Hilfstätigkeit der öffentlichen Verwaltung erscheint. Die öffentliche Hand hat dann allerdings das jeweils **schonendste Mittel** zu wählen, um einerseits den öffentlichen Interessen zu genügen und andererseits die Belange des privaten Gewerbes so wenig wie möglich zu beeinträchtigen.[217] Fehlt es an dem Zusammenhang, etwa bei der bevorzugten Einmietung eines **kommunalen Schilderprägebetriebs** in dem kommunalen Gebäude, das das Straßenverkehrsamt mit der Kfz-Zulassungsstelle beherbergt, wird eine öffentlichrechtliche Monopolstellung unlauter (zugleich unbillig im Sinne der §§ 20 Abs. 1, 19 Abs. 2 Nr. 1 GWB) ausgenutzt, um eigene privatwirtschaftliche Interessen durchzusetzen, weil die durch die Verwaltungstätigkeit erzeugte Nachfrage nach Gütern unter Verdrängung privater Wettbewerber (schon auf dem vorgelagerten Markt der Gewerberaumvermietung mit attraktivem Standort) nur deshalb selbst befriedigt wird, um für sich den größten wirtschaftlichen Vorteil zu erzielen.[218] Unlauter handelt eine **Rundfunkanstalt des öffentlichen Rechts,** wenn sie sich über Normgrenzen hinwegsetzt, die aus der Rundfunkfreiheit als einem wichtigen Gemeinschaftsgut (Art. 5 Abs. 1 S. 2 GG) abgeleitet werden und die die privatwirtschaftliche Betätigung begrenzen.[219]

---

[208] *Stober* NJW 2002, 2357, 2366 m. w. N.

[209] BGH GRUR 1999, 594, 597 – *Holsteiner Pferd;* GRUR 2003, 167, 169 = WRP 2003, 73, 75 – *Kommunaler Schilderprägebetrieb;* GRUR 2005, 960, 961 – *Friedhofsruhe.* Zur Unlauterkeit der Niedrigpreisabgabe von Dieseltreibstoff durch Betriebstankstellen von Straßenmeistereien in Österreich OGH ÖBl. 2005, 260, 261.

[210] BGH NJW 2002, 1718, 1719 – *Elternbriefe;* WRP 2003, 262, 265 – *Altautoverwertung;* WRP 2009, 611, Tz. 20 – *Buchgeschenk vom Standesamt;* NJW 2009, 3365, Tz. 18 – *Auskunft der IHK;* OLG Stuttgart WRP 2011, 1207, 1210 – *Pflegedienst.*

[211] BGHZ 82, 375, 395 ff. – *Brillen-Selbstabgabestellen;* 123, 157, 161 – *Abrechnungs-Software für Zahnärzte;* BGH GRUR 1991, 53, 55 f. – *Kreishandwerkerschaft;* BGHZ 150, 343, 349 – *Elektroarbeiten.*

[212] BGH WRP 2003, 262, 264 – *Altautoverwertung.*

[213] BGH a. a. O. – *Altautoverwertung;* WRP 2003, 73, 75 – *Kommunaler Schilderprägebetrieb.*

[214] BGH WRP 2003, 262, 265 – *Altautoverwertung.*

[215] BGH WRP 2003, 262, 265.

[216] BGH WRP 2003, 262, 265.

[217] BGH WRP 2003, 262, 265 – *Altautoverwertung;* ferner GRUR 1974, 733, 735 – *Schilderverkauf;* WRP 2003, 73, 75 – *Kommunaler Schilderprägebetrieb.*

[218] BGH (KartS) GRUR 2003, 167, 169 = WRP 2003, 73, 75; s. auch WRP 2002, 1426, 1428 – *Fernwärme für Börnsen;* GRUR 1999, 256, 257 = WRP 1998, 857 – *1000 DM Umwelt-Bonus.*

[219] OLG Koblenz MMR 2001, 812, 813 = ZUM 2001, 800, 802 f. = AfP 2001, 414, 417 – *ZDF-Medienpark.*

4. Die Einwirkung von Grundrechten auf wettbewerbsrechtliche Verhaltensnormen

a) Handlungsfreiheit am Markt, Verstärkung des Unlauterkeitsschutzes. Nationale und unionsrechtliche Grundrechte sowie die Grundfreiheiten der Art. 34, 49 und 56 AEUV beeinflussen die konkrete Anwendung des Sonderdeliktsrechts gegen unlauteren Wettbewerb. **Begünstigt** wird davon der handelnde **Wettbewerber,** indem eine Beschränkung seiner **Handlungsfreiheit** verweigert wird: Entweder unterbleibt der Ausspruch einer direkt in die Zukunft wirkenden Abwehrrechtsfolge (Unterlassung, Beseitigung), oder es unterbleibt die Gewährung nachtatlicher Sanktionen (Schadensersatz, Auskunft, Rechnungslegung), deren drohende Zuerkennung mittelbar Präventionswirkungen erzeugen würde. Begünstigt werden kann aber auch die **Marktgegenseite,** indem Wertentscheidungen grundrechtlich geschützter Rechtspositionen zur Gewinnung oder Verstärkung des **Unlauterkeitsurteils** herangezogen werden. So ist unter Geltung des § 1 UWG 1909 zugunsten der Marktgegenseite (Verbraucher, gewerbliche Abnehmer) auf Art. 2 Abs. 1 GG Bezug genommen worden, um die Abwehr unlauterer Werbeaktivitäten (heute: § 7 Abs. 1 UWG) oder unmittelbar greifender Akquisitionshandlungen wegen deren belästigender Wirkungen zu begründen oder um das Bedürfnis der Erhaltung freier Abnehmerentscheidungen zu untermauern. 59

Die Bildung richterrechtlicher Verbotstatbestände ist weder zur Liberalisierung noch zur Schaffung von Verboten auf die Heranziehung der Wertentscheidungen von Grundrechtsnormen angewiesen, markiert damit aber zusätzlich das rechtliche Gewicht des jeweiligen Schutzanliegens. Das Bewusstmachen einschlägiger Grundrechtspositionen **fördert** die **Reflexion** über **Schutzbedürfnisse** im positiven wie negativen Sinne. Zugleich wird der **Rechtschutz** durch die Möglichkeit der Verfassungsbeschwerde (wie auch der Beschwerde zum Europäischen Gerichtshof für Menschenrechte in Straßburg) **erweitert.** Die Vorlage an den EuGH gem. Art. 267 AEUV kann indes nur indirekt erzwungen werden (s. oben Rdn. 18). 60

b) Traditioneller Ansatz zur Haftungsabschwächung unter Grundrechtseinfluss. Das Sonderdeliktsrecht des **UWG** stellt **strengere Verhaltensnormen** auf als das allgemeine Deliktsrecht des BGB, wie sich insbesondere im Bereich der Äußerungsdelikte zeigt (z. B. § 4 Nr. 2 UWG, ex § 4 Nr. 8, einerseits, § 823 Abs. 1 BGB – Gewerbebetriebsschutz und § 824 BGB andererseits).[220] Die Gefahr verfälschender Darstellungen ist bei einem Handeln im Wettbewerb stärker gegeben als bei einem wettbewerbsneutralen Verhalten. Aufgrund der Motivationslage des Werbenden sind dessen Äußerungen stärker von subtilen Beschönigungen, von den Mitbewerber treffenden Herabsetzungen oder von sonstigen **Verfälschungen der** erteilten **Marktinformation** bedroht als Äußerungen, die nicht unmittelbar von wirtschaftlichen Eigeninteressen getragen sind. Auf dieser Lebenserfahrung beruht die unterschiedliche rechtliche Behandlung neutral veranstalteter Warentests und vergleichender Werbung (§ 6 UWG). Ebenso wird persönliche herabsetzende Befassung mit Mitbewerbern unabhängig vom Wahrheitsgehalt der Information im Einzelfall generalisierend zurückgedrängt. **Redaktionelle Werbung** in elektronischen und Printmedien[221] sowie in Büchern[222] und Filmen ist sowohl bei Verdeckung des Werbecharakters (dann § 5a Abs. 6 UWG, ex § 4 Nr. 3, jedoch nicht deckungsgleich) als auch wegen Gefährdung der journalistischen Unabhängigkeit zu untersagen, auch wenn dieselbe Äußerung bei rein publizistischem Anlass rechtmäßig erfolgen würde. 61

Die Normen des UWG wurden **früher** von den parallelen allgemeinen Deliktsrechtstatbeständen des BGB vor allem durch das Tatbestandsmerkmal **„Wettbewerbshandlung"** abgegrenzt. Unter der Geltung des UWG 1909 wurden die Handlungs- und Äußerungsfreiheit von Presseunternehmen oder die Freiheit für wissenschaftliche und kulturelle Äußerungen oder die Publikation neutral veranstalteter Warentests vor Verboten, die auf das UWG gestützt wurden, bewahrt, indem ein Handeln zu Zwecken des Wettbewerbs verneint wurde, und zwar die darin verankerte Absicht der Förderung eigenen oder fremden Wettbewerbs; mit dieser traditionellen Begründung verschaffte man u. a. dem Grundrecht aus Art. 5 Abs. 1 S. 1 GG Beachtung. 62

Dieser Begründungsweg konnte unter der Geltung des UWG 2004 in modifizierter Form weiter beschritten werden, indem eine Wettbewerbshandlung im Sinne des § 2 Abs. 1 Nr. 1 verneint wurde.[223] Sie lag nach der Fassung von 2004 nur vor, wenn die Handlung das Ziel verfolgte, die Leistungserbringung des eigenen oder eines fremden Unternehmens zu fördern. Die Normfassung auf Grund des UWG 2008 bzw. des UWG 2015 stellt bei der Definition einer **geschäftlichen Hand-** 63

---

[220] Vgl. nur BGH GRUR 2012, 74, Tz. 33 – *Coaching-Newsletter.* S. ferner *Schaub* JZ 2007, 548, 549 f., 555.
[221] Dazu *Ahrens,* in: Gloy/Loschelder/Erdmann, HdbWettbR[4] § 70 Rdn. 31 ff., 48, 68 ff., 72.
[222] Dazu OLG Hamm WRP 1993, 515, 518.
[223] So z. B. OLG Hamburg GRUR-RR 2005, 385, 3986 – *Ladenhüter.*

lung statt dessen rein objektiv auf eine unmittelbare Absatzförderung ab, weist ihr aber dieselbe ausgrenzende Aufgabe zu.[224]

64 Diese Argumentation erscheint eher willkürlich. Es handelte sich schon bei der Art der Anwendung des UWG 1909 um eine **unbefriedigende Problemlösung** nach einem **Alles-oder-Nichts-Prinzip,** die wegen des diskretionären Urteils über die subjektive Absicht ein hohes Maß an Unsicherheit erzeugte. Nicht zuletzt macht dies der Umgang mit Pressepublikationen deutlich:[225] Ihr redaktioneller Teil wurde vom UWG ausgenommen, wenn die Beiträge von einer publizistischen Absicht getragen waren, fiel aber darunter, wenn es sich (typischerweise verdeckt) um redaktionelle Werbung zur Förderung Dritter und damit mittelbar verbunden zur Stabilisierung des Anzeigenvolumens handelte. Unrichtig war an diesem Vorgehen zudem, die Feststellung einer subjektiven Tatsache, nämlich einer Absicht, mit der Verwirklichung einer wertenden Zielsetzung, nämlich der Gewährung des gebotenen Freiraums für Meinungsäußerungen, zu verknüpfen.[226]

65 Eine **alternative Begründung** hatte sich bereits seit längerem herausgebildet, auch wenn sie nicht immer konsequent angewandt wurde. Der Anzeigenteil der Presseorgane als Raum zum Transport fremder Nachrichten z. B. wurde danach einer **pressespezifischen Prüfungspflicht** unterworfen (Störerhaftung als „Beteiligung" an fremden Wettbewerbshandlungen[227]); das entspricht dem nachfolgend erörterten Begründungsweg, den auch der BGH in den Entscheidungen *Coaching-Newsletter*[228] und *Bezugsquellen für Bachblüten*[229] beschritten hat.

66 **c) Rechtswidrigkeitsbestimmung.** Im letzten Jahrzehnt des 20. Jahrhunderts kamen vereinzelt Begründungen auf, die beim **Rechtswidrigkeitsurteil** der – auf der Grundlage der Generalklausel des § 1 UWG 1909 – richterrechtlich entwickelten Verhaltensnormen ansetzten und die Rechtswidrigkeitsbeurteilung unter der Einwirkung von Grundrechten zugunsten der Handlungsfreiheit des Wettbewerbers umformten. Vorbild dieses methodischen Wegs war die Rechtsprechung zum allgemeinen Deliktsrecht. Bei offenen deliktsrechtlichen Tatbeständen, die das Rechtswidrigkeitsurteil nicht durch eine vom Gesetzgeber vertypte Wertung vorformen – so in § 1 UWG 1909 und bei den dem § 823 Abs. 1 BGB aufgepfropften Rahmenrechten (Persönlichkeitsschutz, Gewerbebetriebsschutz) –, ist das Rechtswidrigkeitsurteil durch Abwägung positiv zu gewinnen. Zu den konstituierenden Bewertungsfaktoren gehören dabei die grundrechtlich geschützten Freiheiten. Vertypte Unrechtstatbestände berücksichtigen die Grundrechtspositionen im Schichtenaufbau der Deliktsnorm entweder durch geeignete Auslegung einzelner Tatbestandsmerkmale auf der Tatbestandsebene oder bei der abschließenden Rechtswidrigkeitsbewertung durch Bejahung eines Rechtfertigungsgrundes. Zu lösen sind die Probleme der **Antinomie** des **Schutzes** der Mitbewerber, der Marktgegenseite und der Allgemeinheit **vor unlauteren Verhaltensweisen** (§ 1 UWG) auf der einen Seite und des **Schutzes der Handlungsfreiheit** des angegriffenen Wettbewerbers und seiner Helfer auf der anderen Seite spätestens in der Kategorie der Rechtswidrigkeit.[230] Die nachgeordnete Verschuldenskategorie steht dafür nicht zur Verfügung, wenn die in der Praxis bedeutsamen verschuldensunabhängigen Abwehransprüchen geltend gemacht werden.

67 Das **BVerfG** hat in seinen Senatsentscheidungen zur **Bilderserie der Benetton-Werbung**[231] und den darauf aufbauenden Kammerentscheidungen[232] versucht, von einem angeblich in der Fachgerichtsbarkeit anerkannten Schutzgut des Leistungswettbewerbs ausgehend[233] die große Generalklausel des § 1 UWG 1909 schärfer zu konturieren und – daraus ableitend – **Gefährdungen des Leistungswettbewerbs** als Institution[234] sowie Gefährdungen der freien Entschließung der Kun-

---

[224] RegE BT-Drucks. 16/10145 v. 20.8.2008 (Begründung B Art. 1 zu § 2 Abs. 1 Nr. 1). So auch die Argumentation in OLG Köln GRUR-RR 2013, 466, 469 – *Bachblüten;* anders der Ansatz der Revisionsentscheidung BGH GRUR 2015, 694, Tz. 34, der aber letztlich unklar bleibt, ebenso der Ansatz in BGH GRUR 2012, 74, Tz. 38 – *Coachin-Newsletter* zeigt.

[225] Dazu *Ahrens* in: Gloy/Loschelder/Erdmann, HdbWettbR[4], § 69 Rdn. 49 ff., § 70 Rdn. 47 u. 74.

[226] Dies aber verteidigend *Hösch* WRP 2003, 936, 940 (Beschränkung der Tatbestandsmerkmale Handeln im geschäftlichen Verkehr zu Zwecken des Wettbewerbs durch Art. 5 I 1 GG). In der Tendenz wie hier wohl GroßKommUWG/*Peukert*[2] § 2 Rdn. 139 f.

[227] Näher dazu *Ahrens* WRP 2007, 1281 ff.

[228] BGH GRUR 2012, 74, Tz. 15, 27 und 31.

[229] BGH GRUR 2015, 694, Tz. 22 ff. und 34.

[230] Vgl. zu dieser alternativen Begründung BVerfG GRUR 2008, 81, 82 – *Pharmakartell.*

[231] BVerfGE 102, 347 = NJW 2001, 591 = GRUR 2001, 170 – *Benetton I;* BVerfGE 107, 275 = NJW 2003, 1303 = WRP 2003, 633 = GRUR 2003, 442 – *Benetton II.*

[232] BVerfG GRUR 2001, 1058 – *Therapeutische Äquivalenz;* NJW 2002, 1187 – *Tier- und Artenschutz;* NJW 2003, 277 – *Juve-Handbuch;* NJW 2003, 2229 – *Anonymer Preisvergleich;* GRUR 2008, 81 – *Pharmakartell.*

[233] BVerfG NJW 2002, 1187, 1188 – *Tier- und Artenschutz;* BVerfG GRUR 2008, 81, 82/83 – *Pharmakartell.*

[234] So die Prüfung im Fall *Therapeutische Äquivalenz.*

den[235] im Rahmen des Art. 5 Abs. 2 GG als Rechtfertigung für Beschränkungen der Meinunsäußerungsfreiheit durch UWG-Verbote zu verwenden (näher zur Kritik: 3. Aufl. dieses Kommentars, Einl. G Rdn. 77–80). Diese Rechtsprechung ist im Anwendungsbereich der Regeltatbestände des UWG bedeutungslos geworden. Es geht nicht mehr um die Kontrolle von Rechtswidrigkeitsbeurteilungen, die im Prozess der Rechtsanwendung richterrechtlich entwickelt worden sind, sondern um zum Teil sehr detaillierte gesetzgeberische Vorgaben und deren etwaige Auslegung. Soweit es für die Auslegung auf die Anwendung eines Grundrechts ankommt, muss beachtet werden, ob das GG oder die GRCh anwendbar ist (dazu oben Rdn. 45 und unten Rdn. 78).

d) Schutzbereichserweiterung des Art. 5 I 1 GG auf Wirtschaftswerbung. Das BVerfG hat mit der Benetton-Rechtsprechung „kommerzielle Meinungsäußerungen und reine Wirtschaftswerbung, die einen wertenden, meinungsbildenden Inhalt hat“,[236] in den Schutzbereich des Art. 5 Abs. 1 S. 1 GG einbezogen, nimmt mit dieser Formulierung aber wohl **innerhalb** der **Wirtschaftswerbung** eine **Differenzierung** vor, indem es **nichtwertende Aussagen ausgrenzt** (dazu nachfolgend Rdn. 69 und 73). Eine Begründung wird dafür nicht gegeben. Die Differenzierung begründet Divergenzen des Prüfungsansatzes zur Beurteilung von „commercial speech“ nach Art. 10 EMRK und in der Rechtsprechung des US-Supreme Court (dazu oben Rdn. 41).[237] Die Schutzbereichserweiterung ist zu begrüßen.[238] Sie bedeutet aber nicht, dass das Marktverhalten deshalb schon als rechtmäßig zu bewerten ist, denn über das endgültige Unlauterkeitsurteil wird erst mit der Schrankenbestimmung entschieden. Schon früh hat das BVerfG geklärt, dass es sich beim UWG um ein allgemeines Gesetz im Sinne des Art. 5 Abs. 2 GG handelt.[239] 68

Das BVerfG schafft mit der Anforderung, Wirtschaftswerbung und kommerzielle Meinungsäußerungen müssten einen wertenden, meinungsbildenden Inhalt haben, eine Divergenz[240] zu seiner eigenen, das allgemeine Deliktsrecht betreffenden Aussage, dass **Tatsachenäußerungen, die Voraussetzung der Meinungsbildung sind,** den Schutz der Meinungsäußerungsfreiheit genießen.[241] Wirtschaftswerbung wird als Teil des Kommunikationsprozesses am Markt in der Regel der Bildung einer Meinung durch die Marktgegenseite dienen, auch wenn nur tatsächliche Informationen über die eigene gewerbliche Leistung kundgetan werden, indem entweder ein positives Bild gezeichnet wird oder über einen Konkurrenten ein negatives Bild, das reflexartig den Äußernden begünstigt. Eine Differenzierung durch **Beschränkung auf wertende Stellungnahmen** würde wegen der niedrigen Anforderungen an eine Wertung durch den Äußernden zu **willkürlichen Ergebnissen** führen.[242] 69

Die für **Freiberufler** geltenden berufsrechtlichen Werbebeschränkungen misst das BVerfG nach wie vor am **Grundrecht** der **Berufsfreiheit (Art. 12 Abs. 1 GG).**[243] Es ist nicht erkennbar, nach welchen Kriterien jeweils das eine oder das andere Grundrecht zur Kontrolle der Regulierung von Wirtschafts- und Berufswerbung herangezogen wird (kritisch bereits oben Rdn. 39). Die Ender- 70

---

235 So die Prüfung im Fall *Tier- und Artenschutz*.

236 Ebenso schon BVerfGE 71, 162, 175 = NJW 1986, 1533 – *ärztliche Indikationsangaben*. Dies fortsetzend BVerfG GRUR 2015, 507, Tz. 20 – *Werbetassen*. Dem BVerfG folgend OLG München WRP 2012, 1145, Tz. 13 – *verschleierte Werbung auf Wikipedia*.

237 Dazu *Ahrens* in: Gloy/Loschelder/Erdmann, HdbWettbR[4] § 69 Rdn. 22. Zu Art. 11 GrCh GroßKommUWG/*Heinze*[2] Einl. C Rdn. 203.

238 Ablehnend hingegen, nämlich für Art. 12 Abs. 1 GG plädierend, *Faßbender* GRUR Int. 2006, 965, 971, 978.

239 Zu § 1 UWG a.F. BVerfGE 62, 230, 245 = NJW 1983, 1181 – *Denkzettelaktion;* 85, 248, 263 = NJW 1992, 2341 – *Hackethal;* ebenso BVerfG GRUR 2008, 81, 82 – *Pharmakartell.*

240 Gleichartige Kritik bei *Kübler/Kübler,* FS Ulmer (2003) S. 907, 921; *Wassermeyer* GRUR 2002, 126, 130.

241 BVerfGE 61, 1, 8 = NJW 1983, 1415 – *NPD von Europa;* 85, 23, 31 = NJW 1992, 1442, 1443 – *AUF;* 90, 241, 247 = NJW 1994, 1779 – *Leugnung der Judenverfolgung;* 94, 1, 7 = NJW 1996, 1529 – *DGHS;* 97, 391, 397 = NJW 1998, 2889 – *sexueller Missbrauch.* Wie hier GroßKommUWG/*Schünemann*[2] Einl. A Rdn. 212.

242 Zur Abgrenzung von Tatsachenbehauptung und Wertung im Lauterkeitsrecht s. auch *Lettl* FS Bornkamm (2014) S. 407, 414f.

243 BVerfGE 71, 162, 173f. = NJW 1986, 1533; 85, 248, 257 = NJW 1992, 2341 – *Hackethal* (ergänzend zu Art. 5 I 1 GG: a.a.O. 263); 94, 372, 389 = NJW 1996, 3067 – *Apothekenwerbung;* NJW 1997, 2510 – *Briefbogenlogo;* NJW 2000, 3195 – *anwaltliches Sponsoring;* NJW 2002, 1331 – *Knie/Wirbelsäulenspezialist;* NJW 2003, 2818 = WRP 2003, 1099 – *Internetwerbung Gefäßklinik;* WRP 2003, 1213 = GRUR 2003, 965 – *Anwaltswerbung mit Sporterfolgen;* NJW 2003, 3470 = GRUR 2003, 966 – *Zahnarztinternetwerbung;* NJW 2003, 3472 = GRUR 2003, 966 – *Werbung für zahnärztliche Klinik;* NJW 2004, 2660 = GRUR 2004, 797, 798 – *Botox-Faltenbehandlung* (abgrenzend dazu OLG Frankfurt GRUR-RR 2007, 118, 119 – *Faltenbehandlung mit Botox*); BVerfG GRUR 2011, 530, Tz. 29 – *Zahnarzt-Preisvergleich;* NJW 2011, 2636, Tz. 41 – *Zahnarzt für Implantologie;* NJW 2011, 3147, Tz. 20 – *Zahnärztehaus.* Ebenso die Produktwarnungen der öffentlichen Hand betreffende *Glykolwein*-Entscheidung BVerfG NJW 2002, 2621, 2622.

gebnisse der Grundrechtsanwendung mögen durch die unterschiedliche Vorgehensweise unberührt bleiben,[244] jedoch dürfte die psychische Wirkung dieser Differenzierung in der Fachgerichtsbarkeit Spuren hinterlassen. Die häufigen Rügen des BVerfG gegenüber den Fachgerichten wegen Verletzung des Art. 5 Abs. 1 S. 1 GG haben wegen ihrer (tatsächlichen oder vermeintlichen) Unkalkulierbarkeit ein Rechtsprechungsklima der Vorsicht, gepaart mit Resignation, erzeugt, das nicht zwingend mit der vom BVerfG generierten objektiven Rechtslage zu tun hat, das aber gleichwohl größere Zurückhaltung auslöst als die scheinbar geringere Kontrolle am Maßstab des Art. 12 Abs. 1 GG.

71 Die mangelnde Eignung des Kriteriums der Meinungsbildung (zuvor Rdn. 68) zur abstrakten Selektion zeigt sich bei dessen konkreter Handhabung. Worin sich z. B. die Sponsoringwerbung einer Anwaltskanzlei, die eine Kammerentscheidung des BVerfG an Art. 12 Abs. 1 GG gemessen hat,[245] von der nach Art. 5 Abs. 1 S. 1 GG beurteilten Bildaussage der Benetton-Imagewerbung in der Qualität der Beeinflussung fremder Meinungsbildung unterscheiden soll, ist nicht nachzuvollziehen und belegt die **Beliebigkeit der Rechtsanwendung durch** das **BVerfG.** Der Hinweis eines Marktteilnehmers auf das eigene **Sponsoring** bekundet die ansehenssteigernde und sympathiebegründende, also imagestützende Förderung einer sportlichen, kulturellen oder sonstigen Veranstaltung und enthält eine wertende Unterstützung der betreffenden Veranstaltung, u. U. sogar eine Solidarisierung mit dem Veranstalter. Für andere **marktbezogene Informationen** wie die Pflichtmitteilungen nach dem WertpapierhandelsG, die von Unternehmen im Anzeigenteil einer Zeitung veröffentlicht werden, ist der Gesetzgeber davon ausgegangen, dass sie zur Meinungsbildung der Kapitalanleger über den Aktienwert bestimmt sind.[246] Ihr nüchterner Tatsachencharakter unterscheidet sich nicht in rational abgrenzbarer Weise von der Selbstanpreisung eines Einzelhändlers in Bezug auf den Vertrieb eines preiswerten Mobiltelefons.

72 **e) Grundrechtsschranken und UWG.** Der Schwerpunkt der Anwendung von Grundrechten im UWG liegt bei den Äußerungsdelikten. Dabei muss man sich vor dem **Missverständnis** hüten, die Einbeziehung von Wirtschaftswerbung in den Schutzbereich der Meinungsäußerungsfreiheit (oben Rdn. 68) habe zwangsläufig zur Konsequenz, dass das Marktverhalten als rechtmäßig zu bewerten sei. Die juristische **Feinarbeit,** die über das Rechtswidrigkeitsurteil (Unlauterkeitsurteil) entscheidet, findet erst bei Bestimmung **der Grundrechtschranken** statt.

73 Das BVerfG hat in der Entscheidung *Benetton I* nicht klar erkennen lassen, ob bei der Abwägung nach Art. 5 Abs. 2 GG eine **Differenzierung nach** dem **Inhalt der Meinungsäußerung** zulässig ist.[247] Auffallend ist allerdings, dass der Rechtfertigungsbedarf für ein wettbewerbsrechtliches Verbot „in besonderem Maße" für kritische Meinungsäußerungen zu gesellschaftlichen oder politischen Fragen bestehen soll.[248] Das könnte ein Ansatz für themenbezogene Unterscheidungen sein. Eine derartige **Differenzierung** wird in der US-Rechtsprechung zur **commercial speech** und der Rechtsprechung zu Art. 10 EMRK vorgenommen. Der BGH hat in seiner Entscheidung im Fall *HIV positive* dezidiert die zutreffende Ansicht vertreten, dass **im Wettbewerb verboten** sein kann, **was außerhalb** des Wettbewerbs ohne weiteres **zulässig** oder hinnehmbar ist oder sogar als meinungsbildender Beitrag erwünscht sein kann.[249] Die Verletzungswirkung von Meinungsäußerungen kann unterschiedlich intensiv sein.

74 Unzutreffend wäre eine Geringschätzung des Umstandes, dass eine **Meinungsäußerung in** einen **Werbekontext eingebettet** ist, also individuelle ökonomische Interessen verfolgt. Äußerungen zur Förderung eigenen oder fremden wirtschaftlichen Wettbewerbs dürfen strenger (= verbotsbereiter) bewertet werden als Äußerungen, die in Verfolgung ideeller, publizistischer, wissenschaftlicher oder kultureller Zwecke getätigt werden. Meinungsäußerungen zur **Verfolgung** individueller **ökonomischer Interessen** haben in der Abwägung **ein geringeres Gewicht** als Meinungsäuße-

---

[244] Vgl. dazu *Jänich,* Überhöhte Verbotsstandards im UWG?, 1993, S. 73ff., 95f., 100f., 120. A. A. *Faßbender* GRUR Int. 2006, 965, 971.

[245] BVerfG NJW 2000, 3195 mit krit. Bspr. *Ahrens* NJW 2000, 3188.

[246] *Kübler/Kübler,* FS Ulmer S. 907, 922f., wollen Angaben in Erfüllung der vom Kapitalmarktrecht auferlegten Informationspflichten dem Art. 12 GG zuweisen, wohl ausgehend von der Vorstellung, damit eine strengere Wirtschaftsregulierung zu ermöglichen.

[247] Anders die Deutung durch *Kübler/Kübler,* FS Ulmer S. 907, 920 (mit Befürwortung einer Schlechterstellung der Wirtschaftswerbung durch das UWG gegenüber dem allgemeinen Deliktsrecht). Für eine Berücksichtigung der Einbettung des Kommunikationsaktes in einen Werbezusammenhang bei der Abwägung nach Art. 5 Abs. 2 GG auch *Fezer* NJW 2001, 580, 581. Zu Art. 10 EMRK ebenso *Calliess* AfP 2000, 248, 251; dazu und zu Art. 11 GrCh GroßKommUWG/*Heinze*² Einl. C Rdn. 210 m. w. Nachw, der seinerseits in Rdn. 215 die Differenzierung in einer einheitlichen Verhältnismäßigkeitsprüfung aufgehen lassen will.

[248] BVerfG NJW 2001, 591, 592 – *Benetton I.*

[249] BGH NJW 2002, 1200, 1203.

rungen, die der Meinungsbildung im öffentlichen Leben oder der individuellen Persönlichkeitsentfaltung dienen.[250]

Die **Differenzierung der Haftungsstrenge** von allgemeinem Deliktsrecht und Sonderdeliktsrecht des UWG ist **sachlich gerechtfertigt.** Das BVerfG hat den Marktinformationsprozess in der Kammerentscheidung *Tier- und Artenschutz* zutreffend als für privatautonom getroffene Marktentscheidungen wichtig und daher im Abnehmerinteresse durch Art. 2 Abs. 1 GG geschützt angesehen.[251] Dem **Werbekontext** einer Äußerung ist im Abwägungsvorgang der Schrankenbestimmung **Rechnung zu tragen.** Umgekehrt formuliert darf der Werbende keinen rechtlichen Bonus für seine Werbung genießen, weil er die Anpreisung seiner unternehmerischen Leistung mit Äußerungen verknüpft, die außerhalb des Werbekontextes als kritische Beteiligung an der gesellschaftlichen und politischen Auseinandersetzung erhöhten Schutz erhalten. 75

Aufgrund der **Motivationslage des Werbenden** sind dessen Äußerungen stärker **von subtilen** Beschönigungen, von den Mitbewerber treffenden Herabsetzungen oder von sonstigen **Verfälschungen** der erteilten Marktinformation **bedroht** als Äußerungen, die nicht unmittelbar von wirtschaftlichen Eigeninteressen getragen sind. Auf dieser Lebenserfahrung beruht etwa die unterschiedliche rechtliche Behandlung neutral veranstalteter **Warentests** (Beurteilung nur nach allgemeinem Deliktsrecht), bei denen der Testveranstalter in Bezug auf die Darstellung des Untersuchungsergebnisses einen erheblichen Entscheidungsfreiraum hat,[252] und **vergleichender Werbung** (Beurteilung nach UWG). Das UWG darf die Neigung zur Informationsverzerrung oder -verfälschung durch Beachtung typischer Motivationslagen, etwa bei persönlicher herabsetzender Befassung mit den Mitbewerbern, unabhängig von dem Wahrheitsgehalt der Information im Einzelfall generalisierend zurückdrängen. 76

5. Insbesondere: UWG-Verhaltensnormen und Meinungsäußerungsfreiheit

a) Konkurrenzen. In seiner Benetton-Rechtsprechung hat das BVerfG die **Grundrechte** der **Meinungs- und Pressefreiheit (Art. 5 Abs. 1 GG)** als Schutz gegen Werbeverbote auf der Grundlage des UWG in den Vordergrund gestellt. Die Senatsentscheidungen sowie nachfolgende Kammerentscheidungen sind in der ersten bis dritten Auflage dieses Kommentars eingehend und kritisch analysiert worden.[253] Nachdem für das UWG 2004 in § 4 und seit Ende 2015 zusätzlich in §§ 3a und 4a gesetzliche Regeltatbestände der Unlauterkeit geschaffen worden sind und im Übrigen die richterliche Liberalisierung sowie die Europäisierung des Lauterkeitsrechts vorangeschritten sind, hat die praktische Bedeutung einer verfassungsrechtlichen **Kontrolle** wettbewerbsrechtlicher Verhaltensnormen **an Maßstäben des GG** abgenommen. Zudem hat eine Zuständigkeitsverschiebung stattgefunden, weil sich der Schutz der wettbewerblichen Meinungsfreiheit auch aus **Art. 10 EMRK**[254] und im Anwendungsbereich des Unionsrechts aus **Art. 11 GRCh** ergibt (dazu nachfolgend Rdn. 78ff.). 77

b) Eingeschränkte Bedeutung der Rechtsprechung des BVerfG. Der Anwendungsvorrang des Unionsrechts (dazu oben Rdn. 3) drängt die Beachtung der nationalen Grundrechte zurück.[255] Unmittelbar geltendes sekundäres Unionsrecht, das im harmonisierten Bereich Sperrwirkung gegenüber dem nationalen Recht entfaltet, darf **nur** durch **Unionsgrundrechte** kontrolliert werden.[256] Eine Prüfung des einfachen deutschen Rechts, das auf zwingendem Richtlinienrecht beruht, darf also **nicht an deutschen Grundrechten** bzw. deren Exegese durch das BVerfG **gemessen** werden.[257] Im Übrigen sind die richtlinienkonforme Auslegung sowie die Pflicht zur Vorlage beim EuGH zu beachten (oben Rdn. 15ff. und 27). 78

---

250 Vgl. dazu BVerfGE 62, 230, 244, 247 = GRUR 1984, 357, 359 – *Boykottaufforderung/markt intern.* Klar in diesem Sinne EuGH, Urt. v. 25.3.2004, Rs. C-71/02, Tz. 51 – *Karner/Trostwijk* und EGMR GRUR 2013, 859, Tz. 39 – *Ashby Donald; Lindacher* in: FS Tilmann (2003) S. 195, 200.

251 BVerfG NJW 2002, 1187, 1188.

252 OLG Karlsruhe NJW-RR 2003, 177, 178 – *Ökotest über Lebensmittelbelastungen.*

253 S. ferner *Ahrens* JZ 2004, 763ff.

254 Vgl. EGMR GRUR Int. 1985, 468 – *Tierärztlicher Nachtdienst II;* EGMR NJW 1995, 857 – *Jacubowski* (zur Wettbewerbsförderungsabsicht); EGMR, Urt. v. 11.12.2003, Rs. 39069/97, Medien und Recht 2004, 43 = Bericht ÖJZ 2004, 397 (zur vergleichenden Werbung).

255 Vgl. dazu *Schwarze* NJW 2005, 3559, 3562.

256 GroßKommUWG/*Peukert*[2] § 3 Rdn. 310.

257 Vgl. dazu BGHZ 187, 240, Tz. 20 = GRUR 2011, 513 – *AnyDVD* (betr. Urheberrecht); BGH GRUR 2012, 74, Tz. 28 – *Coaching-Newsletter; Lettl* FS Bornkamm (2014) S. 407, 408. Zum Grundrechtsschutz gegenüber supranationalen Organisationen wie dem Europ. Patentamt BVerfG GRUR 2006, 569.

79 **c) Auslegung von Werbeaussagen.** *aa) Verbale und nonverbale Äußerungen.* Das BVerfG hat in seinen die Bilderwerbung der Firma Benetton betreffenden Entscheidungen verbale Meinungsäußerungen, an denen es in den Anzeigen fehlte, und nonverbale Meinungsäußerungen durch „sprechende" Bilder auf eine Stufe gestellt. Dies deckt sich mit der früheren Rechtsprechung, nach der **alle Ausdrucksformen** einer Meinungsäußerung **in** den **Schutz** des Art. 5 Abs. 1 S. 1 GG **einbezogen** sind.[258] Das BVerfG hat den Bildern, obwohl es sich nach der Qualifizierung des Gerichts um reine Imagewerbung handelte, einen meinungsbildenden Inhalt zugesprochen und hat es als unschädlich angesehen, dass unter Verzicht auf jeglichen Kommentar nur das Firmenlogo zu erkennen war.[259]

80 *bb) Bestimmbarer Aussageinhalt.* Das BVerfG hat allerdings nicht klargestellt, ob nonverbale Äußerungen einen **verbal** eindeutig **formulierbaren Aussageinhalt** haben müssen.[260] Dies muss zur sachgerechten Abgrenzung der Meinungsäußerungsfreiheit gefordert werden, weil anderenfalls Formen der **kommerziellen Kommunikation** wie die **Verwendung einer Marke** nicht **auszugrenzen** sind. Voraussetzung des Schutzes nonverbaler Äußerungen nach Art. 5 Abs. 1 S. 1 GG muss sein, dass die Meinungsäußerung in eine dem Adressaten verständliche Textaussage übersetzbar ist und nicht nur dazu dient – wie das BVerfG in anderem Zusammenhang formuliert –, „sich ins Gespräch zu bringen". Eine Ausuferung des Grundrechts tritt ein, wenn man bereits „Interpretations- und Identifikationsangebote an den Verbraucher" unter Äußerungsschutz stellt.[261] Zu verlangen ist also, dass über eine meinungsbildende Wirkung als solche hinausgehend, wie sie z.B. mit Kunstgegenständen oder mit Musik erzeugt werden kann, eine mindestens konkludent abgegebene Äußerung existieren muss. Es kann **keine Meinungsäußerung ohne Äußerung einer Meinung** geben, sei es einer Wertung durch den Äußernden zur Beeinflussung der Adressaten im Sinne des Äußernden, sei es einer Tatsachenbehauptung, die bei den Adressaten eine Meinungsbildung im Sinne des Äußernden herbeiführen soll.[262]

81 *cc) Zurechenbarkeit der Äußerung zum Äußernden.* Der Inhalt einer Meinungsäußerung kann **mehrdeutig** sein und zwingt dann zur Auslegung. Vorgelagert sein kann das Auslegungsproblem, ob überhaupt eine **subjektive Beziehung** des sich Äußernden **zum Inhalt der Aussage** besteht und insoweit eine Meinungsäußerung gegeben ist (möglicherweise deckungsgleich mit dem vorstehend unter Rdn. 79 aufgezeigten Problem). Das BVerfG hat angenommen, alle drei Werbebilder enthielten ein (Un-)Werturteil zu gesellschaftlich und politisch relevanten Fragen. Dabei konnte sich das BVerfG auf (voreilig und ohne Tatbestandsbindung durch OLG-Urteile getroffene?) Feststellungen der angegriffenen BGH-Urteile stützen, die Anzeigen prangerten das Elend der Welt an.

82 Dass eine eigene Botschaft der Firma Benetton von deren Anzeigen ausging, hat das BVerfG unter unterstützender Heranziehung einer publizistischen Äußerung des Werbefotografen *Toscani,* der die Anzeigen gestaltet hatte, angenommen. Gerade diese **nachträgliche Fremdinterpretation** hätte den nahe liegenden Verdacht verstärken müssen, dass **beliebige, intersubjektiv unverbindliche interpretatorische Inhalte** von außen an die Bilder herangetragen wurden. Indikator dafür waren auch die variantenreichen juristischen Kurztitel, die für die Benettonwerbung verwendet wurden (z.B. Schockwerbung, Imagewerbung). Der BGH hat in seiner Entscheidung *HIV positive II* das überzeugende Auslegungsergebnis erzielt, ein eigener Aussageinhalt sei von Benetton nicht fixiert worden; vielmehr sei der Betrachter völlig den eigenen Assoziationen, Gedanken und Empfindungen überlassen gewesen. Darauf ist das BVerfG in der aufhebenden Entscheidung *Benetton II* nicht eingegangen.

83 *dd) Mehrdeutigkeit.* Die *Benetton I*-Entscheidung zeigt **keine klaren Leitlinien** für die **Auslegung wettbewerblicher Äußerungen** auf. Erkennbar ist nur, dass die rechtliche Beurteilung nicht auf eine einzige Auslegungsvariante gestützt werden soll. Es heißt abwehrend: „Eine solche Deutung ist jedoch nicht die einzig mögliche, ja nicht einmal besonders nahe liegend". An späterer Stelle, bei Behandlung des Falles *HIV positive,* äußerte sich das BVerfG erneut zur Auslegung und verlangte, dass die Bildäußerung unter Einbeziehung ihres Kontextes ausgelegt und ihr kein Sinn

---

[258] BVerfGE 30, 336, 352 = NJW 1971, 1555 – *FKK-Schriften.* Zur Auslegung von Abbildungen BVerfG NJW 2000, 1026 – *Wepper.*

[259] Unzutreffend ist der Vorwurf von *Schuppert* AfP 2003, 113, 114, der BGH habe verkannt, dass auch unkommentierte Bilder zum Prozess der Meinungsbildung beitragen.

[260] So schon meine Kritik an den drei BGH-Entscheidungen, *Ahrens* JZ 1995, 1096, 1100.

[261] So *Schuppert* AfP 2003, 113, 115 (darin ein Charakteristikum der Imagewerbung sehend); gegen ihn *Degenhardt,* vgl. Diskussionsbericht zur Tagung des Studienkreises für Presserecht, AfP 2003, 133, 135.

[262] Das vernachlässigt die Kritik von *Busche,* Anm. zu BGH LM Nr. 866 zu § 1 UWG, S. 11. Den fehlenden Informationsgehalt der bloß auf Aufmerksamkeitserregung angelegten, nämlich Namenspflege betreibenden Werbung hebt *Calliess* AfP 2000, 248, 252, hervor.

zugeschrieben werde, den sie objektiv nicht haben könne. Bei **mehrdeutigen Äußerungen** müssten die Gerichte sich im Bewusstsein der Mehrdeutigkeit **mit** den verschiedenen **Deutungsmöglichkeiten auseinandersetzen** und für die gefundene Lösung **nachvollziehbare Gründe**[263] angeben (Variantenlehre).[264]

ee) Günstigkeitsprinzip, Wirkung auf die Werbeadressaten. Der VI. ZS des BGH hat aus der Variantenlehre für das allgemeine Deliktsrecht abgeleitet, es müsse jeweils die **der Meinungsfreiheit günstigste Auslegung** der weiteren Beurteilung zugrunde gelegt werden.[265] Bei Übertragung dieser Ansicht in das Wettbewerbsrecht dürfte insbesondere beim Irreführungsschutz nach § 5 UWG dem Werbenden nicht mehr jede Variante einer Auslegungsmehrdeutigkeit zugerechnet werden. Bis zu einer eindeutigen grundrechtlichen Klärung sollte an der bisherigen wettbewerbsrechtlichen Auslegungspraxis festgehalten werden. Sie beruht auf der Lebenserfahrung, dass Werbende sich bei mehrdeutigen Aussagen dieses Umstandes in der Regel bewusst sind und gegenteilige Prozessbehauptungen nur Schutzbehauptungen sind. Insbesondere aber gebietet der Schutzzweck, Fehlvorstellungen von Marktteilnehmern über ein Leistungsangebot zu unterdrücken, dem **Interesse** der angesprochenen Verkehrskreise **an unverfälschter Marktinformation** statt der Handlungsfreiheit (Meinungsfreiheit) den **Vorrang** einzuräumen.[266] Das BVerfG hat im Fall *Stolpe* den BGH insofern korrigiert, als das Günstigkeitsprinzip nicht für den Unterlassungsanspruch gegen Persönlichkeitsrechtsverletzungen gelten soll.[267] Diese Rechtsprechung ist auf das Wettbewerbsrecht zu übertragen.[268] 84

Irritierend ist ein weiterer Begründungsteil der *Benetton II*-Entscheidung, wonach das ***tatsächliche* Verständnis** einer Äußerung durch Minder- oder Mehrheiten der Rezipienten zwar ein Argument für die Ermittlung des Sinns einer Äußerung sein könne, es darauf aber **nicht entscheidend** ankomme. Die Sichtweise eines „verständigen Empfängers der für ihn wahrnehmbaren, den Sinn der Äußerung mitbestimmenden Umstände" sei Grundlage der Auslegung.[269] Das tatsächliche Verständnis einer unbestimmt großen Zahl von Rezipienten kann der Fachrichter ohne demoskopische Befragung immer nur objektivierend bestimmen; insoweit besteht der vom BVerfG aufgezeigte potentielle Gegensatz nicht. Sofern darin nicht bloß eine beiläufige Bemerkung zu sehen ist, könnte ein spezifischer normativ-verfassungsrechtlicher Auslegungssatz gemeint sein, der bereits im Auslegungsstadium eine Zurechnungskorrektur zugunsten des Äußernden eröffnen soll. 85

Die Auslegung einer werbenden Meinungsbekundung muss allein von der **Wirkung auf** die angesprochenen **Werbeadressaten** aus der Sicht eines verständigen Betrachters erfolgen, dem verborgene Absichten des Äußernden nicht erkennbar sind und der auch kein externes Auslegungsmaterial zur Verfügung hat.[270] Nur diese Sicht dürfte bei der Anwendung von § 5 UWG, der die Irreführungsrichtlinie umsetzt, **unionsrechtlich** zulässig sein. 86

Die Auslegung erstreckt sich auch auf die Frage, ob eine **Werbeanzeige nonverbaler Art** aus der Sicht der Werbeadressaten überhaupt einen **formulierbaren Meinungsinhalt** besitzt. Damit folgt die Auslegung von Werbetexten denselben bewährten Maximen wie die Auslegung rechtsgeschäftlicher Erklärungen. Hier wie dort zwingen materiell-rechtliche Schutzzwecke zu einer **Objektivierung der Auslegung** und bestimmen das Verfahren zur Feststellung des subjektiv Gemein-

---

[263] Einen stillschweigenden Wandel der Rechtsprechung des BVerfG von „überzeugenden" oder „schlüssigen" zu „nachvollziehbaren" oder „tragfähigen" Gründen im allgemeinen Deliktsrecht konstatiert *Helle* AfP 2006, 110, 111; den Wandel verkennend BerlVerfGH NJW 2006, 1704, 1706.

[264] BVerfG NJW 2003, 1303, 1304 mit Hinweis auf BVerfGE 93, 266, 295 f. = NJW 1995, 3303, 3305 – *Soldaten sind Mörder* und BVerfGE 94, 1, 10 f. = NJW 1996, 1529, 1530 – *DGHS.*

[265] So für das allgemeine Deliktsrecht der VI. ZS des BGH, BGHZ 139, 95, 104 = NJW 1998, 3047, 3048 – *Stolpe;* JZ 2002, 663, 665 – *Zuschussverlag* m. Anm. *Kübler;* NJW 2004, 598, 599 – *Klinik Monopoly* = WRP 2004, 364, 366. Abgeleitet wird dies aus BVerfGE 85, 1, 13 f. = NJW 1992, 1439, 1440 – *Kritische Bayer-Aktionäre* und BVerfGE 94, 1, 9 = NJW 1996, 1529, 1530 – *DGHS.*

[266] Zur Bedeutung markterheblicher Informationen für die Funktionsfähigkeit der Marktwirtschaft BVerfG NJW 2002, 2621, 2622 – *Glykolwein.*

[267] BVerfG NJW 2006, 207, 209 (nachfolgend BGH AfP 2007, 357) m. Bespr. *Helle* AfP 2006, 110 ff.; *Hochhuth* NJW 2006, 189 ff.; *Teubel* AfP 2006, 20 ff.; *Seelmann-Eggebert* AfP 2007, 86 ff.; *Gomille* JZ 2012, 769 ff.; Bekräftigend die Kammerentscheidung BVerfG NJW 2006, 3769, 3774 – *Babycaust;* keine Abweichung davon die Kammerentscheidung BVerfG GRUR 2006, 425 – *Informationen über Behandlungsmethoden* (wegen Verhängung einer Geldbuße).

[268] Ebenso *Helle* AfP 2006, 110, 113; a. A. *Seelmann-Eggebert* AfP 2007, 86, 91 (mangels verfassungsrechtlicher Schutzpflicht als Kontrapunkt zur Meinungsfreiheit).

[269] BVerfG NJW 2003, 1303/1304.

[270] Die gegenteilige Konsequenz zieht *Jänich* aus der *Benetton I*-Entscheidung des BVerfG, Anm. zu BGH EWiR § 1 UWG 5/02. Zur Wahrnehmung durch den flüchtigen Leser als Bezugspunkt zur Ermittlung eines eigenständigen Aussagegehaltes BVerfG NJW 2004, 277, 278 – *Marsch in den Untergang.*

ten. Ungeklärt ist, ob der Inhalt einer Meinung, der nur durch Auslegung zu ermitteln ist, losgelöst von den Anforderungen des Verhandlungsgrundsatzes des Zivilprozessrechts festgestellt werden darf. Das ist jedenfalls in dieser Pauschalität abzulehnen.[271] Allein die Auslegungsmaximen und das Auslegungsverfahren werden durch das Grundrecht des Art. 5 Abs. 1 S. 1 GG beeinflusst. Dafür kann überdies – wie bei der Beurteilung irreführender Werbung – das **Unionsrecht höherrangige Vorgaben** machen.

87 *ff) Verbot spekulativer Feststellungen.* Schon lange vor den Benetton-Fällen hatte das BVerfG zu Art. 12 Abs. 1 GG zutreffend – in der Fachgerichtsbarkeit jedoch anscheinend unbeachtet – judiziert, dass ein Wettbewerbsverhalten nicht um der Abwehr eingebildeter Gefahren willen untersagt werden darf.[272] Dies gilt auch für die Auslegung von Werbeangaben; ihnen darf kein Bedeutungsinhalt beigelegt werden, der bei objektiver Betrachtung realitätsfern ist. Ihr Verbot wäre rechtswidrig, auch wenn der Werbungtreibende auf ein Alternativverhalten ausweichen kann.[273] Wird das **Aussageverständnis** aus der heute maßgebenden **Sicht eines verständigen Durchschnittsbetrachters** (Verbrauchers) interpretiert, ist eine Auslegungsüberdehnung in der Regel ausgeschlossen. Der Slogan „Naschen erlaubt" wird dann entgegen der Auffassung des KG[274] nicht als Aussage zur gesundheitlichen Unbedenklichkeit von Süßigkeiten qualifiziert werden können und von dem im Hintergrund einer Rundfunkwerbung für Teigwaren zu hörenden Hühnergegacker kann nicht angenommen werden, es werde damit die konkludente Behauptung aufgestellt, die Nudeln seien aus Frischei hergestellt.[275]

88 *gg) Zulässiges Auslegungsmaterial.* **Verfehlt** war das Vorgehen des BVerfG, zur Feststellung des Auslegungsinhalts auf **nachträgliche Buchaussagen des** für Benetton tätig gewesenen **Werbegestalters** Bezug zu nehmen, die während des Interpretationsvorgangs durch die Werbeadressaten nicht als Auslegungsmaterial zur Verfügung standen. Diesen Standpunkt hat auch der BGH in seiner zweiten Entscheidung zum Fall *HIV positive* eingenommen.[276] Das BVerfG hat insoweit gesicherte Prinzipien der rechtsgeschäftlichen Auslegung missachtet, die immer dann gelten, wenn der Normzweck eine Interpretation aus der Sicht der Adressaten verlangt, was nicht nur auf empfangsbedürftige Willenserklärungen zutrifft, sondern auch auf wettbewerbsrechtlich zu beurteilende Werbeaussagen. Soweit das nationale UWG auf Richtlinien des Unionsrechts beruht, sind die dafür aufgestellten **Auslegungsstandards des EuGH** und der **unionsrechtliche Normenvorrang** sowie die Vorlageverpflichtung an den EuGH (Art. 267 AEUV) zu beachten. An diese Vorgaben ist auch die deutsche Grundrechtsinterpretation gebunden (zum Vorrang des Unionsrechts oben Rdn. 1 ff.).

89 **d) Prozessuale Erwägungen des BVerfG.** *aa) Prüfungspflichtverletzung als Begründung der Erstbegehungsgefahr.* Als mögliche Verletzung der Pressefreiheit hat das BVerfG in der Entscheidung *Benetton I* die Herleitung einer Erstbegehungsgefahr aus dem prozessualen Verhalten des Presseunternehmens geprüft.[277] Es hat eine **Verletzung der Pressefreiheit** verneint, weil dem Presseunternehmen nur abverlangt werde, Anzeigen auf **grobe Wettbewerbsverstöße** hin zu **prüfen.** Mit dieser **Beschränkung der Prüfungspflicht** werde auf pressespezifische Bedingungen bei der Publikation von Anzeigen Rücksicht genommen. Das BVerfG hat jedoch gemeint, wenn ein Rechtsstreit geführt werde, sei eine verantwortliche Prüfung ohne weiteres zuzumuten. Dabei handelt es sich dann offenbar um eine volle rechtliche Prüfung, weil sie in Gegensatz gestellt wird zu der „zunächst geringeren Sorgfaltspflicht".

90 Mit der Bejahung einer **Vollprüfung im laufenden Prozess** ist das BVerfG zu Lasten des Presseunternehmens den differenziert zu beurteilenden Gesichtspunkten nicht gerecht geworden, die an eine inhaltliche Ausgestaltung der **Sorgfaltspflicht (wettbewerbsrechtlichen Verkehrspflicht)** zu stellen sind.[278] Der BGH hat diese Linie in seiner Folgeentscheidung eingehalten und wegen der Außergewöhnlichkeit der Anzeige eine sorgfältige Prüfung verlangt. Dem ist zwar zustimmen, nicht aber der weiteren These, das Prüfungsergebnis sei „unschwer" zu erkennen gewesen.[279] Sie wird

---

[271] Anders wohl *Kübler/Kübler,* FS Ulmer S. 907, 910.
[272] BVerfGE 32, 311, 317 = NJW 1972, 573; dazu *Jänich* Geistiges Eigentum S. 85 f.
[273] *Jänich* a. a. O. S. 86.
[274] KG WRP 1991, 312, 313.
[275] So BGH GRUR 1961, 544 f. mit der feinsinnigen Differenzierung zwischen Legegegacker und Konversationsgegacker.
[276] BGH NJW 2002, 1200, 1201.
[277] BVerfGE 102, 347, 361 f. = NJW 2001, 591, 592, Tz. 49.
[278] Vgl. dazu *Ahrens* in: Gloy/Loschelder/Erdmann, HdbWettbR⁴ § 69 Rdn. 73.
[279] A. A. auch *Busche,* Anm. zu BGH LM Nr. 866 zu § 1 UWG, S. 12; *Vogt* NJW 2003, 3306, 3310; *Ruess* WRP 2002, 1376, 1381; *Wassermeyer* GRUR 2002, 126, 131.

schon durch den äußeren Verfahrensablauf, nämlich die zweimalige Aufhebung des BGH durch das BVerfG, widerlegt. Auch wenn die Sachaussagen des BGH zur Bildung des Unlauterkeitsurteils hier gebilligt werden, war doch ein abweichender Standpunkt bei prognostischer Beurteilung ohne weiteres vertretbar. Die Streitentscheidung musste der Verlag nicht vorwegnehmen. Wollte er sich bei Zugrundelegung der Ansicht des BGH auf die rechtlich sichere Seite schlagen, bedeutete das, die Ungewissheit durch Anwendung einer „Schere im Kopf", also mittels **Nachrichtenunterdrückung und** damit mittels **Vorzensur,** zu Lasten des Anzeigenkunden auszuräumen. An dieser Stelle hätte der Fall anders – zugunsten der Meinungs- und Pressefreiheit – gelöst werden müssen.

Verkannt haben beide Gerichte dieses Problem anscheinend, weil sie davon ausgingen, dass zwi- 91
schen der abgeschwächten Beurteilung bei Entgegennahme der Anzeige zum Abdruck und der erneuten Rechtsprüfung im laufenden Prozess mit Berühmung eines Abdruckrechtes unterschieden werden könne. Richtig ist zwar, dass die **Prüfung im Prozess ohne Zeitdruck** erfolgt und ihr daher in diesem Zeitpunkt ein Element fehlt, das den Bedarf an Presseschutz mitbegründet. Es **entfällt** aber **nicht** das Element der **Rechtsunsicherheit.** Ohne Verteidigung des Rechts zum künftigen Abdruck der Anzeige, aus der die Erstbegehungsgefahr abgeleitet wurde, konnte keine verbindliche Klärung der vielfältigen Rechtsfragen erfolgen. Derartige Klärungen dürfen nicht in die Redaktionsstube eines Presseunternehmens oder die Kanzlei seines Rechtsberaters verlegt und **zu Lasten eines Anzeigenkunden** von dem Wagemut und der Prozessführungsbereitschaft des Verlegers abhängig gemacht werden.

bb) Verbotsreichweite. Vermisst hat das BVerfG in der Kammerentscheidung *Juve-Handbuch*[280] trag- 92
fähige Erwägungen zur **Verhältnismäßigkeit des Unterlassungsgebots.** Die Kammer nahm an, dass ein umfassendes Unterlassungsgebot nicht erforderlich sei, wenn durch einschränkende klarstellende Zusätze (dort z.B. durch Hinweise auf die Quellen der Ranglisten) eine Irreführungsabwehr zu erzielen sei. Dieser besonders brisante Teil der Entscheidung, der nicht durch eine Senatsentscheidung gedeckt ist, greift – möglicherweise unbedacht[281] – tief in den Wettbewerbsprozess ein. Dort ist anerkannt, dass der Unterlassungsgläubiger sich im Erkenntnisverfahren nicht auf einen Streit darüber einlassen muss, welche neue Werbeart rechtmäßig ist. Es ist vielmehr dem Schuldner überlassen, sich darüber Gedanken zu machen, wie er die (erneute) Verletzung des hinreichend bestimmten Verbotsbereichs eines Unterlassungstenors durch alternative Gestaltungen vermeiden kann.[282]

Die Entscheidung beruht auf einer **unzutreffenden Vorstellung über** den **Streitgegenstand** 93
von Unterlassungsklagen. Sie führt überdies zu einer **Freiheitsbeschneidung zu Lasten des** angegriffenen **Werbenden,** wenn die Unterlassungskläger sich auf das Verlangen prozessual einstellen. Er wird mit Unterlassungsanträgen konfrontiert werden, die in Form einer Vielzahl gestaffelter Hilfsanträge mögliche klarstellende Zusätze aufnehmen, und muss sich dann bereits im Erkenntnisverfahren über Gestaltungsalternativen Gedanken machen, um seine künftige Handlungsfreiheit zu erhalten. Was als Freiheitssicherung gedacht ist, kann somit in Wirklichkeit strangulierende Wirkung entfalten und belastet zudem den Wettbewerbsprozess durch Ausweitung des Streitprogramms sowie durch die Nebenwirkung, dass die hauptsacheersetzende Wirkung der Unterlassungsverfügung an Bedeutung verliert und die Zahl nachfolgender ordentlicher Verfahren zunimmt.

e) Sonstige Auswirkungen der Benetton-Entscheidungen des BVerfG. *aa) Erfordernis kon-* 94
kreter Gefährdung? Im Schrifttum ist die Behauptung aufgestellt worden, aus den verfassungsgerichtlichen Entscheidungen ergebe sich, dass nur noch die Abwehr **konkreter Gefahren** eine Unterlassungsverurteilung rechtfertigen könne.[283] Dem steht die Kammerentscheidung *Anonymer Preisvergleich*[284] entgegen. Ein Rechtsgut oder Interesse wird konkret gefährdet, wenn man sich ihm in übermäßiger, nicht ausdrücklich vom Recht oder der Verkehrsanschauung zugelassener Weise verletzungsdrohend nähert. **Abstrakte Gefährdungen** werden demgegenüber durch räumlich, zeitlich und gegenständlich umschriebene Verhaltensweisen fixiert, die voraussehbar in einer gehäuften Zahl gleichartiger Sachverhalte in eine Verletzung umschlagen können.[285] Im Sinne dieser Unterscheidung können Unlauterkeitstatbestände, gleich ob vom Gesetzgeber oder vom Wettbewerbsrichter aufgestellt, auch abstrakten Gefahren begegnen.[286] Es darf sich allerdings nicht um **eingebil-**

---

[280] BVerfG NJW 2003, 277.
[281] Gegenteilig nämlich BVerfG NJW 1996, 2567.
[282] Näher dazu *Melullis,* Hdb Wettbewerbsprozess[3] Rdn. 339 f.; Ahrens/*Jestaedt,* Der Wettbewerbsprozess[7] Kap. 22 Rdn. 21; *Teplitzky,* Wettbewerbsrechtliche Ansprüche[10] Kap. 51 Rdn. 25.
[283] Anders aber *Hösch* WRP 2003, 936, 941.
[284] BVerfG NJW 2003, 2229.
[285] Vgl. dazu *Deutsch/Ahrens,* Deliktsrecht[6] Rdn. 282 f.
[286] Den Wettbewerbsrichter ausklammernd *Lindacher,* FS Tilmann (2003) S. 195, 199.

dete Gefahren handeln. Zwischen der Beeinträchtigungsintensität einer sich realisierenden Verletzung eines schützenswerten Interesses sowie der rechtlichen Qualität des Interesses einerseits und der **Vorverlagerung des Schutzes durch Aufstellung abstrakter Gefahrenabwehrnormen** andererseits besteht ein rechtlicher Zusammenhang. Je geringer die drohende Eingriffsintensität oder der Rang des Schutzgutes sind, desto zurückhaltender ist bei der Untersagung abstrakt gefährlichen Verhaltens zu verfahren, wenn es im Schutzbereich der Meinungsäußerungsfreiheit liegt. Zu beachten ist aber, dass zur Vermeidung abstrakter Gefährdungen von Verbraucherinteressen wegen des abschließenden Charakters des Anhang I zur UGP-RL **keine zusätzlichen per se-Verbote** gebildet werden dürfen.[287]

95 *bb) Werbende Tatsachenbehauptungen.* Aus der Rechtsprechung des BVerfG ergibt sich nicht, dass die Wettbewerbsgerichte werbende Äußerungen nur zurückhaltend auf einen **Tatsachenkern** zurückführen dürfen.[288] Anzuwenden sind vielmehr die oben Rdn. 79 beschriebenen Auslegungsregeln. Das Wahrheitsgebot wird nicht dadurch relativiert, dass Werbung mit einem Tatsachenkern ein gesellschaftskritisches oder imagebezogenes Thema anspricht.[289] Das BVerfG wird aber den **Freiraum,** der zutreffenden meinungsbildenden Tatsachenäußerungen außerhalb eines Werbekontextes gewährt wird, **bei Wettbewerbsbezug** neu bestimmen und **relativieren** müssen, um aus der Falle zu entkommen, die sich aus der notwendigen Abgrenzung von Tatsachenbehauptungen und Wertungen ergibt.

96 *cc) Autonome Festlegung wettbewerblicher Aktionsparameter.* Unlauter ist es, die **privatautonome Entscheidung der Abnehmer** zu **beeinträchtigen,** sich für eine bestimmte gewerbliche Leistung zu entscheiden oder sich auch nur mit einer Leistungspräsentation zu befassen. Welche Leistungsparameter einer Marktentscheidung zugrunde gelegt werden, ist wiederum Gegenstand privatautonomer Festlegung der Abnehmer. Anders als im sportlichen Wettbewerb, der für die Anerkennung von Rekorden feste Maßstäbe (zulässiges Sportmaterial, zulässiger Rückenwind etc.) benötigt, die von Dritten, nämlich Verbandsinstitutionen festgelegt werden, gibt es am Markt **keinen numerus clausus der Beurteilungskriterien.** Wegen der Offenheit der Leistungsbeurteilung gilt auch kein Gebot der Sachlichkeit im engeren Sinne,[290] wie es der diffuse Begriff „Leistungswettbewerb“ (dazu oben Rdn. 67) suggeriert; insbesondere muss eine Entscheidung nicht auf wirtschaftlichen Gründen beruhen.[291] Kriterien, die mit Preis, Qualität, Service, Lieferzuverlässigkeit etc. einer Marktleistung nichts zu tun haben und die als irrational bespöttelt werden können, dürfen einer Auswahl gleichwohl zugrunde gelegt werden, ohne dass dies über das Unlauterkeitsrecht von Staats wegen zu korrigieren ist. Derartige **Bewertungskriterien** dürfen dann auch die Anbieter **in** ihrer **Werbung hervorheben.**

97 *dd) Social Sponsoring.* Die Kammerentscheidung *Tier- und Artenschutz* des BVerfG[292] hatte das **Social Sponsoring** zum Gegenstand. Abnehmer dürfen ihre Sympathie für einen Anbieter nicht nur beanstandungslos zum alleinigen Parameter erheben; auch die werbende Erzeugung von Sympathiewerten, etwa durch das Herausstellen des eigenen sozialen Engagements, erfolgt rechtmäßig. Dies gilt für Social Sponsoring zugunsten von Kultur und Umwelt, auf das ein Unternehmer ohne Verknüpfung mit seinem Leistungsangebot hinweist,[293] ebenso wie für hochpreisige Verkaufsangebote, mit denen unter dem Stichwort „fair trading“ Kleinbauern in Übersee unterstützt werden sollen, oder für Angebote, deren Erlös angeblich teilweise an eine gemeinnützige Organisation abgeführt werden soll. Zu prüfen ist bei derartigen Sachverhalten allerdings, ob die Werbung nicht **irreführend** ist,[294] etwa weil nur ein Minimalbetrag gespendet wird. Die **Intransparenz des Spendenumfangs** und die dadurch begründete Gefahr von **Fehlvorstellungen** über die **Effekti-**

---

[287] GroßKommUWG/*Peukert*[2] § 3 Rdn. 321.

[288] So aber wohl *Hösch* WRP 2003, 936, 939 (mit seiner Äußerung zum Sachlichkeitsgebot). Wie hier *Lettl* in: FS Bornkamm (2014) S. 407, 415.

[289] So aber *Hösch* a. a. O.

[290] Im Ergebnis ebenso *Kübler/Kübler,* FS Ulmer S. 907, 915. Unrichtig die Vorstellung von *Hösch* WRP 2003, 936, 943f., der Gesetzgeber könne im Unterschied zum Wettbewerbsrichter anordnen, dass Produktwerbung nur sachbezogene Angaben enthalten dürfe.

[291] OLG Hamm NJW 2003, 1745, 1746 = GRUR 2003, 975, 976 = WRP 2003, 396 – *Regenwaldprojekt I;* OLG Hamburg GRUR-RR 2003, 51, 52 = NJW-RR 2003, 407 – *Bringt die Kinder durch den Winter* (freie Wahl der Kaufmotive).

[292] BVerfG NJW 2002, 1187.

[293] Vgl. BGH GRUR 2006, 75, 76 – *Artenschutz.* Auf einen „sachlichen Zusammenhang“ zwischen sozialem Engagement und beworbener Ware verzichtet OLG Hamburg GRUR-RR 2003, 51, 52.

[294] BGH GRUR 2007, 247, 250 = NJW 2007, 919, 921f. (Tz. 29ff.) – *Regenwaldprojekt I;* GRUR 2007, 251, 253 – *Regenwaldprojekt II.*

vität der Förderung eines altruistischen Anliegens hat der BGH für eine Anwendung des § 4 Nr. 1 UWG 2004 (nunmehr § 4a Abs. 1 UWG 2015) oder des § 5a UWG (ex § 5 UWG 2004) wegen fehlender genereller Informationspflicht nicht ausreichen lassen.[295] Beim Social Sponsoring ist die Gefahr des Missbrauchs besonders hoch, indem völlig unbedeutende Spenden zu einer großzügigen Unterstützung aufgebauscht werden.[296] Frei von Irreführungsgefahren sind mittelbare Unterstützungen durch **Spendenaufrufe.**

ee) Irreführende Mitleidwerbung. Die misslungene Rückführung des UWG-Schutzes auf ein Schutzgut „Leistungswettbewerb" kann weitere Fehldeutungen provozieren, indem einzelne Parameter der Abnehmerentscheidungen und darauf gerichtete werbende Äußerungen als sachfremde geschäftliche Handlungen qualifiziert und verboten werden. Im engeren Sinne sachfremd ist eine Marktentscheidung, die sich auf **Mitleidsgefühle** stützt, die durch Werbung hervorgerufen oder verstärkt und auf ein konkretes Angebot gelenkt werden. Abnehmerentscheidungen, die sich davon leiten lassen, und darauf zielende Werbung sind als solche jedoch nicht zu beanstanden. Entsprechende Sachverhalte stehen allerdings nicht unberechtigt unter dem Generalverdacht, dass der mitleiderzeugende Sachverhalt völlig unzutreffend oder doch aufbauschend geschildert wird, also eine Irreführung gegeben ist. Eine Abwehr dieser abstrakten Irreführungsgefahr durch ein generelles Verbot, mit Werbung Mitleid zu erzeugen, schießt über das Ziel hinaus, weil auch unverdächtige oder gar billigenswerte Sachverhalte unterdrückt werden; die Abwehr ist **auf konkrete Irreführungen zu reduzieren.** Mit einer Umkehr der Darlegungslast für die Richtigkeit der Tatsachengrundlagen und/oder der Gewährung eines vorprozessualen Informationsanspruchs sind die Sachverhalte rechtlich angemessen zu bewältigen. Defizite des materiell-rechtlichen Rechtsfolgensystems und/oder des Prozessrechts infolge fehlverstandener Ausforschungsschranken dürfen nicht durch richterrechtliche Ausbildung abstrakter Verbotstatbestände überwunden werden; vielmehr ist die Abhilfe dort zu suchen, wo der rechtliche Mangel seine Ursache hat. Die Lebenserfahrung kann allerdings die Vermutung begründen, dass **wenig konkretisierte Mitleidshascherei** gewerblicher Unternehmen den **Sachverhalt verzerrt** und deshalb unlauter ist. 98

ff) Gefühlsbetonte Werbung,. Eine Tatbestandsbildung unter dem Stichwort „gefühlsbetonte Werbung" ist **nicht geeignet,** einen **einheitlich maßgebenden** charakteristischen **Unlauterkeitsgesichtspunkt** zu bezeichnen; sie ist daher nichtssagend.[297] Dies gilt in gleicher Weise für den Begriff „Schockwerbung". Schon unter der Geltung des § 1 UWG 1909 gab es keine einheitliche Fallgruppe unter dem zitierten Begriff; betroffen waren unterschiedliche Werbemaßnahmen, bei denen u. a. Mitleid, Hilfsbereitschaft, soziale Verantwortung, Umweltschutzaktivitäten, Religiosität, Trauer oder Angst angesprochen oder herausgestellt wurden. Gleichwohl ist nicht der pauschale Schluss gerechtfertigt, **emotionale Werbung** sei schlechthin rechtmäßig. Es kann darin aber ein unangemessen **unsachlicher Einfluss** im Sinne des § 4a Abs. 1 S. 2 Nr. 3 UWG zu sehen sein, der Marktteilnehmer beeinträchtigt. Die Einflussnahme muss allerdings qualitativ dem in Nr. 2 der Norm alternativ genannten Merkmal der Ausübung von Druck entsprechen. 99

gg) Angstwerbung. Werbung, die **Angstgefühle** ausnutzt, kann auf Grund des § § 4a Abs. 1 S. 2 Nr. 3 UWG unterdrückt werden. Gegenüber dem Benettonfall *HIV positive* haben sich durch die gesetzgeberische Konkretisierung der Unlauterkeitsgeneralklausel die Beurteilungsgrundlagen verschoben. Verfassungsrechtlich zu prüfen ist bei Regeltatbeständen die richterliche Normanwendung, während gegen die Gesetzestatbestände selbst keine Einwendungen begründet sein dürften. Die Annahme der Beeinträchtigung einer freien Verbraucherentscheidung unter dem Eindruck unbestimmter Angstgefühle bedarf trotz ihres Prognosecharakters einer plausiblen tatsächlichen Grundlage. Sie ist gegeben, wenn der Werbeadressat in einer Entscheidungssituation der Ungewissheit zu einer **irrationalen Entscheidung** gedrängt wird; zu verneinen ist sie, wenn ihm die Risikofaktoren bekannt sind und er die Entscheidung mit begrenztem Wissen panikfrei treffen kann. Eine unlauter geschaffene Angstsituation darf nicht voreilig bejaht werden. Verfassungsrechtlich stünde einem Wettbewerbsverbot dann das **Verhältnismäßigkeitsprinzip** entgegen. Mit Mitteln 100

---

[295] BGH GRUR 2007, 251, Tz. 23 – *Regenwaldprojekt II* (zur Sachverhaltsaufklärung über die Verkehrsauffassung zurückverweisend); BGH GRUR 2007, 247, Tz. 25 – *Regenwaldprojekt I.* A. A. die Eilentscheidungen über dieselben Sachverhalte: OLG Hamm GRUR 2003, 975, 977 = WRP 2003, 396, 397 f. – *Regenwaldprojekt I;* LG Siegen GRUR-RR 2003, 379 – *Regenwaldprojekt II;* ablehnend dazu *Hartwig* GRUR 2003, 924 ff., u. a. wegen unzutreffend gezogener Parallelen zu Kopplungsgeschäften; ferner *ders.* NJW 2006, 1326, 1328; zustimmend *Lindacher* in: FS Tilmann S. 195, 205.

[296] *Lange* WRP 1999, 893, 894, ferner 900; *Nordemann/Dustmann* in: FS Tilmann S. 207, 217.

[297] Konsequent daher die endgültige Klagabweisung in BGH GRUR 2006, 75, 76 – *Artenschutz.* Ähnlich wie im obigen Text *Fezer* NJW 2001, 580, 582; *Kübler/Kübler* in: FS Ulmer S. 907, 923; *Lindacher* in: FS Tilmann S. 195, 204.

des einfachen Gesetzesrechts lassen sich gleich lautende Ergebnisse erzielen, indem aus der Sicht eines verständigen Durchschnittsverbrauchers eine durch Furcht beeinflusste Entscheidung verneint wird. Wegen der Maßgeblichkeit der UGP-RL ist im Übrigen die Prüfung anhand des GG und durch das BVerfG obsolet geworden.

101 *hh) Vergleichende und persönliche Werbung.* Vergleichende Werbung ist wegen der unionsrechtlichen Grundlage der § 5 Abs. 3 1. Fall und § 6 UWG am Unionsrecht einschließlich des unionsrechtlichen Grundrechts der Meinungsäußerungsfreiheit statt am rangniederen Art. 5 Abs. 1 GG zu messen. **Konkrete Begründungen zur Gefährdung des Leistungswettbewerbs,** insbesondere zur Rufausbeutung der Leistung eines Mitbewerbers, oder zur Gefährdung der Funktionsfähigkeit eines bestimmten Marktes, sind abweichend von der Ansicht des BVerfG im Fall *Therapeutische Äquivalenz* **nur** zu verlangen, soweit die Tatbestandsmerkmale des Unionsrechts in der Auslegung durch den EuGH dies erfordern oder gestatten.

102 Wer Werbevergleiche anstellt, ist nicht an objektiver Marktaufklärung interessiert; deshalb haben Vergleiche die Tendenz zur Desinformation und persönlichen Herabsetzung bestimmter Mitbewerber. Der Meinungsfreiheit steht nicht entgegen, dem **Vergleichenden** eine **prozessuale Erklärungspflicht aufzuerlegen,** wenn im Vergleich unbelegte Werbebehauptungen aufgestellt werden.[298] Zu bedenken ist auch, dass nicht ein geringfügiges Aufklärungsinteresse zum Vorwand der Verletzung eines fremden Kennzeichens dienen darf; auf Grundrechtsebene kollidieren dann Art. 5 Abs. 1 S. 1 GG und Art. 14 GG, sofern sie anwendbar sind, ansonsten Art. 11 und Art. 17 Abs. 2 GRCh.

103 **f) Fachgerichtliche Rechtsprechung.** Die Fachgerichtsbarkeit hat sich auf die Beachtung der Grundrechte aus **Art. 5 Abs. 1 GG und Art. 10 EMRK oder Art. 11 GRCh** eingestellt[299] oder noch einzustellen. Bei der Festlegung zumutbarer Prüfungspflichten zur Bestimmung des Umfangs der **Störerhaftung** wirkt sich die Grundrechtsanwendung nicht nur zugunsten der Printmedien aus, sondern begrenzt auch die Anforderungen an Diensteanbieter im **Internet,** damit dieses Informationsmedium sinnvoll genutzt werden kann.[300]

6. Wirkung der Europäischen Grundrechtecharta

104 Der EuGH zieht in Urteilsbegründungen zunehmend die Charta der Europäischen Grundrechte heran, die noch der judikativen Konkretisierung bedürfen. Dabei kommt es zu Kollisionen verschiedener Grundrechte von Unternehmen, die am Markt aufeinander treffen. **Konfligierende Unionsgrundrechte** müssen in eine Konkordanz gebracht werden. Der EuGH spricht von der Herstellung eines **angemessenen Gleichgewichts;** der BGH hat diese Sentenz aufgegriffen.[301]

105 Mit dem Urteil in der Rechtssache *Scarlet* hat der EuGH den Umfang der Haftung eines **Internet-Zugangsdienstes** für durchlaufende, von Nutzern begangene Urheberrechtsverletzungen u. a. unter Heranziehung von **Unionsgrundrechten** beschränkt:[302] Dem Eigentumsgrundrecht des Art. 17 Abs. 2 GRCh zum Schutz geistigen Eigentums stehe der Schutz der unternehmerischen Freiheit der Provider nach Art. 16 GRCh gegenüber; beide Rechte müssten in ein **„angemessenes Gleichgewicht"** gebracht werden.[303] Einbezogen wurden auch die durch Art. 8 u. 11 GRCh geschützten Rechte der Providerkunden auf Schutz personenbezogener Daten und auf freien Empfang oder freie Sendung von Informationen.[304]

---

[298] BGH GRUR 2003, 800, 803 – *Schachcomputerkatalog.*

[299] So etwa BGH WRP 2015, 1343 Tz. 49 ff. – *Springender Pudel* (unentschieden, ob GG oder GRCh anwendbar).

[300] Vgl. BGH GRUR 2004, 693, 695 – *Schöner Wetten* (zum Setzen von Hyperlinks); BGHZ 187, 240 = GRUR 2011, 513 – *AnyDVD,* Tz. 22, bestätigt durch BVerfG, Beschl. v. 15.12.2011 – 1 BvR 1248/11; BGH WRP 2011, 1609, Tz. 20 – *Stiftparfüm;* BGH (VI. ZS) NJW 2012, 148, Tz. 25 = WRP 2012, 217 – *blogspot.com.* Zu Bewertungsportalen *Schaub* FS Köhler (2014) S. 593 ff.

[301] BGH WRP 2013, 1611, Tz. 25 – *Davidoff Hot Water* (markenrechtlicher Vorlagebeschluss); BGH GRUR 2016, 497 Tz. 27 – Davidoff/Hot Water; BGH WRP 2015, 1343 Tz. 41 – *Springender Pudel;* BGH WRP 2016, 341 Tz. 31 – Störerhaftung des Access-Providers – NJW 2016, 794.

[302] EuGH, Urt. v. 24.11.2011, Rs. C-70/10 – *SABAM/Scarlet Extended,* GRUR Int. 2012, 153; bestätigt in EuGH, Urt. v. 16.2.2012, Rs. C-360/10 – *SABAM/Netlog,* GRUR 2012, 382 Tz. 42 ff.; ebenso zum Download von einer Website und zum Streaming EuGH, Urt. v. 27.3.2014, Rs. C-314/12 – *UPC Telekabel/Constantin Film,* GRUR 2014, 468 Tz. 46 und 63 ff. (Fall kino.to).

[303] EuGH – *Scarlet,* Tz. 46; EuGH, Urt. v. 16.2.2012, Rs. C-360/10 – *SABAM,* GRUR 2012, 382 = WRP 2012, 429 Tz. 44.

[304] EuGH – *Scarlet,* Tz. 50–52.

In gleicher Weise ist eine auf das **Bankgeheimnis** in Verb. mit Art. 8 Abs. 1 RL 2004/48 gestützte Zeugnisverweigerung unionsgrundrechtlich eingeschränkt worden; das Grundrecht auf **effektiven Rechtsschutz** (Art. 47 GRCh) zur Durchsetzung des Schutzes geistigen Eigentums (Art. 17 Abs. 2 GRCh) begründet einen Anspruch auf Mitteilung von Kontostammdaten zur Verfolgung einer Markenfälschung und lässt dafür den Schutz personenbezogener Daten (Art. 8 GRCh) zurücktreten.[305] **106**

Bei humorvollen oder **satirischen Verfremdungen** der Namen und **Kennzeichen** fremder Unternehmer[306] oder der Namen von außerhalb des Wettbewerbs stehenden Personen und bei **Parodien** oder politisch motivierten Verfremdungen **urheberrechtlich** oder designrechtlich geschützter **Schöpfungen**[307] und Leistungen treffen ebenfalls mehrere Unionsgrundrechte aufeinander (dazu auch oben Rdn. 43 und 45). Intervenierende Rechtsprechung des EGMR[308] kann zusätzliche Judikaturkonflikte begründen. **107**

III. Kartellrecht

Schrifttum: *Doepner,* Unlauterer Wettbewerb durch Verletzung von Marktzugangsregelungen?, WRP 2003, 1292; *Fikentscher,* Das Verhältnis von Kartellrecht und Recht des unlauteren Wettbewerbs, GRUR Int. 1966, 161; *Omsels,* Zur Unlauterkeit der gezielten Behinderung von Mitbewerbern (§ 4 Nr. 10 UWG), WRP 2004, 136; *Pichler,* Das Verhältnis von Kartell- und Lauterkeitsrecht, 2009; *Scherer,* Wechselwirkungen zwischen Kartellrecht und UWG, WRP 1996, 174; *Tilmann,* Über das Verhältnis von GWB und UWG, GRUR 1979, 825; *Wolf,* Das Recht gegen Wettbewerbsbeschränkungen (GWB) und das Recht gegen unlauteren Wettbewerb (UWG) – ein Vergleich –, WRP 1995, 543; *Wrage,* Verfolgung von GWB-Verstößen nach § 1 UWG, WuW 1984, 548.

1. Allgemeines

Sowohl das **Kartellrecht** (GWB, Art. 101 f. AEUV) als auch das **Wettbewerbsrecht im engeren Sinne** (UWG) regeln den Wettbewerb. Sie verfolgen zwar **unterschiedliche Ziele,** dienen aber dem gemeinsamen Zweck, den wirtschaftlichen Wettbewerb zu sichern und zu ordnen. Sie sind Teil einer umfassenden **einheitlichen Wettbewerbsordnung,**[309] der es darum geht, in einer freien Marktwirtschaft den Bestand des Wettbewerbs gegen Beschränkungen zu gewährleisten und zu regeln, wie er ausgeübt werden soll. Beide Rechtsgebiete dienen trotz Verschiedenheit der Anwendungsbereiche und Wertungen **gleichberechtigt** dem **Schutz des Wettbewerbs,** wenn auch unter verschiedenen Gesichtspunkten (Freiheit des Wettbewerbs einerseits, Lauterkeit des Marktverhaltens andererseits). **108**

Das **Kartellrecht** schützt im Allgemeininteresse die **Freiheit des Wettbewerbs**[310] gegen Beschränkungen, nämlich den **Wettbewerb als Institution** und dessen Funktionsfähigkeit, dient zugleich aber dem Schutz der wettbewerblichen **Handlungsfreiheit** des einzelnen Wirtschaftsteilnehmers[311] (vgl. § 33 GWB). Die noch umzusetzende Richtlinie 2014/104/EU v. 26.11.2014 zum Schadenersatz im Kartellrecht unterstreicht die Bedeutung des Individualschutzes, der in Deutschland im Anschluss an den Erfolg des Kronzeugenprogramms zur Aufdeckung von Wettbewerbsverstößen intensiv genutzt wird. **109**

Das **UWG** schützt unter Beachtung der Vorgaben des Unionsrechts (UGP-RL) vor allem kollektiv die **Entscheidungsfreiheit** der Verbraucher und sonstigen **Abnehmer** gegen Beeinträchtigungen mit täuschenden oder aggressiven Mitteln, umfasst aber auch einen genuinen Schutz individueller und kollektiv beschriebener **Wettbewerber** gegen bestimmte Formen der Leistungsübernahme, gegen gezielte Behinderungen und gegen die Verschaffung eines Wettbewerbsvorsprungs durch Verletzung von Marktverhaltensregeln sowie den Schutz der **Allgemeinheit.** Auch das UWG ist **110**

---

[305] EuGH GRUR 2015, 894 Tz. 30 ff. m. Anm. *Kamlah* und Bespr. *Ahrens* GRUR 2015, 1083 ff. sowie *Wietzorek* WRP 2015, 1202 ff. (auf Vorlage von BGH WRP 2013, 1611 – *Davidoff Hot Water*); nachfolgend BGH GRUR 2016, 497 Tz. 31 – *Davidoff/Hot Water II.*

[306] BGH WRP 2015, 1343 Tz. 46 ff. – *Springender Pudel* (dort ohne Entscheidung, ob Anwendung des GG oder der GRCh).

[307] EuGH GRUR Int. 2014, 969 – *Deckmyn/Vandersteen* (Comicheft Suske en Wiske).

[308] EGMR, Urt. v. 19.2.2015, AfP 2015, 323 – *Bohlen/Deutschland* (Vorname Dieter in Lucky Strike-Werbung); Urt. v. 19.2.2015, AfP 2015, 327 – *Prinz v. Hannover/Deutschland* (Vorname Ernst August in Lucky Strike-Werbung).

[309] *Köhler*/Bornkamm[33] Einl. UWG Rdn. 6.11; GroßKommUWG/*Schünemann*[2] Einl. Rdn. G 36; Immenga/Mestmäcker/*Markert,* GWB[5], § 19 Rdn. 240; *Ohly*/Sosnitza UWG[6] Einf. D Rdn. 71; *Wolf* WRP 1995, 543.

[310] BGH GRUR 1995, 690, 692 – *Hitlisten-Platten.*

[311] BGH NJW 2016, 74 Tz. 57 – Einspeiseentgelt.

wettbewerbsfunktional zu interpretieren.[312] Die mit dem Schutz der Allgemeinheit angesprochene Fallgruppe einer allgemeinen Marktbehinderung wird zu recht kritisch betrachtet.[313] Ihre Voraussetzungen werden heute so eng formuliert, dass eine Bejahung der Behinderung praktisch ausgeschlossen ist.[314]

111 **Institutions- und Individualschutz** sind nur **verschiedene Erscheinungsformen desselben Schutzobjektes.**[315] GWB und UWG stehen nicht beziehungslos nebeneinander, sondern **überschneiden und ergänzen sich.**[316] Das wird etwa deutlich, wenn es um die Behinderung,[317] die Diskriminierung[318] oder den Boykott[319] von Mitbewerbern geht,[320] also bei gefährlichen Sachverhalten, die vor Schaffung des GWB wettbewerbsrechtlich überhaupt nur mittels des UWG bekämpft werden konnten.

112 Bei geschäftlichen Handlungen können sich **Ansprüche zugleich** aus dem **Kartellrecht und** aus dem **Lauterkeitsrecht** ergeben.[321] Eine ausdrückliche Verschränkung ergibt sich aus § 24 Abs. 2 GWB. Die nach dieser Norm zulässigen **privaten Wettbewerbsregeln** von Wirtschafts- und Berufsvereinigungen dürfen u. a. unlauteres Wettbewerbsverhalten fixieren, erlangen dadurch aber keine Rechtsnormqualität. Ihre Anerkennung durch die Kartellbehörde im Rahmen einer Präventivkontrolle bewirkt nur eine Selbstbindung der Behörde (§ 26 Abs. 1 S. 2 GWB); sie beschränkt aber nicht die richterliche Kontrolle. Für den Wettbewerbsrichter haben die Regeln wegen der latenten **Gefahr** einer **überschießenden Wettbewerbsbeschränkung** allenfalls eine indizielle Bedeutung für sein Unlauterkeitsurteil.[322] Die Verletzung einer Norm des GWB begründet nicht zugleich einen Verstoß gegen § 3a UWG (ex § 4 Nr. 11); für die Wettbewerbsbeschränkungsnormen des GWB regeln **§§ 33, 34a GWB** die zivilrechtlichen Ansprüche **abschließend.**[323]

113 Da die **Normen beider Gesetze gleichberechtigt nebeneinander** stehen, hat das jeweils andere Gesetz die gesetzliche Wertung eines bestimmten Verhaltens nach dem GWB oder nach dem UWG hinzunehmen. **GWB** und **UWG** sind so **auszulegen,** dass **Widersprüche** in der Bewertung **vermieden** werden. Das gilt insbesondere bei der Auslegung der §§ 3 Abs. 1, § 4 UWG 2015, bei der die wirtschaftspolitische Zielsetzung des GWB zu beachten ist.[324] Umgekehrt verdient ein lauterkeitsrechtlich unzulässiges Verhalten, etwa im Rahmen des § 20 Abs. 1 GWB, keinen Schutz.[325]

114 Es ist **nicht** Aufgabe des UWG, die **Schranken des GWB vorzuverlegen** und auf diese Weise die Eingriffsvoraussetzungen des GWB zu unterlaufen.[326] Fehlt es an den Voraussetzungen eines Verbotstatbestandes des GWB, etwa an der erforderlichen Marktmacht, müssen daher zur Annahme eines Verstoßes gegen das UWG andere Umstände vorliegen, die die Unlauterkeit begründen.[327] Insoweit kann von einer gewissen „Sperrwirkung" der GWB-Tatbestände gegenüber einem an sich

---

[312] GroßKommUWG/*Peukert*[2] § 3 Rdn. 55; *Hetmak* GRUR 2014, 437, 442 f.

[313] *Köhler*/Bornkamm[33] § 4 UWG Rdn. 12.3; *Ohly*/Sosnitza UWG[6] Einf. D Rdn. 75; sie verteidigend GroßKommUWG/*Peukert*[2] § 3 Rdn. 459 ff.

[314] Dies einräumend GroßKommUWG/*Peukert*[2] § 3 Rdn. 461.

[315] GroßKommUWG/*Schünemann*[2] Einl. Rdn. G 34.

[316] *Köhler*/Bornkamm[33] Einl. UWG Rdn. 6.13; Immenga/Mestmäcker/*Markert*, GWB[5], § 20 Rdn. 240; *Ohly*/Sosnitza UWG[6] Einf. D Rdn. 72; *Köhler* WRP 2005, 645, 646.

[317] Vgl. etwa BGH GRUR 1985, 883, 885 – *Abwehrblatt I;* GRUR 1986, 397, 399 – *Abwehrblatt II.*

[318] Vgl. etwa OLG Hamburg WuW/E OLG 2775, 2780 – *Hauptverband für Traberzucht und -rennen.*

[319] Vgl. etwa BGH NJW 2000, 809, 810 – *Beteiligungsverbot für Schilderpräger* = GRUR 2000, 344, 346 m. Anm. *Ahrens.*

[320] Immenga/Mestmäcker/*Markert* GWB[5] § 19 Rdn. 240.

[321] GroßKommUWG/*Schünemann*[2] Einl. Rdn. G 57; *Ohly*/Sosnitza UWG[6] Einf. D Rdn. 73.

[322] BGHZ 166, 154 = GRUR 2006, 773 = NJW 2006, 2627, Tz. 19 f. – *Probeabonnement;* GRUR 2011, 431, Tz. 13 – *FSA-Kodex.*

[323] BGH NJW 2006, 2627 Tz. 13 f. – *Probeabonnement; Köhler*/Bornkamm[33] § 4 UWG Rdn. 11.12 Anders gemäß § 104 Abs. 2 GWB bei vergaberechtlichen Verstößen: BGH GRUR 2008, 810, 811 – *Kommunalversicherer.*

[324] BGH GRUR 2004, 602, 603 f. – *20 Minuten Köln; Köhler*/Bornkamm[33] Einl. UWG Rdn. 6.13. Gegen den Einsatz des § 7 UWG zum Behinderungswettbewerb OLG Brandenburg WRP 2015, 362 Tz. 7 (Selektierende Briefkastenaufkleber); OLG Dresden WRP 2015, 1395 Tz. 13 ff. (vorformuliertes Kontaktverbot in Kündigungshilfe).

[325] BGH GRUR 2003, 167, 168 – *Kommunaler Schilderprägebetrieb;* vgl. BGH GRUR 1989, 220, 222 – *Lüsterbehangsteine;* vgl. dazu GroßKommUWG/*Schünemann*[2] Einl. Rdn. G 41 ff.

[326] Zur sog. „Vorfeldthese" ablehnend GroßKommUWG/*Schünemann*[2] Einl. Rdn. G 51 f. mit weiteren Nachweisen; *Köhler*/Bornkamm[33] Einl. UWG Rdn. 6.17 und § 4 Rdn. 12.2; Immenga/Mestmäcker/*Fuchs,* GWB[5], § 19 Rdn. 52.

[327] BGH GRUR 1972, 40, 43 – *Feld und Wald I;* GRUR 1995, 690, 692 f. – *Hitlisten-Platten;* vgl. *Köhler* WRP 2005, 645, 648 f.

möglichen Eingreifen des Unterlauterkeitsrechts des UWG gesprochen werden.[328] Im Rahmen der **Gesamtwürdigung** nach § 3 Abs. 1 oder § 4 UWG 2015 können die **Marktmacht** und die **Marktfolgen** allerdings **unterstützend** zur Begründung der aus anderen Umständen hergeleiteten Unlauterkeit mit herangezogen werden.

Die **originäre Unlauterkeit eines Verhaltens** soll nach älterer Rechtsprechung in Betracht kommen, **wenn** der **Wettbewerb als Institution gefährdet** wird.[329] Das ist sehr zweifelhaft. Raum für die Anwendung des UWG verbleibt aber, wenn sich der Vorwurf der Unlauterkeit nicht allein auf die Verwirklichung eines kartellrechtlichen Verstoßes stützt.[330] **115**

2. Einzelne Bestimmungen des GWB, AEUV

a) § 1 GWB, Art. 101 AEUV (Kartellverbot). Verstoßen Unternehmen gegen das Kartellverbot und behindern sie im Rahmen einer Kartellabrede Mitbewerber in unlauterer Weise (§ 4 Nr. 4 UWG, ex § 4 Nr. 10), so entstehen Ansprüche nicht nur, soweit sich das Kartell gegen Außenseiter richtet,[331] sondern auch, soweit es um das Verhältnis der am Kartell beteiligten Unternehmen zueinander geht.[332] Verbietet der Vertrag den Vertragspartnern lediglich ein Verhalten, das gegen §§ 3ff. UWG verstößt, greift § 1 GWB nicht ein; denn das **GWB schützt nur** rechtlich **erlaubten Wettbewerb.**[333] Jedoch kann zweifelhaft sein, ob das vertraglich geregelte Verhalten zulässigen oder rechtswidrigen Wettbewerb betrifft. Hier bestehen **Grauzonen,** die für die Parteien das Risiko der kartellrechtlichen Nichtigkeit begründen. Dies gilt auch im Falle eines **Vergleichs** über einen wettbewerbsrechtlichen Anspruch.[334] Ein Vergleich ist kartellrechtlich zulässig, wenn ein ernsthafter, objektiv begründeter Anlass zu der Annahme besteht, der begünstigte Vertragspartner könne kraft Gesetzes Unterlassung des vertraglich untersagten Verhaltens verlangen.[335] Wird in Ausführung einer Kartellabsprache eine Vertragskündigung erklärt, erstreckt sich die Nichtigkeitsfolge (§ 134 BGB) auch auf die Kündigung.[336] **116**

b) § 1 GWB, Art. 101 AEUV (Preisbindungsverbot). Vertikale Preisbindungen werden seit der 7. GWB-Novelle nur noch durch § 1 GWB erfasst. Im Falle einer gezielten Behinderung sind auch die Voraussetzungen der § 4 Nr. 4 UWG (ex § 4 Nr. 10) gegeben,[337] nicht aber zugleich § 3a UWG (ex § 4 Nr. 11, vgl. Rdn. 112). Soweit die Preisbindung gem. § 30 GWB zulässig ist, kann die Vertragspflicht nicht zusätzlich zu vertragsrechtlichen Ansprüchen deliktsrechtlich über § 3 Abs. 1 UWG durchgesetzt werden.[338] **117**

c) § 19 GWB, Art. 102 AEUV (Missbrauchsverbot). Ein Verhalten, das gegen dieses Verbot verstößt, verletzt in der Regel nur dann – originär – zugleich §§ 3 Abs. 1, 4 Nr. 4 UWG, wenn sich der **Missbrauch** der Marktmacht **gegen Mitbewerber** richtet und die Marktmacht das unlautere Verhalten ermöglicht oder es intensiviert.[339] **118**

d) § 20 GWB (Diskriminierungsverbot/Behinderungsverbot). In der Regel ist eine kartellrechtlich ungerechtfertigte/unbillige Diskriminierung/Behinderung zugleich originär unlauter. Die **Unbilligkeit** ist nach den **autonomen Maßstäben** des **GWB** zu beantworten;[340] die **Gesichtspunkte,** die für die Interessenabwägung im Kartellrecht maßgebend sind, gelten **gleichermaßen auch im Rahmen des UWG.** Nur bei besonderen Umständen könnte sich eine unterschiedliche Beurteilung ergeben.[341] Die **8. GWB-Novelle** hat § 20 Abs. 1 GWB a. F. in einen neuen § 19 Abs. 3 GWB überführt; die bisherigen Abs. 2 bis 6 sind aufgerückt. Das befristet gel- **119**

---

328 GroßKommUWG/*Schünemann*² Einl. Rdn. G 47 f.; vgl. *Köhler* WRP 2005, 645, 647.

329 BGH GRUR 1982, 53, 55 f. – *Bäckerfachzeitschrift;* GRUR 1982, 425, 430 – *Brillen-Selbstabgabestellen;* Fezer/*Götting*¹ UWG § 4–11 Rdn. 77, aufgegeben in der 2. Aufl., Rdn. 163; *Wolf* WRP 1995, 543, 545.

330 BGH NJW 2006, 2627 Tz. 17 – *Probeabonnement.*

331 BGH GRUR 1976, 153, 155 f. – *Zuschussversicherung.*

332 *Köhler*/Bornkamm³³ Einl. UWG Rdn. 6.14.

333 Immenga/Mestmäcker/*Zimmer,* GWB⁵, § 1 Rdn. 117 und 161.

334 Vgl. im Einzelnen Immenga/Mestmäcker/*Zimmer,* GWB⁵, § 1 Rdn. 162 mit weiteren Nachweisen.

335 Zur markenrechtlichen Abgrenzungsvereinbarung so BGH GRUR 2011, 641, Tz. 19 – *Jette Joop.*

336 BGH NJW 2016, 74 Tz. 60 – Einspeiseentgelt.

337 BGH GRUR 1978, 445, 446 – *4 zum Preis von 3;* vgl. auch BGH WRP 2006, 69, 71 f. – *Zeitschrift mit Sonnenbrille.*

338 *Köhler*/Bornkamm³³ § 4 Rdn. 10.203.

339 Immenga/Mestmäcker/*Fuchs* GWB⁵, § 19 Rdn. 49; s. auch GK/*Peukert*² § 3 Rdn. 426.

340 Vgl. BGH GRUR 1990, 685, 686 – *Anzeigenpreis;* GRUR 1995, 690, 692 – *Hitlisten-Platten; Köhler*/Bornkamm³³ § 4 UWG Rdn. 10.18; vgl. auch *Omsels* WRP 2004, 136, 139; *Köhler* WRP 2005, 645, 649 ff.

341 BGH GRUR 1986, 397, 399, 400 – *Abwehrblatt II.*

tende Verbot des „Anzapfens" im Lebensmittelhandel ist bis Ende 2017 verlängert worden. Unbefristet bleibt das an besondere Voraussetzungen gebundene Verbot des Verkaufs unter Einstandspreis (§ 20 Abs. 3 und 4 GWB) erhalten. Dem früher praktizierten lauterkeitsrechtlichen Verbot des **„Anzapfens"**, das faktisch einen versteckten Preisnachlass untersagte, wird durch den Wegfall der GWB-Norm kein neuer Spielraum über § 3 Abs. 1 oder § 4 Nr. 4 UWG (ex § 4 Abs. 10) eröffnet. Der **Verkauf unter Selbstkosten** ist lauterkeitsrechtlich mangels besonderer Umstände, etwa einer Verdrängungsabsicht,[342] eine zulässige Form des Preiswettbewerbs.[343]

120 **e) § 21 Abs. 1 GWB (Boykottverbot).** Erfolgt die Boykottaufforderung zu Zwecken des Wettbewerbs, greift in der Regel zugleich § 4 Nr. 4 UWG ein. § 4 Nr. 4 UWG erfasst auch Sperraufforderungen an private Endabnehmer.[344] Die zivilrechtlichen Ansprüche aus dem Kartellrecht und dem Lauterkeitsrecht stehen gleichberechtigt nebeneinander.[345] Die Wertmaßstäbe, die beiden Normen zur Frage der Unbilligkeit bzw. der Unlauterkeit zugrunde liegen, stimmen überein.[346]

V. Bürgerliches Recht

Schrifttum: *Ahrens,* Das Verhältnis von UWG und Vertragsrecht aufgrund der EU-Richtlinie über unlautere Geschäftspraktiken, FS Loewenheim (2009) S. 407 ff.; *Chr. Alexander,* Vertrag und unlauterer Wettbewerb, 2002; *ders.,* Vertragsrecht und Lauterkeitsrecht unter dem Einfluss der Richtlinie 2005/29/EG über unlautere Geschäftspraktiken, WRP 2012, 515 ff.; *Augenhofer,* Gewährleistung und Werbung, 2002; *dies.,* Individualrechtliche Ansprüche des Verbrauchers bei unlauterem Wettbewerbsverhalten des Unternehmers, WRP 2006, 169 ff.; *Bauer/Diller,* Wettbewerbsverbote, 7. Aufl. 2015; *Busch,* Informationspflichten im Wettbewerbs- und Vertragsrecht, 2008; *De Christofaro,* Die zivilrechtlichen Folgen des Verstoßes gegen das Verbot unlauterer Geschäftspraktiken: eine vergleichnede Analyse der Lösungen der EU-Mitgliedstaaten, GRUR Int. 2010, 1017 ff.; *Dürrschmidt,* Werbung und Verbrauchergarantien, 1997; *Fezer,* Die Nichtigkeit der Folgeverträge unlauterer Telefonwerbung, WRP 2007, 855 ff.; *Harrer,* Die Aktivlegitimation des Verbrauchers im Lauterkeitsrecht, ÖBl. 2012, 100 ff.; *Homann,* Werbeaussagen und Käufererwartungen, 2004; *Janal,* Unlautere Geschäftspraktiken und unwirksame Geschäftsbedingungen – zu den Wechselwirkungen zwischen UGP-Richtlinie und Klauselrichtlinie, ZEuP 2014, 740 ff.; *Kalski,* Individualansprüche des Verbrauchers bei Lauterkeitsverstößen, 2009; *Köhler,* Vertragsrechtliche Sanktionen gegen unerwünschte Telefonwerbung?, WRP 2007, 866 ff.; *ders.,* Die Verwendung unwirksamer Vertragsklauseln: ein Fall für das UWG, GRUR 2010, 1047 ff.; *ders.,* Unzulässige geschäftliche Handlungen bei Abschluss und Durchführung eines Vertrages, WRP 2009, 898 ff.; *Krejci/Keßler/Augenhofer,* Lauterkeitsrecht im Umbruch, Wien 2005; *Lamberti/Wendel,* Verkäufe außerhalb von Vertriebsbindungssystemen, WRP 2009, 1479 ff.; *Lehmann,* Vertragsanbahnung durch Werbung, 1981; *ders.,* Die bürgerlichrechtliche Haftung für Werbeangaben – Culpa in contrahendo als Haftungsgrundlage für vertragsanbahnende Erklärungen, NJW 1987, 1233 ff.; *ders.,* Informationsverantwortung und Gewährleistung für Werbeangaben beim Verbrauchsgüterkauf, JZ 2000, 280 ff.; *Leistner,* Richtiger Vertrag und lauterer Wettbewerb, 2007; *Leupold,* Schadenersatzansprüche der Marktgegenseite nach UWG, ÖBl. 2010, 164 ff.; *Mankowski,* Die durch Marketing beeinflusste Willenserklärung – Wertungslinien zwischen Lauterkeitsrecht und Zivilrecht, FS Köhler (2014) S. 477 ff.; *Nassall,* Lauterkeitsrecht und Sittlichkeit – Zivilrechtliche Konsequenzen unlauterer Wettbewerbshandlungen, NJW 2006, 127 ff.; *Sack,* Folgeverträge unlauteren Wettbewerbs, GRUR 2004, 625 ff.; *ders.,* Das Recht am Gewerbebetrieb, 2007; *Schaub,* Sponsoringverträge und Lauterkeitsrecht, GRUR 2008, 955 ff.; *Scherer,* Verleiten zum Vertragsbruch, WRP 2009, 518 ff.; *Schmeding,* Wettbewerbsrechtliche Grenzen der Abwerbung von Arbeitskräften, 2006; *Tiller,* Gewährleistung und Irreführung, 2005.

1. Verhältnis zum Deliktsrecht des BGB

121 **a) UWG als Sonderdeliktsrecht.** *aa) Deliktsrechtliche Herkunft des UWG.* Das UWG verdrängt als Sonderdeliktsrecht[347] das allgemeine Deliktsrecht der §§ 823 ff. BGB, ohne dass seine Normen stets im engeren Sinne lex specialis sind. Recht zur Bekämpfung unlauteren, insbesondere irreführenden Wettbewerbsverhaltens hätte sich im 19. Jahrhundert auf der Grundlage deliktsrechtlicher Generalklauseln nach französischem Vorbild auch ohne Sondergesetze entwickeln lassen. Versuche dazu gab es ab ca. 1860 in denjenigen deutschen Staaten, in denen Art. 1382 Code Civil entweder

---

[342] OLG Hamburg WRP 2015, 76, 80, Rdn. 35 – *Staatliches Konzertangebot.*

[343] *Köhler*/Bornkamm[33] § 4 UWG Rdn. 10.187 (Sperrwirkung des § 20 Abs. 3 GWB verneinend); GroßKommUWG/*Peukert*[2] § 3 Rdn. 466 (grundsätzlich Sperrwirkung bejahend).

[344] Immenga/Mestmäcker/*Markert* GWB[5] § 21 Rdn. 49; *Köhler*/Bornkamm[33] § 4 UWG Rdn. 10.127; *Ohly*/Sosnitza UWG[6] § 4.10 Rdn. 10/87.

[345] BGHZ 166, 154 = NJW 2006, 2627, Tz. 17 – *Probeabonnement.*

[346] BGH GRUR 1999, 278, 281 – *Schilderpräger im Landratsamt;* GRUR 2000, 344, 347 – *Beteiligungsverbot für Schilderpräger; Köhler*/Bornkamm[33] Einl. UWG Rdn. 6.16; vgl. zu einem Verstoß gegen das UWG: BGH GRUR 1980, 242, 243 f. – *Denkzettel-Aktion.*

[347] Anders qualifizierend GroßKommUWG/*Schünemann*[2] Einl. E 65 (daher bei einem Rückgriff auf allgemeines Deliktsrecht methodisch von Analogie ausgehend).

in der Originalsprache (so z. B. in Köln) oder in deutscher Übersetzung (so in Baden) galt. Das Reichsgericht hat sie blockiert,[348] um die nationale Rechtseinheit nicht zu gefährden, deren Herstellung im Wettbewerbsbereich mit dem ReichsmarkenschutzG von 1874 gerade erst begonnen hatte.

Als das 1896 geschaffene UWG, das sich auf die Bekämpfung irreführender Werbung beschränkt hatte, 1907 um eine große Generalklausel ergänzt werden sollte, suchte der erste Gesetzentwurf des Reichsjustizamtes dies technisch zu bewirken, indem er den seit 1900 geltenden § 826 BGB dafür instrumentalisierte.[349] § 826 BGB sollte durch eine Verweisung mit zwei Ergänzungen in das UWG transponiert werden: die im BGB lediglich Schadensersatz gewährende Norm sollte mit der zusätzlichen Rechtsfolge eines Unterlassungsanspruchs ausgestattet sowie der Schadensersatzanspruch auf fahrlässiges Verhalten ausgedehnt werden. Zur Abkehr von diesem gesetzgeberischen Vorgehen und zur Schaffung des verselbstständigten § 1 UWG von 1909, der bis zur Reform von 2004 einen Tatbestand zur Generierung richterrechtlicher Verhaltensnormen ohne gesetzgeberische Vorstrukturierung bildete, kam es vorwiegend wegen der Befürchtung, der Unterlassungsanspruch werde in der Rechtspraxis bei Verwirklichung des ministeriellen Entwurfs verkümmern, wenn die dafür erforderliche Begehrungsgefahr im Hinblick auf das in § 826 enthaltene Tatbestandmerkmal „Schaden" zu eng an eine sich konkret abzeichnende Individualbeeinträchtigung angelehnt werde. **122**

bb) Qualifizierungsfolgen. Die Qualifizierung des UWG als Sonderdeliktsrecht hat praktische Konsequenzen: Ergänzend wird das allgemeine Deliktsrecht herangezogen, soweit die Sondervorschriften des UWG keinen Vorrang haben, und deliktsrechtliche Vorschriften aus Rechtsgebieten außerhalb des BGB sind anwendbar. Vorrangig geht es dabei um das Internationale Privatrecht und das Zivilprozessrecht. **123**

Welche Rechtsordnung auf unlauteres Wettbewerbsverhalten anzuwenden ist, bestimmt sich im Grundansatz nach den Regeln des **Internationalen Deliktsrechts** (Art. 6 Rom II-Verordnung).[350] Das Internationale Wettbewerbsrecht wird wegen der modifizierenden Anknüpfung an den Marktort statt an den sonst im Deliktsrecht maßgebenden Ort der unerlaubten Handlung dann aber doch einem Sonderregime unterworfen. Im Internationalen Zivilprozessrecht ist der besondere Gerichtsstand für unerlaubte Handlungen anwendbar (Art. 7 Nr. 2 EuGVVO, ex Art. 5 Abs. 3). **124**

Die Regeln über die **örtliche Zuständigkeit** halten für das Deliktsrecht in § 32 ZPO alternativ einen besonderen Gerichtsstand bereit. Er wird durch § 14 UWG modifiziert und für die Normen des UWG verdrängt. Die Vollstreckungserweiterung gem. § 850f Abs. 2 ZPO für Forderungen aus vorsätzlicher unerlaubter Handlung ist auf Wettbewerbsdelikte anwendbar, ist aber aus tatsächlichen Gründen bedeutungslos. **125**

b) Rechtswidrigkeitsstruktur der UWG-Tatbestände. Das Deliktsrecht des BGB arbeitet mit Rechtswidrigkeitsstrukturen, die in den drei Grundtatbeständen der § 823 Abs. 1, § 823 Abs. 2 und § 826 sichtbar werden und das Rechtswidrigkeitsurteil unterschiedlich gewinnen. § 823 Abs. 1 geht von **absolut geschützten Rechten** und Rechtsgütern aus, deren Verletzung nach der legislativen Konzeption typischerweise rechtswidrig ist; davon abweichend setzen mittelbare Verletzungen durch fahrlässiges Verhalten eine Verkehrspflichtverletzung voraus. Den absoluten Rechten darf man sich nicht einmal in gefährdender Weise annähern, ohne Abwehrrechtsbehelfe auszulösen. Zu den Abwehrmaßnahmen gehört das Entfalten privater Gewalt, etwa gedeckt durch Notwehr (§ 227 BGB) oder Notstand (§ 228 BGB), ebenso wie die gerichtliche Durchsetzung von verschuldensunabhängigen Unterlassungs- und Beseitigungsansprüchen, die rechtsfortbildend anerkannt und den Deliktstatbeständen zusätzlich zur Schadensersatzrechtsfolge aufgepfropft worden sind. Dieses Rechtswidrigkeitsmodell ist in einer Wettbewerbsordnung zur Beschreibung von Unlauterkeitsverhalten grundsätzlich ungeeignet, weil eine Marktwirtschaft keine eigentumsgleichen Marktpositionen kennt, die zur ausschließlich eigenen Auswertung zugewiesen sind (s. oben Rdn. 37). Vielmehr darf jede errungene Marktstellung durch Wettbewerber rechtmäßig angegriffen werden. Dies zu betonen hat die höchstrichterliche Rechtsprechung immer wieder Anlass gehabt.[351] **126**

§ 823 Abs. 2 und § 826 sind demgegenüber Tatbestände, die das **rechtswidrige Verhalten** jeweils **unmittelbar und als solches beschreiben.** Während § 823 Abs. 2 sich dabei gesetzgeberischer Vorgaben in Form fester Tatbestände bedient, die im Rechtsanwendungsprozess als Schutzge- **127**

---

348 RGZ 3, 67, 69 – *Apollinarisbrunnen;* 18, 93, 99 – *van Houten;* 20, 57, 59 – *de Constantinople.*

349 Dazu *Ahrens* WRP 1980, 129, 132 mit Fn. 59; zur Entstehung des UWG von 1896 und der Novelle von 1909 auch *Wadle* JuS 1996, 1064 ff.; *Beater* Unlauterer Wettbewerb, 2011, § 3 Rdn. 299.

350 VO (EG) Nr. 864/2007 v. 11.7.2007 über das auf außervertragliche Schuldverhältnisse anzuwendende Recht, ABl. EU Nr. L 199 v. 31.7.2007 S. 40 ff.; vgl. im Einzelnen oben Einleitung C Rdn. 2, 10 ff.

351 Vgl. nur BGH GRUR 1990, 522, 527 – *HBV-Rechtsschutz;* s. auch oben Rdn. 35.

setz und damit als haftungserheblich deklariert werden, verzichtet § 826 völlig auf gesetzgeberische Vorgaben und überlässt die **Verhaltensnormbildung** dem **Richterrecht.** Dem Modell des § 826 BGB folgte § 1 UWG von 1909. Ebenso fixierten die anderen UWG-Tatbestände einzelne rechtswidrige Verhaltensweisen. Das gilt in gleicher Weise für die §§ 4ff. UWG 2004 bzw. die §§ 3aff. UWG 2015. Demgegenüber legt das **Kennzeichenrecht** im MarkenG ausschließliche absolute Rechte fest, freilich mit Relativierungen durch Schutzschranken und durch Beschreibung relevanter Verletzungstatbestände in Form der Bezugnahme auf Verwechslungsgefahr und Rufschutz (§ 14 Abs. 2 und 3, § 15 Abs. 3 MarkenG).

128 Die Konkretisierung des § 1 UWG 1909 hatte immer wieder mit dem Grundproblem zu kämpfen, die Verhaltensnormen auf das **Referenzsystem** einer wettbewerblichen **Marktwirtschaft** und die Wertungen der zweiten wettbewerbsrechtlichen Teilrechtsordnung, also des nationalen und europäischen Kartellrechts (GWB und Art. 101 AEUV), auszurichten sowie für Berechenbarkeit der Entscheidungen zu sorgen. Richterrechtliche Normbildungen sind von der Wissenschaft ähnlich wie case law des anglo-amerikanischen Fallrechts unter Herausarbeitung des maßgeblichen Unrechtskriteriums zu konsolidierten, tatbestandsähnlichen Fallgruppen entwickelt worden, die die Rechtsanwendung erleichtern sollten. Diesen Rechtsbildungsprozess hat erstmals das UWG von 2004 aufgegriffen und Regelbeispiele benannt, die an Richterrecht anknüpfen, das unter dem alten UWG entstanden ist. Mit den **Regelbeispielen des § 4 UWG 2004 (§§ 3aff. UWG 2015)** sind für den Normbereich des früheren § 1 UWG von 1909 **Bewertungsvorgaben des Gesetzgebers** gemacht worden: Sie beschreiben das Verhaltensunrecht jedoch nicht abschließend in vertypter Weise, wie dies bei den Schutzgesetzen des § 823 Abs. 2 der Fall ist. Mit der UGP-Richtlinie sind unionsrechtliche Vorgaben entstanden, die für den Geschäftsverkehr mit Verbrauchern eine abschließende Regelung treffen.

129 **c) Probleme der Anspruchskonkurrenz.** *aa) Notwendige Einzelbetrachtung.* Inwieweit Anspruchsgrundlagen des allgemeinen Deliktsrechts mit seinen Schadensersatzrechtsfolgen und den richterrechtlich im Wege der Rechtsanalogie (unrichtig: Einzelanalogie zu § 1004 BGB) hinzugefügten Abwehrrechtsfolgen **neben** den Normen des UWG **anwendbar** sind, ist **für jede Norm** selbstständig **durch Auslegung** zu ermitteln. Sie hat die Rechtsprechung vorwiegend beschäftigt bei den Versuchen zur Überwindung der Verjährungsregelung des § 21 UWG 1909 sowie zur Erlangung eines Gerichtsstandes aus § 32 ZPO.

130 *bb) Örtlicher Gerichtsstand.* Der Deliktsgerichtsstand des § 32 ZPO, der bei **bundesweit verbreiteter Werbung** als sog. „fliegender Gerichtsstand" an jedem Landgericht bestehen kann, war in der Vergangenheit zeitweilig attraktiv, weil sich der klagende Wettbewerber durch den regelmäßig für ihn tätig werdenden Rechtsanwalt an dessen Landgerichtssitz **ohne** Einschaltung eines **Verkehrsanwaltes** vertreten lassen konnte. § 32 ZPO setzt voraus, dass der Anspruch schlüssig auf eine Norm des allgemeinen Deliktsrechts gestützt wird; sie darf nicht durch das UWG verdrängt sein. § 24 UWG 1909, eine Spezialregelung über die örtliche Zuständigkeit in UWG-Sachen, hatte ursprünglich eine engere Fassung als § 32 ZPO, wurde später an den Wortlaut des § 32 ZPO angepasst und ab 1996 erneut eingeschränkt. An die Stelle des § 24 a. F. ist weitgehend unverändert § 14 UWG getreten. Das Problem der Anspruchskonkurrenz im Hinblick auf die Erlangung des örtlichen Gerichtsstandes nach § 32 ZPO ist im Jahre 2002 obsolet geworden, weil die **Postulationsbeschränkung** aus dem Zusammenwirken von § 78 ZPO a. F. (bis 31.12.1999) und §§ 18, 23 BRAO a. F. (bis 2007) **aufgehoben** worden ist. Die Neufassung des § 78 Abs. 1 S. 1 ZPO gestattet seither die Prozessvertretung vor allen Landgerichten. Daher kann der „Hausanwalt" eines Unternehmens die auswärtige Prozessvertretung allein übernehmen, ohne dass er auf einen örtlichen Gerichtsstand am Landgericht seines Zulassungsstandortes angewiesen ist. Es bleibt nur noch ein geringfügiger Unterschied der Rechtsverfolgung in Bezug auf die Erstattungsfähigkeit der Reisekosten zum auswärtigen Verhandlungsort.

131 *cc) Verjährung.* § 852 BGB a. F., wie er bis zur Schuldrechtsreform von 2001 gegolten hat, enthielt für Deliktsansprüche nach dem BGB eine großzügiger bemessene Länge der Verjährungsfrist als § 21 UWG 1909. Die geltenden Verjährungsregelungen gem. **§§ 195, 199 BGB** (in der Regel drei Jahre ab Kenntnis der anspruchsbegründenden Umstände) **und** gem. **§ 11 Abs. 1 u. 3 UWG** für wettbewerbsrechtliche Abwehransprüche und Schadensersatzansprüche (in der Regel sechs Monate ab Kenntnis oder grob fahrlässiger Unkenntnis von dem Wettbewerbsverstoß) **differieren** auch weiterhin. Der Rückgriff auf Anspruchsgrundlagen des allgemeinen Deliktsrechts kann daher von Interesse sein. Er zeigt aber keine praktischen Wirkungen und ist zur Erlangung einer günstigeren Verjährungsbeurteilung bedeutungslos, **soweit** die Sonderverjährung nach **§ 11 UWG Vorrang** hat und deshalb auf konkurrierende Anspruchsgrundlagen zu erstrecken ist (dazu § 11 Rdn. 1ff., 40ff., 58ff.).

Ob die Verjährungsregelung des § 21 UWG 1909 Vorrang vor Anspruchsgrundlagen des allgemeinen Deliktsrechts haben sollte, ist differenziert beurteilt worden. Soweit **§ 823 Abs. 1 BGB** in dessen richterrechtlicher Erweiterung um ein **Recht am Unternehmen** (Recht am eingerichteten und ausgeübten Gewerbebetrieb) betroffen ist, was wegen der Subsidiarität dieser Norm und des in der Regel zu verneinenden Erfordernisses der Betriebsbezogenheit des Eingriffs nur selten in Betracht kommt,[352] oder soweit **§ 823 Abs. 2 BGB** in Verbindung mit einer Norm des UWG, die als Schutzgesetz anzusehen ist, die Grundlage konkurrierender Ansprüche bildet, ist der **UWG-Verjährung** der **Vorrang** gegeben worden.[353] Demgegenüber sollte die Haftung nach **§ 826 BGB unbeeinflusst** sein.[354] Maßgebend war die schon in der Beratung der Gesetzgebungskommission zu § 21 UWG 1909 vertretene Auffassung, der Verletzer dürfe haftungsrechtlich nicht dadurch privilegiert werden, dass sein sittenwidriges Verhalten zusätzlich wettbewerbswidrig ist.[355] Im Bereich der Äußerungsdelikte sollte **§ 824 BGB** ebenfalls nicht der kürzeren UWG-Haftung unterworfen werden.[356] 132

Das **UWG von 2004** wollte an dieser Rechtspraxis **nichts ändern.** § 11 UWG soll nach dem Willen der Bundesregierung nicht auf §§ 824 und 826 BGB erstreckt werden, wie sich aus deren Gegenäußerung zur Stellungnahme des Bundesrates vom 20.6.2003 ergibt;[357] der Bundesrat hatte demgegenüber alle sonstigen mit den UWG-Ansprüchen in unmittelbarem Zusammenhang stehenden Ansprüchen dem Regime der kurzen Verjährungsfrist des § 11 unterwerfen wollen.[358] Dabei ist es im **UWG von 2008 und 2015** geblieben. 133

d) Konkurrierende Normen des allgemeinen Deliktsrechts. *aa) § 826 BGB.* Der Anwendungsbereich des § 826 BGB ist trotz der historischen Herkunft des § 1 UWG 1909 und der darauf aufbauenden §§ 3 und 4 UWG enger. Die Differenz der beiden Tatbestände des § 826 BGB und § 1 UWG 1909 zeigte sich nicht nur im zusätzlichen Tatbestandsmerkmal des „Handelns zu Zwecken des Wettbewerbs"; schon das **Merkmal sittenwidrigen Handelns** war trotz gleichen Wortlauts **nicht identisch** auszulegen. Maßgebend für die Konkretisierung des Sittenwidrigkeitsmerkmals in § 1 UWG 1909 war dessen Bezug auf das Ordnungssystem und die Funktionsbedingungen der wettbewerblichen Marktwirtschaft. Der BGH hat betont, der Begriff der Sittenwidrigkeit in § 1 UWG 1909 müsse wegen der Zielsetzung der Norm, die Lauterkeit des Wettbewerbs im Interesse der Marktbeteiligten und der Allgemeinheit zu schützen, **wettbewerbsbezogen ausgelegt** werden.[359] Darin liegt nicht nur ein Unterschied zu § 826 BGB sondern auch zu der rechtsgeschäftsbezogenen Norm des § 138 Abs. 1 BGB.[360] Im geltenden Recht wird dies durch § 1 und § 2 Abs. 1 Nr. 1 UWG verstärkt zum Ausdruck gebracht.[361] 134

Ein wesentlicher Unterschied des § 826 BGB – wie auch aller übrigen Tatbestände des allgemeinen Deliktsrechts – zu den UWG-Tatbeständen liegt im **Individualbezug** der Ansprüche; wer konkret in einem rechtlich geschützten Interesse verletzt worden ist oder wer insoweit bedroht wird, ist Inhaber der restituierenden, kompensierenden oder abwehrenden Ansprüche. Demgegenüber kommt es für § 3 UWG nicht auf die Identifizierung einzelner Mitbewerber, Verbraucher oder Marktteilnehmer an, zu deren Nachteil die unlautere Wettbewerbshandlung sich auszuwirken geeignet ist. Allerdings wird Individualschutz auch im UWG gewährt, soweit ein Wettbewerber *unmittelbar* durch eine Wettbewerbsstörung betroffen ist.[362] 135

Das Sittenwidrigkeitsurteil des § 826 BGB ist auf Sachverhalte unternehmerischen Verhaltens anwendbar. **Überschneidungen mit UWG-Tatbeständen** kommen insbesondere bei betrügerischem Verhalten, bei gezielter Behinderung von Mitbewerbern (§ 4 Nr. 4 UWG, ex § 4 Nr. 10) und bei schmarotzerischer Ausbeutung fremder Leistungen (§ 4 Nr. 3 UWG, ex § 4 Nr. 9) in Be- 136

---

352 Schlechthin ein Bedürfnis für diese Figur verneinend und auf § 3 UWG sowie § 826 BGB ausweichend *Sack,* Das Recht am Gewerbebetrieb, S. 197, 225 ff., 314 ff. (kritisch dazu *Medicus* JZ 2007, 457).

353 BGHZ 36, 252, 256 = GRUR 1962, 310 – *Gründerbildnis;* BGH GRUR 1974, 99, 100 = WRP 1974, 30 – *Brünova;* BGHZ 130, 288, 290 – *Kurze Verjährungsfrist;* OLG Köln GRUR-RR 2001, 110.

354 BGHZ 36, 252, 256; BGH GRUR 1977, 539, 543 – *Prozessrechner* (betr. Geheimnisverrat); OLG Köln GRUR-RR 2001, 110.

355 BGHZ 36, 256.

356 BGHZ 36, 252, 256.

357 BT-Drucks. 15/1487 v. 22.8.2003 S. 44.

358 BT-Drucks. 15/1487 S. 35.

359 BGHZ 150, 343, 347 – *Elektroarbeiten* = NJW 2002, 2645, 2646 = GRUR 2002, 825, 826; 149, 247, 257 – *HIV Positive II;* 147, 296, 303 – *Gewinnzertifikat;* 144, 255, 265 – *Abgasemissionen* = NJW 2000, 3351, 3353 = WRP 2000, 1116, 1119.

360 BGH GRUR 1998, 945, 946 = WRP 1998, 854, 855 – *Co-Verlagsvereinbarung.*

361 Vgl. dazu BGH GRUR 2007, 800 = NJW 2007, 2999, Tz. 21 – *Außendienstmitarbeiter.*

362 Vgl. nur BGHZ 150, 343, 347 – *Elektroarbeiten.*

tracht.[363] Die Funktion des § 826 BGB, neuartiges Verhalten richterrechtlich zu brandmarken, bis der Gesetzgeber es in einen Tatbestand der „einfachen" Rechtswidrigkeit umformt, wird bei wettbewerbsbezogenem Handeln nicht zum Tragen kommen, wenn § 3 Abs. 1 UWG in angemessener Weise gehandhabt wird.

137 Denkbar ist eine **eigenständige Anwendung des § 826 BGB,** wenn eine gewerbliche Leistung fremdes Betrugsverhalten fördert, ohne zugleich die Schutzzwecke des § 1 UWG zu tangieren. Paradigma ist der vom OLG München entschiedene Fall,[364] in dem der Unternehmer zur Erleichterung der Prüfungstäuschung durch juristische Examenskandidaten Einlegeblätter für Loseblattgesetzessammlungen mit kommentierenden Hinweisen vertrieb, die durch ihre technische Ausstattung der Kontrolle durch die aufsichtführende Person entzogen werden sollte. Hier sind nur öffentliche Interessen berührt, deren Schutz seit der UWG-Reform von 2004 in § 1 UWG mediatisiert worden ist. Das Verhalten ist sittenwidrig i. S. d. § 826 BGB, kann allerdings mangels unmittelbar betroffener Individualperson und fehlender Verbandsklagebefugnis nicht auf dieser Grundlage verfolgt werden.

138 *bb) § 823 Abs. 2 BGB.* § 823 Abs. 2 BGB in Verbindung mit **verbraucherschützenden UWG-Tatbeständen** ist keine Grundlage für Schadensersatzansprüche zugunsten einzelner Verbraucher.[365] Diese Herleitung hat bereits die **„Prüfzeichen"-Entscheidung** des BGH im Ergebnis zutreffend verneint.[366] Die ablehnende Begründung hätte sich freilich vertiefend darauf erstrecken müssen, dass die Gewährung individueller Ersatzansprüche wegen irreführender Werbung oder sonstiger unlauterer Einflussnahme auf die Verbraucherentscheidung das Sachmängelrecht und die Vertragsauflösung mit Instrumenten der Rechtsgeschäftslehre unterliefen, und dass die UWG-Tatbestände nach ihrer Merkmalsstruktur gar nicht darauf ausgerichtet sind, die Werbewirkung auf individuelle, konkret identifizierbare Personen festzustellen.[367] Der Gesetzgeber hat daraufhin vereinzelte Kritik im Fachschrifttum an der Entscheidung aufgreifen und das Entscheidungsergebnis mit einer UWG-Novelle umkehren wollen.[368] Die Reformbemühungen liefen ab Ende der 70er Jahre des 20. Jahrhunderts über mehrere Legislaturperioden hinweg.[369] Spärlicher Rest des **populistischen Aktivismus** dieser **Verbraucherschutzgesetzgebung** war 1986 die Verankerung eines Rücktrittsrechts in § 13a UWG 1909, das 2003 wieder abgeschafft worden ist.[370] § 9 UWG gewährt nunmehr nur den Mitbewerbern Schadensersatzansprüche;[371] die Begründung des RegE dazu stellte ausdrücklich klar, dass die **Vorschriften des UWG keine Schutzgesetze** im Sinne des § 823 Abs. 2 BGB sind.[372] Individuelle Klagerechte sieht die UGP-RL nicht vor (s. unten Rdn. 155).[373]

139 *cc) § 823 Abs. 1 BGB, § 824 BGB.* Im Bereich der **Äußerungsdelikte** (etwa durch gewerbekritische oder unrichtige Publikationen[374] oder durch vergleichende Warentests)[375] können das **Recht am Unternehmen** (§ 823 Abs. 1 BGB) und **§ 824 BGB** in Konkurrenz zu § 4 Nr. 1 und 2 UWG 2015 (ex § 4 Nr. 7 und 8) treten. Praktische Relevanz erlangt das nur, wenn man entgegen der hier vertretenen Ansicht die Handlungsfreiheiten (Äußerungsfreiheiten) bei geschäftlichen Handlungen in gleich großzügiger Weise einräumt wie außerhalb des Wettbewerbsrechts. Das ist durch die grundsätzlich zutreffende Einbeziehung wettbewerblicher Äußerungen in den Grundrechtsschutz des Art. 5 Abs. 1 S. 1 GG nicht vorgezeichnet, weil die **Festlegung der Schutzschranken differenziert** ausfallen kann (vgl. oben Rdn. 75 f.).

---

363 Anwendbarkeit des § 826 BGB verneint von OLG Köln GRUR-RR 2001, 110 für irreführende Werbung.
364 OLG München NJWE-WettbR 1999, 148 – *Schemata*.
365 A. A. *Augenhofer* WRP 2006, 169, 176 f. Wie hier *M. Schmidt* JZ 2007, 78, 82 f.; *Leistner*, Richtiger Vertrag S. 218 Fn. 213, 253 Fn. 334, 1001 f.
366 BGH (VI. ZS) NJW 1974, 1503.
367 Dazu *Ahrens* WRP 1978, 677 ff.
368 RegE 1978, BT-Drucks. 8/2145.
369 RegE 1982, BT-Drucks. 9/1707.
370 RegE BT-Drucks. 15/1487 S. 14.
371 Vgl. dazu BGH NJW 2015, 2192, Tz. 15 – *Hohlkammerprofilplatten* (im konkreten Fall verneint).
372 BT-Drucks. 15/1487 S. 22 (ohne Differenzierung zwischen Mitbewerbern und Endabnehmern); der BRat verlangte eine Klarstellung im Gesetz selbst, a. a. O. S. 34; die Gegenäußerung der BReg. sah dafür keinen Anlass, a. a. O. S. 43. Die Begründung als irrelevant ansehend *Augenhofer* WRP 2006, 169, 176.
373 GroßKommUWG/*Heinze*² Einl. C Rdn. 296.
374 Vgl. BGHZ 90, 113, 123 (Kritik einer Bürgerinitiative an Planungsvorhaben der Bahn); 138, 311, 315 (Filmbericht über Ferienappartementanlage).
375 BGHZ 65, 325, 328, 339 f.

Das **Recht am Unternehmen** (Gewerbebetrieb),[376] das nur Schutzlücken zu füllen hat und deshalb subsidiär ist, soll auch in anderen Bereichen einsetzbar sein, etwa gegenüber unberechtigten Schutzrechtsverwarnungen, insbesondere soweit sie sich an Abnehmer richten,[377] Boykottaufrufen[378] und Betriebsblockaden, Absatzbehinderungen sowie gegenüber Behinderungen des räumlichen Zugangs, der Energieversorgung und der Kommunikation. Soweit für die Beeinträchtigung ein Wettbewerber verantwortlich ist, hat die Beurteilung nach dem spezielleren **UWG** (und eventuell dem GWB) **Vorrang.**[379] Die Erweiterung des § 823 Abs. 1 BGB um das unabgegrenzte Schutzgut „Unternehmen" ist strukturell verfehlt; in der Sache wird primärer Vermögensschutz gewährt. Eine Haftungskorrektur wird bewirkt, indem in schwer prognostizierbarer Weise die **Betriebsbezogenheit des Eingriffs** oder die positiv festzustellende Rechtswidrigkeit (insbesondere unter dem Einfluss von Grundrechten) verneint werden. 140

dd) Vertragsstabilisierende Deliktsansprüche. Vertragsbeziehungen begründen wegen der Relativität von Schuldverhältnissen grundsätzlich nur Ansprüche unter den Vertragspartnern. Wer als **Dritter in** eine **Vertragsbeziehung eindringt,** etwa indem er auf deren Beendigung durch Kündigung hinwirkt und damit Kunden oder Arbeitnehmer eines Wettbewerbers abwirbt, ist selbst keinen Ansprüchen ausgesetzt, die mangels Vertragsbeziehung allein deliktsrechtlicher Art sein könnten.[380] Dies gilt selbst dann, wenn sich der Vertragspartner eines Verletzungsverhaltens schuldig macht, das von Nutzen für den Dritten ist und der Dritte mit der für die Verletzung verantwortlichen Vertragspartei zusammenwirkt. Bedeutung kann das **Deliktsrecht** in Ergänzung des Vertragsrechts **allerdings ausnahmsweise** erlangen, wenn besondere Umstände vorliegen, die das Verhalten eines Dritten rechtswidrig machen.[381] Das ist unangefochten akzeptiert für sittenwidrige Einwirkungen im Sinne des § 826 BGB;[382] dadurch wird die „Verteidigungslinie des Rechts" vorgeschoben.[383] 141

Charakteristisch ist für solche Sachverhalte, dass **vertragliche Rechtsbehelfe** zum Schutze einer Vertragspartei wegen Sachverhaltsbesonderheiten **ineffektiv** bleiben und eine Rechtsverfolgung nur erfolgreich **gegen** den in die Vertragsbeziehung einbrechenden **Dritten** betrieben werden kann.[384] Die mangelnde Effizienz des Vertragsrechtschutzes kann auf unterschiedlichen Umständen beruhen. Denkbar ist, dass der Sachverhalt in gerichtsfester Form nur in Bezug auf das Verhalten des außenstehenden Dritten aufgeklärt werden kann. Möglich ist aber auch, dass der Vertragsgläubiger speziell an der Primärleistung interessiert ist, deren Erbringung durch das Verhalten des Dritten bei Labilität des Vertragsschuldners vereitelt wird; damit der Schutz des Gläubigers nicht auf bloße Sekundärrechtsbehelfe reduziert wird, bekämpft der deliktische Außenschutz bereits das Gefährdungsverhalten des Dritten. 142

Paradigmatisch zu nennen sind das **Verleiten zum Vertragsbruch,** das jedes aktive – sei es auch nur verstärkende – Einwirken[385] auf den später Vertragsbrüchigen umfasst, der **Schleichbezug** (unter Täuschung des vertraglich Gebundenen)[386] sowie das **Ausnutzen** fremden Vertragsbruchs (dazu auch § 3a Rdn. 141 ff.). Die ersten beiden Varianten fallen problemlos unter § 826 BGB sowie unter § 4 Nr. 4 UWG (ex § 4 Nr. 10). Alle drei Varianten hatten bis in die 90er Jahre des 20. Jahrhunderts insbesondere Bedeutung für den Schutz selektiver Vertriebsbindungssysteme gegen 143

---

376 Näher dazu Bamberger/Roth/*Spindler*, BGB, 3. Aufl. 2012, § 823 Rdn. 104 ff.; MünchKommBGB/*Wagner*, 6. Aufl. (2013), § 823 Rdn. 250 ff.; Staudinger/*Hager* (1999) § 823 Teil D; *Sack*, Das Recht am Gewerbebetrieb, 2007.

377 BGHZ (GSZ) 164, 1 = NJW 2005, 1408 = GRUR 2005, 882 – *unberechtigte Schutzrechtsverwarnung;* BGH (I. ZS) GRUR 2006, 432 = WRP 2006, 468 – *Verwarnung aus Kennzeichenrecht II;* BGH (I. ZS) NJW 2006, 1432 – *unbegründete Abnehmerverwarnung;* BGHZ (X. ZS) 165, 311 = GRUR 2006, 219, 222 (Tz. 14) – *Detektionseinrichtung II;* BGHZ (X. ZS) 171, 13 = GRUR 2007, 313, 314 (Tz. 11) – *Funkuhr II.*

378 BVerfG NJW 1989, 381, 382 zu BGH NJW 1985, 1620 – *Mietboykott; Sack* a. a. O. S. 237 ff.

379 *Beater,* Unlauterer Wettbewerb[1] § 28 Rdn. 34, führt die richterrechtliche Entwicklung und die Fortexistenz des Gewerbebetriebsschutzes auf der Grundlage des § 823 Abs. 1 BGB überhaupt auf die historische Zufälligkeit der Entstehensabfolge von BGB (1900) und § 1 UWG 1909 zurück (nicht in die 2. Aufl. 2011 übernommen).

380 BGH GRUR 2007, 800, 801 = WRP 2007, 951, 953 (Tz. 15) – *Außendienstmitarbeiter.*

381 BGH GRUR 1990, 522, 527 – *HBV-Rechtsschutz* m. w. Nachw.

382 *Gernhuber,* Das Schuldverhältnis, 1989, § 3 II 9 a.

383 Vgl. *Gernhuber* a. a. O. § 3 II 4.

384 So im Fall des weisungswidrigen Abfangens von Zollabfertigungsaufträgen für CMR-Frachtgut auf dem Münchener Großmarkt, BGH GRUR 1987, 532, 533 – *Zollabfertigung,* m. Anm. *Ahrens* EWiR § 1 UWG 11/87, S. 1017.

385 Zum bereits zum Vertragsbruch Entschlossenen *Gruber* JBl. 2002, 416, 433. Für Beachtung der UGP-RL *Scherer* WRP 2009, 518, 521.

386 Vgl. dazu BGH GRUR 1992, 171 – *Vorgetäuschter Vermittlungsauftrag;* NJW 2009, 1504, Tz. 22, 25 u. 27 – *bundesligakarten.de.*

Außenseiter, die Ware auf Grund von Querlieferungen vertragsbrüchiger gebundener Händler beziehen, obwohl diese nach ihren Vertragspflichten als Großhändler nur an ebenfalls gebundene Einzelhändler oder als Einzelhändler nur an Endabnehmer liefern dürfen. Relevante vertragliche **Geschäftsbeziehungen** eines beeinträchtigten Wettbewerbers sind aber auch solche **zu Kunden** und Lieferanten sowie zu **Arbeitnehmern** und **Vertriebsmittlern.** Der dort zu leistende Schadensersatz kann wegen der Naturalrestitution von Interesse sein; in Betracht kommen auch negatorische Beseitigungsmaßnahmen.

144 Das deliktsrechtliche Vorgehen gegen **Außenseiter selektiver Vertriebsbindungssysteme** hat sich Ende der 90er Jahre verändert. Die Rechtsprechung[387] stellt unter Aufgabe des Erfordernisses praktischer Lückenlosigkeit nicht mehr auf die Ausnutzung fremden Vertragsbruchs ab, die unter den drei Varianten in der Regel allein beweisbar war. Statt dessen wird der Schutz der vertraglichen Lieferbeziehung zwischen Hersteller und in das Vertriebssystem eingebundenen Händlern faktisch durchsetzbar gestaltet, indem das **Entfernen technischer Kontrollmerkmale** an der Ware, die zur Aufdeckung vertragsbrüchiger Belieferung von Außenseitern führen können, als rechtswidrig qualifiziert wird. Daraus ergeben sich nunmehr deliktsrechtliche Ansprüche gegen denjenigen, der die Kontrollmerkmale an kartellrechtlich in zulässiger Weise vertriebsgebundener Ware entfernt oder entsprechend behandelte Ware vertreibt[388] oder der sie zum Zwecke des Weiterverkaufs besitzt oder auf dem grauen Markt erwirbt. Grundlage ist dafür allerdings nicht das allgemeine Deliktsrecht, sondern das UWG unter dem Gesichtspunkt des **Behinderungswettbewerbs** und eventuell das MarkenG.[389] Über §§ 2 Abs. 1 Nr. 5, 5 Abs. 1 Nr. 6, Anh. Nr. 1 und 3 UWG (Schutz von Verhaltenskodizes) ist eine Rückkehr zur alten Rechtsprechungspraxis nicht zulässig.[390]

145 Verhält sich der Vertragspartner bei der von ihm erklärten **Vertragsbeendigung rechtmäßig,** kann ein Wettbewerbsverstoß des darauf hinwirkenden Dritten nur gegeben sein, wenn **auf** die **freie Entscheidung** des vertraglich Gebundenen in **unlauterer** Weise **eingewirkt** wird (z.B. durch irreführende Angaben, Bestechung, Verstoß gegen eigene vertragliche Loyalitätspflichten im Rahmen einer due diligence, Begünstigung von Versicherungsbetrug),[391] oder wenn der Mitbewerber des Dritten in seiner **Leistungserbringung behindert** wird, etwa indem ihm schlagartig wichtige Schlüsselkräfte[392] abgeworben werden. Das Ausspannen von Kunden oder Lieferanten ist also ungeachtet der damit bewirkten Störung von Geschäftsbeziehungen grundsätzlich wettbewerbsrechtskonform. Die Verleitung zur ordnungsgemäßen Vertragsauflösung ist regelmäßig rechtmäßig, so im Falle der **Kündigungshilfe** für ein Zeitschriftenabonnement, bei der dem Bestellformular ein Kündigungsformular beigefügt wird.[393] Zur Abwerbungshilfe müssen zusätzliche Momente hinzutreten, etwa die Vereitelung einer unabhängigen Entscheidung.[394] Unlauter ist unter dem Gesichtspunkt des Verleitens erst das gezielte und bewusste **Hinwirken auf** einen fremden **Vertragsbruch.**[395] Das bestärkende Element darf nicht schon einer Bereitschaft zur Beschäftigung des Vertragsbrüchigen entnommen werden.[396] Werden **Beschäftigte im Außendienst** schlagartig abgeworben, kann die Behinderungswirkung darauf beruhen, dass ohne angemessene Reaktionsmöglichkeit der Kontakt zur Kundschaft unterbrochen wird. Beim Abwerben von Arbeitnehmern ist der Schutz von deren Mobilität (Art. 12 Abs. 1 GG) ein in die Bewertung einzubeziehendes Kriterium.[397]

---

[387] BGHZ 142, 192, 203 f. = GRUR 1999, 1109, 1112 f. – *Entfernung der Herstellungsnummer I* = NJW 1999, 3043; GRUR 1999, 1113, 1115 f. – *Außenseiteranspruch I* (Anfrage an Kartellsenat); BGHZ 143, 232, 236 ff., 243 f. = GRUR 2000, 724, 725 f. – *Außenseiteranspruch II;* GRUR 2001, 448, 449 f. – *Kontrollnummernbeseitigung II.*

Zu Einschränkungen des an sich weitergehenden deliktsrechtlichen Schutzes in Frankreich Cour de Cassation (Chambre commercial) Dalloz 2001 Jur. 1946, s. auch RIW 2002, 870 f.

[388] BGH WRP 2002, 947, 949 – *Entfernung der Herstellungsnummer III;* LG Bamberg GRUR-RR 2015, 119 – *Fahrradträger.*

[389] BGH WRP 2002, 947, 949 – *Entfernung der Herstellungsnummer III.*

[390] A. A. möglicherweise *Lamberti/Wendel* WRP 2009, 1479, 1482 ff.

[391] Vgl. OLG Schleswig GRUR-RR 2007, 242, 243 – *Beteiligung an Selbstbeteiligung.*

[392] Kritisch dazu *Schmeding* S. 248 ff.; ablehnend OLG Brandenburg WRP 2007, 1368, 1370.

[393] So für Österreich OGH MR 2002, 402 = WBl. 2003, 142, auch zitiert in *Wiltschek/Reitböck* WRP 2003, 785, 789; dazu *Gruber* JBl. 2002, 416, 420, 426. Zur Kündigungshilfe durch einen Versicherungsmakler OLG Schleswig VersR 2000, 1430; s. ferner *Sasse/Thiemann* GRUR 2003, 921 ff.

[394] BGH GRUR 2005, 603, 604 – *Kündigungshilfe; Schmeding* S. 266.

[395] BGH GRUR 2007, 800 = NJW 2007, 2999 – *Außendienstmitarbeiter;* OLG Brandenburg WRP 2007, 1368, 1370.

[396] BGH GRUR 2007, 800, Tz. 24; *Schmeding* S. 119, 137, 159 ff.

[397] BGHZ 158, 174, 182 – *Direktansprache am Arbeitsplatz I* = NJW 2004, 2080, 2081 = GRUR 2004, 696, 697; BGH GRUR 2007, 800, 801 – *Außendienstmitarbeiter.*

Irrelevant ist für sich genommen, dass eine Abwerbung *planmäßig* geschieht[398] oder dass in *Schädigungsabsicht* gehandelt wird, die sich nicht in negativ zu bewertenden äußeren Umständen manifestiert.[399] Der **subjektive Kenntnisstand** ist für die Bewertung als unlauter **irrelevant,** wenn die objektiv bewirkten Auswirkungen des Wettbewerbsgeschehens hinzunehmen sind.[400] In der Regel ist auch das **Ausnutzen fremden Vertragsbruchs** ohne Hinzutreten besonderer Umstände nicht unlauter.[401] 146

2. Vertragsrecht und UWG (einschließlich Folgeverträgen)

a) Vertragswirksamkeit, Vertragsauflösung. *aa) Unlauteres Hinwirken auf den Vertragsschluss.* 147
Der Abschluss eines Vertrages unter **unlauterer Einwirkung auf die Entscheidungsfreiheit** eines Verbrauchers oder sonstigen Marktbeteiligten (§ 4a Abs. 1 UWG) oder unter dem Einfluss irreführender Werbung (§ 5 UWG) kann gleichzeitig rechtsgestaltende Vertragsauflösungsrechte begründen, nämlich die Anfechtung wegen Irrtums (§ 119 BGB) oder arglistiger Täuschung[402] (§ 123 BGB); außerdem kann der Vertrag gem. § 138 Abs. 1 BGB wegen Sittenwidrigkeit sowie gem. § 138 Abs. 2 BGB wegen Wuchers unwirksam sein. Die Sachverhalte überschneiden sich aber nur in Teilelementen; die **tatbestandlichen Voraussetzungen** der UWG-Normen und der BGB-Normen **decken sich** im Einzelnen **nicht.**[403] Die UGP-Richtlinie hat dazu keine Vorgaben gemacht; die Lösungen der einzelnen EU-Staaten sind unterschiedlich.[404]

Im Schrifttum wird allerdings eine **materielle Kohärenz** von **Vertragsrecht** und **Lauterkeitsrecht** befürwortet (näher dazu unten Rdn 164).[405] Potential für einen Wertungstransfer vom Vertragsrecht in das Lauterkeitsrecht wird insbesondere den **Informationspflichten** für Zwecke der Irreführungsabwehr attestiert.[406] Einer Gleichschaltung von UWG und Vertragsrecht stehen jedoch häufig tatbestandliche Hindernisse entgegen (zuvor Rdn. 147 und unten Rdn. 150ff., 157). 148

bb) Vertragsnichtigkeit. Die ohne rechtsgestaltende Erklärung eintretende Vertragsunwirksamkeit gem. **§ 138 Abs. 1 BGB** wegen Sittenwidrigkeit des Rechtsgeschäfts ist weder zwangsläufig mit der Verwirklichung eines UWG-Tatbestandes verbunden, noch überdecken sich die Wertungen auch nur faktisch in einer größeren Zahl von Fällen. Schon unter der Geltung des wortlautgleichen § 1 UWG 1909 wurde die Sittenwidrigkeit im Sinne des Wettbewerbsrechts nicht mit der Sittenwidrigkeit nach § 138 Abs. 1 BGB gleichgesetzt.[407] Für die Beurteilung als sittenwidrig im Sinne des § 138 Abs. 1 BGB ist entscheidend, ob das Rechtsgeschäft **seinem Inhalt nach** mit den grundlegenden Werten der Rechts- und Sittenordnung unvereinbar ist und alle Beteiligten in Kenntnis der Tatsachen handelten, die diese negative Bewertung begründen, oder sich der Kenntnis zumindest grob fahrlässig verschlossen haben. Abweichend davon ist die Begründung der Unlauterkeit eines Wettbewerbsverhaltens auf das Ordnungssystem der wettbewerblichen Marktwirtschaft bezogen (vgl. oben Rdn. 33); ein Verstoß gegen Fundamentalwerte im Sinne des ordre public interne wird nicht vorausgesetzt. Daher sind Verträge, die auf Grund eines Wettbewerbsverstoßes 149

---

398 *Gruber* JBl. 2002, 416, 424.

399 Vgl. *Gruber* JBl. 2002, 416, 425.

400 BGH GRUR 2007, 800, 802 (Tz. 21) – *Außendienstmitarbeiter;* s. ferner BGH GRUR 2006, 879, Tz. 12 = NJW-RR 2006, 1378 = WRP 2006, 1027, 1028f. – *Flüssiggastank; Schmeding* S. 252f.

401 BGHZ 143, 232, 240 = GRUR 2000, 724, 726 = WRP 2000, 734, 737 = NJW 2000, 2504, 2506 – *Außenseiteranspruch II;* BGH GRUR 2007, 800f. – *Außendienstmitarbeiter;* OLG Köln MMR 2002, 122, 123 – *Erotikdienst;* österr. OGH ÖBl. 1998, 22, 25 – *Elektronik Aktuell.* Besondere Umstände wurden von OLG Hamburg NJW-WettbR 1999, 54 – *Exklusivinformation Vera Brühne* nicht aufgezeigt; sie lagen aber in der Person des nicht beklagten Strafverteidigers vor. Kritisch zur Unterscheidung von Verleiten und Ausnutzen bei zu geringen Anforderungen an das Verleiten GroßKommUWG/*Brandner/Bergmann*[1] § 1 Rdn. A 231 („weitgehend wertlos"), ähnlich GroßKommUWG/*Peifer*[2] § 4 Nr. 10 Rdn. 316ff.; s. auch *Gruber* JBl. 2002, 416, 435; OLG Düsseldorf GRUR 2003, 89 = NJW-RR 2003, 104 lässt die „einfache Lieferanfrage" nicht als Verleiten ausreichen; ablehnend dazu *Tiemann* WRP 2004, 289ff.

402 So z.B. in OLG Düsseldorf NJW 2002, 612, 613 – *Schlossauflösung* (Abgabe der Vertragserklärung unter dem Einfluss einer vorsätzlich irreführenden Zeitungswerbung); AG Leonberg NJW-RR 2002, 855 – *Polizeiinfo* (anders AG Bruchsal NJW-RR 2001, 274). Verneint in BGH (III. ZS) NJW 2008, 982, Tz. 11 – *Bea.*

403 Die Unterschiede ebenfalls betonend *Mankowski* FS Köhler (2014) S. 477, 481.

404 Rechtsvergleichend dazu *De Christofaro* GRUR Int. 2010, 1017, 1020ff.

405 Vgl. nur GroßKommUWG/*Heinze*[2] Einl. C Rdn. 297.

406 GroßKommUWG/*Heinze*[2] Einl C. Rdn. 298f. kritisch *ders.* in Rdn. 300f. zum Transfer in ungekehrter Richtung.

407 BGH NJW 1998, 2531, 2532 = GRUR 1998, 945, 946 = WRP 1998, 854 – *Co-Verlagsvereinbarung;* BGHZ 117, 280, 286 – *Verschweigen der Wiederverkaufsabsicht;* BGHZ 110, 156, 174 = GRUR 1990, 522, 528 – *HBV-Familien- und Wohnungsrechtsschutz.*

zustande gekommen sind, **nicht** nach § 138 Abs. 1 BGB **per se** als **unwirksam** angesehen worden.[408] Dies gilt erst recht unter dem UWG von 2004 und 2008, auch wenn die konsolidierten Fallgruppen übernommen worden sind, die sich in der Rechtsprechung zu § 1 UWG 1909 herausgebildet hatten.[409] **Ebensowenig** sind die Normen des UWG für lauteres Marktverhalten **Verbotsgesetze** im Sinne des § 134 BGB, da sie nicht den Inhalt von Verträgen bestimmen.[410] Etwas anderes folgt auch nicht aus der UGP-Richtlinie. Deren Art. 3 Abs. 2 spricht davon, dass die Richtlinienbestimmungen die Wirksamkeit eines Vertrages unberührt lassen. Dementsprechend ist der **EuGH** in der Rechtssache *Pereničová* zu dem Ergebnis gelangt, dass der unlautere Charakter einer Geschäftspraxis keine unmittelbaren Auswirkungen auf die Wirksamkeit eines unter ihrem Einfluss geschlossenen Vertrages hat.[411] Ein Vertrag ist allerdings **nach § 134 BGB nichtig,** wenn er gestattet oder gar dazu verpflichtet, sich unlauter zu verhalten.[412]

150 *cc) Rechtsgestaltende Vertragsauflösung.* Nicht jede wettbewerbswidrige Vertragsanbahnung begründet ein Recht des Abnehmers auf Vertragsauflösung (s. bereits oben Rdn. 147).[413] **Unbegründet** ist aus Anlass der UWG-Reform von 2004, aber auch schon zuvor, mit z. T. pauschalen Behauptungen über Regelungslücken und Durchsetzungsdefizite die Schaffung eines **lauterkeitsrechtlichen Vertragslösungsrechts** der Verbraucher gefordert worden.[414] Diese rechtspolitische Forderung verkennt u. a. die notwendigen unterschiedlichen tatbestandlichen Voraussetzungen der Nachprüfung individueller Vertragsabschlüsse und der Unterdrückung unlauteren Marktverhaltens; ihre Umsetzung würde die für Rechtsgeschäfte geltenden Anforderungen des BGB aushöhlen und Rechtsunsicherheit über die Gültigkeit von Verträgen erzeugen.

151 Die Tatbestandsmerkmale der **rechtsgeschäftlichen Rechtsbehelfe** (§§ 119, 123 BGB) müssen in der Person des benachteiligten Abnehmers verwirklicht sein. Im Wettbewerbsrecht kommt es demgegenüber nicht auf tatsächlich festgestellte Einwirkungen an, sondern nur auf Beeinflussungs*eignungen* der unlauteren Wettbewerbshandlungen. Ebensowenig sind für die Subsumtion von Wettbewerbshandlungen unter UWG-Tatbestände Einzelpersonen relevant; statt dessen kommt es auf global beschriebene Kollektive wie Verbraucher oder sonstige Marktteilnehmer in einem je nach Schutzzweck der Norm quantitativ zu bestimmenden Umfang an, etwa auf einen „nicht völlig unerheblichen Teil der angesprochenen Verkehrskreise". In Verkennung dieses Umstandes war die Gewährung eines Rücktrittsrechts durch § 13a UWG 1909 an einzelne Verbraucher in Abhängigkeit zur Verwirklichung von Tatbeständen gem. §§ 1 und 3 UWG 1909 eine völlige Fehlkonstruktion.

152 Die rechtsgeschäftlichen **Anfechtungsrechte des BGB** sind an das Erreichen bestimmter qualitativer Schwellenwerte einer sachwidrigen Entscheidungsbeeinflussung gebunden. Durch sie wird zum Ausgleich der konträren Interessen der Vertragspartner dafür Sorge getragen, dass der private oder gewerbliche Abnehmer einer Leistung eigenverantwortlich handelnd das Vertragsangebot prüft und dass ihm **nicht** gestattet wird, durch ex post aufgestellte, schwer überprüfbare Behauptungen

---

[408] BGHZ 110, 156, 175 = GRUR 1990, 522, 528 – *HBV-Rechtsschutz;* GRUR 1998, 945, 946 – *Co-Verlagsvereinbarung;* BGH (III. ZS) NJW 2008, 982, Tz. 11 – *Bea.* Im Grundsatz zustimmend *Fezer* WRP 2007, 855, 860, jedoch de lege ferenda für die Nichtigkeit von Folgeverträgen, die aufgrund unlauterer Telefonwerbung geschlossen wurden (mit Gesetzgebungsvorschlag für einen § 7 Abs. 4 UWG, a. a. O. 862); ablehnend zur Nichtigkeit derartiger Folgeverträge *Köhler* WRP 2007, 866, 869 ff.

[409] Dazu *Leistner,* Richtiger Vertrag S. 892 ff. (mit Unterscheidung von Basisverträgen und Folgeverträgen), 923.

[410] BGHZ 110, 156, 175 = GRUR 1990, 527, 528 – *HBV-Rechtsschutz;* GRUR 1998, 945, 947 – *Co-Verlagsvereinbarung;* OLG Hamburg GRUR 1994, 65 – *Fruchtziehung; Beater* Unlauterer Wettbewerb, 2011, § 1 Rdn. 87; *Leistner,* Richtiger Vertrag S. 533 (mit Ausnahme bei Perpetuierung des Lauterkeitsverstoßes); *Alexander* WRP 2012, 515, 521; a. A. *Reichelsdorfer* WRP 1998, 142, 144.

[411] EuGH, Urt. v. 15.3.2012, Rs. C-452/10 – *Pereničová/Perenič,* WRP 2012, 547 Tz. 46.

[412] BGH GRUR 1998, 945, 947 – *Co-Verlagsvereinbarung;* BGH GRUR 2002, 703, 704 = NJW 2002, 2093, 2094 – *Vossius* (Gestattung der Benutzung eines fremden Namens bei Täuschung der Allgemeinheit); BGH GRUR 2009, 606 = NJW-RR 2009, 691 Tz. 13 – *Buchgeschenk vom Standesamt;* BGH GRUR 2012, 1050 Tz. 20 – *Dentallaborleistungen;* OLG München GRUR 2006, 603 – *Getarnte Werbung;* OLG Düsseldorf K&R 2008, 46 = OLGR 2007, 258 (unterlassene Anzeigenkennzeichnung); OLG Stuttgart NJW 2008, 3071, 3072 – *Call Center* (Pflicht zur telefonischen Akquisition von Kunden ohne deren Einwilligung); LG Hannover GRUR 2006, 790 – *Lichtbilderabdruck; Leistner,* Richtiger Vertrag S. 535; *Schaub* GRUR 2008, 955. Auf Einschränkungen hinweisend *Köhler* JZ 2010, 767.

[413] *Sack* WRP 2002, 396, 398; *ders.* WRP 1974, 445, 446, ferner 451, 460; *v. Ungern-Sternberg* WRP 2000, 1057, 1059.

[414] *Fezer* WRP 2003, 127 ff.; ferner *Dürrschmidt,* Werbung und Verbrauchergarantien, 1997, S. 225 ff.; *Lehmann/Dürrschmidt* GRUR 1997, 549, 558 f.; s. auch *Micklitz/Keßler* GRUR Int. 2002, 885, 890 (gegen Trennung von Werbung und Vertrag); *dies.* WRP 2003, 919, 931. Ablehnend *Weiler* WRP 2003, 423 ff.; *Sosnitza* GRUR 2003, 739, 745; *Beater* Unlauterer Wettbewerb (2011) § 32 Rdn. 2621 ff.

zur Wirkung fremder Entscheidungsbeeinflussung ein **nachträgliches Reurecht** auszuüben. Für situativ unüberlegt handelnde, wankelmütige und leichtgläubige Verbraucher hat der Gesetzgeber bei besonderen Vertriebsformen zeitlich befristet auszuübende **Widerrufs- und Rückgaberechte** geschaffen (§ 355 BGB), so bei Haustürgeschäften (§ 312 BGB) und bei Fernabsatzverträgen (§ 312d BGB). Sie sichern die Entscheidungsfreiheit individueller Verbraucher, ohne dass Art und Ausmaß der Beeinflussung ihrer Willensbildung zur Tatbestandsvoraussetzung der Vertragsauflösung gemacht wird. Faktisch wird damit eine Schnittmenge mit Unlauterkeitssachverhalten hergestellt, ohne dass die Tatbestände des UWG unter Verbiegung ihrer Normzwecke für das Vertragsrecht instrumentalisiert werden müssen. Dies darf auch **nicht** durch eine extensive Anwendung der **cic-Haftung** (§§ 311 Abs. 2, 241 Abs. 2, 280 Abs. 1 BGB) überspielt werden.[415]

Die im Vergleich mit rechtsgeschäftlichen Anfechtungstatbeständen niedrigeren Schwellenwerte **153** der UWG-Tatbestände für rechtswidrige Einwirkungen auf die Willensbildung der Abnehmer hängen auch mit der unterschiedlichen Reichweite der geschützten Personenkreise zusammen. Das **UWG** ist seiner Entstehung nach zuvörderst ein **Wettbewerbsgesetz;** es schützt Mitbewerber des Wettbewerbsstörers weit im Vorfeld eines Vertragsabschlusses u. a. davor, dass ihre Geschäftskontakte durch unlautere Beeinflussung der Entschließungen der Marktteilnehmer auf der Marktgegenseite vereitelt werden. Der Schutz der Abnehmer ist zum Mitbewerberschutz als selbstständiger Schutzzweck erst später hinzugetreten. Dafür war eine richterrechtlich und gesetzgeberisch gesteuerte Entwicklung des UWG über mehr als sechs Jahrzehnte erforderlich. Heute ist der **Verbraucherschutz** als Schutzzweck in § 1 S. 1 UWG verankert. Er ist durch die Umsetzung der **UGP-RL**[416] noch einmal verstärkt worden. Es bleibt jedoch dabei, dass das UWG grundsätzlich nur einen präventiven und kollektiven Schutz der Entscheidungsfreiheit bei Vertragsschluss gewährt.[417]

Die **Vertragsdurchführung** unterliegt in der Regel nur dem vertragsrechtlichen Individual- **154** schutz der Vertragspartner und nicht der wettbewerbsrechtlichen Marktverhaltenskontrolle. Zu beachten ist allerdings, dass es Art. 9 lit. d der UGP-RLichtlinie (Art. 4a Abs. 2 Nr. 4 UWG) als aggressive Geschäftspraxis ansieht, wenn der Verbraucher an der **Ausübung** seiner **vertraglichen Rechte** gehindert wird, indem ihm belastende oder unverhältnismäßige Hindernisse nichtvertraglicher Art in den Weg gelegt werden. Zudem erfasst Art. 2 lit. d der Richtlinie und damit übereinstimmend die Definition des § 2 Nr. 1 UWG auch solche Geschäftspraktiken, die mit dem Abschluss oder der Durchführung eines Vertrages zusammenhängen. Wie weit Verhaltensweisen bei der Leistungserbringung dem UWG unterstellt werden, ist noch ungewiss.[418] Gleichlaufende Tendenzen der BGH-Rechtsprechung waren schon vor Erlass der UGP-RL zu erkennen (dazu unten Rdn. 171 ff.); sie dürften sich verstärken. Unrichtig ist jedoch die Annahme, die Richtlinie greife tief in das BGB ein.[419]

dd) Rechtsfortbildende Erweiterung des Verbraucherschutzes. Die UGP-RL schreibt nach ihrem Erwä- **155** gungsgrund 9 nicht vor, individuelle Klagerechte geschädigter Personen vorzusehen (s. auch oben Rdn. 138). Der deutsche Gesetzgeber belässt es daher „beim gegenwärtig geltenden Recht".[420] Das schließt allerdings dessen richterrechtliche Fortentwicklung nicht aus. Die *systematische* **Ausnutzung** rechtlicher und geschäftlicher **Unerfahrenheit** von Vertragspartnern[421] (s. auch unten Rdn. 171) kann unter § 138 Abs. 1 BGB fallen.[422] Die Rechtsprechung zu wettbewerbsrechtlichen Durchführungsverboten trotz bestehender Vertragsbindung (unten Rdn. 179 ff.) kann ebenfalls Anlass geben, die Vertragsbindung selbst über § 138 Abs. 1 BGB in Frage zu stellen.

b) Verbindlichkeit von Werbeaussagen, insbesondere Sachmängelhaftung. *aa) Kaufrecht.* **156** § 434 Abs. 3 BGB geht davon aus, dass die **Soll-Beschaffenheit** eines Kaufgegenstandes (§ 434 Abs. 2 Nr. 2 BGB) **durch öffentliche Werbung** festgelegt werden kann, indem bestimmte Erwartungen des Käufers über die Eigenschaften der Kaufsache begründet werden. Das Zurückbleiben der Ist-Beschaffenheit hinter dem in dieser Weise festgelegten Standard stellt einen Sachmangel dar.

---

415 So aber im Ergebnis *Leistner,* Richtiger Vertrag S. 928 ff., 999 ff.

416 ABl. EU Nr. L 149 v. 11.6.2005 S. 22 ff.

417 Vgl. dazu auch *Faust* in: Zimmermann, Störungen der Willensbildung bei Vertragsschluss, S. 194, 196 ff.

418 Streitig dazu die Stellungnahmen von *Sosnitza* WRP 2008, 1014, 1017 (bejahend) und *Glöckner/Henning-Bodewig* WRP 2005, 1311, 1326.

419 So *Kulka* DB 2008, 1548, s. auch 1551.

420 RegE BT-Drucks. 16/10145 v. 20.8.2008, Begründung B IV Nr. 10. Rechtsvergleichend zu deliktischen Schadensersatzansprüchen wegen unlauterer Geschäftspraktiken *De Christofaro* GRUR Int. 2010, 1017, 1023 ff.

421 So im Fall BGH (VIII. ZS) NJW 2005, 2991, 2993 (Versandhandel mit Gewinnzusagen); krit. dazu *M. Schmidt* JZ 2007, 78, 83.

422 Dafür *Nassall* NJW 2006, 127, 129 (allerdings weitergehend für alle Tatbestände der §§ 4 Nr. 1–9a, 5 und 6 Abs. 2 UWG a. F.).

Diese Regelung ist gemeinschaftsrechtlichen Ursprungs; sie setzt Art. 2 Abs. 2 lit. d der Verbrauchsgüterkaufrichtlinie (1999/44/EG) um.[423]

157 Die berechtigten **Erwartungen des Käufers** lassen sich nicht mit der Formel ermitteln, die auf der Grundlage der EuGH-Rechtsprechung zur Feststellung der Verkehrsauffassung über irreführende und andere wettbewerbliche Angaben entwickelt worden sind;[424] was der Käufer an Eigenschaften erwarten darf, wird also nicht dadurch bestimmt, mit welcher Sorgfalt ein durchschnittlich aufmerksamer, informierter und verständiger Verbraucher die Werbung wahrnimmt.[425] Vielmehr geht es um einen **normativen Maßstab,** der parallel zur Fehlerdefinition in § 3 Abs. 1 ProdHG festzulegen ist, wonach ein Produkt „unter Berücksichtigung aller Umstände, insbesondere seiner Darbietung …" die Sicherheit zu bieten hat, die „berechtigterweise erwartet werden kann". Die Notwendigkeit der Kohärenz mit dem ProdHG zeigt sich u. a. daran, dass zugleich der Herstellerbegriff des § 4 ProdHG in Bezug genommen wird. Eine berechtigte Erwartung richtet sich nicht nach subjektiven Vorstellungen einzelner Käufer, sondern danach, was dem Kaufgegenstand unter Heranziehung der öffentlichen Äußerung nach der Verkehrsanschauung an Eigenschaften beizumessen ist.[426] Wird z. B. für einen Kaminbausatz zum Selbstbau mit der Aussage „Marmorfassade in ‚Crema Capri'„ geworben, die vom Handel trotz der Beschaffenheit als polierfähiger Kalkstein wegen ihres Aussehens als „Marmor" bezeichnet wird, so liegt darin eine Irreführung des damit unvertrauten normalen Verbrauchers; sie begründet einen Sachmangel.[427]

158 Vage oder reißerische **Aussagen ohne Konkretisierung der tatsächlichen Beschaffenheit** der Kaufsache, etwa das Versprechen von „Freiheit und Abenteuer" durch den Kauf eines Neuwagens,[428] reichen nicht aus. Anders verhält es sich etwa bei Prospektangaben zum Durchschnittsverbrauch eines PKW. Werbeaussagen, die Erwartungen über Produkteigenschaften begründen können, können **konkludent** erfolgen, etwa mittels Produktverwendungen, die in der Werbung, eventuell auch nur beiläufig, erkennbar sind. Fährt etwa ein im Werbefilm vorgeführter Geländewagen durch eine Flussfurt, begründet dies die Erwartung einer gewissen Wassertauglichkeit des Fahrzeugs. Einschlägige Sachverhalte sind teilweise identisch mit Produktfehler begründenden Sachverhalten, nämlich der Festlegung berechtigter Sicherheitserwartungen durch die Art der Darbietung des Produkts (§ 3 Abs. 1 lit. a ProdHG). Durch das Herausstellen einer günstigen Preisrelation oder des Luxuscharakters einer Ware werden keine indirekten Qualitätsaussagen getroffen.[429]

159 Grundsätzlich unerheblich ist, ob die öffentlichen Äußerungen vom Verkäufer selbst, vom Hersteller (im Sinne des § 4 Abs. 1 und 2 ProdHG) oder von einem Absatzgehilfen stammen. Gehilfen sind Personen, die mit Wissen und Wollen des Verkäufers bei der öffentlichen Äußerung tätig werden, wozu auch Werbeagenturen gehören.[430] Das Merkmal ist nicht identisch mit dem des Beauftragten nach § 8 Abs. 2 UWG.[431] **Fremde Werbeaussagen** werden dem Verkäufer nicht zugerechnet, wenn er sie nicht kannte oder kennen musste. Dasselbe gilt, wenn sie für die Kaufentscheidung **nicht kausal** war, etwa weil der Käufer sie nicht kannte oder im individuellen Verkaufsgespräch eine anderslautende Aufklärung erteilt worden war; dafür ist der Verkäufer beweispflichtig.[432] Die in der Werbung behauptete Eigenschaft beeinflusst die Kaufentscheidung ferner dann nicht, wenn ein **verständiger Käufer** darauf keine Kaufentscheidung stützen würde. Das Tatbestandsmerkmal der fehlenden Beeinflussung überschneidet sich mit dem Merkmal der Eignung im Sinne der §§ 4a Abs. 1 S. 1, 5 Abs. 2 S. 2 UWG, das ebenfalls potentielle Kausalität ausreichen lässt, ist damit aber nicht identisch.[433] Nicht einzustehen hat der Verkäufer ferner, wenn die **Werbeäußerung** aus Käufersicht neutralisiert, nämlich im weitesten Sinne **in gleichwertiger Weise be-**

---

[423] ABl. EG Nr. L 171 vom 7.7.1999 S. 12; vorbereitet durch das Grünbuch über Verbrauchsgütergarantien und Kundendienst, KOM (93) 509 endg. vom 15.11.1993. Rechtsvergleichend dazu *Augenhofer,* Gewährleistung und Werbung, 2002.

[424] Zu dieser Formel BGH GRUR 2000, 619, 621 – *Orient-Teppichmuster;* GRUR 2001, 1061, 1063 – *Mitwohnzentrale.de;* GRUR 2002, 160, 162 – *Warsteiner III;* GRUR 2003, 247, 248 – *Thermalbad.*

[425] Anders *Augenhofer* JBl. 2001, 82, 84; *Lehmann* JZ 2000, 280, 284; *Mees* WRP 2002, 135, 136, 137; *Leistner,* Richtiger Vertrag S. 483 ff., 763 ff., 813; wohl auch *Bernreuther* MDR 2003, 63, 66.

[426] Für eine Anbindung an eine Beschaffenheitsvereinbarung *Tiller,* Gewährleistung und Irreführung S. 51 f. in Verb. mit S. 72 (Einwirkungs- und Überprüfungsmöglichkeit des Verkäufers); *Leistner,* Richtiger Vertrag S. 754.

[427] Vgl. dazu OLG Düsseldorf NJW-RR 2005, 130.

[428] *Lehmann* DB 2002, 1090, 1092. Weitere Beispiele bei *Bernreuther* MDR 2003, 63, 64. Zum Bestimmtheitsgrad ferner *Augenhofer* JBl. 2001, 82, 85.

[429] Vgl. zu Preisangaben auch *Bernreuther* MDR 2003, 63, 67.

[430] Jauernig/*Berger,* BGB[14], § 434 Rdn. 16; *Bernreuther* MDR 2003, 63, 66.

[431] Anders aber *Bernreuther* MDR 2003, 63, 66.

[432] Jauernig/*Berger,* BGB[14], § 434 Rdn. 17.

[433] So aber *Bernreuther* MDR 2003, 63, 67 (unter Bezugnahme auf § 3 UWG a. F.).

richtigt worden war. Gleichwertige Berichtigungswerbung zerstört die Eigenschaftsfestlegung auch dann, wenn sie der individuelle Käufer persönlich nicht wahrgenommen hat.[434] Abzustellen ist dafür auf die Wahrnehmungsgewohnheiten nach Medium, Zeitpunkt und Adressatenkreis der Ursprungswerbung.

Der Verkäufer wird durch die Regelung des § 434 Abs. 3 BGB **nicht** auch **lauterkeitsrechtlich** 160
für die Werbung seines Lieferanten **verantwortlich.** Insoweit verbleibt es bei der eigenständigen Regelung des § 8 Abs. 2 UWG über die Haftung für Beauftragte. Dies gilt selbst dann, wenn der Verkäufer dem Lieferanten durch einen Vertriebsvertrag verbunden ist.[435] Umgekehrt ist der Hersteller nicht für wettbewerbswidrige Verhaltensweisen eines Großhändlers oder sonstigen gewerblichen Abnehmers verantwortlich,[436] sofern die Beziehung nicht so verdichtet ist wie zwischen Franchise-Zentrale und Franchise-Nehmer.[437]

bb) Prospektangaben. Außerhalb des Kaufrechts sind in der Werbung eingesetzte Prospektangaben 161
im **Reisevertragsrecht** verbindlich (§ 651a Abs. 3 BGB in Verb. mit § 4 Abs. 1 S. 2 BGB-InfoV). Abweichungen der erbrachten Reiseleistung von den Angaben stellen einen Reisemangel dar (§ 651c Abs. 1 BGB). Bindende Wirkung von Prospektangaben sieht ferner § 482 Abs. 3 BGB in Verb. mit § 2 BGB-InfoV für Teilzeit-Wohnrechte-Verträge vor (s. auch oben Rdn. 147).

cc) Verhältnis zu § 145 BGB, Werbung als Material der Vertragsauslegung. Ohne ausdrückliche gesetz- 162
liche Anordnung erzeugt **Werbung keine** rechtsgeschäftlich **verbindliche Wirkung.** Insbesondere ist Werbung in der Regel nicht identisch mit einem Vertragsangebot im Sinne des § 145 BGB.[438] Sie kann aber Auslegungsmaterial für den Vertragsinhalt darstellen.[439] Auf dieser Wertung beruht § 434 Abs. 3 BGB. Irreführungen, etwa infolge Nichterfüllung unionsrechtlicher Informationspflichten, können beim Geschäftspartner eine Vorstellung über den Vertragsinhalt erzeugen, die eine anderslautende AGB-Klausel unwirksam werden lassen.[440]

dd) CIC-Haftung für Werbung (§ 311 Abs. 2 Nr. 3 BGB). **Werbung erzeugt** für sich genommen 163
kein rechtsgeschäftsähnliches Schuldverhältnis im Sinne des § 311 Abs. 2 Nr. 3 BGB.[441] „Ähnliche geschäftliche Kontakte" wie die Vertragsanbahnung nach § 311 Abs. 2 Nr. 2 BGB sollen nach der vagen Gesetzesbegründung Kontakte sein, „bei denen z.B. noch kein Vertrag angebahnt, ein solcher aber vorbereitet werden soll".[442] Nr. 3 ist wegen des Merkmals „ähnlich" mit dem Grundtatbestand der Nr. 2 und der Intensität der dafür erforderlichen Bindung zu vergleichen. Notwendig sind geschäftliche, wenn auch nichtvertragliche Kontakte; bloß „soziale" Kontakte reichen nicht aus.[443] In Betracht kommen Gefälligkeitsverhältnisse mit rechtsgeschäftlichem Charakter ohne Leistungspflicht, insbesondere Auskunftsfälle,[444] und sonstige vertragsähnliche Vertrauensverhältnisse.[445] Ebenso gehört dazu das Rechtsverhältnis zwischen Wettbewerbsstörer und Unterlassungsgläubiger, das nach gefestigter Rechtsprechung[446] als **Sonderbeziehung durch** eine **rechtmäßige Abmahnung** begründet wird und Aufklärungspflichten des Abgemahnten erzeugt;[447] seine Einbeziehung wird durch die Regelung in § 12 Abs. 1 S. 2 UWG nahegelegt.

Ist irreführende Werbung im Einzelfall für den Abschluss eines Vertrages bestimmend, kommt 164
eine **Vertragsauflösung** nicht nur infolge Anfechtung wegen arglistiger Täuschung gem. § 123 BGB in Betracht, sondern auch als Inhalt eines auf das negative Interesse gerichteten Schadenser-

434 *Bernreuther* WRP 2002, 368, 374; *ders.* MDR 2003, 63, 67; *Augenhofer* JBl. 2001, 82, 87.
435 Zum österr. UWG so OGH ÖBl. 1995, 78 – *Perlweiß II.*
436 OGH ÖJZ 2002, 647.
437 Vgl. dazu BGH GRUR 1995, 605, 607.
438 Dazu *Bernreuther* WRP 2003, 846, 849.
439 So praktiziert von LG Ulm ZIP 2015, 463, 464f. (Auslegung eines Ratensparvertrages nach Inhalt eines Werbeflyers).
440 *Janal* ZEuP 2014, 740, 757ff.
441 A.A. oder missverständlich formuliert *Lehmann* DB 2002, 1090, 1091 (sub II); anders auch *Leistner,* Richtiger Vertrag S. 928ff.
442 BT-Drucks. 14/6040 S. 163.
443 MünchKommBGB/*Emmerich,* Bd. 2, 6. Aufl. 2012, § 311 Rdn. 49.
444 *Canaris* JZ 2001, 499, 520; AnwaltsKommBGB/*Krebs* § 311 Rdn. 46.
445 Dazu MünchKommBGB/*Emmerich*[6] § 311 Rdn. 50.
446 Zu den Aufklärungs- und Antwortpflichten BGH GRUR 1987, 54, 55 – *Aufklärungspflicht des Abgemahnten;* GRUR 1987, 640, 641 – *Wiederholte Unterwerfung II;* GRUR 1988, 716, 717 – *Aufklärungspflicht gegenüber Verbänden;* GRUR 1990, 381, 382 – *Antwortpflicht des Abgemahnten* = NJW 1990, 1905; GRUR 1990, 542, 543 – *Aufklärungspflicht des Unterwerfungsschuldners* = NJW 1990, 1906; Ahrens/*Spätgens,* Der Wettbewerbsprozess[7] Kap. 5 Rdn. 3ff.
447 MünchKommBGB/*Emmerich*[6] § 311 Rdn. 49 nimmt unzutreffend an, mit § 12 Abs. 1 UWG sei § 311 Abs. 2 Nr. 3 BGB bedeutungslos geworden.

satzanspruchs aus culpa in contrahendo bei fahrlässigem Verhalten. Dies gilt jedenfalls, soweit in der Rechtsgeschäftslehre die Konkurrenz von § 123 BGB mit cic akzeptiert wird.[448]

165 **c) Annäherung von Lauterkeitsrecht und Verbraucherprivatrecht.** In der Literatur wird konstatiert, dass sich auf dem Umweg über verbraucherschützende Richtlinien des Gemeinschaftsprivatrechts und darin verankerte **Sicherungen der Entscheidungsfreiheit** der Verbraucher der vertragsrechtliche Individualschutz und die wettbewerbsrechtliche Marktverhaltenskontrolle einander annähern.[449] Dies gilt sowohl für das Pflichtenprogramm der Anbieter, denen detaillierte **Informationspflichten** im Rahmen kommerzieller Kommunikation auferlegt werden (s. auch oben Rdn. 147),[450] als auch für die Rechtsfolgenseite, etwa durch Schaffung von Vertragslösungsrechten nach Vertragsschluss in einer Situation typischer Entscheidungsschwäche des Verbrauchers. **Zunächst** liegt darin nur eine **rechtstatsächliche Beobachtung** der Rechtspolitik. Über sie hinausgehend wird aber auch versucht, daraus Erkenntnisse für die **Gesetzesauslegung** zu ziehen.[451] Für wesentliche Informationen ist seit 2008 § 5a Abs. 2 UWG maßgebend.

166 Die **Richtlinie** 2005/29/EG **über unlautere Geschäftspraktiken**[452] (UGP-RL, zu ihr Einl. A Rdn. 17ff. und Einl. B Rdn. 172ff.) lässt nach Art. 3 Abs. 2 das Vertragsrecht, insbesondere die Bestimmungen über die Wirksamkeit, das Zustandekommen und die Wirkungen eines Vertrages unberührt. Erwägungsgrund 13 besagt aber gleichwohl, dass das generelle Verbot unlauterer Geschäftspraktiken „auch nach Abschluss eines Vertrages und während dessen Ausführung" gilt (ähnlich Art. 3 Abs 1 UGP-RL). Somit werden nicht nur die außervertragliche Anbahnung von Geschäftsbeziehungen, sondern auch Durchführung und **Abwicklung eines Vertrages** erfasst.[453] Darunter fällt die Erfüllung von Vertikalverträgen entsprechend dem geschuldeten Leistungsprogramm ebenso wie der Umgang mit Vertragslösungsrechten und Leistungsstörungen sowie die Durchsetzung des etwaigen Gegenleistungsanspruchs, soweit die geschäftliche Handlung des Unternehmers objektiv darauf gerichtet ist, geschäftliche Entscheidungen des Verbrauchers zu beeinflussen (vgl. Art. 2 lit. k UGP-RL).[454] Anders als die UGP-RL schützt das UWG auch sonstige Marktteilnehmer. Verträge auf vorgelagerten Wirtschaftsstufen sind also einbezogen. Die Schutzbedürftigkeit dieser Marktteilnehmer generell zu verneinen,[455] würde die gleichmäßige Tatbestandsanwendung stören und würde der Realität des Lebens nicht gerecht.

167 **d) Deliktsrechtliche Durchbrechung der Relativität von Schuldverhältnissen.** Schuldverträge erzeugen als relative Rechtsverhältnisse grundsätzlich **nur Wirkung zwischen den Vertragspartnern.** Die wechselseitige Durchsetzung der Rechte ist den Vertragspartnern überlassen. Eine wohlmeinende Einmischung Dritter ist dem Zivilrecht und dem Zivilprozessrecht grundsätzlich fremd. Das Rechtsschutzsystem verlangt deshalb für ein Vorgehen im eigenen Namen die Behauptung der Durchsetzung eines eigenen Rechts; gewillkürte Prozessstandschaften sind nur eingeschränkt zulässig. Die Vertragsparteien sind zur Wahrung ihrer Rechte auf Vertragsrechtsbehelfe angewiesen, die nur begrenzt mit Deliktsansprüchen zum Schutz absoluter Rechte und Rechtsgüter konkurrieren.

168 Das Wettbewerbsrecht durchbricht dieses Ordnungssystem, indem es gegen die Missachtung von Pflichten in der Phase von der Vertragseingehung bis zur Vertragsabwicklung **flankierend mit sonderdeliktsrechtlichen Normen** vorgeht. Darauf kommt es zur **Effektuierung** der Rechtsbehelfe **des Vertragsschutzes** an, wenn die wiederkehrend und gleichartig praktizierte Vertragsverletzung ein volkswirtschaftlich unerwünschtes Phänomen ist, das wegen der im Einzelfall geringfügigen Belastung von den Vertragspartnern (in der Regel: Verbrauchern) nicht angegriffen wird, oder wenn ein Außenstehender auf eine fremde Vertragsbeziehung einwirkt, ohne dass sein beeinträchtigter Wettbewerber als Vertragsgläubiger die Vertragsverletzung aus tatsächlichen Gründen effektiv ahnden kann (zu selektiven Vertragsbindungen oben Rdn. 144f.). Denkbar ist der Einsatz des Unlauterkeitsrechts ausnahmsweise auch, wenn außenstehende dritte Personen als Wettbewerber infolge der Vertragsverletzung Nachteile erleiden.[456]

---

448 Eingehende Analyse bei *Leistner,* Richtiger Vertrag S. 863ff.

449 So etwa *M. Schmidt* JZ 2007, 78, 79.

450 Für eine Zusammenschau der Informationsregime im Wettbewerbs- und Vertragsrecht *Busch,* Informationspflichten S. 161ff., 197; GroßKommUWG/*Heinze*² Einl. C Rdn. 298f.

451 So von *Leistner,* Richtiger Vertrag, S. 265ff., 615ff., 653ff.

452 ABl. EU Nr. L 149 v. 11.6.2005 S. 22.

453 Dazu *Köhler/Lettl* WRP 2003, 1019, 1035; *Tiller* S. 134; *Köhler* WRP 2009, 898ff.

454 Vgl. *Köhler* WRP 2009, 898, 901.

455 So anscheinend *Köhler* WRP 2009, 898, 900 u. 905.

456 Vgl. dazu BGH NJW 2015, 2192, Tz. 15 – *Hohlkammerprofilplatten* (Verlust einer Ausschreibung bei Zuschlagerteilung an Hersteller, der 2003 vertragswidrig nicht zugelassenes Produkt geliefert haben sollte; Wettbe-

Das **Hineindrängen** in eine angebahnte Beziehung des Unternehmers zu einem Kunden, der dem Unternehmen schon „zuzurechnen" ist, kann als **Behinderungswettbewerb** nach § 4 Nr. 4 UWG (ex § 4 Nr. 10) bewertet werden.[457] Das trifft auf die Einlösung fremder Rabattgutscheine, die ohne Geschäftsbeziehung ausgehändigt wurden, nicht zu.[458] **169**

Geltend gemacht werden die wettbewerbsrechtlichen Unterlassungsansprüche von betroffenen Mitbewerbern oder von **Verbänden,** ausnahmsweise auch vom Vertragsgläubiger gegen einen Vertragsaußenseiter. In der Regel stehen **spezifisch wettbewerbsrechtliche Gesichtspunkte** hinter der Gewährung von Rechtsschutz nach dem UWG; er setzt nur äußerlich beim Vertragsverletzungsverhalten an. Selbst beim ergänzenden deliktsrechtlichen Vermögensschutz, der wegen Mitbewerberbehinderung nach UWG gewährt wird – so beim Schutz selektiver Vertriebsbindungssysteme –, ist dies der Fall, sofern nicht das allgemeine Deliktsrecht einschlägig ist. **170**

e) Systematische (bewusste) Verletzung vertragsrechtlicher Normen. Kennzeichnend für zahlreiche der einschlägigen Lebenssachverhalte ist ein **systematisches** unternehmerisches **Vorgehen,** das die Unlauterkeit **in Bezug auf** die **Vertragsbeziehung** (unmittelbar bei der Vertragseingehung oder bei der Vertragsdurchführung) zum **Mittel des Wettbewerbs** macht.[459] So verhält es sich bei einem Gesamtkonzept, das auf **Täuschung** beim Vertragsschluss angelegt ist,[460] etwa bei der Verwendung rechnungsähnlich aufgemachter[461] oder mit einem Korrekturabzug verwechselbarer Bestellformulare. Gleichgestellt ist die systematische **Ausnutzung der Rechtsunkenntnis** von Verbrauchern, die durch die Gestaltung eines Formulars um die Ausübung eines Widerrufsrechts gebracht werden sollen,[462] oder denen gegenüber gesetzliche Informationspflichten missachtet werden, z. B. durch Verwendung von Bestellformularen ohne ausreichend gestaltete Widerrufsbelehrung,[463] oder von denen ein Reiseveranstalter entgegen § 651k Abs. 4 oder 5 BGB den Reisepreis ohne Sicherungsleistung fordert bzw. annimmt.[464] **171**

Die **Berufung auf** eine eigene falsche **Rechtsauffassung** macht eine den Abnehmern gegenüber aufgestellte Rechtsbehauptung nicht wettbewerbsrechtlich indifferent (s. auch unten Rdn. 178). Sie ist zwar Meinungsäußerung statt Tatsachenbehauptung, lässt sich aber aufgrund der 2015 erfolgten Änderung des § 5 Abs. 1 S. 1 UWG als geschäftliche Handlung erfassen, die zu einer geschäftlichen Entscheidung veranlasst. § 5 Abs. 1 S. 2 UWG darf im Hinblick auf das Merkmal „Angabe" (im Sinne einer Tatsachenbehauptung) nicht als Einschränkung des Satzes 1 interpretiert werden.[465] Der EuGH legt Art. 6 Abs. 1 UGP-RL von dessen Wortlaut leicht abweichend so aus, dass Irreführungen durch Angaben *oder* in irgendeiner Weise, also ohne Erfordernis einer Angabe erfolgen können.[466] Im Einzelfall kann auch § 4a Abs. 2 Nr. 4 UWG verwirklicht sein. **172**

Wettbewerbswidrig ist ein Konzept, das Kunden systematisch **bewuchert** und dadurch übervorteilt (§ 138 Abs. 2 BGB), etwa wenn ein Schlüsseldienst als Notdienst die Zwangslage Ausgesperrter ausnutzt, um Türöffnungen zu deutlich überhöhten Preisen auszuführen.[467] Dasselbe gilt, wenn gezielt eine **quantitative Mindererfüllung** betrieben wird, etwa durch das Ausschenken von Getränken in nicht einsehbare Gefäße oder das Abfüllen sonstiger Flüssigkeiten oder Waren in verschlossene Behältnisse unter der geschuldeten Füllmenge,[468] wenn eine Bank an Geldautomaten Informationen über Kontosalden erteilt, die den Eindruck bereits erfolgter Wertstellung hervorrufen, so dass gutgläubig vorgenommene Verfügungen Kreditleistungen infolge Kontoüberziehungen **173**

---

werbshandeln verneint); öOGH ÖBl. 2010, 263 (Verletzung vertraglicher Geheimhaltungspflicht gegenüber Marktforschungsinstitut zu Lasten eines in die Erhebung einbezogenen Wettbewerbers).

457 OLG Stuttgart WRP 2015, 1128, 1130 Rdn. 44 – *Gutscheineinlösung* (unter Konkretisierung der „Abfang"-Rechtsprechung des BGH).

458 OLG Stuttgart WRP 2015, 1128 Rdn. 46 (n. rkr.).

459 BGH NJW 2015, 2192, Tz. 15 (zum UWG 1909).

460 BGH GRUR 1987, 180, 181 = WRP 1987, 379, 380 – *Ausschank unter Eichstrich II;* GRUR 2002, 1093, 194 – *Kontostandsauskunft.*

461 BGHZ 123, 330, 333, 335 – *Folgeverträge I* = WRP 1994, 28, 29; GRUR 1998, 415, 416 – *Wirtschaftsregister;* LG Düsseldorf WRP 2013, 542.

462 BGH GRUR 1986, 816, 819 = WRP 1986, 660, 662 – *Widerrufsbelehrung bei Teilzahlungsverkauf;* GRUR 2003, 252 = NJW-RR 2003, 1481 – *Widerrufsbelehrung IV.*

463 Vgl. BGH GRUR 2003, 252 – *Widerrufsbelehrung IV.*

464 BGH GRUR 2000, 731, 733 – *Sicherungsschein.*

465 Für eine bessere Wortlautfassung *Stillner* WRP 2015, 438, 442 Tz. 39.

466 EuGH WRP 2015, 698, Tz. 39 – *Nemzeti Fogyasztóvédelmi Hatóság/UPC.*

467 So in OLG Frankfurt/M. GRUR-RR 2002, 166, 167, das allerdings nur von einem wucherähnlichen Verhalten und der Anwendung des § 138 Abs. 1 BGB ausgegangen ist.

468 BGH GRUR 1987, 180, 181 = WRP 1987, 379, 380 – *Ausschank unter Eichstrich II;* dazu *Tiller* S. 128.

veranlassen,[469] wenn Aufträge zur Änderung der **Voreinstellung** auf einen **Telefonanbieter** bewusst **verzögert** werden, um den Kunden als Vertragspartner zu halten,[470] oder wenn in vergleichbarer Weise die Kündigung von Dauerschuldverhältnissen ignoriert wird, etwa durch periodisches Zusenden erneuerter entgeltpflichtiger Kundenkarten. Bezieht man das Marktverhalten auf Handelsstufen mit ein, ist auch an die systematische **Überschreitung von Zahlungsfristen** durch mächtige Nachfrager (Großunternehmen, öffentliche Hand) zu denken, selbst wenn dadurch nicht zwingend das Entscheidungsverhalten des Anbieters beeinflusst wird.

174 Das Erfordernis des systematischen Vorgehens ist aufgestellt worden, um einzelfallbezogene **versehentliche Vertragsverletzungen** aus der UWG-Anwendung auszugrenzen. Dem steht die UGP-RL nicht entgegen;[471] es fehlt dann an einer Geschäftspraktik.[472] Zur Bewältigung dieser Aufgabe reicht allerdings schon die Feststellung eines **bewussten** unternehmerischen Vorgehens.[473]

175 Der Schluss auf ein Gesamtkonzept der gezielten und planmäßigen Kundentäuschung kann bereits aus einem einzelnen Vorkommnis gezogen werden, etwa wenn ein Formblatt zur Täuschung verwendet wird.[474] „Geschäftspraxis" ist auch ein unternehmerisches Verhalten, das nur einmal vorkam und nur einen einzigen Verbraucher betraf.[475] Hingegen löst die vertragswidrige Nicht- oder **Schlechterfüllung** als solche mangels geschäftlicher Handlung, nämlich fehlender Außenwirkung im Markt, **keine** wettbewerbsrechtlichen Ansprüche aus.[476] Unlauteres Verhalten bei der Durchsetzung von Vertragsansprüchen ist auch nicht allein deshalb der unlauteren Vertragsanbahnung gleichzustellen, weil und soweit dadurch Vertragspflichten des Abnehmers erweitert werden.[477] Etwas anderes gilt jedoch, wenn die Kunden gezielt unter Ausnutzung von deren Rechtsunkenntnis zur Leistung **unberechtigter** (gegen § 651a Abs. 4 BGB verstoßender) nachträglicher **Preiszuschläge** veranlasst werden.[478] Zur unlauteren Vertragsdurchführung auch unten Rdn. 179.

176 **f) AGB-Kontrolle.** Der BGH hat die Kontrolle Allgemeiner Geschäftsbedingungen über das UWG in Konkurrenz zur Anwendung des UKlaG bejaht. Schon seine Entscheidungen *Gewährleistungsausschluss im Internet*[479] und *Werbung mit Garantie,*[480] die zu § 2 UKlaG ergangen sind, wurden im Schrifttum als Vorentscheidung für eine AGB-Kontrolle gedeutet, obwohl sich daraus nichts für das Konkurrenzverhältnis des § 1 UKlaG zu § 4 Nr. 11 UWG 2008 (= § 3a UWG 2015) ergab.[481] Die Entscheidung *Missbräuchliche Vertragsstrafe* ist dann einen entscheidenden Schritt weiter gegangen und hat Verbote der §§ 307 bis 309 BGB als Marktverhaltensregelungen i. S. d. § 4 Nr. 11 UWG 2008 qualifiziert.[482] Ein anderer Ansatz ist die Qualifizierung als Verstoß gegen die berufliche bzw. unternehmerische Sorgfalt (Art. 5 Abs. 2 lit. a, 2 lit. h UGP-RL, §§ 3 Abs. 2, 2 Abs. 1 Nr. 7 UWG).[483]

177 Die Kontrolle von AGB sollte besser nicht über das UWG erfolgen. **§ 1 UKlaG** ist als **abschließende Regelung zur abstrakten AGB-Kontrolle** zu verstehen.[484] Unakzeptabel ist die mit der BGH-Rechtsprechung erfolgte Anerkennung eines Unterlassungsanspruchs für Mitbewerber. Ignoriert werden damit die §§ 8–11 UKlaG, die der Gesetzgeber für eine abstrakte AGB-Klage geschaffen hat;[485] die Missachtung des abgeschlossenen Rechtsschutzsystems des UKlaG verletzt Art. 20 Abs. 2 GG (Gewaltentrennungsprinzip). Zutreffend hat daher das OLG Stuttgart einen Folgebeseitigungsanspruch aus § 8 UWG verneint, weil ein solcher Anspruch im UKlaG nicht vorgesehen ist.[486]

---

[469] BGH GRUR 2002, 1093, 1094 – *Kontostandsauskunft.*
[470] BGH GRUR 2009, 876, Tz. 22 – *Änderung der Voreinstellung II.*
[471] A. A. *Köhler* WRP 2009, 898, 902 f. aufgrund eines nicht zwingenden Rückschlusses aus Nr. 26 und Nr. 27 des Anhangs zu § 3 III UWG.
[472] *Isele* GRUR 2009, 727, 729; GroßKommUWG/*Heinze*² Einl C Rdn. 257.
[473] So BGH GRUR 2009, 876, Tz. 22 u. 27 – *Änderung der Voreinstellung II.*
[474] BGH GRUR 1995, 358, 360 – *Folgeverträge II.*
[475] EuGH WRP 2015, 698, Tz. 41 – *Nemzeti Fogyasztóvédelmi Hatóság/UPC.*
[476] BGH GRUR 1987, 180, 181 – *Ausschank unter Eichstrich;* GRUR 2002, 1093, 1094 – *Kontostandsauskunft;* OLG Frankfurt/M. GRUR 2002, 727, 728 – *Kerosinzuschlag.*
[477] OLG Frankfurt/M. GRUR 2002, 727, 728.
[478] OLG Frankfurt/M. GRUR 2002, 727, 729.
[479] BGH NJW 2011, 76.
[480] BGH NJW 2011, 2653, Tz. 23.
[481] Näher *Ahrens* ZGE 2012, 242 ff.; a. A. *Köhler* GRUR 2010, 1047, 1051; *Dembowski* in FS Bornkamm (2014) S. 325, 332 ff.
[482] BGH WRP 2012, 1086 Tz. 45.
[483] *Janal* ZEuP 2014, 740, 747 f. (mit Einschränkung auf *evident* missbräuchliche Klauseln).
[484] Wie hier *Ohly*/Sosnitza, UWG⁶ § 4.11 Rdn. 11/78a.
[485] *Ahrens* ZGE 4 (2012), 242, 244; a. A. *Köhler* WRP 2012, 1475, 1477.
[486] OLG Stuttgart ZIP 2016, 927, 928 m. Bespr. *Bunte* ZIP 2016, 956 ff.

g) Erfüllungszwang. Als **Drohung** mit rechtlich unzulässigen Handlungen gem. Art. 9 lit. e UGP-RL ist es anzusehen, gegenüber Rechtsunkundigen systematisch vermeintliche vertragliche Ansprüche unter Ignorierung der Sach- und Rechtslage (dazu oben Rdn. 172) zu verfolgen, wie es in der Praxis von **Inkassounternehmen** zu beobachten ist. Das trifft z.B. auf die Versendung von Mahnschreiben zu, in denen entgegen § 28a Abs. 1 Nr. 4 lit. d BDSG für den Fall der Nichterfüllung der Forderung die kurzfristige **Übermittlung** der Daten **an** die **Schufa** in Aussicht gestellt wird, obwohl die Forderung vom Adressaten bestritten worden ist.[487] Die Rechtsprechung hat es ferner als strafbare Nötigung[488] bzw. als sittenwidrige Schädigung i.S.d. § 826 BGB[489] angesehen, mit einem gerichtlichen Verfahren zu drohen, obwohl ersichtlich keine Forderung besteht; dafür wurde jeweils die (Mit-)Verantwortlichkeit des Anwalts bejaht. Eine **Rechtsgrundlage** für die Bekämpfung derartigen Marktverhaltens muss seit der UWG-Reform von 2015 nicht mehr krampfhaft gesucht werden. Einschlägig ist seither **§ 4a Abs. 1 S. 2 Nr. 3 i.V.m. Abs. 2 Nr. 5 UWG.** Einschlägig ist auch das Versenden von Rechnungen, Mahnungen, Inkasso- oder Anwaltsschreiben unter Androhung anderer erheblicher Nachteile, um die Erfüllung von anfechtbaren Verträgen durchzusetzen, die auf der Unterzeichnung irreführend aufgemachter rechnungsähnlicher Formulare beruhen.[490] 178

3. Wettbewerbsrechtliche Durchführungsverbote trotz Vertragsbindung

a) Unlauterkeit der Vertragsabwicklung. Unlauterkeitstatbestände können im Einzelfall die **Ausführung** bereits abgeschlossener Verträge **rechtswidrig** machen.[491] Das trifft allerdings auf reine Werbeverbote nicht zu, wenn es an der Ursächlichkeit der Werbeangaben für den Vertragsabschluss fehlt.[492] Die Vertragsabwicklung selbst oder deren Teilnahme daran muss wettbewerbswidrig sein.[493] Der unlauter Handelnde soll dann nicht die Früchte seines wettbewerbswidrigen Verhaltens ziehen.[494] Wer Kunden systematisch **in** eine **„Vertragsfalle" lockt,** setzt die Wettbewerbswidrigkeit fort, wenn er Ansprüche aus einem derartigen (u.U. nur behaupteten, nämlich mangels Erklärungsbewusstseins gar nicht zustande gekommenen)[495] Vertrag herleitet.[496] Unerheblich ist dafür die Feststellung, dass ein vollendeter Betrug gegeben ist; bereits ein **versuchtes** systematisches **Betrugsverhalten,** bei dem der Wettbewerber im Stadium der Vertragsdurchsetzung unaufgeklärt lässt, ob der betreffende Kunde ein Betrugsopfer geworden ist oder ob er den Vertrag trotz Irrtums bei Vertragsschluss nachträglich bewusst bestehen lässt, ist unlauter.[497] In dem Erfüllungsverlangen liegt die Aufrechterhaltung der anfänglichen Täuschung durch konkludentes Verhalten.[498] Es ist dann sogar neben dem Unterlassungsanspruch ein **Anspruch auf Beseitigung** des Störungszustandes gegeben, wenn eine Aufklärung der Kunden erforderlich ist.[499] In Irreführungsfällen muss die Irreführung **unmittelbar auf den Vertragsabschluss gerichtet** sein;[500] im Allgemeinen zielt sie nur auf ein Anlocken ab (dazu oben Rdn. 150).[501] Eine Fortsetzung des unlauteren Wettbewerbshandelns im Stadium der Durchsetzung des Vertrages ist verneint worden für das Versenden von Ware, die auf Grund wettbewerbswidriger Gewinnspielwerbung bestellt worden war.[502] 179

---

487 BGH GRUR 2015, 1134 Tz. 17 und 25 – *Schufa-Hinweis* = NJW 2015, 3508 (Vorinstanz: OLG Düsseldorf GRUR-RR 2013, 513, 514, Anwendung von § 4 Nr. 1 UWG).
488 BGH (StrS) NJW 2014, 401 Tz. 51 ff., 69 m. Anm. *Tsambikakis.*
489 OLG Frankfurt NZM 2015, 783.
490 LG Düsseldorf WRP 2013, 542, 543.
491 Vgl. etwa BGH GRUR 1992, 171, 174 = WRP 1992, 165, 168 f. – *Vorgetäuschter Vermittlungsauftrag;* BGHZ 123, 330, 335 – *Folgeverträge* = GRUR 1994, 126, 127 = WRP 1994, 28, 30 = NJW 1993, 3329, 3330; GRUR 1999, 261, 264 = WRP 1999, 94, 97 – *Handy-Endpreis.* Allgemein dazu *Beater,* Unlauterer Wettbewerb, 2011, § 12 Rdn. 904 ff.; *Bernreuther* WRP 2003, 846, 859; *Tiller* S. 134 ff.; *Leistner,* Richtiger Vertrag S. 1036 ff.
492 BGHZ 147, 297, 303 – *Gewinn-Zertifikat.*
493 BGHZ 147, 297, 302 f. – *Gewinn-Zertifikat.*
494 BGHZ 147, 297, 304 – *Gewinn-Zertifikat;* GRUR 1998, 415, 416 – *Wirtschaftsregister;* GRUR 1995, 358, 360 – *Folgeverträge II.*
495 Vgl. BGH GRUR 1998, 415, 416 – *Wirtschaftsregister.*
496 BGHZ 147, 297, 304 – *Gewinn-Zertifikat; v. Ungern-Sternberg* WRP 2000, 1057, 1060 f. Eine Irrtumsfortwirkung verneinend OLG Düsseldorf GRUR-RR 2015, 66 Tz. 47 ff. – Folgeschreiben nach Adressbucheintrag.
497 BGHZ 147, 297, 305 – *Gewinn-Zertifikat;* GRUR 1998, 415, 416 – *Wirtschaftsregister.*
498 BGH GRUR 1995, 358, 360 – *Folgeverträge II;* BGHZ 123, 330, 335 – *Folgeverträge I.*
499 BGH GRUR 1998, 415, 416 – *Wirtschaftsregister.* Darauf setzt auch *Sack* WRP 2002, 396, 398, allerdings unzutreffend als Alternative zu einer Untersagung der Abwicklung von unlauter zustande gebrachten Verträgen.
500 BGH GRUR 1999, 261, 264 – *Handy-Endpreis.*
501 BGH GRUR 1999, 261, 264 – *Handy-Endpreis.*
502 BGHZ 147, 297, 304 – *Gewinn-Zertifikat* = WRP 2001, 1073, 1075.

180 Nicht nur die Vorteilsziehung aus unlauter erlangten Verträgen kann wettbewerbswidrig sein, sondern auch sonstige Fortsetzungen eines wettbewerbswidrigen Verhaltens. So ist der **Verkauf von Waren,** die **durch Schleichbezug** aus einem rechtmäßig praktizierten Vertriebsbindungssystem **erlangt** sind, als Behinderung des Vertriebsbinders unlauter. Das Unterlassungsurteil darf dann ein Verbot der Veräußerung der Ware aussprechen.[503] Hingegen kann einem Rundfunkveranstalter, der ein unlauteres Gewinnspiel in seinem Programm durchführt, die Gewährung der ausgelobten Preise wettbewerbsrechtlich nicht untersagt werden.[504]

181 Die Gewinnabschöpfungsregelung des **§ 10 UWG** enthält über dessen unmittelbare, an vorsätzliches Handeln gebundene Rechtsfolge hinausgehend die **Wertung,** den **Vertragserfolg des Wettbewerbsstörers,** nämlich seinen erzielten Gewinn, als **rechtswidrig** anzusehen. Dies schließt eine negative Qualifizierung der Vertragsdurchführung ein und legte schon vor Umsetzung der UGP-RL nahe, den Unterlassungsanspruch bei unlauter angebahnten Verträgen weitergehend als unter der Geltung des UWG von 1909 auf die Vertragsdurchführung zu erstrecken.

182 **b) Pflichtenkollision: Unterlassungstitel contra Vertragserfüllung.** Wird ein gerichtlicher Unterlassungstitel tenoriert, der auch die Durchführung von Verträgen erfasst, treten das **Unterlassungsgebot** und die **Pflicht zur Vertragserfüllung** durch den Titelschuldner **in Konflikt.** Der Vertrag ist **nicht nach § 134 BGB** in Verb. mit dem UWG-Tatbestand ex lege **nichtig.** Zwar trifft das Verbot in diesen Fällen den Regelungsgehalt des Rechtsgeschäfts und nicht nur die äußeren Umstände des rechtsgeschäftlichen Handelns, doch richtet sich das Verbot nur an eine der Parteien; der Gegenpartei dürfen die Sekundärleistungsansprüche nicht durch eine Nichtigkeitssanktion genommen werden, wenn dies der Normzweck nicht verlangt.[505] Eine Identität von wettbewerbsrechtlicher Unlauterkeit und § 138 Abs. 1 BGB wird nur selten gegeben sein (s. oben Rdn. 149). Bei Täuschungsverhalten kommt hinzu, dass die Entscheidung über die Vertragsgeltung in die Hand des Getäuschten gelegt wird, der nach § 123 BGB anfechtungsberechtigt ist, sich aber auch gegen eine Anfechtung entscheiden kann.

183 **Nur** eine **scheinbare Pflichtenkollision** ist gegeben, wenn der vermeintliche Titelverstoß darauf beruht, dass der Titelschuldner Vertragserfüllung verlangt, weil der Kunde seinerseits den Vertrag trotz des Unlauterkeitsverhaltens bei der Vertragseingehung bewusst bestehen lassen will. Diese Sachverhalte werden vom **BGH** bei der Tenorierung außer Acht gelassen, indem ein **uneingeschränktes Verbot** ausgesprochen wird; der Wettbewerbsstörer soll dadurch im Vollstreckungsstadium beweisen müssen, dass das Unlauterkeitsverhalten im konkreten Fall nicht mehr fortgewirkt hat.[506] Erzielen lässt sich dieses sachgerechte Ergebnis nur durch eine im Wege der Titelauslegung zu ermittelnde Verbotsausnahme. Was keinen Titelverstoß darstellen soll, kann und sollte indes bereits in den Tenor aufgenommen werden, ohne dass man es auf eine Auslegung ankommen lässt. Für den Unterlassungsgläubiger werden dadurch keine unnötigen Schwierigkeiten hervorgerufen. Eine **abstrakte Einschränkung des Unterlassungstenors** kann Verträge ausnehmen, gegen deren Primärerfüllung der Kunde – noch über Anfechtungs- und Widerrufsmöglichkeiten hinausgehend – keine Rechte ausübt. Die Ausübung der Vertragsrechte wird damit der Entscheidung des Kunden belassen. **Alternativ** käme eine Berücksichtigung im Vollstreckungsstadium in Betracht, wenn man dem kursorischen und wohl eher tastenden Hinweis der Entscheidung BGHZ 123, 330, 336 – Folgeverträge I folgend eine Zuwiderhandlung verneint; das ist allerdings kaum mit dem Verhältnis von Erkenntnisverfahren und Vollstreckungsverfahren zu vereinbaren.

184 Bei Beachtung der auch vom BGH gewollten Titeleinschränkung erledigt sich weitgehend das von *Sack* aufgestellte Petitum, die Erstreckung des Unterlassungsanspruchs auf die Vertragsdurchführung dürfe nicht dazu führen, dass der Wettbewerbsrichter in die privatautonome Entscheidung der Parteien eingreife.[507] Berechtigt ist ein **Durchführungsverbot** im Übrigen **nur,** wenn die Unlauterkeit **allein** die **Vertragsbeteiligten** betrifft. Geht das Unlauterkeitsverhalten zu Lasten eines Dritten wie z. B. im Falle des unlauteren Verkaufs von Ware, die durch Schleichbezug erlangt ist, hat ein Verkaufsverbot dieselbe Wirkung wie Verbote nach öffentlich-rechtlichen Wirtschaftsgesetzen, etwa ein behördlich verfügtes Außenhandelsverbot.

185 Gebührt der Titelbeachtung der Vorrang, entsteht daraus ein **rechtliches Leistungshindernis** für den Titelschuldner in seiner Rolle als Vertragsschuldner. Die Primärleistung wird ihm im Sinne

---

503 BGH GRUR 1992, 171, 174 – *Vorgetäuschter Vermittlungsauftrag.*

504 OLG München GRUR-RR 2003, 222 – *Internetradio* (dort zudem Verneinung der Unlauterkeit).

505 Vgl. nur BGHZ 147, 39, 44 – *Rechtsanwalt als Makler;* im Ergebnis wohl ähnlich *Bernreuther* WRP 2003, 846, 866; a. A. *Lehmann,* Vertragsanbahnung durch Werbung, 1981, S. 148 (ohne die Differenzierung im obigen Text).

506 BGH GRUR 1995, 358, 360 – *Folgeverträge II.*

507 *Sack* WRP 2002, 396, 398.

des **§ 275 Abs. 1 BGB** unmöglich; er wird von ihrer Erbringung befreit, ist aber gem. § 275 Abs. 4 BGB **Sekundärrechtsbehelfen** seines Gläubigers ausgesetzt. Die Anwendung des § 275 Abs. 4 BGB kann dem Vertragspartner des Wettbewerbsstörers günstig sein, wenn er den Vertrag nicht schon durch ein Anfechtungs- oder Widerrufsrecht zerstören kann. Er wird durch Ausübung seines gesetzlichen Rücktrittsrechts aus der Vertragsbindung befreit, gewinnt also seine rechtsgeschäftliche Handlungsfreiheit zurück. Damit wird zugleich der wettbewerbswidrige Zustand beseitigt, der die Mitbewerber des Wettbewerbsstörers belastet; ihnen wird die Chance zur Gewinnung des Abnehmers eröffnet.

Denkbar ist aber auch, dass die **Vollstreckung „zurücktritt"**. Das ist nicht davon abhängig, ob die Vertragsverpflichtung vor oder nach Wirksamwerden des Unterlassungstitels begründet worden ist.[508] Auszuklammern ist der Fall, dass dem Wettbewerbsstörer aus Gründen der Verhältnismäßigkeit eine **Umstellungsfrist** eingeräumt worden ist. Ohne Gewährung einer Umstellungsfrist kann die Verhängung einer Ordnungssanktion nach § 890 ZPO daran scheitern, dass wegen des Konflikts das von § 890 ZPO vorausgesetzte Verschulden verneint wird. Ob die Primärerfüllung des Vertrages dem Unterlassungstitel weicht, weil der Titel ein Leistungshindernis für den Vertrag bedeutet, ist unter **Auslegung des Unterlassungstitels** und des Zwecks der verletzten UWG-Norm (gegebenenfalls der von ihr auf Grund § 3a UWG in Bezug genommenen außerwettbewerbsrechtlichen Norm) zu beurteilen. 186

4. Vertragliche Wettbewerbsverbote

Verträge können zur Beschränkung des Wettbewerbs eingesetzt werden, indem sie einer Vertragspartei untersagen, zu Lasten der anderen Vertragspartei oder eines Dritten Wettbewerb zu betreiben oder zu gestatten. Derartige Verbote können auch Nebenbestimmung eines Vertrages mit beliebigem anderen Hauptgegenstand (Unternehmenskaufvertrag, Gesellschaftsvertrag, gewerblicher Mietvertrag, Arbeitsvertrag) sein **(Konkurrenzschutzklausel);** sie können zeitlich während der Laufzeit dieses Vertrages oder auch nach dessen Beendigung[509] gelten. Das Wettbewerbsverbot kann ein gesetzlich fundiertes Verbot konkretisieren und mit einem eigenen Sanktionsmechanismus, etwa einer Vertragsstrafenvereinbarung, versehen (Unterwerfungsvertrag nach UWG-Verstoß zur Vermeidung eines gerichtlich auszusprechenden Unterlassungsgebots; § 112 HGB; Ableitung aus § 242 BGB), kann aber auch eigenständig fixiert sein. 187

Vertragliche Wettbewerbsverbote unterliegen wegen der Wettbewerbsbeschränkung einer **kartellrechtlichen Kontrolle** insbesondere nach § 1 GWB und Art. 101 AEUV, im Hinblick auf die Einschränkung der wirtschaftlichen Betätigungs- und Berufsfreiheit aber auch einer Überprüfung nach **§ 138 Abs. 1 BGB,** eventuell unter Heranziehung der Wertung des Art. 12 Abs. 1 GG. Eine Unwirksamkeit kann sich ferner aus einer AGB-Kontrolle ergeben.[510] Zulässig ist ein Verbot zur Sicherung der **Loyalität der Vertragsparteien,** soweit es nach zeitlicher Dauer sowie gegenständlicher und räumlicher Ausdehnung im Hinblick auf die Erreichung legitimer Vertragszwecke erforderlich ist.[511] Der Verstoß gegen ein wirksames vertragliches Wettbewerbsverbot stellt **nicht** ohne weiteres ein **unlauteres Verhalten** dar; ein Vertragsbruch ist, selbst wenn darin eine Wettbewerbshandlung liegt, nicht ohne weiteres ein Wettbewerbsverstoß.[512] Soweit das ausnahmsweise bejaht wird, steht der UWG-Anspruch nur dem verletzten Vertragspartner zu. 188

V. Geistiges Eigentum

1. Wesensunterschiede und Sinnzusammenhänge

a) Geistiges Eigentum/Unlauterkeitsrecht. Theoretisch lassen sich geistiges Eigentum und der Schutz gegen unlauteren Wettbewerb klar voneinander scheiden. Letzterer beruht auf **Verhaltensregeln,** deren Verletzung von Fall zu Fall Ansprüche von Konkurrenten und/oder Verbänden auslöst. Diese sind schuldrechtlicher (deliktischer) Natur. 189

---

508 So aber wohl *Bernreuther* WRP 2003, 846, 875 f.

509 Vgl. z. B. BAG NJW 2015, 3389 Tz. 20, 23 ff.

510 BGH NJW 2016, 401 m. Bespr. *Dück* NJW 2016, 368 ff.

511 BGH NJW 2015, 1012, Tz. 8 und 11 m. w. Nachw.

512 BGH GRUR 1987, 832, 833 – *Konkurrenzschutzklausel;* s. ferner GRUR 2007, 800, 801 – *Außendienstmitarbeiter;* österr. OGH ÖBl. 1998, 22, 25 – *Elektronik Aktuell* (auch nicht unter dem Gesichtspunkt der Förderung des Wettbewerbs eines neuen Arbeitgebers). Anders nach österr. Recht für den Bruch eines Lizenzvertrages über eine Brotrezeptur OGH ÖBl. 2002, 15, 16 – *St. Barbara-Brot.*

190 Geistiges Eigentum hingegen weist dem jeweils Berechtigten **absolute Nutzungs-, Verfügungs- und Abwehrrechte gegenüber jedermann** zu. Sie sind ihrem Wesen nach dinglicher Natur.

191 Trotz dieser theoretisch klaren Trennung lassen sich sowohl im Gesetzes- als auch im Richterrecht zahlreiche Berührungspunkte, Bezugnahmen, Misch- und historisch gesehen auch Übergangsformen zwischen beiden Rechtsmaterien aufzeigen (dazu unten 4.).

192 **b) Geistiges Eigentum in der Wettbewerbsordnung.** Geistiges Eigentum beinhaltet infolge der ausschließlichen Zuweisung bestimmter Immaterialgüter an einzelne Rechtsträger punktuelle Wettbewerbsbeschränkungen. Prima facie ergeben sich zur Wettbewerbsfreiheit dadurch ebenso Friktionen wie durch die Unlauterkeitsregeln. Auch diese legen dem freien Wettbewerb Zügel an. Sie wurden aber mit dem Wettbewerbsbeschränkungsrecht durch ein Konzept einheitlichen Wettbewerbsrechts (Beschränkungs- und Unlauterkeitsrecht) akkommodiert, dessen Schutzgegenstand der „lautere und freie Wettbewerb" ist. Diese Aufhebung des Widerspruchs zwischen Freiheit und Beschränkung wurde durch die Abkehr des Wettbewerbsleitbilds vom atomistischen zum funktionsfähigen Wettbewerb ermöglicht, der punktuelle Wettbewerbsbeschränkungen als Mittel zur Intensivierung des Wettbewerbs im Sinne der dadurch angestrebten wirtschaftlichen Ergebnisse zulässt.[513] Nicht anders verhält es sich aus wettbewerbstheoretischer Sicht mit dem geistigen Eigentum. Auch die Gewährung dieser gegenständlich und meist auch zeitlich begrenzten Monopole **intensiviert** idealerweise **den Wettbewerb auf der Innovationsebene** mehr als sie ihn auf der Produktions- und Verteilungsebene beschränkt.[514]

2. Begriff des Geistigen Eigentums

193 **a) Terminologie.** „Geistiges Eigentum"[515] umfasst die Immaterialgüterrechte, die durch die Sondergesetze des Gewerblichen Rechtsschutzes und des Urheberrechts geschaffen wurden. Das **gewerbliche** Schaffen und die dabei hervorgebrachten Leistungen wurden traditionell den **künstlerisch-literarischen** gegenübergestellt. Für deutsche Juristen wird diese Zweiteilung in dem Zeitschriftentitel „Gewerblicher Rechtsschutz und Urheberrecht (GRUR)" am greifbarsten – wenn auch meist kaum noch bewusst – dokumentiert. Ihren Niederschlag findet diese Trennung auch in den überkommenen internationalen Schutzsystemen (PVÜ einerseits, RBÜ/WUA andererseits). International hat sich mittlerweile aber die Zusammenfassung beider Materien unter dem Oberbegriff „Intellectual Property" durchgesetzt. Sie fließen auch in internationalen Abkommen wie dem **TRIPS** zusammen („IP" steht im Namen dieses Abkommens wie auch sonst für „Intellectual Property"). Dieses erfasst überdies auch den **Schutz vertraulicher Informationen** (Geschäfts- und Betriebsgeheimnisse), der im nationalen Recht der Mitgliedstaaten in der Regel noch dem Wettbewerbsrecht oder dem allgemeinen Deliktsrechts zugeordnet wird,[516] sowie den Schutz geografischer Herkunftsangaben, der teils markenähnliche, teils wettbewerbsrechtliche Aspekte aufweist.[517] Insofern lässt sich aus TRIPS als dem heute wichtigsten internationalen Übereinkommen zum (Mindest-)Schutz des geistigen Eigentums illustrativ ableiten, dass sich der Begriff des „Intellectual Property" einer starren Eingrenzung entzieht.

194 „Geistig" steht nicht für den Charakter der geschützten Leistung in dem Sinne, dass ihre Hervorbringungen gegenüber der Herstellung von Sachen besonders individuell oder kreativ sei. Geschützt werden vielmehr auch bloße materielle Investitionen, etwa das Verankern von Marken und Werbesprüchen in Verbraucherhirnen mittels massiver Werbeanstrengungen oder reine Fleißarbeiten wie Datenbanken (§§ 87a ff. UrhG). Der Gegensatz von „geistig" ist vielmehr „gegenständlich". Treffender weil weniger missverständlich ist daher der Terminus „Immaterialgüterrechte".

195 Die Ablehnung des Begriffs „Geistiges Eigentum" wegen mangelnder Gleichsetzbarkeit mit dem Sacheigentum[518] ist, soweit sie eine Ausblendung des persönlichkeitsrechtlichen Aspekts durch den Terminus „Eigentum" beanstandet, zu sehr am Urheberrecht orientiert. Das Markenrecht hat z.B. keinen persönlichkeitsrechtlichen Einschlag. Umgekehrt kann Sacheigentum starke persönlichkeitsrechtliche Dimensionen haben.[519]

---

513 Zum Verhältnis von Unlauterkeits- und Wettbewerbsbeschränkungsrecht vgl. *Ahrens* oben Rdn. 108 ff.

514 Vgl. *Lehmann* GRUR Int. 1983, 356.

515 Zur Einheitlichkeit als Rechtsgebiet und zur Legitimation als Rechtsbegriff ausführlich *Ohly* JZ 2003, 545; *Götting* GRUR 2006, 353.

516 Zum deutschen Recht und zur neuen Geheimnisschutz-RL der EU vgl. unten *Harte-Bavendamm* vor §§ 17–19 UWG.

517 Hierzu unten § 5 A Rdn. 44; § 5 C Rdn. 201 ff., § 5 E Rdn. 2.

518 *Rehbinder/Peukert,* Urheberrecht, 17. Auflage 2015, Rdn. 139.

519 Vgl. *Götting* GRUR 2006, 353, 358.

b) Geistiges und Sacheigentum. Während das Eigentum an beweglichen und unbeweglichen Sachen schon in ältesten Zivilisationen gewährleistet und sanktioniert wurde, gibt es geistiges Eigentum in nennenswertem Umfang erst seit einigen hundert Jahren. Seine Konzeption setzt eine **erhebliche kulturelle Abstraktionsleistung** voraus, nämlich die Fähigkeit, die in einem körperlichen Gegenstand (Vase, Gerätschaft, Bild) oder einer nicht verkörperten Darbietung (Rede, Gesang, Tanz) ggf. enthaltene schöpferische Leistung von der konkreten Aus- oder Aufführung abzulösen und diesen ideellen Gegenstand dem Schöpfer ausschließlich zuweisen zu wollen – nicht anders als die in seinem Garten geernteten Früchte oder die von ihm gebackenen Brote. Wer ein Buch erwirbt, bekommt „nur" Sacheigentum, aber nicht das Recht, es nachzudrucken. Einmal verbreitet, sind immaterielle Leistungen nicht mehr zurückzuholen. Eine Melodie ist flüchtig wie ein Vogel. Geistiges Eigentum hat die Ausbildung von Instituten und Instrumentarien zum Gegenstand, die für immaterielle Leistungen Äquivalente zum Einzäunen, Anketten oder Wegschließen materieller Güter zu schaffen bestrebt sind. Ganz kann und wird das nie gelingen, weil immaterielle Leistungen heute leichter denn je zu vervielfältigen sind. Eine Sache gibt es immer nur einmal, ein Kunstwerk ist unendlich reproduzierbar. 196

Wie diese Entwicklungen sich historisch vollzogen haben, vom fürstlichen Erfindungsprivileg zum Europapatent und von der „Unrechtmäßigkeit des Büchernachdrucks" zum Urheberrecht in der Informationsgesellschaft, ist ausführlich beschrieben worden.[520] Die Grundlegung des geistigen Eigentums erfolgte im Zuge der Aufklärung auf naturrechtlicher Basis. Es erschien (und erscheint den meisten heute noch) evident, dass **Arbeitsergebnisse** gerechterweise demjenigen zustehen, der sie geschaffen hat, seien sie nun materieller oder geistiger Natur.[521] Seither wurde und wird die rechtliche Entwicklung sowohl von einer **zunehmenden wirtschaftlichen Bedeutung des geistigen Eigentums** (nicht nur für den jeweiligen Inhaber, sondern auch für die Allgemeinheit) als auch von ständig neuen Vervielfältigungsmöglichkeiten angetrieben. Eine exemplarische Episode im ewigen Hase- und Igel-Rennen zwischen Kopiermöglichkeiten und Schutzgewährleistungen stellt das aufgrund der Informationsrichtlinie novellierte Urheberrechtsgesetz vom 10.9.2003 dar, das diesen Wettlauf auf Grund der technischen Entwicklung in wesentlichen Punkten (z. B. Schutz von Kopierschutztechniken) allerdings zum Zeitpunkt seiner Verkündung bereits verloren haben dürfte. 197

c) Naturrechtliche Grundierung brüchig. Bis vor kurzem erschien es evident und bedurfte daher keiner weiteren Begründung, dass der geistig Schaffende von seiner Arbeit ebenso soll leben können wie ein Schreiner oder ein Krankenpfleger von der seinigen. Dass Mozart in einem Armengrab verscharrt wurde, weil er mangels Geistigen Eigentums für die Wiedergabe seiner Werke noch keine Tantiemen erhielt, erscheint unfassbar. Trotzdem ist seit einigen Jahren ein Rückschlag unübersehbar: Der technische Fortschritt, der – seinerseits gefördert durch Geistiges Eigentum – die **digitale Revolution** hervorbrachte, hat nicht nur Kopiertechniken perfektioniert und jedermann zugänglich gemacht, sondern gerade infolge dieser Leichtigkeit den Rechtsinhabern die Kontrolle über ihr Eigentum erschwert. Zugleich schwindet bei vielen das Bewusstsein der Rechtswidrigkeit – oder es kehrt sich gar aggressiv gegen die Rechtsinhaber um, die es wagen, ihr Eigentum zu verteidigen. Dass sich die massenhafte illegale Vervielfältigung und Verbreitung fremder Inhalte als „Kultur des Teilens" gebärdet, ist der reine Hohn: „Geteilt" hat der Heilige Martin seinen Mantel, indem er dessen Hälfte einem Bedürftigen schenkte. Die digitalen Freibeuter hingegen geben Güter weg, die ihnen gar nicht gehören. Hier hat sich ein neues Natur"recht" Bahn gebrochen: Was in Bits und Bytes umgesetzt wurde, gehört (vermeintlich) allen. 198

d) Wesensmerkmale geistigen Eigentums. Ungeachtet vielfältiger Anpassungen, Erweiterungen und Umorientierungen ist die rechtliche Konstruktion des geistigen Eigentums in Deutschland seit den Anfängen seiner Kodifizierung in der zweiten Hälfte des 19. Jh. durch folgende Merkmale gekennzeichnet: 199

aa) Privatrecht: Mit der Zuweisung geistigen Eigentums an Individuen wird die Nutzung, Verfügbarkeit und Durchsetzung vornehmlich privatrechtlich geregelt, d. h. grundsätzlich dem Willen des Rechtsinhabers und nicht dem des Staates unterworfen. 200

bb) Subjektive Rechte: Es handelt sich nicht nur um die Reflexwirkung von objektiven Verbotsnormen, sondern um selbstständig in der Person des Inhabers konstituierte Rechte. 201

cc) Immaterialgüterrechte: D. h. der Gegenstand des Rechts ist an sich ein unkörperlicher. Der Schutz erstreckt sich jedoch auf körperliche Gegenstände (Werkexemplare). 202

---

[520] Vgl. *Kurz,* Weltgeschichte des Erfindungsschutzes, passim; *Dölemeyer/Klippel* in: FS GRUR Bd. I, S. 185 ff.; *Wadle* in: FS GRUR Bd. I, S. 93 ff., alle mit zahlreichen Nachweisen.

[521] Zur Verklammerung von Arbeit, Arbeitsergebnissen und rechtlicher Verfügungsmacht vgl. *Dölemeyer/Klippel* a. a. O. S. 208.

dd) Dingliche Rechte: Das Recht ist in Anlehnung an die Gewährung von Sacheigentum verselbstständigt und damit möglicher Gegenstand des Rechtsverkehrs durch (vollständige oder beschränkte) Verfügungen.

203 *ee) Absolute Rechte:* Sie wirken gegenüber jedermann, nicht nur im Rahmen (vertraglicher) Sonderbeziehungen. Obligatorische Ansprüche (auf Unterlassung, Schadenersatz usw.) entstehen gegen einen individuellen Schuldner erst bei ihrer Verletzung.

204 Darüber hinaus beinhalten die Sondergesetze des geistigen Eigentums z. T. **persönlichkeitsrechtliche** Komponenten. Am stärksten ausgeprägt sind diese im Urheberrecht (vgl. §§ 12–14 UrhG), was auch zur Folge hat, dass das Urheberrecht in toto nicht übertragen werden kann (vgl. § 29 S. 2 UrhG). Im Patentrecht findet das Erfinderpersönlichkeitsrecht seinen Ausdruck vor allem in den Ansprüchen des Erfinders auf das Patent (§ 6 PatG) und auf Benennung als Erfinder in der Patentanmeldung (§ 37 PatG).

205 Nicht zum Wesen des geistigen Eigentums gehört seine Durchsetzbarkeit ohne Rücksicht darauf, ob der in Anspruch Genommene den Inhalt des Rechts gekannt und ihn nachgeahmt hat oder nicht. Patent-, Gebrauchsmuster- und Markenrecht entfalten eine solche **„Sperrwirkung“**, hingegen nicht das Urheberrecht, das Designrecht während der Aufschiebung der Bekanntmachung (vgl. § 38 Abs. 3 DesignG) und das nicht eingetragene Gemeinschaftsgeschmacksmuster.

206 Charakteristisch wiederum nur für die einzelnen Schutzrechtstypen, nicht aber für das geistige Eigentum als solches sind die **Entstehungstatbestände,** insbesondere ob und ggf. welche Formalitäten zu erfüllen sind. Markenschutz kann z. B. durch Eintragung oder die Erlangung von Verkehrsgeltung erworben werden (vgl. § 4 Nr. 1 und 2 MarkenG), das Urheberrecht durch den bloßen Schöpfungsakt, das nicht eingetragene Gemeinschaftsgeschmacksmuster durch Zugänglichmachung gegenüber der Öffentlichkeit; das Patentrecht setzt hingegen ein umfängliches Offenlegungs- und Prüfungsverfahren voraus. Eine große Bandbreite findet sich bei der **Schutzdauer:** Sie reicht von 30 Monaten bei aufgeschobener Bekanntmachung eines Gemeinschaftsgeschmacksmusters (ohne anschließende Erstreckung auf die volle anfängliche Schutzdauer von fünf Jahren) bis zur potenziell unbegrenzten Schutzdauer der Kennzeichenrechte. Manche Rechte bedürfen der Aufrechterhaltung (z. B. durch amtliche Verlängerung oder Erhaltung der Verkehrsgeltung), andere nicht (z. B. haben die „verwandten Schutzrechte“ im UrhG nur feste Laufzeiten).

3. Abgrenzung zum Unlauterkeitsrecht

207 Von den fünf Wesensmerkmalen geistigen Eigentums (Privatrecht, subjektive Rechte, Immaterialgüterrechte, dingliche Rechte und absolute Rechte) ist dem Unlauterkeitsrecht nur das Erste gemeinsam.

208 Zwar wird auch das Unlauterkeitsrecht zum Gewerblichen Rechtsschutz gezählt,[522] sein Schutz ist aber grundsätzlich kein eigentumsähnlicher, sondern beruht auf **Verhaltensnormen.** Deren Verletzung betrifft meist alle Mitbewerber auf demselben Markt, nicht einen individuellen Rechtsinhaber. Mit der Zuweisung ausschließlicher Herrschaftspositionen geriete das Unlauterkeitsrecht in einen nicht mehr lösbaren Widerspruch zur Wettbewerbsfreiheit. Allerdings sind der Schutz von Geschäfts- und Betriebsgeheimnissen und der ergänzende wettbewerbsrechtliche Leistungsschutz dem des Geistigen Eigentums in vielfacher Hinsicht angenähert, wodurch diese Grundsätze praktisch oft in Frage gestellt werden.[523]

209 Das Unlauterkeitsrecht schützt gleichgewichtig nicht nur die Mitbewerber, sondern auch die sonstigen Marktbeteiligten (insbesondere Verbraucher) und die Allgemeinheit. Auch in dieser **„Schutzzwecktrias“** liegt ein wesentlicher Unterschied zum geistigen Eigentum: Zwar liegen auch dessen Ausgestaltung Gemeinwohlerwägungen zugrunde; diese haben jedoch weder in die Schutzvoraussetzungen der einzelnen Sonderrechtstatbestände noch in die Ausgestaltung ihres Rechtsschutzes Eingang gefunden.

4. Berührungspunkte und Überschneidungen

210 Geistiges Eigentum und das Recht des unlauteren Wettbewerbs weisen zahlreiche Berührungspunkte, Überschneidungen, Bezugnahmen und Übergänge auf.

---

[522] Vgl. Art. 1 II PVÜ.

[523] Vgl. sogleich Rdn. 210 ff. sowie § 4 Nr. 3 Rdn. 22 ff. und § 17 Rdn. 63. Zum Einfluss der UGP-Richtlinie s. *Henning-Bodewig* GRUR Int. 2007, 986.

a) Gemeinsamkeit: Kein Schutz abstrakter Ideen usw. Weder das geistige Eigentum noch das UWG schützen abstrakte Ideen, Prinzipien, Motive oder Stile, sondern nur konkrete Gestaltungen.[524] **211**

b) Ergänzender wettbewerbsrechtlicher Leistungsschutz. Inwieweit mit dem UWG ein in seinen Wirkungen dem geistigen Eigentum ähnlicher Schutz schöpferischer oder wirtschaftlicher Leistungen gewährt werden darf, ist angesichts der dogmatisch klaren Trennung beider Rechtsgebiete und vor dem Hintergrund des freien Wettbewerbs problematisch. **212**

aa) Grundsätzliche Nachahmungsfreiheit außerhalb der Sonderschutzrechte. Möglichkeiten und Grenzen eines (die Sonderschutzrechte) ergänzenden wettbewerbsrechtlichen Leistungsschutzes sind traditionell vor dem Hintergrund zunächst der Gewerbefreiheit und später dem der Wettbewerbsordnung auszuloten versucht worden. Grundsätzlich und grundgesetzlich (Art. 2 Abs. 1 GG) ist der Wettbewerb frei. Nicht seine Gewährleistung, sondern seine Einschränkung bedarf eines Gesetzes.[525] Folglich ist Kopieren als solches lauterkeitsrechtlich unbedenklich. Andernfalls würde die grundsätzliche Nachahmungsfreiheit in ihr Gegenteil verkehrt. Sie ist aber unverzichtbar,[526] da niemand bei Null anfängt, sondern von den vielfältigen Leistungen in Vergangenheit wie Gegenwart profitiert und auch profitieren soll, damit nicht jede Generation sich einen schon vorhandenen Bestand an Technik und Gestaltung neu erarbeiten muss. Die Begründung eines Nachahmungsverbots darf sich nicht in Widerspruch zur Gesamtrechtsordnung setzen. Die Sonderschutzrechte sind wohl dosierte Wettbewerbsbeschränkungen auf der Produktionsebene, die in Kauf genommen werden, weil sie den Wettbewerb auf der wichtigeren Innovationsebene anstacheln. Sie sind demnach Teil eines funktionsfähigen Wettbewerbs, dem nicht mehr das Leitbild der vollständigen Konkurrenz aller sondern ein an ökonomischen Ergebnissen orientiertes Modell zugrunde liegt, das Unvollkommenheiten z. T. bewusst fördert. **213**

Traditionell wurden die Sonderschutzrechte als zumindest grundsätzlich, wenn nicht überhaupt **abschließende Regelungen** begriffen, die einen Schutz der Leistung als solcher mit dem UWG ausschlössen. Die Schaffung von „Ersatz-Ausschließlichkeitsrechten" mit dem UWG ohne Erfüllung der sondergesetzlichen Schutzvoraussetzungen (d. h. ohne die von Fall zu Fall erforderliche Schöpfungshöhe, Anmeldung, Offenbarung, Gebührenzahlung usw.) widerspräche danach dem als prinzipiell abschließend gedachten Sonderrechtsschutz. Diese Denkweise stammt aus der Zeit, als das Unlauterkeitsrecht noch von der Generalklausel des damaligen § 1 UWG (Verbot sittenwidrigen Wettbewerbs) beherrscht wurde. Diese stellte eine ständige Versuchung dar, Nachahmungen als solche eher unreflektiert zu verbieten. **214**

Durch die **gesetzliche Regelung in § 4 Nr. 3** besteht diese Gefahr heute weniger. Zudem wurde durch sie deutlicher, dass der wettbewerbsrechtliche Schutz gegen Nachahmungen sowohl innerhalb des UWG, als auch gegenüber den Immaterialgüterrechten an unterschiedliche Tatbestände und Schutzzwecke anknüpft. Schließlich decken sich auch die Rechtsfolgen (trotz weitgehender Angleichung) nicht mit denen der Sonderschutzrechte. Es kann daher keine abschließende Regelung von Nachahmungssachverhalten durch die Sonderschutzgesetze angenommen werden. Vielmehr führen die jeweiligen Ansprüche ein Eigenleben hinsichtlich Voraussetzungen, Inhalt und Durchsetzung. Soweit dieselbe Rechtsfolge (z. B. Unterlassung) beim selben Sachverhalt aus Normen der Sonderschutzrechte und des UWG herleitbar ist, besteht Anspruchskonkurrenz. **215**

Der BGH hat sich mit dem möglichen Ausschluss von UWG-Schutz durch das Vorhandensein von Sonderrechtsschutz exemplarisch anhand der Frage beschäftigt, ob die damalige wettbewerbsrechtliche Generalklausel der „guten Sitten" gegen eine vermeintliche Ausbeutung des Rufs einer bekannten Marke schützt. Er hat dies unter Hinweis auf die „umfassende spezialgesetzliche Regelung" des Schutzes bekannter Kennzeichnungen in §§ 9 Abs. 1 Nr. 3, 14 Abs. 2 Nr. 3 und 15 Abs. 3 MarkenG verneint. Diese Vorschriften hätten auch eine **„Begrenzungsfunktion"**. Der Rückgriff auf außermarkenrechtliche Normen, den § 2 MarkenG ausdrücklich zulässt, sei nur erlaubt, wenn „der Schutz nach dem Markengesetz versagt".[527] Unter „Versagen" wird hier nicht der Fall verstanden, dass die Tatbestandsvoraussetzungen eines markenrechtlichen Anspruchs nicht erfüllt sind und seine Rechtsfolge daher nicht eintritt, sondern wohl das Fehlen einer marken-, oder allgemein sondergesetzlichen Regelung eines bestimmten Interessenkonflikts überhaupt. Was es **216**

---

[524] BGH GRUR 2005, 166, 168 – *Puppenausstattungen*.

[525] Zur Einwirkung von Grundrechten auf wettbewerbsrechtliche Verhaltensnormen vgl. oben *Ahrens* Rdn. 41 ff. und zu Art. 2 Abs. 1 GG Rdn. 24.

[526] Ebenso dezidiert *Ullmann* jurisPK-UWG § 4 Nr. 9 Rdn. 31.

[527] BGH GRUR 1999, 161, 162 – *MAC Dog*. Ausführlich zur These vom „Vorrang des Markenrechts" unten § 4 Nr. 3 Rdn. 6 ff., § 5 Abschnitt J Rdn. 2 ff. und zu einer Neubestimmung des Verhältnisses von Geistigem Eigentum und Wettbewerbsrecht vor diesem Hintergrund *Köhler* GRUR 2007, 548.

heißt, dass in einem solchen Fall ein ergänzender Schutz herangezogen werden „kann", bleibt offen. Denn der fehlende Ausschluss dieses Schutzes mangels „Begrenzungsfunktion" einer spezialgesetzlichen Regelung besagt nichts darüber, ob das beanstandete Verhalten tatsächlich unlauter ist. Der ergänzende Schutz „kann" also zum Tragen kommen, „muss" aber nicht.

217 Ungeklärt war z.B. lange Zeit, ob es unterhalb des Rufausbeutungstatbestandes des § 14 Abs. 2 Nr. 3 unlautere „Annäherungen" an fremde Kennzeichen geben soll, die keine Bekanntheit der älteren Kennzeichnung und/oder Ähnlichkeit der sich gegenüber stehenden Bezeichnungen voraussetzen. „Versagt" das Markengesetz hier oder wird die Erweckung solch eher sublimer Assoziationen auch durch die „Begrenzungsfunktion" des § 14 Abs. 2 Nr. 2 und Nr. 3 freigestellt?[528]

218 *bb) Unlauterkeitskriterien.* Wenn der Leistungsschutz als solcher dem Lauterkeitsrecht fremd ist, darf der UWG-Nachahmungsschutz nur unter dem unlauterkeitstypischen Gesichtspunkt des **Handlungsunrechts** eingreifen: er schützt nicht das „Was", sondern gegen das „Wie" der Nachahmung.[529] Erforderlich sind **„besondere Begleitumstände"**, aus denen sich ausnahmsweise die Unlauterkeit der Nachahmungshandlung ergeben kann. Drei typische Sachverhalte solcher Unlauterkeit sind in § 4 Nr. 3 als Fallbeispiele geregelt, darunter mit der vermeidbaren Herkunftstäuschung der praktisch mit Abstand wichtigste. Bei einer strikten Abgrenzung von Sonderschutzrechten und wettbewerbsrechtlichem Nachahmungsschutz kann letzterer einen **Schutz der Leistung als solcher nur reflexartig** bewirken. Verbindet etwa der Verkehr mit der Gestaltung eines bestimmten Produkts Herkunftsvorstellungen, so kann der Vertrieb von Nachahmungen wegen vermeidbarer Herkunftstäuschung untersagt werden, wenn der Nachahmer ohne Not ein weniger ähnliches Erzeugnis anbieten könnte. Die Unlauterkeit liegt darin, dass der Nachahmer in vermeidbarer Weise Herkunftsvorstellungen des Publikums zugleich (fälschlich) hervorruft, ausnutzt und enttäuscht. Die Indirektheit des Leistungsschutzes zeigt sich in diesem Fall daran, dass der Nachahmer nicht unbedingt das Produkt selbst abändern muss, sondern dass die Herkunftstäuschung u. U. auch durch geeignete Kennzeichnungen ausgeräumt werden kann.[530]

219 *cc) Einfluss von Leistungsgesichtspunkten.* Die Praxis hält die Konzeption des UWG als eines reinen Handlungsunrechts und die „dogmatische Negierung des Leistungsgedankens"[531] im Bereich des ergänzenden wettbewerbsrechtlichen Leistungsschutzes nicht durch.

220 Dass die theoretische Trennung von sondergesetzlichem und unlauterkeitsrechtlichem Leistungsschutz durchlässig ist, zeigt sich zunächst daran, dass für fast alle Fallgruppen unlauterer Nachahmung **neben den „besonderen Umständen"** der Nachahmungshandlung auch eine **„wettbewerbliche Eigenart"** des Nachahmungsgegenstands selbst verlangt wird. Damit fließen Gesichtspunkte der (gestalterischen, also schöpferischen) Qualität des Nachahmungsgegenstandes und/oder seiner Verkehrsbekanntheit (also ein Ergebnis der Werbeanstrengungen) doch in die Unlauterkeitsabwägung ein. Durch das Abstellen auf die „besonderen Umstände" der Nachahmungshandlung, die hier noch unentbehrlich sind, bleibt die Konzeption des Handlungsunrechts aber intakt.

221 Daneben gibt es eine Reihe von Fällen, in denen der Leistungsgesichtspunkt im Vordergrund steht.[532] Beispiele eines solchen **direkten Leistungsschutzes** (also eines nicht mehr nur reflexartigen) sind etwa die Vorwegnahmen späteren Sonderschutzes für Sendeunternehmen[533] oder der ausübenden Künstler[534] durch das Unlauterkeitsrecht; ferner die Schaffung eines formlosen Schutzes von modischen Textilien für eine begrenzte Zeit.[535] Die Schaffung solcher nur auf die Schutzwürdigkeit der betreffenden Leistungen abstellenden Rechtspositionen ist mit der Vorstellung eines prinzipiell abschließenden Charakters der Sonderschutzrechte nur noch schwer zu vereinbaren.

222 *dd) Abgrenzung und Zuordnung zum Sonderrechtsschutz.* Da die Praxis sich auch an der Gewährung direkten ergänzenden Leistungsschutzes nicht gehindert sieht, stellt sich die Frage nach dessen Stimmigkeit mit dem Sonderrechtsschutz in unverminderter Schärfe. Die Einordnung des ergänzenden Leistungsschutzes in das traditionelle Abgrenzungsschema von geistigem Eigentum und (allgemeinem) Unlauterkeitsrecht ist gescheitert bzw. ließe sich nur durch einen Verzicht auf alle Formen direkten Leistungsschutzes wiederherstellen. Dazu wird es kaum kommen, zumal das UWG jetzt den direkten Leistungsschutz zwar nicht als Fallbeispiel in § 4 anerkennt, aber auch

---

528 Vgl. § 4 Nr. 3 Rdn. 145.
529 Vgl. statt aller und besonders dezidiert *Walch,* Ergänzender Leistungsschutz, 1992, S. 69.
530 Vgl. § 4 Nr. 3 Rdn. 121.
531 *Beater,* Nachahmen im Wettbewerb, S. 115.
532 Vgl. ausführlich § 4 Nr. 3 Rdn. 53ff. und *Schröer,* Der unmittelbare Leistungsschutz, 2010.
533 BGH GRUR 1962, 470 – *AKI.*
534 BGH GRUR 1960, 614 – *Figaros Hochzeit.*
535 Grundlegend BGH GRUR 1973, 478 – *Modeneuheit.* S. dazu § 4 Nr. 3 Rdn. 60.

nicht zum Ausdruck bringt, dass es den vorhandenen Bestand an Richterrecht beschneiden wolle. Die Haltung des BGH zu dieser Frage ist derzeit noch ungefestigt.[536]

Im Übrigen muss auch der direkte wettbewerbsrechtliche Leistungsschutz dem geistigen Eigentum möglichst stimmig zugeordnet werden. Letzteres kennt in allen Bereichen verschiedene Leistungshöhen und -qualitäten, denen entsprechende Schutzumfänge entsprechen. Je „stärker" ein Schutzrecht ist (z. B. eine bekannte Marke), desto größer ist sein Schutzbereich; je schwächer (z. B. die kleine Münze des Urheberrechts), desto weniger Abstand muss ein Nachahmer einhalten. Außerdem steht bei geringerer Leistungshöhe oft eine kürzere gesetzliche Schutzdauer zur Verfügung, etwa im Verhältnis Patentrecht/Gebrauchsmusterrecht. Diese Systematik kann der ergänzende Leistungsschutz fortsetzen, indem er unterhalb der Aufgreifschwellen der Sonderschutzrechte **geringeren Schutz für geringere Leistung** ermöglicht. Der **Schutzumfang** des niedrigschwelligen, direkten UWG-Leistungsschutzes ist auf (Fast-)Identität zu beschränken und auch die **Schutzdauer** kann hier (ohne erschwerende Umstände seitens des Nachahmers) nicht gleich lang wie die der Sondergesetze sein, die dafür höhere Anforderungen stellen.[537] 223

Der nachahmungsfeindliche Impetus, der vor einigen Instanzgerichten immer wieder spürbar wird, hat seine Wurzeln letztlich dort, wo das geistige Eigentum sie auch hat, nämlich in der naturrechtlichen Vorstellung, dass **Arbeitsergebnisse aller Art dem jeweiligen Leistungserbringer** und nicht seinen Epigonen **zustehen sollen.** Wenn dadurch allerdings die grundsätzliche Nachahmungsfreiheit in ein grundsätzliches und womöglich zeitlich unbegrenztes Nachahmungsverbot umzuschlagen droht, wird die Wettbewerbsfreiheit über Gebühr beschränkt. Denn die **Nachahmungsfreiheit** dient nicht nur den Interessen der Wettbewerber, sondern auch denen der Käufer, für die sich der Nachahmungswettbewerb in einer größeren Auswahl und oft auch niedrigeren Preisen auswirkt. Infolge der Schutzzwecktrias (Mitbewerber, weitere Marktteilnehmer, Allgemeinheit) darf sich die Interessenabwägung nicht auf die unmittelbar Beteiligten (Erbringer der Leistung und Nachahmer) beschränken. Während etwa das Verbot der vermeidbaren Herkunftstäuschung auch durch Abnehmerinteressen begründet werden kann, ist dies beim direkten Leistungsschutz viel schwerer. Dieser dient Verbraucherinteressen nur soweit, als er sich gesamtwirtschaftlich (etwa durch Innovationsförderung) positiv auswirkt.[538] 224

c) Übergänge zwischen Unlauterkeitsrecht und geistigem Eigentum. Dass die Zuordnung bestimmter Materien des Gewerblichen Rechtsschutzes und Urheberrechts sich zwischen geistigem Eigentum und Lauterkeitsrecht hin- und herbewegen kann, zeigen verschiedene Übergänge solcher Materien. 225

aa) Historisch dürfte die **Entstehung des Markenrechts aus dem Lauterkeitsrecht** (nämlich dem Verbot des „passing-off", also der Herkunftstäuschung)[539] der bedeutsamste Übergang zwischen beiden Rechtsgebieten sein. 226

bb) Der Schutz von **Software** erfolgte zunächst infolge der Einordnung als „Sprachwerke", durch § 2 Abs. 1 UrhG auf Grund einer Novelle von 1985. Da durch die hohen Anforderungen des § 2 Abs. 2 UrhG („persönliche geistige Schöpfung") Computerprogramme oft nicht als urheberrechtsschutzfähig angesehen wurden,[540] bot sich die Generalklausel des § 1 UWG a. F. vorübergehend als Auffangtatbestand an, bis durch die 1993 eingefügten §§ 69a ff. UrhG die Schutzanforderungen deutlich abgesenkt wurden, so dass seither für einen ergänzenden Leistungsschutz von Computerprogrammen praktisch kein Raum mehr ist. 227

cc) Als einen erzwungenen „Übergang" zwischen geistigem Eigentum und Unlauterkeitsrecht (und zurück) lässt sich auch der Rückgriff auf die wettbewerbsrechtliche Generalklausel in der **patentamtlosen Zeit** nach dem Zweiten Weltkrieg ansehen.[541] Mit der Wiederherstellung des Patentsystems wurde dieser Notbehelf wieder entbehrlich. 228

dd) Der Schutz der **bekannten Marke** gegen Verwendung für **nicht** ähnliche Waren oder Dienstleistungen wurde vom BGH mit der damaligen Generalklausel des UWG unter der Fallgruppe „Rufausbeutung" zehn Jahre vor dem Inkrafttreten der heutigen markengesetzlichen Regelung in § 14 Abs. 2 Nr. 3 MarkenG eingeführt.[542] Die jetzige sondergesetzliche Regelung wiederum ist an das Unlauterkeitsrecht zurückgekoppelt, insoweit die Ausnutzung oder Beeinträchtigung der 229

---

536 Vgl BGH GRUR 2011, 436 Rdn. 19 – *hartplatzhelden.de* und dazu § 4 Nr. 3 Rdn. 55.

537 Vgl. *Weihrauch,* Der unmittelbare Leistungsschutz im UWG, 2001, S. 282.

538 Diesen Nachweis versucht *Weihrauch,* a. a. O., S. 194 ff. zu erbringen.

539 Vgl. *Beater* a. a. O., S. 202 ff.

540 BGH GRUR 1985, 1041 – *Inkassoprogramm;* 1991, 449 – *Betriebssystem.*

541 BGH GRUR 1952, 562 – *Schuhsohle;* OLG Hamburg GRUR 1950, 82 – *Spulenwickelgerät.*

542 BGH GRUR 1985, 550 – *DIMPLE.*

Unterscheidungskraft oder Wertschätzung einer bekannten Marke gem. §§ 9 Abs. 1 Nr. 3, 14 Abs. 2 Nr. 3, 15 Abs. 3 MarkenG nur verboten ist, wenn sie „in unlauterer Weise" erfolgt.

230 *ee)* Ein anderes Thema ist ein möglicher markenrechtsähnlicher Zeichenschutz **unterhalb der Verkehrsgeltungs-Schwelle** (§ 4 Nr. 2 MarkenG) neben oder anstelle der vermeidbaren Herkunftstäuschung. Früher wurde diese Frage unter dem Stichwort „Ausstattungsanwartschaft" (im Hinblick auf den formlosen Markenschutz kraft Verkehrsgeltung als „Ausstattung" i. S. v. § 25 WZG) diskutiert.[543] Nachdem diese (trotz des pseudo-dinglichen Namens) unlauterkeitsrechtliche Denkfigur zwischenzeitlich totgesagt worden war,[544] erfuhr sie einen Wiederbelebungsversuch als „Anwartschaft auf die Benutzungsmarke".[545] Die Vorstellung, jede beliebige Kennzeichnung (einschließlich dreidimensionaler Gestaltungen) trage den Keim zur Verkehrsgeltung und damit zum Immaterialgüterrecht per se in sich und dürfe in dessen Entfaltung nicht gestört werden, ist wirklichkeitsfremd und lässt das erprobte Instrumentarium der Fallgruppe „vermeidbarer Herkunftstäuschung", die im gleichen Problemfeld angesiedelt ist, ungenutzt.

231 *ff)* Die **„Schrittmacherfunktion"** des UWG hatte schließlich lange vor dem sondergesetzlichen Schutz der Leistungen ausübender Künstler und von Sendeunternehmen (jetzt §§ 73 ff., 87 UrhG) zu einem vergleichbaren lauterkeitsrechtlichen Schutz geführt (vgl. oben Rdn. 209).

232 *gg)* Die im TRIPS-Übereinkommen angelegte Tendenz, den Schutz **geheimen Know-hows** in das internationale Verständnis vom Begriff des geistigen Eigentums in gewisser Weise einzubeziehen, wurde in Rdn. 3 bereits angesprochen. Einzelne Ansatzpunkte in dieser Richtung weist auch das deutsche Recht auf, insbesondere in Form der an sich für Sonderschutzrechte typischen Gewährung der dreifachen Schadensberechnungsmöglichkeit bei Rechtsverletzungen.[546]

233 **d) Weitere Berührungspunkte.** *aa)* Die **Ausübung der Sonderschutzrechte** untersteht dem Vorbehalt der Lauterkeit. Beispielsweise kann die Benutzung einer geschützten Marke für bestimmte Produkte irreführend wirken und damit gegen § 3 i. V. m. § 5 I 1, 2 Nr. 1 UWG („wesentliche Merkmale der Ware oder Dienstleistung") verstoßen.

234 *bb)* Eine **Mischform** von Sonderschutz und Lauterkeitsrecht stellt der Schutz der **geographischen Herkunftsangabe** dar (§§ 126 ff. MarkenG). Hier ist der Kreis der Benutzungsberechtigten nicht abschließend festgelegt, was für ein Sonderschutzrecht untypisch ist. Stattdessen ist der Schutz einem wettbewerbsrechtlich ausgestalteten Irreführungstatbestand angenähert.[547]

---

543 BGH GRUR 1969, 190 – *halazon.*
544 *Sambuc,* Der UWG Nachahmungsschutz, 1996, Rdn. 600.
545 *Schulz* in: FS Helm, S. 237, 246.
546 Hierzu unten § 4 Nr. 3 Rdn. 212 ff. und § 17 Rdn. 63.
547 *Ingerl/Rohnke,* MarkenG, Einl. Rdn. 11.

Einl. H. Medienspezifische Regelungen

Inhaltsübersicht

Rdn.

I. Einleitung ... 1
II. Internet & Soziale Medien ... 2
1. Das Domain-Name-System ... 4
a) Top Level Domains ... 7
aa) Generische Top Level Domains ... 8
bb) Landesspezifische Top Level Domains ... 11
b) Second Level Domains ... 13
c) ENUM Domains ... 14
d) Streit um Domain-Namen ... 15
aa) Registrierung fremder Marken oder Namen ... 17
bb) Verwendung generischer Zeichen in Domain-Namen ... 18
2. Hyperlinks und Frames ... 19
a) Einfache oder Surface Links ... 20
b) Deep Links ... 21
c) Inline-Links/Hotlinks ... 22
d) Frames ... 23
3. Suchmaschinen ... 25
a) Meta Tags ... 28
b) Spamdexing ... 29
c) Clickspamming ... 30
4. Werbeformen ... 33
a) Banner-Werbung ... 34
b) Affiliate Programme ... 36
c) Keyword-Search-Advertising ... 37
d) E-Mail Marketing ... 39
d) Verhaltensbezogene Werbung ... 42
5. Typische Geschäftsmodelle ... 44
a) Online-Auktionen ... 45
b) Umgekehrte Versteigerungen ... 47
c) Virtuelle Käufergemeinschaften ... 50
d) Kundenbindungsmodelle ... 51
6. Das „Web 2.0" & Soziale Medien ... 52
III. Presse ... 58
1. Wettbewerb in der Presse ... 59
a) Gebot der Trennung von redaktionellem Inhalt und Werbung ... 59
b) Spezielle Werbeformen ... 63
2. Wettbewerb der Presseorgane ... 64
a) Marktforschungsdaten & Strukturanalysen – Werbung am Anzeigenmarkt ... 64
b) Abonnentenwerbung ... 67
IV. Rundfunk und Fernsehen ... 68
1. Gebot der Trennung von redaktionellem Inhalt und Werbung ... 69
2. Spezielle Werbeformen ... 72
3. Besondere Werbeverbote ... 79
V. Telekommunikation ... 82
1. Wettbewerb im Rahmen von Telekommunikationsleistungen ... 82
2. Wettbewerb der Telekommunikationsanbieter ... 90

Schrifttum: Vgl. die Angaben zu § 5a Abs. 6

I. Einleitung

Medien sind ein eigener Markt, der sich fortlaufend verändert. In Deutschland ist die Medienlandschaft geprägt von der Ubiquität kostenloser Angebote im Internet und sozialen Medien, den Wettbewerb der Beteiligten um sinkende Werbeetats der Unternehmen und den technologischen Fortschritt geprägt. Dies erfordert eine detaillierte Betrachtung der tatsächlichen Erscheinungsformen: 1

II. Internet & Soziale Medien

2 Das Internet[1] hat das Informationswesens grundlegend verändert. Seine Bedeutung wird teilweise mit der Erfindung des Buchdruckes verglichen; die gesellschaftlichen Auswirkungen auf diverse Bereiche des alltäglichen Lebens sind jedenfalls unübersehbar.

3 In technischer Hinsicht regeln verschiedene Internetprotokolle die Adressierung und den Datenaustausch zwischen verschiedenen Computern und Netzwerken in Form von offenen Standards. Das Protokoll, in welchem die weltweit eindeutige Adressierung von angebundenen Rechnern festgelegt und benutzt wird, heißt Internetprotokoll (IP).

1. Das Domain-Name-System

4 Jedem Rechner, der an das Internet angeschlossenen ist, ist eine bestimmte IP-Adresse zugewiesen, welche aus einer mehrstelligen Ziffernfolge besteht. Aus Gründen der Nutzerfreundlichkeit, wurde hierauf aufbauend das Domain-Name-System geschaffen, welches es ermöglicht, jeder **IP-Adresse** einen Domain-Namen zuzuweisen.

5 Jeder Domain-Name ist eine **mehrstufige Zusammensetzung von Wortzeichen,** welche hierarchisch von rechts nach links geordnet und durch Punkte voneinander getrennt sind. Beispiel hierfür ist etwa der Domain-Name des Beck Verlages, www.beck.de. Die höchste Hierarchieebene ist die sogenannte Top-Level-Domain, im vorgenannten Beispiel somit „.de". Top-Level Domains sind nicht gänzlich frei wählbar: im Domain-Name System wurde eine Reihe von Top-Level Domains geschaffen, welche nachfolgend dargestellt wird.[2] Die Second–Level Domain, im vorgenannten Beispiel „beck" ist dagegen prinzipiell frei wählbar.

6 Um die Zuordnung zu einem bestimmten Rechner sicherzustellen, wird **jeder Domainname nur ein einziges Mal** vergeben. Die Vergabe erfolgt durch die Registrierungsstellen nach der Priorität der Anträge für einen befristeten, aber verlängerbaren Zeitraum.

7 **a) Top Level Domains.** Das Domain-Name-System unterscheidet **generische** und **länderspezifische Top-Level-Domains.**[3] Länderspezifische Top-Level-Domains sind den einzelnen Ländern und Regionen zugeordnet, wie etwa „.de" für Deutschland, „.at" für Österreich oder „.ch" für die Schweiz,[4] aber auch „.eu" für Europa.

8 **aa) Generische Top Level Domains.** Bei generischen Top-Level-Domains wird **zwischen gesponserten** und **nicht gesponserten Domains unterschieden.** Die acht nicht gesponserten Domains[5] stehen vom Prinzip her jedermann offen und werden von der ICANN[6] und der Internet Society kontrolliert. Gesponserte Domain Namen werden von bestimmten Unternehmen oder Organisationen vorgeschlagen, welche sie entsprechend eigener Richtlinien betreiben und verwalten.[7] Beispiel hierfür ist etwa die von der Société Internationale de Télécommunications Aéronautiques gesponserte TLD „.aero", welche in der Luftfahrt tätigen Unternehmen, Vereinigungen, Organisationen und Behörden vorbehalten ist.[8] Zu dieser Gruppe zählen auch die vier der insgesamt zweiundzwanzig Top Level Domain-Namen, welche ausschließlich amerikanischen bzw. internationalen Organisationen vorbehalten sind,[9]

9 Generische Top-Level-Domains werden von den bei der ICANN akkreditierten **Registrierstellen („Registrars")** nach nunmehr einheitlichen Regeln vergeben. Im Sommer 2011 hat die ICAN beschlossen, ein Bewerbungsverfahren für weitere TLDs durchzuführen, welches Anfang 2012 gestartet, wegen Problemen allerdings kurz danach zwischenzeitlich ausgesetzt wurde. Die

---

[1] Der Begriff ist eine Abkürzung von interconnected network.

[2] Wahlfreiheit besteht insoweit, als dass sich ein Anmelder grundsätzlich – unter Berücksichtigung der jeweils geltenden Registrierungsrichtlinien – etwa für eine generische Top Level Domain (www.beck.com) oder eine länderspezifische Top Level Domain (www.beck.de) entscheiden kann.

[3] Eine Übersicht aller Top Level Domains ist auf der Website der IANA, der Internet Assigned Numbers Authority abrufbar unter http://www.iana.org/domains/root/db.

[4] Eine Übersicht der aktuellen Country-Code-Domains lässt sich etwa über die Webseite der Internet Assigned Numbers Authority IANA unter www.iana.org abrufen.

[5] „.arpa", „.biz", „.com", „.info", „name", „net", „.org" und „.pro".

[6] *Internet Corporation for Assigned Names and Numbers,* eine 1998 gegründete privatwirtschaftliche Non-Profit Organisation zur Vergabe von IP Adressen.

[7] http://archive.icann.org/en/tlds/.

[8] Vgl. http://www.iana.org/domains/root/db/aero.html und http://www.information.aero/gateway/index_html.

[9] „.int"; „.gov"; „.edu" und „.mil".

Registrierung erfolgt nach der zeitlichen Priorität der jeweiligen Anmeldungen **(„first-come, first-served-Prinzip“).** Jeder Anmeldende muss bestimmte Kontaktdaten angeben, welche im Verzeichnis der vergebenen Domain-Namen gespeichert und über das Internet in sogenannten „WHO-IS-Datenbanken“ veröffentlicht werden.[10]

10 Angesichts einer Vielzahl von Streitigkeiten über Domain-Namen wurde im Jahre 1999 die **Uniform Domain Name Dispute Resolution Policy (UDRP)** und die sie ergänzenden Verfahrensvorschriften der Rules for Uniform Domain Name Dispute Resolution Policy (UDRP Rules) erarbeitet, welcher sich alle Registrierstellen für generische Domains unterworfen haben. Diese sind ferner verpflichtet, die von ihnen betreuten Domain-Anmelder vertraglich entsprechend zu binden. Nachdem die Registrierungsstellen die Berechtigung eines Anmelders zur Führung des entsprechenden Namens weder prüfen noch prüfen können, muss dieser versichern, hierdurch keine Rechte Dritter zu verletzen, den Namen nicht für missbräuchliche Zwecke zu verwenden, und im Fall von Streitigkeiten sich einem Streitschlichtungsverfahren gemäß den Regeln der UDRP zu unterwerfen. Entsprechende Streitschlichtungsdienste bieten derzeit vier von der ICANN als „Approved Provider Uniform Domain-Name Dispute-Resolution Policy“, als **anerkannte Streitschlichtungsinstitutionen** an, nämlich das Asian Domain Name Dispute Resolution Centre in Peking und Hong Kong, das CPR Institute for Dispute Resolution in New York, das National Arbitration Forum in Minneapolis und die WIPO in Genf. Die meisten Domainstreitigkeiten werden wohl durch das WIPO Center[11] entschieden, welches zumindest zu Beginn mehr als 60 % aller UDRP Streitigkeiten administriert hat. Alle diese Institutionen wenden neben der Uniform Dispute Resolution Policy ihren jeweiligen ergänzenden Verfahrensordnungen an.

11 *bb) Länderspezifische Top Level Domains.* Die Vergabe von Länder-Domain-Namen erfolgt dagegen durch die **Ländervergabestellen nach leider uneinheitlichen Regeln.** In Deutschland ist hierfür die **Denic eG** in Frankfurt zuständig. Zu den länderspezifischen Domainnamen wird auf auch .eu gezählt, Für die .eu Domain gibt es die Verordnung der EG 874/2004 vom 28.4.2004), welche allgemeinen Regeln für die Durchführung und die Funktionen der .eu Domain und der allgemeinen Grundregeln für die Registrierung festlegt. Ähnlich den UDRP Fällen werden Streitigkeiten um die Registrierung von .eu Domain Namen bei der Vergabestelle EuRID vom Schiedsgericht bei der Wirtschaftskammer der Tschechischen Republik in Prag nach einem eigenen Verfahren administriert.

12 Ländervergabestellen unterliegen keiner Verpflichtung, die **Uniform Dispute Resolution Policy** anzuerkennen. Folglich werden auch die Anmelder nicht entsprechend verpflichtet, so dass spätere Streitigkeiten um Domain-Namen in der Regel nicht durch Schiedsverfahren entschieden werden können. Ferner weichen die Registrierungsbedingungen in den einzelnen Ländern zum Teil erheblich voneinander ab.[12]

13 **b) Second Level Domains.** Second Level Domains sind im Prinzip **frei wählbar.** Zulässig ist die Verwendung von Buchstaben und Zahlen. Bindestriche dürfen verwendet werden, allerdings weder am Anfang noch am Ende einer Second Level Domain. Sonderzeichen und Leerzeichen sind in der Regel ausgeschlossen. Eine Second Level Domain kann aus über 60 Zeichen bestehen.[13]

14 **c) ENUM Domains.** Mit dem Aufkommen von VoIP-Diensten (Telefon über das Internet) entstand das Bedürfnis von Anwendern, sowohl im Internet als auch im klassischen Telefonnetz unter derselben Nummer erreichbar zu sein. ENUM[14] ist eine Anwendung des Domain Name Systems zur Übersetzung von Telefonnummern in Internet-Adressen.[15] Über ENUM-Domains werden Internet- und Telekommunikationsdienste, etwa der geschäftliche und private Telefonan-

---

[10] Vgl. etwa die WHOIS-Datenbank von Network Solutions unter http://www.networksolutions.com/whois/index.jsp.

[11] Siehe die Übersicht der Dispute-Resolution-Providers unter https://www.icann.org/resources/pages/providers-6d-2012-02-25-en sowie die Domain-Name Dispute Resolution Services der WIPO unter http://www.wipo.int/amc/en/domains/.

[12] Vgl. hierzu die Übersicht von Carboni, Revue Internationale de la Concurrence 2002, 32; Koch in Kilian/Heussen, Computerrecht Teil 2 Vertragsrecht und Vertragsgestaltung | Domains, 7. Schiedsverfahren, insbesondere UDRP-Verfahren | Stand: September 2011, 30. Ergänzungslieferung; *Bettinger* in Hoeren/Sieber, Multimedia-Recht | Teil 6.2, 31. Ergänzungslieferung 2012.

[13] Vgl. etwa Ziffer V der Domainrichtlinien der Denic, abrufbar unter, http://www.denic.de/domainrichtlinien.html, wonach bis zu 63 Zeichen zulässig sind. Im deutschsprachigen Raum ist seit dem 1. März 2004 die Verwendung von Umlauten möglich.

[14] ENUM ist eine Abkürzung für E.164 Number Mapping.

[15] Im Prinzip wird eine internationale Telefonnummer nach Entfernung aller Zeichen, die keine Ziffern sind, in der Reihenfolge umgedreht, durch Punkte zwischen den Ziffern ergänzt und durch das Suffix „.arpa“ ergänzt: So wird aus +49 89 123456 die ENUM 6.5.4.3.2.1.9.8.9.4.arpa.

schluss, Mobiltelefon, Fax, geschäftliche und private E-Mail-Adressen, Videokonferenz-Adressen oder Webseiten unter einer zentralen Rufnummer erreichbar. Faktisch ist jedoch das kostenlose Telefonrouting, bei der ein VoIP-Teilnehmer unter einer Festnetznummer einen anderen VoIP-Teilnehmer direkt (also unter Umgehung der Netzanbieter und deshalb quasi „kostenlos") erreichen kann, der Hauptnutzungsgrund der ENUM-Dienste. Die internationale ENUM-Top Level Domain e164.arpa wird derzeit im Auftrag der ITU von Réseaux IP Européens (RIPE) administriert. Die DENIC eG verwaltet und betreibt als Registrierungsstelle ENUM-Internet-Domains unterhalb der Domain .9.4.e164.arpa. Für ENUM Domains gelten eigenen Richtlinien.[16]

15 **d) Streit um Domain-Namen.** Ausgangspunkt zahlreicher Streitigkeiten war in den vergangenen Jahren vor allem die Wahl bestimmter Second-Level Domains, da hiermit Vorstellungen einer Identität im Internet bzw. der Marke im Internet verbunden werden.

16 Ein prägnanter Domain-Name ist im Wettbewerb von Vorteil. Die Tatsache, dass jeder **Domain-Name nur ein einziges Mal** vergeben werden kann, gewährt seinem Inhaber zudem eine entsprechende Exklusivität im doppelten Sinn des Wortes. Bei Streitigkeiten um Domain-Namen lassen sich in wettbewerbsrechtlicher Hinsicht die nachfolgend dargestellten Grundkonstellationen erkennen:[17] Darüber hinaus ist die Frage nach der Passivlegitimation der Vergabestellen Gegenstand verschiedener Verfahren gewesen.

17 *aa) Registrierung fremder Marken oder Namen.* Das einfache, insbesondere aus den Anfangszeiten des Internet bekannte **Domain-Grabbing** zeichnet sich dadurch aus, dass der Domain-Grabber Domain-Namen unter Verwendung von Marken oder Namen Dritter für sich anmeldet, die häufig einen hohen Bekanntheitsgrad aufweisen. Die entsprechende Website ist dann regelmäßig nur konnektiert, ohne dass Inhalte abrufbar sind. Bis vor einigen Jahren befanden sich häufig eindeutige Hinweise auf die Verkaufsabsicht des derzeitigen Inhabers, welche nach der Verbesserung des Rechtschutzes gegen Grabbing, insbesondere auch durch die UDRP, mittlerweile eher selten anzufinden sind. Zum Teil werden Domains unter Verwendung bekannter Namen auch von Grabbern für eigene Seiten verwendet, um entsprechend viele Besucher auf diese Seite zu lenken.[18] In wettbewerbsrechtlicher Hinsicht sind hiermit Fragen der Behinderung der vermeintlich eigentlich Berechtigten i. S. v. § 4 Nr. 4, der Irreführung der Allgemeinheit über den Betreiber der Website i. S. v. § 5 sowie einer hiermit verbundenen Rufausbeutung i. S. v. § 4 Nr. 3 verbunden.

18 *bb) Verwendung generischer Zeichen im Domain-Namen.* Das **Domain-Name System kennt kein Freihaltebedürfnis** für beschreibende Angaben wie etwa § 8 Abs. 2 MarkenG. Entsprechende Domain-Namen wurden und werden daher weiterhin auf Antrag hin registriert. Die Verwendung generischer Bezeichnungen als Domain-Name kann wettbewerblich von erheblichem Vorteil sein, je nachdem wie das Suchverhalten der Internetnutzer tatsächlich ausfällt. Unterstellt man, der Nutzer würde für die Recherche nach einer ihm unbekannten URL schlicht einen mit dem gesuchten Anbieter assoziierbaren Oberbegriff als Second-Level-Domain in den Browser eingeben und sodann die Starttaste drücken, wird er nur zu einer einzigen Website gelangen. Ist ferner anzunehmen, dass der Suchende seine Recherche nun abbricht, weil er davon ausgeht, dort alle im Internet verfügbaren Anbieter gefunden zu haben, oder aber ihn die Suche nach einem ursprünglich favorisierten anderen Anbieter nun nicht mehr interessiert, kann es zu einer wettbewerbsrechtlich relevanten Irreführung bzw. einer **Kanalisierung der Nutzer** und der hiermit verbundenen **Behinderung potentieller Wettbewerber** kommen. Die hiermit verbundene Problematik ist in Deutschland durch die Entscheidungen des OLG Hamburg und des BGH über die Zulässigkeit der Verwendung des Domain-Namens *www.mitwohnzentrale.de* bekannt geworden.[19]

2. Hyperlinks und Frames

19 Ein Hyperlink oder Link ist eine **elektronische Verbindung zwischen zwei Websites im World Wide Web** auf der Grundlage eines entsprechend hinterlegten Programmbefehls. Nachdem

[16] Vgl. etwa https://www.denic.de/domains/enum-domains/enum-domainrichtlinien/.

[17] Kollisionsfälle zwischen Gleichnamigen werfen in erster Linie marken- oder namensrechtliche Probleme auf, so dass auf ein näheres Eingehen hier verzichtet wird, vgl. etwa BGH NJW 2002, 2031 – *shell.de.*

[18] Bis Ende der 90er Jahre wurden die Preise für Banner-Werbung zum Teil noch nach dem schlichten Aufruf der Seite berechnet. Wer den Namen eines bekannten Dritten in seinem Domainnamen verwendete, konnte somit Surfer auf seine Seite locken, die dann zwar in der Regel sofort erkannten, nicht das erwartete, sondern ein Webangebot eines Dritten aufgerufen zu haben, jedoch allein durch das schlichte Aufrufen der Seite dem Inhaber der Domain einen Vorteil verschaffen, sollte dieser entsprechend vergütete Werbebanner auf seiner Seite wiedergegeben haben.

[19] Vgl. OLG Hamburg CR 1999, 779 – *Mitwohnzentrale.de* einerseits, BGH GRUR 2001, 1061 – *Mitwohnzentrale.de* andererseits; ferner BGH NJW 2003, 504 – *rechtsanwaelte-notar.de;* und NJW 2003, 662 – *presserecht.de.*

für das World Wide Web kein systematisches Gesamtverzeichnis der dort abrufbaren Inhalte existiert, sind Hyperlinks das entscheidende Mittel, um zu den entsprechenden Seiten zu gelangen. Links erscheinen auf einer Website als grafisch hervorgehobene Textstellen oder Felder. Durch einen doppelten Maus-Klick auf den Link wird der Nutzer über den entsprechend hinterlegten Programmbefehl auf die verlinkte Seite weitergeleitet. Es werden derzeit folgende Erscheinungsformen von Links unterschieden:

a) Einfache oder Surface Links. Einfache oder Surface Links verweisen auf die Startseite (Homepage) des Webauftritts eines Dritten, die URL des Browsers ändert sich, so dass nach der Weiterverweisung auf die verlinkte Seite deren Webadresse im Adressfeld des Browsers angezeigt wird.[20] 20

b) Deep Links. Deep Links verweisen dagegen auf eine Seite im Webauftritt eines Dritten, die hierarchisch unterhalb der Startseite angeordnet ist. Der Unterschied zum einfachen Link lässt sich etwa an dem der „Paperboy-Entscheidung" des BGH zugrundeliegenden Sachverhalt erläutern:[21] Der Internetsuchdienst Paperboy wertete in seinem Internetangebot tagesaktuelle Informationen aus und stellte seinen Nutzern kostenlos Auflistungen der entsprechenden Veröffentlichungen zur Verfügung. Darin enthalten war auch ein Quellennachweis in Form eines Deep Links, der bei entsprechender Aktivierung den Nutzer unmittelbar auf den jeweiligen Artikel, jedoch nicht auf die Startseite des dazu gehörigen Web-Auftritts weiterleitet. Allerdings ändert sich hierbei die im Browser angezeigte URL. Die Verlegerin des „Handelsblatts" und der „DM", welche Artikel auf entsprechenden tieferliegenden Seiten ihres Web-Auftritts veröffentlichte, hatte auf Unterlassung derartiger Deep Links geklagt und zur Begründung angeführt, dass dem so weitergeleiteten Nutzer die Herkunft des Artikels verschleiert werde und ihr durch die Umgehung der Startseite zudem Einnahmen für die allein auf dieser veröffentlichte Werbung entgehen würden. Aus wettbewerbsrechtlicher Sicht sind damit Fragen der Irreführung (§ 5), der Behinderung (§ 4 Nr. 4) und des ergänzenden Leistungsschutzes (§ 4 Nr. 3) aufgeworfen.[22] 21

c) Inline-Links/Hotlinks. Ein Inline- oder Hotlink ist eine Verknüpfung mit der Website eines Dritten, bei welcher der dort wiedergegebenen Inhalte unmittelbar in die Website des Verweisenden inkorporiert werden, ohne dass für den Nutzer erkennbar wird, dass es sich um Inhalte von einer fremden Seite handelt. Es findet kein erkennbarer Aufruf einer fremden Website statt, insbesondere ändert sich die URL im entsprechenden Feld des Browsers nicht. Dies wirft in besonderem Maße Fragen der Täuschung und Irreführung i. S. v. § 5 und des ergänzenden Leistungsschutzes i. S. v. § 4 Nr. 3 auf. 22

d) Frames. Frames (engl. Rahmen) ermöglichen die Wiedergabe mehrerer Fenster mit voneinander unabhängigen Inhalten auf einer einzelnen Website. Mit Hilfe von Frames können eigene Inhalte in ein gesondertes Fenster ausgelagert werden, welches vom Nutzer nach Bedarf geöffnet, vergrößert, verkleinert oder geschlossen werden kann. Mit Hilfe von Frames lassen sich aber auch Inhalte Dritter auf der eigenen Website wiedergeben, ohne dass die Herkunft des Inhalts für den Nutzer erkennbar wird.[23] Das Framing von Inhalten Dritter ist insoweit mit dem Inline-Linking verwandt. 23

Neben der wettbewerbsrechtlichen bzw. urheberrechtlichen Zulässigkeit des Setzens von Links beschäftigen sich die Gerichte vor allem immer wieder mit der Streitigkeiten um eine **Haftung für den Inhalt des verlinkten Dokuments** bzw. der Verantwortung beim Setzen eines Links auf rechtswidrige oder strafbare Inhalte.[24] 24

3. Suchmaschinen

Suchmaschinen sind Dienste, die **mittels digitaler Programme ständig die im Internet veröffentlichten Seiten in erster Linie nach Schlagworten indexieren.** Diese Programme[25] durchforsten selbständig Internetadressen und indexieren die Websiteinformationen automatisch, verfolgen Links auf andere Dokumente und erfassen bei ihrer Indexierung auch die Anzahl entsprechender Verlinkungen der Dokumente. 25

---

[20] *Ernst/Vassilaki/Wiebe,* Hyperlinks, 2.
[21] BGH GRUR 2003, 958 ff. – *Internetsuchdienst für Presseartikel – Paperboy.*
[22] Vgl. u.a. *Dreyer* § 5b Rdn. 123; *Weidert* § 5c Rdn. 234.
[23] Vgl. etwa LG München I MMR 2003, 197.
[24] Vgl. etwa BGH GRUR 2011, 512 – *AnyDVD;* BVerfG ZUM-RD 2012, 125 – *AnyDVD,* BGH GRUR 2004, 693 – *Schöner Wetten;* BGH GRUR 2003, 958 – *Paperboy.*
[25] Auch Crawler, Spider oder Robot genannt.

26 Neben der eigentlichen Trefferliste bieten einige Suchmaschinen auch eine **Listung gegen Geld** an. Diese sollte und wird in der Regel räumlich getrennt in einem eigenen Teil des Bildschirmes unter einer eigenen Überschrift/in einer eigenen Rubrik angezeigt.[26] Andernfalls stellt sich die Frage, ob die Nutzer über das Zustandekommen der Listung i. S. v. § 5 irregeführt werden.

27 Um in den Suchmaschinenergebnissen eine besseren Rangstelle zu erreichen, gibt es verschiedene Angebote zur **Suchmaschinenoptimierung,** welche durch eine Analyse der von den Suchmaschinen verwendeten Algorithmen versuchen, die Reihenfolge der Anzeigen zu beeinflussen. Werden hierbei Techniken eingesetzt, die als Ergebnismanipulierung zu qualifizieren sind, kann ein Verstoß gegen § 4 Nr. 4 UWG vorliegen.[27]

28 **a) Meta Tags.** Meta Tags sind **Schlüsselworte,** die der Autor einer entsprechenden Website selber wählen und mit ihnen den Inhalt der Website beschreiben kann. Die Agentenprogramme der Suchmaschinen erfassen unter anderem Meta Tags. Meta Tags selber sind bei einem normalen Aufruf einer Website zunächst nicht sichtbar. Sie können jedoch über den Quelltext aufgerufen werden.[28] Nachdem die Wahl der Meta Tags folglich auch Auswirkungen auf die Listung einer entsprechenden Seite bei den Suchmaschinen hat, birgt dies die außerhalb des Internet bekannten Missbrauchsmöglichkeiten der Irreführung, Täuschung, Behinderung und der Verwendung von fremden Marken.[29]

29 **b) Spamdexing.** Spamdexing ist ein aus dem Englischen stammendes Kunstwort, welches das **Überschwemmen von Suchmaschinen** mit unerwünschten Informationen **(Spamming)** beschreibt. Ziel des Spamdexing ist es, die entsprechende Seite möglichst weit oben von der von der Suchmaschine bei der Eingabe des entsprechenden Begriffs wiedergegebenen Trefferliste erscheinen zu lassen. Hierzu werden etwa häufig nachgefragte Begriffe mehrmals in den Meta Tags einer Seite gelistet, ohne das diese tatsächlich irgendetwas mit dem Inhalt der Website zu tun haben, um die automatisierten Rankingmethoden der Suchmaschinen zu täuschen.[30] Das Spamdexing beeinträchtigt die Qualität der Suchergebnisse, schadet damit sowohl dem Nutzer als auch dem Betreiber der Suchmaschine.[31] Suchmaschinenbetreiber verändern daher ständig ihre Technik und ihre Richtlinien, um Spamdexing soweit wie möglich auszuschalten. Wettbewerbsrechtlich sind hiermit in erster Linie Fragen der Täuschung gem. § 4 Nr. 3, der Irreführung gem. § 5 und Behinderung gem. § 4 Nr. 4 verbunden.

30 **c) Clickspamming.** Durch Keyword-Search Advertising (vgl. dazu Rz. 38) platzieren Unternehmen ihre Werbung auf Suchmaschinen. Die Abrechnung erfolgt etwa bei Google nach den jeweils erfolgten Klicks auf den Link des Unternehmens. Bezahlt wird pro Klick, wobei regelmäßig ein Tageslimit („Klicklimit") festlegt wird. Nach dessen Erreichen wird die Werbung (als Link zum Unternehmen) nicht mehr angezeigt, die Werbung anderer Unternehmen mit dem gleichen Schlüsselwort rückt nach oben.

31 Als sog. **Click-Spamming** bzw. **Click-Fraud** („Klick-Betrug") wird das Vorgehen bezeichnet, nach dem Konkurrenten manuell oder durch programmierte Skripten auf den Link des Werbenden klicken, bis das Klick-Limit erreicht wird, um so die Anzeige des Mitbewerbers zu beseitigen und ggf. eine bessere Position für die eigene Anzeige zu erlangen.

32 Fälle von Click-Spamming werden aus wettbewerbsrechtlicher Sicht vor allem als Fall einer Behinderung gemäß § 4 Nr. 4 UWG betrachtet.

---

[26] Beispiel hierfür sind etwa die *„Sponsored Links"* Listung von Google, die *„Sponsoren Links"* von Yahoo oder die *„Partner-Links"*-Rubrik von Web.de.

[27] OLG Hamm, MMR 2010, 36.

[28] Vergleichbar ist das mittlerweile eher irrelevant gewordene Keyword-Stuffing, bei dem Schlüsselwörter nicht in den Quellcode einer Webseite geschrieben werden, sondern sich in kaum lesbaren Schriftzeichen oder in derselben Schriftfarbe wie der Hintergrund im Text selber eingetragen werden, so dass der Benutzer sie bei der Ansicht der Webseite nicht erkennen kann.

[29] In ständiger Rechtsprechung wird eine fremde Kennzeichenbenutzung bejaht, seit BGH WRP 2006, 1513 – *Impuls,* vgl. zuletzt BGH, Urteil vom 8.2.2007 I ZR 77/04, GRUR 2007, 784 – *Aidol.*

[30] Insbesondere Anbieter pornografischer Dienste scheinen sich dieser Methode zu bedienen, um auch zum Teil in völlig anderem Zusammenhang in die Listungen von Suchmaschinen aufgenommen zu werden.

[31] Vgl. hierzu auch OLG Hamm, NJW 2008, 161: Gegen den Anbieter von Filtersoftware für Google-Recherchen, die den Nutzern der Software als „Spam" gekennzeichnete Seiten bei der Google-Suche rot unterlegt, besteht kein Unterlassungsanspruch, wenn die markierten Seiten im Wege des Suchmaschinen-Spammings (Spamdexing) einen vorderen Platz im Suchmaschinenranking erhalten, ohne für den Surfer gemäß dessen Suchbegriff relevante Daten zu enthalten.

4. Werbeformen

Im Internet entstehen nahezu täglich neue Werbeformen. Die Gestaltungsformen weisen in der Regel allerdings ein Grundmuster auf, das sich aus der Natur des Hypertexts ergibt, nämlich der Möglichkeit, Querverweise auf die Angebote Dritter aufzunehmen. Die meisten Werbeformen kreisen aus rechtlicher Sicht um das **Grundmodell einer provisionsauslösenden Vermittlung von Kunden.** Die Details der Geschäftsmodelle, der technischen Umsetzung und der Provisionsgestaltung sind jedoch vielfältig. Hervorzuheben sind insbesondere folgende Werbeformen. 33

a) Banner-Werbung. Banner sind eine Art **digitale Anzeige auf einer Website,** die einen Hyperlink zur Website des Werbenden enthalten. Banner können statische Botschaften enthalten oder auch animiert filmähnliche Sequenzen wiedergeben.[32] Für Werbebanner sind verschiedene Standardgrößen definiert worden, die wie im traditionellen Anzeigengeschäft Auswirkung auf die Höhe der Bezahlung haben.[33] Banner können fest auf einer Position der Website wiedergegeben werden, oder sich bewegen, sogenannte **Floating Banner.** Die Vergütungsmodelle haben verschiedene Anknüpfungspunkte: So wurde insbesondere zu Beginn die Anzahl der Seitenaufrufe (Page Impressions) herangezogen, verfeinerte Techniken erfassen die Zahl der Klicks auf ein entsprechendes Werbemittel (ad clicks), zum Teil wird auch die Nutzungsdauer als Maßstab herangezogen, die die entsprechende Werbung während des Nutzungsvorganges sichtbar war. 34

Pop Up Banner sind Werbeanzeigen, die in einem eigenen Fenster die eigentlich aufgerufene Seite zunächst überlagern. Zum Teil werden Werbebotschaften auch schlicht als Vorspann zu einer sich Sekunden später erst dann aufbauende HTML Seite eingeblendet, sogenannte **Interstitials.** Interstitials werden entweder nach Ablauf einer definierten Zeit automatisch ausgeblendet, oder aber durch einen Maus-Klick auf die Werbebotschaft selber.[34] **Pop Under Banner** sind dagegen Werbeanzeigen, die sich in einem eigenen Fenster erst dann einblenden, wenn die dazugehörige Website vom Nutzer geschlossen wird.[35] Ein **Flash-Layer** ist ein auf DHTML basierendes, animiertes Werbeformat. Das entsprechende Werbemittel ist großflächig, jedoch transparent, so dass die Navigation der Website sichtbar bleibt. Derartige Werbeformen können wettbewerbsrechtlich in erster Linie Fragen der Belästigung und der Behinderung aufwerfen.[36] Eine Reihe von Diensten bietet im Internet Software zum Teil kostenlos an, mit Hilfe derer derartige **Werbefenster geblockt** werden können. Das Anbieten eines derartigen Programms wirft aus Sicht der Unernehmen, die durch derartige Werbeformen Einnahmen erzielen, die Frage auf, ob sie hierdurch in ihrer Geschäftstätigkeit gezielt behindert werden. 35

b) Affiliate Programme. Affiliate- oder Partnerprogramme zeichnen sich durch den **Austausch von Werbemitteln** zwischen den verschiedenen Anbietern im Internet aus, um einem oder beiden Beteiligten neue Vertriebskanäle zu eröffnen. Auch bei den verschiedenen Gestaltungen von Affiliate- oder Partnerprogrammen zahlt der Werbende an den die Werbung auf seiner Website integrierenden Affiliate oder Partner Provisionen. Diese fallen in der Regel dann an, wenn ein Besucher von der Website des die Anzeige veröffentlichten Affiliates sich auf diejenige des Werbenden weiterklickt und dort entgeltliche Leistungen bezieht.[37] 36

c) Keyword-Search Advertising. Keyword-Search Advertising (engl.: Werbung zu Schlüsselwort-Suche) ist ein Werbeangebot verschiedener Suchmaschinenbetreiber. Bekanntestes Beispiel sind die „Google AdWords". Um die Effektivität einer Werbeanzeige zu erhöhen, wird das **Einblenden der Werbeanzeige daran gekoppelt,** dass der Nutzer der Suchmaschine über diese nach einem **Begriff recherchiert,** welcher eine **inhaltliche Verwandtschaft** mit dem Geschäftsbetrieb des Werbenden hat bzw. von diesem entsprechend gewählt wurde: Sucht daher ein Nutzer einer Suchmaschine im Netz Informationen etwa zum Begriff juristische Fachliteratur, werden ihm häufig neben der allgemeinen Trefferliste in einer weiteren Rubrik gesponserter Links Anzeigen 37

---

32 Sogenannte Rich-Media-Banner enthalten Audio- und Videofunktionen, um den Nutzer anzusprechen; vgl. im übrigen die Übersicht bei *Bräutigam/Leupold,* 75 ff.; *Fröhle,* 20 ff.

33 Vgl. etwa die Interactiv Marketing Units des Interactive Advertising Bureau unter www.iab.net/standarts/adunits.asp.

34 Einen guten und fortlaufend aktualisierten Überblick über die verschiedenen Werbeformen bietet die Seite des Online Vermarkter Kreises des Bundesverbandes Digitaler Wirtschaft, abrufbar unter http://www.ovk.bvdw.org/online-werbung/werbeformen.html; vgl. zu Interstitials auch *Fröhle,* 24.

35 Auch Exit-Pop-Up Banner genannt, vgl. hierzu die entsprechenden Erläuterungen etwa von Yahoo unter http://adinfo.yahoo.com/popunder2003.html sowie LG Düsseldorf, MMR 2003, 486.

36 Vgl. *Schöler* § 7 Rdn. 132.

37 Vgl. *Bräutigam/Leupold,* 81. Das bekannteste Affiliate Programm ist sicherlich das von Amazon, vgl. hierzu die Informationen unter www.amazon.de.

juristischer Fachverlage wiedergegeben, sollten diese eine entsprechende Vereinbarung mit dem Suchmaschinenbetreiber geschlossen haben. Die Anzeige erscheint in der Rubrik gesponserter Links jedoch dann nicht, sollte der Nutzer der Suchmaschine nach einem Begriff aus einer gänzlich fremden Branche suchen.[38] Die Platzierungen zu den entsprechenden Schlüsselworten werden zum Teil in versteigerungsähnlicher Weise vergeben. Neben dem Keyword-Advertising gibt es verschiedene weitere Möglichkeiten, Werbeanzeigen allein dem gewünschten Zielpublikum zugängig zu machen, etwa ein Targeting nach der regionalen Herkunft des Surfers, nach Domains oder sonstigen, dem Suchmaschinenbetreiber bekannten Daten des Nutzers.

38 Wettbewerbsrechtlich stellt sich die Frage einer hinreichenden **Trennung von Werbung und redaktionellem Inhalt** zur Vermeidung einer hieraus resultierenden Irreführung der Nutzer i. S. v. § 5.[39] Durch die Vergabe der Key Words können zudem Probleme der Behinderung eines vermeintlich Berechtigten i. S. v. § 4 Nr. 4 entstehen. Aus markenrechtlicher Sicht ist ferner umstritten, ob die Verwendung fremder Kennzeichen als Keyword eine Markenbenutzung darstellt.[40]

39 **d) E-Mail Marketing. E-Mail Marketing** ist schlicht die Versendung von Werbebotschaften durch elektronische Post. Aufgrund der geringen mit der Versendung verbundenen Kosten, der relativ hohen Zahl von Antworten und der besseren Messbarkeit und Steuerung der entsprechenden Mannahme erfreut sich das E-Mail Marketing einer besonderen Beliebtheit. E-Mail Marketing ist in der Realität häufig mit dem Begriff des **Spamming** verbunden. Spamming ist das unverlangte Versenden von Werbeemails.[41] Durch unerwünschten Datenverkehr entstehen erhebliche Kosten. Spamming hat, wie das unverlangte Versenden von Werbung durch andere Kommunikationsmittel die Gerichte in der vergangenen Zeit erheblich beschäftigt. Wettbewerbsrechtlich kann es sich etwa um eine **Belästigung i. S. v. § 7 UWG** oder um eine **Behinderung i. S. v. § 4 Nr. 4 UWG** handeln.[42] Häufig werfen entsprechende Marketingmaßnahmen auch datenschutzrechtliche Fragen auf, etwa ob eine Einwilligung in die Verarbeitung der für die Kampagne erforderlichen und ggf. aus ihr generierten persönlichen Daten wirksam erteilt wurde. Die Einwilligungsmodelle des Lauterkeitsrechts und des Datenschutzrechts decken sich nicht, die praktische Handhabung durch werbende Unternehmen weist häufig Fehler auf.

40 Das Anbieten entsprechender **Filterprogramme** kann jedoch seinerseits Fragen der Behinderung aufwerfen, wenn etwa die Filterung oder Blockade derartige Emails nicht als Spam-Email im engeren Sinne erfasst.[43] Zudem sind auf europäischer Ebene mit der E-Commerce-Richtlinie rechtliche Rahmenbedingungen für die Zulässigkeit von E-Mail Marketing beschlossen worden.

41 Im **Telemediengesetz** (TMG) hat der Gesetzgeber mit § 6 Abs. 2 Satz 1 i. V. m. § 16 Abs. 1 TMG ein weiteres Instrument zur Bekämpfung des E-Mail Spamming eingeführt. Nach § 16 Abs. 3 TMG kann mit einem Bußgeld von bis zu 50 000 Euro belegt werden, wer kommerzielle Kommunikation per elektronischer Post versendet und dabei in der Kopf- und Betreffzeile den Absender oder den kommerziellen Charakter der Nachricht verschleiert oder verheimlicht. Das Spamming wird somit zur **Ordnungswidrigkeit,** wenn Absender und/oder Werbecharakter nicht klar erkennbar sind. Die tatsächlichen Folgen der Neuregelung sind gering, weil Spam-Mails regelmäßig aus dem Ausland stammen oder inländische Absender nicht identifiziert werden können. Anders ist dies bei **unerlaubter Telefonwerbung:** Die Bundesnetzagentur geht verhängt hier vorbei Verstößen erhebliche Bußgelder.[44]

---

[38] Als Beispiele hierzu sind etwa das „Adsense"-Programm von Google oder vergleichbare Search Advertising Angebote von Yahoo! Search Marketing bzw. Microsoft adCenter.

[39] Vgl. *Dreyer* § 5 Rdn. 118 f; *Weidert* § 5 Rdn. 709.

[40] Bejahend etwa das OLG Stuttgart, Urteil vom 9.8.2007, Az.: 2 U 23/07, WRP 2007, 1265 und das OLG Braunschweig, Urteil vom 12.7.2007 2 U 24/07, MMR 2007, 789, die sich auf die BGH-Rechtsprechung zu Metatags stützen (s. o.). Verneinend etwa das OLG Frankfurt im Beschluss vom 26.2.2008, Az.: 6 W 17/08 für den Fall, dass bei Eingabe der Marke in die Suchmaschine die durch das Keyword angesteuerte Werbeanzeige als solche klar und eindeutig erkennbar und von der Trefferliste getrennt dargestellt wird. Auch § 4 Nr. 10 UWG sei dann abzulehnen.

[41] Der Begriff ist eine Abkürzung für *s*piced *p*ork *a*nd ha*m* und stammt letztlich aus einem Sketch der englischen Komikergruppe Monty Pyton: Einem Gast wird bei einem Restaurantbesuch unabhängig von seiner Bestellung immer das gleiche Gericht, nämlich Spam, serviert.

[42] Vgl. etwa BGH GRUR 2004, 51; *Schöler* § 7 Rdn. 290, 321 ff.

[43] Vgl. dazu ein aktuelles Urteil des OLG Hamm, NJW 2008, 161: Eine Filtersoftware für Google-Recherchen, die den Nutzern der Software als „Spam" gekennzeichnete Seiten bei der Google-Suche rot unterlegt, ist zulässig, wenn diese rot unterlegten Seiten im Wege des Suchmaschinen-Spammings (Spamdexing) einen vorderen Platz im Suchmaschinenranking erhalten, ohne für den Surfer gemäß dessen Suchbegriff relevante Daten zu erhalten.

[44] Nachstehend Rdn. 82 ff.

e) Verhaltensbezogene Werbung. In der jüngsten Vergangenheit hat durch die Datenflut im Internet und der Telekommunikation verhaltensbezogene Werbung erhebliche Bedeutung gewonnen. Das vorstehend beschriebene Key Word Search Advertising stellt bereits eine Spielform derartiger Werbung dar, da der Inhalt der Werbeanzeige sich ja nach dem Inhalt der Suchanfrage bestimmt. 42

Grundlage der werbenden Ansprache sind hierbei die über die Zielperson individuell gewonnenen Erkenntnisse, etwa durch Erstellung eines detaillierten **Profils des Online-Verhaltens,** der Auswertung der Kaufhistorie als Grundlage neuer Empfehlungen oder die Auswertung geolokaler Daten eines mobilen Endgerätes wie eines Smartphones oder Tablet PCs zur Bewerbung standortbezogener Dienste (Location Based Services) wie etwa Restauranttipps in der unmittelbaren aktuellen Umgebung. Entsprechende Werbemaßnahmen werfen vor allem datenschutzrechliche Probleme auf.[45] 43

5. Typische Geschäftsmodelle

Das Internet hat die tatsächlichen Erscheinungsformen des Vertriebs stark verändert. So haben insbesondere Hersteller durch entsprechenden **Internetshops** eine kostengünstige Möglichkeit erhalten, unter Umgehung des Zwischenhandels ihre Produkte unmittelbar ihren Kunden anzubieten. Durch Websites mit regelmäßig automatisierten Einkaufsprogrammen ist dies auch rund um die Uhr möglich. Eine Reihe von Geschäftsmodellen hat in jüngster Zeit insbesondere wettbewerbsrechtliche Fragestellungen aufgeworfen, daher sollen im folgenden einige typische Erscheinungsformen kurz dargestellt werden: 44

a) Online-Auktionen. Versteigerungen über das Internet sind einer der erfolgreichsten Geschäftszweige im Onlinehandel. Es werden Waren und Leistungen aller Art, von Gewerbetreibenden an gewerbliche Abnehmer (business to business) oder an Endverbraucher (business to consumer) sowie von Privatleuten an Privatleute (consumer to consumer) veräußert. Die meisten Versteigerungen werden von Auktionshäusern veranstaltet, das bekannteste ist sicherlich e-bay.[46] Bei den meisten **Onlineversteigerungen** muss sich der Verkaufende zunächst anmelden, er stellt sein Angebot sodann für einen vorher festgelegten Zeitraum zum Verkauf auf dem jeweiligen virtuellen Marktplatz aus. Kaufinteressenten, welche sich in der Regel ebenfalls anmelden müssen, reichen ihre Angebote per E-Mail ein. Sofern sie innerhalb der noch laufenden Angebotszeit überboten werden, erhalten sie häufig vom Betreiber des Marktplatzes eine E-Mail, die sie darüber informiert, so dass sie nunmehr die Möglichkeit haben, ihr Maximalangebot zu erhöhen. Nach dem Ende der Angebotsfrist wird dem Höchstbietenden der Zuschlag erteilt, er erhält vom Marktplatzbetreiber eine E-Mail, in welcher ihm die Kontaktinformationen des Verkäufers mitgeteilt werden. Alternativ zur Versteigerung bieten auch einige Betreiber eine **„Sofort-Kaufen"-Option** an, sollte der Verkäufer einen entsprechenden festen Sofortverkaufpreis angegeben haben.[47] Um den aus der relativen Anonymität des Handels über ein Online-Marktplatz resultierenden Gefahren zu begegnen, sehen die Marktplätze in der Regel ein Rating vor, welches Käufer und Verkäufer über ihre jeweiligen Handelspartner nach Abschluss einer Transaktion abgeben. Das im Laufe der Dauer der Marktteilnahme insoweit steigende Bewertungsprofil soll bei nachfolgenden Auktionen auf dem Marktplatz den künftigen Geschäftspartnern als Anhaltspunkt für die Vertrauenswürdigkeit der bewerteten Beteiligten dienen. Aus rechtlicher Sicht ist vor allem auch die Frage nach der **Verantwortlichkeit des Auktionshauses für Rechtsverstöße der Teilnehmer** interessant. Derartige Fragen stellen sich derzeit vor allem bei der Verletzung von Immaterialgüterrechten, sind jedoch bei Fragen des ergänzenden wettbewerblichen Leistungsschutzes (§ 4 Nr. 3) gleichermaßen relevant.[48] 45

Der vom Betreiber des Marktplatzes gewünschte Auktionsverlauf kann durch den Einsatz sogenannter **Sniper-Software** gestört werden. Hierbei handelt es sich um automatisierte Datenverarbeitungsprogramme, welche es potentiellen Käufern ermöglichen, in automatisierter Form unmittelbar vor Ende der Angebotszeit noch ein höheres Angebot abzugeben, welches aufgrund des nachfolgenden Angebotsende nicht mehr überboten werden kann. Einige Auktionshäuser versu- 46

---

[45] Vgl. u.a. die Stellungnahme der Art 29 Working Group der EU am 5.7.2012 abrufbar unter http://ec.europa.eu/justice/data-protection/article-29/documentation/other-document/files/2011/20110803_letter_to_oba_annexes.pdf; *Rammos,* DSRI-Tagungsband 2011, 493; *Steidle,* MMR 2009, 167.

[46] Siehe www.e-bay.de bzw. www.e-bay.com, sowie die Übersicht von Onlineauktionen in *Spindler/Wiebe,* Internetauktionen, 1 Fn 1.

[47] Vgl. hier die ausführliche Einführung unter http://pages.ebay.de/help/buy/how-buy-bin.html.

[48] Vgl. etwa BGH GRUR 2004, 860.

chen die Benutzung derartiger Sniper-Programme durch ihre allgemeinen Geschäftsbedingungen zu untersagen.[49]

47 **b) Umgekehrte Versteigerungen.** Es gibt darüber hinaus verschiedene Formen sogenannter **umgekehrter Versteigerungen.** So werden etwa Gebrauchtwagen bis zum Eingang eines Gebotes zu in Intervallen sinkenden Preisen angeboten. Bei einer entsprechenden Internet-Auktion sank der Anfangspreis des angebotenen Autos alle 20 Sekunden um DM 250,–.

Nach der Rechtsprechung wird die Entschließungs- und Entscheidungsfreiheit des Verbrauchers aus wettbewerbsrechtlicher Sicht nicht durch unsachliche Einflussnahme und aleatorische Elemente beeinträchtigt, wenn sich der „Auktionssieger" **nach dem „Zuschlag" ohne finanzielle Nachteile noch frei entscheiden kann,** ob er das „ersteigerte" Produkt tatsächlich erwerben will oder nicht.[50]

48 Eine andere Art umgekehrter Auktionen zeichnet sich dadurch aus, dass ein potentieller Käufer für ein ihn interessierendes bestimmtes Produkt einen Preis angibt, welchen er zu zahlen bereit ist. Dieser wird an entsprechend interessierte Anbieter weitergeleitet, die dem potentiellen Käufer ein Angebot unterbreiten können.[51]

49 Aus wettbewerbsrechtlicher Sicht stellt sich hierbei die Frage, ob und ab wann die Grenze zur unangemessen unsachlichen Einflussnahme auf die Entscheidungsfreiheit des Adressaten (§ 4 Nr. 1) überschritten wird. Die Frage, ob eine Internet-Auktion eine unzulässige Sonderveranstaltung iSv § 7 Abs. 1 UWG a.F. ist, wurde vom BGH verneint.[52] Nach der Abschaffung dieser Normen durch die Reform ist dies auch nicht mehr von Belang.

50 **c) Virtuelle Käufergemeinschaften.** Virtuelle Einkaufsgemeinschaften **(Community-/Power-Shopping)** zielen auf den Erhalt möglichst hoher Mengenrabatte durch die Bündelung einzelner Käufer zu einer virtuellen Einkaufsgemeinschaft ab. Organisator ist häufig ein gewerblicher Zwischenhändler, der mit dem Anbieter der Waren oder Dienstleistungen bestimmte Preisnachlässe für die Abnahme entsprechender Stückzahlen vereinbart, welche er – zumindest zum Teil – an die einzelnen Käufer weitergibt. In den entsprechenden Bewerbungen wird sodann ein Angebotszeitraum definiert, in welchem sich nun potentielle Kunden zusammenfinden und je nach Zahl entsprechende Preisstufen erreichen können. Die Interessenten können hierbei zum Teil auch angeben, ob sie die Ware so günstig wie möglich oder erst ab Erzielung eines bestimmten Höchstpreises erwerben wollen. Ferner sind darüber hinaus auch Erscheinungsformen bekannt, in welchen Waren nur zu einem bestimmten Festpreis bei der Erzielung einer bestimmten Käufermenge angeboten werden.[53] Die vormalige Frage, inwieweit Power-Shopping mit den Bestimmungen des Rabattgesetzes zu vereinbaren ist, ist nach dessen Aufhebung weggefallen.

51 **d) Kundenbindungsmodelle.** Das bekannteste **Kundenbindungsmodell** in Deutschland dürfte wohl das **Miles & More** Programm der Deutschen Lufthansa sein. Dieses und vergleichbare Geschäftsmodelle werden auch im Internethandel eingesetzt. Alle Systeme basieren darauf, dass dem Kunden bei einem Kauf neben der Ware zusätzlich ein kostenloser Vorteil gewährt wird. Die entsprechenden Vorteile müssen im Regelfall zunächst angehäuft werden, bevor sie wiederum gegen andere Waren, Dienstleistungen oder Rabatte eingetauscht werden können.[54] Die gängigen, bislang am Markt bekannten Systeme stellen keine unangemessen unsachliche Einflussnahme auf die Entscheidung der potentiellen Käufer dar.

6. Das „Web 2.0" & Soziale Medien

52 Unter dem Begriff „Web 2.0" werden neue und populäre Nutzungen des Internets zusammengefasst, bei denen die Anwender die zentrale Rolle spielen. „Web 2.0" beschreibt dabei keine neue Technik des Word Wide Web, sondern eine **neue Art der Anwendung.** Nicht Medienanbieter

---

[49] Vgl. etwa § 10 Ziff. 9 der AGB von e-bay, abrufbar unter http://pages.ebay.de/help/policies/user-agreement.html. Die Zulässigkeit der Sniper-Programme ist Gegenstand verschiedener Gerichtsentscheidungen gewesen, vgl. einerseits LG Hamburg ZUM 2003, 322, andererseits LG Berlin ZUM 2003, 314.

[50] Vgl. BGH GRUR 2003, 626 – umgekehrte Versteigerung II; OLG München GRUR-RR 2001, 112 – *Rückwärtsauktion im Internet,* bestätigt durch BGH GRUR 2004, 249 – *Umgekehrte Versteigerung im Internet; Weilert,* § 5c Rdn. 106.

[51] Vgl. hierzu insgesamt die Übersicht bei *Bräutigam/Leupold,* Online-Handel, 37 f.

[52] BGH GRUR 2004, 249 ff. – *Umgekehrte Versteigerung im Internet.*

[53] Vgl. hierzu im einzelnen *Moritz/Dreier,* Rechts-Handbuch E-Commerce, 678 ff., *Bräutigam/Leupold,* Online-Handel, 39-45 u. 830 ff. jeweils mit weiteren Nachweisen.

[54] Vgl. insoweit das „Webmiles-System" der Webmiles GmbH unter www.webmiles.de, das „Payback-System" des Paybackrabattverein e.V. unter www.payback.de oder das Miles & More Programm der Lufthansa.

oder Internetdienstleister füllen die Internetseiten mit Inhalten, sondern die Nutzer selbst (sog. „user generated content"). Dadurch entsteht eine **interaktive Internet-Publizistik.** Maßgebliche Inhalte werden nicht mehr zentralisiert erstellt und massenhaft verbreitet, sondern von einer Vielzahl unabhängiger Personen, die zum Teil auch untereinander vernetzt sind.

Typische Beispiele hierfür sind „Wikipedia" als ein von allen Internetnutzern zu erstellendes Online-Lexikon, „(Internet-) Foren" als **Online-Diskussionsportale** oder **Foto- bzw. Videoportale** wie „YouTube" und **soziale Online-Netzwerke** („social networks") wie „MySpace", „StudiVZ" oder „XING" sowie „(Web-)Blogs". Bei **Blogs** handelt es sich um ein im Internet geführtes und damit öffentlich einsehbares Tagebuch oder Forum, in welchem der entsprechende Herausgeber persönliche Gedanken veröffentlicht und im Rahmen des entsprechenden Forums von der Allgemeinheit Informationen, Gedanken und Erfahrungen ausgetauscht werden können. Aufgrund der unmittelbaren Beteiligung der Internet-Nutzer und ihrer angeblich starken Rolle und der Gestaltung der Inhalte werden Web 2.0-Angebote und insbesondere Blogs eine hohe Authentizität zugesprochen, durch den öffentlich angebotenen Meinungsaustausch wird der Eindruck großen Vertrauens und Glaubwürdigkeit erweckt. Vom Prinzip her gibt es in derartigen Internetforen keine vorgegebene redaktionelle Kontrolle, das heißt, alle Nutzer können Inhalte dort mehr oder weniger ungefiltert veröffentlichen, unterliegen nur der Selbstkontrolle der Allgemeinheit. 53

Bemerkenswert ist, dass die eigentliche Wertschöpfung über die Masse der Nutzer erfolgt, die einerseits als Werbekunden genutzt werden, andererseits die von den Plattformbetreibern zu Verfügung gestellte Infrastruktur durch Füllen mit eigenen Inhalten **(„user generated content")** erst attraktiv machen. 54

Gerade das Internet erfreut sich einer Vielzahl neuer Werbeformen, wie u.a. dem **viralen Marketing.** Hierbei handelt es sich um eine Marketingform, die existierende soziale Netzwerke ausnutzt, um Aufmerksamkeit auf Marken, Produkte oder Kampagnen zu lenken. Werbebotschaften werden nicht mehr in der Breite gesendet, sondern an einer oder wenigen Stellen „gestreut", verbreiten sich dann aber über Mundpropaganda der Kunden wie ein Virus unter den Internetnutzern. Die Attraktivität für den Werbenden rührt auch daher, dass sich durch die Verbreitung durch die Kunden scheinbar eine offenere Rezeption bei geringeren Verbreitungskosten erreichen lässt. 55

Aus rechtlicher Sicht geht es im „Web 2.0" vor allem um werbe- und datenschutzrechtliche Fragen im Zusammenhang mit personalisierter Werbung in **„social networks".**[55] Daneben spielt das Thema Haftung eine Rolle, insbesondere die Verantwortlichkeit für beleidigende Beiträge in Foren bzw. Blogs, die Kommentare Dritter erlauben[56] oder für urheberrechtsverletzende Inhalte in Foto- und Videoportalen.[57] 56

Unternehmen gehen in sozialen Medien teilweise **verdeckt** vor, d.h. ihre Mitarbeiter verbreiten im Auftrag des werbenden Unternehmens Werbebotschaften, ohne offenzulegen, dass sie hierbei eben gerade nicht als Privatperson, sondern im Auftrag ihres Arbeitgebers tätig sind.[58] Entsprechende Maßnahmen sind an § 5a Abs. 6 UWG zu messen, ggf. finden zusätzlich besondere medienspezifische Bestimmungen Anwendung. In Wirtschaftsbereichen, in denen die Werbung einer besonderen Regulierung unterliegt, wie etwa im Bereich der **Arzneimittelwerbung,** können sich Fragen einer unerlaubten Publikumswerbung stellen.[59] 57

III. Presse

Nahezu alle Pressemedien finanzieren sich zu einem erheblichen Teil auch über Werbeeinnahmen. Die **verfassungsrechtlich gewünschte Vielfalt der Presseorgane** wird daher auch durch 58

[55] So sahen sich XING und StudiVZ Anfang 2008 heftiger Kritik ausgesetzt, weil sie per AGB-Änderung die Verarbeitung personenbezogener Daten zu Werbemaßnahmen und die Schaltung personalisierter Werbung auf Nutzerprofilen einführten.

[56] Vgl. etwa das aufsehenerregende Urteil des LG Hamburg Urteil vom 3.12.2007, 324 O 794/07, nach dem ein Blogbetreiber für Kommentare Dritter in seinem Webblog auf Unterlassung aus Prüfpflichtenverletzung haftet, selbst wenn er diese bei Kenntniserlangung unmittelbar entfernt.

[57] Die im November 2007 zwischen YouTube und der GEMA geschlossene Vereinbarung zur Nutzung des Weltrepertoires musikalischer Werke auf der Plattform wurde gekündigt. Ein Neuabschluß ist bislang noch nicht erfolgt, die Parteien führen derzeit verschiedene Verfahren.

[58] Vgl. hierzu auch die mit Wirkung zum 1.12.2009 überarbeiteten „Guidelines concerning the use of endorsements and testimonials in advertising" der U.S. Federal Trade Commission, http://ftc.gov/opa/2009/10/endortest.shtm, hierzu *Frank,* GRUR Int 2010, 125.

[59] *Epping/Heimhalt/Spies,* A&R 2012, 51.

die **Erzielung von Werbeeinnahmen** gesichert, ohne welche die wirtschaftliche Existenz einer Vielzahl von Presseorganen nicht denkbar wäre. Unterschieden werden im Folgenden die Werbung in der Presse und die Werbung der Presse.

1. Wettbewerb in der Presse

59 **a) Gebot der Trennung von redaktionellem Inhalt und Werbung.** Entsprechende Bestimmungen in den **Landespressegesetzen** verpflichten Verleger, welche für eine Veröffentlichung Entgelt erhalten, fordern oder sich versprechen lassen, diese deutlich mit dem Wort Anzeige zu kennzeichnen, soweit sie nicht schon durch die Anordnung und Gestaltung allgemein als Anzeige zu erkennen ist.[60]

60 Dieses vom Grundsatz her eindeutige und durch § 5 Abs. 6 erfasste **Trennungsprinzip** dient der Klarheit, wird in der Praxis jedoch auf verschiedene Weise **unterlaufen:** Zum Teil werden entsprechende Inserate als „Wirtschaftsanzeige", „public relations", „PR-Mitteilungen" oder „Promotion" bezeichnet.[61] Ein weiteres Beispiel für einen Verstoß gegen das Trennungsgebot sind etwa **redaktionelle Testberichte** über ein einzelnes Produkt, dessen Vorzüge in dem redaktionellen Beitrag in werbender Weise beschrieben werden.[62] Auf dem Dienstleistungssektor treten vergleichbar redaktionelle Beiträge häufig in Reiseberichten auf, in denen die Vorzüge des bereisten Hotels überschwänglich beschrieben werden. Eine weitere Spielvariante von **redaktionell getarnter Werbung** tritt bei der wörtlichen Wiedergabe von Interviews auf, in welchen dem Interviewten ausreichend Gelegenheit gegeben wird, die Vorzüge seiner Produkte oder Leistungen umfassend zu beschreiben.[63] Entsprechendes ist ferner im Bereich der Werbung für Mode zu beobachten, wenn etwa im Rahmen einer vorgeblichen Reportage im Text- oder Bildteil ausführlich entsprechende Produkte angepriesen werden. Gleiches kann insbesondere für Einkaufstipps und Restaurantkritiken gelten. Die Grenzen der entsprechenden Mischformen sind häufig fließend.

61 Zum Teil werden von Verlagen auch **redaktionelle Berichte in Verknüpfung mit der Schaltung von Anzeigen** angeboten. Beispiel hierfür wäre etwa eine Reportage über technische Neuheiten eines bestimmten Produktes oder über ein Geschäftsjubiläum, deren Veröffentlichung an die Schaltung entsprechender Annoncen gekoppelt wird.

62 **Anzeigenblätter** sind Zeitschriften, die in erster Linie der Publikation von Anzeigen dienen, einen redaktionellen Teil enthalten können und kostenlos an Haushalte im jeweiligen zumeist regional begrenzten Verbreitungsgebiet verteilt werden. Maßgebliches Unterscheidungskriterium zu Tages-, Wochen- oder Fachzeitschriften ist die geringe Bedeutung des redaktionellen Inhaltes, welcher lediglich Beiwerk ist: Die Leser sollen angelockt und auf das eigentliche Hauptthema, die Inserate, umgelenkt werden. Sollte der redaktionelle Anteil steigen, kann das kostenlose Anzeigenblatt in Wettbewerb mit kostenpflichtigen Zeitungen und Zeitschriften auf dem Anzeigenmarkt treten. Der Grundsatz der Trennung von redaktionellem Inhalt und Werbung gilt jedoch auch für Anzeigenblätter.[64]

63 **b) Spezielle Werbeformen.** Während im Bereich von Rundfunk und Fernsehen bereits eine Vielzahl ausdrücklicher Werbeverbote, etwa für **Tabakprodukte** bestand, war der Printmedienbereich bis 2007 weit weniger reguliert. Die hat sich durch die Umsetzung EU-Richtlinie 2003/33 EG vom 26.5.2003 zur Angleichung der Rechts- und Verwaltungsvorschriften der Mitgliedstaaten über Werbung und Sponsoring zu Gunsten von Tabakerzeugnissen durch das Gesetz zur Umsetzung der EU-Tabakwerberichtlinie geändert. Die Werbeverbote aus der Richtlinie wurden zunächst durch ein Vorläufiges TabakG umgesetzt. Am 20.5.2016 trat dann das Tabakerzeugnisgesetz in Kraft, das umfangreiche Werbeverbote und Beschränkungen des Sponsoring enthält.[65]

2. Wettbewerb der Presseorgane

64 **a) Marktforschungsdaten & Strukturanalysen – Werbung am Anzeigenmarkt.** In Zeiten schrumpfender Werbeetats ist die richtige Platzierung von Werbeanzeigen für die Anzeigenschalter von erheblicher Bedeutung. Um sich entsprechend attraktiv darzustellen, werben Presseorgane häufig mit detaillierten Analysen über die Empfänger ihrer Publikation bzw. ihre Leser sowie mit sons-

---

[60] Vgl. jeweils § 10 LPG; in Bayern, Berlin, NRW, Sachsen-Anhalt, Sachsen § 9; in Brandenburg § 11 und in Hessen § 8.
[61] Vgl. BGH GRUR 1975, 75 – *Wirtschaftsanzeigen/public relations*; OLG München NJW-RR 1996, 1132.
[62] So etwa in OLG Karlsruhe, NJWE-WettbR 1997, 82.
[63] Vgl. BGH NJW-RR 1997, 934 – *Produkt-Interview*.
[64] Vgl. OLG Düsseldorf NJW-RR 1986, 1432.
[65] Hierzu näher Einl. I *(v. Jagow)* Rdn. 37 mit weiteren Nachweisen.

tigen **Marktforschungsdaten.** Der Leserschaft werden hierbei zum Teil von den Verlagen ausdrücklich sehr konkrete Eigenschaften („Kaufkraft", „Entscheider" oder „Alter") zugeschrieben, deren Haltbarkeit insbesondere eine entsprechende Repräsentativität der zugrundeliegenden Studie voraussetzen. Ferner sind die maßstabsgetreue Wiedergabe der Marktforschungsdaten, ihre Aktualität und Klarheit von Bedeutung. Für verschiedene Teilbereiche gibt es darüber hinaus Richtlinien, etwa des Zentralverbandes der Deutschen Werbewirtschaft oder der Kommission Anzeigen-Marketing-Fachzeitschriften des Verbandes Deutscher Zeitungsverleger e.V.[66]

Probleme mit der Werbung mit entsprechenden Analysen können zum einen im Bereich der sinnverstellenden Wiedergabe des angeblichen Ergebnisses auftreten (§ 5), während die Analyse selber aber den anerkannten Regeln der Marktforschung entspricht. Zum anderen wird mit Analysen geworben, die gerade nicht unter Beachtung dieser Regeln erstellt worden sind. 65

Tageszeitungen und Zeitschriften finanzieren sich weiterhin zu einem erheblichen Teil über Anzeigen. Die dauerhafte **kostenlose Veröffentlichung von Privatanzeigen** kann sich daher unter Umständen negativ auf ihre Aussichten auswirken, Anzeigenkunden zu gewinnen.[67] 66

b) Abonnentenwerbung. Bei der Werbung von Abonnenten werden in weiten Bereichen bedeutende **Prämien** angeboten. Nach der Aufhebung der Zugabeverordnung werden diese nun auch unmittelbar gegenüber dem sich verpflichtenden künftigen Abonnenten ausgelobt. Wettbewerbsrechtliche Probleme können sich in erster Linie durch die Auslobung von Sachprämien ergeben, deren Wert in einem unangemessenen Verhältnis zu dem Abonnementpreis steht. Der Bereich der Abonnentenwerbung ist auch durch kostenlose oder im Preis deutlich reduzierte **Probe- oder Kurzabonnements** der Verlage und Prämien für die Werbung von Abonnenten gekennzeichnet.[68] Soweit Zeitschriften und Zeitungen über einen langen Zeitraum hin kostenlos verbreitet werden, sinkt das Interesse der Leserschaft an den kostenpflichtigen Alternativangeboten konkurrierender Verlage. Dies wirkt sich auch auf den Anzeigenmarkt aus.[69] Wettbewerbsrechtlich kann dies Fragen der Behinderung gem. § 4 Nr. 4 und der Marktverstopfung gem. § 3 aufwerfen. 67

IV. Rundfunk und Fernsehen

Auch Rundfunk und Fernsehen **finanzieren sich** maßgeblich **durch Werbeeinnahmen,** die Privatsender sogar zu einem überwiegenden Teil, da sie an den durch Rundfunkgebühren erzielten Erlösen nicht beteiligt werden. Werbung spielt daher auch in Rundfunk und Werbung eine bedeutende Rolle. 68

1. Gebot der Trennung von redaktionellem Inhalt und Werbung

Auch im Rundfunk- und Fernsehbereich gilt das **Gebot der Trennung von redaktionellem Inhalt und Werbung,** welches u.a. in § 7 RStV,[70] § 22 Abs. 3 des ZDF-Staatsvertrages bzw. Ziff. 6 der gemeinsamen Richtlinien der Landesmedienanstalten für die Werbung, zur Durchführung der Trennung von Werbung und Programm und für das Sponsoring sowie Teleshopping im Fernsehen vom 23.2.2010. Werbesendungen sollen im Fernsehen durch optische und im Rundfunk durch akustische Mittel (Werbejingle oder Ansage) eindeutig von anderen Programmteilen getrennt sein.[71] Wettbewerbsrechtlich ist das Trennungsgebot nunmehr in § 5a Abs. 6 geregelt. 69

Die Werbung unterliegt detaillierten Regelungen, welche u.a. ein **Verbot der Unterbrechung bestimmter Sendungen** und das **Gebot, Werbespots in Werbeinseln zusammenzufassen** enthalten, die zulässige Gesamtdauer der Werbung und die zulässige Höchstzahl von Werbeunterbrechungen im einzelnen festlegen.[72] 70

---

[66] Erstere abgedruckt bei *Köhler/Bornkamm;* Anhang III Nr. 18.

[67] Vgl. etwa OLG Köln, WRP 1984, 41; BGH GRUR 1991, 616 – *Motorboot –Fachzeitschrift;* dagegen BGH GRUR 1990, 44 – *Annoncen Avis;* OLG Dresden, WRP 1994, 649.

[68] Vgl. etwa BGHZ 51, 236 – *Stuttgarter Wochenblatt I;* BGH GRUR 1957, 600 – *Westfalenblatt I; BGH GRUR 1982, 53, Bäckerfachzeitschrift;* LG Konstanz, AfP 2002, 449.

[69] Vgl. etwa BGH GRUR 1977, 608 – *Feld und Wald II.*

[70] In der Fassung vom 1. April 2010, geändert durch den Dreizehnten Staatsvertrag zur Änderung rundfunkrechtlicher Staatsverträge.

[71] Vgl. auch allgemein die Richtlinien der ARD für Werbung, Sponsoring, Gewinnspiele und Produktionshilfe in der Fassung vom 12.3.2010, abrufbar über http://www.ard.de; die ZDF-Richtlinien für Werbung, Sponsoring, Gewinnspiele und Produktionshilfe in der Fassung vom 12.3.2010, abrufbar unter http://www.zdf-werbefernsehen.de, sowie die „Gemeinsamen Richtlinien der Landesmedienanstalten für die Werbung, zur Durchführung der Trennung von Werbung und Programm und für das Sponsoring sowie Teleshopping im Hörfunk (WerbeRL/Hörfunk)" i.d.F. vom 23. Februar 2010 – exakte Links über Suchmaschinen jeweils problemlos auffindbar.

[72] Vgl. hierzu weiter nachstehend *Frank,* § 5a Abs. 6 Rdn. 65 ff.

In jüngster Zeit sind eine Reihe technischer Lösungen entwickelt worden, mit Hilfe derer Werbsendungen überblendet oder ausgeblendet werden können. In wettbewerbsrechtlicher Sicht stellt sich hier die Frage, ob das Anbieten derartiger **Werbeblocker** eine wettbewerbswidrige Behinderung iSv § 4 Nr. 4 darstellt.[73]

71 Probleme hinsichtlich der Trennung von Werbung und redaktionellem Inhalt sind unter anderem im Zusammenhang mit **sendungsbegleitenden Gewinnspielen und Büchern** aufgetreten.[74] Weitere Beispiele stammen aus dem Bereich des **Sponsorings** von Sendungen. Es geht in derartigen Konstellationen regelmäßig um die Frage, wie und in welchem Umfang auf die finanzielle Unterstützung des Sponsors hingewiesen wird. Neben den zulässigen Hinweisen vor oder nach Ende der Sendung („dieser Spielfilm wurde Ihnen präsentiert von ..." oder „mit freundlicher Unterstützung von ...") treten in der Praxis regelmäßig Fälle auf, in welchen der Sponsor oder seine Produkte in den redaktionellen Teil integriert werden, etwa durch Interviews, ausschweifende Beschreibungen gesponserter Sachpreise oder eine reklamehafte Einbindung von Berichten über die Erstellung einer Produktion.[75] Die wirtschaftliche Bedeutung des Sponsorings ist in den vergangenen Jahren deutlich gestiegen, allerdings sind zur gleichen Zeit die Werbeerträge der Sender gesunken.[76] In tatsächlicher Hinsicht ist zwischen Ereignis- und Produktionssponsoring zu unterscheiden: Bei dem **Ereignis- oder Eventsponsoring** wird die Veranstaltung, über welche berichtet werden soll, als solche von einem Unternehmen finanziell gefördert. Dies kann etwa bei Sportveranstaltungen über Banden- und Trikotwerbung so weit gehen, dass die Veranstaltung als solche den Namen des Unternehmens trägt („BMW Open"). Wettbewerbsrechtliche Probleme können hier insbesondere dann auftreten, wenn der Veranstalter die Einräumung von Übertragungsrechten an eine besondere Erwähnung seines Unternehmens, Einblendungen, Nennungen etc. knüpft oder entsprechende Auflagen macht.[77] Bei einem **Produktionssponsoring** wird dagegen die Erstellung der Sendung als solche unmittelbar finanziell unterstützt. Eine weitere Erscheinungsformen von Sponsoring ist das **Titelsponsoring,** bei welchem allein der Name der Sendung gesponsert wird („Doppelpass – die Krombacher Runde").

2. Spezielle Werbeformen

72 Gem. § 7 Abs. 5 RStV sind **Dauerwerbesendungen** solche Sendungen, in denen die Werbung redaktionell gestaltet ist, der Werbecharakter erkennbar im Vordergrund steht und die Werbung einen wesentlichen Bestandteil der Werbung darstellt. Dauerwerbesendungen sind kennzeichnungspflichtig, d. h. sie müssen zu Beginn als solche angekündigt und während des gesamten Verlaufs mit Schriftzug „Werbesendung" oder „Dauerwerbesendung" gekennzeichnet werden. Rein tatsächlich finden sie sich regelmäßig im Nachtprogramm einiger privater Fernsehanbieter wieder. In der Fachbranche wird zudem zwischen **Infomercials** und **Telepromotions** unterschieden: Beides sind Dauerwerbesendungen. Während bei dem Infomercial der informative Charakter im Vordergrund steht, liegt der Schwerpunkt der Telepromotion im werblich-unterhaltenden Charakter.[78]

73 Als **Splitscreen** wird eine zeitgleiche Ausstrahlung von Werbung und Programm über eine entsprechend unterteilte Bildschirmoberfläche bezeichnet. Die Zulässigkeit von Splitscreens ist Gegenstand des vierten Rundfunkänderungsstaatsvertrages gewesen, welcher zum 1. April 2000 in Kraft getreten ist.[79] Splitscreens wurden u.a. in Nachrichtensendungen von N-TV eingesetzt.[80] Entsprechende Werbeplatzierungen befinden sich auch im Bereich der öffentlich-rechtlichen Sender unmittelbar vor den Hauptnachrichten.

74 **Subliminale Werbung** zeichnet sich dadurch aus, dass die entsprechenden Werbeeinblendungen nur für Bruchteile von Sekunden erfolgen. Durch die extrem kurze Einblendung werden diese allein vom Unterbewusstsein des Zuschauers aufgenommen, was zu einer erheblich höheren Beeinflussung der Zuschauer führen soll.[81]

---

[73] Vgl. hierzu KG MMR 2002, 483 ff. – *Fernsehfee;* OLG Frankfurt, NJW 2000, 2029 – *Fernsehzusatzgerät mit Werbeblocker Fernsehfee.*

[74] Vgl. BGH GRUR 1990, 611 – *Wer erschoß Boro?*

[75] Vgl. etwas OLG Frankfurt NJW-RR 1994, 365.

[76] Vgl. die Übersicht bei *Hartstein/Ring/Kreile/Dürr/Stettner,* RStV § 8, Rz 9 f.

[77] *Hartstein/Ring/Kreile/Dürr/Stettner,* RStV § 8, Rz 18.

[78] Vgl. etwa das Media-ABC der SevenOne Media, abrufbar unter www.sevenone.media.de/unternehmen/bibliothek/media-abc.

[79] Vgl. etwa die Regelung in § 7 Abs. 4 RStV.

[80] Vgl. hierzu etwa die Entscheidungen des VG Berlin ZUM 1999, 165, oder des OVG Berlin, letztere zitiert nach *Hartstein/Ring/Kreile/Dürr/Stöttner,* RStV, § 7 RStV Rn. 32b.

[81] Vgl. etwa *Sack,* AfP 1991, 704.

Ein **Testimonial** zeichnet sich dadurch aus, dass die Werbebotschaft durch einen vorgegebenen persönlichen Erfahrungsbericht einer bekannten Persönlichkeit oder eines Normalverbrauchers vermittelt wird. Gem. § 7 Abs. 7 RStV dürfen in Fernsehwerbung und beim Teleshopping keine Personen auftreten, die regelmäßig Nachrichtensendungen oder Sendungen oder Sendungen zum politischen Zeitgeschehen moderieren, um das besondere Vertrauen, das einem Nachrichtensprecher aufgrund dieser Tätigkeit entgegengebracht wird, nicht zu Werbezwecken auszunutzen und zum anderen auch die Glaubwürdigkeit der Nachrichten im Fernsehen mittelbar zu beeinträchtigen. 75

Schleichwerbung ist gemäß der Legaldefinition in § 2 Abs. 2 Ziffer 6 RStV die Erwähnung oder Darstellung von Waren, Dienstleistungen, Namen, Marken oder Tätigkeiten eines Herstellers von Waren oder Erbringers von Dienstleistungen und Programmen, wenn sie vom Veranstalter absichtlich zu Werbezwecken vorgesehen ist und die Allgemeinheit hinsichtlich des eigentlichen Zweckes dieser Erwähnung oder Darstellung irreführen kann. Die bekanntesten Erscheinungsformen der Schleichwerbung sind **redaktionell getarnte Werbung** und das **Product Placement,** die werbewirksame Einbindung eines Produktes als Requisite im Rahmen der Handlung eines Films. Beispiele sind etwa die Platzierung von Markenartikeln jedweder Art im Rahmen der Handlung von James Bond-Spielfilmen, das zur Verfügung stellen von Autos im Rahmen von Fernsehsendungen oder die auffällige Platzierung von Markenartikeln verschiedenster Art etwa in der ARD-Serie „Lindenstraße".[82] Das kostenlose Überlassen von Requisiten jedweder Art ist jedoch dann nicht unzulässig, wenn dieses im Rahmen der jeweiligen Handlung benötigt wird und die konkrete Darstellung im Rahmen des dramaturgisch Notwendigen bleibt.[83] Product Placement tritt zudem im Zusammenhang mit Sportveranstaltungen in Sportsendungen auf, in denen Spitzensportler und Trainer mit zahlreichen Werbelogos etwas auf der Kleidung auftreten. Ähnliche Erscheinungen sind im Rahmen von Rate- und Quizsendungen etwa hinsichtlich der Bekleidung der Moderatoren oder bei der ausführlichen Darstellung und Beschreibung der zu gewinnenden Sachpreise festzustellen. 76

Der Unterschied von Product Placement zur redaktionell aufgemachten Werbung besteht im Wesentlichen in einem **unterschiedlichen Ausgangspunkt.** Der Ausgangspunkt beim Product Placement ist ein redaktioneller Beitrag, in welchen Werbung eingefügt wird, während bei redaktionell aufgemachter Werbung eine Werbesendung mit redaktionellem Inhalt soweit angereichert wird, dass ihr werbender Charakter nicht mehr in Erscheinung treten soll.[84] Die Grenzen können durchaus fließend sein, etwa wenn der Beitrag selber das Jubiläum eines bestimmten Markenartikels zum Gegenstand hat.[85] 77

Die **extensive Einbindung von Markenartikeln** in Filme, etwa durch Wortbeiträge der Schauspieler, Nachaufnahmen von Markenartikeln oder filmische Sequenzen, die aus Werbespots entnommen sein könnten, sind bekannt. In den vergangenen Jahren sind entsprechende Passagen jedoch auch vermehrt in den literarischen Vorlagen aufgetaucht. In einer markenorientierten Gesellschaft wird auch literarisch das ausgeprägte Verhältnis des Protagonisten zu bestimmten Produkten in überraschender Detailgenauigkeit beschrieben. Wettbewerbsrechtlich wirft dies die Frage einer Verschleierung des Werbecharakters i. S. v. § 5a Abs. 6 auf. 78

3. Besondere Werbeverbote

Das TabErzG enthält Werbe- und Sponsoringverbote für Tabakerzeugnisse in Umsetzung der Richtlinie 2003/33/EG.[86] 79

§ 6 Abs. 5 JMStV regelt zudem die **Werbung für alkoholische Getränke:** Diese darf sich weder an Kinder und Jugendliche richten noch durch die Art der Darstellung diese besonders ansprechen. Die Regelungen in § 6 JMStV gelten für Teleshopping entsprechend, § 6 Abs. 6 JMStV. 80

Die **Werbung für Heilmittel** ist Gegenstand des Heilmittelwerbegesetzes, vgl. insoweit *v. Jagow,* Einl. I. Rdn. 44 ff., *Weilert,* § 5c Rdn. 88. Bei der Werbung für Arzneimittel mussen insbesondere die Pflichtangaben gem. § 4 HWG wiedergegeben werden, dies gilt auch für Werbespots in Hörfunk und Fernsehen.[87] 81

---

[82] Vgl. zu weiteren Beispielen *Hartstein/Ring/Kreitl/Dürr/Stettner,* Rundfunkstaatsvertrag, § 7 Rz 49 ff.

[83] Vgl. zu den Grenzen im Spielfilmbereich u.a. auch BGH, GRUR 1995, 744 – *Feuer, Eis & Dynamit I*; und 750 – *Feuer, Eis & Dynamit II.*

[84] Vgl. etwa OVG Lüneburg NVwZ-RR 2000, 96.

[85] Vgl. etwa Niedersächsisches OVG, AfP 1999, 300 ff.

[86] Vgl. hierzu bereits Rz 49 und eingehend Einl. I *(v. Jagow)* Rdn. 37.

[87] Vgl. im einzelnen *Doepner,* HWG, § 4 Rz. 54, *Kleist/Albrecht/Hoffmann,* HWG § 4 Rz. 78 jeweils mit weieren Nachweisen.

V. Telekommunikation

1. Wettbewerb im Rahmen von Telekommunikationsleistungen

82 Werbung über einen Telefonanruf beim potentiellen Kunden oder die Zusendung eines Telefax ist ein klassisches Mittel des Direktmarketing. Der besondere Vorteil aus Sicht der Werbetreibenden besteht in der Möglichkeit, Informationen über die individuellen Bedürfnisse der Zielperson zu erfahren und auf sie eingehen zu können, ihn zu einer individuellen, messbaren Reaktion auf die Werbung veranlassen zu können, ggf. sogar zu einer entsprechenden Transaktion bewegen zu können. Direktmarketing dieser Art lässt sich exakt auf eine gewünschte Zielgruppe zuschneiden, verspricht damit im Gegensatz zur Werbung gegenüber der Allgemeinheit geringe Streuverluste bei relativ niedrigen Kosten. **Telefonmarketing** unterliegt in Deutschland strengen Restriktionen:[88] Grundsätzlich ist sowohl von Privatpersonen als von Gewerbetreibenden das vorherige Einverständnis einzuholen.[89]

83 Nach § 102 Abs. 2 TKG muss bei Werbeanrufen immer eine Rufnummer angezeigt werden, die dem Anrufer durch die Bundesnetzagentur oder durch den Anbieter des Netzzugangs zugeteilt wird. Ergänzend hierzu enthält u. a. in § 102 Abs. 2 TKG ein **Verbot der Rufnummernunterdrückung** bei Werbeanrufen. Zudem wurden insbesondere § 312 (d) und (f) BGB neu gefasst, um Verbrauchern mehr Widerrufsmöglichkeiten bei telefonisch geschlossenen Verträgen zu bieten und sie besser von untergeschobenen Verträgen einschließlich sogenannter Kostenfallen im Internet zu schützen. In diesem Zusammenhang wurde auch § 7 Abs. 2 Nr. 2 neu gefasst: ein Werbeanruf ist nur dann als zulässig zu betrachten, wenn der Angerufene vorher ausdrücklich erklärt hat, Werbeanrufe erhalten zu wollen.

84 Mit der Entwicklung des Telekommunikationsmarktes sind auch die Erscheinungsformen des Direktmarketing über Telekommunikationseinrichtungen gestiegen: Wie bereits unter Ziff. I dargelegt, erfreut sich die Zusendung von Werbung über E-Mail auch aufgrund der geringen, hiermit verbundenen Kosten einer großen Beliebtheit.[90] Mit der Liberalisierung des Telekommunikationsmarktes in Deutschland ist auch die Zahl der Mehrwertdiensterufnummern gestiegen. Hierbei zunächst zwischen **entgeltfreien und entgeltpflichtigen Mehrwertdiensten** zu unterscheiden. Bei ersteren handelt es sich um Telekommunikationsdienstleistungen, bei deren Inanspruchnahme der Anrufende kein Entgelt zu entrichten hat; sie sind durch eine bundesweit einheitliche Vorwahl (derzeit 0800) gekennzeichnet.[91] Für **entgeltpflichtige Mehrwert- oder Premium Rate Dienste** hat der Nutzer neben dem Entgelt für das Herstellen der Telekommunikationsverbindung ein zusätzliches Entgelt für die regelmäßig von einem diensteanbietenden Drittunternehmen erbrachten zusätzlichen Leistungen zu bezahlen.[92] Auch diese Dienste sind durch bundesweit einheitliche Dienstenummern gekennzeichnet, derzeit (0) 190 und (0) 900. Dieses zusätzliche Entgelt wird vom Telekommunikationsanbieter über die Telefonrechnung mit abgerechnet, der entsprechende Inkassoanteil wird unter Abzug des Anteils für die Verbindungsleistung an den Diensteanbieter dann weitergeleitet.[93]

85 Zur Bekämpfung der Missstände im Zusammenhang mit der Nutzung von Mehrwertdienstenummern wurden durch das **Gesetz zur Bekämpfung des Missbrauchs von 0190er-/0900-er Mehrwertdienstenummern** Auskunftsrechte über die Dienstleister normiert (§ 66h TKG).[94] Den Anbietern werden ferner Informationspflichten über die Kosten der Inanspruchnahme (§§ 66a–66c TKG), Höchstpreise von 3 Euro pro Minute bei zeitabhängigen Dienstleistungen (§ 66d Abs. 1 TKG) und eine automatische Trennung der Verbindung nach einer Stunde auferlegt (§ 66e Abs. 1

---

[88] Vgl. hierzu bereits vorstehend Rdn. 41.

[89] Grundlegend BGHZ 54, 188 – *Telefonwerbung I*; BGHZ 113, 282 – *Telefonwerbung IV*; *Paschke*, WRP 2002, 1219 mit zahlreichen Nachweisen; vgl. *Schöler* § 7 Rdn. 182 ff.

[90] Vgl. hierzu oben Rdn. 39 ff.

[91] Vgl. vorläufige Regeln für die Zuteilung von Rufnummern für entgeltfreie Mehrwertdienste, Amtsblatt des Bundesministeriums für Post und Telekommunikation Nr. 137/97 Vfg 138 sowie die Regeln für die Zuteilung von Rufnummern für entgeltfreie Telefondienste (Freephone-Dienste), veröffentlicht im Amtsblatt der RegTP Nr. 16/2004, Verfügung 036/2004 vom 11.8.2004.

[92] Vgl. hierzu die Regeln für die Zuteilung von 0900-Rufnummern für Premium Rate Dienste der RegTP, Amtsblatt des Bundesministeriums für Post und Telekommunikation Nr. 5/2001 Vfg 19/2001, geändert durch Vfg 33/2001, Vfg 50/2001 und Vfg 52/2001 sowie die Regeln für die Zuteilung von (0)900-Rufnummern für Premium Rate Dienste, veröffentlicht im Amtsblatt der Regulierungsbehörde für Telekommunikation und Post Nr. 16/2004 Vfg Nr. 37/2004. Siehe auch BGH WRP 2003, 374 – *Anwalts-Hotline*.

[93] Vgl. hierzu etwa die Erläuterungen der Bundesnetzagentur unter http://www.bundesnetzagentur.de/DE/Sachgebiete/Telekommunikation/RegulierungTelekommunikation/Nummernverwaltung/0900/0900_node.html.

[94] Nach Abs. 2 ist ferner eine Datenbank für 0900er-Mehrwertnummern samt Namen und ladungsfähiger Anschrift der Diensteanbieter zu erstellen und im Internet zu veröffentlichen.

TKG).[95] Bei Missachtung der Vorgaben kann aus wettbewerbsrechtlicher Sicht eine Irreführung i. S. v. § 5 Abs. 1 i. V. m. Abs. 2 Nr. 2 bzw. eine Zuwiderhandlung gegen eine gesetzliche Vorschrift nach § 3a gegeben sein.

Es gibt verschiedene Geschäftsmodelle, in welchen das Telefonieren für den Kunden gratis oder deutlich verbilligt sein sollte, sofern dieser bereit war, **Werbeunterbrechungen** in den von ihm geführten Telefonaten zu akzeptieren.[96] 86

Einer der erfolgreichsten Dienste insbesondere im Mobilfunkbereich ist der **Short Messaging Service (SMS),** die Möglichkeit, Textnachrichten über das Telefon zu versenden. SMS ist insbesondere ein von Jugendlichen häufig benutzter Dienst, damit einer Bevölkerungsgruppe, der die Werbetreibenden regelmäßig besondere Aufmerksamkeit schenken. Der **Multimedia Messaging Service (MMS)** bietet als Weiterentwicklung von SMS die Möglichkeit, mit einem Mobiltelefon multimediale Nachrichten an andere mobile Endgeräte oder an normale E-Mail-Adressen zu schicken. Telekommunikationsanbieter berechnen für das Versenden von SMS bzw. MMS **besondere Tarife.** Entsprechend den Mehrwertdiensten im Bereich der Sprachtelefonie existieren auch im Bereich des Short Messaging sog. Premium SMS oder MMS, so dass der Nutzer bei Versendung einer SMS oder MMS an eine derartige Nummer ein entsprechend erhöhtes Entgelt zu bezahlen hat. Wettbewerbsrechtlich ist insofern eine Einhaltung der durch § 5 Abs. 2 Nr. 2 gezogenen Grenzen von Bedeutung, es können zudem Fragen des Schutzes von Kindern und Jugendlichen von Bedeutung sein. Die Zahl der SMS und MMS Dienste steigt ständig und umfasst u. a. Informationsdienste, interaktive Unterhaltungsspiele, Wetten, erotische Dienste, Grußkarten sowie Logos. Die entsprechenden Dienste werden zum Teil durch Werbung finanziert, die in der versandten Nachricht enthalten ist. 87

Im Bereich des Internet sind derartige Mehrwertdienste in erster Linie unter dem Begriff der **Dialer Programme** bekannt: Derartige Dienstleistungen im Internet können nur über ein Dialer Programm aufgerufen werden, welches vom Nutzer zunächst herunter geladen werden muss. Diese trennt dann die aktuelle Verbindung und ruft das entsprechende Angebot über eine entgeltpflichtige Mehrwertnummer wie etwa 0190 wieder auf. Die Inanspruchnahme des Dienstes wird dann über die Telefonrechnung mit abgerechnet. Der Wechsel der Verbindung kann sich für den Nutzer nahezu unbemerkt abspielen: Zum Teil werden der Nutzer allein darauf hingewiesen eine „Gratis-Zugangs-Software" zu installieren,[97] ohne dass ihm die Funktion des Dialer Programms oder die besondere Gebührenpflichtigkeit erläutert wird.[98] Zum Teil deaktivieren sich die Dialer Programme auch bei Verlassen des entsprechenden Dienstes nicht, so dass das höhere Entgelt auch für das Surfen auf eigentlich kostenfreien Websites anfällt.[99] wettbewerbsrechtlich dürften regelmäßig Fragen der Irreführung gem. § 5 relevant sein. 88

Auf der Tastatur neuerer Telefongeräte sind mittlerweile regelmäßig neben Ziffern auch Buchstaben wiedergegeben. **Vanity-Nummern** sind nun Telefonnummern, deren alphanumerische Umsetzung einen bestimmten Namen oder Begriff ergibt. Diese werden von der Bundesnetzagentur für Mehrwertdienste (in den Rufnummerngassen 0180, 0700, 0800, 0190/0900) vergeben.[100] Die Bundesnetzagentur überprüft hierbei allerdings nur die Verfügbarkeit der entsprechenden Ziffernkombination als Rufnummer, nicht aber den sicher hieraus ergebenden Namen. Nach einem Beschluss des BVerwG kann der Inhaber einer Wortmarke von der Zuteilungsbehörde wegen der buchstabenmäßigen Mehrbelegung der Tasten des Telefongeräts regelmäßig nicht auf Grund des Markengesetzes die Zuteilung der der geschützten Buchstabenfolge entsprechenden Telefonnummer verlangen.[101] Die Behörde darf bei der Rufnummernzuteilung aus Praktikabilitätsgründen auf die Überprüfung von Vanities verzichten.[102] Nur bei zeitgleichen Anträgen mehrerer Antragsteller für dieselbe Rufnummer können eingetragene Schutz- und Namensrechte Berücksichtigung finden, wenn sich die Antragsteller darauf berufen.[103] Nach Auffassung des BGH verstößt ein Rechts- 89

[95] Ausnahmen gelten bei Durchführung von Legitimationsverfahren, die die Bundesnetzagentur regelt, vgl. §§ 66d Abs. 3, 66e Abs. 2 TKG).

[96] Vgl. etwa BGH CR 2002, 573 – *Werbefinanzierte Telefongespräche.*

[97] Vgl. KG NJW-RR 2003, 637; siehe auch LG Berlin MMR 2002, 630; LG Kiel MMR 2003, 422, OLG Hamm NJW 2003, 760.

[98] Vgl. OLG Stuttgart, NJW-WettbR 2000, 107.

[99] Vgl. hierzu die Informationen der Bundesnetzagentur unter www.bundesnetzagentur.de in der Rubrik „Rufnummernmissbrauch-Spam-Dialer".

[100] Vgl. die entsprechenden Informationen der Bundesnetzagentur unter www.bundesnetzagentur.de unter dem Stichwort „Vanity-Rufnummern".

[101] BVerwG NJW 2004, 2177.

[102] OVG Münster, Beschluss vom 1.7.2003, Az.: 13 A 361/01.

[103] Vgl. etwa Ziffer 5.2 der Regeln für die Zuteilung von Rufnummern für entgeltfreie Telefondienste (Freephone-Dienste), veröffentlicht im Amtsblatt der RegTP Nr. 16/2004, Verfügung 036/2004 vom 11.8.2004 und

anwalt, der eine Vanity-Nummer nutzt, die mit den berufsbezeichnenden bzw. tätigkeitsbeschreibenden Begriffen „Rechtsanwalt", „Anwaltskanzlei" oder „Rechtsanwaltskanzlei" belegt ist, nicht gegen das anwaltliche Werbeverbot.[104]

2. Wettbewerb der Telekommunikationsanbieter

90 Der Markt für Telekommunikation unterliegt auch 18 Jahre nach Beginn der Liberalisierung einer immer noch starken Regulierung, durch welche das Entstehen eines Marktes mit echtem Wettbewerb gefördert werden soll.[105] Die Bestimmung der Höhe der Telefonverbindungsgebühren unterliegt einem Genehmigungsvorbehalt entsprechend der §§ 27 ff. TKG. Da das TKG aber keine Vorschriften über die Werbung in diesem Zusammenhang enthält, werden entsprechende Streitigkeiten zwischen Wettbewerbern etwa wegen der **Werbung mit Telefontarifen** auf der Grundlage des UWG entschieden.[106] Herkömmliche Fragen der Irreführung i. S. v. § 5 können etwa bei der Bewerbung neuer Übertragungstechniken und Übertragungsgeschwindigkeiten auftreten: Erwartet der Verbraucher bei der Bewerbung eines bestimmten Internet-Anschlusses, dass die hiermit allgemein verbundenen Vorstellungen über eine höhere Übertragungsgeschwindigkeit nicht nur das Herunterladen von Daten aus dem Internet erfasst, sondern auch die eigene Datenweiterleitung?[107]

91 Weiteres wichtiges Instrument zur Förderung des Wettbewerbs ist die Zulassung von **Call by Call Gesprächen:** Den Telefonkunden soll hierdurch ermöglicht werden, sich für jedes einzelne Gespräch für einen bestimmten Anbieter zu entscheiden: Die Nutzer erhalten die Möglichkeit, durch die Wahl der jeweiligen Vorwahl des Anbieters vor der eigentlichen Telefonnummer über das Leitungsnetz ihres eigentlichen Vertragspartners Gespräch über konkurrierende Anbieter zu führen und so von diesen angebotene, günstiger Tarife in Anspruch zu nehmen.[108] Es gibt hierbei sowohl Anbieter, bei welchen eine vorherige Anmeldung notwendig ist, als auch solche, bei denen dies nicht erforderlich ist. Zumindest im letzteren Fall werden die Gespräche dann dauerhaft vom eigentlichen Vertragspartner, in der Regel die Deutsche Telekom AG über die entsprechende Telefonrechnung mit abgerechnet.[109]

92 Um den Mobilfunkmarkt aufzubauen, wurden und werden die endsprechenden Endgeräte von den Netzbetreibern an die Endkunden zu deutlich verbilligten Preisen abgegeben, sollten diese zugleich einen entsprechenden, meist zweijährigen Netzkartenvertrag mit dem jeweiligen Netzbetreiber abschliessen. Die **Kombination verbilligter Endgeräte mit einem Netzkartenvertrag** und ihre Bewerbung war nach höchstrichterlicher Rechtsprechung auch zu Zeiten der Geltung der Zugabeverordnung nicht zu beanstanden.[110]

Ziffer 5.2 der Regeln für die Zuteilung von (0)900-Rufnummern für Premium Rate Dienste, veröffentlicht im Amtsblatt der Regulierungsbehörde für Telekommunikation und Post Nr. 16/2004 Vfg Nr.37/2004.

[104] Vgl. BGH NJW 2002, 2642; a.A. die Vorinstanz: OLG Stuttgart, BB 2000, 743.

[105] So ausdrücklich § 1 TKG.

[106] Vgl. etwa für die Werbung mit noch nicht genehmigten Telefontarifen OLG Hamburg, MMR 1999, 549; GRUR 2001, 262; für die Werbung mit Preissenkungen OLG Köln, MMR 2000, 429.

[107] Vgl. hierzu OLG Köln, MMR 2004, 171.

[108] Vgl. zur Werbung mit günstiger Netzvorwahl im Call-by-Call Verfahren etwa BGH GRUR 2003, 361 – *Sparvorwahl.*

[109] Vgl. insoweit die entsprechenden Informationen der Bundesnetzagentur unter www.bundesnetzagentur.de unter dem Stichwort Call by Call.

[110] BGHZ 139, 368 – *Handy für 0,00 DM*; BGH GRUR 1999, 261 – *Handy-Endpreis;* WRP 1999, 509; NJOZ 2002, 972 – *für'n Apfel und n' Ei.*

I. Produktspezifische Regelungen

Inhaltsübersicht

Rdn.

I. Allgemeines ... 1
II. Lebensmittel ... 2
1. Allgemeines ... 2
2. Einfluss des Europäischen Rechts ... 5
3. Täuschungsverbote ... 6
a) Allgemeines Irreführungsverbot in Art. 7 LMIV ... 6
b) Spezielle Irreführungsverbote ... 9
aa) Weinrecht ... 9
bb) Mineralwasser ... 10
cc) Kakao ... 11
dd) Fertigpackungen ... 12
4. Spezielle Werberegelungen ... 13
a) Verbot der krankheitsbezogenen Werbung ... 14
b) Health-Claims-Verordnung ... 15
aa) Gegenstand und Anwendungsbereich ... 16
bb) Nährwertbezogene Angaben ... 17
cc) Gesundheitsbezogene Angaben ... 18
dd) Ausnahmen ... 19
c) Verbot von Diäthinweisen bei Lebensmitteln des normalen Verzehrs ... 21
d) Säuglingsnahrungswerbung ... 22
e) Gentechnisch modifizierte Lebensmittel ... 23
f) Bezeichnungsschutzvorschriften ... 24
aa) Milch und Milcherzeugnisse ... 25
bb) Ökologischer Landbau ... 26
cc) Geographische Angaben und Ursprungsbezeichnungen; Spirituosen .. 27
dd) Lebensmittelkennzeichnungsrecht ... 29
5. Kennzeichnungsvorschriften ... 30
a) Lebenmittelkennzeichnungsverordnung (LMIV) ... 31
b) Nährwertkennzeichnungsverordnung ... 34
c) Lebensmittel für eine besondere Ernährung ... 35
d) Neuartige Lebensmittel ... 35a
e) Vertikale Kennzeichnungsvorschriften ... 36
aa) Eier ... 36a
bb) Fisch ... 36b
cc) Fleisch ... 36c
dd) Fruchtsaft, Fruchtnektar ... 36d
ff) Kaffee ... 36f
gg) Kakaoerzeugnisse ... 36g
hh) Konfitüre ... 36h
ii) Milch und Milcherzeugnisse ... 36i
jj) Spirituosen ... 36j
kk) Streichfette ... 36k
ll) Wasser ... 36l
mm) Wein ... 36m
nn) Zucker ... 36n
III Tabakerzeugnisse ... 37
1. Werbeverbote ... 37
2. Kennzeichnungsvorschriften ... 38
IV. Kosmetische Mittel ... 40
1. Spezifische Irreführungsverbote ... 40
2. Kennzeichnungsvorschriften ... 43
V. Arzneimittel ... 44
1. Allgemeines ... 44
2. Anwendungsbereich des HWG ... 48
3. Heilmittelwerberechtliches Irreführungsverbot ... 51
a) Irreführung über die Wirksamkeit ... 52
b) Erfolgsversprechen, Tarnen von Werbehandlungen ... 53
c) Irreführung über die Beschaffenheit und die Person des Herstellers ... 54
4. Werbeverbote und -beschränkungen ... 55
a) Nicht zugelassene Arzneimittel ... 55

Rdn.
b) Werbung in der Packungsbeilage 56
c) Homöopathische Arzneimittel 57
d) Zuwendungen und Werbegaben 58
e) Arzneimittelversand 59
f) Fernbehandlung von Krankheiten 60
g) Verschreibungspflichtige Arzneimittel 61
h) Spezifische Werbeverbote außerhalb der Fachkreise 62
i) Publikumswerbung bei schweren Krankheiten 65
j) Werbung mit Gutachten oder Zeugnissen gegenüber Fachkreisen 66
5. Pflichtangaben 67

Schrifttum: *Beuthin/Schmölz,* Die Geltung des Heilmittelwerbegesetzes für arzneimittelrechtliche Informationen, GRUR 1999, 297; *Bülow/Ring/Artz/Brixius,* Heilmittelwerbegesetz, 4. Aufl. 2012; *von Danwitz,* Werbe- und Anreicherungsverbot: Stand und Perspektiven der Auseinandersetzung, ZLR 2005, 201; *Doepner,* Heilmittelwerbegesetz, 2. Aufl. 2000; *ders.,* Abgrenzung produktspezifischer Absatzwerbung von allgemeiner Unternehmenswerbung, WRP 1993, 445; *ders.,* Heilmittelwerberechtliche Publikumswerbeverbote in § 11 Abs. 1 HWG, PharmR 2010, 560; *Gröning/Mand/Reinhart,* Heilmittelwerberecht, Stand Januar 2015; *Hagenmeyer,* Lebensmittelkennzeichnungsverordnung, 2. Aufl. 2006; *ders.* LMIV Kommentar, 2. Aufl. 2015; *Härtel* (Hrsg.), Handbuch des Weinrechts, 2014; *Holle,* Health Claims – kompakt, 2007; *Hüttebräuker,* Vorschlag einer EU-Verordnung über nährwert- und gesundheitsbezogene Angaben, WRP 2004, 188; *Jung,* Die Health-Claims-Verordnung – Neue Grenzen gesundheitsbezogener Werbung für Lebensmittel, WRP 2007, 389; *Leible/Sosnitza,* § 17 LMBG nach „Darbo", WRP 2000, 610; *Meisterernst/Haber,* Die VO (EG) 1924/2006 über nährwert- und gesundheitsbezogene Angaben, WRP 2007, 363; *Preuß,* Die QUID-Regelung aus der Sicht der Lebensmittelüberwachung, ZLR 2000, 301; *Reinhardt,* KosmetikVO, 2014; *Sosnitza,* Der Verordnungsvorschlag über nährwert- und gesundheitsbezogene Angaben, ZLR 2004, 1; *ders.,* Das Verhältnis von § 12 LFGB zu den Regelungen der VO (EG) Nr. 1924/2006 – gesetzgeberischer Handlungsbedarf?, ZLR 2007, 423; *Teufer,* Lebensmittelwerbung für Fachkreise – wie sag ich's meinem Arzt oder Apotheker, ZLR 2009, 561; *Voit/Grube,* LMIV, 2. Aufl. 2016; *Zipfel/Rathke,* Lebensmittelrecht, Stand November 2015.

I. Allgemeines

1 Für den Verkehr mit bestimmten Produkten gelten neben den allgemeinen wettbewerbsrechtlichen Vorschriften und zum Teil sogar an deren Stelle besondere, produktspezifische Vorschriften. Dies sind in erster Linie **Lebensmittel, Tabakerzeugnisse, Arzneimittel und Kosmetika.** Sie sind in mehrfacher Hinsicht lauterkeitsrechtlich von Bedeutung. Zum einen geht es um produktspezifische Regelungen, die man auch im Lauterkeitsrecht treffen könnte und die zudem die UWG-Regelungen präzisieren oder modifizieren, z. B. Irreführungsverbote oder Wertreklameregelungen. Zum anderen kann die Verletzung produktspezifischer Vorschriften unter § 3a (ex § 4 Nr. 11) – Vorsprung durch Rechtsbruch – fallen. Dabei geht es in der Regel um sehr spezifische Einzelvorschriften, die unter § 3a dargestellt werden. Ihr Sinn erschließt sich jedoch häufig erst aus dem Kontext, in dem sie stehen. Im Folgenden soll daher auf die produktspezifischen Regelungen und ihre Wechselwirkungen mit dem Wettbewerbsrecht eingegangen werden.

II. Lebensmittel

1. Allgemeines

2 Das Lebensmittelrecht und das Wettbewerbsrecht haben sich weitgehend parallel entwickelt.[1] Der Schutzzweck des UWG und der meisten Vorschriften des Lebensmittelrechts, insbesondere des Lebensmittel- und Futtermittelgesetzbuches (LFGB)[2] sowie der Verordnung Nr. 178/2002/EG zur Festlegung der allgemeinen Grundsätze und Anforderungen des Lebensmittelrechts, zur Errichtung der Europäischen Behörde für Lebensmittelsicherheit und zur Festlegung von Verfahren zur Lebensmittelsicherheit (BasisVO)[3] sind ähnlich. Das Lebensmittelrecht dient in erster Linie dem Schutz und dem Interesse des Verbrauchers, insbesondere seiner **Gesundheit.** Daneben regelt es auch die Gegebenheiten des Marktes für Lebensmittel.[4]

3 Systematisch ist das Lebensmittelrecht **öffentliches Recht,** wobei das LFGB als Sanktionen bei Verstößen gegen die in ihm selbst enthaltenen Ge- und Verbote sowie in den auf seiner Grundlage

---

[1] Vgl. dazu im Einzelnen *Klamroth* ZLR 1978, 467 ff.
[2] I. d. F. der Bekanntmachung vom 3.6.2013 (BGBl. I S. 1426), zuletzt geändert durch Art. 2 des Gesetzes vom 5.12.2014 (BGBl. I S. 1975).
[3] ABl. EG Nr. L 31 S. 1.
[4] Vgl. schon *Klamroth,* a. a. O. S. 471; BGH GRUR 2008, 625, 626 – *Fruchtextrakt.*

erlassenen Verordnungen Strafen und Bußgelder vorsieht und darüber hinaus das übliche verwaltungsrechtliche Instrumentarium (Ordnungsverfügung etc.) zur Verfügung steht. Ungeachtet ihres öffentlich-rechtlichen Charakters regeln lebensmittelrechtliche Vorschriften, insbesondere über die **Kennzeichnung** sowie das **Verbot der Irreführung,** das lautere Verhalten der am Verkehr mit Lebensmitteln Beteiligten, nämlich Hersteller und Vertreiber, unmittelbar. Das Lebensmittelrecht gewährt Wettbewerbern jedoch nicht unmittelbar zivilrechtliche Ansprüche bei Verstößen gegen das Lebensmittelrecht.[5] Zivilrechtlich, nämlich als unlautere geschäftliche Handlungen verfolgbar werden Verstöße gegen das Lebensmittelrecht regelmäßig nur über §§ 3, 3a unter dem Gesichtspunkt **Rechtsbruch.**[6] Da viele Vorschriften des Lebensmittelrechts, insbesondere die spezialgesetzlichen **Irreführungsverbote,** in ihren Voraussetzungen weitgehend parallel dem wettbewerbsrechtlichen Irreführungsverbot sind,[7] werden Verstöße gegen die lebensmittelrechtlichen Irreführungsverbote aber auch ohne einen Rückgriff auf § 3a unmittelbar als unlauter i. S. v. § 5 angesehen.[8] In der Regel schließen sich also das wettbewerbsrechtliche Irreführungsverbot und die entsprechenden spezialgesetzlichen Vorschriften des Lebensmittelrechts nicht aus.[9] Verstößt allerdings eine bestimmte Werbung für Lebensmittel nicht gegen **spezialgesetzliche** Normen des Lebensmittelrechts, greift auch ersatzweise das wettbewerbsrechtliche Irreführungsverbot nicht ein.[10]

Zwischen dem UWG und dem Lebensmittelrecht bestehen also vielfältige **Wechselbeziehungen.**[11] Dies hat in der Vergangenheit die Forderung begünstigt, dass die sich überlappenden Tatbestände in beiden Rechtsgebieten gleich ausgelegt werden müssten.[12] Häufig wurde in der Rechtsprechung zwischen dem wettbewerbsrechtlichen und dem in spezialgesetzlichen Tatbeständen enthaltenen Irreführungsverbot nicht einmal näher differenziert.[13] Soweit allerdings das lebensmittelrechtliche Irreführungsverbot keine Informationspflichten folgen, lassen sich diese auch nicht aus § 5a UWG herleiten.[14] 4

2. Einfluss des europäischen Rechts

Das in Deutschland geltende Lebensmittelrecht basiert in den meisten Fällen auf europäischem Sekundärrecht oder ist selbst **europäisches Sekundärrecht.** So enthält bereits die Verordnung (EG) Nr. 178/2002[15] Grundvorschriften zur Gewährleistung der Sicherheit von Lebensmitteln (Art. 14) und zum Schutz der Verbraucher vor Täuschung (Art. 16). Die Verordnung (EU) Nr. 1169/2011 betreffend die Informationen der Verbraucher über Lebensmittel (LMIV)[16] enthält in Art. 7 ein besonderes lebensmittelrechtliches Irreführungsverbot.[17] Unmittelbar geltendes Recht ist die Verordnung (EG) Nr. 1924/2006 über nährwert- und gesundheitsbezogene Angaben über Lebensmittel **(„Health-Claims-VO").**[18] Auf die übrigen unmittelbar geltenden europäischen Regelungen im Lebensmittelrecht sowie das Richtlinien-Recht der EU, das in deutsches Lebensmittelrecht umgesetzt wurde, wird, soweit von Bedeutung, bei der nachfolgenden Darstellung einzelner Tatbestände eingegangen. 5

3. Täuschungsverbote

a) Allgemeines Irreführungsverbot in Art. 7 LMIV. Art. 7 LMIV, der seit dem 13.12.2014 gilt und damit § 11 Abs. 1 LFGB abgelöst hat,[19] konkretisiert das Täuschungsverbot in Art. 16 Ver- 6

---

[5] Vgl. BGH GRUR 1958, 32 – *Haferschleim;* GRUR 1971, 313, 314 – *Bocksbeutelflasche;* GRUR 2000, 727, 728 – *Lorch Premium.*
[6] Dazu unten §3a Rdn. 90ff.
[7] Dazu näher unten Rdn. 6ff.
[8] Vgl. z. B. BGH GRUR 2007, 605, 606 – *Umsatzzuwachs;* zu § 3 UWG a. F. BGH GRUR 1998, 440, 441 – *Dresdner Stollen I;* GRUR 1992, 70, 71 – *40% weniger Fett* (zu speziellen Verboten der Nährwertkennzeichnungsverordnung; dazu näher unten Rdn. 34).
[9] Vgl. Köhler/*Bornkamm* § 5 Rdn. 1.73; *Ohly*/Sosnitza § 5 Rdn. 18.
[10] *Ohly*/Sosnitza § 5 Rdn. 23; vgl. auch BGH GRUR 1982, 423, 424 – *Schloßdoktor/Klosterdoktor;* GRUR 1997, 756, 757 – *Kessler Hochgewächs.*
[11] Vgl. *Klamroth* ZLR 1978, 467, 473.
[12] Vgl. BGH GRUR 1971, 580 – *Johannisbeersaft;* GRUR 1989, 440, 441 – *Dresdner Stollen I; Klamroth* a. a. O.; *Zipfel/Rathke,* Lebensmittelrecht, C 102 § 11 LFGB Rdn. 24.
[13] Z. B. BGH GRUR 1988, 636, 637 – *Golddarm;* GRUR 1994, 454, 455 – *Schlankheitswerbung.*
[14] BGH BeckRS 19895 Rdn. 23 – *Himbeer-Vanille-Abenteuer II* gegen *Fezer* VuR 2015, 289, 292f.
[15] Vgl. oben Rdn. 2.
[16] ABl. EG Nr. L 304, S. 18.
[17] Dazu nachfolgend Rdn. 6
[18] ABl. EG Nr. L 12, S. 3; vgl. näher unten Rdn. 15ff.
[19] Art. 2 Gesetz vom 5.12.2014 (BGBL. I S. 1975).

ordnung (EG) Nr. 178/2002.[20] Er verbietet grundsätzlich irreführende **Informationen über Lebensmittel.** Er beruht auch auf dem in Art. 8 der Verordnung (EG) Nr. 178/2002 näher beschriebenen Ziel, dass der Verbraucher die Möglichkeit haben soll, in Bezug auf Lebensmittel, die er verzehrt, eine **sachkundige Wahl** zu treffen. Das lebensmittelrechtliche Irreführungsverbot dient damit dem gleichen Zweck wie die Richtlinie 2005/29/EG über unlautere Geschäftspraktiken von Unternehmen gegenüber Verbrauchern (UGP-RL).[21] Informationen über Lebensmittel dürfen nicht irreführend sein, insbesondere in Bezug auf die Eigenschaften des Lebensmittels, vor allem in Bezug auf Art, Identität, Eigenschaften, Zusammensetzung, Menge, Haltbarkeit, Ursprungsland oder Herkunftsort und Methode der Herstellung oder Erzeugung (Art. 7 Abs. 1 lit. a LMIV). Weiterhin dürfen einem Lebensmittel nicht Wirkungen oder Eigenschaften zugeschrieben werden, die es nicht besitzt (Art. 7 Abs. 1 lit. b). Irreführend ist es darüber hinaus, wenn zu verstehen gegeben wird, dass ein Lebensmittel besondere Eigenschaften hat, obwohl alle vergleichbaren Lebensmittel dieselben Eigenschaften haben, insbesondere durch besondere Hervorhebung des Vorhandenseins oder Nicht-Vorhandenseins bestimmter Zutaten und/oder Nährstoffe (**Werbung mit Selbstverständlichkeiten,** Art. 7 Abs. 1 lit. c). Schließlich ist es irreführend, wenn durch das Aussehen, die Bezeichnung und der wirklichen Darstellung das Vorhandensein eines bestimmten Lebensmittels oder einer Zutat suggeriert wird, obwohl tatsächlich in dem Lebensmittel ein von Natur aus vorhandener Bestandteil oder eine normalerweise in diesem Lebensmittel verwendete Zutat durch einen anderen Bestandteil oder eine andere Zutat ersetzt wurde (**Imitatverbot,** Art. 7 Abs. 1 lit. d). Dieser Aspekt führt dazu, dass das Irreführungsverbot des Art. 7 LMIV strenger ist als das früher in Art. 2 Richtlinie 2000/13/EG und durch § 11 Abs. 2 Satz 1 und 2 Nr. 1 LFGB in deutsches Recht umgesetzte Irreführungsverbot für Lebensmittel.[22] Art. 7 Abs. 4 LMIV stellt klar, dass das Irreführungsverbot nicht nur für die Kennzeichnung der Lebensmittel gilt, sondern auch für die **Werbung** sowie für die **Aufmachung** von Lebensmitteln, insbesondere für ihre Form, ihr Aussehen oder ihre Verpackung, die verwendeten Verpackungsmaterialien, die Art ihrer Anordnung und den Rahmen ihrer Darbietung. Mit Ausnahme des Imitatverbots entspricht Art. 7 LMIV inhaltlich der Vorgängervorschrift Art. 2 Abs. 1 der Richtlinie 2000/13/EG **(Etikettierungsrichtlinie)**[23] Diese Vorschrift war durch die bisherige Fassung des § 11 LFGB ins deutsche Recht umgesetzt worden. Neben Art. 7 LMIV ist im Bereich der Werbung für Lebensmittel auch § 5 UWG anzuwenden.[24] Ohnehin sind angesichts dessen, dass Verstöße gegen Art. 7 LMIV regelmäßig unlauter im Sinne von § 3a[25] und die Tatbestände weitgehend deckungsgleich sind, unterschiedliche Ergebnisse nicht zu erwarten. In beiden Fällen ist Maßstab für die Beurteilung einer Irreführung der verständige Durchschnittsverbraucher.[26]

7 Ebenfalls als Vorschriften zum Schutze vor Täuschung werden die Verbote in § 11 Abs. 2 LFGB angesehen. Die Vorschrift verbietet zunächst das **Inverkehrbringen verzehrsungeeigneter Lebensmittel** (Abs. 2 Nr. 1), soweit diese nicht bereits dem Verbot des Art. 14 Abs. 2b i.V.m. Abs. 5 der VO (EG) Nr. 178/2002 unterliegen,[27] etwa auf Grund stofflicher Veränderungen oder Beeinträchtigungen oder weil sie von einer erkennbar Ekel erregenden Beschaffenheit, etwa auf Grund Insektenbefalls, sind. Diese Bestimmung enthält abschließende Vorschriften zur Lebensmittelsicherheit, wobei unsicher nicht nur Lebensmittel sind, die gesundheitsschädlich sind (Art. 14 Abs. 2a), sondern auch solche, die sich aus sonstigen Gründen für den Verzehr durch den Menschen nicht eignen (Art. 14 Abs. 2b). Damit bleibt als Regelungsbereich nur die **Verzehrsungeeignetheit ohne stoffliche Veränderung,** bei denen die Ekel erregende Beeinträchtigung nicht erkennbar ist, die also erst dann beim Verbraucher Ekel oder Widerwillen auslösen würden, wenn er von der Beeinträchtigung Kenntnis hätte.[28] Diese Fälle würden aber auch von Art. 7 Abs. 1 lit. a LMIV erfasst sein, da sie sich auf die Art der Herstellung eines Lebensmittels beziehen und ein Lebensmittel, dem diese Eigenschaften nicht anzusehen sind, eine zur Täuschung geeignete Aufmachung

---

[20] Vgl. *Voit/Grube,* LMIV, Art. 7 Rdn. 3.

[21] Vgl. EGR.5 zur LMIV: Die Allgemeinen Grundsätze in Bezug auf unlautere Geschäftspraktiken sollen durch spezielle Regelungen für die Information der Verbraucher über Lebensmittel ergänzt werden.

[22] Vgl. BGH GRUR 2016, 738, 740, Rdn. 21 – *Himbeer-Vanille-Abenteuer II.*

[23] ABl. EG Nr. L 109, S. 29 aufgehoben, mit Wirkung vom 13.12.2014 durch Art. 53 LMIV.

[24] Vgl. oben Rdn. 3 m.w.N.; *Voit/Grube,* LMIV Art. 7 Rdn. 23.

[25] Vgl. § 3a Rdn. 91ff.

[26] Vgl. *Voit/Grube,* Lebenmittelrecht, Art. 7 Rdn. 48ff.; *Hagenmeyer,* LMIV-Kommentar, Art. 7 Rdn. 4 unte Berufung auf EuGH ZLR 2004, 600, 609 – *Schlankheitswerbung;* ZLR 2000, 317, 321 – *D'Arbo Naturrein.*

[27] Vgl. *Zipfel/Rathke* Lebensmittelrecht, C 102, § 11 LFGB ff.; *Meyer/Streinz* LFGB § 11 Rdn. 125.

[28] Vgl. aus der Rechtsprechung zu § 17 Abs. 1 Nr. 1 LMBG KG LRE 8, 146, 147: Vorhandensein von Mäusekot im Lagerraum; BayObLG ZLR 1995, 330, 332: Mit Speiseöl gefüllte Behältnisse werden in unmittelbare Nähe von durch Mäusekot verdreckten Fußböden zum Verkauf vorrätig gehalten.

hat.[29] Ebenfalls überflüssig war die Übernahme des früheren § 17 Abs. 1 Nr. 2 LMBG in § 11 Abs. 2 Nr. 2 LFGB.[30] Nach dieser Vorschrift dürfen **nachgemachte Lebensmittel** (Abs. 1 Nr. 2a) **ohne ausreichende Kenntlichmachung** nicht gewerbsmäßig in den Verkehr gebracht werden. Das sind Lebensmittel, die einem handelsüblichen Lebensmittel in der Weise nachgeahmt sind, dass sie nach ihrem sinnfälligen Gesamteindruck nur den äußeren Schein, nicht das Wesen und den inneren Gehalt der echten Ware aufweisen, weil sie entweder völlig oder doch wesentlich aus anderen oder andersartigen Stoffen bestehen.[31] Das gleiche gilt für Lebensmittel, die hinsichtlich ihrer **Beschaffenheit von der Verkehrsauffassung abweichen** und dadurch in ihrem Wert, insbesondere in ihrem Nähr-[32] oder Genusswert[33] oder in ihrer Brauchbarkeit[34] **nicht unerheblich gemindert** sind (Abs. 2 Nr. 2b), schließlich auch für Lebensmittel, die geeignet sind, den **Anschein einer besseren als der tatsächlichen Beschaffenheit** zu erwecken (Abs. 1 Nr. 2c), z. B. künstlich gefärbte Lebensmittel.[35]

Das **Verhältnis der Tatbestände des Irreführungsverbotes in Art. 7 Abs. 1 LMIV, das nach § 11** Abs. 1 LFGB ein Verkehrsverbot begründet, und § 11 Abs. 2 LFGB zu einander ist nicht eindeutig; jedenfalls sind sie nicht scharf gegeneinander abgegrenzt. Zwar setzt § 11 Abs. 2 Nr. 2 LFBG voraus, dass das Lebensmittel selbst von einer Sollbeschaffenheit abweicht und eine Verkehrsunfähigkeit ohne ausreichende Kenntlichmachung vorliegt, während der Irreführungstatbestand des Art. 7 Abs. 1 LMIV in erster Linie von einer irreführenden Bezeichnung oder sonstigen Angabe ausgeht. Abgesehen davon, dass Art. 7 Abs. 4 lit. b LMIV darstellt, dass auch die Aufmachung und das Aussehen von Lebensmitteln eine Irreführung begründen kann, kann auch bei einer Täuschung durch das stoffliche Erscheinungsbild diese durch eine zusätzlich falsche Bezeichnung etc. gefördert werden.[36] Beide Tatbestände können denn auch gleichzeitig verletzt sein. Während zur Zeit der Geltung des LMBG § 17 Abs. 1 Nr. 2 LMBG als Spezialbestimmung gegenüber § 17 Abs. 1 Nr. 5 LMBG als vorrangig angesehen wurde, wenn die täuschende Bezeichnung in der nicht ausreichenden Kenntlichmachung einer Wertminderung oder Nachahmung besteht,[37] wurde § 11 Abs. 2 Nr. 2 LFGB als eher überflüssige Konkretisierung des allgemeinen Irreführungsverbots des § 11 Abs. 1 Nr. 1 LFBG a. F. angesehen.[38] Das in dem früheren § 17 Abs. 1 Nr. 4 LMBG enthaltene Verbot, im Verkehr mit Lebensmitteln, die zugelassene Zusatzstoffe oder Rückstände von Pflanzenschutzmitteln bzw. Stoffe mit pharmakologischer Wirkung enthalten oder die einem zulässigen Bestrahlungsverfahren unterzogen worden sind, Bezeichnungen oder sonstige Angaben zu verwenden, die darauf hindeuten, dass die Lebensmittel **natürlich, naturrein** oder **frei von Rückständen** oder **Schadstoffen** sind, ist weder in das LFGB noch in die LMIV übernommen worden. Während die frühere Rechtsprechung diese Vorschrift äußerst streng anwandte und sogar bei geringsten Rückständen von Pflanzenschutzmitteln etc. ein Verbot von Bezeichnungen wie „natürlich" oder „naturrein" aussprach,[39] hat der EuGH in seinem Urteil vom 4.4.2000[40] die Frage, ob der Werbung für eine Konfitüre mit der Angabe „naturrein" die Verwendung des Geliermittels Pektin sowie ein geringer Gehalt an Pestiziden entgegenstehe, ausschließlich unter Berufung auf Art. 2 der Etikettierungsrichtlinie verneint. Mit dieser Entscheidung war das in § 17 Abs. 1 Nr. 4 LMBG enthaltene abstrakte Irreführungsverbot praktisch aufgehoben. Eine konkrete Irreführung darüber, dass bei einem bestimmten Lebensmittel der Verbraucher bei einer Bezeichnung wie „naturrein" oder „natürlich" die Verwendung von Zusatzstoffen überhaupt nicht erwartet,[41] wird aber von Art. 7 Abs. 1 lit. a LMIV erfasst. 8

b) Spezielle Irreführungsverbote. *aa)* Das **Weinrecht** enthält speziellere Irreführungsverbote, die ausdrücklich die Umstände erwähnen, über die im Verkehr mit Wein im besonderen Maße irregeführt werden kann, wie z. B. über die geographische Herkunft, den Abfüller, die Rebsorte, 9

---

[29] Vgl. ebenso *Zipfel/Rathke* Lebensmittelrecht, C 102, § 11 LFGB, Rdn. 32; *Meyer/Streinz* LFGB, § 11, Rdn. 125 f.

[30] Dazu nachfolgend Rdn. 8.

[31] *Zipfel/Rathke* Lebensmittelrecht, C 100 § 17 LMBG Rdn. 51 mit Beispielen aus der Rechtsprechung.

[32] Z. B. OLG Koblenz ZLR 1980, 57: Suppenhühner mit einem Fremdwassergehalt von mehr als 10 %.

[33] OLG Koblenz LRE 13, 130: Hacksteak mit stärkehaltigen Bindemitteln; BayObLG ZLR 1974, 479: mit Persipanmasse gefülltes „Nusshörnchen".

[34] Z. B. unreifes Obst, weil es nicht roh verzehrt werden kann, vgl. *Zipfel/Rathke,* a. a. O. Rdn. 134.

[35] Vgl. KG LRE 1, 127, 129.

[36] Vgl. *Zipfel/Rathke* Lebensmittelrecht, C 102, § 11 LFGB Rdn. 36, a. A. *Boch* ZLR 2014, 236.

[37] *Zipfel/Rathke* C 100, § 17 LMBG Rdn. 309 m. w. N.

[38] *Zipfel/Rathke* C 102, § 11 LFGB Rdn. 36.

[39] Vgl. BVerwG ZLR 1987, 465; BGH GRUR 1997, 306 – *Naturkind* (bei der auf Teepackungen verwendeten Bezeichnung „Naturkind" jedoch ein Hindeuten auf Rückstandsfreiheit ablehnend); BayObLG ZLR 1976, 14.

[40] GRUR Int. 2000, 756 – *Naturrein.*

[41] Vgl. OLG Köln NJOZ 2001, 2260 = ZLR 2001, 168 m. Anm. *Sosnitza.*

den Jahrgang etc. Im europäischen Weinrecht ist dies nur noch die Vorschrift des Art. 103 der Verordnung (EG) Nr. 1308/2013 über eine gemeinsame Marktorganisation für landwirtschaftliche Erzeugnisse (Verordnung über die einheitliche GMO), der zum Schutz von Ursprungsbezeichnungen und geschützten geografischen Angaben unter anderem alle falschen oder irreführenden Angaben verbietet, die sich auf Herkunft, Ursprung, Natur oder wesentliche Eigenschaften der Erzeugnisse beziehen (Art. 103 Abs. 2c), sowie alle sonstigen Praktiken, die geeignet sind, den Verbraucher in Bezug auf den tatsächlichen Ursprung des Erzeugnisses irrezuführen (Art. 103 Abs. 2 lit. d). Im deutschen Weinrecht ist vor allem § 25 WeinG zu nennen, der u. a. Angaben als irreführend verbietet, die geeignet sind, fälschlich den Eindruck besonderer Qualität zu erwecken (§ 25 Abs. 2 Nr. 2 WeinG). Außerdem verbietet § 26 WeinG die Verwendung von weintypischen Bezeichnungen, nämlich neben den Worten „Wein", auch „Kabinett", „Spätlese", „Auslese", „Beerenauslese", „Trockenbeerenauslese" und „Eiswein" für andere Getränke, die nicht Wein sind, wenn nicht andere Vorschriften dies ausdrücklich erlauben.

10 *bb)* Ein spezielles Irreführungsverbot enthält § 9 Mineral- und TafelwasserV für **Mineralwässer.** Danach darf ein natürliches Mineralwasser, das aus ein und derselben Quellnutzung stammt, nicht unter mehreren Quellnamen oder anderen gewerblichen Kennzeichen in den Verkehr gebracht werden, die den Eindruck erwecken können, das Mineralwasser stamme aus verschiedenen Quellen (§ 9 Abs. 1). Dabei stammt ein Mineralwasser auch dann aus ein und derselben Quellnutzung, wenn es zwar aus mehreren natürlich oder künstlich erschlossenen Quellen stammen kann, es seinen Ursprung jedoch in ein und demselben unterirdischen Quellvorkommen hat und dieses Wasser an allen Austrittsstellen in Bezug auf die in Anh. I der Richtlinie 2009/54/EG über die Gewinnung von und den Handel mit natürlichen Mineralwassern genannten Kriterien identische Merkmale aufweist, die im Rahmen natürlicher Schwankungen konstant bleiben.[42]Das **Verbot der Mehrfachbezeichnung** greift nur ein, wenn eine konkrete Irreführungsgefahr gegeben ist.[43] Zur Vermeidung des Eindrucks eines Quellnamens durch Verwendung sonstiger gewerblicher Kennzeichen neben dem Namen der Quelle schreibt § 9 Abs. 2 Mineral- und TafelwasserV vor, dass bei der Verwendung eines anderen gewerblichen Kennzeichens, das den Eindruck des Namens einer Quelle oder des Ortes einer Quellnutzung erwecken kann, der Name der Quelle oder der Ort ihrer Nutzung in Buchstaben angegeben werden muss, die mindestens eineinhalb mal so hoch und breit sind wie der größte Buchstabe, der für die Angabe des anderen gewerblichen Kennzeichens benutzt wird. **Quellwasser** und **Tafelwasser** dürfen nach § 15 Abs. 1 Nr. 1 Mineral- und TafelwasserV nicht unter Bezeichnungen, Angaben etc. in den Verkehr gebracht werden, die zu einer **Verwechslung mit natürlichem Mineralwasser** führen. Insbesondere dürfen nicht die dort näher aufgeführten Bezeichnungen Mineralwasser, Sprudel, Säuerling etc. verwendete werden. Auch verbietet § 15 Abs. 1 Nr. 2 Mineral- und TafelwasserV die Verwendung von Angaben, die auf eine **bestimmte geographische Herkunft** eines Tafelwassers hinweisen oder die geeignet sind, eine solche geographische Herkunft vorzutäuschen. Diese Bestimmung ist jedoch im Hinblick auf die – als abschließend zu verstehende – Bestimmung des Art. 2 Abs. 1a der Lebensmittel-Etikettierungs-Richtlinie 2000/13/EG im Wege teleologischer Reduktion in der Weise einzuschränken, dass die konkrete Gefahr einer Verwechslung eines derart bezeichneten Tafelwassers mit einem natürlichen Mineralwasser bestehen muss.[44] Dies kann nach Wegfall der Lebensmittel-Etikettierungs-Richtlinie und vor dem Hintergrund von Art. 7 Abs. 1 LMIV nicht anders beurteilt werden. Abstrakte Irreführungsverbote, die eine Sanktion an die Verwendung bestimmter Begriffe ohne die Gefahr einer konkreten Irreführung knüpfen, sind demnach im Lebensmittelrecht aus Gründen des Vorrangs des Gemeinschaftsrechts praktisch nicht mehr zulässig, müssen also einschränkend ausgelegt werden.[45]

11 *cc)* Gemäß § 3 Abs. 6 KakaoV dürfen die Bezeichnungen anderer Lebensmittel durch die Worte **„Kakao"** oder **„Schokolade"** oder anderer in der Anlage 1 zur KakaoV aufgeführten Verkehrsbezeichnungen für Kakaoerzeugnisse ergänzt werden, wenn diese Lebensmittel mit diesen Kakaoerzeugnissen nicht verwechselt werden können. Damit enthält die KakaoV praktisch nur noch einen Bezeichnungsschutz[46] für Kakaoerzeugnisse.

12 *dd)* Eine weitere spezifische Ausprägung des Irreführungsverbots bei der Gestaltung von **Fertigpackungen** (für Lebensmittel und andere Erzeugnisse) enthält § 38 Abs. 2 MessEG.[47] Danach ist es

---

[42] EuGH Beck-RS 2015, 80819 = LMuR 2015, 153.
[43] Vgl. BGH GRUR 1994, 905, 908 – *Schwarzwald-Sprudel.*
[44] BGH GRUR 2002, 1091 – *Bodensee-Tafelwasser.*
[45] Vgl. BGH a. a. O. S. 1092.
[46] Vgl. unten Rdn. 25 ff.
[47] Gesetz über das Inverkehrbringen und die Bereitstellung von Messgeräten auf dem Markt, ihre Verwendung und Eichung sowie über Fertigpackungen (Mess- und Eichgesetz – MessEG) vom 25.7.2013, BGBL I S. 2722.

verboten, Fertigpackungen herzustellen bzw. in Verkehr zu bringen, wenn sie ihrer Gestaltung und Befüllung nach eine größere Füllmenge vortäuschen, als in ihnen enthalten ist. Dieses **Verbot der Mogelpackungen** knüpft zwar einerseits an die Gestaltung und Befüllung der Packung an und nicht an ihre Kennzeichnung, so dass eine korrekte Kennzeichnung eine Mogelpackung in der Regel nicht ausschließt.[48] Andererseits sind auch hier alle Umstände des Einzelfalls einzubeziehen, so dass eine Irreführung ausscheidet, wenn der Verbraucher, z.B. bei typischerweise aufwändig verpackten Lebensmitteln wie Pralinen oder bei ausdrücklichen Hinweisen auf eine nicht vollständige Befüllung der in der Packung enthaltenen Hohlräume keine vollständig gefüllte Verpackung erwartet.

3. Spezielle Werberegelungen

Neben den Konkretisierungen des allgemeinen Irreführungsverbots in Bezug auf bestimmte Lebensmittel enthält das Lebensmittelrecht Werbeverbote, die zumindest **auch anderen Zwecken als dem Schutz vor Irreführung und Täuschung** dienen, also auch eingreifen, wenn eine konkrete Irreführung nicht in Rede steht. Ihr Zweck muss im Hinblick auf die mit ihnen verbundene Einschränkung der Berufsausübung und Meinungsfreiheit (Art. 5, 12 GG) dem Schutz vor Irreführung annähernd gleichwertig sein. 13

a) Verbot der krankheitsbezogenen Werbung. Dem Schutz der Gesundheit der Verbraucher durch Vermeidung von Selbstmedikation dient das Verbot der krankheitsbezogenen Werbung in **Art. 7 Abs. 3 LMIV.** Danach dürfen Informationen über ein Lebensmittel diesem keine Eigenschaften der **Vorbeugung, Behandlung oder Heilung einer menschlichen Krankheit** zuschreiben oder den Eindruck dieser Eigenschaften entstehen lassen. Dieses Verbot entspricht Art. 2 Abs. 1b der früheren Lebensmittel-Etikettierungs-Richtlinie und dem bisherigen § 12 Abs. 1 Nr. 1 LFGB, den diese Vorschrift mit Geltungsbeginn der LMIV abgelöst hat. Die außerdem im bisherigen § 12 Abs. 1 enthaltenen Verbote von Hinweisen auf ärztliche Empfehlungen oder ärztliche Gutachten (Abs. 1 Nr. 2), von Verboten von Krankengeschichten oder Hinweisen auf solche (Abs. 1 Nr. 3), Veräußerungen Dritter, insbesondere Dank-, Anerkennungs- oder Empfehlungsschreiben, soweit sie sich auf die Beseitigung oder Linderung von Krankheiten beziehen (Abs. 1 Nr. 4), von bildlichen Darstellungen von Personen in der Berufskleidung oder bei der Ausübung der Tätigkeit von Angehörigen der Heilberufe, des Heilgewerbes oder des Arzneimittelhandels (Abs. 1 Nr. 5), von Aussagen, die geeignet, Angstgefühle hervorzurufen oder auszunutzen (Abs. 1 Nr. 6), sowie von Schriften oder schriftlichen Angaben, die dazu anleiten, Krankheiten durch Lebensmittel zu behandeln (Abs. 1 Nr. 7), sind mit der Streichung von § 12 LFGB ersatzlos weggefallen. Die Vorschrift war schon bislang wegen einer Entscheidung des EuGH[49] einschränkend ausgelegt worden, jedoch war nach Art. 18 Abs. 2 der Lebensmittel-Etikettierungs-Richtlinie in gewissem Umfang eine abweichende nationale Regelung von den bislang in Art. 2 Abs. 1b der Lebensmittel-Etikettierungs-Richtlinie enthaltenen Krankheitswerbeverbot möglich. Nach Art. 38 Abs. 1 LMIV sind abweichende Regelungen nunmehr unzulässig.[50] Ausgenommen von dem Verbot krankheitsbezogenen Informationen sind die in Art. 7 Abs. 3 ausdrücklich angesprochenen Hinweise für Lebensmittel, die für eine besondere Ernährung bestimmt sind, nämlich insbesondere die Angabe der Indikation für sogenannte bilanzierte Diäten gemäß § 21 Abs. 2 Nr. 1 DiätV sowie die Fachkreiswerbung für diätetische Lebensmittel gemäß Art. 9 Abs. 6 der Verordnung (EU) Nr. 609/2013 über Lebensmittel für Säuglinge und Kleinkinder, Lebensmittel für besondere medizinische Zwecke und Tagesrationen für gewichtskontrollierende Ernährung.[51] Soweit allerdings auch Angaben über die Reduzierung eines Krankheitsrisikos als krankheitsbezogene Angaben anzusehen wären, besteht nunmehr nach der Verordnung (EG) Nr. 1924/2006 über nährwert- und gesundheitsbezogene Angaben über Lebensmittel[52] die Möglichkeit einer Zulassung, so dass das Verbot von Angaben, die sich auf die Verhütung von Krankheiten beziehen, nicht einschränkungslos gelten kann, auch wenn dieser Vorbehalt in Art. 7 Abs. 3 nicht ausdrücklich angesprochen ist.[53] Die Rechtsprechung hat das Verbot der krankheitsbezogenen Werbung in der Regel extensiv ausgelegt und einen Krankheitsbezug auch ohne Nennung einer konkreten Krankheit angenommen, z.B. 14

---

[48] Vgl. *Zipfel/Rathke* Lebensmittelrecht, C 115 § 7 EichG Rdn. 34 m. w. N.
[49] ZLR 2004, 600 – *Schlankheitswerbung.*
[50] Vgl. Voit/*Grube,* LMIV, Art. 7 Rdn. 307.
[51] Vgl. *Hagenmeyer* LMIV-Kommentar, Art. 7 Rdn. 22.
[52] Vgl. sogleich Rdn. 15ff.
[53] Vgl. *Hagenmeyer* a. a. O., Rdn. 24; Voit/*Grube* LMIV, Art. 7 Rdn. 299; *Zipfel/Rathke* Lebensmittelrecht, C 113, Art. 7 LMIV Rdn. 416, *Sosnitza,* ZLR 2007, 423, 426ff.

wenn bestimmte **Krankheitssymptome** genannt oder Begriffe verwendet werden, die mit bestimmten Krankheiten assoziiert werden.[54]

15 **b) Health-Claims-Verordnung.** Mit der Verordnung über nährwert- und gesundheitsbezogene Angaben über Lebensmittel,[55] die seit dem 1.7.2007 Geltung beansprucht, hat die EU das mit Hilfe des EuGH mühsam erkämpfte Missbrauchsprinzip, also die Zurückdrängung rein abstrakter Irreführungsverbote,[56] jedenfalls im Bereich der gesundheitsbezogenen Werbung weitgehend wieder abgeschafft. Sie führt mit einer **Beschränkung der Zulässigkeit nährwert- und gesundheitsbezogener Angaben** auf die in einer **Liste** enthaltenen Angaben, die nur unter im einzelnen festgelegten bzw. festzulegenden Bedingungen benutzt werden können, zu einer **Einführung des Verbotsprinzips**[57] mit Erlaubnisvorbehalt. Vor dem Hintergrund dieses Paradigmenwechsels war diese Verordnung von Anfang an umstritten.[58] Angesichts der Zielsetzungen des Gesundheitsschutzes, die in den Erwägungsgründen zum Ausdruck kommen,[59] wurde die Gesetzgebungskompetenz für die europäische Gemeinschaft in Frage gestellt.[60] Da die Verordnung auch objektiv wahre Werbeaussagen verbietet, stelle sie sich als unverhältnismäßiger Eingriff in die Warenverkehrsfreiheit des Art. 28 EG-Vertrag dar.[61] Auch verletzten die Regelungen in Art. 14 und 16 Abs. 1 den gemeinschaftsrechtlichen Bestimmtheitsgrundsatz, der insbesondere bei der Delegation von Durchführungsbefugnissen an die Kommission zu berücksichtigen sei.[62] Demgegenüber wirkt die offizielle Begründung für den Erlass der Verordnung, nämlich die Beseitigungen von Beschränkungen des freien Warenverkehrs durch Unterschiede zwischen den nationalen Bestimmungen über nährwert- und gesundheitsbezogene Angaben,[63] eher vorgeschoben, wobei jedoch die Anforderungen des EuGH an diese Rechtfertigung für EU-Maßnahmen eher gering sind.[64]

16 *aa)* **Gegenstand und Anwendungsbereich** der Verordnung sind nährwert- und gesundheitsbezogene **Angaben in der Etikettierung** und in der **Werbung für Lebensmittel.** Eine Aussage oder Darstellung über ein Lebensmittel stellt nach Art. 2 Abs. 2 Nr. 1 nur dann eine Angabe dar, wenn mit ihr zumindest mittelbar zum Ausdruck gebracht wird, dass das Lebensmittel eine besondere Eigenschaft besitzt. Eine derartige Angabe liegt dann nicht vor, wenn eine Aussage oder Darstellung aus der Sicht der angesprochenen Verbraucher lediglich auf eine Eigenschaft eines Lebensmittels hinweist, die alle Lebensmittel der angesprochenen Gattung besitzen.[65] Unter einer nährwertbezogenen Angabe ist, in Anlehnung an die Definition in der Richtlinie 90/496/EWG,[66] auf der die deutsche Nährwertkennzeichnungsverordnung beruht,[67] jede Angabe zu verstehen, mit der erklärt, suggeriert oder auch nur mittelbar zum Ausdruck gebracht wird, dass ein Lebensmittel besondere positive Nährwerteigenschaften besitzt, und zwar aufgrund seines Energiegehaltes oder der in ihm enthaltenen bzw. nicht enthaltenen Nährstoffe oder anderen Substanzen (Art. 2 Nr. 4). Unter einer gesundheitsbezogenen Angabe ist jede Angabe zu verstehen, mit der erklärt, suggeriert oder auch nur mittelbar zum Ausdruck gebracht wird, dass ein Zusammenhang zwischen einer Lebensmittelkategorie, einem Lebensmittel oder einem seiner Bestandteile einerseits und der Gesundheit andererseits besteht (Art. 2 Nr. 5). Eine besondere Form der gesundheitsbezogenen Angabe ist die **Angabe über die Reduzierung eines Krankheitsrisikos,** nämlich jede Angabe, mit der erklärt, suggeriert oder auch nur mittelbar zum Ausdruck gebracht wird, dass der Verzehr einer Lebensmittelkategorie, eines Lebensmittels oder eines Lebensmittelbestandteils einen Risikofaktor für die Entwicklung einer Krankheit beim Menschen deutlich senkt (Art. 2 Nr. 6).

17 *bb)* **Nährwertbezogene Angaben** dürfen nur noch gemacht werden, wenn sie im Anhang zu der Verordnung aufgeführt sind und den dort und an anderen Stellen der Verordnung festgelegten Bedingungen entsprechen. Zu den nährwertbezogenen Angaben des abschließenden Katalogs des Anhangs zur Verordnung gehören Angaben über einen geringen, reduzierten oder fehlenden **Ener-**

---

[54] Vgl. z. B. KG MD 2015, 975; ZLR 2000, 88 zu dem Begriff „Oxidationsschutz für die Zelle"; OLG Hamburg ZLR 2001, 737 und ZLR 2002, 673.
[55] Verordnung (EG) Nr. 1924/2006 vom 20.12.2006, ABl. 2007, L 12, S. 3.
[56] Vgl. z. B. EuGH GRUR Int. 2000, 756 – *Naturrein;* ZLR 2004, 600 – *Schlankheitswerbung.*
[57] Zum Verbotsprinzip im Lebensmittelrecht vgl. z. B. *Schroeter,* ZLR 2005, 191; *v. Jagow* ZLR 2007, 479.
[58] Vgl. dazu im Einzelnen *Meisterernst/Haber* WRP 2007, 363, 365 m. w. N.
[59] Vgl. z. B. Erwägungsgrund 1
[60] Vgl. *Sosnitza* ZLR 2004, 1, 18 f.; *Hüttebräuker* WRP 2004, 188, 193 ff.
[61] *von Danwitz* ZLR 2005, 201, 207 ff.
[62] *Sosnitza,* a. a. O., S. 11; *von Danwitz,* a. a. O., S. 220 ff.
[63] Vgl. Egr. 2.
[64] Vgl. etwa EuGH ZLR 2007, 337 – *Tabakwerbung II.*
[65] BGH GRUR 2014, 1224, 1225 f. – *Energy & Vodka.*
[66] Diese wurde zum 13.12.2014 aufgehoben, Artikel 53 LMIV.
[67] Dazu unten Rdn. 35.

giegehalt, entsprechende Angaben zu **Fett,** bzw. gesättigten Fettsäuren, **Zucker** und **Natrium** sowie Angaben, ein Lebensmittel sei eine **Ballaststoff, Protein-, Vitamin-, Mineralstoff- oder sonstige Nährstoffquelle** bzw. enthalte eine andere Substanz bzw. enthalte diese Nährstoffe in erhöhtem oder hohen Maße bzw. sei leicht. Neben den konkreten Bedingungen, z. B., wie viel Fett 100g eines Lebensmittels enthalten dürfen, um mit der Angabe „fettarm" beworben werden zu können, stellt Art. 3 **allgemeine Grundsätze** für alle Angaben auf, nämlich neben dem Gebot, dass sie nicht irreführend sein dürfen, insbesondere nicht zum übermäßigen Verzehr eines Lebensmittels ermutigen oder diesen wohlwollend darstellen sollen. Weitere allgemeine Bedingungen zur Verwendung nährwertbezogener Angaben sind in Art. 5 niedergelegt. Dazu gehört unter anderem, dass der Nährstoff oder die andere Substanz, auf die sich die Angabe bezieht, in einer Form vorliegen muss, die für den Körper verfügbar ist (Art. 5 Abs. 1c). Besondere Bedingungen über **vergleichende nährwertbezogene Angaben** stellt Art. 9 auf. Danach ist ein Vergleich nur zwischen Lebensmitteln derselben Kategorie und unter Berücksichtigung einer Reihe von Lebensmitteln dieser Kategorie zulässig. Trotz der Einschränkung der Zulässigkeit der Verwendung nährwertbezogener Angaben auf die ausdrücklich in der Verordnung aufgeführten stellt die Verordnung in Bezug auf nährwertbezogene Angaben letztlich eine Erleichterung für den Werbetreibenden dar: Neben der Rechtssicherheit, die klare Regelungen und Bedingungen bieten, sind nunmehr auch Angaben zulässig, die es früher nicht waren oder bei denen die Zulässigkeit zumindest zweifelhaft war, wie z. B. „fettfrei" bei Lebensmitteln, die immerhin noch bis zu 0,5g Fett pro 100g enthalten.[68]

cc) **Gesundheitsbezogene Angaben** sind ebenfalls nur noch erlaubt, wenn sie gemäß der Verordnung zugelassen und in eine Liste der zugelassenen Angaben aufgenommen sind. Die Rechtsprechung legt den Begriff „gesundheitsbezogene Angabe" extensiv aus. Er erfasst danach jeden Zusammenhang, der impliziert, dass sich der Gesundheitszustand dank des Verzehrs des Lebensmittels verbessert oder dass für die Gesundheit negative oder schädliche Auswirkungen, die in anderen Fällen mit einem solchen Verzehr einhergehen oder sich ihm anschließen, fehlen oder geringer ausfallen.[69] Nachdem bereits zwischen 2009 und 2011 einige spezielle Angaben zugelassen worden sind,[70] wurde mit der Verordnung (EU) Nr. 432/2012 vom 16.5.2012 eine – nahezu – abschließende Liste mit gesundheitsbezogenen Angaben, die die **Bedeutung eines Nährstoffs oder einer anderen Substanz für Wachstum, Entwicklung und Körperfunktionen** beschreiben oder darauf verweisen, erlassen.[71] Sie beruht auf positiven Gutachten der Europäischen Behörde für Lebensmittelsicherheit (EFSA), die die über die Mitgliedstaaten beantragten Vorschläge für gesundheitsbezogene Angaben dahingehend überprüft hat, ob sie wissenschaftlich hinreichend abgesichert sind. Nach Ablauf der in der Verordnung vorgesehenen Übergangsfrist, also seit dem 14.12.2012 dürfen gesundheitsbezogene Angaben über die Bedeutung eines Nährstoffs oder einer anderen Substanz, mit Ausnahme solcher, deren Bewertung noch nicht abgeschlossen ist, nur noch verwendet werden, wenn sie in der Liste enthalten sind, den dort niedergelegten Anforderungen und der Verordnung im Übrigen entsprechen (Art. 10 Abs. 1). Zu den allgemeinen Bedingungen für die Verwendung gesundheitsbezogener Angaben[72] gehört insbesondere, dass die Produktmenge, deren Verzehr vernünftigerweise erwartet werden kann, eine signifikante Menge des Stoffes liefert, auf die sich die Angabe bezieht, die nach allgemein anerkannten wissenschaftlichen Nachweisen geeignet ist, die behauptete ernährungsbezogene oder physiologische Wirkung zu erzielen (Art. 5 Abs. 1d), und dass sich die Angaben auf allgemein anerkannte wissenschaftliche Nachweise stützen und durch diese abgesichert sein müssen (Art. 6 Abs. 1). Zu den speziellen Bedingungen für gesundheitsbezogene Angaben gehören **spezifische Kennzeichnungspflichten.** Diese Vorschrift galt bereits vor Erlass der Listen mit den zugelassenen Angaben.[73] Neben einer **ausführlichen Nährwertkennzeichnung** (Art. 7) muss die Kennzeichnung der Lebensmittel insbesondere einen **Hinweis auf die Bedeutung einer abwechslungsreichen und ausgewogenen Ernährung und einer gesunden Lebensweise** tragen (Art. 10 Abs. 2a). Seit dem 14.12.2012 sind **Verweise auf allgemeine, nicht spezifische Vorteile des Nährstoffs oder Lebensmittels für die Gesundheit** oder 18

[68] Vgl. zum früheren Recht OLG Hamburg ZLR 2006, 162 – *Ohne Fett II* m. Anm. *Oelrichs:* „kein Fett" unzulässig bei einem Fettgehalt von 0,04g/100g.

[69] EuGH GRUR 2012, 1161, 1162 – *Deutsches Weintor;* GRUR 2013, 1061, 1062 – *Green-Swan Pharmacuticals;* BGH GRUR 2013, 189 – *Monsterbacke;* GRUR 2014, 500, 501 – *Praebiotik;* GRUR 2014, 1013, 1014 – *Original Bach-Blüten;* GRUR 2015, 498, 502 – *Combiotik;* GRUR 2015, 403, 407 – *Monsterbacke II;* GRUR 2016, 412, 413 – *Lernstark.*

[70] Vgl. unten Rdn. 19.

[71] ABl. Nr. L 136, 1.

[72] Sie gelten auch für nährwertbezogene Angaben.

[73] EuGH GRUR 2014, 587 – *Ehrmann/Zentrale zur Bekämpfung unlauteren Wettbewerbs.*

das gesundheitsbezogene Wohlbefinden nicht mehr zulässig, sofern ihnen nicht eine der in dieser Liste enthaltenen speziellen gesundheitsbezogenen Angaben beigefügt ist (Art. 10 Abs. 3). Dies bedeutet, dass unspezifische Angaben wie „... ist gesund" ohne zugelassene spezifische gesundheitsbezogene Angaben verboten sind. Ob Angaben wie „bekömmlich" oder „wohltuend" unspezifische gesundheitsbezogene Angaben oder aber Angaben sind, die sich auf das allgemeine (nicht gesundheitsbezogene) Wohlbefinden beziehen, ist streitig.[74] Dagegen ist die Angabe Lernstark für einen Mehrfruchtsaft mit Eisen als unspezifisch gesundheitsbezogene Angabe anzusehen.[75] Außerdem sind Angaben, die den Eindruck erwecken, durch Verzicht auf das Lebensmittel könnte die Gesundheit beeinträchtigt werden, ebenso unzulässig wie Angaben über die Dauer und Ausmaß der Gewichtsabnahme, desgleichen Angaben, die auf Empfehlungen von einzelnen Ärzten oder Vertretern medizinischer Berufe verweisen (Art. 12).

19 *dd)* Einer eigenständigen Regelung unterliegen Angaben über die **Verringerung eines Krankheitsrisikos** sowie **Angaben über die Entwicklung und die Gesundheit von Kindern.** Solche Angaben können auf besonderen Antrag und nach erfolgreichem Zulassungsverfahren in eine **Gemeinschaftsliste** aufgenommen werden. Ihre Verwendung ist dann unter den in der Liste genannten Bedingungen sowie den Allgemeinanforderungen der Verordnung erlaubt. Die Definition der Angabe über die Reduzierung eines Krankheitsrisikos in Art. 2 Abs. 2 Nr. 6[76] ist nicht dahin zu verstehen, dass mit der entsprechenden Angabe ausdrücklich behauptet wird, dass der Verzehr eines Lebensmittels ein Risikofaktor für die Entwicklung einer Krankheit beim Menschen *deutlich* senkt. Es reicht aus, dass die Verwendung einer Formulierung, nach der der Verzehr des betreffenden Lebensmittels einen entsprechenden Risikofaktor senkt oder dazu beiträgt ihn zu senken, geeignet ist, bei einem normal informierten und angemessen aufmerksamen und verständigen Durchschnittsverbraucher den Eindruck einer deutlichen Senkung des Risikos hervorzurufen. Die Angabe muss also nicht unbedingt das Wort *„deutlich"* oder einen gleichbedeutenden Ausdruck enthalten, um als Angabe im Sinne von Art. 2 Abs. 2 Nr. 6 qualifiziert zu werden.[77] Beispiel für eine Angabe über die Verringerung eines Krankheitsrisikos ist etwa „Zuckerfreier Kaugummi hilft, die Zahndemineralisation zu verringern. Dies ist ein Risikofaktor bei der Entstehung von Zahnkaries".[78] Eine zugelassene Angabe betreffend die Entwicklung und die Gesundheit von Kindern ist beispielsweise „Calcium und Vitamin B werden für ein gesundes Wachstum und eine gesunde Entwicklung der Knochen bei Kindern benötigt."[79] Bezüglich der Angaben über die Verringerung eines Krankheitsrisikos stellt die Zulassung eine Ausnahme vom Verbot der krankheitsbezogenen Angaben dar.[80] Die Health-Claims-Verordnung differenziert hinsichtlich ihrer Verbote nicht nach unterschiedlichen Adressatenkreisen der Werbung.[81] Dies hat zur Konsequenz, dass krankheitsbezogene Werbung auch in Form von Angaben über die Verringerung eines Krankheitsrisikos gegenüber Fachkreisen verboten ist.[82]

20 *ee)* Nach der ausdrücklichen Regelung in Art. 1 Abs. 3 unterfallen auch **Marken** dem Anwendungsbereich der Verordnung,[83] wenn diese eine mittelbare nährwertbezogene oder gesundheitsbezogene Angabe darstellen. Ihre Verwendung ist aber – nach Ablauf großzügiger **Übergangsfristen** für bereits am 1.1.2005 bestehende Marken (Art. 28 Abs. 2) – zulässig, wenn ihnen eine zugelassene nährwert- oder gesundheitsbezogene Angabe beigefügt ist (Art. 1 Abs. 3). Diese Übergangsvorschrift ist allerdings dahin auszulegen, dass der Markenname zu dem besagten Zeitpunkt auch als Marke geschützt war.[84] Außerdem bezieht sich diese Übergangsvorschrift nur auf Lebensmittel, die zu dem genannten Zeitpunkt bereits mit der geschützten Marke gekennzeichnet waren, also nicht auf andere Lebensmittel, für die die bereits vor dem 1.1.2005 geschützte Marke später benutzt wurde.[85]

---

[74] Vgl. BGH GRUR 2011, 246; nach EuGH ZLR 2012, 602 ist die Angabe „bekömmlich" für Wein, verbunden mit einem Hinweis auf einen reduzierten Gehalt an Stoffen, die von einer Vielzahl von Verbrauchern als nachteilig angesehen werden, als gesundheitsbezogen anzusehen.
[75] BGH GRUR 2016, 412, 414 – *Lernstark.*
[76] Vgl. oben Rdn. 16.
[77] EuGH GRUR 2013, 1061, 1062 – *Green-Swan Pharmacuticals.*
[78] Verordnung (EU) Nr. 665/2011, ABl. Nr. L 182, S. 5.
[79] Verordnung (EG) Nr. 983/2009, ABl. Nr. L 277, S. 3.
[80] Vgl. *Meisterernst/Haber* WRP 2007, 263, 380; *Jung* WRP 2007, 389, 392; *Sosnitza* ZLR 2007, 423, 427 und oben Rdn. 6.
[81] *Sosnitza,* a. a. O., S. 428; *Zipfel/Rathke,* Lebensmittelrecht, C 111, Art. 1 V (EG) 1924/2006 Rdn. 16a.
[82] Vgl. aber *Teufer* ZLR 2009, 561, 576.
[83] Vgl. näher *Epping/Greifeneder* WRP 2006, 830, 832 ff.
[84] EuGH GRUR 2013, 1061, 1062 – *Green-Swan Pharmacuticals.*
[85] EuGH a. a. O. S. 1062 f.

c) Für nicht diätetische **Lebensmittel des normalen Verzehrs** darf gemäß § 2 Abs. 1 DiätV **nicht** mit dem Wort **„diätetisch"** oder sonstigen Bezeichnungen, Angaben und Aufmachungen geworben werden, die den Eindruck erwecken könnten, dass es sich um ein diätetisches Lebensmittel handelt. 21

d) Der **Förderung des Stillens** dienen die Vorschriften in § 25a DiätV und in Art. 10 der Verordnung (EU) Nr. 609/13.[86] Sie enthalten Einschränkungen der Werbung für Säuglingsanfangsnahrung und Folgenahrung. So dürfen bestimmte Begriffe wie „humanisiert" oder „maternisiert" nicht verwendet werden (§ 25a Abs. 1 i.V.m. § 22a Abs. 3 Nr. 1a) DiätV) und darüber hinaus für Säuglingsanfangsnahrung außerhalb von wissenschaftlichen oder der Säuglingspflege gewidmeten Veröffentlichungen überhaupt nicht geworben werden (§ 25a Abs. 2 Nr. 1 DiätV), keine Kinderbilder oder andere den Gebrauch dieser Erzeugnisse idealisierenden Abbildungen benutzt werden, auch nicht in der Kennzeichnung (Art. 10 Abs. 2 Verordnung (EU) Nr. 609/2013 DiätV) sowie keine Proben o.Ä. verteilt werden (§ 25a Abs. 2 Nr. 3 DiätV). 22

e) Gentechnisch modifizierte Lebensmittel. Die Anwendung **gentechnischer Verfahren** bei der Herstellung von Lebensmitteln ist bei den Verbrauchern in Deutschland kaum akzeptiert. Bei Verwendung zugelassener Verfahren sind **strenge Kennzeichnungsvorschriften** zu beachten.[87] Wenn Lebensmittel ohne Verwendung von gentechnischen Verfahren hergestellt werden und darauf in der Werbung hingewiesen werden soll, so darf dies gemäß § 3a Abs. 1 EG-Gentechnik-Durchführungsgesetz (EGGenTDurchfG)[88] nur mit der Angabe **„ohne Gentechnik"** geschehen und nur, wenn spezifische weitere Voraussetzungen gegeben sind. Die Festlegung auf eine bestimmte Angabe und damit der Ausschluss einer Wahlmöglichkeit für gleichsinnige Angaben soll eine Verwirrung der Verbraucher vermeiden.[89] 23

f) Bezeichnungsschutzvorschriften. Einige lebensmittelrechtliche Vorschriften regeln die Verwendung bestimmter Bezeichnungen weniger zur Vermeidung einer Irreführung der Verbraucher, sondern in erster Linie, um diese Bezeichnungen, etwa aus Gründen der **Marktordnung,** vor missbräuchlicher Verwendung zu schützen. 24

aa) Anhang VII. Teil III. der Verordnung (EU) Nr. 1308/2013 über eine gemeinsame Marktorganisation für landwirtschaftliche Erzeugnisse (Verordnung über die einheitliche GMO)[90] enthält Regelungen über den **Schutz der Bezeichnungen der Milch und Milcherzeugnisse** bei deren Vermarktung. Diese Regelung verfolgt nicht nur das Ziel, die Verbraucher zu schützen, sondern auch hinsichtlich der Bezeichnung, der Etikettierung und der Werbung unverfälschte Wettbewerbsbedingungen zwischen Milcherzeugnissen und konkurrierenden Erzeugnissen zu schaffen. Zu diesem Zweck werden die Bezeichnungen „Milch" sowie die in der Gemeinschaft für Milcherzeugnisse verwendeten Bezeichnungen, die im Anhang zu dieser Verordnung aufgelistet sind, wie z.B. Butter, Joghurt oder Käse, sowie die tatsächlich für Milcherzeugnisse verwendeten Bezeichnungen ausschließlich diesen Erzeugnissen vorbehalten. Milcherzeugnisse sind nach Ziffer III.2 des Anhangs VII ausschließlich aus Milch gewonnene Erzeugnisse, wobei jedoch für die Herstellung erforderliche Stoffe zugesetzt werden können, sofern diese nicht verwendet werden, um einen der Milchbestandteile vollständig oder teilweise zu ersetzen. Bei anderen als Milcherzeugnissen dürfen die Milch und Milcherzeugnissen vorbehaltenen Begriffe nur verwendet werden, wenn sie Milch oder Milcherzeugnisse enthalten und dies zur Beschreibung der Ausgangsrohstoffe bzw. in der Zutatenliste geschieht (Ziffer III.3 des Anhangs VII.). Eine Ausnahme gilt allerdings für Erzeugnisse, deren Art auf Grund ihrer traditionellen Verwendung genau bekannt ist (z.B. „Leberkäse") oder wenn die Bezeichnungen eindeutig zur Beschreibung einer charakteristischen Eigenschaft des Erzeugnisses verwendet werden (z.B. „Milchbrötchen") (Ziffer III.5 des Anhangs VII.). Der Umstand, dass der Bezeichnungsschutz auch im Interesse der Milchproduzenten besteht, führt zu einer strengen Auslegung. Der EuGH hat daher einen Verstoß gegen Art. 3 der früheren Milchbezeichnungsschutzverordnung[91] auch bei einem aufklärenden Hinweis auf die unterschiedliche Zusammensetzung im Vergleich zu einem normalen Milcherzeugnis angenommen.[92] 25

---

[86] Eingefügt durch die 15. Verordnung zur Änderung der Diätverordnung vom 20.12.2007, BGBl. I S. 3263.

[87] Vgl. Art. 13 Verordnung (EG) Nr. 1829/2003 über genetisch veränderte Lebensmittel und Futtermittel, ABl. Nr. L 268, S. 1.

[88] Eingefügt durch Art. 2 Nr. 2 des Gesetzes zur Änderung des Gentechnikgesetzes etc. v. 1.4.2008, BGBl. I S. 499.

[89] Vgl. zur aktuellen Regelung und deren Vorgeschichte *Schröder/Vandersanden* ZLR 2008, 543.

[90] ABl. Nr. L 347, S. 671.

[91] Verordnung (EWG) Nr. 1898/87, ABl. Nr. L 182 S. 36.

[92] Vgl. EuGH EuZW 2000, 608 = ZLR 2000, 30 – *Diät-Käse.*

26 *bb)* Strenge Voraussetzungen für die Verwendung von Hinweisen auf den **ökologischen Landbau** in der Kennzeichnung oder Werbung für Lebensmittel enthält Art. 23 der Verordnung (EG) Nr. 834/2007 über die ökologische/biologische Produktion und die Kennzeichnung von ökologischen/biologischen Erzeugnissen.[93] Danach dürfen die Bezeichnungen ökologisch/biologisch nur für Erzeugnisse verwendet werden, die die Vorschriften der Verordnung (EG) Nr. 834/2007 und der zu ihrer Durchführung erlassenen Vorschriften[94] erfüllen, außer wenn sie nicht für landwirtschaftliche Erzeugnisse in Lebensmitteln verwendet werden oder eindeutig keinen Bezug zur ökologischen/biologischen Produktion haben.[95] Die Verordnung lässt nur wenige Stoffe zu, die in als ökologisch/biologisch gekennzeichneten Produkten enthalten sein dürfen und nicht aus ökologischem Landbau stammen. Dazu zählen auch solche Stoffe, die nach anderen Vorschriften des Unionsrechts oder mit ihm im Einklang stehenden Vorschriften des nationalen Rechts in einem Lebensmittel enthalten sein müssen, jedoch nur dann, wenn nach einer derartigen Vorschrift dieser Stoff dem Nahrungsmittel hinzuzufügen ist, damit es überhaupt in Verkehr gebracht werden kann.[96]Auch diese Vorschriften dienen nicht nur dem Schutz der Verbraucher, sondern auch den Erzeugern von Produkten des ökologischen Landbaus, der gemeinschaftsweit gefördert werden soll. Ergänzende Bestimmungen enthält die nationale Verordnung zur Gestaltung und Verwendung des **Öko-Kennzeichens.**[97]

27 *cc)* Spezifische Bezeichnungsschutzvorschriften im Schnittfeld zwischen Lebensmittelrecht, Wettbewerbsrecht und Markenrecht enthalten die Verordnung (EU) Nr. 1151/2012 über Qualitätsregelungen für Agrarerzeugnisse und Lebensmittel mit Vorschriften zum **Schutz von geographischen Angaben und Ursprungsbezeichnungen** für Agrarerzeugnisse und Lebensmittel sowie über die **garantiert traditionellen Spezialitäten**[98] Ist danach eine Angabe in das entsprechende Verzeichnis eingetragen, darf nicht nur diese Bezeichnung selbst nicht für andere Erzeugnisse verwendet werden als für diejenigen, welche die jeweiligen Voraussetzungen erfüllen. Vielmehr sind die Bezeichnungen auch gegen eine **Nachahmung** oder Anspielung geschützt, selbst wenn bei geschützten Ursprungsbezeichnungen der wahre Ursprung des Erzeugnisses angegeben ist oder wenn die geschützte Bezeichnung zusammen mit Ausdrücken wie „Art", „Typ", „Verfahren", „Façon", „Nachahmung" oder dergleichen verwendet wird (vgl. Art. 13 Abs. 1b VO (EU) Nr. 1151/2012). Eine konkrete Irreführungsgefahr muss also nicht vorliegen.

28 Vergleichbare Vorschriften enthält auch die Verordnung (EG) Nr. 110/2008 zur Begriffsbestimmung, Bezeichnung, Aufmachung und Etikettierung von **Spirituosen.**[99] Art. 9 Abs. 7 dieser Verordnung verbietet für Spirituosen die Verwendung von Bezeichnungen, bei denen einer in dieser Verordnung vorgesehenen Verkehrsbezeichnung Worte wie „Art", „Typ", „Façon", „Stil", „Marke", „Geschmack'" oder ähnliche Angaben beigegeben werden.

29 *dd)* Auch das **Lebensmittelkennzeichnungsrecht**[100] enthält Bezeichnungsschutzvorschriften insoweit, als bestimmte Verkehrsbezeichnungen ausschließlich den Lebensmitteln vorbehalten sind, die die jeweils gesetzlich festgelegten Anforderungen erfüllen. Zu nennen sind hier **§ 3 Abs. 1 KakaoV, § 3 Abs. 2 FruchtsaftV, § 3 Abs. 2 KonfitürenV, § 3 Abs. 2 HonigV, § 2 Abs. 2 ZuckerartenV** und **§ 1 Abs. 1 BierV.**

4. Kennzeichnungsvorschriften

30 In mehrfacher Hinsicht mit dem Wettbewerbsrecht verknüpft sind auch die Kennzeichnungsvorschriften des Lebensmittelrechts. Durch sie wird die **Aufmachung der Lebensmittel gegenüber dem Verbraucher** und damit auch im Wettbewerb nicht unerheblich reglementiert. Insofern handelt es sich um unmittelbar den Wettbewerb im Verkehr mit Lebensmitteln regelnde Vorschriften. Daneben konkretisieren sie aber auch das allgemeine Irreführungsverbot sowie die spezialgesetzlichen **Irreführungsverbote:** Sie prägen die Verbrauchererwartung, so dass bei fehlender oder nicht vorschriftsmäßiger Kennzeichnung häufig eine Irreführung vorliegt. Verstöße gegen lebensmittelrechtliche Kennzeichnungsvorschriften schließen daher einen gleichzeitigen Verstoß gegen das lebensmittelrechtliche, aber auch das allgemeine wettbewerbsrechtliche Irreführungsverbot nicht

---

[93] ABl. EG Nr. L 189 S. 1.

[94] Insbesondere Verordnung (EG) Nr. 889/2008 mit Durchführungsvorschriften zur Verordnung (EG) Nr. 834/2007, ABl. L 250, S. 1.

[95] Vgl. dazu BGH GRUR 2013, 401 – *Biomineralwasser.*

[96] EuGH GRUR 2015, 86 – *Herbaria/Freistaat Bayern.*

[97] Vom 6.2.2002, BGBl. I S. 589.

[98] ABl. EG Nr. L 343, S. 1.

[99] ABl. EG Nr. L 39 S. 16.

[100] Dazu näher unten Rdn. 31 ff.

aus.[101] Je detaillierter die Kennzeichnungsvorschriften sind, desto weniger Raum bleibt bei ihrer Beachtung für eine sonstige Irreführung über relevante Aspekte des Lebensmittels.[102]

a) Lebensmittelinformationsverordnung (LMIV). Lebensmittel, die in **Fertigpackungen** angeboten werden, sind nach der LebensmittelinformationsV[103] zu kennzeichnen. Bezüglich **nicht vorverpackter Lebensmitteln** schreibt die LMIV in Art. 44 Abs. 1 vor, dass Angaben über **allergene Zutaten** eines Lebensmittels gemacht werden müssen.[104] Die LMIV gilt nach Art. 1 Abs. 4 unbeschadet der in speziellen Rechtsvorschriften der Union für bestimmte Lebensmittel enthaltenen Kennzeichnungsvorschriften, z. B. Aromen.[105] Soweit für bestimmte Lebensmittel eigene Kennzeichnungsvorschriften gelten,[106] enthalten sie für die jeweilige Produktkategorie spezifische Kennzeichnungsbestimmungen, nehmen aber gleichwohl auf die allgemeinen Kennzeichnungsvorschriften für Lebensmittel Bezug.[107] 31

Anzugeben ist zunächst die **Bezeichnung** (Art. 9 Abs. 1 lit. a) LMIV). Diese ist nach Art. 17 LMIV die in Rechtsvorschriften festgelegte Bezeichnung, bei deren Fehlen entweder die verkehrsübliche Bezeichnung oder eine beschreibende Bezeichnung, die erforderlichenfalls auch seine Verwendung beschreibt und hinreichend genau ist, um es den Verbrauchern zu ermöglichen, die Art des Lebensmittels zu erkennen und es von verwechselbaren Erzeugnissen zu unterscheiden (Art. 2 Abs. 2 lit. p LMIV). Besteht also eine gesetzlich vorgeschriebene Bezeichnung,[108] können stattdessen keine anderen, z. B. beschreibenden Bezeichnungen gewählt werden. Neben der vorgeschriebenen Bezeichnung können allerdings andere werbliche Bezeichnungen verwendet werden, solange diese nicht selbst irreführend sind bzw. für die vorgeschriebene Bezeichnung gehalten werden.[109] Zu den verkehrsüblichen Bezeichnungen, also Bezeichnungen, die von den Verbrauchern in dem Mitgliedsstaat, in dem das Lebensmittel verkauft wird, als Bezeichnung dieses Lebensmittels akzeptiert wird, ohne dass eine weitere Erläuterung notwendig wäre (Art. 2 Abs. 2 lit. o) LMIV) gehören weiterhin diejenigen, die in den **Leitsätzen des Deutschen Lebensmittelbuches** aufgeführt sind. Zwar wurden sie bislang als wichtiges Beweismittel zur Feststellung der Verkehrsauffassung i. S. d. § 11 LFGB angesehen,[110] weil sie in dem Bemühen abgefasst sind, aus der Sicht aller am Verkehr mit Lebensmitteln Beteiligten die Herstellung, Beschaffenheit und sonstige Merkmale von Lebensmitteln zu beschreiben, die für ihre Verkehrsfähigkeit von Bedeutung sind. Nachdem es aber für die verkehrsübliche Bezeichnung nunmehr in erster Linie auf die Akzeptanz des Verbrauchers ankommt, könnten Zweifel an der Eignung der Leitsätze zum Beleg dieser Akzeptanz bestehen.[111] Sofern aber die Bezeichnungen des deutschen Lebensmittelbuches über längere Zeit einheitlich und weit verbreitet benutzt worden sind, lässt sich annehmen, dass sie von den Verbrauchern akzeptiert werden.[112] Soweit Bezeichnungen in den Leitsätzen angegeben sind, gibt es daneben praktisch keine verkehrsüblichen Bezeichnungen. Sie werden damit aber nicht zu vorgeschriebenen Bezeichnungen, da alternativ auch bei Bestehen einer verkehrsüblichen Bezeichnung immer die Möglichkeit einer beschreibenden Bezeichnung gemäß Art. 17 Abs. 1 i. V. m. Art. 2 Abs. 2 lit. p LMIV gegeben ist.[113] In beschränktem Umfang kann gemäß Art. 17 Abs. 2 LMIV auch die Bezeichnung gewählt werden, unter der das Lebensmittel in einem anderen Mitgliedstaat der Europäischen Union oder einem anderen Vertragsstaat des EWR-Abkommens rechtmäßig hergestellt und vermarktet wird. 32

---

[101] Vgl. OLG Karlsruhe ZLR 1979, 231.

[102] Vgl. *Preuß* ZLR 2000, 301, 312.

[103] Verordnung (EU) Nr. 1169/2011 betreffend die Information der Verbraucher über Lebensmittel, ABl. L 304, S. 18.

[104] Vgl. hierzu die nationalen Durchführungsbestimmungen in § 2 VorlLMIEV (Vorläufige Verordnung zur Ergänzung unionsrechtlicher Vorschriften betreffend die Information der Verbraucher über die Art und Weise der Kennzeichnung von Stoffen oder Erzeugnissen, die Allergien und Unverträglichkeiten auslösen, bei unverpackten Lebensmitteln (vorläufige Lebensmittelinformations-Ergänzungsverordnung) BGBl. I, S. 1994.

[105] Deren Kennzeichnung ist in Art. 14 ff. der Verordnung (EG) Nr. 1334/2008 über Aromen geregelt.

[106] So nach der Butterverordnung, der Käseverordnung, der Verordnung über Milcherzeugnisse sowie der Konsummilch-Kennzeichnungsverordnung.

[107] Derzeit noch auf die deutsche, inzwischen aufgehobene LMKV (z. B. in § 3 Abs. 1 S. 2 MilchErzV), was aber an die LMIV anzupassen ist, vgl *Busse* ZLR 2015, 556, 598 ff.

[108] Z. B. nach den oben Rdn. 23 genannten horizontalen Vorschriften.

[109] Vgl. OLG Köln ZLR 1999, 509 m. Anm. *v. Jagow.*

[110] Vgl. *Zipfel/Rathke,* C 102, § 11 LFGB Rdn. 287 ff. m. w. N.; vgl. aber OLG Köln WRP 2012, 478: Leitsätze nicht zwangsläufig zuverlässige Abbilder des aktuellen Verbraucherverständnisses.

[111] Vgl. dazu ausführlich *Rathke* ZLR 2014, 640; Voit/*Grube* LMIV, Art. 17 Rdn. 71 ff.; *Zipfel/Rathke,* Lebensmittelrecht C 113, Art. 2 LMIV Rdn. 105 ff.

[112] Vgl. *Hagenmeyer,* LMIV-Kommentar, Art. 2 Rdn. 88; Voit/*Grube* a. a. O. Rdn. 73.

[113] Vgl. *Hagenmeyer,* LMIV-Kommentar, Art. 2 LMIV Rdn. 91.

Diese Bezeichnung muss jedoch durch beschreibende Angaben ergänzt werden, wenn der Verbraucher sonst nicht in der Lage wäre, die Art des Lebensmittels zu erkennen und es von verwechselbaren Erzeugnissen zu unterscheiden.

33 Weitere vorgeschriebene Kennzeichnungselemente, deren Fehlen unter Umständen auch zu einer Irreführung der Verbraucher führen kann, sind das **Zutatenverzeichnis** nach Maßgabe der Art. 18ff. LMIV, sowie die Angabe der Menge bestimmter Zutaten oder Gattungen von Zutaten (quantitative Zutatenkennzeichnung – QUID) nach Maßgabe des Art. 22 LMIV, die Kennzeichnung **allergener Zutaten** nach Maßgabe von Art. 21 LMIV, die **Nettofüllmenge** nach Maßgabe des Art. 23 LMIV, das **Mindesthaltbarkeitsdatum** bzw. das **Verbrauchsdatum** nach Maßgabe des Art. 24 LMIV, ggf. besondere Anweisungen für **Aufbewahrung** und/oder für die **Verwendung.** Weiterhin ist der Name und die Anschrift des **Lebensmittelunternehmers,** das **Ursprungsland** oder der **Herkunftsort,** sofern dies nach Art. 26 LMIV vorgesehen ist, ggf. eine **Gebrauchsanleitung** sowie der **Alkoholgehalt** bei Getränken mit einem Alkoholgehalt von mehr als 1,2% vol. nach Maßgabe des § 7b LMIV anzugeben.

34 **b)** Verbindlich ist ab 2016 auch eine **Nährwertkennzeichnung.** Diese war zuvor nur für solche Lebensmittel des normalen Verzehrs[114] vorgeschrieben, die mit Vitaminen, Mineralstoffen oder bestimmten anderen Stoffen, die eine ernährungsbezogene oder sonstige ernährungsbezogene Wirkung haben, angereichert sind,[115] oder wenn in der Werbung bzw. auf der Verpackung **nährwertbezogene** oder **gesundheitsbezogene Angaben** gemacht wurden.[116] Die Regelungen in Art. 29ff. LMIV sehen eine obligatorische Angabe des Brennwerts sowie des Gehalts an Fett, gesättigten Fettsäuren, Kohlenhydraten, Zucker, Eiweiß und Salz vor. Bei einem Zusatz von Vitaminen und Mineralstoffen ist deren Gehalt anzugeben, zusätzlich zur Menge auch als Prozentsatz der in Anlage XIII Teil A Nr. 1 festgelegten Referenzmengen. Dies ist auch bei einer freiwilligen Angabe von natürlich enthaltenen Vitaminen und Mineralstoffen vorgeschrieben. Zusätzlich ist auch die Angabe je Portion oder je Verzehrseinheit nach Maßgabe des Art. 33 LMIV sowie eine verkürzte Form der Nährwertkennzeichnung im Hauptsichtfeld möglich.

35 **c) Lebensmittel für eine besondere Ernährung.** Für bestimmte Lebensmittel, die für eine besondere Ernährung bestimmt sind,[117] gelten neben den Kennzeichnungsvorschriften für normale Lebensmittel noch weitere Informationspflichten. So ist nicht nur die Nährwertkennzeichnung zwingend (§ 19 Abs. 1 Nr. 3 und 4 DiätV). Darüber hinaus müssen die besonderen ernährungsbezogenen Eigenschaften bzw. der besondere Ernährungszweck sowie die Besonderheiten in der qualitativen und quantitativen Zusammensetzung oder der besondere Herstellungsprozess angegeben werden, durch die das Erzeugnis seine besonderen ernährungsbezogenen Eigenschaften erhält (§ 19 Abs. 1 Nr. 1 und 2 DiätV). Für die einzelnen Arten von diätetischen Lebensmitteln, für die, basierend auf entsprechenden Richtlinien der EU, besondere Voraussetzungen für die Zusammensetzung festgelegt sind, müssen spezifische Kennzeichnungsvorschriften beachtet werden, nämlich für **Säuglingsanfangs- und Folgenahrung** (§ 22a DiätV), **Beikost** (§ 22b DiätV), **Lebensmittel für besondere medizinische Zwecke** (§ 21 DiätV), sowie **Tagesrationen für gewichtskontrollierende Ernährung** (§ 21a DiätV). Diese Regelungen werden mit Wirkung vom 22.2.2019[118] bzw. 22.2.2020[119] durch die auf Basis der Verordnung (EU) Nr. 609/2013 erlassenen delegierten Rechtsakte ersetzt.

35a **d) Neuartige Lebensmittel.** Die Verordnung (EU) Nr. 258/97 **(Novel-Food-VO)**[120] enthält in Art. 8 Abs. 1 spezifischer Etikettierungsanforderungen über die Eigenschaften, insbesondere die Zusammensetzung und den Verwendungszweck von neuartigen Lebensmitteln, die dazu führen, dass ein derartiges Lebensmittel nicht mehr einem bestehenden Lebensmittel gleichwertig ist. Auf die spezifischen Kennzeichnungsvorschriften für Lebensmittel, die **genetisch veränderte Orga-**

---

[114] Für Lebensmittel für eine besondere Ernährung (diätetische Lebensmittel) vgl. unten Rdn. 36.

[115] Vgl. die Verordnung (EG) Nr. 1925/2006 über den Zusatz von Vitaminen und Mineralstoffen sowie bestimmten anderen Stoffen zu Lebensmitteln, ABl. EG L 404 S. 26: laut Art. 7 Abs. 3 war die Nährwertkennzeichnung bei diesen Lebensmittel in dem in Art. 4 Abs. 1 Gruppe der Richtlinie 90/496/EWG genannten Umfang („Big Eight") und zusätzlich die Angabe des Gesamtgehalts an Vitaminen und Mineralstoffen nach deren Zusatz unabhängig von einer Auslobung obligatorisch.

[116] Vgl. oben Rdn. 16.

[117] Nämliche Lebensmittel für Säuglinge und Kleinkinder, für besondere medizinische Zwecke und Tagesrationen für gewichtskontrollierende Ernährung, vgl. Verordnung (EU) Nr. 609/2013, ABl. L 181, S. 35.

[118] Delegierte Verordnung (EU) 2016/128, ABl. L 25 S. 30 (Lebensmittel für besondere medizinische Zwecke).

[119] Delegierte Verordnung (EU) 2016, 123, ABl. L 25 S. 1 (Säuglingsanfangsnahrung und Folgenahrung).

[120] Sie gilt noch bis 31.12.2017; mit Wirkung vom 1.1.2018 gilt dann die Verordnung (EU) Nr. 2015/2283.

nismen (GMO) enthalten, ist bereits oben[121] eingegangen worden. Art. 12 und 13 sowie die Verordnung (EG) Nr. 1830/2003 sehen in Art. 4 und 5 spezielle Kennzeichnungspflichten vor.[122] Während diese Vorschriften zu einer Kennzeichnung von GMO verpflichten, regelt § 3a EG-GenTDurchfG die Voraussetzungen für die Verwendung der Angabe „ohne Gentechnik". Diese (und nur diese) Angabe darf verwendet werden, wenn die in Abs. 2 bis 5 dieser Vorschrift beschriebenen Voraussetzungen erfüllt sind, also z. B. wenn ein Lebensmittel von Tieren stammt, die mit kennzeichnungspflichtigen genetisch veränderte Futtermittel erhalten haben.

e) Vertikale Kennzeichnungsvorschriften. Zusätzliche Kennzeichnungsvorschriften enthalten auch die produktspezifischen Regelungen für einzelne Lebensmittel. Diese sind überwiegend europäisches Sekundärrecht. So enthält die Verordnung (EU) Nr. 1308/2013 über eine gemeinsame Marktorganisation für landwirtschaftliche Erzeugnisse (GMO) in ihren Anhängen Regelungen über die Kennzeichnung von Lebensmitteln, die der **gemeinsamen Marktorganisation** unterliegen. Für andere Bereiche gibt es sowohl Regelungen in unmittelbar geltenden EU-Verordnungen, z. B. in der Verordnung (EG) Nr. 853/2004 mit spezifischen **Hygienevorschriften für Lebensmittel tierischen Urprungs.** Für andere Lebensmittel sind spezielle Kennzeichnungsvorschriften in Richtlinien enthalten, die in nationales Recht umgesetzt wurden. Schließlich gibt es noch einige wenige nicht harmonisierte Bereiche, in denen nationale Regelungen zur Kennzeichnung bestimmter Lebensmittel existieren. 36

aa) **Eier.** Anhang VII Teil VI der GMV sowie Art. 12 der Verordnung (EG) Nr. 589/2008 mit Durchführungsbestimmungen hinsichtlich der Vermarktungsnorm für Eier sehen sowohl eine Kennzeichnung der Eier mit dem **Erzeugercode** (bei Eiern der Klasse A) oder mit dem Erzeugercode oder einer anderen Angabe (bei Eiern der Klasse B) vor. Auf den Verpackungen sind die **Güteklasse,** die **Gewichtsklasse,** das **Mindesthaltbarkeitsdatum** und als besondere Aufbewahrungsanweisung eine Empfehlung an die Verbraucher anzugeben, die Eier nach dem Kauf bei Kühlschranktemperatur zu lagern (Art. 10 Abs. 1 Verordnung (EG) Nr. 589/2008). Außerdem ist gemäß Art. 10 Abs. 2 dieser Durchführungsbestimmungen die **Haltungsart** anzugeben, also, ob es sich um Eier aus Freilandhaltung, aus Bodenhaltung oder aus Käfighaltung handelt. Nach Art. 14 der Verordnung (EG) Nr. 589/2008 dürfen die Worte *„extra"* und *„extra frisch"* bis zum 9. Tag nach dem Legedatum als zusätzliche Qualitätsangabe auf Verpackungen verwendet werden, die Eier der Klasse A enthalten. 36a

bb) **Fisch.** Art. 35 der Verordnung (EU) Nr. 1379/2013 (Fischerei-GMO) sieht als obligatorische Verbraucherinformation die Angabe der **Handelsbezeichnung** der Art des Fisches, also des Erzeugnisses der Fischerei oder der Aquakultur gemäß Anlage I lit. a), b), c) und e) der Fischerei-GMO, und ihres wissenschaftlichen Namens vor. Daneben ist die **Produktionsmethode,** insbesondere mit den Worten *„... gefangen"* oder *„... aus Binnenfischerei ..."* oder *„... in Aquakultur gewonnen ..."*, das **Gebiet,** in dem das Erzeugnis gefangen oder in Aquakultur gewonnen wurde und die Kategorie des für den Fang eingesetzten **Geräts** (z. B. Wabennetze) und die Angabe, ob das Erzeugnis **aufgetaut** wurde, verpflichtend, wobei der Auftauhinweis in einer Reihe von Ausnahmefällen nicht angegeben werden muss. 36b

cc) **Fleisch.** Zu den vorgeschriebenen Bezeichnungen für Fleisch gehören die in Anhang VII Teil I Ziff. III A und B zur Verordnung (EU) Nr. 1308/2013 (GMO) festgelegten Bezeichnungen für Fleisch von weniger als 8 Monate alten Rindern als **Kalbfleisch** und von 8 bis weniger als 12 Monate alten Rindern als **Jungrindfleisch.** Die in Anhang I der Verordnung (EG) Nr. 853/2004 enthaltenen Begriffsbestimmungen für Fleisch und bestimmte Sorten von Fleisch und von Fleischzubereitungen sind auch von Bedeutung für eine korrekte Kennzeichnung nach Art. 17 LMIV und mit Blick auf das Irreführungsverbot des Art. 7 LMIV. So muss **Separatorenfleisch** (vgl. Anhang I Ziff. 1.14 GMO) immer als Separatorenfleisch bezeichnet werden. Weiterhin enthält Art. 5 der Verordnung (EG) Nr. 823/2004 Vorschriften zur Anbringung der **Genusstauglichkeits- und Identitätskennzeichnung** von Fleisch und Fleischerzeugnissen. Nach § 16 Tierische LM-HygieneVO dürfen Hackfleisch, das aus oder unter Verwendung von Geflügelfleisch oder von Fleisch von Einhufern hergestellt worden ist, sowie Fleischzubereitungen, die unter Verwendung von Separatorenfleisch hergestellt worden sind, nur mit dem Hinweis *„vor dem Verzehr durcherhitzen"* in den Verkehr gebracht werden. 36c

dd) **Fruchtsaft, Fruchtnektar.** In § 3 i. V. m. Anl. 1 der Fruchtsaft- und Erfrischungsgetränke-VO sind die Verkehrsbezeichnungen für Fruchtsaft und Fruchtnektar definiert, bei denen es sich 36d

---

[121] Rdn. 23.
[122] Vgl. dazu *Schröder/Vandersanden* ZLR 2008, 543, 544 ff.

um vorgeschriebene Verkehrsbezeichnungen im Sinne von Art. 17 LMIV handelt. Bei Fruchtnektaren ist außerdem die Angabe des Mindestfruchtgehalts vorgeschrieben.[123]

36e *ee)* **Honig.** Die auf der Richtlinie 2001/110/EG beruhende deutsche Honigverordnung regelt in § 3 Abs. 1 i.V.m. Anl. 1 die Bezeichnungen für Honig bzw. die verschiedenen Arten von Honig, z.B. *„Blütenhonig"*.

36f *ff)* **Kaffee.** Die auf der Richtlinie 1999/4/EG beruhende deutsche Verordnung über Kaffee, Kaffee- und Zichorien-Extrakte (KaffeeV) regelt in § 2 i.V.m. der Anlage die Bezeichnungen für Kaffee und Kaffeeerzeugnisse. Weiterhin sind in § 2 Abs. 3 bei den dort aufgeführten Erzeugnissen weitere Angaben zu machen, z.B. ***„entkoffeiniert"*** bei Röstkaffee, der höchstens 1g Koffein in 1g Kaffee Trockenmasse enthält, oder der Mindestgehalt an Kaffeeextrakt Trockenmasse bei pastenförmigem und flüssigem Kaffee-Extrakt.

36g *gg)* **Kakaoerzeugnisse.** Für Kakao und Kakaoerzeugnisse enthält die auf der Richtlinie 2000/36/EG beruhende deutsche KakaoV in § 3 Abs. 1 i.V.m. Anlage 1 eine verbindliche Bezeichnungsregelung für die in der Anlage definierten Erzeugnisse. Diese Bezeichnungen sind auch gegen missbräuchliche Verwendung geschützt.[124]

36h *hh)* **Konfitüre.** Die deutsche KonfitürenV, mit der die Richtlinie 2001/113/EG in deutsches Recht umgesetzt wurde, enthält verbindliche Kennzeichnungsvorgaben für die in Anlage 1 definierten Erzeugnisse (§ 3 Abs. 1 KonfitürenV) sowie darüber hinaus eine Verpflichtung zur Angabe u.a. des **Fruchtgehalts** durch die Angabe *„hergestellt aus … g Früchten je 100g"* und des **Gesamtzuckergehaltes** durch die Angabe *„Gesamtzuckergehalt … g je 100g"* (§ 3 Abs. 3).

36i *ii)* **Milch und Milcherzeugnisse.** Für **Milch** regelt die Konsummilch-KennzeichnungsV die verpflichtende Bezeichnung der einzelnen Kategorien, z.B. *„Vollmilch"* und die Angabe der Wärmebehandlung (§ 2 Abs. 2), sowie des Fettgehaltes (§ 3). Die Milcherzeugnisverordnung definiert verschiedene Kategorien von **Milcherzeugnissen,** z.B. Joghurt und legt die Bezeichnungen für diese Produkte fest. Sofern Milcherzeugnisse einer Wärmebehandlung unterzogen worden sind, muss dies mit in § 3 Abs. 2 Nr. 5 MilchErzV näher bestimmten Begriffen angegeben werden. Die Kennzeichnung von **Käse** ist in der KäseV geregelt, insbesondere die Angabe der dort festgelegten Bezeichnungen für Standardsorten und Gruppenerzeugnisse.

36j *jj)* **Spirituosen.** Die Verordnung (EG) Nr. 110/2008 (SpirituosenbezeichnungsV) enthält **Begriffsbestimmungen für Spirituosen** sowie einzelne Kategorien von Spirituosen. Erzeugnisse, die den definierten Kategorien von Spirituosen entsprechen, müssen unter dieser Bezeichnung vermarktet werden, z.B. „Whiskey" oder „Wodka" (Art. 9 Abs. 1). Spirituosen, die unter keine der definierten Kategorien fallen, sind als „Spirituose" zu bezeichnen (Art. 9 Abs. 2). Allerdings können die vorgeschriebenen Verkehrsbezeichnungen in den in der SpirituosenbezeichnungsV geregelten Fällen durch dort näher beschriebene, insbesondere geografische Angaben, ersetzt werden. Die geregelten Bezeichnungen unterliegen einem besonderen **Bezeichnungsschutz.**[125] Besonders strengen Vorschriften unterliegen deshalb Bezeichnung, Aufmachung und Etikettierung von Mischungen von Spirituosen (Art. 11) sowie von Getränken, bei denen Spirituosen mit nicht alkoholischen Getränken vermischt werden (vgl. Art. 10 Abs. 2).[126]

36k *kk)* **Streichfette (Butter, Margarine).** Grundregeln zur Kennzeichnung von Streichfetten enthält Anhang VII, Teil VII i.V.m. Anlage II der Verordnung (EU) Nr. 1308/2013 (GMO), z.B. *„Butter", „Milchstreichfett x%" oder „Margarine"*. Die einzelnen Streichfettsorten sind dort näher definiert. Außerdem regelt Teil VII Ziff. II 1 der GMO Anforderungen für die Verwendung des Hinweises *„traditionell"* für *„Butter"*; das Erzeugnis muss unmittelbar aus Milch oder Rahm gewonnen werden. Ergänzende Vorschriften zur Kennzeichnung von Butter enthält § 3 ButterV. Die Anlage zu § 3 Abs. 1 Margarine- und MischfettV enthält zusätzliche Definitionen und damit Bezeichnungsvorschriften für Margarine, Schmalz und Mischfettschmalz.

36l *ll)* **Wasser (Mineral-, Quell- und Tafelwasser).** Die Mineral- und TafelwasserV, mit der die Richtlinie 2009/54/EG in deutsches Recht umgesetzt ist, enthält in § 8 spezifische Kennzeichnungsanforderungen für **natürliches Mineralwasser.** Neben der Verpflichtung zur Angabe der *Art des Kohlensäurezusatzes* und bestimmter Behandlungsmethoden muss ein *Analysenauszug* sowie der *Ort der Quellnutzung* und der *Name der Quelle* angegeben werden. Bei dem Hinweis auf bestimmte

[123] § 3 Abs. 3 Nr. 4 Fruchtsaft- und ErfrischungsgetränkeV.
[124] Vgl. oben Rdn. 29.
[125] Vgl. oben Rdn. 28.
[126] Vgl. OLG Frankfurt, ZLR 2010, 458 – *„Whiskey-Cola"*.

Inhaltsstoffe oder eine besondere Eignung des Wassers sind bei den in Anlage 6 aufgeführten Angaben, z. B. *calciumhaltig*" oder bei gleichsinnigen Angaben die dort genannten Anforderungen einzuhalten. Diese Regelung ist eine speziellere Regelung im Sinne von Art. 1 Abs. 5 lit. b) der Verordnung (EG) Nr. 1924/2006 über nährwert- und gesundheitsbezogene Angaben für Lebensmittel.[127] Für **Quellwasser** (§ 10 Abs. 1 Mineral- und TafelwasserV) sowie **Tafelwasser** (§ 10 Abs. 2) enthält § 14 Mineral- und TafelwasserV zusätzliche Kennzeichnungsvorgaben, z. B. bezüglich einer etwaigen Behandlung mit ozonangereicherter Luft.

mm) **Wein.** Die Pflichtkennzeichnung für Wein unterscheidet sich nicht wesentlich von der anderer Lebensmittel. Die **Kategorien von Weinbauerzeugnissen,** wie z. B. Wein, Schaumwein oder Likörwein, sind in Anhang VII Teil II der Verordnung (EU) Nr. 1308/2013 (GMO) definiert und geregelt. Gemäß Art. 119 GMO sind diese als Bezeichnung in der Kennzeichnung zu verwenden. Daneben regelt diese Vorschrift u. a. die Verpflichtung zur Angabe der *Herkunft,* des Abfüllers und im Fall von Schaumwein die Angabe des *Zuckergehalts.* Art. 120 GMO führt eine Reihe von **fakultativen Angaben** auf, die in der Kennzeichnung gemacht werden können, z. B. das *Erntejahr* oder für andere Weine als Schaumweine die Angabe des Zuckergehalts. Für **Ursprungsbezeichnungen,** geografische Angaben und traditionelle Begriffe im Weinsektor enthalten Art. 92 ff. GMO komplizierte Regelungen und Art. 119 und 120 zusätzliche Kennzeichnungsvorgaben. Sie sind Ausdruck der durch die Verordnung (EG) Nr. 479/2008 vorangetriebenen Vereinheitlichung der Kennzeichnung von Weinbauerzeugnissen innerhalb der EU. Sie führt in Deutschland zu einer **Abkehr von dem bisherigen Qualitätsstufenmodell** hin zu dem sogenannten **Herkunftsmodell.**[128] Die Regelungen zu den geschützten Ursprungsbezeichnungen, geografischen Angaben, traditionellen Begriffe sowie der Kennzeichnung und Aufmachung bestimmter Weinbauerzeugnisse werden ergänzt durch die Verordnung (EG) Nr. 607/2009 mit Durchführungsbestimmungen. Das deutsche Weingesetz enthält in §§ 22b ff. weitere Durchführungsbestimmungen zu geografischen Bezeichnungen und zur Kennzeichnung von Weinbauerzeugnissen. Darüber hinaus enthält das WeinG weiterhin Regelungen für besondere qualitätserhöhende Angaben wie z. B. *„Qualitätswein", „Prädikatswein" oder „Eiswein".* 36m

nn) **Zucker.** Die auf der Richtlinie 2001/111/EG beruhende deutsche ZuckerartenV enthält in Anlage 1 Begriffsbestimmungen für Zuckerarten, deren Bezeichnungen in der Kennzeichnung für diese Erzeugnisse zu verwenden sind (§ 2 Abs. 1 ZuckerartenV), z. B. *„Invertflüssigzucker"* oder *„Glucosesirup".* 36n

III. Tabakerzeugnisse

1. Werbeverbote

Tabakerzeugnisse, insbesondere **Zigaretten** unterliegen aus Gründen des **Gesundheitsschutzes** besonders strengen Werbevorschriften. Die meisten Verbote im deutschen Recht beruhen aber nicht auf eigenständigen politischen Entscheidungen des deutschen Gesetzgebers, sondern auf Vorgaben der EU, die mit vorgeblichem Harmonisierungsbedarf eine nicht bestehende Gesetzgebungskompetenz im Gesundheitsbereich überspielt hat. Die dagegen gerichteten Klagen der Bundesregierung hat der EuGH zurückgewiesen.[129] Auf der sogenannten Fernseh-Richtlinie 89/552/EWG[130] beruht das in § 20 TabErzG enthaltene Verbot jeglicher Form der audiovisuellen kommerziellen Kommunikation für Tabakerzeugnisse. Dieses beinhaltet insbesondere das **Verbot,** für Tabakerzeugnisse im **Fernsehen** zu werben. Im Übrigen enthält § 19 TabErzG das Verbot der Tabakwerbung in der **Presse** oder in anderen gedruckten Veröffentlichungen mit geringfügigen Ausnahmen (§ 19 Abs. 2 TabErzG),[131] das Verbot, für Tabakerzeugnisse im **Hörfunk** (§ 19 Abs. 1 TabErzG) und in **Diensten der Informationsgesellschaft** (§ 19 Abs. 3 TabErzG) zu werben sowie umfangreiche **Sponsoringverbote.**[132] Darüber hinaus ist es nach § 21 Abs. 1 Nr. 1 TabErzG verboten, im Verkehr mit Tabakerzeugnissen oder in der Werbung für Tabakerzeugnisse Bezeichnungen, Angaben, Darstellungen etc. zu verwenden, die eine **gesundheitliche Unbedenklichkeit** oder eine günstige 37

---

[127] Vgl. EuGH ZLR 2016, 46, 56 – *Neptune Distribution.*
[128] *Braun* in Härtel, Handbuch Weinrecht, 2014, S. 133.
[129] EuGH ZLR 2000, 874 – *Tabakwerbung;* ZLR 2007, 337 – *Tabakwerbung II.*
[130] In der Fassung der Richtlinie 2007/6/EG.
[131] Vgl. dazu BGH GRUR 2011, 36 – *Unser wichtigstes Cigarettenpapier.*
[132] Sie beruhen auf der Richtlinie 2003/33/EG zur Angleichung der Rechts- und Verwaltungsvorschriften der Mitgliedsstaaten über Werbung und Sponsoring zugunsten von Tabakerzeugnissen (ABl. L 152, S. 16).

Beeinflussung von Körperfunktionen **suggerieren.**[133] Weiterhin sind nach § 21 Abs. 1 Nr. 2 TabErzG Werbeangaben verboten, die ihrer Art nach besonders dazu geeignet sind, Jugendliche oder Heranwachsende zum Rauchen zu veranlassen. Dazu zählt auch die Werbung in einer Jugendzeitschrift unabhängig davon, ob die Werbung für sich gesehen besonders dazu geeignet ist, Jugendliche zum Rauchen zu veranlassen.[134] Daneben ist auch eine Werbung verboten, die das Inhalieren des Tabakrauchs als nachahmenswert erscheinen lässt, sowie Bezeichnungen oder sonstige Angaben, die darauf hindeuten, dass Tabakerzeugnisse natürlich oder naturrein sind (§ 21 Abs. 1 Nr. 3 und 4 TabErzG). Bei diesem Verbot handelt es sich um ein abstraktes Verbot, das also nicht voraussetzt, dass die Angaben eine konkrete Irreführungsgefahr begründen. Daher hat der BGH die für eine Zigarette verwendete Angabe „100% Biotabak" als mit dem früheren § 22 Abs. 2 S. 1 Nr. 2 VTabakG unvereinbar angesehen, auch wenn der verwendete Tabak tatsächlich zu 100% aus biologischem Anbau stammt. Begründet wird dies mit dem Schutz der Verbraucher vor den Gesundheitsgefahren, die vom Konsum von Tabakerzeugnissen ausgehen.[135] Schließlich ist es seit dem 20.5.2016 verboten, Tabakerzeugnisse unter Verwendung werblicher Informationen auf Packungen, Außenverpackungen oder auf dem Tabakerzeugnis selbst in den Verkehr zu bringen, die sich auf **Geschmack, Geruch, Aromastoffe oder sonstige Zusatzstoffe oder auf deren Fehlen beziehen** oder die **Angaben über den Gehalt an Nikotin, Teer oder Kohlenmonoxid** enthalten.[136] Nach § 18 Abs. 2 Nr. 2 TabErzG ist es verboten auf der Verpackung von Tabakerzeugnissen Begriffe, Namen, Marken und bildliche oder sonstige Zeichen zu verwenden, die den Eindruck erwecken, dass ein bestimmtes Tabakerzeugnis weniger schädlich als andere sei. Diese Vorschrift verbietet damit Angaben wie „mild", „leicht" oder auch nur „medium".

2. Kennzeichnungsvorschriften

38 Die Kennzeichnungsvorschriften für Tabakerzeugnisse sind in der seit dem 20.5.2016 geltenden Tabakerzeugnisverordnung (TabErzV) enthalten, die auf der Richtlinie 2014/40/EU über die Herstellung, die Aufmachung und den Verkauf von Tabakerzeugnissen und verwandten Erzeugnissen beruht, gebieten die Anbringung umfangreicher **Warnhinweise** in einer detailliert festgelegten Weise auf den Packungen von Zigaretten, Tabak zum Selbstdrehen und Wasserpfeifentabak insbesondere kombinierte gesundheitsbezogene Warnhinweise mit **Schockbildern** (§ 14 TabErzV).

39 Vor dem Hintergrund dieser strikten gesetzlichen Werberegelungen haben die **Werberichtlinien der Zigarettenindustrie,** die eine strengere gesetzliche Regelung verhindern sollten, nur noch eine indirekte Bedeutung.[137] Sie sind von der Rechtsprechung in Ermangelung strengerer gesetzlicher Bestimmungen herangezogen worden, um ein Verbot bedenklicher Werbung, früher gestützt auf § 1 UWG a. F. unter dem Gesichtspunkt **Vorsprung durch Rechtsbruch**[138] und jetzt noch wegen der in ihnen zum Ausdruck kommenden **sittlichen Verpflichtung**[139] zu begründen.

IV. Kosmetische Mittel

1. Spezifische Irreführungsverbote

40 Kosmetische Mittel sind in § 2 Abs. 5 LFGB **definiert** als Stoffe oder Zubereitungen aus Stoffen, die dazu bestimmt sind, äußerlich am Menschen oder in seiner Mundhöhle zur Reinigung, Pflege oder zur Beeinflussung des Aussehens oder des Körpergeruchs oder zur Vermittlung von Geruchseindrücken angewendet zu werden, es sei denn, dass sie überwiegend dazu bestimmt sind, Krankheiten, Leiden, Körperschäden oder krankhafte Beschwerden zu lindern oder zu beseitigen. Diese Definition entspricht im Wesentlichen der Definition in Artikel 2 Abs. 1a der Verordnung (EG) Nr. 1223/2009 über kosmetische Mittel. Diese Verordnung gilt seit dem 11. Juli 2013 und ist sowohl für die Kennzeichnung als auch für die Werbung maßgeblich. Nach Art. 20 dürfen bei der Kennzeichnung und der Werbung für kosmetische Mittel keine Texte, Bezeichnungen, Warenzei-

[133] Verneint von BGH WRP 1988, 237, 238 = NJW-RR 1988, 667 für die Angabe – *In unserm Haus muss alles schmecken*.
[134] KG GRUR 1989, 852.
[135] BGH GRUR 2011, 633 – BIO-Tabak = ZLR 2011, 464 m. Anm. *v. Jagow.*
[136] § 18 Abs. 2 Nr. 3 TabErzG.
[137] Vgl. die Richtlinien über gesundheitsbezogene Werbung, das Leicht-Abkommen, das Mild-Abkommen sowie die Richtlinie bezüglich einer sportbezogenen Werbung, sämtlichst abgedruckt bei *Zipfel/Rathke,* C 100, § 22 LMBG Rdn. 15 ff.
[138] Vgl. BGH GRUR 1993, 756 – *Mild-Abkommen* und unten § 3a Rdn. 19.
[139] Vgl. BGH GRUR 1994, 219, 220 – *Warnhinweis;* BGH GRUR 2006, 953, 954 – *Warnhinweis II.*

chen, Abbildungen und andere bildhafte oder nicht bildhafte Zeichen verwendet werden, die Merkmale oder Funktionen vortäuschen, die die betreffenden Erzeugnisse nicht besitzen. Über § 3a ist es auch unmittelbar wettbewerbsrechtlich sanktioniert.[140] Bislang unterlagen kosmetische Mittel in § 27 LFGB einem spezifischen Irreführungsverbot, das neben § 5 UWG mit den gleichen Maßgaben anwendbar war wie das Verbot des § 11 LFGB bei der Werbung für Lebensmittel.[141] Gegenüber § 27 LFGB, der bislang noch nicht aufgehoben worden ist, genießt Art. 20 der Verordnung (EG) Nr. 1223/2009 **Anwendungsvorrang,** § 27 LFGB wäre also insoweit unanwendbar, als es den – höherrangigen – Bestimmungen der EU-Verordnung entgegensteht.[142] Während nach § 27 LFGB eine Irreführung insbesondere dann vorliegt, wenn kosmetischen Mitteln Wirkungen beigelegt werden, die ihnen nach den Erkenntnissen der Wissenschaft nicht zukommen oder die wissenschaftlich nicht hinreichend gesichert sind (§ 27 Abs. 1 Nr. 1 LFGB), dürfen nach Art. 20 Abs. 1 der Verordnung (EG) Nr. 1223/2009 für kosmetische Mittel keine Texte, Bezeichnungen, Abbildungen etc. verwendet werden, die Merkmale oder **Funktionen vortäuschen, die die betreffenden Erzeugnisse nicht besitzen.** Die hinreichende wissenschaftliche Absicherung der behaupteten Wirkung für ein kosmetisches Mittel kann sich auch schon aus einer einzelnen Arbeit ergeben, sofern diese auf überzeugenden Methoden und Feststellungen beruht.[143] Die Tatbestandsalternative, dass eine Irreführung bereits dann vorliegt, wenn Wirkungen wissenschaftlich nicht hinreichend gesichert sind, wurde schon bisher als mit den gemeinschaftsrechtlichen Vorgaben des Art. 6 Abs. 3 UAbs. 1 der durch die Verordnung (EG) Nr. 1223/2009 abgelösten EG-Kosmetikrichtlinie 76/768/EWG unvereinbar angesehen.[144] Bei richtlinienkonformer Auslegung dieser Bestimmung des § 27 LFGB musste also eine konkrete Irreführungseignung vorliegen.[145]

Als irreführende Wirkungsaussage wurde es beispielsweise angesehen, dass die Bezeichnung eines kosmetischen Mittels das Wort **„Lifting"** enthielt, sofern ein durchschnittlich informierter, aufmerksamer und verständiger Durchschnittsverbraucher daraus auf eine dauerhafte Straffungswirkung schloss.[146] Über die Person des Erfinders eines kosmetischen Mittels wird irregeführt durch die Angabe „die biologisch aktive Hautpflege-Linie entwickelt nach Erkenntnissen der Frischzellen-Therapie von Prof. Dr. med. Paul Niehans", wenn dieser Professor die Anwendung seiner Frischzellen-Therapie auf Kosmetika stets abgelehnt hat und die Präparate entgegen dem Prinzip der Frischzellen-Therapie keine frischen und biologisch aktiven Zellen enthalten.[147] Art. 20 Abs. 2 der Verordnung (EG) Nr. 1223/2009 sieht den Erlass einer Liste mit gemeinsamen Kriterien für Werbeaussagen vor, die im Zusammenhang mit kosmetischen Mitteln verwendet werden dürfen. Sie ist mit der Verordnung (EU) Nr. 655/2013 zur Festlegung gemeinsamer Kriterien zur Begründung von Werbeaussagen im Zusammenhang mit kosmetischen Mitteln (sog. **Claims-VO**) erlassen worden. **41**

Ein weiteres Irreführungsverbot für kosmetische Mittel, das gegebenenfalls neben dem Verbot des § 27 LFGB anwendbar ist,[148] enthält § 3 Nr. 1 i. V. m. § 1 Abs. 2 HWG. Danach liegt eine unzulässige irreführende Werbung vor, wenn anderen Mitteln als Arzneimitteln, zu denen nach § 1 Abs. 2 HWG auch kosmetische Mittel gehören, eine therapeutische Wirksamkeit oder Wirkungen beigelegt werden, die sie nicht haben. So sind beispielsweise Aussagen, die sich auf die **„Anti-Cellulitis"-Wirkung** von Kosmetika beziehen, an diesem spezifischen Irreführungsverbot zu messen.[149] **42**

2. Kennzeichnungsvorschriften

Art. 19 der EU-Kosmetikverordnung enthält detaillierte Kennzeichnungsvorschriften. Danach sind neben der Angabe der Nummer des Herstellungspostens **(„Chargennummer")** je nach Inhaltsstoffen spezifische **Warnhinweise** auf der Verpackung anzugeben (§ 4 KosmetikV).[150] Außer- **43**

---

[140] Vgl. BGH GRUR 2016, 418 – *Feuchtigkeitsspendendes Gel Reservoir* und unten § 3a Rdn. 85.

[141] Vgl. *Zipfel/Rathke,* C 102, § 27 LFGB Rdn. 9 und oben Rdn. 3.

[142] BGH GRUR 2016, 418, 420 – „Feuchtigkeitsspendendes Gel-Reservoir"; *Reinhardt,* KosmetikVO, Einl. Rdn. 12.

[143] BGH GRUR 2010, 359, 361 – *Vorbeugen mit Coffein!*

[144] *Natterer* in: Reinhardt, KosmetikVO, Art. 20 Rdn. 10.

[145] Vgl. BGH GRUR 2010, 359, 361 – *Vorbeugen mit Coffein!*

[146] Vgl. EuGH GRUR Int. 2000, 354; BGH GRUR 1997, 537 – *Lifting-Creme;* vgl. auch OLG Hamburg MD 2006, 595.

[147] BGH GRUR 1984, 907 – *Frischzellenkosmetik.*

[148] Vgl. *Doepner,* HWG, § 3 Rdn. 12.

[149] Vgl. OLG Köln GRUR 2000, 154.

[150] Vgl. dazu BGH GRUR 1999, 1109; GRUR 2001, 841; GRUR 2002, 709 – *Entfernung der Herstellungsnummer I–III.*

dem müssen der **Hersteller** oder eine sonst für das Inverkehrbringen des kosmetischen Mittels **verantwortliche Person,** der **Nenninhalt,** das **Mindesthaltbarkeitsdatum,** sofern das kosmetische Mittel eine Mindesthaltbarkeit von dreißig Monaten oder weniger aufweist, die **Verwendungsdauer nach dem Öffnen,** wenn die Mindesthaltbarkeit mehr als 30 Monate beträgt, der **Verwendungszweck** des Mittels, sofern dieser sich nicht aus der Aufmachung des Mittels ergibt, sowie eine **Liste der Bestandteile** nach Maßgabe des Art. 19 Abs. 1 lit. g) angegeben werden. Verstöße gegen diese Kennzeichnungsvorschriften sind in der Regel unlauter i. S. v. § 3a (ex § 4 Nr. 11).[151]

V. Arzneimittel

1. Allgemeines

44 Arzneimittel sind **Waren besonderer Art,** die zwar einerseits Krankheiten heilen sollen, von denen aber andererseits besondere **gesundheitliche Risiken, nämlich Nebenwirkungen, Wechselwirkungen und Kontraindikationen** ausgehen können. Die **Arzneimittelsicherheit** bedingt daher strenge Anforderungen an die Verkehrsfähigkeit von Arzneimitteln. Diese Voraussetzungen sind im **Arzneimittelgesetz** definiert und beinhalten Anforderungen an die **Zulassung von Arzneimitteln,** ihre **Kennzeichnung** sowie den **Verkehr** mit Arzneimitteln.[152] Auch die **Werbung** für Arzneimittel unterliegt strengen Bestimmungen.[153]

45 Diese Überlegungen haben den deutschen Gesetzgeber schon früh dazu bewogen, ein eigenes Gesetz über die Werbung auf dem Gebiete des Heilwesens zu erlassen. Das **Heilmittelwerbegesetz (HWG),** dem eine Polizeiverordnung über die Werbung auf dem Gebiete des Heilwesen voranging, stammt in seiner ursprünglichen Fassung aus dem Jahre 1965.[154] Neben der Gefahr, die von den zu bewerbenden Produkten ihrer Natur nach ausgehen kann, rechtfertigt es sich auch aus der spezifischen **psychischen Notlage** und der **mangelnden Sachkenntnis** der Laien, die durch eine Publikumswerbung angesprochen werden können.[155] Auch auf europäischer Ebene wurde die Notwendigkeit einer – harmonisierten – Regelung über die Werbung für Humanarzneimittel gesehen. Die Richtlinie 92/28/EWG über die Werbung für Humanarzneimittel[156] ist durch den **Gemeinschaftskodex** vom 6.11.2001[157] ersetzt worden und zwischenzeitlich in das nationale Recht eingeflossen, indem durch Änderung und Ergänzung des HWG deren Bestimmungen umgesetzt wurden. Im Einzelnen war allerdings streitig, ob die Umsetzung vollständig und richtig erfolgt ist und ob einige ältere Bestimmungen des HWG noch mit der Richtlinie vereinbar sind.[158] Der deutsche Gesetzgeber hat dem nunmehr durch einige Änderungen des HWG Rechnung tragen.[159]

46 Das HWG enthält sowohl **Werbeverbote** als auch **Werbebeschränkungen** (§§ 3a, 4a, 5, 6, 7, 9 bis 12), darüber hinaus ein spezifisches **Irreführungsverbot** (§ 3) sowie eine eigenständige Regelung über **Pflichtangaben** bei der Werbung für Arzneimittel (§ 4). Das HWG ist seiner Natur nach **öffentliches Recht.** Übertretungen stellen in der Regel **Ordnungswidrigkeiten** (§ 15) dar, der Verstoß gegen das Verbot der irreführenden Werbung (§ 3) ist sogar **strafbar** (§ 14). Unmittelbare zivilrechtliche Ansprüche von Wettbewerbern gewährt das HWG, ebenso wenig wie das Lebensmittelrecht, nicht. Über §§ 3, 3a (ex 4 Nr. 11 UWG) werden Verstöße gegen das HWG in der Regel zu **Wettbewerbsverstößen.**[160] Der Rechtsbruchtatbestand des UWG wird damit zur **Transmissionsvorschrift** des HWG in das Wettbewerbsrecht.[161] Im Übrigen sind HWG und UWG weitgehend **kongruent.** Insbesondere der Begriff der irreführenden Werbung i. S. v. § 3 Satz 1 HWG deckt sich weitgehend mit dem in § 5 UWG.[162]

47 Von einer gewissen Bedeutung im Wettbewerb sind für Werbung treibende Arzneimittelhersteller der **Verhaltenskodex der Mitglieder des „Arzneimittel und Kooperation im Gesund-**

---

151 Vgl. unten § 3a Rdn. 84.

152 Vgl. dazu unten § 3a Rdn. 49 ff.

153 *Doepner,* HWG, Einl. Rdn. 39.

154 Zur Entstehungsgeschichte vgl. im Einzelnen *Doepner,* a. a. O. Rdn. 1 ff.

155 Vgl. *Doepner,* HWG, Rdn. 39 m. w. N.

156 ABl. EG Nr. L 113 S. 13.

157 Richtlinie 2001/83/EG zur Schaffung eines Gemeinschaftskodex für Humanarzneimittel, ABl. EG Nr. L 311, S. 67.

158 Vgl. z. B. EuGH GRUR 2008, 267 – *Gintec; Doepner,* Einl. HWG, Rdn. 43 ff.; *Bülow/Ring/Artz/Brixius* HWG, Einf. Rdn. 6 ff., 26 ff.

159 Vgl. Artikel 5 des zweiten Gesetzes zur Änderung arzneimittelrechtlicher und anderer Vorschriften BGBl. I 2192 vom 19.10.2012.

160 Vgl. dazu näher unten § 3a Rdn. 82 f.

161 Vgl. *Doepner,* a. a. O.

162 Vgl. *Bülow/Ring/Artz/Brixius,* Einf. HWG, Rdn. 35 ff.

heitswesen e. V.“[163] Dieser enthält Verhaltensregeln für die Verbandsmitglieder im Wettbewerb, insbesondere auf dem Gebiet der Werbung. Als verbandsinterne Bestimmungen entfalten diese Wettbewerbsregeln keine Allgemeinverbindlichkeit. Sie gelten nur für die Verbandsmitglieder, die sich diesen Richtlinien unterworfen haben, nicht für Außenseiter. Allerdings wurde nach § 1 UWG a. F. ein Verstoß gegen die Wettbewerbsregeln durch ein durch sie gebundenes Unternehmen unter dem Aspekt **Vorsprung durch Rechtsbruch** als unlauter i. S. v. § 1 UWG a. F. angesehen, weil sich der gebundene Wettbewerber unter Ausnutzung der Rechts- und Vertragstreue seiner ebenfalls gebundenen Wettbewerber zur Erzielung eines rechtswidrigen Wettbewerbsvorteils bewusst und planmäßig über derartige Wettbewerbsregeln hinwegsetzt.[164] Eine Unlauterkeit im Sinne von § 3a UWG scheitert jedoch am Fehlen einer gesetzlichen Regelung.[165] Allerdings kann ein Verhaltenskodex geeignet sein, die unternehmerische Sorgfalt im Sinne des § 3 Abs. 2 UWG zu konkretisieren.[166]

2. Anwendungsbereich des HWG

Das HWG findet nicht nur auf **Arzneimittel** i. S. v. § 2 Arzneimittelgesetz (AMG) Anwendung, sondern nach § 1 Abs. 1 Nr. 1a HWG auch auf **Medizinprodukte** i. S. v. § 3 des Medizinproduktegesetzes. Es gilt nach § 1 Abs. 1 Nr. 2, Abs. 2 HWG außerdem für andere Mittel, nämlich **kosmetische Mittel** i. S. v. § 2 Abs. 5 LFGB, **Verfahren, Behandlungen** und **Gegenstände,** soweit sich die **Werbeaussage** auf die Erkennung, Beseitigung oder Linderung von **Krankheiten,** Leiden, Körperschäden oder krankhaften Beschwerden bei Mensch oder Tier **bezieht,** sowie auf **operative plastisch-chirurgische Eingriffe,** soweit sich die Werbeaussage auf die Veränderung des menschlichen Körpers ohne medizinische Notwendigkeit bezieht. Während also das HWG auf Arzneimittelwerbung unabhängig davon anwendbar ist, worauf sich die Werbeaussage bezieht, werden die genannten Mittel und Gegenstände nur dann in den Anwendungsbereich des Gesetzes einbezogen, wenn ein Krankheitsbezug hergestellt wird. Allerdings reicht nicht jeglicher Krankheitsbezug aus. Wird ein derartiges Mittel als „Vorbeugungsmittel“ beworben, kommt es auf die Auslegung im Einzelfall an, ob das Mittel nur zur **Vorbeugung** gegen eine Erkrankung eines völlig gesunden Körpers bestimmt ist oder zur Verhinderung des Spürbarwerdens vorhersehbarer Beschwerden einer bereits immanenten körperlichen Störung. Im letzteren Fall kann Vorbeugen gleichzeitig auch im Sinne von Linderung oder Beseitigung einer Krankheit verstanden werden.[167] 48

Nicht in den Anwendungsbereich des HWG fällt die sogenannte **Unternehmens- und Imagewerbung** von pharmazeutischen Unternehmen, solange diese sich nicht auch als Werbung für einzelne, erkennbare Arzneimittel darstellt.[168] Eine erkennbare Bezugnahme auf ein bestimmtes Arzneimittel kann auch dann vorliegen, wenn in einer Imagewerbung das mit dem Namen des Unternehmens identische Arzneimittel genannt wird.[169] Auch kann bei Monopräparaten die Erwähnung des arzneilichen Wirkstoffs zusammen mit dem Namen des Anbieters auf ein bestimmtes Arzneimittel hindeuten.[170] Ebenfalls nicht vom HWG erfasst werden die **Pflichtangaben nach dem AMG,** also diejenigen Angaben, die auf Behältnissen, äußeren Umhüllungen und den Packungsbeilagen nach §§ 10 ff. AMG anzubringen sind,[171] sofern kein „werblicher Überhang“[172] besteht.[173] Auch **Patientenmerkblätter** für Arzneimittel sind keine auf den Absatz von Arzneimit- 49

---

[163] Vom 7.4.2008, geändert am 5.4.2011.

[164] Vgl. BGH GRUR 1993, 756, 757 – *Mild-Abkommen* (zu den Wettbewerbsregeln der Tabakindustrie); *Doepner,* HWG, Rdn. 47 m. w. N.

[165] Vgl. unten § 3a Rdn. 19.

[166] BGH GRUR 2011, 431, 432 – *FSA-Kodex; Bülow/Ring/Artz/Brixius,* Einf. HWG Rdn. 72.

[167] Vgl. BGH NJW 1976, 393, 396 – *Novo-Petrin;* OLG Hamburg GRUR 1999, 80, 82; *Doepner* a. a. O. § 1 Rdn. 112; abweichend KG LRE 25, 58 für die Werbung für ein Sonnenschutzmittel mit Schutzwirkung vor Sonnenallergie.

[168] Vgl. BGH GRUR 1992, 873 – *Pharma-Werbespot;* GRUR 1995, 223 – *Pharma-Hörfunkwerbung.*

[169] BGH GRUR 1997, 761, 765 – *Politikerschelte.*

[170] Vgl. OLG München PharmR 1989, 126; OLG Hamburg MD 1999, 857, 860 ff.; *Doepner* WRP 1993, 445, 447; *ders.,* HWG, § 1 Rdn. 18 m. w. N.

[171] Vgl. BGH GRUR 1998, 959 – *Neurotrat forte; Doepner* a. a. O. Rdn. 19; *Bülow/Ring/Artz/Brixius,* HWG, § 1 Rdn. 3a, jeweils m. w. N.; dagegen können irreführende Angaben in einer Fachinformation gemäß § 11a AMG dem heilmittelwerberechtlichen Irreführungsverbot unterfallen, BGH GRUR 2015, 1244, 1245 – *Äquipotenzangabe in Fachinformation.*

[172] *Beuthin/Schmölz* GRUR 1999, 297, 299.

[173] Vgl. BGH GRUR 2001, 176 – *Myalgien;* GRUR 2008, 1014, 1015 f. – *Amlodipin;* OLG Köln PharmR 2006, 198; vgl. jetzt auch § 1 Abs. 7: keine Anwendung auf Verkaufskataloge und Preislisten, wenn keine über die zur Bestimmung des Arzneimittels notwendigen Angaben hinausgehende Angaben enthalten sind.

teln bezogene Werbung, wenn sie die arzneimittelrechtlichen Pflichtangaben in der Packungsbeilage lediglich durch gebrauchssichernde Hinweise ergänzen.[174] **Wissenschaftliche Darstellungen** in der Fachliteratur oder in fachlichen Vorträgen sind selbst dann vom Anwendungsbereich des HWG ausgenommen, wenn in ihnen Arzneimittel namentlich erwähnt werden.[175]

50 Dem HWG, insbesondere den in ihm enthaltenen Werbeverboten unterliegen allerdings die **heilmittelwerberechtlichen Pflichtangaben** gemäß § 4 HWG,[176] da sie ein Bestandteil der Absatzwerbung für Arzneimittel sind.[177]

3. Heilmittelwerberechtliches Irreführungsverbot

51 **Das Verbot** in § 3 HWG enthält, ähnlich den spezifischen Irreführungsverboten in § 11 LFGB für Lebensmittel oder § 27 LFGB für kosmetische Mittel, typische Irreführungstatbestände für Arzneimittel. § 3 HWG ist gegebenenfalls neben Art. 20 EU-KosmetikVO, § 27 LFGB oder §§ 3, 5 UWG anwendbar, stellt also gegenüber diesen Normen kein Spezialgesetz dar.[178]

52 **a) Irreführung über Wirksamkeit.** Eine Irreführung i. S. v. § 3 HWG liegt insbesondere dann vor, wenn Arzneimitteln, Verfahren, Behandlungen, Gegenständen oder anderen Mitteln eine **therapeutische Wirksamkeit** oder **Wirkungen** beigelegt werden, die sie nicht haben (Nr. 1). Dieser Tatbestand ähnelt den Irreführungsbeispielen in § 11 Abs. 1 Nr. 1 und § 27 Abs. 1 Nr. 1 LFGB, wenngleich im Detail Unterschiede bestehen.[179] Ebenso wie bei den eben erwähnten Tatbeständen liegt nicht nur dann eine Irreführung i. S. v. § 3 Satz 2 Nr. 1 HWG vor, wenn den dort genannten Mitteln Wirkungen beigelegt werden, die sie nicht haben, sondern auch dann, wenn die Wirkungen wissenschaftlich nicht hinreichend gesichert sind.[180] Die Irreführung kann sich auf den **Umfang der Indikationen,**[181] oder die **Wirkungsweise** beziehen.[182]

53 **b) Erfolgsversprechen, Tarnen von Werbehandlungen.** § 3 Satz 2 Nr. 2a HWG verbietet irreführende **Erfolgsversprechen,** nämlich dass der Eindruck erweckt wird, dass ein Erfolg mit Sicherheit erwartet werden kann. Hintergrund für dieses Verbot ist, dass die Individualität von Kranken zu unterschiedlich ist, so dass nach medizinischem Kenntnisstand allenfalls die Wahrscheinlichkeit eines Erfolgs, aber nicht dessen Sicherheit belegt werden kann.[183] Erfasst werden sowohl **ausdrückliche Garantieversprechen**[184] als auch **indirekte Garantieversprechen,** vor allem in Form einer **Geld-zurück-Garantie.**[185] Weiterhin ist es irreführend, wenn der Eindruck erweckt wird, dass bei bestimmungsgemäßem oder längerem Gebrauch **keine schädlichen Wirkungen** eintreten (§ 3 Satz 2 Nr. 2b HWG). Hintergrund für dieses spezifische Irreführungsverbot ist, dass praktisch alle Arzneimittel auch Nebenwirkungen haben bzw. in bestimmten Fällen auch kontraindiziert sein können.[186] Unter dieses Verbot fällt beispielsweise die blickfangmäßig herausgestellte Werbung mit der Angabe „gut verträglich" für ein Schmerzmittel[187] oder „hervorragende lokale Verträglichkeit" für Augentropfen.[188] Das wettbewerbsrechtlich bislang gemäß §§ 3, 4 Nr. 3 UWG a. F. ohnehin unzulässige **Tarnen von Werbehandlungen** wird in § 3 Satz 2 Nr. 2c HWG für die dem HWG unterfallenden Produkte ausdrücklich verboten.

---

174 *Doepner,* HWG Rdn. 21.

175 OLG Hamburg MD 1999, 857, 861; *Gröning/Mand/Reinhart* § 1 Rdn. 28 ff.; *Doepner* a. a. O. Rdn. 22.

176 Vgl. dazu unten Rdn. 67.

177 BGH GRUR 1991, 861, 861 – *Katovit;* GRUR 1996, 806, 807 – *Herz ASS; Bülow/Ring/Artz/Brixius,* HWG, § 4 Rdn. 16 ff.; *Doepner,* a. a. O. Rdn. 20 m. w. N.; a. A. *Gröning/Mand/Reinhart* § 4 Rdn. 21 ff.

178 Vgl. *Doepner,* HWG, § 3 Rdn. 12 und 14 m. w. N.

179 Z. B. können auch praktische Erfahrungen die Wirkung von Arzneimitteln absichern, vgl. *Doepner* a. a. O. Rdn. 73; *Gröning,* HWG, § 3 Rdn. 10 und 12 ff.

180 BGH GRUR 2015, 1244, 1245 – *Äquipotenzangabe in Fachinformation;* GRUR 2013, 649 – *Basisinsulin mit Gewichtsvorteil;* OLG Köln MD 1998, 829, 830; OLG Hamburg PharmR 2007, 204; *Doepner,* HWG, § 3 Rdn. 71.

181 Beispiele bei *Doepner,* HWG, § 3 Rdn. 75 f., OLG Koblenz GRUR-RR 2015, 264.

182 Z. B. KG MD 1991, 309; OLG Düsseldorf MD 2003, 914, 918; OLG Frankfurt MD 2005, 1054; MD 2006, 1179; OLG Hamburg PharmR 1994, 401, 403; OLG Karlsruhe MD 2005, 222, 226; OLG Köln GRUR 2000, 154; MD 2006, 905; OLG Oldenburg MD 2005, 1401.

183 *Bülow/Ring/Artz/Brixius* § 3 Rdn. 65.

184 Beispiele bei *Doepner,* HWG, § 3 Rdn. 84.

185 Z. B. BGH GRUR 1972, 663, 664 – *Vibrationsmassagekissen;* OLG Hamburg WRP 1966, 37; GRUR-RR 2014, 95.

186 Vgl. *Doepner,* HWG, § 3 Rdn. 93.

187 KG NJW-RR 1992, 301.

188 OLG Hamburg PharmR 2010, 548.

c) Irreführung über die Beschaffenheit und die Person des Herstellers. § 3 Satz 2 Nr. 3a HWG verbietet unwahre oder zur Täuschung geeignete Angaben über die **Zusammensetzung** oder **Beschaffenheit** von Arzneimitteln, Gegenständen oder anderen Mitteln oder über die **Art und Weise der Verfahren** oder **Behandlungen.** Vom Verbot erfasst sind nicht nur Angaben über die äußere Beschaffenheit, sondern auch die inneren sowie rechtlichen Eigenschaften eines Mittels.[189] Neben fälschlichen Angaben über die Bestandteile von Arzneimitteln[190] sind insbesondere Aussagen erfasst, die den Mitteln einen besonders natürlichen Charakter **(Naturarzneimittel)** beimessen.[191] Außerdem verbietet § 3 Satz 2 Nr. 3b HWG, der im Wortlaut fast vollständig mit § 27 Abs. 1 Nr. 3a LFGB übereinstimmt, unwahre Angaben über die **Person, Vorbildung, Befähigung** oder **Erfolge** des **Herstellers, Erfinders** oder der für sie tätigen oder tätig gewesenen Personen. In der Heilmittelwerbung ist dies in erster Linie Werbung mit nicht vorhandenen akademischen Graden oder Titeln.[192] 54

4. Werbeverbote und -beschränkungen

a) Nicht zugelassene Arzneimittel. Nach § 3a HWG ist die **Werbung für ein** zulassungspflichtiges, jedoch **nicht zugelassenes** oder als zugelassen geltendes **Arzneimittel unzulässig.** Dieses Verbot greift neben dem Straftatbestand des § 96 Nr. 5 i. V. m. § 21 Abs. 1 AMG, der das Inverkehrbringen von Arzneimitteln ohne Zulassung unter Strafe stellt, da nach § 4 Abs. 17 AMG zum Inverkehrbringen auch das Feilhalten oder das Feilbieten gehört.[193] Auch ist eine Vermarktung von Arzneimitteln ohne Zulassung in der Regel irreführend i. S. v. §§ 3 HWG, 5 UWG.[194] Gleichwohl hat dieser Tatbestand in der Judikatur i. V. m. §§ 3, 4 Nr. 11 a. F. UWG (jetzt § 3a UWG) eine erhebliche Bedeutung.[195] Die Norm wird herangezogen, wenn gegen die Werbung für Produkte vorgegangen wird, die zwar als Lebensmittel oder Kosmetika beworben werden, jedoch tatsächlich Arzneimittel sind.[196] Weiterhin verboten ist nach § 3a Abs. 2 Satz 2 HWG eine Werbung für – zugelassene – Arzneimittel, sofern sich die Werbung auf nicht zugelassene Anwendungsgebiete bezieht.[197] 55

b) Werbung in der Packungsbeilage. § 4a HWG verbietet die Werbung für – andere – Arzneimittel oder andere Mittel in der **Packungsbeilage.** Dieses Verbot steht im Zusammenhang mit dem Regime für die Angaben in der Packungsbeilage nach § 11 AMG. Nach § 11 Abs. 1 Satz 2 AMG sind zu den vorgeschriebenen Angaben – lediglich – erläuternde Angaben zulässig bzw. nach Satz 5 weitere Angaben, soweit diese mit der Verwendung des Arzneimittels im Zusammenhang stehen, für die gesundheitliche Aufklärung wichtig sind und den Angaben nach § 11a AMG (Fachinformation) nicht widersprechen. Dies bedeutet, dass § 4a HWG nicht nur die Werbung für andere als das in der Packungsbeilage beschriebene Arzneimittel, sondern jegliche Angaben für Arzneimittel verbietet, die über die nach § 11 AMG vorgeschriebenen bzw. dort zugelassenen erläuternden Angaben hinausgehen.[198] Die Vorschrift verbietet nicht die Werbung für – andere – Arzneimittel auf anderen Werbeträgern als der Packungsbeilage, auch wenn sie sich in der Packung befindet.[199] 56

c) Homöopathische Arzneimittel. Gänzlich verboten ist die Werbung mit der Angabe von **Anwendungsgebieten** für lediglich registrierte **homöopathische Arzneimittel** (§ 5 HWG). Weil diese Arzneimittel keiner Zulassung, sondern gemäß §§ 38, 39 AMG lediglich einer Registrie- 57

---

[189] Vgl. OLG Köln WRP 1988, 483, 484; *Doepner,* HWG, § 3 Rdn. 104.

[190] Z. B. OLG Frankfurt MD 1995, 426, 429; KG NJW-RR 1990, 54.

[191] Vgl. z. B. OLG Hamburg MD 1998, 221; KG MD 1996, 47, 52.

[192] Vgl. z. B. BGH GRUR 1992, 525 – *Professorenbezeichnung in der Arztwerbung II;* OLG Frankfurt MD 1994, 666.

[193] Vgl. *Doepner,* HWG, § 3a Rdn. 4.

[194] Vgl. OLG Köln PharmR 1998, 420.

[195] Vgl. unten § 3a Rdn. 82.

[196] Vgl. z. B. BGH GRUR 2000, 528 – *L-Carnitin;* GRUR 2002, 910 – *Muskelaufbaupräparate;* GRUR 2003, 631 – *L-Glutamin;* GRUR 2006, 513 – *Arzneimittelwerbung im Internet;* GRUR 2015, 811 – *Mundspülung II;* KG GRUR 2005, 170, 171.

[197] Vgl. BGH GRUR 2008, 1014 – *Amlodipin;* OLG Hamburg MD 2005, 810; Köln PharmR 1996, 212; OLG Koblenz GRUR-RR 2015, 264; OLG Köln MD 1998, 1282, 1288 f.; OLG Schleswig MD 2012, 332; GRUR-RR 2014, 347; OLG Stuttgart PharmR 1998, 290, 292 f.

[198] *Doepner,* HWG, § 4a Rdn. 1; *Bülow/Ring/Artz/Brixius,* HWG, § 4a Rdn. 3; *Gröning/Mand/Reinhart,* HWG, § 1 Rdn. 54 und § 4a Rdn. 1.

[199] OLG Hamburg MD 2000, 876, 877; *Doepner,* HWG Rdn. 2; a. A. OLG Schleswig-Holstein PharmR 2000, 324, 326.

rungspflicht unterliegen, also keine Wirksamkeitsprüfung erfolgt, dürfen gemäß §§ 10 Abs. 4 und 11 Abs. 3 AMG auf der Verpackung bzw. im Beipackzettel für homöopathische Arzneimittel keine Indikationen angegeben werden. Konsequenterweise ist danach auch eine Werbung mit Anwendungsgebieten nicht erlaubt.[200] Dieses Verbot gilt nicht für zugelassene homöopathische Arzneimittel.

58 **d) Zuwendungen und Werbegaben.** In § 7 Abs. 1 Satz 1 Nr. 1 HWG lebt die aufgehobene Zugabeverordnung bei **Zuwendungen** oder **Werbegaben** in der Absatzwerbung für Arzneimittel fort. Danach sind Zuwendungen und sonstige Werbegaben grundsätzlich unzulässig, sofern sie kostenlos sind.[201] Es dürfen nur **Gegenstände von geringem Wert,** die durch eine dauerhafte und deutlich sichtbare Bezeichnung des Werbenden oder des beworbenen Produktes oder beider gekennzeichnet sind, oder **geringwertige Kleinigkeiten** abgegeben werden.[202] Zuwendungen und Werbegaben bleiben aber unzulässig, soweit sie entgegen den Arzneimittel-Preisvorschriften gewährt werden.[203] Eine Werbegabe im Wert von € 5,00 stellt bei einer Publikumswerbung keine geringwertige Kleinigkeit dar,[204] jedoch eine Werbegabe im Wert von € 1,00.[205] Dieses Verbot gilt sowohl für Laien als auch für Fachkreise, wobei § 7 Abs. 1 Satz 2 HWG Werbegaben für Angehörige der Heilberufe darüber hinaus nur dann als zulässig ansieht, wenn sie zur Verwendung in der ärztlichen, tierärztlichen oder pharmazeutischen Praxis bestimmt sind. Ein 300g schwerer Hammer ist regelmäßig nicht dazu bestimmt, bei der ärztlichen Behandlung von Patienten eingesetzt zu werden.[206] Außerdem sind Zuwendungen, abweichend von dem grundsätzlichen Verbot von Werbegaben, auch zulässig, wenn sie in Form eines **Geld- oder Warenrabatts** erfolgen, sofern es sich nicht um Rabatte auf apothekenpflichtige Arzneimittel handelt oder er entgegen den Arzneimittel-Preisvorschriften gewährt wird.[207] Davon unberührt bleibt die Abgabe von Arzneimittelmustern gemäß § 47 Abs. 3 AMG. Schließlich sind Zuwendungen oder Werbegaben in Form von **handelsüblichem Zubehör** oder **handelsüblichen Nebenleistungen** zulässig. Als handelsüblich gilt insbesondere eine im Hinblick auf den Wert der Ware oder Leistung angemessene teilweise oder vollständige Erstattung oder Übernahme von Fahrtkosten für Verkehrsmittel des öffentlichen Personennahverkehrs, die im Zusammenhang mit dem Besuch des Geschäftslokals oder des Orts der Erbringung der Leistung aufgewendet werden (§ 7 Abs. 1 Nr. 3 HWG). Der Fahrdienst einer Klinik, der die Abholung eines Patienten an einem Sammelpunkt in einer 37 km entfernten Stadt und den Rücktransport des Patienten nach Hause über eine ggf. noch längere Wegstrecke umfasst, stellt keine handelsübliche Nebenleistung dar.[208] Schließlich sind auch **Auskünfte, Ratschläge** (§ 7 Abs. 1 Satz 1 Nr. 4 HWG) oder **Kundenzeitschriften** (§ 7 Abs. 1 Satz 1 Nr. 5 HWG) zulässig.

59 **e) Arzneimittelversand.** Das im früheren § 8 Abs. 1 HWG aufgestellte Verbot der Werbung, die darauf hinwirkt, **apothekenpflichtige Arzneimittel** im Wege des **Versandes** zu beziehen, ist nach den Entscheidungen des Bundesverfassungsgerichts vom 11.2.2003 und des EuGH vom 11.12.2003 nahezu ersatzlos weggefallen. In dem erstgenannten Beschluss[209] hat das Bundesverfassungsgericht § 8 Abs. 1 Satz 1 HWG a. F. insoweit als mit Art. 12 Abs. 1 GG unvereinbar und damit nichtig erklärt, als damit auch verboten wurde, für den Versand von Impfstoffen an Ärzte zu werben. In dem zweiten Urteil[210] hat der EuGH ausgesprochen, dass das in § 43 Abs. 1 AMG enthaltene nationale Verbot des Versandhandels mit Arzneimitteln – diese Vorschrift war teilweise durch die vorerwähnte Entscheidung des Bundesverfassungsgerichts vom 11.2.2003 für nichtig erklärt worden – allenfalls gerechtfertigt sein könnte, soweit dieses Verbot verschreibungspflichtige Arzneimittel betrifft. Nunmehr verbietet § 8 HWG nur noch, Arzneimittel im Wege des **Teleshoppings** oder bestimmte Arzneimittel im Wege der **Einzeleinfuhr** zu beziehen. Die Übersendung von Listen

---

[200] Vgl. BGH GRUR 2012, 647 – *Injectio:* Verbot der Werbung mit Anwendungsgebieten auch dann, wenn in der Werbung Pflichtangaben nach §§ 10, 11 AMG aufgeführt sind; OLG Hamm PharmR 2013, 173.

[201] Vgl. BGH GRUR 2015, 504 – *Kostenlose Zweitbrille;* GRUR 2015 813 – *Fahrdienst zur Augenklinik;* GRUR 1990, 1041, 1042 – *Fortbildungs-Kassetten;* GRUR 2003, 624, 625 – *Kleidersack.*

[202] Zur Weitergeltung des § 7 nach Aufhebung der Zugabeverordnung z. B. OLG Frankfurt MD 2005, 923.

[203] Vgl. zur Begründung dieser 2013 eingeführten Verschärfung OLG Düsseldorf GRUR-RR 2015, 31.

[204] BGH GRUR 2010, 1136, 1138 – *UNSER DANKESCHÖN FÜR SIE.*

[205] BGH GRUR 2010, 1133 – *Bonuspunkte;* dies gilt nicht mehr bei Verstößen gegen die Arzneimittelpreisvorschriften vgl. OLG Frankfurt GRUR-RR 2015, 31.

[206] OLG Hamburg GRUR-RR 2015, 28.

[207] Vgl. BGH GRUR 2010, 1131 – *Bonuspunkte;* BGH GRUR 2010, 1136 – *UNSER DANKESCHÖN FÜR SIE.*

[208] BGH GRUR 2015, 813 – *Fahrdienst zur Augenklinik.*

[209] NJW 2003, 1027.

[210] GRUR 2004, 174.

nicht zugelassener oder nicht registrierter Arzneimittel, deren Einfuhr aus einem anderen Mitgliedsstaat der EU oder des EWR nur ausnahmsweise zulässig ist, an Apotheker ist zulässig, soweit die Listen nur Informationen über die Bezeichnung, die Packungsgrößen, die Wirkstoffe und den Preis dieses Arzneimittels enthalten.[211]

f) Fernbehandlung von Krankheiten. Eine Werbung für die **Fernbehandlung von Krankheiten,** also für die Erkennung oder Behandlung von Krankheiten, Leiden, Körperschäden oder krankhaften Beschwerden, die nicht auf eigener Wahrnehmung an dem zu behandelnden Menschen oder Tier beruhen, ist nach § 9 HWG verboten. Dieses Verbot beruht letztlich darauf, dass auch die Fernbehandlung als solche unerwünscht ist, weil nur im Gespräch und gegebenenfalls durch unmittelbaren körperlichen Kontakt mit dem Patienten eine individuelle Diagnose unter Berücksichtigung der Vorgeschichte der Krankheit und durch unmittelbare Wahrnehmung am Körper des Patienten möglich ist.[212] 60

g) Verschreibungspflichtige Arzneimittel. Außerhalb der Fachkreise verboten ist nach § 10 HWG die Werbung für **verschreibungspflichtige Arzneimittel**[213] sowie für Arzneimittel, die psychotrope Stoffe mit der Gefahr der Abhängigkeit enthalten und die dazu bestimmt sind, beim Menschen die **Schlaflosigkeit**[214] oder **psychische Störungen** zu beseitigen oder die **Stimmungslage** zu beeinflussen. Arzneimittel, die die Stimmungslage beeinflussen sollen, müssen ebenfalls Psychopharmaka im pharmakologischen Sinne sein oder durch die Werbung dazu bestimmt sein, wenn das Werbeverbot des § 10 Abs. 2 3. Altern. HWG eingreifen soll.[215] 61

h) Spezifische Werbeverbote außerhalb der Fachkreise. Ebenfalls auf die Werbung außerhalb der Fachkreise beschränkt sind die Verbote der Werbung mit **fachlichen Empfehlungen und Prüfungen** (§ 11 Abs. 1 Nr. 2 HWG),[216] die **Werbung mit Krankengeschichten,** wenn diese in missbräuchlicher, abstoßender oder irreführender Weise erfolgt oder durch eine ausführliche Beschreibung oder Darstellung zu einer falschen Selbstdiagnose verleiten kann (§ 11 Abs. 1 Nr. 3 HWG),[217] die **Werbung mit** der **bildlichen Darstellung von körperlichen Veränderungen** oder mit der **bildlichen Darstellung des Wirkungsvorganges,** sofern dies in missbräuchlicher, abstoßender oder irreführender Weise erfolgt (§ 11 Abs. 1 Nr. 5 HWG),[218] mit Werbeaussagen, die nahelegen, dass die Gesundheit durch die Nichtverwendung des Arzneimittels beeinträchtigt oder durch die Verwendung verbessert werden könnte (**Angstwerbung,** § 11 Abs. 1 Nr. 7 HWG),[219] durch **Werbevorträge,** mit denen ein Feilbieten oder eine Entgegennahme von Anschriften verbunden ist (§ 11 Abs. 1 Nr. 8 HWG),[220] mit **Veröffentlichungen,** deren **Werbezweck missverständlich** oder **nicht deutlich erkennbar** ist (§ 11 Abs. 1 Nr. 9 HWG). Dieses Verbot hat wegen des grundsätzlichen Verbotes getarnter Werbung gemäß § 3 Nr. 2c HWG nur geringe Bedeutung, zumal es tatbestandlich enger ist, da es sich nur auf Veröffentlichungen sowie nur auf die Werbung außerhalb der Fachkreise bezieht.[221] Mit **Äußerungen Dritter,** insbesondere **Dank-, Anerkennungs- oder Empfehlungsschreiben** oder mit Hinweisen auf solche Äußerungen, wenn diese in missbräuchlicher, abstoßender oder irreführender Weise erfolgen, darf außerhalb der Fachkreise 62

---

[211] Diese Ergänzung des § 8 beruht auf dem Urteil des EuGH GRUR 2008, 264 – *Ludwigs-Apotheke München internationale Apotheke pp.,* wonach § 8 mit dem Gemeinschaftskodex unvereinbar war, soweit er auch für die jetzt in § 8 angesprochene Übersendung von Listen galt.

[212] Vgl. *Doepner,* HWG, § 9 Rdn. 5; vgl. auch OLG Köln GRUR-Prax 2012, 490.

[213] Z. B. OLG Frankfurt GRUR-RR 2007, 118; zur Verfassungsmäßigkeit der Vorschrift im Bereich der Selbstdarstellung der Ärzte BVerfG GRUR 2004, 797 – *(Botox-)Faltenbehandlung.*

[214] Vgl. z. B. BGH GRUR 1979, 646 – *Klosterfrau Melissengeist;* OLG Hamm MD 1996, 1183, 1184; LG Kiel MD 1997, 667.

[215] BGH WRP 2000, 502, 504ff. – *Johanniskraut-Präparat;* a. A. OLG Hamburg MD 1997, 990; *Doepner,* HWG, § 10 Rdn. 46

[216] Vgl. BGH GRUR 1991, 701, 702f. – *Fachliche Empfehlung I,* GRUR 1991, 929, 930 – *Fachliche Empfehlung II;* GRUR 1998, 498, 499 – *Fachliche Empfehlung III;* GRUR 2012, 1058 – *Euminz;* da die Richtlinie 2001/83/EG nur die Empfehlung von Arzneimitteln durch bestimmte Personengruppen verbietet, wurde § 11 Abs. 1 Nr. 2 HWG dahingehend angepasst, dass nur noch Angaben oder Darstellungen verboten sind, die sich auf eine Empfehlung von Wissenschaftlern, von den im Gesundheitswesen tätigen Personen oder anderen Personen, die aufgrund ihrer Bekanntheit zum Arzneimittelverbrauch anregen können, beziehen, vgl. Fn. 191; zur Neufassung von § 11 Abs. 1 Nr. 2 OLG Frankfurt GRUR-RR 2014, 410; OLG Karlsruhe WRP 2015, 393.

[217] Z. B. BGH GRUR 1981, 435 – *56 Pfund abgenommen.*

[218] Vgl. z. B. OLG Düsseldorf GRUR 1989, 137.

[219] Vgl. z. B. BGH GRUR 1986, 902 – *Angstwerbung;* OLG Hamburg MD 1998, 1246, 1247.

[220] Zur Richtlinienkonformität Gröning/Mand/*Reinhart,* HWG, § 11 Nr. 8 Rdn. 3.

[221] Vgl. *Doepner,* HWG, § 11 Nr. 9 Rdn. 7.

ebenfalls nicht geworben werden (§ 11 Abs. 1 Nr. 11 HWG). Dieses Verbot hat neben § 11 Nr. 1 und 2 HWG, die als Spezialvorschriften vorgehen,[222] eine eigenständige Bedeutung im Hinblick auf Äußerungen Dritter, die nicht den Fachkreisen angehören. Die Vorschrift setzt nicht voraus, dass die Äußerungen von einer tatsächlich lebenden, namentlich oder sonst individualisierten Person herrühren. Ausreichend ist, dass die Äußerung, mit der geworben wird, dem angesprochenen Verkehr den Eindruck vermittelt, ein Dritter habe sich entsprechend geäußert.[223] Werbemaßnahmen, die sich ausschließlich oder überwiegend an **Kinder unter 14 Jahren** richten, sind nach § 11 Abs. 1 Nr. 12 HWG verboten. Kinder sind in besonderem Maße einer Gefahr unsachlicher Beeinflussung durch an sie gerichtete Werbemaßnahmen ausgesetzt, der dieses Verbot begegnen soll.[224] Mit **Preisausschreiben, Verlosungen** oder anderen Verfahren, deren Ergebnis vom **Zufall** abhängig ist, darf außerhalb der Fachkreise ebenfalls nicht geworben werden, sofern diese Maßnahmen oder Verfahren einer unzweckmäßigen oder übermäßigen Verwendung von Arzneimitteln Vorschub leisten (§ 11 Abs. 1 Nr. 13 HWG).[225] Anders als in der Werbung für sonstige Produkte, für die in erster Linie §§ 3, 4 Nr. 5 und 6 UWG einschlägig sind, kommt es bei diesem Verbot nicht darauf an, ob die Teilnahme an dem Preisausschreiben etc. mit dem Erwerb des Arzneimittels, Verfahrens usw. unmittelbar oder mittelbar verknüpft ist. Schließlich ist die Abgabe von **Mustern** oder **Proben von Arzneimitteln** oder durch **Gutscheine** dafür sowie die nicht verlangte Abgabe von Mustern oder Proben von **anderen Mitteln oder Gegenständen** oder durch Gutscheine dafür gemäß § 11 Abs. 1 Nr. 14 und 15 HWG verboten. Während also die kostenlose Abgabe von Arzneimittelmustern an Laien in jedem Fall unzulässig ist, gilt dies in Bezug auf andere Mittel, also kosmetische Mittel, oder Gegenstände nur für die unverlangte Abgabe. Weitergehende Voraussetzungen, wie z. B. die Unentgeltlichkeit der Abgabe, enthält dieses Verbot nicht.[226]

63 Das Verbot der Werbung mit der Angst, mit Werbevorträgen, mit denen eine Entgegennahme von Anschriften verbunden ist, mit getarnter Werbung, mit Äußerungen Dritter sowie mit Werbemaßnahmen gegenüber Kindern (§ 11 Abs. 1 Nr. 7–9, 11 und 12 HWG) gilt gemäß § 11 Abs. 1 Satz 2 HWG auch für **Medizinprodukte.**

64 § 11 Abs. 2 HWG verbietet außerhalb der Fachkreise eine bestimmte Form der **vergleichenden Werbung,** nämlich Angaben, die nahelegen, dass die Wirkung des Arzneimittels einem anderem Arzneimittel oder einer anderen Behandlung entspricht oder überlegen ist. Dieses Verbot stellt eine Einschränkung der nach § 6 UWG grundsätzlich erlaubten vergleichenden Werbung dar, was nach Art. 8 Abs. 2 der Richtlinie 2006/114/EG über irreführende und vergleichende Werbung zulässig ist, da danach Rechtsvorschriften der Gemeinschaft, die auf die Werbung für bestimmte Waren anwendbar sind, unberührt bleiben. Art. 90 lit. b der Richtlinie 2001/83/EG zur Schaffung eines Gemeinschaftskodexes für Humanarzneimittel enthält eine Regelung, die durch § 11 Abs. 2 HWG umgesetzt wurde.[227] Die Vorschrift verbietet keine Werbung mit Preisvergleichen und gilt nur für Humanarzneimittel.[228]

65 **i) Publikumswerbung bei schweren Krankheiten.** Die **Publikumswerbung** für Arzneimittel, andere Mittel, Verfahren, Behandlungen oder Gegenstände ist gemäß § 12 HWG untersagt, soweit es um die Erkennung, Beseitigung oder Linderung von Krankheiten geht, die in der Anlage zum HWG aufgeführt sind. In Bezug auf Arzneimittel darf die Werbung sich auch nicht auf die Verhütung dieser Krankheiten beziehen. Für Medizinprodukte gilt dies für die in Abschnitt A dieser Anlage aufgeführten Krankheiten(mit Ausnahme von Nr. 2). Es handelt sich jetzt nur noch um eine Reihe von **besonders schweren Krankheiten,** wie Krebs und Suchterkrankungen. Dagegen bezieht sich das Werbeverbot für Verfahren oder Behandlungen nicht auf solche, die in Heilbädern, Kurorten und Kuranstalten erbracht werden (§ 12 Abs. 2 Satz 2 HWG). In Entscheidungen zur früheren Fassung des § 12 HWG, die sich auf einen größeren Katalog von Krankheiten bezog, wurde angenommen, dass eine werbende Angabe i. S. v. § 12 i. V. m. der Anlage zum HWG auch in

---

[222] Vgl. *Doepner,* HWG, § 11 Nr. 11 Rdn. 7; *Bülow/Ring/Artz/Brixius,* HWG, § 11 Abs. 1 Nr. 11 Rdn. 8.

[223] BGH GRUR 1992, 874, 875 – *Hyanit;* weitere Beispiele für eine verbotene Werbung mit Äußerungen Dritter bzw. mit Hinweisen auf Äußerungen Dritter bei *Doepner,* HWG, § 11 Nr. 11 Rdn. 21 f.; OLG Karlsruhe GRUR-RR 2015, 487; zur Vereinbarkeit der früheren Fassung der Vorschrift mit den Richtlinien 2001/82/EG und 92/28/EWG vgl. BGH GRUR 2005, 1067 – *Konsumentenbefragung* und GRUR 2009, 179 – *Konsumentenbefragung II.*

[224] Vgl. *Doepner,* HWG, § 11 Nr. 12 Rdn. 4.

[225] Vgl. BGH GRUR 2014, 689 – *Testen Sie Ihr Fachwissen;* zur Vereinbarkeit der früheren Fassung der Vorschrift mit den Richtlinien 2001/82/EG und 92/28/EWG vgl. BGH GRUR 2005, 1067 – *Konsumentenbefragung* und EuGH GRUR 2008, 267 – *Gintec.*

[226] Vgl. *Bülow/Ring/Artz/Brixius* § 11 Abs. 1 Nr. 14 Rdn. 14.

[227] Vgl. *Bülow/Ring/Artz/Brixius* § 11 Abs. 2 Rdn. 1 ff.

[228] Vgl. *Bülow/Ring/Artz/Brixius,* a. a. O. Rdn. 6.

einer **Arzneimittelbezeichnung** selbst enthalten sein kann.[229] Daher greift das Verbot auch dann ein, wenn eine **Erinnerungswerbung** i. S. v. § 4 Abs. 6 HWG vorliegt.[230]

j) Werbung mit Gutachten oder Zeugnissen gegenüber Fachkreisen. Eine besondere Werbebeschränkung bei der **Werbung gegenüber Fachkreisen** enthält § 6 HWG. Danach ist eine Werbung unzulässig, wenn **Gutachten** oder **Zeugnisse** veröffentlicht oder erwähnt werden, die **nicht von wissenschaftlich oder fachlich hierzu berufenen Personen** erstellt worden sind und nicht die **Angabe** des Namens, Berufes und Wohnortes des **Gutachters** oder Aussteller des Zeugnisses sowie den **Zeitpunkt** der Ausstellung des Gutachtens oder Zeugnisses enthalten (§ 6 Nr. 1 HWG). Auch darf in der Werbung nicht auf wissenschaftliche, fachliche oder sonstige Veröffentlichungen Bezug genommen werden, ohne dass aus der Werbung hervorgeht, ob die Veröffentlichung das Arzneimittel, das Verfahren, die Behandlung, die Gegenstände oder ein anderes Mittel selbst betrifft, für die geworben wird, und ohne dass der Name des Verfassers, der Zeitpunkt der Veröffentlichung und die Fundstelle genannt werden (§ 6 Nr. 2 HWG). Schließlich ist eine Werbung unzulässig, wenn aus der Fachliteratur entnommene **Zitate, Tabellen** oder sonstige **Darstellungen** nicht **wortgetreu** wiedergegeben werden (§ 6 Nr. 3 HWG).[231] Der damit verbundene Zwang zur sorgfältigen Bezugnahme auf wissenschaftliche Veröffentlichungen soll einer **Irreführung der Fachkreise** vorbeugen.[232] Da es sich um einen **abstrakten Gefährdungstatbestand** handelt, kommt es nicht darauf an, ob die in den Gutachten, Veröffentlichungen etc. enthaltenen Aussagen inhaltlich zutreffend sind oder nicht.[233] 66

5. Pflichtangaben

§ 4 HWG enthält ein kompliziertes Geflecht von Informationsverpflichtungen, die im Zusammenhang mit den nach dem AMG vorgeschriebenen Pflichtangaben auf der **Verpackung** und in der **Packungsbeilage** stehen. Die Vorschrift soll zu einer **Versachlichung der Arzneimittelwerbung** führen, indem die vorgeschriebenen Informationen es dem Werbeadressaten ermöglichen, sich ein nicht nur einseitiges Bild vom Wert eines vom Werbenden angebotenen Arzneimittels zu machen und eine möglichst rationale Entscheidung darüber zu treffen, ob das angebotene Arzneimittel seinen gesundheitlichen Bedürfnissen entspricht und ein Kauf für ihn sinnvoll erscheint.[234] Dementsprechend sind jedenfalls gegenüber Fachkreisen im Wesentlichen die gleichen Angaben zu machen wie auf dem Beipackzettel des Arzneimittels selbst, nämlich der **Name** oder die Firma und der Sitz des **pharmazeutischen Unternehmers,** die **Bezeichnung des Arzneimittels,** die **Zusammensetzung des Arzneimittels gemäß § 11 Abs. 1 Nr. 2 AMG,** die **Anwendungsgebiete,** die **Gegenanzeigen,** die **Nebenwirkungen** und **Warnhinweise,** soweit sie für die Kennzeichnung der Behältnisse und äußeren Umhüllungen vorgeschrieben sind, die Angabe **„verschreibungspflichtig"** bei verschreibungspflichtigen Arzneimitteln sowie die **Wartezeit bei Arzneimitteln,** die zur Anwendung bei Tieren bestimmt sind, die der Gewinnung von Lebensmitteln dienen (§ 4 Abs. 1 S. 1 HWG). Bei **traditionellen pflanzlichen Arzneimitteln,** die nach dem AMG registriert sind, muss die Werbung einen spezifischen Hinweis enthalten (§ 4 Abs. 1 S. 2 HWG). Bei einer **Werbung außerhalb der Fachkreise** kann zwar die Angabe des Namens des pharmazeutischen Unternehmers, der Zusammensetzung, der Gegenanzeigen und Nebenwirkungen entfallen. Dafür muss jedoch der Text **„Zu Risiken und Nebenwirkungen lesen Sie die Packungsbeilage und fragen sie Ihren Arzt oder Apotheker"** gut lesbar[235] und deutlich abgesetzt angegeben werden (§ 4 Abs. 3 HWG). Nach einer **Werbung in audiovisuellen Medien** genügt die Angabe dieses Textes. Die Pflichtangaben im Übrigen können ganz entfallen (§ 4 Abs. 5 Satz 2 HWG). Überhaupt keine Pflichtangaben sind für eine **Erinnerungswerbung** erforderlich, nämlich wenn ausschließlich mit der Bezeichnung eines Arzneimittels oder zusätzlich mit dem Namen, der Firma, der Marke des pharmazeutischen Unternehmers oder dem Hinweis 67

---

[229] Vgl. BGH GRUR 1983, 595, 596f. – *Grippewerbung III;* GRUR 1996, 806, 807 – *Herz ASS.*

[230] BGH GRUR 1996, 806, 807 – *Herz ASS.*

[231] Zur Frage, wann ein aus der Fachliteratur übernommenes Zitat vorliegt, vgl. OLG Hamburg PharmR 2013, 321.

[232] Vgl. *Doepner,* HWG, § 6 Rdn. 5; *Bülow/Ring/Artz/Brixius,* HWG, § 6 Nr. 1 Rdn. 2.

[233] *Doepner* a. a. O. Rdn. 11.

[234] Vgl. Begründung des Regierungsentwurfs, BT-Drucks. 7/360, 67; BGH GRUR 1987, 301, 302 – *6-Punkt-Schrift;* BGH GRUR 1991, 860, 862 – *Katovit; Doepner,* HWG, § 4 Rdn. 9.

[235] Vgl. dazu BGH GRUR 1987, 301, 302 – *6-Punkt-Schrift;* GRUR 1988, 68, 69f. – *Lesbarkeit I;* GRUR 1988, 70, 71 – *Lesbarkeit II;* GRUR 1988, 71, 72f. – *Lesbarkeit III;* GRUR 1993, 52 – *Lesbarkeit IV;* GRUR 1991, 859, 860 – *Leserichtung für Pflichtangaben.*

„Wirkstoff" geworben wird (§ 4 Abs. 6 HWG).[236] Grundsätzlich sind die Pflichtangaben auch bei einer Werbung für Arzneimittel im **Internet** erforderlich.[237] Wenn allerdings die Werbung im Internet nach Art eines Videoclips in bewegten Bildern dargestellt wird, kann das Privileg des § 4 Abs. 5 Satz 2 HWG für die Werbung in audiovisuellen Medien eingreifen.[238]

[236] Nicht gegeben, wenn ein neues Generikum einem bekannten Originalmedikament bildlich gegenübergestellt wird und der Begleittext suggeriert, dass das Generikum eine gleich gute Wirkung aufweist wie das altbekannte Mittel, OLG Köln MD 2007, 290.

[237] Die Pflichtangaben müssen aber nicht in der Anzeige im Internet selbst enthalten sein, sondern können auch auf einer neuen Internetseite angebracht sein, auf die in der Anzeige über einen eindeutig als solchen erkennbaren Link verwiesen wird, BGH GRUR 2014, 94 – *Pflichtangaben im Internet*.

[238] BGH GRUR 2010, 749, 753 – *Erinnerungswerbung im Internet*.

J. Berufsspezifische Regelungen

Inhaltsübersicht

	Rdn.
I. Allgemeines	1
II. Rechtsberatende Berufe	3
1. Rechtsanwälte	4
a) Werbeverbot	5
b) Neuregelung des Standesrechts	6
c) Sachliche Unterrichtung	7
aa) Medien	8
bb) Sponsoring	9
cc) Teilbereiche der Berufstätigkeit	10
dd) Fachanwaltsbezeichnung	11
ee) Mediator	12
ff) Kooperationen	13
2. Notare	14
3. Rechtsberater	15
4. Steuerberater und Steuerbevollmächtigte	16
III. Heilberufe	18
1. Ärzte	19
a) Erlaubte Information	22
b) Verbotene Werbemaßnahmen	25
c) Sonstige verbotene wettbewerbliche Werbemaßnahmen	26
d) Haftung Dritter	28
2. Zahnärzte	29
3. Tierärzte	32
4. Heilpraktiker	33
5. Physiotherapeuten	34
6. Apotheker	35

Schrifttum: *von Falkenhausen,* Darf der Rechtsanwalt in Praxis werben?, NJW 1992, 25; *Faßbender,* Von Fachanwälten und selbsternannten „Spezialisten" – Ein Beitrag zu den zulässigen Grenzen werblicher Äußerungen von Rechtsanwälten, NJW 2006, 1463; *Hartung/Scharmer,* Berufs- und Fachanwaltsordnung, 5. Aufl. 2012; *Henssler/Prütting,* Bundesrechtsanwaltsordnung, 4. Aufl. 2014; *Huff,* Werbung und Marketing des Rechtsanwalts, MDR 1999, 464; *Kleine-Cosack,* Das Werberecht der rechts- und steuerberatenden Berufe, 7. Aufl. 2015; *ders.,* Berufs- und Fachanwaltsordnung für Rechtsanwälte, NJW 1997, 1257; *ders.,* Vom Universalnotar zum Spezialisten- Werbefreiheit der Notare, NJW 2005, 1230; *Piper,* Zur wettbewerbs- und berufsrechtlichen Bedeutung des Werbeverbots der ärztlichen Berufsordnungen, FS Brandner, S. 449 ff.; *Ringer,* Anwaltswerbung in Deutschland und England, Köln 2016; *Rennen/Caliebe,* Rechtsdienstleistungsgesetz, 4. Aufl. 2015; *Ringer,* Anwaltswerbung in Deutschland und England, 2016; ; *Römermann,* Anwaltliches Werberecht – Verfassungswidrigkeit des § 7 BerufsO, MDR 1999, 1479.

I. Allgemeines

1 Für fast alle Berufe – vom Bäcker bis zum Schornsteinfeger – bestehen Vorschriften, die die Zulassung zum Beruf und die Ausübung des Berufs regeln. Die Verletzung dieser Vorschriften zieht primär die in ihnen vorgesehenen Sanktionen, häufig verwaltungsrechtlicher Art, nach sich, kann jedoch im Einzelfall unter dem Gesichtspunkt des Vorsprungs durch Rechtsbruch auch wettbewerbsrechtlich relevant sein (s. die Kommentierung zu § 3a, ex § 4 Nr. 11). Unter wettbewerbsrechtlichen Gesichtspunkten ist es vor allem eine Berufsgruppe, die mehr als andere Gefahr läuft, mit dem Wettbewerbsrecht zu kollidieren, nämlich diejenige der so genannten freien Berufe. Diese sollen daher im Folgenden ausführlicher dargestellt werden. Die Berufsgruppe der „freien" Berufe, die in § 1 Abs. 2 PartnerschaftsgesellschaftsG definiert ist, unterliegt strengeren Regelungen hinsichtlich ihres Verhaltens im Wettbewerb als andere Berufe. Insbesondere die Angehörigen der **Heilberufe** sowie der **rechtsberatenden Berufe** üben wegen der aus ihrer besonderen Geschichte heraus gewachsenen Funktion **kein Gewerbe** aus. Ihre Berufsausübung ist nicht nur durch staatliche **Zugangsregelungen** (z. B. BRAO, Gesetz über die Ausübung der Zahlheilkunde, Gesetz über das Apothekenwesen), sondern durch **Berufsordnungen** geregelt. Die Angehörigen dieser Berufe sind zwangsweise in **Kammern** organisiert, für die **Berufsgerichte** eingerichtet sind. Die damit

verbundenen Einschränkungen der Berufsfreiheit sind an **Art. 12 GG** zu messen.[1] Dies gilt vor allem für die berufsrechtlichen **Werbebeschränkungen.**[2]

2 Diese berufsrechtlichen Besonderheiten ziehen für die Betroffenen eine zusätzliche Beschränkung der Berufsausübung nach sich. Freiberufler unterliegen damit nicht nur den normalen Schranken des Wettbewerbsrechts, also beispielsweise dem Verbot der Irreführung gemäß §§ 3, 5.[3] Die besonderen berufsrechtlichen Regelungen bringen den Freiberufler über den Unlauterkeitstatbestand des **Rechtsbruchs** (§ 3a, ex § 4 Nr. 11) in besonderem Maße in den Fokus des Wettbewerbsrechts.[4]

II. Rechtsberatende Berufe

3 Rechtsanwälte, Notare und Rechtsberater unterliegen besonderen Vorschriften über berufswidrige Werbung, zulässige Berufsbezeichnungen und Formen der Zusammenarbeit sowie über die Art der Niederlassung.

1. Rechtsanwälte

4 Sedes materiae für die Berufsausübungsregelungen für Rechtsanwälte ist die Bundesrechtsanwaltsordnung (BRAO). Sie schützt die Allgemeinheit vor unzuverlässiger und unsachgemäßer Rechtspflege[5] und stellt zunächst klar, dass der Rechtsanwalt ein unabhängiges Organ der Rechtspflege ist (§ 1 BRAO) und einen freien Beruf, **kein Gewerbe** ausübt (§ 2 Abs. 1 und 2 BRAO). Der Anwalt dient also in erster Linie dem Recht und soll sich nicht vom Streben nach Gewinn, sondern von der Absicht der Rechtsdurchsetzung für seine Mandanten leiten lassen.[6] Diese besondere Stellung erfordert ein anderes Verhalten im Umgang mit der Öffentlichkeit, insbesondere bei der Kontaktaufnahme zu Rechtssuchenden. Dies folgt aus § 43 BRAO. Nach dieser Norm hat der Rechtsanwalt seinen Beruf gewissenhaft auszuüben und sich innerhalb und außerhalb des Berufes der Achtung und des Vertrauens würdig zu erweisen, welche die Stellung des Rechtsanwalts erfordert.

5 **a) Werbeverbot.** Ursprünglich war dem Rechtsanwalt **Werbung** nahezu vollständig untersagt. Dies sahen **Standesrichtlinien** vor, die gestützt auf § 43 BRAO ein praktisch umfassendes Werbeverbot enthielten[7]. Nachdem das BVerfG die Standesrichtlinien als zur Einschränkung der anwaltlichen Berufsausübung ungeeignet angesehen hatte,[8] gab es während einer längeren Übergangszeit nur das unmittelbar aus § 43 BRAO hergeleitete Verbot der berufswidrigen Werbung. Danach waren aufdringliche Werbemethoden untersagt wie z.B. die reklamehafte Selbstanpreisung und das unaufgeforderte Herantreten an potentielle Mandanten,[9] während die Angabe von Tätigkeitsschwerpunkten[10] unabhängig vom Medium[11] als zulässig angesehen wurde.

6 **b) Regelung des Standesrechts.** Durch das Gesetz zu Neuordnung des Berufsrechts der Rechtsanwälte und Patentanwälte vom 2.9.1994[12] wurde das anwaltliche Standesrecht neu geregelt und u.a. ein **§ 43b BRAO** eingeführt. Nach dieser Vorschrift ist Werbung dem Rechtsanwalt nur erlaubt, soweit sie über die berufliche Tätigkeit **in Form und Inhalt sachlich** unterrichtet und **nicht auf die Erteilung eines Auftrags im Einzelfall gerichtet** ist. Bei dieser Formulierung geht der Gesetzgeber weiterhin von einem grundsätzlichen Verbot der anwaltlichen Werbung aus, das nur ausnahmsweise unter den genannten Voraussetzungen durchbrochen ist. Schon vor der zur Konkretisierung des § 43b BRAO auf Grund von § 59b Abs. 2 Nr. 3 BRAO erlassenen Berufsordnung für Rechtsanwälte (BORA)[13] wurden diese Ausnahmen vom BGH jedoch sehr weit ausgelegt, so dass umgekehrt von einer **grundsätzlich erlaubten Werbung** ausgegangen wurde, bei der

---

[1] Vgl. z.B. BVerfG GRUR 1986, 382 – *Arztwerbung.*
[2] Vgl. dazu unten Rdn. 5ff., 16, 18ff.
[3] Vgl. z.B. BGH GRUR 2014, 496 – *Kooperation mit Wirtschaftsprüfer,* GRUR 2005, 433, 435f. – *Telekanzlei;* GRUR 2003, 349, 353 – *Anwaltshotline;* GRUR 2002, 81 – *Anwalts- und Steuerkanzlei.*
[4] Vgl. näher unten § 3 Rdn. 54ff.
[5] BVerfG NJW 1981, 33, 34.
[6] Vgl. BVerfG 61, 291, 312.
[7] *Vgl. dazu Henssler/Prütting* BRAO, § 43b Rdn. 4.
[8] NJW 1988, 191, 194.
[9] Vgl. z.B. BVerfG NJW 1992, 1613; BGH GRUR 1991, 917, 919f. – *Anwaltswerbung I;* GRUR 1994, 825, 826 – *Strafverteidigungen.*
[10] BGH a.a.O.; BVerfG NJW 1995, 712f., 775f.; BGH GRUR 1995, 422 – *Kanzleieröffnungsanzeige;* GRUR 1996, 365, 366 – *Tätigkeitsschwerpunkte;* GRUR 1997, 665 – *Schwerpunktgebiete.*
[11] Z.B. in Branchenfernsprechbüchern, BVerfG NJW 1994, 123.
[12] BGBl. I S. 1994.
[13] Erstmals am 11.3.1997 in Kraft getreten, jetzt gültig in der Fassung vom 1.7.2015.

lediglich einige „Spielregeln" zu beachten waren.[14] Diese Auslegung beruht darauf, dass nach der Rechtsprechung des BVerfG die berufliche Außendarstellung des Rechtsanwalts einschließlich der Werbung zu den durch Art. 12 GG geschützten berufsbezogenen Tätigkeiten gehört, die nur eingeschränkt werden dürfen, wenn hinreichende Gründe des Gemeinwohls dies erfordern und der Eingriff verhältnismäßig ist.[15] Auch ein Eingriff in die in Artikel 10 EMRK garantierte Freiheit der Meinungsäußerung liegt vor, wenn einem Rechtsanwalt eine bestimmte Werbung verboten wird. Die auf das UWG in Verbindung mit § 43b BRAO gestützten Werbebeschränkungen sind „gesetzlich vorgesehen" im Sinne von Artikel 10 EMRK und verfolgen das in Artikel 10 Abs. 2 EMRK genannte berechtigte Ziel des Schutzes der Rechte anderer.[16] Jedoch bedarf nicht die Gestattung der Werbung, sondern deren Einschränkung der Rechtfertigung.[17] Dies gilt vor allem im Hinblick auf die Richtlinie 2006/123/EG über **Dienstleistungen im Binnenmarkt.** Danach sind **absolute Verbote** der kommerziellen Kommunikation für reglementierte Berufe **untersagt.** Nach Ablauf der Umsetzungsfrist dieser Richtlinie (28.12.2009) ist § 43b BRAO noch restriktiver auszulegen.[18] Der Anwalt darf also nicht nur **Werbung um einzelne Mandanten** betreiben. Er darf auch einen potentiellen Mandanten in Kenntnis eines konkreten Beratungsbedarfs persönlich anschreiben und seine Dienste anbieten, sofern der Adressat einerseits durch das Schreiben weder belästigt, genötigt oder überrumpelt wird und er sich andererseits in einer Lage befindet, in der er auf Rechtsrat angewiesen ist und ihm eine an seinem Bedarf ausgerichtete sachliche Werbung hilfreich sein kann.[19] Die Werbung um einzelne Mandate ist ihm verwehrt.[20]

c) Sachliche Unterrichtung. § 6 Abs. 1 BORA, der insbesondere das Sachlichkeitsgebot des § 43b BRAO konkretisiert, stellt den Grundsatz richtig dar. Der Rechtsanwalt darf also über seine Dienstleistung und seine Person informieren, soweit die Angaben **sachlich unterrichtend** und **berufsbezogen**[21] sind. Eine der Form nach unsachliche Werbung wird angenommen, wenn ihr Erscheinungsbild derart im Vordergrund steht, dass ihr Inhalt weit dahinter zurückbleibt,[22] z. B. weil sie darauf abzielt, durch ihre reißerische oder sexualisierende Ausgestaltung die Aufmerksamkeit des Betrachters zu erregen,[23] oder wenn in einer Weise, die potentielle Mandanten verunsichert, scheinbare Vorzüge des werbenden Anwalts dargestellt werden.[24] 7

aa) § 6 Abs. 2 BORA beschränkte früher die **Medien,** in und mit denen der Rechtsanwalt werben durfte. Zulässige Medien waren Praxisbroschüren,[25] Rundschreiben,[26] und vergleichbare Informationsmittel wie Zeitungsanzeigen[27] und mit gewissen Einschränkungen Rundfunk bzw. Fernsehen, sowie das Internet.[28] In der jetzt gültigen Fassung verbietet § 6 Abs. 2 nur noch die Angabe von **Erfolgs- und Umsatzzahlen**[29] sowie **Hinweise auf Mandate und Mandanten,** soweit der Mandant nicht ausdrücklich eingewilligt hat. 8

---

[14] Z. B. BGH GRUR 2005, 520, 521 – *Optimale Interessenvertretung;* GRUR 1997, 473, 475 – *Versierter Ansprechpartner;* GRUR 1997, 765, 766 f. – *Kombinationsangebot;* NJW-RR 1998, 1282.

[15] Vgl. z. B. BVerfG NJW 2000, 3195 – *Anwaltssponsoring;* GRUR 2003, 965, 955 – *Interessenschwerpunkt „Sportrecht";* für andere freie Berufe BVerfG GRUR 1992, 866, 869 – *Hackethal;* GRUR 1996, 899, 902 – *Werbeverbot für Apotheker.*

[16] EGMR GRUR-RR 2009, 173 – *Brzank/Deutschland.*

[17] So ausdrücklich BGH GRUR 2002, 82 – *Anwaltswerbung II.*

[18] Vgl. BGH GRUR 2014, 86, 87 – *Kommanditistenbrief.*

[19] BGH GRUR 2014, 86, 87 f. – *Kommanditistenbrief;* vgl. BGH GRUR-RR 2015, 108 – *Anwaltsschreiben an Fondsanleger.*

[20] BVerfG WRP 2008, 492, 497 – *Versteigerung anwaltlicher Dienstleistungen;* BGH GRUR 2002, 902, 904 – *Vanity-Nummer;* OLG Hamburg NJW 2004, 1668; NJW 2005, 2783; OLG Jena GRUR 2006, 606.

[21] Berufsbezogenheit bejaht von BVerfG GRUR 2003, 965, 966 – *Interessenschwerpunkt „Sportrecht"* für Hinweis auf eigene sportliche Erfolge bei einer Rechtsanwältin mit dem Interessenschwerpunkt Sportrecht; auch eine sogenannte Vanity-Nummer mit einer Berufsbezeichnung wie „Rechtsanwalt" stellt eine Unterrichtung über die berufliche Tätigkeit eines Rechtsanwalts dar und ist daher berufsbezogen, BGH a. a. O. S. 904; vgl. auch OLG Hamm NJW 2013, 2038: Keine irreführende und unsachliche Werbung mit „Online-Scheidung" im Internet.

[22] BGH GRUR 2002, 83 – *Anwaltswerbung II;* GRUR 2002, 902, 905 – *Vanity-Nummer.*

[23] BGH NJW 2015, 72 – *Anwaltliche Schockwerbung auf Kaffeetassen;* das auf § 43b BRAO gestützte Verbot ist mit den Grundrechten der Meinungs- und Kunstfreiheit (Art. 5 GG) und der Freiheit der Berufsausübung (Art. 12 GG) vereinbar, BVerfG NJW 2015, 1438 – *Werbetassen.*

[24] OLG Frankfurt NJW 2005, 1283 f.

[25] Vgl. auch OLG München NJW 2000, 2824.

[26] Vgl. auch AnwG München AnwBl 1999, 171; OLG Stuttgart NJW 1997, 2529.

[27] BGH GRUR 1997, 765, 766 f. – *Kombinationsanzeige.*

[28] *Köhler*/Bornkamm § 3a Rdn. 1.160.

[29] Das Verbot der Werbung mit Umsatzzahlen wird von OLG Nürnberg GRUR-RR 2004, 256 als mit Art. 3, 12 GG unvereinbar angesehen.

9 *bb)* Eine besondere Bedeutung in der Rechtsprechung zum Anwaltsrecht hatten in den vergangenen Jahren Entscheidungen zum **Sponsoring,**[30] insbesondere zu **Kanzleiveranstaltungen.** Vor Inkrafttreten von § 43b BRAO wurde die Veranstaltung eines mit einer Vernissage verbundenen Essens, bei dem ein Anwalt mit einem berufsbezogenen Referat auf die eigene Leistungsfähigkeit sowie auf (nicht in einem förmlichen Verfahren bestätigte) Spezialkenntnisse hinwies, dann für unzulässig angesehen, wenn kein mandantschaftliches Verhältnis bestand.[31] Inzwischen hält der BGH von Rechtsanwälten zu Werbezwecken abgehaltene **Informationsveranstaltungen** unabhängig davon für zulässig, ob zu allen Eingeladenen ein mandantschaftliches Verhältnis besteht und ob dabei ein Imbiss gereicht wird.[32] Ein Verstoß gegen das Sachlichkeitsgebot des § 43b BRAO liegt allerdings vor, wenn bei der Veranstaltung Leistungen angeboten werden, die geeignet sind, die Eingeladenen dazu zu bewegen, an der Veranstaltung nicht wegen der Informationen, sondern wegen der weiteren Leistungen teilzunehmen.[33] **Veröffentlichungen** eines Anwalts unter Nennung seines Namens stellen im Grundsatz selbstverständlich zulässige Werbemaßnahmen dar. Auch die Werbung, die in der **Gewährung eines Interviews** zu Spezialfragen des Mietrechts liegt, ist nicht zu beanstanden.[34] Allerdings verbietet § 6 Abs. 3 BORA ausdrücklich die Mitwirkung eines Rechtsanwalts daran, dass Dritte für ihn Werbung betreiben.[35] Die **Überlassung berufsbezogener Photographien an die Presse** für einen Zeitungsbericht über die Kanzlei ist aber noch nicht unzulässig, zumal dies noch keine Verantwortlichkeit für den redaktionellen Teil des Zeitungsberichtet bedeutet, in dem die Photos erscheinen sollen.[36]

10 *cc)* Die Benennung von **Teilbereichen der Berufstätigkeit** ist nach Maßgabe des § 7 BORA zulässig. Dies war schon vor Erlass dieser Vorschrift in einer Reihe von Urteilen[37] herausgearbeitet worden. Aufgrund verschiedener Entscheidungen des BVerfG, die sich ausführlich mit der Art und Weise der Angabe von Interessen- und Tätigkeitsschwerpunkten befassten, darf der Rechtsanwalt unabhängig von Fachanwaltsbezeichnungen Teilbereiche der Berufstätigkeit nur benennen, wenn er seinen Angaben entsprechende **Kenntnisse** nachweisen kann, die in der Ausbildung, durch Berufstätigkeit, Veröffentlichungen oder in sonstiger Weise erworben wurden. Wer **qualifizierende Zusätze** verwendet, muss außerdem über entsprechende theoretische Kenntnisse verfügen und auf dem genannten Gebiet in erheblichem Umfang tätig gewesen sein.[38] Nach § 7 Abs. 2BORA sind Benennungen unzulässig, soweit sie die **Gefahr einer Verwechselung mit Fachanwaltschaften** begründen oder sonst irreführend sind. Diese Vorschrift ist im Lichte der Richtlinie 2006/123/EG (Dienstleistungsrichtlinie)[39] dahin auszulegen, dass eine Verwechselung mit Fachanwaltschaften nicht ausreicht, sondern die verwendeten Bezeichnungen tatsächlich irreführend sein müssen. So darf sich nicht nur ein Rechtsanwalt, der anerkanntermaßen ein **Spezialist** für ein bestimmtes Rechtsgebiet ist, auf dem Briefbogen dann als „Spezialist für ..." bezeichnen, wenn es einen Fachanwalt für dieses Gebiet nicht gibt.[40] Sofern er beweisen kann, dass seine Fähigkeiten den an einen Fachanwalt zu stellenden Anforderungen entsprechen, werden die Interessen der Rechtsuchenden durch die Bezeichnung „Spezialist für ..." auch dann nicht beeinträchtigt, wenn diese Bezeichnung mit der eines Fachanwalts verwechselt werden kann.[41] § 7 BORA besagt allerdings nichts über die Zulässigkeit von Angaben über die fachliche Ausrichtung einer **Kanzlei.**[42] Auch über die Kompetenz für **fachübergreifende rechtliche Aufgaben** darf der Anwalt informieren, sofern das rechtssu-

---

[30] Im Grundsatz zulässig angesehen von BVerfG NJW 2001, 3195, 3196.

[31] BGH GRUR 1991, 917, 919 – *Anwaltswerbung;* schon damals kritisiert von *Kleine-Cosack* EWiR 1991, 985, und *v. Falkenhausen* NJW 1992, 25.

[32] BGH GRUR 2002, 84 – *Anwaltswerbung II.*

[33] BGH a. a. O. S. 85; nicht gegeben bei einer Werbung mit „Beratung bei Kaffee und Kuchen", vgl. OLG Naumburg GRUR-RR 2008, 173, 175.

[34] BVerfG NJW 1994, 123, 124.

[35] Wann eine derartige Mitwirkung anzunehmen ist, soll sich nach Großkomm/*Teplitzky* (1. Aufl.) § 1 Rdn. G 148 nach den gleichen Regeln bestimmen wie bei der Mitwirkung eines Arztes an fremder Werbung für ihn, vgl. dazu unten Rdn. 25.

[36] BVerfG NJW 2000, 1635.

[37] Z. B. BVerfG NJW 1995, 712 und 775; BGH GRUR 1994, 824, 825 – *Strafverteidigungen;* GRUR 1995, 422, 423 – *Kanzleieröffnungsanzeige;* GRUR 1996, 365, 366 – *Tätigkeitsschwerpunkte;* OLG Düsseldorf, NJW 1992, 2833, 2834.

[38] Vgl. BGH WRP 2012, 75 – *Zertifizierter Testamentsvollstrecker.*

[39] Vgl. oben Rdn. 6.

[40] BVerfG NJW 2004, 2656.

[41] BGH GRUR 2015, 286, 289 – *Spezialist für Familienrecht.*

[42] BGH GRUR 2013, 409, 410 – *Steuerbüro;* GRUR 2002, 81, 82 – *Anwalts- und Steuerkanzlei;* NJW 2001, 1573 – *Kanzleibezeichnung.*

chende Publikum daraus einen hinreichend abgrenzbaren Bereich anwaltlicher Tätigkeit erkennen kann.[43]

dd) Die Verwendung von **Fachanwaltsbezeichnungen** ist dagegen nicht in der BORA, sondern in § 43c BRAO und der auf Grund § 59b Abs. 2 Nr. 2 BRAO erlassenen Fachanwaltsordnung (FAO) geregelt. Die Erlangung der Befugnis zur Führung von – höchstens zwei[44] – Fachanwaltsbezeichnungen ist förmlich geregelt und setzt den Erwerb und Nachweis besonderer Kenntnisse voraus (§§ 2ff. FAO).[45] Wer eine Fachanwaltsbezeichnung führt, ohne hierzu befugt zu sein, handelt irreführend (§ 5 UWG).[46] Ebenso setzt die Verwendung des Begriffs „Fachanwälte" als Zusatz zu der Kurzbezeichnung einer überörtlichen Anwaltssozietät voraus, dass eine den Plural rechtfertigende Zahl von Sozietätsmitgliedern Fachanwälte sind.[47] 11

ee) Als **Mediator** darf sich bezeichnen, wer durch geeignete Ausbildung nachweisen kann, dass er die Grundsätze des Mediationsverfahrens beherrscht (§ 7a BORA). Die Verwendung dieser Tätigkeitsangabe neben einer Fachanwaltsbezeichnung oder Tätigkeits- bzw. Interessenschwerpunkten auf dem Briefkopf verstößt nicht gegen § 43b BRAO.[48] 12

ff) § 8 BORA regelt die Grundsätze für die **Kundgabe beruflicher Zusammenarbeit,** die §§ 9 und 10 die Verwendung von **Kurzbezeichnungen** sowie die Gestaltung von **Briefbögen** bei gemeinschaftlicher Berufsausübung.[49] Zwar beschränkt § 8 BORA die **Angabe von Kooperationen** nicht auf sozietätsfähige Berufsgruppen.[50] Allerdings darf bei der Kundgabe einer anderen Form der beruflichen Zusammenarbeit als der Sozietät bzw. Partnerschaft mit den in § 59a BRAO genannten Berufsträgern nicht der Eindruck einer gemeinschaftlichen Berufsausübung erweckt werden (§ 8 S. 2 BORA).[51] Bei einer Sozietät, auch bei **überörtlichen** und **internationalen Sozietäten,** müssen die **Namen sämtlicher Gesellschafter** auf dem Briefbogen erkennbar sein (§ 10 Abs. 1 BORA).[52] Zusätze zu Kurzbezeichnungen können auf jegliche erlaubte Form der gemeinschaftlichen Berufsausübung hinweisen, z.B. in Form einer Europäischen Wirtschaftlichen Interessenvereinigung.[53] Allerdings enthält die BORA keine abschließende Regelung über Kanzleibezeichnungen. Wenn sich solche Angaben auf die fachliche Ausrichtung einer Kanzlei beziehen, sind sie allein an § 5 UWG zu messen.[54] Bei der **Weiterführung des Namens eines ausgeschiedenen Gesellschafters** in der Kurzbezeichnung und auf dem Briefkopf ist neben § 10 Abs. 4 BORA das allgemeine Irreführungsverbot zu beachten, also z.B. kenntlich zu machen, wenn der ausgeschiedene Sozius weiterhin als Rechtsanwalt tätig ist.[55] 13

2. Notare

§ 29 Abs. 1 BNotO schreibt jetzt das früher aus §§ 1, 14 BNotO hergeleitete **Verbot jeglicher berufswidrigen Werbung**[56] fest. Da der Notar ein **öffentliches Amt** bekleidet, wird an seine Werbung ein strengerer Maßstab angelegt als bei Rechtsanwälten. So dürfte die gezielte Werbung um Praxis nach wie vor unzulässig sein,[57] während die mit einer erlaubten sonstigen Tätigkeit des Notars verbundene Werbewirkung nicht zu beanstanden ist.[58] Auch ist es entgegen dem – insoweit verfassungswidrigen – § 29 Abs. 3 S. 1 BNotO erlaubt, die Amtsbezeichnung „Notar" auf dem 14

---

[43] BGH NJW 1997, 2682, 2683 – *Forderungseinzug.*

[44] Laut BVerfG NJW 2005, 3558 ist der mit § 43c Abs. 1 Satz 3 BORA verbundene Eingriff in die Freiheit der Berufsausübung durch hinreichende Gründe des Gemeinwohls gerechtfertigt und damit verfassungsgemäß.

[45] Dazu näher *Kleine-Cosack* NJW 1997, 1257.

[46] BVerfG NJW 1992, 16.

[47] BGH GRUR 2007, 807, 808 – *Fachanwälte;* vgl. auch OLG Köln WRP 2012, 984 zur irreführenden Verwendung des Begriffs Fachanwälte im Briefkopf.

[48] AnwGH Baden-Württemberg NJW 2001, 3199, 3200.

[49] Vgl. auch BGH GRUR 1991, 917, 919ff. – *Anwaltswerbung.*

[50] BGH NJW 2005, 2692.

[51] Vgl. dazu BGH GRUR 2014, 496 – *Kooperation mit Wirtschaftsprüfer;* AnwBl 2016, 519.

[52] Vgl. BGH GRUR 1993, 399, 402 – *Überörtliche Anwaltssozietät;* GRUR 1996, 917, 918 – *Internationale Sozietät;* NJW 2002, 1409, 1420f. – *Partnership.*

[53] Vgl. BGH NJW 2002, 608, 609 – *CMS.*

[54] BGH GRUR 2013, 409 – *Steuerbüro;* GRUR 2002, 81, 82 – *Anwalts- und Steuerkanzlei.*

[55] BGH GRUR 1997, 925, 926 – *Ausgeschiedener Sozius.*

[56] BVerfG GRUR 1998, 71, 72f. – *Notarwerbung.*

[57] Vgl. *Ohly*/Sosnitza § 4.11 Rdn. 11/47; zweifelnd für die Domain www.notar-in-X-stadt.de BGH NJW-RR 2009, 1419.

[58] Vgl. BGH NJW 1989, 3281, 3282; OLG Celle GRUR 2007, 76 für Werbung eines Anwaltsnotars für seine anwaltliche Tätigkeit.

Briefbogen eines Anwaltsnotars zu verwenden, wenn die Drucksachen mit dieser Angabe einem in überörtlicher Sozietät verbundenen Anwaltsnotar von einem anderen Ort als dessen Amtssitz versendet werden.[59]

3. Rechtsberater

15 An die **Werbung von Rechtsberatern/Rechtsbeiständen** dürfen nach Aufhebung der 2. AVO RBerG,[60] in der noch ein grundsätzliches Werbeverbot für Rechtsberater enthalten war, keine strengeren Maßstäbe angelegt werden, als sie für Rechtsanwälte gelten.[61]

4. Steuerberater und Steuerbevollmächtigte

16 Auch die Steuerberater betreiben, wenngleich sie sehr viel häufiger als Rechtsanwälte in Kapitalgesellschaften zusammengeschlossen sind, kein Gewerbe, sondern üben einen freien Beruf aus. Sie sind ein unabhängiges Organ der Steuerrechtspflege[62] und unterliegen daher, ähnlich wie Rechtsanwälte, einem **Verbot berufswidriger Werbung.** Dieses ist niedergelegt in den §§ 43 Abs. 2, 57 Abs. 1, 72 Abs. 1 StBerG und wird eingeschränkt in §§ 6, 8 Abs. 1, 2 S. 2, 3 und 4 StBerG sowie konkretisiert in § 57a StBerG, der § 43b BRAO im Wesentlichen nachgebildet ist. Danach ist eine Werbung zulässig, die über die berufliche Tätigkeit sachlich unterrichtet und nicht auf die Erlangung von Mandaten im Einzelfall gerichtet ist.[63] Näheres folgt aus § 9 der **Berufsordnung der Bundessteuerberaterkammer (BOStB).** Steuerberater dürfen daher auch in **Zeitungsanzeigen** sachlich über ihre Tätigkeit informieren, ohne dass es hierfür auf die Größe der Anzeige[64] oder die Häufigkeit ihres Erscheinens ankommt.[65] Berufswidrig ist es aber, wenn in der Werbung eines Steuerberaters die Preiswürdigkeit und die fachliche Qualität der Leistung von Wettbewerbern in unlauterer Weise **pauschal herabgesetzt** werden.[66] Auch die **Teilnahme an Fachmessen** anderer Berufe mittels eines Messestandes stellt sich nicht als verbotene Erlangung von Mandaten im Einzelfall dar und ist daher im Grundsatz zulässig.[67] Nach § 9 Abs. 4 BOStB können auch Bezeichnungen als **Hinweis auf besondere Qualifikationen** verwendet werden, wenn der Steuerberater im benannten Gebiet entsprechende theoretische Kenntnisse und praktische Erfahrungen nachweisen kann. Andere als die im Gesetz geregelten Berufsbezeichnungen bleiben verboten (§§ 43, 53 StBerG).[68] Richtschnur für die Auslegung der Werbevorschriften für Steuerberater bleibt, dass die Vorschriften eine **Verfälschung des Berufsbildes** durch reklamehafte Werbung und Kommerzialisierung verhindern sollen.[69] Die Werbung einer Steuerberaterkanzlei auf einem **Straßenbahnwagen** ist dagegen nicht per se unzulässig.[70]

17 § 6 Nr. 1 bis 4 StBerG enthält eng begrenzte Ausnahmen von dem in § 5 StBerG statuierten Verbot, dass andere als die in §§ 3 und 4 StBerG genannten Personen zur **Hilfeleistung in Steuersachen** nicht befugt sind. Danach dürfen Personen mit bestandener kaufmännischer Gehilfenprüfung sowie geprüfte Bilanzbuchhalter[71] geschäftsmäßig das **Kontieren von Buchungsbelegen** und die Erledigung der **laufenden Lohnbuchhaltung** übernehmen und hierfür auch werben. Sonstige buchhalterische Aufgaben, insbesondere die Einrichtung der Buchführung, Erstellung des betrieblichen Kontenplanes und die Aufstellung des Jahresabschlusses einschließlich der vorbereitenden Ab-

---

[59] BVerfG NJW 2005, 1483 f.; vor diesem Hintergrund ist die noch vom BGH NJW 2004, 2974 als unzulässig eingestufte Veröffentlichung der Anschrift und Telefonnummer eines Notars in einem Telefonverzeichnis, das ausschließlich für eine Gemeinde außerhalb seines Amtssitzes herausgegeben wird, kaum mehr zu beanstanden; dagegen darf nur auf dem Praxisschild einer mehrere Zweigstellen betreibenden Anwalts- und Notarkanzlei auf einen Notar hingewiesen werden, wo dieser seine Geschäftsstelle hat, KG NJW 2008, 2197.

[60] Art. 20 Ziff. 2 des Gesetzes zur Neuregelung des Rechtsberatungsrechts v. 12.12.2007, BGBl. I., 2840, 2860.

[61] KG NJW 2003, 2176; *Köhler*/Bornkamm § 4 Rdn. 11.85; zu den sonstigen Beschränkungen nach dem RDG vgl. § 3a Rdn. 108 ff.

[62] Vgl. BVerfG NJW 1981, 33, 34; BGH GRUR 1987, 172, 176 – *Unternehmungsberatungsgesellschaft I;* GRUR 2001, 248, 249 – *Beratungsstelle im Nahbereich.*

[63] Das – eingeschränkte – Werbeverbot ist verfassungsrechtlich unbedenklich, BVerfG NJW 1982, 2487, 2488; WRP 1991, 190, 191.

[64] BGH GRUR 2000, 822, 823 – *Steuerberateranzeige.*

[65] OLG Frankfurt, WRP 2002, 1088.

[66] BGH GRUR 2010, 349 – *PKW-Steuerberater.*

[67] BGH GRUR 1999, 748 – *Steuerberaterwerbung auf Fachmessen.*

[68] Vgl. OLG Karlsruhe DStRE 2009, 1472; die Vorschrift des § 43 Abs. 2 S. 2 StBG ist verfassungsrechtlich nicht zu beanstanden, BVerfG NJW 2010, 3705.

[69] BGH GRUR 1999, 748, 750 – *Steuerberaterwerbung auf Fachmessen.*

[70] BVerfG NJW 2004, 3765.

[71] BGH GRUR 1987, 44, 445 – *Laufende Buchführung.*

schlussbuchungen sind ihnen jedoch untersagt.[72] Diese Rechtslage hat zu einer Vielzahl von zumeist von Steuerberatern oder Steuerberaterkammern angestrengten Verfahren wegen unzulässiger, weil irreführender Werbung dieses Personenkreises geführt.[73] Nach § 8 Abs. 4 StBerG ist es zwar jetzt den nach § 6 Nr. 4 StBerG befugten Personen erlaubt, sich als **Buchhalter** zu bezeichnen oder den Begriff **Buchhaltung** zu verwenden. Die ihnen im Rahmen der Buchhaltung erlaubten Tätigkeiten müssen jedoch in der Werbung aufgezählt werden.[74] Erlaubt sind danach lediglich die Angaben „Buchung laufender Geschäftsvorfälle", „Fertigen der Lohnsteueranmeldungen" und „laufende Lohnabrechnung", nicht jedoch „Finanzbuchführung", „Finanzbuchhaltung", „Lohnabrechnung",[75] „Mobiler Buchhaltungsservice i. S. § 6 StBerG"[76] oder „Einrichtung der Buchführung".

III. Heilberufe

18 Spezifische Berufsausübungsregeln, insbesondere **werberechtliche Besonderheiten,** gelten für die Angehörigen der Heilberufe in ähnlichem, im Detail jedoch unterschiedlichem Maße, nämlich für **Ärzte, Zahnärzte, Tierärzte, Heilpraktiker** und **Apotheker.** Diese Regelungen, insbesondere die **Werbebeschränkungen,** stehen im Spannungsfeld von Berufsausübungsfreiheit (Art. 12 GG) und dem Schutz der Bevölkerung vor unsachlicher Beeinflussung und zur Abwehr langfristig negativer Rückwirkungen auf die medizinische Versorgung sowie – bei Humanmedizinern – dem Schutz gegen eine Verfälschung des ärztlichen Berufsbildes.[77]

1. Ärzte

19 Das Berufsrecht der Ärzte ist in den **Berufsordnungen** der einzelnen **Landesärztekammern** enthalten. Sie beruhen inhaltlich auf der (Muster-)Berufsordnung der Deutschen Ärztinnen und Ärzte.[78] Bei den Berufsordnungen der Ärzte handelt es sich um **Satzungen,** zu deren Erlass die Heilberufs- oder Kammergesetze der Länder berechtigen. Diese Regelungskompetenz ist verfassungsrechtlich unbedenklich. Zur Einschränkung der Berufsausübung darf der Gesetzgeber einen Berufsverband am ehesten zur Normierung solcher Berufspflichten ermächtigen, die keinen statusbildenden Charakter haben und die lediglich in die Freiheit der Berufsausübung von Verbandsmitgliedern eingreift.[79]

20 Zumindest in den früheren Fassungen der Berufsordnungen der Länder bzw. der (Muster-)Berufsordnung der Deutschen Ärztinnen und Ärzte waren **Werbebeschränkungen** enthalten, die **inhaltlich** einer verfassungsrechtlichen Kontrolle nicht standhielten. Dies galt für das früher ausdrückliche Verbot „jeglicher" Werbung, das letztlich auch sachliche Patienteninformationen ausschloss und daher in verschiedenen Entscheidungen des BVerfG als mit Art. 5 und 12 GG unvereinbar angesehen wurde.[80]

21 In der jetzigen Fassung der (Muster-)Berufsordnung der Ärzte enthält § 27 daher **kein grundsätzliches Werbeverbot** mehr. Vor dem Hintergrund, dass Zweck der Werberegelungen für Ärzte die **Gewährleistung des Patientenschutzes** durch sachgerechte und angemessene Information und die Vermeidung der dem Selbstverständnis der Ärzte zuwiderlaufenden **Kommerzialisierung des Arztberufes** ist (siehe § 27 Abs. 1 Muster-Berufsordnung), sind Ärzten **sachliche berufsbezogene Informationen** gestattet (§ 27 Abs. 2). Verboten ist also nur eine **berufswidrige Werbung** (§ 27 Abs. 3). Als berufswidrig wird eine Werbung angesehen, die nicht interessengerecht und sachangemessen informiert oder die irreführend ist.[81]

---

[72] Vgl. BVerfG NJW 1981, 33; NJW 1982, 1687.

[73] Z. B. BGH GRUR 1987; 444 – *Laufende Buchführung;* GRUR 1991, 554 – *Bilanzbuchhalter;* WRP 2011, 747 – *Lohnsteuerhilfeverein Preußen;* BeckRS 2015, 13414; OLG Dresden GRUR 1996, 230; OLG Jena GRUR-RR 2009, 149.

[74] BGH GRUR 2015, 1019 – *Mobiler Buchhaltungsservice;* GRUR 2008, 815, 816 – *Buchführungsbüro.*

[75] BGH GRUR 2002, 77, 79 f. – *Rechenzentrum;* an das Berufungsgericht zurückverwiesen wegen der nicht eindeutig irreführenden Begriffe „laufende EDV-Buchführung" und „EDV-Buchungsservice".

[76] BGH GRUR 2015, 1019 – *Mobiler Buchhaltungsservice.*

[77] *Ohly*/Sosnitza § 4.11 Rdn. 11/52.

[78] Derzeit in der auf dem 118. Ärztetag in Frankfurt 2015 verabschiedeten Fassung.

[79] BVerfG GRUR 1986, 382, 384 – *Arztwerbung.*

[80] Vgl. z. B. BGH GRUR 1986, 382, 386 f. – *Arztwerbung;* GRUR 1986, 387, 389 ff. – *Sanatoriumswerbung;* GRUR 1992, 866, 868 – *Ärztliches Werbeverbot (Hackethal);* zur Entwicklung der Rechtsprechung vgl. *Piper* in: FS Brandner, S. 449 ff.

[81] BVerfG NJW 1990, 2122, 2123; BGH GRUR 2003, 798 – *Sanfte Schönheitschirurgie;* OLG Karlsruhe WRP 2012, 1131.

22 **a) Erlaubte Information.** Zulässig ist es, dass Ärzte nach der Weiterbildungsordnung erworbene **Bezeichnungen** oder nach sonstigen öffentlich-rechtlichen Vorschriften erworbene **Qualifikationen, Tätigkeitsschwerpunkte**[82] **und organisatorische Hinweise** ankündigen (§ 27 Abs. 4 Muster-Berufsordnung). Ähnlich wie bei Rechtsanwälten dürfen andere als die nach dem geregelten Weiterbildungsrecht erworbenen Qualifikationen und Tätigkeitsschwerpunkte nur dann angekündigt werden, wenn sie nicht mit den speziell geregelten Qualifikationen verwechselt werden können.

23 Hinsichtlich der Medien, in denen Ärzte werben dürfen, bestehen grundsätzlich keine Beschränkungen. Zulässig sind daher auch **Zeitungsanzeigen** in Publikumszeitschriften, sofern sie nicht nach Form, Inhalt oder Häufigkeit übertrieben wirken, sowie die Verteilung von **Werbeprospekten**[83] oder das Beilegen von **Faltblättern** in Werbebroschüren Dritter.[84] Auch die Werbung im **Internet** ist unter den gleichen Bedingungen zulässig.[85] Die früher verbotene oder doch stark eingeschränkte **Werbung durch Dritte** ist mittlerweile ebenfalls erlaubt. So dürfen nach § 27 Abs. 3 Satz 3 (Muster-)Berufsordnung Ärzte nur noch die berufswidrige Werbung durch andere nicht veranlassen oder dulden. An sachlichen **Informationen in Presseartikeln,** die Informationen über Behandlungs- und Operationsmethoden geben, besteht ein anerkennenswertes Allgemeininteresse.[86]

24 Bei der ärztlichen **Mitwirkung an aufklärenden Veröffentlichungen in den Medien** muss diese auf sachliche Informationen begrenzt sein. Bei der Mitwirkung des Arztes an Veröffentlichungen lässt sich sein Handeln nicht immer aus dem Resultat, der Veröffentlichung, ablesen. Grundsätzlich tragen die Medien, die Berichte über Ärzte veröffentlichen, die Verantwortung dafür, was aus den vom Arzt zur Verfügung gestellten Informationen gemacht wird.[87] Der Arzt kann also im Grundsatz nicht dafür verantwortlich gemacht werden, wie die Medien seine Informationen verwerten. Nur ausnahmsweise wird ihm die Verpflichtung auferlegt, sich den Artikel vorher zur Kontrolle vorlegen zu lassen. Dies gilt dann, wenn offensichtlich damit zu rechnen ist, dass das Medium die Informationen in reißerischer oder in einer sonstigen von der Informationserteilung abweichenden Form verwertet und damit zu berufswidriger Werbung verfremdet.[88]

25 **b) Verbotene Werbemaßnahmen.** Verboten ist die unmittelbare **Ansprache von potenziellen Patienten** durch **Versendung von Informationsmaterial** über die vom Arzt entwickelte Krebstherapie.[89] Unabhängig von der Frage der damit verbundenen Irreführung ist die **Führung von Titeln** oder **akademischen Graden** untersagt, die den entsprechenden deutschen Bezeichnungen nicht gleichwertig sind, also insbesondere das Führen **ausländischer Professorentitel.**[90] Als verbotene Werbung eines **Laborfacharztes** wurde es auch angesehen, den mit ihm einer Laborgemeinschaft verbundenen Mitgesellschaftern in Aussicht zu stellen, von Nebenkosten aus der Inanspruchnahme des Gemeinschaftslabors befreit zu sein, falls zugleich eine Analyse seines Speziallabors eingeholt werde.[91]

26 **c) Sonstige verbotene wettbewerbliche Maßnahmen.** Nach § 31 Abs. 2 der Muster-Berufsordnung ist es Ärzten verboten, **Patienten ohne hinreichenden Grund** an bestimmte **Apotheken, Geschäfte** oder Anbieter von gesundheitsbezogenen Leistungen **zu verweisen.** Dieses Verbot soll der Gefahr vorbeugen, dass sich der Arzt im eigenen Interesse oder zum Nachteil des Patienten für die kommerziellen Interessen gewerblicher Unternehmen verwendet und das ihm vom Patienten entgegengebrachte Vertrauen missbraucht.[92] Allein der Wunsch des Patienten, sämtliche Leistungen aus einer Hand zu erhalten, reicht nicht aus, um eine Verweisung an einen bestimmten Optiker sowie eine Abgabe und Anpassung der Brille durch den Augenarzt zu rechtferti-

---

[82] Vgl. BGH GRUR 2004, 164, 166 – *Arztwerbung im Internet.*

[83] OLG Stuttgart WRP 2003, 119.

[84] BVerfG NJW 2002, 1331, 1332.

[85] BVerfG GRUR 2003, 966; BGH GRUR 2004, 164, 165 – *Arztwerbung im Internet.*

[86] BVerfG GRUR 2006, 425 – *Informationen über Behandlungsmethoden.*

[87] Vgl. BGH GRUR 1987, 241, 243 – *Arztinterview.*

[88] BGH a. a. O.; einschränkend BVerfG GRUR 1992, 866, 869 – *Hackethal,* wo es auf Grund der speziellen Umstände dem interviewten Arzt nicht zumutbar war, das Interview nur deshalb zu verweigern, weil die Redaktion eine externe Kontrolle ihres Beitrags nicht akzeptieren wollte; zu weiteren Fällen unzulässiger Mitwirkung bei Veröffentlichungen Dritter unten Rdn. 26.

[89] BGH GRUR 1999, 179, 180 – *Patientenwerbung.*

[90] BGH GRUR 1987, 839, 840 – *Professorenbezeichnung in der Arzneimittelwerbung;* GRUR 1989, 445, 446 – *Professorenbezeichnung in der Arztwerbung I;* GRUR 1992, 525, 526 – *Professorenbezeichnung in der Arztwerbung II;* GRUR 1998, 487, 488 f. – *Professorenbezeichnung in der Arztwerbung III.*

[91] BGH GRUR 1989, 758, 760 – *Gruppenprofil.*

[92] BGH GRUR 2005, 875, 876 – *Diabetesteststreifen.*

gen.[93] Ein Verstoß gegen das Empfehlungsverbot liegt allerdings nicht vor, wenn ein **HNO-Arzt** im Einzelfall entsprechend der Entscheidung des Patienten ärztliche Leistungen gegen eine von der Krankenkasse zu zahlende angemessene Vergütung erbringt, die es ermöglicht, den Patienten im sogenannten **verkürzten Versorgungsweg** mit einem **Hörgerät** zu versorgen.[94] Dies gilt auch dann, wenn der Arzt für die ärztlichen Leistungen, die er im Rahmen seiner Mitwirkung an der Versorgung im verkürzten Versorgungsweg erbringt, eine gesonderte Vergütung erhält.[95] Grundsätzlich ist es aber gemäß § 31 Abs. 1 MBO Ärzten nicht gestattet, für die Zuweisung von Patienten ein **Entgelt oder andere Vorteile** zu fordern oder sich gewähren zu lassen.[96]

Zulässig ist dagegen die Einrichtung eines **Hol- und Bringdienstes** zum Transport von Untersuchungsmaterial durch einen Pathologen, auch wenn dies für den Einsender kostenlos über Entfernungen von mehr als vierzig Kilometer Luftlinie erfolgt.[97] 27

d) Haftung Dritter. Gewerbliche Institutionen wie Sanatorien etc. unterliegen selbst auch dann nicht den ärztlichen Standesrichtlinien, wenn sie ärztliche Leistungen erbringen. Sie handeln allerdings **unlauter,** wenn sie ihren Geschäftsbetrieb darauf aufbauen, dass die mit ihnen zusammenarbeitenden Ärzte gegen das für sie geltende Werbeverbot verstoßen.[98] Außerdem haften sie als **Störer,** wenn durch ihr Verhalten standeswidriges Verhalten von Ärzten gefördert wird.[99] Auch handeln sie unlauter, wenn sie Ärzte zu standeswidrigem Verhalten verleiten.[100] 28

2. Zahnärzte

Die berufsrechtlichen Regelungen für Zahnärzte hinsichtlich der **Werbung** und des **sonstigen Auftretens im Wettbewerb** entsprechen im Wesentlichen denen für Ärzte. So enthalten die auf den Landeskammergesetzen[101] beruhenden Berufsordnungen für Zahnärzte vergleichbare Vorschriften wie für Ärzte. Zahnärzten ist also nicht jegliche, sondern nur jede **berufswidrige Werbung und Anpreisung** untersagt, wobei als berufswidrig insbesondere eine anpreisende, irreführende oder vergleichende Werbung gilt.[102] Diese Beschränkung besteht vor dem gleichen Hintergrund wie bei Ärzten, nämlich weil auch Zahnärzte kein Gewerbe betreiben.[103] Vorgebeugt werden soll einer gesundheitspolitisch unerwünschten Kommerzialisierung des Zahnarztberufes durch Werbemethoden, wie sie in der gewerblichen Wirtschaft üblich sind.[104] 29

Im Interesse einer sachgerechten Information der Patienten sind die detaillierten Vorschriften der Berufsordnungen der Landesärztekammern zu Praxisschildern, Werbung etc. verfassungskonform dahin auszulegen, dass nicht nur die Führung von Bezeichnungen nach der Weiterbildungsordnung sowie sonstige von den Kammern ausdrücklich zugelassene Gebiets-, Teilgebiets- und Zusatzbezeichnungen angegeben werden dürfen. Vielmehr sind auch sonstige **wahrheitsgemäße Hinweise auf das Betätigungsfeld** zulässig, weil sie den Patienten darüber informieren, in welchem Bereich der Zahnarzt im Besonderen tätig ist.[105] Allerdings darf nicht eine Nähe und **Vergleichbarkeit mit einer Fachzahnarztbezeichnung** suggeriert werden, etwa durch die Verwendung des Begriffs 30

---

[93] BGH GRUR 2009, 977 – *Brillenversorgung I;* vgl. auch BGH GRUR 2010, 850 – *Brillenversorgung II;* OLG Düsseldorf GRUR-RR 2009, 179.

[94] BGH GRUR 2000, 1080, 1082 – *Verkürzter Versorgungsweg.* In derartigen Fällen liegt ein hinreichender sachlicher Grund vor, nämlich Vorteile für den Patienten, z. B. die Qualität der Versorgung, die Vermeidung von Wegen bei gehbehinderten Patienten oder schlechte Erfahrungen mit den ortsansässigen Hörgeräteakustikern; vgl. aber BGH GRUR 2011, 345 – *Hörgeräteversorgung II:* In langjähriger vertrauensvoller Zusammenarbeit gewonnene Erfahrungen oder die allgemein hohe fachliche Kompetenz eines Anbieters reichen für einen hinreichenden Grund zur Verweisung an einen bestimmten Hilfsmittelanbieter aus Sicht des behandelnden Arztes nicht aus.

[95] BGH GRUR 2002, 271, 272 f. – *Hörgeräteversorgung.*

[96] Vgl. dazu BGH GRUR 2011, 345 – *Hörgeräteversorgung II;* GRUR 2010, 850 – *Brillenversorgung II.*

[97] BGH GRUR 1996, 789, 791 – *Laborbotendienst.*

[98] Vgl. BGH GRUR 1999, 1009, 1011 – *Notfalldienst für Privatpatienten;* GRUR 1999, 1104, 1105 – *Ärztlicher Hotelservice;* OLG Hamburg GRUR 1998, 141.

[99] Vgl. BGH a. a. O.; GRUR 1996, 905, 907 – *GmbH-Werbung für ambulante Leistungen;* GRUR 2000, 613, 616 – *Klinik Sanssouci;* a. A. *Köhler*/Bornkamm § 3a Rdn. 1.188.

[100] BGH GRUR 2001, 255, 256 – *Augenarztanschreiben.*

[101] Z. B. Baden-württembergisches Gesetz über die öffentliche Berufsvertretung, die Berufspflichten, die Weiterbildung und die Berufsgerichtsbarkeit der Ärzte, Zahnärzte, Tierärzte, Apotheker und Dentisten.

[102] Vgl. z. B. § 15 Abs. 1 der Berufsordnung der Landeszahnärztekammer Nordrhein-Westfalen vom 26.11. 2005.

[103] Vgl. § 1 Abs. 4 ZahnheilkundeG vom 16.8.1987, BGBl. I S. 1225.

[104] Vgl. BVerfG GRUR 2011, 838, 839.

[105] BVerfG NJW 2001, 2788, 2790; GRUR 2003, 966, 968 – *Internetwerbung von Zahnärzten;* BGH GRUR 2010, 1024 – *Master of Science Kieferorthopädie;* OLG Schleswig GRUR-RR 2001, 185.

„Zahnarzt für Implantologie".[106] Für die Beurteilung der zahnärztlichen Werbung kommt es nicht auf die Art des Mediums an. So rechtfertigt es die Wahl des Mediums **Internet** nicht, die Grenzen für die erlaubte Außendarstellung von Zahnärzten enger zu ziehen.[107] Wenn aber interessengerechte, sachliche Informationserteilung auch im Internet gestattet ist, sind auch keine Gemeinwohlbelange ersichtlich, die es rechtfertigen, einem Zahnarzt zu verbieten, einen **Zahnarzt-Suchservice** einzurichten[108] oder eine **Kostenschätzung im Internet** abzugeben.[109]

31 Das Sachlichkeitsgebot für die Zahnarztwerbung verlangt nicht, dass sich der werbende Arzt auf die Mitteilung nüchterner Fakten zu beschränken hat. Auch eine **Sympathiewerbung** ist zulässig, sofern durch sie nicht der Informationscharakter in den Hintergrund gedrängt wird.[110] So kann ein Zahnarzt beispielsweise mit einem Kussmund werben.[111] Auch können Zahnärzte, die in einer Klinik zusammen praktizieren, ohne sich insoweit auf die geringeren Werbebeschränkungen für **Zahnkliniken**[112] berufen zu müssen, damit werben, dass sie über „vertiefte Erfahrungen auf dem Gebiet der Implantatbehandlungen" verfügen oder dass die Behandlung in „ruhiger Atmosphäre" stattfindet.[113] Auch die Verwendung der Bezeichnung **„Zahnärztehaus"** für eine in einem Haus tätige zahnärztliche Gemeinschaftspraxis ist nur dann berufswidrig, wenn sie irreführend oder als sachlich unangemessene Werbung einzustufen ist.[114] Wann eine Werbung im Einzelfall nicht mehr als sachlich angemessen, sondern als **reklamehafte Anpreisung** anzusehen ist, hängt auch davon ab, ob das berechtigte Bedürfnis, das eigene Leistungsangebot gegenüber Interessenten darstellen, auf andere Weise befriedigt werden kann. So kann eine Werbeanzeige in einer bundesweit erscheinenden **Publikumszeitschrift** dann berufswidrig sein, wenn auf weniger marktschreierische Weise im Internet informiert werden kann.[115] Wird diese Werbung nicht vom Zahnarzt selbst, sondern von einer **Zahnbehandlungs-GmbH** geschaltet, haftet diese als **Störer** nur dann, wenn die bei ihr beschäftigten Zahnärzte die beanstandeten Werbemaßnahmen gekannt und geduldet haben.[116] Weder das gewerbliche Unternehmen – nämlich eine private Zahnklinik, für die ein Zahnarzt tätig ist, der seine eigene Praxis im selben Gebäude wie die Zahnklinik unterhält – noch dieser Zahnarzt selbst handeln berufs- bzw. wettbewerbswidrig, wenn in der Werbung für die Zahnklinik die ambulante Tätigkeit des Zahnarztes nicht erwähnt wird.[117]

3. Tierärzte

32 Für Tierärzte gelten im Wesentlichen die gleichen Werberegelungen wie für Ärzte und Zahnärzte. Auch sie unterliegen **Berufsordnungen** mit näher beschriebenen Werbeverboten, die jedoch nur eine **berufswidrige Werbung** erfassen. Eine Werbung in Zeitungsanzeigen kann eine interessengerechte und sachangemessene Information darstellen. Insofern ist die Vorschrift in einer Berufsordnung, die eine **Informationswerbung in Zeitungen** nur aus besonderem Anlass, etwa zur Bekanntgabe der Niederlassung, zur Änderung von Sprechstundenzeiten oder zu urlaubsbedingten Schließungen, erlaubt, mit der Berufsausübungsfreiheit nach Art. 12 Abs. 1 GG nicht vereinbar und daher nichtig.[118] Auch begegnet es erheblichen verfassungsrechtlichen Bedenken, Tierärzte wegen

---

[106] Vgl. BVerfG GRUR 2011, 838, 841; ob an dieser Beurteilung noch festgehalten werden kann, erscheint angesichts BGH GRUR 2015, 286 – *Spezialist für Familienrecht* fraglich, vgl. oben Rdn. 10.

[107] BVerfG MMR 2002, 159 – *Zahnarzt-Suchservice;* NJW 2003, 2818; GRUR 2003, 966, 967 – *Internetwerbung von Zahnärzten.*

[108] BVerfG MMR 2002, 159, 160 – *Zahnarzt-Suchservice.*

[109] BVerfG GRUR 2011, 530 – *Zahnarztpreisvergleich;* vgl. auch BGH GRUR 2011, 343 – *Zweite Zahnarztmeinung* zur Abgabe eines Gegenangebots zu dem Heil- und Kostenplan eines Kollegen auf einer Internetplattform.

[110] BGH GRUR 2004, 164, 166 – *Werbung von Zahnärzten im Internet.*

[111] OLG Hamm GRUR-RR 2005, 396.

[112] BVerfG GRUR 2004, 68 – *Werbung einer Zahnarzt-GmbH.*

[113] BVerfG a. a. O. S. 69.

[114] BVerfG GRUR 2012, 72.

[115] BGH GRUR 2001, 182, 183f. – *Dentalaesthetika;* vgl. aber BVerfG GRUR 2004, 68 – *Werbung einer Zahnarzt-GmbH:* Zulässige Information wird nicht durch die Art des Werbeträgers unzulässig, daher Werbung in „auto motor sport" nicht berufswidrig.

[116] BGH a. a. O. S. 184; vgl. aber BGH GRUR 2009, 883, 885 – *MacDent:* Werbung eines Unternehmens, das selbst keine zahnärztlichen Leistungen anbietet, und daher nicht denselben Werbebeschränkungen unterliegt wie Zahnärzte, kann nicht aufgrund eines Verstoßes gegen Werbeverbote für Zahnärzte untersagt werden, wenn eine entsprechende Werbung eines Zahnarztes berufswidrig wäre, weil dies unverhältnismäßig und mit der Berufsausübungsfreiheit nicht vereinbar wäre.

[117] BVerfG NJW 2000, 2734, 2735 (Aufhebung von BGH GRUR 1999, 504 – *Implantatbehandlungen*).

[118] BVerfG WRP 2002, 521, 522f. – *Tierarztwerbung* – zu § 14 der Berufsordnung der Tierärztekammer Nordrhein vom 15.1.1997.

berufswidriger Werbung deshalb zu belangen, weil sie eine Tierarztpraxis unter der Bezeichnung „Zentrum für Kleintiermedizin" betreiben.[119]

4. Heilpraktiker

33 Heilpraktiker unterliegen **keinen berufsständischen Werbeverboten.** Die Vereinssatzungen von Heilpraktikerverbänden sind nicht mit den Berufsordnungen von Ärzten vergleichbar, da ihr Erlass nicht auf Gesetz beruht. „Verstöße" gegen derartige Vereinssatzungen können daher auch nicht unter dem Gesichtspunkt des Rechtsbruchs verfolgt werden.[120] Damit unterliegen Heilpraktiker nur den üblichen wettbewerbsrechtlichen Beschränkungen, insbesondere dem Irreführungsverbot.[121]

5. Physiotherapeuten

34 **Krankengymnasten** und **Masseure,** deren Ausbildung und Berufstätigkeit durch das „Gesetz über die Berufe in der Physiotherapie – Masseur- und Therapeutengesetz"[122] – geregelt ist, unterliegen **keinen spezifischen werblichen Beschränkungen.** Wirbt ein Masseur, der nicht auch noch über eine Krankengymnastikerausbildung verfügt, jedoch zur Ausübung dieser Tätigkeit berechtigt ist, mit dem Begriff „Krankengymnastik", so kann einer Verurteilung wegen Irreführung der Gesichtspunkt der Berufsausübungsfreiheit entgegenstehen.[123]

6. Apotheker

35 Das werbliche Verhalten von Apothekern ist in mehrfacher Hinsicht geregelt. Wegen des Vertriebs von Arzneimitteln durch Apotheken enthält das HWG spezifische Beschränkungen, z. B. das Verbot von Werbegaben in § 7 HWG.[124] Darüber hinaus regeln die **Berufsordnungen der Landesapothekerkammern** die Außendarstellung der Apotheker. Die dort enthaltenen Werbebeschränkungen verfolgen das Ziel, die Arzneimittelversorgung der Bevölkerung mit zu gewährleisten, einem Arzneimittelfehlgebrauch entgegenzuwirken und das Vertrauen in der Bevölkerung in die **berufliche Integrität der Apotheker** zu fördern.[125] Im Grundsatz sind dies hinreichende Gründe des Gemeinwohls, die die Berufsausübungsfreiheit einzuschränken rechtfertigen.[126]

36 Apotheker haben jedoch nicht allein die Arzneimittelversorgung zu gewährleisten. Sie sind auch Kaufleute, die mit anderen Produkten als Arzneimitteln handeln und dort im Wettbewerb mit Angehörigen anderer Berufsgruppen stehen. Dieser Umstand gebietet bei der Auslegung der werbespezifischen Regelungen der Berufsordnungen eine besondere Beachtung des Grundsatzes der **Verhältnismäßigkeit.** Im Grundsatz dürfen sich daher Apotheker für solche Produkte, die auch außerhalb von Apotheken vertrieben werden dürfen, nämlich **nicht verschreibungspflichtige Arzneimittel** sowie das so genannte **Randsortiment,** derselben Werbemethoden bedienen, die auch von anderen Gewerbetreibenden beim Vertrieb der gleichen Produkte verwendet werden.[127] Allerdings sehen das BVerfG und der BGH eine **Anzeigenwerbung** für das Nebensortiment dann als unzulässig an, wenn diese nach Form, Inhalt und Erscheinungsweise und -häufigkeit den Eindruck hervorruft, dass sich der Apotheker einträglicheren Geschäften zuwendet, statt die Arzneimittelversorgung sicherzustellen.[128] Weil ein vollständiges Verbot mit der Berufsausübungsfreiheit und dem Gleichheitsgrundsatz (Art. 3, 12 Abs. 1 GG) unvereinbar wäre, ist die **Versendung von Werbebriefen**[129] oder die **Abgabe von Warenproben apothekenüblicher Waren** erlaubt.[130] Im Übrigen unterliegt der Apotheker selbstverständlich den gleichen Werberegelungen wie jeder Kauf-

---

119 BVerfG NVwZ 2005, 683.
120 BGH GRUR 1989, 827, 828 – *Werbeverbot für Heilpraktiker.*
121 Vgl. OLG Karlsruhe GRUR 1995, 449 (Leitsatz) zu der Verwendung der Bezeichnung „Familientherapeut"; OLG Frankfurt WRP 2013, 825 für Verwendung eines Doktortitels auf einem anderen Gebiet.
122 Vom 26.5.1994 (BGBl. I S. 1084).
123 BGH GRUR 1990, 1032, 1034 – *Krankengymnastik.*
124 Vgl. Einl. I Rdn. 58.
125 BVerfG GRUR 1996, 899 – *Werbeverbot für Apotheker.*
126 BVerfG NJW 1996, 3071 – *Zeitungswerbung für Apotheker.*
127 BVerfG GRUR 1996, 899, 903 – *Werbeverbot für Apotheker.*
128 Vgl. BVerfG a. a. O. S. 903; BGH GRUR 1983, 249, 251 – *Apothekenwerbung;* GRUR 1994, 639, 640 – *Pinguin-Apotheke;* GRUR 1994, 656, 658 – *Stofftragetasche.*
129 *Köhler*/Bornkamm § 3a Rdn. 1.192.
130 BGH GRUR 1991, 622, 624 – *Warenproben in Apotheken.*

mann.[131] Er darf dabei Ärzte nicht planmäßig zu Verstößen gegen die für sie geltende Berufsordnung auffordern.[132]

---

[131] Bei der Wertreklame ist also das *Transparenzgebot* (§ 4 Nr. 4 UWG) zu beachten, vgl. OLG Naumburg GRUR-RR 2007, 159, oder ein *unangemessen unsachlicher Einfluss* (§ 4 Nr. 1 UWG) zu vermeiden, vgl. OLG München GRUR-RR 2007, 297; zur Zulässigkeit bestimmter Namen von Apotheken vgl. BVerwG NJW 2008, 1686 und OLG Düsseldorf WRP 2008, 1270.

[132] Vgl. OLG Saarbrücken GRUR-RR 2008, 84, 85.

Kapitel 1. Allgemeine Bestimmungen

§ 1 Zweck des Gesetzes

[1]Dieses Gesetz dient dem Schutz der Mitbewerber, der Verbraucherinnen und Verbraucher sowie der sonstigen Marktteilnehmer vor unlauteren geschäftlichen Handlungen. [2]Es schützt zugleich das Interesse der Allgemeinheit an einem unverfälschten Wettbewerb.

Inhaltsübersicht

	Rdn.
A. Grundlagen	1
I. Grundgedanke der Regelung	1
II. Praktische Bedeutung	5
III. Entstehungsgeschichte	9
1. Frühere Rechtslage	10
2. Reform 2004	12
3. Reform 2008	15
4. Reform 2015	17
IV. Rechtliche Einordnung	18
V. Kernfragen	20
B. Europäisches Recht	21
I. Vorgaben des europäischen Rechts	22
II. Konfliktthema Verbraucherschutz	26
III. Relativierung und Auflösung	30
C. Unlautere geschäftliche Handlungen	37
D. Geschützte Personenkreise	39
I. Handelnder	40
II. Mitbewerber	43
III. Verbraucher	52
1. Verbraucherleitbild	54
2. Ermittlung der Verbraucherinteressen	59
3. Anerkannte Verbraucherinteressen	61
IV. Sonstige Marktteilnehmer	68
E. Schutz von Allgemeininteressen	71
I. Wettbewerbsleitbild	76
II. Allgemeininteressen im Prozess	88
III. Anerkannte Interessen	91
F. Vorgehensweise der Gerichte	101
I. Interessenabwägung	102
II. Rolle der Parteien und des Gerichts	105
III. Grundrechte in der Abwägung	110

Schrifttum: *H.-J. Ahrens,* „Kostenloser" Vertrieb meinungsbildender Tagespresse – Zum Prognosedilemma des Wettbewerbsrichters, WRP 1999, 123; *S. Ahrens,* Verbraucherleitbild im Wandel, IPRB 2012, 136; *Alexander,* Vertragsrecht und Lauterkeitsrecht unter dem Einfluss der Richtlinie 2005/29/EG über unlautere Geschäftspraktiken, WRP 2012, 515; *Basedow,* Von der deutschen zur europäischen Wirtschaftsverfassung, 1992; *Baudenbacher,* Lauterkeitsrecht. Kommentar zum Gesetz gegen den unlauteren Wettbewerb (UWG), 2001; *Beater,* Schutzzweckdenken im Recht gegen den unlauteren Wettbewerb, JZ 1997, 916; *ders.,* Unlauterer Wettbewerb, 2011; *ders.,* Verbraucherschutz und Schutzzweckdenken im Wettbewerbsrecht, 2000; *ders.,* Europäisches Recht gegen unlauteren Wettbewerb – Ansatzpunkte, Grundlagen, Entwicklung, Erforderlichkeit, ZEuP 2003, 11; *ders.,* Verbraucherverhalten und Wettbewerbsrecht, in: FS Tilmann, 2003, S. 87; *ders.,* Allgemeinheitsinteressen und UWG, WRP 2012, 6; *Beutel,* Wahrnehmungsbezogene richterliche Erfahrungssätze im Marken- und Lauterkeitsrecht, 2011; *Bülow,* Lauterkeitsrecht oder Unlauterkeitsrecht?, GRUR 2012, 889; *Deichsel,* Verbraucherschutz im Lauterkeitsrecht in Skandinavien und Deutschland, 2006; *Drexl,* Die wirtschaftliche Selbstbestimmung des Verbrauchers, 1998; *Emmerich,* Unlauterer Wettbewerb, 9. Aufl. 2012; *ders.,* Kartellrecht, 13. Aufl. 2014; *ders.,* Wettbewerbsbeschränkungen durch die Rechtsprechung, in: FS Gernhuber, 1993, S. 857; *Ekey/Klippel/Kotthoff/Meckel/Dreyer,* Heidelberger Kommentar zum Wettbewerbsrecht, 2005; *Eppe,* Zugaben und Rabatte im Anwendungsbereich des UWG, 2003; *ders.,* Verbraucherschutz im UWG und BGB, WRP 2005, 808; *Fezer,* Homo Constitutionis – Über das Verhältnis von Wirtschaft und Verfassung, JuS 1991, 889; *ders.,* Verantwortete Marktwirtschaft, JZ 1990, 657; *ders.,* Modernisierung des deutschen Rechts gegen den unlauteren Wettbewerb auf der Grundlage einer Europäisierung des Wettbewerbsrechts, WRP 2001, 989; *ders.,* Plädoyer für eine offensive Umsetzung der Richtlinie über unlautere Geschäftspraktiken in das deutsche UWG, WRP 2006, 781;

Fikentscher, Wirtschaftsrecht (Bd. I und II), 1983; *ders.,* Finanzkrise, Wettbewerb und Regulierung, GRUR Int 2009, 635; *ders./Hacker/Podszun,* FairEconomy – Culture, Crises, Competition and the Role of Law, 2013; *Gamerith,* Neue Herausforderungen für ein europäisches Lauterkeitsrecht, WRP 2003, 143; *Glöckner/Henning-Bodewig,* EG-Richtlinie über unlautere Geschäftspraktiken: Was wird aus dem „neuen" UWG?, WRP 2005, 1311; *Gotthold,* Neuere Entwicklungen der Wettbewerbstheorie, ZHR 145 (1981), 286; *ders.,* Nochmals: Kritische Bemerkungen zur neoliberalen Theorie der Wettbewerbspolitik, ZHR 146 (1982), 55; *Grabitz,* Die verfassungsorientierte Konkretisierung wettbewerbsrechtlicher Generalklauseln, ZHR 149 (1985), 263; *Haberkamm,* Die Auslegung der Richtlinie über unlautere Geschäftspraktiken im Lichte der europäischen Grundrechte, 2013; *v. Hayek,* Die Anmaßung von Wissen, Ordo 26 (1975), 12; *ders.,* Der Wettbewerb als Entdeckungsverfahren, in: Freiburger Studien, 1969, S. 249 ff.; *ders.,* Die Theorie komplexer Phänomene, 1972; *Helm,* Hohes Verbraucherschutzniveau, WRP 2013, 710; *Henning-Bodewig,* Neue Aufgaben für die Generalklausel des UWG?, GRUR 1997, 180; *dies.,* UWG und Geschäftsethik, WRP 2010, 1094; *dies.,* Der Schutzzweck des UWG und die Richtlinie über unlautere Geschäftspraktiken, GRUR 2013, 238; *dies.,* Erneute UWG-Reform? Einige Anmerkungen zum Referentenentwurf 2014, WRP 2014, 1407; *Herdzina,* Wettbewerbspolitik, 5. Aufl. 1999; *Hetmank,* „Wettbewerbsfunktionales Verständnis" im Lauterkeitsrecht, GRUR 2014, 437; *v. Hippel,* Verbraucherschutz, 3. Aufl. 1986; *Hoeren,* Das neue UWG – der Regierungsentwurf im Überblick, BB 2008, 1182; *Hoppmann,* Prinzipien freiheitlicher Wirtschaftspolitik, 1993; *ders.,* Wirtschaftsordnung und Wettbewerb, 1988; *Kemper,* Verbraucherschutzinstrumente, 1994; *Keßler,* UWG und Verbraucherschutz – Wege und Umwege zum Recht der Marktkommunikation, WRP 2005, 264; *ders.,* Lauterkeitsschutz und Wettbewerbsordnung – zur Umsetzung der Richtlinie 2005/29/EG über unlautere Geschäftspraktiken in Deutschland und Österreich, WRP 2007, 714; *Keßler/Micklitz,* Die Harmonisierung des Lauterkeitsrechts in den Mitgliedsstaaten der Europäischen Gemeinschaft und die Reform des UWG, 2003; *Köhler,* Das neue UWG, NJW 2004, 2121; *ders.,* Die Umsetzung der Richtlinie über unlautere Geschäftspraktiken in Deutschland – eine kritische Analyse, GRUR 2012, 1073; *Köhler/Bornkamm/Henning-Bodewig,* Stellungnahme zum Entwurf für eine europäische Richtlinie und ein deutsches Gesetz gegen unlauteren Wettbewerb, GRUR 2003, 127; *dies.,* Vorschlag für eine Richtlinie zum Lauterkeitsrecht und eine UWG-Reform, WRP 2002, 1317; *Knöpfle,* Der Rechtsbegriff „Wettbewerb" und die Realität des Wirtschaftslebens, 1966; *Koppensteiner,* Österreichisches und Europäisches Wettbewerbsrecht, 3. Aufl. 1997; *ders.,* Grundfragen des UWG im Lichte der Richtlinie über unlautere Geschäftspraktiken, wbl 2006, 553; *Koslowski,* Theorie der Marktwirtschaft und der gesellschaftlichen Koordination, 1991; *Kraft,* Interessenabwägung und gute Sitten im Wettbewerbsrecht, 1963; *Kummer,* Anwendungsbereich und Schutzgut der privatrechtlichen Rechtssätze gegen unlauteren und gegen freiheitsbeschränkenden Wettbewerb, 1960; *Lederer,* Das Verbraucherleitbild im Internet, NJOZ 2011, 1833; *Leistner,* Richtiger Vertrag und lauterer Wettbewerb, 2007; *Lettl,* Das neue UWG, 2004; *ders.,* Gemeinschaftsrecht und neues UWG, WRP 2004, 1079; *Lux,* Der Tatbestand der allgemeinen Marktbehinderung, 2006; *Merz,* Die Vorfeldthese, 1988; *Mestmäcker,* Der verwaltete Wettbewerb, 1984; *ders.,* Macht – Recht – Wirtschaftsverfassung, ZHR 137 (1973), 9; *H. M. Meyer,* Vorrang der privaten Wirtschafts- und Sozialgestaltung als Rechtsprinzip, 2006; *Micklitz,* Europäisches Lauterkeitsrecht – mehr als eine Fußnote? – Notizen zum Verhältnis von UWG und EU-Recht; in: FS Fezer, 2016 S. 835; *Micklitz/Keßler,* Funktionswandel des UWG, WRP 2003, 919; *dies.,* Europäisches Lauterkeitsrecht – Dogmatische und ökonomische Aspekte einer Harmonisierung des Wettbewerbsverhaltensrechts im europäischen Binnenmarkt, GRUR Int. 2002, 885; *Micklitz/Reich,* Verbraucherschutz im Vertrag über die Europäische Union, EuZW 1992, 593; *Möschel,* Neuere Entwicklungen in der Wettbewerbstheorie, ZHR 145 (1981), 590; *ders.,* Recht der Wettbewerbsbeschränkungen, 1983; *Möstl,* Wandel des Verbraucherleitbilds?, WRP 2014, 906; *Münker,* Stellungnahme der Wettbewerbszentrale zum Referentenentwurf UWG 2014, WRP 2014, 1434; *Niemöller,* Das Verbraucherleitbild in der deutschen und europäischen Rechtsprechung, 1999; *Nordemann,* Wettbewerbs- und Markenrecht, 11. Aufl. 2012; *Ohly,* Richterrecht und Generalklausel im Recht des unlauteren Wettbewerbs, 1997; *ders.,* Das neue UWG – Mehr Freiheit für den Wettbewerb?, GRUR 2004, 889; *Oppermann/S. Müller,* Wie verbraucherfreundlich muss das neue UWG sein? – Eine Synopse lauterkeitsrechtlicher Instrumente, GRUR 2005, 280; *Podszun,* Der „more economic approach" im Lauterkeitsrecht, WRP 2009, 509; *ders.,* Wirtschaftsordnung durch Zivilgerichte, 2014; *ders.,* Lauterkeitsrechtliche Rechtsdurchsetzung – ein Erfolgsmodell?, in: Schmidt-Kessel/Strünck/Kramme, Im Namen der Verbraucher?, 2015, S. 207; *Raue,* Die Verdrängung deutscher durch europäische Grundrechte im gewerblichen Rechtsschutz und Urheberrecht, GRUR Int 2012, 402; *Reich,* Europäisches Verbraucherrecht: eine problemorientierte Einführung in das europäische Wirtschaftsrecht, 4. Aufl. 2003; *Rittner,* Drei Grundfragen des Wettbewerbs, in: FS Kraft, 1998, 519; *Scherer,* Der EUGH und der mündige Verbraucher – eine Beziehungskrise?, WRP 2013, 705; *dies.,* Die Leerformel vom „hohen Verbraucherschutzniveau", WRP 2013, 977; *Schill,* Der Einfluß der Wettbewerbsideologie des Nationalsozialismus auf den Schutzzweck des UWG, 2004; *Schliesky,* Öffentliches Wettbewerbsrecht, 1997; *ders.,* Öffentliches Wirtschaftsrecht, 4. Aufl. 2014; *Schlüter,* Ökonomische Funktion als Basis wettbewerbsrechtlicher Zulässigkeit, 1992; *Schmidtchen,* Wettbewerbspolitik als Aufgabe. Methodologische und systemtheoretische Grundlagen für eine Neuorientierung, 1978; *Schricker,* Gesetzesverletzung und Sittenverstoß, 1970; *Schricker/Henning-Bodewig* (Hrsg.), Neuordnung des Wettbewerbsrechts, 1999; *Schünemann,* Wirtschaftspolitische Neutralität des Grundgesetzes?, in: FS Stober, hrsg. v. Kluth, M. Müller, Peilert, 2008, 147; *ders.,* „Unlauterkeit" in den Generalklauseln und Interessenabwägung nach neuem UWG, WRP 2004, 925; *ders.,* Wettbewerb, in: Wörlen et al. (Hrsg.), Lexikon des Rechts (Stand April 2001), 13/680 (Wettbewerb); *ders.,* Wettbewerbsrecht 1989; *ders.,* Wettbewerbsrecht im Wandel?, WRP 2002, 1345; *Seichter,* Der Umsetzungsbedarf der Richtlinie über unlautere Geschäftspraktiken, WRP 2005, 1087; *Sosnitza,* Wettbewerbsbeschränkungen durch die Rechtsprechung, 1995; *ders.,* Die Richtlinie über unlautere Geschäftspraktiken – Voll- oder Teilharmonisierung?, WRP 2006, 1; *ders.,* Der Gesetzentwurf zur Umsetzung der Richtlinie über unlautere Geschäftspraktiken,

WRP 2008, 1014; *Steingass/Teworte,* Stellung und Reichweite des Transparenzgebots im neuen UWG, WRP 2005, 676; *Stuyck,* The Court of Justice and the Unfair Commercial Practices Directive, CMLR 2015, 721; *Walter/Grüber* (Hrsg.), Anwaltshandbuch Wettbewerbspraxis, 1998; *Wiebe,* Das Leid des Verbrauchers mit dem Verbraucherleitbild, FS Köhler, 2014, 799; *Willeke,* Wettbewerbspolitik, 1980; *Ullmann,* Das Koordinatensystem des Rechts des unlauteren Wettbewerbs im Spannungsfeld von Europa und Deutschland, GRUR 2003, 817; *Ulmer, E.,* Sinnzusammenhänge im modernen Wettbewerbsrecht, 1932; *Wagner-v. Papp,* Marktinformationsverfahren: Grenzen der Information im Wettbewerb, 2004; *Yankova/Hören,* Besondere Schutzbedürftigkeit von Senioren nach dem UWG?, WRP 2011, 1236.

A. Grundlagen

I. Grundgedanke der Regelung

§ 1 UWG ist Ausgangspunkt des gesamten deutschen Lauterkeitsrechts, da die Norm den Gesetzeszweck definiert und damit **zentrale Maßgabe des Gesetzgebers** für Verständnis und Auslegung der folgenden Normen sein muss. Durch die Definition der Schutzzwecke wird § 1 zur „Auslegungsdirektive“[1] für alle auslegungsfähigen Tatbestände und Klauseln des Gesetzes. § 1 entfaltet nicht nur bei weiten Generalklauseln Wirkung, sondern muss sich auch bei der Anwendung spezieller Normen durchsetzen.[2] Für die verbraucherschützenden Tatbestände, die über die UGP-Richtlinie in das UWG gekommen sind, entfaltet die Norm jedoch nur bei richtlinienkonformer Auslegung Wirkungsmacht. Der Gesetzgeber bekennt sich allerdings immer noch zu dem Ziel, „ein möglichst einheitliches Lauterkeitsrecht“ beizubehalten.[3] 1

Grundgedanke der Regelung ist die Festlegung der durch das UWG geschützten Personenkreise in Satz 1. Als **Schutzsubjekte** genannt werden **Mitbewerber, Verbraucher und sonstige Marktteilnehmer.** Die personale Anknüpfung signalisiert, dass der Gesetzgeber das UWG als ein Recht ansieht, das als Interventionsrecht die Interessen bestimmter Gruppen sichern soll. Dies bedeutet, dass die betroffenen Interessen der geschützten Personenkreise mit denen des Handelnden abgewogen werden müssen, § 1 gibt damit die **Methode der Interessenabwägung** für das Lauterkeitsrecht vor. In jeder einzelnen Norm, erst recht aber bei offenen Fällen müssen daher die Interessen der Personenkreise ermittelt und im Verhältnis zueinander bewertet werden. Dabei ist zu beachten, dass die Personenkreise nicht zwingend in den Prozess eingebunden sind, sodass die Interessenermittlung und -geltendmachung den Prozessbeteiligten und dem Gericht zufällt. Das kann zu gewissen Anomalien führen, etwa wenn Mitbewerber sich aufschwingen, Verbraucherinteressen durchzusetzen. 2

Der Gesetzgeber belässt es nicht bei einer personalen Anknüpfung und damit einer bloßen Interessenabwägung verschiedener Parteien, sondern bringt einen weiteren Aspekt durch Satz 2 ein: Als **Schutzobjekt des UWG** wird das **Allgemeininteresse am unverfälschten Wettbewerb** definiert, das in die Abwägung einzustellen ist. Damit ist ein Schutzgut genannt, das traditionell „keine Lobby“ hat und daher nicht zwingend berücksichtigt wird, wenn nur die prozessbeteiligten Personen ihre Partikularinteressen vortragen. Hier formuliert der Gesetzgeber einen übergeordneten **Gemeinwohlgedanken:** die Gerichte haben auch das „große Ganze“ in den Blick zu nehmen und dürfen nicht bloß einen Ausgleich zwischen den Parteien anstreben. Bemerkenswert ist, dass ein Vertreter des öffentlichen Interesses im UWG-Prozess nicht vorgesehen ist, sodass das Gericht selbst das Allgemeininteresse zu berücksichtigen hat. Je unmittelbarer im Prozess Parteiinteressen vorgebracht werden, umso wesentlicher wird der **Wettbewerbs-Test** durch das Gericht. Die Notwendigkeit einer ausdrücklichen Regelung wie in Satz 2 ergibt sich daraus, dass im UWG die Durchsetzung eines Allgemeininteresses in die Hände privater Marktteilnehmer gelegt wird. Somit wird diesen ein Anreiz gegeben, zugleich öffentliche Interessen zu verwirklichen. Die private Rechtsdurchsetzung wird **mit Gemeinwohlerwägungen aufgeladen.** Dass die Parteien diese Interessen im Prozess unparteiisch vortragen, ist freilich unrealistisch. Es kann daher zu **Friktionen** zwischen der privatrechtlichen Ausgestaltung des UWG und seiner Zweckbestimmung kommen, weshalb die Gerichte besonders gefordert sind. Insbesondere die Kombination von § 3a mit einem effizienten, privat gesteuerten Durchsetzungsmechanismus macht das UWG geradezu zum **Erfolgsmodell des „private enforcement“,** das in der wirtschaftsrechtlichen Praxis immer wichtiger wird.[4] 3

---

[1] Fezer/*Fezer* § 1 Rdn. 15.
[2] Ebenso HK-*Klippel/Brämer* § 1 Rdn. 5.
[3] Gesetzesbegründung UWG-Novelle 2015, BT-Drucks. 18/6571, S. 1. Provokant, aber zutreffend zum Begriff „Lauterkeitsrecht“ *Bülow* GRUR 2012, 889.
[4] *Podszun* in: Schmidt-Kessel/Strünck/Kramme, Im Namen der Verbraucher?, S. 207, 235.

4 In Satz 2 bekennt sich der Gesetzgeber dezidiert dazu, dass **ausschließlich** das Interesse am „unverfälschten Wettbewerb" als Allgemeininteresse anerkannt wird. Damit enthält Satz 2 eine eindeutige Begrenzung: sonstige Interessen der Allgemeinheit, etwa Wohlstandsförderung, Umweltschutz, Volksgesundheit, Gender-Gerechtigkeit[5] oder Arbeitsplatzsicherung, sind keine Schutzgüter des UWG, soweit sie nicht reflexartig vom Wettbewerbsschutz erreicht werden.[6]

II. Praktische Bedeutung

5 Betrachtet man den Anspruch der Norm, könnte § 1 leicht als Zentralnorm des Lauterkeitsrechts angesehen werden. Die **praktische Bedeutung** der Norm ist jedoch durch drei Aspekte **gemindert:**[7] Erstens ist – auch für die Auslegung des UWG – das **europäische Recht vorrangig** maßgeblich, soweit es europäische Vorgaben gibt, wie insbesondere im Bereich des Verbraucherschutzes. Für Lauterkeitsverstöße im B2C-Bereich gilt nur ein mit Blick auf die UGP-Richtlinie reduzierter Schutzzweck. Zweitens ist die Norm so **wenig präzise** formuliert, dass letztlich viele Auslegungen (wenn auch nicht alle) möglich bleiben werden. Der Wert der Schutzzweckbestimmung liegt damit in der Festschreibung der **Methodik,** nicht so sehr in der substantiellen Aussage. Drittens hat der regulierungseifrige europäische Richtliniengeber zahllose Einzelprobleme **detailgenau** aufgelöst, sodass auf allgemeine Bestimmungen seltener zurückgegriffen werden muss.

6 Dem entspricht die derzeitige Praxis der Rechtsprechung, die sich nur selten unmittelbar auf § 1 stützt. Tut sie dies, wird meist formelhaft – und damit überflüssigerweise – auf die Norm verwiesen. Gelegentlich wird § 1 UWG herangezogen, um **Rechtswegfragen** zu klären:[8] Klagen, die eine Verletzung der in § 1 UWG genannten Interessen rügen, sind im Zivilrechtsweg zu verhandeln und hier vor den Landgerichten (vgl. im Einzelnen die Kommentierung von *Retzer* zu § 13 in diesem Band). Richtigerweise wäre allerdings eher auf §§ 8 und 13 abzustellen.

7 Das wird dem Sinngehalt von § 1 nicht gerecht. Die Norm verpflichtet die Gerichte zu einer **umfassenden Interessenwürdigung** unter Einschluss des Interesses an einem unverfälschten Wettbewerb und unter Ausschluss sonstiger öffentlicher Interessen und gibt somit eine klare Methodik vor. Die Praxis vernachlässigt die unabhängige, also richterliche Würdigung von Interessen der nicht-vertretenen Personenkreise und des Wettbewerbsschutzes. Sie ist aus § 1 in die übrigen Normen hereinzulesen, wo diese auslegungsbedürftige oder generalklauselartige Tatbestandsmerkmale enthalten.

8 Als Auslegungsmaßstab kann § 1 zwar keine Alleinstellung beanspruchen, er gibt aber Argumentationsmaterial für die Gerichte vor, was diesen ermöglicht, ihre Wertungen an einer konkreten Gesetzesnorm anzuknüpfen. Damit wird die Transparenz der gerichtlichen Entscheidungsfindung erhöht.[9] Die Zweckbestimmung ist somit in der täglichen Gerichtspraxis nicht der Kompass. Bei der systematischen Befassung mit dem UWG, seiner Auslegung, Veränderung oder in den Entscheidungen, in denen Neuland betreten wird, ist sie aber ein gesetzlicher Ankerpunkt.

III. Entstehungsgeschichte

9 Eine ausdrückliche Schutzzweckbestimmung wurde erst mit der **UWG-Reform 2004** in das Gesetz aufgenommen. Die Gesetzesentstehung[10] ist dokumentiert in den Begründungen zu den UWG-Reformen 2004[11] und 2008,[12] sie wird ergänzt durch die vorbereitenden Gutachten von *Fezer,*[13] *Schricker/Henning-Bodewig*[14] sowie *Köhler/Bornkamm/Henning-Bodewig.*[15] Aus historischer Perspektive lässt sich feststellen, dass der Gesetzgeber am **traditionellen Schutzkonzept** des UWG festhalten will.[16] Verbraucher werden als Schutzsubjekte ausdrücklich einbezogen, aber nicht gegenüber sonstigen

---

[5] Dezidiert dafür *Völzmann,* Geschlechtsdiskriminierende Werbung, 2015.
[6] Vgl. *Beater* WRP 2012, 6 ff.
[7] Erheblich deutlicher noch *Schünemann* in der 2. Auflage dieses Werks, § 1 Rdn. 2.
[8] Vgl. OVG Rheinland-Pfalz, 10.6.2013, Az. 8 B 10483/13.OVG, DÖV 2013, 742; LSG Berlin-Brandenburg, 10.12.2014, Az. L 1 KR 361/12 (juris); VG München, 23.1.2015, Az. M 6a K 14.448 (juris); VG Berlin, 13.12.2013, Az. 4 L 570.13 (juris).
[9] Vgl. *Beater* Rdn. 812 ff.; *Köhler*/Bornkamm § 1 Rdn. 6; HK-*Klippel/Brämer* § 1 Rdn. 3.
[10] Ausführlich *Keller* Einl. A. Rdn. 11 ff.
[11] BT-Drucks. 15/1487.
[12] BT-Drucks. 16/10145.
[13] *Fezer* WRP 2001, 989 ff.
[14] *Schricker/Henning-Bodewig* WRP 2001, 1367 ff.
[15] *Köhler/Bornkamm/Henning-Bodewig* WRP 2002, 1317, siehe dort insbes. § 1 und Erläuterungen 3 und 4.
[16] Vgl. die Darstellung bei Fezer/*Fezer* § 1 Rdn. 33 ff.

Marktteilnehmern privilegiert. Das einzige vom UWG-Gesetzgeber anerkannte Allgemeininteresse ist der Wettbewerbsschutz.

1. Frühere Rechtslage

Bis zur Novelle 2004 hatte die **legendäre Generalklausel** das UWG programmatisch eröffnet: „Wer im geschäftlichen Verkehr zu Zwecken des Wettbewerbes Handlungen vornimmt, die gegen die guten Sitten verstoßen, kann auf Unterlassung und Schadenersatz in Anspruch genommen werden." Eine Schutzzweckbestimmung kannte das UWG nicht. 10

Ihre inhaltlichen Wurzeln hat die Norm in den von der Rechtsprechung bis 2004 entwickelten Formeln zu den Schutzzwecken des Gesetzes.[17] Hatte zunächst die Rechtsprechung zum UWG den Individual- und auch den Kollektivschutz der Mitbewerber betont, war im Laufe des 20. Jahrhunderts immer deutlicher die Durchsetzung von Allgemeininteressen oder jedenfalls weiteren Interessen über die Mechanismen des UWG anerkannt worden. Im Laufe der Zeit war auch der Abnehmer als eigenständiges Schutzsubjekt ins Blickfeld des Lauterkeitsrechts gerückt. Entwickelt hatte sich eine „**Schutzzwecktrias** von Anbieterschutz, Schutz der Abnehmer, insbesondere der privaten Letztverbraucher, und Schutz der Allgemeinheit im Sinne des Schutzes öffentlicher Interessen."[18] Das Bundesverfassungsgericht hatte zuletzt die Formel verwendet, Schutzgut des UWG sei „insbesondere der **Leistungswettbewerb.** Missbilligt werden durch die Norm im Interesse des Schutzes der Wettbewerber und der sonstigen Marktbeteiligten, allen voran der Verbraucher, Verhaltensweisen, welche die Funktionsfähigkeit des an der Leistung orientierten Wettbewerbs im wettbewerblichen Handeln einzelner Unternehmen oder als Institution stören."[19] In dieser Bestimmung tauchen tatsächlich die Elemente von § 1 auf. 11

2. Reform 2004

Die Verschiebung der großen Generalklausel in § 3 Abs. 1 und die Ersetzung durch eine Schutzzweckbestimmung deutet schon auf den ersten Blick die großen Wandlungen durch die UWG-Reform 2004 an: die **verringerte Bedeutung der Generalklausel** durch detaillierte Einzelregelungen und die **Anlehnung an die europäische Gesetzgebungstechnik.** Die Schutzzweckbestimmung ist EU-Regelungen nachempfunden, zum Beispiel der Irreführungsrichtlinie,[20] die häufig mit Präambeln und Zweckbestimmungen eingeleitet werden. Auch im Schweizer Recht (Art. 1 schweizerisches UWG) fand sich ein Vorbild.[21] Der reformvorbereitende Vorschlag von *Köhler/Bornkamm/Henning-Bodewig* enthält ebenfalls eine Schutzzweckbestimmung, an die sich der Gesetzgeber angelehnt hat.[22] In der Gesetzesbegründung 2004 erläutert der Gesetzgeber nicht, warum eine Schutzzweckbestimmung überhaupt aufgenommen wurde. Spekulieren lässt sich jedoch, dass angesichts der damals bevorstehenden Harmonisierung im europäischen Recht der Gesetzgeber ein Zeichen für die Fortgeltung des Regelungskonzepts setzen wollte, das für das UWG seit dessen Entstehung von Praxis und Wissenschaft entwickelt worden war. Die Hoffnung, über die Schutzzweckbestimmung das UWG zu bewahren, erweist sich rückblickend als trügerisch. 12

Bei Betrachtung der früheren Rechtsprechung zu den **Schutzzwecken des UWG** könnte der Eindruck entstehen, dass der Gesetzgeber im Wesentlichen **Richterrecht** normiert hat. Diesen Eindruck erweckt auch die Gesetzesbegründung. In den Details gehen aber Norm und historisches Material durchaus über das hinaus, was in der Rechtsprechung verankert war: Der Gesetzgeber betont, dass die verschiedenen Schutzsubjekte **„gleichermaßen und gleichrangig"** geschützt würden und „zugleich" das Allgemeininteresse am unverfälschten Wettbewerb Regelungszweck sei.[23] Und weiter heißt es: „Das Recht geht insoweit von einem **integrierten Modell** eines gleich- 13

[17] Zur historischen Entwicklung vgl. *Köhler*/Bornkamm § 1 Rdn. 1 ff.; HK-Klippel/*Bräumer* § 1 Rdn. 2; MünchKommUWG/*Sosnitza* § 1 Rdn. 7 ff.

[18] *Schricker/Henning-Bodewig,* Gutachten 2001, S. 5.

[19] BVerfG, 1 BvR 952/90, GRUR 2002, 455 – *Tier- und Artenschutz.* Ähnlich BVerfG, 1 BvR 1188/92, GRUR 2001, 1058, 1060 – *Therapeutische Äquivalenz.*

[20] RL 84/450/EWG, Art. 1: „Zweck dieser Richtlinie ist der Schutz der Verbraucher, der Personen, die einen Handel oder ein Gewerbe betreiben oder ein Handwerk oder einen freien Beruf ausüben, sowie der Interessen der Allgemeinheit gegen irreführende Werbung und deren unlautere Auswirkungen."

[21] Art. 1 UWG Schweiz: „Dieses Gesetz bezweckt, den lauteren und unverfälschten Wettbewerb im Interesse aller Beteiligten zu gewährleisten."

[22] *Köhler/Bornkamm/Henning-Bodewig* WRP 2002, 1317, 1318, § 1: „Dieses Gesetz bezweckt den Schutz der Verbraucher, der Mitbewerber und der sonstigen Marktteilnehmer vor unlauterem Wettbewerb. Es schützt damit auch das Interesse der Allgemeinheit an einem unverfälschten Wettbewerb."

[23] BT-Drucks. 15/1487, S. 15.

berechtigten Schutzes der Mitbewerber, der Verbraucher und der Allgemeinheit aus."[24] Nach historischer Auslegung ist damit klar von einer Gleichrangigkeit der Gesetzeszwecke auszugehen. Im Vergleich zu früheren Schutzzweckbestimmungen durch die Rechtsprechung fällt die gestärkte Rolle der **Verbraucher** auf, die der Gesetzgeber dezidiert durch die neue Regelung hervorheben wollte.[25] Insbesondere kommt die Schutzzweckklausel dem Petitum nach, einen einheitlichen Schutzzweck für das UWG zu definieren.[26] Die bis dahin in der Praxis geübte Schwerpunktsetzung der Gerichte, einen Fall mal mit stärkerer Berücksichtigung von Mitbewerberinteressen, mal mit Schwerpunkt auf den Verbraucherschutz zu entscheiden, lässt sich mit der Vereinheitlichung nicht fortsetzen.

14 Die Formulierung von **Satz 2** enthält zudem eine Festlegung, die in dieser Eindeutigkeit von der Rechtsprechung bis dahin nicht ausformuliert worden war. Der Gesetzgeber begrenzt nämlich die Durchsetzung öffentlicher Interessen mit Hilfe des UWG auf die Durchsetzung des Allgemeininteresses am Wettbewerb. Ausdrücklich heißt es in der Begründung 2004: „Der **Schutz sonstiger Allgemeininteressen** ist weiterhin **nicht Aufgabe des Wettbewerbsrechts.**"[27] Zwar lässt sich bezweifeln, dass das „weiterhin" in dieser Formulierung überhaupt berechtigt ist. Der unmissverständliche Wortlaut der Norm und die klare Positionierung in der Begründung machen es heute aber unmöglich, weitergehende Interessenverwirklichungen mit dem UWG in Einklang zu bringen.

3. Reform 2008

15 Mit der **Gesetzesnovelle 2008** wurde das UWG an die **UGP-Richtlinie** angepasst.[28] Für § 1 bedeutete dies zunächst eine terminologische Korrektur, indem der Begriff **„geschäftliche Handlungen"** eingefügt wurde (zuvor: „Wettbewerbshandlungen"). Damit stellte der Gesetzgeber klar, dass auch Handlungen ohne direkten Wettbewerbsbezug, etwa während oder nach Vertragsschluss, vom Anwendungsbereich des UWG erfasst sein können.[29] Er entschied sich für den Begriff „Handlungen" statt „Praxis" oder „Praktiken", da letztgenannten Begriffen in der deutschen Sprache eine abwertende Bedeutung zukomme.[30] Mit der Änderung sicherte der Gesetzgeber den Griff des UWG in den gesamten Bereich der Geschäftsabwicklung ab, blieb aber zugleich dabei, das UWG als rein wirtschaftsrechtliches Gesetz auszugestalten.

16 Für den UWG-Gesetzgeber war mit der Novelle 2008 angesichts der vom europäischen Recht angestrebten **Vollharmonisierung** insbesondere die Kongruenz zur Schutzzweckbestimmung der UGP-Richtlinie herzustellen. Reformbedarf sah der Gesetzgeber nicht, insbesondere hielt er eine Ausrichtung des UWG auf Verbraucherschutz für nicht erforderlich, da der Schutzbereich des UWG weiter sei als der der Richtlinie.[31] Die UWG-Reformen 2004 und 2008 verschoben die Axiomatik des UWG zugunsten der Verbraucher, was aber 2008 klarer vom Gesetzgeber hätte gefasst werden können. Ein einheitlicher Schutzzweck für das UWG kann heute nicht mehr angenommen werden, da andernfalls den Vorgaben der UGP-Richtlinie nicht Rechnung getragen würde (siehe Rdn. 20ff.).

4. Reform 2015

17 Im Rahmen der **Gesetzesnovelle 2015** wurde die Schutzzweckbestimmung nicht geändert. Auch im Referenten- und im Regierungsentwurf, die sich zum Teil noch deutlich von der Endfassung unterschieden, war § 1 UWG nie zur Disposition gestellt.[32] Der deutsche Gesetzgeber hält damit explizit an einem einheitlich geregelten Lauterkeitsrecht fest.[33] Die Einheitlichkeit der Regelung erschöpft sich aber auf den ersten Blick darin, dass mitbewerberschützende und verbraucherschützende Normen im selben Gesetz zusammengefasst sind. Eine einheitliche Dogmatik kann sich, das ist nach der Klarstellungsnovelle deutlicher denn je, mit der hergebrachten Meinung nicht mehr darstellen lassen. Das Gesetz kommt nicht mehr aus einem Guss, sondern ist eine Mischung aus

---

[24] BT-Drucks. 15/1487, S. 16.
[25] BT-Drucks. 15/1487, S. 13.
[26] Dafür *Schricker/Henning-Bodewig,* Gutachten 2001, S. 104.
[27] BT-Drucks. 15/1487, S. 16.
[28] Dazu *Keller,* Einl. A Rdn. 17.
[29] BT-Drucks. 16/10145, S. 20.
[30] BT-Drucks. 16/10145, S. 20. Vgl. *Sosnitza* WRP 2008, 1014, 1016.
[31] BT-Drucks. 16/10145, S. 11.
[32] Nicht einmal *Köhler* GRUR 2012, 1073ff. hatte eine Änderung von § 1 UWG angemahnt; wohl aber – wegen der Ignoranz gegenüber § 7 *ders.,* WRP 2013, 403, 405.
[33] Gesetzesbegründung UWG-Novelle 2015, BT-Drucks. 18/6571, S. 1.

verbraucherschützenden Normen, die von der UGP-Richtlinie vorgegeben werden, sowie weiteren Normen zur Beurteilung der Fairness geschäftlicher Handlungen.[34]

IV. Rechtliche Einordnung

Allgemeine Programmsätze, Präambeln oder **Schutzzweckbestimmungen** sind in der deutschen Kodifikationstradition unüblich. Die Bedeutung der Norm wird gelegentlich unterschätzt, was aus der Unüblichkeit des Umgangs mit solchen Vorgaben für den deutschen Rechtsanwender resultieren mag. Während historische Materialien, teleologische Auslegungen durch Gerichte oder Erwägungen in nicht-bindenden Dokumenten der Kommission keine verbindliche Geltung erlangen, ist diese Norm integrativer Teil des Gesetzestextes. Bei Unklarheiten und in Grenzfällen muss der Rechtsanwender sowohl die systematische als auch die teleologische Argumentation an diese Schutzzweckbestimmung anknüpfen;[35] auch der Gesetzgeber muss bei Reformen des Gesetzes dieser Leitlinie folgen, wenn er den systematischen Anspruch seiner Kodifikation nicht entwerten will. Insoweit liegt in der Schutzzweckbestimmung zugleich Hilfestellung für die Auslegung sowie Einschränkung für die Rechtschöpfung. 18

Bei **systematischer Betrachtung** ist ihr sogar ein Vorrang gegenüber anderen Paragraphen des UWG einzuräumen, der sich aus ihrer Stellung und ihrem Anspruch der Allgemeinregelung ergibt. Insofern ist es irreführend, den Schutzzweck des UWG auch aus anderen Normen dieses Gesetzes schöpfen zu wollen, wie gelegentlich vorgeschlagen wird. Denn diesbezüglich hat der deutsche Gesetzgeber eine eindeutige Regelung in § 1 UWG getroffen, die – als Gesetz – verbindlich zu achten ist.[36] Die früher übliche Formel, es sei Sache der Fachgerichte, den Schutzzweck eines Gesetzes zu ermitteln,[37] gilt nicht mehr. 19

V. Kernfragen

Bei der Analyse der Norm haben sich in Praxis und Literatur fünf Kernfragen kristallisiert: 20

- Wie ist das **Verhältnis** der deutschen Schutzzweckbestimmung **zur Vollharmonisierung** durch das europäische Recht (dazu B.)? Der Gesetzgeber hat darauf verzichtet, hier bei der Reform 2015 eine Anpassung vorzunehmen.
- Wie ist das **Schutzniveau für die geschützten Personenkreise** anzusetzen (dazu D.)? Während die Definition der geschützten Personenkreise keinen Schwierigkeiten mehr begegnen sollte, ist die Schutzhöhe oder -intensität in jedem Einzelfall zu thematisieren. Dazu zählt die Frage, welche Interessen der betroffenen Kreise überhaupt geschützt werden.[38]
- Welche **Allgemeininteressen** sind durch das UWG zu schützen (dazu E.)? Nach der gesetzgeberischen Entscheidung für den „unverfälschten Wettbewerb" ist dieser Begriff zu konkretisieren.
- Wie ist die **Abwägung** durch die Gerichte zu gestalten, wenn mehrere geschützte Interessen betroffen sind (dazu F.)?
- Wie werden die Schutzzweckfragen konkret in den **Entscheidungsprozess** des Gerichts eingebracht (dazu F.)? Zu berücksichtigen ist, dass gemäß dem materiellen Recht Interessen zu berücksichtigen sind, die in der prozessualen Situation nicht vertreten sind.

B. Europäisches Recht

Da das UWG auch der Umsetzung europäischen Rechts dient, muss es mit diesem in Einklang stehen und **richtlinienkonform** ausgelegt[39] werden. Dies betrifft auch die Schutzzwecke des Gesetzes. Mit der UWG-Reform 2015 hat der deutsche Gesetzgeber die wesentlichen Bedenken hinsichtlich der Vereinbarkeit mit dem europäischen Recht ausgeräumt. Es besteht, bei pragmatischer Einschätzung, vorerst keine Notwendigkeit mehr, an der Vereinbarkeit des UWG mit der UGP-Richtlinie zu zweifeln. 21

---

[34] Vgl. *Henning-Bodewig* WRP 2014, 1407 f.; GK-Peukert § 1 Rdn. 12 Die Wettbewerbszentrale hatte sich daher im Reformprozess für eine Differenzierung im Gesetz ausgesprochen, s. *Münker* WRP 2014, 1434, 1436.

[35] Vgl. *Köhler*/Bornkamm § 1 Rdn. 6.

[36] *Engels/Salomon* WRP 2004, 32, 33 f.; *Lettl* GRUR 2004, 449, 450.

[37] So z. B. BVerfG, 1 BvR 580/02, NJW 2003, 277, 278 – *Juve-Handbuch*.

[38] Vgl. *Lettl* GRUR 2004, 449, 450.

[39] Zur richtlinienkonformen Auslegung eingehend *Glöckner* oben Einl. B Rdn. 215 ff.

I. Vorgaben des europäischen Rechts

22 Die **UGP-Richtlinie 2005/29/EG**[40] enthält in Art. 1 eine Regelung zum Zweck der Richtlinie:

„Zweck dieser Richtlinie ist es, durch Angleichung der Rechts- und Verwaltungsvorschriften der Mitgliedstaaten über unlautere Geschäftspraktiken, die die wirtschaftlichen Interessen der Verbraucher beeinträchtigen, zu einem reibungslosen Funktionieren des Binnenmarkts und zum Erreichen eines hohen Verbraucherschutzniveaus beizutragen."

23 Damit wird zunächst klargestellt, dass die Richtlinie nur verbraucherbezogene Verhaltensweisen sanktioniert, also nur für das B2C-Verhältnis gilt. Insoweit zielt sie auf eine **Vollharmonisierung.** Eindeutiges Ziel ist das Erreichen eines hohen Verbraucherschutzniveaus, so wie es in Art. 114 Abs. 3 AEUV, der Neufassung der ursprünglich für die UGP-RL genutzten Kompetenznorm (Art. 95 EG), angelegt ist.

24 Zugleich wird als Zweck der Harmonisierung das reibungslose **Funktionieren des Binnenmarktes** genannt. Auch dies ergibt sich aus der Kompetenznorm des Art. 114 AEUV: Die UGP-RL ist erlassen worden, um einen Binnenmarkt zu errichten und funktionsfähig zu gestalten.

25 Nach Erwägungsgründen 6 und 8 der Richtlinie werden **Mitbewerber** nur mittelbar geschützt. Der EuGH hat mehrfach bestätigt, dass nationale rechtliche Regelungen, die lediglich dem Mitbewerberschutz dienen (und nicht auch dem Verbraucherschutz) sowie Regelungen, die sich rein auf Geschäfte zwischen Unternehmen beziehen, von der Richtlinie nicht erfasst werden.[41] Die Anforderungen des EuGH sind jedoch eher streng.[42] Demnach hat ein Gericht festzustellen, ob ein Sachverhalt sich im B2B-Bereich abspielt (und somit keine Richtlinien-Relevanz vorliegt), oder ob es sich um eine verbraucherbezogene geschäftliche Handlung handelt (B2C). Nationale Regeln, die nur dem Mitbewerberschutz dienen, sind weiterhin möglich,[43] wohl aber selten:[44] Sobald die Norm auch dem Verbraucherschutz dient, ist das verbindliche Regelungsniveau der Richtlinie zu beachten. So entsteht der Eindruck, dass im europäischen Recht verbindlich vorgegeben wird, dass zwischen Verbraucher- und Mitbewerberinteressen scharf zu differenzieren ist und die Schutzzweckbestimmung des deutschen Rechts mit ihrer Trias der Gleichberechtigung nicht ohne weiteres aufrecht zu erhalten ist.[45]

II. Konfliktthema Verbraucherschutz

26 Schon bei der Umsetzung in deutsches Recht war vorgeschlagen worden, **verbraucherschützende Aspekte** aus dem UWG herauszunehmen und anderweitig, etwa im BGB, zu normieren.[46] Heute wird der Vorwurf erhoben, Deutschland habe sich nur sehr selektiv am EU-Recht bedient, statt sich auf ein europäisches Lauterkeitsrecht einzulassen.[47] Die Reichweite der Vollharmonisierung hatte der EuGH beispielsweise in einer Entscheidung gegen das österreichische Zugabenverbot deutlich gemacht, indem auch die Erreichung eines höheren Verbraucherschutzniveaus als in der Richtlinie vorgesehen nicht als anerkennenswerter Schutzzweck akzeptiert wurde.[48]

27 Der deutsche Gesetzgeber verneint einen Konflikt zwischen UWG-Schutzzweck und UGP-RL und stützt seine Auffassung auf zwei Pfeiler: Zunächst geht der Gesetzgeber ausweislich der Gesetzesbegründung von einer richtlinienkonformen Umsetzung aus, da der **Verbraucherschutz als Normzweck** genannt sei.[49] Dieses Argument verkennt jedoch, dass es einen Unterschied macht, ob ein Schutzzweck einer unter mehreren ist, die gleichrangig nebeneinander stehen (so im UWG), oder ob es einen Schutzzweck gibt, der von überragender Bedeutung ist (so in der Richtlinie). Die zweite Argumentation geht dahin, von einem weitergehenden Regelungsbereich des UWG auszugehen.[50] Für den Bereich des **Mitbewerberschutzes** und des **Schutzes der Allgemeinheit** vor

---

40 Zur UGP-RL übergreifend *Glöckner* Einl. B Rdn. 172ff.
41 EuGH C-13/15, GRUR Int. 2015, 1140 – *Cdiscount;* EuGH C-540/08, GRUR 2011, 76 – *Mediaprint.*
42 *Alexander* WRP 2013, 17, 18f.
43 Vgl. EuGH C-13/15, GRUR Int. 2015, 1140, Rdn. 29 – *Cdiscount.*
44 Vgl. *Alexander* WRP 2013, 17, 19; *Stuyck* CMLR 2015, 721, 729.
45 Kritisch *Henning-Bodewig* WRP 2014, 1407f.
46 Vgl. *Oppermann/Müller* GRUR 2005, 280, 289; *Köhler/Lettl* WRP 2003, 1019, 1051, 1058; *Lettl* WRP 2004, 1079, 1089f.
47 *Micklitz,* FS Fezer, S. 843.
48 EuGH C-540/08, GRUR 2011, 76 – *Mediaprint.*
49 BT-Drucks. 16/10145, S. 11.
50 BT-Drucks. 16/10145, S. 10, 11.

unlauteren Geschäftspraktiken enthalte die Richtlinie keine Vorgaben, sodass der nationale Gesetzgeber frei sei, Regelungen zu treffen. Auch der europäische Richtliniengeber geht davon aus, dass es geschäftliche Handlungen gibt, die Verbraucher nicht betreffen und dennoch einer Regelung nach Gesichtspunkten der Fairness unterfallen können.[51]

Konsequent weiter gedacht bedeutet diese Auffassung eine Scheidung des UWG in **zwei unterschiedliche Regelungsregime:**[52] Im geschäftlichen Verkehr sind Regelungen, die Verbraucher betreffen und vom Anwendungsbereich der UGP-RL erfasst werden, vorrangig am Verbraucherschutzzweck auszurichten. Dies ist für den Rechtsanwender freilich nicht aus dem Gesetz erkennbar, sondern erschließt sich nur bei dogmatischer Einordnung des UWG in den Richtlinienkontext. Für sonstige geschäftliche Handlungen gilt die Schutzzweckbestimmung des § 1. 28

Eine solche Deutung einer dem Wortlaut nach recht klaren Norm scheint schon rechtstechnisch diffizil, dürfte aber vor allem in der Praxis dazu führen, dass die Gerichte zu einem schlichten „weiter so" neigen und ihr Denken an der tradierten Schutzzwecktrias des deutschen Rechts ausrichten. Das klassische „integrierte Regelungsmodell" stößt jedenfalls an seine Grenzen.[53] 29

III. Relativierung und Auflösung

Die Fälle, in denen die Schutzzwecke konfligieren, dürften in ihrer Zahl überschaubar sein.[54] 30
Dabei spielt auch eine Rolle, dass die Ermittlung und Bewertung von Verbraucher- und Mitbewerberinteressen normativ erfolgen kann, sodass sich in vielen Fällen Übereinstimmung erzielen lassen wird. So wird beispielsweise darauf hingewiesen, dass beim Verkauf unter Einstandspreis der Verbraucher nur kurzfristig von Preissenkungen profitiert, langfristig aber durch die (beabsichtigte) Verdrängung von Wettbewerbern dem zunächst preisaggressiv auftretenden Unternehmen hilflos ausgesetzt sein kann.[55] Dennoch sind Kollisionen zwischen einer Abwägung, die den Verbraucherschutz vorrangig behandelt, und einer solchen, die den Verbraucherschutz gleichrangig zum Mitbewerberschutz behandelt, denkbar.[56] Jedenfalls angreifbar sind Urteile, die zur Begründung fälschlich auf Mitbewerberschutz abstellen, obwohl eine Norm aufgerufen wird, die zur Umsetzung der Richtlinie dient.

Es bleibt eine unbefriedigende Lösung, in der Startnorm des Umsetzungsgesetzes einen einheitlichen Schutzzweck zu präsentieren, wenn tatsächlich zwei verschiedene Regelungsregime unterschiedlichen Leitideen folgen. Der Gesetzgeber hat in der EU-Klarstellungsnovelle 2015 jedoch auf eine Änderung verzichtet. Dies leistet denjenigen Vorschub, die gern weiterhin die **deutsche Schutzzweckregelung** für überlegen halten und damit die Abwägung verschiedener Interessen für erstrebenswert halten – statt eines einseitigen Verbraucherschutzes.[57] So sympathisch dieses Anliegen ist, so klar ist festzuhalten, dass im europäischen Recht eine Bevorzugung des Verbraucherschutzes – und zwar gem. der Kompetenzgrundlage in Art. 114 Abs. 3 AEUV auf hohem Niveau – festgeschrieben ist. 31

Dass der europäische Gesetzgeber **keine umfassende Regelung für die Fairness geschäftlicher Handlungen** getroffen hat, ist möglicherweise eher internen Kompetenzkonflikten zwischen verschiedenen Generaldirektionen als der Sache geschuldet.[58] Die Thematik sollte aber auch nicht überspitzt werden: Schon vor Erlass der Richtlinie gab es Vorschriften für den B2C-Bereich und solche für den B2B-Bereich, die teilweise unterschiedlichen Ansätzen folgten. Zudem dürften die Ergebnisse in der Praxis weitgehend ohne größere Konflikte bleiben. 32

Eine dogmatische Auflösung bietet sich durch eine Ableitung von **Konsumenten- und Konkurrentenschutz** aus dem **Wettbewerbsprinzip** an:[59] Der beste Verbraucherschutz besteht darin, den freien Wettbewerb funktionsfähig zu halten (wie in § 1 Satz 2 verlangt). Die durch den Wettbewerb hervorgebrachte Effizienz der Unternehmen und ihre Innovationskraft schlagen sich dann in günstigen Preisen, erhöhter Angebotsvielfalt und -qualität nieder. Zugleich profitieren Mitbe- 33

---

[51] Erwägungsgrund 8 der UGP-RL.
[52] Vgl. Fezer/*Fezer* § 1 Rdn. 21 ff., 63; *Glöckner/Henning-Bodewig* WRP 2005, 1311, 1325.
[53] *Henning-Bodewig* GRUR 2013, 238.
[54] So auch *Glöckner/Henning-Bodewig* WRP 2005, 1311, 1325.
[55] *Glöckner/Henning-Bodewig* WRP 2005, 1311, 1326.
[56] Vgl. *Beater* GRUR Int 2000, 963, 967.
[57] So auch *Glöckner/Henning-Bodewig* WRP 2005, 1311, Ziff. 1325; *Seichter* WRP 2005, 1087, 1089; *Henning-Bodewig* GRUR Int. 2004, 183, 189. Andere Ansicht *Lettl* WRP 2004, 1079, 1089.
[58] Vgl. *Podszun* in: Hilty/Henning-Bodewig, Lauterkeitsrecht und Acquis Communautaire, S. 172 f.; *Henning-Bodewig* GRUR 2013, 238, 240; *Ohly* GRUR 2004, 889, 890.
[59] Vgl. *Glöckner/Henning-Bodewig* WRP 2005, 1311, 1325.

werber von der Bestreitbarkeit der Märkte und ihrer Chance, sich in einem fairen Leistungswettbewerb durchzusetzen.[60] Bei richtiger Betrachtung spricht § 1 UWG letztlich für ein stark wettbewerbsfunktionales Verständnis des Lauterkeitsrechts, bei dem das geschäftliche Handeln auf seine Wirkungen für den Wettbewerb hin geprüft wird.[61]

34 Ein gewichtiges Argument für diesen Weg ist der häufig vernachlässigte zweite Zweck, der in Art. 1 UGP-Richtlinie genannt wird, das **reibungslose Funktionieren des Binnenmarktes.** Der deutsche Gesetzgeber geht davon aus, dieser Teil der Schutzzweckbestimmung der Richtlinie bedürfe „seiner Natur nach nicht der Übernahme in das innerstaatliche Recht".[62] Damit tut der Gesetzgeber nachgerade so, als sei es nicht Aufgabe der Nationalstaaten, das reibungslose Funktionieren des Binnenmarktes zu befördern. Möglicherweise verwechselt der Gesetzgeber diesen Schutzzweck mit der Definition des Anwendungsbereichs, etwa im Sinne einer Zwischenstaatlichkeitsklausel. Die Richtlinie geht aber erkennbar davon aus, dass die nationalen Gesetzgeber durch Ausgestaltung ihres Rechts gerade auch das Funktionieren des Binnenmarktes sichern sollen (vgl. Erwägungsgründe 2–4). Dazu gehört eine **marktwirtschaftlich-liberale, dem Wettbewerbsprinzip verpflichtete Normsetzung.** Der Binnenmarkt funktioniert nur dann reibungslos, wenn Anbieter und Nachfrager aus verschiedenen Staaten die Möglichkeit haben, zu freien, gleichen und fairen Bedingungen Angebot und Nachfrage zu koordinieren. Kernelement des Binnenmarktes sind dessen im **AEUV** niedergelegten Grundsätze, die Grundfreiheiten und das Wettbewerbsprinzip. In einer verbraucherschützend akzentuierten Wettbewerbssicherung liegt damit ein einheitlicher Schutzzweck für das UWG, der mit europäischem Recht vereinbar ist, ohne dass eine künstliche Aufsplittung von geschäftlichen Handlungen in verschiedene Schutzregimes vorzunehmen wäre.

35 Will man beiden Zwecken der Richtlinie gerecht werden **(Binnenmarkt und Verbraucherschutz),** muss man daher den wettbewerblichen „impact" einer geschäftlichen Handlung prüfen: Inwieweit wird durch die Maßnahme die Entfaltungs- und Entscheidungsfreiheit der Verbraucher am Markt beschränkt? Und inwiefern kommt es dadurch auf volkswirtschaftlicher Ebene zu einer Einschränkung der Möglichkeiten im Binnenmarkt? Im Einzelfall ist damit zu erwägen, wie die Wettbewerbstheorie den Fall beurteilen würde.[63] Im zweiten Schritt wäre zu prüfen, ob die wettbewerbliche Durchdringung dem Verbraucherschutz zum Durchbruch verhilft. Dies wird häufig zumindest bei langfristiger Betrachtung der Auswirkungen der Fall sein.

36 Weitere Vorgaben des europäischen Rechts, etwa zum Verbraucherleitbild, werden im Folgenden behandelt.

C. Unlautere geschäftliche Handlungen

37 Mit der Bezugnahme auf unlautere geschäftliche Handlungen wird der gegenständliche Anwendungsbereich des Gesetzes definiert. Das Gesetz bezieht sich nur auf geschäftliche Handlungen und dabei wiederum nur auf solche, die aufgrund einer behaupteten Unlauterkeit am Maßstab des UWG geprüft werden. Der Begriff der **„geschäftlichen Handlung"** wird in § 2 Abs. 1 Nr. 1 legaldefiniert (siehe Kommentierung dort). Der Begriff der **„Unlauterkeit"** wird in § 3 Abs. 1 (siehe Kommentierung dort) und durch die Einzeltatbestände des Gesetzes konkretisiert. Für § 1 haben diese Begrifflichkeiten somit kaum eigenständige Bedeutung. Der Rechtsuchende, der sich auf UWG beruft und damit dessen Zugriff auslöst, wird gehalten, nur geschäftliche Handlungen als „unlauter" anzugreifen. Bedeutsam ist allerdings die Fokussierung des Gesetzes auf das **Verhalten,** nicht auf das Ergebnis des Verhaltens. Eine Auswirkungsanalyse von geschäftlichen Handlungen ist jedenfalls nachgeordnet und kann nur zur Bewertung des Handlungsunrechts dienen.

38 Dies zeigt sich auch an der **Sanktionsebene:** Der BGH weist darauf hin, dass der Vertragsabschluss und die Fruchtziehung aus dem Vertrag unbeeinflusst von der Unlauterkeit der Handlung sein können und daher nicht notwendig vom Verbot erfasst sind.[64]

---

[60] Vgl. dazu BGH, I ZR 250/00, GRUR 2002, 825, 826 – *Elektroarbeiten.*
[61] Vgl. *Hetmank* GRUR 2014, 437. Ausführlich GK-Peukert § 1 Rdn. 76.
[62] BT-Drucks. 16/10145, S. 11.
[63] Vgl. *Podszun* WRP 2009, 509 ff.
[64] BGH, I ZR 314/98, GRUR 2011, 1178, 1180 – *Gewinn-Zertifikat;* BGH, I ZR 293/91, WRP 1994, 28 – *Folgeverträge.* Vgl. MünchKommUWG/*Sosnitza* § 1 Rdn. 14.

D. Geschützte Personenkreise

§ 1 verpflichtet den Rechtsanwender, drei Personenkreise als **Schutzsubjekte** zu erkennen: **Mitbewerber, Verbraucher** und **sonstige Marktteilnehmer.** Während die Definition der jeweiligen Kreise in § 2 erfolgt, ist im Kontext von § 1 das Schutzniveau zu thematisieren. 39

I. Handelnder

Vor dem Schutz derjenigen Personenkreise, die von einer geschäftlichen Handlung betroffen sein können, sind zunächst die Interessen des Handelnden zu würdigen. Das Lauterkeitsrecht ist ein **Interventionsrecht,** das bestimmte Handlungen abstellen will. Der Eingriffscharakter verlangt aber, dass zunächst die Interessen desjenigen berücksichtigt werden, in dessen Handlungsfreiheit eingegriffen werden soll. Das Verbot, das hoheitlich ausgesprochen wird, bedarf immer einer Rechtfertigung, was wiederum bedeutet, dass zunächst der Freiheitsraum des Unternehmens anerkannt wird. Vor einer Darstellung der beeinträchtigten Interessen setzt § 1 daher selbstverständlich voraus, zunächst den autonom ausgefüllten Freiheitsraum zu würdigen. Das unternehmerische Handeln, das als Vorstoß im Wettbewerb wahrgenommen wird und die Grenzen des Unlauteren berühren mag, ist zunächst vom Schutzbereich der Handlungsfreiheit umfasst. **Art. 2 Abs. 1, 12 und 14 GG** sowie **Art. 16, 17 und 15 Grundrechte-Charta** schützen das Unternehmen, das wettbewerbliche Aktivitäten entfaltet. Auch aus dem Schutzzweck in § 1 Satz 2 und der Systematik der marktwirtschaftlich gedachten Rechtsordnung lässt sich ableiten, dass es zunächst ein Vorrecht des Handelnden gibt, seine Freiheitsspielräume auszuloten. Denn die Marktwirtschaft ist durch Wettbewerb gekennzeichnet, und Wettbewerb wiederum ist ein dynamischer Prozess, ein „offenes Entdeckungsverfahren" *(von Hayek),* das von Vorstößen, Neuerungen und Offensiven lebt. Ohne unternehmerische Initiative und ohne Verletzung des Üblichen, Hergebrachten und Traditionellen käme eine Wettbewerbswirtschaft zum Stillstand. Ein zu rigides Lauterkeitsrecht würde freiheits- und wohlfahrtsmindernd wirken. 40

Im konkreten Fall ist daher geboten, die Interessen des Handelnden darzustellen. Geschützt wird grundsätzlich die **freie Betätigung im Wettbewerb.** Dies schließt als anzuerkennendes Interesse das Gewinnstreben ein, das selbstverständlicher Teil der Marktwirtschaft ist und nicht besser oder schlechter anzusehen ist als andere Handlungsmotivationen. Wenn § 1 den Schutz bestimmter Interessen im Wettbewerb benennt, so bedeutet dies, dass nur ausnahmsweise der unternehmerischen Handlungsfreiheit Grenzen gesetzt werden. Eine lauterkeitsrechtliche Entscheidung muss daher zunächst die sachliche und ohne moralische Überheblichkeit auskommende Würdigung der Interessen des Handelnden beinhalten. Dabei ist die konkrete Handlung, z. B. die Werbung, als wettbewerbliches Ausdrucksmittel zu würdigen: Welche Bedeutung, so hat das Gericht zu prüfen, hat diese geschäftliche Handlung für die Positionierung des Handelnden im Markt? Der Handelnde hat dabei hinsichtlich seiner geschäftlichen Aktivitäten einen weiten Spielraum, all die strategischen und konkreten Entscheidungen zu fällen, die er für den Geschäftsbetrieb als sinnvoll erachtet. 41

Auch die **öffentliche Hand** kann Handelnder oder Mitbewerber im Sinne des UWG sein oder als sonstiger Marktteilnehmer in die Fälle involviert sein.[65] Die öffentliche Hand (z. B. Gemeinden, Unternehmen der öffentlichen Hand, öffentlich-rechtliche Körperschaften), genießt keine Privilegierung im Wettbewerb, sondern kann sich im Gegenteil nur beschränkt auf eigene Handlungsfreiheiten berufen.[66] Ihr Eingreifen im freien Wettbewerb ist aufgrund der grundsätzlichen Staatsfreiheit der marktwirtschaftlichen Ordnung und der besonderen Übermacht des Staates stets kritisch zu würdigen. In diesem Bereich wird sich regelmäßig der Weg vor die Landgerichte als richtiger Rechtsweg erweisen, wenn wettbewerbliche Aktivitäten von öffentlich-rechtlichen Institutionen ausgehen.[67] 42

---

[65] Vgl. etwa BGH, I ZR 54/11, GRUR 2013, 301 – *Solarinitiative;* BGH, I ZR 106/06, GRUR 2009, 606, Rdn. 20 – *Buchgeschenk vom Standesamt;* BGH, I ZR 13/06, ZUM 2008, 594 – *Sportwetten;* BGH, I ZR 250/00, GRUR 2002, 825 – *Elektroarbeiten;* BGH, I ZR 193/99, GRUR 2002, 550 – *Elternbriefe.* Eingehend *Ahrens* Einl. F Rdn. 31.

[66] Das gilt auch, wenn Private an öffentlichen Unternehmen beteiligt sind, vgl. BVerfG NJW 2009, 3644.

[67] Anders OVG Rheinland-Pfalz, 10.6.2013, Az. 8 B 10483/13.OVG, DÖV 2013, 742.

II. Mitbewerber

43 Mitbewerber sind nach § 2 Abs. 1 Nr. 3 **Unternehmen,** die mit einem anderen bei Angebot und Nachfrage in einem **konkreten Wettbewerbsverhältnis** stehen (siehe die Kommentierung von *Keller* zu § 2 Abs. 1 Nr. 3). Der Mitbewerberschutz spielt bei den verbraucherschützenden Tatbeständen in Einklang mit den Vorgaben der UGP-Richtlinie keine Rolle, sondern wird nur mittelbar erreicht. Für die übrigen Tatbestände (insbesondere §§ 3a und 4) sind Mitbewerber-Interessen zu achten. Gerichtet ist der Mitbewerberschutz in erster Linie auf den Schutz der wettbewerblichen Entfaltungsfreiheit.[68]

44 Der Schutz von Mitbewerbern kann nur soweit gehen, wie er aus dem **Wettbewerbsprinzip** fließt. Dies bedeutet insbesondere, dass es **nicht Aufgabe des Lauterkeitsrechts** ist, überkommene Marktstrukturen oder Geschäftsmodelle zu schützen oder individuelle Wettbewerber davor zu bewahren, von Neuerungen in ihrem Marktumfeld überholt zu werden.[69] Schützenswert ist aber die eigene unternehmerische Handlungsfreiheit des Mitbewerbers. Hier können umfassend Interessen geltend gemacht werden, insbesondere bezieht sich der Schutz auf das eigene Handeln, den Einsatz der Wettbewerbsparameter auf allen Marktstufen (Nachfrage, Herstellung, Vertrieb), aber auch auf Vermögens- und Eigentumsschutz.[70] Die Anknüpfung erfolgt in **objektiver** Hinsicht, es geht also nicht primär darum, die individuelle Beeinträchtigung abzustellen (auch wenn dies bei Vorliegen eines konkreten Wettbewerbsverhältnisses möglich ist), sondern darum, den fairen Wettbewerb auf dem Markt zu sichern.

45 Eine Kategorisierung des Mitbewerbers findet nicht statt. So muss sich der Mitbewerber nicht selbst in besonders lauterer Weise verhalten, um durch das UWG geschützt zu werden. Ein **Mitbewerberleitbild,** entsprechend dem Verbraucherleitbild, hat die Rechtsprechung nicht entwickelt.[71] Das ist konsequent, da die **Mitbewerberinteressen** durch geschäftliche Interessen gekennzeichnet und dadurch typisiert zu ermitteln sind. Auf die Empfindung kommt es bei Unternehmen ebenso wenig an wie auf ihre individuellen Gegebenheiten, wie sie etwa bei besonders schutzbedürftigen Verbrauchern berücksichtigt werden können. Zudem werden in den meisten Fällen, in denen der Mitbewerberschutz relevant ist, die jeweiligen Interessen von einer betroffenen Partei vorgetragen, sodass eine gesonderte Ermittlung nicht erforderlich ist.

46 Allerdings kann der **Mitbewerberschutz** an den Besonderheiten des jeweiligen Marktumfelds anknüpfen, d. h. **branchenspezifisch** ausgestaltet werden. In einem Branchenumfeld, das von einem ehemaligen staatlichen Monopolisten dominiert ist (z. B. im Post- oder Telekommunikationswesen), können Mitbewerberinteressen stärker geschützt werden als in einem seit Jahrzehnten wettbewerblich strukturierten Markt. Auch bei hohen Marktzutrittsschranken oder in hochkonzentrierten Branchen können Mitbewerberinteressen schneller schutzwürdig sein als in anderen Umfeldern. Hier zeigt sich allerdings die Nähe zum Schutzzweck des Wettbewerbs: Mitbewerberschutz muss immer wettbewerbskonform ausgestaltet sein und muss also die **Anreize** für den Handelnden und den Mitbewerber bewahren, sich im Ringen um Geschäftsabschlüsse zu messen. Hier ist der Schutzumfang aber ebenso weit: Der Mitbewerber darf nicht durch unlauteres Verhalten eines Konkurrenten in seiner wettbewerblichen Entfaltungsfreiheit, und das heißt: seiner autonomen, geschäftlichen Entscheidungsgewalt, eingeschränkt werden.

47 Die **Definition der Schutzrichtung oder Schutzhöhe** muss notwendig am Lauterkeitskriterium angeknüpft werden und lässt sich nicht abstrakt formulieren. Drei Arten von Konstellationen des Mitbewerberschutzes können differenziert werden:

48 Erstens darf es dem Mitbewerber nicht unmöglich gemacht werden, selbst im Wettbewerb tätig zu werden. Der Handelnde darf also den **Zugang zum Wettbewerb** nicht durch sein unlauteres Verhalten versperren. Diese Offenhaltung der Märkte garantiert zwar nach klassischer Einteilung das Kartellrecht, doch gibt es auch lauterkeitsrechtliche Ansprüche, wenn ein besonderes Unlauterkeitsmoment hinzutritt.

49 Zweitens darf es dem Mitbewerber nicht unmöglich gemacht werden, sich in lauterer Weise **im Wettbewerb zu bewähren.** Geht also vom Handelnden ein **Sog** aus, der aggressiv-unlauteres Verhalten zur Branchenpraxis erhebt, ist der Mitbewerber davor in Schutz zu nehmen.

50 Drittens darf der Handelnde nicht durch unlauteres Verhalten **auf Kosten des Mitbewerbers** seine geschäftlichen Interessen durchsetzen. Zwar impliziert die **Rivalität im Wettbewerb,** dass

[68] *Köhler*/Bornkamm § 1 Rdn. 10; GK-Peukert § 1 Rdn. 190.
[69] Vgl. BGH, I ZR 250/00, GRUR 2002, 825.
[70] Vgl. *Köhler*/Bornkamm § 1 Rdn. 10.
[71] Vgl. aber EuGH, C-112/99, GRUR 2002, 354, 356 – *Toshiba/Katun:* „durchschnittlich informierte, aufmerksame und verständige Person".

die Durchsetzung von Interessen des einen stets auf Kosten des anderen geht. Tritt aber ein Unlauterkeitsmoment so hinzu, dass der Mitbewerber gezielt in seiner Entfaltung gehindert wird, ist die Untersagung des Verhaltens Ausfluss des Mitbewerberschutzes.

Nicht schutzwürdig ist das Interesse des Mitbewerbers, Preisunterbietungen, sachlicher Kritik, zutreffenden Vergleichen oder neuen Anbietern nicht ausgesetzt zu werden.[72] Die Position des Mitbewerbers muss stets im Wettbewerb angreifbar bleiben – dieses Risiko kennzeichnet gerade die unternehmerische Tätigkeit, die vom UWG angespornt, nicht verhindert werden soll. 51

III. Verbraucher

Der **Verbraucherbegriff** des UWG wird gemäß § 2 Abs. 2 an **§ 13 BGB** angelehnt (siehe die Kommentierung von *Keller* zu § 2 Abs. 2). Bei den verbraucherschützenden Tatbeständen (§§ 4a, 5, 5a, 6, 7 Abs. 2 und 3) sind die Normen so auszulegen, dass dem Verbraucherschutz effektiv zum Durchbruch verholfen wird. Dies ist eine Konsequenz der UGP-RL. Der Anspruch des europäischen Rechts geht aber über einen nur mittelbaren oder abgewogenen Schutz von Verbraucherinteressen hinaus. Allerdings lässt sich Verbraucherschutz auch aus dem **Wettbewerbsprinzip** ableiten, da die Wettbewerbstheorie es vermocht hat, den Verbraucher als mündigen Marktteilnehmer in das marktwirtschaftliche Konzept zu integrieren[73] und die Konsumentenwohlfahrt zu einem wesentlichen Ziel der Wettbewerbspolitik zu machen. Die Definition eines in die Marktwirtschaft eingebundenen Verbraucherschutzes gelingt über die Wettbewerbsidee jedenfalls besser als über das – gelegentlich ideologisch aufgeladene – Postulieren von Verbraucherinteressen jeglicher Art. Art. 169 Abs. 1 AEUV gibt Hinweise darauf, was allgemein als Verbraucherschutz anzusehen ist. Genannt werden in dieser Norm Gesundheit, Sicherheit, wirtschaftliche Interessen, Information, Erziehung und kollektive Interessenwahrnehmung. Von diesen Zielen ist über die UGP-RL nach hier vertretener Auffassung aber **nur das wirtschaftliche Interesse der Verbraucher** zu berücksichtigen.[74] Die UGP-Richtlinie und folglich das UWG sind nämlich auf die wirtschaftliche Entfaltung der Verbraucher im geschäftlichen Verkehr ausgerichtet, nicht auf einen allgemeinen Verbraucherschutz. Der Verbraucher wird als Akteur in der Marktwirtschaft adressiert, der sich mit Hilfe autonomer Entscheidungen als Nachfrager am Markt betätigt und so seine Bedürfnisse befriedigt. Der **Kern dieses Schutzkonzepts** ist also die freie, informierte Entscheidung des Verbrauchers am Markt. Geschützt wird die Konsumentensouveränität, die sich in Auswahl und Abschluss manifestiert. 52

Der **Verbraucher** wird, wie der Befugniskatalog in § 8 zeigt, **nur kollektiv geschützt, nicht mit individuellen Klagerechten.**[75] Individuelle Ansprüche sind über Vertrags- und Deliktsrecht durchzusetzen.[76] Inwieweit Normen des UWG als Schutzgesetz im Sinne von § 823 Abs. 2 BGB anzusehen sind, ist strittig. Für strafrechtliche UWG-Normen kann der Schutzgesetzcharakter bejaht werden, da diese die zivilrechtlichen Folgen nicht abschließend regeln. Für die übrigen Tatbestände des UWG will der Gesetzgeber – nach langer Diskussion – wohl keinen individualschützenden Charakter annehmen.[77] Dies ist auch dogmatisch zutreffend:[78] Ansprüche sind abschließend in § 8 geregelt, ein Unterlaufen würde das fein austarierte Schutzsystem des UWG ins Wanken bringen. Zudem sind die Formulierungen im UWG, wie § 1 zeigt, nicht auf den Individualschutz, sondern auf einen typisierten Gruppenschutz und eine Sicherung des Allgemeininteresses ausgerichtet. 53

1. Verbraucherleitbild

Die Auffassung, dass Wettbewerbsförderung der beste Verbraucherschutz ist, wird vom **Verbraucherleitbild** gestützt (siehe dazu *Glöckner,* Einl. B Rdn. 31 ff.). In formaler Hinsicht ist das Verbraucherleitbild inzwischen konsolidiert. Demnach gilt das aus dem europäischen Recht[79] zunächst von der Rechtsprechung übernommene,[80] später auch vom Gesetzgeber anerkannte moderne Ver- 54

[72] Vgl. MünchKommUWG/*Sosnitza* § 1 Rdn. 24.
[73] Vgl. *Drexl,* Die wirtschaftliche Selbstbestimmung des Verbrauchers, 1998.
[74] *Stuyck* CMLR 2015, 721, 724.
[75] Vgl. zur Begründung BT-Drucks. 15/1487, S. 22. Vgl. *Lehmler* § 1 Rdn. 3 f.
[76] *Engels/Salomon* WRP 2004, 32, 3334.
[77] BT-Drucks. 15/1487, S. 22; vgl. *Oppermann/Müller* GRUR 2005, 280, 285.
[78] Wie hier *Ahrens* (in diesem Band), Einl. G, Rdn. 135 mwN. A. A. mit Hinweis auf § 1 UWG LG Bonn, 5.8.2014, Az. 8 S 46/14 (juris).
[79] Vgl. EuGH, C-210/96, WRP 1998, 848, 851 – *Gut Springenheide;* EuGH, C-315/92, NJW 1994, 1207, 1208 – *Clinique.* Siehe auch *Köhler*/Bornkamm § 1 Rdn. 22 ff.
[80] U. a. BGH, I ZR 167/97, GRUR 2000, 619 – *Orient-Teppichmuster;* BGH, I ZR 318/98, GRUR 2002, 182, 183 – *Das Beste jeden Morgen.*

braucherleitbild.[81] Gemäß Erwägungsgrund 18 der UGP-RL sind geschäftliche Handlungen zu prüfen in ihrer Wirkung auf den „**Durchschnittsverbraucher,** der angemessen gut unterrichtet und angemessen aufmerksam und kritisch ist, unter Berücksichtigung sozialer, kultureller und sprachlicher Faktoren."[82] Andere Formulierungen sprechen vom „normal informierten und angemessen aufmerksamen und verständigen Durchschnittsverbraucher".[83] Die anzunehmende **Aufmerksamkeit** richtet sich nach den Umständen.[84] Für das Gericht besteht hier die Herausforderung, sich in die Position eines typisierten Verbrauchers zu versetzen und in der konkreten Situation den Grad der zu erwartenden Aufmerksamkeit zu ermessen.

55 In materieller Hinsicht ist allerdings längst nicht mehr sicher, ob der Verbraucher noch als mündiger, informierter Bürger gedacht werden kann. In den vergangenen Jahren ist die **Diskussion um das Verbraucherleitbild** wieder aufgebrochen.[85] Erkennbar wird eine Tendenz, wieder stärker auf den flüchtigen, schutzbedürftigen Verbraucher abzustellen, den Schutzgrad also zu erhöhen. Als möglicher Weg dazu wird gefordert, den Einfluss der empirischen Befragungen im UWG zu erhöhen und somit ein realistischeres Bild des Verbrauchers zu ermöglichen.[86] Der EuGH hat diese Diskussion durch Urteile befeuert, in denen (scheinbar) Verbraucher wieder stärker geschützt werden.[87] Sich an letztlich wenig aussagekräftigen Begrifflichkeiten festzuhalten[88] und einzelne Entscheidungen des EuGH zu deuten, führt nicht weiter. Der entscheidende Sprung wäre die stärkere Betonung empirischer Befunde in UWG-Prozessen. Dafür gibt es jedoch in der derzeitigen Gerichtspraxis keine Anhaltspunkte.

56 Normativ ist daher weiterhin von einem modernen und verständigen Verbraucher auszugehen, der im geschäftlichen Verkehr Unternehmensvertretern auf Augenhöhe begegnet. So wird der faire Wettbewerb auf den mündigen Verbraucher als Marktteilnehmer ausgerichtet, der aufgrund der Wechselwirkungen mit dem Recht auch immer weiter zu einem solchen erzogen wird. Hintergrund dieses Bildes von einem Verbraucher, der im Vergleich zur früheren Rechtslage in Deutschland als verständiger eingeschätzt wird, ist ein wirtschaftspolitisches **Liberalisierungsprogramm,** das den Binnenmarkt fördert.

57 Ein anderes Verbraucherleitbild wird aber angesetzt, wenn eine Geschäftspraxis sich an **spezielle Verbrauchergruppen** richtet (z. B. Kinder), „deren Eigenschaften sie für unlautere Geschäftspraktiken besonders anfällig machen" (Erwägungsgrund 18).[89] Dann ist auf ein **Durchschnittsmitglied dieser Gruppe** abzustellen, sodass der Schutz besonders schutzbedürftiger Gruppen erhalten bleibt.

58 Das Verbraucherleitbild kann konsequenterweise auch in der Gegenrichtung eine Veränderung erfahren, wenn sich ein Angebot an eine besonders wache und geschäftlich erfahrene Gruppe von Verbrauchern richtet (z. B. juristische Fachleute).[90]

2. Ermittlung der Verbraucherinteressen

59 Die Ermittlung der Verbrauchersicht begegnet in der gerichtlichen Praxis großen Schwierigkeiten. Die UGP-Richtlinie stellt klar, dass sie von den nationalen Gerichten **keine statistischen Erhebungen** verlangt: „Die nationalen Gerichte und Verwaltungsbehörden müssen sich bei der Beurteilung der Frage, wie der Durchschnittsverbraucher in einem gegebenen Fall typischerweise reagieren würde, auf ihre eigene Urteilsfähigkeit unter Berücksichtigung der Rechtsprechung des Gerichtshofs verlassen."[91] Dies ist bei den einzelnen Tatbeständen zu konkretisieren. Mit dieser Er-

---

[81] BT-Drucks. 15/1487, S. 19. Siehe auch *S. Ahrens* IPRB 2012, 136; zum Verbraucherleitbild im Internet *Lederer* NJOZ 2011, 1833; zur Entwicklung des Verbraucherleitbilds auch *Glöckner* Einl. B Rdn. 428.

[82] Ähnlich BT-Drucks. 15/1487, S. 19 in Bezug auf § 5: „Leitbild eines durchschnittlich informierten und verständigen Verbrauchers (…), der das Werbeverhalten mit einer der Situation angemessenen Aufmerksamkeit verfolgt."

[83] EuGH, C-329/02 P, GRUR Int. 2005, 44, 45 – *SAT.2.*

[84] Vgl. *Köhler*/Bornkamm § 1 Rdn. 27, 35.

[85] Vgl. *Jahn/Palzer* K & R 2015, 444; *Möstl* WRP 2014, 906; *Scherer* WRP 2013, 705; *Helm* WRP 2013, 710; *Engel* ZRP 2015, 33.

[86] Vgl. Wissenschaftlicher Beirat des BMELV, „Ist der „mündige Verbraucher" ein Mythos? Auf dem Weg zu einer realistischen Verbraucherpolitik", 2012.

[87] Insbesondere EuGH, C-428/11, GRUR 2012, 1269 – *Purely Creative;* EuGH, C-195/14, WRP 2015, 847 – *Himbeer-Vanille-Abenteuer.* Der zweitgenannte Fall betraf eine lebensmittelrechtliche Frage, weshalb die Thematik im Lebensmittelrecht parallel stark diskutiert wird, vgl. etwa *Meisterernst/Muffler* ZLR 2013, 25; *Steinbeck* ZLR 2014, 302; *Böhler* ZLR 2014, 27; *Sosnitza* ZLR 2014, 137.

[88] Die zudem möglicherweise fehlerhaft übersetzt sind, vgl. *Henning-Bodewig* WRP 2013, Heft 11, Editorial.

[89] Zu Senioren siehe *Yankova/Hören* WRP 2011, 1236.

[90] BVerfG, 1 BvR 518/02, NJW 2003, 719, 720 – *JUVE-Handbuch.*

[91] Erwägungsgrund 18 der UGP-Richtlinie.

wägung öffnet der Richtliniengeber der richterlichen Würdigung im Einzelfall Tür und Tor. Die „bounded rationality" von Richtern, also ihre – wie bei jedem Menschen – eingeschränkte Rationalität, ihre Vorprägung und Beeinflussbarkeit wird nicht problematisiert. Auch die Rechtsprechung selbst beruft sich regelmäßig ohne weitere Problematisierung auf eigene Sachkunde oder Einschätzung dessen, was der Durchschnittsverbraucher empfindet. **Neuere Erkenntnisse der Verhaltens- und Entscheidungsforschung** bleiben damit ausgeblendet. Das ist nur hinzunehmen, wenn man den **Verbraucherbegriff rein normativ** versteht und von tatsächlichen Gegebenheiten abkoppelt.[92] Der Durchschnittsverbraucher ist demnach ein Verbrauchertypus, den sich der Gesetzgeber als Marktteilnehmer wünscht. Das schließt zwar nicht aus, dass Richter ihr Bild vom idealtypischen Verbraucher um eigenes Erfahrungswissen anreichern und dieses wiederum mit entsprechenden Erhebungen absichern. Zu weitgehend wäre es sicher, geradezu einen Ausschluss der Möglichkeit von Sachverständigengutachten zu folgern. Eine Verpflichtung, solche einzuholen, besteht aber ebenfalls nicht. Die UGP-Richtlinie verlangt letztlich vom nationalen Richter lediglich eine Berücksichtigung der europäischen Rechtsprechung.[93]

Die materielle Betonung des Verbraucherschutzes trifft auf eine weitere Relativierung durch das Verfahrensrecht, indem Verbraucherinteressen typisiert und kollektiviert wahrgenommen oder in den Prozess eingebracht werden. Hier zeigt sich, dass das UWG **„generalpräventiv"**[94] dem Schutz typisierter Verbraucherinteressen dient, nicht aber der konkreten Abhilfe individuell identifizierbarer Verbraucher.[95] 60

3. Anerkannte Verbraucherinteressen

Es können nur solche Verbraucherinteressen geschützt werden, die ein typisierter mündiger Verbraucher im Wirtschaftsverkehr verfolgt. Das bedeutet, dass der Verbraucher dezidiert **als Marktteilnehmer** gesehen wird, es geht also um die marktbezogenen, wirtschaftlichen Interessen des Verbrauchers. Aus der UGP-Richtlinie geht in erster Linie hervor, dass der Verbraucher in der Lage sein muss, eine **informierte Entscheidung** zu treffen.[96] Darin liegt eine wichtige Weichenstellung: Der **selbstbestimmt handelnde** Verbraucher, der typisiert von der Rechtsprechung angenommen wird, entscheidet auf Basis richtiger und umfassender Information selbst, welches Angebot er zu welchem Preis annimmt. Das ist ein erheblicher Unterschied zu einem Verbraucherschutz, der bestimmte substantielle Standards verlangt. Der Schutzzweck ist also gerichtet darauf, dem Verbraucher seine freie Entscheidung zu ermöglichen. Es geht beim Lauterkeitsrecht nicht darum, besonders günstige Verbraucherpreise, eine hohe Angebotsvielfalt, den Gesundheitsschutz oder die Produktsicherheit zu gewährleisten. Damit ist der Schutzstandard in § 1 konform mit einem offenen Wettbewerbsverständnis, das davon ausgeht, dass der Markt (unter Einschluss der Verbraucher) die besten wirtschaftlichen Entwicklungen hervorbringt und es einer staatlichen Planung oder Bevormundung nicht bedarf. Der Verbraucher nimmt an der dezentralen Koordination der Einzelpläne mit seinen Präferenzen teil und wird so zu einem selbständigen Akteur im Markt. Anerkennenswert sind damit solche Interessen, die den Verbraucher zu einer informierten Entscheidung in diesem Prozess befähigen. 61

Hier ist zunächst an den Schutz der *informierten* Entscheidung zu denken.[97] Die **Informationen,** die der Verbraucher erhält, dürfen ihn nicht irreführen, indem sie falsch oder unvollständig sind. Aus dieser Sicht resultiert die Forderung nach Informationspflichten, die in einem „Informationsmodell" kulminiert.[98] 62

Auf Basis der Information findet die **Willensbildung** statt. Diese muss frei und unbeeinflusst sein, damit der Verbraucher tatsächlich seine Interessen erforschen und verfolgen kann.[99] Die Willensbildung darf nicht von aufgenötigten Fremdinteressen überlagert werden, deren Erfüllung der Verbraucher an die Stelle seiner eigenen Interessen setzt. 63

Hinzu tritt der Schutz der **Auswahl- und Abschlussfreiheit,** die Teil einer mündigen Entscheidung sind. Dementsprechend darf eine „Nötigung" des Verbrauchers zu einem bestimmten Geschäft nicht stattfinden. Diese Freiheit beginnt bereits im Vorfeld eines Geschäfts, sodass Wer- 64

---

[92] Vgl. umfassend *Beutel,* Wahrnehmungsbezogene richterliche Erfahrungssätze; *dies.* euvr 2012, 172.
[93] Vgl. *Glöckner* Einl. B Rdn. 415 ff. m. w. N.
[94] *Köhler*/Bornkamm § 1 Rdn. 17.
[95] *Glöckner/Henning-Bodewig* WRP 2005, 1311, Ziff. 1318.
[96] Vgl. *Köhler*/Bornkamm § 1 Rdn. 16 ff.
[97] Vgl. *Köhler*/Bornkamm § 1 Rdn. 18.
[98] Vgl. *Schön* in FS Canaris, Band 1, 2007, S. 1191; Fezer/*Fezer* § 1 Rdn. 48; *Ohly* GRUR 2004, 889, 894.
[99] Vgl. *Köhler*/Bornkamm § 1 Rdn. 19.

bung oder Kundenansprache nicht dazu führen dürfen, dass sich der Verbraucher mit einem möglichen Geschäft befassen muss.

65 Bestandteil einer solchen Entscheidung ist auch die **offene Kommunikation,** die dem Verbraucher möglich sein muss. Da Entscheidungen von der Kommunikation mit anderen abhängig sind, sei es durch Information oder Austausch bei der Willensbildung sowie bei der Kommunikation des Entscheidungsergebnisses an die Marktgegenseite, wohnt dem Lauterkeitsrecht auch ein kommunikationsschützendes Element inne.

66 Bei den Verbrauchergruppen, für die eine **gesonderte Schutzhöhe** angenommen wird, ist entsprechend auf ihre ggf. eingeschränkte Fähigkeit abzustellen, eine Entscheidung zu treffen und deren Tragweite zu überblicken.[100] Ein Zusammenhang mit den finanziellen Konsequenzen wird nicht zu leugnen sein, selbst wenn der zu überblickende Funktionsmechanismus, etwa bei der Bindung durch ein Abonnement, leicht nachvollziehbar ist.

67 Zum Teil wird die Auffassung vertreten, dass **weitere Rechtsgüter** des Verbrauchers geschützt würden, z.B. seine Gesundheit, Eigentum und Besitz oder das allgemeine Persönlichkeitsrecht.[101] Dies löst sich aber vom Verständnis der Richtlinie, die auf den Schutz der wirtschaftlichen Interessen des Verbrauchers im geschäftlichen Verkehr ausgerichtet ist, und des § 1, der ebenfalls markt- und wettbewerbsbezogen gedacht ist. Zudem wird bei einem weitergehenden Verbraucherschutz die Begrenzung des Schutzes sonstiger Interessen aus § 1 Satz 2 verwischt. Besonders groß ist die Gefahr der Ausweitung des Verbraucherschutzes als Topos bei der Anwendung von § 3a. So zählt der BGH etwa auch den Jugendschutz als Verbraucherschutz.[102] Ein solches Verbraucherschutzverständnis entgrenzt allerdings den Begriff des Verbraucherschutzes. Dann kann quasi jede Schutznorm als Verbraucherschutz definiert werden. Im UWG ist aber Verbraucherschutz im engeren Sinne gemeint, also Verbraucherrecht als Außenrecht der Unternehmen in ihrem Marktauftreten. Diese Differenzierung ist gerade für § 3a wichtig, wenn der Wettbewerbsverstoß die Legitimation ist, das Verfahren des UWG zu nutzen – nicht der Gesetzesverstoß. Soweit die ansonsten angesprochenen Rechtsgüter einen **wettbewerblichen Bezug** aufweisen, lässt sich ihr Schutz – wie er etwa in § 7 vorgesehen ist – aber als vereinbar mit der UGP-Richtlinie ansehen.

IV. Sonstige Marktteilnehmer

68 In § 1 Satz 1 werden auch die **sonstigen Marktteilnehmer** erwähnt. Als Marktteilnehmer sind gemäß § 2 Abs. 1 Nr. 2 alle Personen anzusehen, die als Anbieter oder Nachfrager am Markt auftreten (siehe Kommentierung dort). Als sonstige Marktteilnehmer kommen in erster Linie demnach solche Unternehmen in Betracht, die nicht in einem Wettbewerbsverhältnis zum Handelnden stehen, etwa Lieferanten, Abnehmer oder im Umfeld tätige Unternehmen. Zu denken ist etwa an den Bereich der **B2B-Werbung** oder Geschäftspraktiken gegenüber Unternehmen, zu denen Lieferbeziehungen bestehen. Als sonstige Marktteilnehmer lassen sich auch **Plattformbetreiber** ansehen. Diese stellen eine Plattform zur Verfügung, auf der sich Anbieter und Nachfrager treffen. Sie selbst erbringen typischerweise eher eine Vermittlungsleistung durch Reduktion von Suchkosten.

69 Auch die **öffentliche Hand** kann als sonstiger Marktteilnehmer eingeordnet werden, wenn sie Güter oder Dienstleistungen anbietet oder nachfragt. Hier ist zu berücksichtigen, dass die europäische Rechtsprechung in den vergangenen Jahren insbesondere im Gesundheitssektor manche hoheitlichen Tätigkeiten nicht mehr als wirtschaftliche Aktivitäten angesehen hat.[103]

70 Nur selten werden die Interessen sonstiger Marktteilnehmer entscheidungserheblich werden. Sie sind stets wettbewerbskonform auszurichten. Auch hier ist an die **Sicherung der Entscheidungsfreiheit,** also an freie und informierte Möglichkeiten des Geschäftsabschlusses, zu denken. Die Interessen sonstiger Marktteilnehmer sind ggf. nachgeordnet zu berücksichtigen.[104]

E. Schutz von Allgemeininteressen

71 Mit der UWG-Reform wurde in § 1 Satz 2 klargestellt, dass nur das **Allgemeininteresse am unverfälschten Wettbewerb** schutzfähig ist. Das UWG dient nicht dazu, sonstige öffentliche Inte-

---

[100] Vgl. für Kinder einerseits die BGH-Entscheidung *Klingeltöne* (I ZR 125/03, GRUR 2006, 776, Rz. 24) und andererseits *Lion-Sammelaktion* (BGH, I ZR 160/05, GRUR 2009, 71).

[101] Wohl beschränkend auf § 7 *Köhler*/Bornkamm § 1 Rdn. 20; MünchKommUWG/*Sosnitza* § 1 Rdn. 27.

[102] BGH, I ZR 18/04, GRUR 2007, 890, Rdn. 34 – *Jugendgefährdende Medien bei ebay*. Vgl. GK-Fritzsche § 1 Rdn. 24.

[103] EuGH, C-205/03 P, EuZW 2006, 600 – *Fenin*.

[104] Ohly/*Sosnitza*, § 1 Rdn. 28.

ressen (von Arbeitsplatzsicherung über Volksgesundheit bis Umweltschutz) durchzusetzen.[105] Damit rückt der Gesetzgeber, ohne dies ausdrücklich anzuerkennen, von der Rechtsprechung ab, in deren Entscheidungen immer wieder auch sonstige Interessen genannt worden waren. 2003 hatte das **BVerfG** etwa „gewichtige Interessen der Allgemeinheit" als schutzfähig angesehen, ohne allerdings zu konkretisieren, welche Interessen hier gemeint sein könnten.[106] Insbesondere in Fällen des Verstoßes gegen andere Gesetze (§ 3a, zuvor § 4 Nr. 11) wird nicht, wie erforderlich, in der Argumentation strikt zwischen dem Gesetzesverstoß als solchem, den dadurch verletzten sonstigen öffentlichen Interessen und der Unlauterkeit aufgrund der zugleich verwirklichten Wettbewerbsverfälschung unterschieden.[107] Ein weitergehender Schutz von Allgemeininteressen, etwa im Rahmen einer „sozialrechtlichen Funktion des Lauterkeitsrechts"[108] ist vom Wortlaut nicht mehr gedeckt.[109] Solche Allgemeininteressen über Bezugnahmen auf den schillernden Begriff des Wettbewerbs durch die Hintertür ins UWG zu schmuggeln, ist weder mit dem Bedürfnis nach Rechtssicherheit noch mit dem europäischen Wettbewerbs- und Binnenmarktkonzept in Einklang zu bringen.[110] Anzuerkennen ist allerdings, dass etwa Belästigung, Rechtsbruch und aggressive Handlungen durchaus gesetzgeberische Ziele verfolgen, die nicht ausschließlich im Schutz des Allgemeininteresses am unverfälschten Wettbewerb liegen.[111]

Eine gewisse Neigung zur Überfrachtung des UWG besteht aufgrund der anerkannten, raschen 72
und effektiven Abhilfe, die durch das etablierte Verfahren des UWG erreicht wird. Das UWG ist das am längsten etablierte System, um öffentlichen Interessen im Wege der **privaten Rechtsdurchsetzung** zum Durchbruch zu verhelfen. Auch in der privaten Interessendurchsetzung gilt das UWG mit seinem weitreichenden Vertrauen in den einstweiligen Rechtsschutz als vorbildlich.

Die aus dem **Kartellrecht** übernommene[112] Begrifflichkeit („unverfälschter Wettbewerb") deutet 73
an, dass sich der Rechtsanwender zu einem wettbewerblichen Konzept (einem „richtigen", das „verfälscht" werden kann) bekennen muss. Hier erweist sich das UWG als Ausfluss eines wirtschaftspolitischen Programms, das der Marktwirtschaft verpflichtet ist, aber bestimmte Sicherungen vorsehen muss, um die entfesselten Marktkräfte davor zu bewahren, die Grundlagen der marktwirtschaftlichen Ordnung zu zerstören (sog. „Freiheitsparadoxon").[113] Da Wettbewerb der zentrale Funktionsmechanismus der Marktwirtschaft ist, lässt sich das UWG auch als **Marktordnungsrecht** deuten, bei dem die Ordnung des Marktes mit dem Schutz individueller und kollektiver Interessen verbunden wird. Dies gilt insbesondere bei einem wettbewerbsfunktionalen Verständnis des Verbraucherrechts, das ja letztlich auch immer Marktrecht ist. UWG ist damit nicht nur ein Lauterkeitsrecht, sondern ausdrücklich **Wettbewerbsrecht,**[114] es schützt auch den Wettbewerb als Institution.[115] § 1 Satz 2 liefert die normative Absicherung, das UWG-Recht als Schwester des Kartellrechts anzusehen.[116] Der Dreiklang von **Individualschutz, Kollektivschutz und Institutionenschutz** macht das UWG zu einem Musterbeispiel modernen Wirtschaftsrechts.

Der Wettbewerbsschutz ist nicht etwa den personal ausformulierten Schutzzwecken nachgeord- 74
net, sondern ausweislich des Wortlauts („zugleich") **gleichberechtigt.** Zum Teil wird, wie auch hier (oben Rdn. 45), ohnehin die Auffassung vertreten, dass das Wettbewerbsprinzip für die Auslegung der Schutzzwecke des UWG zentral ist. Die Diskussion, ob es eine eigenständige Bedeutung des Wettbewerbsschutzes unabhängig von den übrigen Schutzzwecken gibt, dürfte akademisch sein.[117]

Das reibungslose **Funktionieren des Binnenmarktes,** das in der UGP-RL als Zweck bestimmt 75
ist, beinhaltet den Schutz des Wettbewerbs, da der Binnenmarkt nur dann funktioniert, wenn staat-

[105] *Henning-Bodewig* WRP 2010, 1094, 1105; *Beater* WRP 2012, 6; *Wuttke* WRP 2007, 119 ff.; *Glöckner/Henning-Bodewig* WRP 2005, 1311, 1318; *Köhler*/Bornkamm § 1 Rdn. 41; kritisch Fezer/*Fezer* § 1 Rdn. 74 ff.

[106] BVerfG 1 BvR 580/02, NJW 2003, 277, 278 – *Juve-Handbuch.*

[107] Vgl. BGH, I ZR 46/97, GRUR 2000, 237 – *Giftnotruf-Box.*

[108] Fezer/*Fezer* § 1 Rdn. 71 ff.

[109] Vgl. *Köhler* NJW 2004, 2121, 2122; *Ohly* GRUR 2004, 889, 895.

[110] So scheidet z. B. nach Auffassung des VG München ein Vorgehen gegen den zwangsweise erhobenen Rundfunkbeitrag nach UWG aus, vgl. VG München, 23.1.2015, Az. M 6a K 14.448, Rdn. 61 f. (juris), da es insoweit nicht um Wettbewerbsschutz gehe.

[111] Vgl. GK-Peukert § 1 Rdn. 138 ff., 175, 322 ff.

[112] Siehe Art. 101 Abs. 1 AEUV sowie Protokoll Nr. 27 über den Binnenmarkt und den Wettbewerb vom 13.12.2007, ABl. C 306, S. 156, das den weggefallenen Art. 3 Abs. 1 lit g EG ersetzt.

[113] Vgl. *Fikentscher* GRUR Int 2009, 635 f. m. w. N.

[114] Andere Akzentuierung wegen der verbraucherschützenden Normen aus der UGP-Richtlinie bei *Köhler*/Bornkamm, § 1 Rdn. 5.

[115] Vgl. *Köhler*/Bornkamm § 1 Rdn. 42.

[116] Vgl. *Glöckner* GRUR 2008, 960.

[117] Vgl. HK-*Klippel/Brämer* § 1 Rdn. 26 m. w. N.

liche wie auch private Wettbewerbsbeschränkungen und -verfälschungen beseitigt werden. Hier besteht also Kongruenz zwischen europäischer Vorgabe und nationaler Umsetzung.

I. Wettbewerbsleitbild

76 Eine Definition des Begriffs **„Wettbewerb"** ist schwierig und in der Ökonomie umstritten.[118]

77 Häufig wird auf das berühmte Diktum von ***Friedrich von Hayek*** verwiesen. Dem Nobelpreisträger zufolge ist der Wettbewerb „ein **Verfahren zur Entdeckung von Tatsachen** […], die ohne sein Bestehen entweder unbekannt bleiben oder doch zumindest nicht genutzt werden würden".[119] Diese Definition betont das Offene der unternehmerischen Aktivität, die sich daraus ergebenden Chancen und warnt vor der Anmaßung, planend oder steuernd in das Geschehen einzugreifen. *Hayeks* Definition ist damit Ausfluss eines sehr **liberalen** Marktkonzepts. Weniger ideologisch und für die Praxis hilfreicher ist die Definition von Wettbewerb als „das **selbständige Streben sich gegenseitig im Wirtschaftserfolg beeinflussender Anbieter** oder Nachfrager (Mitbewerber) nach Geschäftsverbindungen mit Dritten (Kunden) durch Inaussichtstellen möglichst günstiger Geschäftsbedingungen".[120]

78 Aus der allgemeinen Definition folgt noch nicht, was der Gesetzgeber mit Wettbewerbsschutz meint. Allerdings hilft die Gesetzesbegründung weiter, in der der Begriff vom **„unverfälschten" Wettbewerb** ausgeführt wird als „unverfälschter und damit funktionsfähiger Wettbewerb".[121] Diese Schutzrichtung entspricht der Vorgabe der UGP-RL vom reibungslosen Funktionieren des Binnenmarkts. Der Begriff der Wettbewerbsverfälschung wird in Bezug gesetzt zum Funktionieren der marktwirtschaftlichen Grundmechanismen. Lauterkeit ist demnach Funktionsbedingung, nicht bloßes Zusatzmoment des Wettbewerbs. Die Nähe zum Kartellrecht als traditionellem Ordnungsrahmen des funktionierenden, weil freien Wettbewerbs ist unverkennbar. Wettbewerbsschutz im Sinne von § 1 Satz 2 meint damit das Garantieren der Bedingungen, unter denen sich ein lebhafter Wettbewerb entfaltet. Für diese Frage sind die unterschiedlichen Wettbewerbskonzeptionen relevant.

79 Zur Mitte des 20. Jahrhunderts etablierte in Deutschland (aber auch nur hier) die sog. **Freiburger Schule** ihr **ordoliberales Wettbewerbsleitbild.** Diesem liegt die Vorstellung zugrunde, dass die privatautonome Koordination der Marktteilnehmer die Wirtschaft ausmacht, der Staat aber eine wesentliche Rolle als Ordnungsgarant hat. Außer-ökonomische Grundwerte waren für das Freiburger Leitbild relevant. Ein interventionsrechtlich gedachtes UWG, das sich an Sittlichkeitsvorstellungen im geschäftlichen Verkehr anlehnt, ist dieser Konzeption verbunden. Heute wird mit dem ordoliberalen Denken vor allem der weitgehende Verzicht auf staatliche Einzelfallregulierung und die gleichzeitige Setzung eines staatlichen Ordnungsrahmens verbunden. In den USA dominierten stärker rein ökonomisch geprägte Theorien. In Abkehr von der Suche nach perfektem Wettbewerb etablierte die **Harvard School** ihre Vorstellungen von **„workable competition".** Sie versuchte, Marktverfälschungen auszugleichen und setzte dabei weniger am Marktverhalten an, wie es im UWG im Fokus steht, sondern an der Marktstruktur. Die später in den USA besonders einflussreiche **Chicago-School** propagierte einerseits ein stark **ergebnisorientiertes Effizienzdenken,** sodass die Auswirkungen von Handlungen, die Marktresultate, darunter Wohlfahrtssteigerung und niedrige Verbraucherpreise, stärker zum Maßstab gemacht wurden. Zugleich misstraute die Chicago-School staatlichen Interventionen und setzte auf die Selbstheilungskräfte der Märkte. In dieser Skepsis gegenüber staatlicher Steuerung traf sich die Chicago-School mit der Hayekschen Wettbewerbskonzeption. *Hayek* allerdings rückte – wie die Freiburger Schule – die **Handlungsfreiheit des Einzelnen** unabhängig vom Marktergebnis in den Mittelpunkt seines Leitbilds.

80 Die aktuell in den Wirtschaftswissenschaften besonders einflussreiche Wettbewerbstheorie wird von der sog. **Post-Chicago-School** repräsentiert, die kein ideologisches Konzept verfolgt und sich neutral gegenüber der Diskussion von Freiheit und rechtlicher Bindung gibt.[122] Befürwortet wird eine **detaillierte Einzelfallanalyse,** die zu differenzierten Ratschlägen führt, welche Feinsteuerung Gesetzgeber oder Rechtsprechung vornehmen sollten. Im Kartellrecht – und auch im Lauterkeitsrecht[123] – wird diese Art der Analyse als **„more economic approach"** bezeichnet. Gekoppelt

---

[118] Hierzu auch *Glöckner* oben Einl. B Rdn. 283.

[119] *von Hayek,* Der Wettbewerb als Entdeckungsverfahren, in: Freiburger Studien, S. 249–265.

[120] *Borchardt/Fikentscher,* Wettbewerb, Wettbewerbsbeschränkung, Marktbeherrschung, Stuttgart 1957, S. 15.

[121] BT-Drucks. 14/1487, S. 15.

[122] Vgl. MünchKommEUWettbR/*Kerber/Schwalbe* Einl., Rdn. 1038 ff.; wichtiger Vertreter in Europa ist auch *Massimo Motta* (Competition Policy, 2004).

[123] *Podszun* WRP 2009, 509.

wird die Analyse meist mit einer Ausrichtung des Wettbewerbsrechts auf Wohlfahrtssteigerungen im Sinne eines Effizienzkriteriums.

Bei aller berechtigten Kritik an der Post-Chicago-School ist dieses Vorgehen aktueller Bezugspunkt, den die Wirtschaftswissenschaften bieten, und der für das Lauterkeitsrechts in Analyse und Instrumentarium fruchtbar gemacht werden kann. 81

Gerade für das Lauterkeitsrecht sind aber auch die neueren Impulse der **wirtschaftswissenschaftlichen Theorie** von besonderer Relevanz. Hervorzuheben sind die folgenden Tendenzen: 82

Studien aus der ökonomischen **Verhaltensforschung** haben die Abkehr vom homo oeconomicus eingeleitet, also dem rational handelnden Marktteilnehmer, nachdem sich herausgestellt hat, dass die Marktteilnehmer nicht stets rational handeln. Diese Entwicklung ist für das Verbraucherleitbild von Relevanz, wenn der Begriff des Verbrauchers nicht ein normativ gesetzter Idealbegriff bleiben soll. 83

Die **evolutionsökonomische Theorie** betrachtet Entwicklungen in ihrem Verlauf und arbeitet dabei heraus, welche Bedingungen veränderlich sind und an welchen Parametern sich Erfolg oder Misserfolg entscheiden. Eine solche Betrachtung lässt sich gerade für das stets dynamische Lauterkeitsrecht fruchtbar machen.[124] 84

Die **Neue Institutionenökonomik** analysiert Recht als Institution und ermöglicht dadurch eine Analyse der Wechselwirkungen zwischen Normierung und Verhalten. 85

Die **Innovationsökonomik** schließlich weitet den Blick für wettbewerbliche Ziele, hier: die Innovationskraft, die von der effizienz-getriebenen neoklassischen Wirtschaftstheorie vernachlässigt werden. 86

Ein modernes Lauterkeitsrecht muss sich an solchen Konzepten bei der Bestimmung der geschützten wettbewerblichen Interessen ausrichten und mit ihrer Hilfe wettbewerbliche Fehlentwicklungen erkennen. Eine **Wettbewerbsanalyse,** die an solche Konzeptionen anknüpft, kann dem lauterkeitsrechtlich agierenden Rechtsanwender zumindest im Hauptsacheverfahren nicht erspart bleiben. Das Wettbewerbsleitbild, auf das abzustellen ist, ist ein solches des UWG, das allgemein gilt. Branchenspezifische Besonderheiten können dabei Berücksichtigung finden. Es geht jedoch zu weit, wenn bei einem Verstoß gegen § 3a i. V. m. Regulierungsrecht auf die spezifischen Wettbewerbsverständnisse des Regulierungsrechts abzustellen wäre.[125] Das UWG sanktioniert den wettbewerblichen, nicht den regulatorischen Verstoß. 87

II. Allgemeininteressen im Prozess

Im UWG-Verfahren stößt die **Ermittlung des wettbewerblichen Allgemeininteresses** auf erhebliche Schwierigkeiten: Erstens ist ein Vertreter des öffentlichen Interesses (etwa der Vertreter einer Wettbewerbsbehörde) nicht zugegen. Zweitens werden die Prozessparteien nur diejenigen öffentlichen Interessen darstellen und vortragen, die ihrer Auffassung günstig sind. Drittens würde es sowohl die Richterschaft als auch das zumeist schnelle und effektive Verfahren überfrachten, würde man – wie im Kartellrecht – mit ökonomischen Expertengutachten wettbewerbliche Einzelfallanalyse betreiben. Dies kann nur ausnahmsweise etwa in Hauptsacheverfahren vor dem BGH anzuraten sein. Die Lösung dieser Herausforderung findet derzeit vor Gericht nicht in geordneter Form statt. Ob das Wettbewerbsinteresse berücksichtigt wird oder nicht, scheint eher zufällig. 88

Der BGH geht offenbar davon aus, dass sich das praktische Defizit des Einbringens von allgemein-wettbewerblichen Überlegungen durch den engen Zusammenhang mit Verbraucher- und Mitbewerberinteressen auflöst: „Die (…) Interessen der anderen Marktbeteiligten und der Allgemeinheit sind vielmehr auch Interessen der Gewerbetreibenden selbst, weil es sich dabei um die Bekämpfung von Auswüchsen des Wettbewerbs handelt, die dazu beitragen können, den Wettbewerb zu vergiften, und einen an der Leistung orientierten Wettbewerb zu gefährden."[126] Damit ist aber die Frage noch nicht beantwortet, wie das Allgemeininteresse in dem am **deliktsrechtlichen Individualschutz** ausgerichteten Prozess eingebracht wird, wenn die Parteien es nicht tun. 89

Verantwortungsträger ist hierfür der **Richter.** § 1 Satz 2 weist notwendig ihm als einziger hoheitlich agierenden Instanz die Sicherung des Allgemeininteresses zu. Die Parteien sollten hierzu etwas vortragen; ihre Darlegungen sind aber vom Gericht zu prüfen. In der Praxis wird § 1 häufig in genau dieser Richtung zitiert: Die Norm wird verwendet, um eine Berücksichtigung des Allgemein- 90

---

[124] Vgl. *Podszun,* Wirtschaftsordnung durch Zivilgerichte, S. 298 ff. mit dem Beispiel der Belästigung.

[125] So aber für das TKG *Kiparski/Thoenes,* Anm. zu OLG Düsseldorf, I-15 U 56/14, MMR 2015, 279, 283.

[126] BGH, I ZR 284/00, GRUR 2002, 360, 362 – *H. I. V. POSITIVE II.*

interesses Wettbewerb im Prozess einzuleiten, das zu einer Modifikation der Interessen der Parteien führt.[127] Besondere Relevanz muss das Kriterium in Fällen des § 3a entfalten. Im Übrigen ist es **Aufgabe des Gesetzgebers,** bei seiner neueren lauterkeitsrechtlichen Technik der detaillierten Einzelfallregelung schon im Gesetzgebungsverfahren die wettbewerblichen Wirkungen der Regelungen zu antizipieren.

III. Anerkannte Interessen

91 Der Gesetzgeber hat nicht offen gelegt, welche Ausprägung die Sicherung des reibungslosen Funktionierens des Wettbewerbs in der Entscheidung nach UWG erhalten soll. Mit dem Stand der aktuellen wirtschaftswissenschaftlichen Theorie gilt es, Funktionsbedingungen für Märkte zu identifizieren. Das Bundesverfassungsgericht hat den **Leistungswettbewerb** als Schutzgut normiert, also das Ringen um Geschäftsabschlüsse aufgrund der Kriterien von Preis und Leistung bzw. die Herstellung eines fairen Marktplatzes für die Akteure, die auf Augenhöhe und ohne Unsachlichkeiten miteinander verhandeln.[128] Das Gericht muss sich im konkreten Fall also fragen, ob das Verhalten die Möglichkeit, sich durch Leistungswettbewerb zu messen, einschränkt. Eine Systematisierung und Strukturierung dieser Prüfungspflicht ist in der Praxis bislang unterblieben. Mit Recht wird kritisiert, dass der vor allem in der deutschen Tradition überkommene Begriff des Leistungswettbewerbs bereits normative Wertungen enthält und bestimmte Wettbewerbsformen nicht ohne weiteres erfasst.[129] Zudem fehlt dem Begriff je nach Auslegung auch die Trennschärfe.[130] Ein offener Wettbewerbsbegriff wie der *von Hayeks* ist vorzuziehen.

92 Die entscheidende Frage aber ist: Welche **Funktionsbedingungen** setzt eine wettbewerbliche Marktorganisation voraus? In der **Volkswirtschaftslehre** wird diese Frage mit dem Ersten Wohlfahrtstheorem beantwortet, demzufolge es mehrerer infrastruktureller Maßnahmen bedarf: die Rechtsordnung muss Eigentumsrechte schaffen (einschließlich Immaterialgüterrechten), Externalitäten müssen vermieden werden, Transaktionskosten sind zu senken, insbesondere, indem ein „Marktplatz" geschaffen wird, auf dem sich geschäftliche Aktivitäten entfalten können, der Informationsfluss muss frei sein und Marktmacht ist zu bekämpfen. Ein Eingreifen des Staates ist geboten, wenn Marktversagen droht, also diese Funktionsbedingungen nicht mehr gegeben sind oder Anpassungsprozesse verlangsamt werden. Nach *Ronald Coase* ist es Aufgabe des Rechts, möglichst kostenneutrale Transaktionen zu ermöglichen. Dazu muss die Rechtsordnung Handlungsrechte zuweisen, diese übertragbar machen und die Transaktionskosten, etwa für Information und Koordination, minimieren.[131]

93 Diese **wirtschaftswissenschaftlichen** Überlegungen lassen sich weitgehend zurückführen auf die Grundwerte der informierten und freien Entscheidung der Marktteilnehmer und die Chancengleichheit aller Marktteilnehmer, ergänzt um markt-infrastrukturelle Maßnahmen.

94 Die Aufgabe des Lauterkeitsrechts ist es, solche Handlungen anzugreifen, die zu einem Marktversagen führen oder zu einer Vorstufe davon, der Wettbewerbsverfälschung. Da Marktversagen und Wettbewerbsverfälschungen immer einen konkreten Markt- und Wettbewerbsbezug voraussetzen, sind die Gerichte auch gehalten, marktmäßige und **branchenspezifische Aspekte** zu berücksichtigen. Die Bedingungen von Branche zu Branche sowie von Region zu Region unterscheiden sich, sodass bei einem derart auf Einzelfall-Recht angelegten Gesetz wie dem UWG die Berücksichtigung entsprechender Faktoren erstrebenswert und geboten ist.

95 Um einerseits die Gerichte gerade in einstweiligen erstinstanzlichen Verfahren nicht mit der Prüfung komplexer Wettbewerbsbedingungen zu überfordern, andererseits aber dem Auftrag des Gesetzgebers aus § 1 Satz 2 gerecht zu werden, wäre nach einem Minimum **wettbewerblicher Auswirkungsprüfung** zu suchen.[132] Empfehlenswert scheint die Aufstellung von Leitfragen, die in wettbewerblicher Hinsicht angeprüft werden könnten. Durch Erklärungen der Parteien könnten

[127] Vgl. etwa OLG Naumburg, 10 U 61/09 (Hs), BeckRS 2010, 20441.

[128] Vgl. BVerfG, 1 BvR 580/02, NJW 2003, 277, 278 – *Juve-Handbuch;* BVerfG, 1 BvR 952/90, GRUR 2002, 455 – *Tier- und Artenschutz;* BVerfG 1 BvR 2041/02, GRUR 2008, 81, 82 – *Pharmakartell.* Zum Begriff und zur Kritik siehe auch *Henning-Bodewig* GRUR 1997, 180, 189.

[129] Vgl. BGH, I ZR 284/00, GRUR 2002, 360, 367 – *H. I. V. Positive II;* siehe *Köhler*/Bornkamm § 1 Rdn. 44; MünchKommUWG/*Sosnitza,* Grundlagen Rdn. 15 ff., jew. m. w. N.

[130] *Henning-Bodewig* GRUR 1997, 180, 189.

[131] *Coase,* Journal of Law & Economics 2 (1960), 1 ff. Dazu *Eidenmüller,* Effizienz als Rechtsprinzip, 2005, S. 59 ff.; *Schäfer/Ott,* Lehrbuch der ökonomischen Analyse des Zivilrechts, 2005, S. 100 ff.; *Lieth,* Die ökonomische Analyse des Rechts, 2007, S. 68 f.

[132] Vgl. mit konstruktiven Hinweisen *Hetmank* GRUR 2014, 437.

wettbewerbliche Zusammenhänge glaubhaft gemacht werden. Ein Vorbild könnten etwa Fragebögen zum „competitive impact assessment“ sein.[133]

Die Ausgangsfrage müsste sein, wie sich die beantragte oder beabsichtigte Entscheidung des Gerichts zu der geschäftlichen Handlung auf die Wettbewerbssituation auswirken würde. Würde ein wettbewerbsfördernder Vorstoß erstickt, oder ist die Entscheidung gerade erforderlich, um den Wettbewerb zu sichern? 96

Dazu wäre zunächst das **wettbewerbliche Umfeld** zu betrachten: Welche Märkte sind betroffen? Wodurch ist das Branchenumfeld gekennzeichnet? Gibt es auf dem Markt Marktmacht, Konzentration, Marktzutrittsschranken oder Anzeichen für wettbewerbliche Defizite? Der BGH hat zur Berücksichtigung des konkreten Branchenumfelds entschieden, dass zwar die Üblichkeit in der Branche keine Rechtfertigung für Unlauterkeit sein kann.[134] Gleichzeitig hat er einer branchenbezogenen Betrachtung aber insoweit die Tür geöffnet, als für die Verkehrsauffassung durchaus die Usancen der Branche berücksichtigt werden können.[135] 97

Sodann wären die **Auswirkungen** zu thematisieren, indem die geschäftliche Handlung und die gerichtliche Entscheidung in Bezug zu den Grundbedingungen von Wettbewerb gesetzt werden: Was bedeuten die geschäftliche Handlung und ggf. ihre Sanktionierung für dieses wettbewerbliche Umfeld und die dort tätigen Marktteilnehmer? 98

Im Einklang mit dem **Wohlfahrtstheorem** ist zu prüfen, 99

- wie sich die geschäftliche Handlung oder die gerichtliche Entscheidung auf Eigentums- und Immaterialgüterrechte auswirken,
- ob damit Externalitäten zugelassen werden, die zu vermeiden wären,
- ob das Forum für geschäftliche Aktivitäten, der Marktplatz, in seiner Funktionalität beeinträchtigt wird,
- ob die reibungslose soziale Information und Kommunikation gefährdet wird.

Die wesentliche Frage aber ist, und hier steht das Wettbewerbsprinzip ganz in Einklang mit den anerkennenswerten Interessen der Marktteilnehmer und dem Verbraucherleitbild, ob **freie und informierte Entscheidungen** der Beteiligten möglich bleiben. Die Freiheit ist aber nur einer der beiden Kernimpulse des Wettbewerbs. Der andere ist – nicht anders als im allgemeinen Zivilrecht – die **Gleichordnung der Rechtssubjekte.** Im Lauterkeitsrecht erhält dieses wettbewerbliche Allgemeininteresse Ausdruck im **Schutz vor Diskriminierung.**[136] Anders als bei der personalen Schutzrichtung geht es aber bei der Auslegung anhand des Schutzzweckes in § 1 Satz 2 um die strukturellen Voraussetzungen für solche Entscheidungen.

Die hier skizzierte Prüfung kann nur eine Minimalprüfung sein, die den Zwängen des einstweiligen Verfahrens gerecht wird. In Leitentscheidungen des BGH ist eine genauere Auseinandersetzung mit den Schutzzwecken zu erwarten unter Hinzuziehung weitergehender Impulse aus den Wirtschaftswissenschaften. Hinzuweisen ist darauf, dass die Theorien zum funktionierenden Wettbewerb und Marktversagen sich stetig weiterentwickeln. Die Justiz kann im Bereich des Wirtschaftsrechts aber immerhin den Anspruch verfolgen, wenigstens ansatzweise mit dem Mainstream der ökonomischen Theorie Schritt zu halten.[137] 100

F. Vorgehensweise der Gerichte

Eine Kernaussage des § 1 bezieht sich auf die Vorgehensweise der Gerichte. Deren **Methodik bei der Ermittlung und Bewertung von schützenswerten Interessen** wird durch § 1 determiniert. 101

I. Interessenabwägung

Durch die Anerkennung einer **Schutzzweckvielfalt** (Verbraucher – Mitbewerber – sonstige Marktteilnehmer – Allgemeinheit: Wettbewerb) wird verlangt, dass bei der Auslegung von Normen des Gesetzes die Interessen dieser Gruppen beachtet werden. Diesen Schutzzwecken steht immer das grundsätzliche Freiheitsrecht des Handelnden gegenüber. Für die **offenen Tatbestände** und 102

---

[133] *Podszun* WRP 2009, 509, 518 mit Hinweis auf Leitfäden des Office of Fair Trading; *Schmidtchen* WuW 2006, 6, 14. Für irreführende Werbung siehe *Pajarskas* ECLR 2015, 317 ff.

[134] BGH, I ZR 221/01 GRUR 2004, 696, 697 – *Direktansprache am Arbeitsplatz.*

[135] BGH, I ZR 53/99, GRUR 2001, 1181, 1183 – *Telefonwerbung für Blindenwaren.*

[136] Vgl. BGH, I ZR 193/99, GRUR 2002, 550, 551 – *Elternbriefe.*

[137] Weiterführend *Fikentscher/Hacker/Podszun,* FairEconomy (2013), S. 72 ff. mit dem Beispiel von Fairness als Voraussetzung für funktionierende Finanzmärkte.

Generalklauseln des Gesetzes bedeutet dies letztlich, dass im Konfliktfall eine **Interessenabwägung** zwischen allen betroffenen Interessen vorzunehmen ist. Das setzt die Ermittlung, Bewertung und Verhältnisprüfung der Interessen voraus. Eine Besonderheit des UWG ist, dass sich die Interessen noch einmal differenzieren in **individuelle, kollektive und institutionelle Interessen.** Gerade beim Verbraucherschutz stehen neben individuellen Abwehransprüchen auch kollektive Interessen, die als solche auch geltend gemacht werden. Bei den Kollektivinteressen tritt die individuelle Belastung hinter einer typisierten Beeinträchtigung zurück. Ähnliche Überschneidungen ergeben sich beim individuellen Mitbewerberschutz und dem institutionellen Wettbewerbsschutz.

103 In den auf die **UGP-Richtlinie** zurückgehenden vorgegebenen **Tatbeständen** hat der Verbraucherbezug eine besondere Bedeutung. In den übrigen Tatbeständen genügt es, wenn nach einem der Schutzzwecke eine Unlauterkeit vorliegt, allerdings ist immer noch stets die Abwägung mit den Interessen des Handelnden unter Berücksichtigung des Wettbewerbsprinzips vorzunehmen. Dass eine Abwägung nicht nur bei Schutzzweck-Konflikten, sondern immer mit den Interessen des Handelnden vorzunehmen ist, wird häufig vernachlässigt.[138] Eine Überordnung der Mitbewerberinteressen in den sonstigen Tatbeständen lässt der Wortlaut nicht zu.

104 Die **Abwägung** war schon immer Bestandteil des Lauterkeitsrechts. Typisch ist eine Formel wie diese: „Insoweit ist eine Gesamtwürdigung der Umstände des jeweiligen Einzelfalls geboten, bei der die sich gegenüberstehenden Interessen der Mitbewerber, der sonstigen Marktteilnehmer sowie der Allgemeinheit gegeneinander abzuwägen sind.“[139] Diese Formel wäre heute für die Verbrauchertatbestände freilich nicht aufrecht zu halten. Für die übrigen Tatbestände wären Verbraucherinteressen und das Wettbewerbsprinzip in die Formel zielgerichteter zu integrieren. § 1 gibt keine konkreten Abwägungsergebnisse vor.[140] Hierfür sind die konkreten Verletzungsnormen auf Hinweise abzuklopfen. § 1 setzt aber dafür den Rahmen und legt fest, dass die Abwägung der Interessen die im UWG zu wählende Methodik ist.

Die Interessen sind in **objektiver Form** zu betrachten. Auf Kenntnis oder Motivation des Handelnden ist nicht abzustellen.[141]

II. Rolle der Parteien und des Gerichts

105 Eine Anomalie des Lauterkeitsrechts liegt darin, dass im Verfahren nicht alle der in § 1 genannten Interessen auch personell repräsentiert werden: Geht ein Unternehmen gegen einen Mitbewerber vor, werden Verbraucherinteressen nicht im Prozess von Verbrauchern geltend gemacht, sondern von deren Marktgegenseite. Ebenso wenig finden die Interessen von Mitbewerbern institutionell Berücksichtigung, wenn ein Verbraucherverband gegen ein Unternehmen klagt. Erst recht fehlt eine Repräsentanz des Allgemeininteresses am Wettbewerb: weder gibt es einen Vertreter des öffentlichen Interesses, noch hat etwa das Bundeskartellamt eine amicus-curiae-Funktion im UWG-Verfahren. Dies wirft die Frage auf, wie im Prozess den individuellen, kollektiven und institutionellen Interessen praktisch Rechnung zu tragen ist. Es droht sonst die Gefahr, dass Interessen einseitig verzerrt dargestellt werden oder § 1 schlicht leer läuft. Der BGH hat die Diskrepanz zwischen Verfolgung von Kollektiv- und Allgemeininteressen sowie deliktsrechtlich ausgestaltetem Individualschutz erkannt und daraus gefolgert, dass das **UWG wettbewerbsbezogen auszulegen** ist und eine **umfassende Gesamtwürdigung der konkreten Umstände** vorzunehmen ist, welche die Auswirkungen analysiert.[142]

106 Eine entscheidende Position kommt dem Gericht zu als der hoheitlichen Instanz. Der Richter kann die Abwägung nur auf Basis aller in § 1 genannten Interessen vornehmen. Hält er es für ausreichend, die Interessen der Parteien abzuwägen, leidet seine Abwägung unter einem Rechtsfehler. Offensichtlich stößt diese Aussage jedoch an Grenzen, soweit Tatsachen nicht vorgetragen sind. Einen Amtsermittlungsgrundsatz, etwa für die Interessen der Allgemeinheit, gibt es im UWG nicht. **Basis für die Interessenabwägung** muss daher der **Parteivortrag** sein. Hier hat der Richter jedoch ggf. durch Hinweise **auf Vollständigkeit hinzuwirken.** Hinzutreten muss die **eigene Sachkunde** des Gerichts über wirtschaftliche und wettbewerbliche Zusammenhänge, was zumindest bei spezialisierten Kammern mit wiederkehrenden Fallkonstellationen über manches Defizit helfen wird. Der BGH hat zu Irreführungstatbeständen klargestellt, dass die eigene Sachkunde des

---

[138] Vgl. etwa *Köhler*/Bornkamm § 1 Rdn. 47, siehe aber dort Rdn. 51.
[139] BGH, I ZR 26/02, GRUR 2004, 877, 879 m. w. N. – *Werbeblocker.*
[140] Vgl. OLG Düsseldorf, I-15 U 56/14, MMR 2015, 279, 281.
[141] Vgl. BGH, I ZR 194/02, GRUR 2005, 778 – *Atemtest;* BGH, I ZR 96/04, WRP 2007, 951 – *Außendienstmitarbeiter.* Vgl. *Sosnitza* WRP 2008, 1014, 1016.
[142] Vgl. BGH, I ZR 224/98, GRUR 2001, 354, 356 – *Verbandsklage gegen Vielfachabnehmer.*

Gerichts sowohl bei Bejahung als auch Verneinung des Anspruchs unproblematisch eingesetzt werden kann.[143]

107 Sind die Interessen institutionell im Verfahren repräsentiert, ist der Richter vorrangig an den Vortrag der Parteien gebunden: Ein Mitbewerber hat also seine Mitbewerberinteressen selbst darzustellen. Trägt eine Partei Dritt-Interessen vor, um damit ihre Position zu sichern, trifft den Richter eine erhöhte Überprüfungspflicht. Wird beispielsweise das Argument des Verbraucherschutzes von einem Mitbewerber betont, muss das Gericht die Verbraucherinteressen mit erhöhter Sorgfalt gegenüber den Ausführungen des Mitbewerbers prüfen. Eine unreflektierte Übernahme der Darstellung darf nicht erfolgen. Hier ist zumindest eine **Plausibilitätsprüfung** anzumahnen. Bezüglich des Allgemeininteresses am Wettbewerb ist das Gericht schließlich selbst gefordert, dieses Interesse in den Abwägungsvorgang einzubringen, solange es dazu auf Basis der vorgetragenen oder gerichtsbekannten Fakten in der Lage ist. Möglicherweise gibt es Übereinstimmungen zwischen privaten und öffentlichen Interessen. Die privaten Verfahrensparteien werden aber immer nur ihren privaten Vorteil suchen (was nicht vorwerfbar ist), sodass die öffentlichen Interessen von der hoheitlich agierenden Instanz, dem Gericht, mit besonderer Sorgfalt zu beachten sind.

108 Gelingt es nicht, den Sachverhalt entsprechend aufzuklären, ist nach **allgemeinen Beweisgrundsätzen** zu entscheiden.

109 Dieses Vorgehen bedeutet eine erhöhte Arbeitslast für die Gerichte, aber genau das ist der Preis für die private Rechtsdurchsetzung, die auf Behörden zur Durchsetzung öffentlicher Interessen verzichtet.

III. Grundrechte in der Abwägung

110 Anhand der *Benetton*-Werbung und anderer Fälle[144] entzündete sich der Konflikt, inwieweit **Grundrechte** bei der Abwägung im Wettbewerbsrecht zu beachten sind.[145] So hat das BVerfG entschieden, dass die **Menschenwürde** außerhalb des Abwägungsvorgangs steht und geschäftlichen Handlungen eine absolute Grenze setzen kann, unabhängig vom wettbewerblichen Kontext.[146] Die Gesetzesbegründung zum UWG 2015 hat ausdrücklich klargestellt, dass menschenverachtende geschäftliche Handlungen heute in § 3 aufgefangen werden, sodass das Bemühen einer grundrechtlichen Überlagerung des UWG nicht erforderlich ist.[147] Das BVerfG machte 2002 deutlich, dass **sonstige Grundrechte** in die Abwägung einzustellen seien, etwa wenn die Ausübung des Grundrechts der Meinungsfreiheit zu einer objektiven Gefährdung des freien Wettbewerbs führt.[148] Die Grundrechte des Grundgesetzes sollen demnach gemäß den Grundsätzen über die **mittelbare Drittwirkung** einzubeziehen sein.[149] Sie wirken als Abwehrrechte für den Handelnden, der seine Freiheit entfaltet. Zugleich entfalten die Grundrechte eine Schutzfunktion, etwa indem der Staat Kinder schützen muss. Hinzu treten **Verhältnismäßigkeitsprinzip, Rechtsstaatsprinzip** und **Gleichheitssatz** als wesentliche Parameter hoheitlichen Entscheidens. Allerdings haben sich einige der früheren Abwägungsentscheidungen durch die detaillierteren Einzelregelungen seitens des Gesetzgebers erledigt. Dieser hat die Wertungen bereits antizipiert und damit die Notwendigkeit für eine intensive Grundrechtsprüfung eingeschränkt. Für offene Tatbestände mögen die Grundrechte aber gelegentlich abwägungsrelevant bleiben oder jedenfalls als argumentative Unterfütterung in besonders grundrechtsrelevanten Konstellationen dienen.

111 Die Einbeziehung grundrechtlicher Wertungen hat sich mit der **UGP-Richtlinie** allerdings verschoben: Der Vorrang des europäischen Rechts gilt auch für die Prüfung des UWG nach grundrechtlichen Maßstäben. Die **richtlinienkonforme Auslegung** ist der national-verfassungskonformen Auslegung vorzuziehen, sodass die Normen, mit denen Richtlinien umgesetzt werden, am Maßstab des europäischen Rechts zu prüfen sind.[150]

---

143 BGH, I ZR 193/99, GRUR 2002, 550 – *Elternbriefe.*

144 Vgl. BGH, I ZR 110/93, GRUR 1995, 595 – *Kinderarbeit;* BGH, I ZR 239/93, GRUR 1995, 598 – *Tier- und Artenschutz;* BGH, I ZR 284/00, GRUR 2002, 360 – *H. I. V. POSITIVE II;* BVerfG, 1 BvR 952/90, GRUR 2002, 455 – *Tier- und Artenschutz;* BVerfG, 1 BvR 580/02, NJW 2003, 277 – *JUVE-Handbuch;* BVerfG, 1 BvR 426/02, GRUR 2003, 442 – *Benetton II.*

145 Hierzu eingehend *Ahrens* oben Einl. G Rdn. 41; vgl. auch *Ohly*/Sosnitza Einl. D Rdn. 1ff.; *ders.* GRUR 2004, 889, 892f.

146 BVerfG, 1 BvR 426/02, GRUR 2003, 442, 443 – *Benetton II.*

147 BT-Drucks. 18/6571, S. 15.

148 BVerfG, 1 BvR 952/90, GRUR 2002, 455, 456 – *Tier- und Artenschutz.*

149 Vgl. *Leistner/Facius* in: Gloy/Loschelder/Erdmann, HdbWettbR, § 14 Rdn. 30ff.; *Beater* WRP 2012, 6.

150 Umfassend *Haberkamm,* Die Auslegung der Richtlinie über unlautere Geschäftspraktiken im Lichte der europäischen Grundrechte, 2013.

112 Der EuGH hat inzwischen deutlich gemacht, dass die **EU-Grundrechte-Charta** auch in wirtschaftsrechtlichen Fällen wesentlicher Bezugspunkt ist. Das ist konsequent, da gem. Art. 51 die Charta bei der Durchführung des Unionsrechts gilt und also auch von nationalen Gerichten in B2C-Fällen heranzuziehen ist. Eine Einordnung von Fällen anhand der EU-Grundrechte-Charta steht also nun in jedem Fall mit Bezug zur UGP-Richtlinie im Raum.[151] Dogmatisch richtig ist es, die Richtlinien EU-grundrechtskonform auszulegen und dementsprechend das Umsetzungsgesetz richtlinienkonform auszulegen.[152] So entfalten die EU-Grundrechte eine Horizontalwirkung, vergleichbar einer deutschen mittelbaren Drittwirkung, die im Abwägungsvorgang des UWG zu beachten ist. Da sich europäische und deutsche Grundrechte und Grundrechtsauslegung unterscheiden, ist für den Rechtsanwender hier gelegentlich mit Neuerungen zu rechnen.

§ 2 Definitionen

(1) **Im Sinne dieses Gesetzes bedeutet**

1. **„geschäftliche Handlung" jedes Verhalten einer Person zugunsten des eigenen oder eines fremden Unternehmens vor, bei oder nach einem Geschäftsabschluss, das mit der Förderung des Absatzes oder des Bezugs von Waren oder Dienstleistungen oder mit dem Abschluss oder der Durchführung eines Vertrags über Waren oder Dienstleistungen objektiv zusammenhängt; als Waren gelten auch Grundstücke, als Dienstleistungen auch Rechte und Verpflichtungen;**
2. **„Marktteilnehmer" neben Mitbewerbern und Verbrauchern alle Personen, die als Anbieter oder Nachfrager von Waren oder Dienstleistungen tätig sind;**
3. **„Mitbewerber" jeder Unternehmer, der mit einem oder mehreren Unternehmern als Anbieter oder Nachfrager von Waren oder Dienstleistungen in einem konkreten Wettbewerbsverhältnis steht;**
4. **„Nachricht" jede Information, die zwischen einer endlichen Zahl von Beteiligten über einen öffentlich zugänglichen elektronischen Kommunikationsdienst ausgetauscht oder weitergeleitet wird; dies schließt nicht Informationen ein, die als Teil eines Rundfunkdienstes über ein elektronisches Kommunikationsnetz an die Öffentlichkeit weitergeleitet werden, soweit die Informationen nicht mit dem identifizierbaren Teilnehmer oder Nutzer, der sie erhält, in Verbindung gebracht werden können;**
5. **„Verhaltenskodex" Vereinbarungen oder Vorschriften über das Verhalten von Unternehmern, zu welchem diese sich in Bezug auf Wirtschaftszweige oder einzelne geschäftliche Handlungen verpflichtet haben, ohne dass sich solche Verpflichtungen aus Gesetzes- oder Verwaltungsvorschriften ergeben;**
6. **„Unternehmer" jede natürliche oder juristische Person, die geschäftliche Handlungen im Rahmen ihrer gewerblichen, handwerklichen oder beruflichen Tätigkeit vornimmt, und jede Person, die im Namen oder Auftrag einer solchen Person handelt;**
7. **„unternehmerische Sorgfalt" der Standard an Fachkenntnissen und Sorgfalt, von dem billigerweise angenommen werden kann, dass ein Unternehmer ihn in seinem Tätigkeitsbereich gegenüber Verbrauchern nach Treu und Glauben unter Berücksichtigung der anständigen Marktgepflogenheiten einhält;**
8. **„wesentliche Beeinflussung des wirtschaftlichen Verhaltens des Verbrauchers" die Vornahme einer geschäftlichen Handlung, um die Fähigkeit des Verbrauchers, eine informierte Entscheidung zu treffen, spürbar zu beeinträchtigen und damit den Verbraucher zu einer geschäftlichen Entscheidung zu veranlassen, die er andernfalls nicht getroffen hätte;**
9. **„geschäftliche Entscheidung" jede Entscheidung eines Verbrauchers oder sonstigen Marktteilnehmers darüber, ob, wie und unter welchen Bedingungen er ein Geschäft abschließen, eine Zahlung leisten, eine Ware oder Dienstleistung behalten oder ein vertragliches Recht im Zusammenhang mit einer Ware oder Dienstleistung ausüben will, unabhängig davon, ob der Verbraucher oder sonstige Marktteilnehmer sich entschließt, tätig zu werden.**

(2) **Für den Verbraucherbegriff gilt § 13 des Bürgerlichen Gesetzbuchs entsprechend.**

[151] Vgl. *Raue* GRUR Int 2012, 402; *Huber* NJW 2011, 2385 ff.; *Ohly* GRUR 2004, 889, 893 f.
[152] Vgl. EuGH, C-400/10, JZ 2011, 145 m. Anm. *Thym* (dort S. 151).

Gesamtinhaltsübersicht

Vorbemerkungen

Rdn.

A. § 2 Abs. 1 Nr. 1 (Geschäftliche Handlung)
Vorbemerkungen
I. Allgemeines 1
1. Von der „Wettbewerbshandlung" zur „geschäftlichen Handlung" 1
2. Bedeutung 2
3. UWG als Sonderdeliktsrecht 3
4. Rechtsentwicklung 4
a) Rechtslage bis zur UWG-Reform 2004 4
b) Rechtslage nach der UWG-Reform 2004 5
c) Rechtslage nach den UWG-Reformen 2008/2015 6
5. Erweiterter Anwendungsbereich einer „geschäftlichen Handlung" 7
6. „Geschäftliche Handlung" und UGP-Richtlinie 8
a) Allgemeine Vorgaben der UGP-Richtlinie 8
b) Verbraucherschutz- und Binnenmarktziel der Richtlinie 9
c) Sachlicher Anwendungsbereich 10
d) Persönlicher Anwendungsbereich 11
e) Umsetzung der Richtlinie 12
f) Maßgeblichkeit der Richtlinie seit Ablauf der Umsetzungsfrist 13
7. „Geschäftliche Handlung" und richtlinienkonforme Auslegung 14
8. Objektive Beurteilung der „geschäftlichen Handlung" 15
9. „Geschäftliche Handlung" und „kommerzielle Mitteilung" 16
10. „Geschäftliche Handlung" und „Werbung" 17
11. „Geschäftliche Handlung" und Passivlegitimation 18
II. Markt- und unternehmensbezogenes geschäftliches Verhalten 19
1. Handlungsformen 19
2. Erfasste Personen 20
3. „Geschäftliches" Verhalten 21
a) Geschäftszweckbestimmte Tätigkeit 22
b) Kein selbständiges Handeln erforderlich 23
c) Waren und Dienstleistungen jedweder Art 24
d) Handlungen vor, bei und nach Geschäftsabschluss 25
e) Erlaubte/Verbotene Tätigkeit 26
4. Unternehmens- und marktbezogene, auf eine „geschäftliche Entscheidung" bezogene Tätigkeit 27
a) Unternehmensbezug 27
b) Marktbezug 28
c) Funktionaler Zusammenhang mit einer „geschäftlichen Entscheidung" 29
d) Fallgruppen von erfassten Tätigkeiten und Personen 30
aa) Verwendung von AGB 30
bb) Arbeitnehmer 31
cc) Idealvereine 32
dd) Kapitalmarktinformation 33
ee) Krankenkassen 34
ff) Profisport 35
gg) Registereintragungen 36
hh) Wirtschaftsverbände 37
5. Nicht erfasstes Verhalten 38
a) Privates Verhalten 38
b) Betriebsinterne Vorgänge 39
c) Tätigkeiten zu politischen, sozialen, kirchlichen, verbraucheraufklärenden oder wissenschaftlichen Zwecken 40
d) Mitgliederwerbung von Idealvereinen und Fachverbänden 41
6. Tätigkeiten der öffentlichen Hand 42
a) Außenwirkung 43
b) Hoheitliches Handeln auf gesetzlicher Grundlage 44
c) Anbieten oder Nachfragen in privatem Markt 45
d) Erwerbswirtschaftliche Zwecke 46
7. Keine subjektiven Erfordernisse 47
8. Regel-Annahme eines marktbezogenen geschäftlichen Verhaltens 48
III. Absatz- oder Bezugsförderungszusammenhang 49
1. Allgemeines 49
2. Aufgabe der Wettbewerbsabsicht 50
3. Vorgaben der UGP-Richtlinie 51

Rdn.

4. Umsetzung im UWG ... 52
   a) Vom „unmittelbaren" zum „objektiven" Zusammenhang ... 52
   b) Funktionales Verständnis ... 53
   c) Nicht erfasste Verhaltensweisen ... 54
   d) Auslegung ... 55
5. Objektive Eignung zur Absatz- bzw. Bezugsförderung ... 56
   a) Grundsatz ... 56
   b) Erhaltung oder Verbesserung von Absatz- oder Bezugschancen ... 57
   c) Fehlender Absatzförderungserfolg ... 58
   d) Gegenstand und Form der Absatzförderung, insbesondere Links ... 59
   e) Marktstufen ... 60
6. Vorrangiger Absatzförderungszusammenhang ... 61
   a) Grundsatz ... 61
   b) „Vorrangige" Absatzförderung und Ausgrenzung von nicht absatz- oder bezugsförderndem Verhalten ... 62
   c) Objektiv erkennbarer Absatzförderungszweck ... 63
   d) Typischer Absatzförderungszusammenhang ... 64
      aa) Typische absatzfördernde Tätigkeit von Unternehmen ... 65
      bb) Absatzförderungsmaßnahmen von Medien ... 66
      cc) Absatzförderungszusammenhang bei vertragsabschlussbezogenem und nachvertraglichem Handeln ... 67
      dd) Absatzförderungszusammenhang bei Tätigkeiten der öffentlichen Hand ... 68
7. Unmittelbare und mittelbare Absatzförderung ... 69
8. Förderung fremder Unternehmen/fremden Wettbewerbs ... 70
9. Bezugsförderungszusammenhang ... 71
10. Substantiierungslast sowie beweisrechtliche Bedeutung der Regel-Annahme ... 72
11. Kasuistik zum „Absatzförderungszusammenhang" bzw. zur früheren „Wettbewerbsförderungsabsicht" ... 73
   a) Absatzförderungszusammenhang bzw. Wettbewerbsabsicht bejaht ... 74
   b) Absatzförderungszusammenhang bzw. Wettbewerbsabsicht verneint ... 75
12. Regelmäßig fehlender Absatzförderungszusammenhang ... 76
   a) Förderung fremder Unternehmen ... 77
   b) Äußerungen in rechtlich geordneten Verfahren ... 78
   c) Äußerungen im Mandanteninteresse ... 79
   d) Äußerungen von Medien ... 80
      aa) Reichweite der Pressefreiheit ... 81
      bb) Weiter Spielraum für Presseäußerungen ... 82
      cc) Absatzfördernde Berichterstattung ... 83
   e) Kasuistik zur früheren Wettbewerbsförderungsabsicht/zum Absatzförderungszusammenhang bei Presseäußerungen ... 84
      aa) Wettbewerbsabsicht/Absatzförderungszusammenhang bejaht ... 85
      bb) Wettbewerbsabsicht/Absatzförderungszusammenhang verneint ... 86
   f) Außererwerbswirtschaftliche Tätigkeit der öffentlichen Hand ... 87
   g) Außergeschäftliche Tätigkeit ... 88
   h) Wissenschaftliche Tätigkeit ... 89
   i) Erhöhte Substantiierungslast ... 90
13. Verfassungskonforme Beurteilung ... 91

IV. Maßnahmen bei und nach Vertragsschluss ... 92
1. Grundsatz ... 92
2. Vorgaben der UGP-Richtlinie ... 93
3. Lauterkeitsrecht und Vertragsrecht ... 94
4. Keine marktbezogene Außenwirkung und keine „Breitenwirkung" ... 95
5. Erforderlicher Absatzförderungszusammenhang? ... 96
6. Objektiver Abschluss- oder Durchführungszusammenhang mit einem Vertrag und Beeinflussung einer „geschäftlichen Entscheidung" ... 97
7. Verträge über Waren und Dienstleistungen ... 98
8. Beispiele für lauterkeitsrechtlich erfasstes vertragsbezogenes Handeln ... 99
   a) Verstoß gegen verbraucherbezogenes Vertragsrecht ... 100
   b) Vertragsverletzungen ... 101
   c) Bewusste Verletzung einer vertraglichen Pflicht und Neubegründung oder Erweiterung von Vertragspflichten ... 102
   d) Kundentäuschung ... 103
   e) Irreführendes Verhalten bei der Vertragsdurchführung ... 104
   f) Verbotene aggressive Geschäftspraktiken bei der Vertragsdurchführung ... 105

Rdn.

g) Unzureichendes „Vertragsmanagement“ 106
h) Werbende Vertragsunterlagen 107

B. § 2 Abs. 1 Nr. 2 (Marktteilnehmer)

I. Allgemeines 108
1. Überblick 108
2. Berücksichtigungsfähigkeit von „Allgemeininteressen“ 109

II. „Marktteilnehmer“ 110
1. Verbraucher 110
2. Mitbewerber 111
3. Sonstige Anbieter oder Nachfrager von Waren oder Dienstleistungen 112

C. § 2 Abs. 1 Nr. 3 (Mitbewerber)

I. Allgemeines 113
1. Überblick 113
2. Früheres Recht 114
a) Unmittelbar betroffene Mitbewerber 115
b) Abstrakt betroffene „Mitbewerber“ 116
3. Jetzige Rechtslage 117
a) Mitbewerber im konkreten Wettbewerbsverhältnis 118
b) Abstrakt betroffene Unternehmen 119
4. Bedeutung 120

II. Mitbewerber 121
1. Europarecht 121
a) Richtlinie über irreführende und vergleichende Werbung 121
b) UGP-Richtlinie 122
c) Richtlinienkonforme Auslegung der auch auf „Mitbewerber“ abstellenden Vorschriften der §§ 5 Abs. 2 sowie 6 Abs. 1 und Abs. 2 Nr. 3 bis 5 UWG 123
2. Mitbewerber im „Kaufkraftwettbewerb“ 124
3. Mitbewerber i. S. d. § 2 Abs. 1 Nr. 3 UWG 125
a) Allgemeine Anforderungen 125
b) Tatsächliche Mitbewerberstellung 126
c) Typische Mitbewerberstellung 127
d) „Mitbewerber“ i. S. vergleichender Werbung 128

III. Wettbewerbsverhältnis 129
1. Allgemeines 129
a) Weites Verständnis 129
b) Tatsächliche, handlungsbezogene Wettbewerbsbeziehung 130
c) Sachverhaltliche Feststellung eines konkreten Wettbewerbsverhältnisses und rechtliche Beurteilung 131
2. Konkretes Wettbewerbsverhältnis 132
a) Wechselbeziehung 132
b) Möglichkeit konkreter Beeinträchtigung 133
c) Konkretes Wettbewerbsverhältnis bei mitbewerberbezogenen Handlungen 134
d) Konkretes Wettbewerbsverhältnis bei verbraucherbezogenen geschäftlichen Handlungen 135
3. Fallkonstellationen 136
a) Gleichartiges Angebot gegenüber gleichen Kundenkreisen im gleichen räumlichen Gebiet 136
aa) Gleichartige Waren oder Dienstleistungen 137
bb) Räumliches Gebiet 138
cc) Kasuistik 139
b) Förderung fremder Unternehmensinteressen 141
aa) Konkretes Wettbewerbsverhältnis und Passivlegitimation durch Förderung eines Dritten 142
bb) Kein konkretes Mitbewerberverhältnis und keine Aktivlegitimation durch Förderung eines Dritten 143
c) Unternehmen verschiedener Wirtschaftsstufen 144
d) Branchenungleiche Unternehmen 145
e) Absatzmittler 146
f) Kasuistik 147
g) Schutzrechts- und Lizenzverwertung 149
h) Nachfragewettbewerb 150
i) Potentieller Wettbewerb 151
4. Zeitliche Verhältnisse 152
5. Fehlende Klageberechtigung trotz gegebenen Wettbewerbsverhältnisses 153
6. Fehlendes Wettbewerbsverhältnis 154

Rdn.

D. § 2 Abs. 1 Nr. 4 (Nachricht)
I. Allgemeines 155
1. Überblick 155
2. Bedeutung 156
II. Nachricht i. S. d. § 2 Abs. 1 Nr. 4 157
1. Begriff der „Nachricht“ 157
a) Elektronische Post 158
b) Faxe und Telefonanrufe 159
c) Sonstige Nachrichten 160
2. Austausch zwischen endlicher Zahl von Beteiligten 161
3. Elektronischer Kommunikationsdienst 162
4. Öffentliche Zugänglichkeit 163

E. § 2 Abs. 1 Nr. 5 (Verhaltenskodex)
I. Allgemeines 164
1. Überblick 164
2. Vorgaben der UGP-Richtlinie 165
3. Umsetzung im UWG 2008/2015 166
II. Bedeutung und Anwendungsbereich 167
1. Bedeutung 167
2. Verhaltenskodex als Konkretisierung des Lauterkeitsgebots und der „unternehmerischen Sorgfalt“ 168
3. Verpflichtender Charakter/Rechtsnatur 169
4. Verhaltenskodizes und Wettbewerbsregeln 170
5. Keine Marktverhaltensregeln i. S. d. § 3a UWG 171
6. Schranken 172
7. Beispiele für Verhaltenskodizes 173
a) Freiwillige Selbstkontrolle durch den Deutschen Werberat 173
b) Werberichtlinien des Verbands der Zigarettenindustrie 174
c) Wettbewerbsrichtlinien der Versicherungswirtschaft vom 1. September 2006 175
d) Der FSA-Kodex für die Arzneimittelindustrie 176
e) Der Kodex für den Fahrzeughandel im Internet 177
f) Der ICC-Marketing- und Werbekodex 178
g) Weitere Verhaltenskodizes 179

F. § 2 Abs. 1 Nr. 7 (Unternehmerische Sorgfalt)
I. Allgemeines 180
1. Überblick 180
2. Vorgaben der UGP-Richtlinie 181
3. Umsetzung im UWG 182
II. Bedeutung und Konkretisierung 183
1. Keine grundsätzliche Neuorientierung 183
2. „Unternehmerische Sorgfalt“ und Unlauterkeit 184
3. „Unternehmerische Sorgfalt“ im UWG 185
4. Inhaltliche Ausfüllung des Begriffs der „unternehmerischen Sorgfalt“ 186
5. Anständige Marktgepflogenheiten 187
6. Weitere Konkretisierung am Maßstab von Treu und Glauben und der Billigkeit 188
7. „Unternehmerische Sorgfalt“ und unternehmensbezogenes Verhalten 189
8. Lauterkeitsrechtliche Spezialtatbestände als Beispielsfälle fehlender fachlicher bzw. unternehmerischer Sorgfalt 190
a) Anhang zu § 3 (Black List) 191
b) Rechtsbruch-Tatbestand im neuen § 3a UWG 192
c) Tatbestände des neugefassten § 4 1–4 UWG 193
d) Irreführungsregelungen der §§ 5 und 5a, Regelung zur vergleichenden Werbung in § 6, Belästigungsverbot des § 7 194
9. Methodik 195
10. Beispiele und Kasuistik zum Begriff der „fachlichen“ bzw. „unternehmerischen Sorgfalt“ 196
a) Testergebnisse 196
b) Gewinnspielkopplung 197
c) Verwendung unwirksamer AGB und von missbräuchlichen Vertragsklauseln 198
d) Werbung mit einer befristeten Rabattaktion 199
e) Verkürzte/verlängerte Rabattaktion 200
f) Umfang der gemäß § 5a Abs. 3 UWG mitzuteilenden Information 201
g) Organ einer juristischen Person 202
11. Befugnis zur Konkretisierung der „unternehmerischen Sorgfalt“ 203

Rdn.
12. Unternehmerische Sorgfalt als Grundlage wettbewerbsrechtlicher Verkehrspflichten 204
G. § 2 Abs. 1 Nr. 8 (wesentliche Beeinflussung des wirtschaftlichen Verhaltens des Verbrauchers)
I. Allgemeines 205
1. Überblick 205
2. Vorgaben der UGP-Richtlinie 206
II. Bedeutung und Konkretisierung 207
1. Geschäftliche Handlung 208
2. Beeinträchtigung der „Fähigkeit zu einer informierten Entscheidung" 209
3. Wesentliche Beeinflussung und „spürbare" Beeinträchtigung 210
4. Veranlassung zu einer „andernfalls nicht getroffenen geschäftlichen Entscheidung" 211
5. Keine Beeinträchtigungsabsicht 212
6. Beurteilungsmaßstab 213
7. Beweisfragen 214
8. Kasuistik zur Beeinflussung des Verbraucherverhaltens 215
H. § 2 Abs. 1 Nr. 9 (geschäftliche Entscheidung)
I. Allgemeines 216
1. Überblick 216
2. Vorgaben der UGP-Richtlinie 217
3. Umsetzung im UWG 218
II. Bedeutung und Konkretisierung 219
1. Allgemeines 219
2. Einheitliche richtlinienkonforme Auslegung 220
3. Verbraucher oder sonstige Marktteilnehmer 221
4. Geschäftliche Entscheidung 222
a) Geschäftlich 222
b) Entscheidung 223
5. Gegenstand der Entscheidung 224
6. Geschäftliche Entscheidung über einen Geschäftsabschluss, die Vertragsdurchführung oder die Rechtsausübung 225
a) Vorvertraglich 225
aa) Beispiele 226
bb) Persönliche Daten des Verbrauchers 227
b) Vertragsabschluss 228
c) Vertragsdurchführung 229
d) Nachvertraglich 230
7. Nicht erfasste Entscheidungen 231
I. § 2 Abs. 1 Nr. 6 und § 2 Abs. 2 (Unternehmer- und Verbraucherbegriff)
I. Allgemeines 232
1. Überblick 232
2. Lauterkeitsrechtlicher Verbraucherschutz durch die UGP-Richtlinie 233
3. Verbraucherschutz im und durch das UWG 234
a) Einheitlicher Ansatz 234
b) Lauterkeitsrechtlicher Verbraucherschutz 235
c) Kein Klagerecht individueller Verbraucher 236
d) Vertragsauflösungsrechte bei unlauterem Wettbewerb? 237
II. Verbraucher i. S. d. UWG 238
1. Verweis auf § 13 BGB 238
a) Natürliche Personen 239
b) Überwiegend keine gewerbliche oder selbstständige berufliche Tätigkeit 240
c) Möglicher Vertragspartner 241
d) Maßgeblicher Zeitpunkt 242
2. Kollektive Verbraucheransprache 243
3. Verbraucherleitbild 244
4. Spezifische Verbraucherkreise 245
III. Unternehmer i. S. d. UWG 246
1. Änderung durch das UWG 2008 246
2. Vorgaben der UGP-Richtlinie 247
3. Unternehmer im Sinne des UWG 248
a) Natürliche und juristische Personen sowie rechtsfähige Personengesellschaften 249
b) Gewerbliche oder selbständige berufliche Tätigkeit 250
c) Tätigkeit im Auftrag von Unternehmern 251
4. Unternehmerleitbild 252

Vorbemerkungen

Entsprechend der europäischen Normsetzungspraxis definiert das Gesetz seit der UWG-Reform 2004 in § 2 vorneweg wichtige **Zentralbegriffe,** die für das gesamte Recht des unlauteren Wettbewerbs von Bedeutung sind. Im Zuge der UWG-Reform 2008 hat der Gesetzgeber mit Blick auf die **Vorgaben der UGP-Richtlinie**[1] den Begriff der „Wettbewerbshandlung" aufgegeben und durch den weiteren Begriff der „geschäftlichen Handlung" ersetzt. Neben den Definitionen der „Marktteilnehmer" sowie des „Mitbewerbers" finden sich im Katalog des § 2 nunmehr auch Definitionen zu den Begriffen „Verhaltenskodex" und „Unternehmer". Zudem hat die **UWG-Reform 2015** den früheren Begriff der „fachlichen Sorgfalt" durch den Begriff der „unternehmerischen Sorgfalt" ersetzt und den Definitionskatalog um die von der UGP-Richtlinie vorgegebenen Begriffe der „wesentlichen Beeinflussung des wirtschaftlichen Verhaltens des Verbrauchers" sowie der „geschäftlichen Entscheidung" erweitert. Die UGP-Richtlinie enthält darüber hinaus noch eine ganze Reihe weiterer Definitionen etwa über den „Urheber eines Kodex" (Art. 2 lit. g) der „Aufforderung zum Kauf" (Art. 2 lit. i) der „unzulässigen Beeinflussung" (Art. 2 lit. j) sowie zu dem Begriff „reglementierten Beruf" (Art. 2 lit. l). Diese Definitionen hat der Gesetzgeber nicht in das UWG übernommen. Sie sind jedoch bei der Anwendung des verbraucherbezogenen Lauterkeitsrechts zu berücksichtigen. Mit den Definitionen soll im Vergleich zum bisherigen Recht eine verbesserte Transparenz und Rechtssicherheit erreicht werden. Die Legaldefinitionen bilden nunmehr Grundlage und Grenze der Auslegung, wobei für das verbraucherbezogene, von der UGP-Richtlinie erfasste Lauterkeitsrecht die Auslegung ganz unter dem Blickwinkel der UGP-Richtlinie zu erfolgen hat.[2] Außerdem bilden die Gesetzesbegründungen zu den UWG-Reformen in den Jahren 2004[3] und 2008[4] sowie die Begründung zur UWG-Reform 2015[5] wichtige Auslegungshilfen.[6]

A. § 2 Abs. 1 Nr. 1 (Geschäftliche Handlung)

Im Sinne dieses Gesetzes bedeutet

1. **„geschäftliche Handlung" jedes Verhalten einer Person zugunsten des eigenen oder eines fremden Unternehmens vor, bei oder nach einem Geschäftsabschluss, das mit der Förderung des Absatzes oder des Bezugs von Waren oder Dienstleistungen oder mit dem Abschluss oder der Durchführung eines Vertrags über Waren oder Dienstleistungen objektiv zusammenhängt; als Waren gelten auch Grundstücke, als Dienstleistungen auch Rechte und Verpflichtungen;**

Schrifttum:

Literatur ab 2012: *Alexander,* Wege und Irrwege, Europäisierung im Kartell- und Lauterkeitsrecht, GRUR-Int. 2013, 636 ff.; *Alexander,* Die geschäftliche Entscheidung des Verbrauchers, FS Ahrens 2016, 17 ff.; *Becker/Becker,* Zur rechtlichen Zulässigkeit von AdBlockern, GRUR-Prax 2015, 245 ff.; *Becker/Schweitzer,* Schutz der Versicherten vor unlauterem Kassenwettbewerb, NJW 2014, 269 ff.; *Büscher,* Aus der Rechtsprechung des EuGH und des BGH zum Lauterkeitsrecht seit Ende 2014, GRUR 2016, 113 ff.; *Demuth,* „GOOD NEWS?" – Der EuGH äußert sich zum presserechtlichen Trennungsgebot, WRP 2014, 35 ff.; *Engels,* AdBlocker auf dem Prüfstand, GRUR-Prax 2015, 338 ff.; *Ebert-Weidenfeller/Gromotke,* Krankenkassen als Normadressaten des Lauterkeits- und Kartellrechts, EuZW 2013, 937 ff.; *Fritzsche,* Die Unterlauterkeit im Sinne der UGP-Richtlinie nach der Rechtsprechung des EuGH, FS *Köhler* 2014, 145 ff.; *Glöckner/Kur,* Geschäftliche Handlungen im Internet, GRUR-Beil. 1/2014, 29 ff.; *Henning-Bodewig,* Haften Privatpersonen nach dem UWG?, GRUR 2013, 26 ff.; *Henning-Bodewig,* Der Schutzzweck des UWG und die Richtlinie über unlautere Geschäftspraktiken,

---

[1] Richtlinie 2005/29/EG vom 11. Mai 2005 über unlautere Geschäftspraktiken von Unternehmen gegenüber Verbrauchern im Binnenmarkt und zur Änderung der Richtlinie 84/450/EWG des Rates, der Richtlinien 97/7/EG, 98/27/EG und 2002/65/EG sowie der Verordnung (EG) Nr. 2006/2004 (ABl. L 149 vom 11. Juni 2005, S. 22; berichtigt in ABl. L 253 vom 25. September 2009, S. 18 (im Folgenden auch allein: „UGP-Richtlinie").

[2] Schon in der Amtlichen Begründung des Gesetzentwurfs zur UWG-Reform 2008, BT-Drucks. 16/10145, ist betont, dass die Auslegung des verbraucherbezogenen deutschen Lauterkeitsrechts ganz im Lichte der UGP-Richtlinie zu erfolgen hat. Die UWG-Reform 2015 zielt ganz darauf ab, den Wortlaut und die Systematik des UWG noch stärker an die UGP-Richtlinie anzupassen, vgl. BT-Drucks. 18/6571.

[3] BT-Drucks. 15/1487, S. 12 ff.

[4] Amtliche Begründung des Gesetzentwurfs zum UWG 2008, BT-Drucks. 16/10145.

[5] BT-Drucks. 18/4535 sowie BT-Drucks. 18/6571.

[6] Vgl. BVerfG NJW 1981, 39/42.

GRUR 2013, 238 ff.; *Henning-Bodewig,* Europäisches (und deutsches) Lauterkeitsrecht in Zeiten der Globalisierung, FS Köhler 2014, 277 ff.; *Henning-Bodewig,* Regelung unlauterer „B2B"-Geschäftspraktiken auf europäischer Ebene?, FS Bornkamm 2014, 353 ff.; *Hetmank,* Im Korsett der UGP-Richtlinie, GRUR 2015, 323 ff.; *Koch,* GOOD NEWS aus Luxembourg? Förderung fremden Wettbewerbs ist keine Geschäftspraktik, FS Köhler 2014, 359 ff.; *Köhler,* Internet-Werbeblocker als Geschäftsmodell, WRP 2014, 1017 ff.; *Peifer,* Good News und die Medien – die lauterkeitsrechtliche Kontrolle publizistischer Belange am Scheideweg?, FS Köhler 2014, 519 ff.; *Schaub,* Haftung der Betreiber von Bewertungsportalen für unternehmensbezogene Äußerungen, FS Köhler 2014, 593 ff.; *Scherer,* Ungeschriebenes Tatbestandsmerkmal für die „Geschäftspraxis" nach Art. 2d UGP-RL, WRP 2014, 517 ff.; *Schlingloff,* Werbung und Geldspenden gegenüber Verbrauchern als geschäftliche Handlung – Änderungsbedarf im europäischen Kontext?, FS Köhler 2014, 617 ff.; *Steckenborn,* Verstoß gegen AGB als Wettbewerbsverletzungen, BB 2012, 2324 ff.

Literatur ab 2009: *Ahrens,* Das Verhältnis von UWG und Vertragsrecht aufgrund der EU-Richtlinie über unlautere Geschäftspraktiken, FS Loewenheim, 2009, 407 ff.; *Alexander,* Vertragsrecht und Lauterkeitsrecht unter dem Einfluss der Richtlinie 2005/29/EG über unlautere Geschäftspraktiken, WRP 2012, 515 ff.; *Beater,* Allgemeinheitsinteressen und UWG, WRP 2012, 6 ff.; *Ernst,* Corporate Social Responsibility (CSR) und das Wettbewerbsrecht, WRP 2010 1304 ff.; *Fezer,* Der Dualismus der Lauterkeitsrechtsordnung des b2c-Geschäftsverkehrs und des b2b-Geschäftsverkehrs im UWG, WRP 2009, 1163 ff.; *ders.,* Eine Replik: Die Auslegung der UGP-RL vom UWG aus?, WRP 2010, 677 ff.; *Glöckner,* Der gegenständliche Anwendungsbereich des Lauterkeitsrechts nach der UWG-Novelle 2008 – Ein Paradigmenwechsel mit Folgen, WRP 2009, 1175 ff.; *Gomille,* Äußerungsfreiheit und geschäftliche Handlung, WRP 2009, 525 ff.; *Hoeren,* Das neue UWG und dessen Auswirkungen auf den B2B-Bereich, WRP 2009, 789 ff.; *Isele,* Von der „Wettbewerbshandlung" zur „geschäftlichen Handlung": Hat die „Änderung der Voreinstellung" ausgedient?, GRUR 2009, 727 ff.; *Isele,* Update: Bearbeitungsfehler im Massengeschäft – „Änderung der Voreinstellung II", GRUR 2010, 309; *Köhler,* Die Durchsetzung des Vertragsrechts mit den Mitteln des Lauterkeitsrechts, FS Medicus, 2009, 225 ff.; *ders.,* „Fachliche Sorgfalt" – Der weiße Fleck auf der Landkarte des UWG, WRP 2012, 22 ff.; *ders.,* Die UWG-Novelle 2008, WRP 2009, 109 ff.; *ders.,* Unzulässige geschäftliche Handlungen bei Abschluss und Durchführung eines Vertrags, WRP 2009, 898 ff.; *ders.,* Richtlinienkonforme Gesetzgebung statt richtlinienkonformer Auslegung: Plädoyer für eine weitere UWG-Novelle, WRP 2012, 251 ff.; *Lettl,* Das neue UWG, GRUR 2009, 41 ff.; *Sack,* Individualschutz gegen unlauteren Wettbewerb, WRP 2009, 1330 ff.; *Scherer,* Lauterkeitsrecht und Leistungsstörungsrecht – Veränderung des Verhältnisses durch § 2 I Nr. 1 UWG? WRP 2009, 761 ff.; *dies.,* Die „Verbrauchergeneralklausel" des § 3 II 1 UWG – Eine überflüssige Norm, WRP 2010, 586 ff.; *Schöttle,* Aus eins macht zwei – die neuen Generalklauseln im Lauterkeitsrecht, GRUR 2009, 546 ff.

Literatur von 2004 bis 2008: *Berneke,* Absicht und Versehen bei Massengeschäften, FS Doepner 2008, 3 ff.; *Brömmelmeyer,* Der Binnenmarkt als Leitstern der Richtlinie über unlautere Geschäftspraktiken, GRUR 2007, 295 ff.; *Busch,* Informationspflichten im Wettbewerbs- und Vertragsrecht, Diss. Bielefeld 2008; *Fezer,* Objektive Theorie der Lauterkeit im Wettbewerb, FS Schricker, 2005, 671 ff.; *ders.,* Plädoyer für eine offensive Umsetzung der Richtlinie über unlautere Geschäftspraktiken in das deutsche UWG, WRP 2006, 781 ff.; *Fezer,* Das Informationsgebot der Lauterkeitsrichtlinie als subjektives Verbraucherrecht, WRP 2007, 1021 ff.; *Fischer,* Zur Abgrenzung von privatem und unternehmerischem Handeln auf Auktionsplattformen im Internet, WRP 2008, 193 ff.; *Frisinger/Summerer,* Doping als unlauterer Wettbewerb im Profibereich, GRUR 2007, 554 ff.; *Glöckner,* Europäisches Lauterkeitsrecht, 2006; *Glöckner/Henning-Bodewig,* EG-Richtlinie über unlautere Geschäftspraktiken: Was wird aus dem neuen UWG?, WRP 2005, 1311 ff.; *Henning-Bodewig,* Richtlinienvorschlag über unlautere Geschäftspraktiken und UWG-Reform, GRUR Int. 2004, 183 ff.; *dies.,* Die Richtlinie 2005/29/EG über unlautere Geschäftspraktiken, GRUR Int. 2005, 629 ff.; *Hoeren,* Das neue UWG – der Regierungsentwurf im Überblick, BB 2008, 1182 ff.; *Kaplan,* Das Interesse der Allgemeinheit bei der Konkretisierung der Generalklausel des § 3 UWG, Diss. Tübingen 2008; *Keßler,* Lauterkeitsschutz und Wettbewerbsordnung – Zur Umsetzung der Richtlinie 2005/29/EG über unlautere Geschäftspraktiken in Deutschland und Österreich, WRP 2007, 714 ff.; *Klöhn,* Wettbewerbswidrigkeit von Kapitalmarktinformation?, ZHR 2008, 388 ff.; *Köhler,* Zur Umsetzung der Richtlinie über unlautere Geschäftspraktiken, GRUR 2005, 793 ff.; *ders.,* „Wettbewerbshandlung" und „Geschäftspraktiken", WRP 2007, 1393 ff.; *ders.,* Unrichtige Arztabrechnungen: Ein Fall fürs UWG, FS Doepner 2008, 31 ff.; *ders.,* Konkurrentenklage gegen die Verwendung unwirksamer allgemeiner Geschäftsbedingungen? NJW 2008, 177 ff.; *ders.,* Spendenwerbung und Wettbewerbsrecht, GRUR 2008, 281 ff.; *ders.,* Vom deutschen zum europäischen Lauterkeitsrecht – Folgen der Richtlinie über unlautere Geschäftspraktiken für die Praxis, NJW 2008, 3032 ff.; *Kulka,* Der Entwurf eines „Ersten Gesetzes zur Änderung des Gesetzes gegen unlauteren Wettbewerb", DB 2008, 1548 ff.; *Lettl,* Der Schutz der Verbraucher nach der UWG-Reform, GRUR 2004, 449 ff.; *Lutz,* Veränderung des Wettbewerbsrechts im Zuge der Richtlinie über unlautere Geschäftspraktiken, GRUR 2006, 908 ff.; *Ohly,* Bausteine eines europäischen Lauterkeitsrechts, WRP 2008, 177 ff.; *Reining/Voigt,* Spendenwerbung – ein Fall für das Lauterkeitsrecht?, GRUR 2006, 466 ff.; *Reuter,* Wettbewerbsrechtliche Ansprüche bei Konflikten zwischen Arbeitgebern und Arbeitnehmern – Terra Incognita?, NJW 2008, 3538 ff.; *Sack,* Die relevante Irreführung im Wettbewerbsrecht, WRP 2004, 521 ff.; *Sosnitza,* Der Gesetzentwurf zur Umsetzung der Richtlinie über unlautere Geschäftspraktiken, WRP 2008, 1014 ff.; *Veelken,* Kundenfang gegenüber dem Verbraucher, WRP 2004, 1 ff.; *Voigt,* Idealvereine und andere Nonprofit-Organisationen im Wettbewerbsrecht, Diss. Düsseldorf 2006; *ders.,* Preisangabenverordnung erzwingt mehr Transparenz im Spendenmarkt, WRP 2007, 44 ff.; *ders.,* Spendenwerbung – Ein Fall für das Lauterkeitsrecht? GRUR 2006, 466 ff.

Ausgewählte ältere Literatur: *Ahrens,* Handeln zu Zwecken des Wettbewerbs nach § 3 UWG, WRP 1972, 57; *Alexander,* Vertrag und unlauterer Wettbewerb, 2002; *Beater,* Verbraucherverhalten und Wettbewerbsrecht, FS Tilmann, 2003, S. 87 ff.; *Bornkamm,* Das Wettbewerbsverhältnis und die Sachbefugnis des Mitbewerbers, GRUR

1996, 527ff.; *Bross,* Überlegungen zum Wettbewerb der öffentlichen Hand, FS Piper, 1996, S. 107ff.; *Fezer,* Modernisierung des deutschen Rechts gegen den unlauteren Wettbewerb auf der Grundlage einer Europäisierung des Wettbewerbsrechts, WRP 2001, 989ff.; *ders.,* Das wettbewerbsrechtliche Vertragsauflösungsrecht in der UWG-Reform, WRP 2003, 127ff.; *Fischer,* Unlauterer Wettbewerb durch Doping im europäischen Profisport? EuZW 2002, 297ff.; *Hefermehl,* Das Prokrustesbett „Wettbewerbsverhältnis", FS Kummer, 1980, S. 345ff.; *ders.,* Der Anwendungsbereich des Wettbewerbsrechts, FS Nipperdey, 1955, S. 233ff.; *Köhler,* UWG-Reform und Verbraucherschutz, GRUR 2003, 265ff.; *Köhler/Lettl,* Das geltende europäische Lauterkeitsrecht, der Vorschlag für eine EG-Richtlinie über unlautere Geschäftspraktiken und die UWG-Reform, WRP 2003, 1019ff.; *Lehmann,* Die wettbewerbs- und bürgerlich-rechtlichen Grenzen der wirtschaftlichen Betätigung von Idealvereinen, WRP 1986, 63ff.; *ders.,* Informationsverantwortung und Gewährleistung für Werbeangaben beim Verbrauchsgüterkauf, JZ 2000, 280ff.; *Lindacher,* Grundfragen des Wettbewerbsrechts, BB 1975, 1311ff.; *Mees,* Zur wettbewerbsrechtlichen Beurteilung des Verhaltens nach Vertragsabschluss, FS Brandner, 1996, S. 473ff.; *Micklitz/Keßler,* Funktionswandel des UWG, WRP 2003, 919ff.; *Piper,* Zum Wettbewerb der öffentlichen Hand, GRUR 1986, 574ff.; *ders.,* Zur wettbewerbsrechtlichen Beurteilung von Werbeanzeigen und redaktionellen Beiträgen werbenden Inhalts insbesondere in der Rechtsprechung des Bundesgerichtshofs, FS Vieregge, 1995, S. 715ff.; *ders.,* Warenproduktion und Lauterkeitsrecht, WRP 2002, 1197ff.; *Sack,* Die Durchsetzung unlauter zustande gebrachter Verträge als unlauterer Wettbewerb?, WRP 2002, 396ff.; *ders.* Regierungsentwurf einer UWG-Novelle – ausgewählte Probleme, BB 2003, 1073ff.; *Schricker/Henning-Bodewig,* Elemente einer Harmonisierung des Rechts des unlauteren Wettbewerbs in der Europäischen Union, WRP 2001, 1367ff.; *Schünemann,* Die wirtschaftliche Tätigkeit der öffentlichen Hand zwischen öffentlichem und privatem Wettbewerbsrecht, WRP 2000, 1001ff.; *Schünemann,* Handeln „im geschäftlichen Verkehr zu Zwecken des Wettbewerbs", WRP 2003, 16f.; *Sosnitza,* Das Koordinatensystem des Rechts des unlauteren Wettbewerbs im Spannungsfeld zwischen Europa und Deutschland, GRUR 2003, 739ff.; *Tilmann,* Der „verständige Verbraucher", FS Piper, 1996, S. 481ff.; *Ullmann,* Das Koordinatensystem des Rechts des unlauteren Wettbewerbs im Spannungsfeld von Europa und Deutschland, GRUR 2003, 817ff.; *Wiegand,* Die Passivlegitimation bei wettbewerbsrechtlichen Abwehransprüchen, Diss. Heidelberg 1997.

I. Allgemeines

1. Von der „Wettbewerbshandlung" zur „geschäftlichen Handlung"

1 Das deutsche verbraucherbezogene Lauterkeitsrecht wird durch die Richtlinie über unlautere Geschäftspraktiken (UGP-Richtlinie) beherrscht, die ihren Anwendungsbereich durch den Begriff der **„Geschäftspraktiken"** vom allgemeinen Zivilrecht abgrenzt und anders als das frühere deutsche Recht den Begriff der **„Wettbewerbshandlung"** nicht verwendet. Weil der Begriff der „Geschäftspraktiken" über den Begriff der „Wettbewerbshandlung" hinausreicht, insbesondere ein geschäftliches Verhalten nach Vertragsschluss erfasst und auch nicht mehr auf eine subjektiv-finale Zweckrichtung abstellt, hat der Gesetzgeber im Zuge der UWG-Reform 2008 den früher verwandten Begriff der „Wettbewerbshandlung" durch den Begriff der **„geschäftlichen Handlung"** ersetzt.[7] Damit wurde der Anwendungsbereich sowohl des verbraucherbezogenen als auch des mitbewerberbezogenen Lauterkeitsrechts ausgeweitet. Mit diesem Gleichklang ist sichergestellt, dass eine sich sowohl auf Verbraucher als auch auf Mitbewerber (oder sonstige Marktteilnehmer) auswirkende geschäftliche Handlung einheitlich unter dem Blickwinkel des Lauterkeitsrechts beurteilt werden kann.

2. Bedeutung

2 Die in § 2 Abs. 1 Nr. 1 UWG definierte „geschäftliche Handlung" ist – wie die Begründung zum UWG 2008[8] zu Recht betont – ein **zentraler Begriff des UWG.**[9] Der Begriff der geschäftlichen Handlung dient dazu, den Anwendungsbereich des Lauterkeitsrechts gegenüber dem allgemeinen Deliktsrecht abzugrenzen.[10] Erst wenn eine „geschäftliche Handlung" vorliegt, ist der Anwendungsbereich des UWG eröffnet. Allein „geschäftliche Handlungen" i. S. d. § 2 Abs. 1 Nr. 1 UWG unterliegen den Maßstäben des Wettbewerbsrechts und allein „unlautere geschäftliche Handlungen" sind nach der Generalklausel des § 3 UWG unzulässig. Diese stellt in allen ihren vier Absätzen auf „geschäftliche Handlungen" ab und auch die weiteren Unlauterkeitstatbestände in §§ 4, 4a sowie §§ 5–7 UWG verlangen zumeist explizit eine „geschäftliche Handlung" i. S. d. § 2 Abs. 1 Nr. 1 UWG. Der Feststellung einer „Unlauterkeit" ist deshalb die Frage logisch vorgeordnet, ob überhaupt eine geschäftliche Handlung gegeben ist. Nur wenn eine „geschäftliche Handlung" vor-

[7] Hierzu GK-UWG/*Peukert,* 2. Aufl. § 2 Rn. 24.
[8] Amtliche Begründung des Gesetzentwurfs zum UWG 2008, BT-Drucks. 16/10145, S. 39, vgl. Fn. 4.
[9] Ebenso etwa die Begründung zum UWG 2004 zum Begriff der „Wettbewerbshandlung", vgl. BT-Drucks. 15/1487, S. 16.
[10] BGH GRUR 2013, 945 Rn. 17 – *Standardisierte Mandatsbearbeitung.*

liegt, ist ein wettbewerblicher Tatbestand gegeben, der die darauf folgende Beurteilung erlaubt, ob ein Verhalten lauter oder unlauter ist.

3. UWG als Sonderdeliktsrecht

Das UWG verbietet allen Marktakteuren unlauteres Verhalten und insbesondere eine unlautere Marktkommunikation. Die nach dem UWG verbotenen unlauteren geschäftlichen Handlungen sind unerlaubte Handlungen im Sinne der Deliktsvorschriften des BGB.[11] Das auf die Beurteilung von geschäftlichen Handlungen beschränkte Lauterkeitsrecht stellt damit ein **Sonderdeliktsrecht zum allgemeinen zivilrechtlichen Haftungsrecht** dar.[12] Unterschiede bestehen insbesondere hinsichtlich der materiell-rechtlichen Maßstäbe etwa im Hinblick auf § 826 BGB, der Schädigungsvorsatz verlangt, der gerichtlichen Zuständigkeiten, der Verjährung[13] und der materiellen Anspruchsberechtigung wie etwa in Fällen der persönlichkeitsrechtsverletzenden Telefon- oder Briefkastenwerbung, die der betroffene Verbraucher nach § 823 BGB, nicht aber auf der Grundlage des UWG unterbinden kann.[14] Zum Verhältnis des UWG zum bürgerlichen Recht vgl. *Ahrens* Einl. G IV. Rn. 121 ff. sowie zum Verhältnis des UWG zum Kartellrecht Einl. G III. Rn. 108 ff. 3

4. Rechtsentwicklung

a) Rechtslage bis zur UWG-Reform 2004. Der Anwendungsbereich des **bis zur Reform 2004 geltenden UWG** war grundsätzlich – was hier mit Blick auf die ältere Rechtsprechung festzuhalten ist – auf **„Handlungen im geschäftlichen Verkehr zu Zwecken des Wettbewerbs"** beschränkt. Dieser weit verstandene Begriff umfasste alle Handlungen zur Förderung eines beliebigen Geschäftszwecks, nicht jedoch vertragsbezogenes Handeln. Den beiden Anwendungsschranken des „geschäftlichen Verkehrs" und des „Handelns zu Zwecken des Wettbewerbs" kam eine **Doppelfunktion** zu: Zum einen grenzten beide Tatbestandsmerkmale das UWG als Sonderdeliktsrecht vom allgemeinen Zivilrecht ab. Zum anderen diente das aus dem Merkmal des „Handelns zu Zwecken des Wettbewerbs" abgeleitete Erfordernis eines Wettbewerbsverhältnisses der Bestimmung der Anspruchsberechtigung des „unmittelbar verletzten Mitbewerbers", die sich direkt aus der verletzten Norm ergab.[15] Die zuletzt genannte Funktion der Bestimmung der Anspruchsberechtigung ist schon seit der UWG-Reform 2004 von dem Begriff der „Wettbewerbshandlung" abgekoppelt. Die Anspruchsberechtigung ist nunmehr abschließend in § 8 UWG geregelt. Für die Feststellung einer den Anwendungsbereich des UWG eröffnenden „geschäftlichen Handlung" kommt es abweichend von dem vor 2004 geltenden Recht auch nicht mehr darauf an, ob diese im Rahmen eines „Wettbewerbsverhältnisses" erfolgt. 4

b) Rechtslage nach der UWG-Reform 2004. Im UWG 2004 war erstmals der Begriff der „Wettbewerbshandlung" in § 2 Abs. 1 Nr. 1 UWG legaldefiniert. Danach war unter einer „Wettbewerbshandlung" jede Handlung einer Person mit dem Ziel zu verstehen, zugunsten des eigenen oder eines fremden Unternehmens den Absatz oder den Bezug von Waren oder die Erbringung oder den Bezug von Dienstleistungen einschließlich unbeweglicher Sachen, Rechte und Verpflichtungen zu fördern. Entscheidend war danach das **Vorliegen einer Markthandlung zu Absatzförderungszwecken** im Gegensatz zu rein privaten und amtlich-hoheitlichen Tätigkeiten sowie rein betriebsinternen, mitgliederbezogenen, sozialpolitischen usw. Aktivitäten. Die Absatzförderungsmaßnahme musste darüber hinaus auch subjektiv von einem entsprechenden Absatzförderungszweck getragen sein. 5

---

[11] BGH GRUR 2002, 618/619 – *Meißner-Dekor;* BGH GRUR 1999, 751/754 – *Güllepumpen;* BGH GRUR 1995, 678/681 – *Kurze Verjährungsfrist;* BGH GRUR 1982, 495/497 – *Domgarten-Brand;* zur deliktsrechtlichen Verankerung des UWG vgl. Teplitzky/*Kessen,* Wettbewerbsrechtliche Ansprüche und Verfahren, 11. Aufl., Kap. 4 Rn. 11. Ausführlich zum Verhältnis des UWG zum Deliktsrecht des BGB *Ahrens* oben Einl. G Rn. 121 ff.

[12] *Ohly*/Sosnitza, UWG, 6. Aufl., Einf. D Rn. 56 f.; zur „Filterfunktion" des Handelns zu Zwecken des Wettbewerbs nach altem Recht: GK-UWG/*Schünemann,* 1. Aufl., Einl. UWG Rn. D 165.

[13] Vgl. zur Verjährung bei konkurrierenden lauterkeits- und deliktsrechtlichen Ansprüchen BGH GRUR 2011, 444 Rn. 55 f. – *Flughafen Frankfurt-Hahn.* Zu den bürgerlich-rechtlichen Abwehransprüchen bei unerbetener E-Mail-Werbung BGH GRUR 2013, 1259 ff. – *Empfehlungs-E-Mail.*

[14] OLG Stuttgart NJW 1988, 2615 zur Telefonwerbung; BGH GRUR 1989, 225/226 – *Handzettel-Wurfsendung* – zur Briefkastenwerbung.

[15] BGH GRUR 2001, 258 – *Immobilienpreisangaben;* BGH GRUR 2001, 78 – *Falsche Herstellerpreisempfehlung;* BGH GRUR 1998, 1039/1040 – *Fotovergrößerungen; Baumbach/Hefermehl,* Wettbewerbsrecht, 22. Aufl., Einl. Rn. 219 und Rn. 225; *Bornkamm,* GRUR 1996, 527 ff.; *Köhler/Piper,* UWG, 3. Aufl., Einf. Rn. 205 und Rn. 236.

6 **c) Rechtslage nach den UWG-Reformen 2008/2015.** Mit der **UWG-Reform 2008** hat der Gesetzgeber – einer Empfehlung von *Köhler*[16] folgend – den früher verwandten Begriff der „Wettbewerbshandlung" durch den Begriff der **„geschäftlichen Handlung"** ersetzt. Damit wurde der Wortlaut des deutschen Rechts näher an die UGP-Richtlinie und den dort verwandten Begriff der „Geschäftspraktiken" (vgl. dort Art. 2 lit. d) herangeführt und der Anwendungsbereich auch auf das vertragsbezogene Verhalten erweitert. Die auf eine noch nähere Angleichung des deutschen Lauterkeitsrechts an die UGP-Richtlinie zielende **UWG-Reform 2015** hat an dem Begriff der „geschäftlichen Handlung" nichts geändert.

5. Erweiterter Anwendungsbereich einer „geschäftlichen Handlung"

7 Der **Begriff der geschäftlichen Handlung** i. S. d. § 2 Abs. 1 Nr. 1 UWG ist nach der Rechtsprechung des BGH „jedenfalls nicht enger als der der Wettbewerbshandlung nach § 2 Abs. 1 Nr. 1 UWG 2004".[17] Erfasst ist über das frühere Recht hinaus auch ein **geschäftliches Verhalten nach Vertragsschluss.**[18] Für den Gesamttatbestand einer „geschäftlichen Handlung" kommt es zudem auf eine Wettbewerbsförderungsabsicht nicht mehr an. Ausreichend ist vielmehr, dass das Verhalten mit einer Absatz- oder Bezugsförderung objektiv zusammenhängt.[19] Der Begriff der „geschäftlichen Handlung" bleibt aber insoweit hinter dem früheren Begriff der Wettbewerbshandlung zurück, als nunmehr ein **„vorrangiger Absatzförderungszusammenhang"** erforderlich[20] und es nicht mehr ausreichend ist, dass der Absatzförderungszweck nicht hinter anderen Beweggründen völlig zurücktritt.[21] Eine lediglich terminologische Änderung ist es, wenn nunmehr auf jedes „Verhalten" einer Person abgestellt wird, weil auch schon bisher der Begriff der Wettbewerbshandlung sowohl aktives Tun als auch ein Unterlassen erfasste. Der Begriff der Wettbewerbshandlung schließt ebenso wie die „Wettbewerbshandlung" auch nicht direkt der Absatzförderung dienende, ihr aber objektiv zugute kommende und die eigene Wettbewerbsstellung stärkende Handlungen mit ein.

6. „Geschäftliche Handlung" und UGP-Richtlinie

8 **a) Allgemeine Vorgaben der UGP-Richtlinie.** Der in § 2 Abs. 1 Nr. 1 UWG definierte Begriff der „geschäftlichen Handlung" beruht auf der Definition der „Geschäftspraktiken" in Art. 2 lit. d UGP-Richtlinie. Dort heißt es:

„Im Sinne dieser Richtlinie bezeichnet der Ausdruck ..."

d) „Geschäftspraktiken im Geschäftsverkehr zwischen Unternehmen und Verbrauchern" (nachstehend auch „Geschäftspraktiken" genannt) jede Handlung, Unterlassung, Verhaltensweise oder Erklärung, kommerzielle Mitteilung einschließlich Werbung und Marketing eines Gewerbetreibenden, die unmittelbar mit der Absatzförderung, dem Verkauf oder der Lieferung eines Produkts an Verbraucher zusammenhängt ..."

8a Ergänzend zu der Bestimmung in Art. 2 lit. d heißt es in Art. 3 Abs. 1, dass die Richtlinie für unlautere Geschäftspraktiken *„vor, während und nach Abschluss eines auf ein Produkt bezogenen Handelsgeschäfts"* gilt. Damit sind auch etwa geschäftliche Praktiken gegenüber nur einem vertragsverbundenen Verbraucher, wie etwa eine irreführende Auskunft über dessen Kündigungsrechte, erfasst.[22] In Erwägungsgrund 7 ist weiter hervorgehoben, dass die Richtlinie sich auf Geschäftspraktiken bezieht, die im unmittelbaren Zusammenhang mit der **Beeinflussung der geschäftlichen Entscheidung des Verbrauchers** in Bezug auf Produkte stehen, und nicht auf Geschäftspraktiken, die vorrangig anderen Zielen dienen. Ausgenommen vom Anwendungsbereich der UGP-Richtlinie sind entsprechend Erwägungsgrund 6 nur solche Geschäftspraktiken, die „lediglich" die wirtschaftli-

---

[16] *Köhler* WRP 2007, 1393 ff.

[17] BGH GRUR 2013, 301 Rn. 22 –*Solarinitiative;* BGH GRUR 2011, 638 Rn. 17 – *Werbung mit Garantie;* BGH GRUR 2010, 1142 Rn. 11 – *Holzhocker;* BGH GRUR 2011, 166 Rn. 12 – *Rote Briefkästen;* BGH GRUR 2010, 1126 Rn. 17 – *Femur-Teil;* BGH GRUR 2009, 881 Rn. 11 – *Überregionaler Krankentransport.*

[18] Vgl. zu einer irreführenden Auskunft eines Unternehmens über das Kündigungsrecht eines vertragsverbundenen Verbrauchers EuGH GRUR 2015, 600 Rn. 34 – *Ungarische Verbraucherschutzbehörde/UPC;* vgl. OLG Köln GRUR-RR 2010, 305, wonach eine schriftliche Auftragsbestätigung über den Wechsel eines Stromanbieters auch dann als geschäftliche Handlung i. S. d. § 2 Nr. 1 UWG anzusehen ist, wenn der Vertragsschluss vorher bereits durch mündliche Absprachen zustande gekommen ist.

[19] Zu den Unterschieden zwischen einer „Wettbewerbshandlung" nach früherem Recht und der nunmehr maßgebenden „geschäftlichen Handlung" vgl. *Köhler* WRP 2009, 898 ff.; *Lettl* GRUR-RR 2009, 41 ff.; *Sosnitza* WRP 2008, 1014/1016; *Köhler* WRP 2007, 1393 ff.; *Glöckner/Henning-Bodewig* WRP 2005, 1311/1325; *Seichter* WRP 2005, 1087/1089; vgl. auch den Bericht über die Sitzung des GRUR-Fachausschusses für Marken- und Wettbewerbsrecht zu diesem Thema in GRUR 2005, 1017/1018.

[20] Vgl. unten Rn. 61 ff.

[21] Vgl. insoweit zum alten Recht: BGH GRUR 2003, 800/801 – *Schachcomputerkatalog;* BGH GRUR 2002, 1093/1094 – *Kontostandauskunft;* BGH GRUR 2002, 987/993 – *Wir Schuldenmacher.*

[22] EuGH GRUR 2015, 600 Rn. 34 ff. – *Ungarische Verbraucherschutzbehörde/UPC.*

chen Interessen von Mitbewerbern schädigen oder sich auf ein unternehmensbezogenes Rechtsgeschäft beziehen.[23]

b) Verbraucherschutz- und Binnenmarktziel der Richtlinie. Die auf eine vollständige Harmonisierung[24] abzielende Richtlinie bezweckt nach Art. 1, unlautere Geschäftspraktiken abzuwehren, die die wirtschaftlichen Interessen der Verbraucher beeinträchtigen, und so zu einem reibungslosen Funktionieren des Binnenmarkts[25] und zum Erreichen eines hohen Verbraucherschutzniveaus beizutragen.[26] Die Richtlinie ist deshalb aus Verbrauchersicht[27] und im Lichte ihres Zwecks auszulegen, dem Verbraucher eine informationsgeleitete und freie, mithin rationale Entscheidung zu ermöglichen[28] und ihn vor belästigenden, nötigenden und sonst unzulässigen Praktiken zu schützen, die seine Wahlfreiheit beeinträchtigen.[29] Soweit eine Vorschrift des nationalen Rechts nicht den Schutz der Verbraucher, sondern nur den Schutz der Mitbewerber und der sonstigen Marktteilnehmer bezweckt, ist der Anwendungsbereich der Richtlinie nicht berührt.[30] 9

c) Sachlicher Anwendungsbereich. Die weite Formulierung verschafft der UGP-Richtlinie auch einen besonders **weiten materiellen Anwendungsbereich,** der alle Geschäftspraktiken erfasst, die unmittelbar mit der Absatzförderung, dem Verkauf oder der Lieferung eines Produkts an Verbraucher zusammenhängen.[31] Die Vorschrift erfasst sonach ohne weiteres eine Werbekampagne, bei der die kostenlose Teilnahme des Verbrauchers an einer Lotterie bzw. einem Preisausschreiben mit dem Kauf von Waren oder der Inanspruchnahme von Dienstleistungen verknüpft wird,[32] oder mit Verlust verbundene Verkaufsmaßnahmen[33] oder Preisermäßigungen auf einer Online-Vertriebswebsite.[34] Die **Förderung des Wettbewerbs eines fremden Unternehmens,** die nicht in dessen Namen und Auftrag erfolgt, ist allerdings keine von der Richtlinie erfasste Geschäftspraktik.[35] 10

d) Persönlicher Anwendungsbereich. Der **persönliche Anwendungsbereich** der Richtlinie erfasst jede Art von Unternehmen (vgl. Art. 3 Abs. 1) unabhängig davon, wie deren Einordnung und Rechtsstellung nach nationalem Recht ausgestaltet ist.[36] Der in der Richtlinie ebenfalls verwendete Begriff „Gewerbetreibender" (Art. 2 lit. b) stimmt in seiner Bedeutung und rechtlichen Tragweite mit dem Begriff „Unternehmen" überein. Beide Begriffe umfassen daher jede natürliche oder juristische Person, die eine entgeltliche Tätigkeit ausübt. Einrichtungen, die eine im allgemeinen Interesse liegende Aufgabe erfüllen, werden davon ebenso wenig ausgenommen wie öffentlich-rechtliche Einrichtungen.[37] 11

e) Umsetzung der Richtlinie. Der deutsche Gesetzgeber ist mit der Definition der „geschäftlichen Handlung" in § 2 Abs. 1 Nr. 1 UWG der Richtliniendefinition nicht wörtlich gefolgt, sondern hat **von seiner Umsetzungsfreiheit Gebrauch gemacht.**[38] Mit der Gesetz gewordenen Formulierung sollen zum einen die **Vorgaben der UGP-Richtlinie erfüllt,** zum anderen aber auch alle **lauterkeitsrechtlichen Fallgruppen** erfasst sein, die das **Verhältnis zwischen Unter-** 12

---

[23] EuGH GRUR 2010, 244 Rn. 39 – *Plus.*

[24] EuGH GRUR Int. 2015, 1140 Rn. 34 – *Cdiscount;* EuGH GRUR Int. 2013, 942 Rn. 20 – *Citroen Belux;* EuGH GRUR Int. 2010, 221, Rn. 41 – *Plus.*

[25] Das Ziel der Binnenmarktangleichung ist in der juristischen Diskussion häufig vernachlässigt, vgl. dazu unten *Podszun,* § 1 Rn. 29.

[26] EuGH GRUR 2013, 297 Rn. 29 – *Köck.*

[27] EuGH GRUR 2013, 1159 Rn. 36 – *BKK Mobil Oil.*

[28] BGH GRUR 2014, 686 Rn. 23 – *Goldbärenbarren.*

[29] Erwägungsgrund 16 UGP-Richtlinie.

[30] EuGH GRUR Int. 2015, 1140 Rn. 29 – *Cdiscount;* EuGH GRUR 2013, 297 Rn. 30 – *Köck;* EuGH GRUR Int. 2013, 936 Rn. 31 – *Euronics Belgium.*

[31] EuGH GRUR Int. 2015, 1140 Rn. 31 – *Cdiscount;* EuGH GRUR 2015, 600 Rn. 34 – *Ungarische Verbraucherschutzbehörde/UPC;* EuGH GRUR 2013, 1159 Rn. 40 – *BKK Mobil Oil;* EuGH GRUR 2013, 1245 Rn. 37 – *RlvS/Stuttgarter Wohnblatt;* EuGH GRUR 2010, 244 Rn. 36 und 39 – *Plus;* EuGH GRUR 2011, 76 Rn. 17 – *Mediaprint;* EuGH WRP 2012, 547 Rn. 38 – *Pereničová und Perenic/SOS.*

[32] EuGH GRUR 2010, 244 Rn. 37 – *Plus* sowie EuGH GRUR 2011, 76 Rn. 18 – *Mediaprint.*

[33] EuGH GRUR Int. 2013, 936 Rn. 22 – *Euronics Belgium.*

[34] EuGH GRUR Int. 2015, 1140 Rn. 32 – *Cdiscount.*

[35] EuGH GRUR 2013, 1245 ff. *RLvS/Stuttgarter Wochenblatt;* kritisch *Koch,* FS Köhler 2014, 359 ff. und *Glöckner,* FS Köhler 2014, 159 ff. sowie *Alexander,* WRP 2013, 1578 f.; vgl. auch *Peifer,* FS Köhler 2014, 519 ff. und *Demuth* WRP 2014, 35 ff.

[36] BGH GRUR 2014, 1120 Rn. 19 ff. – *Betriebskrankenkasse II.*

[37] EuGH GRUR 2013, 1159 Rn. 26, 28 – *BKK/Mobil Oil;* BGH GRUR 2014, 1120 Rn. 19 ff. – *Betriebskrankenkasse II;* BGH GRUR 2014, 682 Rn. 17 – *Nordjob-Messe.*

[38] Die Kommission hat zwar beanstandet, dass die UGP-Richtlinie im deutschen UWG unzureichend umgesetzt worden sei, eine mangelhafte Umsetzung des Art. 2 lit. d UGP-Richtlinie jedoch nicht gerügt; zur Umsetzungsfreiheit auch *Hetmank* GRUR 2015, 323 ff.

nehmen betreffen[39] (B2B-Bereich). Der BGH betont insoweit, dass der Begriff der „geschäftlichen Handlung" gemäß § 2 Abs. 1 Nr. UWG „weiter reicht" als der unionsrechtliche Begriff der „Geschäftspraktiken" in Art. 2 lit. d der UGP-Richtlinie, der nur Verhaltensweisen vom Gewerbetreibenden umfasse, die unmittelbar mit der Absatzförderung, dem Verkauf oder der Lieferung eines Produkts an Verbraucher zusammenhängen.[40] Das ist richtig, weil der Begriff der „geschäftlichen Handlung" auch Maßnahmen gegenüber sonstigen Marktteilnehmern sowie Verhaltensweisen erfasst, die sich gegen Mitbewerber richten. Ebenso werden Bezugshandlungen sowie Maßnahmen Dritter zur Förderung des Absatzes oder Bezugs eines fremden Unternehmens erfasst, die nicht im Namen oder im Auftrag des Unternehmens handeln.[41] Schließlich umfasst der Begriff der geschäftlichen Handlung auch verbraucherbezogenes Verhalten, das von der UGP-Richtlinie gemäß Art. 3 Abs. 2 bis Abs. 10 nicht abgedeckt wird. Die UGP-Richtlinie steht der weiterreichenden Definition der „geschäftlichen Handlung" nicht entgegen, da sie nur einen Teilaspekt auf dem Gebiet des unlauteren Wettbewerbs regelt.[42] Auch der abschließende Charakter der Richtlinie verbietet es nicht, das **verbraucher- und unternehmensbezogene Lauterkeitsrecht in einem Rechtsakt** zu regeln.[43] Dass durch § 2 Abs. 1 Nr. 1 UWG auch verbraucherbezogene „Bezugshandlungen" erfasst werden,[44] ist jedenfalls deshalb bedenkenfrei, weil diese Bezugshandlungen mittelbar auch Absatzinteressen dienen.[45] Für das verbraucherbezogene Lauterkeitsrecht ist allerdings das deutsche Erfordernis des „objektiven Zusammenhangs" als „unmittelbarer Zusammenhang" im Sinne der Richtlinie auszulegen, während bei mitbewerberbezogenen Handlungen von vornherein ein mittelbarer Absatzförderungszusammenhang ausreichen kann. Besser wäre es wohl gewesen, es bei den Formulierungen des europäischen Rechts zu belassen.[46]

13 **f) Maßgeblichkeit der Richtlinie seit Ablauf der Umsetzungsfrist.** Der frühere Begriff der „Wettbewerbshandlung" war für verbraucherbezogenes Handeln schon vor der UWG-Reform 2008 im Lichte der UGP-Richtlinie, deren Frist zur Umsetzung am 12.6.2007 abgelaufen ist, auszulegen.[47] Für verbraucherbezogene, von der UGP-Richtlinie erfasste Maßnahmen galt deshalb bereits vor der Reform, dass auch vertragsabschlussbezogenes und nachvertragliches Verhalten erfasst und eine Wettbewerbsförderungsabsicht nicht mehr zu verlangen war.[48]

7. „Geschäftliche Handlung" und richtlinienkonforme Auslegung

14 Das mit der UWG-Reform 2015 neuerlich reformierte deutsche **verbraucherbezogene UWG ist weiterhin ganz im Lichte der Richtlinie auszulegen.**[49] Das gilt auch und gerade für den

---

[39] Vgl. Amtliche Begründung des Gesetzentwurfs zum UWG 2008, BT-Drucks. 16/10145, S. 40; *Köhler* WRP 2007, 1393/1396 und *Köhler* WRP 2009, 109 ff.

[40] BGH GRUR 2014, 879 Rn. 13 – *Good News II; Koch,* FS Köhler, 2014, 359 ff.

[41] BGH GRUR 2014, 879 Rn. 13 – *Good News II; Koch,* FS Köhler, 2014, 359 ff., *Glöckner,* FS Köhler 2014, 159 ff.

[42] BGH GRUR 2014, 879 Rn. 13 – *Good News II.*

[43] Vgl. Art. 6 S. 3 UGP-Richtlinie. In der Begründung des Gesetzentwurfs zum UWG 2008 wird S. 17 zu Recht darauf hingewiesen, dass der integrierte Ansatz dem Umstand Rechnung trägt, dass das Verhalten von Unternehmen am Markt im Prinzip unteilbar ist und durch ein unlauteres Verhalten Verbraucher und Mitbewerber regelmäßig gleichermaßen geschädigt werden. Auch die Kommission hat nicht gerügt, dass das deutsche UWG in ein und demselben Gesetz auch das unternehmensbezogene Lauterkeitsrecht regelt, vgl. dazu *Henning-Bodewig* GRUR 2013, 238 ff.; *Glöckner* GRUR 2013, 224/227.

[44] Vgl. das Beispiel von *Köhler* WRP 2007, 1393/1396: Ankaufswerbung eines Antiquitätenhändlers gegenüber Privatpersonen.

[45] Der BGH hält die Einbeziehung des Nachfragewettbewerbs deshalb für unproblematisch, weil der europäische Gesetzgeber insoweit keine Harmonisierung vorgesehen habe, vgl. BGH GRUR 2009, 1189 Rn. 12 – *Blutspendedienst.*

[46] Im Zusammenhang mit der umfangreich diskutierten UWG-Reform 2015 fand dieser Aspekt keine besondere Aufmerksamkeit.

[47] EuGH GRUR 2010, 244 Rn. 29 ff. – *Plus;* BGH GRUR 2012, 184 Rn. 16 – *Branchenbuch Berg;* BGH GRUR 2011, 532 Rn. 19 – *Millionen-Chance II;* BGH GRUR 2008, 807 Rn. 9 – *Millionen-Chance;* vgl. ferner *Köhler* WRP 2009, 109 ff. und GRUR 2008, 841 ff.; vgl. zur Vor-Wirkung noch nicht umgesetzter Richtlinien auch BGH GRUR 1998, 824 – *Testpreis-Angebot* und BGH GRUR 2007, 708 Rn. 38 – *Internet-Versteigerung II* zur Durchsetzungsrichtlinie.

[48] *Köhler* WRP 2007, 1393/1394; *Fezer* FS Schricker, 2005, S. 67 ff., vgl. dazu auch *Steinbeck* WRP 2006, 632/634; *Glöckner/Henning-Bodewig* WRP 2005, 1311/1325 f.; *Seichter,* WRP 2005, 1087/1089; *Goldmann* GRUR 2005, 1017/1018.

[49] BGH GRUR 2014, 682 Rn. 15 – *Nordjob-Messe;* BGH GRUR 2011, 532 Rn. 13 – *Millionen-Chance II; Köhler,* WRP 2012, 251 ff.; zur richtlinienkonformen Auslegung und deren Grenzen vgl. auch BVerfG NJW 2012, 669 ff. sowie *Glöckner,* GRUR 2013, 224/228 ff.

Begriff der geschäftlichen Handlung, soweit er für das verbraucherschutzbezogene Lauterkeitsrecht den Begriff der „Geschäftspraktiken" i. S. d. Art. 2 lit. d und Art. 3 Abs. 1 der UGP-Richtlinie umsetzt. Die Auslegung von Vorschriften des Unionsrechts, die wie hier für die Ermittlung ihrer Tragweite nicht ausdrücklich auf das Recht der Mitgliedstaaten verweisen, hat in der gesamten Union autonom und einheitlich unter Berücksichtigung des Regelzusammenhangs und des mit der Regelung verfolgten Zwecks zu erfolgen.[50] Der Begriff der „geschäftlichen Handlung" ist sonach im Lichte des Wortlauts und des Zwecks der UGP-Richtlinie auszulegen,[51] wobei die Erwägungsgründe der UGP-Richtlinie und die Bestimmungen der Richtlinie selbst mit heranzuziehen sind.[52] Im Falle von Auslegungszweifeln kann eine verbindliche Auslegung nur durch den EuGH im Vorabentscheidungsverfahren erfolgen.[53]

8. Objektive Beurteilung der „geschäftlichen Handlung"

Die Definition der geschäftlichen Handlung stellt abweichend vom früheren Recht nicht mehr auf eine „Wettbewerbsförderungsabsicht" ab.[54] Es ist deshalb **allein nach den objektiven äußeren Umständen** zu beurteilen, ob eine geschäftliche Handlung und ein Absatzförderungszusammenhang vorliegen. Auch die früher erforderliche **„Wettbewerbsabsicht" wurde jedoch aus objektiven Umständen** abgeleitet. Regelmäßig wird ein **objektiver Absatzförderungszusammenhang in all den Fällen zu bejahen sein, in denen nach altem Recht eine Wettbewerbsabsicht zu bejahen war.** Ein für jedermann ersichtliches, objektiv geeignetes Absatzzweckmoment (wie es etwa in der Werbung „Heute muss alles raus!" deutlich wird) stellt den „objektiven Absatzförderungszusammenhang" regelmäßig her. Die nach früherem Recht mit dem Merkmal der Wettbewerbsabsicht vorgenommene Feinsteuerung zur Ausgrenzung von keinen geschäftlichen Zwecken dienenden Presseäußerungen oder sonstigen Maßnahmen mit ggf. erheblicher wirtschaftlicher Bedeutung ist auch auf der Grundlage des Merkmals des objektiven Absatzförderungszusammenhangs möglich.[55] Die nach außen hervortretende objektive Zweckrichtung eines Handelns bleibt sonach sowohl für die Beurteilung des Geschäftszwecks (dazu Rn. 22) als auch für den Absatz- oder Bezugsförderungszusammenhang (dazu Rn. 56 ff.) von Bedeutung. 15

9. „Geschäftliche Handlung" und „kommerzielle Mitteilung"

Schon aus der Legaldefinition in Art. 2 lit. d der UGP-Richtlinie, wonach eine Geschäftspraktik jedes unmittelbar mit der Absatzförderung zusammenhängende Verhalten eines Gewerbetreibenden ist, ergibt sich, dass der Begriff der **geschäftlichen Handlung den Oberbegriff** bildet und jede **„kommerzielle Mitteilung einschließlich Werbung und Marketing"** als unmittelbar der Absatz- oder Bezugsförderung dienende Maßnahmen mit umfasst. Der Begriff der **„kommerziellen Mitteilung"** entspricht demjenigen der „kommerziellen Kommunikation" gemäß Art. 2 lit. f der E-Commerce-Richtlinie (2000/31/EG) und umfasst *„alle Formen der Kommunikation, die der unmittelbaren oder mittelbaren Förderung des Absatzes von Waren und Dienstleistungen oder des Erscheinungsbilds eines Unternehmens, einer Organisation oder einer natürlichen Person dienen, die eine Tätigkeit in Handel, Gewerbe oder Handwerk oder einen reglementierten Beruf ausübt"*. 16

10. „Geschäftliche Handlung" und „Werbung"

Der in § 5 Abs. 2, 6 und 7 sowie im Anhang zu § 3 Abs. 3 UWG gebrauchte Begriff der **Werbung** ist in Art. 2 lit. a der Richtlinie 2006/114/EG über irreführende und vergleichende Werbung definiert. Danach ist Werbung *„jede Äußerung bei der Ausübung eines Handels, Gewerbes, Handwerks oder freien Berufs mit dem Ziel, den Absatz von Waren oder die Erbringung von Dienstleistungen, einschließlich unbeweglicher Sachen, Rechte und Verpflichtungen zu fördern"*. Eine Werbung setzt danach eine ganz 17

---

[50] EuGH GRUR 2015, 600 Rn. 33 – *Ungarische Verbraucherschutzbehörde/UPC;* EuGH GRUR 2013, 1159 Rn. 25 – *BKK Mobil Oil.*

[51] BGH GRUR 2014, 682 Rn. 15 – *Nordjob-Messe;* BGH GRUR 2014, 1120 Rn. 15 – *Betriebskrankenkasse II.*

[52] *Köhler* WRP 2012, 251 ff. und WRP 2007, 1393/1394 f. Die Richtlinie stellt etwa in Erwägungsgrund 9 klar, dass sie nicht die gemeinschaftlichen und nationalen Vorschriften in den Bereichen des Vertragsrechts sowie des Schutzes des geistigen Eigentums berührt.

[53] Art. 267 AEUV (ex-Art. 234 EGV), vgl. die Vorlage-Entscheidungen des BGH zur UGP-Richtlinie BGH GRUR 2012, 1056 ff. – *GOOD NEWS* sowie BGH GRUR 2008, 807 – *Millionen-Chance.*

[54] Amtliche Begründung des Gesetzentwurfs zum UWG 2008, BT-Drucks. 16/10145, S. 40 (zu § 2).

[55] So auch jurisPK-UWG/*Ernst,* 4. Aufl., § 2 Rn. 20.

weit zu verstehende Äußerung mit dem Ziel der Absatzförderung voraus.[56] Soweit die Definition noch auf eine subjektive Komponente abstellt, ist dies im Sinne einer objektiven Zweckrichtung zu verstehen. Der Begriff der „geschäftlichen Handlung" ist – ebenso wie der in der UGP-Richtlinie enthaltene Begriff der Geschäftspraktiken – insofern weiter als der Begriff der Werbung, als er auch Verhaltensweisen im Zusammenhang mit dem Abschluss oder der Durchführung von Verträgen oder dem Verkauf oder der Lieferung eines Produkts – und zudem auch ein Verhalten ohne Äußerungsqualität, wie z.B. das Unterschieben von Waren[57] – abdeckt.[58] Der weit zu verstehende **Begriff der Werbung erfasst jede Art von Werbung,** ist nicht auf klassische Werbeformen beschränkt[59] und erfasst zudem auch **Nachfragehandlungen,** soweit sie **mittelbar auf eine Absatzförderung gerichtet** sind.[60] Im Zusammenhang mit § 7 Abs. 2 UWG hat der BGH etwa eine Faxanfrage im Autohandel oder eine E-Mail-Anfrage zur Einrichtung einer Bannerwerbung als „Werbung" angesehen.[61] Eine Werbung liegt auch vor, wenn ein Unternehmen den Nutzern seiner Website ermöglicht, eine sogenannte Empfehlungs-E-Mail zu schicken, die auf den Internetauftritt des Unternehmers hinweist und von diesem automatisch an den Empfohlenen versandt wird.[62] Der in Art. 2 lit. d UGP-Richtlinie verwandte, aber undeutliche Begriff des **„Marketing"** ist juristisch nicht definiert und erfasst **alle absatzbezogenen unternehmerischen Tätigkeiten.**

11. „Geschäftliche Handlung" und Passivlegitimation

18 Mit der Beurteilung, ob eine geschäftliche Handlung vorliegt, werden sowohl die **Normadressateneigenschaft** als auch (im Falle der Zuwiderhandlung) die **wettbewerbsrechtliche Passivlegitimation** bestimmt. Der Begriff der „geschäftlichen Handlung" ist damit **Anknüpfungspunkt für den Normbefehl und für die Schuldnerstellung** hinsichtlich der Ansprüche auf Unterlassung, Beseitigung, Schadensersatz, Gewinnabschöpfung und gegebenenfalls Auskunft. Passivlegitimiert ist, wer die geschäftliche Handlung selbst oder durch Dritte begeht oder sich als Anstifter oder Gehilfe an einer Wettbewerbshandlung beteiligt.[63] Darüber hinaus kommt außerhalb der Fälle des Verhaltensunrechts eine Störerhaftung[64] oder eine Haftung wegen Verletzung einer lauterkeitsrechtlichen Verkehrspflicht[65] in Betracht. Für die Bestimmung der **Aktivlegitimation** kommt dem Begriff der geschäftlichen Handlung keine Bedeutung mehr zu.[66]

---

[56] Zum weiten Verständnis des EuGH vgl. EuGH GRUR 2013, 1049 Rn. 35 – BEST/Visys; zum Begriff der „Werbung" allgemein vgl. BGH GRUR 2009, 980 Rn. 13 – *E-Mail-Werbung II* und im Zusammenhang mit dem Irreführungsverbot vgl. BGH GRUR 2007, 805 Rn. 23 – *Irreführender Kontoauszug* sowie BGH GRUR 2005, 1061/1063 – *Telefonische Gewinnauskunft.* Zur Werbung im Zusammenhang mit der PAngV vgl. BGH GRUR 2009, 982 Rn. 9 – *Dr. Clauder's Hufpflege;* BGH, Urteil vom 14.1.2016, I ZR 65/14 Rn. 27 – Freunde finden.

[57] Vgl. *Steinbeck* WRP 2006, 632/633.

[58] BGH GRUR 2013, 1259 Rn. 18 – *Empfehlungs-E-Mail.*

[59] EuGH GRUR 2013, 1049 Rn. 35 – *BEST/Visys,* wo der EuGH die Nutzung (nicht die Eintragung) eines Domainnamens sowie die Nutzung von Metatags als „Werbung" angesehen hat. Klassische Werbe- und Absatzverfahren wie etwa die Ankündigung und Durchführung von Ausverkäufen zielen unmittelbar auf die Förderung des Absatzes und Verkaufs von Waren ab und stellen sonach „klassische Geschäftspraktiken" im Sinne von Art. 2 lit. b UGP-Richtlinie dar, vgl. EuGH GRUR 2013, 297 ff. – *Köck;* BGH, Urteil vom 14.1.2016, I ZR 65/14 Rn. 28 – Freunde finden.

[60] BGH WRP 2008, 1328 Rn. 9 ff. – *Faxanfrage im Autohandel* und BGH WRP 2008, 1330 Rn. 12 ff. – *FC Troschenreuth.*

[61] BGH WRP 2008, 1328 Rn. 12 – *Faxanfrage im Autohandel* und BGH WRP 2008, 1330 Rn. 15 – *FC Troschenreuth.*

[62] BGH GRUR 2013, 1259 Rn. 16 ff. – *Empfehlungs-E-Mail.*

[63] Vgl. etwa BGH GRUR 2011, 340 Rn. 27 – *Irische Butter;* BGH GRUR 2008, 530 Rn. 21 – *Nachlass bei der Selbstbeteiligung;* zur Passivlegitimation umfassend: Teplitzky/*Büch,* Wettbewerbsrechtliche Ansprüche und Verfahren 11. Aufl., Kap. 14 Rn. 1 ff.; *Melullis,* Hdb. d. Wettbewerbsprozesses, 3. Aufl. Rn. 486.

[64] In BGH GRUR 2011, 152 Rn. 48 – *„Kinderhochstühle im Internet"* ist ausgesprochen, dass in den dem Verhaltensunrecht zuzuordnenden Fällen eine Störerhaftung nicht mehr in Betracht komme. Damit hat sich das Institut der Störerhaftung für das gesamte Lauterkeitsrecht erledigt, vgl. BGH GRUR 2014, 883 Rn. 11 – *Geschäftsführerhaftung.* Bei der Verletzung von Immaterialgüterrechten sind allerdings die Grundsätze der Störerhaftung nach wie vor uneingeschränkt anwendbar, vgl. BGH GRUR 2016, 268 Rn. 21 – *Störerhaftung des Access-Providers;* BGH GRUR 2013, 1030 Rn. 30 – *File-Hosting-Dienst;* BGH GRUR 2013, 370 Rn. 19 – *Alone in the Dark;* BGH GRUR 2010, 633 Rn. 19 – *Sommer unseres Lebens.*

[65] Zu wettbewerbsrechtlichen Verkehrspflichten vgl. BGH GRUR 2014, 883 Rn. 21 – *Geschäftsführerhaftung;* BGH GRUR 2007, 890 – *Jugendgefährdende Medien bei eBay* und BGH GRUR 2009, 597 ff. – *Halzband;* ferner *Spindler* GRUR 2011, 101 ff.; *Leistner* GRUR-Beil. 2010, 1 ff.; *Köhler* GRUR 2008, 1 ff.; *Leistner/Stang* WRP 2008, 533 ff.; *Keller* GRUR 2008, 53/54; *Ahrens* WRP 2007, 1281 ff.; *Döring* WRP 2007, 1131 ff.

[66] MünchKommUWG/*Bähr,* 2. Aufl., § 2 Rn. 27.

II. Markt- und unternehmensbezogenes geschäftliches Verhalten

1. Handlungsformen

Eine geschäftliche Handlung kann gleichermaßen ein **positives Tun** wie auch ein **Unterlassen** sein. Das ist mit der auf ein „Verhalten" abstellenden Gesetzesformulierung ausdrücklich klargestellt,[67] die zudem sowohl **vorsätzliches als auch bloß fahrlässiges, insbesondere auch bloß versehentliches Handeln** erfasst.[68] Dem positiven oder konkludenten Tun ist ein Unterlassen gleichgestellt, soweit eine Rechtspflicht zum Handeln besteht.[69] Eine **Erfolgsabwendungspflicht** kann sich aus Gesetz, aus vorangegangenem – auch schuldlosem – Tun, aus einer Berufs- oder Amtspflicht gegenüber Dritten oder aus Vertrag ergeben.[70] Wer etwa an der Ankündigung einer Telefonaktion durch eine Zeitung mitwirkt, den trifft aus vorangegangenem gefährdenden Verhalten eine Pflicht, ein durch seine Beteiligung gefördertes unlauteres Werbeverhalten zu verhindern.[71] Eine Erfolgsabwendungspflicht kann sich zur Vermeidung einer Irreführung durch Unterlassen in einer **Informationspflicht** konkretisieren, weil etwa die Entscheidungsfähigkeit von Verbrauchern nicht dadurch beeinflusst werden darf, dass eine Information vorenthalten wird, die im konkreten Fall nach den Umständen wesentlich ist (vgl. § 5a Abs. 2 UWG i. V. m. § 3 Abs. 2 UWG). Eine Erfolgsabwendungspflicht kann im Übrigen auch aus einer **wettbewerbsrechtlichen Verkehrspflicht** resultieren, eine lauterkeitsrechtliche Gefahr im Rahmen des Möglichen und Zumutbaren zu begrenzen.[72] 19

2. Erfasste Personen

Der Begriff der geschäftlichen Handlung erfasst **jedes Handeln von natürlichen oder juristischen Personen,** denen sowohl das Handeln ihrer Organe als auch das Handeln ihrer Mitarbeiter und Beauftragten zugerechnet wird (§ 31 BGB und § 8 Abs. 2 UWG). Entscheidend ist grundsätzlich nicht die Qualifikation des Handelnden, sondern die Art seiner Betätigung. Der Anwendungsbereich des UWG ist nicht auf **Gewerbetreibende** beschränkt, sondern erstreckt sich auf Privatleute, Kaufleute, Unternehmen, Behörden und sonstige Organisationen unabhängig von der konkreten Art ihrer Organisation,[73] soweit sie marktbezogen geschäftlich tätig sind. Einbezogen sind auch die **freiberuflichen marktbezogenen Tätigkeiten**[74] von Ärzten,[75] Rechtsanwälten, Notaren, Steuerberatern, Wirtschaftsprüfern, Architekten, Ingenieuren usw. sowie handwerkliche oder landwirtschaftliche Tätigkeiten. Auf das Vorhandensein eines Geschäftsbetriebs kommt es nicht an. Erfasst sind nicht nur die Unternehmer selbst, sondern nach § 2 Abs. 1 Nr. 6 UWG auch jede Person, die im Namen oder im Auftrag eines Unternehmers handelt. Damit unterliegen der lauterkeitsrechtlichen Beurteilung auch das Handeln der gesetzlichen Vertreter, der Mitarbeiter und Beauftragten eines Unternehmens. Erfasst sind ferner auch alle natürlichen und juristischen Personen, 20

[67] Amtliche Begründung des Gesetzentwurfs zum UWG 2008, BT-Drucks. 16/10145, S. 40.

[68] Erfasst ist jedes menschliche Tun, das der Bewusstseinskontrolle und Willenslenkung unterliegt und somit beherrschbar ist, vgl. BGHZ 98, 135/137. Zur Behandlung von „Versehen" insb. im Massengeschäft vgl. zutreffend *Berneke,* FS Doepner S. 3 ff. und *Köhler* WRP 2009, 898/903. Demgegenüber will *Isele* GRUR 2009, 727 ff. und GRUR 2010, 309 ff. unrichtigerweise „bloße Versehen" lauterkeitsrechtlich nicht erfassen, damit vergleichbar will GK-UWG/*Peukert,* 2. Aufl., § 2 Rn. 171 zwar Versehen erfassen, sie aber nicht als unlauter ansehen.

[69] Ohly/*Sosnitza* UWG, 6. Aufl. § 2 Rn. 21; Fezer/*Fezer,* UWG, 2. Aufl., § 2 Nr. 1 Rn. 62; GK-UWG/*Peukert,* 2. Aufl., § 2 Rn. 64 f.; zur Beihilfe durch Unterlassen vgl. BGH GRUR 2011, 152 Rn. 34 – *Kinderhochstühle im Internet;*

[70] BGH GRUR 2014, 883 Rn. 16 – *Geschäftsführerhaftung;* BGH GRUR 2001, 82/83 – *Neu in Bielefeld I;* Fezer/*Fezer,* UWG, 2. Aufl., § 2 Nr. 1 Rn. 62.

[71] BGH GRUR 2008, 186 Rn. 21 – *Telefonaktion.*

[72] BGH GRUR 2016, 209 Rn. 22 ff. – *Haftung für Hyperlink;* BGH GRUR 2013, 1030 Rn. 30 – *File-Hosting-Dienst;* BGH GRUR 2007, 890 ff. – *Jugendgefährdende Medien bei eBay; Spindler* GRUR 2011, 101 ff.; *Leistner* GRUR Beilage 2010, 1 ff.

[73] BGH GRUR 2014, 1120 Rn. 18 ff. – *Betriebskrankenkasse II.*

[74] BGH WRP 2004, 221 ff. – *Arztwerbung im Internet;* BGH GRUR 2001, 181 ff. – *Dentalästhetika;* BGH GRUR 1999, 1009 – *Notfalldienst für Privatpatienten;* BGH GRUR 1996, 365 f. – *Tätigkeitsschwerpunkte;* BGH GRUR 1993, 675/676 – *Kooperationspartner;* BGH GRUR 1993, 834/835 – *Haftungsbeschränkung bei Anwälten;* BGH GRUR 1989, 758/759 – *Gruppenprofil;* BGH GRUR 1987, 241 – *Arztinterview;* BGH GRUR 1976, 635/636 – *Sonderberater in Bausachen;* BGH GRUR 1972, 709 – *Patentmark;* BGH GRUR 1965, 690/693 – *Facharzt.*

[75] Zur lauterkeitsrechtlichen Kontrolle unrichtiger Arztrechnungen: *Köhler* FS Doepner, 2008, S. 31 ff.

die fremden Wettbewerb fördern. Die UGP-Richtlinie erfasst allerdings die Förderung fremden Wettbewerbs nur insoweit, als der Handelnde im Namen oder im Auftrag des Geförderten tätig ist.[76]

3. „Geschäftliches" Verhalten

21 Eine „geschäftliche Handlung" verlangt eine Tätigkeit im Rahmen eines „geschäftlichen Verkehrs", wie es das frühere Recht allgemein ausdrücklich vorsah und worauf sowohl § 16 UWG als auch § 18 UWG noch ausdrücklich abstellen. Der Begriff des „Geschäftsverkehrs" ist auch im Zusammenhang mit der Definition des „Gewerbetreibenden" in Art. 2 lit. b UGP-Richtlinie verwandt.

22 **a) Geschäftszweckbestimmte Tätigkeit.** Der weit auszulegende Begriff eines „geschäftlichen" Verhaltens umfasst jedes Handeln, in dem eine **Förderung eigener oder fremder erwerbswirtschaftlicher oder sonstiger beruflicher Interessen** zu sehen ist.[77] Ein geschäftliches Handeln steht somit im **Gegensatz zur rein privaten oder rein hoheitlichen oder sonst nicht erwerbswirtschaftlich bestimmten Tätigkeit.**[78] Für die objektiv vorzunehmende Beurteilung ist auch die nach außen hervortretende Zielrichtung des Handelnden von Bedeutung.[79] Die Tätigkeit von juristischen Personen wird dabei stets im geschäftlichen Verkehr erfolgen,[80] lauterkeitsrechtlich relevant sind aber nur marktbezogene Handlungen (dazu Rn. 28 ff.).

23 **b) Kein selbständiges Handeln erforderlich.** Entgegen den zum früheren Recht gebräuchlichen Formulierungen zum „geschäftlichen Verkehr"[81] ist ein „selbständiges" Handeln nicht erforderlich. Auch die aus abhängiger Stellung heraus erfolgenden marktbezogenen geschäftlichen Handlungen von Mitarbeitern und Beauftragten sind erfasst (vgl. unten Rn. 31). Für die Annahme einer „geschäftlichen Handlung" ist auch nicht erforderlich, dass der Handelnde über einen eigenen Entscheidungsspielraum verfügt, weil auch ein streng vorgegebenes Handeln nach § 8 Abs. 2 UWG dem Unternehmen zuzurechnen ist.[82] Demgemäß schließt Art. 2 lit. b der UGP-Richtlinie in den Begriff des „Gewerbetreibenden" auch jede Person ein, die **im Namen oder Auftrag des Gewerbetreibenden** handelt. Das geschäftliche Handeln muss aber zugunsten eines eigenen oder fremden, selbständig betriebenen Unternehmens erfolgen.

24 **c) Waren und Dienstleistungen jedweder Art.** Die marktbezogene geschäftliche Tätigkeit kann in **jedem denkbaren Wirtschaftszweig** für jedwede Ware oder Dienstleistung erfolgen.[83] Unter **Waren sind alle Erzeugnisse zu verstehen, die Gegenstand des Handels sein können.** Das Gesetz stellt entsprechend der **Definition des „Produkts"** in Art. 2 lit. c der UGP-Richtlinie ausdrücklich klar, dass als Waren auch Grundstücke und als Dienstleistungen auch Rechte und Verpflichtungen gelten. Die Eigenschaft einer Ware als Kunstwerk im Sinne des Art. 5 Abs. 3 GG (etwa eines Films) steht ihrer Eignung zur Vermarktung und damit als Gegenstand von Wettbewerbshandlungen nicht entgegen.[84] Auch ob eine Ware (oder Dienstleistung) unter rechtlichem Blickwinkel **vertriebsfähig** ist, ist für die Beurteilung, ob eine „geschäftliche Handlung" vorliegt, unerheblich.[85] Der weit zu verstehende Begriff der **Dienstleistung** erfasst **jede geldwer-**

---

[76] EuGH GRUR 2013, 1245 Rn. 38. – *RLvS/Stuttgarter Wochenblatt;* kritisch *Koch,* FS Köhler 2014, 359/364 f., *Glöckner,* FS Köhler 2014, 159 ff. sowie *Scherer* WRP 2014, 517 ff. und *Alexander* WRP 2013, 1578 f.; vgl. auch *Peifer,* FS Köhler 2014, 519 ff. und *Demuth* WRP 2014, 35 ff.

[77] BGH GRUR 2002, 622/624 – *shell.de;* BGH GRUR 2000, 1076/1077 – *Abgasemissionen;* BGH GRUR 1993, 761/762 – *Makler-Privatangebot.* Auch eine Verwertung von Pfandgütern, nämlich das Versteigern von Gegenständen durch ein Pfandleihunternehmen, ist eine marktbezogene geschäftliche Tätigkeit: OLG Düsseldorf GRUR-RR 2006, 99 – *Pfandleihunternehmen.*

[78] Näher dazu Rn. 38 ff. Im Markenrecht ist ein „geschäftlicher Verkehr" zu bejahen, wenn die Nutzung einer Marke „im Zusammenhang mit einer auf einen wirtschaftlichen Vorteil gerichteten kommerziellen Tätigkeit und nicht im privaten Bereich" erfolgt; vgl. EuGH GRUR 2003, 55 – *Arsenal* und BGH GRUR 2009, 871 Rn. 23 – *Ohrclips.*

[79] BGH GRUR 2002, 622/624 – *Shell.de.*

[80] BGH GRUR 2008, 912 Rn. 37 – *Metrosex;* BGH WRP 2007, 1193 Rn. 13 – *Euro-Telekom.*

[81] Vgl. etwa BGH GRUR 1993, 761/762 – *Makler-Privatangebot.*

[82] Die Frage eines eigenen Entscheidungsspielraums spielt erst für die Frage eine Rolle, ob Handeln in gänzlich untergeordneter Stellung eine eigene Haftung begründet, dazu BGH GRUR 2011, 340 Rn. 27 – *Irische Butter.* Kritisch hierzu *Bergmann/Goldmann* unten § 8 Rn. 544 ff. Zur geschäftlichen Handlung und zur Passivlegitimation von an einer kommerziellen Werbung beteiligten Prominenten vgl. *Henning-Bodewig,* Jubiläumsschrift 100 Jahre Wettbewerbszentrale, 2013, S. 107 ff.; *Henning-Bodewig* GRUR 2013, 26.

[83] Vgl. Ohly/*Sosnitza,* UWG 6. Aufl., § 2 Rn. 47.; *Köhler*/Bornkamm, UWG, 34. Aufl., § 2 Rn. 39.

[84] BGH GRUR 1995, 744/747 – *Feuer, Eis & Dynamit I.*

[85] Abweichend GK-UWG/*Peukert,* 2. Aufl., § 2 Rn. 119.

te unkörperliche Leistung, ohne dass es auf die rechtliche Qualifikation des zugrunde liegenden Vertrages ankäme.[86] Auch das Angebot einer **Software** kann ohne weiteres Gegenstand einer geschäftlichen Handlung sein. Als Dienstleistungen sind auch Finanzangebote und Kapitalanlagen[87] ebenso wie etwa die Verwertung urheberrechtlicher Benutzungsrechte[88] anzusehen. Die UGP-Richtlinie verwendet in Art. 2 lit. c anstatt der Begriffe „Waren und Dienstleistungen" den Begriff des „Produkts".

d) Handlungen vor, bei und nach Geschäftsabschluss. Der lauterkeitsrechtlichen Beurteilung unterliegen grundsätzlich alle geschäftlichen Handlungen **vor, bei und nach Vertragsschluss** (= Geschäftsabschluss). Für das verbraucherbezogene Lauterkeitsrecht war diese Erweiterung des früheren Rechts zwingend, weil der Anwendungsbereich der UGP-Richtlinie nach Art. 3 Abs. 1 ausdrücklich unlautere Geschäftspraktiken vor, während und nach Abschluss eines auf ein Produkt bezogenen Handelsgeschäfts abdeckt. Auch die Definition der „Geschäftspraktiken" in der UGP-Richtlinie stellt auf ein Verhalten ab, das unmittelbar mit der Absatzförderung, dem Verkauf oder auch der Lieferung eines Produkts an Verbraucher zusammenhängt. Der nachvertragliche Bereich ist deshalb in die lauterkeitsrechtliche Betrachtung mit einzubeziehen.[89] Eine lauterkeitsrechtliche Kontrolle greift nicht mehr erst dann ein, wenn etwa Vertragsverstöße zum Mittel des Wettbewerbs gemacht werden (im Einzelnen vgl. Rn. 92 ff.). 25

e) Erlaubte/Verbotene Tätigkeit. Für die Einordnung als „geschäftliche Handlung" ist unerheblich, ob eine Tätigkeit rechtlich erlaubt ist, eine etwa erforderliche Genehmigung vorliegt oder sie gar einem gesetzlichen Verbot unterfällt.[90] Auch für die Eigenschaft als Mitbewerber und die damit verbundene Anspruchsberechtigung ist unerheblich, ob die eigene, das Wettbewerbsverhältnis begründende Tätigkeit gesetzwidrig oder unlauter ist (dazu Rn. 126).[91] 26

4. Unternehmens- und marktbezogene, auf eine „geschäftliche Entscheidung" bezogene Tätigkeit

a) Unternehmensbezug. Die geschäftliche Handlung muss unternehmensbezogen sein und kann sich auf das eigene oder auf ein fremdes Unternehmen beziehen. Als **unternehmensbezogen ist jede auf Dauer angelegte, selbständige wirtschaftliche Betätigung** anzusehen, die darauf gerichtet ist, Waren oder Dienstleistungen gegen Entgelt zu vertreiben.[92] Auf einen Erwerbszweck oder eine **Gewinnerzielungsabsicht** kommt es ebenso wenig an wie auf den Umstand, ob ein Gewinn erzielt wird.[93] Damit sind auch wohltätige Aktionen von gewerblichen Unternehmen regelmäßig marktbezogene geschäftliche Handlungen, auch wenn etwaige Erlöse ganz oder teilweise an karitative Organisationen ausgekehrt werden,[94] weil auch derartige Aktionen letztlich die ei- 27

---

[86] BGH GRUR 2007, 981 Rn. 27 – *150 % Zinsbonus.* Ein Angebot medizinischer Beratung auf einer Internetseite erfolgt im geschäftlichen Verkehr und ist absatzfördernd, wenn hiervon gleichzeitig das eigene medizinische Angebot profitiert, OLG München MMR 2012, 824.

[87] BGH GRUR 2007, 981 Rn. 27 – *150 % Zinsbonus; Köhler*/Bornkamm, UWG, 34. Aufl., § 2 Rn. 39; Ohly/*Sosnitza,* UWG, 6. Aufl., § 2 Rn. 48.

[88] BGHZ 26, 52/58 = GRUR 1958, 354/356 – *Sherlock Holmes;* zur Vergabe von Lizenzen an gewerblichen Schutzrechten vgl. BGH GRUR 1962, 34/36 – *Torsana.*

[89] Der BGH erwägt in den Entscheidungen *„Rillenkoffer"* (BGH WRP 2008, 1196 Rn. 33) und *„Femur-Teil"* (GRUR 2010, 1125 Rn. 34 ff.), ob die bisherige Rechtsprechung zum lauterkeitsrechtlichen Nachahmungsschutz, wonach eine Herkunftstäuschung spätestens im Zeitpunkt des Kaufs gegeben sein muss und erst nachfolgend auftretende Herkunftstäuschungen keine Ansprüche aus ergänzendem wettbewerbsrechtlichen Leistungsschutz nach § 4 Nr. 9 lit. a) UWG begründen können, aufgegeben werden muss, dazu *Köhler*/Bornkamm, UWG, 34. Aufl., § 4 Nr. 3 Rn. 3.44 b.

[90] *Köhler*/Bornkamm, UWG, 34. Aufl., § 2 Rn. 27.

[91] BGH GRUR 2005, 519/520 – *Vitamin-Zell-Komplex.*

[92] BGH GRUR 2014, 1120 Rn. 15 ff. – *Betriebskrankenkasse II;* BGH GRUR 2009, 871 Rn. 33 – *Ohrclips;* BGH GRUR 1995, 697/699 – *Funny Paper;* BAG GRUR 2006, 244/245; vgl. auch die Kommentierung zum Begriff des Unternehmers gemäß § 2 Abs. 1 Nr. 6 UWG.

[93] BGH NJW 2006, 2250; BGH GRUR 1993, 917/918 ff. – *Abrechnungs-Software für Zahnärzte;* BGH GRUR 1982, 425/430 – *Brillen-Selbstabgabestellen;* BGH GRUR 1962, 254/255 – *Fußballprogrammheft; Lehment* GRUR 2005, 210/213. Der Verzicht auf eine Gewinnerzielungsabsicht ist bedeutsam sowohl für die Beurteilung einzelner Maßnahmen (wie Untereinstandspreisverkäufe, wohltätige Aktionen usw.) als auch für die Einbeziehung wettbewerblichen Verhaltens nicht gewinnorientierter Organisationen (insbesondere der öffentlichen Hand), die sich aus sonstigen Gründen am Wettbewerb beteiligen und sich dafür aus dritten Quellen finanzieren.

[94] Vgl. etwa BGH GRUR 1987, 534 f. – *McHappy-Tag,* wo der Erlös aus jedem verkauften „Big Mac" an das Deutsche Kinderhilfswerk e. V. gespendet wurde; bei den verschiedenen Erscheinungsformen der „Sponsoring-

genen wirtschaftlichen Interessen fördern. Auch Wohlfahrtsorganisationen, die keine Gewinnerzielungsabsicht verfolgen und die im Bereich ihrer sozialunternehmerischen Tätigkeiten handeln, die auch von anderen Verbänden und privaten Unternehmen angeboten werden, handeln geschäftlich gegenüber Verbrauchern.[95] Für eine geschäftliche Handlung kann eine **mittelbare Absatzförderung** ausreichend sein. Auch das Verschenken von Ware[96] oder eine bloße **Imagewerbung,**[97] die lediglich der Steigerung der Verkehrsbekanntheit dient und sich nicht auf die Absatzförderung konkret benannter Waren und Dienstleistungen bezieht, erfolgen im geschäftlichen Verkehr. Gleiches gilt etwa für **Stellenanzeigen,**[98] die schon als Maßnahme im Nachfragewettbewerb um die benötigten Arbeitskräfte ein marktbezogenes geschäftliches Handeln unabhängig davon darstellen, ob sie auch als allgemeines Werbemittel gegenüber sonstigen Dritten absatzfördernde Wirkung entfalten.[99] Eine Stellenanzeige eines Lohnsteuerhilfevereins mit einer werbenden Herausstellung eines Testergebnisses wirbt zugleich für die Güte der erbrachten Dienstleistung und erfolgt sonach im geschäftlichen Verkehr.[100] Auch soweit Unternehmen mit „Corporate Social Responsibility"-Grundsätzen oder öffentlichen Angaben über die Einhaltung eines „Corporate Responsibility Codes"[101] – etwa auf ihrer Webseite – werben, handelt es sich hierbei um mittelbar absatzfördernde Maßnahmen, die lauterkeitsrechtlicher Kontrolle unterliegen.[102] Auch das **unentgeltliche Angebot einer Software** kann eine geschäftliche Handlung sein, wenn es der Förderung eigener geschäftlicher Interessen an anderer Stelle dient.[103]

28 **b) Marktbezug.** Ein lauterkeitsrechtlich relevantes geschäftliches Verhalten muss über den unternehmerischen Binnenbereich hinausgehen. Das ist der Fall, wenn sich die **geschäftliche Tätigkeit irgendwie am Markt und damit auf Marktteilnehmer** und insbesondere Mitbewerber **auswirken kann.**[104] Der Marktbezug ist sowohl einer „geschäftlichen Handlung" i. S. d. § 2 Nr. 1 als auch einer „Geschäftspraktik" i. S. d. Art. 2 lit. d UGP-Richtlinie immanent,[105] weil die geschäftliche Handlung geeignet sein muss, die geschäftlichen Entscheidungen von Verbrauchern oder sonstigen Marktteilnehmern zu beeinflussen (vgl. Rn. 29). Bei Handlungen zu Absatzförderungszwecken liegt der Marktbezug regelmäßig offen zutage. Erfasst ist insbesondere die gesamte Werbung (vgl. Rn. 17) eines Unternehmens. An die Öffentlichkeit gerichtete **Presseerklärungen** über die Güte eigener Produkte oder die Mängel fremder Produkte sind klassische geschäftliche Handlungen.[106] Die Angaben eines Unternehmens auf seiner **Homepage** sind einschließlich der dort zu findenden **Impressumsangaben**[107] regelmäßig marktbezogene geschäftliche Handlungen. Sowohl für absatzfördernde Handlungen als auch für spezifisch vertragsbezogene Handlungen im Zusammenhang mit dem „Abschluss" oder der „Durchführung" eines Vertrags, bei der ein Unternehmer im „Markt" seiner vertraglich verbundenen Kunden handelt, kann aber eine Handlung gegenüber

---

Werbung" wird regelmäßig und zu Recht nicht weiter problematisiert, ob eine „Wettbewerbshandlung" vorliegt: vgl. OLG Hamm GRUR 2003, 975 – *Regenwaldprojekt* („Mit jedem verkauften Kasten Krombacher schützen Sie 1 m² Regenwald") und OLG Hamburg GRUR-RR 2003, 51 zur Werbung mit einer nicht bezifferten Spende eines Unternehmens für die UNICEF-Aktion „Bringt die Kinder durch den Winter".

95 OLG Köln GRUR-RR 2013, 219 ff. – *Hausnotruf.* Auch ein das Management und die Vermarktung von Künstlern betreibender Musikverlag, der als Veranstalter eines Wohltätigkeitsmusikfestivals dritte Unternehmen um Unterstützung für die Veranstaltung bittet, handelt im geschäftlichen Verkehr; vgl. LG Berlin WRP 2012, 237 ff.

96 BGH GRUR 1975, 320/321 – *Werbegeschenke.*

97 BGH GRUR 1995, 595/596 – *Kinderarbeit;* BGH GRUR 1995, 598/599 – *Ölverschmutzte Ente;* BGH GRUR 1997, 761/763 – *Politikerschelte.*

98 BGH GRUR 2005, 877/879 – *Werbung mit Testergebnis;* BGH WRP 2003, 745/748 – *Stellenanzeige;* BGH GRUR 1973, 78/80 – *Verbraucherverband* für eine Personalanzeige mit dem Werbeslogan „RANK XEROX bietet bessere Produkte".

99 Zutreffend *Schloßer* WRP 2004, 145 ff.; OLG Nürnberg WRP 1991, 521.

100 BGH GRUR 2005, 877/879 – *Werbung mit Testergebnis.*

101 Vgl. dazu: *Henning-Bodewig/Liebenau* GRUR Int. 2013, 753 ff.; *Augsburger* MMR 2014, 427 sowie *Ernst* WRP 2010, 1304 ff.

102 *Henning-Bodewig* WRP 2011, 1014/1020, die bloße „Zielvorstellungen" noch nicht erfassen will, was allerdings eher unter dem Blickwinkel geprüft werden sollte, ob schon hinreichend konkrete, etwa der Irreführungsprüfung zugängliche Angaben vorliegen.

103 Umstritten in Bezug auf Internet-Werbeblocker als Geschäftsmodell, vgl. *Köhler* WRP 2014, 1117 ff.; *Engels,* GRUR-Prax 2015, 338 ff. sowie *Becker/Becker* GRUR-Prax 2015, 245 ff.

104 BGH GRUR 1993, 761/762 – *Makler-Privatangebot; Beater,* Unlauterer Wettbewerb, 2011, Rn. 883.

105 Vgl. BGH GRUR 2014, 1120 Rn. 18 – *Betriebskrankenkasse II.*

106 OLG Hamburg GRUR-RR 2008, 97 – *Spielzeugautorennbahn* (Leitsätze, vollständig abgedruckt in NJOZ 2007, 5184).

107 OLG Bremen WRP 2013, 933 Rn. 13.

nur *einem* Adressaten, etwa die Erteilung einer falschen Auskunft, bereits ausreichend sein,[108] eine „Breitenwirkung" ist nicht erforderlich.[109] Ein **Marktbezug fehlt insbesondere bei privaten oder betriebsinternen Handlungen.**[110] Zwischen einer Handlung „im geschäftlichen Verkehr" und deren Marktbezug ist zu unterscheiden, weil es Handlungen gibt, die zwar – wie betriebsinterne Handlungen – im geschäftlichen Verkehr erfolgen, jedoch keinen Marktbezug aufweisen und demgemäß noch nicht dem UWG unterfallen.

c) Funktionaler Zusammenhang mit einer „geschäftlichen Entscheidung". Eine geschäftliche Handlung verlangt nach § 2 Abs. 1 Nr. 1 einen „objektiven Zusammenhang" mit der Absatz- oder Bezugsförderung sowie dem Abschluss oder der Durchführung eines Vertrags. Dieser erforderliche „objektive Zusammenhang" ist nicht nur im Hinblick auf den erforderlichen Absatzförderungszweck oder die Vertragsdurchführung, sondern schon bei der **objektiven Beurteilung der geschäftlichen Handlung** bedeutsam und verlangt, dass die Handlung bei objektiver Betrachtung darauf gerichtet ist, durch Beeinflussung der geschäftlichen Entscheidung der Verbraucher oder sonstigen Marktteilnehmer den Absatz oder Bezug von Waren oder Dienstleistungen des eigenen oder des fremden Unternehmens zu fördern.[111] Für das von der UGP-Richtlinie erfasste verbraucherbezogene Verhalten ergibt sich dies aus Art. 2 lit. b der Richtlinie, wonach „Geschäftspraktiken" solche Verhaltensweisen bezeichnen, die „unmittelbar mit der Absatzförderung, dem Verkauf oder der Lieferung eines Produkts an Verbraucher" zusammenhängen und Erwägungsgrund 7, wonach sich die Richtlinie auf Geschäftspraktiken bezieht, die in unmittelbarem Zusammenhang mit der Beeinflussung der geschäftlichen Entscheidungen des Verbrauchers in Bezug auf Produkte stehen; im Hinblick auf Mitbewerber oder sonstige Marktteilnehmer ergibt sich das Erfordernis des funktionalen Bezugs aus dem Gebot der einheitlichen Auslegung des Lauterkeitsrechts.[112] Dieser Rechtsprechung des BGH, die schon für den objektiven Tatbestand einer „geschäftlichen Handlung" deren Eignung verlangt, die geschäftlichen Entscheidungen von Verbrauchern oder sonstigen Marktbeteiligten zu beeinflussen, ist zuzustimmen: Die das Lauterkeitsrecht vom Deliktsrecht abgrenzenden **marktbezogenen geschäftlichen Handlungen sind gerade durch ihre Eignung gekennzeichnet, die geschäftlichen Entscheidungen von Verbrauchern und sonstigen Marktteilnehmern unmittelbar oder mittelbar** im Hinblick auf den vom Unternehmer letztendlich erstrebten Geschäftsabschluss **zu beeinflussen.** Selbst mitbewerberbezogene Behinderungsmaßnahmen sind letztlich auf den eigenen Absatzerfolg des behindernden Unternehmers gerichtet. Die geschäftlichen Handlungen der Marktakteure einerseits und die geschäftlichen Entscheidungen der Adressaten andererseits stehen sonach in einem komplementären Verhältnis.[113] Der EuGH interpretiert den Begriff „geschäftliche Entscheidung" in einem denkbar weiten Sinne und versteht darunter nicht nur die Entscheidung über den den Geschäftsabschluss selbst, sondern auch damit unmittelbar zusammenhängende Entscheidungen im Vorfeld des Geschäftsabschlusses, wie insbesondere etwa auch das Betreten des Geschäfts.[114] 29

d) Fallgruppen von erfassten Tätigkeiten und Personen. *aa) Verwendung von AGB.* Die Verwendung von AGB stellt eine marktbezogene geschäftliche Handlung dar.[115] Der Zweck der §§ 307 ff. BGB ist nicht nur der Schutz der Vertragspartner vor Benachteiligung durch einseitige Ausnutzung der Vertragsgestaltungsfreiheit, sondern auch die Abwendung von Nachteilen, die dem Wirtschaftsverkehr durch den nicht funktionierenden Konditionenwettbewerb drohen.[116] 30

bb) Arbeitnehmer. Arbeitnehmer handeln erwerbswirtschaftlich und damit im geschäftlichen Verkehr, aber oftmals nur betriebsintern und damit nicht marktbezogen. Deshalb findet das Lauterkeitsrecht auf sie zumeist keine Anwendung. Auch wenn Arbeitnehmer miteinander konkurrieren, ste- 31

---

[108] EuGH GRUR 2015, 600 Rn. 34 ff. – *Ungarische Verbraucherschutzsbehörde/UPC; Büscher* GRUR 2016, 113 ff.

[109] Abweichend *Glöckner* WRP 2009, 1175/1182; zur lauterkeitsrechtlichen „Prüfungstiefe" bei nachvertraglichem Verhalten vgl. Rn. 95 ff.

[110] Vgl. *Köhler*/Bornkamm, UWG, 34. Aufl., § 2 Rn. 36; GK-UWG/*Peukert,* 2. Aufl., § 2 Rn. 48.

[111] BGH GRUR 2013, 945 Rn. 17 – *Standardisierte Mandatsbearbeitung;* BGH GRUR 2010, 1117 Rn. 18 – *Gewährleistungsausschluss im Internet;* BGH, Urteil vom 14.1.2016, I ZR 65/14 Rn. 67 – Freunde finden.

[112] BGH GRUR 2013, 945 Rn. 19 – *Standardisierte Mandatsbearbeitung;* zur einheitlichen Auslegung vgl. auch unten Rn. 53.

[113] Vgl. insoweit auch die Kommentierung zur „geschäftlichen Entscheidung" gemäß § 2 Abs. 1 Nr. 9 UWG, insbesondere Rn. 219 und 222 ff.

[114] EuGH GRUR 2014, 196 Rn. 36 – *Trento Sviluppo.*

[115] BGH GRUR 2014, 88 Rn. 26 – *Vermittlung von Netto-Policen;* BGH GRUR 2012, 949 Rn. 45 ff. – *Missbräuchliche Vertragsstrafe;* BGH GRUR 2010, 1117 Rn. 26 ff. – *Gewährleistungsausschuss im Internet.*

[116] OLG Hamm NJOZ 2013, 545.

hen sie damit nicht in einem marktbezogenen geschäftlichen Wettbewerb. Das **Verhalten und die Leistungserbringung im Arbeitsverhältnis** sind lauterkeitsrechtlich nicht erfasst. Ein marktbezogenes geschäftliches Handeln verlangt jedoch keine weisungsungebundene selbständige Tätigkeit, sondern kann auch aus **abhängiger Stellung** heraus erfolgen. Dass auch marktbezogene Handlungen von Arbeitnehmern dem UWG unterfallen können, zeigt die Vorschrift des § 8 Abs. 2 UWG mit der darin geregelten Haftung des Betriebsinhabers für Mitarbeiter und Beauftragte.[117] Ein **Blogeintrag** eines Mitarbeiters zugunsten des eigenen Unternehmens, der auch das Interesse verfolgt, in das Wettbewerbsgeschehen einzugreifen, ist lauterkeitsrechtlich erfasst.[118] Eine Zurechnung zum Unternehmen setzt nur einen „inneren Zusammenhang" zwischen dem Verhalten des Arbeitnehmers und dem Unternehmen voraus.[119] Daran fehlt es, wenn ein Mitarbeiter Zuwiderhandlungen in seinem privaten Bereich begeht, auch wenn die Tätigkeit ihrer Art nach zur Unternehmenstätigkeit gehört.[120] Eine andere Frage ist es, ob Arbeitnehmer auch selbst für von ihnen begangene Wettbewerbsverstöße haften.[121] Das ist nach den allgemeinen Regeln, insbesondere den Regeln zur Täterschaft und Teilnahme, zu bejahen; die früher hier vertretene Einschränkung der Haftung von Arbeitnehmern nach den Regeln der „Repräsentantenhaftung"[122] wird aufgegeben. Personen, die zwar rein tatsächlich an einer Verletzung mitwirken, aber – wie etwa Plakatkleber oder Prospektverteiler – **nicht entscheidungsbefugt** und **in völlig untergeordneter Stellung** ohne eigenen Entscheidungsspielraum tätig sind, können in der Regel nur bei vorsätzlichem Handeln als Gehilfen zur Verantwortung gezogen werden.[123] Ein **Geschäftsführer** haftet für unlautere Wettbewerbshandlungen der von ihm vertretenen Gesellschaft nur dann persönlich, wenn er die Rechtsverletzung selbst begannen, oder in Auftrag gegeben oder daran als Gehilfe teilgenommen hat oder wenn er die Wettbewerbsverstöße aufgrund einer nach allgemeinen Grundsätzen des Deliktrechts begründeten Garantenstellung hätte verhindern müssen.[124] Allein die Organstellung und die allgemeine Verantwortlichkeit für den Geschäftsbetrieb begründen noch keine lauterkeitsrechtliche Haftung gegenüber außenstehenden Dritten.[125] Der Geschäftsführer haftet allerdings persönlich aufgrund einer eigenen wettbewerbsrechtlichen Verkehrspflicht, wenn er ein auf Rechtsverletzung angelegtes Geschäftsmodell selbst ins Werk gesetzt hat.[126] Zudem kann bei einer Maßnahme der Gesellschaft, über die **typischerweise auf Geschäftsführungsebene entschieden** wird, nach dem äußeren Erscheinungsbild und mangels abweichender Feststellungen davon ausgegangen werden, dass sie von den Geschäftsführern veranlasst worden ist.[127] Soweit eine Verletzung **absoluter Rechte** durch die von ihm vertretene Gesellschaft in Rede steht, kann ein Geschäftsführer persönlich als Störer auf Unterlassung haften, wenn er in irgendeiner Weise willentlich und adäquat kausal zur Verletzung des geschützten Rechts beiträgt und dabei zumutbare Verhaltenspflichten verletzt.[128]

32 *cc) Idealvereine.* Die Tätigkeit eines an sich **ideellen Zwecken dienenden Verbandes** unterfällt ohne weiteres dem Begriff des geschäftlichen Verkehrs, sofern der Verband über seine ideelle Zwecksetzung hinaus **eigene oder fremde erwerbswirtschaftliche, also geschäftliche Ziele**

---

[117] Zur Anwendbarkeit des Wettbewerbsrechts auf Arbeitnehmer: *Reuter,* Wettbewerbsrechtliche Ansprüche bei Konflikten zwischen Arbeitgebern und Arbeitnehmern – Terra incognita?, NJW 2008, 3538 ff.; *Wiegand,* Die Passivlegitimation bei wettbewerbsrechtlichen Abwehransprüchen, 1997, S. 79. Zur Haftung des Betriebsinhabers für Mitarbeiter und Beauftragte vgl. BGH GRUR 2000, 907/909 – *Filialleiterfehler.*

[118] OLG Hamm MMR 2008, 757 – *private Äußerung in Blogs als Wettbewerbshandlung,* hierzu *Glöckner/Kur* GRUR-Beilage 1/2014, 29/39.

[119] BGH GRUR 2008, 186 Rn. 22 f. – *Telefonaktion.*

[120] BGH GRUR 2007, 994 – *Gefälligkeit.*

[121] Zur Problematik der Haftung von Arbeitnehmern vgl. Teplitzky/*Büch,* Wettbewerbsrechtliche Ansprüche und Verfahren, 11. Aufl., Kap. 14 Rn. 3; BGH GRUR 1976, 256 – *Rechenscheibe;* OLG Hamm MDR 1963, 600; OLG Nürnberg WRP 1981, 166; vgl. auch Ahrens/*Jestaedt,* Der Wettbewerbsprozess, 7. Aufl., Kap. 21 Rn. 40.

[122] Zur Repräsentantenhaftung BGH NJW 1998, 1854/1856, kritisch dazu: *Bergmann/Goldmann* in diesem Kommentar § 8 Rn. 544 ff.

[123] BGH GRUR 2011, 340 Rn. 27 – *Irische Butter;* vgl. zum Urheberrecht BGH GRUR 2016, 493 Rn. 20 – *Al Di Meola.*

[124] BGH GRUR 2014, 883 Rn. 14 ff. – *Geschäftsführerhaftung;* BGH GRUR 2015, 1108 Rn. 55 – *Green-IT.*

[125] BGH GRUR 2014, 883 Rn. 23 – *Geschäftsführerhaftung;* zur weitergehenden Haftung im Patentrecht BGH GRUR 2016, 257 Rn. 107 ff. – *Glasfasern II,* kritisch dazu: *Müller* GRUR 2016, 570 ff.

[126] BGH GRUR 2014, 883 Rn. 31 – *Geschäftsführerhaftung.*

[127] BGH GRUR 2016, 487 Rn. 34 – *Wagenfeld-Leuchte II;* BGH GRUR 2016, 490 Rn. 36 – *Marcel-Breuer-Möbel II;* BGH GRUR 2015, 909 Rn. 45 – *Exzenterzähne;* BGH GRUR 2015, 1108 Rn. 55 – *Green-IT;* BGH GRUR 2014, 883 Rn. 19 – *Geschäftsführerhaftung;* dazu auch: *Büscher* GRUR 2016, 113/126.

[128] BGH GRUR 2015, 1108 Rn. 55 – *Green-IT;* BGH GRUR 2015, 672 Rn. 79 ff. – *Videospiele-Konsolen II.*

verfolgt.[129] Der Abschluss eines Gruppenversicherungsvertrages durch eine Gewerkschaft, durch den diese ihren Mitgliedern als Versicherten einen Versicherungsschutz mit Beitragsmitteln verschafft, erfolgt im geschäftlichen Verkehr.[130] Eine geschäftliche Tätigkeit eines Idealvereins liegt vor, soweit er eine ausgegliederte, von ihm beherrschte Handelsgesellschaft unterstützt.[131] Ein Idealverein, der satzungsgemäß die Interessen von Wertpapierbesitzern wahrnimmt, handelt im marktbezogenen geschäftlichen Verkehr, wenn er über die reine Mitgliederwerbung hinausgehend seine Beratungsangebote in Konkurrenz zu Dienstleistern mit ähnlichen Angeboten macht.[132] **Lohnsteuerhilfevereine,** die im Wettbewerb mit Steuerberatern und Wirtschaftsprüfern stehen, handeln mit ihrem Angebot im marktbezogenen geschäftlichen Verkehr, auch wenn sie außer den Mitgliedsbeiträgen kein besonderes Entgelt für ihre Tätigkeit verlangen.[133] Der entgeltliche Vertrieb von Waren durch gemeinnützige, auch karitative Organisationen erfolgt regelmäßig in Konkurrenz zu anderen gewerblichen Anbietern und damit im geschäftlichen Verkehr zu Absatzförderungszwecken.[134] Auch die **Spendenwerbung,** etwa die professionelle vorweihnachtliche Brief- und Kartenwerbung von untereinander durchaus in Konkurrenz stehenden karitativen Organisationen mit dem Zweck, in- oder ausländischen Hilfsbedürftigen die Spenden, den Gelderlös aus Sachspenden oder einen Gewinn zukommen zu lassen, ist marktbezogenes und geschäftliches Handeln.[135] Eine planmäßige und nicht nur gelegentliche, auch die Tätigkeit von Mitarbeitern aus dem Spendenaufkommen finanzierende Spendenwerbung sieht *Köhler* als geschäftliche Handlung an, die der Förderung des Absatzes einer Dienstleistung dient, weil die Dienstleistung in der Verwendung der Spende zum angekündigten Zweck bestehe.[136] Dem ist zuzustimmen. Die **karitative Zweckrichtung** ist jedoch im Rahmen der lauterkeitsrechtlichen Gesamtbeurteilung zu berücksichtigen. Ein entgeltliches, zu Erwerbszwecken erfolgendes Dienstleistungsangebot an Vereinsmitglieder erfolgt im geschäftlichen Verkehr.[137] Zur Mitgliederwerbung von Verbänden vgl. unten Rn. 41.

dd) Kapitalmarktinformationen. Kapitalmarktinformationen, beispielsweise **ad hoc-Mitteilungen** gemäß § 15 WpHG, stellen regelmäßig, auch soweit es sich um „Negativinformationen" handelt, markt- und unternehmensbezogene geschäftliche Äußerungen dar.[138] Kritisch zu prüfen ist allerdings, ob auch ein Absatzförderungszusammenhang gegeben ist. Die UGP-Richtlinie[139] betont im 7. Erwägungsgrund, sich auf Geschäftspraktiken zu beziehen, die im unmittelbaren Zusammenhang mit der Beeinflussung der geschäftlichen Entscheidungen von Verbrauchern stehen, und nicht auf solche, die vorrangig anderen Zielen dienen, wie etwa bei kommerziellen, für Investoren gedachten Mitteilungen wie Jahresberichten und Unternehmensprospekten. **An professionelle Marktteilnehmer gerichtete Kapitalmarktinformationen** können deshalb nicht unter dem lauterkeitsrechtlichen Blickwinkel des Verbraucherschutzes beurteilt werden, unterliegen ggf. aber als Maßnahme im „B2B"-Bereich den mitbewerberbezogenen lauterkeitsrechtlichen Anforderungen. 33

ee) Krankenkassen. Die Mitgliederwerbung und sonstige Werbung von **privaten Krankenkassen** stellen ohne weiteres „geschäftliche Handlungen" dar. Aber auch zwischen gesetzlichen Kranken- 34

---

129 BGH GRUR 1953, 446/447 – *Verein der Steuerberater;* BGH NJW 1970, 378/380 – *Sportkommission;* z. B. auch die Krankentransport-Leistungen des Roten Kreuzes, des Malteser-Hilfsdienstes, der Johanniter-Unfall-Hilfe usw., vgl. BGH GRUR 1989, 430 f. – *Krankentransportbestellung;* Ohly/*Sosnitza,* UWG, 6. Aufl., § 2 Rn. 19; Fezer/*Fezer,* UWG, 2. Aufl., § 2 Nr. 1 Rn. 73.

130 BGH GRUR 1990, 522/524 f. – *HBV-Familien- und Wohnungsrechtsschutz.*

131 BGH GRUR 1983, 120/123 ff. – *ADAC-Verkehrsrechtsschutz.*

132 BGH GRUR 1984, 283/284 – *Erbenberatung.*

133 BGH GRUR 1976, 370 – *Lohnsteuerhilfevereine I;* BGH GRUR 1978, 180 – *Lohnsteuerhilfevereine II;* BGH GRUR 2005, 877/879 – *Werbung mit Testergebnis.*

134 Offen gelassen in BGH GRUR 1976, 308/310 – *UNICEF-Grußkarten;* vgl. auch BGH GRUR 1976, 699/700 – *Die zehn Gebote heute;* BGH WRP 2001, 1068 ff. – *Telefonwerbung für Blindenwaren;* BGH GRUR 1959, 143 ff. – *Blindenseife.*

135 *Voigt,* GRUR 2006, 466 ff.; *Hoffrichter/Daunicht,* Unlauterer Wettbewerb auf dem Spendenmarkt?, FS von Gamm, 1990, S. 39/41 ff. m. w. N.; *Ullmann,* Spenden-Sponsern-Werben, FS Traub, 1994, S. 411/413 f., vgl. auch *Schlingloff* FS Köhler 2014, 617 ff. Zur Anwendbarkeit der PreisangabenVO im Spendenmarkt vgl. *Voigt* WRP 2007, 44 ff. Das LG Köln verneint eine Wettbewerbshandlung bei einem reinen Einwerben von Spendengeldern, LG Köln GRUR-RR 2008, 198.

136 *Köhler* GRUR 2008, 281 ff.

137 OLG Stuttgart NJWE-WettbR 1996, 197/198 zur wettbewerbswidrigen Namensführung eines Idealvereins.

138 OLG Hamburg ZIP 2006, 1921; umfassend und kritisch: *Klöhn* ZHR 2008, 388 ff. sowie *Lettl,* ZGR 2003, 853 ff.; nur kursorisch: *Köndgen* FS Druey 2002, S. 791, zu den Verbraucherleitbildern bei der Bewerbung von Kapitalanlagen vgl. *Koppensteiner,* FS Köhler 2014, S. 372,

139 Die UGP-Richtlinie enthält in Art. 3 Abs. 9 eine Ausnahme für „Finanzdienstleistungen" im Sinne der Richtlinie 2002/65/EG und Immobilien.

kassen besteht ein – wenn auch eingeschränkter – Preis- und Qualitätswettbewerb. Machen die **gesetzlichen Krankenkassen** von diesen Handlungsmöglichkeiten Gebrauch und treten sie mit anderen Krankenkassen in einen **Wettbewerb um Mitglieder,** handeln sie „geschäftlich" zur Verbesserung ihrer Einnahmesituation.[140] Die angesprochenen Verbraucher treffen bei der Auswahl unter konkurrierenden Krankenkassen eine geschäftliche Entscheidung.[141] Für den Verbraucher stellt es keinen Unterschied dar, ob sich der Marktbezug der beanstandeten Handlung aus einem Wettbewerb zwischen öffentlich-rechtlich organisierten Trägern sozialer Sicherungssysteme oder zwischen privaten Anbietern ergibt.[142] Es ist nicht unterschiedlich zu bewerten, ob ein Anspruch von einem klagebefugten Verband oder Mitbewerber geltend gemacht wird.[143] Sofern gesetzliche Krankenkassen ihren Versicherten Krankenzusatzversicherungen mit privaten Versicherungsunternehmen vermitteln, fördern sie damit den Absatz der Dienstleistungen der mit ihnen kooperierenden privaten Krankenkassen und handeln damit geschäftlich, wobei eine Anwendung der lauterkeitsrechtlichen Vorschriften auch nicht wegen § 69 SGB V ausscheidet, weil dieses Handeln eine Nebentätigkeit im Rahmen privatwirtschaftlicher Tätigkeiten darstellt.[144] Soweit die gesetzlichen Krankenkassen und die von ihnen eingeschalteten Leistungsbringer allerdings in Erfüllung ihres öffentlich-rechtlichen Versorgungsauftrages gegenüber dem Versicherten handeln, schließt die Vorschrift des § 69 SGB V eine lauterkeitsrechtliche Beurteilung aus.[145]

35 *ff) Profisport.* In dem unübersehbar großen Bereich des **kommerziellen Sports** ist markt- und unternehmensbezogenes geschäftliches Handeln auf nahezu allen Ebenen – etwa im Bereich der Ausrüsterbranche, der Medien sowie der sportlichen Akteure selbst – anzutreffen, ohne dass sich insoweit Besonderheiten ergäben. Profisportler können aber auch bei ihrer **sportlichen Betätigung** markt- und unternehmensbezogen im geschäftlichen Verkehr handeln.[146] Insoweit kommt es jedoch sehr auf die Umstände des einzelnen Falles an, allein der Wettbewerb um ein Preisgeld stellt noch keinen geschäftlichen Verkehr dar. Zweifelhaft erscheint ferner, ob Einzel- wie Mannschaftssportler im Wettkampf im Absatzförderungszusammenhang handeln und Doping oder sonstige grobe Regelverstöße, die ggf. als „Marktverhaltensregelungen" angesehen werden könnten, lauterkeitsrechtlich verfolgt werden können. In jüngerer Zeit entwickelt sich aber eine sowohl kartellrechtliche als auch lauterkeitsrechtliche Aspekte umfassende Diskussion.[147]

36 *gg) Registereintragungen.* Die Eintragung in ein **Gewerberegister,** das auch werbende Wirkung entfalten kann, ist als geschäftliche Handlung anzusehen.[148] Zumindest wird eine Erstbegehungsgefahr etwa für die bevorstehende Verwendung dort gebrauchter Bezeichnungen begründet. Die bloße **Registrierung eines Domainnamens** stellt noch keine Benutzung dieser Bezeichnung im geschäftlichen Verkehr und damit auch keine Verletzung eines mit dieser Bezeichnung identischen oder ähnlichen Kennzeichenrechts dar.[149] Die Registrierung kann aber eine „geschäftliche Handlung" darstellen.[150]

---

[140] BGH GRUR 2014, 1120 Rn. 27 – *Betriebskrankenkasse II;* vgl. dazu auch *Becker/Schweitzer* NJW 2014, 269 ff.

[141] Zu diesem funktionalen Bezug vgl. unten Rn. 53.

[142] BGH GRUR 2014, 1120 Rn. 27 – *Betriebskrankenkasse II;* BGH GRUR 2012, 288 Rn. 15 f. – *Betriebskrankenkasse I;* vgl. auch OLG Celle GRUR-RR 2010, 86 – *Sonderkündigungsrecht;* OLG Celle WRP 2010, 1548/1549 – *Mitgliederwerbung einer gesetzlichen Krankenkasse;* OLG Celle GRUR-RR 2011, 111 ff. – *Kassenwechsel.*

[143] Vgl. insoweit *Becker/Schweitzer* NJW 2014, 269/271 und die dortigen Nachweise zur älteren Rechtsprechung.

[144] BGH GRUR 2013, 1250 Rn. 9 – *Krankenzusatzversicherungen; Ebert-Weidenfeller/Gromotke* EuZW 2013, 937/938.

[145] BGH GRUR 2006, 517 ff. – *Blutdruckmessungen.*

[146] Generell bejahend: *Frisinger/Summerer* GRUR 2007, 554 ff.; ebenso *Fischer* EuZW 2002, 297 ff.; abweichend *Cherkeh/Momsen* NJW 2001, 1745/1750 und GK-UWG/*Peukert,* 2. Aufl., § 2 Rn. 250 ff. Nach dem EuGH fällt die Ausübung von Sport insoweit unter das Gemeinschaftsrecht, als sie zum Wirtschaftsleben i. S. d. damaligen Art. 2 EGV gehört, vgl. EuGH EuZW 2000, 371 Rn. 41 – *Deliège;* vgl. ferner EuGH NJW 1996, 505/508 ff. – *Bosman.*

[147] Vgl. *Heermann,* WRP 2016, 147 zum Missbrauch einer marktbeherrschenden Stellung im Verhältnis eines Sportverbandes gegenüber Nichtmitgliedern sowie *Nordmann/Förster* WRP 2016, 312 zum Fall Pechstein und den Grenzen des kartellrechtlichen Missbrauchsverbots.

[148] OLG Brandenburg GRUR-RR 2006, 167/168 – *Buchführungsbüro;* abweichend MünchKommUWG/*Bähr,* 2. Aufl. Rn. 42. Ebenso ist die Eintragung einer Domain durch ein Unternehmen als geschäftliche Handlung anzusehen, sowohl die Registereintragung als auch die Domaineintragung stellen aber noch keine „Werbung" dar, vgl. EuGH GRUR 2013, 1049 Rn. 35 – *BEST/Visys.*

[149] BGH GRUR 2008, 912 Rn. 16 – *Metrosex;* BGH GRUR 2005, 687/689 – *Weltonline.de.*

[150] Vgl. für den Falle der Registrierung einer „Tippfehler-Domain" BGH GRUR 2014, 393 Rn. 31 – *wetteronline.de.*

hh) Wirtschaftsverbände. Vereinigungen von Gewerbetreibenden, die satzungsgemäß die gewerblichen Interessen ihrer Mitglieder fördern, handeln unabhängig von ihrer privat- oder öffentlichrechtlichen Organisationsform und inneren Struktur (Spitzen- oder Mitgliederverband) im geschäftlichen Verkehr, soweit sie die wirtschaftlichen Interessen ihrer Mitglieder verfolgen.[151] Erfasst sind damit insbesondere die nach § 8 Abs. 3 Nr. 2 und Nr. 4 UWG klagebefugten Verbände zur Förderung gewerblicher oder selbständiger beruflicher Interessen, die Industrie- und Handelskammern sowie die Handwerkskammern. Die Verfolgung von Wettbewerbsverstößen durch solche Verbände stellt ein marktbezogenes Handeln im geschäftlichen Verkehr dar.[152] **37**

5. Nicht erfasstes Verhalten

a) **Privates Verhalten.** Das **rein private, auch wirtschaftliche und somit marktbeeinflussende Verhalten von Verbrauchern oder Kaufleuten** unterliegt nicht wettbewerbsrechtlichen Maßstäben.[153] Privat ist, was sich im Bereich des einzelnen außerhalb von Erwerbs- und Berufsausübung abspielt.[154] Auch wenn der private Konsum oder etwa der privat erfolgende Verkauf eines Kfz auf den Wettbewerb einwirken kann und damit marktbezogen ist, liegt keine geschäftliche Betätigung vor.[155] Eine Immobilienanzeige eines Immobilienhändlers über die Veräußerung eines Grundstücks, das weder zum Weiterverkauf erworben noch später dem geschäftlichen Bereich zugeschlagen wurde, betrifft ein privates Geschäft außerhalb des geschäftlichen Verkehrs.[156] Von einem Handeln im geschäftlichen Verkehr ist auch nicht schon dann auszugehen, wenn eine Ware einer Vielzahl von Personen zum Kauf angeboten wird, mag dies auch mit dem Ziel geschehen, einen möglichst hohen Verkaufspreis zu erzielen.[157] Ansonsten würde jede einfache **Zeitungs- oder Internetwerbung eines Privaten,** die regelmäßig eine unbestimmte Anzahl von Personen erreicht, als geschäftliche Handlung anzusehen sein, was zu einer nicht sachgerechten Ausdehnung des Begriffs des Handelns im geschäftlichen Verkehr führen würde.[158] Allerdings deutet das **häufige Auftreten mancher Anbieter im Internet** als Versteigerer auf eine geschäftliche Tätigkeit hin.[159] Auch derjenige, der nur Gegenstände in einer Internetauktion erwirbt, um sie mit Gewinn weiterzuveräußern, handelt im geschäftlichen Verkehr.[160] Ein geschäftliches Handeln liegt nahe, wenn Anbieter, insbesondere als **„Power-Seller"**, wiederholt mit gleichartigen, insbesondere auch neuen Gegenständen handeln oder zum Kauf angebotene Produkte erst kurz zuvor erworben haben,[161] wenn der Internet-Anbieter ansonsten gewerblich tätig ist[162] oder wenn häufige Bewertungen („Feedbacks") und Verkaufsaktivitäten für Dritte erfolgt sind.[163] Auch im privaten Bereich vorgenommene Veränderungen von Markenwaren und ihr privater Gebrauch liegen außerhalb des ge- **38**

---

[151] BGH GRUR 2009, 878 Rn. 11 – *Fräsautomat;* LG Berlin WRP 2011, 130 ff. – *Hotelklassifizierung für Schiffe; Beater,* Unlauterer Wettbewerb, 2011, Rn. 887.

[152] BGH WRP 1996, 1099/1100 – *Testfotos II.*

[153] Vgl. GK-UWG/*Peukert,* 2. Aufl., § 2 Rn. 75.

[154] BGH GRUR 2002, 622/624 – *shell.de;* BGHSt 2, 403; RGSt 66, 380/384; Fezer/*Fezer,* UWG, 2. Aufl., § 2 Nr. 1 Rn. 75. Auch die nicht kommerziellen Interessen dienende, aber irreführende Empfehlung eines Restaurants unterliegt nicht lauterkeitsrechtlicher Kontrolle, anders aber, wenn der Empfehlende namens und im Auftrag des Restaurants handelt oder für die irreführenden Empfehlungen ein Entgelt erhält und die Tätigkeit sich somit in ein geschäftliches Verhalten wandelt, vgl. auch *Köhler*/Bornkamm, UWG, 34. Aufl., § 2 Rn. 62. sowie *Henning-Bodewig* GRUR 2013, 26 ff.

[155] Vgl. *Henning-Bodewig,* GRUR 2013, 26/28.

[156] BGH GRUR 1993, 761/762 – *Makler-Privatangebot.*

[157] BGH GRUR 2008, 702/705 – *Internet-Versteigerung III;* BGH GRUR 2007, 708 Rn. 23 – *Internet-Versteigerung II.*

[158] Vgl. BGH GRUR 2008, 702 Rn. 41 – *Internet-Versteigerung III.*

[159] BGH GRUR 2004, 860/863 – *Internet-Versteigerung I;* vgl. auch *Glöckner/Kur* GRUR-Beilage 1/2014, 29/38; *Fischer,* Zur Abgrenzung von privatem und unternehmerischem Handeln auf Auktionsplattformen, WRP 2008, 193 ff.; vgl. dazu auch OLG Frankfurt GRUR 2004, 1042 – *Cartierschmuck;* OLG Frankfurt GRUR 2004, 1043 – *Cartier-Stil;* zur Umsatzsteuerpflicht solcher Verkäufe BFH MMR 2012, 523 – Bestimmung der Eigenschaft als Unternehmer bei massiven Verkäufen im Internet.

[160] BGH GRUR 2004, 860/863 – *Internet-Versteigerung I.*

[161] BGH GRUR 2009, 871/872 f. – *Ohrclips;* BGH GRUR 2008, 702 Rn. 43 – *Internet-Versteigerung III;* BGH GRUR 2004, 860 – *Internet-Versteigerung I;* vgl. ferner OLG Hamm BeckRS 2013, 00045; OLG Frankfurt GRUR-RR 2005, 319 – *Standarderklärung;* zur Indizwirkung der Bezeichnung „Power-Seller" vgl. auch OLG Koblenz BB 2006, 125/126 sowie OLG Karlsruhe WRP 2006, 1038/1040 – *Anbieterkennzeichnung auf eBay.*

[162] BGH GRUR 2009, 871/872 f. – *Ohrclips;* BGH GRUR 2008, 702 Rn. 43 – *Internet-Versteigerung III;* BGH GRUR 2007, 708 Rn. 23 – *Internet-Versteigerung II; Glöckner/Kur* GRUR-Beilage 2014, 29/38.

[163] BGH GRUR 2009, 871 Rn. 25 – *Ohrclips;* hierzu auch GK-UWG/*Peukert,* 2. Aufl., § 2 Rn. 107.

schäftlichen Verkehrs und vermögen keine wettbewerbs- oder markenrechtlichen Ansprüche auszulösen.[164] Ein privates Gespräch kann aber eine geschäftliche Wendung nehmen und, sofern alsdann geschäftliche Interessen gefördert werden, wettbewerbsrechtlichen Maßstäben unterliegen.[165] Eine Äußerung im Rahmen eines Rundfunk- oder Fernsehinterview soll nach einer älteren Entscheidung keinen privaten Charakter haben,[166] das erscheint heute zweifelhaft. Soweit allerdings „Prominente" gegen Entgelt für ein fremdes Unternehmen oder dessen Produkte werben, liegt eine geschäftliche Handlung vor.[167] Außerhalb von Erwerb und Berufsausübung stehen auch eine **private Internet-Homepage**[168] und ein Domain-Name für private Lotto-Spielgemeinschaften.[169] Ein noch nicht hinreichendes Indiz für eine marktbezogene Tätigkeit im geschäftlichen Verkehr ist die Verwendung der für „Commercial" stehenden Top-Level-Domain „.com", da auch diese Domain umfangreich von Privatpersonen benutzt wird.[170] Nicht dem geschäftlichen Bereich zuzurechnen sind **Boykottaufrufe** von Verbrauchern[171] oder Verbraucherschutz- bzw. Umweltschutzorganisationen.[172]

39 **b) Betriebsinterne Vorgänge.** Sie dienen regelmäßig der eigenen oder einer fremden erwerbswirtschaftlichen oder sonstigen beruflichen Tätigkeit und erfolgen insoweit im geschäftlichen Verkehr. Sie sind jedoch regelmäßig (noch) **nicht marktbezogen** und stellen deswegen keine „geschäftlichen Handlungen" dar.[173] Die bisherige Rechtsprechung rechnete betriebsinterne Handlungen bereits nicht zum geschäftlichen Verkehr.[174] Tatsächlich fehlt betriebsinternen Maßnahmen der für geschäftliche Handlungen erforderliche Marktbezug. Das Betreiben eines Werkes zur Herstellung von Waren für den späteren Vertrieb sah der BGH als einen rein betriebsinternen Vorgang an.[175] Richtiger erscheint die Annahme, dass einer noch innerbetrieblich bleibenden Verwirklichung eines unternehmerischen Geschäftszwecks der für die Annahme einer Geschäftshandlung erforderliche Außenbezug zum Absatz- oder Beschaffungsmarkt fehlt. Rein betriebsinterne, noch nicht marktbezogene Maßnahmen zur **Herstellung** von erst später am Markt abzusetzenden Produkten stellen deshalb noch keine geschäftlichen Handlungen dar.[176] Auch Anweisungen eines Unternehmers an seine eigenen, in die Vertriebsorganisation eingebundenen Handelsvertreter sind betriebsintern und unterliegen (noch) nicht wettbewerbsrechtlicher Beurteilung.[177] Auch **Mitteilungen einer berufsständischen Kammer** wie etwa einer Steuerberaterkammer **an ihre Mitglieder** stellen interne, noch nicht marktbezogene Maßnahmen dar.[178] Betriebsinterne Maßnahmen, die eine ernst zu nehmende Gefahr begründen, als unlautere Wettbewerbshandlungen am Markt umgesetzt zu werden, können jedoch eine **Erstbegehungsgefahr** und damit einen Abwehr-

---

164 BGH GRUR 1998, 696 f. – *Rolex-Uhr mit Diamanten.*

165 BGH GRUR 1960, 384/386 – *Mampe Halb und Halb I;* zu beachten ist aber, dass nunmehr ein vorrangiger Absatzförderungszweck erforderlich ist.

166 BGH GRUR 1964, 208/209 – *Fernsehinterview.*

167 Vgl. *Henning-Bodewig,* FS 100 Jahre Wettbewerbszentrale, 2012, 125/129 f. und GRUR 2013, 26 ff.

168 BGH GRUR 2002, 622/624 – *shell.de;* BGH GRUR 2001, 1038/1041 – *ambiente.de;* OLG Schleswig CR 2001, 465 – *Swabedoo;* vgl. *Ubber,* Markenrecht im Internet, 2002, S. 85 mit weiteren Beispielen.

169 OLG Köln WRP 2002, 244/247 – *Lotto-Privat.de.*

170 *Ingerl/Rohnke,* Markengesetz, 3. Aufl., § 14 Rn. 85.

171 Vgl. OLG Köln BB 1966, 178 – *Privater Boykottaufruf gegen Anzeigenaufgabe;* OLG Frankfurt DB 1969, 697 – *Seehundmäntel;* vgl. zur Erfassung verbraucherkoordinierten Verhaltens: *Beater,* Unlauterer Wettbewerb, 2011, § 12 Rn. 919, zu Boykottaufrufen Rn. 941 ff.; GK-UWG/*Schünemann,* 2. Aufl., Einl. A Rn. 218.

172 OLG Stuttgart GRUR-RR 2006, 20/21 – *Absperrband-Aktion* zum Boykottaufruf einer Umweltschutzorganisation gegen Milcherzeuger.

173 *Beater,* Unlauterer Wettbewerb, 2011, 883 ff.; *Köhler*/Bornkamm, UWG, 34. Aufl., § 2 Rn. 36.

174 BGH GRUR 2000, 1076/1077 – *Abgasemissionen;* BGH GRUR 1974, 666/667 f. – *Reparaturversicherung;* BGH GRUR 1971, 119/120 – *Branchenverzeichnis;* so auch GK-UWG/*Peukert,* 2. Aufl., § 2 Rn. 186 ff.

175 BGH GRUR 2000, 1076 – *Abgasemissionen.*

176 BGH GRUR 2000, 1076 ff. – *Abgasemissionen,* wo ein Verstoß gegen produktionsrelevante Immissionsschutzvorschriften geltend gemacht wurde; zum Problem der Verletzung tarifvertraglicher Bindungen vgl. *Mees,* FS Traub, 1994, S. 275/278 f.; *Sack* WRP 1998, 683/686 f.; eine andere Frage ist es, ob die außerhalb des marktbezogenen geschäftlichen Verkehrs erfolgenden Verletzungen von vertraglichen, tarifvertraglichen oder gesetzlichen Bindungen im Rahmen der Würdigung des späteren marktbezogenen Verhaltens insbesondere unter dem Blickwinkel des Rechtsbruchs berücksichtigt werden können, was *Piper,* FS Erdmann, 2002, S. 679 ff. und WRP 2002, 1197 ff., befürwortet.

177 BGH GRUR 1971, 119/120 – *Branchenverzeichnis;* anders allerdings, wenn der Unternehmer im „Markt seiner Arbeitnehmer" handelt und im Nachfragewettbewerb den Abwerbeversuchen der Konkurrenz entgegentritt: OLG Stuttgart WRP 1983, 446 f. für ein Rundschreiben an Außendienstmitarbeiter in Reaktion auf Abwerbungsversuche der Konkurrenz.

178 OLG Brandenburg GRUR 2008, 356 ff. – *Fehlender Marktbezug von Mitteilungen einer Berufskammer;* OLG Brandenburg GRUR-RR 2006, 199 f. – *Anonymisierung.*

anspruch begründen, ein den betriebsinternen Maßnahmen entsprechendes Marktverhalten zu unterbinden.[179] Für die Privilegierung betriebsinterner Maßnahmen ist entscheidend, dass diese innerhalb der betrieblichen Organisation verbleiben und noch keine Außenwirkung entfalten.[180] Die dargelegten Grundsätze können deshalb grundsätzlich auch auf **konzerninterne Maßnahmen** übertragen werden, sofern sie konzernintern bleiben.[181] Je weiter und unbestimmter der Adressatenkreis ist, umso mehr wird aber von einer „Außenwirkung" und damit auch von einer Wettbewerbshandlung auszugehen sein.

c) Tätigkeiten zu politischen, sozialen, kirchlichen, verbraucheraufklärenden oder wissenschaftlichen Zwecken. Solche Tätigkeiten, insbesondere durch Vereine und Verbände, stellen kein marktbezogenes geschäftliches Verhalten dar. Alle Maßnahmen zur Verwirklichung dieser **außergeschäftlichen Zwecke** unterliegen demnach, gleichgültig ob sie Außenwirkung entfalten oder nur organisationsintern wirken, nicht lauterkeitsrechtlichen Maßstäben. Damit stehen insbesondere die sozialpolitischen Tätigkeiten von **Arbeitgeberverbänden** und **Gewerkschaften** zur Wahrung und Förderung der Arbeits- und Wirtschaftsbedingungen ihrer Mitglieder einschließlich der Mitgliederwerbung und Mitgliederbetreuung ungeachtet der Erhebung von Mitgliedsbeiträgen außerhalb des geschäftlichen Verkehrs.[182] Ebenfalls außerhalb des geschäftlichen Verkehrs stehen die Verwendung des Slogans „Pack den Tiger in die Bürgerschaft" durch eine politische Partei[183] sowie die Namensführung und der Gebrauch einer Internet-Domain durch einen Idealverband.[184] Die **verbraucheraufklärende Tätigkeit von Verbraucherverbänden** sowie **wissenschaftliche oder künstlerische**[185] **Tätigkeiten** erfolgen ebenfalls zumeist außerhalb des marktbezogenen geschäftlichen Verkehrs (vgl. Rn. 88 f.). 40

d) Mitgliederwerbung von Idealvereinen und Fachverbänden. Die reine Mitgliederwerbung von Idealvereinen und Fachverbänden ist keine geschäftliche Handlung und unterliegt regelmäßig nicht den lauterkeitsrechtlichen Vorschriften.[186] Das soll auch gelten, soweit es sich um Verbände zur Förderung der gewerblichen Interessen ihrer Mitglieder handelt. Die Konkurrenz um Mitglieder wird nicht als geschäftlicher Wettbewerb begriffen,[187] was jedenfalls für Verbände, die gewerbliche Interessen ihrer Mitglieder verfolgen, auch mit Blick auf den Aufnahmeanspruch nach § 20 Abs. 6 GWB, der mittelbar den wirtschaftlichen Charakter der Werbung von Mitgliedern für Wirtschafts- und Berufsvereinigungen belegt, zweifelhaft erscheint. Anderes gilt jedoch dann, wenn eine öffentlichkeitswirksame Tätigkeit ihrer Art nach geeignet ist, den Wettbewerb der Mitglieder gegenüber ihren Mitbewerbern zu fördern.[188] Die Werbung von Lohnsteuerhilfevereinen um Mitglieder in Zeitungsanzeigen und im Internet hat der BGH als Handeln im geschäftlichen Verkehr zu Wettbewerbszwecken i. S. v. § 1 UWG a. F. angesehen, weil die Werbung gleichzeitig dem Zweck diente, die Erbringung der Dienstleistung an die Mitglieder, z. B. die Erstellung von Einkommensteuererklärungen, zu fördern.[189] 41

---

[179] BGH GRUR 1971, 119/120 – *Branchenverzeichnis;* OLG Koblenz WRP 1988, 557 f. für Rundschreiben gegenüber Handelsvertretern.

[180] Deshalb ist eine Werbeaktion, die an Mitarbeiter *und außenstehende Dritte* gerichtet ist, nicht mehr rein betriebsintern: BGH GRUR 1974, 666/667 f. – *Reparaturversicherung.*

[181] Vgl. BGH GRUR 1969, 479/480 – *Colle de Cologne;* zum konzerninternen Warenvertrieb: BGH GRUR 1979, 551/552 – *Iamod.*

[182] BAG GRUR 2006, 244/245 f. – *Mitgliederwerbung von Gewerkschaften* (betreffend eine Mitgliederwerbung einer Polizeigewerkschaft); BGH GRUR 1980, 309 – *Straßen- und Autolobby* (betreffend Gewerkschaft der Eisenbahner Deutschlands); BGH GRUR 1971, 591/592 – *Sabotage;* BGHZ 42, 210/218 = NJW 1965, 29 – *Gewerkschaft ÖTV.*

[183] OLG Hamburg NJW-RR 1998, 552, das den Werbeslogan „Pack den Tiger in den Tank" als berühmte Marke ansah und einen Eingriff in den eingerichteten und ausgeübten Gewerbebetrieb gem. § 823 BGB bejahte.

[184] BGH GRUR 1976, 379/380 – *KSB;* KG CR 2002, 760 – *oil-of-elf.de;* OLG Hamburg, MMR 2004, 415 – *„awd-aussteiger.de";* LG Essen GRUR 2002, 920 – *Castor;* LG Hamburg BeckRS 9998, 52429 – *„stoppesso.de";* LG Bremen ZUM-RD 2003, 360 – *„bsagmeckerseite.de";* zur Namensführung durch einen Mieterschutzverein als Idealverband vgl. auch OLG Nürnberg NJWE-WettbR 1998, 178/179 (zweifelhaft), siehe ferner OLG Stuttgart NJWE-WettbR 1996, 197 ff.

[185] Vgl. GK-UWG/*Peukert,* 2. Aufl., § 2 Rn. 228.

[186] BGH GRUR 1997, 907/908 – *Emil-Grünbär-Klub;* BGH GRUR 1972, 427/428 – *Mitgliederwerbung;* BGH GRUR 1968, 205/207 – *Teppichreinigung;* BGHZ 42, 210/218 – *Gewerkschaft ÖTV;* BGH NJW 1970, 378/380 – *Sportkommission;* Gloy/Loschelder/*Erdmann,* HdbWettbR, 4. Aufl., § 31 Rn. 28.

[187] BGH GRUR 1972, 427/428 – *Mitgliederwerbung;* BGH GRUR 1968, 205/206 – *Teppichreinigung;* vgl. aber auch BGH GRUR 1984, 283/284 – *Erbenberatung.*

[188] BGH GRUR 1972, 427/428 – *Mitgliederwerbung;* BGH GRUR 1968, 205/207 – *Teppichreinigung.*

[189] BGH GRUR 2005, 877/879 – *Werbung mit Testergebnis;* siehe auch *Köhler*/Bornkamm, UWG, 34. Aufl., § 2 Rn. 40.

6. Tätigkeit der öffentlichen Hand

42 Die öffentliche Hand, worunter nicht nur **Bund, Länder und Gemeinden** als Gebietskörperschaften, sondern entsprechend § 130 GWB auch alle **sonstigen öffentlich-rechtlich organisierten Körperschaften, Anstalten, Sondervermögen** usw. zu verstehen sind, nimmt in vielfältiger Weise am Wirtschaftsleben und am Wettbewerb teil. Sie tritt in öffentlich-rechtlichen Organisationsformen mit eigener Rechtspersönlichkeit (Körperschaften und Anstalten wie z. B. Krankenkassen, Rundfunksender, Rentenversicherungsträger, Sparkassen etc.) oder ohne eigene Rechtspersönlichkeit (Regiebetriebe als unselbständige Untergliederungen der Verwaltung, Eigenbetriebe als Sondervermögen) auf. Darüber hinaus nimmt sie auch in privatrechtlichen Organisationsformen (Handelsgesellschaften wie GmbH oder AG) in alleiniger Trägerschaft (Eigengesellschaften) oder unter Beteiligung Dritter (gemischtwirtschaftliche Unternehmen, „public private partnerships") am Wettbewerb teil. Liegt ein **marktbezogenes geschäftliches Handeln der öffentlichen Hand** (mit Absatzförderungszusammenhang oder im vertraglichen Bereich) vor, unterliegt sie dem Lauterkeitsrecht und kann auch dessen Schutz in Anspruch nehmen.[190] Ob ein solches Handeln der öffentlichen Hand vorliegt, ist nicht nach der Organisationsform, sondern nach der Art der Teilnahme am wirtschaftlichen Wettbewerb zu beurteilen.[191]

43 **a) Außenwirkung.** Eine lauterkeitsrechtliche Kontrolle kommt erst dann in Betracht, wenn die Maßnahmen bereits **Außenwirkung** entfalten und damit marktbezogen sind.[192] Innerbehördliche Maßnahmen können allerdings eine Erstbegehungsgefahr begründen.[193]

44 **b) Hoheitliches Handeln auf gesetzlicher Grundlage.** Ein **hoheitliches Handeln aufgrund ausdrücklicher gesetzlicher Ermächtigung oder Verpflichtung** erfolgt **außerhalb des geschäftlichen Verkehrs** und ist somit einer Überprüfung durch das Wettbewerbsrecht entzogen.[194] Auch Private, die als „verlängerter Arm der Behörde" handeln, wie etwa ein Abschleppunternehmer, der auf Weisung der Polizeibehörde Kostenansprüche wegen des Abschleppens eines verbotswidrig abgestellten Kraftfahrzeugs geltend macht, handeln nicht im geschäftlichen Verkehr.[195]

45 **c) Anbieten oder Nachfragen in privatem Markt.** Soweit die **öffentliche Hand als Anbieterin oder Nachfragerin**[196] von Waren oder Leistungen **in einem durch privatrechtliche Rechtsbeziehungen geprägten Markt** tätig ist, nimmt sie als Unternehmen am Wirtschaftsleben teil und handelt marktbezogen und geschäftlich, auch soweit sie damit in Erfüllung ihrer öffentlich-rechtlichen Aufgabe tätig wird und die Leistungsbeziehungen zu ihren Abnehmern, Mitgliedern oder Benutzern öffentlich-rechtlich ausgestaltet sind.[197] Wenn die öffentliche Hand in Konkurrenz zu einem erwerbswirtschaftlichen Handeln privater Anbieter tritt, kommt es auf den öffentlich-rechtlichen Charakter der Aufgabenstellung der öffentlichen Hand nicht an. Die **allgemeine öffentliche Aufgabenerfüllung ohne ausdrückliche gesetzliche Ermächtigung** stellt die öf-

---

[190] BGH GRUR 2012, 193 Rn. 18 – *Sportwetten im Internet II;* BGH GRUR 2012, 201 Rn. 21 – *Poker im Internet.* Das gilt auch dann, wenn im Sinne der Rechtsprechung des EuGH (EuGH EuZW 2000, 151 = WRP 1999, 1272 – *Zenatti* und EuGH NJW 2004, 139 = EuZW 2004, 115 – *Gambelli)* die Erzielung von Einnahmen lediglich eine erfreuliche Nebenfolge und nicht eigentlicher Grund der Tätigkeit ist.

[191] EuGH GRUR 2013, 959 Rn. 26, 28 – *BKK Mobil Oil;* BGH GRUR 2014, 1120 Rn. 15 ff. – *Betriebskrankenkasse II;* Allgemein zur Zulässigkeit und zu den Grenzen unternehmerischer Aktivitäten der öffentlichen Hand: *Ahrens* oben Einl. G II. Rn. 47 ff., 56.

[192] Zur wettbewerbsrechtlichen Irrelevanz rein innerbehördlicher Maßnahmen: BGH GRUR 1987, 829/830 – *Krankentransporte;* vgl. ferner OLG Hamburg WRP 2015, 76 Rn. 62 – *Behinderung privater Konzertveranstalter durch staatliches Konzertangebot.*

[193] OLG Koblenz WRP 1983, 225/226 – *Gemeinderatsbeschluss* als Vorgang interner Willensbildung.

[194] BGH GRUR 2006, 428 Rn. 12 – *Abschleppkosten-Inkasso;* BGH GRUR 1960, 384/386 – *Mampe Halb und Halb;* OLG Hamburg MMR 2014, 318 ff. (Herausgabe eines medizinischen Operation- und Prozedurenschlüssels (OPS) auf der Grundlage des SGB V durch das Deutsche Institut für medizinische Dokumentation und Information (DIMDI); OLG Düsseldorf Urteil vom 16.10.2007 in Sachen I-20 U 55/07 (Werbung für eine Software zur Ermöglichung elektronischer Steuererklärungen ist keine geschäftliche Handlung); OLG München GRUR 2004, 169/171 (Steuererhebung und Anwendung von Steuervorschriften ist hoheitliche Tätigkeit und kein geschäftlicher Verkehr).

[195] BGH GRUR 2006, 428/429 – *Abschleppkosten-Inkasso;* dazu auch BGH GRUR 2009, 881 Rn. 10 – *Überregionaler Krankentransport.*

[196] Zum Nachfrageverhalten der öffentlichen Hand vgl. EuGH Slg. 2006 I-6295 – *Fenin* und nachfolgend Fn. 207.

[197] BGH GRUR 2000, 340/342 – *Kartenlesegerät;* BGH GRUR 1990, 611/613 – *Werbung im Programm;* BGH GRUR 1982, 425/427 – *Brillenselbstabgabestellen;* BGH GRUR 1976, 658/660 – *Studentenversicherung.*

fentliche Hand von den lauterkeitsrechtlichen Anforderungen noch nicht frei.[198] Zeitigt das hoheitliche Handeln wettbewerbsrechtliche Auswirkungen, muss zwischen der öffentlich-rechtlichen Tätigkeit des Hoheitsträgers und dem bürgerlich-rechtlichen Wettbewerbsverhältnis unterschieden werden, in dem der Hoheitsträger zu einem anderen steht und in dessen Rahmen er durch Verletzungshandlungen das privatrechtliche Interesse und Erwerbsstreben des Mitbewerbers berührt.[199] Entscheidend sind die im Rahmen des konkreten Einzelfalls zu beurteilenden Auswirkungen des Handelns der öffentlichen Hand im Wettbewerb. Stellt eine öffentlich-rechtliche Körperschaft in amtlichen Nachrichten und Schreiben eine Zusammenarbeit mit einem einzelnen Unternehmen prominent heraus, liegt eine geschäftliche Handlung der öffentlich-rechtlichen Körperschaft vor.[200] Dass eine lauterkeitsrechtliche Kontrolle auch die öffentlich-rechtlichen Aufgaben berühren und gegebenenfalls beeinträchtigen kann, schließt einen lauterkeitsrechtlichen Rechtsschutz nicht aus. Durch eine Verknüpfung von öffentlich-rechtlichen Aufgaben mit der Wahrnehmung erwerbswirtschaftlicher Interessen kann sich die öffentliche Hand ihrer wettbewerbsrechtlichen Verantwortlichkeit nicht entziehen.[201] Eine gesetzliche Krankenkasse, die auf ihrer Internetseite irreführend wirbt, um ihre Mitglieder von einem Wechsel zu einer anderen Krankenkasse abzuhalten, handelt geschäftlich und unternehmerisch im Sinne von § 2 Abs. 1 Nr. 1 und 6 UWG.[202] Ein Streit zwischen einer Apotheke und einer in den Niederlanden ansässigen Versandapotheke über die wettbewerbsrechtliche Zulässigkeit von Sonderzahlungen eines Apothekers an privat und gesetzlich Krankenversicherte bei Einlösung von Rezepten ist lauterkeitsrechtlich zu beurteilen und betrifft ebenfalls keine Angelegenheit der gesetzlichen Krankenversicherung.[203] Ebenso handelt eine kassenärztliche Vereinigung, die ihren Mitgliedern Router eines bestimmten Herstellers kostenlos zur Verfügung stellt, nicht hoheitlich, sondern geschäftlich.[204]

d) Erwerbswirtschaftliche Zwecke. Die Verfolgung **erwerbswirtschaftlicher Zwecke** 46 durch die öffentliche Hand mit den Mitteln des Privatrechts erfolgt stets geschäftlich und marktbezogen, unabhängig davon, ob damit auch öffentliche Zwecke mitverfolgt werden.[205] Die Durchführung von Krankentransporten i. S. v. § 2 Abs. 2 RettG NRW durch einen privaten Unternehmer stellt unabhängig von den dort geregelten Genehmigungsvorbehalten eine geschäftliche Handlung dar.[206] Auch eine nachfragende Tätigkeit der öffentlichen Hand erfolgt im geschäftlichen Verkehr unabhängig davon, ob sich die Nachfrage auf Gegenstände richtet, die in unmittelbarem Zusammenhang mit der hoheitlichen Tätigkeit stehen (z. B. Polizeiwaffen) und ob die öffentliche Hand im Hinblick auf den nachgefragten Gegenstand Endverbraucher ist oder nicht.[207]

7. Keine subjektiven Erfordernisse

Ein **marktbezogenes geschäftliches Handeln** muss **nicht auch von einer entsprechenden** 47 **subjektiven Zweckrichtung** getragen sein. Maßgeblich ist vielmehr die objektive Beurteilung des

[198] BGH GRUR 2006, 428 Rn. 12 – *Abschleppkosten-Inkasso;* BGH GRUR 2002, 550/554 – *Elternbriefe.*

[199] BGHZ 121, 126/130 – *Rechtswegprüfung II;* BGHZ 102, 280/283 – *Rollstühle;* BGHZ 97, 312/313 – *Orthopädische Hilfsmittel;* vgl. auch BGH GRUR 1989, 142/144 – *Sonderungsverfahren;* BGH GRUR 1985, 1063 – *Landesinnungsmeister; Piper,* GRUR 1986, 574/577.

[200] BGH GRUR 2013, 301 Rn. 20, 23 – *Solarinitiative.*

[201] BGH GRUR 1990, 611/613 – *Werbung im Programm;* BGH GRUR 1982, 425/427 – *Brillenselbstabgabestellen;* BGH GRUR 1977, 51/52 – *Auto-Analyzer;* BGH GRUR 1976, 658/659 – *Studentenversicherung; Ohly/*Sosnitza, UWG, 6. Aufl., Einl. D Rn. 21, 28.

[202] BGH GRUR 2014, 1120 – *Betriebskrankenkasse II,* vgl. oben Rn. 34.

[203] BGH GRUR 2008, 447 f. – *Treuebonus.*

[204] OLG Hamm MMR 2012, 32 ff. – *Kostenlose Router-Weitergabe an Zahnärzte.*

[205] BGH GRUR 2006, 428 Rn. 12 – *Abschleppkosten-Inkasso;* BGH GRUR 2005, 960/961 – *Friedhofsruhe;* BGH GRUR 1974, 733 f. – *Schilderverkauf;* BGH GRUR 1965, 373 – *Blockeis II;* BGH GRUR 1962, 159 – *Blockeis I;* vgl. auch BGH WRP 1998, 857 ff. – *1000,– DM Umwelt-Bonus* von als Eigenbetrieb geführten Stadtwerken mit örtlichem Monopol für die Erdgasversorgung; vgl. ferner BGH GRUR 1987, 116 ff. – *Kommunaler Bestattungswirtschaftsbetrieb I;* zur unternehmerischen Tätigkeit des Freistaats Bayern bezüglich des Betriebs von Spielbanken: OLG München MMR 2011, 243 ff.; zur Zulässigkeit und zu den Grenzen unternehmerischer Tätigkeit der öffentlichen Hand vgl. *Ahrens* oben Einl. G Rn. 47 ff., 56.

[206] BGH GRUR 2009, 881 Rn. 11 – *Überregionaler Krankentransport,* ein Lauterkeitsverstoß wurde allerdings wegen fehlender Spürbarkeit abgelehnt.

[207] BGH WRP 2003, 765/767 und 770 – *Ausrüstungsgegenstände für Feuerlöschzüge;* BGHZ 107, 40, 43 ff. – *Krankentransportbestellung; Schnelle/Hübner* WRP 2003, 1205. Abweichend nunmehr der EuGH zum europäischen Kartellrecht: EuGH Slg. 2006, I-6295 – *Fenin;* dazu *Scheffler* EuZW 2006, 601 ff., *Bornkamm,* FS Hirsch 2008, S. 231 ff. und *Köhler,* FS Hopt, 2010, 2825 ff. Abzuwarten bleibt, ob damit das Nachfrageverhalten der öffentlichen Hand auch lauterkeitsrechtlich nicht mehr erfasst werden kann.

Verhaltens aus der Sicht der angesprochenen Verkehrskreise. Ein nach außen hin sichtbar gemachter, auf Dauer angelegter **Erwerbszweck** kann jedoch **im Rahmen der Gesamtwürdigung** den Schluss auf eine marktbezogene geschäftliche Handlung rechtfertigen. Insoweit ist die aus den äußeren Umständen zu erschließende Zielrichtung des Handelnden[208] nach wie vor von Bedeutung, zumal auch Erwägungsgrund 7 der UGP-Richtlinie auf das „Ziel" einer Geschäftspraktik abstellt.

8. Regel-Annahme eines marktbezogenen geschäftlichen Verhaltens

48 Nach der Lebenserfahrung ist in der Regel die Annahme gerechtfertigt, dass ein Kaufmann marktbezogen geschäftlich handelt, wenn er eine Tätigkeit entfaltet, die sich – äußerlich betrachtet – nicht von seinen sonstigen kaufmännisch-beruflichen Tätigkeiten unterscheidet.[209] Gleiches gilt für Verbände, die satzungsgemäß die wirtschaftlichen Interessen ihrer Mitglieder fördern.[210] Die **Regel-Annahme ist widerlegbar.** Ob sie als widerlegt anzusehen ist, muss auf der Grundlage einer Gesamtwürdigung der Umstände, des Zwecks der beanstandeten Handlung und weiterer die Einzelfallgestaltung kennzeichnender Umstände ermittelt werden.[211] Auch sofern ein marktbezogenes geschäftliches Handeln vorliegt, ist noch zu prüfen, ob auch ein objektiver Absatz- oder Bezugsförderungszusammenhang i. S. d. § 2 Abs. 1 Nr. 1 UWG vorliegt.

III. Absatz- oder Bezugsförderungszusammenhang

1. Allgemeines

49 Das Lauterkeitsrecht setzt dem **wettbewerblichem Marktauftritt** sowie dem vertragsabschlussbezogenen und dem **nachvertraglichen Verhalten** spezifische **Schranken.** Allerdings ist nicht jedes geschäftliche und marktbezogene Verhalten, das die wettbewerblichen Verhältnisse beeinflusst, auch lauterkeitsrechtlich erfasst. Außerhalb lauterkeitsrechtlicher Wertung bleiben Handlungen, die zwar ggf. erhebliche wirtschaftliche Auswirkungen haben, jedoch nicht eigenen oder fremden Absatz- oder Bezugsförderinteressen dienen und auch außerhalb des vertraglich erfassten Bereichs stehen. Ein Kennzeichen für eine geschäftliche Handlung ist deshalb über ihren geschäftlichen und marktbezogenen Charakter hinaus ihre **objektive Eignung zur Absatz- oder Bezugsförderung** bzw. ihr **Vertragsdurchführungszusammenhang.**[212]

2. Aufgabe der Wettbewerbsabsicht

50 Im Zuge der UWG-Reform 2008 hat der Gesetzgeber auf die bis dahin für eine Wettbewerbshandlung erforderliche **„Wettbewerbsabsicht"** verzichtet. Voraussetzung für das Vorliegen einer geschäftlichen Handlung ist seitdem nach § 2 Abs. 1 Nr. 1 UWG, dass das Verhalten einer Person **mit der Förderung des Absatzes oder dem Bezug von Waren oder Dienstleistungen** oder dem diesbezüglichen **Abschluss oder der Durchführung eines Vertrages** in einem **objektiven Zusammenhang** steht.[213] Ein für jedermann ersichtlicher Absatzzweck (etwa bei einer Werbung wie „Alles muss heute raus!") kann aber alleine schon einen Absatzförderungszusammenhang herstellen. Mit dem Begriff des objektiven Zusammenhangs sollen alle verbraucherschutzbezogenen sowie mitbewerberbezogenen lauterkeitsrechtlichen Fallgruppen unter Beachtung der UGP-Richtlinie erfasst sein.[214]

3. Vorgaben der UGP-Richtlinie

51 Die für das **verbraucherschutzbezogene Lauterkeitsrecht weithin maßgebende UGP-Richtlinie** definiert die den geschäftlichen Handlungen des deutschen UWG entsprechenden „Geschäftspraktiken" als

---

[208] Vgl. dazu nach früherem Recht BGH GRUR 2002, 622/624 – *shell.de.*

[209] Vgl. insoweit zum früheren Recht: BGH GRUR 1993, 761/762 – *Makler-Privatangebot;* BGH GRUR 1962, 34/36 – *Torsana;* BGH GRUR 1962, 45/47 – *Betonzusatzmittel.*

[210] BGH GRUR 2009, 878 Rn. 11 – *Fräsautomat;* BGH GRUR 1962, 45/47 – *Betonzusatzmittel;* BGH GRUR 1955, 342 – *Rheinpfalz;* BGH LM Nr. 15 zu § 1 UWG – *Innungsboykott.*

[211] Vgl. zu der nach altem Recht maßgebenden tatsächlichen Vermutung für ein geschäftliches Handeln von Unternehmen: BGH GRUR 1993, 761/762 – *Makler-Privatangebot;* OLG Düsseldorf WRP 1998, 421/425 – *FDP-Zahlen.*

[212] BGH GRUR 2013, 945 Rn. 17 – *Standardisierte Mandatsbearbeitung.*

[213] Zu den Objektivierungstendenzen im Lauterkeitsrecht vgl. BGH GRUR 2007, 800 Rn. 21 – *Außendienstmitarbeiter;* BGH GRUR 2005, 778 – *Atemtest; Steinbeck* WRP 2005, 1351/1354.

[214] Amtliche Begründung des Gesetzentwurfs zum UWG 2008, BT-Drucks. 16/10145, S. 40.

„jede Handlung, Unterlassung, Verhaltensweise oder Erklärung, kommerzielle Mitteilung einschließlich Werbung und Marketing eines Gewerbetreibenden, die unmittelbar mit der Absatzförderung, dem Verkauf oder der Lieferung eines Produkts an Verbraucher zusammenhängt."

Das Merkmal des unmittelbaren Zusammenhangs ist in der Richtlinie nicht näher erläutert und in hohem Maße unbestimmt.[215] Erwägungsgrund 7 ist jedoch zu entnehmen, dass ein **unmittelbarer Zusammenhang nicht bei Geschäftspraktiken** gegeben ist, die **vorrangig anderen Zielen als dem der Absatzförderung** dienen. Dass auch nach der UGP-Richtlinie subjektive Momente durchaus eine Rolle spielen können, zeigt sich auch in der Erwähnung der **„Werbung"**, bei der es sich gemäß Art. 2 lit. a der Richtlinie 2006/114/EG über irreführende und vergleichende Werbung **um jede Äußerung mit dem Ziel handelt, den Absatz von Waren oder die Erbringung von Dienstleistungen zu fördern.**[216] Eine „Geschäftspraktik" nach der UGP-Richtlinie verlangt danach eine objektiv zur Absatzförderung geeignete und auch diesem Ziel dienende Handlung. Der UGP-Richtlinien-Begriff eines unmittelbaren Absatzförderungszusammenhangs ist weit zu verstehen und schließt auch Absatzförderungsformen wie eine Imagewerbung oder ein Sponsoring mit ein, die noch nicht unmittelbar auf eine Kaufentscheidung von Verbrauchern einwirken.[217] Die UGP-Richtlinie erwähnt den Nachfragewettbewerb, also die Bezugsförderung, nicht ausdrücklich. Das ist für den nicht harmonisierten Bereich, also soweit es um mitbewerberbezogenes Lauterkeitsrecht geht, von vornherein unschädlich,[218] ist aber auch für das von der UGP-Richtlinie erfasste verbraucherbezogene Lauterkeitsrecht unbedenklich, weil die Richtlinie insoweit keine Regelung trifft.[219] 51a

4. Umsetzung im UWG

a) Vom „unmittelbaren" zum „objektiven" Zusammenhang. Der Begriff der „geschäftlichen Handlung" erfasst – über die UGP-Richtlinie hinaus – nicht nur verbraucherbezogenes, sondern **auch vorrangig mitbewerberbezogenes Handeln.** Mit dem nunmehr gewählten Begriff des „objektiven Zusammenhangs" sollten zum einen alle verbraucherbezogenen geschäftlichen Handlungen nach der UGP-Richtlinie, zum anderen aber auch alle lauterkeitsrechtlichen Fallgruppen erfasst werden, die das B2B-Verhältnis betreffen, insbesondere etwa die Fälle horizontaler Behinderung nach § 4 Nr. 10 UWG a. F. = § 4 Nr. 4 UWG n. F. Insoweit besteht ein objektiver Zusammenhang, weil regelmäßig die Absatzlage zugunsten des unlauter handelnden Unternehmens zumindest mit einer gewissen zeitlichen Verzögerung beeinflusst wird.[220] Für das verbraucherbezogene Lauterkeitsrecht ist der „objektive" Zusammenhang als **„unmittelbarer" Zusammenhang im Sinne der UGP-Richtlinie** zu verstehen. 52

b) Funktionales Verständnis. Das Merkmal des „objektiven Zusammenhangs" ist funktional zu verstehen und setzt voraus, dass die Handlung bei objektiver Betrachtung darauf gerichtet ist, durch **Beeinflussung der geschäftlichen Entscheidung der Verbraucher oder sonstigen Marktteilnehmer den Absatz oder Bezug von Waren- oder Dienstleistungen des eigenen oder eines fremden Unternehmens zu fördern.**[221] Im Hinblick auf verbraucherbezogene, von der UGP-Richtlinie erfasste Handlungen ergibt sich dieser funktionale, auf die Beeinflussung von geschäftlichen Entscheidungen gerichtete Bezug aus einer Zusammenschau von Art. 2 lit. d sowie Erwägungsgrund 7 der UGP-Richtlinie. Nach der erstgenannten Vorschrift sind „Geschäftspraktiken" von Unternehmen gegenüber Verbrauchern Verhaltensweisen, die unmittelbar mit der Absatzförderung, dem Verkauf oder der Lieferung eines Produktes an Verbraucher zusammenhängen. Nach Erwägungsgrund 7 wiederum bezieht sich die UGP-Richtlinie auf Geschäftspraktiken, die im unmittelbaren Zusammenhang mit der Beeinflussung der geschäftlichen Entscheidungen der Verbraucher in Bezug auf Produkte stehen, womit zum Ausdruck kommt, dass eine **geschäftliche Handlung vorrangig dem Ziel dienen muss, geschäftliche Entscheidungen im unmittelbaren Zusammenhang mit der Absatzförderung, dem Verkauf oder der Lieferung zu** 53

[215] *Köhler* WRP 2009, 109/110; *Köhler* WRP 2007, 1393/1394; *Glöckner/Henning-Bodewig* WRP 2005, 1311/1326; *Henning-Bodewig*, GRUR-Int 2004, 183/189; *Köhler/Lettl* WRP 2003, 1019/1034f.
[216] *Köhler* WRP 2007, 1393/1394f.
[217] EuGH GRUR 2014, 196 Rn. 38 – *Trento Sviluppo.*
[218] BGH GRUR 2009, 1189 Rn. 12 – *Blutspendedienst.*
[219] BGH GRUR 2009, 1189 Rn. 12 – *Blutspendedienst.*
[220] Amtliche Begründung des Gesetzentwurfs zum UWG 2008, BT-Drucks. 16/10145, S. 40/41.
[221] BGH GRUR 2016, 710 Rn. 12 – *Im Immobiliensumpf;* BGH GRUR 2015, 294 Rn. 21 – *Bezugsquellen für Bachblüten;* BGH GRUR 2013, 945 Rn. 17 – *Standardisierte Mandatsbearbeitung;* BGH GRUR 2010, 1117 Rn. 18 – *Gewährleistungsausschluss im Internet; Koch,* FS Köhler 2014, 359/364.

beeinflussen.[222] Die objektive Eignung zur Beeinflussung der Entscheidungsfreiheit des Verbrauchers bzw. sonstiger Marktteilnehmer ist sonach auch bereits für die Annahme einer geschäftlichen Handlung relevant.[223]

54 **c) Nicht erfasste Verhaltensweisen.** Ein Absatzförderungszusammenhang fehlt bei allen Verhaltensweisen, die in erster Linie weltanschaulichen, wissenschaftlichen, redaktionellen oder verbraucherpolitischen Zwecken dienen.[224] Die UGP-Richtlinie stellt insoweit im Erwägungsgrund 7 klar, dass solche Verhaltensweisen, die nicht auf die Beeinflussung von geschäftlichen Entscheidungen gerichtet sind, sondern vorrangig anderen Zielen dienen, nicht der Richtlinie unterfallen.

55 **d) Auslegung.** Soweit von der UGP-Richtlinie erfasstes **verbraucherbezogenes Handeln** in Rede steht, ist die Beurteilung, ob ein objektiver Absatzförderungszusammenhang vorliegt, **unter dem Blickwinkel der UGP-Richtlinie** vorzunehmen.[225] Auch wenn der Begriff der geschäftlichen Handlung und damit auch das Merkmal des objektiven Absatzförderungszusammenhangs für das mitbewerberbezogene Lauterkeitsrecht unabhängig von der UGP-Richtlinie ausgelegt werden könnte, ist **im Interesse der Rechtseinheit eine einheitliche, richtlinienkonforme Auslegung** vorzuziehen.[226] Im Ergebnis beeinflusst deshalb die UGP-Richtlinie auch das mitbewerberbezogene Lauterkeitsrecht.

5. Objektive Eignung zur Absatz- bzw. Bezugsförderung

56 **a) Grundsatz.** Ein **Verhalten ist zur Absatzförderung geeignet, wenn es zugunsten des eigenen oder eines fremden Unternehmens den Absatz oder den Bezug von Waren oder die Erbringung oder den Bezug von Dienstleistungen fördern kann.** Mit einer solchen Absatzförderung muss abweichend vom früheren, vor der UWG-Reform 2004 geltenden Recht **nicht** verbunden sein, den eigenen oder einen fremden Wettbewerb objektiv und subjektiv **zum Nachteil** eines Dritten zu fördern.[227] Weil der **Absatz- oder Bezugsförderung kein Nachteil eines Dritten** mehr entsprechen muss, kommt es für das Vorliegen einer geschäftlichen Handlung auf ein „Wettbewerbsverhältnis" nicht mehr an, das „Wettbewerbsverhältnis" wird erst für die Mitbewerberstellung relevant.[228] Auch die **Absatzförderungsmaßnahmen von Monopolunternehmen** sind damit erfasst. Für Klagen von Verbraucherverbänden und die von ihnen zu verfolgenden verbraucherbezogenen Lauterkeitsdelikte kommt es insgesamt auf ein Wettbewerbsverhältnis nicht mehr an. Ein mitbewerberbezogenes Delikt erfordert dagegen noch die mitbewerberbezogene Beeinträchtigung (vgl. Rn. 133f.).

57 **b) Erhaltung oder Verbesserung von Absatz- oder Bezugschancen.** Eine Handlung ist zur Absatz- oder Bezugsförderung objektiv geeignet, wenn sie sich **irgendwie positiv auf den Marktauftritt oder die Marktposition eines Unternehmens auswirken und dessen Absatz- oder Bezugschancen erhalten oder verbessern kann.**[229] Eine derartige Eignung ist bei **sämtlichen Formen der Werbung** und damit nicht nur bei unmittelbar auf einen Produktabsatz gerichteten Werbemaßnahmen, sondern auch für die Fälle der **Erinnerungs- oder Imagewerbung** zu bejahen.[230] Zugleich sind nicht nur Maßnahmen zur Gewinnung neuer Kundenkreise, sondern auch solche zur **Erhaltung des bisherigen Kundenstammes** erfasst.[231] Auch stellt eine Werbung eines Unternehmens an seine Kunden, künftig auf mit normaler Post versandte Rechnungen zu verzichten und Rechnungen nur noch online zu übermitteln, eine Absatzförderungshandlung dar,

---

[222] BGH GRUR 2013, 945 Rn. 18 – *Standardisierte Mandatsbearbeitung.*

[223] BGH GRUR 2013, 945 Rn. 20 – *Standardisierte Mandatsbearbeitung,* vgl. oben Rn. 29.

[224] Vgl. insoweit auch noch die Amtliche Begründung des Gesetzentwurfs zum UWG 2008, BT-Drucks. 16/10145, S. 40/41.

[225] Dazu *Köhler* WRP 2009, 109/110f.

[226] BGH GRUR 2016, 710 Rn. 13 – *Im Immobiliensumpf;* BGH GRUR 2013, 945 Rn. 19 – *Standardisierte Mandatsbearbeitung; Koch* FS Köhler 2014, 359/368ff.

[227] BGH GRUR 2007, 805 Rn. 16 – *Irreführender Kontoauszug.* Zum früheren Recht vgl. BGH GRUR 2002, 987/992 – *Wir Schuldenmacher;* BGH GRUR 1997, 914/915 – *Die Besten II* und BGH GRUR 1997, 473/474 – *Versierter Ansprechpartner.*

[228] *Köhler/Lettl* WRP 2003, 1019/1023; Gloy/Loschelder/*Erdmann,* HdbWettbR, 4. Aufl., § 31 Rn. 52.

[229] Ganz ähnlich Gloy/Loschelder/*Erdmann,* HdbWettbR, 4. Aufl., § 31 Rn. 59; zum alten Recht vgl. noch BGH GRUR 2002, 987/992 – *Wir Schuldenmacher.*

[230] Amtliche Begründung des Gesetzentwurfs zum UWG 2008, BT-Drucks. 16/10145, S. 41.

[231] Vgl. dazu BGH GRUR 1992, 450/452 – *Beitragsrechnung;* BGH GRUR 1970, 465/467 – *Prämixe;* BGH GRUR 1959, 488/489 – *Konsumgenossenschaften;* sehr zweifelhaft: BGH (VI. ZS) WRP 2003, 76f. – *Ersetzung unwirksamer Versicherungsbedingungen.*

die die wettbewerbliche Position des Unternehmens verbessert.[232] Auch die Einrichtung und die Mitgliederwerbung für einen „Autokids-Club", der zur Aufmerksamkeitswerbung bzw. Imagewerbung gegenüber Kindern dient und auch Gelegenheit zur Produktwerbung bietet, ist eine Absatzförderungsmaßnahme.[233] Ebenso sind Maßnahmen zur **Vorbereitung eines künftigen Wettbewerbs,** sofern sie bereits auf den Wettbewerb einwirken und damit marktbezogen sind, Absatzförderungsmaßnahmen[234] oder begründen dafür jedenfalls eine Begehungsgefahr. Die Durchführung einer Meinungsumfrage durch ein Unternehmen zur Intensivierung seiner Werbung ist ebenfalls eine Absatzförderungsmaßnahme.[235] Auch Maßnahmen zur Überprüfung des Wettbewerbsverhaltens der Konkurrenz wie **Testkäufe** oder die testweise Inanspruchnahme von Dienstleistungen erfolgen zum Zwecke der Förderung eigener (oder fremder) wirtschaftlicher Interessen und sind Absatzförderungshandlungen,[236] was auch für ein zur Verhinderung eines Testkaufs ausgesprochenes Hausverbot gilt.[237] Eine objektive Absatzförderungshandlung hat der BGH in einem Fall verneint,[238] in dem ein Unternehmensinhaber, der zugleich Präsident eines Sportvereins war, seine Lieferanten um Spenden für diesen Verein gebeten hatte, weil das Unternehmen keinen finanziellen Vorteil gezogen, sein geschäftliches Ansehen gegenüber den Abnehmern nicht gestärkt und nicht in den Wettbewerb der Lieferanten untereinander eingegriffen hatte.

c) Fehlender Absatzförderungserfolg. Für die rechtliche Beurteilung ist irrelevant, ob die Absatzförderungshandlung auch tatsächlich zu einem geschäftlichen Erfolg führt. Deswegen sind auch Absatzförderungsmaßnahmen gegenüber Testkäufern lauterkeitsrechtlich erfasst.[239] 58

d) Gegenstand und Form der Absatzförderung, insbesondere Links. Die Absatzförderungshandlung kann sich **gegenständlich** auf den Absatz oder den Bezug von Waren oder die Erbringung oder den Bezug von Dienstleistungen einschließlich unbeweglicher Sachen, Rechte und Verpflichtungen erstrecken. Die weit zu verstehende Auflistung umfasst vor allem **alle marktfähigen Güter des Handels, Handwerks, der dienstleistenden Anbieter und der Industrie** (vgl. Rn. 24). Über welches **Medium** die Absatzförderung erreicht werden soll, ist unerheblich, so dass sämtliche Formen der Printwerbung von der Wurfzettelwerbung bis hin zur Zeitschriftenwerbung und zu Angaben in der Fachinformation für ein Arzneimittel[240] sowie jedwede Art der Werbung über elektronische Medien (insbesondere Funk und Fernsehen, Internet, Telefon, SMS, MMS usw.) erfasst werden. Der im Rahmen eines geschäftlichen Internetauftritts gesetzte **Link zu einer fremden Internetseite,** die den eigenen werblichen Auftritt stärkt, stellt eine geschäftliche Handlung dar.[241] An einer geschäftlichen Handlung fehlt es allerdings, wenn Online-Medien zur Erläuterung redaktioneller Beiträge elektronische Verweise setzen, die allein der Information und Meinungsbildung ihrer Nutzer dienen.[242] Die als geschäftliche Handlung zu qualifizierende Linksetzung als solche begründet allerdings noch keine Haftung für die verlinkten Inhalte, wenn sich der Verweisende die verlinkten Inhalte nicht in einer Weise zu eigen gemacht hat, dass der Verkehr sie ihm zurechnet.[243] Insoweit kommt es auf die Umstände des einzelnen Falles an.[244] 59

---

232 OLG Hamm MMR 2005, 469 – *300 Freiminuten.*

233 OLG Frankfurt GRUR 2005, 785/786 – *Skoda-Autokids-Club.*

234 Sehr weitgehend zum alten Recht: BGH GRUR 1955, 342/344 – *Holländische Obstbäume;* BGH WRP 1993, 396/397 – *Maschinenbeseitigung,* wo eine Wettbewerbshandlung bejaht wurde, wenn ein Angestellter Maschinen seines Arbeitgebers in der Absicht entwendet, sich damit selbstständig zu machen. Zweifelhaft ist, ob die erst künftige Aufnahme einer gewerblichen Tätigkeit bereits ausreicht, um Ansprüche nach dem UWG geltend zu machen, so BGH GRUR 1984, 823/824 – *Charterfluggesellschaften.* Abweichend davon verlangt BGH GRUR 1995, 697/699 – *Funny Paper* für die Klageberechtigung zu Recht einen aktuell ausgeübten Gewerbebetrieb, der aber schon bei konkreten Vorbereitungshandlungen vorliegen kann, so auch *Köhler*/Bornkamm, UWG, 34. Aufl., § 2 Rn. 104.

235 BGH GRUR 1973, 268/269 – *Verbraucher-Briefumfrage.*

236 BGH WRP 1996, 1199/1100 – *Testfotos II;* BGH GRUR 1991, 843/844 – *Testfotos I;* BGH GRUR 1981, 827/828 – *Vertragswidriger Testkauf.*

237 BGH GRUR 1979, 859/860 – *Hausverbot II;* BGH GRUR 1966, 564/565 – *Hausverbot I.*

238 BGH GRUR 1983, 375 f. – *Spendenbitte* mit kritischer Anmerkung *Tilmann;* vgl. zu ähnlichen Sachverhaltsgestaltungen OLG Düsseldorf GRUR 1974, 161/162 – *Bettelbriefe* und OLG Hamm BB 1977, 668/669.

239 OLG Hamm GRUR 2014, 208 – *Gutschein für Folgeauftrag.*

240 BGH GRUR 2015, 1244 Rn. 17 – *Äquipotenzangabe in Fachinformation.*

241 BGH GRUR 2016, 209 Rn. 9 ff. – *Haftung für Hyperlink;* vgl. auch BGH GRUR 2015, 694 Rn. 30 – *Bezugsquellen für Bachblüten.*

242 BGH GRUR 2012, 74 Rn. 15 38 – *Coaching-Newsletter.*

243 BGH GRUR 2016, 209 Rn. 17 – *Haftung für Hyperlink.*

244 Zu den möglichen Konstellationen vgl. BGH GRUR 2016, 209 Rn. 11 ff. – *Haftung für Hyperlink;* BGH GRUR 2015, 694 – *Bezugsquellen für Bachblüten; Bornkamm/Seichter* CR 2005, 747 ff.

60 **e) Marktstufen.** Auf welcher **Marktstufe** sich das absatzfördernde Handeln auswirkt, ist für die Annahme eines Absatzförderungszusammenhangs **ohne Belang.** Erfasst sind auch Handlungen im Verhältnis zweier Unternehmen auf verschiedenen Wirtschaftsstufen.[245] Zum Wettbewerbsverhältnis im Stufenwettbewerb vgl. Rn. 144.

6. Vorrangiger Absatzförderungszusammenhang

61 **a) Grundsatz.** Die Bestimmung des § 2 Abs. 1 Nr. 1 UWG ist, soweit von der UGP-Richtlinie erfasstes verbraucherbezogenes Handeln in Rede steht, im Lichte des Wortlauts und des Zwecks von Art. 2 lit. d der UGP-Richtlinie auszulegen.[246] Die Richtlinie bezieht sich nach Erwägungsgrund 7 allerdings nicht auf Geschäftspraktiken, die vorrangig anderen Zielen als der Beeinflussung der geschäftlichen Entscheidung von Verbrauchern in Bezug auf Produkte dienen und sich lediglich reflexartig auf die Absatz- oder Bezugsförderung auswirken.[247] Deswegen kann von einer geschäftlichen Handlung im Sinne des § 2 Abs. 1 Nr. 1 UWG nur ausgegangen werden, wenn die Handlung bei der gebotenen objektiven Betrachtung **vorrangig dem Ziel der Förderung des Absatzes oder Bezugs von Waren** dient.[248] Die frühere großzügigere Auffassung, wonach es für eine geschäftliche Handlung bereits ausreichend war, wenn der Zweck der Förderung eigenen oder fremden Wettbewerbs nicht vollständig hinter anderen Beweggründen zurücktrat, ist unter dem Blickwinkel der UGP-Richtlinie nicht mehr aufrecht zu erhalten.[249] Der erforderliche objektive Absatzförderungszusammenhang muss aber nach wie vor **nicht das allein prägende Moment einer geschäftlichen Handlung** sein. Dass neben dem Absatzförderungsziel auch noch andere Motive eine Rolle spielen, schließt die Annahme einer geschäftlichen Handlung nicht aus. Das ist vielmehr erst dann der Fall, wenn vorrangig aus anderen als erwerbswirtschaftlichen Gründen gehandelt wird und ein objektiver Absatzförderungszusammenhang lediglich notwendige Folge eines anders motivierten Handelns ist.[250]

62 **b) „Vorrangige" Absatzförderung und Ausgrenzung von nicht absatz- oder bezugsförderndem Verhalten.** Die Frage, ob eine Handlung „vorrangig" der Förderung des eigenen oder fremden Absatzes oder Bezugs von Waren oder Dienstleistungen oder aber anderen Zielen dient, ist aufgrund einer **Würdigung der gesamten Umstände des Einzelfalls** zu beurteilen. Hierbei kommt es nicht nur auf die eigentlich in Rede stehende Handlung an, sondern auch auf die Begleitumstände. Der Umstand, dass der Handelnde ein eigenes **wirtschaftliches Interesse an der Beeinflussung der geschäftlichen Entscheidungen** von Verbrauchern oder anderen Marktteilnehmern hat, stellt dabei nur ein – wenngleich maßgebliches – **Indiz** für das Vorliegen einer geschäftlichen Handlung dar.[251] Eine ersichtlich durch Absatz- oder Bezugsinteressen geprägte Handlung dient diesen Interessen auch dann „vorrangig", wenn daneben auch weitere Motive (wie etwa die Verbraucheraufklärung, Umweltschutzbelange o. ä.) eine Rolle spielen. Die Beurteilung, ob ein vorrangiger Absatzförderungszusammenhang vorliegt, dient dazu, **Verhaltensweisen auszugrenzen, die zwar wettbewerbliche Auswirkungen haben, bei denen es aber nicht gerechtfertigt wäre, sie den strengen lauterkeitsrechtlichen Maßstäben zu unterwerfen.** Es ist sachgerecht, denjenigen nach milderen allgemeinen Maßstäben zu beurteilen, der nicht vorrangig Absatz- oder Bezugsförderungsinteressen verfolgt und sich damit gerade nicht als **wettbewerblicher Akteur** verhält.[252] Sofern allerdings absatzfördernde Ziele ersichtlich sind, wird man

---

[245] Vgl. insoweit die Gesetzesbegründung zur UWG-Reform 2004, BT-Drucks. 15/1487, S. 17 und S. 19 zu den Tatbeständen der unangemessenen Druckausübung (§ 4 Nr. 1 UWG) und der Behinderung (§ 4 Nr. 10 UWG). A. M. allerdings *Beater,* Unlauterer Wettbewerb, 2011, Rn. 1702, der übersieht, dass auch marktstufenverschiedene Unternehmen – etwa hinsichtlich verschiedener Markenprodukte – durchaus miteinander konkurrieren können.

[246] BGH GRUR 2015, 694 Rn. 22 – *Bezugsquellen für Bachblüten;* BGH GRUR 2014, 682 Rn. 16 – *Nordjob-Messe;* BGH GRUR 2014, 1120 Rn. 15 – *Betriebskrankenkasse II.*

[247] BGH GRUR 2016, 710 Rn. 16 – *Im Immobiliensumpf;* BGH GRUR 2015, 694 Rn. 22 – *Bezugsquellen für Bachblüten;* BGH GRUR 2013, 945 Rn. 29 – *Standardisierte Mandatsbearbeitung;* OLG Karlsruhe GRUR-RR 2010, 47/48.

[248] BGH GRUR 2013, 945 Rn. 13 – *Standardisierte Mandatsbearbeitung; Koch* FS Köhler, 2014, 359/364.

[249] Abweichend – und großzügiger – zu dieser Frage noch die Vorauflage. Zur entsprechenden Fragestellung unter dem Blickwinkel der nunmehr aufgegebenen Wettbewerbsabsicht: BGH GRUR 2003, 800/801 – *Schachcomputerkatalog;* BGH GRUR 2002, 1093/1094 – *Kontostandsauskunft;* BGH GRUR 2002, 987/993 – *Wir Schuldenmacher;* BGH GRUR 1997, 907/908 – *Emil-Grünbär-Klub;* BGH GRUR 1986, 812/813 – *Gastrokritiker;* BGH GRUR 1983, 379/380 – *Geldmafiosi.*

[250] Vgl. Fezer/*Fezer,* UWG, 2. Aufl. § 2 Nr. 1 Rn. 168.

[251] BGH GRUR 2015, 694 Rn. 28 – *Bezugsquellen für Bachblüten;* OLG Karlsruhe GRUR RR 2010, 47/48.

[252] Ebenso: *Beater,* Unlauterer Wettbewerb, 2011, Rn. 931.

diese Ziele oftmals als vorrangig handlungsmotivierend ansehen müssen, insoweit ist ein **großzügiger Maßstab** geboten. Zu beachten bleibt, dass die Bejahung eines objektiven Absatzförderungszusammenhangs erst die lauterkeitsrechtliche Bewertung eröffnet, ohne dass damit bereits über die materielle Unlauterkeit entschieden wäre.

c) Objektiv erkennbarer Absatzförderungszweck. Ein vorrangiger, objektiver Absatzförderungszusammenhang verlangt zwar gerade **keine Wettbewerbsabsicht.** Das bedeutet jedoch nicht, dass **subjektive Momente** bedeutungslos wären. Aus Erwägungsgrund 7 der UGP-Richtlinie ist für das verbraucherbezogene Lauterkeitsrecht zu folgern, dass ein unmittelbarer Absatzförderungszusammenhang bei Handlungen zu bejahen ist, die auch dem Ziel der Beeinflussung der geschäftlichen Entscheidungen des Verbrauchers beim Produktabsatz dienen. Ein objektiver Absatzförderungszusammenhang kann sich damit gerade auch durch die nach **außen hervortretende Zweckrichtung** des Handelns ergeben.[253] Dass die subjektive Motivation nicht zu vernachlässigen ist, wird auch durch die Erwähnung der „Werbung" in Art. 2 lit. d UGP-Richtlinie bestätigt, die nach der Definition der Werbung in Art. 2 lit. a der Irreführungsrichtlinie als eine **Äußerung mit dem Ziel der Absatzförderung** zu verstehen ist. Schon die nach früherem Recht erforderliche Wettbewerbsabsicht war als ein aus äußeren Umständen zu erschließendes objektives Zweckmoment zu verstehen,[254] so dass insbesondere eine Beweisaufnahme über die subjektive Motivation des Handelnden ausschied. Ebenso ist das nach Erwägungsgrund 7 der UGP-Richtlinie erforderliche Absatzförderungsziel als ein solches **objektives Zweckmoment** zu verstehen.[255] 63

d) Typischer Absatzförderungszusammenhang. Bei einer objektiv wettbewerbsbezogenen Handlung von Unternehmen sprach nach früherem Recht nach der Lebenserfahrung eine tatsächliche Vermutung für eine entsprechende Absicht zur Förderung des Wettbewerbs.[256] Für Verbände, die satzungsgemäß die wirtschaftlichen Interessen ihrer Mitglieder fördern, galt die Vermutung, dass sie auch die wettbewerblichen Interessen ihrer Mitglieder im Auge haben.[257] Im neuen Recht fehlt es an einer Grundlage, einen objektiven Absatzförderungszusammenhang für bestimmte Regelkonstellationen schlichtweg zu vermuten, auch wenn etwa die Frage der Beweislast nach der UGP-Richtlinie gemäß Erwägungsgrund 21 eine Frage des nationalen Rechts ist. An die Feststellung eines objektiven Absatzförderungszusammenhangs sind jedoch bei typischerweise absatzfördernden Tätigkeiten nur geringe Anforderungen zu stellen, so dass insoweit von einer **„Regel-Annahme"** gesprochen werden kann. 64

aa) Typische absatzfördernde Tätigkeit von Unternehmen. Bei typisch absatzfördernden, eigenen wirtschaftlichen Interessen dienenden Maßnahmen von Unternehmen wird ein **vorrangiger Absatzförderungszusammenhang** zumeist offen zutage liegen, so dass sich dessen gesonderte Feststellung erübrigt. Dies trifft z. B. für die typisch absatzfördernde Werbung von Unternehmen in Zeitungen und Zeitschriften, Radio und Fernsehen sowie im Internet ohne weiteres zu. Aber auch mit einer Anzeigenwerbung, in der eine „Politikerschelte" geübt und politische Missstände angeprangert werden, kann ein maßgebender Absatzförderungszusammenhang hergestellt werden, wenn das Unternehmen in der Werbung genannt und mit der Kritik zudem eine Beziehung zum Erscheinungsbild des eigenen Unternehmens hergestellt wird.[258] Der BGH hat hierin nach altem Recht „nicht zu vernachlässigende Wettbewerbszwecke" gesehen. Die Annahme eines vorrangigen Absatzförderungszusammenhangs scheidet jedoch in Konstellationen aus, in denen lediglich noch ein fernliegender Zusammenhang mit der Förderung eigener wirtschaftlicher Interessen besteht.[259] 65

---

[253] Vgl. zum früheren Recht: BGH GRUR 2002, 622/624 – *shell.de.*

[254] Vgl. erste Aufl., § 2 Abs. 1 Nr. 1 UWG Rn. 39.

[255] Amtliche Begründung zur UWG-Reform 2004, BT-Drucks. 15/1487, S. 40; vgl. insoweit auch *Fezer* WRP 2006, 781/786; *Henning-Bodewig* – GRUR Int. 2005, 629/630; *Köhler* GRUR 2005, 793/795.

[256] Vgl. zum früheren Recht: BGH GRUR 2003, 800/801 – *Schachcomputerkatalog;* BGH GRUR 2002, 193/194 – *Kontostandsauskunft;* BGH GRUR 1997, 916/918 – *Kaffeebohne;* BGH GRUR 1993, 761/762 – *Makler-Privatangebot;* BGH GRUR 1992, 707/708 – *Erdgassteuer;* OLG München GRUR-RR 2006, 268/271 – *Trivial-Patente.*

[257] Vgl. dazu etwa: BGH GRUR 1996, 1199/1100 – *Testfotos II;* BGH GRUR 1992, 707/708 – *Erdgassteuer;* BGH GRUR 1973, 371/372 – *Gesamtverband;* BGH GRUR 1962, 45/47 – *Betonzusatzmittel;* vgl. nunmehr BGH GRUR 2009, 878 Rn. 11 – *Fräsautomat.*

[258] Vgl. BGH GRUR 1997, 761/764 – *Politikerschelte.*

[259] Vgl. zu einer solchen Konstellation OLG Naumburg GRUR 2003, 375 ff. – *Brückenbau* für negative Äußerungen eines Ingenieurs gegenüber einem Konkurrenten im Rahmen einer Gemeinderatssitzung und gegenüber staatlichen Verwaltungen, gegenüber denen Ersterer als sachkundiger Bürger zur Verwirklichung bürgerschaftlichen Engagements mit auch eigener privater Interessenberührung handelte. An einer geschäftlichen Handlung kann es auch fehlen, wenn sich ein Apotheker in einem Leserbrief einer Apotheker-Zeitung abwer-

66 *bb) Absatzförderungsmaßnahmen von Medien.* Das auf die Förderung der eigenen wirtschaftlichen Stellung gerichtete **Verhalten der Medien** (Presse, Funk, Film und Fernsehen), das außerhalb ihres verfassungsrechtlich besonders geschützten Bereichs der Meinungsbildung, Information und Unterhaltung liegt, ist absatzförderndes Handeln. Deshalb gilt auch für die **den eigenen Absatz fördernden Maßnahmen** der Medien (Werbung von Abonnementkunden etc.) die Regel-Annahme, dass damit wettbewerbliche Eigeninteressen verfolgt werden.[260] Gleiches gilt für die absatzfördernde **Geld- und Prämienwerbung,**[261] für Maßnahmen im Zusammenhang mit dem **Vertrieb**[262] und für die Werbung der Medien hinsichtlich ihrer **eigenen Marktstellung** und Werbekraft.[263] Der Presse kommt insoweit keine Sonderstellung zu. Zweifelhaft erscheint es, ob auch bei dem **typischen Anzeigengeschäft** von Medien angenommen werden kann, dass der Herausgeber des Mediums absatzfördernd zugunsten des Werbenden handelt. Die Rechtsprechung sieht seit je her und nach wie vor im Anzeigengeschäft eine typisch wettbewerbsfördernde Maßnahme.[264] Nach früherem Recht vermutete die Rechtsprechung auf der Grundlage der Wettbewerbshandlung, dass der Herausgeber des Werbemediums auch in der Absicht handelte, die wettbewerbliche Stellung des werbenden Unternehmens zu fördern.[265] Es war jedoch schon unter dem früheren Blickwinkel der Wettbewerbsabsicht fraglich, ob im Anzeigengeschäft das Bewusstsein, die Interessen des Werbenden zu fördern, mehr als eine notwendige Begleiterscheinung darstellt.[266] Sachgerecht erscheint es, einen Absatzförderungszusammenhang im fremdnützigen Anzeigengeschäft nicht zu vermuten, sondern einen solchen Zusammenhang gesondert festzustellen.[267] Ein Presseunternehmen haftet allerdings für die Veröffentlichung gesetzwidriger Werbeanzeigen Dritter nur, wenn es seine auf grobe und unschwer erkennbare Rechtsverstöße beschränkte Prüfungspflicht verletzt hat, ob die Veröffentlichung der Anzeigen gegen gesetzliche Vorschriften verstößt.[268] Das OLG Köln hat die Ankündigung zuvor schon im Pay-TV gesendeter Filme als „TV-Premiere" in einer Programmzeitschrift, die sich ganz überwiegend mit dem Free-TV-Angebot befasst, als Wettbewerbshandlung (zum UWG 2004) angesehen, weil mit solchen Ankündigungen der eigene Wettbewerb im Absatzgeschäft der einschlägigen Programmzeitschriften gefördert und zudem der Wettbewerb der Free-TV-Sender gefördert werde.[269]

67 *cc) Absatzförderungszusammenhang bei vertragsabschlussbezogenem und nachvertraglichem Handeln.* Ein Absatzförderungszusammenhang ist **bei vertragsabschlussbezogenem und nachvertraglichem**

---

tend über ein Pharma-Unternehmen äußert, um die Gefahr einer unzureichenden Lieferfähigkeit aufzuzeigen und die Äußerung beiläufig in einer kritischen Stellungnahme zu Regressgefahren der Apotheker erfolgt, vgl. KG WRP 2009, 1296.

[260] OLG München GRUR-RR 2012, 435/436 – *Unsere Experten sind für Sie da;* MünchkommUWG/*Bähr,* 2. Aufl., § 2 Rn. 90.

[261] BGH GRUR 1989, 366 – *Wirtschaftsmagazin.*

[262] Vgl. BGH GRUR 1996, 778 ff. – *Stumme Verkäufer.*

[263] Zur Werbung eines Nachrichtenmagazins mit dem Begriff der „Marktführerschaft" vgl. BGH WRP 2004, 339 ff.; zur Werbung mit einer Spitzenstellung: BGH WRP 1971, 519; zur Werbung mit der Auflagenhöhe: BGH GRUR 1968, 433/435 f. – *Westfalen-Blatt II;* zur Werbung mit Leserschaftsdaten vgl. OLG Hamburg WRP 1990, 350; zur Werbung der Medien mit Leseanalysen, Lesestrukturanalysen und Tausenderpreisen vgl. *Richter/Webeling,* Handbuch des Presserechts, 6. Aufl., Kap. 75 Rn. 30 ff. und *Ahrens* in Gloy/Loschelder/Erdmann, HdbWettbR, 4. Aufl., Kap. 70 Rn. 124 ff.

[264] BGH GRUR 2015, 906 Rn. 14 ff. – *TIP der Woche;* bejahend auch Ohly/*Sosnitza,* UWG, 6. Aufl., § 2 Rn. 33.

[265] Vgl. insoweit BGH GRUR 1997, 909/910 – *Branchenbuch-Nomenklatur;* BGH GRUR 1995, 595/597 – *Kinderarbeit;* BGH GRUR 1994, 841/842 f. – *Suchwort;* BGH GRUR 1993, 53/54 – *Ausländischer Inserent;* BGH GRUR 1990, 1012 – *Pressehaftung I.*

[266] Verneint für die Übernahme von Grundeinträgen aus amtlichen Telefonbüchern in die „Gelben Seiten": BGH GRUR 1997, 909/910 – *Branchenbuch-Nomenklatur,* anderes soll allerdings für die Übernahme von „Zusatzeinträgen" gelten. Differenzierte Beurteilung des Problems bei *Ahrens* in Gloy/Loschelder/Erdmann, HdbWettbR, 4. Aufl., § 69 Rn. 46 ff., sowie *Henning-Bodewig* GRUR 1985, 258/263, *dies.* GRUR 1981, 867/874.

[267] Im Fall „TIP der Woche" (BGH GRUR 2015, 906 ff.) lag der Absatzförderungszweck auf der Hand, weil das Werbemedium von einer Schwestergesellschaft der Inserenten herausgegeben wurde. Im Fall der für die Registrierung von Domain-Namen zuständigen DENIC hat der BGH einen fremdnützigen Wettbewerbsförderungszweck verneint, vgl. BGH GRUR 2001, 1038/1039 – *ambiente.de.* Zur eingeschränkten Prüfungspflicht der Presse auf grobe, unschwer zu erkennende Verstöße im Rahmen der früheren Störerhaftung: BGH GRUR 1997, 909/911 – *Branchenbuch-Nomenklatur;* zum schadensersatzrechtlichen Presseprivileg für periodische Druckschriften vgl. § 9 Satz 2 UWG.

[268] BGH GRUR 2015, 906 Rn. 31 – *TIP der Woche;* BGH GRUR 2006, 957 Rn. 14 – *Stadt Geldern;* BGH GRUR 2001, 529/531 – *Herz-Kreislauf-Studie.*

[269] OLG Köln GRUR-RR 2008, 404 ff. – *TV-Premiere.*

Verhalten nicht zwingend erforderlich.[270] Im Einklang mit der UGP-Richtlinie reicht ein Handeln aus, das „mit dem Abschluss oder der Durchführung eines Vertrags über Waren oder Dienstleistungen objektiv zusammenhängt".[271] Ein Absatzförderungszusammenhang liegt auch bei nachvertraglichem Handeln in vielen Fällen vor, weil hierfür ausreichend ist, dass sich die rechtliche oder wirtschaftliche Position des Unternehmens durch die in Rede stehende Maßnahme verbessert.[272]

dd) Absatzförderungszusammenhang bei Tätigkeiten der öffentlichen Hand. Die Annahme eines objektiven Absatzförderungszusammenhangs ist auch bei der **erwerbswirtschaftlichen Tätigkeit der öffentlichen Hand** regelmäßig gerechtfertigt.[273] Eine erwerbswirtschaftliche Tätigkeit ist – unabhängig von der Rechtsform, deren sich die öffentliche Hand bedient – dann gegeben, wenn sie absatzfördernd in Konkurrenz zu privaten Anbietern tätig wird, ohne hierzu gesetzlich verpflichtet oder ermächtigt zu sein.[274] Zur abweichenden Situation bei außererwerbswirtschaftlichen Tätigkeiten der öffentlichen Hand vgl. unten Rn. 87. 68

7. Unmittelbare und mittelbare Absatzförderung

Ein „objektiver Absatzförderungszusammenhang" ist nicht nur dann gegeben, wenn der Handelnde **zeitlich unmittelbar** auf die Entscheidung der Adressaten **einwirkt.** Erfasst sind vielmehr auch Verhaltensweisen, die ggf. mit einer gewissen zeitlichen Verzögerung den Verbraucher oder sonstige Marktbeteiligte beeinflussen. **Eine zeitlich mittelbare Absatz- oder Bezugsförderung ist sonach ausreichend,** sodass etwa auch eine **Image-Werbung** oder auch ein **Sponsoring** nach wie vor lauterkeitsrechtlich erfasst sind. Eine Absatzförderung liegt auch in einer von einem Unternehmen beauftragten Umfrage eines Meinungsforschungsinstituts zur Ermittlung der Zufriedenheit mit der Geschäftsabwicklung, die es dem Unternehmen ermöglicht, seine Serviceleistungen gegenüber Kunden zu verbessern.[275] Die UGP-Richtlinie verlangt zwar im Zusammenhang mit der Definition der „Geschäftspraktiken" in Art. 2 lit. d, dass die fragliche Handlung „unmittelbar" mit der Absatzförderung im Zusammenhang steht. Dass hiermit kein zeitlich unmittelbarer Zusammenhang verlangt ist, wird auch aus der Regelung des Art. 6 Abs. 1 lit. c deutlich, die eine Irreführung bei direktem oder indirektem Sponsoring und damit einer geschäftlichen Handlung betrifft, mit der regelmäßig noch keine entscheidungsrelevante Einflussnahme auf Verbraucher verbunden ist. Zu verweisen ist ferner auf die Erwähnung der „kommerziellen Mitteilung" in Art. 2 lit. d UGP-Richtlinie, die nach der Regelung in Art. 2 lit. f der E-Commerce-Richtlinie alle Formen der Kommunikation, die der unmittelbaren oder mittelbaren Förderung des Absatzes von Waren oder Dienstleistungen oder des Erscheinungsbildes eines Unternehmens dienen, erfasst.[276] Nach der UGP-Richtlinie soll lediglich die bloß mittelbare Beeinträchtigung von Verbrauchern nicht erfasst sein (vgl. Erwägungsgrund 6). Erforderlich, aber auch ausreichend ist, dass die mittelbare Absatzförderung bei Verbrauchern zu einer „geschäftlichen Entscheidung" führt, die allerdings noch keinen rechtsgeschäftlichen Geschäftsabschluss verlangt, sondern etwa auch in der Hinwendung zu einer Werbemaßnahme, dem Betreten eines Geschäfts oder in ähnlichen Zwischenschritten zu einem Geschäftsabschluss bestehen kann.[277] 69

8. Förderung fremder Unternehmen/fremden Wettbewerbs

Eine geschäftliche Handlung kann sich – wie sich aus dem Wortlaut „zugunsten des eigenen oder eines fremden Unternehmens ..." von § 2 Abs. 1 Nr. 1 UWG eindeutig ergibt – auch auf die Förderung des Absatzes oder des Bezugs von Waren oder Dienstleistungen **eines fremden Unter-** 70

---

[270] Vgl. *Köhler*/Bornkamm, UWG, 34. Aufl., § 2 Rn. 74 und *Köhler* NJW 2008, 3032/3035.

[271] Beispielsweise die Verwendung von AGB, vgl. BGH GRUR 2012, 945 Rn. 45 ff. – *Missbräuchliche Vertragsstrafe;* BGH GRUR 2014, 88 Rn. 26 – *Vermittlung von Netto-Policen.*

[272] Vgl. insoweit BGH GRUR 2007, 805/806 – *Irreführender Kontoauszug,* wo es der BGH für die Absatzförderung von Bankdienstleistungen für ausreichend ansah, dass die Bank durch die irreführenden Kontoauszüge Vorteile in Form von Überziehungszinsen erzielen konnte.

[273] Vgl. dazu: BGH GRUR 2002, 550/554 – *Elternbriefe;* BGH GRUR 1990, 463/464 – *Firmenrufnummer;* BGH GRUR 1974, 733/734 – *Schilderverkauf.*

[274] Vgl. BGH GRUR 1989, 142/144 – *Sonderungsverfahren;* BGH GRUR 1962, 159/160 ff. – *Blockeis I* – und BGH GRUR 1965, 373/374 f. – *Blockeis II;* vgl. ferner oben Rn. 45 und *Ahrens* oben Einl. G II Rn. 47 ff.

[275] OLG Köln WRP 2012, 725 ff. – *telefonische Kundenzufriedenheitsabfrage.*

[276] Vgl. *Köhler*/Bornkamm, UWG, 34. Aufl., § 2 Rn. 47.

[277] Vgl. die Kommentierung zur „geschäftlichen Entscheidung" unten Rn. 222 ff.

nehmens beziehen.[278] Dann ist der Handelnde **„Wettbewerber im fremden Interesse".**[279] Die Förderung des Absatzes eines fremden Unternehmens stellt eine eigene geschäftliche Handlung und nicht lediglich eine Beteiligung an einem fremden geschäftlichen Handeln dar. Die Förderung des Absatzes eines anderen Unternehmens, die nicht entsprechend Art. 2 lit. b in dessen „Namen oder Auftrag" erfolgt, fällt allerdings nicht in den Anwendungsbereich der UGP-Richtlinie.[280] Die UGP-Richtlinie steht der Erstreckung des Anwendungsbereichs des UWG auf Handlungen zur Förderung des Wettbewerbs zugunsten fremder Unternehmen aber auch nicht entgegen.[281] Die Förderung fremden Wettbewerbs kann sich dabei insbesondere aus den Begleitumständen wettbewerblicher Angaben ergeben. Ein ausreichender objektiver Zusammenhang zur Förderung des Absatzes eines bestimmten Unternehmens wird etwa hergestellt, wenn im Rahmen eines Internetauftritts ein Hinweis auf Bezugsmöglichkeiten von Waren über einen Link zu einer Produktseite nur eines Anbieters dieser Waren führt.[282] Entscheidend ist, ob ein **Verhalten objektiv betrachtet maßgeblich darauf gerichtet ist, durch die Beeinflussung der geschäftlichen Entscheidungen der Adressaten den Absatz von Waren eines bestimmten Anbieters zu fördern.**[283] Weil es für eine geschäftliche Handlung als solche auf ein Wettbewerbsverhältnis nicht ankommt, ist nicht erforderlich, dass zwischen den Vorteilen, die der Dritte für das fremde Unternehmen zu erreichen sucht, und den Nachteilen, die der betroffene Mitbewerber durch dieses Verhalten erleidet, eine Wechselbeziehung besteht.[284] Die Förderung fremden Wettbewerbs braucht nicht lediglich ein einzelnes Unternehmen zu begünstigen, sondern kann **zugunsten einer ganzen Gruppe von Unternehmen** erfolgen,[285] was etwa auch bei einer Verbandsarbeit der Fall ist, mit der die gewerblichen Interessen der Mitglieder gefördert werden.[286]

9. Bezugsförderungszusammenhang

71 Erfasst sind auch Handlungen im Bezugs- oder Nachfragewettbewerb.[287] Das ist mit der Gesetzesformulierung des § 2 Abs. 1 Nr. 1 UWG – über den Wortlaut der UGP-Richtlinie hinaus – nunmehr klargestellt. Erfasst sind sonach insbesondere auch die Fälle des **„Anzapfens".**[288] Auch Stellenanzeigen für Arbeitskräfte sind Maßnahmen im **Nachfragewettbewerb um Arbeitskräfte,** wenn sich dort das Unternehmen auch werbend darstellt.[289] Auch soweit Unternehmen um Dienstleistungen verschiedener Anbieter oder um Mitarbeiter konkurrieren, liegt ein Wettbewerbsverhältnis im Nachfragewettbewerb vor.[290]

---

278 BGH GRUR 2000, 344/347 – *Beteiligungsverbot für Schilderpräger;* BGH GRUR 1974, 666 – *Reparaturversicherung;* BGH GRUR 1964, 392/394 – *Weizenkeimöl;* BGHZ 3, 270/277 – *Constanze I.*

279 Vgl. BGH GRUR 1997, 912 – *Die Besten I;* BGH GRUR 1997, 914 – *Die Besten II; Köhler*/Bornkamm, UWG, 34. Aufl., § 2 Rn. 54.

280 EuGH GRUR 2013, 1245 Rn. 40 – *RLvS/Stuttgarter Wochenblatt;* BGH GRUR 2015, 694 Rn. 26 – *Bezugsquellen für Bachblüten;* BGH GRUR 2014, 879 Rn. 13 – *Good News II; Köhler*/Bornkamm UWG, 34. Aufl., § 2 Rnd. 54; Kritisch zu Recht: *Koch* FS Köhler 2014, 359/367 f.; *Glöckner,* FS Köhler 2014, 159 ff.; *Scherer* WRP 2014, 517 ff.; *Alexander* WRP 2013, 1578 f.; *Peifer* FS Köhler 2014, 519 ff. und *Demuth* WRP 2014, 35 ff.

281 BGH GRUR 2015, 694 Rn. 26 – *Bezugsquellen für Bachblüten;* BGH GRUR 2009, 878 Rn. 11 – *Fräsautomat; Koch,* FS Köhler 2014, 359 ff.; *Glöckner,* FS Köhler 2014, 159/171, *Scherer* WRP 2014, 517/521 und *Alexander* WRP 2013, 1578 f.

282 Vgl. BGH GRUR 2015, 694 Rn. 30 – *Bezugsquellen für Bachblüten.*

283 BGH GRUR 2015, 694 Rn. 32 – *Bezugsquellen für Bachblüten;* BGH WRP 1990, 282 – *Anwaltswahl durch Mieterverein.*

284 Zur früher geforderten Wechselwirkung vgl. BGH GRUR 1997, 907/908 – *Emil-Grünbär-Klub;* BGH GRUR 1962, 45/47 – *Betonzusatzmittel.* Die Anspruchsberechtigung von Mitbewerbern setzt aber mit Blick auf das für die Mitbewerberstellung geforderte „konkrete Wettbewerbsverhältnis" voraus, dass diese durch die Förderung des dritten Unternehmens gerade in ihren eigenen wettbewerbsrechtlich geschützten Interessen berührt sind, s. unten Rn. 129 ff.

285 BGH GRUR 1962, 45/47 – *Betonzusatzmittel;* OLG Frankfurt WRP 2015, 1119 – *Schmuddelkind.*

286 BGH GRUR 2009, 878 Rn. 11 – *Fräsmaschine;* BGH WRP 1996, 1199/1100 – *Testfotos II.*

287 BGH GRUR 2009, 1189 Rn. 12 – *Blutspendedienst;* vgl. BGH GRUR 1967, 138/141 – *Streckenwerbung* (Wettbewerb von Nachfragern um Werbeflächen); *Köhler*/Bornkamm, UWG, 34. Aufl., § 2 Rn. 38.

288 Vgl. BGH WRP 2002, 1436 ff. – *Konditionenanpassung;* BGH GRUR 1982, 677 ff. – *Unentgeltliche Übernahme der Preisauszeichnung;* BGH GRUR 1982, 737 f. – *Eröffnungsrabatt;* BGH GRUR 1977, 619 ff. – *Eintrittsgeld.*

289 BGH GRUR 2003, 540/541 – *Stellenanzeige;* BGH GRUR 2005, 877/879 – *Werbung mit Testergebnis Schlosser,* WRP 2004, 145 ff.; OLG Nürnberg WRP 1991, 521.

290 LG Heidelberg GRUR-Prax 2012, 389.

10. Substantiierungslast sowie beweisrechtliche Bedeutung der Regel-Annahme

Sofern die Regel-Annahme über einen objektiven „Absatzförderungszusammenhang" bei **typisch unternehmerischen Tätigkeiten** (Rn. 65) greift, bedarf es zur Darlegung eben dieses Umstands im Prozess keiner eingehenden Substantiierung. Allerdings ist diese auf äußere Umstände gestützte Regel-Annahme durch das Aufzeigen von Umständen erschütterbar, die belegen, dass ein objektiver, vorrangiger Absatzförderungszusammenhang doch nicht besteht, insbesondere etwa aus anderen als wettbewerblichen Motiven gehandelt wurde. Auch nach der UGP-Richtlinie erscheint eine derartige Verteilung von Substantiierungslasten zulässig, was umso mehr gilt, als nach Erwägungsgrund 21 die **Beweislast vom nationalen Recht** bestimmt wird. Weil auch eine **Entkräftung der Regel-Annahme** möglich bleibt, ist sie nicht als echte Beweislastumkehr anzusehen.[291] Sofern man eine Regel-Annahme bei typischen Absatzförderungshandlungen bejaht, läuft dies auf eine erhöhte Beibringungs- und Darlegungslast für die einem Absatzförderungszusammenhang entgegenstehenden Umstände hinaus. Die für oder gegen einen Absatzförderungszusammenhang sprechenden tatsächlichen Umstände sind dem Beweis zugänglich. Die Beurteilung, ob insgesamt ein objektiver und vorrangiger Absatzförderungszusammenhang vorliegt, stellt eine dem Beweis entzogene Rechtsfrage dar.[292] 72

11. Kasuistik zum „Absatzförderungszusammenhang" bzw. zur früheren „Wettbewerbsförderungsabsicht"

Maßgebend seit dem UWG 2008 ist, ob eine Handlung im Rahmen eines zumindest mitbestimmenden Absatzförderungszusammenhangs vorliegt. Weil aber die nach früherem Recht maßgebende „Wettbewerbsabsicht" aus objektiven Umständen erschlossen wurde, kann die nachfolgende Kasuistik – ohne dass hierdurch das unter dem Blickwinkel der UGP-Richtlinie auszulegende verbraucherbezogene Lauterkeitsrecht nach nationalen Maßstäben ausgelegt würde – für die nunmehr erforderliche Abgrenzung weiter von Hilfe sein. 73

a) Absatzförderungszusammenhang bzw. Wettbewerbsabsicht bejaht: bei einem öffentlich zugänglichen **Blogeintrag** eines Mitarbeiters zugunsten des eigenen Unternehmens, mit dem auch das Interesse verfolgt wird, in das Wettbewerbsgeschehen einzugreifen;[293] wenn ein Mitgliedsunternehmen eines Wirtschaftsverbandes an diesen ein Schreiben richtet, in dem angeblich unlautere Einflussnahmen eines anderen Verbandsmitglieds auf Ausschreibungen behauptet werden und angeregt wird, die weitere Mitgliedschaft des Konkurrenzunternehmens zu prüfen;[294] wenn ein Unternehmer bekanntermaßen irreführende Veröffentlichungen in Fachzeitschriften nicht unterbindet, weil dies nahelegt, den Absatz seiner Erzeugnisse fördern zu wollen, selbst wenn die Veröffentlichungen nicht an die eigentlichen Verwender der Produkte, sondern lediglich an die für eine Auswahlentscheidung maßgebenden Wiederverkäufer gerichtet werden;[295] wenn eine Fernsehanstalt in einer redaktionellen Sendung über ein bestimmtes Ereignis im Vor- und Abspann den **Sponsor des Ereignisses** nennt, weil dann naheliegt, dass die Sendeanstalt damit jedenfalls auch in der Absicht gehandelt hat, ihre Stellung im Wettbewerb zu fördern;[296] wenn Unternehmen **Presseinformationen** zu eigenen geschäftlichen Verhältnissen mit dem Ziel ihrer Veröffentlichung verbreiten,[297] wenn ein Arzt in seiner Praxis Verschreibungen einsammelt, um sie einem bestimmten Apotheker zwecks Lieferung der Arzneimittel an die Patienten zu übergeben, weil er damit den Wettbewerb der begünstigsten Apotheke fördert;[298] wenn ein Unternehmen auf seiner Internetseite im Zusammenhang mit Angaben zu einer bestimmten Therapie auf die „Original Produkte" zu dieser Therapie hinweist und es für den Verbraucher einen **elektronischen Verweis (Link)** im Rahmen des Internetauftritts bereithält, der zum Angebot „Original Produkte" eines bestimmten Herstellers führt;[299] bei einem Angebot eines Hotelbewertungsportals, das dazu dient, ein gleichzeitig betriebenes Online-Reisebüro bekannt zu machen und dessen Attraktivität zu steigern;[300] für die in **Fachinformationen für Arzneimittel** enthaltenen Angaben, weil diese darauf gerichtet sind, die Therapieentscheidung eines Arztes zu beeinflussen und nicht lediglich allein für das Zulassungsverfahren bestimmt sind und auch nicht lediglich behördenintern genutzt werden;[301] bei der 74

---

[291] Vgl. insoweit zum früheren Recht für die damalige Vermutung der Wettbewerbsabsicht und deren beweismäßige Behandlung: GK-UWG/*Schünemann,* 1. Aufl. Einl. D Rn. 217; nach *Gruber* WRP 1991, 369/375 lief die Handhabung der Vermutungsregel de facto auf eine Beweislastumkehr hinaus.

[292] Ohly/*Sosnitza,* UWG, 6. Aufl. § 2 Rn. 44.

[293] OLG Hamm MMR 2008, 757 – *private Äußerung in Blogs als Wettbewerbshandlung,* hierzu *Glöckner/Kur* GRUR-Beilage 1 2014, 29/38.

[294] BGH GRUR 1992, 860/861 – *Bauausschreibungen.*

[295] BGH GRUR 1996, 798/799 f. – *Lohnentwesungen.*

[296] BGH GRUR 1992, 518/520 – *Ereignis-Sponsorwerbung.*

[297] BGH GRUR 1968, 645/646 – *Pelzversand;* OLG Hamburg WRP 1979, 312; KG WRP 1979, 651.

[298] BGH GRUR 1981, 280/281 – *Apothekenbegünstigung.*

[299] BGH GRUR 2015, 694 ff. – *Bezugsquellen für Bachblüten.*

[300] BGH GRUR 2015, 1129 Rn. 17 – *Hotelbewertungsportal;* vgl. dazu auch *Schaub,* FS Köhler 2014, 593/596 f.

[301] BGH GRUR 2015, 1244 Rn. 17 – *Äquipotenzangabe in Fachinformationen.*

Verwendung einer unternehmerischen Bezeichnung wie „Steuerbüro" im Telefonbucheintrag, auf Kanzleibriefbögen und im Internet, weil das ein typisches berufliches und damit geschäftliches Handeln darstellt;[302] bei der fortgesetzten unrichtigen Rubrizierung von Heilpraktikern in den Telefoneinträgen eines Branchenverzeichnisses, weil dies eine die einzelnen Anschlussinhaber fördernde geschäftliche Handlung darstellt;[303] wer auf seiner eigenen werbenden Internetseite durch einen Link auf eine fremde Internetseite verweist und diese für seinen eigenen werblichen Auftritt nutzt, handelt geschäftlich und im Absatzförderungszusammenhang, ohne allein damit bereits eine Haftung für die Inhalte der über den Link erreichbaren Internetseite zu begründen.[304] Wer sich die über einen Hyperlink zugänglichen fremden Informationen zu eigen macht, haftet dafür wie für eigene Informationen, darüber hinaus im Fall der Verletzung absoluter Rechte als Störer und im Fall der Verletzung sonstiger wettbewerbsrechtlich geschützter Interessen aufgrund der Verletzung einer wettbewerbsrechtlichen Verkehrspflicht, wenn er zumutbare Prüfungspflichten verletzt hat.[305]

75 **b) Absatzförderungszusammenhang bzw. Wettbewerbsabsicht verneint:** wenn ein Altenheim die Leichen von verstorbenen Heimbewohnern stets umgehend von einem bestimmten Bestattungsunternehmen abholen lässt, um seinen „Heimbetrieb möglichst reibungslos" zu gestalten, weil dann das Verhalten nicht dadurch motiviert ist, die geschäftlichen Interessen des beauftragten Bestattungsunternehmens zu fördern;[306] bei der Aufforderung der Mitarbeitervertretung einer Einrichtung der Diakonie im Bereich der evangelischen Landeskirche zu einer vormals unzulässigen Rabattgewährung in der Absicht, den Betriebsmitarbeitern materielle Vergünstigungen zu verschaffen, weil dann auszuschließen ist, dass die Absicht der Förderung fremden Wettbewerbs eine irgendwie maßgebliche Rolle gespielt haben könnte;[307] wenn ein Landkreis seine ihm obliegende Pflicht zur Versorgung von Asylbewerbern durch die Ausgabe von Wertgutscheinen erfüllt und er zur Verminderung des eigenen Verwaltungsaufwands eine Servicegesellschaft mit der Abwicklung beauftragt;[308] wenn sich ein Arzt in einem Schreiben an einen Dritten nachteilig über einen anderen Arzt (Mitbewerber) äußert, so kann es an einem objektiven Absatz- oder Bezugsförderungszusammenhang fehlen, wenn das Schreiben nur in einem Vertragsverhältnis zu einem IT-Dienstleister verwandt, nicht an Patienten gerichtet und auch nicht zur Weiterleitung an potentielle Patienten gedacht war.[309]

12. Regelmäßig fehlender Absatzförderungszusammenhang

76 Die auf der Lebenserfahrung beruhende Regel-Annahme für einen objektiven Absatzförderungszusammenhang ist umso weniger gerechtfertigt, je **weiter** sich die in Rede stehende Handlung **von der typischen Verfolgung eigenwirtschaftlicher Ziele entfernt.** In den nachfolgend genannten Fällen, insbesondere bei redaktionellen Äußerungen von Medien, kann eine Regel-Annahme für einen objektiven Absatzförderungszusammenhang nicht durchgreifen. In all den nachfolgend aufgeführten Fällen ist deshalb ein **objektiver Absatzförderungszusammenhang eingehend zu substantiieren.** Dabei kann bei Presseäußerungen ein Absatzförderungszusammenhang ggf. aus der Äußerung selbst (wegen ihrer absatzfördernden Zweckrichtung) erschlossen werden.

77 **a) Förderung fremder Unternehmen.** Bei einer Förderung **fremden Wettbewerbs** ist ein Absatzförderungszusammenhang **nicht als Regelfall** anzusehen.[310] Der bei der Verfolgung eigener wirtschaftlicher Interessen gegebene Anschein für einen Absatzförderungszusammenhang ist bei einer Förderung fremder wettbewerblicher Interessen als einem zwar lauterkeitsrechtlich erfassten, aber untypischen Tatbestand nicht mehr gegeben.[311] Bei der Förderung fremden Wettbewerbs ist der Absatzförderungszusammenhang daher eigens festzustellen.[312]

78 **b) Äußerungen in rechtlich geordneten Verfahren.** Für Äußerungen in **rechtlich geordneten Verfahren** ist regelmäßig nicht anzunehmen, dass ein Absatzförderungszusammenhang

---

302 BGH GRUR 2013, 8409 Rn. 26 – *Steuerbüro.*

303 OLG Frankfurt WRP 2015, 1530ff.

304 BGH GRUR 2016, 209 Rn. 15 – *Haftung für Hyperlink;* vgl. auch OLG Hamm GRUR-RR 2012, 279f. – *Doppelmoral.*

305 BGH GRUR 2016, 209 Rn. 13ff. – *Haftung für Hyperlink.*

306 BGH GRUR 1988, 38/39 – *Leichenaufbewahrung.*

307 BGH GRUR 1989, 773/774 – *Mitarbeitervertretung.*

308 BGH GRUR 2003, 257/258 – *Wertgutscheine für Asylbewerber.*

309 OLG Karlsruhe GRUR-RR 2010, 47ff. – *Vergleich.*

310 Zur Nichtanwendbarkeit der Vermutungsregelung nach früherem Recht: BGH GRUR 2004, 693/694 – *Schöner Wetten;* BGH GRUR 1997, 912/913 – *Die Besten I;* BGH GRUR 1997, 914/915 – *Die Besten II;* BGH GRUR 1995, 270/272 – *Dubioses Geschäftsgebaren;* OLG Hamburg GRUR-RR 2004, 52/53 – *Kooperation Forum;* OLG Düsseldorf WRP 1995, 639/642 zur Begünstigung eines Autovermieters durch ein Versicherungsunternehmen.

311 *Köhler*/Bornkamm, UWG, 34. Aufl., § 2 Rn. 54ff.

312 Bei einem Fachverband, der zugunsten seiner Mitglieder ein wettbewerbsbeeinflussendes Schreiben an Abnehmer eines Konkurrenten versandte, lag ein Absatzförderungszusammenhang offen zu Tage, vgl. BGH GRUR 2009, 878ff. – *Fräsautomat.* Zur früheren Feststellung der „Wettbewerbsabsicht" vgl. KG GRUR 2005 162 – *Arzneimitteleigenschaften kraft Präsentation;* OLG Brandenburg NJW 2005, 2091 – *Pauschalpositionen.*

besteht. Selbst ein solcher Zusammenhang wäre allerdings ohne Belang. Äußerungen in einem solchen Verfahren, auch soweit sie wettbewerbliche Interessen fördern, sind grundsätzlich nicht beanstandungsfähig, weil auf den Ablauf eines rechtlich geordneten Verfahrens nicht dadurch Einfluss genommen oder seinem Ergebnis nicht dadurch vorgegriffen werden darf, dass Verfahrensbeteiligte durch Unterlassungs- oder Widerrufsansprüche in ihrer Äußerungsfreiheit eingeengt werden. Deswegen können gegen Äußerungen, die der Rechtsverfolgung oder Verteidigung in einem **gerichtlichen Verfahren** dienen, grundsätzlich keine Abwehransprüche (auf Grundlage etwa der §§ 3, 4 Nrn. 1 und 2 UWG oder der §§ 823, 824 BGB) erhoben werden.[313] Gleiches gilt für Äußerungen in **behördlichen Verfahren,** in denen eine entsprechende Interessenlage besteht.[314] Klagen auf Abwehr derartiger Äußerungen sind mangels eines Rechtsschutzinteresses als unzulässig abzuweisen.[315] Ausnahmen sind allenfalls für solche Fälle anzuerkennen, in denen ein Bezug der den Dritten betreffenden Äußerungen zum Ausgangsrechtsstreit nicht erkennbar ist oder die ehrverletzenden Äußerungen auf der Hand liegend falsch sind oder sich als eine unzulässige Schmähung darstellen.[316] Eine Ehrenschutzklage ist in der Regel auch dann unzulässig, wenn der Vortrag Dritte betrifft, die an dem Zivilprozess zwar formal nicht beteiligt sind, deren Verhalten aber aus der Sicht des Äußernden für die Darstellung und Bewertung des Streitstoffs von Bedeutung sein kann. Das **Interesse der Parteien, in einem rechtlich geordneten Verfahren alles vortragen zu dürfen, was sie zur Wahrung ihrer Rechte für erforderlich** halten, auch wenn hierdurch die Ehre eines anderen berührt wird, wird regelmäßig das Interesse des beeinträchtigten Dritten überwiegen.[317] Auch für eine auf einen Wettbewerbsverstoß oder eine unerlaubte Handlung nach §§ 823ff. BGB gestützte Klage auf Unterlassung oder Beseitigung von als herabsetzend beanstandeten Äußerungen in der Beschreibung eines **Patents** besteht in Anbetracht der Regelungen über das Verfahren der Patenterteilung und der Rechtsbehelfe, die Dritte gegen ein erteiltes Patent ergreifen können, regelmäßig kein Rechtsschutzbedürfnis.[318] Die Privilegierung muss auch **über den Abschluss des Verfahrens hinaus** andauern, weil ihr Zweck vereitelt würde, wenn die Beteiligten befürchten müssten, jedenfalls nach dem Abschluss des Verfahrens in Anspruch genommen zu werden. Eine Privilegierung greift aber dann nicht ein, wenn ehrverletzende Äußerungen in einem Rundschreiben oder Artikel außerhalb der prozessualen Rechtsverfolgung aufgestellt werden, also der Äußernde mit einer außergerichtlichen Kampagne an die Öffentlichkeit geht.[319] **Abmahnungen** und **Schutzrechtsverwarnungen** können von der Privilegierung unabhängig davon **nicht** erfasst sein, dass sie einem gerichtlichen Verfahren vorausgehen: Das mit ihnen begründete Rechtsverhältnis steht einem rechtlich geordneten, unter richterlicher oder behördlicher Kontrolle stehenden Verfahren, in dem die Parteien in weiten Grenzen alles vortragen können müssen, was sie zur Wahrung ihrer Rechte für erforderlich halten, nicht gleich.[320] Auch **Schadensersatzansprüche** sind in dem durch den Zweck der Privilegierung abgesteckten Rahmen zu versagen.[321]

---

[313] BGH NJW 2008, 996ff.; BGH GRUR 1998, 587/589 – *Bilanzanalyse Pro7;* BGH GRUR 1987, 568f. – *Gegenangriff;* BGH GRUR 1969, 236/237 – *Ostflüchtlinge;* umfassend zu privilegierten Äußerungen: Teplitzky/*Bacher,* Wettbewerbsrechtliche Ansprüche und Verfahren, 11. Aufl., Kap. 19 Rn. 16–18. Zur verfassungsrechtlichen Unbedenklichkeit der Privilegierung BVerfG NJW-RR 2007, 840f.

[314] BGH GRUR 1998, 587/589 – *Bilanzanalyse Pro7;* BGH GRUR 1995, 66/67 – *Konkursverwalter.*

[315] BGH NJW 2012, 1659ff.; BGH NJW 2008, 996 Rn. 13 – *Äußerungsrechtliche Ansprüche eines Dritten gegenüber Prozessbeteiligten;* BGH GRUR 1987, 568f. – *Gegenangriff;* Teplitzky/*Bacher,* Wettbewerbsrechtliche Ansprüche und Verfahren, 11. Aufl., Kap. 19 Rn. 17.

[316] BVerfG GRUR 2013, 1266 Rn. 20 – *Winkeladvokatur;* BGH NJW 2008, 996 Rn. 17 – *Äußerungsrechtliche Ansprüche eines Dritten gegenüber Prozessbeteiligten;* eine Schmähung bejaht OLG Frankfurt WRP 2014, 1098ff. – *Meisterbetrüger.*

[317] BVerfG GRUR 2013, 1266 Rn. 20 – *Winkeladvokatur;* BGH NJW 2008, 996 Rn. 16f. – *Äußerungsrechtliche Ansprüche eines Dritten gegenüber Prozessbeteiligten.*

[318] BGH GRUR 2010, 253 Rn. 14ff. – *Fischdosendeckel* mit kritischer Anmerkung von *Götting.*

[319] So zu Recht für Klagen auf Zahlung einer Geldentschädigung wegen angeblicher ehrkränkender Äußerung in einem anderen Gerichtsverfahren: BGH NJW 2012, 1659ff.; BGH NJW 2005, 279ff. – *Äußerungen eines Rechtsanwalts außerhalb eines Gerichtsverfahrens und Ehrenschutz.*

[320] BGH GRUR 2006, 433ff. – *Unbegründete Abnehmerverwarnung;* BGH [GSZ] GRUR 2005, 882ff. – *Unberechtigte Schutzrechtsverwarnung;* BGH GRUR 2004, 958 – *Verwarnung aus Kennzeichenrecht.* Zur umfassenden Debatte in der Literatur vgl. nur: *Meier-Beck* GRUR 2005, 535ff.; *Teplitzky* WRP 2005, 1433; *Meier-Beck* WRP 2006, 790ff.; *Deutsch* GRUR 2006, 374ff.; *Keller* WRP 2005, 68/72f.; vgl. auch *Ullmann* GRUR 2001, 1027ff., der in einer Verwarnung eine zulässige Meinungsäußerung sieht. Die Grundsätze zur unberechtigten Schutzrechtsverwarnung sind aber auch nicht auf die Abmahnung übertragbar, BGH GRUR 2011, 152 Rn. 63 – *Kinderhochstühle im Internet.*

[321] So auch *Helle* GRUR 1982, 207/215f.; a.A. BGH GRUR 1998, 587/590 – *Bilanzanalyse Pro7.*

79 **c) Äußerungen im Mandanteninteresse.** Einem **Rechtsanwalt** als berufenem Berater und Vertreter seines Mandanten muss mit Blick auf Art. 12 GG – auch außerhalb von rechtlich geordneten Verfahren – in allen Rechtsangelegenheiten die unerlässliche **Äußerungsfreiheit** zukommen, die seine Stellung als unabhängiges Organ der Rechtspflege erfordert.[322] Äußerungen und Maßnahmen eines Rechtsanwalts im Namen eines Mandanten dienen regelmäßig zur Durchsetzung eben dieser Mandantenposition und sind ihm schon **nicht als eigene zuzurechnen.**[323] Soweit anwaltliche Äußerungen dem Ziel dienen, die gegen den eigenen Mandanten gerichteten Ansprüche abzuwehren, liegt auch keine „geschäftliche Handlung" vor.[324] Das Bewusstsein, die wettbewerblichen Interessen seines Mandanten zu fördern, genügt für die Annahme eines Absatzförderungszusammenhangs nicht.[325] Ein Unternehmen hat allerdings die außerhalb eines rechtlich geordneten Verfahrens getätigten Äußerungen seines Anwalts als eigene zu vertreten. Diese Grundsätze sind auch auf die in vergleichbarer Weise in mandantenbezogenem Interesse tätigen Patentanwälte, Steuerberater und Wirtschaftsprüfer zu übertragen.

80 **d) Äußerungen von Medien.** Die informierende, meinungsbildende und unterhaltende **Tätigkeit der Medien** (Presse, Funk und Fernsehen) bringt es oftmals mit sich, dass hierdurch wettbewerbliche Interessen Dritter gefördert oder negativ betroffen werden. Die publizistische Tätigkeit im weitesten Sinne untersteht jedoch dem besonderen Schutz aus Art. 5 Abs. 1 GG[326] (und Art. 10 EMRK). Bei **Presseäußerungen** ist deshalb im Hinblick auf die besondere Aufgabe der Presse, die Öffentlichkeit über Vorgänge von allgemeiner Bedeutung zu unterrichten und zur öffentlichen Meinungsbildung oder auch nur zur Unterhaltung beizutragen, ein **Absatzförderungszusammenhang ebensowenig anzunehmen** wie nach früherem Recht eine Wettbewerbsabsicht vermutet wurde.[327] Das gilt insbesondere für **redaktionelle Beiträge,** wenn sie allein der Information und Meinungsbildung der Adressaten dienen.[328] Nach früherem Recht wurde die Abgrenzung zwischen absatzfördernder und redaktioneller Berichterstattung über das Merkmal der „Wettbewerbsabsicht" vorgenommen, die es eigens festzustellen galt. Entscheidend war insoweit, ob eine Berichterstattung mit überschießend werbender Tendenz und damit eine „kommerzielle Kommunikation" vorlag.[329] Es mussten konkrete Umstände vorliegen, die erkennen ließen, dass neben der Wahrnehmung der publizistischen Aufgabe die Absicht des Presseorgans, fremden Wettbewerb zu fördern, eine größere als notwendigerweise begleitende Rolle gespielt hat.[330] Die „Wettbewerbsabsicht"

---

[322] BVerfG NJW 2003, 3263/3264 – *Verantwortung für Äußerungen eines Rechtsanwalts; Gomille* WRP 2009, 525/526.

[323] BGH NJW 2005, 279/281 – *Äußerungen eines Rechtsanwalts außerhalb eines Gerichtsverfahrens und Ehrenschutz;* BVerfG NJW 2003, 3263/3264 – *Verantwortung für Äußerungen eines Rechtsanwalts;* vgl. auch BVerfG NJW 1996, 3267 f.; KG NJW 1997, 2390 – *Unterlassungsanspruch bei anwaltlicher Presseerklärung;* vgl. zu ehrverletzenden Äußerungen eines Prozessvertreters auch LG Hildesheim NJW-RR 2004, 1418. Das OLG Frankfurt NJW-RR 2013, 507 lehnt eine Anwaltshaftung bei unberechtigter Schutzrechtsverwarnung ab; anders aber nunmehr der X. Zivilsenat des BGH, vgl. BGH GRUR 2016, 630 – *unberechtigte Schutzrechtsverwarnung II* – mit abl. Anm. *Keller,* wonach den Anwalt gegenüber dem später Verwarnten eine schadensersatzbewehrte Garantenpflicht treffen soll, den Schutzrechtsinhaber nicht unzutreffend oder unvollständig über die Berechtigung einer Schutzrechtsverwarnung zu beraten.

[324] BGH GRUR 2013, 945 Rn. 29 – *Standardisierte Mandatsbearbeitung;* OLG Frankfurt, NJW-RR 2013, 507 f.

[325] Vgl. insoweit zur früheren Wettbewerbsabsicht: BGH GRUR 1967, 428 f. – *Anwaltsberatung.*

[326] BVerfG GRUR 2003, 442 – *Benetton II;* BVerfG GRUR 2001, 170/172 – *Benetton I.* Zu den verfassungsrechtlichen Einflüssen auf das Lauterkeitsrecht *Ahrens* oben Einl. G Rn. 32 ff.

[327] BGH GRUR 2015, 694 Rn. 34 – *Bezugsquellen für Bachblüten;* BGH GRUR 2012, 74 Rn. 15 – *Coaching-Newsletter;* zur mangelnden Vermutung einer Wettbewerbsabsicht nach früherem Recht: BGH GRUR 2006, 875 Rn. 23 – *Rechtsanwalts-Ranglisten;* BGH GRUR 2000, 703/706 – *Mattscheibe;* BGH GRUR 1998, 947/948 – *AZUBI '94;* BGH GRUR 1998, 167/168 – *Restaurantführer;* BGH GRUR 1997, 912/913 – *Die Besten I;* BGH GRUR 1997, 914/915 – *Die Besten II;* BGH GRUR 1995, 270/272 – *Dubioses Geschäftsgebaren;* BGH GRUR 1982, 234/235 – *Großbanken-Rechtsquoten;* eingehend *Ahrens* in Gloy/Loschelder/Erdmann, HdbWettbR, 4. Aufl., Kap. 69.

[328] BGH GRUR 2015, 694 Rn. 34 – *Bezugsquellen für Bachblüten;* BGH GRUR 2012, 74 Rn. 15 – *Coaching Newsletter.*

[329] BGH GRUR 1998, 947/948 – *AZUBI '94;* BGH GRUR 1998, 471 – *Modenschau im Salvator-Keller;* BGH GRUR 1997, 912/913 – *Die Besten I;* BGH GRUR 1997, 914/915 – *Die Besten II;* BGH GRUR 1994, 441/443 – *Kosmetikstudio;* BGH GRUR 1992, 463/465 – *Anzeigenplazierung.*

[330] BGH GRUR 2006, 875 Rn. 23 – *Rechtsanwalts-Ranglisten;* BGH GRUR 2004, 693/694 – *Schöner Wetten;* BGH GRUR 2002, 987/993 – *Wir Schuldenmacher;* BGH GRUR 1998, 947/948 – *AZUBI' 94;* BGH GRUR 1998, 481 – *Auto '94;* BGH GRUR 1997, 473 – *Versierter Ansprechpartner;* BGH GRUR 1995, 270/272 – *Dubioses Geschäftsgebaren.* Für die Verneinung der Wettbewerbsabsicht reichte *nicht* aus, dass *auch* zu journalistischen Zwecken gehandelt wurde, OLG Frankfurt GRUR-RR 2003, 67 – *Gelbe Seiten im Internet* – zum Handeln im geschäftlichen Verkehr.

wurde dabei aus objektiven Umständen, regelmäßig der Presseberichterstattung selbst, entnommen, ohne dass es auf eine davon abweichende Motivation des Berichterstattenden ankam. Heute kommt es darauf an, ob mit der Äußerung ein **vorrangiger Absatzförderungszusammenhang** (vgl. unten Rn. 83) hergestellt wird oder ob die **Absatzförderungswirkung nur eine begleitende Folge der publizistischen Berichterstattung** ist. Die nunmehr unter dem Blickwinkel des „objektiven Absatzförderungszusammenhangs“ vorzunehmende Abgrenzung zwischen einer dem Lauterkeitsrecht unterfallenden „kommerziellen Kommunikation“ und einer „redaktionellen Berichterstattung“, die sich lediglich dem allgemeinen Äußerungsrecht zu stellen hat, entspricht daher der Sache nach der früheren Beurteilung unter dem Blickwinkel der Wettbewerbsabsicht.[331] Die frühere, auf eine „Wettbewerbsabsicht“ abstellende Rechtsprechung ist deshalb auch für das heutige UWG noch verwertbar:

aa) Reichweite der Pressefreiheit. Der Schutz des Art. 5 Abs. 1 Satz 2 GG gebührt nicht nur **Presseerzeugnissen im herkömmlichen Sinne** (Tageszeitungen, Zeitschriften, Funk und Fernsehen).[332] Die grundrechtliche Garantie der Pressefreiheit gilt vielmehr auch für **Kundenzeitschriften** und für **Anzeigenblätter,** die hauptsächlich Werbeanzeigen und zu einem geringen Anteil redaktionelle Beiträge enthalten.[333] Auch Zeitschriften, die nicht alleine Werbung, sondern daneben auch noch unterhaltene Beiträge wie Horoskope, Rätsel oder Prominentenportraits enthalten, sind presserechtlich geschützt.[334] Der Schutzumfang der Pressefreiheit ist aber umso geringer, je weniger ein Presseerzeugnis der Befriedigung eines Informationsbedürfnisses von öffentlichem Interesse oder der Einwirkung auf die öffentliche Meinung dient und je mehr es eigennützige Geschäftsinteressen wirtschaftlicher Art verfolgt.[335] Auch Äußerungen eines Online-Dienstes für Preisvergleiche, der als Verlag mit Redaktion organisiert ist und der nach Auswahl- und Ordnungskriterien Produkt- und Preisvergleiche vornimmt, genießen den Schutz der Presse.[336] 81

bb) Weiter Spielraum für Presseäußerungen. Im Interesse der Meinungsäußerungs- und Pressefreiheit ist der Presse ein **weiter Spielraum bei Form und Inhalt ihrer Beiträge** einzuräumen. Auch bei polemisch überspitzten, subjektiv einseitig oder gar gewollt herabsetzend gehaltenen Beiträgen kann durchaus die Absicht einer öffentlichen Information und Meinungsbildung bestehen und/oder eine anderweitige Motivation im Spiele sein, die ihrerseits keinerlei Wettbewerbsbezug aufweist,[337] was gegen die Annahme eines Absatzförderungszusammenhangs spricht. Anzeigenfinanzierte Medien sind regelmäßig darauf angewiesen, die werbenden Verkehrskreise zur Schaltung von Anzeigen zu veranlassen.[338] Ein Absatzförderungszusammenhang kann deshalb ohne besondere Umstände nicht daraus abgeleitet werden, dass über werbetreibende Unternehmen berichtet wird, um deren Bereitschaft zu erhöhen, Anzeigen zu schalten, was jedenfalls dann gilt, wenn die **Berichterstattung** (im konkreten Fall: die Aufnahme von zahlungskräftigen Rechtsanwaltskanzleien in Ranglisten) **nicht in irgendeiner Weise mit dem Anzeigengeschäft verknüpft** wird.[339] 82

cc) Absatzfördernde Berichterstattung. Ein Absatzförderungszusammenhang ist in der Regel dann mehr als eine mit der journalistischen Berichterstattung einhergehende Begleiterscheinung und fällt wettbewerbsrechtlich ins Gewicht, wenn in redaktionellen Beiträgen **Produkte oder Dienstleistungen von Inserenten namentlich genannt und angepriesen** werden, also eine **Berichterstattung mit vorrangiger werbender Tendenz** und damit eine „kommerzielle Kommunikation“ vorliegt.[340] Eine „kommerzielle Kommunikation“ liegt dabei nicht nur im Falle des Tatbe- 83

---

[331] So auch Gloy/Loschelder/*Erdmann,* HdbWettbR, 4. Aufl., § 31 Rn. 69; auch *Gomille* WRP 2009, 525 ff. stellt auf den objektiv erkennbaren Zweck einer Äußerung ab; OLG Frankfurt WRP 2014, 1483 – *Schmuddelkind.*

[332] BGH GRUR 2015, 906 Rn. 34 – *TIP der Woche;* BGH GRUR 1969, 287 – *Stuttgarter Wochenblatt I.*

[333] BGH GRUR 2015, 906 Rn. 34 – *TIP der Woche;* BVerwG NJW 1988, 2686; BGH GRUR 2006, 429/431 – *Schlank-Kapseln.*

[334] BGH GRUR 2015, 906 Rn. 35 – *TIP der Woche.*

[335] BGH GRUR 2015, 906 Rn. 37 – *TIP der Woche;* Harte/Henning/*Ahrens,* Einleitung G Rn. 76.

[336] OLG Hamburg GRUR-RR 2005, 385 f. – *Ladenhüter.*

[337] BGH GRUR 1995, 270/272 f. – *Dubioses Geschäftsgebaren;* BGH GRUR 1986, 898/899 – *Frank der Tat,* zur kritisierenden Berichterstattung über einen Anwalt aus persönlicher Abneigung gegen den Betroffenen.

[338] BGH GRUR 2006, 875 Rn. 28 – *Rechtsanwalts-Ranglisten;* BVerfG NJW 2003, 277 = WRP 2003, 69/71 – *JUVE-Handbuch.*

[339] BGH GRUR 2006, 875 Rn. 28 – *Rechtsanwalts-Ranglisten;* vgl. auch OLG München GRUR-RR 2003, 253 – *Rangfolgetabelle.*

[340] So unter dem Blickwinkel der Wettbewerbsabsicht: BGH GRUR 1998, 947/948 – *AZUBI '94;* BGH GRUR 1998, 471 – *Modenschau im Salvator-Keller;* BGH GRUR 1997, 912/913 – *Die Besten I;* BGH GRUR 1997, 914/915 – *Die Besten II;* BGH GRUR 1994, 441/443 – *Kosmetikstudio;* BGH GRUR 1992, 463/465 – *Anzeigenplazierung.*

standes der **Nr. 11 der „Black List"** vor, der einen Fall redaktionell getarnter und **bezahlter Schleichwerbung** betrifft. Auch unbezahlte Schleichwerbung ist unlauter. Eine Berichterstattung mit überschießend werbender Tendenz liegt nicht nur bei einer übermäßig werbenden Herausstellung von Produkten, sondern auch dann vor, wenn eine redaktionelle Berichterstattung über Produkte bewusst falsche Angaben enthält, was den Schluss zulässt, dass entweder der Wettbewerb der begünstigten Unternehmen oder der eigene Wettbewerb im Interesse der Erlangung von Anzeigenaufträgen oder der Steigerung der Auflagenhöhe gefördert werden sollte.[341] Weil zu der Aufgabe der Presse und Sendeunternehmen auch die **Medienkritik** rechnet, steht bei der Ausstrahlung einer Satire über die Fernsehshow eines anderen Senders die Absicht, auf die öffentliche Meinungsbildung einzuwirken, ganz im Vordergrund, wenn nicht zu erkennen ist, dass der Beitrag auch dazu diente, den konkurrierenden Sender zu treffen.[342] Eine **Pressefehde** zwischen zwei Presseorganen erfolgt regelmäßig nicht zur Absatzförderung, sondern als Maßnahme zur Beeinflussung der öffentlichen Meinungsbildung.[343] Eine Wettbewerbsabsicht fehlte auch bei einer politisch motivierten Aufforderung eines Verlags, den Vertrieb bestimmter Presseerzeugnisse einzustellen.[344] Auch bei einem Beitrag zu einer politisch-gesellschaftlichen Auseinandersetzung mit abwertenden Äußerungen über einen Verleger und Herausgeber war keine Wettbewerbsförderungsabsicht anzunehmen,[345] ebenso wenn in einem Kulturbeitrag des Hörfunks ein Film kritisch besprochen wurde.[346]

84 **e) Kasuistik zur früheren Wettbewerbsförderungsabsicht/zum Absatzförderungszusammenhang bei Presseäußerungen:** Die für die Anwendbarkeit des Lauterkeitsrechts auf Presseäußerungen nunmehr maßgebende Beurteilung unter dem Blickwinkel des „objektiven Absatzförderungszusammenhangs" entspricht sachlich der Abgrenzung unter dem Blickwinkel der „Wettbewerbsabsicht" nach früherem Recht. Die nachfolgend wiedergegebenen Entscheidungen sind deshalb auch nach dem UWG 2008/2015 noch bedeutsam:

85 *aa) Wettbewerbsabsicht/Absatzförderungszusammenhang bejaht:* Die Bezeichnung namentlich genannter Ärzte als „die besten Ärzte Deutschlands" in einer redaktionellen Berichterstattung eines Nachrichtenmagazins, der keine aussagekräftigen Beurteilungskriterien zugrunde liegen, rechtfertigt die Feststellung, dass die Absicht des Presseorgans, fremden Wettbewerb zu fördern, eine größere als nur notwendigerweise begleitende Rolle gespielt hat; gleiches gilt für die entsprechende Bezeichnung namentlich genannter Rechtsanwälte.[347] Eine Pressekritik, durch die ein Konkurrenzblatt pauschal und ohne erkennbaren sachlichen Bezug auf die für die Kritik maßgebenden Gründe als ein „nicht gerade für Seriosität bekanntes Wertpapierjournal" abgewertet wird, legt nahe, dass sie von der Absicht getragen ist, dem Leser den Eindruck zu vermitteln, dass die eigenen geschäftlichen Leistungen, nämlich die eigenen Börseninformationen und Anlageempfehlungen, gegenüber der Konkurrenz den Vorzug verdienen und die Aussage nicht in der Absicht zur Teilnahme an einer geistigen oder wirtschaftspolitischen Auseinandersetzung erfolgt ist.[348] Die in einem Brancheninformationsdienst enthaltene Aufforderung an den Facheinzelhandel, der Konkurrenz von Kaffee-Filialisten in bestimmter Art und Weise zu begegnen, erfolgt als unmittelbarer Eingriff in den Konkurrenzkampf zu Wettbewerbszwecken.[349] In der Ankündigung einer Fernsehanstalt, Zuschauern außerhalb der Fernsehsendung am Telefon Rechtsrat zu erteilen, liegt ein von Wettbewerbsabsicht getragenes Angebot zur (unerlaubten) Rechtsberatung, weil der Sender mit dem telefonischen Rechtsberatungsservice außerhalb der Sendung die unabdingbare Beschränkung auf die journalistische Berichterstattung und Informationserteilung an die Zuschauer über allgemein interessierende Rechtsfragen nicht mehr einhält.[350] Die Veröffentlichung eines „Coaching-Newsletters" durch einen Anbieter von Coaching-Dienstleistungen fördert das Image des Anbieters, wenn die entsprechende Internetseite auch genutzt wird, um auf sonstige Angebote desselben Anbieters hinzuweisen, und stellt deshalb keinen bloßen redaktionellen Beitrag, sondern eine „geschäftliche Handlung" dar.[351] Der Herausgeber einer Zeitschrift, die neben umfangreicher Werbung auch unterhaltene Beiträge wie Horoskope, Rätsel oder Prominentenportraits enthält, fördert den Wettbewerb der die anzeigenschaltenden Händler/Hersteller der beworbenen Waren und kann sich nicht auf die eingeschränkte Pressehaftung berufen, wenn die Zeitschrift keinen nennenswerten meinungsbildenden Bezug

[341] BGH WRP 1994, 862/864 – *Bio-Tabletten;* zur Irreführung des Lesers OLG Frankfurt GRUR-RR 2007, 16/17.

[342] BGH GRUR 2000, 703/706 – *Mattscheibe.*

[343] BGH GRUR 1966, 693/694 f. – *Höllenfeuer;* vgl. auch OLG München BB 1963, 746; eingehend *Ahrens* in Gloy/Loschelder/Erdmann, HdbWettbR, 4. Aufl., § 69 Rn. 56 ff.; MünchKommUWG/*Bähr,* 2. Aufl., § 2 Rn. 88.

[344] BGH GRUR 1964, 77/79 – *Blinkfüer.*

[345] BGH GRUR 1965, 551 – *Glanzlose Existenz.*

[346] BGH GRUR 1968, 314 – *Fix und Clever.*

[347] BGH GRUR 1997, 912/913 – *Die Besten I;* BGH GRUR 1997, 914/915 – *Die Besten II.*

[348] BGH GRUR 1982, 234/235 f. – *Großbanken-Rechtsquoten.*

[349] BGH GRUR 1984, 461/462 – *Kundenboykott.*

[350] BGH GRUR 2002, 987/993 – *Wir Schuldenmacher;* zur Aufarbeitung rechtlicher Themen in den Medien auch BVerfG NJW 2004, 672 f. – *Fall Mahnman.*

[351] BGH WRP 2012, 77 Rn. 15 und 16 – *Coaching-Newsletter.*

hat, sondern nahezu ausschließlich Werbung enthält.[352] Ein Medienunternehmen, das im Internet ein Testmagazin herausgibt, handelt im Absatzförderungszusammenhang, wenn es in seinen Berichten auf die Angebote eines Unternehmens verweist und allein zu den Angebotsseiten dieses Unternehmens einen Link setzt.[353] Ein sich als „publizistisches Sprachrohr" einer bestimmten Bankengruppe bezeichnendes Presseorgan, das Werbepartnern einer anderen, als „Schmuddelkind" bezeichneten Bank empfiehlt, die Zusammenarbeit mit eben dieser Bank zu beenden, fördert den Absatz der von ihm unterstützen Bankengruppe.[354] Die in einem Newsletter (sowie in Schriftsätzen) enthaltene Bezeichnung eines gegnerischen Rechtsanwalts als „Meisterbetrüger" o. ä. ist als geschäftliche Handlung einzuordnen, wenn sie der Förderung der eigenen Wettbewerbsposition dienen.[355]

bb) Wettbewerbsabsicht/Absatzförderungszusammenhang verneint: Veröffentlicht ein Verlag in einer Publikation Ranglisten – nach Region und Fachbereich –, in denen Rechtsanwälte nach Recherchen des Verlags in einer Reihenfolge aufgrund einer subjektiven Einschätzung ihrer Reputation aufgeführt werden, kann eine Absicht des Verlags nicht angenommen werden, den Wettbewerb der in den Ranglisten angeführten Rechtsanwälte zu fördern.[356] Ein Presseunternehmen, das neben einem im Rahmen seines Internetauftritts veröffentlichten redaktionellen Artikel die als Hyperlink ausgestaltete Internetadresse eines Glücksspielunternehmens angibt, handelt ohne weitere besondere Umstände nicht in Wettbewerbsförderungsabsicht.[357] Veröffentlicht ein auch gelegentlich als Seminarveranstalter auftretender Architekt einen Presseartikel über ein drittes Seminarunternehmen und bezichtigt es darin des „Dummenfangs" bzw. „dubioser Geschäftspraktiken", handelt er nicht in Wettbewerbsabsicht, wenn dabei Tatsachen benannt werden, die als solche zutreffend sind und einen entsprechenden Verdacht ernsthaft begründen.[358] Auch eine Häufung von negativen Tatsachenbehauptungen und Wertungen über ein getestetes Restaurant in einem Restaurantführer lässt als solche nicht auf eine Wettbewerbsabsicht schließen (allerdings kommt eine Haftung gem. §§ 823, 824 BGB in Betracht).[359] Eine unter der Überschrift „Ein totaler Reinfall" veröffentlichte Restaurantkritik rechtfertigt selbst dann noch nicht den Schluss auf eine Wettbewerbsabsicht, wenn der Verfasser als Weinhändler tätig ist, anders jedoch, wenn der Kritik die Grundlagen fehlen oder dadurch der Absatz der eigenen Weine gefördert werden sollte.[360] Ein Journalist, der in einem Beitrag über die Übergabe einer neuen Anwaltskanzlei einen Anwalt als „Frank der Tat" lobt und zugleich einen namensgleichen Anwalt herabwürdigt, handelt nicht in Wettbewerbsabsicht, selbst wenn der von Antipathie getragene Artikel in Schädigungsabsicht veröffentlicht wurde (allerdings Prüfung einer Haftung gem. §§ 823, 826, 1004 BGB aufgegeben).[361] Der in einem Pressebericht über eine als steuerlich vorteilhaft dargestellte Kapitalanlage enthaltene Hinweis der Redaktion, für die Rechts- oder Steuerberatung bei der Ausarbeitung des Vertrages einen „versierten Ansprechpartner" benennen zu können, rechtfertigt nicht die Annahme, dass bei der Veröffentlichung über die Unterrichtung einer steuerrechtlich günstigen Geldanlagemöglichkeit hinaus auch die Absicht leitend gewesen sei, in den Wettbewerb unter Rechtsanwälten und Steuerberatern einzugreifen.[362] Die Veröffentlichung eines Zeitschriftenberichts, in dem ein bestimmter Arzt in einer seinen Wettbewerb objektiv fördernden Weise namentlich genannt und abgebildet ist, lässt nicht darauf schließen, dass neben der Absicht, über ein das Publikum interessierendes medizinisches Behandlungsverfahren zu berichten, auch die Absicht zur Förderung des Wettbewerbs des Arztes eine irgendwie beachtliche Rolle gespielt haben könnte.[363] Eine Telefonaktion eines Verbraucherverbandes zur Aufklärung von Verbrauchern über „Kredithaie" dient der Unterrichtung der Öffentlichkeit über verbraucherrelevante Fragen und erfolgt nicht in der Absicht, auf den Wettbewerb im Bereich des Kreditgewerbes Einfluss zu nehmen.[364] Vergleichende Warentests, die von der Presse und insbesondere auch von der „Stiftung Warentest" vorgenommen und veröffentlicht werden, dienen der Unterrichtung des Publikums und Aufklärung der Verbraucher und erfolgen regelmäßig nicht in der Absicht, den Wettbewerb der betroffenen Unternehmen zu fördern.[365] Die – auch lobende – namentliche Benennung von Unternehmen in einer redaktionellen Berichterstattung in einem Anzeigenblatt, die sich auf die Ausbildungsmöglichkeiten bei den inserierenden Unternehmen der Region bezieht und die keine werbende Darstellung der Produkte oder der Dienstleistungen der inserierenden Ausbildungsunternehmen enthält, dient dem sachgerechten Zweck, über die Ausbildungskapazität der Wirtschaft der Region zu informieren und damit zu einer Minderung der Arbeitslosigkeit beizutragen, so dass eine Wettbewerbsabsicht zugunsten der redaktionell besprochenen und zugleich inserierenden Unternehmen eine bloß notwendige Nebenfolge der Presseberichterstattung darstellt.[366] Ein Absatzförderungszusammenhang fehlte auch bei einer kritischen Berichterstattung über einen Anbieter von Beteiligungen an geschlossenen Immobilienfonds, die von einem Informationsportal über Kapitalanlagen herrührte, das mit einem Anbieter von Kapitalanlagen verflochten ist (wobei die dargestellte Interessenverflechtung berück- 86

---

[352] BGH GRUR 2015, 906 ff. – *TIP der Woche.*
[353] OLG Hamm MMR 2008, 750 ff. – *Veröffentlichung eines ungeschwärzten Urteils durch Wettbewerber.*
[354] OLG Frankfurt WRP 2015, 1119 f. – *Schmuddelkind.*
[355] OLG Frankfurt WRP 2014, 1098 ff. – *Meisterbetrüger.*
[356] BGH GRUR 2006, 875 ff. – *Rechtsanwalts-Ranglisten.*
[357] BGH GRUR 2004, 693 ff. – *Schöner Wetten.*
[358] BGH GRUR 1995, 270 ff. – *Dubioses Geschäftsgebaren.*
[359] BGH GRUR 1998, 167 ff. – *Restaurantführer.*
[360] BGH GRUR 1986, 812 ff. – *Gastrokritiker.*
[361] BGH GRUR 1986, 898/899 f. – *Frank der Tat.*
[362] BGH GRUR 1997, 473/475 – *Versierter Ansprechpartner.*
[363] BGH GRUR 1990, 373/374 – *Schönheits-Chirurgie.*
[364] BGH GRUR 1983, 379/381 – *Geldmafiosi.*
[365] BGH GRUR 1976, 268 f. – *Warentest II.*
[366] BGH GRUR 1998, 947/948 f. – *Azubi '94.*

sichtigt, bei einer Abwägung der Gesamtumstände jedoch eine Drittabsatzförderung noch nicht angenommen wurde).[367]

87 **f) Außererwerbswirtschaftliche Tätigkeit der öffentlichen Hand.** Sofern die **öffentliche Hand** außerhalb erwerbswirtschaftlicher Tätigkeit **schlicht verwaltend oder hoheitlich** handelt, besteht, anders als bei Gewerbetreibenden und Wirtschaftsverbänden, **keine** Grundlage für die Vermutung eines Absatzförderungszusammenhangs.[368] Es ist vielmehr im Einzelfall festzustellen, ob ein Absatzförderungszusammenhang vorliegt.[369] Er kann vorliegen, wenn die öffentliche Hand an dem wirtschaftlichen Erfolg eines Gewerbetreibenden, dessen Wettbewerb zu fördern ihr Handeln geeignet ist, ein Interesse hat, weil sie davon aufgrund vertraglicher oder sonstiger Beziehungen profitiert.[370] Eine Gemeinde, die willentlich den Absatz von Solaranlagen auf mit ihr zusammenarbeitende Unternehmen lenkt, handelt geschäftlich und wettbewerbsfördernd, auch wenn es ihr auch mit auf den Klimaschutz ankommt;[371] fraglich ist allerdings, ob dies auch dann hätte gelten können, wenn es der Gemeinde ganz vorrangig um die Förderung des Klimaschutzes gegangen wäre. Die Wahrnehmung öffentlich-rechtlicher Aufgaben, welche die Erfüllung einer privatwirtschaftlichen Dienstleistung sachnotwendigerweise einschließt, ließ den Absatzförderungszweck in den Hintergrund treten.[372] Die Ausgabe von Brillen durch einen Träger der gesetzlichen Krankenversicherung an seine Mitglieder in Konkurrenz zu den freiberuflich tätigen Augenoptikern erfolgt ohne weiteres auch zu Absatzförderungszwecken.[373] Die den Wettbewerb von Augenoptikern berührenden Äußerungen eines Landesinnungsmeisters als Organ einer öffentlich-rechtlichen Körperschaft unterlagen wettbewerbsrechtlichen Maßstäben, sofern auch in der Absicht gehandelt wurde, den Wettbewerb der Innungsmitglieder und nicht allein standespolitische Interessen zu fördern.[374]

88 **g) Außergeschäftliche Tätigkeit.** Bei **politischen, sozialen, kirchlichen, verbraucheraufklärenden und ähnlichen, nicht auf einen Geschäftszweck gerichteten Tätigkeiten** ist ein **Absatzförderungszusammenhang grundsätzlich nicht anzunehmen.** Das gilt unabhängig davon, dass auch solche nicht wettbewerblich motivierten Maßnahmen gegebenenfalls erhebliche wettbewerbliche Auswirkungen haben können. Ein Rechtsschutz gegenüber solchen Maßnahmen ist deshalb nur auf allgemeiner Grundlage, insbesondere nach §§ 823, 824, 826 i. V. m. § 1004 BGB, gegeben.[375] Bei **Verbraucherverbänden** ist oft schon ein marktbezogenes geschäftliches Handeln zu verneinen. Sofern sie im Rahmen ihres Satzungszwecks die Öffentlichkeit über Verbraucherbelange durch Warentests, Preisvergleiche und sonstige Informationen unterrichten, ist aber auch ein Absatzförderungszusammenhang regelmäßig zu verneinen.[376] Anderes könnte nur gelten, wenn ein Verbraucherverband versucht, mit unsachlichen Mitteln oder Methoden Einfluss auf den Wettbewerb und insbesondere die Preisgestaltung von Anbietern zu nehmen.[377] Ein Boykottaufruf und **Boykottmaßnahmen einer Umweltschutzorganisation,** die darauf abzielen, ein Unternehmen dazu zu bewegen, Milch von Kühen zu verwenden, die ohne gentechnisch veränderte Futtermittel gefüttert worden sind, stellt **keine marktbezogene geschäftliche Handlung** dar, auch wenn hierdurch der Absatz nicht boykottierter Unternehmen möglicherweise steigt.[378] Wenn allerdings ein kirchlich getragenes Unternehmen (GmbH für das Versicherungswesen im kirchlich-diakonisch-karitativen Bereich) bei Wahrnehmung der ihm übertragenen Aufgaben in einen vom Grund-

---

[367] OLG Frankfurt GRUR-RR 2015, 298 ff. – *Kritischer Bericht eines Informationsportals über Mitbewerber des Partnerunternehmens.*

[368] BGH GRUR 2013, 301 Rn. 20, 23 – *Solarinitiative;* ausführlich zur Zulässigkeit und den Grenzen der unternehmerischen Tätigkeit der öffentlichen Hand *Ahrens* oben Einl. G. II. Rn. 47 ff., 56.

[369] BGH GRUR 2013, 301 Rn. 20, 23 – *Solarinitiative.*

[370] Vgl. BGH WRP 2008, 1182 Rn. 33 – *Kommunalversicherer;* BGH GRUR 2002, 550/554 – *Elternbriefe;* BGH GRUR 1990, 463/464 – *Firmenrufnummer;* BGH GRUR 1981, 823/825 – *Ecclesia-Versicherungsdienst;* BGH GRUR 1962, 34/36 – *Torsana; Alexander* WRP 2004, 700/704 f.

[371] BGH GRUR 2013, 301 Rn. 22 und 21 – *Solarinitiative.*

[372] BGH GRUR 1993, 125/126 – *EWG-Baumusterprüfung;* BGH GRUR 1988, 38/39 – *Leichenaufbewahrung.;* ebenso OLG Hamburg MMR 2014, 318/320 für die Herausgabe eines medizinischen Operationen- und Prozedurenschlüssels durch die öffentliche Hand.

[373] BGH GRUR 1982, 425/430 – *Brillen-Selbstabgabestellen.*

[374] BGH GRUR 1985, 1063/1064 – *Landesinnungsmeister.*

[375] Ebenso GK-UWG/*Peukert,* 2. Aufl., § 2 Rn. 55.

[376] Noch zur früheren Wettbewerbsabsicht: BGH GRUR 1976, 268 f. – *Warentest II;* BGH GRUR 1981 658/659 f. – *Preisvergleich;* BGH GRUR 1983, 379/380 f. – *Geldmafiosi;* vgl. zum fehlenden Absatzförderungszusammenhang bei der gerichtlichen Vertretung hilfsbedürftiger Personen durch einen Idealverein: OLG Frankfur GRUR 2015, 474 Rn. 32.

[377] BGH GRUR 1981, 658/660 – *Preisvergleich.*

[378] OLG Stuttgart GRUR-RR 2006, 20/21 – *Absperrband-Aktion.*

satz der Gleichordnung geprägten Wettbewerb mit privaten Unternehmen tritt, kann unbeschadet der Tatsache, dass hiermit keine eigenwirtschaftlichen Zwecke verfolgt werden, eine marktbezogene und absatzfördernde Handlung zu bejahen sein.[379]

h) Wissenschaftliche Tätigkeit. Vorträge, Veröffentlichungen, Gutachten usw., soweit sie etwa rein innerbetrieblich oder an Forschungseinrichtungen wie Universitäten erfolgen, stehen regelmäßig nur im akademischen, nicht im wirtschaftlichen Wettbewerb. Das gilt insbesondere, wenn es sich um eine **rein wissenschaftliche Arbeit** handelt und der Verfasser den wettbewerblichen Auseinandersetzungen der auf seinem Fachgebiet Tätigen **ohne eigene geschäftliche Interessen** gegenübersteht.[380] Dass eine wissenschaftliche Arbeit geeignet ist, die wirtschaftlichen Interessen Dritter zu begünstigen oder zu beeinträchtigen, reicht für die Annahme eines Absatzförderungszusammenhangs nicht aus.[381] Allein die sozial abhängige Stellung eines Wissenschaftlers genügt nicht, um die Vermutung zu rechtfertigen, er handele bei Abfassung wissenschaftlicher Abhandlungen im wettbewerblichen Interesse.[382] Zu verhindern ist jedoch die Tarnung der Verfolgung von handfesten wirtschaftlichen Interessen durch ein „wissenschaftliches Mäntelchen".[383] Ein erwerbswirtschaftliches, absatzförderndes Handeln ist anzunehmen, wenn die Arbeit auf Herabsetzung von Konkurrenzprodukten gerichtet ist, persönliche Angriffe enthält oder der Verfasser eigene wirtschaftliche Interessen damit verfolgt.[384] Die **Verwendung wissenschaftlicher Stellungnahmen,** Gutachten usw. **in der Werbung** hat der Werbende sich als eigene Äußerungen zurechnen zu lassen,[385] ohne sich auf die Privilegierung wissenschaftlicher Arbeiten berufen zu können. Wenn sich deshalb ein pharmazeutisches Unternehmen in seiner Werbung auf einen wissenschaftlichen Beitrag beruft, kommt es für die Frage der Unlauterkeit in erster Linie darauf an, ob der fragliche Beitrag wissenschaftlichen Anforderungen genügt. Werden Umstände unberücksichtigt gelassen, die nach wissenschaftlichem Maßstab in die Untersuchung hätten einfließen müssen, kann die Verwendung einer solchen – wissenschaftlich unzulänglichen – Arbeit unlauter sein.[386] 89

i) Erhöhte Substantiierungslast. Außerhalb des Bereichs der Regel-Annahmen (vgl. dazu oben Rn. 64, 72) ist anhand konkreter Umstände positiv festzustellen, ob ein objektiver Absatzförderungszusammenhang gegeben ist und der kommerzielle Charakter eine vorrangige Rolle gespielt hat.[387] Obwohl die Motivation des Handelnden auch unter dem UWG 2015 durchaus eine Rolle spielen kann (vgl. dazu oben Rn. 63), sind auch hier subjektive Motive des Handelnden nicht zu ermitteln.[388] Vorzunehmen ist eine **Gesamtschau der Umstände,** des Zwecks der beanstandeten Handlung und der Besonderheiten der jeweiligen Einzelfallgestaltung. Selbst außerhalb typischer Absatzförderungshandlungen kann dabei der Absatzförderungszusammenhang so offensichtlich und beherrschend sein, dass sich eine ausführliche Erörterung und Begründung erübrigt. Indiziell für einen vorrangigen Absatzförderungszusammenhang kann sein, wenn durch die in Rede stehenden Maßnahmen eigene finanzielle Interessen verfolgt werden[389] oder wenn 90

[379] Zur Wettbewerbsabsicht: BGH GRUR 1981, 823/825 – *Ecclesia-Versicherungsdienst.*

[380] RG GRUR 1932, 85 f. – *Vitophos;* BGH GRUR 1964, 389/391 – *Fußbekleidung;* OLG Düsseldorf WRP 1998, 421/425.

[381] BGH GRUR 1957, 360/361 – *Phylax-Apparate;* KG WRP 1996, 1162 ff. – *Nachkriegsproduktion* – zur Verbreitung einer in wissenschaftlicher Absicht vertriebenen Broschüre von Hobby-Philatelisten; vgl. auch OLG Hamburg GRUR-RR 2007, 206/208, zu Äußerungen eines Seminarleiters über die Prospekt-Werbung eines Schiffsfonds.

[382] BGH GRUR 1962, 45/48 – *Betonzusatzmittel.*

[383] *Baumbach/Hefermehl,* Wettbewerbsrecht, 22. Aufl., Einl. Rn. 238.

[384] BGH GRUR 1964, 389/391 – *Fußbekleidung;* OLG Hamburg GRUR-RR 2007, 206/208 – *Emissionsprospekt;* KG GRUR-RR 2005, 162/163 – *Arzneimitteleigenschaften kraft Präsentation.*

[385] BGH GRUR 2002, 633/634 – *Hormonersatztherapie;* BGH GRUR 1991, 848/849 – *Rheumalind II;* BGH GRUR 1971, 153/155 – *Tampax;* OLG Hamburg GRUR-RR 2004, 259 zur absatzfördernden Wirkung einer Studie einer Marktforschungsagentur.

[386] BGH GRUR 2002, 633/635 – *Hormonersatztherapie.*

[387] Vgl. insoweit zum früheren Recht: BGH GRUR 2002, 987/993 – *Wir Schuldenmacher;* BGH GRUR 1998, 947/948 – *Azubi '94;* BGH GRUR 1998, 481 – *Auto '94;* BGH GRUR 1997, 912/913 – *Die Besten I;* BGH GRUR 1997, 473 – *Versierter Ansprechpartner.*

[388] Zum objektiven Verständnis der lauterkeitsrechtlichen Beurteilung vgl. BGH GRUR 2007, 800 Rn. 22 – *Außendienstmitarbeiter.*

[389] So wenn eine Gemeinde an dem wirtschaftlichen Erfolg eines von ihr unterstützten Gewerbetreibenden partizipiert: BGH GRUR 2002, 550/554 – *Elternbriefe* und BGH GRUR 1990, 463/464 – *Firmenrufnummer;* zu mittelbaren eigenen wirtschaftlichen Vorteilen durch die Einblendung des Namens eines Sponsors in eine Fernsehsendung: BGH GRUR 1992, 518/520 – *Ereignis-Sponsorwerbung.*

etwa sachlich nicht begründbare Herabsetzungen[390] oder lobende Anpreisungen[391] in Rede stehen.

13. Verfassungskonforme Beurteilung

91 Der Schutz der Meinungsäußerungsfreiheit und das Interesse der Öffentlichkeit, in die Debatte wichtiger öffentlicher und wirtschaftlicher Fragen eingebunden zu sein, lassen es nicht zu, hinter jeder im Meinungskampf getroffenen Äußerung mit wettbewerblichem Bezug ein Handeln im Absatzförderungszusammenhang zu sehen.[392] Sozialkritische, politische, wirtschaftliche oder gesellschaftsbezogene **Meinungsäußerungen von Gewerbetreibenden** stehen nicht deshalb von vornherein außerhalb des Schutzbereichs der Meinungsäußerungsfreiheit (Art. 5 Abs. 1 Satz 1 GG), weil sie (auch) absatzfördernden Zwecken dienen.[393] Das UWG, insbesondere die Generalklausel des § 3 UWG, ist zwar ein „allgemeines Gesetz" i. S. d. Art. 5 Abs. 2 GG, durch das die Meinungsäußerungsfreiheit eingeschränkt wird. Die einfach-rechtlichen Vorschriften auch des Lauterkeitsrechts sind jedoch im Lichte der Bedeutung des Grundrechts auszulegen und so in ihrer das Grundrecht beschränkenden Wirkung selbst wieder einzuschränken.[394] Auch die EU-Grundrechtecharta ist im Hinblick auf EU-Recht (wie die UGP-Richtlinie, die Richtlinie zur irreführenden und vergleichenden Werbung) zu beachten.[395]

91a Der **Schutz der Meinungsäußerungsfreiheit** erstreckt sich auch auf **kommerzielle Meinungsäußerungen** sowie eine **Wirtschaftswerbung,** die einen wertenden, meinungsbildenden Inhalt hat.[396] Die Teilhabe an Auseinandersetzungen über gesellschaftspolitische Fragen darf nicht deshalb erschwert werden, weil der Äußernde sich in dem betreffenden Bereich selbst beruflich und wettbewerblich betätigt und dies nicht verschweigt.[397] Auch die ungenehmigte Verwendung des Bildnisses einer prominenten Persönlichkeit aus dem Bereich der Zeitgeschichte in einer Werbeanzeige, die sich satirisch mit einem aktuellen Tagesereignis auseinandersetzt, muss nach dem BGH vom Betroffenen hingenommen werden.[398] Es widerspricht zwar nicht dem Grundrechtsschutz aus Art. 5 Abs. 1 GG, dass getarnte Werbung grundsätzlich unlauter ist; mit dem Gebot, redaktionelle Beiträge und Werbung in Zeitungen zu trennen, darf aber keine übermäßige Beschränkung der Meinungs- und Pressefreiheit einhergehen.[399] Der Presse muss möglich sein, in ihrem redaktionellen Teil über bestimmte Unternehmen sowie über ihre Produkte und Erzeugnisse auch positiv zu berichten.[400] Bei einer Einschränkung der Meinungsäußerungsfreiheit auf der Grundlage des Wettbewerbsrechts und insbesondere des § 3 UWG ist die Verletzung hinreichend wichtiger, durch diese

---

[390] BGH GRUR 1982, 234/235 – *Großbanken-Restquoten.*

[391] BGH GRUR 1998, 489/492 f. – *Unbestimmter Unterlassungsantrag III;* BGH GRUR 1997, 912/913 – *Die Besten I;* BGH GRUR 1997, 914/915 – *Die Besten II;* BGH GRUR 1994, 441/442 – *Kosmetikstudio;* allgemein *Piper,* FS Vieregge, 1995, S. 715/723 ff.; *Piper* GRUR 1996, 147/152.

[392] BGH GRUR 1992, 707/708 – *Erdgassteuer;* ausführlich zum Einfluss der Grundrechte auf lauterkeitsrechtliche Verhaltensnormen *Ahrens* oben Einl. G Rn. 59 ff.

[393] Vgl. BGH GRUR 2016, 710 Rn. 43 ff. – *Im Immobiliensumpf.* Es ist aber auch umgekehrt nicht zu beanstanden, wenn die lauterkeitsrechtliche Kontrolle auch für Äußerungen gilt, die nicht ausschließlich wirtschaftlichen Zwecken dienen, BVerfG GRUR 2008, 81/82 – *Pharmakartell.*

[394] BVerfG GRUR 2001, 1058/1059 – *Therapeutische Äquivalenz;* BVerfG GRUR 2001, 170/173 – *Benetton I;* BVerfG NJW 1992, 1153/1154; BGH GRUR 1997, 917/919 – *Kaffeebohne;* BGH GRUR 1995, 595/597 – *Kinderarbeit;* vgl. auch *Hösch* WRP 2003, 936 ff.

[395] Dazu im Einzelnen *B. Raue* GRUR Int. 2012, 402 ff.

[396] BGH GRUR 2015, 694 Rn. 34 – *Bezugsquellen für Bachblüten;* BGH WRP 2012, 77 Rn. 27 ff. – *Coaching-Newsletter;* BGH GRUR 2008, 1124 Rn. 16 – *Zerknitterte Zigarettenschachtel;* BGH WRP 2008, 1527 Rn. 17 – *Dieter Bohlen;* BVerfG GRUR 2001, 170/172 – *Benetton I;* BVerfG GRUR 2002, 455 – *Tier- und Artenschutz;* BVerfG GRUR 2001, 1058/1059 – *Therapeutische Äquivalenz;* näher *Ahrens,* Einl. G Rn. 68 ff., 77; vgl. auch *Kübler/Kübler,* Werbefreiheit nach „Benetton", FS Ulmer, 2003, S. 907 ff.; *Lindacher,* FS Tilmann, S. 195 ff. Zum Schutz der Meinungsfreiheit nach Art. 11 EU-Grundrechtecharta vgl. BGH GRUR 2011, 631 Rn. 18 ff. – *Unser wichtigstes Cigarettenpapier,* dazu näher *B. Raue,* GRUR-Int. 2012, 402 ff.

[397] BVerfG GRUR 2008, 81 ff. – *Pharmakartell;* BVerfG GRUR 2013, 1266 Rn. 19 ff. – *Winkeladvokatur;* vgl. auch zur Veröffentlichung fremder Meinungsäußerungen auf eigenen Internetseiten, die neben der damit zunächst bezweckten Informationen auch die eigene unternehmerische Tätigkeit fördert und bei der sich der Internetbetreiber von der fremden Äußerung nicht ernsthaft distanziert: OLG Hamm GRUR 2012, 279 ff. – *Doppelmoral.*

[398] BGH WRP 2007, 83 ff. – *Rücktritt des Finanzministers,* dazu *Zagouras,* Satirische Politikerwerbung, zum Verhältnis von Meinungsfreiheit und Persönlichkeitsschutz, WRP 2007, 115 ff.

[399] BVerfG NJW 2005, 3201 f. – *Trennung von redaktionellen Beiträgen und Werbung.*

[400] BVerfG NJW 2005, 3201 f. – *Trennung von redaktionellen Beiträgen und Werbung;* vgl. auch GK-UWG/*Peukert,* 2. Aufl., § 2 Rn. 194 f.

Norm geschützter Belange darzutun.[401] Als solche Belange, welche „die Funktionsfähigkeit des Leistungswettbewerbs im wettbewerblichen Handeln einzelner Unternehmen oder als Institution stören", hat das BVerfG etwa **unlautere Einflussnahmen auf die freie Entschließung des Kunden, Behinderungen der Mitbewerber mit nicht leistungsgerechten Mitteln, Nachahmung und Ausbeutung, Schaffung eines Wettbewerbsvorsprungs durch Missachtung gesetzlicher Schranken und Einsatz vornehmlich machtbedingter Vorteile** angesehen.[402]

Eine Beeinträchtigung oder Gefährdung der lauterkeitsrechtlichen Schutzgüter ist jeweils kon- **91b**
kret darzulegen. Bringen die Äußerungen eine hinreichende Gefährdung der wettbewerbsrechtlichen Schutzgüter mit sich, ist im Rahmen einer Abwägung der Bedeutung des Eingriffs mit dem Freiheitsrecht zu überprüfen, ob ein **Verbot** auch **verhältnismäßig** ist.[403] Das Interesse an sachlicher Information rechtfertigt jedoch auch unter dem Blickwinkel des Art. 5 GG keine unwahren Aussagen.[404] Nicht von Art. 5 GG gedeckt und damit stets unzulässig ist auch die Veröffentlichung einer kritischen Äußerung über einen Mitbewerber, die eine reine Schmähkritik darstellt.[405] Die erforderliche Abwägung der Meinungsfreiheit insbesondere mit den wettbewerbsrechtlichen Behinderungs-, Herabsetzungs- und Verunglimpfungsverboten hat der BGH früher zumeist auf der Ebene der Wettbewerbsabsicht vorgenommen.[406] Eine Abwägung ist aber auch nach Bejahung einer geschäftlichen Handlung, deren Feststellung für sich allein noch nicht aus dem Schutzbereich des Art. 5 GG herausführt,[407] im Rahmen der Prüfung des materiellen Verbotstatbestandes vorzunehmen.[408] Die grundrechtlichen Wertungen sind erst bei der Beurteilung der Unlauterkeit der in Rede stehenden Handlungen und nicht schon durch Verneinung einer geschäftlichen Handlung zu beachten.[409] Auch auf materiell-rechtlicher Ebene ist deshalb der Eingriff in das wettbewerbsrechtliche Schutzgut mit der Meinungsäußerungsfreiheit abzuwägen.[410] Im Rahmen einer verfassungskonformen Beurteilung insbesondere von Werbemaßnahmen ist auch die durch **Art. 12 GG geschützte Berufsfreiheit** zu beachten, die auch das Recht auf eine angemessene berufliche Außendarstellung einschließlich der Werbung umfasst und sich etwa auch auf das Medium Internet erstreckt.[411] Auch der Verstoß gegen eine Regelung, die wegen eines unverhältnismäßigen Eingriffs in die durch Art. 12 Abs. 1 GG geschützte Berufsfreiheit verfassungswidrig ist, kann nicht als unlautere Wettbewerbshandlung i. S. v. §§ 3, 4 Nr. 11 UWG a. F. (jetzt: §§ 3, 4 Nr. 4) angesehen werden.[412]

---

[401] BVerfG GRUR 2008, 81/83 – *Pharmakartell;* BVerfG GRUR 2003, 442 – *Benetton II;* BVerfG GRUR 2002, 455 f. – *Tier- und Artenschutz;* BVerfG GRUR 2001, 170/173 – *Benetton I;* BVerfG GRUR 2001, 1058/1059 ff. – *Therapeutische Äquivalenz.*

[402] BVerfG GRUR 2001, 1058/1060 – *Therapeutische Äquivalenz.*

[403] BVerfG GRUR 2001, 1058/1060 – *Therapeutische Äquivalenz;* BVerfG GRUR 2002, 455/456 – *Tier- und Artenschutz;* EGMR NJW 2003, 497 ff. – *Stambuk.*

[404] BGH WRP 2012, 77 Rn. 27 – *Coaching-Newsletter;* BGH GRUR 2003, 800/802 f. – *Schachcomputerkatalog;* zum mangelnden Schutz von irreführenden Angaben in Form von Tatsachenbehauptungen durch Art. 5 GG auch OLG Hamburg GRUR-RR 2005, 131/136 sowie OLG Hamburg GRUR-RR 2005, 129/131.

[405] BVerfG GRUR 2008, 81/83 – *Pharmakartell.*

[406] BGH GRUR 1995, 270/272 f. – *Dubioses Geschäftsgebaren* für kritische Äußerungen gegenüber Mitbewerber; BGH GRUR 1984, 461/462 und BGH GRUR 1984, 214/215 f. – *Copy-Charge* zu Boykottaufrufen; BGH GRUR 1982, 234/235 f. – *Großbanken-Restquoten* zu abfälligen Äußerungen der Presse gegenüber einem Konkurrenzblatt; BGH GRUR 1980, 242 – *Denkzettelaktion,* bestätigt durch BVerfG GRUR 1984, 357 ff. – *Markt-Intern* zu Boykottaufruf; BGH GRUR 1986, 898/899 – *Frank der Tat;* BGH GRUR 1998, 947/948 – *AZUBI '94* zur lobenden redaktionellen Nennung von Ausbildungsplatzanbietern. Kritisch dazu mit der Forderung, auf materieller wettbewerbsrechtlicher Grundlage die gebotene Interessenabwägung vorzunehmen: *Beater,* Unlauterer Wettbewerb, 2002, § 11 Rn. 61.

[407] BVerfG NJW 1992, 1153.

[408] Vgl. BGH GRUR 2015, 924 Rn. 34 – *Bezugsquellen für Bachblüten;* BGH WRP 2012, 77 Rn. 31 ff. – *Coaching-Newsletter;* vgl. auch BGH GRUR 1997, 917/919 – *Kaffeebohne* – für eine wettbewerbsfördernde Presseerklärung des Geschäftsführers eines Tonträgerherstellers und Musikverbandes unter der Überschrift „Der Kampf gegen die Kaffeebohne: Das Problem der Schutzlücke!" mit kritischen Äußerungen hinsichtlich der als urheberrechtsfrei angesehenen „Beatles"-Angebote eines bestimmten Kaffeerösters.

[409] BGH GRUR 2015, 694 Rn. 34 – *Bezugsquellen für Bachblüten;* BGH GRUR 2012, 74 Rn. 14 f. und 31 – *Coaching-Newsletter.*

[410] BVerfG GRUR 2002, 455/456 – *Tier- und Artenschutz;* BGH GRUR 2000, 703/706 – *Mattscheibe.*

[411] BVerfG GRUR 2008, 152 – *Gegnerliste;* zur Berücksichtigung der Berufsfreiheit in der Judikatur des BVerfG auch *Ahrens* oben Einl. G II. Rn. 38 f.

[412] BGH GRUR 2008, 438/439 – *ODDSET.*

IV. Maßnahmen bei und nach Vertragsschluss

1. Grundsatz

92 Die frühere Rechtsprechung ist davon ausgegangen, dass Maßnahmen im Rahmen von bereits begründeten Vertragsverhältnissen, die lediglich der Erfüllung und Durchsetzung individueller vertraglicher Pflichten dienen, nicht marktbezogen sind und demgemäß keine Wettbewerbshandlungen darstellen.[413] Dem lag auch der Gedanke zugrunde, dass der Wettbewerb um den Kunden nach Vertragsabschluss beendet war. Schon die jüngere Rechtsprechung hat aber in erheblichem Umfange auch **vertragsbezogene Handlungen** erfasst, insbesondere wenn eine breite Gruppe von Verbrauchern betroffen war.[414] Nunmehr sieht § 2 Abs. 1 Nr. 1 UWG entsprechend den für das verbraucherbezogene Lauterkeitsrecht verbindlichen Vorgaben der UGP-Richtlinie (Art. 3 Abs. I) vor, dass der **lauterkeitsrechtlichen Beurteilung Handlungen vor, bei oder nach einem Geschäftsabschluss unterliegen.** Aufgrund der allgemeinen, nicht nur das verbraucherbezogene Lauterkeitsrecht betreffenden Umsetzung in § 2 Abs. 1 Nr. 1 UWG gilt dies nun sowohl für verbraucher- als auch für unternehmensbezogenes Handeln. Die nachfolgenden Grundsätze sind daher für beide Arten vertraglichen Handelns maßgebend. Die vertraglichen Rechte und Rechtsbehelfe insbesondere von Verbrauchern sowie die lauterkeitsrechtliche Kontrolle bilden zwei sich überschneidende Kreise und ergänzen sich.[415]

2. Vorgaben der UGP-Richtlinie

93 Die für das verbraucherbezogene Lauterkeitsrecht verbindliche UGP-Richtlinie definiert in Art. 3 Abs. 1 ihren Anwendungsbereich wie folgt:

„Diese Richtlinie gilt für unlautere Geschäftspraktiken im Sinne des Art. 5 zwischen Unternehmen und Verbrauchern vor, während und nach Abschluss eines auf ein Produkt bezogenen Handelsgeschäfts."

93a Weiter heißt es in Art. 3 Abs. 2:

„Diese Richtlinie lässt das Vertragsrecht und insbesondere die Bestimmungen über die Wirksamkeit, das Zustandekommen oder die Wirkung eines Vertrags unberührt. „

93b Auch wenn das Lauterkeitsrecht somit die Regelungen über das Zustandekommen, den Bestand des Vertrages und den Umfang der beiderseitigen vertraglichen Rechte unberührt lässt, bildet der Vertragsabschlusszeitpunkt keine Zäsur für die lauterkeitsrechtliche Kontrolle und das Vertragsverhältnis als solches keinen Schutz vor lauterkeitsrechtlicher Beurteilung. Im Auge zu behalten ist insoweit, dass die **UGP-Richtlinie unlauter erwirkte „geschäftliche Entscheidungen von Verbrauchern" abwehren** möchte und darunter gemäß **Art. 2 lit. k UGP-Richtlinie** zu verstehen ist:

„jede Entscheidung eines Verbrauchers darüber, ob, wie und unter welchen Bedingungen er einen Kauf tätigen, eine Zahlung insgesamt oder teilweise leisten, ein Produkt behalten oder abgeben oder ein vertragliches Recht im Zusammenhang mit dem Produkt ausüben will, unabhängig davon, ob der Verbraucher beschließt, tätig zu werden oder ein Tätigwerden zu unterlassen."

93c Daraus ist zu entnehmen, dass etwa **Zahlungsaufforderungen an Verbraucher**[416] oder die **Einwirkung auf Verbraucher,** ihre vertraglichen Rechte auszuüben oder nicht auszuüben, lauterkeitsrechtlich grds. überprüfbar sind.[417]

3. Lauterkeitsrecht und Vertragsrecht

94 Es bleibt bei dem schon nach bisherigem Recht geltenden Grundsatz, dass **unlauter zustande gekommene Verträge nicht per se unwirksam** sind.[418] Die Feststellung des unlauteren Charak-

[413] BGH GRUR 2015, 692 Rn. 15 – *Hohlkammerprofilplatten;* BGH GRUR 2007, 805 Rn. 13 f. – *Irreführender Kontoauszug;* BGH GRUR 2002, 1093/1094 – *Kontostandsauskunft.*

[414] Vgl. BGH GRUR 2015, 692 Rn. 15 – *Hohlkammerprofilplatten;* BGH GRUR 2007, 805/807 – *Irreführender Kontoauszug; Ahrens,* FS Loewenheim 2009, 407/416 ff.

[415] Eine Annäherung von Lauterkeitsrecht und Vertragsrecht konstatieren *Alexander* WRP 2012, 515 ff. und *Keßler/Micklitz* VuR 2009, 88/93 f., ebenso, wenn auch mit kritischer Zurückhaltung: *Ahrens,* FS Loewenheim 2009, 407, 416 ff., *Köhler* spricht WRP 2009, 898/912 von einer erforderlichen „Neubestimmung". *Scherer* hält in WRP 2009, 761/767 daran fest, dass es sich um „strikt getrennte Bereiche" handelt.

[416] Vgl. dazu *Köhler* GRUR 2008, 841/843.

[417] Vgl. dazu auch die Kommentierung zu dem durch die UWG-Reform 2015 in Umsetzung von Art. 2 lit. k UGP-Richtlinie neu eingeführten Art. 2 Abs. 1 Nr. 9 UWG, unten Rn. 216 ff.

[418] Dazu *Alexander* WRP 2012, 515/521 m. w. N., abzulehnen ist entgegen *Micklitz/Reich* EuZW 2012, 126/127, ein „Durchgriff" des Lauterkeitsrechts auf das Vertragsrecht.

ters einer Geschäftspraxis hat keine Bindungswirkung für die Feststellung etwa der Missbräuchlichkeit einer Vertragsklausel.[419] Die Unlauterkeit einer geschäftlichen Handlung kann allerdings einen wichtigen Anhaltspunkt dafür geben, ob eine Vertragsklausel missbräuchlich ist und andererseits kann die Verwendung einer missbräuchlichen Klausel zugleich unlauter sein.[420] Darüber hinaus können Verträge, die zur Begehung unlauteren Wettbewerbs verpflichten, gemäß § 134 BGB nichtig sein, wenn der rechtsgeschäftlichen Verpflichtung selbst das wettbewerbswidrige Verhalten innewohnt.[421] Zudem kann die spätere Abwicklung und Durchsetzung unlauter zustande gekommener Verträge lauterkeitsrechtlich untersagt werden.[422]

4. Keine marktbezogene Außenwirkung und keine „Breitenwirkung"

Für die Annahme einer lauterkeitsrechtlich erfassten geschäftlichen Handlung bei nachvertraglichem Verhalten ist weder eine marktbezogene Außenwirkung noch eine gewisse „Breitenwirkung" der Handlung erforderlich.[423] Der EuGH hat – abweichend von den Schlussanträgen des *Generalanwalts Wahl,* der eine „Geschäftspraktik" bei einem gegen einen einzelnen Verbraucher gerichteten Verhalten verneinte – entschieden, dass auch eine Handlung gegenüber einem einzelnen Verbraucher in den Anwendungsbereich der Richtlinie fällt. Es ist nach dem EuGH zudem kein Nachweis darüber erforderlich, dass weitere Verbraucher geschädigt worden sind und auch unerheblich, ob es sich um einen einmaligen Bearbeitungsfehler handelt, dem Unternehmen ein Schuldvorwurf zu machen war, ob der eingetretene Schaden geringfügig ist oder ob sich der Verbraucher die Information anderweit hätte beschaffen können.[424] Ausreichend ist vielmehr ein Verhalten, das geeignet ist, einen nachteiligen Einfluss auf eine geschäftliche Entscheidung des Verbrauchers auszuüben.[425] Der Anwendungsbereich des von der Richtlinie erfassten nachvertraglichen Verhaltens ist sonach äußerst weit.[426] Ein etwa erforderliches Regulativ sieht der EuGH nicht bei der Definition der Geschäftspraxis, sondern bei der Wahl der Sanktionen, die dem Gebot der Verhältnismäßigkeit genügen müssen.[427] Im Lichte der EuGH-Rechtssprechung sind Maßnahmen mit **marktbezogene Außenwirkung** umso mehr erfasst, wenn sie etwa eine Vielzahl von Kundenbeziehungen betreffen und sie geeignet sind, neue Vertragspflichten zu begründen bzw. bestehende zu erweitern.[428] Gleiches gilt, wenn die Maßnahmen geeignet sind und dazu dienen, den **bisherigen Kundenstamm zu erhalten.**[429] Mit Blick auf eine **einheitliche Auslegung** müssen diese Grundsätze auch für das nachvertragliche Verhalten im B2B-Bereich gelten. 95

5. Erforderlicher Absatzförderungszusammenhang?

Es entsprach bislang wohl überwiegender Auffassung, dass die Anwendbarkeit des UWG auf vertragsabschlussbezogene oder nachvertragliche Handlungen keinen Absatzförderungszusammenhang 96

---

[419] EuGH GRUR 2012, 639 Rn. 46 – *Pereničová und Perenic/SOS;* zu weiteren Anwendungsfällen für ein Zusammenwirken von Vertragsrecht und Lauterkeitsrecht vgl. *Alexander* WRP 2012, 515/522.

[420] *Alexander* WRP 2012, 515/519.

[421] BGH GRUR 2012, 1050 Rn. 20 – *Dentallaborleistungen.*

[422] BGH WRP 2001, 1073 ff. – *Gewinn-Zertifikat;* BGH GRUR 1995, 358 ff. – *Folgeverträge II;* BGH GRUR 1994, 126 f. – *Folgeverträge I; Sack* WRP 2002, 396 ff.; *von Ungern-Sternberg* WRP 2000, 1057 ff.

[423] EuGH GRUR 2015, 600 Rn. 41 ff. – *Ungarische Verbraucherschutzbehörde/UPC;* abweichend *Generalanwalt Wahl* in seinen Schlussanträgen in der Sache UPC (Rechtssache C-388/13); vgl. auch *Glöckner* WRP 2009, 1175/1182; *Beater,* Unlauterer Wettbewerb, 2011, Rn. 906, setzt die Anforderungen zu hoch, wenn er verlangt, dass die Maßnahme „Teil einer Geschäftsstrategie" sein soll; Gloy/Loschelder/*Erdmann,* HdbWettbR, 4. Aufl., § 31 Rn. 85 plädiert seit jeher für eine weite Auslegung.

[424] EuGH GRUR 2015, 600 Rn. 41 ff. – *Ungarische Verbraucherschutzbehörde/UPC; Büscher* GRUR 2016, 113 ff.

[425] EuGH GRUR 2015, 600 Rn. 41 ff. – *Ungarische Verbraucherschutzbehörde/UPC.*

[426] Meine in der Vorauflage vertretene Auffassung, wonach ein nachvertragliches Verhalten „zumindest potentiell auch eine marktbezogene Außenwirkung entfalten" können muss, halte ich nicht mehr aufrecht.

[427] Vgl. *Büscher* GRUR 2016, 113; zu Verhältnismäßigkeitserwägungen im Zusammenhang mit einem Verbotsausspruch vgl. BGH GRUR 2015, 286 Rn. 19 ff. – *Spezialist für Familienrecht; Köhler* spricht in WRP 2009, 898/903 von einem berechtigten Anliegen, nicht „aus jeder Mücke einer Vertragsverletzung einen Elefanten eines Lauterkeitsverstoßes" zu machen und will bei bloß singulärem Fehlverhalten eine Wiederholungsgefahr verneinen, so auch *Köhler*/Bornkamm, UWG, 34. Aufl., § 2 Rn. 86. Es ist jedoch vorrangig eine Lösung im materiellen Recht zu suchen, insbesondere besonders sorgfältig zu prüfen, ob tatsächlich eine geschäftliche Handlung vorliegt, die auf eine geschäftliche Entscheidung gerichtet ist.

[428] BGH GRUR 2009, 876 Rn. 14 – *Änderung der Voreinstellung II;* BGH GRUR 2007, 805/806 – *Irreführender Kontoauszug;* OLG Karlsruhe, GRUR-RR 2008, 83 f. – *Kundenreklamation.*

[429] Vgl. insoweit zum alten Recht: BGH GRUR 1992, 450/452 – *Beitragsrechnung;* BGH GRUR 1970, 465/467 – *Prämixe;* a. A.: BGH (VI. ZS) WRP 2003, 76 f. – *Ersetzung unwirksamer Versicherungsbedingungen,* mit kritischer Anmerkung *Schünemann* WRP 2003, 16 f.

verlangt.[430] Der BGH hat aber mittlerweile entschieden, dass das Merkmal des „objektiven Zusammenhangs" im Sinne von § 2 Abs. 1 Nr. 1 UWG funktional zu verstehen ist und voraussetzt, dass die Handlung bei objektiver Betrachtung darauf gerichtet ist, durch Beeinflussung der geschäftlichen Entscheidung der Verbraucher oder sonstigen Marktteilnehmern den Absatz oder den Bezug von Waren oder Dienstleistungen des eigenen oder eines fremden Unternehmens zu fördern.[431] Aus dem Urteil „*Standardisierte Mandatsbearbeitung*" ist zunächst zu entnehmen, dass eine geschäftliche Handlung nur vorliegt, wenn sie auf eine **Beeinflussung der geschäftlichen Entscheidung der Verbraucher oder sonstigen Marktteilnehmern gerichtet** ist.[432] Liegt eine solche Beeinflussungsqualität vor, ist **regelmäßig auch ein Absatzförderungszusammenhang anzunehmen.**[433] Im nachvertraglichen Bereich ist jedoch ein **Absatzförderungszusammenhang nicht zwingend erforderlich.**[434] Entsprechend dem Wortlaut von § 2 Abs. 1 Nr. 1 UWG reicht es vielmehr aus, wenn das Verhalten (1) **mit der „Förderung des Absatzes"** oder des Bezugs **oder (2) mit dem „Abschluss" oder (3) der „Durchführung eines Vertrags"** objektiv zusammenhängt (in den Worten der Richtlinie: „... jede Handlung ... die unmittelbar mit der Absatzförderung, dem Verkauf oder der Lieferung eines Produkts an Verbraucher zusammenhängt"). So mag es zweifelhaft sein, ob etwa Maßnahmen zur Schuldeneintreibung, die nach den „Leitlinien der Kommission" in den Anwendungsbereich der Richtlinie fallen sollen, weil sie direkt an den Verkauf oder die Lieferung von Produkten geknüpft sind,[435] noch als „Absatzförderungsmaßnahmen" anzusehen sind, auch wenn sie zweifellos die wirtschaftliche Stellung eines Unternehmens verbessern. Es erscheint deshalb sachgerechter, den Absatzförderungszusammenhang nicht zu überdehnen und stattdessen an den Abschluss oder die Durchführung eines Vertrags anzuknüpfen. Für vertragsabschlussbezogene und nachvertragliche Maßnahmen erforderlich, aber auch ausreichend ist sonach, dass sie auf eine Entscheidung des Verbrauchers oder der übrigen Marktbeteiligten gerichtet sind und mit einem (oft vorliegenden) Absatzförderungszusammenhang oder mit dem Abschluss oder der Durchführung eines Vertrags (nach der Richtlinie: oder dem Verkauf oder der Lieferung eines Produkts) im Zusammenhang stehen. Damit steht die **Rechtsprechung des EuGH**[436] im Einklang, weil der EuGH auf alle drei in Art. 2 lit. d) genannten Kriterien („Absatzförderung", „Verkauf" oder „Lieferung" einer Ware oder Dienstleistung) abstellt und das Erfordernis eines Absatzförderungszusammenhangs im nachvertraglichen Bereich nicht weiter diskutiert.[437] Sofern bei einem Verhalten im nachvertraglichen Bereich auch ein Absatzförderungszusammenhang vorliegt, ein Unternehmen etwa seine mit ihm vertraglich verbundenen Kunden werbend auf eine Erweiterung des Vertrags oder auf den Bezug weiterer Produkte anspricht oder von einem Vertragswechsel abrät, liegt ein lauterkeitsrechtlicher „Standardfall" vor, der nicht entscheidend durch die vertragliche Verbundenheit der Beteiligten geprägt ist. Dass ein Unternehmen im „Markt seiner Vertragspartner" werbend agiert, ist gewöhnliches geschäftliches Verhalten, zumal anerkannt ist, dass auch ein Verhalten gegenüber einem geschlossenen Personenkreis oder gegenüber Einzelpersonen lauterkeitsrechtlich relevant ist.[438]

---

[430] Vgl. *Köhler*/Bornkamm, UWG, 34. Aufl, § 2 Rn. 74 und *Köhler* NJW 2008, 3032/3035; so auch der Verfasser in Vorauflage, § 2 Rn. 36.

[431] BGH GRUR 2015, 694 Rn. 21 – *Bezugsquellen für Bachblüten;* grundlegend: BGH GRUR 2013, 945 Rn. 17 ff. – *Standardisierte Mandatsbearbeitung;* ebenso schon BGH GRUR 2010, 1117 Rn. 18 – *Gewährleistungsausschluss im Internet.*

[432] BGH GRUR 2013, 945 Rn. 17 und 26 – *Standardisierte Mandatsbearbeitung.*

[433] So erspart die Vereinbarung eines Gewährleistungsausschlusses dem Unternehmer Kosten, weil sie den Verbraucher davon abhält, Gewährleistungsansprüche geltend zu machen (BGH GRUR 2010, 117 Rn. 18 – *Gewährleistungsausschluss im Internet*), ebenso wenn ein Unternehmen seinen Kunden durch sein Verhalten im Rahmen der Vertragsdurchführung daran hindert, künftig Dienstleistungen eines Mitbewerbers in Anspruch zu nehmen (BGH GRUR 2009, 876 Rn. 25 – *Änderung der Voreinstellung II*).

[434] Abweichend offenbar: BGH GRUR 2015, 694 Rn. 21 – *Bezugsquellen für Bachblüten;* BGH GRUR 2013, 945 Rn. 17 ff. – *Standardisierte Mandatsbearbeitung.*

[435] Leitlinien zur Anwendung/Umsetzung der Richtlinie 2005/29/EG über unlautere Geschäftspraktiken (SEK (2009) 1666), Arbeitspapier der Kommissiondienststellen), 3. Dezember 2009.

[436] EuGH GRUR 2015, 600 Rn. 34 ff. – *Ungarische Verbraucherschutzbehörde/UPC.*

[437] In EuGH GRUR 2015, 600 ff. – *Ungarische Verbraucherschutzbehörde/UPC* war ein dort nicht besonders thematisierter Absatzförderungszusammenhang ohne weiteres zu bejahen, weil das Unternehmen seine Leistungen länger als bei richtiger Auskunft erbringen und abrechnen konnte.

[438] Vgl. Köhler/*Bornkamm,* UWG, 34. Aufl., § 5 Rn. 2.18 und EuGH GRUR 2015, 600 Rn. 34 ff. – *Ungarische Verbraucherschutzbehörde/UPC.*

6. Objektiver Abschluss- oder Durchführungszusammenhang mit einem Vertrag und Beeinflussung einer „geschäftlichen Entscheidung“

Eine lauterkeitsrechtlich erfasste vertragsbezogene Handlung liegt nicht nur bei einem Absatzförderungszusammenhang, sondern auch dann vor, wenn sie mit dem **Abschluss** oder der **Durchführung eines Vertrags „objektiv zusammenhängt“.** Das setzt zunächst voraus, dass die Handlung bei objektiver Betrachtung geeignet ist, die **geschäftlichen Entscheidungen von Verbrauchern oder sonstigen Marktteilnehmern** zu beeinflussen[439] (vgl. Erwägungsgrund 7 und Art. 3 Abs. 1 UGP-Richtlinie). Das Verhalten muss also einen Verbraucher oder sonstigen Marktteilnehmer darüber beeinflussen, „ob, wie und unter welchen Bedingungen er einen Kauf tätigen, eine Zahlung insgesamt oder teilweise leisten, ein Produkt behalten oder abgeben oder ein vertragliches Recht im Zusammenhang mit dem Produkt ausüben will, unabhängig davon, ob der Verbraucher oder sonstige Marktteilnehmer sich entschließt, tätig zu werden oder ein Tätigwerden zu unterlassen“ (vgl. § 2 Abs. 1 Nr. 9 UWG). Die auf den Abschluss oder die Durchführung eines Vertrages bezogenen geschäftlichen Handlungen können auf all diejenigen geschäftlichen Entscheidungen gerichtet sein, die gemäß § 2 Abs. 1 Nr. 9 UWG relevant sind. Auch ein unternehmerisches Verhalten, das darauf abzielt, den Vertragspartner zu veranlassen, von seinen Rechten keinen Gebrauch zu machen, ist sonach erfasst. Wegen der Einzelheiten insoweit ist auf die Kommentierung zu § 2 Abs. 1 Nr. 9 (Rn. 216 ff.) zu verweisen. Weil die **bloße Schlecht- oder Nichtleistung** eines Unternehmens zwar Rechte des Betroffenen begründen kann, aber nicht auf eine geschäftliche Entscheidung zielt, ist die **bloße Schlecht- oder Nichtleistung lauterkeitsrechtlich nicht erfasst.**[440] Das Erfordernis des funktionalen Bezugs auf die Beeinflussung der geschäftlichen Entscheidung gilt auch im Hinblick auf das **Verhalten gegenüber Mitbewerbern oder sonstigen Marktteilnehmern,** das von der UGP-Richtlinie allenfalls mittelbar betroffen ist (vgl. Erwägungsgrund 8 der Richtlinie), der Begriff des „objektiven Zusammenhangs“ ist insoweit im Interesse der Rechtseinheit **einheitlich auszulegen.**[441] 97

7. Verträge über Waren oder Dienstleistungen

Der lauterkeitsrechtlichen Kontrolle unterliegen grundsätzlich **alle Arten von Verträgen über Waren oder Dienstleistungen.** Dazu rechnen etwa Kaufverträge, Mietverträge, Leihverträge, Schenkungen, Garantieverträge und Darlehensverträge.[442] Unerheblich ist, ob der Unternehmer als Vertragspartner Anbieter oder Nachfrager von Waren oder Dienstleistungen ist.[443] Der Lauterkeitskontrolle unterliegen sowohl Verträge im B2C- als auch Verträge im B2B-Bereich hinsichtlich aller nur denkbaren Waren und Dienstleistungen. Erfasst sind Verträge jedweder Art, die Lieferungen von Waren oder die Erbringung von Dienstleistungen betreffen, wobei es auf eine Entgeltlichkeit nicht ankommt, so dass etwa auch ein Verhalten im Zusammenhang mit Auslobungen oder Werbegeschenken erfasst ist.[444] Erfasst sind nicht nur **Dauerschuldverhältnisse,** sondern auch **auf einen einmaligen Leistungsaustausch gerichtete Verträge.** 98

8. Beispiele für lauterkeitsrechtlich erfasstes vertragsbezogenes Handeln

Schon unter dem alten UWG hat die Rechtsprechung mehr und mehr auch vertragsbezogenes Handeln, insbesondere im Massenverkehr, lauterkeitsrechtlich erfasst. Auch unter dem Blickwinkel der UGP-Richtlinie wird die ältere Rechtsprechung in weitem Umfang Bestand haben und beispielsweise weiter gültig sein, dass die **Schlecht- oder Nichterfüllung individueller Vertragsansprüche nicht zum Mittel des Wettbewerbs gemacht werden darf.**[445] Die bisherige Rechtsprechung kann deshalb mit der gebotenen Vorsicht auch unter dem maßgebenden Blickwinkel der UGP-Richtlinie noch zur Orientierung herangezogen werden, so dass darauf auch noch bei der nachfolgenden Darstellung beispielhaft verwiesen werden kann. Die lauterkeitsrechtliche Prüfung von vertragsbezogenem Verhalten reicht tendenziell allerdings weiter als nach altem Recht.[446] 99

---

[439] BGH GRUR 2013, 945 Rn. 31 – *Standardisierte Mandatsbearbeitung;* BGH GRUR 2010, 1117 Rn. 18 – *Gewährleistungsausschluss im Internet.*

[440] BGH GRUR 2013, 945 Rn. 26 – *Standardisierte Mandatsbearbeitung; Büscher* GRUR 2016, 113/114; *Ahrens,* FS Loewenheim 2009, 407/418; ebenso *Scherer* WRP 2009, 761/767.

[441] BGH GRUR 2013, 945 Rn. 19 – *Standardisierte Mandatsbearbeitung.*

[442] Zu den Arten der erfassten Vertragsverhältnisse vgl. *Köhler* WRP 2009, 898/900.

[443] *Köhler* WRP 2009, 898/900.

[444] *Köhler* WRP 2009, 898/900.

[445] Vgl. dazu BGH GRUR 2015, 692 Rn. 15 – *Hohlkammerprofilplatten.*

[446] Vgl. auch *Alexander* WRP 2012, 515 ff., ebenso, wenn auch kritisch: *Ahrens,* FS Loewenheim 2009, 407, 416 ff.; *Köhler* WRP 2009, 898/912.

Sofern ein Lauterkeitsverstoß wegen der Verletzung kundenbezogener vertraglicher Rechte geltend gemacht wird, müssen diese Rechte aber auch tatsächlich bestehen. Der handelnde Unternehmer trägt insoweit das Risiko der richtigen Beurteilung.[447]

100 **a) Verstoß gegen verbraucherbezogenes Vertragsrecht.** Eine zwar unmittelbar nur die Leistungsbeziehungen zwischen Vertragspartnern regelnde Vorschrift, die als zwingende Norm den Schutz der Verbraucher in allen einschlägigen Fällen regelt, gibt zugleich eine Verhaltensdirektive für marktbezogenes lauteres Verhalten, normwidriges Verhalten unterliegt damit wettbewerbsrechtlicher Beurteilung.[448] Die durch einen Unternehmer erfolgte **Ankündigung der Vereinbarung eines Ge-währleistungsausschlusses** ist eine geschäftliche Handlung.[449] Die Verwendung von **gesetzwidrigen Widerrufsbelehrungen** durch ein Unternehmen erfolgt im marktbezogenen geschäftlichen Verkehr.[450] Eine marktbezogene geschäftliche Handlung ist auch dann gegeben, wenn ein Unternehmen seine Kunden durch **irreführende Angaben** von der Geltendmachung eines Kündigungs- oder Widerrufsrechts abhält[451] oder gegenüber einem Kunden irreführende Angaben zu dessen Kündigungsrecht macht.[452] Auch die Verwendung von **Allgemeinen Geschäftsbedingungen** stellt eine marktbezogene geschäftliche Handlung dar.[453] Ob die Verwendung von Allgemeinen Geschäftsbedingungen stets in einem objektiven Absatzförderungszusammenhang steht, ist letztlich nicht entscheidend, weil die Verwendung von AGB's naturgemäß objektiv mit dem Abschluss eines Vertrages im Zusammenhang steht.[454] Der Zweck der §§ 307 ff. BGB ist nicht nur der Schutz der Vertragspartner vor Benachteiligung durch einseitige Ausnutzung der Vertragsgestaltungsfreiheit, sondern auch die Abwendung von Nachteilen, die dem Wirtschaftsverkehr durch den nicht funktionierenden Konditionenwettbewerb drohen. Klauselverbote und AGB-Vorschriften sind als marktverhaltenssteuernde Regelungen i. S. d. § 3a/§ 4 Nr. 11 a. F. UWG anzusehen, so dass Mitbewerber und Verbände **unwirksame AGB** beanstanden können.[455] Eine geschäftliche Handlung ist auch anzunehmen, wenn Maßnahmen – wie etwa eine Reaktion auf Kundenreklamationen – eine überschießende werbende Wirkung entfalten.[456]

101 **b) Vertragsverletzungen.** Die bloße **Schlecht- oder Nichterfüllung vertraglicher Pflichten** liegt außerhalb des vom UWG erfassten geschäftlichen Verkehrs,[457] weil insoweit regelmäßig der erforderliche **funktionale Zusammenhang** (vgl. Rn. 97) fehlt, den Verbraucher (oder sonstigen Marktbeteiligten) zu einer **geschäftlichen Entscheidung** veranlassen zu wollen.[458] Bei einfachen, insbesondere fahrlässigen **Vertragsverletzungen** ging die ältere Rechtsprechung nur dann von einer Wettbewerbshandlung aus, wenn diese nach Umfang und Ausmaß ein besonderes Ge-

[447] *Köhler,* FS Medicus 2009, 225/231.

[448] Zum Reisevertragsrecht siehe BGH GRUR 2000, 731/733; OLG Frankfurt GRUR 2002, 727/729 – *Kerosinzuschlag.* Zur Widerrufsbelehrung nach § 1 HWiG a. F. (= § 312 Abs. 2 BGB n. F.): BGH GRUR 1990, 46 – *Heizgeräte-Vertrieb;* BGHZ 121, 52/57 f. – *Widerrufsbelehrung.* Zum Verstoß gegen Informationspflichten beim Fernabsatzgeschäft: OLG Karlsruhe GRUR 2002, 730 f. – *Lottotipps.*

[449] BGH GRUR 2013, 945 Rn. 26 – *Standardisierte Mandatsbearbeitung;* BGH GRUR 2010, 1117 Rn. 18 – *Gewährleistungsausschluß im Internet;* BGH GRUR 2010, 1120 Rn. 21 – *Vollmachtsnachweis.*

[450] BGH GRUR 1986, 816/818 – *Widerrufsbelehrung bei Teilzahlungskauf;* vgl. ferner: BGH GRUR 2002, 1085, 1087 f. – *Belehrungszusatz;* BGH GRUR 2002, 720 f. – *Postfachanschrift;* BGH WRP 2003, 891 ff. – *Abonnementvertrag;* OLG Frankfurt GRUR-RR 2007, 56/57 – *Sprechender Link.*

[451] BGH GRUR 1986, 816/818 – *Widerrufsbelehrung bei Teilzahlungskauf;* vgl. ferner *Mees,* Zur wettbewerbsrechtlichen Beurteilung des Verhaltens nach Vertragsschluss, FS Brandner, S. 473 ff.

[452] EuGH GRUR 2015, 600 Rn. 33 ff. – *Ungarische Verbraucherschutzbehörde/UPC.*

[453] BGH GRUR 2012, 949 Rn. 45 ff. – *Missbräuchliche Vertragsstrafe;* vgl. ferner BGH GRUR 2014, 88 Rn. 26 – *Vermittlung von Netto-Policen;* BGH GRUR 2010, 1117 Rn. 26 ff. – *Gewährleistungsausschluß im Internet.*

[454] OLG Hamm NJOZ 2013, 545.

[455] BGH GRUR 2014, 88 Rn. 26 – *Vermittlung von Netto-Policen;* BGH GRUR 2012, 949 Rn. 45 ff. – *Missbräuchliche Vertragsstrafe;* BGH GRUR 2010, 1117 Rn. 27 f. – *Gewährleistungsausschluß im Internet;* vgl. ferner OLG Hamburg MMR 2013, 505 f. – *Unklare AGB-Klausel eines Online-Shops;* KG GRUR-RR 2008, 308/309; KG MMR 2005, 466 f.; OLG München BeckRS 2015, 00630 – Preisanpassungsklausel; a. M. noch OLG Hamburg GRUR-RR 2007, 287 – *Horse Equipe* sowie OLG Köln GRUR-RR 2007, 285 – *Schriftformklausel;* zur umfangreichen Diskussion siehe auch *Metzger,* GRUR Int 2015, 687 ff.; *Ahrens,* Editorial zu Heft der WRP 2012; *Köhler* WRP 2012, 1475 ff.; *Steckenborn* BB 2012, 2324 ff.; *Alexander* WRP 2012, 515/520 ff., *Köhler* NJW 2008, 177 ff., *Armgardt* WRP 2009, 122 ff. und *Peifer* WRP 2008, 556/558.

[456] OLG Jena GRUR-RR 2008, 83/84; OLG Karlsruhe, GRUR-RR 2008, 83 f. – *Kundenreklamation.*

[457] BGH GRUR 2013, 945 Rn. 26 – *Standardisierte Mandatsbearbeitung.;* zum alten Recht, BGH GRUR 2015, 692 Rn. 15 – *Hohlkammerprofilplatten;* siehe auch *Köhler*/Bornkamm, UWG, 34. Aufl., § 2 Rn. 81; kritisch Ohly/*Sosnitza,* UWG, 6. Aufl., § 2 Rn. 23.

[458] Hierzu *Köhler*/Bornkamm, UWG, 34. Aufl., § 2 Rn. 80.

wicht hatten,[459] und für geringfügige **nachvertragliche Fehlleistungen eines Unternehmens im Massenverkehr** hat der BGH angenommen, dass diese lauterkeitsrechtlich noch bedeutungslos sein sollen.[460] Diese ältere Rechtsprechung ist überholt.[461] Auch bei bloß singulären Verstößen im Massengeschäft ist ein (kein Verschulden verlangendes) Unterlassungsgebot auszusprechen. Ein Absehen von einem Verbot kommt nur in besonderen Ausnahmefällen ggf. dann in Betracht, wenn trotz größtmöglicher Sicherheitsmaßnahmen unter Beachtung der unternehmerischen Sorgfalt einzelne Fehlleistungen unvermeidlich sind und ein Verbot deswegen ganz unverhältnismäßig wäre.[462] Auch individuelle Fehlleistungen in einem Vertragsverhältnis, die geeignet sind, den Betroffenen zu einer geschäftlichen Entscheidung zu veranlassen, die er ansonsten nicht getroffen hätte, sind lauterkeitsrechtlich erfasst, ohne dass es auf die Schwere des Verstoßes, seine Häufigkeit sowie die Schwere der Schuld ankommt.[463] Es wäre lediglich im Rahmen eines Ordnungsmittelverfahrens zu prüfen, ob ein „unbewusster Fehler" oder ein gewichtigeres Verschulden vorliegt.[464]

c) Bewusste Verletzung einer vertraglichen Pflicht und Neubegründung oder Erweiterung von Vertragspflichten. Die **bewusste Verletzung einer vertraglichen Pflicht** durch einen Wettbewerber, die darauf gerichtet ist, diesem Wettbewerber Kunden zuzuführen oder zu erhalten, ist als eine geschäftliche Handlung i. S. v. § 2 Abs. 1 Nr. 1 UWG anzusehen.[465] Dasselbe gilt, wenn das vertragswidrige Verhalten auf eine Neubegründung oder Erweiterung von Vertragspflichten des Kunden gerichtet ist.[466] Ebenso liegt eine geschäftliche Handlung vor, wenn ein Unternehmen seine Kunden durch sein Verhalten im Rahmen der Vertragsdurchführung daran hindert, zukünftig Dienstleistungen eines Wettbewerbers in Anspruch zu nehmen.[467] 102

d) Kundentäuschung. Sofern die Schlecht- oder Nichterfüllung individueller Vertragsansprüche und eine darin liegende **Kundentäuschung zum Mittel des Wettbewerbs** gemacht werden, liegt ein geschäftliches und unlauteres Verhalten vor.[468] Die Durchsetzung von Forderungen aus Verträgen, die durch systematische und zielgerichtete Täuschungshandlungen der Adressaten zustande gekommen sind und deren Fortbestand auch darauf zurückzuführen ist, dass die verursachte Täuschung bei der Durchführung des Vertrags durch konkludentes Verhalten aufrecht erhalten wird, ist eine unlautere geschäftliche Handlung.[469] Eine Kundentäuschung ist allerdings zu verneinen, wenn für den Kunden offensichtlich ist, vertragswidrig behandelt zu werden,[470] es mag aber noch eine aggressive Geschäftspraktik bei der Vertragsdurchführung vorliegen. Bei verbraucherbezogenen Handlungen muss ferner hinzukommen, dass die täuschungsgeeignete Handlung den Verbraucher tatsächlich oder voraussichtlich zu einer geschäftlichen Entscheidung veranlasst, die er ansonsten nicht getroffen hätte. 103

e) Irreführendes Verhalten bei der Vertragsdurchführung. Unlauter ist ein irreführendes Verhalten bei der Vertragsdurchführung. Einen besonderen Beispielsfall enthält insoweit die Regelung des Art. 6 Abs. 1 lit. g UGP-Richtlinie. Danach ist es unzulässig, über „die Rechte des Ver- 104

---

[459] BGH GRUR 2007, 805 Rn. 13 – *Irreführender Kontoauszug;* BGH GRUR 2002, 1093/1094 – *Kontostandsauskunft.*

[460] Vgl. dazu BGH GRUR 2007, 987 Rn. 24 – *Änderung der Voreinstellung;* dazu zutreffend kritisch *Berneke,* Absicht und Versehen bei Massengeschäften, FS Doepner, S. 3 ff.

[461] So auch bereits Vorauflage § 2 Rn. 41; GK-UWG/*Peukert,* 2. Aufl., § 2 Rn. 278 hat meine bisherige Position missverstanden.

[462] *Büscher,* GRUR 2016, 115/116, vgl. etwa zum Ausschluss der Irreführung aufgrund von Umständen, die erst nach Erscheinen einer Werbung auftreten und die unter Berücksichtigung der fachlichen Sorgfalt für den Unternehmer zum Zeitpunkt der Werbung nicht voraussehbar waren: BGH GRUR 2012, 213 – *Frühlings-Special,* sowie *Keller,* FS Bornkamm 2014, 381/386 f.

[463] EuGH GRUR 2015, 600 Rn. 45 ff. – *Ungarische Verbraucherschutzbehörde/UPC.*

[464] Zutreffend *Berneke,* FS Doepner 2008, S. 1 ff.; abweichend: *Isele* GRUR 2009, 727 ff. und GRUR 2010, 309 f.

[465] BGH GRUR 2009, 876 Rn. 10 – *Änderung der Voreinstellung II;* BGH GRUR 2007, 987 Rn. 32 – *Änderung der Voreinstellung.*

[466] BGH GRUR 2015, 692 Rn. 15 – *Hohlkammerprofilplatten;* BGH GRUR 2009, 876 Rn. 14 – *Änderung der Voreinstellung II.*

[467] BGH GRUR 2013,945 Rn. 26 – *Standardisierte Mandatsbearbeitung;* BGH GRUR 2009, 876 Rn. 25 – *Änderung der Voreinstellung II.*

[468] BGH GRUR 2015, 692 Rn. 15 – *Hohlkammerprofilplatten;* BGH GRUR 2007, 987 Rn. 36 – *Änderung der Voreinstellung;* BGH GRUR 2002, 1093/1094 – *Kontostandsauskunft;* vgl. ferner: BGH GRUR 2001, 1178 – *Gewinnzertifikate;* BGH GRUR 1987, 180 f. – *Ausschank unter Eichstrich II;* BGH GRUR 1986, 816/818 f. – *Widerrufsbelehrung bei Teilzahlungskauf;* BGH GRUR 1983, 587/588 – *Letzte Auftragsbestätigung.*

[469] BGH GRUR 1995, 358/360 – *Folgeverträge II;* BGH GRUR 1994, 126/127 – *Folgeverträge I.*

[470] *Köhler,* FS Medicus 2009, 225/231 sowie eingehend in WRP 2009, 898/906 ff.

brauchers einschließlich des Rechts auf Ersatzlieferung oder Erstattung gemäß der Richtlinie über den Verbrauchsgüterkauf" irrezuführen und ihn insoweit zu einer geschäftlichen Entscheidung zu veranlassen, die er ansonsten nicht getroffen hätte. Das betrifft **Irreführungen über die tatsächlichen Umstände** sowie über die **Rechtslage,** etwa im Zusammenhang mit **Gewährleistungsrechten**[471] **oder Kündigungsrechten,**[472] so etwa, wenn der Unternehmer die Verbrauchern zustehenden Rechte unrichtigerweise bestreitet oder falsche Kündigungsdaten nennt. Gegenüber Unternehmern mag insoweit ein milderer Maßstab gelten. Es bleibt zu erinnern, dass es gemäß § 5 Abs. 1 Satz 2 Nr. 7 UWG unzulässig ist, über die Rechte des Verbrauchers, insbesondere solche aufgrund von Garantieversprechen oder Gewährleistungsrechte bei Leistungsstörungen, irrezuführen. Außerdem dürfen Verbrauchern auch gemäß § 5a Abs. 2 UWG keine wesentlichen Informationen vorenthalten werden. Darüber hinaus ist es auch irreführend, im Rahmen der Vertragsdurchführung die **Verpflichtungen aus Verhaltenskodizes** nicht einzuhalten und den Durchschnittsverbraucher hierdurch etwa von der Durchsetzung seiner Rechte abzuhalten (§ 5 Abs. 1 Satz 2 Nr. 6 UWG). Es ist ferner nach der „Blacklist" (Anhang zu § 3 Abs. 3 UWG) unzulässig, Kundendienstleistungen in einer von der Geschäftsabschlusssprache abweichenden Sprache zu erbringen (Nr. 8 des Anhangs).

105 **f) Verbotene aggressive Geschäftspraktiken bei der Vertragsdurchführung.** Im Rahmen der Durchführung eines Vertrages ist es im Lichte der UGP-Richtlinie auch untersagt, **bedrohende oder beleidigende Formulierungen oder Verhaltensweisen** insbesondere bei Zahlungsaufforderungen zu benutzen[473] (Art. 9 lit. b UGP-Richtlinie). Auch die Ankündigung des Besuchs durch ein „Inkasso-Team" kann aufgrund ihrer Mehrdeutigkeit unlauter sein.[474] Ferner ist untersagt, belastende oder unverhältnismäßige Hindernisse nicht vertraglicher Art zu verwenden, um den Verbraucher an der Ausübung seiner vertraglichen Rechte zu hindern, wozu auch das Recht gehört, den Vertrag zu kündigen oder zu einem anderen Produkt oder einem anderen Gewerbetreibenden zu wechseln (Art. 9 lit. d UGP-Richtlinie). Lauterkeitsrechtlich erfasst und unzulässig ist auch ein Hinweis in der Mahnung eines Unternehmens auf eine bevorstehende Übermittlung von Daten des Schuldners an die **Schufa,** sofern verschleiert wird, dass ein Bestreiten der Forderung durch den Schuldner ausreicht, um eine Übermittlung der Schuldnerdaten zu verhindern.[475] Ferner kann etwa die Errichtung unangemessener **Zugangshürden für die Ausübung vertraglicher Rechte,** etwa für die Geltendmachung von Gewährleistungsansprüchen oder Reklamationen (z. B. durch die Verwendung bestimmter Formulare oder durch Verweise an Hersteller), einen Lauterkeitsverstoß darstellen.[476] Schließlich ist untersagt, mit rechtlich unzulässigen Handlungen zu drohen (Art. 9 lit. e UGP-Richtlinie).

106 **g) Unzureichendes „Vertragsmanagement".** Ein Unternehmen muss **hinreichende Strukturen schaffen,** um die seinen Kunden, insbesondere Verbrauchern, eingeräumten vertraglichen Rechte auch zügig umsetzen zu können. Wenn etwa ein Telekom-Anbieter Pre-Selection-Aufträge an Konkurrenten weiterleitet und hierdurch erworbene Kunden seinem eigenen Betrieb zuführt, ohne die nach Fernabsatzrecht vorgesehenen Widerrufsfristen abzuwarten, handelt er unlauter.[477] Lauterkeitsrechtlich unzulässig wäre es, **auf Kundenbeschwerden stets nicht zu reagieren,** ein einmaliges Untätigbleiben kann lauterkeitsrechtlich schon relevant sein.[478] Zu verweisen ist auch auf **Nr. 27 des Anhangs zu § 3 Abs. 3.** Danach sind Maßnahmen unzulässig, „durch die der Verbraucher von der Durchsetzung seiner vertraglichen Rechte aus einem Versicherungsverhältnis dadurch abgehalten werden soll, dass von ihm bei der Geltendmachung seines Anspruchs die Vorlage von Unterlagen verlangt wird, die zum Nachweis dieses Anspruchs nicht erforderlich sind, oder dass Schreiben zur Geltendmachung eines solchen Anspruchs systematisch nicht beantwortet werden." Diese Regelung ist auch außerhalb der Versicherungsverhältnisse, ggf. analog, unter dem Blickwinkel eines Verstoßes gegen die Erfordernisse der unternehmerischen Sorgfalt, anwendbar, wobei dann allerdings sämtliche Umstände des Einzelfalls zu berücksichtigen sind.

---

[471] Vgl. *Köhler,* FS Medicus 2009, 225/231; vgl. zum systematischen Ignorieren von Kundenrechten jurisPK-UWG/*Ernst,* 4. Aufl., § 2 Rn. 24.

[472] EuGH GRUR 2015, 600 Rn. 33 ff. – *Ungarische Verbraucherschutzbehörde/UPC.*

[473] Vgl. die Beispiele von *Köhler* GRUR 2008, 841/844.

[474] OLG München WRP 2010, 295/297; GK-UWG/*Peukert,* 2. Aufl., § 2 Rn. 319.

[475] BGH GRUR 2015, 1134 Rn. 12 ff. – *Schufa-Hinweis.*

[476] Vgl. die Beispiele von *Köhler* GRUR 2008, 841/844 und WRP 2009, 898/905, der etwa auf „teure Mehrwertdienstenummern" sowie unzulässige „Bearbeitungsgebühren" bei Mängelrügen verweist.

[477] OLG Düsseldorf MMR 2009, 565 f. – *Änderung der Voreinstellung;* OLG Frankfurt MMR 2009, 566 – *Wettbewerbswidrige Änderung der Voreinstellung.*

[478] Vgl. EuGH GRUR 2015, 600 – *Ungarische Verbraucherschutzbehörde/UPC; Köhler* FS Medicus 2009, 225/233.

h) Werbende Vertragsunterlagen. Ein geschäftliches marktbezogenes Verhalten liegt selbstverständlich vor, sofern gegenüber noch nicht vertragsgebundenen Adressaten **werbende vertragliche Angebotsunterlagen,** Bestellkarten, Auftragsformulare usw. verwandt werden, auf deren Grundlage ein Vertragsverhältnis erst begründet werden soll.[479] **107**

B. § 2 Abs. 1 Nr. 2 (Marktteilnehmer)

Im Sinne dieses Gesetzes bedeutet

2. „Marktteilnehmer" neben Mitbewerbern und Verbrauchern alle Personen, die als Anbieter oder Nachfrager von Waren oder Dienstleistungen tätig sind.

Schrifttum: Siehe die Schrifttumsangaben zu § 2 Abs. 1 Nr. 1 UWG. Für ausgewählte Literatur zum Verbraucherschutz und zum Verbraucherleitbild im Wettbewerbsrecht siehe die Schrifttumsangaben bei § 2 Abs. 2 UWG.

I. Allgemeines

1. Überblick

Das UWG hat sich von einem reinen Sonderrecht der Gewerbetreibenden zu einem die **Lauterkeit des Wettbewerbs umfassend schützenden Marktrecht** entwickelt, das den Schutz der Mitbewerber, der Verbraucher und der Belange der Allgemeinheit gewährleistet. Mit der Definition der „Marktteilnehmer" in § 2 Abs. 1 Nr. 2 UWG benennt das Gesetz nunmehr alle auf dem Markt tätigen Akteure. Der Begriff des Marktteilnehmers erfasst als Oberbegriff einerseits mit den Verbrauchern alle nicht unternehmerisch tätigen Personen und andererseits alle unternehmerisch tätigen Marktakteure, nämlich die Mitbewerber, sowie alle sonstigen, nicht in einem „konkreten Wettbewerbsverhältnis" zu anderen Unternehmern stehenden, aber unternehmerisch als Anbieter oder Nachfrager von Leistungen im Markt auftretenden Personen. **108**

2. Berücksichtigungsfähigkeit von „Allgemeininteressen"

Das UWG schützt neben den „Marktteilnehmern" auch „zugleich" das Interesse der Allgemeinheit an der Erhaltung eines unverfälschten und damit funktionsfähigen Wettbewerbs[480] (vgl. § 1 Satz 2 UWG). Umstritten ist jedoch, ob der Schutz vor unlauterem Wettbewerb mit dem Schutz der am Wettbewerb beteiligten Personen, also aller Marktteilnehmer, deckungsgleich ist[481] oder ob das Lauterkeitsrecht auch eine **„überindividuelle Wertung"** erlaubt, die etwa den Schutz des Wettbewerbs als solchen,[482] den Schutz der Presse als Institution[483] oder die Wertordnung des Grundgesetzes mit in den Blick nehmen kann.[484] Das ist grundsätzlich zu bejahen, weil das **Allgemeininteresse an einem unverfälschten Wettbewerb** nicht notwendigerweise mit den Interessen der Marktteilnehmer übereinzustimmen braucht.[485] Die Konkretisierung der Generalklausel des § 3 UWG und die Konkretisierung des unbestimmten Rechtsbegriffs der „Unlauterkeit" haben auch mit Blick auf die Gesamtrechtsordnung[486] zu erfolgen. Die **Einwirkungen außerwettbe-** **109**

---

[479] BGH WRP 2003, 266 ff. – *Widerrufsbelehrung IV;* BGH GRUR 1990, 609 ff. – *Monatlicher Ratenzuschlag.*

[480] So die Begründung zur UWG-Reform 2004, BT-Drucks. 15/1487, S. 15; zur „Schutzzwecktrias" vgl. nur BGH GRUR 1999, 751/753 – *Güllepumpen.* Zum Schutz von Allgemeininteressen vgl. BGH GRUR 2000, 237/238 – *Giftnotruf-Box* und BGH GRUR 1999, 1128/1129 – *Hormonpräparate;* s. auch: *Kaplan,* Das Interesse der Allgemeinheit bei der Konkretisierung der Generalklausel des § 3 UWG, 2008.

[481] So *Ullmann* GRUR 2003, 817/821, zum Schutz des Allgemeininteresses am unverfälschten Wettbewerb vgl. *Podszun,* unten § 1 Rn. 3, 61 ff.

[482] Vgl. BGH GRUR 2001, 80/81 f. – *ad-hoc-Meldung.*

[483] Vgl. dazu nur beispielhaft: BGH GRUR 1971, 477 ff. – *Stuttgarter Wochenblatt;* BGH GRUR 1985, 881 – *Bliestal-Spiegel;* BGH GRUR 1991, 616 – *Motorboot-Fachzeitschrift;* BGH GRUR 1996, 778 ff. – *Stumme Verkäufer.*

[484] So Stellungnahme der GRUR in GRUR 2003, 127/128 zum Reformvorschlag von *Köhler/Bornkamm/Henning-Bodewig.*

[485] So auch *Schricker* GRUR Int. 1996, 473/476. Zum Schutz von „Allgemeininteressen" im UWG vgl.: BGH GRUR 2002, 360/362 – *HIV-Positiv II;* vgl. auch *Henning-Bodewig* WRP 2011, 1014 ff.; kritisch *Beater* WRP 2012, 6 ff.; vgl. ferner *Ohly* WRP 2008, 177/182 und *Kaplan,* Das Interesse der Allgemeinheit bei der Konkretisierung der Generalklausel des § 3 UWG, 2008.

[486] Differenzierend *Beater* WRP 2012, 6 ff., der zwischen Verfassungs- und Gesetzesrecht einerseits und Richterrecht andererseits unterscheidet. *Henning-Bodewig* WRP 2011, 1014 spricht zutreffend davon, dass auch im Lauterkeitsrecht eine Vielzahl von ethisch fundierten Normen der Grundrechtsordnung zu beachten sind, ohne einer Geschmackszensur oder einer bloß moralisierten Auslegung das Wort zu reden.

werblichen Rechts auf die lauterkeitsrechtliche Wertung zeigen sich dabei häufig in **Maßstabsverschiebungen:** So können etwa unter dem Blickwinkel der Art. 34, 36 AEUV (ex-Art. 28, 30 EGV) sowie des Art. 5 GG lauterkeitsrechtliche Verbote als unverhältnismäßig erscheinen.[487] Umgekehrt kann der Einfluss überindividueller Gemeinschaftsgüter zu einer Verschärfung wettbewerblicher Maßstäbe, etwa in den Fällen der Gesundheitswerbung,[488] des Jugendschutzes[489] oder in Fällen pietätloser Werbung[490] führen. In Ausnahmefällen kann die Verletzung von Allgemeininteressen als so schwerwiegend anzusehen sein, dass ein dadurch geprägtes Wettbewerbshandeln – wie in dem Lehrbuch-Fall der Veräußerung gestohlener Waren[491] – als schlechthin unlauter anzusehen ist. Selbstverständlich ist allerdings, dass das Lauterkeitsrecht und insbesondere die Generalklausel des **§ 3 UWG keine „Transportnorm"** bilden, um etwa jedweden Normverstoß außerhalb des UWG als unlauter zu qualifizieren. Erforderlich ist deshalb stets noch eine Prüfung, ob und inwieweit außerwettbewerbliche Werte und Rechtsgüter bei der wettbewerbsrechtlichen Beurteilung überhaupt herangezogen werden können.[492] Es ist nicht Aufgabe des Lauterkeitsrechts, alle nur denkbaren Gesetzesverstöße im Zusammenhang mit geschäftlichen Handlungen (auch) lauterkeitsrechtlich zu sanktionieren, sofern sie sich auf das Marktverhalten der Marktteilnehmer auswirken. Aus diesem Grund können Verstöße gegen außerwettbewerbsrechtliche Normen, die keine Marktverhaltensregelungen im Sinne von § 3a UWG sind, nicht allein wegen ihrer Gesetzeswidrigkeit als unlauter angesehen werden.[493]

II. „Marktteilnehmer"

1. Verbraucher

110 Verbraucher im Sinne des UWG ist nach § 2 Abs. 2 UWG i. V. m. § 13 BGB **jede natürliche Person,** die ein **Rechtsgeschäft** zu Zwecken abschließt, die überwiegend weder ihrer gewerblichen noch ihrer selbständigen beruflichen Tätigkeit zugerechnet werden können. Dem entspricht die Definition des Verbrauchers in Art. 2 lit. a UGP-Richtlinie (zu Einzelheiten vgl. die Kommentierung zu § 2 Abs. 2 UWG Rn. 232 ff.).

2. Mitbewerber

111 Mitbewerber sind nach der Legaldefinition des § 2 Abs. 1 Nr. 3 UWG alle **Unternehmer,** die mit einem oder mehreren Unternehmen als Anbieter oder Nachfrager von Waren oder Dienstleistungen in einem **konkreten Wettbewerbsverhältnis** stehen. Allein Mitbewerber sind – neben den klagebefugten Verbänden – nach § 8 Abs. 3 Nr. 1 UWG berechtigt, die wettbewerblichen Abwehr- und Schadensersatzansprüche geltend zu machen (zu Einzelheiten vgl. die Kommentierung zu § 2 Abs. 1 Nr. 3 UWG).

3. Sonstige Anbieter oder Nachfrager von Waren oder Dienstleistungen

112 Als Marktteilnehmer bezeichnet das Gesetz in § 2 Abs. 1 Nr. 2 UWG neben Mitbewerbern (vgl. § 2 Abs. 1 Nr. 3 UWG) und Verbrauchern (zur Definition des Verbraucherbegriffs § 2 Abs. 2

---

[487] Vgl. EuGH GRUR Int. 1995, 804/805 – *Mars;* EuGH GRUR Int 1991, 215/216 – *Pall/Dahlhausen;* zum Verhältnismäßigkeitsgrundsatz bei grundrechtlich geschützten Meinungsäußerungen: BVerfG GRUR 2001, 170 ff. – *Benetton I,* BVerfG GRUR 2003, 442 – *Benetton II;* zur Zurückhaltung des Lauterkeitsrechts bei Presseäußerungen vgl. Rn. 80 ff.; zur erforderlichen höheren Irreführungsquote bei Irreführungen mit objektiv richtigen Angaben: BGH GRUR 1996, 985/986 – *PVC-frei.*

[488] BGH GRUR 2006, 953 f. – *Warnhinweis II;* BGH GRUR 2006, 949/951 – *Kunden werben Kunden;* BGH GRUR 1992, 874/876 – *Hyanit.*

[489] BGH GRUR 2007, 890 ff. – *Jugendgefährdende Medien bei eBay;* BGH GRUR 2006, 776 ff. – *Werbung für Klingeltöne;* BGH GRUR 2006, 161 ff. – *Zeitschrift mit Sonnenbrille.*

[490] BGH GRUR 2010, 1113 ff. – *Grabmalwerbung;* BGH GRUR 1971, 317 ff. – *Grabsteinaufträge II;* BGH GRUR 1955, 541/542 – *Bestattungswerbung* sowie BVerfGE 32, 311 – *Grabsteinaufträge III;* OLG München, GRUR-RR 2008, 355 – *Friedhofswerbung.*

[491] *Baumbach/Hefermehl,* Wettbewerbsrecht, 22. Aufl., Einl. UWG Rn. 91 und § 1 UWG Rn. 613; *Keller* Mitt. 2004, 142 f.

[492] So stellen etwa die Normen des Embryonenschutzgesetzes keine Marktverhaltensregelung im Sinne von § 4 Nr. 11 a. F. und § 3a UWG n. F. dar, vgl. BGH Urteil v. 8. Oktober 2015, I ZR 225/13 Rn. 20 ff. – *Eizellspende.* Mangels wettbewerblichem Bezugs kann über das UWG auch nicht die Einhaltung von Immissionsvorschriften oder von Tierschutzvorschriften kontrolliert werden, vgl. BGH GRUR 2000, 1076 ff. – *Abgasemissionen* und BGH GRUR 1995, 817 ff. – *Legehennenhaltung.*

[493] BGH GRUR 2016, 513 Rn. 35 – *Eizellspende;* BGH GRUR 2011, 431 Rn. 11 – *FSA-Kodex;* BGH GRUR 2010, 654 Rn. 25 – *Zweckbetrieb.*

UWG) alle sonstigen Personen, die als **Anbieter oder Nachfrager von Waren oder Dienstleistungen** tätig sind. Der Begriff des Marktteilnehmers erfasst sonach als Oberbegriff sowohl die Mitbewerber als auch die Verbraucher und findet sich etwa in §§ 3a und 7 Abs. 1 UWG. Daneben sollen aber auch die „**sonstigen Marktteilnehmer**" erfasst werden. Unter diesen Begriff fallen diejenigen Marktteilnehmer, die **weder Mitbewerber noch Verbraucher** sind.[494] Dabei kann es sich sowohl um natürliche als auch um juristische Personen handeln. Das UWG dient auch dem Schutz dieser „sonstigen Marktteilnehmer" (vgl. §§ 1 und 3 UWG), wie dies etwa die Regelungen in § 4a und § 7 Abs. 2 Nr. 2 UWG belegen. Das Gesetz erfasst mit den sonstigen „Anbietern oder Nachfragern von Waren oder Dienstleistungen" insbesondere die **unternehmerische Marktgegenseite,** etwa gewerbliche Nachfrager[495] (wie sie etwa der Großhandel gegenüber Herstellern oder sonstigen Vorlieferanten bildet). Zudem ist mit den „sonstigen Marktteilnehmern" das Wettbewerbsgeschehen innerhalb der Marktstufen erfasst.[496] Dass Unternehmen auf verschiedenen Marktstufen tätig sind, schließt jedoch ein konkretes Wettbewerbsverhältnis zwischen ihnen und damit die Einstufung dieser Unternehmen als „Mitbewerber" i. S. d. § 2 Abs. 1 Nr. 3 UWG nicht aus. Für den Behinderungstatbestand (§ 4 Nr. 10 a. F. = § 4 Nr. 4 n. F.) sowie den früheren Tatbestand des § 4 Nr. 1 UWG a. F. hebt die Begründung zum UWG 2004 ausdrücklich hervor, dass „auch Handlungen im Verhältnis zweier Unternehmer auf verschiedenen Wirtschaftsstufen" erfasst sein sollen.[497] Die „sonstigen Marktbeteiligten" sind aber **nicht selbst klagebefugt.** Ihr Schutz wird vielmehr **kollektivrechtlich** insbesondere über die Klageberechtigung der nach § 8 Abs. 3 Nr. 2 und Nr. 4 UWG klagebefugten Verbände sowie durch die Anspruchsberechtigung der konkret betroffenen Mitbewerber gewährleistet.

C. § 2 Abs. 1 Nr. 3 (Mitbewerber)

Im Sinne dieses Gesetzes bedeutet

3. „Mitbewerber" jeder Unternehmer, der mit einem oder mehreren Unternehmern als Anbieter oder Nachfrager von Waren oder Dienstleistungen in einem konkreten Wettbewerbsverhältnis steht

Schrifttum:

Literatur ab 2012: *Glöckner,* GOOD NEWS from Luxembourg? Die Anwendung des Lauterkeitsrecht auf Verhalten zur Förderung eines fremden Unternehmens nach EuGH RLVS Verlagsgesellschaft mbH, FS Köhler 2014, 159 ff.; *Koch,* GOOD NEWS aus Luxembourg? Förderung fremden Wettbewerbs ist keine Geschäftspraktik, FS Köhler 2014, 359 ff.; *Lettl,* Der Begriff des Mitbewerbers im Lauterkeitsrechts und Kartellrecht, FS Köhler 2014, 429 ff.;

Literatur von 2004 bis 2012: *Beater,* Mitbewerber und sonstige unternehmerische Marktteilnehmer, WRP 2009, 768 ff.; *Blankenburg,* Gespaltenes Verständnis des Mitbewerberbegriffs im UWG?, WRP 2008, 186 ff.; *Dreyer,* Konvergenz oder Divergenz – Der deutsche und der europäische Mitbewerberbegriff im Wettbewerbsrecht, GRUR 2008, 123 ff.; *Köhler,* Der „Mitbewerber", WRP 2009, 499 ff.; *Sack,* Neuere Entwicklungen der Individualklagebefugnis im Wettbewerbsrecht, GRUR 2011, 953 ff.; *Sack,* Individualschutz gegen unlauteren Wettbewerb, WRP 2009, 1330 ff.; *Sack,* Der Mitbewerberbegriff des § 6 UWG, WRP 2008, 1141 ff.;

Ausgewählte ältere Literatur: *Bornkamm,* Das Wettbewerbsverhältnis und die Sachbefugnis des Mitbewerbers, GRUR 1996, 527 ff.; *Federer,* Das Wettbewerbsverhältnis im Gesetz gegen den unlauteren Wettbewerb, 1989; *Fezer,* Modernisierung des deutschen Rechts gegen den unlauteren Wettbewerb auf der Grundlage einer Europäisierung des Wettbewerbsrechts, WRP 2001, 989 ff.; *Hefermehl,* Das Prokrustesbett „Wettbewerbsverhältnis", FS Kummer 1980, S. 345 ff.; *ders.,* Entwicklungen im Recht gegen den unlauteren Wettbewerb, FS Fischer, 1979, S. 197 ff.; *Hirtz,* Die Bedeutung des Wettbewerbsverhältnisses für die Anwendung des UWG, GRUR 1988, 173 ff.; *Nägele,* Das konkrete Wettbewerbsverhältnis – Entwicklungen und Ausblick, WRP 1996, 997 ff.; *Sack,* Der Schutzzweck des UWG und die Klagebefugnis des „unmittelbar Verletzten", FS v. Gamm, 1990, S. 161 ff.; *Sack,* Regierungsentwurf einer UWG-Novelle – Ausgewählte Probleme, BB 2003, 1073 ff.; *Schricker/Henning-Bodewig,* Elemente einer Harmonisierung des Rechts des unlauteren Wettbewerbs in der Europäischen Union, WRP 2001, 1367 ff.

---

[494] Vgl. BT-Drucks. 15/1487, S. 16.

[495] Als „sonstige Marktteilnehmer" sind etwa gewerbliche Nachfrager bei Absatzförderungsmaßnahmen in den Vertriebsstufen geschützt, vgl. dazu nur beispielhaft zur Problematik: *Matern* WRP 2008, 575 ff.

[496] Vgl. Ohly/*Sosnitza,* UWG, 6. Aufl., § 2 Rn. 51. Zum Wettbewerbsgeschehen innerhalb der Marktstufen umfassend.; GK-UWG/*Peukert,* 2. Aufl., § 1 Rn. 188 ff. und 293 ff.

[497] BT-Drucks. 15/1487, S. 17 und 19. Zu den „sonstige Marktteilnehmern" vgl. auch *Beater,* Unlauterer Wettbewerb, 2011, Kap. 25.

I. Allgemeines

1. Überblick

113 Der in § 2 Abs. 1 Nr. 3 UWG definierte Begriff des „Mitbewerbers“ stellt einen der **Zentralbegriffe des UWG** dar. Das Gesetz knüpft in vielfältiger Weise an den Begriff des „Mitbewerbers“ an. So bestimmt bereits die Normzweckklausel des § 1 UWG, dass dieses Gesetz „dem **Schutz der Mitbewerber**“ neben den Verbrauchern und sonstigen Marktteilnehmern dient, und die „große Generalklausel“ des neu formulierten § 3 Abs. 1 verbietet unlautere geschäftliche Handlungen, die – was dort allerdings nicht erwähnt ist – Mitbewerber oder sonstige Marktteilnehmer betreffen. Die Stellung eines „Mitbewerbers“ kann nur einem „Unternehmer“ (vgl. dazu Rn. 125, 246ff.) bzw. einem „Unternehmen“ zukommen. Die Stellung als „Mitbewerber“ vermittelt nicht nur einen besonderen lauterkeitsrechtlichen Schutz, sondern ist auch für die **lauterkeitsrechtliche Anspruchsberechtigung** entscheidend. **Allein Mitbewerber** i. S. d. § 2 Abs. 1 Nr. 3 UWG und nicht sonstige Marktteilnehmer sind gemäß § 8 Abs. 3 Nr. 1 UWG (neben den in § 8 Abs. 3 Nrn. 2–4 weiter genannten Verbänden) und § 9 UWG **berechtigt, die wettbewerbsrechtlichen Ansprüche auf Unterlassung, Beseitigung und Schadensersatz geltend zu machen**[498] (während der Anspruch auf Gewinnabschöpfung den Verbänden vorbehalten ist). Die Definitionsnorm des § 2 Abs. 1 Nr. 3 UWG erzwingt ein grundsätzlich **einheitliches Verständnis des Mitbewerberbegriffs** in den materiell-rechtlichen und rechtsfolgenbezogenen Vorschriften des Gesetzes. Die grundsätzlich einheitliche Auslegung ist jedoch ggf. normzweckbezogen, etwa in dem durch europäisches Recht vollharmonisierten Bereich der vergleichenden Werbung, zu modifizieren.[499]

2. Früheres Recht

114 Der Begriff des Mitbewerbers war vor der UWG-Reform 2004 nicht definiert. Das alte UWG, das hier zum Verständnis älterer Entscheidungen kurz zu erläutern ist, ging von **zwei Arten von Mitbewerbern** aus, die unterschiedlich intensiv durch eine unlautere Wettbewerbshandlung betroffen waren. Zum einen wurden Personen als Mitbewerber angesehen, die in einem konkreten Wettbewerbsverhältnis zueinander standen und vom jeweils anderen beeinträchtigt wurden. Zum anderen räumte das Gesetz in § 13 Abs. 2 Nr. 1 UWG a. F. auch den nur „abstrakt“ betroffenen Mitbewerbern eine eigene Anspruchsberechtigung ein.

115 **a) Unmittelbar betroffene Mitbewerber.** Der von einer unlauteren Handlung **unmittelbar betroffene Wettbewerber** konnte als „unmittelbar Verletzter“ die wettbewerbsrechtlichen Abwehr- und Schadensersatzansprüche geltend machen. Seine materielle Anspruchsberechtigung folgte – abweichend von der heutigen Rechtslage – unmittelbar aus der verletzten Norm.[500] Als unmittelbar betroffener Mitbewerber wurde grundsätzlich derjenige angesehen, der zu dem Verletzer (oder dem von diesem Geförderten) in einem **konkreten Wettbewerbsverhältnis** stand. Das Erfordernis eines „Wettbewerbsverhältnisses“ hatte die Rechtsprechung aus dem u. a. in § 1 UWG a. F. vorausgesetzten Tatbestandsmerkmal des „Handelns zu Zwecken des Wettbewerbs“ abgeleitet.[501] Das „Wettbewerbsverhältnis“, das grundsätzlich zu bejahen war, wenn beide Parteien mit gleichartigen Waren innerhalb desselben Abnehmerkreises konkurrierten,[502] wurde weit verstanden und auch über unterschiedliche Marktstufen hinweg sowie bei ungleichartigen Waren oder Leistungen bejaht, sofern diese ad hoc in einen Substitutionswettbewerb[503] gestellt wurden oder wenn eine

---

[498] Abweichend von dieser herrschenden Meinung allerdings *Sack* GRUR 2011, 953ff. und *Beater* WRP 2009, 768ff.

[499] Vgl. dazu unten Rn. 121, 128.

[500] Die Anspruchsberechtigung ist jetzt abschließend in § 8 UWG geregelt, dazu umfassend: Teplitzky/*Büch*, Wettbewerbsrechtliche Ansprüche und Verfahren, 11. Aufl., Kap. 13 Rn. 1ff. Zur materiellen Anspruchsberechtigung und Klagebefugnis des „unmittelbar Verletzten“ nach früherem Recht: BGH GRUR 2002, 985/986 – *WISO;* BGH GRUR 2000, 907/909 – *Filialleiterfehler.*

[501] Vgl. BGH GRUR 2001, 78 – *Falsche Herstellerpreisempfehlung;* BGH GRUR 1999, 1007 –*Vitalkost;* BGH GRUR 1999, 69/70 – *Preisvergleichsliste II;* BGH GRUR 1998, 1039/1040 – *Fotovergrößerungen.* Zur Kritik daran vgl. *Baumbach/Hefermehl*, Wettbewerbsrecht, 22. Aufl., Einl. UWG Rn. 247.

[502] BGH GRUR 2002, 985/986 – *WISO;* BGH GRUR 2001, 258 – *Immobilienpreisangaben;* BGH GRUR 2001, 260 – *Vielfachabmahner.*

[503] Paradigmatisch: BGH GRUR 1972, 553 – *Statt Blumen ONKO-Kaffee;* BGH GRUR 1987, 373 – *Rentenberechnungsaktion;* BGH GRUR 1990, 375/376 – *Steuersparmodell.*

Ausbeutung oder Beeinträchtigung des guten Rufs einer Ware oder eines Wettbewerbers in Rede stand.[504]

b) Abstrakt betroffene „Mitbewerber". Zur Wahrung des Allgemeininteresses an einem unverfälschten Wettbewerb waren auch solche Gewerbetreibende zur Verfolgung der wettbewerbsrechtlichen **Abwehransprüche** klageberechtigt,[505] die zu dem Handelnden aufgrund des Vertriebs von Waren oder Leistungen gleicher oder verwandter Art in einem **abstrakten Wettbewerbsverhältnis** standen. Die Gleichartigkeit lag vor, wenn die vertriebenen Waren oder gewerblichen Leistungen sich derart nahe standen, dass der Vertrieb der einen durch den Vertrieb der anderen zumindest potentiell (abstrakt) beeinträchtigt werden konnte. Für ein abstraktes Wettbewerbsverhältnis genügte es, dass **eine nicht gänzlich unbedeutende (potentielle) Beeinträchtigung mit einer gewissen – sei es auch nur geringen – Wahrscheinlichkeit in Betracht gezogen werden konnte.**[506] **Eine irgendwie konkrete Beeinträchtigung** des abstrakt betroffenen Mitbewerbers musste danach **nicht** festgestellt werden, das „abstrakte Wettbewerbsverhältnis" war mithin ein statusbezogener Begriff. 116

3. Jetzige Rechtslage

Das geltende UWG stellt auf einen grundsätzlich **einheitlichen, in § 2 Abs. 1 Nr. 3 UWG definierten Begriff des Mitbewerbers** ab.[507] Anspruchsberechtigt und klagebefugt sind solche Mitbewerber, die von einer unlauteren geschäftlichen Handlung im Rahmen eines „konkreten Wettbewerbsverhältnisses" betroffen sind, wobei abweichend vom früheren Recht nicht die verletzte Norm selbst, sondern allein § 8 Abs. 3 Nr. 1 UWG die Grundlage der Anspruchsberechtigung bildet.[508] 117

a) Mitbewerber im konkreten Wettbewerbsverhältnis. Eine Stellung als Mitbewerber i. S. v. § 2 Abs. 1 Nr. 3 UWG liegt regelmäßig vor, wenn die beteiligten Unternehmen sich auf **demselben sachlich, räumlich und zeitlich relevanten Markt** mit der Folge betätigen, dass das beanstandete Wettbewerbsverhalten den anderen beeinträchtigen kann[509] (vgl. Rn. 132). Insoweit kann **auch zwischen Unternehmen verschiedener Wirtschaftsstufen ein konkretes Wettbewerbsverhältnis** bestehen, so dass auch ein **„mittelbares Wettbewerbsverhältnis"** zwischen Unternehmen verschiedener Wirtschaftsstufen ausreichend sein kann, beispielsweise zwischen einem nicht auf der Endverbraucherstufe tätigen Hersteller und einem Einzelhändler.[510] Die Begrün- 118

---

[504] BGHZ 86, 90/96 – *Rolls Royce;* BGHZ 93, 96/97 f. – *Dimple;* BGHZ 113, 82/87 – *Salomon;* BGH GRUR 1994, 808 – *Markenverunglimpfung I;* BGH GRUR 1988, 453/454 – *Ein Champagner unter den Mineralwässern.* Als ausreichend wurde auch ein nur potentielles Wettbewerbsverhältnis angesehen, vgl. BGH GRUR 1955, 37/39 – *Cupresa-Kunstseide* und BGH GRUR 1996, 804/805 – *Preisrätselgewinnauslobung II;* ausführlich dazu *Sack* GRUR 2011, 953 ff.

[505] Zur Terminologie vgl. etwa BGH GRUR 2005, 520/521 – *Optimale Interessenvertretung* sowie BGH GRUR 2004, 877/878 – *Werbeblocker.* § 8 UWG verleiht entsprechend dem früheren § 13 Abs. 2 UWG nicht nur eine Klagebefugnis (= Prozessführungsbefugnis), sondern weist vor allen Dingen den materiellen Anspruch und damit die Aktivlegitimation (= Sachbefugnis) zu, vgl. auch dazu GK-UWG/*Erdmann,* § 13 Rn. 15 ff. und *Bornkamm* GRUR 1996, 527 sowie BGH GRUR 1991, 684 – *Verbandsausstattung.*

[506] BGH GRUR 2000, 438/440 – *Gesetzeswiederholende Unterlassungsanträge;* BGH GRUR 1998, 489/491 – *Unbestimmter Unterlassungsantrag III;* BGH GRUR 1997, 479/480 – *Münzangebot;* BGH GRUR 1990, 611/612 – *Werbung im Programm.*

[507] Differenzierend GK-UWG/*Peukert,* 2. Aufl., § 2 Rn. 371 ff. Der Vorschlag von *Köhler* in WRP 2009, 499 ff., bei der Feststellung, ob ein Unternehmer Mitbewerber ist, zwischen den Verhaltensnormen und den Sanktionsnormen des UWG zu unterscheiden und etwa für nationale Verhaltensnormen nicht mehr darauf abzustellen, ob der betroffene Unternehmer auf demselben sachlich, räumlich und zeitlich relevanten Markt wie der Handelnde tätig ist, löst sich zu weit von dem deskriptiven Begriff des Mitbewerbers. Daran ändert nichts, dass in Zweifelsfällen selbstverständlich auch auf den Zweck der jeweiligen Verhaltens- oder Sanktionsnormen abzustellen ist.

[508] BGH GRUR 2005, 520/521 – *Optimale Interessenvertretung;* vgl. ferner BT-Drucks. 15/1487, S. 14 und 22. Abweichend von der heutigen gesetzlichen Konzeption schlägt *Beater* in WRP 2009, 768 ff. vor, den Mitbewerberbegriff enger als bislang zu verstehen und etwaige sich dann ergebende Schutzlücken durch die Zuerkennung eines ungeschriebenen wettbewerbsrechtlichen Klagerechts für sonstige unternehmerische Marktteilnehmer, soweit diese durch eine unlautere Handlung unmittelbar betroffen sind, zu schließen. Für eine neben §§ 8, 9 UWG fortbestehende Klagebefugnis des „unmittelbar Verletzten" nunmehr auch *Sack* GRUR 2012, 953/959 und WRP 2009, 1330 ff. Einen differenzierten Ansatz unter dem Blickwinkel eines weit zu verstehenden Grades an Austauschbarkeit von Produkten verfolgt *Lettl,* FS Köhler 2014, 429 ff.

[509] BGH GRUR 2007, 1079/1080 – *Bundesdruckerei;* BGH GRUR 2005, 520/521 – *Optimale Interessenvertretung;* BGH GRUR 2001, 78 – *Falsche Herstellerpreisempfehlung.*

[510] Begründung des UWG-Reformgesetzes 2004, BT-Drucks. 15/1487, S. 1; vgl. ferner BGH GRUR 1999, 69/70 – *Preisvergleichsliste II.*

dung zur UWG-Reform 2004 verweist außerdem darauf, dass auch **Unternehmen verschiedener Branchen** durch eine Wettbewerbshandlung in eine wettbewerbliche Beziehung zueinander treten können und das Wettbewerbsverhältnis in diesem Falle durch die konkrete Handlung begründet wird.[511] Das gilt auch nach den **UWG-Reformen 2008 und 2015** unverändert.

119 **b) Abstrakt betroffene Unternehmen.** Gewerbetreibende, die von einer Wettbewerbshandlung **nur „abstrakt" betroffen** sind, sind **nicht als Mitbewerber** i. S. d. § 2 Abs. 1 Nr. 3 UWG **anzusehen** und damit nicht mehr legitimiert, wettbewerbsrechtliche Ansprüche geltend zu machen. Eine konkrete Wettbewerbsbeziehung kann demnach nicht **allein** daraus abgeleitet werden, dass Unternehmen Waren oder gewerbliche Leistungen gleicher oder verwandter Art vertreiben, auch wenn dies nach wie vor die typische Grundlage für die Annahme eines konkreten Wettbewerbsverhältnisses ist. Für eine Stellung als Mitbewerber ist **nicht ausreichend,** dass ein Unternehmen durch eine Wettbewerbshandlung **nur potentiell mit einer nur geringen Wahrscheinlichkeit beeinträchtigt** wird,[512] es also an einer **irgendwie konkret fassbaren Beeinträchtigung eigener wettbewerblicher Interessen** fehlt.

4. Bedeutung

120 Das UWG geht von einem **„integrierten Modell eines gleichberechtigten Schutzes der Mitbewerber, der Verbraucher und der Allgemeinheit"** aus.[513] Auch die **UWG-Reform 2015** hält daran fest, ein „möglichst einheitliches Lauterkeitsrecht hinsichtlich Mitbewerbern, Verbraucherinnen und Verbrauchern sowie sonstigen Marktteilnehmern beizubehalten".[514] Die an der Spitze des Gesetzes stehende „Programmnorm" des § 1 UWG verdeutlicht, dass das Lauterkeitsrecht dem Schutz der Mitbewerber, der Verbraucher sowie der sonstigen Marktteilnehmer vor unlauterem Wettbewerb dient und zugleich das Interesse der Allgemeinheit an einem unverfälschten Wettbewerb schützt.[515] Der Mitbewerbern – neben den Verbrauchern und sonstigen Marktteilnehmern – zu gewährende materielle Schutz wird durch deren eigenständige Anspruchs- und Klageberechtigung effektuiert. Das UWG bildet damit zwar die **Grundlage für einen deliktsrechtlichen Individualschutz,** damit der Mitbewerber selbst gegen unlautere Mittel und Methoden des Wettbewerbs vorgehen kann und damit zugleich in die Lage versetzt wird, sich gegen Schädigungen zur Wehr zu setzen, die er durch Wettbewerbsverzerrungen in Folge unlauteren Wettbewerbs erleidet oder befürchten muss.[516] Die **Durchsetzung wettbewerbsrechtlicher Ansprüche dient aber zugleich den Interessen der anderen Mitbewerber und sonstigen Marktbeteiligten,** insbesondere der selbst nicht anspruchsberechtigten **Verbraucher** sowie **dem Allgemeininteresse an einem unverfälschten Wettbewerb.**[517] Der materielle Schutz der Mitbewerber und deren Klageberechtigung auch bei vorrangig die Interessen des allgemeinen Publikums betreffenden Wettbewerbshandlungen gewährleisten die umfassend zu verstehende „Lauterkeit" des Wettbewerbs durch ein die eigenen wettbewerblichen Interessen mobilisierendes, zivilrechtlich ausgestaltetes System, wie es allein durch eine Klageberechtigung der die Interessen der Marktteilnehmer nur mittelbar aufnehmenden Verbände nicht zu erreichen wäre – und noch weniger durch ein behördliches System zur Verhinderung unlauteren Wettbewerbs. Daraus ergibt sich die Folgerung und Forderung, den Begriff des „Mitbewerbers" weit zu verstehen.

II. Mitbewerber

1. Europarecht

121 **a) Richtlinie über irreführende und vergleichende Werbung.** Die Richtlinie über irreführende und vergleichende Werbung[518] verwendet den Begriff des „Mitbewerbers" in den Erwä-

---

[511] BT-Drucks. 15/1487, S. 16 unter Verweis auf BGH GRUR 1972, 553 – *Statt Blumen ONKO-Kaffee.*

[512] Vgl. zu den Erfordernissen eines abstrakten Wettbewerbsverhältnisses oben Rn. 116.

[513] Vgl. Amtliche Begründung des Gesetzentwurfs zum UWG 2008, BT-Drucks. 16/10145, S. 16; ebenso schon die Begründung zum UWG 2004, BT-Drucks. 15/1487, S. 16.

[514] Begründung zum UWG 2015, BT-Drucks. 18/4535, S. 8.

[515] Zur Programmnorm des § 1 vgl. unten Podszun, § 1 Rn. 1 ff.; zum Wandel des normativen Schutzzweckes insbesondere unter Berücksichtigung der UGP-Richtlinie vgl. *Köhler*/Bornkamm, UWG, 34. Aufl., § 1 UWG Rn. 6 ff.; *Fezer* WRP 2006, 781 ff.; *Glöckner/Henning-Bodewig* WRP 2005, 1311 ff.

[516] BGH GRUR 2000, 1076/1078 – *Abgasemissionen; von Ungern-Sternberg,* FS Erdmann, S. 741/746 ff.

[517] BGH GRUR 2000, 1076/1078 – *Abgasemissionen; Köhler*/Bornkamm UWG, 34. Aufl., § 1 UWG Rn. 45 ff.; Ohly/*Sosnitza,* UWG, 6. Aufl., § 1 Rn. 9 ff.

[518] Richtlinie 2006/114/EG des Europäischen Parlaments und des Rates vom 12.12.2006 über irreführende und vergleichende Werbung (kodifizierte Fassung, ABl. L 376S. 21).

gungsgründen 9, 14 und 15 sowie in Art. 2 lit. b und c und Art. 4 lit. d, f und h, ohne ihn eigens zu definieren. Nach den Erwägungsgründen der Vorgängerrichtlinien[519] waren als „Mitbewerber" alle diejenigen anzusehen, die im gemeinsamen Markt bei der Ausübung eines Handels, Gewerbes, Handwerks oder freien Berufs miteinander in Wettbewerb stehen. Der **EuGH** hat im **Urteil „De Landtsheer"** erkannt, dass die Einstufung von Unternehmen als Mitbewerber „definitionsgemäß" auf der Substituierbarkeit der Waren oder Dienstleistungen, die sie auf dem Markt anbieten, beruhe.[520] Ein ausreichender **„gewisser Grad" an Substituierbarkeit** ist gegeben, wenn die Waren (oder Dienstleistungen) gleichen Bedürfnissen dienen können.[521] Bei einer derartigen Substitutionsmöglichkeit bejaht der EuGH für den Bereich der vergleichenden Werbung auch ein Wettbewerbsverhältnis und betont, dass dieses nicht unabhängig von den Waren oder Dienstleistungen der beteiligten Unternehmen festgestellt werden könne. Für die Feststellung, ob ein Wettbewerbsverhältnis i. S. vergleichender Werbung besteht, ist nach dem EuGH auf die Umstände des Einzelfalls abzustellen, insbesondere auf den Zustand des Marktes und die Verbrauchsgewohnheiten und deren Entwicklungsmöglichkeiten.[522] Für den Bereich der vergleichenden Werbung wird der Inhalt und die Reichweite des Mitbewerberbegriffs abschließend durch den EuGH bestimmt. Der nationale „Mitbewerberbegriff" kann allerdings weiter reichen, weil dieser nicht zwingend die Substituierbarkeit der beiderseits angebotenen Waren voraussetzt (vgl. dazu Rn. 145).

b) UGP-Richtlinie. Die UGP-Richtlinie[523] ist in ihrem Anwendungsbereich auf unlautere Geschäftspraktiken von Unternehmen gegenüber Verbrauchern beschränkt und definiert den Begriff des Mitbewerbers nicht. Sie erwähnt den Begriff des Mitbewerbers in Art. 6 Abs. 2 lit. a, auf dem § 5 Abs. 2 UWG beruht, sowie in Art. 11 Abs. 1 Satz 2, wonach die Mitgliedstaaten Rechtsvorschriften vorsehen müssen, die es auch Mitbewerbern erlauben, gegen unlautere Geschäftspraktiken vorzugehen. In Erwägungsgrund 8 betont die UGP-Richtlinie, unmittelbar die wirtschaftlichen Interessen der Verbraucher vor unlauteren Geschäftspraktiken von Unternehmen gegenüber Verbrauchern zu schützen und somit auch „mittelbar rechtmäßig handelnde Unternehmer vor Mitbewerbern" zu schützen, die sich nicht an die Regeln der Richtlinie halten. In Erwägungsgrund 8 Satz 3 ist betont, dass es auch andere Geschäftspraktiken gebe, die zwar nicht den Verbraucher schädigen, sich jedoch nachteilig für die Mitbewerber und gewerblichen Kunden auswirken können. 122

c) Richtlinienkonforme Auslegung der auch auf „Mitbewerber" abstellenden Vorschriften der §§ 5 Abs. 2 sowie 6 Abs. 1 und Abs. 2 Nr. 3 bis 5 UWG. Die auf „Mitbewerber" abstellenden und auf europäischem Recht beruhenden Vorschriften der § 5 Abs. 2 sowie § 6 Abs. 1 und § 6 Abs. 2 Nr. 3 bis 5 UWG sind richtlinienkonform auszulegen.[524] Die sich aus den Richtlinien ergebende Reichweite des Mitbewerberbegriffs kann sich von der Reichweite des nationalen Mitbewerberbegriffs entsprechend der Legaldefinition des § 2 Abs. 1 Nr. 3 UWG unterscheiden. Für die auf europäischem Recht basierenden lauterkeitsrechtlichen Regelungen wäre allein die richtlinienkonforme Auslegung maßgebend.[525] Der EuGH hat mit seiner Rechtsprechung aber nur die typischerweise gegebene Mitbewerberstellung umschrieben, ohne damit auszuschließen, dass ein auf eine konkrete Wettbewerbssituation abstellendes, weiteres Verständnis nicht auch seine Zustimmung finden würde. 123

2. Mitbewerber im „Kaufkraftwettbewerb"

Die „Mitbewerber" sind eine besondere Gruppe aus dem weiter reichenden Kreis der „Marktteilnehmer", bei denen es sich neben Verbrauchern um alle diejenigen handelt, die als Anbieter oder Nachfrager von Waren oder Dienstleistungen tätig sind (vgl. § 2 Abs. 1 Nr. 2 UWG). Über die allgemeine Marktteilnahme hinaus ist für Mitbewerber kennzeichnend, dass diese untereinander 124

---

[519] Richtlinie des Rates 84/450/EWG über irreführende Werbung (ABl. L 250 vom 19.9.1984, S. 17), geändert durch die Richtlinie 97/55/EG des Europäischen Parlaments und des Rates (ABl. L 290 vom 23.10.1997, S. 18).

[520] EuGH GRUR 2007, 511 ff. Rn. 28 – *De Landtsheer.*

[521] EuGH GRUR 2007, 511 ff. Rn. 30 und 47 – *De Landtsheer,* vgl. dazu auch *Lettl,* FS Köhler 2014, 429 ff.

[522] EuGH GRUR 2007, 511 ff. Rn. 36 ff. – *De Landtsheer.* Die Rechtsprechung des BGH bei der Beurteilung der Anspruchsberechtigung von Verbänden nach § 8 Abs. 3 Nr. 2, die von der Mitgliedschaft einen erheblichen Anteil von Mitbewerbern abhängt, steht mit der Rechtsprechung des EuGH in Einklang, vgl. BGH GRUR 2015, 1140 Rn. 18 – *Bohnengewächsextrakt.*

[523] Richtlinie 2005/29/EG des Europäischen Parlaments und des Rates vom 11. Mai 2005 über unlautere Geschäftspraktiken von Unternehmen gegenüber Verbrauchern im Binnenmarkt, ABl. EG Nr. L 149/22, Ber. vom 25. September 2009, ABl. Nr. L 253/18.

[524] *Köhler* WRP 2009, 499/500.

[525] *Köhler* WRP 2009, 499/500.

in einem weit zu verstehenden Horizontalverhältnis, ggf. über Marktstufen hinweg, **in Wettbewerb**[526] stehen. Angesichts der Vielgestaltigkeit der heutigen Lebensverhältnisse geht der Wettbewerb jedenfalls auf der Endverbraucherstufe über das Angebot gleichartiger Waren und Dienstleistungen hinaus. So konkurrieren heute auf der Endverbraucherstufe etwa Reiseangebote mit sonstigen Konsummöglichkeiten. Für das **Modell des „Kaufkraftwettbewerbs"**, das für die Anwendbarkeit des UWG einen Wettbewerb um die Kaufkraft der Abnehmer verlangt und ausreichend sein lässt,[527] mag deshalb in tatsächlicher Hinsicht einiges sprechen. Auch als allgemeinen „Kaufkraftmitbewerbern" gewährt das Gesetz jedoch den Unternehmen **keine Popularklage.** Deshalb bedarf es unter lauterkeitsrechtlichem Blickwinkel einer darüber hinausgehenden, ein „Konkurrenzmoment" aufweisenden „Verdichtung" einer Wettbewerbsbeziehung, um von einer Mitbewerberstellung und der mit ihr einhergehenden Klageberechtigung ausgehen zu können.[528]

3. Mitbewerber i. S. d. § 2 Abs. 1 Nr. 3 UWG

125 **a) Allgemeine Anforderungen.** Mitbewerber kann nur ein **Unternehmer** sein. Das ist jede natürliche oder juristische Person, die geschäftliche Handlungen im Rahmen ihrer gewerblichen, handwerklichen oder beruflichen Tätigkeit vornimmt, und jede Person, die im Namen oder Auftrag einer solchen Person handelt.[529] Auch im Inland tätige **ausländische Unternehmen** können Mitbewerber sein.[530] Erfasst ist jede marktbezogene geschäftliche, sei es anbietende oder nachfragende Tätigkeit in jedem denkbaren Wirtschaftszweig für jedwede marktfähigen Güter.[531] Erforderlich ist die aktuelle Ausübung unternehmerischer Tätigkeit, was schon bei konkreten Vorbereitungshandlungen zu bejahen sein kann.[532] Eine bloß finanzielle Beteiligung an einem aktiv tätigen Unternehmen – wie etwa die Beteiligung als Komplementär bzw. Gesellschafter an einem Unternehmen – reicht zur Begründung der Mitbewerbereigenschaft nicht aus.[533]

126 **b) Tatsächliche Mitbewerberstellung.** Für die Eigenschaft als Mitbewerber i. S. d. § 2 Abs. 1 Nr. 3 UWG kommt es allein auf das **tatsächliche Bestehen eines Wettbewerbsverhältnisses** an.[534] Es ist grundsätzlich unerheblich, ob die eigene Tätigkeit des Anspruchstellers, die das Wettbewerbsverhältnis begründet, **gesetzwidrig** oder **unlauter** ist.[535] Anderes gilt nur dann, wenn aus der Art des Gesetzesverstoßes oder der wettbewerbsrechtlichen Unlauterkeit folgt, dass auch die Geltendmachung der auf die Stellung als Wettbewerber gestützten Ansprüche sittenwidrig oder rechtsmissbräuchlich ist.[536] Auch ein Mitbewerber, der sich gesetzwidrig oder unlauter verhält, verliert hiermit nicht seine Mitbewerberstellung und den Schutz gegen unlauteren Wettbewerb.[537]

---

[526] Vgl. BGH GRUR 2014, 573 Rn. 20 – *Werbung für Fremdprodukte.* Dem UWG liegt kein bestimmtes „Wettbewerbsmodell" und kein bestimmter Wettbewerbsbegriff zugrunde. Eine definitorische Erfassung des „Wesens des Wettbewerbs" ist lauterkeitsrechtlich nicht erforderlich, der Wettbewerb ist für das Lauterkeitsrecht eine tatsächliche, keine rechtliche Kategorie. Zum kartellrechtlichen Verständnis des zu schützenden „Wettbewerbs" vgl. *Immenga/Mestmäcker/Zimmer,* GWB, 5. Aufl., § 1 Rn. 108 ff. *Fikentscher* bezeichnet wirtschaftlichen Wettbewerb in WuW 1961, 788/790 als das „selbständige Streben sich gegenseitig im Wirtschaftserfolg beeinflussender Anbieter oder Nachfrager (Mitbewerber) nach Geschäftsverbindung mit Dritten (Kunden oder Lieferanten) durch Inaussichtstellen günstiger erscheinender Geschäftsbedingungen." *Ingo Schmidt* (Wettbewerbspolitik und Kartellrecht, S. 1) kennzeichnet Wettbewerb als das Streben mehrerer nach einem Ziel in der Weise, dass der Grad der Zielerreichung durch einen Beteiligten eine Beeinträchtigung der Zielerreichung durch andere Beteiligte bedingt; zum Wettbewerbsleitbild vgl. auch *Podszun,* § 1 Rn. 66 ff.

[527] Vgl. GK-UWG/*Schünemann,* 2. Aufl., Einl. A Rn. 100; *Beater,* Unlauterer Wettbewerb, 2002, § 11 Rn. 32; vgl. zu den wettbewerbstheoretischen Konzeptionen auch *Köhler*/Bornkamm, UWG, 34. Aufl., Einl. Rn. 1.11 ff.

[528] Kritisch hierzu: GK-UWG/*Peukert,* 2. Aufl., § 2 Rn. 416 f.

[529] Vgl. § 2 Nr. 6 UWG und die Kommentierung dazu.

[530] OLG Karlsruhe WRP 2012, 579 f. – *Faltenunterspritzung.*

[531] Vgl. oben die Kommentierung zur geschäftlichen Handlung i. S. d. § 2 Abs. 1 Nr. 1 UWG Rn. 24. Zum kartellrechtlichen Unternehmensbegriff vgl. Immenga/Mestmäcker/*Zimmer,* GWB, 5. Aufl., § 1, Rn. 23 ff.

[532] BGH GRUR 1984, 823/824 – *Charterfluggesellschaften;* OLG Köln GRUR-RR 2011, 370 – *Gesellschafter-Unternehmer;* BGH GRUR 1995, 697/699 – *Funny Paper* – verlangt für die Klageberechtigung einen aktuell ausgeübten Gewerbetrieb.

[533] OLG Hamburg GRUR-RR 2005, 167 – *Mitbewerbereigenschaft.*

[534] MünchKommUWG/*Bähr,* 2. Aufl., § 2 Rn. 225.

[535] BGH GRUR 2005, 419/420 – *Vitamin-Zell-Komplex;* noch offen gelassen in BGH GRUR 2005, 176 – *Nur bei Lotto;* OLG München WRP 2012, 1145/1146; vgl. ferner RGZ 117, 318/321 – *Kruschensalz; Melullis,* Handbuch des Wettbewerbsprozesses, 3. Aufl., Rn. 364; Ahrens/*Jestaedt,* Der Wettbewerbsprozess, 7. Aufl., Kap. 18 Rn. 14; MünchKomm UWG/*Bähr,* 2. Aufl., § 2 Rn. 225.

[536] *Melullis,* a. a. O. Rn. 364.

[537] Anderes kann allerdings gelten, wenn aus der Art des Gesetzesverstoßes folgt, dass auch die Geltendmachung der auf die Stellung als Wettbewerber gestützten Ansprüche rechtsmissbräuchlich ist, vgl. BGH GRUR 2005, 519/520 – *Vitamin-Zell-Komplex.*

c) Typische Mitbewerberstellung. Eine Mitbewerberstellung ist **typischerweise** gegeben, sofern Unternehmen als Anbieter oder Nachfrager mit aus der Sicht der angesprochenen Verkehrskreise austauschbaren Waren- oder Dienstleistungsangeboten untereinander konkurrieren und mithin der Absatz des einen Unternehmens auf Kosten des anderen gehen kann.[538] Der damit umschriebene, auf die Absatz-(oder Bezugs-)Förderung gleicher oder ähnlicher Waren und Dienstleistungen abstellende Regelfall schöpft jedoch die Reichweite der lauterkeitsrechtlichen Mitbewerberstellung nicht aus. Mit Blick auf einen wirksamen Individualschutz und den damit zugleich bewirkten Schutz der Allgemeinheit ist eine **Mitbewerberstellung** vielmehr bereits zu bejahen, wenn **durch eine geschäftliche Handlung eines Unternehmens lauterkeitsrechtlich schützenswerte Interessen eines anderen Unternehmens negativ betroffen werden können und der zwischen beiden Unternehmen bestehende Wettbewerb dadurch „zum Nachteil" des letzteren verfälscht bzw. beeinträchtigt werden kann.**[539] Entscheidend ist, ob zwischen Unternehmen im Rahmen ihrer anbietenden oder nachfragenden Tätigkeit durch eine Wettbewerbshandlung eine irgendwie „verdichtete" Wettbewerbsbeziehung[540] in einem weit zu verstehenden, ein „Konkurenzmoment" aufweisenden Horizontalverhältnis geschaffen wird, die geeignet ist, sich nachteilig zu Lasten eines der daran Beteiligten auszuwirken.[541] Es ist sachangemessen, derartige Wettbewerbsverhältnisse den Regelungen des UWG zu unterstellen und dem jeweils nachteilig betroffenen Unternehmen mit der Mitbewerberstellung auch die Befugnis einzuräumen, das von ihm beanstandete Wettbewerbsverhalten einer lauterkeitsrechtlichen Kontrolle zu unterziehen.[542] Die wettbewerbsrechtliche Chiffre, die anzeigt, ob eine derartige „Verdichtung" einer Wettbewerbsbeziehung gegeben ist, ist der Begriff des „Wettbewerbsverhältnisses" (nachfolgend Rn. 129 ff.). 127

d) „Mitbewerber" i. S. vergleichender Werbung. Es entspricht zwar gerade dem Sinn einer dem Gesetz vorangestellten Definitionsnorm, den Inhalt eines im Gesetz mehrfach verwendeten Begriffs einheitlich zu bestimmen. Die Definition des Mitbewerberbegriffs in § 2 Abs. 1 Nr. 3 UWG erfolgte jedoch unter dem Blickwinkel der damit verbundenen Klageberechtigung.[543] Ein etwas anderer Blickwinkel ergibt sich bei der Frage, ob eine vergleichende, einen „Mitbewerber" erkennbar machende Werbung vorliegt. Dort wird ein Mitbewerberverhältnis von EuGH und BGH nur dann angenommen, wenn die beiderseits auf dem Markt angebotenen Waren oder Dienstleistungen zumindest zu einem gewissen Grade substituierbar sind,[544] wobei der BGH noch gefordert hatte, dass eine Substitution ernsthaft in Betracht kommen müsse.[545] Eine lauterkeitsrechtliche Mitbewerberstellung reicht jedoch über das beiderseitige Angebot substituierbarer, gleichen Bedürfnissen dienender Waren hinaus.[546] Ein Wettbewerbsverhältnis und eine damit verbundene Mitbewer- 128

---

[538] BGH GRUR 2007, 1079/1080 – *Bundesdruckerei;* BGH GRUR 2002, 828/829 – *Lottoschein* zum Mitbewerberbegriff im Rahmen vergleichender Werbung, dazu auch EuGH GRUR 2007, 511 ff. – *De Landtsheer;* von GK-UWG/*Peukert,* 2. Aufl., § 2 Rn. 411 als „Per-se-Mitbewerber" bezeichnet.

[539] Zustimmend *Sack* GRUR 2011, 953/958. Ähnlich *Dreyer* GRUR 2008, 123/126, die eine „gesteigerte Nähebeziehung" verlangt. Dass eine Beeinträchtigung außerhalb eines „klassischen Wettbewerbsverhältnisses" ausreichend sein kann, hat der BGH auch in der *„Werbeblocker"*-Entscheidung (BGH GRUR 2004, 877 ff.) zutreffend bejaht.

[540] Kritisch: *Köhler* WRP 2009, 499/505 f., der stattdessen auf die „objektive Eignung und Zielrichtung der geschäftlichen Handlung" abstellen will.

[541] Die bloße Beeinträchtigung eines Unternehmens durch ein anderes Unternehmen, wie etwa im Falle unlauterer E-Mail-Werbung, reicht allerdings zur Begründung einer Mitbewerberstellung und eines Wettbewerbsverhältnisses noch nicht aus, vgl. BGH GRUR 2009, 980 Rn. 9 – *E-Mail-Werbung II.* Insoweit fehlt es an dem horizontalen „Konkurrenzmoment" im Angebots- und Nachfragewettbewerb, vgl. BGH GRUR 2014, 573 Rn. 21 – *Werbung für Fremdprodukte.*

[542] Zu Recht hat deshalb der BGH in der Entscheidung *„Lottoschein"* (GRUR 2002, 828 ff.) die beanstandete Werbung (Abbildung eines Lottoscheins in einer Wirtschaftszeitung mit dem Hinweis „Um Geld zu vermehren, empfehlen wir ein anderes Papier") materiell-rechtlich auf der Grundlage des § 1 UWG a. F. geprüft, obwohl die Verneinung der Mitbewerbereigenschaft i. S. vergleichender Werbung es fraglich machte, ob ein konkretes Wettbewerbsverhältnis zwischen den Parteien bestand.

[543] Vgl. die diesbezügliche Diskussion im Rahmen der UWG-Novelle 2004, BT-Drucks. 15/1487, S. 16, Stellungnahme des Bundesrates a. a. O., S. 29 und Gegenäußerung der Bundesregierung a. a. O., S. 40.

[544] EuGH GRUR 2007, 511 ff. Rn. 28 und 30 – *De Landtsheer* und BGH GRUR 2002, 828/829 – *Lottoschein.*

[545] BGH GRUR 2002, 828/829 – *Lottoschein;* diese strenge Auslegung des BGH ist mit dem großzügigeren Maßstab von EuGH GRUR 2007, 511 ff. – *De Landtsheer,* wonach bereits ein „gewisser Grad der Substitution" ausreichen kann, wohl überholt.

[546] Daraus zieht *Köhler* in WRP 2009, 499 f. den zu weitgehenden Schluss, die Mitbewerberstellung unter Verzicht auf eine einheitliche Definition nur noch nach den Schutzzwecken der Verhaltens- und Sanktionsnormen des UWG zu bestimmen.

berstellung i. S. d. § 2 Abs. 1 Nr. 3 UWG kann deshalb auch dann zu bejahen sein, wenn materiellrechtlich im Sinne vergleichender Werbung eine Stellung als Mitbewerber (noch) nicht vorliegen sollte. Es ist deshalb möglich, den insbesondere die Klageberechtigung vermittelnden **nationalen Mitbewerberbegriff weiter als im europarechtlich determinierten Bereich der vergleichenden Werbung** zu verstehen.[547] Die „De Landtsheer"-Rechtsprechung des EuGH lässt es allerdings auch zu, **auch branchenungleiche Waren als „substituierbar"** anzusehen,[548] wodurch sich das Problem erheblich entschärft.

III. Wettbewerbsverhältnis

1. Allgemeines

129 **a) Weites Verständnis.** Eine Stellung als „Mitbewerber" setzt nach § 2 Abs. 1 Nr. 3 UWG voraus, dass ein Unternehmen mit einem oder mehreren anderen Unternehmen als Anbieter oder Nachfrager in einem „konkreten Wettbewerbsverhältnis" steht. Der Gesetzgeber hat damit zur Definition der Mitbewerbereigenschaft an dem im früheren Recht aus dem Merkmal „Handeln zu Zwecken des Wettbewerbs" etwa i. S. d. §§ 1, 3 UWG a. F. abgeleiteten „Wettbewerbsverhältnis" festgehalten.[549] Eine **besonders intensive Wettbewerbssituation** ist damit **nicht verlangt.**[550] Der BGH betont vielmehr zu Recht, dass im Interesse eines wirksamen lauterkeitsrechtlichen Individualschutzes grundsätzlich keine **hohen Anforderungen** an das Vorliegen eines konkreten Wettbewerbsverhältnisses zu stellen sind.[551]

130 **b) Tatsächliche, handlungsbezogene Wettbewerbsbeziehung.** Der lauterkeitsrechtliche Begriff des Wettbewerbsverhältnisses umschreibt eine **tatsächliche,** über den allgemeinen Kaufkraftwettbewerb hinausgehende und durch eine geschäftliche Handlung geschaffene **Wettbewerbsbeziehung,** die eine konkrete Beeinträchtigung wettbewerblicher Interessen dritter Unternehmen mit sich bringen kann, ohne dass damit etwa bereits ein gesetzliches Schuldverhältnis[552] begründet würde. Der Begriff des Wettbewerbsverhältnisses ist damit nicht statusbezogen, sondern **handlungsbezogen** zu verstehen[553] und nach den **konkreten Umständen des Einzelfalls** zu beurteilen.[554] Daran ändert nichts, dass es – wie etwa beim Angebot gleichartiger Waren in einem engen räumlichen oder sachlichen Markt – wettbewerbliche Verhältnisse geben kann, in denen **typischerweise** durch jede absatzfördernde Wettbewerbshandlung eines Unternehmens zugleich die Interessen der konkurrierenden Anbieter betroffen werden. Ob ein Wettbewerbsverhältnis vorliegt, das lediglich eine konkrete Beeinträchtigungs**möglichkeit** (vgl. Rn. 133) verlangt, ist im Übrigen von der Frage zu unterscheiden, ob die ein Wettbewerbsverhältnis begründende geschäftliche Handlung **unlauter** ist.

131 **c) Sachverhaltliche Feststellung eines konkreten Wettbewerbsverhältnisses und rechtliche Beurteilung.** Es stellt eine der Beweiserhebung zugängliche tatsächliche Frage dar, ob die

---

[547] Ebenso *Dreyer* GRUR 2008, 123 ff. und *Sack* WRP 2008, 1141 ff.; übereinstimmend auch – aber im Detail kritikwürdig – *Blankenburg* WRP 2008, 186 ff. Im *„Lottoschein"*-Urteil (GRUR 2002, 828 ff.) hätte deshalb ein konkretes Wettbewerbsverhältnis trotz der vom BGH verneinten Mitbewerbereigenschaft im Sinne vergleichender Werbung bejaht werden können.

[548] Der EuGH lässt bereits einen „gewissen Grad" an Substitutionsmöglichkeiten genügen und will auch auf „Entwicklungsmöglichkeiten und neue Anreize für die Substitution von Erzeugnissen" abstellen, vgl. EuGH GRUR 2007, 511 Rn. 36 – *De Landtsheer.* Für geringe Anforderungen an die Substituierbarkeit auch *Dreyer* GRUR 2008, 123/128.

[549] Ebenso *Sack* GRUR 2011, 953/956.

[550] Vgl. jurisPK-UWG/*Ernst,* 4. Aufl., § 2 Rn. 28, zur Entwicklung vgl. auch *Sack* WRP 2014, 1418/1422.

[551] BGH GRUR 2015, 1129 Rn. 19 – *Hotelbewertungsportal;* BGH GRUR 2014, 1114 Rn. 32 – *nickelfrei,* einen weiten Ansatz verfolgt auch *Lettl,* FS Köhler 2014, 429 ff.

[552] Das durch eine Wettbewerbshandlung geschaffene Wettbewerbsverhältnis begründet noch keine deliktsrechtliche Sonderverbindung und steht damit auch nicht einem erst durch einen Wettbewerbs*verstoß* konkretisierten gesetzlichen Schuldverhältnis gleich, auf dessen Grundlage im Rahmen eines „Abmahnverhältnisses" sich wechselseitige Treuepflichten ergeben können, vgl. hierzu BGH GRUR 1987, 54/55 – *Aufklärungspflicht des Abgemahnten,* BGH GRUR 1990, 381 – *Antwortpflicht des Abgemahnten* – sowie m. w. N. Teplitzky/*Bacher,* Wettbewerbsrechtliche Ansprüche und Verfahren, 11. Aufl., Kap. 41 Rn. 51 ff.

[553] Vgl. auch BGH GRUR 2009, 845 Rn. 40 – *Internet-Videorecorder;* KG GRUR-RR 2010, 22/26 – *JACKPOT!;* OLG München MMR 2011, 99 – *Mitbewerbereigenschaft bei unterschiedlichen Internetdienstleistungen;* zustimmend *Lettl,* FS Köhler 2014, 429/436.

[554] BGH GRUR 2014, 573 Rn. 22 – *Werbung für Fremdprodukte;* BGH GRUR 2005, 519 ff. – *Vitamin-Zell-Komplex.*

geschäftlichen Aktivitäten zweier Parteien sich tatsächlich überschneiden und zur Annahme eines konkreten Wettbewerbsverhältnisses ausreichend sind.[555] Für die Annahme eines konkreten Wettbewerbsverhältnisses kann allerdings auch bereits der bloße Anschein ausreichend sein.[556] Es stellt jedoch insgesamt eine **Rechtsfrage** dar, ob durch eine tatsächlich „verdichtete", mit „Konkurrenzmoment" versehene Wettbewerbsbeziehung auch ein konkretes Wettbewerbsverhältnis geschaffen wurde, in dessen Rahmen die lauterkeitsrechtlich schützenswerten Interessen eines anderen Unternehmens negativ betroffen werden können.

2. Konkretes Wettbewerbsverhältnis

a) Wechselbeziehung. Ein **konkretes Wettbewerbsverhältnis** liegt vor, wenn zwischen den Vorteilen, die jemand durch eine Maßnahme für sein Unternehmen oder das eines Dritten zu erreichen sucht, und den Nachteilen, die ein anderer dadurch erleidet, eine **Wechselbeziehung** in dem Sinne besteht, dass der eigene Wettbewerb gefördert und der fremde Wettbewerb beeinträchtigt werden kann.[557] Diese nicht kleinlich zu interpretierenden Anforderungen setzen voraus, dass sich die beteiligten Unternehmen auf demselben sachlich, räumlich und zeitlich relevanten Markt betätigen,[558] wobei **ausreichend** ist, wenn sich der **Kundenkreis und das Angebot der Waren oder Dienstleistungen nur teilweise decken.**[559] Die weite „Wechselbeziehung"-Formel erfasst nicht nur Handlungen im Rahmen typischer „Konkurrenzverhältnisse" zwischen Unternehmen, die sich mit einem gleichartigen Angebot an gleichartige Abnehmerkreise wenden (vgl. Rn. 136ff.), sondern erfasst auch vergleichsweise untypische wettbewerbliche Konflikt-Situationen zwischen branchenfremden Unternehmen oder solchen auf verschiedenen Marktstufen (vgl. unten Rn. 144f.). Ausreichend ist, wenn sich ein Unternehmen durch eine Verletzungshandlung im konkreten Fall in irgendeiner Weise in Wettbewerb zu dem Betroffenen stellt.[560] 132

b) Möglichkeit konkreter Beeinträchtigung. Ein Wettbewerbsverhältnis ist **konkret,** wenn durch die zu beurteilende geschäftliche Handlung eines Unternehmens die **lauterkeitsrechtlich schützenswerten Interessen eines konkurrierenden Unternehmens irgendwie fassbar (eben nicht nur „abstrakt") negativ betroffen** werden können, wofür allerdings nicht bereits jede nur geringe Wahrscheinlichkeit genügt.[561] Erforderlich, aber auch ausreichend ist, dass die geschäftliche Handlung eines Unternehmens die **Angebots- oder Nachfragestellung eines konkurrierenden Unternehmens negativ beeinflussen kann.**[562] Das ist bereits der Fall, wenn durch eine geschäftliche Handlung sonstige Marktbeteiligte, insbesondere Verbraucher, zu Lasten eigener Marktchancen angelockt oder beeinträchtigt werden können, ohne dass die damit einhergehende Wettbewerbsverfälschung noch bis zum Geschäftsabschluss fortdauern müsste. Wenn eine derartige **Beeinträchtigungsmöglichkeit** gegeben ist, spricht die Lebenserfahrung dafür, dass diese geschäftliche Handlung zugleich auch die Interessen des handelnden Unternehmens zu fördern geeignet ist und damit die erforderliche Wechselbeziehung vorliegt. Ausreichend ist es allerdings nicht, wenn die Maßnahme einen Dritten nur **irgendwie in seinem Marktstreben** betrifft.[563] Eine bloße Beeinträchtigung reicht zur Begründung eines Wettbewerbsverhältnisses nicht aus, wenn es an jeglichem „Konkurrenzmoment" im Angebots- oder Nachfragewettbewerb fehlt.[564] 133

---

[555] BGH GRUR 2008, 915/916 Rn. 7 und 12 – *40 Jahre Garantie.*

[556] BGH GRUR 1981, 529f. – *Rechtsberatungsanschein.*

[557] Zur Wechselbeziehung: BGH GRUR 2015, 1129 Rn. 19 – *Hotelbewertungsportal;* BGH GRUR 2014, 1114 Rn. 32 – *nickelfrei;* BGH GRUR 2007, 1079/1080 – *Bundesdruckerei;* BGH GRUR 2005, 520/521 – *Optimale Interessenvertretung;* BGH GRUR 1997, 907/908 – *Emil-Grünbär-Klub;* BGH GRUR 1990, 375/376 – *Steuersparmodell;* BGH GRUR 1951, 283 – *Möbelbezugsstoffe;* MünchKommUWG/*Bähr,* 2. Aufl., § 2 Rn. 234.

[558] BGH GRUR 2007, 1079/1080 – *Bundesdruckerei.*

[559] BGH GRUR 2007, 1079/1080 – *Bundesdruckerei;* BGH GRUR 1990, 375/377 – *Steuersparmodell.*

[560] BGH GRUR 2015, 1129 Rn. 19 – *Hotelbewertungsportal;* BGH GRUR 2014, 1114 Rn. 32 *nickelfrei.*

[561] Mit der vorstehenden Umschreibung ist noch nicht über die Unlauterkeit entschieden. Dass die Interessen eines Konkurrenten „irgendwie fassbar *negativ* betroffen" sein müssen, ergibt sich aus dem Wesen des Lauterkeitsrechts als deliktsrechtsgleichen Abwehrrechts gegen negative Beeinträchtigungen und soll nicht bereits die lauterkeitsrechtliche Wertung als solche vorweg nehmen. Kritisch zur historisch bedingten Bezugnahme auf ein „konkretes" Wettbewerbsverhältnis *Köhler* WRP 2013, 403/405.

[562] Vgl. insoweit etwa BGH GRUR 2002, 985/986 – *WISO;* anderer Meinung *Lettl,* FS Köhler 2014, 429/436.

[563] BGH GRUR 2014, 1114 Rn. 32 – *nickelfrei;* BGH GRUR 2014, 573 Rn. 21 – *Werbung für Fremdprodukte.*

[564] BGH GRUR 2014, 573 Rn. 21 – *Werbung für Fremdprodukte;* OLG Frankfurt WRP 2016, 108 Rn. 18 – *Kein Wettbewerbsverhältnis zwischen Anlegeranwalt und Anlagegesellschaft.*

134 **c) Konkretes Wettbewerbsverhältnis bei mitbewerberbezogenen Handlungen.** Bei **mitbewerberbezogenen Wettbewerbshandlungen,** bspw. der Verunglimpfung von Mitbewerbern (§ 4 Nr. 1 UWG), der mitbewerberbezogenen Anschwärzung (§ 4 Nr. 2 UWG), einer gezielten Mitbewerberbehinderung (§ 4 Nr. 4 UWG) sowie etwa bei einer unsachlich kritisierenden vergleichenden Werbung (§ 6 UWG) wird eine **konkrete Möglichkeit der Beeinträchtigung der betroffenen Unternehmen zumeist auf der Hand liegen.** Auch bei einer pauschalen Herabsetzung von ungenannt bleibenden Mitbewerbern[565] ist ein konkretes Wettbewerbsverhältnis zu räumlich betroffenen, mit gleichartigen Waren konkurrierenden Anbietern zu bejahen.

135 **d) Konkretes Wettbewerbsverhältnis bei verbraucherbezogenen geschäftlichen Handlungen.** Auch bei in erster Linie **das allgemeine Publikum betreffenden Wettbewerbshandlungen,** etwa in den Fällen des Rechtsbruchs (§ 3a), der aggressiven geschäftlichen Handlungen (§ 4a), der irreführenden Werbung (§ 5 UWG) sowie etwa der verbraucherbelästigenden Werbung (§ 7 UWG) ist ein konkretes Wettbewerbsverhältnis zu mit gleichen oder gleichartigen Waren konkurrierenden Mitbewerbern regelmäßig gegeben. Zwar werden insoweit in erster Linie schützenswerte Interessen der übrigen Marktteilnehmer, insbesondere der Verbraucher, beeinträchtigt. Zugleich werden jedoch der Wettbewerb zum Nachteil der um diese Kundengruppen konkurrierenden Mitbewerber verfälscht und deren Marktchancen geschmälert. Das gilt auch für unlautere geschäftliche Handlungen gegenüber Verbrauchern bei oder nach Vertragsabschluss (dazu oben Rn. 92ff.). Ausreichend ist, dass die sonstigen Marktbeteiligten zu Lasten der Konkurrenten angelockt oder beeinträchtigt werden **können,** ohne dass es darauf ankommt, ob die Mitbewerber nachweisbare vermögenswerte Einbußen erleiden.[566]

3. Fallkonstellationen

136 **a) Gleichartiges Angebot gegenüber gleichen Kundenkreisen im gleichen räumlichen Gebiet.** Unternehmen stehen insbesondere in einem **konkreten Wettbewerbsverhältnis,** wenn sie untereinander als **Anbieter oder Nachfrager von gleichartigen Waren oder Dienstleistungen** um die gleichen Kunden- oder Lieferantenkreise mit der Folge **konkurrieren,** dass **das konkret beanstandete Wettbewerbsverhalten den anderen beeinträchtigen,** d. h. im Absatz behindern oder stören kann.[567] Ausreichend ist schon, wenn sich der Kundenkreis und das Angebot der Waren oder Dienstleistungen teilweise decken.[568] Das Angebot gleichartiger Leistungen gegenüber einem sich zumindest überschneidenden Kunden- oder Lieferantenkreis im gleichen räumlichen Gebiet bildet die **tatsächliche Grundlage** für die darauf basierende Regel-Annahme, dass Wettbewerbshandlungen des einen Unternehmens regelmäßig auch die Wettbewerbsstellung des konkurrierenden Anbieters negativ beeinflussen können. Auf einem Markt mit nur wenigen Anbietern (wie etwa dem deutschen Mobilfunkmarkt) ist jede Absatzförderungshandlung eines Unternehmens regelmäßig geeignet, die Absatzinteressen der Mitbewerber zu beeinträchtigen.

137 *aa) Gleichartige Waren oder Dienstleistungen.* Die Gleichartigkeit liegt vor, wenn die angebotenen **Waren oder Dienstleistungen austauschbar (substituierbar)** sind.[569] Eine solche Austauschbarkeit ist anzunehmen, wenn Waren oder Dienstleistungen den gleichen Bedürfnissen dienen können.[570] Ob Waren oder Dienstleistungen untereinander als austauschbar anzusehen sind, ist aus der Sicht des angesprochenen Verkehrs im Hinblick auf die Eigenschaften und Zweckbestimmung der

---

565 Vgl. BGH GRUR 2014, 601 Rn. 42 – *englischsprachige Pressemitteilung;* BGH GRUR 2012, 74 Rn. 37 – *Coaching-Newsletter;* BGH GRUR 2002, 982 – *Die „Steinzeit" ist vorbei;* BGH GRUR 2002, 75 – *„SOO ... BILLIG".*

566 Vgl. BGH GRUR 2002, 985/986 – *WISO;* BGH GRUR 2002, 75/76 – *„SOOO ... BILLIG".*

567 Vgl. BGH GRUR 2016, 710 Rn. 19 – *Im Immobiliensumpf;* BGH GRUR 2014, 1114 Rn. 24 – *nickelfrei;* BGH GRUR 2014, 573 Rn. 15 – *Werbung für Fremdprodukte;* BGH GRUR 2012, 201 Rn. 19 – *Poker im Internet;* BGH GRUR 2009, 980 Rn. 9 – *E-Mail-Werbung II;* BGH GRUR 2007, 1079/1080 – *Bundesdruckerei;* BGH GRUR 2007, 978/979 – *Rechtsberatung durch Haftpflichtversicherer;* BGH GRUR 2004, 877/879 – *Werbeblocker;* BGH GRUR 2002, 985/986 – *WISO;* BGH GRUR 2002, 75/76 – *„SOOO ... BILLIG";* Einige Entscheidungen stellen vielfach verkürzend auf einen Warenabsatz innerhalb *derselben Endverbraucherkreise* ab, ein Wettbewerbsverhältnis ist aber auch dann zu bejahen, wenn Unternehmen um Abnehmer auf vorgelagerten Absatzstufen konkurrieren und/oder die Abnehmerkreise sich jedenfalls überschneiden. Zur Verdeutlichung hat der BGH nunmehr in GRUR 2014, 1114 Rn. 27 – *nickelfrei* formuliert, dass auch die auf verschiedenen Vertriebsstufen tätigen Parteien im Regelfall versuchen, gleichartige Waren oder Dienstleistungen „letztlich" innerhalb desselben Endverbraucherkreises abzusetzen.

568 BGH GRUR 2007, 1079 Rn. 22 – *Bundesdruckerei;* BGH GRUR 1990, 375/377 – *Steuersparmodell.*

569 BGH GRUR 2002, 828/829 – *Lottoschein.*

570 EuGH GRUR 2007, 511/513 – *De Landtsheer.*

Waren und Dienstleistungen nach einem großzügigen Maßstab zu beurteilen.[571] Die Austauschbarkeit kann insbesondere durch die konkrete Wettbewerbsmaßnahme aufgezeigt werden.[572] Die Gleichartigkeit von Waren oder Dienstleistungen kann grundsätzlich nicht deswegen verneint werden, weil **unterschiedliche Vertriebswege** genutzt werden. Deswegen ist regelmäßig ein Wettbewerbsverhältnis zwischen einem stationären Anbieter von Waren und einem Anbieter eben dieser Waren im Internet zu bejahen. Zweifelhaft ist allerdings, ob ein konkretes Wettbewerbsverhältnis zwischen Anbietern von Waren und dem Betreiber eines **Online-Marktplatzes** für derartige Waren besteht.[573] Umgekehrt begründet die Nutzung einer **vergleichbaren Vertriebsform** für nicht austauschbare Waren oder Dienstleistungen noch kein Wettbewerbsverhältnis.[574] Die Dienstleistung eines Lizenzgebers und das Warenangebot eines Händlers sind allerdings nicht gleichartig.[575] Ein Wettbewerbsverhältnis ist zu bejahen zwischen einem Anbieter einer „Spam" erkennbar machenden Filtersoftware und dem Anbieter von als „Spam" gekennzeichneten Leistungen.[576] Ein konkretes Wettbewerbsverhältnis besteht auch zwischen den Betreibern von inhaltlich unterschiedlich ausgerichteten Internetseiten (wetterbezogene Informationen und Dienstleistungen einerseits und Krankenversicherungsangebote andererseits), wenn diese Internetseiten jeweils Dritten für Werbezwecke entgeltlich zur Verfügung stehen, weil alsdann beide Anbieter versuchen, gleichartige Dienstleistungen innerhalb derselben Abnehmerkreise abzusetzen.[577] Auch zwischen privaten Fernsehsendeunternehmen und einem Anbieter von Internetleistungen, der das zeitversetzte Ansehen von identischen Sendungen für jedermann ermöglicht, besteht ein konkretes Wettbewerbsverhältnis.[578] Abgelehnt wurde ein Wettbewerbsverhältnis zwischen einem Call-by-Call-Tarife anbietenden Unternehmen im Verhältnis zu einem Gewerbetreibenden, der für sein Angebot von Gewinnspielen einen Mehrwertdienstanschluss unterhält.[579]

bb) Räumliches Gebiet. Eine konkrete Beeinträchtigungsmöglichkeit ist nur gegeben, wenn die Beteiligten auf **demselben räumlichen Markt** tätig sind. Maßgebend ist eine wirtschaftliche Betrachtungsweise.[580] Ein nur lokal tätiger Bäcker oder Gastwirt in Düsseldorf kann deshalb schwerlich wettbewerbliche Interessen eines in München tätigen Bäckers oder Gastwirts verletzen; abweichend davon stehen etwa Versandhändler in den Grenzen ihres Absatzgebietes mit allen gleiche oder gleichartige Waren vertreibenden Händlern im Wettbewerb.[581] Der maßgebende **räumliche Markt** wird durch die **Geschäftstätigkeit des werbenden Unternehmens bestimmt.**[582] Bei **überregionalen oder bundesweiten Marketingmaßnahmen** ist grundsätzlich zu vermuten, dass das werbende Unternehmen seinen unternehmerischen Erfolg auch räumlich in dem durch die Marketingmaßnahme abgedeckten Gebiet sucht und damit die wettbewerblichen Interessen aller konkurrierenden, räumlich betroffenen Unternehmen tangiert werden.[583] Der räumliche Markt ist 138

---

[571] Der EuGH lässt bereits genügen, dass die angebotenen Waren untereinander „in allgemeiner Weise einen gewissen Grad" an Substituierbarkeit aufweisen, vgl. EuGH GRUR 2007, 511 Rn. 47. Einen großzügigen Maßstab bejaht auch *Dreyer* GRUR 2008, 123/128.

[572] BGH GRUR 2009, 845 Rn. 40 – *Internet-Videorecorder;* BGH GRUR 2007, 978 Rn. 17 – *Rechtsberatung durch Haftpflichtversicherer;* OLG Köln GRUR-RR 2006, 5/6; OLG Nürnberg WRP 2007, 202/203 – *Wettbewerbsverhältnis zwischen Kfz-Sachverständigen und Kfz-Haftpflichtversicherung.*

[573] Mit guten Gründen verneinend: OLG Koblenz GRUR-RR 2006, 380/381 – *Markenparfüms;* a. A. *Weber* GRUR-RR 2007, 65.

[574] Vgl. BGH GRUR 1997, 478 – *Haustürgeschäft II.*

[575] BGH GRUR 2014, 1114 Rn. 26 – *nickelfrei.*

[576] OLG Hamm GRUR-RR 2007, 282/283 – *Google-Spamfilter.*

[577] BGH GRUR 2014, 393 Rn. 26 – *wetteronline.de;* BGH GRUR 2006, 1042 Rn. 14 – *Kontaktanzeigen.*

[578] BGH GRUR 2009, 845 Rn. 39f. – *Internet-Videorecorder,* die abweichende Auffassung des OLG Köln, GRUR-RR 2006, 5/6 – *Zeitversetzter Empfang eines Fernsehprogramms im Internet,* ist damit überholt.

[579] Vgl. OLG Düsseldorf GRUR 2005, 523f. – *Gewinnspielaufforderung durch Hinterlassen einer „0137"-Anruferkennung.*

[580] Vgl. BGH GRUR 2001, 78 – *Falsche Herstellerpreisempfehlung* mit den dortigen Ausführungen zur sachlichen und räumlichen Konkurrenzsituation; vgl. aber auch BGH GRUR 2008, 438 Rn. 28 – *ODDSET* zur fehlenden Wettbewerbseigenschaft eines nur in einem Bundesland tätigen Anbieters zu den über dieses Bundesland hinausgehenden Aktivitäten eines bundesweit tätigen Anbieters; vgl. ferner OLG Frankfurt a. M. GRUR-RR 2003, 248f. – *Hausanwälte.*

[581] Beispiele von *Baumbach/Hefermehl,* Wettbewerbsrecht, 22. Aufl., Einl. UWG Rn. 223.

[582] BGH GRUR 2009, 692 Rn. 8 – *Sammelmitgliedschaft VI;* BGH GRUR 2001, 260/261 – *Vielfachabmahner;* BGH GRUR 2000, 619/620 – *Orient-Teppichmuster;* BGH GRUR 1998, 170 – *Händlervereinigung.*

[583] MünchKommUWG/*Bähr,* 2. Aufl. § 2 Rn. 243. Mitbewerber kann auch ein Unternehmen sein, dessen Waren oder Dienstleistungen die angesprochenen Verbraucher in dem Gebiet, in dem die beanstandete Werbung erscheint, nicht erwerben können vgl. BGH, Urteil vom 28. April 2016 I ZR 23/15 Rn. 18f. – *Geo Targeting.*

bei Handelswaren tendenziell umso weiter zu ziehen, je teurer die Produkte sind: So stehen Anbieter von PKW's im Internet auch dann miteinander in Wettbewerb, wenn ihre Geschäftssitze mehrere hundert Kilometer entfernt liegen, weil Kunden bei teureren PKW's auch größere Entfernungen zum Händler in Kauf nehmen.[584] Für ein bundesweites Angebot von Immobilien für Kapitalanleger hat der BGH allerdings angenommen, dass hierdurch unmittelbar kein bestimmter anderer Anbieter beeinträchtigt werden könne, weil es angesichts der Größe des Immobilienmarkts sowohl nach der Zahl der Anbieter als auch nach der Zahl der angebotenen Objekte unwahrscheinlich sei, dass sich die konkrete Art und Weise der Werbung für ein Angebot kaufentscheidungsrelevant zugunsten eines anderen Angebots auswirken könnte.[585] Dem ist nicht zu folgen. Auch bundesweite Immobilienangebote für Kapitalanleger erfolgen nicht im „mitbewerberfreien" Raum. Eine Mitbewerberbeeinträchtigung kann auch nicht allein wegen der **Größe eines Marktes** sowie der **Vielzahl der Anbieter** verneint werden. Vor allem ist es aber für eine konkrete, irgendwie fassbare Beeinträchtigungsmöglichkeit bereits ausreichend, dass die beiderseits angesprochenen Kunden durch eine unlautere Werbung zu Lasten des Mitbewerbers angelockt werden, ohne dass die Unlauterkeit sich auf den Kaufentschluss auswirken müsste.[586]

139 *cc) Kasuistik.* **Bejaht wurde ein konkretes Wettbewerbsverhältnis zwischen:** einem auf dem Gebiet des An- und Verkaufs von Schmuck, Juwelierwaren und gebrauchten Uhren, insbesondere Rolex-Uhren tätigen Unternehmens und dem Hersteller der Original Rolex-Uhren (BGH GRUR 2015, 607 Rn. 13 – *Uhrenankauf im Internet*); einem Anbieter einer werbefinanzierten Internetseite, die über das Wetter informiert und Dienstleistungen zu den Themen Wetter und Klima erbringt sowie dem Betreiber einer ebenfalls werbefinanzierten Internetseite, auf der private Krankenversicherer ihre Leistungen anbieten (BGH GRUR 2014, 393 Rn. 26 – *wetteronline.de*); einem in Gießen und einem in Köln ansässigen Rechtsanwalt (BGH GRUR 2013, 950 Rn. 14 – *auch zugelassen am OLG Frankfurt*); einem Betreiber eines Hotels und dem Anbieter eines Online-Reisebüros, das mit einem Hotelbewertungsportal verknüpft ist (BGH GRUR 2015, 1129 – *Hotelbewertungsportal*); einem Anbieter von Videospiel-Karten für eigene Videospiel-Konsolen und einem Anbieter von Adapterkarten, mit deren Hilfe Kopien von Videospielen auf den Videospiel-Konsolen des anderen Anbieters verwendet werden können (BGH GRUR 2015, 672 Rn. 101 – *Videospiel-Konsolen II*); Hörgeräteakustikern in 26 km voneinander entfernten Städten, weil bei Waren, die nicht zum täglichen Bedarf gehören, der Einzugsbereich regelmäßig deutlich über die jeweiligen Stadtgrenzen hinausgeht (OLG München, Urt. v. 10. Nov. 2011 – 29 U 1614/11, BeckRS 2012, 03268); Gebrauchtwagenhändlern, die zumindest zum Teil im gleichen Preissegment anbieten (OLG Hamm GRUR-RR 2010, 356 – *Abmahnungen nach Gutsherrnart*); einem Fernsehsendeunternehmen und dem Anbieter einer internetbasierten Vorrichtung zur Aufnahme und zeitversetzten Wiedergabe von Fernsehsendungen (BGH GRUR 2009, 845 Rn. 39 f. – *Internet-Videorecorder*); dem Betreiber eines Internetportals und einem auf dem Gebiet der elektronischen Datenverarbeitung tätigen Unternehmen hinsichtlich der Registrierung eines der Kurzbezeichnung des Unternehmens entsprechenden Domainnamens (BGH GRUR 2009, 685 Rn. 40 – *ahd.de*); einem Hersteller von Plaketten und zwei früher zum Bundesvermögen gehörenden Unternehmen, weil sich die Kundenkreise hinsichtlich des einen Unternehmens außerhalb seiner gesetzlich abgesicherten Monopolstellung jedenfalls überschnitten und das andere, ausschließlich im Ausland tätige Unternehmen jedenfalls auch im Internet um deutsche Kunden warb und so auch mit in Deutschland ansässigen Unternehmen in Wettbewerb trat, um Kunden für das Auslandsgeschäft zu akquirieren (BGH GRUR 2007, 1079 ff. – *Bundesdruckerei*); den Betreibern eines Bordells und mit Anzeigen werbenden Prostituierten (BGH GRUR 2006, 1042 ff. – *Kontaktanzeigen*); Rechtsanwälten in räumlich benachbarten Städten (BGH GRUR 2005, 520/521 – *Optimale Interessenvertretung*); einem privaten Fernsehsendeunternehmen und einem Unternehmen, das Geräte produziert und vertreibt, mit denen Werbung aus dem laufenden Programm automatisch ausgeblendet werden kann (BGH GRUR 2004, 877 ff. – *Werbeblocker*); einem Rechtsanwalt und einem Fernsehsender wegen angeblich unerlaubter Rechtsberatung in Sendungen (BGH GRUR 2002, 985/986 – *WISO*); einem Fachgeschäft und einem Großmarkt für Unterhaltungselektronik (BGH GRUR 2002, 75/76 – *„SOOOO … BILLIG"*); auf demselben räumlichen und sachlichen Markt tätigen Betreibern von Einzelhandelsmärkten für Elektroartikel (BGH GRUR 2001, 78 f. – *Falsche Herstellerpreisempfehlung*); Verbrauchermarktbetreibern (BGH GRUR 2000, 907/909 – *Filialleiterfehler*); einem Autohersteller und einem Auto-Importeur und -händler (BGH GRUR 1999, 1122/1123 – *EG-Neuwagen I*); Vertreibern von Schlankheitsmitteln und diätetischen Lebensmitteln (BGH GRUR 1999, 1007/1008 – *Vitalkost*); einem Hersteller von Montage- und Befestigungstechnik für Tischlereibetriebe und einem Provisionsvermittler gleichartiger Artikel (BGH GRUR 1999, 69 ff. – *Preisvergleichsliste II*); einem Foto-Fachgeschäft und einem Elektro-Discount-Markt (BGH GRUR 1998, 1039 f. – *Fotovergrößerungen*); einem Steuerberater und einem Vertreiber von Immobilien einschließlich dazugehöriger Finanzierungen (BGH GRUR 1990, 375 ff. – *Steuersparmodell*); Anbietern von Champagner einerseits und Mineralwasser andererseits hinsichtlich des Slogans „Ein Champagner unter den Mineralwässern" (BGH GRUR

[584] BGH GRUR 2011, 82 Rn. 19 f. – *Preiswerbung ohne Umsatzsteuer;* OLG München WRP 2012, 87 Rn. 9 – *Jahreswagen.*

[585] BGH GRUR 2001, 258 f. – *Immobilienpreisangaben;* so auch Gloy/Loschelder/*Erdmann,* HdbWettbR, 4. Aufl., § 33 Rn. 41.

[586] Im Ergebnis ist die Entscheidung BGH GRUR 2001, 258 ff. – *Immobilienpreisangaben* allerdings zu billigen, weil schon für § 1 UWG a. F. eine mehr als nur ganz marginale Wettbewerbsbeeinträchtigung hätte verlangt werden können.

1988, 453/455); einem Hersteller von Kraftfahrzeugen und einem zum Schein als „Endabnehmer“ auftretenden Zwischenhändler (BGH GRUR 1988, 916 – *Pkw-Schleichbezug*); einem Rentenberater und einer individuelle Rentenberechnungen anbietenden Zeitschrift (BGH GRUR 1987, 373 – *Rentenberechnungsaktion*); einem Brancheninformationsdienst und einem darin verrufenen Kaffee-Filialisten (BGH GRUR 1984, 461 – *Kundenboykott*); einer allgemeinen Ortskrankenkasse, die Selbstabgabestellen für Brillen unterhält, und Augenoptikern (BGH GRUR 1982, 425 ff. – *Brillen-Selbstabgabestellen*); Taxi- und Mietwagenunternehmen (BGH GRUR 1965, 361 f. – *Taxi-Bestellung*); Anzeigenblättern und Tageszeitungen (BGH GRUR 1969, 287 ff. – *Stuttgarter Wochenblatt*); einem Kundenzeitschriften-Verlag und einem Arzneimittelhersteller hinsichtlich einer an Drogerien und Apotheken vertriebenen Kundenzeitschrift (BGH GRUR 1963, 536 ff. – *Iris*); einem Anbieter einer „Spam“ erkennbar machenden Filtersoftware und dem Anbieter von den alsdann als „Spam“ gekennzeichneten Leistungen (OLG Hamm GRUR-RR 2007, 282/283 – *Google-Spamfilter*).

Verneint wurde ein konkretes Wettbewerbsverhältnis zwischen: mit Gold handelnden Unternehmen in Baden-Württemberg und in Niedersachsen, auch wenn ein Unternehmen einen Goldankauf per Postversand anbietet (OLG Celle WRP 2012, 477 ff.; OLG Celle WRP 2012, 743 f.); einem Anbieter von Domainregistrierungen und einem hauptsächlich auf dem Gebiet der Suchmaschinenoptimierung und des „Guerilla-Marketing“ tätigen Unternehmen, das allenfalls vereinzelt Domainregistrierungen für Privatkunden vornimmt (OLG München MMR 2011, 99/100); einem Händler für Herrenunterwäsche und Herrenbademode und einem Händler für Damenoberbekleidung, Schuhe, Accessoires und Kinderbekleidung (OLG Braunschweig MMR 2010, 252/253); einer Rechtsanwaltskanzlei und einer Gesellschaft, die E-Mail-Newsletter mit Informationen für Kapitalanleger versendet (BGH GRUR 2009, 980 Rn. 9 – *E-Mail-Werbung II*); dem Freistaat Bayern als Betreiber von Glücksspielen und einem österreichischen Unternehmen, das Sportwetten auch in Deutschland anbietet, hinsichtlich des Sportwettenangebots in anderen Bundesländern als Bayern (BGH GRUR 2008, 438 Rn. 28 – *ODDSET*); einem Call by Call-Tarife anbietenden Telekommunikationsunternehmen und einem Unternehmer, der über einen Mehrwertdienstanschluss Gewinnspiele anbietet (OLG Düsseldorf GRUR 2005, 523 f. – *Gewinnspielaufforderung durch Hinterlassen einer „0137“-Anruferkennung*); Rechtsanwälten, die im gleichen Rechtsgebiet (Gebührenstreitigkeiten zwischen Zahnärzten und Patienten) spezialisiert sind, aber in weit entfernten Städten praktizieren, weil Privatleute in aller Regel ortsnahe Rechtsanwälte mandatieren (vgl. OLG Frankfurt a. M. GRUR-RR 2003, 248 f. – *Hausanwälte*); bundesweit tätigen Anbietern von Immobilien für Kapitalanleger, weil angesichts der Größe des Immobilienmarktes kein bestimmter anderer Anbieter unmittelbar beeinträchtigt werde (BGH GRUR 2001, 258 f. – *Immobilienpreisangaben,* zweifelhaft); zwischen einem urheberrechtliche Abmahnungen aussprechenden Unternehmen und einem hierüber in einem Internetartikel berichtenden, den Vorwurf der „Abzocke“ erhebenden Rechtsanwalt (OLG Frankfurt WRP 2015, 461 ff.); einem KFZ-Sachverständigenbüro und einem KFZ-Schadensregulierer und Haftpflichtversicherer, selbst wenn die Versicherung eigene, für sie tätige Hausgutachter beschäftigt (OLG Frankfurt GRUR-RR 2013, 331 – *Überprüfungsverbot*); zwischen einem Anlageunternehmen für Immobilienfonds und einer auf das Kapitalanlagerecht spezialisierten Rechtsanwaltskanzlei, weil es an jeglichem Konkurrenzmoment zwischen den angebotenen anwaltlichen Leistungen einerseits und dem Wertpapier- und Beteiligungsangebot andererseits fehlt (OLG Frankfurt WRP 2016, 108 Rn. 18 f. – *Kein Wettbewerbsverhältnis zwischen Anlegeranwalt und Anlegergesellschaft*). 140

b) Förderung fremder Unternehmensinteressen. Bei der Förderung fremden Wettbewerbs ist zu unterscheiden, auf welcher Seite – Gläubiger- oder Schuldnerseite – der den Wettbewerb eines anderen Unternehmens Fördernde seinerseits im Wettbewerbsprozess steht: 141

aa) Konkretes Wettbewerbsverhältnis und Passivlegitimation durch Förderug eines Dritten. Steht die **Förderung eines Unternehmens durch einen in Anspruch zu nehmenden Dritten** zur Debatte, muss ein konkretes Wettbewerbsverhältnis zwischen dem geförderten Unternehmen und dem klagenden Mitbewerber bestehen,[587] worauf es oft bei Eingriffen der öffentlichen Hand in den Wettbewerb oder bei wettbewerbsfördernden Presseveröffentlichungen oder Internetauftritten ankommt.[588] Entscheidend ist, dass der Mitbewerber durch die Förderung des dritten Unternehmens gerade in seinen eigenen wettbewerbsrechtlich geschützten Interessen berührt ist.[589] Absatzförderungsmaßnahmen zugunsten von Dritten können deshalb nicht beanstandet werden, sofern dadurch nicht der eigene Interessenkreis berührt wird. Die Begründung der Anspruchsberechtigung findet ihren inneren Grund darin, dass stets das zu beurteilende Wettbewerbsverhalten den Anknüpfungs- 142

[587] BGH GRUR 2015, 694 Rn. 35 – *Bezugsquellen für Bachblüten;* BGH GRUR 2014, 573 Rn. 19 – *Werbung für Fremdprodukte;* BGH GRUR 2009, 878 Rn. 15 – *Fräsautomat;* BGH GRUR 1990, 611/612 – *Werbung im Programm;* OLG Düsseldorf GRUR-RR 2006, 782/783 – *Lottofonds.* Zur Absatzförderung zugunsten Dritter vgl. oben Rn. 70 sowie *Tilmann,* Anm. zu BGH GRUR 1986, 900 f. – *Frank der Tat;* MünchKommUWG/*Bähr,* 2. Aufl., § 2 Rn. 235.

[588] Vgl. BGH GRUR 2015, 694 Rn. 30 – *Bezugsquellen für Bachblüten;* BGH GRUR 2006, 875 Rn. 24 – *Rechtsanwalts-Ranglisten;* BGH GRUR 2000, 344/347 – *Beteiligungsverbot für Schilderpräger;* BGH GRUR 1997, 914/915 – *Die Besten II;* OLG München WRP 2013, 1221 f.

[589] BGH GRUR 2014, 573 Rn. 19 – *Werbung für Fremdprodukte;* BGH GRUR 2006, 875 Rn. 24 – *Rechtsanwalts-Ranglisten;* BGH GRUR 1998, 167/168 – *Restaurantführer;* BGH GRUR 1997, 907/908 – *Emil-Grünbär-Klub;* BGH GRUR 1997, 909/910 – *Branchenbuch-Nomenklatur;* vgl. auch *Köhler*/Bornkamm, UWG, 34. Aufl., § 2 Rn. 105.

punkt für die Beurteilung der Mitbewerbereigenschaft eines Unternehmens bildet.[590] Ein Berufsverband oder eine Verbundgruppe von Unternehmen, die die beruflichen Interessen ihrer Mitglieder fördern, bemühen sich indirekt um dieselben Abnehmerkreise wie die Mitbewerber ihrer Mitglieder. Deshalb besteht auch zwischen Verbänden (und Verbundgruppen) und den Konkurrenten ihrer Mitglieder ein konkretes Wettbewerbsverhältnis.[591]

143 *bb) Kein konkretes Mitbewerberverhältnis und keine Aktivlegitimation durch Förderung eines Dritten.* Die Förderung des Konkurrenten eines dritten Unternehmens begründet kein konkretes Wettbewerbsverhältnis des Förderers zu dem dritten Unternehmen. In einem solchen Fall agiert der Förderer als bloßer Werbepartner des geförderten Unternehmens, was ihn nicht zugleich in ein irgendwie geartetes Wettbewerbsverhältnis zu einem Konkurrenten des geförderten Unternehmens stellt.[592]

144 **c) Unternehmen verschiedener Wirtschaftsstufen.** Ein konkretes Wettbewerbsverhältnis kann auch zwischen Unternehmen **verschiedener Wirtschaftsstufen** (Hersteller, Großhändler/sonstige Absatzmittler, Einzelhändler) bestehen.[593] Das ist unproblematisch, soweit etwa ein Hersteller seine Waren (bspw. über „factory-outlets") unmittelbar an letzte Verbraucher veräußert und hierdurch in unmittelbare Konkurrenz zu Einzelhändlern tritt. Ein ausreichendes **mittelbares Wettbewerbsverhältnis** liegt aber auch vor, sofern der beiderseitige Absatz sich auf unterschiedliche Vertriebsstufen bezieht: Auch ein Hersteller, der lediglich den Großhandel beliefert, kann gegen einen Einzelhändler vorgehen, der sich bei dem Vertrieb gleichartiger Waren (oder Waren des Herstellers selbst [594]) unlauter verhält. Entscheidend ist, dass die Unternehmen jedenfalls mittelbar gleichartige Waren „letztlich"[595] innerhalb derselben Abnehmer-/Endverbraucherkreise abzusetzen versuchen, auch wenn sie dies auf verschiedenen Stufen des Vertriebsablaufs tun.[596] Dass nicht nur zwischen auf gleicher Vertriebsstufe tätigen Unternehmen, sondern auch zwischen Unternehmen verschiedener Absatzstufen ein Wettbewerbsverhältnis bestehen kann, ist gerechtfertigt, weil auch durch Handlungen auf vor- oder nachgelagerten Wirtschaftsstufen die wettbewerblichen Interessen eines dort unmittelbar nicht tätigen Unternehmens erheblich betroffen sein können. Die Kunden des Händlers sind mittelbar auch Kunden des Herstellers, dessen wettbewerbliche Interessen auch durch Absatzmaßnahmen von Händlern berührt werden können.[597] Die vereinzelt gebliebene „Golfrasenmäher"-Entscheidung,[598] die mangels Wettbewerbsverhältnisses einem Hersteller keinen Anspruch aus § 1 UWG a. F. (sondern nur aus § 823 BGB) gegen einen Händler zubilligte, der Typen- und Nummernschilder zur Verhinderung einer Vertriebskontrolle beseitigt hatte, hat der BGH zu Recht ausdrücklich aufgegeben.[599]

145 **d) Branchenungleiche Unternehmen.** Ein Wettbewerbsverhältnis kann auch zwischen **branchenungleichen** Unternehmen bestehen.[600] Da es für die lauterkeitsrechtliche Beurteilung nur um

---

[590] BGH GRUR 2014, 573 Rn. 19 – *Werbung für Fremdprodukte;* OLG Düsseldorf GRUR-RR 2011, 474; OLG Koblenz GRUR-RR 2006 380/381.

[591] BGH GRUR 2012, 74 Rn. 20 – *Coaching-Newsletter;* BGH GRUR 2012, 1053 Rn. 12 – *Marktführer Sport.*

[592] BGH GRUR 2014, 573 Rn. 20 f. – *Werbung für Fremdprodukte.*

[593] BGH GRUR 2014, 1114 Rn. 27 – *nickelfrei.* Die Begründung zum UWG 2004, BT-Drucks. 15/1487, hebt dies allgemein zu § 2 Abs. 1 Nr. 3 UWG und eigens nochmals für die früheren Tatbestände der §§ 4 Nrn. 1 und 10 UWG hervor (a. a. O., S. 16, 17 und S. 19). Abweichend *Beater* WRP 2009, 768/777 f. sowie *ders.*, Unlauterer Wettbewerb, 2011, Rn. 1702, der unrichtigerweise davon ausgeht, dass Unternehmen verschiedener Wirtschaftsstufen grundsätzlich keine Mitbewerber, sondern sonstige Marktteilnehmer i. S. d. § 2 Abs. 1 Nr. 2 UWG sind.

[594] Abweichend insoweit *Sack*, FS von Gamm, S. 161/165.

[595] BGH GRUR 2014, 1114 Rn. 28 – *nickelfrei.*

[596] BGH GRUR 2016, 828 Rn. 19 ff. – *Kundenbewertung im Internet,* vgl. ferner ÖOGH GRUR Int 2007, 167/170 – *Werbefotos* und BGH GRUR 2001, 448 – *Kontrollnummernbeseitigung II;* BGH GRUR 1999, 1122/1123 – *EG-Neuwagen I;* BGH GRUR 1999, 69/70 – *Preisvergleichsliste II;* GRUR 1993, 563/564 – *Neu nach Umbau;* GRUR 1989, 110/111 – *Synthesizer;* GRUR 1989, 673 – *Zahnpasta;* GRUR 1988, 826/827 – *Entfernung von Kontrollnummern II;* GRUR 1986, 618/620 – *Vorsatz-Fensterflügel;* GRUR 1984, 204 – *Verkauf unter Einstandspreis II;* GRUR 1983, 582/583 – *Tonbandgerät;* BGH GRUR 1957, 342/347 – *Underberg;* BGH GRUR 1955, 598/600 – *Werbeidee (Matern);* OLG Köln, MD 2008, 1167 ff.; OLG Koblenz GRUR-RR 2006, 380/381 – *Markenparfum.*

[597] MünchKommUWG/*Bähr*, 2. Aufl., § 2 Rn. 259.

[598] BGH GRUR 1978, 364/367 – *Golfrasenmäher.*

[599] Vgl. insoweit BGH GRUR 1988, 826/827 (re. Sp.) – *Entfernung von Kontrollnummern II.*

[600] BGH GRUR 2015, 1129 Rn. 20 – *Hotelbewertungsportal;* BGH GRUR 2014, 1114 Rn. 30 – *nickelfrei;* BGH GRUR 2007, 978/979 – *Rechtsberatung durch Haftpflichtversicherer;* BGH GRUR 2004, 877/878 – *Werbeblocker;* BGH GRUR 1967, 138/141 – *Streckenwerbung* (Getränkevertreiber/Werbeunternehmen als Nachfrager von Werbeflächen bei geeigneten Gebäuden); OLG Hamm GRUR-RR 2007, 282/283 – *Google-Spamfilter;* Gloy/Loschelder/*Erdmann*, HdbWettbR, 4. Aufl., § 33 Rn. 34 f.; *Dreyer* GRUR 2008, 123/125.

die konkret beanstandete Wettbewerbshandlung geht, genügt es, dass die Parteien durch eine Handlung miteinander in Wettbewerb getreten sind, auch wenn ihre Unternehmen ansonsten unterschiedlichen Branchen angehören.[601] Auch soweit die Parteien unterschiedlichen Branchen angehören, ist Voraussetzung für die Annahme eines konkreten Wettbewerbsverhältnisses, dass sie mit der konkret beanstandeten Wettbewerbshandlung versuchen, gleichartige Waren oder Dienstleistungen innerhalb desselben Endverbraucherkreises abzusetzen.[602] Ein über Branchengrenzen hinweg **„ad hoc" begründetes Wettbewerbsverhältnis** hat die Rechtsprechung beispielsweise bei einer gezielt beworbenen **Substitutionsmöglichkeit** angenommen, mit der an sich branchenverschiedene Unternehmen in Wettbewerb um dieselben Kundenkreise eingetreten sind.[603] Für die Annahme eines konkreten Wettbewerbsverhältnisses genügt schon, dass sich ein Unternehmen durch eine Verletzungshandlung im konkreten Fall **in irgendeiner Weise in Wettbewerb zu dem Betroffenen** stellt.[604] Ein Wettbewerbsverhältnis besteht auch zwischen den Anbietern von „TV-Blockern" und Fernsehanstalten;[605] oder zwischen einem Fernseh-Senderunternehmen und dem Anbieter eines internetbasierten Videorekorders zur Aufzeichnung von Fernsehsendungen.[606] Umstritten ist, ob zwischen den Betreibern von **werbeunterstützten Internet-Seiten** und den Anbietern von **Werbeblockern** („Add-Blocker") ein konkretes Wettbewerbsverhältnis besteht.[607] Beide Anbieter werben letztendlich um dieselben Kunden, so dass die für ein konkretes Wettbewerbsverhältnis erforderliche Wechselbeziehung (vgl. oben Rn. 132) vorliegt, ohne dass damit bereits über die lauterkeitsrechtliche Zulässigkeit der auch in verschiedener Ausgestaltung angebotenen Werbeblocker entschieden wäre. Ein konkretes Wettbewerbsverhältnis besteht auch zwischen dem Betreiber eines Hotels und dem Anbieter eines Online-Reisebüros, das mit einem Hotelbewertungsportal verknüpft ist, auch wenn beide Parteien keine gleichartigen Dienstleistungen anbieten, ausreichend ist, dass durch die Bewertungen auf dem Hotelbewertungsportal die Attraktivität des Online-Reisebüros erhöhen und dies wiederum den Absatz der Beherbungsdienstleistungen des betroffenen Hotels beeinträchtigt.[608] Auf lauterkeitsrechtlicher Grundlage kann sich aber etwa ein Unternehmen als Empfänger belästigender E-Mail-Werbung nur dann wehren, wenn es zugleich auch Mitbewerber des E-Mail-Versenders ist.[609]

e) Absatzmittler. Für Absatzmittler wie Handelsvertreter oder Kommissionäre ist kennzeichnend, dass sie für einen Dritten in den Vertrieb einer Ware oder Dienstleistung eingeschaltet sind und sonach im Lager ihres Vertragspartners und Geschäftsherrn stehen, ohne dass es auf eine organisatorische Eingliederung ankäme. Sofern eine aktive Betriebstätigkeit erfolgt, die den Absatz der vermittelten Produkte regelmäßig überhaupt erst ermöglicht, stehen solche Absatzmittler in einem Wettbewerbsverhältnis zu konkurrierenden Anbietern der vermittelten Produkte oder Dienstleis- 146

---

601 BGH GRUR 2009, 845 Rn. 40 – *Internet-Videorecorder* und BGH GRUR 2004, 877/878 – *Werbeblocker.* Der BGH hat etwa zu Recht ein konkretes Wettbewerbsverhältnis zwischen Rechtsanwälten einerseits und einem Rechtsrat erteilenden Haftpflichtversicherer bejaht, BGH GRUR 2007, 978/979. Zum Wettbewerbsverhältnis zwischen einem auch Inkassotätigkeiten ausführenden Abschleppunternehmen zu Rechtsanwälten vgl. OLG Naumburg GRUR-RR 2006, 169 – *Abschleppinkasso.* Siehe auch BGH GRUR 1990, 375/376 – *Steuersparmodell;* zum Wettbewerbsverhältnis zwischen Haftpflichtversicherer und einem von der Versicherung negativ beurteilten Sachverständigen vgl. OLG Nürnberg WRP 2007, 202/203.

602 BGH GRUR 1114 Rn. 30 – *nickelfrei,* vgl. weiter BGH GRUR 2007, 978 Rn. 17 – *Rechtsberatung durch Haftpflichtversicherer* und BGH GRUR 2006, 1042 – *Kontaktanzeigen.*

603 BGH GRUR 1972, 553 – *Statt Blumen ONKO-Kaffee;* vgl. ferner BGH GRUR 2014, 1114 Rn. 33 – *nickelfrei;* BGH GRUR 2009, 1001 – *Internet-Videorecorder I.*

604 Vgl. BGH GRUR 2015, 1129 Rn. 19 – *Hotelbewertungsportal;* BGH GRUR 2014, 1114 Rn. 31 – *nickelfrei;* ÖOGH, GRUR Int. 2007, 165/167 – *Friendfinder.*

605 BGH GRUR 2004 877/878 – *Werbeblocker;* OLG Frankfurt a. M. GRUR 2000, 152 ff. – *TV-Werbeblocker;* vgl. auch OLG Hamm GRUR-RR 2007, 282 – *Google-Spamfilter.*

606 Vgl. BGH GRUR 2009, 845 Rn. 40 – *Internetvideorecorder.*

607 Bejahend *Engels* GRUR-Prax 2015, 338 ff.; *Becker/Becker* GRUR-Prax 2015, 245 ff.; verneinend: *Köhler* WRP 2014, 1017 ff.; vgl. auch LG München I, BeckRS 2015, 09563, das zwar das Geschäftsmodell als Einheit betrachtet, aber ein Wettbewerbsverhältnis verneint, sowie LG Hamburg GRUR-RS 2015, 07710, das bei einem kostenfreien Angebot eines Werbeblockers schon eine geschäftliche Handlung verneint, bei einer „White-list"-Funktion aber geschäftliche Handlung und Wettbewerbsverhältnis bejaht.

608 BGH GRUR 2015, 1129 Rn. 20 – *Hotelbewertungsportal,* vgl. dazu auch *Büscher* GRUR 2016, 113/115, der auf den engen Bezug zwischen den Dienstleistungen eines Hotelbetriebs und der online-Vermittlung von Hotelbuchungen und Hotelbewertungen verweist, sowie *Schaub,* FS Köhler 2014, 593/596 f.

609 BGH GRUR 2009, 980 Rn. 9 ff. – *E-Mail-Werbung II;* BGH GRUR 2004, 517 ff. – *E-Mail-Werbung* und BGH WRP 2007, 428 – *Abschlussschreiben außerhalb des Wettbewerbsrechts.* Als bloße Werbeadressaten können Unternehmen (und Verbraucher) gegen werbende E-Mails nur auf bürgerlich-rechtlicher Grundlage vorgehen, vgl. BGH GRUR 2013, 1259 Rn. 18 – *Empfehlungs-E-Mail;* BGH GRUR 2016, 530 Rn. 10 ff. – *Unverlangte Werbung in automatisierter Mail-Eingangsbestätigung;* OLG Düsseldorf MMR 2004, 820/821.

tungen.[610] So kann etwa auch die provisionsabhängige Vermittlungstätigkeit eines Immobilienmaklers ein Wettbewerbsverhältnis zu anderen Immobilienanbietern begründen.[611]

147 **f) Kasuistik zu Rn. 141–146**

Bejaht wurde ein konkretes Wettbewerbsverhältnis zwischen: einem Hotel und einem Online-Reisebüro, das mit einem Hotelbewertungsportal verknüpft ist (BGH GRUR 2015, 1129 Rn. 17 – *Hotelbewertungsportal.*); einem im Direktmarketing tätigen Handelsunternehmen und einem ebenfalls im Direktmarketing tätigen Handelsvertreter, soweit sie Vertriebspartner für ihren jeweiligen Direktvertrieb suchen (OLG Karlsruhe GRUR-RR 2010, 51/52 – *Direktmarketing*); einer staatlichen Lotteriebetreiberin und einem Unternehmen, das Anteile an Gesellschaften anbietet, die an der Lotterie und anderen Gewinnspielen teilnehmen und Gewinne an die Anteilseigner ausschütten (KG GRUR-RR 2010, 22/26 – *JACKPOT!*); einer Herstellerin von Pumpensprühköpfen für Parfümzerstäuber und der Herstellerin von Flacons mit diesen Sprühköpfen (OLG Köln Magazindienst 2008, 1167 Rn. 15); einem Kfz-Sachverständigen und einer Kfz-Haftpflichtversicherung, soweit es um Äußerungen über die Übernahme von Sachverständigenkosten geht (OLG Nürnberg WRP 2007, 202/203 – *Wettbewerbsverhältnis zwischen Kfz-Sachverständigen und Kfz-Haftpflichtversicherung*); einem Hersteller/Alleinvertriebsberechtigten und einem Drogerie-Selbstbedienungsmärkte betreibenden Einzelhändler (BGH GRUR 2001, 448 – *Kontrollnummernbeseitigung II*); einem Produzenten von Fernsehshows des privaten Fernsehens und einem Fernsehsender (Pay-TV-Unternehmen), weil das Pay-TV-Unternehmen mit Fernsehsendern als Abnehmer der Produktionsfirma im Wettbewerb um Zuschauer steht (BGH GRUR 2000, 703/706 – *Mattscheibe*); einem Hersteller und einem Zwischenhändler/Provisionsvermittler (BGH GRUR 1999, 69 ff. – *Preisvergleichsliste II*); einem Autohersteller und einem Fahrzeughändler (BGH GRUR 1999, 1122 – *EG-Neuwagen I*); einem Optik-Hersteller/Großhändler und Optik-Einzelhändlern (BGH GRUR 1993, 563 – *Neu nach Umbau*); einem Hersteller von Zahnpasta und einem Vertreiber (BGH GRUR 1989, 673 – *Zahnpasta*); einem Alleinvertreiber für HiFi-Geräte und einem Einzelhändler (BGH GRUR 1988, 826 – *Entfernung von Kontrollnummern II*); einem Hersteller von Elektrogeräten und Selbstbedienungswarenhäusern/Verbrauchermärkten (BGH GRUR 1984, 204 – *Verkauf unter Einstandspreis II*).

148 **Verneint wurde ein konkretes Wettbewerbsverhältnis zwischen:** dem Organisator eines „Unternehmernetzwerkes" und einem Unternehmer, der an andere Unternehmen ein „Gütesiegel" vergibt (OLG Hamm WRP 2015, 1532 ff.); einem Versicherungsunternehmen, das Kfz-Versicherungen anbietet, und einem Autoscheibenreparaturunternehmen (OLG Brandenburg GRUR-RR 2009, 140/141 – *Steinschlagreparatur*); Herstellern und Anbietern von Luxuskosmetika und dem Betreiber eines Online-Marktplatzes, auf dem Dritte u. a. Kosmetika anbieten (OLG Koblenz GRUR-RR 2006, 380/381 – *Markenparfüms*); einer Rundfunkanstalt, die für ein populäres Hörfunkprogramm den Titel „POINT" benutzt und einer privaten, ebenfalls unter der Bezeichnung „POINT" auftretenden Diskothek, weil durch die gleiche Bezeichnung keinerlei Absatzinteressen der Rundfunkanstalt beeinträchtigt werden könnten (BGH GRUR 1982, 431/433 – *POINT*); einem Gebrauchsgrafiker und einem Filmverleihunternehmen, das eine Hauszeitschrift herausgibt, hinsichtlich der von dem Gebrauchsgrafiker als unzulässig beanstandeten Übernahme eines von ihm geschaffenen Titels (BGH GRUR 1957, 291/294 f. – *Europapost*, zweifelhaft); dem Herausgeber eines Hotel- und Gaststättenführers und einem dort beschriebenen Hotel (OLG Frankfurt WRP 1974, 212 ff., zweifelhaft). Fördert die Klägerin auf der eigenen Internetseite durch Werbung für ein anderes Unternehmen dessen Wettbewerb, begründet dies für sich allein kein konkretes Wettbewerbsverhältnis zu einem Mitbewerber des anderen unterstützten Unternehmens. Das gilt auch dann, wenn die Klägerin von dem unterstützten Unternehmen für Verträge, die aufgrund der Werbung geschlossen werden, eine Werbekostenerstattung erhält (BGH GRUR 2014, 573 ff. – *Werbung für Fremdprodukte*).

149 **g) Schutzrechts- und Lizenzverwertung.** Für die Annahme eines Wettbewerbsverhältnisses ist nicht notwendigerweise eine Behinderung des Absatzes einer bestimmten Ware durch eine andere erforderlich.[612] Auch zwischen dem **Inhaber eines Schutzrechts oder einer ausschließenden Lizenz** an einem Schutzrecht, der die Herstellung oder den Vertrieb eines von diesen Rechten erfassten Produkts lizensiert und dem **Anbieter gleichartiger Produkte** besteht ein konkretes Wettbewerbsverhältnis, weil in einem solchen Fall der Drittanbieter sich in Wettbewerb zu dem Schutzrechtsinhaber stellt und sein Wettbewerbsverhalten den Schutzrechtsinhaber im Absatz behindern oder stören kann, weil der Absatzerfolg des Lizenzgebers letztlich vom Absatzerfolg des lizensierten Produkts abhängt.[613] Deswegen besteht auch ein Wettbewerbsverhältnis zwischen dem Inhaber eines an Schokoladenanbieter lizensierten Urheberrechts an der Reh-Figur „Bambi" einerseits und einem Anbieter von unter der Bezeichnung „Bambi" vertriebener Schokolade.[614] Der

[610] Vgl. BGH GRUR 2014, 573 Rn. 24 – *Werbung für Fremdprodukte.*

[611] BGH GRUR 2014, 573 Rn. 24 – *Werbung für Fremdprodukte;* BGH GRUR 2001, 260 – *Vielfachabmahner;* BGH GRUR 1997, 934 – *50 % Sonder-AfA.*

[612] BGH GRUR 2014, 1114 Rn. 32 – *nickelfrei;* BGH GRUR 1985, 550/552 – *Dimple;* BGH GRUR 1983, 247/248 f. – *Rolls Royce;* BGH GRUR 1960, 144/146 – *Bambi.*

[613] BGH GRUR 2014, 1114 Rn. 33 – *nickelfrei;* vgl. auch *Büscher,* GRUR 2016, 113/115, der auf den engen Bezug zwischen dem nickelfreien Edelstahl betreffenden Patent einerseits und den in Rede stehenden nickelfreien Edelstahlketten andererseits verweist.

[614] BGH GRUR 1960, 144/146 – *Bambi;* vgl. auch BGH GRUR 1983, 247/248 f. – *Rolls Royce.*

BGH hat darüber hinaus ein Wettbewerbsverhältnis zwischen der Lizenzen an urheberrechtlich geschützter Musik vergebenden GEMA und einer „GEMA-freie" Musik vertreibenden Person bejaht.[615] Ein Wettbewerbsverhältnis besteht auch zwischen einem ein Patent für Schuhe selbst auswertenden Unternehmen sowie einem in diesem Bereich tätigen Lizenzgeber.[616] Im Zusammenhang mit der **Ausnutzung des guten Rufs und Ansehens** von dritten Unternehmen/Marken hat es der BGH als ausreichend angesehen, wenn sich der Verletzer **in irgendeiner Weise in Wettbewerb zu dem Betroffenen stellt.** Ein Wettbewerbsverhältnis ist deshalb auch dann zu bejahen, wenn sich ein Dritter durch eine ausdrückliche oder bildliche **Gleichstellungsbehauptung an Ruf und Ansehen von fremden Waren oder Marken anhängt** und für den Absatz seiner ungleichartigen und nicht konkurrierenden Waren auszunutzen sucht.[617] Erforderlich war ein überragender Ruf, der eine wirtschaftlich sinnvolle Verwertung im Wege der Lizenzvergabe erlaubte,[618] wobei die objektive Eignung der Kennzeichen zur Lizenzierung genügte, ohne dass eine diesbezügliche subjektive Bereitschaft erforderlich war.[619] Die Rechtsprechung zum wettbewerbsrechtlichen Sonderschutz für bekannte Kennzeichen wird jedoch nunmehr regelmäßig von dem sowohl **innerhalb als auch außerhalb des Ähnlichkeitsbereichs**[620] **bestehenden Schutz nach § 14 Abs. 2 Nr. 3 MarkenG und § 15 Abs. 3 MarkenG** verdrängt, der in seinem Anwendungsbereich für eine gleichzeitige Anwendung des § 3 UWG oder des § 823 BGB grundsätzlich keinen Raum mehr lässt.[621] Ein konkretes Wettbewerbsverhältnis ist auch zwischen dem Inhaber eines in Zeitungen veröffentlichten Nachschlagewerks und einem anderen Zeitungsverlag zu bejahen, der in seiner Zeitung ein anderes Nachschlagewerk in entsprechender Ausgestaltung abdruckt.[622]

h) Nachfragewettbewerb. Auch im Nachfragewettbewerb kann ein konkretes Wettbewerbsverhältnis bestehen, etwa zwischen einem Getränkevertreiber und einem Werbeunternehmen, wenn beide als Nachfrager von Werbeflächen bei geeigneten Gebäuden in Erscheinung treten.[623] Ein konkretes Wettbewerbsverhältnis kann auch zwischen um gleichartige Leistungen nachfragenden Unternehmen in den Fällen des „Anzapfens" bestehen[624] und sich auch im Nachfragewettbewerb um Arbeitskräfte ergeben.[625] Auch beim Anwerben von Vertriebspartnern für eine untere Ebene im Strukturvertrieb besteht ein konkretes Wettbewerbsverhältnis.[626] Ebenso wurde ein Nachfragewettbewerb zwischen Blutspendediensten[627] und bei Reservierung von Domainnamen zur geschäftlichen Verwertung[628] bejaht. 150

i) Potentieller Wettbewerb. Da ein stets handlungsbezogen festzustellendes konkretes Wettbewerbsverhältnis eine aktuelle, irgendwie fassbare Beeinträchtigung verlangt, ist es nicht ausreichend, wenn sich eine **wettbewerbliche Beeinträchtigungslage künftig erst noch ergeben kann,** wie dies bei einer nach den Umständen zu erwartenden Ausdehnung des Unternehmens, einer Erweiterung der Produktion oder einer Änderung der Nachfrage möglicherweise der Fall sein 151

---

615 BGH GRUR 1965, 309 – *GEMA-frei.*

616 BGH GRUR 1962, 34/36 – *Torsana.* Eine geschäftliche Aktivität, eine Marke selbst zum Handelsobjekt durch Veräußerung oder Lizenzvergabe zu machen, begründet allerdings eine Mitbewerberstellung nur in diesem beschränkten geschäftlichen Bereich, vgl. BGH GRUR 2014, 1114 Rn. 29 – *nickelfrei* und BGH GRUR 1995, 697/699 – *Funny Paper.*

617 BGH GRUR 1983, 247/249 – *Rolls Royce;* BGH GRUR 1985, 550/552 – *Dimple;* BGH GRUR 1988, 453/454 – *Ein Champagner unter den Mineralwässern;* BGH GRUR 1991, 465/466 – *Salomon;* BGH GRUR 1994, 732/734 – *McLaren;* BGH GRUR 1994, 808/810 – *Markenverunglimpfung I.*

618 BGH GRUR 1985, 550/552 – *Dimple.*

619 BGH GRUR 1994, 808/811 – *Markenverunglimpfung I.*

620 BGH GRUR 2004, 235 ff. – *Davidoff II.*

621 Dazu BGH GRUR 2009, 1162 Rn. 40 – *DAX;* BGH GRUR 2007, 339 Rn. 23 – *Stufenleitern;* BGH GRUR 2006, 329 Rn. 36 – *Gewinnfahrzeug mit Fremdemblem;* BGH GRUR 2005, 423/427 – *Staubsaugerfiltertüten;* BGH GRUR 2004, 235/238 – *Davidoff II;* BGH GRUR 2002, 340/342 – *Fabergé;* BGH GRUR 1999, 161/162 – *MAC Dog.* Zu rückläufigen Tendenzen vgl. *Köhler* GRUR 2009, 445/446 f.

622 BGH GRUR 1955, 598 – *Werbeidee.*

623 BGH GRUR 1967, 138/141 – *Streckenwerbung.*

624 Die zu den Praktiken des „Anzapfens" veröffentlichten Entscheidungen sind allerdings durch die Verbandsklage dominiert: vgl. BGH GRUR 1982, 677 ff. – *Unentgeltliche Übernahme der Preisauszeichnung,* BGH GRUR 1982, 737 f. – *Eröffnungsrabatt;* BGH GRUR 1977, 619 ff. – *Eintrittsgeld;* OLG Zweibrücken GRUR-RR 2003, 17 f.; OLG Hamm WRP 2002, 747 ff.; dazu auch *Köhler* WRP 2006, 139/147.

625 BGH GRUR 2003, 540/541 – *Stellenanzeige; Schlosser* WRP 2004, 145 ff.; OLG Nürnberg WRP 1991, 521.

626 OLG Karlsruhe GRUR-RR 2010, 51/52 – *Direktmarketing.*

627 BGH GRUR 2009, 1189 Rn. 12 – *Blutspendedienst.*

628 BGH GRUR 2009, 685 Rn. 40 – *ahd.de.*

mag.[629] Eine Wettbewerbshandlung, die nicht geeignet ist, den gegenwärtigen Marktauftritt eines anderen Unternehmens zu beeinträchtigen, kann deshalb nicht unter dem Blickwinkel des **potentiellen Wettbewerbs** doch noch als ausreichend angesehen werden, um zu tatsächlich nicht betroffenen Mitbewerbern ein Wettbewerbsverhältnis zu begründen.[630] Eine **Klageberechtigung eines nur „potentiellen" Mitbewerbers** ist **nicht anzuerkennen.**

4. Zeitliche Verhältnisse

152 Für die materiell-rechtliche Beurteilung entscheidend ist, dass ein konkretes Wettbewerbsverhältnis zwischen den Parteien zum Zeitpunkt der beanstandeten Verletzungshandlung bestand. Der betroffene Mitbewerber kann die sich hieraus ergebenden lauterkeitsrechtlichen Ansprüche aber nur geltend machen, wenn seine Mitbewerberstellung auch noch zum Zeitpunkt der letzten mündlichen Verhandlung besteht.[631] Sofern ein konkretes Wettbewerbsverhältnis erst nach einer Verletzungshandlung begründet wurde, kann sich der neu hinzutretende Mitbewerber aber allenfalls auf eine Erstbegehungsgefahr, nicht aber auf den seine Interessen noch nicht berührenden alten Lauterkeitsverstoß berufen.[632]

5. Fehlende Klageberechtigung trotz gegebenen Wettbewerbsverhältnisses

153 Trotz einer „an sich" gegebenen Mitbewerberstellung in einem konkreten Wettbewerbsverhältnis kann **aus systematischen Gründen ausnahmsweise eine Klageberechtigung zu verneinen** sein. Dies betrifft insbesondere Fälle, in denen das Lauterkeitsrecht – wie etwa beim Leistungsschutz i. S. d. § 4 Nr. 3 UWG – einen **immaterialgüterrechtsähnlichen Schutz** gewährt, der lediglich von den hierzu Berechtigten geltend gemacht werden kann, ohne dass sich nicht berechtigte Mitbewerber in diese Individualrechtsposition einsetzen können.[633] Aus den gleichen Erwägungen können Mitbewerber regelmäßig nicht die Verletzung von Urheberrechten Dritter unter dem Blickwinkel des Rechtsbruchs beanstanden.[634] Eine entsprechende Einschränkung der Klageberechtigung von Mitbewerbern ist etwa auch in den Fällen der gezielten individuellen Behinderung,[635] beim gezielten kritisierenden Vergleich, bei der Imitationswerbung[636] und bei der gezielten anlehnenden Bezugnahme und damit in Fällen zu erwägen,[637] in denen ausschließlich **individuelle lauterkeitsrechtliche Interessen** berührt werden, über deren Verteidigung allein die jeweils Betroffenen entscheiden sollen.

---

[629] Weitergehend BGH GRUR 1964, 389/391 – *Fußbekleidung,* obwohl dort der Annahme eines aktuellen konkreten Wettbewerbsverhältnisses nicht entgegengestanden hätte, dass die beiderseits vertriebenen Hilfsmittel gegen Fußschwäche und insbesondere Schuheinlagen funktionell unterschiedlich waren. *Köhler*/Bornkamm, UWG, 34. Aufl., § 2 Rn. 104 lassen die bloß abstrakte Möglichkeit eines Marktzutritts zur Begründung der Mitbewerberstellung nicht ausreichen, sondern fordern eine konkrete Wahrscheinlichkeit eines Marktzutritts. Dies mag je nach den Umständen des Einzelfalles tatsächlich bereits ausreichend sein; so auch KG GRUR 2007, 254 – *Getarnte-Link-Werbung* für einen unmittelbar bevorstehenden Markteintritt. Vgl. OLG München MMR 2011, 99, wo es für eine Mitbewerbereigenschaft zu recht nicht als ausreichend angesehen wurde, wenn ein Unternehmer auf dem in Rede stehenden Gebiet der Domainregistrierung nur ganz vereinzelt tätig wird und darüber hinaus nicht auf demselben Geschäftsfeld tätig ist.

[630] Ein „potentielles" Wettbewerbsverhältnis soll nach BGH GRUR 2002, 828/829 – *Lottoschein* jedenfalls für die Mitbewerberstellung im Rahmen vergleichender Werbung ausreichen. Auch der EuGH berücksichtigt in der Entscheidung GRUR 2007, 511/514 – *De Landtsheer* „künftige Entwicklungsmöglichkeiten" und scheint deshalb auch einen potentiellen Wettbewerb für ausreichend zu erachten.

[631] BGH GRUR 1995, 697/699 rechte Spalte – *FUNNY PAPER;* OLG Celle WRP 2012, 477/478.

[632] OLG Frankfurt a. M. GRUR 2014, 1011 ff. – *Stirnlampen.*

[633] Ansprüche aus wettbewerbsrechtlichem Leistungsschutz können deshalb nur von Herstellern oder ausschließlich Vertriebsberechtigten geltend gemacht werden, vgl. hierzu BGH GRUR 2009, 416 Rn. 23 – *Küchentiefstpreis-Garantie;* BGH GRUR 1995, 630/634 – *Cartier-Armreif;* BGH GRUR 1991, 223/224 – *Finnischer Schmuck;* BGH GRUR 1988, 620/621 – *Vespa-Roller; Keller,* FS Erdmann, 2002, S. 595/607. Gewichtige Stimmen wollen aber auch in solchen Fällen nicht nur den Hersteller oder den ausschließlich Vertriebsberechtigten, sondern etwa auch sonstige Mitbewerber und Verbände als anspruchsberechtigt ansehen, vgl. *Spätgens,* FS Erdmann 2002, 727; *Münker,* FS Ullmann 2006, 781/790 f.; *Bärenfänger* WRP 2011, 160/171. Sonstigen Mitbewerbern und Verbänden verbleibt aber jedenfalls die Klagemöglichkeit aus § 5 Abs. 2 UWG sowie Nr. 13 des Anhangs zu § 3 Abs. 3 UWG.

[634] BGH GRUR 1999, 325/326 – *Elektronische Pressearchive.*

[635] BGH GRUR 2009, 416 Rn. 22 – *Küchentiefstpreis-Garantie.*

[636] BGH WRP 2008, 930 Rn. 12 – *Imitationswerbung.*

[637] OLG Köln Magazindienst 2008, 1167 Rn. 16; *Bornkamm* GRUR 1996, 527/529.

6. Fehlendes Wettbewerbsverhältnis

Sofern durch die Wettbewerbshandlung eines Unternehmens die Angebots- und Nachfragestellung eines anderen Unternehmens nicht irgendwie konkret fassbar negativ beeinflusst werden kann (vgl. oben Rn. 133), sei es, dass es an der erforderlichen **sachlichen Beeinträchtigungsmöglichkeit fehlt** und die beiden Unternehmen lediglich als allgemeine „Kaufkraftwettbewerber" erscheinen, sei es, dass eine **konkrete räumliche Beeinträchtigungsmöglichkeit** nicht gegeben ist, scheidet die Annahme eines konkreten Wettbewerbsverhältnisses und damit die Annahme einer Mitbewerberstellung aus. Mit der Mitbewerberstellung entfällt zugleich auch die Berechtigung i. S. d. § 8 Abs. 3 Nr. 1 UWG, wettbewerbsrechtliche Ansprüche gegen das beanstandete Verhalten geltend zu machen. 154

D. § 2 Abs. 1 Nr. 4 (Nachricht)

Im Sinne dieses Gesetzes bedeutet

4. „Nachricht" jede Information, die zwischen einer endlichen Zahl von Beteiligten über einen öffentlich zugänglichen elektronischen Kommunikationsdienst ausgetauscht oder weitergeleitet wird; dies schließt nicht Informationen ein, die als Teil eines Rundfunkdienstes über ein elektronisches Kommunikationsnetz an die Öffentlichkeit weitergeleitet werden, soweit die Informationen nicht mit dem identifizierbaren Teilnehmer oder Nutzer, der sie erhält, in Verbindung gebracht werden können.

Schrifttum: *Eckhardt,* Datenschutzrichtlinie für elektronische Kommunikation – Auswirkungen auf Werbung mittels elektronischer Post, MMR 2003, 557 ff.; *Köhler/Lettl,* Das geltende europäische Lauterkeitsrecht, der Vorschlag für eine EG-Richtlinie über unlautere Geschäftspraktiken und die UWG-Reform, WRP 2003, 1019 ff.; *Leistner/Pothmann,* E-Mail-Direktmarketing im neuen europäischen Recht und in der UWG-Reform, WRP 2003, 815 ff.; *Micklitz/Schirmbacher,* Distanzkommunikation im europäischen Lauterkeitsrecht, WRP 2006, 148 ff.; *Nippe,* Belästigende Wettbewerbshandlungen – Tatbestände, Rechtfertigungsgründe, Rechtsprechung, WRP 2007, 19 ff.; *Ohlenburg,* Die neue EU-Datenschutzrichtlinie 2002/58/EG – Auswirkungen und Neuerungen für elektronische Kommunikation, MMR 2003, 82 ff.; *Schulze zur Wiesche,* Die neuen Zulässigkeitsgrenzen für Direktmarketing, CR 2004, 742 ff.; *Weiler,* Spamming – Wandel des europäischen Rechtsrahmens, MMR 2003, 223 ff. Vgl. auch die Schrifttumsangaben zu § 7 UWG.

I. Allgemeines

1. Überblick

Mit der Definition der „Nachricht" wurde Art. 2 Satz 2 lit. d der **Datenschutzrichtlinie für elektronische Kommunikation**[638] (Richtlinie 2002/58/EG) vom 12. Juli 2002 **wortgetreu umgesetzt.** Die Definition erlangt Bedeutung im Rahmen des Art. 13 der DatenschutzRiLi, welcher die Versendung von „unerbetenen Nachrichten" im Rahmen elektronischer Kommunikation betrifft. Umgesetzt wurde Art. 13 DatenschutzRiLi seinerseits in § 7 Abs. 2 und Abs. 3 UWG.[639] 155

2. Bedeutung

Der Begriff der „Nachricht" ist insbesondere für die in § 7 Abs. 2 und Abs. 3 UWG geregelten Formen der **belästigenden Werbung** bedeutsam. Sämtliche der in § 7 Abs. 2 Nr. 2–3 und Abs. 3 UWG geregelten Werbeformen (Werbung mit Telefonanrufen, unter Verwendung von automatischen Anrufmaschinen, Faxgeräten oder elektronischer Post sowie unter Verwendung einer elektronischen Adresse) betreffen Fälle der „Nachricht" i. S. d. § 2 Abs. 1 Nr. 4 UWG. Auf den Begriff der „Nachricht" selbst stellt § 7 Abs. 2 Nr. 4 UWG ab. 156

II. Nachricht i. S. d. § 2 Abs. 1 Nr. 4

1. Begriff der „Nachricht"

Der **Begriff der „Nachricht"** ist **technologieneutral** und erfasst zunächst **jede über einen elektronischen Kommunikationsdienst** ausgetauschte oder weitergeleitete Information. Nicht erfasst sind hingegen Printmedien als traditionelle Werbeform.[640] 157

---

[638] ABl. EG Nr. L 201/37 vom 31.7.2002; zu dem „Richtlinienpaket", dessen Bestandteil die DatenschutzRiLi bildet: *Husch/Kemmler/Ohlenburg,* Die Umsetzung des EU-Rechtsrahmens für elektronische Kommunikation: Ein erster Überblick, MMR 2003, 139 ff.

[639] Weiterführend Harte/Henning/*Schöler,* § 7 Rn. 2 ff. sowie Rn. 37.

[640] Ohly/*Sosnitza,* UWG, 6. Aufl., § 2 Rn. 80.

158 **a) Elektronische Post.** Eine Nachricht i. S. d. § 2 Abs. 1 Nr. 4 umfasst jede Form „elektronischer Post",[641] auf die § 7 Abs. 2 Nr. 3 und § 7 Abs. 3 UWG abstellen, ohne hierauf beschränkt zu sein. Nach Art. 2 Satz 2 lit. h der DatenschutzRiLi ist „elektronische Post" jede **über ein öffentliches Kommunikationsnetz verschickte Text-, Sprach-, Ton- oder Bildnachricht,** die **im Netz oder im Endgerät des Empfängers gespeichert** werden kann, bis sie von diesem abgerufen wird. Erfasst sind sonach alle Text-, Sprach-, Ton- oder Bildnachrichten wie E-Mails, SMS (Short Message Service)[642] sowie MMS (Multimedia Messaging Service).[643] Darüber hinaus erfüllen auch private Nachrichten in sozialen Online-Netzwerken sowie der sogenannte „Nachrichtensofortversand" (engl.: „Instant Messaging"), der dem Nutzer über softwaregestützte Dienste (wie beispielsweise AIM, ICQ, Skype, Windows Live Messenger, Yahoo Messenger) Nachrichten direkt an seinen Computer weiterleitet, die Voraussetzungen der Definition.[644] Gleiches gilt für Internet-Chats oder Diskussionsforen.[645]

159 **b) Faxe und Telefonanrufe.** Der Begriff der Nachricht umfasst auch Faxe und Telefonanrufe,[646] die Art. 2 Satz 2 lit. e DatenschutzRiLi als **über einen öffentlich zugänglichen Telefondienst aufgebaute Verbindungen** definiert, die eine zweiseitige Echtzeitkommunikation ermöglichen. Auch wenn Faxe und telefonische Nachrichten ggf. im Endgerät des Empfängers bis zu einem späteren Abruf gespeichert werden können, stellen diese dennoch **keine elektronische Post** dar. Dies ergibt sich aus Erwägungsgrund 27 der DatenschutzRiLi, der Sprach-Telefonanrufe der elektronischen Post gegenüberstellt, sowie aus § 7 Abs. 2 Nr. 3 UWG, der ebenfalls auf Anrufsysteme, Faxgeräte und elektronische Post abstellt.[647] Die Ausnahme vom Einwilligungserfordernis in § 7 Abs. 3 UWG, die sich lediglich auf „elektronische Post" bezieht, gilt deshalb nicht für Telefon- und Telefaxwerbung.[648]

160 **c) Sonstige Nachrichten.** Außerdem werden Informationen beim **Senden und Empfangen eines Datenstreams** ausgetauscht.[649] Weitere Fälle der über einen elektronischen Kommunikationsdienst ausgetauschten oder weitergeleiteten Informationen können der Regelung unterfallen, so dass diese auch für zukünftige technische Entwicklungen offen ist.

2. Austausch zwischen endlicher Zahl von Beteiligten

161 Der Austausch oder die Weiterleitung der Informationen muss zwischen einer **endlichen Zahl von Beteiligten** erfolgen. Das ist bei einem individuellen Kontakt zwischen Versender und Empfänger gegeben, aber auch dann der Fall, wenn sowohl auf Versender- als auch auf Empfängerseite eine Vielzahl von Personen beteiligt sind oder ein Versender – wie typischerweise bei der Versendung von Werbe-E-Mails – Nachrichten an einen weiten, aber **bestimmbaren Adressatenkreis** richtet, was auch bei einer Kommunikation über einen Chat-Room der Fall sein soll.[650] Eine endliche Zahl von Beteiligten liegt nicht mehr vor, wenn wie bei einer Nachrichtenübermittlung über Fernsehen oder **Rundfunk** entsprechend dem zweiten Halbsatz von § 2 Abs. 1 Nr. 4 UWG ein potentiell unbegrenzter Personenkreis angesprochen ist.[651] Kann jedoch ein **einzelner Teilnehmer** oder Nutzer, der eine derartige Information erhält, beispielsweise durch einen Videoabruf-Dienst **identifiziert** werden, so ist die weitergeleitete Information als Nachricht im Sinne der Vorschrift zu verstehen (vgl. § 2 Abs. 1 Nr. 4 Halbsatz 2 a. E. UWG und Erwägungsgrund 16 der DatenschutzRiLi).[652]

---

641 *Nippe* WRP 2007, 19/31.

642 *Schulze zur Wiesche* CR 2004, 742/743.

643 *Eckhardt* MMR 2003, 557.

644 *Micklitz/Schirmbacher* WRP 2006, 148/165 beziehen in den Begriff der „elektronischen Post" auch Mitteilungen über die Net-Send-Funktion ein, die Nachrichten direkt an eine IP-Adresse richtet.

645 Fezer/*Fezer,* UWG, 2. Aufl., § 2 Nr. 4 Rn. 6.

646 Begründung zum UWG 2004, BT-Drucks. 15/1487, S. 16; *Nippe* WRP 2007, 19/31. Im Urteil BGH WRP 2008, 1376/1380 – *Post-Wettannahmestelle* ist in Rn. 46 ausgesprochen, dass Mobiltelefone und Telefaxgeräte Nachrichten als identifizierbare elektromagnetische Signale senden und empfangen.

647 Zu Art. 13 DatenschutzRiLi: *Köhler/Lettl* WRP 2003, 1019/1026.

648 Vgl. eingehend unten Harte/Henning/*Schöler* § 7 Rn. 351.

649 MünchKommUWG/*Bähr,* 2. Aufl., § 2 Rn. 275.

650 Fezer/*Fezer,* UWG, 2. Aufl., § 2 Nr. 4 Rn. 7; MünchKommUWG/*Bähr,* 2. Aufl., § 2 Rn. 277.

651 Bei Live-Streamings von Internet-Radiodiensten und Nachrichtenfilmen liegt auch kein Austausch zwischen einer endlichen Zahl von Beteiligten vor, weil Fernsehen oder Rundfunk entsprechend dem 2. Hs. von § 2 Abs. 1 Nr. 4 UWG nicht erfasst werden sollen, vgl. Fezer/*Fezer,* a. a. O., § 2 Nr. 4 Rn. 8; a. A. GK-UWG/*Peukert,* 2. Aufl., § 2 Rn. 522.

652 So auch Gloy/Loschelder/*Erdmann,* HdbWettbR, 4. Aufl., § 36 Rn. 7; vgl. zur rechtlichen Bewertung der sog. „Pop-Up-Fenster": LG Berlin MMR 2004, 699, und *Micklitz/Schirmbacher* WRP 2006, 148/165 f.

3. Elektronischer Kommunikationsdienst

Die Informationen müssen über einen **elektronischen Kommunikationsdienst** ausgetauscht oder weitergeleitet werden. Was unter einem „elektronischen Kommunikationsdienst" zu verstehen ist, definiert Art. 2 lit. c der Richtlinie über einen gemeinsamen Rechtsrahmen für elektronische Kommunikationsnetze und -dienste (RahmenRiLi).[653] Damit handelt es sich bei elektronischen Kommunikationsdiensten grundsätzlich um **Dienste der Übermittlung** über **Telefonnetze** wie **Festnetz** oder **Mobilfunknetze** oder das **Internet.** Auf die Art des Übertragungssignals (analog oder digital) kommt es dabei nicht an. **Kein Kommunikationsdienst** liegt vor, wenn vom Anbieter **eigene Inhalte** übertragen oder übertragene Inhalte **redaktionell** kontrolliert werden.[654] Entscheidend ist also, dass es sich lediglich um eine Transportdienstleistung handelt, die nicht den Inhalt der transportierten Daten umfasst. Für weitere Einzelheiten wird auf das telekommunikationsrechtliche Schrifttum verwiesen.[655] Die herkömmliche Handzettel- und Briefwerbung sowie das Ansprechen in der Öffentlichkeit oder die Haustürwerbung unterfallen dem Nachrichtenbegriff nicht, weil ihre Verbreitung nicht über einen elektronischen Kommunikationsdienst erfolgt.[656] 162

4. Öffentliche Zugänglichkeit

Die Kommunikationsdienste sind „öffentlich zugänglich", wenn grundsätzlich **jedermann** den elektronischen Kommunikationsdienst **in Anspruch nehmen** kann, ohne dass es darauf ankommt, ob für die Nutzung ein Entgelt (nutzungsabhängige Gebühren, flat-rate, pre-paid-Karten o. ä.) zu zahlen ist. Erforderlich für eine **öffentliche Zugänglichkeit** ist, dass der Kommunikationsdienst **Dritten zur Verfügung gestellt** wird und sich somit nicht an eine geschlossene Benutzergruppe richtet[657] (vgl. Art. 2 lit. c. UniversaldienstRiLi[658] sowie § 3 Nr. 17 TKG[659]). Nicht Dritten bereitgestellt sind firmen- oder konzernintern genutzte Netze, beispielsweise ein firmeninternes Intranet.[660] 163

E. § 2 Abs. 1 Nr. 5 (Verhaltenskodex)

Im Zuge des UWG 2008 wurde in § 2 Abs. 1 Nr. 5 UWG der Begriff „Verhaltenskodex" definiert. Es heißt dort:

Im Sinne dieses Gesetzes bedeutet

5. „Verhaltenskodex" Vereinbarungen oder Vorschriften über das Verhalten von Unternehmern, zu welchem diese sich in Bezug auf Wirtschaftszweige oder einzelne geschäftliche Handlungen verpflichtet haben, ohne dass sich solche Verpflichtungen aus Gesetzes- oder Verwaltungsvorschriften ergeben;

Schrifttum: *Alexander,* Verhaltenskodizes im europäischen und deutschen Lauterkeitsrecht, GRUR-Int. 2012, 965 ff.; *Augsburger,* Lauterkeitsrechtliche Beurteilung von Corporate Responsibility Codes – Verbindliche Standards im Wettbewerb, MMR 2014, 427 ff.; *Birk,* Corporate Responsibility, Unternehmerische Selbstverpflichtungen und unlauterer Wettbewerb, GRUR 2011, 196 ff.; *Bornkamm,* Verhaltenskodizes und Kartellverbot – Gibt es eine Renaissance der Wettbewersregeln?, FS Canenbley, 2012, 67 ff.; *Dreyer,* Verhaltenskodizes im Referentenentwurf eines ersten Gesetzes zur Änderung des Gesetzes gegen unlauteren Wettbewerb, WRP 2007, 1294 ff.; *Hoeren,* Das neue UWG und dessen Auswirkungen auf den B2B-Bereich, WRP 2009, 789 ff.; *Kocher,* Unternehmerische Selbstverpflichtungen im Wettbewerb, GRUR 2005, 647 ff.; *Lamberti/Wendel,* Verkäufe außerhalb vom Vertriebsbindungssystem, WRP 2009, 1479 ff.; *Jan Bernd Nordemann,* Verhaltenskodizes und Wettbewerbsregeln – Die kartellrechtliche Zulässigkeit selbstregulierender Abreden nach Art. 101 AEUV und §§ 1, 2 GWB, FS Ahrens, 121 ff.; *Schmidhuber,* Verhaltenskodizes im neuen UWG, WRP 2010, 593 ff.

---

[653] RL 2002/21/EG des Europäischen Parlaments und des Rates vom 7.3.2002, ABl. EG L 108/33 vom 24.4.2002, S. 39.

[654] Vgl. Art. 2 lit. c RL 2002/21/EG; Fezer/*Fezer,* UWG, 2. Aufl., § 2 Nr. 4 Rn. 14; MünchKommUWG/*Bähr,* 2. Aufl., § 2 Rn. 281.

[655] Vgl. Arndt et al., TKG, 2. Aufl. 2015; Beck'scher TKG-Kommentar, 4. Aufl. 2013; Berliner Kommentar zum TKG, 3. Aufl. 2013.

[656] *Köhler/Lettl* WRP 2003, 1019/1028.

[657] OVG Münster WuW 2001, DE-R 731 ff.

[658] RL 2002/22/EG vom 7.3.2002, ABl. EG L 108/51 vom 24.4.2002, S. 9 zuletzt geändert durch RL 2009/136/EG vom 25.11.2009, ABl. EU L 337/11 vom 18.12.2009. S. 11.

[659] BerlKommTKG/*Säcker,* 3. Aufl., § 3 Rn. 49a.

[660] MünchKommUWG/*Bähr,* 2. Aufl., § 2 Rn. 283.

I. Allgemeines

1. Überblick

164 Das UWG sieht eine geschäftliche Handlung nach **§ 5 Abs. 1 Nr. 6 UWG** als irreführend an, wenn sie unwahre Angaben oder sonstige zur Täuschung geeignete **Angaben über die Einhaltung eines Verhaltenskodexes** enthält, auf den sich der Unternehmer verbindlich verpflichtet hat, und er auf diese Bindung hinweist. Außerdem verweisen zwei „Black List"-Tatbestände auf einen „Verhaltenskodex": So ist nach **Nr. 1 des Anhangs zu § 3 Abs. 3 UWG** die unwahre Angabe eines Unternehmers unzulässig, zu den Unterzeichnern eines Verhaltenskodexes zu gehören. Ferner ist nach **Nr. 3 des Anhangs zu § 3 Abs. 3 UWG** die unwahre Angabe unzulässig, ein Verhaltenskodex sei von einer öffentlichen oder anderen Stelle gebilligt. Demgemäß hat sich der Gesetzgeber zu einer Definition des Begriffs des Verhaltenskodexes entschlossen.

2. Vorgaben der UGP-Richtlinie

165 Die UGP-Richtlinie definiert den Begriff „Verhaltenskodex" in Art. 2 lit f. Danach ist ein

f) „Verhaltenskodex" eine Vereinbarung oder ein Vorschriftenkatalog, die bzw. der nicht durch die Rechts- und Verwaltungsvorschriften eines Mitgliedstaates vorgeschrieben ist und das Verhalten der Gewerbetreibenden definiert, die sich in Bezug auf eine oder mehrere spezielle Geschäftspraktiken oder Wirtschaftszweige auf diesen Kodex verpflichten;

165a Die UGP-Richtlinie verweist auf den Begriff „Verhaltenskodex" in Art. 6 Abs. 2 lit. b (umgesetzt in § 5 Abs. 1 Nr. 6 UWG) sowie im Anhang 1 („Black List") Nr. 1 und Nr. 3. In **Erwägungsgrund 20** ist hervorgehoben:

„Es ist zweckmäßig, die Möglichkeit von Verhaltenskodizes vorzusehen, die es Gewerbetreibenden ermöglichen, die Grundsätze dieser Richtlinie in spezifischen Wirtschaftsbranchen wirksam anzuwenden. In Branchen, in denen es spezifische zwingende Vorschriften gibt, die das Verhalten von Gewerbetreibenden regeln, ist es zweckmäßig, dass aus diesen auch die Anforderungen an die berufliche Sorgfalt in dieser Branche ersichtlich sind. Die von den Urhebern der Kodizes auf nationaler oder auf Gemeinschaftsebene ausgeübte Kontrolle hinsichtlich der Beseitigung unlauterer Geschäftspraktiken könnte die Inanspruchnahme der Verwaltungsbehörden oder Gerichte unnötig machen und sollte daher gefördert werden. Mit dem Ziel, ein hohes Verbraucherschutzniveau zu erreichen, könnten Verbraucherbände informiert und an der Ausarbeitung von Verhaltenskodizes beteiligt werden."

165b Die positive Einstellung der UGP-Richtlinie zu Verhaltenskodizes steht in einer Linie mit der im Grünbuch zum Verbraucherschutz[661] entwickelten Idee der Ko-Regulierung, die sich allerdings nicht durchsetzen konnte. Die UGP-Richtlinie geht davon aus, dass Verhaltenskodizes die in einer bestimmten Branche geltenden Anforderungen an die berufliche Sorgfalt widerspiegeln. Ein lediglich gesetzeswiederholender und insoweit **nur „deklaratorischer" Verhaltenskodex** ist **kein „Verhaltenskodex" i. S. d. § 2 Abs. 1 Nr. 5 UWG,** weil danach gerade erforderlich ist, dass sich die aus dem Kodex ergebenden Verpflichtungen **nicht aus „Gesetzes- und Verwaltungsvorschriften" ergeben.**[662] Ein Verhaltenskodex darf sich nicht auf eine bloße Absichts- oder Bemühenserklärung beschränken, sondern muss bereits verbindlich sein.[663] Die Richtlinie lässt im übrigen nach Art. 3 Abs. 8 alle Niederlassungs- oder Genehmigungsbedingungen, **berufsständische Verhaltenskodizes** oder andere spezifische Regeln für reglementierte Berufe unberührt.

3. Umsetzung im UWG 2008/2015

166 Der Gesetzgeber versteht ausweislich der Begründung des Gesetzentwurfs zum UWG 2008 Verhaltenskodizes als **Regelungen „zur freiwilligen Selbstkontrolle der Wirtschaft".**[664] Weil sich der Begriff bislang nicht im deutschen Recht findet, wurde ein Umsetzungsbedarf gesehen. Verwundern muss, dass die kartellrechtliche Problematik von Verhaltenskodizes sowohl in der UGP-Richtlinie als auch in der Begründung zum UWG 2008 ganz unerwähnt geblieben ist.[665]

---

[661] Grünbuch zum Verbraucherschutz KOM (2001) 531 endg. vom 2.10.2001.

[662] MünchKommUWG/*Bähr,* 2. Aufl., § 2 Rn. 301. Der nur scheinbar abweichenden Auffassung von *Dreyer* in WRP 2007, 1294/1297 lag noch die Formulierung des Referentenentwurfs zum UWG 2008 zugrunde.

[663] Zur bloßen Absichtserklärung vgl. *Dreyer* WRP 2007, 1294/1296.

[664] Amtliche Begründung des Gesetzentwurfs zum UWG 2008, BT-Drucks. 16/10145, S. 34f.

[665] Hierzu *Bornkamm,* FS Canenbley, 2012, 67ff. und *Nordemann,* FS Ahrens 2016, 121ff.

II. Bedeutung und Anwendungsbereich

1. Bedeutung

167 Verhaltenskodizes i. S. d. § 2 Abs. 1 Nr. 5 UWG haben im deutschen und europäischen Recht nur eine **untergeordnete Bedeutung.**[666] Im geltenden Recht sind sie nur als Anknüpfungspunkt von Irreführungen gemäß § 5 Abs. 1 Nr. 6 und der Tatbestände des Anhangs zu § 3 Abs. 3 („Black List") Nr. 1 und Nr. 3 relevant. Abgesehen davon entfalten Verhaltenskodizes keine unmittelbare lauterkeitsrechtliche Relevanz und bilden keine unmittelbar verbindlichen Regelungen.[667] Verhaltenskodizes können allerdings einen Anhalt bieten für die als redlich angesehenen Verkehrsgepflogenheiten,[668] und ihnen kann u. U. entnommen werden, ob innerhalb der in Rede stehenden Verkehrskreise eine bestimmte **tatsächliche Übung** herrscht. Aus dem Bestehen einer tatsächlichen Übung folgt aber noch nicht, dass ein von dieser Übung abweichendes Verhalten ohne weiteres als unlauter anzusehen wäre.[669] Zutreffend betont der BGH, dass der Wettbewerb in bedenklicher Weise beschränkt würde, wenn das Übliche zur Norm erhoben würde.[670] Auch wenn Kodizes besonders von Wettbewerbsverbänden eine indizielle Bedeutung für die Frage der Unlauterkeit zukommen kann, können sie eine abschließende Beurteilung anhand der sich aus den Bestimmungen des UWG ergebenden Wertungen nicht ersetzen.[671] Das Fehlen einer „Selbstbindung" von Marktteilnehmern durch Verhaltenskodizes lässt natürlich keinen Rückschluss auf die Lauterkeit ihres Verhaltens zu, mit anderen Worten befreit eine fehlende Selbstregulierung nicht von der Einhaltung zwingenden Rechts.

2. Verhaltenskodex als Konkretisierung des Lauterkeitsgebots und der „unternehmerischen Sorgfalt"

168 Die **Funktion von Verhaltenskodizes** ist **Erwägungsgrund 20 der UGP-Richtlinie** zu entnehmen (vgl. oben Rn. 165). Weil es darum geht, über die Verhaltenskodizes die Grundsätze der UGP-Richtlinie in spezifischen Wirtschaftsbranchen wirksam anzuwenden, erscheint es zwingend, dass die Verhaltenskodizes i. S. d. Art. 2 lit. f UGP-Richtlinie i. S. d. § 2 Abs. 1 Nr. 5 UWG **auf das lauterkeitsrelevante geschäftliche Handeln bezogen** sein müssen und sie insoweit das Lauterkeitsgebot und die zu wahrende „unternehmerische Sorgfalt" konkretisieren.[672] Sonstige „Kodizes" oder Gruppenvereinbarungen wie Vereinbarungen über Art und Umfang der Geschäftstätigkeit von Unternehmen, selektive Vertriebssysteme oder F&E-Verträge fallen nicht unter den Begriff des Verhaltenskodexes.[673] Kein Verhaltenskodex i. S. d. § 2 Abs. 1 Nr. 5 UWG ist auch der deutsche oder europäische Corporate Governance Kodex, weil es sich um ein Regelwerk einer Kommission und nicht um eine Vereinbarung von Unternehmen handelt.[674] Auch die Nutzungsbedingungen der Stiftung Warentest für die Werbung mit Warentests, die als einseitig vorgegebene Lizenzbestimmungen anzusehen sind, stellen keinen Verhaltenskodex dar.[675] Auch staatlich verfasste Kodizes sind nicht als „Verhaltenskodex" anzusehen.[676] Ein „Verhaltenskodex" liegt auch nicht vor, solange etwa unternehmensübergreifende Selbstverpflichtungen als bloße rechtsunverbindliche Absichtserklärungen anzusehen sind.[677] Auch bloße innerbetriebliche Selbstverpflichtungen eines Unternehmens wie Compliance-Vorschriften, Unternehmensleitsätze oder Ethik-Kodizes stellen keinen Verhal-

---

[666] Das Lauterkeitsrecht in den Niederlanden, Skandinavien und in Großbritannien ist offenbar stark durch Verhaltenskodizes einzelner Wirtschaftsverbände geprägt, vgl. *Alexander,* GRUR-Int. 2012, 965 ff.; *Hoeren* WRP 2009, 789/793; *Schmidhuber* WRP 2010, 593/594 f.

[667] BGH GRUR 2006, 953/954 – *Warnhinweis II;* BGH GRUR 2006, 772 Rn. 10 – *Probeabonnement.*

[668] BGH GRUR 2011, 431 Rn. 13 – *FSA-Kodex;* BGH GRUR 2006, 953/954 – *Warnhinweis II;* BGH GRUR 1991, 462/463 – *Wettbewerbsrichtlinien der Privatwirtschaft.*

[669] BGH GRUR 2011, 431 Rn. 13 – *FSA-Kodex* mit Anm. *Nemeczek.*

[670] BGH GRUR 2011, 431 Rn. 13 – *FSA-Kodex;* OLG München GRUR-RR 2012, 260 ff. – *Arzt Seminare 2007.*

[671] BGH GRUR 2011, 431 Rn. 13 und 15 – *FSA-Kodex;* OLG München GRUR-RR 2012, 260 ff. – *Arzt Seminare 2007;* kritisch zur Indizwirkung auch *Alexander* GRUR-Int. 2012, 967/971.

[672] *Augsburger* MMR 2014, 427/429; *Alexander* GRUR-Int. 2012, 967/972.

[673] *Köhler*/Bornkamm, UWG, 34. Aufl., § 2 Rn. 113; *Schmidhuber* WRP 2010, 593/597 f.; *Birk* GRUR 2011, 196, 199; a. M. *Hoeren* WRP 2009, 789/793 und *Lamberti/Wendel* WRP 2009, 1479/1481.

[674] *Birk* GRUR 2011, 196/199; Köhler/*Bornkamm,* UWG, 34. Aufl., § 5 Rn. 5.163.

[675] *Koppe-Zagouras* WRP 2008, 1035/1045.

[676] *Augsburger* MMR 2014, 427/429.

[677] Tendenziell weiter *Augsburger* MMR 2014, 427 ff.

tenskodex dar, denn dieser verlangt eine Vereinbarung zwischen mehreren Unternehmen.[678] Ebenso wenig stellen DIN-Normen einen Verhaltenskodex dar.[679]

3. Verpflichtender Charakter/Rechtsnatur

169 Ein Verhaltenskodex i. S. v. § 2 Abs. 1 Nr. 5 UWG liegt nur dann vor, wenn sich mehrere Unternehmen im Rahmen von Vereinbarungen oder Vorschriften über ihr Verhalten **„verpflichtet"** haben. Es besteht insoweit kein Unterschied zu der in Art. 2 lit. f UGP-Richtlinie vorgesehenen Definition, aber auch kein Unterschied zu dem in § 5 Abs. 1 Nr. 6 UWG vorgesehenen Verhaltenskodex, auf den sich ein Unternehmen „verbindlich" verpflichtet hat. Dass sich die Unternehmen zur Einhaltung der Vereinbarungen oder Vorschriften über das Verhalten „verpflichtet" haben müssen, bedeutet zugleich auch, dass diese Verpflichtungen verbindlichen Charakter haben müssen. Es ist deshalb nicht zwischen einfachen und verbindlichen Verhaltenskodizes zu unterscheiden, weil sämtliche Verhaltenskodizes i. S. d. § 2 Abs. 1 Nr. 5 UWG von verpflichtendem und damit verbindlichem Charakter sein müssen.[680] Auf die Rechtsnatur des Verhaltenskodexes (mehrseitiger Vertrag, Satzung o. ä.) kommt es nicht an, auch die Bezeichnung des Kodexes ist nicht entscheidend.[681]

4. Verhaltenskodizes und Wettbewerbsregeln

170 Verhaltenskodizes entsprechen regelmäßig den **Wettbewerbsregeln gemäß § 24 Abs. 2 GWB,** die dort definiert sind als „Bestimmungen, die das Verhalten von Unternehmen im Wettbewerb regeln zu dem Zweck, einem den Grundsätzen des lauteren oder der Wirksamkeit eines leistungsgerechten Wettbewerbs zuwider laufenden Verhalten im Wettbewerb entgegenzuwirken und ein diesen Grundsätzen entsprechendes Verhalten im Wettbewerb anzuregen". Weil Verhaltenskodizes nicht selbst verbindliches Recht setzen können, erscheinen sie, soweit sie die Branche hinreichend repräsentieren, als ein „Spiegelbild" einer Branche, was für die dort maßgebende „unternehmerische Sorgfalt" i. S. d. § 2 Abs. 1 Nr. 7 UWG und für die lauterkeitsrechtliche Wertung insbesondere i. S. d. § 3 Abs. 2 UWG bedeutsam sein kann.[682]

5. Keine Marktverhaltensregeln i. S. d. § 3a UWG

171 Verhaltenskodizes i. S. d. § 2 Abs. 1 Nr. 5 UWG bilden keine Marktverhaltensregelungen i. S. d. § 3a UWG n. F./§ 4 Nr. 11 UWG a. F., weil es sich bei ihnen gerade nicht um **gesetzliche** Vorschriften handelt.[683] Ein Verstoß gegen einen Verhaltenskodex ist sonach nicht als Rechtsbruch i. S. d. § 3a UWG zu werten.[684]

6. Schranken

172 Ein Verhaltenskodex darf nicht im Widerspruch zum zwingenden europäischen oder nationalen Lauterkeitsrecht stehen. Auf der Grundlage eines Verhaltenskodexes können insbesondere **keine etwa über die UGP-Richtlinie oder das nationale Recht hinausgehenden lauterkeitsrechtlichen Verbote geschaffen werden.** Verhaltenskodizes, die nach europäischem oder nationalem Recht lauteres Verhalten für unzulässig erklären, werden regelmäßig als **kartellrechtswidrig**

---

[678] Zu außerbetrieblichen Selbstverpflichtungen Ohly/*Sosnitza,* UWG, 6. Aufl, § 2 Rn. 84 und 85; *Alexander* GRUR Int. 2012, 965/967.

[679] Ohly/*Sosnitza,* UWG, 6. Aufl., § 2 Rn. 84.

[680] Abweichend *Birk* GRUR 2011, 196/198, der aus dem fehlenden Wort „verbindlich" in § 2 Abs. 1 Nr. 5 UWG folgert, dass dort etwa im Gegensatz zu § 5 Abs. 2 Nr. 6 UWG auch einfache, nicht verbindliche Verhaltenskodizes erfasst seien. *Dreyer* WRP 2007, 1294 ff. unterscheidet zutreffend zwischen bloßen „Absichtserklärungen" und verbindlichen Verhaltenskodizes, will aber auch bloß gesetzeswiederholende und insoweit nur „deklaratorische" Verhaltenskodizes erfassen, was jedoch übersieht, dass sich die Verpflichtungen gerade nicht aus Gesetzes- oder Verwaltungsvorschriften ergeben dürfen.

[681] *Alexander* GRUR Int. 2012, 965/967.

[682] Zutreffend *Schmidhuber* WRP 2010, 593/596; vgl. auch Gloy/Loschelder/*Erdmann,* HdbWettbR, 4. Aufl., § 37 Rn. 8, zur Bindungswirkung gegenüber „Außenseitern" GK-UWG/*Fritzsche,* 2. Aufl., § 2 Rn. 689.

[683] *Schmidhuber* WRP 2010, 593/595.

[684] Zustimmend *Alexander* GRUR Int. 2012, 967/971. Auch *Kocher* verlangt in GRUR 2005, 647 ff., dass das „Softlaw" privater Standards erst über entsprechende „Transformationsnormen" im nationalen Recht Geltung beanspruchen kann, sieht jedoch zu Unrecht in der lauterkeitsrechtlichen Generalklausel eine geeignete Transformationsnorm.

anzusehen sein.[685] Sie sind deshalb ein „ambivalentes Instrument" zur Gewährleistung der Lauterkeit des Geschäftsverkehrs.[686]

7. Beispiele für Verhaltenskodizes

a) Freiwillige Selbstkontrolle durch den Deutschen Werberat. Als Beispiel für einen Verhaltenskodex nennt die Begründung im Gesetzentwurf der Bundesregierung im Bereich der Werbung die freiwillige Selbstkontrolle durch den Deutschen Werberat.[687] Der Verhaltenskodex ist einsehbar unter www.werberat.de. 173

b) Werberichtlinien des Verbands der Zigarettenindustrie. Die Werberichtlinie des Verbands der Zigarettenindustrie aus dem Jahr 1980, welche den Zigarettenherstellern Verpflichtungen auch für die Anzeigenwerbung auferlegte, bildete einen Verhaltenskodex.[688] Mittlerweile hat sich der Verband allerdings aufgelöst. Die Mitglieder haben sich teilweise im neuen „deutschen Zigarettenverband" zusammengeschlossen, der über einen eigenen, über „www.zigarettenverband.de" abrufbaren Werbekodex verfügt. 174

c) Wettbewerbsrichtlinien der Versicherungswirtschaft vom 1. September 2006. Auch die Wettbewerbsrichtlinien der Versicherungswirtschaft vom 1. September 2006 bilden einen „Verhaltenskodex". 175

d) Der FSA-Kodex für die Arzneimittelindustrie. Die Freiwillige Selbstkontrolle für die Arzneimittelindustrie e. V. hat 2004 einen FSA-Kodex zur Zusammenarbeit mit Fachkreisen erlassen. Dieser wurde im Bundesanzeiger bekannt gemacht und in der aktuellen Fassung am 4.8.2008 vom Bundeskartellamt als Wettbewerbsregeln anerkannt. Er kann unter www.fs-arzneimittelindustrie.de/Verhaltenskodex.html eingesehen werden.[689] 176

e) Der Kodex für den Fahrzeughandel im Internet wurde von ADAC, Wettbewerbszentrale, Zentralverband des deutschen Kraftfahrzeuggewerbes und den Internet-Anzeigenbörsen AutoScout 24 und mobile.de initiiert und im September 2008 vorgestellt.[690] Er stellt ebenfalls einen Verhaltenskodex dar. 177

f) Der ICC-Marketing- und Werbekodex der internationalen Handelskammer Deutschlands wurde erstmals im Jahr 1937 veröffentlicht und liegt inzwischen in der neunten Fassung vor.[691] Dieser Verhaltenskodex umfasst sowohl Werbung als auch Marketingaktivitäten und reicht von Werbung im Internet, Telefon- oder SMS-Marketing bis hin zu Verhaltensrichtlinien für Werbung, die sich speziell an Kinder richtet. 178

g) Weitere Verhaltenskodizes. Auch die **Regelungen der Freiwilligen Selbstkontrolle Film (FSK), der Multimedia-Dienstleister (FSM) und Fernsehen (FSF), der „Kodex Deutschland für Telekommunikation und Medien" des DVTM (Deutscher Verband für Telekommunikation und Medien)** sowie der **„Code of Conduct" der „Organisation Werbetreibende im Markenverband"** (www.owm.de) stellen Verhaltenskodizes dar. 179

F. § 2 Abs. 1 Nr. 7 (Unternehmerische Sorgfalt)

Mit der **UWG-Reform 2015** hat der Gesetzgeber die Definition des § 2 Abs. 1 Nr. 7 sprachlich etwas überarbeitet, den Begriff der „fachlichen Sorgfalt" durch den Begriff der „unternehmerischen Sorgfalt" ersetzt und außerdem durch eine Anpassung des Gesetzestextes klargestellt, dass maßgebend lediglich die „anständigen" Marktgepflogenheiten sind. Die Vorschrift lautet nunmehr:

Im Sinne dieses Gesetzes bedeutet

7. „unternehmerische Sorgfalt" der Standard an Fachkenntnissen und Sorgfalt, von dem billigerweise angenommen werden kann, dass ein Unternehmer ihn in seinem

---

685 *Köhler*/Bornkamm, UWG, 34. Aufl., § 2 Rn. 115; ebenso Gloy/Loschelder/*Erdmann*, HdbWettbR, 4. Aufl., § 37 Rn. 10; zu den kartellrechtlichen Schranken einer über den Schutzbereich einer Marke hinausgehenden Abgrenzungsvereinbarung: BGH GRUR 2011, 641 ff. – *Jette Joop*.

686 GK-UWG/*Peukert*, 2. Aufl., § 2 Rn. 530.

687 Gesetzentwurf der Bundesregierung, S. 34/35.

688 Vgl. dazu BGH GRUR 1993, 756 – *Mild-Abkommen*.

689 Vgl. dazu BGH GRUR 2011, 431 – *FSA-Kodex*.

690 Der Kodex ist abrufbar unter www.wettbewerbszentrale.de.

691 Der Kodex ist abrufbar unter www.iccgermany.de.

Tätigkeitsbereich gegenüber Verbrauchern nach Treu und Glauben unter Berücksichtigung der anständigen Marktgepflogenheiten einhält.

Schrifttum: *Henning-Bodewig,* „Unlautere" Geschäftspraktiken und der Bezug zu Art. 10bis PVÜ – Warum „unseriöse" Geschäftspraktiken keinen Sinn ergeben, GRUR Int. 2014, 997 ff.; *Henning-Bodewig,* Der „ehrbare Kaufmann", Corporate Social responsibility und das Lauterkeitsrecht, WRP 2011, 1014 ff.; *Henning-Bodewig,* Lauterkeit im B2B-Verhältnis – „anständige Marktgepflogenheiten", nicht „fachliche Sorgfalt"!, GRUR Int. 2015, 529 ff.; *Fezer,* Eine Replik: Die Auslegung der UGP-RL vom UWG aus?, WRP 2010, 677 ff.; *Keller,* Die „fachliche Sorgfalt" – ein sich entwickelnder Zentralbegriff des Lauterkeitsrechts, FS Bornkamm, 2014, 381 ff.; *Keller,* UWG-Reform 2015 – Die „fachliche Sorgfalt" wird einheitlicher Lauterkeitsmaßstab, WRP 2015, Editorial zu Heft 3; *Köhler,* „Fachliche Sorgfalt" – Der weiße Fleck auf der Landkarte des UWG, WRP 2012, 22 ff.

I. Allgemeines

1. Überblick

180 Mit der **UWG-Reform 2008** hatte zunächst der Begriff der „fachlichen Sorgfalt" in Anlehnung an Art. 2 lit. h der UGP-Richtlinie seinen Eingang in das deutsche Lauterkeitsrecht gefunden. Abweichend von dem in der UGP-Richtlinie gebrauchten Begriff der „beruflichen Sorgfalt" hatte der deutsche Gesetzgeber zunächst den Begriff der „fachlichen Sorgfalt" gewählt, um zu verdeutlichen, dass auch die selbst nicht „beruflich" tätigen juristischen Personen den Sorgfaltspflichten zu genügen haben.[692] Der Gesetzgeber hat nunmehr im Zuge der **UWG-Reform 2015** den Begriff der „fachlichen Sorgfalt" – einer Empfehlung von *Köhler*[693] folgend – durch den Begriff der „unternehmerischen Sorgfalt" ersetzt. Außerdem ist nunmehr durch eine dem Wortlaut der UGP-Richtlinie folgende Textergänzung klargestellt, dass es allein auf die „anständigen Marktgepflogenheiten" ankommt. Sachliche Änderungen haben sich durch diese sprachlichen Anpassungen nicht ergeben. Sowohl in der alten als auch in der neuen Fassung ist die Definitionsbestimmung ganz im Sinne des Artikels 2 lit. h der UGP-Richtlinie zu interpretieren. Die Begriffe der beruflichen bzw. unternehmerischen Sorgfalt dienen sowohl nach der UGP-Richtlinie als auch nach dem deutschen Recht dazu, den **entscheidenden Begriff der „Unlauterkeit"** im **B2C-Bereich materiell auszufüllen.** Die unternehmerische Sorgfalt hat dabei an sich nur Bedeutung für das verbraucherschutzbezogene Lauterkeitsrecht (vgl. § 3 Abs. 2 UWG). Der Begriff wird jedoch – trotz der insbesondere für den B2B-Bereich vorgetragenen Kritik[694] – auch das Verständnis der Lauterkeit im B2B-Bereich künftig mitbestimmen. Es handelt sich sonach um einen zentralen Begriff des UWG[695], der von Rechtsprechung und Literatur mit Leben zu füllen ist.

2. Vorgaben der UGP-Richtlinie

181 Die UGP-Richtlinie sieht gemäß Art. 5 Abs. 2 lit. a eine Geschäftspraxis als unlauter an, wenn sie den Erfordernissen der beruflichen Sorgfaltspflicht widerspricht (Unlauterkeitskriterium, Art. 5 II lit. a i. V. m. Art. 2 lit. h der UGP-Richtlinie) und zugleich das wirtschaftliche Verhalten des Durchschnittsverbrauchers wesentlich beeinträchtigt (Relevanzkriterium, Art. 5 II lit. b i. V. m. Art. 2 lit. e der UGP-Richtlinie).[696] Der nach der UGP-Richtlinie entscheidende Begriff der „Unlauterkeit" erfährt sonach seine inhaltliche Ausfüllung durch die „Erfordernisse der beruflichen Sorgfaltspflicht", die es einzuhalten gilt, um eine Unlauterkeit zu vermeiden. Die „berufliche Sorgfalt" ist wiederum in Art. 2 lit. h wie folgt definiert:

h) „berufliche Sorgfalt" der Standard an Fachkenntnissen und Sorgfalt, bei denen billigerweise davon ausgegangen werden kann, dass der Gewerbetreibende sie gegenüber dem Verbraucher gemäß den anständigen Marktgepflogenheiten und/oder dem allgemeinen Grundsatz von Treu und Glauben in seinem Tätigkeitsbereich anwendet."

181a Auch bei der „beruflichen Sorgfalt" nach der UGP-Richtlinie handelt es sich sonach um einen unbestimmten, ausfüllungsbedürftigen Rechtsbegriff. Der Begriff der beruflichen Sorgfalt verweist ähnlich wie die Begriffsbestimmung des unlauteren Wettbewerbs in Art. 10bis PVÜ auf die **anständigen Gepflogenheiten in Gewerbe oder Handel.**[697] Auch wenn der **Konkretisierungsge-**

---

[692] Amtliche Begründung des Gesetzesentwurfs zum UWG 2008, BT-Drucks. 16/10145, S. 42.

[693] *Köhler* WRP 2012, 22/23 und WRP 2015, 1311/1312; vgl. auch *Henning-Bodewig* GRUR Int. 2015, 529 ff.

[694] Vgl. unten Rn. 189.

[695] Vgl. dazu *Keller,* FS Bornkamm 2014, S. 381 ff.

[696] Zu dem Unlauterkeits- und Relevanzkriterium der UGP-Richtlinie: BGH GRUR 2011, 532 Rn. 23 – *Millionen-Chance II,* dazu auch *Köhler* GRUR 2011, 478 ff.; *Keller,* FS Bornkamm 2014, S. 381 ff.

[697] Vgl. dazu insbesondere *Henning-Bodewig* GRUR Int. 2015, 529 ff.

winn zunächst gering erscheint, stellt die Bezugnahme auf eine „berufliche Sorgfalt" doch immerhin klar, dass es um die **Einhaltung professioneller, auf Umsicht und Vorsorge abzielender Standards** geht, deren Einhaltung billigerweise – bei objektiver Betrachtung – erwartet werden darf.

3. Umsetzung im UWG

Abweichend von dem in der UGP-Richtlinie gebrauchten Begriff der „beruflichen Sorgfalt" und dem bislang im deutschen UWG gebrauchten Begriff der „fachlichen Sorgfalt" hat der deutsche Gesetzgeber im Zuge der UWG-Reform 2015 nunmehr den Begriff der „unternehmerischen Sorgfalt" gewählt, weil der Unternehmer Adressat dieser Sorgfaltspflicht sei.[698] *Köhler* hatte schon früher dafür plädiert, den unionsrechtlichen Begriff der „beruflichen Sorgfalt" im Sinne einer „unternehmerischen Sorgfalt" (vergleichbar der „Sorgfalt eines ordentlichen Kaufmanns" gemäß § 347 HGB) zu verstehen.[699] Vorzugswürdig wäre es allerdings gewesen, bei einer Änderung des Gesetzestextes einen Gleichklang mit der Richtlinie in ihrer amtlichen deutschen Sprachfassung herbeizuführen, einen dritten Begriff zu vermeiden und auch im UWG auf eine „berufliche Sorgfalt" abzustellen. Sowohl der Begriff der „beruflichen Sorgfalt" als auch die in der englischen und französischen Fassung verwandten Begriffe der „professional diligence" bzw. der „diligence professionelle" verweisen auf eine professionellen Maßstäben genügende Sorgfalt und somit auf ein bestimmtes Sorgfaltsmaß, das ein auf dem Gebiet tätiger Unternehmer – unabhängig etwa auch von der Größe des Unternehmens – zu erfüllen hat. In diesem Sinne ist nunmehr auch die „unternehmerische Sorgfalt" zu interpretieren. Zu begrüßen ist, dass der Gesetzgeber nunmehr im Einklang mit der Richtlinie auf die **„anständigen"** Marktgepflogenheiten abstellt.[700] 182

II. Bedeutung und Konkretisierung

1. Keine grundsätzliche Neuorientierung

Schon mit der Einführung des Begriffs der „fachlichen Sorgfalt" sollte nach der Einschätzung und dem Willen des Gesetzgebers keine wesentliche Änderung der Rechtslage verbunden sein.[701] Hinsichtlich beruflicher Sorgfaltspflichten war zum UWG 2004 in der Begründung klargestellt worden, dass alle Handlungen unlauter sind, „die den anständigen Gepflogenheiten in Handel, Gewerbe, Handwerk oder selbständiger beruflicher Tätigkeit zuwiderlaufen".[702] Auch mit der nunmehr erfolgten Änderung der Formulierung im **UWG 2015** ist **keine inhaltliche neue Ausrichtung** verbunden, sondern allein ein verbesserter sprachlicher Gleichlauf mit der UGP-Richtlinie erstrebt.[703] Wie schon bislang wird der Begriff der „unternehmerischen Sorgfalt" nicht allgemein zur Umschreibung der Unlauterkeit verwendet. Für den von § 3 Abs. 2 UWG nicht erfassten B2B-Bereich verbleibt es bei der „offenen", die Unlauterkeit nicht näher umschreibenden Generalklausel des § 3 Abs. 1 UWG. 183

2. „Unternehmerische Sorgfalt" und Unlauterkeit

Der Begriff der Unlauterkeit geht nach der UGP-Richtlinie über den Begriff der unternehmerischen Sorgfalt (dort „berufliche Sorgfalt") hinaus, beide Begriffe sind deshalb **nicht deckungsgleich,** auch wenn der Begriff der beruflichen Sorgfalt den Begriff der Unlauterkeit materiell ausfüllt. Eine Geschäftspraxis ist nach der UGP-Richtlinie nicht schon unlauter, wenn sie den Erfordernissen der beruflichen Sorgfalt widerspricht. Der Sorgfaltsverstoß muss zudem gemäß Art. 5 Abs. 2 lit. b geeignet sein, die geschäftlichen Entscheidungen der Verbraucher zu beeinflussen.[704] Das deutsche Recht unterscheidet im neugefassten § 3 Abs. 1 UWG zwar nicht mehr ausdrücklich zwischen der Unlauterkeit und einem davon zu trennenden Relevanzkriterium (Spürbar- 184

---

[698] Vgl. BT-Drucksache 18/6571 S. 13. und *Köhler* WRP 2015, 1311/1312.

[699] *Köhler* WRP 2012, 22/23 sowie in WRP 2015, 1037/1038.

[700] Vgl. *Henning-Bodewig* GRUR Int. 2015, 529 ff.; *Henning-Bodewig* hat schon in WRP 2011, 1014 ff., zu Recht darauf verwiesen, dass zahlreiche auch im Lauterkeitsrecht zu beachtende rechtliche Normen ethisch fundiert sind.

[701] Amtliche Begründung des Gesetzentwurfs zum UWG 2008, BT-Drucks. 16/10145, S. 27.

[702] Amtliche Begründung a. a. O.; vgl. auch BGH GRUR 2006, 1042/1044 – *Kontaktanzeigen* m. w. N., wonach eine Wettbewerbshandlung unlauter sein kann, wenn sie „mit entsprechendem Unwertgehalt den anständigen Gepflogenheiten in Gewerbe und Handel zuwiderläuft".

[703] Vgl. BT-Drucks. 18/6571.

[704] Vgl. *Fezer* WRP 2010, 677/681 und *Köhler* WRP 2012, 22/25.

keitserfordernis nach § 3 Abs. 1 a. F.). Die Begründung[705] hebt jedoch ausdrücklich hervor, dass es „wie nach bisheriger Rechtslage" der Rechtsprechung überlassen bleiben soll, in Konkretisierung des Tatbestandmerkmals der Unlauterkeit angemessene Spürbarkeitserfordernisse aufzustellen. Nach dem neugefassten § 3 Abs. 2 sind geschäftliche Handlungen gegenüber Verbrauchern nur dann unlauter, wenn sie nicht der unternehmerischen Sorgfalt entsprechen *und* dazu geeignet sind, das wirtschaftliche Verhalten des Verbrauchers wesentlich zu beeinflussen. Der Verstoß gegen die unternehmerische Sorgfalt ist sonach für die Annahme einer Unlauterkeit sowohl im Sinne der Generalklauseln des § 3 Abs. 1 und Abs. 2 als auch nach der UGP-Richtlinie noch nicht ausreichend. Der Sorgfaltsverstoß muss vielmehr jeweils noch „relevant" sein, um einen Lauterkeitsverstoß zu begründen. Sofern allerdings eine solche Relevanz vorliegt, kann alleine schon der **Sorgfaltsverstoß einen Lauterkeitsverstoß begründen,** weil die in Art. 6 bis 9 enthaltenen Tatbestände der irreführenden und aggressiven Handlungen, wie sich aus Art. 5 Abs. 4 UGP-Richtlinie und dem dortigen „insbesondere"-Verweis ergibt, nur besonders wichtige Beispielsfälle unlauterer Geschäftspraktiken sind.[706]

3. „Unternehmerische Sorgfalt" im UWG

185 Ein Verstoß gegen die unternehmerische Sorgfalt ist eine Voraussetzung für die Unzulässigkeit einer geschäftlichen Handlung gegenüber einem Verbraucher nach **§ 3 Abs. 2 UWG.** Auch im deutschen Recht ist somit die verbraucherbezogene Unlauterkeit durch einen „Sorgfaltsverstoß" gekennzeichnet. Daneben wird der Begriff in **§ 5a Abs. 3 Nr. 4 UWG** benutzt. Bei Angeboten, die ein durchschnittlicher Verbraucher annehmen kann, sind Zahlungs-, Liefer- und Leistungsbedingungen sowie Verfahren zum Umgang mit Beschwerden wesentliche Informationen im Sinne von § 5a Abs. 2, soweit sie von den Erfordernissen der unternehmerischen Sorgfalt abweichen. Der Begriff der „unternehmerischen Sorgfalt" ist in erster Linie als ein Gebot „marktregelkonformen Verhaltens" zu interpretieren. Mit dieser Bedeutung kann der für den B2C-Bereich durch die UGP-Richtlinie zwingend vorgegebene Begriff auch eine **„integrative Klammerwirkung"** für die Einheitlichkeit des Lauterkeitsrechts entfalten, weil ein einheitliches marktbezogenes Verhalten, das regelmäßig zugleich die Interessen von Mitbewerbern, sonstigen Marktbeteiligten und Verbrauchern berührt, auch einheitlich zu beurteilen ist. Als entscheidendes materielles Kriterium stellt der Begriff der unternehmerischen Sorgfalt sonach auch in erster Linie eine **sachliche Grundlage zur Ausfüllung des Unlauterkeitsurteils** und weniger eine Zurechnungsnorm dar.[707]

4. Inhaltliche Ausfüllung des Begriffs der „unternehmerischen Sorgfalt"

186 Der unbestimmte Begriff der „unternehmerischen Sorgfalt" ist in erster Linie unter dem Blickwinkel **des Zwecks und der positiven Regelungen der UGP-Richtlinie** sowie der einzelnen **Regelungen des deutschen UWG sowie des GWB** inhaltlich auszufüllen. Er erhält danach sein „normatives Korsett" weniger aus den unbestimmten Rechtsbegriffen der „Billigkeit", von „Treu und Glauben" oder aus den tatsächlich geübten „Marktgepflogenheiten", sondern aus den Regelungen der Richtlinie sowie des deutschen Lauterkeitsrechts. Im Rahmen der Würdigung der Gesamtumstände muss ein nicht ausdrücklich erfasstes Verhalten, das als Verstoß gegen die „unternehmerische Sorgfalt" angesehen werden soll, in seinem Gewicht den positiv geregelten Unlauterkeitstatbeständen der Black List oder der Spezialtatbestände entsprechen.[708] Für verbraucherbezogenes Verhalten ist die Prüfung an der **Zielsetzung der Richtlinie** auszurichten, **dem Verbraucher eine informationsgeleitete und freie, mithin rationale Entscheidung zu ermöglichen,**[709] und ihn vor belästigenden, nötigenden und sonst unzulässigen Praktiken zu schützen, die seine Wahlfreiheit beeinträchtigen.[710] Der unternehmerischen Sorgfalt entspricht es zudem, die **gesetzlichen Vorgaben** einzuhalten. Ob ein **überobligationsmäßiges Verhalten** bereits als „unternehmerische Sorgfalt" anzuerkennen ist, wenn es regelmäßig geübt ist, erscheint zweifelhaft. Dies kann wohl nur dann angenommen werden, wenn ein solches Verhalten sich zu einer Marktgepflogenheit verfestigt hat. Der Begriff der „unternehmerischen Sorgfalt" ist im Sinne einer „Marktregelkonfor-

---

[705] Vgl. BT-Drucks. 18/6571 S. 14.
[706] *Alexander,* WRP 2014, 501/509; *Sosnitza,* FS Köhler 2014, 685 ff.
[707] So aber tendenziell *Köhler* WRP 2012, 22 ff.
[708] Vgl. etwa zur vergleichbaren Ableitung von Ansprüchen aus der Generalklausel, die voraussetzt, dass die betreffende Verhaltensweise von ihrem Unlauterkeitsgehalt her den lauterkeitsrechtlichen Spezialtatbeständen entspricht: BGH GRUR 2013, 301 Rn. 26 – *Solarinitiative.*
[709] BGH GRUR 2014, 686 Rn. 23 – *Goldbärenbarren.*
[710] Erwägungsgrund 16 UGP-Richtlinie, dazu *Alexander* WRP 2014, 1010 ff.

mität" zu verstehen, deren Anforderungen nach den gebietsspezifisch geltenden, sich ggf. auch erheblich unterscheidenden rechtlichen Regelungen (beispielsweise den Regelungen bei Haustürverkäufen, im Internetvertrieb, bei der Heilmittelwerbung etc.) maßgebend sind. An die unternehmerische (berufliche) Sorgfalt sind bei geschäftlichen Handlungen, an die der Verkehr noch nicht gewöhnt ist, keine generell strengeren Anforderungen zu stellen.[711]

5. Anständige Marktgepflogenheiten

Mit der **UWG-Reform 2015** ist nunmehr ausdrücklich klargestellt, dass es zur Bestimmung der einzuhaltenden „unternehmerischen Sorgfalt" insbesondere auf die **„anständigen Marktgepflogenheiten"** ankommt und nicht etwa tatsächliche, aber lauterkeitsrechtlich nicht zu billigende Marktgepflogenheiten maßgebend sind.[712] Die nunmehr erfolgte Klarstellung im Text führt allerdings zu keiner sachlichen Änderung, weil schon die bisherige Definition im Lichte des Art. 2 lit. h der UGP-Richtlinie zu interpretieren war, die ausdrücklich auf die „anständigen Marktgepflogenheiten" abstellt. Die UGP-Richtlinie und das deutsche Recht knüpfen dabei an die Regelungen des **Art. 10bis Abs. 2 und 3 PVÜ**[713] an, die lauten: **187**

(2) „Unlauterer Wettbewerb ist jede Wettbewerbshandlung, die den anständigen Gepflogenheiten im Gewerbe oder Handel zuwiderläuft."

(3) Insbesondere sind zu untersagen:

1. *alle Handlunge, die geeignet sind, auf irgendeine Weise eine Verwechslung mit der Niederlassung, den Erzeugnissen oder der gewerblichen oder kaufmännischen Tätigkeit eines Wettbewerbers hervorzurufen;*
2. *falsche Behauptungen im geschäftlichen Verkehr, die geeignet sind, den Ruf der Niederlassung, der Erzeugnisse oder der gewerblichen oder kaufmännischen Tätigkeit eines Wettbewerbers herabzusetzen;*
3. *Angaben oder Behauptungen, deren Verwendung im geschäftlichen Verkehr geeignet ist, das Publikum über die Beschaffenheit, die Art der Herstellung, die wesentlichen Eigenschaften, die Brauchbarkeit oder die Menge der Waren irrezuführen.*

Bei den zu berücksichtigenden, tatsächlichen, im Wege des Beweises ermittelbaren **Marktgepflogenheiten** handelt es sich um **Marktverhaltensregeln für einen Beruf oder eine Branche,** welche **anerkannt** sind und **grundsätzlich eingehalten** werden.[714] Sie können sich aus Übungen, Sitten, Handelsbräuchen, aber auch aus Wettbewerbsregeln und Verbandsrichtlinien ergeben.[715] Nicht alle tatsächlich geübten Marktgepflogenheiten sind Teil der unternehmerischen Sorgfalt, sondern nur die anständigen. Dies ermöglicht, auch bestehende aber lauterkeitsrechtlich nicht zu billigende Gepflogenheiten als unlauter zu klassifizieren; die tatsächliche Übung einer Branche kann für die lauterkeitsrechtliche Wertung nicht ausschlaggebend sein.[716] Der BGH betont zutreffend, dass der Wettbewerb in bedrohlicher Weise beschränkt würde, wenn das Übliche zur Norm erhoben würde.[717] Das Bestehen einer Marktgepflogenheit kann allerdings Indiz für ihre Anständigkeit sein. Ob eine Marktgepflogenheit auch als **„anständig"** zu beurteilen ist, ist nicht nach allgemeinen ethischen, etwa religiös begründeten Vorstellungen zu beurteilen.[718] Maßgebend sind insoweit vielmehr die gesetzlichen Wertungen, insbesondere des UWG und GWB sowie des europäischen Rechts, insbesondere der UGP-Richtlinie, die man zusammenfassend als „business ethics"[719] bezeichnen könnte. Im Konfliktfall ist eine **Interessenabwägung** zwischen den sich gegenüberstehenden rechtlichen Positionen vorzunehmen.[720] Der Begriff der „anständigen Marktgepflogenheiten" gibt jedenfalls keine Grundlage für eine bloße moralisierende, von den rechtlichen Grundlagen losgelöste Betrachtung. **187a**

---

711 BGH GRUR 2014, 686 Rn. 23 – *Goldbärenbarren; Alexander* WRP 2014, 1010/1015.

712 Zwischen bloßen tatsächlich geübten „Marktgepflogenheiten" und „anständigen Marktgepflogenheiten" ist auch nach der Rechtsprechung des BGH zu unterscheiden, vgl. BGH GRUR 2006, 773 Rn. 19/20 – *Probeabonnement;* hierzu *Köhler*/Bornkamm, UWG, 34. Aufl., § 2 Rn. 136 ff.

713 Vgl. dazu *Henning-Bodewig* GRUR Int. 2014, 997 ff. sowie *Glöckner* in Einleitung C in diesem Kommentar.

714 *Köhler*/Bornkamm, UWG, 34. Aufl., § 2 Rn. 137.

715 *Köhler*/Bornkamm, UWG, 34. Aufl., § 2 Rn. 137.

716 Zutreffend *Henning-Bodewig* WRP 2011, 1014/1019. Beispiel für ein ggf. branchenübliches, aber nicht anerkennenswertes Marktverhalten bei OLG Hamm GRUR 2014, 208/209 – *Gutschein für Folgeaufträge.*

717 BGH GRUR 2011, 431 Rn. 13 – *FSA-Kodex;* Gloy/Loschelder/*Erdmann,* HdbWettbR, 4. Aufl., § 38 Rn. 12.

718 Vgl. *Henning-Bodewig* GRUR Int. 2015, 529/533 und GRUR Int. 2014, 997 ff.

719 Vgl. *Henning-Bodewig* GRUR Int. 2015, 529/533 und GRUR Int. 2014, 997 ff.

720 *Keller,* FS Bornkamm 2014, 381/383 f.

6. Weitere Konkretisierung am Maßstab von Treu und Glauben und der Billigkeit

188 Die fachliche Sorgfalt kann nicht deduktiv auf der Grundlage der unbestimmten Rechtsbegriffe von Treu und Glauben sowie der „billigerweise" gerechtfertigten Erwartungen konkretisiert werden.[721] Zwar bieten die bestimmbaren und tatsächlich ermittelbaren Marktgepflogenheiten einen Anhaltspunkt, dagegen bleiben aber **Treu und Glauben** und das, was **billigerweise erwartet** werden kann, interpretationsbedürftige Merkmale. Aufgrund des Maßstabs von „Treu und Glauben" ist von einem Unternehmer allerdings zu verlangen, in zumutbarer Weise auf die schutzwürdigen Interessen der Verbraucher Rücksicht zu nehmen.[722] Für verbraucherbezogenes Handeln ist die „unternehmerische Sorgfalt" insbesondere im Lichte des Zwecks der UGP-Richtlinie zu bestimmen, dem Verbraucher eine informierte, effektive und druckfreie Entscheidung zu ermöglichen,[723] während sonstige Marktteilnehmer und Mitbewerber jedenfalls marktregelkonformes Verhalten erwarten dürfen. Aus der englischen und französischen Sprachfassung der UGP-Richtlinie („reasonable, raisonnablement") ergibt sich im übrigen, dass **„billigerweise"** im Sinne von **„vernünftigerweise"** zu verstehen ist[724] und zur Bestimmung der unternehmerischen Sorgfalt sonach keine von der UGP-Richtlinie und dem Lauterkeitsrecht losgelösten Billigkeitserwägungen maßgebend sein sollen.

7. „Unternehmerische Sorgfalt" und unternehmensbezogenes Verhalten

189 Der Begriff der „unternehmerischen Sorgfalt" ist nach der Definition in § 2 Abs. 1 Nr. 7 UWG auf den „Tätigkeitsbereich gegenüber Verbrauchern" bezogen. Die aus diesem Begriff abzuleitenden **Verhaltensmaßstäbe gegenüber Verbrauchern strahlen jedoch auch auf das unternehmensbezogene Handeln aus,** auch wenn von Unternehmern grundsätzlich ein höherer Grad an Aufmerksamkeit und Kenntnissen als bei Verbrauchern erwartet werden kann.[725] Im Rahmen der UWG-Reform 2015 hatten sowohl der Referentenentwurf[726] als auch der Regierungsentwurf[727] noch vorgesehen, auch für den B2B-Bereich auf die „fachliche Sorgfalt" als entscheidendes lauterkeitsrechtliches Beurteilungskriterium abzustellen. Das ist teilweise[728] gutgeheißen, überwiegend aber abgelehnt worden.[729] Die Kritik führte insbesondere an, dass der Unternehmer den Mitbewerbern gegenüber nicht die Einhaltung „fachlicher Sorgfalt" oder von Fachkenntnissen schulde.[730] Der Interessengegensatz zwischen Unternehmer und seinen (potentiellen) Kunden (bzw. Lieferanten) sei ein grundsätzlich anderer als der zwischen dem Unternehmer und seinen Mitbewerbern, deren wettbewerbliche Entfaltungsmöglichkeiten nicht unangemessen beeinträchtigt werden dürfen.[731] Dieser Kritik ist indessen nicht zu folgen, weil sie die „fachliche" bzw. „unternehmerische Sorgfalt" zu eng interpretiert. Der Unternehmer hat bei seinen wettbewerblichen Aktivitäten auch gegenüber Mitbewerbern eine „unternehmerische Sorgfalt" zu wahren[732] und sich insbesondere „marktregelkonform" zu verhalten.[733] Die zu wahrende unternehmerische Sorgfalt ist nicht auf ein bloßes „Rücksichtsnahmegebot" gegenüber Verbrauchern reduziert, zumal der Begriff der „fachlichen" bzw. unternehmerischen Sorgfalt" auch an die gerade den B2B-Bereich betreffenden „anständigen Marktgepflogenheiten" im Sinne des Art. 10bis Abs. 2 PVÜ rückgekoppelt ist. Ebenso wie der frühere Begriff der „guten Sitten" ist der Begriff der „beruflichen" bzw. „unternehmerischen Sorgfalt" sonach als eine einheitliche Wertung erlaubende, **„integrative Klammer" des B2C und des B2B-Bereichs** geeignet. Das gilt umso mehr, als wettbewerbliche Handlungen zumeist

---

[721] So auch *Köhler* GRUR 2005, 793/796; Gloy/Loschelder/*Erdmann,* HdbWettbR, 4. Aufl., § 38 Rn. 14 misst dem Begriff keine Bedeutung zu.

[722] *Köhler* GRUR 2011, 478/482; GK-UWG/*Fritzsche,* 2. Aufl., § 2 Rn. 708.

[723] BGH GRUR 2014, 686 Rn. 23 – *Goldbärenbarren.*

[724] *Köhler*/Bornkamm, UWG, 34. Aufl. § 2 Rn. 140.

[725] Anderer Meinung allerdings *Köhler* WRP 2012, 22/31.

[726] GRUR 2014, 1180 ff. = WRP 2014, 1373 ff.

[727] GRUR 2015, 341 ff. = WRP 2015, 263 ff.

[728] *Glöckner* WRP 2014, 1399/1404 „schräg, aber nicht schrecklich"; *Sosnitza* GRUR 2015, 318; *Keller* Editorial WRP 2015 Heft 3.

[729] *Henning-Bodewig* GRUR Int. 2015, 529 ff.; *Alexander* WRP 2014, 1384 ff.; *Kirchhoff* WRP 2015, 659 ff.; *Köhler,* WRP 2015, 275; *Köhler* WRP 2014, 1410 ff.

[730] *Köhler* WRP 2014, 1410 ff.; *Kirchhoff* WRP 2015, 659 ff.; *Henning-Bodewig* GRUR Int. 2015, 529 ff.

[731] *Köhler* WRP 2014, 1410/1414.

[732] *Keller,* FS Bornkamm 2014, 381/391 f.

[733] *Keller,* FS Bornkamm 2014, 381, 391 f. Die österreichische Rechtsprechung legt das für das verbraucherbezogene Lauterkeitsrecht maßgebende Kriterium der „beruflichen Sorgfalt" zur Vermeidung von Wertungswidersprüchen auch dem Unlauterkeitsbegriff im mitbewerberschützenden Lauterkeitsrecht zugrunde, vgl. OGH GRUR Int. 2009, 342/346 – *Stadtrundfahrten.*

beide Bereiche betreffen und sonach „doppelrelevant" sind. Der Begriff ist auch nicht deshalb ungeeignet, weil die „unternehmerische Sorgfalt" im B2C-Bereich ggf. strenger als im B2B-Bereich zu bestimmen ist. Dass ein rechtlicher Maßstab je nach Adressatenkreis unterschiedlich ausgefüllt werden kann, ist sowohl im Zivilrecht als auch speziell im Lauterkeitsrecht (vgl. etwa § 3 Abs. 4) nicht ungewöhnlich. Dass die „fachliche" bzw. „unternehmerische Sorgfalt" über den reinen B2C-Bereich hinaus ein handhabbarer Maßstab sein kann, ist auch durch die nachfolgend aufgeführte Kasuistik belegt (vgl. nachfolgend Rn. 196ff.). Die „unternehmerische Sorgfalt" kann deshalb auch im B2B-Bereich ihre Ausstrahlungswirkung entfalten und sollte auch dort „mitgedacht" werden. Eine ganz andere Frage ist, ob die Abgrenzung zwischen den im Referentenentwurf und Regierungsentwurf zur UWG-Reform 2015 noch vorgesehenen Generalklauseln für den B2C- und den B2B-Bereich hätte verbessert werden müssen.

8. Lauterkeitsrechtliche Spezialtatbestände als Beispielsfälle fehlender fachlicher bzw. unternehmerischer Sorgfalt

Die im UWG im einzelnen geregelten Spezialtatbestände sind als Beispielsfälle für eine regelmäßig fehlende „unternehmerische Sorgfalt" anzusehen. Es handelt sich bei all diesen Fällen um **Ausprägungen von regelmäßig fehlender „unternehmerischer Sorgfalt".**[734] Aber auch die auf sonstige Marktteilnehmer sowie auf Mitbewerber bezogenen Spezialtatbestände des UWG, etwa die mitbewerberbezogenen Verbote des § 4 sind in einem weitergehenden, den vorherigen Erläuterungen entsprechenden Sinn als Ausprägung fehlender „unternehmerischer Sorgfalt" im Markt anzusehen. Die mitbewerberbezogenen Verbote sind Bestandteil des vom Unternehmer geforderten marktregelkonformen Verhaltens. 190

a) Den Erfordernissen der unternehmerischen Sorgfaltspflicht im Sinne der UGP-Richtlinie und der „unternehmerischen Sorgfalt" i. S. d. § 3 Abs. 2 i. V. m. § 2 Abs. 1 Nr. 7 UWG widersprechen **alle im Anhang zu § 3 Abs. 3 UWG aufgeführten geschäftlichen Handlungen („Black List").** Diese 30 Tatbestände unzulässiger geschäftlicher Handlungen sind als per se-Verbote Beispielsfälle, in denen in jedem Fall ein Verstoß gegen die für den Unternehmer geltende unternehmerische Sorgfalt vorliegt. 191

b) Der **Rechtsbruch-Tatbestand im neuen § 3a UWG** ist als Ausprägung einer nicht der unternehmerischen Sorgfalt genügenden Handlung zu verstehen. Es ist ein evidentes Gebot unternehmerischer Sorgfalt, die gesetzlichen Vorschriften einzuhalten, die auch dazu bestimmt sind, im Interesse der Marktteilnehmer das Marktverhalten zu regeln,[735] was umso mehr gilt, wenn ein Verstoß geeignet ist, die Interessen von Verbrauchern oder sonstigen Marktteilnehmern oder auch von Mitbewerbern spürbar zu beeinträchtigen. 192

c) Auch die dem Mitbewerberschutz dienenden **Tatbestände des neugefassten § 4 Nr. 1–4 UWG** rechnen zu dem vom Unternehmer geforderten marktregelkonformen Verhalten und sind im weiteren Sinne als Ausprägungen der einzuhaltenden unternehmerischen Sorgfalt anzusehen. Es entspricht zudem der unternehmerischen Sorgfalt, keine aggressiven geschäftlichen Handlungen im Sinne des § 4a gegenüber Verbrauchern und gegenüber sonstigen Marktteilnehmern vorzunehmen. 193

d) Die **Irreführungsregelungen der §§ 5 und 5a UWG** stellen ebenso wie das neuformulierte Verbot der Verschleierung des kommerziellen Zwecks einer geschäftlichen Handlung im Sinne des § 5a Abs. 6 sorgfaltsrelevante Regelungen dar. Ferner sind auch die **Regelungen zur vergleichenden Werbung in § 6 UWG** sowie das **Belästigungsverbot des § 7** als Ausprägungen der „unternehmerischen Sorgfalt" anzusehen. Es widerspricht der unternehmerischen Sorgfalt, einen Marktteilnehmer in unzumutbarer Weise zu belästigen. Ein dem Marktpartner nicht mehr zumutbares Verhalten kann auch nicht mehr als der unternehmerischen Sorgfalt entsprechend angesehen werden. 194

9. Methodik

Eine **gesonderte Prüfung,** ob eine Verletzung der „unternehmerischen Sorgfalt" vorliegt, **erübrigt sich, wenn bereits einer der lauterkeitsrechtlichen Spezialtatbestände,** etwa einer aggressiven geschäftlichen Handlung (§ 4a) oder der Irreführung (§§ 5, 5a) **vorliegt.**[736] Sowohl bei 195

---

[734] Vgl. dazu auch *Fezer* WRP 2010, 677/683; *Köhler* WRP 2012, 22/29; *Scherer* WRP 2010, 586/591.

[735] Vgl. etwa dazu BGH GRUR 2012, 949 Rn. 46 – *Missbräuchliche Vertragsstrafe.*

[736] EuGH GRUR 2015, 600 Rn. 61 ff. – *Ungarische Verbraucherschutzbehörde/UPC;* EuGH GRUR 2013, 1157 Rn. 45 und 48 – *CHS/Team4Travel; Keller,* FS Bornkamm 2014, 381/385 f.

den per se-Verboten der „Black List" als auch bei den irreführenden oder aggressiven Geschäftspraktiken steht bereits mit der Verwirklichung dieser Tatbestände fest, dass das entsprechende Verhalten auch gegen die „unternehmerische Sorgfalt" verstößt. Die „unternehmerische Sorgfalt" kann aber schon im Rahmen der **Ermittlung der Verkehrserwartung** bei der Feststellung etwa einer Irreführung zu berücksichtigen sein.[737] Das darf aber nicht dazu führen, etwa das verschuldensunabhängige Irreführungsverbot über den Einwand einer mangelnden Sorgfaltspflichtverletzung zu einem Verschuldensdelikt umzugestalten.[738]

10. Beispiele und Kasuistik zum Begriff der „fachlichen" bzw. „unternehmerischen Sorgfalt"

196 a) Es ist ein Gebot der „fachlichen Sorgfalt", mit **Testergebnissen** nur zu werben, wenn dem Verbraucher dabei die Fundstelle eindeutig und leicht zugänglich angegeben und ihm so eine einfache Möglichkeit eröffnet wird, den Test selbst zur Kenntnis zu nehmen. Fehlt es daran, beeinträchtigt dies die Möglichkeit des Verbrauchers, die testbezogene Werbung zu prüfen, insbesondere in den Gesamtzusammenhang des Tests einzuordnen. Dadurch wird die Fähigkeit des Verbrauchers, eine informierte geschäftliche Entscheidung im Sinne des Art. 7 Abs. 1 der UGP-Richtlinie zu treffen, spürbar beeinträchtigt. Danach ist es erforderlich, dass bei einer Werbung für ein Produkt mit einem Testergebnis im Internet die Fundstelle entweder bereits deutlich auf der ersten Bildschirmseite dieser Werbung angegeben wird oder jedenfalls ein deutlicher Sternchenhinweis den Verbraucher ohne weiteres zu der Fundstellenangabe führt.[739]

197 **b)** Eine **Gewinnspielkopplung** kann im Einzelfall gegen die berufliche Sorgfalt verstoßen, wenn die Fähigkeit des Verbrauchers, eine informationsgeleitete und freie, mithin rationale Entscheidung zu treffen, spürbar beeinträchtigt wird.[740] Dabei sind die Art des beworbenen Produkts, seine wirtschaftliche Bedeutung und die durch die Teilnahme an dem Gewinnspiel entstehende finanzielle Gesamtbelastung zu berücksichtigen. Weiter kann von Bedeutung sein, welche Gewinne ausgelost werden und ob die Gewinnchancen transparent dargestellt werden.[741] Sofern die finanzielle Gesamtbelastung durch die Teilnahme am Gewinnspiel deutlich wird und keine irreführenden Vorstellungen über die Gewinnchancen hervorgerufen werden, ist die Durchführung eines Gewinnspiels mit der unternehmerischen Sorgfalt vereinbar.[742] Ein Sorgfaltsverstoß liegt auch nicht darin, dass sich in dem an die Belehrung über die Teilnahme- und Gewinnmöglichkeiten anschließenden Teil des Werbespots die dort zu sehenden Familien über einen bestehenden Bedarf hinaus einkaufen, weil es sich hierbei um eine werbetypische Übertreibung handelt.[743]

198 c) Die **Verwendung unwirksamer Allgemeiner Geschäftsbedingungen** widerspricht regelmäßig den Erfordernissen fachlicher Sorgfalt.[744] Ebenso widerspricht eine Geschäftspraxis, die der in Umsetzung des Unionsrechts erlassenen Vorschrift des **§ 477 Abs. 1 Satz 2 BGB** entgegensteht, regelmäßig den Erfordernissen der beruflichen Sorgfalt.[745] Die **Verwendung von missbräuchlichen Vertragsklauseln** soll stets zugleich einen Verstoß gegen die fachliche Sorgfalt darstellen.[746]

199 **d)** Sofern bei einer Rabattaktion die Fortdauer der günstigen Einkaufspreise über den beworbenen Endzeitpunkt hinaus zum Zeitpunkt der **Werbung mit einer befristeten Rabattaktion** absehbar war, gebietet es die fachliche Sorgfalt, nicht ohne entsprechenden aufklärenden Hinweis mit einem befristeten Rabatt zu werben.[747]

200 e) Wenn eine **Rabattaktion** aufgrund von Umständen **verkürzt oder verlängert** wird, die nach dem Erscheinen der Werbung eingetreten sind, ist danach zu unterscheiden, ob diese Umstän-

[737] BGH WRP 2012, 316 – *Frühlings-Special.*

[738] Vgl. OLG Köln GRUR-RR 2013, 116 – *Versandhandelsausreißer* sowie *Keller,* FS Bornkamm 2014, 381/387.

[739] BGH GRUR 2010, 248, Rn. 31 f. – *Kamerakauf im Internet.*

[740] BGH GRUR 2014, 686 Rn. 23 – *Goldbärenbarren; Köhler* WRP 2012, 22/28.

[741] BGH GRUR 2014, 686 Rn. 23 – *Goldbärenbarren; Köhler* GRUR 2010, 767/774.

[742] BGH GRUR 2014, 686 Rn. 23 f. – *Goldbärenbarren.*

[743] BGH GRUR 2014, 686 Rn. 24/25 – *Goldbärenbarren.*

[744] BGH GRUR 2014, 88 Rn. 26 – *Vermittlung von Netto-Policen;* BGH GRUR 2012, 949 Rn. 46 – *Missbräuchliche Vertragsstrafe.* BGH GRUR 2010, 1117 Rn. 17 – *Gewährleistungsausschuss im Internet.*

[745] BGH GRUR 2011, 638 Rn. 20 – *Werbung mit Garantie.*

[746] *Alexander,* WRP 2012, 515/521 f.

[747] BGH WRP 2012, 316/318 – *Frühlings-Special;* vgl. auch BGH GRUR 2012, 208 ff. – *10% Geburtstagsrabatt.*

de für den Unternehmer unter Berücksichtigung fachlicher Sorgfalt voraussehbar waren und deshalb bei der Planung der befristeten Aktion der Gestaltung der ankündigenden Werbung hätten berücksichtigt werden können. Mit einer Verkürzung oder Verlängerung aus Gründen, die bei Schaltung der Anzeige bereits absehbar waren, rechnet der Verkehr nicht, sodass es Sache des Werbenden ist, die Umstände darzulegen, die für die Unvorhersehbarkeit der Kürzungs- oder Verlängerungsgründe und für die Einhaltung der fachlichen Sorgfalt sprechen.[748]

f) Für den Verbraucher ist bei der Bestimmung des **Umfangs der gemäß § 5a Abs. 3 UWG** 201
mitzuteilenden Informationen allein die Identität derjenigen Vertragspartner entscheidungserheblich, die für den werbenden Unternehmer unter Berücksichtigung fachlicher Sorgfalt voraussehbar während des Einlösungszeitraums eines Gutscheins zur Verfügung stehen werden. Es ist nicht sorgfaltswidrig, solche Informationen nicht zur Verfügung zu stellen, die aufgrund der besonderen Umstände eines durch zeitliche und personelle Flexibilität gekennzeichneten Dienstleistungsangebots nicht geleistet werden können.[749]

g) Verstößt das **Organ einer juristischen Person,** das in seiner beruflichen Tätigkeit nach der 202
Legaldefinition des § 2 Abs. 1 Nr. 6 UWG als Unternehmer im Sinne des Lauterkeitsrechts behandelt wird, gegen eine wettbewerbliche Verkehrspflicht, so entspricht sein Handeln nicht den Erfordernissen fachlicher Sorgfalt. Im Verhältnis zu anderen Marktteilnehmern handelt das Organmitglied unlauter gemäß § 3 Abs. 1 UWG.[750]

11. Befugnis zur Konkretisierung der „unternehmerischen Sorgfalt"

Der Begriff der „unternehmerischen Sorgfalt" ist auch im Lichte seiner Definition **in hohem** 203
Maße unbestimmt. In echten Zweifelsfällen ist eine Vorlage an den EuGH erforderlich. Es ist aber Aufgabe der nationalen Gerichte, den Begriff der „unternehmerischen Sorgfalt" (bzw. der „beruflichen Sorgfalt") im Einzelfall zu konkretisieren.[751] Der BGH hat demgemäß auch angenommen, dass sich eine Vorlage erübrigt, wenn sich etwaige Zweifel am Aussagegehalt der Richtlinie durch „eine sorgfältige, am Sinn und Zweck der Regelung orientierte Auslegung vollständig ausräumen lassen".[752] Eine Vorlage dürfte sich insbesondere erübrigen, wenn der angenommene Verstoß gegen die unternehmerische Sorgfalt seiner Schwere nach den positiv geregelten Fällen der Unlauterkeit nach der Richtlinie entspricht.

12. Unternehmerische Sorgfalt als Grundlage wettbewerbsrechtlicher Verkehrspflichten

Die „unternehmerische Sorgfalt" füllt zwar in erster Linie materiell den Unlauterkeitsbegriff aus 204
und stellt nicht primär ein verfahrensrechtliches Instrument zur Ermittlung der wettbewerbsrechtlichen Haftung dar. Die „unternehmerische Sorgfalt" kann man aber gleichwohl auch als Grundlage der von der Rechtsprechung entwickelten lauterkeitsrechtlichen **Verkehrspflichten** ansehen.[753]

G. § 2 Abs. 1 Nr. 8 (wesentliche Beeinflussung des wirtschaftlichen Verhaltens des Verbrauchers)

Im Zuge der **UWG Reform 2015** hat der Gesetzgeber in § 2 Abs. 1 Nr. 8 den aus der UGP-Richtlinie stammenden Begriff „wesentliche Beeinflussung des wirtschaftlichen Verhaltens des Verbrauchers" definiert. Es heißt nunmehr in § 2 Abs. 1 Nr. 8:

Im Sinne dieses Gesetzes bedeutet

8. „wesentliche Beeinflussung des wirtschaftlichen Verhaltens des Verbrauchers" die Vornahme einer geschäftlichen Handlung, um die Fähigkeit des Verbrauchers, eine

[748] BGH GRUR 2014, 91 – *Treuepunkte-Aktion.*

[749] BGH GRUR 2014, 580 – *Alpenpanorama im Heißluftballon;* zu notwendigen Angaben über den Vertragspartner vgl. auch OLG München WRP 2015, 1522 Rn. 53 ff. – *Ticketschutz.*

[750] BGH GRUR 2014, 883, Rn. 22 – *Geschäftsführerhaftung.*

[751] *Hetmank* GRUR 2015, 323/325.

[752] BGH WRP 2011, 866, Rn. 31 – *Werbung mit Garantie;* ebenso *Köhler* WRP 2012, 21/25; vgl. zur Formel des Fehlens „vernünftiger Zweifel" auch BGH GRUR 2016, 418 Rn. 28 – *Feuchtigkeitsspendendes Gel-Reservoir.*

[753] Dazu näher *Köhler* WRP 2012, 22/26 ff. und *Keller,* FS Bornkamm 2014, 381/391 f. Zu lauterkeitsrechtlichen Verkehrspflichten vgl. BGH GRUR 2016, 209 Rn. 22 ff. – *Haftung für Hyperlink;* BGH GRUR 2013, 1030 Rn. 30 – *File-Hosting-Dienst;* BGH GRUR 2007, 890 – *Jugendgefährdende Medien bei eBay;* BGH GRUR 2009, 597 – *Halzband.*

informierte Entscheidung zu treffen, spürbar zu beeinträchtigen und damit den Verbraucher zu einer geschäftlichen Entscheidung zu veranlassen, die er andernfalls nicht getroffen hätte;

I. Allgemeines

1. Überblick

205 Mit der neu in das Gesetz aufgenommen Vorschrift des § 2 Abs. 1 Nr. 8 hat der Gesetzgeber den Katalog des § 2 Abs. 1 um eine Definition des Begriffs „wesentliche Beeinflussung des wirtschaftlichen Verhaltens des Verbrauchers" ergänzt. Die richtlinienkonform auszulegende Definition folgt Art. 2 lit. e der UGP-Richtlinie, verwendet jedoch – um die einheitliche Terminologie des UWG zu wahren – den Begriff „geschäftliche Handlung" anstelle des Begriffs „Geschäftspraxis".[754] Eine inhaltliche Abweichung von Art. 2 lit. e der UGP-Richtlinie soll damit nicht verbunden sein.[755] Auf eine „wesentliche Beeinflussung des wirtschaftlichen Verhaltens des Verbrauchers" stellen nunmehr die neu gefassten § 3 Abs. 2 und Abs. 4 S. 2 UWG ab.

2. Vorgaben der UGP-Richtlinie

206 Die UGP-Richtlinie definiert den Begriff „wesentliche Beeinflussung des wirtschaftlichen Verhaltens des Verbrauchers" in Art. 2 lit. e. Dort heißt es:

„Im Sinne dieser Richtlinie bezeichnet der Ausdruck „wesentliche Beeinflussung des wirtschaftlichen Verhaltens des Verbrauchers" die Anwendung einer Geschäftspraxis, um die Fähigkeit des Verbrauchers, eine informierte Entscheidung zu treffen, spürbar zu beeinträchtigen und damit den Verbraucher zu einer geschäftlichen Entscheidung zu veranlassen, die er andernfalls nicht getroffen hätte. "

206a Die „wesentliche Beeinflussung des wirtschaftlichen Verhaltens des Verbrauchers" ist nach der die Generalklausel des Art. 5 Abs. 1 der UGP-Richtlinie konkretisierenden Vorschrift des Art 5 Abs 2 neben dem Sorgfaltsverstoß („materielles Unlauterkeitskriterium", Art. 5 Abs. 2 lit. a)) das für die Annahme einer Unlauterkeit entscheidende Kriterium („Relevanzkriterium", Art. 5 Abs. 2 lit. b)).[756] Die UGP-Richtlinie verweist auch in Art. 5 Abs. 3 auf eine „wesentliche Beeinflussung des wirtschaftlichen Verhaltens des Verbrauchers". Das Kriterium der „wesentlichen Beeinflussung des wirtschaftlichen Verhaltens des Verbrauchers" stellt ein **spezielles, gerade für die Generalklausel geltendes Relevanzkriterium** dar, das nur eingreift, wenn keine irreführenden oder aggressiven **Geschäftspraktiken** im Sinne der Art. 8 bis 9 in Rede stehen, die eigenständige Relevanzschwellen aufweisen.[757] Die in Art. 6 bis 9 verankerten Verbote irreführender und aggressiver Praktiken dürfen von keinem anderem als den in diesen Artikeln genannten Kriterien abhängig gemacht werden.[758] Stets kommt es darauf an, dass die Beeinflussung geeignet ist, den Verbraucher zu einer Entscheidung zu veranlassen, die er andernfalls nicht getroffen hätte. Die Definition ist nur eingeschränkt gelungen, weil eine „wesentliche Beeinflussung des wirtschaftlichen Verhaltens des Verbrauchers" lauterkeitsrechtlich neutral ist und gerade noch kein unlauteres Verhalten indiziert.[759] Auch lautere und für den Verbraucher günstige Maßnahmen können zu einer „wesentlichen Beeinflussung des wirtschaftlichen Verhaltens des Verbrauchers" führen. Gemeint ist ersichtlich, dass der für die Annahme einer Unlauterkeit erforderliche Verstoß gegen die berufliche Sorgfalt auch geschäftlich relevant sowie zudem „spürbar" im Sinne von „geschäftsabschlussrelevant" sein muss und wirtschaftlich gänzlich unbedeutende Beeinflussungen für die Annahme einer Unlauterkeit nicht ausreichend sind.

II. Bedeutung und Konkretisierung

207 Die für verbraucherbezogene geschäftliche Handlungen maßgebende Generalklausel des § 3 Abs. 2 UWG stellt auch nach der im Zuge der **UWG-Reform 2015** erfolgten redaktionellen Änderung („unternehmerische Sorgfalt" statt „fachliche Sorgfalt") zur Beurteilung der Lauterkeit darauf ab, ob die in Rede stehenden geschäftlichen Handlungen neben dem erforderlichen Sorgfalts-

---

754 Vgl. Gesetzesentwurf der Bundesregierung, BT-Drucks. 18/4535 S. 10.
755 Vgl. Gesetzesentwurf der Bundesregierung, BT-Drucks. 18/4535 S. 10.
756 Vgl. *Keller,* FS Bornkamm 2014, 381/382.
757 Vgl. *Alexander* WRP 2014, 1384/1386; *Sack* WRP 2015, 663/664; *Fritzsche* WRP 2014, 1392 Rn. 24.
758 EuGH GRUR 2013, 1157 Rn. 41 – *CHS/Team4 Travel.*
759 Zutreffend Harte/Henning/*Glöckner,* 4. Aufl., Einl. B Rn. 262.

verstoß dazu „geeignet sind, das wirtschaftliche Verhalten des Verbrauchers wesentlich zu beeinflussen". Insoweit ist es weiterhin erforderlich, das beanstandete Verhalten auf seine „geschäftliche Relevanz"[760] zu überprüfen. Die bisherigen Maßstäbe und Beurteilungsgrundsätze zu § 3 Abs. 2 sind also nach wie vor gültig. Auch unter der Geltung des neuen Rechts ist es unbedenklich möglich, auf die bisher zu § 3 Abs. 2 ergangene Rechtsprechung zurückzugreifen.

1. Geschäftliche Handlung

Eine „wesentliche Beeinflussung des wirtschaftlichen Verhaltens des Verbrauchers" ist nur beurteilungserheblich, sofern sie im Zusammenhang mit einer „geschäftlichen Handlung" erfolgt. Sonstige Beeinflussungen des Verbrauchers, etwa im privaten oder im schlicht hoheitlichen Bereich, sind lauterkeitsrechtlich nicht erfasst. Eine „wesentliche Beeinflussung" setzt sonach ein marktbezogenes, auf die geschäftlichen Entscheidungen von Verbrauchern bezogenes Verhalten voraus, das in einem Absatzförderungs- oder in einem lauterkeitsrechtlich relevanten Vertragsabschluss- oder Vertragsdurchführungszusammenhang steht. Auf die vorstehenden Erläuterungen zur „geschäftlichen Handlung" im Sinne des § 2 Abs. 1 Nr. 1 UWG ist zu verweisen. **208**

2. Beeinträchtigung der „Fähigkeit zu einer informierten Entscheidung"

Eine wesentliche Beeinflussung des Verbraucherverhaltens liegt nur dann vor, wenn die Fähigkeit des Verbrauchers, eine **„informierte Entscheidung"** zu treffen, beeinträchtigt ist („Einwirkungskriterium").[761] Eine Beeinträchtigung der „Fähigkeit" des Verbrauchers, eine informierte Entscheidung zu treffen, ist bereits gegeben, wenn die in Rede stehende Handlung dazu **geeignet** ist, eine informierte Entscheidung zu beeinträchtigen.[762] Zutreffender, wenn auch sprachlich sperriger ist es, von einer „informationsgeleiteten Entscheidung"[763] zu sprechen, weil nicht die Entscheidung, sondern allenfalls der Entscheider informiert ist. Die Formulierung „informierte Entscheidung" ist sprachlich verkürzt, meint aber das gleiche. Eine **„informationsgeleitete" Entscheidung** liegt vor, wenn der Verbraucher anhand der ihm gegebenen Informationen die Vor- und Nachteile eines Angebotes abwägen kann.[764] Dies ist objektiv und bezogen auf den durchschnittlichen Adressaten der Handlung zu beurteilen.[765] Sinn dieses Kriteriums ist es, dem Verbraucher eine ihm nützliche Entscheidung, also „eine informierte und effektive Wahl" (vgl. Erwägungsgrundes 14) zu ermöglichen.[766] Im Zusammenhang mit einer als unlauter angesehenen unrichtigen Auskunft gegenüber einem Verbraucher hat der EuGH betont, dass der Fehler den Verbraucher gehindert hat, eine **Entscheidung „in voller Kenntnis der Sachlage"** zu treffen und dies dem Verbraucher im übrigen zusätzliche Kosten verursacht hat.[767] Die Fähigkeit, eine „informierte Entscheidung" zu treffen, ist nicht gleichzusetzen mit der Fähigkeit, sich „auf Grund von Informationen" (so noch § 3 Abs. 2 UWG a. F.) zu entscheiden.[768] Die geänderte Wortwahl bringt im Vergleich zur alten Fassung des § 3 Abs. 2 UWG aber keine sachlichen Änderungen mit sich.[769] **209**

3. Wesentliche Beeinflussung und „spürbare" Beeinträchtigung

Eine wesentliche Beeinflussung des wirtschaftlichen Verhaltens des Verbrauchers liegt nur vor, wenn die geschäftliche Handlung geeignet ist, die Fähigkeit des Verbrauchers zu einer informierten Entscheidung **„spürbar zu beeinträchtigen".** Wie schon bei § 3 UWG a. F. ist Zweck dieses Kriteriums, nur solche Verhaltensweisen lauterkeitsrechtlich zu beurteilen, die **eine relevante Auswirkung auf den Markt** haben.[770] Die wettbewerblichen Handlungen dürfen also von einem nicht nur als belanglos einzustufenden Gewicht für das Wettbewerbsgeschehen und die Interessen der beteiligten Marktkreise sein.[771] Das steht im Einklang mit Erwägungsgrund 6 Satz 2 der UGP- **210**

---

[760] Hierzu *Köhler* WRP 2014, 259/260.
[761] Vgl. *Köhler* WRP 2014, 259/260.
[762] *Köhler*/Bornkamm, UWG, 34. Aufl., § 2 Rn. 144.
[763] Vgl. BGH GRUR 2014, 686 Rn. 23 – *Goldbärenbarren.*
[764] *Köhler*/Bornkamm, UWG, 34. Aufl., § 2 Rn. 145.
[765] GK-UWG/*Fritzsche,* 2. Aufl., § 3 Rn. 629, 630.
[766] *Köhler* WRP 2014, 259, 261.
[767] EuGH GRUR 2015, 600 Rn. 40 – *Ungarische Verbraucherschutzbehörde/UPC.*
[768] *Helm* WRP 2013, 710, 714.
[769] Vgl. zur sprachlichen Abweichung GK-UWG/*Fritzsche,* 2. Aufl., § 3 Rn. 627; MünchKommUWG/*Micklitz,* 2. Aufl., EG D Art. 5 Rn. 34.
[770] Zur alten Rechtslage Ohly/*Sosnitza,* UWG, 6. Aufl, § 3 Rn. 50.
[771] *Ohly/Sosnitza,* UWG, 6. Aufl., § 3 Rn. 48 ff.

Richtlinie, wo es heißt: „Im Einklang mit dem Verhältnismäßigkeitsprinzip schützt diese Richtlinie die Verbraucher vor den Auswirkungen solcher unlauteren Geschäftspraktiken, soweit sie als wesentlich anzusehen sind, berücksichtigt jedoch, dass die Auswirkungen für den Verbraucher in den meisten Fällen unerheblich sein können." Eine **spürbare Beeinträchtigung** ist regelmäßig anzunehmen, wenn die geschäftliche Handlung den **Durchschnittsverbraucher davon abhalten kann, die Vor- und Nachteile einer geschäftlichen Entscheidung abzuwägen** und auf dieser Grundlage eine für ihn nützliche Entscheidung zu treffen.[772] Das **Vorenthalten von Informationen,** die das Unionsrecht als wesentlich ansieht, ist grundsätzlich geeignet, die Fähigkeit des Verbrauchers, sich aufgrund von Informationen zu entscheiden, spürbar zu beeinträchtigen und ihn damit zu einer geschäftlichen Entscheidung zu veranlassen, die er andernfalls nicht getroffen hätte.[773] Vorzunehmen ist eine Gesamtbewertung anhand aller objektiver und subjektiver Umstände des Einzelfalls.[774] Je näher das Verhalten dabei an den Tatbeständen der §§ 4a ff. UWG liegt, desto eher ist von einer Spürbarkeit auszugehen.[775] Zu weiteren Einzelfragen der „Spürbarkeit" ist auf die Kommentierung zu § 3 Abs. 2 UWG zu verweisen.[776]

4. Veranlassung zu einer „andernfalls nicht getroffenen geschäftlichen Entscheidung"

211 Die geschäftliche Handlung muss zudem vorgenommen werden, um den Verbraucher zu einer **geschäftlichen Entscheidung** zu veranlassen, die er andernfalls nicht getroffen hätte. Der Begriff der **„geschäftlichen Entscheidung"** ist **seit der UWG-Novelle 2015 in § 2 Abs. 1 Nr. 9 definiert.**[777] Darauf ist insoweit zu verweisen. Die bloße Feststellung einer geschäftlichen Entscheidung reicht für die Annahme einer „wesentlichen Beeinflussung" nicht aus. Es muss zudem geprüft werden, ob der Verbraucher seine Entscheidung ohne die Beeinflussung „andernfalls nicht getroffen" hätte, was als **Abnehmerrelevanz**[778] bezeichnet wird. Eine gleichlautende Formulierung findet sich in den §§ 4a Abs. 1 S. 1, 5 Abs. 1 S. 1 und 5a Abs. 2 Nr. 2 UWG. Maßgebend ist, wie sich der Verbraucher im konkreten Fall typischerweise verhalten hätte.[779] Weicht das beeinflusste Verhalten vom typischen Verhalten ab, so war die Beeinflussung abnehmerrelevant. Es ist nicht erforderlich nachzuweisen, wie der Verbraucher tatsächlich reagiert hat,[780] ein Beweis einer konkrete Kausalität ist somit nicht notwendig.[781] Wie die Verbraucher „typischerweise reagieren",[782] hat das Gericht ohne Beweisaufnahme festzustellen.

5. Keine Beeinträchtigungsabsicht

212 Die Formulierung in § 2 Abs. 1 Nr. 8 und die entsprechende Formulierung in der UGP-Richtlinie, wonach die Beeinflussung erfolgen muss, „**um** die Fähigkeit des Verbrauchers… spürbar zu beeinträchtigen", könnte den Schluss nahe legen, eine wesentliche Beeinflussung nur dann zu bejahen, wenn der Unternehmer auch in entsprechender Absicht gehandelt hatte.[783] Eine solche **Absicht ist aber tatsächlich nicht erforderlich** und auch weder der Gesetzesbegründung zu § 2 Abs. 1 Nr. 8[784] noch der UGP-Richtlinie und ihren Erwägungsgründen zu entnehmen. Ausreichend ist vielmehr auch hier eine **objektive Zweckbestimmung.**[785] Es entspricht der Rechtsprechung des EuGH, wonach weder Vorsatz noch Fahrlässigkeit für die Annahme eines Wettbewerbsverstoßes erforderlich sind.[786] Auch die Beurteilung, ob eine „wesentliche Beeinflussung" im Sinne des § 2 Abs. 1 Nr. 8 vorliegt, ist sonach allein nach objektiven Kriterium vorzunehmen.

---

[772] *Köhler* WRP 2014, 259/261 Rn. 17 ff.; *Köhler*/Bornkamm, UWG, 34. Aufl., § 2 Rn. 146.

[773] BGH GRUR 2016, 403 Rn. 25 – *Fressnapf;* BGH GRUR 2015, 1240 Rn. 46 – *Der Zauber des Nordens;* BGH GRUR 2014, 584 Rn. 23 – *Typenbezeichnung.*

[774] Vgl. die Gesetzesbegründung zur UWG-Reform 2004, BT-Drucks. 15/1487, S. 17.

[775] GK-UWG/*Peukert,* 2. Aufl., § 3 Rn. 422.

[776] Siehe Harte/Henning/*Podszun,* 4. Aufl., § 3 Rn. 125 ff.; *Köhler*/Bornkamm, UWG, 34. Aufl., § 2 Rn. 146; MünchKommUWG/*Sosnitza,* 2. Aufl., § 3 Rn. 96 ff.

[777] siehe hierzu die Kommentierung zur geschäftlichen Entscheidung in Rn. 216 ff.

[778] *Ohly* GRUR 2016, 3/4; *Köhler* WRP 2014, 259/261.

[779] EuGH GRUR 2012, 1269 Rn. 53 – *Purely Creative.*

[780] GK-UWG/*Fritzsche,* 2. Aufl., § 3 Rn. 630.

[781] Zur UGP-Richtlinie MünchKommUWG/*Micklitz,* 2. Aufl., EG D Art. 5 Rn. 51.

[782] EuGH GRUR 2012, 1269 Rn. 53 – *Purely Creative.*

[783] *Köhler* WRP 2015, 1311, 1312.

[784] Gesetzesbegründung zur UWG-Reform 2015, BT-Drucks. 18/4535.

[785] Vgl. zur parallelen Problematik bei der geschäftlichen Handlung die obige Kommentierung Rn. 15.

[786] EuGH GRUR 2015, 600 Rn. 47 f. – *Ungarische Verbraucherschutzbehörde/UPC.*

6. Beurteilungsmaßstab

213 Der Beurteilungsmaßstab für das Relevanzkriterium ist die **Sicht der angesprochenen Verbraucher.** Grundsätzlich kommt es auf den durchschnittlichen Verbraucher oder, sofern eine gewisse Verbrauchergruppe angesprochen wird, ein durchschnittliches Mitglied dieser Gruppe an (§ 3 Abs. 4).[787]

7. Beweisfragen

214 Es obliegt grundsätzlich dem Kläger, die tatsächlichen Grundlagen für das Relevanzkriterium des § 2 Abs. 1 Nr. 8 UWG vorzutragen und zu beweisen. Der Kläger hat insbesondere die tatsächlich Grundlagen für die Annahme der Spürbarkeit vorzutragen und zu beweisen.[788] Es stellt jedoch insgesamt – auf der Grundlage einer vorzutragenden und ggf. zu beweisenden Sachlage – eine **Rechtsfrage** dar, ob eine als unlauter beanstandete geschäftliche Handlung im Sinne des § 2 Abs. 1 Nr. 8 spürbar verbraucherrelevant ist.[789] Wie die Verbraucher „typischerweise reagieren" würden, stellt ebenfalls eine von den nationalen Gerichten zu entscheidende Rechtsfrage dar.[790]

8. Kasuistik zur Beeinflussung des Verbraucherverhaltens

215 **Bejaht hat die Rechtsprechung eine Beeinflussung der Entscheidung des Verbrauchers:** bei einer irreführenden Werbung über die kommunale Trägerschaft eines Unternehmens, weil das Publikum einem Unternehmen, welches sich mehrheitlich in Besitz der öffentlichen Hand befindet, größeres Vertrauen entgegenbringe und bei ihm von einer besonderen Verlässlichkeit und Seriosität ausgehe, wobei noch die Erwartung einer ausreichenden Bonität und Insolvenzfestigkeit hinzukomme (BGH GRUR 2012, 1273, Rn. 25 – *Stadtwerke Wolfsburg*); bei einer Fehlvorstellung der Verbraucher über die zeitlichen Grenzen eines Rabatts wegen der zentralen Bedeutung des Preises (BGH GRUR 2012, 208, Rn. 31 – *10 % Geburtstags-Rabatt*); bei der irreführenden Verwendung eines ®-Zeichens, weil ein Unternehmen, das einen falschen Eindruck über die Rechte an einem bestimmten Zeichen erwecke, sich davon Vorteile gegenüber den Abnehmern verspreche (BGH GRUR 2009, 1080, Rn. 18 und 21 – *Thermoroll*); bei einer Irreführung über tatsächlich nicht mitverkauftes Zubehör, da „dies ein positives Leistungsmerkmal" darstelle (OLG Hamm GRUR RS 2015, 20832, Rn. 80); bei einem Vorenthalten von Informationen, die das Unionsrecht als wesentlich ansieht, ist die Fähigkeit des Verbrauchers, sich aufgrund von Informationen zu entscheiden, regelmäßig spürbar beeinträchtigt (BGH GRUR 2016, 403 Rn. 25 – *Fressnapf*[791]); auch bei einer falschen Adressenangabe in einem Prospekt, weil die diesbezügliche Verpflichtung europarechtlich fundiert ist und sich daraus ergibt, dass es sich um eine „wesentliche Information" handelt (OLG Hamm, GRUR-RR 2013, 121).

215a **Verneint hat die Rechtsprechung eine Beeinflussung der Entscheidung des Verbrauchers:** bei einer Blickfangwerbung, die den Verbraucher noch nicht direkt zum Erwerb bewegt, wenn die falschen Angaben im weiteren Text korrigiert werden (BGH GRUR 2015, 698, Rn. 20 – *Schlafzimmer komplett*); bei einer fehlenden Impressumsangabe in einer Printwerbung, wenn der Verbraucher selbst ohne größere Schwierigkeiten beim ausschließlich möglichen Onlinekauf das Impressum aufrufen kann (OLG Köln GRUR RS 2015, 01205, Rn. 28).

H. § 2 Abs. 1 Nr. 9 (geschäftliche Entscheidung)

Der Gesetzgeber hat nunmehr im Zuge der **UWG-Reform 2015** den aus der UGP-Richtlinie stammenden Begriff der „geschäftlichen Entscheidung" in § 2 Abs. 1 Nr. 9 UWG definiert. Es heißt dort:

Im Sinne dieses Gesetzes bedeutet

9. „geschäftliche Entscheidung" jede Entscheidung eines Verbrauchers oder sonstigen Marktteilnehmers darüber, ob, wie und unter welchen Bedingungen er ein Geschäft

---

[787] Vgl. dazu die Kommentierung zu spezifischen Verbraucherkreisen bei § 2 Abs. 2 UWG (Rn. 245 f.)

[788] *Ohly*/Sosnitza, UWG, 6. Aufl., § 3 Rn. 64.

[789] Vgl. insoweit juris-PK-UWG/*Ullmann*, 4. Aufl., § 3 Rn. 73; *Köhler* nimmt in WRP 2014, 259/262 eine widerlegbare tatsächliche Vermutung für die geschäftliche Relevanz an.

[790] EuGH GRUR 2012, 1269 Rn. 53 – *Purely Creative.*

[791] Vgl. auch: BGH GRUR 2015, 1240 Rn. 46 – *Der Zauber des Nordens;* BGH GRUR 2014, 584 Rn. 23 – *Typenbezeichnung.*

abschließen, eine Zahlung leisten, eine Ware oder Dienstleistung behalten oder abgeben oder ein vertragliches Recht im Zusammenhang mit einer Ware oder Dienstleistung ausüben will, unabhängig davon, ob der Verbraucher oder sonstige Marktteilnehmer sich entschließt, tätig zu werden;

Schrifttum: *Köhler,* Zur „geschäftlichen Relevanz unlauterer geschäftlicher Handlungen" gegenüber Verbrauchern, WRP 2014, 259 ff.; *Köhler,* UWG-Reform 2015: Im Regierungsentwurf nicht angesprochene Defizite bei der Umsetzung der UGP-Richtlinie, WRP 2015, 1037 ff.; *Köhler,* Alternativentwurf (UWG-AE) zum Regierungsentwurf (UWG-E) eines 2. Gesetzes zur Änderung des Gesetzes gegen den unlauteren Wettbewerb, WRP 2015, 1311 ff.; *Omsels,* Die geschäftliche Entscheidung, WRP 2016, 553 ff.

I. Allgemeines

1. Überblick

216 Der Begriff der „geschäftlichen Entscheidung" fand sich erstmals in § 3 Abs. 2 Satz 1 UWG a. F., allerdings hatte der Begriff im UWG 2008 noch keinen Eingang in den Definitionenkatalog des § 2 gefunden. Der Gesetzgeber hielt damals die Übernahme der Definition nicht für erforderlich, da er den Begriff der „geschäftlichen Entscheidung" aus sich heraus für verständlich ansah.[792] Die nunmehrige Einfügung der Definitionsvorschrift erfolgte – abweichend noch vom Referentenentwurf[793] sowie dem Regierungsentwurf[794] zur UWG-Reform 2015 – auf der Grundlage der Beschlussempfehlung des Ausschusses für Recht und Verbraucherschutz[795] und dient der Umsetzung von Art. 2 lit. k der UGP-Richtlinie.[796] Die Aufnahme der Definitionsnorm in das UWG entspricht zahlreichen Forderungen in der Literatur, diesen nicht nur für das verbraucherbezogene Lauterkeitsrecht zentralen Begriff auch im UWG legal zu definieren.[797] Auf eine „geschäftliche Entscheidung" verweisen der neu eingeführte § 4a UWG, § 5 Abs. 1 und § 5a, Nr. 7 des Anhangs zu § 3 Abs. 3 sowie die Vorschrift des neuen § 2 Abs. 1 Nr. 8 UWG.

2. Vorgaben der UGP-Richtlinie

217 Die UGP-Richtlinie definiert den Begriff der „geschäftlichen Entscheidung" in Art. 2 lit. k. Es heißt dort:

„Im Sinne dieser Richtlinie bezeichnet der Ausdruck „geschäftliche Entscheidung" jede Entscheidung eines Verbrauchers darüber, ob, wie und unter welchen Bedingungen er einen Kauf tätigen, eine Zahlung insgesamt oder teilweise leisten, ein Produkt behalten oder abgeben oder ein vertragliches Recht im Zusammenhang mit dem Produkt ausüben will, unabhängig davon, ob der Verbraucher beschließt, tätig zu werden oder ein Tätigwerden zu unterlassen."

217a Die Richtlinie verweist in Art. 6 Abs. 1 und 2, Art. 7 Abs. 2 und Art. 8 zu den irreführenden und agressiven Geschäftspraktiken sowie in der Definition des Art. 2 lit. e („wesentliche Beeinflussung des wirtschaftlichen Verhaltens des Verbrauchers") auf den Begriff der „geschäftlichen Entscheidung". In Erwägungsgrund 7 zur UGP-Richtlinie heißt es:

„Diese Richtlinie bezieht sich auf Geschäftspraktiken, die in unmittelbarem Zusammenhang mit der Beeinflussung der geschäftlichen Entscheidungen des Verbrauchers in Bezug auf Produkte stehen. Sie bezieht sich nicht auf Geschäftspraktiken, die vorrangig anderen Zielen dienen…"

217b Das entspricht dem Regelungsziel der Richtlinie, unlauter erwirkte geschäftliche Entscheidungen von Verbrauchern abzuwehren und dem Verbraucher zu ermöglichen, eine informierte und damit effektive Wahl („in voller Kenntnis der Sachlage"[798]) zu treffen (vgl. auch Erwägungsgrund 14).

3. Umsetzung im UWG

218 Der Gesetzgeber hat die Definition der „geschäftlichen Entscheidung" in Art. 2 lit. k der UGP-Richtlinie nicht wörtlich, sondern mit geringfügigen Änderungen in das UWG übernommen. Anstelle des Begriffs „Produkt" verwendet § 2 Abs. 1 Nr. 9 den Begriff „Waren oder Dienstleistun-

---

[792] Gesetzesentwurf der Bundesregierung, BT-Drs. 16/10145, S. 13.
[793] Abgedruckt in GRUR 2014, 1180 ff. (= WRP 2014, 1373 ff.) mit GRUR-Stellungnahme 2014, 1185 ff.
[794] Gesetzesentwurf der Bundesregierung BT-Drucks. 18/4535, WRP 2015, 263 ff.
[795] Beschlussempfehlung des Ausschusses für Recht und Verbraucherschutz, BT-Drucks. 18/6571.
[796] Beschlussempfehlung des Ausschusses für Recht und Verbraucherschutz, BT-Drucks. 18/6571, S. 13.
[797] GK-UWG/*Peukert,* 2. Aufl., § 2 Rn. 150; *Köhler* WRP 2015, 1037/1038; *Alexander* WRP 2014 1384/1386; *Fritzsche* WRP 2014, 1392/1395.
[798] EuGH GRUR 2015, 600 Rn. 40 – *Ungarische Verbraucherschutzbehörde/UPC.*

gen", was Art. 2 lit. c der UGP-Richtlinie entspricht. Darüber hinaus verwendet die Definitionsnorm anstelle des sachlich zu engen Begriffs „Kauf tätigen" den Begriff „Geschäft abschließen", weil die Richtlinie – wie sich an der Definition des Begriffs „Produkt" in Art. 2 lit. c zeigt – eben nicht nur einen „Kauf", sondern jeden entgeltlichen Vertrag betrifft.[799] Dies entspricht auch der Verwendung des Begriffs „Geschäft abschließen" in der auch weiterhin geltenden Fassung des § 5a Abs. 3 UWG.[800] Auch die bisherige Fassung des § 3 Abs. 2 UWG hatte einen solch weiten Anwendungsbereich.[801] Über die „Verbraucher" hinaus wurde die Vorschrift auf die „sonstigen Marktteilnehmer" erstreckt, was unter dem Blickwinkel der lediglich den B2C-Bereich betreffenden UGP-Richtlinie ohne weiteres möglich ist.[802] Erfasst sind schließlich auch alle geschäftlichen Entscheidungen als Reaktion auf geschäftliche Handlungen, die – wie etwa die Förderung des Wettbewerbs von dritten Unternehmen oder Nachfragehandlungen – vom Anwendungsbereich der UGP-Richtlinie nicht mehr, wohl aber vom Anwendungsbereich des deutschen Lauterkeitsrechts abgedeckt sind.

II. Bedeutung und Konkretisierung

1. Allgemeines

Die nunmehr legal definierte **„geschäftliche Entscheidung" bildet das lauterkeitsrechtliche Pendant zur „geschäftlichen Handlung".**[803] Auf der Grundlage des Begriffs der „geschäftlichen Handlung", die geeignet sein muss, eine geschäftliche Entscheidung zu beeinflussen, ist zu bemessen, welche Handlungen der wettbewerblichen Akteure der lauterkeitsrechtlichen Kontrolle unterliegen. Die adressatenbezogen zu verstehende „geschäftliche Entscheidung" gibt an, welche Verhaltensweisen auf der Adressatenseite im Rahmen des lauterkeitsrechtlichen Gesamttatbestandes in die Beurteilung einzubeziehen sind. Das durch den Begriff der „geschäftlichen Entscheidung" erfasste, weit zu verstehende[804] Verhalten erfasst sämtliche im Vorfeld eines Geschäftsabschlusses erfolgende und auf ihn gerichtete Entscheidungen („ob, wie und unter welchen Bedingungen er ein Geschäft abschließen"), den Geschäftsabschluss selbst sowie Maßnahmen im Zusammenhang mit der Vertragsdurchführung („eine Zahlung leisten, eine Ware oder Dienstleistung behalten oder abgeben") sowie die nachvertragliche Ausübung von Rechten im Zusammenhang mit dem Geschäftsabschluss („oder ein vertraglichen Recht im Zusammenhang mit einer Ware oder Dienstleistung ausüben will"), ohne dass es in all diesen Fällen darauf ankommt, ob der Verbraucher oder sonstige Marktteilnehmer sich tatsächlich dazu entschließt, tätig zu werden. 219

2. Einheitliche richtlinienkonforme Auslegung

Der nunmehr in § 2 Abs. 1 Nr. 9 UWG legal definierte Begriff der „geschäftlichen Entscheidung" ist richtlinienkonform unter dem Blickwinkel des Art. 2 lit. k der UGP-Richtlinie sowie des verbrauchschutzbezogenen Regelungszwecks der UGP-Richtlinie auszulegen.[805] Weil schon die bisherige Rechtsprechung den in § 3 Abs. 2 Satz 1 UWG a. F. enthaltene Begriff der „geschäftlichen Entscheidung" ganz im Sinne der Richtlinie interpretierte, ist daran auch unter der Geltung des UWG 2015 anzuknüpfen. Maßgebend für die Auslegung ist dabei das von der Richtlinie verfolgte Ziel, „die wirtschaftlichen Interessen der Verbraucher für unlautere Geschäftspraktiken von Unternehmen gegenüber Verbrauchern" zu schützen,[806] wobei durch die Abwehr irreführender Praktiken eine informierte und deshalb effektive Wahl ermöglicht[807] und durch die Abwehr von aggressiven Handelspraktiken die Wahlfreiheit des Verbrauches geschützt werden sollen.[808] Der Schutz anderer 220

---

[799] Vgl. Beschlussempfehlung des Ausschusses für Recht und Verbraucherschutz, BT-Drucks. 18/6571, S. 13; *Köhler* WRP 2014, 259/260; vgl. auch *Omsels* WRP 2016, 553/554 Rn. 6.

[800] Beschlussempfehlung des Ausschusses für Recht und Verbraucherschutz, BT-Drucks. 18/6571, S. 13; *Köhler* WRP 2015, 1311/1312.

[801] *Köhler* WRP 2014, 259/260.

[802] Vgl. etwa den Bericht der Kommission an das Europäische Parlament, den Rat und den Europäischen Wirtschafts- und Sozialausschuss über die Anwendung der UGP-Richtlinie vom 14. März 2013 (COM(2013) 139 final, S. 10: „Den Mitgliedstaaten steht es frei, den Anwendungsbereich der UGP-RL auszuweiten …").

[803] *Omsels* WRP 2016, 553/556 Rn. 23; *GK-UWG/Peukert,* 2. Aufl., § 2 Rn. 148; zum funktionalen Bezug zwischen der „geschäftlichen Handlung" und der „geschäftlichen Entscheidung" vgl. BGH GRUR 2013, 945 Rn. 17 ff. – *Standardisierte Mandatsbearbeitung.*

[804] EuGH GRUR 2014, 196 Rn. 36 – *Trento Sviluppo.*

[805] *Omsels* WRP 2016, 553/556 Rn. 20 f.; *Köhler* WRP 2014, 259/260.

[806] Erwägungsgrund 8 Satz 1 UGP-Richtlinie.

[807] Vgl. Erwägungsgrund 14 Satz 1 UGP-Richtlinie.

[808] Vgl. Erwägungsgrund 16 Satz 1 UGP Richtlinie.

als wirtschaftlicher, ggf. auch wichtiger Interessen ist von der Richtlinie nicht erfasst.[809] Eine **einheitliche, richtlinienkonforme Auslegung** ist im Interesse der Einheit des Lauterkeitsrechts auch insoweit geboten, als es um die geschäftliche Entscheidung von „sonstigen Marktteilnehmern" geht, auch wenn insoweit der Anwendungsbereich der Richtlinie nicht berührt ist.

3. Verbraucher oder sonstige Marktteilnehmer

221 Die Vorschrift erfasst die geschäftlichen Entscheidungen von Verbrauchern oder sonstigen Marktteilnehmern als Entscheidungsträgern. **Verbraucher** sind nach § 2 Abs. 2 UWG in Verbindung mit § 13 BGB alle Personen, die ein Rechtsgeschäft zu Zwecken abschließen, die überwiegend weder ihrer gewerblichen noch ihrer selbstständigen beruflichen Tätigkeit zugerechnet werden können.[810] Zu den **„sonstigen Marktteilnehmer"** rechnen alle Marktteilnehmer, die weder Mitbewerber noch Verbraucher sind.[811]

4. Geschäftliche Entscheidung

222 **a)** Einbezogen in die lauterkeitsrechtliche Beurteilung sind lediglich **„geschäftliche"** Entscheidungen. Eine „geschäftliche" Entscheidung steht im Zusammenhang mit einer „geschäftlichen Handlung" eines Anbieters (oder Nachfragers) und damit in einem **erwerbswirtschaftlichen Zusammenhang** zumindest eines der Beteiligten.[812] Die Verbraucher treffen „geschäftliche" Entscheidungen regelmäßig im Zusammenhang mit ihrer privaten Bedarfsdeckung. Aus der bloßen Entgeltlichkeit eines Geschäfts lässt sich jedoch allein noch nicht auf den geschäftlichen Charakter schließen, weil etwa beiderseits private An- und Verkäufe noch nicht in einem erwerbswirtschaftlichen Zusammenhang stehen und es an einer „geschäftlichen Handlung" eines der Beteiligten fehlt. Umgekehrt steht die **Unentgeltlichkeit einer Maßnahme,** wie etwa die Teilnahme an einer gesponserten Veranstaltung oder die Einwilligung zu einer E-Mail-Werbung o. ä. dem geschäftlichen Charakter einer Entscheidung nicht entgegen.

223 **b)** Eine „Entscheidung" liegt in **jeder tatsächlichen oder rechtlichen Maßnahme eines Verbrauchers oder Marktbeteiligten in Richtung auf die vom Unternehmer letztlich angestrebten Geschäftsabschluss.** Erforderlich ist, dass das auf die Erwirkung der Entscheidung gerichtete Unternehmerverhalten eine so erhebliche Wirkung hat, dass es das Verhalten des Verbrauchers ändert oder zu ändern geeignet ist und ihn dadurch veranlasst, eine geschäftliche Entscheidung zu treffen, die er sonst nicht getroffen hätte. Die Entscheidung erfasst rechtsgeschäftliche Willenserklärungen, muss aber noch **keine rechtsgeschäftliche Qualität** erreicht haben.[813] Erfasst ist vielmehr schon **jede tatsächliche Handlung** im Hinblick auf den erstrebten Geschäftsabschluss oder die Geschäftsdurchführung sowie die Ausübung eines vertraglichen Rechts.[814] Unerheblich für die Annahme einer geschäftlichen Entscheidung ist, ob diese rational begründet ist.[815]

5. Gegenstand der Entscheidung

224 Die Entscheidung kann auf **jede Art von Ware oder Dienstleistung,**[816] einschließlich Immobilien, Rechte und Verpflichtungen (vgl. Art. 2 lit c UGP-Richtlinie), gerichtet sein, was Art. 3 Abs. 1 der UGP-Richtlinie entspricht, der alle Geschäftspraktiken von Unternehmen gegenüber Verbrauchern vor, während und nach Abschluss eines „auf ein Produkt bezogenen Handelsgeschäfts" erfasst. Der in § 2 Abs. 1 Nr. 9 UWG verwendete Begriff „Geschäft" umfasst demnach alle Arten von Verträgen über jegliche Art von Waren und Dienstleistungen.

6. Geschäftliche Entscheidung über einen Geschäftsabschluss, die Vertragsdurchführung oder die Rechtsausübung

Im Hinblick auf den Bezugspunkt der geschäftlichen Entscheidungen sind mehrere Phasen zu unterscheiden:

---

[809] *Alexander,* FS Ahrens 2016, S. 17/19.
[810] Zum Begriff des Verbrauchers vgl. die Kommentierung unten Rn. 232 ff.
[811] Vgl. BT-Drucks. 15/1487, S. 16 sowie die Kommentierung oben Rn. 112.
[812] *Omsels* WRP 2016, 553/559 Rn. 42 ff., vgl. ferner oben die Kommentierung zur geschäftszweckbestimmten Tätigkeit § 2 Rn. 22.
[813] EuGH GRUR 2014, 196 Rn. 36 und 38 – *Trento Sviluppo; Alexander,* FS Köhler 2015, 17/24; Leitlinie zur Umsetzung/Anwendung der Richtlinie 2005/29/EG über unlautere Geschäftspraktiken vom 3.12.2009, SEK (2009) 1666, S. 26 f.
[814] Ähnlich *Köhler* WRP 2014, 259/260.
[815] EuGH GRUR 2012, 1269 Rn. 37 f. und 49 – *Purely Creative.*
[816] Zu dem Begriff „Waren und Dienstleistungen" vgl. oben Rn. 24.

a) Die **Entscheidung eines Verbrauchers** oder sonstigen Marktteilnehmers darüber, **„ob, wie und unter welchen Bedingungen er ein Geschäft abschließen" möchte,** erfasst den **gesamten vorvertraglichen Bereich** einschließlich vorbereitender, auf den Geschäftsabschluss bezogener Handlungen, so dass der gesamte Geschäftsanbahnungs- und der im Vorfeld zum Geschäftsabschluss gelegene Kommunikationsprozess lauterkeitsrechtlich erfasst ist. Der EuGH hat hervorgehoben, dass der **weit definierte Begriff nicht nur die Entscheidung über den Erwerb oder Nichterwerb eines Produkts, sondern auch damit unmittelbar zusammenhängende Entscheidungen erfasst,**[817] **die im Vorfeld des eigentlichen Geschäftsabschlusses liegen.** Eine „geschäftliche Entscheidung" ist somit nach der zutreffenden Auffassung *Köhlers*[818] „jede tatsächliche Reaktion des Verbrauchers, die einen *Zwischenschritt* in Richtung auf die vom Unternehmer angestrebte endgültige Entscheidung darstellt". 225

aa) Erfasst sind sonach beispielsweise das **Aufsuchen des Geschäfts,**[819] die **Beschäftigung mit einer Werbung**[820] oder einer **Website,** deren Öffnen dem Betreten eines stationären Geschäfts gleichsteht,[821] das Anfordern von Informations- und Prospektmaterial oder von Warenproben, die Beteiligung an werbenden Maßnahmen von Unternehmen oder die Entscheidung, einen Vertrag mit einem Mitbewerber zu kündigen.[822] Auch die Entscheidung eines Verbrauchers, einer in einem Informationstext im Internet angegebenen Verlinkung auf die Produktseite eines Online-Shops zu folgen, ist eine geschäftliche Entscheidung.[823] Unerheblich ist dabei, ob es tatsächlich zu dem angestrebten Geschäftsabschluss, zu der Vertragsdurchführungsmaßnahme oder der Rechtsausübung kommt. Eine „geschäftliche Entscheidung" muss auch noch nicht auf ein konkretes Geschäft gerichtet sein, sondern kann sich auf ein ganzes **Angebotsprogramm** eines oder **auch mehrerer Unternehmen** beziehen. 226

bb) Eine geschäftliche Entscheidung liegt auch vor, wenn der Verbraucher sich dazu entschließt, sich in den Einflussbereich des anbietenden Unternehmers zu begeben, etwa unter Angabe von persönlichen Daten Kontakt mit dem Unternehmer aufzunehmen,[824] oder wenn der Verbraucher entscheidet, seine persönlichen Daten für Werbezwecke zur Verfügung zu stellen.[825] Erfasst ist auch die **Teilnahme an einem Gewinnspiel** auf einer Messe für Ausbildung und Studienmöglichkeiten, weil die dabei von minderjährigen Verbrauchern erhobenen Daten alsdann zu einer späteren werblichen Ansprache genutzt werden konnten.[826] Ausreichend sind auch mittelbare geschäftliche Entscheidungen, z. B. wenn Kinder sich im Rahmen eines Online-Spieles näher mit der dort platzierten Werbung befassen und zu irgendeinem späteren Zeitpunkt die Werbebotschaft zu ihren Eltern transportieren und letztere dann ggf. das beworbene Produkt kaufen, das sie sonst möglicherweise nicht gekauft hätten.[827] Die Unlauterkeit einer solchen geschäftlichen Handlung ist gesondert zu beurteilen.[828] Eine geschäftliche Entscheidung liegt auch vor, wenn der Verbraucher durch die Mitteilung des Gewinns eines Preises veranlasst wird, z. B. eine Mehrwertnummer anzurufen, um die Art des Preises zu erfahren oder eine aufwendige Fahrt zu unternehmen, um den Preis abzuholen.[829] Auch die Entscheidung des Verbrauchers, einen Bestellprozess (im Internet) einzuleiten, ist als eine unmittelbar mit der Erwerbsentscheidung zusammenhängende Entscheidung zu qualifizieren.[830] 227

---

[817] EuGH GRUR 2014, 196 Rn. 36 und 38 – *Trento Sviluppo.*

[818] WRP 2014, 249/260; vgl. auch *Omsels* WRP 2016, 553/559 Rn. 41 ff.

[819] EuGH GRUR 2014, Rn. 36 und 38 – *Trento Sviluppo;* OLG Düsseldorf MMR 2015, 33 – *„Top-TagesGeld".*

[820] Die Entscheidung, sich mit einer Werbung näher zu befassen, ist eine typische „Vorfeldentscheidung" zum Geschäftsabschluss. Zweifelhaft insofern BGH WRP 2015, 851, Rn. 20 – *Schlafzimmer komplett.* Der BGH hat dort eine „geschäftliche Entscheidung" bei einer irreführenden Blickfangwerbung verneint, wenn die irreführenden Angaben im weiteren Text korrigiert sind, ähnlich OLG Frankfurt WRP 2016, 257 Rn. 8 ff. – *Relevanz einer unzutreffenden Blickfangangabe;* a. M. allerdings auch *Alexander* WRP 2016, 139/142, der die Entscheidung, sich mit einer Werbung näher zu befassen, generell noch nicht als „geschäftliche Entscheidung" ansieht.

[821] OLG Düsseldorf, MMR 2015, 33/34 – *Top-TagesGeld;* vgl. insoweit auch den Vorlagebeschluss des BGH GRUR 2016, 399 Rn. 16 – *MeinPaket.de.*

[822] Vgl. die Beispiele bei *Köhler* WRP 2014, 259/260.

[823] BGH GRUR 2015, 694 Rn. 30 – *Bezugsquellen für Bachblüten.*

[824] LG München, Urt. v. 31.3.2015, 33 O 15881/14, zit. nach juris.

[825] *Köhler*/Bornkamm, UWG, 34. Aufl., § 2 Rn. 157.

[826] Vgl. insoweit BGH GRUR 2014, 682 – *Nordjob-Messe,* wo allerdings das Kriterium der „geschäftlichen Entscheidung" nicht thematisiert ist, und *Alexander,* FS Ahrens 2016, 19/26 f.

[827] KG, WRP 2013, 638 – *Klick und wirf zurück.*

[828] Vgl. hierzu bspw. BGH GRUR 2008, 183 ff. – *Tony Taler; Omsels* WRP 2016, 553/557 Rn. 28.

[829] EuGH, WRP 2012, 1509/1512 – *Purely Creative.*

[830] OLG Hamm MMR 2015, 811/812.

228 **b)** Erfasst ist ferner der **rechtsgeschäftliche Vertragsschluss** (Geschäftsabschluss) selbst, der nicht zwingend entgeltlich sein muss (vgl. oben Rn. 222) sowie alle hierauf bezogenen rechtsgeschäftlichen Erklärungen wie die **Abgabe** oder **Ablehnung** eines **Angebots** sowie etwa die **Abänderung, Verlängerung** oder **Aufhebung eines Vertrags,**[831] ohne dass es auf deren Wirksamkeit ankommt.[832] Auch die geschäftlichen Entscheidungen über das „wie" eines Geschäftsabschlusses, also insbesondere die Entscheidung über den **Ort,** die **Zeit** und die **Form des Vertrages** sowie über dessen gesamten Inhalt sind klassische geschäftliche Entscheidungen.[833]

229 **c)** In der **Phase der Vertragsdurchführung** erfasst sind sämtliche Entscheidungen des Verbrauchers oder Marktteilnehmers darüber, **„ob, wie und unter welchen Bedingungen er eine Zahlung leisten oder eine Ware oder Dienstleistung behalten will".** In zeitlicher Hinsicht erstreckt sich diese Phase vom Vertragsabschluss und der Aufnahme von Erfüllungshandlungen bis zur Beendigung aller Leistungs- und Schutzpflichten.[834] Mit „Leistung einer Zahlung" ist nicht nur die **Zahlung des Kaufpreises** gemeint. Auch in der Bitte um **Stundung des Kaufpreises**[835] oder **Vereinbarung einer Ratenzahlung** liegt eine geschäftliche Entscheidung darüber, wie und unter welchen Bedingungen eine Zahlung zu leisten ist. Auch die bloß teilweise Zahlung ist erfasst (vgl. Art. 2 lit. k der UGP-Richtlinie: „eine Zahlung insgesamt oder teilweise zu leisten"). Mit umfasst sind auch Vereinbarungen über oder Anforderungen von **Gebühren oder Kosten,** die bei der Durchführung des Vertrags entstehen können, zum Beispiel Versand- und Abholkosten in Bezug auf die Ware oder Telefonkosten.[836] Nimmt ein Bankkunde Abhebungen von seinem Konto vor und überzieht er dabei das Konto und nimmt dadurch Kreditleistungen der Bank in Anspruch, stellt dies eine geschäftliche Entscheidung im Rahmen der Durchführung des Vertrags mit der Bank dar.[837] Die geschäftliche Entscheidung, eine Ware oder Dienstleistung „behalten oder abgeben" zu wollen, kann im Zusammenhang mit der Ausübung von vertraglichen Rechten, aber auch etwa auf eine Kulanzentscheidung des Unternehmers gerichtet sein, mag aber auch die Fälle der Lieferung unbestellter Waren oder Dienstleistungen erfassen. [838] Erfasst ist auch eine geschäftliche Entscheidung zum Abschluss eines unentgeltlichen Darlehnsvertrages und allgemein das Eingehen verbindlicher Verpflichtungen und Rechte im Geschäftsleben.[839]

230 **d)** Die **Entscheidung** eines Verbrauchers oder sonstigen Marktteilnehmers darüber, **„ob, wie und unter welchen Bedingungen er ein vertragliches Recht im Zusammenhang mit einer Ware oder Dienstleistung ausüben will",** erfasst schließlich den gesamten Bereich der **nachvertraglichen Rechtsausübung,** die in einem unmittelbaren Zusammenhang mit dem abgeschlossenen Geschäft steht. Dies betrifft insbesondere Entscheidungen über die Geltendmachung von **Gewährleistungsrechten,** falls der Vertragsgegenstand mängelbehaftet ist, beispielsweise Nacherfüllung gem. § 439 BGB oder Schadensersatz nach §§ 280, 281 BGB zu verlangen. Auch Maßnahmen im Zuge eines Streits um die Rückabwicklung eines Vertragsverhältnisses sind erfasst.[840] Die Erklärung des **Rücktritts** stellt ebenso wie die **Kündigung eines Vertrags,** die Ausübung eines gesetzlichen **Widerrufsrechts** oder die Entscheidung über die Ausübung eines gesetzlichen **Anfechtungsrechts** eine geschäftliche Entscheidung dar. Die Entscheidung kann auch auf die **Erhebung von Einreden** gerichtet sein, beispielsweise die Geltendmachung einer Einrede wegen des Bestehens eines Zurückbehaltungsrechts gem. § 273 BGB oder die Einrede des nicht erfüllten Vertrags nach § 320 BGB. Auch eine **Aufrechnungserklärung** ist als geschäftliche Erklärung anzusehen. Weil es nicht darauf ankommt, ob der Verbraucher sich tatsächlich entschließt, tätig zu werden, liegt eine geschäftliche Entscheidung auch dann vor, wenn er entscheidet, ein bestimmtes vertragliches Recht nicht geltend zu machen.

7. Nicht erfasste Entscheidungen

231 Nicht erfasst sind solche Handlungen, die mit Geschäftsabschluss, der Vertragsdurchführung oder der Rechteausübung nicht mehr „unmittelbar zusammenhängen".[841] Insoweit mag es um solche

---

831 *Köhler*/Bornkamm, UWG, 34. Aufl. § 2 Rn. 152.
832 *Alexander,* FS Ahrens 2016, 17/25.
833 *Köhler*/Bornkamm, UWG, 34. Aufl. § 2 Rn. 152.
834 Vgl. GK-UWG/*Peukert,* 2. Aufl. § 2 Rn. 300.
835 *Köhler* WRP 2014, 259/260.
836 EuGH WRP 2012, 1509/1512 – *Purely Creative.*
837 Vgl. BGH GRUR 2007, 805/806 Rn. 12ff. – *Irreführender Kontoauszug.*
838 So *Köhler*/Bornkamm, UWG, 34. Aufl. § 2 Rn. 154.
839 Vgl. insoweit OLG Düsseldorf GRUR-RR 2015, 347 Rn. 25, 29.
840 Vgl. GK-UWG/*Peukert,* 2. Aufl., § 2 Rn. 300.
841 Vgl. EuGH GRUR 2014, 196 Rn. 38 – *Trento Sviluppo.*

Entscheidungen gehen, die mit einem Geschäftsabschluss oder einer Vertragsdurchführung oder Rechteausübung nur noch in einem weiteren Zusammenhang stehen, wie etwa der einer geschäftlichen Entscheidung vorgelagerte Entschluss, bei verschiedenen Anbietern im Internet zu surfen. Nicht mehr erfasst sind ferner nicht mehr im erwerbswirtschaftlichen Zusammenhang stehenden Entscheidungen der Verbraucher in politischen, religiösen oder wissenschaftlichen Fragen.

I. § 2 Abs. 1 Nr. 6 und § 2 Abs. 2 (Unternehmer- und Verbraucherbegriff)

Im Zuge des UWG 2008 ist der Unternehmerbegriff nunmehr in § 2 Abs. 1 Nr. 6 UWG definiert. Es heißt dort:

Im Sinne dieses Gesetzes bedeutet

6. „Unternehmer" jede natürliche oder juristische Person, die geschäftliche Handlungen im Rahmen ihrer gewerblichen, handwerklichen oder beruflichen Tätigkeit vornimmt und jede Person, die im Namen oder Auftrag einer solchen Person handelt;

Für den **Verbraucherbegriff** verweist das UWG nach wie vor auf **§ 13 BGB:**

Schrifttum:

Literatur ab 2012: *Alexander,* Die Umsetzung der Verbraucherrechte-Richtlinie und die Auswirkungen auf das Lauterkeitsrecht, WRP 2014, 501 ff.; *Helm,* Hohes Verbraucherschutzniveau – Zur Umsetzung der UGP-Richtlinie 2005/29/EG, WRP 2013, 710 ff.; *Keßler,* Der Unternehmensbegriff im deutschen und europäischen Wettbewerbs- und Lauterkeitsrecht – Irrungen und Wirrungen, WRP 2014, 765 ff.; *Köhler,* Richtlinienumsetzung im UWG – eine unvollendete Aufgabe, WRP 2013, 403 ff.; *Köhler,* UWG-Reform 2015: Im Regierungsentwurf nicht angesprochene Defizite bei der Umsetzung der UGP-Richtlinie, WRP 2015, 1037 ff.; *Scherer,* Der EuGH und der mündige Verbraucher – eine Beziehungskrise?, WRP 2013, 705 ff.; *Scherer,* Die Leerformel vom „hohen Verbraucherschutzniveau", WRP 2013, 977 ff.; *Streinz,* Die Bedeutung eines „Verbraucherleitbilds" im Lebensmittelrecht, FS Köhler 2014, 745 ff.; *Wiebe,* Das Leid des Verbrauchers mit dem Verbraucherleitbild, FS Köhler 2014, 799 ff.

Literatur ab 2009: *Ahrens,* Das Verhältnis von UWG und Vertragsrecht aufgrund der EU-Richtlinie über unlautere Geschäftspraktiken, FS Loewenheim, 2009, 407 ff.; *Alexander,* Vertragsrecht und Lauterkeitsrecht unter dem Einfluss der Richtlinie 2005/29 über unlautere Geschäftspraktiken, WRP 2012, 515 ff.; *Beater,* Allgemeinheitsinteressen und UWG, WRP 2012, 6 ff.; *Fezer,* Eine Replik: Die Auslegung der UGP-RL vom UWG aus?, WRP 2010, 677 ff.; *ders.* Der Dualismus der Lauterkeitsrechtsordnung des b2c-Geschäftsverkehrs und des b2b-Geschäftsverkehrs im UWG; *Glöckner,* Der gegenständliche Anwendungsbereich des Lauterkeitsrechts nach der UWG-Novelle 2008 – Ein Paradigmenwechsel mit Folgen, WRP 2009, 1175 ff.; *Hoeren,* Das neue UWG und dessen Auswirkungen auf den B2B-Bereich, WRP 2009, 789 ff.; *Keßler/Micklitz,* Das neue UWG – Auf halbem Wege nach Europa, VuR 2009, 88 ff.; *Köhler,* Der „Unternehmer" im Lauterkeitsrecht, FS Hopt, 2010, 2825 ff.; *ders.,* Die Durchsetzung des Vertragsrechts mit den Mitteln des Lauterkeitsrechts, FS Medicus, 2009, 225 ff.; *ders.,* Die UWG-Novelle 2008, WRP 2009, 109 ff.; *ders.* Unzulässige geschäftliche Handlungen bei Abschluss und Durchführung eines Vertrags, WRP 2009, 898 ff.; *ders.,* Richtlinienkonforme Gesetzgebung statt richtlinienkonformer Auslegung: Plädoyer für eine weitere UWG-Novelle, WRP 2012, 251 ff.; *Lettl,* Das neue UWG, GRUR-RR 2009, 41 ff.; *Sack,* Individualschutz gegen unlauteren Wettbewerb, WRP 2009, 1330 ff.; *Scherer,* Lauterkeitsrecht und Leistungsstörungsrecht – Veränderung des Verhältnisses durch § 2 I Nr. 1 UWG? WRP 2009, 761 ff.; *Scherer,* Die „Verbrauchergeneralklausel" des § 3 II 1 UWG – Eine überflüssige Norm, WRP 2010, 586 ff.; *Schöttle,* Aus eins macht zwei – die neuen Generalklauseln im Lauterkeitsrecht, GRUR 2009, 546 ff.

Literatur von 2004 bis 2008: *Brömmelmeyer,* Der Binnenmarkt als Leitstern der Richtlinie über unlautere Geschäftspraktiken, GRUR 2007, 295 ff.; *Fezer,* Plädoyer für eine offensive Umsetzung der Richtlinie über unlautere Geschäftspraktiken in das deutsche UWG, WRP 2006, 781 ff.; *ders.,* Das Informationsgebot der Lauterkeitsrichtlinie als subjektives Verbraucherrecht, WRP 2007, 1021 ff.; *Glöckner,* Richtlinienvorschlag über unlautere Geschäftspraktiken, deutsches UWG oder die schwierige Umsetzung von europarechtlichen Generalklauseln, WRP 2004, 936 ff.; *Glöckner/Henning-Bodewig,* EG-Richtlinie über unlautere Geschäftspraktiken: Was wird aus dem neuen UWG?, WRP 2005, 1311 ff.; *Henning-Bodewig,* Richtlinienvorschlag über unlautere Geschäftspraktiken und UWG-Reform, GRUR Int. 2004, 183 ff.; *dies.,* Die Richtlinie 2005/29/EG über unlautere Geschäftspraktiken, GRUR Int. 2005, 629 ff.; *Keßler,* Lauterkeitsschutz und Wettbewerbsordnung – Zur Umsetzung der Richtlinie 2005/29/EG über unlautere Geschäftspraktiken in Deutschland und Österreich, WRP 2007, 714 ff.; *Köhler,* Zur Umsetzung der Richtlinie über unlautere Geschäftspraktiken, GRUR 2005, 793 ff.; *Kulka,* Der Entwurf eines „Ersten Gesetzes zur Änderung des Gesetzes gegen unlauteren Wettbewerb", DB 2008, 1548 ff.; *Lettl,* Der Schutz der Verbraucher nach der UWG-Reform, GRUR 2004, 449 ff.; *Lutz,* Veränderung des Wettbewerbsrechts im Zuge der Richtlinie über unlautere Geschäftspraktiken, GRUR 2006, 908 ff.; *Oppermann/Müller,* Wie verbraucherfreundlich muss das neue UWG sein?, GRUR 2005, 280 ff.; *Sack,* Die relevante Irreführung im Wettbewerbsrecht, WRP 2004, 521 ff.; *Seichter,* Der Umsetzungsbedarf der Richtlinie über unlautere Geschäftspraktiken, WRP 2005, 1087 ff.; *Sosnitza,* Der Gesetzentwurf zur Umsetzung der Richtlinie über unlautere Geschäftspraktiken, WRP 2008, 1014 ff.; *Steinbeck,* Richtlinie über unlautere Geschäftspraktiken: Irreführende Geschäftspraktiken – Umsetzung in das deutsche Recht, WRP 2006, 632 ff.; *Veelken,* Kundenfang gegenüber dem Verbraucher, WRP 2004, 1 ff.

Ausgewählte ältere Literatur: *Beater,* Verbraucherschutz und Schutzzweckdenken im Wettbewerbsrecht, 2000; *ders.,* Verbraucherverhalten und Wettbewerbsrecht, FS Tilmann, 2003, S. 87 ff.; *Fezer,* Modernisierung des deutschen Rechts gegen den unlauteren Wettbewerb auf der Grundlage einer Europäisierung des Wettbewerbsrechts, WRP 2001, 989 ff.; *ders.,* Das wettbewerbsrechtliche Vertragsauflösungsrecht in der UWG-Reform, WRP 2003, 127 ff.; *Helm,* Das Verbraucherleitbild des Europäischen Gerichtshofs und des Bundesgerichtshofs im Vergleich, FS Tilmann, 2003, S. 135 ff.; *Henning-Bodewig/Schricker,* Stellungnahme des Max-Planck-Instituts für ausländisches und internationales Patent-, Urheber- und Wettbewerbsrecht zum Grünbuch zum Verbraucherschutz in der EU KOM (2002) 531 endg., GRUR Int. 2002, 319 ff.; *Keßler/Micklitz,* Der Richtlinienvorschlag über unlautere Praktiken im binnenmarktinternen Geschäftsverkehr, BB 2003, 2073; *Köhler,* UWG-Reform und Verbraucherschutz, GRUR 2003, 265 ff.; *Köhler/Lettl,* Das geltende europäische Lauterkeitsrecht, der Vorschlag für eine EG-Richtlinie über unlautere Geschäftspraktiken und die UWG-Reform, WRP 2003, 1019; *Lehmann,* Informationsverantwortung und Gewährleistung für Werbeangaben beim Verbrauchsgüterkauf, JZ 2000, 280 ff.; *Micklitz/Keßler,* Funktionswandel des UWG, WRP 2003, 919 ff.; *Schricker/Henning-Bodewig,* Elemente einer Harmonisierung des Rechts des unlauteren Wettbewerbs in der Europäischen Union, WRP 2001, 1367 ff.; *Sosnitza,* Das Koordinatensystem des Rechts des unlauteren Wettbewerbs im Spannungsfeld zwischen Europa und Deutschland, GRUR 2003, 739 ff.; *Tilmann,* Der „verständige Verbraucher", FS Piper, 1996, S. 481 ff.; *Ullmann,* Das Koordinatensystem des Rechts des unlauteren Wettbewerbs im Spannungsfeld von Europa und Deutschland, GRUR 2003, 817 ff.

I. Allgemeines

1. Überblick

232 Seit der UWG-Novelle 2004 benennt das UWG ausdrücklich auch den Verbraucher als Schutzsubjekt des Gesetzes (vgl. §§ 1 und 3 UWG) und stellt anstatt des veralteten Begriffs des „Gewerbetreibenden" auf den „Unternehmer" ab. § 2 Abs. 1 Nr. 6 UWG enthält nun eine eigenständige Definition des Unternehmerbegriffs. Der Gesetzgeber sah sich hierzu durch die Definitionen des Verbrauchers in Art. 2 lit. a und des Gewerbetreibenden in Art. 2 lit. b der UGP-Richtlinie veranlasst. Der Auffassung des Gesetzgebers lag jedoch das Missverständnis zugrunde, wonach die UGP-Richtlinie unter einer „beruflichen Tätigkeit" eine unselbständige berufliche Tätigkeit verstehen würde.[842] Tatsächlich ist mit der „beruflichen Tätigkeit" im Sinne von Art. 2a und 2b der UGP-Richtlinie nur eine selbständige berufliche Tätigkeit gemeint.[843] Der europäische Verbraucher- und Unternehmerbegriff sowie der deutsche Verbraucher- und Unternehmerbegriff stimmen somit überein. **§ 2 Abs. 1 Nr. 6 UWG** ist deshalb dahingehend **einschränkend auszulegen,** dass der **Unternehmerbegriff eine unselbständige berufliche Tätigkeit nicht erfasst.**[844] Anderenfalls ergäbe sich ein Widerspruch zwischen Unternehmer- und Verbraucherbegriff, da § 13 BGB unselbständig beruflich Tätige den Verbrauchern zurechnet, der Unternehmerbegriff des § 2 Abs. 1 Nr. 6 UWG scheinbar seinem Wortlaut nach aber auch unselbständige berufliche Tätigkeiten erfasst. Der BGH ordnet die von der UGP-Richtlinie abweichende Definition in § 13 BGB als eine Verstärkung des Verbraucherschutzes durch den Gesetzgeber ein, ohne dabei zu erwägen, dass die UGP-Richtlinie undeutlich gefasst ist.[845] Die nach § 2 Abs. 2 UWG lediglich „entsprechende" Anwendbarkeit der Definition des Verbrauchers in § 13 BGB berücksichtigt, dass die lauterkeitsrechtliche Beurteilung gerade im Vorfeld von vertraglichen Beziehungen eingreift, so dass es nicht darauf ankommt, ob Verbraucher jeweils gerade zu Vertragsabschlusszwecken handeln.

2. Lauterkeitsrechtlicher Verbraucherschutz durch die UGP-Richtlinie

233 Mit der UGP-Richtlinie[846] ist der verbraucherbezogene Lauterkeitsschutz europarechtlich verbindlich etabliert. Die **UGP-Richtlinie** stellt somit tatsächlich einen **Meilenstein im verbraucherschutzbezogenen Lauterkeitsrecht** dar. Auch wenn es zu begrüßen ist, dass die Richtlinie das unternehmerische Marktverhalten mit Blick auf die wirtschaftlichen Interessen der Verbraucher regelt, ist zu bedauern, dass sie die Interessen rechtmäßig handelnder Mitbewerber nur mittelbar schützt (vgl. Erwägungsgrund 6) und somit ein **einheitliches Marktverhalten nicht auch ein-**

---

842 Amtliche Begründung des Gesetzentwurfs zum UWG 2008, BT-Drucks. 16/10145, S. 18.

843 MünchKommBGB/*Micklitz/Purnhagen,* 7. Aufl., § 14 Rn. 32; *Köhler*/Bornkamm, UWG, 34. Aufl., § 2 Rn. 120.

844 Zustimmend: *Köhler,* FS Hopt, 2010, 2825/2827.

845 BGH GRUR 2011, 941/942 – *Schneeballseminare.*

846 Richtlinie 2005/29/EG über unlautere Geschäftspraktiken.

heitlich erfasst.[847] Einen **verbesserten Verbraucherschutz** bringen die Richtlinie und das von ihr harmonisierte nationale Recht insoweit, als auch das vertragsabschlussbezogene und das **nachvertragliche Verhalten der lauterkeitsrechtlichen Kontrolle unterfällt** und sie die Fähigkeit des Verbrauchers zu einer informierten Entscheidung durch eine **Informationspflicht der Unternehmen** zu sichern sucht. Mit der **UWG-Reform 2015** hat der Gesetzgeber das deutsche UWG noch weiter an die UGP-Richtlinie angepasst.

3. Verbraucherschutz im und durch das UWG

a) Einheitlicher Ansatz. Das UWG schützt Verbraucher und Mitbewerber als Marktteilnehmer gleichermaßen und gleichrangig.[848] Auch wenn das verbraucherbezogene Lauterkeitsrecht nunmehr durch die UGP-Richtlinie vollständig europarechtlich determiniert ist, hält das deutsche Recht richtigerweise an seinem einheitlichen Ansatz fest und erfasst ein Marktverhalten unabhängig davon, ob es in erster Linie die wirtschaftlichen Interessen von Verbrauchern oder Unternehmen berührt. 234

b) Lauterkeitsrechtlicher Verbraucherschutz. Das UWG enthält als Konkretisierung des ihm innewohnenden Verbraucherschutzzwecks zahlreiche Vorschriften, die ausschließlich oder vorrangig dem Verbraucherschutz dienen (vgl. § 3 Abs. 2, § 4a, § 5a Abs. 2 und § 7 Abs. 2 Nr. 1 und Nr. 2 UWG). Der Verbraucher ist damit als **Schutzsubjekt des Lauterkeitsrechts** anerkannt. Das Lauterkeitsrecht gewährleistet unter dem Blickwinkel der UGP-Richtlinie nunmehr insbesondere die **Möglichkeit des Verbrauchers, eine informierte Entscheidung zu treffen** (vgl. insbesondere Art. 7 Abs. 1 UGP-Richtlinie und § 3 Abs. 2 sowie § 5a Abs. 2 UWG). Insbesondere die sich aus § 5a Abs. 2 UWG ergebende **Informationsverschaffungspflicht geht über die Abwehr von Irreführungen** hinaus und soll den Verbrauchern eine gesicherte Informationsbasis für geschäftliche Entscheidungen ermöglichen.[849] § 5a Abs. 2 UWG zielt auf die Gewährleistung verbraucherschützender Markttransparenz.[850] Das Verbot der belästigenden Werbung in § 7 UWG geht über einen Schutz der wirtschaftlichen Interessen von Verbrauchern hinaus und sichert auch deren Recht, insbesondere in der Privatsphäre „in Ruhe gelassen zu werden". Aber auch in erster Linie mitbewerberschützende Vorschriften wie etwa die Verbote des § 4 Nrn. 1–4 UWG haben einen verbraucherschützenden Aspekt, weil durch mitbewerberbezogene unlautere Wettbewerbshandlungen zugleich der Wettbewerb zu Lasten von Verbrauchern verfälscht wird. 235

c) Kein Klagerecht individueller Verbraucher. Das UWG gewährleistet den Verbraucherschutz vor unlauteren Wettbewerbshandlungen im vor- und nachvertraglichen Bereich.[851] Das UWG greift jedoch nicht in das Vertragsrecht ein, sondern gewährleistet einen **kollektiven Verbraucherschutz,** indem es die an einzelne oder an eine unbestimmte Vielzahl von Verbrauchern gerichteten Absatz- und Werbemaßnahmen einer lauterkeitsrechtlichen, insbesondere auf Abwehr gerichteten Kontrolle unterwirft. Nach wie vor stehen jedoch **einzelnen Verbrauchern keine individuellen Klagerechte** aus dem UWG zu.[852] Lauterkeitsrechtliche Ansprüche können deshalb wie seit jeher nur von Mitbewerbern, Wettbewerbs- und Verbraucherverbänden sowie von Industrie- und Handelskammern und Handwerkskammern geltend gemacht werden. Auch unter dem Blickwinkel der UGP-Richtlinie sind die verbraucherschützenden Bestimmungen des UWG nicht als Schutzgesetze i. S. d. § 823 Abs. 2 BGB anzusehen.[853] Ein unrechtmäßiger Gewinn kann ggf. von Verbänden gemäß § 10 UWG abgeschöpft werden. 236

d) Vertragsauflösungsrechte bei unlauterem Wettbewerb? Den Verbrauchern (oder den sonstigen Marktbeteiligten) steht auf lauterkeitsrechtlicher Grundlage kein Recht zur Vertragsauflö- 237

---

[847] Vgl. *Henning-Bodewig* GRUR 2013, 238 ff.

[848] Zu den schutzwürdigen Verbraucherinteressen im UWG vgl. *Lettl* GRUR 2004, 449 ff.; sowie Harte/Henning/*Podszun,* 4. Aufl., § 1 Rn. 33 ff.

[849] Vgl. etwa die Forderung von *Fezer* und dessen Kritik am Referentenentwurf für die UWG-Reform 2008 in WRP 2007, 1021 ff., in die gleiche Richtung gehend: *Keßler* WRP 2007, 714/717.

[850] *Keßler* spricht in WRP 2007, 714/717 davon, dass die Vorgaben der Richtlinie in ihrem Kern auf die „Bedingungen der Möglichkeit" marktbezogener Konsumentensouveränität zielten.

[851] Seit dem UWG 2008 sind grds. – folgend der UGP-Richtlinie – alle geschäftlichen Handlungen vor, während und nach Vertragsschluss lauterkeitsrechtlich erfasst, vgl. dazu oben Rn. 8 ff.

[852] Der Gesetzgeber des UWG 2008 verwies darauf, dass die UGP-Richtlinie nach ihrem Erwägungsgrund 9 keine Regelungen zu individuellen Klagerechten von Personen enthält, die durch unlautere geschäftliche Handlungen geschädigt worden sind, und deshalb im UWG keine besonderen individuellen Klagerechte für Verbraucher geschaffen werden mussten, vgl. die Amtl. Begr. zum UWG 2008, BT-Drucks. 16/10145, S. 35. Abweichend *Sack* GRUR 2012, 953/963 f.

[853] Zum fehlenden Schutzgesetzcharakter des UWG vgl. noch die Begründung zum UWG 2004, BT-Drucks. 15/1487, S. 22 und BGH GRUR 1975, 150 – *Prüfzeichen;* kritisch *Möllers* ZHR 2004, 225/229.

sung eines unlauter zustande gekommenen Vertrages zu. Das gilt auch unter dem Blickwinkel der UGP-Richtlinie, die nach Art. 3 Abs. 2 das Vertragsrecht und insbesondere die Bestimmungen über die Wirksamkeit, das Zustandekommen oder die Wirkungen eines Vertrages unberührt lässt. In Erwägungsgrund 9 der UGP-Richtlinie ist auch besonders hervorgehoben, dass die Richtlinie nicht individuelle Klagen von Personen, die durch eine unlautere Geschäftspraxis geschädigt wurden, berührt. Der Lauterkeitsverstoß führt auch nicht zur Nichtigkeit des in seinem Gefolge zustande gekommenen Vertrages nach §§ 134, 138 BGB.[854] Der im Zuge des Gesetzgebungsverfahrens zur UWG-Reform 2004 erhobenen Forderung, **lauterkeitsrechtliche Möglichkeiten zur Vertragsauflösung**[855] vorzusehen und auszubauen,[856] ist der Gesetzgeber **nicht** nachgekommen, weil keine Fallkonstellationen erkennbar sind, in denen Verbraucher gegen ihr schutzwürdiges Interesse an der Erfüllung eines unlauter zustande gekommenen Vertrages festgehalten werden. Ein allgemeines lauterkeitsrechtliches Vertragsauflösungsrecht wäre mit den an besondere Voraussetzungen und Fristen gebundenen allgemeinen zivilrechtlichen Gewährleistungs- und Vertragslösungsrechten (vgl. nur die allgemeinen Anfechtungsmöglichkeiten gem. §§ 119, 123 BGB, die Vertragslösungsmöglichkeiten bei Fernabsatz- und Haustürgeschäften gem. §§ 312 und 312d BGB, die Gewährleistung gem. § 434 Abs. 1 Satz 3 BGB, die besonderen Regelungen des Reisevertragsrecht in §§ 651a ff. BGB usw.) nicht zu vereinbaren. Der Gesetzgeber hat hierbei auch berücksichtigt, dass die spätere Abwicklung und Durchsetzung unlauter zustande gekommener Verträge wettbewerbsrechtlich untersagt werden kann.[857]

II. Verbraucher i. S. d. UWG

1. Verweis auf § 13 BGB

238 Zur Definition des Verbraucherbegriffs verweist § 2 Abs. 2 UWG auf § 13 BGB. Der Verbraucherbegriff ist dort wie folgt definiert:

§ 13 BGB – Verbraucher

Verbraucher ist jede natürliche Person, die ein Rechtsgeschäft zu Zwecken abschließt, die überwiegend weder ihrer gewerblichen noch ihrer selbständigen beruflichen Tätigkeit zugerechnet werden können.

238a Die Verbraucher (einschließlich der in § 1 UWG erwähnten „Verbraucherinnen") sind damit von den „Unternehmern", nämlich den „Mitbewerbern", die gemäß § 2 Abs. 1 Nr. 3 UWG nur Unternehmer sein können, sowie den weiteren, ebenfalls unternehmerisch auftretenden „Marktteilnehmern" i. S. d. § 2, Abs. 1 Nr. 2 UWG zu unterscheiden. Der EuGH sieht in dem Begriff des Verbrauchers „einen zum Unternehmer korrelativen, aber antinomischen Begriff, der jeden nicht gewerblich oder beruflich Tätigen bezeichnet".[858] Folgende Merkmale zeichnen den „Verbraucher" aus:

239 **a) Natürliche Personen.** Nur **natürliche Personen** können Verbraucher sein. Der Verbraucherbegriff umfasst danach keine juristischen Personen gleich welcher Art.[859] Zu den Verbrauchern rechnen insbesondere Kinder und Jugendliche sowie geschäftlich unerfahrene Personen. Eine gesellschaftsrechtlich verbundene, nicht gewerblich oder selbständig beruflich tätige Gruppe von natürlichen Personen ist nicht als juristische, sondern als „natürliche" Person anzusehen.[860] Auch

[854] BGH GRUR 1998, 945 ff. – *Co-Verlagsvereinbarung;* BGH GRUR 1990, 522/528 – *HBV-Familien- und Wohnrechtsschutz.*

[855] Die schon im UWG 2004 erfolgte Aufgabe eines gesetzlichen Rücktrittsrechts bei strafbarer irreführender Werbung gemäß § 13a UWG a. F. kann nicht als Einschränkung des Verbraucherschutzes verstanden werden, weil die Vorschrift keinerlei Bedeutung erlangt hatte.

[856] Befürwortend: *Fezer* WRP 2003, 127 ff.; nunmehr auch *Sack* GRUR 2012, 953/963 f.; ablehnend: *Köhler* GRUR 2003, 265 ff.; *Sosnitza* GRUR 2003, 739/743 ff.; *Lettl* GRUR 2004, 449/460.

[857] BGH WRP 2001, 1073 ff. – *Gewinn-Zertifikat;* vgl. BGH GRUR 1994, 126 f. – *Folgeverträge I;* BGH GRUR 1995, 358 ff. – *Folgeverträge II; von Ungern-Sternberg* WRP 2000, 1057 ff.; *Sack* WRP 2002, 396 ff.

[858] EuGH GRUR 2013, 1159 Rn. 33 – *BKK Mobil Oil.*

[859] BGH NJW-RR 2010, 1712 Rn. 8; EuGH NJW 2002, 205 zum Verbraucherbegriff in Art. 2 lit. b der Richtlinie 93/13/EWG des Rates vom 5.4.1993 über missbräuchliche Klauseln in Verbraucherverträgen; *Köhler*/Bornkamm, UWG, 34. Aufl., § 2 Rn. 164; *Lettl* GRUR 2004, 449/451. Auch Verbraucherschutzorganisationen sind keine Verbraucher, BGH MMR 2010, 425 Rn. 8.

[860] BGH NJW 2015, 3228; BGH NJW 2002, 368. Auch eine Wohnungseigentümergemeinschaft ist einem Verbraucher gleichzustellen, wenn ihr wenigstens ein Verbraucher angehört und sie ein Rechtsgeschäfts zu einem Zweck abschließt, der weder einer gewerblichen noch einer selbstständigen beruflichen Tätigkeit dient, vgl BGH NJW 2015, 3228 ff.

ansonsten unternehmerisch tätige Personen wie Einzelkaufleute, Geschäftsführer oder Vorstände sowie Freiberufler sind **Verbraucher,** soweit sie außerhalb ihrer gewerblichen oder selbständigen beruflichen Tätigkeit etwa als private Konsumenten handeln.[861]

b) Überwiegend keine gewerbliche oder selbständige berufliche Tätigkeit. Verbraucher sind nur solche Personen, die zu Vertragsabschlusszwecken überwiegend **nicht gewerblich oder in selbständiger beruflicher Tätigkeit** handeln. Im Rahmen der Umsetzung der Verbraucherrechte-Richtlinie (RL 2011/83/EU) wurde der bisherige Wortlaut des § 13 BGB mit Wirkung zum 13.6.2014 im Hinblick auf die **„Dual-use"-Problematik** durch das Wort „überwiegend" ergänzt. Diese Änderung stellt eine Klarstellung im Hinblick auf den Erwägungsgrund 17 der Verbraucherrechte-Richtlinie dar.[862] Es heißt insoweit in BT-Drucksache 17/13951. S. 61: 240

Im Hinblick auf den Erwägungsgrund 17 der Verbraucherrechterichtlinie wird ausdrücklich klargestellt, dass es bei Verträgen, die sowohl zu gewerblichen als auch zu nicht gewerblichen Zwecken geschlossen werden (sogenannte Dual-use-Verträge), auf den überwiegenden Zweck ankommt. Schließt eine natürliche Person einen Vertrag nicht überwiegend zu gewerblichen oder selbstständigen beruflichen Zwecken, handelt sie mithin als Verbraucher.

Verbraucher ist demnach nicht nur, wer ein Rechtsgeschäft zu ausschließlich privaten Zwecken abschließt, sondern auch derjenige, der **nicht überwiegend gewerblich tätig** ist.[863] (z. B. Kauf eines privat und beruflich genutzten Notebooks durch einen Rechtsanwalt). Damit regelt die Vorschriftdie sog. „dual-use"-Problematik nun ausdrücklich im Sinne der von der Rechtsprechung vertretenen Auffassung.[864] Eine gewerbliche Tätigkeit ist eine planmäßige und auf Dauer angelegte wirtschaftlich selbständige Tätigkeit unter Teilnahme am Wettbewerb.[865] Die nicht gewerbliche Tätigkeit von Freiberuflern ist durch das Merkmal der selbständigen beruflichen Tätigkeit erfasst. Mit der negativen Bestimmung des Verbraucherbegriffs (Verbraucher als Nichtunternehmer) durch die sich auch überschneidenden Begriffe der gewerblichen oder selbständigen beruflichen Tätigkeit grenzt das Gesetz die **wirtschaftliche Marktteilnahme von der lediglich privaten Tätigkeit ab, zu der insbesondere der private Konsum rechnet.**[866] Entscheidend für die Zuordnung ist nicht der innere Wille der Handelnden, sondern die **objektiv zu bestimmende Zweckrichtung** des Rechtsgeschäfts,[867] welche gegebenenfalls durch Auslegung zu ermitteln ist, in die auch die Begleitumstände einzubeziehen sind.[868] Hat eine natürliche Person ein Geschäft seinem objektiven Zweck nach als Verbraucher abgeschlossen, so kann die Vorstellung des Vertragspartners nur zu einer Zuordnung des Geschäfts zur gewerblichen oder selbständigen beruflichen Tätigkeit führen, wenn die dem Vertragspartner erkennbaren Umstände zweifelsfrei darauf hinweisen.[869] Keine Verbrauchergeschäfte sind Geschäfte im Zuge der **Existenzgründung,** also der Aufnahme einer gewerblichen oder selbständigen beruflichen Tätigkeit, wie etwa das Mieten von Geschäftsräumen, der Abschluss eines Franchisevertrages etc.[870] Etwas anderes gilt, wenn das Geschäft dazu dient, die Entscheidung über die Existenzgründung erst vorzubereiten, etwa durch Informationsbeschaffung.[871] Hier liegt Verbraucherhandeln vor.[872] Nach der Rechtsprechung des BAG[873] ist der **Arbeitnehmer** auch in Bezug auf den Arbeitsvertrag Verbraucher i. S. d. § 13 BGB.[874] 240a

c) Möglicher Vertragspartner. Nach § 13 BGB ist als Verbraucher jede natürliche Person anzusehen, die ein **Rechtsgeschäft** überwiegend zu nicht gewerblichen oder selbständigen beruflichen Zwecken **abschließt.** Schon nach bürgerlichem Recht wird allerdings die Beschränkung des § 13 BGB auf **abgeschlossene Rechtsgeschäfte** als **verfehlt** angesehen.[875] Die Verbraucherdefi- 241

---

[861] Vgl. LG Münster WRP 2005, 639 – *Telefonwerbung für Versicherungsberatung;* OLG Düsseldorf, Urteil vom 1. April 2015 – VI-U (Kart) 19/14 – Rn. 24.

[862] BT-Drucks. 17/13951, S. 61; mit Recht kritisch zur Umsetzung: *Köhler* WRP 2015, 1037/1038; *Ohly* WRP 2015, 1443/1445; *Meier,* JuS 2014, 777 ff.

[863] Vgl. dazu auch *Alexander* WRP 2014, 501/502.

[864] Palandt/*Ellenberger,* BGB, 75. Aufl. Rn. 1.

[865] BGH NJW 2002, 368/369 – *Selbständige berufliche Tätigkeit.*

[866] Zu dem außerhalb marktbezogener geschäftlicher Tätigkeit stehenden privaten Verhalten von Verbrauchern oder Kaufleuten siehe oben Rn. 38 sowie *Lettl* GRUR 2004, 449/451.

[867] BGH NJW 2005, 1273/1274; BAG NJW 2014, 2138.

[868] BGH GRUR 2011, 941 Rn. 24 – *Schneeballseminare;* BGH NJW 2008, 435.

[869] BGH NJW 2009, 3780 Rn. 11 = WRP 2010, 103.

[870] BGH GRUR 2011, 941 Rn. 24 – *Schneeballseminare;* BGH NJW 2005, 1273/1274.

[871] MünchKommUWG/*Bähr,* 2. Aufl., § 2 Rn. 364.

[872] BGH GRUR 2011, 941 Rn. 24 – *Schneeballseminare;* BGH NJW 2008, 435 f.

[873] BAG NJW 2005, 3305.

[874] BAG NJW 2014, 2138; differenzierend: *Köhler*/Bornkamm, UWG, 34. Aufl., § 2 Rn. 172; vgl. auch OLG Frankfurt GRUR 2015, 401 Rn. 32 – *Messepersonal.*

[875] Palandt/*Ellenberger,* BGB, 75. Aufl., § 13 Rn. 6; kritisch auch *Köhler* WRP 2015, 1037/1038.

nition des § 13 BGB gilt nach § 2 Abs. 2 UWG jedoch nur **entsprechend.** Damit unterfallen auch die Tätigkeit und die Ansprache von Verbrauchern im **Vorfeld von Vertragsabschlüssen** bereits dem § 2 Abs. 2 UWG und eröffnen den durch das UWG gerade in der vorvertraglichen Phase zu gewährleistenden Schutz der Verbraucher vor unlauteren Wettbewerbshandlungen.[876]

242 **d) Maßgeblicher Zeitpunkt.** Maßgeblicher Zeitpunkt der Beurteilung der Verbrauchereigenschaft ist nicht der Zeitpunkt des Vertragsschlusses. Abzustellen ist vielmehr auf den Zeitpunkt, in welchem der Angesprochene durch die geschäftliche Tätigkeit des Unternehmers so angesprochen wird, dass diese Ansprache unmittelbar in den Produktabsatz münden soll.[877]

2. Kollektive Verbraucheransprache

243 Die Verweisungsnorm des § 2 Abs. 2 UWG nimmt den individuellen Verbraucher in den Blick. Soweit die Verbraucher – wie zumeist – als Kollektiv, insbesondere als potenzielle Abnehmer, angesprochen werden, ist etwa hinsichtlich der materiellen Schutzgewährleistungen des UWG (beispielsweise in den Fällen des § 3 Abs. 2, § 4a sowie § 5a Abs. 2, § 7 Abs. 2 Nr. 2 UWG sowie der Verbotstatbestände der „Black List") danach zu fragen, ob eine **Werbemaßnahme zumindest auch an Verbraucher i. S. d. § 2 Abs. 2 UWG gerichtet** ist und deshalb verbraucherspezifischen Schutzstandards zu genügen hat.[878] Soweit spezifische Verbrauchergruppen angesprochen sind, ist nach § 3 Abs. 4 UWG auf die Sicht eines durchschnittlichen Mitglieds dieser spezifischen Gruppe abzustellen.

3. Verbraucherleitbild

244 Der Verweis in § 2 Abs. 2 UWG auf § 13 BGB trifft keine Aussage zu dem für das UWG maßgebenden „Verbraucherleitbild", das den Maßstab für die Beurteilung verbraucherbezogener wettbewerblicher Handlungen bildet. Die **UGP-Richtlinie,** der ersichtlich die ständige Rechtsprechung des EuGH zugrundeliegt, betont in **Erwägungsgrund 18,** dass ihr der Maßstab eines **Durchschnittsverbrauchers** zugrunde liege, **der angemessen gut unterrichtet und angemessen aufmerksam und kritisch ist.**[879] Auf der Grundlage der Rechtsprechung des EuGH stellt auch der BGH auf das Leitbild eines durchschnittlich informierten, aufmerksamen und verständigen Verbrauchers ab, der das fragliche Werbeverhalten mit einer **der Situation angemessenen Aufmerksamkeit** verfolgt.[880]

4. Spezifische Verbraucherkreise

245 Die UGP-Richtlinie stellt nach Erwägungsgrund 18 auf einen Durchschnittsverbraucher ab, der angemessen gut unterrichtet und angemessen aufmerksam und kritisch ist. Soweit sich eine Geschäftspraxis speziell an eine **besondere Verbrauchergruppe,** wie zum Beispiel Kinder,[881] richtet, ist die **Sicht eines Durchschnittsmitglieds dieser Gruppe** maßgebend[882] (vgl. Erwägungsgrund 18). Dementsprechend bestimmt § 3 Abs. 4 UWG, dass auf ein durchschnittliches Mitglied der angesprochenen Gruppe abzustellen ist. Auch ist auf die Sicht eines durchschnittlichen Mitglieds

---

876 BGH GRUR 2011, 941 Rn. 26 – *Schneeballseminare;* MünchKommUWG/*Bähr,* 2. Aufl., § 2 Rn. 346.

877 BGH GRUR 2011, 941 Rn. 25 – *Schneeballseminare.*

878 Ein tatsächlich auch an Verbraucher gerichtetes Angebot muss auch dann die Verbraucherschutzvorschriften beachten, wenn das Angebot eine Erklärung enthält, nur an Gewerbetreibende verkaufen zu wollen, wenn der Gewerbetreibende nicht durch geeignete Kontrollmaßnahmen einen Verkauf an Verbraucher unterbindet, BGH GRUR 2011, 82 – *Preiswerbung ohne Umsatzsteuer;* BGH GRUR 2010, 1117 – *Gewährleistungsausschluss im Internet;* vgl. OLG Hamm MMR 2012, 596; LG Kiel WRP 2014, 495 Rn. 16.

879 Zum Verbraucherleitbild aus jüngerer Zeit: EuGH GRUR 2015, 701 Rn. 36 – *Himbeer-Vanille-Abenteuer;* vgl. zudem *Scherer* WRP 2013, 9 ff.; für ein sich an einem „hohen Verbraucherschutzniveau" orientierendes Verbraucherleitbild plädiert *Helm* WRP 2013, 710 ff., der aber unterschiedlichen Formulierungen in der EuGH-Rechtsprechung zu großes Gewicht beilegt.

880 BGH GRUR 2015, 906, Rn. 22 – *TIP der Woche;* BGH GRUR 2015, 504, Rn. 17 – *Kostenlose Zweitbrille;* BGH GRUR 2012, 184 Rn. 19 – *Branchenbuch Berg;* BGH GRUR 2009, 1064 Rn. 37 – *Geld-zurück-Garantie II;* BGH GRUR 2008, 807 Rn. 14 – *Millionen-Chance;* BGH GRUR 2006, 949 Rn. 16 – *Kunden werben Kunden;* BGH GRUR 2000, 619/621 – *Orientteppichmuster;* vgl. zum Verbraucherleitbild auch *Glöckner* oben Einl. B Rn. 31 ff. und *Dreyer,* § 5 B. Rn. 28 ff. sowie Ohly/*Sosnitza,* UWG, 6. Aufl., § 2 Rn. 112 ff.

881 BGH GRUR 2014, 682 Rn. 22 – *Nordjob-Messe;* BGH GRUR 2009, 71 Rn. 17 – *Sammelaktion für Schoko-Riegel;* BGH GRUR 2006, 776 Rn. 19 – *Werbung für Klingeltöne.*

882 BGH GRUR 2014, 682 Rn. 22 – *Nordjob-Messe;* BGH GRUR 2014, 1211, Rn. 24 – *Runes of Magic II;* BGH GRUR 2014, 1117, Rn. 29 – *Zeugnisaktion;* vgl. dazu *Scherer* WRP 2008, 563 ff.

einer aufgrund von geistigen oder körperlichen Gebrechen, Alter oder Leichtgläubigkeit besonders schutzbedürftigen und eindeutig identifizierbaren Gruppe von Verbrauchern abzustellen, wenn für den Unternehmer vorhersehbar ist, dass seine geschäftliche Handlung nur diese Gruppe betrifft (vgl. § 3 Abs. 4 Satz 2 UWG). Die Vorschriften stellen eine Abweichung vom Leitbild des erwachsenen Durchschnittsverbrauchers dar, das der Gesetzgeber bei der UWG-Reform 2004 in Übereinstimmung mit neueren Rechtsprechung zugrunde gelegt hat.[883] Damit verschiebt sich der an die Bewertung einer geschäftlichen Handlung anzulegende Maßstab zu Lasten des Unternehmers.[884]

III. Unternehmer i. S. d. UWG

1. Änderung durch das UWG 2008

246 Das UWG 2004 definierte in § 2 Abs. 2 a. F. den Begriff des Unternehmers – ebenso wie den Begriff des Verbrauchers – durch einen Verweis auf das BGB. Aufgrund der UGP-Richtlinie und der dort in Art. 2 lit. b enthaltenen Definition des „Gewerbetreibenden" nahm der Gesetzgeber in § 2 Abs. 2 Nr. 6 UWG eine **gegenüber § 14 BGB weitere Definition des Unternehmerbegriffs** auf. Hierdurch sollten auch unselbständige berufliche Tätigkeiten und Personen, die im Namen oder Auftrag des Gewerbetreibenden handeln, unter den lauterkeitsrechtlichen Unternehmerbegriff fallen.[885]

246a Der Wortlaut der Definition des Unternehmerbegriffs in § 2 Abs. 2 Nr. 6 UWG steht **mit dem Verbraucherbegriff nach § 2 Abs. 2 UWG i. V. m. § 13 BGB nicht in Einklang.** Denn die unselbständig beruflich Tätigen, welche scheinbar vom Wortlaut des § 2 Abs. 2 Nr. 6 UWG erfasst sind, fallen gleichzeitig auch unter den weiter unverändert geltenden Verbraucherbegriff gemäß § 2 Abs. 2 UWG i. V. m. § 13 BGB. Ein und dieselbe Person kann aber bei demselben Geschäft nicht Verbraucher und Unternehmer zugleich sein.[886] Gewollt war, wie die Beispiele in der Begründung zum Gesetzentwurf zum UWG 2008, S. 18, zeigen, dass auch diejenigen in den Genuss verbraucherschützender lauterkeitsrechtlicher Vorschriften kommen sollen, die geschäftlich in Bezug auf ihren unselbständigen Beruf handeln.[887] Ein **unselbständig beruflich Tätiger** ist demgemäß nach wie vor **als Verbraucher** einzuordnen und der **Unternehmerbegriff insofern einschränkend zu interpretieren.** Es ergeben sich sonach nach dieser Auffassung keine Abweichungen zum bisherigen Recht.[888]

2. Vorgaben der UGP-Richtlinie

247 Die UGP-Richtlinie definiert in Art. 2 lit. b den Begriff des „Gewerbetreibenden" und versteht darunter jede natürliche oder juristische Person, die **im Geschäftsverkehr im Rahmen ihrer gewerblichen, handwerklichen oder beruflichen Tätigkeit** handelt, und jede Person, die **im Namen oder Auftrag des Gewerbetreibenden handelt.** Der in der Richtlinie ebenfalls verwendete Begriff „Unternehmen" stimmt in seiner Bedeutung und rechtlichen Tragweite mit dem Begriff „Gewerbetreibender" überein. Beide Begriffe umfassen daher (vgl. Art. 3 Abs. 1) jede natürliche oder juristische Person, die eine entgeltliche Tätigkeit ausübt. Einrichtungen, die einem allgemeinen Interesse liegende Aufgabe erfüllen, werden davon ebenso wenig ausgenommen wie öffentlich-rechtliche Einrichtungen.[889] Für die Eröffnung des persönlichen Anwendungsbereichs der UGP-Richtlinie ist unerheblich, wie die Einordnung und die Rechtstellung des Unternehmens nach nationalem Recht ausgestaltet ist.[890] Der in der UGP-Richtlinie in Art. 2 lit. a und lit. b verwandte Begriff der „beruflichen Tätigkeit" umfasst nur selbständige und nicht auch unselbstständige berufliche Tätigkeiten.

---

[883] Vgl. die Begründung des Regierungsentwurfs, BT-Drucks. 14/1487 S. 19.
[884] BGH GRUR 2014, 682 Rn. 22 – *Nordjob-Messe.*
[885] Amtliche Begründung des Gesetzentwurfs zum UWG 2008, BT-Drucks. 16/10145, S. 12.
[886] Staudinger/*Habermann,* BGB, Neubearbeitung 2013, § 14 Rn. 3.
[887] Amtliche Begründung des Gesetzentwurfs zum UWG 2008, BT-Drucks. 16/10145, S. 11, mit dem Beispiel, dass auch ein Lehrer, der für berufliche Zwecke einen Computer erwirbt, lauterkeitsrechtlich geschützt sein soll.
[888] Vgl. insoweit auch oben Rn. 232.
[889] EuGH GRUR 2013, 959 Rn. 26, 28 – *BKK Mobil Oil;* BGH GRUR 2014, 1120 Rn. 18 ff. – *Betriebskrankenkasse II;* BGH GRUR 2014, 682 Rn. 17 – *Nordjob-Messe.*
[890] EuGH GRUR 2013, 959 Rn. 26, 28 – *BKK Mobil Oil;* BGH GRUR 2014, 1120 Rn. 18 ff. – *Betriebskrankenkasse II;* BGH GRUR 2014, 682 Rn. 17 – *Nordjob-Messe.*

247a Das BGB definiert in § 14 den Unternehmer wie folgt:

§ 14 BGB Unternehmer

(1) Unternehmer ist eine natürliche oder juristische Person oder eine rechtsfähige Personengesellschaft, die bei Abschluss eines Rechtsgeschäfts in Ausübung ihrer gewerblichen oder selbständigen beruflichen Tätigkeit handelt.

(2) Eine rechtsfähige Personengesellschaft ist eine Personengesellschaft, die mit der Fähigkeit ausgestattet ist, Rechte zu erwerben und Verbindlichkeiten einzugehen.

Bei wertender Betrachtung ist der unselbständig beruflich Tätige als Verbraucher anzusehen.[891] Der einschränkend zu interpretierende lauterkeitsrechtliche Unternehmerbegriff stimmt sonach mit dem bürgerlich-rechtlichen Verständnis des Unternehmers gemäß § 14 BGB überein. Es bleibt dabei, dass kein Verbraucher sein kann, wer als Unternehmer handelt und umgekehrt.

3. Unternehmer im Sinne des UWG

248 Das UWG erfasst Unternehmer als „Mitbewerber" (§ 2 Abs. 1 Nr. 3 UWG) oder als sonstige „Marktteilnehmer" i. S. d. § 2 Abs. 1 Nr. 2 UWG. Der Begriff des Unternehmers erfasst den Begriff des „Kaufmanns" und ersetzt den früher im UWG üblichen, in der UGP-Richtlinie aber noch verwandten Begriff des „Gewerbetreibenden". Folgende Merkmale zeichnen den „Unternehmer" aus:

249 **a) Natürliche und juristische Personen sowie rechtsfähige Personengesellschaften.** Unternehmer können natürliche oder juristische Personen sowie Gesellschaften i. S. d. § 14 Abs. 2 BGB sein,[892] als Unternehmer ist aber nur die Gesellschaft selbst, nicht deren Gesellschafter anzusehen.[893]

249a Für das UWG ist aber auch **nicht die Organisationsform, sondern die Art der Tätigkeit entscheidend.** Der BGH sieht entsprechend der Rechtsprechung des EuGH als Unternehmer jede natürliche oder jede juristische Person an, die eine entgeltliche Tätigkeit ausübt und nimmt davon weder öffentlich-rechtliche Einrichtungen noch solche Einrichtungen aus, die im allgemeinen Interesse liegende Aufgabe erfüllen.[894] Allgemein ist ein Unternehmer jede natürliche oder juristische Person, die am Markt planmäßig und dauerhaft Leistungen gegen ein Entgelt anbietet,[895] unabhängig von ihrer Rechtsform und der Art ihrer Finanzierung.[896] Unter dem Blickwinkel des UWG ist für einen Unternehmer kennzeichnend, dass er über noch dem privaten Bereich zuzurechnende gelegentliche Verkaufs- oder Erwerbsgeschäfte hinaus als **Anbieter oder Nachfrager von Leistungen im Markt** auftritt.[897] Einbezogen in den Unternehmerbegriff sind damit alle Handlungen in Ausübung eines Handels, eines Gewerbes, eines Handwerks oder eines freien Berufs. Auch eine Tätigkeit als Handelsvertreter,[898] Landwirt oder Kleingewerbetreibender ist einbezogen, ebenso Geschäfte im Zuge einer Existenzgründung[899] (vgl. oben Rn. 240). Auf eine Gewinnerzielungsabsicht kommt es nicht an.[900] Erfasst ist damit etwa auch die marktbezogene geschäftliche **Tätigkeit der öffentlichen Hand.**[901]

250 **b) Gewerbliche oder selbständige berufliche Tätigkeit.** Eine gewerbliche Tätigkeit ist eine planmäßige und auf Dauer angelegte, wirtschaftliche, selbständige Tätigkeit unter Teilnahme am Wettbewerb. Es ist nicht erforderlich, dass ein in kaufmännischer Weise eingerichteter Gewerbebe-

---

891 MünchKommBGB/*Micklitz/Purnhagen,* 7. Aufl., § 14 Rn. 32 m. w. N.

892 Einbezogen sind auch Gesellschaften ausländischen Rechts, vgl. EuGH NJW 2002, 3614; BGH NJW 2002, 3539 und BGH NJW 2003, 1461.

893 OLG Köln GRUR-RR 2011, 370 f.; OLG Hamburg GRUR-RR 2005, 167 – *Mitbewerbereigenschaft; Köhler,* FS Hopt, 2010, 2825/2838; Teplitzky/*Büch,* Wettbewerbsrechtliche Ansprüche und Verfahren, 11. Aufl., Kap. 13 Rn. 4a.

894 BGH GRUR 2014, 1120 Rn. 15 ff. – *Betriebskrankenkasse II.*

895 BGH NJW 2006, 2250 zum Verbrauchsgüterkauf; zum Unternehmensbegriff vgl. auch Baumbach/*Hopt,* HGB, 36. Aufl., Einl. vor § 1 Rn. 31 ff. und *Köhler*/Bornkamm, UWG, 34. Aufl., § 2 Rn. 20 ff.

896 Vgl. BGH GRUR 2012, 288 ff. – *Betriebskrankenkasse I.*

897 Vgl. BGH GRUR 2012, 288 Tz. 11 – *Betriebskrankenkasse I.*

898 OLG Karlsruhe GRUR-RR 2010, 51/52 – *Direktmarketing.*

899 OLG Köln GRUR-RR 2011, 370 – *Gesellschafter-Unternehmer.*

900 MünchKommBGB/*Micklitz/Purnhagen,*7. Aufl., § 14 Rn. 23 ff.

901 MünchKommBGB/*Micklitz/Purnhagen,* 7. Aufl., § 14 Rn. 7, 17. Zur Einbeziehung von gesetzlichen Krankenkassen in den Unternehmensbegriff vgl. BGH GRUR 2014, 1120 ff. – *Betriebskrankenkasse II.* Zur Unternehmereigenschaft des Freistaats Bayern bezüglich des Betriebs von Spielbanken vgl. OLG München MMR 2011, 243 ff. = WRP 2011, 374 (Leitsatz). Zur Einbeziehung der öffentlichen Hand im Kartellrecht vgl. § 102 GWB, für das AGB-Recht vgl. § 310 BGB.

trieb geführt wird.[902] Die nicht gewerbliche Tätigkeit von Freiberuflern ist durch das Merkmal der selbständigen beruflichen Tätigkeit erfasst. Das Merkmal grenzt die wirtschaftliche Marktteilnahme von der lediglich privaten Tätigkeit ab, zu der insbesondere der private Konsum rechnet (vgl. oben Rn. 38, 240). Eine nicht selbständige berufliche Tätigkeit wird von dem Begriff des Unternehmers nach wie vor nicht erfasst (vgl. oben Rn. 232).

c) Tätigkeit im Auftrag von Unternehmern. Als „Unternehmer" gilt auch jede Person, die 251
im Namen oder Auftrag einer solchen Person handelt.[903] Besser wäre insoweit gewesen, davon zu sprechen, dass jede Tätigkeit einer Person, die im Namen oder Auftrag eines Unternehmens handelt, diesem auch zugerechnet wird. Diese Zurechnung ist nach deutschem Recht schon lange selbstverständlich und kommt insbesondere in § 8 Abs. 2 UWG (§ 13 Abs. 6 UWG a. F.) zum Ausdruck. Danach sind der Unterlassungsanspruch und der Beseitigungsanspruch auch gegen den Inhaber des Unternehmens begründet, wenn eine Zuwiderhandlung in einem Unternehmen von einem Mitarbeiter oder Beauftragten begangen wird.[904]

4. Unternehmerleitbild

Ein dem „Verbraucherleitbild" entsprechendes **„Unternehmerleitbild"** wurde bislang im deut- 252
schen UWG-Recht **nicht entwickelt.**[905] *Purnhagen*[906] sieht vor dem Hintergrund des europäischen Rechts ein stärker wettbewerbsorientiertes Leitbild eines „dynamischen eigenverantwortlichen Unternehmers", der „sich den Binnenmarkt zunutze macht, der multilingual auftritt und auf kulturell unterschiedliche Bedürfnisstrukturen flexibel reagiert". Dieses insbesondere auf die gemeinschaftsrechtlichen Grundfreiheiten (Freizügigkeit, Niederlassungsfreiheit, Dienstleistungsfreiheit und Freiheit des Kapital- und Zahlungsverkehrs) bezogene Unternehmerleitbild kann für das UWG präzisiert werden. Dort kann auf einen **aufmerksamen, sachkompetenten und informierten Unternehmer** abgestellt werden, der die ihm obliegende Sorgfalt einhält, indem er sich marktregelkonform verhält, den Verbrauchern mit der ihm zumutbaren Rücksicht gegenübertritt, aber auch unsachlichen und unklaren Maßnahmen und Informationen mit nüchterner Rationalität begegnet, was sich etwa an den milderen Maßstäben für die Telefonwerbung gegenüber Gewerbetreibenden[907] oder den etwas milderen Maßstäben in den Fällen irreführender Werbung gegenüber Fachkreisen[908] zeigt.

§ 3 Verbot unlauterer geschäftlicher Handlungen

(1) **Unlautere geschäftliche Handlungen sind unzulässig.**

(2) **Geschäftliche Handlungen, die sich an Verbraucher richten oder diese erreichen, sind unlauter, wenn sie nicht der unternehmerischen Sorgfalt entsprechen und dazu geeignet sind, das wirtschaftliche Verhalten des Verbrauchers wesentlich zu beeinflussen.**

(3) **Die im Anhang dieses Gesetzes aufgeführten geschäftlichen Handlungen gegenüber Verbrauchern sind stets unzulässig.**

(4) **[1]Bei der Beurteilung von geschäftlichen Handlungen gegenüber Verbrauchern ist auf den durchschnittlichen Verbraucher oder, wenn sich die geschäftliche Handlung an eine bestimmte Gruppe von Verbrauchern wendet, auf ein durchschnittliches Mitglied dieser Gruppe abzustellen. [2]Geschäftliche Handlungen, die für den Unternehmer vorhersehbar das wirtschaftliche Verhalten nur einer eindeutig identifizierbaren Gruppe von Verbrauchern wesentlich beeinflussen, die auf Grund von geistigen oder körperlichen Beeinträchtigungen, Alter oder Leichtgläubigkeit im Hinblick auf diese geschäftlichen Handlungen oder die diesen zugrunde liegenden Waren oder Dienstleistungen besonders schutzbedürftig sind, sind aus der Sicht eines durchschnittlichen Mitglieds dieser Gruppe zu beurteilen.**

---

[902] OLG Frankfurt GRUR-RR 2005, 319/320 – *Standarderklärung* zur unternehmerischen Tätigkeit eines ‚Power Sellers" bei ebay.

[903] Kritisch hierzu Ohly/*Sosnitza,* UWG, 6. Aufl., § 2 Rn. 91.

[904] Vgl. GK-UWG/*Peukert,* 2. Aufl., § 2 Rn. 650; *Köhler*/Bornkamm, UWG, 34. Aufl., § 2 Rn. 121a.

[905] Zum bislang nicht entwickelten „Mitbewerberleitbild" vgl. *Podszun,* § 1 Rn. 45.

[906] Vgl. hierzu MünchKommBGB/*Micklitz/Purnhagen,* 7. Aufl., vor §§ 13, 14 Rn. 77, 111 ff.

[907] Vgl. die unterschiedliche Behandlung von werbenden Telefonanrufen gegenüber Verbrauchern und gegenüber Unternehmern in § 7 Abs. 2 Nr. 2 UWG.

[908] Köhler/*Bornkamm,* UWG, 34. Aufl., § 5 Rn. 2.80; sowie Ohly/*Sosnitza,* UWG, 6. Aufl., § 5 Rn. 120.

Inhaltsübersicht

	Rdn.
A. Grundlagen	1
I. Grundgedanken der Regelung	1
II. Praktische Bedeutung	8
III. Entstehungsgeschichte	15
1. Generalklausel im Gesetz von 1909	19
2. Reformen 2004/2008	23
3. Reform 2015	25
IV. Rechtliche Einordnung	36
1. Differenzierte Verbotstatbestände	37
2. Regelungstechnik Generalklausel	42
3. Verbrauchergeneralklausel	50
4. Normiertes Verbraucherleitbild	55
5. Dynamischer Verweis in Absatz 3	56
V. Europäisches Recht	57
1. Vorgaben der UGP-Richtlinie	57
2. Probleme der Umsetzung	58
B. Geschäftliche Handlung	60
C. § 3 III	65
D. Verbrauchergeneralklausel (§ 3 II)	66
I. Überblick	66
II. An Verbraucher gerichtet oder diese erreichend	70
III. Unternehmerische Sorgfalt	77
1. Definition	78
2. Unwertkriterium der Generalklausel	82
3. Konstellationen	84
a) Aufforderung zur Schädigung Dritter	85
b) Werbung mit Testergebnissen	86
c) Verharmlosung von Gesundheitsgefahren	87
d) Beratung bei Finanzprodukten	88
e) Einsatz von Gewinn- und Glücksspielen	89
f) Sonstige Verkaufsfördermaßnahmen	90
g) Verwendung unwirksamer Vertragsklauseln	91
IV. Eignung zur wesentlichen Beeinflussung der Entscheidung	92
E. Verbraucherleitbild (§ 3 IV)	101
F. Auffangtatbestand in § 3 I	107
I. Auffangtatbestand	107
II. Nicht an Verbraucher gerichtet oder diese erreichend	116
III. Begriff der Unlauterkeit	121
1. Ausgangspunkte	121
a) Frühere Anknüpfungspunkte	123
b) Unlauterkeit als Rechtsfrage	127
c) Unlauterkeit als Verstoß gegen wettbewerbliche Regelwerke und „business ethics“?	129
2. Unlauterkeit als Verstoß gegen „unternehmerische Sorgfalt“?	136
3. Unlauterkeit als Einschränkung wettbewerblicher Entfaltungsmöglichkeiten	140
4. Unlauterkeit und Interessenabwägung	144
a) Interessenabwägung als methodisches Prinzip	144
b) Einfließende schutzwürdige Interessen	146
c) Grundrechtliche Wertungskriterien	158
d) Würdigung der Umstände des Einzelfalls	161
5. Zusammenfassung: Keine gespaltene Unlauterkeitsbegrifflichkeit	162
IV. Sachverhaltskonstellationen für eine originäre Anwendung von § 3 Abs. 1	167
1. Wettbewerbliche Verkehrspflichten	168
2. Unmittelbarer Leistungsschutz	177
3. Allgemeine Marktstörung	181
4. Unberechtigte Schutzrechtsverwarnung	182
5. Rufausbeutung	183
6. Störung von Vertriebsbindungssystemen	184
7. Ausnutzung einer amtlichen Stellung	185
8. Menschenverachtende geschäftliche Handlungen	188
9. Einzelfälle	192
G. Bagatellschwellen	196
I. Unwiderlegbare Spürbarkeitsvermutung in § 3 Abs. 3	197
II. Wesentlichkeitsschwelle in § 3 Abs. 2	198
III. Spürbarkeitserfordernis in § 3 Abs. 1	199

	Rdn.
IV. Beweislast	205
V. Kriterien zur Bestimmung der Spürbarkeit	207
1. Niedrige Relevanzschwelle	207
2. Spürbarkeit als Interessenbeeinträchtigung	211
3. Definition und Kriterien	214
VI. Spürbarkeit in anderen Tatbeständen	225

Schrifttum (zu weiterer Literatur vor 2004 siehe Vorauflage): *C. Ahrens,* Wettbewerbsrecht, 2006; *H.-J. Ahrens,* Das Verhältnis von UWG und Vertragsrecht aufgrund der EU-Richtlinie über unlautere Geschäftspraktiken, in: FS Loewenheim, 2009, S. 407; *ders.,* 21 Thesen zur Störerhaftung im UWG und im Recht des Geistigen Eigentums, WRP 2007, 1281; *ders.,* Die Benetton-Rechtsprechung des BVerfG und die UWG-Fachgerichtsbarkeit, JZ 2004, 763; *S. Ahrens,* Verbraucherleitbild im Wandel – Wachsen die Anforderungen an den Verbraucher?, IPRB 2012, 136; *Alexander,* Verhaltenskodizes im europäischen und deutschen Lauterkeitsrecht, GRUR Int 2012, 965; *ders.,* Anmerkungen zum Referentenentwurf eines Zweiten Gesetzes zur Änderung des UWG, WRP 2014, 1384; *ders.,* Grundfragen des neuen § 3 UWG, WRP 2016, 411; *ders.,* Die Rechtsprechung des EuGH zur Richtlinie 2005/29/EG bis zum Jahr 2012, WRP 2013, 17; *ders.,* Die Rechtsprechung des EuGH zur Richtlinie 2005/29/EG in den Jahren 2013 und 2014, WRP 2015, 286; *ders.,* Synopse: UWG – Referentenentwurf – UGP-RL, WRP 2014, 1380; *ders.,* Vertragsrecht und Lauterkeitsrecht unter dem Einfluss der Richtlinie 2005/29/EG über unlautere Geschäftspraktiken, WRP 2012, 515; *Anders,* Subjektive Elemente des Sittenwidrigkeitsbegriffs des § 1 UWG, 2000; *Apostolopoulos,* Einige Gedanken zur Auslegung der nationalen Generalklausel im Hinblick auf eine Vollharmonisierung des europäischen Lauterkeitsrechts, WRP 2005, 152; *Baudenbacher,* Lauterkeitsrecht. Kommentar zum Gesetz gegen den unlauteren Wettbewerb (UWG), 2001; *Beater,* Europäisches Recht gegen unlauteren Wettbewerb – Ansatzpunkte, Grundlagen, Entwicklung, Erforderlichkeit, ZEuP 2003, 11; *ders.,* Verbraucherschutz und Schutzzweckdenken im Wettbewerbsrecht, 2000; *ders.,* Verbraucherverhalten und Wettbewerbsrecht, in: FS Tilmann, 2003, S. 87; *ders.,* Mitbewerber und sonstige unternehmerische Marktteilnehmer – Wandel, Bedeutung und Abgrenzung der unternehmensbezogenen Schutzzwecke des UWG, WRP 2009, 768; *ders.,* Allgemeinheitsinteressen und UWG, WRP 2012, 6; *Berlit,* Die Zukunft des Preisausschreibens im Lichte der Entscheidung „Millionen-Chance II“, WRP 2011, 1225; *ders.,* Die Rechtsprechung der Instanzgerichte zu Recht des unlauteren Wettbewerbs XII, GRUR-RR 2012, 49; *Beutel,* Wahrnehmungsbezogene richterliche Erfahrungssätze im Marken- und Lauterkeitsrecht, 2011; *Birk,* Corporate Responsibility, unternehmerische Selbstverpflichtungen und unlauterer Wettbewerb, GRUR 2011, 196; *Borck, H.-G.,* Vorläufige Anmerkungen zum „Gesetz gegen den unlauteren Wettbewerb (UWG)“ vom 3.7.2004, WRP 2004, 1440; *Brömmelmeyer,* Der Binnenmarkt als Leitstern der Richtlinie über unlautere Geschäftspraktiken, GRUR 2007, 295; *De Cristofaro,* Die zivilrechtlichen Folgen des Verstoßes gegen das Verbot unlauterer Geschäftspraktiken: eine vergleichende Analyse der Lösungen der EU-Mitgliedstaaten, GRUR Int 2010, 1017; *Deichsel,* Verbraucherschutz im Lauterkeitsrecht in Skandinavien und Deutschland, 2006; DIHK, Stellungnahme zum Referentenentwurf eines Zweiten Gesetzes zur Änderung des Gesetzes gegen den unlauteren Wettbewerb, WRP 2014, 1426; *Drews,* Die Erheblichkeitsschwelle des § 3 UWG, 2010; *Drexl,* Die wirtschaftliche Selbstbestimmung des Verbrauchers, 1998; *Dröge,* Lauterkeitsrechtliche Generalklauseln im Vergleich – Art. 5 der Richtlinie gegen unlautere Geschäftsbedingungen im Vergleich zu § 3 UWG und der Umsetzungsbedarf für den deutschen Gesetzgeber, 2007; *Emmerich,* Wettbewerbsbeschränkungen durch die Rechtsprechung, in: FS Gernhuber, 1993, S. 857; *Engels,* AdBlocker auf dem Prüfstand, GRUR-Prax 2015, 338; *Engels/Salomon,* Vom Lauterkeitsrecht zum Verbraucherschutz: UWG-Reform 2003, WRP 2004, 32; *Eppe,* Zugaben und Rabatte im Anwendungsbereich des UWG, 2003; *ders.,* Verbraucherschutz im UWG und BGB, WRP 2005, 808; *Ernst/Seichter,* Bestimmung des Kaufpreises durch Spiel – Glücksspielelemente im Werberecht, WRP 2013, 1437; *Fezer,* Objektive Theorie der Lauterkeit im Wettbewerbsrecht, in FS Schricker, 2005, 671; *ders.,* Plädoyer für eine offensive Umsetzung der Richtlinie über unlautere Geschäftspraktiken in das deutsche UWG, WRP 2006, 781; *ders.,* Der Dualismus der Lauterkeitsrechtsordnungen des b2c-Geschäftsverkehrs und des b2b-Geschäftsverkehrs im UWG, WRP 2009, 1163; *ders.,* Eine Replik: Die Auslegung der UGP-RL vom UWG aus?, WRP 2010, 677; *Fikentscher,* Wirtschaftsrecht (Bd. I und II), 1983; *Fikentscher/Hacker/Podszun,* FairEconomy, 2013; *Fritsche,* Überlegungen zum Referentenentwurf eines Zweiten Gesetzes zur Änderung des UWG, WRP 2014, 1392; *ders.,* Die Unlauterkeit im Sinne der UGP-Richtlinie nach der Rechtsprechung des EuGH, in FS Köhler, 2014, 145; *Gärtner/Heil,* Kodifizierter Rechtsbruchtatbestand und Generalklausel, WRP 2005, 20; *Gamerith,* Studie zum Richtlinienvorschlag über unlautere Geschäftspraktiken – Möglichkeiten einer harmonischen Umsetzung in die nationale Rechtsordnung, WRP 2005, 395; *Glimski,* Das Veranstalterleistungsschutzrecht, 2010; *Glöckner,* Europäisches Lauterkeitsrecht, 2006; *ders.,* Richtlinienvorschläge über unlautere Geschäftspraktiken, deutsches UWG oder die schwierige Umsetzung von europäischen Generalklauseln, WRP 2004, 936; *ders.,* UWG-Novelle mit Konzept und Konsequenz, WRP 2014, 1399; *ders.,* Der gegenständliche Anwendungsbereich des Lauterkeitsrechts nach der UWG-Novelle 2008 – ein Paradigmenwechsel mit Folgen, WRP 2009, 1175; *Glöckner/Henning-Bodewig,* EG-Richtlinie über unlautere Geschäftspraktiken: Was wird aus dem „neuen“ UWG?, WRP 2005, 1311; *Göckler,* Die Bedeutung der Purely Creative Entscheidung für die UGP-Richtlinie, WRP 2014, 1167; *Götting,* Wettbewerbsrecht, 2005; *Gräbig,* Aktuelle Entwicklungen bei Haftung für mittelbare Rechtsverletzungen, MMR 2011, 504; *Haberkamm,* Wirklich nichts Neues? Das EuGH-Urteil Mediaprint und seine Implikationen für die UGP-Richtlinie, WRP 2011, 296; *v. Hayek,* Die Anmaßung von Wissen, Ordo 26 (1975), 12; *ders.,* Der Wettbewerb als Entdeckungsverfahren, in: Freiburger Studien, 1969, S. 294 (zit. Entdeckungsverfahren); HDE, Stellungnahme zu dem Referentenentwurf eines Zweiten Gesetzes gegen den unlauteren Wettbewerb, WRP 2014, 1430; Heidelberger Kommentar zum Wettbewerbsrecht, 2. Aufl. 2005 (zit. HK/*Bearbeiter*); *Heermann*, Leistungsschutzrecht für Sportveranstalter de lege ferenda? GRUR 2012, 791; *Helm*, Hohes Verbraucherschutzniveau, WRP 2013, 710; *Henning-Bodewig*, Neuorientierung von § 4 Nr. 1 und 2 UWG?, WRP 2006, 621; *dies.*, Lauterkeit im B2B-Verhältnis „anständige Marktgepflogenheiten", nicht „fachliche Sorgfalt"!, GRUR Int. 2015, 529; *dies.*, Richtlinienvorschlag über unlautere Geschäftspraktiken, GRUR Int. 2004, 183; *dies.*, Die Bekämpfung unlauteren Wettbewerbs in den EU-Mitgliedsstaaten: eine Bestandsaufnahme, GRUR Int 2010, 273; *dies.*, Nationale Eigenständigkeit und europäische Vorgaben im Lauterkeitsrecht, GRUR Int 2010, 549; *dies.*, UWG und Geschäftsethik, WRP 2010, 1094; *dies.*, Der „ehrbare Kaufmann", Corporate Social Responsibility und das Lauterkeitsrecht, WRP 2011, 1014; *dies.*, Erneute UWG-Reform? Einige Anmerkungen zum Referentenentwurf 2014, WRP 2014, 1407; *Henning-Bodewig/Schricker*, Elemente einer Harmonisierung des Rechts gegen den unlauteren Wettbewerb in der Europäischen Union, WRP 2001, 1367; *Hetmank*, Im Korsett der UGP-Richtlinie, GRUR 2015, 323; *Hilty/Henning-Bodewig*, Leistungsschutzrechte zugunsten von Sportveranstaltern?, 2007; *Hoeren*, Das neue UWG – der Regierungsentwurf im Überblick, BB 2008, 1182; *Hoppmann*, Moral und Marktsystem, Ordo 41 (1990), 3; *Jahn/Palzer*, Der mündige Verbraucher ist tot, es lebe der mündige Verbraucher, K&R 2014, 444; *Jansen*, Anwendungskonflikte im europäischen Lauterkeits- und Immaterialgüterrecht, 2013; *Kaplan*, Das Interesse der Allgemeinheit bei der Konkretisierung der Generalklausel des § 3 UWG. Außerwettbewerbliche Allgemeininteressen im Wettbewerbsrecht, 2008; *Keßler*, UWG und Verbraucherschutz – Wege und Umwege zum Recht der Marktkommunikation, WRP 2005, 264; *ders.*, Lauterkeitsschutz und Wettbewerbsordnung – zur Umsetzung der Richtlinie 2005/29/EG über unlautere Geschäftspraktiken in Deutschland und Österreich, WRP 2007, 714; *Keßler/Micklitz*, Die Harmonisierung des Lauterkeitsrechts in den Mitgliedstaaten der Europäischen Gemeinschaft und die Reform des UWG, 2003; *dies.*, Die Richtlinie 2005/29/EG über unlautere Geschäftspraktiken im binnenmarktinternen Geschäftsverkehr zwischen Unternehmen und Verbrauchern, BB-Special 13 (H. 49), 2005, 1; *Kirchhoff*, Die UWG-Novelle 2015 – nur Kodifizierung der Rechtsprechung oder substantiell Neues?, WRP 2015, 659; *Köhler*, Der Regierungsentwurf zur UWG-Novelle 2015: Nur Klarstellungen oder doch tiefgreifende Veränderungen?, WRP 2015, 275; *ders.*, Die Umsetzung der Richtlinie über unlautere Geschäftspraktiken in Deutschland – eine kritische Analyse, GRUR 2012, 1073; *ders.*, Richtlinienumsetzung im UWG – eine unvollendete Aufgabe, WRP 2013, 403; *ders.*, Stellungnahme zum Referentenentwurf eines Zweiten Gesetzes zur Änderung des UWG, WRP 2014, 1410; *ders.*, UWG-Reform 2015: Im Regierungsentwurf nicht angesprochene Defizite bei der Umsetzung der UGP-Richtlinie, WRP 2015, 1037; *ders.*, Zur „geschäftlichen Relevanz" unlauterer geschäftlicher Handlungen gegenüber Verbrauchern, WRP 2014, 259; *ders.*, Das neue UWG, NJW 2004, 2121; *ders.*, Zur Konkurrenz lauterkeitsrechtlicher und kartellrechtlicher Normen, WRP 2005, 645; *ders.*, Zur Umsetzung der Richtlinie über unlautere Geschäftspraktiken, GRUR 2005, 793; *ders.*, Zur richtlinienkonformen Auslegung und Neuregelung der „Bagatellklausel" in § 3 UWG, WRP 2008, 10; *ders.*, „Täter" und „Störer" im Wettbewerbs- und Markenrecht, GRUR 2008, 1; *ders.*, Die UWG-Novelle 2008, WRP 2009, 109; *ders.*, Kopplungsangebote neu bewertet, GRUR 2010, 177; *ders.*, Grenzstreitigkeiten im UWG, WRP 2010, 1293; *ders.*, Richtlinienkonforme Gesetzgebung statt richtlinienkonforme Auslegung: Plädoyer für eine weitere UWG-Novelle, WRP 2012, 251; *ders.*, „Fachliche Sorgfalt" – Der weiße Fleck auf der Landkarte des UWG, WRP 2012, 22; *Köhler/Bornkamm/Henning-Bodewig*, Stellungnahme zum Entwurf für eine europäische Richtlinie und ein deutsches Gesetz gegen unlauteren Wettbewerb, GRUR 2003, 127; *dies.*, Vorschlag für eine Richtlinie zum Lauterkeitsrecht und eine UWG-Reform, WRP 2002, 1317; *Koppensteiner*, Grundfragen des UWG im Lichte der Richtlinie über unlautere Geschäftspraktiken, wbl 2006, 553; *ders.*, Marktbezogene Unlauterkeit und Missbrauch von Marktmacht, WRP 2007, 475; *ders.*, Verbraucherleitbilder bei der Bewerbung von Kapitalanlagen, in FS Köhler, 2014, 371; *Lederer*, Das Verbraucherleitbild im Internet, NJOZ 2011, 1833; *Lehmann, M.*, Wirtschaftspolitische Kriterien in § 1 UWG, in: Mitarbeiterfestschrift für P. Ulmer, 1973, S. 321; *Leistner*, Richtiger Vertrag und lauterer Wettbewerb, 2007; *ders.*, Störerhaftung und mittelbare Schutzrechtsverletzung, GRUR-Beil. 2010, 1; *Lettl*, Das neue UWG, 2004; *ders.*, Gemeinschaftsrecht und neues UWG, WRP 2004, 1079; *ders.*, Der Schutz der Verbraucher nach der UWG-Reform, GRUR 2004, 449; *ders.*, BB-Rechtsprechungsreport zum Wettbewerbsrecht, BB 2013, 2563, BB 2014, 2243, BB 2015, 2371; *Lichtnecker*, Ausgewählte Werbeformen im Internet unter Berücksichtigung der neueren Rechtsprechung, GRUR 2014, 523; *Linzbauer*, Der Wandel des Verbraucherleitbilds im UWG. Eine Analyse der Veränderung des Verbraucherleitbilds im unlauteren Wettbewerbsgesetz und ökonomische Bewertung, 2009; *Lux*, Der Tatbestand der allgemeinen Marktbehinderung, 2006; *Mankowski*, Ist die Bagatellklausel des § 3 bei belästigender Werbung (§ 7 UWG) zu beachten?, WRP 2008, 15; *Mérö*, Die Logik der Unvernunft – Spieltheorie und die Psychologie des Handelns, 2003; *Mestmäcker*, Der verwaltete Wettbewerb, 1984; *Micklitz*, Das Konzept der Lauterkeit in der Richtlinie 2005/29/EG, in: FS Bernd Stauder (Droit de la consommation, Konsumentenrecht, Consumer Law), 2006, S. 297; *Micklitz/Keßler*, Europäisches Lauterkeitsrecht – Dogmatische und ökonomische Aspekte einer Harmonisierung des Wettbewerbsverhaltensrechts im europäischen Binnenmarkt, GRUR Int. 2002, 885; *dies.*, Funktionswandel des UWG, WRP 2003, 919; *Münker*, Stellungnahme der Wettbewerbszentrale zum Referentenentwurf eines Zweiten Gesetzes zur Änderung des Gesetzes gegen den unlauteren Wettbewerb, WRP 2014, 1434; *Münker/Kaestner*, Das reformierte UWG im Überblick – Die Sicht der Praxis, BB 2004, 1689; *Nassall*, Lauterkeit und Sittlichkeit – Zivilrechtliche Konsequenzen unlauterer Wettbewerbshandlungen?, NJW 2006, 127; *Niebel*, Die UWG-Reform 2015 – ein Überblick über die Auswirkungen in der Praxis, BB 2016, 259; *Nordemann*, Wettbewerbs- und Markenrecht, 11. Aufl. 2012; *ders.*, Die wettbewerbliche Erheblichkeit – relevant oder irrelevant?, in FS Köhler, 2014, 489; *Ohly*, Richterrecht und Generalklausel im Recht des unlauteren Wettbewerbs, 1997; *ders.*, Das neue UWG – Mehr Freiheit für den Wettbewerb?, GRUR 2004, 889; *ders.*, Ein Leistungsschutzrecht für Presseverleger?, WRP 2012, 41; *ders.*, Nach der Reform ist vor der Reform, GRUR

2014, 1137; *Oppermann/Müller,* Wie verbraucherfreundlich muss das neue UWG sein? Eine Synopse lauterkeitsrechtlicher Instrumente, GRUR 2005, 280; *Pajarskas,* Impact assessment in misleading advertising cases, ECLR 2015, 317; *Palzer,* Alles bleibt so, wie es wird! – Oder: Von Schmetterlingen und Ameisen, WRP 2015, 793; *Peifer,* Die Zukunft subjektiver Kriterien im UWG – „Atemtest" und objektives Marktverhaltensrecht, Mitteilungen d. deutschen Patentanwälte 5/2007, S. 200; *Peukert,* hartplatzhelden.de – Eine Nagelprobe für den wettbewerbsrechtlichen Leistungsschutz, WRP 2010, 316; *Podszun,* Der „more economic approach" im Lauterkeitsrecht, WRP 2009, 509; *ders.,* Spezielle Wettbewerbsförderung durch Europäisches Lauterkeitsrecht, in: Lauterkeitsrecht und Acquis Communautaire, hrsg. von Hilty/Henning-Bodewig, 2009, 151; *Rittner/Dreher/Kulka,* Wettbewerbs- und Kartellrecht, 8. Aufl. 2014; *Röhl,* Schutzrechte im Sport, 2012; *Ruess/Slopek,* Zum unmittelbaren wettbewerbsrechtlichen Leistungsschutz nach hartplatzhelden.de, WRP 2011, 834; *Sack,* Unbegründete Schutzrechtsverwarnungen – lückenloser Unternehmensschutz durch das UWG seit 2004, NJW 2009, 1642; *ders.,* Anmerkungen zur geplanten Änderung des UWG, WRP 2014, 1418; *ders.,* Die lückenfüllende Funktion der Generalklausel des § 3 UWG, WRP 2005, 531; *Säcker,* Das UWG zwischen den Mühlsteinen europäischer Harmonisierung und grundrechtsgebotener Liberalisierung, WRP 2004, 1199; *Sambuc,* Folgenerwägungen im Richterrecht: Die Berücksichtigung von Entscheidungsfolgen bei der Rechtsgewinnung, erörtert am Beispiel des § 1 UWG, 1977; *Scherer,* Die „wesentliche Beeinflussung" nach der Richtlinie über unlautere Geschäftspraktiken, WRP 2008, 708; *dies.,* Die „Verbrauchergeneralklausel" des § 3 II 1 UWG – eine überflüssige Norm, WRP 2010, 586; *dies.,* „Case law" in Gesetzesform – Die „Schwarze Liste" als neuer UWG-Anhang, NJW 2009, 324; *dies.,* Die Leerformel vom „hohen Verbraucherschutzniveau", WRP 2013, 977; *dies.,* Die weißen Flecken in der Schwarzen Liste, WRP 2014, 771; *Schill,* Der Einfluß der Wettbewerbsideologie des Nationalsozialismus auf den Schutzzweck des UWG, 2004; *Schlemmer,* Die Europäisierung des UWG, 2005; *Schlieper,* Der Anwendungsbereich der lauterkeitsrechtlichen Generalklausel in § 3 I UWG, 2011; *Schöttle,* Aus eins mach zwei – die neuen Generalklauseln im Lauterkeitsrecht, GRUR 2009, 546; *Schricker/Henning-Bodewig* (Hrsg.), Neuordnung des Wettbewerbsrechts, 1999; *Schröer,* Der unmittelbare Leistungsschutz, 2010; *Schünemann,* Wirtschaftspolitische Neutralität des Grundgesetzes?, in: FS Stober, hrsg. v. Kluth, M. Müller, Peilert, 2008, S. 147; *ders.,* Generalklausel und Regelbeispiele, JZ 2005, 271; *ders.,* Dogmatik und Hermeneutik der Regelbeispiele, in: FS Georgiades, hrsg. v. Stathopoulos et al., 2006, S. 1087; *ders.,* „Unlauterkeit" in den Generalklauseln und Interessenabwägung nach neuem UWG, WRP 2004, 925; *Seichter,* Der Umsetzungsbedarf der Richtlinie über unlautere Geschäftspraktiken, WRP 2005, 1087; *Simitis,* Gute Sitten und ordre public, 1960; *Sosnitza,* Wettbewerbsbeschränkungen durch die Rechtsprechung, 1995; *ders.,* Die Richtlinie über unlautere Geschäftspraktiken, WRP 2006, 1; *ders.,* Der Gesetzentwurf zur Umsetzung der Richtlinie über unlautere Geschäftspraktiken, WRP 2008, 1014; *ders.,* Der Regierungsentwurf zur Änderung des Gesetzes gegen den unlauteren Wettbewerb, GRUR 2015, 318; *ders.,* Die Generalklausel des Art. 5 Abs. 2 UGP-RL – Totes Recht oder „undiscovered country"?, in: FS Köhler, 2014, S. 685; *Sosnitza/Kostuch,* Telefonische Mitarbeiterwerbung am Arbeitsplatz, WRP 2008, 166; *Spindler,* Kausalität im Zivil- und Wirtschaftsrecht, AcP 208 (2008), 283; *Stuyck,* The Court of Justice and the unfair commercial pratices directive, CMLR 2015, 721; *Svigac,* Die Schlechtleistung als Lauterkeitsverstoß, NJOZ 2013, 721; *Teubner,* Standards und Direktiven in Generalklauseln, 1971; *Tieben,* Die Einflussnahme der öffentlichen Hand auf den Wettbewerb, WRP 2011, 1101; *Ullmann,* Das Koordinatensystem des Rechts des unlauteren Wettbewerbs im Spannungsfeld von Europa und Deutschland, GRUR 2003, 817; *ders.,* Das neue UWG – mehr als eine Sonderveranstaltung?, MMR H. 10/2004 (aktuell), V; *Veelken,* Kundenfang gegenüber dem Verbraucher – Bemerkungen zum Richtlinienentwurf über unlautere Geschäftspraktiken WRP 2004, 1; vzbv, Stellungnahme zum Referentenentwurf eines Zweiten Gesetzes zur Änderung des Gesetzes gegen den unlauteren Wettbewerb, WRP 2015, 177; *Wieddekind,* Praktische Hinweise zur Werbung mit Testergebnissen, GRUR-Prax 2013, 440; *Wiltschek/Majchrzak,* Wettbewerbs- und Markenrecht in Österreich, WRP 2008, 987; *Witt/Freudenberg,* UGP-Richtlinie II ad portas?, WRP 2013, 990; *Wuttke,* Die Bedeutung der Schutzzwecke für ein liberales Wettbewerbsrecht (UWG), WRP 2007, 119; *Yankova/Hören,* Besondere Schutzbedürftigkeit von Senioren nach dem UWG?, WRP 2011, 1236; *Zabel,* Das Regelungskonzept des § 3 UWG und die lauterkeitsrechtliche Beurteilung von Gewährleistungsausschlüssen in Verbrauchsgüterkaufverträgen, VuR 2011, 403, 449; ZAW, Anmerkungen zum Entwurf eines Zweiten Gesetzes zur Änderung des Gesetzes gegen den unlauteren Wettbewerb, WRP 2015, 180.

A. Grundlagen

I. Grundgedanken der Regelung

§ 3 UWG eröffnet die **zentrale Idee** des gesamten Gesetzes und ist für das Verständnis des UWG von überragender Bedeutung: Dieses Gesetz erklärt unlautere geschäftliche Handlungen für unzulässig. § 3 UWG ist damit systematischer **Ausgangspunkt** für die meisten materiellen Tatbestände des Gesetzes und für die Prüfung durch Gerichte. In der Generalklausel manifestiert sich die Legitimation des Rechts des unlauteren Wettbewerbs. Diese Legitimation kann – je nach Anschauung – aus ethischen Überzeugungen, ökonomisch-funktionalen Erwägungen, vertrags- und vertrauensbasierten Überlegungen oder aus einem anderen rechtsphilosophischen Verständnis gespeist werden. 1

In **Absatz 1** ist die **große Generalklausel** normiert, die den Rechtfertigungsgrund staatlichen Eingreifens durch das UWG vorgibt. Sie nennt die grundlegenden Voraussetzungen, die in den 2 übrigen Normen des Gesetzes konkretisiert werden: es muss eine geschäftliche Handlung vorliegen und diese muss unlauter sein. Zentral ist der Begriff der **Unlauterkeit,** dessen **Definition Schwierigkeiten** bereitet. Trotz des hohen Abstraktionsgrads sind aber in § 3 Abs. 1 wesentliche Anknüpfungspunkte für die UWG-Prüfung gegeben. Was unlauter ist, ist zudem durch die Schutzzweckbestimmung in § 1, die Beispielsfälle in §§ 3a–6 und 7 sowie durch die Systematik des Gesetzes festgelegt – ein „Prinzip enumerativer Haftung".[1] Internationales, europäisches und Verfassungsrecht geben weitere Anhaltspunkte zur Ausfüllung des Begriffs. Die Lakonik des Gesetzgebers, der mit fünf Wörtern das gesamte Gesetz umreißt, ist genial: Anders als mit einer solch knappen Formulierung ist den vielfältigen Erscheinungsformen des wirtschaftlichen Wettbewerbs kaum beizukommen. Von Vorteil ist, dass der Begriff „unlauter" im allgemeinen Sprachgebrauch nicht üblich ist. So ist auf den ersten Blick erkennbar, dass es sich um eine auslegungsbedürftige Norm handelt, deren Inhalt immer wieder aufs Neue im juristisch-wirtschaftspolitischen Diskurs bestimmt werden muss.[2]

3 In Absatz 1 wird auch klargestellt, was die Folge solcher Handlungen ist: die **Unzulässigkeit.** Dieser Begriff ist unglücklich gewählt, da der Eindruck erweckt wird, als bedürfe geschäftliches Handeln grundsätzlich einer Zulassung durch den Staat. Dem ist nicht so. Geschäftlich zu handeln ist **Ausübung eines elementaren Freiheitsrechts,** explizit geschützt etwa in Art. 16 Grundrechte-Charta. Gerichte, die dieses Freiheitsrecht einschränken wollen, müssen den Unlauterkeitsnachweis führen. Daran sind interventionsfreudige Kläger und Gerichte immer wieder zu erinnern. Dies ergibt sich auch daraus, dass das Gesetz nur eine Definition „unlauteren" Verhaltens verlangt – nicht aber die Definition „lauteren" Verhaltens. Streng genommen handelt es sich bei der Materie daher nicht um Lauterkeitsrecht, sondern um Unlauterkeitsunrecht (oder schlicht: das Recht des unlauteren Wettbewerbs).[3] Was als begriffliche Haarspalterei angesehen werden mag, hat doch einen wichtigen Kern: Unternehmen sind erst einmal frei, so zu handeln, wie sie es für richtig halten. Der Staat kann bestenfalls Exzesse untersagen, nicht aber positiv normierte Vorgaben machen. Selbst wo der Staat positiv Anforderungen setzt, etwa im ausufernden Feld der Informationspflichten, ist die Normierung eigentlich nur Abwendung eines sonst automatischen Rechtsverstoßes. Zuzugeben ist allerdings, dass der Gesetzgeber selbst diese Freiheit des unternehmerischen Handelns nicht immer mit der hier postulierten Schärfe respektiert. Im Gesetz ist der Terminus „unlauter" eine Brücke zu dem Begriff „unzulässig", der wiederum die Brücke zu den Ansprüchen nach §§ 8ff. UWG bildet. Einen originären Anwendungsbereich hat Absatz 1 für den B2B-Bereich, also für solche geschäftlichen Handlungen, die von Unternehmen zu Unternehmen stattfinden (dies wird – auch mit einer genaueren Erörterung des Begriffs der Unlauterkeit – unter F. kommentiert).

4 Eine Konkretisierung der Unlauterkeit enthält die **„Verbrauchergeneralklausel"[4] in Absatz 2** für den B2C-Bereich, also wenn sich geschäftliche Handlungen an Verbraucher richten oder diese erreichen (siehe dazu D.): Lauterkeitsrechtliche Verbote werden im Verbraucherbereich damit gerechtfertigt, dass sie zum einen die unternehmerische Sorgfalt vermissen lassen und zum anderen geeignet sind, das wirtschaftliche Verhalten des Verbrauchers wesentlich zu beeinflussen. Geschützt wird die **freie und informierte Entscheidung des Verbrauchers als Marktteilnehmer,** der seine finanziellen Mittel einsetzt, um seine Bedürfnisse zu befriedigen. Der Verbraucher soll in seiner Entfaltung nicht durch solche Maßnahmen gestört werden, die nicht der unternehmerischen Sorgfalt entsprechen. § 3 Absatz 2 enthält damit ein wesentliches Bekenntnis zur Ausfüllung des Lauterkeitsbegriffs (durch Hinweis auf die unternehmerische Sorgfalt) und zur verbraucherrechtlichen Schutzrichtung des Gesetzes (durch Hinweis auf die wettbewerbsbezogene Markt-Entscheidung des Verbrauchers).

5 Dieser Schutzrichtung liegt das **Verbraucherleitbild** zugrunde, das **in Absatz 4 ausdrücklich normiert** wird (und auf das noch unter E. eingegangen wird):[5] Das UWG schützt den „durchschnittlichen" Verbraucher, nicht den besonders sorglosen oder naiven, verlangt aber auch nicht den äußerst wachen Konsumenten, der stets auf der Hut ist. Im Einzelfall gilt es für den Richter herauszufinden, wie ein **Durchschnittskunde** auf die jeweilige geschäftliche Handlung wohl reagiert hätte – eine Mittelmaßanalyse ist verlangt, die zwar normativ sein muss, sich aber am tatsächlichen Verbraucherverhalten orientiert. Erweitert wird das Verbraucherleitbild um die **gruppenspezifische Analyse,** die sich von selbst verstehen müsste, aber vom Gesetzgeber ausdrücklich normiert wurde. Bei der Bestimmung des durchschnittlichen Verbraucherverhaltens ist nämlich nicht von einer generellen Verbraucherattitüde auszugehen, sondern von **unterschiedlichen Verbraucher-**

[1] GK-*Peukert* § 3 Rdn. 50.
[2] Vgl. *Köhler*/Bornkamm, § 3 Rdn. 2.9; *Alexander* WRP 2016, 411.
[3] Vgl. *Bülow* GRUR 2012, 889.
[4] *Sosnitza* WRP 2008, 1014, 1016; *Köhler*/Bornkamm § 3 Rdn. 2.9.
[5] Vgl. dazu auch die Kommentierung bei *Glöckner* Einl. B Rdn. 318 und bei *Dreyer* § 5 Rdn. 31.

gruppen, die sich in der jeweiligen Situation unterschiedlich verhalten. Bezugsrahmen des „Durchschnitts" ist also nur die jeweils hauptsächlich angesprochene Verbrauchergruppe. Ergänzt wird dieser Aspekt in Absatz 4 Satz 2 durch die besondere Rücksichtnahme auf **Verbrauchergruppen, die schutzbedürftig sind,** da sie sich gegen unlautere Beeinflussung besonders schlecht zur Wehr setzen können, etwa Kinder oder Menschen mit körperlichen oder geistigen Beeinträchtigungen. Abgestellt wird hier auf die Vorhersehbarkeit durch den Unternehmer, dass seine geschäftliche Handlung nur Personen trifft, die solchen Kreisen angehören. Durch die Dreiheit von Durchschnittsverbraucher, Durchschnittsmitglied der angesprochenen Verbrauchergruppe und Durchschnittsmitglied einer besonders schutzwürdigen Verbrauchergruppe wird die **Perspektive** festgelegt, mit der auf die geschäftliche Handlung zu blicken ist.

Absatz 3 öffnet schließlich das Tor zu einem weitgehenden Eingriff in das geschäftliche Handeln, indem einige Erscheinungsformen moderner wirtschaftlicher Aktivität **per se als unzulässig deklariert** werden (siehe C.). Diese sind im **Anhang** aufgeführt und benennen Fälle, in denen der Gesetzgeber die in § 1 und § 3 Abs. 1 vorgegebene Interessenabwägung bereits für sich entschieden hat, ohne dass es auf das Gericht noch ankäme. Die Konstellationen, die im Anhang des Gesetzes aufgeführt sind, haben eine Sonderstellung: Sie gelten stets, d. h. ohne Prüfung der Unlauterkeit der geschäftlichen Handlung oder ihrer Eignung zu wesentlicher Beeinflussung des Verbraucherverhaltens, als unzulässig. Hier wird also mit einer scharfen Regelungstechnik bestimmten, eng definierten Praktiken ein Riegel vorgeschoben. 6

§ 3 normiert eine **Kaskade der ansteigenden Unzulässigkeit:** In Absatz 3 sind die stets unzulässigen Verhaltensweisen angesprochen, in Absatz 2 verbraucherschädigende Verhaltensweisen, die jedenfalls unter zwei generellen Bedingungen unzulässig sind, in Absatz 1 wird ein relativ offener Verbotstatbestand normiert, der für geschäftliche Handlungen gilt, die sich nicht an Verbraucher wenden. Entsprechend ergeben sich für den Rechtsanwender Prüfungspflichten und Begründungsaufwand für eine Untersagung aufgrund von Unlauterkeit: Eine Bejahung von Abs. 1 verlangt größeren Aufwand als eine Subsumtion unter § 3 Abs. 3. 7

II. Praktische Bedeutung

§ 3 Abs. 3 hat in der Praxis, **in Verbindung mit dem Anhang, große Bedeutung.** Zwar wird nicht sehr häufig ein Verstoß gegen eine Norm des Anhangs bejaht. Die Vorgaben wirken aber zum einen präventiv, zum anderen dienen sie als Abgrenzungsmaterial. Während manche Regeln im Anhang eindeutig formuliert sind und insofern das Handeln der Geschäftsleute prägen können, sind andere Begrifflichkeiten unpräzise und interpretationsbedürftig.[6] Der Einstieg in die Prüfung der **„Schwarzen Liste"** über § 3 Abs. 3 begegnet jedoch keinen praktischen Schwierigkeiten. Entscheidend ist hier nur die Aussage, dass es sich um Handlungen gegenüber Verbrauchern handeln muss, was in den Normen im Anhang aber auch angelegt ist. 8

Der Regelungscharakter von **§ 3 Abs. 2** ist unklar. Bislang wurde überwiegend vertreten, dass die Norm keine eigenständige Bedeutung hat, da sie nicht als **eigene Anspruchsgrundlage** gedacht sei, sondern lediglich als Konkretisierung der verbraucherschützenden Normen.[7] Mit der stärkeren Abkopplung von § 3 Abs. 1 durch die Reform 2015 und die Bekräftigung der Verbrauchergeneralklausel durch den Gesetzgeber besteht allerdings kein Anlass mehr, die Norm kleinzureden. Soweit es europarechtlich zulässig ist, stellt § 3 Abs. 2 eine Regelung zur Verfügung, um nicht erfasste geschäftliche Handlungen im **B2C-Bereich** ggf. eigenständig zu erfassen. Das mag in der Praxis bislang eine untergeordnete Rolle spielen, weil die wesentlichen Fälle über die Spezialnormen in §§ 4a–6 (sowie der Schwarzen Liste) abgedeckt sind. Diese Überzeugung wird aber nur so lange halten, bis sich eine geschäftliche Praxis ergibt, die von diesen Normen bislang nicht erfasst ist, sich an Verbraucher richtet und nicht als lauter angesehen werden kann. Zu denken ist etwa an den Umgang mit Verbrauchern in der digitalen Ökonomie, wo neue Geschäftsmodelle und Verbraucheransprachen Platz greifen. Will man hier einen Verstoß gegen § 3 Abs. 2 bejahen, sind die Hürden aber angesichts der Festlegung zahlreicher Spezialfälle durch den Gesetzgeber sehr hoch. Immerhin gilt das Postulat der **Harmonisierung in der EU.** Eine Vorlage an den EuGH dürfte in einer entsprechenden Konstellation – neuartiger Verstoß, Versuch, diesen unter § 3 Abs. 2 zu fassen – daher geboten sein. Rechtstechnisch ist wegen der erwünschten Sanktion der Unzulässigkeit das Heranziehen der Rechtsfolge über § 3 Abs. 1 erforderlich. Wegen der geänderten Abgrenzungsformulierung – § 3 Abs. 2 erfasst nun alle geschäftlichen Handlungen, die sich an Verbraucher rich- 9

---

[6] Vgl. *Henning-Bodewig* zur praktischen Bedeutung Vorbemerkung zu Anhang § 3 Abs. 3 Rdn. 5.
[7] So auch die Vorauflage, Rdn. 60.

ten oder diese erreichen – werden auch Fälle unter die Verbrauchergeneralklausel zu subsumieren sein, die bislang als Fälle des § 3 Abs. 1 wahrgenommen wurden.

10 Trotz der enormen Symbolkraft der großen Generalklausel ist auch die praktische Bedeutung von **§ 3 Abs. 1** als originärer Anspruchsgrundlage beschränkt. Es haben sich seit der Neufassung des UWG 2008 erst wenige Konstellationen herauskristallisiert, die überhaupt noch unter § 3 Abs. 1 gefasst werden. Immerhin ist mit der Novelle von 2015 der Charakter der Norm noch einmal deutlich herausgestellt worden: § 3 Abs. 1 ist **für verbraucherbezogene Verstöße** ein reiner **Verweis auf die Rechtsfolge** der Unzulässigkeit. Für geschäftliche Handlungen **im B2B-Bereich** ist hingegen ein **eigenständiger Anwendungsbereich** eröffnet, der auch immer wieder von der Rechtsprechung genutzt wird.

11 War die alte große Generalklausel in § 1 UWG a. F. noch Dreh- und Angelpunkt des gesamten Lauterkeitsrechts, so dürfen die Gerichte heute nur in solchen Fällen noch auf § 3 Abs. 1 zurückgreifen, die nicht vom Anwendungsbereich der Richtlinien erfasst sind.[8] Dies ist angesichts der Schwierigkeit, verbraucherbezogene und mitbewerberbezogene Handlungen zu differenzieren, immer seltener der Fall. Im Verhältnis zu den mitbewerberschützenden Regeln in §§ 3a und 4 ist die große Generalklausel **subsidiär.**[9] Die Tatbestandsmerkmale der spezielleren Einzeltatbestände sind zwingend zu prüfen, Aufweichungen und allgemeine Lauterkeitsprüfungen sind nach dem modernen Verständnis des UWG nicht mehr möglich. Die **Beispielskataloge und Einzelverbotstatbestände** sind im Verständnis der deutschen Dogmatik **kein unverbindliches Beiwerk,** nicht lediglich „Induktionsmaterial für die Auffindung ergänzender Entscheidungsnormen im Rahmen der Generalklausel",[10] sondern sind unmittelbar der rechtsanwendenden Subsumtion zugängliche Normen des geltenden Rechts. Daran sind gerade erstinstanzliche Gerichte gelegentlich zu erinnern, die manchmal noch recht frei mit der Generalklausel jonglieren.[11] Richtig ist allerdings auch, dass § 3 Abs. 1 die Spezial- und Beispielsfälle letztlich umfasst. Die Generalklausel bleibt insofern der normative Fluchtpunkt der Prüfung von Einzeltatbeständen.

12 In der Folge dieser **grundsätzlich veränderten Normsituation** liegt der anwendungspraktische Funktionsverlust der „großen" Generalklausel als eines eigenständigen Verbotstatbestands.[12] Entgegen § 1 UWG a. F., dessen Bedeutung als selbständiger Verbotstatbestand mangels (dem UWG 2004 vergleichbarer) Beispielskataloge und (sonstiger) spezieller Verbotstatbestände naturgemäß viel größer sein musste, zielt die Generalklausel des § 3 Abs. 1 nunmehr auf echte Lückenschließung. Sie mutiert von der „Königsnorm" zum wirklichen **Auffangtatbestand.**[13]

13 Die praktische Bedeutung der Auffangtatbestände (das gilt für § 3 Abs. 1 ebenso wie für Abs. 2, wenn man diese Norm als verbraucherschützenden Auffangtatbestand ansehen will) steht in einem Spannungsfeld: Einerseits gibt es ein sog. **Ausschöpfungsgebot,** demzufolge eine Norm auch anzuwenden und auszuschöpfen ist.[14] Ohne Zugriff auf die Norm würde diese bedeutungslos, was der Gesetzgeber nicht gewollt haben kann – es werden (in systematischer Hinsicht!) keine sinnlosen Paragraphen geschaffen.[15] Es muss also Bedarf für eine Anwendung von § 3 Abs. 1 und 2 geben. Andererseits ist der Vorrang der Spezialregelungen eindeutig und zugleich Ausdruck des gesetzgeberischen Bemühens, die wichtigen und wesentlichen Fälle zu erfassen.[16] Hat der Gesetzgeber einzelne Fallgestaltungen in den Spezialtatbeständen nicht normiert, obwohl sie nah an anderen Regelungsgegenständen liegen, streitet eine Vermutung dafür, dass er solche Fälle nicht als eingriffsbedürftig ansah, es sei denn, er hat sie bewusst der Regelung durch die Rechtsprechung überantwortet, wie etwa für menschenverachtende geschäftliche Handlungen außerhalb des Geltungsbereichs der UGP-RL. Dieser systematische Zusammenhang erhöht die **Hürden** für eine Anwendung von § 3 Abs. 1 und 2 erheblich. Ein leichtfertiges Bejahen ist nicht denkbar, es ist ggf. der Rechtsweg zu höheren Gerichten zu eröffnen bzw. im Anwendungsbereich der Richtlinie **dem EuGH vorzulegen.** Jedenfalls muss in einem Urteil, das sich auf eine der beiden Generalklauseln stützen will, eine ausführliche Würdigung der Notwendigkeit finden, die Unlauterkeit zu bejahen. Derzeit dürfte also der Anwendungsbereich für die originäre Anwendung der Generalklauseln beschränkt sein, zumal der Gesetzgeber mit der Novelle 2015 einmal mehr die Chance hatte, materiell nachzu-

[8] *Köhler*/Bornkamm § 3 Rdn. 2.26.
[9] Vgl. *Köhler*/Bornkamm § 3 Rdn. 2.5.
[10] So aber für das schweizerische Lauterkeitsrecht *Baudenbacher,* Lauterkeitsrecht, Art. 2 Rdn. 7.
[11] OLG Celle, Az. 13 W 22/14, MDR 2014, 982 verortet den Verbotstatbestand noch in § 1 UWG; ebenso LG Wiesbaden, Az. 12 O 67/13, openJur 2014, 2586.
[12] Vgl. dazu *Kraft,* Interessenabwägung, S. 100, 119, 134 ff.; GroßkommUWG/*Schünemann,* Einl. Rdn. D 6.
[13] *Ohly* GRUR 2004, 889, 897; *Köhler*/Bornkamm § 3 Rdn. 2.4.
[14] *Baudenbacher,* Lauterkeitsrecht, Art. 2 Rdn. 8.
[15] Ebenso Ohly/Sosnitza § 3 Rdn. 67.
[16] Vgl. *Köhler*/Bornkamm § 3 Rdn. 2.21.

justieren (wovon kaum Gebrauch gemacht wurde). Nicht erfasst sind von diesem Vorbehalt allerdings Fragen, die der Gesetzgeber ganz ausgespart hat, etwa das Eingreifen der öffentlichen Hand in den Wettbewerb.

Die Zurückhaltung bei der Anwendung der Generalklauseln ist allerdings ein vorläufiger und **aktueller Befund.** Die Diskrepanz zwischen dynamischem Wirtschaftsleben und technischer Entwicklung einerseits sowie träger Rechtssetzung andererseits bringt es mit sich, dass neue Phänomene in der Geschäftswelt auftauchen, die durch die im Detail fixierten Tatbestände nicht erfasst sind, aber dennoch Unbehagen auslösen. Dies dürfte heute namentlich für Marketingmaßnahmen und Geschäftsmodelle der digitalen Ökonomie gelten.[17] Nur beispielhaft seien der Umgang von Betreibern digitaler Plattformen mit Unternehmern genannt, die über die Plattform ihre Waren oder Dienstleistungen anbieten, der Umgang mit Kundendaten oder die Beratungspraxis in Finanz- und Vorsorgefragen. Die Finanzkrise mit ihren Erschütterungen des Grundvertrauens in die Fairness des Marktes kann Anhaltspunkte zu Fallgestaltungen geben, in denen die gesetzlich fixierten Möglichkeiten nicht genügen.[18] Die **Digitalisierung** der Wirtschaft bringt ebenfalls Verhaltensweisen mit sich, die vom Gesetzgeber noch nicht antizipiert wurden. Hier liegen möglicherweise unlautere Handlungen vor, die untersagungsreif sind. Für solche Entwicklungen, mit denen der Gesetzgeber nicht durch Aktualisierung des Gesetzes oder der Schwarzen Liste Schritt hält, stehen § 3 Abs. 1 und 2 zur Verfügung. Die Rechtsprechung ist damit aufgerufen und ermächtigt, **Aktualisierungen des Unlauterkeitsbegriffs** vorzunehmen. Die systematische Vermutung gegen ein Eingreifen dürfte im Laufe der Zeit an Relevanz verlieren und die Berufung auf die Generalklauseln dürfte wieder an Bedeutung zunehmen. 14

III. Entstehungsgeschichte

Die Generalklausel hat eine lange Tradition im deutschen Lauterkeitsrecht,[19] ist aber zugleich wesentlicher Diskussionspunkt in der jüngsten UWG-Reform 2015 gewesen. **§ 3 Abs. 1** geht auf die **Generalklausel** zurück, die in § 1 UWG 1909 bis 2004 normiert war. Die Verschiebung in § 3 einschließlich einer ersten Umformulierung erfolgte mit der Reform 2004. Durch die UWG-Reform 2008 erhielt § 3 eine neue Fassung, wurde insbesondere um zwei verbraucherspezifische Absätze erweitert und in Absatz 1 umformuliert. Mit der UWG-Reform 2015 wurden Klarstellungen vorgenommen und Teile des bisherigen Abs. 2 in den neuen Abs. 4 verschoben. 15

§ 3 Abs. 3 ist als systematische Einstiegsnorm für die Prüfung der Schwarzen Liste 2008 in das Gesetz gekommen und hat im deutschen Recht keine Vorläufernorm. Die Norm setzt vielmehr Art. 5 Abs. 5 der UGP-Richtlinie um. 16

§ 3 Abs. 2 stellt gegenüber der alten Generalklausel aus § 1 UWG 1909 eine Neuerung dar, die dem europäischen Recht geschuldet ist. Der deutsche Gesetzgeber greift damit die Vorgaben in Art. 5 Abs. 2 UGP-RL auf. Im Rahmen der UWG-Novelle 2015 hat sich der Gesetzgeber in diesem Bereich um Klarstellungen bemüht. 17

§ 3 Abs. 4 ist mit der UWG-Reform 2015 neu ins Gesetz gekommen. Die entsprechenden Passagen waren jedoch zuvor in ganz ähnlicher Form in § 3 Abs. 2 enthalten. Eine Vorlage für Satz 2 findet sich in Art. 5 Abs. 3 UGP-RL. Mit Satz 1 wird teilweise an Art. 5 Abs. 2 lit. b angeknüpft, teilweise auch an die Erwägungsgründe 18 und 19 der Richtlinie, die das moderne Verbraucherleitbild und den Schutz besonders anfälliger Gruppen festschreiben. 17a

§ 3 Abs. 1 schließlich ist als Umsetzung von Art. 5 Abs. 1 sowie als eigenständige Norm, unabhängig von der UGP-RL, gedacht.[20] Diese Norm steht der ursprünglichen Generalklausel des UWG am nächsten. 18

1. Generalklausel im Gesetz von 1909

Rechtstechnisch-funktional entspricht § 3 in Abs. 1 dem früheren § 1 UWG 1909, der alle „Handlungen im geschäftlichen Verkehr zu Zwecken des Wettbewerbs" untersagte, welche „gegen die guten Sitten verstoßen". An die Stelle der „Sittenwidrigkeit" ist seit 2004 die Unlauterkeit getreten, die keinen sittlichen Makel mehr ausdrücken soll. Aufgrund der starken europäischen Ein- 19

[17] Vgl. *Frank,* Einl. H. Andere Einschätzung jurisPK/*Ullmann* § 3 Rdn. 31. Siehe für Erscheinungsformen von Werbeformen im Internet etwa *Lichtnecker* GRUR 2014, 523.

[18] Vgl. *Fikentscher/Hacker/Podszun,* FairEconomy, S. 89 ff. schlagen beispielsweise für Finanztransaktionen die Erfassung unlauterer Komplexität sowie unlauterer Risiko-Transfer-Strategien vor.

[19] Siehe dazu umfassend *Keller* Einl. A, Rdn. 1 ff.

[20] BT-Drucks. 16/10145, S. 15.

wirkung und der eigenständigen Modernisierung des Kern-Merkmals (von der Sittenwidrigkeit zur Unlauterkeit) können **Rechtsprechung und Literatur aus der Zeit vor 2004** heute eigentlich nur noch als historisches Anschauungsmaterial herangezogen werden. Dabei spielt auch eine Rolle, dass das Lauterkeitsrecht im Bereich der Generalklausel von großer Dynamik geprägt sein muss. Der Wettbewerb darf nicht durch überlanges Festhalten an überkommenen Wertungen belastet werden. Die rechtliche Beurteilung geschäftlicher Handlungen wandelt sich eben fortlaufend. Dass der Gesetzgeber angesichts der Vielzahl der Anpassungen in § 3 auch bei der Reform 2008 und in ähnlicher Form 2015 noch davon sprach, es seien keine wesentlichen Änderungen der Rechtslage zu erwarten, grenzt an Wunschdenken. Der dem Lauterkeitsrecht inhärenten Dynamik ist freilich die **Rechtssicherheit** als Wert gegenüberzustellen. Unternehmen erwarten Planungssicherheit für Produkteinführungen und Marketingaktionen. Ihre Erwartungen speisen sich aus dem geschriebenen Recht und aus Präzedenzfällen. Insofern werden die bisherigen Bewertungen durch die Gerichte legitim fortwirken, zumal der Gesetzgeber mit seinem „Wunschdenken" die Erwartung geschürt hat, dass kaum Änderungen zu erwarten sind.

20 § 1 UWG in der Fassung bis 2004 galt zutreffend als „die **grundlegende wettbewerbsrechtliche Ordnungsvorschrift**",[21] die das ganze UWG a. F. „beherrschen" sollte.[22] Die Konkretisierung des Begriffs der „guten Sitten" wurde in rechtstheoretischer Hinsicht durch das Leitbild vom Leistungswettbewerb, faktisch aber vor allem durch eine Kasuistik gelöst, die von *Baumbach/Hefermehl* geprägt wurde.[23]

21 Die fünf anerkannten **Fallgruppen** waren: **„Kundenfang"** (unsachliche Beeinflussung von Abnehmern oder Lieferanten mit wettbewerbsfremden Mitteln), **„Behinderung"** (leistungsfremde Bekämpfung des Mitbewerbers), **„Ausbeutung"** (ungerechtfertigte Ausnutzung fremder Leistung, fremden Rufs und fremder Werbung), **„Vorsprung durch Rechtsbruch"** (Verletzung gesetzlicher und vertraglicher Bindungen zur Erlangung eines sachlich ungerechtfertigten Wettbewerbsvorsprungs) und schließlich **„Marktstörung"** (allgemeine Marktbehinderung durch Einsatz wettbewerbsfremder Mittel, die den Bestand des Wettbewerbs auf einem bestimmten Markt gefährden). Ob der (unlautere) „Wettbewerb innerhalb der Marktstufen", der sog. Stufenwettbewerb, als weitere Fallgruppe oder aber (nur) als Querschnittsfunktion zu den fünf bereits genannten Fallgruppen verstanden wurde, blieb unklar.[24] Unterhalb dieser Großgruppen hatte sich sodann eine kaum noch überschaubare **Fülle von Unter-Fallgruppen** etabliert. Die Fallgruppen sollten einerseits Rechtssicherheit bieten, was angesichts der Vielzahl von Differenzierungen im Einzelfall allerdings manchmal schwierig werden konnte. Andererseits verstellte die starre Fallgruppen-Einteilung gelegentlich den Blick auf den übergeordneten Regelungszweck, auch wenn in den letzten zwei Jahrzehnten mehr und mehr die Interessenabwägung zur Bestimmung der Unlauterkeit herangezogen wurde. Die dem konkreten historischen Fallmaterial geschuldete Kasuistik wurde zur „Zwangsjacke", die einer sachgerechten Entwicklung des Lauterkeitsrechts vielfach im Wege stand.[25]

22 Seriöserweise können Entscheidungen aus der Zeit vor 2004 kaum mehr, vor 2008 nur noch mit Bedenken als **Präzedenzfälle** für das UWG herangezogen werden. Dafür sprechen die gewandelten wirtschaftlichen Verhältnisse, das gewandelte Verbraucherleitbild und die Überlagerung des deutschen UWG durch europäisches Recht. Jedenfalls bedarf mit zunehmendem zeitlichen Abstand eine Argumentation einer kompletten Überprüfung, denn die Entscheidungen sind nicht nur zu anderen Zeiten, sondern sogar auf Basis anderer Begrifflichkeiten ergangen. Dies zeigt sich bereits am Normtext des § 3 gegenüber Vorgängerfassungen der Generalklausel, die – dem europäischen Einfluss sei Dank – deutlich verschieden sind. Zu einigen neuen Begriffen („unternehmerische Sorgfalt", „Verbraucher", „wesentliche Beeinflussung") finden sich **Legaldefinitionen** in § 2. Dort ebenfalls mit einer Legaldefinition hinterlegt ist der Begriff der „geschäftlichen Handlung", der mit Blick auf den europarechtlichen Hintergrund der RL 2005/29/EG den Begriff der „Wettbewerbshandlung" des UWG 2004 abgelöst hat. Schließlich ist der Begriff „unlauter" ein anderer als der Begriff der „Sittenwidrigkeit". Mit dem veränderten Begriff geht auch ein veränderter Inhalt einher.

---

[21] *Köhler/Piper* UWG, 3. Aufl. 2002, § 1 Rdn. 1.

[22] So die allg. M. im Anschluss an RGZ 79, 321, 327; vgl. Baumbach/*Hefermehl,* 22. Aufl. 2001, § 1 Rdn. 1 HK (1. Aufl. 2000)/*Plaß/Kotthoff* § 1 Rdn. 1.

[23] Baumbach/*Hefermehl,* 22. Aufl. 2001, Einl. Rdn. 160 ff.

[24] In der Gliederung der Kommentierung zu § 1 UWG a. F. bei Baumbach/*Hefermehl* erschien dieser Titel jedenfalls auf gleicher Gliederungshöhe (Kapitel) wie „Kundenfang", „Behinderung" etc.

[25] Zutreffend *Beater,* Unlauterer Wettbewerb, § 3 Rdn. 337. Gerade umgekehrte Einschätzung bei *Engels Salomon* WRP 2004, 32.

2. Reformen 2004/2008

23 Durch die Reform des UWG **2004** sollte das deutsche Recht als Blaupause einer europaweiten Regelung des unlauteren Wettbewerbs etabliert werden. Das Gesetz wurde – nach eingehender wissenschaftlicher Diskussion – als Kompromiss zwischen dem integrierten deutschen Modell in Folge des UWG 1909 und verbraucherschützendem Impetus des europäischen Rechts konzipiert. **2008** wurde, nachdem die UGP-RL in Kraft getreten war, das UWG dem europäischen Recht angepasst. Mit den ausdifferenzierten Verbotstatbeständen und § 3 legte das Gesetz für die Rechtspraxis eine eigene Systematik vor und bändigte eine Rechtsprechung, die mit der Generalklausel in § 1 UWG 1909 nach Belieben hantieren konnte. Dass dabei nach der Gesetzesbegründung 2004 „durch die Rechtsprechung seit langem gefestigte Fallgruppen" aufgenommen werden sollten,[26] belegt, dass es zwar in der Systematik zu einem erheblichen Wandel kam, substantiell aber an die Ergebnisse jahrzehntelanger Rechtsprechungspraxis angeknüpft wurde. Der entscheidende **Paradigmenwechsel** war aber die Festschreibung eines status quo im Gesetz, sodass die Weiterentwicklung erschwert wurde. Die Richterinnen und Richter haben seither wesentlich stärkere Vorgaben als einen Gesetzeskommentar – das Gesetz selbst.

24 In der ersten Fassung gemahnten aber z.B. § 4 Nr. 1–6 UWG 2004 an Unterfallgruppen des „Kundenfangs", § 4 Nr. 7–8 und 10 an die Konkurrenten-„Behinderung". In § 4 Nr. 9 waren Ausbeutung und ergänzender Leistungsschutz greifbar, § 4 Nr. 11 enthielt die Fallgruppe „Vorsprung durch Rechtsbruch". Doch rechtfertigte dies nicht, schlicht die **bisherige typologische Begrifflichkeit** der Praxis und deren konkrete Anwendung lediglich in anderem terminologischem bzw. gliederungstechnischem Raster fortzuführen. Vielmehr war und ist – wie auch sonst bei der Rechtsanwendung selbstverständlich – unter die Tatbestandsmerkmale der gesetzlichen Beispiele zu subsumieren, wobei diese freilich wiederum vor dem Hintergrund der Richtlinie sowie der §§ 1 und 3 UWG auszulegen sind. Zu erkennen ist die grundlegende Neukonzeption des UWG, die auch **Ausfluss eines wirtschaftspolitischen Deregulierungsprogramms** ist.[27] Gegen eine Übernahme der Begrifflichkeiten und Wertungen der früheren Lauterkeitsrechtsprechung spricht schließlich die angestrebte Vollharmonisierung für den B2C-Bereich: Hier verbleibt der Rechtspraxis für die Anknüpfung an nationale Traditionen ohnehin wenig Raum.

3. Reform 2015

25 Im Verfahren zur UWG-Reform **2015** stand § 3 UWG lange im Fokus der Aufmerksamkeit, letztendlich halten sich die Änderungen aber in Grenzen. Gesetzgeberische Intention der Novelle 2015 war eine **„gesetzessystematische Klarstellung".**[28] Im Laufe des Verfahrens kam es so vor allem zu sprachlichen und systematischen Anpassungen, damit „die materielle Rechtsanwendung im Lauterkeitsrecht grundsätzlich nicht verändert werde."[29] Dahinter stand das allgemeine Ziel dieser Novellierung, das UWG **richtlinienkonform zu formulieren.** Die Beanstandungen am deutschen UWG, die zuvor durch die Europäische Kommission geltend gemacht worden waren,[30] sollten durch diese Novelle aus der Welt geschafft werden. Der Gesetzgeber hielt dabei in der Begründung fest, dass die deutsche Rechtsprechung richtlinienkonform sei, dies im Gesetz aber noch deutlicher zum Ausdruck gebracht werden müsse.[31]

26 Im Referenten- sowie im Regierungsentwurf[32] hatte es insbesondere noch eine eigene Klarstellung zum **Mitbewerberschutz** sowie eine entsprechende Generalklausel gegeben. Dem Entwurf zufolge sollten geschäftliche Handlungen, die sich weder an Verbraucher richten noch diese erreichen, oder solche, die sich zwar an Verbraucher richten oder diese erreichen, aber ausschließlich Interessen von Mitbewerbern schädigen, unlauter sein, wenn sie nicht der fachlichen Sorgfalt entsprechen.[33] Dieses Vorhaben konnte sich in den weiteren Beratungen nicht durchsetzen.[34] Damit wäre zwar die Differenzierung zwischen verbraucher- und mitbewerberbezogenen Handlungen deutlicher geworden und somit auch das geteilte Regime des UWG (gegen das integrierte Modell, das nun über die Brückennorm des § 3 Abs. 1 wenigstens noch formal aufrechterhalten wird.) Es

---

[26] Vgl. BT-Drucks. 15/1487 S. 13. Vgl. GK-*Peukert* § 3 Rdn. 5.
[27] BT-Drucks. 15/1487 S. 12 zum UWG 2004.
[28] BT-Drucks. 18/6571 S. 1. So schon Referentenentwurf des BMJV, S. 10.
[29] BT-Drucks. 18/6571 S. 13.
[30] Siehe dazu Vorauflage, Rdn. 38.
[31] BT-Drucks. 18/6571 S. 1.
[32] BT-Drucks. 18/4535.
[33] § 3 Abs. 3 Reg.Entw., BT-Drucks. 18/4535; § 3 Abs. 4 Ref.Entw.
[34] Vgl. zur Diskussion *Palzer* WRP 2015, 793f.

wäre aber auch zu einer Festschreibung von Mitbewerberschutz gekommen, die mit einem modernen Wettbewerbsverständnis kaum vereinbar scheint. In der offiziellen Begründung erläutert die CDU-/CSU-Fraktion, von dieser eigenen Mitbewerber-Generalklausel sei letztlich abgesehen worden, „um Schutzlücken durch einen zu engen Anwendungsbereich zu verhindern.“[35]

Mit der Novelle wurden nun insbesondere folgende Aspekte geändert:

27 In **Absatz 1** gibt es nun nur noch eine schlichte Formulierung von Tatbestand („unlautere geschäftliche Handlung“) und Rechtsfolge („unzulässig“). Weggefallen ist insbesondere das Spürbarkeitserfordernis. Im UWG finden sich jetzt, und das macht die Gesetzesbegründung deutlich, zwei verschiedene Regelungsregime, die über § 3 Abs. 1 formal zusammengehalten werden. Für den Bereich der Richtlinien-Umsetzung enthält § 3 Abs. 1 eine reine **Rechtsfolgenregelung,** d.h. die Norm bietet eine Brücke von den materiellen Tatbeständen zu den Ansprüchen in §§ 8ff., ohne eigenen Regelungsgehalt beizusteuern.[36] Dies wird auch deutlich durch andere Bezugnahmen in der Gesetzesbegründung, nachdem man sich entschieden hatte, die in Entwürfen vorgesehene Banalität „unlauter im Sinne von § 3 Abs. 1“ wieder zu streichen: Betont wird, dass ohnehin deutlich sei, dass sich §§ 3a–6 mit dem Begriff „unlauter“ auf § 3 Abs. 1 bezögen.[37]

28 Außerhalb der Richtlinien-Anwendung (wobei hier die UGP-Richtlinie 2005/29/EG und die Werbe-Richtlinie 2006/114/EG gemeint sind), also soweit sich die geschäftliche Handlung nicht an Verbraucher richtet oder diese erreicht, ist § 3 Abs. 1 weiterhin „**Auffangtatbestand** für solche geschäftlichen Handlungen […], die von den nachfolgenden Bestimmungen nicht erfasst werden, aber einen vergleichbaren Unlauterkeitsgehalt aufweisen.“[38] Ein **Beispiel** dafür liefert der Gesetzgeber selbst in der Begründung: Die Streichung von § 4 Nr. 1 UWG und seine Überführung in den neuen § 4a, der sehr eng an der Richtlinie entlang formuliert ist, führt dazu, dass eine der bisherigen Konstellationen entfällt. In § 4a ist der Schutz vor menschenverachtenden geschäftlichen Handlungen nicht mehr explizit enthalten. In der Gesetzesbegründung heißt es, dass „der Schutz vor menschenverachtenden geschäftlichen Handlungen außerhalb des Anwendungsbereichs der Richtlinie, wie nach bisheriger Rechtslage“ gewährleistet sei, nämlich „durch § 3 Absatz 1 in seiner Funktion als Auffangtatbestand.“[39]

29 Hier ist allerdings unklar, ob der Gesetzgeber auch die **Abgrenzung von Verbrauchergeneralklausel in Abs. 2 und originärem Anwendungsbereich von Abs. 1** hinreichend gewürdigt hat. Die Unterscheidung der beiden Tatbestände läuft nicht mehr gemäß der primären Interessenbeeinträchtigung, sondern anhand der Adressierung von Maßnahmen: Solche, die sich an Verbraucher richten oder diese erreichen, unterfallen Abs. 2, die übrigen können nach Abs. 1 aufgegriffen werden.

30 Im Rahmen des Auffangtatbestands ist es Sache der Rechtsprechung, „angemessene **Spürbarkeitserfordernisse** aufzustellen, um insbesondere Abmahnungen wegen Bagatellverstößen zu verhindern.“[40] Nach Auffassung des Gesetzgebers geht mit der Streichung des Spürbarkeitserfordernisses also nicht zwingend einher, dass dieses nicht mehr zu prüfen ist (dazu unten G.).

31 In **Absatz 2** ist nun eine Verbrauchergeneralklausel enthalten. Damit wird deutlich gemacht, dass die verbraucherbezogenen Tatbestände in den Spezialnormen §§ 4a-6 sowie in § 3 Abs. 2–4 geregelt werden.[41] Abs. 2 verweist mit dem Begriff „unlauter“ auf Abs. 1, aber lediglich für die Rechtsfolge.[42] Dass in der Norm nunmehr auf **„unternehmerische“ Sorgfalt** abgestellt wird, nicht mehr – wie bisher – auf die fachliche Sorgfalt, ist eine Folgeänderung zu § 2 Abs. 1 Nr. 7. Dort sind die Begrifflichkeiten ebenfalls verändert worden, „da der Unternehmer Adressat der Sorgfaltspflicht ist“.[43]

32 Hinsichtlich der **Relevanz** der geschäftlichen Handlung wird darauf abgestellt, dass diese das Verhalten des Verbrauchers wesentlich zu beeinflussen geeignet ist. Diese Begrifflichkeit ist mit Hinweis auf die Eignung, eine geschäftliche Entscheidung spürbar zu beeinträchtigen, in § 2 Abs. 1 Nr. 8 legaldefiniert. Die Spürbarkeitserfordernisse sind zudem in den Spezialtatbeständen jedoch aufgenommen (§§ 4a, 5, 5a, 6).

33 **Absatz 3** als Brückennorm zum Anhang wurde nicht geändert.

---

[35] Fraktion der CDU/CSU, BT-Drucks. 18/6571, S. 13. Vgl. BT-Drucks. 18/6571 S. 15.

[36] BT-Drucks. 18/6571 S. 14.

[37] Vgl. BT-Drucks. 18/6571 S. 16.

[38] BT-Drucks. 18/6571 S. 14f.; ebenso Fraktion der CDU/CSU, BT-Drucks. 18/6571, S. 13f.

[39] BT-Drucks. 18/6571 S. 15.

[40] BT-Drucks. 18/6571 S. 15; ebenso Fraktion der CDU/CSU, BT-Drucks. 18/6571, S. 14; *Köhler*/Bornkamm § 3 Rdn. 2.2014.

[41] BT-Drucks. 18/6571 S. 15.

[42] BT-Drucks. 18/6571 S. 15.

[43] BT-Drucks. 18/6571 S. 15, 14.

Absatz 4 ist neu positioniert. Eine entsprechende Regelung enthielt zuvor § 3 Abs. 2. Nun ist in § 3 Abs. 4 das Verbraucherleitbild zusammengefasst worden. Dabei sind kleinere sprachliche Änderungen vorgenommen worden, deren Ziel eine sprachliche Annäherung an die Richtlinie war (dort Art. 5 Abs. 3 S. 1 UGP-RL). Der Begriff „Gebrechen" wird in „Beeinträchtigungen" modernisiert, statt „Produkts" wird richtigerweise von „Waren oder Dienstleistungen" gesprochen (vgl. Art. 2 lit. c RL).[44] 34

Insgesamt ist mit diesen Änderungen das **Ziel erreicht** worden, die Abgrenzung der beiden Regelungsregime im UWG deutlich zu machen und sich der Richtlinie im Wortlaut weiter anzunähern. Die Rechtsprechung ist aufgerufen, die Differenzierung in der Begründung von Urteilen verstärkt deutlich zu machen. Zudem hat es sprachlich einige Annäherungen an die Richtlinie gegeben, die aber in ihrer praktischen Wirkung zu vernachlässigen sein dürften. Ungewiss bleibt, ob die **Rechtsprechung** sich in Bezug auf Spürbarkeitserfordernisse verändert. Diese spielten in der Praxis aber schon bisher eine untergeordnete Rolle.[45] Mit neuer Systematik und neuen Formulierungen im Gesetz wird es allerdings schwer fallen, schlicht die **bisherige Praxis** fortzusetzen. Auch das UWG verlangt nach gesetzes- (und richtlinientreuer) Subsumtion. 35

IV. Rechtliche Einordnung

In § 3 statuiert der Gesetzgeber in Absätzen 1 und 2 zwei Generalklauseln, die die gesamte wettbewerbliche Unlauterkeit umgreifen. Hinzu tritt in Absatz 3 eine Brückennorm für besonders gravierende Verstöße und in Absatz 4 eine Definitionsnorm, die auch in § 2 ihren Platz gefunden hätte. Nicht mehr normiert ist ein allgemeines Spürbarkeitserfordernis. 36

1. Differenzierte Verbotstatbestände

Eine **Prüfung von geschäftlichen Verhaltensweisen** muss systematisch **zuerst an der „schwarzen Liste"** nach Abs. 3 i. V. m. dem Anhang, **sekundär an den Beispielskatalogen bzw. Einzelverbotstatbeständen** und erst **im letzten Schritt an den Generalklauseln in § 3 Abs. 2 und § 3 Abs. 1** ansetzen. Bei der Auslegung von § 3 Abs. 1 ist auf die in § 1 genannten Schutzzwecke des UWG und die damit vorgegebene Methodik der Interessenabwägung (siehe dazu Kommentierung zu § 1) abzustellen. Es schadet nicht, hier eine Anlehnung an die Wertungen der UGP-Richtlinie zu suchen, erforderlich ist dies jedoch nicht. Für die Auslegung von § 3 Abs. 2 und 3 hingegen ist zwingend Richtlinienkonformität zu erzielen (Art. 5 UGP-Richtlinie). Für die Prüfung verbraucherbezogener Unlauterkeitstatbestände ist auf § 3 Abs. 1 nur noch als Rechtsfolgenverweis abzustellen. Es gibt damit ein höchst differenziertes Verbotsregime in § 3 UWG. Mit dieser seit der UWG-Reform 2015 erheblich stärker ausgeprägten Differenzierung[46] wird die Abkehr vom integrierten, monistischen deutschen System des Lauterkeitsrechts eingeleitet. *Glöckner* spricht von einem „Zwei-Säulen-Modell" mit „Dachklausel".[47] Die einzelnen Unterschiede, insbesondere die im Detail abweichenden Unlauterkeitsmaßstäbe und die unterschiedlichen Bagatellschwellen führen zu einer veränderten gesetzlichen Ausgangslage. Mit *Kirchhoff* ist zu folgern, dass es sich als schwierig erweisen könnte, „nach Inkrafttreten der Novelle im B2B-Bereich schlicht „business as usual" zu betreiben und von einer bloßen Kodifizierung der bestehenden Rechtsprechung auszugehen."[48] 37

Der Verbotstatbestand in § 3 Abs. 1 ist auf ein elementares Merkmal gestützt: Die Unzulässigkeit resultiert aus der **Unlauterkeit,** so eine geschäftliche Handlung vorliegt, also der Anwendungsbereich des UWG eröffnet ist. Eine spürbare Interessenbeeinträchtigung (im Sinne einer Bagatellschwelle) ist nicht mehr gesetzlich verlangt, mag aber, wie die Gesetzesbegründung 2015 meint,[49] im Einzelfall von den Gerichten in die Prüfung eingezogen werden; darüber hinaus gehende Anforderungen sind in einzelnen Tatbeständen ausdrücklich normiert. Wo das UWG (wie z. B. in § 7 Abs. 1 S. 1 und in § 3 Abs. 3 i. V. m. dem UWG-Anhang) von „unzulässigen" geschäftlichen Handlungen spricht, sind folglich Handlungen von vorn herein als unlauter gekennzeichnet. Eine gesonderte Prüfung der Unlauterkeit (oder ggf. der Spürbarkeit) ist bei der Anwendung dieser Normen 38

[44] BT-Drucks. 18/6571 S. 15.
[45] Vgl. *Nordemann* FS Köhler 2014, 489.
[46] So auch *Alexander,* WRP 2014, 1384, 1385 (noch zum Ref.Entw.).
[47] *Glöckner* WRP 2014, 1399, 1400 (noch zum Ref.Entw.).
[48] *Kirchhoff* WRP 2015, 659, 661 (noch zum Reg.Entw.). Vgl. aber beispielhaft zu § 3a UWG 2015 BGH, 4.1.2016, Az. I ZR 61/14, 3. Leitsatz – *Wir helfen im Trauerfall.*
[49] BT-Drucks. 18/6571 S. 14.

nicht vorzunehmen. Was das **Spürbarkeitserfordernis** angeht, so ist dieses als im Begriff der Unlauterkeit bereits integriert anzusehen.[50] Eine Handlung, die eine gewisse Erheblichkeitsschwelle nicht überschreitet, mag ärgerlich sein, sie kann aber nicht im Gesetzessinne unlauter sein. Ob es sich bei § 3 Abs. 1 nun um ein Verbot ohne Wertungsvorbehalt handelt (wie in § 3 Abs. 3 i. V. m. Anhang) oder um ein solches mit Wertungsvorbehalt (wie nach der Rechtslage bis 2015) kann hier dahinstehen. Die Prüfung der Unlauterkeit verlangt bei der Generalklausel immer eine **richterliche Bewertung,** da das Tatbestandsmerkmal der Unlauterkeit höchst auslegungsbedürftig ist. Eine unwiderlegliche Vermutung der Unlauterkeit gibt es insofern jedenfalls nicht.

39 § 3 Abs. 1 entspricht damit Art. 5 Abs. 1 UGP-RL. Im Anwendungsbereich der Richtlinie hat die Norm allerdings keine eigenständige Bedeutung. § 3 Abs. 1 leitet lediglich die nach § 3 Abs. 2 und Spezialtatbeständen für unlauter erkannten Sachverhalte zu den Rechtsfolgen weiter. Als **originäre Generalklausel** gilt § 3 Abs. 1 **nur für Verhaltensweisen im B2B-Bereich.**

40 Die **Umsetzungserfordernisse** der UGP-Richtlinie werden primär in § 3 Abs. 2–4 erfüllt.

41 Umstritten ist, ob **§ 3 Abs. 2** auch **für aggressive oder irreführende Geschäftspraktiken** im Sinne der UGP-RL zu berücksichtigen ist.[51] Dazu besteht nach der UWG-Reform 2015 noch weniger Anlass als zuvor: Der Gesetzgeber hat sich für ein differenziertes Verbotskonzept ausgesprochen. Auf § 3 Abs. 2 muss nicht mehr zurückgegriffen werden, da die relevanten Tatbestandsmerkmale in den Spezialtatbeständen aufgeführt sind. Diese können also direkt mit § 3 Abs. 1 angewendet werden. In den Spezialtatbeständen ist mithin eine differenzierte Einzelwertung möglich.[52] Eine Position, die hier noch im selben Sachverhalt zwischen verbrauchergerichteten Mindeststandards und weitergehendem Mitbewerberschutz differenzieren will, kann nicht mehr aufrecht erhalten werden.[53] Dem standen schon bisher die Vollharmonisierung (inkl. Maximalschutz) der UGP-RL und das Liberalisierungspostulat des europäischen Rechts entgegen. Hinzu kommt nun, dass auch der deutsche Gesetzgeber eindeutig zwischen verbraucherbezogenen und mitbewerberbezogenen Tatbeständen trennt.

2. Regelungstechnik Generalklausel

42 Die Generalklausel ist als Regelungsinstrument eine Besonderheit; für das UWG war sie über Jahrzehnte ein Markenzeichen. Mit dem Vertrauen in eine weit gefasste Generalklausel zieht der Gesetzgeber die **Konsequenzen aus Erfahrungen,** die bis in das ausgehende 19. Jahrhundert zurückreichen: Schon dort hatte sich vor dem Hintergrund der errungenen Gewerbefreiheit gezeigt, dass ein abgeschlossener Enumerativkatalog unlauterer geschäftlicher Handlungen der Dynamik des neuzeitlichen Wirtschaftslebens und den sich darin dauernd wandelnden Erscheinungsformen des wirtschaftlichen Handelns nicht gerecht werden kann.[54] Dies gilt erst recht in der wettbewerbsgesteuerten Marktwirtschaft, die auf die Impulse durch einzelne Marktteilnehmer und nicht auf eine zentrale, hoheitliche Steuerung setzt.

43 Auch die **UGP-Richtlinie** bedient sich mit Art. 5 Abs. 1 einer Generalklausel.[55] Bedenken, eine lauterkeitsrechtliche Generalklausel stehe in einem wesensmäßigen Widerspruch zu der rechtlich (auch unionsrechtlich) verbürgten Marktfreiheit,[56] vermögen nicht zu überzeugen. Die Generalklausel ist etabliertes Instrument des Wirtschaftsrechts. Sie ermöglicht erst die Absicherung der Marktwirtschaft, da sie genügend Flexibilität bietet, um auf Herausforderungen zu reagieren. Sie ist aber trotz dieser **Flexibilität** auch keine latente Bedrohung unternehmerischer Handlungsfreiheit, solange sie **rückgebunden** ist an Schutzzwecke und Spezialtatbestände und solange verfahrensmäßige Sicherungsmechanismen (z. B. die begrenzte Aktivlegitimation oder die Missbrauchsklausel) gegeben sind.

44 Auch **verfassungsrechtlich** bestehen gegen die generalklauselmäßige Regelungstechnik des Lauterkeitsrechts **keine durchgreifenden Bedenken.** Wie von *Ahrens* in Einl. G Rdn. 59 ff. aus-

[50] Ebenso *Köhler*/Bornkamm § 3 Rdn. 2.20.

[51] Vgl. EuGH GRUR 2011, 76, 78 – *Mediaprint; Köhler*/Bornkamm § 3 Rdn. 3.4; OLG Frankfurt ZLR 2010, 458, 462 – *Whiskey-Cola; Köhler* WRP 2010, 1293; *ders.* WRP 2012, 22, 26; *Haberkamm* WRP 2011, 296, 300; a. A. *Fezer* WRP 2009, 1163, 1171, *ders.* WRP 2010, 677.

[52] Vgl. *Köhler*/Bornkamm § 3 Rdn. 3.5.; *Köhler* WRP 2010, 1293, 1298 f.; *Schöttle* GRUR 2009, 546, 550 f.; siehe auch BGH GRUR 2010, 852 Rdn. 20 – *Gallardo Spyder;* LG Hamburg MMR 2010, 97.

[53] Vgl. OLG München GRUR-RR 2010, 53, 56.

[54] Für diese allg. M. vgl. hier nur HK/*Plaß* § 3 Rdn. 9. Ausführlich zur Entwicklungsgeschichte der wettbewerbsrechtlichen Generalklausel GroßkommUWG/*Schünemann,* Einl. Rdn. B 7 ff.

[55] Ohnehin haben fast alle Mitgliedsstaaten eine Generalklausel, vgl. *Henning-Bodewig* Einl. F.

[56] Vgl. zu dieser Thematik aus der Frühzeit des deutschen Lauterkeitsrechts schon *E. Ulmer* GRUR 1937, 769, 770; sodann *Beater,* Unlauterer Wettbewerb, § 13 Rdn. 959; GroßkommUWG/*Schünemann* Einl. Rdn. B 17.

führlich erörtert, wurde dies vom BVerfG für §§ 1 und 3 UWG a. F. wiederholt judiziert.[57] Voraussetzung ist jedoch, dass der Gesetzgeber selber den Regelungszweck vorgibt und zumindest grobe Anhaltspunkte für die vorzunehmende Konkretisierung der Generalklausel liefert. So wird die Generalklausel dogmatisch eingehegt und fungiert nicht mehr als heikle Ermächtigungsnorm an die Justiz, sondern wird zu einer Delegationsnorm, die zur dezentralen Einzelfallentscheidung im Wirtschaftsrecht Maßstäbe vorgibt.[58]

Das UWG erfüllt die vorstehend genannten **verfassungsrechtlichen Anforderungen** in geradezu vorbildlicher Weise: Als *ratio legis* nennt der Gesetzgeber in § 1 klar den Schutz des unverfälschten (wirtschaftlichen)[59] Wettbewerbs nicht nur im Allgemeininteresse, sondern auch im Individualinteresse der Mitbewerber, der Verbraucher und der sonstigen Marktteilnehmer. 45

Der sog. großen Generalklausel kommt – trotz ihrer geringer gewordenen praktischen Bedeutung – weiterhin eine zentrale Funktion für das Lauterkeitsrecht zu. Diese ergibt sich sowohl aus dogmatischen wie auch aus systematischen Erwägungen.[60] 46

Sie fungiert zunächst als **Inbegriff der Verbotstatbestände** unlauteren und deshalb wettbewerbsrechtlich unzulässigen Wettbewerbsverhaltens. Umgekehrt lassen sich alle weiteren Verbotstatbestände als Konkretisierungen der Generalklausel begreifen. § 3 Abs. 1 liefert somit, wie dies auch für die verbreiteten sonstigen gesetzlichen Arrangements von Generalklausel und Regelbeispielen zutrifft, eine Art gedanklicher Klammer, die den Wesensgehalt der nachfolgenden Spezialtatbestände verkörpert. § 3 Abs. 1 steht dabei in engem **Bezug zu § 1.** Eine direkte Bezugnahme auf die große Generalklausel durch die nachfolgenden Normen als „insbesondere"-Beispiele ist allerdings mit der Reform 2008 entfallen. Die besondere Bedeutung speist sich daraus, dass in § 3 Abs. 1 die wirtschaftsrechtliche Grundregel „unlauter = unzulässig" zentral normiert ist. Teilweise wird durch die Verwendung der Begrifflichkeiten des § 3 Abs. 1 (unlauter, unzulässig) auf diese Norm verwiesen. Die einzelnen Verbotstatbestände sind damit leges speciales zu § 3 Abs. 1. 47

Als eine solche Grundnorm der Unlauterkeit sind die Einzelfälle nach den Verbotsnormen stets mit einem Seitenblick auf die Generalklausel zu entscheiden. Das kann letztlich nur bedeuten, dass sich der Rechtsanwender nicht in den Details einer Spezialnorm verlieren darf. Als **Plausibilitätsfrage** müsste sich der Rechtsanwender die Frage stellen, ob – Fehlen der Spezialnorm unterstellt – der Fall auch unter die Generalklausel hätte subsumiert werden können. Dies würde zurückführen auf die Schutzzwecke des § 1 UWG und auf die Abwägung der betroffenen Interessen. Die Generalklausel in ihrer Klammerfunktion ist damit eine stete Mahnung, sich in diesem dynamischen Rechtsgebiet immer zu fragen, ob es einer Intervention wirklich bedarf – sie steht für die **Legitimation** des UWG als Rechtsgebiet insgesamt. Mit diesem Verständnis ist § 3 Abs. 1 auch immer kumulativ zu den spezielleren Tatbeständen anzuwenden.[61] Rechtstechnisch erforderlich ist die Anwendung, um die Verbindung zu den Ansprüchen nach §§ 8–10 zu erreichen (sog. Umschaltfunktion). 48

Zum originären Anwendungsbereich des § 3 Abs. 1 siehe unten (Abschnitt F.). 49

3. Verbrauchergeneralklausel

Die Verbrauchergeneralklausel in Abs. 2 stellt – anders als noch in der Vorauflage vertreten – **einen eigenen Verbotstatbestand** dar, sie dürfte allerdings derzeit nur **geringe Anwendungsrelevanz** haben. Ob es sich um einen eigenen Verbotstatbestand handelt, war bis zur UWG-Reform 2015 umstritten. Auch hier wurde zunächst die Auffassung vertreten, § 3 Abs. 2 stelle eine **Auslegungsregel** für verbraucherschützende Tatbestände dar, die allerdings quasi keine Bedeutung in der Praxis entfalte. Diese systematische Einordnung von § 3 Abs. 2 wurde an den dadurch umgesetzten Normen der UGP-RL (Art. 5 Abs. 2 lit. a und b), die eine Ausfüllung von Art. 5 Abs. 1 darstellen, 50

---

[57] Vgl. BVerfG GRUR 2001, 1058, 1059 – *Generikum-Präparat;* 2001, 170, 173 – *Schockwerbung/Benetton;* 1993, 751 – *Großmarktwerbung I;* 1972, 358, 360 – *Grabsteinwerbung III.* Nennenswerten Einwänden ist diese Rspr. nicht ausgesetzt, vgl. *Wiebe* WRP 2002, 283, 284; nachdenklicher *Beater,* Unlauterer Wettbewerb, § 9 Rdn. 9 ff. und § 12 Rdn. 3 ff.

[58] Gegen eine echte „Ermächtigung" an die Justiz sprechen Bedenken der Gewaltenteilung. Sehr kritisch aus verfassungsrechtlicher Sicht *Emmerich,* Unlauterer Wettbewerb, § 5 II.3. Vgl. zur Problematik *Beater,* Unlauterer Wettbewerb, § 11 Rdn. 806, § 13 Rdn. 963; *Teubner* S. 51, 59 ff.; Fezer/*Fezer* UWG § 3 Rdn. 153; *Ohly,* S. 232 ff.

[59] Dies wird bereits durch den dort angesprochenen Marktbezug der Schutzsubjekte unmissverständlich deutlich und im Übrigen durch den Wirtschaftsbezug des Definitionenkatalogs in § 2 unterstrichen.

[60] Vgl. *Schünemann* WRP 2004, 925, 926 ff.

[61] S. a. *Nordemann* Rdn. 42, sowie Fezer/*Fezer* UWG § 3 Rdn. 54 f. mit verdeutlichendem Hinweis darauf, dass die Kumulativanwendung des § 3 grundsätzlich die Prüfung seiner tatbestandlichen Voraussetzungen bedeutet und nicht etwa als Fiktion missverstanden werden darf.

festgemacht. Auch der deutsche Gesetzgeber hatte in der Gesetzesbegründung diesen systematischen Zusammenhang zwischen Generalklausel und ihrer Konkretisierung in Bezug auf Verbraucher hergestellt.[62] Konsequent wurden in der Formulierung die Begrifflichkeiten der UGP-RL teilweise aufgenommen. Rolle und Reichweite von § 3 Abs. 2 waren jedoch umstritten. Diskutiert wurde (und wird), in welchem **Verhältnis § 3 Abs. 2 zu Abs. 1** steht und welche Relevanz die Norm – sei es als Auffangtatbestand oder als Auslegungsmaxime – überhaupt entfaltet. Eine Extremposition markierte beispielsweise *Scherer,* welche die Norm für gänzlich überflüssig hielt.[63] *Köhler* betrachtete den Anwendungsbereich als äußerst reduziert. Die Klausel sei subsidiär gegenüber Abs. 1 und könne nur solche Fälle erfassen, die nicht in §§ 4ff. UWG 2008 geregelt seien.[64] Andere Autoren wendeten die beiden Maßstäbe gemeinsam an.[65] Teilweise wurde auch vertreten, dass für den B2C-Bereich § 3 Abs. 2 den Abs. 1 verdrängt.[66]

51 Diese Diskussion ist nun im Lichte der **UWG-Reform 2015** zu sehen. Die Differenzierung zwischen § 3 Abs. 1 und § 3 Abs. 2 ist seither deutlicher geworden. Der Gesetzgeber hat hier zwei Regelungsregimes etabliert, die nebeneinander stehen und Verschränkungen nur noch im Rahmen des Rechtstechnischen erlauben. Das bedeutet: § 3 Abs. 2 kann einen eigenen Anwendungsbereich als **originäre Verbrauchergeneralklausel** haben, für das Erreichen der Rechtsfolge wird allerdings die Brücke in § 3 Abs. 1 benötigt.[67] Es wäre vor dem Hintergrund dieser Klarstellungsnovelle nicht mehr sinnvoll, hier eine stärkere Abhängigkeit von Abs. 1 anzunehmen. Absatz 2 auf eine reine Auslegungsregel zu reduzieren, hieße, das Umsetzungsgebot der UGP-Richtlinie zu missachten, denn diese kennt in Art. 5 ja gerade eine Generalklausel. Als solche Umsetzung taugt § 3 Abs. 1 nun allerdings nicht mehr.

52 Der europäische Gesetzgeber hat zwar zahlreiche Konstellationen in eigenen Tatbeständen geregelt, hat aber nicht ausgeschlossen, dass es darüber hinaus auch im B2C-Segment geschäftliche Praktiken gibt, die nicht speziell reguliert, aber dennoch unlauter sind und verboten werden müssen. Gerichte können also in richtlinienkonformer Auslegung auch über diese Generalklausel zur Untersagung von Praktiken kommen, die nicht spezifisch in der UGP-RL normiert sind. Das steht zwar in einem gewissen **Spannungsverhältnis** zur Vollharmonisierung, da dadurch differierende nationale Entscheidungen denkbar sind. Abweichungen sind aber auch bei spezieller ausgestalteten Normen möglich. Mit der Entscheidung für eine Generalklausel nehmen die europäischen Richtliniengeber eine solche nationale Ausdifferenzierung bewusst in Kauf. Die Einheit der Rechtsordnung wird – ganz klassisch – durch den EuGH gewährleistet.

53 Die **praktische Relevanz** des Tatbestands dürfte allerdings weiterhin zunächst gering sein. Die Mehrzahl der verbraucherbezogenen Fälle wird von den Spezialtatbeständen vorrangig erfasst und abschließend gelöst, wie aus der Entscheidung des EuGH *Plus Warenhandelsgesellschaft* zu lesen ist.[68] Der EuGH hat die Chance nicht genutzt, sich detaillierter zu äußern, in welchen Fällen überhaupt § 3 Abs. 2 eigenständige praktische Relevanz erlangen könnte. *Köhler* hatte die nicht von Spezialnormen erfasste Kopplung von Gewinnspiel und Absatzgeschäft als originären Fall des § 3 Abs. 2 benannt.[69]

54 Über diese Tatbestandsfunktion hinaus lässt sich § 3 Abs. 2 als ein **Mindeststandard** lesen, wann in verbraucherbezogenen Tatbeständen eine Unzulässigkeit „jedenfalls" zu bejahen ist. Dieser Standard darf nicht unterschritten werden, auch wenn dazu nicht auf § 3 Abs. 2 unmittelbar zurückgegriffen werden muss. Hier hat § 3 Abs. 2 eine ähnliche Signalfunktion wie sie oben für § 3 Abs. 1 dargestellt wurde – mit dem Unterschied, dass hier die Richtlinie jede Auslegung und Anwendung der Norm überlagert.

4. Normiertes Verbraucherleitbild

55 In Absatz 4 hat der deutsche Gesetzgeber in Einklang mit Vorgaben der Richtlinie eine allgemeine Konkretisierung eines Tatbestandsmerkmals integriert. Diese Norm gibt darüber Auskunft, auf welche Verbraucher abzustellen ist, wenn es auf den Horizont des Adressaten der geschäftlichen

---

[62] BT-Drucks. 16/10145, S. 15, 22.
[63] *Scherer* WRP 2010, 586.
[64] *Köhler*/Bornkamm § 3 Rdn. 5ff.
[65] *Schöttle* GRUR 2009, 546ff.; *Emmerich,* Unlauterer Wettbewerb, § 5 Rdn. 47ff.
[66] Fezer/*Fezer* § 3 Rdn. 19, 31; Ohly/*Sosnitza* § 3 Rdn. 67f., welcher eine kumulative Anwendung bejaht, keinen reinen Vorrang; jurisPK-UWG/*Ullmann* § 3 Rdn. 7ff.
[67] *Köhler*/Bornkamm § 3 Rdn. 3.3.
[68] EuGH WRP 2010, 232 – *Plus.*
[69] Vgl. *Köhler* GRUR 2010, 177, 180f. in Anknüpfung an die (noch nach altem Recht) ergangene Entscheidung BGH GRUR 2008, 807 – *Millionen Chance* und EuGH WRP 2010, 232 – *Plus.*

Handlung ankommt. Als Norm, die Begriffe konkretisiert, hätte § 3 Abs. 4 auch in § 2 integriert werden können. Die Anknüpfung in § 3 ist allerdings ebenso gerechtfertigt, da es sich streng genommen nicht um eine Legaldefinition des Verbraucherbegriffs handelt, sondern um dessen **normative Konkretisierung:** Abzustellen ist auf den durchschnittlichen Verbraucher, den durchschnittlichen Verbraucher der jeweils angesprochenen Gruppe oder auf einen besonders schutzbedürftigen Verbraucher im Fall, dass entsprechende Gruppen besonders angesprochen werden. Gerichten wird damit die Chance genommen, das Verbraucherleitbild anders zu setzen, so wie es in der Vergangenheit teilweise der Fall war. Die Norm ist für alle Fälle heranzuziehen, in denen das Verbraucherleitbild zur Diskussion steht. Sie gilt also nicht nur im Zusammenhang mit § 3 Abs. 2.[70]

5. Dynamischer Verweis in Absatz 3

§ 3 Abs. 3 ist die **Brücke zum Anhang,** der dem Gesetz angefügt ist. Systematisch enthält Abs. 3 die Klarstellung, dass eine Wertungsmöglichkeit nicht verbleibt, die Regelungen des Anhangs werden also mit besonderer Strenge umgesetzt. Die Positionierung als Anhang signalisiert bereits die Veränderlichkeit dieses Teils. Augenscheinlich rechnet der Gesetzgeber damit, dass die Regelungen im Anhang häufiger verändert werden als das Grundkonzept des UWG, das durch Detailänderungen nicht belastet werden soll. Die **Herausnahme der Verbotstatbestände** des Anhangs ist insofern sinnvoll, als diese erstens besonders strikt sind, sich zweitens von der typischen Methodik lösen, einen Ausgleich im geschäftlichen Verkehr durch Interessenabwägung zu finden, und drittens nur für das Verhältnis zu Verbrauchern gelten. Der Gesetzgeber wollte explizit vermeiden, „den kaufmännischen Verkehr mit derart starren [*sic!*] Regeln zu belasten".[71] Rechtstechnisch liegt hier eine dynamische Verweisung vor, die jeder Fassung des Anhangs die Brücke ins UWG bietet. 56

V. Europäisches Recht

1. Vorgaben der UGP-Richtlinie

Die UWG-Novelle 2008[72] diente der Umsetzung der **Richtlinie 2005/29/EG über unlautere Geschäftspraktiken** im binnenmarktinternen Geschäftsverkehr zwischen Unternehmen und Verbrauchern (UGP-RL),[73] die ausschließlich auf das verbraucherbezogene Geschäft anzuwenden ist. § 3 wurde im Zuge dieser Novellierung neu gefasst, auch wenn er seit der die europäischen Rechtsänderungen teilweise antizipierenden UWG-Novelle 2004 die Stellung für die große Generalklausel innehatte. Der Gesetzgeber hat sich dabei sowohl systematisch als auch terminologisch eng an die Richtlinie angelehnt,[74] ist aber in Details auch von dieser abgewichen. Mit der Klarstellungsnovelle 2015 hat der Gesetzgeber letzte Zweifel ausgeräumt und terminologisch an die UGP-RL noch stärker angeknüpft. Für den Anwendungsbereich der Richtlinie ist eine richtlinienkonforme Auslegung unabdingbar. Nur dann ist das Ziel der Vollharmonisierung erreichbar. Im Übrigen enthält § 3 in Abs. 1 ein Residuum für außerhalb des europäischen Rechts liegende Unlauterkeitspraktiken, nämlich solche, die im B2B-Bereich angesiedelt sind. 57

2. Probleme der Umsetzung

Die Europäische Kommission **beanstandete** in einem Schreiben vom Dezember 2011 eine mangelhafte Umsetzung der UGP-RL in deutsches Recht, da der deutsche Gesetzgeber es versäumt habe, Art. 5 der Richtlinie umfassend umzusetzen (siehe dazu in der Vorauflage Rdn. 38 ff. sowie *Keller,* Einl. A Rdn. 53 ff.; zur Richtlinienkonformität des UWG *Glöckner,* Einl. B, Rdn. 440 ff.).[75] Problematisch schien der Kommission das Fehlen des Merkmals „Beeinflussung 58

[70] Vgl. *Köhler*/Bornkamm § 3 Rdn. 5.6.

[71] BT-Drucks. 16/10145, S. 22.

[72] Erstes Gesetz zur Änderung des Gesetzes gegen den unlauteren Wettbewerb; zur Reform insgesamt *Keller,* Einl. A Rdn. 17 ff., 24 ff., Einl. B Rdn. 247 ff.

[73] ABl. Nr. L 149 vom 11/06/2005 S. 0022–0039. Vgl. dazu eingehend Einl. B Rdn. 220 ff. m. w. N.; s. a. *Keßler/Micklitz* BB 2003, 2073 ff.; *Köhler/Lettl* WRP 2003, 1019; *Henning-Bodewig* GRUR Int. 2004, 183. Vgl. ferner *Ohly* GRUR 2004, 889, 890 ff.

[74] Kritisch: *Schünemann* in der 2. Auflage.

[75] Schreiben der KOM vom 12.12.2011, EU-Pilot – Sache 2508/2011/JUST – Umsetzung der Richtlinie 2005/29/EG über unlautere Geschäftspraktiken durch Deutschland. Siehe auch Referentenentwurf des BMJV 2014, S. 6 ff. Vgl. zur unscharfen Umsetzung schon *Hoeren* BB 2008, 1182, 1184 sowie *Köhler* WRP 2012, 251 ff.

einer geschäftlichen Entscheidung" in § 3 Abs. 1 a. F. Dieses Problem wurde mit der **UWG-Novelle 2015** durch die Lösung des Abs. 1 von Abs. 2 beseitigt. In § 3 Abs. 2 wurden Änderungen eingefügt (insbesondere die Adressatenstellung: „den sie erreicht oder an den sie sich richtet"). Auch in § 3 Abs. 4 kam es zu sprachlichen Anpassungen an die Richtlinie.

58a Mit der UWG-Novelle 2015 beugten sich Bundesregierung und Bundestag den Wünschen der Kommission weitgehend, auch wenn es sich lediglich um Klarstellungen handelte und die Kommission zuvor keine echten Fehlentscheidungen vorweisen konnte, in denen es an Richtlinienkonformität gemangelt hätte. Kritisch anzumerken ist, dass der **Begriff der „Richtlinie"** aus Art. 288 AEUV überspannt wird, wenn die Kommission nichts gelten lässt außer einer wortgetreuen nationalen Abbildung der europäischen Vorgabe – zumal in anderen Mitgliedstaaten keineswegs eine wortgetreue Umsetzung erfolgt ist.[76] Rein praktisch dürfte davon auszugehen sein, dass das Thema gesetzlicher Richtlinienkonformität mit der Novelle 2015 zunächst zur Ruhe kommen wird.

59 Zweifel ergeben sich allerdings mit Blick auf die **weiterhin fehlende Umsetzung von Art. 5 Abs. 3 S. 2 UGP-RL:** „Die übliche und rechtmäßige Werbepraxis, übertriebene Behauptungen oder nicht wörtlich zu nehmende Behauptungen aufzustellen, bleibt davon unberührt." In diesem Satz liegt eine inhaltliche Begrenzung der Generalklausel. Ob der Verzicht auf eine nationale Entsprechung mittelfristig so hingenommen werden kann, ist derzeit nicht absehbar. Bei einer richtlinienkonformen Auslegung ist dieser Satz jedenfalls zu berücksichtigen. Der BGH hat sich bereits auf die nicht-umgesetzte Norm gestützt.[77] Nicht umgesetzt wurde auch Art. 5 Abs. 4 UGP-RL. Dies dürfte angesichts dessen klarstellender Funktion verschmerzbar sein.

B. Geschäftliche Handlung

60 § 3 knüpft an einer **Verhaltensweise,** der geschäftlichen Handlung, nicht einem Handlungsergebnis oder den Auswirkungen eines bestimmten Handelns an. Der spezifische Unlauterkeitswert liegt im Tun oder Unterlassen, nicht in der Schädigung. Hier zeigt sich der Marktordnungsanspruch des Wettbewerbsrechts, der keine unmittelbare Planung der Marktergebnisse vorsieht, sondern auf einer vorgelagerten Stufe ansetzt und bestimmte Verhaltensweisen ausschließt (und im Gegenzug alle sonstigen Handlungsoptionen belässt).

61 Will man das Lauterkeitsrecht in ein marktorientiertes Interventionsschema, etwa das von der Harvard School entwickelte **Struktur-Verhaltens-Ergebnis-Paradigma,**[78] einordnen, so fällt auf, dass es am Marktverhalten ansetzt, um bestimmte Marktergebnisse zu erreichen. Hier verläuft eine Abgrenzungslinie zum Kartellrecht: Das Kartellrecht setzt an der Marktstruktur an, um das Marktverhalten und dann die Marktergebnisse zu beeinflussen. (Die Marktstruktur wird vom Kartellrecht häufig durch den Bezug auf Marktmacht analysiert, die für das UWG wiederum keine Rolle spielt.) Die **Marktergebnisse** werden von den beiden liberal ausgerichteten Wettbewerbsgesetzen anders als etwa vom Regulierungsrecht nicht angetastet. Die Marktergebnisse sollen gerade durch die Koordination der Marktteilnehmer entstehen. Voraussetzung für brauchbare Marktergebnisse sind – der gebräuchlichen Abgrenzung zwischen „ob" und „wie" zufolge – die Offenheit des Wettbewerbs (Kartellrecht – strukturbezogene Faktoren) und die Fairness der Marktteilnehmer (Recht des unlauteren Wettbewerbs – Verhaltensunrecht).

62 Die geschäftliche Handlung als Anknüpfungspunkt für ein lauterkeitsrechtliches Intervenieren ist in § 2 Abs. 1 Nr. 1 legaldefiniert, siehe die Kommentierung dort (§ 2 Rdn. 1 ff.).[79] Der Begriff ist in vielen Fällen unproblematisch, erlangt aber **praktische Relevanz,** sobald eine Handlung sich im Wettbewerb auswirkt, aber nicht primär durch die Gewinnerzielungsabsicht motiviert ist oder jedenfalls andere Zwecke neben die Erreichung eines wettbewerblichen Vorteils treten. Das Kriterium der geschäftlichen Handlung dient zur Eingrenzung dessen, was im UWG verhandelt wird und damit nicht in den Bereich des allgemeinen Deliktsrechts (§ 823 BGB) oder des Vertragsrechts[80] fällt.[81]

63 Der BGH geht davon aus, dass der **Begriff der geschäftlichen Handlung** in § 3 Abs. 1 **weiter** gehen kann **als der Begriff der Geschäftspraktiken** aus der UGP-RL, der dann aber für § 3 Abs. 2 maßgeblich sein muss, um Vollharmonisierung zu erreichen.[82] Insbesondere werden natür-

[76] Vgl. *Henning-Bodewig* GRUR Int. 2015, 529.
[77] BGH GRUR 2014, 686, 688 – *Goldbärenbarren.*
[78] Wegweisend *Bain,* Industrial Organization, 1968, 372 ff.
[79] Vgl. auch *Glöckner* WRP 2009, 1175.
[80] Dazu differenzierend BGH WRP 2013, 1183 – *Standardisierte Mandatsbearbeitung.*
[81] Siehe dazu auch unten, Abschnitt F. III.2.
[82] BGH GRUR 2014, 849 – *GOOD NEWS II.*

lich durch den Begriff der „geschäftlichen Handlung" im Sinne des deutschen UWG auch solche Handlungen erfasst, die sich an andere Marktteilnehmer als Verbraucher richten. Der Begriff der geschäftlichen Handlung hat also einen europarechtlichen, nämlich richtlinienkonformen Kern, und einen nationalen Bedeutungsgehalt für Fälle außerhalb des Anwendungsbereichs der Richtlinie. Umfasst sind auch geschäftliche Handlungen bei nicht-erwerbswirtschaftlicher Tätigkeit, etwa Aktionen von Nicht-Regierungsorganisationen, die zugunsten eines Unternehmens in den Wettbewerb eingreifen.[83]

Beispiele für Fälle, in denen der geschäftliche Charakter der Handlung problematisiert werden muss, sind Aufrufe zu einem politisch motivierten Boykott von Unternehmen, die Tätigkeiten von Idealvereinen und Verbänden, Presseveröffentlichungen oder der Produkttest etwa durch Verbraucherratgeber oder Öko-Organisationen. Auch in den Fällen der § 4 Nr. 1 und 2 wird gelegentlich vorgebracht, es liege keine geschäftliche Handlung vor. Der **BGH** hat sich in den letzten Jahren in der Bejahung einer geschäftlichen Handlung eher großzügig gezeigt (dazu ausführlich *Keller* § 2 Rdn. 19ff.). Eine solche wurde etwa angenommen, wenn ein Link in einem aufklärenden Text auf einer Unternehmenswebsite auf eine Bezugsquelle eines Drittanbieters führt.[84] Auch Angaben einer gesetzlichen Krankenkasse auf einer Website wurden als geschäftliche Handlung gewertet,[85] ebenso wie das Erheben von Daten im Rahmen eines Gewinnspiels durch eine Krankenkasse.[86] Weitere Fälle betrafen das Vorhalten eines Hotelbewertungsportals im Internet durch ein Online-Reisebüro[87] oder die Erteilung von Lizenzen an Rechten.[88] 64

C. § 3 III

Die in der „schwarzen Liste" aufgelisteten Tatbestände sind im Zusammenhang im **Anhang zu § 3** kommentiert – hierauf wird verwiesen. 65

D. Verbrauchergeneralklausel (§ 3 II)

I. Überblick

§ 3 Abs. 2 enthält eine Generalklausel, die unlautere geschäftliche Handlungen im Verhältnis zu Verbrauchern regelt. Die Norm stellt nach der Reform 2015 einen **eigenständigen Tatbestand** dar, der über die Brückennorm in § 3 Abs. 1 zu Ansprüchen nach §§ 8ff. führt. Die Norm ist nicht zusätzlich neben den speziell geregelten Tatbeständen zu prüfen.[89] Sie nennt folgende tatbestandliche **Voraussetzungen:** Die Norm ist anwendbar, wenn eine geschäftliche Handlung vorliegt (siehe dazu Abschnitt B.); diese muss sich an Verbraucher richten oder diese erreichen. Der Tatbestand der Unlauterkeit (mit der Rechtsfolge der Unzulässigkeit, vgl. § 3 Abs. 1) ist zweigliedrig; er ist erfüllt, wenn erstens die Handlung nicht der unternehmerischen Sorgfalt entspricht (Definition in § 2 Abs. 1 Nr. 7) und zweitens diese Handlung geeignet ist, das wirtschaftliche Verhalten des Verbrauchers wesentlich zu beeinflussen (Definition in § 2 Abs. 1 Nr. 8). Diese beiden materiellen Voraussetzungen werden auch als „Unwertkriterium" und „Relevanzkriterium" bezeichnet.[90] 66

Die **praktische Bedeutung** von § 3 Abs. 2 war für das deutsche Recht bis jetzt relativ gering, da die Norm bislang nach überwiegender Meinung nicht als eigene Anspruchsgrundlage anzusehen war. Dies hat sich mit der Novellierung 2015 und der dadurch ausgelösten Differenzierung zwischen Abs. 1 und Abs. 2 verschoben. Die Bedeutung wird nun zunehmen. Zwar werden die allermeisten Fälle durch spezialgesetzliche Regeln in der „schwarzen Liste" oder in §§ 4a–6 erfasst sein. Neue Erscheinungsformen und solche Fälle, die früher dem originären Tatbestand des § 3 Abs. 1 zugeordnet waren, sich aber an Verbraucher richten oder diese erreichen, werden nun über § 3 Abs. 2 gelöst. Mit zunehmendem Veralten der Spezialregelungen werden sich zudem neue geschäftliche Handlungen etablieren, die von manchen Gerichten mit einem Unwerturteil versehen werden. 67

---

[83] Vgl. *Köhler* WRP 2015, 275, 276.
[84] BGH GRUR 2015, 694 – *Bezugsquellen für Bachblüten.*
[85] BGH GRUR 2014, 1120 – *Betriebskrankenkasse II.*
[86] BGH GRUR 2014, 682 – *Nordjob-Messe.*
[87] BGH GRUR 2015, 1129 – *Hotelbewertungsportal.*
[88] BGH GRUR 2014, 1114 – *nickelfrei.*
[89] Vgl. EuGH WRP 2014, 38 – *CHS Tour Services.*
[90] Vgl. etwa *Scherer* WRP 2014, 771, 773.

68 Als Auslegungsmaxime für die verbraucherbezogenen Spezialtatbestände hat § 3 Abs. 2 nach den 2015 erfolgten Klarstellungen in diesen Normen allerdings ausgedient.[91] Die Norm hat insofern eher eine **allgemeine Klammer- und Vergewisserungsfunktion:** Sie macht noch einmal deutlich, was im Verbraucherbereich an problematischen Verhaltensweisen denkbar ist.[92]

69 Angesichts der europäisch verordneten Vollharmonisierung sind an das Bejahen eines Falls unter einer solchen Generalklausel **hohe Anforderungen** zu stellen. Andernfalls besteht die Gefahr, dass je nach nationalen Geschmäckern wieder zahlreiche Konstellationen in einzelnen Fallgruppen erfasst werden. Hier ist noch einmal darauf hinzuweisen, dass auch ein höheres Schutzniveau als von der UGP-Richtlinie vorgeben ist, nicht richtlinienkonform wäre. Trotz dieses Spannungsverhältnisses zur Vollharmonisierung entspricht die Norm dem europäischen Recht, das ja in Art. 5 Abs. 2 eine sehr ähnliche Regelung getroffen hat. Gegebenenfalls ist der EuGH anzurufen, der die Einheit der europäischen Rechtsanwendung sichert.

II. An Verbraucher gerichtet oder diese erreichend

70 Damit § 3 Abs. 2 einschlägig ist, muss sich die geschäftliche Handlung an Verbraucher richten oder diese erreichen. Diese Formulierung ist der Richtlinie entlehnt (vgl. Art. 5 Abs. 2 lit. b) und stellt somit den **Anwendungsbereich der B2C-bezogenen Normen im UWG** klar. Im Umkehrschluss ergibt sich aus dieser Adressatenbezogenheit der Anwendungsbereich von § 3 Abs. 1. Die Abgrenzung nach Adressaten ist im Einzelfall sehr schwierig und löst sich von der bisherigen Abgrenzung nach der Interessenbeeinträchtigung.[93] Man mag dies als „zentralen Konstruktionsfehler"[94] ansehen. Hier ist für den Anwendungsbereich jedoch ein Umdenken im deutschen Recht erforderlich, so schwer es auch fallen mag. Der Wortlaut ist nämlich – in Einklang mit Art. 5 Abs. 4 der UGP-RL, aber unter Missachtung von Art. 1, 2 und Erw.Gr. 6[95] – eindeutig. Der EuGH hat allerdings teilweise Einschränkungen vorgenommen und auf die Schädigung der Interessen zumindest implizit abgestellt.[96] Dementsprechend fordert *Alexander* für die Anwendung von § 3 Abs. 2 einen doppelten Verbraucherbezug: die Handlung müsse sich an Verbraucher richten oder diese erreichen und Verbraucherinteressen berühren. Seien nur die Interessen von Mitbewerbern berührt, sei § 3 Abs. 1 einschlägig.[97]

71 Der Begriff des **Verbrauchers** ist gem. § 2 Abs. 2 aus § 13 BGB zu entnehmen. Demnach ist Verbraucher „jede natürliche Person, die ein Rechtsgeschäft zu Zwecken abschließt, die überwiegend weder ihrer gewerblichen noch ihrer selbständigen beruflichen Tätigkeit zugerechnet werden können." Mit der Umsetzung der Verbraucherrechte-Richtlinie gilt seit 13.6.2014 hier ein erweiterter Verbraucherbegriff, da es für die Verbrauchereigenschaft nunmehr genügt, wenn das Rechtsgeschäft „überwiegend" der nicht-gewerblichen und nicht-beruflichen Sphäre zugeordnet werden kann. Zweifelsfälle des „dual use" unterfallen damit öfter dem verbraucherrechtlichen Regime und damit auch § 3 Abs. 2. Auf die Kommentierung von *Keller* zu § 2 Abs. 2 kann insofern verwiesen werden.

72 **An Verbraucher gerichtet** ist eine geschäftliche Handlung, wenn sie **bestimmungsgemäß überwiegend die private Sphäre des Adressaten ansprechen** soll.[98] Hier ist im Zweifel nicht auf die subjektive Adressatenvorstellung des Handelnden abzustellen.[99] Vielmehr ist nach **objektivierten Kriterien** zu entscheiden, ob sich die Handlung an Verbraucher richtet. Dafür kann es etwa auf die Ware oder Dienstleistung, den Inhalt der geschäftlichen Handlung, die Aufmachung, das Medium oder die sprachliche Gestaltung ankommen. So dürfte bei einer **Werbung für ein technisches Vorprodukt** schon von der Art des Produkts her ein Verbraucherbezug auszuschließen sein. Entsprechend ist die Verwendung von nicht geläufiger **Fachterminologie** ein Indiz dafür, dass Gewerbetreibende angesprochen werden. Dies kann sich auch aus dem Inhalt (z. B. Rabat-

---

[91] Vgl. EuGH WRP 2014, 38 – *CHS Tour Services.*

[92] Dazu auch *Köhler*/Bornkamm § 3 Rdn. 3.1, der zusätzlich den mittelbaren Schutz rechtmäßig handelnder Mitbewerber nennt.

[93] Vgl. die Kritik von *Fritzsche* WRP 2014, 1392, 1394 (zum Ref.Entw.); bei *Palzer* WRP 2015, 793, 794.

[94] *Glöckner* WRP 2014, 1399, 1401.

[95] Vgl. *Henning-Bodewig* WRP 2014, 1407, 1408.

[96] EuGH WRP 2010, 232, Rdn. 39 – *Plus;* EuGH WRP 2011, 45, Rdn. 23 – *Mediaprint;* EuGH WRP 2013, 460, Rdn. 30 – *Köck;* EuGH WRP 2013, 1575 – *RLvS Verlagsgesellschaft;* dazu *Glöckner* in FS Köhler 2014, 159, 164 ff.

[97] *Alexander* WRP 2016, 417.

[98] Vgl. *Köhler*/Bornkamm § 3 Rdn. 3.15.

[99] Vgl. OLG Karlsruhe NJW-RR 2012, 289 auf die objektive Empfängerperspektive verweist; GK-*Peukert* § 3 Rdn. 173.

tierungsangebot für Zwischenhändler) oder dem **Medium** (z. B. Fernsehwerbespot einerseits, Werbung auf B2B-Plattform im Internet andererseits) ergeben. An Verbraucher sind typischerweise solche Handlungen nicht gerichtet, die auf **Fachmessen** oder Konferenzen für das Fachpublikum vorgenommen werden, die sich in Werbeschreiben an Geschäftsleute, in Investorenprospekten, Fachzeitschriften oder geschützten Online-Foren (z. B. **B2B-Marktplätzen**) finden. Werbung oder sonstige geschäftliche Handlungen unter Einsatz von Medien, deren **Adressatenkreis nicht klar abgegrenzt** ist, sind hingegen in der Regel dem Verbraucherkreis zuzuordnen. Dies gilt für Fernseh- und Hörfunkwerbung, Werbung in allgemeinen Zeitungen und Zeitschriften, öffentlich ausliegende Flyer, selbst wenn diese sich an Geschäftsleute wenden (beispielsweise Werbeprospekte in Bankfilialen) oder Angebote, die sich an jedermann richten. Da im Internet die Grenzen zwischen Verbrauchern und Gewerbetreibenden stark verschwimmen, ist hier oft von einer Verbraucherrichtung auszugehen, selbst wenn die konkrete Website sich primär an Gewerbetreibende richtet. Hier muss der Unternehmer ggf. ganz deutlich machen, dass sich die Angebote nicht an Verbraucher richten.[100] Angebote, die ersichtlich auf Geschäftsleute zugeschnitten sind und als solche auch rasch erkennbar sind, unterfallen nicht § 3 Abs. 2. Richtet sich Werbung an Fachkreise, ist aber **zur Weitergabe an Verbraucher bestimmt** (beispielsweise in einer Information an Händler), ist zu differenzieren: Ist zu erwarten, dass die Äußerungen schlicht weitergeleitet werden, handelt der zwischengeschaltete Unternehmer also wie ein Bote, ist die Handlung an Verbraucher gerichtet. Ist hingegen zu erwarten, dass der zwischengeschaltete Unternehmer etwa Informationen mit eigener Wertung versieht, liegt in der ersten Weitergabe noch keine Verbraucherorientierung.[101]

Auch wenn eine geschäftliche Handlung nicht an Verbraucher gerichtet ist, kann diese doch Verbraucher **erreichen.** Auch dann unterfällt sie § 3 Abs. 2. Dieses Tatbestandsmerkmal stellt einen gewissen Auffangtatbestand dar, wenn das im Einzelfall schwer nachweisbare Merkmal der Zielrichtung einer geschäftlichen Handlung jedenfalls in der Realität überholt wird. Zu denken ist etwa an einen Werbespot für ein Unternehmen, der von diesem zunächst auf einer primär Geschäftsleute ansprechenden Website zugänglich gemacht wurde. Verbreitet sich dieser Werbespot nun viral, z. B. auf einer Video-Plattform, erreicht dieser Werbespot auch Verbraucher, wenn die wirtschaftlichen Interessen von Verbrauchern berührt sind und sie in ihren geschäftlichen Entscheidungen beeinflusst werden, liegt ein Erreichen vor.[102] **73**

Das Merkmal des **„Erreichens"** darf aber **nicht überstrapaziert** werden: Die strengen Anforderungen für Lauterkeit im B2C-Bereich sollen nicht schon dann durchgesetzt werden, wenn auch nur **ein einzelner Verbraucher** mit einer geschäftlichen Handlung in Kontakt kommt. Vielmehr ist hier eine gewisse Erheblichkeit zu fordern. Schon die Mehrzahl („diese erreichen") weist darauf hin, dass es nicht ausreicht, hier für **Einzelfälle** nachzuweisen, dass ein Verbraucher erreicht wurde. Gerät etwa Werbung zufällig in die Hände von Verbrauchern, kann dies nicht genügen.[103] Es kommt hier nicht auf eine empirische Erhebung an, sondern auf eine objektivierte Bestandsaufnahme, ob sich die geschäftliche Handlung so im Markt entfaltet hat, dass Verbraucher davon angesprochen wurden. Dies ist etwa dann zu bejahen, wenn Werbung in anderen Medien aufgegriffen und verbreitet wird, sich ein Zielpublikum in der Zusammensetzung im Lauf der Zeit ändert oder ursprünglich für den unternehmerischen Geschäftsverkehr entworfene Formulare auch gegenüber Verbrauchern angewendet werden. Der **EuGH** hat allerdings bei einem einzelnen Werbeanruf festgestellt, dass dieser einzelne Anruf für die Annahme einer verbraucherbezogenen Irreführung genügt.[104] Der Gerichtshof argumentiert mit dem hohen Verbraucherschutzniveau, dem Wortlaut der RL, die nicht auf Häufigkeit abstelle, und den Nachweisschwierigkeiten für Verbraucher. Die Entscheidung, die zu Art. 6 Abs. 1 UGP-RL erging, lässt sich im Kontext von § 3 Abs. 2 jedoch möglicherweise auch anders lesen. **74**

Schwierig zu erkennen ist die Zielrichtung eines Verhaltens beim **Unterlassen,** etwa von Informationspflichten oder wettbewerblichen Verkehrspflichten. Hier ist zu fragen, an wen sich die Handlung bei Vornahme derselben gerichtet bzw. wen diese erreicht hätte. So wäre etwa im Fall einer unterlassenen **Produktinformation** zu fragen, ob diese bei Veröffentlichung (z. B. Angabe auf der Verpackung) eher den Händler erreichen sollte oder den Verbraucher. Noch heikler wird es beim Unterlassen wettbewerblicher Verkehrspflichten. Hat etwa der Betreiber einer Internetplattform seine wettbewerbliche Verkehrspflicht verletzt, die angebotenen Produkte auf ihre jugend- **75**

---

[100] Vgl. LG Leipzig CR 2014, 344: „Willkommen liebe Geschäfts- und Gewerbekunden".

[101] Vgl. die Vorlage des LG München I zur Health-Claims-Verordnung, GRUR Int. 2015, 980, anhängig beim EuGH mit dem Aktenzeichen C-19/15.

[102] Alexander WRP 2016, 415.

[103] Ähnlich DIHK, WRP 2014, 1426, 1428.

[104] EuGH GRUR Int. 2015, 572, 576 – *UPC Magyarország.*

schutzrechtliche Unbedenklichkeit hin zu prüfen, stellt sich die Frage, wer bei Einhaltung dieser Pflicht erreicht worden wäre. Hier hilft eine fiktive Wendung ins Tun nicht weiter. Es ist eher zu fragen – und damit wieder in Annäherung an das Kriterium der Interessenbeeinträchtigung – ob diese Pflicht Verbrauchern geschuldet war oder eine allgemeine Wettbewerbspflicht darstellte, die allen Marktteilnehmern geschuldet ist. Kennzeichen der **wettbewerblichen Verkehrspflichten** dürfte allerdings sein, dass diese nicht eine spezielle Schutzrichtung zugunsten von Verbrauchern haben und die Erfüllung diese auch nicht spezifisch adressiert, sondern in erster Linie das Allgemeininteresse am Wettbewerb schützen und damit in der Tendenz eher nicht § 3 Abs. 2 unterfallen.

76 Maßgeblicher **Zeitpunkt** für die Feststellung der Verbraucheradressierung ist der Zeitpunkt der Ansprache (nicht etwa des Vertragsschlusses).[105]

III. Unternehmerische Sorgfalt

77 Der Verstoß gegen die unternehmerische Sorgfalt wird zu einem Schlüsselbegriff des UWG.[106] Allerdings bleibt die Bedeutung begrenzt.

1. Definition

78 Mit der **Novellierung 2015** hat der Gesetzgeber den Begriff „fachliche" Sorgfalt durch den der **„unternehmerischen"** ersetzt (dazu *Keller* § 2 Rdn. 180ff.). Auch wenn damit keine materiellen Änderungen verbunden sein sollen, ist dies doch ein Fortschritt: Immerhin wird dadurch deutlicher auf den eigentlichen Kern der marktwirtschaftlich-wettbewerblichen Aktivität Bezug genommen: das Unternehmertum. **Unternehmerisches Handeln** impliziert das Eingehen von Risiken, das Überschreiten von Grenzen, das Ausloten von Spielräumen. Die Wortbedeutung rückt also den wettbewerblichen Vorstoß, auch den an der Grenze des Hergebrachten oder Lauteren in den Fokus der Betrachtung. Damit kommt man dem – auch hier vertretenen – Postulat entgegen, den Begriff der Unlauterkeit strenger an wettbewerblich-ökonomischen Betrachtungen zu orientieren. Die Wortbedeutung des vormals verwendeten Begriffs „fachliche Sorgfalt" tendiert in eine andere Richtung und war, wie in der Kritik am Referentenentwurf etwa festgestellt wurde, stark auf das **Vertikalverhältnis zum Kunden,** wenig aber auf das Horizontalverhältnis zum Mitbewerber oder auf das Vertikalverhältnis zu einem Geschäftspartner ausgerichtet.[107] Die „fachliche Sorgfalt" ist begrifflich den Standards, Richtlinien von Berufsverbänden oder Kammern anzulehnen; **das Riskante,** im Wettbewerb vorstoßende Element des Unternehmertums schwingt darin nicht mit. Der Begriff des „unternehmerischen" ist insofern auch treffender als der Begriff der „beruflichen" Sorgfalt, der in der deutschen Fassung der UGP-RL verwendet wird (englisch: professional diligence, französisch: diligence professionelle).

79 Für **Handlungen von Nicht-Unternehmen,** die erfasst werden (z.B. NGOs, Kirchen, Gewerkschaften, Parteien) ist der Maßstab zwar auf den ersten Blick problematisch, da sich diese wie Unternehmen behandeln lassen müssen, ohne Unternehmen zu sein.[108] Andererseits muss sich nach dem System der Wirtschaft messen lassen, wer in dieses System eingreift.

80 In einem Spannungsverhältnis zum Unternehmerischen steht der **Begriff der Sorgfalt.** Eine glückliche Wahl ist dieser Begriff, der im Zivilrecht als Verschuldensmaßstab taugen mag, nicht.[109] „Sorgfalt" mag die Haftung für Pflicht- oder Rechtsgutsverletzungen ausschließen. Nichtsorgfältiges Verhalten vermag aber nicht das Unwerturteil zu einer geschäftlichen Handlung auslösen. Würde jedes nicht-sorgfältiges Verhalten eines Unternehmers gegenüber Verbrauchern tatsächlich unlauter sein, könnten Gerichte viel zu tun bekommen. Für die Praxis gibt der Begriff als solcher daher wenig her.

81 Die Hoffnung auf eine ökonomischere Auslegung des Unlauterkeitsbegriffs auf Basis der neuen Formulierung wird von **§ 2 Abs. 1 Nr. 7** in gewisser Weise wieder enttäuscht. Dort wird unternehmerische Sorgfalt legaldefiniert als „der Standard an Fachkenntnissen und Sorgfalt, von dem billigerweise angenommen werden kann, dass ein Unternehmer ihn in seinem Tätigkeitsbereich gegenüber Verbrauchern nach Treu und Glauben unter Berücksichtigung der anständigen Marktge-

---

[105] BGH GRUR 2011, 941, 942 – *Schneeballseminare*.

[106] Vgl. *Köhler*/Bornkamm § 2 Rdn. 126; *ders.* WRP 2012, 22, 31.

[107] Vgl. *Köhler* WRP 2014, 1410, 1414; *Fritzsche* WRP 2014, 1392, 1394. Die zum Teil erhebliche Kritik fasst zusammen *Keller* WRP Heft 3/2015, Editorial.

[108] Wegen solcher Handlungen kritisch zur Definition der Unlauterkeit *Kirchhoff* WRP 2015, 659; ähnlich *Köhler* WRP 2015, 275, 276; *Sosnitza* GRUR 2015, 318, 319.

[109] Kritisch auch *Sosnitza* WRP 2008, 1014, 1018. Siehe aber *Keller,* FS Bornkamm, 2014, S. 382, 390f.

pflogenheiten einhält". Diese Definition knüpft an den Begriff des Leistungswettbewerbs an und lehnt sich zu eng an **hergebrachte Konventionen** („Treu und Glauben") an. Volkswirtschaftlich bedeutsam und letztlich damit auch für Verbraucher wichtig sind aber auch **innovative Geschäftsmodelle** und Aktivitäten, die überkommene Anschauungen überwinden und in geschickter Weise Chancen nutzen – sei es auch ohne hart erarbeitete Leistung. Vorzugswürdig wäre zumindest ein Abstellen auf die (in § 2 Abs. 1 Nr. 7 auch genannten) „anständigen Marktgepflogenheiten", einen Begriff aus **Art. 10bis PVÜ,** der einerseits international und europarechtlich kohärent ist und andererseits auf Fairness („anständig"), Wettbewerb („Markt") und praktische Erfordernisse („Gepflogenheiten") verweist.[110] Die frühere Verweisung auf § 3 Abs. 2 in § 5a Abs. 2 ist entfallen.

2. Unwertkriterium der Generalklausel

Der Begriff der „unternehmerischen Sorgfalt" als zentrales Unwertkriterium erhält seine **Bedeutung** im Kontext der Verbrauchergeneralklausel dadurch, dass diese jetzt einen eigenen Anwendungsbereich hat. Über § 3 Abs. 2 sind alle Sachverhalte aufzufangen, die sich an Verbraucher richten oder diese erreichen, aber nicht von den Spezialtatbeständen erfasst werden. Bislang wurden diese Fälle teilweise über § 3 Abs. 1 in Kombination mit § 3 Abs. 2 gelöst. 82

Die Nutzung von § 3 Abs. 2 als **Generalklausel mit eigenem Anwendungsbereich** ist trotz der zum Teil ausgreifenden Regeln in der schwarzen Liste und in §§ 4a-6 kein theoretisches Phänomen: Mit zunehmendem Zeitablauf seit 2008 ist immer wahrscheinlicher, dass Praktiken auftreten, die von den hergebrachten Normen nicht ausreichend erfasst werden und dann als „Verstoß gegen die unternehmerische Sorgfalt" anzusehen sind. Ein UWG, das primär auf die informierte Entscheidung des Verbrauchers setzt, sollte allerdings die meisten derartigen Fälle über die Irreführungstatbestände lösen. Wegen des Ziels der Vollharmonisierung sind **hohe argumentative Anforderungen** an Gerichte zu stellen, die die Unlauterkeit nach § 3 Abs. 2 bejahen wollen. Hinzu treten Fälle, die bislang im originären Anwendungsbereich von § 3 Abs. 1 gelöst wurden, die sich aber vor allem an Verbraucher richten oder diese erreichen. Der Verstoß gegen die **unternehmerische Sorgfalt** ist dafür der entscheidende Punkt.[111] 83

3. Konstellationen

Welche Konstellationen die Rechtsprechung unter § 3 Abs. 2 subsumiert, ist noch nicht absehbar. Insbesondere ist zu berücksichtigen, dass der EuGH klargestellt hat, dass ein im Verhältnis zur UGP-RL erhöhtes Schutzniveau nicht mit der Vollharmonisierung in Einklang zu bringen ist.[112] Auch das Drängen der Kommission auf eine millimetergenaue Anpassung des UWG an die UGP-RL vor der Reform 2015 deutet darauf hin, dass **nur ausnahmsweise** Konstellationen von einem nationalen Gericht unter die Generalklausel subsumiert werden können. Aus der bisherigen Rechtsprechung (zum alten Recht) und aus der Literatur[113] gibt es Hinweise für die folgenden Konstellationen: 84

a) Aufforderung zur Schädigung Dritter. Als Fall der Generalklausel wurde die Gestaltung eingestuft, dass eine Reparaturwerkstatt teilweise den **Selbstbehalt** des Autofahrers gegenüber der Versicherung übernimmt, „weil der Kunde im Rahmen einer planmäßigen Vorgehensweise dazu bestimmt wird, sich gegenüber seiner Versicherung vertragswidrig zu verhalten, indem er ihr für die Regulierung des Schadensfalls wesentliche Tatsachen verschweigt."[114] Diese Maßnahme, die Interessen Dritter schädigt, wendet sich an Verbraucher und wäre mithin nach § 3 Abs. 2 zu prüfen. In der Aufforderung zur Schädigung Dritter liegt ein Verstoß gegen die unternehmerische Sorgfalt. Zwar kann jeder Verbraucher versuchen, Verträge, die er geschlossen hat, für ihn günstig auszunutzen, auch unter bewusster Nutzung von Schutzlücken. Die Aufforderung dazu ist nicht als solche problematisch. In dieser Konstellation ist das Verhalten aber ersichtlich auf eine Umgehung angelegt und führt zu einer gezielten Schädigung des Versicherungsunternehmens und damit des Versicherungssystems insgesamt. Das Funktionieren der Marktmechanismen ist durch die Aufforderung 85

---

[110] Vgl. *Henning-Bodewig* GRUR Int. 2015, 529, 533; zu Art. 10bis PVÜ ausführlich *Glöckner* Einl. C.

[111] Vgl. *Köhler*/Bornkamm § 3 Rdn. 3.17.

[112] EuGH GRUR 2010, 244 – *Plus Warenhandelsgesellschaft;* EuGH GRUR Int. 2011, 46 – *Mediaprint;* EuGH GRUR Int. 2014, 964.

[113] Siehe auch *Alexander* WRP 2016, 417 f.

[114] OLG Frankfurt GRUR-RR 2006, 414 – *Selbstbehalt;* ebenso OLG Hamm WRP 2014, 217; s. a. *Möller* EWiR 2005, 871; *ders.,* GRUR 2006, 292, 299. Vgl. aber BGH GRUR 2008, 530 – *Nachlass bei Selbstbeteiligung.* Im letztgenannten Urteil wird eine ähnliche Verhaltensweise als Fall für § 4 Nr. 1 und Nr. 11 UWG a. F. eingestuft.

gestört. Damit ist aus wettbewerbsfunktionaler Perspektive ein Verstoß gegen die unternehmerische Sorgfalt zu bejahen.

86 **b) Werbung mit Testergebnissen.** Die Rechtsprechung hat die **Werbung mit Testergebnissen** ohne exakten Hinweis auf die Fundstelle als Fall der Generalklausel eingeordnet.[115] Diese Konstellation ist sachgerechter aber als Fall des § 5a zu bewerten (dazu *Dreyer* § 5a Rdn. 91).

87 **c) Verharmlosung von Gesundheitsgefahren.** Diskutiert wird, ob die Verharmlosung von Gesundheitsgefahren über die Generalklausel zu erfassen ist.[116] Hier dürften jedoch §§ 4a und 5a in der Regel vorrangig sein (dazu Picht § 4 Rdn. 123).

88 **d) Beratung bei Finanzprodukten.** Denkbar wäre im Rahmen der Produktberatung, etwa bei **Finanzprodukten,** ein Vorgehen wegen unlauterer Komplexität und einer Risiko-Transfer-Strategie zu Lasten Dritter.[117] Auch in einem solchen Vorgehen manifestiert sich eine wettbewerbsschädigende Verhaltensweise, die – wie in den Fällen der Aufforderung zur Schädigung Dritter – die Funktionsfähigkeit des marktwirtschaftlichen Systems bedroht.

89 **e) Einsatz von Gewinn- und Glücksspielen.** Das Verbinden von Produkten oder Dienstleistungen mit Gewinn- und Glücksspielen war lange Zeit ein Dauerbrenner der lauterkeitsrechtlichen Diskussionen. Hier werden, so die klassische Lesart, für den Verbraucher Anreize in Form von **aleatorischen Reizen** gesetzt, die ihn von einer informierten, freien Entscheidung ablenken können (erhebliche **Anlockwirkung**). Die frühere Regelung in § 4 Nr. 6 UWG wurde vom EuGH beanstandet, soweit damit per se ein Unwerturteil für derartige Koppelungen ausgesprochen wurde.[118] Gegenstand der EuGH-Rechtsprechung war die **Bonusaktion** eines Supermarkts, bei dem mit jedem Einkauf Punkte gesammelt werden konnten, die sodann ab einer bestimmten Punktzahl zur Teilnahme an einer Lotto-Ziehung berechtigten. Das KG hatte zur selben Zeit über den Vertrieb von Süßigkeiten im selben Verkaufsraum wie Gewinnspiele zu urteilen.[119]

89a Im Gefolge der EuGH-Rechtsprechung ist der Umgang mit Gewinnspielen seitens der Rechtsprechung liberalisiert worden. Es ist jetzt auf den **Einzelfall** abzustellen. Unter bestimmten Umständen liegt eine Irreführung vor (dazu *Picht* § 4a Rdn. 46). Ist dies nicht der Fall, kann eine übertrieben Anlockwirkung auch durch die Generalklausel erfasst werden. Der BGH hatte in der Folgeentscheidung offengelassen, ob dafür darauf abzustellen ist, dass wegen der starken Anlockwirkung die Rationalität der Nachfrageentscheidung völlig in den Hintergrund gedrängt wird.[120] In der Entscheidung ***Goldbärenbarren,*** in der der BGH eine unzulässige Koppelung bei einem Glücksspiel verneinte, wurde als Kriterium genannt, dass die Fähigkeit des Verbrauchers, eine geschäftliche Entscheidung zu treffen, spürbar beeinträchtigt werde.[121] Dafür seien die Art des beworbenen Produkts, seine wirtschaftliche Bedeutung, die Art der ausgelobten Gewinne, die durch die Teilnahme an dem Gewinnspiel entstehende finanzielle Gesamtbelastung und die Transparenz der Darstellung der Gewinnchancen zu berücksichtigen. Ein Freibrief für Gewinnspiele ist in dieser Rechtsprechung – bei aller Öffnung – nicht zu erkennen. Auch andere spielerische Elemente können evtl. mit UWG geprüft werden.[122] Für die Unlauterkeit ist darauf abzustellen, ob das Gewinnspielelement so erheblich ist, dass das Funktionieren des Markts letztlich dadurch gestört wird.

90 **f) Sonstige Verkaufsfördermaßnahmen.** Sonstige Verkaufsförderungsmaßnahmen können unlauter sein, wenn sie das Funktionieren des marktwirtschaftlichen Systems in Frage stellen, etwa aufgrund ihrer „Unanständigkeit". Erfasst werden kann nur die Einflussnahme, die nicht irreführend oder aggressiv ist.[123] Zu denken ist hierbei an **Preisnachlässe, Rabatte, Geschenke, Koppelungen** und andere Formen der besonderen Anlockung von Kunden. Solche Maßnahmen hatten bislang ihre Heimat im UWG in § 4 Nr. 1–5. Sie sind mit der Reform 2015 teilweise in **§ 4a** aufgegangen (vgl. *Picht* § 4a Rdn. 31 ff.). Bestimmte Konstellationen können auch unter Irreführungsgesichtspunkten unlauter sein (vgl. *Dreyer* § 5a Rdn. 170). Mit der teilweisen Abschaffung der Nor-

---

115 OLG Hamburg NJW-RR 2014, 998 – *Testsieger im Geschmack;* BGH GRUR 2010, 248, 251 – *Kamerakauf im Internet;* OLG Hamburg WRP 2007, 557 – *Testhinweise ohne Fundstelle.* Vgl. *Wieddekind,* GRUR-Prax 2013, 440; *Schlieper,* Der Anwendungsbereich der lauterkeitsrechtlichen Generalklausel in § 3 Abs. 1, 2011, S. 159.

116 Vgl. Ohly/*Sosnitza* § 3 Rdn. 95; BGH GRUR 2006, 953 – *Warnhinweis II.*

117 Vgl. *Fikentscher/Hacker/Podszun,* FairEconomy, S. 89 ff.

118 EuGH GRUR 2010, 244 – *Plus Warenhandelsgesellschaft;* BGH GRUR 2011, 532 – *Millionenchance II.*

119 KG GRUR 2010, 22, 29.

120 Vgl. BGH GRUR 2011, 532, 535 – *Millionenchance II.* Dagegen *Köhler* GRUR 2010, 767, 775.

121 BGH GRUR 2014, 686, 687 – *Goldbärenbarren* m. w. N.

122 Vgl. *Ernst/Seichter* WRP 2013, 1437.

123 *Alexander* WRP 2016, 417.

men ist ein **Liberalisierungspostulat** verbunden – Verkaufsfördermaßnahmen (engl. *sales promotion*) haben nur in absoluten Ausnahmefällen einen solchen Unwertgehalt, dass eine Untersagung erforderlich ist.[124] Solche Maßnahmen richten sich typischerweise an Verbraucher, sodass ggf. die Generalklausel nach § 3 Abs. 2 einschlägig ist. Sie können auch Unternehmen ansprechen, dann wäre auf § 3 Abs. 1 abzustellen. Es ist allerdings schwer vorstellbar, dass es im B2B-Verkehr zu Verkaufsförderungsmaßnahmen kommt, die als unlauter zu brandmarken sind. Immerhin stehen sich hier in noch stärkerem Maße Unternehmen gegenüber, die von einem Profitinteresse getrieben sind und deren Vertreter emotionalen Lockungen eher widerstehen können sollten. Für die Einschätzung der Unlauterkeit solcher Maßnahmen gilt das zu Gewinnspielen Gesagte.

g) Verwendung unwirksamer Vertragsklauseln. Teilweise wird vertreten, dass die Verwendung unwirksamer Vertragsklauseln einen Verstoß gegen § 3 Abs. 2 begründet und vorrangig anzuwenden ist.[125] In der Rechtsprechung wird demgegenüber eher auf einen Verstoß gegen § 3a abgestellt.[126] Das ist konsequent, da die UGP-RL sonstige Vorschriften des europäischen Vertragsrechts gem. Art. 3 Abs. 2 und 4 vorrangig sein lässt. 91

h) Verletzung von lauterkeitsrechtlichen Verhaltenspflichten. Vorgeschlagen wird, die Verletzung lauterkeitsrechtlicher Verhaltenspflichten als Fall des § 3 Abs. 2 einzuordnen, wenn die Pflicht gerade gegenüber dem Verbraucher bestand.[127] Damit würde die vom BGH in *Jugendgefährdende Medien bei eBay*[128] konstruierte täterschaftliche Handlung als verbraucherbezogener Verstoß eingeordnet. Der BGH hat sich in seiner späteren Entscheidung *Haftung für Hyperlinks* in dieser Frage nicht positioniert.[129] Verhaltenspflichten haben häufig multidimensionale Schutzrichtungen. Das macht ihre Subsumtion unter die Verbrauchergeneralklausel schwierig. Zudem bestehen mit Blick auf die richtlinienkonforme Auslegung Bedenken.[130] 91a

IV. Eignung zur wesentlichen Beeinflussung der Entscheidung

Der 2. Halbsatz enthält das sog. **Relevanzkriterium.** Die geschäftliche Handlung muss geeignet sein, das wirtschaftliche Verhalten des Verbrauchers wesentlich zu beeinflussen. Eine Legaldefinition dieses Merkmals findet sich in **§ 2 Abs. 1 Nr. 8,** auf dessen Kommentierung hier verwiesen werden kann. 92

Das Relevanzkriterium bündelt **fünf Aussagen:** Die Norm stellt zunächst klar, dass es auf die Beeinflussung des Verbrauchers ankommt. Die übrigen Schutzrichtungen des UWG spielen – in Einklang mit der UGP-RL – für § 3 Abs. 2 keine Rolle. Zweitens wird deutlich gemacht, dass es auf die Rolle des Verbrauchers als Marktteilnehmer ankommt (das „wirtschaftliche Verhalten"). Es geht also um die autonomen Nachfrageentscheidungen eines grundsätzlich mündigen Marktteilnehmers. Drittens geht es um die Beeinflussung dieses Verhaltens. Auch darin liegt die Bezugnahme auf das Entscheidungsverhalten des Verbrauchers, denn eine Beeinflussung setzt eine Willensäußerung voraus, auf die Einfluss genommen werden kann im Sinne einer zielgerichteten Einwirkung zur Änderung dieses Willens. Viertens wird klargestellt, dass es nicht auf die tatsächliche Beeinflussung ankommt. Die Eignung zur Beeinflussung genügt bereits. Diese Absenkung der Eingriffsschwelle wird – fünftens – durch das Wesentlichkeitserfordernis wieder relativiert. 93

In der **UGP-Richtlinie** ist das **Kriterium leicht abweichend formuliert.** Die Passage lautet: „und sie in Bezug auf das jeweilige Produkt das wirtschaftliche Verhalten des Durchschnittsverbrauchers, den sie erreicht oder an den sie sich richtet oder des durchschnittlichen Mitglieds einer Gruppe von Verbrauchern, wenn sich eine Geschäftspraxis an eine bestimmte Gruppe von Verbrauchern wendet, wesentlich beeinflusst oder dazu geeignet ist, es wesentlich zu beeinflussen." Die Eignung umfasst auch die tatsächliche Beeinflussung, sodass diese Vereinfachung im deutschen Recht unproblematisch ist. Die Klarstellung, auf welche Verbraucher abzustellen ist, ist im deutschen Recht in Abs. 4 ausgelagert. Es fehlt allerdings in der deutschen Umsetzung der Hinweis, dass sich die Beeinflussung des Verhaltens **„in Bezug auf das jeweilige Produkt"** ergeben muss. Das 94

---

[124] Vorsichtig auch *Köhler*/Bornkamm § 3 Rdn. 8.1.

[125] *Alexander* WRP 2012, 515.

[126] Vgl. BGH GRUR 2010, 1117 – *Gewährleistungsausschluss im Internet;* BGH WRP 2012, 1086 – *Missbräuchliche Vertragsstrafe;* ÖOGH ecolex 2010, 471 – *zero intern.* Ebenso *Köhler*/Bornkamm § 3 Rdn. 3.37; *ders.* WRP 2012, 1475, 1477; vgl. *Tüngler/Ruess* WRP 2009, 1336, 1341.

[127] *Alexander* WRP 2016, 417.

[128] BGH GRUR 2007, 890ff. Dazu unten Rdn. 168ff.

[129] BGH GRUR 2016, 209.

[130] So auch *Alexander* WRP 2016, 417.

ist jedoch als unschädlich anzusehen: erstens ist die Formulierung in der Richtlinie ohnehin nicht geglückt, da sie wenig elegant ist und nicht deutlich macht, dass es auch um Dienstleistungen gehen kann. Zweitens ist bei verständiger Würdigung immer klar, dass die Beeinflussung des Verbrauchers dessen konkrete Entscheidung in Bezug auf ein Angebot zum Ziel hat, nicht seine allgemeine Einstellung. Die Nicht-Berücksichtigung dieses Details der Richtlinie dürfte unschädlich sein. Dies gilt umso mehr, als in § 2 Abs. 1 Nr. 8, der das Element „wesentliche Beeinflussung des wirtschaftlichen Verhaltens der Verbraucher" legaldefiniert, eindeutig auf die konkrete geschäftliche Entscheidung abgestellt wird.

95 Der **Sinn des Tatbestandsmerkmals** liegt darin, über die Verbrauchergeneralklausel nur solche geschäftlichen Handlungen zu erfassen, die eine **gewisse Relevanz für die geschäftliche Entscheidung** haben. Den Gerichten wird also eine weitere Möglichkeit geboten, den Tatbestand in Bagatellfällen sowie in nicht-wirtschaftlichen Konstellationen einzuschränken (siehe auch unten, Abschnitt H). Werbung versucht immer, auf Verbraucher Einfluss zu nehmen. In vertraglichen Anbahnungs-, Verhandlungs- oder Durchführungssituationen ist auch immer davon auszugehen, dass die sich gegenüber stehenden Parteien sich wechselseitig zu beeinflussen versuchen.[131] Dass eine geschäftliche Handlung eine solche Eignung aufweist, ist also eine Selbstverständlichkeit.

96 Die erste wichtige Aussage der Norm liegt darin, die Anwendung der Generalklausel auf die Konstellation **konkreter Marktentscheidungen** (das „wirtschaftliche Verhalten") zu beschränken. Wenn der Verbraucher angesprochen wird, um seine politische Meinung zu beeinflussen (etwa durch Parteien oder NGOs im Rahmen von Unterschriftenaktionen), ist genau zu prüfen, ob damit tatsächlich sein konkretes wirtschaftliches Verhalten angesprochen wird, oder ob es nicht um andere Aspekte seines Verhaltens geht.

97 Die zweite wichtige Aussage ist, dass die Anwendung der Verbrauchergeneralklausel nur bei wesentlichen Beeinflussungen greifen soll. Damit wird eine **Erheblichkeitsschwelle** eingeführt. Beeinflussungen, die im Rahmen des Atmosphärischen liegen, oder solche, die Kleinigkeiten betreffen, sollen nicht mit der Generalklausel erfasst werden. Eine Feststellung der Wesentlichkeit ist auch in einer prozentualen Darstellung denkbar. Wenn es etwa um ein Werbegeschenk geht, das preislich im Verhältnis zum Kaufpreis des konkret benannten Produkts nicht ins Gewicht fällt (z. B. bei einem Wert von unter 3%), ließe sich eine Wesentlichkeit verneinen. Letztlich ist aber die Wesentlichkeit eine **Einzelfallfrage,** die nicht nur an monetären Aspekten hängt, sondern auch andere Beeinflussungsaspekte (z. B. emotionale Ansprache) berücksichtigen kann. Mit dem Argument der Sogwirkung oder des Summeneffekts lässt sich auch eine einzelne, für sich genommen unwesentliche Beeinflussung unter § 3 Abs. 2 ziehen. Das zu entscheiden, ist Sache der Gerichte im konkreten Fall. Allerdings ist bei Anwendung der Generalklausel zu verlangen, dass Gerichte zu diesem Tatbestandsmerkmal eindeutig Stellung nehmen. Eine Vermutung der Wesentlichkeit gibt es nicht. Die Gerichte erhalten eine weitere Wertungsmöglichkeit,[132] die sie auch ausschöpfen müssen.

98 Ausgangspunkt für die Gerichte ist das Bemühen sowohl der europäischen als auch der deutschen Normsetzung, die **„informierte" Marktentscheidung** des Durchschnittsverbrauchers (in einem normativen Sinne) lauterkeitsrechtlich zu gewährleisten.[133] Auswahl, Information, Willensbildung und Entscheidung des Verbrauchers sind also vor wesentlicher heteronomer Einflussnahme zu schützen. § 3 Abs. 2 ist damit der Privatautonomie verpflichtet. Entscheidet sich der Verbraucher nicht mehr frei und selbstständig, ist eine wesentliche Beeinflussung zu bejahen. Das setzt für die Beeinflussung ein „Kausalitätspotenzial" voraus: Fehlt jegliche Wahrscheinlichkeit, dass die konkrete geschäftliche Handlung die Entscheidung des Verbrauchers dreht, scheidet eine Anwendung der Generalklausel aus.

99 Geschäftliche Handlung und Verbraucherentscheidung müssen also in einem Zusammenhang stehen, der als **„Rechtswidrigkeitszusammenhang"** bezeichnet werden kann. In der getroffenen Marktentscheidung des Verbrauchers muss sich die Unlauterkeit der geschäftlichen Handlung niederschlagen.

100 Dabei kann durchaus die **„Kontrollfrage"** hilfreich sein, ob (aus wertender Sicht) die Verbraucher ausreichend Gegenkräfte entwickeln könnten, um alternative Entscheidungsoptionen zu nutzen und so ihr essentielles Interesse an Handlungs- und Entscheidungsfreiheit trotz werblicher Einflussnahme zu wahren.[134]

---

[131] Vgl. *Glöckner/Henning-Bodewig* WRP 2005, 1311, 1328 zur RL 2005/29/EG; ähnlich MünchKomm-UWG/*Micklitz* EG E, Rdn. 152. Zustimmend *Scherer* WRP 2008, 708, 710. Offen gelassen bei *Henning-Bodewig* WRP 2010, 1094, 1097; *dies.* WRP 2011, 1014, 1019 f.

[132] *Spindler* AcP 208 (2008), 283, 293 (ff.).

[133] *Henning-Bodewig* WRP 2006, 621, 624 f.; *Glöckner/Henning-Bodewig* WRP 2005, 1311, 1328.

[134] *Scherer* WRP 2008, 708, 712 f. (insbes. „Ergebnis"), ebenfalls zum europäischen Recht.

E. Verbraucherleitbild (§ 3 IV)

§ 3 Abs. 4 enthält normative Maßgaben zur Feststellung, auf welchen Verbraucher bei der Würdigung einer geschäftlichen Handlung abzustellen ist. Hier wird also der **Maßstab** festgelegt, welcher Adressat geschützt wird, das Verbraucherleitbild (vgl. *Glöckner* Einl. B Rdn. 423ff.; *Dreyer* § 5 Rdn. 31ff.). Das Gesetz differenziert: Grundsätzlich ist auf den „durchschnittlichen Verbraucher" abzustellen (S. 1 Var. 1). Wendet sich die geschäftliche Handlung nur an eine bestimmte Gruppe von Verbrauchern, ist auf ein durchschnittliches Mitglied dieser Gruppe abzustellen (S. 1 Var. 2). Richtet sich die geschäftliche Handlung nur an Mitglieder einer besonders schutzbedürftigen Gruppe von Verbrauchern, ist auf ein durchschnittliches Mitglied dieser Gruppe abzustellen (S. 2). Hier werden explizit Verbraucher mit geistigen oder körperlichen Beeinträchtigungen, besonders junge oder besonders alte Verbraucher und besonders leichtgläubige Verbraucher genannt. **101**

Satz 1 Variante 1 schreibt mit der Bezugnahme auf den **„durchschnittlichen"** Verbraucher ein Verbraucherleitbild für das UWG fest, das von früher vertretenen Auffassungen abweicht: Verbrauchern wird mehr zugemutet, sie werden jetzt als verständiger angenommen. Es geht nicht mehr darum, auch noch den unverständigsten Verbraucher zu schützen. **101a**

Die übrigen Aussagen der Norm sind hingegen trivial: Es versteht sich von selbst, dass auf den jeweiligen Durchschnittsverbraucher der angesprochenen **Gruppe** abzustellen ist. Dass diese Gruppe auch besonders schutzbedürftig sein kann, mag sein. Es ist also in allen Fällen auf die jeweils spezifisch adressierte Verbrauchergruppe abzustellen. Diese Gruppe kann sich auch nach Art des Mediums oder nach der Art des beworbenen Produkts zusammensetzen.[135] **102**

Die Feststellungen zur Wirkung einer geschäftlichen Handlung auf den Verbraucher kommen **ohne empirische Untersuchungen** aus. Der Gesetzgeber hat ein normatives Verbraucherleitbild aufgestellt, das durch die wertende Entscheidung des Richters festzulegen ist. Dabei können jedoch empirische Befunde eine Rolle spielen. Je differenzierter und realitätsnäher die Würdigung ausfällt, desto besser.[136] Im europäischen Recht ist in Erwägungsgrund 18 der UGP-RL von einem „fiktiven typischen Verbraucher" die Rede. **103**

Der Begriff des Verbrauchers wird weitergehend kommentiert in § 1 Rdn. 46ff. sowie von *Keller* § 2 Rdn. 232.

Wesentliche Änderungen hat es in der **Novellierung 2015** nicht gegeben, der Text ist in Details der Richtlinie stärker angeglichen worden. Hinzuweisen ist aber auf die Diskussion, die darüber entbrannt ist, ob der EuGH eine **Abkehr vom Verbraucherleitbild** vollzogen hat. Ausgangspunkt ist dafür die Entscheidung *Purely Creative,* in der es so wirkt, als würde der Verbraucher vom EuGH nunmehr wieder stärker geschützt als bislang. Der EuGH hatte in Bezug auf eine Gewinnmitteilung angenommen, dass die Rationalität des Verbrauchers bei der Inanspruchnahme des Gewinns ausgeschaltet werde und einen Verstoß gegen Nr. 31 zum Anhang der UGP-Richtlinie bejaht.[137] In einer lebensmittelrechtlichen Entscheidung hatte der EuGH ebenfalls eher zugunsten des weniger aufmerksamen Verbrauchers entschieden.[138] Dass sich aus diesen beiden Entscheidungen schon eine Tendenz zugunsten einer Absenkung des Referenzstandards herauslesen lässt, ist eher nicht überzeugend. Hintergrund ist wohl eine allgemein-gesellschaftliche Diskussion darüber, inwieweit die bisher angewendeten Instrumente des Verbraucherschutzes ihre Zwecke tatsächlich erreichen. Denkbar wäre hier eine **stärkere Evidenzbasierung der Verbraucherwahrnehmung,** z.B. durch die Einbeziehung von empirischen Studien oder verhaltenswissenschaftlicher Forschung. Die Diskussion, die hier nicht nachgezeichnet werden muss,[139] harrt letztlich wohl weiterer Anwendungsfälle aus der Praxis. In der deutschen Literatur ist offenbar der Gedanke vorherrschend, am Leitbild vom mündigen Verbraucher festzuhalten. **104**

Für den Unternehmer muss es nach § 3 Abs. 4 Satz 2 **vorhersehbar** gewesen sein, dass seine geschäftliche Handlung Mitglieder einer spezifischen Gruppe beeinflusst, deren Mitglieder aufgrund **105**

---

[135] Vgl. für das Verbraucherleitbild bei der Vermittlung von Kapitalanlagen *Koppensteiner* in: FS Köhler 2014, 371ff.; zum Verbraucherleitbild im Internet etwa *Lederer* NJW 2011, 3274.

[136] Vgl. *Glöckner* Einl. B Rdn. 499ff.

[137] EuGH WRP 2012, 1509 – *Purely Creative.* Dazu kritisch *Leible/Günther* LMK 2013, 342067; *Scherer* WRP 2013, 143. Vgl. *Köhler,* GRUR 2012, 1211. Eher zustimmend *Klamert,* EuZW 2013, 70; im deutschen Recht entspricht Nr. 17 des Anhangs der Nr. 31 der Blacklist der UGP-RL, vgl. *Bruhn* Anhang zu § 3 Abs. 3 Nr. 17.

[138] EuGH WRP 2015, 847 – *Himbeer-Vanille-Abenteuer.*

[139] Vgl. etwa *Scherer* WRP 2013, 705; *dies.* WRP 2013, 977; *Jahn/Palzer* K&R 2015, 444; *Göckler* WRP 2014, 1167; *Helm* WRP 2013, 710; *Henning-Bodewig* Heft 11 WRP 2013, Editorial; *Heintschel von Heinegg* Heft 4 WRP 2015, Editorial. Siehe auch *Wiebe* in: FS Köhler 2014, 799.

bestimmter Eigenschaften besonders schutzbedürftig und eindeutig identifizierbar sind. Es wäre verfehlt, wegen des Kriteriums der Vorhersehbarkeit auf subjektive Motive oder gar Vorwerfbarkeit abzustellen. Vielmehr ist eine **objektive Sicht** anzusetzen (im europäischen Recht: „voraussichtlich … in einer vernünftigerweise vorhersehbaren Art und Weise", Art. 5 Abs. 3 UGP-Richtlinie).[140] Dies entspricht der Systematik des Lauterkeitsrechts, in dem es nicht primär um individuelle Schädigungen, sondern um das Interesse der Rechtsordnung am lauteren Wettbewerb geht. Der Gesetzgeber hat den Anwendungsbereich eingegrenzt, indem nunmehr nur noch solche Handlungen nach § 3 Abs. 4 Satz 2 geprüft werden, die **allein** (im Sinne von ausschließlich) eine schutzbedürftige Gruppe beeinflussen. Anschauungsmaterial bietet dafür die (freilich noch zur alten Rechtslage ergangene) BGH-Entscheidung in *Goldbärenbarren:*[141] Eine Haribo-Fernsehwerbung für ein Gewinnspiel, in der ein Elternpaar und eine Mutter mit jeweils zwei Kindern auftreten, spreche die ganze Familie an und unterfalle daher nicht dem strengen Prüfungsmaßstab für schutzbedürftige Gruppen (hier Kinder). Das ist mit der Formulierung in der Richtlinie und nunmehr auch dem Gesetz so zutreffend.[142] Ob es für ein Heranziehen des Maßstabs noch genügen würde, wenn „in erster Linie" Minderjährige angesprochen werden (so der BGH in *Runes of Magic*),[143] muss bezweifelt werden: Der Maßstab des § 3 Abs. 4 Satz 2 greift demnach nur dann ein, wenn geschäftliche Handlungen *nur* das Verhalten besonders schutzbedürftiger Verbrauchergruppen beeinflussen.

106 Die Verschiebung der Regel in einen eigenen Absatz macht deutlich, dass sie **für alle Tatbestände** des Gesetzes gilt, nicht nur für die Verbrauchergeneralklausel. Dass es hier im Detail noch Abweichungen zur Formulierung der Richtlinie gibt,[144] ist für die Praxis irrelevant. Für gemischte Sachverhalte, in denen Unternehmen und Verbraucher betroffen sind, ist das Verbraucherleitbild entsprechend heranzuziehen.[145] Ob das Verbraucherleitbild analog für Geschäftspraktiken gilt, die an Unternehmen gerichtet sind, ist zweifelhaft. Mehr als eine Orientierung kann es nicht bieten.

F. Auffangtatbestand in § 3 I

I. Auffangtatbestand

107 Für die **„große" Generalklausel in § 3 Abs. 1** verbleibt ein originärer Anwendungsbereich als **Auffangtatbestand** für geschäftliche Handlungen, die sich an Marktteilnehmer richten oder diese erreichen, die nicht Verbraucher sind. An dieser Funktion des § 3 Abs. 1 hat sich durch die Reform 2015 nichts geändert; allerdings ist der Anwendungsbereich eingeschränkt, da für Verbraucher nun eine eigene Generalklausel in § 3 Abs. 2 vorgesehen ist. Der Gesetzgeber hat in der Gesetzesbegründung deutlich gemacht, dass es bei der Generalklausel in § 3 Abs. 1 als Auffangtatbestand bleiben soll.[146] Entsprechende Sachverhalte können also direkt unter § 3 Abs. 1 subsumiert werden. Es liegt ein eigenständiger, vollständiger Tatbestand vor, bei dem nicht ersichtlich ist, dass dieser aus systematischen oder anderen Gründen nicht in eigenständiger Weise angewendet werden sollte. Der Anwendungsbereich ist durch die UGP-Richtlinie und den Vorrang von Abs. 2 jedoch deutlich begrenzt. Der Wert des UWG als eines flexiblen Beispiels für ein Regelungsmodell von Generalklausel und Beispielstatbeständen bleibt damit bestehen.[147] Es besteht ein **Ausschöpfungsgebot:** Die vorhandenen Spezialregelungen sind zu nutzen, die Generalklausel darf als Auffangtatbestand aber gleichfalls ausgeschöpft werden.

108 Ausgenommen von der Lückenschlussfunktion der „großen" Generalklausel sind – *nulla poena sine lege* – von vornherein die **Straftatbestände** des Gesetzes, die die Strafbarkeit unzulässigen Wettbewerbsverhaltens abschließend regeln. Das strafrechtliche **Analogieverbot** des Art. 103 Abs. 2 GG (s.a. § 1 StGB), das erst recht einem Rückgriff auf eine Generalklausel entgegensteht, betrifft die Straftatbestände allerdings nur als solche, d.h. soweit sie als Rechtsfolge Strafbarkeit vorsehen.

---

[140] Ebenso *Köhler*/Bornkamm § 3 Rdn. 5.29.

[141] BGH WRP 2014, 831 – *Goldbärenbarren.*

[142] Anders noch die Vorauflage Rdn. 72.

[143] BGH GRUR 2014, 298, Rdn. 19 – *Runes of Magic.* Vgl. allgemein *Gerecke* NJW 2015, 3185.

[144] Kritisch zu einer noch weiter abweichenden Fassung im Reg.Entw. *Köhler* WRP 2015, 1037, 1039.

[145] Vgl. EuGH GRUR 2011, 46 – *Mediaprint; Köhler,* WRP 2015, 275, 289; *Ohly,* GRUR 2014, 1140.

[146] BT-Drucks. 18/6751, S. 15. Eindringlich zuvor zum Reg.Entw., in dem das nicht klar gestellt war, *Köhle* WRP 2015, 275, 276.

[147] Eingehend zu diesem verbreiteten normativen Modell: *Schünemann* JZ 2005, 271, 276ff.; *ders.* in: FS Georgiades, S. 1087ff.

Da die wettbewerbsrechtlichen Straftatbestände aber zugleich als besonders gravierende Unlauterkeitstatbestände, letztlich also als Beispielfälle der „großen“ Generalklausel zu begreifen sind, können sie analogiefähig sein. Diese Maßgaben betreffen selbstverständlich erst recht Sachverhalte, für die wegen ihrer Tatbestandsferne zu den §§ 16ff. nicht einmal eine Analogie in Frage kommt: Trotz Fehlens jedweder Grundlage für eine Strafbarkeit kommt prinzipiell eine Subsumtion solcher Fallgestaltungen unter § 3 Abs. 1 in Betracht. Diesbezüglich entfalten die **Straftatbestände keine Sperrwirkung.** 109

Die lückenschließende Funktion der Generalklausel sollte freilich nicht überschätzt werden.[148] Grundsätzlich hat der Gesetzgeber mit den Beispielstatbeständen die wesentlichen Fälle erfasst und darin seinen Wertungen Ausdruck verliehen, welche geschäftlichen Handlungen er als regelungsbedürftig ansieht. Es bedarf also für jeden gesetzlichen Verbotstatbestand einer Klärung, ob und inwieweit er für ein bestimmtes wettbewerbliches Handlungsfeld abschließenden Charakter trägt, bevor eine analoge Anwendung in Betracht kommt. Erst **in letzter Linie,** als *ultima ratio* des Lauterkeitsrechts, kann ein **Rückgriff auf die „große“ Generalklausel** des § 3 Abs. 1 in Betracht kommen. Insbesondere darf die Generalklausel nicht verwendet werden, um die Aktionsparameter der Marktteilnehmer geradezu „lückenschließend“, also umfassend zu kontrollieren.[149] Zudem darf die Generalklausel nicht verwendet werden, um die früher populären Fallgruppen aus der Praxis zu § 1 UWG a.F. wieder ins Lauterkeitsrecht zu holen.[150] Dies würde den Modernisierungsschub aus den UWG-Reformen umkehren. 110

Die **Auffangfunktion** entfaltet sich vornehmlich mit Blick auf atypische oder neuartige Gestaltungen des Einzelfalls, die von der Typizität des katalogisierten Beispiels und der speziellen Verbotsnorm auch bei teleologisch-extensiver Interpretation tatbestandlich nicht erfasst werden und sich auch analoger Anwendung des exemplarischen Einzeltatbestandes widersetzen.[151] 111

Rechtsschutz auf der Basis der Generalklausel des § 3 Abs. 1 sollte daher nur dann gewährt werden, wenn es sich um gravierende Fälle handelt, in denen ökonomisch einseitig nachteilige Wirkungen für die Geschäftspartner oder die Mitbewerber des Handelnden erkennbar sind und eine Wettbewerbsbeeinträchtigung vorliegt. Die Fälle sollen dabei in Tendenz und „Unrechtsgehalt“ den *expressis verbis* geregelten Tatbeständen des Mitbewerberschutzes (§§ 3a, 4) vergleichbar sein **(Extrem- und Evidenzfälle).**[152] Es ist daher insbesondere in jedem Einzelfall zu prüfen, ob die Regelungen der Sondertatbestände bzw. Legalbeispiele nicht schon abschließend sind oder ob eine Analogie oder gar ein Rückgriff auf die Generalklausel des § 3 Abs. 1 in Betracht kommt, um mit ihrer Hilfe behutsam Schutzlücken zu schließen. Nur so besteht „die Chance für eine nachhaltige Liberalisierung des Wettbewerbsrechts“.[153] 112

Die **deutsche Rspr.** zeigte zumindest in der ersten Phase nach Einführung des neuen UWG 2004 noch Tendenzen, an die Judikatur zu § 1 UWG a.F. anzuknüpfen, ohne sich dezidiert mit dem Liberalisierungsgebot der Neufassung auseinanderzusetzen.[154] Eine allzu enge Anlehnung an die früheren Fallgruppen – so sehr das dem Rechtssicherheitsbedürfnis der Unternehmen entgegen kommt – ist aber aus der Systematik des UWG und mit Blick aufs europäische Recht nicht mehr hinnehmbar.[155] Die Interpretation von § 3 Abs. 1 hat unter Berücksichtigung der **Schutzzweck-** 113

---

[148] jurisPK-UWG/*Ullmann* Einl. Rdn. 5 und § 3 Rdn. 15.

[149] *Emmerich* in: FS Gernhuber, S. 857ff.

[150] Ebenso MünchKommUWG/*Sosnitza,* § 3 Rdn. 125; *Sosnitza/Kostuch* WRP 2008, 166, 168f.; wie hier auch *Henning-Bodewig* GRUR Int. 2004, 183, 185.

[151] So allgemein *Weber* AcP 192 (1992), 516, 534f., 559; zustimmend *Apostolopoulos* WRP 2005, 152, 156. S.a. *Schünemann* JZ 2005, 271, 275; MünchKommUWG/*Sosnitza,* § 3 Rdn. 125; *Ullmann* MMR 2004, V, VI. wohl noch restriktiver (Auffangfunktion des § 3 nur bei neu auftretenden Konstellationen) *Gärtner/Heil* WRP 2005, 20, 23/24.

[152] Kritisch aber Fezer/*Fezer,* UWG § 3 Rdn. 63, der für ein (weites) Anwendungsverständnis der jetzigen „großen“ Generalklausel des § 3 UWG im Einklang mit der früher h.M. zu § 1 UWG a.F. plädiert.

[153] *Ohly* GRUR 2004, 889, 897.

[154] Vgl. z.B. BGH GRUR 2007, 890, 892 – *Jugendgefährdende Medien bei eBay* (denkbar wäre in diesem Fall auch gewesen, § 4 Nr. 11 UWG a.F. analog zu prüfen). Vgl. ferner BGH GRUR 2006, 426f. – *Direktansprache am Arbeitsplatz II* und 2008, 262 – *Direktansprache am Arbeitsplatz III* (denkbar: Anwendung von § 4 Nr. 10 UWG a.F.); OLG Karlsruhe, GRUR-RR 2010, 51, 52 – *Direktmarketing;* OLG Hamburg WRP 2007, 557 – *Testhinweis ohne Fundstelle;* NJW 2005, 3003 – *Fußball-Eintrittskarten* (dazu *Bestmann* WRP 2005, 279; *Weller* NJW 2005, 934); LG Hamburg MMR 2005, 719f. – *Chipkarten-Lesegeräte;* LG Frankfurt am Main NJW-RR 2005, 405, 407 – *Hibo-Taler* (Verstoß gegen § 7 Abs. 1 HWG wird nicht anhand § 4 Nr. 11 UWG a.F. lauterkeitsrechtlich bewertet); LG Essen WRP 2005, 523f. – *Windschutzscheiben-Austausch;* LG Saarbrücken WRP 2005, 1185 – *Küchen-Tiefpreis-Garantie;* LG München I MMR 2006, 484 – *Domain-Zwischennutzung.*

[155] Zustimmend *Sosnitza/Kostuch* WRP 2008, 165, 168f. in kritischer Auseinandersetzung mit BGH WRP 2006, 577f. = GRUR 2006, 426 – *Direktansprache am Arbeitsplatz II.*

bestimmung des § 1 zu erfolgen. Sie hat weiter der **geänderten Systematik** des UWG, insbesondere der Aufnahme von Beispielsfällen, Rechnung zu tragen.

114 Auf die **bisherige Judikatur** zu § 3 Abs. 1 (und erst recht auf die Rechtsprechung zur Generalklausel vor 2008) kann **nur noch mit äußerster Vorsicht zurückgegriffen** werden. Bislang nämlich ging das deutsche Recht von einem erheblich stärker integrierten Modell der Unlauterkeitsbewertung aus. Mit der Reform 2015 wurde aber endgültig eine Trennung von Regeln vorgenommen, die Verbraucher adressieren, und solchen, die Unternehmen ansprechen. Diesen Bruch muss die Rechtsprechung nun nachvollziehen. Das bedeutet für § 3 Abs. 1 noch stärkere Zurückhaltung. Die Norm schützt nun nämlich primär Mitbewerber und andere unternehmerische Marktteilnehmer (z. B. Zulieferer oder Händler auf der nächsten Marktstufe). Diese sind aber per se weniger schutzbedürftig als Verbraucher.

115 Den Ausnahmecharakter des Auffangtatbestands hat der BGH[156] im Zusammenhang mit § 4 Nr. 9 a. F. unterstrichen: Ein Leistungsschutz außerhalb dieser aufgeführten Tatbestände über die Generalklausel des § 3 UWG 2004 komme **„nur in Ausnahmefällen"** in Betracht. Der BGH hat in der Entscheidung *hartplatzhelden.de* zugleich den Weg gewiesen, dass solche Ausnahmefälle **wettbewerbsfunktional** begründet werden müssen.[157] Beispielhaft für Fortwirkungen überkommener Normen sei das OLG Hamburg zitiert, das in Bezug auf Nachahmungen nach § 4 Nr. 9 a. F. noch 2011 entschied „in Anlehnung an die zu § 1 UWG a. F. ergangene Rechtsprechung".[158]

II. Nicht an Verbraucher gerichtet oder diese erreichend

116 § 3 Abs. 1 gilt nur für solche geschäftlichen Handlungen, die nicht in den Bereich der UGP-Richtlinie und der Werbe-Richtlinie fallen.[159] Für solche Fälle ist § 3 Abs. 2 einschlägig. Auch wenn schon bisher über die Generalklausel die Vollharmonisierung der UGP-Richtlinie nicht unterlaufen werden durfte, ist doch erst mit der UWG-Reform 2015 diese **Abgrenzung** in aller Deutlichkeit hervorgetreten. Folglich werden über § 3 Abs. 1 nur solche geschäftlichen Handlungen erfasst, die nicht an Verbraucher gerichtet sind oder diese erreichen. Positiv gewendet: § 3 Abs. 1 ist die Generalklausel für geschäftliche Handlungen, die Geschäftskunden (also Unternehmen, die nachfragen), sonstige Geschäftspartner auf vor- oder nachgelagerter Marktstufe (z. B. Zulieferer) oder Mitbewerber erreichen oder sich an diese richten. Zu denken ist auch an die Beziehungen von Betreibern digitaler **Plattformen** gegenüber gewerblich handelnden Unternehmen, die über die Plattform Geschäfte abwickeln.

117 Hinzuweisen ist darauf, dass es nicht darum geht, wem solche Handlungen schaden, sondern an wen sie sich richten. Die gesetzliche Formulierung ist in dieser Hinsicht eindeutig. Daher wäre es verfehlt, in § 3 Abs. 1 eine Generalklausel zum Mitbewerberschutz zu sehen. **Nicht die Schutzrichtung** der Norm, sondern **die Zielrichtung der Handlung** ist für die Einsortierung in Abs. 1 oder Abs. 2 entscheidend. Dementsprechend können über § 3 Abs. 1 auch Verbraucherinteressen geschützt werden, über § 3 Abs. 2 reflexartig auch die Interessen übriger Marktteilnehmer.

118 Die Abgrenzung erfolgt **spiegelbildlich** zum oben dargestellten Merkmal in § 3 Abs. 2 (D.II). Auf eine subjektive Zielrichtung kommt es nicht an, erforderlich ist, dass die geschäftliche Handlung bestimmungsgemäß Unternehmen, nicht Verbraucher erreichen soll. Über § 3 Abs. 1 können aber alle geschäftlichen Handlungen erfasst werden, die nicht § 3 Abs. 2 unterfallen.

119 Typische **Beispiele** sind Werbeschreiben an gewerbliche Abnehmer, Marketingaktionen im unternehmerischen Verkehr, das Anbieten bestimmter Leistungen an Unternehmen, die Nutzung von anderweitig erhobenen Daten oder der Eingriff in Vertriebssysteme oder Geschäftspolitiken anderer Unternehmen. Zu denken ist auch an technische Manipulationen oder Vorgaben, etwa wenn Einstellungen für einen digitalen Werbe- oder Vertriebskanal in unfairer Weise ausgestaltet werden.

120 Für das **Unterlassen** gilt – wie im Rahmen von § 3 Abs. 2 –, dass danach zu entscheiden ist, wem die unterlassene Pflicht geschuldet war. Handelt es sich um eine Pflicht, die der Unternehmer Verbrauchern gegenüber hat, liegt im Unterlassen ein Fall des § 3 Abs. 2. Ist die Pflicht hingegen anderen Unternehmen geschuldet oder eine solche, die allgemein dem Wettbewerbsschutz dient, ist auf § 3 Abs. 1 zu rekurrieren.

---

[156] BGH GRUR 2007, 795, 799 – *Handtaschen.*
[157] BGH GRUR 2011, 436 – *hartplatzhelden.de* – mit Anm. *Ohly.*
[158] OLG Hamburg MarkenR 2011, 275 – *Lego-Verpackung.*
[159] Vgl. auch BT-Drucks. 18/6571, S. 14.

III. Begriff der Unlauterkeit

1. Ausgangspunkte

121 Was ist unlauter? Diese Gretchenfrage des UWG ist bis heute nicht befriedigend beantwortet.[160] Neu hinzugetreten ist – nach der UWG-Reform 2015 mit Vehemenz – die Frage, ob es vielleicht sogar zwei differierende Unlauterkeitsbegriffe im UWG gibt, einen für den verbraucherbezogenen, einen für den die sonstigen Marktteilnehmer betreffenden Teil des Gesetzes.

122 Immer stärker kristallisiert sich heraus, dass sich eine wirkliche Definition vermutlich verbietet – der Begriff bleibt dem **ständigen Suchprozess** der Rechtsprechung überantwortet. Die Entscheidungen der Gerichte spiegeln dabei das wirtschaftspolitische Ringen in der Gesellschaft um die Grenzen dessen, was im Wettbewerb erlaubt ist. Ein solch evolutiver, immer wieder neue Impulse erhaltender Weg entspricht der Dynamik des Geschäftslebens. In diesem Zusammenhang können lediglich einzelne Aspekte und Kriterien sowie methodische Hinweise für einen längeren Zeitraum gegeben werden. An der **Einzelfallentscheidung,** die eine wirtschaftliche Analyse und eine normative Würdigung verlangt, führt kein Weg vorbei.[161] Solche Entscheidungen werden immer angreifbar bleiben. Das ist jedoch kein Nachteil: Die Grundregeln des modernen Wirtschaftsrechts, zu dem das UWG zählt, müssen immer wieder im demokratischen Diskurs neu verhandelt werden. Dabei haben die Gerichte die Aufgabe, diesen Dialog durch praktische Anwendung jeweils zeitgemäß und in einer Momentaufnahme zu entscheiden. Wenn sie dabei einmal falsch liegen, ist das mit Blick auf die „Regulierungsbegrenzung durch dezentrale Einzelfallentscheidung" verschmerzbar und unvermeidlich.[162]

123 **a) Frühere Anknüpfungspunkte.** Nach altem Recht spielten die „guten Sitten" und der Verstoß gegen sie, also die „Sittenwidrigkeit", die zentrale Rolle. Seit der UWG-Reform 2004 kommt eine entsprechende **Schlüsselstellung** dem Begriff der „Unlauterkeit" zu. Denn dieser Begriff bezeichnet Maßstab und tragenden Grund für die Einordnung als unzulässiges Handeln. Für die Praxis wird eine Konkretisierung des Begriffs häufig entbehrlich sein, für das Verständnis und die Durchdringung des Rechtsgebiets und die Argumentation in Grenzfällen jedoch nicht. Mit dem Begriff „Lauterkeit" (bzw. im Englischen: Fairness) wurde der Sittenbegriff ad acta gelegt und das Rechtsgebiet **modernisiert.** Mit dem Übergang von den „guten Sitten" und ihrer Verletzung einerseits, zur „Unlauterkeit" als zentralem wettbewerbsrechtlichen Maßstab andererseits, bedürfen die oft auf die Gebote der Sittlichkeit abstellenden Positionen der früheren Rspr und Literatur zu § 1 UWG a. F. der prinzipiellen Überprüfung. Sie befürworteten nicht zuletzt wegen der sprachlichen Anknüpfungsmöglichkeit bei der begrifflichen Konkretisierung dieser „guten Sitten" eine **„sittlich-rechtliche Beurteilung"** (oder „Wertung") und sahen die Generalklausel des § 1 UWG a. F. „in ihrem Kern sittlich-rechtlich fundiert".[163] Dies bedeutete aber in der Praxis zumindest in den letzten Jahren nichts anderes als eine funktionale Interessenabwägung. Die moralischen Bezugnahmen im Lauterkeitsrecht waren nämlich in den vergangenen Jahrzehnten bereits funktional ausgelegt worden und nicht als absolute sittliche Kriterien eingeführt worden. Der Gesetzgeber hat mit der Terminologie „Lauterkeit" die Auseinandersetzung von dem „sittlichen Makel" befreien wollen, der nach laienhafter Lesart im Begriff der „guten Sitten" mitschwang.[164] Sittlichkeitserwägungen oder moralphilosophische Erwägungen sind auch diesem Bereich des Wirtschaftsrechts fremd.

124 Ebenso wenig ist es aber die reine Geschäftspraxis, die über die Zulässigkeit eines Verhaltens entscheiden kann. Tatsächliche Sitten und Gebräuche spielen aus normativer Sicht eine untergeordnete Rolle, auch wenn darauf in der Konkretisierung des Unlauterkeitsbegriffs in § 2 Abs. 1 Nr. 7 fälschlich hingedeutet wird. Eine Orientierung am Faktischen, an der **Üblichkeit,** dem Mainstream der Branche ist nicht akzeptabel.[165] Eine geschäftliche Handlung kann sich zwar im Einklang mit bestehenden Handelsbräuchen befinden, aber trotzdem wettbewerbsrechtlich zu beanstanden sein, nämlich dann, wenn diese Handelsbräuche ihrerseits „unlauter" sind. Handelsbräuche und Standessitten

---

[160] Vgl. als modern-systematischen Einstieg *Henning-Bodewig* GRUR Int 2010, 549 ff.
[161] Vgl. *Podszun* WRP 2009, 509, 516.
[162] Vgl. *Podszun* Wirtschaftsordnung durch Zivilgerichte, 2014, S. 222.
[163] So z. B. BGH GRUR 1999, 1128, 1129 – *Hormonpräparat;* Baumbach/*Hefermehl* 22. Aufl. 2001, Einl. Rdn. 68; *v. Gamm* WM 1981, 730, 732; *Sack,* NJW 1985, 761, 767 f.; *Wiebe* WRP 2002, 283, 284.
[164] BT-Drucks. 15/1487, S. 16.
[165] Vgl. RGZ 145, 400 – *Bestattungsunternehmen;* BGH GRUR 1969, 474, 476 – *Bierbezug I; Koppensteiner* Wettbewerbsrecht, § 23 Rdn. 1.

sind – entgegen der zu § 1 UWG a. F. h. M.[166] – auch dann wettbewerbsrechtlich unbeachtlich, wenn sich in ihnen **Konventionalnormen** spiegeln, da diese zur begrifflichen Konkretisierung der „Unlauterkeit“ ihrerseits ebenfalls nicht herangezogen werden können.

125 **Rechtliche Vorgaben** zur Auslegung des Begriffs der Unlauterkeit ergeben sich aus übergeordnetem Recht. In der wegweisenden internationalen Regelung zum unlauteren Wettbewerb, **Art. 10bis** (2) der Pariser Verbandsübereinkunft **(PVÜ)** zum Schutz des gewerblichen Eigentums, heißt es seit 1883: „Unlauterer Wettbewerb ist jede Wettbewerbshandlung, die den anständigen Gepflogenheiten in Gewerbe oder Handel zuwiderläuft.“[167] Einer Formel zufolge **wird der Verstoß gegen (anständige) Marktgepflogenheiten** so konkretisiert, dass alle Handlungen, die den anständigen Gepflogenheiten in Handel, Gewerbe, Handwerk oder selbständiger beruflicher Tätigkeit zuwiderlaufen, unlauter sind.[168] Die internationale Regelung liefert also eine begriffliche Blaupause,[169] auf die der Gesetzgeber Bezug genommen hat (§ 2 Abs. 1 Nr. 7). Auch in neueren unionsrechtlichen Rechtsakten außerhalb der RL 2005/29/EG taucht diese Formel auf.[170] Damit wird auf Konventionalnormen Bezug genommen, so wie es in der deutschen Rechtsprechung zum früheren UWG üblich war, auch wenn der BGH das wettbewerbliche Allgemeininteresse integrierte. Die Korrektur erfolgt über das Merkmal der Anständigkeit (Fairness). So öffnet sich das Tor für die normative Betrachtung des Marktgeschehens, die unabdingbar ist. Gleichwohl leidet die Definition der PVÜ an einer zu starken Orientierung am Bestehenden und am Schutz der Mitbewerber.[171] Verbraucherschutz war den Autoren der 1883 begründeten Übereinkunft fremd.

126 Im **europäischen Recht** wird Unlauterkeit in Art. 5 Abs. 2 i. V. m. Art. 2 lit. h) der UGP-RL als **Verstoß gegen berufliche Sorgfalt und die Eignung zur Entscheidungsbeeinflussung** definiert. Diese Definition gilt für verbrauchergerichtete Verhaltensweisen. Gemäß Art. 2 lit. h) der UGP-RL wird „berufliche Sorgfalt“ definiert als „der Standard an Fachkenntnissen und Sorgfalt, bei denen billigerweise davon ausgegangen werden kann, dass der Gewerbetreibende sie gegenüber dem Verbraucher gemäß den anständigen Marktgepflogenheiten und/oder dem allgemeinen Grundsatz von Treu und Glauben in seinem Tätigkeitsbereich anwendet.“ Der deutsche Gesetzgeber hat statt von beruflicher zunächst von fachlicher Sorgfalt, seit 2015 von „unternehmerischer Sorgfalt“ gesprochen und in § 2 Abs. 1 Nr. 7 ähnlich definiert. Hier ist im Zweifel der EuGH zu hören, auch wenn der nationale Gesetzgeber den Begriff inhaltlich konkretisieren kann. Die Definition in der UGP-RL leidet an ihrer einseitigen Ausrichtung auf den Verbraucher.[172] Eine Zusammenführung der Lauterkeitsdefinitionen aus PVÜ und UGP-Richtlinie zu einem einheitlichen Lauterkeitsbegriff steht aus. Auch der EuGH hat sich dazu noch nicht geäußert.

127 **b) Unlauterkeit als Rechtsfrage.** Die Gerichte haben die Konkretisierung der „großen“ Generalklausel (des § 1 UWG a. F.) von Anfang an zumindest implizit als (revisible) **Rechtsfrage, nicht Tatfrage** betrachtet.[173] Nichts deutet darauf hin, dass sich daran etwas ändern würde. Sehr vereinzelt wurden die „guten Sitten“ gleichwohl auch empirisch, namentlich durch **Einholung von Auskünften** der Industrie- und Handelskammern, Spitzenverbände der Wirtschaft oder durch Gutachten zu bestimmen versucht.[174] **Empirische Ermittlungen** können aber immer nur Ausgangspunkt für normative Bewertungen sein. Ihre Verabsolutierung wäre fehlerhaft. Gegen eine solche Anerkennung der normativen Kraft des Faktischen spricht, dass die Rechtsordnung ihren Ordnungsanspruch aufgeben würde, sich den Regeln der Marktteilnehmer selbst unterwerfen wür-

---

[166] BGH GRUR 1969, 474, 475 – *Bierbezug I;* BGH GRUR 1982, 311, 312 – *Berufsordnung für Heilpraktiker;* OLG Frankfurt GRUR 1983, 387, 389 – *Heilpraktikerwerbung;* OLG Düsseldorf WRP 1983, 499, 500; OLG Koblenz GRUR 1987, 729 – *Optikerhausbesuche;* OLG München WRP 1980, 284.

[167] Vgl. den internationalen Überblick zum Lauterkeitsrecht bei *Henning-Bodewig,* GRUR Int. 2010, 273 ff. sowie *dies.* Einl. F.

[168] Hierzu und zum Folgenden s. schon BT-Drucks. 15/1487 S. 16 (zu § 1 UWG 2004). *Henning-Bodewig* GRUR Int. 2015, 529, empfiehlt den Begriff der „anständigen Marktgepflogenheiten“.

[169] Ausführlich dazu *Glöckner* Einl. B Rdn. 1 ff.

[170] Vgl. z. B. Art. 6 Abs. 1 RL 2008/95/EG (Markenrichtlinie); Art. 5 Abs. 1 VO (EG) Nr. 178/2002 (ABl. EG L 31/1 v. 1.2.2002) (Lebensbasis-VO).

[171] Vgl. *Henning-Bodewig* WRP 2010, 1094, 1096, 1099.

[172] Vgl. *Henning-Bodewig* WRP 2010, 1094, 1098 f.

[173] Ausdrücklich bereits 1901 RGZ 48, 114, 128 – *Brisbane;* s. ferner z. B. RGZ 81, 86, 91; BGHZ 10, 228, 323 – *Sicherungsverträge;* 17, 327, 332 – *objektiv wahre Anzeige;* BGH NJW 1976, 1883 – *Dirnenlohn.* Das Schrifttum hielt verbreitet freilich ebenso früh mit der Auffassung dagegen, es handele sich um die Klärung einer Tatfrage; ausführliche Nachw. bei *Schricker,* Gesetzesverletzung, S. 199 f.

[174] Vgl. z. B. BGH GRUR 1960, 558, 560 f. – *Eintritt in Kundenbestellung.* Rechtstatsächlich für die Häufigkeit einer empirischen Methodik der Justiz aufschlussreich *Kur,* Beweislast und Beweisführung im Wettbewerbsprozeß, 1981.

de[175] und ein statisches Wettbewerbsleitbild fördern würde. Würde das Übliche zur Norm erhoben, würde der Wettbewerb in bedenklicher Weise beschränkt.[176] Nur begrenzte Aussagekraft haben auch moderne **ökonomische Gutachten.** Diese können Zusammenhänge aufzeigen und Wahrnehmungsirrtümer korrigieren, sie können auch Aussagen treffen über die Effizienzen oder Wohlfahrtswirkungen bestimmter Verhaltensweisen. Deren rechtliche Bewertung bleibt aber Sache der Gerichte, die nicht an ökonomische Bewertungen gebunden sind, sondern diese in ihrer Bewertung – z. B. beim Telos der Norm – berücksichtigen sollten.

Im Regelfall haben sich die Mitglieder der Spruchkörper selber als Teil der beteiligten Verkehrs- 128
kreise gesehen und so aufgrund beanspruchter **eigener Sachkunde und Lebenserfahrung**[177] die Regeln des geschäftlichen Anstands ermittelt.[178] Ausgeblendet bleiben bei der selbstbewussten Streitentscheidung über den Begriff Aspekte der **„bounded rationality“,** also der eingeschränkten Rationalität und der vorgeprägten Weltsicht der Richterschaft. Hier ist wünschenswert, dass sich die Gerichte stärker als bislang mit den Erkenntnisbedingungen ihrer eigenen Sachkunde auseinandersetzen.

c) Unlauterkeit als Verstoß gegen wettbewerbliche Regelwerke und „business ethics“? 129
Ein Teilausschnitt der Konkretisierungsproblematik wird durch die Frage bezeichnet, ob ein **Verstoß gegen wettbewerbsbezogene Regelwerke** eine „Unlauterkeit“ darstellt.[179] Zu denken ist an Wettbewerbsregeln von Wirtschafts- und Berufsvereinigungen im Sinne von § 24 GWB, an sich entwickelnde Standards, moderne Selbstverpflichtungen, **Corporate Governance** Kodizes, Maßnahmen der **Corporate Social Responsibility** oder das in der „Unternehmensphilosophie“ häufig angesiedelte Feld der **Geschäftsethik.** In gewisser Weise stehen solche Entwicklungen in Konkurrenz zum UWG. Sie entspringen nämlich zum Teil auch dem staatlichen Steuerungsverlust: was früher über Lauterkeitsrecht geregelt worden wäre, wird in einer globalisierten und beschleunigten Geschäftswelt anders durchgesetzt (wenn überhaupt). Der Einfluss von Nicht-Regierungsorganisationen, das gestärkte Verbraucherbewusstsein und die Tendenz zu einem härteren Durchgreifen in anderen Bereichen (etwa durch die scharfe Börsengesetzgebung in den USA) sind als Motoren dieser Entwicklung nicht zu unterschätzen.

Zu differenzieren sind zwei Aspekte von **Selbstverpflichtungsmaßnahmen.**[180] Zum einen 130
kann die Werbung damit (so eine Außenwirkung und also eine geschäftliche Handlung überhaupt vorliegen und nicht bloß geschäftsinterne Prinzipien formuliert werden[181]) nach **Irreführungsmaßstäben** geprüft werden.[182] Zum anderen ist es auch denkbar, dass mit dem Anwachsen solcher Selbstverpflichtungen auch die Begriffe der Lauterkeit oder der fachlichen Sorgfalt von geschäftsethischen Überlegungen durchdrungen werden. Auch wenn derzeit die **„good governance“** noch nicht eine solche Bedeutung hat, dass es zu einer Gleichsetzung von guter Unternehmensführung in diesem Sinne und lauterem Verhalten im Wettbewerb gekommen ist, so handelt es sich doch um ein „Steinchen im Fundament“[183] des UWG. Perspektivisch lässt sich aus umfassenden Governance-Regeln, die wettbewerbliche Aspekte regeln und allgemeine Durchsetzung erfahren, auch eine Indizwirkung für den Lauterkeitsbegriff ableiten.[184]

Auch auf der **Ebene des europäischen Rechts** werden Wettbewerbsregeln mit einer solchen 131
Indizfunktion hinsichtlich der Lauterkeit in Verbindung gebracht. So befasst sich die UGP-RL in Art. 10 auch mit **„Verhaltenskodizes“** i. S. von Wettbewerbsregeln.[185] Ihre Erstellung und Ver-

---

[175] Dies hat, worauf *Micklitz/Keßler* WRP 2002, 885, 894 zutreffend aufmerksam machen, schon vor Jahrzehnten *E. Ulmer* betont. Ebenso *Beater,* Unlauterer Wettbewerb, § 13 Rdn. 1045; *Henning-Bodewig* in: Schricker/Henning-Bodewig S. 21, 31.

[176] BGH GRUR 2011, 431, Rdn. 13 – *FSA-Kodex* m. Anm. *Nemeczek.*

[177] So hat der BGH etwa die eigene Sachkunde des Senats des KG bejaht zur Beurteilung eines Kaufangebots an Kinder, BGH MMR 2015, 328, Rdn. 20 – *Runes of Magic II;* im Detail abweichend BGH GRUR 2014, 682, Rdn. 28 – *Nordjob-Messe;* aus jüngerer Zeit auch BGH GRUR 2013, 201, Rdn. 32 – *Biomineralwasser;* BGH MMR 2015, 701 – *Kopfhörer-Kennzeichnung;* BGH NJW 2015, 705 – *Spezialist für Familienrecht;* BGH GRUR 2013, 1254 – *Matratzen-Factory-Outlet;* grundlegend BGH GRUR 2004, 244 – *Marktführerschaft.*

[178] Siehe *Beutel,* Wahrnehmungsbezogene richterliche Erfahrungssätze im Marken- und Lauterkeitsrecht.

[179] Vgl. *Alexander* GRUR Int. 2012, 965; *Kopp/Klostermann* CCZ 2009, 155; *Schmidhuber* WRP 2010, 593; *Henning-Bodewig* WRP 2011, 1014.

[180] Dazu grundlegend die Beiträge in Hilty/Henning-Bodewig, Corporate Social Responsibility – Verbindliche Standards des Wettbewerbsrechts?, 2014.

[181] Vgl. *Henning-Bodewig* WRP 2011, 1014, 1020.

[182] Dazu *Henning-Bodewig* WRP 2011, 1014 ff.; *Birk* GRUR 2011, 196 ff.

[183] *Henning-Bodewig* WRP 2011, 1014, 1012. Vgl. *dies.* WRP 2010, 1094 ff.

[184] Siehe dazu Einl. C.

[185] Vgl. *Alexander* GRUR Int 2012, 965.

breitung soll nach Erwägungsgrund 20 gefördert werden. Im Anwendungsbereich der UGP-RL begründen Verstöße gegen Verhaltenskodizes im Sinne des Art. 2 lit. f UGP-RL jedoch nicht ohne weiteres die Unlauterkeit, sondern nur unter bestimmten Voraussetzungen (vgl. Art. 5 Abs. 2, 6 Abs. 2 lit. b; Anh I Nr. 1 und 3 UGP-RL). In § 2 Abs. 1 Nr. 5 UWG werden Verhaltenskodizes definiert, sie werden sodann aber nur im Zusammenhang mit Irreführungstatbeständen im Gesetz erwähnt.

132 In ***FSA-Kodex*** hat der BGH eindeutig festgestellt: Der Verstoß gegen einen Verhaltenskodex führt nicht automatisch zur Unlauterkeit, laut BGH gibt es „allenfalls eine indizielle Bedeutung".[186] Verhaltenskodizes bezeichnen bestenfalls einen Branchenbrauch, aber nicht jede Abweichung von einem solchen ist unlauter. Es fehlt zudem an einer wettbewerbsbezogenen Würdigung, außerdem bestehen verfassungsrechtliche Bedenken. Ebenso wenig ist anzunehmen, dass ein Verhalten, das kompatibel mit derartigen Wettbewerbsregeln ist, automatisch lauterkeitsrechtlich unbedenklich ist (sog. Indizwirkung).[187] So sind nicht einmal **Standesrichtlinien** für die lauterkeitsrechtliche Beurteilung maßgeblich, wenn die Wettbewerbsfreiheit bedroht ist.[188] Es besteht auch kein Zusammenhang zwischen kartellrechtlicher Würdigung durch die Kartellbehörde und Lauterkeit des Verhaltens: Die Wettbewerbsregeln werden von der Kartellbehörde, wenn überhaupt, lediglich auf die Vereinbarung mit Kartellrecht geprüft. Eine lauterkeitsrechtliche Bewertung erfolgt nicht, sodass keine Aussage über die lauterkeitsrechtliche Zulässigkeit getroffen wird, wie der BGH in ***Probeabonnement*** klargestellt hat.[189]

133 Solche Regelwerke stoßen heute stärker auf Kritik als früher. Erkannt wurde, dass **Standardisierungen** und **Verbandsregeln** häufig wettbewerbsdämpfende Wirkung entfalten. Für Outsider, Newcomer oder Unternehmen mit Wettbewerbsvorstößen wird es schwieriger gemacht, Dynamik in die Märkte zu bringen. Vor diesem Hintergrund ist Wettbewerbsregeln keine besondere Funktion für die Feststellung der Lauterkeit zuzusprechen, da die Gefahr besteht, gerade wettbewerbsdämpfende Maßstäbe anzulegen.

134 Die **Beispiele aus früherer Rechtsprechung** bestärken die hier vertretene Auffassung gerade durch ihre **Kritikwürdigkeit:** So ist der Einsatz von Kindern in der Fernsehwerbung nicht deshalb unlauter, weil er gegen Verhaltensregeln des deutschen Werberates verstößt.[190] Dasselbe ist zur Verteilung einer Zeitung zu sagen, die entgegen den Vertriebsrichtlinien des Bundesverbandes deutscher Zeitungsverleger gehandelt hatte.[191] Wettbewerbsrechtlich irrelevant ist es nach richtiger Ansicht auch, wenn eine Zigarette als „mild" bezeichnet wird, obwohl sie über den dafür vorgesehenen – dem Publikum gar nicht bekannten – Grenzwerten liegt, die die Zigarettenindustrie intern verabredet hat.[192]

135 **DIN-Normen** und andere technische Standards und Normen haben regelmäßig – außer bei Irreführung – keine lauterkeitsrechtliche Bedeutung.[193] Ihre Entstehung und Durchsetzung kann jedoch Elemente aufweisen, die unlauter sind. Bei Verstößen gegen **sonstige außerwettbewerbsrechtliche Normen** verbietet sich der Rückgriff auf § 3 Abs. 1, soweit die Normen keine Marktverhaltensregeln im Sinne des § 3a darstellen.[194] Allgemeininteressen sind nicht geschützt.[195] Das UWG kann, wie es *Henning-Bodewig* plastisch formuliert, „weder etwas gegen Diskriminierung oder menschenunwürdige Arbeitsbedingungen noch gegen die Zerstörung der Umwelt oder das traurige Schicksal von Hühnern ausrichten."[196] Erst recht hat dies bei der Verletzung lediglich vertraglicher Marktverhaltensregeln zu gelten.[197]

2. Unlauterkeit als Verstoß gegen „unternehmerische Sorgfalt"?

136 Die Vorgabe der UGP-RL ist es, im Verhältnis B2C Unlauterkeit mit Bezug auf die beruflichen Sorgfaltspflichten zu definieren. In Art. 5 heißt es, unlauter sei eine Geschäftspraxis, die den Erfor-

---

[186] BGH GRUR 2011, 431 m. Anm. *Nemeczek – FSA-Kodex*.

[187] Prinzipiell wie hier auch *Beater,* Unlauterer Wettbewerb, § 30 Rdn. 2496; *Sosnitza,* Wettbewerbsbeschränkungen, S. 212 ff., insbes. S. 228 ff.

[188] So schon BGH GRUR 1999, 748, 749 – *Steuerberaterwerbung auf Fachmessen*.

[189] BGH WRP 2006, 1113 – *Probeabonnement*.

[190] So aber KG GRUR 1992, 632.

[191] Anders aber OLG München NJW-RR 1996, 809, 810.

[192] Anders aber BGH NJW-RR 1993, 617. Vgl. ferner das Material bei *Emmerich,* Unlauterer Wettbewerb, § 20 VI.1, dessen negative Beurteilung dieser Rspr Zustimmung verdient.

[193] Vgl. aber BGH GRUR 2015, 1021 – *Kopfhörer-Kennzeichnung*.

[194] Vgl. BGH GRUR 2010, 654, 657 – *Zweckbetrieb*.

[195] Vgl. *Beater* WRP 2012, 6 ff.

[196] *Henning-Bodewig* WRP 2011, 1014, 1022.

[197] Vgl. OLG Hamm GRUR-RR 2011, 218, 219; BGH NJW 2015, 2192 – *Hohlkammerprofilplatten*.

dernissen der beruflichen Sorgfaltspflicht widerspreche. Was berufliche Sorgfalt ist, wird in Art. 2 lit. h) der Richtlinie ausgeführt. Demnach ist darunter der „Standard an Fachkenntnissen und Sorgfalt" zu verstehen, „bei denen billigerweise davon ausgegangen werden kann, dass der Gewerbetreibende sie gegenüber dem Verbraucher gemäß den anständigen Marktgepflogenheiten und/oder dem allgemeinen Grundsatz von Treu und Glauben in seinem Tätigkeitsbereich anwendet". Für die **verbraucherschützenden Tatbestände** des UWG, die aus der UGP-RL übernommen sind, ist diese Definition der Unlauterkeit maßgeblich. Für die übrigen Fälle kann sie herangezogen werden. Da sie sich ausschließlich auf die Marktgegenseite bezieht und wenig operationable Begriffe wie „billigerweise", „anständig", „Marktgepflogenheiten" und „Treu und Glauben" enthält, ist die Aussagekraft dieser Definition für den Bereich des Mitbewerberschutzes jedoch gering.

In Betracht könnte auch zu ziehen sein, dass die Billigkeit **aus der Sicht der „Gewerbetreibenden"**[198] und ihrer Vorstellungen von „anständigen Marktgepflogenheiten" bzw. dem „allgemeinen Grundsatz von Treu und Glauben" zu bestimmen ist. **Gegen diese Auslegungsvariante** aber spricht, dass die Normadressaten schlechterdings nicht über die für sie geltenden wettbewerblichen Verhaltensnormen selber befinden können. Es besteht ein Unterschied, ob ein Verhalten nach den bestehenden „Marktgepflogenheiten" oder nach den „anständigen Marktgepflogenheiten" beurteilt wird.[199] Würde „das Übliche zur Norm erhoben",[200] würde dies gerade die volkswirtschaftlich oft besonders wichtigen neuen und ungewöhnlichen Impulse im Wettbewerb unterbinden. In diesem Zusammenhang kann sich ein Unternehmen (etwa ein großer Online-Händler) auch nicht darauf berufen, dass vereinzelt vorkommende Fehler, Ausreißer, „im Massengeschäft immer wieder vorkommende Versehen und Nachlässigkeiten" angesichts ihrer Unvermeidbarkeit kein Verstoß gegen die unternehmerische Sorgfalt seien: Das UWG etabliert objektive Anforderungen.[201] 137

Einen Anhaltspunkt zur Konkretisierung der unternehmerischen Sorgfaltspflichten findet man in der Formulierung, es gehe um **das ordnungsgemäße Geschäftsgebaren,** das man in den Rechtssystemen der meisten Mitgliedsstaaten finden kann.[202] Die Aussagekraft auch dieser Begriffe mag beschränkt sein, immerhin wird damit aber auf das Binnenmarktziel (Art. 1 der UGP-Richtlinie) und das Ziel des erhöhten Verbraucherschutzniveaus hingewiesen. Da der Begriff der Unlauterkeit normativ anzusetzen ist, wird jedenfalls keine rechtsvergleichende Studie zum Geschäftsgebaren durchzuführen sein. Letztlich bleibt der Beitrag der Richtlinie zur Konkretisierung des Schlüsselbegriffs des Lauterkeitsrechts gering.[203] 138

Bei der Würdigung der Unlauterkeit ist zu berücksichtigen, dass diese einerseits eine Art Vorfeldschutz für das allgemeine **Deliktsrecht** gewährt, andererseits die **Vertragsanbahnung, -durchführung und -abwicklung** sichert. Denkt man von dieser im deutschen Recht typischen dogmatischen Weichenstellung aus, lässt sich der Sorgfaltsbegriff des UWG abgrenzen und kontextualisieren: Es stellt sich dann die Frage, wie das UWG zu vertraglich geschuldeten Sorgfaltspflichten steht, aber auch, inwiefern es allgemein geschuldete Verkehrssicherungspflichten und Sorgfaltspflichten im Deliktsrecht ergänzt. Der BGH hat dies in der Entscheidung *Standardisierte Mandatsbearbeitung* am Beispiel der geschäftlichen Handlung thematisiert,[204] die Frage ist aber auch im Rahmen der Beeinflussung der Entscheidung und Unlauterkeit relevant. Der BGH hat beispielsweise die „normale" Schlechtleistung nicht als geschäftliche Handlung angesehen, aber eine Anwendung des UWG bejaht, wenn die Täuschung über den Willen zur vertragsgemäßen Leistungserbringung von vorn herein besteht und nur als Mittel im Wettbewerbskampf dient.[205] Vergleichbar ist die vom EuGH entschiedene Konstellation der Abgrenzung von AGB-Kontrolle und UWG.[206] An dieser sehr fein ziselierten Rechtsprechung wird zweierlei deutlich: Erstens ist das europäische 139

---

[198] Für das deutsche Recht ist der Begriff „Unternehmer" i. S. der Legaldefinition des § 2 Abs. 1 Nr. 6 anzusetzen.

[199] Anders *Kulka* DB 2008, 1548, 1553.

[200] BGH GRUR 2006, 773, 774 – *Probeabonnement.*

[201] Vgl. OLG Köln GRUR-RR 2013, 116 – *Versandhandelsausreißer.*

[202] Nr. 53, Satz 1 der Vorschlagsbegründung zur RL 2005/29/EG in KOM (2003) 356 endg. Zur Rechtsvergleichung des Lauterkeitskriteriums siehe *Henning-Bodewig* GRUR Int 2010, 273 ff.

[203] Ebenso *Brömmelmeyer,* GRUR 2007, 295, 298; *Gamerith* WRP 2005, 391, 417 f.; *Glöckner/Henning-Bodewig* WRP 2005, 1311, 1327 f.; *Seichter* WRP 2005, 1087, 1090; vgl. MünchKommUWG/*Sosnitza* § 3 Rdn. 39 ff.

[204] Vgl. BGH WRP 2013, 1183 – *Standardisierte Mandatsbearbeitung.*

[205] BGH WRP 2013, 1183, Rdn. 37 – *Standardisierte Mandatsbearbeitung.* Vgl. schon BGH GRUR 2009, 876, Rdn. 14 – *Änderung der Voreinstellung II.* Vgl. *Svigac,* NJOZ 2013, 721.

[206] EuGH WRP 2012, 547 – *Pereničová;* dazu *Alexander* WRP 2012, 515; *Janal* ZEuP 2014, 740; *Micklitz/Reich* EWS 2012, 257. Zu Gewährleistungsausschlüssen auch *Zabel* VuR 2011, 403, 449. Zum Verhältnis von Vertrags- und Lauterkeitsrecht grundlegend *Leistner,* Richtiger Vertrag und lauterer Wettbewerb, 2007.

Recht, das dieses Feld eröffnet hat, unabhängig von deutschen dogmatischen Einordnungen, sodass es eine dogmatische Konkretisierung wenig hilft. Zweitens ist die Sorgfaltspflicht des Unternehmers auf den Wettbewerb bezogen. Der BGH vertritt also eine wettbewerbsfunktionale Auslegung des UWG.

3. Unlauterkeit als Einschränkung wettbewerblicher Entfaltungsmöglichkeiten

140 In den vergangenen Jahren hat sich, nicht zuletzt durch den Liberalisierungsschub nach den UWG-Reformen, ein stärker **wettbewerbsfunktionales Verständnis** der Unlauterkeit Bahn gebrochen. Das entspricht der Normierung des Schutzzwecks in § 1 UWG, in dem das Allgemeininteresse des unverfälschten Wettbewerbs anerkannt ist. Hier wird die Auffassung vertreten, dass ein wettbewerbsfunktionaler Ansatz die beste Gewähr auch für den Interessenschutz aller Marktteilnehmer ist.[207] Als unlauter sind demnach Handlungen zu betrachten, die den Wettbewerb verfälschen und dadurch die Interessen der Abnehmer und Mitbewerber beeinträchtigen. Als wettbewerbsverfälschende Handlungen sind solche anzusehen, die die **Grundbedingungen des funktionierenden Wettbewerbs** stören. Dazu zählen etwa die Störung der freien Entscheidung im Markt, das Auseinanderreißen des Zusammenhangs von Leistung, Risiko und Erfolg oder die Hinderung am Marktzugang. Es ist freilich nicht zu verwechseln mit einer reinen Ausrichtung der UWG-Auslegung auf ein schematisches Effizienz-Denken. Ganz ähnlich war zum Regierungsentwurf der UWG-Novelle 2015 formuliert worden, Unternehmen schuldeten sich gegenseitig die Sorgfalt, einander **nicht unangemessen in den wettbewerblichen Entfaltungsmöglichkeiten zu behindern.**[208] Schließlich ist auch das **Sichern eines Fairness-Mindeststandards** zur Stärkung des Vertrauens in Transaktionen fundamental für das Funktionieren der Marktwirtschaft.[209]

141 Welche **Wertungskriterien** konkret für die Bestimmung der Unlauterkeit aus der Wettbewerbstheorie herangezogen werden können, ist noch nicht geklärt.[210] Lange Zeit erfreute sich der Topos des **Leistungswettbewerbs** sowohl im europäischen[211] als auch im deutschen Recht[212] großer Beliebtheit. Das Bundesverfassungsgericht schrieb etwa, geschützt würden durch das UWG die „Grundlagen der Funktionsfähigkeit des Leistungswettbewerbs. Missbilligt werden (…) im Interesse des Schutzes der Wettbewerber und der sonstigen Marktbeteiligten, allen voran der Verbraucher, Verhaltensweisen, welche die Funktionsfähigkeit des an der Leistung orientierten Wettbewerbs im wettbewerblichen Handeln einzelner Unternehmen oder als Institution stören, so zum Beispiel unlautere Einflussnahmen auf die freie Entschließung der Kunden."[213] Es geht beim Leistungswettbewerb also nicht nur um den Wettbewerb um Preis und Leistung, bei dem sich der beste Anbieter durchsetzen können muss, sondern zudem um ein „level playing field" zwischen den verschiedenen Marktbeteiligten, sodass informierte Entscheidungen durch marktwirtschaftliche Koordination zu den individuell erstrebten Marktergebnissen führen. Hier hat sich in den letzten Jahren allerdings eine Skepsis durchgesetzt, ob der Begriff noch dem modernen Wettbewerbsverständnis entspricht.[214] In der Rechtsprechung wird jedenfalls seltener der Begriff bemüht. Leistungswettbewerb enthält durch die (zumindest begriffliche) Bezugnahme auf meritokratischen Wettbewerb bereits ein einengendes Moment, das den freien, funktionsfähigen Wettbewerb und die Offenheit des „Entdeckungsverfahrens" behindern kann.

142 So ist richtigerweise Bezug auf den auch kartellrechtlich verankerten **Schutz der Wettbewerbsfreiheit** zu nehmen: der Wettbewerbsprozess an sich, der sich aus der Vielzahl individueller Ent-

---

[207] Vgl. Kommentierung zu § 1 sowie *Podszun* WRP 2009, 509 ff.; *Podszun* in: Hilty/Henning-Bodewig, Lauterkeitsrecht und Acquis Communautaire, S. 151 ff.; vehement *Schünemann,* Kommentierung zu § 3 in der 2. Aufl. dieses Werks. Skeptischer *Hetmank* GRUR 2014, 437.

[208] BT-Drucks. 18/4535, S. 9. Die Formulierung verwendet schon BGH GRUR 2011, 1018 – *Automobil-Onlinebörse.*

[209] *Fikentscher/Hacker/Podszun,* FairEconomy, S. 72.

[210] S. Kommentierung zu § 1.

[211] Für den Marktmachtmissbrauch nach Art. 102 AEUV s. EuGH BeckRS 2012, 80746, Rdn. 42 – *Tomra;* EuGH BeckRS 2009, 70381, Rdn. 106 – *France Télécom.*

[212] S. z. B. BGH GRUR 2015, 909, Rdn. 33 – *Exzenterzähne;* BGH GRUR 2013, 951, Rdn. 36 – *Regalsystem;* BGH GRUR 2010, 1022, Rdn. 15 – *Ohne 19% Mehrwertsteuer;* OLG Köln NJW 2014, 795, 797 – *Satirische Autowerbung;* LG München I BeckRS 2015, 9563 – *AdBlocker Plus.*

[213] BVerfG, GRUR 2008, 81, 82 f. – *Pharmakartell.* Ähnlich BVerfG, NJW 2003, 277 – *Juve-Handbuch.*

[214] *Köhler*/Bornkamm § 1 Rdn. 44; *Beater,* Unlauterer Wettbewerb, § 11 Rdn. 840 ff.; *Drexl,* S. 550, 570 f.; *Emmerich,* Unlauterer Wettbewerb, § 5 II.3c; GroßkommUWG/*Schünemann,* Einl. Rdn. D 81 ff., insbes. Rdn. D 98 f.; *Rittner* in: FS Kraft, S. 519, 530 (Leistungswettbewerb eine begriffliche „Chimäre"); *Sosnitza,* Wettbewerbsbeschränkungen, S. 79, 84; *Teubner* S. 39 ff. Positive Aspekte arbeitet heraus *Hetmank* GRUR 2014 437.

scheidungen der Marktteilnehmer zusammensetzt und von einer gewissen wettbewerblichen Infrastruktur lebt, darf nicht durch Handlungen Einzelner beschädigt werden. Im B2B-Verhältnis bedeutet dies, dass eine unangemessene Beeinträchtigung der wettbewerblichen Entfaltungsmöglichkeiten von anderen Unternehmen nicht vorgenommen werden darf[215] – hier ließe sich, wollte man das UWG einmal mit subjektiven Rechtspositionen durchdenken, an die Abgrenzung von unternehmerischen Freiheitsrechten denken.

Der BGH hat angedeutet, dass es im UWG darum geht, die **Mittel im Wettbewerbskampf** zu 143
kontrollieren.[216] Konkret ist angesichts der objektiven Marktordnung, die das UWG im Sinn hat, eher an die Erkenntnisse der wirtschaftswissenschaftlichen Theorie anzuknüpfen, auch wenn deren Ergebnisse stets normativ zu hinterfragen sind. Aktuell legen die führenden Vertreter der Wettbewerbstheorie den Fokus auf die Erzielung von Effizienzen und die detailgenaue Analyse von Einzelfällen **(„more economic approach").**[217] Eine – je nach Verfahrensart und Instanz unterschiedlich intensive – **Auswirkungsanalyse** ist nach hier vertretenem Verständnis auch für die Bestimmung der Unlauterkeit unverzichtbar. Das ist nicht nur geboten wegen des in § 1 normierten Bezugs des UWG zum unverfälschten Wettbewerb. Auch wer den Wettbewerb nicht zum Fokalpunkt der Schutzrichtung erhebt, kann normative Aussagen über geschäftliche Handlungen nur treffen, wenn er diese in ihren Wirkungen analysiert hat. Zumindest für die BGH-Rechtsprechung ist daher zu verlangen, dass zur Ausfüllung des Unlauterkeitsbegriffs **Folgenerwägungen** angestellt werden und wettbewerbliche Auswirkungen der geschäftlichen Handlung sowie einer intervenierenden Entscheidung (im Sinne eines *counterfactuals*) dargestellt werden. Dabei ist stets zu bedenken, dass eine „Anmaßung von Wissen" *(Hayek)* darin liegt, Prognosen anzustellen.[218] Dies gilt freilich in beide Richtungen – für das geschäftliche Verhalten einerseits, für die gerichtliche Intervention andererseits. Ohne eine Würdigung der wettbewerblichen Wirkungen erstarrt der Lauterkeitsbegriff in formalen Zuschreibungen, die häufig von den vorgeprägten Sichtweisen der Richterbank abhängig sind. Die detaillierte Wettbewerbsanalyse schützt damit auch vor den Verhängnissen der eingeschränkten Rationalität. Die wettbewerbstheoretischen Erkenntnisse, auf die entsprechend Bezug zu nehmen ist, werden in der Kommentierung zu § 1 dargestellt.[219] Welcher ethische Gehalt einem Lauterkeitsrecht zukommt, das wettbewerbskonform ausgestaltet wird und sich für die Schaffung unverfälschten Wettbewerbs und offener Märkte einsetzt, kann dahinstehen.[220] Nur am Rande sei bemerkt, dass Wettbewerb die einzige Wirtschaftsform ist, die der Freiheit des Individuums ebenso wie seiner rechtlichen Gleichordnung umfassend zum Durchbruch verhilft.

4. Unlauterkeit und Interessenabwägung

a) Interessenabwägung als methodisches Prinzip. Während die materielle Ausfüllung des 144
Unlauterkeitsbegriffs umstritten bleiben wird und sich nur ansatzweise Kriterien aus den internationalrechtlichen Vorgaben, aus § 1 UWG und den übrigen Normen des Gesetzes sowie aus der teilweise überkommenen Rechtsprechung destillieren lassen, ist die Methodik der Begriffsausfüllung relativ klar. Bei der Konkretisierung der Generalklausel (nicht anders als bei der Auslegung des ganzen UWG) geht es um die **Abwägung schützenswerter, marktorientierter Partikularinteressen,** die mit dem Allgemeininteresse am **Schutz des unverfälschten Wettbewerbs** in Einklang zu bringen sind.[221] § 1 sieht dies entsprechend vor. In der Tradition der Interessen- und Wertungsjurisprudenz hat die Interessenfeststellung und Interessenabwägung auch im Lauterkeitsrecht ihren festen Platz in Rechtsprechung[222] und Literatur[223] gefunden. Ihre Notwendigkeit steht erst recht außer Zweifel, nachdem § 1 die Schutzsubjekte des Lauterkeitsrechts – Mitbewerber, Verbraucher,

---

[215] BGH GRUR 2011, 1181 – *Automobil-Onlinebörse.*

[216] BGH WRP 2013, 1183, Rdn. 37 – *Standardisierte Mandatsbearbeitung.*

[217] Vgl. *Podszun* WRP 2009, 509.

[218] Darauf weist zu Recht MünchKommUWG/*Sosnitza* § 3 Rdn. 66 hin, der es aber zugleich für rechtswissenschaftliches Allgemeingut hält, dass Folgenerwägungen anzustellen sind.

[219] Vgl. für die Irreführung bereits zu komplex für ein UWG-Verfahren *Pajarskas* ECLR 2015, 317.

[220] Vgl. *Schünemann* in der 2. Auflage dieses Werks, Rdn. 267.

[221] Vgl. nur MünchKommUWG/*Sosnitza,* § 3 Rdn. 67; *Glöckner/Henning-Bodewig* WRP 2005, 1311, 1327; *Emmerich,* Unlauterer Wettbewerb, § 5 II.4.

[222] Vgl. z. B. BGH GRUR 2007, 890, 892 – *Jugendgefährdende Medien bei eBay;* zu § 1 UWG a. F. vgl. hier nur BGH GRUR 2001, 1181, 1082 – *Blindenwaren;* 2001, 1061, 1062 – *Mitwohnzentrale;* 1982, 118 – *Kippdeckeldose.*

[223] Grundlegend *Kraft,* Interessenabwägung, passim, z. B. S. 101 ff., 119 ff.; s. im Übrigen z. B. *Beater,* Unlauterer Wettbewerb, § 13 Rdn. 976 ff.; Fezer/*Fezer,* UWG § 3 Rdn. 79 ff.; MünchKommUWG/*Sosnitza,* § 3 Rdn. 67 ff.; *Schünemann* WRP 2004, 925, 931 ff.; *Teubner,* S. 45.

sonstige Marktteilnehmer, die Allgemeinheit – und damit deren Interessen[224] ausdrücklich beim Namen nennt.

145 Wie auch außerhalb des Wettbewerbsrechts ist dabei eine bestimmte **Schrittfolge** einzuhalten: Der **Feststellung** der involvierten Interessen schließt sich deren Bewertung als schutzwürdig bzw. schutzunwürdig an; mehrere kollidierende schutzwürdige Interessen sind sodann gegeneinander abzuwägen.[225] Eine **Abwägung** ist stets unausweichlich, da auch das Freiheitsinteresse des Handelnden zu berücksichtigen ist. Die Interessenabwägung ist das Verfahren, das die Feststellung der Unlauterkeit legitimiert. Da der Begriff der Unlauterkeit anders nur in umstrittener Weise zu definieren ist, kommt diesem prozeduralen Weg die praktisch entscheidende Rolle zu. Das Fehlen eines glasklaren materiellen Maßstabs ist zwar unbefriedigend, in einem komplexen, dezentralen und demokratischen System aber durchaus nicht unüblich. Will man den Lauterkeitsbegriff praktisch besser konturieren, muss man die Rolle der **Richterschaft** in diesem Definitionsprozess anerkennen und deren Beschränkungen und Vorprägungen reflektieren. Der Ausweg aus dem Labyrinth der Unlauterkeitsdefinitionen führt also über ein bestimmtes Verfahren, die Abwägung.

146 **b) Einfließende schutzwürdige Interessen.** Der **Abwägungsvorgang** hat in drei Schritten zu erfolgen.[226] Erstens sind die schutzwürdigen Interessen zu ermitteln, diese sind zu bewerten und schließlich miteinander abzuwägen. Welche Interessen schutzwürdig sind, gibt § 1 in allgemeiner Form vor (siehe dortige Kommentierung). Nicht zu vergessen sind die Interessen des **Handelnden,** der das Primat der freien Entfaltung im wirtschaftlichen Verkehr für sich beanspruchen kann. In der Abwägung ist zu beachten, dass der Gesetzgeber für die Interessen des **Verbrauchers** das modernisierte Verbraucherleitbild zugrunde legt. Die Interessen der **Mitbewerber** und sonstigen Marktteilnehmer werden nicht derartig konkretisiert, sie sind in aller Regel pekuniär zu messen. Das Interesse der **Allgemeinheit** am unverfälschten Wettbewerb ist – auch im einstweiligen Verfahren! – zumindest kursorisch vom Gericht anhand der dargestellten Kriterien zu prüfen und durch Hinweise oder eigene Sachkunde prozessual zu integrieren.

147 Eine **richtlinienkonforme Auslegung** erfordert für die verbraucherschützenden Tatbestände, die aus der UGP-Richtlinie stammen, eine Betonung des Verbraucherschutzes. Dabei kann durchaus von der Wettbewerbsanalyse gestartet werden. Bei einer Auswirkungsanalyse würden sich dann aber die Ziele der Konsumentenwohlfahrt gegenüber anderen Aspekten durchsetzen. Konsumentenwohlfahrt äußert sich bei einer wettbewerbsgeprägten Auslegung des Begriffs vor allem in der Prüfung der folgenden Fragen: Wird die Auswahl für Verbraucher verringert? Wird durch die geschäftliche Maßnahme der Preis erhöht oder der Output verringert, also eine potenzielle Nachfrage nicht befriedigt? Ist dem Verbraucher eine freie und informierte Entscheidung anhand seiner Konsum-Präferenzen möglich?

148 Es kann – je nach Fall – geboten sein, diese Interessen anhand eines mittelfristigen **Summeneffekts** zu bewerten. Verbraucherschutz meint im UWG nämlich nicht kurzfristigen Individualschutz, sondern **langfristigen Verbraucherschutz im Allgemeininteresse.** Die Anerkennung der Rolle des mündigen Verbrauchers seit *John F. Kennedys* bahnbrechender Ansprache 1962[227] wird nicht umsonst als wesentlicher Baustein des Erfolgs moderner westlicher Volkswirtschaften angesehen.[228]

149 **Sonstige Allgemeininteressen** sind seit 2004 eindeutig nicht mehr Gegenstand der lauterkeitsrechtlichen Normen (dazu ausführlich *Podszun* § 1 Rdn. 71 ff.).

150 Bei der lauterkeitsrechtlichen Prüfung steht immer wieder in Frage, ob **einzelne Elemente des Verhaltens** berücksichtigt werden müssen. Hier gilt grundsätzlich: Abzustellen ist auf die geschäftliche Handlung als solche, denn nur diese ist Gegenstand des Unterlassungsbegehrens. Ihr muss der Unlauterkeitswert bereits innewohnen.

---

[224] Zum Interesse der Allgemeinheit ausführlich, allerdings vor 2008 *Kaplan,* Das Interesse der Allgemeinheit bei der Konkretisierung der Generalklausel des § 3 UWG, 2008; Wenn § 1 nur in Bezug auf das Schutzsubjekt Allgemeinheit auf dessen „Interesse" zu sprechen kommt, dann hat dies formulierungstechnische Gründe. Der Sache nach schützt das Gesetz die Interessen der Marktteilnehmer an lauterem Wettbewerb. Weitergehend kann das Interesse der Allgemeinheit an einem unverfälschten Wettbewerb als mitgeschützt verstanden werden. Die Berücksichtigung von Allgemeininteressen bleibt gleichwohl ausgeschlossen (so auch OLG Hamm MMR 2010, 548).

[225] S. *Kraft,* Interessenabwägung, S. 65, 76, 89 im Allgemeinen und S. 209, 213, 217, 251 in speziellem Bezug auf das Lauterkeitsrecht. Beschreibung des notwendigen Prozedere gerade für § 3 UWG bei Fezer/*Fezer,* UWG § 3 Rdn. 79.

[226] Siehe hierzu schon die Kommentierung zu § 1.

[227] *Kennedy,* Special Message to the Congress on Protecting the Consumer Interest, 15.3.1962, abrufbar unter http://www.presidency.ucsb.edu/ws/?pid=9108.

[228] Pointiert *Ferguson,* Civilization, 2012.

Die **Vorgeschichte** einer geschäftlichen Handlung wird daher grundsätzlich nicht berücksichtigt.[229] 151

Ebenso wenig sind die konkret eintretenden **Handlungsfolgen** berücksichtigungsfähig. Nicht der Erfolg einer Handlung, sondern ihre Eignung dazu ist Gegenstand der Prüfung. Dies ergibt sich schon daraus, dass das Verhalten auch ex ante untersagungsfähig sein muss. Allerdings wird sich der Unwert der geschäftlichen Handlung in der Regel aus den typischerweise zu erwartenden Folgen ergeben. In diesem Sinne ist die ökonomisch geforderte Auswirkungsanalyse zu verstehen. Hier ist der wahrscheinliche Kausalverlauf zu prognostizieren, was naturgemäß mit Unsicherheiten verbunden ist. Antragsteller und Rechtsprechung müssen sich dabei der „Prognosefeindlichkeit" des offenen Entdeckungsverfahrens einer Marktwirtschaft bewusst sein.[230] Eine gewisse Zurückhaltung[231] oder Relativierung[232] sollte vor zu kühnen Aussagen schützen und die Anfälligkeit für einen lauterkeitsrechtlichen Interventionismus vor Augen führen. 152

Diskutiert wird auch, wie mit **subjektiven Unlauterkeitsmerkmalen** (Motive und Absichten, Kenntnis der Tatumstände oder Bewusstsein der Tatumstände) umzugehen ist. 153

Früher wurde bei einzelnen Tatbeständen auf **subjektive Elemente** abgestellt. So wurde beim Verkauf unter Einstandspreis[233] Verdrängungsabsicht verlangt, bei der sklavischen Nachahmung Ausnutzungsabsicht,[234] beim Abwerben eine Schädigungsabsicht der Konkurrenz[235] und bei der Übertretung außerwettbewerblicher Normen ein planvolles Vorgehen.[236] In späteren Urteilen löste man sich aber immer stärker von solchen subjektiven Elementen. Gegen eine Berücksichtigung spricht, dass das UWG auf die objektive Interessenlage abstellt. Für den unverfälschten Wettbewerb ist die subjektive Motivation der Marktakteure irrelevant. Auch eine moralische Aufladung des Gesetzes soll nicht mehr stattfinden. Zumindest im Rahmen des § 3 sind deshalb **keine subjektiven Unlauterkeitselemente** anzuerkennen.[237] 154

Ob **spezielle Tatbestände** wie z. B. § 4 Nr. 4 („gezielte" Behinderung) subjektive Unlauterkeitsmerkmale erfordern, ist hier nicht zu entscheiden. Insoweit wird auf die einschlägigen Kommentierungen verwiesen. 155

Auch eine **Kenntnis** der die Unlauterkeit begründenden Tatumstände, die früher vielfach verlangt wurde,[238] ist wegen des Abstellens auf die objektive Wettbewerbsbeeinträchtigung entbehrlich. Auch individuelle Vorwerfbarkeit ist nicht mehr mit dem Unlauterkeitsvorwurf verknüpft. Auf solche Kenntnis ist daher zu verzichten.[239] Praktisch erlangt der Handelnde durch die Abmahnung Kenntnis von dem (vermeintlichen) Unlauterkeitsverdikt. Unberührt ist davon die Frage, ob auf Sanktionsebene weitere Vorwerfbarkeit gefordert ist. 156

Insgesamt ist festzuhalten, dass **subjektive Merkmale für das Unlauterkeitsurteil keine Rolle spielen.** Dogmatisch können die Unkenntnis der Tatumstände und fehlendes Bewusstsein der Unlauterkeit zwar im Rahmen des Vorsatzverschuldens bedeutsam sein, doch kommt dem im praktischen Ergebnis ebenfalls kein Gewicht zu. Denn für die Feststellung der Unlauterkeit und damit für Unterlassungsansprüche bedarf es überhaupt keines Verschuldens (vgl. § 8, der lediglich an die Unzulässigkeit einer geschäftlichen Handlung anknüpft) und für Schadensersatzansprüche ist Vorsatzverschulden nicht notwendig. Vielmehr reicht gemäß § 9 Fahrlässigkeit aus. Eine Ausnahme von diesem objektiven Verständnis ist nur dann anzuerkennen, wenn einzelne Unlauterkeitstatbestände – wie etwa einige Tatbestände der schwarzen Liste – subjektive Tatbestandsmerkmale aufweisen. 157

---

[229] Vgl. BGH GRUR 2000, 1076 – Abgasemissionen.

[230] *v. Hayek,* Entdeckungsverfahren, passim; *ders.* Ordo 26 (1975), 12, 14 ff.; darauf aufbauend *Hoppmann,* (z. B.) Marktmacht und Wettbewerb, 1977, S. 7 ff.

[231] Vgl. BGH GRUR 1993, 774 – *Hotelgutschein.*

[232] Etwa im Sinne eines wettbewerblichen Verhältnismäßigkeitsprinzips *Beater,* Unlauterer Wettbewerb, § 13 Rdn. 984. – Vgl. *Beater,* Nachahmen im Wettbewerb, 1995, S. 358 ff., 360 ff.; *Drexl* S. 449 ff.; *Köhler* GRUR 1996, 82 ff.; *Ohly/Spence* GRUR Int. 1999, 681, 689.

[233] BGH GRUR 1990, 371 ff. – *Schallplatten-Preiskampf;* BGH GRUR 1990, 685 ff. und 687 ff. – *Anzeigenpreis I und II;* 1991, 616 ff. – *Motorbootfachzeitschrift.*

[234] BGHZ 35, 341, 348 – *Buntstreifensatin.*

[235] OLG Köln WRP 1984, 571, 573.

[236] BGH WRP 1991, 785, 788 – *Kachelofenbauer II;* OLG Köln GRUR 1991, 151, 153 – *Dachdeckerarbeiten.*

[237] Ebenso MünchKommUWG/*Sosnitza* § 3 Rdn. 76. Anders Fezer/*Fezer* UWG § 3 Rdn. 86: Auch wenn die Unlauterkeit bei § 3 „ausschließlich objektiv zu bestimmen" sei, könnten „selbstverständlich" auch subjektive Merkmale des Handelnden, namentlich „böse Absicht" einer Schädigung, die „Sittenwidrigkeit" (gemeint ist wohl: die Unlauterkeit) begründen. Vgl. *Sack,* NJW 2009, 1642; *Peifer* Mitt. d. dt. Patentanw. 2007, 200, 203 f.

[238] Vgl. für die stRspr nur BGH GRUR 1995, 693, 695 – *Indizienkette.*

[239] S. a. BGH GRUR 2005, 778 f. – *Atemtest;* 2006, 82, 85 – *Betonstahl;* 2006, 513, 517 – *Arzneimittelwerbung im Internet.*

158 **c) Grundrechtliche Wertungskriterien.** Verfassungsrechtliche **Vorgaben des deutschen und des europäischen Verfassungsrechts** sind auch bei der Auslegung des UWG zu berücksichtigen.[240] Die europäischen Grundrechte sind gem. Art. 51 Abs. 1 S. 1 GRCh bei der Anwendung des Unionsrechts zu berücksichtigen.[241] Hier ist anzuerkennen, dass eine geschliffene europäische Grundrechtsdogmatik noch im Werden ist. Es ist insofern nicht immer erkennbar, ob der EuGH eine echte Horizontalwirkung europäischer Grundrechte anstrebt oder die Grundrechte nur als gelegentliche Argumentationsfundgruben heranzieht oder eine Lösung dazwischen im Sinn hat. Für die Bestimmungen, die in Umsetzung der UGP-RL stehen, ist jedenfalls **vorrangig auf die europäischen Grundrechte abzustellen,**[242] falls im Rahmen der Verbrauchergeneralklausel (§ 3 Abs. 2) ein Grundrechtsbezug erkennbar ist. Die GRCh kennt – anders als das GG – auch einen ausdrücklichen Schutz der unternehmerischen Handlungsfreiheit, auf den sich der Handelnde berufen kann (Art. 16 GRCh). Im Übrigen sind Grundrechte wie das Recht auf den Schutz personenbezogener Daten (Art. 8 GRCh), der Schutz der Meinungsfreiheit (Art. 11 GRCh), die Berufs- (Art. 15, 16 GRCh) und Eigentumsfreiheit (Art. 17 GRCh) zu berücksichtigen.

159 Für die sonstigen Bestimmungen des UWG, also solche außerhalb des Umsetzungsbereichs der UGP-RL, bleiben die deutschen **Grundrechte des GG** maßgeblich. Sie entfalten als objektive Wertordnung mittelbare Drittwirkung für lauterkeitsrechtliche Fälle[243] und gelten folglich insbesondere im Bereich des Mitbewerberschutzes.[244] Gerichte müssen diese Wirkungen bei ihren Eingriffen berücksichtigen. Es kann allerdings nicht Aufgabe des Lauterkeitsrechts sein, umfassend Möglichkeiten zur Durchsetzung bedrohter Rechtsgüter zur Verfügung zu stellen. Die Verlockung besteht angesichts der effektiven Verfahren des UWG. Als einschlägige Grundrechte sind insbesondere die allgemeine Handlungsfreiheit (Art. 2 GG), die Religionsfreiheit (Art. 4 GG), die Meinungs- und Pressefreiheit (Art. 5 I, II GG), die Kunst- und Wissenschaftsfreiheit (Art. 5 III GG), die Berufsfreiheit (Art. 12 GG) und die Eigentumsfreiheit (Art. 14 GG) zu beachten. Praktisch besonders bedeutsam sind das Grundrecht auf unternehmerische Entfaltung (geschützt durch Art. 2 GG bzw. Art. 2, 12, 14 GG) sowie die Presse- und Meinungsfreiheit (Art. 5 I, II GG). Beides sind Grundpfeiler, auf die sich diejenigen berufen können, deren kommerzielle Äußerungen untersagt werden sollen. Im Einzelnen wird dies kommentiert von *Ahrens,* Einl. G.[245]

160 Verfassungsrang haben auch die Grundsätze der **Gleichbehandlung,** der **Nichtdiskriminierung** und der **Verhältnismäßigkeit,** die bei staatlichen Eingriffen wie einer gerichtlichen Untersagung eines Verhaltens zu berücksichtigen sind. Das Gericht hat also zu prüfen, ob seine Entscheidung nicht willkürlich ist und im Abwägungsprozess eine gleichartige Gewichtung der Interessen vorgenommen wird, auch im Verhältnis zu anderen Fällen und mit Blick auf die Wettbewerbsmöglichkeiten von Unternehmen aus verschiedenen Staaten der EU. Zudem darf ein Einschreiten nicht unverhältnismäßig sein. Dazu ist die staatliche Intervention auf das erforderliche Maß zu beschränken. Das gilt insbesondere für die Tenorierung.

161 **d) Würdigung der Umstände des Einzelfalls.** Abschließend zur Interessenabwägung ist nicht noch einmal eine **Gesamtwürdigung** aller Umstände vorzunehmen. Die Rechtsprechung verwendet jedoch häufig die Formel, dass die Umstände des Einzelfalls berücksichtigt werden müssen.[246] Wird die hier beschriebene Methodik gewahrt (Ermittlung der betroffenen Interessen der Betroffenen sowie des Wettbewerbs einschließlich einer Auswirkungsanalyse, sodann Bewertung anhand der Maßstäbe des UWG und übergeordneter Normen), stellt sich nicht mehr die Frage nach einer abschließenden Gesamtwürdigung. Die Abwägung erfolgt nämlich nicht typisiert, sondern **konkret** für den Einzelfall, da ein bestimmtes Verhalten in einer bestimmten Situation Gegenstand des Unterlassungsantrags ist. Eine Einschränkung erfährt dieses Prinzip auch bei der Durchsetzung kollektiver Interessen nur in sehr begrenztem Rahmen. In einem solchen Fall werden zwar die Interessen teilweise typisiert vorgetragen. Weiterhin bleibt die Entscheidung aber auf ein konkretes

---

[240] Ausführlich *Ahrens* Einl. G Rdn. 24, 59ff.; vgl. die Kommentierung von *Podszun* zu § 1 sowie *Köhler/* Bornkamm § 3 Rdn. 1.13ff.

[241] Vgl. BGH GRUR 2011, 513, 515 – *AnyDVD;* BGH WRP 2011, 870, Rdn. 19ff. – *Unser wichtigstes Cigarettenpapier;* ferner Erwägungsgrund 25 UGP-Richtlinie.

[242] OLG Hamburg GRUR-RR 2010, 74, 77.

[243] Mit der ständigen Rspr des BVerfG (beginnend mit BVerfGE 7, 198, 206ff. – *Lüth;* s. neuerdings BVerfG GRUR 2008, 81 – *Pharmakartell;* BVerfG GRUR-RR 2011, 217, 218 – *WM-Marken*) allg. M. – Zur wettbewerbsrechtlichen Umsetzung vgl. nur *H.-J. Ahrens* Einl. G Rdn. 24, 59ff.; *Beater* WRP 2012, 6ff.

[244] Dazu BGH WRP 2010, 764, Rdn. 60 – *WM-Marken.*

[245] Siehe auch *Köhler*/Bornkamm § 3 Rdn. 1.13ff.

[246] Etwa BGH GRUR 2014, 785, Rdn. 23 – *Flugvermittlung im Internet;* BGH GRUR 2014, 393, Rdn. 28 – *Tippfehlerdomain.* S. für das Schrifttum z.B. HK/*Plaß* § 3 Rdn. 45; *Kraft,* Interessenabwägung, S. 142; *Tyllack* S. 227.

geschäftliches Verhalten bezogen. Gerade in einem Rechtsgebiet, das von wertungsoffenen Begrifflichkeiten durchsetzt ist, wie das Lauterkeitsrecht, ist auf eine strikte Einhaltung der formalen Prüfungsschritte zu achten. Andernfalls geht die Rechtssicherheit verloren.

5. Zusammenfassung: Keine gespaltene Unlauterkeitsbegrifflichkeit

Mit dem hier dargestellten Konzept ist das Ziel zu erreichen, den Unlauterkeitsbegriff im Ausgangspunkt **für das gesamte UWG einheitlich** festzustellen – sowohl insoweit es der Richtlinienumsetzung dient als auch soweit es darüber hinausgeht. Eine Spaltung des einheitlich verwendeten Terminus ist damit nicht angezeigt. Das ist normsystematisch auch sinnvoll: es ist nicht zu vermitteln, dass ein Begriff, der sogar im Titel des Gesetzes verwendet wird, in diesem Gesetz zwei verschiedene Bedeutungen haben soll. 162

Nach der hier vertretenen Auffassung ist der Begriff der Unlauterkeit **wettbewerbsfunktional** auszulegen. Die geschäftlichen Handlungen sind also primär danach zu bewerten, welche Wirkungen sie im Wettbewerb entfalten und wie sich die Märkte dadurch in ihrer Offenheit, ihrer Struktur und in den Verhaltensmöglichkeiten für die Marktteilnehmer ändern. Die **Entfaltungsmöglichkeiten** der verschiedenen Akteure am Markt – einschließlich der Verbraucher – soll nicht unangemessen beeinträchtigt werden. Dies ergibt sich aus traditioneller deutscher Sicht schon aus der Stellung des UWG als eines Wettbewerbsgesetzes, das elementarer Bestandteil der **Wirtschaftsordnung** ist. Solche wirtschaftsrechtlichen Gesetze sind in ihrer Wirkung für das Wirtschaftsmodell (oder Wettbewerbsleitbild) auszulegen. Das deutsche (und eigentlich auch europäische) Modell der Marktwirtschaft ist – insoweit sogar noch immer in der Tradition der Ordoliberalen – geprägt durch eine konstitutionalisierte Rahmenordnung, die das Eingreifen des Staates darauf beschränkt, einen Handlungsrahmen zu setzen und rasche, effiziente Durchsetzungsmöglichkeiten zur Verfügung zu stellen. Innerhalb dieses Rahmens – insoweit über die Ordoliberalen hinausgehend – ist eine ökonomische Analyse anzustellen, welche Handlungen in welcher Form das Funktionieren der Marktwirtschaft beeinträchtigen würden (Stichwort: more economic approach).[247] Markt- und wettbewerbsfunktional ist also eine Auslegung des Begriffs der Unlauterkeit, die das Verhalten des Einzelnen mit Blick auf das Funktionieren des Koordinationsprozesses Markt insgesamt würdigt. Eine wesentliche Erkenntnis der UWG-Gesetzgeber war, dass **Fairness für das Funktionieren von Märkten** essentiell ist.[248] Andernfalls würde nämlich das für Transaktionen notwendige Vertrauen ins Gegenüber schwinden, die Transaktionskosten würden erheblich steigen. In der Folge käme es zu weniger Austausch am Markt, der Wettbewerb würde leiden. Eine Volkswirtschaft funktioniert daher nur, wenn das Vertrauen der Marktteilnehmer in gewisse Fairness-Standards und deren effektive Durchsetzung gewahrt bleibt. Die Integration des Merkmals der „anständigen" Gepflogenheiten oder der „fairen" Geschäftspraktiken in die UWG-Prüfung lässt sich also auch wettbewerbsfunktional bewerkstelligen. 163

Für die verbraucherbezogenen Tatbestände, also hier § 3 Abs. 2, lässt sich dieser Gedanke ebenfalls fruchtbar machen. Nach **moderner Lesart des Verbraucherrechts** ist nämlich nicht ein protektionistisch-paternalistischer Schutzbegriff anzulegen, der vom Schutz der Schwächeren ausgeht. Vielmehr ist die „wirtschaftliche Selbstbestimmung des Verbrauchers" *(Drexl)*[249] der Ausgangspunkt modernen Verbraucherschutzes. Es geht also genau um die soeben beschriebene Beteiligung auch dieser Akteure am Marktgeschehen. Autonomie und Gleichordnung sind dafür relevant, und diese Rahmenbedingungen für private Nachfrageentscheidungen sichert das UWG in Umsetzung der UGP-RL. Indem Verbraucherschutz so verstanden wird – Ermöglichung einer gleichberechtigten und autonomen Teilnahme der Verbraucher am Wirtschaftsverkehr – wird sowohl dem Verbraucherschutzpostulat der Richtlinie Rechnung getragen als auch dem Ziel, den Binnenmarkt in der Union zu stärken. Dies ist, zur Erinnerung, erklärtes Ziel der UGP-RL, die eben nicht einseitig protektiv ausgerichtet ist. Sie ist, wie das gesamte europäische Wirtschaftsrecht, von einer Wettbewerbs- und Marktorientierung getragen. Unlautere Verhaltensweisen gegenüber Verbrauchern sind also nicht deshalb unzulässig, weil sie einen (vermeintlich) Schwächeren absolut benachteiligen, sondern weil sie einen gleichgeordneten und freien Marktakteur in seiner Entfaltung am Markt behindern. 164

Von dieser abstrakten Bestimmung der Unlauterkeit ausgehend wird die **konkrete Grenzziehung** methodisch der **Interessenabwägung** überantwortet. Die Gerichte müssen also im Dialog mit den Verfahrensbeteiligten sowie mit Blick für die im Prozess nicht repräsentierten Interessen im 165

---

[247] Vgl. *Podszun* WRP 2009, 509.
[248] *Fikentscher/Hacker/Podszun,* FairEconomy, passim.
[249] *Drexl,* Wirtschaftliche Selbstbestimmung des Verbrauchers.

Einzelfall diskutieren, welche Interessen überwiegen. Diese Interessen sind nur wettbewerbliche Interessen, andere sind von UGP-Richtlinie und UWG nicht für diesen Abwägungsvorgang anerkannt. Die Interessenabwägung ist die rechtlich verfasste Entsprechung zum wirtschaftspolitischen Diskurs in der Gesellschaft, welcher Fairness-Standard für ein Funktionieren der Marktwirtschaft für erforderlich gehalten wird. Dies ist ein in der Gesellschaft und bei Gericht nie endender Diskurs. Mit jeder Entscheidung, insbesondere von BGH und EuGH, stellt sich wieder die Frage, ob sich die Wertung nicht inzwischen evolutiv verschoben haben könnte.

166 In diesem diskursgetriebenen Abwägungsvorgang kommt es aber zu einer **Spaltung** zwischen solchen Fällen, die nach § 3 Abs. 2 zu entscheiden sind, und denen, die nach § 3 Abs. 1 zu entscheiden sind. Gemäß den Vorgaben der UGP-Richtlinie sind in der Interessenabwägung nach § 3 Abs. 2 die Verbraucherinteressen höher zu gewichten. Sie dürften in der Regel die entscheidenden Interessen sein. Im Rahmen von § 3 Abs. 1 hingegen stehen die Interessen gleichberechtigt nebeneinander.[250] Da Verbraucher insbesondere bei langfristiger Perspektive, das Interesse haben müssen, Marktwirtschaft und Wettbewerb zu sichern, um bestmöglich zu profitieren, werden sich die Ergebnisse der Abwägung oft nicht voneinander unterscheiden.

IV. Sachverhaltskonstellationen für eine originäre Anwendung von § 3 Abs. 1

167 Die von der Rechtsprechung bislang anerkannten Sachverhaltskonstellationen, die unter § 3 Abs. 1 UWG entschieden wurden, sind aufzuteilen in solche, die eher dem Verbraucherschutz und damit der Generalklausel des § 3 Abs. 2 zuzuordnen sind sowie solche, bei denen sich die geschäftliche Handlung an sonstige Marktteilnehmer wendet. Es empfiehlt sich – anstelle der an § 1 UWG erinnernden Terminologie der Fallgruppen – von **Sachverhaltskonstellationen** zu sprechen, die unter § 3 Abs. 1 subsumiert werden können. Es lassen sich jedenfalls Fälle „clustern", die in der Praxis hier einzuordnen sind. Zu warnen ist nur davor, in der Praxis an überkommenen Fallgruppen festzuhalten. Das würde dem modernisierten und liberalisierten UWG ebenso wenig gerecht wie der Systematik des § 3 Abs. 1, der eben nur ein Auffangtatbestand für Einzelfälle sein soll.

1. Wettbewerbliche Verkehrspflichten

168 Von besonderer Bedeutung ist das BGH-Urteil ***Jugendgefährdende Medien bei eBay,***[251] weil dort nicht nur unmittelbar § 3 UWG 2004 (jetzt: § 3 Abs. 1) als Verbotsgrundlage herangezogen wurde, statt eine analoge Anwendbarkeit des § 4 Nr. 11 UWG a. F. (jetzt § 3a) zu prüfen, sondern darüber hinaus die Unlauterkeit mit dem Verstoß gegen **„wettbewerbliche Verkehrspflichten"** begründet wurde.[252] Diese Rechtsprechung findet ihre Fortsetzung in der Entscheidung zur unzureichenden Sicherung eines eBay-Mitgliedskontos.[253] In der Entscheidung *Haftung für Hyperlink* hat der BGH allerdings wiederum § 4 Nr. 11 a. F. geprüft.[254]

169 Der BGH hatte in dem wegweisenden eBay-Urteil die Verletzung der fachlichen Sorgfaltspflicht angenommen und eBay eine **Prüfpflicht** auferlegt. Das Unternehmen war verpflichtet worden, auf Hinweis hin sofort zu prüfen, ob ein rechtsverletzendes Angebot auf seiner Plattform gegeben ist (etwa wegen der Verletzung des Jugendschutzgesetzes) und dieses Angebot ggf. unverzüglich zu löschen. Zudem war eBay auferlegt worden, zumutbare Vorsorgemaßnahmen zu treffen, um entsprechende Verstöße auf seiner Verkaufsplattform auszuschließen. Bei Verletzung dieser „wettbewerblichen Verkehrspflichten" soll der Plattformbetreiber als Täter einer unlauteren Handlung anzusehen sein.

170 Die Konstellation ist ausgedehnt auf andere **Plattformbetreiber,** die **als Täter unlauterer Handlungen** anzusehen (und nicht als „Störer"), soweit sie durch ihre Plattform die ernsthafte Gefahr schaffen, dass Dritte die Interessen der Marktteilnehmer und der Allgemeinheit am unverfälschten Wettbewerb verletzen. Damit wird die Einhaltung der Wettbewerbsregeln durch Verhaltenspflichten denjenigen Unternehmen zugewiesen, die entsprechend im Wettbewerb profitieren: eine profitable Teilnahme am Marktgeschehen durch Unternehmen legitimiert, dass diese auch in die Pflicht genommen werden können. Ein pflichtenfreies und also risikoloses Eröffnen eines Mark-

[250] Offener *Alexander* WRP 2016, 414.
[251] GRUR 2007, 890 ff.
[252] Vgl. *Goldmann* § 8 Rdn. 71 ff.
[253] Vgl. BGH GRUR 2009, 597, Rdn. 16 ff. – *Halzband.* Eine ähnliche wettbewerbsrechtliche Verkehrspflicht kann für ein Unternehmen angenommen werden, das im Rahmen eines Affiliate-Programms werben will, soweit dauerhafte und in erheblichem Ausmaß jugendgefährdende Inhalte der für seine Werbung vorgesehenen Internetseiten für das Unternehmen klar erkennbar sind; vgl. OLG München WRP 2008, 1471, 1473 f.
[254] BGH GRUR 2016, 209 – *Haftung für Hyperlink.*

tes ist in einer Wirtschaftsordnung nicht vorgesehen. Allerdings kann schon das Setzen eines Hyperlinks eine Gefahr begründen, die zu einer weitergehenden Verpflichtung führt.[255]

Es handelt sich beim Unterlassen der Pflichterfüllung um eine geschäftliche **„Handlung" gegenüber anderen Marktteilnehmern.** Das gilt, obwohl durch Einhalten der Pflichten Interessen von Verbrauchern gewahrt werden. Die Zuordnung zu § 3 Abs. 1 (statt § 3 Abs. 2) ergibt sich insbesondere aus zwei Aspekten: Zum einen ist der Regelungsort für präventive Maßnahmen in den Geschäftsbedingungen des Plattformbetreibers zu sehen, z. B. in den eBay-AGB. Heute sind – selbst bei eBay – typischerweise die Anbieter auf der Plattform überwiegend gewerblich handelnde Akteure, sodass es sich um eine Pflicht handelt, die im **Verhältnis B2B** durchgesetzt wird. Zum anderen hat der BGH in der Entscheidung deutlich gemacht, dass es sich um eine wettbewerbliche Verkehrspflicht handelt, also eine solche, die gerade der Allgemeinheit wegen ihres Interesses am Wettbewerb an sich geschuldet ist – nicht einzelnen Akteuren. Diese Pflicht trifft die Unternehmen nicht in ihrem Außenkontakt zu Verbrauchern, sondern als Element der unternehmerischen Sorgfalt im ureigenen Wirkungskreis. Für eine Einordnung in das Schutzsystem nach § 3 Abs. 1 spricht schließlich die Nähe zu § 3a, der den Rechtsbruchtatbestand ebenfalls nicht als verbraucherbezogene Pflicht konstruiert, sondern als Pflicht im Wettbewerb an sich. 171

Die wettbewerblichen Verkehrspflichten, die an die deliktsrechtlichen Verkehrssicherungspflichten angelehnt sind, erweitern den Schutz des unverfälschten Wettbewerbs über § 3 Abs. 1. Ihre Einführung in der Rechtsprechung verdanken sie der unbefriedigenden Situation der **Störerhaftung,** die insbesondere in **Internet-Fällen** zu problematischen Ergebnissen führte, wenn Rechtsverletzungen auf Internetplattformen durch Nutzer dieser digitalen Plattformen begangen wurden. Einerseits ist der Störer (also der Plattformbetreiber) nicht selbst „Täter" und daher nicht schadensersatzpflichtig. Andererseits kann bei bloßer Annahme einer Verantwortung aufgrund von Störung die Haftung rasch ausufern. Hier behalf sich die Rechtsprechung mit der Einführung von Prüfungspflichten für die Plattformbetreiber: diese haben in gewissem Rahmen durch proaktives Verhalten (z. B. Nutzung von Filtersystemen in den Grenzen von §§ 7 ff. TMG) sicherzustellen, dass keine Rechtsverletzungen auf ihren Plattformen begangen werden. Mit dem Urteil *Jugendgefährdende Medien bei eBay* erhob der BGH die Verletzung solcher Pflichten in den Rang einer **täterschaftlichen Handlung:** Aus dem Störer, dessen Haftung durch Beachtung von Pflichten eingegrenzt werden konnte, wurde dogmatisch der Täter, dessen Haftung durch Nichtbeachtung von Pflichten begründet wird. Hintergrund dieser Verschiebung sind auf Rechtsfolgenseite die angestrebten **Sanktionsmöglichkeiten,** dogmatisch lässt sich die Täterschaft durch eine Verschiebung des Schwerpunkts der Vorwerfbarkeit begründen: nicht der Betrieb der Plattform ist das Problem, sondern deren ungenügende Überwachung. Abstrakt lässt sich die wettbewerbliche Verkehrspflicht begründen aus einer Ingerenz. Wer im geschäftlichen Verkehr die **ernsthafte Gefahr** eröffnet, dass lauterkeitsrechtlich geschützte Interessen der Marktteilnehmer verletzt werden, hat im Rahmen des Zumutbaren dafür Sorge zu tragen, Vorkehrungen gegen solche Rechtsverletzungen zu treffen. 172

Eine Haftung resultiert beim Unterlassen solcher Pflichten neben dem gefahrbegründenden vorangegangenen Tun aus Gesetz, aus Vertrag oder aus der Inanspruchnahme von Vertrauen.[256] Die Unterlassung konkretisiert sich umgekehrt in einer Handlungspflicht, nämlich typischerweise in Prüfpflichten, Überwachungspflichten, Informationspflichten oder Eingriffspflichten.[257] Eine detaillierte Kommentierung liefert *Goldmann* im Rahmen der Passivlegitimation. 173

Etabliert hat der BGH den Verstoß gegen solche **Verkehrspflichten als Fall des § 3 Abs. 1** vorerst nur für die Haftung im Internet für Rechtsverletzungen Dritter. Bemerkenswert ist, dass sich der BGH der in der Literatur erhobenen Forderung[258] nach Ausdehnung dieses Schutzkonzepts auf den Bereich der Immaterialgüterrechte nicht angeschlossen hat.[259] Dies könnte als Zeichen gesehen werden, dass der BGH den Ausnahmecharakter der Verkehrspflichten unterstreichen will. **Zurückhaltung** ist geboten, da Verkehrspflichten rasch begründet werden können und eine Marktregulierung droht. Schließlich eröffnet bei großzügiger Auslegung jede Eröffnung eines Verkehrs bestimmte Gefahren für die Marktteilnehmer. Ein Korrektiv besteht in der Schwelle der **Zumutbarkeit:** vom Täter sind nur solche Handlungen zu verlangen, die zumutbar sind. Verneint wurde bei- 174

[255] BGH GRUR 2016, 209, Rdn. 26 – *Haftung für Hyperlink.*

[256] BGH GRUR 2014, 883, Rdn. 18 – *Geschäftsführerhaftung.*

[257] Vgl. BGH GRUR 2014, 883; *Köhler*/Bornkamm § 8 Rdn. 2.10.

[258] Vgl. *Leistner* GRUR-Beil. 2010, 1 ff.; *Gräbig* MMR 2011, 504 ff.; *Köhler* GRUR 2008, 1 ff.

[259] BGH GRUR 2013, 370 – *Alone in the dark;* BGH MMR 2011, 172 – *Kinderhochstühle im Internet;* BGH GRUR 2010, 633 – *Sommer unseres Lebens.* Die markenrechtliche Entscheidung *Halzband* (BGH, GRUR 2009, 597) nimmt eher eine Haftung aus Rechtsscheingesichtspunkten an, auch wenn sie ähnlich gelagert ist. Die Übertragbarkeit von *Halzband* sollte nicht überschätzt werden.

spielsweise die Zumutbarkeit der manuellen Kontrolle jedes einzelnen Angebots, das auf Internetplattformen hochgeladen wird. So hat der BGH die Abgabe falscher oder ehrenrühriger Nutzerbewertungen auf einem **Hotelbewertungsportal** nicht als täterschaftliche Handlung des Portalbetreibers angesehen.[260] Es fehle an einem zumutbaren Kontrollmechanismus, mit dem solche Rechtsverletzungen erfasst werden könnten. Gerade bei Äußerungen (also nicht Warenangeboten) ist derzeit noch immer ein wertender Blick eines geschulten Mitarbeiters erforderlich. Eine technologische Filterlösung scheint dafür noch nicht gefunden, zumal ein solcher Filter mit Blick auf die Meinungsfreiheit eine sehr genaue Abwägung treffen müsste.[261] So ist für Betreiber digitaler Plattformen wohl nur zumutbar, wenn sie technisch investieren können, nicht aber, wenn sie hohen Personalaufwand treiben müssten. Dass darin eine Privilegierung der Internetökonomie zu sehen ist, für die Reputationsmechanismen wie Bewertungsportale wichtig sind, liegt auf der Hand.

175 Der BGH weist darauf hin, dass die Kontrollmechanismen jedenfalls nicht zu einer **Gefährdung eines an sich zulässigen Geschäftsmodells** führen dürften. Ist das Geschäftsmodell hingegen von vorn herein auf Rechtsverletzungen hin ausgelegt, ist eine Haftung zu bejahen.[262] Immer zumutbar ist die Prüfung auf Hinweis hin, selbst wenn eine präventive Kontrolle aller Inhalte nicht geschuldet sein muss und auch wenn die Rechtsverletzung nicht evident ist.[263]

176 Der BGH stellt klar, dass die Verkehrssicherungspflichten **Verhaltensunrecht** sanktionieren und daher eine Störerhaftung ausscheidet. Letztere ist nur bei der Verletzung absoluter Rechte anwendbar. Die Passivlegitimation im UWG-Verfahren richtet sich also immer nach den deliktsrechtlichen Kategorien von Täterschaft und Teilnahme.[264] Lehnt man sich an die Verkehrssicherungspflichten des **§ 823 Abs. 1 BGB** an, so wird deutlich, welche Möglichkeiten das Konzept der Verkehrspflichten eröffnet: Die Verkehrssicherungspflichten sind auf die individualisierten, absoluten Rechte des § 823 Abs. 1 BGB zugeschnitten. Dass der BGH sie auch im Lauterkeitsrecht konstruiert, heißt nicht zwingend, dass er dem unverfälschten Wettbewerb gleichermaßen absoluten Schutz zukommen lassen will. **Verkehrspflichten** zeigen vielmehr gerade die Fokussierung auf ein Handlungsunrecht im UWG. Ihre Begründung liegt darin, dass eine Haftung für Unterlassen und mittelbare Rechtsverletzungen ermöglicht werden soll, die aber zugleich eingeschränkt werden muss.[265] Auch für den Bereich des BGB ist umstritten, in welchen Fällen eine Gefahreröffnung die Annahme einer Verkehrssicherungspflicht rechtfertigt.[266] Die lauterkeitsrechtliche Entwicklung steht hier noch am Anfang. **Kriterien** können die Intensität der Gefahr, die Bedeutung des Schutzguts, die Schutzbedürftigkeit des vorhersehbaren Opfers, die Zumutbarkeit der Pflichterfüllung und die Verkehrserwartung sein.

2. Unmittelbarer Leistungsschutz

177 Umstritten ist, ob die Generalklausel dem unmittelbaren Leistungsschutz in den Fällen dienen kann, in denen es **keinen ausdrücklichen Leistungsschutz durch ein Spezialgesetz** (etwa das Urheberrechtsgesetz, das Markengesetz u. a.) gibt und § 4 Nr. 3 nicht unmittelbar eingreift. Hintergrund ist die Erbringung von Leistungen samt der dazugehörigen Investitionen, die dann im Wettbewerb nicht oder nicht angemessen von demjenigen genutzt und ausgebeutet werden können, der die Leistung erbracht hat. Ein spezielles Schutzrecht würde dem Leistungserbringer typischerweise ein Verbietungsrecht mit Lizenzierungsmöglichkeit geben. Wo dies fehlt, ist es denkbar, in der **Verwertung der Leistung eines anderen** ein unlauteres geschäftliches Handeln zu erblicken. Das Problem ist allerdings, dass so „durch die Hintertür des UWG“ ein Quasi-Schutzrecht geschaffen würde, das unternehmerische Entfaltungsmöglichkeiten wiederum begrenzt. Der Leistungsschutz hat als Kehrseite der Anreizsetzung nämlich immer eine **Abschottungswirkung.**

177a Der BGH hat auch nach Neufassung der Generalklausel unmittelbaren Leistungsschutz teilweise auf § 3 Abs. 1 gestützt.[267] Hier handelt es sich um geschäftliche Handlungen, die nicht verbraucherbezogen sind, sondern die sich **im Mitbewerberverhältnis** abspielen. Kommentiert wird diese Problematik von *Sambuc* bei § 4 Nr. 3 Rdn. 49.

---

[260] BGH GRUR 2015, 1129 – *Hotelbewertungsportal.* Der BGH stellt insbesondere auf § 4 Nr. 8 (jetzt: § 4 Nr. 2) ab.

[261] Vgl. für den verwandten Bereich der Persönlichkeitsrechte BGH GRUR 2013, 751 – *Autocomplete,* bei dem allerdings eine Störerhaftung angenommen wurde.

[262] Vgl. BGH GRUR 2014, 883 – *Geschäftsführerhaftung.*

[263] BGH GRUR 2016, 209 – *Haftung für Hyperlink.*

[264] BGH GRUR 2014, 883, Rdn. 13 – *Geschäftsführerhaftung.*

[265] Vgl. *Hager* in: Staudinger, BGB, 2009, § 823 Rdn. E 3.

[266] Vgl. *Hager* in: Staudinger, BGB, 2009, § 823 Rdn. E 10ff.

[267] BGH GRUR 2007, 984 – *Gartenliege.*

Hinzuweisen ist an dieser Stelle auf die Diskussion **neuer Leistungsschutzrechte,** etwa für **Sportveranstalter.**[268] Auch wenn diese in ausdrücklicher Form fehlen, lässt sich zumindest argumentieren, dass eine Subsumtion unter § 3 Abs. 1 vertretbar erscheint, wenn die Ergebnisse wettbewerblicher Leistungen Eigenart aufweisen und besondere Umstände hinzutreten, die einen lauterkeitsrechtlichen Schutz angemessen erscheinen lassen. *Schlieper* verortet in § 3 Abs. 1 zudem den Schutz von **Werbeslogans.**[269] Diskutiert wird auch, den **Schutz einer Geschäftsraumgestaltung** unter § 3 Abs. 1 zu fassen.[270] In diesem Zusammenhang ist auch auf die Überlegungen hinzuweisen, ein **Schutzrecht für Daten** zu schaffen. Solange „data ownership" ungeklärt und nicht durch Spezialgesetze erfasst ist, ist es zumindest denkbar, auch das UWG für solche Verstöße heranzuziehen, in denen die persönlichen Daten anderer für eigene geschäftliche Zwecke verwendet werden. Der BGH hat in der Entscheidung *Pippi-Langstrumpf-Kostüm II* dem Schutz von fiktiven Figuren durch UWG eine Absage erteilt.[271] Das sog. **„character mechandising"** sei mit Markenrecht, Urheberrecht und Designschutz weitgehend gesichert. Schutz nach § 3 Abs. 1 komme nur in Betracht, wenn das Interesse an einer ausschließlichen Zuweisung der Verwertungsbefugnis an eine Partei das Allgemeininteresse der Wettbewerbsfreiheit und die Interessen anderer Betroffener (z. B. Wettbewerber) überwiege. Der BGH formuliert eine notwendige (aber wohl nicht zwingende) **Mindestanforderung** für die richterrechtliche **Schaffung eines Leistungsschutzrechts:** Es müsse ein Leistungsergebnis vorliegen, für dieses müssen erhebliche Investitionen getätigt worden sein und die Erbringung und der Bestand des Leistungsergebnisses müssten ohne Schutz ernstlich in Gefahr geraten.[272] Wenn andere Schutzrechte und für konkrete Produkte auch § 4 Nr. 3 zur Verfügung stünden, liege keine Schutzlücke vor. Auch ein Marktversagen sei nicht zu befürchten. 178

Solche Forderungen sind aber am wettbewerbsfunktionalen Verständnis des UWG zu messen, und das bedeutet im Fall der Kreation neuer Schutzrechte durch das Nadelöhr des UWG: es ist erforderlich, dass **andernfalls die wettbewerbliche Entfaltung unmöglich** gemacht würde. In ***hartplatzhelden.de*** hat der BGH[273] zwar ein auf § 3 gestütztes Leistungsschutzrecht eines Sportverbandes diskutiert. Dieser wollte gegen Filmausschnitte vorgehen, die Spielszenen aus Amateurfußballspielen im Internet zeigten. Der BGH lehnte einen derartigen Anspruch aber ab. Nicht jeder, der eine Leistung erbringe, müsse auch an allen Verwertungsarten beteiligt werden. Soweit es möglich sei, über das Hausrecht eine Verwertung ggf. zu unterbinden, sei es nicht erforderlich, über das UWG ein neues Schutzrecht zu kreieren. Der BGH hat hier auch auf die Amortisation von Investitionen hingewiesen. *Ohly* sieht darin zu Recht ein Bekenntnis des BGH zum **Gedanken des Marktversagens.**[274] Das UWG greife dann ein, wenn ohne Schutz ein Marktversagen drohe und die Leistung, nach der eine Nachfrage besteht, nicht mehr profitabel erbracht werden könne. Diese Lesart des Urteils passt zu der Würdigung des UWG als einem Marktordnungsgesetz. 179

In ***Perlentaucher***[275] hat der BGH ein **Leistungsschutzrecht von Verlagen** an Rezensionen, die in ihren Zeitungen erschienen sind, für denkbar gehalten, wenn wettbewerbliche Eigenart vorliege und besondere Umstände hinzuträten. Im konkreten Fall kam es aber wiederum nicht zum Schutz des Verlags, da die **wettbewerbliche Eigenart** verneint wurde. Die Fälle zeigen, dass der BGH es nicht grundsätzlich ausschließt, Leistungsschutzrechte ausnahmsweise über § 3 Abs. 1 zu konstruieren, auch wenn die Hürden dafür eher hoch angesetzt werden. Die Erfahrungen mit dem 2013 in § 87 f. UrhG geschaffenen Leistungsschutzrecht für Presseverleger sind weder vom Verfahren her noch im Ergebnis oder in den Marktwirkungen dazu angetan, die Etablierung weiterer Leistungsschutzrechte (sei es im Immaterialgüterrecht oder über das UWG) zu fördern. 180

3. Allgemeine Marktstörung

Als klassische Sachverhaltskonstellation, die keinen Eingang in die Spezialtatbestände des UWG gefunden hat,[276] ist die allgemeine Marktstörung zu nennen. Das OLG Hamburg hat eine solche etwa beim **kostenlosen Abdruck privater Gelegenheitsanzeigen** in Fachzeitschriften ange- 181

---

[268] Dazu *Hilty/Henning-Bodewig,* Leistungsschutzrechte zugunsten von Sportveranstaltern?, S. 76 ff. m. w. N.; aus der neueren Literatur *Schröer,* Der unmittelbare Leistungsschutz; *Glimski,* Das Veranstalterleistungsschutzrecht; *Röhl,* Schutzrechte im Sport; *Heermann* GRUR 2012, 791.

[269] *Schlieper,* Der Anwendungsbereich der lauterkeitsrechtlichen Generalklausel in § 3 Abs. 1, 2011, S. 174.

[270] Vgl. *Sander* GRUR Int. 2014, 215, 221 f.

[271] BGH, 19.11.2015, Az. I ZR 149/14 – *Pippi-Langstrump-Kostüm II.*

[272] BGH, 19.11.2015, Az. I ZR 149/14, Rn. 26 – *Pippi-Langstrumpf-Kostüm II.*

[273] BGH GRUR 2011, 436, mit Anm. *Ohly;* s. auch *Peukert* WRP 2010, 316; *Ruess/Slopek* WRP 2011, 834.

[274] *Ohly,* GRUR 2010, 487, 493. Ähnlich GK-*Peukert* § 3 Rdn. 482.

[275] MMR 2011, 182, 186 m. Anm. *Rössel.*

[276] BT-Drucks. 15/1487, S. 19. Vgl. GK-*Peukert* § 3 Rdn. 455 ff.

nommen.[277] Zum Teil wird vertreten, bei **Werbeblockern** im Internet könne angesichts der Verluste der betroffenen Websites eine Marktstörung vorliegen.[278] Der BGH hingegen war mit der Bejahung einer solchen Marktbehinderung in jüngeren Urteilen äußerst vorsichtig.[279] Laut BGH liegt eine solche allgemeine Marktbehinderung vor, „wenn eine Preisunterbietung sachlich nicht gerechtfertigt ist und dazu führen kann, dass Mitbewerber vom Markt verdrängt werden und der Wettbewerb dadurch auf diesem Markt völlig oder nahezu aufgehoben wird."[280] Bei dieser geht es in Abgrenzung zu § 4 Nr. 4 nicht um die gezielte, individuelle Mitbewerberbehinderung, sondern um die **allgemeine Behinderung der Wettbewerbsmöglichkeiten.** Diese Konstellation ist demnach besonders dem Schutz des unverfälschten Wettbewerbs verpflichtet, nicht dem Schutz einer individualisierbaren Gruppe und damit ein Fall des § 3 Abs. 1. Kommentiert wird diese Konstellation von *Omsels* bei § 4 Nr. 4 Rdn. 262.

4. Unberechtigte Schutzrechtsverwarnung

182 Auch für die unberechtigte Schutzrechtsverwarnung wird diskutiert, ob diese als Konstellation unter § 3 Abs. 1 zu gruppieren ist. Diese Frage entsteht dadurch, dass die im Übrigen diskutierten Normen (§ 4 Nr. 4, § 4 Nr. 1, § 4 Nr. 2, § 823 Abs. 1 wegen Verletzung des Rechts am eingerichteten und ausgeübten Gewerbebetriebs) jeweils bestimmte Anforderungen haben, über die nicht alle Fälle erfasst werden. Nach der Entscheidung des Großen Senats[281] für eine Anwendung von **§ 823 Abs. 1 BGB** besteht für eine Anwendung des lauterkeitsrechtlichen Auffangtatbestands vorerst keine Notwendigkeit.[282] Kommentiert wird die Problematik von *Omsels* bei § 4 Nr. 4 Rdn. 196ff.

5. Rufausbeutung

183 Denkbar ist es, Fälle der Rufausbeutung, die nicht unter **§ 4 Nr. 3** subsumiert werden können, in § 3 Abs. 1 aufzufangen. Dies wird selten erforderlich sein, da auch im **MarkenG** entsprechende Schutznormen vorhanden sind. Ob überhaupt noch ein Anwendungsbereich für § 3 Abs. 1 besteht, mag bezweifelt werden.[283] Derzeit scheint es, als seien die vom Gesetzgeber als problematisch erkannten Fälle abschließend geregelt. Kommentiert wird die Thematik von *Sambuc* bei § 4 Nr. 3 Rdn. 144ff.

6. Störung von Vertriebsbindungssystemen

184 Umstritten ist, ob in einzelnen Konstellationen die Störung von anerkannten Vertriebsbindungssystemen lauterkeitsrechtliche Konsequenzen auslösen kann. Diskutiert werden etwa Fälle der **Beseitigung von Kontrollnummern,** des **Schleichbezugs** von Waren oder des **Verleitens** von gebundenen Vertriebspartnern zum Vertragsbruch.[284] Ob hier heute noch – nach Rezeption moderner wettbewerbstheoretischer Überlegungen – ein Bedarf besteht, gegen solche „Behinderungen" abseits von § 4 Nr. 4 und kartellrechtlichen Normen vorzugehen, mag bezweifelt werden.[285] Die wettbewerblich nicht immer unproblematischen Vertriebssysteme würden so zusätzlich abgesichert. Kommentiert wird die Thematik von *Omsels* unter § 4 Nr. 4 Rdn. 133ff.

7. Ausnutzung einer amtlichen Stellung

185 Zunehmend geraten **Eingriffe der öffentlichen Hand** in den Wettbewerb ins Visier des Lauterkeitsrechts. Soweit die öffentliche Hand unternehmerisch tätig wird, treffen sie die Verpflichtungen des UWG in selbstverständlicher Weise, da dann geschäftliche Handlungen vorliegen. Es können aber auch geschäftliche Handlungen vorliegen, die erst durch die Vornahme seitens der öffentlichen Hand einen Unlauterkeitscharakter erhalten. Hierfür fehlen dann ggf. spezialisierte

277 OLG Hamburg WRP 2007, 210 – *Fliegerzeitschrift.*

278 *Engels,* GRUR-Prax 2015, 338, 339. Siehe zu Werbeblockern auch unten, Rdn. 193.

279 BGH GRUR 2004, 602 – *20 Minuten Köln;* BGH GRUR 2009, 416 – *Küchentiefstpreis-Garantie.* Für eine Abschaffung der nur noch theoretisch aufrecht erhaltenen Fallgruppe *Schlieper,* Der Anwendungsbereich der lauterkeitsrechtlichen Generalklausel in § 3 Abs. 1, 2011, S. 65.

280 BGH GRUR 2009, 416, Rdn. 25 – *Küchentiefstpreis-Garantie* mit weiteren Voraussetzungen.

281 BGH GRUR 2005, 882 – *Unberechtigte Schutzrechtsverwarnung.*

282 Ausführlich *Schlieper,* Der Anwendungsbereich der lauterkeitsrechtlichen Generalklausel in § 3 Abs. 1, 2011, S. 91.

283 Vgl. aber Ohly/*Sosnitza* § 3 Rdn. 85.

284 Vgl. Ohly/*Sosnitza* § 3 Rdn. 86ff.

285 Dafür *Schlieper,* Der Anwendungsbereich der lauterkeitsrechtlichen Generalklausel in § 3 Abs. 1, 2011, S. 148.

Tatbestände in den übrigen Normen. Es handelt sich regelmäßig um Fälle der Behinderung von Unternehmen, sodass § 3 Abs. 1 der richtige Anknüpfungspunkt für die meisten Konstellationen sein dürfte.[286] Es ist aber auch denkbar, dass sich geschäftliche Handlungen an Verbraucher richten und damit § 3 Abs. 2 unterfallen.

Die **besondere Gefahr** des Eingriffs der öffentlichen Hand liegt in der Machtposition der öffentlichen Hand: Sie verfügt über besondere Handlungsinstrumente, Finanzmittel und Verflechtungen. Bei Nachfragern genießt sie aufgrund der ihr zugeschriebenen Neutralität besonderes Ansehen. Auf diese Aspekte stützt auch der BGH seine Entscheidungen,[287] die sich unter dem Oberbegriff Ausnutzung einer amtlichen Stellung als Fälle des § 3 Abs. 1 zusammenfassen lassen. Noch weitergehend ist jede parteiliche Einflussnahme der öffentlichen Hand auf den Wettbewerb als problematisch anzusehen.[288] **186**

Die Instanzgerichte haben, der zurückhaltenden früheren Rechtsprechung des BGH folgend,[289] auch in den letzten Jahren der öffentlichen Hand **noch weitreichende Freiheiten** gelassen. Grundsätzlich gilt, dass die Betätigung der öffentlichen Hand im auch privaten Unternehmen zugänglichen Wirtschaftsverkehr als zulässig angesehen wird[290] oder jedenfalls eine Frage des Verwaltungsrechts ist.[291] Für die Kennzeichnung als unlauter sind weitere Umstände erforderlich.[292] Hier ist, verglichen mit der BGH-Rechtsprechung in *Solarinitiative,* die Instanz-Rechtsprechung noch sehr amtsfreundlich: Die Vermischung hoheitlicher Aufgaben und der damit verbundenen Ausstrahlungswirkung mit gewerblichen Interessen wird hingenommen, etwa bei der Preisgestaltung für Musikschulen,[293] bei der Unterbringung des profitorientierten städtischen Bestattungsinstituts im Friedhofsgebäude[294] oder der Vermischung der Darstellung von hoheitlichen Aktivitäten und erwerbswirtschaftlichen Angeboten auf der städtischen Website.[295] Die ausschließliche Beauftragung des städtischen Eigenbetriebs statt einer an transparenten Kriterien ausgerichteten Ausschreibung kann unterhalb der Schwellen des Vergaberechts wettbewerbsrechtlich unzulässig sein.[296] **187**

8. Menschenverachtende geschäftliche Handlungen

In der Gesetzesbegründung hat der Gesetzgeber selbst einen Fall genannt, der von der Generalklausel erfasst werden soll, nämlich den einer **menschenverachtenden** geschäftlichen Handlung, die auf die Entscheidungsfreiheit der Angesprochenen einwirkt. Typischerweise werden in dieser Konstellation Werbungen genannt, die **schockieren, diskriminieren oder entwürdigen.** Solche Fälle wurden bisher über § 4 Nr. 1 erfasst, das Merkmal ist aber in § 4a aber nicht mehr genannt. Einige der Sachverhalte wären unter den anderen in § 4a genannten Kriterien zu prüfen. Der Gesetzgeber hat für den verbleibenden Rest auf den Auffangtatbestand des § 3 Abs. 1 hingewiesen und hinzugefügt, dass solche Fälle „außerhalb des Anwendungsbereichs der Richtlinie" liegen müssten. Hier wird Bezug genommen auf die Leitlinien zur Umsetzung der UGP-RL, in der entsprechende Geschäftspraktiken dem nationalen Recht überantwortet werden.[297] Dies gilt sogar dann, wenn Verbraucher angesprochen werden. Entsprechende Verhaltensweisen können aber auch unmittelbar über die Generalklauseln erfasst werden. Wenn eine derartige Geschäftspraxis auf die Entscheidungsfreiheit einwirkt, scheint schlecht vorstellbar, dass eine solche Handlung nicht als unlauter im Sinne der Verbrauchergeneralklausel der UGP-RL zu qualifizieren wäre. Solche Fälle sind allerdings sehr selten; es ist auch Vorsicht geboten – der Vorwurf, sich in menschenverachtender Weise zu verhalten, wiegt schwer. Es müsste gezeigt werden, dass eine geschäftliche Handlung, die sich an **188**

---

[286] Vgl. *Köhler* WRP 2015, 275, 276, der diese Fälle als Paradebeispiel für den Auffangtatbestand des § 3 Abs. 1 nennt.

[287] Insbesondere BGH GRUR 2009, 1080 – *Auskunft der IHK;* BGH GRUR 2013, 301 – *Solarinitiative.* Vgl. GK-*Peukert* § 3 Rdn. 488 ff.

[288] Vgl. *Tieben* WRP 2011, 1101.

[289] BGH GRUR 2005, 960 – *Friedhofsruhe;* BGH GRUR 2002, 825 – *Elektroarbeiten.*

[290] BGH GRUR 2002, 825 – *Elektroarbeiten;* BGH GRUR 2005, 960 – *Friedhofsruhe;* OLG Frankfurt am Main, Az. 6 U 37/07, openJur 2012, 29318 – Städtische Pietät. Kritisch: *Podszun/Palzer* NJW 2015, 1496.

[291] OLG Hamm GRUR-RR 2014, 359 – *Kostenlose Passbilder.*

[292] Vgl. *Schlieper,* Der Anwendungsbereich der lauterkeitsrechtlichen Generalklausel in § 3 Abs. 1, 2011, S. 181 f.

[293] OLG Nürnberg GRUR-RR 2010, 99 – *Städtische Musikschule.*

[294] OLG Frankfurt am Main, Az. 6 U 37/07, openJur 2012, 29318 – *Städtische Pietät;* vgl. aber auch die Schilderpräger-Rechtsprechung, z. B. BGH NJW 2003, 752 – *Kommunaler Schilderprägebetrieb.*

[295] LG Freiburg, Az. 12 O 150/13, openJur 2014, 22013 – *Kommunales Bestattungsinstitut.*

[296] Vgl. LG Freiburg, Az. 12 O 150/13, openJur 2014, 22013 – *Kommunales Bestattungsinstitut;* für das Gas- und Stromnetz *Podszun/Palzer* NJW 2015, 1496 ff. m. w. N.

[297] Vgl. *Köhler*/Bornkamm § 3 Rdn. 2.33.

Verbraucher richtet, die **Menschenverachtung als Mittel** einsetzt, um geschäftliche Ziele zu erreichen. In den Fällen ist eine Verletzung der unternehmerischen Sorgfalt im Sinne einer wettbewerbsfunktionalen Auslegung weiterhin erforderlich,[298] da auch Art. 1 GG nicht unmittelbar zur Anwendung kommt, sondern in den Tatbestandsmerkmalen konkretisiert werden muss. Dies dürfte aber regelmäßig der Fall sein, unabhängig davon, ob der Verstoß unter § 3 Abs. 1 oder Abs. 2 subsumiert werden soll.

189 Maßstab der Menschenverachtung ist die **Kernaussage von Art. 1 GG,** dass der Mensch nie als Mittel benutzt werden darf, sondern immer in seinem Eigenwert als handelndes Subjekt zu sehen ist.[299] Bei der Beurteilung dieser Fälle ist zu berücksichtigen, dass § 1 UWG lediglich das Interesse am unverfälschten Wettbewerb schützt. Über den Hebel der Menschenverachtung kann so **nicht jedes beliebige gesellschaftspolitische Interesse** Einzug in die UWG-Prüfung erhalten. Zutreffend ist aber, dass eine Marktwirtschaft, die die elementarsten Voraussetzungen des gegenseitigen Respekts nicht achtet (und also nicht mit Art. 1 GG in Einklang steht) unternehmerische Sorgfalt missen lässt und letztlich implodieren muss. Zu berücksichtigen ist notabene, dass die europäische Grundrechtecharta Prüfungsmaßstab bei der Anwendung von Normen ist, die auf europäischem Recht beruhen (Art. 51 GRCh).[300]

189a **Beispiele** für eklatante Verletzungen sind äußerst selten. Mit den Entscheidungen zur **Schockwerbung** (Benetton-Rechtsprechung) hat das BVerfG deutlich gemacht, dass nicht leichthin Verstöße gegen die Menschenwürde zu bejahen sind.[301] Schockwerbung kann, wie der Fall der Werbetasse eines Anwalts belegt, ggf. nach Standesrecht zu beurteilen sein.[302] Die Judikatur hat aufgezeigt, dass in diesen Fällen eine **Abwägung** erforderlich sein kann, insbesondere mit der Meinungsfreiheit. Dabei sind verschiedene mögliche Deutungen der entsprechenden Aussagen zu berücksichtigen.

190 Will man – in aller Vorsicht – **mögliche Anwendungsfälle** identifizieren, hilft die Orientierung am Bestand dessen, was zu Art. 1 GG akzeptiert ist.[303] Zu denken ist an das Brechen des Willens, die Kontrolle des Unbewussten oder Eingriffe in die sexuelle Selbstbestimmung (etwa von Homo- oder Transsexuellen). Besonderen Würdeschutz genießen Entstehungs- und Endphase des menschlichen Lebens (Schwangerschaft, Geburt, Tod). Teil der Menschenwürde ist der Schutz der Persönlichkeit vor Eingriffen in die räumlich-gegenständliche **Privatsphäre** oder die **Ausforschung** von Persönlichkeitsmerkmalen. In dieser Hinsicht könnte der Umgang mit Daten heute in die Nähe einer menschenverachtenden Verhaltensweise rücken, etwa wenn es zu massiven Eingriffen in die informationelle Selbstbestimmung zwecks Beeinflussung geschäftlicher Entscheidungen kommt. Unangetastet bleiben müssen auch bei geschäftlichen Handlungen die körperliche und geistige Integrität. In der Sphäre der sozialen Achtung der Menschenwürde sind etwa das Absprechen der Achtung als Mensch (etwa durch rassistische Werbeslogans) oder die Verhöhnung menschlichen Leids (etwa durch lächerlich machende Werbung mit Kranken) zu nennen. Die öffentliche **Erniedrigung** oder Demütigung von Menschen durch deren Zurschaustellung oder Kommerzialisierung kann hierunter fallen. Die Werbung für Bordelle ist nicht per se als unlauter anzusehen. Es kann jedoch auch hier sein, dass die Prostituierten in menschenverachtender Weise dargestellt werden und so auf die Entscheidungsfreiheit der Verbraucher eingewirkt wird.[304] Ebenfalls Bestandteil der menschlichen Würde ist das Recht auf **Resozialisierung** nach verbüßter Strafe, sodass etwa die identifizierende Werbung mit Kriminellen problematisch sein könnte. Geschäftliche Handlungen, die das Existenzminimum von Personen unterminieren, können deren Menschenwürde beeinträchtigen.

191 Gegenstand von Diskussionen ist gelegentlich, ob **Diskriminierungen,** also rechtliche Ungleichbehandlungen ohne sachlichen Grund, durch die Generalklausel erfasst werden können. Dies ist nur in solchen Fällen zu bejahen, in denen die Diskriminierung Ausdruck einer Verletzung der Menschenwürde ist – die Ungleichheit also in einer Nicht-Achtung der betroffenen Person als Mensch wurzelt. Typische Diskriminierungen, die unter Art. 3 GG fallen, sind davon nicht erfasst. Die (verurteilenswerte aber nicht zwingend unlautere) Alltagsdiskriminierung genügt nicht,

---

[298] Vgl. *Schlieper,* Der Anwendungsbereich der lauterkeitsrechtlichen Generalklausel in § 3 Abs. 1, 2011, S. 126.

[299] Vgl. *Scherer* WRP 2007, 594.

[300] Vgl. *Raue* GRUR Int. 2012, 402.

[301] BVerfG NJW 2001, 591 – *Schockwerbung;* BVerfG GRUR 2003, 442 – *Benetton-Werbung II.* Aus der reichlichen Literatur siehe nur *Hösch* WRP 2003, 936; *Kießling/Kling* WRP 2002, 615; *Wassermeyer* GRUR 2002, 126 sowie die Kommentierung bei *Ahrens* Einl. G Rdn. 67, 73 ff.

[302] BVerfG GRUR 2015, 507 – *Werbetassen;* vorgehend BGH NJW 2015, 72.

[303] Siehe zum Folgenden beispielhaft die Kommentierung Maunz/Dürig/*Herdegen* GG, Art. 1 GG Rdn. 83 ff.

[304] Vgl. OLG Hamm BeckRS 2015, 05103.

um die Funktionsfähigkeit einer menschenwürdigen Marktwirtschaft grundsätzlich in Frage zu stellen.

9. Einzelfälle

192 Die Rechtsprechung hat in einzelnen Fällen Ansprüche auf § 3 Abs. 1 gestützt, ohne dass hier bereits eine eigene Sachverhaltskonstellation erkennbar wäre. Unmittelbar auf die „große" Generalklausel stützt sich, § 4 Nr. 4 und § 7 Abs. 2 Nr. 2 nur streifend, BGH GRUR 2006, 426 – ***Direktansprache am Arbeitsplatz II.***[305] Diese Linie findet ihre Fortsetzung in BGH GRUR 2008, 262 – ***Direktansprache am Arbeitsplatz III.*** In diesen Fällen hat der BGH die Grenzen für telefonisches Headhunting gezogen und nur eine erste Kontaktaufnahme am Arbeitsplatz erlaubt, soweit die private Telefonnummer des Arbeitnehmers nicht zu ermitteln ist.[306] Das erlaubte Erstgespräch umfasst die Kontaktaufnahme, eine Mitteilung des Interesses, eine knappe Stellenbeschreibung und ggf. die Vereinbarung weiterer Kontaktaufnahmen. Eine persönliche Kontaktaufnahme durch Betreten des Betriebs ist jedenfalls unlauter.[307]

193 In der instanzgerichtlichen Rechtsprechung werden zuweilen Fälle auf § 3 gestützt, die besser anderen Normen zuzuordnen sind. So wurde etwa vom OLG Hamburg der nicht-autorisierte **Verkauf von Bundesliga-Karten** als Fall der Generalklausel gewertet, während der BGH hier § 4 Nr. 4 für einschlägig hält.[308] Das LG München I hat einen Fall des **Domain-Grabbing** auf § 3 Abs. 1 gestützt statt auf § 4 Nr. 4 (wie es das OLG dann tat).[309] Ähnliches gilt für das Anbieten von **AdBlockern** (Werbeblockern) oder anderen Umgehungen von technischen Zugangsmaßnahmen: Hier ist § 4 Nr. 4 im Zweifel die passendere und vorrangige Norm.[310] Ebenso ist für Fälle der pauschalen Herabsetzung und der **Schmähkritik** ein Rückgriff auf § 3 Abs. 1 nicht erforderlich.[311]

194 In einem 2013 vorgelegten **Grünbuch für eine Regulierung von Geschäftspraktiken in der B2B-Lieferkette**[312] hat die Europäische Kommission einen Vorgeschmack darauf gegeben, was sie als regelungsbedürftig im B2B-Sektor ansehen könnte.[313] Die darin als thematisierten Praktiken könnten über § 3 Abs. 1 bereits jetzt im deutschen Recht aufgegriffen werden, ohne dass es einer „UGP-Richtlinie II" bedürfte.

195 Verstöße gegen **Datenschutzrecht** und andere **Phänomene der digitalen Ökonomie** (etwa im Zusammenhang mit digitalen Plattformen) könnten künftig verstärkt über die Generalklausel erfasst werden.

G. Bagatellschwellen

196 Traditionell sollten Bagatellfälle, die **keine spürbaren Auswirkungen auf das Marktgeschehen** haben, mit Hilfe des UWG nicht verboten werden. Im Ausschluss von Bagatellfällen manifestiert sich die alte Formel, dass über Kleinigkeiten Gerichte nicht entscheiden sollen („de minimis non curat praetor"). Gerade im UWG besteht die **Gefahr,** dass mit Hilfe von Kleinstangriffen Mitbewerber lahm gelegt werden oder Verbände übermäßig streng abmahnen. Solche Verhaltensweisen werden durch verschiedene Mittel, u. a. verfahrensrechtlicher Art, verhindert, aber auch über Spürbarkeitserfordernisse abgewehrt. Ein Kriterium der „Relevanz" ist erforderlich, da das UWG nicht dem Individualschutz dient, sondern in erster Linie ein objektives Interesse, nämlich den Schutz der

---

[305] Kritisch zur Rechtsanwendungsmethode des Gerichts *Sosnitza/Kostuch* WRP 2008, 166, 168 ff.

[306] *Schlieper,* Der Anwendungsbereich der lauterkeitsrechtlichen Generalklausel in § 3 Abs. 1, 2011, S. 111 f.

[307] BGH, Az. I ZR 137/07, openJur 2011, 6938 in Bestätigung von

[308] OLG Hamburg NJW 2005, 3003 – *Fußball-Eintrittskarten* einerseits; BGH MMR 2009, 108 – *bundesliga-karten.de* andererseits.

[309] LG München I MMR 2006, 484 – *Domain-Zwischennutzung* einerseits; OLG München K&R 2007, 170 – *Domaingrabbing* andererseits.

[310] Vgl. LG Hamburg MMR 2005, 719 – *Chipkarten-Lesegerät* für Anwendung der Generalklausel; LG Hamburg, Az. 416 HKO 159/14, GRURRS 2015, 07710 – *Werbeblocker mit Whitelist-Funktion;* LG München I, Az. 37 O 11843/14, openJur 2015, 9396 – *AdBlocker Plus* für Prüfung von § 4 Nr. 4 u. a. Normen. Dazu *Engels* GRUR-Prax 2015, 338; *Deutsch* GRUR-Prax 2015, 249; *Köhler* WRP 2014, 1017.

[311] Vgl. *Schlieper,* Der Anwendungsbereich der lauterkeitsrechtlichen Generalklausel in § 3 Abs. 1, 2011, S. 133.

[312] Europäische Kommission, Grünbuch über unlautere Handelspraktiken in der B2B-Lieferkette für Lebensmittel und Nicht-Lebensmittel in Europa, 31.1.2013, COM/2013/037 final. Kritisch *Hilty/Henning-Bodewig/Podszun,* Stellungnahme zum Grünbuch, 29.4.2013, abrufbar unter http://www.ip.mpg.de/fileadmin/templates/pdf/MPI_Stellungnahme_Gruenbuch_B2B_2013-04-30_01.pdf.

[313] Vgl. *Witt/Freudenberg,* WRP 2013, 990 ff.

Lauterkeit im Wettbewerb verfolgt. Um hierfür wesentliche Fälle von unwesentlichen zu scheiden, ist das Relevanzkriterium aufgenommen worden.

I. Unwiderlegbare Spürbarkeitsvermutung in § 3 Abs. 3

197 In **§ 3 Abs. 3** i.V.m. Anhang fehlt ein Spürbarkeitserfordernis. Die dort genannten Verhaltensweisen sind so gravierend, dass der Gesetzgeber die Spürbarkeitswertung vorweggenommen hat und die Handlungen als **stets spürbar** eingestuft hat.[314] Die Vermutung der Spürbarkeit galt bisher tendenziell als unwiderlegbar.[315] Zweifel an dieser Unwiderleglichkeit sind durch die EuGH-Entscheidung *Purely Creative* aufgekommen.[316] In dieser Entscheidung hat der EuGH gefordert, auch Tatbestände der Schwarzen Liste anhand der Verbrauchergeneralklausel und also mit einem Relevanzkriterium zu prüfen.[317] Es wird versucht, diese „Überraschung"[318] durch Auslegungs- und Beweisregeln zu relativieren. Im Einzelnen wird dies kommentiert von *Henning-Bodewig* Vorbemerkung vor § 3 Anhang.

II. Wesentlichkeitsschwelle in § 3 Abs. 2

198 Die UGP-Richtlinie verlangt in Art. 5 Nr. 2, dass eine geschäftliche Handlung „das wirtschaftliche Verhalten des Durchschnittsverbrauchers ... wesentlich beeinflusst oder dazu geeignet ist, es wesentlich zu beeinflussen." Eine **wesentliche Beeinflussung** des wirtschaftlichen Verhaltens des Verbrauchers liegt nach Art. 2 lit. e vor bei der Anwendung einer „Geschäftspraxis, um die Fähigkeit des Verbrauchers, eine informierte Entscheidung zu treffen, spürbar zu beeinträchtigen und damit den Verbraucher zu einer geschäftlichen Entscheidung zu veranlassen, die er andernfalls nicht getroffen hätte".

198a In **§ 3 Abs. 2** UWG 2008 hieß es, geschäftliche Handlungen gegenüber Verbrauchern seien unzulässig, wenn sie geeignet seien, „die Fähigkeit des Verbrauchers, sich auf Grund von Informationen zu entscheiden, spürbar zu beeinträchtigen".[319] Diese Spürbarkeitsschwelle ist 2015 durch das Kriterium der „wesentlichen Beeinflussung" abgelöst worden. In § 2 Abs. 1 Nr. 8, in dem die wesentliche Beeinflussung definiert wird, wird aber noch auf die Spürbarkeit für die geschäftliche Entscheidung abgestellt. Auf die bisherige Rechtsprechung kann daher weiterhin zurückgegriffen werden. Auf die Kommentierung zu § 2 Abs. 1 Nr. 8 kann hier verwiesen werden.

198b Das Kriterium der geschäftlichen Relevanz rückt die **„wirtschaftliche Selbstbestimmung des Verbrauchers"**[320] in den Fokus des verbraucherschützenden Lauterkeitsrechts.

III. Spürbarkeitserfordernis in § 3 Abs. 1

199 Die **UWG-Reform 2015** hat die Änderung gebracht, dass in § 3 Abs. 1 nicht mehr explizit verlangt wird, dass die Unlauterkeit spürbar ist. Dies entspricht der Regelung in Art. 5 Abs. 1 UGP-RL. In der 2008-Fassung hieß es, unlautere geschäftliche Handlungen seien unzulässig, „wenn sie geeignet sind, die Interessen von Mitbewerbern, Verbrauchern oder sonstigen Marktteilnehmern spürbar zu beeinträchtigen." Diese Klausel ist in Abs. 1 ersatzlos weggefallen.

200 Während für § 3 Abs. 3 also die Frage entfällt und für § 3 Abs. 2 über § 2 Abs. 1 Nr. 8 die Spürbarkeit relevant bleibt, ist **für § 3 Abs. 1 offen,** ob eine Bagatellschwelle existiert. Der eindeutige Wortlaut spricht dagegen, gerade auch im Vergleich zu § 3 Abs. 2 und zur früheren Fassung. Der **Gesetzgeber** jedoch hat das Problem der Rechtsprechung überantwortet. In der Gesetzesbegründung heißt es: „Es sollte dabei, ebenfalls wie nach bisheriger Rechtslage, der Rechtsprechung überlassen bleiben, in Konkretisierung des Tatbestandsmerkmals der Unlauterkeit für die vom Auffangtatbestand erfassten Fälle gegebenenfalls angemessene Spürbarkeitserfordernisse aufzustellen, um insbesondere Abmahnungen von Bagatellverstößen zu verhindern."[321]

---

[314] *Scherer* WRP 2014, 771 geht differenzierend von den einzelnen Tatbeständen in der Schwarzen Liste aus.

[315] Vgl. *Köhler* WRP 2014, 259, 266.

[316] EuGH, WRP 2012, 1509 – *Purely Creative.*

[317] Ebd. Rdn. 65.

[318] *Köhler* WRP 2014, 259, 266.

[319] Vgl. zur Kompatibilität mit der Richtlinie und deren Auslegung *Köhler,* WRP 2014, 259 ff.

[320] *Drexl,* Wirtschaftliche Selbstbestimmung des Verbrauchers, 1998.

[321] BT-Drucks. 18/6571, S. 15.

Diese Aussage ist äußerst unbefriedigend: Erstens war es bislang nicht der Rechtsprechung überlassen, ob es überhaupt der Spürbarkeit bedurfte – dies war vielmehr im Gesetz eindeutig geregelt. Zweitens war die Spürbarkeit ein von der Unlauterkeit zu scheidendes Tatbestandsmerkmal. Drittens ist die Eindämmung eines missbräuchlichen Abmahnwesens vom Gesetzgeber im Verfahrensrecht, insbesondere § 8 Abs. 4 und mit Hilfe der Beschränkungen der Aktivlegitimation (§ 8 Abs. 3), geregelt worden. Dort ist es auch passender. Der Gesetzgeber spielte aber wohl offenbar auf die Entscheidung *Thermoroll* des BGH an, in der dieser in den Irreführungstatbestand ein Spürbarkeitskriterium als Element der Unlauterkeit hineingelesen hatte.[322] 201

Die **Rechtsprechung** hat es nun also in der Hand, im Rahmen von § 3 Abs. 1 ein **Spürbarkeitserfordernis auszugestalten.** Angesichts des Wegfallens der Spürbarkeit im Wortlaut von § 3 Abs. 1 ist nur noch mit Vorsicht auf frühere Rechtsprechung zu rekurrieren. Würde hier umstandslos die bisherige Rechtsprechung fortgesetzt, käme dies einer Ignoranz des Gesetzestexts gleich. Die Rechtsprechung ist also, bei aller Parallelität in den Wertungen, gefordert, die Spürbarkeit als Thema für § 3 Abs. 1 im originären Anwendungsbereich der Norm neu zu formulieren. Soweit **§ 3 Abs. 1 als Rechtsfolgenverweis** die Brücke für andere Tatbestände zu § 8 bildet, ist keine Spürbarkeitsprüfung mehr vorzunehmen. Diese ist in den Spezialtatbeständen bereits als Kriterium „eingearbeitet", sodass die Prüfung integriert dort erfolgt.[323] 202

Zu erwarten ist aber, dass **für den originären Anwendungsbereich** von § 3 Abs. 1 in Anlehnung an § 3 Abs. 2 und die bisherige Rechtsprechung sowie im Einklang mit dem gesetzgeberischen Vorschlag Spürbarkeit verlangt wird. Das ist normativ auch richtig: Gerade die Generalklausel soll nicht dazu dienen, um Bagatellfälle zu sanktionieren. Vielmehr soll der Auffangtatbestand gerade gravierende Fälle, die andernfalls sanktionslos blieben, zu erfassen. Mit den europäisch veranlassten Reformen der letzten Jahre war auch das Ziel verbunden, das Handeln im geschäftlichen Verkehr zu liberalisieren. Dem liefe es zuwider, wenn jedes noch so geringfügige Handeln, das unter den etwas konturlosen Begriff der Unlauterkeit subsumiert werden kann, zu einem Unterlassungsanspruch führt. Dies gilt umso mehr, als im B2C-Bereich über das Kriterium der Wesentlichkeit eine entsprechende Grenze existiert, obwohl Verbraucher tendenziell schutzbedürftiger sind als andere Marktteilnehmer. Insofern ist eine Einschränkung des gerichtlichen Zugriffs in den Bereich des Wettbewerbs über das Spürbarkeitskriterium als ungeschriebenes Element von § 3 Abs. 1 zu begrüßen. 203

Die Spürbarkeit ist ein materielles Kriterium; fehlt es, so ist die Klage als **unbegründet** abzuweisen. Die Spürbarkeit begründet nämlich jetzt das Unlauterkeitsurteil mit.[324]

Unlautere geschäftliche Handlungen sind demnach nur insoweit unzulässig, als sie geeignet sind, die Interessen von Mitbewerbern, Verbrauchern oder sonstigen Marktteilnehmern spürbar zu beeinträchtigen. Die Unzulässigkeit wird damit wieder zweigliedrig (Unlauterkeit plus Spürbarkeit) definiert. Die Bagatellklausel läuft hier mit der Prüfung der **Interessenbeeinträchtigung** parallel. Würdigt man, wie hier vorgeschlagen, die Unlauterkeit bereits dahingehend, dass eine Interessenabwägung mit Blick auf das wettbewerbsbeschränkende Potenzial der Handlung vorgenommen wird, werden sich Doppelungen kaum vermeiden lassen. Dies wird verständlich, wenn man sich vor Augen führt, dass mit der Spürbarkeit keine verfahrensrechtliche Voraussetzung verbunden ist, sondern eine materielle: es geht nicht um den Rechtsschutz oder die Sanktion, sondern um die Rechtsverletzung selbst.[325] Deren **Eingriffsintensität** in die Interessen der Betroffenen hängt von Art und Inhalt der Verletzung ab. 204

IV. Beweislast

Die abstrakte Definition des Spürbarkeitsbegriffs und die Festlegung der Kriterien von Spürbarkeit ist sowohl in § 3 Abs. 1 als auch in § 3 Abs. 2 **Rechtsfrage.** Ausnahmsweise können aber Tatfragen auftauchen, wenn in Ausfüllung des in der Bagatellklausel funktional liegenden Wertungsvorbehalts empirisch fehlende Marktwirkungen reklamiert werden, z. B. bei einem völlig singulären **„Ausreißer"** innerhalb eines großen, homogenen Komplexes klar lauterer geschäftlicher Handlungen. Die konkrete Ausfüllung der Spürbarkeit ist **Tatfrage,** vorzutragen und zu beweisen sind demnach die Tatsachen, die eine mangelnde Spürbarkeit erweisen. 205

Die **Darlegungs- und Beweislast** trägt nach hergebrachter, am früheren Wortlaut orientierter[326] Auffassung beim Spürbarkeitserfordernis derjenige, dessen Handlung als unzulässig dargestellt 206

---

[322] BGH GRUR 2009, 888 – *Thermoroll.*
[323] Vgl. *Alexander* WRP 2016, 414.
[324] *Alexander* WRP 2016, 412.
[325] Zutreffend *Glöckner/Henning-Bodewig* WRP 2005, 1311, 1318.
[326] Die doppelte Verneinung („… nicht nur unerheblich …") in der Fassung des § 3 UWG 2004 war insofern deutlicher.

wird, da er die Einwendung fehlender Spürbarkeit zu erheben hat.[327] Die Unlauterkeit indiziert demnach die Spürbarkeit.[328] Der Anspruchsteller ist also entgegen üblichen Beweisregeln wohl weiterhin der Notwendigkeit enthoben, Tatsachen für die „Spürbarkeit" der (unlauteren) geschäftlichen Handlung vorzutragen. Diese Verteilung der Darlegungslast relativiert das Problem, dass sich Unternehmen unter Hinweis auf einen bloß einmaligen Ausreißer rasch aus der lauterkeitsrechtlichen Haftung befreien könnten.[329] Müsste der Antragsteller aufwändig recherchieren und mehrere Belege für die geschäftliche Handlung auffinden, würden zahlreiche Verfahren anders laufen.

V. Kriterien zur Bestimmung der Spürbarkeit

1. Niedrige Relevanzschwelle

207 Es genügt die **Eignung** des Verhaltens **zur spürbaren Beeinträchtigung.** Eine tatsächliche Beeinträchtigung braucht nicht eingetreten zu sein. Dies ergibt sich schon aus der typischen UWG-Konstellation des Unterlassungsanspruchs. Die Spürbarkeit kann sich sowohl aus der besonders gravierenden Unlauterkeit im Sinne eines besonderen Handlungsunrechts ergeben als auch aus der Eignung, besonders viele oder finanziell wichtige Interessen zu beeinträchtigen. Der Spürbarkeitsbegriff kann mithin qualitativ und quantitativ ausgestaltet sein.

208 Der Gesetzgeber hat im Gesetzgebungsverfahren 2008 zum Ausdruck gebracht, dass er für die Spürbarkeit eine **niedrige Relevanzschwelle** ansetzt.[330] Es ging bei den Reformen 2004 und 2008 mit Verstärkung des Spürbarkeitselements nicht um die Legalisierung bislang lauterkeitsrechtlich problematischen Verhaltens. Genauso wenig ging es bei der Reform 2015 um eine Absenkung des Standards. Durch das UWG soll eine Vielzahl von Fällen erfasst werden und nicht bloß eine Beschränkung auf die volkswirtschaftlich relevanten Fälle erfolgen. Dies ist konsequent, da es im UWG gerade darum geht, individuelle Verstöße des Einzelnen – ohne Blick auf dessen Marktmacht – gegen die Lauterkeit im Wettbewerb zu sanktionieren. Handlungen einzelner Marktteilnehmer ohne besondere Marktmacht repräsentieren aber immer nur einen winzigen Ausschnitt aus der Gesamtheit von Handlungen, die die Wirtschaft konstituieren. Das Lauterkeitsrecht zahlt insofern mit „kleiner Münze".[331] Vor der UWG-Reform 2004 fanden sich Spürbarkeitskriterien bei der Frage der Klagebefugnis (§ 13 UWG a. F.).

209 **In der Praxis** spielt die Spürbarkeitsprüfung eine geringe Rolle.[332] Nur vereinzelt ist der eventuelle Bagatellcharakter der inkriminierten Handlung in der Judikatur überhaupt Gegenstand spezifischer und ernsthafter Prüfung gewesen.[333] Keineswegs immer wird der sog. Bagatellklausel, selbst in der höchstrichterlichen Rspr, überhaupt Beachtung geschenkt.[334] Wenn doch, wird der fehlende Bagatellcharakter einer unlauteren geschäftlichen Handlung mehr oder weniger **unterstellt.**[335] Zu wenig ist es denn aber doch, wenn behauptet wird, der fehlende Bagatellcharakter brauche „nur formelhaft begründet werden".[336] Es ist nicht ausgeschlossen, dass die Gerichte, beflügelt vom gesetzgeberischen Auftrag, die Bagatellklausel künftig ernster nehmen. So könnten insbesondere **„querulatorische"** Inanspruchnahmen des UWG rasch ausgesiebt werden. Die Justiz hat es hier in der Hand, unvertretbar aufwändige Prozesse um Petitessen abzuschneiden. Denkbar ist auch, bei völlig vereinzelten geschäftlichen Handlungen, etwa sog. **„Ausreißern"**, die Spürbarkeit zu verneinen.[337]

---

327 Zustimmend *Scherer* WRP 2008, 708, 709 (Fn. 7); a. A. *Heermann* GRUR 2004, 94.

328 *Köhler* WRP 2014, 259, 265.

329 Vgl. *Mankowski* WRP 2008, 15, 19.

330 So ausdrücklich BT-Drucks. 15/1487 S. 17; s. a. *Köhler* WRP 2005, 1, 4; MünchKommUWG/*Sosnitza* § 3 Rdn. 93.

331 Vgl. *Podszun* in: Hilty/Henning-Bodewig, Lauterkeitsrecht und Acquis Communautaire, S. 151 ff.

332 Vgl. BGH GRUR 2008, 186, 188; 2005, 443 f. – *Ansprechen in der Öffentlichkeit;* 2007, 607, 609 – *Telefonwerbung für „Individualverträge"; Köhler* WRP 2008, 10 unter Hinweis auf Einzelnachweise in seinen Rechtsprechungsberichten in GRUR-RR 2006, 1 ff., 33 ff., 73 ff., 113 ff., 209 ff., 305 ff.; 2007, 129 ff., 337. Kritisch in seiner Stellungnahme zum Referentenentwurf DIHK, WRP 1426, 1427; ebenso HDE, WRP 2014, 1430, 1431.

333 Vgl. OLG Brandenburg GRUR-RR 2008, 136 – *Fehlende Namensangaben auf Geschäftsbriefen;* OLG Hamm MMR 2008, 176; OLG Hamburg WRP 2007, 570 und 675 f.; KG Berlin WRP 2007, 465 und 553; GRUR-RR 2007, 326; MMR 2007, 532; OLG Köln WRP 2007, 678 und 680.

334 Paradigmatisch BGH GRUR 2008, 262 – *Abwerbeanruf durch Personalberater.*

335 Vgl. BGH GRUR 2008, 534 – *Altersverifikationssystem;* 2008, 186, 188 – *Telefonaktion;* BGH WRP 2007, 775, 778 – *Telefonwerbung für „Individualverträge";* OLG Hamm, Az. 4 U 193/07, openJur 2011, 59794.

336 So jurisPK-UWG/*Ullmann* § 3 Rdn. 76.

337 So für „Ausreißer" im Prinzip auch *Mankowski* WRP 2008, 15 f., 19, der aber eine Fernwirkung der Bagatellklausel für § 7 Abs. 1 verneint. – Unklar hier die Motive, vgl. BR-Drs. 345/08, S. 44 f. im Zusammenhang mit Irreführung: Verstöße müssten ein gewisses Gewicht im Wettbewerbsgeschehen haben, um relevant zu sein; dies ergebe sich auch aus dem Gesichtspunkt der Kausalität.

Die **Rechtsprechung** hat von dieser Option schon Gebrauch gemacht, etwa im Zusammenhang mit Bagatellverstößen gegen die Grundsätze der Preisklarheit und -wahrheit,[338] bei einer um einen Tag falschen Angabe des Fristbeginns für das Widerrufsrecht,[339] bei Nicht-Angabe der Versandkosten nach Deutschland bei einem ausländischen Versandhändler[340] oder die Nicht-Angabe der beinhaltenden Umsatzsteuer bei einer Preisangabe.[341] 210

2. Spürbarkeit als Interessenbeeinträchtigung

Die Bagatellprüfung lässt sich aber in dogmatisch schlüssiger Weise auch in die **Interessenabwägung** bei Prüfung des Kriteriums der Unlauterkeit einbringen. Dann wird regelmäßig anzunehmen sein, dass die Unlauterkeit einer geschäftlichen Handlung zugleich bedeutet, dass diese spürbar ist. Eine solche **Übereinstimmung von Eignung zur Beeinträchtigung und Spürbarkeit** ist auch im europäischen Recht angelegt.[342] Denn in Art. 5 Abs. 2 der RL 2005/29/EG geht das dortige Erfordernis (zumindest potenziell) „wesentlicher Beeinflussung" als „spürbare Beeinträchtigung" der Verbraucherinteressen im Begriff der Unlauterkeit selbst auf. Im Ergebnis wird man den unterschiedlichen Sprachfassungen keine sachliche Differenzierung entnehmen können. 211

Das Spürbarkeitserfordernis ist allerdings für unterschiedliche Tatbestände unterschiedlich zu interpretieren. Für § 3 Abs. 1 in seinem Anwendungsbereich ist beispielsweise dessen Charakter zu beachten: es handelt sich um einen subsidiären **Auffangtatbestand,** bei dem grundsätzlich Zurückhaltung vor der Annahme einer spürbaren Beeinträchtigung zu üben ist. 212

Bei **Verbraucherbezug** sind für die Beurteilung der „Wesentlichkeit" einer Beeinflussung außerhalb der „schwarzen Liste" des UWG-Anhangs zu § 3 Abs. 3 die Maßgaben des Abs. 2 zu beachten. Soweit die **„schwarze Liste"** einschlägig ist, ist die Prüfung der Spürbarkeitsschwelle im „B2C"-Geschäft weder nötig noch überhaupt statthaft. 213

3. Definition und Kriterien

Nach der Begründung zum UWG 2004 setzt die „Feststellung, ob ein Wettbewerbsverstoß geeignet ist, den Wettbewerb nicht unerheblich zu verfälschen, ... eine nach objektiven und subjektiven Momenten unter Berücksichtigung aller Umstände des Einzelfalls zu treffende Wertung voraus. In diese Wertung sind neben der Art und Schwere des Verstoßes die zu erwartenden Auswirkungen auf den Wettbewerb sowie der Schutzzweck des Wettbewerbsrechts einzubeziehen".[343] Damit greifen die Motive eine **bekannte Formel** zum Postulat einer „Gesamtwürdigung" auf. 214

Wendet man bei der Bagatellprüfung eine solche Gesamtwürdigung an, kann es zu einer Doppelung oder Vermischung mit der Würdigung des Unlauterkeitskriteriums kommen.[344] Diese wird vermieden, wenn die Spürbarkeits-Thematik in die Prüfung der Unlauterkeit über das Eignungs-Kriterium einbezogen wird. Für § 3 Abs. 2 ist die Definition in § 2 Abs. 1 Nr. 8 der Einstiegspunkt in die Prüfung. 215

Lehnt man eine Gesamtwürdigung im Rahmen der Spürbarkeitsprüfung ab, sind im Rahmen von § 3 Abs. 1 in seinem originären Anwendungsbereich Kriterien zu identifizieren, die eine geschäftliche Handlung spürbar machen.[345] Diese Kriterien müssen zunächst ebenso wie bei der Erfassung der Unlauterkeit einer geschäftlichen Handlung spezifisch die (potenziellen) **Auswirkungen auf das Marktgeschehen** i. S. des Wettbewerbsprozesses (nicht i. S. von Marktergebnissen oder Marktstrukturen) betreffen. Sie müssen im Übrigen einen **quantifizierbaren Charakter** tragen,[346] wenn die Bagatellklausel als solche gegenüber der wettbewerbsfunktional ausgerichteten Unlauterkeitsprüfung wenigstens eine gewisse tatbestandliche Eigenständigkeit aufweisen soll. 216

Beispiele für solche **quantifizierbaren Kriterien** aus der bisherigen Rechtsprechung sind: die nur marginale Größe des erzielten Wettbewerbsvorteils,[347] die tatsächliche oder plausibel begründbar zu 217

---

338 BGH GRUR 2008, 442 f. m. w. N. – *Fehlerhafte Preisauszeichnung.*

339 OLG Hamm MMR 2008, 176 (dies kann freilich auch anders gesehen werden).

340 KG MMR 2007, 532.

341 KG GRUR-RR 2007, 326 – *Link „mich".*

342 S. a. *Glöckner* Einl. B Rdn. 316.

343 Vgl. BT-Drucks. 15/1487 S. 17.

344 Besonders deutlich in BGH GRUR 1999, 1128 f. – *Hormonpräparat.* Die Prüfung von Unlauterkeit und Bagatellcharakter vermischend auch OLG Hamburg OLGR 2007, 368, Rdn. 26 – *Internetversandhandel.* Vgl. zur Gesamtwürdigung *Köhler,* GRUR 2005, 1, 4. Aus der Rspr s. BGH GRUR 2008, 186, 188 – *Ankündigung von Telefonaktion zur Steuererklärung durch Lohnsteuerhilfeverein;* KG WRP 2007, 553, 554 – *Tragstuhlwagentransport.*

345 Umfassend *Drews,* Die Erheblichkeitsschwelle in § 3 UWG, 2010.

346 Zustimmend sowohl in diesem Ausgangspunkt als auch weitgehend bezüglich der Kriterien im Einzelnen: MünchKommUWG/*Sosnitza* § 3 Rdn. 98. S. aber auch *Köhler* WRP 2005, 1, 3.

347 Vgl. (allerdings gerade zur Stützung des Unlauterkeitsverdikts) BGH GRUR 2001, 285 f. – *Immobilienpreisangaben;* 2001, 1166, 1169 – *Fernflugpreise.*

erwartende nur ganz geringe Dauer der Marktwirksamkeit einer geschäftlichen Handlung und die nur sehr geringe Anzahl der in ihren schutzwürdigen Interessen dadurch (potenziell) nachteilig berührten Marktteilnehmer,[348] die (völlig) **fehlende Marktbedeutung** eines Unternehmens.[349]

218 Diese Kriterien sind ggf. **empirisch** zu beziffern. Aspekte können auch die Planmäßigkeit des Verhaltens und die Nachahmungsgefahr durch Mitbewerber sein. Die **Nachahmungsgefahr** kann aber nicht auf simple Weise immer hergenommen werden, um die Spürbarkeit zu beweisen (etwa in dem ein marginales Verhalten „hochgerechnet" wird). Besteht eine hohe Wahrscheinlichkeit, dass ein Verhalten eine Sogwirkung für Mitbewerber auslöst und es in der Summe zu spürbaren Verzerrungen kommt, lässt sich eine Spürbarkeit bejahen.

219 Ein nur sehr **geringfügiger Wettbewerbsvorteil** (z.B. bei einer weitgehend unbeachtet gebliebenen Werbung) überschreitet die Bagatellschwelle nicht. Allerdings ist hier zu bedenken, dass der Vorteil des einen Markteilnehmers nicht schlechthin mit den Interessenbeeinträchtigungen anderer identifiziert werden kann, auf die die Spürbarkeitsklausel indes abhebt. Auch eine schon erfolgte oder wahrscheinlich erfolgende behördliche Verfolgung des Wettbewerbsverstoßes unter einem anderen rechtlichen Gesichtspunkt kann zu seiner Absenkung unter die Bagatellschwelle führen.[350]

220 In diesem Zusammenhang wohl **fehlplaziert** sind Überlegungen zum wie auch immer eingeschätzten Grad der Nachahmungsgefahr[351] und – bei **Irreführungen** – die gegriffene Irreführungsquote.[352] Derartige Erwägungen sind, wenn überhaupt, schon im spezifischen Zusammenhang mit der Unlauterkeitsprüfung anzustellen.

221 Im Zusammenhang mit Werbung ist ferner das **Unterschreiten der Bagatellschwelle** nicht davon abhängig, ob die Angaben objektiv falsch oder aber richtig sind,[353] oder ob die Irreführung bewusst oder unbewusst erfolgt.[354] Im Kontext der sog. Bagatellklausel irrelevant ist ferner, ob auf Verbraucherseite Entscheidungen von nur geringer wirtschaftlicher Tragweite auf dem Spiel stehen.[355]

222 **Bedeutungslos** sind Umstände in der **Person des Verletzers** wie z.B. die hinter einer geschäftlichen Handlung stehenden Motive und Absichten oder der bei einer geschäftlichen Handlung involvierte Verschuldensgrad.[356] Ihnen fehlt als inneren Tatsachen von vornherein jede Eignung, die Interessen der Marktteilnehmer zu beeinträchtigen, sodass sich die Frage ihrer fehlenden „Spürbarkeit" i.S. ihrer qualitativen wie auch quantitativen Relevanz nicht stellt.

223 Auch ist eine unlautere Handlung nicht schon deshalb nicht spürbar, weil sie nur einmal oder nur für kurze Zeit vorgenommen worden ist, denn dies fällt in den Bereich der Wiederholungsgefahr, auf die es bei der Prüfung, ob das Verhalten unzulässig ist, noch nicht ankommt.[357]

224 Dasselbe gilt für den **„objektiven Unrechtsgehalt"** einer unlauteren geschäftlichen Handlung, dem im Zusammenhang mit der sog. Bagatellklausel gerade keine „maßgebliche Bedeutung" zukommt. Im Übrigen könnten vom Unrechtsgehalt her gesehen eher nicht ins Gewicht fallende geschäftliche Handlungen selbst bei erwiesener breiter Streuwirkung am Markt und bei dadurch erzieltem deutlichen Wettbewerbsvorsprung oder empirisch plausibilisierter Nachahmungsgefahr eine wegen fehlender wettbewerblicher Relevanz nicht vorhandene Unlauterkeit nicht kompensieren.[358] Der BGH geht davon aus, dass Verstöße gegen Normen, die dem Schutz der Gesundheit dienen, zu einer spürbaren Interessenbeeinträchtigung der Verbraucher geeignet sind.[359] Hier ist darauf zu achten, nicht die Grenze des § 1 Satz 2 zu überschreiten, demzufolge nicht alle öffentlichen Interessen schutzfähig sind.

---

[348] Vgl. (wiederum zur Stützung des Unlauterkeitsverdikts) BGH GRUR 1996, 213, 215 – *Sterbegeldversicherung* (Potenzial von 4 Millionen angesprochenen Adressaten); OLG Hamburg WRP 1996, 314, 318. S.a. BGH GRUR 1996, 786, 788 – *Blumenverkauf an Tankstellen.*

[349] Vgl. *Baudenbacher,* Lauterkeitsrecht, Art. 2 Rdn. 3; unklar *Köhler* WRP 2005, 1, 5.

[350] Noch weitergehend (bloße Möglichkeit der behördlichen Verfolgung ausreichend) BGH WRP 2001, 1301, 1304.

[351] BGH GRUR 1997, 767, 769 – *Brillenpreise II.* S.a. OLG Köln GRUR 1999, 1023f. – *Mindesthaltbarkeitsdatum bei Fassbier.* Hier soll wohl die qualitative Frage der Wettbewerbswidrigkeit mit quantitativen Argumenten bejaht werden.

[352] BGH GRUR 1997, 382f. – *Altunterwerfung I.*

[353] So aber OLG Düsseldorf WRP 1995, 1029, 1931.

[354] Darauf nehmen z.B. BGH GRUR 1995, 358, 360 – *Folgeverträge II* und WRP 1995, 591, 594 – *Gewinnspiel II* Bezug.

[355] Vgl. aber BGH GRUR 1998, 487f. – *Professorenbezeichnung in der Arztwerbung III;* 1997, 758, 760 – *Selbsternannter Sachverständiger.*

[356] Zustimmend *Köhler* WRP 2005, 1, 5. A.A. *Heermann* GRUR 2004, 94, 96.

[357] BGH GRUR 2011, 842, Rdn. 21 – *Zulassung importierter Pflanzenschutzmittel-Zusatzstoffe.*

[358] Anders BGH WRP 2001, 1301, 1303f. – *Fernflugpreise.*

[359] BGH GRUR 2009, 984 – *Festbetragsfestsetzung;* BGH WRP 2011, 858, 863 – *BIO TABAK.*

VI. Spürbarkeit in anderen Tatbeständen

Im Rahmen der Klarstellungsnovelle 2015 hat der Gesetzgeber in die übrigen Tatbestände ein Spürbarkeitskriterium explizit integriert. § 3 Abs. 1 wurde im Zusammenhang mit den Spezialtatbeständen zu einem **reinen Rechtsfolgenverweis.** Daher ist kein Spürbarkeitskriterium aus § 3 Abs. 1 mehr in andere Tatbestände hineinzulesen. Dies galt mit dem BGH ohnehin bereits, da dieser in einigen Tatbeständen auch ein immanentes Tatbestandsmerkmal der Spürbarkeit eingeführt hatte.[1] Auf die zu § 3 entwickelten Kriterien kann für andere Tatbestände ggf. zurückgegriffen werden, allerdings haben die Spezialtatbestände auch eigene Wertungskriterien für die Spürbarkeit (siehe die Kommentierungen jeweils dort).[2] Für die **Straftatbestände nach §§ 16 ff.** in ihrer Funktion als privatrechtliche Verbotsnormen, die über § 3 Abs. 1 durchgesetzt werden, ist davon auszugehen, dass sie aus sich heraus unzulässig sind. Eine in § 3 Abs. 1 zu verankernde Spürbarkeitsprüfung ist nicht vorzunehmen.[3] 225

Anhang zu § 3 Abs. 3 UWG („Schwarze Liste“)

I. Vorbemerkung

Inhaltsübersicht

	Rdn.
1. Stellung des Anhangs im UWG	1
2. Die Auslegung anhand der Richtlinie 2005/29/EG über unlautere Geschäftspraktiken	10
3. Generelle Voraussetzung: Geschäftliche Handlung gegenüber dem Verbraucher	13
4. Keine analoge Anwendung	16
5. Restriktive Interpretation?	17
6. Auswirkungen auf das B2B-Verhältnis?	18
7. Argumentation e contrario?	20
8. Nichtanwendung der Tatbestände des UWG-Anhangs wegen „Unverhältnismäßigkeit“?	22

Schrifttum: *Alexander,* Die „Schwarze Liste“ der UGP-Richtlinie und ihre Umsetzung in Deutschland und Österreich, GRUR Int. 2010, 1025; *ders.* Verhaltenskodizes im europäischen und deutschen Lauterkeitsrecht, GRUR Int. 2012, 965; *Büllesbach,* Auslegung der irreführenden Geschäftspraktiken des Anhangs I der Richtlinie 2005/29 EG über unlauter Geschäftspraktiken, 2008; *Glöckner/Henning-Bodewig,* EG-Richtlinie über unlautere Geschäftspraktiken. Was wird aus dem „neuen UWG“?, WRP 2005, 1311; *Köhler,* Zu den „unter allen Umständen unlauteren“ irreführenden und aggressiven Geschäftspraktiken, FS Bornkamm, 2014, S. 393; *Leible,* Auswirkungen der UWG-Reform 2008 auf die Durchsetzung wettbewerbsrechtlicher Ansprüche im Gesundheitsbereich: Die Bedeutung der „black list“, GRUR 2010, 133; *Lindacher,* Geltungsweiterprobleme bei Black-List-Irreführungsverboten, WRP 2012, 40; *Namyslowska,* Trifft die „Schwarze Liste“ der unlauteren Geschäftspraktiken ins Schwarze? Bewertung im Lichte der EuGH-Rechtsprechung, GRUR Int. 2010, 1033; *Scherer,* „Case law“ in Gesetzesform – die „Schwarze Liste“ als neuer UWG-Anhang, NJW 2009, 324.; *dies.,* Was bringt die „Schwarze Liste“ tatsächlich? – Bestandsaufnahme und Konsequenzen, WRP 2011, 393; *dies.,* Die weißen Flecken in der Schwarzen Liste, WRP 2014, 771; *Schöffle,* Die Schwarze Liste – Übersicht über die neuen Spezialtatbestände des Anhangs zu § 3 Abs. 3 UWG, WRP 2009, 673; *Wiebe/Kodek* (Hrsg.) UWG, 2. Aufl. Wien 2012, 12. Lieferung, S. 3. (Vgl. weiter die Literaturhinweise zu Anhang Nr. 1.)

1. Stellung des Anhang im UWG

Der Anhang zum UWG bildet einen (ausgegliederten) **Teil der Generalklausel,** der lediglich aus regelungstechnischen Gründen an den Schluss des Gesetzes gestellt wurde.[4] Gemäß **§ 3 Abs. 3 UWG** sind die im Anhang genannten geschäftlichen Handlungen, sofern gegenüber dem **Verbraucher** vorgenommen, **stets unzulässig.** Es handelt sich dabei um solche Handlungen, die entweder **irreführend** oder aber (übermäßig) **aggressiv** sind. Ihre Besonderheit besteht darin, dass sie als **per se-Verbote** ausgestaltet sind, die eine Prüfung zusätzlicher (d. h. nicht im Wortlaut begründeter) Umstände nicht nur nicht erfordern, sondern sogar verbieten. Handelt es sich also um eine ge- 1

[1] BGH GRUR 2009, 888 – *Thermoroll.*

[2] Vgl. *Sack,* WRP 2015, 663 ff.; s. auch *Köhler,* WRP 2014, 259, 263 ff.; *Alexander* WRP 2016, 412.

[3] Ausführlicher Voraufl., Rdn. 154 ff.

[4] Ausführlich *Keller,* Einl. A Rdn. 45; *Glöckner,* Einl. B Rdn. 172 ff., insb. Rdn. 326; vgl. auch den Reg.E v. 23.5.2008, BR-Drs. 345/08, S. 43.

schäftliche Handlung gegenüber dem Verbraucher, die eine der Tatbestände des Anhangs erfüllt, so kommt es nicht mehr darauf an, ob diese Auswirkungen auf das Entscheidungsverhalten i. S. v. § 3 Abs. 2 UWG hat oder auch nur haben könnte.

2 Der Anhang wurde erst durch das **UWG von 2008** in das UWG eingeführt, die UWG-Reform 2015 (vgl. *Keller,* Einl. A) hat insofern keine Änderung bewirkt. Erforderlich wurde er durch die Umsetzung der **Richtlinie 2005/29/EG.** Wie Erwägungsgrund 17 der Richtlinie und S. 61 des RegE 2008 erläutern, verfolgt der Anhang das Ziel, bestimmte die Verbraucherinteressen massiv und typischerweise verletzende geschäftliche Handlungen eindeutig zu identifizieren, um auf diese Weise die **Rechtssicherheit** zu erhöhen. Dass dies gelungen ist, lässt sich, wie die Auslegungsbemühungen des EuGH in der *Purely Creative* Entscheidung[5] von 2012 plastisch zeigen, in Anbetracht der z. T. wenig klaren Formulierungen (s. Rdn. 5, 7) bezweifeln. Zudem geht es in den Tatbeständen um **Sachverhalte von sehr unterschiedlicher Bedeutung,** wobei manche von ihnen – eigentlich ein Rückschritt für das moderne Lauterkeitsrecht – subjektive Kriterien (**Absicht** etc.) aufstellen; überspitzt wird von einem **„Konglomerat von Selbst- und Umständlichkeiten“** gesprochen.[6]

3 **In der Sache** bedeuten die im Anhang genannten Verbotstatbestände für das deutsche Lauterkeitsrecht **nichts Neues.** Es handelt sich fast durchwegs um geschäftliche Handlungen, die auch bisher schon von der Rechtsprechung als unlautere Wettbewerbshandlungen verboten werden konnten und wurden. Zu beachten sind jedoch folgende **Änderungen:**

4 Zum einen werden auch solche unlauteren Verhaltensweisen gegenüber dem Verbraucher verboten, die **unterhalb der Erheblichkeitsschwelle** von § 3 Abs. 2 bzw. § 4a Abs. 1, § 5 Abs. 1, § 5a Abs. 1 UWG liegen. Allerdings soll nach dem RegE 2008 auch hier der allgemeine **Grundsatz der Verhältnismäßigkeit** gelten (dazu noch unter Rdn. 22).

5 Zum anderen sind die im Anhang genannten Tatbestände strikt **gemeinschaftsrechtlich auszulegen.**[7] Diese Konsequenz ist in ihrer praktischen Auswirkung deshalb bedeutsam, weil die fraglichen Sachverhalte keineswegs so klar formuliert sind, als dass sich Auslegungsprobleme vermeiden ließen.[8] Die **fehlende Trennschärfe** der in der „Schwarzen Liste“ der Richtlinie verwendeten Begriffe – die der deutsche Gesetzgeber (von kleineren sprachlichen Korrekturen abgesehen) übernehmen musste – eröffnet einen z. T. erheblichen **Interpretationsspielraum,** der das Ziel der besonderen Rechtssicherheit zu unterminieren droht. Wie die *Purely-Creative*-Entscheidung[9] gezeigt hat, wird nunmehr verstärkt um die Auslegung der einzelnen Tatbestandsmerkmale gestritten. Ist jedoch eine Auslegung unvermeidbar, so hat diese **gemeinschaftsrechtlich,** europäisch zu erfolgen (vgl. Rdn. 10ff.). Im Zweifelsfall sind auch die **unterschiedlichen Sprachfassungen** heranzuziehen. Der nachfolgenden Kommentierung der Einzeltatbestände ist daher nicht nur der Richtlinientext, sondern mitunter auch die Übersetzung in andere Sprachfassungen vorangestellt.

6 Schließlich hat sich die **Prüfungsreihenfolge** bei der konkreten Rechtsanwendung **geändert.** Handelt es sich um eine geschäftliche Handlung gegenüber dem **Verbraucher,** so ist als erstes zu untersuchen, ob ein im Anhang genannter Tatbestand vorliegt – ist dies der Fall, so besteht eine Unterlauterkeit i. S. v. § 3 UWG ohne Hinzutreten irgendwelcher zusätzlicher Umstände. Lässt sich der fragliche Sachverhalt nicht unter den Anhang subsumieren oder handelt es sich um keine geschäftliche Handlung gegenüber dem Verbraucher, so sind die in den §§ 4–7 UWG geregelten Tatbestände unlauteren Wettbewerbs – einschließlich Wertungsmöglichkeit und sich aus § 3 Abs. 2 bzw. § 5 ergebender Relevanz – zu prüfen. Erst wenn auch sie nicht eingreifen, kommt eine originäre Anwendung der Generalklausel in Betracht.

7 Bei den im Anhang aufgelisteten Tatbeständen handelt es sich um **irreführende** oder **aggressive** Geschäftspraktiken gemäß Art. 6–9 der UGP-Richtlinie. Im deutschen Recht sind sie damit Teil des

---

[5] EuGH GRUR 2012, 1409 = GRUR Int. 2012, 1269; dazu noch unter Rdn. 5.

[6] *Wiltschek/Majchrzak,* ÖBl. 2008, 4. Auch *Scherer,* NJW 2009, 324 (325) spricht zu Recht von „seltsamer und unvollständiger Lückenhaftigkeit einzelner Tatbestände“; vgl. auch *Glöckner,* Einl. B Rdn. 360; *Glöckner/Henning-Bodewig,* WRP 2005, 1311.

[7] Vgl. etwa EuGH GRUR 2010, 244 – *Plus Warenhandelsgesellschaft;* EuGH GRUR 2011, 76 – *Mediaprint;* EuGH GRUR 2012, 1409 – *Purely Creative;* aus der Literatur statt aller *Köhler/Bornkamm,* UWG; 34. Aufl: 2016, Einf. zu Anhang zu § 3 III UWG, Rdn. 0.3.

[8] Vgl. nur die Interpretationsmöglichkeiten, die *Leible,* GRUR 2010, 183 bezüglich des Begriffs „Verkehrsfähigkeit“ (Nr. 9) aufzeigt. Auch der Anhangstatbestand Nr. 11 (kommentiert von *Frank*) zeigt die ganze Spannbreite, die die z. T. unglücklich gewählten Begriffe für die Interpretation eröffnen.

[9] Hier ging es u. a. um die Auslegung des Begriffs „ohne Kosten“ im Rahmen von Nr. 31 der Black list der UGP-Richtlinie (im deutschen UWG Nr. 17 des Anhangs). Zu den Folgen dieser (alles andere als überzeugend begründeten) Entscheidung – die u. a. die Diskussion um ein verändertes Verbraucherleitbild ausgelöst hat – ausführlich *Glöckner,* Einl. B., Rdn. 31, 460; *Dreyer,* § 5 Rdn. 28ff.

Bereichs der **§§ 5, 5a UWG** bzw. seit der Reform von 2015 des **§ 4a UWG.** Bei per se-Verboten sollte eigentlich ein Rückgriff auf diese Vorschriften ausgeschlossen sein. Andererseits ist bei der Auslegung häufig eine scharfe Trennung zwischen den Tatbeständen des Anhangs und den vorgenannten „Grundtatbeständen" nicht möglich; der EuGH hat in der *Purely Creative*-Entscheidung selbst mit den Art. 6, 7 der UGP-Richtlinie argumentiert.[10] Die **Kommentierung des Anhangs** wird daher häufig auf die grundlegenden Vorschriften verweisen, die ihrerseits wiederum nicht ohne Hinweise auf die Tatbestände des Anhangs auskommen; dabei ist jedoch stets zu bedenken, dass es um die gemeinschaftsrechtliche Auslegung (s. Rdn. 5) geht, nicht um die nach deutschen Verständnis.

8 Zu beachten ist, dass die **Nummerierung der „black list" der Richtlinie** von der des deutschen **UWG-Anhangs abweicht,** da der deutsche Gesetzgeber Nr. 26 der Schwarzen Liste (hartnäckiges und unerwünschtes Ansprechen über Telefon etc.) bereits in das Verbot des § 7 Abs. 2 UWG integriert hat und den Tatbestand der Nr. 31 der Richtlinie in Nr. 17 des Anhangs verschoben hat (da es sich richtigerweise um einen Fall der Irreführung und nicht der aggressiven Geschäftspraktiken handelt; anders hingegen der EuGH in *Purely Creative,* der die Einordnung dieses Tatbestands als aggressive Geschäftspraktiken hervorhebt.). Zu beachten ist weiter, dass der deutsche Gesetzgeber die europäischen Vorgaben z. T. **sprachlich abgeändert** hat, um die nicht immer gelungene Diktion, insbesondere in der deutschen Übersetzung, zu „glätten".

9 Auffallend (und zwar keineswegs nur in Deutschland) ist die **geringe Bedeutung** der black list-Tatbestände **in der Rechtsprechung.** Dies mag zum einen daran liegen, dass dieses „Konglomerat von Selbst- und Umständlichkeiten"[11] in der Praxis schwieriger anzuwenden ist, als es bei einem per se-Verbot der Fall sein sollte. Zum anderen sind einige Tatbestände, insb. (aber nicht nur) diejenigen, die eine Absicht erfordern, so eng gefasst, dass ein Eingehen auf diese sehr speziellen Voraussetzungen aus prozessökonomischer Sicht nicht naheliegt, wenn der fragliche Sachverhalt ohne weiteres unter die §§ 4a, 5, 5a UWG subsumierbar ist. Die „in der Praxis enorme Bedeutung"[12] beschränkt sich daher auf eine mögliche Verbesserung der Transparenz des verbotenen Verhaltens insbesondere in den Staaten, die erst seit relativ kurzer Zeit mit dem Wettbewerbsrecht zu tun haben.[13] In Staaten mit einem etablierten Rechtssystem und erprobter Durchsetzung ist die Bedeutung der Schwarzen Liste für das hohe Niveau des Verbraucherschutzes eher bedeutungslos.

2. Die Auslegung anhand der Richtlinie 2005/29/EG über unlautere Geschäftspraktiken

10 Die Aufnahme des UWG-Anhangs wurde, wie ausgeführt, durch die **Richtlinie 2005/29/EG** über unlautere Geschäftspraktiken erforderlich. Die sog. UGP-Richtlinie ist ausführlich bei *Glöckner,* Einl. B, Rdn. 183 ff. kommentiert; hierauf wird verwiesen. An dieser Stelle sei lediglich noch einmal zusammengefasst, dass die Richtlinie sich ausschließlich auf Geschäftspraktiken im Verhältnis zum Verbraucher **(B2C)** bezieht, unlautere Geschäftspraktiken mittels einer Generalklausel (Art. 5 Abs. 1) verbietet und irreführende und aggressive Geschäftspraktiken näher regelt (Art. 6–9). Ausgangspunkt ist der **Grundsatz der Einzelfallbetrachtung mit Wertungsmöglichkeit,** z. B. muss unter Berücksichtigung aller Umstände des Einzelfalles geprüft werden, ob wirklich eine Irreführungseignung vorliegt, ob das Verhalten des Durchschnittsverbrauchers beeinflusst werden kann, etc. Von diesem Grundsatz macht die Richtlinie lediglich bei den in der **„black list"** erfassten Praktiken eine **Ausnahme.** Bei ihnen darf keine Einzelfallwertung mehr erfolgen, vielmehr sollen sie **„unter allen Umständen"** unlauter sein (Art. 5 Abs. 5). Zu bedenken ist freilich, dass dies nur im Anwendungsbereich der Richtlinie gilt. Dieser vorgehende Reglungen, z. B. in der Richtlinie Audiovisuelle Medien, sind von der UGP-Richtlinie nicht erfasst (dazu *Glöckner,* Einl. B).

11 So ist bei der in vielen Fällen unvermeidbaren Auslegung des Wortlauts der einzelnen Tatbestände zu berücksichtigen, dass die im Anhang der Richtlinie genannten Fallkonstellationen **Ausschnitte** aus dem Bereich der **irreführenden und aggressiven Geschäftspraktiken** darstellen, die in den Art. 6–9 der Richtlinie eingehend geregelt sind – ein Umstand, den der EuGH in der *Purely Creative*-Entscheidung[14] betont hat. Fest steht jedenfalls, dass dann, wenn es um die Auffassung des Verbrauchers geht, das Leitbild des „verständigen **Durchschnittsverbrauchers**"

---

[10] EuGH GRUR Int. 2012, 1269; kritisch dazu *Köhler,* FS Bornkamm 2014, 393 und *Köhler*/Bornkamm, Anh. zu § 3 III UWG, Rdn. 0.7.

[11] Vgl. Fn. 3.

[12] *Wiebe/Kodek,* S. 11.

[13] Vgl. die Länderberichte in Einl. F. Aber auch in den ehemals sozialistischen EU-Staaten sind Entscheidungen zur Black list die Ausnahme. Zum Verhältnis der Anhangstatbestände zu den Grundtatbeständen vgl. auch die Entscheidung des EuGH in Sachen GOOD NEWS, GRUR 2012, 1056, dargestellt bei *Frank,* Anhang Nr. 11 Rdn. 15 und bei *Frank,* § 5a Abs. 6 UWG Rdn. 248 ff.

[14] Fn. 2.

gilt.[15] Im Übrigen ist es aber gerade das erklärte Ziel der „black list“, zusätzliche Wertungen überflüssig zu machen. Die Kriterien der irreführenden und aggressiven Geschäftspraktiken in den Art. 6–9 der Richtlinie, ebenso wie die Überschrift, unter der sie sich befinden, sind daher zwar nicht als Voraussetzungen der in der „black list“ genannten Verbotstatbestände zu prüfen, können jedoch indirekt die **Auslegung der einzelnen Tatbestandmerkmale beeinflussen.**

12 Der **EuGH** hat sich bislang kaum mit der Interpretation der Tatbestände der „black list“ befasst.[16] Im Mittelpunkt der den Anhang berührenden Entscheidungen stand vielmehr bisher die Frage, ob es den Mitgliedstaaten erlaubt ist, über die in der „black list“ aufgeführten Tatbestände hinaus im nationalen Lauterkeitsrecht per se-Verbote aufrechtzuerhalten (dazu ausführlich *Glöckner* Einl. B Rdn. 172ff.).

3. Generelle Voraussetzung: Geschäftliche Handlung gegenüber dem Verbraucher

13 Die per se-Verbote des UWG-Anhangs beziehen sich ausschließlich auf **„geschäftliche Handlungen“** i.S.v. § 2 Abs. 1 Nr. 1 UWG. Dies ergibt sich sowohl aus der Überschrift des UWG-Anhangs als auch aus § 3 Abs. 3 UWG; es folgt weiter aus der UGP-Richtlinie, deren „black list“ mit „Geschäftspraktiken, die unter allen Umständen als unlauter gelten“ überschrieben ist. Wenn im UWG-Anhang unter Nr. 1 also von der „Angabe“ eines Unternehmers, einen Verhaltenskodex unterzeichnet zu haben, die Rede ist, so muss diese Angabe (in der Terminologie der Richtlinie „Behauptung“) die Voraussetzung einer „geschäftlichen Handlung“ – so wie diese in § 2 Abs. 1 Nr. 1 UWG definiert ist – erfüllen.

14 Weiter muss die geschäftliche Handlung gegenüber einem **Verbraucher** – definiert in § 2 Abs. 2 UWG – begangen worden sein. Beide Begriffe sind nunmehr ihrerseits **europäisch determiniert.** Es ist jedoch davon auszugehen, dass sowohl der Begriff der geschäftlichen Handlung als auch der des Verbrauchers in § 2 des deutschen UWG mit den Vorgaben der Richtlinie vereinbar ist (dazu *Keller,* § 2 UWG).

15 Der Anhang zum deutschen UWG erfasst (insofern wohl anders als die Richtlinie) auch Nachfragehandlungen von Unternehmen gegenüber Verbrauchern (sog. **C2B-Verhältnis**).[17]

4. Keine analoge Anwendung

16 Als **Ausnahme** von dem allgemeinen Grundsatz, wonach die Feststellung der Unlauterkeit mit einem Wertungsvorbehalt verbunden ist und insbesondere nur dann vorliegt, wenn die fragliche geschäftliche Handlung Auswirkungen auf das Entscheidungsverhalten der Verbraucher haben kann (§ 3 Abs. 2 UWG), sind die Tatbestände des UWG-Anhangs grundsätzlich **nicht verallgemeinerungsfähig.**[18] Eine analoge Anwendung auf lediglich vergleichbare Sachverhalte scheidet daher nach allgemeiner Auffassung aus. Dies gilt schon deshalb, weil gerade **keine Gesetzeslücke,** die geschlossen werden müsste, vorliegt, sondern in den Fällen, in denen ein Tatbestand des Anhangs nicht eingreift, eine Prüfung anhand der allgemeinen UWG-Vorschriften nicht nur möglich, sondern sogar geboten ist (s. Rdn. 4).

5. Restriktive Interpretation?

17 Eine andere Frage ist, welche **Interpretationsgrundsätze** in den Fällen, in denen einzelne Tatbestandsmerkmale des Anhanges auslegungsbedürftig sind, zur Anwendung gelangen. Wenn z.B. Nr. 2 des Anhangs von „Gütezeichen, Qualitätskennzeichen *oder ähnlichem*“ spricht, ist eine Bestimmung des Begriffs „Ähnliches“ unumgänglich. Wie oben (Rdn. 7, 8) ausgeführt, hat eine derartige Auslegung **europarechtlich** zu erfolgen. Der EuGH verweist zwar regelmäßig auf die nationalen Auslegungsmethoden, hat jedoch insofern eine europäische Methode entwickelt, als er z.B. die den Zielsetzungen der fraglichen Richtlinie an ehesten entsprechende Interpretation als maßgeblich ansieht.[19] Auch im deutschen Recht sind Ausnahmen nicht stets und unter allen Umständen eng auszulegen. [20] Sind freilich mit Sinn und Zweck des einzelnen Tatbestands und der UGP-Richtlinie insgesamt **gleichwertige Auslegungen** einzelner Tatbestandsmerkmale möglich, so ist im Zweifelsfall diejenige Interpretation zu wählen, die eine Wertungsmöglichkeit zulässt. Insofern (und nur

---

15 Dazu *Glöckner,* Einl. B. Rdnr. 172ff.

16 Vgl. jedoch etwa die *Purely-Creative*-Entscheidung (Fn. 2) und die *GOOD NEWS*-Entscheidung (Fn. 10).

17 Dazu *Glöckner,* Einl. B Rdn. 239; *Alexander,* GRUR Int. 2010, 1025.

18 Dies entspricht ganz h.M., vgl. etwa *Köhler*/Bornkamm (Fn. 4) Rdn. 0.8; vgl. auch OLG Köln, GRUR-RR 2011, 275.

19 Vgl. *Zürich,* Europäisierung der Methodik richtlinienkonformer Rechtsfindung, EuR 2015, 440.

20 *Bleckmann,* Zu den Methoden der Gesetzesauslegung in der Rechtsprechung des BVerfG, JuS 2002, 942.

insofern) ist der Anhang **restriktiv** auszulegen.[21] Dies ergibt sich unmittelbar aus der des Gemeinschaftsrechts, das vom Grundsatz der Verhältnismäßigkeit ausgeht und in aller Regel per-se-Verbote vermeidet.

6. Auswirkungen auf das B2B-Verhältnis?

Sowohl der Anhang zum deutschen UWG als auch die zugrunde liegende Regelung in der UGP-Richtlinie beziehen sich ausschließlich auf Handlungen gegenüber dem Verbraucher (im Sinne von § 2 Abs. 2 UWG). Im Verhältnis der **Unternehmer untereinander** finden sie jedenfalls **keine direkte Anwendung.** Bei entsprechenden Handlungen zwischen Unternehmern ist vielmehr auf die Grundtatbestände der §§ 3, 4–7 UWG zurückzugreifen. Es handelt sich dann **nicht** um **per-se-Verbote,** sondern um „normale“ Verbote, die an bestimmte Voraussetzungen gebunden sind. 18

Die Auflistung der per se-Verbote gegenüber dem Verbraucher im UWG-Anhang darf daher nicht zu dem Umkehrschluss verleiten, dass die entsprechenden Praktiken – sofern nur gegenüber Nicht-Verbrauchern vorgenommen – stets zulässig wären. Der UWG-Anhang entfaltet **keine Indizwirkung für die Zulässigkeit im B2B-Verhältnis.** Eher ließe sich schon vertreten, dass die im UWG-Anhang genannten Praktiken eine gewisse **Indizwirkung für die Unzulässigkeit** auch im B2B-Verhältnis haben.[22] Denn überwiegend handelt es sich um geschäftliche Verhaltensweisen, die auch unter Geschäftsleuten Bedenken auslösen werden; aus diesem Grunde haben einige Mitgliedstaaten (z. B. Österreich, Schweden) den Anwendungsbereich der „black list“ für ihr Recht auf alle Marktteilnehmer erweitert. Eine generelle Linie wird sich hieraus jedoch nicht ableiten lassen. Entscheidend ist vielmehr der spezifische Unrechtsgehalt des jeweiligen Tatbestands und die Frage, ob es ansonsten zu ungerechtfertigten **Wertungswidersprüchen** kommen könnte.[23] In einigen Fällen, etwa bei Zahlungsaufforderungen, die den unzutreffenden Eindruck einer bereits erfolgten Bestellung erwecken (Nr. 27), wird daher ein Indiz für die Unzulässigkeit auch im „B2B“-Verhältnis bestehen, während in anderen – spezifisch auf den Schutz der Verbraucher zugeschnittenen – Sachverhalten die Wertung offen ist.[24] 19

7. Argumentation e contrario?

Eine andere Frage ist, ob immer dann, wenn die **Voraussetzungen** eines der im UWG-Anhang genannten Tatbestände **nicht erfüllt** sind, von der **Zulässigkeit** der fraglichen geschäftlichen Handlung auszugehen ist. Das ist eindeutig zu verneinen.[25] Eine **e contrario-Argumentation** würde Sinn und Zweck des UWG-Anhangs und zugleich der Richtlinie 2005/29/EG zuwiderlaufen. Beide Regelungswerke gehen davon aus, dass die im jeweiligen Anhang genannten Tatbestände deshalb unzulässig sind, weil sie besonders krasses Fehlverhalten gegenüber dem Verbraucher darstellen („Spitze des Eisbergs“). Demgegenüber treffen sie keine Aussage über die Lauterkeit von geschäftlichen Handlungen, die diese speziellen Voraussetzungen nicht erfüllen. Aus dem Gesamtkontext folgt, dass derartige Sachverhaltskonstellationen ohne irgendeine Einschränkung an den allgemeinen Vorschriften des UWG – im Irreführungsbereich also etwa den §§ 5 und 5a UWG – zu messen sind. Allerdings müssen dann auch alle Voraussetzungen dieser Vorschriften erfüllt sein, d. h. die Irreführungsgefahr muss nachgewiesen werden und die Unlauterkeit steht erst nach einer Einzelfallwertung und einem Überschreiten der Relevanzschwelle fest. 20

Bezüglich eines nicht die Voraussetzungen des UWG-Anhangs erfüllenden geschäftlichen Verhaltens gegenüber dem Verbraucher besteht daher **keinerlei Vermutung** einer (tendenziellen) **Zulässigkeit.** Entsprechendes gilt erst recht für das B2B-Verhältnis. 21

---

[21] Ebenso *Loschelder/Dörre,* in: Gloy/Loschelder/Erdmann (Hrsg.), § 47 Rdn. 5, 7, 13; *Wirtz,* in: Götting/Nordemann (Hrsg.), § 3 Rdn. 111. Dies schließt im Einzelfall eine weite teleologische Auslegung (vgl. *Köhler/*Bornkamm, Anhang § 3 III, Rdn. 08) nicht aus, wenn nicht auch andere – europarechtlich genauso korrekte – Interpretationen in Betracht kommen; je nach dem Tatbestand Ohly/*Sosnitza,* UWG, Anhang zu § 3 III, Rdn. 4. Laut OGH GRUR Int 2014, 181 und OGH wbl 2013, 715 sind die per se Verbote nicht extensiv auszulegen.

[22] Köhler/*Bornkamm,* (Fn. 9), Rdn. 012 sprechen von einem „starken Indiz“; vgl. auch EuGH WRP 2014, 816-*4 finance* und BGH WRP 2012, 194 – *Branchenbuch Berg.*

[23] So auch Ohly/*Sosnitza* (Fn. 18); *Köhler/*Bornkamm (Fn. 4), Rdn. 012; vgl. auch BGH WRP 2012, 194 – *Branchenbuch Berg.*

[24] Ebenso *Büllesbach,* S. 35.

[25] Die von *Steiner,* NJW 2009, 324 befürchtete „faktische Begründung einer Lauterkeitsvermutung“ besteht weder rechtstheoretisch noch nach der bisherigen Rechtspraxis; vgl. etwa BGH WRP 2012, 194 – Branchenburc Berg.

8. Nichtanwendung der Tatbestände des UWG-Anhangs wegen „Unverhältnismäßigkeit“?

22 Nach der **RegE 2008**[26] soll es auch künftig Fallgestaltungen geben, „bei denen ein nach § 3 Abs. 3 UWG-E oder § 7 UWG-E unlauteres Verhalten gleichwohl keine wettbewerblichen Sanktionen auslöst“. Zurückzuführen sei dies auf den „allgemeinen **Grundsatz der Verhältnismäßigkeit**“.

23 Diese Formulierung darf nicht zu dem **Missverständnis** verleiten, dass bei geschäftlichen Handlungen, die den Tatbestand des UWG-Anhangs erfüllen, stets noch die ungeschriebene Voraussetzung der Verhältnismäßigkeit zu prüfen wäre; es also – sozusagen statt Wertungsvorbehalt – eine zusätzliche Hürde zu nehmen gelte. Ein derartiges Verständnis wäre mit der gemeinschaftsrechtlichen Forderung einer per-se-Unlauterkeit unvereinbar. Ob sich infolge der *Purely Creative* Entscheidung,[27] in der der EuGH den Anhang im Lichte der Art. 5 Abs. 2 lit. b, Abs. 3 der Richtlinie ausgelegt hat, vertreten lässt, dass generell nicht zur Verbraucherbeeinflussung geeignete Geschäftspraktiken dem Anhang nicht unterfallen,[28] bedürfte weiterer Diskussion.[29] Zum einen ist die *Purely Creative* Entscheidung in ihre Begründung offenbar stark von den Besonderheiten des Vorlagesachverhalts geprägt. Zum anderen ist davon auszugehen, dass der europäische Gesetzgeber eine derartige Abwägung bereits bei der Fassung der in der „schwarzen Liste“ enthaltenen Tatbestände vorgenommen hat. Vor diesem Hintergrund sind Konstellationen, in denen sich im deutschen Recht ein unter den UWG-Anhang subsumierbares geschäftliches Verhalten über den Grundsatz der Verhältnismäßigkeit auf der **Tatbestandsebene** als nicht unlauter einstufen ließe, **schwer vorstellbar.**[30]

24 Der Grundsatz der Verhältnismäßigkeit kann jedoch bei der **teleologischen Interpretation** der einzelnen Verbotstatbestände eine Rolle spielen – und spricht für die in Rdn. 17 vorgeschlagene restriktive Interpretation in den Fällen, in denen unterschiedliche, europarechtlich gleichwertige Interpretationen von Tatbestandsmerkmale möglich sind. Weiter kann er in besonders gelagerten Einzelfällen die **Durchsetzung des Verbots** betreffen, insbesondere beim Beseitigungsanspruch zu einer Modifizierung führen (vgl. dazu die Kommentierung zu § 8 B). Demgegenüber, dürfte es nicht möglich sein, bei einem unter den UWG-Anhang fallenden Verhalten über den Grundsatz der Verhältnismäßigkeit **jede Art von Sanktionierung,** insbesondere durch Unterlassungsansprüche, ausschließen. Die UGP-Richtlinie eröffnet den Mitgliedstaaten zwar, wie insbesondere Art. 13 zeigt, bei der Sanktionierung einen großen Spielraum (vgl. dazu *Glöckner,* Einl. B Rdn. 91). Dieser Spielraum betrifft jedoch die Art und Weise der Sanktionierung, nicht hingegen die Frage, ob überhaupt Sanktionen verhängt werden (müssen).

II. Die einzelnen Tatbestände des Anhangs

Unzulässige geschäftliche Handlungen im Sinne des § 3 Abs. 3 sind

1. die unwahre Angabe eines Unternehmers, zu den Unterzeichnern eines Verhaltenskodexes zu gehören;

Inhaltsübersicht

	Rdn.
1. Einfluss des europäischen Rechts	1
2. Zweck der Vorschrift und Abgrenzung	4
3. An einen Verbraucher gerichtete geschäftliche Handlung	6
4. Begriff des „Verhaltenskodex“	7
5. Unwahre Angaben über die Selbstverpflichtung	9
6. Kein subjektives Element	13

Schrifttum: *Alexander,* Die „Schwarze Liste“ der UGP-Richtlinie und ihre Umsetzung in Deutschland und Österreich, GRUR Int. 2010, 1025; *ders.,* Verhaltenskodizes im europäischen und deutschen Lauterkeitsrecht,

---

[26] Fn. 1, S. 61.

[27] Fn. 2.

[28] In diesem Sinne *Köhler*/Bornkamm, Anhang zu § 3 III UWG, Rdn. 0.4; *Köhler,* WRP 2014. 259; *Scherer,* WRP 2014, 771. Nach *Köhler*/Bornkamm ist eine wesentliche Beeinflussung i. d. R. zu vermuten.

[29] Dies gilt auch für die Frage, welche möglichen Konsequenzen der Entscheidung des EuGH GRUR 2015, 600 – Ungarische Verbraucherschutzbehörde, die eine Korrektur auf der Rechtsfolgenseite anzudeuten scheint, zu entnehmen wäre.

[30] Ebenso *Gamerith,* WRP 2005, 391; verneinend auch *Alexander,* GRUR Int. 2010, 1025, 1030; anders wohl *Ohly*/Sosnitza, UWG, Einf. C Rdn. 53. Es besteht eine andere Situation als sie etwa der Entscheidung des BGH GRUR 1999, 504 – Implantatbehandlung zugrunde lag. Allgemein zum Grundsatz der Verhältnismäßigkeit im Lauterkeitsrecht *Köhler,* GRUR 1996, 82; zur Rechtslage in Österreich *Alexander,* a. a. O.

GRUR Int. 2012, 965; *Balitzki,* Werbung mit ökologischen Selbstverpflichtungen, GRUR 2013, 670; *Beater,* Unlauterer Wettbewerb, 2011; *R. Bechtold,* Probeabonnement – Anmerkung zum Urteil des BGH v. 7. Februar 2006, KZR 33/04, WRP 2008, 1162; *Birk,* Corporate Responsibility, unternehmerische Selbstverpflichtungen und unlauterer Wettbewerb, GRUR 2011, 196; *Büllesbach,* Auslegung der irreführenden Geschäftspraktiken des Anhangs I der Richtlinie 2005/29/EG über unlautere Geschäftspraktiken, 2008; *Dreyer,* Verhaltenskodizes im Referentenentwurf eines Ersten Gesetzes zur Änderung des Gesetzes gegen unlauteren Wettbewerb – Wird das Wettbewerbsrecht zum Motor für die Durchsetzung vertraglicher Verpflichtungen?, WRP 2007, 1294; *Hoeren,* Das neue UWG – der Regierungsentwurf im Überblick, BB 2008, 1182; *ders.,* Das neue UWG und dessen Auswirkungen auf den B2B-Bereich, WRP 2009, 789; *Jergolla,* Die britische Werbeselbstkontrolle anhand des Advertising Code – eine Gegenüberstellung mit der Rechtslage in Deutschland, WRP 2003, 431; *Kocher,* Unternehmerische Selbstverpflichtungen im Wettbewerb, GRUR 2005, 647; *Köhler,* Die „Wettbewerbsrichtlinien der Versicherungswirtschaft" – heute noch zeitgemäß?, FS für Egon Lorenz, 2014, S. 831; *Körber/Mann,* Werbefreiheit und Sponsoring, GRUR 2008, 737; *Lamberti/Wendel,* Verkäufe außerhalb von Vertriebsbindungssystemen, WRP 2009, 1479; *A. Lehmann,* Werbeselbstkontrolle in Italien und Deutschland – Vor- und Nachteile der Systeme freiwilliger Selbstregulierung im Vergleich, GRUR Int. 2006, 123; *Lindacher,* Geltungsweiteprobleme bei Black List-Irreführungsverboten, WRP 2012, 40; *Mees,* Normwidrigkeit und § 1 UWG, WRP 1985, 373; *Meessen,* Internationalen Verhaltenskodizes und Sittenwidrigkeitsklauseln, NJW 1981, 1131; *Peifer,* Die Zukunft der irreführenden Geschäftspraktiken, WRP 2008, 556; *Piper,* Zur Wettbewerbswidrigkeit des Einbrechens in fremde Vertragsbeziehungen durch Abwerben von Kunden mit Mitarbeitern, GRUR 1990, 643; *Scherer,* „Case-law" in Gesetzesform – die „Schwarze Liste" als neuer UWG-Anhang, NJW 2009, 324; *dies.,* Die weißen Flecken in der Schwarzen Liste, WRP 2014, 771; *dies.,* Was bringt die „Schwarze Liste" tatsächlich? – Bestandsaufnahme und Konsequenzen, WRP 2011, 393; *Schmidhuber,* Verhaltenskodizes im neuen UWG, WRP 2010, 593; *Schöttle,* Die Schwarze Liste – Übersicht über die neuen Spezialtatbestände des Anhangs zu § 3 Abs. 2 UWG, WRP 2009, 673; *Skaupy,* Zu den Begriffen „Franchise", „Franchisevereinbarungen" und „Franchising", NJW 1992, 1784; *Sosnitza,* Wettbewerbsregeln nach §§ 24 ff. GWB im Lichte der 7. GWB-Novelle und des neuen Lauterkeitsrechts, in: FS Bechtold, 2006, S. 515; *Vander,* Verhaltenskodizes im elektronischen Geschäftsverkehr, K&R 2003, 339.

1. Einfluss des europäischen Rechts

Nr. 1 des UWG-Anhangs setzt die Nr. 1 des Anhangs I der **UGP-Richtlinie** in das deutsche Recht um. Diese lautet: 1

„Die Behauptung eines Gewerbetreibenden, zu den Unterzeichnern eines Verhaltenskodex zu gehören, obgleich dies nicht der Fall ist."

Mit **Nr. 1** des UWG-Anhangs hat der deutsche Gesetzgeber **2008 Neuland** betreten. Eine ausdrückliche Regelung der Irreführung im Zusammenhang mit Verhaltenskodizes kannte das deutsche Wettbewerbsrecht bislang nicht, schon gar nicht im Wege eines per se-Verbots. Sie wurde erst durch die **Umsetzung der UGP-Richtlinie** erforderlich. Der **Wortlaut** der Richtlinie wurde dabei leicht **abgewandelt.** Verbietet die Richtlinie „die Behauptung eines Gewerbetreibenden, zu den Unterzeichnern eines Verhaltenskodex zu gehören, obgleich dies nicht der Fall ist", so bezieht Nr. 1 des UWG-Anhangs das Verbot knapper auf „die unwahre Angabe eines Unternehmers …". 2

Eine inhaltliche Änderung ist damit nicht verbunden; im Zweifelsfall ist allerdings zu bedenken, dass die Auslegung der deutschen Begriffe **richtlinienkonform** zu erfolgen hat (s. oben I, Rdn. 5, 10). 3

2. Zweck der Vorschrift und Abgrenzung

Nr. 1 des UWG-Anhangs regelt – ebenso wie Nr. 3 und § 5 Abs. 1 Satz 2 Nr. 6 UWG – die wettbewerblichen Folgen irreführender Geschäftshandlungen im Zusammenhang mit Verhaltenskodizes. Diese Bestimmungen sind das **Relikt einer ursprünglich geplanten umfassenderen Regelung.** Im Grünbuch der Europäischen Kommission zum Verbraucherschutz in der Europäischen Union war noch vorgeschlagen worden, im Interesse einer EU-weiten Selbstregulierung jede Nichterfüllung freiwilliger Selbstverpflichtungen als unlautere Handlung anzusehen.[1] Nach Anhörung der beteiligten Kreise ist die Kommission von diesen Vorstellungen abgerückt. Schon in der Mitteilung zu Folgemaßnahmen zum Grünbuch hatte man sich auf die Forderung beschränkt, sicherzustellen, dass in Verhaltenskodizes eingegangene Verpflichtungen eingehalten werden.[2] Nr. 1 des Anhangs zu § 3 Abs. 3 dient in diesem Sinne dem Schutz des Verbrauchers vor unwahren Angaben über die Bindung des Unternehmens an Verhaltenskodizes. Nach den deutschen Gesetzesmaterialien (RegE) besteht eine ähnliche Situation wie bei der **Werbung mit bestimmen Normen.**[3] 4

---

[1] Vgl. Grünbuch zum Verbraucherschutz in der Europäischen Union, KOM/2001/0531 endg., unter Ziff. 4.4.

[2] Ziff. III.28 der Mitteilung der Kommission zu den Folgemaßnahmen zum Grünbuch über den Verbraucherschutz in der EU, KOM/2002/0289 endg.

[3] Vgl. Amtl. Begr. zum Gesetzentwurf, BT-Drucks. 16/10145, S. 31.

5 **Nr. 1** des UWG-Anhangs enthält **keine abschließende Regelung der Irreführung über Verhaltenskodizes.** Insbesondere der Umkehrschluss, dass andere Angaben als die in Nr. 1 genannten im Zusammenhang mit Verhaltenskodizes unbedenklich seien, ist nicht gerechtfertigt. **Nr. 3 des Anhangs zu § 3 Abs. 3** und zu **§ 5 Abs. 2 Nr. 6** können sowohl neben als auch unabhängig von Nr. 1 des Anhangs eingreifen. Angaben über den Inhalt von Verhaltenskodizes können überdies, wenn sie sich unter einen der Bezugspunkte des § 5 Abs. 1 Satz 2 subsumieren lassen, gemäß § 5 irreführend sein, s. näher oben unter I sowie § 5 Abschn. H. Strengere Identitätsstandards für **reglementierte Berufe** bleiben nach Art. 3 Abs. 8 UGP-Richtlinie unberührt.

3. An einen Verbraucher gerichtete geschäftliche Handlung

6 Nr. 1 des UWG-Anhangs setzt eine an einen **Verbraucher** gerichtete **geschäftliche Handlung** voraus. Bezüglich der Legaldefinition der Begriffe „geschäftliche Handlung" und „Verbraucher" wird auf § 2 Abs. 1 Nr. 1 und § 2 Abs. 2 UWG und die Kommentierung von *Keller* hierzu verwiesen. Handelt es sich um falsche Angaben unter **Unternehmern,** so kann das allgemeine Irreführungsverbot eingreifen, sofern die Voraussetzungen erfüllt sind. Eine **Indizwirkung** für die Unzulänglichkeit auch im B2B-Bereich entfaltet Nr. 1 des UWG-Anhangs nicht.

4. Begriff des „Verhaltenskodex"

7 Die Vorschrift setzt die Angabe des Unternehmers voraus, einen **„Verhaltenskodex"** unterzeichnet zu haben. Der Begriff ist definiert in **§ 2 Nr. 5 UWG** (s. dazu die Kommentierung von *Keller*). Eine genauere Legaldefinition des „Verhaltenskodex" (engl.: Code of Conduct), die im Zweifelsfall im Wege **richtlinienkonformer Auslegung** heranzuziehen ist, enthält Art. 2 lit. f UGP-Richtlinie. Danach ist unter einem Verhaltenskodex eine Vereinbarung oder ein Vorschriftenkatalog zu verstehen, die bzw. der nicht durch die Rechts- oder Verwaltungsvorschriften eines Mitgliedstaats vorgeschrieben ist und das Verhalten der Gewerbetreibenden definiert, die sich in Bezug auf eine oder mehrere spezielle Geschäftspraktiken oder Wirtschaftszweige auf diesen Kodex verpflichtet haben. **Ungeschriebene Voraussetzung** ist, dass es um die Definition des **lauteren** Verhaltens der Unternehmen im Wettbewerb geht.[4] Dies ergibt sich aus dem 20. Erwägungsgrund der UGP-Richtlinie, nach dem Verhaltenskodizes den Gewerbetreibenden ermöglichen sollen, die Grundsätze der Richtlinie in spezifischen Wirtschaftsbranchen wirksam anzuwenden.

8 Anders als bei § 5 Abs. 1 Satz 2 Nr. 6 UWG werden auch **Absichtserklärungen** erfasst, die nur dazu verpflichten, sich um bestimmte gemeinsame Wertvorstellungen zu bemühen.[5] Dies kommt in Art. 6 Abs. 2 lit. b UGP-Richtlinie zum Ausdruck, der Absichtserklärungen aus dem Anwendungsbereich des Irreführungsverbots herausnimmt, während eine vergleichbare Einschränkung bei Nr. 1 der Anlage 1 der Richtlinie fehlt. Anders als bei Art. 6 Abs. 2 lit. b der Richtlinie liegt das die Unzulässigkeit begründende zentrale Element der Nr. 1 des Anhangs zu § 3 Abs. 3 UWG auch nicht in der Nichteinhaltung der Selbstverpflichtung, sondern darin, dass der Unternehmer auf eine tatsächlich nicht bestehende Verpflichtung verweist. Da der Verbraucher dies im Allgemeinen als Bereitschaft des Unternehmens zur Einhaltung des Verhaltenskodex interpretieren wird, spielt es für den Unlauterkeitsvorwurf bei Nr. 1 des Anhangs zu § 3 Abs. 3 UWG keine entscheidende Rolle, ob die angebliche Selbstverpflichtung nur ein redliches Bemühen zum Gegenstand hat oder sanktioniert ist.

5. Unwahre Angabe über die Selbstverpflichtung

9 Nur die unwahre Angabe, einen Verhaltenskodex unterzeichnet zu haben, fällt unter Nr. 1 des UWG-Anhangs. Der Begriff der **Angabe** ist richtlinienkonform i. S. des in der Richtlinie verwendeten Begriffs der **Behauptung** auszulegen. Aus dem Vergleich mit Nr. 9 der „Schwarzen Liste" der Richtlinie ergibt sich, dass das **„anderweitige Herbeiführen des Eindrucks",** der Unternehmer habe sich auf einen Verhaltenskodex verpflichtet, keine „Behauptung" in diesem Sinne ist.[6] Erfasst werden also nur ausdrückliche Werbeaussagen, nicht aber nur indirekte Äußerungen oder konkludente Verhaltensweisen, die auf eine Bindung an den Verhaltenskodex schließen lassen.[7] Nicht ausreichend ist z. B., wenn durch das Herausstreichen eines besonderen Lauterkeitsstrebens

---

[4] Ebenso *Beater,* Unlauterer Wettbewerb, Rdn. 1273; *Büllesbach,* S. 44 f.

[5] Ebenso *Birk,* GRUR 2011, 196, 198.

[6] Ebenso Köhler/*Bornkamm,* 34. Aufl. 2016, Anh. zu § 3 Abs. 3 Rdn. 1.4; Fezer/*Peifer,* Anh. UWG Nr. 17 Rdn. 34; *Körber/Mann,* GRUR 2008, 737, 739. – **A. A.** *Lindacher,* WRP 2012, 40 f.; Ohly/*Sosnitza,* 6. Aufl. 2014, Anh. zu § 3 Abs. 3 Rdn. 6.

[7] *Birk,* GRUR 2011, 196, 198; Köhler/*Bornkamm,* 34. Aufl. 2016, Anh. zu § 3 Abs. 3 Nr. 1 Rdn. 1.4; *Koch* in: Büscher/Dittmer/Schiwy (Hrsg.), Gewerblicher Rechtsschutz, 2. Auflage 2011, Anh. § 3 Abs. 3 Rdn. 7. – A. A. *Lindacher,* WRP 2012, 40; Ohly/*Sosnitza,* 6. Aufl. 2014, Anh. zu § 3 Abs. 3 Rdn. 6.

des Unternehmers beim Verbraucher unterschwellig der Eindruck entsteht, der Unternehmer müsse wohl an den Verhaltenskodex gebunden sein. Andererseits impliziert der Begriff „Behauptung" aber auch nicht, dass die Angabe besonders herausgestellt oder **betont** wird, wie dies etwa für ein „Präsentieren als Besonderheit" im Sinne von Nr. 10 der „Schwarzen Liste" erforderlich ist. Angaben im Fließtext einer Unternehmensbeschreibung können daher ausreichen.

Entscheidend ist die Behauptung, an den Kodex gebunden zu sein. Unrichtige Angaben über den **Kodexinhalt** können nur unter den Voraussetzungen des § 5 UWG irreführend sein. 10

Nur die **objektiv unrichtige Information,** einen Verhaltenskodex unterzeichnet zu haben, ist nach Nr. 1 des UWG-Anhangs unzulässig, s. zur „unwahren Angabe" näher schon § 5 B Rdn. 137ff. Wahre Angaben über Verhaltenskodizes, die den Verbraucher zu täuschen geeignet sind, können nur unter den Voraussetzungen des § 5 UWG untersagt werden. Ein (zusätzliches) Täuschungserfordernis besteht nicht; unwahre Behauptungen über die Bindung an den Kodex sind daher unter den weiteren Voraussetzungen von § 3 Abs. 3 i. V. m. Nr. 1 des Anhangs selbst dann unlauter, wenn der Verbraucher die Unrichtigkeit erkennt. Auf welcher Grundlage die Information erteilt wurde, ob zu Werbezwecken oder in Erfüllung einer vermeintlichen gesetzlichen oder vertraglichen Verpflichtung, ist ohne Belang. 11

Entscheidend ist trotz des missverständlichen Wortlauts nicht, ob der Unternehmer den Kodex unterzeichnet hat, sondern ob behauptet wird, dass eine **Verpflichtung des Unternehmers zur Einhaltung des Verhaltenskodex** besteht. Denn der Hinweis auf die Verpflichtung des Unternehmers auf den Kodex wird vom Verkehr im Sinne einer Bindung an den Kodex verstanden und dient als Gütezeichen. Wer gegenüber dem Verbraucher in der in Nr. 1 des Anhangs zu § 3 Abs. 3 UWG bezeichneten Art wirbt, handelt daher auch unzulässig, wenn die behauptete **Verpflichtung unwirksam** ist oder der Kodex (noch) nicht zustande gekommen oder seinerseits unwirksam ist. Ein weites lauterkeitsrechtliches Verständnis ist angebracht: Wer nach den geltenden Gepflogenheiten einem Verband beigetreten ist, der seinerseits an einen Verhaltenskodex gebunden ist und diese Bindung verbandsintern an seine Mitglieder weitergibt, darf auf die Bindung an den Verhaltenskodex hinweisen. Andererseits spielt es keine Rolle, ob der an den Kodex gebundene Unternehmer dessen Bedingungen dann tatsächlich einhält oder nicht.[8] 12

6. Kein subjektives Element

Abweichend von dem in erster Lesung beschlossenen Standpunkt des Europäischen Parlaments, der die Bösgläubigkeit des Unternehmens forderte, enthält Nr. 1 der Anlage 1 zur UGP-Richtlinie und in dessen Umsetzung Nr. 1 des Anhangs zu § 3 Abs. 3 UWG **kein subjektives Element.** 13

Unzulässige geschäftliche Handlungen im Sinne des § 3 Abs. 3 sind:

2. die Verwendung von Gütezeichen, Qualitätskennzeichen oder Ähnlichem ohne die erforderliche Genehmigung

Inhaltsübersicht

	Rdn.
1. Einfluss des europäischen Rechts	1
2. Zweck der Vorschrift und Abgrenzung	2
3. Einzelheiten	5
a) An einen Verbraucher gerichtete geschäftliche Handlung	5
b) Gütezeichen, Qualitätskennzeichen oder Ähnliches	6
c) Verwendung „als" Gütezeichen, Qualitätskennzeichen oder Ähnliches	11
d) Fehlende erforderliche Genehmigung	13

Schrifttum: *Büllesbach,* Auslegung der irreführenden Geschäftspraktiken des Anhangs I der Richtlinie 2005/29/EG über unlautere Geschäftspraktiken, 2008, S. 35; *Leible,* Auswirkungen der UWG-Reform 2008 auf die Durchsetzung wettbewerbsrechtlicher Ansprüche im Gesundheitsbereich, GRUR 2010, 183; *Schirmbacher,* UWG 2008 – Auswirkungen auf den E-Commerce, K&R 2009, 433.

1. Einfluss des europäischen Rechts

Die Vorschrift entspricht wörtlich der Regelung im Anhang I Nr. 2 zur **UGP-Richtlinie.** Diese lautet: 1

„Die Verwendung von Gütekennzeichen, Qualitätskennzeichen oder Ähnlichem ohne die erforderliche Genehmigung."

---

[8] Ebenso *Balitzki,* GRUR 2013, 670, 672.

2. Zweck der Vorschrift und Abgrenzung

2 Verboten wird die **Verwendung** bestimmter **qualitätsrelevanter Zeichen** (nachfolgend als Oberbegriff für „Gütezeichen", „Qualitätskennzeichen" oder „Ähnliches" verwendet) **ohne** die **erforderliche Genehmigung.** Aus diesem Tatbestand lässt sich hingegen kein generelles Verbot von Geschäftspraktiken ableiten, die nicht von der zuständigen Verwaltungsbehörde genehmigt wurden.[1] Es wird vielmehr davon ausgegangen, dass es qualitätsrelevante Zeichen gibt, die bestimmte Kriterien voraussetzen und die nur nach vorheriger Prüfung und Genehmigung durch einen Dritten verwendet werden dürfen. **Nicht erfasst** sind somit geschäftliche Handlungen, bei denen der Unternehmer mit Genehmigung des Ausstellers ein bestimmtes Zeichen verwendet, das jedoch objektiv kein qualitätsrelevantes Zeichen ist, sondern **nur** einen entsprechenden **Anschein** erweckt.[2] Das kann insbesondere der Fall sein bei Zeichen, die **gegen Gebühr** und **ohne Qualitätskontrolle** erworben werden können. In solchen Fällen kann jedoch Nr. 4 des UWG-Anhangs oder § 5 Abs. 1 S. 2 Nr. 1 UWG verletzt sein, wobei Nr. 4 des UWG-Anhangs allerdings auf eine unwahre *Angabe* abstellt und Nr. 2 nur auf die *Verwendung.* Die Tatbestände der **Nr. 2 und** der **Nr. 4 ergänzen sich** somit; allerdings kann es auch zu Überschneidungen kommen. Ausschließlich § 5 Abs. 1 S. 2 Nr. 1 UWG kommt in Betracht in Fällen, bei denen eine etwaige Genehmigung (von Anfang an) zu Unrecht erteilt wurde.

3 Zu einer **Überschneidung** mit dem Verbot in **Nr. 9** kann es im Einzelfall kommen, wenn mit dem Qualitätskennzeichen zugleich eine Aussage über die Verkehrsfähigkeit der Ware getroffen wird.

4 Gehen der Verleihung von Gütezeichen, Qualitätskennzeichen oder ähnlichen Zeichen bestimmte **Tests** voraus, so wird mit der Verwendung des Gütezeichens inzident zugleich auch eine Aussage über das positive Bestehen des Tests gemacht. Angaben über Prüfzeichen, Gütesiegel und Gütezeichen sind daher auch spezielle Fälle der Werbung mit Tests. Insoweit hat die Regelung in Nr. 2 des UWG Anhangs **Vorrang vor § 5 Abs. 1 S. 2 Nr. 1 UWG.** Das gilt allerdings nur, soweit es um das Bestehen des Tests als solches als Voraussetzung für das Zeichen geht. **Irreführende Aussagen über Einzelheiten eines Tests,** d. h. mit bestimmten einzelnen Testergebnissen, die für die Verwendung eines qualitativen Zeichens nicht erforderlich sind, müssen weiterhin nach **§ 5 Abs. 1 S. 2 Nr. 1 UWG** beurteilt werden, unterliegen somit auch der Relevanzprüfung. Auch ist das (wertende) **Testergebnis** eines Testinstituts wie z. B. der **Stiftung Warentest** oder **Ökotest** kein „Gütezeichen" im Sinne der Nummer 2 des UWG-Anhangs, so dass die Testergebniswerbung insoweit nicht der Nr. 2 des UWG-Anhangs unterfällt.[3] Ebenso ist nach § 5 Abs. 1 S. 2 UWG die rechtswidrige Verwendung von Kennzeichen zu beurteilen, die nicht von Dritten vergeben werden sowie von allgemeinen Qualitätsaussagen, die ohne Verwendung von Qualitätskennzeichen erfolgen.

3. Einzelheiten

5 **a) An einen Verbraucher gerichtete geschäftliche Handlung.** Wie alle anderen Tatbestände des UWG-Anhangs setzt auch dieser eine an einen Verbraucher gerichtete geschäftliche Handlung voraus. Bezüglich der **Legaldefinition** der Begriffe **„geschäftliche Handlung"** und **„Verbraucher"** wird auf die Kommentierung von *Keller* zu § 2 Abs. 1 Nr. 1 und § 2 Abs. 2 UWG verwiesen. Handelt es sich um falsche Angaben unter **Unternehmern,** so kann der allgemeine Verbotstatbestand des § 5 UWG eingreifen, sofern die Voraussetzungen vorliegen (vgl. I. Vorbem. Rdn. 18).

6 **b) Gütezeichen, Qualitätskennzeichen oder Ähnliches.** In der Wirtschaft und in der Rechtsprechung deutscher Gerichte zu § 5 UWG wurde häufig unterschieden zwischen Gütezeichen, Gütesiegeln und Prüfzeichen, allerdings ohne dass es eine einheitliche und kohärente Terminologie gab. Als **Prüfzeichen** wurden z. B. angesehen: „TÜV-Prüfzeichen",[4] „VDE-Zeichen" (Verband der Elektrotechnik Elektronik Informationstechnik e. V.), „DLG-SignumTest", „QS – Qualität und Sicherheit". **Gütesiegel** sind z. B.: „AGR-Gütesiegel" – Aktion Gesunder Rücken, „Trusted Shops" – Beachtung von Verbraucherschutz-Richtlinien und Datenschutz durch kommerzielle Internet-Angebote, „DEKRA-Siegel". Teilweise wurde zur Bezeichnung von Prüfzeichen/ Gütesiegeln auch der Begriff „Gütezeichen" verwendet. **Gütezeichen** sind z. B. der „Blaue Engel", das „Gütezeichen Buskomfort", „Geprüfte Qualität – Bayern" oder das CMA-Gütezeichen „Mar-

---

[1] EuGH GRUR-Int 2013, 267 Tz. 38 – *Köck.*
[2] OLG Celle WRP 2014, 1216.
[3] Ebenso *Koppe/Zagouras* WRP 2008, 1035, 1045; OLG Köln GRUR-RR 2011, 275, 276.
[4] Vgl. BGH GRUR 1991, 553 – *TÜV-Prüfzeichen.*

kenqualität aus deutschen Landen".[5] Sie werden von Gütezeichengemeinschaften vergeben, welche auf gesetzlicher Grundlage oder unter Beachtung der „RAL Grundsätze für Gütezeichen"[6] tätig werden.

Für die Zwecke der Nr. 2 ist die **genaue Qualifizierung** als „Gütezeichen", „Gütesiegel" oder „Qualitätskennzeichen" **entbehrlich.** Auf eine genaue Abgrenzung kommt es nicht an, denn der Tatbestand erfasst gleichermaßen Gütezeichen, Qualitätskennzeichen und „Ähnliches". Ebenso ist es irrelevant, ob sich das Zeichen auf das beworbene Produkt oder auf das Unternehmen bezieht. Unglücklich ist allerdings, dass der Gesetzgeber den Begriff voraussetzt, ohne ihn zu definieren. Was konkret unter den Begriffen zu verstehen ist, lässt sich weder dem Anhang noch den Materialien entnehmen und muss daher nunmehr letzten Endes durch den EuGH und im Gesamtkontext der Richtlinie 2005/29/EG entschieden werden. 7

Maßgeblich sind dabei allein **objektive Kriterien.** Ein Gütezeichen/Gütesiegel oder Ähnliches zeichnet aus, dass vor der Verleihung des Zeichens bzw. der Genehmigung zur Verwendung des Zeichens das Prüfobjekt **von einem neutralen Dritten mit entsprechender Kompetenz nach objektiven Prüfkriterien geprüft wurde.**[7] **Nicht erfasst** – sondern allein nach § 5 Abs. 1 UWG zu beurteilen – ist daher das **„CE"-Zeichen,** mit dem der Hersteller die Konformität des gekennzeichneten Produktes mit EU Vorschriften bzw. entsprechenden nationalen Gesetzen zur Umsetzung der gemeinschaftsrechtlichen Vorgaben bestätigt,[8] z. B. nach § 9 MPG, § 7 ProdSG, oder das **„Ü"-Zeichen** nach § 26 Abs. 1 BauO NRW, mit dem der Hersteller die Übereinstimmung mit den technischen Regeln des Deutschen Instituts für Bautechnik und den allgemeinen bauaufsichtlichen Zulassungen und Prüfzeugnissen bescheinigt. Von Nr. 2 **nicht erfasst** werden auch Hinweise auf Zeichen, die nur den **Eindruck** eines qualitätsbezogenen Zeichens erwecken.[9] Wird ein nicht (real) qualitätsrelevantes Zeichen verwendet, verbleibt es bei der Anwendung von § 5 Abs. 1 UWG; für Einzelheiten siehe dort (§ 5 C Rdn. 283 ff.). Das Gleiche gilt für vermeintliche Gütezeichen, die für einen **Einzelauftrag** erstellt werden. Zur **„Testsieger"** Werbung siehe oben Rdn. 3. 8

Die Prüfung muss sich dabei nicht allein auf Aspekte der Qualität und Güte beschränken. Erfasst werden von der Nr. 2 daher **auch** Prüfzeichen, mit denen z. B. die **Sicherheit** eines Produkts geprüft wird, wie z. B. das **„GS"-Zeichen** für geprüfte Sicherheit.[10] Denn mit einer solchen Prüfung werden zugleich inzident Aussagen über die Qualität eines Produkts gemacht. Nr. 2 erfasst daher auch die Verwendung von (Sicherheits-)Prüfzeichen ohne die erforderliche Genehmigung. Trifft das Prüfzeichen zugleich eine Aussage über die Verkehrsfähigkeit des Produkts, findet auch Nr. 9 des UWG-Anhangs Anwendung. Entsprechendes gilt für **„Zertifikate".** 9

Der Hinweis auf eine *„garantierte Markenqualität"*,[11] die Werbung für eine *„Brille des Monats"*[12] sowie Werbung mit Tätigkeitsschwerpunkten eines Rechtsanwaltes[13] stellen hingegen **keine Verwendung von qualitätsbezogenen Zeichen** dar. Der Hinweis auf eine *„Premium-Leistungsgarantie"* ist ebenfalls nicht die Verwendung eines qualitätsbezogenen Zeichens. Allerdings wird der Verkehr glauben, dass das Produkt von besonderer Qualität sei, so dass evt. eine Irreführung über die Qualität der Ware nach § 5 Abs. 1 S. 2 Nr. 1 UWG gegeben ist. 10

c) Verwendung „als" Gütezeichen, Qualitätskennzeichen oder Ähnliches. Verwendung bedeutet, dass das beworbene Produkt oder Unternehmen mit dem genannten Zeichen **in Verbin-** 11

---

[5] Nach Auffassung des EuGH verstieß die Bundesrepublik Deutschland allerdings durch die Vergabe des CMA-Gütezeichens an in Deutschland hergestellte Fertigerzeugnisse gegen Art. 28 EG (heute Art. 34 AEUV), EuGH EuZW 2003, 23, 24. Hierzu sowie zum Gütezeichen des Freistaats Bayern „Geprüfte Qualität – Bayern" siehe *Ohler* ZLR 2002, 713, 717 ff. und *Korte/Oschmann* NJW 2003, 1766 ff.

[6] RAL Deutsches Institut für Gütesicherung und Kennzeichnung e. V. Das RAL führt auch eine Liste der Gütezeichen: sie ist abrufbar unter www.ral.de.

[7] OLG Düsseldorf WRP 1984, 302; OLG Düsseldorf BB 1985, 2191; OLG Hamburg BB 1985, 2193; OLG Celle GRUR 1985, 547, 548 – *Gütezeichen Buskomfort;* OLG Frankfurt GRUR 1994, 523 – *Touristik-Gütesiegel;* OLG Hamm MD 2003, 71, 73 – *Bundesverband für Partnersuchende; Wiebe* WRP 1993, 74, 79 ff.; LG Saarbrücken WRP 2005, 386 ff. – *4 Sterne Bus.*

[8] Mit Wirkung ab 1.1.2010 sind die allgemeinen Grundsätze zur CE-Kennzeichnung in Art. 30 der Verordnung (EG) Nr. 765/2008 des Europäischen Parlaments und des Rates vom 9. Juli 2008 über die Vorschriften für die Akkreditierung und Marktüberwachung im Zusammenhang mit der Vermarktung von Produkten und zur Aufhebung der Verordnung (EWG) Nr. 339/93 des Rates (ABl. Nr. L 218 vom 13.8.2008, S. 30) geregelt.

[9] Vgl. OLG Celle WRP 2014, 1216, zur Bewerbung eines Hotels mit sechs Sternen auf der Außenfassade.

[10] Ebenso *Büllesbach,* S. 48.

[11] BGH GRUR 1989, 754, 756 – *Markenqualität.*

[12] OLG Hamburg GRUR 1985, 226.

[13] BGH GRUR 1994, 825, 826 – *Strafverteidigungen;* GRUR 1996, 365, 366 – *Tätigkeitsschwerpunkte.*

dung gebracht wird. Die eindeutigste Form der Verbindung ist das Anbringen auf dem Produkt. Aber auch die Erwähnung in der Werbung kann genügen, wenn der Verbraucher dadurch den Eindruck gewinnt, für das jeweilige Produkt/Unternehmen darf mit dem qualitätsrelevanten Zeichen geworben werden.

12 Das qualitätsrelevante Zeichen muss – im Sinne eines ungeschriebenen Tatbestandsmerkmals – **als Qualitätshinweis**[14] verwendet werden. Man kann insoweit eine Parallele ziehen zum „kennzeichenmäßigen Gebrauch“ und der Anwendbarkeit der §§ 14, 15 MarkenG. Eine Verwendung als Qualitätshinweis liegt bei einer **bloß beschreibenden Verwendung,** wie z. B. bei einem Hinweis auf eine **„Farbtonübersichtskarte nach RAL“ nicht** vor.[15]

13 **d) Fehlende erforderliche Genehmigung.** Verboten ist die Verwendung eines – objektiv bestehenden – Zeichens ohne die erforderliche Genehmigung desjenigen Dritten, der das Zeichen vergibt. Dabei ist mit „Genehmigung“ nach herkömmlicher BGB-Terminologie eigentlich **„Einwilligung“ i. S. v. § 183 S. 1 BGB** gemeint, denn maßgeblich ist, ob zum Zeitpunkt der Verwendung dem bereits durch den berechtigten Dritten zugestimmt wurde. Eine nachträgliche Zustimmung (= „Genehmigung“ i. S. v. § 184 Abs. 1 BGB) genügt nicht. Daher ist es für das Verbot auch **irrelevant, ob** die erforderliche **„Genehmigung“ hätte erteilt werden müssen,** ob ein Rechtsanspruch auf die Erteilung besteht und ob die jeweilige Ware oder Dienstleistung die mit dem Zeichen verbürgte Qualität aufweist.[16]

14 Des Weiteren muss die Genehmigung **erforderlich** sein. Die Nutzung des Zeichens muss also von der positiven Zustimmung eines Dritten abhängig sein. Nicht erfasst werden daher reine Phantasiezeichen, deren Verwendung keine Genehmigung voraussetzt[17] sowie Zeichen, deren Verwendung zwar die Einhaltung bestimmter Kriterien voraussetzt, für deren Verwendung es aber nicht einer ausdrücklichen Zustimmung durch einen Dritten bedarf, wie z. B. beim „CE“-Zeichen oder dem „Ü“-Zeichen. Ob es sich bei dem Dritten um eine **öffentlich-rechtliche** Einrichtung oder um eine natürliche oder juristische Person des **Privatrechts** handelt, ist **irrelevant.** Ebenso wenig kommt es darauf an, ob die Genehmigung zivilrechtlich oder öffentlich-rechtlich ausgestaltet ist.

15 Die erforderliche „Genehmigung“ fehlt, wenn sie **nie erteilt** wurde, wenn eine **Befristung abgelaufen** ist oder wenn die früher einmal erteilte Genehmigung **widerrufen oder zurückgenommen** wurde. Warum dies geschah, ist unerheblich. Wurde die Genehmigung nur für ein Vorgängermodell erteilt, darf ein neueres Modell trotz vermeintlicher Produktverbesserung ebenfalls nicht unter Verwendung des qualitätsrelevanten Zeichens beworben werden.[18]

16 Fraglich ist, was gilt, wenn eine „Genehmigung“ **zwar noch besteht,** der Unternehmer ihr **aber nicht mehr entspricht.**[19] Zwar erwartet der Verkehr bei qualitätsrelevanten Zeichen, dass dem Unternehmer die Genehmigung zum Führen des Zeichens nicht nur irgendwann einmal erteilt wurde, sondern die Voraussetzungen dafür auch noch aktuell gegeben sind. Auf der anderen Seite stellt Nr. 2 nur auf das Fehlen einer Genehmigung ab. Hinzu kommt, dass Nr. 4 ausdrücklich den Fall erwähnt, dass der Unternehmer der Genehmigung nicht mehr entspricht. Das spricht dafür, im Rahmen von Nr. 2 allein auf die **formale Existenz** einer Genehmigung abzustellen und alle anderen Fälle nach § 5 Abs. 1 S. 2 Nr. 1 UWG und Nr. 4 des UWG-Anhangs zu lösen. Dafür spricht auch die Funktion der „Schwarzen Liste“, eine Aufzählung der Umstände zu geben, die in jedem Fall verboten sein sollen, ohne dass damit eine Wertung über andere Umstände verbunden sein soll. Nr. 2 greift daher auch **nicht bei etwaigen Mängeln der beworbenen Produkte,** die zum Widerruf der Erteilung eines qualitätsrelevanten Zeichens führen müssten, solange dieser Widerruf noch nicht erfolgt ist.[20] Etwas anderes gilt allerdings, d. h. der Tatbestand der Nr. 2 ist verwirklicht, wenn die Genehmigung zur Verwendung des qualitätsrelevanten Zeichens formal an das Fortbestehen der Voraussetzungen geknüpft wurde, so dass mit dem Wegfall der Voraussetzungen auch die Genehmigung erlischt.

17 Problematisch sind auch Fälle, in denen eine **Genehmigung zu Unrecht erteilt wurde,** z. B. weil die Prüfung in wesentlichen Punkten unvollständig war oder die geprüfte Ware wesentliche

---

[14] Bzw. bei einem Sicherheitsprüfzeichen als Sicherheitshinweis.

[15] OLG Düsseldorf NJWE-WettbR 2000, 154, 155.

[16] OLG Celle WRP 2014, 1216 Tz. 4. Vgl. auch die Amtliche Begründung des Gesetzentwurfs der Bundesregierung zu Nr. 2, BR-Drs. 345/08, S. 62. *Schirmbacher* K&R 2008, 433, 434.

[17] *Scherer* NJW 2009, 324, 326; *Schirmbacher* K&R 2008, 433, 434; *Hoeren* BB 2008, 1182, 1187; LG Darmstadt MMR 2009, 277, 278.

[18] OLG Koblenz WRP 2013, 922 Tz. 6

[19] Vgl. zum alten Recht BGH GRUR 1975, 442, 443 – *Vaasbüttel.*

[20] Vgl. zum alten Recht BGH GRUR 1998, 1043, 1044 – *GS-Zeichen.*

Mängel aufweist, welche die Erteilung des Prüfzeichens hätten ausschließen müssen. Nach altem Recht wurden diese Fälle vom Verbot des § 5 UWG erfasst,[21] und zwar selbst dann, wenn die Verleihung durch Verwaltungsakt erfolgte.[22] Ein Verstoß gegen Nr. 2 liegt hingegen nicht vor.[23] Denn Nr. 2 stellt allein darauf ab, ob eine erforderliche Genehmigung objektiv vorliegt oder nicht. Der Tatbestand der Nr. 2 wäre also erst erfüllt, wenn eine bestehende Genehmigung entweder nichtig oder widerrufen worden wäre. Das bedeutet jedoch nicht, dass die o. g. Fälle nunmehr nicht mehr verboten sind. Sie sind vielmehr weiterhin nach § 5 Abs. 1 UWG zu behandeln bzw. unterfallen Nr. 4 des UWG-Anhangs.

Unzulässige geschäftliche Handlungen im Sinne des § 3 Abs. 3 sind

3. die unwahre Angabe, ein Verhaltenskodex sei von einer öffentlichen oder anderen Stelle gebilligt;

Inhaltsübersicht

	Rdn.
1. Einfluss des europäischen Rechts	1
2. Zweck der Vorschrift und Abgrenzung	3
3. An einen Verbraucher gerichtete geschäftliche Handlung	5
4. Begriff des „Verhaltenskodex“	6
5. Unwahre Behauptung über die Billigung der Selbstverpflichtung	8
6. Kein subjektives Element	11

Schrifttum: *Alexander,* Die „Schwarze Liste“ der UGP-Richtlinie und ihre Umsetzung in Deutschland und Österreich, GRURInt. 2010, 1025; *Beater,* Unlauterer Wettbewerb, 2011; *Birk,* Corporate Responsibility, unternehmerische Selbstverpflichtungen und unlauterer Wettbewerb, GRUR 2011, 196; *Büllesbach,* Auslegung der irreführenden Geschäftspraktiken des Anhangs I der Richtlinie 2005/29/EG über unlautere Geschäftspraktiken, 2008; *Dreyer,* Verhaltenskodizes im Referentenentwurf eines Ersten Gesetzes zur Änderung des Gesetzes gegen unlauteren Wettbewerb – Wird das Wettbewerbsrecht zum Motor für die Durchsetzung vertraglicher Verpflichtungen?, WRP 2007, 1294; *Fezer,* Plädoyer für eine offensive Umsetzung der Richtlinie über unlautere Geschäftspraktiken in das deutsche UWG, WRP 2006, 781; *Hoeren,* Das neue UWG – der Regierungsentwurf im Überblick, BB 2008, 1182; *ders.,* Das neue UWG und dessen Auswirkungen auf den B2B-Bereich, WRP 2009, 789; *Jergolla,* Die britische Werbeselbstkontrolle anhand des Advertising Code – eine Gegenüberstellung mit der Rechtslage in Deutschland, WRP 2003, 431; *Kocher,* Unternehmerische Selbstverpflichtungen im Wettbewerb, GRUR 2005, 647; *A. Lehmann,* Werbeselbstkontrolle in Italien und Deutschland – Vor- und Nachteile der Systeme freiwilliger Selbstregulierung im Vergleich, GRUR Int. 2006, 123; *Köhler,* Der Rechtsbruchtatbestand im neuen UWG, GRUR 2004, 381; *Lamberti/Wendel,* Verkäufe außerhalb von Vertriebsbindungssystemen, WRP 2009, 1479; *Lindacher,* Geltungsweiteprobleme bei Black-List-Irreführungsverboten, WRP 2012, 40; *Mees,* Normwidrigkeit und § 1 UWG, WRP 1985, 373; *Meessen,* Internationale Verhaltenskodizes und Sittenwidrigkeitsklauseln, NJW 1981, 1131; *Peifer,* Die Zukunft der irreführenden Geschäftspraktiken, WRP 2008, 556; *Piper,* Zur Wettbewerbswidrigkeit des Einbrechens in fremde Vertragsbeziehungen durch Abwerben von Kunden und Mitarbeitern, GRUR 1990, 643; *Scherer,* „Case-law“ in Gesetzesform – die „Schwarze Liste“ als neuer UWG-Anhang, NJW 2009, 324; *dies.,* Die weißen Flecken in der Schwarzen Liste, WRP 2014, 771; *dies.,* Was bringt die „Schwarze Liste“ tatsächlich? – Bestandsaufnahme und Konsequenzen, WRP 2011, 393; *Schmidhuber,* Verhaltenskodizes im neuen UWG, WRP 2010, 593; *Schöttle,* Die Schwarze Liste – Übersicht über die neuen Spezialtatbestände des Anhangs zu § 3 Abs. 2 UWG, WRP 2009, 673; *Skaupy,* Zu den Begriffen „Franchise“, „Franchisevereinbarungen“ und „Franchising“, NJW 1992, 1785; *Sosnitza,* Wettbewerbsregeln nach §§ 24 ff. GWB im Lichte der 7. GWB-Novelle und des neuen Lauterkeitsrechts, FS Bechtold, 2006, S. 515; *Vander,* Verhaltenskodizes im elektronischen Geschäftsverkehr, K&R 2003, 339.

1. Einfluss des europäischen Rechts

Nr. 3 des UWG-Anhangs setzt **Nr. 3 des Anhangs I** der **UGP-Richtlinie** in deutsches Recht 1
um. Nr. 3 der „Schwarzen Liste“ der Richtlinie lautet:

„Die Behauptung, ein Verhaltenskodex sei von einer öffentlichen oder anderen Stelle gebilligt, obgleich dies nicht der Fall ist.“

Die Abweichungen der beiden Texte voneinander sind **rein sprachlicher Natur.** 2

[21] OLG Oldenburg GRUR-RR 2003, 159 f. – *Torpfosten; Kollmann* GRUR 2004, 6, 9.
[22] BGH GRUR 1998, 1043, 1044 – *GS-Zeichen;* GRUR 1975, 442, 443 – *Vaasbüttel.*
[23] Ebenso *Leible* GRUR 2010, 183, 189.

2. Zweck der Vorschrift und Abgrenzung

3 Eine ausdrückliche Regelung zur Irreführung im Zusammenhang mit Verhaltenskodizes kannte das deutsche Wettbewerbsrecht bislang nicht. Nr. 3 des UWG-Anhangs regelt – ebenso wie Nr. 1 und § 5 Abs. 1 Satz 2 Nr. 6 UWG – die wettbewerblichen Folgen irreführender Geschäftshandlungen im Zusammenhang mit Verhaltenskodizes. Diese Bestimmungen sind das **Relikt einer ursprünglich geplanten umfassenderen Regelung.** Sie dient dem Schutz der Verbraucher vor Irreführung über bestimmte Eigenschaften der Selbstverpflichtung.

4 **Nr. 3** UWG-Anhang enthält **keine abschließende Regelung der Irreführung über Verhaltenskodizes.** Neben bzw. unabhängig von Nr. 3 UWG-Anhang können auch dessen **Nr. 1** und **§ 5 Abs. 1 Satz 2 Nr. 6 UWG** eingreifen. Überdies können Angaben über Verhaltenskodizes gemäß §§ 5, 5a UWG irreführend sein, s. näher oben unter I sowie § 5 Abschnitt H. Strengere Identitätsstandards für **reglementierte Berufe** bleiben nach Art. 3 Abs. 8 UGP-Richtlinie unberührt.

3. An einen Verbraucher gerichtete geschäftliche Handlung

5 Nr. 3 UWG-Anhang setzt eine an einen **Verbraucher** gerichtete **geschäftliche Handlung** voraus. Bezüglich der Legaldefinition beider Begriffe wird auf die Kommentierung von *Keller* zu § 2 Abs. 1 Nr. 1 und § 2 Abs. 2 UWG verwiesen. Angaben gegenüber **Unternehmern** können nur unter den Voraussetzungen des § 5 irreführend sein. Eine **Indizwirkung** für den B2B-Bereich entfaltet Nr. 3 des UWG-Anhangs nicht.

4. Begriff des „Verhaltenskodex"

6 Die Vorschrift setzt die Angabe eines Unternehmers voraus, einen **„Verhaltenskodex"** unterzeichnet zu haben. Der Begriff ist definiert in § 2 Abs. 1 Nr. 5 UWG (s. dazu die Kommentierung von *Keller*). Eine genauere Legaldefinition des „Verhaltenskodex" (engl.: Code of Conduct), die im Zweifelsfall im Wege richtlinienkonformer Auslegung heranzuziehen ist, enthält **Art. 2 lit. f UGP-Richtlinie.** Danach ist unter einem Verhaltenskodex eine Vereinbarung oder ein Vorschriftenkatalog zu verstehen, die bzw. der nicht durch die Rechts- oder Verwaltungsvorschriften eines Mitgliedstaats vorgeschrieben ist und das Verhalten der Gewerbetreibenden definiert, die sich in Bezug auf eine oder mehrere spezielle Geschäftspraktiken oder Wirtschaftszweige auf diese Kodizes verpflichtet haben. **Ungeschriebene Voraussetzung** ist, dass es um die Definition des **lauteren** Verhaltens der Unternehmen im Wettbewerb geht.[1] Dies ergibt sich aus dem 20. Erwägungsgrund der UGP-Richtlinie, nach dem Verhaltenskodizes den Gewerbetreibenden ermöglichen sollen, die Grundsätze der Richtlinie in spezifischen Wirtschaftsbranchen wirksam anzuwenden.

7 Anders als bei § 5 Abs. 1 Satz 2 Nr. 6 werden auch **Absichtserklärungen** erfasst, die nur dazu verpflichten, sich um bestimmte gemeinsame Wertvorstellungen zu bemühen.[2] Das ergibt im Wege der richtlinienkonformen Auslegung der Umkehrschluss aus Art. 6 Abs. 2 lit. b UGP-Richtlinie, der Absichtserklärungen aus dem Anwendungsbereich des Irreführungsverbots herausnimmt, während eine vergleichbare Einschränkung bei Nr. 3 der Anlage 1 der Richtlinie fehlt. Anders als bei Art. 6 Abs. 2 lit. b der Richtlinie liegt das die Unzulässigkeit begründende zentrale Element der Nr. 3 des UWG-Anhangs auch nicht in der Nichteinhaltung der Selbstverpflichtung, sondern darin, dass der Unternehmer unrichtige Angaben über bestimmte Eigenschaften des Codex macht. In diesem Fall macht es für den Verbraucher aber keinen Unterschied, ob die angebliche Selbstverpflichtung nur ein redliches Bemühen zum Gegenstand hat oder sanktioniert ist.

5. Unwahre Behauptung über die Billigung der Selbstverpflichtung

8 Der Begriff der **Angabe** ist richtlinienkonform i. S. d. in der Richtlinie verwendeten Begriffs der **Behauptung** auszulegen. Der Unternehmer muss die unwahre **„Behauptung"** aufstellen, dass eine öffentliche oder andere Stelle einen bestimmten Verhaltenskodex gebilligt hat. Aus dem Vergleich mit Nr. 9 der „Schwarzen Liste" der Richtlinie ergibt sich, dass das **„anderweitige Herbeiführen des Eindrucks"**, der Unternehmer habe sich auf einen Verhaltenskodex verpflichtet, keine „Behauptung" in diesem Sinne ist.[3] Andererseits impliziert der Begriff „Behauptung" aber auch nicht, dass die Angabe besonders herausgestellt oder betont wird, wie dies etwa für ein „Präsentie-

---

[1] Ebenso *Beater* Unlauterer Wettbewerb, Rdn. 1273; *Büllesbach,* S. 44 f.

[2] Ebenso *Birk,* GRUR 2011, 196, 198.

[3] Ebenso Köhler/*Bornkamm,* 34. Aufl. 2016, Anh. zu § 3 Abs. 3 Rdn. 1.4; Fezer/*Peifer,* Anh. UWG Nr. 17 Rdn. 34. – **A. A.** Ohly/*Sosnitza,* 6. Aufl. 2014, Anh. zu § 3 Abs. 3 Rdn. 6; *Lindacher,* WRP 2012, 40 f.

ren als Besonderheit" im Sinne von Nr. 10 der „Schwarzen Liste" erforderlich ist (s. näher schon Anh. II. Nr. 1 Rdn. 8).

Nur die **objektiv unrichtige Information** über die Billigung des Verhaltenskodex ist nach Nr. 3 des UWG-Anhangs unzulässig,[4] s. zur „unwahren Angabe" näher schon § 5 B Rdn. 140 ff., 174 ff. Wahre Angaben über die Billigung von Verhaltenskodizes, die den Verbraucher zu täuschen geeignet sind, können nur unter den Voraussetzungen des § 5 untersagt werden. **Ein (zusätzliches) Täuschungserfordernis besteht nicht;** unwahre Behauptungen über die Billigung des Kodex sind daher unter den weiteren Voraussetzungen von § 3 Abs. 3 i. V. m. Nr. 3 des Anhangs selbst dann unlauter, wenn der Verbraucher die Unrichtigkeit erkennt. 9

Die Behauptung muss den Inhalt haben, dass eine **öffentliche oder andere Stelle** einen bestimmten Verhaltenskodex **gebilligt** habe, obwohl dies nicht der Fall ist. Ein derartiges Billigungsverfahren sehen z. B. §§ 24 ff. GWB vor.[5] Danach kann die **Kartellbehörde** gemäß § 26 Abs. 1 GWB auf entsprechenden Antrag Wettbewerbsregeln anerkennen, die Wirtschafts- und Berufsvereinigungen gemäß § 24 Abs. 1 GWB für ihren Bereich aufgestellt haben. Nr. 3 des UWG-Anhangs ist jedoch weiter. Er setzt nicht voraus, dass ein entsprechendes **Billigungsverfahren existiert** oder die von dem Unternehmer angegebene private oder öffentliche Stelle für die Billigung des Verhaltenskodex **zuständig** ist. Beides wird durch die Behauptung, eine Billigung sei durch die betreffende Stelle erfolgt, bereits suggeriert.[6] Verhindert werden soll, dass Unternehmer durch wahrheitswidrige Angaben, andere Personen als die Kodexurheber bzw. -mitglieder selbst hätten den Kodex gebilligt, den **Anschein besonderer Qualität oder Ausgewogenheit des Kodex** erwecken. Eine unwahre Angabe über die Billigung des Kodex liegt daher auch vor, wenn die Anerkennung **vorher widerrufen oder zurückgenommen** worden bzw. eine **befristete** Anerkennung abgelaufen ist, nicht jedoch, wenn eine tatsächlich vorliegende Anerkennung „nur" **zu Unrecht erteilt** wurde oder der Unternehmer den damit verbunden **Auflagen nicht nachkommt** (arg. e Nr. 4). 10

6. Kein subjektives Element

Wie Nr. 1 enthält auch Nr. 3 des UWG-Anhangs kein subjektives Element. Es ist daher **bedeutungslos,** ob der Unternehmer die Unwahrheit seiner Angabe **gekannt** hat. 11

Unzulässige geschäftliche Handlungen im Sinne des § 3 Abs. 3 sind

4. die unwahre Angabe, ein Unternehmer, eine von ihm vorgenommene geschäftliche Handlung oder eine Ware oder Dienstleistung sei von einer öffentlichen oder privaten Stelle bestätigt, gebilligt oder genehmigt worden, oder die unwahre Angabe, den Bedingungen für die Bestätigung, Billigung oder Genehmigung werde entsprochen;

Inhaltsübersicht

	Rdn.
1. Einfluss des europäischen Rechts	1
2. Zweck der Vorschrift und Abgrenzung	3
3. Einzelheiten	6
a) An einen Verbraucher gerichtete geschäftliche Handlung	6
b) Unwahre Angabe, Behauptung	7
c) Bestätigung, Billigung oder Genehmigung des Unternehmers, einer von ihm vorgenommenen geschäftlichen Handlung oder seiner Produkte	11
d) Öffentliche oder private (dritte) Stelle	15
e) Erlaubnis liegt objektiv nicht vor oder der Unternehmer entspricht nicht (mehr) ihren Bedingungen	18
f) Kenntnis des Unternehmers irrelevant	22

Schrifttum: s. Angaben zu Nr. 1 und 3.

1. Einfluss des europäischen Rechts

Die Vorschrift entspricht im Wesentlichen der Regelung in Anhang I Nr. 4 zur **UGP-Richtlinie.** Danach ist verboten: 1

---

[4] Ebenso *Birk,* GRUR 2011, 196, 198.
[5] Vgl. *Sosnitza* in: FS Bechtold, S. 515; Ohly/*Sosnitza,* 6. Aufl. 2014, Anh. zu § 3 Abs. 3 Rdn. 10.
[6] *Dreyer* WRP 2007, 1294, 1300; ebenso *Büllesbach,* S. 52.

„Die Behauptung, dass ein Gewerbetreibender (einschließlich seiner Geschäftspraktiken) oder ein Produkt von einer öffentlichen oder privaten Stelle bestätigt, gebilligt oder genehmigt worden sei, obwohl dies nicht der Fall ist, oder die Aufstellung einer solchen Behauptung, ohne dass den Bedingungen für die Bestätigung, Billigung oder Genehmigung entsprochen wird.“

2 Nr. 4 der Schwarzen Liste wurde demnach **sprachlich modifiziert.** In der Sache ergibt das aber keinen wesentlichen Unterschied. Denn der deutsche Begriff des **„Unternehmers“** wird in § 2 Nr. 6 UWG so definiert, dass er dem Begriff des „Gewerbetreibenden“ laut Art. 2 lit. b) der Richtlinie entspricht. Und unter **„Produkt“** ist nach der Definition in Art. 2 lit. c) der Richtlinie sowohl eine Ware als auch eine Dienstleistung zu verstehen. Zur Definition der „geschäftlichen Handlung“ im deutschen Text im Vergleich zu dem der „Geschäftspraktiken“ in der Richtlinie siehe *Keller,* § 2. Auch die Unterscheidung zwischen **„unwahrer Angabe“** einerseits und **„Behauptung“** andererseits bewirkt im Ergebnis keinen Unterschied.

2. Zweck der Vorschrift und Abgrenzung

3 Die Vorschrift enthält kein generelles Verbot von Geschäftspraktiken, die nicht von einer zuständigen Stelle genehmigt wurden, sondern betrifft nur Fälle, in denen die anwendbare Regelung bestimmte Anforderungen, insbesondere an die Qualität des Gewerbetreibenden oder seiner Waren stellt.[1] Der Tatbestand enthält **zwei Varianten:** Geregelt wird die Behauptung einer Bestätigung, Billigung oder Genehmigung, die entweder **überhaupt nicht vorliegt** oder der **nicht (mehr) entsprochen wird.** Ein Hinweis auf eine entsprechende Bestätigung, Billigung oder Genehmigung kann dabei auch darin liegen, dass Gütezeichen, Qualitätskennzeichen oder Ähnliches (nur) verwendet werden. Dieser Fall ist jedoch bereits durch **Nr. 2** im Anhang geregelt. Zu **Überschneidungen** kann es auch mit der **Nr. 9** kommen, wenn der Verkehrsfähigkeit einer Ware deren Prüfung oder Billigung vorauszugehen hat. Sind die Anforderungen für die Verkehrsfähigkeit in einer gesetzlichen Vorschrift festgelegt, kommt daneben auch ein Verstoß gegen **§ 3a UWG** in Betracht. Eng verknüpft mit der Werbung einer Bestätigung oder Genehmigung ist auch die Angabe von beruflichen Befähigungen (hierzu § 5 E Rdn. 115ff.). Denn außerhalb der Fälle des Selbststudiums wird den meisten beruflichen Befähigungen eine entsprechende Prüfung und damit eine Bestätigung durch einen Dritten (z.B. Hochschule oder andere Bildungsstätten) vorausgehen. Es ist allerdings fraglich, ob und in welchem Umfang dies überhaupt dem Verbot der Nr. 4 unterfällt.

4 Hinsichtlich der **Zulassung** des Unternehmers oder seiner Waren und Dienstleistungen finden sich außerdem Regelungen in **§ 5 Abs. 1 Nr. 3** (nur Unternehmer) **und Nr. 4 UWG** (Unternehmer und Produkte), deren Bedeutung angesichts der Regelung in Nr. 4 aber schwinden dürfte, da eine Zulassung in den meisten Fällen gleichbedeutend ist mit einer Genehmigung durch Dritte. Ein Anwendungsbereich verbleibt für diese Regelungen somit vor allem außerhalb des Verbots der Nr. 4, z.B. außerhalb des Verkehrs mit Verbrauchern, bei der Täuschung durch andere als unwahre Angaben sowie in Fällen, bei denen nicht das Ob oder der Umfang einer Erlaubnis in Frage stehen.

5 Zu beachten ist außerdem, dass nach **Art. 3 Abs. 8 UGP-Richtlinie** alle Niederlassungs- oder Genehmigungsbedingungen, berufsständische Verhaltenskodizes oder andere **spezifische Regeln für reglementierte Berufe** (dazu *v. Jagow,* Einl. I) **unberührt bleiben** sollen, damit die strengen Integritätsstandards, die die Mitgliedstaaten den in dem Beruf tätigen Personen nach Maßgabe des Gemeinschaftsrechts auferlegen können, gewährleistet bleiben. Ebenso wenig soll die Richtlinie und damit Nr. 4 gelten für die **Zertifizierung und Angabe des Feingehalts von Artikeln aus Edelmetall,** Art. 3 Abs. 10 der UGP-Richtlinie.

3. Einzelheiten

6 **a) An einen Verbraucher gerichtete geschäftliche Handlung.** Wie alle anderen Tatbestände der „Schwarzen Liste“ setzt auch dieser eine an einen **Verbraucher** gerichtete geschäftliche Handlung voraus. Angaben gegenüber **Unternehmern** können **nur nach § 5 UWG** irreführend sein. Bezüglich der Legaldefinition der Begriffe „geschäftliche Handlung“ und „Verbraucher“ wird auf die Kommentierung von *Keller* zu § 2 Abs. 1 Nr. 1 und § 2 Abs. 2 UWG verwiesen.

7 **b) Unwahre Angabe, Behauptung.** Nr. 4 im Anhang zu § 3 Abs. 3 UWG verbietet eine **„unwahre Angabe“.** „Unwahre Angabe“ ist nur die **objektiv** unwahre Angabe, nicht aber die nur subjektiv vom Verbraucher falsch verstandene Angabe. Umgekehrt **kommt es nicht darauf an,** ob die objektiv unwahre Angabe **zur Täuschung** des Verbrauchers **geeignet** ist oder gar eine tatsächliche **Täuschung bewirkt.**[2] Dies ergibt sich aus der Unterscheidung zwischen der Formu-

---

[1] EuGH GRUR Int. 2013, 267, Tz. 39 – *Köck.*
[2] *Glöckner/Henning-Bodewig* WRP 2005, 1311, 1330.

lierung „Geschäftspraxis, die falsche Angaben enthält und somit unwahr ist“ einerseits und „Geschäftspraxis die täuscht oder zu täuschen geeignet ist“ andererseits in Art. 6 Abs. 1 der UGP-Richtlinie. Der Text in § 5 Abs. 1 UWG ist demgegenüber ungenau („unwahre oder sonstige zur Täuschung geeignete Angaben“) und muss entsprechend **richtlinienkonform ausgelegt** werden (dazu oben I Vorbemerkung, Rdn. 5, 10).

Fraglich ist zudem, ob nur **ausdrückliche** oder auch **konkludente Angaben** erfasst werden. 8
Berücksichtigt man nur den Text des UWG-Anhangs, so spricht viel dafür, auch konkludente Angaben zu erfassen. Auch erfordert der Wortlaut von Nr. 30 explizit eine „ausdrückliche Angabe“.[3] Folgt man dieser Auslegung, so müssen angesichts der fehlenden Wertungsmöglichkeiten für die Verbote im UWG-Anhang an konkludente Angaben allerdings hohe Anforderungen gestellt werden.

Berücksichtigt man demgegenüber den Wortlaut der **Richtlinie,** so spricht mehr dafür, konkludente Aussagen nicht zu erfassen. 9
Zwar wird auch im Anhang I zur Richtlinie in Nr. 30 unterschieden zwischen „Behauptung“ und „ausdrücklichem Hinweis“. Darüber hinaus wird in der Richtlinie aber auch zwischen „Behauptung“ einerseits (z. B. Nr. 1, 3, 4, 7, 9, 12, 15, 16, 17, 22) und „Erwecken eines Eindrucks“ (z. B. Nr. 9, 22, 23, 24, 31) unterschieden. In Nr. 22 werden sogar sowohl Behauptung als auch Erweckung des Eindrucks nebeneinander erwähnt. Dies spricht dafür, dass eine **konkludente Behauptung** durch Erwecken eines bestimmten Eindrucks **nicht ausreichend ist in den Tatbeständen, die allein eine „Behauptung“ verbieten.** Aufgrund der gebotenen richtlinienkonformen Auslegung würde dies auch für die Tatbestände im Anhang zu § 3 Abs. 3 UWG gelten, insbesondere für den Tatbestand der Nr. 4, in dem von einer „unwahren Angabe“ (Behauptung) die Rede ist (während nach Nr. 2 bereits die bloße „Verwendung“ genügen soll). Die Anforderungen an das Verbot nach Nr. 4 sind insoweit strenger als nach Nr. 2. Dies bedeutet, dass die rechtswidrige Angabe von Berufsbezeichnungen für sich allein nicht dem Verbot unterfällt, es sei denn, mit der Bezeichnung wird ausdrücklich eine Anerkennung durch eine staatliche oder private Stelle behauptet.

Dementsprechend unterfällt die unwahre Bezeichnung als **„staatlich geprüft“** oder **„öffentlich bestellt und vereidigt“** dem Verbot der Nr. 4, die unwahre Verwendung allgemeiner Berufsbezeichnungen wie z. B. **„Arzt“** oder **„Rechtsanwalt“** hingegen nicht,[4] denn mit der Berufsbezeichnung wird bestenfalls mittelbar eine Genehmigung (Zulassung) behauptet.[5] Ebenso wenig genügt die Verwendung von **Rundstempeln,** selbst wenn diese mit den üblichen Rundstempeln öffentlich bestellter und vereidigter Sachverständiger verwechselt werden können; dies unterfällt vielmehr weiterhin dem Tatbestand des § 5 Abs. 1 Nr. 3 UWG.[6] Würde man dies anders sehen, so wäre das Verbot der Nr. 4 uferlos und quasi die Supernorm des UWG, denn fast jede unternehmerische Tätigkeit (und die Befähigung dazu) bedarf heutzutage irgendwie einer Genehmigung oder Bestätigung durch Dritte; das gilt nicht nur für die Zulassung als Arzt oder Rechtsanwalt, sondern auch bspw. für die Eintragung in die Handwerksrolle oder die Genehmigung eines Gewerbes durch staatliche Stellen. Da die Tatbestände der Schwarzen Liste grundsätzlich **restriktiv auszulegen** (s. oben, I) sind, genügt dies nicht. Erforderlich ist vielmehr eine **ausdrückliche Behauptung** einer Bestätigung, Billigung oder Genehmigung. 10

c) Bestätigung, Billigung oder Genehmigung des Unternehmers, einer von ihm vorgenommenen geschäftlichen Handlung oder seiner Produkte. Erfasst werden Angaben über eine Bestätigung, Billigung oder Genehmigung eines Unternehmers, einer von ihm vorgenommenen geschäftlichen Handlung oder seiner Produkte oder Dienstleistungen. Ob die Bestätigung, Billigung oder Genehmigung **konstitutiv** ist für die **Verkehrsfähigkeit** des beworbenen Produkts, ist **unerheblich.** Erfasst wird daher auch die Irreführung über eine Prüfung durch einen Dritten, der sich der werbende Unternehmer **freiwillig** unterzogen hat. 11

Die **Abgrenzung** zwischen „Bestätigung“, „Billigung“ und „Genehmigung“ im Einzelnen kann schwierig sein, ist im Ergebnis angesichts der Gleichwertigkeit aller Tatbestandsmerkmale aber **nicht entscheidend.** Letzten Endes geht es um Formen der **bewussten Anerkennung durch** 12

---

[3] In Nr. 30 im Anhang I zur Richtlinie ist von „ausdrücklicher Hinweis“ die Rede.

[4] A. A. *Büllesbach,* S. 55.

[5] Hinzu kommt, dass nach Art. 3 Abs. 8 Richtlinie 2005/29 alle Niederlassungs- oder Genehmigungsbedingungen, berufsständische Verhaltenskodizes oder andere spezifische Regeln für reglementierte Berufe ohnehin unberührt bleiben sollen.

[6] Vgl. OLG München WRP 1981, 483; OLG Bamberg WRP 1982, 158; OLG Düsseldorf WRP 1988, 278, 279; OLG Köln MD 1999, 66, 68; OLG Naumburg GewA 1998, 421; vgl. auch OLG Frankfurt NJW-RR 1988, 103 – irreführend sofern der unzutreffende Eindruck eines Gütesiegels hervorgerufen wird. Zur Werbung mit Gütesiegeln siehe Nr. 2 Rdn. 5 ff.

Dritte. Erfasst wird grundsätzliche jede ausdrückliche, unwahre Behauptung einer Bestätigung, Billigung oder Genehmigung, und zwar nicht nur bezogen auf den Unternehmer oder seine Produkte, sondern auch bezogen auf die von ihm vorgenommenen geschäftlichen Handlungen, wie z. B. der Verkauf in Läden außerhalb der regulären Ladenöffnungszeiten oder die nach § 8 Abs. 3 UWG a. F. erforderliche Anzeige eines Räumungsverkaufs. Vom Wortlaut der Regelung erfasst werden aber auch sämtliche anderen Billigungen und Genehmigungen von geschäftlichen Handlungen, wie z. B. die Verwendung **fremder Marken** in der Werbung, und zwar unabhängig von einer Verwechslungsgefahr. Ob dies vom Gesetzgeber beabsichtigt war, muss allerdings bezweifelt werden. Zwar gilt auch hier, dass allein die **bloße Verwendung einer Marke nicht genügt,** um hierin eine (ausdrückliche) unwahre Angabe/Behauptung zu sehen, dass diese Nutzung vom Rechteinhaber gebilligt werde. Ebenso bei der Erwähnung bestimmter Veranstaltungen oder Ereignisse.[7] Etwas anderes gilt allerdings, wenn **ausdrücklich mit einer solchen Billigung oder Genehmigung geworben wird.** Der darin liegende Unrechtsgehalt wäre vom Markenrecht auch nicht erfasst, so dass der grundsätzliche Vorrang des Markenrechts in seinem Anwendungsbereich vor dem UWG nicht greifen würde.

13 Die Werbung mit einer *„Premium Leistungsgarantie“*,[8] einer *„garantierten Markenqualität“*,[9] einer *„Brille des Monats“*[10] sowie mit Tätigkeitsschwerpunkten eines Rechtsanwaltes[11] werden vom Verkehr bereits nicht als Hinweis auf eine besondere Prüfung durch Dritte und damit erst recht nicht als Bestätigung, Billigung oder Genehmigung verstanden.

14 Niederlassungs- oder Genehmigungsbedingungen, berufsständische Verhaltenskodizes oder andere spezifische Regeln für **reglementierte Berufe** sollen nach Art. 3 Abs. 8 Richtlinie 2005/29/EG **unberührt** bleiben. Das deutsche Recht enthält dazu keine ausdrückliche Regelung. Es ist jedoch offensichtlich, dass man den Katalog der Schwarzen Liste nur insoweit umsetzen wollte, als dies erforderlich war. Die vorstehend genannten Genehmigungen werden daher vom Verbot der **Nr. 4 nicht erfasst.** Ebenso wenig soll die Richtlinie und damit Nr. 4 gelten für die Zertifizierung und Angabe des Feingehalts von Artikeln aus Edelmetall, Art. 3 Abs. 10 Richtlinie 2005/29/EG.

15 **d) Öffentliche oder private (dritte) Stelle.** Ob es sich bei dem Dritten, dessen Bestätigung oder Genehmigung behauptet wird, um eine **öffentliche oder eine private Stelle** handelt, ist **unerheblich.** Dass beide im Wortlaut der Regelung erwähnt werden, dient insoweit nur der Klarstellung. Hieraus lassen sich keine Rückschlüsse auf andere Regelungen ziehen, in denen keine Stelle genannt wird (z. B. Nr. 2 der Schwarzen Liste). Erfasst werden damit behördliche Genehmigungen ebenso wie private Zustimmungen, wie z. B. Zertifizierungen durch den **TÜV,** die **Dekra** oder ähnliche Organisationen.

16 **Unerheblich** ist, **ob** die private oder öffentliche **Stelle als solche genannt** wird. Verboten ist somit auch die Werbung mit der Aussage, dass eine Genehmigung irgendeiner dritten Stelle vorliegt, während dies tatsächlich nicht der Fall ist.

17 Es kommt für das Verbot der Nr. 4 auch **nicht darauf an,** ob die Stelle besonders **fachkundig** ist oder – irreführenderweise – als solches dargestellt wird. In jedem Fall muss es aber ein **Dritter** sein, der mit dem Unternehmer nicht identisch ist und der ihm auch nicht zuzurechnen ist. Wer also offen mit Äußerungen anderer Abteilungen seines Unternehmens wirbt, ist nicht am Tatbestand der Nr. 4 zu messen. Ebenso unterfällt es **nicht** der Nr. 4, wenn das **„CE“-Zeichen** zu Unrecht verwendet wird, weil auch dieses Zeichen nicht von Dritten vergeben wird. Wohl aber verletzt den Tatbestand, wer behauptet, eine Genehmigung stamme von einem neutralen Dritten, während sie tatsächlich vom Unternehmer selbst stammt.[12]

18 **e) Erlaubnis liegt objektiv nicht vor oder Unternehmer entspricht nicht (mehr) ihren Bedingungen.** Das Verbot in Nr. 4 nennt **zwei Varianten,** nämlich erstens die Angabe einer Bestätigung, Billigung oder Genehmigung (nachfolgend zusammengefasst „Erlaubnis“ genannt), die objektiv nicht vorliegt und zweitens die Angabe einer Erlaubnis, die zwar vorliegt, deren objektiven Bedingungen aber nicht entsprochen wird.

19 *aa) Erlaubnis liegt nicht vor.* Verboten ist damit insbesondere die Werbung mit einer Erlaubnis, die **tatsächlich nicht erteilt** wurde, die **nichtig** ist oder die bereits **widerrufen** oder **zu-**

---

[7] OLG Frankfurt WRP 2014, 215, 216.
[8] OLG Nürnberg WRP 2005, 917, 918 – *Leistungsgarantie* zu § 5 UWG.
[9] BGH GRUR 1989, 754, 756 – *Markenqualität* zu § 5 UWG.
[10] OLG Hamburg GRUR 1985, 226 zu § 5 UWG.
[11] BGH GRUR 1994, 825, 826 – *Strafverteidigungen;* GRUR 1996, 365, 366 – *Tätigkeitsschwerpunkte.*
[12] Vgl. OLG Düsseldorf WRP 2007, 357, 358 – *Auszeichnung zum „1 a Augenoptiker“* zu § 5 UWG.

rückgenommen wurde,[13] und zwar auch dann, wenn der Unternehmer die Anforderungen an die Erlaubnis eigentlich erfüllt. Erfasst werden aber auch unwahre Angaben über den **Umfang** oder die **Art** einer Erlaubnis, wenn also mit einer weitergehenden oder anderen Erlaubnis geworben wird, als sie tatsächlich erteilt wurde. Unwahre Angaben über die **Stelle,** von der die Erlaubnis stammt, werden hingegen **nicht erfasst.**

bb) Den Bedingungen der Erlaubnis wird nicht (mehr) entsprochen. Die zweite Variante des Verbots erfasst die Werbung mit einer erteilten Erlaubnis, deren Bedingungen der Unternehmer nicht mehr entspricht. Dieses Verbot ist verwirklicht, wenn in der Erlaubnis selbst „Bedingungen", also insbesondere Auflagen, aufgestellt werden, denen der Unternehmer entgegen seiner anderslautenden Behauptung nicht entspricht, wobei es nicht darauf ankommt, seit wann und aus welchen Gründen dies der Fall ist. Erfasst ist daher auch der Hinweis auf einen **amtlichen Zulassungsbescheid,** wenn dieser wesentlich **geändert** oder **eingeschränkt** wurde.[14] 20

Fraglich ist allerdings, ob mit „Bedingungen" auch die **sachlichen Anforderungen** gemeint sind, nach denen sich bestimmt, ob eine Bestätigung oder Genehmigung zu erteilen ist. Bedeutung hat dies in Fällen, in denen ein Unternehmer bzw. sein Produkt zwar **die in einer Erlaubnis genannten Auflagen erfüllt, die Erlaubnis als solche aber zu Unrecht erteilt wurde,** z.B. weil die objektiven Anforderungen für die Erlaubnis übersehen oder falsch ausgelegt wurden. Ein Vergleich mit dem Verbot der Nr. 2 zeigt, dass das Vorliegen einer Erlaubnis allein nicht ausreicht, um dem Verbot der Nr. 4 zu entgehen. Denn Nr. 4 erwähnt ausdrücklich auch die Bedingungen, die nicht erfüllt werden. Im ersten Referentenentwurf für das deutsche Gesetz war noch von „Voraussetzungen" die Rede. In der englischen Fassung der Richtlinie hingegen wird nicht von den „requirements" für die Erlaubnis gesprochen, sondern von den „terms of the approval", was nur so verstanden werden kann, dass damit die in der Erlaubnis selbst genannten Anforderungen gemeint sind. Der Hinweis auf eine Erlaubnis, die von Anfang an fehlerhaft erteilt wurde, deren Anforderungen bzw. Auflagen der Unternehmer aber noch entspricht, würde dann nicht unter das Verbot der Nr. 4 fallen. Ob der Fehler auf einer falschen Auslegung oder Anwendung der materiellrechtlichen Anforderungen beruht, auf einem Verfahrensfehler oder auf der fehlenden Zuständigkeit der handelnden Stelle, wäre dabei irrelevant, solange dieser Fehler nicht zur Nichtigkeit, sondern „nur" zur Fehlerhaftigkeit der Erlaubnis führen würde. Wohl aber blieben in solchen Fällen § 5 Abs. 1 Nr. 1 bzw. Nr. 3 und Nr. 4 UWG anwendbar.[15] **Erst recht nicht** von Nr. 4 erfasst, sondern nach § 5 Abs. 1 Nr. 1 bzw. Nr. 3 und Nr. 4 UWG zu beurteilen, wäre die Werbung mit einer Erlaubnis, die zwar ursprünglich zu Unrecht erteilt wurde, weil der Unternehmer die Voraussetzungen eigentlich nicht erfüllte, deren Voraussetzungen aktuell aber erfüllt werden. Letzten Endes müssen diese Fragen durch den EuGH entschieden werden. 21

f) Kenntnis des Unternehmers irrelevant. Ob der die geschäftliche Handlung vornehmende Unternehmer davon **Kenntnis** hat, dass eine Erlaubnis nicht erteilt wurde oder dass Bedingungen für die Erlaubnis nicht mehr vorliegen, ist für den Unterlassungsanspruch **irrelevant.** Bedeutung hat ein solches Wissen hingegen für einen etwaigen Schadensersatzanspruch. 22

Unzulässige geschäftliche Handlungen im Sinne des § 3 Abs. 3 sind

5. Waren- oder Dienstleistungsangebote im Sinne des § 5a Abs. 3 zu einem bestimmten Preis, wenn der Unternehmer nicht darüber aufklärt, dass er hinreichende Gründe für die Annahme hat, er werde nicht in der Lage sein, diese oder gleichartige Waren oder Dienstleistungen für einen angemessenen Zeitraum in angemessener Menge zum genannten Preis bereitzustellen oder bereitstellen zu lassen (Lockangebote). Ist die Bevorratung kürzer als zwei Tage, obliegt es dem Unternehmer, die Angemessenheit nachzuweisen;

Inhaltsübersicht

	Rdn.
1. Hintergrund der Regelung, Einfluss des europäischen Rechts	1
2. Einzelheiten	7
a) An einen Verbraucher gerichtete geschäftliche Handlung	8

[13] GRUR 1991, 552, 554 – *TÜV-Prüfzeichen.*

[14] Vgl. BGH GRUR 1975, 442, 443 – *Vaasbüttel.*

[15] Vgl. zur Erlaubnis, die zu Unrecht erteilt wurde nach § 3 UWG a.F.: BGH GRUR 1998, 1043, 1044 – *GS-Zeichen;* OLG Oldenburg GRUR-RR 2003, 159f. – *Torpfosten; Kollmann* GRUR 2004, 6, 9.

Rdn.
b) Waren- oder Dienstleistungsangebote im Sinne des § 5a Abs. 3 UWG/ Aufforderung zum Kauf von Produkten; zu einem bestimmten Preis 9
aa) Angebot 11
bb) Zum Kauf 13
cc) Zu einem bestimmten Preis 14
c) Unternehmer hat hinreichende Gründe für die Annahme 16
aa) Objektivierter Maßstab 16
bb) Maßgeblicher Zeitpunkt 20
cc) Einzelfälle, Entlastung des Unternehmers 21
d) Diese oder gleichartige (bzw. gleichwertige) Waren oder Dienstleistungen zum genannten Preis 24
aa) Gleichartig bzw. gleichwertig 24
bb) Ware oder Dienstleistung 25
cc) Zu dem genannten Preis 26
dd) Nr. 6 UWG-Anhang bleibt unberührt 27
e) Für einen angemessenen Zeitraum und in angemessener Menge 28
aa) Normative Bestimmung der Angemessenheit 28
bb) Relevante Kriterien 29
cc) Beginn der Liefer-/Leistungsfähigkeit 34
dd) Dauer der Liefer-/Leistungsfähigkeit; 2-Tages-Frist 35
f) Bereitstellen oder bereitstellen zu lassen 40
g) Unterlassene Aufklärung 43
h) Beweislast und Antragstellung 49

Schrifttum: *Apostolopoulos,* Das europäische Irreführungsverbot: Liberalisierung des Marktgeschehens oder Einschränkung für die Anbieterseite?, GRUR Int 2005, 292; *Gamerith,* Der Richtlinienvorschlag über unlautere Geschäftspraktiken, WRP 2005, 391; *v. Gierke,* Zur Irreführung durch Angaben über den Warenvorrat, GRUR 1996, 579; *Lettl,* Irreführung durch Lock(vogel)angebote im derzeitigen und künftigen UWG, WRP 2008, 155; *Schirmbacher,* UWG 2008 – Auswirkungen auf den E-Commerce, K&R 2009, 433. (Vgl. weiter die Angaben zu Nr. 1.).

1. Hintergrund der Regelung, Einfluss des europäischen Rechts

1 Die Vorschrift beruht in ihrer aktuellen Fassung auf der Regelung in Anhang I Nr. 5 zur **UGP-Richtlinie.** Danach ist verboten die

„Aufforderung zum Kauf von Produkten zu einem bestimmten Preis, ohne dass darüber aufgeklärt wird, dass der Gewerbetreibende hinreichende Gründe für die Annahme hat, dass er nicht in der Lage sein wird, dieses oder ein gleichwertiges Produkt zu dem genannten Preis für einen Zeitraum und in einer Menge zur Lieferung bereitzustellen oder durch einen anderen Gewerbetreibenden bereitstellen zu lassen, wie es in Bezug auf das Produkt, den Umfang der für das Produkt eingesetzten Werbung und den Angebotspreis angemessen wäre (Lockangebote)."

2 **Ziel** der Regelung ist es zu verhindern, dass der Verbraucher durch konkrete Angebote angelockt wird, und sich dann mangels Verfügbarkeit für ein anderes Produkt entscheidet.

3 Im **deutschen Recht** gab es auch schon vor der Richtlinie eine Sonderregelung über die Verfügbarkeit von Waren und Dienstleistungen; **§ 5 Abs. 5 UWG a. F.** lautete wie folgt:

„Es ist irreführend, für eine Ware zu werben, die unter Berücksichtigung der Art der Ware sowie der Gestaltung und Verbreitung der Werbung nicht in angemessener Menge zur Befriedigung der zu erwartenden Nachfrage vorgehalten ist. Angemessen ist im Regelfall ein Vorrat für zwei Tage, es sei denn, der Unternehmer weist Gründe nach, die eine geringere Bevorratung rechtfertigen. Satz 1 gilt entsprechend für die Werbung für eine Dienstleistung."

4 Diese Regelung wurde mit der Änderung des UWG zur Umsetzung der UGP-Richtlinie und dort insbesondere der Regelung in Nr. 5 im Anhang I jedoch **aufgehoben,** da man Missverständnisse und eine fehlerhafte Umsetzung der Vorgaben der Richtlinie befürchtete.

5 Die **Richtlinie** verbietet somit nicht die unzulängliche Bevorratung der Ware als solche, sondern die **unzureichende Aufklärung** über die unzulängliche Bevorratung. Nach Ansicht des BGH entspricht das der Rechtslage vor der Einführung der Nr. 5.[1] Im Gesetzgebungsverfahren ging man allerdings zeitweilig noch von einem anderen Verständnis aus, sah daher auch für die alte Regelung in § 5 Abs. 5 UWG noch einen eigenständigen Regelungsbereich[2] und hat diese Bestimmung dann

[1] BGH GRUR 2011, 340, 341 – *Irische Butter;* GRUR 2016, 395 Tz. 20 – *Smartphone-Werbung.*

[2] Begründung des Referentenentwurfs vom 27.7.2007, S. 54 zu Fällen, in denen der Adressat der Werbung das Lockangebot trotz – oder gerade wegen – des Hinweises wahrnehmen möchte, dass die Ware voraussichtlich nicht für alle Interessenten ausreiche.

allein im Hinblick auf die bezweckte Vollharmonisierung durch die UGP-Richtlinie gestrichen[3] und lediglich die Zwei-Tages-Frist des UWG-Anhangs als Beweislastregelung für die Angemessenheit eines Warenvorrats in Nr. 5 S. 2 übernommen.

Es war daher zu erwarten und hat sich in der Rechtsprechung des BGH bereits verwirklicht, dass die Gerichte bei der Anwendung des Tatbestands der Nr. 5 vor allem **auf die Rechtsprechung zu § 5 Abs. 5 UWG a. F. zurückgreifen** werden, soweit die entsprechenden Tatbestandsmerkmale übereinstimmen. Zu beachten ist allerdings auch, dass die einzelnen Tatbestandsmerkmale, insbesondere soweit sie unbestimmte Rechtsbegriffe enthalten, wegen der Vorgabe im Gemeinschaftsrecht letzten Endes **gemeinschaftskonform,** d. h. durch den EuGH ausgelegt werden müssen (dazu oben, I Rdn. 9). Lediglich die Beweislastregelung zur **Zwei-Tages-Frist in Satz 2** ist primär **nach nationalem Recht zu beurteilen.** Das Irreführungsverbot in § 5 Abs. 1 S. 2 Nr. 1 UWG hat demgegenüber vor allem für den Rechtsverkehr zwischen Unternehmern Bedeutung. 6

2. Einzelheiten

Systematisch lässt sich der Tatbestand von Nr. 5 in folgende **Elemente** unterteilen: Die Aufforderung zum Kauf von Produkten zu einem bestimmten Preis, das Vorliegen hinreichender Gründe für die Annahme, nicht in der Lage zu sein das Produkt angemessen selbst oder durch Dritte zu liefern, sowie die fehlende Aufklärung hierüber. 7

a) An einen Verbraucher gerichtete geschäftliche Handlung. Wie alle anderen Tatbestände der „Schwarzen Liste" setzt auch Nr. 5 voraus, dass es sich um eine an einen **Verbraucher** gerichtete geschäftliche Handlung handelt. Angaben gegenüber **Unternehmern** können nur nach § 5 UWG irreführend sein. Bezüglich der Legaldefinition der Begriffe „geschäftliche Handlung" und „Verbraucher" wird auf die Kommentierung von *Keller* zu § 2 Abs. 1 Nr. 1 und § 2 Abs. 2 UWG verwiesen. 8

b) Waren- oder Dienstleistungsangebote im Sinne des § 5a Abs. 3 UWG/Aufforderung zum Kauf von Produkten; zu einem bestimmten Preis. Der **deutsche Text** spricht von „**Waren- oder Dienstleistungsangeboten** im Sinne des § 5a Abs. 3 UWG", die **Richtlinie** hingegen von einer **„Aufforderung zum Kauf von Produkten".** Dieser letztgenannte Ausdruck wird in **Art. 2 lit. i) der UGP-Richtlinie** definiert als jede kommerzielle Kommunikation, die die Merkmale des Produkts und den Preis in einer Weise angibt, die den Mitteln der verwendeten kommerziellen Kommunikation angemessen ist und den Verbraucher dadurch in die Lage versetzt, einen Kauf zu tätigen. In Betracht kommt dafür **jedes Mittel der kommerziellen Kommunikation** mit dem Ziel der Absatzförderung, wie z. B. Brief, SMS, E-Mail, Internet, Fernsehen, Radio, das die Merkmale des Produkts und den Preis angibt.[4] 9

Der deutsche Gesetzgeber hat diese Definition als solche nicht übernommen, in **§ 5a Abs. 3 UWG** aber eine ähnliche Formulierung gewählt, indem dort davon die Rede ist, dass Waren oder Dienstleistungen unter Hinweis auf deren Merkmale und Preis in einer dem verwendeten Kommunikationsmittel angemessenen Weise so angeboten werden, dass ein durchschnittlicher Verbraucher das Geschäft abschließen kann. Die Regelung gilt somit im Grundsatz für den stationären Handel ebenso wie für Angebote im Internet.[5] 10

aa) Angebot. Das Verbot der Nr. 5 erfasst somit nicht jegliche Werbung, sondern nur **konkrete Angebote,** bei denen für die Waren oder Dienstleistungen Merkmale und Preise angegeben werden. Dies muss in einer Weise geschehen, die dem Mittel der kommerziellen Kommunikation angemessen ist, kann also z. B. bei Radiowerbung weniger umfangreich sein als bei Prospektwerbung. 11

Der Begriff des Angebots ist damit **nicht gleichzusetzen mit einem verbindlichen Vertragsangebot,** das der Verbraucher nur noch anzunehmen braucht. Der Begriff ist nicht im streng zivilrechtlichen, sondern im wettbewerbsrechtlichen Sinn zu verstehen. Es kann sich bei dem Angebot also **auch** um eine bloße **invitatio ad offerendum** an den Verbraucher handeln, d. h. um die konkrete Aufforderung, seinerseits ein konkretes Angebot für das beworbene Produkt vorzulegen.[6] Maßgeblich ist, dass der Verbraucher aufgrund der mitgeteilten Angaben die Möglichkeit hat, eine auf den Erwerb der Ware oder die Inanspruchnahme eines Produkts gerichtete Willenserklä- 12

---

[3] Stellungnahme des Bundesministeriums für Wirtschaft und Technologie vom 30.8.2007; Amtl. Begründung des Gesetzentwurfes der Bundesregierung vom 23.5.2008, BR-Drs. 345/08, S. 48 f.

[4] *Lettl* WRP 2008, 155, 158. Zu diesem Merkmal auch EuGH, GRUR 2014, 196 – *Trento Sviluppo.*

[5] OLG Hamm K&R 2015, 747, 748. Allerdings geht es beim Internethandel selbstverständlich nicht um die sofortige Mitnahmemöglichkeit, sondern um den Versand der Ware, vgl. BGH GRUR 2005, 690, 692 – *Internet-Versandhandel* zu § 5 Abs. 5 UWG a. F.

[6] *Apostolopoulos* GRUR Int. 2005, 292, 298.

rung abzugeben. Das erfordert zumindest **die Angabe der essentialia negotii.** Bloße **Aufmerksamkeits- oder Imagewerbung** ist hingegen **nicht umfasst.**

13 *bb) Zum Kauf.* Die Richtlinie spricht außerdem von einer Aufforderung zum **„Kauf“.** Da es sich um einen Ausdruck des Gemeinschaftsrechts handelt, ist dieser Begriff **nicht gleichzusetzen mit** einem **Kaufvertrag i. S. v. § 433 BGB,** sondern kann auch **andere entgeltliche Geschäfte** erfassen, bei denen dem Abnehmer Produkte zu einem bestimmten Preis überlassen werden sollen. Solche Produkte können auch Dienstleistungen sein, wie sich bereits aus der Definition von „Produkten“ in Art. 2 lit. c) der UGP-Richtlinie ergibt. Zu beachten ist außerdem, dass in Nr. 5 im Anhang I zur UGP-Richtlinie von **„Produkten“** die Rede ist. Die Werbung für ein **Einzelstück,** das bei Erscheinen der Werbung nicht mehr vorhanden ist, unterfällt daher ebenfalls nicht Nr. 5 des UWG-Anhangs, wohl jedoch § 5 Abs. 1 S. 2 Nr. 1 UWG.[7]

14 *cc) Zu einem bestimmten Preis.* Der Definition von „Aufforderung zum Kauf“ bzw. dem Angebot nach § 5a Abs. 3 UWG ist bereits immanent, dass Bezug genommen wird auf Preise und Merkmale. Das Verbot in Nr. 5 erfordert darüber hinaus die Bezugnahme auf einen **„bestimmten“ Preis.** Das bedeutet einerseits, dass die Werbung nur mit preisrelevanten Angaben wie z. B. *„reduziert“* oder *„jetzt billiger“* nicht erfasst wird. Es bedeutet andererseits aber auch, dass die Angabe der Merkmale des Angebots nicht in der gleichen Weise bestimmt sein muss. Denn von „bestimmten Merkmalen“ ist im Verbot der Nr. 5 keine Rede. Im Übrigen ist „Preis“ nicht gleichzusetzen mit einem **Geldbetrag,** sondern kann **auch eine andere Gegenleistung** sein.[8]

15 **c) Unternehmer hat hinreichende Gründe für die Annahme.** Das Verbot stellt **nicht** auf die **objektive Lieferunfähigkeit** aufgrund unzureichender Bevorratung ab, sondern auf die **fehlende Aufklärung des Unternehmers** darüber, dass er vermutlich nicht angemessen liefern kann. Die Regelung in Nr. 5 verpflichtet den Unternehmer somit nicht zu ausreichender Bevorratung, sondern „nur“ zu ausreichender Aufklärung; allerdings kann dem Verbot auch durch hinreichende Lagerhaltung entgegengewirkt werden. Andererseits greift das Verbot nicht erst, wenn der Unternehmer tatsächlich nicht mehr liefern kann oder dies mit Gewissheit feststeht. Es greift vielmehr **bereits** dann, wenn **zum Zeitpunkt des Angebots** für den Unternehmer **hinreichend wahrscheinlich** ist, dass er nicht angemessen lieferfähig sein wird. Dabei ist der Tatbestand nicht leicht zu verstehen, denn es sind **objektive und subjektive Merkmale,** verobjektivierte Maßstäbe sowie verschiedene Zeitebenen zu berücksichtigen. Maßgeblich für das Vorliegen hinreichender Gründe für die Annahme nicht angemessener Lieferfähigkeit ist eine **Prognoseentscheidung** aus der Sicht des **durchschnittlich informierten und verständigen Unternehmers** und auf der Basis der zum Zeitpunkt der Werbung aktuell (also **ex ante**) bei dem werbenden Unternehmer vorhandenen Erkenntnisse.

16 *aa) Objektivierter Maßstab.* Der Wortlaut des deutschen Textes verlangt, dass der Unternehmer hinreichende Gründe **hat,** geht also insoweit zunächst von einem rein **objektiven Maßstab** aus. Maßgeblich ist, welche Umstände **dem Unternehmer tatsächlich bekannt** sind, aus denen sich entspr. Gründe objektiv ableiten lassen. Ob ihm auch weitere Umstände hätten bekannt sein müssen, spielt keine Rolle; ob dem Unternehmer etwaige Gründe aufgrund grober Fahrlässigkeit unbekannt geblieben sind, ist unerheblich. Ebenso wenig sind Umstände zu beachten, die nicht dem Unternehmer, sondern nur einem Dritten außerhalb der Sphäre des Unternehmers bekannt sind, wobei er sich die **Kenntnis seines Personals** allerdings **zurechnen** lassen muss.[9] Davon zu unterscheiden ist der Fall, dass ein Dritter für den Unternehmer wirbt und dabei Einfluss auf den Inhalt der Werbung hat. Dann trifft den Dritten die Pflicht zur Aufklärung.[10] Wenn dem Unternehmer keine Umstände bekannt sind, dann hat er auch keinen hinreichenden Grund, den Verbraucher aufzuklären. Umgekehrt ist das Verbot **nicht** erfüllt, wenn der Unternehmer **nur irrig** meint, nicht liefern zu können, er sich also Gründe, die gegen eine angemessene Lieferfähigkeit sprechen, nur einbildet.

17 Für dieses Verständnis spricht sowohl der Wortlaut in Nr. 5 der UGP-Richtlinie als auch die deutsche Übersetzung in Nr. 5 des UWG-Anhangs, die beide den Indikativ verwenden. Zu beachten ist allerdings, dass sowohl die **englische** als auch die **französische Übersetzung** ein **weitergehendes Verständnis** nahelegen, das nicht allein auf die tatsächliche Kenntnis abstellt. Denn dort

---

[7] OLG Oldenburg GRUR-RR 2006, 202, 203 – *Lockvogelwerbung;* OLG Hamburg MD 2007, 454, 456.
[8] *Lettl* WRP 2008, 155, 158.
[9] Vgl. BGH GRUR 1984, 593, 594 – *adidas-Sportartikel;* GRUR 2000, 907, 909 – *Filialleiterfehler;* OLG Hamburg GRUR 1984, 287, 288 zur Zurechnung von Verschulden im Rahmen des § 3 bzw. § 5 Abs. 5 UWG a. F.
[10] BGH GRUR 2016, 395 Tz. 27, 30 – *Smartphone-Werbung.*

ist die Rede von „reasonable grounds the trader **may** have" und „les raisons plausibles que **pourrait** avoir le professionnel". Letzten Endes muss dies der EuGH entscheiden. Für die Kommentierung wird von dem deutschen Text ausgegangen.

In der **Praxis** hat diese Unterscheidung vermutlich ohnehin eine geringere Bedeutung als es zunächst erscheint. Denn die relevanten Tatsachen und Umstände und damit die „Gründe" sind ohnehin zumeist bekannt. Wesentlich ist in den meisten Fällen, welche Schlussfolgerungen („Annahmen") hieraus gezogen werden können. Insoweit gilt auch nach der hier vertretenen Auffassung ein **objektivierter** Maßstab, da die Gründe „hinreichend" für eine bestimmte Annahme sein müssen. Das Verbot stellt nicht darauf ab, welche subjektiven Schlussfolgerungen der Unternehmer aus den ihm bekannten Umständen tatsächlich gezogen hat. Wäre das Gesetz so formuliert, würde es in der Praxis weitgehend leer laufen, denn es könnte praktisch nie bewiesen werden, welche subjektiven Schlussfolgerungen der Unternehmer gezogen hat. Stattdessen stellt das Gesetz darauf ab, ob **„hinreichende"** Gründe für bestimmte **„Annahmen"** vorliegen. Dies bewirkt einen **objektivierten Maßstab,** d. h. maßgeblich ist, ob **die dem Unternehmer bekannten Gründe bei einem durchschnittlich verständigen und informierten Unternehmer zu der Annahme** führen würden, dass er nicht angemessen liefern können wird. Entscheidend sind insoweit jeweils die Umstände des Einzelfalls. 18

Darüber hinaus verdeutlicht das „hinreichend", dass bloße **vage Vermutungen oder Befürchtungen nicht** genügen. Die Gründe, die gegen eine Lieferfähigkeit sprechen, müssen vielmehr hinreichend **konkret und genau** sein. Dabei geht es auch nicht nur darum, dass der Unternehmer eventuell nicht liefern *könnte,* sondern um die Annahme, dass er nicht liefern *wird.* Im deutschen Text wird zwar der Konjunktiv („werde") verwendet, in der Richtlinie hingegen der Indikativ („wird"). 19

bb) Maßgeblicher Zeitpunkt. Die hinreichenden Gründe müssen zu dem **Zeitpunkt** vorliegen, zu dem das **Angebot veröffentlicht** wird. Erlangt der Unternehmer erst später von solchen Umständen Kenntnis, so wird das frühere Angebot dadurch nicht irreführend. Den Unternehmer trifft – jedenfalls nach Nr. 5 – auch **keine Verpflichtung zu einer späteren Aufklärung** über die nunmehr eingetretene Lieferunfähigkeit. Selbstverständlich darf er andererseits aber auch nicht Angebote wiederholen, wenn er nunmehr Kenntnis von einer nicht angemessenen Lieferfähigkeit hat. 20

cc) Einzelfälle, Entlastung des Unternehmers. Aus dem Vorstehenden ergibt sich, dass der Tatbestand der Nr. 5 nicht erfüllt ist, wenn dem Unternehmer die Gründe, die zu einer nicht angemessenen Lieferfähigkeit führen, zum relevanten Zeitpunkt nicht bekannt sind oder diese damals noch nicht hinreichend waren. Damit kann an die frühere Rechtsprechung deutscher Gerichte zur Verfügbarkeit angeknüpft werden. 21

Auch zu § 5 Abs. 5 UWG a. F. bzw. in der Rechtsprechung zur Warenverfügbarkeit unter § 3 UWG a. F. war anerkannt, dass es Gründe geben konnte, die den Unternehmer bei der Nichtverfügbarkeit der Ware **entlasteten** und dass der Verkehr bei seiner Erwartung über die Verfügbarkeit der Ware auch berücksichtigte, dass auf Grund besonderer Umstände die Ware nicht verfügbar sein konnte, z. B. wegen **unvorhersehbarer Lieferschwierigkeiten, höherer Gewalt** oder **Aufkäufen durch Mitbewerber.** Solche Umstände sollten den Unternehmer allerdings nur entlasten, wenn ihn hieran **kein Verschulden** traf, sie für ihn **nicht vorhersehbar** waren und er sich zuvor mit angemessener **kaufmännischer Sorgfalt** um seine Belieferung bemüht hatte. Verschulden seines Personals musste der Unternehmer sich dabei zurechnen lassen.[11] Erforderlich war vor allem, dass der Unternehmer **den benötigten Warenvorrat sorgfältig kalkulierte,** hinreichend gesicherte Bestellungen aufgab, die laufende **Nachfrage beobachtete** und hierauf reagierte. Dabei konnte es auch darauf ankommen, ob zum jeweiligen Vorlieferanten bereits **zuverlässige Lieferbeziehungen** bestanden (evtl. sogar im Rahmen eines selektiven Vertriebssystems) oder ob es sich um eine Erstbestellung (evtl. sogar eines Außenseiters) handelte, bei der man sich nicht ohne weiteres auf die Lieferzusage des Vertragspartners verlassen konnte.[12] Bei der Kalkulation war von einem normalen Käuferverhalten auszugehen. Mit (umfangreichen) Einkäufen von Wettbewerbern auf der gleichen Handelsstufe musste deshalb im Regelfall nicht gerechnet werden;[13] etwas anderes konnte aber gelten, wenn der Abgabepreis des Unternehmers noch unter dem Einstandspreis der Wettbewerber lag. 22

---

[11] BGH GRUR 1984, 593, 594 – *adidas-Sportartikel;* GRUR 2000, 907, 909 – *Filialleiterfehler;* OLG Hamburg GRUR 1984, 287, 288.

[12] BGH GRUR 2002, 187, 189 – *Lieferstörung.*

[13] BGH GRUR 1987, 835, 837 – *Lieferbereitschaft;* 1989, 609, 611 – *Fotoapparate; Nacken;* WRP 1987, 598, 603; *Traub* WRP 1987, 709, 712.

23 Diese Grundsätze lassen sich auch auf das Verbot der Nr. 5 übertragen mit der Modifikation, dass es im Rahmen dieser Norm **nicht (mehr) darauf ankommt,** ob der Unternehmer die Gründe **zu vertreten** hat oder nicht. Denn das Verbot der Nr. 5 knüpft nicht an eine schuldhaft unzureichende Bevorratung an, sondern an eine unzureichende Aufklärung. Für die Praxis bedeutet das aber keinen wesentlichen Unterschied, weil das Verschulden zumeist einherging mit der Vorhersehbarkeit. Im Rahmen der Nr. 5 fällt die Nichtverfügbarkeit der Ware/Leistung aufgrund solcher nachträglichen Umstände bereits von vornherein nicht unter das Verbot. Denn dieses verbietet nur bestimmte Angebote, obwohl der Unternehmer bereits zum Zeitpunkt des Angebots annehmen kann, dass er nicht angemessen liefern kann. Dazu gehört umgekehrt aber auch, dass der Unternehmer mit Aufkäufen durch die Konkurrenz rechnen muss, wenn er weiß, dass sein Abgabepreis unter dem Einkaufspreis der Wettbewerber liegt.

24 **d) Diese oder gleichartige (bzw. gleichwertige) Waren oder Dienstleistungen zum genannten Preis.** *aa) Gleichartig bzw. gleichwertig.* Nach dem Wortlaut der Regelung ließe sich das Verbot dadurch vermeiden, dass eine **gleichartige** Ware (oder Dienstleistung) geliefert wird. Das Verbot wäre sogar bereits dann nicht erfüllt, wenn der Unternehmer annehmen durfte, dass er statt der beworbenen Ware oder Dienstleistung eine gleichartige Ware oder Dienstleistung liefern oder erbringen kann. Das entspricht nicht der bisherigen Auffassung im deutschen Recht zu § 5 Abs. 5 UWG a. F., die darauf abstellte, dass gerade die angebotene Ware nicht geliefert werden konnte; wobei etwas anderes gelten konnte, wenn bei der angebotenen Ware kein konkretes Modell, sondern nur bestimmte Funktionen angegeben wurden.[14] Auch macht es wenig Sinn, einerseits konkrete Angebote zu einem bestimmten Preis als Tatbestandsmerkmal zu fordern, dann aber auch die Lieferung einer gleichartigen Ware zuzulassen. Denn gleichartig sind beispielsweise alle LCD-Flachbildfernseher. Dem Verbraucher wird es häufig aber gerade auf den Fernseher einer bestimmten Marke ankommen, der in der Werbung angeboten wird. Hinzu kommt, dass ***„gleichartig"* nicht gleichzusetzen ist mit *„gleichwertig"*.** Denn zwei Produkte können der Art nach gleich sein, ohne den gleichen Wert zu haben. In Nr. 5 zum Anhang I der UGP-Richtlinie ist daher auch (zu recht) von **„gleichwertig"** die Rede. Nr. 5 UWG-Anhang ist somit richtlinienkonform dahingehend auszulegen, dass Gründe für die Annahme bestehen, weder die angebotenen noch gleich*wertige* Waren zu liefern oder Leistungen erbringen zu können. Zudem ist das Merkmal nach Sinn und Zweck des Verbots **eng auszulegen.**[15] „Gleichwertig" ist daher so zu verstehen, dass die Ware oder Dienstleistung **nach Preis, Qualität, Zweckbestimmung** und etwaigem **Markenimage** für den Verbraucher **austauschbar** sein muss.[16] Es kommt also auf die **Substituierbarkeit** für den Durchschnittsverbraucher an.

25 *bb) Ware oder Dienstleistung.* Wie auch schon nach § 5 Abs. 5 S. 3 UWG a. F. gilt das Verbot sowohl für das Angebot von Waren als auch von Dienstleistungen. Bei **Dienstleistungen** ist die „Bevorratung" bzw. Bereitstellung gleichbedeutend mit **ausreichender Kapazität,** um die angebotene Dienstleistung erbringen zu können. Das können Arbeitskräfte sein, aber auch Arbeitsmittel. Wirbt z. B. eine Fluggesellschaft für *„Billigflüge"*, so müssen auch ausreichend Plätze der billigsten Kategorie zur Verfügung stehen. Nach Ansicht des LG Hannover soll dafür ein Anteil von 10% gemessen an der Gesamtkapazität genügen.[17] Erst recht ist es irreführend, mit einer Dienstleistung zu werben, die innerhalb der nächsten Tage und Wochen überhaupt nicht erbracht werden soll.[18]

26 *cc) Zu dem genannten Preis.* Die genannten oder gleichwertigen Waren/Dienstleistungen müssen **zu dem genannten Preis** geliefert werden. Das Angebot einer gleichwertigen oder möglicherweise sogar höherwertigen Ware oder Dienstleistung zu einem teureren Preis entlastet den Unternehmer daher nicht.

27 *dd) Nr. 6 UWG-Anhang bleibt unberührt.* Sollte der Unternehmer – immerhin oder auch nur – gleichwertige Waren liefern können, so bedeutet das allerdings nicht, dass das Angebot damit rechtmäßig war. Vielmehr ist zum einen zu prüfen, ob nicht der **Tatbestand der Nr. 6** eingreift (sog. „bait-and-switch Technik"). Zudem kommt auch die Anwendung von § 5 Abs. 1 S. 2 Nr. 1 UWG in Betracht, wobei dann allerdings jeweils auch die wettbewerbliche Relevanz der Lieferunfähigkeit zu prüfen wäre.

---

[14] BGH GRUR 1998, 949, 951 – *D-Netz Handtelefon.*

[15] So auch die amtl. Begründung des Gesetzentwurfes der Bundesregierung vom 23.5.2008, BR-Drs. 345/08, S. 63.

[16] BGH GRUR 2011, 340, 342 – *Irische Butter.* Vgl. auch EuGH GRUR 2007, 511, 514 – *De Landtsheer.*

[17] LG Hannover, Beschluss vom 7.10.2003 – 1 O 57/03.

[18] KG KG Report 1998, 283, 284 (Einbau von Autoradios).

e) Für einen angemessenen Zeitraum und in angemessener Menge. *aa) Normative Bestimmung der Angemessenheit.* Der Unternehmer muss die angebotene Ware oder Dienstleistung für einen angemessenen Zeitraum und in angemessener Menge liefern können bzw. er darf keine hinreichenden Gründe für die Annahme haben, dass er nicht in angemessener Menge für einen angemessenen Zeitraum liefern kann. Welche Menge und welcher Zeitraum „angemessen" sind, wird im deutschen Text nicht gesagt. Die Angemessenheit ist jeweils im **Einzelfall** und **normativ** unter Berücksichtigung der Erwartungshaltung des Verkehrs zu bestimmen. Im Wortlaut der Richtlinie kommt das – besser als im deutschen Recht – durch die Verwendung des Konjunktivs zum Ausdruck *(„angemessen wäre")*. Letzten Endes geht es bei der Angemessenheit um eine **Abwägung der Interessen** des Anbieters und der Verbraucher. 28

bb) Relevante Kriterien. Die UGP-Richtlinie macht auch Vorgaben, **aufgrund** welcher **objektiven Umstände** die Angemessenheit zu bestimmen ist, nämlich in Bezug auf das **Produkt,** den **Umfang der für das Produkt eingesetzten Werbung** und den **Preis.** Insoweit weicht Nr. 5 im Anhang zu § 3 Abs. 3 UWG von der Richtlinie ab. Denn in Nr. 5 werden diese Kriterien nicht genannt, was umso erstaunlicher ist, als in § 5 Abs. 5 UWG a. F. ausdrücklich auch die Art der Ware sowie die Gestaltung und Verbreitung der Werbung als zu berücksichtigende Kriterien erwähnt wurden. Im Wege **richtlinienkonformer Auslegung** sind diese Kriterien (Produkt, Umfang der Werbung, Preis) daher auch bei der Beurteilung der Angemessenheit im Rahmen von Nr. 5 im Anhang zu § 3 Abs. 3 UWG zu berücksichtigen. **Weitere Kriterien** werden allerdings auch in der Richtlinie nicht genannt. Der Text der Richtlinie ist auch nicht so gefasst, dass andere Kriterien berücksichtigt werden können (z. B. durch Verwendung von Worten wie „insbesondere", „wie" o. Ä.). Das war aber auch schon bei § 5 Abs. 5 UWG a. F. der Fall. Zu dieser Regelung hatte der BGH allerdings entschieden, dass sie **nicht abschließend** zu verstehen war.[19] Das ist auch sachgerecht. Für die Regelung in Nr. 5 kann diese Entscheidung allerdings nur der EuGH treffen. Angesichts der Praxisrelevanz dieser Frage ist damit zu rechnen, dass es schon bald zu einer entsprechenden Vorlage kommen wird. Darüber hinaus lässt bereits heute der Begriff des „Produkts" eine erweiterte Auslegung zu, indem hierunter z. B. die Art des Produkts und die Anzahl der angebotenen Produkte subsumiert werden können, die auch nach bisherigem Recht ebenfalls eine Rolle spielten. 29

(1) Bei der **Art des Produkts** ist – entsprechend der bisherigen Regelung – vor allem zu berücksichtigen, ob es sich um ein langlebiges oder ein kurzlebiges Wirtschaftsgut handelt, ob es ein Produkt des täglichen Gebrauchs oder Sonderbedarf ist, ob es einfach gelagert werden kann oder viel Platz in Anspruch nimmt etc. Für Lebensmittel gelten z. B. andere Erwartungen als für hochwertige Computergeräte oder für große Möbelstücke.[20] Die Art des Produkts ist auch in Relation zu setzen zu der **üblichen Produktpalette** des Unternehmers. So erwartet der Verbraucher bei einer Ware, die nicht der üblichen Produktpalette entspricht und die schwieriger zu lagern ist, im Regelfall eine geringere Bevorratung, dies gilt insbesondere auch für hochpreisige und exklusive Luxusprodukte;[21] allerdings ist aber auch zu beachten, dass der Verbraucher zunehmend daran gewöhnt ist, bei Lebensmitteldiscountern sortimentsfremde Waren zu kaufen, so dass er mangels anderslautender Aussagen erwartet, einen beworbenen Computer oder ein Smartphone zumindest am Erstverkaufstag noch erwerben zu können.[22] 30

(2) Auch die **Anzahl** der angebotenen Produkte kann Bedeutung haben. Werden nur wenige Waren angeboten, so erwartet der Verbraucher im Allgemeinen eine unbedingte Liefermöglichkeit ab Geschäftseröffnung.[23] Bei Angeboten von einer Vielzahl von Produkten hingegen rechnet der Verkehr auch mit vereinzelten Fehldispositionen, sofern diese nicht gerade besonders in der Werbung hervorgehoben werden.[24] 31

(3) **„Umfang der eingesetzten Werbung"** umfasst die **Verbreitung der Werbung** im Sinne von Dauer, Verteilgebiet und Intensität (z. B. Auflagenhöhe). Bei einer Werbung, die erkennbar in großer Intensität betrieben wird, erwartet der Verbraucher auch einen größeren Warenvorrat. **Inhalte** der Werbung werden hingegen **nicht erfasst,** ebenso wenig die **Art** der Werbung. Diese hätten auf die Beurteilung der Angemessenheit somit keinen Einfluss, wenn man die Regelung als abschließend verstehen würde. Selbst dann könnten sie allerdings bei der Beurteilung der Aufklärung eine Rolle spielen (hierzu nachfolgend Rdn. 43 ff.). 32

---

[19] So BGH WRP 2007, 1351, 1353 – *Weltreiterspiele* zu § 5 Abs. 5 UWG a. F.
[20] OLG Oldenburg GRUR-RR 2006, 202, 203 – *Lockvogelwerbung.*
[21] BGH GRUR 1987, 903, 905 – *Le-Corbusier-Möbel;* WRP 2007, 1351, 1353 – *Weltreiterspiele.*
[22] OLG Stuttgart WRP 2005, 1424, 1425; BGH, GRUR 2016, 395 Tz. 21 – *Smartphone-Werbung.*
[23] BGH GRUR 2002, 187, 189 – *Lieferstörung.*
[24] BGH GRUR 1987, 52, 54 – *Tomatenmark;* 1987, 371, 372 – *Kabinettwein;* 1988, 311, 312 – *Beilagen-Werbung;* 1989, 609, 610 – *Fotoapparate;* 1992, 858, 859 – *Clementinen.*

33 Ebenso fehlt – wie auch schon beim Wortlaut der Regelung in § 5 Abs. 5 UWG a. F. – eine ausdrückliche Erwähnung der **Größe und Bedeutung des werbenden Unternehmens** sowie der **Art des Handels** (z. B. Versandhandel, Verkaufslokal).[25] Auch **frühere Verkaufszahlen** konnten von Bedeutung sein;[26] allerdings waren diese nicht allein maßgebend. Auf frühere Verkaufszahlen durfte man sich daher nicht berufen, wenn das aktuelle Angebot deutlich attraktiver war.[27] Auch entlastete der Umstand, dass bislang immer richtig kalkuliert wurde, nicht.[28]

34 *cc) Beginn der Liefer-/Leistungsfähigkeit.* Die Ware/Dienstleistung muss **ab dem Tag des Verkaufsbeginns/Leistungsbeginns** bereitgestellt werden. Verkaufsbeginn/Leistungsbeginn ist dabei der Zeitpunkt, der in dem Angebot als solcher angegeben wird, andernfalls der Zeitpunkt, der den Umständen nach zu erwarten ist. Im Regelfall wird das der Tag des Erscheinens des Angebots sein. Bei einer Werbung in einer Tageszeitung wird der Verbraucher somit davon ausgehen, dass die Ware am Erscheinungstag der Werbung verfügbar ist, sofern nicht ein anderes Datum ausdrücklich angegeben wird. Erscheint eine Werbung **mehrfach hintereinander,** kommt es für die Verfügbarkeit nicht auf den Zeitraum ab erstmaligem Erscheinen an, sondern auf das jeweils **letzte Erscheinen.** Auch wenn eine Werbung bereits mehrfach geschaltet wurde, muss beim Erscheinen der letzten Werbung noch ausreichender Vorrat vorhanden sein, zumal der Verbraucher häufig nicht weiß, ob oder wann zuvor bereits geworben wurde.

35 *dd) Dauer der Liefer-/Leistungsfähigkeit; 2-Tages-Frist.* Nr. 5 Satz 2 des UWG-Anhangs enthält eine spezielle **Beweislastreglung** zur Angemessenheit der Bevorratung. Danach soll der Nachweis der Angemessenheit dem Unternehmen obliegen, wenn die Bevorratung kürzer als **2 Tage** ist.[29] Diese Regelung ist durch die UGP-Richtlinie nicht vorgegeben. Sie wurde vielmehr aus § 5 Abs. 5 UWG a. F. übernommen. Allerdings geschah dies nicht eins zu eins, sondern mit geringfügigen Abweichungen.

36 Der deutsche Gesetzgeber sah sich zur Einführung einer solchen Beweislastregelung trotz der Streichung von § 5 Abs. 5 UWG a. F. im Übrigen und der bezweckten Vollharmonisierung in der Lage, da Beweislastregelungen auch nach der UGP-Richtlinie (vgl. Erwägungsgrund 21) vom nationalen Recht bestimmt werden.

37 Da es sich um eine **reine Beweislastregelung** handelt, ist damit noch keine Aussage darüber getroffen, welche **Bevorratung jeweils angemessen** ist. Dies richtet sich vielmehr auch weiterhin nach den Umständen **des Einzelfalls.** Wird eine **bestimmte Zeitdauer** angegeben, so muss die Ware nach der Verkehrserwartung für die angegebene Dauer vorrätig sein, es sei denn, das Angebot enthält anderslautende Hinweise. Im Übrigen entscheidet der Einzelfall. Dabei kann auch eine Bevorratung, die länger als 2 Tage ausreicht, nicht angemessen sein. Die Beweislastregelung ist daher nicht so zu verstehen, dass eine Bevorratung von 2 oder mehr Tagen stets ausreichend und angemessen ist. Nur trägt der Anspruchsteller die Beweislast dafür, dass sie nicht angemessen war. Insoweit unterscheidet sich die Formulierung in Nr. 5 auch von der früheren Formulierung in § 5 Abs. 5 UWG a. F., nach der ein Vorrat für 2 Tage im Regelfall angemessen sein sollte und lediglich dem Unternehmer die Möglichkeit eingeräumt wurde, eine kürzere Bevorratung zu rechtfertigen.[30] Nunmehr ist auch sprachlich klargestellt, **dass selbst längere Bevorratungen nicht angemessen sein können,** allerdings liegt die Beweislast dafür ab dem 2. Tag beim Anspruchsteller, während der Unternehmer zu beweisen hat, dass eine Bevorratung von weniger als 2 Tagen angemessen war. Es gilt daher auch weiterhin: Soll sich das Angebot erkennbar auf einen längeren Zeitraum erstrecken (wie z. B. *„Unsere Sommerangebote"*), dürfen die Waren/Dienstleistungen nicht nur kurz nach Erscheinen des Angebots vorrätig sein. Man denke nur an Katalogwerbung (wie z. B. den millionenfach verteilten Ikea-Katalog, andere Möbelkataloge oder Reiseprospekte),[31] bei welchen der Verbraucher erwartet, dass die angebotenen Produkte nicht nur bis zu zwei Tage nach Erscheinen des Katalogs vorrätig sind, sondern auch einen längeren Zeitraum danach.[32] Es gehört auch weiter-

---

[25] Vgl. OLG Hamburg MD 2001, 1261, 1263.
[26] BGH GRUR 1987, 371, 372 – *Kabinettwein;* GRUR 1989, 609, 610 – *Fotoapparate.*
[27] OLG Hamburg ZUM RD 2003, 194, 195.
[28] OLG Hamburg ZUM-RD 2003, 194, 195.
[29] Gemeint ist, dass der Vorrat an Waren nicht zur Befriedigung der Nachfrage für 2 Tage oder länger reicht.
[30] Kritisch zu § 5 Abs. 5 UWG a. F. OLG Stuttgart WRP 2005, 1424, 1425: *„Diese Regel ist aber nicht viel wert, weil die erwartete Verfügbarkeit doch ganz von den Umständen des Einzelfalls abhängt."* Aus BGH GRUR 2005, 690, 692 – *Internet-Versandhandel* ergab sich inzident, dass die 2-Tages-Frist als in beide Richtungen widerlegbare Vermutung zu verstehen war.
[31] Vgl. OLG Düsseldorf WRP 1986, 33, 34; OLG Karlsruhe WRP 1987, 401, 402; OLG Hamburg MD 1999, 682, alle zu § 5 Abs. 5 UWG a. F. bzw. 3 UWG a. F.
[32] Ebenso *Lettl* WRP 2008, 835, 837.

hin zu den Sorgfaltspflichten eines ordentlichen Unternehmers, dass er bei längeren Angeboten die **Nachfrage beobachtet** und **bei Bedarf Ware nachbestellt.**[33] Je länger der Zeitraum ist, desto seltener wird der durchschnittlich informierte Verbraucher allerdings von einer jederzeit uneingeschränkten sofortigen Mitnahmemöglichkeit ausgehen, sondern auch das Erfordernis von Nachbestellungen in Kauf nehmen.[34]

Die Werbung eines großen Lebensmitteldiscounters für Butter ist irreführend, wenn diese bereits am Mittag des ersten Verkaufstages nicht mehr verfügbar ist.[35] Bei einer Werbung für Computer in einer **Beilage zu Tageszeitungen** hielt der BGH unter § 5 UWG a. F. bzw. 3 UWG a. F. einen Vorrat für eine Woche erforderlich.[36] Beim **Internet**-Versandhandel erwartet der Durchschnittsverbraucher in der Regel, dass die Ware unverzüglich versandt werden kann, entweder durch den Unternehmer oder einen Dritten.[37] Das OLG Düsseldorf entschied, dass bei (sortimentsfremder) **Aktionsware** (Dampfbügeleisen, Computermonitor) eines der größten Lebensmittelfilialisten in Deutschland der Verkehr (ohne weitere Aufklärung) eine Bevorratung für mindestens drei Tage erwartet.[38] 38

ee) Zur Berücksichtigung der relevanten Kriterien bei der Antragstellung siehe nachfolgend Rdn. 52. 39

f) Bereitstellen oder bereitstellen zu lassen. Auch durch diese Bestimmung wird die Verbotsnorm weiter aufgelockert. Denn es soll bereits genügen, wenn die Ware durch den Unternehmer oder einen anderen Unternehmer bereitgestellt bzw. die Dienstleistung entsprechend erbracht wird, wobei der andere Unternehmer allerdings im Auftrag des werbenden Unternehmers handeln muss *(„bereitstellen zu lassen“)*. Es genügt somit **nicht irgendein Dritter,** sondern es muss eine **rechtliche/vertragliche Verbindung** zwischen dem Dritten und dem Anbieter bestehen im Hinblick auf die jeweils relevante Ware oder Dienstleistung, die es rechtfertigt, den Vorrat/die Leistungserbringung des Dritten dem werbenden Unternehmer zuzurechnen. 40

Bei einem Angebot im **Internet** oder sonstigem **Versandhandel** ist diese Regelung unproblematisch, weil der Verbraucher hier nicht mit einer sofortigen Mitnahmemöglichkeit rechnet und es zudem gewohnt ist, dass auf **elektronischen Marktplätzen** (wie z. B. bei Amazon) häufig auch Waren von Dritten angeboten werden. Bereits zu § 5 Abs. 5 UWG a. F. war in der Rechtsprechung anerkannt, dass es bei einem **Versandhändler** nicht erforderlich ist, die gesamte Ware selbst auf Lager vorzuhalten, solange nur sichergestellt ist, dass er auf Bestellungen unverzüglich reagieren und die Absendung der Ware veranlassen kann; allerdings muss dann auch sichergestellt sein, dass bei Bedarf kurzfristig auf andere Bezugsquellen ausgewichen werden kann.[39] 41

Etwas anderes kann jedoch für den **Filialhandel** gelten. Denn dem Verbraucher nutzt es nichts, wenn er in einem Laden, der mit bestimmter Ware geworben hat, darauf verwiesen wird, dass die Ware möglicherweise in einer anderen Filiale noch vorrätig ist.[40] Genau diese Situation soll durch das Lockvogelverbot ja vermieden werden. Die Möglichkeit der Bereitstellung durch Dritte ist also **nicht** so zu verstehen, dass damit **die Dauer** der angemessenen Lieferfrist **verlängert wird.**[41] Soweit das Bereitstellenlassen durch Dritte somit zu Beschränkungen der „normalen“ Verfügbarkeit führen würde, die der durchschnittliche Verbraucher aufgrund der Werbung erwarten durfte, so ist auch hierüber aufzuklären.[42] Zudem ist auch insoweit das Erfordernis der „angemessenen Zeit“ zu beachten, so dass die Verweisung an einen anderen Unternehmer nicht in Betracht kommt, wenn ein Warten auf dessen Zulieferung nicht mehr angemessen wäre. 42

g) Unterlassene Aufklärung. Eindeutiger Ansatzpunkt des Verbots der Nr. 5 ist nicht die unzureichende Bevorratung per se, sondern die fehlende Aufklärung hierüber. Diese Aufklärung muss klar formuliert, leicht lesbar und gut erkennbar sein.[43] Die Norm verlangt allerdings nur eine Auf- 43

---

[33] BGH GRUR 1985, 980, 981 – *Tennisschuhe;* OLG Köln GRUR 1984, 827, 828 – *Schmuckartikel;* OLG München WRP 1991, 744, 745, alle zu § 5 Abs. 5 UWG a. F. bzw. 3 UWG a. F.

[34] BGH GRUR 1999, 1011, 1012 – *Werbebeilage,* zu § 3 UWG a. F.

[35] BGH GRUR 2011, 340, 342 – *Irische Butter.*

[36] BGH GRUR 1999, 1011, 1012 – *Werbebeilage,* zu § 3 UWG a. F. vgl. auch BGH, GRUR 2016, 399 – *Smartphone-Werbung.*

[37] BGH GRUR 2005, 690, 692 – *Internet-Versandhandel,* zu § 5 Abs. 5 UWG a. F.

[38] OLG Düsseldorf WRP 2002, 1467, 1470 – *Lockvogel-Angebote.*

[39] OLG Hamburg MD 2001, 1261, 1266; MD 2003, 759, 761.

[40] OLG Düsseldorf WRP 2011, 1088, 1090 – *Lockvogelangebot.*

[41] A. A. anscheinend *Büllesbach,* S. 62, der in solchen Fällen auf § 5 Abs. 1 S. 2 Nr. 1 UWG bzw. Art. 6 Abs. 1b) Richtlinie 2005/29 („Verfügbarkeit“) zurückgreifen will.

[42] Ebenso *Lettl* WRP 2008, 155, 159.

[43] BGH GRUR 2011, 340, 342 – *Irische Butter;* GRUR 2016, 395 Tz. 20 – *Smartphone-Werbung.*

klärung darüber, dass es Gründe gibt, die für eine Liefer-/Leistungsunfähigkeit sprechen. Es ist somit **nicht erforderlich,** dass die jeweils **konkreten Gründe genannt werden.** Dementsprechend schadet es auch nicht, wenn der Unternehmer bestimmte Gründe konkret mitteilt, aus denen sich eine nicht angemessene Liefer-/Leistungsfähigkeit ergibt, er dann aber aus anderen Gründen nicht angemessen liefern/leisten kann; etwas anderes gilt allerdings, wenn die anderen Gründe in stärkerem Maß die Liefer- oder Leistungsfähigkeit beeinträchtigen als die ursprünglich genannten Gründe.

44 Auch im **alten Recht** (§ 3, § 5 Abs. 5 UWG a. F.) war anerkannt, dass die für die Verfügbarkeit der Ware relevante Erwartung des Verkehrs, durch die Gestaltung der Werbung beeinflusst werden konnte. Der Unternehmer konnte somit **Einfluss nehmen** auf die Erwartung an die Bevorratung und somit auch auf die Frage, welche Bevorratung angemessen war.[44] So konnte der Unternehmer darlegen, dass nur **Restposten** oder **Einzelstücke** verfügbar waren oder Angebote nur für **bestimmte Filialen** gelten sollten. Nach dem Verbot in Nr. 5 hingegen ist der Inhalt des Angebots – jedenfalls nach dem Wortlaut der Norm – für die Frage der Angemessenheit nicht zu berücksichtigen.[45] Das besagt aber nicht, dass diesen Angaben in der Zukunft keine Bedeutung mehr zukommt. Sollte der EuGH zu dem Ergebnis kommen, dass die Aufzählung der Kriterien zur Beurteilung der Angemessenheit abschließend ist, so können diese Punkte doch im Rahmen der Aufklärung berücksichtigt werden. „Aufklärung“ ist somit nicht nur so zu verstehen, dass eine vorher weitergehende Aussage ausdrücklich wieder beschränkt wird. Die Aufklärung kann vielmehr auch dadurch erfolgen, dass von vornherein der Lieferumfang klargestellt wird. Jedenfalls kann derjenige, der von vornherein den Verkauf von „Restposten“ bewirbt nicht schlechter gestellt sein als derjenige, der die Ware als solche bewirbt und dann in einem Zusatz darauf hinweist, dass es sich um Restposten handelt, die evt. nicht in angemessener Menge vorhanden sind.

45 Dementsprechend kann auch der **bisherigen Rechtsprechung** zum **Inhalt der Werbung** nach § 5 Abs. 5 UWG a. F. **weiterhin Bedeutung** zukommen. Danach weist die Aussage ***„Solange der Vorrat reicht“*** nur auf eine begrenzte Laufzeit des Angebots hin, lässt den Verbraucher aber nicht vermuten, dass die Ware nicht in ausreichender Menge zur sofortigen Mitnahme verfügbar ist.[46] Die Aussage genügt daher auch nicht als Aufklärung im Sinne von Nr. 5 UWG-Anhang. Erst recht gilt das für die Aussagen *„Fremdbelieferung“*, *„Lieferung auf Nachfrage“*[47] oder *„nachbestellt“*[48] weil sich hieraus keine Informationen zur unzureichenden Menge ergeben. Auch der allgemeine Hinweis eines großen Filialunternehmens, *„dass bestimmte Artikel trotz sorgfältig geplanter Angebotsmengen all zu schnell ausverkauft sein können“* rechtfertigt nicht, dass die beworbene Ware schon am ersten Verkaufstag nicht mehr vorrätig ist.[49] Denn ein „all zu schneller“ Ausverkauf ist nicht gleichzusetzen mit einer nicht angemessenen Bevorratung und der Hinweis auf die sorgfältig geplanten Angebotsmengen lässt gerade nicht vermuten, dass es hinreichende Gründe für eine nicht angemessene Lieferfähigkeit gibt. Auch die Aussage *„Dieser Artikel kann aufgrund begrenzter Vorratsmenge bereits am ersten Angebotstag ausverkauft sein“* reicht nicht immer aus. Der BGH beanstandete die Aussage als solche zwar zunächst nicht, sondern sah den Hinweis bereits wegen des undeutlichen Sternchens, das zu dem Hinweis führte, als unzureichend an.[50] In einer späteren Entscheidung stellte der BGH dann aber klar, dass auch dieser Hinweis als reiner Formalhinweis unzureichend sei, wenn das beworbene Produkt bereits am Vormittag des 1. Verkaufstages ausverkauft sei.[51]

46 Die Aufklärung muss sich stets auf die **konkret beworbene Ware** beziehen. Nicht ausreichend ist daher auch weiterhin, wenn das Angebot zwar einschränkende Hinweise enthält, jedoch nicht klar ist, auf welche Ware sich die Einschränkung konkret bezieht.[52] Werden in einem Prospekt etwa bestimmte Artikel besonders herausgestellt, wird der Verkehr bei diesen gerade keinen knappen Warenvorrat vermuten.

47 Fehlt zum Zeitpunkt des Angebots **jeglicher Warenvorrat,** d. h. kann die beworbene oder eine gleichwertige Ware weder vom Unternehmer selbst noch von einem Dritten bereitgestellt werden,

---

[44] Zur Aufklärung durch Sternchenhinweise im Rahmen einer Blickfangwerbung siehe § 5 D. Rdn. 102.

[45] Siehe vorstehend Nr. 5 Rdn. 29. Etwas anderes gilt, wenn der EuGH zu dem Ergebnis kommt, diese Auflistung sei nicht abschließend.

[46] Vgl. BGH GRUR 2004, 343, 344 – *Playstation;* OLG Stuttgart WRP 1984, 439; BGH, GRUR 2016, 395 Tz. 21 – *Smartphone-Werbung.*

[47] OLG Hamm K&R 2009, 500 (501 f.).

[48] LG Osnabrück ITRB 2006, 134; *Schirmbacher* K&R 2009, 433, 435.

[49] OLG Düsseldorf WRP 2002, 1467, 1470 – *Lockvogel-Angebote.* Ähnlich OLG Stuttgart WRP 2005, 1424, 1425.

[50] BGH GRUR 2011, 340, 342 – *Irische Butter.*

[51] BGH GRUR 2016, 395 Tz. 21 – *Smartphone-Werbung.*

[52] Vgl. OLG Hamm WRP 1979, 325; WRP 1981, 329, 330; OLG Hamburg MD 2000, 289, 294.

so wird dieses Angebot – wie nach § 5 Abs. 5 UWG a. F. auch schon –[53] regelmäßig unzulässig sein. Etwas anderes gilt, wenn der Unternehmer darüber aufklärt, dass die angebotene Ware überhaupt nicht vorhanden ist, wobei sich dann allerdings die Frage stellt, ob es nicht allgemein unlauter ist, Ware anzubieten, die nicht vorhanden ist (vgl. § 5 C Rdn. 11 ff.).[54]

Art und Umfang der Aufklärung sind in Relation zu setzen zu dem Angebot. Insoweit kann auf die bisherige Rechtsprechung zu § 5 Abs. 5 UWG a. F. zurückgegriffen werden, insbesondere auch zur Gestaltung von Sternchenhinweisen. 48

h) Beweislast und Antragstellung. Es gelten grundsätzlich die **allgemeinen Regelungen zur Darlegungs- und Beweislast,** mit **Ausnahme der Sonderregelung in Satz 2.** Der Anspruchsberechtigte muss also zunächst darlegen, dass ein Angebot im Sinne von § 5a Abs. 3 UWG unter Angabe eines bestimmten Preises vorlag, die Ware/Dienstleistung nicht in angemessener Menge und für eine angemessene Zeit vorhanden war und hierüber in dem Angebot nicht aufgeklärt wurde, obwohl der Unternehmer hinreichende Gründe für eine entsprechende Annahme hatte. Dies erfordert die Vorlage der konkreten Werbung oder zumindest die Darlegung ihres Inhalts; dass Bestellungen erfolglos blieben, genügt nicht.[55] Konnte allerdings bereits nach weniger als 2 Tagen nicht mehr das angebotene Produkt geliefert/geleistet werden, so trifft die Beweislast für die dennoch bestehende Angemessenheit den Unternehmer (Satz 2). 49

Hinsichtlich der **„Annahme" einer unzureichenden Lieferfähigkeit** greifen zu Gunsten des Anspruchsberechtigten gewisse **Beweiserleichterungen.** Zwar obliegt es dem Unternehmer nicht, vollständig zu beweisen, dass er keine Anhaltspunkte für den unzureichenden Vorrat hatte. Einen solchen negativen Beweis kann er auch kaum führen und zu einer Selbstbelastung durch Vorlage konkreter Anhaltspunkte ist er auch nicht verpflichtet. Auf der anderen Seite kann der Anspruchsberechtigte aber auch nicht verpflichtet sein, die subjektive Annahme des Unternehmers zu beweisen. Es genügt vielmehr, wenn der Anspruchsberechtigte das **Vorliegen objektiver Gründe** vorträgt und beweist, aus denen sich typischerweise (verobjektiviert) eine entsprechende Annahme unangemessener Lieferfähigkeit ergeben kann. Es obliegt dann dem Unternehmer darzulegen, warum er dennoch nicht von einer fehlenden Lieferfähigkeit ausgehen durfte bzw. warum diese Gründe im vorliegenden Fall dennoch nicht hinreichend für eine entsprechende Annahme waren, sondern durch andere Umstände widerlegt wurden, z. B. weil trotz angemessener Disposition der Vorrat wegen unerwartet hoher Nachfrage nicht ausreichend war. 50

Aus der Weigerung eines Unternehmers, Ware an erkannte **Testkäufer** zu verkaufen, kann nicht auf eine unzureichende Bevorratung bzw. Aufklärung geschlossen werden.[56] Etwas anderes kann allerdings gelten, wenn die Ware den (erkannten) Testkäufern noch nicht einmal gezeigt wurde.[57] 51

Den Faktoren, nach denen sich die Angemessenheit der Bevorratung bestimmt, ist bei einem gerichtlichen Vorgehen bereits bei der **Antragstellung** Rechnung zu tragen; andernfalls kann ein Unterlassungsantrag zu weitgehend und damit unbegründet sein.[58] Das war nach der Rechtsprechung bereits bei § 5 Abs. 5 UWG a. F. der Fall und gilt entsprechend auch für Nr. 5 der „Schwarzen Liste", soweit die Angemessenheit länger als 2 Tage beträgt und nicht die Beweislastregelung des Satz 2 greift. Zu beachten ist allerdings auch, dass bei einem Abstellen auf die konkrete Verletzungsform weniger strenge Voraussetzungen gelten. So muss ein solcher Antrag nicht unter die Bedingung gestellt werden, dass kein ausreichender Hinweis auf die eingeschränkte Verfügbarkeit gegeben wird und selbst den Hinweis auf die Dauer der Verfügbarkeit sah der BGH bei einem solchen Antrag nur als unschädliche Überbestimmung der konkreten Verletzungsform an.[59] Dennoch sollte eine solche Angabe vorsorglich gemacht werden, um Streit über die konkrete Verletzungsform und die hinreichende Bestimmtheit zu vermeiden.[60] 52

---

[53] OLG Oldenburg GRUR-RR 2006, 202, 203; Köhler/*Bornkamm* § 5 Rdn. 8.10.

[54] Vgl. BGH WRP 2007, 1351, 1353 – *Weltreiterspiele* zu § 5 Abs 5 UWG a. F.

[55] BGH GRUR-RR 2012, 475 Tz. 22 – *Matratzen.*

[56] BGH GRUR 1987, 835, 837 – *Lieferbereitschaft* zu § 5 Abs. 5 UWG a. F.

[57] Vgl. BGH GRUR 1989, 609, 611 – *Fotoapparate.*

[58] Vgl. BGH GRUR 1999, 509, 511 – *Vorratslücken;* OLG Düsseldorf WRP 2002, 1467, 1469 – *Lockvogel-Angebote* zu § 5 Abs. 5 UWG a. F.

[59] BGH GRUR 2011, 340, 342 – *Irische Butter.*

[60] Vgl. BGH GRUR 2004, 70, 71 – *Preisbrecher;* OLG Frankfurt MD 2005, 1062, 1064 zu § 5 Abs. 5 UWG a. F.

Unzulässige geschäftliche Handlungen im Sinne des § 3 Abs. 3 sind

6. Waren- oder Dienstleistungsangebote im Sinne des § 5a Abs. 3 zu einem bestimmten Preis, wenn der Unternehmer sodann in der Absicht, stattdessen eine andere Ware oder Dienstleistung abzusetzen, eine fehlerhafte Ausführung der Ware oder Dienstleistung vorführt oder sich weigert zu zeigen, was er beworben hat, oder sich weigert, Bestellungen dafür anzunehmen oder die beworbene Leistung innerhalb einer vertretbaren Zeit zu erbringen;

Inhaltsübersicht

Rdn.

1. Einfluss des europäischen Rechts ... 1
2. Zweck der Vorschrift und Abgrenzung ... 3
3. Einzelheiten ... 6
   a) An einen Verbraucher gerichtete geschäftliche Handlung ... 6
   b) Waren- oder Dienstleistungsangebote i. S. v. § 5a Abs. 3 UWG zu einem bestimmten Preis ... 7
   c) Handlungsalternativen ... 8
      aa) Weigerung, zu zeigen, was der Unternehmer beworben hat ... 9
      bb) Weigerung, Bestellungen anzunehmen oder die beworbene Leistung innerhalb vertretbarer Zeit zu erbringen ... 11
         (1) Verweigerte Annahme von Bestellungen ... 11
         (2) Weigerung die beworbene Leistung innerhalb vertretbarer Zeit zu erbringen ... 12
      cc) Eine fehlerhafte Ausführung der Ware oder Dienstleistung ... 14
   d) Absicht, stattdessen eine andere Ware oder Dienstleistung abzusetzen ... 17

1. Einfluss des europäischen Rechts

1 Die Vorschrift beruht auf der Regelung im Anhang I Nr. 6 zur **UGP-Richtlinie.** Danach ist verboten die

„Aufforderung zum Kauf von Produkten zu einem bestimmten Preis und dann
– Weigerung, dem Verbraucher den beworbenen Artikel zu zeigen,
oder
– Weigerung, Bestellungen dafür anzunehmen oder innerhalb einer vertretbaren Zeit zu liefern,
oder
– Vorführung eines fehlerhaften Exemplars
in der Absicht, stattdessen ein anderes Produkt abzusetzen („bait-and-switch"-Technik)."

2 Im **sprachlich leicht modifizierten deutschen Text** wurde einerseits die Reihenfolge der einzelnen Tatbestandsalternativen geändert, was für sich genommen unschädlich ist. Darüber hinaus wurde die Formulierung so geändert, dass innerhalb der einzelnen Varianten nicht mehr nur auf Waren abgestellt wird, sondern auch Dienstleistungen erfasst werden.

2. Zweck der Vorschrift und Abgrenzung

3 Das Gesetz verknüpft eine **Ausgangssituation** (Werbung mit bestimmtem Preis) mit **drei Handlungsalternativen** (keine Vorführung, keine Bestellannahme/Lieferung, Vorführung von etwas Fehlerhaftem) und einer **subjektiven Intention** (Absicht, etwas anderes abzusetzen). In der Sache geht es somit darum, den Kunden mit einem konkreten Angebot in das Geschäft zu locken, um dann etwas anderes zu verkaufen. In der UGP-Richtlinie wird dies prägnant als **„bait-and-switch-Technik"** bezeichnet. Im Grunde genommen handelt es sich hierbei um einen **Sonderfall der Lockvogelwerbung.** Denn ob der Unternehmer mit einem Artikel wirbt, den er nicht mehr vorrätig hat oder ob er versucht, ein anderes Produkt zu vertreiben, läuft zumindest aus Sicht des Verbrauchers oftmals auf dasselbe hinaus. Der wesentliche Unterschied zur Lockvogelwerbung in Nr. 5 liegt allerdings darin, dass bei Nr. 6 die unzureichende Bevorratung und die Verfügbarkeit der Ware keine Rolle spielt. Während beim Tatbestand der Nr. 5 die beworbene Ware nicht vorhanden ist, ist beim Verbot der Nr. 6 die beworbene Ware zwar möglicherweise vorhanden, wird aber nicht oder nur in fehlerhafter Ausführung gezeigt.

4 Wegen der erforderlichen Absicht des Verkäufers wird der Regelung aber vermutlich nur eine **geringe praktische Bedeutung** zukommen. Sie bleibt zudem hinter der früheren Rechtslage in Deutschland zurück, nach der es für das Verbot des § 5 Abs. 5 UWG a. F. gleichgültig war, aus welchen Gründen vorhandene Ware vor Ort auf Nachfrage nicht angeboten wurde und es vielmehr

Sache des Unternehmers war, Umstände vorzubringen, die die mangelnde Lieferbereitschaft als unverschuldet erscheinen ließen.[1]

Ist der Tatbestand der Nr. 6 nicht erfüllt, so sind vor allem die Fallgruppen der Irreführung über die Beweggründe des Unternehmers, § 5 Abs. 1 S. 2 Nr. 3 UWG, und des Anlasses des Verkaufs, § 5 Abs. 1 S. 2 Nr. 2 UWG, zu prüfen. 5

3. Einzelheiten

a) An einen Verbraucher gerichtete geschäftliche Handlung. Wie alle Tatbestände des UWG-Anhangs setzt auch Nr. 6 eine an einen Verbraucher gerichtete geschäftliche Handlung voraus. Angaben gegenüber **Unternehmern** können nur nach § 5 UWG irreführend sein. Bezüglich der Legaldefinition der Begriffe **„geschäftliche Handlung"** und **„Verbraucher"** wird auf die Kommentierung von *Keller* zu § 2 Abs. 1 Nr. 1 und § 2 Abs. 2 UWG verwiesen. 6

b) Waren- oder Dienstleistungsangebote i. S. v. § 5a Abs. 3 UWG zu einem bestimmten Preis. Zu den **sprachlichen Unterschieden** in Nr. 6 der „Black List" zu § 3 Abs. 3 UWG („Waren- und Dienstleistungsangebote im Sinne des § 5a Abs. 3 zu einem bestimmten Preis") einerseits und in Nr. 6 im Anhang I sowie Art. 2 lit. i) der UGP-Richtlinie („Aufforderung zum Kauf von Produkten") andererseits, siehe die Kommentierung zu Nr. 5 (Rdn. 8 ff.). Wie Nr. 5 erfasst das Verbot in Nr. 6 nicht jegliche Werbung, sondern nur **konkrete Angebote,** bei denen Waren oder Dienstleistungen **zu bestimmten Preisen** angeboten werden. Bei einem solchen Angebot erwartet der Verbraucher nämlich, dass ihm die angebotene Ware/Dienstleistung auch tatsächlich verkauft wird. Das schließt nicht aus, dass der Verbraucher auch aufgrund einer Werbung ohne Angabe eines bestimmten Preises von einer Lieferbereitschaft des Unternehmers ausgeht. Diese Fälle sind dann allerdings nach § 5 Abs. 1 S. 2 Nr. 1 UWG zu prüfen. Ob es sich bei der angebotenen Ware oder Dienstleistung um ein Sonderangebot handelt, ist unerheblich. 7

c) Handlungsalternativen. Das Gesetz verbietet **drei Handlungsalternativen,** von denen (nur) eine gegeben sein muss, um die Unlauterkeit zu begründen. Diese Aufzählung ist **abschließend.** Andere Verhaltensweisen sind vom Verbot nicht erfasst, sondern nach § 5 Abs. 1 S. 2 Nr. 1 UWG zu beurteilen. Hinzu kommt, dass die Tatbestände im Anhang zu § 3 Abs. 3 UWG grundsätzlich **eng auszulegen** sind (siehe I Vorbem. Rdn. 14). Versucht etwa der Unternehmer, das Interesse des Verbrauchers dadurch auf ein bestimmtes Produkt zu lenken, dass er das angebotene Produkt schlechtredet,[2] so mag das beim Verbraucher zwar Verwunderung erzeugen, ist jedoch vom Tatbestand der Nr. 6 nicht erfasst.[3] 8

aa) Weigerung, zu zeigen, was der Unternehmer beworben hat. Der **Wortlaut** der Regelungen ist hier leider **ungenau.** Denn während es bei dem Verbot der Nr. 6 im Allgemeinen um das Angebot von „Produkten" bzw. von Waren und Dienstleistungen geht, wird bei der ersten Handlungsalternative in der Richtlinie 2005/29/EG nur das Zeigen des **„beworbenen" „Artikels"** geregelt. Das ist bereits insoweit ungenau, als es um Angebote geht und nicht nur um Werbung. Noch bemerkenswerter ist, dass in der Richtlinie nur von einem Artikel gesprochen wird, nicht aber von einer Dienstleistung. Würde man dies wörtlich verstehen, so wäre die Weigerung, die angebotene Dienstleistung vorzuführen, nicht vom Verbot erfasst. Dafür gibt es aber keinerlei Anlass und auch aus der Entstehungsgeschichte der Norm ergibt sich kein Hinweis dafür, dass bei den einzelnen Handlungsalternativen bewusst zwischen Ware und Dienstleistung unterschieden werden sollte. Hinzu kommt, dass sowohl im Einleitungssatz der Richtlinie als auch im letzten Halbsatz ausdrücklich von „Produkten" gesprochen wird. Der deutsche Gesetzgeber sah dies offenbar ebenso und hat daher offener formuliert, indem er allgemein darauf abstellt, dass der Unternehmer sich weigert zu zeigen, was er beworben hat. Das ist zwar hinsichtlich des Wortes „beworben" ebenfalls ungenau, lässt aber eine **Anwendung sowohl auf Waren als auch Dienstleistungen** zu. Ob diese Erstreckung richtlinienkonform ist oder ob die Regelung entsprechend ihrem Wortlaut auf Waren zu beschränken ist, muss letzten Endes der EuGH entscheiden. 9

„Weigerung" bedeutet, dass der Unternehmer das Produkt **trotz ausdrücklicher Aufforderung** durch den Kunden nicht zeigt. Das fehlende (eigeninitiative) Angebot, die Ware/Dienstleis- 10

---

[1] Vgl. BGH GRUR 1983, 650, 651 – *Kamera.* Anders hingegen die Rechtslage bei falschen telefonischen Auskünften, die den Kunden eher vom Besuch des Geschäftslokals abhalten, BGH GRUR 2002, 1095 – *Telefonische Vorratsanfrage.*

[2] Im ursprünglichen Kommissionsvorschlag, KOM (2003) 356 endg., war dies noch eine Handlungsalternative.

[3] Ebenso *Büllesbach,* S. 65 f.

tung zu zeigen, genügt nicht. Ebenso wenig genügt es, dass niemand im Ladenlokal verfügbar ist, der irgendeinen Artikel/irgendeine Dienstleistung zeigen könnte. Auch genügt es nicht, dass Verkäufer die beworbenen Produkte nicht zeigen, weil sie nicht wissen, wie man die entsprechenden Dienstleistungen erbringt oder wie man angebotene Artikel bedient, oder weil sie nicht wissen, wo sie stehen oder weil die Waren überhaupt nicht verfügbar sind. Andernfalls hätte auch die zweite Handlungsalternative keinen Anwendungsbereich mehr, weil eine Bestellung von vornherein nur in Betracht kommt, wenn die Ware nicht bereits vorhanden ist. Auch der Fall, dass ein Verkäufer irrtümlich glaubt, eine tatsächlich vorhandene Ware sei nicht (mehr) vorhanden, unterfällt nicht dem Verbot der Nr. 6, kann aber als sog. **subjektiver Vorratsmangel** nach § 5 Abs. 1 S. 2 Nr. 1 UWG verboten sein.[4] Wird die Vorführung verweigert ohne dass die o. g. Gründe vorliegen, so reicht das zur Verwirklichung des Tatbestands aus. Ob der Anbieter zugleich bereit ist, Bestellungen anzunehmen und kurzfristig auszuführen, ist dann unerheblich.

11 *bb) Weigerung, Bestellungen anzunehmen oder die beworbene Leistung innerhalb vertretbarer Zeit zu erbringen. (1) Verweigerte Annahme von Bestellungen.* Ist Ware nicht verfügbar, wird ein Kaufmann normalerweise entsprechende Bestellungen annehmen. Geschieht dies nicht, ist dies aber nicht allein deshalb unlauter. Vielmehr muss die Handlung mit der **Absicht** verknüpft sein, ein anderes Produkt abzusetzen. D. h. die Weigerung der Bestellannahme z. B. aufgrund **fehlender Bezugsmöglichkeit vom Großhändler oder Hersteller, wegen fehlender Bestellmöglichkeit aufgrund höherer Gewalt, wegen unzureichender Bonität** des Abnehmers oder weil entsprechende Ware vom Unternehmer **aus dem Sortiment genommen** wurde, **genügen** zur Verwirklichung des Tatbestands in Nr. 6 **nicht.** Allerdings ist dann genau zu prüfen, ob nicht möglicherweise der Tatbestand der Nr. 5 (Lockangebote, unzureichende Verfügbarkeit) erfüllt ist.

12 Das Verbot bezieht sich seinem Wortlaut in Art. 6 UGP-Richtlinie nach wieder nur auf den „beworbenen Artikel". Insoweit gelten die Ausführungen in Rdn. 9 entsprechend.

13 *(2) Weigerung die beworbene Leistung innerhalb vertretbarer Zeit zu erbringen.* Auch insoweit sind die Formulierungen in der Richtlinie und im deutschen Text nicht deckungsgleich und jeweils ungenau. Der deutsche Text in Nr. 6 UWG-Anhang spricht von der Weigerung, „die beworbene Leistung" innerhalb einer vertretbaren Zeit zu erbringen. Die Richtlinie spricht von der Weigerung, „innerhalb einer vertretbaren Zeit zu liefern". Die Richtlinie scheint sich somit bei dieser Handlungsalternative wieder allein auf den „beworbenen Artikel" zu beschränken, was angesichts der Bezugnahme auf „Produkte" nicht nachvollziehbar und nur als redaktionelle Ungenauigkeit zu erklären ist (wobei diese Entscheidung letzten Endes der EuGH zu treffen hat). Insoweit ist der **deutsche Text genauer,** indem er auch auf die Erbringung der Dienstleistung abstellt. Allerdings übernimmt der deutsche Text damit nicht die Handlungsalternative, dass Ware trotz Bestellung nicht innerhalb angemessener Zeit geliefert wird mit dem Ziel, stattdessen eine andere Ware abzusetzen. Im Wege der **Auslegung** ist diese Handlungsalternative daher so zu lesen, dass sie **sowohl** die Weigerung die beworbene **Leistung** innerhalb einer vertretbaren Zeit zu erbringen erfasst **als auch** die Weigerung, die bestellte **Ware** innerhalb einer vertretbaren Zeit zu liefern, jeweils in der **Absicht,** stattdessen eine andere Ware/Leistung abzusetzen. Wobei diese Weigerung bereits **von Anfang an** gegeben sein kann, d. h. bereits bei der Bestellung werden unvertretbar lange Lieferzeiträume genannt, oder **erst später** erfolgen kann.

14 Zeigt sich die Weigerung zur rechtzeitigen Lieferung **erst nach Aufgabe der Bestellung,** dürfte dies in der Praxis fast immer auch mit Schadensersatz wegen Verzugs verbunden sein, denn mit dem Beweis der nach Nr. 6 erforderlichen Absicht dürfte zumeist auch der Beweis des relevanten Verschuldens gegeben sein. Eine objektive Lieferverzögerung aus anderen Gründen, wie z. B. Streik beim Transport, fehlende Lieferfähigkeit des Vorlieferanten etc. ist vom Verbot hingegen nicht erfasst.

15 Welcher Zeitraum **„vertretbar"** ist, richtet sich nach den Umständen des **Einzelfalls.** Maßgeblich ist, um welches Produkt es sich handelt, wie das Angebot beschaffen war und mit welcher Lieferfrist der Verbraucher daher unter normalen Umständen rechnen konnte.

16 *cc) Eine fehlerhafte Ausführung der Ware oder Dienstleistung.* Während der Text der Richtlinie nur die „Vorführung eines fehlerhaften Exemplars" erwähnt, spricht der deutsche Text präziser von einer **fehlerhaften Ausführung der Ware oder Dienstleistung.** Auch dies ist nicht per se unlauter, sondern nur bei Vorliegen der Absicht, ein anderes Produkt abzusetzen. „Fehlerhaft" ist das vorgeführte Produkt dabei dann, wenn es sich nicht für die Zwecke eignet, für die Verbraucher Produkte der gleichen Art gewöhnlich gebrauchen oder wenn es nicht Qualität und Leistungen aufweist, die bei Produkten der gleichen Art üblich sind.[5]

---

[4] Vgl. OLG Frankfurt NJOZ 2005, 2182 zu § 5 Abs. 5 UWG a. F.

[5] *Lettl* WRP 2008, 155, 160 unter Verweis auf Art. 2 II lit. c) und d) der Richtlinie 1999/44/EG.

d) Absicht, stattdessen eine andere Ware oder Dienstleistung abzusetzen. Die Vornahme bestimmter objektiver Handlungen allein genügt nicht, um den Tatbestand der Nr. 6 zu verwirklichen. Auch **reichen irrtümliche Fehlvorstellungen,** z.B. über das (Nicht-)Vorhandensein bestimmter Waren oder die Erbringung bestimmter Dienstleistungen, **nicht.** Welche Vorstellung sich der Unternehmer von der Verfügbarkeit der beworbenen Produkte gemacht hat, ist unerheblich. Vielmehr ist die **Absicht** erforderlich, statt der angebotenen Ware oder Dienstleistung eine andere abzusetzen, d.h. dem Unternehmer muss es gerade darauf ankommen, dem Verbraucher etwas anderes zu verkaufen. Will er dem Verbraucher aus anderen Gründen nichts verkaufen, z.B. weil er Bedenken hinsichtlich der Bonität hat und es um eine hochwertige Ware geht oder er bei Dienstleistungen erhebliche Vorleistungen erbringen müsste oder weil er in dem Verbraucher einen Testkäufer erkannt hat, so ist das Verbot nicht einschlägig. 17

Die **Absicht** muss dabei **bei demjenigen** gegeben sein, **der zum Kauf aufgefordert** und dann eine der Handlungsalternativen erfüllt hat. Sind der Anbietende und der Handelnde verschiedene Personen – wobei hier auch die Zurechnungen nach § 8 Abs. 2 UWG zu berücksichtigen sind – so kommt eine Anwendung der Nr. 6 nur in Betracht, wenn beide **Personen bewusst und gewollt zusammenwirken.** 18

Das Vorliegen der Absicht hat derjenige zu beweisen, der sich auf den Tatbestand der Nr. 6 beruft. Ein solcher **Beweis** wird **nur schwer möglich** sein. Aus dem Vorliegen der objektiven Tatbestandsmerkmale kann nicht ohne Weiteres auf eine entsprechende Absicht geschlossen werden. Dies ist nur in Ausnahmefällen möglich, etwa wenn die beworbene Ware überhaupt nicht existiert. Zudem kann sich die **Beweislast umkehren,** wenn der Unternehmer keinen vernünftigen Grund dafür angeben kann, warum er die beworbenen Waren nicht zeigen will oder nicht innerhalb vertretbarer Zeit liefern kann. Je stärker der Unternehmer auf den Absatz eines anderen Produktes drängt, desto leichter lässt sich auf das Vorliegen der erforderlichen Absicht schließen. Dennoch ist ein solches ausdrückliches Angebot nicht zwingend erforderlich. Auch der Unternehmer, der auf die Nachfrage seines Kunden nach Alternativen wartet, handelt unlauter, wobei hier der Nachweis der Absicht im Regelfall aber deutlich schwieriger sein wird. 19

Wegen dieser Beweisprobleme ist zu befürchten, dass dem Verbot der Nr. 6 in der Praxis auch weiterhin nur eine **geringe Bedeutung** zukommen wird. 20

Unzulässige geschäftliche Handlungen im Sinne des § 3 Abs. 3 sind

7. die unwahre Angabe, bestimmte Waren oder Dienstleistungen seien allgemein oder zu bestimmten Bedingungen nur für einen sehr begrenzten Zeitraum verfügbar, um den Verbraucher zu einer sofortigen geschäftlichen Entscheidung zu veranlassen, ohne dass dieser Zeit und Gelegenheit hat, sich auf Grund von Informationen zu entscheiden;

Inhaltsübersicht

	Rdn.
1. Einfluss des europäischen Rechts	1
2. Zweck der Vorschrift und Abgrenzung	3
3. Einzelheiten	5
a) An einen Verbraucher gerichtete geschäftliche Handlung	5
b) Unwahre Angabe	6
c) Bestimmte Waren oder Dienstleistungen	8
d) Allgemein oder zu bestimmten Bedingungen verfügbar	9
aa) Allgemein nur für sehr begrenzten Zeitraum verfügbar	10
bb) Zu bestimmten Bedingungen nur für sehr begrenzten Zeitraum verfügbar	11
e) Sehr begrenzter Zeitraum	13
f) Absicht, den Verbraucher zu einer sofortigen Entscheidung zu veranlassen	16

1. Einfluss des europäischen Rechts

Die Vorschrift beruht auf der Regelung Anhang I Nr. 7 zur **UGP-Richtlinie.** Diese lautet: 1

„Falsche Behauptung, dass das Produkt nur eine sehr begrenzte Zeit oder nur eine sehr begrenzte Zeit zu bestimmten Bedingungen verfügbar sein werde, um so den Verbraucher zu einer sofortigen Entscheidung zu verleiten, so dass er weder Zeit noch Gelegenheit hat, eine informierte Entscheidung zu treffen."

2 Die Regelung der Richtlinie wurde im deutschen UWG-Anhang somit **nicht wörtlich** übernommen. Bei den Änderungen handelt es sich allerdings **nur** um **sprachliche Feinheiten,** die sich auf den Inhalt nicht auswirken.

2. Zweck der Vorschrift und Abgrenzung

3 Das Verbot ist Ausdruck des **europäischen Verbraucherleitbilds** des informierten Verbrauchers. Der Verbraucher soll nicht vorschnell eine uninformierte Entscheidung treffen, nur weil er irrtümlich glaubt, die Ware sei später nicht mehr oder nicht mehr zu diesen Bedingungen verfügbar. Das Verbot verbindet somit Elemente der Irreführung mit Elementen des **psychologischen Kaufzwangs,**[1] es enthält objektive Elemente („unwahre Angabe") und subjektive Elemente („um zu veranlassen").

Nr. 7 ist somit quasi das **Gegenstück zu** den Regelungen der **Lockvogelangebote** in Nr. 5 und 6 der „Schwarzen Liste": Dort geht es darum, dass eine Ware objektiv nur kürzere Zeit verfügbar ist, als es der Verbraucher (subjektiv) erwartet; bei Nr. 7 hingegen geht es darum, dass die Ware (objektiv) tatsächlich längere Zeit verfügbar ist als es der Verbraucher (subjektiv) erwartet. Es soll **kein Zeitdruck vorgegaukelt** werden, der objektiv nicht besteht, der aber den Verbraucher zu einer vorschnellen Entscheidung veranlassen könnte.

4 Im Übrigen sind zur Irreführung geeignete Angaben über die Verfügbarkeit einer Ware am Tatbestand des **§ 5 Abs. 1 S. 2 Nr. 1 UWG** zu messen. Das gilt beispielsweise für Fälle, bei denen über die Verfügbarkeit der Ware nicht mittels Zeitangaben getäuscht wird, sondern etwa die **Warenmenge als geringer dargestellt** wird, als tatsächlich vorhanden, z.B. durch Aussagen wie *„staatlich limitiert"* o.Ä. oder durch Zeitangaben, die über einen „sehr begrenzten" Zeitraum hinausgehen.

3. Einzelheiten

5 **a) An einen Verbraucher gerichtete geschäftliche Handlung.** Wie alle Tatbestände des UWG-Anhangs setzt auch Nr. 7 eine an einen Verbraucher gerichtete geschäftliche Handlung voraus; Angaben gegenüber **Unternehmern** können nur nach § 5 UWG irreführend sein. Bezüglich der Legaldefinition der Begriffe **„geschäftliche Handlung"** und **„Verbraucher"** wird auf die Kommentierung von *Keller* zu § 2 Abs. 1 Nr. 1 und § 2 Abs. 2 UWG verwiesen.

6 **b) Unwahre Angabe.** Die Angabe muss unwahr sein. „Unwahre Angabe" ist nur die ausdrückliche, **objektiv unwahre** Angabe, nicht aber die nur subjektiv vom Verbraucher falsch verstandene Angabe. Umgekehrt **kommt es nicht darauf an,** ob die objektiv unwahre Angabe **zur Täuschung** des Verbrauchers geeignet ist oder gar eine **tatsächliche Täuschung bewirkt.**[2] Dies ergibt sich aus der Unterscheidung zwischen der Formulierung „Geschäftspraxis, die falsche Angaben enthält und somit unwahr ist" einerseits und „Geschäftspraxis, die täuscht oder zu täuschen geeignet ist" andererseits in Art. 6 Abs. 1 der UGP-Richtlinie sowie aus der Unterscheidung in den Tatbeständen im Anhang I zur Richtlinie zwischen „Behauptung" einerseits (z.B. Nr. 1, 3, 4, 7, 9, 12, 15, 16, 17, 22) und „Erwecken eines (fälschlichen) Eindrucks" (z.B. Nr. 9, 22, 23, 24, 31) andererseits. In Nr. 7 ist nur von „falscher Behauptung" bzw. „unwahrer Angabe" die Rede. Das Verbot der Nr. 7 erfordert somit, dass ausdrücklich eine zeitliche Begrenzung vorgespiegelt wird, die so tatsächlich nicht gegeben ist, weil das beworbene Produkt tatsächlich länger zu den beworbenen Konditionen angeboten wird. **Nr. 7 verhindert somit nicht, Angebote nur mit kurzer Laufzeit auszugestalten.**[3] Verboten ist allerdings, die Laufzeit kürzer darzustellen, als sie tatsächlich ist.

7 Die **Beweislast** dafür, dass eine Angabe unwahr ist, trifft denjenigen, der sich auf eine Verletzung von Nr. 7 beruft.

8 **c) Bestimmte Waren oder Dienstleistungen.** Die umstrittene Angabe muss sich auf eine bestimmte Ware oder Dienstleistungen beziehen. Die Richtlinie spricht sogar nur von „das" Produkt. Gemeint ist das **konkret beworbene Produkt. Allgemeine Angaben** darüber, dass Ware in einem Geschäft schnell ausverkauft sein kann, werden damit **nicht verboten.** Erfolgt allerdings eine allgemeine Angabe im Zusammenhang mit einem bestimmten Produkt und bezieht der Ver-

---

[1] In der amtl. Begründung des Gesetzesentwurfs der Bundesregierung vom 23.5.2008, BR-Drs. 345/08 (S. 64) ist von „Ausübung psychologischen Kaufzwangs durch übertriebenes Anlocken" die Rede; dagegen kritisch *Sosnitza* WRP 2008, 1014, 1022.

[2] *Glöckner/Henning-Bodewig* WRP 2005, 1311, 1330.

[3] *Schirmbacher* K&R 2009, 433, 435.

braucher daher die allgemeine Aussage auch auf das bestimmte Produkt, so wird die entsprechende Werbung vom Verbot der Nr. 7 erfasst. Z. B.: Werbung für einen bestimmten PC mit der Aussage *„Unsere Computer sind immer nur wenige Stunden verfügbar."*

d) Allgemein oder zu bestimmten Bedingungen verfügbar. Verboten ist die Aussage, dass der Verbraucher die Ware/Dienstleistung, so wie sie ihm jetzt angeboten wird, nur kurze Zeit erwerben kann, so dass nach Ablauf kurzer Zeit entweder das Produkt als solches schon nicht mehr verfügbar ist oder jedenfalls nur noch zu anderen Bedingungen. **Verboten** sind somit **zwei Varianten einer Aussage,** nämlich a) die Aussage, eine **Ware/Dienstleistung sei als solche** nur sehr kurze Zeit verfügbar oder alternativ b) die Aussage, eine Ware/Dienstleistung sei jedenfalls **zu bestimmten Bedingungen** nur sehr kurze Zeit verfügbar. 9

aa) Allgemein nur für sehr begrenzten Zeitraum verfügbar. Die Behauptung, dass ein **Produkt als solches nur für einen sehr begrenzten Zeitraum verfügbar** ist, kann vor allem durch entsprechende (unwahre) Zeitangaben, wie z. B. *„nur heute"* oder *„nur am verkaufsoffenen Sonntag von 13:00–18:00 Uhr"* erfolgen. Die zeitliche Beschränkung muss sich dabei unmittelbar aus der Behauptung ergeben. Eine nur **mittelbare Beschränkung genügt** angesichts des Gebots der restriktiven Auslegung der Tatbestände der Schwarzen Liste (siehe I Vorbem. Rdn. 17) im Regelfall **nicht.** Die Angabe eines zu knappen Warenvorrats allein[4] unterfällt somit im Regelfall nicht dem Verbot der Nr. 7.[5] Denn aus einem (zu) knapp angegebenen Warenvorrat ergibt sich nicht zwingend, dass eine Ware nur für einen sehr begrenzten Zeitraum verfügbar ist. Teure oder sonst wie exquisite Waren dürften etwa auch in geringer Stückzahl länger verfügbar sein, weil sie einfach nicht so häufig verkauft werden. Etwas anderes könnte gelten, wenn der Vorrat an Waren des täglichen Bedarfs so knapp angegeben wird, dass dies bei dem angesprochenen Verbraucher zwingend zur Schlussfolgerung führt, dass diese Ware nur für einen sehr begrenzten Zeitraum verfügbar sein wird. Das wird aber nur in Ausnahmefällen gegeben sein. 10

bb) Zu bestimmten Bedingungen nur für sehr begrenzten Zeitraum verfügbar. Selbst wenn das Produkt an sich längere Zeit verfügbar ist, darf nicht unwahr behauptet werden, dass es zu bestimmten Bedingungen nur sehr kurze Zeit erhältlich sei. Mit **„bestimmten Bedingungen"** werden dabei alle Modalitäten des Erwerbs erfasst, die in der konkreten Werbung genannt werden. Dies kann vor allem den **Preis** betreffen, aber auch alle sonstigen Bedingungen wie z. B. **Rabatte, Finanzierungskosten, Lieferfristen, Lieferkosten, Ort,** an dem die Ware erworben werden kann, **Nebenkosten,** Dauer einer **Garantie, Zugaben** etc. 11

Ein **Hinweis auf allgemeine,** unbestimmte **Bedingungen genügt nicht,** solange der Verbraucher diese Bedingungen nicht wieder (auch) auf das konkret beworbene Produkt bezieht und glaubt, diese Bedingungen seien später für das konkrete Produkt nicht mehr gegeben. 12

e) Sehr begrenzter Zeitraum. Mit „sehr begrenztem Zeitraum" ist nicht gemeint, dass eine bestimmte Zeitangabe gemacht werden muss. „Begrenzt" ist vielmehr im Sinne von **„knapp"** oder **„kurz"** zu verstehen. Das ergibt sich zum einen aus dem Wortlaut, denn „sehr begrenzt" kann nur im Sinne von sehr knapp oder sehr kurz verstanden werden und nicht im Sinne von sehr bestimmt. In dem ersten Vorschlag der Kommission für die Richtlinie war auch noch von „sehr kurzer Zeit" die Rede,[6] jedoch wurde die Formulierung dann auf Antrag des Europäischen Parlaments in „sehr begrenzte Zeit" geändert, mit dem (jedenfalls für die deutsche Fassung nicht nachvollziehbaren Argument), dass dies klarer sei. Dieses Auslegungsergebnis ergibt sich zudem auch aus dem weiteren Tatbestandsmerkmal, den Verbraucher zu einer „sofortigen" geschäftlichen Entscheidung zu bewegen. Demnach können **auch unbestimmte Zeitangaben** unter das Verbot fallen. Es müssen nicht konkrete Daten genannt werden. 13

Wann konkret ein Zeitraum „begrenzt" bzw. „sehr begrenzt" ist, hängt von den Umständen des **Einzelfalls,** der **Attraktivität des Angebots** und den **konkreten Vergleichsmöglichkeiten** des Verbrauchers ab. Nicht erforderlich ist, dass die Zeit kürzer ist als sonst bei Sonderangeboten üblich. Maßgeblich ist vielmehr allein, ob die Zeit so bemessen ist, dass der Verbraucher dadurch zu einer sofortigen, **nicht informierten Entscheidung** veranlasst wird. 14

Wird der relevante **Zeitraum** zwar **falsch angegeben,** ist er aber **dennoch länger als „sehr begrenzt",** so ist die entsprechende Behauptung nach § 5 Abs. 1 S. 2 Nr. 1 UWG zu beurteilen. Entsprechendes gilt für Angaben, bei denen nicht das Zeitelement im Vordergrund steht, sondern anders über die knappe Verfügbarkeit von Waren getäuscht wird, z. B. durch falsche Aussagen über 15

---

[4] Anders, wenn die Aussage über den knappen Vorrat mit einer Zeitangabe verknüpft wird.
[5] A. A. *Büllesbach,* S. 68.
[6] Vorschlag vom 18.6.2003, KOM (20 023) 356 endg.

die Vorratsmenge oder Herstellungsmenge (z. B. „staatlich limitiert" o. Ä.) und sich aus diesen Aussagen nicht zwingend eine sehr begrenzte zeitliche Verfügbarkeit ergibt.

16 **f) Absicht, den Verbraucher zu einer sofortigen Entscheidung zu veranlassen.** Die begrenzte Zeitangabe muss mit dem Ziel erfolgen, den Verbraucher zu einer sofortigen geschäftlichen Entscheidung zu veranlassen. In der Richtlinie ist von „verleiten" die Rede, was eine aktivere Einflussnahme des Unternehmers suggerieren könnte, so aber vom deutschen Gesetzgeber offensichtlich nicht verstanden wird. Ob eine solche Absicht auf Seiten des Unternehmers gegeben ist, kann im Regelfall nur **aus den Umständen** geschlossen werden. Maßgeblich ist, ob für die (unwahre) Begrenzung **sachliche Gründe** erkennbar sind oder nicht. Dies bedeutet, dass eine nur ***versehentlich*** **falsche Angabe** zur Begrenzung im Einzelfall **nicht** vom Verbot **erfasst** sein kann. Das betrifft etwa den Fall, dass der Unternehmer fälschlicherweise davon ausgeht, das angebotene Produkt werde nur kurz verfügbar sein und er im guten Glauben den Verbraucher deshalb darauf hinweist (was sich im Hinblick auf das Verbot der Nr. 5 auch durchaus empfehlen kann), sich die Ware dann aber wider Erwarten doch nicht so gut verkauft.[7] Aber auch der Fall, dass nach Ablauf der ursprünglichen Begrenzung das **Angebot** aus sachlichen Gründen **verlängert wird,** die so vorher nicht eingeplant waren, wird von dem Verbot der Nr. 7 nicht erfasst.[8] Liegen allerdings die objektiven Voraussetzungen des Tatbestands vor und ist die Aussage objektiv geeignet, den Verbraucher zu einer sofortigen Entscheidung zu veranlassen, so kann eine entsprechende Absicht **vermutet** werden und es obliegt dem Unternehmer, diese Vermutung zu widerlegen.

17 **„Sofortige" Entscheidung ist nicht unbedingt wörtlich zu verstehen.** Gemeint ist, dass dem Verbraucher **weder Zeit noch Gelegenheit** gegeben wird, eine **informierte Entscheidung zu treffen,** indem er sich z. B. über Vergleichsangebote erkundigt. Sowohl in der Richtlinie als auch in Nr. 7 UWG-Anhang werden nunmehr[9] die fehlende Zeit und Gelegenheit für eine informierte Entscheidung ausdrücklich erwähnt. Der Begriff der „sofortigen Entscheidung" muss daher entsprechend ausgelegt werden. „Sofort" kann daher auch einen absolut gesehen etwas längeren Zeitraum erfassen, solange dieser Zeitraum immer noch so kurz ist, dass der Verbraucher objektiv keine Gelegenheit hat, sich zu erkundigen und eine informierte Entscheidung zu treffen. Umgekehrt kann aber auch selbst ein sehr kurzer Zeitraum für eine **informierte Entscheidung** genügen, wenn z. B. dem Verbraucher die für eine informierte Entscheidung wesentlichen Informationen (z. B. übliche Marktpreise bei Waren des täglichen Bedarfs) bekannt sind, mit dem Angebot bekannt gemacht werden oder er sie sich innerhalb des kurzen Entscheidungszeitraums besorgen kann (z. B. bei Internetangeboten über Suchmaschinen). Ist eine solche Entscheidung möglich, so ist der Verbotstatbestand nicht erfüllt.[10]

18 Das Verbot ist somit vor allem auf **Aussagen in Verkaufsräumen** oder **bei direktem Kontakt** mit dem Unternehmer oder seinem Personal gerichtet. Es erfasst aber auch Aussagen in der **Fernseh- oder Radiowerbung,** wenn die relevanten Zeiträume jeweils so kurz bemessen sind, dass der angesprochene Verbraucher keine Möglichkeit mehr hat, sich weitergehend zu informieren sondern meint, sofort bestellen zu müssen.

19 **Unklar** ist, wie Fälle zu behandeln sind, bei denen das konkrete **Angebot in der Tat nur kurz verfügbar ist,** es nach einer kurzen **Unterbrechung** dann aber zu einer **Nachlieferung** und dann einem erneuten Angebot der gleichen oder ähnlicher Waren kommt. Beruhen die Angebote auf einem einheitlichen Tatentschluss (z. B. einmalige Bestellung, aber Lieferung in Teilmengen), so spricht dies zunächst für eine tatbestandsmäßige Absicht und es obliegt dem Unternehmer, diesen Eindruck zu widerlegen.

Unzulässige geschäftliche Handlungen im Sinne des § 3 Abs. 3 sind

8. Kundendienstleistungen in einer anderen Sprache als derjenigen, in der die Verhandlungen vor dem Abschluss des Geschäfts geführt worden sind, wenn die ursprünglich verwendete Sprache nicht Amtssprache des Mitgliedstaats ist, in dem der Unternehmer niedergelassen ist; dies gilt nicht, soweit Verbraucher vor dem Abschluss des Geschäfts darüber aufgeklärt werden, dass diese Leistungen in einer anderen als der ursprünglich verwendeten Sprache erbracht werden;

---

[7] So noch die Bedenken in der Stellungnahme der Deutschen Vereinigung für gewerblichen Rechtsschutz und Urheberrecht e. V., GRUR 2005, 215, 217.

[8] Ebenso *Sosnitza* WRP 2008, 1014, 1022.

[9] Im Referentenentwurf der Schwarzen Liste sah dies noch anders aus.

[10] *Hoeren* BB 2008, 1182, 1188; *Schirmbacher* K&R 2009, 433, 435; *Schöttle* WRP 2009, 673, 676.

Inhaltsübersicht

	Rdn.
1. Einfluss des europäischen Rechts	1
2. Zweck der Vorschrift und Abgrenzung	3
3. An einen Verbraucher gerichtete geschäftliche Handlung	5
4. Kundendienstleistungen	6
5. Vorvertragliche Kommunikation in einer anderen Sprache als der Amtssprache des Niederlassungsstaats des Gewerbetreibenden	7
6. Ausschluss durch Hinweis an den Verbraucher	10

Schrifttum: *Alexander,* Die „Schwarze Liste" der UGP-Richtlinie und ihre Umsetzung in Deutschland und Österreich, GRURInt. 2010, 1025; *Büllesbach,* Auslegung der irreführenden Geschäftspraktiken des Anhangs I der Richtlinie 2005/29/EG über unlautere Geschäftspraktiken, 2008; *Gamerith,* Der Richtlinienvorschlag über unlautere Geschäftspraktiken – Möglichkeiten einer harmonischen Umsetzung, WRP 2005, 391; *Henning-Bodewig,* Die Richtlinie 2005/29/EG über unlautere Geschäftspraktiken, GRUR Int. 2005, 629; *Hoeren,* Das neue UWG – der Regierungsentwurf im Überblick, BB 2008, 1182; *Scherer,* „Case-law" in Gesetzesform – die „Schwarze Liste" als neuer UWG-Anhang, NJW 2009, 324; *dies.,* Die weißen Flecken in der Schwarzen Liste, WRP 2014, 771; *dies.,* Was bringt die „Schwarze Liste" tatsächlich? – Bestandsaufnahme und Konsequenzen, WRP 2011, 393; *Schöttle,* Die Schwarze Liste – Übersicht über die neuen Spezialtatbestände des Anhangs zu § 3 Abs. 2 UWG, WRP 2009, 673.

1. Einfluss des Europäischen Rechts

Nr. 8 UWG-Anhang setzt die Nr. 8 des Anhangs der **UGP-Richtlinie** in deutsches Recht um. 1
Letztere lautet:

„Verbrauchern, mit denen der Gewerbetreibende vor Abschluss des Geschäfts in einer Sprache kommuniziert hat, bei der es sich nicht um eine Amtssprache des Mitgliedstaats handelt, in dem der Gewerbetreibende niedergelassen ist, wird eine nach Abschluss des Geschäfts zu erbringende Leistung zugesichert, diese Leistung wird anschließend aber nur in einer anderen Sprache erbracht, ohne dass der Verbraucher eindeutig hierüber aufgeklärt wird, bevor er das Geschäft tätigt."

Mit **Nr. 8 des UWG-Anhangs** hat der deutsche Gesetzgeber **2008 Neuland** betreten. Eine 2
ausdrückliche Regelung der Irreführung über das **„sprachliche Entgegenkommen"** des Gewerbetreibenden[1] kannte das deutsche Wettbewerbsrecht bislang nicht, schon gar nicht im Rahmen eines per se-Verbots. Nr. 8 des UWG-Anhangs ist **richtlinienkonform** auszulegen (s. oben I Rdn. 6, 10). Wenngleich zweifelhaft ist, ob es angesichts der Häufigkeit, mit der derartige Sachverhalte auftreten, und der Bedeutung, die sie haben, überhaupt einer expliziten Regelung in der „Black list" bedurft hätte,[2] ist doch nicht zu übersehen, dass die Vorschrift als **Wegbereiter** zu vermehrten Geschäftsabschlüsse im europäischen Ausland dienen soll.[3]

2. Zweck der Vorschrift und Abgrenzung

Die Vorschrift betrifft einen Fall der Irreführung durch ein von dem mutmaßlich erwarteten 3
Verhalten abweichendes Verhalten. Sie dient dem Schutz des Verbrauchers davor, dass seine Erwartung enttäuscht wird, auch die Kundendienstleistungen würden in der von der Landessprache abweichenden, vor Vertragsschluss verwandten Sprache erbracht.[4] So wird verhindert, dass der Verbraucher den Kundendienst des Unternehmers infolge von Sprachunkenntnis nicht nutzen kann.

Nr. 8 des UWG-Anhangs enthält **keine abschließende Regelung der Irreführung über das** 4
„sprachliche Entgegenkommen" des Unternehmers. Daneben und unabhängig von Nr. 3 des UWG-Anhangs bleiben §§ 5, 5a UWG anwendbar.

3. An einen Verbraucher gerichtete geschäftliche Handlung

Nr. 8 des UWG-Anhangs setzt eine an einen **Verbraucher** gerichtete **geschäftliche Handlung** 5
voraus. Bezüglich der Legaldefinition dieser Begriffe wird auf die Kommentierung von *Keller* zu § 2 Abs. 1 Nr. 1 und § 2 Abs. 2 UWG verwiesen. Handelt es sich um falsche Angaben unter **Unternehmern,** so können die allgemeinen Verbotstatbestände, also insbesondere § 5 UWG eingreifen,

---

[1] Vgl. *Büllesbach,* S. 71.
[2] Vgl. *Gamerith,* WRP 2005, 391, 425; *Henning-Bodewig,* GRUR Int. 2005, 629, 632; MüKo-UWG/*Micklitz,* EG F Rdn. 244.
[3] Vgl. *Büllesbach,* S. 71.
[4] Amtl. Begr., BT-Drucks. 16/10145, S. 31 f.

sofern die jeweiligen Voraussetzungen vorliegen. Eine **Indizwirkung** für den B2B-Bereich entfaltet Nr. 8 des UWG-Anhangs nicht.

4. Kundendienstleistungen

6 Nr. 8 des UWG-Anhangs bezieht sich nur auf **Kundendienstleistungen,** die in einer anderen Sprache erbracht werden als derjenigen, in der die Vertragsverhandlungen geführt wurden. Es geht also nur um Serviceleistungen, die **nach Vertragsschluss** erbracht werden.[5] Auf andere Leistungen ist die Vorschrift weder unmittelbar noch im Wege der Analogie anwendbar, hierzu sogleich näher Rdn. 9. Dies ergibt sich bei der gebotenen richtlinienkonformen Auslegung aus der englischen und französischen Fassung der UGP-Richtlinie, die ebenso wie in Nr. 23 des Anhangs I der UGP-Richtlinie ausdrücklich von **„after-sales service"** bzw. „service après-vente" spricht.[6] Die durch die Verwendung einer Fremdsprache in der Werbung bewirkte Gefahr der Täuschung des Verbrauchers über die Sprache als mögliche Produkteigenschaft kann allenfalls nach § 5 irreführend sein.[7]

5. Vorvertragliche Kommunikation in einer anderen Sprache als der Amtssprache des Niederlassungsstaats des Gewerbetreibenden

7 Der Erbringung der Leistung müssen **Vertragsverhandlungen** in einer von der Sprache des Niederlassungsstaats des Unternehmers abweichenden Sprache vorausgegangen sein, die zu dem **Vertragsschluss** geführt haben. Nr. 8 der „Schwarzen Liste" zur UGP-Richtlinie spricht insoweit von einer Kommunikation vor Geschäftsabschluss, in deren Rahmen der Unternehmer eine nach Vertragsschluss zu erbringende Leistung zugesichert hat. Der Begriff der Vertragsverhandlungen ist richtlinienkonform dahingehend auszulegen, dass jede auf den Abschluss eines Vertrags gerichtete und in ihm endende Kommunikation in der betr. Sprache zwischen den späteren Vertragsparteien ausreicht; ein **„Aushandeln"** der Vertragsbedingungen ist nicht erforderlich. Bloße **Aufmerksamkeitswerbung** fällt hingegen nicht unter Nr. 8 des UWG-Anhangs.

8 Nr. 8 des UWG-Anhangs erfasst nicht den Fall, dass die **Vertragsverhandlungen in einer Amtssprache des Niederlassungsstaats des Unternehmers geführt wurden.**[8] Kommuniziert ein Unternehmer, der seinen Sitz in Deutschland hat, mit einem deutschen Verbraucher vorvertraglich auf Deutsch, erbringt die Kundendienstleistungen dann jedoch in englischer Sprache, ist Nr. 8 nicht einschlägig; hier können nur §§ 5, 5a UWG helfen. Dahinter steht der Gedanke, dass es bei Vertragsverhandlungen in der Amtssprache des Unternehmers einer Unterscheidung danach bedarf, ob die Leistung in einer dem Verbraucher geläufigen oder in einer dritten Sprache erbracht wird, weshalb für ein Verbot ohne Wertungsvorbehalt kein Raum ist.[9]

9 Zentrales Moment bei Nr. 8 des Anhangs zu § 3 Abs. 3 ist, dass die Kundendienstleistungen in einer von der Sprache der vorvertraglichen Kommunikation **abweichenden Sprache** erbracht werden. Ausreichend ist schon, dass **Teile der Kundendienstleistung** in einer anderen Sprache als die der Vertragsverhandlungen geleistet werden. Kommuniziert der Unternehmer mit dem Verbraucher vorvertraglich in einer von seiner Amtssprache abweichenden Sprache, muss er **alle vertraglich geschuldeten Bestandteile des Kundendienstes** (Reparatur, Wartung, Garantiefälle usw.) in dieser Sprache erbringen. Bestandteil der Kundendienstleistung sind z. B. **Terminsabsprachen** in Reparaturfällen, **Bedienungsanleitungen** für ein benötigte Ersatz- oder Zubehörteil, schriftliche oder mündliche **Informationen** in einem Garantiefall. Auch die **Telefon-Hotline,** die der Kunde anrufen kann, wenn bei der Bedienung des gekauften Geräts Schwierigkeiten auftreten, gehört dazu.[10] Hingegen liegt kein Fall der Nr. 8 des Anhangs zu § 3 Abs. 3 vor, wenn die vom Bauunternehmer zur Bauausführung eingesetzten Mitarbeiter kein Deutsch können, oder wenn die zum Computer mitgelieferte Bedienungsanleitung auf Englisch abgefasst ist, obwohl die zu Grunde liegenden Vertragsverhandlungen auf Deutsch geführt wurden, weil es sich um **Leistungsbestandteile** und nicht um Kundendienstleistungen handelt.[11]

---

[5] Köhler/*Bornkamm,* 34. Aufl. 2016, Anh. zu § 3 Abs. 3 Rdn. 8.2.

[6] Amtl. Begr., BT-Drucks. 16/10145, S. 32; s. schon Hefermehl/Köhler/*Bornkamm,* UGP-RL Anh. I Rdn. 8.2.

[7] Vgl. OLG Köln MMR 2005, 110: Irreführung durch falsche Übersetzung einer in Englisch gehaltenen und weltweit abrufbaren Internet-Werbung unter einer com-Domain möglich, aber im konkreten Fall verneint.

[8] Vgl. BT-Drucks. 16/10145, S. 32; Ohly/*Sosnitza,* 6. Aufl. 2014, Anh. zu § 3 Abs. 3 Rdn. 26.

[9] Amtl. Begr., BT-Drucks. 16/10145, S. 32.

[10] *Büllesbach,* S. 72; Köhler/*Bornkamm,* 34. Aufl. 2016, Anh. zu § 3 Abs. 3 Rdn. 8.3.

[11] Köhler/*Bornkamm,* 34. Aufl. 2016, Anh. zu § 3 Abs. 3 Rdn. 8.3f.

6. Ausschluss durch Hinweis an den Verbraucher

Nr. 8 des UWG-Anhangs basiert auf der Erwägung, dass Vertragsverhandlungen in einer bestimmten Sprache beim Verbraucher im Allgemeinen die **Erwartung** erwecken, dass der Vertrag insgesamt, also einschließlich des Kundendienstes, ebenfalls in dieser Sprache abgewickelt wird. Wird dieser Erwartung nicht entsprochen, besteht das Risiko, dass der Kundendienst für den Verbraucher nicht bzw. nur mit zusätzlichem Aufwand (z.B. Übersetzung) **nutzbar** ist. Das Risiko, dass Erwartungen des Verbrauchers enttäuscht werden, lässt sich durch einen **rechtzeitig vor Vertragsschluss erfolgten unmissverständlichen Hinweis** ausschließen. Daher ist **Nr. 8 nicht einschlägig, wenn der Unternehmer den Verbraucher eindeutig über die Sprachabweichung aufklärt,** bevor er das Geschäft tätigt. Der Hinweis muss **eindeutig** sein. Er muss zudem erfolgen, **bevor der Verbraucher das Geschäft tätigt,** also die auf den Vertragsschluss gerichtete Willenserklärung abgibt. **Widerrufs- oder Rücktrittsrechte** des Verbrauchers ersetzen den rechtzeitigen Hinweis nicht. Ein Relevanzerfordernis besteht im Rahmen des Anhangs zu § 3 Abs. 3 nicht.[12] 10

Bei der rechtzeitigen Aufklärung über die Sprachabweichung handelt es sich um einen **Ausschlussgrund,** den der **Unternehmer beweisen** muss. Gelingt ihm dies nicht, muss er sich nach Nr. 8 des Anhangs zu § 3 Abs. 3 an der im Rahmen der Vertragsverhandlungen gewählten Sprache festhalten lassen, selbst wenn der Vertrag vorsieht, dass die Kundendienstleistungen in einer anderen Sprache erbracht werden dürfen. 11

Unzulässige geschäftliche Handlungen im Sinne des § 3 Abs. 3 sind

9. die unwahre Angabe oder das Erwecken des unzutreffenden Eindrucks, eine Ware oder Dienstleistung sei verkehrsfähig;

Inhaltsübersicht

	Rdn.
1. Einfluss des europäischen Rechts	1
2. Zweck der Vorschrift und Abgrenzung	4
3. Einzelheiten	7
a) An einen Verbraucher gerichtete geschäftliche Handlung	7
b) Unwahre Angabe oder Erwecken eines unzutreffenden Eindrucks	8
c) Verkehrsfähig	10

Schrifttum: *Leible,* Auswirkungen der UWG-Reform 2008 auf die Durchsetzung wettbewerbsrechtlicher Ansprüche im Gesundheitsbereich, GRUR 2010, 183; *v. Jagow,* Auswirkungen der UWG-Reform 2008 auf die Durchsetzung wettbewerbsrechtlicher Ansprüche im Gesundheitsbereich, GRUR 2010, 190.

1. Einfluss des europäischen Rechts

Die Vorschrift beruht auf der Regelung Anhang I Nr. 9 zur **UGP-Richtlinie.** Danach ist verboten die 1

„Behauptung oder anderweitige Herbeiführung des Eindrucks, ein Produkt könne rechtmäßig verkauft werden, obgleich dies nicht der Fall ist."

Der Ausdruck **„Produkt"** erfasst dabei nach der Definition in Art. 2 lit. c) der Richtlinie nicht nur Waren, sondern auch Dienstleistungen. 2

Ein **Unterschied** zwischen dem **deutschen Text und der Richtlinie** besteht darin, dass nach der Richtlinie die Behauptung als ein Unterfall des Herbeiführens eines (falschen) Eindrucks dargestellt wird. Dieser Unterschied ist aber **rein sprachlicher Natur.** In der Sache führt er nicht zu unterschiedlichen Ergebnissen. Frühere Entwürfe des deutschen Gesetzestextes[1] hatten sogar nur auf die unwahre Angabe abgestellt und das Herbeiführen eines Eindrucks überhaupt nicht erwähnt. Ein weiterer Unterschied besteht in den Umschreibungen „könne rechtmäßig verkauft werden" in der Richtlinie und „sei verkehrsfähig" im deutschen Gesetzestext. 3

---

[12] EuGH, Urt. v. 14.1.2010, Plus Warenhandelsgesellschaft, C-304/08, EU:C:2010:12, Rdn. 45; Urt. v. 9.11.2010, Mediaprint, C-540/08, EU:C:2010:660, Rdn. 34; Beschl. v. 30.6.2011, Wamo, C-288/10, EU:C:2011:443, Rdn. 37; *Henning-Bodewig* Vorbem. zum Anhang zu § 3 Abs. 3 UWG.

[1] Siehe RefE vom 27.7.2007.

2. Zweck der Vorschrift und Abgrenzung

4 Das Verbot ist Ausdruck der besonderen Bedeutung, welche die **Verkehrsfähigkeit** bzw. die Verkehrsfreiheit **von Waren** innerhalb der Europäischen Union hat. Die Verkehrsfähigkeit einer Ware in einem Mitgliedstaat ist zentrale Voraussetzung für den Vertrieb in anderen Staaten und ist daher auch zentrale Komponente der Rechtsprechung des EuGH zur Warenverkehrsfreiheit in Europa.[2] Bedeutung hat die Verkehrsfähigkeit vor allem bei der Werbung für Lebensmittel (vgl. § 5 C Rdn. 85ff.; *v. Jagow,* Einl. I, Rdn. 2ff.) und Arzneimittel (§ 5 C Rdn. 118; *v. Jagow,* Einl. I, Rdn. 44ff.).

5 **Überschneidungen** kann es geben zum Tatbestand des **§ 5 Abs. 1 S. 2 Nr. 3 UWG,** der irreführende Angaben über die Zulassung von Waren oder Dienstleistungen verbietet. Denn wenn die Verkehrsfähigkeit einer Ware deren vorherige Zulassung voraussetzt, so können bei einem Verkauf der Ware ohne Zulassung beide Tatbestände erfüllt sein. Wegen der fehlenden Wertungsmöglichkeit wäre dabei der Tatbestand der Nr. 9 in der Anlage vorrangig, wenngleich auch nicht abschließend.

6 Wird in der Werbung Bezug genommen auf **amtliche Genehmigungen oder Prüfsiegel,** so kann dies konkludent auch die Aussage enthalten, das beworbene Produkt sei verkehrsfähig. In diesem Fall wären auch die Verbote nach **Nr. 2 bzw. 4** des UWG-Anhangs einschlägig, ohne dass dies im Ergebnis einen Unterschied machen würde.

3. Einzelheiten

7 **a) An einen Verbraucher gerichtete geschäftliche Handlung.** Wie alle Tatbestände des UWG-Anhangs setzt auch Nr. 9 eine an einen Verbraucher gerichtete geschäftliche Handlung voraus; vergleichbare Angaben gegenüber Unternehmern können nur nach § 5 UWG irreführend sein. Bezüglich der **Legaldefinition** der Begriffe **„geschäftliche Handlung“** und **„Verbraucher“** wird auf die Kommentierung von *Keller* zu § 2 Abs. 1 Nr. 1 und § 2 Abs. 2 UWG verwiesen.

8 **b) Unwahre Angabe oder Erwecken eines unzutreffenden Eindrucks.** Wie sich aus der Unterscheidung zwischen „Geschäftspraxis, die falsche Angaben enthält und somit unwahr ist“ einerseits und „Geschäftspraxis, die täuscht oder zu täuschen geeignet ist“ andererseits in Art. 6 Abs. 1 der Richtlinie ergibt, erfasst der Ausdruck „unwahre Angabe“ nur die **ausdrückliche, objektiv unwahre Angabe,** bei der es nicht darauf ankommt, ob sie zur **Täuschung geeignet** ist oder gar eine Täuschung bewirkt (siehe Nr. 4 des UWG-Anhangs Rdn. 7). Ein bestimmtes Verständnis des Erklärungsempfängers wäre somit nicht entscheidend. Daneben ist nach Nr. 9 aber auch das Erwecken eines **unzutreffenden Eindrucks** verboten. Insoweit kann auch das subjektive Verständnis des Empfängers relevant sein. Verboten ist damit nicht nur die ausdrückliche Aussage, sondern auch eine anderslautende Äußerung oder Handlung, die der Verbraucher so versteht, dass die betroffene Ware verkehrsfähig sei.

9 In jedem Fall ist allerdings ein **aktives Handeln** erforderlich. Aus dem deutschen Gesetzestext (Aussage oder Erwecken eines Eindrucks) wird das zwar nicht ohne Weiteres deutlich, ergibt sich jedoch klar aus dem Text der Richtlinie. Denn ein **„Herbeiführen“** eines Eindrucks erfordert ein bestimmtes aktives Handeln. Der bloße Vertrieb einer Ware, ohne weitere Angaben, genügt daher noch nicht zur Verwirklichung des Verbotstatbestands.[3] **Nicht erfasst** wird auch das **Verschweigen** von Tatsachen oder Umständen, welche die Verkehrsfähigkeit gefährden könnten; insoweit ist vielmehr § 5a UWG anwendbar. Im Übrigen ist zu prüfen, ob sich die mangelnde Verkehrsfähigkeit aus einer fehlenden **Zulassung** ergibt, so dass irreführende Angaben hierüber (auch) nach **§ 5 Abs. 1 S. 2 Nr. 3 UWG** verboten sein können.

10 **c) Verkehrsfähig.** Das **deutsche Verbot** spricht nur von der Angabe, eine Ware oder Dienstleistung sei *„verkehrsfähig“.* Die **Richtlinie** hingegen verbietet den falschen Eindruck, ein Produkt *„könne rechtmäßig verkauft werden“.* Beide Ausdrucksformen sind **nicht deckungsgleich.**

11 Der Begriff der „Verkehrsfähigkeit“ ist im deutschen Recht **nicht eindeutig.** Üblicherweise wird hierunter die Fähigkeit verstanden, Objekt privatrechtlicher Verpflichtungs- und Verfügungsgeschäfte zu sein.[4] Das Verbot greift daher jedenfalls dann ein, wenn das Produkt, auf das sich die geschäftliche Handlung bezieht, einem **Verkaufsverbot** unterliegt. Zu denken ist etwa an den Verkauf von Drogen, bestimmten Waffen, artgeschützten Tieren oder Pflanzen oder kinderpornographischem Material. Der rechtmäßige Verkauf (auf den die Richtlinie abstellt) erfordert nicht nur,

---

[2] Vgl. dazu allgemein *Glöckner* Einl. B.

[3] Vgl. auch *v. Jagow* GRUR 2010, 190, 191: Fehlende Verkehrsfähigkeit muss auf einer potenziellen Irreführung der Verbraucher oder vergleichbaren Gründen beruhen. A. A. *Leible* GRUR 2010, 183, 185, 187.

[4] Vgl. Münchener Kommentar/*Holch,* § 90 BGB Rdn. 35.

dass die ***Ware* als solche** verkehrsfähig ist, sondern auch, dass der ***Veräußerer* zum Verkauf** berechtigt ist (Fehlen von Rechtsmängeln). Zudem können bestimmte Modalitäten eines Verkaufs rechtswidrig sein. Außerdem stellt sich die Frage, ob sich die Verkehrsfähigkeit auf das Recht zur Veräußerung einer Ware beschränkt oder auch deren rechtmäßigen Erwerb/Entgegennahme, Besitz und bestimmungsgemäße Benutzung erfasst. Nach der Begründung des Gesetzentwurfes der Bundesregierung[5] scheint der **deutsche Gesetzgeber** auf die zweite Variante abzustellen. Denn dort wird ausgeführt, dass das Verbot vor allem Waren und Dienstleistungen betrifft, deren Besitz, bestimmungsgemäße Benutzung oder Entgegennahme gegen ein gesetzliches Verbot verstößt, wie dies z. B. beim Fehlen der Betriebserlaubnis für ein technisches Gerät der Fall sein kann. Fraglich ist somit, wie der Tatbestand der Nr. 9 im Anhang I zur **Richtlinie auszulegen** ist und ob dementsprechend die Umsetzung im deutschen Recht ausreichend erfolgte. Dies ist letzten Endes vom EuGH zu entscheiden.

Für eine **enge Auslegung** sprechen **Sinn und Zweck** der Einzeltatbestände im Anhang und die fehlende Wertungsmöglichkeit. Die enge Auslegung würde allein darauf abstellen, ob ein Produkt (als solches) rechtmäßig verkauft werden kann und nicht, ob ein bestimmtes Produkt durch den konkreten Verkäufer rechtmäßig veräußert werden kann. Bei einer engen Auslegung käme es auf ein Recht zur bestimmungsgemäßen Benutzung nicht unbedingt an.[6] Denn die spätere Nutzung hat mit dem Verkauf als solches nichts zu tun. Virulent werden könnte diese Frage z. B. bei sog. **Radarwarnern,** die unter bestimmten Umständen als solche in Deutschland rechtmäßig verkauft werden dürfen, die aber hier nach § 23 Abs. 1b StVO nicht bestimmungsgemäß betrieben oder betriebsbereit mitgeführt werden dürfen[7] oder bei **„Oldtimern“,** die als solche verkauft, aber möglicherweise mangels Zulassung nicht mehr im Straßenverkehr betrieben werden dürfen.[8] Bei Tatbeständen, bei denen der Gesetzgeber nur eine konkrete Benutzung verbietet, nicht aber auch schon die Veräußerung oder den Besitz der Ware, greift der Verbotstatbestand also nicht ein. Solche Aussagen sind allein am Maßstab des § 5 UWG zu messen. Verkehrsfähigkeit in diesem Sinne ist somit die Möglichkeit, ein Produkt – so wie es ist –, rechtmäßig in den Verkehr zu bringen, unabhängig davon, wer das Produkt im Einzelfall veräußert, auf welche Art und Weise oder unter welcher Marke dies geschieht und wie es später benutzt werden kann. 12

Bei dem Verbot der Nr. 9 geht es somit um **direkt produktbezogene Aussagen,** ob ein Produkt rechtmäßig veräußert werden kann, **nicht aber um Modalitäten des Vertriebs** oder der **späteren Benutzung** wie z. B. die Frage **durch wen, an wen, wann, auf welche Art und Weise oder unter welcher Marke.**[9] Fehlt einem Produkt die erforderliche **amtliche Zulassung,** z. B. als Fertigarzneimittel nach § 21 AMG, oder erfüllt es nicht die maßgeblichen Sicherheitsbestimmungen, so ist es nicht verkehrsfähig.[10] Darf hingegen der Vertrieb bestimmter Produkte (die als solche für den Verkauf zugelassen sind) nur durch bestimmte Personen erfolgen, wie z. B. die Abgabe apothekenpflichtiger Arzneimittel durch **Apotheker,** so betrifft dies nicht die Verkehrsfähigkeit des Produkts. Die unwahre Angabe gegenüber einem Verbraucher, auch er könne apothekenpflichtige Arzneimittel veräußern, unterfällt daher nicht dem Verbot der Nr. 9,[11] wohl aber dem Tatbestand des § 5 Abs. 1 UWG. 13

Entsprechendes gilt für die Angabe, ein bestimmtes Produkt könne gerade auch an den Umworbenen veräußert werden, wie z. B. der Verkauf einer Waffe an einen Verbraucher ohne Waffenschein. Auch hier hängt die Rechtmäßigkeit nicht von dem Produkt als solchem bzw. von dessen Verkehrsfähigkeit ab und wäre daher nach der engen Auslegung nicht erfasst, wohl aber vom Wortlaut der Regelung in der UGP-Richtlinie, so dass wohl erst ein Urteil des EuGH Klarheit bringen wird.[12] 14

Ebenfalls **nicht vom Verbot** der Nr. 9 erfasst, sondern nach § 5 UWG zu beurteilen sind **falsche Angaben zum Zeitpunkt** der Veräußerung **oder zu der Art und Weise,** auf die ein Produkt veräußert werden kann, z. B. Abgabe verschreibungspflichtiger Arzneimittel ohne Rezept. 15

---

[5] Amtl. Begründung des Gesetzentwurfes der Bundesregierung vom 23.5.2008, BR-Drs. 345/08, S. 64 f.

[6] Amtl. Begründung des Gesetzentwurfes der Bundesregierung vom 23.5.2008, BR-Drs. 345/08, S. 64 f.

[7] Der Kaufvertrag ist (nur) dann sittenwidrig, wenn der Kauf nach dem für beide Parteien erkennbaren Vertragszweck auf eine Verwendung des Radarwarngerätes im Geltungsbereich der deutschen StVO gerichtet ist, BGH NJW 2005, 1490 f.; K&R 2010, 113, 114.

[8] Wobei hier auch § 5 Abs. 1 S. 2 Nr. 4 UWG eingreifen kann.

[9] A. A. LG Hamburg GRUR-RR 2015, 72 – *Helene Fischer Konzertkarten.* Nach Ansicht des LG Hamburg soll es bei Konzertkarten, deren Weiterverkauf durch AGB beschränkt ist, an der Verkehrsfähigkeit fehlen.

[10] Vgl. BGH GRUR 2003, 162 – *Progona.*

[11] *Leible* GRUR 2010, 183, 188; *v. Jagow* GRUR 2010, 190, 193.

[12] Für einen Verstoß gegen Nr. 9 *Leible* GRUR 2010, 183, 186.

16 Wird mit unwahren Aussagen über **einzelne Bestandteile eines Produkts** geworben, nach denen sich die Verkehrsfähigkeit bemisst, so kommt es auf den Einzelfall an, ob damit zugleich auch Aussagen über die Verkehrsfähigkeit des Produkts insgesamt gemacht werden. Entsprechendes gilt bei der gattungsmäßigen Bezeichnung eines Produkts. Bestimmte Lebensmittel sind unter einer bestimmten Bezeichnung nur verkehrsfähig, wenn bestimmte Voraussetzungen erfüllt sind (vgl. § 5 Abschn. C Rdn. 85 ff.). So muss „natürliches **Mineralwasser**" z. B. die Anforderungen des § 2 MTVO erfüllen. Das bloße Anbieten eines Produkts unter dieser Bezeichnung (d. h. als „natürliches Mineralwasser") erfüllt noch nicht den Tatbestand der Nr. 9. Wohl aber die ausdrückliche Angabe, das Produkt erfülle die Voraussetzungen, die an diese Produkte ihrer Art nach gestellt würden, wie z. B. die Angabe es handele sich um Mineralwasser im Sinne der MTVO.[13] Maßgebliches Recht muss dabei nicht unbedingt das nationale deutsche Recht sein, sondern kann auch das Recht anderer Mitgliedstaaten in der EU sein, wenn die Verkehrsfähigkeit eines Produkts in anderen Mitgliedstaaten auch zur Verkehrsfähigkeit in Deutschland führt. Paradebeispiel wäre der Vertrieb von „Bier" aus einem anderen Mitgliedstaat, das nicht die Anforderungen des deutschen Reinheitsgebots erfüllt, aber nach den Vorschriften des jeweiligen Heimatlandes verkehrsfähig ist.

Unzulässige geschäftliche Handlungen im Sinne des § 3 Abs. 3 sind

10. die unwahre Angabe oder das Erwecken des unzutreffenden Eindrucks, gesetzlich bestehende Rechte stellten eine Besonderheit des Angebots dar;

Inhaltsübersicht

	Rdn.
1. Einfluss des europäischen Rechts	1
2. Zweck der Vorschrift und Abgrenzung	3
3. Geschäftliche Handlung gegenüber Verbraucher	4
4. Unwahre Angabe oder das Erwecken eines unzutreffenden Eindrucks	5
5. Gesetzliches Recht des Verbrauchers	6
6. Präsentieren als Besonderheit	8
7. Bezug zum Angebot	11
8. Kasuistik	12

Schrifttum: *Alexander,* Die „Schwarze Liste" der UGP-Richtlinie und ihre Umsetzung in Deutschland und Österreich, GRURInt. 2010, 1025; *Büllesbach,* Auslegung der irreführenden Geschäftspraktiken des Anhangs I der Richtlinie 2005/29/EG über unlautere Geschäftspraktiken, 2008; *Gamerith,* Der Richtlinienvorschlag über unlautere Geschäftspraktiken – Möglichkeiten einer harmonischen Umsetzung, WRP 2005, 391; *Hoeren,* Das neue UWG – der Regierungsentwurf im Überblick, BB 2008, 1182; *ders.,* Das neue UWG und dessen Auswirkungen auf den B2B-Bereich, WRP 2009, 789; *Lindacher,* Geltungsweiteprobleme bei Black List-Irreführungsverboten, WRP 2012, 40; *Scherer,* „Case-law" in Gesetzesform – die „Schwarze Liste" als neuer UWG-Anhang, NJW 2009, 324; *dies.,* Was bringt die „Schwarze Liste" tatsächlich? – Bestandsaufnahme und Konsequenzen, WRP 2011, 393; *Schöttle,* Die Schwarze Liste – Übersicht über die neuen Spezialtatbestände des Anhangs zu § 3 Abs. 2 UWG, WRP 2009, 673; *Sosnitza,* Bespr. v. BGH, Urt. v. 19.3.2014, I ZR 185/12, jurisPR-WettbR 09/2014 Anm. 2.

1. Einfluss des europäischen Rechts

1 Nr. 10 UWG-Anhang setzt die Nr. 10 des Anhangs I der **UGP-Richtlinie** in deutsches Recht um. Sie lautet:

„Den Verbrauchern gesetzlich zugestandene Rechte werden als Besonderheit des Angebots des Gewerbetreibenden präsentiert."

2 Es besteht eine Verpflichtung zur **richtlinienkonformen Auslegung.**

2. Zweck der Vorschrift und Abgrenzung

3 Nr. 10 des UWG-Anhangs dient dem Schutz der Verbraucher und mittelbar auch der Mitbewerber vor **irreführender Werbung mit Selbstverständlichkeiten (näher dazu § 5 B Rdn. 91 ff.).** Sie steht im Zusammenhang mit § 5 Abs. 1 S. 2 Nr. 7, nach dem eine geschäftliche Handlung unlauter ist, wenn sie unwahre oder sonstige zur Täuschung geeignete Angaben über Rechte des Verbrauchers enthält. Die Bestimmungen haben aber unterschiedliche Anwendungsbereiche. Während **§ 5 Abs. 1 S. 2 Nr. 7** jegliche Irreführung über Verbraucherrechte untersagt,

[13] A. A. *Leible* GRUR 2010, 183, 188.

geht es bei Nr. 10 des Anhangs zu § 3 Abs. 3 nur darum, eine bestimmte Art der Werbung mit Selbstverständlichkeiten zu verhindern. Anders als bei § 5 besteht bei Nr. 10 des Anhangs **kein Relevanzerfordernis.**[1]

3. Geschäftliche Handlung gegenüber Verbraucher

4 Nr. 10 des UWG-Anhangs setzt eine an einen **Verbraucher** gerichtete **geschäftliche Handlung** voraus;[2] Angaben gegenüber Unternehmern können nur nach § 5 UWG irreführend sein. Bezüglich der Legaldefinition der Begriffe **„geschäftliche Handlung"** und **„Verbraucher"** wird auf die Kommentierung von *Keller* zu § 2 Abs. 1 Nr. 1 und § 2 Abs. 2 UWG verwiesen. Handelt es sich um falsche Angaben unter **Unternehmern,** so können die allgemeinen Verbotstatbestände der §§ 5, 5a UWG eingreifen, sofern die jeweiligen Voraussetzungen vorliegen. Eine **Indizwirkung** für den B2B-Bereich entfaltet Nr. 10 des UWG-Anhangs **nicht.**

4. Unwahre Angabe oder das Erwecken eines unzutreffenden Eindrucks

5 Nicht nur **unwahre** Angaben, sondern auch das Erwecken eines unzutreffenden Eindrucks, also **täuschende Angaben,** können nach Nr. 10 des Anhangs zu § 3 Abs. 3 unzulässig sein. Unwahre Angaben werden auch erfasst, wenn der Verkehr nicht irregeführt wird; ein Relevanzerfordernis besteht in beiden Fällen nicht **(s. oben Rdn. 3).** Allerdings reicht nicht jede Unrichtigkeit oder Täuschungseignung aus, sondern die Rechte müssen überdies auch als Besonderheit „präsentiert" werden, s. näher unten Rdn. 7.

5. Gesetzliches Recht des Verbrauchers

6 Durch seine unwahre oder täuschende Angabe muss der Unternehmer die **dem Verbraucher kraft Gesetzes zustehenden Rechte** als Besonderheit präsentieren. Rechte, die dem Verbraucher kraft Gesetzes zustehen, sind in erster Linie **spezielle Verbraucherrechte wie Kündigungs-, Anfechtungs- oder Widerrufsrechte,** etwa das Widerrufsrecht in § 355 BGB.[3] Aber auch unwahre Angaben über gesetzliche Rechte, die Verbrauchern wie Unternehmern gleichermaßen zustehen, z. B. über **Gewährleistungsrechte,** fallen darunter.

7 Stellt der Unternehmer **vertragliche Rechte** als Besonderheit heraus, ist Nr. 10 des UWG-Anhangs nicht einschlägig; eine analoge Anwendung kommt nicht in Betracht. Es kann jedoch § 5 Abs. 1 S. 2 Nr. 7 eingreifen **(näher § 5 Abschn. I).** Angaben über andere Umstände als dem Verbraucher zustehende Rechte werden nicht von Nr. 10 erfasst. Werbebehauptungen, die etwas **Selbstverständliches in einer Weise betonen,** dass der Adressat der Werbung hierin **irrtümlich einen besonderen Vorzug** der beworbenen Ware oder Leistung erblickt, können jedoch gemäß § 5 UWG unlauter sein (näher **§ 5 Abschn. B Rdn. 91 ff.**).

6. Präsentieren als Besonderheit

8 Nr. 10 der „Schwarzen Liste" erfordert, dass die den Verbrauchern gesetzlich zugestandenen Rechte als Besonderheit des Angebots des Gewerbetreibenden **„präsentiert"** werden. Der Tatbestand der Nr. 10 Anh. zu § 3 setzt nach der Rspr. des BGH **keine hervorgehobene Darstellung** der vermeintlichen Besonderheit des Angebots, sondern lediglich voraus, dass beim Verbraucher **der unrichtige Eindruck erweckt wird, der Unternehmer hebe sich bei seinem Angebot dadurch von den Mitbewerbern ab, dass er dem Verbraucher freiwillig ein Recht einräume.**[4] Legt man dieses Verständnis zugrunde, entsprechen die Voraussetzungen an ein „Präsentieren als Besonderheit" denen des „Betonens" des Vorzugs bei der irreführenden Werbung mit Selbstverständlichkeiten i. S. d. § 5 (s. dazu **§ 5 Abschn. B Rdn. 91 ff.**).

Auch durch **Allgemeine Geschäftsbedingungen** kann i. S. d. Vorschrift „präsentiert" werden.[5]

9 An einem „Präsentieren" fehlt es, wenn die bestehenden Ansprüche nicht als etwas **Ungewöhnliches** herausgestellt, sondern als selbstverständlich bezeichnet werden.[6]

---

[1] EuGH, Urt. v. 14.1.2010, Plus Warenhandelsgesellschaft, C-304/08, EU:C:2010:12, Rdn. 45; Urt. v. 9.11.2010, Mediaprint, C-540/08, EU:C:2010:660, Rdn. 34; Beschl. v. 30.6.2011, Wamo, C-288/10, EU:C:2011:443, Rdn. 37; *Henning-Bodewig* Vorbem. zum Anhang zu § 3 Abs. 3 UWG.

[2] H. M., anstelle vieler: Ohly/*Sosnitza,* 6. Aufl. 2014, Anh. zu § 3 Abs. 3 Rdn. 30.

[3] *Büllesbach,* S. 77 f.

[4] BGH GRUR 2014, 1007, 1008 Rdn. 11 – *Geld-Zurück-Garantie III* m. w. N., auch zur Gegenmeinung. S. dazu auch die krit. Bespr. bei *Sosnitza,* jurisPR-WettbR 09/2014 Anm. 2.

[5] *Hoeren* WRP 2009, 789, 793; vgl. zum Verhältnis zum Vertragsrecht **§ 5 Abschn. A Rdn. 79 ff.**

[6] Vgl. BGH GRUR 2014, 1007, 1008 Rdn. 15 – *Geld-Zurück-Garantie III* (insoweit zu § 5 Abs. 2 S. 2 Nr. 7 UWG).

10 Ein Hinweis auf bestehende Verbraucherrechte, zu dem der Unternehmer **gesetzlich verpflichtet** ist, kann für sich genommen noch kein „Präsentieren" dieser Rechte als Besonderheit sein.

7. Bezug zum Angebot

11 Der Unternehmer muss die Rechte als Besonderheit seines **Angebots** präsentieren. Wie die von Art. 2 lit. i UGP-Richtlinie abweichende Terminologie in Nr. 10 der „Schwarzen Liste" („Angebot" statt „Aufforderung zum Kauf") zeigt, setzt ein „Angebot" nicht voraus, dass schon alle Informationen vorliegen, damit der Verbraucher den Kauf tätigen kann. Von einem „Angebot" kann aber nur die Rede sein, wenn die unwahren Angaben im Zusammenhang mit konkreten Absatzbemühungen stehen. Unwahre Angaben in der allgemeinen **Aufmerksamkeitswerbung** werden nicht erfasst.

8. Kasuistik

12 **Verstoß gegen Nr. 10 verneint:** Werbung auf der Internetseite eines Anbieters von Druckerzubehör: „Für alle Produkte gilt selbstverständlich ebenfalls die gesetzliche Gewährleistungsfrist von 2 Jahren";[7] Hinweis in einer Internetwerbung, dass eine Rechnung mit ausgewiesener MwSt. versandt werde.[8]

13 **Verstoß gegen Nr. 10 bejaht:** Werbung auf der Internetseite eines Händlers mit einer „14-tägigen Geld-Zurück-Garantie" für Druckerzubehör, denn diese geht nicht über §§ 312c, 355 BGB hinaus;[9] Werbung des besagten Händlers gegenüber Verbrauchern mit dem Versand der Ware auf Risiko des Unternehmers, denn dies entspricht der gesetzlichen Risikoverteilung beim Verbrauchsgüterkauf.[10]

Unzulässige geschäftliche Handlungen im Sinne des § 3 Abs. 3 sind

11. der vom Unternehmen finanzierte Einsatz redaktioneller Inhalte zu Zwecken der Verkaufsförderung, ohne dass sich dieser Zusammenhang aus dem Inhalt oder aus der Art der optischen oder akustischen Darstellung eindeutig ergibt (als Information getarnte Werbung)

Inhaltsübersicht

	Rdn.
1. Einfluss des europäischen Rechts	1
2. Zweck der Vorschrift und Abgrenzung	6
a) Unklarheiten aus dem Wortlaut	8
b) Argumente für eine weite Auslegung	11
c) Argumente für eine enge Auslegung	13
3. Enger Anwendungsbereich der Norm	18
4. Tatbestandliche Voraussetzungen	20

Schrifttum: *Ahrens/Richter,* Fingierte Belobigungen im Internet; WRP 2011, 814, *Büllesbach,* Auslegung der irreführenden Geschäftspraktiken des Anhangs I der Richtlinie 2005/29/EG über unlautere Geschäftspraktiken, 2008; *Hamacher,* GOOD NEWS II": Hat der EuGH die Vollharmonisierung des Lauterkeitsrechtes in Teilbereichen abgeschafft?, GRUR-Prax 2014, 365; *Koch,* GOOD NEWS aus Luxemburg? Förderung fremden Wettbewerbs ist keine Geschäftspraktik, FS Köhler 2014, 359; *Köhler,* Die Unlauterkeitstatbestände des § 4 UWG und ihre Auslegung im Lichte der Richtlinie über unlautere Geschäftspraktiken, GRUR 2008, 841; *Obermair,* Der Schutz des Verbrauchers vor unlauterer Werbung in Deutschland und Großbritannien, 2004; *Siegert/Brecheis,* Werbung in der Medien und Informationsgesellschaft, 2005; *Ruhl Bohner,* Vorsicht Anzeige! Als Information getarnte Werbung nach der UWG Reform 2008, WRP 2011, 375.

1. Einfluss des europäische Rechts

1 Nr. 11 des UWG-Anhangs[1] setzt Ziffer 11 des Anhangs I der UGP-Richtlinie über unlautere Geschäftspraktiken um. Die **sprachliche Fassung** im UWG-Anhang unterscheidet sich vom Wortlaut der Richtlinie. Nr. 11 der deutschen Fassung der Richtlinie lautet wie folgt:

---

[7] BGH GRUR 2014, 1007, 1009 Rdn. 15 – *Geld-Zurück-Garantie III.*

[8] LG Bremen, Urt. v. 27.8.2009, Az. 12 O 59/09, juris-Rdn. 23.

[9] BGH GRUR 2014, 1007, 1009 Rdn. 13 – *Geld-Zurück-Garantie III.*

[10] BGH GRUR 2014, 1007, 1009 Rdn. 13 – *Geld-Zurück-Garantie III.*

[1] Eingeführt durch die UWG-Reform von 2008; vgl. dazu den Entwurf der Bundesregierung vom 20.8.2008, BT Drucksache 16/10145 und die Kommentierung von *Keller,* Einl. A.

„Es werden redaktionelle Inhalte in Medien zu Zwecken der Verkaufsförderung eingesetzt und der Gewerbetreibende hat diese Verkaufsförderung bezahlt, ohne dass dies aus dem Inhalt oder aus für den Verbraucher klar erkennbaren Bildern und Tönen eindeutig hervorgehen würde (als Information getarnte Werbung). Die Richtlinie 89/552/EWG bleibt davon unberührt.“

Satz 1 der deutsche Fassung stimmt damit bereits nicht mit der englischen und französischen Fassung des Richtlinientextes überein: 2

„Using editorial content in the media to promote a product where a trader has paid for the promotion without making that clear in the content or by images or sounds clearly identifiable by the consumer (advertorial).“

„Utiliser un contenu rédactionnel dans les médias pour faire la promotion d'un produit, alors que le professionnel a financé celle-ci lui-même, sans l'indiquer clairement dans le contenu ou à l'aide d'images ou de sons clairement identifiables par le consommateur (publi-reportage).“

Negative Voraussetzung für das Vorliegen eines Verstoßes gegen Nr. 11 ist nach dem zweiten Halbsatz der deutschen Fassung der Richtlinie, dass der bezahlte Einsatz zum Zweck der Verkaufsförderung nicht *„aus dem Inhalt oder aus für den Verbraucher klar erkennbaren Bildern und Tönen eindeutig hervorgeht“*. Die Klarstellung gegenüber dem Verbraucher muss somit kumulativ in Bild und Ton erfolgen. Demgegenüber reicht in der englischen und französischen Fassung eine entsprechende Klarstellung in Bild **oder** Ton aus. Da auch die italienische Fassung („*da immagini o suoni*“), die niederländische („*...beelden of geluiden*“) und die spanische Fassung („*...imágenes y sonidos*“) eine **alternative Klarstellung in Bild oder Ton** ausreichen lassen, liegt ein offensichtliches Redaktionsversehen in der deutschen Fassung des Richtlinientextes vor.[2] 3

Nr. 11 UWG-Anhang ist wegen dieses offenkundigen Redaktionsversehens der deutschen Fassung also so zu lesen, dass eine Klarstellung in Bild oder Ton reicht. Weggefallen ist in der Umsetzung weiterhin, dass die **redaktionellen Inhalte in Medien** eingesetzt werden müssen. Nachdem es sich jedoch um einen *redaktionellen* Inhalt handeln muss, ist der medienspezifische Bezug implizit beinhaltet; umfasst sind damit klassische Printmedien, Online Medien, Hörfunk und Fernsehen. 4

Die Regelungen in der Richtlinie Audiovisuelle Medien-Dienste (dazu *Glöckner,* Einl. B Rdn. 62 ff.) gehen dieser Regelung vor. Nachdem es den Mitgliedstaaten durch die AVMD-Richtlinie ausdrücklich ermöglicht wird, **Produktplatzierungen** unter den dort genannten Voraussetzungen zuzulassen,[3] läuft Ziffer 11 der UGP-Richtlinie insoweit im Ergebnis in denjenigen Ländern leer, die von der Liberalisierungsmöglichkeit Gebrauch gemacht haben. In Deutschland erfolgte die Umsetzung durch den 13. Änderungsvertrag zum Rundfunkstaatsvertrag, der am 1.4.2010 in Kraft getreten ist.[4] 5

2. Zweck der Vorschrift und Abgrenzung

Der Zweck jeder Schwarzen Liste besteht darin, konkrete Verhaltensweisen exemplarisch per Gesetz für unzulässig zu erklären. Regelungstechnisch wird der Bereich der gesetzgeberischen Abstraktion bewusst verlassen, um bestimmte Fallgruppen einer abweichenden oder aufweichenden Auslegung durch die Gerichte erst gar nicht zugänglich zu machen. Dies schafft **Rechtssicherheit** für den konkreten Fall und kann als „Meßlatte“ für abweichende, etwa im Rahmen von § 5a Abs. 6 zu beurteilende Konstellationen herangezogen werden (ausführlich dazu *Henning-Bodewig,* Vorbemerkung zum Anhang). 6

Bei Nr. 11 geht es vom Kern her um einen besonders perfiden Fall von Schleichwerbung: Die Werbung gegenüber einem Verbraucher tarnt sich „nicht nur“ als redaktioneller Inhalt im Allgemeinen, sondern erscheint betont im Gewand einer Information im Sinne eines sachlichen Berichts über Tatsachen im Gegensatz etwa zu rein unterhaltenden redaktionellen Beiträgen. 7

a) Unklarheiten aus dem Wortlaut. Die Formulierung von Nr. 11 der Richtlinie – und damit auch von Nr. 11 UWG-Anhang – ist aus zumindest zwei Gründen als unglücklich zu bezeichnen und bedarf der **Interpretation** (zu den Grundsätzen vgl. *Henning-Bodewig,* Vorbem. Anhang). 8

Der erste Satz enthält am Ende einen Klammerzusatz, der in einem Spannungsverhältnis zu dem im vorangehenden Wortlaut beschriebenen Inhalt steht: In der englischen Fassung wird der Begriff **„Advertorial“** verwandt – hierunter wird im Englischen überwiegend eine Werbeanzeige in re- 9

---

[2] Vgl. *Büllesbach,* S. 87.
[3] Dazu *Frank,* § 5a Abs. 6 Rdn. 245.
[4] Vgl. hierzu u. a. *Frank,* § 5a Abs. 6 Rdn. 233 ff.

daktionellem Gewand verstanden.[5] Bekannt geworden sind diese insbesondere in Printmedien, sind in den vergangenen Jahren insbesondere in Online Medien anzutreffen:[6] Ein vom werbenden Unternehmen verantworteter Werbetext wird hierbei um dazugehörige Sachinformationen so „angereichert", dass er einem redaktionellen Betrag ähnlich wird.[7] Dieser Eindruck wird durch die Übernahme der äußeren Gestaltungselemente der redaktionellen Beiträge der entsprechenden Publikation weiter bewusst verstärkt. Dieses Verständnis wird auch im Deutschen in den entsprechenden Fachkreisen zugrunde gelegt.[8] Wird über den werblichen Charakter einer derartigen Anzeige nicht hinreichend deutlich aufgeklärt (was bei Advertorials häufig über den im Übrigen fast selten gewordenen ausdrücklichen Zusatz des Wortes „Anzeige" etwa in der Kopf- oder Schlusszeile der Anzeige geschieht), liegt eine Verschleierung des kommerziellen Zwecks iSv § 5a Abs. 6 vor. Im allgemeinen Sprachgebrauch handelt es sich damit eine besondere Erscheinungsform der Werbung. Diese ist **nicht per se unlauter,** sondern nur dann, wenn der entsprechende Hinweis auf den werblichen Charakter der Anzeige fehlt. Der Begriff „Advertorial" wird in der englischen Fassung der Richtlinie damit entgegen dem allgemeinen Sprachgebrauch verwendet, da der Begriff des Advertorial entsprechend der vorangehenden Erläuterung bereits voraussetzt, dass der aufklärende Hinweis fehlt.[9] Der Advertorial Begriff der Richtlinie impliziert damit bereits das Verschleierungselement, welches nach dem allgemeinen Sprachgebrauch vorhanden sein kann, aber eben nicht vorhanden sein muss, und welches bei der juristischen Bewertung den Ausschlag dafür gibt, die Anzeige als unlauter einzustufen.

10 Ein ähnlich gelagertes Problem tritt in der deutschen Fassung zutage: Die deutsche Fassung verwendet im Klammerzusatz den Begriff der **„als Information getarnte Werbung".** Auch wenn es sich hierbei nicht um einen im allgemeinen Sprachgebrauch bereits mit einem bestimmten Verständnis belegten Begriff handelt, deutet die Bezugnahme auf den Begriff der „Information" abermals auf ein eher enges Verständnis hin, nämlich auf eine besondere Spielart verschleierter Werbung, die der **redaktionell aufgemachten Anzeigen** (dazu *Frank,* § 5a Abs. 6 Rdn. 63–66).

11 **b) Argumente für eine weite Auslegung.** Eine derartige Auslegung steht aber in einem Spannungsverhältnis zu dem weiteren Verständnis, welches aus der Definition erkennbar wird, welche dem Begriff vorangeht: Dort wird begrifflich anders und weitergehend auf den *„Einsatz redaktioneller Inhalte zu Zwecken der Verkaufsförderung"* abgestellt wird.

12 Für ein weites Verständnis des Anwendungsbereichs von Nr. 11 spricht zunächst der **Wortlaut** der Definition der als unlauter bezeichneten Handlungen in Satz 1 vor der Klammer. Hierfür spricht auch, dass der in Satz 2 enthaltene Hinweis auf die „Unberührtheit der Regelungen der Richtlinie audiovisuelle Medien" vor allem so Sinn macht: Dort wird neben dem grundsätzlichen Verbot von Produktplatzierungen den Mitgliedstaaten ja die Möglichkeit eröffnet, Produktplatzierungen unter den dort genannten Voraussetzungen ausnahmsweise zuzulassen. Dieser Verweis würde wenig Sinn machen, wenn sich der Anwendungsbereich von Nr. 11 S. 1 nur auf redaktionell aufgemachte Anzeigen oder Editorials im engeren Sinne beziehen würde. Hiervon geht auch die Bundesregierung aus, die in der Gesetzesbegründung zur Reform von 2008 darauf verweist, dass

---

[5] Vgl. etwa die Definition in Merriam-Webster Online Dictionary, wo der seit 1946 bekannte Begriff als *„an advertisement that imitates editorial format"* definiert wird, vgl. http://www.merriam-webster.com/dictionary/advertorial, abrufbar am 25.4.2012.

[6] Beispiele lassen sich insbesondere im Internet über eine Bildersuche unter Verwendung des Schlagwortes „Advertorial" leicht finden. Im Bereich des Fernsehens entspricht das sog. „Infomercial" am ehesten dem Advertorial. Dabei handelt es sich um Teleshopping/Dauerwerbesendungen, oft in Form einer Unterhaltungssendung mit einem Element zur unmittelbaren Bestellung der vorgestellten Produkte (idR per Internet oder Telefon), die insbesondere aus den USA bekannt sind.

[7] Vgl. hierzu auch *Frank,* § 5a Abs. 6 Rdn. 299–302.

[8] Interessant und aussagekräftig sind auch etwa die am 25.4.2012 hierzu recherchierbaren Eigenaussagen verschiedener Publikationen: so bot die FAZ in ihrem Prospekt Stellenmarkt Rubrik Advertorials wie folgt an: *„Nach Ihren Vorgaben texten und gestalten wir ein individuelles Advertorial. .... Durch die redaktionsnahe Gestaltung lassen sich Informationen umfassend vermitteln. • Die Platzierung erfolgt in der thematisch passenden Rubrik – genau dort, wo sich interessierte Leser zu Aus- und Weiterbildungsangeboten informieren";* http://fazjob.net/_em_daten/faz/pdf/FAZ_Stellenmarkt_Preisliste_2012.pdf; die Süddeutsche Zeitung bewarb ihre Angebote: *„Im Advertorial wird Ihren Themen im Look & Feel von Süddeutsche.de auf bis zu fünf Seiten ein redaktionell-anmutender Rahmen geboten.;* http://sz-media.sueddeutsche.de/de/online/files/120125_titelpraesentation_sz.pdf; der Axel Springer Verlag bietet vergleichbare Leistungen an, gibt aber folgenden Hinweis: *„Die Veröffentlichung wird mit „Anzeigensonderveröffentlichung" gekennzeichnet und beinhaltet ein Impressum",* http://www.axelspringer-mediapilot.de/artikel/DIE-WELT-Advertorials_736383.html.

[9] "*... without making that clear in the content or by images or sounds clearly identifiable by the consumer*".

die Regelung den von der Rechtsprechung zu getarnter Werbung und Produktplatzierung entwickelten Grundsätzen entspreche.[10]

13 **c) Argumente für eine enge Auslegung.** Folgt man diesem weiten Verständnis des Anwendungsbereichs, so hat dies allerdings zur Folge, dass zumindest im Bereich des Sponsoring und der Produktplatzierungen nahezu jede Erscheinungsform unter Ziffer 11 fällt, welcher eine entsprechende Kennzeichnung nicht auf die Stirn geschrieben steht *(„klar erkennbar“ … „eindeutig hervorgeht“):* Eine Abwägung der Umstände des Einzelfalles und eine Relevanzschwelle gemäß § 5a UWG käme, da es sich um ein per se-Verbot handelt, dann nicht in Betracht. Dies würde diesem als **Ausnahme** gedachten Tatbestand des UWG-Anhangs ein extrem weites Anwendungsfeld geben.

14 Für eine **enge Auslegung** sprechen hingegen auch **systematische Überlegungen,** die nach der *Purely Creative*-Entscheidung des EuGH sich auch aus der Wechselbeziehung und den „Grund-Tatbeständen“ der Art. 7–9 der Richtlinie ergeben können (vgl. *Henning-Bodewig,* Vorbem. Anhang Rdnr. 11). Nach Art. 7 Abs. 2 der UGP-Richtlinie gilt es als irreführende Unterlassung, wenn ein Gewerbebetreibender den kommerziellen Zweck der Geschäftspraxis nicht kenntlich macht, sofern er sich nicht unmittelbar aus den Umständen ergibt, und dies jeweils einen Durchschnittsverbraucher zu einer geschäftlichen Entscheidung veranlasst oder zu veranlassen geeignet ist, die es sonst nicht getroffen hätte. Diese Bestimmung ist zwar nicht wortwörtlich, aber in einer sprachlich verallgemeinerten Fassung in § 5a Abs. 2 UWG umgesetzt: *„Unlauter handelt, wer die Entscheidungsfähigkeit von Verbrauchern im Sinne des § 3 Abs. 2 dadurch beeinflusst, dass er eine Information vorenthält, die im konkreten Fall unter Berücksichtigung aller Umstände einschließlich der Beschränkung des Kommunikationsmittels wesentlich ist.“* Sowohl Art. 7 Abs. 2 der UGP-Richtlinie als auch § 5a Abs. 2 UWG gelten ausschließlich im Verhältnis gegenüber Verbrauchern. Auch diesen gegenüber kommt es auf eine Beurteilung aller Umstände des jeweiligen Einzelfalles an. Nachdem der Gesetzgeber keine systematische, widersinnige Doppelregelung treffen wollte, und in Nr. 11 eine Berücksichtigung der Umstände des Einzelfalles gerade nicht stattfinden soll, kann Nr. 11 UWG-Anhang nur diejenigen Fälle betreffen, die derart offensichtlich sind, dass eine genauere Untersuchung der Einzelfallumstände unnötig ist. Damit sprechen bereits systematische Gründe dafür, Nr. 11 eng auszulegen.

15 Eine weite Auslegung stünde zudem im Widerspruch mit dem in den Erwägungsgründen dargelegten Ausführungen zum anzuwendenden Maßstab und zum **Verbraucherleitbild,** bei dem der Europäische Gesetzgeber das **Verhältnismäßigkeitsprinzip** in den Vordergrund stellt und auf den Einzelfall abstellende Maßstäbe rekurriert:

(18) … Dem Verhältnismäßigkeitsprinzip entsprechend und um die wirksame Anwendung der vorgesehenen Schutzmaßnahmen zu ermöglichen, nimmt diese Richtlinie den Durchschnittsverbraucher, der angemessen gut unterrichtet und angemessen aufmerksam und kritisch ist, unter Berücksichtigung sozialer, kultureller und sprachlicher Faktoren in der Auslegung des Gerichtshofs als Maßstab, enthält aber auch Bestimmungen zur Vermeidung der Ausnutzung von Verbrauchern, deren Eigenschaften sie für unlautere Geschäftspraktiken besonders anfällig machen. Richtet sich eine Geschäftspraxis speziell an eine besondere Verbrauchergruppe wie z. B. Kinder, so sollte die Auswirkung der Geschäftspraxis aus der Sicht eines Durchschnittsmitglieds dieser Gruppe beurteilt werden. Es ist deshalb angezeigt, in die Liste der Geschäftspraktiken, die unter allen Umständen unlauter sind, eine Bestimmung aufzunehmen, mit der an Kinder gerichtete Werbung zwar nicht völlig untersagt wird, mit der Kinder aber vor unmittelbaren Kaufaufforderungen geschützt werden……

(19) Sind Verbraucher aufgrund bestimmter Eigenschaften wie Alter, geistige oder körperliche Gebrechen oder Leichtgläubigkeit besonders für eine Geschäftspraxis oder das ihr zugrunde liegende Produkt anfällig und wird durch diese Praxis voraussichtlich das wirtschaftliche Verhalten nur dieser Verbraucher in einer für den Gewerbetreibenden vernünftigerweise vorhersehbaren Art und Weise wesentlich beeinflusst, muss sichergestellt werden, dass diese entsprechend geschützt werden, indem die Praxis aus der Sicht eines Durchschnittsmitglieds dieser Gruppe beurteilt wird.

16 Ziffer 11 steht in der Liste der irreführenden Geschäftspraktiken. Nachdem ein Rekurrieren auf Ziffer 11 eine weitere Abwägung („unter allen Umständen als unlauter“) und die Anwendung der Bagatellklausel ausschließen, sollte sich der Anwendungsbereich der Ziffer auf diejenigen Fälle beschränken, in denen eine Irreführung besteht – und nicht nur eine potentielle Irreführungsgefahr nicht ausgeschlossen werden kann.

17 Eine Beschränkung des Anwendungsbereichs von Nr. 11 auf **redaktionell aufgemachte Anzeigen/Advertorials** iSd allgemeinen Sprachgebrauchs lässt sich angesichts des im Wortlaut zutage tretenden weitergehenden Regelungswillen jedoch wohl nicht vertreten: Begriffe in Normen können auch im Abweichung vom allgemeinen Sprachgebrauch definiert werden. Der Regelungswille des europäischen Gesetzgebers wird im Wortlaut des Satzes 1 vor der Klammer und in S. 2 deutlich, er erfasst jedoch in allen Sprachfassungen damit mehr als die am Ende des ersten Satzes in der Klammer der englischen und deutschen Fassung verwendeten Begriffe.

[10] BT Drucksache 16/10145 S. 64 und 65.

3. Enger Anwendungsbereich der Norm

18 In der Rechtssache GOOD NEWS hatte der EuGH indirekt über den Anwendungsbereich von Nr. 11 zu entscheiden: Der BGH hatte dem EuGH die Frage vorgelegt, ob die Kennzeichnungspflichten aus § 10 Landespressegesetz Baden-Württemberg iVm § 4 Nr. 11 UWG a. F. gegen die UGP Richtlinie verstoße.[11] Nr. 11 verlange, dass die entsprechende Veröffentlichung zum Zweck der Verkaufsförderung erfolgt sei. Das Kennzeichnungsgebot aus dem LPG sei zweckunabhängig und damit strenger diene allerdings auch dem Schutz der Unabhängigkeit der Presse. Die in den Erwägungsgründe der UGP-Richtlinie erwähnten Ziele des Gemeinschaftsgesetzes, Unsicherheiten durch unterschiedliche nationale Regelungen sowie hieraus resultierende Hemmnisse im innergemeinschaftlichen Handel zu beseitigen, woraus sich die Frage ergab, ob Nr. 11 eine „Obergrenze" für staatliche Verbote in diesem Bereich darstelle zu sehen. Die Begründung des BGH im Vorlagebeschluss ist insofern brillant, da sie den Verstoß gegen das presserechtlichen Kennzeichnungsgebot auf ein anderes Abstraktionsniveau zurückverlagert, das vom Anwendungsbereich der UGP-Richtlinie noch nicht erfasst ist/sein soll: Neben der Verhinderung der Irreführung der Verbraucher dienen die Bestimmungen der Erhaltung der Objektivität und Neutralität der Presse; und letzteren Aspekt regelt die UGP-Richtlinie eben nicht.[12]

19 Der EuGH hat eine Kollision verneint.[13] Selbst wenn § 10 LPG auch dem Verbraucherschutz diene, liege **keine Geschäftspraktik** iSd UGP-Richtlinie vor: Es sei unstreitig, dass die betreffenden Veröffentlichungen nicht geeignet sind, das kostenlose Anzeigenblatt des verklagten Presseverlegers zu bewerben, sondern die Produkte und Dienstleistungen der in den Beiträgen erwähnten Unternehmen.[14] Beiträge, mit denen Produkte und Dienstleistungen Dritter – eventuell mittelbar – beworben werden können, seien aber nicht geeignet, das wirtschaftliche Verhalten des Verbrauchers bei seiner Entscheidung, das – im Übrigen gratis verteilte – Blatt zu erwerben oder zur Hand zu nehmen, wesentlich zu beeinflussen, folglich liege keine Geschäftspraktik" dieses Verlegers i. S. von Art. 2 lit. d UGP-Richtlinie vor.[15] Im Ergebnis ist der **Anwendungsbereich von Nr. 11 insoweit eng auszulegen.** In der Folgeentscheidung hat der BGH den Artikel als Verstoß gegen § 10 LPressG BW iVm § 4 Nr. 11 UWG 2004 gewertet, die Frage einer Verletzung von § 4 Nr. 3 UWG 2004 (a. F.) bzw. Nr. 11 des Anhangs zu § 3 Abs. 3 UWG damit offengelassen.[16] In der Praxis wird Nr. 11 damit häufig leerlaufen.

4. Tatbestandliche Voraussetzungen

20 Nr. 11 findet nur Anwendung, wenn folgende drei Voraussetzungen vorliegen:
- Redaktionelle Inhalte wurden zu Zwecken der Verkaufsförderung eingesetzt,
- dieser Einsatz wurde von einem Unternehmen finanziert,
- ohne dass sich dieser Zusammenhang aus dem Inhalt oder aus der Art der optischen oder akustischen Darstellung eindeutig ergibt.

21 Ein **redaktioneller Inhalt** setzt das Vorhandensein einer entsprechenden Redaktion voraus, die Informationen in eine zur Veröffentlichung geeignete Form aufbereitet, um mit dem eigenen Bericht zur Unterrichtung und/oder Meinungsbildung beizutragen. Dies betrifft in erster Linie Presse,

---

[11] BGH GRUR 2012, 1056 – *GOOD NEWS,* dazu ausführlich *Frank,* § 5a Abs. 6 Rdn. 251 f.; zur geschäftlichen Handlung eingehend *Keller,* § 2 Rdn. 8 ff.

[12] GRUR 2012, 1056, 1057 – *GOOD NEWS,* dort Rz 10; vgl. hierzu auch *Seichter* in: Ullmann jurisPK-UWG, 3. Aufl. 2013, § 4 Nr. 3 Rz 26.1 – 26.3.

[13] GRUR 2013, 1245 – *GOOD NEWS.*

[14] A. a. O., Rdn. 39.

[15] A. a.O, Rdn 41.

[16] GRUR 2014, 879 – *GOOD NEWS II.* Die Kongruenz der Urteilsbegründungen ist hingegen schwer erkennbar: Der EuGH führt in Rz 39 seines Urteils aus, es sei *„unstreitig, dass die betreffenden Veröffentlichungen – zwei Beiträge mit informativem und darstellendem redaktionellem Inhalt – nicht geeignet sind, das Produkt des Presseverlegers, im vorliegenden Fall ein kostenloses Anzeigenblatt, zu bewerben, sondern die Produkte und Dienstleistungen von Unternehmen, die nicht am Ausgangsverfahren beteiligt sind"*; GRUR 2013, 1245, 1246 – *GOOD NEWS.* Der BGH selber begründet das Vorliegen einer geschäftlichen Handlung allerdings damit, dass *„derjenige, der das Sponsoring in Anspruch nehme,* [gleichzeitig] *in der Absicht* [handle], *den eigenen Wettbewerb zu fördern, da das Sponsoring nicht oder allenfalls in nur geringem Maße der Information des Lesers diene. Das Sponsoring geschehe vorrangig im eigenen Interesse des Veröffentlichenden, da er sich den Sponsor gewogen mache und dadurch die eigene Wettbewerbslage verbessere"*; GRUR 2014, 879, 880 f. – *GOOD NEWS II,* Rz 14 a. E. Die Aussagen des EuGH beruhen damit auf einer Tatsachenprämisse, die den Schluss „keine parallele Anwendbarkeit von Art. 7 Abs. 2 UGP-Richtlinie" trägt. Dem scheinen die Feststellungen des BGH zu widersprechen.

Rundfunk, Film und Telemedien. Dies ist anzunehmen, wenn aus Sicht des durchschnittlich informierten, situationsadäquat aufmerksamen und verständigen Verbrauchers der Beitrag seiner Gestaltung nach als objektive neutrale Berichterstattung durch das Medienunternehmen selbst erscheint.[17] Irrelevant ist hingegen, ob er tatsächlich vom Redakteur des Presseunternehmens oder vom werbenden Unternehmen verfasst worden ist.[18] Bei Internet Portalen oder Foren, die allein Raum für die Veröffentlichung von Beiträgen privater Nutzer zur Verfügung stellen, kann ein redaktioneller Inhalt insofern ggf. fehlen.[19]

Der **Einsatz zum Zweck der Verkaufsförderung** setzt hierbei voraus, dass das geförderte zu verkaufende Produkt als solches erkennbar ist.[20] Die ergibt sich aus einem Vergleich der anderen Sprachfassungen, welche insoweit eindeutiger formuliert sind: Die englische Fassung spricht in der entsprechenden Passage von *„to promote a product"*, die französische von *„pour faire la promotion d'un produit"*, die spanische von *„para promocionar un producto"*. Der Einsatz zum Zweck der Verkaufsförderung ist objektiv aus Sicht des entsprechenden Unternehmens zu bestimmen. Aus diesseitiger Sicht ist der Begriff der Verkaufsförderung hier **nicht weit auszulegen.**[21] Grenzfälle bedürfen der Einzelfallbetrachtung und Wertung, die im Rahmen von Nr. 11 gerade nicht möglich ist.[22] Folglich ist die Ankündigung eines Gewinnspiels als redaktionelle Werbung ohne jeden Produktbezug anhand von § 5a Abs. 6 zu messen, stellt aber keinen Fall von Nr. 11 dar.[23] Der BGH hat in der *Flappe*-Entscheidung bei isolierter Wahrnehmung der Vorderseite des dortigen Vorschaltblattes einen Einsatz zu Zwecken der Verkaufsförderung abgelehnt.[24] Auch die Entscheidung des EuGH in GOOD NEWS spricht im Ergebnis für eine enge Auslegung; denn der mittelbaren Förderung der eigenen Produkte hat der Gerichtshof ja gerade die Eignung abgesprochen, das wirtschaftliche Verhalten des Verbrauchers bei seiner Entscheidung wesentlich zu beeinflussen, die Publikation zu erwerben oder zur Hand zu nehmen.[25] 22

Die **Finanzierung durch das werbende Unternehmen** muss sich auf den konkreten Einsatz beziehen. Ob hierbei ein Geldbetrag oder eine sonstige Gegenleistung versprochen wird, ist unerheblich; es muss aber ein konkreter Sachzusammenhang vorhanden sein. Das Versprechen eines Anzeigenauftrags **als Gegenleistung** für die redaktionell getarnte Werbung reicht aus, eine unabhängig hiervon geschaltete Anzeige in derselben Ausgabe hingegen nicht.[26] Liegt nur eine sonstige Unterstützung oder Finanzierung in anderem Zusammenhang vor, ist Ziffer 11 nicht anwendbar, der entsprechende Vorgang ist dann auf der Grundlage von § 5a Abs. 6 zu bewerten. Lässt sich die Finanzierung zu diesem Zweck nicht nachweisen, scheidet eine Anwendung von Nr. 11 aus.[27] Der Vorgang ist dann anhand von § 5a Abs. 6 zu prüfen. 23

Eine Täuschung über den Zusammenhang des Erscheinens ist u. a. ausgeschlossen, wenn der Beitrag im Printbereich etwa durch Hinweise wie „Anzeige", „Dies ist ein Angebot von..."[28] „Wer- 24

---

[17] GRUR 2014, 879 – *GOOD NEWS II,* Rdn 24, OLG Hamburg, WRP 2012, 1287.

[18] GRUR 2014, 879 – *GOOD NEWS II,* Rdn 24.

[19] *Heermann,* WRP 2014, 509, 511.

[20] Offengelassen in BGH GRUR 2011, 163 Rdn. 20 – *Flappe.*

[21] A. A. *Köhler*/Bornkamm, Anh zu § 3 III Rdn. 11.3 und BGH GRUR 2011, 163 Rdn. 18 – *Flappe,* dort wiederum unter Berufung auf *Köhler* und Begr. z. RegE BT-Dr 16/10145, S. 32: Dort befindet sich aber nur die Aussage, das Produktplatzierungen erfasst werden.

[22] Für eine weite Auslegung dagegen *Köhler*/Bornkamm, Anh zu § 3 III Nr. 11 Rz 11.4, ggf. auch OLG Düsseldorf, WRP 2011, 1085, 1087f, das sich hierbei zunächst auf *Köhler* beruft, jedoch sodann anmerkt, welche Konstellationen beispielsweise nicht erfasst werden.

[23] A. A. OLG Hamburg, WRP 2010, 1183, 1184, das annimmt, dass zumindest „mittelbar auch" dem Zweck der Verkaufsförderung diene. Zur Begründung stellt es dort wörtlich auf die Bedeutung der „besonderen Umstände des Einzelfalles" ab (S. 1184, linke Spalte, lit.b, S. 2), um später nach der Feststellung des Verstoßes gegen Nr. 11 anzumerken, dass die Umstände des Einzelfalles bei der Prüfung der Tatbestandsmäßigkeit *nicht* zu berücksichtigen seien (S. 1185, linke Spalte, lit. e, S. 2).

[24] BGH GRUR 2011, 163 Rdn. 18 – *Flappe;* ausführlich hierzu *Frank* § 5a Abs. 6 Rdn. 302.

[25] GRUR 2013, 1245, 1246 – *GOOD NEWS,* Rdn 41; *Hamacher* zufolge ist eine mittelbare Absatzförderung nicht mehr von Nr. 11 erfasst, GRUR-Prax 2014, 365, 367.

[26] OLG Hamburg, WRP 2010, 1183, 1184.

[27] Teilweise abweichend *Köhler*/Bornkamm, Anh zu § 3 III Nr. 11 Rz 11.4, demzufolge die Problematik der Bestimmung nur im Nachweis der Finanzierung bestehe. Er beruft sich in diesem Zusammenhang auf EuGH WRP 2011, 1052 – *Alter Channel;* die Entscheidung ist jedoch zur Auslegung des Begriffs der Schleichwerbung gem. Art. 1 lit. d der Richtlinie 89/552/EWG ergangen. Sehr weitgehend auch OLG Hamburg WRP 2010, 1183, 1184, das es – allerdings in einem EV Verfahren – genügen ließ, dass mit *„ausreichender überwiegender Wahrscheinlichkeit lebensnah davon auszugehen sei"*, dass die Preise des Gewinnspiels mitfinanziert worden seien.

[28] Das LG München hat diese Kennzeichnung in WRP 2009, 2028 nicht ausreichen lassen, es handelt sich allerdings um einen Fall nach § 5a Abs. 6, bei dem weitere Aspekte relevant waren.

bung“ oder im Hörfunk durch den Einsatz von Werbejingles und im Fernsehen etwas durch den Begriff „Dauerwerbesendung **entsprechend gekennzeichnet** ist. Die Verwendung des Begriffs „Promotion“ ist unzureichend;[29] das OLG Schleswig hat trotz gegenläufiger Indizien die Kennzeichnung der gesamten Anzeige als „Anzeigenforum“ für hinreichend klar erachtet.[30] Die Kennzeichnung muss hinreichend erkennbar sein, was insbesondere Schriftgröße, Platzierung und den Kontrast zu dem entsprechend verwendeten Hintergrund betrifft.[31] Richtet sich etwa eine Zeitschrift an Kinder, sind entsprechende Maßstäbe anzulegen, um eine klare Erkennbarkeit als Werbung beim konkreten Adressatenkreis sicherzustellen.[32]

25 Auch bei Fehlen entsprechender Kennzeichnung kann sich der **werbliche Charakter aus dem Inhalt** selber ergeben, muss dann **allerdings eindeutig** sein.[33] Dies wird insbesondere bei einer **Anlehnung an redaktionelles Layout** (Redaktionelle Überschriften, Schriftbild, mehrspaltige Texte) und **sachlich gehaltene textlastige Einleitungen** gerade nicht gegeben sein.[34] In derartigen Konstellationen reichen insbesondere Trennstriche nicht aus, vor allem wenn sie in der konkreten Zeitschrift auch sonst zur Abgrenzung redaktioneller Beiträge verwendet werden. **Nachstehende Produktabbildungen** sind typische Elemente einer Werbeanzeige, allerdings muss der Sachzusammenhang mit dem vorstehenden Text eindeutig erkennbar sein, wenn hiermit auch der werbliche Charakter des voranstehenden Fließtexts erfasst werden soll.[35] Werden am Ende der Werbung **Autoreninitialien** verwendet, wie Redakteure typischerweise ihre Beiträge kennzeichnen, wird der werbliche Charakter einer Anzeige gerade wieder verschleiert.[36] Wird die Autorenschaft des werbenden Unternehmens ausdrücklich offengelegt, wird eine Erkennbarkeit in der Regel gegeben sein. Bei Webseiten, die aufgebaut sind wie eine Vorschauseite mit einer Vielzahl von „Anreißern“/„Teasern“, welche ihrerseits vor allem **Markennamen in Verbindung mit dem Zeichen ®** oder **Preisangaben** enthalten, kann ggf. selbst ein flüchtiger Leser keinen Zweifel daran haben, mit Werbung konfrontiert zu sein.[37] Die Rechtsprechung ist sehr einzelfallbezogen, so hat das OLG Hamburg aus der Einbettung ins textliche Umfeld und einer Trennung durch einen Balken und der konkreten farblichen Gestaltung einen Verstoß gegen Nr. 11 abgelehnt, während das OLG München eine sehr ähnlich gestaltete Anzeige für dasselbe Produkt unter Berufung auf § 5a Abs. 6 UWG beanstandet hat.[38]

26 Ein ausdrücklicher Hinweis darauf, dass der Beitrag von einem Unternehmen stammende Beitrag auch von diesem finanziert worden ist, ist dagegen nicht notwendig, da dies für den angemessen gut unterrichteten, angemessen aufmerksamen und kritischen Durchschnittsverbraucher dann offensichtlich ist.[39]

27 Bei Vorliegen der vorstehenden Merkmale des objektiven Tatbestandes wird die **Verkaufsförderungsabsicht** des dahinterstehenden Unternehmens unwiderleglich vermutet und bedarf daher keiner gesonderten Feststellung. Ein **subjektives** Element des entsprechenden Redakteurs im Sinne einer Verkaufsförderungsabsicht ist nicht erforderlich.

---

[29] OLG Düsseldorf, WRP 2011, 127.

[30] GRUR Prax 2012, 96 und bei Juris.

[31] OLG Hamburg, WRP 2012, 476, 478: sehr kleiner Schriftgröße (6- oder 7-Punkt) und sehr helles Grau auf weißem Grund reicht nicht für eindeutige Erkennbarkeit; ähnlich OLG Düsseldorf, WRP 2009, 1155.

[32] Vgl. etwa LG Frankfurt, WRP 2010,157, 159, das aufgrund der Gestaltung des Umfeldes die relativ unauffällige Kennzeichnung mit „Anzeige“ gerade nicht hat ausreichen lassen. In der Begründung wird allerdings vornehmlich auf § 5a Abs. 6 abgestellt.

[33] Vgl. hierzu auch *Frank* § 5a Abs. 6 Rdn. 299 ff.

[34] OLG Hamburg, WRP 2010, 1183, 1184; OLG Düsseldorf, WRP 2011, 127 – *Promotion*. Letzteres bestätigt das erstinstanzliche Gericht auch in der Feststellung, dass die „Textdominanz“ des Advertorials den Eindruck eines redaktionellen Betrages unterstreiche. Vgl. auch OLG Düsseldorf, WRP 2009, 1155, Hier befand sich rechts neben einem redaktionellen Beitrag eine Werbung mit redaktioneller Anmutung (Rubriküberschrift, Layout), so dass weder der vertikale Trennstrich noch die Produktabbildung den Kommerziellen Zweck aus dem Inhalt heraus deutlich werden ließen. Eine vergleichbare Konstellation lag den Entscheidungen OLG Düsseldorf WRP 2009, 1311, und WRP 2010, 1067 zugrunde. Vgl. auch OLG Hamburg, WRP 2012, 476, 478: Schlagzeile, 3-spaltig, Gliederung durch Absätze, Verwendung eines Autorenkürzels.

[35] OLG Düsseldorf, WRP 2010, 1067, 1070; WRP 2011, 127 – *Promotion*.

[36] OLG Hamburg, WRP 2012, 476, 478; dies hat hingegen das OLG Schleswig GRUR Prax 2012, 96 und bei Juris Rdn. 18 nicht für irreführend bezeichnet.

[37] OLG München, Urt. v. 27.3.2014, 6 U 3183/13, BeckRS 2014, 16644 mit überzeugender Begründung.

[38] OLG Hamburg, WRP 2011, 268, 269 ff.; OLG München WRP 2010, 431.

[39] So auch *Köhler*/Bornkamm, Anh zu § 3 III Nr. 11 Rz 11.6.

Unzulässige geschäftliche Handlungen im Sinne des § 3 Abs. 3 sind

12. unwahre Angaben über Art und Ausmaß einer Gefahr für die persönliche Sicherheit des Verbrauchers oder seiner Familie für den Fall, dass er die angebotene Ware nicht erwirbt oder die angebotene Dienstleistung nicht in Anspruch nimmt;

Inhaltsübersicht

	Rdn.
1. Einfluss des Europäischen Rechts	1
2. Unwahre Angabe gegenüber einem Verbraucher	4
3. Art und Weise der beschworenen Gefahr	6

Schrifttum: (vgl. Schrifttum zu 4a UWG – Einfluss des europäischen Rechts).

1. Einfluss des Europäischen Rechts

1 Nr. 12 des UWG-Anhangs setzt die Nr. 12 des Anhangs I der **UGP-Richtlinie** in das deutsche Recht um. Nr. 12 der „Schwarzen Liste" der Richtlinie lautet:

„Aufstellen einer sachlich falschen Behauptung über die Art und das Ausmaß der Gefahr für die persönliche Sicherheit des Verbrauchers oder seiner Familie für den Fall, dass er das Produkt nicht kauft."

2 Nr. 12 des UWG-Anhangs stimmt mit Nr. 12 des Anhangs I der UGP-Richtlinie **weitgehend wörtlich** überein. Im UWG-Anhang wurde allerdings klargestellt, dass die Nichtinanspruchnahme einer Dienstleistung dem Nichterwerb eines Produkts gleichsteht.

3 Die Vorschrift weist gewisse **Parallelen zu Nr. 30** UWG-Anhang auf. Bei Nr. 12 geht es um die Ausübung von Druck durch Inaussichtstellen eines Übels, bei Nr. 30 um die Ausübung moralischen Drucks durch einen Appell an die Solidarität. Zugleich und vor allem sanktioniert der Tatbestand des Nr. 12 aber eine **qualifizierte Irreführung,** weil er eine objektiv falsche Aussage verlangt. In der UGP-Richtlinie kommt dieser Bezug dadurch zum Ausdruck, dass Nr. 12 im Rahmen der Irreführungstatbestände der „Black List" zu finden ist.

2. Unwahre Angabe gegenüber einem Verbraucher

4 Das per se-Verbot der Nr. 12 setzt eine **geschäftliche Handlung in Gestalt einer unwahren Behauptung** gegenüber dem **Verbraucher** voraus. Bezüglich der Legaldefinition beider Begriffe wird auf § 2 Abs. 1 Nr. 1 UWG und § 2 Abs. 2 UWG verwiesen.

5 Im **B2B-Verhältnis** werden Situationen, wie sie Nr. 12 umreißt, eher geringe Bedeutung haben, da sie auf die Situation des Endverbrauchers zugeschnitten sind. In dieselbe Richtung wie bei Nr. 12 zielende falsche Angaben gegenüber anderen Gewerbetreibenden unterstehen nichtsdestotrotz dem allgemeinen Irreführungsverbot des § 5 UWG, müssen dann allerdings auch den dort aufgestellten Voraussetzungen genügen.

Abhängig von der Intensität der Drohung wird man ferner in bestimmten Fallkonstellationen auch im **B2B-Bereich** eine unsachliche Beeinträchtigung nach §§ 3, 4a UWG erwägen können, sofern die dort genannten Voraussetzungen vorliegen.

3. Art und Weise der beschworenen Gefahr

6 Hinweise auf die Gefahr für die persönliche Sicherheit des Verbrauchers oder seiner Familie sind typischerweise geeignet, rationale Erwägungen des Verbrauchers zu verdrängen; auf Seiten des Handelnden wird das hervorgerufene Gefühl der Angst ausgenutzt. Eine Vermögensgefährdung des Verbrauchers hat typischerweise nicht die gleiche Tragweite, so dass sie von der herrschenden Auffassung zu Recht nicht unter den Begriff der „persönlichen Sicherheit" subsumiert wird und mithin eine Irreführung über materielle Beeinträchtigung für Nr. 12 nicht genügt.[1]

Unzulässige geschäftliche Handlungen im Sinne des § 3 Abs. 3 sind

13. Werbung für eine Ware oder Dienstleistung, die der Ware oder Dienstleistung eines bestimmten Herstellers ähnlich ist, wenn dies in der Absicht geschieht, über die betriebliche Herkunft der beworbenen Ware oder Dienstleistung zu täuschen;

---

[1] Ohly/*Sosnitza* Anh zu § 3 III Rn 36; Köhler/*Bornkamm,* Rdn. 12.3.

Inhaltsübersicht

	Rdn.
1. Einfluss des europäischen Rechts	1
2. Zweck der Vorschrift und Abgrenzung	3
3. An einen Verbraucher gerichtete geschäftliche Handlung	6
4. Werbung für eine Ware oder Dienstleistung	7
5. Eignung zur betrieblichen Herkunftstäuschung	10
a) Hinreichender Bezug zu dem Produkt eines bestimmten Herstellers	10
b) Produktähnlichkeit	13
c) Verleitung des Verbrauchers zu Irrtum über den Hersteller	16
6. Absicht	19
7. Kein weitergehender wettbewerblicher Leistungsschutz	24

Schrifttum: *Alexander,* Die „Schwarze Liste“ der UGP-Richtlinie und ihre Umsetzung in Deutschland und Österreich, GRURInt. 2010, 1025; *Bornkamm,* Die Schnittstellen zwischen gewerblichem Rechtsschutz und UWG – Grenzen des lauterkeitsrechtlichen Verwechslungsschutzes, GRUR 2011, 1; *ders.,* Kennzeichenrecht und Irreführungsverbot – Zur wettbewerbsrechtlichen Beurteilung der irreführenden Kennzeichenbenutzung, in: FS Mühlendahl, 2005, S. 9; *ders.,* Markenrecht und wettbewerbsrechtlicher Kennzeichenschutz – Zur Vorrangthese der Rechtsprechung, GRUR 2005, 97; *Büllesbach,* Auslegung der irreführenden Geschäftspraktiken des Anhangs I der Richtlinie 2005/29/EG über unlautere Geschäftspraktiken, 2008; *Fezer,* Imitationsmarketing als irreführende Produktvermarktung, GRUR 2009, 451; *Glöckner,* Der Schutz vor Verwechslungsgefahr im Spannungsfeld von Kennzeichenrecht und verbraucherschützendem Lauterkeitsrecht, in: Geistiges Eigentum und Gemeinfreiheit, Ansgar Ohly, Diethelm Klippel (Hrsg.), 2007, S. 145; *Harte-Bavendamm,* Wettbewerbsrechtlicher Verbraucherschutz in der Welt der „look-alikes“, in: FS Loschelder, 2010, S. 111; *Hoeren,* Das neue UWG – der Regierungsentwurf im Überblick, BB 2008, 1182; *Ingerl,* Der wettbewerbsrechtliche Kennzeichenschutz und sein Verhältnis zum MarkenG in der neueren Rechtsprechung des BGH und in der UWG-Reform, WRP 2004, 809; *Köhler,* Das Verhältnis des Wettbewerbsrechts zum Recht des geistigen Eigentums, GRUR 2007, 548; *ders.,* Der Schutz vor Produktnachahmungen im Markenrecht, Geschmacksmusterrecht und neuen Lauterkeitsrecht, GRUR 2009, 445; *Köhler/Lettl,* Das geltende europäische Lauterkeitsrecht, der Vorschlag für eine EG-Richtlinie über unlautere Geschäftspraktiken und die UWG-Reform, WRP 2003, 1019; *Köhler,* Der Schutz von Produktnachahmungen im Markenrecht, Geschmacksmusterrecht und neuen Lauterkeitsrecht, GRUR 2009, 445; *ders.,* UWG-Reform 2015: Im Regierungsentwurf nicht angesprochene Defizite bei der Umsetzung der UGP-Richtlinie, WRP 2015, 1037; *ders.,* Zu den „unter allen Umständen unlauteren“ irreführenden und aggressiven Geschäftspraktiken, FS Bornkamm, 2014, 393; *Kur,* Verwechslungsgefahr und Irreführung – zum Verhältnis von Markenrecht und § 3 UWG, GRUR 1989, 240; *Loschelder/Dörre,* Das Verhältnis des wettbewerbsrechtlichen zum kennzeichenrechtlichen Schutz vor Verwechslungen, KSzW 2010, 242; *Peifer,* Die Zukunft der irreführenden Geschäftspraktiken, WRP 2008, 556; *Scherer,* „Case-law“ in Gesetzesform – die „Schwarze Liste“ als neuer UWG-Anhang, NJW 2009, 324; *dies.,* Das Verhältnis des lauterkeitsrechtlichen Nachahmungsschutzes nach § 4 Nr. 9 UWG zur europarechtlichen Vollharmonisierung der irreführenden oder vergleichenden Werbung, WRP 2009, 1446; *dies.,* Was bringt die „Schwarze Liste“ tatsächlich? – Bestandsaufnahme und Konsequenzen, WRP 2011, 393; *dies.,* Die weißen Flecken in der Schwarzen Liste, WRP 2014, 771; *Schmidt, M,* Verschiebung markenrechtlicher Grenzen lauterkeitsrechtlicher Ansprüche nach Umsetzung der UGP-Richtlinie, GRUR-Prax 2011, 159; *Schork,* Imitationsmarketing, 2011; *Schöttle,* Die Schwarze Liste – Übersicht über die neuen Spezialtatbestände des Anhangs zu § 3 Abs. 2 UWG, WRP 2009, 673; *Steinbeck,* Richtlinie über unlautere Geschäftspraktiken: Irreführende Geschäftspraktiken – Umsetzung in das deutsche Recht, WRP 2006, 632; *Stieper,* Das Verhältnis von Immaterialgüterrechtsschutz und Nachahmungsschutz nach neuem UWG, WRP 2006, 291. S. ferner die Literaturhinweise zu § 5 Abs. 2.

1. Einfluss des europäischen Rechts

1 Nr. 13 UWG-Anhang setzt die Nr. 13 des Anhangs I zur **UGP-Richtlinie** in deutsches Recht um. Sie lautet:

„Werbung für ein Produkt, das einem Produkt eines bestimmten Herstellers ähnlich ist, in einer Weise, die den Verbraucher absichtlich dazu verleitet zu glauben, das Produkt sei von jenem Hersteller hergestellt worden, obwohl dies nicht der Fall ist.“

2 In Nr. 13 des Anh. zu § 3 Abs. 3 **UWG 2008** war zunächst der Begriff „Hersteller“ durch „Mitbewerber“ ersetzt worden, ohne zu berücksichtigen, dass der Hersteller des Produkts nicht notwendig ein Mitbewerber sein muss. Dies wurde im Zuge der UWG-Novelle **2015 korrigiert.** Eine materiell-rechtliche Änderung ergibt sich daraus nicht, weil die Vorschrift unionskonform auszulegen war und ist (s. oben, I Rdn. 9 sowie unten Rdn. 8).

2. Zweck der Vorschrift und Abgrenzung

3 Die Vorschrift dient dem Schutz der Verbraucher vor absichtlicher Irreführung über die **kommerzielle** Herkunft eines Produkts. Diese ist für die geschäftliche Entscheidung des Verbrauchers von Bedeutung, weil sie häufig mit Qualitätsvorstellungen verbunden ist.

Nr. 13 des Anhangs erfasst nur geschäftliche Handlungen gegenüber **Verbrauchern.** Auf sonstige Marktteilnehmer ist die Vorschrift auch nach der UWG-Reform 2015 weiterhin nicht anwendbar, auch nicht analog.[1] Mittelbar werden über Nr. 13 des UWG-Anhangs jedoch auch die Mitbewerber geschützt.[2] 4

Nr. 13 UWG-Anhang soll die **Rechte des Verbrauchers stärken.** Die Vorschrift entfaltet daher weder im Verhältnis zu **§ 5 Abs. 1 S. 2 Nr. 1, Abs. 2,** noch im Verhältnis zu **§ 4 Nr. 3a** Ausschlusswirkung. Auch durch das Namens- oder Kennzeichenrecht wird § 3 Abs. 3 i. V. m. Nr. 13 des Anhangs nicht eingeschränkt.[3] Die von der Rspr. bislang zu § 5 vertretene **Vorrangthese hat der BGH inzwischen zu Recht aufgegeben, s. ausführlich § 5 J Rdn. 2.** Anders als bei § 5 besteht bei Nr. 13 des Anhangs **kein Relevanzerfordernis.**[4] 5

3. An einen Verbraucher gerichtete geschäftliche Handlung

Nr. 13 des UWG-Anhangs erfasst nur **geschäftliche Handlungen,** die an **Verbraucher** gerichtet sind. Bezüglich der **Legaldefinition** der Begriffe **„geschäftliche Handlung"** und **„Verbraucher"** wird auf die Kommentierung von *Keller* zu § 2 Abs. 1 Nr. 1 und § 2 Abs. 2 UWG verwiesen. Eine an Unternehmer gerichtete Werbung für Produkte, die denen eines anderen Herstellers nachgeahmt sind, kann jedoch unter dem Gesichtspunkt einer betrieblichen Herkunftsverwechslung oder Identitätstäuschung irreführend i. S. d. § 5 Abs. 1 S. 2 Nr. 1 oder § 5 Abs. 2 sein. Eine **Indizwirkung** für den B2B-Bereich entfaltet Nr. 13 des UWG-Anhangs nicht. 6

4. Werbung für eine Ware oder Dienstleistung

Bei der geschäftlichen Handlung muss es sich um eine **Werbung** für Waren oder Dienstleistungen handeln. Es gilt die Legaldefinition des Art. 2 lit. a Irreführungsrichtlinie.[5] Danach bedeutet „Werbung" jede Äußerung bei der Ausübung eines Handels, Gewerbes, Handwerks oder freien Berufs mit dem Ziel, den Absatz von Waren oder die Erbringung von Dienstleistungen, einschließlich unbeweglicher Sachen, Rechte und Verpflichtungen zu fördern. **Nachvertragliche geschäftliche Handlungen** wie das Zusenden einer Rechnung für unter Verstoß gegen Nr. 13 vertriebene Produkte werden nicht erfasst. Auch die **Nachahmung** selbst, also die Herstellung der Ware oder die Erbringung der Dienstleistung, ist keine „Werbung". Wird das nachgeahmte Produkt potentiellen Kunden angeboten, stellt der Unternehmer die Ware im Schaufenster aus oder wird sie mit dem Ziel der Absatzförderung in Werbekatalogen, Werbespots oder im Fernsehen abgebildet, liegt „Werbung" vor. 7

Der Begriff der **„Waren oder Dienstleistungen"** ist weit auszulegen. Erfasst werden alle Produkte i. S. von Art. 2 lit. c UGP-Richtlinie, also jede Ware oder Dienstleistung einschließlich Immobilien, Rechten und Verpflichtungen. Nr. 13 UWG-Anh. erfordert **keine wettbewerbliche Eigenart** des Produkts.[6] 8

Das Produkt muss bereits **existent** sein,[7] mit dem Vertrieb in Deutschland muss aber noch nicht begonnen worden sein.[8] Auch ein im **Ausland** hergestelltes Produkt, das in Deutschland noch nicht auf dem Markt ist, erfüllt diese Voraussetzung.[9] Nr. 13 UWG-Anh. bezweckt den Schutz des Verbrauchers, der fälschlich annimmt, das Originalprodukt zu erwerben.[10] Daher ist nicht erforderlich, dass das Produkt schon oder noch vertrieben wird, sondern reicht aus, dass es z. B. z. B. lediglich in einer Werbeveranstaltung gezeigt worden ist.[11]

---

[1] Vgl. *Henning-Bodewig,* Vorbem. zum Anhang Rdn. 13 ff.; *Köhler*/Bornkamm, 34. Aufl. 2016, Anh. § 3 Abs. 3 Rdn. 13.1.

[2] Ganz h. M., s. nur *Köhler*/Bornkamm, 34. Aufl. 2016, Anh. § 3 Abs. 3 Rdn. 13.1.

[3] *Harte-Bavendamm* in: FS Lohschelder, S. 119; *Köhler,* GRUR 2009, 445, 451; *Köhler*/Bornkamm, 34. Aufl. 2016, Anh. zu § 3 Abs. 3 Rdn. 13.8.

[4] EuGH, Urt. v. 14.1.2010, Plus Warenhandelsgesellschaft, C-304/08, EU:C:2010:12, Rdn. 45; Urt. v. 9.11.2010, Mediaprint, C-540/08, EU:C:2010:660, Rdn. 34; Beschl. v. 30.6.2011, Wamo, C-288/10, EU:C:2011:443, Rdn. 37; näher oben *Henning-Bodewig,* Vorbem. zum Anhang Rdn. 4, 18.

[5] *Köhler*/Bornkamm, 34. Aufl. 2016, Anh. zu § 3 Abs. 3 Rdn. 13.4.

[6] *Köhler,* GRUR 2009, 445, 450; *ders.* in: *Köhler*/Bornkamm, 34. Aufl. 2016, Anh. § 3 Abs. 3 Rdn. 13.2; Götting/Nordemann/*Wirtz,* 1. Aufl. 2010, § 3 Rdn. 129.

[7] *Köhler*/Bornkamm, 34. Aufl. 2016, Anh. zu § 3 Abs. 3 Rdn. 13.2.

[8] BGH GRUR 2013, 1161, 1166 Rdn. 70 – *Hard Rock Café; Köhler*/Bornkamm, 34. Aufl. 2016, Anh. zu § 3 Abs. 3 Rdn. 13.2; Götting/Nordemann/*Wirtz,* 1. Aufl. 2010, § 3 Rdn. 129.

[9] BGH GRUR 2013, 1161, 1166 Rdn. 70 – *Hard Rock Café.*

[10] Götting/Nordemann/*Wirtz,* 1. Aufl. 2010, § 3 Rdn. 129; *Köhler*/Bornkamm, 34. Aufl. 2016, Anh. zu § 3 Abs. 3 Rdn. 13.2.

[11] *Köhler*/Bornkamm, 34. Aufl. 2016, Anh. zu § 3 Abs. 3 Rdn. 13.2.

9 Der Werbende muss nicht der Hersteller des Nachahmungsprodukts sein, auch ein **Händler** oder sonstiger Absatzmittler kann den Tatbestand verwirklichen.[12]

5. Eignung zur betrieblichen Herkunftstäuschung

10 **a) Hinreichender Bezug zu dem Produkt eines bestimmten Herstellers.** Die Täuschung i.S.d. Nr. 13 UWG-Anh. muss sich auf das Produkt eines bestimmten (anderen) **Herstellers** beziehen.[13] Dieses Erfordernis setzt Nr. 13 UWG-Anh. (2015) nunmehr auch sprachlich korrekt um,[14] für noch nach altem Recht zu beurteilende Sachverhalte ergibt dies die unionskonforme Auslegung.[15]

11 Die Werbung muss so gestaltet sein, dass der Verbraucher verleitet wird zu glauben, das beworbene Produkt stamme von dem **bestimmten Hersteller.**[16] Eine wettbewerbliche Eigenart seines Produkts ist nicht erforderlich (s.o. Rdn. 7). Eine Täuschungsabsicht ist zu verneinen, wenn nach den Umständen des Streitfalls in der Verwendung der Bezeichnung, auf deren Verbot der Antrag abzielt, keine Bezugnahme auf einen Mitbewerber, sondern allein auf die Produktzusammensetzung zu sehen ist.[17]

12 Entscheidend ist, ob in der **konkreten Situation** der geschäftlichen Handlung die **Gefahr** besteht, dass der Verkehr einem Irrtum über die betriebliche Herkunft der Waren oder Dienstleistungen unterliegt. Die Eignung genügt, nicht erforderlich ist, dass es zu einem Irrtum des Verbrauchers auch tatsächlich kommt.[18] Eine lediglich abstrakte Verwechslungsgefahr reicht aber nicht aus. Auch setzt Nr. 13 des Anhangs keine Zeichenähnlichkeit voraus;[19] sie kann nur bei der Frage der Herkunftstäuschung eine Rolle spielen.

13 **b) Produktähnlichkeit.** Eine betriebliche Herkunftsverwechslung im Sinne der Vorschrift setzt stets die **Ähnlichkeit der Produkte** voraus. Die Irreführung lediglich durch Verwendung verwechselbarer **Kennzeichen** wird von Nr. 13 nicht erfasst.[20] Eine Irreführung durch Verwendung verwechslungsfähiger Kennzeichen in der Werbung für Waren oder Dienstleistungen, die sich **nicht ähnlich** sind, fällt auch dann nicht unter Nr. 13, wenn der Verbraucher aufgrund der Werbung annimmt, bei dem Werbenden handele es sich um den Hersteller des anderen Produkts, etwa weil in der Werbung dessen Marke verwandt wird.[21] Bei der Ähnlichkeit des Produkts und dem Verleiten des Verbrauchers zum Irrtum über den Hersteller handelt es sich um unterschiedliche Anspruchsvoraussetzungen, die beide erfüllt sein müssen. Die Ähnlichkeit der Produkte setzt daher nicht voraus, dass die Produkte für sich genommen auch **verwechslungsfähig** sind,[22] s. Rdn. 12. **Identische** Produkte sind nach Sinn und Zweck der Vorschrift als „ähnlich“ anzusehen.

14 Weder in der UGP-Richtlinie noch in den Gesetzesmaterialien zu § 3 Abs. 3 i.V.m. dem Anhang finden sich Anhaltspunkte dafür, nach welchen Kriterien die Ähnlichkeit der Produkte zu beurteilen ist. Auf die konkrete Darstellung des Produkts in der Werbung kann es aber nicht ankommen, weil das Erfordernis der Ähnlichkeit der Produkte dann keine eigenständige Bedeutung hätte. Vielmehr ist die Ähnlichkeit der Produkte durch **Vergleich der Produktmerkmale** festzustellen, also insbes. Art und Verwendungszweck sowie Nutzung und Eigenart als miteinander konkurrierende oder einander ergänzende Produkte.[23] Stimmen diese **in wesentlichen Zügen** überein, ist Ähnlichkeit gegeben. In der Regel wird es sich um Produktnachahmungen im Sinne von § 4 Nr. 3 handeln, jedoch ist das für die Anwendung des Nr. 13 nicht zwingend erforderlich.[24]

---

[12] *Köhler*/Bornkamm, 34. Aufl. 2016, Anh. zu § 3 Abs. 3 Rdn. 13.4.

[13] BGH GRUR 2013, 631, 638 Rdn. 78 – *Amarula/Marulablu; Köhler*/Bornkamm, 34. Aufl. 2016, Anh. zu § 3 Abs. 3 Rdn. 13.2.

[14] Zur Kritik an der Umsetzung im UWG (2008) vgl. näher Vorauflage, Nr. 13 UWG-Anh. Rdn. 8; *Alexander,* in: MüKo-UWG, 2. Aufl. 2104, § 3 Abs. 3 Nr. 13 Rdn. 4; *Köhler,* WRP 2015, 1037, 1039.

[15] Näher Vorauflage, Nr. 13 UWG-Anh. Rdn. 8; *Köhler*/Bornkamm, 34. Aufl. 2016, Anh. zu § 3 Abs. 3 Rdn. 13.2. Diesen Begriff legte auch der BGH zugrunde, vgl. BGH GRUR 2013, 631, 638 Rdn. 78 – *Amarula/Marulablu.*

[16] BGH GRUR 2013, 631, 638 Rdn. 78 – *Amarula/Marulablu*

[17] BGH GRUR 2013, 631, 638 Rdn. 76 – *Amarula/Marulablu.*

[18] *Köhler*/Bornkamm, 34. Aufl. 2016, Anh. § 3 Abs. 3 Rdn. 13.5.

[19] *Hoeren* BB 2008, 1182, 1189.

[20] BGH GRUR 2013, 631, 638 Rdn. 77 – *Amarula/Marulablu.*

[21] Amtl. Begr. BT-Drucks. 16/10145 S. 32; *Harte-Bavendamm* in: FS Loschelder S. 116.

[22] *Harte-Bavendamm* in: FS Loschelder S. 116; *Köhler*/Bornkamm, 34. Aufl. 2016, Anh. zu § 3 Abs. 3 Rdn. 13.3; Fezer/*Peifer* Anh. UWG Nr. 13 Rdn. 113. – A. A. jurisPK/*Ullmann,* Anh. zu § 3 Abs. 3 Nr. 13 Rdn. 10.

[23] *Köhler,* GRUR 2009, 445, 448; *ders.* in: *Köhler*/Bornkamm, 34. Aufl. 2016, Anh. zu § 3 Abs. 3 Rdn. 13.3; *Schork,* S. 264.

[24] *Köhler,* GRUR 2009, 445, 448; jurisPK/*Ullmann,* Anh. zu § 3 Abs. 3 Nr. 13 Rdn. 5.

Entscheidend ist nicht nur die **äußere Erscheinung** des Produkts, sondern auch dessen Art und Funktionsweise. Ein Freihaltebedürfnis hinsichtlich der **technisch notwendigen Merkmale** ist für Nr. 13 des Anhangs zu § 3 Abs. 3 nicht anzuerkennen, da die Vorschrift keinen wettbewerblichen Leistungsschutz schafft, sondern auf ihrer Grundlage nur einer den Verbraucher im konkreten Einzelfall absichtlich täuschenden Werbung entgegen getreten werden kann, und ein entspr. Irrtum daher ohne weiteres durch **aufklärende Hinweise** vermieden werden könnte. Zu erwägen ist, in dem Erfordernis der Ähnlichkeit auch ein Korrektiv für das dem Wortlaut der europäischen Vorschrift nach fehlende Mitbewerberverhältnis in dem Sinne zu sehen, dass von vornherein **nur Produkte einander ähnlich sein können, die substituierbar sind.**[25] Dies ist jedoch abzulehnen.[26] Der von *Büllesbach*[27] hierfür herangezogene französische Wortlaut der Kurzbegründung des 14. Änderungsantrags der Ausschussempfehlung für die Zweite Lesung[28] scheint mir keine hinreichende Stütze für diese Annahme zu geben, denn von „substituierbaren" Produkten ist nur in der französischen Fassung die Rede, während z. B. in der spanischen, deutschen und englischen Fassung von „Alternativen" gesprochen wird. Die Beschränkung der Nr. 13 des Anhangs zu § 3 Abs. 3 auf substituierbare Produkte hätte zwar den Vorteil, dass eine zu weite Ausdehnung des Anwendungsbereichs der Vorschrift (z. B. auf die Werbung für die **Nachbildung eines echten Pkw als Spielzeugfahrzeug**) vermieden würde. Sie würde aber dem – auch in dem zitierten Änderungsantrag zum Ausdruck kommenden – klaren Sinn und Zweck der Vorschrift zuwiderlaufen, den Verbrauchern einen wirksamen Schutz vor Irreführungen durch **Imitate** zu bieten. Bei einer entsprechenden Beschränkung bestünde nämlich die Gefahr, dass für den Verbraucher besonders gefährliche Fälle betrieblicher Herkunftstäuschung aus dem Anwendungsbereich der Nr. 13 fallen, in denen erhebliche Qualitätsabweichungen die Substituierbarkeit verhindern (z. B.: **Billignachahmung von Rolex-Uhr**). Die Substituierbarkeit der Produkte kann daher nur eines von mehreren Kriterien sein, die im Rahmen einer Gesamtabwägung zu berücksichtigen sind. 15

c) Verleitung des Verbrauchers zum Irrtum über den Hersteller. Die Darstellung der Produkte in der Werbung muss den Verbraucher verleiten zu glauben, das Produkt sei von dem Hersteller eines anderen, ähnlichen Produkts hergestellt worden, muss also **geeignet sein, den Verbraucher über die betriebliche Herkunft zu täuschen.** Die Eignung reicht aus, nicht erforderlich ist, dass es zu einem Irrtum des Verbrauchers auch tatsächlich kommt,[29] s. Rdn. 9. Dem steht der Fall gleich, dass dem Verbraucher vorgetäuscht wird, das Produkt sei mit Erlaubnis **(Lizenz)** des Originalherstellers hergestellt worden,[30] bzw. die Unternehmen stünden in Bezug auf die Herstellung des Produkts zueinander in anderen rechtlichen, geschäftlichen oder organisatorischen Beziehungen.[31] Auch hier wird der Verbraucher über den Ursprung der Ware getäuscht, da die Werbung mit der (nicht existenten) Lizenz eine Herstellung des Produkts unter der engen Verantwortlichkeit dieses Originalherstellers impliziert. Es könnte aus Sicht des Verbrauchers ebenso gut vom Originalhersteller stammen.[32] 16

Entscheidend ist die **Sicht des Durchschnittsverbrauchers,** also eines durchschnittlich (angemessen) aufmerksamen, verständigen und informierten Mitglieds des Verkehrskreises, an den sich die Werbung wendet. Hinsichtlich der allgemeinen Voraussetzungen der betrieblichen Herkunftstäuschung gelten die Ausführungen zu § 5 Abs. 1 S. 2 Nr. 1 entsprechend, s. näher § 5 Abschn. C Rdn. 212 ff. 17

Maßgeblich ist die **konkrete** Darstellung des Produkts in der angegriffenen Werbung. Ähnliche Produkte, die der Verbraucher in anderer Form nicht verwechseln würde, können daher Gegenstand eines auf Nr. 13 gestützten Verbots sein, wenn der Verbraucher in der Form ihrer Darstellung in der Werbung über ihre betriebliche Herkunft getäuscht wird. 18

---

[25] So *Büllesbach,* S. 94.

[26] Ebenso *Köhler*/Bornkamm, 34. Aufl. 2016, Anh. zu § 3 Abs. 3 Rdn. 13.3.

[27] *Büllesbach,* S. 94.

[28] Dokument A6–0027/2005. Dort heißt es: „La Commission reconnaît, à l'article 6, paragraphe 2, que le consommateur risque la confusion entre plusieurs produits. Il est nécessaire de clarifier davantage cet aspect dans l'annexe. Si les entreprises ont le droit de fabriquer des produits se substituant, pour un moindre prix, à un quelconque produit, il importe aussi que les consommateurs jouissent de la protection la plus solide possible contre les tentatives de faire passer une copie pour l'original."

[29] *Köhler*/Bornkamm, 34. Aufl. 2016, Anh. § 3 Abs. 3 Rdn. 13.5.

[30] Fezer/*Peifer,* Anh. UWG Nr. 13 Rdn. 13; *Harte-Bavendamm,* FS Loschelder, S. 116.

[31] Fezer/*Peifer,* Anh. UWG Nr. 13 Rdn. 13; *Harte-Bavendamm* in: FS Loschelder, S. 116; ähnlich auch *Büllesbach,* S. 97. – **A. A.** inzwischen *Köhler*/Bornkamm, 34. Aufl. 2016, Anh. zu § 3 Abs. 3 Rdn. 13.6; danach soll nur ausreichen, wenn dem Verbraucher vorgetäuscht wird, das Produkt sei von einem mit dem Originalhersteller konzernmäßig verbundenen Unternehmen hergestellt worden.

[32] Vgl. Götting/Nordemann/*Wirtz,* § 3 Rdn. 129.

6. Absicht

19 Der Unternehmer muss die betriebliche Herkunftstäuschung **absichtlich** herbeigeführt haben. Hierbei handelt es sich um eine eigenständige Anspruchsvoraussetzung, die zusätzlich erfüllt sein muss. Die Täuschung über den Ursprung der Ware muss **nicht alleiniges Motiv** der Werbung sein.[33] Es genügt, wenn der Werbende mit **bedingtem Vorsatz** handelt, also eine Täuschung von Verbrauchern lediglich für möglich hält und billigend in Kauf nimmt.[34] Dafür kann ausreichen, dass sich der Unternehmer bewusst jedenfalls auch den Umstand zunutze macht, dass zahlreiche Kunden das Produkt bei ihm in der Meinung erwerben, es handele sich um ein Erzeugnis des Herstellers.[35] Wer bloß **fahrlässig** nicht weiß, dass es sich um ein Nachahmungsprodukt handelt, erfüllt den Tatbestand des Nr. 13 hingegen nicht.[36]

20 Auch wenn **ursprünglich die Täuschungsabsicht gefehlt** haben mag, kann sich dies im Laufe der Zeit ändern. Für den in die Zukunft gerichteten Unterlassungsanspruch ist daher die anhand objektiver Indizien zu ermittelnde Motivation beim fortgesetzten Vertrieb der maßgeblichen Produkte maßgeblich.[37]

21 Die **Täuschungsabsicht muss sich auf das Produkt eines bestimmten Herstellers beziehen**[38] (vgl. dazu bereits oben Rdn. 8). Es fehlt deshalb auch an dem erforderlichen **voluntativen** Element, wenn nach den Umständen des Streitfalls in der Verwendung der Bezeichnung, auf deren Verbot der Antrag abzielt, keine Bezugnahme auf einen Mitbewerber, sondern allein auf die Produktzusammensetzung zu sehen ist.[39]

22 Auf die als **subjektives** Element der Herkunftstäuschung erforderliche Absicht kann i. d. R. nur aus den äußeren Gegebenheiten rückgeschlossen werden.[40] Die **Motivation des Unternehmers ist anhand objektiver Indizien zu ermitteln.**[41] Dabei sind insbesondere der Grad der Ähnlichkeit der Waren, die Bekanntheit des Originalprodukts, die Art und der Inhalt der Werbung sowie die Verpackung zu berücksichtigen.[42] So hat es der BGH in der „Hard Rock Cafe"-Entscheidung aufgrund des Umstandes, dass die Klägergruppe 140 offizielle Filialen in über 50 Ländern betrieb, davon drei in Deutschland, und die Gaststätte der Beklagten zu 1 in der von vielen ausländischen Touristen frequentierten Heidelberger Hauptstraße lag, als naheliegend angesehen, dass sich die Beklagten beim Vertrieb ihrer Merchandising-Produkte schon seit Längerem bewusst jedenfalls auch den Umstand zunutze machten, dass zahlreiche ausländische Besucher bei ihnen derartige Produkte in der Meinung erwerben, es handele sich um Erzeugnisse der ihnen bekannten Gastronomiekette der Klägerin.

23 Die **Beweislast** trägt der Anspruchsteller.[43]

7. Kein weitergehender wettbewerblicher Leistungsschutz

24 Nr. 13 ist unabhängig davon anwendbar, ob der Sachverhalt gleichzeitig den Tatbestand von § 5 Abs. 1 S. 2 Nr. 1, Abs. 2 UWG oder § 4 Nr. 3 erfüllt und ob der individualrechtliche Schutz aus dem Markenrecht besteht.[44] Das auf eine Verletzung von Nr. 13 des Anhangs zu § 3 Abs. 3 gestützte wettbewerbliche Verbot bleibt auf die sie hervorrufende Verletzungshandlung, also die konkret angegriffene Werbung, beschränkt. Einen wettbewerblichen Leistungsschutz gewährt Nr. 13 nicht. **Ein (isoliertes) Verbot der Benutzung einer bestimmten Bezeichnung lässt sich durch Nr. 13 UWG-Anh. nicht erreichen.**[45]

---

[33] BGH GRUR 2013, 1161, 1166 Rdn. 70 – *Hard Rock Cafe.*

[34] BGH GRUR 2013, 1161, 1166 Rdn. 70 – *Hard Rock Cafe.*

[35] BGH GRUR 2013, 1161, 1166 Rdn. 71 – *Hard Rock Cafe.*

[36] *Köhler*/Bornkamm, 34. Aufl. 2016, Anh. zu § 3 Abs. 3 Rdn. 13.7; jurisPK/*Ullmann,* Anh. zu § 3 Abs. 3 Nr. 13 Rdn. 14; Ohly/*Sosnitza,* 6. Aufl. 2014, Anh. zu § 3 Abs. 3 Rdn. 41. – **A. A.** *Fezer* GRUR 2009, 451, 458.

[37] BGH GRUR 2013, 1161, 1166 Rdn. 71 – *Hard Rock Cafe.*

[38] BGH GRUR 2013, 631, 638 Rdn. 78 – *Amarula/Marulablu*

[39] BGH GRUR 2013, 631, 638 Rdn. 76 – *Amarula/Marulablu.*

[40] *Harte-Bavendamm* in: FS Loschelder, S. 116.

[41] BGH GRUR 2013, 1161, 1166 Rdn. 71 – *Hard Rock Cafe.*

[42] *Köhler,* GRUR 2009, 445; *Köhler*/Bornkamm, 34. Aufl. 2016, Anh. zu § 3 Abs. 3 Rdn. 13.7.

[43] *Büllesbach,* S. 97; *Köhler/Lettl,* WRP 2003, 1010, 1046; Ohly/*Sosnitza,* 6. Aufl. 2014, Anh. zu § 3 Abs. 3 Rdn. 41.

[44] Vgl. BGH GRUR 2013, 1161, 1165 f. Rdn. 60, 64 – *Hard Rock Café; Harte-Bavendamm* in: FS Loschelder, 201, S. 111, 119; Köhler/*Bornkamm,* 34. Aufl. 2016, Anh. zu § 3 Abs. 3 Rdn. 13.8; Ohly/*Sosnitza,* 6. Aufl. 2014, Anh. zu § 3 Abs. 3 Rdn. 41.

[45] BGH GRUR 2013, 631, 638 Rdn. 77 – *Amarula/Marulaba.*

Unzulässige geschäftliche Handlungen im Sinne des § 3 Abs. 3 sind

14. die Einführung, der Betrieb oder die Förderung eines Systems zur Verkaufsförderung, bei dem vom Verbraucher ein finanzieller Beitrag für die Möglichkeit verlangt wird, allein oder hauptsächlich durch die Einführung weiterer Teilnehmer in das System eine Vergütung zu erlangen (Schneeball- oder Pyramidensystem);

Inhaltsübersicht

	Rdn.
1. Einfluss des Europäischen Rechts	1
2. Zweck der Vorschrift und Abgrenzung	5
3. Einzelheiten	11

Schrifttum: *Achenbach,* Das zweite Gesetz zur Bekämpfung der Wirtschaftskriminalität, NJW 1986, 1835; *ders.,* Aus der veröffentlichten Rechtsprechung zum Wirtschaftsstrafrecht, NStZ 1991, 409 und 1993, 477; *Alexander,* Die „Schwarze Liste" der UGP-Richtlinie und ihre Umsetzung in Deutschland und Österreich, GRUR Int. 2010, 1025; *ders.,* Die strafbare Werbung in der UWG-Reform, WRP 2004, 407; *Beckemper,* Die Strafbarkeit des Veranstaltens eines Pyramidenspiels nach § 6c UWG, wistra 1999, 169; *Brammsen,* Zur Frage der strafbaren Werbung durch unzutreffende Gewinnversprechen – Anm. zu BGH Urt. v. 30.5.2008, Az. 1 StR 166/07, NStZ 2009, 279; *Brammsen/Apel,* Anm. zum Beschluss des BGH vom 24.2.2011, Az. 5 StR 514/09 – Zum Verbraucherbegriff bei der progressiven Kundenwerbung, EWiR 2011, 439; *dies.,* Madoff, Phoenix, Ponzi und Co. – Bedarf das „Schneeballverbot" der progressiven Kundenwerbung in § 16 II UWG der Erweiterung? WPR 2011, 400; *dies,* Strafbare Werbung für „Abo-Fallen", WRP 2011, 1254; *Brammsen/Leible,* Multi-Level-Marketing im System des deutschen Lauterkeitsrechts, BB 1997 Beilage 10 zu Heft 32, S. 1; *Büllesbach,* Auslegung der irreführenden Geschäftspraktiken des Anhangs I der Richtlinie 2005/29/EG über unlautere Geschäftspraktiken, 2008; *Dannecker,* Die Dynamik des materiellen Strafrechts unter dem Einfluss europäischer und internationaler Entwicklungen, ZStW 177 (2005), 697; *Ebbing,* Strukturvertrieb oder Schneeballsystem? – Zur Zulässigkeit des Multilevel Marketing im US-amerikanischen Recht, GRUR Int. 1998, 15; *Erbs/Kohlhaas,* Strafrechtliche Nebengesetze, Std. 186. Ergl. Sept. 2011; *Finger,* Strafbarkeitslücken bei so genannten Kettenbrief-, Schneeball- und Pyramidensystemen, ZRP 2006, 159; *Granderath,* Strafbarkeit von Kettenbriefaktionen!, wistra 1988, 173; *Grebing,* Die Strafbarkeit der progressiven Kundenwerbung und der Wirtschaftsspionage im Entwurf zur Änderung des UWG, wistra 1984, 169; *Hartlage,* Progressive Kundenwerbung – immer wettbewerbswidrig? – zugleich Anmerkung zu OLG München, WRP 1996, 42 – Vertriebssystem –, WRP 1997, 1; *Hoeren,* Das neue UWG – der Regierungsentwurf im Überblick, BB 2008, 1182; *Joecks,* Anleger- und Verbraucherschutz durch das 2. WiKG, wistra 1986, 142; *Kisseler,* Ein Meilenstein für den Verbraucherschutz, WRP 1997, 625; *Krack,* Legitimationsdefizite des § 16 Abs. 2 UWG, in: FS für Harro Otto, 2007, S. 609; *Lampe,* Strafrechtliche Probleme der „progressiven Kundenwerbung", Goltdammer's Archiv 1977, 33, 42; *Lange,* Steht das Powershopping in Deutschland vor dem Aus?, WRP 2001, 888; *Leible,* Multi-Level-Marketing ist nicht wettbewerbswidrig! – Einige (zustimmende) Anmerkungen zu LG Offenburg, WRP 1998, 85; *Mäsch/Hesse,* Multi-Level-Marketing im straffreien Raum, GRUR 2010, 10; *Meyer/Möhrenschlager,* Möglichkeiten des Straf- und Ordnungswidrigkeitenrechts zur Bekämpfung unlauteren Wettbewerbs, WiVerw. 1982, 21; *Möhrenschlager,* Anmerkung zu LG Fulda, wistra 1984, 188 ff., wistra 1984, 191; *Olesch,* § 16 II UWG – Ein Schiff ohne Wasser, WRP 2007, 908; *Otto,* Die strafrechtliche Bekämpfung unseriöser Geschäftstätigkeit, 1990; *ders.,* „Geldgewinnspiele" und verbotene Schneeballsysteme nach § 6c UWG, wistra 1997, 81; *ders.,* Wirtschaftliche Gestaltung am Strafrecht vorbei – Dargestellt am Beispiel des § 6c UWG, Jura 1999, 97; *Peifer,* Die Zukunft der irreführenden Geschäftspraktiken, WRP 2008, 556; *Richter,* Kettenbriefe doch straflos?, wistra 1990, 216; *Scherer,* „Case-law" in Gesetzesform – die „Schwarze Liste" als neuer UWG-Anhang, NJW 2009, 324; *dies.,* Die weißen Flecken in der Schwarzen Liste, WRP 2014, 771; *dies.,* Was bringt die „Schwarze Liste" tatsächlich? – Bestandsaufnahme und Konsequenzen, WRP 2011, 393; *Schöttle,* Die Schwarze Liste – Übersicht über die neuen Spezialtatbestände des Anhangs zu § 3 Abs. 2 UWG, WRP 2009, 673; *Schricker,* Die Rolle des Zivil-, Straf- und Verwaltungsrechts bei der Bekämpfung unlauteren Wettbewerbs, GRUR Int. 1973, 694; *Sosnitza,* Der Regierungsentwurf zur Änderung des Gesetzes gegen unlauteren Wettbewerb, GRUR 2015, 318; *Többens,* Die Straftaten nach dem Gesetz gegen den unlauteren Wettbewerb (§§ 16–19 UWG), WRP 2005, 552; *Thume,* Multi-Level-Marketing, ein stets sittenwidriges Vertriebssystem?, WRP 1999, 280; *Wegner,* Reform der Progressiven Kundenwerbung (§ 6c), wistra 2001, 171; *Willingmann,* Sittenwidrigkeit von Schneeball-Gewinnspielen und Konditionsausschluss, NJW 1997, 2932; *Wünsche,* Abgrenzung zulässiger Multi-Level-Marketing-Systeme von unzulässiger progressiver Kundenwerbung, BB 2012, 273.

1. Einfluss des Europäischen Rechts

Nr. 14 des UWG-Anhangs setzt Nr. 14 der „Schwarzen Liste" der **UGP-Richtlinie** in deutsches Recht um. Diese lautet: 1

„Einführung, Betrieb oder Förderung eines Schneeballsystems zur Verkaufsförderung, bei dem der Verbraucher die Möglichkeit vor Augen hat, eine Vergütung zu erzielen, die hauptsächlich durch die Einführung neuer Verbraucher in ein solches System und weniger durch den Verkauf oder Verbrauch von Produkten zu erzielen ist."

2 Dem war eine von der Europäischen Kommission in Auftrag gegebene Fallstudie vorangegangen, die **erhebliche nationale Unterschiede** bei der rechtlichen Erfassung von Multilevel-Direktverkäufen ergeben hatte.[1] Sie sollen durch Nr. 14 der „Schwarzen Liste" der UGP-Richtlinie ausgeräumt werden.

3 Schon vor der Umsetzung der unionsrechtlichen Vorgaben durch Nr. 14 UWG-Anh. **2008** waren **Schneeballsysteme** unter den Voraussetzungen des § 16 Abs. 2 UWG strafbar gewesen. Zivilrechtlich konnte gegen sie auf der Grundlage von § 4 Nr. 11 UWG vorgegangen werden, da § 16 Abs. 2 UWG als gesetzliche Vorschrift zur Regelung des Marktverhaltens im Interesse der Marktteilnehmer i. S. d. § 4 Nr. 11 UWG anerkannt war.[2]

4 Im Zuge der am **10.12.2015** in Kraft getretene **UWG-Novelle** wurde der Wortlaut des Nr. 14 des Anh. zu § 3 Abs. 3 an die „4finance"-Entscheidung des **EuGH** vom 3.4.2014[3] angeglichen, die schon bislang aufgrund des Erfordernisses der **unionskonformen Auslegung** von Nr. 14 des Anh. zu § 3 Nr. 3 zu berücksichtigen war.

2. Zweck der Vorschrift und Abgrenzung

5 Nr. 14 UWG-Anhang zielt wie § 16 Abs. 2 UWG unmittelbar auf den Schutz der **Verbraucher vor Täuschung, glücksspielartiger Willensbeeinflussung** und Vermögensgefährdung ab, dient mittelbar aber auch dem Interesse der **Mitbewerber** und der Allgemeinheit, da die genannten Praktiken den lauteren Wettbewerb beeinträchtigen.

6 § 16 Abs. 2 UWG erfasst alle Formen von Schneeball- und Pyramidensystemen, bei denen Verbraucher durch In-Aussichtstellen „besonderer Vorteile" dazu veranlasst werden, in stets gleicher Weise weitere Teilnehmer für das System zu werben. Überdies ist die Vorschrift trotz des vermeintlich engen Wortlauts von Nr. 14 der „Schwarzen Liste" auch auf andere „Selbstläufer" anwendbar, also auf Systeme, bei denen außer der Mitgliedschaft am System selbst keine Waren oder Dienstleistungen vertrieben werden, hierzu näher sogleich. **Multi-Level-Marketing-Systeme,** bei denen Kunden als Vertriebsvermittler eingesetzt werden, fallen demgegenüber nur ausnahmsweise in ihren Anwendungsbereich, s. näher § 16 Rdn. 49ff.

7 Trotz ihres unterschiedlichen Wortlauts decken sich die Regelungsbereiche von Nr. 14 des Anhangs zu § 3 Abs. 3 UWG und § 16 Abs. 2 UWG:[4] Der Begriff **„Schneeballsystem"** in Nummer 14 des Anhangs I der UGP-Richtlinie ist nicht im Sinne der bisherigen deutschen Terminologie auf Systeme beschränkt, bei denen der Veranstalter mit allen geworbenen Kunden kontrahiert (s. näher § 16 Rdn. 50), sondern erfasst auch **Pyramidensysteme,** bei denen die geworbenen Kunden ihrerseits mit weiteren Kunden Verträge schließen.[5] Dass eine Differenzierung zwischen Schneeball- und Pyramidensystem im europäischen Recht nicht beabsichtigt war, ergibt sich aus der engl. und der franz. Fassung der Richtlinie, in denen von „pyramid promotional scheme" bzw. „système de promotion pyramidale" die Rede ist. Es folgt auch aus dem Zweck der Vorschrift, europaweit einheitliche Rechtsvorschriften für Multi-Level-Marketing-Systemen zu schaffen, denn diese Systeme treten sowohl in Pyramiden- als auch in Schneeballform auf (§ 16 Rdn. 72). Der deutsche Gesetzgeber hat dies, wie sich aus dem Klammerzusatz zu Nr. 14 des Anhangs zu § 3 Abs. 3 ergibt, ebenso gesehen.

8 Die Begriffe **„besondere Vorteile"** und **„Vergütung, die hauptsächlich durch die Einführung neuer Verbraucher** in ein solches System und weniger durch den Verkauf oder Verbrauch von Produkten **zu erzielen ist"** decken sich trotz unterschiedlicher Formulierung inhaltlich. Entscheidend dafür, wo der Schwerpunkt der Vergütung liegt, ist nach Nummer 14 der „Schwarzen Liste" nicht das objektive Werteverhältnis zwischen dem für die Kundengewinnung gebotenen Vorteil und dem Warenwert, sondern die Sicht eines Durchschnittsverbrauchers. Das ergibt sich aus der Formulierung „... bei dem der Verbraucher die Möglichkeit vor Augen hat ...". Liegt der Vorteil des Systembeitritts für einen solchen Verbraucher hauptsächlich in der Vergütung für die Kundengewinnung, ist das System unzulässig. Diese Abgrenzung liegt aber trotz der unterschiedlichen Wortwahl auch § 16 Abs. 2 zu Grunde. „Besondere Vorteile" sind nämlich nur Vorteile außerhalb der Ware bzw. Leistung selbst, die nach ihrer Beeinflussungswirkung geeignet sind, die typische Dynamik eines Systems der progressiven Kundenwerbung in Gang zu setzen (§ 16 Rdn. 64ff.). Ist der gebotene Anreiz nicht oder nur in Verbindung mit Vorteilen des Produkts geeignet, den Verbraucher zum Systembeitritt zu bewegen, liegt kein „besonderer Vorteil" vor. Damit muss aber auch

---

[1] S. Grünbuch zum Verbraucherschutz in der Europäischen Union, KOM/2001/0531 endg., unter 2.3.
[2] Amtl. Begr. (zu § 16) zum Gesetzentwurf der Bundesregierung, BT-Drucks. 15/1487, S. 26.
[3] EuGH, Urt. v. 3.4.2014, 4finance, C-515/12, EU:2014:211.
[4] A. A. *Hoeren* BB 2008, 1182, 1189, der Nr. 14 als weiter ansieht als den Straftatbestand.
[5] Wie hier Köhler/*Bornkamm,* 34. Aufl. 2016, UGP-RL Anh. I Rdn. 14.3.

bei § 16 Abs. 2 der hauptsächliche Anreiz zum Systembeitritt die Vergütung für die Kundengewinnung sein. Die Voraussetzungen von Nummer 14 des Anhangs zu § 3 Abs. 3 decken sich daher mit denen des § 16 Abs. 2. Von identischen Voraussetzungen scheint auch der Gesetzgeber auszugehen.[6]

Maßgeblicher Zeitpunkt für die Verbrauchereigenschaft ist wie bei § 16 Abs. 2 der Zeitpunkt der Kontaktaufnahme, spätestens der Zeitpunkt, zu dem die Teilnehmer zu den Präsentationsveranstaltungen gefahren werden.[7] Damit unterfallen auch Vertriebssysteme § 16 Abs. 2, die auf den Aufbau eines selbständigen, gewinnorientierten Gewerbes als „Verkaufsberater" bzw. „Vertriebsrepräsentanten" gerichtet sind, solange die Interessenten erst durch die Veranstalter (z. B. auf der Verkaufsveranstaltung) für die selbständige unternehmerische Tätigkeit gewonnen werden.[8] 9

Das als problematisch angesehene **Verhältnis zu § 16 Abs. 2** wird von der inzwischen wohl hL dahin gelöst, dass Nr. 14 UWG-Anh. vorrangig zu prüfen sei.[9] Gegen einen Vorrang von Nr. 14 spricht jedoch, dass die tatbestandlichen Voraussetzungen bis auf die bei § 16 Abs. 2 zusätzlich zu prüfende Frage von Vorsatz, Rechtswidrigkeit und Schuld identisch sind, insbesondere auch § 16 Abs. 2 im Sinne von Nr. 14 UGP-Anh. unionskonform auszulegen ist.[10] Bedeutung gewinnt die Frage für Ersatzansprüchen von Geschädigten: Nach h. M. ist § 16 Abs. 2 (anders als § 3[11]) **Schutzgesetz** i. S. d. § 823 Abs. 2 BGB,[12] die Individualansprüche (zur Verfolgungsverjährung s. §§ 78, 78a StGB) der Geschädigten unterliegen der längeren dreijährigen **Verjährungsfrist** des § 195 BGB und nach deren Ablauf noch der längeren Verjährungsfrist für den **Restschadenersatzanspruch** nach § 852 BGB. Da es nach Art. 13 UGP-RL den Mitgliedstaaten vorbehalten bleibt, die anzuwendenden Sanktionen festzulegen, besteht jedenfalls keine Notwendigkeit, bislang gewährte **Ersatzansprüche der geschädigten Verbraucher** einzuschränken. Für die Ersatzpflicht zu Gunsten der Mitbewerber wurde schon bislang von einer abschließenden Regelung im UWG ausgegangen.[13] 10

3. Einzelheiten

Wegen der Voraussetzungen eines unlauteren Schneeballsystems im Einzelnen kann folglich auf die Kommentierung zu § 16 Abs. 2 (§ 16 Rdn. 46 ff.) verwiesen werden. Ein **Relevanzerfordernis** besteht jedoch nicht, denn bei den in der Anlage zu § 3 Abs. 3 genannten Verboten handelt es sich um solche ohne Wertungsvorbehalt.[14] Anders als bei § 16 Abs. 2 kommt es bei Nr. 14 UWG-Anh. nicht auf **Vorsatz, Rechtswidrigkeit** oder **Schuld** des Täters an. 11

Unzulässige geschäftliche Handlungen im Sinne des § 3 Abs. 3 sind

15. die unwahre Angabe, der Unternehmer werde demnächst sein Geschäft aufgeben oder seine Geschäftsräume verlegen;

---

[6] Vgl. Amtl. Begr. zum RegE, BT-Drucks. 16/10145, S. 33 (Anhang II.).

[7] BGH GRUR 2011, 941, 942 (zu § 16 Abs. 2); *Brammsen/Apel,* WRP 2011, 400, 403 f.; *Köhler*/Bornkamm, 34. Aufl. 2016, Anh. zu § 3 Abs. 3 Rdn. 14.3b; Köhler/*Bornkamm,* 34. Aufl. 2016, § 16 Rdn. 36; *Wünsche,* BB 2012, 273, 275. – **A. A.** *Mäsch/Hesse,* GRUR 2010, 10, 14 f.; *Olesch* WRP 2007, 908, 911.

[8] BGH GRUR 2011, 941, 942; *Brammsen/Apel,* WRP 2011, 400, 403 f.; Köhler/*Bornkamm,* 34. Aufl. 2016, § 16 Rdn. 36; *Wünsche,* BB 2012, 273, 275. – A. A. OLG Sachsen-Anhalt, Beschluss v. 18.11.2009, Az. 1 Ws 673/09; *Mäsch/Hesse* GRUR 2010, 10.

[9] S. *Hoeren* BB 2008, 1182, 1189; Köhler/*Bornkamm,* 34. Aufl. 2016, Anh. zu § 3 Abs. 3 Rdn. 14.5: im Zweifel kein Raum für eine eigenständige Anwendung des § 16 Abs. 2 im Rahmen der zivilrechtlichen Durchsetzung; Götting/Nordemann/*Wirtz,* § 3 Rdn. 130. – A. A. OLG Frankfurt, Urt. v. 12.5.2011, Az. 6 U 29/11 BeckRS 2011, 16036; *Wünsche,* BB 2012, 273, 276: Die Anwendungsbereiche beider Vorschriften decken sich.

[10] OLG Frankfurt, Urt. v. 12.5.2011, Az. 6 U 29/11, BeckRS 2011, 16036; *Wünsche,* BB 2012, 273, 276.

[11] Vgl. Amtl. Begr. zu § 8, BT-Drucks. 15/1487, S. 22; MüKo-UWG/*Fritzsche,* § 9 Rdn. 48 f.; *Köhler*/Bornkamm, 34. Aufl. 2016, § 9 Rdn. 1.10; Harte/Henning/*Goldmann,* § 9 Rdn. 13. – **A. A.** Fezer/*Koos,* § 9 Rdn. 3; *Sack* FS Ullmann, 2006, S. 825, 841 ff.

[12] *Alexander* WRP 2004, 407, 420; Köhler/*Bornkamm,* 34. Aufl. 2016, § 16 Rdn. 51; *Köhler*/Bornkamm, 34. Aufl. 2016, § 9 Rdn. 1.10.

[13] *Alexander* WRP 2004, 407, 420.

[14] Amtl. Begr. zum RegE, BT-Drucks. 16/10145, S. 30; *Peifer* WRP 2008, 556, 560; vgl. EuGH, Urt. v. 14.1.2010, Plus Warenhandelsgesellschaft, C-304/08, EU:C:2010:12, Rdn. 45; Urt. v. 9.11.2010, Mediaprint, C-540/08, EU:C:2010:660, Rdn. 34; Beschl. v. 30.6.2011, Wamo, C-288/10, EU:C:2011:443, Rdn. 37.

Inhaltsübersicht

	Rdn.
1. Einfluss des europäischen Rechts	1
2. Zweck der Vorschrift und Abgrenzung	3
3. Einzelheiten	6
a) An einen Verbraucher gerichtete geschäftliche Handlung	6
b) Unwahre Angabe, fehlende Absicht der Aufgabe/Verlegung	7
c) Geschäftsaufgabe, Verlegung der Geschäftsräume	10
aa) „Geschäftsaufgabe“	12
bb) „Verlegung der Geschäftsräume“	15
d) „Demnächst“	16

1. Einfluss des europäischen Rechts

1 Die Vorschrift beruht auf der Regelung Anhang I Nr. 15 zur **UGP-Richtlinie.** Danach ist verboten die

„Behauptung, der Gewerbetreibende werde demnächst sein Geschäft aufgeben oder seine Geschäftsräume verlegen, obwohl er dies keineswegs beabsichtigt.“

2 Die **Richtlinie** stellt somit vor allem auf die **Absicht** des Gewerbetreibenden ab und nicht auf objektive Umstände. Das wird aus dem **Wortlaut der deutschen Regelung nicht ohne weiteres ersichtlich,** weil hier der letzte Halbsatz fehlt. Die Absicht ist aber bei der **richtlinienkonformen Auslegung** zu berücksichtigen (s. oben I Rdn. 6).

2. Zweck der Vorschrift und Abgrenzung

3 Das Verbot regelt einen **Sonderfall der Werbung über einen bestimmten Anlass des Verkaufs,** nämlich Geschäftsaufgabe und Geschäftsverlegung, und geht insoweit der Regelung in § 5 Abs. 1 S. 2 Nr. 2 UWG vor. Erfasst wird dabei vor allem – aber nicht nur – der **(Schein-)Räumungsverkauf.** Dieser Räumungsverkauf wurde früher in § 8 UWG a. F. geregelt, wobei es dort allerdings um die Durchführung des Verkaufs als solchen ging und nicht um die rechtswidrige Ankündigung. Daneben gab es im alten Recht das Verbot der falschen Ankündigung von Insolvenzwarenverkäufen in § 6 UWG a. F., d. h. die Ankündigung des Verkaufs von Waren aus einer angeblichen Insolvenzmasse, obwohl die Waren zum Zeitpunkt der Ankündigung nicht mehr zum Bestand der Insolvenzmasse gehörten.

4 Verboten wird die **irreführende Ankündigung,** weil der Verbraucher von einer solchen Ankündigung erwartet, Ware werde anlässlich der Geschäftsaufgabe zu besonders günstigen Konditionen abgegeben. Ob tatsächlich besondere Preisvorteile gewährt werden oder ob überhaupt mit besonders günstigen Angeboten geworben wurde, ist dabei unerheblich.[1] Das Verbot stellt allein auf die **abstrakte Gefährdung** ab, die sich aus der unwahren Angabe über die Geschäftsräume und den Betrieb des Geschäfts ergeben kann. Verknüpft wird die Irreführung allerdings zusätzlich mit einem Zeitelement („demnächst“), so dass der Verbraucher sich auch unter zeitlichem Druck wähnt, denn je mehr Zeit er verstreichen lässt, desto mehr muss er befürchten, dass Ware bereits ausverkauft ist.

5 **Nicht erfasst** von Nr. 15 und daher weiterhin nach § 5 UWG zu beurteilen sind **irreführende Angaben über Verkäufe aus anderem Anlass** als der Geschäftsaufgabe oder -verlegung, wie etwa Saison-Schlussverkäufe (§ 5 D Rdn. 9 f.), oder andere Sonderverkäufe (Jubiläumsverkäufe etc., § 5 D Rdn. 14), über Eröffnungs- oder Einführungsangebote (§ 5 D Rdn. 11), sowie allgemein Angaben über den Anlass des Verkaufs und die Beweggründe des Unternehmers (§ 5 E Rdn. 361 ff.). Ebenfalls nach § 5 UWG zu beurteilen ist die irreführende Werbung über konkrete Eigenschaften der Ware, wie z. B. „Restposten“ oder Auslaufmodell (§ 5 C Rdn. 66) oder über die Menge, falls z. B. Ware nachgeschoben wird.

3. Einzelheiten

6 **a) An einen Verbraucher gerichtete geschäftliche Handlung.** Wie alle Tatbestände des UWG-Anhangs setzt auch Nr. 15 eine an einen Verbraucher gerichtete geschäftliche Handlung voraus. Bezüglich der Legaldefinition der Begriffe **„geschäftliche Handlung“** und **„Verbrau-**

[1] So auch die amtl. Begründung des Gesetzentwurfes der Bundesregierung vom 23.5.2008, BR-Drs. 345/08, S. 67.

cher" wird auf die Kommentierung von *Keller* zu § 2 Abs. 1 Nr. 1 und § 2 Abs. 2 UWG verwiesen. Handelt es sich um falsche Angaben unter **Unternehmern,** so kann das allgemeine Irreführungsverbot des § 5 UWG eingreifen, sofern die dortigen Voraussetzungen erfüllt sind.

b) Unwahre Angabe, fehlende Absicht der Aufgabe/Verlegung. Wie bei den meisten anderen Tatbeständen im UWG-Anhang werden auch in Nr. 15 unwahre Angaben verboten. Unwahre Angabe ist dabei nur die **ausdrückliche, objektiv unwahre Angabe,**[2] nicht aber die nur vom Verbraucher falsch verstandene Angabe. Umgekehrt kommt es **nicht darauf an,** ob die objektiv unwahre Angabe zur **Täuschung** des Verbrauchers geeignet ist oder gar eine tatsächliche Täuschung bewirkt (siehe Nr. 4 Rdn. 7). Dies ergibt sich aus der Unterscheidung zwischen der Formulierung „Geschäftspraxis, die falsche Angaben enthält und somit unwahr ist" einerseits und „Geschäftspraxis, die täuscht oder zu täuschen geeignet ist" andererseits in Art. 6 Abs. 1 der UGP-Richtlinie sowie aus der Unterscheidung in den Tatbeständen im Anhang I zur UGP-Richtlinie zwischen „Behauptung" einerseits (z. B. Nr. 1, 3, 4, 7, 9, 12, 15, 16, 17, 22) und „Erwecken eines (fälschlichen) Eindrucks" (z. B. Nr. 9, 22, 23, 24, 31) andererseits. In Nr. 15 ist nur von „falscher Behauptung" bzw. „unwahrer Angabe" die Rede, so dass nur ausdrückliche, objektiv unwahre Angaben hier erfasst sind. Das Erwecken eines falschen Eindrucks muss insoweit nach § 5 UWG geprüft werden. 7

Die Unwahrheit muss sich aus der **Divergenz zwischen der Ankündigung und den Absichten des Unternehmers/Gewerbetreibenden** ergeben. Dies ergibt sich aus dem Wortlaut der Nr. 15 im Anhang I zur UGP-Richtlinie. Danach sind Aussagen über die Geschäftsaufgabe/Geschäftsverlegung verboten, *obwohl der Gewerbetreibende dies keineswegs beabsichtigt.* Beabsichtigt daher der Unternehmer/Gewerbetreibende zum Zeitpunkt der Ankündigung die Geschäftsaufgabe, findet diese dann aber objektiv nicht statt, so ist das Verbot der Schwarzen Liste nicht erfüllt. 8

Die **Beweislast** dafür, dass eine solche Geschäftsaufgabe von vornherein nicht beabsichtigt war, obliegt nach den allgemeinen Grundsätzen demjenigen, der die Äußerung beanstandet. Damit wäre das Verbot in der Praxis praktisch wertlos, denn der Unternehmer könnte immer behaupten, dass zunächst die Geschäftsaufgabe geplant war, er dann aber seine Meinung kurzfristig geändert habe. Eine andere Absicht des Unternehmers wird sich kaum je beweisen lassen. In der **Rechtsprechung** ist allerdings auch anerkannt, dass es **Darlegungs- und Beweiserleichterungen** geben kann, wenn es um die Aufklärung von Tatsachen geht, die in den Verantwortungsbereich der jeweiligen Gegenseite fallen und den deshalb nach dem Gebot redlicher Prozessführung (§ 242 BGB) eine prozessuale (sog. sekundäre) Erklärungspflicht treffen kann.[3] Insoweit ist zu überlegen, ob der Nachweis, dass **objektiv keine Geschäftsaufgabe oder -verlegung statt fand,** bereits zum Nachweis einer entsprechenden Absicht genügt, so dass es dann dem Unternehmer obliegt, dies zu widerlegen, indem er nachweist, dass tatsächlich eine solche Geschäftsaufgabe oder Verlegung beabsichtigt war[4] – wobei dieser Nachweis dann durch entsprechende objektive Tatsachen, wie z. B. Kündigung der Geschäftsräume, Anmietung neuer Räume etc. geführt werden kann. Aber selbst dann ist zu berücksichtigen, dass das Verbot jedenfalls **für die erste Äußerung** zumeist **zu spät** kommt, weil erst nach Abschluss der angekündigten Veranstaltung festgestellt werden kann, ob es tatsächlich zur Geschäftsaufgabe kommt oder nicht. Das Verbot kann dann nur noch für zukünftige Werbung wirken. Ein Verbot zur Fortsetzung des Geschäftsbetriebs, wie es in § 8 Abs. 6 Nr. 2 und 3 UWG a. F. geregelt war, kennt das aktuelle UWG ohnehin nicht mehr. Dem per se-Verbot der Nr. 15 kommt daher nur eine **geringe praktische Bedeutung** zu. 9

c) Geschäftsaufgabe, Verlegung der Geschäftsräume. Nr. 15 regelt nur Angaben über die **Aufgabe** des Geschäfts oder die **Verlegung** der Geschäftsräume **(„Ob").** In allen **anderen Fällen der Irreführung über den Anlass des Verkaufs** bleibt es daher bei der Anwendung von **§ 5 Abs. 1 S. 2 Nr. 2** UWG. **Nicht** vom Verbot der Nr. 15 **erfasst** sind daher insbesondere irreführende Angaben über die konkrete **Dauer** des jeweiligen Verkaufs (außer dies widerspricht der Ankündigung einer „demnächst" erfolgenden Geschäftsaufgabe) über die **Art** und die **Menge** der betroffenen **Waren** oder über **weitere Umstände** des angekündigten Räumungsverkaufs. Ebenso von Nr. 15 nicht erfasst, sondern nach § 5 UWG zu beurteilen, ist die irreführende Werbung über die **Art und Weise des Verkaufs.** Auch das früher nach § 8 Abs. 5 Nr. 2 UWG a. F. verbotene **Nachschieben** von Waren wird nicht erfasst. Insoweit findet § 5 UWG Anwendung, z. B. Irreführ- 10

---

[2] Vgl. Nr. 4 Rdn. 7 ff.

[3] Vgl. BGH GRUR 1997, 229, 230 – *Beratungskompetenz; 2000,* 820, 822 – *Space Fidelity Peep Show;* 2004, 246, 247 – *Mondpreise.* Der Vorschlag von *Köhler/Bornkamm/Henning-Bodewig* WRP 2002, 1317, 1321 enthielt ebenfalls eine entsprechende Regelung zur Beweislastumkehr.

[4] Das OLG Köln GRUR 2010, 250 verurteilte statt dessen nach § 5 Abs. 1 Satz 2 Nr. 2 UWG.

rung über den Anlass des Verkaufs (§ 5 Abs. 1 S. 2 Nr. 2 UWG) oder über die Menge (§ 5 Abs. 1 S. 2 Nr. 1 UWG).

11 Aus welchem **Grund** die Aufgabe oder Verlegung des Geschäfts erfolgen soll, spielt keine Rolle. Es geht bei dem Verbot **nicht bloß** um einen **Räumungsverkauf.** Aus diesem Grund wurde der Wortlaut der Norm in der Richtlinie auch geändert. Denn im ersten Vorschlag der Kommission war noch von Räumungsverkauf die Rede,[5] jedoch wurde dies dann geändert, weil ein Räumungsverkauf nicht zwangsläufig eine Geschäftsaufgabe umfasst. So ist in Deutschland der Begriff „Räumungsverkauf“ auch gebräuchlich, wenn außergewöhnliche Schadensereignisse wie Feuer, Wasser, Sturm oder auch ein genehmigter Umbau den Handel zwingen, jedenfalls für die Phase des Baus oder der Sanierung die vorhandene Ware abzuverkaufen. Nach dem ursprünglichen Wortlaut der Kommission wären diese Fälle per se verboten gewesen, weil eine Geschäftsaufgabe erklärtermaßen nicht intendiert wurde.[6] Auch kommt es für das Verbot der Nr. 15 **nicht darauf an,** ob ein etwaiger Räumungsverkauf **als solcher rechtmäßig** ist oder nicht.[7] Das Verbot erfasst vielmehr **jegliche Werbung mit einer tatsächlich nicht geplanten Geschäftsaufgabe/Geschäftsverlegung.** Anders als nach dem früheren Recht kommt es heute somit auch nicht mehr darauf an, ob es bestimmte außergewöhnliche Schadensereignisse oder einen behördlich genehmigten Umbau gibt. Maßgeblich ist allein, ob eine Geschäftsaufgabe oder -verlegung geplant ist. Andererseits spielt es im Rahmen der Nr. 15 allerdings auch **keine Rolle** mehr (anders als bei § 8 Abs. 6 Nr. 1 UWG a. F.), ob der Anlass für die Geschäftsaufgabe vom Unternehmer absichtlich oder gar missbräuchlich **herbeigeführt wurde** oder nicht.

12 *aa) „Geschäftsaufgabe“* bedeutet, dass die geschäftliche Tätigkeit als solche **nicht nur vorübergehend** aufgegeben werden soll. Es muss sich folglich um eine **endgültige** Maßnahme handeln, eine nur vorübergehende Schließung genügt nicht. Auf der anderen Seite kennen die Richtlinie und die Schwarze Liste zu § 3 Abs. 3 UWG **keine Sperrfrist** für die Wiederaufnahme des Geschäftsbetriebs, wie sie noch in § 8 Abs. 2 UWG a. F. vorgesehen war. Der Unternehmer ist somit nicht daran gehindert, seine frühere Geschäftstätigkeit auch wieder aufzunehmen. Ob die vorherige Aufgabe dann immer noch als „Geschäftsaufgabe“ zu betrachten ist, muss im Einzelfall unter Berücksichtigung aller Umstände wie z. B. Sortiment, räumliche Nähe, Unternehmensträger, Dauer bis zur Wiederaufnahme der Tätigkeit entschieden werden. Je länger das Zwischenstadium dauert, desto schwieriger wird der Nachweis, dass von Anfang an keine endgültige Aufgabe geplant war. Zudem ist der **Betrieb als solcher** einzustellen. Ein Wechsel der Rechtsform oder der Firma genügt nicht, wohl aber der Wechsel des Geschäftsinhabers, sofern dieser nicht nur zum Schein erfolgt oder der bisherige Inhaber das neue Geschäft mittelbar fortsetzt.

13 Bei allen Abgrenzungen ist dabei zu beachten, dass sie in zwei Richtungen wirken können: Wird nur mit einer ***vorübergehenden* Schließung** geworben, so ist das Verbot der **Nr. 15 von vornherein nicht anwendbar,** und zwar unabhängig davon, ob die Schließung tatsächlich geplant war oder nicht. Maßgeblich ist dann allein § 5 Abs. 1 S. 2 Nr. 2 UWG. Wird hingegen mit einer vollständigen Schließung geworben, die dann aber – so wie ursprünglich geplant – nur vorübergehend stattfindet, so ist das Verbot der Nr. 15 erfüllt.

14 Unklar ist, ob **„Geschäft“** im Sinne des gesamten Unternehmens zu verstehen ist oder nur im Sinne eines bestimmten **Geschäftslokals** oder eines **Teilbetriebs** oder gar nur einer **Abteilung.** Die Unterscheidung im Wortlaut der Regelungen zwischen „Geschäft“ einerseits und „Geschäftsraum“ andererseits, könnte nahelegen, dass mit Geschäft nicht nur das einzelne Ladenlokal (Geschäftsraum) gemeint ist. Das hätte allerdings die merkwürdige Konsequenz, dass die irreführende Angabe über die (tatsächlich nicht geplante) örtliche Verlegung einer Niederlassung oder eines bestimmten Geschäftsraums erfasst wäre, die irreführende Angabe über die Schließung eines Lokals hingegen nicht. Ob diese Unterscheidung vom europäischen Gesetzgeber gewollt war, ist zweifelhaft. Bestätigt werden diese Zweifel durch die englischen und französischen Übersetzungen der Richtlinie. Denn dort wird nicht so strikt zwischen Geschäft und Geschäftsraum unterschieden. So heißt es in der franz. Fassung: *„de cesser ses activités or de les établir ailleurs ...“*. Das spricht dafür, dass von dem Verbot sowohl die Schließung oder Verlegung eines einzelnen Geschäftslokals als auch des gesamten Geschäfts erfasst sind. Nach Sinn und Zweck des Verbots wäre es auch sinnvoll, die unwahre Ankündigung der Aufgabe einer bloßen Verkaufsabteilung dem Verbot zu unterstellen, aller-

---

[5] KOM (2003) 356 endgültig: „Der Begriff „Räumungsverkauf“ oder ähnliche Bezeichnungen werden verwendet, der Gewerbetreibende beabsichtigt tatsächlich aber keine Geschäftsaufgabe.“

[6] Stellungnahme der Deutschen Vereinigung für gewerblichen Rechtsschutz und Urheberrecht e. V., GRUR 2005, 215, 217.

[7] Was aber nichts daran ändert, dass irreführende Angaben über den Grund der Geschäftsaufgabe weiterhin nach § 5 UWG rechtswidrig sein können.

dings ist dies angesichts der gebotenen restriktiven Auslegung der Schwarzen Liste nur schwer mit dem Wortlaut der Norm zu vereinbaren. Angesichts der Möglichkeit des Rückgriffs auf die Tatbestände des § 5 Abs. 1 UWG ist das aber auch nicht unbedingt erforderlich.

bb) ***„Verlegung der Geschäftsräume“*** bedeutet, dass das bisherige Geschäftslokal oder die gesamte Geschäftsaktivität an diesem Ort aufgegeben und an anderer Stelle neu eröffnet wird. Auch hier ist ein nur **vorübergehender Wechsel nicht ausreichend.** Auf die räumliche Entfernung kommt es hingegen nicht an. Es darf sich nur nicht um dieselben Geschäftsräume handeln. 15

d) „Demnächst“. „Demnächst“ bedeutet laut Duden *„in nächster Zeit, bald, in absehbarer Zeit“.* Eine feste Zeitgröße gibt es nicht. Maßgeblich sind jeweils die **Umstände des Einzelfalls.** Sinn und Zweck des Verbots ist es, dass der Verbraucher nicht zu einem **übereilten Kaufentschluss** bewogen werden soll und sich nicht im Hinblick auf den kurzfristig bevorstehenden Wechsel besondere Preisvorteile versprechen soll, weil er glaubt, der Unternehmer werde seine Ware wegen der Geschäftsaufgabe bzw. der Verlegung der Geschäftsräume besonders günstig abgeben. Je größer daher das Geschäft und je länger es erfahrungsgemäß dauert, die beworbenen Waren abzusetzen, desto länger kann der Zeitraum von „demnächst“ sein. **Grundsätzlich** sollte man allerdings von einem **eher kurzen Zeitraum** ausgehen. Das ergibt sich auch aus der französischen *(„que le professionnel est sur le point de cesser ses activités“)* und der englischen *(„that the trader is about to cease trading“)* Übersetzung des Verbots, die suggerieren, dass die Aufgabe oder Verlegung unmittelbar bevorstehen muss. 16

Auch muss der Ausdruck „demnächst“ **nicht wörtlich verwendet** werden. Erfasst werden **auch andere Worte,** mit denen ebenfalls eine kurzfristig erfolgende Aufgabe oder Verlegung behauptet wird. Dies kann auch die Angabe eines konkreten Datums sein, soweit dieses Datum „demnächst“ ist. Eine nur konkludente Behauptung genügt angesichts der Abgrenzung des Begriffs „Behauptung“ (siehe Nr. 4 Rdn. 8) allerdings nicht. Erst recht genügt es für die Anwendung des Verbots nicht, nur eine Geschäftsaufgabe anzukündigen ohne weitere Zeitangabe, denn zum einen entnimmt der Verkehr dem nicht zwangsläufig die Ankündigung, die Aufgabe werde demnächst erfolgen, zum anderen wäre dieses Tatbestandsmerkmal dann sinnlos und überflüssig. 17

Wirbt der Unternehmer mit einer Geschäftsaufgabe, die nicht bereits demnächst stattfinden soll, so ist die Werbung am allgemeinen Verbot des § 5 Abs. 1 S. 2 Nr. 2 UWG zu messen.

Auch hinsichtlich des Zeitelements gilt, dass die **Angabe unwahr** sein muss, wobei sich die Unwahrheit aus einem Vergleich der Ankündigung und der Absicht des Unternehmers ergeben muss. Auch insoweit gilt, dass die gegenteilige Absicht bereits zum Zeitpunkt der Behauptung bestanden haben muss, was sich kaum beweisen lassen wird. 18

Unzulässige geschäftliche Handlungen im Sinne des § 3 Abs. 3 sind

16. die Angabe, durch eine bestimmte Ware oder Dienstleistung ließen sich die Gewinnchancen bei einem Glücksspiel erhöhen;

Inhaltsübersicht

	Rdn.
1. Einfluss des europäischen Rechts	1
2. Zweck der Vorschrift und Abgrenzung	3
3. Einzelheiten	8
a) An einen Verbraucher gerichtete geschäftliche Handlung	8
b) Angabe	9
c) Bestimmte Ware oder Dienstleistung	10
d) Glücksspiel	12
e) Erhöhung der Gewinnchancen	17
f) Beispiele	20

1. Einfluss des europäischen Rechts

Die Vorschrift beruht auf der Regelung Anhang I Nr. 16 zur **UGP-Richtlinie.** Danach ist verboten die 1

„Behauptung, Produkte könnten die Gewinnchancen bei Glückspielen erhöhen.“

Die **Abweichungen** zwischen dem deutschen Text und der Richtlinie sind – anders als in früheren Referentenentwürfen – nur **minimal.** So stellt der deutsche Text auf die **Verknüpfung** einer bestimmten *Ware/Dienstleistung* Gewinnchancen bei einem Glücksspiel ab („durch“), während die 2

Richtlinie allgemeiner formuliert ist. Das ist im Wege der Auslegung zu berücksichtigen. Nach beiden Normen kommt es allerdings nicht darauf an, dass die Angabe unwahr ist.

2. Zweck der Vorschrift und Abgrenzung

3 Zweck des per se-Verbots ist, den Verbraucher davor zu bewahren, nur oder jedenfalls auch deshalb ein Produkt zu kaufen oder zu verwenden, weil dessen *Gebrauch* seine Gewinnchancen bei Glücksspielen (möglicherweise) erhöht.[1] Die Regelung steht in einem inneren Zusammenhang zu den Verboten in Nr. 17 und Nr. 20, die sich mit weiteren unlauteren Praktiken bei Gewinnspielen beschäftigen.

4 Der deutsche Gesetzgeber hatte mit der mit dem UWG 2015 aufgehobenen Vorschrift des **§ 4 Nr. 6 UWG** zu verbieten beabsichtigt, die Teilnahme an einem Gewinnspiel oder Preisausschreiben von dem Erwerb einer Ware abhängig zu machen. Er wollte damit verhindern, dass der Kauf einer Ware Voraussetzung ist, um überhaupt an einem Gewinnspiel teilzunehmen (sog. **Kopplungsverbot**). **Nr. 16** dagegen hat Verbraucher im Blick, die auch ohne Kauf von Waren an einem Glücksspiel teilnehmen. Diese sollen nicht dazu verleitet werden, zu glauben, dass sie durch die Nutzung eines Produkts (das nicht notwendig auch erworben werden muss) höhere Gewinnchancen haben. Die Koppelung als solche fällt dagegen nicht in den Anwendungsbereich von Nr. 16. Nach der EuGH-Entscheidung „Plus" ist es grundsätzlich erlaubt, Warenerwerb und Gewinnspielteilnahme zu koppeln.[2] Auch der Wortlaut von Anh. I Nr. 16 der UGP-Richtlinie zeigt, dass die Kopplung von Wareneinsatz und Glücksspielteilnahme als solche nicht unter Nr. 16 fällt, obwohl die Möglichkeit der Gewinnspielteilnahme natürlich auch die Gewinnchance erhöht (die andernfalls gleich Null ist), insbesondere wenn mehrere Lose einer Lotterie gekauft werden.

5 Der mit dem UWG 2015 ebenfalls aufgehobene **§ 4 Nr. 5 UWG** gebot, bei Preisausschreiben oder Gewinnspielen mit Werbecharakter die **Teilnahmebedingungen klar und eindeutig** anzugeben (sog. **Transparenzgebot;** dies lässt sich nunmehr allgemein aus § 5a Abs. 2 S. 2 UWG herleiten, da dort als „Vorenthalten" von wesentlichen Informationen auch deren Bereitstellung „in unklarer, unverständlicher oder zweideutiger Weise" gilt). Der Tatbestand befasst sich daher vor allem mit den Rahmenbedingungen der Preisausschreiben und Gewinnspiele, nicht aber mit dem Produkt als solchem.

6 Der Wortlaut von Anh. I Nr. 16 Richtlinie zeigt sodann, dass diese Vorschrift die Werbung für und das Angebot von Produkten, wie etwa Büchern, Computerprogrammen oder sonstigen Handlungsanweisungen verbietet, deren Einsatz bei Glücksspielen die Gewinnchancen des Verwenders erhöhen sollen.[3] Mit dem Transparenzgebot hat dies mithin ebenfalls nichts zu tun.

Mit der erfolgten Korrektur der Formulierung der Nr. 16, die sich deutlich enger an den Wortlaut der Nr. 16 des Anhang I der UGP-Richtlinie anlehnt, ist diese Unklarheit beseitigt worden.

7 Weitere Regelungen und Verbote zur Werbung für öffentliches Glücksspiel finden sich in **§ 5 GlüStV.**[4]

3. Einzelheiten

8 **a) An einen Verbraucher gerichtete geschäftliche Handlung.** Wie alle Tatbestände des UWG-Anhangs setzt auch Nr. 16 eine an einen **Verbraucher** gerichtete **geschäftliche Handlung** voraus. Angaben gegenüber **Unternehmern** können nur unter den allgemeinen Voraussetzungen nach § 5 UWG irreführend sein. Bezüglich der Legaldefinition der Begriffe „geschäftliche Handlung" und „Verbraucher" wird auf die Kommentierung von *Keller* zu § 2 Abs. 1 Nr. 1 und § 2 Abs. 2 UWG verwiesen.

9 **b) Angabe.** Nachdem im ersten Diskussionsentwurf noch von einer „unwahren" Angabe die Rede war, verbietet Nr. 16 nunmehr **jegliche Angabe.** Das deutsche Recht stimmt insoweit mit der Richtlinie überein. Es genügt, dass eine Beeinflussung als möglich *(„könnten")* dargestellt wird;

---

[1] Nach *Köhler*/Bornkamm Rdn. 16.1 liegt der Zweck der Regelung darin, insbesondere leichtgläubige Menschen zu schützen, die auf solche Angaben hereinfallen könnten.

[2] Vgl. EuGH GRUR 2010, 244 – *Plus Warenhandelsgesellschaft.*

[3] *Sosnitza* WRP 2008, 1014, 1024; *Köhler*/Bornkamm Rdn. 16.4 der unter Hinweis auf die englische und französische Sprachfassung *(games of chance/jeux d'hazard)* darauf hinweist, dass in der deutschen Fassung auch nicht etwa nur versehentlich statt des Begriffs des Gewinnspiels der des „Glücksspiels" gebraucht worden sei. Vgl. aber die in eine deutlich andere Richtung gehende, offenbar durch die missverständliche Formulierung des Referentenentwurfs beeinflusste Interpretation des Wortlautes des Gesetzentwurfs von *Hoeren* BB 2008, 1182, 1189.

[4] Staatsvertrag zum Glücksspielwesen in Deutschland, geändert durch GlüÄndStV nebst entsprechender Gesetze zur Ratifizierung in den Bundesländern. Vgl. dazu auch *v. Jagow,* § 3a UWG Rdn. 94.

eine Irreführung muss damit nicht verbunden sein. Nach dem Wortlaut verboten wäre daher **auch die objektiv zutreffende Aussage,** dass durch ein Produkt die Gewinnchancen tatsächlich erhöht werden könnten. In einem solchen Fall dürfte sich der Werbetreibende auf diese Wirkung in der Werbung nicht berufen. Dieses Ergebnis ist aber zumindest fraglich. Denn in einem solchen Fall sind Verbraucher ersichtlich nicht schutzwürdig, so dass eine teleologische Reduktion von Nr. 16 anzudenken ist.[5] Eine ganz andere Frage ist aber, ob ein solcher Beweis geführt werden kann. Denn ein „Glücksspiel" ist per definitionem **zufallsabhängig** und entzieht sich damit einer exakten Berechnung bzw. Vorhersagbarkeit. Dementsprechend ist der europäische Gesetzgeber offensichtlich auch davon ausgegangen, dass ein solcher Beweis überhaupt **nicht geführt** werden könne und eine solche Behauptung im Zusammenhang mit Glückspielen deshalb **stets als unzulässig anzusehen** sei.

c) Bestimmte Ware oder Dienstleistung. Der in der Richtlinie verwendete Begriff des „Produkts" umfasst nach der Definition in Art. 2 lit. c) der Richtlinie die im deutschen Text verwendeten **Waren und Dienstleistungen.** Der Umstand, dass im deutschen Gesetzestext von ***„bestimmten"* Waren** oder Dienstleistungen die Rede ist, bewirkt in der Sache ebenfalls keinen wesentlichen Unterschied, denn selbstverständlich muss es auch in der Richtlinie um Absatzförderung, Verkauf oder Lieferung eines (bestimmten) Produkts gehen.[6] 10

In **früheren Entwürfen** des deutschen Gesetzes wurde noch auf den **„Erwerb"** von Waren abgestellt, was zu Auslegungsproblemen geführt und den Vorgaben der Richtlinie nicht entsprochen hätte. Denn diese stellt auf die Ware bzw. Dienstleistung als solche ab und nicht auf ihren Erwerb. Die für den Kauf von Losen für eine Lotterie banale Erkenntnis, dass mit der Anzahl der gekauften Lose die Wahrscheinlichkeit eines Gewinns steigt, lässt den Verkauf von Losen oder – ganz allgemein – die Koppelung von Ware und Gewinnspielteilnahme dennoch nicht dem Verbot unterfallen. Erforderlich ist vielmehr ein **Zusammenhang zwischen (vermeintlichen) Eigenschaften des Produkts** und den **Gewinnchancen** bei einem Glücksspiel. 11

d) Glücksspiel. Entsprechend den Vorgaben der Richtlinie ist nunmehr auch im deutschen Text nur noch von den Erwerbschancen bei einem **„Glücksspiel"** die Rede. In früheren Entwürfen wurden hingegen noch die Worte **„Gewinnspiel"** und **„Preisausschreiben"** verwendet, obwohl diese nicht deckungsgleich sind mit dem Begriff „Glücksspiel".[7] 12

Der Begriff „Glücksspiel" im Sinne der Richtlinie 2005/29/EG ist **gemeinschaftsrechtlicher Begriff,** der im Zweifelsfall vom EuGH ausgelegt werden muss. Zu berücksichtigen ist auch die Formulierungen in anderen Übersetzungen der Richtlinie (z.B. „jeux d'hazard" oder „games of chance"). Somit ist für ein „Glücksspiel" kennzeichnend, dass die Entscheidung über Gewinn und Verlust nicht wesentlich von den Fähigkeiten, den Kenntnissen und der Aufmerksamkeit der Spieler, sondern allein oder jedenfalls hauptsächlich **vom Zufall** abhängt. 13

Fraglich ist, ob „Glücksspiele" in diesem Sinn auch stets einen **geldwerten Einsatz** voraussetzen, so wie das im deutschen Recht der Fall ist.[8] Dagegen scheinen Art. 1 Abs. 5 lit. d) letzter Spiegelstrich und Erwägungsgrund 16 der E-Commerce Richtlinie 2000/31/EG zu sprechen, die ausdrücklich von „Glücksspielen mit einem geldwerten Einsatz" als einem Unterfall von Gewinnspielen sprechen.[9] Wenn man dem Gesetzgeber nicht eine Tautologie unterstellen will, könnte das so verstanden werden, dass es auch Glücksspiele ohne geldwerten Einsatz geben kann. Diese werden gemeinhin aber mit dem Oberbegriff „Gewinnspiele" bezeichnet. Demgegenüber geht der EuGH in seiner Rechtsprechung davon aus, dass Glücksspiele einen geldwerten Einsatz erfordern.[10] 14

Somit wird man den Begriff „Glücksspiel" wie in **§ 3 Abs. 1 GlüStV** auslegen können, **wonach ein Glücksspiel vorliegt,** „wenn im Rahmen eines Spiels für den Erwerb einer Gewinnchance ein Entgelt verlangt wird und die Entscheidung über den Gewinn ganz oder überwiegend 15

---

[5] Vgl. insbesondere unten Rdn. 20f. und *Köhler*/Bornkamm Rdn. 16.6.

[6] Dies kommt deutlich in der Definition des Begriffs „Geschäftspraktiken" in Art. 2 lit. d) der Richtlinie 2005/29/EG zum Ausdruck.

[7] Zur Abgrenzung der Begriffe ausführlich Fezer/*Hecker,* UWG § 3 4; 5 Rdn. 61ff.

[8] Vgl. BGHSt 2, 274, 276; 11, 209; NJW 1987, 851 und *v. Jagow,* § 3a UWG Rdn. 94.

[9] ErwGr. 16: *„Die Ausklammerung von Gewinnspielen aus dem Anwendungsbereich dieser Richtlinie betrifft nur Glücksspiele, Lotterien und Wetten mit einem einen Geldwert darstellenden Einsatz. Preisausschreiben und Gewinnspiele, mit denen der Verkauf von Waren oder Dienstleistungen gefördert werden soll und bei denen etwaige Zahlungen nur dem Erwerb der angebotenen Waren oder Dienstleistungen dienen, werden hiervon nicht erfasst."*

[10] EuGH, Urteil v. 11.9.2003, C-6/01, *Associação Nacional de Operadores de Máquinas Recreativas (Anomar) u. a.* Rdn. 47: *„alle Glücksspiele sind als wirtschaftliche Tätigkeiten im Sinne von Artikel 2 EG zu qualifizieren, denn sie erfüllen die beiden vom Gerichtshof in seiner früheren Rechtsprechung zugrunde gelegten Kriterien, nämlich die Erbringung einer bestimmten Dienstleistung gegen Entgelt und die Erwartung eines Gewinns in Geld.";* Urteil v. 21.9.1999, C-124/97 – *Läärä;* Urteil vom 24.3.1994, C-275/92, Slg. 1994, I-1039 – *Schindler.*

vom Zufall abhängt“. Öffentliche Glücksspiele bedürfen der behördlichen Erlaubnis (§§ 4 Abs. 1 GlüStV, 284 StGB) und kommen daher als Verkaufsförderungsmaßnahmen im engeren Sinne praktisch nicht in Betracht.

16 Ebenfalls ist in diesem Zusammenhang zu beachten, dass ErwGr. 9 der Richtlinie ausdrücklich klarstellt, dass diese Richtlinie nicht die nationalen Vorschriften berührt, die sich „im Einklang mit dem Gemeinschaftsrecht auf Glücksspiele beziehen“. Da der EuGH in der „Gambelli“-Entscheidung ausgeführt hat, dass die Mitgliedstaaten durchaus die Veranstaltung und Bewerbung von Glücksspielen verbieten bzw. sehr streng reglementieren können, ist Nr. 16 mithin **nicht** etwa im Umkehrschluss als europarechtlicher Freibrief zur Veranstaltung von zufallsabhängigen Gewinnspielen mit geldwertem Einsatz im Bereich der Verkaufsförderung zu verstehen – und zwar auch dann nicht, wenn im Einklang mit Nr. 16 keine Erhöhung der Gewinnchancen beim Erwerb einer Ware/Inanspruchnahme der Dienstleistung behauptet wird.

17 **e) Erhöhung der Gewinnchancen.** Die Erhöhung der Gewinnchancen muss als **möglich hingestellt** werden. Dass ein Produkt als solches die Gewinnchancen bei Glücksspielen tatsächlich erhöht, ist eher unwahrscheinlich, weil es sich dann kaum mehr um ein Glücksspiel handeln würde. Es ist aber auch nicht ausgeschlossen. Zu denken wäre beispielsweise an ein Programm, das den Programmcode bei einem Geldspielautomaten wiedergibt.[11] Dennoch soll die Werbung hierfür verboten sein (vgl. aber Rdn. 10, 21).

18 Außerdem muss es um die **Erhöhung** von Gewinnchancen gehen, die **unabhängig vom Kauf des Produkts** bereits als solche bestehen. D. h. der Erwerb des Produkts darf nicht die Voraussetzung dafür sein, dass überhaupt eine Teilnahme an dem Glücksspiel erfolgt. Denn andernfalls wäre auch die Werbung für Lotto verboten, weil der Erwerb eines Lottoscheins Voraussetzung dafür ist, dass man überhaupt an dem Glücksspiel teilnehmen kann und zudem mit jeder neuen Zahlenkombination statistisch gesehen die Wahrscheinlichkeit eines Gewinns steigt.[12]

19 Auf welche **Art und Weise** das erworbene Produkt die Gewinnchancen erhöhen soll, ist für das Verbot **unerheblich.**

20 **f) Beispiele.** Unter Nr. 16 fällt z. B. das **Angebot eines Programms,** das angeblich mit Hilfe wissenschaftlicher Erkenntnisse bestimmte Tage mit einer angeblich erhöhten persönlichen Glücks- und Erfolgsdisposition und die zugehörigen **Lotto-Glückszahlen** errechnet[13] oder eine Werbeaussage mit der suggeriert wird, der Erwerb und das **Tragen eines Talismans** führe eine Erhöhung der Gewinnchancen herbei.[14]

21 Dem Wortlaut nach würden auch die schier unübersehbare **Ratgeberliteratur** für Strategien bei Poker, Blackjack, Roulette, sowie u. U. auch Lotto-**„Systemscheine“** erfasst werden, soweit diese mit der Behauptung angeboten werden, auf diese Weise könne man seinem Glück „nachhelfen“.[15] Ob dies vom Gesetzgeber gewollt war, erscheint allerdings zweifelhaft.

22 Ebenso ist **zweifelhaft,** ob unter Nr. 16 das Angebot von Produkten fällt, die es dem Verbraucher ermöglichen, ein Glücksspiel so zu **manipulieren,** dass es nicht mehr zufallsabhängig ist und auf diese Weise unrechtmäßig die Gewinnchancen zu erhöhen. Ein Verbraucher, der solche Waren erwirbt, ist nicht schutzwürdig, da er versucht, unter Umgehung der Regeln eines Glücksspiels sich einen unzulässigen Vorteil zu verschaffen. Dies gilt auch dann, wenn die verkauften Produkte wirkungslos sind, da der Verbraucher insoweit ein „betrogener Betrüger“ ist.[16] Der Verkauf von **gezinkten Spielkarten** für das Pokerspiel, **gewichteten Würfel** oder der Verkauf von **Magneten** bzw. **Software zur Manipulation** von Geldspielautomaten etc. würde durch diese Vorschrift mithin **nicht** erfasst werden.[17] Zu prüfen wäre allerdings in solchen Fällen, ob das Verbot der Nr. 9 der Schwarzen Liste erfüllt ist.

23 Ebenfalls nicht vom Verbot erfasst ist das Angebot eines **Sparzinses,** dessen Höhe vom Ausgang eines ungewissen Ereignisses (z. B. dem Abschneiden der Fußball-Nationalmannschaft bei einer EM

---

[11] Vgl. dazu etwa BGH NStZ 1995, 136, 137.

[12] Verboten nach Nr. 16 wäre etwa die Werbeaussage *„Lotto-Zufall besiegt“* für ein Lottosystem, vgl. KG WRP 1987, 467, 468.

[13] KG GRUR 1988, 223 – *Bio-Lottogramm* zu § 3 UWG a. F. Vgl. auch LG Oldenburg NJW-RR 1991, 940 (Werbung eines Wahrsagers mit *„Trefferquote 99,998 %“*); OLG Stuttgart NJW-RR 1988, 934 f. – *Werbung gegenüber Lottospielern.*

[14] KG WRP 1987, 108, 110 – *Werbung für Talisman;* KG WRP 1976, 372, 374 – *Irreführende Werbung für Glücksbringer;* OLG Frankfurt WRP 1981, 467, 486 – *Abergläubische Werbung.*

[15] So wäre etwa verboten die Werbeaussage *„Lotto-Zufall besiegt“* für ein Lottosystem, vgl. etwa KG WRP 1987, 467, 468.

[16] Hefermehl/Bornkamm/Köhler UGP-RL Anh. I, Rdn. 16.6.

[17] A. A. aber ohne Begründung für gezinkte Karten *Sosnitza* WRP 2008, 1024.

oder WM) abhängt.[18] Das gilt für § 4 Nr. 6 UWG ebenso wie für das Verbot der Nr. 16, zumal bei einem solchen Angebot ohnehin auch nicht das Produkt (Sparzins) das Glücksspiel (Fußballereignis), sondern das Ereignis den Zins beeinflusst.

Unzulässige geschäftliche Handlungen im Sinne des § 3 Abs. 3 sind

17. die unwahre Angabe oder das Erwecken des unzutreffenden Eindrucks, der Verbraucher habe bereits einen Preis gewonnen oder werde ihn gewinnen oder werde durch eine bestimmte Handlung einen Preis gewinnen oder einen sonstigen Vorteil erlangen, wenn es einen solchen Preis oder Vorteil tatsächlich nicht gibt, oder wenn jedenfalls die Möglichkeit, einen Preis oder sonstigen Vorteil zu erlangen, von der Zahlung eines Geldbetrags oder der Übernahme von Kosten abhängig gemacht wird;

Inhaltsübersicht

	Rdn.
1. Einfluss des europäischen Rechts	1
2. Zweck der Vorschrift und Abgrenzung	4
3. Einzelheiten	11
a) An einen Verbraucher gerichtete geschäftliche Handlung	11
b) Unwahre Angabe oder Erwecken eines unzutreffenden Eindrucks	12
c) Bei einem Verbraucher	13
d) (Bereits erfolgter oder zukünftiger) Gewinn eines Preises oder Erlangung eines sonstigen Vorteils, den es tatsächlich nicht gibt	14
aa) Preis	14
bb) Sonstiger Vorteil	16
cc) Tatsächlich nicht gegeben	18
e) Kopplung des Preises oder Vorteils mit der Zahlung eines Geldbetrags oder der Übernahme von Kosten	19
f) Verhältnis zu § 661a BGB	23

1. Einfluss des europäischen Rechts

Die Vorschrift beruht auf der Regelung Anhang I Nr. 31 der **UGP-Richtlinie,** die dort unter der Zwischenüberschrift „aggressive Geschäftspraktiken" geführt wird. Die Richtlinie verbietet das 1

„Erwecken des fälschlichen Eindrucks, der Verbraucher habe bereits einen Preis gewonnen, werde einen Preis gewinnen oder werde durch eine bestimmte Handlung einen Preis oder einen sonstigen Vorteil gewinnen, obwohl:
– es in Wirklichkeit keinen Preis oder sonstigen Vorteil gibt,
oder
– die Möglichkeit des Verbrauchers, Handlungen in Bezug auf die Inanspruchnahme des Preises oder eines sonstigen Vorteils vorzunehmen, in Wirklichkeit von der Zahlung eines Beitrags oder der Übernahme von Kosten durch den Verbraucher abhängig gemacht wird."

Der EuGH hat in der Entscheidung *Purely Creative*[1] diese Norm aufgrund ihres Standortes ausdrücklich als **aggressive** Geschäftspraktik eingeordnet und irreführende Elemente als irrelevant angesehen. Aber auch wenn der Unionsgesetzgeber frei ist, im Anh I der UGP-Richtlinie eine Geschäftspraktik zu einer aggressiven zu erklären, überzeugt die Argumentation des EuGH gleichwohl nicht: Nach Auffassung des Gerichtshofes soll diese Norm verhindern, dass Unternehmer die *psychologische Wirkung* der Erwähnung eines *„Preises"* ausnutzen, weil die Bezeichnung als „Preis" die Verbraucher zu einer *„nicht immer rationalen" geschäftlichen Entscheidung veranlassen könne.*[2] 2

Das ist jedoch schon mit Blick auf das Verbraucherleitbild der UGP-RL nicht überzeugend.[3] Tatsächlich geht es durchaus um Elemente der **Irreführung,** auch wenn dem Merkmal der „unwahren Angabe oder des Erweckens des unzutreffenden Eindrucks" nach Auffassung des EuGH keine eigenständige Bedeutung zukommen soll.[4] Erklären lässt sich der angeblich die Qualität dieser Rege- 3

[18] BGH GRUR 2007, 981, 983f. – *150 % Zinsbonus.*
[1] GRUR 2012, 1269, insb. Rdn. 37 u. 46.
[2] EuGH a. a. O., Rdn. 38, 49.
[3] Vgl dazu *Scherer* WRP 2013, 143 Rdn. 17ff.; zur Diskussion eines sich durch diese Entscheidung angeblich abzeichnenden neuen Verbraucherleitbildes vgl. *Henning-Bodewig,* Editorial zu WRP 11/20013; ausführlich auch § 5 und Einl. B.
[4] A. a. O., Rdn. 28–30.

lung bestimmende Standort dieser Norm bei den aggressiven Geschäftspraktiken vor allem mit der Entwicklung des Verbots: Die Bestimmung wurde erst durch den Gemeinsamen Standpunkt vom Europäischen Parlament und dem Rat vom 15. November 2004[5] in den Richtlinientext eingefügt, wobei es zunächst nur um die Aussage ging, der Verbraucher habe bereits einen Preis gewonnen, ohne dafür einen Kauf tätigen zu müssen, während in Wirklichkeit die Gewinnmöglichkeit vom Erwerb eines Produkts abhängig war. Der Tatbestand wurde dann durch das Europäische Parlament noch erweitert, indem die Variante ergänzt wurde, mit einem Gewinn zu locken, obwohl es keinen Gewinn gibt. Das Verbot **vermischt** somit Elemente der **Irreführung** mit Elementen **aggressiver Geschäftspraktiken**[6] und ist deswegen und auch wegen der komplizierten sprachlichen Fassung nur schwer zu verstehen.

Mit dieser Norm wird jedenfalls aber ausgedrückt, dass in den beiden in der Vorschrift genannten Fällen ein Eindruck vermittelt wird, der nicht der Wirklichkeit entspricht.[7]

2. Zweck der Vorschrift und Abgrenzung

4 Der **Tatbestand** lässt sich grob in **zwei Bereiche** unterteilen, nämlich erstens die irreführende Werbung mit Preisen oder Vorteilen, die es tatsächlich nicht gibt (Rdn. 18), und zweitens die Kopplung eines Gewinns an eine Gegenleistung (Rdn. 19).

5 Nach der Begründung des **Regierungsentwurfs** sollten durch die nach Nr. 17 und 20 der Schwarzen Liste verbotenen Handlungen zugleich das Transparenzgebot des durch das UWG 2015 aufgehobenen § 4 Nr. 5 UWG und das Kopplungsverbot des mit dem UWG 2015 ebenfalls aufgehobenen § 4 Nr. 6 UWG erfüllt werden. Tatsächlich aber hat der Anwendungsbereich von Nr. 17 mit dem Transparenzgebot nur geringe und mit dem ehemaligen Kopplungsverbot überhaupt keine inhaltlichen Überschneidungen.

6 Eine unwahre Gewinnmitteilung ist nämlich keine „unklare", sondern schlichtweg eine eindeutig falsche, irreführende Angabe. Ferner betrifft diese Mitteilung auch nicht etwa die „Teilnahmebedingungen" eines Gewinnspiels, sondern den angeblichen **Lohn für eine solche** (bereits erfolgte) **Teilnahme.** Lediglich die zweite Variante, wonach es ebenfalls unzulässig ist, eine Gewinnmitteilung zu machen und den angeblichen Gewinner gleichzeitig oder spätestens bei dem Versuch, den Gewinn zu erhalten, aufzufordern, zuvor noch Zahlungen zu leisten, oder wenn ein „Organisationskostenbeitrag" erhoben wird, von dem vorher keine Rede war, kann gleichzeitig auch als Verstoß gegen das Gebot angesehen werden, schon in den Teilnahmebedingungen alle Kosten anzugeben, die mit der Inanspruchnahme des Preises verbunden sind.[8]

7 Und das Kopplungsverbot hatte auch nichts mit dem Transparenzgebot zu tun, sondern sollte unabhängig von der Frage der Transparenz und sonstiger Aspekte der Irreführung oder Beeinflussung allein die **Verknüpfung** des Warenerwerbs als **Voraussetzung** für die **Teilnahme an einem Gewinnspiel** verbieten. Dies ist mit der durch das UWG 2015 erfolgten Aufhebung des § 4 Nr. 6 UWG a. F. nun kein Thema mehr.

8 Die **erste Variante der Nr. 17** (Verbraucher habe bereits einen Preis gewonnen) betrifft **keinen Fall der Kopplung,** zweitens ist bei Nr. 17 der Gewinn nicht an den Erwerb der beworbenen Ware/Dienstleistung geknüpft, sondern kann auch in der Zahlung eines Geldbetrages oder der Übernahme von Kosten liegen und drittens liegt in solchen Fällen die Kopplung von vornherein fest, so dass es hier auch auf eine Irreführung nicht ankommt, während bei Nr. 17 über eine eventuell bestehende Kopplung gerade getäuscht wird.[9]

9 Der Unterschied zum Verbot in Nr. 20 besteht schließlich darin, dass beim Verbot der Nr. 17 so getan wird, als habe der Verbraucher einen bestimmten Preis bereits sicher gewonnen oder werde ihn sicher gewinnen, während ihm bei **Nr. 20** nur eine bestimmte (zukünftige) **Gewinnchance** vorgetäuscht wird.

10 Im Zusammenhang mit der Ankündigung von Gewinnen ist außerdem die Regelung in **§ 661a BGB** zu berücksichtigen. Danach hat ein Unternehmer, der Gewinnzusagen an Verbraucher sendet und durch die Gestaltung dieser Zusendungen den Eindruck erweckt, dass der Verbraucher einen Preis gewonnen hat, dem Verbraucher diesen Preis zu leisten. Diese Regelungen ergänzen sich (dazu Rdn. 21).

---

[5] ABl. EU vom 15.2.2005, Nr. C 38 E/1.
[6] *Köhler* GRUR 2012, 1211.
[7] Köhler/Bornkamm Anhang zu § 3 Abs 3, Rd. 17.1.
[8] Vgl. hierzu bereits BGH GRUR 2005, 1061 – *Telefonische Gewinnauskunft.*
[9] Kritisch zur Regierungsbegründung auch *Sosnitza* WRP 2008, 1014, 1024.

3. Einzelheiten

a) An einen Verbraucher gerichtete geschäftliche Handlung. Wie alle Tatbestände des UWG-Anhangs setzt auch Nr. 17 eine an einen **Verbraucher** gerichtete **geschäftliche Handlung** voraus. Angaben gegenüber **Unternehmern** können nur nach § 5 UWG irreführend sein. Bezüglich der Legaldefinition der Begriffe „geschäftliche Handlung" und „Verbraucher" wird auf die Kommentierung von *Keller* zu § 2 Abs. 1 Nr. 1 Rdn. 8ff. und § 2 Abs. 2 UWG Rdn. 238ff. verwiesen. 11

b) Unwahre Angabe oder Erwecken eines unzutreffenden Eindrucks. „Unwahre Angabe" im Sinne des UWG-Anhangs sind nur die ausdrücklichen, objektiv unwahren Angaben, nicht aber mehrdeutige, also von einem (Durchschnitts)Verbraucher falsch verstehbare Angaben. Umgekehrt kommt es nicht darauf an, ob die objektiv unwahre Angabe zur **Täuschung** des Verbrauchers geeignet ist oder gar eine tatsächliche Täuschung bewirkt (siehe Nr. 4 Rdn. 7).[10] Dies ergibt sich aus der Unterscheidung zwischen der Formulierung „Geschäftspraxis, die falsche Angaben enthält und somit unwahr ist" einerseits und „Geschäftspraxis die täuscht oder zu täuschen geeignet ist" andererseits in Art. 6 Abs. 1 der Richtlinie. Daneben ist in Nr. 17 aber auch das **„Erwecken eines unzutreffenden Eindrucks"** verboten. Dabei kommt es auf den Eindruck beim Verbraucher und mithin auf den für dessen Verständnis geltenden Maßstab an. Dem Verbot in Nr. 17 unterfallen daher nicht nur ausdrückliche, objektiv unwahre Angaben, sondern auch die vom Verbraucher so verstandenen Aussagen, durch die ein fälschlicher Eindruck bei ihm entsteht. Darüber hinaus sind nicht nur Angaben erfasst, sondern auch Handlungen, durch die ein entsprechender Eindruck erweckt werden kann. 12

c) Bei einem Verbraucher. Die Verbote des UWG-Anhangs gelten ohnehin nur bei geschäftlichen Handlungen im Geschäftsverkehr mit Verbrauchern. Das Verbot der Nr. 17 regelt darüber hinaus aber explizit den Fall, dass „der Verbraucher" den Eindruck gewinnt, er habe bereits einen Preis gewonnen. Das bedeutet nicht, dass das Verbot nur in Fällen gilt, in denen die geschäftliche Handlung nur an einen Verbraucher gerichtet ist. Wohl aber ist erforderlich, dass sich gerade **einzelne Verbraucher angesprochen** fühlen und bei ihnen jeweils der Eindruck erweckt wird, gerade sie hätten gewonnen. 13

d) (Bereits erfolgter oder zukünftiger) Gewinn eines Preises oder Erlangung eines sonstigen Vorteils, den es tatsächlich nicht gibt. *aa) Preis.* Es darf nicht der fälschliche Eindruck erweckt werden, der Verbraucher habe bereits einen Preis gewonnen oder werde einen Preis gewinnen, obwohl es tatsächlich einen solchen Preis nicht gibt. Es geht also **nicht nur** um **Gewinnchancen** (dies unterfällt dem Verbot in **Nr. 20**), sondern um einen **konkreten Gewinn.** Bei strenger Auslegung des Wortlauts soll es dabei (anders als in früheren Entwurfsfassungen) nicht darauf ankommen, was „ausgelobt" und auch ausgekehrt werden soll, sondern **welche Preise es tatsächlich gibt.** Das kann aber nicht gemeint sein. Denn man wird von Unternehmen – auch bei Versenden von Gewinnmitteilungen – noch nicht erwarten können, dass sie diese Preise bereits beschafft haben oder ob ihnen bereits früher beschaffte Preise abhanden gekommen sind. Denn solange ein Unternehmer bereit ist, den Gewinn zu erwerben und dem Verbraucher zukommen zu lassen, ist der Schutzzweck der Norm nicht tangiert. 14

Das Verbot setzt **nicht voraus,** dass ein **bestimmter Preis konkret benannt** wird. Es genügt vielmehr bereits die Aussage, dass der Verbraucher (irgend)einen Preis gewonnen hat, obwohl der Unternehmer nicht die Absicht hat, den angegebenen oder jedenfalls einen gleichwertigen Preis an den Verbraucher auszuschütten. Wird beim Verbraucher der Eindruck erweckt, er habe einen *bestimmten* Preis gewonnen, während er tatsächlich einen anderen – gleichwertigen – Preis oder Vorteil gewonnen hat, so ist der Verbotstatbestand ebenfalls nicht erfüllt. In solchen Fällen könnte aber das Verbot des § 5 UWG einschlägig sein, wobei allerdings die Relevanz der Fehlvorstellung dabei genau zu prüfen ist. 15

bb) Sonstiger Vorteil. Verboten ist nach dem Wortlaut der Norm außerdem die unwahre Aussage, der Verbraucher werde durch eine bestimmte Handlung einen ***sonstigen Vorteil*** gewinnen. Hier ist der **deutsche Text ungenau.** Denn sowohl der deutsche Text der Richtlinie als auch der deutsche Gesetzestext beziehen den Vorteil allein auf den zukünftigen Gewinn *(„oder werde durch eine bestimmten Handlung einen Preis gewinnen oder einen sonstigen Vorteil erlangen").* Die Aussage, dass bereits ein Vorteil erlangt wurde, wäre damit nicht erfasst. Eine solche Unterscheidung zwischen gegenwärtigem und zukünftigem Preis/Vorteil ergibt jedoch keinen Sinn. Vermutlich handelt es sich hier um eine ungenaue Übersetzung. In der englischen, französischen und italienischen Fassung der Richtli- 16

---

[10] *Glöckner/Henning-Bodewig* WRP 2005, 1311, 1330.

nie wird der Vorteil jedenfalls als **Alternative zum Preis** für alle drei Varianten genannt.[11] Hinzu kommt, dass in der englischen Fassung von „other equivalent benefit" die Rede ist. Danach würde nicht irgendein sonstiger Vorteil genügen, sondern es müsste schon ein sonstiger *gleichwertiger* Vorteil sein. Entsprechendes gilt für die französische und italienische Fassung. Allein dadurch wird auch vermieden, dass der Ausdruck „sonstiger Vorteil" konturenlos wird.

17 In jedem Fall ist erforderlich, dass der Gewinn **als sicher herausgestellt** wird. Die Aussage, der Verbraucher **könne** einen Preis gewinnen oder einen sonstigen (gleichwertigen) Vorteil erlangen, fällt allein in den Anwendungsbereich von Nr. 20. Das gilt insbesondere auch für **etwaige Gewinnspiele** im Fernsehen, bei denen für jeden Anruf zur Teilnahme an dem Gewinnspiel erhöhte Telefongebühren anfallen, solange bei der Ankündigung des Spiels nicht der Eindruck erweckt wird, ein Gewinn sei sicher. Anders ist die Lage, wenn dem Verbraucher mitgeteilt wird, er habe bereits einen konkreten Preis gewonnen, er dann aber die Nummer eines sog. **Mehrwertdienstes** anrufen muss, um diesen Gewinn abzurufen, es sei denn er wird deutlich auf die damit verbundenen erhöhten Kosten hingewiesen wird (vgl. unten Rdn. 18f.).[12]

18 *cc) Tatsächlich nicht gegeben.* Wie oben bereits ausgeführt, kann es nicht auf die physische Existenz des Gewinns beim Unternehmen ankommen, sondern allein auf die Bereitschaft, den Gewinn ggf. zu besorgen und auszukehren. Gemeint ist daher, dass der versprochene (und möglicherweise sogar vorhandene) **Preis jedenfalls für den jeweils angesprochenen Verbraucher nicht vorgesehen** ist. Umgekehrt muss der versprochene Preis nicht bereits zu dem Zeitpunkt der Vornahme der geschäftlichen Handlung real existieren. Versprochen werden darf auch ein Preis, der **erst noch hergestellt bzw. bestellt** werden muss. Nicht vom Sinn und Zweck des Verbots erfasst ist auch der Fall, dass ein einzigartiger Preis oder Vorteil (etwa der frühere Golf des Papstes) nach der Vornahme der Ankündigung bzw. dem Erwecken eines entsprechenden Eindrucks untergegangen ist und nicht ersetzt werden kann.

19 **e) Kopplung des Preises oder Vorteils mit der Zahlung eines Geldbetrags oder der Übernahme von Kosten.** Ebenfalls verboten sein soll die unwahre Angabe bzw. das Erwecken des unzutreffenden Eindrucks, der Verbraucher habe einen Preis gewonnen oder werde einen Preis oder sonstigen Vorteil gewinnen, wenn die Erlangung des Gewinns von der **Zahlung eines Geldbetrags oder der Übernahme von Kosten** abhängig gemacht wird. „Erlangung" des Preises umfasst dabei den gesamten Vorgang von der Teilnahme bis hin zur Abholung des Preises und damit der tatsächlichen Besitzverschaffung. Übernahme von Kosten meint dabei nicht nur die **Erstattung von Kosten,** die ein anderer bereits aufgewandt hat, sondern erfasst auch den Fall, dass der **Verbraucher selbst Kosten** aufwendet. Das wird bestätigt durch die Formulierung in anderen Übersetzungen der Richtlinie. In Anlehnung an Nr. 21 wird man aber auch hier nicht solche unerheblichen und unvermeidbaren Kosten als „Übernahme von Kosten" einstufen können, etwa Telefonkosten zu den Basistarifen oder die Fahrtkosten für die Abholung in einer nahegelegenen Filiale.

20 Bei diesem Tatbestandsmerkmal zeigt sich die **hybride Figur** des Verbots, das **zwischen irreführenden und aggressiver Geschäftspraktiken** steht bzw. beide Gruppen betrifft. Denn die objektiv wahre Aussage, ein Verbraucher habe bereits einen Preis gewonnen, wird eigentlich nicht dadurch unwahr, dass der Verbraucher für die Inanspruchnahme dieses Preises Kosten übernehmen muss. Etwas anderes gilt selbstverständlich, wenn gegenüber dem Verbraucher konkret mit der Aussage geworben wird, er habe bereits einen Preis gewonnen, ohne dafür noch weitere Kosten ausgeben zu müssen. So lautete auch die erste Fassung des Verbots im Gemeinsamen Standpunkt des Europäischen Parlaments und des Rates. Davon ist in der Endfassung aber nichts mehr übrig geblieben. Dies und die Einstufung als Unterfall „aggressiver Geschäftspraktiken" legen daher den Schluss nahe, dass es dem Gesetzgeber hier darum ging, jede Verknüpfung des Erlangens eines bestimmten Preises oder Vorteils mit der Zahlung eines Geldbetrages zu verbieten. Diese Auslegung hätte allerdings zur Folge, dass der Hinweis auf den Gewinn selbst dann zu unterlassen wäre, wenn der Werbende den Verbraucher ausdrücklich auf die zusätzlichen Kosten für die Inanspruchnahme hinweist. Dagegen spricht, dass in den Text der Richtlinie auf Wunsch des Europäischen Parlaments aus-

---

[11] Englisch: „Creating the false impression that the consumer has already won, will win or will on doing a particular act win, a prize or other equivalent benefit." Französisch: „Donner la fausse impression que le consommateur a déjà gagné, gagnera ou gagnera en accomplissant tel acte un prix ou un autre avantage èquivalent." Italienisch: „Dare la falsa impressione che il consumatore abbia già vinto, vincerà o vincerà compiendo una determinata azione un premio o una vincita equivalente."

[12] Vgl. hierzu auch die Wertung in BGH GRUR 2005, 1061 – *Telefonische Gewinnauskunft;* a. A. aber EuGH GRUR 2012, 1269 – Purely Creative, wonach es für die Erfüllung dieses Tatbestandes sogar unerheblich sein soll, wenn die dem Verbraucher auferlegten Kosten (wie z.B. die Kosten einer Briefmarke), im Vergleich zum Wert des Preises geringfügig sind oder dem Gewerbetreibenden keinen Vorteil bringen.

drücklich das Wort „fälschlichen" vor Eindruck eingefügt wurde.[13] Und auch wenn dies aus dem deutschen Text im Anhang zu § 3 Abs. 3 UWG nicht so deutlich wird, so ergibt sich aus dem Aufbau der Richtlinie doch eindeutig, dass der **fälschliche** Eindruck auch für die zweite Tatbestandsvariante gilt. Beim Verbot der 2. Variante geht es somit vor allem um eine **Irreführung durch Unterlassung.** Dies bedeutet, dass solche Fälle nicht verboten sind, bei denen der Verbraucher auf die Übernahme von Kosten oder die Zahlung eines Beitrags hingewiesen wird oder dies für ihn aufgrund der Umstände (z. B. weite Anreise zur Abholung des Preises) evident ist. Hier kann der Verbraucher aufgrund dieser Information selbst entscheiden, ob ihm der Preis für den „Gewinn" angemessen erscheint und ihn wahrnehmen möchte. In solchen Fällen ist jedenfalls das per-se Verbot in Nr. 17 unangebracht.

Wohl aber wäre der Fall erfasst, dass Kosten anfallen, mit denen der durchschnittliche Verbrau- **21**
cher nicht rechnet und die für ihn nicht evident sind. Das betrifft z. B. den Fall, dass dem Verbraucher der Gewinn eines Hotelaufenthalts angekündigt wird, ohne darauf hinzuweisen, dass er die Anreise mit einem bestimmten Anbieter antreten und dafür gesondert bezahlen muss oder dass er die Kosten für die obligatorische Halbpension selbst übernehmen muss.

Für das Verbot kommt es nicht darauf an, ob die Kopplung zwischen Gewinn des Preises und **22**
Zahlung eines Geldbetrags/Übernahme von Kosten eine **rechtliche Bedingung** oder **rein faktisch** ausgestaltet ist.[14] Beides ist verboten. In jedem Fall muss die Erlangung des Preises/Vorteils nach der Vorstellung des Verbrauchers aber von der Zahlung/Kostenübernahme **„abhängig"** sein. D. h. eine Entkopplung der Erlangung des Preises durch das Angebot von gleichwertigen Alternativen, bei denen keine Zahlungen oder Kostenübernahmen anfallen, würde dazu führen, dass der Tatbestand der Nr. 17 nicht erfüllt ist.

f) Verhältnis zu § 661a BGB. § 661a BGB verpflichtet den Unternehmer, der eine Gewinn- **23**
zusage an Verbraucher gesendet hat oder durch die Gestaltung dieser Zusendungen den Eindruck erweckt, dass der Verbraucher einen Preis gewonnen hat, dem Verbraucher diesen Preis zu leisten. Der Tatbestand **deckt sich teilweise mit der Regelung in Nr. 17,** wenngleich sich **Zielrichtungen ergänzen.** Nr. 17 will irreführende Gewinnmitteilungen im Vorfeld verbieten, § 661a BGB sanktioniert sie nachträglich, indem Unternehmen entgegen ihrer Intention verpflichtet werden, eine bestimmte Leistung zu erbringen. Daher bleibt die Werbung mit Gewinnen, die nicht ausgekehrt werden *sollen,* durch Nr. 17 verboten, auch wenn der Unternehmer über § 661a BGB gezwungen werden kann, an die adressierten Verbraucher den angekündigten Preis auskehren zu müssen. Weiter ist zu berücksichtigen, dass § 661a BGB nur Fälle erfasst, in denen Gewinnzusagen versendet werden, während das Verbot der Nr. 17 sich auf jede geschäftliche Handlung erstreckt.

Unzulässige geschäftliche Handlungen im Sinne des § 3 Abs. 3 sind

18. die unwahre Angabe, eine Ware oder Dienstleistung könne Krankheiten, Funktionsstörungen oder Missbildungen heilen;

Inhaltsübersicht

	Rdn.
1. Einfluss des europäischen Rechts	1
2. Zweck der Vorschrift und Abgrenzung	3
3. Einzelheiten	7
a) An einen Verbraucher gerichtete geschäftliche Handlung	7
b) Unwahre Angabe	8
c) Krankheiten, Funktionsstörungen oder Missbildungen	10
d) Heilen	13

Schrifttum: *Leible,* Auswirkungen der UWG-Reform 2008 auf die Durchsetzung wettbewerbsrechtlicher Ansprüche im Gesundheitsbereich, GRUR 2010, 183; *v. Jagow,* Auswirkungen der UWG-Reform 2008 auf die Durchsetzung wettbewerbsrechtlicher Ansprüche im Gesundheitsbereich, GRUR 2010, 190; *Schöttle,* Die Schwarze Liste – Übersicht über die neuen Spezialtatbestände des Anhangs zu § 3 Abs. 3 UWG, WRP 2009, 673.

[13] Dokument 11630/2/2004 – C6 – 0190/2004 – 2003/0134 (COD) S. 14 zu Änderungsantrag 19 „Erwecken des fälschlichen Eindrucks ..."

[14] BGH GRUR 2008, 807, 810 – *Millionen-Chance;* 2005, 599, 600 – *Traumcabrio;* GRUR 1989, 434, 436 – *Gewinnspiel I.*

1. Einfluss des europäischen Rechts

1 Das Verbot entspricht **fast wörtlich** der Regelung im Anhang I Nr. 17 zur **UGP-Richtlinie.** Danach ist verboten die

„falsche Behauptung, ein Produkt könne Krankheiten, Funktionsstörungen oder Missbildungen heilen."

2 Der einzige Unterschied besteht darin, dass im deutschen Text von Ware oder Dienstleistung gesprochen wird, in der Richtlinie hingegen von „Produkt", was nach der Definition in Art. 2 lit. c) aber sowohl Ware als auch Dienstleistung umfasst.

2. Zweck der Vorschrift und Abgrenzung

3 Auch wenn die Regelung im UWG-Bereich vorrangig zu prüfen ist, brachte sie praktisch **keine wesentlichen Änderungen,** da es im deutschen Recht bzw. im Unionsrecht bereits **zahlreiche Sonderregelungen** gab, die über das Verbot der Nr. 18 hinausgingen, indem sie nicht nur unwahre Angaben verbaten, sondern grundsätzlich jegliche krankheitsbezogene Werbung und sich zudem auch nicht nur auf Aussagen über das „Heilen" beschränkten (siehe hierzu auch § 5 C Rdn. 128 sowie v. Jagow Einl. J Rdn. 14). Ein solches **abstraktes Werbeverbot** findet sich insbesondere in Art. 7 Abs. 3, 4 LMIV,[1] wonach Informationen über Lebensmittel, einschließlich deren Aufmachung und der Werbung für Lebensmittel, dem Lebensmittel keine Eigenschaften der **Vorbeugung, Behandlung oder Heilung** einer menschlichen Krankheit zuschreiben oder den Eindruck dieser Eigenschaften entstehen lassen, und zwar unabhängig vom Wahrheitsgehalt der jeweiligen Aussage und auch unabhängig von einer etwaigen Irreführungsgefahr.[2] Zuvor war dies in § 12 Abs. 1 LFGB a. F. bzw. davor in § 18 LMBG geregelt, was den Vorgaben von **Art. 2 Abs. 1 lit. a) der Richtlinie 2000/13/EG** entsprach.[3] Ähnliche Werbeverbote enthalten **§ 3 Abs. 1 Diätverordnung,**[4] **Art. 9 Abs. 2 der Richtlinie 2009/54/EG** für **natürliche Mineralwässer**[5] und **Art. 6 Abs. 2 der Richtlinie 2002/46/EG für Nahrungsergänzungsmittel** (Verhütung, Behandlung oder Heilung einer Humankrankheit).[6] Hinzu kommen die Regelungen der **Health Claims Verordnung.**[7] Der Krankheitsbegriff wird dabei von der Rechtsprechung sehr weit verstanden und erfasst auch Mangelerscheinungen außerhalb der normalen Schwankungsbreite und Funktionsanomalien. Ausnahmen für die Werbung gegenüber Angehörigen der Heilberufe, des Heilgewerbes oder der Heilhilfsberufe, die es früher im deutschen Recht (§ 12 Abs. 2 S. 1 LFGB) gab, spielen für die Nr. 18 UWG-Anhang keine Rolle, da es insoweit von vornherein nicht um Werbung gegenüber Verbrauchern geht und damit das Verbot bereits nicht anwendbar ist. **§ 20 LFGB** enthält ein entsprechendes Verbot – keine krankheitsbezogenen Aussagen, unabhängig vom Wahrheitsgehalt, und keine irreführende Werbung – für **Futtermittel.**

4 **§ 11 LFGB** i. V. m. **Art. 7 LMIV** verbietet *irreführende* Werbung für **Lebensmittel,** also nicht nur hinsichtlich eines Krankheitsbezugs. Ähnliche Regelungen enthalten **§ 19 LFGB** für **Futter-**

---

[1] Verordnung (EU) Nr. 1169/2011 des Europäischen Parlaments und des Rates vom 25. Oktober 2011 betreffend die Information der Verbraucher über Lebensmittel ..., ABl. Nr. L 304, S. 18 (siehe Fn. 3 unten).

[2] Siehe § 5 C Rdn. 136 und die Darstellung der produktspezifischen Besonderheiten bei *v. Jagow,* Einl. J. Zu beachten ist allerdings, dass nach Art. 14 der VO 1924/2006 (Health Claims VO) bestimmte Angaben über die *Verringerung* eines Krankheitsrisikos zugelassen werden können.

[3] Richtlinie 2000/13/EG des Europäischen Parlaments und des Rates vom 20. März 2000 zur Angleichung der Rechtsvorschriften der Mitgliedstaaten über die Etikettierung und Aufmachung von Lebensmitteln sowie die Werbung hierfür (ABl. Nr. L 109/29). Ab dem 13. Dezember 2014 gilt stattdessen Art. 7 Abs. 1 der Verordnung (EU) Nr. 1169/2011 des Europäischen Parlaments und des Rates vom 25.10.2011 betreffend die Information der Verbraucher über Lebensmittel und zur Änderung der Verordnungen (EG) Nr. 1924/2006 und (EG) Nr. 1925/2006 des Europäischen Parlaments und des Rates und zur Aufhebung der Richtlinie 87/250/EWG der Kommission, der Richtlinie 90/496/EWG des Rates, der Richtlinie 1999/10/EG der Kommission, der Richtlinie 2000/13/EG des Europäischen Parlaments und des Rates, der Richtlinien 2002/67/EG und 2008/5/EG der Kommission und der Verordnung (EG) Nr. 608/2004 der Kommission Text von Bedeutung für den EWR.

[4] Verordnung über diätetische Lebensmittel in der Fassung der Bekanntmachung vom 28. April 2005 (BGBl. I S. 1161). Das Verbot dient der Umsetzung von Art. 6 Abs. 1 der Richtlinie 89/398/EWG des Rates vom 3. Mai 1989 zur Angleichung der Rechtsvorschriften der Mitgliedstaaten über Lebensmittel, die für eine besondere Ernährung bestimmt sind (ABl. Nr. L 186/27).

[5] Richtlinie 2009/54/EG des Europäischen Parlaments und des Rates vom 18. Juni 2009 über die Gewinnung von und den Handel mit natürlichen Mineralwässern (ABl. Nr. L 164, S. 45).

[6] Richtlinie 2002/46/EG des Europäischen Parlaments und des Rates vom 10. Juni 2002 zur Angleichung der Rechtsvorschriften der Mitgliedstaaten über Nahrungsergänzungsmittel (ABl. Nr. L 183, S. 51).

[7] Siehe § 5 C Rdn. 137 ff. sowie v. Jagow, Einl. J Rdn. 15.

mittel, § 27 LFGB sowie **Art. 20 Abs. 1 KosmetikVO**[8] für **kosmetische Mittel** und **§ 33 LFGB** für **sonstige Bedarfsgegenstände** i. S. d. LFGB.

Für **Humanarzneimittel** untersagt **Art. 88 Abs. 1 der Richtlinie 2001/83/EG**[9] Heilanzeigen für Krankheiten, während im nationalen Recht **§ 12 HWG** außerhalb der Fachkreise die Werbung für **Arzneimittel, Medizinprodukte oder andere Heilmittel** im Sinne des HWG verbietet, die sich auf die Erkennung, Beseitigung, (Verhütung)[10] oder Linderung von bestimmten Krankheiten bezieht. Auch dieses Verbot gilt unabhängig vom Wahrheitsgehalt der Aussage. Hinzu kommen **§ 8 Abs. 1 Nr. 2 lit. a) AMG** und **§ 3 Nr. 1 HWG,** die es verbieten, Arzneimitteln bzw. Medizinprodukten und anderen Mitteln i. S. d. HWG eine therapeutische Wirksamkeit oder Wirkungen beizulegen, die sie nicht haben. 5

Praktische Bedeutung hat das Verbot der Nr. 18 somit vor allem für solche Mittel und Produkte, die nicht bereits dem Anwendungsbereich des LFGB, des AMG oder des HWG unterfallen. Da das HWG jedoch auch auf kosmetische Mittel sowie andere Verfahren, Behandlungen und Gegenstände Anwendung findet, soweit diese mit krankheitsbezogenen Aussagen beworben werden (§ 1 Abs. 1 Nr. 2 HWG), verbleibt de facto nur ein kleiner praktischer Anwendungsbereich. Hinzu kommt, dass sich Nr. 18 allein auf das *Heilen* bezieht, während Art. 7 Abs. 3 LMIV beispielsweise Aussagen über die Vorbeugung, Behandlung oder Heilung von Krankheiten erfasst. 6

3. Einzelheiten

a) An einen Verbraucher gerichtete geschäftliche Handlung. Wie alle Tatbestände des UWG-Anhangs setzt auch Nr. 18 eine an einen Verbraucher gerichtete geschäftliche Handlung voraus. Angaben gegenüber **Unternehmern** können nur nach § 5 UWG irreführend sein. Bezüglich der **Legaldefinition** der Begriffe „geschäftliche Handlung" und „Verbraucher" wird auf die Kommentierung von *Keller* zu § 2 Abs. 1 Nr. 1 und § 2 Abs. 2 UWG verwiesen. 7

b) Unwahre Angabe. Anders als die Spezialregelungen im deutschen bzw. im Unions-Recht (insbesondere Art. 7 LMIV, § 12 HWG), verbietet Nr. 18 nur eine unwahre Angabe. Unwahre Angabe im Sinne des UWG-Anhangs ist nur die **ausdrückliche, objektiv unwahre Angabe,** nicht aber die nur vom Verbraucher falsch verstandene Angabe. Umgekehrt kommt es nicht darauf an, ob die objektiv unwahre Angabe zur Täuschung des Verbrauchers geeignet ist oder gar eine tatsächliche Täuschung bewirkt (siehe Nr. 4 Rdn. 7).[11] Dies ergibt sich aus der Unterscheidung zwischen der Formulierung „Geschäftspraxis, die falsche Angaben enthält und somit unwahr ist" einerseits und „Geschäftspraxis, die täuscht oder zu täuschen geeignet ist" andererseits in Art. 6 Abs. 1 der Richtlinie sowie aus der Unterscheidung in den Tatbeständen im Anhang I zur Richtlinie zwischen „Behauptung" einerseits (z. B. Nr. 1, 3, 4, 7, 9, 12, 15, 16, 17, 22) und „Erwecken eines (fälschlichen) Eindrucks" (z. B. Nr. 9, 22, 23, 24, 31) andererseits. In Nr. 18 ist nur von „falscher Behauptung" bzw. „unwahrer Angabe" die Rede. Das Verbot der Nr. 18 erfordert somit ausdrückliche, objektiv unwahre Angaben.[12] Falsche Eindrücke müssen nach § 5 UWG beurteilt werden. Auch kommt es bei den Tatbeständen der Schwarzen Liste nicht auf die Relevanz der Aussage/Geschäftspraktik im Einzelfall an,[13] wohl aber muss der allgemeine **Grundsatz der Verhältnismäßigkeit** weiterhin beachtet werden.[14] 8

Dies bedeutet für die Praxis, dass grundsätzlich derjenige, der die Aussage beanstandet, ihre Unwahrheit **beweisen** muss, während nach den o. g. Spezialvorschriften, soweit diese abstrakte Verbote statuieren, dieser Nachweis von vornherein entbehrlich ist, weil die krankheitsbezogenen Aussagen unabhängig von ihrem Wahrheitsgehalt verboten sind. 9

c) Krankheiten, Funktionsstörungen oder Missbildungen. Der Begriff der **„Krankheiten"** ist im deutschen Recht im Zusammenhang mit krankheitsbezogener Werbung für Lebensmittel umstritten. Er wird grundsätzlich weit verstanden (siehe § 5 C Rdn. 128 ff.) und erfasst auch 10

---

[8] Verordnung (EG) Nr. 1223/2009 vom 30. November 2009 über kosmetische Mittel (ABl. Nr. L 342, S. 59).

[9] Richtlinie 2001/83/EG des Europäischen Parlaments und des Rates vom 6. November 2001 zur Schaffung eines Gemeinschaftskodexes für Humanarzneimittel (ABl. Nr. L 311 S. 67).

[10] „Verhütung" wird nach § 12 Abs. 2 HWG bei anderen Mitteln, Verfahren, Behandlungen und Gegenständen als Arzneimitteln und Medizinprodukten nicht erfasst.

[11] *Glöckner/Henning-Bodewig* WRP 2005, 1311, 1330.

[12] *v. Jagow* GRUR 2010, 190; *Köhler/Bornkammm,* Anhang zu § 3 III Rdn. 18.2; *Leible* GRUR 2010, 183, 189; *Schöttle* WRP 2009, 673, 679. A. A. Lindacher WRP 2012, 40.

[13] Vgl. Erwägungsgrund 17 der Richtlinie.

[14] Ausführlich oben, I Vorbem. Rdn. 16 ff.

Funktionsstörungen.[15] Da nach dem Anhang beide Bereiche unterschiedslos betroffen sind, ist eine genaue Abgrenzung entbehrlich.

11 **„Missbildungen“** können auch Verformungen und Anomalien eines Organs oder Körperteils sein, die das Erscheinungsbild beeinträchtigen, ohne dass eine krankhafte Störung vorliegen muss. Auch hier ist eine genaue Abgrenzung entbehrlich.

12 Nicht geregelt ist, auf welches **Bezugsobjekt** sich die Krankheiten, Funktionsstörungen oder Missbildungen beziehen. Das LFGB bzw. die LMIV und das HWG unterscheiden insoweit zwischen **Mensch** und **Tier.** Beim UWG-Anhang könnte man zunächst vermuten, dass es nur um die Heilung beim Menschen geht. Zwingend ist das aber nicht und sowohl Wortlaut als auch Entwicklung der Norm geben für eine solche Beschränkung nichts her. Da auch im Übrigen bei den Irreführungsbestimmungen nicht unterschieden wird, sind auch hier beide Bezugsobjekte erfasst, d. h. die unwahre Aussage zur Heilung von Krankheiten bei Menschen genauso wie bei Tieren.

13 **d) Heilen.** Erfasst werden nur Aussagen über die „Heilung“ von Krankheiten. Im englischen Text ist von „cure“ die Rede. „Heilen“ bedeutet die **nicht nur vorübergehende Beseitigung** einer Krankheit, Funktionsstörung oder Missbildung. **Nicht erfasst** sind daher Aussagen, die sich auf die **Erkennung, Verhütung** oder **Linderung** von Krankheiten beziehen. Auch insoweit zeigt sich, dass der UWG-Anhang hinter den Spezialregelungen zurück bleibt und daher nur einen geringen Anwendungsbereich im deutschen Recht haben wird.

Unzulässige geschäftliche Handlungen im Sinne des § 3 Abs. 3 sind

19. eine unwahre Angabe über die Marktbedingungen oder Bezugsquellen, um den Verbraucher dazu zu bewegen, eine Ware oder Dienstleistung zu weniger günstigen Bedingungen als den allgemeinen Marktbedingungen abzunehmen oder in Anspruch zu nehmen;

Inhaltsübersicht

	Rdn.
1. Einfluss des europäischen Rechts	1
2. Zweck der Vorschrift und Abgrenzung	3
3. An einen Verbraucher gerichtete geschäftliche Handlung	5
4. Einzelheiten	7
a) Falsche Angaben	7
b) Marktbedingungen	9
c) Bezugsquellen	12
d) Weniger günstige Bedingungen	14
e) Subjektiver Tatbestand: Absicht	15

Schrifttum: *Büllesbach,* Auslegung der irreführenden Geschäftspraktiken des Anhang I der Richtlinie 2005/28/EG über unlautere Geschäftspraktiken, 2008 (vgl. weiter die Lit. zur Vorbem. und zu Nr. 1).

1. Einfluss des europäischen Rechts

1 Nr. 19 des UWG-Anhangs setzt die Nr. 18 des Anhangs I der **UGP-Richtlinie** in das deutsche Recht um. Der Text der Richtlinie lautet wie folgt:

„Erteilung sachlich falscher Informationen über die Marktbedingungen oder die Möglichkeit, das Produkt zu finden, mit dem Ziel, den Verbraucher dazu zu bewegen, das Produkt zu weniger günstigen Bedingungen als den normalen Marktbedingungen zu kaufen.“

2 Die **Abweichungen** der Fassung von Nr. 19 UWG-Anhang sind im Wesentlichen **sprachlicher Natur.** Es handelt sich um Präzisierungen der eher umständlichen Formulierung der Richtlinie, die keine inhaltliche Änderung darstellen. Soweit sich jedoch Interpretationsprobleme bezüglich einzelner Begriffe ergeben sollten, ist zu beachten, dass im Zweifelsfall stets der Wortlaut der Richtlinie maßgeblich ist.

[15] § 1 Abs. 2 Nr. 1 DiätVO in der bis Juni 1993 gültigen Fassung unterschied ebenfalls zwischen Krankheit, Mangelerscheinung, Funktionsanomalie und Überempfindlichkeit, ohne dass dem von der h. M. eine besondere Bedeutung beigemessen wurde, vgl. BayObLG, LRE 17, 14, 18; *Doepner* Pharma Recht 1989, 13, 15 f.; *Fezer* GRUR 1982, 532, 536; *Zipfel* ZLR 1984, 93, 96.

2. Zweck der Vorschrift und Abgrenzung

Nr. 19 des UWG-Anhangs regelt einen **klassischen Irreführungsfall.** Durch unwahre Angaben wird der Verbraucher davon abgehalten, sich seiner Rolle als Marktteilnehmer gemäß zu verhalten, d. h. nicht das nächstbeste ihm unterbreitete Angebot anzunehmen, sondern Alternativen zu suchen, um dann gegebenenfalls das günstigste Angebot zu wählen (oder sich zumindest nicht für ein ungünstiges Angebot auf der Grundlage falscher Informationen zu entscheiden). Für Staaten mit langjähriger Wettbewerbstradition wie Deutschland sind Verhaltensweisen i. S. d. Nr. 19 problemlos vom allgemeinen Irreführungsverbot erfassbar; insofern wird auf die Kommentierung zu § 5 Abschnitt C und D verwiesen. Für neue Mitgliedstaaten mit noch wenig ausgeprägter Rechtsprechung erscheint eine Qualifizierung als **per se-Verbot** im Rahmen der „Schwarzen Liste" hingegen nützlich, da Fehlinformationen über Marktbedingungen und Bezugsquellen gerade bei wenig erfahrenen Verbrauchern große anlockende Wirkung haben. 3

Nr. 19 des UWG-Anhangs enthält **keine abschließende Regelung der Irreführung über Marktbedingungen** oder Bezugsquellen, sondern greift nur einen Ausschnitt heraus, der vor allem in dem (an sich dem modernen Wettbewerbsrecht fremden) **subjektiven** Element liegt. Der Grundtatbestand des § 5 UWG bleibt jedenfalls für die nicht Nr. 19 unterfallenden Sachverhalte stets anwendbar. Anders als §§ 5, 5a UWG stellt das per se-Verbot in Nr. 19 jedoch **nicht** auf die **Irreführung** ab, sondern lediglich auf die **Unwahrheit der Angaben;** auch kommt es nicht auf die Auswirkungen auf das Entscheidungsverhalten der Verbraucher an. Dieser auf den ersten Blick überschießende Schutz wird jedoch durch das zur Erfüllung des subjektiven Tatbestands erforderliche Merkmal der **Absicht** abgemildert. 4

3. An einen Verbraucher gerichtete geschäftliche Handlung

Nr. 19 UWG-Anhang setzt eine an einen Verbraucher gerichtete geschäftliche Handlung voraus. Bezüglich der Legaldefinition der Begriffe **„geschäftliche Handlung"** und **„Verbraucher"** wird auf § 2 Abs. 1 Nr. 1 und § 2 Abs. 2 UWG sowie die Kommentierung von *Keller* hierzu verwiesen. So ist anhand der allgemeinen Kriterien zu entscheiden, ob z. B. Informationen in den **Medien,** von **Testorganisationen** diese Voraussetzungen erfüllen. Sollten im Einzelfall auch Informationen durch Medien und Verbraucherorganisationen erfasst sein, wird der für die Verwirklichung des per se-Verbots von Nr. 19 erforderlichen „Absicht" besondere Bedeutung zukommen. 5

Nr. 19 UWG-Anhang gilt nicht für geschäftliche Handlungen von Unternehmern untereinander. Falsche Auskünfte im **„B2B"-Verhältnis** sind daher auf der Grundlage von **§ 5 UWG** zu beurteilen, setzen also eine Irreführungsgefahr und Relevanz voraus (dazu ausführlich die Kommentierung von *Dreyer/Weidert* zu §§ 5, 5a UWG). So ist insbesondere zu bedenken, dass der „verständige" gewerbliche Durchschnittsabnehmer auch objektiv falsche Angaben über Marktverhältnisse möglicherweise richtig einzuordnen weiß, so dass es letztlich an einer Irreführung fehlt. Ein **Indiz** für eine Unlauterkeit von lediglich falschen Angaben i. S. d. Nr. 19 besteht daher im „B2B"-Verhältnis nicht (dazu oben, Vorbem. Rdn. 18); hieran vermag selbst die eventuell vorliegende Absicht auf Seiten des Handelnden nichts zu ändern. 6

4. Einzelfragen

a) Falsche Angaben. Auf welche **Art und Weise** die Angabe erfolgt, ob schriftlich, mündlich, bildlich, ist **ohne Bedeutung,** sofern es sich nur um eine „geschäftliche Handlung" im Sinne von § 2 Abs. 2 UWG handelt. Der im Richtlinientext verwendete Ausdruck „Informationen" bedeutet insofern keine Eingrenzung gegenüber dem im deutschen UWG-Anhang verwendeten Begriff der „Angabe" (vgl. jedoch Rdn. 11). 7

Die Angabe (Information) muss falsch, also **objektiv unwahr** sein. Das Hervorrufen einer **Irreführungsgefahr** wird **nicht vorausgesetzt.** Selbst wenn der Verbraucher also erkennt, dass die Information unzutreffend sein könnte, wäre der Tatbestand der Nr. 19 insoweit erfüllt. 8

b) Marktbedingungen. Die Angabe muss sich auf **Marktbedingungen** beziehen. Dieser Begriff, der sowohl im Richtlinientext (englisch: market conditions) als auch im UWG-Anhang verwendet wird, ist wenig trennscharf. Gewiss handelt es sich um „zentrale Parameter der Preisbildung".[1] Das sagt jedoch noch wenig aus. Denn Marktbedingungen sind grundsätzlich alle Umstände, die für alle Anbieter dieses Produktes (oder dieser Dienstleistung) auf dem fraglichen Markt gelten und die in **irgendeiner Weise Auswirkungen auf das Preisniveau, die Qualität oder die Leistungserbringung** haben.[2] Hierzu zählen nicht nur die Kosten und die Qualität der Aus- 9

---

[1] So *Scherer,* NJW 2009, 324, 329.
[2] Ebenso *Büllesbach,* S. 126.

gangsstoffe sowie rechtliche Rahmenbedingungen (wie etwa das Bestehen einer Preisbindung für das fragliche Produkt oder die Möglichkeiten der Einfuhr und Zollbestimmungen), sondern auch die politischen und wirtschaftlichen Rahmenbedingungen eines Marktes, möglicherweise auch soziologische und kulturelle Gegebenheiten, wenn es sich um ein Produkt handelt, das von seiner Wertschätzung (Image) lebt. Nach Sinn und Zweck dieses Anhangstatbestands (s. oben Rdn. 3 und Vorbem. Rdn. 7) ist der Begriff im Zweifel eher **restriktiv** auszulegen, so dass zumindest letztere Faktoren keine Rolle spielen sollten. Marktbedingungen sind daher insbesondere Aussagen über das **generelle Preisniveau,** z. B. dass andere Anbieter höhere Preise fordern oder ungünstigere Leistungsbedingungen haben, dass die Qualität der Ausstattung schlechter ist.

10 Problematisch sind **prognostizierende Angaben,** also Angaben zur **künftigen Entwicklung der Marktbedingungen.** Für die Einbeziehung auch derartige Prognosen spricht zwar, dass es sich, sofern die Aussage als sicher dargestellt wird, um regelmäßig stark kaufanreizende Umstände handelt, etwa wenn in Krisenzeiten eine **Verknappung von Waren** oder ein **Ansteigen der Preise** behauptet wird.

11 Zum Teil wird vertreten, dass derartige Aussagen wegen der Ungewissheit ihres Eintritts grundsätzlich nur dem allgemeinen Irreführungsverbot unterliegen, da der Kern der Unlauterkeit im Verschweigen des Prognose-Charakters liege.[3] Im Ergebnis ist dem zuzustimmen. Abzustellen ist dabei m. E. jedoch auf den im Richtlinientext verwendete Begriff der „Information", der mehr noch als der deutsche Begriff der „Angabe" eine **zum Zeitpunkt der Information verifizierbare oder falsifizierbare Aussage** impliziert. Hierzu zählen allgemeine Marktprognosen („der Dollarkurs wird steigen") nicht. Anders ist es freilich mit konkreten Aussagen, die der Prognose zugrunde liegen, z. B. „Der Rohstoff für Kaffee ist knapp, da die Ernte schlecht war" (verifizierbare Angabe) und „deshalb wird der Preis noch weiter steigen" (Prognose). In dieser offenbar relativ häufigen Konstellation unterfällt jedenfalls die Aussage über die konkreten gegenwärtigen Marktbedingungen dem Anwendungsbereich des Nr. 19.

12 **c) Bezugsquellen.** Unter Bezugsquellen (in der Richtlinie umschrieben als „Möglichkeit, das Produkt zu finden") ist die **Erhältlichkeit des Produktes** oder die Inanspruchnahme der Dienstleistung zu verstehen. Eine scharfe Trennlinie zu den „Marktbedingungen" besteht nicht.

13 Unwahre Aussagen über Bezugsquelle sind auf **zwei Wegen** möglich: Zum einen kann fälschlicherweise behauptet werden, dass es das fragliche Produkt in einem bestimmten Gebiet **gar nicht** gibt, in Zukunft nicht mehr oder nur sehr eingeschränkt geben wird (z. B. dass die Produktion eingestellt wird). Zum anderen kann vorgetäuscht werden, dass andere Anbieter das Produkt nicht (oder nicht mehr) anbieten, insbesondere der Anbietende dieses **exklusiv** vertreibt. Auch hier sind Zweifelsfragen vorprogrammiert. So wird z. B. die (zutreffende) Behauptung der Vertragshändlerschaft beim Durchschnittsverbraucher die (objektiv unrichtigen) Vorstellung hervorrufen, es gebe das Produkt nirgendwo sonst. Da explizit **falsche** Angaben verhindert werden sollen, hat die **Auslegung** eng am Wortlaut von Nr. 19 zu erfolgen – resultieren aus einer an sich korrekten Feststellung Fehlvorstellungen des Verbrauchers, so gelangt lediglich der allgemeinen Täuschungstatbestand der §§ 5 und § 5a UWG zur Anwendung, nicht jedoch das per se-Verbot der Nr. 19.

14 **d) Weniger günstige Bedingungen.** Das mittels falscher Angaben über die allgemeinen Marktbedingungen angebotene Produkt oder die Dienstleistung muss **objektiv ungünstiger als Konkurrenzprodukte** sein.[4] Diese sich aus dem Kontext von Richtlinie und UWG-Anhang ergebende Voraussetzung ist ebenfalls **wenig präzise.** Muss das angebotene Produkt ungünstiger (z. B. teurer) als alle anderen auf dem Markt erhältlichen ähnlichen Produkte sein oder muss es nur von einem Durchschnittswert negativ abweichen und wie ist dieser zu ermitteln? Auch hier wird die gebotene **Interpretation** dazu führen, dass es jedenfalls erheblich günstigere (vergleichbare) Angebote in ausreichender Zahl auf demselben Markt geben muss.

15 **e) Subjektiver Tatbestand: Absicht.** Das per se-Verbot der Nr. 19 greift nur ein, wenn der Unternehmer die unwahre Angabe über die Marktbedingungen oder Bezugsquellen macht, „um den Verbraucher dazu zu bewegen, eine Ware oder Dienstleistung zu weniger günstigen Bedingungen als den allgemeinen Marktbedingungen abzunehmen oder in Anspruch zu nehmen". Hierunter ist direkter Vorsatz, also **Absicht** zu verstehen.[5] Dem Unternehmer muss also nicht nur positiv be-

---

[3] *Büllesbach,* S. 126.
[4] Ebenso Köhler/*Bornkamm,* Anh. zu § 3 III, Rdn. 19.3.
[5] Der Unternehmen muss also, wie es die Richtlinie deutlicher ausdrückt, „mit dem Ziel handeln, den Verbraucher dazu zu bewegen, …". Das ist bei einer Täuschung des Verbrauchers zu vermuten; vgl. Köhler/*Bornkamm,* Rdn. 19.5. („liegt … auf der Hand").

kannt sein, dass es günstigere Angebote gibt, sondern er muss den Verbraucher gerade zu dem Zweck falsch informieren, um ihn zur Abnahme des eigenen ungünstigeren Angebots zu verleiten. Die **Beweislast** für das Vorliegen dieser Absicht liegt beim Kläger.[6]

Unzulässige geschäftliche Handlungen im Sinne des § 3 Abs. 3 sind

20. das Angebot eines Wettbewerbs oder Preisausschreibens, wenn weder die in Aussicht gestellten Preise noch ein angemessenes Äquivalent vergeben werden;

Inhaltsübersicht

	Rdn.
1. Einfluss des europäischen Rechts	1
2. Zweck der Vorschrift und Abgrenzung	3
3. Einzelheiten	6
a) An einen Verbraucher gerichtete geschäftliche Handlung	6
b) Angebot eines Wettbewerbs oder Preisausschreibens	7
c) In Aussicht gestellte (konkrete) Preise oder angemessenes Äquivalent werden nicht vergeben	10

1. Einfluss des europäischen Rechts

1 Die Vorschrift beruht auf der Regelung im Anhang I Nr. 19 zur **UGP-Richtlinie.** Der Richtlinientext lautet wie folgt:

„Es werden Wettbewerbe und Preisausschreibungen angeboten, ohne dass die beschriebenen Preise oder ein angemessenes Äquivalent vergeben werden."

2 Danach ist es verboten, Wettbewerbe und Preisausschreiben anzubieten, ohne die beschriebenen Preise oder ein angemessenes Äquivalent zu vergeben. Die **deutsche Fassung** stimmt somit weitgehend (abgesehen von dem **rein sprachlichen Unterschied** zwischen „beschriebenen" Preisen und „in Aussicht gestellten" Preisen) mit dem Richtlinientext überein.

2. Zweck der Vorschrift und Abgrenzung

3 Es geht bei diesem Verbot darum, dass der Verbraucher nicht zur Teilnahme an Preisausschreiben oder Wettbewerben veranlasst wird, bei denen es die angeblichen Preise oder angemessenen Äquivalente gar nicht zu gewinnen gibt. Es soll also **nicht über Gewinnchancen getäuscht** werden. Die Regelung der Nr. 20 steht damit in einem Zusammenhang zu den Verboten in **Nr. 16** (Irreführung über Erhöhung der Gewinnchancen bei Glücksspielen) und **Nr. 17** (Irreführung darüber bereits einen Preis gewonnen zu haben). Der wesentliche Unterschied zu dem Verbot in Nr. 17 besteht darin, dass dem Verbraucher dort der Eindruck vermittelt wird, ihm sei ein Gewinn bereits sicher (obwohl es diesen Gewinn überhaupt nicht gibt oder der Verbraucher dafür weitere Leistungen erbringen muss), während bei Nr. 20 über die **Chancen** auf einen Gewinn getäuscht wird.[1] Zudem beschränkt sich Nr. 20 der Schwarzen Liste nicht allein darauf, dass einzelne irreführende Angaben zu unterlassen sind. **Nr. 20 verbietet vielmehr das Angebot eines Wettbewerbs oder Preisausschreibens insgesamt,** wenn die in Aussicht gestellten Preise oder ein angemessenes Äquivalent nicht vergeben werden. Das geht über das Unterlassen einer Irreführung im Einzelfall hinaus.

4 Gemildert wird diese Konsequenz allerdings dadurch, dass statt der in Aussicht gestellten Preise auch ein **gleichwertiger Ersatz** vergeben werden kann. In diesem Fall mag die Werbung mit dem konkreten Preis zwar immer noch nach § 5 oder 5a UWG verboten sein, aber der Tatbestand der Nr. 20 wäre nicht erfüllt. Die Verbote in den Nr. 16, 17 und 20 des UWG-Anhangs sind somit jeweils **eigenständig** zu prüfen. Soweit dann einer der Tatbestände des UWG-Anhangs erfüllt ist, ist dieser wegen der fehlenden Wertungsmöglichkeiten und der abschließenden Harmonisierung vorrangig zu prüfen und zu beachten.

5 Im Zusammenhang mit der Ankündigung von Gewinnen ist außerdem die Regelung in **§ 661a BGB** zu berücksichtigen (siehe Nr. 17 Rdn. 22).

---

[6] *Köhler/Lettl,* WRP 2003, 1019, 1046.

[1] Begründung des Regierungsentwurfs, S. 67.

3. Einzelheiten

6 **a) An einen Verbraucher gerichtete geschäftliche Handlung.** Wie alle Tatbestände des UWG-Anhangs setzt auch Nr. 20 eine an einen Verbraucher gerichtete geschäftliche Handlung voraus. Angaben gegenüber **Unternehmern** können nur nach § 5 UWG irreführend sein. Bezüglich der **Legaldefinition** der Begriffe **„geschäftliche Handlung"** und **„Verbraucher"** wird auf die Kommentierung von *Keller* zu § 2 Abs. 1 Nr. 1 und § 2 Abs. 2 UWG verwiesen.

7 **b) Angebot eines Wettbewerbs oder Preisausschreibens.** Das Verbot in Nr. 20 des UWG-Anhangs bezieht sich auf das Angebot eines „Wettbewerbs" oder eines „Preisausschreibens".

8 Das in Nr. 20 enthaltene Begriffspaar **„Wettbewerb und Preisausschreiben"** ist wie der **„Glücksspiel"**-Begriff in Nr. 17 **europarechtlich zu interpretieren** und weicht von der bislang üblichen deutschen Terminologie ab. Die Begriffe werden in der UGP-Richtlinie und der E-Commerce-RL nicht einheitlich verwendet.[2] Die Abgrenzung zwischen den einzelnen Varianten dürfte im Ergebnis aber auch nicht entscheidend sein, sondern allein, dass Preise für Handlungen von Verbrauchern ausgelobt, dann aber nicht vergeben werden. Es könnte allenfalls zweifelhaft sein, ob unter den Wortlaut der Vorschrift auch Gewinnspiele fallen, also zufallsabhängige Preisvergaben ohne nennenswerten Einsatz von Geld und Einsatz der Teilnehmer. Dafür spricht neben dem Zweck der Norm auch die französische Sprachfassung, die allein davon spricht, dass „ein Preis gewonnen werden könne (qu'un prix peut être gagné)".

9 In jedem Fall muss es sich bei dem Preisausschreiben oder Wettbewerb um eine **geschäftliche Handlung** i. S. v. § 2 Nr. 1 UWG handeln, d. h. das Preisausschreiben darf nicht nur allgemeinen, wettbewerbsneutralen Charakter haben.[3]

10 **c) In Aussicht gestellte (konkrete) Preise oder angemessenes Äquivalent werden nicht vergeben.** Erforderlich für das Verbot ist, dass **konkrete Preise** in Aussicht gestellt und dann nicht vergeben werden. Ein **unbestimmter Hinweis** auf irgendwelche Preise (z. B. „Sie können schöne/tolle Preise gewinnen") **genügt nicht.** Dieser Fall wird allerdings von § 5 UWG erfasst.

11 Unklar ist, ob es für Nr. 20 bereits genügen soll, wenn nur ein einzelner Preis nicht wie ausgelobt vergeben wird. Einerseits ist – anders als bei Nr. 17 – nicht nur von „Preis" die Rede, sondern ausdrücklich von „Preisen". Andererseits bezieht sich „der Preis" in Nr. 17 auch nur auf „den Verbraucher"; zudem wird in Nr. 20 auch nur **„ein angemessenes Äquivalent"** erwähnt. Das spricht dafür, dass bereits das Fehlen eines konkret ausgelobten Preises genügen kann. Umgekehrt bedeutet die Regelung allerdings auch nicht, dass *sämtliche* Preise ausfallen müssen, so dass das Verbot bereits dann nicht erfüllt wäre, wenn nur irgendein kleinerer Preis wie angekündigt vergeben wird. Ausreichend aber auch erforderlich ist vielmehr, dass die wesentlichen Preise wie angekündigt oder zumindest ein **gleichwertiger Ersatz** vergeben werden. Aus welchem Grund angekündigte Preise nicht vergeben werden, ob der Werbende dies zu vertreten hat und ob er dies (von Anfang an oder später) geplant hatte, ist hingegen egal.

12 Was unter einem **„angemessenen Äquivalent"**[4] zu verstehen ist, ergibt sich aus der Richtlinie nicht direkt. Das gilt auch für die **Abgrenzung zum „sonstigen Vorteil"** in Nr. 17. Im englischen Richtlinientext wird diese Problematik noch deutlicher, denn hier ist von „reasonable equivalent" (Nr. 19 im Anhang I) einerseits und „equivalent benefit" (Nr. 31 im Anhang I) andererseits die Rede. Beides setzt in jedem Fall eine **Gleichwertigkeit** voraus. Die Formulierung in Nr. 19 im Anhang I der Richtlinie (= Nr. 20 im UWG-Anhang) lässt allerdings einen größeren Beurteilungsspielraum zu. Es geht nicht um absolute, materielle Gleichwertigkeit, sondern um ein nach den Umständen des Einzelfalls angemessenes Äquivalent. Dennoch wird im Rahmen des Nr. 20 ein weitgehend objektiver Maßstab anzulegen sein. Wenn ein Unternehmern in einem Apple Magazin ein iPad auslobt, dann aber nur ein von der Ausstattung und Preis vergleichbares Samsung Galaxy Tab vergibt, wird zwar nach objektiven Kriterien, nicht aber nach Ansicht der Zielgruppe ein gleichwertigen Gewinn vergeben. Dies sollte aber unter den etwas flexibleren § 5 UWG und nicht unter Nr. 20 fallen.

---

[2] Nr. 20 der Black List: *„Wettbewerb"*, „competition", „concours", „concorsi", „concurso"; Art. 6d RL 2000/31/EG: „Preisausschreiben", „promotional competition", „concours", „concorsi", „concursos". Nr. 20 der Black List: *„Preisausschreiben"*, „prize promotion", „prix peut être gagné", „promozioni a premi", „premios de promoción"; Art. 6d RL 2000/31/EG: „Gewinnspiel", „game", „jeux promotionnels", „giochi promozionale", „juegos promocionales".

[3] Vgl. zu § 4 Nr. 5 UWG a. F. LG Berlin MD 2005, 1413, 1417 – *Ein Umschlag voller Geld.*

[4] In der englischen Fassung der Richtlinie ist von „reasonable equivalent" die Rede, in der französischen von „équivalent raisonnable".

Unzulässige geschäftliche Handlungen im Sinne des § 3 Abs. 3 sind

21. das Angebot einer Ware oder Dienstleistung als „gratis", „umsonst", „kostenfrei" oder dergleichen, wenn hierfür gleichwohl Kosten zu tragen sind; dies gilt nicht für Kosten, die in Zusammenhang mit dem Eingehen auf das Waren- oder Dienstleistungsangebot oder für die Abholung oder Lieferung der Ware oder die Inanspruchnahme der Dienstleistung unvermeidbar sind;

Inhaltsübersicht

	Rdn.
1. Einfluss des europäischen Rechts	1
2. Geschäftspraktik gegenüber dem Verbraucher	3
3. Der Tatbestand im Einzelnen	4
a) Bezeichnung als „gratis" o. ä.	5
b) Verpflichtung des Verbrauchers zur Tragung von Kosten	6
c) Unvermeidbare Kosten bei Vertragsanbahnung	9
d) Unvermeidbare Abhol- oder Lieferkosten	10
e) Unvermeidbare Kosten der Inanspruchnahme der Dienstleistung	11
f) Beurteilung nach § 5 und § 5a sowie nach § 3a UWG	12

1. Einfluss des Europäischen Rechts

Nr. 21 des UWG-Anhangs setzt Nr. 20 des Anhangs I der UGP-**Richtlinie** um. Der Text der Richtlinie lautet: 1

„Ein Produkt wird als „gratis", „umsonst" „kostenfrei" oder ähnliches beschrieben, obwohl der Verbraucher weitere Kosten als die Kosten zu tragen hat, die im Rahmen des Eingehens auf die Geschäftspraktik und für die Abholung oder Lieferung der Ware unvermeidbar sind."

Der Wortlaut in Nr. 21 des UWG-Anhangs ist also leicht abweichend, wobei es sich im Wesentlichen um **sprachliche Straffungen** handelt. Bestehen Zweifel bei der Auslegung einzelner Begriffe ist jedoch der Richtlinientext maßgeblich, da der UWG-Anhang gemeinschaftsrechtskonform zu interpretieren ist (s. oben, I Rdn. 10). 2

2. Geschäftspraktik gegenüber dem Verbraucher

Das per se-Verbot der Nr. 21 des UWG-Anhangs gilt nur für **geschäftliche Handlungen** gegenüber dem **Verbraucher.** Bezüglich der Legaldefinition beider Begriffe vgl. § 2 Abs. 1 Nr. 1 und Abs. 2 UWG sowie die Kommentierung von *Keller* hierzu. An **Unternehmer** und andere Marktteilnehmer als Verbraucher i. S. v. § 2 Abs. 2 UWG gerichtete „Gratiswerbung" etc. ist nur am allgemeinen Irreführungsverbot des § 5 UWG zu messen; dieses greift ein, wenn alle dortigen Voraussetzungen (Wertungsvorbehalt, Relevanz) erfüllt sind. Eine **Vermutung einer Unzulässigkeit** auch im **„B2B"-Verhältnis** besteht **nicht** (vgl. I Vorbem. Rdn. 18f.). 3

3. Der Tatbestand im Einzelnen

Wegen der besonders hohen Anlockwirkung der Werbung mit „Gratis"-Angeboten legt der Gesetzgeber in Nr. 21 einen strengen Maßstab an. Mit „Gratis"-Angeboten o. ä. soll nur geworben werden, wenn für den Kunden bestenfalls bestimmte unvermeidbare Kosten anfallen. Im Umkehrschluss gilt, dass tatsächlich kostenlose Angebote – vorbehaltlich der Verbote in anderen Gesetzen, wie z. B. § 7 HWG[1] – auch als kostenlos beworben werden dürfen.[2] Es geht bei dem Verbot darum, dass der Verbraucher bei vermeintlich kostenlosen Angeboten nicht doch Kosten tragen muss, sofern diese nicht unvermeidbar sind. Anders als bei § 5 UWG ist bei Nr. 21 dabei **nicht** das **Vorliegen** oder gar der Nachweis einer **Irreführung erforderlich.** Der Gesetzgeber unterstellt vielmehr, dass eine solche Irreführung beim Vorliegen der gesetzlichen Tatbestandsvoraussetzungen gegeben ist bzw. er fingiert eine Irreführung, auch wenn diese im Einzelfall möglicherweise nicht gegeben ist. Auslegungs- und Anwendungsprobleme können entstehen, wenn es um die Beurteilung geht, ob ein Angebot als „gratis" bezeichnet wird, welche Kosten bei der Beurteilung zu berücksichtigen 4

[1] Dazu BGH NJW 2015, 1960 Tz. 17 – *Kostenlose Zweitbrille.*
[2] *Rose* K&R 2012, 725, 729.

sind und ob z. B. auch mittelbare Kosten und Folgekosten berücksichtigt werden müssen (hierzu Rdn. 7). Problematisch ist die Anwendung der Vorschrift auch auf Zugaben und Kopplungsangebote (hierzu Rdn. 8).

5 **a) Bezeichnung als „gratis" o. ä.** Wird ein Angebot als **„gratis"**, **„kostenfrei"** oder **„umsonst"**, bezeichnet, so erwartet das Publikum, dass ihm durch die Inanspruchnahme des Angebots **keine anderen Kosten** als bestenfalls unvermeidbare Nebenkosten entstehen. Dabei ist das Verbot nicht auf die Verwendung dieser Worte beschränkt. Wie der Ausdruck „oder dergleichen" zeigt, kann auch die Verwendung von Ausdrücken wie **„kostenlos"**,[3] **„unentgeltlich"**, **„Geschenk"**, **„Präsent" „zum Nulltarif"**, **„free"** usw. verboten sein, wenn dadurch der Eindruck der Unentgeltlichkeit erweckt wird. Bei der Beurteilung, ob dies der Fall ist, kann man auch auf die Rechtsprechung zum Verständnis von Aussagen nach § 5 UWG zurückgreifen. Ob der Unternehmer über die zusätzlichen Kosten aufgeklärt hat, ist unerheblich, denn auf eine tatsächliche Irreführung kommt es nicht an. Allerdings können solche Aufklärungen bei der Auslegung berücksichtigt werden, ob ein nicht ausdrücklich so bezeichnetes Angebot als „gratis" oder „dergleichen" zu verstehen ist, wobei die Aufklärung – ähnlich der Sternchenwerbung – nicht dazu führen kann, den Wortlaut einer Aussage in ihr Gegenteil zu verkehren. D. h. wer ein Angebot als „gratis" bezeichnet, kann sich nicht darauf berufen, dass über ein Entgelt aufgeklärt wurde, so dass der Verbraucher es nicht als „gratis" versteht.[4] Das Verbot gilt unbeschadet der BGH-Entscheidung „Schlafzimmer komplett",[5] denn Nr. 21 verbietet die Bezeichnung als „gratis" unabhängig davon, ob eine spätere Aufklärung erfolgt ist. Auch das Argument, der Durchschnittsverbraucher wisse, dass ein Kaufmann Waren nicht verschenke,[6] steht dem Verbot nicht entgegen. Nicht anwendbar ist Nr. 21 hingegen auf Fälle, in denen lediglich ein besonders geringer Preis für die Hauptleistung bei zugleich überhöhten Versandkosten gefordert wird.[7]

6 **b) Verpflichtung des Verbrauchers zur Tragung von Kosten.** Das beworbene Angebot darf beim Verbraucher nicht zu Kosten führen, es sei denn, diese sind „unvermeidbar" (hierzu unter c). Dabei sind nur solche Kosten zu berücksichtigten, die als **unmittelbare** Gegenleistung für den Erwerb oder als unmittelbare Voraussetzung für die Inanspruchnahme der jeweils beworbenen Ware oder Dienstleistung **von dem angesprochenen Verbraucher** zu leisten sind, wie z. B. ein Kaufpreis, Bearbeitungsgebühren oder Kosten für Mehrwertdienste. Sind solche Kosten zu entrichten und handelt es sich dabei nicht um die unvermeidbaren Kosten, so ist die Werbung mit „gratis" stets unlauter. Das gilt selbst dann, wenn der Anbieter über diese Kosten aufgeklärt hat. Verboten wäre danach z. B. die Werbung einer Partnervermittlung mit *„ohne finanzielle Interessen!"*, wenn Interessenten tatsächlich eine vierteljährliche Gebühr zahlen müssen.[8] Die Angabe *„zum Nulltarif"* für Brillengestelle hingegen wäre nicht nach Nr. 21 zu beanstanden, wenn der versicherte Verbraucher selbst keine Kosten zu tragen hat, sondern diese vollständig von der Krankenversicherung übernommen werden.[9] Ein Verbot käme allerdings in Betracht, wenn nicht alle von der Werbung angesprochenen Versicherungen tatsächlich die Kosten voll übernehmen würden.[10] Die Bewerbung einer Club-Mitgliedschaft als „kostenlos" ist nicht zu beanstanden, wenn dem Mitglied regelmäßig eine reservierte „CD des Monats" zum Kauf übersandt wird, sofern hieraus keine rechtlichen Verpflichtungen entstehen.[11]

7 Fraglich ist hingegen, ob das Verbot der Nr. 21 auch dann anwendbar ist, wenn der Erwerb der jeweiligen Ware oder Dienstleistung zwar kostenlos erfolgt, damit aber mittelbar zwingende weitere Kosten oder Folgekosten verbunden sind. Ebenso problematisch ist die Anwendung des Verbots auf Zugaben und Kopplungsangebote. **Mittelbare Kosten** sind Kosten, die nicht als Gegenleistung für den Erwerb des Produkts selbst zu entrichten sind, die aber mit dem Erwerb **zwingend verbunden** sind und ohne die ein Erwerb des Produkts nicht möglich wäre, wie z. B. der Abschluss eines Mobilfunkvertrags mit monatlichen Grundgebühren als Voraussetzung für den Erwerb eines subventionierten Handys oder der Beitritt zu einem Buchclub mit der gleichzeitigen Verpflichtung, für

---

[3] OLG Köln GRUR 2009, 608 – *Winter-Check-Wochen.*

[4] OLG Koblenz K&R 2011, 349, 350; *Rose* K&R 2012, 725, 729; *Blasek* GRUR 2010, 396, 399.

[5] BGH GRUR 2015, 698 – *Schlafzimmer komplett;* diese Entscheidung wurde ohnehin vom BGH selbst durch BGH GRUR 2016, 207 – *All Net Flat* mittlerweile deutlich zurückgenommen.

[6] So die Argumentation im Fall NJW 2015, 1960 Tz. 17 – *Kostenlose Zweitbrille,* zu § 7 HWG.

[7] *Rose* K&R 2012, 725, 730.

[8] Vgl. LG Berlin MD 1994, 703, zu § 3 UWG a. F.

[9] KG WRP 1994, 184 f.; OLG Nürnberg WRP 1995, 752; OLG Frankfurt WRP 1999, 951, 954, alle zu § 5 UWG bzw. 3 UWG a. F.

[10] Vgl. OLG Nürnberg a. a. O.

[11] KG GRUR-RR 2011, 15, 16 f. (zu § 5 Abs. 1 S. 2 Nr. 2 UWG).

einen bestimmten Zeitraum Bücher zu kaufen. **Folgekosten** sind Kosten, die nicht zwingend anfallen, damit die jeweilige Ware überhaupt erworben werden kann, die aber **bei dessen Nutzung anfallen,** also z.B. die Gesprächskosten bei Nutzung eines Handys. Solche Angebote unterfallen nicht dem Verbot der Nr. 21, sondern sind weiterhin – und immerhin – den Anforderungen der § 5 und 5a UWG sowie der PAngV zu unterstellen; insoweit kommt es darauf an, ob der Verbraucher hinreichend über die mittelbaren oder die Folgekosten aufgeklärt wird.[12] Allerdings muss auch gesehen werden, dass insoweit ein anderes Ergebnis insbesondere angesichts der weiten Formulierung in der Richtlinie, die davon spricht, dass der Verbraucher „weitere Kosten zu tragen hat", nicht völlig ausgeschlossen ist.[13] Nur hätte dies erhebliche Konsequenzen, würde den Anwendungsbereich der Nr. 21 enorm ausdehnen und zu nicht sachgerechten Ergebnissen führen, weil es bei dem Verbot der Nr. 21 ja weder auf eine Irreführung noch auf eine Aufklärung ankommt. Letzten Endes muss aber der EuGH dies entscheiden.

Auch bei **Zugaben** handelt es sich um Waren, die als unentgeltlich bezeichnet sind, die der 8
Kunde letzten Endes aber nicht unentgeltlich bekommt, wenn er für die Hauptware oder für die Inanspruchnahme der Zugabe zahlen muss. Nr. 21 will Zugaben weder grundsätzlich verbieten noch sind sie grundsätzlich vom Verbot freigestellt. Ist für den Verbraucher erkennbar, dass er die unentgeltliche Zugabe nur in Verbindung mit einer entgeltpflichtigen Hauptware/-leistung bekommt,[14] so unterfällt das nicht dem Verbot der Nr. 21, es sei denn der Verbraucher muss über die Bezahlung der Hauptware hinaus für die Inanspruchnahme der Zugabe noch eine weitere Zahlung leisten.[15] Das Verbot der Nr. 21 ist in diesen Fällen auch dann nicht erfüllt, wenn die Kosten der Nebenware/-leistung in den Preis der Hauptware/-leistung einkalkuliert sind. Gewährt daher z.B. ein Anbieter von Telefondienstleistungen seinen Kunden einhundert Gesprächsminuten ohne gesonderte Berechnung, ist der Hinweis „100 Gesprächsminuten gratis" nicht nach Nr. 21 unlauter, nur weil alle Neukunden hiervon bei Vertragsschluss profitieren oder weil die Kosten dieses „Einstiegsgeschenks" kalkulatorisch bei der Festsetzung der Telefontarife berücksichtigt wurden.[16] Nicht nach der Nr. 21 verboten (und bei entsprechender Aufklärung auch nicht irreführend i.S.v. § 5 UWG) ist es auch, wenn bei einer **größeren Warenmenge** oder einer **Sachgesamtheit** damit geworben wird, der Verbraucher erhalte hiervon einen Teil „gratis", wenn der Verbraucher diesen Teil tatsächlich (im Vergleich zum üblichen Preis für den restlichen Teil des Gesamtangebots) ohne Aufpreis erhält.[17]

c) Unvermeidbare Kosten bei Vertragsanbahnung. Nach dem ersten Teil des zweiten Halb- 9
satzes soll es einer Gratiswerbung nicht entgegenstehen, wenn (lediglich) Kosten für den Empfänger entstehen, die zum einen „im Zusammenhang mit dem Eingehen auf das Waren- oder Dienstleistungsangebot" entstehen und zum anderen „unvermeidbar" sind. Die Vorschrift scheint insoweit wenig glücklich formuliert: Es wird nicht deutlich, auf welche Art von Kosten die Bestimmung abzielt. Gemeint sind wohl Kosten, die bei Anbahnung entsprechender Verträge stets zwingend anfallen und in ihrer Entstehung dem Einfluss der Geschäftsparteien entzogen sind, also z.B. staatliche Gebühren oder andere Zahlungspflichten gegenüber Dritten, auf welche die Parteien keinen Einfluss haben. Das betrifft beispielsweise Telefongebühren oder Portokosten, um Angebote anzunehmen. Freigestellt sind solche Kosten allerdings nur, soweit sie „unvermeidbar" sind. Das bedeutet beispielsweise bei Telefongebühren, dass nur die Basisgebühren umfasst werden, nicht aber etwaige erhöhte Gebühren für Mehrwertdienste.

d) Unvermeidbare Abhol- oder Lieferkosten. Nach dem zweiten Halbsatz der Vorschrift 10
soll es einer zulässigen Gratiswerbung auch nicht entgegenstehen, wenn für den Empfänger bei Abholung oder Lieferung Kosten entstehen, soweit diese „unvermeidlich" sind. Das betrifft **Distanzgeschäfte,** bei denen auf jeden Fall durch den Versand oder die Abholung Kosten entstehen. Das Tatbestandsmerkmal „unvermeidlich" kann dabei sinnvollerweise nicht so verstanden werden, dass derartige Kosten bereits dann stets „vermeidlich" wären, wenn der Anbieter der Gratisleistung

---

[12] OLG Düsseldorf, MMR 2011, 664, 665 – *20 Songs gratis.*

[13] So wohl auch *Scherer* WRP 2011, 393, 397. Nicht erörtert von OLG Hamburg WRP 2009, 1305.

[14] Wovon der durchschnittlich informierte Verbraucher nach einem obiter dictum des BGH erfahrungsgemäß ausgeht, vgl. BGH NJW 2015, 1960 Tz. 17 – *Kostenlose Zweitbrille.*

[15] BGH GRUR 2014, 576 Tz. 33 – *2 Flaschen GRATIS;* OLG Köln GRUR 2009, 608.

[16] Anders *Rose* K&R 2012, 725, 729: Gezielte Verteuerung der Hauptleistung möglicherweise als Umgehung von Nr. 21 unzulässig.

[17] BGH GRUR 2014, 576 Tz. 29, 33 – *2 Flaschen GRATIS;* vgl. OLG Frankfurt GRUR-RR 2003, 59, zu Getränkedosen-Gebinden mit dem Aufdruck *„Vier Dosen gratis beim Kauf von zwanzig Dosen".* Strenger hingegen noch LG Dortmund WRP 2014, 1360, Tz. 25, zu Werbung für Brillen mit dem Hinweis *„1 Glas geschenkt",* wenn es sich faktisch lediglich um einen Rabatt von 50 % auf den Gesamtpreis handelt.

sie übernähme; da eine solche Kostenübernahme nämlich so gut wie immer faktisch möglich wäre, bliebe dann für die Vorschrift praktisch kein Anwendungsbereich. Zu den unvermeidbaren Kosten können auch Kosten für Verpackungen sowie Packer gehören, nicht hingegen für sonstiges Personal etwa für IT oder Finanzen sowie eingesetzte Geräte.[18] **Pauschalen** für Verpackung und Versand sollen ebenfalls unzulässig sein.[19]

11 **e) Unvermeidbare Kosten der Inanspruchnahme der Dienstleistung.** Einer Gratiswerbung für Dienstleistungen stehen für den Empfänger entstehende Kosten nicht entgegen, soweit sie „für die Inanspruchnahme der Dienstleistung unvermeidbar" sind. In Betracht kommen z. B. die Kosten für die **Anfahrt oder Anreise** des Empfängers zum Leistungserbringer. Soweit derartige zwingende Kosten von vornherein der Höhe nach feststehen, kann sich nach Lage des Falls aus § 5a eine Hinweispflicht des Werbenden ergeben. Ist es allerdings nach der Gestaltung der Werbung für das Publikum offensichtlich, dass sich der Leistungsempfänger zum Anbieter begeben muss, erübrigt sich in der Regel ein entsprechender Hinweis auf die hierdurch entstehenden Kosten.

12 **f) Beurteilung nach § 5 und § 5a sowie nach § 3a UWG** (vormals § 4 Nr. 11 UWG a. F.). Ausschließlich nach § 5 UWG zu beurteilen ist der Fall, dass über den Gegenstand bzw. **Inhalt** oder den **Wert der Gratisleistung** Fehlvorstellungen hervorgerufen werden.[20] Allerdings ist gerade bei Gratisangeboten durchaus denkbar, dass sich das Publikum über Art und Umfang der Leistungen im Einzelfall keine vertieften Gedanken macht oder bei Feststellung der Irreführung dadurch eher davon abgehalten wird, sich mit anderen Angeboten des Werbenden zu befassen,[21] was die Relevanz einer eventuellen Irreführung ausschließen kann.

13 Außerdem kann eine besonders hervorgehobene Anpreisung eines Angebots als „umsonst" in besonderen Fällen selbst dann nach § 5 UWG unlauter sein, wenn tatsächlich keine weiteren Kosten entstehen, es sich dabei aber um eine handelsübliche **Selbstverständlichkeit** handelt.

14 Nach § 5a UWG zu beurteilen sind Fälle der vermeintlichen Irreführung über mittelbare Entgelte oder Folgekosten.

15 Die Verbote in Nr. 21 haben Vorrang vor § 3a UWG.[22] Gleichwohl werden Fälle, in denen zwar Hinweise auf die Kostenpflicht vorhanden sind, diese aber unauffällig gestaltet sind, nicht über Nr. 21 sondern eher über § 3a UWG i. V. m. § 312j Abs. 3 BGB (sog. Button-Lösung) zu sanktionieren sein.[23]

Unzulässige geschäftliche Handlungen im Sinne des § 3 Abs. 3 sind

22. die Übermittlung von Werbematerial unter Beifügung einer Zahlungsaufforderung, wenn damit der unrichtige Eindruck vermittelt wird, die beworbene Ware oder Dienstleistung sei bereits bestellt;

Inhaltsübersicht

	Rdn.
1. Einfluss des Europäischen Rechts	1
2. Gesetzeszweck und Abgrenzung	2
3. Geschäftliche Handlung gegenüber Verbraucher	7
4. Werbematerial	8
5. Beigefügte Zahlungsaufforderung	11
6. Dadurch vermittelter unrichtiger Eindruck einer schon erfolgten Bestellung des beworbenen Produkts	14
a) Situationsbedingt handelnder Durchschnittsverbraucher	14
b) Fehlvorstellung über die Bestellung des konkret beworbenen Produkts	15
c) Einzelheiten	20

Schrifttum: *H.-J. Ahrens,* Auftragssammlung für Branchenverzeichniseinträge durch als Rechnung getarnte Vertragsangebote, EWiR 1995, 915; *ders.,* Durchsetzung unter Irreführung zustandegekommener Verträge („Folgeverträge"), EWiR 1994, 185; *Alexander,* Die „Schwarze Liste" der UGP-Richtlinie und ihre Umsetzung in Deutschland und Österreich, GRURInt. 2010, 1025; *Alexander/Pützhoven,* Vertragsschluss bei rechnungsähn-

[18] LG Dresden, Urt. v. 30.11.2010 – 3 O 949/10, bestätigt durch OLG Dresden BeckRS 2012, 04363.
[19] KG GRUR-RR 2011, 15, 16 (zu § 5 UWG); Köhler/*Bornkamm,* § 5 Rdn. 7.115 m. w. N.
[20] LG Frankfurt WRP 1993, 295 (LS); *Helm* in: Gloy/Loschelder/Erdmann, HdbWettbR § 59 Rdn. 355.
[21] Vgl. BGH GRUR 1987, 916, 918 – *Gratis-Sehtest.*
[22] *Rose* K&R 2012, 725, 729.
[23] *Alexander* NJW 2012, 1985, 1989; *Rose* K&R 2012, 725, 729.

lich gestalteten „Eintragungsofferten“, DB 2001, 1133; *Bernreuther,* Das Vertragsangebot in der Werbung, WRP 2003, 846; *Büllesbach,* Auslegung der irreführenden Geschäftspraktiken des Anhangs I der Richtlinie 2005/29/ EG über unlautere Geschäftspraktiken, 2008; *Garbe,* Rechnungsähnliche Vertragsofferten als strafbarer Betrug, NJW 1999, 2868; *Geisler,* Anmerkung zu BGH Urt. v. 26.4.2001 – 4 StR 439/00, NStZ 2002, 86; *Köhler,* Unbestellte Waren und Dienstleistungen – neue Normen, neue Fragen, GRUR 2012, 217; *Krack,* Zur Versendung rechnungsähnlicher Vertragsofferten, JZ 2002, 613; *Pawlik,* Betrügerische Täuschung durch die Versendung rechnungsähnlicher Angebotsschreiben, StV 2003, 297; *Sack,* Folgeverträge unlauteren Wettbewerbs, GRUR 2004, 625; *Scherer,* Die weißen Flecken in der Schwarzen Liste, WRP 2014, 771; *Schockenhoff,* Wettbewerbswidrige Folgeverträge, NJW 1995, 500; *Scherer,* „Case-law“ in Gesetzesform – die „Schwarze Liste“ als neuer UWG-Anhang, NJW 2009, 324; *dies.,* Was bringt die „Schwarze Liste“ tatsächlich? – Bestandsaufnahme und Konsequenzen, WRP 2011, 393; *Schöttle,* Die Schwarze Liste – Übersicht über die neuen Spezialtatbestände des Anhangs zu § 3 Abs. 2 UWG, WRP 2009, 673; *Solf,* Adreßbuchschwindel – Neue Entwicklungen zu einer alten Masche, WRP 2000, 325; *Traub,* Durchführungsverbot und Folgeverträge, GRUR 1980, 673; *v. Ungern-Sternberg,* Kundenfang durch rechnungsähnlich aufgemachte Angebotsschreiben, WRP 2000, 1057.

1. Einfluss des Europäischen Rechts

Nr. 22 des UWG-Anhangs setzt Nr. 21 der „Schwarzen Liste“ der **UGP-Richtlinie** in deutsches Recht um: 1

„Werbematerialien wird eine Rechnung oder ein ähnliches Dokument mit einer Zahlungsaufforderung beigefügt, die dem Verbraucher den Eindruck vermitteln, dass er das beworbene Produkt bereits bestellt hat, obwohl dies nicht der Fall ist.“

2. Gesetzeszweck und Abgrenzung

Nr. 22 will den Verbraucher davor schützen, aufgrund einer Täuschung eine in Wahrheit nicht 2 geschuldete Leistung zu erbringen. **Scheinrechnungen** hatten die Rspr. in der Vergangenheit v.a. in der Form sog. **rechnungsähnlich aufgemachter Offerten** beschäftigt.[1] Die Rspr. sah diese allerdings nur als unlauter an, wenn es sich bei der Übersendung der Rechnung oder des rechnungsähnlich aufgemachten Angebots um ein von Anfang an auf Täuschung angelegtes Gesamtkonzept handelte, um von Folgeverträgen zu profitieren.[2] Nr. 22 des Anhangs zu § 3 Abs. 3 ist nach den Gesetzesmaterialien insofern weiter, als es auf ein solches **Gesamtkonzept** hier nicht ankommt;[3] es muss sich aber zumindest um eine geschäftliche Handlung handeln. Der Anwendungsbereich der Vorschrift ist zudem beschränkt auf das Verhältnis zwischen Unternehmern und Verbrauchern.

Nr. 22 dient unmittelbar dem **Schutz der Verbraucher vor Irreführung** über tatsächlich 3 nicht erfolgte Bestellungen. Mittelbar werden auch Mitbewerber und die Allgemeinheit geschützt, da die in der Vorschrift geregelten geschäftlichen Handlungen den lauteren Wettbewerb gefährden.

Erfasst werden nicht nur Täuschungen durch **rechnungsähnlich aufgemachte Angebots-** 4 **schreiben,** bei denen der Vertrag durch die Zahlung zustande kommen soll, sondern auch Irreführungen durch **andere Scheinrechnungen,**[4] bei denen der Unternehmer dem Verbraucher glauben machen will, er habe **die in der beiliegenden Werbung** abgebildeten und noch nicht gelieferten Produkte bestellt. Die Aufforderung zur **Bezahlung unbestellter, aber schon gelieferter Produkte** ist in **Nr. 29 UWG-Anhang** geregelt. Er stellt gegenüber Nr. 22 eine Sonderregelung dar, soweit es „nur“ um die Aufforderung zur Bezahlung unbestellter und schon gelieferter Ware geht, weil sonst die dort gemachten Einschränkungen unterlaufen würden.[5]

Nr. 22 des Anhangs zu § 3 Abs. 3 kann – sofern die dort aufgestellten Voraussetzungen erfüllt 5 sind – mit **§ 4a, § 5** oder **§ 7** zusammentreffen. Aus Nr. 22 des Anhangs kann nicht geschlossen werden, dass die Versendung formularmäßiger Angebotsschreiben nur unter den dort genannten Voraussetzungen unlauter ist. Vielmehr greift dann die Prüfung nach den allgemeinen Vorschriften ein. Dies darf lediglich nicht zu Wertungswidersprüchen führen.[6] Vor diesem Hintergrund ist der BGH davon ausgegangen, dass formularmäßige Angebotsschreiben, denen keine Zahlungsaufforderung beigefügt ist, dann gegen § 5 Abs. 1 und § 4 Nr. 3 verstoßen, wenn sie nach ihrer Gestaltung

---

[1] Vgl. BGH GRUR 1994, 126 – *Folgeverträge I;* GRUR 1995, 358 – *Folgeverträge II;* GRUR 1998, 415 – *Wirtschaftsregister;* GRUR 2001, 1178 – *Gewinn-Zertifikat.*

[2] BGH GRUR 1994, 126 – *Folgeverträge I;* GRUR 1995, 358 – *Folgeverträge II;* GRUR 2001, 1178 – *Gewinn-Zertifikat.* S. zu dieser Rspr. näher *Sack* GRUR 2004, 625 ff.

[3] Amtl. Begr. zum RegE, BT-Drucks. 16/10145, S. 34 (Anhang II.).

[4] Amtl. Begr. zum RegE, BT-Drucks. 16/10145, S. 34 (Anhang II.).

[5] In diesem Sinne auch *Köhler,* GRUR 2012, 217, 222: Nr. 22 auf Fälle beschränkt, in denen die Ware noch nicht geliefert bzw. die Dienstleistung noch nicht erbracht ist.

[6] BGH GRUR 2012, 184, 186/187 Rdn. 29 – *Branchenbuch Berg.*

und ihrem Inhalt darauf angelegt sind, beim flüchtigen Leser den Eindruck hervorzurufen, mit der Unterzeichnung und Rücksendung des Schreibens werde lediglich eine Aktualisierung von Eintragungsdaten im Rahmen eines bereits bestehenden Vertragsverhältnisses vorgenommen.[7]

6 Die Zusendung rechnungsähnlicher Angebotsschreiben kann als Betrug **(§ 263 StGB)** strafbar sein.[8]

3. Geschäftliche Handlung gegenüber Verbraucher

7 Nr. 22 des UWG-Anhangs setzt eine an einen **Verbraucher** gerichtete **geschäftliche Handlung** voraus. Bezüglich der **Legaldefinition** der Begriffe „geschäftliche Handlung" und „Verbraucher" wird auf § 2 Abs. 1 Nr. 1 und § 2 Abs. 2 UWG verwiesen. Der schon bislang besonders konfliktträchtige Bereich von an **Unternehmer** gerichteten rechnungsähnlich aufgemachten Angebotsschreiben[9] bleibt danach von Nr. 22 des Anhangs zu § 3 Abs. 3 ausgeklammert. Die Versendung derartiger Angebotsschreiben an Unternehmer kann aber nach § 5 unlauter sein; s. insb. § 5 E Rdn. 40, 370. Eine **Indizwirkung** für den B2B-Bereich entfaltet Nr. 22 des UWG-Anhangs wohl **nicht,** weil die Situation dort nicht vollständig vergleichbar ist (vgl. § 5 Abschn. B Rdn. 22); auf europäischer Ebene wird aber über eine Verstärkung des Schutzes von Unternehmern nachgedacht (s. den Draft Report 2008/2126(INI)).

4. Werbematerial

8 Dem Verbraucher muss Werbematerial (franz.: „matériel promotionel"; engl.: „marketing material") übermittelt werden. Der Begriff Werbung deckt sich mit dem des Art. 2 lit. a Irreführungsrichtlinie (Richtlinie 2006/114/EG). Das Erfordernis, dass es sich um „Material" handeln muss, beschränkt den Kreis der Werbung aber auf irgendwie (analog oder digital) **körperlich fixierte** Werbung; die mündliche Zahlungsaufforderung unter Hinweis auf eine angebliche frühere Bestellung reicht daher für Nr. 22 nicht.

9 Die **(Schein-)Rechnung** als solche ist kein Werbematerial im Sinne der Vorschrift, weil sie nicht dem Absatz von Produkten dient. Der Einzug einer tatsächlich nicht bestehenden Forderung fällt daher nur unter Nr. 22, wenn die Rechnung – wie bei rechnungsähnlich aufgemachten Offerten – über ihren eigentlichen Zweck hinaus als Mittel eingesetzt wird, einen Vertragsschluss zu erwirken, oder wenn sie mit Werbematerial versehen wird, das den unrichtigen Eindruck einer der Forderung zu Grunde liegenden Bestellung erweckt.

10 „Werbematerial" sind z. B. **Angebotsschreiben, Werbeanschreiben, Werbeprospekte, Werbe-E-Mails u. Ä.;** auch **elektronisch übermittelte Werbeaussagen**[10] und **Probeware** gehören dazu, nicht aber die Lieferung der Ware oder Erbringung der Dienstleistung selbst oder eine unrichtige **Auftragsbestätigung.**[11] Bei dieser handelt es sich nicht um Werbematerial, sondern um die Bestätigung einer (angeblichen) Bestellung, auch wird hier der Eindruck einer bereits erfolgten Bestellung durch die Auftragsbestätigung und nicht eine beigefügte Rechnung bewirkt.[12] Zwar verfolgt der Unternehmer mit der **Lieferung unbestellter Waren** bzw. Erbringung nicht bestellter Dienstleistungen ebenfalls Absatzzwecke. Soweit es „nur" um die Aufforderung zur Bezahlung unbestellter Ware geht, bestimmt sich die Unlauterkeit nach anderen Regeln; vgl. oben Rdn. 4.

5. Beigefügte Zahlungsaufforderung

11 Dem Werbematerial muss eine Zahlungsaufforderung beigefügt sein. **„Zahlungsaufforderung"** ist jede Aufforderung zu einer Zahlung des für das beworbene Produkt angeblich **geschuldeten** Betrags. Entscheidend ist der Eindruck, den die geschäftliche Handlung in der konkreten Situation bei einem durchschnittlich (angemessen) aufmerksamen, verständigen und informierten Mitglied des von der geschäftlichen Handlung angesprochenen Verbraucherkreises erweckt. „Zahlungsaufforderung" können deshalb nicht nur **Rechnungen, Mahnungen, Zahlungserinnerungen,** vorausgefüllte **Zahlkarten, Einzugsermächtigungen** oder **Überweisungsträger** sein, mit denen der Absender zur Zahlung eines bestimmten Betrags für das beworbene Produkt auffordert, sondern

---

[7] BGH GRUR 2012, 184, 186/187 Rdn. 29/30 – *Branchenbuch Berg.*
[8] BGH NStZ 2001, 430; NStZ-RR 2004, 110; OLG Frankfurt NJW 2003, 3215.
[9] S. BGH GRUR 1994, 126 – *Folgeverträge I;* GRUR 1995, 358 – *Folgeverträge II;* GRUR 1998, 415 – *Wirtschaftsregister;* OLG Düsseldorf OLGR Düsseldorf 2004, 416; LG Frankfurt WRP 2000, 336.
[10] *Köhler* GRUR 2012, 217, 221.
[11] *Köhler* GRUR 2012, 217, 221.
[12] *Köhler* GRUR 2012, 217, 221.

auch **Angebotsschreiben** (Bestellscheine, Bestellformulare u. Ä.), die, etwa wegen fehlender Anrede und Grußformel, durch Fettdruck hervorgehobener Auflistung der „Kosten" unter Aufschlüsselung in Brutto- und Nettobetrag, Angabe der Bankverbindung des Werbenden, Beifügung eines Überweisungsträgers sowie Aufführung der Angebotsbedingungen lediglich im Kleingedruckten oder auf der Rückseite des Schreibens, **nur den Anschein einer Rechnung erwecken.**[13] **Spendenaufforderungen** oder bloße **Bitten** um Überweisung eines Geldbetrags, der aus Verbrauchersicht nicht geschuldet wird, sind keine „Zahlungsaufforderung".[14]

Die Zahlungsaufforderung muss dem Werbematerial **„beigefügt"** sein. Dafür reicht im Interesse eines wirksamen Verbraucherschutzes aus, dass die Zahlungsaufforderung in so engem **zeitlichem, räumlichem und sachlichen Zusammenhang** mit der Werbung übermittelt wird, dass beim Durchschnittsverbraucher der Eindruck entsteht, es werde das beworbene Produkt in Rechnung gestellt. Eine formelle Aufspaltung in zwei Schreiben ist nicht erforderlich.[15] Die Voraussetzungen der Nr. 22 erfüllen in erster Linie **rechnungsähnlich aufgemachte Schreiben.**[16] Sie vereinen in sich die Kriterien der „Zahlungsaufforderung" und der „Werbung", weil sie darauf gerichtet sind, dass durch Überweisung der „Rechnung" ein Absatzgeschäft zustande kommt. Übersendet z. B. ein Unternehmer den Angehörigen eines kürzlich Verstorbenen wenige Tage nach dem Erscheinen seiner Todesanzeige in der Tageszeitung ein Angebot über die Veröffentlichung einer weiteren Anzeige im Internet, das infolge seiner Aufmachung den Eindruck erweckt, die Rechnung für die bereits geschaltete Anzeige zu sein,[17] ist der für Nr. 22 erforderliche Zusammenhang zwischen der in Offerte liegenden Werbung und der Zahlungsanforderung gegeben. 12

Ausreichend ist aber auch, wenn die Zahlungsaufforderung dem **Werbematerial angeheftet** ist oder sie sich im selben **Briefumschlag** (z. B. ausgefüllter Überweisungsschein)[18] bzw. im **Anhang der Werbe-E-Mail** befindet. Der erforderliche Zusammenhang kann sogar bestehen, wenn Briefwerbung und Zahlungsaufforderung in **unterschiedlichen Umschlägen,** aber unter demselben Datum übersandt werden. U. U. kann auch ausreichen, dass der Verbraucher bei Entgegennahme der Werbesendung **per Nachnahme** zur Zahlung aufgefordert oder in unmittelbarem zeitlichen Zusammenhang mit der Werbung vom Call-Center des Unternehmers **angerufen** und die Zahlung angemahnt wird. In all diesen Fällen wird aufgrund des Zusammenhangs von Werbung und Rechnung der falsche Eindruck erweckt, die Ware sei bereits bestellt und zu bezahlen. Selbst eine im Begleittext des Schreibens angekündigte Übersendung einer Rechnung ist nach Sinn und Zweck der Vorschrift ausreichend.[19] 13

6. Dadurch vermittelter unrichtiger Eindruck einer schon erfolgten Bestellung des beworbenen Produkts

a) Situationsbedingt handelnder Durchschnittsverbraucher. Das Verhalten des Unternehmers muss beim Verbraucher den unrichtigen Eindruck vermitteln, er habe das beworbene Produkt schon bestellt. Ob ein unrichtiger Eindruck vermittelt wird, ist nicht objektiv, sondern aus der Sicht des **Durchschnittsverbrauchers** zu beurteilen. Dies zeigt die Differenzierung zwischen dem „Erwecken des Eindrucks" (beim Verbraucher) und der (objektiv) „unwahren Angabe", die verschiedenen Nummern der „Schwarzen Liste" zu Grunde liegt. Abzustellen ist auf einen durchschnittlich (angemessen) aufmerksamen, informierten und verständigen Verbraucher in der konkreten Situation der Werbung. Richtet sich die geschäftliche Handlung in für den Unternehmer vorhersehbarer Weise auch an genau abgegrenzte und insbesondere infolge von geistigen oder körperlichen Gebrechen, Alter oder Leichtgläubigkeit **besonders schutzwürdige Personenkreise,** kommt es auch dann auf deren Verständnis an, wenn noch andere Personen angesprochen werden. 14

b) Fehlvorstellung über die Bestellung des konkret beworbenen Produkts. Die Zusendung des Dokuments muss bei einem solchen Verbraucher den **Eindruck erwecken, der Verbraucher habe das Produkt schon bestellt.** Der Empfänger eines Schreibens, das die im Ge- 15

---

[13] S. zum früheren Recht schon BGH GRUR 1994, 126 – *Folgeverträge I;* GRUR 1995, 358 – *Folgeverträge II;* GRUR 1998, 415 – *Wirtschaftsregister;* OLG Düsseldorf OLGR Düsseldorf 2004, 416; LG Frankfurt WRP 2000, 336.

[14] Wie hier Köhler/*Bornkamm,* 34. Aufl. 2016, Anh. zu § 3 Abs. 3 Rdn. 22.3.

[15] Ebenso *Büllesbach,* S. 136.

[16] S. zum früheren Recht schon BGH GRUR 1994, 126 – *Folgeverträge I;* GRUR 1995, 358 – *Folgeverträge II;* GRUR 1998, 415 – *Wirtschaftsregister;* OLG Düsseldorf OLGR Düsseldorf 2004, 416; LG Frankfurt WRP 2000, 336.

[17] S. den Sachverhalt bei BGH NStZ 2002, 86 ff.

[18] Vgl. zum früheren Recht schon BGH GRUR 1998, 415 – *Wirtschaftsregister.*

[19] *Köhler* GRUR 2012, 217, 221. – A. A. Ohly/*Sosnitza,* 6. Aufl. 2014, Anh. zu § 3 Abs. 3 Rdn. 63.

schäftsverkehr übliche Form einer Rechnung hat, darf zwar im Regelfall darauf vertrauen, dass es sich auch tatsächlich um eine Rechnung handelt;[20] mit verkappten Angeboten in Rechnungsform muss er, wenn keine besonderen Umstände zur Vorsicht warnen, nicht rechnen. Die Zusendung von rechnungsähnlichen Auftragsschreiben erfüllt den Tatbestand von Nr. 22 aber erst dann, wenn auch ein angemessen aufmerksamer, verständiger und informierter Verbraucher in der konkreten Situation annimmt, das angebotene Produkt schon bestellt zu haben.

16 Eine detaillierte Vorstellung vom Bestellvorgang und korrekte rechtliche Würdigung dieses Vorgangs ist nicht zu fordern; ausreichend ist die Vorstellung des Verbrauchers, die entgeltliche Ware oder Dienstleistung, auf die sich die Werbematerialien beziehen, bereits **verbindlich angefordert** zu haben. Gleichgültig ist nach Sinn und Zweck der Vorschrift auch, worin der Verbraucher den vermeintlichen Bestellvorgang erblickt, ob dieser im Zusammenhang mit einem Verhalten des Unternehmers selbst (z. B.: vorangegangener Vertreterbesuch) oder einer anderen Person (z. B.: Scheinrechnung über von Dritten geliefertes Produkt) steht und ob der Verbraucher an diesen überhaupt eine Erinnerung hat (z. B.: es werden gezielt Bewohner eines Seniorenwohnheims angeschrieben, um deren Glauben an die vermeintliche eigene Vergesslichkeit hinsichtlich des Bestellvorgangs auszunutzen). Etwaige den Verbrauchern im Falle einer wirksamen Bestellung zustehende Widerrufs- oder Rücktrittsrechte beeinträchtigen den Schutz selbst dann nicht, wenn der Unternehmer auf sie eigens hinweist.[21]

17 Entscheidend ist die Fehlvorstellung, das **konkret in der beiliegenden Werbung beworbene Produkt** bestellt zu haben. Diese Voraussetzungen sind nicht nur erfüllt, wenn der Unternehmer Produkte abrechnet, die überhaupt nicht bestellt und geliefert wurden, sondern auch, wenn der Unternehmer die vom Verbraucher bei einem Dritten geschaltete Anzeige zum Anlass nimmt, mit einer rechnungsähnlich gestalteten Offerte an den Verbraucher heranzutreten, die infolge ihrer Aufmachung den Eindruck einer Rechnung für die bereits geschaltete Anzeige erweckt.[22] Nach einer Auffassung soll aber in jedem Fall ein Hinweis auf das Zahlungserfordernis **im Dokument selbst** erforderlich sein.[23] Diese Auffassung erweist sich jedoch im Hinblick auf den Schutzzweck der Vorschrift als zu eng, denn auch durch geeignete andere Taktiken, z. B. einen besonders engen zeitlichen und räumlichen Zusammenhang von Werbung und Zahlungsaufforderung, kann gezielt die Fehlvorstellung einer bereits erfolgten Bestellung des beworbenen Produkts bewirkt werden. Ein wirksamer Schutz gegen rechnungsähnliche Zahlungsaufforderungen lässt sich nur herstellen, wenn allein auf den beim Durchschnittsverbraucher entstehenden Eindruck abgestellt wird.

18 Der Verbraucher muss einer **Fehlvorstellung** unterliegen; seine Vorstellung, das Produkt bestellt zu haben, muss mit anderen Worten **unrichtig** sein. Hat er vor Zusendung von Werbematerial und Rechnung bereits eine **wirksame Bestellung über das beworbene Produkt beim Werbenden** getätigt, ist die Vorschrift nicht anwendbar. Etwaige dem Verbraucher im Zusammenhang mit dem Bestellvorgang zustehende Widerrufs- oder Rücktrittsrechte beeinträchtigen die Wirksamkeit der Bestellung nur, wenn der Verbraucher von ihnen auch Gebrauch gemacht hat. Sendet der Unternehmer dem Verbraucher, der im Rahmen eines Haustürgeschäfts Ware bestellt hat, zusammen mit dieser Werbung und eine Rechnung zu, ist die Vorschrift deshalb nicht einschlägig; anders hingegen, wenn der Verbraucher seine auf Abschluss eines Kaufvertrags gerichtete Erklärung zuvor wirksam widerrufen hat. Durch die Zusendung unbestellter Waren wird zwar nach **§ 241a BGB** ein Zahlungsanspruch nicht begründet; für sie enthält Nr. 29 der Anlage zu § 3 Abs. 3 aber eine Sonderregelung.

19 Hängt sich der Unternehmer nicht mit rechnungsähnlichen Auftragsschreiben an die bei einem Dritten erfolgte Bestellung an, sondern zieht er die dem Dritten aus dieser Bestellung tatsächlich zustehende Kaufpreis- oder Werklohnforderung ein, ohne hierzu berechtigt zu sein, ist Nummer 22 ebenfalls nicht erfüllt, weil es an dem Eindruck fehlt, das in der beigefügten Werbung dargestellte Produkt des Unternehmers selbst werde abgerechnet.

20 **c) Einzelheiten.** Mit welchem **Maß an Aufmerksamkeit, Verständigkeit und Informiertheit** der Durchschnittsverbraucher der geschäftlichen Handlung entgegen tritt und ob er dabei erkennt, dass das beworbene Produkt nicht bestellt wurde, hängt sowohl von dem angesprochenen Verbraucherkreis als auch der konkreten Situation der Werbung ab.

21 **Ältere Personen** werden z. B. oft leichtgläubiger und **Sozialhilfeempfänger** schlechter informiert sein als der Bevölkerungsdurchschnitt, und deshalb Scheinrechnungen eher bezahlen als andere Personen. **Ausländern** kann es an der für die zutreffende Einordnung der Informationen erforderlichen Sprachkenntnis fehlen.

---

[20] OLG Frankfurt NJW 2003, 3215, 3216; *Garbe* NJW 1999, 2868, 2869.
[21] Vgl. für das Zusenden unbestellter Waren schon OLG Köln GRUR-RR 2002, 236, 237.
[22] S. den Sachverhalt bei BGH NStZ 2002, 86 ff.
[23] Köhler/*Bornkamm*, 34. Aufl. 2016, UGP-RL Anh. I Rdn. 22.4 f.

Im Allgemeinen kann bei einem angemessen aufmerksamen, verständigen und informierten Verbraucher die Kenntnis dessen vorausgesetzt werden, dass übersandte Rechnungen nicht notwendig auch zutreffen und dass es deshalb notwendig ist, die inhaltliche **Berechtigung der Forderung zu überprüfen.** Nur in Ausnahmefällen, etwa wenn dem umworbenen Personenkreis eine solche Überprüfung mangels hinreichender Sprachkenntnisse nicht möglich ist, wird selbst eine **rudimentäre Überprüfung** auf die Person des Rechnungsstellers, betroffenes Produkt und ungefähre Größenordnung des Preises hin unterbleiben. 22

Soweit vom Durchschnittsverbraucher eine zumindest rudimentäre Überprüfung der Rechnung erwartet werden kann, wird eine nach Nummer 22 beachtliche Fehlvorstellung im Allgemeinen nur in Betracht kommen, wenn die Zahlungsaufforderung **im Zusammenhang mit einer tatsächlich erfolgten anderen Bestellung steht** (z. B.: es werden gezielt Rechnungen an Verbraucher geschickt, die bei diesem oder einem anderen Unternehmen noch nicht bezahlte vergleichbare Produkte bestellt haben), oder wenn **im Vorfeld der Rechnung Aktivitäten stattgefunden** haben, die beim Verbraucher den Eindruck erwecken können, er habe eine Bestellung getätigt (z. B.: Scheinrechnung wird im Anschluss an Vertreterbesuch übersandt). 23

Eine **Gestaltung des Werbeschreibens,** die diesem ein offizielles Gepräge nach Art eines **Behördenschreibens** ergibt, kann beim Verbraucher besonderes Vertrauen in die Richtigkeit der vermeintlichen Rechnungsstellung erwecken und dadurch eine nähere Überprüfung verhindern.[24] 24

Unzulässige geschäftliche Handlungen im Sinne des § 3 Abs. 2 sind

23. die unwahren Angabe oder das Erwecken des unzutreffenden Eindrucks, der Unternehmer sei Verbraucher oder nicht für die Zwecke seines Geschäfts, Handels, Gewerbes oder Berufs tätig;

Inhaltsübersicht

	Rdn.
1. Einfluss des europäischen Rechts	1
a) Einheitlicher Tatbestand	1
b) Abweichungen im UWG	4
c) Verhältnis zu §§ 5, 5a	7
2. Zweck der Vorschrift und Abgrenzung	8
3. Tatbestandliche Voraussetzungen	9
a) Falsche Behauptungen oder Erweckung des falschen Eindrucks	11
b) … Verbraucher zu sein	14
c) … nicht für die Zwecke seines Geschäfts, Handels, Gewerbes oder Berufs tätig zu sein	15

Schrifttum: *Alexander,* Die „Schwarze Liste" der UGP-Richtlinie und ihre Umsetzung in Deutschland und Österreich, GRUR Int 2010, 1025; *Büllesbach,* Auslegung der irreführenden Geschäftspraktiken des Anhangs I der Richtlinie 2005/29/EG über unlautere Geschäftspraktiken, 2008; *Köhler,* Die Unlauterkeitstatbestände des § 4 UWG und ihre Auslegung im Lichte der Richtlinie über unlautere Geschäftspraktiken, GRUR 2008, 841; Was bringt die „Schwarze Liste" tatsächlich? – Bestandsaufnahme und Konsequenzen, WRP 2011, 393; *Schöttle,* Die Schwarze Liste – Übersicht über die neuen Spezialtatbestände des Anhangs zu § 3 Abs. 3 UWG, WRP 2009, 673; *Ruhl/Bohner,* Vorsicht Anzeige! Als Information getarnte Werbung nach der UWG Reform 2008, WRP 2011, 375

1. Einfluss des europäische Rechts

a) Einheitlicher Tatbestand. Nr. 23 des UWG-Anhangs[1] setzt Ziffer 22 des Anhangs I der **Richtlinie über unlautere Geschäftspraktiken** um. Die sprachliche Fassung im UWG-Anhang unterscheidet sich nur **geringfügig vom Wortlaut** der Richtlinie. Nr. 22 der deutschen Fassung der Richtlinie lautet wie folgt: 1

„Fälschliche Behauptung oder Erweckung des Eindrucks, dass der Händler nicht für die Zwecke seines Handels, Geschäfts, Gewerbes oder Berufs handelt, oder fälschliches Auftreten als Verbraucher."

---

[24] Vgl. OLG Frankfurt NJW 2003, 3215, 3216.

[1] Eingeführt durch die UWG-Reform von 2008; vgl. dazu den Entwurf der Bundesregierung vom 20.8. 2008, BT Drucksache 16/10145: Zur Auslegung der im UWG-Anhang verwendeten Begriffe ausführlich *Henning-Bodewig,* Vorbem. Anhang, Rdn. 5, 10 ff.

2 Der Wortlaut des Richtlinientextes legt nahe, dass es sich um einen **einheitlichen Tatbestand** handelt, es also nicht zwei voneinander abzugrenzende Tatbestandsalternativen (fälschliches Auftreten als Verbraucher einerseits gegenüber fälschlicher Behauptung oder Erweckung des Eindrucks, nicht zu den beschriebenen Zwecken zu handeln andererseits): Ein **Verbraucher** wird in Art. 2a der Richtlinie definiert als *„jede natürliche Person, die im Geschäftsverkehr im Sinne dieser Richtlinie zu Zwecken handelt, die nicht ihrer gewerblichen, handwerklichen oder beruflichen Tätigkeit zugerechnet werden können"*. Ersetzt man in Nr. 22 der Richtlinie den Verbraucherbegriff durch diese Definition, lauten die Varianten wie folgt:

- „Fälschliche Behauptung oder Erweckung des Eindrucks, dass der Händler nicht für die Zwecke seines Handels, Geschäfts, Gewerbes oder Berufs handelt, oder
- fälschliches Auftreten als natürliche Person, die im Geschäftsverkehr ... zu Zwecken handelt, die nicht ihrer gewerblichen, handwerklichen oder beruflichen Tätigkeit zugerechnet werden können."

3 Hinsichtlich der Art des verbotenen Verhaltens ist kein maßgeblicher Unterschied zwischen beiden Varianten festzustellen.[2] Einen solchen könnte man allenfalls daran festmachen, dass Täter der ersten Variante nur ein Händler sein kann, während in der zweiten Variante eine entsprechende Einschränkung nicht gegeben ist. Da in beiden Fällen aber eine **geschäftliche Handlung** vorausgesetzt wird, bleibt eine derartige Differenzierung im Ergebnis jedoch folgenlos.

4 **b) Abweichungen im UWG.** Das UWG weicht hiervon im Ergebnis geringfügig ab: Der **Verbraucherbegriff** ergibt sich durch die in § 2 Abs. 2 enthaltene Verweisung auf § 13 BGB (dazu ausführlich *Keller,* § 2 Abs. 2 UWG). Der dortige Verbraucherbegriff ist weiter als der des Art. 2a der Richtlinie: Die BGB-Definition schließt vom Verbraucherbegriff ein der beruflichen Tätigkeit zuzurechnendes Verhalten nur dann aus, wenn es um eine **selbständige Tätigkeit** geht. Ein Arbeitnehmer handelt damit auch dann als Verbraucher iSv § 13 BGB, wenn er Waren oder Dienstleistungen im Zusammenhang mit seiner beruflichen Tätigkeit erwirbt. Nach der Richtlinie ist ein Arbeitnehmer hingegen in einem derartigen Fall nicht als Verbraucher zu qualifizieren.[3] Der deutsche **Gesetzgeber weicht aber bewusst vom Verbraucherbegriff der Richtlinie ab,** die entsprechende Privilegierung gegenüber gewerblichen Handelnden ist mit Gemeinschaftsrecht vereinbar.[4]

5 Hieraus ergibt sich jedoch eine aus diesseitiger Sicht **ungewollte Abweichung** der beiden Varianten in Nr. 23: Im deutschen Recht ist die erste Variante *(„sei Verbraucher")* nämlich nun enger als die zweite Variante *(„nicht für die Zwecke seine Geschäfts, Handels, Gewerbes oder Berufs tätig"):* Die erste Variante erfasst nämlich nur die implizite Behauptung, weder gewerblich und noch zu *selbständigen* beruflichen Zwecken tätig zu sein. Nicht erfasst ist damit die implizite Behauptung, Waren oder Dienstleistungen im Zusammenhang mit einer unselbständigen Tätigkeit zu erwerben: vor dem Hintergrund des Verbraucherbegriffs des § 13 BGB ist diese Behauptung nämlich nicht falsch. Wird diese Behauptung dagegen am Maßstab der Richtlinie gemessen, läge ein fälschliches Auftreten als Verbraucher vor.

6 Eine vergleichbare Differenzierung wird in der zweiten Variante im UWG dagegen nicht getroffen. Im Ergebnis bleibt dies folgenlos: Die Verhaltensweisen, die nicht von der Verbrauchervariante des Nr. 23 erfasst werden, fallen jedenfalls in den Anwendungsbereich der zweiten Variante: Wer den (im Ergebnis falschen) Eindruck erweckt, ein Auto für seine unselbständige Tätigkeit erwerben zu wollen, stellt zwar nicht die falsche Behauptung auf, Verbraucher zu sein, da diese ja richtig ist. Wer dies allerdings als Unternehmer tut, wird kaum aus dem Anwendungsbereich der zweiten Variante fallen („fälschliche Behauptung, nicht für die Zwecke *seines* Berufes tätig zu sein). Damit bleibt auch diese Differenzierung im Ergebnis folgenlos.

7 **c) Verhältnis zu §§ 5, 5a.** Vor dem Hintergrund der vorstehenden Überlegungen ist der Anhangtatbestand der Nr. 23 **eng auszulegen,** da eine Abwägung der Umstände des Einzelfalles nicht in Betracht kommt. **Zweifelsfälle,** die nicht von Nr. 23 erfasst werden können, fallen in den Anwendungsbereich von §§ 5 und 5a UWG. Die Täuschung über den gewerblichen Charakter eines Angebotes stellt grundsätzlich einen Verstoß gegen diese Bestimmungen dar.[5]

---

[2] So im Ergebnis auch *Büllesbach,* S. 138.

[3] Vgl. Palandt/Heinrichs/*Ellenberger,* § 13 Rz 3, der als Beispiel u. a. den Kauf von Arbeitskleidung oder den Erwerb eines PKW für die Fahrt zur Arbeit erwähnt.

[4] Hierzu ausdrücklich *Keller,* Kommentierung zu § 2 Abs. 2 UWG und die Gesetzesbegründung in BT-Drs. 16/10145 S. 17 zur UWG-Reform von 2008.

[5] Vgl. zur inhaltlichen Begründung auch die nachfolgenden Ausführungen; die entsprechende Wertungen sind im Rahmen einer Beurteilung nach §§ 5 und 5a weitgehend übertragbar.

2. Zweck der Vorschrift und Abgrenzung

Bei Nr. 23 geht es vom Kern her um einen Fall der **Täuschung über die Eigenschaft der geschäftlich handelnden Person:** Der Adressat – ein Verbraucher – soll glauben, es mit einem anderen Verbraucher zu tun zu haben. Die Relevanz dieses Eindrucks ergibt sich aus präsenten und nicht präsenten Vorstellungen, welche im allgemeinen mit einem nicht privaten Handeln verbunden werden, wie beispielsweise Vorstellungen über die geschäftliche Erfahrung der anderen Seite, über **beinhaltete Preisaufschläge, Handelsmargen, das Fehlen von Eigennutz** im Fall der Vorspiegelung eines gemeinnützigen oder wohltätigen Zwecks oder der Eindruck, **Mehrwertsteuer zu sparen.**[6] Dem liegt auch die Vorstellung zugrunde, dass ein Verbraucher, der weiß, dass er mit einem Unternehmer verhandelt, dessen Aussagen kritischer hinterfragt und angesichts der kommerziellen Interessen seines Gegenübers eine entsprechende Aufmerksamkeit bzw. ein „gesundes Misstrauen" an den Tag legt. Dieser Selbstschutz des Verbrauchers kann durch die Verschleierung des unternehmerischen Charakters unterlaufen werden. In der Gesetzesbegründung wird auf die Verschleierung unternehmerischen Handelns abgestellt und beispielhaft die wahrheitswidrige Behauptung erwähnt, der Vertrieb einer Ware oder einer angebotenen Dienstleistung diene sozialen oder humanitären Zwecken.[7] Die Aufnahme in den Katalog dient der Schaffung von Rechtssicherheit für den konkreten Fall und als Vergleichsmaßstab für abweichende, nach § 5 UWG zu beurteilende Konstellationen.[8] 8

3. Tatbestandliche Voraussetzungen

Nr. 23 ist anzuwenden, wenn folgende zwei Voraussetzungen vorliegen: 9

- Falsche Behauptung oder Erweckung des falschen Eindrucks
- Verbraucher oder nicht für die Zwecke seine Geschäfts, Handels, Gewerbes oder Berufs tätig zu sein.

Aus § 3 Abs. 3 folgt zudem, dass das entsprechende Verhalten eine **geschäftliche Handlung** iSv § 2 Abs. 1 Nr. 1 sein muss, deren Adressat ein **Verbraucher** ist.[9] 10

a) Falsche Behauptung oder Erweckung des falschen Eindrucks ... Eine falsche Behauptung oder des Erweckens eines falschen Eindrucks setzt eine **Irreführung** durch eine explizite unwahre Behauptung oder ein entsprechendes konkludentes Verhalten voraus. In der Black List im Anhang der Richtlinie wird der Systematik der Richtlinie folgend unterschieden zwischen „irreführenden Geschäftspraktiken" einerseits und „aggressiven Geschäftspraktiken" andererseits: Da Nr. 22 der Richtlinie zu den irreführenden Geschäftspraktiken zählt, ist der **Irreführungsbegriff aus Art. 6 und 7 der Richtlinie** maßgeblich, im UWG **§§ 5 und 5a.** Es ist damit irrelevant, ob die Irreführung damit durch ein aktives Handeln oder ein entsprechendes Unterlassen bewirkt wird. 11

Dies bedeutet zugleich, dass das entsprechende Verhalten beim Adressaten eine Irreführung bewirkt. Abzustellen ist hierbei auf den **durchschnittlich informierten, aufmerksamen und verständigen Verbraucher.**[10] 12

Eine **rein wörtliche Auslegung** von Nr. 23 dergestalt, dass eine entsprechende falsche Behauptung ausreichend für die Anwendung von Nr. 23 ist, selbst wenn der **Verbraucher die Unrichtigkeit der Behauptung erkannt hat,** ist **abzulehnen:** Dies ergibt sich zunächst aus dem Regelungsansatz der UGP-Richtlinie selbst, bei der die per se-Verbote der Tatbestände des Anhangs die Ausnahme bilden.[11] Zu bedenken ist hier insbesondere, dass vergleichbare Fragen bei einer Beurteilung auf der Grundlage von §§ 5, 5a UWG im Rahmen der Bewertung der **wettbewerblichen Relevanz,** also der Eignung zur Beeinflussung des Kaufentschlusses bzw. der nachfolgenden **Interessenabwägung** sachgerecht gelöst werden.[12] Dies verdeutlicht die **Notwendigkeit der Einzelfallabwägung,** die im Rahmen der Tatbestände des Anhangs nicht möglich ist. Ferner ließe sich eine vergleichbare Auffassung bei der zweiten Variante der Irreführung, der Erweckung eines falschen Eindrucks, nicht vertreten, da das Erkennen der Unrichtigkeit des entsprechenden konklu- 13

---

[6] OLG München WRP 1977, 278; LG Stuttgart NJW 1969, 1257; OLG Frankfurt WRP 1979, 468; Köhler/*Bornkamm* Anh zu § 3 III Nr. 23 Rn 23.3; vgl. auch *Büllesbach* S. 139.
[7] BT-Drs. 16/10145 S. 68 zur UWG-Reform von 2008.
[8] Hierauf wird in der Gesetzesbegründung ausdrücklich verweisen, vgl. BT-Drs. 16/10145 S. 61, im Übrigen bereits oben *Frank,* Nr. 11 Rdn. 5.
[9] Vgl. hierzu oben Rdn. 4 und *Keller,* § 2 Rdn. 238ff.
[10] Vgl. EuGH WRP 1998, 848, 850 – *Gut Springenheide;* EuGH WRP 1999, 307 – *Sektkellerei Kessler;* GRUR 2012, 1409 – *Purely Creative.*
[11] Ausführlich dazu *Henning-Bodewig,* Vorbem. Anhang, Rdn. 10ff.
[12] Vorstehend *Dreyer* § 5B Rdn. 237ff.

denten Verhaltens das Entstehen eines derartigen Eindrucks ausschließt. Nachdem bei der Beurteilung einer Irreführung aktives Tun einerseits und Unterlassen andererseits gleich zu bewerten sind, würde die wörtliche Auslegung von Nr. 23 zu einem **Wertungswiderspruch** führen.

14 **b) ... Verbraucher zu sein.** In der ersten Variante bezieht sich die Irreführung darauf, **Verbraucher** zu sein. Zum Verbraucherbegriff und den hiermit verbundenen Fragen vgl. vorstehend Rn 2.

15 **c) ... nicht für die Zwecke seines Geschäfts, Handels, Gewerbes oder Berufs tätig zu sein.** Die zweite Variante erfasst – weitergehend – eine Irreführung darüber, der Unternehmer sei nicht für die **Zwecke seines Geschäfts, Handels, Gewerbes oder Berufs** tätig. Paradebeispiel ist die **Vorspiegelung einer Tätigkeit für einen gemeinnützigen Zweck** oder die Behauptung, im konkreten Fall zu rein privaten Zwecken tätig zu sein. Wer als „private Partnervermittlung“ annonciert, verschleiert den gewerblichen Charakter des Angebots; die hieraus resultierende Irreführungsgefahr wird durch die Angabe von als „Beiträge“ und „Geb.“ (für Gebühren) ausgewiesenen Preisen nicht ausgeräumt.[13] Weist in eine Annonce nur Chiffre- oder Telefonnummern auf, wird der **Eindruck eines Privatangebotes** erzeugt. Verbirgt sich dahinter jedoch ein gewerbliches Angebot eines Maklers oder Händlers, liegt eine Irreführung vor, die nunmehr auch unter Nr. 23 fällt.[14] Verbirgt sich hinter Immobiliensuchanzeigen wie *„Metzgermeister sucht dringend ...“* und *„Lehrerin sucht ...“* tatsächlich ein Makler, liegt eine Irreführung vor, die nunmehr auch über Nr. 23 zu erfassen ist.[15] Gleiches gilt für die Verschleierung einer Verkaufsveranstaltung in den bekannten Konstellationen um „Kaffeefahrten“[16]

16 Eine Irreführung kann ausgeschlossen sein, wenn etwa im Rahmen einer Anzeige durch entsprechende **Hinweise der gewerbliche Charakter des Angebotes** offenbart wird. Da es für die Frage, ob der durchschnittlich informierte, aufmerksame und verständige Verbraucher Hinweise wie „Fa.“ für Firma oder „gew.“ für gewerblich auf eine **Bewertung der Umstände des Einzelfalles** ankommt, ist die Anwendbarkeit von Nr. 23 abzulehnen und eine Beurteilung im Rahmen von §§ 5, 5a vorzunehmen.[17]

17 Nicht erfasst ist auch eine Irreführung darüber, für das **Geschäft, den Handel und das Gewerbe eines Dritten** und außerhalb des eigenen Berufs tätig zu sein. Derartige, wohl äußerst seltene Konstellationen, sind dann anhand von § 5 zu bewerten.

Unzulässige geschäftliche Handlungen im Sinne des § 3 Abs. 3 sind

24. die unwahre Angabe oder das Erwecken des unzutreffenden Eindrucks, es sei im Zusammenhang mit Waren oder Dienstleistungen in einem anderen Mitgliedstaat der Europäischen Union als dem des Warenverkaufs oder der Dienstleistung ein Kundendienst verfügbar;

Inhaltsübersicht

	Rdn.
1. Einfluss des europäischen Rechts	1
2. Zweck der Regelung und Abgrenzung	3
3. Einzelheiten	5
a) An einen Verbraucher gerichtete geschäftliche Handlung	5
b) Unwahre Angabe	6
c) Kundendienst	7
d) Verfügbarkeit in anderem Mitgliedstaat als dem Verkaufsort	8

---

13 OLG Hamm WRP 1989, 532.

14 BGH GRUR 87, 748, 749 – *Getarnte Werbung II;* OLG Hamm WRP 1981, 540; OLG Hamm GRUR 1984, 538; OLG Köln WRP 1985, 580; GK/Lindacher § 3 Rdn 956; Köhler/*Bornkamm* § 5 Rdn. 6.39af; Ohly/*Sosnitza* § 5 Rdn. 485.

15 OLG Karlsruhe, GRUR 1984, 602. Nicht unter Nr. 23 und auch nicht unter §§ 5 und 5a UWG fällt dagegen, wenn ein Immobilienmakler für eine in seinem Eigentum stehende, Immobilie provisionsfrei anbietet, ohne gleichzeitig auf seine Tätigkeit als Immobilienmakler hinzuweisen, vgl. BGH GRUR 1993, 761 – *Makler-Privatangebot;* BGH GRUR 1993, 760 – *Provisionsfreies Maklerangebot.*

16 Vgl. hierzu *Frank,* § 5a Abs. 6 Rdn. 375 mwN; *Büllesbach* S. 140.

17 Vgl. hierzu etwa Köhler/*Bornkamm* § 5 Rn 6.39. Ist in einer Kleinanzeige für Gebrauchtwagen nach den Telefonnummern das Firmenschlagwort des gewerblichen Inserenten in Großbuchstaben abgedruckt, so wird das Publikum keine Privatanzeige erwarten, so dass auch ein Verstoß gegen §§ 5, 5a ausscheidet, vgl. OLG Hamburg, NJWE-WettbR 1996, 104.

1. Einfluss des europäischen Rechts

Die Vorschrift beruht auf der Regelung im Anhang I Nr. 23 zur **UGP-Richtlinie,** die erst sehr spät auf Wunsch des Europäischen Parlaments eingefügt wurde. Danach ist verboten das 1

„Erwecken des fälschlichen Eindrucks, dass der Kundendienst im Zusammenhang mit einem Produkt in einem anderen Mitgliedstaat verfügbar sei als demjenigen, in dem das Produkt verkauft wird."

Der **deutsche Text** entspricht somit weitgehend dem Richtlinientext. Der im deutschen Text verwendet Begriff des „unzutreffenden Eindrucks" entspricht dem Begriff des „fälschlichen Eindrucks" in der Richtlinie. Der deutsche Text erwähnt außerdem noch ausdrücklich die „unwahre Angabe", die aber nur ein Unterfall des Erweckens eines falschen Eindrucks ist. 2

2. Zweck der Regelung und Abgrenzung

Die Regelung trägt im besonderen Maße der Bedeutung des innergemeinschaftlichen Warenverkehrs Rechnung, will sie doch sicherstellen, dass Kunden auch in anderen Mitgliedstaaten einen Kundendienst erwarten können, wenn ihnen dies zugesagt oder zumindest ein entsprechender Eindruck erweckt wurde. Dadurch soll das **Vertrauen in den grenzüberschreitenden Europäischen Verkehr** bzw. in das Vorhandensein eines angekündigten grenzüberschreitenden Kundendienstes gestärkt werden. Eine besondere praktische Bedeutung wird dieser Regelung, zumindest in Deutschland, aber dennoch wohl kaum zukommen, denn sie verbietet nichts, was nicht bereits vorher schon verboten war. 3

Das Verbot der Nr. 24 betrifft nur Aussagen über **den Ort,** an dem ein Kundendienst verfügbar sein soll. Alle anderen Irreführungen über den Kundendienst sind nach **§ 5 Abs. 1 S. 2 Nr. 1 UWG** zu beurteilen. Dort wird Kundendienst jetzt auch ausdrücklich erwähnt. Aus der Regelung in Nr. 24 (ebenso wie nach § 5 Abs. 1 S. 2 Nr. 1 UWG) ergibt sich **kein Gebot** für den Unternehmer, einen bestimmten **Kundendienst** in bestimmten Ländern **anzubieten.** Macht er jedoch Angaben zum verfügbaren Kundendienst in anderen Ländern, dann müssen diese Angaben stimmen. 4

3. Einzelheiten

a) An einen Verbraucher gerichtete geschäftliche Handlung. Wie alle Tatbestände des UWG-Anhangs setzt auch Nr. 24 eine an einen **Verbraucher** gerichtete **geschäftliche Handlung** voraus. Angaben gegenüber **Unternehmern** können nur auf der Grundlage des allgemeinen Irreführungsverbots erfasst sein. Bezüglich der **Legaldefinition** der Begriffe „geschäftliche Handlung" und „Verbraucher" wird auf die Kommentierung von *Keller* zu § 2 Abs. 1 Nr. 1 und § 2 Abs. 2 UWG verwiesen. 5

b) Unwahre Angabe. Wie sich aus der Unterscheidung zwischen „Geschäftspraxis, die falsche Angaben enthält und somit unwahr ist" einerseits und „Geschäftspraxis, die täuscht oder zu täuschen geeignet ist" andererseits in Art. 6 Abs. 1 der Richtlinie ergibt, erfasst der Ausdruck „unwahre Angabe" nur die **ausdrückliche, objektiv unwahre Angabe,** bei der es unerheblich ist, ob sie zur Täuschung geeignet ist oder gar eine Täuschung bewirkt (siehe Nr. 4 Rdn. 7). Auf ein bestimmtes Verständnis des Erklärungsempfängers kommt es somit nicht an. Daneben ist in Nr. 24 aber auch das „Erwecken des unzutreffenden Eindrucks" untersagt. Damit ist nicht nur die objektiv unwahre Angabe verboten, sondern es sind auch sonstige Aussagen oder Handlungen zu unterlassen, durch die beim Verbraucher subjektiv ein unzutreffender Eindruck entsteht. Die unwahre Angabe ist dabei die stärkste (Unter-)Form, mit der ein solcher Eindruck erweckt werden kann, weshalb die Richtlinie die unwahre Aussage erst gar nicht gesondert erwähnt. 6

c) Kundendienst. Der Begriff des „Kundendienstes" ist **weit zu verstehen.** Gemeint sind **alle Leistungen** des Verkäufers oder des Herstellers des Produkts, die **nach dem Verkauf im Interesse des Kunden für das verkaufte Produkt** angeboten werden. In der englischen Fassung der Richtlinie kommt dies durch den Ausdruck **„after sales service"** kurz und prägnant zum Ausdruck. Kundendienst erfasst somit insbesondere **Reparaturleistungen,** aber auch **sonstige Dienstleistungen** für den Kunden nach Erwerb einer Ware und zwar unabhängig davon, ob der Kunde hierauf einen rechtlichen Anspruch hat oder nicht. Nicht erfasst sind somit beim Verkauf erbrachte **Neben- oder Zusatzleistungen.** 7

d) Verfügbarkeit in anderem Mitgliedstaat als dem Verkaufsort. Es geht in Nr. 24 allein um den **Ort** des Kundendienstes, **nicht** um **andere Bestandteile,** wie z. B. *Zeiten, Art und Weise, Kosten* etc.; insoweit greift jedoch das allgemeine Verbot in § 5 Abs. 1 S. 2 Nr. 1 UWG, in dem der 8

Kundendienst jetzt ausdrücklich aufgeführt wird. Der Tatbestand der Nr. 24 lässt dabei zwei Auslegungsmöglichkeiten zu: Erstens, dass dem Verbraucher *nach* dem Kauf der Ware gesagt wird, ein Kundendienst sei (nur) in einem anderen Mitgliedstaat verfügbar, so dass der Kunde sich dorthin wenden müsse. Oder zweitens die Aussage *vor* dem Kauf, dass ein Kundendienst (auch) in einem anderen Mitgliedstaat verfügbar sei. Gemeint ist die zweite Variante, denn nur diese Aussage ist geeignet, den Kunden positiv zu einer Kaufentscheidung zu bewegen. Im Regelfall wird es darum gehen, dass der Verbraucher eine Ware im Ausland kauft und darauf vertraut, dass ein Kundendienst auch in seinem Heimatstaat verfügbar ist.

9 Das Verbot greift also nur, wenn das Vorhandensein an einem **„anderen" Ort** falsch behauptet wird. Die unwahre Aussage, ein Kundendienst sei in **demselben Mitgliedstaat** verfügbar, in dem die Ware verkauft wird, unterfällt daher allein § 5 Abs. 1 Nr. 1 UWG. Der *andere* Mitgliedstaat ist dabei abzugrenzen gegenüber dem Mitgliedstaat, in dem die jeweilige Ware *verkauft* oder die relevante Dienstleistung *erbracht* wird. Der Ort, in dem die Ware verkauft wird ist dabei **nicht der Ort, an dem** der relevante **Kaufvertrag geschlossen wird.** Beim grenzüberschreitenden Vertrieb über das Internet wäre das nämlich in der Regel der Sitz des Verbrauchers, denn im Regelfall gibt der Verbraucher mit seiner Bestellung nur das Angebot ab, welches der Unternehmer dann annimmt. Behauptet der Unternehmer nunmehr fälschlicherweise, ein Kundendienst sei nicht nur in „seinem" Mitgliedstaat, sondern auch am Sitz des Verbrauchers verfügbar, so würden der Verkaufsort und der „andere" Ort gerade nicht auseinanderfallen und das Verbot wäre nicht verwirklicht. Aus diesem Grund kann der „Verkaufsort" auch **nicht der Ort** sein, an den die **Ware geliefert** wird. Denn das wird im Regelfall beim grenzüberschreitenden Verkehr ebenfalls der Sitz des Verbrauchers sein. Entsprechendes gilt für den **Ort des *Angebots,***[1] denn angeboten wird die Ware ja gerade oft am Sitz des Verbrauchers. Maßgeblich muss vielmehr der **Sitz bzw. die Niederlassung** des **Unternehmers** sein, von der aus er mit dem Verbraucher in Kontakt tritt.[2] Sagt er dem Verbraucher zu, dass ein Kundendienst auch in einem anderen Mitgliedstaat verfügbar sei – sei es der Wohnsitz des Verbrauchers oder ein anderer Mitgliedstaat – und ist das nicht der Fall, so verletzt dies das Verbot der Nr. 24 der Schwarzen Liste.

10 Auch wenn der Wortlaut nur von *einem* Mitgliedstaat spricht, ist das Verbot selbstverständlich auch dann erfüllt, wenn ein Kundendienst in **mehreren anderen Mitgliedstaaten** versprochen wird, dort aber nicht geleistet wird.

Unzulässige geschäftliche Handlungen im Sinne des § 3 Abs. 3 sind

25. das Erwecken des Eindrucks, der Verbraucher könne bestimmte Räumlichkeiten nicht ohne vorherigen Vertragsabschluss verlassen;

Inhaltsübersicht

	Rdn.
1. Einfluss des europäischen Rechts	1
2. Zweck der Regelung und Abgrenzung	2
3. Rechtliche Beurteilung	5
a) Wettbewerbsrechtliche Beurteilung nach §§ 4 und 7 UWG-Unterschiede	5
b) Erwecken des Eindrucks	8
c) Räumlichkeiten	9
d) Vertragsabschluss	10

1. Einfluss des europäischen Rechts[1]

1 Mit Nr. 25 des UWG-Anhangs hat der Gesetzgeber das **per se-Verbot** der Nr. 24 des Anhangs I zur **UGP-Richtlinie**[2] umgesetzt. Es handelt sich um eine **nahezu wortlautgetreue Umsetzung** der gemeinschaftsrechtlichen Vorgaben. Auch in Nr. 24 des Anhangs heißt es zum Begriff der aggressiven Geschäftspraxis:

---

[1] So noch die Formulierung in einem früheren Referentenentwurf, die zu Recht aber nicht Gesetzestext wurde.

[2] *Büllesbach,* S. 144.

[1] Herausgeber, Verlag und Nachfolgerin danken Herrn Rechtsanwalt *Thomas Ubber* für die Kommentierung der Nummern 25 und 29 des Anhangs zu § 3 Abs. 3 in den ersten beiden Auflagen dieses Werkes.

[2] Richtlinie 2005/29/EG des Europäischen Parlaments und des Rates vom 11.5.2005, ABl. 2005 Nr. L 149/22; dazu *Glöckner,* Einl. B. Rdn. 183 ff., 341, 432.

„Erwecken des Eindrucks, der Verbraucher könne die Räumlichkeiten ohne Vertragsabschluss nicht verlassen."

2. Zweck der Regelung und Abgrenzung

Nach Nr. 25 ist es stets unzulässig, dem Verbraucher den falschen oder auch tatsächlich zutreffenden Eindruck zu vermitteln, er könne die **Räumlichkeiten,** in denen er sich befindet, **nicht ohne den vorherigen Geschäftsabschluss verlassen.** Nicht erforderlich ist, dass der Werbende oder eine Person, deren Verhalten ihm zuzurechnen ist, dem Verbraucher physisch den Ausgang versperrt. 2

Nr. 25 geht als per se-Verbot den **§§ 4 bis 7** UWG vor. Dies gilt insbesondere im Hinblick auf die bereits genannten §§ 4a und 7 Abs. 1, die sich ihrerseits wiederum überschneiden. Ist Nr. 25 im konkreten Fall nicht einschlägig, weil gerade keine hinreichend intensive Einflussnahme auf die Entscheidungsfreiheit des Verbrauchers gegeben ist, so scheidet auch eine Anwendbarkeit von § 4a aus. In diesen Fällen bleibt nur der Rückgriff auf § 7 Abs. 1. Eine unzumutbare Belästigung kann auch dann gegeben sein kann, wenn es an einer tatsächlichen Beeinträchtigung der Entscheidungs- oder Verhaltensfreiheit fehlt, der Grad der Belästigung aber die Schwelle der Zumutbarkeit gleichwohl überschritten hat.[3] 3

Wird ein Verbraucher am Verlassen bestimmter Räumlichkeiten gehindert, kann in erster Linie der Straftatbestand der Nötigung im Sinne des **§ 240 StGB** erfüllt sein. Daneben kann auch eine Freiheitsberaubung nach § 239 StGB vorliegen. 4

3. Rechtliche Beurteilung

a) Wettbewerbsrechtliche Beurteilung nach §§ 4a und 7 UWG – Unterschiede. Das deutsche Lauterkeitsrecht schützt den Verbraucher – aber auch sonstige Marktteilnehmer – sowohl vor der unangemessenen Beeinflussung seiner Nachfrageentscheidung (§ 4a) als auch vor unzumutbaren Belästigungen desselben (§ 7). Dabei genügt im ersteren Fall bereits, dass die Einflussnahme dazu geeignet ist, die **Entscheidungsfreiheit zu beeinträchtigen.**[4] Dazu muss sie zumindest von gewisser **Intensität** sein. Nicht jede Beeinflussung, die subjektiv als Druck empfunden wird, überschreitet diese Schwelle.[5] Die Belästigung zeichnet sich dagegen dadurch aus, dass es nicht der Entscheidung des Marktteilnehmers obliegt, ob er sich mit dem Angebot auseinandersetzt, sondern dass er dieses **ohne oder gegen seinen Willen** entgegennehmen muss.[6] Mit dem Verbot der unzumutbaren Belästigung soll daher verhindert werden, dass der Umworbene die Entscheidung zum Vertragsschluss womöglich nicht nach gründlicher Überlegung fasst, sondern sich nur deshalb zum Vertragsschluss bereiterklärt, weil er die Belästigung beenden möchte.[7] 5

Mit **Nr. 25** hat der Gesetzgeber in Umsetzung des Nr. 24 des Anhangs I zur UGP-Richtlinie einen **Fall der unzumutbaren Belästigung als per se-Verbot** („stets") normiert. Meint der Verbraucher aufgrund eines dem Werbenden zurechenbaren Verhaltens, die Räumlichkeit, in der er sich befindet, erst nach Vertragsabschluss verlassen zu können, so ist er in seiner Nachfrageentscheidung nicht frei, sondern durch sachfremde, von der Rechtsordnung missbilligte Erwägungen geleitet. 6

Die allgemeine **Bagatellschwelle des § 3 Abs. 2** ist auf das per se-Verbot Nr. 25 **nicht anwendbar.**[8] Fallkonstellationen, die tatbestandlich unter Nr. 25 fallen, sind daher nicht eigens auf ihre Spürbarkeit hin zu überprüfen. Auch eine Heranziehung der speziellen Zumutbarkeitsschranke des § 7 Abs. 1[9] scheidet aus. Aufgrund des allgemeinen Verhältnismäßigkeitsgrundsatzes[10] wird man allerdings zumindest konkrete Anhaltspunkte dafür fordern müssen, dass der Werbende den Eindruck vermittelt hat, das Verlassen der Räumlichkeit sei an einen vorherigen Vertragsabschluss geknüpft. Solche Anhaltspunkte können ebenso in verbalen Andeutungen wie der Körpersprache des Werbenden liegen. Nr. 25 sieht hier keine Limitierung auf bestimmte Mittel der Druckausübung vor. 7

b) Erwecken des Eindrucks. Von Nr. 25 wird neben dem offenen physischen Druck auch der **rein psychische Druck** erfasst. Maßgeblich ist dabei die **Wahrnehmung des Verbrauchers.** Meint dieser, er müsse zunächst eine Ware kaufen oder eine Dienstleistung in Anspruch nehmen, 8

---

[3] Vgl. *Köhler* GRUR 2005, 793, 800; *Köhler*/Bornkamm, § 7 Rdn. 3; *Ohly*/Sosnitza, § 7 Rdn. 15.
[4] Ausführlich *Picht,* Kommentierung zu § 4a; vgl. auch OLG Frankfurt GRUR 2005, 1064, 1065.
[5] *Ohly*/Sosnitza, § 4 Rdn. 1/15.
[6] Vgl. dazu ausführlich unter § 7 Rdn. 46.
[7] Siehe dazu unter § 7 Rdn. 46.
[8] Ausführlich *Henning-Bodewig,* Vorbem. zum Anhang. RegE-UWG 2008, S. 61.
[9] Vgl. dazu unter § 7 Rdn. 43 ff.
[10] RegE-UWG 2008, S. 61.

bevor er die Räumlichkeit verlassen kann, ist das per se-Verbot der Nr. 25 verwirklicht.[12] Maßgeblich ist dabei das generell im Lauterkeitsrecht geltende Leitbild des verständigen Durchschnittsverbrauchers.

9 **c) Räumlichkeiten.** Der Hinweis in Nr. 25 auf **„bestimmte" Räumlichkeiten** ist nicht dahingehend zu verstehen, dass dieses per se-Verbot in seinem Anwendungsbereich auf das Ladenlokal des Werbenden beschränkt wäre. Hier kommt jede beliebige Räumlichkeit in Betracht.[13] Denkbar ist insbesondere, dass Teilnehmern sog. „Kaffeefahrten" das Verlassen des Veranstaltungsorts und die Heimfahrt erst nach Abschluss eines Kaufgeschäftes ermöglicht werde.

10 **d) Vertragsabschluss.** Dem Verbraucher muss der Eindruck vermittelt werden, er könne die Räumlichkeiten nur nach Abschluss eines Vertrages – mit dem Unternehmer oder einem Dritten – verlassen, wobei die Begriffe des Vertrages und des Vertragsabschlusses weit auszulegen sind.

Unzulässige geschäftliche Handlungen im Sinne des § 3 Abs. 3

26. sind bei persönlichem Aufsuchen in der Wohnung die Nichtbeachtung einer Aufforderung des Besuchten, diese zu verlassen oder nicht zu ihr zurückzukehren, es sei denn, der Besuch ist zur rechtmäßigen Durchsetzung einer vertraglichen Verpflichtung gerechtfertigt;

Inhaltsübersicht

	Rdn.
1. Einfluss des europäischen Rechts	1
2. Geschäftliche Handlung gegenüber dem Verbraucher	3
3. Zweck der Vorschrift und Abgrenzung	5
4. Einzelheiten	6
a) Persönliches Aufsuchen in der Wohnung	6
b) Aufforderung des Besuchten	8
c) Rechtmäßige Durchsetzung einer vertraglichen Verpflichtung	9

Schrifttum: S. die Literaturangaben zur Vorbem und zu § 4a UWG.

1. Einfluss des europäischen Rechts

1 Nr. 26 des UWG-Anhangs setzt die Nr. 25 des Anhangs I der **UGP-Richtlinie** in das deutsche Recht um. Der entsprechende „black list"-Tatbestand der Richtlinie lautet:

„Nichtbeachtung der Aufforderung des Verbrauchers bei persönlichen Besuchen in dessen Wohnung, diese zu verlassen bzw. nicht zurückzukehren, außer in Fällen und in den Grenzen, in denen dies nach dem nationalen Recht gerechtfertigt ist, um eine vertragliche Verpflichtung durchzusetzen."

2 Die **Abweichungen** im UWG-Anhang gegenüber dem Richtlinientext sind rein **sprachlicher Natur.** Sollten sich bezüglich einzelner Begriffe Auslegungsprobleme ergeben, so ist Nr. 26 jedoch richtlinienkonform auszulegen, d.h. die Formulierungen der Richtlinie sind maßgeblich (s. oben, Vorbemerkung Rdn. 6ff.).

2. Geschäftliche Handlung gegenüber dem Verbraucher

3 Wie alle Tatbestände des UWG-Anhangs setzt auch Nr. 26 eine **geschäftliche Handlung** gegenüber dem **Verbraucher** voraus. Bezüglich der **Legaldefinition** beider Begriffe wird auf § 2 Abs. 1 Nr. 1 bzw. § 2 Abs. 2 UWG und die Kommentierung von *Keller* dazu verwiesen. Handelt es sich um keine geschäftliche Handlung (sondern etwa um einen lästigen Privatbesuch, bei dem möglicherweise geschäftliche Dinge angesprochen werden), so ist Nr. 26 UWG-Anhang – ebenso wie das gesamte UWG – nicht anwendbar. In derartigen Fällen können nur die normalen zivil- und strafrechtlichen Tatbestände (z.B. Hausfriedensbruch, Nötigung) eingreifen.

4 Wie alle Tatbestände des UWG-Anhangs ist auch Nr. 26 auf das B2C-Verhältnis beschränkt. Eine eventuelle Unlauterkeit bestimmt sich im **B2B-Verhältnis** ausschließlich anhand der allgemeinen Vorschriften (dazu noch unter 3.). Da Nr. 26 ganz auf die Situation des Endverbrauchers (Privatsphäre) zugeschnitten ist, besteht auch **keine Vermutung für die per se-Unlauterkeit** eines vergleichbaren Sachverhalts **im B2B-Verhältnis** (vgl. Vorbemerkung, Rdn. 18). Das bedeutet

[12] Vgl. Regierungsentwurf eines ersten Gesetzes zur Änderung des Gesetzes gegen den unlauteren Wettbewerb, BT-Drucks. 16/10145 vom 20.8.2008 (RegE-UWG 2008), S. 69 **(Anhang II.).**

[13] *Köhler*/Bornkamm, Anh. zu § 3 III, Rdn. 25.3.

jedoch nicht, dass derartige Sachverhalte nicht auf der Grundlage von § 4a UWG verboten werden können, sofern die Voraussetzungen hierfür vorliegen (s. oben, Vorbemerkung I Rdn. 15).

3. Zweck der Vorschrift und Abgrenzung

Nr. 26 UWG-Anhang erfasst einen Ausschnitt aus Sachverhalten, die in Art. 8 der UGP-Richtlinie und im deutschen Lauterkeitsrecht in **§ 4a Abs. 1 Nr. 2, 7 UWG** geregelt sind. Gegenstand des per se-Verbots – und Ratio der Qualifizierung als solches – ist nicht etwa die Zulässigkeit des Besuchs in der Wohnung des Verbrauchers, sondern die Nichtbeachtung der Aufforderung, diese zu verlassen oder nicht mehr in sie zurückzukehren. Es handelt sich also um einen **besonders krassen Fall des Unter-Druck-Setzens** zu kommerziellen Zwecken, wobei das Verbot der speziellen Schutzbedürftigkeit des Verbrauchers im Hinblick auf seine Privatsphäre Rechnung trägt. Ob die strafrechtlichen Voraussetzungen der Tatbestände, die daneben in Betracht kommen, insbesondere die **Straftatbestände** des Hausfriedensbruchs, § 123 StGB, und der Nötigung, § 240 StGB, erfüllt sind, spielt für die Anwendung von Nr. 26 keine Rolle. Sie sind auch keine Interpretationshilfe, da die Begriffe des Anhangs gemeinschaftsrechtlich auszulegen sind. 5

4. Einzelheiten

a) Persönliches Aufsuchen in der Wohnung. Ob das Aufsuchen des Verbrauchers in dessen Wohnung als solches zulässig ist, richtet sich nach § 7 UWG; für den Tatbestand der Nr. 26 ist diese Frage irrelevant. Weiter spielt es keine Rolle, ob der Verbraucher seinerseits **Eigentümer oder Mieter** der Wohnung ist, ob sie von Familienangehörigen gemietet wurde, etc. Es kommt lediglich darauf an, dass es **auch** die Wohnung des besuchten Verbrauchers ist[1] und es sich um die zum Wohnen bestimmte Örtlichkeit des Verbrauchers handelt. Da dies im Gegensatz zu öffentlich zugänglichen Orten oder Geschäften zu sehen ist, kann „Wohnung" im Einzelfall auch ein Wohnwagen und oder ein Hotelzimmer sein. 6

Entscheidend für die Anwendung von Nr. 26 ist, dass der Unternehmer – oder häufiger noch seine **Angestellten, Beauftragten** etc. – sich **persönlich** im Wohnraum des Verbrauchers befinden. Der Einwurf von Werbematerial etc., auch wenn er auf aufdringlicher Weise erfolgt, genügt ebenso wenig wie das Klingeln an der Haustür, um den Verbraucher zu „überreden" oder ihm Material aufzudrängen. Der Gesetzestext schweigt darüber, ob Verbraucher und Unternehmer **gleichzeitig anwesend** sein müssen, oder ob es genügt, dass der Unternehmer sich irgendwie Zutritt zu der Wohnung des Verbrauchers verschafft, um dort auf diesen zu warten. Sinn und Zweck sprechen dafür, auch bei einem „Auflauern" des Verbrauchers in dessen Wohnung das per se-Verbot der Nr. 26 nicht an diesem Punkt zu lassen. 7

b) Aufforderung des Besuchten. Die an den Unternehmer gerichtete Aufforderung, die Wohnung zu verlassen oder nicht zu ihr zurückzukehren, muss **eindeutig** und objektiv **unmissverständlich** sein. Auf welche Weise sie erfolgt, ist irrelevant, kann also bei einem „Auflauern" auch über einen Telefonanruf erfolgen. Sie muss jedoch von dem besuchten Verbraucher selbst – also nicht von Mitbewohnern, Familienangehörigen, Freunden – ausgehen. Die Unlauterkeit auf Seiten des Unternehmers besteht darin, dass er der Aufforderung, die Wohnung zu verlassen, nicht nachkommt, oder zunächst zwar geht, dann jedoch zurückkehrt. Für ein Zurückkommen genügt auch ein Klingeln an der Haustür. Dabei muss es sich jedoch um die Person handeln, die zum Verlassen aufgefordert wurde.[2] **Irrelevant** ist es dabei, welche **Willensrichtung der Unternehmer** hat. Auch bei einem Irrtum über die Ernsthaftigkeit der Aufforderung ist Nr. 26 UWG-Anhang erfüllt, sofern die Aufforderung selbst nur aus der Sicht eines „Durchschnittsbesuchers" objektiv klar und eindeutig genug war – andernfalls würde man besonders unsensible Unternehmer privilegieren.[3] 8

c) Rechtmäßige Durchsetzung einer vertraglichen Verpflichtung. Eine Ausnahme vom per se-Verbot besteht dann, wenn der Unternehmer nach allgemeinen Grundsätzen des deutschen Rechts dazu berechtigt ist, den Wohnraum auch gegen den ausdrücklichen Willen des Wohnungsinhabers zu betreten, z. B. im Falle der Selbsthilfe nach §§ 229 ff. BGB oder wenn den Verbraucher vertragliche Mitwirkungspflichten treffen, die ein Aufsuchen des Wohnraums erfordern.[4] 9

---

[1] *Köhler*/Bornkamm, Anhang zu § 3 III, Rdn. 26.1 (nicht der zufällig anwesende Gast).

[2] *Köhler*/Bornkamm, Anhang zu § 3 III Rdn. 26.1.

[3] A. A. wohl *Köhler*/Bornkamm, Anhang zu § 3 III Rdn. 26.1 („Es muss lediglich für den Unternehmer erkennbar sein, dass sein Verbleiben oder ein erneuter Besuch nicht dem Willen des Besuchten entspricht.").

[4] Nach der Begründung zum RegE 2008, S. 69 f. würde dies z. B. auch ein Besichtigungsrecht des Vermieters, etwa zum Zählerablesen, erfassen. *Köhler*/Bornkamm, a. a. O., Rdn. 26.21 weisen zu Recht darauf hin, dass auch in derartigen Fällen der Vermieter die Wohnung (ohne entsprechenden gerichtlichen Titel) zu verlassen habe.

Unzulässige geschäftliche Handlungen im Sinne des § 3 Abs. 3 sind

27. Maßnahmen, durch die der Verbraucher von der Durchsetzung seiner vertraglichen Rechte aus einem Versicherungsverhältnis dadurch abgehalten werden soll, dass von ihm bei der Geltendmachung seines Anspruchs die Vorlage von Unterlagen verlangt wird, die zum Nachweis dieses Anspruchs nicht erforderlich sind, oder dass Schreiben zur Geltendmachung eines solchen Anspruchs systematisch nicht beantwortet werden;

Inhaltsübersicht

	Rdn.
1. Einfluss des europäischen Rechts	1
2. Geschäftliche Handlung gegenüber dem Verbraucher	3
3. Zweck der Vorschrift und Abgrenzung	4
4. Einzelheiten	7
a) Vorlage von Unterlagen	9
b) Systematische Nichtbeantwortung	11
c) Versicherungspolice	12

Schrifttum: *Apetz,* Das Verbot aggressiver Geschäftspraktiken, 2011, S. 616–637; *Köhler,* Die Unlauterkeitstatbestände des § 4 UWG und ihrer Auslegung im Lichte der Richtlinie über unlautere Geschäftspraktiken, GRUR 2008, 841; *Mees,* Zur wettbewerbsrechtlichen Beurteilung des Verhaltens nach Vertragsabschluss, in: FS Brandner, 1996, S. 743 ff. Vgl. weiter die Literatur zu § 4a UWG.

1. Einfluss des europäischen Rechts

1 Nr. 27 des UWG-Anhangs setzt die Nr. 27 des Anhangs I der **UGP-Richtlinie** in das deutsche Recht um. Das per se-Verbot in Nr. 27 der „Schwarzen Liste" der Richtlinie lautet:

„Aufforderung eines Verbrauchers, der eine Versicherungspolice in Anspruch nehmen möchte, Dokumente vorzulegen, die vernünftigerweise nicht als relevant für die Gültigkeit des Anspruchs anzusehen sind, oder systematische Nichtbeantwortung einschlägiger Schreiben, um so den Verbraucher von der Ausübung seiner vertraglichen Rechte abzuhalten."

2 Der Wortlaut der Fassung des UWG-Anhangs weicht leicht von dem Richtlinientext ab. Im Wesentlichen sind diese **Abweichungen sprachlicher Natur;** sollten sich jedoch bezüglich der Interpretation einzelner Begriffe Auslegungsprobleme ergeben, so ist die Richtlinienfassung maßgeblich, da der UWG-Anhang richtlinienkonform auszulegen ist (dazu Vorbem. zum Anhang Rdn. 6).

2. Geschäftliche Handlung gegenüber dem Verbraucher

3 Nr. 27 des UWG-Anhangs gilt nur bei geschäftlichen Handlungen gegenüber dem Verbraucher, dazu unter 3. Im **„B2B"-Verhältnis,** in dem die Fallkonstellation der Aufforderung nicht relevanter Unterlagen für die Inanspruchnahme von Versicherungsleistungen gleichfalls nicht ohne Bedeutung ist, scheidet eine direkte Anwendung jedenfalls aus. In Betracht kommt jedoch eine Unlauterkeit nach § 4a UWG.[1]

3. Zweck der Vorschrift und Abgrenzung

4 Dass auch **nachvertragliches Verhalten** grundsätzlich den Begriff einer unlauteren Geschäftspraktik unterliegen kann, folgt – was den UWG-Anhang betrifft – schon unmittelbar aus der UGP-Richtlinie und ist nunmehr auch in § 2 Abs. 1 Nr. 1 UWG durch die Definition der geschäftlichen Handlung klargestellt („bei oder nach einem Geschäftsabschluss"; vgl. dazu die Kommentierung von *Keller*). Im Übrigen ist zu bedenken, dass Nr. 27 der UPG-Richtlinie im Kontext von Art. 8 der UGP-Richtlinie zu sehen ist, wonach eine Geschäftspraxis als aggressiv gilt, wenn sie die Entscheidungs- oder Verhaltensfreiheit des Durchschnittsverbrauchers in Bezug auf das Produkt durch Belästigung, Nötigung oder durch unzulässige Beeinflussung tatsächlich oder voraussichtlich erheblich beeinträchtigt und dieser dadurch tatsächlich oder voraussichtlich dazu veranlasst wird, eine geschäftliche Entscheidung zu treffen, die er andernfalls nicht getroffen hätte (dazu Vorbem. zum Anhang Rdn. 11).

5 Bei der Frage, ob eine Belästigung, Nötigung oder unzulässige Beeinflussung vorliegt, ist nach Art. 9 der Richtlinie u. a. abzustellen auf:

„...

d) belastende oder unverhältnismäßige Hindernisse nichtvertraglicher Art, mit denen der Gewerbetreibende den Verbraucher an der Ausübung seiner vertraglichen Rechte zu verhindern versucht, wozu auch das Recht gehört, den Vertrag zu kündigen oder zu einem anderen Produkt oder einem anderen Gewerbetreibenden zu wechseln;"

[1] Ebenso *Köhler*/Bornkamm, Rdn. 27.5.

Diese Voraussetzungen brauchen bei Nr. 27 gerade **nicht** vorzuliegen, da es sich um ein per se-Verbot handelt. Sie zeigen jedoch deutlich, vor welchem Hintergrund die Vorschrift zu interpretieren ist. 6

4. Einzelheiten

Der eigentliche Bedeutungsgehalt von Nr. 27 liegt darin, dass diese Vorschrift eine **Auslegungshilfe** insbesondere zu Art. 9d) der UGP-Richtlinie und dem diese Bestimmung umsetzenden § 4a Abs. 2 S. 1 Nr. 4 UWG bietet. Nr. 27 enthält letztlich Beispielfälle dafür, wann ein Verhalten nach Abschluss von wirksamen oder auch nur suggerierten Verträgen eine unsachliche Beeinflussung darstellt. Schon jetzt lassen sich die bisherigen Fallgruppen der Verwendung irreführender Schreiben an (angebliche) Kunden und der (Schein-)Folgeverträge, in denen eine unsachliche Beeinflussung nach § 4a UWG gegeben ist, als vergleichbare Fallkonstellationen ansehen. Insoweit wird auf die Kommentierung zu § 4a Rdn. 172 bis 175 verwiesen. Dort wird auch ausgeführt, dass künftig mit weiteren vergleichbaren Fallkonstellationen zu rechnen ist, die zu einer fallbezogenen Fortentwicklung des § 4a UWG führen können. In Betracht kommt namentlich ein Verhalten, das dem in Nr. 27 beschriebenen entspricht, dabei aber nicht von einem Versicherer, sondern von einem anderen Unternehmen an den Tag gelegt wird.[2] 7

Nr. 27 enthält **zwei Tatbestandsalternativen:** Die Aufforderung zur Einreichung von Unterlagen und Nichtbeantwortung von Schreiben. 8

a) Vorlage von Unterlagen. Bei dieser Alternative fallen zunächst die **Abweichungen in der Wortwahl** gegenüber der Richtlinie auf. So wird in Nr. 27 des UWG-Anhangs von „Maßnahmen" gesprochen, in Nr. 27 des Richtlinienanhangs hingegen von „Aufforderung". Weiter heißt es im deutschen Text „Unterlagen, die zum Nachweis dieses Anspruchs nicht erforderlich sind", während der Richtlinientext von „vernünftigerweise nicht als relevant anzusehenden" Dokumenten spricht. 9

Entscheidend für die Interpretation ist letztlich stets der Richtlinientext. Unter „Maßnahme" ist daher eine explizite Aufforderung zu verstehen. Es reicht auch nicht aus, dass die Unterlagen zum Nachweis eines Anspruchs tatsächlich nicht erforderlich sind. Vielmehr dürfen sie „vernünftigerweise nicht [...] relevant" sein. Die Formulierung der Richtlinie wirkt dabei zu Gunsten der Versicherer, weil sie nur solche Vorlageanforderungen erfasst, deren mangelnde Berechtigung eine gewisse Evidenz aufweist. 10

b) Systematische Nichtbeantwortung. Unter einer systematischen Nichtbeantwortung ist die **planmäßige und bewusste Nichtbeantwortung** zu verstehen. Für die **objektive Planmäßigkeit** ist eine mehrfache Nichtbeantwortung nicht zwingend erforderlich, sie kann jedoch eine wichtige Indizwirkung entfalten. Für die **subjektiven Voraussetzungen** kommt es darauf an, dass sich der Verletzer aller maßgeblichen Umstände bewusst war. Im Falle des Nachweises einer mehrfachen Nichtbeantwortung dürfte die Erfüllung der subjektiven Voraussetzungen zu vermuten sein. Zentrale Entlastungsmöglichkeit für den Versicherer ist der Nachweis, dass die Nichtbeantwortung keine Strategie zur Vereitelung von Versicherungsleistungen, sondern anderen Umständen geschuldet war, wie beispielsweise einem plötzlichen Personalengpass. 11

c) Versicherungspolice. Soweit der UWG-Anhang die Formulierung „Durchsetzung seiner vertraglichen Rechte aus einem Versicherungsverhältnis" wählt, entspricht dies der Inanspruchnahme einer *Versicherungspolice* gemäß dem Richtlinientext. Andere Vertragsverhältnisse sind nicht erfasst. 12

Unzulässige geschäftliche Handlungen im Sinne des § 3 Abs. 3 sind

28. die in eine Werbung einbezogene unmittelbare Aufforderung an Kinder, selbst die beworbene Ware zu erwerben oder die beworbene Dienstleistung in Anspruch zu nehmen oder ihre Eltern oder andere Erwachsene dazu zu veranlassen;

	Rdn.
1. Einfluss des europäischen Rechts	1
2. Zweck der Vorschrift und Abgrenzung	3
3. Einzelheiten	7
a) Kinder	7
b) In Werbung einbezogene unmittelbare Aufforderung zum Kauf	8
c) Unter-Druck-Setzen von Eltern etc.	11

[2] *Köhler*/Bornkamm, Rdn. 27.5.

Schrifttum: *Apetz,* Das Verbot aggressiver Geschäftspraktiken, 2011, S. 637–686, vgl. auch Schriftumverzeichnis zu § 4 Nr. 2 UWG „V. Ausnutzen von Alter“; *Baukelmann* in: FS Ullmann, 2006, 587; *Jahn/Palzer,* Werbung gegenüber Kindern – „Dus“ and „don'ts, GRUR 2014, 332; *Köhler,* Minderjährigenschutz im Lauterkeitsrecht in: FS Ullmann, 2006, 679: *Mankowski,* Wer ist „ein Kind“?, WRP 2007, 1398; Krüher/Apel, K&R-Kommentar zu BGH Runes of Magic, K&R 2014, 200; *Scherer,* WRP 2008, 430 (vgl. darüber hinaus Schrifttum zu § 4 Nr. 2 „V. Ausnutzung von Alter“), Spengler, Die lauterkeitsrechtlichen Schranken von In-App-Angeboten, WRP 2015, 1187. Vgl. auch die Literatur zu § 4a UWG.

1. Einfluss des europäischen Rechts

1 Nr. 28 des UWG-Anhangs setzt die Nr. 28 des Anhangs I der UGP-Richtlinie in das deutsche Recht um. Das per se-Verbot in Nr. 28 der „Schwarzen Liste“ der Richtlinie lautet:

„Einbeziehung einer direkten Aufforderung an Kinder in einer Werbung, die beworbenen Produkte zu kaufen, oder ihre Eltern oder andere Erwachsene zu überreden, die beworbenen Produkte für sie zu kaufen. Diese Bestimmung gilt unbeschadet des Art. 16 der Richtlinie 89/552/EWG über die Ausübung der Fernsehtätigkeit.“

2 Der deutsche Gesetzgeber hat bei der Umsetzung von Nr. 28 des Anhangs I der UGP-Richtlinie also gewisse **sprachliche Änderungen** vorgenommen. Dabei handelt es sich im Wesentlichen um zwei Abweichungen. Zum einen wurde klargestellt, dass die Inanspruchnahme einer beworbenen Dienstleistung dem Erwerb einer Ware gleichsteht. Zum anderen wurde der Hinweis darauf, dass Nr. 27 des Anhangs I der UGP-Richtlinie keine Auswirkung auf Art. 16 der Fernsehrichtlinie (heute: Art 9 I lit g AVMD-RL 2010/13/EU) hat, als unnötig angesehen.[3]

2. Zweck der Vorschrift und Abgrenzung

3 Nr. 28 enthält mit der Aufforderungen zum Kauf einerseits und zum Überreden andererseits **zwei Tatbestandsalternativen:** In beiden Fallkonstellationen liegt ein unlauteres Ausnutzen bei Schutzbedürftigen vor, ohne dass Wertungsmöglichkeiten bestünden.

4 Nr. 28 findet eine weitgehende Entsprechung in Art. 16 der **Fernsehrichtlinie** (heute: Art 9 I lit g AVMD-RL 2010/13/EU), die allerdings ausdrücklich nicht nur Kinder, sondern generell Minderjährige schützt, wenn die Unerfahrenheit und Leichtgläubigkeit ausgenutzt wird.[4] Eine weitere, Nr. 28 ergänzende europäische Vorschrift enthält Art. 90e) der Richtlinie 2001/1983 des Europäischen Parlaments und des Rates vom 6.11.2001 zur Schaffung eines **Gemeinschaftskodexes für Arzneimittel.** Diese Vorschrift bestimmt, dass Öffentlichkeitswerbung für ein Arzneimittel keine Elemente enthalten darf, die ausschließlich oder hauptsächlich für Kinder gelten.[5]

5 Nr. 28 der Schwarzen Liste steht insoweit in Einklang mit der Rechtsprechung zu § 4 Nr. 2 UWG a. F., nach der Schutzbedürftige **nicht nur** davor geschützt werden sollen, **nachteilhafte Vermögensdispositionen** zu treffen, bei denen die Verfälschung der Entscheidungsfreiheit fortwirkt, wie dies bei Datenerfassungen bei Kindern der Fall sein kann.[6] Diese Rechtsprechung und ihre Relevanz i. R. v. § 4a Abs. 2 S. 1 Nr. 3, S. 2 UWG wird dadurch bestätigt. Nr. 28 führt aber auch zu einer Ausweitung des Schutzes von Kindern durch Einführung eines per se-Verbots, nämlich unabhängig von der Feststellung einer Eignung zu einer Beeinträchtigung der Entscheidungsfreiheit oder einer Ausnutzung der Unerfahrenheit.[7]

6 Zugrunde liegt folgender **Normzweck:** Kinder stehen Werbung oftmals unkritisch gegenüber, sind besonders empfänglich für jede Art von Druck und unterliegen leichter einem Gruppenzwang. Ein **direkter Kaufappell** (1. Tatbestandsalternative) und **eine direkte Aufforderung, Erwachsene zum Kauf zu überreden** (2. Tatbestandsalternative) lösen einen **besonders ausgeprägten „Possessionswillen“** aus. Es besteht die konkrete oder zumindest abstrakte Gefahr, dass Kinder allein auf Grund eines derartigen direkten Kauf- bzw. Überredungsappells ein Produkt unbedingt haben wollen, gegen die Anschaffung sprechende Gesichtspunkte wie fehlende pädagogische Eignung oder einen überhöhten Kaufpreis völlig zurückdrängen oder sich von ihren Eltern ungerecht und lieblos behandelt fühlen, wenn ihr Wunsch nicht erfüllt wird. Gleichzeitig ist der Kaufappell des Kindes wegen der persönlichen Nähebeziehung geeignet, besonders effektiv Druck auf die Eltern aufzubauen, deren geschäftliche Entscheidungsfreiheit die Nr. 28 daher ebenfalls schützt.[8]

---

[3] Begr. RegE zu Nr. 28, BT-Drs. 16/10 145, S. 34.
[4] Vgl. dazu *Glöckner,* Einl. B Rdn. 62.
[5] Dazu *von Jagow,* Einl. H Rdn. 44 ff.
[6] Vgl. dazu *Picht/Stuckel,* § 4a Rdn. 183.
[7] Vgl. *Baukelmann* in: FS Ullmann, S. 589.
[8] *Köhler*/Bornkamm Rdn. 28.2.

3. Einzelheiten

a) Kinder. Unter **Kindern** sind jedenfalls Minderjährige zu verstehen, die das **14. Lebensjahr** noch nicht vollendet haben.[9] Hierfür spricht insbesondere die Bezugnahme auf Art. 16 der Fernsehrichtlinie in Nr. 28 des Richtlinienanhangs, die ausdrücklich zwischen Kindern und Minderjährigen unterscheidet. Auch nach dem RegE zum UWG 2008 schützt Nr. 28 nur Jugendliche, die allenfalls 14 Jahre alt sind. Zur Begründung beruft sich der RegE auf die Begriffsbestimmung des § 1 Abs. 1 Nr. 1 Jugendschutzgesetz. Bei Jugendlichen, die älter als 14 Jahre sind, kann jedenfalls im Einzelfall ein unlauteres Ausnutzen nach § 4a UWG vorliegen. Allerdings hat der BGH in der Entscheidung *Runes of Magic* jüngst offengelassen, ob der Begriff Kinder auch Minderjährige nach Vollendung des 14. Lebensjahr umfasst.[10] 7

b) In Werbung einbezogene unmittelbare Aufforderung zum Kauf. Art. 2j) der UGP-Richtlinie enthält eine Legaldefinition zu dem Begriff einer **„Aufforderung zum Kauf“.** Danach meint eine „Aufforderung zum Kauf“ „jede kommerzielle Kommunikation, die die Merkmale des Produktes und den Preis in einer Weise angibt, die den Mitteln der verwendeten kommerziellen Kommunikation angemessen ist und den Verbraucher dadurch in die Lage versetzt, einen Kauf zu tätigen.“ Dennoch wird man Nr. 28 mit Blick auf ihren Schutzzweck auch dann zur Anwendung bringen können, wenn in dem fraglichen Kommunikationsakt Preis und Eigenschaften des Produkts noch nicht detailliert beschrieben sind.[11] 8

Eine **direkte Aufforderung** liegt nur in einem **unmittelbaren Kaufappell an Kinder.** Der **Appell** kann durch unmittelbares Ansprechen, aber auch durch Massenwerbung erfolgen.[12] Ein unmittelbarer Kaufappell liegt auch in einer Werbung, die Kinder bei einem unmittelbaren Kaufappell zeigt, da dadurch mittelbar zur Nachahmung aufgefordert wird.[13] Dem steht etwa die Aufforderung zum Betreten eines Geschäftslokals nicht gleich. Insofern fehlt es schon an einer Aufforderung zum Kauf. Auch ein mittelbarer Kaufappell wie etwa durch Ausstellen sogenannter „Quengelware“ im Kassenbereich oder suggestive Beeinflussung ist von einem unmittelbaren **Kaufappell** zu unterscheiden.[14] Ein solcher Appell kann jedoch in versteckter Form durch eine Gewinnspielkopplung erfolgen, wenn die Teilnahme den Kauf eines bestimmten Produktes voraussetzt.[15] Auch kann eine unmittelbare Kaufaufforderung bestehen, wenn die Werbeanzeige im Internet mit einem direkten Link zu einer Seite mit Informationen über das beworbene Produkt verbunden ist.[16] Teilweise wird sogar – unter Berufung auf die englische und französische Übersetzung der Richtlinie – ein „Befehlston“ gefordert („Kauf Dir das!“).[17] Das geht zu weit, Imperativformen sind zwar nicht untypisch, aber auch nicht unerlässlich.[18] Eine hinreichende mittelbare Aufforderung läge auch in der Formulierung „Wäre es nicht schön, so etwas zu haben?“.[19] 9

Jedenfalls muss der Kaufappell gezielt **an Kinder** (zur Rückwirkung auf die Eltern s. sogleich) gerichtet sein.[20] Dem steht nicht entgegen, dass dieselbe Werbung sich daneben oder sogar überwiegend auch an Erwachsene richtet.[21] Die Verwendung der „Du“-Form genügt für sich allein genommen nicht, denn sie ist mittlerweile auch zur Ansprache von Erwachsenen in der Werbung gängig[22] Doch eine durchgängige Werbeansprache in der zweiten Person Singular gepaart mit kindertypischen Begrifflichkeiten sowie gebräuchlichen Anglizismen weist auf eine gezielte Ansprache an Kinder hin.[23] 10

---

[9] So auch *Scherer* WRP 2008, 430, 432; *Köhler* in: FS Ullmann, 2006, S. 685 ff.; tendenziell auch *Baukelmann* in: FS Ullmann, S. 588, 590; LG Berlin WRP 2015, 1155, Rdn. 12; a. A. *Mankowski* WRP 2007, 1398. Mit beachtlichen Gründen führt *Mankowski* aus, dass im Rahmen der Ziff. 28 der Schwarzen Liste von einer europäischen Begriffsbildung auszugehen ist, nach der ein „Kind“ ist, wer das 18. Lebensjahr noch nicht vollendet hat. Vorbehaltlich einer möglichen späteren entgegenstehenden Auslegung des EuGH spricht aber gerade Ziff. 28 der schwarzen Liste gegen eine derartige Auslegung, da ein per se-Verbot direkter Kaufappelle gegenüber Jugendliche, die das 14. Lebensjahr vollendet haben, überzogen wäre.

[10] BGH GRUR 2014, 298, Rdn. 18 – *Runes of Magic.*

[11] Ebenso *Köhler*/Bornkamm, Rdn. 28.11; a.A. *Fuchs* WRP 2009, 255, 262; vgl. auch BGH GRUR 2014, 1117.

[12] LG Berlin VUR 2010, 106 für Kaufappell: *„Nicht verpassen … ab … am Kiosk“.*

[13] *Köhler* in: FS Ullmann, S 699. A. A. Köhler/Bornkamm/*Köhler,* Rdn. 28.10.

[14] OLG Koblenz GRUR-RR 2010, 20, 22; a. A. *Mankowski* WRP 2008, 421, 425.

[15] BGH GRUR 2014, 686, Rdn. 30 – *Goldbärenbarren.*

[16] BGH GRUR 2014, 298, Rdn. 31 – Runes of Magic; a. A. ÖOGH GRUR Int 2014, 181, 182.

[17] *Baukelmann* in: FS Ullmann, S. 599.

[18] BGH GRU 2014, 686, Rdn. 28 – *Goldbärenbarren; Köhler*/Bornkamm, Rdn. 28.8.

[19] *Scherer* WRP 2008, 430, 433.

[20] BGH GRUR 2014, 686, Rdn. 30 – *Goldbärenbarren.*

[21] BGH GRUR 2014, 1211, Rdn. 24 – *Runes of Magic II.*

[22] BGH GRUR 2014, 298, Rdn. 19 – *Runes of Magic.*

[23] BGH GRUR 2014, 298, Rdn. 19 – *Runes of Magic;* insb. krit. zum Kriterium der Verwendung von Anglizismen als besonders kindertypisch *Jahn/Palzer* GRUR 2014, 332, 335; *Krüger/Apel* K&R 2014, 200; *Lober* WRP 2014, 294; LG Berlin WRP 2015, 1155, Rdn. 15.

11 **c) Unter-Druck-Setzen von Eltern etc.** Hinsichtlich der „unmittelbaren Aufforderung gilt das bereits zu ersten Tatbestandsalternative Gesagte. Der Begriff des „Veranlassens" ist nicht erst dann erfüllt, wenn die Kinder zur Ausübung qualifizierten Drucks aufgefordert werden,[22] er setzt aber doch eine Zielgerichtetheit der Einwirkung voraus – erforderlich ist, dass das Kind den Erwerb von Ware oder Dienstleistung durchsetzen, nicht etwa nur über diese informieren soll.

Unzulässige geschäftliche Handlungen im Sinne des § 3 Abs. 3 sind

29. die Aufforderung zur Bezahlung nicht bestellter, aber gelieferter Waren oder erbrachter Dienstleistungen oder eine Aufforderung zur Rücksendung oder Aufbewahrung nicht bestellter Sachen.

Inhaltsübersicht

	Rdn.
1. Einfluss des europäischen Rechts	1
2. Zweck der Vorschrift	2
3. Rechtliche Beurteilung	4
a) Wettbewerbsrechtliche Beurteilung	4
b) Verhältnis zu anderen Tatbeständen	10
c) Sonstige Regelungen	11

1. Einfluss des europäischen Rechts

1 Nr. 29 UWG-Anhang geht auf das per se-Verbot[1] der **Nr. 29 des Anhangs I zur UGP-Richtlinie**[2] zurück. Die Vorschrift wurde durch das Gesetz zur Umsetzung der Verbraucherrechterichtlinie und zur Änderung des Gesetzes zur Regelung der Wohnungsvermittlung vom 20. September 2013[3] im Zuge der Umsetzung der Verbraucherrechterichtlinie (VRRL)[4] geändert und durch das 2. Gesetz zur Änderung des Gesetzes gegen den unlauteren Wettbewerb vom 9. Dezember 2015 (UWG 2015) weiter an den Wortlaut der Nr. 29 des Anhangs I zur UGP-Richtlinie angepasst. Das unionsrechtliche Verbot lautet wie folgt:

> „Aufforderung des Verbrauchers zur sofortigen oder späteren Bezahlung oder zur Rücksendung oder Verwahrung von Produkten, die der Gewebetreibende geliefert, der Verbraucher aber nicht bestellt hat (unbestellte Waren oder Dienstleistungen); ausgenommen hiervon sind Produkte, bei denen es sich um Ersatzlieferungen gemäß Artikel 7 Absatz 3 der Richtlinie 97/7/EG handelt."

2. Zweck der Vorschrift

2 Nach Nr. 29 ist es stets unzulässig, den Verbraucher mit Blick auf unbestellte Waren und Dienstleistungen zur Bezahlung aufzufordern. Gleiches gilt für die Aufforderung zur Rücksendung oder Aufbewahrung von Sachen, die unbestellt zugesandt wurden. Der Verbraucher ist **von jeglicher Pflicht,** mit dem unverlangt zugesandten Produkt in besonderer Weise umzugehen, **befreit.**[5]

3 In der Praxis hat die Zusendung unbestellter Waren zumindest in Deutschland keine nachhaltige Bedeutung erlangt. Dies mag auch daran liegen, dass es sich bei dieser Werbeform – gerade bei Waren, die zumindest einen gewissen Wert haben – um eine eher kostspielige Art der Absatzförderung handelt.[6]

3. Rechtliche Beurteilung

4 **a) Wettbewerbsrechtliche Beurteilung.** Das unverlangte **Zusenden von Produkten** stellt eine **aggressive geschäftliche** Handlung dar, die der Gemeinschaftsgesetzgeber mit Nr. 29 des An-

---

[22] Ebenso *Köhler*/Bornkamm, Rdn. 28.15. Restriktiver etwa *Scherer* NJW 2009, 324, 330.
[1] Ausführlich dazu *Glöckner*, Einl. B Rdn. 341 ff., 432 ff.
[2] Richtlinie 2005/29/EG abgedruckt im Anhang.
[3] BGBl. I 3642.
[4] Richtlinie 2011/83/EU des Europäischen Parlaments und des Rates vom 25. Oktober 2011 über die Rechte der Verbraucher, zur Abänderung der Richtlinie 93/13/EWG des Rates und der Richtlinie 199/44/EG des Europäischen Parlaments und des Rates sowie zur Aufhebung der Richtlinie 85/577/EWG des Rates und der Richtlinie 97/7/EG des Europäischen Parlaments und des Rates, ABl. 2011 Nr. L 304/64. Vgl. auch Einl. B.
[5] Vgl. Regierungsentwurf eines ersten Gesetzes zur Änderung des Gesetzes gegen den unlauteren Wettbewerb, BT-Drucks. 16/10145 vom 20.8.2008 (RegE-UWG 2008), S. 71 (Anhang II.).
[6] *Köhler*/Bornkamm, § 7 Rdn. 78.

hangs I zur UGP-Richtlinie als Bestandteil der „Black List" und damit als generell unzulässige Handlung normiert hat. In der Begründung zum RegE vom Mai 2008 wird darauf abgestellt, dass dem Verbraucher gegenüber nicht der Eindruck vermittelt werden dürfe, es bestünde bereits eine vertragliche Beziehung, welche die übersandte Ware bzw. zur Verfügung gestellte Dienstleistung zum Gegenstand habe.[7] Hinzu kommt, dass der Verbraucher sich durch die Übersendung des nicht bestellten Produkts in der Regel belästigt fühlt und nicht weiß, wie er sich nunmehr verhalten soll.[8] Wird der Verbraucher zur **Bezahlung einer nicht bestellten, aber bereits übersandten Ware oder bereits erbrachten Dienstleistung** aufgefordert, befindet er sich in einer ähnlichen Drucksituation.

Mit der unverlangten Zusendung sind stets **Unannehmlichkeiten** für den Verbraucher ver- 5
bunden. Er sieht der postalischen Sendung schon nicht ohne weiteres an, ob sie bestellt ist oder nicht. Hierzu muss er sie entgegennehmen, öffnen und sich mit dem Anliegen des Versenders auseinandersetzen. Will er die Ware zurücksenden, muss er sie wieder verpacken und bei der Post aufgeben. Die (irrige) Annahme liegt nahe, er sei zur Rücksendung oder zumindest zur Aufbewahrung der Ware verpflichtet, wenn er sie schon nicht erwerben möchte. Behält er die Ware, sieht er sich womöglich aus rechtlichen oder moralischen Gründen zur Zahlung verpflichtet. Auch kann der Empfänger – gerade bei geringwertigen Waren – dazu geneigt sein, diese zu behalten und zu bezahlen, um sich die Mühen der Rücksendung zu ersparen. Der Empfänger kann also durch die unbestellte Zusendung in seiner freien Willensbildung dergestalt beeinflusst werden, dass er Waren nicht wegen ihrer Güte, sondern zumindest auch aufgrund der Belästigung erwirbt, der er sich entziehen möchte.

Voraussetzung des Verbots der Nr. 29 ist, dass die Ware oder Dienstleistung tatsächlich **unbestellt** 6
ist, der Verbraucher diese also nicht angefordert hat. Dies ist nicht der Fall, wenn der Unternehmer **irrtümlich** eine andere Ware oder Dienstleistung liefert bzw. erbringt als vereinbart.[9]

Die Neufassung der Nr. 29 sieht nunmehr – im Einklang mit dem Wortlaut der Nr. 29 des Anhangs I zur UGP-Richtlinie, voraus, dass die nicht bestellte Ware oder Dienstleistung tatsächlich bereits geliefert bzw. erbracht wurde. Die bloße Ankündigung der Lieferung oder Erbringung einer unbestellten Ware oder Dienstleistung genügt daher nach dem nunmehr insoweit eindeutigen Wortlaut nicht.

Die **Aufforderung zur Bezahlung** der unverlangt zugesandten Ware kann **ausdrücklich** oder 7
konkludent, etwa durch Beifügung eines Überweisungsträgers, erfolgen. Auch die Ankündigung, dass eine Rechnung mit der nächsten Lieferung erfolge, kann genügen.[10] Weist der Versender den Empfänger ausdrücklich darauf hin, dass er weder zur Abnahme und Zahlung noch zur Rücksendung oder Aufbewahrung der Ware verpflichtet ist, liegt kein Fall des per se-Verbots nach Nr. 29 vor. Es fehlt bereits am Erwecken des Eindrucks, dass schon ein Vertrag geschlossen wurde. Darüber hinaus liegt in einem solchen Fall in der Regel auch keine Gefahr der Beeinträchtigung der Entscheidungsfreiheit des Verbrauchers vor.[11]

Auch nach bisheriger Rechtsprechung wurde die Übersendung unbestellter Produkte, zumindest 8
in Fallkonstellationen, die den nun in Nr. 29 normierten Fällen vergleichbar sind, als unlauter erachtet.[12] Das per se-Verbot der Nr. 29 bestätigt somit die bisherige Rechtsprechung.

b) Verhältnis zu anderen Tatbeständen. Ist der Tatbestand der Nr. 29 erfüllt, kommt auch 9
der Tatbestand einer aggressiven geschäftlichen Handlung nach § 4a UWG in Betracht. Daneben können auch die Irreführungstatbestände der §§ 5 Abs. 1 sowie 5a Abs. 4 erfüllt sein. Schließlich kann der Tatbestand der unzumutbaren Belästigung nach § 7 Abs. 1 erfüllt sein; die spezielle Regelung in Nr. 29 des Anh. Zu § 3 Abs. 3 verdrängt § 7 Abs. 1 nicht, sondern ergänzt das Verbot der unzumutbaren Belästigung.[13] Nr. 29 erfasst nur die Zusendung unbestellter Produkte an **Verbraucher.** Wird einem **Unternehmer** Ware zugesandt oder eine Dienstleistung zur Verfügung gestellt, die dieser nicht bestellt hat, so bewertet sich die wettbewerbsrechtliche Zulässigkeit einer solchen geschäftlichen Handlung nach § 7 Abs. 1.[14]

---

[7] RegE-UWG 2008, S. 71.

[8] So auch RegE-UWG 2008, S. 71.

[9] BGH GRUR 2012, 82 Rdn. 18 – *Auftragsbestätigung; Köhler*/Bornkamm, Anh. zu § 3 III Rdn. 29.8 unter Verweis auf Art. 9 lit. c) UGP.

[10] BGH GRUR 2012, 82 – *Auftragsbestätigung; Köhler* GRUR 2012, 217, 219.

[11] Ohly/*Sosnitza,* Anhang zu § 3 Abs. 3 Rdn. 63.

[12] Vgl. etwa BGH GRUR 1966, 47, 48 ff. – *Indicator;* BGH GRUR 1977, 157, 157 f. – *Filmzusendung;* BGH GRUR 1992, 855, 856 – *Gutscheinübersendung; Ohly*/Sosnitza, § 7 Rdn. 86.

[13] BGH GRUR 2012, 82 Rdn. 12 – *Auftragsbestätigung.*

[14] Vgl. dazu unter § 7 Rdn. 104 ff.

10 **c) Sonstige Regelungen.** Nach § 241a Abs. 1 BGB werden durch die Lieferung unbestellter Sachen oder durch die Erbringung unbestellter sonstiger Leistungen durch einen Unternehmer an einen **Verbraucher** keine Ansprüche begründet.[15] Seit der Neufassung der § 241 Abs. 1 und 3 durch das VerbRRl-UG[16] mit Wirkung zum 13. Juni 2014 wird auch die unbestellte Ersatzlieferung oder -leistung von § 241 Abs. 1 erfasst.[17] Der Ausschluss auch der gesetzlichen Rechte des Unternehmers, insbesondere der Ansprüche aus §§ 985 und 812 BGB, geht allerdings über die Vorgaben des Art. 27 VRRL hinaus.[18]

Unzulässige geschäftliche Handlungen im Sinne des § 3 Abs. 3 sind

30. die ausdrückliche Angabe, dass der Arbeitsplatz oder Lebensunterhalt des Unternehmers gefährdet sei, wenn der Verbraucher die Ware oder Dienstleistung nicht abnehme.

Inhaltsübersicht

	Rdn.
1. Einfluss des europäischen Rechts	1
2. Geschäftliche Handlung gegenüber dem Verbraucher	3
3. Zweck der Vorschrift und Abgrenzung	4
4. Einzelheiten	6

Schrifttum: *Apetz,* Das Verbot aggressiver Geschäftspraktiken, 2011, S. 723–725, vgl. Schrifttum zu § 4a.

1. Einfluss des Europäischen Rechts

1 Nr. 30 des UWG-Anhangs setzt die Nr. 30 des Anhangs I der **UGP-Richtlinie** in das deutsche Recht um. Das per se-Verbot in Nr. 30 der „Schwarzen Liste“ der Richtlinie lautet:

> „Ausdrücklicher Hinweis gegenüber dem Verbraucher, dass Arbeitsplatz oder Lebensunterhalt des Gewerbetreibenden gefährdet sind, falls der Verbraucher das Produkt oder die Dienstleistung nicht erwirbt.“

2 Bei Nr. 30 des UWG-Anhangs handelt es sich also um eine beinahe wörtliche Umsetzung.

2. Geschäftliche Handlung gegenüber dem Verbraucher

3 Nr. 30 UWG-Anhang ist auf **geschäftliche Handlungen** gegenüber dem Verbraucher beschränkt. Bezüglich der Legaldefinition beider Begriffe in § 2 Abs. 1 Nr. 1 UWG und § 2 Abs. 2 UWG vgl. die Kommentierung von *Keller.* Rührselige Geschichten in redaktionellen Artikeln, die zum Kauf aufrufen etc., fallen demgemäß in der Regel nicht in den Anwendungsbereich. Gleiches gilt für geschäftliche Handlungen gegenüber anderen Marktteilnehmern. Im **„B2B“**-Verhältnis können die in Nr. 30 beschriebenen Verhaltensweisen daher allenfalls auf der Grundlage von § 4a oder § 5 UWG unlauter sein, sofern im Einzelfall die Voraussetzungen dieser Vorschrift erfüllt sein sollten.

3. Zweck der Vorschrift und Abgrenzung

4 Der **RegE** zum UWG 2008 führt aus, dass es schon zuvor unlauter gewesen sei, ausdrücklich zu behaupten, Arbeitsplatz oder Lebensunterhalt des Unternehmers seien ohne Geschäftsabschluss gefährdet, sofern eine unzulässige Ausübung moralischen Drucks vorliege. Bei Nr. 30 kommt es dagegen nicht darauf an, ob sich der Verbraucher mit dem moralischen Vorwurf mangelnder Hilfsbereitschaft oder fehlender Solidarität konfrontiert sieht. Auf den Wahrheitsgehalt kommt es ebenfalls nicht an.

---

15 Vgl. nähere Einzelheiten unter § 7 Rdn. 111.
16 BGBl I 3642.
17 Siehe hierzu unter § 7 Rdn. 107.
18 Hierzu *Köhler* FS Gottwald, 2014, 383, der sich angesichts der Bestimmung in Art. 4 VRRL für eine restriktive Auslegung ausspricht.

Das Unlauterkeitsmoment von geschäftlichen Handlungen gemäß Nr. 30 der schwarzen Liste liegt darin, dass sich der Hinweis nicht auf die Gefährdung des Arbeitsplatzes oder Lebensunterhalts eines Dritten, sondern des **Gewerbetreibenden** selbst bezieht. Der Verbraucher wird damit einem **erhöhten Druck** durch einen **Appell an das Mitleid und die gesellschaftliche Verantwortung** ausgesetzt[1] **(moralischer Druck).** Freilich mögen im Einzelfall appellhafte Hinweise auf die Konsequenzen der Kaufentscheidung für Dritte eine ähnliche Wirkung beim Verbraucher erzeugen, so dass man der Wertung der Nr. 30 dann Indizwirkung i. R. v. § 4a UWG zubilligen sollte. **5**

4. Einzelheiten

An das Erfordernis der **Ausdrücklichkeit** des Hinweises sind keine überzogenen Anforderungen im Hinblick an die Eindeutigkeit zu stellen. Auch etwa der Hinweis darauf, dass der Erwerb von Produkten des Gewerbetreibenden hilft, zur Sicherung seines Arbeitsplatzes oder seines Lebensunterhalts des Gewerbetreibenden beizutragen, ist als ausdrücklicher Hinweis anzusehen. Entscheidend ist das unmittelbare Ausnutzen von Mitleid und gesellschaftlicher Verantwortung der Verbraucher. **6**

Ein entsprechender erhöhter Druck, der ein per se-Verbot rechtfertigt, kann allerdings nur angenommen werden, wenn der Hinweis in Form eines **gezielten Kontakts** erfolgt. Massenwerbung unterfällt daher in der Regel nicht der Nr. 30.[2] **7**

Wie schon aus § 8 Abs. 2 UWG folgt, ist es für ein Eingreifen der Nr. 30 ausreichend, wenn die ausdrückliche Angabe durch Personen erfolgt, die bei einem Unternehmer unselbständig beschäftigt sind.[3] **8**

§ 3a (Rechtsbruch)

Unlauter handelt, wer einer gesetzlichen Vorschrift zuwiderhandelt, die auch dazu bestimmt ist, im Interesse der Marktteilnehmer das Marktverhalten zu regeln, und der Verstoß geeignet ist, die Interessen von Verbrauchern, sonstigen Marktteilnehmern oder Mitbewerbern spürbar zu beeinträchtigen.

Inhaltsübersicht

	Rdn.
A. Verstoß gegen gesetzliche Vorschriften	1
I. Einfluss des Europäischen Rechts	1
II. Allgemeines	2
III. Entwicklung der Kategorie „Rechtsbruch“	3
1. Differenzierung nach Kategorien von Normen	4
2. Einteilung in wertbezogene/wertneutrale Normen	5
3. Neuere Tendenzen in der Judikatur	6
4. Kritik an der Rechtsprechung	9
5. Entwicklung der Kategorie Rechtsbruch nach der UWG-Novelle 2004	10
IV. Inhalt der Vorschrift	11
1. Allgemeines	11
2. Gesetzliche Vorschrift	12
a) Gesetze und Verordnungen	13
b) Satzungen, Berufsordnungen	14
c) Gewohnheitsrecht	15
3. Keine gesetzlichen Vorschriften	16
4. Anforderungen an die verletzte Norm (Norminhalt)	22
a) Interesse der Marktteilnehmer	23
b) Regelung des Marktverhaltens	25
c) Sekundäre wettbewerbsbezogene Schutzfunktion	29
5. Keine Marktverhaltensregelungen	30
a) Allgemeines	30
b) Abgabenrechtliche Vorschriften	31
c) Arbeitnehmerschutzvorschriften	32

---

[1] Vgl. *Glöckner/Henning-Bodewig* WRP 2006, 621, 626.
[2] Vgl. *Henning-Bodewig* WRP 2006, 621, 626.
[3] Ebenso Köhler/Bornkamm/*Köhler,* Rdn. 30.1.

Rdn.
d) Datenschutzbestimmungen ... 33
e) Produktionsvorschriften ... 34
f) Straßenrecht/Verkehrsvorschriften ... 35
6. Zuwiderhandlung ... 30
a) Keine subjektiven Voraussetzungen ... 36
b) Spürbare Beeinträchtigung ... 37
aa) Erforderlichkeit eines Vorsprungs im Wettbewerb? ... 38
bb) Planmäßigkeit erforderlich? ... 39
cc) Berücksichtigung zukünftiger Auswirkungen auf den Markt? ... 40
V. Die einzelnen Vorschriften ... 41
1. Allgemeines ... 41
2. Beispiele für gesetzliche Vorschriften ... 42
a) Apothekengesetz, Apothekenbetriebsordnung ... 43
aa) Apothekengesetz ... 43
bb) Apothekenbetriebsordnung ... 45
b) Arzneimittelgesetz ... 48
c) Arbeitszeitgesetze ... 52
d) Berufsrechtliche Vorschriften ... 53
aa) Allgemeines ... 53
bb) Heilberufe ... 54
(1) Ärzte ... 55
(2) Zahnärzte ... 58
(3) Tierärzte ... 59
(4) Heilpraktiker ... 60
(5) Apotheker ... 61
cc) Rechtsberatende Berufe ... 62
(1) Rechtsanwälte ... 63
(2) Notare ... 65
(3) Rechtsberater ... 66
(4) Steuerberater ... 67
e) Bürgerliches Gesetzbuch (BGB) ... 68
f) Gesetz über Einheiten im Messwesen ... 72
g) GmbH-Gesetz ... 74
h) Geräte- und Produktsicherheitsgesetz (GPSG) ... 75
i) Gewerbeordnung (GewO) ... 78
j) Handwerksordnung ... 79
k) Heilmittelwerbegesetz (HWG) ... 81
l) Jugendschutzvorschriften ... 82
m) Kosmetikverordnung ... 83
n) Kreditwesengesetz ... 85
o) Ladenschlussgesetz/Feiertagsgesetze ... 86
p) Lebensmittelrecht ... 89
q) Lotteriestaatsvertrag/Glücksspielstaatsvertrag ... 94
r) Medizinproduktegesetz ... 95
s) Pflanzenschutzgesetz ... 96
t) Personenbeförderungsgesetz ... 97
u) Pkw-Energieverbrauchskennzeichnungsverordnung ... 101
v) Preisangabenrecht ... 102
w) Preisvorschriften/Gebührenregelungen ... 107
x) Rechtsdienstleistungsgesetz/Rechtsberatungsgesetz ... 108
y) Rundfunkrecht/Presserecht ... 113
z) Schulgesetze ... 116
aa) Spielverordnung ... 117
bb) Strafvorschriften ... 118
cc) Tabakrecht ... 121
dd) Telemediengesetz ... 122
ee) Verpackungsverordnung ... 125
ff) Gesetz gegen Wettbewerbsbeschränkungen (GWB) ... 127
B. Vertragsbruch ... 129
I. Allgemeines ... 129
II. Unlautere Verhaltensweisen ... 131
1. Verletzung eigener Vertragspflichten ... 132
2. Beteiligung an und Ausnutzen von fremdem Vertragsbruch ... 137
a) Verleiten zum Vertragsbruch ... 141
b) Ausnutzen fremden Vertragsbruchs ... 142
c) Schleichbezug ... 148

A. Verstoß gegen gesetzliche Vorschriften

Schrifttum: *Almenröder,* Gesetzesverletzung als unlauterer Wettbewerb, Diss. 1958; *Beater,* Verbraucherschutz und Schutzzweckdenken im Wettbewerbsrecht, Tübingen 2000; *Berlit,* Das neue Gesetz gegen den unlauteren Wettbewerb: Von den guten Sitten zum unlauteren Verfälschen, WRP 2003, 563; *Brandner/Michael,* Wettbewerbsrechtliche Verfolgung von Umweltrechtsverstößen, NJW 1992, 278; *Büttner,* Sittenwidrige Wettbewerbshandlung durch Gesetzesverstoß in der neuen Rechtsprechung des BGH, in: FS Erdmann, S. 545; *Doepner,* Unlauterer Wettbewerb durch Verletzung von der Verbraucherinformation dienenden Gesetzesvorschriften, WRP 1980, 473; *ders.,* Unlauterer Wettbewerb durch Rechtsbruch – Quo vadis?, in: FS Helm, S. 47 und GRUR 2003, 825; *ders.,* Unlauterer Wettbewerb durch Verletzung von Marktzutrittsregelungen?, WRP 2003, 1202; *ders.,* Unlauterer Wettbewerb durch Rechtsbruch im Nebenstrafrecht – gelten, des Gesetzlichkeitsprinzips? in: FS Köhler, S. 77; *Elskamp,* Gesetzesverstoß und Wettbewerbsrecht, Diss. Mannheim 2007; *Ernst,* Die wettbewerbsrechtliche Relevanz der Online-Informationspflichten des § 6 TDG, GRUR 2003, 759; *ders.,* Abmahnungen aufgrund von Normen außerhalb des UWG, WRP 2004, 1133; *ders.,* Die Pflichtangaben nach § 1 II PAngV im Fernabsatz, GRUR 2006, 636; *Frenzel,* Neukonzeption des Rechtsbruchtatbestandes abgeschlossen, WRP 2004, 1137; *Gärtner/Heil,* Kodifizierter Rechtsbruchtatbestand und Generalklausel, WRP 2005, 20; *Glöckner,* Rechtsbruchtatbestand oder … The Saga continues, GRUR 2013, 568; *Goldmann,* Abgaswerte und Kraftstoffverbrauch als Gegenstand des Wettbewerbsrechts, WRP 2007, 38; *Götting,* Der Rechtsbruchtatbestand, FS Schricker, 2005, 689; *Groening,* Von Paulus zum Saulus?, WRP 1994, 435; *ders.,* Wettbewerbsrechtliche Grenzen der wirtschaftlichen Beteiligung der Gemeinden und Drittschutz auf dem ordentlichen Rechtsweg, WRP 2002, 17; *Hamacher,* „Good News II" – Hat der EuGH die Vollharmonisierung des Lauterkeitsrechts in Teilbereichen abgeschafft?, GRUR-Prax 2014, 365; *Harder,* Der Einfluss der par condicio concurrentium auf die Bewertung im Wettbewerbsrecht, Diss. Hamburg 1986; *Haslinger,* Schutzlos gegen rechtswidrigen Marktzutritt der öffentlichen Hand? – „Erwünschte Belebung des Wettbewerbs?", WRP 2002, 1023; *Hecker/Ruttig,* Zur Unlauterkeit der Veranstaltung von Sportwetten ohne Erlaubnis einer deutschen Behörde, WRP 2006, 207; *v. Jagow,* Sind Verstöße gegen lebensmittelrechtliche Vorschriften lauterkeitsrechtlich immer relevant?, FS Doepner, S. 21; *Jennert,* Schutz bei rechtswidrig unterlassener Ausschreibung, WRP 2002, 507; *Kniffka,* Wettbewerbsverstoß des Architekten durch Unterschreitung des Mindestsatzes, in: FS Ullmann, S. 669; *Köhler,* Wettbewerbsrechtliche Grenzen der Betätigung kommunaler Unternehmen, WRP 1999, 1205; *ders.,* Wettbewerbsverstoß durch rechtswidrigen Marktzutritt?, GRUR 2001, 777; *ders.,* Wettbewerbsrecht im Wandel: Die neue Rechtsprechung zum Tatbestand des Rechtsbruchs, NJW 2002, 2761; *ders.,* Zur wettbewerbsrechtlichen Sanktionierung öffentlich-rechtlicher Normen, Recht im Pluralismus, FS Glaeser, S. 499; *ders.,* Der Rechtsbruchtatbestand im neuen UWG, GRUR 2004, 381; *Linsenbarth/Schiller,* Datenschutz und Lauterkeitsrecht – Ergänzender Schutz bei Verstößen gegen das Datenschutzrecht durch das UWG?, WRP 2013, 576;*Mees,* Einheitliche Beurteilung der Sittenwidrigkeit im Sinne des § 1 UWG bei Verstößen gegen wertbezogene und wertneutrale Normen, GRUR 1996, 644; *ders.,* Wettbewerbsverletzungen durch vorangegangenen Normenverstoß, in: FS Traub, S. 275; *ders.,* Zum Erfordernis der Spürbarkeit bei Wettbewerbsverletzungen durch Normenverstöße, in: FS Vieregge, S. 617; *Ott,* Systemwandel im Wettbewerbsrecht, in: FS Reiser, 403; *Piper,* Warenproduktion und Lauterkeitsrecht, WRP 2002, 1197; *ders.,* Zur Wettbewerbswidrigkeit des Einbrechens in fremde Vertragsbeziehungen durch Abwerben von Kunden und Mitarbeitern, GRUR 1990, 643; *Poppen,* Der Wettbewerb der öffentlichen Hand, Diss. Hamburg 2007; *Quack,* Vom Beitrag des unlauteren Wettbewerbs zur Einhaltung des Wirtschaftsverwaltungsrechts, in: FS Trinkner, S. 265; *Sack,* Die lückenfüllende Funktion der Sittenwidrigkeitsklauseln, WRP 1985, 1; *ders.,* Wer erschoß Boro?, WRP 1990, 791; *ders.,* Die wettbewerbsrechtliche Durchsetzung arbeitsrechtlicher Normen, WRP 1998, 683; *ders.,* Gesetzwidrige Wettbewerbshandlungen nach der UWG-Novelle, WRP 2004, 1307; *Schaffert,* Der durch § 4 Nr. 11 bewirkte Schutz der Mitbewerber, in: FS Ullmann, S. 845; *ders.,* Ist die Einhaltung datenschutzrechtlicher Bestimmungen mit wettbewerbsrechtlichen Mitteln durchsetzbar?, in: FS Bornkamm, S. 463; *Schall-Riaucour,* Wettbewerbsverstöße durch Verletzung außerwettbewerbsrechtlicher Normen, Diss. München 1968; *Scherer,* Marktverhaltensregelungen im Interesse der Marktbeteiligten, WRP 2006, 401; *Schulte/Schulte,* Informationspflichten im elektronischen Geschäftsverkehr – wettbewerbsrechtlich betrachtet, NJW 2003, 2140; *Stolterfoht,* Der Wettbewerbsrichter als Verwaltungsjurist, Erwägungen zum Vorsprung durch Rechtsbruch, in: FS Rittner, S. 695; *Ullmann,* Das Koordinatensystem des Rechts des unlauteren Wettbewerbs im Spannungsfeld von Europa und Deutschland, GRUR 2003, 817; *v. Walter,* Rechtsbruch als unlauteres Marktverhalten, Diss. München 2007; *Weidert,* Vorsprung durch Technik oder Vorsprung durch Rechtsbruch? – Zur Fallgruppe des Rechtsbruchs im E-commerce, in: FS Helm, S. 124; *Wüstenberg,* Das Fehlen von in § 6 TDG aufgeführten Informationen auf Homepages und seine Bewertung nach § 1 UWG, WRP 2003, 782; *Zech,* Durchsetzung von Datenschutz mittels Wettbewerbsrecht?, WRP 2013, 1434; *Zeppernick,* Die Beurteilung von Wettbewerbshandlungen ohne Vor- und Rückschau?, WRP 2000, 1069; *ders.,* Vorsprung durch Rechtsbruch im Spannungsverhältnis zwischen Konkurrentenschutz und Popularklage, Diss. Freiburg 2002; *Ziegler,* Der Vorsprung durch Rechtsbruch von Umweltschutzvorschriften, Diss. Heidelberg 1998.

I. Einfluss des europäischen Rechts

§ 3a enthält einen eigenen Unlauterkeitstatbestand. Die Vorschrift beruht weder auf der UGP-Richtlinie noch auf sonstigen europäischen Vorgaben. Da die UGP-Richtlinie in ihrem Anwen- 1 dungsbereich eine abschließende Regelung darstellt, ist die Frage aufgeworfen worden, inwieweit die Zuwiderhandlung gegen gesetzliche Vorschriften, die auch dazu bestimmt sind, im Interesse der Marktteilnehmer das Marktverhalten zu regeln, einen eigenen Unlauterkeitstatbestand darstellen kann.[1] Soweit gesetzliche Regelungen zum Schutze des Verbrauchers dem gleichen Maßstab folgen wie die Verpflichtungen der UGP-Richtlinie, z.B. die Informationspflichten nach Art. 7 Abs. 4, oder auf Rechtsakten der Union beruhen, wie sie nicht abschließend in Anhang II der UGP-Richtlinie aufgeführt sind, bleibt § 3a anwendbar.[2] Im Übrigen ist der Anwendungsbereich der Richtlinie beschränkt. So bleiben nach Art. 3 Abs. 3 die Rechtsvorschriften der Mitgliedsstaaten in Bezug auf Gesundheits- und Sicherheitsaspekte von Produkten und nach Art. 3 Abs. 8 spezifische Regelungen für reglementierte Berufe unberührt. Schließlich liegen auch Marktverhaltensregelungen, die lediglich das Verhältnis zwischen Unternehmern untereinander regeln, außerhalb des Anwendungsbereichs der UGP-Richtlinie. Danach sind durchaus lauterkeitsrechtliche Sanktionen von Verstößen gegen Marktverhaltensregelungen denkbar, die nicht auf Gemeinschaftsrecht beruhen. Damit bestanden schon bei der letzten UWG-Novelle 2008, mit der insbesondere die UGP-Richtlinie umgesetzt werden sollte, keine Bedenken gegen die **unveränderte Beibehaltung des seinerzeitigen § 4 Nr. 11,**[3] und die Rechtsprechung hat dem nach der Umsetzung der Richtlinie durch eine richtlinienkonforme Anwendung der Vorschrift Rechnung getragen.[4] Die UWG-Novelle 2015 wird in erster Linie damit begründet, die vollständige Rechtsangleichung unter Berücksichtigung der EuGH-Rechtsprechung[5] auch im Wortlaut des UWG abzubilden.[6] Dies führt im Wesentlichen zu einer Änderung des § 3 und zu einer Streichung der nicht den Mitbewerberschutz bezweckenden Unlauterkeitstatbestände des § 4. Da der bisherige § 4 Nr. 11 Verstöße gegen Marktverhaltensregelungen erfasst, unabhängig davon, ob sie ausschließlich dem Schutz der Verbraucher oder der sonstigen Marktteilnehmer oder aber dem Schutz aller Marktteilnehmer dienen, wird der Rechtsbruchtatbestand nunmehr in einer eigenen Vorschrift abgebildet, im Übrigen aber inhaltlich nicht verändert.[7] Dies muss als ausreichend angesehen werden, um keine weitere Kritik der Europäischen Kommission[8] zu veranlassen.

II. Allgemeines

2 Das in § 3a angeführte Beispiel für die Unlauterkeit betrifft die frühere Fallgruppe **Rechtsbruch** bzw. **Vorsprung durch Rechtsbruch.**[9] Diese hatte durch die neuere Rechtsprechung zum früheren § 1 UWG eine Wendung erfahren, die mit dem UWG 2004 festgeschrieben wurde.[10] Der unmittelbare Anwendungsbereich dieses Beispiels ist jedoch enger. Unter dieses Regelbeispiel fällt nicht die wettbewerbsrechtliche Beurteilung von Verstößen gegen vertragliche Normen; diese lassen sich nicht unter „gesetzliche Vorschriften" subsumieren.[11]

III. Entwicklung der Kategorie „Rechtsbruch"

3 Der Gedanke, dass ein Verstoß gegen Normen (Gesetze im materiellen Sinn) zugleich auch ein Wettbewerbsverstoß i.S.d. früheren § 1 UWG sein konnte, kam schon bald nach der Einführung

---

[1] Vgl. dazu *Glöckner/Henning-Bodewig* WRP 2005, 1311, 1332; *Seichter* WRP 2005, 1087, 1093; *Köhler* GRUR 2005, 793, 799; *ders.* GRUR 2008, 841, 847f.; *Glöckner* GRUR 2013, 568, 70f.;*Link* in: Ullmann, jurisPK-UWG, § 4 Nr. 11 Rdn. 24.

[2] Vgl. BGH GRUR 2010, 852, 853 – *Gallardo Spyder;* GRUR 2010, 1142, 1143 – *Holzhocker,* GRUR 2011, 843, 844 – *Vorrichtung zur Schädlingsbekämpfung;* GRUR 2011, 638, 639 – *Werbung mit Garantie* GRUR 2015, 1240, 1242 – *Der Zauberer des Nordens; Köhler*/Bornkamm § 3a Rdn. 1.18; *Köhler* WRP 2012, 251, 257.

[3] *Köhler* GRUR 2008, 841, 848; *Link* a.a.O.; vgl. aber *Glöckner* GRUR 2013, 568, 572: Die sich aus den nationalen Umsetzungsmerkmalen ergebende Rechtslage geht nicht hinreichend bestimmt und klar aus der Vorschrift hervor.

[4] S. Fn. 2.

[5] Z.B. Urteile vom 23.4.2009 (C-261/07 und C-299/07) GRUR 2009, 599, 603 – *VTB/Total Belgium u. Galatea/Sanoma.*

[6] Vgl. Amtliche Begründung BR-Drs. 26/15 S. 1.

[7] So ausdrücklich BGH GRUR 2016, 516, 517 – *Wir helfen im Trauerfall.*

[8] Vgl. Fn. 3 a.E.

[9] So ausdrücklich Begründung zum Gesetzentwurf der Bundesregierung zum UWG 2004, S. 38.

[10] Die Regierungsbegründung erwähnt ausdrücklich die BGH-Entscheidung *Elektroarbeiten* (GRUR 2002, 825); zur Entwicklung der Fallgruppe „Rechtsbruch" im früheren Recht und zur Vorgeschichte der Norm vgl. die Ausführungen in der Vorauflage Rdn. 2ff.

[11] Vgl. unten Rdn. 34ff.; zur wettbewerbsrechtlichen Beurteilung von Verstößen gegen vertragliche Vereinbarungen sowie die Beteiligung an derartigen Verstößen unten Rdn. 140ff.

des UWG auf.[12] Es wurde aber gerade in den Anfängen von der Rechtsprechung nur in Ausnahmefällen eine Sittenwidrigkeit i. S. des früheren § 1 UWG angenommen.[13] Ein aus jeder Gesetzesverletzung folgender Sittenverstoß wurde schon anfangs und noch in der Folgezeit mit unterschiedlicher Begründung verneint.[14]

1. Differenzierung nach Kategorien von Normen

Die Rechtsprechung hat im Laufe der Zeit ersucht, Kategorien für Rechtsnormen zu entwickeln, und, je nachdem zu welcher Gruppe die verletzte Vorschrift gehört, unterschiedliche zusätzliche Anforderungen für die Annahme eines mit dem Normverstoß verbundenen Wettbewerbsverstoßes entwickelt. Dies waren zum einen die **wertbezogenen Normen,** [15] bisweilen noch unterteilt in „sittlich fundierte" und „unmittelbar wettbewerbsbezogene" Normen, bei denen ein Verstoß die Wettbewerbswidrigkeit indizierte,[16] zum anderen die **wertneutralen Normen,**[17] bei denen nicht der Verstoß allein, sondern erst ein planmäßiges Sich-Hinwegsetzen über die Norm, um sich einen Vorsprung vor seinen gesetzestreuen Mitbewerbern zu verschaffen, die Wettbewerbswidrigkeit begründete.[18] 4

2. Kritik an der Einteilung in wertbezogene/wertneutrale Normen

Die **Kategorisierung** in **wertbezogene und wertneutrale Normen** ist als wenig überzeugend kritisiert worden;[19] sie führe zu willkürlichen Ergebnissen.[20] Es wurde daher gefordert, die **Wettbewerbsbezogenheit** der Rechtsverletzung, mochte durch die verletzte Norm auch ein noch so hochrangiges Rechtsgut geschützt sein, jeweils im Einzelnen zu prüfen. Nur die Verletzung solcher Normen, deren Zweck sich mit den Schutzzwecken des Wettbewerbsrechts[21] deckte oder zumindest überschnitt, sollte auch einen Wettbewerbsverstoß indizieren. [22] 5

3. Neuere Tendenzen in der Judikatur

Ende der 90er Jahre des 20. Jahrhunderts wurde eine Tendenz der höchstrichterlichen Rechtsprechung sichtbar, sich von der althergebrachten Dogmatik – automatischer Wettbewerbsverstoß bei Verletzung werthaltiger Normen und zusätzliche Voraussetzungen bei Verletzung wertneutraler Normen – zu lösen und sowohl den **Einzelfall** als auch die **Marktbezogenheit der verletzten Norm** stärker zu berücksichtigen.[23] 6

In der Entscheidung ***„Abgasemissionen"*** hat der BGH darauf abgestellt, ob die verletzte Norm eine zumindest **sekundäre wettbewerbsbezogene Schutzfunktion** hat, und dies bei der in Rede stehenden Norm des BImSchG, die durch ein dem eigentlichen Wettbewerbsverhalten vorgelagertes Handeln verletzt wird, verneint.[24] Das UWG sollte danach nicht als Grundlage für Klagen dienen, mit denen Verstöße gegen gesetzliche Bestimmungen im Vorfeld des eigentlichen Wettbewerbshandelns verfolgt werden, auch wenn es sich bei diesen Normen um so genannte werthaltige handelt.[25] 7

Eine Weiterentwicklung dieser Rechtsprechung,[26] zugleich aber auch einen Meilenstein in der Rechtsprechung des BGH, der eine zentrale Bedeutung für die Interpretation des § 4 Nr. 11 a. F. 8

---

[12] Vgl. zur historischen Entwicklung ausführlich GroßKommUWG/*Teplitzky* (1. Aufl.) § 1 Abschn. G Rdn. G 1 ff.; *v. Gamm* Kap. 18 Rdn. 2 ff., *Zeppernick* § 3 S. 15 ff., jeweils m. w. N.

[13] Vgl. z. B. RGZ 77, 217 betr. Verstoß gegen Apothekenbindung.

[14] Vgl. RGZ 77, 217, 220; *Sack* WRP 1985, 1.

[15] So schon BGH NJW 1956, 749, 750 – *Beratung in LA-Sachen zum RBerG.*

[16] Dazu ausführlich Vorauflage Rdn. 4 ff.

[17] Vgl. z. B. BGH GRUR 1995, 427 – *Zollangaben.*

[18] Z. B. BGH GRUR 1993, 980 – *Tariflohnunterschreitung;* BGH GRUR 1982, 615 – *Flughafen-Verkaufsstellen;* BGH GRUR 1974, 281 – *Clipper;* BGH GRUR 1965, 373 – *Blockeis II;* BGH GRUR 1957, 558 – *Bayern-Express.*

[19] Z. B. *Beater* § 27 Rdn. 20 ff.; *Doepner* in: FS Helm, S. 47, 52 ff.

[20] *Beater,* Unlauterer Wettbewerb, § 27 Rdn. 13; *Doepner* WRP 1980, 473, 475; *ders.* in: FS Helm, S. 47, 53; *Emmerich,* Unlauterer Wettbewerb, 312; *Sack* WRP 1985, 1, 10; *Schall-Riaucour* S. 64 ff.; *Schricker,* Gesetzesverletzung und Verstoß, 250.

[21] Vgl. *Baumbach/Hefermehl,* Wettbewerbsrecht, 22. Aufl. 2001, Einl. Rdn. 40 ff. m. w. N.

[22] *Doepner* a. a. O. S. 55 f

[23] BGH GRUR 1998, 407 – *Tiapridal;* GRUR 1999, 1128 – *Hormonpräparate;* GRUR 2000, 237 – *Giftnotrufbox.*

[24] GRUR 2000, 1076 – *Abgasemissionen.*

[25] BGH a. a. O., S. 1078 f.

[26] Vgl. Fn. 19 und BGH GRUR 2001, 354 – *Verbandsklage gegen Vielfachabnehmer;* GRUR 2002, 269 – *Sportwetten-Genehmigung;* GRUR 2002, 636 – *Sportwetten.*

seit 2004 hatte, stellte das Urteil ***„Elektroarbeiten"***[27] dar. In der Entscheidung ging es um einen Verstoß gegen eine Vorschrift, die die Grenzen der erwerbswirtschaftlichen Betätigung bayerischer Gemeinden festlegt. § 1 UWG a. F. könne nur dann angewendet werden, wenn der Gesetzesverstoß die Handlung in der Weise präge, dass sie gerade auch als Wettbewerbsverhalten sittenwidrig i. S. d. § 1 UWG sei.[28] Eine solche Schutzfunktion sprach der BGH Art. 87 BayGO ab. Dabei verkannte er nicht, dass bei Überschreitung der durch diese Vorschrift gesetzten Grenzen den Gemeinden ein unerlaubter Marktzutritt verschafft wird. Selbst wenn diese Vorschrift auch das Ziel verfolge, die Privatwirtschaft vor einem Wettbewerb durch Gemeinden zu schützen, gehe es doch nicht um die Lauterkeit des Wettbewerbs, sondern allenfalls um die Erhaltung einer Marktstruktur, die von Privatunternehmen geprägt sei. Es sei jedoch **nicht im Sinne des § 1 UWG,** Wettbewerbern kommunaler Unternehmen Ansprüche zur Verwirklichung dieses Schutzzwecks des Art. 87 BayGO zu gewähren, die nach öffentlichem Recht etwa gegebene Ansprüche ergänzen könnten, oder **nach öffentlichem Recht bestehende Schutzlücken auszufüllen.** Da der Gesetzesverstoß die wettbewerbsrechtliche Lauterkeit der erwerbswirtschaftlichen Tätigkeit der Gemeinde als solche nicht berühre – weil er ihr nämlich vorausgehe –, könne es für die wettbewerbsrechtliche Beurteilung auch nicht darauf ankommen, ob der Verstoß bewusst bzw. hartnäckig begangen werde.[29]

4. Kritik an der Rechtsprechung

9 Gerade die Urteile, mit denen Verstöße gegen den Marktzutritt von Gemeinden regelnde Vorschriften aus dem Anwendungsbereich des früheren § 1 UWG herausgenommen wurden[30] und die eine Aufgabe der zwischenzeitlich[31] gefestigt erscheinenden Rechtsprechung des BGH[32] bedeuteten, haben nicht unerhebliche Kritik hervorgerufen.[33] Insbesondere schwer nachvollziehbar ist, warum gerade der Verstoß gegen Vorschriften, die den Marktzutritt regeln, für weniger wettbewerbsbezogen i. S. früheren § 1 UWG angesehen wurde als derjenige gegen Vorschriften, die lediglich das Marktverhalten regeln.[34] Dessen ungeachtet hat die Bundesregierung im Gesetzentwurf zum UWG 2004 ausdrücklich auf die Entscheidung *„Elektroarbeiten"* zur Begründung dafür hingewiesen, warum in Ziff. 11 nur von den das Marktverhalten und nicht auch von den den Marktzutritt regelnden Vorschriften die Rede ist.[35]

5. Entwicklung der Kategorie „Rechtsbruch" nach der UWG-Novelle 2004

10 Der Rechtsbruchtatbestand stand als solcher trotz der UGP-Richtlinie[36] nie wirklich zur Debatte. Die Rechtsprechung hat vielmehr das in § 3 Abs. 1 und 2 UWG a. F. enthaltene Spürbarkeitskriterium richtlinienkonform dahin ausgelegt, dass bei Verstößen gegen verbraucherschützende Vorschriften ohne nähere Prüfung der Auswirkung im Einzelfall die für eine Unzulässigkeit der unlauteren Handlung erforderlichen Voraussetzungen quasi automatisch angenommen werden.[37] Gleichwohl sind auch nach dem jetzigen § 3a Verstöße gegen Marktverhaltensvorschriften nicht per se unlauter, sondern nur dann, wenn der Verstoß geeignet ist, die Interessen von Verbrauchern, sonstigen Marktteilnehmern oder Mitbewerbern spürbar zu beeinträchtigen. Im Unterschied zur bisherigen Regelung gehört diese Spürbarkeit jetzt bereits zum Unlauterkeitstatbestand.[38]

---

[27] GRUR 2002, 825; vgl. zu der Frage des wettbewerblichen Vorgehens bei Verstößen gegen kommunalrechtliche Betätigungsverbote *Köhler* WRP 1999, 1205 und GRUR 2001, 777; *Gröning* WRP 2002, 17; *Haslinger* WRP 2002, 1023.

[28] BGH a. a. O., S. 826.

[29] A. a. O., S. 827.

[30] Vgl. außer der Entscheidung *„Elektroarbeiten"* (oben Fn. 26) BGH GRUR 2003, 164 – *Altautoverwertung;* s. auch BGH GRUR 2004, 247 – *Krankenkassenzulassung.*

[31] Ursprünglich hatte der BGH nur unter verschärften Voraussetzungen einen Wettbewerbsverstoß bei Zuwiderhandlungen gegen öffentlich-rechtliche Marktzugangsvorschriften der Gemeindeordnung angenommen, vgl. GRUR 1965, 373 – *Blockeis II;* GRUR 1974, 733 – *Schilderverkauf.*

[32] Wegen Verstoßes gegen wertbezogene Vorschriften, vgl. BGH GRUR 1982, 425 – *Brillen-Selbstabgabestellen;* GRUR 1996, 213 – *Sterbegeldversicherung;* OLG Hamm NJW 1998, 3504; OLG Düsseldorf WRP 1997, 42.

[33] Vgl. z. B. *Haslinger* WRP 2002, 1023; *Doepner* in: FS Helm, S. 47, 64 ff.

[34] Z. B. *Doepner* in: FS Helm, S. 47, 68 – *Schutzzweckorientiert gesehen ist eine Verletzung der Marktzutrittsregelung sogar gravierender als eine Verletzung einer Marktverhaltensregel und damit per se wettbewerbswidrig.*

[35] BT-Drucks. 15/1487 S. 19; in einem allerersten Vorentwurf war demgegenüber auch im Text noch von *„Marktzutritt"* die Rede gewesen; der Vorstoß des Bundesrates, doch noch die Worte „oder den Marktzutritt zu ergänzen, BT-Drucks. a. a. O., S. 31, war nicht erfolgreich.

[36] Vgl. oben Rdn. 1.

[37] Vgl. z. B. BGH GRUR 2013, 739, 742 – *Barilla;* GRUR 2014, 94 – *Pflichtangaben im Internet.*

[38] Vgl. näher unten Rdn. 37.

IV. Inhalt der Vorschrift

1. Allgemeines

Der Beispielstatbestand des § 3a betrifft nur einen Teil der früheren Fallgruppe **Rechtsbruch,** nämlich die Verstöße gegen **gesetzliche Vorschriften.**[39] Dies bedeutet nicht, dass Vertragsverstöße und die Beteiligung daran, die nach dem früheren § 1 UWG unter bestimmten Umständen als wettbewerbswidrig angesehen wurden, automatisch vom Unlauterkeitsverdikt freigestellt wären. Vielmehr können sie gleichwohl gegen § 3 verstoßen.[40] 11

2. Gesetzliche Vorschrift

Der Gesetzgeber des UWG 2004 hat erkennen lassen, dass er an dem Verstoß gegen Normen jedenfalls hinsichtlich ihrer Normqualität nicht von anderen Voraussetzungen ausgehen wollte als sie von der Rechtsprechung zum früheren § 1 UWG erarbeitet worden waren. Anders kann die Gesetzesbegründung, die sich ausdrücklich auf die durch die jüngere Rechtsprechung zum früheren § 1 UWG vorgenommene Beschränkung auf Normen mit einer zumindest sekundären Schutzfunktion zugunsten des Wettbewerbs[41] bezieht,[42] nicht interpretiert werden. Diesem Verständnis folgt auch die Rechtsprechung zu § 4 Nr. 11 a. F., der dem jetzigen § 3a entsprach. Danach ist unter einer gesetzlichen Vorschrift im Sinne dieser Norm jede Rechtsnorm zu verstehen, die in der Bundesrepublik Deutschland Geltung beansprucht (Art. 2 EGBGB).[43] 12

a) Gesetze und Verordnungen. Damit fallen unter diesen Unlauterkeitstatbestand nicht nur **Gesetze im formellen Sinne,** also von der Legislative erlassene Vorschriften einschließlich des Grundgesetzes.[44] Vielmehr werden darunter auch **Gesetze im materiellen Sinne verstanden,** also **Rechtsverordnungen,**[45] **Rechtsvorschriften der EU,** soweit sie in den Mitgliedstaaten unmittelbar verbindlich sind,[46] **völkerrechtliche Bestimmungen,** sofern sie innerstaatliches Recht geworden sind,[47] aber auch für **allgemein verbindlich erklärte Tarifverträgen.**[48] Gesetze müssen noch gültig sein und dürfen insbesondere nicht höherrangigem Verfassungsrecht widersprechen.[49] 13

b) Satzungen, Berufsordnungen. Satzungen körperschaftsrechtlich organisierter Rechtsträger sind ebenfalls Vorschriften im Sinne der Norm,[50] insbesondere **Berufsordnungen.**[51] Für den Tatbestand des § 3a, der ausdrücklich von gesetzlichen Vorschriften spricht, wird man darunter jedenfalls zumindest auf gesetzlicher bzw. satzungsrechtlicher Grundlage gesetztes und schriftlich niedergelegtes Recht von Organen, die weder der Legislative noch der staatlichen Exekutive zuzurechnen sind, also von „Selbstregulierungsorganen"[52] verlangen müssen. 14

c) Gewohnheitsrecht. Schon im Rahmen des früheren § 1 UWG wurde anerkanntes **Gewohnheitsrecht** als Norm aufgeführt, bei der ein Verstoß jedenfalls unter dem Gesichtspunkt des Vorsprungs durch Rechtsbruch wettbewerbswidrig sein konnte.[53] Die h. M. zu § 4 Nr. 11, hat sich 15

---

[39] Dazu unten Rdn. 25 ff.

[40] Dazu unten Rdn. 142 ff.

[41] Dazu näher unten Rdn. 40.

[42] BT-Drucks. 15/1487, S. 19.

[43] BGH GRUR 2005, 960, 961 – *Friedhofsruhe; Köhler*/Bornkamm, § 3a Rdn. 1.52.

[44] Vgl. BGH GRUR 2012, 728, 729 – *Einkauf aktuell,* zu dem aus Art. 5 Abs. 1 S. 2 GG folgenden Gebot für den Staat, sich nur in engen Grenzen auf dem Gebiet der Presse zu betätigen.

[45] BGH GRUR 2007, 162 – *Mengenausgleich in Selbstentsorgergemeinschaft;* zum früheren Recht BGH GRUR 1985, 447, 448 – *Provisionsweitergabe durch Lebensversicherungsmakler; Köhler*/Bornkamm § 4 Rdn. 11.24.

[46] *Köhler*/Bornkamm § 3a Rdn. 1.52.

[47] BGH GRUR 1987, 532, 534 – *Zollabfertigung* (zur CMR).

[48] BGH GRUR 1993, 980, 982 – *Tariflohnunterschreitung;* Fezer/*Götting* UWG, § 4–11 Rdn. 41.

[49] Vgl. BGHZ 175, 238 = GRUR 2008, 438, 439 – *ODDSET,* GRUR 2009, 438, 439 – *Schoenenberger Artischockensaft,* GRUR 2011, 169, 171 f. – *Lotterien und Kasinospiele;* GRUR 2014, 791, 793 – *Teil-Berufsausübungsgemeinschaft.*

[50] BGH GRUR 2005, 960, 961 – *Friedhofsruhe.*

[51] BGH GRUR 2005, 520, 521 – *Optimale Interessenvertretung;* OLG Hamm GRUR 2013; 746, 749.

[52] Vgl. *Beater* § 27 Rdn. 31.

[53] So ohne nähere Begründung *Köhler/Piper,* UWG, 3. Aufl. 2002, § 1 UWG Rdn. 733 unter Verweis auf BGH GRUR 1969, 474, 476 – *Bierbezug,* wobei in jenem Urteil ein Verstoß gegen Handelsbrauch nicht unter dem Gesichtspunkt des Verstoßes gegen eine Norm, sondern als möglicherweise die Unlauterkeit eines Verhaltens unterstreichender Umstand erörtert wurde.

für eine Übernahme dieses Grundsatzes und damit für eine ausreichende Rechtsnormqualität ausgesprochen.[54] Der BGH nimmt hinsichtlich der Rechtsnormqualität ausdrücklich auf Art. 2 EGBGB Bezug.[55] Diese Vorschrift zählt auch Gewohnheitsrecht zu den Rechtsnormen.[56] Trotz des Wortlauts von § 3a gehört daher auch ungeschriebenes Gewohnheitsrecht zu den Gesetzen und Verordnungen im Sinne von § 3a.[57]

3. Keine gesetzlichen Vorschriften

16 Von den gesetzlichen Vorschriften i. S. v. § 3a sind folgende Kategorien von Regeln und Entscheidungen abzugrenzen:

17 a) **Verwaltungsanordnungen** sind nicht allgemein, sondern nur gegenüber den Adressaten verbindlich. Sie beziehen sich zwar regelmäßig auf einen Gesetzesverstoß, jedoch kann das Vorliegen einer Verwaltungsanordnung die Prüfung, ob ein Gesetzesverstoß im Sinne von § 3a vorliegt, nicht ersetzen.[58] **Behördliche Erlasse** sind nur im innerdienstlichen Bereich verbindlich.[59] Ebenso wenig kann ein Verstoß gegen **ausländisches Recht** von § 3a erfasst sein.[60]

18 b) **Wettbewerbsregeln** bzw. **Wettbewerbsrichtlinien** binden allenfalls eine abgegrenzte Gruppe, z. B. die Mitglieder eines Wirtschaftsverbandes, und sind damit keine allgemeinverbindlichen Rechtsnormen. Sie scheiden daher als gesetzliche Vorschriften aus, und zwar unabhängig davon, ob sie durch die Kartellbehörde anerkannt sind (§ 26 Abs. 1 GWB) und in das Register für Wettbewerbsregeln eingetragen wurden.[61] Unabhängig von der an dieser Stelle relevanten Normqualität führt eine kartellrechtliche Freistellung nicht automatisch dazu, dass sie lauterkeitsrechtlich relevant sind.[62] Sie sind jedoch zur Beurteilung der Sittenwidrigkeit eines Wettbewerbsverhaltens i. S. des früheren. § 1 UWG herangezogen worden, weil sie die Auffassung der beteiligten Branchen bzw. Berufe konkretisieren.[63]

19 c) **DIN-Normen** und vergleichbare **technische Regeln** sind keine verbindlichen Rechtsnormen.[64] Sie enthalten lediglich Empfehlungen, die zwar einen Handelsbrauch begründen können, was aber für den Tatbestand des § 3a nicht ausreicht.[65] Soweit in gesetzlichen Vorschriften auf DIN-Normen verwiesen wird, z. B. in § 1 Tabakerzeugnisverordnung, werden sie zwar indirekt verbindlich. Im Rahmen des § 3a sind als gesetzliche Vorschriften jedoch dann diejenigen relevant, die auf die DIN-Norm Bezug nehmen, also nicht die DIN-Normen und technischen Regeln selbst.[66]

20 d) **Gerichtsentscheidungen** stellen keine gesetzlichen Vorschriften dar. Sie gelten nur zwischen den Parteien. Ihre bisweilen im Rahmen der Kategorie Vorsprung durch Rechtsbruch beim früheren § 1 UWG bejahte Relevanz[67] kann angesichts der zusätzlichen inhaltlichen Anforderungen an

---

[54] *Köhler*/Bornkamm, § 3a Rdn. 1.52; Fezer/*Götting* § 4–11 Rdn. 41; *Link* in: jurisPK-UWG, § 4 Nr. 11 Rdn. 54.

[55] GRUR 2005, 960, 961 – *Friedhofsruhe.*

[56] H. M., vgl. Palandt/*Heinrichs*, BGB, Einl. Rdn. 22; Staudinger/*Merten* (2005), Art. 2 EGBG Rdn. 92 ff. m. w. N.

[57] Anders noch die 1. Aufl., dort § 4 Nr. 11 Rdn. 38.

[58] Vgl. OLG Stuttgart GRUR-RR 2008, 17, 18.

[59] BGH GRUR 1984, 665, 667 – *Werbung in Schulen;* GRUR 2009, 606, 607 – *Buchgeschenk vom Standesamt; Köhler* GRUR 2004, 381, 383.

[60] *Köhler*/Bornkamm § 3a Rdn. 1.53; Fezer/*Götting* § 4–11 Rdn. 51; zu der Relevanz dieses Prinzips für das Herkunftslandprinzip des früheren § 4 TDG vgl. *Weidert* in: FS Helm, 123, 131 m. w. N.

[61] BGH GRUR 2006, 773, 774 f. – *Probeabonnement;* GRUR 2009, 970, 971 – *Versicherungsberater;* GRUR 2011, 431, 432 – *FSA-Kodex;* ebenso oben § 3 Rdn. 100; *Köhler* GRUR 2004, 381, 383 sowie zu § 1 UWG BGH GRUR 1991, 462, 463 – *Wettbewerbsrichtlinien der Privatwirtschaft;* GRUR 1999, 748, 749 – *Steuerberaterwerbung auf Fachmessen.*

[62] Ebenso oben § 3 Rdn. 132.

[63] Vgl. BGH GRUR 1977, 257, 259 – *Schaufensteraktion;* GRUR 1977, 619, 621 – *Eintrittsgeld;* GRUR 1993, 756 – *Mild-Abkommen;* KG GRUR 1992, 632; dagegen oben § 3 Rdn. 100.

[64] BGH GRUR 1985, 555, 556 – *Abschleppseile;* GRUR 1991, 921, 923 – *Sahnesiphon;* GRUR 1994, 640, 641 – *Ziegelvorhangfassade;* OLG Brandenburg, BeckRS 2008, 11035; oben § 3 Rdn. 111; *Köhler*/Bornkamm, § 4 Rdn. 11.31.

[65] Vgl. unten Rdn. 29; ebenso Fezer/*Götting* UWG, §§ 4–11 Rdn. 41.

[66] Ebenso GroßKommUWG/*Teplitzky* (1. Aufl.) § 1 UWG Rdn. G 26.

[67] Vgl. OLG München NJWE-WettbR 1996, 229, 230.

eine gesetzliche Vorschrift[68] keine Rolle spielen.[69] Abgesehen davon besteht im Verhältnis zu der verurteilten Partei kein Bedürfnis für eine zusätzliche lauterkeitsrechtliche Sanktion.

e) Das Gleiche gilt für **Handelsbräuche.**[70] 21

4. Anforderungen an die verletzte Norm (Norminhalt)

Die verletzte Norm, der zuwidergehandelt wird, muss **auch** dazu **bestimmt** sein, im **Interesse der Marktteilnehmer** das **Marktverhalten** zu regeln. Hinter dieser Formulierung steckt das gesetzgeberische Konzept für eine Einschränkung des Norminhalts: Nicht jeder Gesetzesverstoß kann unlauter i. S. v. § 3a sein.[71] Der verletzten Norm muss also zumindest eine sekundäre Schutzfunktion zugunsten des Wettbewerbs zukommen.[72] Nicht eine Sittenwidrigkeit,[73] die nicht marktbezogen ist und nur über eine von den Schutzzwecken des UWG unabhängige Entscheidung zum Maßstab der Lauterkeit im Wettbewerb gemacht wird, sondern nur ein Verstoß gegen Normen, die zumindest sekundär das Marktverhalten regeln sollen, kann unter den weiteren Voraussetzungen des § 3a als unlauter angesehen werden. Nach der Rechtsprechung des BGH regelt eine Norm das Marktverhalten im Interesse der Mitbewerber, Verbraucher oder sonstiger Marktteilnehmer, wenn sie einen Wettbewerbsbezug in der Form aufweist, dass sie die wettbewerblichen Belange der als Anbieter und Nachfrager von Waren und Dienstleistungen in Betracht kommenden Personen schützt.[74] 22

a) Interesse der Marktteilnehmer. Mit der Erwähnung des in § 2 Nr. 2 definierten Begriffs des **Marktteilnehmers** verdeutlicht das Gesetz, dass auch **verbraucherschützende Normen** in den Schutzbereich der Vorschrift einbezogen sind, ebenso solche Vorschriften, die dem Schutz der – unmittelbaren – **Mitbewerber** sowie der sonstigen natürlichen oder juristischen Personen dienen, die nicht unter den Verbraucherbegriff des § 13 BGB fallen, aber gleichwohl (z. B. im Rahmen ihrer gewerblichen oder selbstständigen beruflichen Tätigkeit) Waren erwerben oder Dienstleistungen in Anspruch nehmen **(sonstige Marktteilnehmer).**[75] Umgekehrt reicht allerdings der Umstand, dass eine Norm ausdrücklich oder erkennbar beispielsweise den Verbraucher schützt, für eine Relevanz i. S. v. § 3a nicht unbedingt aus. Vielmehr kommt es auf den Schutz des Verbrauchers als einer am Markt agierenden Person an.[76] 23

Die **Allgemeinheit,** deren Interesse an einem unverfälschten Wettbewerb in § 1 Satz 2 ausdrücklich aufgeführt wird, ist in § 3a dagegen nicht erwähnt. Daraus folgt, dass Verstöße gegen lediglich die Allgemeinheit schützende Vorschriften (wie etwa diejenigen des GWB) nicht von § 3a erfasst werden.[77] Dabei allein auf den Wortlaut der Vorschrift abzustellen, würde jedoch nicht berücksichtigen, dass der Schutz der Allgemeinheit i. S. v. § 1 Satz 2 eine Konsequenz des Schutzzwecks des § 1 Satz 1 und damit auch des Schutzes der Marktteilnehmer gemäß § 2 Nr. 2 ist; diese werden in § 3a ausdrücklich erwähnt.[78] Damit ließe sich durchaus vertreten, dass Vorschriften, die den Wettbewerb als Institution schützen, sich zugleich auch als Gesetze zum Schutz der Marktteilnehmer darstellen lassen.[79] Praktisch stellt sich die Frage jedoch nicht, da die Sanktionsnormen des Kartellrechts als abschließend anzusehen sind, so dass jedenfalls aus Konkurrenzgründen eine 24

[68] Dazu unten Rdn. 22 ff.

[69] Ebenso *Köhler*/Bornkamm, § 3a Rdn. 1.54; MünchKommUWG/*Schaffert,* § 4 Nr. 11 Rdn. 52.

[70] Vgl. oben § 3 Rdn. 124; *Köhler*/Bornkamm § 3a Rdn. 1.57; GroßkommUWG/*Schünemann* (1. Aufl.) Einl. UWG Rdn. D 74, der Handelsbräuche nicht nur im Bereich des Rechtsbruchs für wettbewerbsrechtlich irrelevant hält.

[71] Amtliche Begründung zur Vorgängernorm § 4 Nr. 11 BT-Drucks. 15/1487, S. 19: – *Es ist allerdings mit Blick auf den Schutzzweck nicht Aufgabe des Wettbewerbsrechts, Gesetzesverstöße generell zu sanktionieren. Daher ist die Vorschrift so gefasst, dass nicht jede Wettbewerbshandlung, die auf dem Verstoß gegen eine gesetzliche Vorschrift beruht, wettbewerbswidrig ist.*

[72] Amtl. Begründung a. a. O.

[73] Also ein Verstoß gegen eine „wertbezogene" Norm, vgl. oben Rdn. 4 f.

[74] BGH GRUR 2016, 513, 514 – *Eizellspende;* GRUR 2007, 890, 893 – *Jugendgefährdende Medien bei eBay.*

[75] Vgl. oben § 2 Rdn. 108 ff.

[76] Vgl. *Scherer,* WRP 2006, 401, 404; *Ohly*/Sosnitza, § 4.11 Rdn. 11/25.

[77] MünchKommUWG/*Schaffert* § 4 Nr. 11 Rdn. 60; Gloy/Loschelder/Erdmann/*Hasselblatt,* HdbWettbR, § 58 Rdn. 49 f.; ausdrücklich a. A. die 1. Auflage, Rdn. 43.

[78] Amtl. Begründung zu § 4 Nr. 11 a. F. BT-Drucks. 17/1487, S. 15 f.

[79] Dies wurde im Zusammenhang mit der Frage, ob auch Vorschriften, die den Marktzutritt regeln, einen Rechtsbruch i. S. v. § 1 UWG a. F. begründen können (dazu näher unten Rdn. 40) z. B. vertreten von *Doepner* in: FS Helm, S. 47, 67.

Verfolgung von Kartellrechtsverstößen als Verstoß gegen das UWG nicht mehr in Betracht kommt.[80]

25 **b) Regelung des Marktverhaltens.** Der Begriff des Marktverhaltens ist im UWG nicht definiert. Er taucht auch an keiner anderen Stelle auf. Seine Bedeutung erschließt sich aber außer aus seinem Wortlaut auch aus der Entstehungsgeschichte des UWG 2004. Er hat insoweit eine **Doppelfunktion** der Abgrenzung:

26 Zunächst muss sich die Regelung auf eine Tätigkeit am Markt, also im Bereich des **Waren- oder Dienstleistungsaustausches,** beziehen. Nicht erfasst werden also Normen, die sonstiges Verhalten regeln, auch wenn sie sich auf Marktteilnehmer, aber eben nicht in dieser Eigenschaft, beziehen.[81] Damit gehören zu den ausgegrenzten Normen beispielsweise Straftatbestände, die weder dem Vermögens- noch dem Verbraucherschutz dienen, Organisationsnormen und letztlich alle Normen, die früher als wertneutral angesehen wurden und bei denen sich auch nicht indirekt, also sekundär,[82] Bezüge zum Wettbewerb herstellen lassen.[83] Ebenso wenig reicht aber eine Wettbewerbsbezogenheit der Norm aus. Vielmehr liegt eine Marktbezogenheit nur vor, wenn die Vorschrift, gegen die etwa ein Wettbewerber verstößt, eine auf die Lauterkeit des Wettbewerbs bezogene Schutzfunktion aufweist.[84]

27 Dann grenzt aber der Begriff Marktverhalten vor allem solche Regelungen aus, die den **Marktzutritt** bzw. das dem eigentlichen **Marktverhalten vorgelagerte Verhalten** betreffen. Dies ergibt sich sowohl aus der Entstehungsgeschichte als auch aus der Amtlichen Begründung. So enthielt der ursprüngliche Referentenentwurf zum UWG 2004 neben dem Wort „Marktverhalten" noch die zusätzlichen Worte „oder den Marktzutritt". Dieser ist dann in dem von der Bundesregierung vorgelegten Entwurf gestrichen worden. Trotz des Gegenvorschlages des Bundesrates[85] und den gegen diese Streichung in der Literatur geäußerten Bedenken[86] hat sich die Bundesregierung dieser Auffassung nicht angeschlossen. Sie hat zwar darauf hingewiesen, dass die von kommunaler Seite geltend gemachten Bedenken nicht von der Hand zu weisen seien, jedoch vorgeschlagen, die gemeindewirtschaftlichen Subsidiaritätsklauseln mit einer drittschützenden Wirkung zu versehen, um Mitbewerbern die Möglichkeit zu geben, gegen entsprechende Verstöße vor den Verwaltungsgerichten zu klagen.[87]

28 Damit scheiden allerdings nicht sämtliche Vorschriften aus, die den Marktzutritt von Unternehmern regeln. Schon die Amtliche Begründung zur UWG-Novelle 2004 selbst wies darauf hin, dass auch **Verstöße gegen Marktzutrittsregelungen** vom Tatbestand **erfasst sein können.** Gemeint seien die Marktzutrittsregelungen, die eine **auf die Lauterkeit des Wettbewerbs bezogene Schutzfunktion** haben und somit wie Vorschriften, die als Voraussetzung für die Ausübung bestimmter Tätigkeiten den Nachweis besonderer fachlicher Fähigkeiten forderten,[88] auch zugleich das Marktverhalten regeln. Es handelt sich also um Vorschriften mit **Doppelfunktion,** die neben dem Marktzutritt auch das Marktverhalten betreffen, wenn nämlich die Norm, die die Betätigung auf dem Markt einer öffentlich-rechtlichen Erlaubnis unterstellt, gleichzeitig im Interesse der Marktpartner, insbesondere der Verbraucher, eine bestimmte Qualität, Sicherheit und Unbedenklichkeit der angebotenen Waren oder Dienstleistungen sicherstellen will[89] oder zum Schutz der Mitbewerber das Verhalten auf dem Markt regelt, ohne den Zugang vollständig zu verschließen.[90] Es muss daher in jedem Einzelfall geprüft werden, ob eine Markt*zutritts*regelung nicht letztlich auch das Markt*verhalten* regelt.[91]

---

[80] BGH GRUR 2006, 773 – *Probeabonnement; Köhler*/Bornkamm, § 3a Rdn. 1.37; Fezer/*Götting* UWG, §§ 4–11 Rdn. 163; *Ohly*/Sosnitza, § 4.11 Rdn. 11/10; *Ullmann* GRUR 2003, 817, 822; dies gilt nicht für alle Normen des GWB, vgl. unten Rdn. 128.

[81] Vgl. ähnlich *Ohly*/Sosnitza, § 4.11 Rdn. 11/25 m. w. N.

[82] S. unten Rdn. 29.

[83] Dazu näher unten Rdn. 31 ff.

[84] BGH GRUR 2010, 654, 657 – *Zweckbetrieb;* GRUR 2009, 883, 884 f. – *MacDent;* GRUR 2007, 162, 163 – *Mengenausgleich in Selbstentsorgergemeinschaft;* GRUR 2002, 825 – *Elektroarbeiten.*

[85] BT-Drucks. 15/1487, S. 31.

[86] Z. B. *Doepner* WRP 2003, 1292, 1294 ff.

[87] BT-Drucks. a. a. O., S. 41.

[88] BT-Drucks. 15/1487, S. 19; kritisch dazu *Sack* BB 2003, 1073, 1076; *Köhler*/Bornkamm § 3a Rdn. 1.83: „Durch die jeweilige Regelung wird gerade konstitutiv festgelegt, ob ein bestimmtes Marktverhalten unlauter ist oder nicht."

[89] *Köhler*/Bornkamm § 3a Rdn. 1.83; vgl. BGH GRUR 2009, 881, 882 f. – *Überregionaler Krankentransport.*

[90] BGH GRUR 2015, 1228, 1233 – *Tagesschau-App.*

[91] Z. B. unten Rdn. 53, 59; vgl. z. B. BGH GRUR 2005, 875, 876 f. – *Diabetesteststreifen;* zu den Kriterien für eine Differenzierung näher *Poppen* S. 290 ff.

c) Sekundäre wettbewerbsbezogene Schutzfunktion. Mit dem Tatbestandsmerkmal, dass die Vorschrift auch dazu bestimmt sein müsse, im Interesse der Marktteilnehmer das Marktverhalten zu regeln, wird nicht etwa verlangt, dass die Vorschrift final, eventuell neben anderen Zwecken, auf die Regelung des Marktes gerichtet sein muss. Eines Rückgriffs auf die Entstehungsgeschichte der jeweiligen Gesetze bedarf es nicht unbedingt, zumal sich ein derartiger Zweck aus der Gesetzesbegründung selten entnehmen lassen dürfte.[92] Vielmehr ist mit dieser Formulierung die von der jüngeren BGH-Rechtsprechung zum früheren § 1 UWG geforderte **sekundäre wettbewerbsbezogene Schutzfunktion** der Vorschrift[93] gemeint. Es reicht also eine **Auswirkung** auf das nach dem Schutzzweck des UWG gebotene Verhalten der Mitbewerber am Markt aus.[94] Die verletzte Norm muss zumindest *auch* die Funktion haben, das Marktverhalten zu regeln und auf diese Weise gleiche Voraussetzungen für die auf diesem Markt tätigen Wettbewerber zu schaffen.[95] Neben den unmittelbaren faktischen Auswirkungen, die ein Verstoß gegen die betreffende Norm auf das Marktgeschehen hat, können als Indizien dafür, ob die Norm auch Gegebenheiten eines Markts zumindest mitregeln will, der Umstand herangezogen werden, dass die Vorschrift sich auf einen ganz bestimmten Markt bezieht[96] oder dass sich der Gesetzgeber ausdrücklich mit den Auswirkungen einer Norm auf die Marktteilnehmer befasst und auf diese Weise die Lauterkeit des Wettbewerbsverhaltens mit geregelt hat.[97] Dies bedeutet, dass jedenfalls grundsätzlich nicht bestimmte gesetzliche Vorschriften als ganze wettbewerbsbezogen sein müssen. Ebenso wenig muss dies der alleinige oder hauptsächliche Zweck der verletzten Norm sein. Es bedarf also einer Prüfung in jedem Einzelfall, ob der verletzten Norm ein derartiger (zusätzlicher) Zweck beigemessen werden kann. 29

5. Keine Marktverhaltensregelungen

a) Allgemeines. Neben Vorschriften, die allein den **Marktzutritt** regeln,[98] scheiden damit alle diejenigen Normen als Anknüpfungstatbestände für eine Unlauterkeit i. S. v. § 3a aus, die keinen Marktbezug aufweisen. 30

b) Abgabenrechtliche Vorschriften. Steuerrechtliche Vorschriften haben in der Regel nicht den Zweck, das Marktverhalten zu regeln. Sie dienen der **Beschaffung von Einnahmen für den Staatshaushalt.** Sie bezwecken daher auch nicht den Schutz anderer Marktteilnehmer, so dass ein Unternehmer, der sich durch das Hinterziehen von Steuern einen Wettbewerbsvorsprung vor seinen Mitbewerbern verschafft, nicht auch unlauter handelt.[99] Eine andere Frage ist es, ob dies auch für so genannte Lenkungssteuern gilt, mit denen der Gesetzgeber auf das Verhalten der Normadressaten am Markt einwirken will. Hier ist zu unterscheiden: Wirken sich die Steuern zwar auf den Preis aus, der damit künstlich verteuert werden soll, ohne dass jedoch damit direkt ein Mindestpreis festgelegt ist, so fehlt es an dem notwendigen Marktbezug, da die Steuern nicht unmittelbar das Verhalten des Abgabenschuldners am Markt regeln.[100] Anders ist dies für Steuervorschriften zu beurteilen, die Preisvorschriften enthalten.[101] 31

c) Arbeitnehmerschutzvorschriften. Vorschriften, die allein den Schutz der Arbeitnehmer bezwecken, weisen nicht den erforderlichen Marktbezug auf. Arbeitnehmer sind keine Teilnehmer am Markt derjenigen Produkte oder Dienstleistungen, an deren Herstellung bzw. Erbringung sie mitwirken. Damit haben auch allgemein verbindlich erklärte **Tariflohnvereinbarungen** (§ 5 TVG) keinen Marktbezug im Sinne von § 3a. Ein Verstoß gegen derartige Vereinbarungen durch Zahlung 32

---

[92] Vgl. *Zeppernick* S. 124.
[93] Kritisch zur aus der Rechtsprechung übernommenen Terminologie *Piper*/Ohly, UWG (3. Aufl.), § 4.11 Rdn. 18.
[94] Vgl. *Ullmann* GRUR 2003, 817, 821.
[95] BGH GRUR 2007, 162, 163 – *Mengenausgleich in Selbstentsorgergemeinschaft*; GRUR 2016, 513, 514 – *Eizellspende.*
[96] Dies wurde vom BGH (GRUR 2000, 1076 – *Abgasemissionen*) für die Vorschriften des BImSchG verneint; *Zeppernick*, S. 125 ff., führt als Gegenbeispiel für eine zwar nicht das unmittelbare Marktverhalten regelnde, jedoch Auswirkungen auf einen bestimmten Markt bewusst regelnde Vorschrift die des früheren Bäckereiarbeitszeitgesetzes an.
[97] Z. B. die Vorschriften des Ladenschlussgesetzes, OLG Stuttgart WRP 2008, 977, 982; *Scherer* WRP 2006, 401, 406; *Zeppernick* a. a. O.
[98] Dazu oben Rdn. 28.
[99] BGH GRUR 2010, 654, 656 – *Zweckbetrieb;* zu § 1 UWG a. F. vgl. BGH GRUR 2000, 1, 1076, 1079 – *Abgasemissionen;* OLG München GRUR 2004, 169, 170.
[100] OLG Oldenburg WRP 2007, 685; *Köhler*/Bornkamm, § 3a Rdn. 1.71; *Ohly*/Sosnitza § 4.11 Rdn. 11/17; a. A. *Wehlau/von Walter,* ZLR 2004, 645, 663.
[101] Vgl. unten Rdn. 106 zum TabaksteuerG.

niedrigerer Löhne ist daher auch nicht unlauter.[102] Ebenfalls keinen Marktbezug weisen Gesundheitsschutz- oder Arbeitszeitschutzvorschriften auf.[103]

33 **d) Datenschutzbestimmungen.** Die meisten Regelungen des Datenschutzrechts bezwecken den **Schutz der informationellen Selbstbestimmung** des Einzelnen vor Zugriffen Dritter.[104] Sie sind daher nicht als Markverhaltensregelungen anzusehen.[105] Dagegen stellt § 28 BDSG, der die Nutzung und Übermittlung von Daten zu **Werbezwecken** regelt, eine Marktverhaltensregelung im Interesse der Verbraucher dar. Die Unterlassung der Information des Verbrauchers über das Widerspruchsrecht hinsichtlich der Nutzung und Übermittlung seiner personenbezogenen Daten zu Zwecken der Meinungsforschung oder Werbung ist deshalb unlauter im Sinne von § 3a.[106]

34 **e) Produktionsvorschriften.** Die Modalitäten der Produktion von Waren beziehen sich auf ein Verhalten, das dem Marktverhalten vorgelagert ist. Vorschriften, die diese Modalitäten regeln, weisen daher nicht den für § 3a erforderlichen Marktbezug auf. Zu nennen sind hier Vorschriften betreffend den **Umweltschutz**[107] und den **Tierschutz.**[108] In diesem Zusammenhang ist auch § 10 II PostG zu nennen. Er schreibt vor, dass Unternehmen, die auf einem Markt für Postdienstleistungen marktbeherrschend sind, die Nachvollziehbarkeit der finanziellen Beziehungen zwischen Postdienstleistungen innerhalb des lizenzierten Bereichs durch Schaffung eines eigenen Rechnungslegungskreises zu gewährleisten haben. Die Verletzung dieser Bestimmung liegt im Vorfeld von Wettbewerbshandlungen und ist daher nicht unlauter im Sinne von § 3a.[109]

35 **f) Straßenrecht/Verkehrsvorschriften.** Straßen- und verkehrsrechtliche Regelungen sind grundsätzlich keine Marktverhaltensregelungen. Dies gilt auch für die in den Straßengesetzen der Länder enthaltenen Regelungen, wonach die **Sondernutzung öffentlicher Straßen zu Werbezwecken** von einer Erlaubnis abhängt (z.B. § 16 Abs. 1 Satz 1 HessStraßenG). Diese Vorschriften dienen allein dazu, Gefahren für die Sicherheit und Leichtigkeit des Verkehrs möglichst auszuschließen, und damit dem Schutz der im Rahmen des Gemeingebrauchs liegenden Nutzungsmöglichkeit an öffentlichen Straßen.[110] Da die vergleichbaren Vorschriften der Straßenverkehrsordnung, z.B. das in § 33 Abs. 2 Satz 2 StVO enthaltene Verbot des Anbringens von Werbeschildern auf Lichtzeichenanlagen und Verkehrszeichen, die gleiche Zielsetzung haben, handelt es sich bei ihnen ebenfalls nicht um Marktverhaltensvorschriften.[111]

6. Zuwiderhandlung

36 **a) Keine subjektiven Voraussetzungen.** Seit dem Wegfall der überkommenen Aufteilung in werthaltige und wertneutrale Vorschriften hängt die Unlauterkeit im Sinne von § 3a nicht mehr von **subjektiven Voraussetzungen** ab.[112] Die Prüfung, ob ein Verstoß gegen gesetzliche Vorschriften als Wettbewerbsverstoß über §§ 3, 3a verfolgt werden kann, setzt also nicht mehr eine vorrangige Klassifizierung der verletzten Norm anhand von Kriterien voraus, die dem UWG selbst nicht immanent sind (z.B. Schutz der Volksgesundheit). Maßgeblich ist vielmehr eine unmittelbar am wettbewerbsbezogenen, gegebenenfalls sekundären Schutzzweck der Norm orientierte Prüfung. Jedenfalls im Rahmen der Prüfung einer Unlauterkeit i.S.v. § 3a sind also die früher bei einem Verstoß gegen sogenannte wertneutrale Vorschriften angestellten Überlegungen über das bewusste

---

[102] *Ullmann* GRUR 2003, 817, 822; a.A. *Köhler*/Bornkamm § 3a Rdn. 1.70; *Ohly*/Sosnitza § 4.11 Rdn. 11/17; *zu* § 1 UWG a.F. BGH GRUR 1993, 980, 982 – *Tariflohnunterschreitung.*

[103] *Köhler* GRUR 2004, 381, 384; vgl. aber unten Rdn. 87 (zum LadenschlussG) und OLG Frankfurt GRUR 2015, 401, 402.

[104] BVerfG NJW 1994, 419, 421 – *Volkszählung.*

[105] OLG Frankfurt GRUR 2005, 785, 786 zu § 4 BDSG; OLG München GRUR-RR 2012, 395 zu §§ 4, 28 I, III, 35 II, III BDSG; *Gärtner/Heil* WRP 2005, 20, 22f.; *Zech* WRP 2013, 1434; a.A. *Ernst,* WRP 2004, 1133, 1137; *Linsenbarth/Schiller* WRP 2013, 576.

[106] MünchKommUWG/*Schaffert* § 4 Nr. 11 Rdn. 71; *Köhler*/Bornkamm, § 3a Rdn. 1.74; OLG Stuttgart GRUR-RR 2007, 330, 331; OLG Karlsruhe NJW 2012, 358; OLG Köln NJW 2014, 1820, 1821; a. A OLG München WRP 2012, 756.; zu weiteren Vorschriften des BDSG, die möglicherweise Marktverhaltensregelungen i.S.v. § 3a sind *Schaffert*/FS Bornkamm, S. 463, 467ff., *Gärtner*/Heil WRP 2005, 20, 22f.

[107] Vgl. BGH GRUR 2001, 1076 – *Abgasemissionen.*

[108] Vgl. BGHZ 130, 182, 186f. = GRUR 1995, 817, 818 – *Legehennenhaltung.*

[109] OLG Frankfurt GRUR 2005, 611, 612.

[110] BGH GRUR 2006, 872, 873 – *Kraftfahrzeuganhänger mit Werbeschildern;* LG Berlin MD 2006, 1399, 1401.

[111] LG Kiel GRUR 2005, 446, 447.

[112] BGH GRUR 2005, 778, 779 – *Atemtest;* OLG Stuttgart, WRP 2005, 919, 920; vgl. auch oben § 3 Rdn. 153ff.; MünchKommUWG/*Schaffert* § 4 Nr. 11 Rdn. 81; *Ullmann* GRUR 2003, 817, 822; *Köhler* NJW 2002, 2761, 2763; GRUR 2004, 381, 386; vgl. aber unten Rdn. 37.

und planmäßige Sich-Hinwegsetzen nicht mehr angebracht:[113] Das Unlauterkeitsverdikt folgt demnach aus rein objektiven Erwägungen, so dass ein **objektiver Verstoß** gegen die relevante Norm in der Regel ausreicht, nämlich in allen Fällen, in denen der Normverstoß nicht, wie etwa bei Strafnormen, zusätzlich an subjektive Merkmale geknüpft ist. Ein Kennen oder Kennenmüssen des Gesetzesverstoßes ist also nicht erforderlich.[114] Liegt eine **behördliche Genehmigung** vor, die wegen des entgegenstehenden Gesetzes nicht hätte erteilt werden dürfen und daher rechtswidrig ist, fehlt es dennoch an einer Zuwiderhandlung i. S. d. § 3a, solange die Genehmigung nicht nichtig ist.[115] Davon zu unterscheiden ist der Fall, dass Behörden Gesetzesverstöße **dulden.** Dies ändert nichts an einer Unlauterkeit des Verhaltens,[116] sofern die weiteren Voraussetzungen des § 3a gegeben sind. Aus einer Zuwiderhandlung gegen eine Vorschrift i. S. d. § 3a folgt also nicht automatisch die Unlauterkeit einer Handlung[117] und damit eine Unzulässigkeit i. S. v. § 3 Abs. 1, sondern nur dann, wenn dieser Verstoß zu einer spürbaren Beeinträchtigung der geschützten Marktteilnehmer führen kann.[118]

b) Spürbare Beeinträchtigung. An die Prüfung, ob die in Rede stehende gesetzliche Vorschrift auch dazu bestimmt ist, im Interesse der Marktteilnehmer das Marktverhalten zu regeln, hat sich eine Prüfung anzuschließen, ob der Verstoß gegen die Marktverhaltensnorm geeignet ist, die Interessen von **Verbrauchern, Mitbewerbern** oder **sonstigen Marktteilnehmern spürbar zu beeinträchtigen.** Gegenüber der bis zum 2. UWG-Änderungsgesetz (2015) geltenden Fassung des § 4 Nr. 11 bedeutet dies eine systematische Änderung, weil das Spürbarkeitserfordernis nunmehr Voraussetzung für die Unlauterkeit des Rechtsbruchs als geschäftliche Handlung ist und nicht erst der aus der Unlauterkeit folgenden Unzulässigkeit. Die einheitliche Formulierung der Anforderungen hinsichtlich der Spürbarkeit des Verstoßes erscheint zunächst nicht vereinbar zu sein mit dem durch das 2. UWG-Änderungsgesetz verfolgten Ziel, durch Annäherung an den Wortlaut der UGP-Richtlinie eine vollständige Rechtsangleichung zu erreichen. Denn Art. 5 Abs. 2 lit. b) der UGP-Richtlinie und demgemäß auch § 3 Abs. 2 sprechen von der Eignung einer Geschäftspraxis, den Verbraucher wesentlich zu beeinflussen. In der Sache bedeutet die Änderung des Wortlauts von § 3 Abs. 1 und § 3a im Verhältnis zu §§ 3, 4 Nr. 11 a. F. aber keine inhaltliche Änderung.[119] Vielmehr soll der in § 3a enthaltene Rechtsbruchtatbestand im Einzelfall richtlinienkonform ausgelegt werden.[120] 37

aa) Erforderlichkeit eines Vorsprungs im Wettbewerb? Die Tendenz in der Rechtsprechung zum früheren § 1 UWG,[121] die mit §§ 3, 4 Nr. 11 a. F. festgeschrieben wurde, hat sich an Fällen entwickelt, in denen es um die Verletzung wertbezogener Normen ging. Vor Inkrafttreten des UWG 2004 wurde darüber spekuliert, wie die Rechtsprechung mit der Verletzung bislang als wertneutral angesehener Normen umgehen würde und ob es eine neue Auslegung des Vorsprungsbegriffs geben könnte.[122] Die neuen gesetzlichen Rahmenbedingungen sollten, was die Verletzung früher als wertneutral betrachteter Normen betrifft, jedenfalls nicht dazu führen, frühere Entscheidungen unbesehen zu übernehmen.[123] Insbesondere können Verstöße gegen Vorschriften, die keine Marktverhaltensregelungen enthalten, nicht unter Zuhilfenahme des Vorsprungsgedankens über § 3 UWG als unlauter angesehen werden.[124] Dagegen nimmt die Rechtsprechung bei Verstößen gegen Marktverhaltensregelungen, die den Schutz der Gesundheit der Verbraucher bezwecken, ohne weiteres an, dass sie geeignet sind, die Interessen der Verbraucher iSv § 3 Abs. 1 in der bis zum 9.12.2015 geltenden Fassung spürbar zu beeinträchtigen, so dass eine Einzelfallentscheidung grundsätzlich ausschei- 38

---

[113] Ebenso OLG Stuttgart, WRP 2005, 919, 920; *Köhler*/Bornkamm, § 3a Rdn. 1.89; MünchKommUWG/*Schaffert* § 4 Nr. 11 Rdn. 84; *Ohly*/Sosnitza § 4.11 Rdn. 11/28; *Weber*/FS Doepner, S. 69, 77.

[114] *Köhler*/Bornkamm § 4 Rdn. 11.54.

[115] BGH GRUR 2005, 778, 779 – *Atemtest;* ebenso schon BGH GRUR 2002, 269 – *Sportwetten-Genehmigung.*

[116] Im Sinne des bisherigen Wortlautes des § 4, ebenso MünchKommUWG/*Schaffert* § 4 Nr. 11 Rdn. 41; vgl. auch BGH GRUR 2006, 82, 84 – *Betonstahl.*

[117] Diese war nach dem bis zum 9.12.2015 geltenden Wortlaut des § 4 allerdings gegeben, vgl. *Frenzel* WRP 2004, 1137, 1140, nur dass die Unlauterkeit wegen § 3 Abs. 1 a. F. nicht automatisch zur Unzulässigkeit führte.

[118] Vgl. unten Rdn. 37 ff.

[119] Vgl. oben § 3 Rdn. 199.

[120] Vgl. die Beschlussempfehlung des Ausschusses für Recht und Verbraucherschutz, BR-Drucks. 18/6571, S. 15.

[121] Vgl. oben Rdn. 6 ff.

[122] Vgl. *Zeppernick* S. 130 ff.

[123] Vgl. auch *Köhler* GRUR 2004, 381, 389.

[124] BGH GRUR 2010, 654, 657 – *Zweckbetrieb.*

det.[125] Daran wird sich auch nach der Revision der §§ 3, 3a kaum etwas ändern. Die Ausklammerung von Bagatellfällen, also die Hinnahme von Zuwiderhandlungen gegen Marktverhaltensnormen, die nicht geeignet sind, die Interessen von Verbrauchern, Mitbewerbern oder sonstigen Marktteilnehmern spürbar zu beeinträchtigen, bedeutet aber, dass auch Fälle von Rechtsbruch, unabhängig davon, welche Art von gesetzlichen Vorschriften i. S. v. § 3a sie betreffen, (weiterhin) ungeahndet bleiben, wenn der Verletzer seine Wettbewerbslage zu Lasten der Marktteilnehmer durch den Verstoß nicht verbessern kann. Damit entfallen nicht nur echte **Bagatellfälle,**[126] wie sie in der Regel die früher von Wettbewerbsverbänden verfolgten Verstöße gegen das Gesetz über Einheiten im Messwesen darstellten. Das Spürbarkeitserfordernis des § 3a übernimmt hier die Rolle der Wesentlichkeitsschwelle im früheren § 13 Abs. 2 Nr. 2 UWG.[127] Es werden auf diesem Weg auch solche Rechtsverstöße wettbewerbsrechtlich nicht verfolgt werden können, bei denen die **Behörden das unzulässige Handeln geduldet** haben.[128] Dies gilt jedenfalls dann, wenn die Behörden sich nicht nur gegenüber dem Verletzer, sondern auch gegenüber Wettbewerbern in ähnlicher Weise verhalten haben, so dass es an einem erkennbaren Vorsprung und damit auch an einer Beeinträchtigung des Wettbewerbs jedenfalls zum Nachteil der Mitbewerber fehlt. Betrachtet man dagegen Fälle, bei denen nur der Verletzer von dem Untätigbleiben bzw. einer falschen Beurteilung durch eine Behörde begünstigt ist, so muss das „gute Gewissen" nicht nur für die Qualifizierung als unlauter i.S.d. § 3a, der subjektive Voraussetzungen nicht mehr kennt, unberücksichtigt bleiben. Auch im Rahmen des § 3 wäre die Einbeziehung dieses subjektiven Momentes fehl am Platz, obwohl die Amtliche Begründung zum UWG 2004[129] die Berücksichtigung aller Umstände des Einzelfalls und damit auch subjektiver Momente verlangt: Ein Verletzer, der – nach Abmahnung – bewusst eine für ihn günstige falsche Behördeneinschätzung zu Lasten eines Teils oder aller Marktteilnehmer ausnutzt, verdient keinen Schutz, wenn sich sein Verhalten auf den Wettbewerb auswirken kann.

39 *bb) Planmäßigkeit erforderlich?* Auch das Fehlen planmäßigen Handelns lässt sich über das Spürbarkeitserfordernis des § 3a lösen. Einmalige oder allenfalls gelegentliche Verstöße[130] gegen marktbezogene Vorschriften erscheinen nicht geeignet, die Interessen von Mitbewerbern und sonstigen Marktteilnehmern spürbar zu beeinträchtigen.[131] Dies müsste konsequenterweise auch bei Verstößen gegen solche Vorschriften gelten, die bisher als wertbezogen angesehen wurden und bei denen auch nach der jüngeren Rechtsprechung zum früheren § 1 UWG im Rahmen einer Gesamtbeurteilung die Auswirkungen des Rechtsverstoßes unter Berücksichtigung des Schutzzwecks des UWG zu würdigen waren.[132] Die neuere Rechtsprechung des BGH tendiert aber eher dahin, eine Spürbarkeit bei Verstößen gegen Normen, die früher als werthaltig angesehen wurden, grundsätzlich anzunehmen[133] und lediglich bei Normen, die sich erst nach näherer Prüfung als Marktverhaltensregelung erweisen, die Voraussetzungen des § 3 UWG a. F., und damit eine Eignung zur spürbaren Beeinträchtigung der in § 3a genannten Marktteilnehmern zu prüfen.[134]

40 *cc) Berücksichtigung zukünftiger Auswirkungen auf den Markt?* Die Amtliche Begründung zum UWG 2004[135] hat ausdrücklich darauf hingewiesen, dass eine nicht unerhebliche Verfälschung des Wettbewerbs auch bei Verstößen mit nur geringen Auswirkungen auf die Marktteilnehmer im Einzelfall vorliegen könne, wenn durch das Verhalten eine **Vielzahl von Marktteilnehmern** betroffen sei oder eine nicht unerhebliche **Nachahmungsgefahr** bestehe. Gegen die Berücksichtigung derartiger **Folgeerwägungen,** die zumeist spekulativ sind, bestehen zwar Bedenken.[136] Letztlich wird man aber auch solche Überlegungen nicht völlig ausklammern können.

---

[125] Z.B. BGH GRUR 2009, 984 – Festbetragsfestsetzung; GRUR 2011, 633, 637 – BIO-TABAK; GRUR 2015, 916, 917 – Abgabe ohne Rezept.
[126] Vgl. z.B. OLG Stuttgart GRUR 2005, 608f.; KG GRUR-RR 2008, 352.
[127] Vgl. Amtl. Begründung BT-Drucks. 15/1487, S. 17; oben § 3 Rdn. 252.
[128] Vgl. zum früheren Recht BGH GRUR 1998, 407 – *Tiapridal;* GRUR 1988, 382, 383 – *Schelmenmarkt.*
[129] A. a. O. S. 17.
[130] Etwa entsprechend dem Fall BGH GRUR 1994, 638, 639 – *Fehlende Planmäßigkeit;* vgl. auch *Köhler* GRUR 2004, 381, 386.
[131] A. A. *v. Walter,* S. 129; vgl. aber die Praxis bei einem Verstoß gegen Marktverhaltensregelungen, die den Schutz der Gesundheit der Verbraucher bezwecken, s. o. Rdn. 38.
[132] Vgl. z. B. BGH GRUR 1998, 407 – *Tiapridal;* GRUR 1999, 1128 – *Hormonpräparate.*
[133] Vgl. z. B. GRUR 2005, 778 – *Atemtest;* GRUR 2011, 539 – *Rechtsberatung durch Lebensmittelchemiker.*
[134] Vgl. z. B. BGH GRUR 2009, 881, 882 – *Überregionaler Krankentransport.*
[135] A. a. O. S. 17.
[136] Vgl. dazu näher oben § 3 Rdn. 143; a. A. MünchKommUWG/*Schaffert* § 4 Nr. 11 Rdn. 89.

V. Die einzelnen Vorschriften

1. Allgemeines

Angesichts dessen, dass die herkömmliche Aufteilung in **werthaltige** und **wertneutrale** Normen mit der Neufassung des UWG 2004 hinfällig wurde,[137] ist es wenig hilfreich, die in Betracht kommenden gesetzlichen Vorschriften erneut und nach anderen Kriterien zu kategorisieren. Zwar wurden solche Kategorisierungen in der Kommentarliteratur zu § 4 Nr. 11 a. F. durchgängig vorgenommen.[138] Die Rechtsprechung ist dem bislang aber nicht gefolgt. Eine Kategorisierung dieser Art käme zwar in Betracht, wenn je nach Schutzsubjekt unterschiedliche zusätzliche Voraussetzungen an eine Unlauterkeit i. S. v. § 3a zu stellen wären.[139] Dies wäre im Hinblick auf verbraucherschützende Vorschriften denkbar. Nachfolgend werden aber die einzelnen gesetzlichen Vorschriften in **alphabetischer Reihenfolge** abgehandelt. 41

2. Beispiele für gesetzliche Vorschriften

a) Apothekengesetz, Apothekenbetriebsordnung. Die – teilweise unter dem Gesichtspunkt der Berufsfreiheit nicht unumstrittenen[140] – Vorschriften, die die Zulassung und die Berufsausübung von Apothekern regeln, spielten auch in der Rechtsprechung zu der Vorgängervorschrift des § 3a eine erhebliche Rolle. 42

aa) Apothekengesetz. Der Verstoß gegen **§ 1 Abs. 2 (Erlaubnispflicht für Apotheker)** stellt zwar, für sich betrachtet, eine Zuwiderhandlung gegen eine den Marktzutritt regelnde Norm dar. Diese Regelung hat allerdings eine auf die Lauterkeit des Wettbewerbs bezogene Schutzfunktion. Anders ausgedrückt, das Betreiben einer Apotheke ohne eine auf die Betriebsräume bezogene Erlaubnis fällt mit dem Wettbewerbshandeln des Apothekers zusammen und stellt damit auch eine Regelung des **Marktverhaltens** dar.[141] Insofern dient § 1 Abs. 2 ApothekenG zumindest sekundär auch dem Schutz der Mitbewerber. Das Betreiben einer Apotheke ohne Erlaubnis ist damit unlauter i. S. v. § 3a.[142] Auch bei der in § 1 Abs. 3apothekenG statuierten **Erlaubnispflicht für Apotheken** handelt es sich nicht nur um eine Marktzutrittsnorm, sondern vor allem um eine Marktverhaltensnorm im Sinne von § 3a, weil durch sie im Interesse des Verbrauchers sichergestellt wird, dass Arzneimittel nur von fachkundigen und zuverlässigen Personen abgegeben werden.[143] 43

Gleiches dürfte für den Verstoß gegen das **Mehrapothekenverbot (§ 8)** sowie das **Verpachtungsverbot (§ 9)** gelten. Die Verbote der **§§ 10 und 11,** also das Verbot, sich zu verpflichten, die Auswahl der von dem Apotheker abzugebenden Arzneimittel zu beschränken bzw. mit Ärzten Absprachen bestimmten Inhalts zu treffen, betreffen unmittelbar das Verhalten der Apotheker am Markt. Ein Verstoß gegen diese Normen impliziert damit auch ein unlauteres Handeln i. S. v. § 3a.[144] 44

bb) Apothekenbetriebsordnung. Das **Gebot der Kennzeichnung** der in der Apotheke hergestellten Arzneimittel stellt eine verbraucherschützende Vorschrift dar, ebenso wie andere Kennzeichnungsnormen. Da Arzneimittel in Apotheken – und erst recht solche, die vom Apotheker eigens hergestellt sind – nicht in Selbstbedienung abgegeben werden, könnte sich die Frage stellen, ob die Kennzeichnungspflicht den Verbraucher als Marktteilnehmer schützt, hier also der Schutzzweck der §§ 3, 3a berührt ist. Andererseits ist es schwer nachvollziehbar, den Verstoß gegen Kennzeichnungsvorschriften, die dem Schutz der Gesundheit der Verbraucher dienen, unterschiedlich je nach dem zu beurteilen, ob der Verbraucher die Kennzeichnung vor dem Kauf zur Kenntnis nehmen kann oder nicht. In beiden Fällen ist der Schutz des Verbrauchers als Käufer berührt. Mithin begründet ein Verstoß gegen die Kennzeichnungspflichten des § 14 ApothekenbetriebsO eine Unlauterkeit i. S. v. § 3a. 45

---

[137] Vgl. oben Rdn. 33.

[138] Z. B. berufsbezogene, produktbezogene oder geschäftsbezogene Vorschriften, vgl. *Köhler*/Bornkamm § 3a Rdn. 1.113 ff.; MünchKommUWG/*Schaffert* § 4 Nr. 11 Rdn. 91 ff.; Fezer/*Götting* § 4–11 Rdn. 95 ff.; *Ohly*/Sosnitza § 4.11 Rdn. 11/31 ff.

[139] Vgl. MünchKommUWG/*Schaffert* § 4 Nr. 11 Rdn. 90, der die von ihm vorgesehenen Kategorien als sachlich begründet und daher vorgegeben ansieht.

[140] Vgl. z. B. BVerfG GRUR 1999, 1014 – *Verkaufsschütten vor Apotheken.*

[141] Vgl. oben Rdn. 28.

[142] OLG Saarbrücken GRUR 2007, 344.

[143] OLG Saarbrücken, GRUR 2007, 344, 345.

[144] BGH GRUR 2016, 213, 215 – *Zuweisung von Verschreibungen;* OLG Frankfurt GRUR-RR 2014, 270, 271; OLG Karlsruhe GRUR-RR 2013, 470, 471 (zu § 11 ApoG).

46 Das **Verbot,** Arzneimittel ohne eine Versanderlaubnis nach § 11a ApothekenG außerhalb der Apothekenbetriebsräume in den Verkehr zu bringen (§ 17 Abs. 1 ApothekenbetriebsO), sowie die Vorschriften über die **Versendung von Arzneimitteln außerhalb von Apotheken** (§ 17 Abs. 2 und 2a ApothekenbetriebsO) dienen in erster Linie der Verbesserung der Arzneimittelsicherheit.[145] Eine sekundäre wettbewerbsbezogene Schutzfunktion der Norm lässt sich nur damit begründen, dass das Verbot ebenso wie über die **Pflicht zur Beratung und Information der Apothekenkunden** (§ 20 ApothekenbetriebsO) zugleich dem Schutz der Verbraucher vor unsachgemäßer Beratung beim Erwerb von Arzneimitteln dient und damit zumindest im Interesse dieser Marktteilnehmer das Marktverhalten des Apothekers regelt.[146] § 8 ApothekenbetriebsO, der bestimmte Prüfpflichten des Apothekers vor der **Herstellung** eines Arzneimittels in der Apotheke betrifft, ist dagegen keine Marktverhaltensvorschrift, da die Herstellung dem wettbewerbsrelevanten Verhalten vorausgeht.[147] Das in § 24 ApothekenbetriebsO verankerte Verbot des **Betreibens von Rezeptsammelstellen ohne Erlaubnis** hat dagegen Marktregelungscharakter, weil es Neugründungen von Apotheken nicht auf Dauer erschweren soll und jeglichen Anschein einer Verquickung von Apothekenbetreibern und Angehörigen der Heilberufe vermeiden will.[148]

47 Das aus **§ 25** ApothekenbetriebsO folgende Verbot, andere als die dort aufgeführten **Waren des Randsortiments** in den Verkehr zu bringen, dient, ebenso wie das Gebot des **§ 2 Abs. 4** ApothekenbetriebsO, die in § 25 genannten Waren nur in einem Umfang anzubieten oder feilzuhalten, der den ordnungsgemäßen Betrieb der Apotheke und den Vorrang des Arzneimittelversorgungsauftrages nicht beeinträchtigt, dazu zu verhindern, dass der Apotheker durch eine zu weitgehende Befassung mit seinem Randsortiment in der Erfüllung seiner Hauptaufgabe beeinträchtigt wird, also letztlich dazu, die Arzneimittelversorgung der Bevölkerung sicherzustellen.[149] Wenn also der Schutz der Verbraucher vor Nachteilen bei der effektiven Arzneimittelversorgung wesentliches Regelungsziel ist, handelt es sich bei diesen Vorschriften um Marktverhaltensregelungen zugunsten von Verbrauchern.[150] Außerdem hat jedenfalls § 25 ApothekenbetriebsO selbst eine – sekundäre – wettbewerbsbezogene Funktion, weil hier für alle Apotheker das Randsortiment abschließend geregelt wird. So wie früher über den Gedanken der par condicio concurrentium der Wettbewerbsbezug hergestellt wurde,[151] dient die Vorschrift jedenfalls auch dem Schutz der anderen Apotheken (Mitbewerber) durch Schaffung gleicher Wettbewerbsbedingungen.[152]

48 **b) Arzneimittelgesetz.** Verstöße gegen die meisten Vorschriften des AMG waren herkömmlich wegen Verstoßes gegen werthaltige, nämlich dem **Gesundheitsschutz** dienende Normen per se unlauter.[153] Es erfolgte keine Prüfung des wettbewerblichen Bezuges, allenfalls, soweit ein Gesundheitsbezug nicht herstellbar war.[154] Eine Aufweichung der strikten Handhabung von Verstößen gegen das Arzneimittelgesetz in wettbewerbsrechtlicher Hinsicht wurde erst bei den Entscheidungen „Tiapridal"[155] und „Giftnotrufbox"[156] erkennbar, wobei es allenfalls in der Entscheidung „Tiapridal" um wettbewerbliche Bezüge ging, durch den Hinweis auf die bislang nur aus der Fallgruppe Verstoß gegen wertneutrale Normen bekannte Problematik, dass das Verhalten des Beklagten der Behördenpraxis entspreche.

49 Im Grundsatz stellt sich auch bei diesem Gesetz die Frage, ob der gesundheitsbezogene Schutzzweck, den die meisten Ge- und Verbote dieses Gesetzes haben, auch die Annahme rechtfertigt, die die Norm regele im Interesse der Marktteilnehmer das Marktverhalten. Der Schutz der Verbraucher liegt in den meisten Fällen auf der Hand, ebenso der Bezug zum Wettbewerbsgeschehen. Auch

---

145 Vgl. zum früheren Recht BGH GRUR 2001, 178, 179f. – *Impfstoffversand an Ärzte;* KG GRUR-RR 2001, 244, 246; OLG Köln GRUR-RR 2001, 250, 251.

146 BGH GRUR 2013, 421 – *Pharmazeutische Beratung über Callcenter;* OLG Düsseldorf PharmR 2014, 62.

147 OLG München GRUR-RR 2006, 343, 344.

148 Vgl. OLG Saarbrücken GRUR-RR 2014, 91, 92.

149 Vgl. BGH GRUR 2001, 352, 353 – *Kompressionsstrümpfe.*

150 OLG Oldenburg GRUR-RR 2008, 20; a. A. *Köhler/Piper* UWG, § 1 a. F. Rdn. 765.

151 Vgl. oben Rdn. 4 und OLG Saarbrücken GRUR-RR 2004, 366, 367.

152 OLG Oldenburg GRUR-RR 2008, 20.

153 Vgl. z. B. BGH GRUR 1974, 402, 404 – *Service-Set;* GRUR 1957, 131, 136 – *Apothekenpflichtige Arzneimittel/Arzneifertigwaren;* GRUR 1957, 355 – *Spalttabletten;* BGHZ 44, 208, 209 = NJW 1966, 339, 394 – *Novo-Petrin;* GRUR 1995, 419, 421f. – *Knoblauchkapseln;* KG WRP 1997, 460, 463ff.; OLG Düsseldorf GRUR 1987, 295, 296; OLG Frankfurt WRP 1996, 310, 313.

154 Vgl. GroßKommUWG/*Teplitzky* (1. Aufl.) § 1 UWG Rdn. G 41 unter Verweis auf OLG Schleswig WRP 1996, 1123 einerseits und OLG Frankfurt WRP 1999, 549 andererseits.

155 BGH GRUR 1998, 407, 411, vgl. oben Rdn. 6.

156 BGH GRUR 2000, 237, 238, vgl. oben Rdn. 1.

steht die UGP-Richtlinie nicht entgegen, da gemäß ihrem Art. 3 Abs. 3 sowie ihrem Erwägungsgrund 9 die Rechtsvorschriften der Mitgliedstaaten in Bezug auf die Gesundheits- und Sicherheitsaspekte von Produkten unberührt bleiben.[157] Daher ist ein **Verkauf von Arzneimitteln ohne Zulassung (§ 21 AMG)** unlauter i. S. v. § 3a.[158] Es liegt ein Fall vor, bei dem die Regelung des Marktzutritts mit dem des Marktverhaltens zusammenfällt, d. h. das Inverkehrbringen von – nicht zugelassenen – Arzneimitteln kann nicht ohne Beeinträchtigung der Interessen sowohl der Verbraucher als auch der Mitbewerber durchgeführt werden. Eine Spürbarkeit im Sinne von § 3a UWG ist in der Regel zu bejahen, da die Gesundheit der Verbraucher auf dem Spiel steht.[159] Einen unmittelbaren Wettbewerbsbezug hat auch das Verbot des **Verkaufs von apothekenpflichtigen Arzneimitteln außerhalb von Apotheken (§ 43 AMG),**[160] z. B. in Drogerien.[161] Der **Verkauf rezeptpflichtiger Arzneimittel ohne Rezept (§ 48 AMG)** wirkt sich nicht nur auf den Wettbewerb zwischen Apotheken aus, sondern berührt auch Verbraucherbelange; denn es dient dem Schutz der Patienten vor gefährlichen Fehlmedikationen.[162] Verstöße gegen das **Irreführungsverbot (§§ 8, 10 AMG)** weisen ohne weiteres einen Wettbewerbsbezug auf, da eine Empfehlung des Arzneimittels für eine nicht von der Zulassung gedeckte Anwendungsart dem Fall gleichsteht, dass ein nicht zugelassenes Arzneimittel in den Verkehr gebracht wird.[163]

Zu differenzieren ist bei einem Verstoß gegen das Verbot der **Herstellung von Arzneimitteln ohne Herstellungserlaubnis (§ 13 AMG).** Der rein formale Verstoß, also unabhängig von der Frage, ob die materiellen Voraussetzungen für eine Erteilung der Erlaubnis gemäß §§ 14 ff. AMG vorliegen, dürfte keinen unmittelbaren Marktbezug aufweisen, sich also auch nicht auf das Verhalten des Herstellers am Markt auswirken. Sofern der Hersteller bei der Vermarktung der Arzneimittel alle Vorschriften einhält, ist der Marktzutritt ohne Herstellungserlaubnis als solcher nicht unlauter. Fehlt dem Hersteller dagegen die Qualifikation, die zur Erteilung der Herstellungserlaubnis erforderlich ist, so verlässt er bei der Herstellung und Vermarktung der ohne Erlaubnis hergestellten Arzneimittel den zulässigen Rahmen; in Bezug auf die **Qualifikationsvoraussetzungen** haben die Vorschriften über die Herstellungserlaubnis also wettbewerbsregelnden Charakter.[164] Der Makel der durch einen möglicherweise unqualifizierten Hersteller produzierten Arzneimittel haftet ihrer Vermarktung und damit einem Wettbewerbshandeln ohne weiteres an. Insoweit regeln die Vorschriften im Interesse sowohl der Verbraucher als auch der Mitbewerber das Marktverhalten. 50

Die Vorschriften betreffend das **Versandverbot (§ 43 AMG)** bzw. das **Verbringungsverbot (§ 73 AMG)** sind unmittelbar wettbewerbsbezogen, da sie das Marktverhalten im Interesse der Verbraucher und Mitbewerber regeln. Verstöße dagegen sind also unlauter.[165] Die auf Grund von **§ 78 AMG** erlassene **Arzneimittelpreisverordnung** enthält ebenfalls Vorschriften, die im Interesse der Marktbeteiligten unmittelbar das Marktverhalten regeln. Ein Verstoß hiergegen begründet in der Regel eine Unlauterkeit i. S. v. § 3a.[166] 51

c) Arbeitszeitgesetze. Die sekundäre wettbewerbliche Schutzfunktion von Vorschriften, die die Arbeitszeit von Arbeitnehmern regeln, liegt jedenfalls nicht auf der Hand, soweit es um die reine Produktion von Waren geht.[167] Auch in neuerer Zeit wurde derartigen Vorschriften noch eine 52

---

[157] Vgl. z. B. BGH GRUR 2015, 916, 917 – Abgabe ohne Rezept.

[158] Vgl. BGH GRUR 2005, 778, 779 – *Atemtest;* GRUR 2006, 513, 517 – *Arzneimittelwerbung im Internet;* GRUR 2008, 830 – *L-Carnitin II;* GRUR 2008, 834 – *HMB-Kapseln;* GRUR 2010, 942, 944 – *Ginkgo Biloba-Getränk;* zum früheren Recht BGH GRUR 1995, 419, 421 f. – *Knoblauchkapseln;* GRUR 2001, 450, 453 – *Franzbranntwein-Gel.*

[159] BGH GRUR 2005, 778, 779 – *Atemtest.*

[160] Vgl. KG GRUR-RR 2005, 170, 171; LG Baden-Baden WRP 2013, 550; LG Göttingen WRP 2006, 386, 388.

[161] Vgl. BGH GRUR 1957, 131, 136 – *Apothekenpflichtige Arzneimittel/Arzneifertigwaren;* GRUR 1957, 355 – *Spalttabletten;* BGH NJW 1966, 393, 394 – *Novo-Petrin.*

[162] BGH GRUR 2015, 916, 917 – *Abgabe ohne Rezept;* im Ergebnis ebenso OLG Düsseldorf GRUR 1987, 295, 296.

[163] OLG Köln NJWE-WettbR 1998, 6, 8.

[164] Vgl. *Köhler* GRUR 2001, 777, 781; *Ullmann* GRUR 2003, 817, 824.

[165] BGH GRUR 2014, 591 – *Holland-Preise;* GRUR-RS 2014, 07401 – *Bonussystem einer Versandapotheke;* KG GRUR-RR 2005, 170, 171; insoweit nicht in Zweifel gezogen durch BGH GRUR 2008, 275, 276 – *Versandhandel mit Arzneimitteln;* so auch bisher zum Versendungsverbot BGH GRUR 2001, 178 – *Arzneimittelversand durch Apotheken.*

[166] Vgl. OLG Frankfurt GRUR-RR 2006, 233; OLG Köln WRP 2007, 471 ff.; OLG Hamburg A&R 2009, 87; OLG Naumburg GRUR-RR 2006, 336, 337; GRUR-RR 2007, 159; OLG Oldenburg WRP 2006, 913, 916; OLG Stuttgart PharmR 2010, 123.

[167] Anders noch BGH GRUR 1989, 116 – *Nachtbackverbot,* wo hinsichtlich der Wettbewerbswidrigkeit nicht zwischen dem Backen innerhalb der verbotenen Zeit und dem Ausfahren unterschieden wurde.

Marktbezogenheit zugesprochen,[168] jedenfalls wenn eine innere sachliche Verknüpfung mit dem Außenhandeln bestand.[169] Gesetzeswidrige Handlungen, die sich **im Vorfeld eines Markthandelns** abspielen, weisen jedoch keinen Marktbezug auf. Daher kann der Verstoß gegen Arbeitszeitvorschriften im Rahmen der Produktion nicht über § 3a verfolgt werden, selbst wenn er zu einer Verbilligung der Warenproduktion führen sollte. Insofern besteht kein Unterschied zur Situation bei dem Verstoß gegen Umweltschutzvorschriften bei der Produktion.[170] Anders ist ein Verstoß zu beurteilen, wenn er die Arbeitszeit für Tätigkeiten mit unmittelbarem Marktbezug betrifft, beispielsweise in der Gastronomie. Auch wenn die Vorschriften gleichermaßen in erster Linie dem Schutz der Arbeitnehmer bzw. der Sonntags- und Feiertagsruhe dienen, regeln sie doch zumindest sekundär das Marktverhalten auch im Interesse der Mitbewerber.[171]

53 **d) Berufsrechtliche Vorschriften.** *aa) Allgemeines.* Zum früheren § 1 UWG liegt eine umfangreiche Rechtsprechung im Zusammenhang mit behaupteten Verstößen gegen berufsrechtliche Vorschriften vor. Hierunter sind in erster Linie die die Ausübung der freien Berufe betreffenden Gesetze, Satzungen und Berufsordnungen zu verstehen.[172] Berufsrechtliche Regelungen, insbesondere solche, die sich mit dem Auftreten der Mitglieder freier Berufe im Wettbewerb befassten, wurden herkömmlich überwiegend unter dem Gesichtspunkt des Verstoßes gegen werthaltige Normen geprüft, nämlich solchen, die beispielsweise dem Schutz einer geordneten Rechtspflege[173] dienen oder den Wettbewerb innerhalb des Berufsstandes regeln. Bestimmte Standesnormen wurden allerdings als wertneutral angesehen.[174] Nunmehr ist auch bei Verstößen gegen berufsrechtliche Normen allein entscheidend, ob diese im **Interesse der Marktbeteiligten** – dies sind in erster Linie die Mitbewerber, also Mitglieder des gleichen Berufsstandes – auch dazu bestimmt sind, das Marktverhalten zu regeln. Dies ist bei den meisten Vorschriften, die die Außendarstellung (Werbung) betreffen, ohne weiteres zu bejahen. Im Rahmen der Prüfung, ob etwa ein Verstoß gegen eine berufsrechtliche Werbebeschränkung vorliegt, wird man jedoch nicht nur verfassungsrechtliche Erwägungen (Art. 12 GG) anstellen müssen.[175] Vielmehr muss man im Rahmen einer Gesamtbetrachtung auch den Schutzzweck des UWG mit einbeziehen.[176] Eine Einschränkung dieser Grundsätze durch die UGP-Richtlinie kommt nicht in Betracht, weil nach deren Artikel 3 Abs. 8 alle spezifischen Regeln für reglementierte Berufe unberührt bleiben.[177]

54 *bb) Heilberufe.* Berufsrechtliche Vorschriften, insbesondere Berufsordnungen für Angehörige der Heilberufe, in erster Linie **Ärzte, Zahnärzte, Tierärzte und Heilpraktiker,** enthalten vielfältige **Werbebeschränkungen,** daneben aber auch Kooperationsverbote und ähnliche Einschränkungen der Betätigung auf dem Markt.[178] Grundsätzlich handelt es sich um Normen i. S. d. § 3a, denn sie regeln das Marktverhalten.

55 *(1) Ärzte.* Die an der **(Muster-)Berufsordnung des Deutschen Ärztetages** orientierten Berufsordnungen der Landesärztekammern beruhen auf den Heilberufs- bzw. Kammergesetzen der Länder.[179] Sie konkretisieren die ärztliche Berufspflicht, den Beruf gewissenhaft auszuüben und dem den Ärzten im Zusammenhang mit dem Beruf entgegengebrachten Vertrauen zu entsprechen. Es handelt sich damit um materielle Gesetze, also um gesetzliche Vorschriften i. S. v. § 3a. Die § 27 der Musterberufsordnung entsprechenden Vorschriften der Landesberufsordnungen erlauben den Ärzten **sachliche Information, aber keine berufswidrige,** insb. anpreisende, irreführende oder verglei-

---

[168] BGH GRUR 2000, 1076, 1079 – *Abgasemissionen.*

[169] *Köhler/Piper,* UWG, § 1 a. F. Rdn. 740; im Ergebnis ebenso wohl auch GroßkommUWG/*Teplitzky* (1. Aufl.) § 1 UWG Rdn. G 244, der den BGH dahin interpretiert, er habe in seiner Entscheidung – *Abgasemissionen* (GRUR 2000, 1076, 1077) dem Bäckereiarbeitszeitgesetz einen Wettbewerbsbezug sekundärer Art zugesprochen.

[170] *Ohly*/Sosnitza § 4.11 Rdn. 11/74; anders wohl BGH GRUR 2000, 1078 – *Abgasemissionen,* unter Verweis auf den Vorsprungsgedanken.

[171] A. A. MünchKommUWG/*Schaffert* § 4 Nr. 11 Rdn. 62.

[172] Vgl. zu den berufsrechtlichen Besonderheiten für das Wettbewerbsrecht allgemein oben Einl. I Rdn. 1 ff.

[173] Vgl. z. B. BGH GRUR 1991, 917, 919 – *Anwaltswerbung I.*

[174] Vgl. z. B. BGH GRUR 1955, 541, 542 – *Bestattungswerbung,* betreffend einen Verstoß gegen die Auffassung (Handelsbrauch) des Gewerbezweiges Bestattungsgewerbe.

[175] Vgl. oben Einl. J Rdn. 5 und 18 ff.

[176] Vgl. zum früheren Recht schon GroßkommUWG/*Teplitzky* (1. Aufl.) § 1 UWG Rdn. G 92.

[177] Vgl. BGH GRUR 2009, 1077, 1079 – *Finanz-Sanierung;* GRUR 2011, 539, 541 – *Rechtsberatung durch Lebensmittelchemiker;* siehe auch oben Rdn. 1.

[178] Vgl. ausführlich oben Einl. J Rdn. 19 ff.

[179] Z. B. das Bayerische Gesetz über die Berufsvertretungen und Berufsgerichtsbarkeit der Ärzte, Zahnärzte, Tierärzte, Apotheker sowie der psychologischen Psychotherapeuten und der Kinder- und Jugendlichen Psychotherapeuten (Heilberufe-Kammergesetz) i. d. F. vom 6.2.2002 (GVBl. S. 42), vgl. dazu näher oben Einl. J Rdn. 19.

chende **Werbung.** Wie schon vor dem UWG 2004[180] muss bei der Prüfung, ob die Kommunikationsgrundsätze gemäß §§ 27 ff. Musterberufsordnung im jeweiligen Fall eingehalten sind, nicht nur geprüft werden, ob ein Verbot mit Art. 5 und 12 GG vereinbar wäre. Vielmehr ist auch zu berücksichtigen, dass es gerade der Lauterkeit im geschäftlichen Verkehr entspricht, wenn interessengerechte und sachangemessene Informationen erteilt werden, die keinen Irrtum hervorrufen.[181] Wird danach ein Verstoß gegen das ärztliche Werbeverbot bejaht, so bedarf es keiner zusätzlichen wettbewerbsrechtlichen Prüfung. Offen bleiben kann insoweit auch, ob die die ärztliche Werbung regelnden berufsrechtlichen Vorschriften nur im Interesse der anderen Ärzte oder im Interesse der Verbraucher das ärztliche Marktverhalten regeln.

In der Rechtsprechung zu § 4 Nr. 11 a. F. hat das in § 3 Abs. 2 Musterberufsordnung niederge- 56
legte Verbot der **Abgabe von Waren** etc. durch Ärzte bereits mehrfach eine Rolle gespielt. Diese Vorschrift ist eine Marktverhaltensregelung.[182] Die §§ 30 ff. der Musterberufsordnung enthalten verschiedene Regeln zur Wahrung der ärztlichen Unabhängigkeit bei der **Zusammenarbeit mit Dritten.**[183] Den erforderlichen Marktbezug i. S. v. § 3a weisen z. B. auf **§ 31 (unerlaubte Zuweisung von Patienten gegen Entgelt),**[184] **§§ 32, 33 (unerlaubte Zuwendungen)**[185] und **§ 34,** insbesondere **Nr. 1 bis 3 und 5,** die das Verbot der Annahme von Vergütungen für die Verordnung von Arzneimitteln etc., die Abgabe von Ärztemustern gegen Entgelt und die Kooperation mit Apotheken etc. ohne hinreichenden Grund betreffen.[186]

Besondere Bedeutung schon nach früherem Recht hatten Verstöße gegen die Vorschriften der 57
Berufsordnung auf der Basis von § 27 Ziff. 3 Musterberufsordnung, die die **Veranlassung oder Duldung verbotener Werbung durch andere** betreffen.[187] Auch diese Vorschriften sind unmittelbar marktbezogen i. S. v. § 3a. Die in dieser Vorschrift nicht genannten Sanatorien, Kliniken und Institutionen, die der Berufsordnung selbst nicht unmittelbar unterliegen, haften als **Störer** für einen Verstoß des Arztes.[188]

(2) Zahnärzte. Die Ausübungsregelungen, insbesondere Werbebeschränkungen für **Zahnärzte**[189] 58
ergeben sich auf vergleichbarer Grundlage wie bei den Ärzten. Die maßgeblichen Berufsordnungen[190] beruhen auf den Heilberufe-Kammergesetzen der Bundesländer und sind daher materielle gesetzliche Vorschriften i. S. v. § 3a. Soweit deren Vorschriften die Außendarstellung der Zahnärzte betreffen, sind sie auch wettbewerbsbezogen.[191] Ein Verstoß gegen das Verbot **berufswidriger Werbung** zieht wettbewerbsrechtliche Unterlassungsansprüche nach sich.[192]

(3) Tierärzte. Auch Tierärzten ist gemäß den **Berufsordnungen der Tierärzteschaften** nur die 59
berufswidrige Werbung verboten, also Werbung, die keine interessengerechte und sachangemessene Information darstellt.[193] Ein Verstoß gegen diese Regelungen stellt damit ein unlauteres Verhalten i. S. v. § 3a dar.

(4) Heilpraktiker. Die Vorschriften des **HeilprG,** die die Ausübung der Heilkunde von ei- 60
ner Erlaubnis abhängig machen, dürften zwar Marktverhaltensregelungen im Sinne von § 3a

---

[180] Vgl. z. B. BGH GRUR 1999, 1102, 1104 – *Privatärztlicher Bereitschaftsdienst;* GRUR 1999, 1104, 1105 – *Ärztlicher Hotelservice.*

[181] Vgl. *Ohly*/Sosnitza § 4.11 Rdn. 11/54.

[182] BGH GRUR 2008, 816, 817 – *Ernährungsberatung;* GRUR 2005, 875, 876 – *Diabetesteststreifen;* OLG Frankfurt GRUR-RR 2005, 230, 231; vgl. auch BGH GRUR 2009, 977 – *Brillenversorgung.*

[183] Vgl. auch oben Einl. J Rdn. 26.

[184] Vgl. zu dieser Vorschrift BGH GRUR 2011, 345 – *Hörgeräte Versorgung II* sowie GRUR 2014, 791 – *Teil-Berufsausübungsgemeinschaft.*

[185] Vgl. dazu BGH GRUR 2011, 1163 – *Arzneimitteldatenbank.*

[186] Vgl. zu letztgenanntem Verbot OLG Celle GRUR-RR 2007, 109; OLG Köln GRUR 2006, 600, 602 f.; zu § 1 UWG a. F. BGH GRUR 2000, 1080, 1082 – *Verkürzter Versorgungsweg;* GRUR 2001, 255, 256 – *Augenarztanschreiben;* vgl. auch OLG Schleswig GRUR 2004, 171 zu der § 34 Nr. 5 Musterberufsordnung entsprechenden Vorschrift des § 32 der Berufsordnung der Ärztekammer Schleswig-Holstein vom 5.3.2003, der auch eine sekundäre wettbewerbsbezogene Funktion beigemessen wurde (a. a. O. S. 173).

[187] Vgl. oben Einl. J Rdn. 23 f.; BGH GRUR 1996, 905, 907 – *GmbH-Werbung für ambulante ärztliche Leistungen;* GRUR 2000, 613, 616 – *Klinik Sanssouci;* GRUR 2001, 181, 184 – *Dentalästhetiker.*

[188] Z. B. BGH GRUR 2000, 613, 616 – *Klinik Sanssouci,* vgl. oben Einl. J Rdn. 28; a. A. *Köhler*/Bornkamm § 3a Rdn. 1.188.

[189] Dazu oben Einl. J Rdn. 29 ff.

[190] Z. B. § 18 der Berufsordnung der Landesärztekammer Baden-Württemberg, vgl. zu § 20 dieser Berufsordnung BVerfG WRP 2003, 1209 – *Werbung von Zahnärzten im Internet.*

[191] Z. B. § 20 Abs. 2 BerufsO Zahnärzte Nordrhein, vgl. OLG Hamm GRUR-RR 2005, 396.

[192] Vgl. zum alten Recht BGH GRUR 1999, 504, 506 – *Implantatbehandlungen;* GRUR 2001, 181, 83 – *Denalästhetik.*

[193] Vgl. BVerfG WRP 2002, 521 – *Tierarztwerbung;* oben Einl. J Rdn. 32.

sein.[194] Die in der Tonometrie und der Perimetrie liegende Ausübung der Heilkunde i. S. von § 1 II HeilprG ohne die dazu nach § 1 I HeilprG erforderliche Erlaubnis sowie die Werbung hierfür sind aber dann keine nach den §§ 3, 3a UWG unlauteren geschäftlichen Handlungen, wenn einer mittelbaren Gefährdung der Gesundheit der Kunden durch einen aufklärenden Hinweis, dass ein krankhafter Befund zuverlässig nur durch einen Augenarzt ausgeschlossen werden kann, hinreichend begegnet wird.[195]

61 *(5) Apotheker.* Apotheker unterliegen berufsspezifischen Werbebeschränkungen nach den **Berufsordnungen der Landesapothekerkammern.**[196] Obwohl diese Bestimmungen in erster Linie das Ziel verfolgen, einem Arzneimittelfehlgebrauch entgegenzuwirken und das Vertrauen der Bevölkerung in die berufliche Integrität der Apotheker zu fördern,[197] haben sie auch einen sekundären wettbewerbsbezogenen Schutzzweck, sofern sie das Marktverhalten der Apotheker im Interesse der Verbraucher und Konkurrenten regeln.[198] Bei ihrer Auslegung ist in besonderem Maße neben den verfassungsrechtlichen Vorgaben die Zielsetzung des UWG zu berücksichtigen, unlauteren Wettbewerb zu verhindern, ohne notwendigen Wettbewerb zu beschränken. Es ist darauf zu achten, keine unterschiedlichen Wertungen im Vergleich zu den Werbeverboten für Apotheker in anderen Gesetzen (HWG, Apothekenbetriebsordnung) zuzulassen.

62 *cc) Rechtsberatende Berufe.* Ähnlich den Heilberufen unterliegt die Berufsausübung der Angehörigen der rechtsberatenden Berufe vielfältigen Beschränkungen auf Grund von **Berufsordnungen,** die auf gesetzlicher Grundlage erlassen und somit grundsätzlich als gesetzliche Vorschriften i. S. v. § 3a zu betrachten sind. Soweit sie die **Werbung** beschränken, sind sie marktregelnd im Sinne dieser Vorschrift. Bei sonstigen Beschränkungen ist dies im Einzelfall zu prüfen.

63 *(1) Rechtsanwälte.* Die Berufsausübung der Rechtsanwälte ist in der Bundesrechtsanwaltsordnung **(BRAO)** geregelt. Diese enthält in § 43b eine Regelung, wonach dem Rechtsanwalt Werbung nur erlaubt ist, soweit sie über die berufliche Tätigkeit **in Form und Inhalt sachlich** unterrichtet und **nicht auf die Erteilung eines Auftrags im Einzelfall gerichtet** ist.[199] Ein Verstoß gegen diese Vorschrift ist regelmäßig unlauter i. S. v. § 3a.[200] Aufgrund von § 59b Abs. 2 Nr. 3 BRAO wurde die **Berufsordnung für Rechtsanwälte (BORA)** erlassen. Diese konkretisiert in den §§ 6 bis 10 die Berufspflichten der Rechtsanwälte im Zusammenhang mit der Werbung (§ 6 BORA) und insbesondere über die Benennung von **Teilbereichen der Berufstätigkeit (§ 7 BORA),** der **Kundgabe beruflicher Zusammenarbeit (§ 8 BORA),** sowie der Verwendung von **Kurzbezeichnungen (§ 9 BORA)** und der Gestaltung von **Briefbögen (§ 10 BORA).** Die Normqualität der BORA i. S. v. § 3a steht außer Frage. Auch inhaltlich dürften die genannten Vorschriften die erforderliche Normqualität im Sinne dieser Vorschrift aufweisen, da sie im Interesse der rechtssuchenden **Verbraucher** das Marktverhalten der Rechtsanwälte regeln.[201] Allerdings dürfte bei Verstößen gegen § 9 oder § 10 BORA in jedem Einzelfall zu prüfen sein, ob nicht ein Bagatellfall vorliegt, der Verstoß also tatsächlich geeignet ist, die Interessen von Marktteilnehmern spürbar zu beeinträchtigen.

64 Auch die berufsrechtlichen Bestimmungen über **Mindestpreise** nach der BRAO, BRAGO und dem RVG sind Vorschriften, denen eine auf die Lauterkeit des Wettbewerbs bezogene Schutzfunktion zukommt.[202] Andere berufsrechtliche Regelungen der BRAO oder der BORA, beispielsweise das **Verbot, in einer Sache als Anwalt tätig zu werden, in der er vorher schon geschäftlich tätig war (§ 45 Abs. 1 Nr. 4 BRAO),**[203] das **Verbot der Forderungsabtretung (§ 49b Abs. 4 S. 2 BRAO),**[204] oder das **Verbot, widerstreitende Interessen zu vertreten (§ 43a Abs. 4 BRAO),** das **Verbot der unmittelbaren Kontaktaufnahme mit der Gegenpartei**

---

[194] OLG Celle GRUR-RR 2008, 427, 428; OLG Frankfurt WRP 2011, 273, 274.

[195] BGH GRUR 2005, 607 – *Optometrische Leistungen III.*

[196] Dazu oben Einl. J Rdn. 35 ff.

[197] Vgl. BVerfG GRUR 1996, 899 – *Werbeverbot für Apotheker.*

[198] A. A. offenbar OLG Rostock GRUR-RR 2005, 391, 392: alle Vorschriften der Berufsordnung dienen lediglich der Sicherstellung der ordnungsgemäßen Arzneimittelversorgung.

[199] Zu Inhalt und Grenzen dieser Regelung im Einzelnen oben Einl. J Rdn. 4 ff.

[200] BGH GRUR 2015, 286, 287 – *Spezialist für Familienrecht;* GRUR 2005, 520 f. – *Optimale Interessenvertretung;* OLG Hamburg; NJW 2005, 2783, 2785; OLG Köln; MD 2006, 1383, 1387 f.; OLG München GRUR-RR 2006, 201 f.

[201] BGH GRUR 2005, 520 f. – *Optimale Interessenvertretung* (zu § 6 BORA); *OLG Stuttgart* NJW 2005, 3429.

[202] BGH GRUR 2006, 955, – *Gebührenvereinbarung II.*

[203] Vgl. BGH GRUR 2001, 354 – *Verbandsklage gegen Vielfachabmahner.*

[204] OLG Köln GRUR-RR 2006, 166 f.; Vgl. auch BGH GRUR 2003, 349, 353 – *Anwaltshotline* (Verstoß offengelassen); a. A. *Köhler*/Bornkamm, § 3a Rdn. 1.114; MünchKommUWG/*Schaffert,* § 4 Nr. 11 Rdn. 92; *Bieber* WRP 2008, 725, 729.

(**§ 12 BORA**)[205] oder Beschränkungen der Art des gesellschaftsrechtlichen Zusammenschlusses von Anwälten (§§ 59c ff. BRAO)[206] haben keinen Wettbewerbsbezug, da sie nicht das Marktverhalten regeln. Dagegen ist § 59k BRAO, der Vorschriften über die **Firma der Rechtsanwaltsgesellschaft** enthält, ausdrücklich eine auf die Lauterkeit des Wettbewerbs bezogene Schutzfunktion beigemessen worden.[207]

(2) Notare. Die Vorschriften über das **Verbot jeglicher berufswidriger Werbung** in § 29 Abs. 1 BNotO[208] sind ohne weiteres marktbezogen. Ihre Verletzung begründet eine unlautere geschäftliche Handlung. 65

(3) Rechtsberater. Diese Berufsgruppe unterliegt gemäß § 1 Abs. 3 der 2. AVO RBerG einem nahezu **uneingeschränkten Werbeverbot.**[209] Soweit ein Verstoß gegen diese Vorschrift unter Berücksichtigung der Berufsausübungsfreiheit gemäß Art. 12 GG angenommen wird, liegt ein unlauteres Verhalten i. S. v. § 3a vor. 66

(4) Steuerberater. Steuerberater üben einen freien Beruf aus und sind unabhängige Organe der Steuerrechtspflege.[210] Die Berufsausübungsregeln sind daher ähnlich wie diejenigen für Rechtsanwälte. Sie sind enthalten im **Steuerberatungsgesetz** (StBerG) sowie in der **Berufsordnung der Bundessteuerberaterkammer** (BOStB). Ihre Auslegung orientiert sich an ähnlichen Leitlinien wie bei den Rechtsanwälten, nämlich dass die Vorschriften eine **Verfälschung des Berufsbildes durch reklamehafte Werbung und Kommerzialisierung** verhindern sollen.[211] Ein Verstoß gegen die Berufsausübungsregeln für Steuerberater ist nach den gleichen Maßgaben unlauter i. S. v. § 3a wie der Verstoß gegen Berufsausübungsregeln für Rechtsanwälte, so etwa der Verstoß gegen das **Verbot der unbefugten Hilfeleistung** in **Steuersachen.**[212] 67

e) Bürgerliches Gesetzbuch (BGB). Die meisten Vorschriften des BGB haben keine sekundäre marktbezogene Schutzfunktion i. S. v. § 3a. Dies wurde unter Geltung des UWG 2004 beispielsweise ausdrücklich bestätigt für die Vorschriften zum Schutz des **Eigentums** (§§ 823, 1004 BGB).[213] Anderes galt jedoch für die durch das Schuldrechtsmodernisierungsgesetz vom 26.11.2001 (BGBl. I 2001, 3137) in das BGB überführten Vorschriften des früheren **Haustürwiderrufsgesetzes** (zunächst §§ 312, 312a BGB), des **Verbraucherkreditgesetzes** (vormals **Abzahlungsgesetz**) (jetzt §§ 491 ff. BGB) sowie des **Fernabsatzgesetzes** (jetzt §§ 312b ff. BGB). Unter Geltung des alten UWG wurden diese Vorschriften als wertneutral angesehen; allerdings wurde ein „Vorsprung durch Rechtsbruch" diskutiert.[214] 68

Mit der Umsetzung der EU-Verbraucherrechts-Richtlinie[215] wurden auch die §§ 312 ff. BGB neu gefasst.[216] Sie enthalten u. a. **erweiterte Informationspflichten** für alle **Verbraucherverträge** (§ 312a Abs. 2 BGB i. V. m. Art. 246 EGBGB) für **außerhalb von Geschäftsräumen geschlossene Verträge** (vormals Haustürgeschäfte) und **Fernabsatzverträge** (§ 312d BGB i. V. m. Art. 246a und b EGBGB) sowie Vorschriften u. a. über die **Art der Angabe** des Anbieters, der Vertragsbestimmungen, insb. von Kosten, Zinsen, Raten, sowie des **Widerrufsrechts.** Sie sind somit verbraucherschützend. Sie regeln damit auch die **Gegebenheiten des Marktes** und wirken sich dort auch aus. Die Rechtsprechung sieht sie daher als Marktverhaltensregeln an.[217] Die UGP- 69

---

[205] OLG Nürnberg NJW 2005, 156, 159; *Köhler*/Bornkamm, § 3a Rdn. 1.114.

[206] Vgl. *Ullmann* GRUR 2003, 817, 822.

[207] BGH GRUR 2004, 346 – *Rechtsanwaltsgesellschaft.*

[208] Vgl. zu dieser Vorschrift zuletzt BGH NJW-RR 2007, 408 – *Notariat und Anwaltskanzlei* und oben Einl. J Rdn. 14.

[209] Dazu näher oben Einl. J Rdn. 15.

[210] Vgl. BVerfG NJW 1981, 33, 34; BGH GRUR 1987, 172, 176 – *Unternehmensberatungsgesellschaft I;* GRUR 2001, 248, 249 – *Beratungsstelle im Nahbereich.*

[211] Vgl. BGH GRUR 1999, 748, 750 – *Steuerberaterwerbung auf Fachmessen;* im Einzelnen zur Rechtsprechung betreffend die Werbung von Steuerberatern oben Einl. J Rdn. 16 f.

[212] BGH GRUR GRUR 2015, 2015, 2019 – *Mobiler Buchführungsservice;* GRUR 2008, 815, 816 – *Buchführungsbüro.*

[213] BGH GRUR 2006, 879, 880 – *Flüssiggastank.*

[214] Vgl. BGH GRUR 1989, 669, 671 – *Zahl nach Wahl* (zum AbzG); OLG Karlsruhe GRUR 2002, 730, 731; LG Frankfurt GRUR-RR 2002, 260 (zum FernAbsG).

[215] Richtlinie 2011/83/EU v. 25.10.2011, ABl. L 380, 64.

[216] Gesetz zur Umsetzung der Verbraucherrichtlinie und zur Änderung des Gesetzes zur Regelung der Wohnungsvermittlung v. 20.9.2013, BGBl. I S. 3642 ff.

[217] BGH GRUR 2007, 159, 160 – *Anbieterkennzeichnung im Internet;* GRUR 2010, 1142 – *Holzhocker;* GRUR 2010, 652, 653 – *Costa del Sol;* GRUR 2012, 710 – *Überschrift zur Widerrufsbelehrung;* WRP 2012, 975 – *Computer-Bild;* KG GRUR-RR 2008, 129 und 131; OLG Düsseldorf WRP 2016, 739, 741; OLG Frankfurt GRUR-RR 2007, 56 f.; GRUR 2014, 1011; OLG Hamburg GRUR-RR 2007, 289 f.; OLG Hamm GRUR-RR 2005, 285 f.; MMR 2013, 441; MMR 2014, 534.

Richtlinie steht der Anwendung des § 3a nicht entgegen, da diese Bestimmungen Informationspflichten regeln, die ihre Grundlage in der im Anhang II der UGP-Richtlinie aufgeführten Richtlinie 97/7/EG über den Verbraucherschutz bei Vertragsabschlüssen im Fernabsatz haben.[218] Sowohl der in der Rechtsprechung vor dem UWG 2004 angeführte Gesichtspunkt der Ausnutzung der Rechtsunkenntnis der Verbraucher (bei fehlender oder unzureichender Widerrufsbelehrung)[219] als auch der Aspekt, dass Wettbewerber, die die verbraucherschützenden Regelungen nicht beachten, Vorteile gegenüber ihren Mitbewerbern erlangen können,[220] stützen die Annahme, dass eine Verletzung dieser Normen unlauter ist.

70 Ob Vorschriften betreffend die Inhaltskontrolle von **AGB (§§ 307 ff. BGB)** Marktverhaltensvorschriften i. S. v. § 3a sind, war früher streitig.[221] Der BGH hat zunächst **§ 475 BGB,** wonach sich der Unternehmer auf eine von der gesetzlichen Gewährleistungsregelung abweichende Vereinbarung vor Mitteilung des Mangels nicht berufen kann, als Marktverhaltensregelung angesehen.[222] Die Vorschrift dient wie die ihr zugrunde liegende Verbrauchsgüterkaufrichtlinie 1999/44/EG u. a. der Errichtung eines hohen Verbraucherschutzniveaus und hat somit eine auf die Lauterkeit des Wettbewerbs bezogene Schutzfunktion. Da sie ihre Grundlage im Unionsrecht hat, kann sie einen Verstoß gegen Unionsrecht begründen. Nichts anderes kann für die Klauselverbote der §§ 307 ff. BGB gelten.[223] Ein Verstoß gegen sie stellt nicht nur eine geschäftliche Handlung dar. Sie ist auch regelmäßig relevant im Sinne von § 3a.[224]

71 Ebenfalls eine von § 3a erfasste Norm ist **§ 651k BGB.** Die dort statuierten Sicherungspflichten des Reiseveranstalters dienen dem **Verbraucherschutz** und tragen **mittelbar zu gleichen Wettbewerbsbedingungen unter den Reiseveranstaltern** bei.[225] Das Gleiche gilt für die durch **§ 4 BGB-InfoV** aufgestellten **Informationspflichten des Reiseveranstalters** in Prospekten.[226]

72 **f) Gesetz über Einheiten im Messwesen.** Das **Gesetz über Einheiten im Messwesen** schreibt die Angabe von Größen in gesetzlichen Einheiten vor, soweit solche Einheiten in der Ausführungsverordnung zum Gesetz über Einheiten im Messwesen festgesetzt sind (§ 1 Abs. 1 Satz 2). Die zusätzliche Verwendung nicht gesetzlicher Einheiten ist nach § 3 EinheitenV gestattet, wenn die Angabe der gesetzlichen Einheit hervorgehoben ist.

73 Dass dieses Gesetz keine primär wettbewerbsregelnde Funktion, sondern in erster Linie die Durchsetzung international standardisierter Maßeinheiten zum Ziel hat,[227] bedeutet nicht, dass seine Vorschriften nicht zumindest einen **sekundären Marktbezug** aufweisen können. Sie gelten ohnehin nur für Angaben im geschäftlichen Verkehr und regeln zumindest auch im Interesse der Verbraucher an einheitlichen Maßangaben das Marktverhalten der Anbieter von Waren und Leistungen. Schon nach dem alten UWG hatte daher der BGH den Fall, bei dem neben der vorgeschriebenen KW-Angabe zusätzlich die PS-Angabe verwendet wurde, die erstgenannte Angabe jedoch nicht, wie vorgeschrieben, hervorgehoben wurde, zwar als Verstoß gegen das Gesetz über Einheiten im Messwesen, nicht jedoch als Wettbewerbsverstoß angesehen, weil für diejenigen, die die KW-Angabe korrekterweise hervorhöben, kein relevanter Wettbewerbsnachteil erkennbar sei.[228]

74 **g) GmbH-Gesetz.** Die in den einschlägigen Gesetzen betreffend die Gesellschaften mit beschränkter Haftung (§ 35a GmbHG), die Aktiengesellschaften (§ 80 AktG), die offenen Handelsgesellschaften (§ 125a HGB) und Kaufleute (§ 37a HGB) enthaltenen **Informationspflichten** stellen Marktverhaltensregelungen im Interesse der Marktteilnehmer dar.[229] Ein Verstoß gegen sie kann

---

[218] BGH GRUR 2010, 1142, 1143 – *Holzhocker;* jetzt Richtlinie 2011/83/EU.

[219] Vgl. z. B. BGH GRUR 1986, 816, 818 – *Widerrufsbelehrung bei Teilzahlungskauf.*

[220] Vgl. dazu z. B. BGH GRUR 2002, 1085, 1088 – *Belehrungszusatz.*

[221] Verneinend z. B. OLG Hamburg GRUR-RR 2007, 285; GRUR-RR 2007, 287; *Ohly*/Sosnitza § 4.11 Rdn. 11/78a; bejahend KG GRUR-RR 2008, 308.

[222] GRUR 2010, 1117, 1118 f. – *Gewährleistungsausschluss im Internet.*

[223] So ausdrücklich BGH GRUR 2012, 949, 953 – *Missbräuchliche Vertragsstrafe;* OLG Düsseldorf GRUR-RR 2015, 225, 227; *Köhler*/Bornkamm § 4 Rdn. 11.156e; Fezer/*Götting;* § 4–11 Rdn. 159; *Woitkewitsch* GRUR-RR 2007, 257, 258 f.

[224] BGH GRUR 2010, 1117, 1119 – *Gewährleistungsausschluss im Internet.*

[225] LG München I WRP 2007, 692; LG Freiburg WRP 2011, 786, 788; bisher schon BGH GRUR 2000, 731, 733 – *Sicherungsschein:* „Die Nichtbeachtung der Vorschrift des § 651k BGB hat auch insoweit einen Bezug zur Lauterkeit des Wettbewerbs, als es den guten kaufmännischen Sitten widerspricht, durch Verstoß gegen Vorschriften, die zum Schutz der typischerweise schwächeren Vertragspartei erlassen worden sind, Vorteile im Wettbewerb anzustreben."

[226] LG München I WRP 2006, 911. 913.

[227] Vgl. *Jung* GRUR 1994, 178, 180.

[228] BGH GRUR 1994, 220, 222 – *PS-Werbung II.*

[229] *Köhler*/Bornkamm § 3a Rdn. 1.304.

zwar unlauter sein. Häufig wird eine Unlauterkeit jedoch daran scheitern, dass eine Eignung zur spürbaren Beeinträchtigung der Interessen von Marktteilnehmern zu verneinen ist (Bagatellklausel).[230]

h) Geräte- und Produktsicherheit (ProdSG). Das Gesetz über die Bereitstellung von Produkten auf dem Markt (Produktsicherheitsgesetz – ProdSG)[231] enthält eine Vielzahl von Anforderungen an das Inverkehrbringen und Ausstellen von Produkten, insbesondere Verbraucherprodukten (vgl. § 2 Nr. 26 ProdSG). Nach §§ 3, 4 ProdSG dürfen Produkte nur in Verkehr gebracht werden, wenn sie den in den Rechtsverordnungen nach diesem Gesetz enthaltenen sicherheitstechnischen Anforderungen und sonstigen Voraussetzungen für ihr Inverkehrbringen entsprechen und Sicherheit und Gesundheit oder sonstige in den Rechtsverordnungen aufgeführte Rechtsgüter der Benutzer oder Dritter bei bestimmungsgemäßer oder vorhersehbarer Verwendung nicht gefährdet werden. Soweit in den nach dem ProdSG erlassenen Rechtsverordnungen keine Anforderungen enthalten sind, müssen die **allgemein anerkannten Regeln der Technik** sowie die **Arbeitsschutz- und Unfallverhütungsvorschriften** beachtet werden, so dass die genannten Gefahren ebenfalls nicht eintreten. Zu diesen anerkannten Regeln der Technik gehören auch **DIN-Normen.**[232] Produkte, die nicht den Voraussetzungen des §§ 3, 4 Abs. 1 und 2 entsprechen, dürfen gemäß § 3 Abs. 5 ProdSG nur ausgestellt werden, wenn ein sichtbares Schild deutlich darauf hinweist, dass das betreffende Produkt diese Voraussetzungen nicht erfüllt und erst erworben werden kann, wenn die entsprechende Übereinstimmung hergestellt ist. 75

Die Wettbewerbsrechtsprechung hat sich schon häufiger mit den Vorläufergesetzen des ProdSG, dem GPSG und dem GSG und den hierauf basierenden Verordnungen befasst. Zunächst wurden vom BGH Zweifel geäußert, ob § 3 GSG a. F. wegen seiner Unbestimmtheit als Grundlage für eine Verurteilung nach dem früheren § 1 UWG geeignet sei.[233] Eine weitere Entscheidung des BGH betraf zwar die Frage, wann eine der Sicherheit eines technischen Arbeitsmittels dienende DIN-Norm zu einer allgemein anerkannten Regel der Technik i. S. v. § 3 Abs. 1 Satz 1 GSG a. F. wird; es ging aber um einen Fall der irreführenden Werbung.[234] Nunmehr wird zumindest davon ausgegangen, dass das ProdSG und z. B. die GSGV Normen i. S. d. § 3a sein können.[235] 76

Die genannten Vorschriften des ProdSG regeln im Interesse der Marktteilnehmer, jedenfalls der Abnehmer von technischen Arbeitsmitteln und Verbraucherprodukten, das Marktverhalten ihrer Anbieter. Sie haben daher zumindest eine sekundäre **marktbezogene Schutzfunktion.** Das Inverkehrbringen von technischen Produkten, die nicht die gebotene Sicherheit aufweisen, ist vergleichbar mit der Vermarktung gesundheitsschädlicher Lebensmittel, Kosmetika oder Arzneimittel.[236] Ein Verstoß gegen diese Vorschriften ist unlauter i. S. v. § 3a.[237] Zwar wirkt sich das Anbieten nicht sicherer Produkte im Sinne von § 3 ProdSG erst ab einer späteren Ebene des Gebrauchs aus. Die Entscheidungsfreiheit des Verbrauchers wird aber bereits beim Kauf von unsicheren Verbraucherprodukten beeinträchtigt, da Gefahren, die nach der Konzeption des ProdSG durch Eigenprüfung des Herstellers abgewendet werden müssen, in den Risikobereich des Verbrauchers verlagert werden.[238] Marktverhaltensvorschriften im Sinne von § 3a sind auch die Informationspflichten nach § 6 ProdSG[239] sowie nach §§ 6, 7 **ElektroG.**[240] Ähnliches gilt für § 10 des **Gesetzes über Funkanlagen und Telekommunikationsendeinrichtungen (FTEG).** Die unter dieses Gesetz fallenden Geräte dürfen nur dann in den Verkehr gebracht werden, wenn sie die gesetzlichen Grundanforderungen erfüllen, ein Konformitätsbewertungsverfahren durchgeführt wurde und die Geräte mit dem CE-Kennzeichen versehen sind.[241] 77

---

230 *Köhler*/Bornkamm a. a. O.; bei einem Verstoß gegen die vergleichbare Vorschrift des § 15a GewO hat das Brandenburgische OLG entschieden (GRUR-RR 2008, 136), dass die Bagatellschwelle nicht überschritten sei.

231 Vom 8.11.2011, BGBl. I S. 2179.

232 Vgl. oben Rdn. 30.

233 BGH GRUR 1983, 585, 586 – *Gewindeschneidemaschine.*

234 BGH GRUR 1991, 921, 923 – *Sahnesiphon.*

235 Vgl. BGH GRUR 2010, 1122 – *Gas-Heizkessel;* OLG Hamburg BeckRS 2010, 03988.

236 Vgl. dazu Rdn. 90, 84 und 49.

237 MünchKommUWG/*Schaffert* § 4 Nr. 11 Rdn. 204; *Ohly*/Sosnitza § 4.11 Rdn. 11/62; *Günes* WRP 2008, 731, 738 f.

238 *Günes* WRP 2008, 731, 739.

239 OLG Köln WRP 2015, 616.

240 Zu § 6 Abs. 2 ElektroG OLG Hamm NJOZ 2015, 933; zu § 7 ElektroG OLG Celle GRUR-RR 2014, 152: a. A. OLG Köln WRP 2015, 616: § 7 ElektroG keine Marktverhaltensregelung.

241 Vgl. zu dem früheren Fernmeldeanlagengesetz BGH GRUR 1990, 1018 – *Fernmeldeanlagen;* KG GRUR 1991, 690; OLG Hamm GRUR 1991, 688.

78 **i) Gewerbeordnung (GewO).** Die GewO enthält eine Vielzahl unterschiedlicher Rechtspflichten und Verbote. Dazu gehören **formelle Anzeigepflichten,**[242] **materielle Erlaubnispflichten**[243] und allgemeine **Verbote.**[244] Bei den formalen Anzeigepflichten ist angesichts ihres Zwecks eine gewerbepolizeiliche Überwachung zu ermöglichen[245] ein marktbezogener Schutzzweck nicht erkennbar. Eine Unlauterkeit i. S. v. § 3a scheidet daher in der Regel aus.[246] Dagegen können Vorschriften, die Erlaubnispflichten statuieren und für die Erlaubniserteilung bestimmte Voraussetzungen in der Person des Gewerbetreibenden vorsehen oder bestimmte Formen der Ausübung des erlaubnispflichtigen Gewerbes verbieten, eine wettbewerbliche Schutzfunktion aufweisen.[247]

79 **j) Handwerksordnung.** Die Handwerksordnung erfuhr mit der kleinen[248] und großen **Handwerksnovelle**[249] zum 1.1.2004 grundlegende Änderungen. Der Meisterzwang wurde für 53 Handwerke abgeschafft. 41 Gewerbe unterliegen als zulassungspflichtige Handwerke weiterhin dem Meisterzwang (Anlage A zur Handwerksordnung). Es handelt sich dabei um Handwerke, die besonders gefahrengeneigt sind (wie etwa diejenigen der Maurer, Gerüstbauer oder Büchsenmacher). Mit der Änderung der Handwerksordnung einher ging eine Änderung des Regelungszwecks. Dieser richtete sich ursprünglich auf das Interesse an der Erhaltung und Förderung eines gesunden, leistungsfähigen Handwerksstandes.[250] Nunmehr liegt der **Zweck des Meisterzwangs** darin, **Gefahren für die Gesundheit oder das Leben Dritter abzuwehren.**[251]

80 Mit dieser Schutzzweckänderung wurden Zweifelsfragen beseitigt, die zu der Wettbewerbsbezogenheit von Verstößen gegen die Handwerksordnung vor Inkrafttreten des UWG 2004 vermehrt aufgekommen waren.[252] So hatte die Rechtsprechung in der Vergangenheit die Vorschriften der Handwerksordnung als wertneutrale Vorschriften angesehen, einen Wettbewerbsverstoß unter dem Gesichtspunkt des Vorsprungs vor gesetzestreuen Mitbewerbern bejaht,[253] wobei der Vorsprung etwa in der Ersparnis der spezifischen Abgaben für Handwerksbetriebe[254] bzw. der Kosten für die Einstellung eines Meisters[255] gesehen wurde. Ob der Meisterzwang den die Lauterkeit des Marktverhaltens nicht berührenden Marktzutritt regelt,[256] muss nicht mehr bedacht werden, wenn der Marktzutritt aus Gründen des Gesundheitsschutzes beschränkt wird. Ähnlich wie bei Verstößen gegen andere Vorschriften, die die Berufsausübung von einer nach entsprechendem Qualifikationsnachweis zu erteilenden Zulassung abhängig machen, wie z. B. die Rechtsberatung,[257] fällt dann das **Betreiben eines zulassungspflichtigen Handwerks ohne die erforderliche Qualifikation** und damit ohne die Eintragung in der Handwerksrolle **mit dem Marktverhalten zusammen.** Derartige Verstöße sind unlauter i. S. v. § 3a.[258] Auch weiterhin wird bei den zulassungspflichtigen Handwerken die **Abgrenzung zu einem erlaubnisfreien Hilfsbetrieb bzw. Minderhandwerk**

---

[242] Z. B. § 14 GewO, vgl. BGH GRUR 1963, 578 – *Sammelbesteller.*

[243] Vgl. z. B. § 34c Abs. 1 Nr. 2b GewO, BGH GRUR 1976, 635 – *Sonderberater in Bausachen.*

[244] Z. B. § 147a oder der aufgehobene § 105b GewO, dazu BGH GRUR 1988, 310 – *Sonntagsvertrieb.*

[245] Vgl. BGH GRUR 1963, 578, 583 – *Sammelbesteller.*

[246] *Köhler*/Bornkamm § 3a Rdn. 1.147; in dem BGH-Fall *Sammelbesteller* (a. a. O.) ging es nicht um die Wettbewerbswidrigkeit des Verstoßes gegen § 14 GewO als solchen.

[247] BGH GRUR 2014, 794, 795 – *Gebundener Versicherungsvermittler;* GRUR 2014, 88, 89 – *Vermittlung von Netto-Policen;* GRUR 2013, 1250, 1251 – *Krankenzusatzversicherungen* (zu § 34d GewO); GRUR 2009, 886, 887 – *Die clevere Alternative* (zu § 34 Abs. 4 GewO); OLG Düsseldorf WRP 2006, 1155 (zur Aufstellung von Spielgeräten ohne die nach § 33c GewO erforderliche Erlaubnis); zu § 1 UWG a. F. BGH GRUR 1976, 635 – *Sonderberater in Bausachen.*

[248] Gesetz zur Änderung der Handwerksordnung und zur Förderung von Kleinunternehmen vom 24.12. 2003, BGBl. I S. 2933.

[249] Drittes Gesetz zur Änderung der Handwerksordnung und anderer handwerksrechtlicher Vorschriften vom 24.12.2003, BGBl. I S. 2934.

[250] Vgl. BVerfG 17, 97, 103.

[251] Vgl. BT-Drucks. 15/1206, S. 22 (Begründung zum Gesetzentwurf der Koalitionsfraktionen); die Forderung des Bundesrates, weitere Regelungsziele für den Meisterzwang festzuschreiben (BT-Drucks. 151/481, S. 8), hat die Bundesregierung in ihrer Stellungnahme dazu zurückgewiesen (a. a. O. S. 14 f.).

[252] *Ullmann* GRUR 2003, 817, 824.

[253] Vgl. BGH GRUR 1989, 432 – *Kachelofenbauer;* GRUR 1992, 123, 125 – *Kachelofenbauer II;* OLG München WRP 1995, 870.

[254] OLG Frankfurt GRUR 1987, 380.

[255] BGH GRUR 1992, 123, 125 – *Kachelofenbauer II.*

[256] Vgl. *Ullmann* GRUR 2003, 817, 824.

[257] Vgl. unten Rdn. 107 ff.

[258] BGH GRUR 2013, 1056, 1058 – *Meisterpräsenz;* OLG Frankfurt GRUR 2005, 695; OLG Karlsruhe Beck RS 2014, 14572.

eine Rolle spielen,[259] wobei die diesbezüglichen Verbotsvorschriften der Handwerksordnung (§§ 2, 3) wegen der damit verbundenen „empfindlichen Eingriffe in die Freiheit selbstständiger Berufsausübung" eng ausgelegt werden müssen.[260]

k) Heilmittelwerbegesetz (HWG).[261] Die Vorschriften des HWG verfolgen den Zweck, die **Gesundheit** des einzelnen **Verbrauchers** und die **Gesundheitsinteressen der Allgemeinheit** zu schützen. Außerdem dient das HWG dem **Schutz vor wirtschaftlicher Übervorteilung** der Abnehmer von Heilmitteln, also nicht nur der Verbraucher, sondern auch der gewerblichen Abnehmer bzw. Wiederverkäufer.[262] Als in erster Linie dem Gesundheitsschutz dienende Normen wurden die Vorschriften des HWG unter dem alten UWG daher als wertbezogen und damit grundsätzlich einen Wettbewerbsverstoß indizierend angesehen.[263] § 4 Nr. 11 und damit jetzt § 3a hat für die wettbewerbsrechtliche Beurteilung von Verstößen gegen das HWG zu keiner Änderung gegenüber der früheren Rechtslage geführt. Das HWG regelt das Marktverhalten, nämlich insbesondere in Bezug auf die Werbung, auf dem Markt für Arznei- und andere Heilmittel im Interesse der Verbraucher und ihrer Gesundheit.[264] Die Rechtsprechung zum UWG 2004 bejahte daher ebenfalls eine Marktbezogenheit der die Werbung für Arzneimittel regelnden Vorschriften.[265] Auch die UGP-Richtlinie steht einer Sanktionierung über § 3a nicht entgegen; denn nach Artikel 3 Abs. 3 und Erwägungsgrund 9 lässt diese Richtlinie die Rechtsvorschriften der Union und der Mitgliedstaaten in Bezug auf Gesundheits- und Sicherheitsaspekte von Produkten unberührt.[266] Da die Judikatur noch weitaus größer als zum AMG ist, sollen nachfolgend nur die wichtigsten Themengebiete erwähnt werden; im Übrigen wird auf die Kommentierungen zum HWG[267] verwiesen. Bejaht wird ein Wettbewerbsverstoß bei einem **Verstoß gegen das Verbot der irreführenden Arzneimittelwerbung (§ 3 HWG),**[268] bei **fehlenden oder nicht ausreichenden Pflichtangaben nach § 4 HWG,**[269] der **Werbung für ein nicht zugelassenes Arzneimittel (§ 3a HWG),**[270] bei bestimmten, im HWG verbotenen oder eingeschränkten Werbeformen, z. B. **Werbung in der Packungsbeilage (§ 4a HWG),**[271] **Beschränkung der Werbung mit Gutachten und Fachveröffentlichungen (§ 6 HWG)**[272] **Gewährung von Zuwendungen entgegen § 7 HWG,**[273] **Werbung für verschreibungspflichtige Arzneimittel** bzw. Arzneimittel gegen 81

---

[259] Vgl. dazu schon BGH GRUR 1980, 246 – *Praxiseigenes Zahnlabor;* GRUR 2000, 1080 – *Verkürzter Versorgungsweg.*

[260] BVerfG WRP 2000, 716, 719 f.

[261] Dazu ausführlich oben Einl. I Rdn. 44 ff.

[262] Vgl. *Doepner,* HWG, Einl. Rdn. 40 m. w. N.; a. A. *Gröning,* HWG, § 3 Rdn. 8: nur die Gesundheit ist Schutzobjekt des HWG.

[263] Vgl. BGH GRUR 1970, 578 – *Sanatorium;* GRUR 1971, 585 – *Spezialklinik;* GRUR 1991, 860, 862 – *Katovit;* GRUR 1992, 874, 875 – *Hyanit;* GRUR 1994, 839, 840 – *Kontraindikationen;* GRUR 1996, 806, 808 – *Herz ASS;* GRUR 1998, 489, 500 – *Fachliche Empfehlung III.*

[264] Vgl. schon zum früheren Recht *Doepner,* HWG, Einl. Rdn. 41 a. E.: „... weil die heilmittelrechtlichen Normen das Wettbewerbsverhalten im HM-Markt unmittelbar im Interesse der Gesundheit des einzelnen und der Gesundheitsbelange der Allgemeinheit regeln."

[265] Z. B. BGH GRUR 2009, 1082, 1085 – *Degu Smiles & more.*

[266] Vgl. z. B. BGH GRUR 2014, 94 – *Pflichtangaben im Internet.*

[267] *Doepner,* HWG; *Gröning,* HWG; *Bülow/Ring/Artz/Brixius,* HWG; *Kleist/Hess/Hoffmann,* HWG, und oben Einl. I Rdn. 46 ff.

[268] BGH GRUR 2015, 1244 – *Äquipotenzangabe in Fachinformation;* GRUR 2013, 649 – *Basisinsulin mit Gewichtsvorteil;* OLG Frankfurt GRUR 2005, 695; MD 2006, 1179; OLG Hamburg GRUR-RR 2014, 95; OLG Hamm GRUR-RR 2014, 412; OLG Karlsruhe GRUR-RR 2006, 241; OLG Koblenz GRUR-RR 2006, 141; OLG Köln GRUR-RR 2009, 189; OLG Oldenburg GRUR-RR 2006, 243 f.; zu § 1 UWG a. F. z. B. BGH GRUR 1983, 333, 334 – *Grippewerbung II;* GRUR 1987, 839, 840 – *Professorentitel in der Arzneimittelwerbung.*

[269] BGH GRUR 2014, 94 – *Pflichtangaben im Internet;* OLG Köln GRUR-RR 2006, 116 f.; GRUR-RR 2008, 446; OLG Naumburg GRUR-RR 2007, 113; zu § 1 UWG a. F. BGH GRUR 1997, 761 – *Politikerschelte;* zur früheren Fassung von § 4 BGH GRUR 1991, 859, 860 – *Leserichtung für Pflichtangaben;* GRUR 1987, 301, 302 – *6-Punkte-Schrift;* GRUR 1988, 68, 69 f. – *Lesbarkeit I;* GRUR 1988, 70, 71 – *Lesbarkeit II;* GRUR 1988, 71, 72 f. – *Lesbarkeit III;* WRP 1989, 482, 482 – *Lesbarkeit IV,* jeweils zur Ausgestaltung der Pflichtangaben; GRUR 2001, 176 – *Myalgien.*

[270] BGH GRUR 2006, 513, 517 – *Arzneimittelwerbung im Internet;* GRUR 2008, 1014, 1016 – *Amlodipin;* KG GRUR-RR 2005, 170, 171; OLG Düsseldorf MD 2007, 1166, 1171.

[271] Vgl. OLG Hamburg MD 2000, 876.

[272] Vgl. BGH GRUR 2010, 1125, 1129 – *Femur-Teil.*

[273] BGH GRUR 2015, 504 – *Kostenlose Zweitbrille;* GRUR 2014, 689 – *Testen Sie Ihr Fachwissen;* GRUR 2009, 1082, 1085 – *DeGu Smiles & more;* GRUR 2010, 1136, 1138 – *UNSER DANKESCHÖN FÜR SIE;* GRUR 2010, 1133, 1135 – *Bonuspunkte;* OLG Celle GRUG-RR 2014, 263; OLG Düsseldorf GRUR-RR 2007, 117 f.; OLG Frankfurt GRUR-RR 2005, 393 f.; OLG Hamburg GRUR-RR 2013, 482 (Leitsatz); KG

Schlaflosigkeit oder **psychische Störungen gegenüber dem Laienpublikum (§ 10 HWG),**[274] sowie bei den in **§§ 11**[275] **und 12 HWG** enthaltenen Werbeverboten.[276]

82 **l) Jugendschutzvorschriften.** Das **Jugendschutzgesetz** enthält einige Normen, die dazu bestimmt sind, im Interesse der Marktteilnehmer das Marktverhalten zu regeln. Dazu gehören die in § 12 Abs. 3 JuSchG enthaltenen Verbote, Bildträger, die nicht oder mit „keine Jugendfreigabe" nach § 14 Abs. 2 von der obersten Landesbehörde oder einer Organisation der freiwilligen Selbstkontrolle gekennzeichnet sind, Jugendlichen anzubieten oder zu überlassen und im Einzelhandel außerhalb von Geschäftsräumen, in Kiosken oder anderen Verkaufsstellen, die Kunden nicht zu betreten pflegen, oder im Versandhandel anzubieten oder zu überlassen.[277] Auch § 15 Abs. 1 Nr. 4 und 6 JuSchG, wonach **jugendgefährdende Trägermedien** nicht im Wege gewerblicher Vermietung oder vergleichbarer gewerblicher Gewährung des Gebrauchs einer anderen Person angeboten oder überlassen werden dürfen (Nr. 4)[278] bzw. weder öffentlich an einem Ort, der Kindern oder Jugendlichen zugänglich ist oder von ihnen eingesehen werden kann, noch durch Verbreiten von Träger- und Telemedien außerhalb des Geschäftsverkehrs mit dem einschlägigen Handel angeboten, angekündigt oder angepriesen werden dürfen (Nr. 6),[279] stellen Marktverhaltensvorschriften im Sinne des § 3a dar.[280] Das gleiche gilt für die Verbote des Jugendmedienschutzstaatsvertrages (JMStV).[281] Der Betreiber einer **Internetplattform,** auf dem indizierte Medien von Versteigerern angeboten werden, haftet allerdings nicht als Teilnehmer des vorgenannten Wettbewerbsverstoßes. Er handelt nicht unlauter i. S. v. § 3a, sondern verstößt wegen Verletzung seiner wettbewerbsrechtlichen Verkehrspflicht gegen § 3 UWG.[282]

83 **m) Kosmetikverordnung.** Die EU-**Kosmetikverordnung**[283] enthält sowohl **Vorschriften über die verbotenen Inhaltsstoffe (Art. 14 ff.)** und über die gute **Herstellungspraxis von Kosmetika (Art. 8) und deren Marktüberwachung (Art. 22 ff.)** als auch detaillierte Vorschriften über die **Kennzeichnung** von Kosmetika **(Art. 19),** insbesondere die **Angabe der Charge** sowie **Warnhinweise (Anhang I).** Diese Vorschriften dienen dem Gesundheitsschutz, so dass Verstöße gegen die früheren Vorschriften der deutschen Vorgängerregelung der Kosmetikverordnung ohne Hinzutreten weiterer Umstände als wettbewerbswidrig i. S. des früheren § 1 UWG angesehen wurden.[284] Zu den gesundheitsbezogenen Schutzvorschriften im weitesten Sinne gehört auch die **Verpflichtung zur Angabe des verantwortlichen Unternehmens** (Art. 19 Abs. 1 lit. a EU-KosmetikVO, früher § 5 Abs. 1 Nr. 1 KosmetikV).[285]

WRP 2012, 1567; OLG Köln MD 2007, 290; OLG Naumburg GRUR-RR 2006, 336, 337; OLG Stuttgart GRUR-RR 2005, 64 und 235; zu § 1 UWG a. F. BGH GRUR 1990, 1041, 1042 – *Fortbildungs-Kassetten;* vgl. auch BGH GRUR 2003, 624 – *Kleidersack* (Verstoß gegen § 7 HWG verneint).

[274] BGH GRUR 2009, 984 – *Festbetragsfestsetzung;* OLG Frankfurt GRUR-RR 2013, 76 f.; zu § 1 UWG a. F. BGH GRUR 1983, 393, 394 – *Novodigal/Temagin;* GRUR 1979, 646, 647 – *Klosterfrau Melissengeist.*

[275] BGH GRUR 2014, 689 – *Testen Sie Ihr Fachwissen;* KG GRUR-RR 2005, 162, 167; zu § 1 UWG a. F. BGH GRUR 1991, 701, 702 f. – *Fachliche Empfehlung I;* GRUR 1991, 929, 930 – *Fachliche Empfehlung II;* GRUR 1998, 498, 499 – *Fachliche Empfehlung III:* zu § 11 Nr. 2 BGH GRUR 1998, 495, 497 – *Lebertran II;* zu § 11 Nr. 1 und 6 BGH GRUR 1985, 936 – *Sanatorium II;* zu § 11 Nr. 4 OLG Stuttgart NJW 1972, 2064; zu § 11 Nr. 7 BGH GRUR 1986, 902 – *Angstwerbung;* zu § 11 Nr. 11 BGH GRUR 1992, 874, 875 – *Hyanit;* OLG Köln GRUR 1972, 561, 562 – *Kavaform.*

[276] BGH GRUR 1996, 806, 807 – *Herz ASS;* GRUR 1998, 961, 962 – *Lebertran I;* GRUR 1985, 304 – *THX Krebsvorsorge;* GRUR 1999, 936, 937 – *Hypotonietee.*

[277] OLG Brandenburg GRUR-RR 2007, 18, 19; OLG Frankfurt WRP 2014, 1480; OLG Koblenz GRUR 2005, 266, 267; OLG München GRUR 2004, 963; OLG Celle GRUR-RR 2003, 221.

[278] BGH GRUR 2007, 890, 893 – *Jugendgefährdende Medien bei eBay.*

[279] LG Halle GRUR-RR 2007, 26, 27.

[280] H. M., vgl. BGH GRUR 2007, 890, 893 – *Jugendgefährdende Medien bei ebay; Köhler*/Bornkamm § 3a Rdn. 1.334; MünchKomUWG/*Schaffert,* § 4 Nr. 11 Rdn. 200; a. A. *Ohly*/Sosnitza § 4.11 Rdn. 11/81; *Scherer* WRP 2006, 401, 405 f.; *Steinbeck* GRUR 2008, 848, 852.

[281] BGH GRUR 2008, 534, 539 – *ueber 18.de;* GRUR 2009, 845, 849 – *Internet-Videorecorder.*

[282] BGH GRUR 2007, 890, 893 ff. – *Jugendgefährdende Medien bei eBay;* dazu näher § 8 Rdn. 80 ff.

[283] Verordnung (EG) Nr. 1223/2009 über kosmetische Mittel vom 30.11.2009, ABl. L 342, 59; vgl. zur Werbung für Kosmetika oben Einl. H Rdn. 41 ff.

[284] BGH GRUR 1989, 673, 674 – *Zahnpasta;* GRUR 1994, 456, 457 – *Prescriptives;* GRUR 1994, 642, 643 f. – *Chargennummer;* GRUR 1999, 1109, 1111 – *Entfernung der Herstellungsnummer I;* GRUR 1999, 600, 601 – *Haarfärbemittel;* GRUR 2002, 709 – *Entfernung der Herstellungsnummer III;* vgl. auch EuGH ZLR 2001, 829 ff. – *Warnhinweis,* wonach die Vorschriften der Richtlinie 76/768/EWG des Rates zur Angleichung der Rechtsvorschriften der Mitgliedstaaten über kosmetische Mittel, auf denen auch die Vorschriften der Kosmetikverordnung beruhen, auch spürbare Beeinträchtigungen des innergemeinschaftlichen Verkehrs rechtfertigen, weil dem Schutz der Volksgesundheit dienend.

[285] BGH GRUR 1994, 456, 457 – *Prescriptives.*

Als verbraucherschützende Vorschriften regeln die Bestimmungen der Kosmetikverordnung über die Zusammensetzung und Kennzeichnung von Kosmetika das Verhalten der Anbieter auf dem Markt für Kosmetika und erfüllen daher die Voraussetzungen des § 3a. Ohne weiteres Marktverhaltensregelung ist das für Kosmetika in **§ 27 LFGB und in Art. 20 Abs. 1 EU-KosmetikV** geregelte **Irreführungsverbot,** also insbesondere das Verbot, einem kosmetischen Mittel Wirkungen beizulegen, die ihm nach den Erkenntnissen der Wissenschaft nicht zukommen oder die nicht hinreichend gesichert sind.[286] 84

n) Kreditwesengesetz. Ob ein Verstoß gegen **§ 32 KWG,** wonach das gewerbsmäßige Betreiben von Bankgeschäften bzw. die Erbringung von Finanzdienstleistungen einer Erlaubnis der Bundesanstalt für Kreditwesen bedarf, eine Marktverhaltensvorschrift im Sinne von § 3a ist, ist vom BGH ausdrücklich offengelassen worden.[287] 85

o) Ladenschlussgesetz/Feiertagsgesetze. Das wie kaum ein anderes Gesetz wettbewerbspolitisch kritisierte[288] **Ladenschlussgesetz** dient zwar vorgeblich in erster Linie dem Schutz der im Einzelhandel Beschäftigten.[289] Es wurde daher von der früheren Rechtsprechung als **wertneutral** angesehen.[290] Unabhängig davon, ob das Gesetz daneben auch dem Schutz des Einzelhandels dient oder nicht,[291] hat dieses Gesetz aber auch einen Wettbewerbsbezug in dem Sinne, dass es in zeitlicher Hinsicht die Wettbewerbsbedingungen für alle ihm unterworfenen Marktbeteiligten regelt. Ein Verstoß hiergegen unterfällt daher § 3a.[292] 86

Dies schließt nicht aus, dass eine eher restriktive Auslegung des Gesetzes selbst weniger Unlauterkeitstatbestände schafft, die dann noch unter dem Gesichtspunkt der Bagatellklausel in § 3a zu prüfen wären. Von einer restriktiven Auslegung des Gesetzes durch die Gerichte konnte allerdings in der Vergangenheit kaum die Rede sein.[293] 87

Auch die **Feiertagsgesetze** der Länder haben trotz ihres primär sozialpolitischen Zweckes der Arbeitsruhe bzw. des religiösen Zwecks der Feiertagsheiligung[294] eine sekundäre wettbewerbsbezogene Schutzfunktion. Sie schaffen eine par condicio, über die sich ein einzelner Gewerbetreibender nicht hinwegsetzen darf, weil er zumindest in der Regel zum Nachteil der – gesetzestreuen – Wettbewerber handelt.[295] 88

p) Lebensmittelrecht.[296] Die in weitverzweigten Gesetzen und Verordnungen enthaltenen Vorschriften des Lebensmittelrechts dienen in erster Linie dem Schutz der **Gesundheit der Verbraucher** sowie deren Schutz vor Täuschung. Im Rahmen dieser Hauptzwecke gibt es verschiedenartige Abstufungen. Zu den Vorschriften zum Schutz der Gesundheit zählen in erster Linie das **Verbot der Vermarktung gesundheitsschädlicher Lebensmittel** bzw. der **Verwendung gesundheitsschädlicher Stoffe** (§ 5 LFGB bzw. Art. 14 der Verordnung 178/2002/EG zur Festlegung der allgemeinen Grundsätze), aber auch die europäischen und deutschen **Verordnungen betreffend den Höchstgehalt bestimmter unerwünschter Stoffe** in Lebensmitteln.[297] Dem vorbeugenden Gesundheitsschutz dienen darüber hinaus das **Verbot der Verwendung nicht zugelassener Zu-** 89

---

[286] BGH GRUR 2016, 418 – *Feuchtigkeitsspendendes Gel-Reservoir;* OLG Hamburg WRP 2006, 909; OLG Hamm MD 2007, 376 ff.

[287] BGH GRUR 2006, 511, 512 f. – *Umsatzsteuererstattungsmodell* (weil im entschiedenen Fall kein erlaubnispflichtiges Kreditgeschäft vorlag).

[288] Vgl. z. B. *Emmerich,* Wettbewerbsrecht, 313; Großkomm/*Teplitzky* (1. Aufl.) § 1 UWG Rdn. G 238 m. w. N.

[289] Vgl. BGH GRUR 1981, 424, 425 – *Tag der offenen Tür II; Sack* WRP 1998, 683, 685.

[290] Vgl. BGH GRUR 1966, 323 – *Ratio;* GRUR 1982, 609 – *Feierabend-Vergnügen;* GRUR 1973, 144 – *Mischbetrieb;* GRUR 1974, 31 – *Perserteppiche;* GRUR 1976, 438 – *Tag der offenen Tür I;* GRUR 1981, 424 – *Tag der offenen Tür II;* GRUR 1982, 615 – *Flughafen-Verkaufsstellen;* GRUR 1984, 361 – *Hausfrauen-Info-Abend;* GRUR 1988, 382 – *Schelmenmarkt;* GRUR 1995, 601 – *Bahnhofs-Verkaufsstellen;* GRUR 1996, 768 – *Blumenverkauf an Tankstellen.*

[291] Vgl. dazu Großkomm/*Teplitzky* (1. Aufl.) § 1 UWG Rdn. G 238 m. w. N.

[292] Ebenso *Ullmann* GRUR 2003, 817, 822; *Köhler*/Bornkamm, § 3a Rdn. 1.263; *Ohly*/Sosnitza, § 4.11 Rdn. 11.74; MünchKomUWG/*Schaffert* § 4 Nr. 11 Rdn. 376; OLG Stuttgart WRP 2008, 977, 982; a. A. *Sack* WRP 2004, 1307, 1310.

[293] Vgl. z. B. OLG Köln WRP 1982, 168; WRP 1985, 717, 718.

[294] Vgl. OLG Karlsruhe GRUR 1991, 777.

[295] Vgl. OLG Dresden WRP 2006, 1539, 1540: Vorschrift betrifft als Verbot der Ausübung eines Gewerbes zu bestimmten Zeiten die Tätigkeit gleichartiger Unternehmen in gleicher Weise beim Absatz der Waren und dient somit auch dem Schutz der Mitbewerber.

[296] Zum Lebensmittelrecht vgl. ausführlich oben Einl. I Rdn. 2 ff.

[297] Z. B. die Verordnung 1881/2006/EG zur Festsetzung der zulässigen Höchstgehalte für bestimmte Kontaminanten in Lebensmitteln, die Verordnung 396/2005/EG über Höchstgehalte an Pestizidrückständen, die Schadstoff-Höchstmengenverordnung, die Mykotoxin-Höchstmengenverordnung, die Rückstands-Höchstmengenverordnung, die Lösungsmittel-Höchstmengenverordnung.

satzstoffe (§ 6 LFGB),[298] der **Vermarktung nicht zugelassener neuartiger Lebensmittel** i. S. d. Verordnung 258/97/EG sowie die Lebensmittelbestrahlungsverordnung. Auch die Vorschriften über die **Hygiene** beim Herstellen und Behandeln von Lebensmitteln wie die des sog. EU-Hygienepakets, insb. die Verordnungen (EG) 852/2004 und 853/2004 und die zu ihrer Durchführung erlassenen Lebensmittelhygieneverordnung und Tierische Lebensmittel-Hygieneverordnung[299] zählen hierzu. Weiter zu nennen sind gesetzliche Bestimmungen, die eine bestimmte **Warnung** vorschreiben, z. B. gemäß § 22a Abs. 2 Nr. 2b DiätV vor den gesundheitsschädlichen Auswirkungen einer unangemessenen Zubereitung von Säuglingsanfangsnahrung, sowie **gesundheitsrelevante Kennzeichnungsvorschriften** wie z. B. über den Alkoholgehalt (Art. 9 Abs. 1 lit. k EU-LebensmittelinformationsV – LMIV) oder das Verbrauchsdatum (Art. 9 Abs. 1 lit. f LMIV).

90 Zu den lebensmittelrechtlichen Vorschriften, die den Verbraucher vor **Täuschung** schützen sollen, zählt in erster Linie das **Irreführungsverbot** des Art. 7 LMIV und des § 11 LFGB.[300] Weiterhin gehören hierzu das **Verbot der krankheitsbezogenen Werbung** für Lebensmittel (Art. 7 Abs. 3 LMIV, früher § 12 LFGB)[301] sowie alle **Kennzeichnungsvorschriften.** Sie dienen der Information und Aufklärung der Verbraucher über ernährungs- und gesundheitsbezogene Aspekte der Lebensmittel.[302] Die LMIV schreibt insoweit in Art. 9 die Angabe der Bezeichnung, der Zutaten und unter bestimmten Voraussetzungen (Art. 22 LMIV) ihrer Menge[303] und des Mindesthaltbarkeitsdatums[304] vor. Ebenfalls dem Schutz vor dieser Art der Täuschung dienen die Beschränkungen über die Benutzung des Wortes „natürlich" zur Kennzeichnung von Aromen (Anhang VIII Teil D LMIV i. V. m. Artikel 16 Verordnung Nr. 1334/2008/EG über Aromen). Auch die Vorschriften über die Kennzeichnung von Erzeugnissen aus ökologischem Landbau nach der Verordnung Nr. 834/2007/EG über den ökologischen Landbau und die entsprechende Kennzeichnung der landwirtschaftlichen Erzeugnisse und Lebensmittel zählen hierzu.[305]

91 Diese Vorschriften dienen im Interesse der Verbraucher auch dazu, das Verhalten der Hersteller und Vertreiber von Lebensmitteln auf dem Markt für Lebensmittel zu regeln. Die **sekundäre Marktbezogenheit** dieser Vorschriften i. S. v. § 3a ist daher von der Rechtsprechung zu § 4 Nr. 11 UWG a. F. im Grundsatz bejaht worden, und zwar sowohl für die Normen, die aus Gründen des vorbeugenden Gesundheitsschutzes etwa die Verwendung nicht zugelassener **Zusatzstoffe**[306] oder **neuartiger Lebensmittel,**[307] verbieten als auch für die lebensmittelrechtlichen **Irreführungsverbote.**[308] Auch die Weinbezeichnungsvorschriften des europäischen Weinrechts sind Marktverhaltensnormen im Sinne von § 3a.[309] Auf die unterschiedlichen Schutzzwecke im Einzelnen, also insbesondere ob die verletzte Vorschrift mehr dem Schutz der Gesundheit oder mehr dem Schutz vor Täuschung dient, kommt es insoweit nicht an. Auch die Vorschriften der Verordnung Nr. 1924/2006/EG über nährwert- und gesundheitsbezogene Angaben **(Health-Claims-Verordnung),** die die Verwendung nährwert- und gesundheitsbezogener Angaben in der Kennzeichnung und Werbung für Lebensmittel regelt, sind Marktverhaltensvorschriften im Sinne von § 3a.[310]

---

[298] Vgl. BGH GRUR 2011, 355, 356 – *Gelenknahrung II.*

[299] Verordnung zur Durchführung des gemeinschaftlichen Lebensmittelhygienerechts v. 8.8.2007, BGBl. I S. 1816.

[300] Vgl. BGH BeckRS 2015, 19895 – *Himbeer-Vanilleabenteuer II;* GRUR 2008, 1118, 1119 – *MobilPlus Kapseln;* GRUR 2009, 75 – *Priorin;* GRUR 2009, 413 – *Erfokol-Kapseln;* BGH GRUR 1984, 376 – *Johannisbeerkonzentrat;* KG GRUR 1994, 67, 70 – *Naturkäse* und oben Einl. I Rdn. 6 ff.

[301] Vgl. BGH GRUR 2008, 1118, 1120 – *MobilPlus Kapseln* und oben Einl. J Rdn. 14.

[302] BGH GRUR 2013, 739, 742 – *Barilla.*

[303] OLG Köln GRUR-RR 2014, 45 (zu § 8 LMKV); vgl. auch OLG Hamburg NJOZ 2003, 2127, 2132, das aber im konkreten Fall einen Verstoß gegen § 1 UWG a. F. verneint hat.

[304] Vgl. OLG Köln GRUR 1999, 1023 (zu §§ 3, 7 LMKV).

[305] Wegen weiterer Einzelheiten vgl. oben Einl. J Rdn. 27.

[306] Z. B. BGB GRUR 2011, 355, 356 – *Gelenknahrung II;* OLG Hamburg ZLR 2007, 413, 418; OLG Köln ZLR 2007 231, 232; ZLR 2008, 717, 720 f.

[307] BGH GRUR 2008, 625 – *Fruchtextrakt;* GRUR 2009, 413, 415 – *Erfokol-Kapseln.*

[308] BGH GRUR 2015, 403 – *Monsterbacke II;* OLG Köln ZLR 2008, 351; GRUR-RR 2013, 466; OLG Frankfurt MD 2007, 436 f.; OLG Hamburg WRP 2007, 465; OLG Hamm MD 2007, 383 ff.; OLG Karlsruhe GRUR 2015, 253; OLG München GRUR-RR 2006, 139; OLG Nürnberg LMRR 2013, 112; vgl. bereits *Klamroth* ZLR 1978, 467, 473: „Der gesundheitspolitische Hauptzweck vieler lebensmittelrechtlicher Vorschriften zieht auch die Regelung des Wettbewerbes nach sich."

[309] BGH GRUR 2009, 972 – *Lorch Premium II.*

[310] BGH GRUR 2016, 412, 413 – *Lernstark;* GRUR 2011, 246, 248 – *Gurktaler Kräuterlikör;* GRUR 2013, 958 – *Vitalpilze;* GRUR 2014, 500 – *Präbiotik und Probiotik;* GRUR 2014, 2013 – *Original-Bachblüten;* GRUR 2014, 1224 – *ENGERGY & VODKA;* GRUR 2015, 498 – *COMBIOTIK; Köhler,* ZLR 2008, 135; vgl. dazu näher Einl. J Rdn. 18.

Die neuere Rechtsprechung hat jeden Verstoß gegen lebensmittelrechtliche Vorschriften als unlauter i. S. d. §§ 3, 3a angesehen, weil diese Vorschriften grundsätzlich dem Schutz der Gesundheit der Verbraucher dienen.[311] Das Korrektiv der Relevanz[312] wurde auch vor der Einführung des § 3a durch das 2. UWG-Änderungsgesetz nicht mehr angewendet. Damit ist faktisch wieder die gleiche Situation erreicht wie gegen Ende des vergangenen Jahrhunderts, als jeder Verstoß gegen im weitesten Sinne gesundheitsschützende Vorschriften grundsätzlich als Wettbewerbsverstoß angesehen wurde.[313] 92

q) Lotteriestaatsvertrag/Glücksspielstaatsvertrag. Der **Glückspielstaatsvertrag (GlüStV)** hat den Zweck, das Entstehen von Glückspielsucht und Wettsucht zu verhindern, das Glückspielangebot zu begrenzen und den natürlichen Spieltrieb der Bevölkerung in geordnete und überwachte Bahnen zu lenken (vgl. § 1 GlüStV). Bei den zu diesem Zweck erlassenen Regelungen handelt es sich um **Marktverhaltensregelungen** im Interesse der Spielteilnehmer.[314] Die UGP-Richtlinie steht dabei einer Anwendung des § 3a nicht entgegen, da sie nationale Vorschriften, die sich auf Glückspiele beziehen, unberührt lässt.[315] Relevante Verstöße im Sinne von § 3a sind insbesondere das Verbot der **Veranstaltung oder des Vermittelns von öffentlichen Glückspielen ohne behördliche Erlaubnis** (§ 4 Abs. 1 GlüStV) und das Verbot des Veranstaltens und Vermittelns **öffentlicher Gewinnspiele im Internet** (§ 4 Abs. 4 GlüStV).[316] Das Gleiche gilt für die **Werbebeschränkungen** des § 5 GlüStV, z. B. das Verbot einer Werbung, die gezielt zur Teilnahme am Glückspiel auffordert,[317] und für das **Verbot, für öffentliches Glückspiel im Fernsehen, Internet sowie über Telekommunikationsanlagen zu werben** (§ 5 Abs. 3 GlüStV).[318] 93

r) Medizinproduktegesetz. Das in § 6 Abs. 1 MPG enthaltene Verbot, **Medizinprodukte** in Verkehr zu bringen, wenn sie nicht mit einer **deutschsprachigen Gebrauchsanweisung** bzw. mit einer **CE-Kennzeichnung** versehen sind, stellt eine Marktverhaltensregelung im Sinne von § 3a dar, weil diese Kennzeichnungsvorschriften den Schutz der Gesundheit der Verbraucher bezwecken.[319] Gleiches gilt für das in § 4 Abs. 2 Satz 1 MPG enthaltene Verbot, Medizinprodukte in irreführender Aufmachung in den Verkehr zu bringen.[320] 94

s) Pflanzenschutzgesetz. Die Zulassungsbestimmungen des **Pflanzenschutzgesetzes** sind zum Schutze der Verbraucher erlassen worden und damit auch dazu bestimmt, im Interesse der Marktteilnehmer das Marktverhalten zu regeln. Verstöße gegen Art. 28 Abs. 1 Verordnung (EG) Nr. 1107/2009 (bislang § 11 PflanzenschutzG) durch Vertrieb eines **Pflanzenschutzmittels** ohne pflanzenrechtliche Zulassung des Produktes[321] bzw. mit einem nicht als zugelassen geltenden Zusatzstoff[322] fallen unter § 3a. 95

t) Personenbeförderungsgesetz. Das **Personenbeförderungsgesetz**[323] regelt die entgeltliche oder geschäftsmäßige Beförderung von Personen mit Straßenbahnen, mit O-Bussen und mit Kraftfahrzeugen (§ 1 Abs. 1 PBefG). Diese Beförderungsarten unterliegen nach § 2 Abs. 1 PBefG einer **Genehmigungspflicht.** Die Erteilungsgründe sind in § 14 PBefG im Einzelnen aufgeführt. 96

---

[311] Vgl. die oben Rdn. 89 bis 91 zitierten Entscheidungen.

[312] Vgl. OLG Hamburg NJOZ 2003, 2127, 2132; im Einzelnen zu dieser Thematik *v. Jagow* in: FS Doepner, S. 21.

[313] Vgl. dazu oben Rdn. 4.

[314] Vgl. BGH NJW-RR 2008, 1491, 1494 – *Post-Wettannahmestelle.*

[315] Vgl. BGH GRUR 2011, 169, 170 – *Lotterien und Casinospiele;* GRUR Int 2012, 375 – *Sportwetten im Internet II;* GRUR 2013, 527, 528 – *Digibet.*

[316] BGH GRUR Int 2012, 375 – *Sportwetten im Internet II;* GRUR 2012, 201 – *Poker im Internet;* OLG Köln GRUR-RR 2013, 111, 112.

[317] Vgl. BGH GRUR 2011, 440, 442 f. – *Spiel mit;* KG GRUR-RR 2010, 22, 27 und GRUR-RR 2010, 2930; OLG Koblenz GRUR-RR 2010, 16, 19; OLG Köln GRUR-RR 2013, 111; OLG München WRP 2008, 972, 975; WRP 2009, 1014, 1015.

[318] BGH GRUR Int 2012, 375 – *Sportwetten im Internet II.*

[319] BGH GRUR 2008, 922, 923 – *In-vitro-Diagnostika;* GRUR 2010, 169, 170 – *CE-Kennzeichen;* GRUR 2010, 754, 755 – *Golly Telly;* GRUR 2010, 756, 757 – *One Touch Ultra.*

[320] Vgl. BGH GRUR 2010, 1125, 1129 – *Femur-Teil;* OLG Schleswig GRUR-RR 2015, 212.

[321] BGH GRUR 2010, 160 – *Quizalofop;* GRUR 2012, 456 – *Delan;* GRUR 2012, 945 – *Tribenuronmethyl;* GRUR 2013, 414 – *Elonicamid;* GRUR 2016, 88, 90 – *Deltamethrin;* OLG Köln GRUR 2005, 962, 964; GRUR-RR 2011, 113.

[322] Vgl. BGH GRUR 2011, 842, 843 – *RC-Netzmittel;* GRUR 2011, 843, 844 – *Vorrichtung zur Schädlingsbekämpfung.*

[323] Neugefasst durch Bekanntmachung vom 8.8.1990, BGBl. I S. 690, zuletzt geändert durch Art. 2 Abs. 47 G v. 7.8.2013, BGBl. I S. 3154.

97 Die wettbewerbsrechtliche Judikatur hat häufig das Verbot des § 49 Abs. 4 Satz 2 und 3 PBefG beschäftigt, wonach mit Mietwagen (im Unterschied zu Taxen) nur Beförderungsaufträge ausgeführt werden dürfen, die am Betriebssitz oder in der Wohnung des Unternehmers eingegangen sind, und wonach der Mietwagen nach Ausführung des Beförderungsauftrages in der Regel unverzüglich zum Betriebssitz zurückzukehren hat.[324]

98 § 49 Abs. 2–4 PBefG regeln im Interesse der sonstigen Marktteilnehmer, nämlich der anderen Mietwagenbetreiber, aber auch der Taxeibetreiber, das Verhalten im Wettbewerb, so dass ein Verstoß gegen diese Vorschriften unlauter i. S. v. § 3a ist.[325] Auch § 47 Abs. 2 PBefG, wonach Taxen nur in der Gemeinde bereitgehalten werden dürfen, in der der Unternehmer seinen Betriebssitz hat, stellt eine Marktverhaltensregelung dar.[326] Verstöße gegen die Genehmigungspflicht nach § 2 PBefG betreffen zwar den **Marktzutritt.** Sofern das Fehlen der Genehmigung auf Umständen beruhen kann, die die fachliche Eignung des Unternehmers betreffen, stellt ein Verstoß gegen die Genehmigungspflicht aber auch ein unlauteres Marktverhalten dar.[327] Dagegen ist die Regelung in § 13 Abs. 4 PBefG, nach der beim Verkehr mit Taxen die Genehmigung zu versagen ist, wenn die öffentlichen Verkehrsinteressen dadurch beeinträchtigt werden, keine Marktverhaltensregelung, sondern eine reine Marktzutrittsnorm.[328]

99 Die vergleichbare Vorschrift in § 18 **RettG NRW,** welche die begrenzte Zulassung privater Unternehmen zur Notfallrettung und Krankentransporte regelt, betrifft nicht nur den Marktzutritt, sondern zugleich auch das Marktverhalten zum Schutz der transportbedürftigen Kranken.[329]

100 **u) Pkw-Energieverbrauchskennzeichnungsverordnung.** Nach **§ 1 Pkw-EnVKV** müssen Hersteller und Händler, die neue Personenkraftwagen ausstellen, zum Kauf oder Leasing anbieten oder für diese werben, Angaben über den **Kraftstoffverbrauch** und die **CO_2-Emissionen** machen. Bei dieser Vorschrift handelt es sich um eine Marktverhaltensregelung.[330] Dabei sind neue Pkw im Sinne des § 2 Nr. 1 dieser Verordnung auch solche mit Tageszulassung bzw. Vorführwagen.[331]

101 **v) Preisangabenrecht.** Verstöße gegen die **Preisangabenverordnung**[332] als wichtigstes materielles Gesetz über die Art und Weise von Preisangaben haben die Wettbewerbsgerichte schon im Zusammenhang mit dem früheren § 1 UWG in besonders umfangreichem Maße beschäftigt.[333] Während der BGH die Bestimmungen der PAngV ursprünglich als wertneutrale Vorschriften ansah,[334] hat er in zwei Entscheidungen noch vor Erlass des UWG 2004 den Wettbewerbsbezug bejaht. Er hat darauf hingewiesen, dass der Zweck der PAngV die Gewährleistung von Preiswahrheit und Preisklarheit durch eine sachlich zutreffende und vollständige Verbraucherinformation sei, um durch optimale Preisvergleichsmöglichkeiten die Stellung der Verbraucher gegenüber Handel und Gewerbe zu stärken und den Wettbewerbs zu fördern. Er hat deshalb angenommen, dass Verstöße gegen sie zugleich den Tatbestand des § 1 UWG a. F. erfüllen.[335] Diese Begründung verwundert angesichts der jahrelangen Kritik an der höchstrichterlichen Einordnung dieser Vorschriften als wertneutral nicht.[336]

---

[324] BGH GRUR 1988, 831 – *Rückkehrpflicht;* GRUR 1990, 49 – *Rückkehrpflicht II;* GRUR 1989, 835 – *Rückkehrpflicht III;* NJW-RR 1990, 173 – *Beförderungsauftrag;* GRUR 1990, 1366 – *Rückkehrpflicht IV;* GRUR 2015, 1235 – *Rückkehrpflicht V;* OLG Schleswig WRP 1995, 753; OLG Koblenz WRP 1995, 860.

[325] Vgl. BGH GRUR 2015, 1235 f. – *Rückkehrpflicht V;* GRUR 2012, 645 – *Mietwagenwerbung* zu § 49 Abs. 4 S. 5; nicht dagegen bei Verstoß gegen § 49 Abs. 4c (Verpflichtung buchmäßiger Erfassung des Eingangs des Beförderungsauftrages am Betriebssitz); vgl. MünchKomUWG/*Schaffert,* § 4 Nr. 11 Rdn. 155; *Köhler*/Bornkamm § 4 Rdn. 11.83.

[326] BGH GRUR 2013, 412 – *Taxibestellung.*

[327] Vgl. MünchKomUWG/*Schaffert,* § 4 Nr. 11 Rdn. 71 und 155; siehe auch BGH GRUR 2009, 881, 882 f. – *Überregionaler Krankentransport.*

[328] Vgl. *Ullmann* GRUR 2003, 817, 824.

[329] BGH GRUR 2009, 881, 883 – *Überregionaler Krankentransport* (Wettbewerbsverstoß im konkreten Fall wegen fehlender Spürbarkeit verneint); weitergehend OLG Hamm BeckRS 2006, 00958, das in § 18 RettG NRW auch eine Vorschrift zum Schutz der Mitbewerber sieht.

[330] BGH GRUR 2010, 852, 853 f. – *Gallardo Spyder;* GRUR 2012, 842 – *Neue Personenkraftwagen;* GRUR 2015, 393 – *Der neue SLK* (dort aber Verstoß gegen § 5a Pkw-EnVKVers verneint; OLG Frankfurt GRUR-RR 2014, 156; OLG Oldenburg GRUR-RR 2007, 83 f.; vgl. dazu auch *Goldmann* WRP 2007, 38, 41.

[331] OLG Köln WRP 2007, 680, 682; OLG Stuttgart GRUR-RR 2009, 347, 348.

[332] Vgl. dazu ausführlich unten die Kommentierung zur Preisangabenverordnung.

[333] Vgl. die umfangreichen Nachweise bei Großkomm/*Teplitzky* § 1 UWG Rdn. G 205 ff.

[334] Vgl. GRUR 1988, 699, 700 – *qm-Preisangaben II.*

[335] BGH GRUR 2003, 971, 972 – *Telefonischer Auskunftsdienst;* GRUR 2004, 435, 436 – *FrühlingsgeFlüge.*

[336] Vgl. zuletzt *Doepner* GRUR 2003, 825, 827 f. m. w. N.

Diese neuere Sichtweise des BGH ist von den Gerichten auch der Beurteilung nach § 4 Nr. 11 (jetzt § 3a) zugrunde gelegt werden.[337] Der Primärzweck der PAngV, die Preiswahrheit und Preisklarheit durch eine sachlich zutreffende und vollständige Information der Verbraucher über die Endpreise zu gewährleisten, bezieht sich erkennbar[338] auf den Schutz von Marktteilnehmern, in erster Linie der Verbraucher. Zumindest sekundär hat die PAngV damit eine wettbewerbliche Schutzfunktion.[339] Sie soll das Marktverhalten in Bezug auf die Preisangaben regeln und damit auch beeinflussen. Bei den meisten Verstößen gegen die PAngV ist zumindest grundsätzlich denkbar, dass die Wettbewerbslage zugunsten des Verletzers verbessert wird. 102

Die Vorschriften der Preisangabenverordnung haben ihre **Grundlage im Unionsrecht.**[340] Auch vor dem Hintergrund der abschließenden Regelung der UGP-Richtlinie können jedenfalls die Informationspflichten der PAngV, die unionsrechtlich vorgegeben sind, weiterhin eine Unlauterkeit im Sinne von § 3a begründen.[341] Vor diesem Hintergrund stellen Verstöße gegen die Preisangabenverordnung, beispielsweise gegen das Gebot, **Endpreise** anzugeben, also einschließlich der **Umsatzsteuer** gemäß § 1 Abs. 1 PreisangabenV,[342] sowie **sonstiger Preisbestandteile,** z.B. **Versandkosten,**[343] die **Flughafen- und Startgebühren** bei den Preisen von Flugreisen,[344] das **Service-Entgelt** bei einer **Kreuzfahrt,**[345] der **Bearbeitungskosten** einer Reisebuchung beim **Reisepreis**[346] oder von **Überführungskosten** für einen Pkw[347] oder bei Beerdigungen[348] sowie die **Kosten für Umrüstung** eines **Pkw** und die TÜV-Abnahme zwecks Zulassung auf dem deutschen Markt Verstöße gegen Marktverhaltensregelungen im Sinne von § 3a dar.[349] Auch die nicht vollständige Angabe aller Preisbestandteile bei **Mobilfunktarifen**[350] und bei Nutzungskosten für das **Internet**[351] und der damit verbundene Verstoß gegen die PAngV sind in der Regel unlauter im Sinne von § 3a. Gerade bei der Endpreisangabe wird aber nicht jeder Fall geeignet sein, die Interessen von Marktteilnehmern spürbar zu beeinträchtigen (Bagatellschwelle), etwa weil das in jeder unvollständigen oder schlecht erkennbaren Endpreisangabe liegende Irreführungspotential so gering ist, dass sie das wirtschaftliche Verhalten des Verbrauchers nicht wesentlich beeinflussen.[352] 103

Die gleichen Erwägungen gelten auch für die Vorschriften des § 2 PAngV betreffend die Angabe des **Grundpreises.** Wie schon die Erwägungsgründe der Richtlinie 98/6/EG über den Schutz der Verbraucher bei der Angabe der Preise der ihnen angebotenen Erzeugnisse zeigen, deren Umsetzung gerade die Vorschriften über die Angabe des Grundpreises dienen, trägt die Verpflichtung, den Verkaufspreis und den Preis je Maßeinheit anzugeben, zur Verbesserung der Verbraucherinformation bei, da sie eine bessere Möglichkeit bietet, Preisvergleiche anzustellen.[353] Ferner fördern ein transparenter Markt und korrekte Informationen nicht nur den Verbraucherschutz, sondern auch 104

---

337 OLG Frankfurt GRUR-RR 2005, 355f.; OLG Hamburg GRUR-RR 2007, 167; MD 2007, 129; MD 2006, 1361, 1368; GRUR-RR 2005, 27, 29; OLG Jena GRUR 2006, 246f.; OLG Köln GRUR-RR 2005, 89, 90; OLG Stuttgart GRUR 2005, 608f.

338 Vgl. oben Rdn. 29.

339 Ebenso *Ullmann* GRUR 2003, 817, 823.

340 Richtlinie 98/6/EG über den Schutz der Verbraucher bei der Angabe der Preise der ihnen angebotenen Erzeugnisse; Richtlinie 2006/123/EG über Dienstleistungen im Binnenmarkt.

341 Vgl. BGH GRUR 2009, 1180 – *0,00 Grundgebühr;* GRUR 2010, 653 – *Costa del Sol;* GRUR 2011, 82 – *Preiswerbung ohne Umsatzsteuer.*

342 BGH GRUR 2008, 532 – *Umsatzsteuerhinweis;* GRUR 2011, 82, 83f. – *Preiswerbung ohne Umsatzsteuer;* OLG Hamburg GRUR-RR 2005, 27, 29; vgl. zum früheren Recht BGH GRUR 1974, 281 – *Clipper;* GRUR 1979, 553f. – *Luxus-Ferienhäuser.*

343 BGH GRUR 2008, 84 – *Versandkosten;* GRUR 2010, 248 – *Kamerakauf im Internet;* GRUR 2010, 251 – *Versandkosten bei Froogle;* OLG Köln GRUR-RR 2005, 89, 90; OLG Hamburg GRUR-RR 2007, 167; OLG Hamburg GRUR-RR 2005, 27, 29.

344 BGH GRUR 2010, 652 – *Costa del Sol;* BGH GRUR 1981, 140, 141 – *Flughafengebühren;* OLG Düsseldorf NJWE-WettbR 1998, 104; OLG Köln NJWE-WettbR 2000, 211.

345 BGH GRUR 2015, 1240 – *Der Zauber des Nordens.*

346 OLG Frankfurt GRUR 1988, 49, 50.

347 OLG Schleswig MD 2007, 505f.

348 BGH GRUR 2016, 516 – *Wir helfen im Trauerfall.*

349 BGH GRUR 1983, 443, 445 – *Kfz-Endpreis.*

350 BGH GRUR 2009, 1180, 1182 – *0,00 Grundgebühr;* OLG Frankfurt GRUR-RR 2005, 355f.

351 BGH GRUR 2010, 744, 746 – *Sondernewsletter;* OLG Hamburg MD 2007, 129ff.; MD 2007, 246, 249; MD 2007, 254; MD 2006, 1361, 1368.

352 Vgl. zu § 3 a.F. OLG Hamburg MD 2007, 444, 446f.; OLG Jena GRUR-RR 2006, 283, 284f.; OLG Stuttgart GRUR-RR 2005, 608f.; vgl. auch BGH GRUR 2008, 442 *Fehlerhafte Preisauszeichnung;* zu § 13 Abs. 2 Nr. 2 UWG a.F. BGH GRUR 2001, 1168, 1169 – *Fernflugpreise;* kritisch dazu *Doepner* GRUR 2003, 825, 832.

353 Amtsblatt L 080/1998 S. 27, Erwägungsgrund Nr. 6.

einen gesunden Wettbewerb zwischen Unternehmen und zwischen Erzeugnissen.[354] Verstöße gegen das Gebot zur Grundpreisangabe sind daher unlauter i. S. v. § 3a.[355]

105 Nach allem stellen auch Verstöße gegen die sonstigen Vorschriften der PAngV, insbesondere die Gebote, die in der PAngV vorgesehenen Angaben eindeutig zuzuordnen, **leicht erkennbar** und **deutlich lesbar** zu gestalten (§ 1 Abs. 4 S. 2 PAngV),[356] **sichtbar ausgestellte Waren** durch Preisschilder oder Beschriftung der Waren **auszuzeichnen** (§ 4),[357] sowie die Verpflichtung zur spezifizierten Preisangabe bei **Krediten** (§ 6),[358] auch ein unlauteres Verhalten im Sinne von § 3a dar. Das Gleiche gilt für die Vorschriften über die Art der Preisangabe im **FahrlG.**[359] Schließlich stellen auch die gegenüber gewerblichen Dienstleistungsempfängern zu beachtenden Preisangabepflichten nach § 4 Abs. 1 **DL-InfoV** eine Marktverhaltensregelung dar, deren Verletzung unlauter im Sinne von § 3a ist.[360] Auch die Vorschrift des Art. 23 Abs. 1 S. 2 der Verordnung (EG) Nr. 1008/2008 über gemeinsame Vorschriften für die Durchführung von Luftverkehrsdiensten, wonach bei der Angabe von Flugpreisen der zu zahlende Einzelpreis einschließlich Steuern, Gebühren, Zuschlägen und Entgelte stets auszuweisen ist, stellt eine Markverhaltensregelung dar.[361]

106 **w) Preisvorschriften/Gebührenregelungen.** Bestimmungen der **ArzneimittelpreisVO,** mit der gemäß § 78 Abs. 2 AMG die Apothekenabgabepreise festgelegt werden, sind das Marktverhalten regelnde Vorschriften im Sinne des § 3a[362] Dies gilt in gleicher Weise für die Verletzung der §§ 3, 9 Abs. 1 **BuchpreisbindG.**[363] Allerdings werden die Vorschriften des BuchpreisbindG überwiegend als abschließende Regelung angesehen, die zusätzliche Sanktionen nach § 3a ausschließen.[364] Gebührenregelungen, die das Unterschreiten bestimmter Gebühren für Dienstleistungen verbieten, dienen zwar in erster Linie dem Interesse der durch sie gebundenen Dienstleister vor einem ruinösen Preiswettbewerb, so die entsprechenden Vorschriften der **HOAI**[365] oder des **§ 49b BRAO**[366] bzw. des **§ 64 StBerG.** Den Verboten kommt damit aber zumindest sekundär die Funktion zu, den Preiswettbewerb auf dem betroffenen Markt zu regeln.[367] Indem sie die gleichen rechtlichen Voraussetzungen für die auf dem fraglichen Markt tätigen Wettbewerber schaffen, haben sie zumindest auch eine wettbewerbsbezogene Schutzfunktion und sind deshalb als Marktverhaltensregelungen im Sinne des § 3a zu betrachten.[368] Das Gleiche gilt für das Verbot der Abgabe von Tabakwaren unter dem auf dem Steuerzeichen angegebenen Packungspreis gemäß **§ 26 TabStG.**[369]

107 **x) Rechtsdienstleistungsgesetz.** Das **Rechtsdienstleistungsgesetz**[370] hat mit Wirkung vom 1.7.2008 das **Rechtsberatungsgesetz abgelöst.**[371] Es verbietet die selbständige Erbringung von außergerichtlichen Rechtsdienstleistungen, soweit diese nicht durch dieses Gesetz oder aufgrund anderer Gesetze erlaubt werden (§ 3). Es unterstellt nur noch solche Dienstleistungen dem Verbots-

---

354 A. a. O. Erwägungsgrund Nr. 1.

355 BGH GRUR 2014, 576, 577 – *2 Flaschen GRATIS* (im entschiedenen Fall ein Verstoß gegen § 2 Abs. 1 PAngV allerdings verneint); OLG Jena GRUR-RR 2006, 246f.; OLG Koblenz GRUR 2005, 23f.; zum früheren Recht vgl. BGH GRUR 1995, 760 – *Frischkäsezubereitung.*

356 Vgl. BGH GRUR 2013, 850, 851 – *Grundpreisangabe im Supermarkt.*

357 Vgl. zum früheren Recht z. B. BGH GRUR 1973, 655, 657 – *Möbelauszeichnung.*

358 Vgl. zum früheren Recht z. B. BGH GRUR 1994, 311, 312 – *Finanzkaufpreis ohne Mehrkosten.*

359 OLG Celle GRUR-RR 2013, 224, 224, OLG Hamm GRUR-RR 2008, 405; WRP 2015, 396.

360 Vgl. OLG Düsseldorf WRP 2013, 363; *Köhler*/Bornkamm § 3a Rdn. 1.262 und Vorb. DL-InfoV Rdn. 8.

361 BGH GRUR 2016, 392, 393 – *Buchungssysteme II;* vgl. dazu auch EuGH GRUR 2015, 281 – *Air Berlin/Bundesverband.*

362 BGH GRUR 2010, 1133, 1135 – *Bonuspunkte;* GRUR 2010, 1136, 1137f. – *Unser Dankeschön für Sie;* GRUR 2013, 1264 – *Rezeptbonus;* NIOZ 2014, 1524 – *Bonussystem einer Apotheke;* GRUR 2014, 591 – *Holland-Preise;* a. A. OLG Rostock GRUR-RR 2005, 391, 393.

363 OLG Hamburg GRUR-RR 2006, 200.

364 Vgl. *Köhler*/Bornkamm § 3a Rdn. 1.259; *Ohly*/Sosnitza § 4.11 Rdn. 11/10, jeweils unter Berufung auf BGH GRUR 2003, 807 – *Buchpreisbindung;* Fezer/*Götting* § 4 Nr. 11 Rdn. 147.

365 Vgl. BGH GRUR 2003, 969, 970 – *Ausschreibung von Vermessungsleistungen;* GRUR 2005, 171, 172 – *Ausschreibung von Ingenieurleistungen.*

366 OLG Nürnberg Beck RS 2015, 06395; *Ullmann* GRUR 2003, 817, 822 unter Verweis auf BGH GRUR 2001, 256 – *Gebührenvereinbarung* und GRUR 2003, 349 – *Anwaltshotline.*

367 *Büttner* in: FS Erdmann, S. 545, 555.

368 BGH GRUR 2006, 955 – *Gebührenvereinbarung II;* GRUR 2005, 433, 435 – *Telekanzlei* zu § 49b BRAO; BGH GRUR 2005, 436f. – *Steuerberater-Hotline* BGH GRUR 2003, 969, 970 zu § 4 Abs. 2 HOAI;OLG Hamburg WRP 2011, 275, 276 zu § 7 HOAI; vgl. zu § 1 UWG a. F. bereits BGH GRUR 1991, 769, 771 – *Honoraranfrage.*

369 Vgl. OLG Frankfurt GRUR-RR 2004, 255.

370 Art. 1 des Gesetzes zur Neuregelung des Rechtsberatungsrechts vom 12.12.2007, BGBl. I S. 2840.

371 Das RBerG trat an diesem Tage gemäß Art. 20 Nr. 1 des Gesetzes (Fn. 3055) außer Kraft.

bereich des Gesetzes, die eine **substanzielle Rechtsprüfung** erfordern und sich nicht auf die bloße Anwendung des Rechts beschränken (§ 2 RDG). Im Zusammenhang mit einer anderen beruflichen Tätigkeit dürfen diese Rechtsdienstleistungen außergerichtlich auch durch Nichtanwälte erbracht werden, soweit es sich nach Inhalt und Umfang um **Nebenleistungen** handelt, die zu der Haupttätigkeit gehören (§ 5 RDG). Außergerichtliche **Rechtsdienstleistungen, die nicht im Zusammenhang mit einer entgeltlichen Tätigkeit stehen,** dürfen nunmehr von jedermann erbracht werden. Personen oder Einrichtungen, die Rechtsdienstleistungen außerhalb des Familien- oder Bekanntenkreises erbringen, sind jedoch zum Schutz der Rechtsuchenden verpflichtet, eine juristisch qualifizierte Person zu beteiligen (§ 6 RDG). Gleiches gilt für **Rechtsdienstleistungen durch Vereine, Verbraucher- und Wohlfahrtsverbände** (§§ 7 und 8 RDG). Inkassodienstleistungen, Rentenberatung und Rechtsdienstleistungen in einem ausländischen Recht dürfen nur Personen erbringen, die ihre Sachkunde nachgewiesen haben und in dem neu zu schaffenden Rechtsdienstleistungsregister registriert sind (§ 10 RDG). Das bisherige Erlaubnis- und Aufsichtsverfahren wird zu einem **Registrierungsverfahren** umgestaltet (§§ 12 ff. RDG).

Die Regelungen des Rechtsdienstleistungsgesetzes dienen ebenso wie der Erlaubniszwang des Rechtsberatungsgesetzes dem Verbraucherschutz; sie betreffen den Marktzutritt zur Besorgung fremder Rechtsangelegenheiten. Wie alle Normen, die den Zugang zu einer beruflichen Tätigkeit von einer bestimmten Qualifikation abhängig machen, haben sie damit zumindest sekundär wettbewerbsregelnden Charakter,[372] beziehen sich also auch auf das **Marktverhalten** i. S. v. § 3a.[373] Dies gilt auch für **§ 79 Abs. 2 ZPO,** der abschließend diejenigen Personen aufzählt, die anstelle eines Rechtsanwalts die Parteien als Bevollmächtigte vertreten können, und der eine sachgerechte Vertretung der Partei in gerichtlichen Verfahren sicherstellen soll.[374] Einer weitergehenden Begründung im Sinne eines primären Wettbewerbsbezuges, wie ihn der BGH in einer frühen Entscheidung noch bejaht hat,[375] bedarf es nicht. 108

Zahllose Fallgestaltungen von möglichen Verstößen gegen das Rechtsberatungsgesetz haben die Wettbewerbsgerichte in den letzten fünfzig Jahren beschäftigt. Dabei zeigt die Rechtsprechung vor dem Hintergrund einiger Entscheidungen des Bundesverfassungsgerichts[376] eine deutlich erkennbare Tendenz zu einer liberaleren Auslegung der Vorschriften des Rechtsberatungsgesetzes, die dann in dessen Ablösung durch das Rechtsdienstleistungsgesetz mündete.[377] Schon zuvor bestand Einigkeit darüber, dass die Schranken, die das Rechtsberatungsgesetz der Berufsfreiheit des Art. 12 Abs. 1 GG auferlegte, durch ausreichende Gründe des Gemeinwohls gerechtfertigt sein mussten.[378] Nach wie vor müssen die öffentlichen Belange, die den Erlaubnisvorbehalt des Rechtsberatungsgesetzes rechtfertigten und die auch dem Rechtsdienstleistungsgesetz zugrunde liegen, gegen die **Berufsfreiheit** desjenigen abgewogen werden, dem wegen des Fehlens einer entsprechenden Erlaubnis die Vornahme bestimmter Handlungen untersagt werden soll.[379] 109

Unter Berücksichtigung dieser Vorgaben ist das Angebot einer **Schuldenregulierung** weiterhin grundsätzlich eine Dienstleistung, die nur durch Rechtsanwälte oder durch geeignete Stellen im Sinne des § 305 der Insolvenzordnung erbracht werden darf.[380] Dies gilt jedenfalls dann, wenn eine umfassende, auch rechtliche Bewertung und Bewältigung der Überschuldungssituation in Aussicht gestellt wird, die entweder eine inhaltliche Prüfung der gegen den Schuldner gerichteten Forderungen oder die Vorbereitung eines Verbraucherinsolvenzverfahrens zum Gegenstand hat.[381] Auch die 110

---

[372] Vgl. *Ullmann* GRUR 2003, 817, 824.

[373] BGH GRUR 2009, 1077, 1079 – *Finanz-Sanierung;* GRUR 2011, 539, 541 – *Rechtsberatung durch Lebensmittelchemiker;* GRUR 2012, 79 – *Rechtsberatung durch Einzelhandelsverband;* BeckRS 2016, 10331 – *Schadensregulierung durch Versicherungsmakler;* GRUR 2007, 978, 979 – *Rechtsberatung durch Haftpflichtversicherer;* GRUR 2005, 604, 605 – *Fördermittelberatung* GRUR 2005, 353, 354 – *Testamentsvollstreckung durch Banken;* OLG Düsseldorf GRUR-RR 2014, 399; OLG Frankfurt GRUR-RR 2005, 121, 125; OLG Naumburg GRUR-RR 2006, 169.

[374] BGH GRUR 2011, 352, 353 – *Makler als Vertreter in Zwangsversteigerungsverfahren.*

[375] BGH NJW 1956, 749, 750 – *Beratung in LA-Sachen:* „Das Rechtsberatungsgesetz … soll insbesondere auch dazu dienen, die Rechtsanwaltschaft und die zugelassenen Rechtsberater durch den Erlaubniszwang vor dem Wettbewerb unberufener Personen zu schützen."

[376] Vgl. BVerfG NJW 2000, 1251; NJW 1998, 3481; NJW 2002, 1190.

[377] Vgl. die Begründung zum Gesetzentwurf, BT-Drucks. 16/3655, S. 1.

[378] Vgl. BVerfG GRUR 1998, 556, 559 ff. – *Patentgebührenüberwachung.*

[379] Vgl. zum früheren Recht BVerfG NJW 2002, 1190, 1191; BGH GRUR 2003, 886, 887 – *Erbenermittler.*

[380] Vgl. BGH GRUR 2009, 1077 – *Finanz-Sanierung.*

[381] Vgl. die Gesetzesbegründung (Fn. 3055) S. 42; BGH GRUR 2007, 245, 246 – *Schulden Hulp;* Erlaubnispflicht verneint für Anfrage einer Bank an Gläubiger wegen eventuellen Forderungsverzicht durch OLG Karlsruhe NJW 2008, 3229; zum früheren Recht BGH GRUR 1987, 714, 715 – *Schuldenregulierung.*

Tätigkeit des **Erbenermittlers** stellt dann eine weiterhin unerlaubte Rechtsdienstleistung dar, wenn der rechtliche Teil der Tätigkeit überwiegt.[382] Dies dürfte bezüglich der **Erbschaftsabwicklung** weiterhin der Fall sein.[383] Ausfluss der Rechtsprechung des BGH[384] ist, dass jetzt rechtsbezogene Nebenleistungen des **Testamentsvollstreckers** ebenso ausdrücklich zulässig sind wie Rechtsdienstleistungen als Nebenleistung im Zusammenhang mit der **Haus- und Wohnungsverwaltung** sowie der **Fördermittelberatung** (§ 5 Abs. 2 RDG). Dagegen ist das **Entwerfen eines Testaments** durch eine Bank auch nach dem RDG ebenso wenig erlaubt wie es nach dem RBerG war, auch wenn die Bank den Entwurf noch einem externen Anwalt zur Prüfung vorlegt.[385]

111 **Inkassounternehmen** können bei entsprechender Sachkunde für die Einziehung von Forderungen, also für die **Inkassodienstleistung** (§ 2 Abs. 2 RDG) registriert werden (§§ 10ff. RDG). Sie erbringen dann erlaubte Rechtsdienstleistungen. Ob ein Verstoß gegen das RDG/RBerG vorliegt, wenn ein **Abschleppunternehmer auf Weisung der Polizeibehörde Kostenansprüche** wegen des Abschleppens eines verbotswidrig abgestellten Kraftfahrzeugs geltend macht, kann offen bleiben, da er nicht im geschäftlichen Verkehr handelt, sondern als verlängerter Arm der Behörde.[386] Dagegen besorgt ein Abschleppunternehmen, das bei Abholung abgeschleppter Fahrzeuge **ohne behördliche Weisung** darauf hinwirkt, dass der Fahrzeughalter oder -fahrer das Entgelt für das im Auftrag eines Dritten durchgeführte Abschleppen bezahlt, fremde Rechtsangelegenheiten und verstößt mangels entsprechender Registrierung gegen das RDG; es tritt mit dieser Inkassotätigkeit in ein konkretes Wettbewerbsverhältnis mit den am selben Ort tätigen Rechtsanwälten.[387] Auch die **Schadensregulierung durch Versicherungsmakler** stellt eine unerlaubte Rechtsdienstleistung dar.[388] Die lebensmittelrechtliche Beratung durch **Lebensmittelchemiker** ist dann als unzulässige Rechtsdienstleistung anzusehen, wenn sie unabhängig von der Hauptleistung, z.B. der Beurteilung der Verkehrsfähigkeit eines Lebensmittels, erbracht wird.[389] Im Rahmen der Überwachung gewerblicher Schutzrechte **(Schutzrechtsüberwachung)** ist zu unterscheiden: Soweit hierbei rechtliche Überlegungen angestellt werden müssen, bleibt diese Tätigkeit den Rechts- und Patentanwälten vorbehalten. Wird jedoch zur Berechnung der Fristen und der Höhe der Gebühren nur ein bereits bestehendes Programm angewendet, so dass zur **Patentgebührenüberwachung** keine rechtlichen Überlegungen mehr angestellt werden müssen, handelte es sich schon bisher um eine erlaubnisfreie Tätigkeit.[390] Nicht erlaubnispflichtig ist auch die **Schaltung von Titelschutzanzeigen.**[391] Auch die **Reservierung eines Unfallersatzfahrzeuges,** das **Einholen des Unfallschaden-Gutachtens** eines Kfz-Sachverständigen, die **Weiterleitung dieses Gutachtens an den Haftpflichtversicherer**[392] des Unfallgegners durch eine Kfz-Werkstatt sowie **Rechtshinweise eines Kfz-Haftpflichtversicherers** an den Geschädigten[393] oder die Erteilung von einfachen **Rechtsauskünften durch einen Makler** beim Ausfüllen eines Mietvertragsformulars[394] stellen keine unerlaubte Rechtsdienstleistung dar.

112 Gegenstand einer Vielzahl von Urteilen war die **Rechtsberatung in den Medien.** Während eine konkrete Rechtsberatung im Einzelfall, die über die mit der Berichterstattung über ein typisches Rechtsproblem verbundene Aufklärung hinausgeht und insbesondere außerhalb einer laufenden Sendung erfolgt, nach dem Rechtsberatungsgesetz unzulässig war,[395] stellte die Ankündigung, in einer laufenden Fernsehsendung Rechtsberatung auf individuelle Fragen von Anrufern zu erteilen, kein Angebot dar, fremde Rechtsangelegenheiten zu besorgen.[396] Das RDG hat nunmehr in

---

382 Solange die Rechtsdienstleistung bei der Erbenermittlung nur eine untergeordnete Rolle spielt, war sie auch nach dem RBerG zulässig, vgl. BGH GRUR 2003, 886, 888 – *Erbenermittler.*

383 Vgl. zum RBerG BGH GRUR 1989, 437, 438 – *Erbensucher.*

384 BGH GRUR 2005, 353 – *Testamentsvollstreckung durch Banken;* BGH GRUR 2005, 604 – *Fördermittelberatung.*

385 OLG Karlsruhe GRUR-RR 2007, 51.

386 BGH GRUR 2006, 428, 429 – *Abschleppkosteninkasso.*

387 OLG Naumburg GRUR-RR 2006, 169.

388 BGH BeckRS 2016, 10331, Schadensregulierung durch Versicherungsmakler.

389 BGH GRUR 2011, 539, 542 – *Rechtsberatung durch Lebensmittelchemiker.*

390 BVerfG GRUR 1998, 556, 559f. – *Patentgebührenüberwachung;* vgl. dazu *Bürglen* WRP 2000, 846f.

391 BGH GRUR 1998, 956 – *Titelschutzanzeigen für Dritte.*

392 BGH GRUR 2000, 729, 731 – *Sachverständigenbeauftragung.*

393 OLG Brandenburg NJW 2005, 2091, 2092.

394 OLG Karlsruhe WRP 2010, 1553, 1554.

395 Vgl. z.B. BGH GRUR 1987, 373 – *Rentenberechnungsaktion;* GRUR 2002, 987, 993 – *Wir Schuldenmacher;* OLG Düsseldorf WRP 1991, 588.

396 BGH GRUR 2002, 985, 986f. – *WISO;* GRUR 2002, 987, 992f. – *Wir Schuldenmacher;* GRUR 2002, 996, 999 – *Bürgeranwalt.*

§ 2 Abs. 3 Nr. 5 klargestellt, dass die an die Allgemeinheit gerichtete Darstellung und Erörterung von Rechtsfragen und Rechtsfällen in den Medien **keine Rechtsdienstleistung** ist.

y) Rundfunkrecht/Presserecht. Der **Rundfunk-Staatsvertrag**[397] stellt eine **gesetzliche** Vorschrift i. S. v. § 3a dar. Dies folgt daraus, dass durch ihn die EU-Fernseh-Richtlinie 89/552/EWG umgesetzt wurde und die Bundesländer, die ihn unterzeichnet haben, ihm in Form eines Gesetzes zugestimmt haben.[398] Er enthält allgemeine und detaillierte Vorschriften über Werbung im Rundfunk, so z. B. über die Inhalte von Werbung und Teleshopping, und dass **Werbung und Teleshopping als solche klar erkennbar** sein müssen (§ 7) sowie über das **Sponsoring** (§ 8). Diese Vorschriften, insbes. das in § 7 Abs. 3 Rundfunk-Staatsvertrag und in § 13 Abs. 1 S. 1 MDStV enthaltene **Gebot der Trennung von Werbung und Programm** wurde schon unter Geltung des alten UWG als unmittelbar wettbewerbsregelnd[399] und werden jetzt als Marktverhaltensregelungen im Sinne von § 3a angesehen.[400] 113

Die genannten Verbote sind zumindest auch dazu bestimmt, im Interesse sowohl der Verbraucher als auch der anderen Rundfunkanstalten bzw. Rundfunk betreibenden Unternehmen deren Marktverhalten zu regeln. Daher gehören auch die Regelungen über die Häufigkeit und Dauer von **Unterbrecherwerbung** sowie die möglichen **Werbezeiten,** die für den öffentlich-rechtlichen Rundfunk anders geregelt sind als für die privaten Sendeanstalten, zu den marktbezogenen Vorschriften, deren Verletzung unlauter i. S. v. § 3a ist.[401] 114

Die **Landespressegesetze** enthalten in § 10 eine Verpflichtung zur **Kennzeichnung entgeltlicher Veröffentlichungen.** Danach hat der Verleger eines periodischen Druckwerks, wenn er für eine Veröffentlichung ein Entgelt erhalten hat, diese Veröffentlichung, soweit sie nicht schon durch Anordnung und Gestaltung allgemein als Anzeige zu erkennen ist, deutlich mit dem Wort „Anzeige" zu bezeichnen. Eine vergleichbare Verpflichtung enthält **§ 6 Telemediengesetz (TMG)** für den Diensteanbieter bei kommerziellen Kommunikationen.[402] Auch diese Sondervorschriften sind Ausprägung des nunmehr ausdrücklich als Beispiel für eine Unlauterkeit, nämlich eine Irreführung durch Unterlassung (§ 5a Abs. 6) im UWG aufgeführten Verbotes, den kommerziellen Zweck von geschäftlichen Handlungen nicht kenntlich zu machen. Sie dienen der Sicherung der Unabhängigkeit der Presse und dem Schutz der Lauterkeit des Wettbewerbs.[403] Daneben sollen sie aber auch eine Irreführung der Leser im Hinblick darauf verhindern, dass diese häufig Werbemaßnahmen, die als redaktionelle Inhalte getarnt sind, unkritischer gegenüberstehen als einer als solche erkennbaren Wirtschaftswerbung.[404] Dem dient auch das Verbot in Nr. 11 des Anhangs zu § 3 Abs. 3. Vor diesem Hintergrund hat der BGH die Frage aufgeworfen, ob einer Anwendung von § 10 der Landespressegesetze nicht die Vorschriften der UGP-Richtlinie entgegenstehen.[405] Der EuGH hat dies jedoch mit der Begründung verneint, dass dann, wenn es nicht um ein Verhalten des Inserenten, sondern des Verlegers gehe, keine Geschäftspraktik im Sinne des Art. 2 lit. d der UGP-Richtlinie vorliege und deren Vorrang damit nicht zur Anwendung komme.[406] Ein Verstoß gegen die Gebote zur Kennzeichnung entgeltlicher Veröffentlichungen ist daher unlauter i. S. v. § 3a.[407] Dagegen fehlt den in den Landespressegesetzen enthaltenen **Impressumspflichten** der wettbewerbsregelnde Charakter.[408] 115

z) Schulgesetze. Die **Schulgesetze der Länder** enthalten im Wesentlichen keine Marktverhaltensregelungen. Einige dieser Gesetze verbieten jedoch die **Werbung** bzw. den Abschluss von 116

---

[397] Staatsvertrag über den Rundfunk im vereinten Deutschland (Rundfunk-Staatsvertrag) vom 31.8.1991, in der Fassung des 15. Staatsvertrages zur Änderung rundfunkrechtlicher Staatsverträge vom 15./21.12.2010 (GBl. Berlin 2011 S. 211), in Kraft getreten am 1.1.2013.

[398] Z. B. Brandenburgisches Gesetz zu dem Staatsvertrag über den Rundfunk im vereinten Deutschland vom 6.12.1991, GVBl. I/95, S. 257.

[399] Vgl. *Sack* WRP 1990, 791, 800 f.

[400] KG GRUR-RR 2005, 320; GRUR-RR 2007, 254, 255.

[401] Vgl. *Sack* a. a. O. S. 801, ob auch das in § 11d Abs. 2 Satz 1 Nr. 3, letzter Satzteil RStV enthaltene Verbot nichtsendebezogener presseähnlicher Angebote durch die öffentlich-rechtlichen Sendeanstalten eine Marktverhaltensregelung und nicht eine reine Marktzutrittsregelung darstellt, ist umstritten, vgl. OLG Köln GRUR-RR 2014, 342, 343 m. w. N.

[402] Zum Telemediengesetz vgl. im Übrigen unten Rdn. 122 ff.

[403] BGH GRUR 2011, 163, 166 – *Flappe; Löffler*/Sedelmeier, Presserecht, 5. Aufl., § 10 LPG Rdn. 52.

[404] BGH GRUR 2014, 879, 881 – *Good News II.*

[405] BGH GRUR 2012, 1056 – *Good News I.*

[406] EuGH GRUR 2013, 1245 – *Good News.*

[407] BGH GRUR 2014, 879, 881 – *Good News II.;* vgl. zu § 1 UWG a. F. *Löffler/Sedelmeier,* Presserecht, 4. Aufl. 1997, § 10 LPG Rdn. 53; *Rodekamp* GRUR 1978, 681, 682.

[408] OLG Hamburg GRUR-RR 2006, 23, 24.

Geschäften **auf dem Schulgelände** (z. B. § 47 Abs. 3 BbGSchulG). Diese Vorschriften haben einen Marktbezug im Sinne von § 3a. Dies gilt jedoch nur, soweit keine Ausnahmegenehmigung erteilt ist.[409]

117 *aa) Spielverordnung.* Die **Spielverordnung** regelt die Aufstellung und den Betrieb von Geld- und Warenspielgeräten. § 3 SpielV stellt Anforderungen an die maximal zulässige Anzahl von Spielautomaten. Sie sollen das Spielverhalten der Verbraucher beeinflussen, aber auch das Marktverhalten der Betreiber von Spielhallen regeln. Sie stellt daher eine Marktverhaltensregelung im Sinne von § 3a dar.[410]

118 *bb) Strafvorschriften.* Bei Verstößen gegen **Strafvorschriften** nahm die herrschende Meinung zum früheren § 1 UWG grundsätzlich einen Wettbewerbsverstoß an, wenn ihnen ein Wettbewerbszweck zugrunde lag.[411] Die Art der verletzten Strafnorm war dabei solange nicht von Bedeutung, als schon jede Norm, die „einem sittlichen Gebot Ausdruck (verlieh)“,[412] zur Begründung eines sittenwidrigen Verhaltens im Wettbewerb ausreichte. Anhand von Fällen, die Verstöße gegen § 284 StGB **(unerlaubte Veranstaltung eines Glückspiels)** betrafen, hat der BGH seine allmähliche Abkehr von der früheren Aufteilung in wertbezogene und wertneutrale Normen anschaulich demonstriert.[413]. In der Entscheidung „Sportwetten“ wies der BGH darauf hin, dass die Veranstaltung von Glücksspielen ohne behördliche Erlaubnis nicht lediglich ein Verstoß gegen eine Marktzutrittsregelung sei, sondern nach der in § 284 StGB getroffenen Wertung auch ein **unlauteres Marktverhalten** darstelle.[414] Diese Sichtweise wurde von der Instanzrechtsprechung zum bisherigen § 4 Nr. 11 bei Verstößen gegen § 284 StGB zunächst übernommen.[415] Nachdem das BVerfG staatliche Wettmonopole in ihrer konkreten Ausgestaltung als verfassungswidrig bezeichnet hatte,[416] hat der BGH diesbezügliche Zuwiderhandlungen nicht mehr als unlauter beurteilt,[417] und zwar nicht nur für die Zeit vor der Entscheidung des BVerfG, sondern auch für die in dessen Urteil bestimmte Übergangszeit bis zum Inkrafttreten des Glücksspielstaatsvertrages.[418]

119 Im Rahmen des § 3a kann es also nur noch entscheidend sein, ob die Strafvorschrift bzw. das hinter dem Straftatbestand stehende gesetzliche Verbot auch dazu bestimmt ist, im Interesse der Marktteilnehmer das Marktverhalten zu regeln. Der Umstand, dass eine Straftat für Wettbewerbszwecke verübt wurde, macht sie also noch nicht unlauter i. S. v. § 3a. Entscheidend ist der **Marktbezug** der Vorschrift als solcher, also z. B. bei den Strafvorschriften betreffend die **Wirtschaftskriminalität.** Dieser Marktbezug fehlt beispielsweise den §§ 130, 131 StGB, die den öffentlichen Frieden in Deutschland schützen, und den damit zusammenhängenden Beschlagnahmevorschriften. Ein Verstoß gegen § 74d StGB ist deshalb nicht unlauter i. S. v. § 3a.[419] Nicht der Umstand der Strafbarkeit ist damit entscheidend, sondern der **Regelungszweck des im Straftatbestand enthaltenen Verbotes.** Der Umstand, dass der Verstoß gegen eine Norm straf- oder bußgeldbewehrt ist, steht ihrer Verfolgung als Wettbewerbsverstoß aber auch nicht entgegen.[420] Es erhöht allerdings auch nicht die Unlauterkeit eines Gesetzesverstoßes, wenn dieser zusätzlich, wie etwa bei den Vorschriften des Lebensmittelrechts[421] oder des Arzneimittelrechts,[422] strafbewehrt ist. Vor diesem Hintergrund sind die Entscheidungen einiger Instanzgerichte bedenklich, die betrügerische geschäftliche Handlungen im Sinne von **§ 263 StGB** generell als unlauter gemäß § 4 Nr. 11 eingestuft haben.[423]

120 Ein Verstoß gegen die **Straftatbestände des UWG** (§§ 16 ff.) fällt unabhängig davon unter § 3a, ob damit lediglich ein ohnehin als unlauter (beispielsweise irreführend) angesehenes Verhalten zusätzlich strafrechtlich sanktioniert wird oder das Verbot erst aus dem Straftatbestand selbst folgt.[424] Insofern kann offen bleiben, ob der **Verrat von Geschäfts- und Betriebsgeheimnissen** nicht auch schon von § 4 Nr. 4 erfasst wird. Wer aus Eigennutz, zu Gunsten eines Dritten oder in der

---

[409] BGH GRUR 2006, 77, 78 – *Schulfotoaktion.*
[410] OLG Hamm GRUR-RR 2010, 38; LG Frankenthal WRP 2012, 500.
[411] Vgl. dazu oben Rdn. 5.
[412] *Baumbach/Hefermehl,* Wettbewerbsrecht, 22. Aufl. 2001, § 1 a. F. Rdn. 613.
[413] BGH GRUR 2002, 269 – *Sportwetten-Genehmigung;* GRUR 2002, 636 – *Sportwetten.*
[414] BGH GRUR 2002, 636, 637.
[415] OLG Köln MD 2006, 314; OLG München GRUR-RR 2006, 137.
[416] GRUR 2006, 688 – *Sportwetten.*
[417] GRUR 2008, 438 – *ODDSET;* GRUR-RR 2010, 356 – *Sportwetten im Internet.*
[418] BGH GRUR 2011, 169 – *Lotterie und Casinospiele;* OLG Hamburg BeckRS 2009, 20809.
[419] BGH GRUR 2007, 890, 893 – *Jugendgefährdende Medien bei eBay.*
[420] BGH GRUR 2016, 392, 393 – *Buchungssystem II.*
[421] Dazu oben Rdn. 89 ff.
[422] Dazu oben Rdn. 42 ff.
[423] Vgl. OLG Celle GRUR-RR 2006, 57; OLG Frankfurt GRUR-RR 2006, 414, 415; offengelassen in BGH WRP 2008, 780, 781 – *Hagelschaden* und GRUR 2013, 945, 948 – *Standardisierte Mandatsbearbeitung.*
[424] Vgl. oben § 3 Rdn. 74 f.

Absicht, dem Inhaber des Unternehmens Schaden zuzufügen, ein Betriebsgeheimnis verrät (§ 17 Abs. 1), handelt unlauter (auch) i. S. v. § 3a, soweit es um eine geschäftliche Handlung geht.[425]

cc) Tabakrecht. Das im Wesentlichen auf der Richtlinie 2014/40/EU (Tabakproduktrichtlinie) beruhende Tabakerzeugnisgesetz (TabErzG) enthält ein Verbot der Vermarktung von Tabakerzeugnissen und verwandten Erzeugnissen (z. B. E-Zigaretten), die bestimmte Zusatzstoffe enthalten (§ 5 TabErzG) sowie **Werberegelungen bzw. -verbote,** die auf der Tabakwerbe-Richtlinie 2003/33/EG beruhen. Bei diesen Vorschriften handelt es sich um Marktverhaltensregelungen im Sinne von § 3a. Verstöße gegen die Werbeverbote stellen auch keine Bagatellverstöße dar.[426] Die auf dem TabErzG beruhende **Tabakerzeugnisverordnung**[427] enthält eine in **Liste von Stoffen,** die in Tabakerzeugnissen und verwandten Erzeugnissen als Zusatzstoffe nicht enthalten sein dürfen. Weiterhin enthält diese Verordnung spezifische Kennzeichnungsvorschriften für Tabakerzeugnisse, insbesondere Vorschriften über **Warnhinweise.** Sowohl die Vorschriften, die die Zusammensetzung von Tabakerzeugnissen regeln bzw. Verkehrsverbote für nicht korrekt zusammengesetzte Tabakerzeugnisse aussprechen, als auch die Kennzeichnungsvorschriften regeln im Interesse der Verbraucher das Marktverhalten der am Verkehr mit Tabakerzeugnissen Beteiligten. Sie erfüllen daher, ebenso wie die vergleichbaren Vorschriften des Lebensmittelrechts, die Kriterien für Normen i. S. d. § 3a, so dass ein Verstoß gegen sie unlauter ist. 121

dd) Telemediengesetz. Das **Telemediengesetz (TMG),** das das Teledienstegesetz (TDG) abgelöst hat, dient der Umsetzung der Richtlinie 2000/31/EG über den elektronischen Geschäftsverkehr und der Richtlinie 2003/58/EG in Bezug auf die Offenlegungspflichten von Gesellschaften bestimmter Rechtsformen. Es enthält in § 5 **allgemeine Informationspflichten.** Danach haben Diensteanbieter bestimmte Informationen leicht erkennbar, unmittelbar erreichbar und ständig verfügbar zu halten. Dazu zählen neben dem Namen und der Anschrift sowie Angaben, die eine schnelle elektronische Kontaktaufnahme ermöglichen, bei Tätigkeiten, die der behördlichen Zulassung bedürfen, auch Angaben zur zuständigen Aufsichtsbehörde. Weiter ist die Registernummer des Handelsregisters, Vereinsregisters etc. anzugeben. 122

Das TMG dient, wie sich aus der vorgenannten Richtlinie über den elektronischen Geschäftsverkehr ergibt, nicht nur der Förderung der Informationsgesellschaft und des wirtschaftlichen Fortschritts. Es soll auch ein einheitliches Schutzniveau im Bereich des Verbraucherschutzes gewährleisten.[428] Die nach § 5 TMG und dem inhaltsgleichen § 10 MDStV vorzuhaltenden Angaben dienen dem **Verbraucherschutz.** Sie sollen dem Nutzer einen Überblick darüber verschaffen, an wen er sich bei einem Vertragsschluss wenden muss, darüber hinaus aber auch, gegenüber wem er seine Ansprüche durchsetzen kann und an wen er selbst seine Leistung zu erbringen hat.[429] Diese Vorschriften regeln also im Interesse der Verbraucher das Marktverhalten der Telediensteanbieter. Ein Wettbewerbsbezug kann dieser Vorschrift in der Regel[430] damit ebenso wenig abgesprochen werden[431] wie den vergleichbaren Vorschriften des BGB.[432] 123

Auch wenn damit ein Verstoß gegen die Kennzeichnungsvorschriften unter § 3a fällt, muss doch in jedem Einzelfall geprüft werden, ob ein Verbot nicht an der Bagatellklausel scheitert. So ist bei Fehlen einzelner oder aller vorgeschriebenen Angaben oder auch nur bei deren schlechter Auffindbarkeit auf Webseiten, auf denen der Verbraucher unmittelbar Geschäfte mit dem Anbieter tätigen kann, eine Wettbewerbsbeeinträchtigung in der Regel zu bejahen, während dies bei reinen Werbeseiten, bei denen etwa die fehlende Erreichbarkeit des Anbieters eher diesem selbst schaden kann, im Einzelfall verneint werden kann.[433] 124

---

[425] BGH GRUR 2006, 1044, 1045 – *Kundenbindungsprogramm;* vgl. dazu § 3 Rdn. 158; § 17 Rdn. 43; in diesem Sinne ist wohl auch die Einschränkung („... da bei Erfüllung des objektiven Tatbestandes der folgenden Strafbestimmungen ein Wettbewerbsverstoß gemäß § 4 Nr. 11 vorliegen dürfte") in der Amtlichen Begründung (BT-Drucks. 15/1487 S. 26) zu verstehen.

[426] BGH GRUR 2011, 633, 637 – *BIO-Tabak;* GRUR 2011, 631 – *Unser wichtigstes Cigarettenpapier.*

[427] Vom 27.4.2016 (BGBl. I S. 980).

[428] Vgl. auch OLG München MMR 2002, 173; OLG Hamburg MMR 2003, 105, 106.

[429] Vgl. OLG Hamburg a. a. O. S. 106.

[430] Bezweifelt wurde dies für die in § 6 Abs. 1 Nr. 6 TDG (jetzt § 5 Abs. 1 Nr. 6 TMG) enthaltene Verpflichtung zur Angabe der Ust.-Identifikationsnr. durch OLG Jena GRUR-RR 2006, 283, 284.

[431] Vgl. BGH GRUR 2007, 159, 160 – *Anbieterkennzeichnung im Internet;* OLG Düsseldorf GRUR-RR 2013, 433,435; OLG Frankfurt GRUR-RR 2015, 17; OLG Karlsruhe WRP 2006, 1039, 1041; OLG Oldenburg GRUR-RR 2007, 54 f.; *Ullmann* GRUR 2003, 817, 823.

[432] Vgl. BGH a. a. O., S. 161 und oben Rdn. 69 ff.

[433] Vgl. ebenso OLG Koblenz, MMR 2006, 624 bei einem Verstoß gegen § 6 Abs. 1 Nr. 3 TDG m. Anm. *Schirmbacher* K&R 2006, 348; OLG Hamburg MD 2008, 665; *Ernst* GRUR 2003, 759, 761 f. wegen fehlenden Wettbewerbsvorteils bei Verletzung einer wertneutralen Norm.

125 *ee) Verpackungsverordnung.* Die Verordnung über die Vermeidung und Verwertung von Verpackungsabfällen **(Verpackungsverordnung)**[434] enthält komplizierte **Rücknahme-, Pfanderhebungs- und Verwertungspflichten** für verschiedene Arten von Verpackungen, nämlich Transportverpackungen, Umverpackungen und Verkaufsverpackungen, wobei letztere zum einen nach Einweg- und Mehrwegverpackungen unterschieden werden und zum anderen Einwegverkaufsverpackungen auch je nach Art des Füllgutes unterschiedlich behandelt werden können. So unterliegen beispielsweise **Einweg-Getränkeverpackungen** einer Pfanderhebungspflicht, wobei das Pfand in seiner Höhe vorgeschrieben ist und auf jeder Vermarktungsstufe bis zum Letztverbraucher erhoben sowie bei Rückgabe an den Vorvertreiber wieder zurückerstattet werden muss (§ 9 VerpackungsV).

126 Betrachtet man den primären Zweck der Verpackungsverordnung, die Auswirkungen von Abfällen aus Verpackungen auf die Umwelt zu vermeiden oder zu verringern (§ 1 Abs. 1 Satz 1), so folgt daraus noch keine Zweckrichtung, im Interesse der Marktteilnehmer das Marktverhalten zu regeln. Insbesondere bezweckt die VerpackungsV nicht den Schutz von Verbraucherinteressen.[435] Die in der Verordnung enthaltenen Ge- und Verbote betreffen allerdings das Verhalten der Hersteller und Vertreiber beim Absatz der in den Verpackungen enthaltenen Waren. Ein Verstoß gegen diese Normen, z.B. durch Verweigerung der vorgeschriebenen Pfanderhebung oder der gebotenen Rücknahme von Verpackungen (§ 6 Abs. 1 Satz 4 VerpackungsV), kann daher unter § 3a fallen.[436] Allerdings kann eine Unlauterkeit im Einzelfall an der Bagatellklausel scheitern.[437]

127 *ff) Gesetz gegen Wettbewerbsbeschränkungen (GWB).* Die herrschende Meinung zum früheren § 1 UWG hat Verstöße gegen **GWB-Vorschriften** als wettbewerbswidrig i. S. v. § 1 UWG beurteilt, weil das GWB dem Schutz des Wettbewerbs diene und daher wertbezogen sei, so dass ohne das Hinzutreten weiterer Umstände auch eine Wettbewerbswidrigkeit i. S. v. § 1 UWG anzunehmen sei.[438] Dies wurde ausdrücklich auch für den Verstoß gegen Normen des **Vergaberechts** bejaht.[439] Die Normen des Vergaberechts sind auch nach Inkrafttreten des UWG 2004 als Marktverhaltensvorschriften im Sinne des bisherigen § 4 Nr. 11 angesehen worden.[440]

128 GWB und UWG dienen mit unterschiedlicher Zielrichtung dem **Schutz des Wettbewerbs.**[441] Mit der Begründung, dass das GWB eine abschließende Regelung der Sanktionen bei Verstößen enthält,[442] lehnt die herrschende Meinung jedoch eine Unterlauterkeit im Sinne von § 3a bei einem Kartellrechtsverstoß ab.[443] Da viele Vorschriften des GWB neben dem Schutz des Wettbewerbs als Institution zumindest auch dem Schutz einzelner Marktbeteiligter, nämlich der Marktgegenseite oder der Verbraucher dienen, ist dieses Ergebnis nicht allein mit dem Regelungsinhalt von § 3a zu begründen; es geht vielmehr um eine Frage der **Gesetzeskonkurrenz.** Soweit andere Gesetze die Sanktionen abschließend regeln, scheidet ein Rückgriff auf § 3a aus.[444]

B. Vertragsbruch

Schrifttum: *Bestmann,* Der Schwarzmarkt blüht – nicht autorisierter Ticketverkauf im Internet und das UWG, WRP 2005, 279; *Harte-Bavendamm/Kreutzmann,* Neue Entwicklungen in der Beurteilung selektiver Vertriebssysteme, WRP 2003, 682; *Köhler,* Wettbewerbswidrigkeit der Ausnutzung fremden Vertragsbruchs? Ein Vergleich zwischen österreichischem und deutschen Lauterkeitsrecht, GRUR Int. 2014, 1006; *Kapp,* Anm. zu BGH DB 2000, 1322, 1327; *Sack,* Die Durchsetzung unlauter zustande gebrachter Verträge als unlauterer Wettbewerb? WRP 2002, 396; *Schramm,* Der Vertragsbruch – Ausnutzung und Verleiten, GRUR 1961, 328; *Wolter/Lubberger,* Wo steht die Lückenlosigkeit?, GRUR 1999, 17.

---

[434] Vom 21.8.1998 (BGBl. I S. 2379) i. d. F. vom 24.2.2012 (BGBl. I S. 212).

[435] KG GRUR-RR 2005, 359; *Link* in: Ullmann jurisPK-UWG, § 4 Nr. 11 Rdn. 176.

[436] BGH GRUR 2007, 162, 163 – *Mengenausgleich in Selbstentsorgergemeinschaft* zu § 6 VerpackV; KG GRUR-RR 2005, 357 zu § 8 Abs. 1; vgl. ebenso *Ullmann* GRUR 2003, 817, 822.

[437] KG GRUR-RR 2005, 357, 358.

[438] Vgl. BGH GRUR 1978, 445, 446 – *4 zum Preis von 3;* offengelassen in WRP 1986, 375, 376 – *Herstellerpreiswerbung;* indirekt bejaht in GRUR 2003, 637 – *Ein Riegel extra* (dort nicht näher ausgeführt, da Verstoß gegen § 14 GWB verneint); KG GRUR 1983, 589, 590; WRP 1994, 402, 403.

[439] Vgl. LG Hamburg WRP 1999, 441, 444; *Jennert* WRP 2002, 507, 509; a. A. *Ullmann* GRUR 2003, 817, 822.

[440] BGH GRUR 2008, 810 – *Kommunalversicherer.*

[441] Vgl. oben § 3 Rdn. 100 ff.

[442] BGH GRUR 2006, 773 – *Probeabonnement;* offengelassen noch in GRUR 2006, 161, 163 – *Zeitschrift mit Sonnenbrille.*

[443] *Köhler*/Bornkamm § 3a Rdn. 1.137; MünchKommUWG/*Schaffert* § 4 Nr. 11 Rdn. 22; *Link* in jurisPK-UWG § 4 Nr. 11 Rdn. 154; näher oben *Ahrens* Einl. G Rdn. 114 f.

[444] Dies soll daher auch bei Verstößen gegen das Buchpreisbindungsgesetz gelten; *Köhler*/Bornkamm § 3a Rdn. 1.38; MünchKommUWG/*Schaffert* § 4 Nr. 11 Rdn. 24; a. A. OLG Hamburg GRUR 2006, 200.

I. Allgemeines

Im Zusammenhang mit der Kategorie **Rechtsbruch** wurde früher neben Verstößen gegen materielle Gesetze auch die wettbewerbliche Relevanz von **Verstößen gegen vertragliche Bindungen erörtert.**[445] Neben der Frage, ob die Verletzung eigener vertraglicher Pflichten – insbesondere ein Verstoß gegen **vertragliche Wettbewerbs- und Werbeverbote** – wettbewerbsrechtlich unlauter sein kann, wurde unter Geltung des alten UWG[446] die **Beteiligung an fremdem Vertragsbruch,** nämlich das **Ausnutzen** von bzw. die **Verleitung zum fremden Vertragsbruch,** insbesondere im Zusammenhang mit dem **Abwerben von Arbeitskräften**[447] **und Kunden,** sowie die **Verletzung vertikaler Vertriebsbindungen oder Preisbindungen** als möglicherweise wettbewerbswidriges Verhalten erörtert. 129

Letztlich wurde damit eine Vielzahl von Sachverhalten und Verhaltensweisen behandelt, die zwar alle einen mehr oder weniger starken Bezug zu Verträgen aufweisen, jedoch aus unterschiedlichen Gründen unlauteres Verhalten i. S. des früheren § 1 UWG begründen konnten. Bei der Verletzung von Preis- und Vertriebsbindungen durch Außenseiter, die gebundene Unternehmen zu einem Vertragsbruch verleiten oder diesen ausnutzen, wurde unter Geltung des alten UWG eine Unlauterkeit sogar unter dem Gesichtspunkt des **Vorsprungs** vor den nicht gebundenen, aber die Bindung achtenden Mitbewerbern[448] oder vor den anderen gebundenen Händlern angenommen, die verpflichtet waren, die Vorgaben des Vertriebsbinders einzuhalten.[449] Schon unter Berücksichtigung der vor Inkrafttreten des UWG 2004 erfolgten Änderung der Rechtsprechung zum wettbewerbsrechtlichen Schutz selektiver Vertriebssysteme bleibt **kein Raum mehr für eine parallele Wertung zu der früheren Kategorie des Vorsprungs durch Rechtsbruch.** Erst recht lassen sich keine unmittelbaren Parallelen zum Regelbeispiel des § 3a ziehen, so dass auch die Anwendung des § 3 jedenfalls über die in § 3a zum Ausdruck kommende Wertung für ein unlauteres Verhalten durch Missachtung der fachlichen Sorgfalt[450] kaum in Betracht kommt.[451] Dagegen gibt es Parallelen zu anderen Unlauterkeitsbeispielen des § 4, insbesondere Nr. 4. 130

II. Unlautere Verhaltensweisen

Eine **Verletzung vertraglicher Bindungen** hat im Grundsatz keine wettbewerbsrechtlichen Konsequenzen. Vertragliche Rechte und Pflichten wirken nur relativ, nicht absolut. Dementsprechend können Vertragsverletzungen, auch wenn sie sich mittelbar auf den Wettbewerb auswirken, nicht per se wettbewerbswidrig sein. Ein Unternehmen, das gerechtfertigte Rechnungen für Lieferungen zu spät ausgleicht, seinem Arbeitnehmer die ihm zustehenden Zuschläge verweigert oder in ungerechtfertigter Weise Pachtminderungen hinsichtlich der gepachteten Betriebsstätten geltend macht, mag zwar profitabler arbeiten und dementsprechend mittelbar auch Wettbewerbsvorteile gegenüber Mitbewerbern erzielen. Das Wettbewerbsrecht des UWG hat aber nicht die Gewährleistung einer allgemeinen und jederzeitigen Vertragstreue zum Ziel, sondern bezweckt die Ausschaltung von unlauteren Methoden in der Konkurrenz der Wettbewerber untereinander. 131

1. Verletzung eigener Vertragspflichten

Mangelnde Vertragstreue führt nicht automatisch zu einem Unlauterkeitsverdikt im Sinne des UWG.[452] Ein Rekurs auf das Wettbewerbsrecht scheitert auch daran, dass jedenfalls Wettbewerber der Parteien durch eine Vertragsverletzung i. d. R. selbst nicht tangiert werden. 132

---

[445] Vgl. mehr oder weniger umfangreich *Piper*/Ohly, UWG, 4. Aufl. 2006, § 4.11 Rdn. 11/339 ff.; Gloy/Loschelder-*Hasselblatt,* HdbWbR 3. Aufl. 2004, § 51.

[446] Vgl. statt aller *Baumbach/Hefermehl,* Wettbewerbsrecht, 22. Aufl. 2001, § 1 UWG Rdn. 694 ff.

[447] Dazu oben § 4 Nr. 4 Rdn. 26 ff.

[448] Vgl. z. B. BGH GRUR 1962, 426, 428 – *Selbstbedienungsgroßhandel.*

[449] Vgl. *Baumbach/Hefermehl,* a. a. O., § 1 UWG Rdn. 803 a. E., 804.

[450] Vgl. oben § 3 Rdn. 23 f.

[451] Anders wohl Gloy/Loschelder/Erdmann/*Hasselblatt,* HdbWbR 3. Aufl. 2004, § 51 Rdn. 7, der über § 3 UWG, weil die Qualität der Norm grundsätzlich keine Rolle spiele für die Auswirkung ihrer Verletzung auf das Marktgeschehen, auch Zuwiderhandlungen gegen vertragliche Bindungen denselben Kriterien wie bei der Verletzung gesetzlicher Normen unterwerfen will („einheitliche Lehre vom Rechtsbruch").

[452] Vgl. BGH GRUR 1983, 451, 452 – *Ausschank unter Eichstrich I;* GRUR 1986, 816, 819 –*Widerrufsbelehrung bei Teilzahlungskauf;* GRUR 1987, 180, 181 – *Ausschank unter Eichstrich II;* eingehend *Ahrens* Einl. F IV. Rdn. 142 ff.

133 Allerdings ist von der Rechtsprechung in **Einzelfällen** ein Wettbewerbsverstoß im Zusammenhang mit der fehlenden Vertragserfüllung bejaht worden. So ist das Handeln eines Gastwirts, der seinen Gästen regelmäßig weniger Bier ausschenkte, als diese bestellt hatten, unter dem Gesichtspunkt wettbewerbsrechtlich beanstandet worden, dass es von vornherein auf **Übervorteilung** seiner Kunden abzielte und der Gastwirt die darin liegende Kundentäuschung zum Mittel seines Wettbewerbs machte. Hierdurch werde nicht nur gegen den früheren § 3 UWG (jetzt § 5), sondern, weil sich der Gastwirt durch **gezielte und planmäßig wiederholte Kundentäuschung** Vorteile im Wettbewerb verschaffe, auch gegen den früheren § 1 UWG verstoßen.[453] Ein anderes Urteil des BGH betraf den Fall, dass Kunden eines Bauunternehmers, die regelmäßig und vertragswidrig nicht standsichere Ziegelvorhangfassaden erhielten, zumindest auch in der Erwartung getäuscht würden, eine standsichere Ziegelvorhangfassade zu erhalten. Dies sei nicht nur irreführend, sondern sei auch mit Rücksicht auf die schützenswerten Interessen konkurrierender Mitbewerber und der Allgemeinheit mit den guten kaufmännischen Sitten nicht zu vereinbaren.[454] Derartige Konstellationen begründen also keinen Wettbewerbsverstoß wegen des Vertragsverstoßes als solchen, auch nicht unter Berücksichtigung der besonderen Umstände. Allerdings können absichtliche[455] Vertragsverletzungen geschäftliche Handlungen im Sinne von § 2 darstellen, die unter anderen Gesichtspunkten als unlauter geahndet werden können, z. B. wenn damit eine Irreführung einhergeht[456] oder eine Behinderung von Wettbewerbern verbunden ist.[457]

134 Auch der Verstoß gegen **vertragliche Wettbewerbsverbote** ist in der Regel nicht auch wettbewerbswidrig.[458] Zwar können sich vertragliche Wettbewerbsverbote auf den Markt auswirken und insbesondere unter kartellrechtlichen Gesichtspunkten unzulässig bzw. unwirksam sein.[459] Ein unlauteres Wettbewerbshandeln bei einem Verstoß gegen Wettbewerbsverbote ist jedoch in der Regel nicht erkennbar.

135 Dagegen ist die Relevanz eines Verstoßes gegen **vertragliche Werbeverbote** in wettbewerbsrechtlicher Sicht durchaus nahe liegend, weil der Verletzer nicht nur gegen den Vertrag verstößt, sondern unmittelbar in den Wettbewerb eingreift. Ein Wettbewerbsverstoß i. S. des früheren § 1 UWG wurde daher gelegentlich bejaht, beispielsweise in einem Fall, in dem ein Wettbewerber eines Bestattungsunternehmers geklagt hatte, weil dieser gegen ein gegenüber der Stadt übernommenes vertragliches Werbeverbot verstoßen hatte.[460] Eine gewisse Parallele zu § 3a drängt sich hier insofern auf, als vertragliche Werbeverbote das Marktverhalten regeln, während vertragliche Wettbewerbsverbote sozusagen den Marktzutritt betreffen.[461] Da aber Verträge mit den in § 3a genannten Normen nicht vergleichbar sind und auch sonst ein Unlauterkeitsmoment i. S. d. § 3 nicht erkennbar ist, dürfte ein Wettbewerbsverstoß i. S. v. § 3 zu verneinen sein.

136 Eine weitere Kategorie unlauterer geschäftlicher Handlungen im Zusammenhang mit vertraglichen Schuldverhältnissen betrifft die **Durchsetzung von Verträgen, die durch systematische Täuschung zustande gekommen sind.**[462] Hier liegt die unlautere Handlung nicht in der Verletzung von Pflichten aus dem Vertrag selbst, sondern rührt aus den Umständen des ursprünglichen Vertragsschlusses her. Als Folge und unter Aufrechterhaltung der Irreführung des Vertragspartners wird die Erfüllung von Verträgen verlangt, die systematisch durch Täuschung zustande gekommen sind. Es wird also die Kundentäuschung zum Mittel des Wettbewerbs gemacht.[463] Auch irreführende Angaben im Zusammenhang mit der Anbahnung von Vertragsschlüssen, die Unterlassungsansprüche nach § 3 UWG a. F. auslösten, sind hier zu nennen.[464] Die Abwicklung von Verträgen, zu deren Abschluss der Kunde durch unlautere Mittel veranlasst wurde, ist dagegen als solche nicht wettbewerbswidrig, solange sie nicht dadurch selbst unlauter wird, dass sie

---

453 BGH GRUR 1987, 180, 181 – *Ausschank unter Eichstrich II.*

454 BGH GRUR 1994, 640, 641 – *Ziegelvorhangfassade.*

455 Vgl. BGH GRUR 2007, 987, 989 – *Änderung der Voreinstellung I.*

456 Vgl. BGH GRUR 2007, 805, 806 – *Irreführender Kontoauszug.*

457 Vgl. BGH GRUR 2009, 876 – *Änderung der Voreinstellung II.*

458 Vgl. BGH GRUR 1976, 427, 428 – *Einfirmenvertreter;* in der Entscheidung BGH GRUR 1987, 832, 833 – *Konkurrenzschutzklausel* hat der BGH den von der Vorinstanz angenommenen Wettbewerbsverstoß nicht mehr aufgegriffen; *Ahrens* Einl. F IV. Rdn. 177.

459 Vgl. z. B. *Baumbach/Hefermehl,* Wettbewerbsrecht, 22. Aufl. 2001, § 1 Rdn. 828 m. w. N.

460 OLG Hamburg GRUR 1988, 144, 145.

461 Vgl. *Köhler*/Bornkamm § 3a Rdn. 1.78 zu gesetzlichen Wettbewerbsverboten.

462 Vgl. dazu näher Einl. G Rdn. 171 ff.

463 BGH GRUR 1986, 816, 818 – *Widerrufsbelehrung bei Teilzahlungskauf;* BGH GRUR 1994, 126, 127 – *Folgeverträge I;* GRUR 1995, 358, 360 – *Folgeverträge II;* GRUR 1998, 415, 416 – *Wirtschaftsregister.*

464 Vgl. BGH GRUR 1990, 609, 611 – *Monatlicher Ratenzuschlag.*

als Teil eines Dauerdeliktes (wie beispielsweise eines fortgesetzten Betruges) angesehen werden kann.[465]

2. Beteiligung an und Ausnutzen von fremdem Vertragsbruch

137 Die Frage, ob Wettbewerbshandlungen im Zusammenhang mit einem fremden Vertragsbruch unlauter sein können, wurde bereits bei § 1 UWG a. F. unter dem Gesichtspunkt der sittenwidrigen **Behinderung** von Mitbewerbern diskutiert. Die gezielte Behinderung ist ein Regelbeispiel der Unlauterkeit i. S. d. § 4 Nr. 4. Der wichtigste Aspekt der Beteiligung an fremdem Vertragsbruch, nämlich das **Abwerben von Mitarbeitern,** ist bereits bei § 4 Nr. 4 erörtert.[466]

138 Das **Abwerben von Kunden** ist für sich genommen nicht unlauter. Insoweit galten schon nach früherem Recht die gleichen Grundsätze wie für das Abwerben von Mitarbeitern. Das Abwerben selbst ist Ausdruck des Wettbewerbs und kann daher nicht per se wettbewerbswidrig sein,[467] wenn nicht zusätzliche unlauterkeitsbegründende Umstände hinzukommen, etwa eine unangemessene Einwirkung auf den Kunden, die sich als Behinderung im Sinne von § 4 Nr. 4 darstellt.[468]

139 Somit ist weder die **Aufforderung** zur Vertragsbeendigung noch die **Hilfe bei der Vertragsauflösung** unlauter.[469] Auch die **Schaffung von Anreizen** zum Wechsel des Vertragspartners ist nicht per se unlauter.[470] Selbst ein Blick auf die Folgen, nämlich die verlorenen Mühen und Kosten, die ein Wettbewerber zum Aufbau seines Kundenstamms eingesetzt hat, lässt das Abwerben von Kunden nicht unlauter werden.[471] Das Gleiche gilt für die bei ordnungsgemäßer Kündigung eines Pachtvertrages zwangsläufige Folge, dass ein Automatenaufsteller, der mit dem Pächter einen Automatenaufstellvertrag mit längerer Laufzeit als der Pachtvertrag abgeschlossen hatte, einen neuen Vertrag mit dem Pächter nicht mehr abschließen kann, weil nach dem neuen Pachtvertrag der Verpächter das alleinige Recht zur Aufstellung von Automaten erhält.[472]

140 Der Wettbewerber darf Kunden grundsätzlich systematisch und zielgerichtet zur Beendigung ihrer Verträge mit Wettbewerbern veranlassen,[473] auch unter Verwendung vorformulierter Kündigungsschreiben, in die nur noch der Kündigungstermin eingesetzt werden muss.[474] Eine Grenze ist allerdings dort zu ziehen, wo die eingesetzten Mittel bzw. der planmäßig verfolgte Zweck der Abwerbung von Kunden in eine **Existenzgefährdung** des Mitbewerbers einmünden.[475] Auch sonstige Umstände beim Abwerben von Kunden, die noch nicht als Verleiten zum Vertragsbruch anzusehen sind, können den Unlauterkeitsvorwurf begründen, etwa die Verwendung **herabsetzender oder anschwärzender Angaben** über fachliche Befähigung und Qualifikation des Mitbewerbers[476] oder die **Überrumpelung** der abzuwerbenden Kunden.[477] Eine besondere Konstellation und daher wohl auch einen nicht zu verallgemeinernden Sonderfall betraf der vom BGH als wettbewerbswidrig beurteilte Abschluss von Gruppenversicherungsverträgen mit einer Gewerkschaft, die zu einer automatischen Versicherung der Gewerkschaftsmitglieder allein auf Grund der Mitgliedschaft führten und daher auch eine Kündigung bereits bestehender Versicherungsverträge zur Vermeidung von Doppelversicherungen nach sich ziehen würden. Aufgrund der sonstigen Vorteile, die eine Mitgliedschaft in der Gewerkschaft gewährte und dem Arbeitnehmer daher, wollte er diese Vorteile in Anspruch nehmen, praktisch keine Wahl ließen, als in die Gewerkschaft einzutreten, führte der Gruppenversicherungsvertrag nach Auffassung des BGH auf unlautere Weise die Beendigung bestehender Versicherungsverträge herbei.[478] Eine gewisse Parallele besteht hier zu dem Unlauterkeitsbeispiel des § 4a Abs. 1. Vor diesem Hintergrund dürfte ein derartiger Fall eine unlautere geschäftliche Handlung i. S. v. § 3 darstellen.

---

[465] BGH GRUR 2001, 1178, 1180 – *Gewinn-Zertifikat; Sack* WRP 2002, 396; Einl. G Rdn. 165.
[466] Oben § 4 Nr. 4 Rdn. 25 ff.
[467] Vgl. BGH GRUR 1956, 223, 224 – *Freiburger Wochenbericht;* GRUR 1957, 365, 366 – *Suwa;* GRUR 1986, 547, 548 – *Handzettelwerbung;* GRUR 2005, 603, 604 – *Kündigungshilfe;* oben § 4 Nr. 10 Rdn. 90.
[468] Z. B. BGH GRUR 2007, 987 – *Änderung der Voreinstellung I;* vgl. auch BGH GRUR 2009, 416, 417 – *Küchentiefstpreis-Garantie.*
[469] Vgl. BGH GRUR 1967, 104, 106 – *Stubenhändler;* GRUR 2005, 603, 604 – *Kündigungshilfe.*
[470] BGH GRUR 2002, 548, 549 – *Mietwagenkostensersatz.*
[471] Vgl. BGH GRUR 1963, 197, 201 – *Zahnprothesen-Pflegemittel.*
[472] BGH GRUR 1997, 920, 921 – *Automatenaufsteller.*
[473] BGH GRUR 2002, 548, 549 – *Mietwagenkostenersatz.*
[474] BGH GRUR 2005, 603, 604 – *Kündigungshilfe;* vgl. oben § 4 Nr. 10 Rdn. 99 f.
[475] Vgl. RGZ 149, 114, 118 – *Kündigungshilfe;* BGH GRUR 1964, 215, 216 – *Milchfahrer.*
[476] OLG Köln WRP 1985, 233, 234.
[477] BGB GRUR 2005, 603, 604 – *Kündigungshilfe.*
[478] BGH GRUR 1990, 522, 525 – *HBV-Familien- und Wohnungsrechtsschutz.*

141 **a) Verleiten zum Vertragsbruch.** Das **Verleiten zum Bruch eines bestehenden Vertrages,** also nicht nur die Veranlassung zu dessen Lösung, sondern zu einer Vertragsverletzung, ist dagegen in der Regel als wettbewerbswidrig beurteilt worden.[479] Dafür reicht die Verletzung vertraglicher Nebenpflichten allerdings nicht aus. Vielmehr müssen Hauptpflichten des Schuldners verletzt sein.[480] Andererseits ist das Verleiten zum Vertragsbruch auch dann schon wettbewerbsrechtlich erheblich, wenn der Kunde zum Vertragsbruch bereits entschlossen ist, die Beeinflussung nur versucht wird oder der Kunde keinen Widerstand gegen das ihm angesonnene Verhalten leistet.[481] Es liegt ein Fall der individuellen Behinderung i. S. v. § 4 Nr. 4 vor.[482]

142 **b) Ausnutzen fremden Vertragsbruchs.** Ein **fremder Vertragsbruch** wird **ausgenutzt,** wenn ein Dritter eine Gelegenheit wahrnimmt, die sich durch den Vertragsbruch einer Vertragspartei ergibt.[483] Dies ist grundsätzlich zulässig, sofern der Vertragsbruch nicht auf der Initiative des Ausnutzenden beruht.[484] Es wird allerdings als wettbewerbswidrig angesehen, wenn **besondere Umstände** bei der **Missachtung von Ausschließlichkeitsbindungen**[485] oder **nachvertraglichen Wettbewerbsverboten**[486] hinzutreten. Letztlich geht es dabei um eine über das schlichte Ausnutzen hinausgehende Art und Weise der Beteiligung am Zustandekommen der Vertragsverletzung, beispielsweise wenn der Dritte, der eine Ausschließlichkeitsbindung in dem Vertrag eines Mitbewerbers missachtet, mit seinen Kunden seinerseits Verträge mit Ausschließlichkeitsbindungen schließt[487] oder wenn die Verpflichtung, deren Verletzung vom Dritten ausgenutzt wird, Bestandteil eines Schuldtilgungsabkommens ist und die Schuldtilgung durch den Vertragsbruch in Frage gestellt wird.[488] Bisweilen ist die Wettbewerbswidrigkeit auch mit der besonderen Schwere des Vertragsbruches der gebundenen Person begründet worden, so in dem Fall, dass sich der an eine Verpflichtung zu einem Exklusivinterview Gebundene von dieser grundlos lossagt und ein anderes Presseunternehmen in Kenntnis der Exklusivbindung mit der die Verpflichtung verletzenden Person selbst ein Exklusivinterview führt.[489]

143 Die Begründung dafür, dass das Ausnutzen eines fremden Vertragsbruches nicht per se wettbewerbswidrig ist, ist in erster Linie darin zu sehen, dass vertragliche Beziehungen kein absolutes Schutzgut darstellen, auch wenn sich die Verletzung von Verträgen oder sogar vertraglichen Systemen wettbewerblich auswirkt und das Verhalten des Vertragsbrüchigen rechtswidrig ist. Diese Grundsätze gelten heute auch für das Ausnutzen eines Verstoßes gegen Verpflichtungen (wie z. B. Lieferverbote) im Rahmen **selektiver Vertriebssysteme.** Diese verdienen, wie andere Verträge bzw. vertragliche Bindungssysteme auch, wettbewerbsrechtlichen **Schutz (nur) gegen das Verhalten derjenigen Außenseiter, die sich aktiv an Vertragsverletzungen beteiligen.** Dies gilt jedenfalls dann, wenn die Vertriebsbindungssysteme selbst rechtlich, insbesondere unter kartellrechtlichen Gesichtspunkten, wirksam sind und nicht diskriminierend gehandhabt werden.[490]

144 Das Vertriebssystem muss also auf Verträge gegründet sein, die weder nach deutschem bzw. europäischem Kartellrecht zu beanstanden sind[491] noch einer AGB-rechtlichen Verhaltenskontrolle nicht standhalten.[492] Für die kartellrechtliche Beurteilung eines (selektiven) Vertriebssystems kommt es allerdings nicht auf die Frage der gedanklichen oder sogar praktischen Lückenlosigkeit des Systems

---

479 Vgl. BGH GRUR 1956, 273, 275 – *Drahtverschluss;* GRUR 1962, 426, 427 – *Selbstbedienungsgroßhandel;* GRUR 1975, 555, 557 – *Speiseeis;* OLG Frankfurt WRP 1996, 1192.

480 BGH GRUR 1960, 558, 559 – *Eintritt in Kundenbestellung.*

481 BGH a. a. O.; GRUR 1975, 555, 557 – *Speiseeis.*

482 Vgl. oben *Ahrens,* Einl. G Rdn. 143, 145; § 4 Nr. 4 Rdn. 37 f.

483 Vgl. RGZ 78, 14, 18, 19 – *Bierbedarf;* RG GRUR 1936, 994, 996 – *Standard-Kragen; Schramm* GRUR 1961, 328, 330.

484 BGH GRUR 2007, 800, 8001 f. – *Außendienstmitarbeiter;* GRUR 2006, 879, 880 – *Flüssiggastank;* GRUR 2005, 940, 942 – *Marktstudien;* zu § 1 UWG a. F. BGB GRUR 1976, 672, 374 – *Möbelentwürfe;* GRUR 1991, 449, 453 – *Betriebssystem;* GRUR 1999, 1113, 1115 – *Außenseiteranspruch;* GRUR 2000, 724, 726 – *Außenseiteranspruch II.*

485 BGH GRUR 1957, 219, 212 – *Bierbezugsvertrag;* GRUR 1967, 138, 141 – *Streckenwerbung; Köhler/* Bornkamm § 4 Rdn. 10.109.

486 BGH GRUR 1976, 372, 374 – *Möbelentwürfe.*

487 Vgl. BGH GRUR 1967, 138, 141 – *Streckenwerbung.*

488 Vgl. BGH GRUR 1957, 219, 221 – *Bierbezugsvertrag.*

489 OLG Hamburg NJWE-WettbR 1999, 54, 56.

490 BGH GRUR 2001, 448, 449 – *Kontrollnummernbeseitigung II.*

491 BGH GRUR 2000, 724 – *Außenseiteranspruch II;* zur kartellrechtlichen Beurteilung vgl. *Harte-Bavendamm/Kreutzmann* WRP 2003, 682; *Wolter/Lubberger* GRUR 1999, 17, 18 ff.

492 BGH GRUR 2014, 785, 788 – *Flugvermittlung im Internet.*

an. Dies gilt nicht nur für die Wettbewerbsregeln des (damaligen) EG-Vertrages.[493] Auch die Wirksamkeit nach deutschem Kartellrecht hängt nicht von der Lückenlosigkeit des Systems ab.[494]

Die **frühere Rechtsprechung** zu § 1 des alten UWG hatte selektiven Vertriebssystemen eine Art absoluten Schutzes auch gegen solche Außenseiter gewährt, die einen **Vertragsbruch nur ausnutzten.** Voraussetzung war eine gedankliche und praktische Lückenlosigkeit des Systems. Stand diese fest, so wurde vermutet, dass der Außenseiter die gebundene Ware nur durch Schleichbezug[495] bzw. durch fremden Vertragsbruch erlangt haben konnte. 145

Der BGH sieht die praktische Lückenlosigkeit nicht mehr als zwingende Voraussetzung für den wettbewerbsrechtlichen Schutz eines selektiven Vertriebssystems an.[496] Eine **gedankliche Lückenlosigkeit** reicht aus.[497] Eine praktische Lückenlosigkeit kann schon angesichts der unterschiedlichen Rechtslage in anderen Ländern wie der Schweiz oder Österreich kaum noch durchgehalten werden.[498] 146

Das **bloße Ausnutzen eines fremden Vertragsbruchs** wird nicht mehr als unlauter behandelt.[499] Zur Begründung wird ausgeführt, dass andere ungebundene Händler sich auf Grund der praktischen Lücken ebenfalls mit der gebundenen Ware eindecken könnten. Diesen gegenüber könne kein Wettbewerbsvorsprung mehr erzielt werden. Auch im Verhältnis zu den gebundenen Händlern verschaffe sich der Außenseiter keinen unlauteren Vorsprung, weil diese nicht gezwungen seien, die sie in das System einbindenden Verträge abzuschließen. Außerdem habe die Einbindung in das System auch Vorteile, die der Außenseiter nicht in Anspruch nehmen könne. Gerade weil diese Umstände die Einhaltung der Verpflichtung der Gebundenen nicht unzumutbar mache, sei das Vertriebssystem durch das Auftreten von Außenseitern auch nicht in seinem Bestand gefährdet.[500] Schließlich – und dies ist das entscheidende Argument – stehe es dem Hersteller frei, die Einhaltung der vertraglichen Verpflichtungen durch ein Codierungssystem oder auf vergleichbare Weise zu **kontrollieren.** Dies sei im Falle eines insgesamt wirksamen und schutzwürdigen Systems auch nicht rechtsmissbräuchlich.[501] 147

c) Schleichbezug. Um die in Vertriebsbindungssystemen enthaltenen Bezugsbeschränkungen zu unterlaufen, werden häufig Praktiken des **Schleichbezugs** eingesetzt. Dieser kann in verschiedenen Formen erfolgen, beispielsweise unter einvernehmlichem Zusammenwirken mit ungetreuen Mitarbeitern eines gebundenen Unternehmens, unter Einschaltung von Strohmännern, durch arglistiges Verschweigen wesentlicher Umstände – beispielsweise der Eigenschaft als Zwischenhändler statt als Endverbraucher – oder durch unwahre Angaben über die Bezugsberechtigung.[502] Ein Schleichbezug gebundener Ware aus schutzwürdigen Vertriebssystemen ist **grundsätzlich wettbewerbswidrig,**[503] unabhängig davon, ob das Vertriebssystem lückenlos ist oder ob es sich um ein Direktvertriebssystem handelt, da die Außenseiter kein rechtlich geschütztes Interesse daran haben, Waren etwa unter Täuschung über ihre Wiederverkaufsabsicht zu beziehen.[504] Auch und gerade **Umgehungshandlungen** zur Verschleierung des Schleichbezuges, z. B. der Kauf eines Neufahrzeugs durch einen außenstehenden Händler, wenn dieser vorgibt, das Fahrzeug als Endabnehmer selber zu nutzen, es dann aber nach kurzfristiger Zulassung weiterveräußert werden soll, sind unlauter.[505] Dabei kann dahingestellt bleiben, ob der Schleichbezug ein Fall der gezielten Behinderung 148

---

[493] Vgl. EuGH GRUR 1994, 300, 302 Tz. 28 f. – *Metro/Cartier;* GRUR Int. 1997, 907, 908 Tz. 12 – *VAG-Händlerbeitrat/SYD-Consult;* vgl. auch BGH GRUR 2000, 724, 725 – *Außenseiteranspruch II.*

[494] Vgl. BGH GRUR 1999, 1109, 1111 – *Entfernung der Herstellungsnummer.*

[495] Dazu unten Rdn. 148 f.

[496] Vgl. auch OLG Dresden GRUR 1999, 74, 75 – *EG-Neufahrzeuge.*

[497] Vgl. BGH GRUR 1999, 1113, 1115 – *Außenseiteranspruch;* GRUR 2000, 724, 726 – *Außenseiteranspruch II.*

[498] Vgl. BGH – *Außenseiteranspruch II* a. a. O.; *Wolter/Lubberger* GRUR 1999, 17, 21 ff.

[499] Vgl. BGH GRUR 1999, 1113, 1115 – *Außenseiteranspruch;* GRUR 2000, 724, 726 – *Außenseiteranspruch II; Kapp* DB 2000, 1327; *Harte-Bavendamm/Kreutzmann* WRP 2003, 682, 691.

[500] BGH GRUR 2000, 724, 726 f. – *Außenseiteranspruch II.*

[501] BGH a. a. O., S. 727; GRUR 1999, 1109, 1112 f. – *Entfernung der Herstellungsnummer;* dazu näher oben § 4 Nr. 4 Rdn. 127 ff.

[502] Vgl. BGH GRUR 2009, 173, 175 – *bundesligakarten.de;* GRUR 1992, 171, 173 – *Vorgetäuschter Vermittlungsauftrag;* GRUR 1994, 827, 828 – *Tageszulassung.*

[503] BGH GRUR 2009, 173, 175 – *bundesligakarten.de;* BGH GRUR 2014, 785, 787 – *Flugvermittlung im Internet;* BGH GRUR 1964, 154, 157 – *Trockenrasierer II;* GRUR 1988, 916, 197 – *Pkw-Schleichbezug;* GRUR 1992, 171, 173 – *Vorgetäuschter Vermittlungsauftrag;* GRUR 1994, 827, 828 – *Tageszulassung; Heermann* GRUR 2009, 177, 178; *Ahrens* Einl. G IV. Rdn. 169.

[504] Vgl. BGH GRUR 2009, 173, 175 – *bundesligakarten.de.*

[505] BGH GRUR 1994, 827, 828 – *Tageszulassung.*

i. S. v. § 4 Nr. 4 oder diesem in seinem Unlauterkeitsgehalt zumindest so weit vergleichbar ist, dass er jedenfalls unter die Generalklausel des § 3 fällt.

149 Auch die **Weiterverwertung** der durch Schleichbezug erlangten Ware ist unlauter, weil von Anfang an und dauernd mit dem Makel der Wettbewerbswidrigkeit behaftet. Sie kann daher vom Vertriebsbinder untersagt werden.[506]

§ 4 Mitbewerberschutz

Unlauter handelt, wer

1. die Kennzeichen, Waren, Dienstleistungen, Tätigkeiten oder persönlichen oder geschäftlichen Verhältnisse eines Mitbewerbers herabsetzt oder verunglimpft;

2. über die Waren, Dienstleistungen oder das Unernehmen eines Mitbewerbers oder über den Unternehmer oder ein Mitglied der Unternehmensleitung Tatsachen behauptet oder verbreitet, die geeignet sind, den Betrieb des Unternehmens oder den Kredit des Unternehmers zu schädigen, sofern die Tatsachen nicht erweislich war sind; handelt es sich um vertrauliche Mitteilungen und hat der Mitteilende oder der Empfänger der Mitteilung an ihr ein berechtigtes Interesse, so ist die Handlung nur dann unlauter, wenn die Tatsachen der Wahrheit zuwider behauptet oder verbreitet wurden;

3. Waren oder Dienstleistungen anbietet, die eine Nachahmung der Waren oder Dienstleistungen eines Mitbewerbers sind, wenn er

a) eine vermeidbare Täuschung der Abnehmer über die betriebliche Herkunft herbeiführt,

b) die Wertschätzung der nachgeahmten Ware oder Dienstleistung unangemessen ausnutzt oder beeinträchtigt oder

c) die für die Nachahmung erforderlichen Kenntnisse oder Unterlagen unredlich erlangt hat,

4. Mitbewerber gezielt behindert.

Gesamtübersicht

Rdn.

A. § 4 Nr. 1 (Herabsetzung von Mitbewerbern)

I. Allgemeines ... 1
II. Konkurrenzen und Anwendungsbereich des § 4 Nr. 1 UWG ... 2
III. Leitlinien der Auslegung ... 7
1. Europarechtliche Vorgaben ... 7
2. Bedeutung von Art. 5 Abs. 1 GG ... 8
a) Meinungsfreiheit ... 8
b) Äußerungen in Presse, Rundfunk, Fernsehen und anderen Medien ... 10
IV. Herabsetzung und Verunglimpfung ... 17
V. Fallgruppen ... 19
1. Herabsetzung oder Verunglimpfung der Waren, Dienstleistungen, Tätigkeiten oder der persönlichen oder geschäftlichen Verhältnisse individueller Mitbewerber ... 19
a) Meinungsäußerungen und Werturteile ... 19
b) Verbreitung wahrer Tatsachen ... 21
c) Sonstige geschäftliche Handlungen ... 25
2. Pauschale Abwertung ungenannter Mitbewerber oder ihrer Leistungen ... 26
3. Kennzeichenverunglimpfung ... 31
a) Kennzeichen ... 31
b) Konkurrierende Tatbestände ... 32
c) § 24 Abs. 2 MarkenG verdrängt § 4 Nr. 1 UWG ... 35
d) Wettbewerbsverhältnis ... 36
e) Markenparodie ... 37
VI. Rechtfertigung ... 39
VII. Herabsetzung und Verunglimpfung anderer Personen als Mitbewerber ... 40

[506] BGH GRUR 1992, 171, 174 – *Vorgetäuschter Vermittlungsauftrag* unter Berufung auf BGH GRUR 1988, 829, 830 – *Verkaufsfahrten II* – und GRUR 1979, 119, 120 – *Modeschmuck*.

Rdn.

B. § 4 Nr. 2 (Anschwärzung)
I. Allgemeines ... 1
II. Einfluss des europäischen Rechts ... 4
III. Anwendungsbereich und Konkurrenzen ... 5
IV. Tatbestandsvoraussetzungen ... 12
1. Handeln im Wettbewerb ... 13
2. Tatsachenbehauptung ... 16
a) Begriff ... 16
b) Fallgruppen ... 18
3. Schutzobjekte ... 23
4. Unzulässige Handlungen: Behaupten oder Verbreiten ... 25
5. Eignung zur Betriebs- oder Kreditschädigung ... 29
6. Nichterweislich wahre Tatsachen ... 32
V. Ansprüche ... 35
VI. Sonderfall: Vertrauliche Mitteilungen ... 40
1. Vertraulichkeit ... 41
2. Berechtigtes Interesse ... 43
3. Anspruchsgegner und Beweislast ... 46

C. § 4 Nr. 3 (Ergänzender Leistungsschutz)
I. UWG 2004 bis UWG 2015 ... 1
II. Verhältnis zu den Sonderschutzrechten ... 4
1. Begriff des ergänzenden wettbewerbsrechtlichen Leistungsschutzes ... 4
2. Keine zwingend abschließenden Regelungen durch die Sonderschutzrechte . 5
a) Allgemeines ... 5
b) Vorrang des Markenrechts? ... 6
c) Teilweiser Rückzug der „Vorrangthese" ... 8
3. Schutz von Leistungen oder Schutz vor unlauteren Wettbewerbshandlungen? 14
a) Das „Was" und „Wie" der Nachahmung ... 14
b) Schutz wegen oder von wettbewerblicher Eigenart ... 15
4. Regel-/Ausnahme-Verhältnis zwischen zulässigen und unzulässigen Nachahmungen ... 21
5. Unterschiede und Gemeinsamkeiten von sondergesetzlichem und ergänzendem wettbewerbsrechtlichem Leistungsschutz ... 23
a) Schutzebenen ... 23
b) Sonderschutzrechte und UWG ... 24
c) Angleichung des Rechtsschutzes ... 27
d) Unterschiede ... 30
III. Nachahmung von Waren oder Dienstleistungen ... 36
1. Begriff der Nachahmung ... 36
a) Allgemeines ... 36
b) Enge der Anlehnung ... 37
2. Waren ... 40
3. Dienstleistungen ... 42
4. Kennzeichen ... 45
5. Kein Ideenschutz ... 49
IV. Generalklausel, Konkretisierung und Fallgruppen ... 50
1. Verhältnis von Generalklausel und § 4 Nr. 3 ... 50
2. Konkretisierung der Generalklausel; Wechselwirkung ... 51
V. Unmittelbarer Leistungsschutz ... 56
1. Schutzwürdigkeit statt unlauterer Handlungsweise ... 56
2. Saisonschutz ... 63
3. Missbilligung von Nachahmung an sich ... 64
4. Vermutung der Unlauterkeit bei besonders enger Anlehnung ... 65
5. Unlauterkeit bei herausragender wettbewerblicher Eigenart ... 66
6. Befriedigung eines Fortsetzungs- oder Ergänzungsbedarfs („Einschieben in fremde Serie") ... 68
7. Auswirkungen des nicht eingetragenen Gemeinschaftsgeschmacksmusters ... 71
VI. Schutz gegen Herkunftsverwechslungen, § 4 Nr. 3a) ... 74
1. Verhältnis zur irreführenden Werbung gem. § 5 UWG ... 74
2. Vermeidbare Herkunftstäuschung ... 76
a) Allgemeines ... 76
b) Wettbewerbliche Eigenart ... 79
c) Herkunft ... 101
d) Herkunftstäuschung ... 102
e) Vermeidbarkeit der Herkunftstäuschung ... 120
f) Insbesondere: Nachahmung von Werbemitteln ... 132

Rdn.
VII. Schutz gegen anlehnende Bezugnahmen (insbesondere Rufausbeutung und -beeinträchtigung § 4 Nr. 3b) ... 135
1. Allgemeines ... 135
a) Hervorrufung von Assoziationen ... 135
b) Negative und positive Bezugnahmen ... 136
c) Anlehnung ... 137
d) Mittel der Anlehnungen ... 138
2. Wertschätzung ... 139
3. Rufausbeutung durch Kennzeichennachahmung ... 144
a) Kennzeichennachahmung von § 4 Nr. 3 nicht erfasst ... 144
b) Regelung des MarkenG ... 145
c) Keine Rufausbeutung durch bloße Annäherung an fremde Kennzeichen ... 149
4. Rufausbeutung und -beeinträchtigung durch Produktnachahmung ... 151
a) Erscheinungsformen der Rufausbeutung ... 151
b) Rufübertragung unerlässlich ... 157
c) Abweichende Kennzeichnungen ... 158
d) Bewertung der Unlauterkeit ... 159
e) Rufbeeinträchtigung ... 165
5. Rufausbeutung und Rufbeeinträchtigung durch vergleichende Werbung ... 166
VIII. Unredliche Erlangung von Kenntnissen oder Unterlagen, § 4 Nr. 3c) ... 167
1. Erschleichen ... 174
2. Vertrauensbruch ... 175
IX. Schutz gegen unlautere Behinderungen ... 178
1. Allgemeines ... 178
2. Systematisches Nachahmen ... 180
a) Wettbewerblich eigenartige Produkte ... 181
b) Nicht wettbewerblich eigenartige Produkte ... 187
3. Zuvorkommen beim (Inlands-)Vertrieb ... 189
X. Sonstige Unlauterkeitsaspekte ... 191
1. Besonders enge Anlehnung: Unmittelbare Übernahme und identisches Nachschaffen ... 192
2. Preisunterbietung ... 196
XI. Schutzdauer und Schutzumfang ... 197
1. Schutzdauer im Erkenntnis- und im Vollstreckungsverfahren ... 197
2. Konkrete Schutzdauer fallgruppenabhängig ... 198
a) Vermeidbare Herkunftstäuschungen ... 199
b) Unmittelbarer Leistungsschutz ... 200
c) Schutz gegen Rufausbeutungen und -beeinträchtigungen ... 201
d) Behinderungen ... 202
e) Erschleichen und Vertrauensbruch ... 203
3. Schutzumfang ... 204
XII. Aktiv- und Passivlegitimation ... 205
1. Aktivlegitimation ... 205
a) Hersteller ... 206
b) Händler ... 207
2. Passivlegitimation ... 210
XIII. Ansprüche ... 211
1. Unterlassung ... 211
2. Schadenersatz ... 212
a) Verschulden ... 212
b) Schadensentstehung ... 213
c) Schadenersatz ... 214
d) Schadensberechnung ... 215
3. Ungerechtfertigte Bereicherung ... 226
4. Auskünfte ... 229
a) Ermöglichung der Schadensberechnung ... 229
b) Auskunft über Vertriebswege („Drittauskunft") ... 232
5. Kein Vernichtungsanspruch ... 233
6. Verjährung ... 234
XIV. Bagatellschwelle ... 235
XV. Prozessuales ... 236
1. Antragsformulierung ... 236
2. Streitgegenstand ... 237
D. § 4 Nr. 4 (Behinderungswettbewerb)
I. Vorbemerkungen ... 1
1. Grundzüge und Entstehungsgeschichte des § 4 Nr. 4 UWG ... 1

Rdn.
2. Einfluss des europäischen Rechts ... 4
3. Das Verhältnis von § 4 Nr. 4 zu anderen Unlauterkeitstatbeständen des UWG 6
4. Behinderungstatbestände im Kartellrecht und deren Verhältnis zu § 4 Nr. 4 UWG ... 9
5. Die Tatbestandsmerkmale des § 4 Nr. 4 UWG ... 13
6. Systematik der Kommentierung ... 20
II. Behinderung auf dem Beschaffungsmarkt ... 21
1. Behinderung beim Einkauf ... 22
a) Behinderung durch konkurrierende Einkäufer ... 22
b) Leistungsverweigerung ... 21
2. Behinderung durch den Abnehmer ... 24
III. Betriebsstörung ... 25
1. Abwerbung von Arbeitskräften ... 26
a) Abwerbungsfreiheit ... 26
b) Wettbewerbswidrige Abwerbung von Mitarbeitern ... 28
c) Wettbewerbswidrige Ausnutzung der Übernahme von Mitarbeitern ... 46
d) Rückwerbung ... 47
e) Rechtsfolgen ... 48
2. Einwirkungen auf den Betriebs- und Produktionsablauf ... 52
3. Testmaßnahmen ... 54
a) Zulässigkeit von Testmaßnahmen ... 54
b) Unzulässigkeit des Verbots von Testmaßnahmen ... 57
c) Unzulässige Testmaßnahmen ... 59
d) Folgen unzulässiger Testmaßnahmen ... 63
e) Erstattung der Testkosten ... 64
4. Spionage ... 66
5. Unruhestiftung ... 68
IV. Absatz- und Vertriebsbehinderung ... 69
1. Allgemeines ... 69
2. Werbebehinderung ... 71
3. Kundenbeziehungen ... 80
a) Abfangen von Kunden ... 80
b) Abwerbung von Kunden ... 93
4. Vertriebsstörung ... 107
a) Parasitäre Leistungsangebote ... 108
b) Aufkauf von Waren ... 109
c) Einsatz rechtlicher Mittel gegen Leistungsangebote Dritter ... 110
d) Sperrmarken ... 113
e) Sonstige Formen der Vertriebsstörung ... 121
5. Marktzugangsbehinderung durch die öffentliche Hand ... 123
V. Verletzung selektiver Vertriebssysteme und die Entfernung von Warencodierungen ... 125
1. Allgemeines ... 125
a) Wettbewerbsrechtlich geschützte Vertriebsbindungssysteme ... 127
b) Ungeschützte faktische Vertriebsbindungssysteme ... 132
2. Wettbewerbsrechtlicher Schutz von Vertriebssystemen ... 133
3. Kodierungen zur Kontrolle von Vertriebssystemen ... 136
4. Sonstige Kodierungen für unterschiedliche Zwecke ... 138
a) Kodierungen zur Gefahrenabwehr ... 138
b) Gesetzlich vorgeschriebene Warenkodierungen ... 140
c) Sonstige Angaben zur Steuerung des Vertriebswegs ... 143
5. Irreführung über die Entfernung einer Warenkodierung ... 145
6. Ansprüche aus dem Markengesetz ... 147
7. Urkundenvernichtung (§ 274 StGB) ... 148
8. Anbringen eigener Warenkodierungen ... 149
9. Zivilprozessuale Besonderheiten ... 150
VI. Preisgestaltung ... 153
1. Preisgestaltungsfreiheit ... 153
2. Wettbewerbswidrige Elemente der Preisbildung ... 154
3. Das Verhältnis des Preises zu anderen Marktparametern ... 161
4. Wettbewerbswidrigkeit von Niedrigpreisen ... 162
a) Behinderung einzelner Mitbewerber ... 164
b) Behinderung des Wettbewerbs ... 169
c) Rechtfertigung ... 173
d) Darlegungs- und Beweislast ... 174

Rdn.

5. Verkauf unter Selbstkosten oder Einstandspreis im Kartellrecht 175
6. Schleuderpreise für Markenartikel 176
7. Irreführung der angesprochenen Verkehrskreise 178
8. Schleuderpreise als übertriebenes Anlocken 179

VII. Unberechtigte Abmahnung von Wettbewerbsverstößen 180
1. Allgemeines 180
2. Wettbewerbsrechtliche Beurteilung 181
3. Schadenersatz und Kostenerstattung 184

VIII. Verwarnung aus Ausschließlichkeitsrechten (Schutzrechtsverwarnung) 188
1. Formale und inhaltliche Voraussetzungen einer zulässigen Schutzrechtsverwarnung 193
2. Berechtigte Schutzrechtsverwarnungen 195
3. Die unberechtigte Schutzrechtsverwarnung 196
a) § 4 Nr. 4 UWG 197
b) § 4 Nr. 1, 2 UWG 199
c) § 823 I BGB (Eingriff in den Gewerbebetrieb) 201
d) Verschulden 207
e) Verjährung 212
f) Weitere Anspruchsgrundlagen 215
4. Ansprüche 220
a) Unterlassung und Beseitigung 220
b) Auskunft 221
c) Schadenersatz 222

IX. Boykott 226
1. Allgemeines 226
2. Die Beteiligten 229
3. Geschäftliche Handlung 235
4. Boykottaufforderung 238
a) Aufforderungshandlung 238
b) Versuch der Einflussnahme 244
c) Eignung zur Beeinflussung 245
5. Unlauterkeit/Rechtswidrigkeit 246
6. Boykottähnliche Maßnahmen 250

X. Marktstörung 251
1. Allgemeines 251
a) Feststellung der Marktverhältnisse 256
b) Gefährdung des Wettbewerbsbestands 257
c) Wettbewerbsrechtliche Bewertung der Gefährdung des Wettbewerbsbestands 260
2. Marktstörung durch das Verschenken oder die Gratisabgabe von Waren und Leistungen 264
3. Preiskampf 272
4. Marktstörung durch die öffentliche Hand 273
5. Sonstige marktstörende Verhaltensweisen 278

A. § 4 Nr. 1 (Herabsetzung von Mitbewerbern)

Unlauter handelt, wer

1. die Kennzeichen, Waren, Dienstleistungen, Tätigkeiten oder persönlichen oder geschäftlichen Verhältnisse eines Mitbewerbers herabsetzt oder verunglimpft;

Inhaltsübersicht

Rdn.

I. Allgemeines 1
II. Konkurrenzen und Anwendungsbereich des § 4 Nr. 1 UWG 2
III. Leitlinien der Auslegung 7
1. Europarechtliche Vorgaben 7
2. Bedeutung von Art. 5 Abs. 1 GG 8
a) Meinungsfreiheit 8
b) Äußerungen in Presse, Rundfunk, Fernsehen und anderen Medien 10
IV. Herabsetzung und Verunglimpfung 17

Rdn.
V. Fallgruppen ... 19
1. Herabsetzung oder Verunglimpfung der Waren, Dienstleistungen, Tätigkeiten oder der persönlichen oder geschäftlichen Verhältnisse individueller Mitbewerber ... 19
a) Meinungsäußerungen und Werturteile ... 19
b) Verbreitung wahrer Tatsachen ... 21
c) Sonstige geschäftliche Handlungen ... 25
2. Pauschale Abwertung ungenannter Mitbewerber oder ihrer Leistungen ... 26
3. Kennzeichenverunglimpfung ... 31
a) Kennzeichen ... 31
b) Konkurrierende Tatbestände ... 32
c) § 24 Abs. 2 MarkenG verdrängt § 4 Nr. 1 UWG ... 35
d) Wettbewerbsverhältnis ... 36
e) Markenparodie ... 37
VI. Rechtfertigung ... 39
VII. Herabsetzung und Verunglimpfung anderer Personen als Mitbewerber ... 40

Schrifttum: *Bärenfänger,* Symbiotische Theorie zum Kennzeichen- und Lauterkeitsrecht, WRP, 2011, 160, *Born,* Gen-Milch und Goodwill – Äußerungsrechtlicher Schutz durch das Unternehmenspersönlichkeitsrecht, AfP 2005, 110; *Born,* Zur Zulässigkeit einer humorvollen Markenparodie, GRUR 2006, 192; *Bornkamm,* Markenrecht und wettbewerbsrechtlicher Kennzeichenschutz. Zur Vorrangthese der Rechtsprechung, GRUR 2005, 97; *Brinkmann,* Der äußerungsrechtliche Unternehmensschutz in der Rechtsprechung des Bundesgerichtshofs, GRUR, 1988, 516; *Bunnenberg,* Das Markenrecht als abschließendes Regelungssystem?, MarkenR 2008, 148; *Büttner,* Über allen Wipfeln ist Ruh … – Satire und Parodie im Markenrecht, FS Ullmann, 2006, 157; *Deutsch,* Anspruchskonkurrenzen im Marken- und Kennzeichenrecht, WRP 2000, 854; *ders.,* Zur Markenverunglimpfung – Anmerkungen zu den BGH-Entscheidungen „Mars" und „Nivea" (GRUR 1994, 808 und GRUR 1995, 57), GRUR 1995, 319; *Grünberger,* Rechtliche Probleme der Markenparodie unter Einbeziehung amerikanischen Fallmaterials, GRUR 1994, 246; *Habbe/Wimalasena,* Rufschädigende Internet-Äußerungen im Ausland, BB 2015, 520; *Köhler,* „Gib mal Zeitung" – oder „Scherz und Ernst in der Jurisprudenz" von heute, WRP 2010, 571–576; *Köller,* Meinungsfreiheit und unternehmensschädigende Äußerung, 1991; *Lichtnecker;* Die Werbung in sozialen Netzwerken und mögliche hierbei auftretende Probleme, GRUR 2013, 135; *Messer,* Der Anspruch auf Geldersatz bei Kreditgefährdung, § 824 BGB, und Anschwärzung, § 14 UWG, FS *Steffen,* 1995, 347; *Ohly,* Schadenersatzansprüche wegen Rufschädigung und Verwässerung im Marken- und Lauterkeitsrecht, GRUR 2007, 926; *Piper,* Der Schutz der bekannten Marken, GRUR 1996, 429; *Ricker,* Unternehmensschutz und Pressefreiheit, 1989; *Steinbeck,* Zur These vom Vorrang des Markenrechts, Festschrift Ullmann, 2006, S. 409; *Wenzel,* Wettbewerbsäußerungen und Informationsinteresse, GRUR 1968, 626.

I. Allgemeines

1 § 4 Nr. 1 UWG 2015 (entsprechend § 4 Nr. 7 UWG 2004/2008) verbietet geschäftliche Handlungen, die einen Mitbewerber, sein Unternehmen oder seine Waren, Leistungen oder Kennzeichen gegenüber Dritten oder in der Öffentlichkeit herabsetzen oder verunglimpfen.[1] Die Vorschrift ist ein Beispielfall des § 3 Abs. 3 UWG. Sie verbietet **Rufschädigungen** oder – nach früherem Sprachgebrauch – **Geschäftsehrverletzungen.** Die wichtigste Untergruppe bilden abwertende Meinungsäußerungen oder Werturteile. Eine Rufschädigung kann jedoch auch durch die Verbreitung wahrer oder unwahrer Tatsachen[2] oder durch andere Verhaltensweisen eintreten, durch die Mitbewerber unmittelbar oder mittelbar in ein ungünstiges Licht gestellt werden.

II. Konkurrenzen und Anwendungsbereich des § 4 Nr. 1 UWG

2 Rufschädigende Maßnahmen werden neben § 4 Nr. 1 auch von anderen Normen des Wettbewerbsrechts (§ 4 Nr. 2, Nr. 3,[3] § 6 Abs. 2 Nr. 5 UWG), des allgemeinen Zivilrechts (§§ 824, 826, 823 Abs. 2 i. V. m. §§ 185 ff. StGB, 823 Abs. 1 i. V. m. dem Recht am eingerichteten und ausgeüb-

---

[1] Zum Begriff des Mitbewerbers, s. oben *Keller* § 2 A. Rdn. 105 ff.; für einen weitergehenden Mitbewerberbegriff in § 4 Nr. 7 a. F. *Köhler* WRP, 2010, 571, 572 f.

[2] Insoweit zu kurz greifend die Stellungnahme der Bundesregierung BT-Drucks. 15/1487, S. 18 (GRUR 2003, 298).

[3] BGH GRUR 2010, 349, Tz. 38 – *EKW-Steuerberater* – bezeichnet § 4 Nr. 1 UWG (Nr. 7 a. F.) als einen Unterfall des § 4 Nr. 3 UWG (Nr. 10 a. F.).

ten Gewerbebetrieb oder dem allgemeinen Persönlichkeitsrecht)[4] und des Strafrechts (§ 185 bis § 187 StGB) erfasst. Bei einer Kennzeichenherabsetzung oder -verunglimpfung sind außerdem §§ 14 Abs. 2 Nr. 3, 15 Abs. 3, 127 Abs. 3 MarkenG und § 24 Abs. 2 MarkenG zu beachten.[5]

3 Die **äußerungsrechtlichen Tatbestände des BGB und StGB** finden neben den speziellen Regeln im UWG uneingeschränkte Anwendung.[6] Die lauterkeitsrechtlichen Vorschriften schließen die Anwendung des allgemeinen Deliktsrechts nur aus, wo ein Sachverhalt wettbewerbsrechtlich erschöpfend geregelt werden soll.[7] Die Wertungen der UWG-Tatbestände, insbesondere zur vergleichenden Werbung gemäß § 6 UWG, sind allerdings im Rahmen der §§ 823 Abs. 1 (eingerichteter und ausgeübter Gewerbebetrieb), 824 BGB und 826 BGB sowie bei § 185 StGB zu berücksichtigen. Die übrigen zivil- und strafrechtlichen Tatbestände stellen auf unwahre Tatsachenbehauptungen ab, die im UWG in gleicher Weise verboten sind (§ 4 Nr. 2). Auf die Anspruchsnormen außerhalb des UWG kann zurückgegriffen werden, wo es an einem Wettbewerbsverhältnis oder einer geschäftlichen Handlung i. S. d. § 2 Abs. 1 Nr. 1 als Voraussetzung für die Anwendung des UWG fehlt.

4 Innerhalb des UWG ergibt sich der Anwendungsbereich des § 4 Nr. 1 in **Abgrenzung zu § 6 Abs. 2 Nr. 5 UWG** und **zu § 4 Nr. 2.** Gegenüber **§ 4 Nr. 3 UWG** enthält § 4 Nr. 1 UWG die speziellere Regelung; die gleichzeitige Anwendung von § 4 Nr. 3 ist insofern entbehrlich, aber unschädlich.[8]

5 Die wettbewerbsrechtliche Zulässigkeit von **Äußerungen in einem Vergleich** beurteilt sich **ausschließlich nach § 6 UWG,** der in § 6 Abs. 2 Nr. 5 einen mit § 4 Nr. 1 weitgehend identischen Unlauterkeitstatbestand enthält.[9] Der Anwendungsbereich des § 6 UWG[10] ist weit zu verstehen. Die Vorschrift will alle Arten der Werbung abdecken, die Mitbewerber zumindest mittelbar erkennen lässt und unterschiedliche, hinreichend konkrete Waren oder Dienstleistungen gegenüberstellt.[11] Dazu zählen auch personen- oder unternehmensbezogene Hinweise auf Mitbewerber und deren Mitarbeiter, wenn der Wettbewerber sich gleichzeitig – zumindest indirekt – davon abgrenzt und Alternativen anbietet.[12] Von § 4 Nr. 1 werden daher nur solche Vergleiche von Waren oder Dienstleistungen erfasst, die – wie etwa Systemvergleiche – keinen bestimmten Mitbewerber erkennen lassen oder keine hinreichend konkrete Waren- oder Dienstleistungsalternative anbieten.

6 Herabsetzende oder verunglimpfende **unwahre Tatsachenbehauptungen** über Mitbewerber fallen unter **§ 4 Nr. 2 UWG.** Für die Beurteilung unwahrer Tatsachenbehauptungen über § 4 Nr. 1 bleibt daneben kein Raum.[13] Der **Anwendungsbereich des § 4 Nr. 1 ist** deshalb **beschränkt** auf a) herabsetzende oder verunglimpfende Äußerungen oder sonstige ausdrückliche oder konkludente Aussagen über einen oder einzelne erkennbare Mitbewerber oder deren Kennzeichen, Waren oder Dienstleistungen, soweit diese Äußerungen nicht § 6 oder § 4 Nr. 2 UWG unterfallen, b) die pauschale Herabsetzung oder Verunglimpfung von ungenannten Mitbewerbern oder deren Waren oder Dienstleistungen[14] sowie c) die Markenverunglimpfung.

III. Leitlinien der Auslegung

1. Europarechtliche Vorgaben

7 Bei der Auslegung ist zu berücksichtigen, dass der Tatbestand mit Ausnahme der Erwähnung der Kennzeichen als Objekt der Rufschädigung **identisch mit dem Tatbestand des § 6 Abs. 2**

---

[4] Zum Persönlichkeitsrecht von Wirtschaftsunternehmen siehe BGH NJW 1994, 1281, 1283 – *Bilanzanalyse;* GRUR 1986, 759, 761 – *BMW.*

[5] Zum Verhältnis des § 4 Nr. 7 UWG zum Markenrecht s. u. Rdn. 32 ff.

[6] Vgl. BGH GRUR 1998, 167 – *Restaurantführer;* GRUR 1986, 812, 814 – *Gastrokritiker;* OLG Hamm GRUR-RR 2014, 259.

[7] BGH GRUR 2011, 444, Tz. 56 – *Flughafen Frankfurt-Hahn.*

[8] *Köhler*/Bornkamm § 4 Rdn. 7.6 unter Hinweis auf BGH GRUR 2010, 349 – *EKW-Steuerberater.*

[9] BGH GRUR 2012, 74, Tz. 17 – *Coaching-Newsletter.*

[10] Hierzu die Kommentierung des § 6 UWG durch *Sack;* vgl. auch *Glöckner* Einl. B. Rdn. 127 ff.

[11] EuGH GRUR 2003, 533, Tz. 35 – *Pippig Augenoptik;* GRUR 2002, 354, Tz. 30, 31 – *Toshiba Europe;* BGH GRUR 2012, 74, Tz. 18 – *Coaching-Newsletter;* siehe *Sack* zu § 6 UWG.

[12] BGH GRUR 2012, 74, Tz. 18 – *Coaching-Newsletter;* jurisPK-UWG/*Müller-Bidinger* § 4 Rdn. 13; *Sack* WRP 2004, 817, 818.

[13] A. A. BGH GRUR 2012, 74, Tz. 27 – *Coaching-Newsletter; Köhler*/Bornkamm, § 4 Rdn. 7.15; jurisPK-UWG/*Müller-Bidinger* § 4 Rdn. 17, der beide Bestimmungen nebeneinander anwendet.

[14] Nach *Sack* WRP 2005, 531, 535 fallen die kollektive Schmähkritik und die pauschale Herabsetzung von Mitbewerbern unter § 3 UWG.

Nr. 5 ist. Diese Vorschrift beruht wiederum auf Art. 4d der Richtlinie 2006/114/EG über irreführende und vergleichende Werbung, die in Bezug auf die vergleichende Werbung abschließendes und zwingendes Recht darstellt.[15] Die Auslegungshoheit liegt beim EuGH. Eine von § 6 Abs. 2 Nr. 5 abweichende, strengere Auslegung des § 4 Nr. 1 ist zwar möglich, aber nicht opportun. Eine Äußerung über einen Mitbewerber oder den Wettbewerb ist daher im Rahmen von § 4 Nr. 1 nicht wettbewerbswidrig, wenn sie in einem Vergleich nach § 6 Abs. 2 Nr. 5 UWG zulässig wäre. Die **Richtlinie 2005/29/EG über unlautere Geschäftspraktiken** ist außerhalb des Anwendungsbereichs der Richtlinie über vergleichende Werbung in allen Fällen zu berücksichtigen, in denen sich eine Äußerung über die in § 4 Nr. 1 genannten Schutzobjekte an Verbraucher richtet und deren Interessen berührt (§ 3 Abs. 2, S. 2; Abs. 3 S. 2).

2. Bedeutung von Art. 5 Abs. 1 GG

a) Meinungsfreiheit. Das Grundrecht der **Meinungsfreiheit (Art. 5 Abs. 1 GG) schließt kommerzielle Meinungsäußerungen sowie reine Wirtschaftswerbung ein.**[16] § 4 Nr. 1 ist zwar ein allgemeines Gesetz i. S. des Art. 5 Abs. 2 GG, das einen Eingriff in die Meinungsfreiheit erlaubt.[17] Die Vorschrift ist jedoch **im Lichte des Grundrechts auszulegen** und in seiner das Grundrecht beschränkenden Wirkung selbst wieder so einzuschränken, dass der besondere Gehalt der Meinungsfreiheit zur Geltung kommt.[18] Andererseits ist auch der nach Art. 12 und Art. 2 Abs. 1 GG i. V. mit Art. 1 GG gebotene Schutz des geschäftlichen Rufs zu berücksichtigen. Das macht im Einzelfall stets eine Abwägung der widerstreitenden Interessen unter Berücksichtigung aller Umstände erforderlich.[19] 8

Das Grundrecht der Meinungsfreiheit ist auf allen Stufen der wettbewerbsrechtlichen Prüfung eines Sachverhalts zu berücksichtigen. Es hat zwar keinen Einfluss auf die Beurteilung, ob überhaupt eine geschäftliche Handlung vorliegt.[20] Bei der **Stellungnahme eines Unternehmers im Rahmen einer öffentlichen Auseinandersetzung** kann aber dennoch bereits das Vorliegen einer geschäftlichen Handlung gem. § 2 Nr. 1 zweifelhaft sein, wenn der geschäftliche Zweck der Äußerung nicht im Vordergrund steht.[21] Bei der Beurteilung muss u. a. der situative Kontext berücksichtigt werden, in dem eine Aussage getroffen wird. Bei einer harschen öffentlichen Protestaktion eines Vitaminpillenhändlers gegen eine Sitzung der Codex-Alimentarius-Kommission wurde deshalb schon das Vorliegen einer geschäftlichen Handlung in Zweifel gezogen, obwohl es dem Demonstranten auch um die Förderung seiner eigenen Geschäftsinteressen ging.[22] Andererseits kann eine geschäftliche Handlung auch in einer Äußerung in einem anwaltlichen Schriftsatz über einen anderen Anwalt liegen.[23] 9

Der Grundrechtsschutz wirkt sich weiterhin auf die **Interpretation der beanstandeten Äußerung** aus. Grundlage für die Bewertung jeder Meinungsäußerung ist die Ermittlung ihres Sinns. Dabei kommt es auf die **Sichtweise eines verständigen Empfängers** unter Berücksichtigung der für ihn wahrnehmbaren, den Sinn der Äußerung mitbestimmenden Umstände an.[24] Der Äußerung darf kein Sinn zugeschrieben wird, den sie objektiv nicht hat. Ihr darf gleichfalls kein entlastender Aussagegehalt abgesprochen werden, der ihr objektiv zukommt. Bei mehrdeutigen Äußerungen müssen die Gerichte sich im Bewusstsein der Mehrdeutigkeit mit den verschiedenen 10

---

[15] EuGH GRUR 2003, 533, Tz. 43 f. – *Pippig Augenoptik* und die Kommentierung von *Sack* § 6 UWG.

[16] BVerfG GRUR 2008, 81 – *Pharma-Kartell;* GRUR 2001, 1058, 1059 – *Generika-Werbung;* GRUR 2001, 170, 173 – *Benetton-Werbung I;* NJW 1992, 1153, 1154; BGH GRUR 2012, 74, Tz. 27 – *Coaching-Newsletter;* zur Einwirkung von Grundrechten auf wettbewerbsrechtliche Verhaltensnormen eingehend *Ahrens* oben Einl. G. II. Rdn. 59 ff., und speziell zur Berücksichtigung der Meinungsfreiheit gemäß Art. 5 Abs. 2 GG, Art. 10 EMKR und Art. 11 GRCh *Ahrens* a. a. O. Rdn. 77 ff.

[17] Vgl. zu § 1 UWG aF BVerfG GRUR 2001, 1058, 1059 – *Generika-Werbung;* GRUR 2001, 170 – *Benetton-Werbung I.*

[18] Vgl. BVerfG GRUR 2001, 1058, 1059 – *Generika-Werbung;* GRUR 2001, 170, 173 f. – *Benetton-Werbung I;* s. a. BGH GRUR 1997, 916, 919 – *Kaffeebohne;* GRUR 1995, 595, 597 – *Kinderarbeit;* GRUR 1992, 707, 709 – *Erdgassteuer;* OLG München GRUR-RR 2013, 516, 517; OLG München GRUR-RR 2006, 268, 277 – *Trivial-Patente;* s. a. Stellungnahme der Bundesregierung BT-Drucks. 15/1487, S. 18.

[19] BGH GRUR 2012, 74, Tz. 22 – *Coaching-Newsletter.*

[20] BGH GRUR 2015, 694, Rdn. 34 – *Bezugsquellen für Bachblüten.*

[21] BVerfG GRUR 2008, 81, 82 – *Pharma-Kartell;* KG 2009, 1035, 1037.

[22] BVerfG GRUR 2008, 81, 82 f – *Pharma-Kartell.*

[23] OLG Frankfurt GRUR-RR 2014, 391, 393 – *Meisterbetrüger.*

[24] BVerfG NJW 1995, 3303, 3305; BGH GRUR 2012, 74, Tz. 31 – *Coaching-Newsletter;* WRP 1997, 1054, 1057 – *Kaffeebohne.*

Deutungsmöglichkeiten auseinandersetzen und für ihre Interpretation nachvollziehbare Gründe angeben.[25]

11 In einem weiteren Schritt muss festgestellt werden, ob der **Leistungswettbewerb auf dem betroffenen Markt durch die beanstandete Aussage konkret gefährdet** wird.[26] Das UWG schützt nämlich nicht die Lauterkeit des Wettbewerbs als solche, sondern nur als Grundlage der Funktionsfähigkeit des Leistungswettbewerbs.[27] Lässt sich keine konkrete Gefährdung des Leistungswettbewerbs feststellen, besteht keine Veranlassung, eine Äußerung im Anwendungsbereich des Art. 5 GG zum Schutze des Wettbewerbs zu verbieten.

12 Selbst wenn der Leistungswettbewerb konkret gefährdet wird, müssen schließlich noch die betroffenen Rechtsgüter und Interessen im Rahmen einer **Verhältnismäßigkeitsprüfung** gegeneinander abgewogen werden.[28] Diese Abwägung ist nur bei einer Schmähkritik entbehrlich.[29] Bei der Annahme einer **Schmähkritik** ist indes aus verfassungsrechtlichen Gründen Zurückhaltung geboten, weil bei ihr jegliche weitere Abwägung der betroffenen Rechtsgüter und Interessen entfällt.[30] Eine Äußerung ist nicht bereits deshalb als Schmähkritik einzuordnen, weil sie überspitzt und teilweise unsachlich ist oder weniger scharf oder sachlicher hätte formuliert werden können.[31]

13 Im Mittelpunkt der Abwägung stehen die **betroffenen Rechtsgüter, Motive, Ziele und der Zweck der Äußerung.** Auch das Maß der Herabsetzung, das mit einer Äußerung verbunden ist, und die etwaige Pauschalität negativer Aussagen müssen in die Abwägung einfließen.[32] Geht es dem Urheber der Äußerung um politische, wirtschaftliche, soziale oder kulturelle Belange der Allgemeinheit, zu denen auch wirtschaftliche Themen gehören können, geht die Meinungsfreiheit in der Regel auch dann vor, wenn private und wirtschaftliche Interessen beeinträchtigt werden.[33] In diesen Fällen oder bei einem sonstigen sachlichen Informationsinteresse des Adressaten ist auch eine schärfere oder unsachlichere Formulierung eher hinzunehmen.[34] Dem Schutz privater und wirtschaftlicher Interessen kommt andererseits eine umso größere Bedeutung zu, je mehr eine Äußerung der Verfolgung eines eigennützigen, wirtschaftlichen Ziels dient.[35]

14 **b) Äußerungen in Presse, Rundfunk, Fernsehen und anderen Medien.** Bei Äußerungen in Medien ist ergänzend zur Meinungsfreiheit die **Pressefreiheit gemäß Art. 5 Abs. 1 Satz 2 GG** zu beachten. Unter den Begriff der Presse im Sinne des Grundgesetzes fällt jedes Medium, dass der Verbreitung von Tatsachenberichten und Meinungen gegenüber der Öffentlichkeit dient. Darunter gehören auch Informationsdienste im Internet, die sich im Wesentlichen auf Produktinformationen in Form von Preislisten und Kundenkritiken konzentrieren.[36] Auf die Pressefreiheit können sich auch Mitbewerber berufen, die sich in einem durch Art. 5 Abs. 1 GG geschützten Medium äußern.

15 Bei Äußerungen im Schutzbereich der Pressefreiheit kann eine **geschäftliche Handlung** nur im Anzeigengeschäft, der Abonnentenwerbung und außerhalb des medialen Funktionsbereichs des Mediums vermutet werden.[37] In allen anderen Fällen – einschließlich der Berichterstattung über andere Medien – muss sie zur Wahrung des Grundrechts aus Art. 5 Abs. 1 Satz 2 GG **positiv auf-**

---

[25] BVerfG GRUR 2003, 442, 443 – *Benetton-Werbung II;* NJW 1995, 3303; BVerfG NJW 1996, 1529; eingehend zur Auslegung von Werbeaussagen im Lichte der Meinungsfreiheit oben *Ahrens* Einl. G. II. Rdn. 79ff.

[26] BVerfG GRUR 2008, 81, 82f – *Pharma-Kartell;* GRUR 2002, 455, 456 – *Tier- und Artenschutz;* GRUR 2001, 170, 173f – *Benetton-Werbung I.*

[27] BVerfG GRUR 2008, 81, 82 – *Pharma-Kartell.*

[28] BGH GRUR 2012, 74, Tz. 33 – *Coaching-Newsletter; Köhler*/Bornkamm, § 4 Rdn. 7.21.

[29] BVerfG GRUR 2008, 81, 83 – *Pharma-Kartell;* BGH WRP 2002, 447, 448 – *Schmähkritik;* GRUR 1977, 801, 803 – *Halsabschneider.*

[30] BGH WRP 2002, 447, 448 – *Schmähkritik;* vgl. BVerfG GRUR 2003, 442, 443 – *Benetton-Werbung II;* GRUR 2001, 170 – *Benetton-Werbung I;* NJW 1995, 3303; KG MD 2009, 1035, 1039f.

[31] BVerfG GRUR 2008, 81, 83 – *Pharma-Kartell.*

[32] BGH GRUR 2012, 74, Tz. 33, 37 – *Coaching-Newsletter.*

[33] BVerfG GRUR 2008, 81, 83 – *Pharma-Kartell;* NJW 1992, 1153, 1154; NJW 1984, 1741, 1743; BGH GRUR 2012, 74, Tz. 33 – *Coaching-Newsletter.*

[34] BVerfG GRUR 2008, 81, 83 – *Pharma-Kartel;* OLG Köln, GRUR-RR 2011, 325, 326.

[35] BVerfG GRUR 2008, 81, 83 – *Pharma-Kartell;* NJW 1992, 1153, 1154; NJW 1984, 1741, 1743; BGH GRUR 2012, 74, Tz. 33 – *Coaching-Newsletter;* für eine Differenzierung nach dem Inhalt der Meinungsäußerung im Spektrum zwischen gesellschaftlichen oder politischen Themen einerseits und der Verfolgung individueller Geschäftsinteressen anderseits auch *Ahrens* Einl. F. II. Rdn. 74ff.

[36] OLG Hamburg GRUR-RR 2005, 385, 386 – *Ladenhüter.*

[37] OLG Hamburg GRUR-RR 2005, 385, 386 – *Ladenhüter;* OLG München GRUR-RR 2004, 309, 310 – *Billiges Plagiat.*

grund der konkreten Umstände des Einzelfalls festgestellt werden.[38] Bei der Annahme einer geschäftlichen Handlung ist mit Rücksicht auf das Grundrecht äußerste Zurückhaltung zu üben.[39] Eine geschäftliche Handlung liegt nicht vor, wenn ein Beitrag allein der Information und Meinungsbildung seiner Adressaten dient.[40] Selbst bei polemisch überspitzten oder grob satirischen, subjektiv einseitig oder gar gewollt herabsetzend gehaltenen Beiträgen kann immer noch die Absicht einer öffentlichen Information und Meinungsbildung im Mittelpunkt stehen.[41] Davon kann aber nicht mehr ausgegangen werden, wenn die Motivation, den Wettbewerb zu beeinflussen, eine nicht ganz untergeordnete Rolle spielt.[42]

Presseerklärungen eines Wettbewerbers oder die **Information der Presse** durch einen Wett- 16
bewerber nehmen am Presseprivileg nicht teil. Bei ihnen handelt es sich um geschäftliche Handlungen, deren Zulässigkeit sich uneingeschränkt nach dem UWG beurteilt.[43] Eine öffentliche Stellungnahme, die ein Wettbewerber in Ausübung seiner Funktion als Sprecher eines Fachverbandes zu einer die Öffentlichkeit interessierenden Frage allgemeiner Art abgibt, kann allerdings nicht ohne weiteres mit einer Äußerung im eigenen Namen gleichgesetzt werden kann. Ein in Wettbewerbsabsicht handelnder Wettbewerber kann sich andererseits nicht hinter einem Fachverband, in dessen Namen er eine öffentliche Stellungnahme abgibt, verstecken,[44] ebenso wenig hinter einer Tätigkeit als Journalist.[45]

IV. Herabsetzung und Verunglimpfung

Eine Herabsetzung ist die **sachlich nicht gerechtfertigte Verringerung der Wertschätzung** 17
des Mitbewerbers, seines **Unternehmens** oder seiner **Leistungen.** Die **Verunglimpfung** ist eine **gesteigerte Form der Herabsetzung.**[46] Die Herabsetzung oder Verunglimpfung von Mitbewerbern ist **auf vielfältige Art und Weise möglich.** Im Vordergrund stehen mündliche oder schriftliche Äußerungen (Meinungsäußerungen, Werturteile, Tatsachenbehauptungen einschließlich impliziter Behauptungen).[47] Eine Schädigung des Rufs der in § 4 Nr. 1 genannten Schutzobjekte kann jedoch auch durch fotografische Darstellungen,[48] die Platzierung einer Ware in einem negativen Werbe- oder Vertriebsumfeld,[49] durch einen Ramschpreis, durch kritische oder suggestive Fragen an Händler oder Abnehmer zur Leistungsfähigkeit der Konkurrenz[50] oder sonstige Verhaltensweisen bewirkt werden.[51] Ob in einer geschäftlichen Handlung eine Herabsetzung von Mitbewerbern zu sehen ist, bestimmt sich jeweils aufgrund einer **Gesamtwürdigung aller Umstände des Einzelfalls,** insbesondere des Inhalts und der Form der Äußerung, ihres Anlasses und des Sachzusammenhangs sowie der Verständnismöglichkeit der angesprochenen Verkehrskreise.[52] Maßgeblich ist das Verständnis der situationsadäquat aufmerksamen, durchschnittlich informierten und verständigen angesprochenen Verkehrskreise.[53]

---

[38] BGH GRUR 1998, 167, 198 – *Restaurantkritiker;* GRUR 1995, 270, 272 – *Dubioses Geschäftsgebaren;* GRUR 1986, 898, 899 – *Frank der Tat;* GRUR 1986, 812, 813 – *Gastrokritiker;* GRUR 1982, 234, 235 – *Großbanken-Restquoten;* OLG Hamburg GRUR-RR 2005, 385, 386 – *Ladenhüter;* WRP, 2000, 647, 648 – *Beißhemmungen;* NJWE-WettbR 1998, 34, 35; OLG Karlsruhe GRUR-RR 2003, 61, 63; OLG Köln GRUR-RR 2001, 186, 187; 1993, 686, 687.

[39] OLG Frankfurt, Urt. v. 18.6.2015 – 6 U 46/14, Rdn. 24.

[40] BGH GRUR 2015, 694, Rdn. 34 – *Bezugsquellen für Bachblüten.*

[41] BGH GRUR 2000, 703, 706 f. – *Mattscheibe;* GRUR 1995, 270, 272 – *Dubioses Geschäftsgebaren;* GRUR 1986, 898, 899 – *Frank der Tat.*

[42] BGH GRUR 1995, 270, 272 – *Dubioses Geschäftsgebaren;* OLG Frankfurt, Urt. v. 18.6.2015 – 6 U 46/14, Rdn. 25 ff.

[43] BGH WRP 1997, 1054, 1056 – *Kaffeebohne;* GRUR 1968, 645, 646 – *Pelzversand;* OLG Stuttgart NJW-RR 1991, 1515; LG Köln WRP 2004, 650, 651; *Köhler*/Bornkamm § 4 Rdn. 7.10.

[44] BGH GRUR 1997, 916, 919 – *Kaffeebohne.*

[45] BGH GRUR 1986, 812, 814 – *Gastrokritiker.*

[46] KG AfP 2010, 480; OLG Hamburg MD 2010, 18; OLG Hamm, Urteil vom 22.4.2010 – 4 U 226/09; *Köhler*/Bornkamm § 4 Rdn. 7.13; *Köhler* WRP 2010, 571, 574.

[47] LG Wuppertal MD 2007, 321, 322.

[48] Vgl. OLG Hamburg WRP 1999, 355.

[49] Vgl. EuGH GRUR Int. 1998, 140 – *Dior/Evora.*

[50] Vgl. OLG Düsseldorf WRP 1984, 22.

[51] Ablehnend BGH GRUR 1984, 204, 207 – *Verkauf unter Einstandspreis II.*

[52] BGH GRUR 2012, 74, Tz. 22, 33 – *Coaching-Newsletter;* GRUR 2005, 609, 610 – *Sparberaterin II;* OLG Hamm GRUR-RR 2014, 450, 451; OLG München GRUR-RR 2013, 516, 517 f.

[53] BGH GRUR 2005, 609, 610 – *Sparberaterin II;* GRUR 2002, 982, 984 – *Die Steinzeit ist vorbei;* OLG Hamm GRUR-RR 2014, 450, 451; OLG München GRUR-RR 2006, 268, 276 – *Trivial-Patente.*

18 Die Rechtsprechung differenziert nicht deutlich zwischen einer Herabsetzung und einer Verunglimpfung eines Mitbewerbers bzw. seiner Waren oder Leistungen. Die Gleichstellung von Herabsetzung und Verunglimpfung soll indizieren, dass **nicht jede herabsetzende Wirkung,** die einer kritischen Äußerung immanent ist, für die Annahme der Unlauterkeit **ausreichend** ist. Sachliche, begründete Kritik ist zulässig. Es müssen für einen Verstoß gegen § 4 Nr. 1 besondere Umstände hinzutreten, welche die Äußerung in unangemessener Weise abfällig, abwertend oder unsachlich erscheinen lassen.[54] Dazu gehört in jedem Fall mehr als die Empfehlung der eigenen Produkte oder die Nennung von Nachteilen anderer Produkte.[55] Es kommt darauf an, ob die herabsetzende geschäftliche Handlung sich **noch in den Grenzen einer sachlich gebotenen Erörterung wettbewerbsrelevanter Leistungsmerkmale** hält **oder bereits eine unsachliche Abwertung** der Mitbewerber oder ihrer Waren oder Leistungen darstellt.[56] Zu einer unsachlichen Herabsetzung wird eine Darstellung nicht allein dadurch, dass sie sich sprachlicher, akustischer oder visueller Stilmittel bedient, die ironisieren und zum Schmunzeln anregen.[57] Die Grenze der Sachlichkeit wird aber überschritten, wenn das Konkurrenzangebot pauschal als schlecht oder minderwertig herausgestellt wird.[58]

V. Fallgruppen

1. Herabsetzung oder Verunglimpfung der Waren, Dienstleistungen, Tätigkeiten oder der persönlichen oder geschäftlichen Verhältnisse individueller Mitbewerber

19 **a) Meinungsäußerungen und Werturteile. Begründete Kritik** an den Waren und Leistungen eines Konkurrenten **ist erlaubt.**[59] Sie kann, auch wenn sie vom Mitbewerber stammt, im Interesse der Verbraucher liegen und den Wettbewerb fördern. Ein abwertendes Urteil kann zur Aufklärung der Allgemeinheit oder der betroffenen Verkehrskreise (z. B. um eine Irreführung über eine sicherheitsrelevante Eigenschaft eines Produkts auszuräumen) oder zur Wahrnehmung berechtigter Interessen (z. B. um die Lauterkeit des Wettbewerbs zu wahren) gerechtfertigt sein. Allerdings darf die Kritik nicht lediglich auf der subjektiven Meinung des Konkurrenten[60] oder auf Spekulation[61] beruhen. Im Gegensatz zur sachlichen Kritik, die sich im Rahmen des der Sache nach Erforderlichen hält,[62] sind **pauschal herabsetzende oder verunglimpfende Meinungen und Urteile** jedenfalls dann **unzulässig,** wenn die konkreten Umstände, auf die sich die abwertende Äußerung bezieht, nicht mitgeteilt werden.[63] Ob eine Kritik eine unzulässige Herabsetzung oder Verunglimpfung darstellt, kann nur aufgrund einer Güter- und Interessensabwägung unter Beachtung der betroffenen Grundrechte aus Art. 5 GG festgestellt werden.[64] Bei der Zulässigkeit kommt es zwar nicht ausschlaggebend darauf an, ob dem Wettbewerber ein gerichtliches Vorgehen gegen den kritisierten Missstand nicht oder nicht rechtzeitig möglich ist.[65] Andererseits darf er sich durch die Art und Weise der Äußerung keinen rechtlichen Vorgaben entziehen, die er beachten müsste, wenn er die Berechtigung seines Vorwurfs mit dem Adressaten seiner Äußerung unmittelbar klären würde. Wer etwa einem Dritten in einer Pressemitteilung eine Patentverletzung vorwirft, darf dabei die

---

[54] BGH GRUR 2008, 443 – *Saugeinlagen;* GRUR 2002, 633, 635 – *Hormonersatztherapie;* GRUR 2002, 72, 73 – *Preisgegenüberstellung im Schaufenster;* GRUR 2002, 75 – *„Sooo … Billig!"?;* GRUR 2001, 752, 753 – *Eröffnungswerbung;* GRUR 1999, 501, 503 – *Vergleichen Sie.*

[55] Ein Beispielsfall: LG Ingolstadt GRUR-RR 2006, 109 – *Originalteile.*

[56] Vgl. BGH GRUR 2010, 161, Tz. 16 – *Gib mal Zeitung;* GRUR 2002, 982, 984 – *Die Steinzeit ist vorbei;* GRUR 2002, 633, 635 – *Hormonersatztherapie;* GRUR 2002, 72, 73 – *Preisgegenüberstellung im Schaufenster;* GRUR 1999, 1100, 1102 – *Generika-Werbung; BGH* GRUR 1999, 501, 503 – *Vergleichen Sie.*

[57] BGH GRUR 2002, 828, 830 – *Lottoschein;* GRUR 2002, 72 [74] – *Preisgegenüberstellung im Schaufenster;* OLG Frankfurt GRUR-RR 2005, 137, 138 – *Vergleich mit Stachelschwein; Eck/Ikas,* WRP 1999, 251, 269 f.

[58] BGH GRUR 1998, 824, 828 – *Testpreis-Angebot.*

[59] OLG München GRUR-RR 2013, 516, 518 – *Warnschreiben;* OLG Köln GRUR-RR 2011, 325, 326.

[60] OLG Düsseldorf InstGE 10, 98, Tz. 28 (bei juris).

[61] KG AfP 2010, 271, 272.

[62] OLG Köln GRUR-RR 2013, 257, 258.

[63] BGH GRUR 2014, 601, Rdn. 42 – *Englischsprachige Presseerklärung;* GRUR 2012, 74, Rdn. 37 – *Coaching-Newsletter;* OLG Frankfurt GRUR-RR 2014, 391, 392; OLG Köln GRUR-RR 2013, 257, 258.

[64] BGH GRUR 2012, 74, Tz. 33 – *Coaching-Newsletter;* OLG Jena GRUR-RR 2006, 134, 135 – *sportwetten.de;* siehe oben Rdn. 8 ff.

[65] A. A. BGH GRUR 1971, 159, 160 – *Motorjacht;* s. a. OLG Jena GRUR-RR 2006, 134, 135 – *sportwetten.de.*

Vorgaben, die an eine wettbewerbskonforme Schutzrechtsverwarnung gestellt werden, nicht unterlaufen.[66]

Der **Einsatz humorvoller, ironischer oder satirischer Mittel** in der Werbung, die auf einen Mitbewerber anspielt, ist grundsätzlich zulässig.[67] Der Verbraucher ist es gewohnt, dass Werbung mit derartigen Stilmitteln arbeitet, und wird allein daraus keine negativen Schlüsse zulasten des betroffenen Mitbewerbers ziehen.[68] Eine humorvolle oder ironische Anspielung auf Mitbewerber oder deren Produkte stellt erst dann eine unzulässige Herabsetzung dar, wenn sie die Mitbewerber dem Spott oder der Lächerlichkeit preisgibt oder von den Adressaten der Werbung wörtlich und damit ernst genommen und als Abwertung verstanden wird.[69] Regelmäßig wettbewerbswidrig ist demgegenüber die **Schmähkritik oder** die Verwendung von **Schimpfwörtern.**[70] Generell wettbewerbswidrig sind **pauschale Abwertungen,** die eine adäquate Begründung vermissen lassen,[71] weil sie z. B. **unangemessen abfällig, abwertend oder unsachlich** sind.[72] Die Pauschalität kann sich auch daraus ergeben, dass die Äußerung an einen wesentlich breiteren Adressatenkreis als dem eigentlichen Kreis interessierter und informierter Verkehrskreise gerichtet wird.[73] – Als **unzulässig** wurden beispielsweise gewertet: Zweifel an der Seriosität des Konkurrenten;[74] der Vergleich von feuchtem Toilettenpapier mit einem Stachelschwein;[75] die Bezeichnung „Schmuddelsender" für einen konkurrierenden Fernsehveranstalter[76] oder „Schmuddelkinder" der Branche für eine Privatbank;[77] die Aussage eines Arztes, dass Patienten beim Konkurrenten horrende Summen für eine Schmerztherapie zahlen müssten;[78] die Aussage, dass die Vermögensberater eines Unternehmens über keine ausreichenden Erfahrungen und Kenntnisse verfügten und bestimmte Fonds-Anteile „Mist" seien;[79] die sachlich unfundierte Abwertung der Patente eines Wettbewerbers als trivial;[80] die pauschale Behauptung, dass die Preise des Mitbewerbers lächerlich hoch seien,[81] die pauschale Abwertung eines Verhaltens eines bestimmten Unternehmens als missbräuchlich oder verbraucherfeindlich sowie eines Versicherungstarifs als überteuertes Tarifwerk,[82] die undifferenzierte Behauptung, dass es bestimmten abmahnenden Anwälten an den Kragen gehe und dass es deren übliche Praxis sei, mit ihren Mandanten ein verbotenes Erfolgshonorar zu vereinbaren,[83] oder die Behauptung einer objektiv ungeklärten Patentverletzung in einer Presserklärung.[84] Als **zulässig** wurde beispielsweise die wertende Beurteilung von Konkurrenzangeboten betrachtet, die um Objektivität bemüht war, auch wenn sie sich in der Darstellung plakativer Verallgemeinerungen bediente;[85] ebenso die Werbung für Werbung in Telefonbüchern und Gelben Seiten an alle „Kunden, welche sich bisher schlecht, einseitig oder gar nicht beraten fühlen".[86] 20

b) Verbreitung wahrer Tatsachen. Auch die Verbreitung wahrer Tatsachen kann unzulässig sein. § 4 Nr. 1 UWG greift hier aber nur ein, wenn sie gleichzeitig herabsetzend oder verunglimpfend ist. Die Rechtswidrigkeit kann sich andernfalls aber aus §§ 823 ff. BGB ergeben. So ist die 21

---

[66] OLG Düsseldorf InstGE 10, 98, Tz. 28 (bei juris); zu den formalen Anforderungen an eine Schutzrechtsverwarnung siehe § 4 Nr. 3 Rdn. 186 f.
[67] BGH GRUR 2010, 161, Tz. 18 – *Gib mal Zeitung;* KG MD 2009, 1035, 1040.
[68] BGH GRUR 2010, 161, Tz. 20 – *Gib mal Zeitung.*
[69] BGH GRUR 2010, 161, Tz. 20 – *Gib mal Zeitung;* LG Nürnberg/Fürth GRUR-RR 2010, 384, 386 f – *Storch Heinar; Köhler*/Bornkamm, § 6 Rdn. 76; *Ohly*/Sosnitza § 6 Rdn. 66; Köhler WRP 2010, 571, 572.
[70] BGH GRUR 1977, 801, 803 – *Halsabschneider;* OLG Frankfurt GRUR-RR 2014, 391 zu Beleidigungen in Anwaltsschriftsätzen.
[71] BGH GRUR 1986, 812, 814 – *Gastrokritiker;* OLG Köln GRUR-RR 2001, 186, 188; *Köhler*/Bornkamm § 4 Rdn. 7.19 f.
[72] BGH GRUR 1999, 100, 1002 – *Generika-Werbung;* GRUR 1999, 501 – *Vergleichen Sie!;* OLG München GRUR-RR 2011, 475 – *Make taste, not waste.*
[73] OLG Düsseldorf InstGE 10, 98, Tz. 30f (bei juris).
[74] BGH GRUR 1986, 812, 814 – *Gastrokritiker;* GRUR 1982, 234, 236 – *Großbanken-Restquoten.*
[75] OLG Frankfurt GRUR-RR 2005, 137, 138 – *Vergleich mit Stachelschwein.*
[76] OLG Hamburg NJW 1996, 1002.
[77] OLG Frankfurt, Urt. v. 18.6.2015 – 6 U 46/14, Rdn. 34.
[78] OLG Karlsruhe GRUR 1994, 130 – *Testpatient.*
[79] OLG Köln, WRP 1985, 233.
[80] OLG München GRUR-RR 2006, 268, 276 f. – *Trivial-Patente.*
[81] LG Köln WRP 2004, 650, 651.
[82] OLG Köln GRUR-RR 2001, 186 – *Versicherungsmakler.*
[83] OLG Köln GRUR-RR 2011, 325, 327.
[84] OLG Düsseldorf InstGE 10, 98, Tz. 25 ff. (bei juris).
[85] OLG Hamburg MD 2004, 764, 772 – *Babes und Zicken.*
[86] BGH GRUR 2005, 609, 610 – *Sparberaterin II.*

Verbreitung wahrer Tatsachen aus dem **Intimbereich** eines Mitbewerbers generell unlauter, wenn dieser sein Intimleben nicht selbst öffentlich gemacht hat.[87] Das gilt – cum grano salis – in gleicher Weise für wahre Tatsachen aus dem **Privatbereich** eines Mitbewerbers.[88] Dafür bedarf es keines Rückgriffs auf das UWG, auch wenn in § 4 Nr. 1 mit der Erwähnung der persönlichen Verhältnisse des Mitbewerbers solche Behauptungen angesprochen werden.

22 Die Grenzen der **Zulässigkeit der Verbreitung wahrer Tatsachen aus der Sozialsphäre** des Mitbewerbers sind im Wettbewerbsrecht enger als im allgemeinen Zivilrecht. Die Behauptung negativer wahrer Tatsachen wird nur dann für zulässig gehalten, wenn ein **ernsthaftes Interesse der Allgemeinheit oder des Adressaten der Mitteilung** an der Kenntnis der Tatsache besteht oder wenn der Urheber einen **hinreichenden Anlass** zu der Behauptung hatte und er sich in beiden Fällen bei ihrer Verbreitung **im Rahmen des Erforderlichen** gehalten hat.[89] Diese Grenzziehung ist jedoch zu eng.[90] Sie führte dazu, dass die Verbreitung wahrer Tatsachen im Rahmen eines Vergleichs wegen des weiten Anwendungsbereichs des § 6 Abs. 2 Nr. 2 UWG großzügiger erlaubt wäre als außerhalb eines Vergleichs. Ein Grund für diese Differenzierung besteht nicht, zumal es einem Wettbewerber leicht möglich wäre, seine Äußerung in einen Vergleich einzubetten. Deshalb sollte zur Bestimmung, welche negativen wahren Tatsachen verbreitet werden dürfen und was Dritte nicht zu interessieren hat, auf die **Wertungen des § 6 Abs. 2 Nr. 2 UWG** zurückgegriffen werden. Danach ist ein Vergleich von Waren und Leistungen unlauter, der nicht auf eine oder mehrere ihrer **wesentlichen, relevanten und typischen Eigenschaften** bezogen ist.[91] Auf § 4 Nr. 1 übertragen bedeutet dies, dass die Verbreitung von wahren Tatsachen über den Mitbewerber und sein Angebot zulässig ist, solange die Tatsache eine wesentliche, relevante und typische Eigenschaft des Mitbewerbers und seines Leistungsangebots betrifft. Zur näheren inhaltlichen Bestimmung dieser Kriterien siehe unten § 6 Rdn. 130ff.

23 Bei **Äußerungen gegenüber Medien,** die den Schutz des Art. 5 Abs. 1 Satz 2 GG genießen, ist die Wettbewerbswidrigkeit besonders zurückhaltend zu prüfen; den Medien darf die Erfüllung ihrer Aufgaben nicht über Gebühr durch wettbewerbsrechtliche Informationsverbote erschwert werden.[92] Der Presseinformant ist nicht verpflichtet, sich den aufgrund seiner Information verfassten Artikel zur Prüfung und Freigabe vorlegen zu lassen.[93] Art. 10 EMRK steht einer gegenläufigen Auslegung wettbewerbsrechtlicher Bestimmungen entgegen.[94]

24 Ein Mitbewerber soll nach herrschender Auffassung regelmäßig kein schützenswertes Interesse daran haben, Dritte über **wettbewerbliche oder rechtliche Probleme mit Konkurrenten** zu unterrichten.[95] Gerichtsurteile zu Lasten des Konkurrenten sollen die Öffentlichkeit nichts angehen.[96] Etwas anderes soll nur gelten, wenn der Wettbewerber oder der Adressat der Information hieran ein eigenes berechtigtes Interesse [97] oder der Wettbewerber einen hinreichenden Anlass zu der Behauptung hat und sich die Kritik in Art und Maß im Rahmen des Erforderlichen hält.[98] Diese Auffassung ist zu eng, weil sie zu stark darauf abstellt, ob die Interessen der Marktteilnehmer an der Verbreitung einer wahren Tatsache schützenswert oder berechtigt sind. Stattdessen sollte analog § 6 Abs. 2 Nr. 2 UWG geprüft werden, ob es sich für einen nicht unerheblichen Teil des angesprochenen Verkehrs um eine Information handelt, die in ihrer wettbewerblichen Bedeutung einer typischen, relevanten und wesentlichen Eigenschaft gleichkommt. Allerdings darf auch in diesen Fällen bei **nicht rechtskräftigen Entscheidungen** nicht der irreführende Eindruck erweckt werden, sie seien gerichtlicherseits ‚das letzte Wort'.[99] Außerdem darf die Rechts- und Sachlage nicht verzerrt oder einseitig dargestellt werden. So darf YouTube gegenüber ihren Nutzern nicht behaupten, dass

---

[87] BVerfG NJW 2000, 2189.

[88] BVerfG AfP 2000, 445, 447; AfP 2000, 76, 78f.

[89] BGH GRUR 1990, 1012, 1013 – *Pressehaftung;* GRUR 1968, 645, 646f – *Pelzversand;* GRUR 1968, 262, 265 – *Fälschung;* OLG Hamburg MD 2006, 725, 729; GRUR 1980, 311; *Köhler*/Bornkamm § 4 Rdn. 7.16.

[90] Im Ergebnis auch OLG Schleswig, Urt. v. 31.1.2008 – 5 U 96/07 (OLGR Schleswig 2008, 287).

[91] Siehe dazu BGH GRUR 2005, 172, 174 – *Stresstest;* GRUR 2004, 607, 611ff. – *Genealogie der Düfte.*

[92] BGH GRUR 1968, 645, 646 – *Pelzversand;* OLG Hamburg GRUR 1980, 311, 312.

[93] Zum früheren Streit *Köhler* WRP 1998, 349, 359.

[94] EGMR NJW 2003, 497, Tz. 41 – *Stambuk/Deutschland.*

[95] BGH GRUR 1968, 645, 647 – *Pelzversand;* OLG Frankfurt WRP 2013, 1673, Rdn. 22.

[96] OLG Koblenz WRP 1989, 43; OLG Hamm MMR 2008, 750; zu Persönlichkeitsrechtsverletzungen durch Urteilsveröffentlichungen siehe OLG Hamm ZUM-RD 2008, 356; OLG Hamburg ZUM 2008, 66; KG AfP 2007, 562.

[97] OLG Frankfurt WRP 2013, 1673, Rdn. 10; OLG Hamburg MD 2006, 725, 729.

[98] OLG Schleswig, Urt. v. 31.1.2008 – 5 U 96/07 (OLGR Schleswig 2008, 287).

[99] OLG Frankfurt GRUR-RR 2015, 149, 150; LG Hamburg MD 2005, 102, 103.

die GEMA an einem bestimmten Musikstück keine Rechte einräume, wenn der Grund darin liegt, dass YouTube die Musiknutzung nicht tarifgemäß bezahlen will.[100]

c) Sonstige geschäftliche Handlungen. Eine Herabsetzung oder Verunglimpfung von Personen, Waren oder Dienstleistungen ist auch auf andere Weise als durch mündliche oder schriftliche Aussagen möglich. Es kommen **alle offenen oder subtilen Mittel** in Betracht, **durch die ein Mitbewerber oder seine Leistungen in ein schlechtes Licht gerückt werden.** Es gelten dafür dieselben Grundsätze wie für die Verbreitung negativer Meinungen, Werturteile oder wahrer Tatsachen. Unlauter ist auch hier in jedem Falle die pauschale, unsachliche Abwertung. Beispiele unzulässiger Werbung sind: Die bildliche Gegenüberstellung zweier Konkurrenzprodukte, von denen eines mit einem Aufkleber ‚defekt' versehen und auch ansonsten in einem erbärmlichen Zustand ist;[101] die Abbildung von Personen, die sich, um besser zu hören, eine Hand als Muschel hinters Ohr legen, verbunden mit der Frage, ob sie wohl ein Hörgerät der Konkurrenz tragen;[102] die Veranstaltung einer Blitzumfrage bei Händlern zur Qualität der Waren und Leistungen eines Konkurrenten, wenn die Fragen pauschalen negativen Tatsachenbehauptungen gleichkommen oder entsprechende Tatsachen nahe legen;[103] der Hinweis in der Werbung auf den Wechsel von Mitarbeitern oder von Kunden des Mitbewerbers zum eigenen Unternehmen, wenn dadurch der Eindruck einer geschwächten Leistungsfähigkeit des Konkurrenten erweckt wird.[104] Ob allerdings Schreiben einer Haftpflichtversicherung an Anspruchsteller oder deren Rechtsanwälte, dass die Kosten für die Einschaltung eines bestimmten Kfz-Sachverständigen wegen eines Interessenkonflikts nicht übernommen werden könnten, dessen Leistung herabsetzt, erscheint selbst dann zweifelhaft, wenn die Rechtsauffassung der Versicherung fehlerhaft sein sollte.[105] Im Angebot von Markenware zu Preisen, die unter dem Einstandspreis oder den Selbstkosten des Anbieters liegen, wird von der Rechtsprechung keine Rufschädigung des Herstellers der Ware gesehen. Etwas anderes kann gelten, wenn der angesprochene Verkehr aufgrund des Preises den Eindruck gewinnt, dass die Qualität des Produkts sich verschlechtert habe.[106] 25

2. Pauschale Abwertung ungenannter Mitbewerber oder ihrer Leistungen

§ 4 Nr. 1 erfasst auch die **pauschale Abwertung ungenannter Mitbewerber** und ihrer Waren und Leistungen, und zwar auch im Rahmen eines Vergleichs.[107] Demgegenüber ist § 6 UWG nur bei vergleichender Werbung anwendbar, die einen Mitbewerber zumindest mittelbar erkennbar macht. 26

Voraussetzung für eine pauschale Herabsetzung von Mitbewerbern ist zunächst, dass eine Werbung überhaupt **durch Worte, Bilder, Farben, Töne oder andere Zeichen auf Mitbewerber Bezug** nimmt.[108] Daran fehlt es, wenn der Werbende nur die eigene Leistung hervorhebt,[109] oder wenn in der Werbung durch die Verwendung des Komparativs eine Bezugnahme zum Wettbewerb mitgedacht werden kann.[110] Der **Einsatz satirischer oder humorvoller Effekte** wird vom angesprochenen Verkehr in der Regel nicht als Bezugnahme auf andere Mitbewerber verstanden. Zurecht wurde daher einer Hörfunkwerbung, in der sich einleitend ‚manche' Krankenkassen wie ein orgelndes Auto anhören und die werbende Krankenkasse wie ein Rennwagen,[111] oder einer Fernsehwerbung für einen Schokoriegel, in der ein überdimensionaler, biegsamer und vor Staub sprühender Getreideriegel abgebildet und von den Worten „zäh wie Gummi und staubtrocken" begleitet wird,[112] eine Bezugnahme auf Mitbewerber abgesprochen. 27

---

[100] LG München ZUM 2014, 981, 987.

[101] OLG Hamburg WRP 1999, 355, 357.

[102] OLG Hamburg NJWE-WettbR 1998, 34, 35.

[103] OLG Düsseldorf WRP 1984, 22, 23.

[104] BGH GRUR 1957, 23, 24 – *Bünder Glas;* GRUR 1964, 316, 319 – *Stahlexport;* s. a. BGH GRUR 1988, 545, 546 – *Ansprechpartner.*

[105] A. A. OLG Nürnberg MD 2007, 315, 317.

[106] BGH GRUR 1984, 204, 207 – *Verkauf unter Einstandspreis II.*

[107] Vgl. BGH GRUR 2010, 349, Tz. 38 – *EKW-Steuerberater;* OLG Hamburg GRUR-RR 2010, 257; offen gelassen in OLG Hamm MMR 2010, 330.

[108] BGH GRUR 2010, 349, Tz. 38 – *EKW-Steuerberater.*

[109] BGH GRUR 2001, 752 – *Eröffnungswerbung;* GRUR 1999, 1100, 1101 – *Generika-Werbung;* OLG Hamburg GRUR-RR 2003, 50.

[110] BGH GRUR 1997, 227, 228 – *Aussehen mit Brille* („Lieber besser aussehen als viel bezahlen"); OLG Karlsruhe WRP 1997, 865, 866 f. („Ich bin doch nicht blöd").

[111] OLG Hamburg GRUR-RR 2003, 249, 251 – *orgelndes Auto.*

[112] OLG Hamburg GRUR-RR 2003, 251, 252 – *Müsli-Riegel.* Das Gericht sprach den Stilmitteln auch eine ernstzunehmende Sachaussage ab.

28 Für die Beurteilung der Frage, ob eine **Herabsetzung ungenannter Mitbewerber wettbewerbswidrig** ist, sind die gleichen Maßstäbe heranzuziehen, die bei der Herabsetzung oder Verunglimpfung individualisierbarer Mitbewerber oder ihrer Waren und Leistungen außerhalb eines Vergleichs gelten.[113] Es kommt entscheidend darauf an, ob die angegriffene Werbeaussage sich noch in den Grenzen einer sachlich gebotenen Erörterung hält oder bereits eine pauschale Abwertung darstellt.[114] Die Aussage muss in unangemessener Weise abfällig, abwertend oder unsachlich erscheinen.[115] Dabei ist zu berücksichtigen, dass jeder bezugnehmenden Werbung **ein negativer Reflex** immanent ist. Wer sich selbst erhöht, erniedrigt zwangsläufig die anderen. Das ist **nicht per se unlauter,** solange die Bezugnahme nicht unangemessen unsachlich ist. Wahre **Systemvergleiche,**[116] Warenarten- oder Leistungsvergleiche (einschließlich der Fortschrittsvergleiche)[117] oder allgemeine Preisvergleiche mit unbestimmten Wettbewerbern[118] sind zulässig, solange zu diesen Vergleichen keine weiteren Umstände hinzutreten, durch die Mitbewerber unnötig herabgesetzt werden. Eine Herabsetzung liegt aber in einem Systemvergleich, der nicht mit objektiven Merkmalen, sondern subjektiven Assoziationen arbeitet, die den Konsumenten der konkurrierenden Ware herabsetzen.[119]

29 Wegen der Einzelheiten kann auf die vorstehende Kommentierung zur Herabsetzung einzelner Mitbewerber verwiesen werden. Als Besonderheit kommt bei der **Verbreitung von Tatsachenbehauptungen über ungenannte Konkurrenten** hinzu, dass sich ihre Wahrheit angesichts des unbestimmten Bezugspunkts für den angesprochenen Verkehr häufig nicht überprüfen lässt. Solche nicht überprüfbaren Tatsachenbehauptungen über unbestimmte Konkurrenten sind in der Regel wettbewerbswidrig.[120] Es besteht kein Grund, nicht nachprüfbare Tatsachen außerhalb des Anwendungsbereichs des § 6 UWG zu privilegieren, die im Rahmen eines Vergleichs nur zulässig wären, wenn sie nachgeprüft werden können.[121]

30 **Beispiele:** Die Aussage „Wir zeigen Ihnen, wie Sie die zuviel gezahlten Steuerberaterhonorare sowie Steuern und Abgaben zumindest für die Zukunft einsparen" im Werbeschreiben eines Steuerberaters wertet Preise und Qualität der Wettbewerber pauschal ab.[122] Das Gleiche gilt für die Frage eines Energieversorgers „Hat Ihr Energieversorger in Ihrer aktuellen Jahresrechnung eine Preiserhöhung versteckt?", weil Wettbewerbern dadurch unredliches Verhalten unterstellt wird.[123] Der Hinweis auf die eigene Leistung enthält keine Herabsetzung unbenannter Mitbewerber.[124] Die Werbung eines Optikers mit dem Werbespruch „Lieber besser aussehen als viel bezahlen" beinhaltet keine Bezugnahme auf die Gesamtheit der Mitbewerber,[125] ebenso wenig die Aufforderung, bestimmte Waren bis zur Eröffnung eines Ladengeschäfts nicht anderweitig zu kaufen.[126] Werbeaussagen wie „Statt Blumen Onko-Kaffee" verweisen nur auf eine Substitutionsmöglichkeit und werten die in Bezug genommenen andersartigen Produkte nicht ab.[127] Der Werbespruch „Statt Mondpreise: Lieber gleich den ...-Preis" wurde zwar für bedenklich gehalten, in Verbindung mit der Aufforderung, die eigenen Preise mit den Preisen der Mitbewerber zu vergleichen, jedoch nicht beanstandet.[128] Ins Blaue hinein geäußerte Verdächtigungen über einen ganzen Wirtschafts- oder Vertriebszweig, die unbesehen alle Unternehmen einschließt, verstößt gegen § 4 Nr. 1.[129]

---

[113] Vgl. Rdn. 19.
[114] BGH GRUR 2010, 349, Tz. 38 – *EKW-Steuerberater;* GRUR 2001, 752, 753 – *Eröffnungswerbung;* GRUR 1997, 227, 228 – *Aussehen mit Brille.*
[115] BGH GRUR 2002, 982, 984 – *Die Steinzeit ist vorbei;* GRUR 2002, 72, 73 – *Preisgegenüberstellung im Schaufenster;* GRUR 1999, 501, 503 – *Vergleichen Sie;* GRUR 1999, 1100, 1102 – *Generika-Werbung.*
[116] Vgl. BGH GRUR 1997, 539 – *Kfz-Waschanlagen.*
[117] Vgl. BGH GRUR 1986, 548 – *Dachsteinwerbung.*
[118] Vgl. BGH GRUR 1996, 983 – *Preisvergleich II.*
[119] OLG München, Urt. v. 21.7.2005 – 6 U 5248/04.
[120] BGH GRUR 1996, 983, 984 – *Preisvergleich II;* GRUR 1981, 823, 826 – *Ecclesia-Versicherungsdienst.*
[121] EuGH GRUR 2007, 69, Tz. 64 – *Lidl/Colruyt.*
[122] BGH GRUR 2010, 349, Tz. 38 – *EKW-Steuerberater.*
[123] OLG Saarbrücken GRUR-RR, 2014, 150, 152.
[124] BGH GRUR 1999, 1100, 1102 – *Generika-Werbung.*
[125] BGH GRUR 1997, 227, 228 – *Aussehen mit Brille.*
[126] BGH GRUR 2001, 752 – *Eröffnungswerbung.*
[127] BGH GRUR 1972, 553, 554 – *Statt Blumen ONKO-Kaffee.*
[128] OLG Dresden NJWE-WettbR 1997, 184, 185f.
[129] OLG Hamm GRUR-RR 2014, 450, 451.

3. Kennzeichenverunglimpfung

a) Kennzeichen: § 4 Nr. 1 erklärt die Herabsetzung oder Verunglimpfung von Kennzeichen für unlauter. Kennzeichen sind nicht allein die im MarkenG genannten **Marken, geschäftlichen Bezeichnungen, Werktitel** oder **geographischen Herkunftsangaben,** sondern auch **Namen, Geschäftsabzeichen, Artikel- und Bestellnummern, Werbeslogans, Internetdomains oder sonstige, ggfs. ungeschützten Kennzeichen** zur Identifizierung von Personen, Unternehmen und ihren Abteilungen, Veranstaltungen, Waren oder Dienstleistungen. Auf den rechtlichen Schutz eines Kennzeichens durch ein Ausschließlichkeitsrecht kommt es nicht an. Erforderlich ist nur, dass die Kennzeichen einen Mitbewerber, eine Gruppe von Mitbewerbern oder deren Leistungsangebote individualisieren. 31

b) Konkurrierende Tatbestände: Bei der Abwertung von Marken, geschäftlichen Bezeichnungen (einschließlich der Werktitel) und geografischen Herkunftsangaben sind **§ 14 Abs. 2 Nr. 3 MarkenG, § 15 Abs. 3 MarkenG und § 127 Abs. 3 MarkenG** zu beachten. § 14 Abs. 2 Nr. 3 MarkenG verbietet es, ein mit einer Marke identisches oder ähnliches Zeichen für andere Waren oder Dienstleistungen zu benutzen als diejenigen, für die die Marke Schutz genießt, wenn die Marke im Inland bekannt ist und die Benutzung des Zeichens ihre Unterscheidungskraft oder Wertschätzung ohne rechtfertigenden Grund in unlauterer Weise beeinträchtigt.[130] Die Vorschrift wird auch angewendet, wenn die Waren und Dienstleistungen identisch oder ähnlich sind.[131] Nach § 15 Abs. 3 MarkenG gilt der gleiche Schutz für bekannte geschäftliche Bezeichnungen einschließlich der Werktitel; nach § 127 Abs. 3 werden bekannte geografische Herkunftsangaben gegen eine Beeinträchtigung ihres guten Rufs geschützt. 32

Nach herrschender Auffassung verdrängen §§ 14 Abs. 2 Nr. 3, 15 Abs. 3, 127 Abs. 3 MarkenG in ihrem Anwendungsbereich die Vorschriften des UWG, einschließlich § 4 Nr. 1 UWG.[132] Streitig ist jedoch, wieweit der **Vorrang des Markenrechts** im Einzelnen reicht. Einerseits wird die Auffassung vertreten, dass §§ 14 Abs. 2 Nr. 3, 15 Abs. 3, 127 Abs. 3 nur Fälle der einfachen Rufbeeinträchtigung erfasst, während die pauschale Herabsetzung oder Verunglimpfung des Kennzeichens eines Konkurrenten eine besondere Qualität aufweist, die ein vom Markenrecht nicht erfasstes Unlauterkeitsmerkmal darstellt.[133] Bei einfachen Rufbeeinträchtigungen stehen dem Inhaber eines bekannten Kennzeichens demnach Ansprüche aus dem Markengesetz zu, bei qualifizierten Rufbeeinträchtigungen jedem Kennzeicheninhaber Ansprüche aus dem UWG. Im Falle der pauschalen Herabsetzung bekannter Kennzeichen werden Markenrecht und UWG nebeneinander angewendet. Eine Abwandlung dieser Theorie setzt bei § 4 Nr. 1 UWG eine Schmähkritik oder Formalbeleidigung voraus.[134] Nicht ausreichend bekannten Kennzeichen wird außerhalb von Schmähkritik und Formalbeleidigung ein Schutz gegen Verunglimpfung und Herabsetzung versagt. Diese Auffassung nähert sich damit der radikalsten Meinung an, wonach in allen Fällen der Herabsetzung und Verunglimpfung §§ 14 Abs. 2 Nr. 3, 15 Abs. 3, 127 Abs. 3 jeglichen anderweitigen Schutz von Kennzeichen ausschließen.[135] Das Formalargument des Vorrangs markenrechtlicher Bestimmungen vor dem UWG führt nach dieser Auffassung im Ergebnis dazu, dass jegliche Form der Verballhornung nicht ausreichend bekannter Kennzeichen durch einen Mitbewerber erlaubt wäre. Diese Konsequenz der Vorrangthese wäre in ihren praktischen Auswirkungen unerträglich. 33

Soweit an der – im Einflussbereich der UGP-RL inzwischen abgemilderten – Vorrangthese[136] festgehalten werden soll, besteht die plausibelste Lösung darin, dass §§ 14 Abs. 2 Nr. 3, 15 Abs. 3, 127 Abs. 3 MarkenG für bekannte Kennzeichen gelten, während § 4 Nr. 1 UWG für nicht weiter bekannte Kennzeichen in Frage kommt.[137] Allerdings sollte die Vorrangthese nicht als Dogma ver- 34

---

[130] Vgl. nur OLG Hamburg GRUR 2000, 514 – *Deutsche Pest.*

[131] BGH GRUR 2004, 235, 238 – *Davidoff;* s. a. EuGH GRUR 2003, 240, Tz. 30 – *Davidoff.*

[132] BGH WRP 2005, 896, 899 – *Lila Postkarte;* OLG Hamburg ZUM-RD 2008, 350, 351 – *Gib mal Zeitung;* GRUR-RR 2006, 231, 232 – *Bildmarke AOL; Köhler*/Bornkamm § 4 Rdn. 7. 9; *Ohly*/Sosnitza § 4 Rdn. 7/8; jurisPK-UWG/*Müller-Bidinger* § 4 Nr. 7 Rdn. 20; *Steinbeck* FS Ullmann S. 409, 414f. Zum UWG bis 2004 s. bereits BGH GRUR 2002, 340, 342 – *Fabergé;* GRUR 2000, 608, 610 – *ARD-1;* GRUR 2000, 71, 72 – *SZENE;* GRUR 1999, 161, 162 – *MAC Dog; Ingerl/Rohnke* MarkenG § 14 MarkenG Rdn. 879; *Ströbele/Hacker* MarkenG § 14 Rdn. 200; a. A. *Fezer* MarkenG § 2 Rdn. 9; *Bärenfänger* WRP 2011, 160, 168; *Deutsch* WRP 2000, 854 m. w. N.

[133] *Bornkamm* GRUR 2005, 97, 101.

[134] *Ohly*/Sosnitza § 4 UWG Rdn. 4/8.

[135] jurisPK-UWG/*Müller-Bidinger* § 4 Nr. 7 Rdn. 21.

[136] Hierzu auch *Sambuc* § 4 Nr. 3 Rdn. 6ff.

[137] *Köhler*/Bornkamm § 4 Rdn. 7. 9a; *Ingerl* WRP 2004, 809, 816.

standen werden. Die Markenrechtsrichtlinie und das Markengesetz schließen die Anwendung anderer Bestimmungen zum Schutz von Kennzeichen nicht aus (§ 2 MarkenG). Eine solche Bestimmung ist § 4 Nr. 1, der ausdrücklich Kennzeichen als Schutzobjekte erwähnt. **§ 4 Nr. 1 UWG sollte deshalb für unbekanntere und bekannte Kennzeichen gleichermaßen gelten.**[138] Allerdings sind bei der Auslegung des § 4 Nr. 1 die Wertungen der §§ 14 Abs. 2 Nr. 3, 15 Abs. 3, 127 Abs. 3 MarkenG zu berücksichtigen. Ein Verhalten, das bei einer bekannten Marke keine Rufbeeinträchtigung darstellt, kann nicht nach § 4 Nr. 1 UWG unlauter sein. Ein Verhalten, das den Ruf eines bekannten Kennzeichens beeinträchtigt, stellt noch keine Herabsetzung oder Verunglimpfung dar. Bei der Herabsetzung oder Verunglimpfung handelt es sich vielmehr um eine besonders schwerwiegende, qualifizierte Form der Rufbeeinträchtigung.[139]

35 **c) § 24 Abs. 2 MarkenG verdrängt § 4 Nr. 1 UWG.**[140] § 24 Abs. 2 MarkenG enthält eine Ausnahme von der Erschöpfung des Markenrecht nach § 24 Abs. 1 MarkenG, wenn der Ruf einer Marke durch eine Veränderung oder Verschlechterung des Zustands der Waren oder durch Umstände beim Vertrieb der Ware in einer Weise beeinträchtigt wird, die für den angesprochenen Verkehr Rückschlüsse auf den Hersteller und die vom Hersteller verbürgte Qualität des Produkts zulassen.[141] § 24 MarkenG geht zurück auf Art. 7 Markenrechtsrichtlinie, der die nationale Regelung der Erschöpfung des Markenrechts zwingend und abschließend vorgibt. Ansprüche wegen der Herabwürdigung oder Verunglimpfung einer Marke bei weiteren Vertrieb der Ware können deshalb nur vom Markeninhaber oder – mit seiner Zustimmung – von seinem Lizenznehmer, aber nicht von allen übrigen in § 8 Abs. 3 UWG genannten Personen oder Institutionen geltend gemacht werden.[142]

36 **d) Wettbewerbsverhältnis:** Die Kennzeichenverunglimpfung nach § 4 Nr. 1 setzt ein konkretes Wettbewerbsverhältnis voraus.[143] Dafür sollte es nach älterer Rechtsprechung bereits ausreichen, dass der Markeninhaber und Drittnutzer ein mögliches Lizenzverhältnis unterhalten und bei der wirtschaftlichen Verwertung eines Kennzeichens in Wettbewerb treten könnten.[144] Es sollte schon die objektive Eignung der Kennzeichnung zur Lizenzierung genügen, ohne dass es auf eine Lizenzbereitschaft des Markeninhabers ankommt.[145] Diese Rechtsprechung gilt seit dem Inkrafttreten des Markengesetzes als veraltet, da die Rufbeeinträchtigung durch die Verwendung eines bekannten Kennzeichens für unähnliche Waren und Dienstleistungen von § 14 Abs. 3 MarkenG erfasst wird (s.a. § 15 Abs. 3 MarkenG).[146]

37 **e) Markenparodie:** In den meisten Rechtstreitigkeiten um Kennzeichenverunglimpfungen, z.B. im Rahmen einer **Markenparodie,** ging es um die Verwendung bekannter Kennzeichen, die nach dem Inkrafttreten des Markengesetzes von § 14 Abs. 2 Nr. 3 MarkenG erfasst werden. Dazu gehören die verulkende oder verballhornende Nutzung eines Kennzeichens oder seine Einbindung in einen schlüpfrigen oder makabren Sinnzusammenhang.[147] Wer eine bekannte Marke auf Scherzpäckchen mit einem Kondom als Inhalt und einem verballhornenden Werbespruch (Bsp. „Mars macht mobil bei Sex-Sport und Spiel" oder „Es tut Nivea als beim ersten Mal") anbringt, nutzt nicht nur den Ruf und das Ansehen der verwendeten Marken aus, sondern verunglimpft das Ansehen des Markeninhabers und den Werbewert der Marken.[148] Die Dekoration eines T-Shirts mit einer als Totenkopf verfremdeten Shell-Muschel ist gleichfalls bedenklich.[149] Allerdings sind im Einzelfall **Grundrechte, insbesondere die Meinungs- und Kunstfreiheit** zu beachten. Die Verwendung der für Schokoladen bekannten Farbe Lila auf einer Postkarte mit einem satirischen

---

[138] *Steinbeck* FS Ullmann S. 409, 415.

[139] *Steinbeck* FS Ullmann S. 409, 415.

[140] A.A. *Bärenfänger* WRP 2011, 160, 168.

[141] EuGH GRUR Int. 1999, 438 Rdn. 49 – *BMW;* GRUR Int. 1998, 140 Rdn. 54 – *Dior/Evora; Ingerl/Rohnke* MarkenG § 24 Rdn. 58; s.a. *Fezer* MarkenG § 24 Rdn. 57a; *Ströbele/Hacker* MarkenG § 24 Rdn. 104; *Sack* WRP 1999, 1088, 1100.

[142] *Sack* WRP 1999, 1088, 1099.

[143] Siehe hierzu oben *Keller* § 2 A. Rdn. 132ff.

[144] BGH GRUR 1994, 808, 811 – *Markenverunglimpfung I; Piper* GRUR 1996, 429, 438.

[145] BGH GRUR 1994, 808, 811 – *Markenverunglimpfung I;* KG GRUR 1997, 295, 297.

[146] BGH GRUR 1999, 161, 162 – *MacDog; Köhler*/Bornkamm § 2 Rdn. 62.

[147] BGH GRUR 1995, 57, 59 – *Markenverunglimpfung II;* GRUR 1994, 808, 811f. – *Markenverunglimpfung I;* OLG Hamburg NJW-RR 1998, 1121 – *Shell-Muschel.*

[148] BGH GRUR 1995, 57, 59 – *Markenverunglimpfung II;* GRUR 1994, 808, 812 – *Markenverunglimpfung I.*

[149] OLG Hamburg NJW-RR 1998, 1121 – *Shell-Muschel.*

Spruch von ‚Rainer Maria Milka' war von der Kunstfreiheit gedeckt,[150] ebenso die Verwendung des AOL-Logos auf einem Abi-T-Shirt.[151] Der Schutz der Meinungs- und Kunstfreiheit überwog auch bei einem unverkennbaren Hinweis auf eine Marke der Deutschen Telekom, deren Preispolitik satirisch angegriffen wurde.[152] Die Verwendung einer kritischen Internetseite mit der Domain oil-of-elf und die Verfremdung einer Zigarettenpackung mit der Marke Mordoro wurden – außerhalb eines Wettbewerbsverhältnisses – ebenfalls nicht beanstandet.[153]

In der – wegen fehlender Waren- oder Dienstleistungsähnlichkeit – kennzeichenrechtlich zulässigen Verwendung eines Zeichens, das mit der bekannten Marke eines anderen identisch ist, liegt keine unlautere Rufschädigung, bloß weil über die mit dem Zeichen versehene Ware oder Dienstleistung des anderen negativ in der Presse berichtet wird.[154] Im Angebot von Markenware zu Preisen, die unter dem Einstandspreis oder den Selbstkosten des Anbieters liegen, wird von der Rechtsprechung keine Rufschädigung des Herstellers der Ware gesehen. Etwas anderes kann gelten, wenn der angesprochene Verkehr aufgrund des Preises den Eindruck gewinnt, dass die Qualität des Produkts sich verschlechtert habe.[155] 38

VI. Rechtfertigung

Die rufschädigende Äußerung über einen Mitbewerber kann unter den Gesichtspunkten der **Notwehr** (§ 227 BGB), des **Abwehrverhalten**s oder der **Wahrnehmung berechtigter Interessen** gerechtfertigt sein.[156] Dafür reicht es aber für sich allein nicht aus, dass der Mitbewerber sich zuvor ein- oder mehrmals wettbewerbswidrig verhalten hat.[157] Zwischen der Rufschädigung und dem vorausgehenden Verhalten des Mitbewerbers muss ein innerer Bezug bestehen.[158] Die besondere Intensität des Angriffs und die besondere Schutzwürdigkeit der zu wahrenden Interessen können auch eine zugespitzte Antwort rechtfertigen, die in dieser Schärfe ansonsten unlauter wäre.[159] Bei der Wahrnehmung berechtigter Interessen muss auf die Belange des betroffenen Mitbewerbers **gebührend Rücksicht genommen** werden. Die Kritik darf, soweit sie das Maß des üblicherweise Zulässigen überschreitet, in Form und Inhalt nicht über den zur Wahrnehmung berechtigter Interessen notwendigen und sachlich gebotenen Umfang hinausgehen.[160] 39

VII. Herabsetzung und Verunglimpfung anderer Personen als Mitbewerber

Ein Wettbewerber darf in den vom allgemeinen Zivilrecht vorgegebenen Grenzen Meinungen und wahre Tatsachen über andere Marktteilnehmer oder sonstige Dritte, die keine Mitbewerber sind, verbreiten. Werden die zivilrechtlichen Grenzen überschritten oder falsche Tatsachen über Personen oder Institutionen behauptet, zu denen kein Wettbewerbsverhältnis besteht, so kann dies nicht über das Wettbewerbsrecht untersagt werden. Andernfalls würde dem ausschließlichen **Dispositionsrecht des betroffenen Marktteilnehmers,** Verletzungen seines Persönlichkeitsrechts zu verfolgen, der Boden entzogen. Dies gilt auch dann, wenn der Wettbewerber durch die Verletzung des Persönlichkeitsrechts eines Dritten das Ansehen des eigenen Unternehmens in der Öffentlichkeit fördern will.[161] 40

---

[150] BGH WRP 2005, 896, 899 – *Lila Postkarte.*
[151] OLG Hamburg GRUR-RR 2006, 231, 232 – *Bildmarke AOL.*
[152] KG GRUR 1997, 295, 297 – *Alles wird T e u r e r;* s. a. OLG Frankfurt GRUR 1991, 209.
[153] BGH GRUR 1984, 687 – *Mordoro;* KG MMR 2002, 686; s. a. OLG Köln NJW-WettbR 2000, 242.
[154] OLG Frankfurt GRUR 1995, 154, 155 – *BOSS.*
[155] BGH GRUR 1984, 204, 207 – *Verkauf unter Einstandspreis II.*
[156] S. hierzu unten *Goldmann* Vor § 8 Rdn. 205 ff.
[157] OLG Hamm MMR 2010, 330, 331.
[158] OLG Hamburg NJW 1996, 1002, 1004; *Köhler*/Bornkamm § 4 Rdn. 7.22.
[159] BGH GRUR 1989, 516, 518 – *Vermögensberater;* GRUR 1968, 262 – *Fälschung;* GRUR 1960, 45 – *Betonzusatzmittel.*
[160] OLG Köln NJWE-WettbR 2000, 157, 158 f.
[161] Vgl. zur Verletzung von Immaterialgüterrechten BGH GRUR 1999, 325, 326 – *Elektronische Pressearchive.*

B. § 4 Nr. 2 (Anschwärzung)

Unlauter handelt, wer

2. über die Waren, Dienstleistungen oder das Unternehmen eines Mitbewerbers oder über den Unternehmer oder ein Mitglied der Unternehmensleitung Tatsachen behauptet oder verbreitet, die geeignet sind, den Betrieb des Unternehmens oder den Kredit des Unternehmers zu schädigen, sofern die Tatsache nicht erweislich wahr sind; handelt es sich um vertrauliche Mitteilungen und hat der Mitteilende oder der Empfänger der Mitteilung an ihr ein berechtigtes Interesse, so ist die Handlung nur dann unlauter, wenn die Tatsachen der Wahrheit zuwider behauptet oder verbreitet wurden;

Inhaltsübersicht

	Rdn.
I. Allgemeines	1
II. Einfluss des europäischen Rechts	4
III. Anwendungsbereich und Konkurrenzen	5
IV. Tatbestandsvoraussetzungen	12
1. Handeln im Wettbewerb	13
2. Tatsachenbehauptung	16
a) Begriff	16
b) Fallgruppen	18
3. Schutzobjekte	23
4. Unzulässige Handlungen: Behaupten oder Verbreiten	25
5. Eignung zur Betriebs- oder Kreditschädigung	29
6. Nichterweislich wahre Tatsachen	32
V. Ansprüche	35
VI. Sonderfall: Vertrauliche Mitteilungen	40
1. Vertraulichkeit	41
2. Berechtigtes Interesse	43
3. Anspruchsgegner und Beweislast	46

I. Allgemeines

1 Diese Vorschrift ist mit der UWG-Reform 2015 im Wortlaut unverändert aus § 4 Nr. 8 UWG a. F. (2004/2008) übernommen worden. Nach der Begründung zum Gesetzentwurf UWG 2004 sollte die vom UWG-ÄndG nicht betroffene Nr. 8 unverändert der Regelung des § 14 UWG a. F. entsprechen.[1] Dies trifft in Bezug auf den **materiellen Regelungsgehalt** zwar zu, da sich die Vorschriften auf der Tatbestandsebene nur in der behutsam modernisierten Diktion unterscheiden, ohne dass der Anwendungsbereich von Nr. 8 hierdurch verändert worden wäre.[2] In dieser Hinsicht bleibt also die Rechtsprechung und Literatur sowohl zu § 14 a. F.[3] als auch zu § 4 Nr. 8 UWG weiterhin relevant.

2 Allerdings sind durch die Integration des bis zum Inkrafttreten des UWG 2004 als Sondervorschrift geregelten Tatbestandes in den Beispielskatalog des § 4 und den dadurch bedingten Fortfall der positiven Regelung des Kreises der **Anspruchsberechtigten** (hierzu unten Rdn. 33), der **verschuldensunabhängigen** Haftung auf Schadenersatz in § 14 Abs. 1 a. F. (hierzu Rdn. 36) sowie der Beweislastumkehr bei Schadenersatzansprüchen nach § 14 Abs. 2 a. F. (hierzu Rdn. 44) durchaus Änderungen herbeigeführt worden, die angesichts der oben dargestellten gesetzgeberischen Intention, eigentlich alles beim Alten zu belassen, wohl auf einem Redaktionsversehen beruhen dürften.

3 Gleichwohl wird man hier nur begrenzt Interpretations-Korrekturen vornehmen können. Dies zeigt sehr deutlich die geringere Flexibilität der seit 2004 angewandten Regelungstechnik im Be-

---

[1] BT-Drucks. 15/1487, 18.

[2] § 14 Abs. 1 a. F. lautete auf der Tatbestandsseite: „Wer zu Zwecken des Wettbewerbs über das Erwerbsgeschäft eines anderen, über die Person des Inhabers oder Leiters des Geschäfts, über die Waren oder gewerblichen Leistungen eines anderen Tatsachen behauptet oder verbreitet, die geeignet sind, den Betrieb des Geschäfts oder den Kredit des Inhabers zu schädigen, ist, sofern die Tatsache nicht erweislich wahr sind …" Hier ist mithin lediglich die Reihenfolge der möglichen Objekte der Anschwärzung geändert worden. § 14 Abs. 2 a. F. ist auf der Tatbestandsseite unverändert in Nr. 8 übernommen worden.

[3] Vgl. die Übersicht bei *Baumbach/Hefemehl* § 14 a. F., vor I.

reich des UWG, da die Gerichte nunmehr nur noch begrenzte Anpassungen vornehmen können, vielmehr grundsätzlich der Gesetzgeber zu eventuellen Berichtigungen des Gesetzeswortlauts aufgerufen ist, dies mit der UWG-Reform 2015 jedoch nicht getan hat.

II. Einfluss des europäischen Rechts

Der Tatbestand der Anschwärzung ist im europäischen Recht nur rudimentär bezüglich **vergleichender Werbung** in Art. 3a Abs. 1 lit d. der RL 84/450/EWG geregelt worden. Diese Vorgabe wurde durch § 6 Abs. 2 Nr. 5 in nationales Recht umgesetzt. Die UGP-Richtlinie, welche in Art. 5 zwar ein allgemeines Verbot unlauterer Geschäftspraktiken aufweist und dieses insbesondere durch das in Art. 8 und 9 ausgeführte Verbot „aggressiver Geschäftspraktiken" so umsetzt, dass hiervon jedenfalls Teilaspekte der unter den Begriff der „Anschwärzung" fallenden Praktiken erfasst werden könnten, gilt ausweislich Art. 3 allein für Geschäftspraktiken zwischen Unternehmen und Verbrauchern, während Nr. 2 nach der expliziten neuen Überschrift des § 4 UWG 2015 allein dem **Mitbewerberschutz** dient. Da zudem die Formulierungen der UGP-Richtlinie deutlich allgemeiner sind als diejenigen in § 4 Nr. 2, ist der Einfluss des europäischen Rechts auf diese Fallgruppe eher gering geblieben und dürfte auch weiterhin gering sein.[4] 4

III. Anwendungsbereich und Konkurrenzen

Der Tatbestand des § 4 Nr. 2 ist ausschließlich bei Anschwärzungen durch das Behaupten oder Verbreiten von nicht erweislich wahren **Tatsachen** anwendbar (vgl. zur Abgrenzung gegenüber Meinungsäußerungen untern Rdn. 16f.). 5

Nr. 2 bezweckt wie seine Vorgängerregelungen den Schutz der **Geschäftsehre** des Gewerbetreibenden vor unwahren Tatsachenbehauptungen im Wettbewerb. Damit wird der strafrechtliche Kredit- und Ehrenschutz der §§ 186, 187 StGB auf den geschäftlichen Bereich mit den Mitteln des Zivilrechts ausgedehnt.[5] Zudem kann auch der allgemeine zivilrechtliche Ehrschutz der §§ 824, 826 und 823 II BGB i.V.m. §§ 186, 187 StGB erfüllt sein.[6] Diese Ansprüche setzen allerdings **kein Handeln zu Wettbewerbszwecken** voraus; sie somit sind grundsätzlich **neben** § 4 Nr. 2 UWG anwendbar. Ihre Verjährung richtet sich nicht nach § 11 UWG, sondern nach §§ 195, 199 BGB.[7] 6

Im Bereich des Wettbewerbsrechts kann die unwahre Tatsachenbehauptung zugleich auch den Tatbestand des § 6 Abs. 2 Nr. 5 berühren.[8] Die Anschwärzung von Mitbewerbern kann **vergleichende Werbung** sein. Allerdings setzt Nr. 2 tatbestandlich nicht voraus, dass die Äußerung eine Herabsetzung oder gar eine Verunglimpfung enthält. Die Tatbestände überschneiden sich somit zwar, sind aber **nicht deckungsgleich.** Sie ergänzen sich vielmehr.[9] Das Behaupten und Verbreiten unwahrer Tatsachen über einen **Mitbewerber,** sein Unternehmen oder seine Leistungen bleibt somit trotz der Spezialregelungen der RL 84/450/EWG und des UWG über vergleichende Werbung auch nach Nr. 2 unlauter.[10] Zur Abgrenzung und den Konsequenzen der Auslegung von § 6 Abs. 2 Nr. 5 vgl. insb. auch *Sack* § 6 Rdn. 205f. Anders als noch § 4 Nr. 8 UWG 2004 setzen Verstöße nach Nr. 2 nunmehr nicht mehr eine „spürbare" Beeinträchtigung der Interessen eines Mitbewerbers voraus. Die in § 3 Abs. 2 enthaltene Voraussetzung einer Eignung zu einer „wesentlichen" Beeinflussung gilt nur für geschäftliche Handlungen, die sich an Verbraucher richten oder diese erreichen. Allerdings wird dies keine relevante Ausweitung des Anwendungsbereichs dieser Norm mit sich bringen, da eine Anschwärzung ohnehin regelmäßig die Interessen des Mitbewerbers spürbar beeinträchtigen wird.[11] 7

Sofern es um unwahre Tatsachenbehauptungen über einen **Mitbewerber** geht, ist im Übrigen nur § 4 Nr. 2 als **lex specialis** und nicht der allgemeine Irreführungstatbestand des § 5 Abs. 1 S. 2 8

---

[4] *Köhler* GRUR 2008, 841, 845; zum Unionsrecht *Glöckner* Einl. B.

[5] So bereits die Begr. zu den §§ 6 und 7 UWG von 1896, stenographische Berichte des Reichstags, IV. Legislaturperiode 1895/1897, Anlageband, 105/106.

[6] BGH GRUR 1960, 135, 136f. – *Druckaufträge.*

[7] *Köhler*/Bornkamm, § 4 a.F. Rdn. 8.9; Piper/*Ohly*/Sosnitza, § 4 a.F. Rdn. 8.8. Vgl. zur Rechtslage vor dem UWG 2004 BGH GRUR 1962, 312, 314 – *Gründerbildnis.*

[8] Im Bereich der Irreführung durch unwahre Tatsachenbehauptungen geht Nr. 2 als Spezialtatbestand vor, sofern zusätzlich zur Irreführung auch noch das Merkmal der Geschäftsehrverletzung erfüllt ist.

[9] Piper/*Ohly*/Sosnitza, § 4 a.F. Rdn. 8.8.

[10] BGH GRUR 2002, 633, 635 – *Hormonersatztherapie.*

[11] *Köhler*/Bornkamm, § 4 a.F. Rdn. 8.4 zu § 4 Nr. 8.

Nr. 3 anzuwenden.[12] Auch gegenüber dem allgemeinen Behinderungstatbestand des Nr. 4 ist Nr. 2 spezieller.[13]

9 **Schutzgegenstände** des Verbots der Anschwärzung sind mit geschäftlicher Ehre, gutem Ruf, Ansehen, Kredit und Erwerb **individuelle** Rechtsgüter der Betroffenen. Angesichts dieses Umstands war die Klagebefugnis bei Anschwärzungen vor dem UWG 2004 allein auf die **unmittelbar Betroffenen** (= „Verletzten" i. S. d. § 14 Abs. 1 a. F.) beschränkt. Verbände zur Förderung gewerblicher Interessen, Verbraucherverbände oder Kammern waren nur anspruchsberechtigt, wenn das Verhalten gleichzeitig auch unter die Generalklauseln der §§ 1 oder 3 UWG a. F. fiel.[14]

10 Nach Integration dieser Vorschrift in den Katalog für unlautere Wettbewerbshandlungen gegenüber Mitbewerbern nach § 4 und dem Wegfall der bisherigen gesonderten Regelung der Anspruchsvoraussetzungen gilt diese Beschränkung jedoch nicht mehr.[15] Durch §§ 8, 9 wird bestimmt, wer wegen einer Zuwiderhandlung gegen § 3 anspruchsberechtigt ist: Nach § 8 Abs. 3 können **Beseitigungs-** und **Unterlassungsansprüche** von jedem Mitbewerber, von Wettbewerbsverbänden, qualifizierten Einrichtungen nach § 4 UKlaG sowie den Industrie- und Handelskammern oder den Handwerkskammer geltend gemacht werden. **Schadenersatzansprüche** stehen bei schuldhafter Zuwiderhandlung nach § 9 allen Mitbewerbern zu.

11 Zwar hält sich das Risiko einer Vervielfachung von Schadenersatzansprüchen in überschaubaren Grenzen, da ein angeblicher Anspruchsinhaber auch weiterhin einen durch die behauptete Rechtsverletzung adäquat-kausal verursachten eigenen Schaden nachweisen müsste. Bezüglich der Geltendmachung von Beseitigungs- und Unterlassungsansprüchen hat sich die Zahl der jedenfalls potentiellen Anspruchsteller jedoch stark ausgedehnt.[16]

IV. Tatbestandsvoraussetzungen

12 Bei der **Normstruktur** ist zu unterscheiden zwischen **allgemeinen Behauptungen** und **vertraulichen Mitteilungen,** an denen der Mitteilende oder der Empfänger ein besonderes Interesse hat. Beiden Varianten sind jedoch zunächst folgende Tatbestandsmerkmale gemeinsam:

1. Handeln im Wettbewerb

13 Da § 4 Nr. 2 als Beispielsfall der Generalklausel des § 3 Abs. 1 ausgestaltet ist, setzt er eine **geschäftliche Handlung i. S. v. § 2 Nr. 1** voraus. (Ausführlich *Keller;* § 2). Nach wie vor wichtigste Voraussetzung und Abgrenzungskriterium für das Eingreifen des wettbewerbsrechtlichen Schutzes der Geschäftsehre ist die Absicht des Handelnden, eigenen oder fremden Wettbewerb zu fördern.

Bei **kaufmännisch geführten** Unternehmen spricht für eine Wettbewerbsförderungsabsicht eine widerlegliche Vermutung.[17] Dies ist unproblematisch, solange Tatsachen behauptet werden, die Waren, Dienstleistungen oder das Unternehmen des Mitbewerbers betreffen.

14 Soweit sich jedoch die **Medien** äußern, ist die Wettbewerbsabsicht nicht bereits aufgrund der objektiven Eignung zur Wettbewerbsbeeinflussung zu vermuten,[18] sondern anhand der gegebenen Umstände konkret festzustellen (vgl. hierzu oben *Keller,* § 2, Rdn. 80 ff.).[19] Entsprechendes gilt für Äußerungen in Rundfunkinterviews, Leserbriefen usw., die lediglich **geeignet** sind, den Wettbewerb eines Dritten zu fördern. In diesen Fällen muss **konkret** festgestellt werden, ob die Äußerung auch den **Zweck** verfolgt, die Öffentlichkeit über Vorgänge von allgemeiner Bedeutung zu unterrichten und zur Meinungsbildung beizutragen und eine etwaige Wettbewerbsabsicht als Begleiteffekt in den Hintergrund tritt.[20]

---

[12] Vgl. auch unten § 6 Rdn. 183; a. A. *Köhler*/Bornkamm, § 4 a. F. Rdn. 8.8; Piper/*Ohly*/Sosnitza, § 4 a. F. Rdn. 8.6.

[13] Zur Vorgängerregelung des § 4 Nr. 8 vgl. BGH GRUR 2009, 1186 Tz. 25 – *Mecklenburger Obstbrände.*

[14] Vgl. etwa GroßkommUWG/*Messer* (1. Aufl.) § 14 a. F. Rdn. 10; *Baumbach/Hefermehl* § 14 a. F., Rdn. 29.

[15] A. A. Piper/*Ohly*/Sosnitza, § 4 a. F. Rdn. 8.18; *Köhler*/Bornkamm, § 4 a. F. Rdn. 8.24, allerdings differenzierend für den Fall, dass mit der Anschwärzung eine Irreführung der Verbraucher einhergeht.

[16] Vgl. zur Ausdehnung der Möglichkeiten zur Verfolgung von Ansprüchen aus Anschwärzungstatbeständen aber bereits BGH GRUR 1983, 379, 381 – *Geldmafiosi.*

[17] BGH GRUR 1992, 860, 861 – *Bauausschreibungen;* GRUR 1997, 916, 918 – *Kaffeebohne.* Vgl. hierzu auch oben § 2 Rdn. 48 f.

[18] Vgl. auch BGH GRUR 1998, 167, 168 – *Restaurantführer.*

[19] BGH GRUR 1986, 812, 813 – *Gastrokritiker;* WRP 1995, 186, 189 – *Dubioses Geschäftsgebaren;* OLG Hamburg WRP 2000, 647, 648 – *Beißhemmungen.*

[20] Zur fehlenden Wettbewerbsabsicht der Medien bei Setzung von vom Fließtext getrennten Hyperlinks auf kommerzielle Angebote im Internet; vgl. KG MMR 2002, 119 (nachfolgend bestätigt durch BGH GRUR

Dieser Grundsatz ist auch bei Äußerungen in **besonderen Situationen** zu beachten – etwa gegenüber staatlichen Stellen,[21] Äußerungen eines Wohnungseigentümers gegenüber Miteigentümern bezüglich der Qualität von Baustoffen,[22] einer Interessenvereinigung von Patienten gegenüber Mitgliedern eines Vereins zur Förderung der Schmerztherapie[23] oder eines Konzertveranstalters gegenüber einem Mitbewerber mit dem Ziel, keine Veranstaltung mit einer seiner Meinung nach rechtsradikalen Musikgruppe durchzuführen.[24] Auch die Äußerung ein Mitbewerbers, der früher zu seinem Konkurrenten in einem Arbeitsverhältnis gestanden hat, wurde nicht als in Wettbewerbsabsicht abgegeben angesehen, wenn dieser auf Nachfrage eines Kunden des Konkurrenten Auskünfte über interne Anweisungen des Konkurrenten erteilt, mit denen er lediglich den **Vorwurf entkräften** will, er habe als dessen früherer Arbeitnehmer **unsachgemäß gearbeitet.**[25] Dementsprechend ist stets eine genaue Einzelfallbetrachtung vorzunehmen. 15

2. Tatsachenbehauptung

a) Begriff. Im Bereich der Äußerungsdelikte kommt der **Abgrenzung von Tatsachenbehauptungen und Meinungsäußerungen** zentrale Bedeutung zu, da Art. 5 Abs. 1 GG prinzipiell zunächst nur die freie Verbreitung von Meinungen unbeschadet ihrer „Richtigkeit" schützt. Bewusst unwahre Tatsachenäußerungen genießen den Grundrechtsschutz hingegen überhaupt nicht.[26] Ist die Wahrheit einer Tatsachenbehauptung hingegen nicht erwiesen, wird die Rechtmäßigkeit der Beeinträchtigung eines anderen Rechtsguts davon beeinflusst, ob besondere Anforderungen, etwa an die Sorgfalt der Recherche, beachtet worden sind.[27] Zur Einbeziehung auch von Tatsachenäußerungen in den Schutzbereich des Art. 5 Abs. 1 GG und die hieraus folgenden Konsequenzen für eine Rechtmäßigkeitsprüfung sowie zu den Auswirkungen der seit der **Stolpe-Entscheidung** des BVerfG[28] geänderten rechtlichen Beurteilung von Ansprüchen gegen **mehrdeutige Äußerungen** vgl. oben Einl. G Rdn. 84 *(Ahrens).* 16

Um Tatsachenbehauptungen handelt es sich nach ganz herrschender Auffassung bei Äußerungen über Tatbestände oder Vorgänge, die Anspruch auf Wirklichkeitstreue erheben und auf ihre Richtigkeit hin objektiv, mit den Mitteln der **Beweiserhebung,** überprüfbar sind.[29] Soweit in der Praxis teilweise vom Kriterium der Beweisbarkeit für die Abgrenzung zwischen Tatsachenbehauptungen und Meinungsäußerungen Abstand genommen und stattdessen auf die Begriffspaare wahr/unwahr (dann Tatsachenbehauptung) und richtig/unrichtig (Meinungsäußerung) ausgewichen wird, ist dies zwar ein deutliches Anzeichen für die großen Schwierigkeiten, die die Anwendung der vermeintlich griffigen Formel von der Beweisbarkeit im Einzelfall bereitet, bedeutet im Ergebnis jedoch für die Erfassung des Begriffs der Tatsachenbehauptung keine wirkliche Abkehr von eben dieser Formel: Ob etwas wahr oder unwahr ist, kann, sofern unter den Beteiligten streitig, wiederum nur im Wege der Beweiserhebung geklärt werden.[30] Im Übrigen ist es weder entscheidend, wie eine Äußerung von ihrem Verfasser oder Verbreiter gemeint war[31] oder ob er gar die Beeinträchtigung der Rechte eines anderen gewollt hat;[32] entscheidend ist vielmehr, ob der unbefangene durchschnittliche Adressat einer Äußerung ihr einen im Wege der Beweiserhebung auf seinen Wahrheitsgehalt hin überprüfbaren Sachverhalt entnimmt.[33] 17

2004, 693); zur fehlenden Wettbewerbsabsicht einer dem Publikum bekannten Meinungsforscherin, Wissenschaftlerin, Publizistin und Politikerin bei Äußerungen in einem Zeitungsinterview OLG Düsseldorf NJW 1999, 770 – *FDP-Zahlen.*

[21] OLG Naumburg GRUR-RR 2003, 375 – *Brückenbau für Äußerungen gegenüber Gemeinderat.*

[22] OLG Köln GRUR 1999, 376.

[23] OLG Karlsruhe NJWE-WettbewR 1997, 172.

[24] LG Köln NJW-RR 1993, 749.

[25] OLGR Zweibrücken 2005, 456.

[26] BVerfG NJW 2003, 277 – *Juve;* NJW 1980, 2072.

[27] BVerfGE NJW 1976, 1677 – *Echternach;* NJW 1992, 1439 – *Bayer;* NJW 2003, 277 – *Juve.* Vgl. auch *Soehring/Hoehne,* Presserecht, 5. Aufl., Rdn. 14.2 sowie das bei *Grimm* NJW 1995, 1697, 1705 abgedruckte Schema.

[28] NJW 2006, 207.

[29] BGH GRUR 2009, 1186 Tz. 15 – *Mecklenburger Obstbrände* m. w. N.; *Soehring* Rdn. 14.3; *Löffler/Steffen* § 6 LPG Rdn. 83; *Seitz/Schmidt/Schoener* Rdn. 305 ff.

[30] *Soehring/Hoehne* Rdn. 14.3.

[31] BGH GRUR 1999, 187 – *IM Sekretär;* GRUR 1966, 452 – *Luxemburger Wort.*

[32] BGH GRUR 1982, 318 – *Schwarzer Filz.*

[33] BGH GRUR 1976, 651 – *Panorama;* GRUR 1981, 437 – *Der Aufmacher I;* GRUR 2003, 436 – *Feldenkrais;* LG Frankfurt NJW-RR 1997, 85 – *Fall Lopez;* vgl. auch oben § 4 Nr. 7 Rdn. 10.

18 **b) Fallgruppen. Rechtliche** oder **moralische Bewertungen** sind in der Regel als **Meinungsäußerung** zu qualifizieren.[34] So ist die Bezeichnung eines Verhaltens als **„illegal“**[35] oder **„strafrechtlich relevant“**[36] ebenso als Meinungsäußerung eingestuft worden wie die im Vorfeld der rechtlichen Bewertung angesiedelten Begriffe „Sittenstrolch“[37] oder „Wirtschaftskriminalität“.[38] Auch die Äußerung, eine bestimmte Vereinbarung bleibe hinter den gesetzlichen Regelungen zurück und verkürze gesetzliche Haftungsansprüche gegen den Vertragspartner, ist Meinungsäußerung.[39] Am Meinungscharakter einer Rechtsauffassung ändert sich auch dann nichts, wenn die rechtliche Bewertung einer objektiven Überprüfung nicht standhält.[40]

19 Von einer **Tatsachenbehauptung** ist jedoch auszugehen, wenn sich aus dem Sinnzusammenhang etwas anderes ergibt, insbesondere wenn die Verwendung eines Rechtsbegriffs dem Adressaten die vermeintliche Kenntnis eines bestimmten, konkret nachprüfbaren Tatbestands vermittelt. Vor diesem Hintergrund ist etwa der Vorwurf, ein bestimmtes Werk sei ein **Plagiat** oder eine **Nachahmung,** als Tatsachenbehauptung eingestuft worden.[41] Unter Berücksichtigung des **Kontextes** hat der BGH auch den prinzipiell wertenden Begriff der Illegalität[42] sowie die Abqualifizierung eines bestimmten Verhaltens als **Betrugsmasche** oder **Taschenspielertrick**[43] als Tatsachenbehauptungen angesehen, weil sie sich jeweils auf einen dem Leser erkennbaren konkreten Vorgang bezogen. Gleiches gilt für die Darstellung, ein Geschäftsmann habe einen Beamten **betrogen,** weil im Zusammenhang mit ihr der Eindruck erweckt wurde, der Betroffene habe sich oder einem Dritten durch Täuschung einen Vermögensvorteil verschafft.[44] Auch die Verbreitung der Aussage eines Mitbewerbers im Internet, der Gläubiger biete **gefälschte Auflastungs-Gutachten** an, wurde als Tatsachenbehauptung angesehen.[45] Die öffentliche Äußerung einer Taxi-Genossenschaft, dass die Mitgliedschaft eines Vertragspartners bei dem Anbieter einer Taxi-App gegen einen mit der Genossenschaft geschlossenen **Vertrag verstoße** und dass diese daher aus vertraglichen Gründen gezwungen sei, die entsprechenden App-Benutzer von ihrer Fahrtenvermittlung auszuschließen, beinhaltet nach Auffassung des OLG Köln – auch – eine Tatsachenbehauptung über die Dienstleistung der Genossenschaft, nämlich dass diese Dienstleistung die Inanspruchnahme bestimmter anderer Dienstleistungen ausschließe.[46]

20 Eine **Verwarnung wegen behaupteter Rechtsverletzungen** fällt regelmäßig unter § 823 I BGB, sofern sie nicht auch gegenüber Dritten ausgesprochen wird.[47] Richtet sich die Verwarnung hingegen an **Abnehmer** des Unternehmens, das ein fragliches Schutzrecht möglicherweise verletzt, kommt es darauf an, ob darin eine Tatsachenangabe oder ein bloßes Werturteil liegt. Bedeutung hat dies für die **unbegründete Schutzrechtsverwarnung,** die bei Annahme einer Tatsachenbehauptung unter Nr. 2 fallen würde. Der Große Zivilsenat hatte in seiner Entscheidung vom 15.7.2005[48] trotz grundsätzlich deutlicher Worte eine Stellungnahme zur Anwendung wettbewerbsrechtlicher Ansprüche gegen eine unbegründete Schutzrechtsverwarnung vermieden. Dies hatte gute Tradition, da auch die bis dahin ergangene Rechtsprechung versucht hatte, der Anwendung des § 14 Abs. 1 UWG a. F. möglichst auszuweichen, um etwaige Schadenersatzansprüche gegen den Verwarnenden nur über § 823 BGB im **Verschuldensfalle** zu begründen.[49] Für die unbegründete Ab-

---

[34] Vgl. etwa OLG Düsseldorf MMR 2010, 57; BGH NJW 1965, 294 – *Volkacher Madonna;* NJW 1982, 2246 – *Klinikdirektoren.*

[35] BGH a. a. O.

[36] LG Frankfurt NJW-RR 1997, 85 – *Lopez.*

[37] OLG Schleswig AfP 1974, 759.

[38] OLG Stuttgart AfP 1980, 43.

[39] OLG Stuttgart AfP 1999, 353.

[40] BGH GRUR 1974, 797 – *Fiete Schulze.*

[41] BGH GRUR 1960, 500 – *Plagiatsvorwurf I;* GRUR 1992, 527 – *Plagiatsvorwurf II;* vgl. auch OLG Stuttgart NJWE-WettbewR 1997, 271; OLG Frankfurt GRUR 1991, 687 – *Plagiarius;* a. A. aber wieder OLG München AfP 2004, 269, wenn es an den Vorwurf näher konkretisierenden Umständen fehlt.

[42] BGH GRUR 1993, 409 – *Illegaler Fellhandel.*

[43] BGH GRUR 1982, 633 – *Geschäftsführer;* GRUR 1989, 781, 782 – *Wassersuche.*

[44] BGH GRUR 1982, 633 – *Geschäftsführer.*

[45] OLG Hamburg MD 2006, 725.

[46] OLG Köln, Urt. vom 13. Mai 2015 – 6 W 16/15 –, juris.

[47] BGH GRUR 1963, 255, 257 – *Kindernähmaschinen.*

[48] GRUR 2005, 882.

[49] Vgl. etwa BGH GRUR 1979, 332 – *Brombeerleuchte;* GRUR 1995, 424, 425 – *Abnehmerverwarnung;* OLG Karlsruhe GRUR 1984, 143, 145 – *Berechtigungsanfrage;* OLG Düsseldorf GRUR 2003, 814; OLG Hamburg, GRUR-RR 2003, 257 – *Smiley-Luftballons;* vgl. hierzu auch GK/*Messer* § 14 a. F. Rdn. 233ff.; a. A. *Baumbach/Hefermehl,* § 14 a. F. Rdn. 5; ÖOGH GRUR Int. 00, 558, 559, welche Schutzrechtsverwarnungen stets als Tatsachenbehauptungen ansehen wollen.

nehmerverwarnung hatte der BGH in seiner Folgeentscheidung „Unbegründete Abnehmerverwarnung" vom 19.1.2006 indes zumindest erstmals ausdrücklich ausgeführt, dass der Tatbestand der Anschwärzung „in Betracht komme."[50] Maßgebend ist hier das Verständnis des Adressaten: Gewinnt dieser (z.B. anhand eines **unrichtig vorgetragenen Sachverhaltes** wie z.B. falsche Angaben zur Existenz eines Schutzrechtes oder zu dessen Laufzeit) den Eindruck, die Schutzrechtsverletzung sei objektiv und nicht nur nach der Rechtsmeinung des Verwarners gegeben, ist von einer Tatsachenbehauptung auszugehen, die im Falle der Nichterweislichkeit ihrer Wahrheit zu einer Anwendbarkeit von Nr. 2 führt. Ist hingegen der Sachverhalt richtig wiedergegeben und lediglich die rechtliche Bewertung zum Vorliegen einer Schutzrechtsverletzung unzutreffend, soll ein Werturteil vorliegen.[51]

Schlussfolgerungen und **Bewertungen** sind im Allgemeinen das Ergebnis einer Überzeugungsbildung auf Grundlage festgestellter Tatsachen. Aus diesem Grunde geht die Rechtsprechung in diesem Bereich im Regelfall von dem Vorliegen einer Meinungsäußerung aus; der häufig verwendete Begriff des **Werturteils** trifft derartige Aussagen besonders gut.[52] Als Meinungsäußerung ist daher etwa grundsätzlich die Veröffentlichung der Ergebnisse von **Warentests** anzusehen.[53] Gleiches gilt für **wissenschaftliche Darstellungen**[54] sowie für **Äußerungen von Sachverständigen** im Rahmen von Gutachten und deren Wiedergabe.[55] Dieses Privileg gilt aber nicht für Wettbewerber, die ein Produkt eines Mitbewerbers selbst testen, um es in schlechtem Licht dastehen zu lassen, etwa in Hinweisen gegenüber Berufsverbänden.[56] 21

Die in den „Nationalen Versorgungsleitlinien" der Bundesärztekammer verbreiteten **Empfehlungen** handelt sind ebenfalls als Meinungsäußerungen qualifiziert worden, mit denen die als das Ergebnis einer Sichtung und Analyse vorhandener Quellen gewonnene subjektive Wertung zu der Geeignetheit eines arzneilichen Wirkstoffs für die medikamentöse Behandlung einer bestimmten Krankheit zum Ausdruck gebracht wird.[57]

Auch bei **Prognosen** wird es sich im Allgemeinen nicht um Aussagen handeln, die unter Berücksichtigung des Empfängerhorizonts mit dem Anspruch auf überprüfbare Richtigkeit auftreten, sondern um das Ergebnis einer Meinungsbildung und damit um Meinungsäußerungen.[58] So hat der BGH etwa im Rahmen der Berichterstattung über ein Wirtschaftsunternehmen die Fragestellung, ob vorhandene Mittel es dem Unternehmen ermöglichen würden, „über die Runden zu kommen", als das Ergebnis einer kritischen Meinungsbildung und damit als Meinungsäußerung angesehen.[59]

Die Privilegierung von Schlussfolgerungen und Prognosen gilt jedoch nicht ohne weiteres, wenn ein Gewerbetreibender diese in **seiner Werbung** verwendet. Hier entscheidet wiederum das Verständnis der angesprochenen Verkehrskreise.[60] So hat der BGH die Aussage, ein Anbieter von Feldenkrais-Kursen **besitze nicht die notwendige Erfahrung,** um in dieser Methode auszubilden, als Tatsachenbehauptung angesehen.[61] Die Qualifizierung eines bestimmten Internet-Angebotes als **„Spam"** durch eine Filtersoftware für Google-Recherchen wurde vom OLG Hamm als Behaupten bzw. Verbreiten einer Tatsache angesehen.[62] Auch die **Presseerklärung** eines Mitbewerbers, das Konkurrenzprodukt (hier: eine Spielzeugautorennbahn) **erfülle nicht alle DIN-Normen,** wurde vom OLG Hamburg als Tatsachenbehauptung angesehen.[63] Das OLG Köln hat die auf ei- 22

---

[50] GRUR 2006, 433, Tz. 16.

[51] So *Köhler*/Bornkamm § 4 a.F. Rdn. 10.178 unter Verweis auf *Ullmann* GRUR 2001, 17, 1030; vgl. aber OLG Düsseldorf, Beschluss vom 7. Januar 2010 – I-2 W 1/10 –, juris.

[52] *Soehring* Rdn. 14.20; vgl. hierzu auch OLG München BKR 2004, 65, 68 – *Breuer* (n. rkr.).

[53] BGH GRUR 1976, 268 – *Warentest II.*

[54] BGH GRUR 1978, 258 – *Schriftsachverständiger.*

[55] BGH a.a.O.

[56] BGH GRUR 2009, 1186 Tz. 20 – *Mecklenburger Obstbrände.*

[57] OLG Köln, Urt. vom 6. November 2012 – I-15 U 221/11 – juris.

[58] BGH WRP 1998, 303 – *Versicherungsrundschreiben.*

[59] BGH AfP 1975, 801 – *Metzler.*

[60] Piper/*Ohly*/Sosnitza, § 4 a.F. Rdn. 8.12; vgl. aber BVerfG GRUR 2001, 1058, 1059 – *Therapeutische Äquivalenz:* Werbung mit dem Hinweis „Therapeutische Äquivalenz bewiesen" ist Meinungsäußerung; zu dieser Entscheidung auch *Ahrens,* oben Einl. G Rdn. 67.

[61] GRUR 2003, 436, 438 – *Feldenkrais.* Nach Auffassung des BGH enthielt diese Aussage auch wertende Elemente, weil über die Frage, welchen genauen Inhalt und Umfang eine „notwendige" Erfahrung haben muss, gestritten werden kann. Jedoch habe sich aus den sonstigen detaillierten Angaben der Behauptung ergeben, aus welchen tatsächlichen Gründen dem Kl. die Erfahrung als Ausbilder in der Feldenkrais-Methode abgesprochen wurde.

[62] MMR 2007, 605.

[63] MD 2007, 341.

nem Internet-Auftritt eines Rechtsanwaltes getätigte Äußerung, es sei bei den abmahnenden Kanzleien **„übliche Praxis"**, ein (verbotenes) Erfolgshonorar zu vereinbaren, ebenfalls als Tatsachenbehauptung qualifiziert.[64] Das OLG Koblenz hat auch die werblich verwendete Aussage, ein Fußball-Bundesligaspiel sei wegen des Wurfs eines Mehrwegbechers auf den Linienrichter abgebrochen worden, **was beim Wurf eines Einwegbechers nicht passiert wäre,** als Tatsachenbehauptung qualifiziert, da diese Prognose objektiv nachgeprüft werden könne.[65]

3. Schutzobjekte

23 Die Tatsachenbehauptung muss sich auf das **Unternehmen** eines Mitbewerbers, auf die Person des **Unternehmers** oder ein **Mitglied der Unternehmensleitung** oder auf **Waren bzw. Dienstleistungen** eines anderen beziehen. Diese Begriffe sind im Hinblick auf den Schutzzweck der Vorschrift **weit** auszulegen, so dass auch Äußerungen über Mitarbeiter oder **Vertragspartner** Angriffe auf das Unternehmen selbst sein können.[66]

24 Es ist nicht notwendig, dass das betroffene Unternehmen oder der Unternehmer namentlich genannt wird es reicht eine **Identifizierbarkeit** in Form einer **mittelbaren Erkennbarkeit** des die jeweilige Ware herstellenden oder vertreibenden Unternehmens.[67] Auch können mehrere Unternehmen (z. B. unter einer Sammelbezeichnung) konkret betroffen sein. Allerdings hat des LG Bonn den Text auf Telefonrechnungen „Zuschlag für Verbindungen zu anderen Netzbetreibern" nicht als Behauptung einer Tatsache über das Unternehmen eines Mitbewerbers angesehen Zwar werde der Verbraucher als Endkunde eines bestimmten Telekommunikationsanbieters aus der Formulierung – verbunden mit der Inrechnungstellung – den Schluss ziehen, dass Telefongespräche aus dem Netz dieses Anbieters mit Teilnehmern aus Teilnehmernetzen zumindest eines Teils anderer Anbieter für ihn teurer seien als solche innerhalb des Netzes der Antragsgegnerin. Diese Information könne er aber nicht aus der Formulierung der Rechnung entnehmen. Auch wenn es genüge, wenn der gemeinte Mitbewerber nur „erkennbar" sei, müsse sich diese Erkennbarkeit aber aus der Behauptung selbst ergeben.[68]

4. Unzulässige Handlungen: Behaupten oder Verbreiten

25 Die **Behauptung** umfasst die Aufstellung einer Tatsachenbehauptung als eigene, während die **Verbreitung** lediglich die Weitergabe einer fremden Tatsachenbehauptung betrifft, ohne dass sich der Verbreiter diese Behauptung zu eigen gemacht hat.[69] Eine Quellenangabe schützt ebenso wenig wie ein Vorbehalt oder die Darstellung als Gerücht.[70] **(Hotel-)Bewertungsportale** im Internet, auf denen Dritte Bewertungen einstellen, sind nach Ansicht des BGH jedoch keine Täter einer Tatsachenverbreitung, sofern der Betreiber des Portals seine neutrale Stellung nicht aufgibt und spezifische Prüfungspflichten nicht verletzt. Der Betreiber verlasse seine neutrale Stellung nicht, wenn er Nutzerangaben statistisch auswerte oder einen Wortfilter sowie ggf. eine manuelle Nachkontrolle einsetze, um die Einhaltung der Nutzungsbedingungen sicherzustellen.[71] Der Betrieb eines Bewertungsportals stelle nämlich keine Tätigkeit dar, die per se Rechtsverletzungen in erheblichem Umfang fördere, sondern sei ein erwünschtes und mit der Rechtsordnung im Einklang stehendes Geschäftsmodell. Deshalb sei der Portalbetreiber nicht gehalten, eine vollständige Kontrolle der eingestellten Inhalte vorzunehmen.[72] Tatsachenbehauptungen Dritter werden in einer solchen Konstellation also erst dann gem. § 4 Nr. 2 über ein Internetportal „verbreitet", wenn der Betreiber vom Vorliegen einer klaren Rechtsverletzung Kenntnis erlangt und sie gleichwohl nicht beseitigt.[73]

26 Die **Form der Mitteilung** ist ebenso unerheblich wie ihre Gestaltung. Man kann mündlich, schriftlich, bildlich durch Gebärden oder schlüssige Handlungen mitteilen.[74] Auch das Aussprechen eines Verdachts, das Andeuten einer Möglichkeit oder das Aufwerfen oder Beantworten einer Frage können ausreichen.[75]

---

[64] GRUR-RR 2011, 325 Rn. 22.
[65] Urt. vom 25. Juli 2012 – 9 U 31/12 –, juris.
[66] *Köhler*/Bornkamm § 4 a. F. Rdn. 8.17.
[67] HansOLG Hamburg, MMR 2014, 670, Rn. 18.
[68] LG Bonn 11 O 120/05 zit. n. Juris.
[69] BGH WRP 1995, 493, 494 – *Schwarze Liste;* vgl. zur Abgrenzung auch BVerfG NJW 2004, 590.
[70] *Baumbach/Hefermehl* § 14 a. F. Rdn. 16 unter Hinweis auf RG MuW 1934, 235: „wie ich mir habe sagen lassen" als Tatsachenbehauptung.
[71] BGH GRUR 2015, 1129, Rn. 35 – *Hotelbewertungsportal.*
[72] BGH a. a. O., Rn. 36 f.
[73] BGH a. a. O., Rn. 38; vgl. dazu auch *Jahn/Palzer,* K & R 2015, 767, 770; *Baars,* DB 2015, 2262.
[74] Vgl. auch § 5 Abs. 3 UWG.
[75] BGH GRUR 1975, 89, 91.

27 Die Behauptung oder Verbreitung muss jedoch gegenüber einem **Dritten,** d.h. einer anderen Person als dem Verletzten erfolgen. Der Begriff des Dritten ist im Sinne eines effektiven Schutzes weit zu fassen, so dass z.B. auch Angestellte des betroffenen Unternehmens darunter fallen können. Dritte sind jedoch nicht solche Personen, die im betroffenen Unternehmen Leitungs- oder Aufsichtsbefugnisse besitzen (Vorstandsmitglieder, Geschäftsführer oder Aufsichtsräte).[76]

28 Der Dritte braucht von der Behauptung allerdings **keine positive Kenntnis erlangt** oder ihr gar **Glauben geschenkt** zu haben; es reicht, dass ihm bereits die **Möglichkeit** verschafft worden ist, vom Inhalt der Behauptung Kenntnis zu nehmen, d.h. die Behauptung muss ihm zugegangen sein.[77]

5. Eignung zur Betriebs- oder Kreditschädigung

29 Die Rechtsprechung zu § 14 UWG a.F. war sehr schutzfreudig und hatte Äußerungen, die das Unternehmen oder dessen Geschäftsgebaren als unseriös erscheinen ließen, bereits als gefährdend im Sinne der Vorschrift eingestuft.[78] Hinsichtlich der Eignung, den **Betrieb** des **Unternehmens** zu schädigen, hielt es schon die amtliche Begründung zu § 6 UWG 1896 für maßgebend, ob die fragliche Äußerung dazu angetan sei, die bisherigen Abnehmer **zu anderen Geschäften** abwandern zu lassen, z.B. weil behauptet werde, eine Fabrik sei durch Feuer zerstört, eine Kohlengrube von eindringenden Wassermassen betroffen, ein Färber benutze giftige Stoffe oder ein Konservenfabrikant bleihaltige Gefäße.[79] Im Übrigen braucht die Schädigungseignung nicht das Unternehmen **im Ganzen** zu erfassen; es genügt die Absatzerschwerung **für einzelne Waren** oder Leistungen.[80]

30 Die Eignung, den **Kredit des Unternehmers** zu schädigen, ist ein Spezialfall der ersten Tatbestandsalternative und macht ebenfalls deutlich, dass die Bedrohung einzelner Elemente der Geschäftstätigkeit ausreichen kann. Diese Variante ist insbesondere berührt, wenn es um das Vertrauen in die Zahlungsfähigkeit und Zahlungswilligkeit des betroffenen Unternehmens geht.[81] Hierunter fällt etwa auch die Nennung in einer Liste von Unternehmen mit zweifelhafter Bonität;[82] die Behauptung, ein Unternehmer habe „zwei Mal Pleite gemacht";[83] oder die Warnung vor einem Unternehmen in einem Internetkommunikationsforum.[84]

31 Damit beinhaltet Nr. 2 einen Schutz auch gegen Äußerungen, die möglicherweise zwar weder beleidigend noch ehrenrührig sind, das Unternehmen aber gleichwohl „in empfindlicher Weise beeinträchtigen können".[85] Im Hinblick auf den Schutzzweck von Nr. 2 ist eine **unternehmensbezogene Schädigungstendenz** maßgeblich, während die Ehrenrührigkeit der Aussage als solche weder erforderlich noch ausreichend ist.[86]

6. Nicht erweislich wahre Tatsache

32 Aus der Formulierung „sofern die Tatsachen nicht erweislich wahr sind" lässt sich entnehmen, dass es zu einer **Beweislastumkehr** kommt, bei der der Äußernde die Wahrheit seiner Äußerung zu beweisen hat, um seine Haftung nach Nr. 2 auszuschließen.[87] Damit trägt er das Risiko, dass sich die Wahrheit oder Unwahrheit nicht klären lässt – und zwar selbst dann, wenn der Verletzte im Hinblick auf die behauptete Tatsache auskunftspflichtig ist.[88]

33 Sofern die Anschwärzung in Form einer **„negativen Tatsache"** ausgedrückt worden ist, kommt eine Anwendung der Grundsätze zur Beweiserleichterung beim Beweis negativer Tatsachen in Be-

---

[76] Vgl. OLG Düsseldorf NJW-RR 1997, 490 zu Beiratsmitgliedern einer KG.

[77] RG HRR 39, 566; BGH WRP 1995, 494 – *Schwarze Liste.*

[78] Vgl. etwa BGH GRUR 1957, 93, 94 – *Jugendfilmverleih* – zum Vorwurf der Unterschlagung von Leihmieten; GRUR 1959, 31 – Feuerzeug als Werbegeschenk (indirekter Vorwurf von Bestechungspraktiken); GRUR 1993, 572, 573 – *Fehlende Lieferfähigkeit; Beater,* Unlauterer Wettbewerb, § 20 Rdn. 11.

[79] Reichstagsvorlage UWG 1896, 106; Nachweis bei *Beater,* Unlauterer Wettbewerb, § 20 Rdn. 11. Zur Frage der Betriebsbezogenheit vgl. GK/*Messer* § 14 a.F. Rdn. 270.

[80] BGH GRUR 1966, 633, 635 – *Teppichkehrmaschine* – zu § 824 BGB.

[81] Vgl. *v. Gamm* § 14 a.F. Rdn. 13.

[82] BGH WRP 1995, 493, 494 – *Schwarze Liste.*

[83] BGH NJW 1994, 2614, 2616.

[84] OLG Hamburg NJW-RR 2004, 199; vgl. zu Schuldnerspiegeln im Internet allg. OLG Rostock ZIP 2001, 793; BVerfG MMR 2002, 89.

[85] So bereits die Reichstagsvorlage UWG 1896, 106 zur Vorläuferregelung des § 6 UWG; *Köhler*/Bornkamm § 4 a.F. Rdn. 8.19.

[86] So etwa BGHZ 90, 113, 119f. zu § 824 BGB; Piper/*Ohly*/Sosnitza, § 4 a.F. Rdn. 8.15.

[87] Zur Beweisführung vgl. etwa OLG Stuttgart NJWE-WettbewR 1997, 270f.; OLG Köln GRUR-RR 2002, 44 – *Unentgeltlicher Messestand.*

[88] BGH GRUR 1957, 93, 94 – *Jugendfilmverleih* – im Hinblick auf eine behauptete unrichtige Abrechnung.

tracht, wenn der Behauptende berechtigenden Anlass hatte, gerade in dieser Weise zu formulieren.[89] Anderenfalls würde der durch die geschäftsschädigende Äußerung Betroffene unzumutbar beeinträchtigt.[90]

34 Unwahr ist eine Behauptung auch dann, wenn sie den Eindruck einer anderen als der wirklichen Sachlage erweckt. Damit kann auch eine objektiv zutreffende Darstellung unwahr sein, wenn die Empfänger aufgrund der Art und Weise der Darstellung oder ihres begrenzten Informationsstandes einen falschen Eindruck von der Sachlage gewinnen.[91] Der Verletzer trägt mithin auch das **Risiko von unbeabsichtigten Missverständnissen.** Für Angaben, die auf wissenschaftliche Aussagen Bezug nehmen, gilt der Grundsatz, dass derjenige, der solche Aussagen als objektiv richtig oder wissenschaftlich gesichert darstellt, die Verantwortung für ihre Richtigkeit übernimmt.[92]

V. Ansprüche

35 Wie oben unter Rdn. 9 ausgeführt, ist der **Kreis der Aktivlegitimierten** durch die Integration des ehemaligen Sondertatbestandes und den Wegfall der eigenständigen Regelungen zu den Anspruchsinhabern stark **gewachsen.**[93] Dies gilt insbesondere für Beseitigungs- und Unterlassungsansprüche. Zu beachten ist die Einschränkung des BGH aus der Entscheidung Fischdosendeckel. Danach kann gegen **Äußerungen** etwa in einer Patentschrift nicht mit § 4 Nr. 2 vorgegangen werden, wenn dadurch in **abschließende verfahrensrechtliche Regelungen** eingegriffen wird. Erst wenn die Äußerung keinen inneren Zusammenhang mit dem Verfahren hat oder außerhalb des Verfahrens wiederholt wird, besteht ein solcher Anspruch. Die Wiederholungsgefahr wird aber nicht durch die Verfahrensäußerung indiziert.[94]

36 Beim Beseitigungsanspruch ist zu differenzieren: Ist die Unwahrheit einer behaupteten Tatsache nicht bewiesen, kann nur ein **eingeschränkter Widerruf** dahingehend verlangt werden, dass diese Behauptung nicht mehr aufrechterhalten werde. Erstrebt der Betroffene hingegen einen uneingeschränkten Widerruf (gerichtet auf Zurücknahme einer Tatsachenbehauptung ex nunc), trägt er die **Beweislast für die Unwahrheit** des Behaupteten.[95]

37 Bei einer **Verbreitung** von Tatsachen kann der Beseitigungsanspruch ohnehin nur auf Richtigstellung oder ein Abrücken von der verbreiteten Äußerung verlangt werden, da der Äußernde selbst keine Behauptung aufgestellt hat, die zurückzunehmen wäre.[96]

38 Im Bereich der **Ersatzansprüche** ist die noch bis 2004 geltende **Garantiehaftung entfallen:** Verlangte der Schadensersatzanspruch bei § 14 Abs. 1 UWG a. F. lediglich, dass dem Betroffenen durch die Äußerung ein Schaden erwachsen war und es keiner weiteren subjektiven Voraussetzungen bedurfte,[97] so gilt für Schadensersatzansprüche seit dem UWG 2004 grundsätzlich § 9 UWG, welcher eine **vorsätzliche** oder **fahrlässige** Zuwiderhandlung gegen § 3 verlangt. Damit scheint die bislang gegenüber der verschuldensabhängigen Haftung etwa nach § 824 BGB besondere Schärfe des wettbewerbsrechtlichen Anschwärzungstatbestandes auf den ersten Blick dahin zu sein. Angesichts des gesetzgeberischen Willens, die Regelung des § 14 UWG a. F. unangetastet zu übernehmen, könnte diese offenbar durch ein Redaktionsversehen erfolgte unbeabsichtigte Milderung der Haftung allerdings dadurch „behoben" werden, dass man das nunmehr als Voraussetzung für einen Schadensersatzanspruch notwendige Verschulden darin sieht, dass eine Tatsache behauptet oder verbreitet wird, obwohl der Handelnde **nicht in der Lage ist, deren Wahrheit zu beweisen.**[98]

39 Diese Auffassung ist allerdings **problematisch:** Bei einer derartigen Interpretation von Nr. 2 würden insbesondere die Medien in eine verschärfte Haftung geraten, sofern im Einzelfall eine Wettbewerbsförderungsabsicht feststellbar ist, da sie sich anders als etwa bei § 824 BGB bei Nr. 2 einer Haftung nicht mit dem Hinweis auf die Anwendung „pressemäßiger Sorgfalt" entziehen

---

[89] BGH GRUR 1993, 574 – *Fehlende Lieferfähigkeit;* Piper/*Ohly*/Sosnitza, § 4 a. F. Rdn. 8.16.

[90] Vgl. auch Fezer/*Nordemann* § 4 Nr. 8 a. F. Rdn. 42.

[91] Z. B. durch Auslassungen oder Übertreibungen; BGH GRUR 1966, 452, 454 – *Luxemburger Wort.*

[92] BGH GRUR 1971, 153, 155 – *Tampax; Köhler*/Bornkamm § 4 a. F. Rdn. 8.20.

[93] A. A. Piper/*Ohly*/Sosnitza, § 4 a. F. Rdn. 8.18; *Köhler*/Bornkamm, § 4 a. F. Rdn. 8.24 (jedoch differenzierend für den Fall, dass die Anschwärzung zugleich mit einer Irreführung der Verbraucher verbunden ist).

[94] BGH GRUR 2010, 253 – *Fischdosendeckel.*

[95] GroßkommUWG/*Messer* (1. Aufl.) § 14 a. F. Rdn. 314 f.; *Soehring* Rdn. 31.11 ff.

[96] BGH GRUR 1955, 97 – *Constanze II;* GRUR 1976, 651, 653 – *Der Fall Bittenbinder;* GroßkommUWG/*Messer* a. a. O.

[97] *Baumbach/Hefermehl* § 14 a. F. Rdn. 30; BGH GRUR 1957, 93/95 – *Jugendfilmverleih.*

[98] So bereits zum Verschuldensvorwurf bei § 14 Abs. 1 a. F. Nach *Köhler*/Bornkamm § 4 a. F. Rdn. 8.26 muss der Handelnde dagegen nur wissen, dass die verbreiteten Tatsachen kreditschädigend sind, nicht aber, ob sie unwahr sind.

könnten.[99] Angesichts des Gewichtes von Art. 5 Abs. 1 GG[100] bietet sich deshalb hier als vermittelnde Lösung an, zunächst bei Schadenersatzansprüchen auf Grundlage von Anschwärzungstatbeständen, in denen der Handelnde nicht in der Lage ist, die Wahrheit der behaupteten oder verbreiteten Tatsache positiv zu beweisen, ein Verschulden zu vermuten. Im Einzelfall wäre gleichwohl eine Exkulpationsmöglichkeit unter besonderen Umständen zuzulassen, sofern der Verletzer belegen kann, dass er alles ihm Mögliche zur Sachaufklärung getan hat.[101]

VI. Sonderfall: Vertrauliche Mitteilungen

Für **vertrauliche** Mitteilungen, an denen der Mitteilende oder der Empfänger ein **besonderes Interesse** hat, trifft Nr. 2 2. Alt. eine Sonderregelung, die bislang in § 14 Abs. 2 a. F. enthalten war. In einem solchen Falle ist die Handlung nur dann unlauter, wenn Tatsachen **der Wahrheit zuwider** behauptet oder verbreitet wurden. Die sich in solchen Fällen ergebende Milderung der Haftung erklärt sich insbesondere aus dem Willen zur Schonung von **Kreditauskünften,** auf die der Geschäftsverkehr in besonderem Maße angewiesen ist.[102] Das im Jahre 1909 aus Gründen der Deutlichkeit eingefügte Kriterium der „vertraulichen" Mitteilung lässt zugleich erkennen, dass die Hinnahme solcher Äußerungen dem Betroffenen bereits deshalb eher zugemutet werden kann, weil sie typischerweise keine Breitenwirkung haben. Die beiden Tatbestandsvoraussetzungen müssen allerdings **kumulativ** vorliegen.[103] 40

1. Vertraulichkeit

Eine Mitteilung ist vertraulich, wenn sie nur an **bestimmte Personen** gerichtet ist und die vertrauliche Behandlung entweder ausdrücklich zur Pflicht gemacht wurde, sich dies aus den Umständen ergibt oder Bestandteil der Berufspflichten des Mitteilungsempfängers ist.[104] Erfolgt eine Mitteilung nur an einen Empfänger und ist sie nur für ihn von Interesse, ist Vertraulichkeit allerdings zu verneinen, wenn die Mitteilung wenigstens geeignet ist, in weiteren Kreisen bekannt zu werden.[105] Grundsätzlich sind auch hier die Gesamtumstände zu würdigen, insbesondere Form, Inhalt, Anlass und Zweck sowie Zeit und Ort der Mitteilung.[106] 41

An den dem Mitteilenden obliegenden Nachweis der Vertraulichkeit sind **strenge Anforderungen** zu stellen; je größer der Kreis der Mitteilungsempfänger, desto weniger ist von Vertraulichkeit auszugehen. Eine Mitteilung an einen **unbegrenzten Personenkreis** kann nie vertraulich sein. Bei Pressemitteilungen ist daher für die Privilegierung grundsätzlich kein Raum, ebenso wenig bei Mitteilungen an Verbände oder Rundschreiben an Kunden.[107] Anzeigen oder Eingaben an Behörden sind hingegen regelmäßig als vertraulich anzusehen, es sei denn, dass eine Weiterleitung an Dritte beabsichtigt ist.[108] 42

2. Berechtigtes Interesse

Das berechtigte Interesse muss entweder bei dem Mitteilenden oder bei dem Empfänger bestehen. Interessen Dritter oder der Allgemeinheit sind nur dann zu berücksichtigen, wenn der Mitteilende oder der Empfänger zur Wahrung derlei Interessen berufen ist oder die Angelegenheit ihn irgendwie nahe berührt. 43

Während das Strafrecht in § 193 StGB schon ein vermeintliches Interesse als berechtigt ausreichen lässt, muss das Interesse bei der 2. Alt. der Nr. 2 ebenso wie bei § 824 BGB **objektiv berechtigt** sein.[109] Ob dies der Fall ist, beurteilt sich grundsätzlich aufgrund einer Interessenabwägung anhand der verfassungsrechtlichen Werteordnung. Der mit der Mitteilung verfolgte Nutzen darf 44

---

[99] GroßkommUWG/*Messer* (1. Aufl.) § 14 a. F. Rdn. 321.

[100] Vgl. hierzu oben Einl. G Rdn. 77 ff.

[101] GroßkommUWG/*Messer* a. a. O.; etwa durch Einholung eines Gutachtens zur Frage der Rechtmäßigkeit seines Verhaltens.

[102] Vgl. hierzu Reichstagsvorlage UWG 1896, 106.

[103] BGH GRUR 1960, 331, 333 – *Schleuderpreise;* GRUR 1992, 860, 861 – *Bauausschreibungen;* GRUR 1993, 572, 573 – *Fehlende Lieferfähigkeit.*

[104] Vgl. *Köhler*/Bornkamm § 4 a. F. Rdn. 8.22. Letzteres ist etwa der Fall bei Rechtsanwälten, Wirtschaftsprüfern oder Ärzten.

[105] BGH GRUR 1960, 135, 136 – *Druckaufträge.*

[106] BGH GRUR 1992, 860, 861 – *Bauausschreibungen.*

[107] BGH GRUR 1993, 572, 573 – *Fehlende Lieferfähigkeit.*

[108] RG GRUR 1939, 72, 75 – *Toschi/Eternit II;* BGH GRUR 1980, 257, 258 – *Abgeordnetenindemnität.*

[109] RGSt 51, 379.

mithin **nicht außer Verhältnis** zum voraussichtlichen Schaden stehen. Die Mitteilung muss auch nach Inhalt und Form so schonend wie möglich erfolgen. Vom Mitteilenden ist ferner zu verlangen, dass er im gebotenen Umfang recherchiert und nicht leichtfertig, z. B. aufgrund haltloser Vermutungen, Behauptungen aufstellt.[110] Das bloße Interesse des Mitteilenden, seinen Absatz zu fördern, reicht nicht aus, um es als berechtigt anzuerkennen. Es steht andererseits der Wahrnehmung sonstiger Interessen des Empfängers oder Dritter, insbesondere vor Schädigung bewahrt zu werden, nicht entgegen.[111]

45 Bei der Interessenabwägung ist ferner zu berücksichtigen, ob der Mitteilende gesetzlich oder vertraglich **zur Mitteilung der Tatsachen berechtigt oder verpflichtet** ist. Bei anonymen Mitteilungen können unsachliche Motive im Vordergrund stehen, jedoch kommt es auch hier auf die Umstände des Einzelfalles an.[112]

3. Anspruchsgegner und Beweislast

46 Anspruchsgegner ist stets nur der **Mitteilende,** da der Empfänger der Mitteilung diese weder behauptet noch verbreitet hat.

47 Die **Beweislast** gestaltet sich wie folgt: Der Verletzte muss zunächst die Anschwärzung, d. h. die schädigende Äußerung behaupten und beweisen. Erhebt der Anspruchsgegner die Einrede der Vertraulichkeit und des berechtigten Interesses, so muss er deren Vorliegen beweisen. Sodann hat der Verletzte die **Unwahrheit** der Tatsachenbehauptung zu beweisen.[113]

C. § 4 Nr. 3 (Ergänzender Leistungsschutz)

Unlauter handelt, wer

3. Waren oder Dienstleistungen anbietet, die eine Nachahmung der Waren oder Dienstleistungen eines Mitbewerbers sind, wenn er
a) eine vermeidbare Täuschung der Abnehmer über die betriebliche Herkunft herbeiführt,
b) die Wertschätzung der nachgeahmten Ware oder Dienstleistung unangemessen ausnutzt oder beeinträchtigt oder
c) die für die Nachahmung erforderlichen Kenntnisse oder Unterlagen unredlich erlangt hat;

Inhaltsübersicht

Rdn.

I. UWG 2004 bis UWG 2015 ... 1
II. Verhältnis zu den Sonderschutzrechten ... 4
1. Begriff des ergänzenden wettbewerbsrechtlichen Leistungsschutzes ... 4
2. Keine zwingend abschließenden Regelungen durch die Sonderschutzrechte . 5
a) Allgemeines ... 5
b) Vorrang des Markenrechts? ... 6
c) Teilweiser Rückzug der „Vorrangthese“ ... 8
3. Schutz von Leistungen oder Schutz vor unlauteren Wettbewerbshandlungen? 14
a) Das „Was“ und „Wie“ der Nachahmung ... 14
b) Schutz wegen oder von wettbewerblicher Eigenart ... 15
4. Regel-/Ausnahme-Verhältnis zwischen zulässigen und unzulässigen Nachahmungen ... 21
5. Unterschiede und Gemeinsamkeiten von sondergesetzlichem und ergänzendem wettbewerbsrechtlichem Leistungsschutz ... 23
a) Schutzebenen ... 23
b) Sonderschutzrechte und UWG ... 24
c) Angleichung des Rechtsschutzes ... 27
d) Unterschiede ... 30
III. Nachahmung von Waren oder Dienstleistungen ... 36
1. Begriff der Nachahmung ... 36
a) Allgemeines ... 36
b) Enge der Anlehnung ... 37

[110] Vgl. BGH NJW 1985, 1621, 1623.
[111] BGH GRUR 1971, 159 – *Motoryacht.*
[112] BGH NJW 1966, 1215.
[113] So Fezer/*Nordemann* § 4 Nr. 8 a. F. Rdn. 41 m. w. N.

Rdn.

2. Waren ... 40
3. Dienstleistungen ... 42
4. Kennzeichen ... 45
5. Kein Ideenschutz ... 49

IV. Generalklausel, Konkretisierung und Fallgruppen ... 50
1. Verhältnis von Generalklausel und § 4 Nr. 3 ... 50
2. Konkretisierung der Generalklausel; Wechselwirkung ... 51

V. Unmittelbarer Leistungsschutz ... 56
1. Schutzwürdigkeit statt unlauterer Handlungsweise ... 56
2. Saisonschutz ... 63
3. Missbilligung von Nachahmung an sich ... 64
4. Vermutung der Unlauterkeit bei besonders enger Anlehnung ... 65
5. Unlauterkeit bei herausragender wettbewerblicher Eigenart ... 66
6. Befriedigung eines Fortsetzungs- oder Ergänzungsbedarfs („Einschieben in fremde Serie“) ... 68
7. Auswirkungen des nicht eingetragenen Gemeinschaftsgeschmacksmusters ... 71

VI. Schutz gegen Herkunftsverwechslungen, § 4 Nr. 3a) ... 74
1. Verhältnis zur irreführenden Werbung gem. § 5 UWG ... 74
2. Vermeidbare Herkunftstäuschung ... 76
a) Allgemeines ... 76
b) Wettbewerbliche Eigenart ... 79
aa) Die Eignung genügt ... 82
bb) Durchschnittsverbraucher ... 83
cc) Gesamteindruck ... 84
dd) Wettbewerbliche Eigenart von Hause aus ... 85
ee) Wettbewerbliche Eigenart durch Bekanntheit ... 86
ff) Grad der wettbewerblichen Eigenart ... 89
gg) Keine Neuheit erforderlich ... 90
hh) Verhältnisse im Inland maßgeblich ... 92
ii) Keine wettbewerbliche Eigenart technisch notwendiger Merkmale ... 93
jj) Wettbewerbliche Eigenart von Produktprogrammen ... 94
kk) Maßgeblicher Zeitpunkt für das Vorliegen der wettbewerblichen genart ... 97
ll) Beeinträchtigung der wettbewerblichen Eigenart durch das Aufkommen von Nachahmungen? ... 98
mm) Tat- oder Rechtsfrage? ... 100
c) Herkunft ... 101
d) Herkunftstäuschung ... 102
aa) Vorverbreitung des Originals erforderlich ... 103
bb) Grad der Anlehnung ... 108
cc) Formen der Herkunftstäuschung ... 109
dd) Unvollkommenes Erinnerungsbild ... 114
ee) Maßgebliche Verkehrskreise ... 115
ff) Täuschungszeitpunkt ... 118
gg) Vertriebsbedingte Täuschungsumstände ... 119
e) Vermeidbarkeit der Herkunftstäuschung ... 120
aa) Allgemeines ... 120
bb) Technische Merkmale ... 121
cc) Ästhetische Merkmale ... 131
f) Insbesondere: Nachahmung von Werbemitteln ... 132

VII. Schutz gegen anlehnende Bezugnahmen (insbesondere Rufausbeutung und -beeinträchtigung § 4 Nr. 3b) ... 135
1. Allgemeines ... 135
a) Hervorrufung von Assoziationen ... 135
b) Negative und positive Bezugnahmen ... 136
c) Anlehnung ... 137
d) Mittel der Anlehnungen ... 138
2. Wertschätzung ... 139
3. Rufausbeutung durch Kennzeichennachahmung ... 144
a) Kennzeichennachahmung von § 4 Nr. 3 nicht erfasst ... 144
b) Regelung des MarkenG ... 145
c) Keine Rufausbeutung durch bloße Annäherung an fremde Kennzeichen ... 149
4. Rufausbeutung und -beeinträchtigung durch Produktnachahmung ... 151
a) Erscheinungsformen der Rufausbeutung ... 151
b) Rufübertragung unerlässlich ... 157
c) Abweichende Kennzeichnungen ... 158

Rdn.
d) Bewertung der Unlauterkeit ... 159
e) Rufbeeinträchtigung ... 165
5. Rufausbeutung und Rufbeeinträchtigung durch vergleichende Werbung ... 166
VIII. Unredliche Erlangung von Kenntnissen oder Unterlagen, § 4 Nr. 3c) ... 167
1. Erschleichen ... 174
2. Vertrauensbruch ... 175
IX. Schutz gegen unlautere Behinderungen ... 178
1. Allgemeines ... 178
2. Systematisches Nachahmen ... 180
a) Wettbewerblich eigenartige Produkte ... 181
aa) Mehrzahl von Nachahmungsgegenständen ... 183
bb) Planmäßiges Vorgehen des Nachahmers ... 185
b) Nicht wettbewerblich eigenartige Produkte ... 187
3. Zuvorkommen beim (Inlands-)Vertrieb ... 189
X. Sonstige Unlauterkeitsaspekte ... 191
1. Besonders enge Anlehnung: Unmittelbare Übernahme und identisches Nachschaffen ... 192
2. Preisunterbietung ... 196
XI. Schutzdauer und Schutzumfang ... 197
1. Schutzdauer im Erkenntnis- und im Vollstreckungsverfahren ... 197
2. Konkrete Schutzdauer fallgruppenabhängig ... 198
a) Vermeidbare Herkunftstäuschungen ... 199
b) Unmittelbarer Leistungsschutz ... 200
c) Schutz gegen Rufausbeutungen und -beeinträchtigungen ... 201
d) Behinderungen ... 202
e) Erschleichen und Vertrauensbruch ... 203
3. Schutzumfang ... 204
XII. Aktiv- und Passivlegitimation ... 205
1. Aktivlegitimation ... 205
a) Hersteller ... 206
b) Händler ... 207
aa) Eigene Leistung durch Zusammenstellung einer Kollektion ... 208
bb) Vermeidbare Herkunftstäuschung zu Lasten von Alleinvertriebsberechtigten ... 209
2. Passivlegitimation ... 210
XIII. Ansprüche ... 211
1. Unterlassung ... 211
2. Schadenersatz ... 212
a) Verschulden ... 212
b) Schadensentstehung ... 213
c) Schadenersatz ... 214
d) Schadensberechnung ... 215
aa) Eigener entgangener Gewinn ... 218
bb) Abschöpfung des Verletzergewinns ... 219
cc) Lizenzanalogie ... 224
3. Ungerechtfertigte Bereicherung ... 226
4. Auskünfte ... 229
a) Ermöglichung der Schadensberechnung ... 229
b) Auskunft über Vertriebswege („Drittauskunft") ... 232
5. Kein Vernichtungsanspruch ... 233
6. Verjährung ... 234
XIV. Bagatellschwelle ... 235
XV. Prozessuales ... 236
1. Antragsformulierung ... 236
2. Streitgegenstand ... 237

Schrifttum: *Beater,* Nachahmen im Wettbewerb, 1995; *Bopp,* Sklavischer Nachbau technischer Erzeugnisse, GRUR 1997, 34; *Bornkamm,* Markenrecht und wettbewerbsrechtlicher Kennzeichenschutz – Zur Vorrangthese der Rechtsprechung, GRUR 2005, 97; *Brandner,* Wann ist Rufausnutzung im Wettbewerb nicht unlauter?, in: FS Vieregge, 1995, S. 81; *Büscher,* Schnittstellen zwischen Markenrecht und Wettbewerbsrecht, GRUR 2009, 230; *Ehmann,* Monopole für Sportverbände durch ergänzenden Leistungsschutz?, GRUR Int. 2009, 659; *Erdmann,* Die zeitliche Begrenzung des ergänzenden wettbewerblichen Leistungsschutzes, in: FS Vieregge, 1995, S. 197; *Fezer,* Der wettbewerbsrechtliche Schutz der unternehmerischen Leistung, FS GRUR Bd. II 1995, S. 939; *Götte,* Die Schutzdauer im wettbewerbsrechtlichen Leistungsschutz, 2000; *Harte-Bavendamm,* Wettbewerbsrechtlicher Verbraucherschutz in der Welt der „look-alikes", in: FS Loschelder, 2010, S. 111 ff.; *Heermann,* Rechtlicher Schutz von Slogans, WRP 2004, 263; *Heyers,* Wettbewerbsrechtlicher Schutz gegen das Einschieben in fremde Serien, GRUR 2006, 23; *Hilty,* „Leistungsschutz" – made in Switzerland? – Klärung eines Missverständnisses und Fragen zum allgemeinen Schutz von Investitionen, in: FS Ullmann, 2006, S. 643; *Hohlweck,* Vom Pflügen mit fremdem Kalbe und anderen anstößigen Verhaltensweisen – Der Schutz bekannter Produkte durch § 4 Nr. 9 lit. b UWG, WRP 2015, 934; *Hubmann,* Die sklavische Nachahmung, GRUR 1975, 230; *Ingerl,* Der wettbewerbsrechtliche Kennzeichenschutz und sein Verhältnis zum MarkenG in der neueren Rechtsprechung des BGH und in der UWG-Reform, WRP 2004, 809; *Jacobs,* Von Pumpen, Noppenbahnen und Laubheftern – Zum wettbewerbsrechtlichen Leistungsschutz bei technischen Erzeugnissen, in: FS Helm, 2002, S. 71; *Kappes,* Verwechslungsgefahr nach dem Kauf („post-sale-confusion") im Marken- und Wettbewerbsrecht, 2011; *Köhler,* Das Verhältnis des Wettbewerbsrechts zum Recht des geistigen Eigentums, GRUR 2007, 548; *Körber/Ess,* Hartplatzhelden und der ergänzende Leistungsschutz im Web 2.0, WRP 2011, 697; *Körner,* Das allgemeine Wettbewerbsrecht des UWG als Auffangtatbestand für fehlgeschlagenen oder abgelaufenen Sonderrechtsschutz, in: FS Ullmann, 2006, S. 701; *Krüger,* Der Schutz kurzlebiger Produkte gegen Nachahmungen (Nichttechnischer Bereich), GRUR 1986, 115; *ders./v. Gamm,* Die „Noppenbahnen"-Doktrin – Ein Irrweg?, WRP 2004, 978; *Keller,* Der wettbewerbsrechtliche Leistungsschutz, in: FS Erdmann, 2002, 595; *Kur,* Der wettbewerbliche Leistungsschutz, GRUR 1990, 1; *Lohbeck,* Die Haftung in Verletzermehrheit und Verletzerkette, 2014; *Lubberger,* Technische Konstruktion oder künstlerische Gestaltung? – Design zwischen den Stühlen –, in: FS Erdmann, 2002, S. 145; *ders.,* Grundsatz der Nachahmungsfreiheit?, in: FS Ullmann, 2006, S. 737; *Müller-Laube,* Wettbewerbsrechtlicher Schutz gegen Nachahmung und Nachbildung gewerblicher Erzeugnisse – Entwurf eines dogmatischen Ordnungskonzeptes, ZHR 156 (1992), 480; *Nemeczek,* Gibt es einen unmittelbaren Leistungsschutz im Lauterkeitsrecht?, WRP 2010, 1204; *ders.,* Rechtsübertragungen und Lizenzen beim wettbewerbsrechtlichen Leistungsschutz – Zugleich ein Beitrag gegen den unmittelbaren Leistungsschutz, GRUR 2011, 292; *Ohly,* Klemmbausteine im Wandel der Zeit – ein Plädoyer für eine strikte Subsidiarität des UWG-Nachahmungsschutzes, in: FS Ullmann, 2006, S. 795; *ders.,* Hartplatzhelden.de oder: Wohin mit dem unmittelbaren Leistungsschutz?, GRUR 2010, 487; *ders.,* Designschutz im Spannungsfeld von Geschmacksmuster-, Kennzeichen- und Lauterkeitsrecht, GRUR 2007, 731; *ders.,* Urheberrecht und UWG, GRUR Int. 2015, 693; *Peukert,* hartplatzhelden.de – Eine Nagelprobe für den wettbewerbsrechtlichen Leistungsschutz, WRP 2010, 316; *Raue,* Nachahmungsfreiheit nach Ablauf des Immaterialgüterrechtsschutzes?, 2010; *Riesenhuber,* Lego – Stein des Anstoßes, WRP 2005, 1118; *Rößler,* Zum wettbewerbsrechtlichen Unlauterkeitsgehalt der Rufausbeutung, GRUR 1995, 549; *Rohnke,* Schutz der Produktgestaltung durch Formmarken und wettbewerbsrechtlichen Leistungsschutz, in: FS Erdmann, 2002, S. 455; *Ruess/Slopek,* Zum unmittelbaren wettbewerbsrechtlichen Leistungsschutz nach hartplatzhelden.de, WRP 2011, 834; *Sack,* Nachahmen im Wettbewerb, ZHR 160 (1996), 493; *ders.,* Das Einschieben in eine fremde Serie: Sonderfall oder Normalfall des ergänzenden wettbewerblichen Leistungsschutzes?, in: FS Erdmann, 2002, S. 697; *ders.,* Produktnachahmung und betriebliche Herkunftstäuschung nach § 4 Nr. 9 Buchst. a UWG, GRUR 2015, 442; *ders.,* Produktnachahmung und betriebliche Herkunftstäuschung nach § 4 Nr. 9a UWG, GRUR 2015, 442; *Sambuc,* Die Eigenart der „wettbewerblichen Eigenart", GRUR 1986, 130; *ders.,* Der UWG-Nachahmungsschutz, 1996; *ders.,* Ist der wettbewerbsrechtliche Leistungsschutz übertragbar?, in: FS Bornkamm, 2014, S. 455; *ders.,* Was heißt „Verwechslungsgefahr mit einer anderen Ware oder Dienstleistung" in § 5 Abs. 2 UWG?, in: FS Köhler, 2014, S. 577; *Schork,* Imitationsmarketing, 2011; *Schrader,* Begrenzung des ergänzenden wettbewerbsrechtlichen Leistungsschutzes, WRP 2005, 562; *Schröer,* Der unmittelbare Leistungsschutz, 2010; *Schulte-Beckhausen,* Das Verhältnis des § 1 UWG zu den gewerblichen Schutzrechten und zum Urheberrecht, 1994; *Schulz,* Grenzlinien zwischen Markenrecht und wettbewerbsrechtlichem Leistungsschutz, in: FS Helm, 2002, S. 237; *Steinbeck,* Zur These vom Vorrang des Markenrechts, in: FS Ullmann, 2006, S. 409; *Stieper,* Das Verhältnis von Immaterialgüterrechtschutz und Nachahmungsschutz nach neuem UWG, WRP 2006, 291; *Weihrauch,* Der unmittelbare Leistungsschutz im UWG, 2001; *Wiebe,* Unmittelbare Leistungsübernahme im neuen Wettbewerbsrecht, in: FS Schricker, 2005, S. 773.

I. UWG 2004 bis UWG 2015

1 Die **Neufassung des Gesetzes gegen den unlauteren Wettbewerb 2004** hat die gesetzlichen Grundlagen, nicht aber den Inhalt des ergänzenden wettbewerbsrechtlichen Leistungsschutzes geändert.[1] Dieser war seit Inkrafttreten der (früheren) wettbewerbsrechtlichen Generalklausel des § 1 im Jahre 1909 ausschließlich anhand des darin vorgegebenen Maßstabs der „guten Sitten" entwickelt worden.

2 Die Reform von 2004 enthielt demgegenüber einen **mehrgliedrigen Ansatz:** Im **damaligen § 4 Nr. 9** (infolge der Novelle vom 2. Dezember 2015 jetzt § 4 Nr. 3) wurden drei der von der Rechtsprechung zur früheren Generalklausel begründeten Fallgruppen als gesetzliche Regelbeispiele aufgeführt, nämlich – in der bisherigen Terminologie – a) die vermeidbare Herkunftstäuschung, b) die Rufausbeutung bzw. -beeinträchtigung und c) das Erschleichen. Damit wollte das UWG 2004 **„die wichtigsten Fälle" unlauterer Nachahmung** aufzählen. Diese Beispielstatbestände sollten ihrem Wesen nach **„nicht abschließend"** sein (Begründung des RegE zu § 4 Nr. 9). Die übrigen Fallgruppen (vor allem der unmittelbare, um der Leistung selbst willen gewährte Schutz) sowie Einzelfälle und Unlauterkeitsgesichtspunkte, die – noch – nicht zu Fallgruppen verfestigt

[1] BGH GRUR 2008, 793, 795 Rdn. 25 – *Rillenkoffer;* 2007, 795, 797 – *Handtaschen;* 2005, 166, 167 – *Puppenausstattungen.*

waren, blieben grundsätzlich bei der Generalklausel (jetzt § 3) angesiedelt. Deren veränderter Wortlaut wirkte sich auf den vorhandenen Bestand an Richterrecht nicht dahingehend aus, dass bestimmte Nachahmungssachverhalte, die bisher als unlauter galten, nunmehr zulässig würden oder umgekehrt. Vielmehr vollzog sich die Entwicklung der Rechtsprechung wie bisher auf der Grundlage der Generalklausel als solcher, nämlich als „delegierter Gesetzgebung" unabhängig von der Formulierung dieser Delegation („sittenwidrig", „unlauter", „wettbewerbswidrig").

3 Die Umsetzung der Richtlinie 2005/29 EG vom 11. Mai 2005 über unlautere Geschäftspraktiken **(UGP-RL)** durch das **Erste Gesetz zur Änderung des Gesetzes gegen den unlauteren Wettbewerb (UWG 2008)** berührte § 4 Nr. 9 nicht.[2] Ergänzungen wurden in § 5 (irreführende Werbung) und in **Nr. 13 der „Schwarzen Liste" (Anhang zu § 3 III)** vorgenommen. Im Rahmen des **Zweiten Gesetzes zur Änderung des Gesetzes gegen den unlauteren Wettbewerb (UWG 2015)** wurden die in § 4 Nr. 9 getroffenen Regelungen ohne sachliche Änderung in den nun ausdrücklich auf den Mitbewerberschutz beschränkten § 4 überführt (§ 4 Nr. 3).

II. Verhältnis zu den Sonderschutzrechten

1. Begriff des ergänzenden wettbewerbsrechtlichen Leistungsschutzes

4 Für den Schutz gegen Nachahmungen von Arbeitsergebnissen im Rahmen des Wettbewerbsrechts hat sich die Bezeichnung „ergänzender (wettbewerbsrechtlicher) Leistungsschutz" durchgesetzt. Als **„Leistung"** kommt grundsätzlich alles in Betracht, was auch Gegenstand der Sonderschutzrechte sein kann. § 4 Nr. 3 spricht von „Waren oder Dienstleistungen".[3] Praktisch liegt der Schwerpunkt bei **Produktgestaltungen.** Früher wurde der ergänzende Leistungsschutz unter dem Stichwort „Sklavische Nachahmung" abgehandelt. Dieser Begriff vermittelt jedoch nur einen möglichen Unlauterkeitsgesichtspunkt, nämlich den einer besonders engen, nach heutiger Terminologie „identischen" oder „fast identischen" Anlehnung an das Vorbild. „Ergänzend" bezieht sich auf den Schutz, den vorrangig die Spezialgesetze des gewerblichen Rechtsschutzes und Urheberrechts gewähren („Sonderschutzrechte", vor allem Patent-, Urheber-, Muster- und Kennzeichenrechte). Der Schutz dieser Spezialgesetze hängt von (jeweils unterschiedlichen) sachlichen und z. T. auch förmlichen Voraussetzungen ab. Er entfällt, wenn diese Voraussetzungen nicht sämtlich erfüllt sind (z. B. eine Erfindung oder ein Muster zum maßgeblichen Zeitpunkt nicht mehr neu ist, eine Marke nicht ausreichend durchgesetzt usw.). Außerdem unterliegt er (außer bei Kennzeichenrechten) zeitlichen Obergrenzen.

2. Keine zwingend abschließenden Regelungen durch die Sonderschutzrechte

5 **a) Allgemeines.** Wenn ein Sonderrechtsschutz nicht besteht, kann die Übernahme des insoweit schutzlosen Arbeitsergebnisses gleichwohl als unlauterer Wettbewerb unzulässig sein. Neuere Sonderschutzordnungen lassen eine **ergänzende Anwendung** des Wettbewerbsrechts in ihrem jeweiligen „Zuständigkeitsbereich" ausdrücklich zu, vgl. § 2 MarkenG, Art. 96 I GGVO. Ein Verbot als unlauter darf sich jedoch nicht in Widerspruch zu den **Wertungen der Sonderschutzrechte** setzen. Wo diese einen Schutz abschließend verweigern, darf dieses Ergebnis nicht mit dem Wettbewerbsrecht konterkariert werden. Es bedarf also stets einer Entscheidung darüber, ob fehlender Sonderrechtsschutz einen gewollten Nachahmungsfreiraum schafft oder ob es sich um ein korrekturbedürftiges „Versagen" handelt. Ergibt sich, dass ein Schutz „ausdrücklich und absichtlich"[4] versagt wird, darf nicht mit Hilfe des Wettbewerbsrechts ein „Ersatz-Ausschließlichkeitsrecht" geschaffen werden.

6 **b) Vorrang des Markenrechts?** Insbesondere ein **Vorrang des Markenrechts** nicht nur gegenüber der wettbewerbsrechtlichen Generalklausel sondern auch den Regelbeispielen des damaligen § 4 Nr. 9a) und b) (jetzt § 4 Nr. 3a) und b)) ist Gegenstand zahlreicher Urteile[5] und Stellungnahmen in der Literatur.[6] Zum Verhältnis der Rufausbeutungs-Tatbestände einerseits in § 14 II Nr. 3 MarkenG und andererseits im (damaligen) § 4 Nr. 9b) UWG hat der BGH in *MAC Dog* fest-

---

[2] BGH GRUR 2010, 80, 81 Rdn. 17 – *LIKEaBIKE;* GRUR 2012, 58 Rdn. 40 – *Seilzirkus;* zu einer etwaigen Neubestimmung von Normzweck und systematischer Stellung der Vorschrift vgl. *Köhler* GRUR 2007, 548, 551 f.

[3] S. dazu unten Rdn. 40 ff.

[4] So schon RGZ 73, 294 = GRUR 1910, 264, 265 – *Schallplatten;* ähnlich BGH GRUR 1986, 454, 456 – *Bob Dylan.*

[5] BGH GRUR 1999, 161, 162 – *MAC Dog;* 1999, 992, 995 – *BIG PACK;* 2000, 608, 610 – *ARD-1;* 2002, 340, 342 – *Fabergé;* 2003, 973, 974 – *Tupperwareparty.*

[6] Vgl. *Ingerl* WRP 2004, 809; *Bornkamm* GRUR 2005, 790; *Stieper* WRP 2006, 291; *Steinbeck* in: FS Ullmann, S. 409 ff.; *Körner* in: FS Ullmann S. 701 ff.; *Ohly* in: FS Ullmann, S. 795, 806 ff.

gestellt, der markengesetzliche Schutz der bekannten Marke stelle sich „als eine umfassende spezialgesetzliche Regelung dar, mit der der bislang in der Rechtsprechung entwickelte Schutz fixiert und ausgebaut werden sollte". Sie lasse „in ihrem Anwendungsbereich für eine gleichzeitige Anwendung des § 1 UWG [a. F.] oder des § 823 BGB grundsätzlich keinen Raum". Nur ein solches Verständnis werde der „Begrenzungsfunktion" der spezialgesetzlichen Regelung gerecht.[7]

Dass die kennzeichenrechtliche Regelung des Markengesetzes „in sich geschlossen"[8] sei, ist jedoch eine zu optimistische Annahme. Es ist daher auch seine „negative Schutzbegrenzung", d.h. die Beurteilung als erlaubt, insbesondere gegenüber dem UWG nicht immer klar zu ziehen. Dies zeigt sich nicht nur an der vorsichtigen Formulierung des BGH, wonach das Markengesetz die **außermarkenrechtlichen Generalklauseln nur „im Allgemeinen ... verdrängt",**[9] sondern etwa auch an der unlauterkeitsrechtlichen „Rückkoppelung" im Wortlaut sämtlicher Tatbestände des § 14 II Nr. 3 MarkenG. Auch Formulierungen wie die, das UWG könne herangezogen werden „wenn der Schutz nach dem Markengesetz versagt",[10] werfen mehr Fragen auf als sie beantworten: Gerade der Begriff des „Versagens" insinuiert eine unbeabsichtigte Fehlfunktion, die nach Abhilfe verlangt. Das Gegenteil kann aber ausdrücklich gewollt sein. 7

c) Teilweiser Rückzug der „Vorrangthese". Infolge der Umsetzung der verbraucherschützenden UGP-RL, insbesondere durch das Aufpfropfen von § 5 II und des Anhangs zu § 3 III („Schwarze Liste") Nr. 13 auf ein bis dahin halbwegs stimmiges nationales Recht[11] musste die Vorrangthese zurückgefahren werden. Denn nationales Immaterialgüterrecht kann zwingendes Sekundär-Unionsrecht nicht beschränken. Im Verhältnis zu § 5 I 2 Nr. 1 und II hat der BGH daher die Vorrangthese aufgegeben: Der durch diese UWG-Vorschriften begründete (Verbraucher-) Schutz tritt gleichrangig neben den (individualrechtlichen) aus dem MarkenG.[12] 8

Im Verhältnis zu dem ebenfalls (wie das Markenrecht) überwiegend individualrechtlichen § 4 Nr. 3 geht es um die möglichst weitgehende Vermeidung von Widersprüchen durch **kompatible Auslegung beider Normenkomplexe.** Wo kein Schutz für eine Kennzeichnung, sondern für ein „konkretes Leistungsergebnis"[13] beansprucht wird, gibt es von vorne herein keine Konkurrenz und damit auch keinen Vorrang des Markenrechts. 9

Bei **Wort- und Bildmarken** bleibt es gegenüber § 4 Nr. 3 beim Vorrang des Markenrechts,[14] da jener nach der hier vertretenen Auffassung keinen Zeichenschutz zum Gegenstand hat und zudem die Verkehrsgeltungsschwelle des § 4 Nr. 2 MarkenG nicht unterlaufen werden darf.[15] 10

Auch Überschneidungen mit dem Schutz dreidimensionaler Marken (und damit erneut die Vorrangfrage) erscheinen kaum virulent: Auch die Formmarke schützt anders als § 4 Nr. 3 kein Produkt, sondern ein Zeichen. Selbst wo beide eine körperliche Einheit eingehen (sog. „produktabhängige" im Gegensatz zu „produktunabhängigen" Formmarken wie dem Mercedes-Stern oder dem Michelin-Männchen) ist die **gedankliche Trennung von Kennzeichnungsmittel (Marke) und Kennzeichnungsgegenstand (Produkt)** zwingend erforderlich. 11

Die Marke muss gegenüber dem Produkt selbständig, d.h. „zwar nicht physisch, aber doch gedanklich von der Ware abstrahierbar" sein.[16] Anders ist z.B. die Bestimmung des Schutzumfangs der (neben der Ware selbst) in der Form enthaltenen Marke nicht möglich. **§ 4 Nr. 3 schützt** aber **nicht Marken** (vgl. unten Rdn. 45 ff.), **sondern „nur" Waren oder Dienstleistungen.** 12

Konsequent wäre es, den Vorrang des Markenrechts auch dort zu praktizieren, wo **keine Markenanmeldung erfolgt** ist, obwohl eine Eintragung (auch rechtlich) möglich gewesen wäre. Der Rückgriff auf das UWG wäre dann immer gesperrt, wenn „der Anwendungsbereich des Markengesetzes eröffnet ist".[17] „Überall dort, wo Markenschutz denkbar ist, müsste er in Anspruch genommen werden, um einen Rechtsverlust zu vermeiden."[18] Da der Markenschutz inzwischen sehr offen 13

---

[7] BGH GRUR 1999, 161, 162 – *MAC Dog.*

[8] BGH GRUR 2002, 622, 623 – *shell.de.*

[9] A. a. O.

[10] BGH GRUR 1999, 161, 162 – *MAC Dog.*

[11] Zum Verhältnis des § 5 II zum Markenrecht und anderen Bestimmungen des UWG vgl. ausführlich *Schork,* Imitationsmarketing, und insbesondere zum wettbewerbsrechtlichen Leistungsschutz S. 207 ff.

[12] BGH GRUR 2013, 1161 Rdn. 60 – *Hard Rock Café.*

[13] BGH GRUR 2008, 793, 795 Rdn. 26 – *Rillenkoffer* m. w. N.

[14] *Ohly*/Sosnitza § 4 Rdn. 9/19.

[15] Vgl. *Ohly*/Sosnitza § 4 Rdn. 19 m. w. N.

[16] BGH GRUR 2001, 334, 335 – *Gabelstapler I; Sambuc,* Festschrift 50 Jahre Bundespatentgericht, S. 721, 723 f.

[17] *Steinbeck* in: FS Ullmann, S. 409.

[18] *Bornkamm* GRUR 2005, 97, 102. Sinngemäß ebenso *Schrader* WRP 2005, 562, 564. Dagegen *Ullmann* juris PK-UWG § 4 Nr. 9 Rdn. 10.

zugänglich ist (z. B. für dreidimensionale Gestaltungen oder für Werbesprüche[19]) würde der Anwendungsbereich von § 4 Nr. 3a) und b) sehr weitgehend beschränkt, wenn man die Nicht-Inanspruchnahme eines rechtlich verfügbaren Schutzrechts als Grund für die Verweigerung eines Rückgriffs auf § 4 Nr. 3a) oder b) ansähe. Andererseits ist schwer zu erklären, warum jemand besser stehen (nämlich auf das UWG zurückgreifen können) soll, der sich z. B. um die Eintragung einer Marke überhaupt nicht gekümmert hat, als derjenige, der für den konkreten Streitfall unzureichenden Markenschutz erwirkt hat.[20]

3. Schutz von Leistungen oder Schutz vor unlauteren geschäftlichen Handlungen?

14 **a) Das „Was" und „Wie" der Nachahmung.** Die traditionelle Abgrenzung von sondergesetzlichem und ergänzendem wettbewerbsrechtlichen Leistungsschutz liegt in unterschiedlichen Zielvorgaben: Die Sondergesetze schützen danach **Leistungen als solche,** der ergänzende Leistungsschutz (zumindest direkt) nur vor unlauteren Nachahmungs**handlungen.** Ein Schutz der Leistung selbst könne sich nur reflexartig ergeben. Bei ihm gehe es nicht um das „Was" der Nachahmung oder gar das „Ob"[21] (d. h. die Nachahmung als solche), sondern um das „Wie".

15 **b) Schutz wegen oder von wettbewerblicher Eigenart.** Diese idealtypische Abgrenzung zu den Sondergesetzen wurde noch nie streng durchgehalten. Schon der inzwischen fast allgemein akzeptierte Begriff des ergänzenden wettbewerbsrechtlichen Leistungsschutzes widerlegt sie. Zwar gibt es Sachverhalte, bei denen tatsächlich die unlautere Handlungsweise des Nachahmers im Vordergrund steht, vor allem bei anstößiger Erlangung oder Verwertung der Original-Vorlage (Fallgruppen des Erschleichens und des Vertrauensbruchs). Meist spielt aber die **Qualität** des übernommenen Arbeitsergebnisses eine wichtige Rolle bei der Unlauterkeitsbewertung, die als **wettbewerbliche Eigenart** der nachgeahmten Leistung beschrieben wird. Sie ist Voraussetzung für die Erfüllung der Tatbestände des § 4 Nr. 3a) und b), nämlich die Grundlage für die Auslösung von Herkunftsvorstellungen oder Wertschätzung. Allerdings ergibt sich ein Leistungsschutz bei diesen Fallgruppen nur **mittelbar,** d. h. ein Arbeitsergebnis wird gegen Nachahmung nur insoweit geschützt, als die Nachahmung seiner wettbewerblichen Eigenart (vermeidbar) falsche Herkunftsvorstellungen hervorruft oder die Wertschätzung des Vorbildes unangemessen ausnutzt oder beeinträchtigt. „Wettbewerbliche Eigenart" bedeutet in jeder Fallgruppe etwas anderes, denn sie ist kein gesetzliches Tatbestandsmerkmal, sondern umschreibt die Art von Qualität des „Originals", die die Verwirklichung des jeweiligen gesetzlichen Tatbestandes impliziert und voraussetzt.

16 In der früheren sog. „Saisonschutz"-Rechtsprechung zur Nachahmung von Modeneuheiten[22] wurde der Begriff **„schutzwürdige wettbewerbliche Eigenart"** verwendet. Dieser signalisierte die Gewährung von **unmittelbarem** Schutz der Leistung als solcher, der auf die Modalitäten der Nachahmungshandlung nicht mehr abstellte. Das Gleiche galt für die sog. „Lego-Doktrin", wonach ein sog. „Einschieben" in eine fremde Produktserie mit kompatiblen Elementen sittenwidrig sei.[23] Beide richterrechtlichen Fallgruppen können als obsolet gelten. Modeneuheiten werden ausreichend durch das nicht eingetragene Gemeinschaftsgeschmacksmuster geschützt und das „Einschieben in fremde Serie" war von Anfang an ein Irrweg, der die Verbraucherinteressen an Imitationswettbewerb negierte.

17 Dem unmittelbaren Leistungsschutz sind auch die Fälle zuzuordnen, in denen die Rechtsprechung als „Schrittmacherin" für den Gesetzgeber Leistungen unter Schutz stellte, die sich aufgrund (damals) neuer Kopier- und Verbreitungsmöglichkeiten als besonders **verletzlich** erwiesen. BGH GRUR 1962, 470 – *AKI* – nahm den Schutz des Sendeunternehmens vorweg (jetzt § 87 UrhG), BGH GRUR 1960, 614 – *Figaros Hochzeit* – den Schutz der ausübenden Künstler (jetzt §§ 73 ff. UrhG), BGH GRUR 1963, 575 – *Vortragsabend* – den des Veranstalters von Darbietungen ausübender Künstler (jetzt § 81 UrhG) und bereits RGZ 73, 294 – *Schallplatten* – den des Tonträgerherstellers (jetzt §§ 85 f. UrhG). Den heutigen Schutz bekannter Marken u. a. gegen Rufausbeutung durch ungleichartige Waren/Dienstleistungen in § 14 II Nr. 3 MarkenG hatte der BGH mit § 1 UWG schon in GRUR 1985, 550 – *DIMPLE* – eingeführt. Das Markengesetz seinerseits rekurriert auf das Wettbewerbsrecht, indem es eine „unlautere" Ausnutzung des Rufs verlangt. Auch die Zubilli-

---

[19] Vgl. dazu *Bornkamm* a. a. O.; *Heermann* WRP 2004, 263, 271.

[20] Zu den möglichen Folgerungen vgl. erneut *Bornkamm* a. a. O. und *Steinbeck* a. a. O. S. 419 f.

[21] *Riesenhuber* WRP 2005, 1118, 1119.

[22] S. u. Rdn. 60.

[23] BGH GRUR 1964, 621 – *Klemmbausteine I;* 1992, 619 – *Klemmbausteine II,* ausführlich dazu *Sack* in: FS Erdmann, S. 697 ff. BGH GRUR 2005, 349, 352 – *Klemmbausteine III* lässt offen, ob das „Einschieben" weiterhin eine Unlauterkeitsfallgruppe ist; im konkreten (Lego-)Fall sei der ergänzende wettbewerbliche Leistungsschutz jedenfalls abgelaufen, vgl. unten Rdn. 68 ff.

gung von Schadenersatzansprüchen des Datenbankherstellers kurz vor Inkrafttreten des sondergesetzlichen Schutzes in § 87b UrhG durch BGH GRUR 1999, 923, 926 – *Tele-Info-CD* – ist der Sache nach reiner Leistungsschutz.

Die Gewährung wettbewerbsrechtlichen Leistungsschutzes für **Sportveranstalter** hingegen lehnte der BGH in GRUR 2011, 436 – *hartplatzhelden.de* – ab. 18

In ständiger Rechtsprechung betont der BGH, der ergänzende wettbewerbsrechtliche Leistungsschutz könne (nur) dann zum Zuge kommen, „wenn **besondere Umstände** vorliegen, die außerhalb des sondergesetzlichen Tatbestands liegen".[24] Vermeidbare Herkunftstäuschung und die Tatbestände des § 4 Nr. 3 gelten dem BGH[25] als derartige (vertypte und kodifizierte) besondere Umstände. Dies darf aber nicht darüber hinwegtäuschen, dass nicht nur die Modalitäten und Begleitumstände der Nachahmung zur Unlauterkeit beitragen können, sondern auch im Rahmen von § 4 Nr. 3a) und b) mindestens ebenso die jeweilige, als „wettbewerbliche Eigenart" umschriebene Qualität des nachgeahmten Arbeitsergebnisses (der „Leistung").[26] Diese Leistung kann (ebenso wie die daraus folgende wettbewerbliche Eigenart) unterschiedlichen Charakter haben, z. B. aus Design, Funktion oder Marketing (Bekanntheitsgrad) herrühren. Die Anforderungen an Art und Grad der wettbewerblichen Eigenart richten sich nach dem jeweiligen „besonderen unlauterkeitsbegründenden Umstand", vor allem also den Tatbeständen des § 4 Nr. 3a) und b). Zwischen den drei Parametern „wettbewerbliche Eigenart", „besondere Umstände" und „Nähe der Nachahmung" besteht nach h. M. eine Wechselwirkung (vgl. unten Rdn. 52), die aber keinen völligen Verzicht auf wettbewerbliche Eigenart oder besondere, unlauterkeitsbegründende Umstände zulässt. 19

Einen unmittelbaren wettbewerbsrechtlichen Leistungsschutz lassen die Tatbestände des § 4 Nr. 3 also nicht zu. Umso lebhafter wird debattiert, ob hierfür auf die Generalklausel des § 3 direkt zurückgegriffen werden kann, vgl. dazu unten Rdn. 58. 20

4. Regel-/Ausnahme-Verhältnis zwischen zulässigen und unzulässigen Nachahmungen

Der weitere, oft angeführte Grundsatz, wonach Nachahmungen außerhalb des Bereichs der Sonderschutzrechte **grundsätzlich zulässig** seien, ist gesetzgeberisch gewollt.[27] Er ist auch rechtssystematisch geboten. Dies folgt zwar nicht immer zwingend aus einem Umkehrschluss, wonach sondergesetzlich nicht erfasste Tatbestände überhaupt zulässig zu sein hätten. Denn die Schutzgüter der Sonderschutzrechte und des UWG decken sich nicht (vgl. oben Rdn. 14 ff.). Die grundsätzliche Nachahmungsfreiheit ergibt sich aber rechtlich aus der (auch durch Art. 2 I GG verbürgten) Wettbewerbsfreiheit, dem Ausnahmecharakter der Nachahmungsverbote in § 4 Nr. 3a) bis c) sowie praktisch-wirtschaftlich daraus, dass jegliche zivilisatorische Tätigkeit auf dem Erfahrungsschatz der vorhergehenden Generationen aufbaut. Keiner soll mit immer neuen Kosten und fraglichen Erfolgsaussichten „das Rad neu erfinden" müssen. Der **Grundsatz der Nachahmungsfreiheit** „soll eine Erstarrung der Fortentwicklung verhindern; er beruht auf der Erwägung, dass Leistungen der Gegenwart ohnehin auf dem Erbe der Vergangenheit aufbauen und dass ein Gewerbetreibender, der ein Wettbewerbserzeugnis auf den Markt bringen will, den bereits erreichten Entwicklungsstand und eine günstige Marktnachfrage seinerseits nicht ungenutzt zu lassen braucht".[28] Daher ist Nachahmung ein alltäglicher, selbstverständlicher und an sich rechtlich unbedenklicher Vorgang. Im Sinne einer Bildung von Wettbewerbspreisen und der möglichst weitgehenden Zugänglichmachung von Neuerungen für alle Nachfrager ist **Imitationswettbewerb** ebenso notwendig und erwünscht wie **Innovationswettbewerb.** 21

Nachahmungen können daher nur **ausnahmsweise** unlauter sein.[29] Stets muss die Unzulässigkeit einer Nachahmung dargelegt werden und nicht etwa deren Zulässigkeit. Die segensreichen Wirkungen des freien Wettbewerbs vor allem für die Verbraucher sind hinreichend erwiesen, ebenso die 22

---

[24] Vgl. etwa BGH GRUR 2002, 629, 631 – *Blendsegel.*

[25] GRUR 2015, 909 Rdn. 9 – *Exzenterzähne.*

[26] Zur „Immaterialgüterrechtsähnlichkeit" des ergänzenden Leistungsschutzes vgl. *Keller* in: FS Erdmann S. 595 ff.; *Lubberger* in: FS Erdmann S. 145, 154 f. sowie oben Einl. G. Rdn. 193 ff.

[27] BT-Drucks. 15/1487, S. 19: „Durch die Regelung des wettbewerbsrechtlichen Leistungsschutzes soll die grundsätzliche Nachahmungsfreiheit nicht in Frage gestellt werden.".

[28] BGH GRUR 1969, 618, 619 – *Kunststoffzähne.* Ähnlich BGH GRUR 2002, 275, 276 – *Noppenbahnen.*

[29] Ebenso mit unterschiedlichen Begründungen *Köhler*/Bornkamm, § 4 Rdn. 9.3 a. E.; *Beater,* Nachahmen im Wettbewerb. S. 366 f.; *Sack* in: FS Erdmann, S. 697, 713; *Ullmann* juris PK-UWG § 4 Nr. 9 Rdn. 30 f.; *Ohly* in: FS Ullmann, S. 795, 798 f.; *Wiebe* in: FS Schricker, S. 773, 776 ff.; *Ohly*/Sosnitza § 4 Rdn. 9/2; *Ehmann* GRUR Int. 2009, 659, 660 f.; *Peukert* WRP 2010, 316, 318 f.; *Nemeczek* WRP 2010, 1204, 1210; *Körber/Ess* WRP 2011, 697, 699; BGH GRUR 2005, 349, 352 – *Klemmbausteine III;* GK-UWG/*Leistner* § 4 Nr. 9 Rdn. 3; a. A. *Lubberger* in: FS Ullmann, S. 737 ff.

gemeinschaftsschädlichen Auswirkungen von Monopolen. Deren punktuelle Gewährung durch Immaterialgüterrechte rechtfertigt sich (außer durch deren teilweise persönlichkeitsrechtliche Aspekte) entweder durch eine Anstachelung des Innovationswettbewerbs (Patent-, Urheber- und Musterrechte) oder durch die Verhinderung einer Fehlleitung der Verbrauchernachfrage (Kennzeichenrechte). Jedes **Nachahmungsverbot** mit dem UWG unterliegt dem gleichen **Rechtfertigungszwang,** d. h. es muss plausibel begründen, warum in der wohlfahrtsökonomischen Bilanz die von ihm angestrebten Vorteile die mit der Wettbewerbsbeschränkung verbundenen Nachteile überwiegen. Diffuse „ethische" Topoi wie „Trittbrettfahrerei" oder „Pflügen mit fremdem Kalb" greifen zu kurz.[30] Nachahmungsschutz sollte nicht „aus dem Bauch heraus" sondern aus ebenso kühlem ökonomischen Kalkül wie der sondergesetzliche Leistungsschutz gewährt werden. Dies gilt sowohl für die Auslegung von § 4 Nr. 3, als auch (und vor allem) für die auf § 3 gestützte Gewährung unmittelbaren Schutzes einer Leistung als solcher ohne Rücksicht auf Modalitäten der Nachahmungshandlung, vgl. dazu unten Rdn. 50.

5. Unterschiede und Gemeinsamkeiten von sondergesetzlichem und ergänzendem wettbewerbsrechtlichem Leistungsschutz

23 **a) Schutzebenen.** Die h. M. sieht den Hauptunterschied in verschiedenen Schutzebenen, nämlich einerseits dem Immaterialgüterschutz und andererseits dem Schutz **vor unlauteren Handlungen,** vgl. oben 3.

24 **b) Sonderschutzrechte und UWG.** Die Sonderschutzrechte gewähren **dingliche,** gegen jedermann wirkende Rechte, das UWG **schuldrechtliche** Ansprüche gegen individuelle Konkurrenten.

Diese Abgrenzungen **verschwimmen** in der Praxis in zweierlei Hinsicht:

25 aa) Der gegenüber einem einzelnen Konkurrenten zugesprochene Nachahmungsschutz entfaltet qua informeller Präjudizienbindung in dem Maße Breitenwirkung, als er mit der Schutzwürdigkeit des Leistungsergebnisses als solchem und nicht mit dem persönlich anstößigen Verhalten eines individuellen Konkurrenten begründet wird.

26 bb) Die deliktischen Ansprüche bei Verletzungen von Sonderschutzrechten und wettbewerbsrechtlichem Leistungsschutz sind einander weitgehend angeglichen:

27 **c) Angleichung des Rechtsschutzes.** Die Angleichung des Rechtsschutzes zeigt sich insbesondere in der Zubilligung

28 aa) der sog. „dreifachen Schadensberechnung" auch bei unlauterer Nachahmung,[31]

29 bb) von Bereicherungsansprüchen (Eingriffskondiktion) aufgrund eines entsprechenden „Zuweisungsgehalts".[32]

30 **d) Unterschiede.** Abweichungen ergeben sich insbesondere daraus, dass der ergänzende wettbewerbsrechtliche Leistungsschutz

31 aa) **kein Verbot** der **Herstellung** eines bestimmten Gegenstandes, sondern nur seines Vertriebs ermöglicht;[33]

32 bb) dementsprechend auch **keinen Vernichtungsanspruch** kennt;[34]

33 cc) keine Sperrwirkung (Schutz gegen „Doppelschöpfungen") entfaltet, sondern **nur Nachahmungen** betrifft (anders als das Patent- und Markenrecht, aber ebenso wie das Urheberrecht);

34 dd) **nicht** den in den Spezialgesetzen und dem Produktpirateriegesetz enthaltenen **selbständigen** Anspruch auf **Drittauskunft** (über die Vertriebswege) übernimmt, auch nicht im Wege der Analogie. Der Anspruch kann sich aber aus § 242 BGB ergeben;[35]

35 ee) wie alle UWG-Ansprüche der **kurzen** (sechsmonatigen) **Verjährung** unterliegt (§ 11 I);

ff) nicht übertragbar ist, sondern ggf. in der Person eines neuen Anbieters des Originalprodukts neu/wieder begründet werden muss.

---

[30] Ebenso *Beater,* Nachahmen im Wettbewerb, S. 344 ff.

[31] Vgl. BGH GRUR 1993, 757 – *Kollektion Holiday* – und unten Rdn. 215 ff.

[32] Vgl. Piper/*Ohly*/Sosnitza § 4 Rdn. 9/89 und unten Rdn. 226 f.

[33] St. Rspr., vgl. BGH GRUR 1999, 751, 754 – *Güllepumpen;* kritisch *Keller* in: FS Erdmann, S. 595, 610.

[34] Vgl. BGH GRUR 1999, 923, 928 – *Tele-Info-CD;* a. A. unter dem Vorbehalt der Verhältnismäßigkeit *Ullmann* juris PK-UWG § 4 Nr. 9 Rdn. 70.

[35] Vgl. BGH GRUR 1994, 630 – *Cartier-Armreif* – und unten Rdn. 232.

III. Nachahmung von Waren oder Dienstleistungen

1. Begriff der Nachahmung

a) Allgemeines. Der Begriff der „Nachahmung" impliziert zunächst, dass der Nachahmer – auf welchem Wege auch immer – das **Vorbild gekannt** haben muss.[36] 36

b) Enge der Anlehnung. Über die **Enge der Anlehnung** oder den gegenüber dem Vorbild eingehaltenen Abstand ist mit dem Begriff „Nachahmung" noch nichts gesagt. Er umfasst demnach das weite Spektrum von der rein technisch bewerkstelligten 1:1-Kopie (Überspielen analoger oder digitaler Daten, Fotokopieren usw.) über die sogenannte „sklavische" Nachahmung (also das zwar handwerksmäßige, aber sich geistlos an das Vorbild anklammernde Nachschaffen) bis hin zu Umgestaltungen oder Weiterentwicklungen, die sogar schutzrechtsfähig sein mögen. Verwirklichen sie aber einen Unlauterkeitstatbestand, so führt auch eine mehr oder weniger eigenschöpferische Leistung des Nachahmers nicht aus dem Bereich des ergänzenden Leistungsschutzes heraus. Es verhält sich hier im Prinzip nicht anders als bei abhängigen Patenten oder Bearbeitungen urheberrechtlich geschützter Werke. Erst wenn – erneut urheberrechtlich gesprochen – der Bereich der „freien Benutzung" erreicht ist, das Vorbild also insbesondere nur noch als Anregung für die Schaffung eines eigenen Leistungsergebnisses gedient hat, kann von einer Nachahmung nicht mehr gesprochen werden. Umgekehrt ist die Nachahmung umso eher unlauter, je enger sie ist, vgl. unten Rdn. 192ff. 37

Wenn es in Leitsatz 1 der BGH-Entscheidung *„hartplatzhelden.de"*[37] heißt, die unmittelbare Übernahme des Leistungsergebnisses eines Dritten sei „keine Nachahmung" i. S. v. § 4 Nr. 9 a. F., so ist dies zumindest sehr missverständlich.[38] Unter „unmittelbarer Übernahme" wurde bislang (und zutreffend) die Aneignung eines fremden Arbeitsergebnisses durch rein technische Vervielfältigung (und folglich ohne eigene Abwandlung oder Verbesserung) verstanden. Der Begriff bezeichnet eine Nachahmungstechnik, nämlich den Gegensatz zu einer bloß nachschaffenden Übernahme. Der BGH meint aber, wie sich aus Rdn. 17 seines Urteils ergibt, dass § 4 Nr. 9 a. F. **keinen unmittelbaren Schutz** eines Leistungsergebnisses **als solchen** gewährt, der unabhängig von unlauteren Begleitumständen der Nachahmungshandlung (anders als in § 4 Nr. 9 a. F.) wäre. Auch die Rdn. 17 entspricht nicht herkömmlicher Terminologie, insoweit dort „unmittelbare Leistungsübernahme" mit „identischer Nachahmung" gleichgesetzt wird, vgl. unten Rdn. 192, 195. Sie macht aber deutlich, dass es in Leitsatz 1 tatsächlich nicht um Nachahmungstechniken geht, sondern um die Beschränkung von § 4 Nr. 9 a. F. (jetzt also § 4 Nr. 3) auf mittelbaren (nämlich durch die unlauteren Begleitumstände vermittelten) Nachahmungsschutz. 38

Die Prüfung des Nachahmungstatbestandes an sich ist nur im Hinblick darauf erforderlich, ob die erforderliche Kenntnis des Originals vorlag.[39] Im Übrigen spielen Methode, Intensität, Häufigkeit und/oder Grad der Nachahmung erst bei der **Feststellung der Unlauterkeit** eine Rolle, indem sie in die Gesamtbetrachtung des Verhaltens des Nachahmers bzw. in die Wechselwirkung der verschiedenen Unlauterkeitselemente einfließen. 39

2. Waren

Waren i. S. v. § 4 Nr. 3 sind nicht nur **vollständige Produkte,** sondern auch **Produktteile.** Sind diese selbständig verkehrsfähig (z. B. Ersatzteile), versteht sich das von selbst. Soweit integrale Teile von Produkten (z. B. Teekesselgriffe, Bekleidungsschnitte, Farbkombinationen) die Schutzvoraussetzungen für sich erfüllen (insbesondere also eine wettbewerbliche Eigenart aufweisen), kann der Schutz sich auf das Gesamtprodukt erstrecken.[40] Ob dies der Fall ist, hängt u. a. von der jeweiligen Fallgruppe ab. Z. B. kann eine Herkunftstäuschung trotz Übernahme eines besonders charakteristischen Produktteils ausscheiden, wenn der Nachahmer die Verwechslungsgefahr durch andere Maßnahmen beseitigt. 40

Weiterhin gehören zu „Waren" auch **Verpackungen,** und zwar nicht nur als selbständige Waren (z. B. Geschenkpapier), sondern auch als Umhüllung des eigentlichen Kaufgegenstandes (z. B. Parfumflaschen). 41

---

[36] BGH GRUR 2008, 1115, 1117 Rdn. 24 – *ICON.*
[37] BGH GRUR 2011, 436 – *hartplatzhelden.de.*
[38] Ebenso *Ohly* GRUR 2011, 439.
[39] Vgl. BGH GRUR 2002, 629, 633 – *Blendsegel.*
[40] Vgl. BGH GRUR 2012, 1155, 1156 Rdn. 19 – *Sandmalkasten.*

3. Dienstleistungen

42 Mit dem Verbot einer „Nachahmung von Dienstleistungen" betrat der Gesetzgeber 2004 Neuland. In der zum früheren § 1 UWG ergangenen Rechtsprechung finden sich – soweit ersichtlich – keine Fälle von Dienstleistungsnachahmung.

43 Der Wortlaut lässt ein Verbot von **Dienstleistungen als solchen** zu, soweit diese nachgeahmt werden, z.B. die Zusammensetzung und Errechnung eines Aktienindex,[41] die Kombination von Reiseleistungen oder ein Versicherungstarif.

44 Dies werden seltene Ausnahmefälle bleiben. Anders als bei Waren wird die mit Abstand wichtigste Fallgruppe, nämlich die vermeidbare Herkunftstäuschung, bei Dienstleistungen kaum eine Rolle spielen. Denn der Verbraucher nimmt bei neuartigen oder ausgefallenen Dienstleistungen eher nicht an, diese stammten in jedem Fall (also auch bei Nachahmungen) nur von einem Anbieter. Es fehlt bei der Dienstleistung als solcher i.d.R. an einem visuellen Aufhänger für den erforderlichen Wiedererkennungseffekt. Vielmehr wird die Anbieteridentität vornehmlich von Aufmachungen und sonstigen Marken vermittelt. Ein Kurierdienst wird nicht an der Abholung, Beförderung und Übergabe des Transportgutes erkannt, sondern an seinem Namen oder etwa der Farbe seiner Fahrzeuge. Nur solche **äußeren Merkmale der Dienstleistungserbringung** werden i.d.R. auch als Anknüpfungspunkt für eine Rufausbeutung in Betracht kommen.

4. Kennzeichen

45 § 4 Nr. 3 erwähnt keine **Kennzeichen.** Ob diese gleichwohl Gegenstand des wettbewerbsrechtlichen Leistungsschutzes sein können, ist streitig.

46 Aufgrund von § 1 UWG 1909 war in zahlreichen Fällen Schutz gegen die Nachahmung von Kennzeichen aufgrund der wettbewerbsrechtlichen Generalklausel gewährt worden. Insbesondere geschah dies in Fällen, in denen ungewiss war, ob die klägerische Kennzeichnung (bereits) markenrechtliche Verkehrsgeltung genoss. Um den Gerichten und den Parteien eine demoskopische Beweiserhebung zu ersparen, hatte der BGH den Instanzgerichten daher verschiedentlich – entgegen dem eigentlich subsidiären Charakter des UWG gegenüber dem Markenrechtsschutz – nahegelegt, die **Unlauterkeit vor einer Ermittlung der Verkehrsgeltung** zu prüfen.[42]

47 Entscheidender Maßstab für die Schutzfähigkeit war – wie bei Produkten – die wettbewerbliche Eigenart.[43] Der BGH hielt an der Möglichkeit wettbewerbsrechtlichen Leistungsschutzes für Kennzeichen auch nach Inkrafttreten des Markengesetzes fest.[44]

48 Ob § 4 Nr. 3 auch Kennzeichennachahmungen erfasst, ist umstritten.[45] Die Begründung des Regierungsentwurfs UWG 2008 BT-Drucks. 16/10145 S. 32 zur Nr. 13 der „Schwarzen Liste" (Anhang zu § 3) weist darauf hin, dass Nr. 13 „ausschließlich die Ähnlichkeit der Ware oder Dienstleistung" betreffe, also keine verwechslungsfähigen Kennzeichen. Bei § 4 Nr. 3 verhalte es sich anders. Das ist nicht nachvollziehbar, denn auch diese Vorschrift setzt „eine Nachahmung der Waren oder Dienstleistungen eines Mitbewerbers" voraus, und Kennzeichen sind weder Waren noch Dienstleistungen. Letztere sind Kennzeichnungsobjekte, erstere Kennzeichnungsmittel. Das entspricht der Systematik des Markenrechts. Die Rechte des Zeicheninhabers werden durch das MarkenG ausreichend gewahrt, die Interessen der Verbraucher durch § 5 I 2 Nr. 1, II UWG. § 4 Nr. 3 erfasst daher keine Nachahmung von Kennzeichen.

5. Kein Ideenschutz

49 Nur konkrete Gestaltungen sind schutzfähig, keine allgemeinen Ideen, Gestaltungsprinzipien, Grundgedanken, Stile oder gemeinfreie, naheliegende Motive.[46] Das Aufgreifen neuer Produktideen für eigene Gestaltungen ist auch zulässig, wenn ein Wettbewerber durch Werbung für sein Produkt den Boden für eine leichtere Vermarktung einer bestimmten Produktart bereitet hat.[47] Insoweit gilt nichts anderes als bei den Sonderschutzrechten. Ideen, Stile, allgemeine Gedanken und Moden sind **freihaltebedürftig.**

---

41 BGH GRUR 2009, 1162 – *DAX.*

42 Vgl. BGH GRUR 1963, 423, 428 – *coffeinfrei;* 1965, 601, 605 a.E. – *roter Punkt;* GRUR 1966, 30, 32 – *Konservenzeichen I.*

43 BGH GRUR 1997, 308, 310 – *Wärme fürs Leben;* kritisch *Sambuc* in: FS Hertin, S. 439.

44 BGH GRUR 2003, 973, 975 – *Tupperwareparty;* 2005, 166, 168 – *Puppenausstattungen.*

45 Dafür *Köhler*/Bornkamm, § 4 Rdn. 9.22; eher dagegen *Ohly*/Sosnitza, § 4 Rdn. 9/27; *Büscher* GRUR 2009, 230, 234.

46 BGH GRUR 2009, 1069, 1071 Rdn. 21 – *Knoblauchwürste;* OLG Köln GRUR-RR 2014, 65, 68 – *Pandas.*

47 BGH GRUR 2005, 166, 168f. – *Puppenausstattungen;* sehr instruktiv schon 1962, 144, 149ff. – *Buntstreifensatin I.*

IV. Generalklausel, Konkretisierung und Fallgruppen

1. Verhältnis von Generalklausel und § 4 Nr. 3

Bis 2004 beruhte der wettbewerbsrechtliche Nachahmungsschutz ausschließlich auf der Generalklausel § 1 UWG 1909. Wichtige Fallgruppen dieses Richterrechts wurden zu den Tatbeständen des heutigen § 4 Nr. 3. Die jetzige Generalklausel des § 3 bleibt als Grundlage für ergänzenden wettbewerbsrechtlichen Leistungsschutz in anderen Fällen verfügbar.[48] Das bedeutet nicht, dass an der zu § 1 UWG 1909 ergangenen Rechtsprechung unverrückbar festgehalten werden müsste. Im Gegenteil: Die Generalklausel ermöglicht und verlangt Flexibilität bei der Beurteilung sowohl alt bekannter Fallgruppen als auch neu aufkommender Fragestellungen. 50

2. Konkretisierung der Generalklausel; Wechselwirkung

Die vom BGH zur Konkretisierung der wettbewerbsrechtlichen Generalklausel in Nachahmungsfällen entwickelte Methode bleibt anwendbar. Danach ist die Nachahmung sondergesetzlich nicht (mehr) geschützter Leistungsergebnisse wettbewerbswidrig, wenn **das Leistungsergebnis wettbewerblich eigenartig ist und besondere Umstände hinzutreten,** die die Nachahmung unlauter erscheinen lassen.[49] 51

Weiterhin gilt nach der Rechtsprechung des BGH, „dass zwischen dem **Grad der wettbewerblichen Eigenart,** der **Art und Weise und der Intensität der Übernahme** sowie **deren besonderen wettbewerblichen Umständen** eine **Wechselwirkung** besteht. Je größer die wettbewerbliche Eigenart und je höher der Grad der Übernahme, desto geringer sind die Anforderungen an die besonderen Umstände, die die Wettbewerbswidrigkeit der Nachahmung begründen".[50] 52

Diese Wechselwirkung zwischen den drei Parametern wird zum Teil kritisiert.[51] Einig ist man sich zwar über die direkte Korrelation zwischen der wettbewerblichen Eigenart und dem Grad der Übereinstimmung zwischen den Vergleichsprodukten: Je auffälliger das Original ist, desto größer müssen die Abweichungen sein, um eine Verwechslung i. S. v. § 4 Nr. 3a) oder die Tatbestände der Nr. 3b) zu vermeiden; je banaler umgekehrt das Original, desto größer muss die Übereinstimmung sein, damit es zu einer Herkunftstäuschung, Rufausbeutung etc. kommen kann. Die Kritik richtet sich gegen die Einbeziehung auch der „besonderen Umstände" als dritten Parameter innerhalb der Wechselwirkung. Befürchtet wird, dass ein hoher Grad der Übernahme innerhalb dieser Wechselwirkung ein Übergewicht erhält und die Anforderungen an das Vorliegen besonderer Umstände (und damit das Vorliegen der Unlauterkeitstatbestände insgesamt) zu stark abgesenkt werden.[52] 53

Die Erfüllung der Tatbestände hängt hinsichtlich des Vorliegens etwa einer Herkunftstäuschung in der Tat nur von den anderen beiden Parametern ab, ihre Vermeidbarkeit hingegen von zumutbaren Ausweich- und Kennzeichnungsmöglichkeiten. Eben diese Abwägung nimmt der BGH im Rahmen des dritten Parameters vor.[53] Es erscheint plausibel, dass beispielsweise die Anforderungen an die Deutlichkeit einer abweichenden Kennzeichnung entsprechend dem Grad der wettbewerblichen Eigenart und/oder der Übereinstimmung zwischen den Produkten herauf- oder herabgesetzt werden. Auch die „Unangemessenheit" der Rufausbeutung etc. in § 4 Nr. 3b) ist ein geeigneter Ansatzpunkt für eine Wechselwirkung von diesen „besonderen Umständen" mit den anderen beiden Parametern.[54] Der Kritik ist aber zuzugeben, dass die Enge der Nachahmung ebenso wenig wie die wettbewerbliche Eigenart ein „Eigenleben" führen und insbesondere die „besonderen Umstände", also i. d. R. die Prüfung der Tatbestände des § 4 Nr. 3 nicht marginalisieren sollte. 54

Die umfassende Einbeziehung der „besonderen Umstände" in die Unlauterkeitsbewertung stammt aus der Zeit, als die wettbewerbsrechtliche Generalklausel das UWG beherrschte. Heute 55

---

[48] BGH GRUR 2004, 941, 943 – *Metallbett;* 2007, 795 Leitsatz 2 und Rdn. 51 – *Handtaschen* (Behinderung kann weiterhin ausnahmsweise unlauter sein); *Krüger/v. Gamm* WRP 2004, 978, 984 f.; *Ortner* WRP 2006, 189, 193; a. A. *Ullmann* juris PK-UWG § 4 Nr. 9 Rdn. 30. Vgl. neuerdings *Sack,* Leistungsschutz nach § 3 UWG, GRUR 2016, 782.

[49] St. Rspr., vgl. BGH GRUR 1999, 923, 926 – *Tele-Info-CD* (für den urheberrechtlichen Bereich); 2002, 275, 276 – *Noppenbahnen* (für den technischen Bereich). Unverändert zum neuen UWG BGH GRUR 2007, 984, 985 Rdn. 14 – *Gartenliege.*

[50] St. Rspr., vgl. BGH GRUR 2002, 86, 89 – *Laubhefter;* 2004, 941, 942 – *Metallbett;* 2010, 80, 82 Rdn. 21 – *LIKEaBIKE;* 2015, 909 Rdn. 9 – *Exzenterzähne.*

[51] Vgl. GK-UWG/*Leistner,* Rdn. 144 zu § 4 Nr. 9.

[52] *Leistner* a. a. O.

[53] Vgl. etwa BGH GRUR 2015, 909 Rdn. 30 ff. – *Exzenterzähne.*

[54] Vgl. BGH GRUR 2013, 1052 Rdn. 38 – *Einkaufswagen III.*

behält sie ihre Berechtigung uneingeschränkt außerhalb der in § 4 Nr. 3 vertypten und kodifizierten Tatbestände, also vor allem bei der Anwendung von § 3.

V. Unmittelbarer Leistungsschutz?

1. Schutzwürdigkeit statt unlauterer Handlungsweise

56 Ein Schutz der innovativen Leistung als solcher ist nach der traditionellen Auffassung mit Wettbewerbsrecht nicht möglich, da dieses gerade nicht an die Leistung an sich, sondern nur an unlautere Formen ihrer Ausnützung anknüpfe, vgl. oben Rdn. 14.

57 Es lässt sich jedoch leicht zeigen, dass dieses Dogma in der Rechtsprechung nicht durchgehalten wird,[55] vor allem dann nicht, wenn die nachgeahmte Leistung bzw. ihr Erbringer besonders schutzwürdig erscheinen. Die rechtliche **Möglichkeit** eines **unmittelbaren** (nicht nur „reflexartigen") **Leistungsschutzes** mit der wettbewerbsrechtlichen Generalklausel ist in der Literatur inzwischen vielfältig begründet,[56] aber auch nach wie vor umstritten.[57]

58 Dieser Streit entzündete sich in aller Schärfe infolge der Abrufbarmachung bewegter Bilder von Amateur-Fußballspielen im Internetportal **„hartplatzhelden.de"**. Dessen Betreiber wurde vom Württembergischen Fußballverband (WFV) als dem Veranstalter dieser Spiele verklagt. Die Instanzgerichte[58] hatten u. a. einen Verstoß gegen § 4 Nr. 9 (a. F.) angenommen. Da der BGH diese Auffassung nicht teilte, musste er sich u. a. mit der Frage beschäftigen, ob dem WFV Leistungsschutz ohne die (hier verneinte) Nachahmung unmittelbar aus § 3 zustehe. Dies hat er im Ergebnis verneint, die allgemeine Rechtsfrage nach unmittelbarem Leistungsschutz aufgrund der Generalklausel aber offen gelassen.[59] Damit rückt er möglicherweise von seiner früheren Auffassung ab, ausnahmsweise komme § 3 als Grundlage für wettbewerbsrechtlichen Leistungsschutz in Betracht.[60]

59 Als plausibles Kriterium für möglichen unmittelbaren Leistungsschutz mit § 3 hat sich das des drohenden **Marktversagens** bei Verweigerung von Nachahmungsschutz herauskristallisiert.[61]

60 Ein solches liegt vor, wenn der Erbringer einer Leistung durch das Aufkommen von Nachahmungen unter Amortisierungsgesichtspunkten (vorzeitig) davon abgehalten werden würde, mit seiner eigenen Leistung (weiterhin) am Wettbewerb teilzunehmen.[62] Diesen Gesichtspunkt hat auch der BGH in *hartplatzhelden.de* aufgegriffen.[63]

61 Vorschläge für die konkrete Feststellung von Marktversagen wurden ebenfalls vor allem im Zusammenhang mit *hartplatzhelden.de* gemacht.[64]

62 Das Abstellen auf Marktversagen als Grund und Voraussetzung für eine unmittelbare Schutzgewährung markiert einen **Übergang vom Leistungs- zum Investitionsschutz,** insoweit es auf die Qualität des nachgeahmten Produkts nicht mehr entscheidend ankommt, sondern auf eine Wettbewerbsverfälschung durch Verhinderung von Amortisation.[65] Ferner fokussiert sich der Schutz des Wettbewerbs bzw. der Teilnahmemöglichkeit an ihm statt auf den Konkurrenten nunmehr auf die Konkurrenz als Prozess. Begünstigt wird dadurch der Verbraucher in seinen Wahlmöglichkeiten bzw. das Allgemeininteresse an Wohlstandssteigerung, sinkenden Preisen und effizienter Ressourcenallokation.[66] Z. T. wird allerdings auch angenommen, die zuletzt genannten Ergebnisse ließen sich besser durch eine Verweigerung von unmittelbarem Leistungsschutz erzielen.[67]

---

[55] Vgl. *Sambuc,* Nachahmungsschutz, Rdn. 35 ff.

[56] Vgl. *Weihrauch,* Der unmittelbare Leistungsschutz im UWG; *Schröer,* Der unmittelbare Leistungsschutz; jeweils m. w. N.

[57] Ablehnend *Wiebe* in: FS Schricker, S. 773, 779 ff.

[58] LG Stuttgart MMR 2008, 551; OLG Stuttgart MMR 2009, 395; kritisch dazu *Ehmann* GRUR Int. 2009, 659, 664; *Peukert* WRP 2010, 316; *Körber/Ess* WRP 2011, 697, 702; *Ruess/Slopek* WRP 2011, 834, 839; *Ohly* GRUR 2010, 487, 488 m. w. N. in Fn. 5 und 6.

[59] BGH GRUR 2011, 436, 437 Rdn. 19 – *hartplatzhelden.de.*

[60] BGH GRUR 2005, 349, 352 – *Klemmbausteine III;* 2007, 795 Ls. 2 und Rdn. 51 – *Handtaschen;* 2008, 1115, 1118 Rdn. 32 – *ICON.*

[61] *Hilty/Henning-Bodewig,* Leistungsschutzrechte für Sportveranstalter?, 2006; *Ohly* GRUR 2010, 487, 493; *ders.* in: Piper/*Ohly*/Sosnitza, § 4 Rdn. 9/80; *Ehmann* GRUR Int. 2009, 659, 661, 664; *Peukert* WRP 2010, 316, 320.

[62] Vgl. ausführlich GroßkommUWG/*Leistner* § 4 Nr. 9 Rdn. 76, 215.

[63] BGH GRUR 2011, 436, 438, Rdn. 25 – *hartplatzhelden.de.*

[64] Vgl. *Ohly* GRUR 2010, 487, 492 f.; *Peukert* WRP 2010, 316, 320; *Ruess/Slopek* WRP 2011, 834, 842 und bereits früher *Hilty* in: FS Ullmann, S. 643, 660 ff. m. zahlr. Nachw.

[65] *Hilty* aaO.; *Peukert* aaO.; *Ehmann* GRUR Int. 2009, 659, 662.

[66] *Ohly* GRUR 2010, 487, 493; *Ehmann* GRUR Int. 2009, 659, 661.

[67] *Nemeczek* GRUR 2011, 292; *ders.* WRP 2010, 1204; ablehnend auch Bornkamm/*Köhler* § 4 Rdn. 9.5 c.

2. Saisonschutz

Ein früheres Beispiel für (im Ergebnis) direkten Investitionsschutz war der **kurzfristige Schutz modischer Bekleidungsstücke.** Diese vom BGH mit der Entscheidung *Modeneuheit*[68] begründete Rechtsprechung[69] kann als überholt gelten. Sie beruhte auf Unzulänglichkeiten des damaligen Geschmacksmusterrechts, die längst behoben sind. Beim Vorliegen der Voraussetzungen von § 4 Nr. 3 sind aber auch modische Bekleidungsstücke dessen Schutz zugänglich.[70] 63

3. Missbilligung von Nachahmung an sich

Einem unmittelbaren Leistungsschutz kommen weiterhin die Fälle nahe, in denen die vermeintlich **„besonderen Umstände"** der Nachahmung bereits mehr oder weniger **zwingend aus der Nachahmung selbst** folgen.[71] Dazu gehört, dass der Übernehmer „schmarotzt" oder Entwicklungskosten spart und somit oft billiger als der Original-Hersteller anbieten kann. Soweit der Umstand, dass dieser so „mit seinen eigenen Waffen geschlagen" oder „um die Früchte seiner Arbeit gebracht" wird,[72] allein Unlauterkeit begründen soll, wird der Grundsatz der Nachahmungsfreiheit praktisch in sein Gegenteil verkehrt. 64

4. Vermutung der Unlauterkeit bei besonders enger Anlehnung

Das **Regel-/Ausnahme-Verhältnis** von Zulässigkeit und Unzulässigkeit von Nachahmungen wird von der Rechtsprechung z. T. in Fällen besonders enger Anlehnung **umgekehrt.** Auch damit nähert man sich einem unmittelbaren Leistungsschutz an. Im Rahmen der Tatbestände des § 4 Nr. 3 besteht für eine solche Umkehrung kein Grund, s. o. Rdn. 20f. Zur „unmittelbaren Übernahme" und zum „(fast) identischen Nachmachen" s. u. Rdn. 191ff. 65

5. Unlauterkeit bei herausragender wettbewerblicher Eigenart

Weiterhin kommt es einem per-se-Schutz der wettbewerblichen Leistung nahe, wenn eine besonders herausragende wettbewerbliche Eigenart des Original-Erzeugnisses zur Begründung der Unlauterkeit einer Nachahmung dient. Dann sind im Rahmen der Wechselwirkungslehre an die **„besonderen Umstände"** der Nachahmung nur **geringe** Anforderungen zu stellen.[73] Das RG hatte dem Erzeugnis eines Klägers sogar „einen solchen Grad von Eigenart" zugebilligt, „dass man den Urheber billigerweise gegen Nachahmung nicht schutzlos lassen" könne.[74] Sack weist zutreffend darauf hin, dass die wettbewerbliche Eigenart ursprünglich eine „leistungsschutzrechtliche" Bedeutung hatte und die „täuschungsrechtliche" erst später hinzu trat.[75] 66

Oft ist in der Rechtsprechung auch explizit von „schutzwürdiger wettbewerblicher Eigenart",[76] „schutzwürdigem Leistungsergebnis",[77] „wettbewerbsrechtlicher Schutzwürdigkeit"[78] oder „besonderer Eigenart und Schutzwürdigkeit"[79] die Rede. Anders als das RG geht der BGH aber nicht so weit, neben der herausragenden Eigenart des nachgeahmten Gegenstandes auf weitere Unlauterkeitsumstände zu verzichten. **„Schutzwürdigkeit"** im Sinne dieser Rechtsprechung bedeutet also nicht automatisch „Schutz". Wie schillernd dieser Begriff im Übrigen ist, zeigt sich auch daran, dass er in der Saisonschutz-Rechtsprechung geprägt wurde und dort gerade keine besonders herausragende, sondern eher eine mindere wettbewerbliche Eigenart bezeichnete.[80] 67

---

[68] BGH GRUR 1973, 478, – *Modeneuheit.*

[69] BGH GRUR 1984, 453, 454 – *Hemdblusenkleid;* GRUR 1998, 477, 480 – *Trachtenjanker;* 2006, 79 – *Jeans I.*

[70] BGH GRUR 1998, 477, 479 – *Trachtenjanker.*

[71] Kritisch zu den daraus folgenden Ungereimtheiten Gloy/Loschelder/Erdmann/*Eck,* HdbWettbR, § 56 Rdn. 6.

[72] RGZ 73, 294, 297 – *Schallplatten.*

[73] BGH GRUR 1999, 1106, 1108 – *Rollstuhlnachbau.*

[74] RG GRUR 1927, 132, 133 – *Puppenjunge.*

[75] GRUR 2015, 442, 447.

[76] BGH GRUR 1987, 903, 905 – *Le Corbusier-Möbel.*

[77] BGH GRUR 1983, 377, 379 – *Brombeer-Muster;* 1988, 690, 693 – *Kristallfiguren;* 1988, 308, 309 – *Informationsdienst;* 1995, 349, 351 – *Objektive Schadensberechnung;* zuletzt OLG Karlsruhe GRUR-RR 2013, 518, 521 – *Rillen-Design,* wo ein „schützenswertes Leistungsergebnis" unzutreffend als ungeschriebenes Tatbestandsmerkmal der vermeidbaren Herkunftstäuschung bezeichnet wird.

[78] BGH GRUR 1984, 597, 598 – *vitra-programm.*

[79] BGH GRUR 1972, 189, 190 – *Wandsteckdose II.*

[80] Vgl. BGH GRUR 1973, 478 – *Modeneuheit* und oben Rdn. 63.

6. Befriedigung eines Fortsetzungs- oder Ergänzungsbedarfs („Einschieben in fremde Serie“)

68 Wer einen neuen Markt erschließt, hat keinen Anspruch darauf, die dort geschaffene Nachfrage exklusiv befriedigen zu dürfen.[81]

69 Gleichwohl hat der BGH den Vertrieb von Spielbausteinen untersagt, die konstruktiv mit den Lego-Steinen kombiniert werden konnten. Diese seien auf einen fortgesetzten **Ergänzungsbedarf** zugeschnitten. Ein Nachahmer dürfe seine Bausteine nicht in diese Serie einschieben, wenn Ausweichmöglichkeiten für ein nicht-kompatibles Bausteinsystem zur Verfügung stünden.[82] Diese ausschließliche Zuweisung der Befriedigung eines Fortsetzungs- oder Ergänzungsbedarfs an den Ersthersteller ist abzulehnen.[83]

70 45 Jahre nach der Markteinführung des Systems sah der BGH für einen (ausdrücklich so genannten) „Schutz einer Leistung als solcher“ unter dem Gesichtspunkt der zeitlichen Begrenzung keinen Grund mehr.[84] Ob das „Einschieben in eine fremde Serie“ grundsätzlich weiterhin unlauter sein kann, lässt er offen. Jedenfalls komme kein zeitlich unbegrenzter Schutz in Betracht, da andernfalls der Grundsatz der Nachahmungsfreiheit außerhalb des Sonderrechtsschutzes niemals zum Zuge käme.[85]

7. Auswirkungen des nicht eingetragenen Gemeinschaftsgeschmacksmusters

71 Die Verordnung (EG) Nr. 6/2002 des Rates vom 12.12.2001 über das Gemeinschaftsgeschmacksmuster stellt neben der Schaffung eines Eintragungssystems mit Wirkung für die gesamte Europäische Union auch ein formloses, nicht eingetragenes Gemeinschaftsgeschmacksmuster zur Verfügung. Die Schutzdauer beträgt drei Jahre ab dem Tag, an dem das Muster der Öffentlichkeit innerhalb der Gemeinschaft erstmals zugänglich gemacht wurde (Art. 11 I). Schutzvoraussetzungen sind **Neuheit** (Art. 5) und **Eigenart** (Art. 6). Letztere hat mit „wettbewerblicher Eigenart“ i. S. d. UWG-Nachahmungsschutzes nichts zu tun. Es besteht auch kein Rangverhältnis.[86] Insbesondere geht es nicht um die Erweckung von Herkunfts- oder Gütevorstellungen, sondern ausschließlich darum, ob das fragliche Muster beim informierten Benutzer einen **Gesamteindruck** hervorruft, der sich vom Gesamteindruck der vorbekannten Muster unterscheidet. Schutz besteht nur gegen Nachahmungen (anders als bei der Sperrwirkung eingetragener Geschmacksmuster).

72 Für Muster, die nach Inkrafttreten der GGVO am 6. März 2002 der Öffentlichkeit innerhalb der Gemeinschaft zugänglich gemacht wurden **verringert sich das Bedürfnis vor allem nach unmittelbarem wettbewerbsrechtlichem Leistungsschutz** aufgrund des § 3. Insbesondere der Saisonschutz für Modeneuheiten wird durch das nicht eingetragene Gemeinschaftsgeschmacksmuster weitgehend überflüssig, s. o. Rdn. 63.

73 Formal lässt die GGVO nationales Unlauterkeitsrecht unberührt, vgl. Art. 96 I. Die Regelbeispiele des § 4 Nr. 3 werden vom nicht eingetragenen Gemeinschaftsgeschmacksmuster (anders als der unmittelbare Leistungsschutz) auch inhaltlich nicht beschränkt, da sie nicht den Designschutz als solchen zum Gegenstand haben. Das gilt insbesondere für die vermeidbare Herkunftstäuschung, deren Verbot neben dem nicht eingetragenen Gemeinschaftsgeschmacksmuster anwendbar bleibt.[87]

VI. Schutz gegen Herkunftsverwechslungen, § 4 Nr. 3a)

1. Verhältnis zur irreführenden Werbung gem. § 5 UWG

74 Teile von § 5 (vor allem Abs. II) beruhen auf der Umsetzung der UGP-Richtlinie. Diese regelt irreführende geschäftliche Handlungen gegenüber **Verbrauchern** abschließend. Innerhalb ihres Regelungsbereichs darf das nationale Recht daher weder mehr noch weniger verbieten.

---

[81] BGH GRUR 1962, 144, 149 – *Buntstreifensatin I;* 1963, 197, 201 – *Zahnprothesenpflegemittel;* 1966, 503, 508 – *Apfel-Madonna.*

[82] BGH GRUR 1964, 621 – *Klemmbausteine I;* 1992, 619 – *Klemmbausteine II.*

[83] Vgl. die Nachweise bei *Sambuc,* Nachahmungsschutz, Rdn. 526; ausführlich *Sack* in: FS Erdmann, S. 697 ff.; *Rauda* GRUR 2002, 38; *Riesenhuber* WRP 2005, 1118, 1123; *Heyers* GRUR 2006, 23; *Ullmann* juris PK-UWG § 4 Nr. 9 Rdn. 34.

[84] BGH GRUR 2005, 349, 352 – *Klemmbausteine III.*

[85] BGH a. a. O. Zustimmend *Ohly* in: FS Ullmann, S. 795, 798.

[86] BGH BeckRS 2011, 25513 – *Gebäckpresse II.*

[87] BGH GRUR 2009, 79, 82 – *Gebäckpresse;* 2006, 79, 80 Rdn. 18 – *Jeans I.*

§ 4 Nr. 3 hingegen ist in erster Linie eine **wettbewerber**schützende Vorschrift, deren Anwendungsbereich von der UPG-Richtlinie daher nicht beeinflusst wird.[88]

§ 5 I 2 Nr. 1, III erfassen eine Produktnachahmung als solche nicht, da diese keine „Angabe" i. S. dieser Vorschriften ist.[89] Ein Zeichen hingegen kann eine Angabe sein. Zeichen werden aber von § 4 Nr. 3 nicht erfasst, so dass hier keine Überschneidungen vorkommen. **75**

§ 5 II untersagt die Hervorrufung einer „Verwechslungsgefahr" mit einer Ware oder Dienstleistung, oder einem Kennzeichen. „Verwechslungsgefahr" ist hier schon deshalb nicht im markenrechtlichen Sinne gemeint, weil das Markenrecht keine Verwechslungen von Waren oder Dienstleistungen (d. h. Kennzeichnungsgegenständen) regelt, sondern nur die der Kennzeichnungsmittel (Zeichen). Gemeint ist vielmehr eine „lauterkeitsrechtliche Verwechslungsgefahr".[90] Wie bei § 4 Nr. 3b)[91] ist eine Verwechslung von Waren als solchen auch bei § 5 II irrelevant.[92] Ein Ei gleicht dem anderen eben schon sprichwörtlich. Überhaupt ist bei der Prüfung einer möglichen „lauterkeitsrechtlichen Verwechslungsgefahr" i. S. dieser verbraucherschützenden Vorschrift zu beachten, dass jedes Verbot einer Nachahmung den Verbraucher auch einer Kaufalternative beraubt und die Bildung von (niedrigeren) Wettbewerbspreisen beeinträchtigt.[93] Eine Verwechslungsgefahr i. S. v. § 5 II ist ebenso wie eine Herkunftstäuschung gem. § 4 Nr. 3a) hinzunehmen, wenn sie im Rechtssinne unvermeidbar ist.[94]

2. Vermeidbare Herkunftstäuschung

a) Allgemeines. Innerhalb des § 4 Nr. 3 ist die vermeidbare Herkunftstäuschung der mit Abstand **wichtigste Tatbestand** unlauterer Nachahmungen. Wenn ein bestimmtes Produkt aufgrund seiner Einprägsamkeit und/oder Bekanntheit einem bestimmten Anbieter zugeschrieben wird, so verursacht die Übernahme der einprägsamen Merkmale durch einen Nachahmer Herkunftstäuschungen, wenn er diese nicht durch geeignete Maßnahmen ausschließt. Nur wo Letzteres nicht in zumutbarer Weise möglich ist, gilt die Herkunftstäuschung als unvermeidbar und damit rechtlich als in Kauf zu nehmen. **76**

Parallelen zum Markenrecht sind unübersehbar.[95] „Herkunftstäuschung" ist im Grunde nichts anderes als „Verwechslung" i. S. v. § 14 II Nr. 2 MarkenG. Die Rolle der markenrechtlichen „Unterscheidungskraft" als Anknüpfungspunkt für das (Wieder-)Erkennen spielt im Unlauterkeitsrecht die „wettbewerbliche Eigenart". **77**

Der Gesichtspunkt der „Vermeidbarkeit" berührt sich insbesondere bei technischen Erzeugnissen mit dem Freihaltebedürfnis im Markenrecht. Durch ihre Ansiedlung im Unlauterkeitsrecht ist der Tatbestand der vermeidbaren Herkunftstäuschung aber offen für die Aufnahme auch anderer als kennzeichenrechtlicher Gesichtspunkte und für fließende Übergänge in andere Fallgruppen, z. B. der systematischen Behinderung. **78**

b) Wettbewerbliche Eigenart. Zu Herkunftstäuschungen kann es nur kommen, wenn man dem Original-Erzeugnis eine Herkunft ansieht. Das ist bei Allerweltsartikeln nicht der Fall. Auch Merkmale, die durch die Beschaffenheit eines Produkts bedingt sind (z. B. die Trennung von Vanille- und Schokoladenanteilen eines Puddings nach Art eines Marmorkuchens, um die unterschiedlichen Geschmäcker wirken zu lassen[96]) wirken nicht als Herkunftssignal. Zu technischen Gestaltungen s. u. Rdn. 88. Vielmehr können nur wettbewerblich eigenartige Produkte eine **Her-** **79**

---

[88] BGH GRUR 2010, 80, 81 Rdn. 17 – *LIKEaBIKE;* BGH GRUR 2012, 58, 62 – *Seilzirkus;* differenzierend zum Verhältnis zwischen § 4 Nr. 9 und §§ 5, 5a (unten) *Dreyer* § 5 Abschnitt J. Rdn. 24 ff.; *Schork, Imitationsmarketing S. 241, 248; Harte-Bavendamm* in: FS Loschelder (2010) S. 111, 117 ff.; ablehnend *Sack* GRUR 2015, 442, 443.

[89] Zum Begriff der „Angabe" vgl. (unten) *Dreyer* § 5 Abschnitt B Rdn. 50 ff.

[90] Einzelheiten vgl. Köhler/*Bornkamm* § 5 Rdn. 4.238. Für einen einheitlichen Begriff der Verwechslungsgefahr, aber auch Berücksichtigung aller auch tatsächlichen Umstände des Einzelfalls *Dreyer* unten § 5 Abschnitt J Rdn. 35 ff.

[91] S. u. Rdn. 154 f.

[92] Vgl. *Sambuc* in: Festschrift Köhler S. 577, 579.

[93] Vgl. die Berechnung von *Raue,* Nachahmungsfreiheit nach Ablauf des Immaterialgüterrechtsschutzes?, S. 27, wonach Tchibo-Käufer beim Kauf von 200 000 Stück Küchenseihern in zwei Wochen etwa 4,4 Mio. Euro gegenüber dem Kauf des Originals einsparten (Sachverhalt in OLG Köln, GRUR-RR 2004, 21, 23 – *Küchenseiher).* Das allein bedeutet allerdings nicht, dass die Nachahmung hätte erlaubt werden müssen (a. A. *Raue* a. a. O. Fn. 65 unter Hinweis darauf, dass der Originalhersteller mit seinem Umsatz bereits eine ausreichende Amortisation erzielt gehabt habe).

[94] Köhler/*Bornkamm* § 5 Rdn. 4.254.

[95] Vgl. *Rohnke* in: FS Erdmann S. 455.

[96] OLG Düsseldorf GRUR-RR 2013, 144, 147 – *Paula/Flecki.*

kunftsvorstellung in dem Sinne auslösen, dass ein derartiges Erzeugnis wohl **nur von einem Anbieter** stammen könne.

80 Wettbewerbliche Eigenart wird umschrieben als **Eignung, auf die Herkunft oder auf Besonderheiten eines Produkts hinzuweisen.**[97] Sie ist außer bei § 4 Nr. 3c) unverzichtbar.[98] Gelegentlich wird der Begriff aber auch als Metapher für **„Schutzwürdigkeit an sich"** verwendet, vgl. oben Rdn. 64. Er muss daher stets im Hinblick auf die im Rahmen der betreffenden Fallgruppe zu erfüllende **Funktion präzisiert** werden. Bei der vermeidbaren Herkunftstäuschung ist dies die **Herkunftsfunktion.** Wettbewerbliche Eigenart bedeutet hier also „Eignung zur Erweckung von Herkunftsvorstellungen". In dieser Eigenschaft gehört sie zum Tatbestand der (vermeidbaren) Herkunftstäuschung.

81 Ein darüber hinausgehendes „Eigenleben"[99] führt sie nicht. Insbesondere ist sie **kein selbständiges Tatbestandsmerkmal,** das separat und ohne Bezug zum jeweiligen gesetzlichen Tatbestand des § 4 Nr. 3 oder zur einer der Fallgruppen der Generalklausel des § 3 zu prüfen wäre.[100]

82 *aa) Die Eignung genügt.* Es ist nicht erforderlich, dass falsche Herkunftsvorstellungen bereits erweckt worden wären. Soweit dies allerdings tatsächlich in ausreichendem Umfang (vgl. bb) der Fall ist, wird damit die entsprechende **Eignung** belegt.[101]

83 *bb) Durchschnittsverbraucher.* Einzelne Fälle tatsächlicher Verwechslungen lassen nicht unbedingt auf eine Eignung zur Erweckung von Herkunftsvorstellungen im Rechtssinne schließen, da sie auf Unaufmerksamkeit der betreffenden Verbraucher beruhen können. Hier wie sonst im Wettbewerbsrecht gilt das **Leitbild des durchschnittlich informierten, verständigen und aufmerksamen Konsumenten.**[102] Je nach Art des Produkts wendet der Verbraucher u. U. erhebliche Aufmerksamkeit bei der Begutachtung eines Kaufgegenstands auf, die ihn vor Täuschung bewahren kann. Dies tut u. U. auch seine Kenntnis von einem selektiven Vertriebssystem des Original-Anbieters.[103]

84 *cc) Gesamteindruck.* Maßgeblich ist der Gesamteindruck des nachgeahmten Erzeugnisses. Zu ihm können auch Gestaltungsmerkmale beitragen (in Kombination mit anderen), die für sich genommen nicht herkunftshinweisend wirken würden.[104]

Für die Herleitung der wettbewerblichen Eigenart nur aus einer Kombination für sich genommen banaler Elemente will der BGH „keine strengeren Anforderungen" als bei der Herleitung aus originär einprägsamen oder überdurchschnittlich bekannten Merkmalen stellen.[105] Dafür besteht auch kein Anlass. Entweder das Produkt erweckt Herkunftsvorstellungen oder nicht. Ersteres erscheint aber bei einer Ansammlung von Allerweltselementen schwerer vorstellbar als beim Vorhandensein eines oder mehrerer markanter Merkmale.

85 *dd) Wettbewerbliche Eigenart von Hause aus.* Die wettbewerbliche Eigenart kann einem Leistungsergebnis sozusagen **„angeboren"** sein. Dies ist der Fall, wenn es aufgrund ungewöhnlicher Gestaltung oder sonstiger Merkmale auffällt und sich dem Verbraucher folglich auf den ersten Blick einprägen kann. Sie fehlt, wenn der Verkehr auf die Herkunft der betreffenden Erzeugnisse keinen Wert legt, wie bei „Allerweltserzeugnissen" oder „Dutzendware".[106] Vergleichsmaßstab ist das wettbewerbliche Umfeld.

86 *ee) Wettbewerbliche Eigenart durch Bekanntheit.* Auch an sich nicht originelle Gestaltungen können Herkunftsvorstellungen hervorrufen, wenn sie infolge umfänglicher Werbung einem bestimmten Anbieter zugeschrieben werden. Durch eine entsprechende **Bekanntheit** kann wettbewerbliche Eigenart entstehen oder zumindest verstärkt werden.[107] Das Gleiche gilt für eine lange Dauer des Vertriebs und einen hohen Marktanteil.[108]

---

[97] St. Rspr. seit BGH WRP 1976, 370, 372 – *Ovalpuderdose;* davor: „Herkunft und Besonderheiten" (bzw. „Güte"). Zur Begründung der wettbewerblichen Eigenart nur durch Hinweise auf „Besonderheit" vgl. BGH GRUR 2007, 984, 985 f. – *Gartenliege* (Zuordnung zu einem der Tatbestände des § 4 Nr. 9 unklar).

[98] BGH GRUR 1992, 523, 525 – *Betonsteinelemente;* 2007, 339, 342 Rdn. 24 und 26 – *Stufenleitern.*

[99] *Sack,* GRUR 2015, 442, 447.

[100] S. o. Rdn. 15 und *Sack,* a. a. O. S. 448.

[101] BGH GRUR 1999, 1031, 1034 – *Rollstuhlnachbau.*

[102] BGH GRUR 2005, 349, 352 – *Klemmbausteine III.* Vgl. zum Verbraucherleitbild im einzelnen (unten) *Dreyer* § 5 Abschnitt B Rdn. 13 ff.

[103] BGH GRUR 2007, 795, 798 Rdn. 38 – *Handtaschen.*

[104] BGH GRUR 2010, 80, 82 f. – *LIKEaBIKE;* 2012, 1155 Rdn. 31 f. – *Sandmalkasten.*

[105] BGH GRUR 2013, 951 Rdn. 25 – *Regalsystem.*

[106] BGH a. a. O. – *Stufenleitern.*

[107] BGH aaO., S. 83, Rdn. 37 – *LIKEaBIKE;* GRUR 2015, 909 – *Exenterzähne.*

[108] BGH GRUR 2013, 951 Rdn. 21 – *Regalsystem;* 2013, 1052 Rdn. 22–25 – *Einkaufswagen III;* OLG Karlsruhe GRUR-RR 2013, 518, 520 – *Rillen-Design.*

Mit der Bekanntheit muss sich eine Herkunftsvorstellung verbinden. Diese fehlt, wenn das Produkt als solches (unabhängig davon, aus wessen Betrieb es stammt) bekannt ist, z.B. Designklassiker. 87

Diese (erhebliche) Bekanntheit ist zu unterscheiden von der sog. „gewissen" (also u.U. auch niedrigen) Bekanntheit als Voraussetzung dafür, dass es überhaupt zu Verwechslungen kommen kann, vgl. unten Rdn. 103f. 88

ff) Grad der wettbewerblichen Eigenart. Aus Originalität (dd) und Bekanntheitsgrad (ee) setzt sich der **Gesamtgrad der wettbewerblichen Eigenart** zusammen. Dieser ist – nicht anders als der Grad der Kennzeichnungskraft im Markenrecht – für den **Schutzumfang** des wettbewerbsrechtlichen Leistungsschutzes maßgeblich. Je eigenartiger das Originalerzeugnis ist, einen umso weiteren Abstand muss der Nachahmer einhalten, um Herkunftstäuschungen möglichst zu vermeiden.[109] Umgekehrt kommt einem Produkt, das etwa nur eine gestalterische und praktische Grundidee umsetzt, von Hause aus allenfalls geringe wettbewerbliche Eigenart zu.[110] 89

gg) Keine Neuheit erforderlich. Wettbewerbliche Eigenart verlangt **keine Neuheit,** etwa im Sinne des Patentrechts oder des Designrechts.[111] Dies ergibt sich schon daraus, dass auch ein erheblicher Bekanntheitsgrad wettbewerbliche Eigenart begründen kann, der i.d.R. über einen gewissen Zeitraum hinweg erarbeitet werden muss. 90

Jedoch kann die wettbewerbliche Eigenart von Hause aus (vgl. oben dd)) durch Neuheit gefördert werden, wenn dem Produkt etwas bislang Unbekanntes, Überraschendes anhaftet.[112] 91

hh) Verhältnisse im Inland maßgeblich. Es kommt für die Eigenart auf die Wirkung des betreffenden Arbeitsergebnisses auf die **inländischen Verkehrskreise** an.[113] Veröffentlichungen im Ausland durch wen auch immer sind weder „neuheitsschädlich" (schon weil Neuheit nicht erforderlich ist) noch können sie i.d.R. der Entstehung oder Aufrechterhaltung inländischer Herkunftsvorstellungen zu- oder abträglich sein.[114] 92

ii) Keine wettbewerbliche Eigenart technisch notwendiger Merkmale. In diesem Zusammenhang ist schon bei der Feststellung der wettbewerblichen Eigenart zu prüfen, ob ein technisches Merkmal **überhaupt** als **Herkunftshinweis** aufgefasst werden kann oder ob der Verkehr nicht vielmehr annimmt, ein derartiges Produkt **müsse** als Folge seiner Zweckbestimmung dieses Merkmal aufweisen. Im letzteren Fall, d.h. wenn ein Gestaltungselement **technisch notwendig** ist, entfällt bereits die wettbewerbliche Eigenart. Gestaltungselemente, die zur Erfüllung der Funktionen einer bestimmten Erzeugnisart **unverzichtbar** sind, können gegenüber gleichartigen Waren keinen Herkunftshinweis ausüben. Ihnen fehlt die wettbewerbliche Eigenart aus Rechtsgründen.[115] Hingegen können Merkmale, die **zwar technisch bedingt, aber willkürlich wählbar und austauschbar** sind, wettbewerbliche Eigenart begründen[116] **Qualitätseinbußen** bei Alternativlösungen schließen aber freie Wählbarkeit aus.[117] vgl. unten Rdn. 122ff. 93

jj) Wettbewerbliche Eigenart von Produktprogrammen. Bei Gesamtheiten von hinsichtlich Zweckbestimmung und Formgestaltung aufeinander abgestimmten Erzeugnissen **(Produktprogrammen)** oder anderen funktional aufeinander abgestimmten Sachgesamtheiten,[118] ergibt sich die wettbewerbliche Eigenart u.U. (z.B. durch modularen Charakter [BGH GRUR 2013, 951 Rdn. 26 – *Regalsystem*] aus dem Programmcharakter, auch wenn die einzelnen Bestandteile für sich betrachtet der Eigenart entbehren. Für ausreichend eigenartig hielt der BGH ein Beschlagprogramm für Türen und Möbel, dessen Komponenten jeweils von stark vereinfachten geometrischen Grundformen abgeleitet sowie in kräftigen Farben und relativ großer Dimension ausgeführt waren.[119] Durch diese **wiederkehrenden charakteristischen Merkmale** hob sich das **Gesamtprogramm** von Kon- 94

---

[109] BGH GRUR 1996, 210, 211 – *Vakuumpumpen;* 1999, 751, 752 – *Güllepumpen.*

[110] BGH GRUR 2003, 359 – *Pflegebett* (Gedanke, die Hubsäulenfüße von Pflegebetten mit Holz zu verkleiden).

[111] Vgl. *Bopp* GRUR 1997, 34, 35.

[112] Piper/*Ohly*/Sosnitza § 4 Rdn. 9/40.

[113] BGH WRP 1976, 370, 372 – *Ovalpuderdose;* BGH GRUR 2009, 79, 83 Rdn. 35 – *Gebäckpresse.*

[114] Vgl. aber zur möglichen Behinderung durch Zuvorkommen beim Inlandsvertrieb unten Rdn. 184f.

[115] BGH GRUR 2007, 339, 342 Rdn. 27 – *Stufenleitern;* 2003, 820, 822 – *Bremszangen;* 2002, 275, 276 – *Noppenbahnen;* 2008, 790, 793 Rdn. 36 – *Baugruppe;* 2012, 58, 62f. – *Seilzirkus;* 2013, 951 Rdn. 19 – *Regalsystem;* 2013, 1052 Rdn. 18 – *Einkaufswagen II.*

[116] BGH a.a.O.; GRUR 2009, 1073 – *Ausbeinmesser;* GRUR 1981, 517, 519 – *Rollhocker;* GRUR 2012, 58, 63 – *Seilzirkus;* zusammenfassend *Jacobs* in: FS Helm S. 71ff.; *Bopp* GRUR 1997, 34ff.

[117] BGH GRUR 2010, 1125 Ls. 1 und Rdn. 22 – *Femur-Teil;* GRUR 2012, 58, 63 – *Seilzirkus.*

[118] BGH GRUR 2012, 1155 – *Sandmalkasten.*

[119] BGH GRUR 1986, 673 – *Beschlagprogramm.*

kurrenzerzeugnissen deutlich ab. Es fördert die Eigenart des Programms, wenn schon seine Bestandteile einprägsame Formmerkmale aufweisen.[120] Solange jedoch die für einen Nachahmungsschutz erforderliche wettbewerbliche Eigenart nur durch den Programmcharakter begründet wird, ist auch nur die Nachahmung des gesamten Programms (und nicht einzelner Bestandteile) unlauter.

95 Auch im Fall *Kunststoffzähne* war gegen die Nachahmung kompletter Frontzahngarnituren vorgegangen worden, nicht von einzelnen Zähnen.[121] Von diesen Garnituren der Klägerin hatte die Beklagte außerdem das halbe Sortiment übernommen, nämlich neun Stück. Der Fall berührt sich daher mit der systematischen Nachahmung.[122]

96 Auch eine wettbewerbliche Eigenart **einzelner** Produkte innerhalb einer charakteristisch gestalteten **Serie** auf Grund wiederkehrender Merkmale ist möglich.[123]

97 *kk) Maßgeblicher Zeitpunkt für das Vorliegen der wettbewerblichen Eigenart.* Bei Unterlassungsklagen muss die wettbewerbliche Eigenart zur Zeit der letzten mündlichen Verhandlung vor einer Tatsacheninstanz vorliegen, bei Schadenersatzklagen während des Zeitraums, für den die Zahlung von Schadenersatz verlangt wird.[124] Es gibt also anders als bei den meisten Sonderschutzrechten keinen ein für allemal maßgeblichen Prioritätstag, der für die Beurteilung der materiellen Schutzvoraussetzungen maßgeblich wäre.[125]

98 *ll) Beeinträchtigung der wettbewerblichen Eigenart durch das Aufkommen von Nachahmungen?* Werden Nachahmungen eines ursprünglich eigenartigen Produkts seitens mehrerer Wettbewerber oder massenhaft auch nur durch einen vertrieben, kann die Eignung, auf den Originalhersteller hinzuweisen, leiden (Abschwächung des Grades der wettbewerblichen Eigenart) oder sogar entfallen.[126]

99 Solange der Verkehr allerdings aufgrund anderer Umstände Original und Kopie tatsächlich unterscheidet, entfällt die wettbewerbliche Eigenart des Originals durch das Aufkommen von Nachahmungen nicht ohne weiteres.[127] Neben dieser eher tatsächlichen Begründung eines möglichen Fortbestehens der wettbewerblichen Eigenart argumentiert der BGH auch normativ mit der Erwägung, dem Leistungserbringer dürfe durch das zeitgleich oder während eines Verletzungsverfahrens Aufkommen anderer Nachahmungen „nicht die Möglichkeit zur Gegenwehr genommen werden".[128]

100 *mm) Tat- oder Rechtsfrage?*[129] Der BGH sieht die wettbewerbliche Eigenart als Rechtsfrage an, auch wenn ihrer Beurteilung tatsächliche Feststellungen zugrunde liegen.

101 **c) Herkunft.** Die Herkunftsvorstellung, die durch die wettbewerbliche Eigenart ausgelöst wird, muss sich **nicht** auf ein **bestimmtes** oder gar namentlich bekanntes Unternehmen beziehen. Es genügt die Annahme, das betreffende Erzeugnis könne aufgrund seiner Eigenart **nur von einem** (welchem auch immer) **Anbieter** stammen.[130]

102 **d) Herkunftstäuschung.** Sie beruht auf der Übereinstimmung der eigenartigen Merkmale.

103 *aa) Vorverbreitung des Originals erforderlich.* Zu Herkunftstäuschungen kann es i. d. R.[131] nur kommen, wenn das Originalerzeugnis bereits in relevantem Umfang[132] **im Inland**[133] **vertrieben** und/oder beworben wurde. Andernfalls wird die Nachahmung nicht fälschlich dem Original-

---

[120] BGH GRUR 1982, 305 – *Büromöbelprogramm*.
[121] BGH GRUR 1969, 618 – *Kunststoffzähne*.
[122] S. u. Rdn. 180 ff.
[123] Vgl. BGH GRUR 2008, 793, 796 Rdn. 30 – *Rillenkoffer;* OLG Karlsruhe GRUR-RR 2013, 518, 520 – *Rillen-Design*.
[124] *Sambuc,* Nachahmungsschutz, Rdn. 152 m. w. N.
[125] Vgl. BGH WRP 1976, 370, 372 – *Ovalpuderdose* zum diesbezüglichen Unterschied zwischen Wettbewerbs- und Geschmacksmusterrecht.
[126] BGH GRUR 2007, 795, 798 Rdn. 28 – *Handtaschen;* 1967, 315, 318 – *skai-cubana;* ausführlich *Sambuc,* Nachahmungsschutz, Rdn. 125 f.
[127] BGH GRUR 1998, 830, 833 – *Les-Paul-Gitarren*.
[128] BGH GRUR 2005, 600, 602 – *Handtuchklemmen*.
[129] BGH GRUR 2010, 80, 82 Rdn. 30 – *LIKEaBIKE;* 2013, 951 Rdn. 18 – *Regalsystem*.
[130] BGH GRUR 2006, 79, 82 Rdn. 36 – *Jeans I;* 2007, 339, 343 – *Stufenleitern;* 2007, 984 Rdn. 23 und 32 – *Gartenliege*.
[131] Ausnahme: Original und Nachahmung werden nebeneinander vertrieben, so dass die Abnehmer sie vergleichen können, BGH GRUR 2009, 79, 83 Rdn. 35 – *Gebäckpresse*.
[132] BGH GRUR 2002, 275, 277 – *Noppenbahnen*. Kritisch (zu Unrecht) *Krüger/v. Gamm* WRP 2004, 978, 984, die aber (zu Recht) auf die Schutzmöglichkeit durch das nicht eingetragene Gemeinschaftsgeschmacksmuster während der inländischen Markteinführungsphase hinweisen (vorausgesetzt, dessen – ganz andere – Schutzvoraussetzungen sind erfüllt).
[133] BGH GRUR 2009, 79, 83 Rdn. 35 – *Gebäckpresse*.

Anbieter zugerechnet. Es fehlt dann an einem **Wieder**erkennen.[134] Maßgeblicher Zeitpunkt ist insoweit der der Markteinführung der Nachahmung.[135]

Erforderlich ist eine **„gewisse Bekanntheit"**. Deren Grad kann weit unter dem für eine Verkehrsgeltung i. S. d. § 4 Nr. 2 MarkenG erforderlichen liegen und wird dies i. d. R. auch tun. Denn bei Vorliegen einer Verkehrsgeltung geht der sondergesetzliche Schutz des Markengesetzes dem ergänzenden des UWG vor. 104

Andererseits genügt ein nur sporadischer Vertrieb im Inland nicht. Vielmehr muss das wettbewerblich eigenartige Erzeugnis „bei nicht unerheblichen Teilen der angesprochenen Verkehrskreise eine solche Bekanntheit erreicht" haben, „dass sich in relevantem Umfang die Gefahr der Herkunftstäuschung ergeben kann, wenn Nachahmungen vertrieben werden".[136] 105

Von dieser für das Vorliegen einer Herkunftstäuschung erforderlichen „gewissen Bekanntheit" ist die Frage zu unterscheiden, ob ein erheblicher Bekanntheitsgrad ggf. schon zur Annahme der wettbewerblichen Eigenart beiträgt oder diese sogar erst ermöglicht, vgl. oben Rdn. 82. Wo dies der Fall ist, liegt auch die für eine Herkunftstäuschung erforderliche Bekanntheit vor. Leitet sich die wettbewerbliche Eigenart hingegen ausschließlich aus einer von Hause aus originellen Gestaltung her (vgl. oben Rdn. 81), ist eine gesonderte Feststellung des erforderlichen „gewissen" Bekanntheitsgrades im Rahmen der Herkunftstäuschung erforderlich. 106

Fehlt er – wie typischerweise bei der Nachahmung eines bislang nur auf einem ausländischen Markt angebotenen Produkts –, kommt die Fallgruppe der unlauteren Behinderung in Betracht.[137] 107

bb) Grad der Anlehnung. Je enger das nachgeahmte Erzeugnis sich an die wettbewerblich eigenartigen Merkmale des Originalerzeugnisses anlehnt, desto größer ist die Gefahr der Herkunftstäuschung.[138] Vor allem identische und fast identische Nachahmungen sind unter diesem Gesichtspunkt kritisch zu beurteilen. Für die Steigerung der Verwechslungsgefahr durch die Steigerung des Anlehnungsgrades spielt es keine Rolle, ob eine Perfektion der Übereinstimmung durch **rein technische** Vervielfältigung erreicht wurde (sog. **unmittelbare Übernahme**), oder durch besondere Sorgfalt bei der **handwerklichen Nachbildung** (sog. **identisches Nachmachen**). Die besondere Gefährlichkeit der unmittelbaren Übernahme für den Anbieter des Originalerzeugnisses unter den Gesichtspunkten der Kosteneinsparung des Übernehmers oder der zeitlichen Verkürzung des natürlichen Innovatorenvorsprungs kann nur unter anderen Unlauterkeitsgesichtspunkten berücksichtigt werden (z. B. dem der Behinderung). 108

cc) Formen der Herkunftstäuschung. Die aus dem Markenrecht bekannten Erscheinungsformen der Verwechslungsgefahr finden auch im Rahmen der unlauteren Herkunftstäuschung Anwendung:[139] 109

- **Unmittelbare Herkunftsverwechslung:** Der Verbraucher verwechselt die Produkte und schließt aufgrund der Übereinstimmung der herkunftshinweisenden (= wettbewerblich eigenartigen) Merkmale auf dieselbe Herkunftsstätte von Original und Nachahmung. 110
- **Mittelbare Herkunftsverwechslung:** Der Verbraucher verwechselt die Produkte selbst zwar nicht, hält die Nachahmung aber aufgrund von Übereinstimmungen eigenartiger Merkmale für eine (weitere) Abwandlung desselben Anbieters. Dies ist eine Parallele zu den „Serienzeichen" des Markenrechts. Hier wie dort[140] ist bei der Annahme dieser Form der Verwechslung Zurückhaltung geboten. 111
- **Herkunftsverwechslung i. w. S.:** Der Verbraucher hält auch die Anbieter zutreffend auseinander, schließt aber aufgrund der Übereinstimmung von eigenartigen Merkmalen irrig auf wirtschaftliche und/oder rechtliche Beziehungen zwischen den Anbietern des Originalerzeugnisses und der Nachahmung.[141] Dass ein direkter Konkurrent einem Wettbewerber die Nachahmung vertraglich gestatten könnte, wäre allerdings u. U. mit der Lebenserfahrung nicht vereinbar.[142] Bei 112

---

[134] BGH GRUR 2005, 600, 602 – *Handtuchklemmen.*

[135] BGH GRUR 2007, 339, 343 – *Stufenleitern.*

[136] BGH GRUR 2002, 275, 277 – *Noppenbahnen;* aus BGH GRUR 1992, 523, 524 – *Betonsteinelemente* ergibt sich nichts anderes, vgl. BGH GRUR 2009, 79, 83 Rdn. 35 – *Gebäckpresse.*

[137] Vgl. BGH WRP 1976, 370 – *Ovalpuderdose; Krüger/v. Gamm* WRP 2004, 978, 983 f. und unten Rdn. 173 ff.

[138] BGH GRUR 2004, 941, 943 – *Metallbett.*

[139] Vgl. BGH GRUR 2001, 251, 253 f. – *Messerkennzeichnung; Jacobs* in: FS Helm S. 71, 78; zum Markenrecht vgl. ausführlich *Ingerl/Rohnke* § 14 MarkenG Rdn. 391 ff.

[140] Vgl. Ströbele/*Hacker,* MarkenG, Rdn. 490 zu § 9.

[141] BGH GRUR 2007, 984 Rdn. 32 – *Gartenliege;* 2009, 1069, 1070 f. – *Knoblauchwürste.*

[142] BGH GRUR 2001, 443, 446 – *Vienetta.*

freihaltebedürftigen Produktgestaltungen, auch wenn sie sehr bekannt sind, ist eine Verwechslungsgefahr i. w. S. evtl. hinzunehmen.[143]

113 Bloße **Warenverwechslungen,** an die sich keine Herkunftsvorstellungen knüpfen, sind irrelevant.[144] Ebenso bloße **„Erinnerungen oder Assoziationen"**[145] an das ältere Produkt oder Aufmerksamkeitserweckung durch Übereinstimmung.[146] Für die Herkunftstäuschung ist zwar der Gesamteindruck maßgeblich, aber nicht auf Grund oberflächlicher Übereinstimmungen, sondern nur im Hinblick auf die Übernahme wettbewerblich eigenartiger Merkmale.[147]

114 *dd) Unvollkommenes Erinnerungsbild.* Die Gefahr der Herkunftstäuschung ist nicht aufgrund einer (unrealistischen) Kaufsituation zu beurteilen, in der dem Konsumenten ein direkter Vergleich zwischen Originalerzeugnis und Nachahmung möglich wäre. Dadurch würde die Feststellung allfälliger Unterschiede zwischen den Produkten (und damit ihr Auseinanderhalten) erleichtert. Ein solcher Vergleich ist praktisch aber nur selten möglich. Stattdessen schwebt dem Käufer ein (notwendig unvollkommenes) Erinnerungsbild vor, aufgrund dessen die Übereinstimmungen eher bemerkt werden als evtl. Abweichungen.[148]

115 *ee) Maßgebliche Verkehrskreise.* Für die Täuschungsgefahr ist auf die Verkehrskreise abzustellen, die das betreffende Produkt typischerweise nachfragen. Durchwandert ein Produkt verschiedene Handelsstufen, so findet eine getrennte Beurteilung im Hinblick auf deren jeweilige Angehörigen statt.

116 Sind dies z. B. Kinder, so ist deren besondere Ansprechbarkeit etwa durch die Bebilderung von Verpackungen zu berücksichtigen.

117 Bei **Fachkreisen,** vor allem beruflichen Einkäufern für Unternehmen, kann eine Irreführung sowohl erschwert als auch erleichtert sein. Einerseits kann in den Augen solcher Käufer ein Spezialprodukt ein „eigenes Gesicht" haben, das der Laie nicht erkennt.[149] Andererseits fallen dem geschulten Blick des Fachmanns auch Unterschiede eher auf.[150] Eine Herkunftstäuschung scheidet auch aus, wenn Facheinkäufer sich im Hinblick auf Service und Reparaturleistungen gezielt für das hinter dem Produkt stehende Unternehmen interessieren oder wenn eine Ausschreibung stattgefunden hat[151][152]

118 *ff) Täuschungszeitpunkt.* Die Herkunftstäuschung muss beim Anbieten erfolgen, d. h. vor dem Kauf.[153] Täuschungsopfer muss der (potentielle) Käufer sein, nicht irgendein Dritter, der den Käufer vielleicht später einmal mit dem Produkt sieht. Mögliche Fehlvorstellungen, die sich erst beim Auspacken des Produkts ergeben, sind nicht mehr relevant.[154] Es soll u. U. genügen, wenn durch die oberflächliche Übereinstimmung der konkurrierenden Produkte **zunächst** eine Täuschung hervorgerufen wird, auch wenn sich diese noch vor der Kaufentscheidung aufgrund einer näheren Befassung mit den Angeboten wieder verflüchtigt.[155] Die damit beabsichtigte Unterbindung einer bloßen Aufmerksamkeitserweckung mittels Nachahmung hat aber mit Täuschung bei der Kaufentscheidung nichts zu tun. Der maßgebliche Durchschnittsverbraucher wird sich den Kauf noch einmal überlegen, wenn er seinen Irrtum erkennt.

119 *gg) Vertriebsbedingte Täuschungsumstände.* Ergibt sich die Gefahr der Herkunftstäuschung nach Ansicht des Anspruchstellers (auch) aus bestimmten Vertriebsumständen (z. B. verwechslungsfördernden Abbildungen des nachgeahmten Produkts), so sind diese Umstände in den prozessualen Antrag (ggf. in Form eines Hilfsantrags) mit aufzunehmen.[156]

Kenntnisse des Durchschnittsverbrauchers des selektiven Vertriebssystems des Original-Anbieters können eine Herkunftstäuschung ausschließen.[157]

---

[143] BGH GRUR 2003, 359, 361 – *Pflegebett.*
[144] Vgl. *Sambuc* in Festschrift Köhler S. 577, 579 f. (zu § 5 II).
[145] BGH GRUR 2005, 166, 168 – *Puppenausstattungen;* 2003, 973, 975 – *Tupperwareparty;* 2013, 1052 Rdn. 38 – *Einkaufswagen III; Ullmann* juris PK-UWG § 4 Nr. 9 Rdn. 103.
[146] BGH GRUR 2013, 1052 Rdn. 38 – *Einkaufswagen II.*
[147] BGH GRUR 2007, 795, 798 Rdn. 32 – *Handtaschen.*
[148] BGH GRUR 2007, 795, 798 Rdn. 34 – *Handtaschen;* 2010, 80, 83 Rdn. 41 – *LIKEaBIKE.*
[149] Vgl. BGH GRUR 1999, 1106, 1108 – *Rollstuhlnachbau.*
[150] BGH GRUR 2013, 1052 Rdn. 37 – *Einkaufswagen III.*
[151] BGH GRUR 2012, 58 Rdn. 49 – *Seilzirkus.*
[152] BGH GRUR 1996, 210, 212 – *Vakuumpumpen.*
[153] BGH GRUR 2007, 339, 343 – *Stufenleitern.*
[154] BGH GRUR 2005, 349, 352 – *Klemmbausteine III;* GK-UWG/*Leistner,* § 4 Nr. 9 Rdn. 152. Ausführlich *Kappes,* Verwechslungsgefahr nach dem Kauf, S. 159 ff.
[155] BGH GRUR 1999, 1106, 1109 – *Rollstuhlnachbau;* anders BGH GRUR 2013, 1052 Rdn. 38 – *Einkaufswagen III.*
[156] BGH GRUR 2007, 339, 343 – *Stufenleitern.*
[157] BGH GRUR 2007, 795, 798 Rdn. 38 – *Handtaschen.*

e) Vermeidbarkeit der Herkunftstäuschung. *aa) Allgemeines.* Streng genommen ist jede Herkunftstäuschung durch Umgestaltung des nachgeahmten Produkts vermeidbar. Im Grunde geht es daher um die Frage, welche Abweichungen vom Vorbild dem Nachahmer **zumutbar**[158] sind. Hier gelten hinsichtlich technischer und ästhetischer Merkmale unterschiedliche Maßstäbe, die aus deren unterschiedlicher Freihaltebedürftigkeit folgen. **120**

bb) Technische Merkmale. Bei überwiegend funktional geprägten Produkten hängt die Wettbewerbsfähigkeit stark von der möglichst optimalen Erfüllung der betreffenden Funktionen ab. Jeder Anbieter ist daher darauf angewiesen, dem freien Stand der Technik entsprechend fertigen zu können. Ein den technischen Schutzrechten angenähertes Nachahmungsverbot hinsichtlich technischer Merkmale kann daher auf die Unterbindung von Wettbewerb überhaupt (nicht nur von unlauterem) hinauslaufen. **121**

In diesem Zusammenhang ist schon bei der Feststellung der wettbewerblichen Eigenart zu prüfen, ob ein technisches Merkmal **überhaupt** als **Herkunftshinweis** aufgefasst werden kann oder ob der Verkehr nicht vielmehr annimmt, ein derartiges Produkt **müsse** als Folge seiner Zweckbestimmung dieses Merkmal aufweisen. Im letzteren Fall, d.h. wenn ein Gestaltungselement **technisch notwendig** ist, entfällt bereits die wettbewerbliche Eigenart, vgl. o. Rdn. 93. Bloße technische Bedingtheit hingegen schließt eine wettbewerbliche Eigenart nicht aus, wenn das betreffende Gestaltungselement ohne Qualitätseinbußen[159] **„willkürlich wählbar und austauschbar"** ist[160] und der Verkehr wegen dieses Merkmals auf die Herkunft aus einem bestimmten Betrieb Wert legt oder gewisse Qualitätserwartungen mit ihm verbindet[161] **122**

Daneben kann auch die Kombination einzelner technischer Gestaltungsmerkmale wettbewerbliche Eigenart begründen, und zwar nach Ansicht des BGH selbst dann, wenn die einzelnen Merkmale für sich genommen nicht herkunftshinweisend sind. Entsprechendes gilt für ästhetische Merkmale in Kombination mit technisch bedingten Merkmalen.[162] **123**

Im konkreten Fall kann der Schutzgewährung jedoch ein **Freihaltebedürfnis** entgegenstehen, das der BGH z.T. neben wettbewerblicher Eigenart und Vermeidbarkeit der Herkunftstäuschung separat prüft.[163] bzw. mit ihm die Unlauterkeit verneint[164] oder in die Prüfung der (Un-) Vermeidbarkeit einfließen lässt.[165] Auch die Übernahme wettbewerblich eigenartiger Merkmale kann danach „grundsätzlich nicht als wettbewerbsrechtlich unlauter angesehen werden, wenn solche Merkmale übernommen werden, die dem freizuhaltenden Stand der Technik angehören und – unter Berücksichtigung des Gebrauchszwecks, der Verkäuflichkeit der Ware sowie der Verbrauchererwartung – der angemessenen Lösung einer technischen Aufgabe dienen". **124**

- Die Beurteilung, welche Abweichungen vom Original dem Nachahmer zumutbar sind, bedarf einer umfassenden Interessenabwägung. Dazu gehören das Interesse des Original-Herstellers an der Vermeidung der Herkunftstäuschung,
- das Interesse des Wettbewerbers an der Nutzung gemeinfreier Gestaltungselemente und
- das Interesse der Abnehmer an Preis- und Leistungswettbewerb zwischen unterschiedlichen Anbietern.[166]

In diesem Zusammenhang berücksichtigt der BGH das Interesse des Nachahmers an Kompatibilität mit dem älteren Produkt sowohl unter technischen[167] als auch neuerdings unter optischen[168] Gesichtspunkten. Bei Ersatz- oder Erweiterungsbedarf der Käufer des Originalerzeugnisses soll es Leistungs- und Preiswettbewerb geben und der Nachahmer nicht auf Produktgestaltungen verwiesen werden, die die Verkäuflichkeit aufgrund fehlender Kompatibilität mit dem Originalprodukt einschränken.[169] **125**

Bei der Übernahme des gemeinfreien Standes der Technik soll er insbesondere keinem Rechtsstreit darüber ausgesetzt werden, ob eine andere, gleichwertige Lösung technisch objektiv möglich ist.[170] **126**

---

158 BGH GRUR 2015, 909 Rdn. 33 – *Exzenterzähne.*
159 BGH GRUR 2010, 1125 Ls. 1, Rdn. 22 – *Femur-Teil.*
160 BGH GRUR 2002, 275, 276 – *Noppenbahnen;* 2000, 521, 523 – *Modulgerüst.*
161 BGH GRUR 2013, 951 Rdn. 19 – *Regalsystem;* 2015, 909 Rdn. 26 – *Exzenterzähne.*
162 BGH GRUR 2013, 953 Rdn. 19; 2012, 1155 Rdn. 31 – *Sandmalkasten.*
163 BGH GRUR 2007, 339, 344 – *Stufenleitern;* ebenso GRUR 2012, 58 Rdn. 46 – *Seilzirkus;* 2015, 909 Rdn. 35 – *Exzenterzähne;* 2013, 951 Rdn. 36 – *Regalsystem.*
164 BGH GRUR 2012, 58 Rdn. 46 – *Seilzirkus.*
165 BGH GRUR 2013, 951 Rdn. 33ff. – *Regalsystem.*
166 BGH GRUR 2015, 913 Rdn. 33 – *Exzenterzähne;* 2013, 951 Rdn. 35f. – *Regalsystem.*
167 BGH GRUR 2000, 521, 525 – *Modulgerüst.*
168 BGH GRUR 2013, 951 Rdn. 38 – *Regalsystem;* 2013, 1052 Rdn. 41f. – *Einkaufswagen III.*
169 BGH GRUR 2013, 951 Rdn. 36 – *Regalsystem;* 2013, 1052 Rdn. 41 – *Einkaufswagen III.*
170 BGH GRUR 2002, 275, 276f. – *Noppenbahnen;* 1968, 591, 592 – *Pulverbehälter.*

127 Die Prüfung des Freihaltebedürfnisses hat jedoch hinsichtlich jedes einzelnen Elements gesondert zu erfolgen. Wird eine **Vielzahl** an sich austauschbarer Gestaltungselemente in allen Punkten (identisch) nachgeahmt, kommt das Freihaltebedürfnis u. U. nicht mehr zum Tragen;[171] allerdings kann die optimale (gemeinfreie) technische Lösung immer übernommen werden, auch bei Kombination einer Vielzahl von Merkmalen;[172] dies gilt aber nicht, wenn auch nicht technisch bedingte Merkmale übernommen werden.[173]

128 Ist die Abänderung des Produkts unzumutbar, muss der Gefahr von Herkunftstäuschungen auf andere Weise begegnet werden, vor allem durch die ausreichende Anbringung unterscheidender, nicht-technischer Merkmale.

129 Hierfür kommen in Frage:

– Die Verwendung unterschiedlicher **Farben,**[174]
– die sichtbare Anbringung unterschiedlicher **Wort-, Bild- oder Buchstabenmarken.**[175] Hier ist zu beachten, dass auch die Verwechslungsgefahr im weiteren Sinne ausgeschlossen werden muss.[176]
– Unterschiedliche **Verpackungen,** Banderolen, Aufkleber und dergleichen. Insoweit ist der BGH aber im Hinblick auf eine mögliche Entfernung dieser Unterscheidungsmerkmale zurückhaltend.[177] Hingegen werden die vom Produkt selbst ausgehenden Herkunftshinweise durch eine Verpackung dann überlagert, wenn eine Veräußerung nur verpackt stattfindet und/oder das Produkt selbst nicht mehr sichtbar ist.[178]

130 Die Frage, ob der Verkehr derartigen Unterscheidungsmerkmalen ausreichende Aufmerksamkeit entgegen bringt, so dass eine aufgrund der Produktübereinstimmung begründete Gefahr von Herkunftstäuschungen wieder entfällt, ist als **Tatfrage** von den Instanzgerichten zu entscheiden. Dabei ist auf die Kaufsituation abzustellen. In der hat der Nachfrager das Produkt i. d. R. vor sich. Es ist daher nicht erforderlich, dass z. B. eine abweichende Kennzeichnung auch noch aus größerer Entfernung zu erkennen ist.[179] Der BGH folgert aber aus der **Lebenserfahrung,** dass z. B. die an Gerüstsystemen interessierten Verkehrskreise (Bauunternehmen, Architekten, Ingenieure) weniger auf eine Firmenkennzeichnung als auf fast identische konstruktive Merkmale achten.[180] Anders verhält es sich z. B. bei abgepacktem Speiseeis, dessen Form der Aufbereitung weniger Beachtung als die Produktbezeichnung findet.[181]

131 *cc) Ästhetische Merkmale:* Bei nicht-technischen, vor allem rein ästhetischen Merkmalen ist i. d. R. auch unter Berücksichtigung der Verkäuflichkeit ein erheblicher Gestaltungsspielraum gegeben. Herkunftstäuschungen in diesem Bereich sind daher grundsätzlich vermeidbar. Anderenfalls bedarf es ähnlicher Unterscheidungsmittel wie bei technischen Artikeln (vgl. o. Rdn. 128).

132 **f) Insbesondere: Nachahmung von Werbemitteln.** Hinsichtlich der Nachahmung von Werbung ist die Herkunftstäuschung von untergeordneter Bedeutung, denn wer fremde Ideen, Motive, Konzepte, Anzeigen, Aufmachungen und dergleichen übernimmt, wird zu verhindern wissen, dass die kopierte Werbung dem Konkurrenten zugeschrieben wird, der sie ursprünglich geschaffen hatte. Der Nachahmer identifiziert vielmehr in aller Regel sein **eigenes** Unternehmen.

133 Oft wird die Übernahme von Werbemitteln schon gegen **Sonderschutzrechte** verstoßen. Das Kopieren von Texten,[182] Grafiken, Fotografien oder ganzen Katalogen verletzt meist Urheber- oder verwandte Leistungsschutzrechte (allerdings ist das werbende Unternehmen oft nicht ohne weiteres

---

[171] BGH GRUR 1999, 1106, 1108 – *Rollstuhlnachbau;* 1981, 517, 519 – *Rollhocker.*

[172] GK-UWG/*Leistner* Rdn. 170 zu § 4 Nr. 9.

[173] BGH GRUR 1999, 751, 752 – *Güllepumpen.*

[174] BGH GRUR 1999, 751, 753 – *Güllepumpen;* 2002, 275, 277 – *Noppenbahnen.*

[175] BGH GRUR 1962, 243, 247 – *Kindersaugflasche;* 1977, 666 – *Einbauleuchten.* Für eine großzügige Zulassung einer Ausräumung von nachahmungsbedingten Herkunftstäuschungen durch Anbringung unterschiedlicher, deutlicher Kennzeichnungen *Raue,* Nachahmungsfreiheit nach Ablauf des Immaterialgüterrechtsschutzes? S. 37 ff.

[176] Ausschluss bejaht in BGH GRUR 2001, 443, 445 f. – *Vienetta;* 2009, 1069, 1072 – *Knoblauchwürste;* verneint in BGH GRUR 1988, 620, 623 – *Vespa-Roller.*

[177] BGH GRUR 2002, 275, 277 – *Noppenbahnen;* 2006, 79, 81 f. (Rdn. 33) – *Jeans I.*

[178] BGH GRUR 2001, 443, 445 – *Vienetta.*

[179] A. A. OLG Karlsruhe GRUR-RR 2013, 518, 523 – *Rillen-Design.*

[180] BGH GRUR 2000, 521, 524 f. – *Modulgerüst.*

[181] BGH GRUR 2001, 443, 445 – *Vienetta:* „Schoeller" statt „Langnese", „Café au Lait" statt „Vienetta"; zur Verbraucherauffassung im Bereich der Handelsmarken und „look-alikes" *Harte-Bavendamm* in: FS Loschelder (2010), S. 111, 123 ff.

[182] LG Berlin GRUR 1974, 412 – *Werbeprospekt;* LG München I GRUR 1984, 737 – *Bauherrenmodell-Prospekt.*

klagebefugt, weil diese Werbemittel typischerweise von Dritten geschaffen werden). Dem Markenschutz zugänglich sind Verpackungsgestaltungen, Farbkombinationen oder Werbesprüche. Produktaufmachungen können sowohl als Marken wie als Designs geschützt werden.

Dass die Schlagkraft einer fremden (auch bekannten) Werbung nicht „verwässert" werden dürfe,[183] kann in dieser Allgemeinheit nicht akzeptiert werden. Auch Werbung darf grundsätzlich nachgeahmt und damit u. U. geschwächt werden. Eine gegenseitige, vor allem humorvolle oder ironisierende Bezugnahme von Werbekonzepten kann sogar eine wechselseitige Verstärkung bewirken. 134

VII. Schutz gegen anlehnende Bezugnahmen, insbesondere Rufausbeutung und Rufbeeinträchtigung (§ 4 Nr. 3b)

1. Allgemeines

a) Hervorrufung von Assoziationen. Anlehnende Bezugnahmen führen beim angesprochenen Verbraucher zu gedanklichen Verbindungen, die lockerer und meist auch vager als Herkunftstäuschungen sind. Insbesondere beinhalten sie **kein** Element der **Irreführung.** Sie beeinträchtigen daher nur Mitbewerber-, keine Verbraucherinteressen. Anlehnungen können im Hinblick auf einen Konkurrenten persönlich, auf sein Unternehmen, seine Erzeugnisse oder sonstigen Leistungen sowie auf seine Kennzeichnungen erfolgen. 135

b) Negative und positive Bezugnahmen. Soweit in der Bezugnahme eine **Kritik** liegt, die das eigene Angebot des Werbenden in einem vergleichsweise günstigen Licht erscheinen lässt, richtet sich die Zulässigkeit nach **§ 6 (vergleichende Werbung)** sowie § 4 Nr. 1 und 2 (herabsetzende Meinungsäußerungen und Tatsachenbehauptungen). Zum ergänzenden wettbewerbsrechtlichen Leistungsschutz hingegen gehören die Fälle einer **positiven Bezugnahme** in dem Sinne, dass der Werbende die Leistungen eines Konkurrenten für sich nutzbar macht. Zu diesen Leistungen gehören vor allem Bekanntheit und/oder guter Ruf. Die bloße Bekanntheit wird dadurch ausgenutzt, dass der Nachahmer durch die Anlehnung infolge der Erinnerung an das Vorbild **eine erhöhte Aufmerksamkeit** erweckt. Ein guter Ruf wird ausgenutzt, wenn der Verkehr **Gütevorstellungen,** die er mit dem Original verbindet, infolge der Anlehnung auf die Leistung des Anlehnenden überträgt. Für ein Verbot reicht aber in beiden Fällen die bloße gedankliche Assoziation an ein fremdes Produkt oder Kennzeichen (und damit Aufmerksamkeitserweckung) nicht aus.[184] Das gilt auch, wenn der Ersthersteller einen Markt erschlossen hat und in Folge gewerblicher Schutzrechte eine Zeitlang der einzige Anbieter einer bestimmten Ware oder Produktgattung war. Klärt der Nachahmer dann über die unterschiedliche Identität seiner Waren auf, schließt er nicht nur eine Herkunftsverwechslung aus, sondern auch die Wettbewerbswidrigkeit der Anlehnung. Denn dass sich überhaupt Assoziationen an das ältere Produkt einstellen, ist eine typische und nahezu zwangsläufige Folge des zuvor gewährten monopolartigen Schutzes. Der Verkehr hält das Nachahmerprodukt dann (zulässigerweise) für gleichartig, aber nicht notwendig für gleichwertig, wie es für eine Rufausbeutung erforderlich wäre.[185] 136

c) Anlehnung. Durch eine **Anlehnung** als solche wird **nicht irregeführt.** Anders, wenn durch eine Herkunftstäuschung zugleich von der Wertschätzung des Originals profitiert wird. Bei der isolierten Prüfung der Tatbestände des § 4 Nr. 3 kann vom Ruf eines anderen nur profitiert werden, wenn der Unterschied zwischen Anlehnendem und Rufinhaber deutlich bleibt.[186] Auf sein Angebot lässt der Werbende lediglich ein günstiges Licht fallen, in dem er ausdrücklich oder stillschweigend **Assoziationen** zum Angebot eines Wettbewerbers oder zu diesem selbst weckt. Der BGH spricht wenig präzise von einer „teils bewussten, teils unbewussten" Übertragung von Güte- und Sympathievorstellungen.[187] Unmittelbar betroffen ist der individuelle Wettbewerber, auf den Bezug genommen wird; kollektiv tangiert sind die übrigen Wettbewerber, gegenüber denen ein Vorsprung erstrebt wird. Verbraucherinteressen werden durch Anlehnungen als solche nicht beeinträchtigt, bei sachlicher Information sogar gefördert. 137

---

[183] LG Düsseldorf GRUR 1964, 557 („Die Zauberfee der Küche" als Titel eines Rezeptbüchleins unzulässig wegen eines älteren Werbespruchs „Der Zauberstab der Hausfrau" für einen Handmixer); LG Hamburg MDR 1968, 848 („Pack deinen Vorteil in den Tank und tank bei X" unzulässig wegen „Pack den Tiger in den Tank" von Esso).

[184] BGH GRUR 2003, 973, 975 – *Tupperwareparty;* OLG Köln GRUR-RR 2014, 65, 67 f. – *Pandas.*

[185] BGH GRUR 2005, 349, 353 – *Klemmbausteine III.*

[186] BGH GRUR 2001, 350, 351 – *OP-Lampen.*

[187] BGH GRUR 1981, 142, 144 – *Kräutermeister.*

138 **d) Mittel der Anlehnung.** Das Spektrum derartiger Anlehnungen reicht von der ähnlichen Gestaltung von **Verpackungen** oder anderen **Ausstattungen** über die Verwendung gleicher **Bestellnummern** oder ähnlich anmutender **Schriftbilder** (sämtlich ohne die Gefahr von Herkunftstäuschungen) bis zu nachprüfbaren **Gleichstellungsbehauptungen** („ebenso schnell wie …") oder **Kompatibilitätshinweisen** („passend für …").

Demgemäß wird unterschieden zwischen Anlehnungen durch

– die Nachahmung von **Kennzeichnungen** (dazu unten 3.),
– Nachahmung von **Produkten** (dazu unten 4.), und
– **wörtliche Aussagen** bezüglich Konkurrenten (vergleichende Werbung, dazu unten 5.).

2. Wertschätzung

139 Gegenstand der (positiven) Anlehnung ist allgemein der „gute Ruf" eines Wettbewerbers und/oder seiner (im weitesten Sinne) Leistungen. § 4 Nr. 3b) bezeichnet ihn in Anlehnung an das MarkenG (z.B. § 14 II Nr. 3) als „Wertschätzung".

140 Der „gute Ruf" hat durch das moderne Marketing vielgestaltige Formen angenommen. Ursprünglich leitete er sich von individuellen Kaufleuten oder Fabrikanten her, die aufgrund ihres persönlichen Fleißes und Könnens bekanntermaßen gute Leistungen erbrachten. Diese Leistungsergebnisse hatten dann am guten Ruf Teil; ferner die Symbole, die für das Unternehmen standen, also sein Name und seine Marken. Diese aus vorindustrieller Zeit stammende **Verknüpfung der Reputation mit einem bestimmten Individuum** oder auch einem bestimmten Betrieb ist heute in vielfacher Hinsicht sowohl erweitert als auch durchbrochen.

141 Zunächst ist die Zuordnung von Waren und Dienstleistungen hinsichtlich ihrer betrieblichen oder gar persönlichen Herkunft im Massengeschäft kaum noch möglich. Fabrik und Fabrikant haben als Rufträger weitestgehend zu Gunsten von **Marken und geschäftlichen Kennzeichen** abgedankt. Diese ihrerseits stehen immer weniger für einen persönlichen Inhaber und auch nicht mehr (nur) für primäre Produkt- und Dienstleistungsqualitäten. In den Vordergrund rücken vielmehr ursprünglich sekundäre „Zusatznutzen", vor allem „Images". In weiten Bereichen haben die einstmaligen Zusatznutzen wie Vermittlung von Prestige oder Lebensstil durch Zurschaustellung von dazu geeigneten Produkten deren ursprünglichen Nutzen zur Befriedigung von Gebrauchsbedürfnissen überlagert oder sogar abgelöst. Viele Produkte dienen Herstellern und Käufern nur noch zum Kauf/Verkauf **diffuser Emotionen.** Die Inhalte derartiger Images sind durch die Werbung nahezu beliebig herstell- und entsprechenden Käuferkreisen vermittelbar. Ihrer Beliebigkeit entspricht ihr Mangel an Begründung auf sachliche Qualitäten. Im Extremfall sind sie rein virtuell. Gleichwohl müssen diese Inhalte prozessual identifiziert werden, weil anderenfalls ihre Ausbeutung oder Beeinträchtigung nicht festgestellt werden kann.[188]

142 Der Mangel an sachlicher Substanz moderner Produkt- und Dienstleistungsimages hindert nicht ihren wirtschaftlichen Wert, ja er bedingt ihn geradezu. Denn die Wertschöpfung erfolgt zu einem erheblichen Teil dadurch, dass der Kunde gerade die ihm durch das **Image** vermittelten Gefühle bezahlt.

143 Auf dem Markt der (Schein-)Befriedigung immaterieller Bedürfnisse durch materielle Gegenstände gibt es keine Schutzrechte. Das scheinbare Koppelungsangebot von Sonnenbrille und Anerkennung oder Auto und glücklicher Familie steht jedermann frei. Die Frage nach einem ergänzenden Leistungsschutz stellt sich, wenn ein Wettbewerber von der positiven Aufladung der Kennzeichen oder Produkte eines Konkurrenten profitieren will, indem er – unterhalb der Schwelle der Verwechslungsgefahr – sich in die von diesem Konkurrenten geknüpfte **Assoziationskette einhängt.** Unter diesem Vorbehalt der komplexen Diversifizierung von Images aller Art verwenden wir nachstehend die hergebrachten Begriffe des „guten Rufs" und seiner „Ausbeutung".

3. Rufausbeutung durch Kennzeichennachahmung

144 **a) Kennzeichennachahmung von § 4 Nr. 3 nicht erfasst.** Die Vorschrift erfasst nur die Nachahmung von Waren oder Dienstleistungen. Kennzeichen dienen der Identifizierung von Waren oder Dienstleistungen, sind selbst aber keine solchen, vgl. oben Rdn. 48 (str.). Entsprechende Fälle regelt das Markenrecht.

145 **b) Regelung des MarkenG.** §§ 14 II Nr. 3, 9 I Nr. 3 und 15 III MarkenG haben die „Ausnutzung der Wertschätzung" fremder Kennzeichen sondergesetzlich geregelt. Eine solche Ausnutzung ist verboten, wenn das Kennzeichen

[188] Ebenso GroßkommUWG/*Leistner,* § 4 Nr. 9 Rdn. 179.

– **bekannt** ist,
– **Wertschätzung genießt** und diese
– **ohne rechtfertigenden Grund** sowie
– in **unlauterer Weise**
– **ausgenutzt** wird.

Damit wird der Kennzeichenschutz gegen Verwechslungen (§§ 14 II Nr. 2, 9 I Nr. 2, 15 II MarkenG) für bekannte Kennzeichen erweitert. Die Erweiterung umfasst außer der Rufausbeutung drei weitere Tatbestände, nämlich die Rufschädigung sowie die Ausnutzung oder Beeinträchtigung der Unterscheidungskraft. **146**

Das MarkenG hat mit der **Rufausbeutung bekannter Kennzeichen** Tatbestände geregelt, die vom BGH zuvor seit *DIMPLE*[189] und *Rolls-Royce*[190] unter die wettbewerbsrechtliche Generalklausel subsumiert worden waren. Mit der sondergesetzlichen Regelung ist dieser Rückgriff auf das allgemeine **Wettbewerbsrecht entbehrlich** geworden. Das gleiche gilt für den früheren Schutz der „berühmten Marke" mit § 823 I BGB. Zwar enthält das Markengesetz weder den Begriff der „berühmten Marke" noch eine diesbezügliche Regelung. Sein Wortlaut lässt daher offen, ob § 823 I BGB auf Marken mit Alleinstellung und überragender Verkehrsgeltung anwendbar bleibt. Dies ist jedoch zu verneinen. Nachdem der BGH für den Schutz der berühmten Marke nach § 823 I BGB nicht mehr nur deren abstrakte Gefährdung sondern eine konkrete Beeinträchtigung des auf Alleinstellung beruhenden Werbewerts verlangte,[191] waren die Schutzgüter von **berühmter** und **bekannter** Marke praktisch **gleichgestellt.**[192] **147**

Der BGH hat daraus nach Inkrafttreten des Markengesetzes gefolgert, dass der nunmehr sondergesetzliche Schutz bekannter Marken „für eine gleichzeitige Anwendung des § 1 [jetzt §§ 3 und 4 Nr. 3] UWG oder des § 823 BGB grundsätzlich keinen Raum" lässt.[193] Auch die berühmte Marke wird demnach (nur noch) aufgrund des Markengesetzes geschützt. Der Unterschied zur „bekannten" Marke ist lediglich ein quantitativer: die berühmte Marke ist eine sehr bekannte Marke. **148**

c) Keine Rufausbeutung durch bloße Annäherung an fremde Kennzeichen. Die früher in einer Reihe von BGH-Entscheidungen[194] etablierte Fallgruppe hatte gegenüber der vom Markengesetz geregelten Rufausbeutung (identische oder ähnliche Zeichen für nicht ähnliche Waren oder Dienstleistungen) die umgekehrte Konstellation zum Gegenstand, nämlich die Benutzung **nicht-ähnlicher Zeichen** für **ähnliche,** meist sogar identische **Waren.** **149**

Diese Fallgruppe ist **abzulehnen** und dürfte ihren Schlusspunkt mit BGH GRUR 1997, 754 – *Grau/Magenta* – gefunden haben, wo es heißt, dass Kennzeichenrecht mute „jedem Inhaber einer gewerblichen Kennzeichnung grundsätzlich zu, die Schwächung seines Kennzeichens durch das Aufkommen benachbarter Kennzeichnungen solange hinzunehmen, wie die Grenze der Verwechslungsgefahr noch nicht überschritten ist. Eine Auslegung des § 1 [a. F.] UWG, die darauf hinausliefe, schon Annäherungen und eine damit verbundene Schädigung als wettbewerbsrechtlich unzulässig anzusehen, verstieße gegen die Systematik des Wettbewerbs- und Kennzeichenrechts".[195] **150**

4. Rufausbeutung und Rufbeeinträchtigung durch Produktnachahmung

a) Erscheinungsformen der Rufausbeutung. Soweit ein guter Ruf durch ein Produkt selbst (also ohne Rücksicht auf seine Kennzeichnung), insbesondere durch dessen äußere Form vermittelt wird, kann er durch die Nachahmung dieses Produkts ausgebeutet werden. Dem Original-Erzeugnis muss wettbewerbliche Eigenart in dem Sinne anhaften, dass es (auch) Gütevorstellungen vermittelt. Soweit es schon Herkunftsvorstellungen erweckt, kann die Nachahmung eine vermeidbare Herkunftstäuschung bewirken. Die zusätzliche Erweckung von Gütevorstellungen bewirkt dann gleichzeitig eine Rufausbeutung im Gefolge der Herkunftstäuschung, d. h. der Nachahmer täuscht einen anderen Anbieter vor und macht sich gleichzeitig dessen Reputation zu Nutze. Diese besonders effektive Form der Rufausbeutung wird im Allgemeinen bei Vermeidbarkeit schon und allein aufgrund der Herkunftstäuschung untersagt[196] und ist rechtlich unproblematisch. **151**

---

[189] BGH GRUR 1985, 550.
[190] BGH GRUR 1983, 247.
[191] BGH GRUR 1987, 711, 713 – *Camel Tours.*
[192] Vgl. *Piper* GRUR 1996, 429, 436.
[193] BGH GRUR 1999, 161, 162 – *MAC Dog.*
[194] BGH GRUR 1953, 40 – *Gold-Zack;* 1965, 601 – *roter Punkt;* 1966, 30 – *Konservenzeichen I;* 1966, 38 – *Centra;* 1981, 142 – *Kräutermeister.*
[195] BGH a. a. O. S. 755.
[196] Vgl. GroßkommUWG/*Leistner,* § 4 Nr. 9 Rdn. 183.

152 Eine eigenständige Bedeutung hat § 4 Nr. 3b) bei **isolierten Rufausbeutungen,** bei denen nicht gleichzeitig über die Herkunft getäuscht wird. Der Käufer weiß, dass er nicht das Original vor sich hat, weil der Nachahmer etwa seine eigene Kennzeichnung angebracht hat und/oder die Nachahmung eines Luxusartikels zu einem verräterisch niedrigen Preis anbietet. Aufgrund dieser Kenntnis kann der Käufer auch nicht annehmen, dass das nachgeahmte Produkt gleich gut sein müsse wie das Original. Der durchschnittlich unterrichtete und aufmerksame Verbraucher wird vielmehr in Erwägung ziehen, dass die Kopie von minderer Güte ist. Die Erwartung einer gleichen Qualität könnte nur durch die Annahme eines gleichen Ursprungs, und sei es nur in Form der Verwechslungsgefahr im weiteren Sinne (Bestehen rechtlicher oder wirtschaftlicher Verbindungen zwischen den Anbietern von Original und Nachahmung)[197] vermittelt werden. Daran fehlt es aber per definitionem, da die isolierte Rufausbeutung bzw. der isolierte Imagetransfer gerade für die gedankliche Übertragung der Gütevorstellung das Bewusstsein zweier verschiedener Anbieter voraussetzt.[198]

153 Z. T. sieht man die Grundlage der Rufausbeutung in einer bloßen **Warenverwechslung** (im Gegensatz zur Herkunftsverwechslung). Der Käufer werde über die Identität der Ware getäuscht, wenn er die Nachahmung nicht als solche erkenne, sie aber wegen ihres Rufes erwerbe. Er halte sie dann irrig für die „Originalware".[199]

154 Schon die Verwendung des Begriffs „Originalware" verrät, dass hier die Trennung zur Herkunftstäuschung nicht durchgehalten wird, denn „Originalware" kann nicht anders als anhand ihres Ursprungs aus einem bestimmten Unternehmen definiert werden. In einer so verstandenen Warenverwechslung kann der Grund einer Rufausbeutung nicht liegen, denn diese soll ein gegenüber der Herkunftstäuschung selbständiger Tatbestand sein. Zu Recht hat der BGH festgestellt, dass **Warenverwechslungen** an sich **„rechtsunerheblich"** sind.[200]

155 Tatsächlich geht es um keinerlei Täuschung des Käufers. Dieser unterscheidet Original und Nachahmung in aller Regel.[201] Er kann oder will sich das Original nicht leisten, aber trotzdem etwas besitzen, was so aussieht. Diese Produktähnlichkeit kann zwar tatsächlich zu einer **„Warenverwechslung"** führen, aber **nicht** beim **Käufer,** sondern nur bei dessen **Umfeld.** Diesem gegenüber stellt er sich als Besitzer von Luxus- oder Prestige-Produkten dar, obwohl es nur für eine Billigkopie gereicht hat. Im Fall *Les-Paul-Gitarren* kosteten die nachgeahmten, unter eigener Marke angebotenen Gitarren ein Viertel bis ein Drittel der Originale,[202] die nachgeahmten Rolex-Uhren beim Kaffeeröster sogar nur ca. ein Prozent.[203] Der BGH hält es i. d. R. für unlauter, wenn sich ein Nachahmer den guten Ruf der Original-Erzeugnisse zu Nutze macht und dem Verbraucher den **Erwerb eines Schein-Originals** ermöglicht. Dadurch werde der Original-Hersteller „in seinen Bemühungen, den Ruf seiner Ware aufrechtzuerhalten, erheblich behindert".[204] Ob eine „Warenverwechslung" ohne Herkunftstäuschung vorliegt (was nach der hier vertretenen Meinung ohnehin nur im Hinblick auf Dritte, aber nicht im Hinblick auf den Käufer der Nachahmung in Betracht kommt) ist Tatfrage.[205]

156 Gütevorstellungen können sich auch aus anderen Eigenschaften herleiten, etwa im Falle der unmittelbaren Übernahme (durch Einscannen) von Telefonteilnehmerverzeichnissen der Telekom, weil der Verkehr auf die Vollständigkeit und Richtigkeit der quasi „amtlichen" Telefonbücher vertraue.[206]

157 **b) Rufübertragung unerlässlich.** Der Tatbestand des § 4 Nr. 3b) verlangt für die Ausnutzung einer Wertschätzung zwingend einen „Imagetransfer".[207] Es genügt eine offene oder verdeckte Anlehnung an die fremde Leistung. Selbst deren vollständige Übernahme führt aber nicht zwingend zu dem erforderlichen Imagetransfer. Übernimmt etwa der Verleger eines Nachschlagewerks das Referenzsystem eines Wettbewerbers zusätzlich zu seinem eigenen, so sieht der Durchschnittsverbrau-

---

[197] Vgl. oben Rdn. 112.

[198] Vgl. oben Rdn. 137.

[199] *v. Gamm,* Wettbewerbsrecht, Kap. 21 Rdn. 35; BGH GRUR 1996, 210, 212 – *Vakuumpumpen* (Vorliegen einer Warenverwechslung im konkreten Fall verneint).

[200] BGH GRUR 1963, 152, 155 – *Rotaprint;* zur vermeintlichen „Warenverwechslung" gem. § 5 II (nämlich ebenfalls nur bei falschen Herkunftsvorstellungen) vgl. *Sambuc* in: FS Köhler, S. 577, 579 f.

[201] Anders, wenn dem Kunden statt der bestellten Ware ohne sein Wissen eine andere „untergeschoben" wird, vgl. BGH GRUR 1970, 510, 512 – *Fußstützen.* Das ist dann zwar eine Warenverwechslung, hat aber mit Rufausbeutung nichts zu tun.

[202] BGH GRUR 1998, 830, 833 – *Les-Paul-Gitarren.*

[203] BGH GRUR 1985, 876 – *Tchibo/Rolex I.*

[204] BGH GRUR 1998, 830, 833 – *Les-Paul-Gitarren.*

[205] BGH GRUR 1996, 210, 212 – *Vakuumpumpen;* 2007, 795, 799 – *Handtaschen.*

[206] BGH GRUR 1999, 923, 927 – *Tele-Info-CD.*

[207] Vgl. hierzu und zum Folgenden BGH GRUR 2011, 79 – *Markenheftchen.*

cher darin lediglich eine Arbeitshilfe. Es schadet dem Nachahmer auch nicht, dass durch die Übernahme der Referenzen des Wettbewerbers sein eigenes Ordnungssystem überhaupt erst verkehrsfähig wird.[208]

c) Abweichende Kennzeichnungen. Zur Ausräumung der Rufausbeutung genügt die **Anbringung einer unterscheidenden Herkunftsbezeichnung** (wie z. B. „Royal“ statt „Rolex“ bei den Tchibo-Uhren) **nicht unbedingt.** Diese verhindert zwar i. d. R. eine Herkunftstäuschung gegenüber dem Erwerber, aber nicht in vollem Umfang die verkaufsfördernde Wirkung der gleichen Produktform und die Möglichkeit des Erwerbers, sich gegenüber Dritten als scheinbarer Besitzer eines (teuren) Originals oder sogar Luxusprodukts aufzuführen (was der BGH in *Tchibo/Rolex I* besonders missbilligte).[209] 158

d) Bewertung der Unlauterkeit. Rufausbeutungen durch Produktnachahmung sind nicht per se unlauter. Dies bringt § 4 Nr. 3b) dadurch zum Ausdruck, dass er eine **Unangemessenheit** verlangt. Die Unlauterkeit bedarf vielmehr einer Begründung im Einzelfall. Die Rechtsprechung hierzu ist uneinheitlich. 159

aa) In *Tchibo/Rolex I*[210] hatte der BGH es noch für evident und daher keiner näheren Begründung für bedürftig gehalten, dass Tchibo nicht **„mit dem von der Klägerin** für diese Gestaltungsform [d. h. einer angeblich typischen Luxusuhr] **geschaffenen Image zum Kauf“ anlocken** dürfe.[211] Insbesondere vermisst man jede Auseinandersetzung mit dem Argument des Berufungsgerichts, die **künstliche Aufrechterhaltung der „Exklusivität“** eines Produkts mit dem UWG sei „marktwidrig und unsozial“.[212] 160

bb) Später hat der BGH dann anerkannt, dass ein **Image** (im konkreten Fall das durch den Titel einer Fernsehserie geschaffene) zwar als eigenständige Leistung anzusehen ist, dass man sich an diese aber **außerhalb des Sonderrechtsschutzes grundsätzlich** ebenso **frei** anhängen dürfe wie an andere Leistungen auch.[213] 161

cc) Noch deutlicher wurde dieser Grundsatz anlässlich des Nachbaus eines Formel-1-Rennwagens als Spielzeug herausgearbeitet.[214] Das Berufungsgericht hatte diesen vor allem deshalb für unlauter gehalten, weil der Rennstall McLaren „nur einen Ruf als solchen“ produziere, den er dann vermarkte. Der Spielzeughersteller nutze folglich gerade das aus, was Gegenstand des Erwerbsstrebens des Rennstalls sei. Dem hält der BGH entgegen, dass aufgrund dieser Argumentation Leistungsübernahmen jedweder Art grundsätzlich verboten (statt außerhalb der Sonderschutzrechte grundsätzlich erlaubt) wären. In Nachahmungsfällen gehe es immer um das vom jeweiligen Kläger erzeugte und von ihm zu Erwerbszwecken vermarktete Produkt. So wie dessen Ausbeutung durch Nachahmung grundsätzlich zulässig sei, sei es auch die Verwertung eines von einem Konkurrenten erzeugten Image. Jedenfalls der sich **„gleichermaßen zwangsläufig wie beiläufig“** ergebende Bezug durch das Angebot eines Miniatur-Autos sei **zulässig.** Anders läge es, wenn in der Werbung die Original-Rennwagen oder deren Ruf deutlich herausgestellt worden wären.[215] 162

dd) Strenger wird die Rufausbeutung durch Produktnachahmung wieder bei den „Les-Paul-Gitarren“ beurteilt: Weil deren Gestalt nahezu vollständig nachgebildet wurde, obwohl dies für die Qualität der Instrumente keine Rolle spielte und tatsächlich weder Technik noch Klang der Gitarren nachgeahmt worden waren, sei die **Absicht der Rufausbeutung** offensichtlich. Ein derartiger Sachverhalt sei „nur unter ganz besonderen Umständen nicht als wettbewerblich unlauter“ zu behandeln.[216] Die starke Betonung der subjektiven Komponente dürfte angesichts der neueren Tendenz des BGH zur Objektivierung[217] des Unlauterkeitsrecht nicht mehr aufrecht zu erhalten sein. 163

---

[208] BGH a. a. O. Rdn. 35 f.

[209] Vgl. auch OLG Köln GRUR-RR 2010, 257 (Ls.) und BeckRS 2010, 01 906: Anbringung eines einprägsamen und seinerseits relativ bekannten Kennzeichens nicht ausreichend zur Beseitigung der Rufausbeutung – *WICK BLAU* (Nichtzulassungsbeschwerde zurückgewiesen); ähnlich in markenrechtlichem Zusammenhang EuGH (C-498-07) GRUR Int. 2010, 129 – *Carbonell/La Espanola;* hierzu auch *Harte-Bavendamm* in: FS Loschelder (2010), 111, 128 f.

[210] BGH GRUR 1985, 876.

[211] A. a. O. S. 878.

[212] OLG Köln WRP 1981, 413, 414 (Aufhebung der einstweiligen Verfügung gegen Tchibo). Kritisch auch GroßkommUWG/*Leistner,* § 4 Nr. 9 Rdn. 186.

[213] BGH GRUR 1993, 692, 695 – *Guldenburg.*

[214] BGH GRUR 1994, 732 – *McLaren.*

[215] A. a. O. S. 735.

[216] BGH GRUR 1998, 830, 833 – *Les-Paul-Gitarren.*

[217] Seit BGH GRUR 2005, 778 – *Atemtest;* vgl. auch *Ullmann* juris PK § 4 Nr. 9 Rdn. 48 ff.

164 *ee)* Die Rufausbeutung zu Lasten einer Hauptware (hier: exklusives Kraftfahrzeug) ist nicht unlauter, wenn in der Werbung für Ersatzteile oder Zubehör (hier: Autofelgen) die Abbildung der Hauptware zur Aufklärung des Publikums über die bestimmungsgemäße Verwendung des Ersatzteils oder Zubehörs sachlich geboten ist.[218] Hält sich die Bezugnahme in diesen Grenzen, ist eine darin zwangsläufig liegende Anlehnung an den Ruf und den Verkaufserfolg des Herstellers der Hauptware hinzunehmen.[219]

165 **e) Rufbeeinträchtigung.** Es kommt für die Rufausbeutung nicht darauf an, ob die Nachahmungen **qualitativ** minderwertiger als die Originale sind. Wenn sie es sind, kommt u. U. eine **Rufbeeinträchtigung** in Betracht, etwa bei weniger haltbaren Hüftprothesen[220] oder weil die Nachahmungen der Les-Paul-Gitarren anders klangen als die Originale.[221]

5. Rufausbeutung und Rufbeeinträchtigung durch vergleichende Werbung

166 Grundsätzlich sind die zeichenrechtlichen Regelungen der vergleichenden Werbung (§ 6 II Nrn. 4 und 6) neben § 4 Nr. 3 anwendbar.[222] Aber wegen des unionsrechtlichen Vorrangs kann eine nach diesen Vorschriften zulässige geschäftliche Handlung nach § 4 Nr. 3b) nicht verboten werden.[223]

VIII. Unredliche Erlangung von Kenntnissen oder Unterlagen (§ 4 Nr. 3c)

167 Hierbei handelt es sich um Praktiken **im Vorfeld der eigentlichen Nachahmung,** wodurch diese unlauter werden kann. Grund dafür ist bei diesen Fallgruppen nicht in erster Linie die Qualität des Nachahmungsgegenstandes, sondern die Art und Weise, wie der Nachahmer von diesem Kenntnis erlangt (Erschleichen) bzw. ihn trotz einer entgegenstehenden Sonderbeziehung zum Erstanbieter als Vorbild benutzt (Vertrauensbruch).

168 § 4 Nr. 3c) erklärt Nachahmungen für unlauter, wenn der Nachahmende „die für die Nachahmung erforderlichen Kenntnisse oder Unterlagen unredlich erlangt hat“. Der Wortlaut scheint nur das herkömmliche „Erschleichen“ zu regeln, denn der Vertrauensbruch zeichnete sich aufgrund bisherigen Richterrechts nicht durch eine unredliche Erlangung, sondern durch eine unredliche Ausnutzung fremder Kenntnisse oder Unterlagen aus.

169 Die Begründung des Regierungsentwurfs erläutert, dass bei Buchstabe c) der Nachahmer sich „die erforderlichen Kenntnisse durch Erschleichung eines fremden Betriebsgeheimnisses oder durch Vertrauensbruch verschafft hat“.

170 Dies ist zunächst insofern unzutreffend, als der Gesetzeswortlaut – zu Recht – kein Betriebsgeheimnis voraussetzt.

171 Bedenklich wäre auch eine Beschränkung des Vertrauensbruchs auf die unredliche Verschaffung von Kenntnissen oder Unterlagen. Dies würde bedeuten, dass das Vertrauen schon in der Absicht gewonnen worden sein müsste, es zu missbrauchen. Das wäre zu eng. Vertrauensbruch muss auch dann unlauter sein, wenn zum Zeitpunkt der Vertrauensgewährung noch beide Seiten gutgläubig waren und der Nachahmer sich erst später zum Missbrauch entschloss. Da der Wortlaut von § 4 Nr. 3c) jedenfalls die zuletzt genannte Variante nicht erfasst, müsste diese unter § 3 subsumiert werden.

172 Anders als sonst ist beim Erschleichen und beim Vertrauensbruch keine wettbewerbliche Eigenart erforderlich. Eine Hinweiseignung auf Herkunft oder Besonderheiten spielt für den Unlauterkeitsgehalt dieser Fallgruppen keine Rolle. Es genügt, dass das unlauter erlangte oder verwertete Arbeitsergebnis für den Nachahmer einen **wirtschaftlichen Wert** im Hinblick auf die Nachahmung bedeutet. Unlauter sind Erschleichen und Vertrauensbruch nicht per se, sondern sie führen zur Unlauterkeit einer durch sie ermöglichten oder zumindest erleichterten Nachahmung.

173 Das **spezialgesetzliche Umfeld** dieses Nachahmungsschutzes ist mit dem Verbot u. a. des Geheimnisverrats durch Beschäftigte, des Ausspähens von Geheimnissen und der unbefugten Geheimnisverwertung (jeweils einschließlich Versuchsstrafbarkeit) in § 17, der „Vorlagenfreibeuterei“ in

---

218 BGH GRUR 2005, 163, 165 – *Aluminiumräder* unter Hinweis auf BGH GRUR 1958, 343 – *Bohnergerät* und 1968, 698, 700 – *Rekordspritzen.*

219 BGH a. a. O. unter Hinweis u. a. auf BGH GRUR 1996, 781, 782 f. – *Verbrauchsmaterialien.*

220 BGH GRUR 2010, 1125, 1129 – *Femur-Teil* (abl. GroßkommUWG/*Leistner,* § 4 Nr. 9 Rdn. 197); s. a. BGH GRUR 2013, 951 Rdn. 46 – *Regalsystem.*

221 BGH GRUR 1998, 830, 833 – *Les-Paul-Gitarren.*

222 BGH GRUR 2010, 343 Rdn. 42 – *Oracle.*

223 BGH GRUR 2011, 1158 Rdn. 21 – *Teddybär.*

§ 18 und verschiedenen Teilnahmeformen daran in § 19 bereits eng besetzt.[224] Für die §§ 4 Nr. 3c) und die Generalklausel des 3 verbleibt daher kein großer Anwendungsbereich.

1. Erschleichen

Die **Kenntniserlangung vom Nachahmungsgegenstand** muss **unredlich** gewesen sein.[225] 174
Auf eine Heimlichkeit des Vorgehens kommt es nicht an. Beispiel: Ein Konkurrent lässt sich unter dem Vorwand des Kaufinteresses die neue Maschine eines Wettbewerbers auf dessen Messestand detailliert erklären, um sie nachzubauen. Es können aber nur Umstände erschlichen werden, die **nicht bereits offenkundig** und damit auch dem Nachahmer ohne weiteres zugänglich sind.[226] Es ist daher zulässig, Erzeugnisse eines Konkurrenten nach ordnungsgemäßem Erwerb zu zerlegen und zu vermessen.[227] Auch wer sich im Rahmen von ernsthaften Lizenzverhandlungen die Produktionsstätten seines möglichen Vertragspartners zeigen lässt, erschleicht sich allein deshalb noch nichts.[228] Anders bei Betriebsspionage.[229] Die Anforderungen der Rechtsprechung an den **Grad der Unzugänglichkeit** schwanken. Fest steht nur, dass kein „Geheimnis" i. S. d. § 17 vorliegen muss. Daher kann der dafür erforderliche Geheimhaltungswille fehlen, der das Betriebsgeheimnis vom bloßen Unbekanntsein eines Umstandes unterscheidet.[230] Im Übrigen geht es bei den Anforderungen an die Unzugänglichkeit im Wesentlichen um die Zahl der Personen, die mit dem betreffenden Umstand vertraut sein dürfen. Zu einem Geheimnis i. S. d. § 17 gehört die Begrenzung auf einen eng umrissenen Personenkreis.[231] Die Übergänge zur Offenkundigkeit sind fließend; außerdem ist letztere selbst nicht klar definiert: z. T. wird Zugänglichkeit für jedermann verlangt,[232] andererseits soll schon die Überschreitung eines „eng begrenzten" Personenkreises genügen.[233] Weiterhin hat der BGH offen gelassen, ob zur Offenkundigkeit die tatsächliche Kenntnisnahme durch Außenstehende gehört, oder ob die Möglichkeit dazu genügt.[234] Der Anwendungsbereich der Unlauterkeitsfallgruppe des Erschleichens liegt zwischen Geheimhaltung und Offenkundigkeit. In die Gesamtbewertung kann – anders als bei § 17 – der Wert des Erschlichenen für jede der Parteien einfließen.

2. Vertrauensbruch

Hier ist (entgegen der Gesetzesbegründung) nicht die Erlangung, sondern die **unredliche Ver-** 175
wendung der Kopiervorlage unlauter. Dieser Auffangtatbestand kommt erst zum Zuge, wenn nicht schon eine Verletzung
- vertraglicher Abreden oder Nebenpflichten,
- vorvertraglicher Pflichten (§ 311 II BGB) oder
- von § 18 UWG (Vorlagenfreibeuterei)

vorliegt. Wie diese drei Tatbestände setzt auch der Vertrauensbruch eine – wenn auch u. U. lockerere – **Sonderverbindung** zwischen den Parteien voraus.

Die Rechtsprechung ist bei der Annahme vertraglicher Beziehungen etwa anlässlich vertraulicher 176
Vorführungen,[235] der Anfertigung von Herstellungswerkzeugen nach Zeichnung[236] oder Lohnfertigung der (nachmalig übernommenen) Artikel selbst[237] großzügig. Kann gleichwohl kein Vertrag angenommen werden, kommt oft eine Verletzung von Rücksichts- und Obhutspflichten aus einem **durch Vertragsverhandlungen begründeten Vertrauensverhältnis** in Betracht.[238]

Besonders eng verwandt ist die UWG-Fallgruppe des Vertrauensbruchs mit der **Vorlagenfrei-** 177
beuterei des § 18 (vgl. dort). Wegen der gemeinsamen Grundlage „Vertrauen" sowohl bei der vertraglichen, der vorvertraglichen, der § 18- und der Sittenwidrigkeitshaftung ist der Anwendungsbereich der letzteren praktisch gering.

---

[224] Vgl. ausführlich *Sambuc,* Nachahmungsschutz, Rdn. 256 ff.
[225] BGH GRUR 1961, 40, 42 – *Wurftaubenpresse.*
[226] BGH GRUR 1992, 523, 524 – *Betonsteinelemente.*
[227] A. A. RG GRUR 1936, 183 – *Stiefeleisenpresse;* einschränkend *Harte-Bavendamm* unten § 17 Rdn. 2 f.
[228] BGH GRUR 1992, 523, 524 – *Betonsteinelemente.*
[229] Vgl. BGH GRUR 1973, 483 – *Betriebsspionage.*
[230] Vgl. BGH GRUR 1964, 31 – *Petromax II.*
[231] BGH GRUR 1955, 424 – *Möbelpaste;* näher *Harte-Bavendamm* unten § 17 Rdn. 4 m. w. Nachw.
[232] BGH GRUR 1958, 297, 298 f. – *Petromax I.*
[233] BGH GRUR 1955, 424 – *Möbelpaste.*
[234] BGH GRUR 1982, 225, 226 – *Straßendecke II.*
[235] RG GRUR 1942, 352, 354 – *Quarzlampe.*
[236] BGH GRUR 1964, 31, 33 – *Petromax II;* vgl. auch OLG München GRUR 1965, 196, 197 – *Reiseandenken.*
[237] BGH GRUR 1955, 445, 446 – *Mantelmodell.*
[238] Vgl. BGH GRUR 1964, 31, 33 – *Petromax II* und jetzt § 311 II i. V. m. § 241 II BGB n. F.

IX. Schutz gegen unlautere Behinderungen

1. Allgemeines

178 Ein Unternehmer, dessen Produkte nachgeahmt werden, wird sich regelmäßig durch solchen Wettbewerb „behindert" fühlen. Dieser Begriff ist rechtlich zunächst ebenso **unergiebig** wie etwa der der „Ausbeutung", da er an sich **keine Grenzziehung** zwischen zulässiger und verbotener Nachahmung erlaubt. Auch die Gegenüberstellung der Kategorien des (erwünschten) **Leistungs- und** des (unerwünschten) **Behinderungswettbewerbs** hilft wenig weiter, denn auch der Nachahmer kann individuell und volkswirtschaftlich erwünschte Leistungen erbringen, indem er das Produkt billiger, in höherer Qualität und/oder überhaupt optimiert anbietet. Wären Nachahmungen per se als unlautere Behinderungen einzustufen, würde der Grundsatz der Nachahmungsfreiheit in sein Gegenteil verkehrt.[239] Auch eine Behinderung durch Nachahmung kann daher nur in Ausnahmefällen wettbewerbswidrig sein.[240]

179 Eine Verfestigung als Fallgruppe ähnlich der vermeidbaren Herkunftstäuschung ist bei der Behinderung kaum zu erkennen. Sie wurde daher auch nicht in den Beispielskatalog des § 4 Nr. 3 aufgenommen. Vielmehr dient sie als **Sammelbecken für Missbilligungen verschiedenster Art.** Diese bei ausreichender Verdichtung aufzufangen, ist eine Funktion der Generalklausel des **§ 3.** In der Rechtsprechung haben die folgenden Umstände eine Rolle gespielt, die teils als solche für eine unlautere Behinderung ausreichten, teils nur im Zusammenwirken mit anderen Faktoren, wobei all diese „besonderen Umstände der Nachahmung" wiederum in der bekannten Wechselwirkung mit dem Grad der wettbewerblichen Eigenart und der Intensität der Nachahmung stehen.

2. Systematisches Nachahmen

180 Hier ist zwischen wettbewerblich eigenartigen und Allerweltsprodukten zu unterscheiden:

181 **a) Wettbewerblich eigenartige Produkte.** Systematisches Vorgehen oder „Anklammern" kann die Nachahmung fremder Erzeugnisse auch unlauter machen, wenn weder Herkunftstäuschungen noch Rufausbeutungen zu befürchten sind. **„Planmäßiges und zielstrebiges Anhängen"**[241] ist ein eigener **„besonderer Umstand"**, der zusammen mit wettbewerblicher Eigenart zur Begründung der Unlauterkeit genügt (zur systematischen Nachahmung **nicht** wettbewerblich eigenartiger Erzeugnisse vgl. unten b)). Anders als bei der Nachahmung von Produktprogrammen[242] geht es hier nicht zwingend um aufeinander abgestimmte Gesamtheiten von Erzeugnissen, sondern um eine Addition von Nachahmungen an sich unverbundener Produkte. Beides kann aber auch zusammentreffen, wenn etwa eine Serie von neun Frontzahngarnituren kopiert wird, deren jede aus einer abgestimmten Zusammenstellung künstlicher Zähne besteht.[243]

182 Das systematische Nachahmen ist durch zwei Umstände gekennzeichnet: Eine Mehrzahl von Nachahmungsgegenständen und das planmäßige Vorgehen des Nachahmers.

183 *aa) Mehrzahl von Nachahmungsgegenständen.* Die Anforderungen der Rechtsprechung an die Zahl der kopierten Produkte ist höchst uneinheitlich. In der Entscheidung *Simili-Schmuck,*[244] die als Leitfall zum systematischen Nachahmen gilt, wird die Zahl der nachgeahmten Schmuckstücke nicht einmal mitgeteilt. Im Übrigen wurde ein systematisches Vorgehen bei wettbewerblicher Eigenart der einzelnen Erzeugnisse
- **bejaht** in Fällen der Nachahmung von jeweils 19,[245] 9,[246] 5[247] und 4[248] Produkten,
- **verneint** wiederum bei 4[249] und 8[250] Produkten.

184 Der quantitative Aspekt ist beim systematischen Nachahmen also nur einer unter mehreren. Neben ihm spielen die Grade der Übernahme (unmittelbar oder nur anlehnend) und der wettbe-

---

[239] S. o. Rdn. 20 f., BGH GRUR 2011, 134 Rdn. 66 – *Perlentaucher* und ausdrücklich BGH GRUR 2007, 795, 799 Rdn. 51 – *Handtaschen.*

[240] BGH aaO. Rdn. 50 f. – *Handtaschen.*

[241] BGH GRUR 1996, 210, 213 – *Vakuumpumpen.*

[242] Vgl. oben Rdn. 89.

[243] BGH GRUR 1969, 618 – *Kunststoffzähne.*

[244] BGH GRUR 1960, 244 – *Simili-Schmuck.*

[245] BGH GRUR 1996, 210, 212 f. – *Vakuumpumpen.*

[246] BGH GRUR 1969, 618 – *Kunststoffzähne.*

[247] BGH GRUR 1959, 240, 243 – *Nelkenstecklinge.*

[248] BGH GRUR 1988, 690, 693 – *Kristallfiguren.*

[249] BGH GRUR 1966, 503, 507 – *Apfel-Madonna.*

[250] BGH GRUR 1970, 244, 246 – *Spritzgussengel.*

werblichen Eigenart (bis hin zur Schutzwürdigkeit per se),[251] eventuelle Preisunterbietungen[252] sowie die Absichten des Nachahmers eine Rolle, s. dazu bb).

bb) Planmäßiges Vorgehen des Nachahmers. Auch die Gewichtung der Ziele und Absichten des Nachahmers unterliegt in der Rechtsprechung starken Schwankungen. In *Simili-Schmuck* waren sie ausschlaggebend: **185**

„Ist es ... dem Nachahmer ausschließlich darum zu tun, durch zielbewusstes Anklammern an Arbeitsergebnisse eines Mitbewerbers dessen Leistungen zum eigenen Vorteil auszunutzen, so ist ein solches Vorgehen mit den Anforderungen kaufmännischen Anstands nicht zu vereinbaren".[253]

Diese Ausschließlichkeit der Motivation des Nachahmers ist kaum nachzuweisen.[254] Folgert man andererseits ein planmäßiges und zielstrebiges Anhängen schon aus einer hohen Zahl technisch nicht notwendiger Nachahmungshandlungen,[255] so entfällt es als eigenständiges Tatbestandsmerkmal, wie denn überhaupt Zielstrebigkeit und Planmäßigkeit zu jedem rationalen Wirtschaften gehören und daher kaum als Unlauterkeitskriterien taugen. Letzteres gilt auch für ein sogenanntes „schrittweises"[256] Anhängen: Wer die Produkte eines Konkurrenten nach und nach kopiert, handelt nicht unlauterer als wer eine komplette Produktpalette auf einen Schlag nachahmt.[257] **186**

b) Nicht wettbewerblich eigenartige Produkte. Ob „Dutzendware", die mangels wettbewerblicher Eigenart grundsätzlich schutzlos ist, wenigstens nicht systematisch nachgeahmt werden darf, ist strittig. Nach einer Auffassung soll **fehlende wettbewerbliche Eigenart** dadurch **kompensiert** werden können, dass ein Konkurrent sofort jedes neue Produkt eines Mitbewerbers kopiert und so dessen gesamtes Sortiment übernimmt, um ihn (ggf. mit Preisunterbietung) vom Markt zu verdrängen.[258] Danach läge hier ein klassischer Fall reinen Handlungsunrechts vor,[259] sozusagen ergänzender Leistungsschutz ohne Leistung. **187**

Der BGH hält die Nachahmung von Allerweltserzeugnissen richtigerweise **stets** für **zulässig.** Zumindest ein Minimum an wettbewerblicher Eigenart ist danach zwingende Voraussetzung für eine Wettbewerbswidrigkeit, die auch nicht durch noch so unlautere Begleitumstände aufgewogen werden kann.[260] Eine Klage gegen die Nachahmung von zwölf Schmuckanhängern war nur hinsichtlich der drei Artikel erfolgreich, die eine ausreichende Eigenart aufwiesen, nicht hinsichtlich der restlichen neun, bei denen dies nicht der Fall war.[261] Ebenso erfolglos waren – trotz aller „Systematik" – die Klagen gegen den identischen Nachdruck von 71 Formularen für Bundeswehr-Dienststellen[262] und der Notenausgaben von 124 Musiktiteln.[263] In beiden Fällen fehlte die wettbewerbliche Eigenart. Entscheidend stellte der BGH aber jeweils darauf ab, dass die Erstdrucker ausreichend Zeit zur Gewinnerzielung gehabt hätten, bevor die Nachdrucke erschienen. **188**

3. Zuvorkommen beim (Inlands-)Vertrieb

Hier kopiert der Nachahmer ein Produkt, das bislang **nur im Ausland erhältlich** war. Herkunftstäuschungen scheiden aus, da die inländischen Verkehrskreise die Nachahmungen mangels Kenntnis des Originals nicht mit diesen verwechseln können. Der ausländische Wettbewerber genießt zwar gemäß Artt. 1 II, 2 I PVÜ Gleichbehandlung; das ersetzt aber keine nach deutschem Recht erforderlichen Tatbestandsvoraussetzungen wie die, dass das Erzeugnis des Originalherstellers wenigstens in gewissem Umfang im Verkehr bekannt geworden sein muss.[264] **189**

---

[251] S. oben Rdn. 66f.

[252] S. unten Rdn. 196.

[253] BGH GRUR 1960, 244, 246 – *Simili-Schmuck.*

[254] Kritisch daher *v. Gamm,* Wettbewerbsrecht, Kap. 21 Rdn. 40; *Hubmann* GRUR 1975, 230, 238; *Sambuc,* Nachahmungsschutz, Rdn. 449f.

[255] So BGH GRUR 1996, 210, 213 – *Vakuumpumpen.*

[256] BGH a.a.O. S. 212.

[257] Anders RG GRUR 1938, 68, 71 – *Petit Point;* dagegen auch *v. Gamm* Kap. 21 Rdn. 40.

[258] RG GRUR 1938, 68, 70 – *Petit Point; Spätgens* in: FS Oppenhoff, S. 407, 431.

[259] Zum traditionellen Konzept des UWG-Nachahmungsschutzes als Schutz vor unlauteren Wettbewerbshandlungen, nicht von Leistungen als solchen vgl. oben Rdn. 14ff.

[260] BGH GRUR 2007, 339, 342 Rdn. 24 und 26 – *Stufenleitern.*

[261] BGH GRUR 1979, 119 – *Modeschmuck;* ferner ausdrücklich BGH GRUR 1992, 523, 525 – *Betonsteinelemente:* wettbewerblicher Leistungsschutz „nur" für Erzeugnisse mit wettbewerblicher Eigenart.

[262] BGH GRUR 1972, 127 – *Formulare.*

[263] BGH GRUR 1986, 895 – *Notenstichbilder.*

[264] Vgl. BGH GRUR 1963, 152, 156 – *Rotaprint* und oben Rdn. 104ff.; anders mit unklarer Begründung BGH GRUR 1992, 523, 524 – *Betonsteinelemente.*

190 Der BGH hat in einem solchen Fall eine **wettbewerbswidrige Behinderung** als naheliegend angesehen.[265] Die Klägerin hatte das Original bereits in verschiedenen EU-Staaten vertrieben, als die Beklagte eine identische Nachbildung auf den deutschen Markt brachte. Das Fehlen einer inländischen Vorverbreitung nahm der BGH zum Anlass, den Begriff der wettbewerblichen Eigenart im Zuge seiner Urteilsbegründung umzudefinieren (erst noch – wie bis dahin ständig – Hinweiseignung auf „Herkunft *und* Besonderheiten", dann – und seither ständig – auf „Herkunft *oder* Besonderheiten"). Damit wurde der Begriff der „wettbewerblichen Eigenart" auch außerhalb der Fallgruppe „vermeidbare Herkunftstäuschung" verwendbar. Eine unlautere Behinderung nimmt der BGH an aufgrund einer Addition der drei Umstände wettbewerbliche Eigenart, identische Nachahmung und „dass es für die Klägerin ein erhebliches unternehmerisches Risiko bedeutet hätte, nach dem Erscheinen der Puderdosen … der Beklagten noch ihrerseits auf dem deutschen Markt Ware anzubieten".[266] Obiter heißt es in diesem Zusammenhang, der Fall liege „nicht anders, als wenn ein deutsches Unternehmen durch das Dazwischentreten eines Mitbewerbers an der bevorstehenden Einführung eines bestimmten neuen Produkts gehindert wird".[267] Folglich sieht der BGH eine unlautere Behinderung in derartigen Fällen nicht nur beim Erstvertrieb im Ausland als gegeben an, sondern will reine Inlandssachverhalte ebenso entscheiden.

X. Sonstige Unlauterkeitsaspekte

191 Die folgenden Gesichtspunkte können zur Unlauterkeit einer Nachahmung nur zusammen mit anderen Umständen beitragen, sie aber nicht selbständig begründen.

1. Besonders enge Anlehnung: Unmittelbare Übernahme und identisches Nachschaffen

192 Unter **„unmittelbarer Übernahme"** einer fremden Leistung versteht man eine rein technische Vervielfältigung (maschinelles Kopieren, Überspielen und dergl.) **im Gegensatz zur handwerklichen „Nachschaffung".**[268] Der Nachahmer kopiert unmittelbar zwangsläufig „ohne jede Verbesserung oder ohne auch nur irgendetwas Eigenes hinzuzutun und so weiter zu bauen an dem Werke technischer Vervollkommnung".[269] Ein Grund der Nachahmungsfreiheit, nämlich „auf schutzrechtsfreiem Gebiet die Fortentwicklung des bisher Erreichten nicht zu hemmen",[270] greift hier nicht.

193 Außerdem befürchtet die Rechtsprechung u. U. eine Lähmung des Anreizes zu technischem Fortschritt, wenn unmittelbare Übernahmen schrankenlos zulässig wären. Insbesondere beim Kopieren teuer entwickelter Leistungsergebnisse verschaffe der Übernehmer sich nämlich einen erheblichen Vorteil bei den Gestehungskosten.[271]

194 Die Anforderungen an die wettbewerbliche Eigenart können bei besonders engen Anlehnungen als Folge der Wechselwirkungslehre niedriger angesetzt werden. Der Übernehmer kann sich aber durch die Darlegung rechtfertigen, dass sein Tun im konkreten Fall unbedenklich ist, insbesondere nicht „zu ungerechtfertigten Wettbewerbsvorsprüngen … führen und dem Erbringer der ersten Leistung sogar den Anreiz zur Initiative nehmen" kann.[272] Letzteres ist vor allem dann ausgeschlossen, wenn der Erstanbieter durch langjährigen Vertrieb seine Investitionen längst hereingeholt hat[273] oder das Original nicht einmal mehr anbietet.[274]

195 Die tendenziell strengere Beurteilung hat der BGH von Fällen der unmittelbaren Übernahme auch auf solche des (zwar „handwerklichen", aber) identischen oder sogar nur fast **identischen Nachschaffens** erstreckt. Damit verschiebt sich der Fokus vom (technischen) Nachahmungsmittel zum (optischen oder inhaltlichen) Grad der Annäherung. Derartiges jedoch als „unmittelbare Leistungsübernahme in der Form der fast identischen Nachbildung" zu bezeichnen,[275] ist terminolo-

---

265 BGH WRP 1976, 370, 371 – *Ovalpuderdose.* Für einen Schutz in der (inländischen) Markteinführungsphase unter dem Behinderungsaspekt auch *Krüger/v. Gamm* WRP 2004, 978, 983.

266 A. a. O.

267 A. a. O.

268 Grundlegend BGH GRUR 1966, 503, 507 – *Apfel-Madonna:* Nachschnitzen einer gemeinfreien Skulptur zulässig, Nachgießen u. U. nicht.

269 RG GRUR 1930, 813, 816 – *Graf Zeppelin.*

270 BGH GRUR 1959, 240, 242 – *Nelkenstecklinge.*

271 BGH GRUR 1966, 617, 620 – *Saxophon;* 1969, 618, 620 – *Kunststoffzähne.*

272 BGH GRUR 1969, 618, 620 – *Kunststoffzähne.*

273 BGH GRUR 1972, 127 – *Formulare;* 1986, 895 – *Notenstichbilder.*

274 BGH GRUR 1969, 186 – *Reprint.*

275 BGH GRUR 1992, 523, 524 – *Betonsteinelemente.* Unglückliche Wortwahl auch in Leitsatz 1 von BGH GRUR 2011, 436 – *hartplatzhelden.de,* vgl. oben Rdn. 38.

gisch verwirrend: es sollte dabei bleiben, dass **„Unmittelbarkeit" die Technik der Nachahmung** und **„Identität" den Grad der Übereinstimmung** bezeichnet. Auch beim (fast) identischen Nachmachen sollen „**strenge Anforderungen** an die wettbewerbsrechtliche **Zulässigkeit** des Nachbaus" gelten, d.h. der Nachahmer soll die Unbedenklichkeit der Nachahmung darlegen müssen, „insbesondere auch, warum beim Nachbau deutlichere Abweichungen nicht zuzumuten waren".[276] Diese Verschärfung ist aber nur innerhalb der Tatbestände des § 4 Nr. 3a) und b) angängig: Ein hoher Grad von Übereinstimmung zwischen Vorbild und Nachahmung fördert die Erfüllung der Tatbestände. Die Enge der Anlehnung ist aber kein eigener Unlauterkeitsgrund[277] und kehrt auch das Regel-/Ausnahme-Verhältnis von Zulässigkeit und Unzulässigkeit von Nachahmungen[278] nicht um. Selbst die 1:1-Kopie ist nicht per se unlauter.[279]

2. Preisunterbietung

Niedrige Preise sind ein Hauptanliegen der Wettbewerbsordnung. Preiswettbewerb als unlauter zu verurteilen setzt daher gute Gründe voraus. Kostenersparnis durch den Nachahmer genügt dafür nicht, da diese eine fast zwingende Folge davon ist, dass auf ein fertiges Arbeitsergebnis zurückgegriffen wird. Andererseits soll der Innovationswettbewerb nicht durch den **Imitationswettbewerb** erstickt werden. Diese Gefahr besteht, wenn ein neues Produkt sofort, in gleicher Qualität und billiger als das Original angeboten wird (unabhängig von etwaigen Herkunftstäuschungen oder Rufausbeutungen). Die Addition von Preisunterbietung, zeitlicher Nähe der Nachahmung, u.U. der Menge der nachgeahmten Artikel[280] und/oder einer rein technischen Vervielfältigung (meist kostengünstig und oft ohne Qualitätsverlust) kann daher zur Unlauterkeit einer Nachahmung führen.[281] Sind dem Leistungserbringer und Innovator hingegen die Früchte seiner Arbeit z.B. infolge Zeitablaufs oder des Bestehens von Sonderschutzrechten in ausreichendem Maße zugeflossen, kann sogar eine – ansonsten eher bedenkliche[282] – unmittelbare Übernahme als Mittel der Kostenersparnis und eines dadurch ermöglichten Preiswettbewerbs im Allgemeininteresse liegen.[283] Damit erweist sich die Dauer eines Schutzes als der geeignetste Regulator.[284] **196**

XI. Schutzdauer und Schutzumfang

1. Schutzdauer im Erkenntnis- und im Vollstreckungsverfahren

Mögliche Begrenzungen der Dauer des ergänzenden Leistungsschutzes können sich bereits im Erkenntnisverfahren oder – bei dauerhaftem Unterlassungsgebot – im Zwangsvollstreckungsverfahren infolge einer Vollstreckungsabwehrklage (§ 767 ZPO)[285] niederschlagen. Im **Erkenntnisverfahren** ist das **Unterlassungsgebot dauerhaft,** wenn nicht ausnahmsweise der Unlauterkeitsgrund ein vorübergehender ist. Ist diese Grenze im Zeitpunkt der Klageerhebung bereits überschritten, führt dies zur Unbegründetheit der Unterlassungsklage; wird sie während des Prozesses überschritten, tritt insoweit (nicht unbedingt hinsichtlich des Schadenersatzanspruchs)[286] eine Erledigung der Hauptsache ein. **Zeitlich begrenzte Unterlassungstitel** gewinnen mit dem nicht eingetragenen Gemeinschaftsgeschmacksmuster (Schutzdauer 3 Jahre) an Bedeutung. **197**

2. Konkrete Schutzdauer fallgruppenabhängig

Die Dauer des wettbewerbsrechtlichen Leistungsschutzes hängt entscheidend davon ab, unter welchem Gesichtspunkt er gewährt wird. Grundsätzlich gilt, dass er so lange fortbesteht, wie das Verhalten des Nachahmers unlauter ist.[287] **198**

a) Vermeidbare Herkunftstäuschungen. Am **längsten** kann der Schutz bei vermeidbaren Herkunftstäuschungen (oben Rdn. 74ff.) währen, nämlich bis die Herkunftsfunktion des Originals **199**

---

[276] BGH GRUR 1999, 1106, 1108f. – *Rollstuhlnachbau.*
[277] Vgl. oben Rdn. 65.
[278] Vgl. oben Rdn. 21f.
[279] *Ullmann* jurisPK-UWG § 4 Nr. 9 Rdn. 44.
[280] Vgl. BGH GRUR 1996, 210, 213 – *Vakuumpumpen.*
[281] Vgl. BGH GRUR 1966, 617, 620 – *Saxophon;* s.a. schon RGZ 73, 294 – *Schallplatten.*
[282] S.o. 1.
[283] BGH GRUR 1969, 618, 620 – *Kunststoffzähne.*
[284] S. dazu unten XI.
[285] Vgl. *Körner* GRUR 1985, 909.
[286] Vgl. BGH GRUR 1973, 478 – *Modeneuheit.*
[287] BGH GRUR 2003, 356, 358 – *Präzisionsmessgeräte.*

erlischt. Hier zeigt sich eine Parallele zu den ebenfalls zeitlich prinzipiell nicht begrenzten Kennzeichenrechten, vor allem zum Markenschutz kraft Verkehrsgeltung (§ 4 Nr. 2 MarkenG). Mit dem Markterfolg des Originals und dem Umfang der dafür betriebenen Werbung kann die Eignung zur Erweckung von Herkunftsvorstellungen mit der Zeit noch **wachsen** (m. a. W.: der Grad der wettbewerblichen Eigenart zunehmen). Umgekehrt kann diese Eignung **erodieren** (und der Grad der wettbewerblichen Eigenart abnehmen), wenn der Erfolg nachlässt oder ungestört so viele Nachahmer anlockt, dass das Publikum das Ausgangserzeugnis nicht mehr einem bestimmten Anbieter zuschreibt.[288] Die Aufrechterhaltung einer solchen „Produktidentität" vor allem durch das Vorgehen gegen Nachahmer bestimmt die Schutzdauer daher wesentlich mit. Sie wird sehr erleichtert durch **das anfängliche Bestehen eines Sonderschutzrechts,** praktisch vor allem eines Geschmacksmusters. Nach dessen Erlöschen kann die kennzeichnende wettbewerbliche Eigenart fortbestehen und eine Grundlage für den Fortbestand auch des Nachahmungsschutzes (nunmehr auf der Grundlage der Herkunftstäuschung) bieten. Die Rechtsprechung hierzu ist nicht einheitlich: Während der BGH einerseits auch nach Ablauf eines Patentschutzes den Fortbestand eines Herkunftsschutzes an den Original-Erzeugnissen für möglich hält,[289] hat er sich in einem anderen Fall gegen eine **de facto-Perpetuierung des Patentschutzes mit dem Wettbewerbsrecht** ausgesprochen, obwohl Herkunftstäuschungen nicht ausgeschlossen werden konnten.[290]

200 **b) Unmittelbarer Leistungsschutz.** Das Ziel des unmittelbaren Leistungsschutzes (oben Rdn. 56 ff.) deckt sich mit dem des Patent-, Urheber- und Musterrechts insoweit, als dem Erbringer einer Leistung auch der Genuss von deren Früchten bis zu einem gewissen Grade gesichert werden soll. Wenn diese Gelegenheit ausreichend bestand (insbesondere unter Berücksichtigung eines – früheren – Bestehens von Sonderschutzrechten), ist für einen unmittelbaren ergänzenden Leistungsschutz kein Raum mehr.[291]

201 **c) Schutz gegen Rufausbeutungen und -beeinträchtigungen.** Dieser Schutz (oben Rdn. 135 ff.) ist – ebenso wie der gegen Herkunftstäuschungen – bei Aufrechterhaltung seiner Voraussetzungen zeitlich unbegrenzt. Bestätigt wird dies durch die sondergesetzliche Verselbständigung der Rufausbeutung durch Kennzeichen in § 14 II Nr. 3 MarkenG.

202 **d) Behinderungen.** Im Falle von Behinderungen (oben Rdn. 178 ff.) ist hinsichtlich der Schutzdauer zu unterscheiden: Die Missbilligung systematischen Nachahmens unterliegt grundsätzlich keiner zeitlichen Begrenzung, soweit sie vorwiegend auf das in der Planmäßigkeit liegende Handlungsunrecht abstellt. Anders, wenn „Behinderung" nur eine Metapher für direkten Leistungsschutz ist und der Kläger bereits ausreichend Zeit zur Gewinnerzielung hatte.

203 **e) Erschleichen und Vertrauensbruch.** (oben Rdn. 174 ff.) zeitlichen Schranken nur hinsichtlich der Aufrechterhaltung ihrer materiellen Voraussetzungen, vor allem der fehlenden Zugänglichkeit für die Allgemeinheit (Erschleichen) und des seitens des Geschädigten berechtigterweise in Anspruch genommenen Vertrauens (Vertrauensbruch). Wurden gestohlene Modelle nachgebaut, kann ein wettbewerbsrechtliches Verwertungsverbot viele Jahre dauern.[292]

3. Schutzumfang

204 Der **Grad der wettbewerblichen Eigenart** bestimmt den Schutzumfang des nachgeahmten Arbeitsergebnisses in dem Maße, wie es für die betreffende **Fallgruppe** auf wettbewerbliche Eigenart **ankommt,** d. h. von ausschließlich bei der Schutzwürdigkeit per se bis zu marginal beim Erschleichen und Vertrauensbruch. Wo es auf die wettbewerbliche Eigenart (und nicht primär auf die unlauteren Begleitumstände der Nachahmung) ankommt, gilt: Je origineller ein Erzeugnis im Vergleich zu vorbekannten Erzeugnissen ist, einen um so größeren Abstand muss ein Wettbewerber bei einer Nachahmung einhalten. Außer oder neben solcher „angeborener" wettbewerblicher Eigenart kann auch (erworbene) Bekanntheit zum Grad der wettbewerblichen Eigenart beitragen, vgl. oben Rdn. 86. Der Grad der wettbewerblichen Eigenart ist in den Tatsacheninstanzen zu ermitteln.[293] Soweit es für die jeweilige Fallgruppe auf die wettbewerbliche Eigenart ankommt, bestimmt deren Grad den Schutzumfang des ergänzenden wettbewerbsrechtlichen Leistungsschutzes so wie die

---

288 Vgl. oben Rdn. 98.

289 BGH GRUR 1988, 385, 386 f. – *Wäsche-Kennzeichnungsbänder.*

290 BGH GRUR 1990, 528 – *Rollen-Clips.* So auch ausführlich *Raue,* Nachahmungsfreiheit nach Ablauf des Immaterialgüterrechtsschutzes? S. 36 ff., 132 ff.

291 *Sack* in: FS Erdmann, 697, 698, 714.

292 BGH GRUR 2003, 356, 358 – *Präzisionsmessgeräte.*

293 BGH GRUR 1999, 751, 752 – *Güllepumpen.*

Grade von Unterscheidungskraft, Schöpfungs- oder Erfindungshöhe den Schutzumfang von Marken-, Urheber- und Patentrecht bestimmen.

XII. Aktiv- und Passivlegitimation

1. Aktivlegitimation

Der ergänzende Leistungsschutz steht dem **Erbringer** der jeweiligen Leistung zu. Das ist „bei der Übernahme der Herstellerleistung in aller Regel **nur der Hersteller (Urheber)** und nicht der Händler".[294] Auch andere Wettbewerber sind entgegen § 8 III ebenso wenig klagebefugt wie Kammern oder Verbände.[295] An dieser „Engführung" ist auch nach der Umsetzung der UGP-Richtlinie und der für § 5 II an sich geltenden unbeschränkten Klagebefugnis festzuhalten (und zwar im Sinne einer Abmilderung der gröbsten gesetzgeberischen Widersprüche auch für § 5 II).[296] 205

a) Hersteller. Die Gleichsetzung von „Hersteller" und „Urheber" in dem zitierten BGH-Urteil ist problematisch. Urheber sind Individuen, Hersteller meist Unternehmen. Diese beauftragen angestellte oder externe Designer mit der Produktgestaltung, Werbeagenturen mit der Erstellung von Reklamemitteln, die Werbeagentur wiederum mag unabhängige Texter oder Fotografen einschalten. Der Hersteller muss sämtliche Nutzungsrechte direkt oder indirekt erwerben. Ob neben der Eigennutzung auch ein Recht zur Geltendmachung des zugelieferten geistigen Eigentums gegenüber Dritten erworben wurde, hängt von der Ausgestaltung der jeweiligen Verträge ab: nur eine ausschließliche Lizenz beinhaltet ohne weiteres auch ein eigenes Klagerecht.[297] An Beiträgen von Arbeitnehmern, die kraft ihrer Tätigkeitsbeschreibung zu Kreativleistungen verpflichtet sind, werden dem Arbeitgeber Nutzungsrechte schon stillschweigend aufgrund des Arbeitsvertrages eingeräumt.[298] Eine ausdrückliche Regelung der Exklusivität empfiehlt sich. Bei nur einfachen Nutzungsrechten bleibt der Urheber selbst klagebefugt. Er ist aber auf urheberrechtliche Ansprüche beschränkt. Die spezifisch wettbewerbsrechtlichen Unlauterkeitsgesichtspunkte kann nur der Hersteller als Wettbewerber vorbringen. Das gilt vor allem für die vermeidbare Herkunftstäuschung. Der BGH hat aber auch die dutzendfache unmittelbare Übernahme von Werbefotos eines Brillenherstellers als wettbewerbswidrige Aneignung eines schutzwürdigen fremden Leistungsergebnisses zu Lasten dieses Herstellers gewertet, der die Fotos z. T. von Angestellten, z. T. von beauftragten Fotografen hatte aufnehmen lassen.[299] 206

b) Händler. Ein Händler kann ausnahmsweise unter folgenden Gesichtspunkten aktivlegitimiert sein: 207

aa) Eigene Leistung durch Zusammenstellung einer Kollektion. Erbringt der Händler durch Auswahl und Zusammenstellung einer Kollektion eine besondere schutzwürdige Leistung, kann deren (fast) identische Übernahme wegen der besonderen Eigenart der Gesamtkollektion und ihrer Zusammenstellung bei Vorliegen besonderer Umstände wettbewerbswidrig sein.[300] 208

bb) Vermeidbare Herkunftstäuschung zu Lasten von Alleinvertriebsberechtigten. Der Exklusivhändler eines nachgeahmten Produkts kann gegen vermeidbare Herkunftstäuschungen geschützt sein, wenn durch die Nachahmung nicht nur über die Herkunft von einem bestimmten Hersteller, sondern zugleich auch über die Herkunft aus seinem Unternehmen getäuscht wird.[301] 209

2. Passivlegitimation

In Anspruch genommen werden kann jeder **Vertreiber,** in dessen Person die Unlauterkeitserfordernisse vorliegen. Hierbei kommt es weder auf die Vertriebsebene noch darauf an, ob selbst herge- 210

---

[294] BGH GRUR 1993, 34, 37 – *Bedienungsanweisung;* 1998, 223, 224 f. – *Finnischer Schmuck;* 2005, 519 – *Vitamin-Zell-Komplex.*

[295] So zutr. *Ohly*/Sosnitza § 4 Rdn. 9/84 m. w. N. zum Streitstand.

[296] Ebenso GroßkommUWG/*Leistner,* § 4 Nr. 9 Rdn. 241.

[297] *Schricker/Loewenheim,* Urheberrecht, § 31 UrhG Rdn. 13.

[298] Schricker/Loewenheim/*Rojahn,* Urheberrecht, § 43 UrhG Rdn. 40.

[299] BGH GRUR 1995, 349, 350 f. – *Objektive Schadensberechnung.* Die Klägerin hatte sich ausschließlich auf unlauteren Wettbewerb, nicht auf Urheberrecht gestützt, so dass die Gerichte eine Urheberrechtsverletzung nicht prüften.

[300] BGH GRUR 1991, 223, 224 – *Finnischer Schmuck.*

[301] BGH GRUR 1994, 630, 634 – *Cartier-Armreif;* 1991, 223, 225 – *Finnischer Schmuck;* 1988, 620, 621 f. – *Vespa-Roller.*

stellt wurde. Die **Herstellung selbst ist wettbewerbsrechtlich zulässig.** Sie kann einem hausinternen Gebrauch oder einem zulässigen Auslandsvertrieb dienen.[302]

XIII. Ansprüche

1. Unterlassung

211 Der auf zukünftige Unterlassung des Vertriebs gerichtete, praktisch meist wichtigste Anspruch ist verschuldensunabhängig.[303]

2. Schadenersatz

212 **a) Verschulden.** Der Schadenersatzanspruch setzt Vorsatz oder Fahrlässigkeit voraus. Zur Vermeidung der letzteren verlangt die Rechtsprechung **große Sorgfalt.** Rechtsirrtümer sind nur entschuldigt, wenn der Irrende „mit einer anderen Beurteilung durch die Gerichte nicht zu rechnen brauchte“.[304] Richtig müsste es heißen: „durch irgendein Gericht“, denn manche Spruchkörper beurteilen auch Sachverhalte als unlauter, die andere bereits für einwandfrei erklärt haben. Selbst mit einem solchen Attest im Rücken wird der Wettbewerber von dem strengeren Gericht wegen unlauteren Verhaltens sowie Fahrlässigkeit verurteilt. Fahrlässig handelt nicht nur, „wer sich **erkennbar in einem Grenzbereich des rechtlich Zulässigen bewegt,** in dem er eine von der eigenen Einschätzung abweichende Beurteilung der rechtlichen Zulässigkeit des fraglichen Verhaltens in Betracht ziehen muss“.[305] Er muss auch in Betracht ziehen, dass die Gerichte untereinander abweichende Vorstellungen von Unlauterkeit haben und dass sein Gegner – vor allem im Verfahren der einstweiligen Verfügung – eine Kammer finden wird, für die die Nachahmung nicht grundsätzlich erlaubt, sondern grundsätzlich verboten ist.

213 **b) Schadensentstehung.** Zur Begründung des Antrags auf Feststellung der Schadenersatzpflicht (also noch vor Auskunftserteilung und Schadensbezifferung) muss dargetan werden, dass überhaupt ein Schaden (in welcher Höhe auch immer) **entstanden** ist. Schon aufgrund des Bestehens eines Wettbewerbsverhältnisses liegt nach ständiger Rechtsprechung des BGH die Möglichkeit nahe, dass ein Wettbewerbsverstoß den Konkurrenten schädigt.[306] Auch die Erzielung eines Verletzergewinns lässt i. d. R. den Schluss zu, dass beim Verletzten ein Schaden eingetreten ist (weil er den Gewinn sonst selbst gemacht hätte).[307] Bei Verstößen gegen den wettbewerbsrechtlichen Leistungsschutz ist die **Wahrscheinlichkeit eines Schadenseintritts** noch **höher als bei sonstigen Wettbewerbsverstößen,** da hier – anders als meist – gezielt ein Wettbewerber, nämlich der Rechtsinhaber betroffen ist.

214 **c) Schadenersatz.** Geschuldet wird Schadenersatz, keine Strafe. Alle nachfolgenden Schadensberechnungsarten haben zum Ziel, den **Schädiger nicht besser,** aber auch nicht schlechter zu **stellen als einen rechtstreuen Konkurrenten.** Ein Schadenszuschlag ist bislang nur bei bestimmten Urheberrechtsverletzungen gewährt worden, nämlich im Fall der ungenehmigten öffentlichen Musikwiedergabe.[308] und bei gleichzeitiger Verletzung des Urheberpersönlichkeitsrechts.[309] Diese Rechtsprechung hat einen Ausnahmecharakter und ist auf andere Rechtsverletzungen grundsätzlich nicht anwendbar.[310]

215 **d) Schadensberechnung.**[311] Schaden ist die **Differenz** zwischen dem tatsächlichen Vermögen des Rechtsinhabers nach der Rechtsverletzung und seinem hypothetischen Vermögen falls die Rechtsverletzung nicht stattgefunden hätte (§ 249 S. 1 BGB). Diese Differenz besteht aus **entgan-**

---

302 Zur Passivlegitimation bei wettbewerbsrechtlichen Ansprüchen im Allgemeinen unten Goldmann § 8 Rdn. 350 ff.

303 Eingehend zum wettbewerbsrechtlichen Unterlassungsanspruch unten Goldmann § 8 Rdn. 1 ff.

304 BGH GRUR 1999, 923, 928 – *Tele-Info-CD* m. w. N.; s. näher *Goldmann* unten § 9 Rdn. 61 ff.

305 BGH a. a. O.

306 BGH GRUR 1993, 926, 927 – *Apothekenzeitschriften* m. w. N., z. T. auch zum Markenrecht (BGH GRUR 1974, 735, 736 – *Pharmamedan*), mit dem das UWG hier auf eine Stufe gestellt wird.

307 BGH GRUR 1995, 349, 351 – *Objektive Schadensberechnung.*

308 BGH GRUR 1973, 379 – *Doppelte Tarifgebühr.*

309 OLG Hamburg GRUR 1989, 912 – *Spiegel-Photos;* OLG München ZUM 2000, 404, 407 – *Literaturhandbuch;* OLG Frankfurt GRUR 1989, 203, 205 – *Wüstenpflug;* OLG Düsseldorf GRUR-RR 2006, 393, 394 f.; KG WRP 2012, 1002; nunmehr auch BGH GRUR 2015, 780 – *Motorradteile.*

310 BGH GRUR 1990, 353, 355 – *Raubkopien;* zu möglichen Auswirkungen der flexibleren Schadensbemessung aufgrund der Durchsetzungsrichtlinie siehe unten *Goldmann* § 9 Rdn. 2 ff., 144.

311 Zur Schadensberechnung bei wettbewerbsrechtlichen Verstößen ausführlich Goldmann § 9 Rdn. 87 ff.

genem Gewinn, § 252 S. 1 BGB. Trotz der Beweiserleichterungen in § 252 S. 2 BGB und § 287 I 1 ZPO ist die vom Gesetz vorgesehene Berechnung des eigenen entgangenen Gewinns oft schwierig. Selbst wenn sich eine Korrelation von Verletzerumsatz und Umsatzeinbußen beim Rechtsinhaber zeigen lässt, muss diese nicht zwangsläufig auf das Angebot der Nachahmungen zurückzuführen sein. Schon wenn der Nachahmer deutlich billiger angeboten hat, muss er auch Kaufkraft abgeschöpft haben, die für den teureren Original-Anbieter nicht erreichbar war. Der Inhaber von Immaterialgüterrechten oder wettbewerblichen Leistungsschutzpositionen ist also gegenüber dem Sacheigentümer doppelt benachteiligt: einmal durch die besondere Verletzlichkeit geistigen Eigentums und außerdem beim Schadensnachweis.

Für den Bereich der Sonderschutzrechte hat die Rechtsprechung dieses Problem schon früh mit der Einführung zweier weiterer Schadensberechnungsmethoden gelöst, nämlich der Abschöpfung des Verletzergewinns und der Zubilligung einer fiktiven Lizenzgebühr. Dem Verletzten stehen somit **drei Berechnungsarten zur Wahl,** von denen er sich die für ihn **günstigste aussuchen** kann. Entscheiden muss er sich erst nach vollständiger Auskunftserteilung. Noch im Betragsverfahren („Zahlungsprozess") kann er die **Berechnungsmethode wechseln.** Das Wahlrecht erlischt erst mit der rechtskräftigen Zuerkennung des bezifferten Anspruchs oder mit Zahlung des verlangten Betrages durch den Verletzer. Der Verletzte muss sich klar für eine Berechnungsart entscheiden. Es gibt keine „dreifache Schadensberechnung", sondern nur drei Berechnungsmethoden. Diese dürfen nicht miteinander kombiniert oder vermischt werden. Zulässig ist hingegen die Stellung von Hilfsanträgen aufgrund alternativer Berechnungsarten.[312] 216

Wegen der (oft nur vermeintlich) unterschiedlichen Schutzgüter von Sonderschutzrechten und wettbewerbsrechtlichem Leistungsschutz hat die Rechtsprechung beim Letzteren die **Wahl der drei Berechnungsarten** zunächst nur zögerlich und differenzierend nach Fallgruppen eröffnet. Inzwischen ist sie **„für alle Fälle der wettbewerbswidrigen Leistungsübernahme" zugelassen.**[313] 217

aa) Eigener entgangener Gewinn. Dies ist die im BGB vorgesehene Methode der Schadensberechnung (**Differenzhypothese,** §§ 249 S. 1, 252 BGB). Ihre **Unzulänglichkeit** für die Bedürfnisse des gewerblichen Rechtsschutzes und Urheberrechts hat zur Eröffnung der anderen beiden, sogenannten „objektiven" Berechnungsarten geführt. In der Praxis spielt die sogenannte „konkrete" Berechnungsart des eigenen entgangenen Gewinns kaum eine Rolle. 218

bb) Abschöpfung des Verletzergewinns.[314] Diese Berechnungsart ist attraktiv, wenn der Verletzer besonders geschäftstüchtig war. Rechtlich beruht sie allerdings auf der Fiktion, dass „dem Verletzten entsprechende eigene Geschäfte (und daraus resultierende Gewinnmöglichkeiten) entgangen sind".[315] Ihre Zwecke sind Ausgleich, Sanktion und Prävention.[316] Sie setzt detaillierte Auskunftserteilung und Rechnungslegung des Verletzers hinsichtlich der erzielten Umsätze und seiner Kostenstruktur voraus. Nachdem der BGH ursprünglich dem Verletzer den Abzug nicht nur von Stückkosten, sondern auch von **anteiligen Gemeinkosten** gestattet hatte,[317] hat er insoweit kritischen Stimmen in der Literatur[318] Rechnung getragen und lässt den Abzug der letzteren jetzt nur noch zu, wenn und soweit sie ausnahmsweise (entgegen ihrem eigentlichen Charakter als Gemeinkosten) den rechtsverletzenden Gegenständen **unmittelbar** zugerechnet werden können.[319] Dies gilt ausdrücklich auch für Fälle des wettbewerbsrechtlichen Leistungsschutzes.[320] 219

Ausnahmsweise kommt diese Berechnungsmethode nicht in Betracht, wenn mit dem Verletzergewinn keine Gewinneinbuße auf Seiten des Verletzten korrespondiert, etwa weil die Gewinne **beider** aufgrund derselben Umsätze stiegen.[321] Hierfür eine Kompensation zuzusprechen wäre unvereinbar mit dem das Schadenersatzrecht bestimmenden Ausgleichszweck. Hieran zeigt sich, dass die beiden objektiven Berechnungsarten keinen selbständigen Schadensgrund abgeben, die Feststellung der **Entstehung** eines Schadens (Rdn. 213) also nicht ersetzen können. 220

---

[312] Vgl. zum Ganzen ausführlich BGH GRUR 1993, 55, 57 – *Tchibo/Rolex II.*

[313] Seit BGH GRUR 1993, 757 – *Kollektion Holiday.* ausführlich zur Wahlmöglichkeit des Gläubigers unten *Goldmann* § 9 Rdn. 142ff.

[314] Eingehend hierzu unten *Goldmann* § 9 Rdn. 159ff.

[315] BGH GRUR 1995, 349, 351 – *Objektive Schadensberechnung;* 2001, 329, 331 – *Gemeinkostenanteil.*

[316] BGH GRUR 2001, 329, 331 – *Gemeinkostenanteil.*

[317] BGH GRUR 1962, 509, 511 – *Dia-Rähmchen II.*

[318] *Lehmann* BB 1988, 1680, 1683ff.; *Körner* in: FS Steindorff, S. 877, 886f.

[319] BGH GRUR 2001, 329 – *Gemeinkostenanteil.* Zu den Auswirkungen dieser Entscheidung s. ausführlich *Tilmann* GRUR 2003, 647.

[320] BGH GRUR 2007, 431 – *Steckverbindergehäuse.*

[321] So im Fall BGH GRUR 1995, 349 – *Objektive Schadensberechnung.*

221 Abschöpfbar ist (nur) der mit der Rechtsverletzung erzielte Gewinn, d. h. der **Vorteil,** den der Verletzer **gerade aus der Nachahmung** des konkreten Original-Erzeugnisses gezogen hat. Bei den Sonderschutzrechten weicht der diesbezügliche Anteil je nach Typus des Schutzrechts und der Bedeutung seiner Ausnutzung für die Kaufentscheidung voneinander ab: Bei Patent- und Designverletzungen[322] ist eher der ganze Gewinn (nach Abzug der Aufwendungen des Verletzers) herauszugeben.[323] Abschläge können vorgenommen werden, wenn die Kaufentscheidung maßgeblich durch andere Parameter wie günstigeren Preis oder bei Werken der angewandten Kunst abweichende Funktionalität beeinflusst wurde.[324] Bei Kennzeichenverletzungen nimmt man hingegen an, dass die betreffende Ware überwiegend auch bei einer anderen, rechtlich einwandfreien Kennzeichnung gekauft worden wäre, so dass hier erhebliche Abschläge zu machen sind.[325] Dementsprechend sind **höhere Abschläge auch beim wettbewerbsrechtlichen Leistungsschutz** gerechtfertigt, wenn die wettbewerbliche Eigenart mehr auf markenartigen als auf produktartigen Elementen beruht; bei § 4 Nr. 9c) ist maßgeblich, inwieweit die Nachahmung auf dem unredlich Erlangten beruht.

222 Sodann kommt es auf die **Intensität der Nachahmung** an: bei (fast) identischer Produktnachahmung oder unmittelbarer Übernahme muss ein Abzug (wenn er überhaupt gerechtfertigt ist) tendenziell geringer ausfallen als bei weniger engen Anlehnungen.[326] Schließlich ist der Grad der wettbewerblichen Eigenart zu berücksichtigen: Je origineller und/oder bekannter das Original-Erzeugnis ist, desto eher ist anzunehmen, dass auch seine Nachahmungen gerade wegen der charakteristischen Gestaltung gekauft wurden. Bei eher blassen Produkten hingegen mag nicht einmal eine identische Übernahme den Erwerb der Nachahmungen veranlasst haben.

223 Innerhalb einer **Verletzerkette** haftet grundsätzlich jeder einzelne Verletzer auf die Herausgabe des von ihm erzielten Gewinns. Die einzelnen Glieder der Verletzerkette sind in der Regel keine Gesamtschuldner gem. §§ 830, 840 BGB.[327] Der Gewinn eines in der Kette weiter oben stehenden Verletzers wird dadurch gemindert, dass dessen Abnehmer ihn infolge der Inanspruchnahme durch den Berechtigten in Regress nehmen.[328]

224 *cc) Lizenzanalogie.* Dies ist die **praktisch am häufigsten** angewandte Berechnungsart. Sie ist „überall dort zulässig, wo die Überlassung von Ausschließlichkeitsrechten zur Benutzung durch Dritte gegen Entgelt rechtlich möglich und verkehrsüblich ist".[329] Dazu gehören auch alle wettbewerbsrechtlich geschützten Leistungspositionen.[330]

225 Der Grundgedanke ist, dass dem Verletzer die Zahlung des üblichen Entgeltes für die Nutzung einer fremden Leistung nicht erspart bleiben soll.[331] Diese Berechnungsart fragt danach, wie die Vermögenslage des Verletzers wäre, wenn er diese Leistung erlaubtermaßen benutzt hätte: „Da er in einem solchen Fall die Gestattung des Schutzrechtsinhabers hätte einholen müssen, die dieser üblicherweise nur gegen Zahlung einer Lizenzgebühr als Entgelt erteilt hätte, ist der Verletzer so zu behandeln, als sei durch seinen rechtswidrigen Eingriff dem Rechtsinhaber diese angemessene Lizenzgebühr entgangen".[332] Geschuldet wird, „was bei vertraglicher Einräumung **ein vernünftiger Lizenzgeber gefordert und ein vernünftiger Lizenznehmer gewährt hätte,** wenn beide die im Zeitpunkt der Entscheidung gegebene Sachlage gekannt hätten".[333] „Zeitpunkt der Entscheidung" ist der der Vergütungsfestsetzung für die Vergangenheit,[334] also der gerichtlichen Entscheidung. Auf die zu diesem Zeitpunkt bekannten Tatsachen ist abzustellen, nicht etwa auf die (hypothetischen) Erwartungen und Aussichten der Parteien z. Zt. der hypothetischen Lizenzgewährung vor Verletzungsbeginn. Es kommt also darauf an, was vernünftige Vertragspartner vereinbart hätten,

---

322 Dazu ausdrücklich BGH GRUR 2001, 329, 332 – *Gemeinkostenanteil.*

323 Durchweg für nur anteilige Gewinnabschöpfung *Teplitzky* Kap. 34 Rdn. 33 m. w. N.

324 BGH GRUR 2009, 856, 861 Rdn. 45 – *Tripp-Trapp-Stuhl.*

325 BGH GRUR 1973, 375, 378 – *Miss Petite.*

326 Auf eine identische Nachahmung wird abgestellt in BGH GRUR 1974, 53, 54 – *Nebelscheinwerfer* und 2001, 329, 332 – *Gemeinkostenanteil* (jeweils zum Geschmacksmusterrecht); vgl. ferner BGH GRUR 1993, 55, 59 – *Tchibo/Rolex II:* Es bestehe „kein Anhalt dafür, dass der von der Beklagten erzielte Gewinn in vollem Umfang darauf beruht, dass die verkauften Uhren solchen der Klägerin ähnlich gestaltet waren".

327 BGH GRUR 2009, 856, 863 Rdn. 67 – *Tripp-Trapp-Stuhl.*

328 BGH a. a. O. Rdn. 73; vgl. ausführlich *Lohbeck,* Die Haftung in Verletzermehrheit und Verletzerkette, S. 207 ff.

329 BGH GRUR 1990, 1008, 1009 – *Lizenzanalogie;* hierzu näher *Goldmann* unten § 9 Rdn. 151 ff.

330 BGH GRUR 1993, 757 – *Kollektion Holiday;* 1995, 349, 351 – *Objektive Schadensberechnung.* Ausführlich zur Lizenzanalogie unten *Goldmann* § 9 Rdn. 151 ff.

331 BGH GRUR 1990, 1008, 1009 – *Lizenzanalogie.*

332 BGH GRUR 1993, 899, 901 – *Dia-Duplikate.*

333 BGH GRUR 1990, 1008, 1009 – *Lizenzanalogie;* 1966, 375, 378 – *Meßmer-Tee II.*

334 *Lindenmaier* GRUR 1955, 359, 360.

wenn sie beim Eingehen des (fiktiven) Lizenzvertrages die künftige Entwicklung und namentlich die Zeitdauer und das Ausmaß der Rechtsverletzung vorausgesehen hätten.[335]

3. Ungerechtfertigte Bereicherung

Nach § 812 I 1 2. Alt. BGB ist zur Herausgabe verpflichtet, wer auf Kosten eines anderen etwas **ohne rechtlichen Grund erlangt** (sog. Eingriffskondiktion). Anders als der Schadenersatzanspruch ist der Bereicherungsanspruch verschuldensunabhängig. Er unterliegt auch nicht der kurzen (6 Monate ab Kenntnis) Verjährung des § 11 UWG, da dieser ausdrücklich nur Unterlassung und Schadenersatz regelt. Bereicherungsansprüche **verjähren in drei Jahren** (§ 195 BGB, zum Beginn dieser Frist vgl. § 199 BGB). **226**

Verstöße gegen § 3 UWG begründen i. d. R. keine Bereicherungsansprüche. Wer Lauterkeitsregeln verletzt, greift aufgrund dessen meist nicht in geschützte Rechtspositionen ein, die einem bestimmten Konkurrenten zugewiesen wären. Anders verhält es sich beim wettbewerbsrechtlichen Leistungsschutz, der – mit Ausnahme der Fallgruppen Erschleichen und Vertrauensbruch – einen solchen **„Zuweisungsgehalt"** aufweist. Hier ist – ebenso wie bei den Sonderschutzrechten – die **Eingriffskondiktion** gegeben.[336] Die Berechnung der Bereicherung erfolgt – obwohl auf den ersten Blick eine Verwandtschaft mit der Abschöpfung des Verletzergewinns zu bestehen scheint – ausschließlich und erschöpfend anhand der fiktiven Lizenzgebühr:[337] Aus der Bereicherung im Rechtssinne „erlangt" ist der Gebrauch des immateriellen Schutzgegenstandes und dessen Wert i. S. v. § 818 II BGB wird im Sinne eines objektiven Verkehrswerts von der angemessenen (fiktiven) Lizenzgebühr widergespiegelt. **227**

Aus der Anknüpfung des Bereicherungsanspruchs nicht an die Einbußen des Rechtsinhabers, sondern an das vom Verletzer Erlangte folgt die Möglichkeit auch eines **Wegfalls** dieses Anspruchs **infolge Entreicherung** (§ 818 III BGB). **228**

4. Auskünfte

a) Ermöglichung der Schadensberechnung. Da der in seinem wettbewerbsrechtlichen Leistungsschutz Verletzte seinen Schaden wie der Inhaber eines Sonderschutzrechts berechnen kann (vgl. oben Rdn. 216f.), stehen ihm auch die zum Schadenersatzanspruch akzessorischen Ansprüche auf Auskunft und Rechnungslegung[338] im gleichen Umfang zu. Ihre Rechtsgrundlage ist **Gewohnheitsrecht.**[339] Sie dienen dazu, dem Geschädigten zunächst die **Wahl der für ihn günstigsten Berechnungsart** und sodann die Berechnung der **Höhe** des ihm entstandenen Schadens zu ermöglichen. Da die Berechnungsart nicht sofort feststehen muss, sind auch die Auskünfte zu erteilen, die einer Berechnung des Verletzergewinns dienen.[340] Vor allem hier ist auch eine **Rechnungslegung** erforderlich. Darunter versteht man (§ 259 BGB) eine durch Belegvorlage gestützte (und somit überprüfbare) und hinsichtlich einzelner Geschäftsvorgänge sowie deren jeweiligen Inhalten möglichst detaillierte Auskunft. Der Begriff ist aber nicht so fest definiert, dass sich eine Aufzählung der Posten erübrigte, die den Verletzten vor allem interessieren (z. B. Lieferpreise, Liefermengen, ggf. Aufschlüsselung nach unterschiedlichen Typen oder Modellen und vor allem die für ihn undurchsichtigen Gestehungskosten und sonstigen Kostenstrukturen des Verletzers). **229**

Auskunft wird auch für die Zeit vor der ersten nachgewiesenen Verletzungshandlung geschuldet.[341] Kein Anspruch besteht im Hinblick auf Auskünfte, durch die der Betreffende dem mutmaßlich Verletzten erst eine Grundlage für rechtliche Schritte liefern würde.[342] **230**

Problematisch sind im Rahmen der Vorbereitung der Schadensberechnung (d. h. unabhängig von einer möglichen Drittauskunft, vgl. unten b)) Auskünfte hinsichtlich der Identität der Abnehmer. Einerseits soll die Rechnungslegung nur der Schadensberechnung dienen und nicht der Ausforschung von Kundenbeziehungen.[343] Deshalb kann das Gericht dem Beklagten (sogar ohne dessen Hilfsantrag) den sog. **„Wirtschaftsprüfervorbehalt"** einräumen, wonach diesbezügliche Auskünfte nicht direkt an den Kläger, sondern einer Vertrauensperson und lediglich zum Zwecke der Überprüfung ihrer Richtigkeit zu erteilen sind. Andererseits kann die Kenntnis der Identität be- **231**

---

[335] Grundlegend RG GRUR 1943, 288, 293f.
[336] Ebenso *Ohly*/Sosnitza, § 4 Rdn. 9/89; offen gelassen in BGH GRUR 1991, 914, 916f. – *Kastanienmuster.*
[337] BGH GRUR 1982, 301, 303 – *Kunststoffhohlprofil II* (zum Patentrecht).
[338] Zu wettbewerbsrechtlichen Auskunftsansprüchen eingehend *Goldmann* vor § 8 Rdn. 35ff.
[339] BGH GRUR 1980, 227, 232 – *Monumenta Germaniae Historica.*
[340] BGH a. a. O.
[341] BGH GRUR 2007, 877 – *Windsor Estate.*
[342] BGH GRUR 1994, 630, 632 – *Cartier-Armreif.*
[343] BGH GRUR 1980, 227, 233 – *Monumenta Germaniae Historica.*

stimmter Abnehmer für die Berechnung eines konkreten Umsatz- und Gewinnverlustes eine Rolle spielen.

232 **b) Auskunft über Vertriebswege („Drittauskunft").** Die Sonderschutzrechte sehen vor, dass der Rechtsinhaber vom Verletzer Auskunft „über die Herkunft und den Vertriebsweg" der Verletzungsgegenstände verlangen kann (z.B. § 101a UrhG, § 104b PatG, § 19 MarkenG). Danach hat der zur Auskunft Verpflichtete „Angaben zu machen über Namen und Anschrift des Herstellers, des Lieferanten und anderer Vorbesitzer, der Waren oder Dienstleistungen sowie der gewerblichen Abnehmer und Verkaufsstellen für die sie bestimmt waren" (so beispielhaft § 19 III Nr. 1 MarkenG). Damit soll der Rechtsinhaber in die Lage versetzt werden, die Verletzungsgegenstände und ihre Herkunft entlang den Vertriebswegen im Markt in allen Richtungen zu verfolgen. Ziel ist die Unterbindung von Rechtsverstößen Dritter, nämlich einer erneuten Belieferung des Auskunftspflichtigen und/oder einer Weiterverbreitung der von diesem an gewerbliche Abnehmer vertriebenen Produkte. Die einheitlichen Bestimmungen in den Sondergesetzen gehen zurück auf das **Produktpirateriegesetz** von 1990 und die Umsetzung der **Durchsetzungsrichtlinie** (2004/48/EG) durch den deutschen Gesetzgeber mit Wirkung vom 1. September 2008. Im UWG sind sie **nicht** enthalten. Der BGH hat ihre analoge Anwendung des Produktpirateriegesetzes auf Fälle des ergänzenden Leistungsschutzes abgelehnt. Stattdessen gewährt er einen **Anspruch auf Drittauskunft aus § 242 BGB.** Damit wird im Einzelfall eine Berücksichtigung des Verhältnismäßigkeitsgrundsatzes durch **Interessenabwägung** ermöglicht.[344] Auf Seiten des Verletzten spielen dabei vor allem die Bedeutung der beeinträchtigten Rechtsposition, der Grad von deren Beeinträchtigung und vor allem der Umfang der noch von Dritten zu erwartenden Beeinträchtigungen eine Rolle. Der Auskunftspflichtige soll seine Bezugsquellen und gewerblichen Kunden nur dann und insoweit offenbaren müssen, als die genannten Interessen des Verletzten überwiegen.

5. Kein Vernichtungsanspruch

233 Da mit § 3 UWG nicht die Herstellung unlauter nachgeahmter Erzeugnisse untersagt werden kann (vgl. oben Rdn. 31), gibt es hier auch keinen Vernichtungsanspruch.[345]

6. Verjährung

234 Es gilt die kurze Verjährung des § 11. Angemessener wären die drei Jahre, die im allgemeinen Deliktsrecht und bei den Sonderschutzrechten gelten. Denn denen stehen die Sachverhalte und die Interessen der Beteiligten in UWG-Nachahmungsfällen in jeder Hinsicht näher als den typischen kurzlebigen UWG-Regelverstößen. Die Rechtsprechung sieht sich jedoch zu Recht an die Spezialregelung des § 11 gebunden.[346] Hinsichtlich der Verjährung des Schadenersatzanspruchs ist der Vertrieb nachgeahmter Produkte keine einheitliche Dauerhandlung (mit der Folge, dass die Verjährung hinsichtlich aller Teilakte u.U. erst mit der Beendigung der letzten Vertriebshandlung begänne), sondern eine fortgesetzte Handlung, so dass die Verjährungsfrist hinsichtlich jeder einzelnen Vertriebshandlung gesondert läuft.[347]

XIV. Bagatellschwelle

235 Der ergänzende wettbewerbsrechtliche Leistungsschutz ist hinsichtlich seiner Voraussetzungen und Rechtsfolgen i.S. eines „beweglichen Systems" so elastisch, dass es i.d.R. hinsichtlich der vertypten Fallgruppen des § 4 Nr. 3 eines zusätzlichen Rückgriffs auf eine irgendwie geartete Bagatellklausel nach § 3 I (vgl. *Podszun,* Rdn. 199) nicht bedarf. Einer vollständigen Verneinung von Ansprüchen ist ggf. deren Beschränkung hinsichtlich Schutzumfang und -dauer vorzuziehen.

XV. Prozessuales

1. Antragsformulierung

236 Dem Bestimmtheitserfordernis des § 253 II Nr. 2 ZPO muss genügt werden. Richtet sich der Antrag gegen eine ganz konkrete Verletzungsform, so muss der angegriffene Gegenstand nicht un-

---

344 BGH GRUR 1994, 630, 632 – *Cartier-Armreif.*
345 BGH GRUR 2012, 1155, 1158 Rdn. 36 – *Sandmalkasten.*
346 BGH GRUR 1999, 751, 754 – *Güllepumpen.*
347 S.u. *Schulz* § 11 Rdn. 79f.; BGH GRUR 199, 751, 754 – *Güllepumpen.*

bedingt wörtlich beschrieben werden. Eine bildliche Darstellung genügt, wenn sich unter Heranziehung der Klagegründe eindeutig ergibt, aufgrund welcher Merkmale des angegriffenen Erzeugnisses ein Wettbewerbsverstoß vorliegen soll.[348]

2. Streitgegenstand

Eine Reihenfolge der verschiedenen Ansprüche aus § 4 Nr. 3 muss nicht festgelegt werden, ebenso wenig im Verhältnis zu § 5 II.[349] Das folgt aus dem Grundsatz,[350] dass bei der wettbewerbsrechtlichen Unterlassungsklage der Streitgegenstand grundsätzlich von der konkreten Verletzungsform gebildet wird. **237**

D. § 4 Nr. 4 (Behinderungswettbewerb)

Unlauter handelt, wer

3. Mitbewerber gezielt behindert;

Inhaltsübersicht

	Rdn.
I. Vorbemerkungen	1
1. Grundzüge und Entstehungsgeschichte des § 4 Nr. 4 UWG	1
2. Einfluss des europäischen Rechts	4
3. Das Verhältnis von § 4 Nr. 4 zu anderen Unlauterkeitstatbeständen des UWG	6
4. Behinderungstatbestände im Kartellrecht und deren Verhältnis zu § 4 Nr. 4 UWG	9
5. Die Tatbestandsmerkmale des § 4 Nr. 4 UWG	13
6. Systematik der Kommentierung	20
II. Behinderung auf dem Beschaffungsmarkt	21
1. Behinderung beim Einkauf	22
a) Behinderung durch konkurrierende Einkäufer	22
b) Leistungsverweigerung	21
2. Behinderung durch den Abnehmer	24
III. Betriebsstörung	25
1. Abwerbung von Arbeitskräften	26
a) Abwerbungsfreiheit	26
b) Wettbewerbswidrige Abwerbung von Mitarbeitern	28
aa) Zweck der Abwerbung	28
bb) Methoden und Mittel	33
cc) Sonstige Begleitumstände einer Abwerbung	43
c) Wettbewerbswidrige Ausnutzung der Übernahme von Mitarbeitern	46
d) Rückwerbung	47
e) Rechtsfolgen	48
2. Einwirkungen auf den Betriebs- und Produktionsablauf	52
3. Testmaßnahmen	54
a) Zulässigkeit von Testmaßnahmen	54
b) Unzulässigkeit des Verbots von Testmaßnahmen	57
c) Unzulässige Testmaßnahmen	59
d) Folgen unzulässiger Testmaßnahmen	63
e) Erstattung der Testkosten	64
4. Spionage	66
5. Unruhestiftung	68
IV. Absatz- und Vertriebsbehinderung	69
1. Allgemeines	69
2. Werbebehinderung	71
3. Kundenbeziehungen	80
a) Abfangen von Kunden	80
b) Abwerbung von Kunden	93
aa) Unlautere Begleitumstände der Abwerbung	94
bb) Rückwerbung	105
cc) Rechtsfolgen	106

[348] BGH GRUR 2013, 1052 Rdn. 12 – *Einkaufswagen III.*

[349] BGH GRUR 2013, 951 Rdn. 10 – *Regalsystem;* 2013, 1052 Rdn. 11 – *Einkaufswagen III.*

[350] Vgl. BGH GRUR 2013, 401 Rdn. 24 – *Biomineralwasser.*

Rdn.
4. Vertriebsstörung ... 107
a) Parasitäre Leistungsangebote ... 108
b) Aufkauf von Waren ... 109
c) Einsatz rechtlicher Mittel gegen Leistungsangebote Dritter ... 110
d) Sperrmarken ... 113
e) Sonstige Formen der Vertriebsstörung ... 121
5. Marktzugangsbehinderung durch die öffentliche Hand ... 123
V. Verletzung selektiver Vertriebssysteme und die Entfernung von Warencodierungen 125
1. Allgemeines ... 125
a) Wettbewerbsrechtlich geschützte Vertriebsbindungssysteme ... 127
b) Ungeschützte faktische Vertriebsbindungssysteme ... 132
2. Wettbewerbsrechtlicher Schutz von Vertriebssystemen ... 133
3. Kodierungen zur Kontrolle von Vertriebssystemen ... 136
4. Sonstige Kodierungen für unterschiedliche Zwecke ... 138
a) Kodierungen zur Gefahrenabwehr ... 138
b) Gesetzlich vorgeschriebene Warenkodierungen ... 140
c) Sonstige Angaben zur Steuerung des Vertriebswegs ... 143
5. Irreführung über die Entfernung einer Warenkodierung ... 145
6. Ansprüche aus dem Markengesetz ... 147
7. Urkundenvernichtung (§ 274 StGB) ... 148
8. Anbringen eigener Warenkodierungen ... 149
9. Zivilprozessuale Besonderheiten ... 150
VI. Preisgestaltung ... 153
1. Preisgestaltungsfreiheit ... 153
2. Wettbewerbswidrige Elemente der Preisbildung ... 154
3. Das Verhältnis des Preises zu anderen Marktparametern ... 161
4. Wettbewerbswidrigkeit von Niedrigpreisen ... 162
a) Behinderung einzelner Mitbewerber ... 164
b) Behinderung des Wettbewerbs ... 169
c) Rechtfertigung ... 173
d) Darlegungs- und Beweislast ... 174
5. Verkauf unter Selbstkosten oder Einstandspreis im Kartellrecht ... 175
6. Schleuderpreise für Markenartikel ... 176
7. Irreführung der angesprochenen Verkehrskreise ... 178
8. Schleuderpreise als übertriebenes Anlocken ... 179
VII. Unberechtigte Abmahnung von Wettbewerbsverstößen ... 180
1. Allgemeines ... 180
2. Wettbewerbsrechtliche Beurteilung ... 181
3. Schadenersatz und Kostenerstattung ... 184
VIII. Verwarnung aus Ausschließlichkeitsrechten (Schutzrechtsverwarnung) ... 188
1. Formale und inhaltliche Voraussetzungen einer zulässigen Schutzrechtsverwarnung ... 193
2. Berechtigte Schutzrechtsverwarnungen ... 195
3. Die unberechtigte Schutzrechtsverwarnung ... 196
a) § 4 Nr. 4 UWG ... 197
b) § 4 Nr. 1, 2 UWG ... 199
c) § 823 I BGB (Eingriff in den Gewerbebetrieb) ... 201
aa) Eingriff in den Gewerbebetrieb ... 204
bb) Rechtswidrigkeit ... 205
d) Verschulden ... 207
aa) Verschulden des Verwarnenden ... 207
bb) Mitverschulden des Verwarnten ... 211
e) Verjährung ... 212
f) Weitere Anspruchsgrundlagen ... 215
4. Ansprüche ... 220
a) Unterlassung und Beseitigung ... 220
b) Auskunft ... 221
c) Schadenersatz ... 222
IX. Boykott ... 226
1. Allgemeines ... 226
2. Die Beteiligten ... 229
3. Geschäftliche Handlung ... 235
4. Boykottaufforderung ... 238
a) Aufforderungshandlung ... 238
b) Versuch der Einflussnahme ... 244
c) Eignung zur Beeinflussung ... 245

Rdn.
5. Unlauterkeit/Rechtswidrigkeit ... 246
6. Boykottähnliche Maßnahmen ... 250
X. Marktstörung ... 251
1. Allgemeines ... 251
a) Feststellung der Marktverhältnisse ... 256
b) Gefährdung des Wettbewerbsbestands ... 257
c) Wettbewerbsrechtliche Bewertung der Gefährdung des Wettbewerbsbestands ... 260
2. Marktstörung durch das Verschenken oder die Gratisabgabe von Waren und Leistungen ... 264
3. Preiskampf ... 272
4. Marktstörung durch die öffentliche Hand ... 273
5. Sonstige marktstörende Verhaltensweisen ... 278

I. Vorbemerkungen

1. Grundzüge und Entstehungsgeschichte des § 4 Nr. 4 UWG

Schrifttum: *Beater,* Das gezielte Behindern im Sinne von § 4 Nr. 10 UWG, WRP 2011, 7; *Köhler,* Zur Konkurrenz lauterkeitsrechtlicher und kartellrechtlicher Normen, WRP 2005, 645; *Köhler,* Der ‚Mitbewerber', WRP 2009, 499; *Omsels,* Zur Unlauterkeit der gezielten Behinderung von Mitbewerbern, WRP 2004, 136.

1 Jeder Unternehmer behindert den wirtschaftlichen Erfolg seiner Mitbewerber, indem er ihnen Konkurrenz macht. Diese **Behinderung durch** die **Quantität und Qualität**, das **Image und** den **Preis** einer Leistung **ist wettbewerbseigen.**[1] Aus der behindernden Wirkung eines Wettbewerbsverhaltens lässt sich deshalb nicht auf dessen Unlauterkeit schließen. Ein behinderndes Wettbewerbsverhalten wird erst wettbewerbswidrig, wenn besondere Umstände hinzutreten, die ihm das Gepräge der Unlauterkeit geben.[2] In der Rechtsprechung werden verallgemeinernd zwei Sachverhaltskomplexe unter den Tatbestand der gezielten Behinderung gefasst: Mit der geschäftlichen Handlung muss entweder **gezielt der Zweck verfolgt** werden, Mitbewerber an ihrer Entfaltung zu hindern und sie dadurch zu verdrängen [3] oder Mitbewerber müssen durch die geschäftliche Handlung derart behindert werden, dass sie ihre **Leistung durch eigene Anstrengungen** am Markt **nicht mehr in angemessener Weise zur Geltung bringen** können.[4] Unlauter ist eine geschäftliche Handlung dann, wenn das Eigeninteresse des Handelnden unter Berücksichtigung des Grundsatzes der Wettbewerbsfreiheit weniger schutzwürdig ist als die Interessen der übrigen Beteiligten und der Allgemeinheit.[5] Ob diese Voraussetzungen erfüllt sind, lässt sich nur aufgrund einer **Gesamtwürdigung der** Umstände des Einzelfalls unter Berücksichtigung der Interessen der Mitbewerber, Verbraucher und sonstiger Marktteilnehmer sowie der Allgemeinheit beurteilen.[6]

2 Die **Reformen des Gesetzes gegen den unlauteren Wettbewerb** in den Jahre 2004 und 2008 blieben für die rechtliche Beurteilung des Behinderungswettbewerbs ohne wesentliche Auswirkungen.[7] Der Gesetzgeber hielt die Ergebnisse, die die Gerichte in dieser Fallgruppe auf der Grundlage des § 1 UWG (a.F.) erarbeitet hatten, für sachgerecht und wollte deren weitere Ausarbeitung und Abgrenzung zu den kartellrechtlichen Behinderungstatbeständen weiterhin der Rechtsprechung überlassen.[8] Im Gesetzgebungsverfahren wurde herausgestellt, dass § 4 Nr. 10 UWG

[1] BGH WRP 2002, 1050, 1053 – *Vanity-Nummer.*

[2] BGH GRUR 2014, 785; Rdn. 23 – *Flugvermittlung im Internet;* GRUR 2014, 393, Rdn. 28 – *wetteronline.de;* GRUR 2009, 878 Rdn. 13 – *Fräsautomat.*

[3] BGH GRUR 2015, 607, Rdn. 16 – *Uhrenankauf im Internet;* GRUR 2014, 785; Rdn. 23 – *Flugvermittlung im Internet;* GRUR 2014, 393, Rdn. 28 – *wetteronline.de;* WRP 2007, 951, 954 – *Außendienstmitarbeiter;* GRUR 2005, 581, 582 – *The Colour of Elegance.*

[4] BGH GRUR 2015, 607, Rdn. 16 – *Uhrenankauf im Internet;* GRUR 2014, 785; Rdn. 23 – *Flugvermittlung im Internet;* GRUR 2014, 393, Rdn. 28 – *wetteronline.de;* WRP 2009, 803, Rdn. 41 – *ahd.de;* GRUR 2009, 878, Rdn. 13 – *Fräsautomat;* WRP 2007, 951, 955 – *Außendienstmitarbeiter;* WRP 2002, 1050, 1053 – *Vanity-Nummer;* GRUR 2001, 1061, 1062 – *mitwohnzentrale.de; Köhler*/Bornkamm, UWG, § 4 Rdn. 10.7; Ohly/Sosnitza § 4 Rdn. 10/9; s. a. Rdn. 15.

[5] BGH GRUR 2009, 685, Rdn. 41 – *ahd.de;* GRUR 2014, 785, Rdn. 42 – *wetteronline.de; Köhler*/Bornkamm, § 4, Rdn. 10.11.

[6] BGH GRUR 2015, 607, Rdn. 16 – *Uhrenankauf im Internet;* GRUR 2014, 785; Rdn. 23, 40 – *Flugvermittlung im Internet;* GRUR 2014, 393, Rdn. 28, 48 – *wetteronline.de.*

[7] BGH GRUR 2009, 876, Rdn. 26 – *Änderung der Voreinstellung II.*

[8] BR-Drucks. 301/03, S. 36 f.; BT-Drucks. 15/1487, S. 41.

(a. F., heute § 4 Nr. 4 UWG) eine **weite, generalklauselartige Fassung** enthalte, **die alle Erscheinungsformen des Behinderungswettbewerbs einbeziehe.** Sie soll auch Handlungen im Verhältnis zweier Unternehmer auf verschiedenen Wirtschaftsstufen erfassen.[9]

3 Auch die **UWG-Reform 2015** hat keinen Einfluss auf die Ergebnisse der rechtlichen Beurteilung von geschäftlichen Handlungen unter dem Gesichtspunkt des Behinderungswettbewerbs keinen. In systematischer Hinsicht wurde aber in § 4 unter der Überschrift ‚Mitbewerberschutz' ein eigener Unlauterkeitstatbestand geschaffen, in dem § 4 Nr. 10 (a.F.) zu § 4 Nr. 4 UWG wurde. Die vormals in § 3 Abs. 1 UWG 2004 enthaltene weitere Voraussetzung einer spürbaren Beeinträchtigung der Interessen der Mitbewerber oder anderer Marktteilnehmer ist nunmehr der gezielten Behinderung immanent.

2. Einfluss des europäischen Rechts

4 Der **Einfluss des europäischen Rechts** auf den Tatbestand des Behinderungswettbewerbs war lange Zeit unklar. Die Richtlinie EG/2005/29 über unlautere Geschäftspraktiken **(UGP-RL)** findet nach ihrem Erwägungsgrund 6 keine Anwendung auf nationale Rechtsvorschriften, die „lediglich die wirtschaftlichen Interessen von Mitbewerbern schädigen". Diese Formulierung ließ offen, ob die Richtlinie bei geschäftlichen Handlungen zu berücksichtigen ist, die sich an Verbraucher richten und dadurch Mitbewerber behindern.[10] Solche **doppelrelevanten Handlungen** können beispielsweise beim Abfangen oder Abwerben von Kunden, beim Verleiten zum Vertragsbruch, wenn auf der Marktgegenseite Verbraucher stehen, bei herabsetzenden Äußerungen über Mitbewerber gegenüber Verbrauchern oder beim Preiskampf bei Verbraucherprodukten vorliegen.[11] Es wurde vertreten, dass eine geschäftliche Handlung in diesen Fällen nur als gezielte Behinderung untersagt werden darf, wenn sie auch nach Maßgabe der UGP-RL im Verhältnis zum Verbraucher unzulässig ist.[12]

5 Der EuGH stellt mittlerweile allein auf den Schutzzweck der Norm ab. Dient sie dem Verbraucherschutz ist die UGP-RL zu berücksichtigen, dient sie anderen Zwecken, findet die Richtlinie auch dann keine Anwendung, wenn die Norm klassische geschäftliche Handlungen gegenüber Verbrauchern reguliert.[13] Bei § 4 Nr. 4 geht es nach der Zielrichtung des deutschen Gesetzgebers um den Mitbewerberschutz. Die UGP-RL ist in diesem Bereich nicht zu berücksichtigen.

3. Das Verhältnis von § 4 Nr. 4 zu anderen Unlauterkeitstatbeständen des UWG und zu § 823 BGB

6 § 4 Nr. 4 UWG wird wegen seines prima vista weiten Anwendungsbereichs als ‚kleine Generalklausel' bezeichnet.[14] Tatsächlich beschreibt die Vorschrift aber nur einen Ausschnitt unlauterer Wettbewerbshandlungen, so dass die jeder geschäftlichen Handlung eigene Behinderung der Mitbewerber noch nicht zur gezielten Behinderung wird, bloß weil sie aus irgendeinem Grunde unlauter erscheint. Erst wenn die geschäftlichen Handlung sich **gezielt gegen Mitbewerber richtet** oder diese **übermäßig daran hindert, ihre wirtschaftliche Leistung durch eigene Anstrengungen zur Geltung zu bringen**, verstößt sie auch gegen § 4 Nr. 4 UWG.[15] Unter dieser Voraussetzung ist die **Vorschrift gegenüber anderen Unlauterkeitstatbeständen** aber **nicht subsidiär,** sondern ergänzend anwendbar.[16] Gleichzeitig ist aber zu berücksichtigen, dass die Voraussetzungen und Grenzen anderer Unlauterkeitstatbestände, insbesondere im Anwendungsbereich

---

[9] Begr RegE UWG, BT-Drucks. 15/1487 S 19.

[10] Vgl. EuGH GRUR 2010, 244, Rdn. 39 – *Plus Warenhandelsgesellschaft;* GRUR 2011, 76, Rdn. 21 – *Mediaprint; Köhler*/Bornkamm UWG § 4 Rdn. 10.3a; *Ohly*/Sosnitza § 4 Rdn. 10/5.

[11] *Köhler*/Bornkamm UWG § 4 Rdn. 10.3a; *Ohly*/Sosnitza § 4 Rdn. 10/5; *Scherer* WRP 2009, 518, 520f.

[12] So *Köhler*/Bornkamm UWG § 4 Rdn. 10.3a; a. A. BGH GRUR 2009, 876, Rdn. 26 – *Änderung der Voreinstellung II; Ohly*/Sosnitza, UWG, § 4 Rdn. 10/5. Zum Beanstandungsschreiben der Europäischen Kommission vom 12.12.2011 zur Umsetzung der UGP-RL in Deutschland s. *Keller,* Einleitung A Rdn. 18ff. Nach Auffassung der Bundesregierung fallen geschäftliche Handlungen mit Verbraucherbezug, die einzig die Interessen von Mitbewerbern schädigen, nicht in den Anwendungsbereich der Richtlinie 2005/29/EG (Begr RegE UWG, BT-Drcks. 18/4535, S. 12f).

[13] EuGH, Beschl. v. 8.9.2015, C-13/15, Rdn. 26, 32 – *Cdiscount.*

[14] *Ohly*/Sosnitza § 4 Nr. 10 Rdn. 10/2; *Beater* WRP 2011, 7.

[15] BGH GRUR 2015, 607, Rdn. 16 – Uhrenankauf im Internet; GRUR 2014, 785; Rdn. 23 – *Flugvermittlung im Internet*; GRUR 2014, 393, Rdn. 28 – *wetteronline.de;* WRP 2007, 951, 954 – *Außendienstmitarbeiter;* GRUR 2005, 581, 582 – *The Colour of Elegance;* vgl. auch *Sack,* Leistungsschutz nach § 3 UWG, GRUR 2016, 782.

[16] *Köhler*/Bornkamm § 4 Rdn. 10.26f.; zu § 4 Nr. 1, 2 UWG *Beater* WRP 2011, 7, 15; a. A. *Ohly*/Sosnitza § 4 Rdn. 10/13f.; jurisPK-UWG/*Müller-Bidinger* § 4 Nr. 10 Rdn. 13 für § 4 Nr. 1, Nr. 2 UWG.

der UGP-RL, bei der Beurteilung einer geschäftlichen Handlung nach § 4 Nr. 4 nicht unterlaufen werden dürfen.[17]

Verstöße gegen **§ 4 Nr. 1 oder Nr. 2** gehen in aller Regel mit einer gezielten Behinderung des betroffenen Mitbewerbers einher. In diesen Fällen liegt auch ein Verstoß gegen § 4 Nr. 4 UWG vor.[18] Eine Irreführung nach **§§ 5, 5a UWG** als solche führt nur zu einer Verletzung von § 4 Nr. 4 UWG, wenn sie sich konkret gegen das Unternehmen oder die Waren oder Dienstleistungen eines Mitbewerbers oder einer Gruppe von Mitbewerbern richtet.[19] Bei Verstößen gegen **§ 4a UWG** liegt oftmals auch ein Fall des § 4 Nr. 4 UWG nahe. Belästigende Werbung nach **§ 7 UWG** dürfte demgegenüber eher selten auch die Voraussetzungen des § 4 Nr. 4 UWG erfüllen.[20] 7

Von **§ 3 Abs. 1 UWG** werden über § 4 Nr. 4 UWG hinaus ergänzend alle Sachverhalte erfasst, bei deren wettbewerbsrechtlicher Bewertung auch Aspekte von Gewicht sind, die über § 4 Nr. 4 UWG hinausreichen, wie dies bei der telefonischen Abwerbung von Personen am Arbeitsplatz durch Headhunter der Fall ist.[21] Einigkeit besteht außerdem darüber, dass die **allgemeine Marktstörung** nicht § 4 Nr. 4 unterfällt, sondern in § 3 Abs. 1 UWG verankert ist.[22] Während die gezielte Behinderung in der Regel einen oder einzelne Mitbewerber individuell betrifft, gefährdet die Marktstörung die Voraussetzungen für einen freien Wettbewerb auf dem Markt an sich und behindert alle Mitbewerber dadurch mittelbar.[23] – Die gezielte Behinderung könnte in vielen Fällen einen Eingriff in den eingerichteten und ausgeübten Gewerbebetrieb oder das Unternehmenspersönlichkeitsrechts darstellen. Auf **§ 823 Abs. 1 BGB** kann aber nur zurückgegriffen werden, soweit das UWG wegen einer fehlenden geschäftlichen Handlung nicht anwendbar ist. In allen anderen Fällen wird § 823 Abs. 1 BGB vom UWG verdrängt, weil andernfalls Spezialregelungen des UWG, wie die kurze Verjährung in § 11 UWG, unterlaufen würde.[24] 8

4. Behinderungstatbestände im Kartellrecht und deren Verhältnis zu § 4 Nr. 4 UWG

Das GWB schützt den Wettbewerb durch eine **Struktur- und Verhaltenskontrolle marktbeherrschender oder marktstarker Unternehmen oder Vereinigungen von Unternehmen**; das UWG reguliert die Lauterkeit des Wettbewerbsverhaltens. Die Vorschriften des UWG und des GWB können nebeneinander angewendet werden.[25] **§ 19 Abs. 1 GWB** verbietet die missbräuchliche Ausnutzung einer marktbeherrschenden Stellung. Unternehmen mit gegenüber kleinen und mittleren Wettbewerbern überlegener Marktmacht dürfen nach **§ 20 Abs. 3 GWB** ihre Marktmacht außerdem nicht dazu ausnutzen, solche Wettbewerber unmittelbar oder mittelbar unbillig zu behindern. **§ 21 Abs. 1 GWB** verbietet Unternehmen und Vereinigungen von Unternehmen, ein anderes Unternehmen oder Vereinigungen von Unternehmen zu Liefersperren oder Bezugssperren aufzufordern, um ein oder mehrere bestimmte dritte Unternehmen unbillig zu beeinträchtigen. Sie dürfen anderen Unternehmen außerdem keine Nachteile androhen oder zufügen und keine Vorteile versprechen oder gewähren, um sie zu einem Verhalten zu veranlassen, das nicht zum Gegenstand einer kartellrechtlich verbotenen vertraglichen Bindung gemacht werden darf. Normadressat der Verbotstatbestände kann auch die öffentliche Hand sein.[26] 9

Nach **Art. 102 AEUV** und **§ 19 Abs. 1 GWB** ist es marktbeherrschenden und über **§ 20 Abs. 1 GWB** auch marktstarken Unternehmen untersagt, andere Unternehmen unmittelbar oder mittel- 10

---

[17] *Ohly*/Sosnitza § 4 Rdn. 10/13.

[18] BGH GRUR 2010, 349, Rdn. 38 – *EKW-Steuerberater* bezeichnet § 4 Nr. 1 UWG (§ 4 Nr. 7 a.F.) lediglich als einen Unterfall des § 4 Nr. 3 UWG (§ 4 Nr. 10 a. F.).

[19] Unscharf OLG Düsseldorf MMR 2015, 279 f; OLG Düsseldorf GRUR-RR 2014, 311, 314; OLG Karlsruhe GRUR-RR 2014, 362, 363, die undifferenziert die Irreführung als solche ausreichen lassen.

[20] Wiederum unscharf OLG Düsseldorf MMR 2015, 279 f; OLG Düsseldorf GRUR-RR 2014, 311, 314.

[21] BGH GRUR 2006, 426, Rdn. 16 – *Direktansprache am Arbeitsplatz II.*

[22] OLG Hamm MMR 2012, 32, 33; *Köhler*/Bornkamm, UWG, § 4 Rdn. 10.2, 12.1 f.; BT-Drucks. 15/1487 S. 19.

[23] BGH GRUR 2002, 825, 826 – *Elektroarbeiten;* trotz der Verankerung in § 3 UWG wird die allgemeine Marktstörung im Rahmen dieses Kommentars als Anhang im Rahmen der Darstellung von § 4 Nr. 10 kommentiert; siehe unten § 4 Nr. 10 Rdn. 245.

[24] OLG Köln MMR, 2012, 462, 463 und *Köhler*/Bornkamm, § 4, Rdn. 10.23 gehen von einer Subsidiarität aus.

[25] BGH WRP 2003, 73, 75 – *Kommunaler Schilderprägebetrieb* GRUR 1999, 278, 281 – *Schilderpräger im Landratsamt;* GRUR 1989, 430 – *Krankentransportbestellung;* GRUR 1986, 397 – *Abwehrblatt II;* einschränkend BGH GRUR 2006, 773, 774 – *Probeabonnement;* s. a. *Köhler* WRP 2005, 645, 650, a. A. für Verkäufe unter Einstandspreis *Alexander* WRP 2010, 725, 732 f. Eingehend zum Verhältnis zwischen Lauterkeitsrecht und Kartellrecht *Ahrens* Einl. G Rdn. 104 ff.

[26] BGH WRP 2003, 73, 75 – *Kommunaler Schilderprägebetrieb;* GRUR 1999, 278, 280 – *Schilderpräger im Landratsamt.*

bar unbillig zu behindern. Dieses Behinderungsverbot gilt im Vertikal- und im Horizontalverhältnis der beteiligten Unternehmen. Einen Beispielsfall sieht das Gesetz in § 20 Abs. 3 Nr. 2 darin, dass ein Unternehmen mit überlegener Marktmacht ohne rechtfertigenden Grund Waren oder gewerbliche Leistungen nicht nur gelegentlich unter Einstandspreis anbietet.[27]

11 Das Tatbestandsmerkmal der Behinderung im kartellrechtlichen Sinne ist weit auszulegen und erfasst jedes Marktverhalten, dass **objektiv nachteilige Auswirkungen** für den Wettbewerb oder das bzw. die betroffenen Unternehmen haben kann.[28] Eine Unlauterkeit des Mittels oder der Zielsetzung ist, insoweit anders als im UWG, nicht erforderlich.[29] Die behindernde Wirkung indiziert allerdings noch nicht die **Unbilligkeit,** die erst im Rahmen einer umfassenden Interessenabwägung unter Berücksichtigung der auf die Freiheit des Wettbewerbs gerichteten Zielsetzung festgestellt werden kann. Bei behindernden Maßnahmen der öffentlichen Hand ist in diesem Zusammenhang zu berücksichtigen, dass sie sich keinen unsachlichen Vorsprung vor den Mitbewerbern verschaffen darf, indem sie ihre hoheitlichen Befugnisse zur Förderung ihres Wettbewerbs einsetzt oder Mitbewerber mit Mitteln verdrängt, die diesen nicht zustehen.[30]

12 Die Behinderungsverbote des Kartellrechts überlappen sich teilweise mit dem Tatbestand der gezielten Behinderung im UWG. Beide Behinderungstatbestände können nebeneinander angewendet werden.[31] Die **Wertungsmaßstäbe** einer unbilligen und einer gezielten Behinderung sind **weitgehend identisch.**[32] Die Wettbewerbswidrigkeit indiziert die Unbilligkeit der Behinderung im kartellrechtlichen Sinne.[33] Eine unbillige Behinderung muss demgegenüber nicht wettbewerbswidrig sein, weil Normadressat des § 20 Abs. 1 GWB nur marktbeherrschende Unternehmen sowie bestimmte Vereinigungen von Unternehmen sind.[34] Die Wertungen des GWB, das bestimmte Verhaltensweisen nur marktstarken Unternehmen sowie Unternehmen untersagt, von denen kleine und mittlere Unternehmen abhängig sind, dürfen nicht durch eine extensive Auslegung des wettbewerbsrechtlichen Behinderungstatbestands unterlaufen werden.[35] Bei der Auslegung beider Gesetze sind **Wertungswidersprüche zu vermeiden**. Wenn die Voraussetzungen für ein kartellrechtliches Verbot nicht erfüllt werden, ist ein Unlauterkeitsvorwurf nur möglich, wenn mindestens ein weiterer Umstand die Unlauterkeit begründet.[36] Diese Koordination von UWG und GWB wird insbesondere bei der Fallgruppe der wettbewerbswidrigen Preisgestaltung virulent.[37]

5. Die Tatbestandsmerkmale des § 4 Nr. 4 UWG

13 Nach § 4 Nr. 4 handelt unlauter, wer Mitbewerber gezielt behindert. Das Tatbestandsmerkmal der **Behinderung** in § 4 Nr. 4 UWG ist weit auszulegen. Es erfasst jede Handlung einer Person zugunsten des eigenen oder eines fremden Unternehmens, die mit der Förderung des Absatzes oder des Bezugs von Waren oder der Erbringung oder des Bezugs von Dienstleistungen, einschließlich unbeweglicher Sachen, Rechte und Verpflichtungen in einem objektiven Zusammenhang steht (geschäftliche Handlung; § 2 Abs. 1 Nr. 1)[38] soweit diese Handlung geeignet ist, die Wettbewerbsposition und wettbewerbliche Handlungsfreiheit eines Mitbewerbers zu beeinträchtigen.[39] Die Behinderung kann sich auf alle Wettbewerbsparameter des Mitbewerbers wie beispielsweise Absatz, Bezug, Werbung, Produktion, Finanzierung oder Personal beziehen.[40]

14 **Mitbewerber** ist jeder Unternehmer, der mit einem oder mehreren Unternehmern als Anbieter oder Nachfrager von Waren oder Dienstleistungen in einem konkreten Wettbewerbsverhältnis

---

[27] Siehe hierzu unten Rdn. 175.

[28] BGH GRUR 1999, 278, 280 – *Schilderpräger im Landratsamt.*

[29] Handbuch des Kartellrechts-*Lübbert* § 27 Rdn. 1.

[30] BGH WRP 2003, 73, 75 – *Kommunaler Schilderprägebetrieb;* WRP 2002, 1426, 1428 – *Fernwärme für Börnsen.*

[31] BGH GRUR 2009, Rdn. 10 – *Änderung der Voreinstellung II;* BGH GRUR 2006, 773, 774 – *Probeabonnement.*

[32] BGH GRUR 1999, 278, 281 – *Schilderpräger im Landratsamt;* GRUR 1989, 430 – *Krankentransportbestellung;* GRUR 1986, 397 – *Abwehrblatt II; Köhler*/Bornkamm, § 4, Rdn. 10.18; *Köhler* WRP 2006, 645, 646.

[33] BGH WRP 2003, 73, 75 – *Kommunaler Schilderprägebetrieb.*

[34] *Köhler*/Bornkamm, UWG Rdn. 10.18.

[35] BGH GRUR 1999, 278, 281 – *Schilderpräger im Landratsamt;* GRUR 1989, 430 – *Krankentransportbestellung;* OLG Jena GRUR-RR 2010, 113, 115; *Ohly*/Sosnitza § 4 Rdn. 10/15; *Köhler* WRP 2006, 645, 647.

[36] *Ohly*/Sosnitza § 4 Rdn. 10/15; *Köhler* WRP 2006, 645, 647.

[37] Vgl. unten Rdn. 162ff.

[38] Siehe hierzu oben *Keller* § 2 A, Rdn. 1ff.

[39] BGH WRP 2007, 951, 955 – *Außendienstmitarbeiter;* GRUR 2004, 877, 879 – *Werbeblocker;* GRUR 2002, 902, 905 – *Vanity-Nummer;* GRUR 2001, 1061, 1062 – *mitwohnzentrale.de.*

[40] BGH GRUR 2004, 877, 879 – *Werbeblocker.*

steht.[41] § 4 Nr. 4 UWG erfasst den einzelnen Mitbewerber ebenso wie eine bestimmte Menge von Mitbewerbern auf allen Wirtschaftsstufen.[42] Mitbewerber ist auch ein Verband, der die Interessen seiner Mitglieder vertritt, die ihrerseits Mitbewerber sind.[43] Marktteilnehmer (z. B. Privatanbieter bei ebay), die als solche am Wettbewerb teilnehmen, sind jedoch keine Mitbewerber, solange sie nicht nach außen erkennbar als Unternehmer i. S. d. § 2 Abs. 1 Nr. 6 tätig sind oder werden wollen.[44] Eine Behinderung des Marktes, durch die mittelbar alle Mitbewerber behindert werden (allgemeine Marktbehinderung oder Marktstörung), fällt jedoch nicht in den Anwendungsbereich der gezielten Behinderung, sondern kann allenfalls über § 3 UWG erfasst werden.[45]

Das wesentliche Tatbestandsmerkmal des § 4 Nr. 4 liegt im Adverb **‚gezielt'.** Es soll klarstellen, 15
dass nicht jede Behinderung durch einen Mitbewerber unlauter ist.[46] Dabei könnte das Adverb **‚gezielt'** zwar darauf hindeuten, dass es für den Verstoß gegen die fachliche Sorgfalt jedenfalls auch auf eine Behinderungsabsicht des Handelnden ankäme.[47] Tatsächlich führt die böse Absicht aber nicht zu einer unlauteren Behinderung.[48] Sie ist für die Annahme einer unlauteren Behinderung in den meisten Fällen nicht einmal erforderlich.[49] Das Adverb ‚gezielt' meint eher eine der geschäftlichen Handlung selbst innewohnende **‚objektive Finalität',**[50] die unter Berücksichtigung aller Umstände wesentlich auf die **Beeinträchtigung der wirtschaftlichen Entfaltung des oder der Konkurrenten durch nicht leistungsgerechte Mittel** und weniger auf den eigenen wirtschaftlichen Erfolg zielt,[51] oder durch die der Mitbewerber doch derart behindert wird, dass er seine **eigene Leistung am Markt** nicht mehr in angemessener Weise durch eigene Anstrengungen zur Geltung bringen kann.[52]

Eine dogmatisch befriedigende Verortung subjektiver Elemente im Behinderungstatbestand exis- 16
tiert noch nicht.[53] M. E. sollten die **Absichten** des Handelnden **unberücksichtigt** bleiben.[54] Auch die Kenntnis des Handelnden von den die Unlauterkeit begründenden Umständen ist im Regelfall nicht erforderlich.[55] Entscheidend sind die Auswirkungen einer geschäftlichen Handlung auf die wettbewerblichen Entfaltungsmöglichkeiten des oder der Mitbewerber und nicht das, was der Un-

---

[41] Siehe hierzu oben *Keller* § 2 C Rdn. 113 ff.; *Köhler* WRP 2009, 499, 504 ff. will mit guten Gründen von einem anderen Mitbewerberbegriff ausgehen, um Grenzfälle mit zu erfassen, in denen kein Wettbewerbsverhältnis als Anbieter oder Nachfrager von Waren oder Leistungen besteht. Ausgangspunkt ist danach, ob eine konkrete geschäftliche Handlung objektiv geeignet und darauf gerichtet ist, den eigenen Absatz oder Bezug zum Nachteil des Absatzes oder Bezugs eines anderen Unternehmens zu fördern.

[42] OLG Köln MMR 2010, 761, 762; LG Frankfurt MMR 2005, 551, 553.

[43] BGH GRUR 2009, 878, Rdn. 15 – *Fräsautomat.*

[44] *Köhler* WRP 2009, 499, 503; *Henning-Bodewig* GRUR 2013, 26.

[45] Zur allgemeinen Marktbehinderung so ausdrücklich BT-Drucks. 15/1487, S. 19.

[46] BR-Drucks. 301/03, S. 36.

[47] So noch die Vorauflage, s. a. Fezer/*Götting* §§ 4–10 Rdn. 8; *Omsels* WRP 2004, 136 ff.

[48] BGH GRUR 2007, 800 Rdn. 21 – *Außendienstmitarbeiter; Ohly*/Sosnitza § 4 Rdn. 10/11; missverständlich *Köhler*/Bornkamm § 4 Rdn. 10.9; a. A. *Sack* WRP 2005, 531, 534.

[49] BGH GRUR 2014, 393, Rdn. 42 – *wetteronline.de*; WRP 2007, 951, 954 – *Außendienstmitarbeiter;* OLG Oldenburg, Urt. v. 19.4.2012 – 1 U 98/07, Rdn. 117; OLG Brandenburg, WRP 2015, 362, Rdn. 18; a. A. MünchKommUWG § 4 Nr. 10 Rdn. 12.

[50] *Köhler*/Bornkamm § 4 Rdn. 10.10.

[51] BGH GRUR 2015, 607, Rdn. 16 – *Uhrenankauf im Internet;* GRUR 2014, 785; Rdn. 23 – *Flugvermittlung im Internet*; GRUR 2014, 393, Rdn. 28 – *wetteronline.de*; WRP 2007, 951, 954 – *Außendienstmitarbeiter;* GRUR 2005, 581, 582 – *The Colour of Elegance.*

[52] BGH GRUR 2015, 607, Rdn. 16 – *Uhrenankauf im Internet;* GRUR 2014, 785; Rdn. 23 – *Flugvermittlung im Internet*; GRUR 2014, 393, Rdn. 28 – *wetteronline.de*; NJW 2011, 3443, Rdn. 65 – *Automobil-Onlinebörse;* GRUR 2010, 346, Rdn. 12 – *Rufumleitung;* WRP 2009, 803, Rdn. 41 – *ahd.de;* BGH WRP 2007, 951, 955 – *Außendienstmitarbeiter;* WRP 2002, 1050, 1053 – *Vanity-Nummer* GRUR 2001, 1061, 1062 – *mitwohnzentrale.de; Ohly*/Sosnitza § 4 Rdn. 10/9.

[53] In der Rechtsprechung des BGH ist die subjektive Einstellung des Handelnden bei einer unlauter behindernden geschäftlichen Handlung einerseits unerheblich; andererseits wird eine wettbewerbskonforme Handlung nicht dadurch unlauter wird, dass sie von einer bösen Absicht begleitet wird (BGH GRUR 2007, 800, Rdn. 21 f. – *Außendienstmitarbeiter;* a. A. *Beater,* WRP 2011, 7, 12). In der vertragswidrigen Verzögerung der Umstellung eines Telefonanschlusses auf einen anderen Anbieter soll hingegen keine gezielte Behinderung des benachteiligten Mitbewerbers liegen, solange die Umstellung nicht bewusst verzögert wird (BGH GRUR 2009, 876, Rdn. 19 – *Änderung der Voreinstellung II;* GRUR 2007, 987, 989 f. – *Änderung der Voreinstellung*). Auch die objektiv unbegründete wettbewerbsrechtliche Abmahnung soll den Abgemahnten erst unzulässig behindern, wenn dem Abmahnenden die mangelnde Berechtigung bekannt ist (siehe hierzu Rdn. 175).

[54] *Ohly*/Sosnitza § 4 Rdn. 10/11 spricht ihr eine zumindest indizielle Bedeutung zu; a. A. *Sack* WRP 2005, 531, 534.

[55] OLG Oldenburg, Urt. v. 19.4.2012 – 1 U 98/07, Rdn. 117; OLG Düsseldorf, Urt. v. 14.11.2012 – VI-U Kart) 16/12, Rdn. 20.

ternehmer sich bei seiner geschäftlichen Handlung gedacht hat. Eine Ausnahme sollten nur Sachverhalte bilden, in denen – wie bei der unbegründeten wettbewerbsrechtlichen Abmahnung – überwiegende Interessen dafür sprechen, eine Behinderung ohne diese Absicht hinzunehmen, oder in denen die Behinderung sich daraus ergibt, dass der Mitbewerber in Einzelfällen vertragliche Ansprüche Dritter nicht oder nicht ordnungsgemäß erfüllt.[56]

17 Die Grenzziehung zwischen zulässigen und unzulässigen behindernden geschäftlichen Handlungen ist schwierig. Da jede geschäftliche Handlung, die einem Unternehmer Vorteile bringen oder sichern soll, den Mitbewerber behindert, müssen zur Behinderung weitere Umstände hinzutreten, die eine Behinderung unlauter werden lassen.[57] Die **Feststellung der Unlauterkeit** dieser weiteren Umstände **erfordert eine funktionelle, am Schutzzweck des Wettbewerbsrechts ausgerichtete Betrachtung,**[58] der darin liegt, das Marktverhalten im Interesse der Marktteilnehmer an einem fairen und funktionieren Wettbewerb zu regeln.[59] Gegen § 4 Nr. 4 verstößt deshalb eine geschäftliche Handlung, die bei objektiver Betrachtung so nachteilige Auswirkungen auf das Marktgeschehen hat, dass sie unter Berücksichtigung des Schutzzwecks des UWG von dem oder den betroffenen Mitbewerbern auch unter Berücksichtigung der Interessen der übrigen Marktteilnehmer nicht hingenommen werden muss.[60] Das lässt sich nur aufgrund einer Gesamtwürdigung sämtlicher Umstände des Einzelfalls feststellen, bei der die von der Rechtsprechung herausgearbeiteten Fallgruppen Orientierungspunkte[61] und die zugrunde liegenden Interessen der Mitbewerber, Verbraucher, der sonstige Marktteilnehmer und das Interesse der Allgemeinheit an einem unverfälschtem Wettbewerb zu berücksichtigen sind.[62] Dabei müssen die im jeweiligen Einzelfall abzuwägenden Interessen konkret herausgearbeitet werden.[63] Im Mittelpunkt der Beurteilung stehen die **Würdigung des Gesamtcharakters des Verhaltens** nach seinem **konkreten Anlass**, seinem **Zweck**, den **eingesetzten Mitteln**, seinen **Begleitumständen** und **Auswirkungen**, die am Leitbild des Leistungswettbewerbs unter Berücksichtigung der betroffenen Grundrechte und ggfs. einschlägiger europarechtlicher Vorgaben gemessen werden.[64] Unlauter kann eine Wettbewerbshandlung danach unter anderem sein, wenn sie sich zwar auch als Entfaltung eigenen Wettbewerbs darstellt, aber das Eigeninteresse des Handelnden unter Berücksichtigung des Grundsatzes der Wettbewerbsfreiheit weniger schutzwürdig ist als die Interessen der übrigen Beteiligten und der Allgemeinheit.[65] Die alternative Formulierung, der zufolge eine gezielte Behinderung vorliegen soll, wenn die geschäftliche Handlung bei objektiver Würdigung der Umstände auf die Beeinträchtigung der wettbewerblichen Entfaltung des Mitbewerbers und nicht in erster Linie auf die Förderung des eigenen Wettbewerbs gerichtet ist,[66] trifft den Kern demgegenüber nicht, weil auch mit der Behinderung des Mitbewerbers ‚in erster Linie' der eigene Wettbewerb gefördert werden soll, und es – von Ausnahmen abgesehen – auf subjektive Absichten ohnehin nicht ankommen sollte.

18 Geschäftliche Handlungen, bei denen für die Beurteilung der Lauterkeit auch noch Umstände berücksichtigt werden müssen, die über den Tatbestand der gezielten Behinderung hinausreichen, wie beispielsweise typische Fallkonstellationen bei der telefonischen Abwerbung von Mitarbeitern am Arbeitsplatz, wurden unter der Ägide des allumfassenden § 1 UWG (vor 2004) ebenfalls der Fallgruppe der gezielten oder der individuellen Behinderung zugeordnet. Im Interesse dogmatischer

---

[56] *Ohly*/Sosnitza § 4 Rdn. 10/11 zweifelt, ob bei fahrlässigem Verhalten überhaupt eine geschäftliche Handlung vorliegt; dagegen nunmehr EuGH GRUR 2015, 600 – *UPC*.

[57] BGH GRUR 2009, 878, Rdn. 13 – *Fräsautomat*.

[58] Siehe hierzu oben *Podszun* § 3 Rdn. 48, 140 ff.

[59] BGH GRUR 2007, 800, Rdn. 21 – *Außendienstmitarbeiter*.

[60] BGH WRP 2007, 951, 954 – *Außendienstmitarbeiter*.

[61] BGH GRUR 2010, 346, Rdn. 12 – *Rufumleitung*.

[62] BGH GRUR 2014, 785; Rdn. 23, 40 – *Flugvermittlung im Internet*; GRUR 2014, 393, Rdn. 28, 48 – *wetteronline.de*; NJW 2011, 3443, Rdn. 65 – *Automobil-Onlinebörse;* WRP 2009, 803, Rdn. 41 – *ahd.de;* GRUR 2004, 877, 879 – *Werbeblocker;* OLG Oldenburg, Urt. v. 19.4.2012 – 1 U 98/07, Rdn. 119; *Köhler*/Bornkamm, § 4, Rdn. 10.11.

[63] *Beater* WRP 2011, 7 ff. Anerkannte Fallgruppen sollten ebenfalls regelmäßig einer kritischen Überprüfung unterzogen werden (so auch *Ohly*/Sosnitza § 4 Rdn. 10/12).

[64] BGH GRUR 2004, 696, 697 – *Direktansprache am Arbeitsplatz I;* GRUR 2001, 1061, 1062 – *Mitwohnzentrale.de; Köhler*/Bornkamm § 4 Rdn. 10.8. In den Fundstellen wird der Zweck der geschäftlichen Handlung als zentrales Element der Beurteilung erwähnt. Ob der Zweck im Sinne einer subjektiven Absicht bei der Beurteilung aber noch eine tragende Rolle spielen darf, ist zweifelhaft, nachdem subjektive Elemente für die Annahme einer gezielten Behinderung in der Regel nicht mehr maßgeblich sein sollten; siehe dazu Rdn. 14.

[65] BGH WRP 2009, 803, Rdn. 41 – *ahd.de*.

[66] BGH WRP 2009, 803, Rdn. 41 – *ahd.de;* GRUR 2009, 878, Rdn. 13 – *Fräsautomat;* GRUR 2008, 917 Rdn. 23 – *EROS;* WRP 2007, 951, Rdn. 23 – *Außendienstmitarbeiter;* WRP 2002, 1050, 1053 – *Vanity-Nummer*, GRUR 2001, 1061, 1062 – *mitwohnzentrale.de*.

Klarheit wird ihre Wettbewerbswidrigkeit heutzutage unmittelbar nach **§ 3 UWG** beurteilt werden.[67] Im Rahmen der vorliegenden Kommentierung werden sie allerdings wegen der thematischen Nähe zur gezielten Behinderung bei § 4 Nr. 4 abgehandelt.

Eine bedenkliche Wettbewerbshandlung ist nach § 3 Abs. 1 UWG nur wettbewerbswidrig, wenn sie geeignet ist, den Wettbewerb zum Nachteil der Mitbewerber oder andere Marktteilnehmer nicht unerheblich zu beeinträchtigen. Diese **Bagatellschwelle** ist für den Unlauterkeitstatbestand des § 4 Nr. 4 ohne Bedeutung, da die Unlauterkeit der gezielten Behinderung erst aufgrund einer umfassenden Beurteilung aller Umstände des Einzelfalls festgestellt werden kann, bei der auch die Auswirkungen der Wettbewerbshandlung berücksichtigt werden. Eine Behinderung, die nach § 4 Nr. 4 unlauter ist, ist keine Bagatelle.[68] 19

6. Systematik der Kommentierung

Eine unlautere Behinderung von Mitbewerbern ist auf allen Stufen der wirtschaftlichen und wettbewerblichen Aktivität – von der Beschaffung von Waren und Leistungen über die Produktion, die Werbung bis hin zum Vertrieb – möglich. Sie kann sich auf alle Wettbewerbsparameter wie beispielsweise Absatz, Bezug, Werbung, Produktion, Finanzierung und Personal beziehen.[69] Die Mittel der Behinderung sind ebenso vielfältig. Es besteht **keine konsistente Systematik** der einzelnen Fallgruppen, die unter den Behinderungstatbestand fallen. Die **Gliederung der Kommentierung** folgt zunächst dem zeitlichen Ablauf eines typischen Wirtschaftsprozesses vom Einkauf bis zum Absatz von Waren und Leistungen und stellt die auf der jeweiligen Stufe möglichen Behinderungstatbestände dar. Es folgt die Darstellung besonderer Fallgruppen, die sich dadurch auszeichnen, dass sie auf allen Stufen des Wirtschaftsprozesses anzutreffen oder rechtlich wie tatsächlich von besonderer Bedeutung sind. Im Anhang zur Kommentierung des § 4 Nr. 4 folgt eine Darstellung der Allgemeinen Marktstörung. 20

II. Behinderung auf dem Beschaffungsmarkt

Auf dem **Beschaffungsmarkt** deckt ein Unternehmer sich mit Personal, Waren- und Dienstleistungen ein, die er zum Einkauf, zur Produktion, Verwaltung, Bewerbung und zum Vertrieb seines Angebots benötigt. In diesem Bereich resultieren Behinderungen durch den Anbieter oder Einkäufer von Waren und Leistungen in der Regel daraus, dass einem Wettbewerber Waren, Personal oder andere Ressourcen vorenthalten werden. 21

1. Behinderung beim Einkauf

a) Behinderung durch konkurrierende Einkäufer. Jeder Unternehmer entscheidet frei, in welchem Umfang und zu welchem Preis er Rohstoffe, Waren, Materialien oder die Arbeitskraft Dritter einkauft oder Dienstleistungen Dritter in Anspruch nimmt.[70] Er muss keine Rücksicht darauf nehmen, ob der Wettbewerber die gleichen Mitarbeiter, Produkte oder Leistungen für seine geschäftliche Tätigkeit benötigt. Exklusive Bezugsvereinbarungen sind im Rahmen kartellrechtlicher Grenzen zulässig, obwohl der Lieferant dadurch daran gehindert wird, Mitbewerber seines Vertragspartners zu beliefern.[71] Wettbewerbswidrig wird eine Einkaufs- und Einstellungspolitik erst, wenn sie wegen der Marktmacht des Mitbewerbers geeignet ist, dem Konkurrenten das von ihm benötigte Angebot auf dem Beschaffungsmarkt durch **Aufkauf** zu entziehen oder den Preis durch **Verknappung** in die Höhe zu treiben, ohne dass der Mitbewerber selber die Waren oder Dienstleistungen oder das Personal benötigt. Auf eine Behinderungsabsicht kommt es nicht an. 22

b) Leistungsverweigerung. Ein Unternehmer ist – vorbehaltlich spezialgesetzlicher Regelungen insbesondere auf regulierten Märkten wie etwa im Telekommunikations- oder Energiesektor – nicht verpflichtet, seine Waren oder Dienstleistungen anderen Unternehmen anzubieten oder zu gewähren. Eine Lieferverweigerung **(Liefersperre)** oder sonstige **Leistungsverweigerung** ist auch dann nicht rechtswidrig, wenn der Konkurrent auf die Leistung dringend angewiesen ist. Diese 23

---

[67] So zur Direktansprache am Arbeitsplatz BGH WRP 2008, 219, 220 – *Direktansprache am Arbeitsplatz III;* GRUR 2006, 426, 427 – *Direktansprache am Arbeitsplatz II* mit der Begründung, dass nur auf diese Weise die rechtlich geschützten Interessen aller Beteiligten abgewogen werden können.

[68] BGH GRUR 2009, 876, Rdn. 26 – *Änderung der Voreinstellung II; Ohly*/Sosnitza § 4 Rdn. 10/10.

[69] BGH GRUR 2004, 877, 879 – *Werbeblocker.*

[70] *Bettin* S. 115 ff.

[71] LG Düsseldorf WuW/E DE-R 1135; *Neef* WRP 2003, 844, 846.

Rechtslage ändert sich erst, wenn die Leistungsverweigerung auf einem unlauteren **Boykott** beruht oder der Anwendungsbereich des **§ 19 Abs. 2 GWB** eröffnet ist. In einem Kartellrechtsverstoß liegt gleichzeitig auch eine unlautere Behinderung nach § 4 Nr. 4. Sie wurde bei der Verweigerung der Deutschen Telekom angenommen, Wettbewerbern die Produkte für Endkunden zum allgemein geltenden Entgelt zur Verfügung zu stellen, wenn die Wettbewerber für ihr Leistungsangebot darauf dringend angewiesen sind.[72]

2. Behinderung durch den Abnehmer

24 Das **Aushandeln von Vertragskonditionen** ist Ausdruck eines funktionierenden Wettbewerbs. Forderungen und Vereinbarungen zwischen einem Anbieter und einem Abnehmer von Waren oder Leistungen können einen Lieferanten dennoch in Ausnahmefällen, in denen Druck auf ihn ausgeübt oder seine Handlungsfreiheit beeinträchtigt wird, unlauter behindern (sog. Anzapfen). Die Grenzen werden von **§ 19 Abs. 2 Nr. 2, 3, 5 GWB** umschrieben.

III. Betriebsstörung

1. Abwerbung von Mitarbeitern

Schrifttum: *Bettin,* Unlautere Abwerbung – Die Abwerbung von Arbeitnehmern, Kunden und Lieferanten als Verstoß gegen § 1 UWG, 1999; *Ernst,* Headhunting per E-Mail, GRUR 2010, 963; *Götting/Hetmank,* Unlautere Leistungsübernahme durch Mitarbeiterabwerbung, WRP 2013, 421; *Günther,* Ja, wo laufen sie denn? – Sanktionsmöglichkeiten des Arbeitgebers gegen unlauteres Abwerben von Mitarbeitern, WRP 2007, 240; *Kicker,* Problematik des Beschäftigungsverbots als Nachlese zum ‚Lopez-Szenario', Festschrift *Piper,* 1996, S. 273; *Kittner,* Der ‚volatile' Arbeitnehmer – Wettbewerb im und außerhalb des Arbeitsverhältnisses, BB 2011, 1013; *Klein,* Telefonische Abwerbung von Mitarbeitern am Arbeitsplatz und im Privatbereich nach neuem UWG, GRUR 2006, 379; *Köhler,* Zur wettbewerbsrechtlichen Zulässigkeit der telefonischen Ansprache von Beschäftigten am Arbeitsplatz zum Zwecke der Abwerbung, WRP 2002, 1; *Lindache,* Headhunting am Arbeitsplatz, in FS *Erdmann,* 647; *Piper,* Zur Wettbewerbswidrigkeit des Einbrechens in fremde Vertragsbeziehungen durch Abwerben von Kunden und Mitarbeitern, GRUR 1990, 643; *Quiring,* Muss die telefonische Anwerbung von Mitarbeitern verboten werden?, WRP 2000, 33; *Quiring,* Die Abwerbung von Mitarbeitern im Licht der UWG-Reform – und vice versa, WRP 2003, 1181; *Reufels,* Neue Fragen der wettbewerblichen Beurteilung von ‚Headhunting', GRUR 2001, 214; *Reuter,* Wettbewerbsrechtliche Ansprüche bei Konflikten zwischen Arbeitgebern und Arbeitnehmern – Terra Inkognita? NJW 2008, 3538; *Scherer,* Verleiten zum Vertragsbruch – Neukonzeption aufgrund § 4 Nr. 10 UWG und der RL/UGP, WRP 2009, 518; *Schloßer,* Telefonische Direktansprache – unlautere Personalabwerbung i. S. v. § 1 UWG, WRP 2002, 1349; *Schmidt,* Telefonische Abwerbung – neue Sitten braucht das Land?, WRP 2001, 1138; *Sosnitza,* Verleiten zum Vertragsbruch – Berechtigte Fallgruppe oder alter Zopf?, WRP 2009, 373; *Sosnitza/Kostuch,* Telefonische Mitarbeiterabwerbung am Arbeitsplatz, WRP 2008, 166; *Trube,* Zur telefonischen Abwerbung von Beschäftigten, WRP 2001, 97; *Westermann,* Der BGH baut den Know-how-Schutz aus, GRUR 2007, 116; *von Maltzahn,* Wettbewerbsrechtliche Probleme beim Arbeitsplatzwechsel, GRUR 1981, 788; *Wulf,* Direktansprache am Arbeitsplatz, NJW 2004, 2424; *Ziegler,* Arbeitsrecht und UWG, 2011.

25 Mitarbeiter sind ein wichtiges Gut im Wettbewerb. Sie sind in der Wahl ihres Arbeitsplatzes frei. Die **Mobilität von Arbeitskräften** und das Bemühen, den Leistungsstand eines Unternehmens durch qualifizierte Arbeitskräfte zu sichern oder zu erhöhen, sind **Bestandteil der freien Wirtschaftsordnung.** Andernfalls würden der Wettbewerb um Mitarbeiter und deren in Art. 12 Abs. 1 GG verbürgtes Grundrecht auf freie Berufs- und Arbeitsplatzwahl übermäßig eingeschränkt.[73] Der Wettbewerb um Mitarbeiter wird erst unlauter, wenn ergänzende Umstände die Wettbewerbswidrigkeit begründen.[74] Unter diesen Voraussetzungen ist bereits der Versuch einer Abmahnung unlauter.[75]

26 **a) Abwerbungsfreiheit.** Das Abwerben von Mitarbeitern eines Mitbewerbers ist **erlaubt,**[76] auch wenn es **bewusst, planmäßig und gezielt** erfolgt.[77] Es ist unerheblich, wie wichtig der

---

[72] LG Frankfurt MMR 2005, 551, 553.

[73] BGH GRUR 1966, 263, 265 – *Bau-Chemie;* OLG Stuttgart GRUR 2000, 1096, 1097 – *Headhunter;* OLG Celle GRUR 1962, 366, 367.

[74] BGH WRP 2007, 951, 953 – *Außendienstmitarbeiter;* OLG Frankfurt GRUR-RR 2014, 69, Rdn. 17; OLG Hamm, Urt. v. 18.11.2014 – 4 U 90/14, Rdn. 58; OLG Oldenburg, Urt. v. 19.4.2012 – 1 U 98/07, Rdn. 116.

[75] RGZ 149, 114, 118.

[76] BGH WRP 2007, 951, 953 – *Außendienstmitarbeiter;* GRUR 1966, 263 – *Bau-Chemie;* GRUR 1961, 482 – *Spritzgussmaschine;* RGZ 149, 114, 117; OLG Stuttgart GRUR 2000, 1096, 1097 – *Headhunter.*

[77] BGH GRUR 1966, 263 – *Bau-Chemie;* OLG Oldenburg, Urt. v. 19.4.2012 – 1 U 98/07, Rdn. 116; LAG München, Urt. v. 4.3.2009 – 11 Sa 247/08; *von Maltzahn* WRP 1981, 788, 791; a. A. RGZ 149, 114, 118 f.

abgeworbene Mitarbeiter für seinen früheren Arbeitgeber war,[78] welche Kenntnisse oder Fertigkeiten er besitzt oder ob er Geheimnisträger ist.[79] Ein Unternehmen, das sich gegen die Abwerbung eines Mitarbeiters wehren will, muss ihm ein **vertragliches Wettbewerbsverbot** auferlegen (§§ 74, 90a HGB), die Abwerbung durch das Angebot **besserer Konditionen** verhindern oder den abgeworbenen Mitarbeiter zurückwerben.[80]

Ein Sonderfall des Abwerbens von Mitarbeitern liegt vor, wenn es dem Abwerbenden gar nicht 27
darum geht, den Mitarbeiter des Mitbewerbers zu übernehmen, sondern sein Ziel darin besteht, ihn **als Mitarbeiter des Konkurrenten für eigene Zwecke einzubinden;** bspw. indem er als Außendienstmitarbeiter den Kunden des Mitbewerbers auch die eigenen Produkte anbietet.[81] In diesem Sonderfall kommt ein unzulässiges Verleiten zum Vertragsbruch in Betracht. Außerdem schmarotzt der Mitbewerber in unzulässiger Weise am Vertriebssystem des Konkurrenten.[82]

b) Wettbewerbswidrige Abwerbung von Mitarbeitern. Die Abwerbung von Mitarbeitern 28
kann im Einzelfall wettbewerbswidrig sein oder – außerhalb eines Wettbewerbsverhältnisses – gegen § 823 Abs. 1 BGB in Verbindung mit dem Recht am eingerichteten und ausgeübten Gewerbebetrieb bzw. gegen § 826 BGB verstoßen.[83] Maßgeblich sind die Umstände des Einzelfalls.[84] Dabei sind die grundrechtlich gesicherte freie Berufs- und Arbeitsplatzwahl des Mitarbeiters sowie der Umstand, dass sein Verhalten – von Fällen der Drittförderung abgesehen – nicht dem UWG unterfällt, von besonderem Gewicht. Eine Abwerbung ist wettbewerbswidrig, wenn vom Abwerbenden **wettbewerbswidrige Zwecke** verfolgt oder **unlautere Methoden und Mittel** angewendet werden.[85] Außerdem kann die **Gesamtschau aller Umstände** des Einzelfalls einer Abwerbung unter Abwägung der Interessen aller Beteiligten und der Allgemeinheit ausnahmsweise das Gepräge der Wettbewerbswidrigkeit verleihen.[86] Allerdings ergibt sich die Unlauterkeit der Abwerbung nicht bereits aus der Kombination von Umständen, die jeweils für sich genommen nicht zu beanstanden sind.[87] Auch aus den Absichten des Abwerbenden lässt sich eine Unlauterkeit nicht herleiten.[88]

aa) Zweck der Abwerbung. Wer Mitarbeiter von Mitbewerbern abwirbt, verfolgt damit in der Regel 29
das Ziel, die Leistungsfähigkeit des eigenen Unternehmens zu stärken. Diese Zielsetzung ist erlaubt und eine Folge des erwünschten Leistungswettbewerbs. Wer hingegen abwirbt und dadurch die **Leistungsfähigkeit des Mitbewerbers schwächt,** obwohl er den abgeworbenen Mitarbeiter offenkundig gar nicht benötigt, handelt wettbewerbswidrig.[89] Die Bewertung der sonstigen Sachverhalte, bei denen weder die Stärkung der eigenen Leistungsfähigkeit noch die Schwächung der Leistungsfähigkeit des Mitbewerbers im Vordergrund stehen, ist nur aufgrund einer Abwägung aller

---

[78] BGH GRUR 1961, 482, 483 – *Spritzgussmaschine;* OLG Oldenburg, Urt. v. 19.4.2012 – 1 U 98/07, Rdn. 162; OLG Brandenburg WRP 2007, 1368, 1370.

[79] BGH GRUR 1966, 263, 264 – *Bau-Chemie;* zur Abwerbung, um an Geschäftsgeheimnisse des Wettbewerbers zu gelangen, siehe Rdn. 22.

[80] Vgl. BGH GRUR 1967, 428, 429 – *Anwaltsberatung I;* LAG München, Urt. v. 4.3.2009 – 11 Sa 247/08; Beater, WRP 2011, 7, 14 fordert m. E. zu Unrecht, dass die Abwerbung nur erlaubt sein soll, wenn der bisherige Arbeitgeber so rechtzeitig darüber informiert wird, dass er in den Wettbewerb um den Arbeitnehmer eintreten kann.

[81] Vgl. OLG Oldenburg, WRP 2007, 460 – *Abwerben von Vertriebskräften.*

[82] OLG Oldenburg, WRP 2007, 460, 463 f. – *Abwerben von Vertriebskräften;* siehe zum Schmarotzen unten Rdn. 113.

[83] Das OLG Hamm GRUR-RR 2004, 27, 29 hält die im Folgenden geschilderten Grundsätze auf Handelsvertreter nicht entsprechend anwendbar.

[84] OLG Oldenburg, Urt. v. 19.4.2012 – 1 U 98/07, Rdn. 119.

[85] BGH WRP 2007, 951, 953 – *Außendienstmitarbeiter;* GRUR 2006, 426, 427 – *Direktansprache am Arbeitsplatz II; Beater* § 18 Rdn. 38 stellt demgegenüber ausschließlich darauf ab, ob es dem bisherigen Arbeitgeber möglich ist, seinen Mitarbeiter durch ein Gegenangebot zu halten, womit der Wettbewerb gewährleistet bleibt.

[86] OLG Jena WRP 1997, 363, 364 – *Abwerben von Arbeitnehmern.*

[87] OLG Oldenburg, Urt. v. 19.4.2012 – 1 U 98/07, Rdn. 181.

[88] GRUR 2014, 393, Rdn. 42 – *wetteronline.de.* Insoweit widersprüchlich BGH WRP 2007, 951 – *Außendienstmitarbeiter,* wo in Rdn. 14 auf die Verfolgung unlauterer Zwecke als Merkmal der gezielten Behinderung abgestellt wird, während in Rdn. 21 f. die Kenntnis der unlauterkeitsbegründenden Tatumstände oder eine Schädigungsabsicht für nicht erforderlich gehalten werden. Auf unlautere Absichten stellte auch die frühere Rechtsprechung ab: BGH GRUR 1976, 306, 307 – *Baumaschinen;* GRUR 1966, 263, 265 – *Bau-Chemie* (bedingter Vorsatz genügt), OLG Brandenburg WRP 2007, 1368, 1370; *Lindacher* FS *Erdmann,* S. 647, 652, der eine entsprechende Absicht bei der massiven Abwerbung von Schlüsselkräften eines einzelnen Mitbewerbers vermutet. Zur subjektiven Komponente der gezielten Behinderung siehe auch oben Rdn. 14.

[89] OLG Brandenburg WRP 2007, 1368, 1370.

Umstände des Einzelfalls und unter Berücksichtigung der Schutzzwecke des UWG möglich.[90] Im Zweifel ist von der **Zulässigkeit der Abwerbung** auszugehen.

30 Die Unlauterkeit kann sich daraus ergeben, dass der Unternehmer die Abwerbung von Mitarbeitern einsetzt, um ohne nennenswerte finanzielle oder wirtschaftliche Anstrengungen **ganze Geschäftsbereiche, Abteilungen oder Niederlassungen eines konkurrierenden Unternehmens einschließlich der damit verbundenen Kunden** zu **übernehmen.**[91] Der Abwerbende wendet in diesen Fällen nur die Kosten für die zukünftige Tätigkeit der Mitarbeiter in seinem Unternehmen und ein etwaiges Handgeld auf, um eine vom Mitbewerber mit zusätzlichem Zeit- und Kostenaufwand aufgebaute Unternehmenseinheit zu übernehmen und den Mitbewerber selber vom Markt zu verdrängen. Der Mitbewerber ist durch die Übernahme ganzer Unternehmensbereiche außerdem nicht mehr in der Lage, seine Leistungen durch eigene Anstrengungen am Markt in angemessener Weise zur Geltung zu bringen. Allerdings genügt es für die Annahme einer Unlauterkeit noch nicht, dass die Wettbewerbsposition lediglich beeinträchtigt wird.[92] Erschwerend kann andererseits berücksichtigt werden, dass die Übernahme der Mitarbeiter **putsch- oder handstreichartig** erfolgt und neben Mitarbeitern auch Kunden, Kundendaten, Lieferanten und Produktionsmittel in einer Art und Weise übernommen werden, dass dem Mitbewerber keine ernsthafte Möglichkeit verbleibt, der Übernahme entgegenzusteuern.[93]

31 Abwerbeversuche, über die ein Unternehmer **unter Verstoß gegen § 17 Abs. 2 UWG** an **Geschäfts- oder Betriebsgeheimnisse** eines Mitbewerbers gelangen will, sind ebenfalls unlauter.[94] Da ein ausgeschiedener Mitarbeiter die während der Beschäftigungszeit bei einem Mitbewerber erworbenen Kenntnisse, die er auf lautere Weise erlangt und in seinem Gedächtnis bewahrt hat,[95] unbeschränkt verwenden darf,[96] ist eine Abwerbung, die allein auf solche memorierten Kenntnisse zielt, allerdings noch zulässig, weil sich andernfalls Wertungswidersprüche zwischen § 4 Nr. 4 und § 17 UWG ergeben würden. Die bloße Gefahr, dass ein ehemaliger Mitarbeiter Geschäftsgeheimnisse beim Konkurrenten einbringen könnte, reicht ebenfalls zur Begründung der Wettbewerbswidrigkeit nicht aus.[97] Wettbewerbswidrig ist daher nur die Abwerbung, der es auch um Aufzeichnungen, Dateien oder andere Fixierungen von Geschäfts- oder Betriebsgeheimnissen geht, die der abgeworbene Mitarbeiter während der Beschäftigungszeit für den Mitbewerber angefertigt hat.[98]

32 Die Abwerbung eines Mitarbeiters zum Zwecke der **Abwerbung von Kunden** des Konkurrenten wurde früher für unlauter gehalten.[99] Dafür sollte indiziell schon sprechen, dass mit dem neuen Mitarbeiter bei den Kunden des Konkurrenten geworben wird. Diese Rechtsprechung geht jedoch deutlich zu weit.[100] Die Kompetenz und das Vertrauen, das ein Mitarbeiter bei Kunden genießt, gehört auch zum Kapital des Mitarbeiters, das er zu seinem eigenen Vorteil einsetzen darf. Andernfalls würde seine grundrechtlich garantierte Arbeitsplatz- und Berufsausübungsfreiheit im ausschließlichen Interesse seines früheren Arbeitgebers unverhältnismäßig eingeschränkt. Die Abwerbung von Mitarbeitern, die dazu eingesetzt werden, Kunden des Konkurrenten abzuwerben, ist allenfalls wettbewerbswidrig, wenn der Abwerbende sie dazu verleitet, ihre Fähigkeiten und Kenntnisse unter Verletzung etwaiger nachvertraglicher oder gesetzlicher Pflichten gegenüber dem früheren Arbeitgeber einzusetzen.[101] Die Ausnutzung eines Vertragsbruchs des Mitarbeiters reicht dafür jedoch nicht aus.[102]

---

[90] OLG Oldenburg, Urt. v. 19.4.2012 – 1 U 98/07, Rdn. 119.

[91] Vgl. BGH GRUR 1966, 263 – *Bau-Chemie;* OLD Düsseldorf GRUR 1961, 92, 93 – *Glasbläser*; s.a. *Götting/Hetmank* WRP 2013, 421, 426.

[92] Großzügiger die frühere Rechtsprechung: BGH GRUR 1976, 306, 307 – *Baumaschinen*; OLG Köln WRP 1984, 571, 573; OLG Düsseldorf GRUR 1961, 92, 93 – *Glasbläser.*

[93] BGH GRUR 1970, 358, 359 – *Textilspitzen;* GRUR 1970, 182 – *Bierfahrer;* OLG Jena WRP 1997, 363, 364 – *Abwerben von Arbeitnehmern;* vgl. auch BGH GRUR 1964, 215, 216 – *Milchfahrer.*

[94] *von Maltzahn* WRP 1981, 788, 790; zum Begriff des Geschäfts- und Betriebsgeheimnisses siehe *Harte-Bavendamm* unten § 17 Rdn. 1ff.

[95] BGH GRUR 2006, 1044, 1045 – *Kundendatenprogramm;* GRUR 1999, 934, 935 – *Weinberater.* Eingehend unten *Harte-Bavendamm* § 17 Rdn. 32.

[96] BGH GRUR 2006, 1044, 1045 – *Kundendatenprogramm;* GRUR 2002, 91, 92 – *Spritzgießwerkzeuge;* GRUR 1963, 357 – *Industrieböden.*

[97] BGH GRUR 1966, 263, 264 – *Bau-Chemie.*

[98] BGH GRUR 2006, 1044, 1045 – *Kundendatenprogramm;* GRUR 2003, 453, 454 – *Verwertung von Kundenlisten.*

[99] BGH GRUR 1966, 263, 265 – *Bau-Chemie;* RGZ 149, 114, 119f.

[100] *Bettin* S. 142f.

[101] Selbst diese Bewertung ist mittlerweile nicht mehr unproblematisch, nachdem berechtigte Zweifel an der allgemeinen Unlauterkeit des Verleitens zum Vertragsbruch laut geworden sind; siehe dazu Rdn. 37.

[102] BGH GRUR 2007, 800, Rdn. 14f. – *Außendienstmitarbeiter.*

bb) Methoden und Mittel. Eine Abwerbung kann wettbewerbswidrig sein, wenn die **angewandte** Methode oder das eingesetzte Mittel unlauter sind. Methoden und Mittel,[103] die im geschäftlichen Verkehr zur Förderung des Absatzes von Produkten oder Dienstleistungen erlaubt sind, dürfen auch zur Mitarbeiterwerbung einschließlich der Abwerbung eingesetzt werden. Methoden und Mittel, die im geschäftlichen Verkehr zur Förderung des Absatzes von Produkten oder Dienstleistungen unlauter sind, sind es in der Regel auch bei der Werbung oder Abwerbung von Mitarbeitern. **Unrichtige oder irreführende Angaben** über den bisherigen oder den neuen Arbeitgeber, den alten oder den neuen Arbeitsplatz sind als Mittel einer Abwerbung verboten.[104] Wettbewerbswidrig sind ferner **unsachliche oder herabsetzende Äußerungen**,[105] das **Versprechen rechtswidriger Vorteile**[106] oder die **Androhung von Nachteilen**, die geeignet sind, die Entscheidungsfreiheit des Umworbenen wesentlich zu beeinträchtigen. Der Einsatz solcher wettbewerbswidrigen Mittel und Methoden führt allerdings dann erst zu einer Verletzung von § 4 Nr. 4, wenn auch dessen spezifische Tatbestandsvoraussetzungen erfüllt werden.[107] Davon ist auszugehen, wenn Vorkehrungen dafür getroffen werden, dass der betroffene Mitbewerber vom Einsatz der unlauteren Mittel des anderen möglichst nichts erfährt.[108] 33

(1) Die umworbene Arbeitskraft soll ihre Entscheidung nicht in einer Lage treffen, in der die **Entscheidungsfreiheit** ernsthaft **beeinträchtigt** ist (Alkohol, Drogen, Sex etc.).[109] Sie darf nicht überrumpelt, in einer die Grenzen des § 4a überschreitenden Intensität bedrängt[110] oder mit sachfremden Mitteln angelockt werden.[111] Grundsätzlich ist Zurückhaltung geboten. Es reicht nicht aus, dass dem Abgeworbenen **Kündigungshilfe** geleistet wird, z.B. durch ein vorformuliertes Kündigungsschreiben.[112] Das Angebot des Abwerbenden, das Kündigungsschreiben an den alten Arbeitgeber zu übermitteln, schränkt die Entscheidungsfreiheit des Abgeworbenen ebenso wenig ungerechtfertigt ein.[113] Allerdings kann es in einer Gesamtbewertung aller Umstände eines Sachverhalts bedeutsam sein, dass ein vorformuliertes Kündigungsschreiben eine unlautere Abwerbung erleichtert, wenn es dem Umworbenen unter manipulativen Umständen untergeschoben wird.[114] 34

Beim Angebot von **Lockmitteln** wie Zugaben (Incentives), Prämien oder sonstigen Vorteilen wie einem Einkaufsrabatt[115] muss ebenfalls ein **großzügiger Maßstab** gelten.[116] Die Grenze zur Wettbewerbswidrigkeit sollte erst bei einem **übertriebenen Anlocken** liegen, dass die Voraussetzungen der §§ 3 Abs. 2, 4 a UWG erfüllt und sich nach den Usancen in der Branche (Extrembeispiel Profifußball), dem Wert des Mitarbeiters, seiner Ausbildung, Erfahrung und Funktion, seinen Fähigkeiten oder wettbewerblich werthaltigen Kontakten beurteilt. Eine gezielte Behinderung liegt darin aber auch erst, wenn die besonderen Tatbestandsvoraussetzungen des § 4 Nr. 4 vorliegen. Das Versprechen eines höheren Lohnes oder besserer Arbeitsbedingungen sind stets zulässig.[117] 35

---

[103] Die dogmatische Abgrenzung der Methoden von den eingesetzten Mitteln kann dahinstehen, weil sie für die Bewertung der Lauterkeit einer Abwerbung nicht erforderlich ist. Die Methode ist der Weg, der zur Mitarbeiterwerbung eingeschlagen wird. Dazu zählen die Art und Weise und das Medium der Ansprache wie Mailing- oder Telefonaktionen, Inserate in Printmedien und dem Internet, der Einsatz von Werbern wie Headhuntern oder Schleppern, der Einsatz der Bundesagentur für Arbeit oder privater Arbeitsvermittler. Jede Methode erlaubt den Einsatz unterschiedlicher Mittel, um den Vermittler zu größerem Einsatz oder die umworbene Arbeitskraft zum Wechsel des Arbeitgebers zu bewegen.

[104] OLG Karlsruhe GRUR-RR 2014, 362, Rdn. 63; OLG Hamm, Urt. v. 18.11.2014 – 4 U 90/14, Rdn. 58; *Köhler*/Bornkamm § 4 Rdn 10.38.

[105] OLG Köln WRP 1984, 571, 573; LG Heidelberg, MMR 2012, 607; *Köhler*/Bornkamm § 4 Rdn 10.104; *von Maltzahn* WRP 1981, 788, 791.

[106] BGH GRUR 1984, 129, 130f. – *Shop-in-the-Shop* zu einem mittlerweile obsoleten Verstoß gegen das Rabattgesetz.

[107] Zum Konkurrenzverhältnis der Beispielstatbestände des UWG siehe oben Rdn. 5, 13.

[108] Zu weitgehend *Beater* WRP 2011, 7, 14 der eine Abwerbung nur zulassen will, wenn der bisherige Arbeitgeber so rechtzeitig darüber informiert wird, dass er in der Lage ist, in den Wettbewerb um den Arbeitnehmer einzutreten.

[109] *Bettin* S. 98.

[110] Vgl. zur früheren Rechtslage OLG Celle WRP 1971, 377, 378.

[111] BGH GRUR 1961, 482, 483 – *Spritzgussmaschine* zur Zahlung einer einmaligen Prämie noch während der Dauer des Arbeitsverhältnisses beim Konkurrenten.

[112] BGH GRUR 2005, 603, 604 – *Kündigungshilfe;* OLG Oldenburg, Urt. v. 19.4.2012, 1 U 98/07, Rdn. 239; OLG Brandenburg VersR 2002, 759, 760f.; OLG Schleswig OLG-Rep 1999, 340, 341; LG Bielefeld MD 2005, 967, 969; *Bettin* S. 112.

[113] *Bettin* S. 113; a.A. OLG Celle WRP 1971, 377, 378.

[114] LG Bielefeld MD 2005, 967, 969.

[115] Vgl. BGH GRUR 1984, 129, 130f. – *Shop-in-the-Shop.*

[116] *Bettin* S. 106f.

[117] BGH GRUR 1966, 263, 265 – *Bau-Chemie;* OLG Celle GRUR 1962, 366, 367; *Bettin* S. 104f.

36 Die **Abwerbung** von Mitarbeitern **durch andere Mitarbeiter** desselben Dienstherrn zugunsten eines Konkurrenten verletzt – im Unterschied zur bloßen Information über andere Arbeitsmöglichkeiten – den Arbeitsvertrag zwischen dem Arbeitgeber und dem abwerbenden Mitarbeiter.[118] Sie kann unter dem Gesichtspunkt des Verleitens zum Vertragsbruch wettbewerbswidrig sein, wenn sie von einem Mitbewerber initiiert wird,[119] oder wenn über die Vertragsverletzung hinaus weitere Umstände hinzutreten, die die Unrechtmäßigkeit des Verhaltens verstärken.[120] Der **Einsatz von ehemaligen Mitarbeitern** des Konkurrenten zur Abwerbung weiterer Mitarbeiter ist wettbewerbsrechtlich demgegenüber nicht zu beanstanden,[121] auch nicht wenn er systematisch und planmäßig erfolgt.[122] Die Unlauterkeit ergibt sich insbesondere nicht daraus, dass bei der Abwerbung Kenntnisse ehemaliger Mitarbeiter über Interna des Konkurrenten oder sonstige in dessen Betriebssphäre begründete Vorteile in zulässiger Weise genutzt werden.[123]

37 *(2)* Nach der herrschenden Auffassung ist es wettbewerbswidrig, Mitarbeiter von Mitbewerbern durch eine **Verleitung zum Vertragsbruch** abzuwerben.[124] Ein Vertragsbruch ist jede Verletzung einer wesentlichen Verpflichtung aus einem Vertragsverhältnis, z. B. aus dem Arbeitsvertrag. Es muss sich dabei nicht um eine Hauptpflicht handeln.[125] Zum Vertragsbruch verleitet, wer gezielt und bewusst auf den Vertragsbruch hinwirkt,[126] und sei es dadurch, dass ein Irrtum über die Person des Leistenden aufrecht erhalten oder verstärkt wird.[127] Es soll bereits ausreichen, Handelsvertreter dazu zu veranlassen, einen Vertragsbruch durch die Zwischenschaltung von Strohleuten zu verschleiern.[128] Die bloße Kenntnis des Abwerbenden von dem Vertragsverstoß des anderen reicht für die Annahme der Unlauterkeit allerdings nicht mehr aus.[129]

38 Während die Grundsätze zum Verleiten zum Vertragsbruch lange unbestritten waren, sind in jüngerer Zeit mit Blick auf die UGP-RL und das Verbot der Verdinglichung vertraglicher Beziehungen Einschränkungen empfohlen worden. Danach soll ein unlauteres Verleiten zum Vertragsbruch nicht bereits in allen Fällen vorliegen, in denen gezielt und bewusst darauf hingewirkt wird, dass ein anderer eine ihm obliegende Vertragspflicht verletzt,[130] sondern erst dann, wenn **in unlauterer Weise auf den Vertragsbruch hingewirkt** werde.[131] Für diese Auffassung spricht, dass der Lieferanten- und Kundenkreis eines Unternehmers nicht geschützt sind. Andererseits führen Vertragsbrüche beim Vertragspartner regelmäßig zu Schäden, weil sich die andere Partei nicht an ihre Verpflichtungen hält. Verursacher dieser Mitbewerberschädigung ist aber der Konkurrent, der auf den Vertragsbruch hingewirkt hat. Den Mitbewerber bewusst zu schädigen, ist aber unlauter.

39 Die **Ausnutzung des Vertragsbruchs** eines fremden Arbeitnehmers ist **nicht wettbewerbswidrig**, solange nicht weitere unlauterkeitsbegründende Umstände hinzutreten.[132] Die schuldrechtliche Bindung zwischen dem Wettbewerber und seinem Vertragspartner entfaltet Dritten gegenüber keine rechtlichen Wirkungen. Wäre schon die Ausnutzung eines Vertragsbruchs unlauter, würde das

---

[118] OLG Stuttgart WRP 1993, 780, 782.

[119] OLG Stuttgart WRP 1993, 780, 782.

[120] BAG, NJW 2013, 331; Rdn. 15f; LAG München, Urt. v. 4.3.2009 – 11 Sa 247/08.

[121] A. A. RGZ 149, 114, 118.

[122] Vgl. BGH GRUR 2009, 173, Rdn. 38 – *bundesligakarten.de;* a. A. noch OLG München WRP 1980, 284, 285; OLG Düsseldorf GRUR 1961, 92, 93 f. – *Glasbläser.*

[123] Vgl. (a. A.) BGH GRUR 1967, 104, 106 – *Stubenhändler;* OLG Celle GRUR 1962, 366, 367.

[124] BGH, Beschl. v. 15.3.2012 – I ZR 125/11; Rdn. 7 = GuT 2012, 181 – *Parkplatz-Service*; BGH WRP 2007, 951, 953 – *Außendienstmitarbeiter;* OLG Stuttgart GRUR 2000, 1096, 1097 – *Headhunter; Klaka* GRUR 1966, 266, 267.

[125] OLG Hamburg, MMR 2013, 453, Rdn. 27.

[126] BGH GRUR 2007, 800, Rdn. 14 – *Außendienstmitarbeiter;* OLG Hamburg, Urt. v. 6.11.2014 – 3 U 86/13, Rdn. 199 = GRUR-RR 2015, 110 – *Buddy Bots.*

[127] BGH, BeckRS 2012, 07782 = GuT 2012, 181 – *Parkplatz-Service*; *Köhler*/Bornkamm, § 4, Rdn. 10.38.

[128] OLG Düsseldorf, Urt. v. 13.4.2010 – I-20 U 25/09; vgl. *Köhler*/Bornkamm § 4 Rdn. 10.107.

[129] OLG Frankfurt GRUR-RR 2014, 69, Rdn. 22; deutlich strenger noch BGH GRUR 1975, 555, 557 – *Speiseeis;* OLG Düsseldorf, Urt. v. 13.4.2010 – I-20 U 25/09; OLG Hamm GRUR-RR 2004, 27, 28; OLG Celle WRP 1971, 377; *von Maltzahn* WRP 1981, 788, 789f.

[130] So BGH GRUR 2009, 173, Rdn. 31 – *bundesligakarten.de;* BGH WRP 2007, 951, 953 – *Außendienstmitarbeiter.*

[131] OLG Oldenburg, WRP 2009, 460, 463; so auch Österr. OGH GRUR Int. 2015, 176; s. a. *Köhler*/Bornkamm § 4 Rdn. 10.108; *Sosnitza,* WRP 2009, 373, 377; *Scherer,* WRP 2009, 518, 523; a. A. *Ohly*/Sosnitza, UWG, § 4 Rdn. 10.28a.

[132] BGH GRUR 2009, 173, Rdn. 35 – *bundesligakarten.de;* WRP 2007, 951, 953 – *Außendienstmitarbeiter;* OLG Hamburg, GRUR-RR 2015, 110, Rdn. 205 = GRUR-RR 2015, 110 – *Buddy Bots;* OLG Frankfurt GRUR-RR 2014, 69, Rdn. 21; OLG Düsseldorf, Urt. v. 14.11.2012 – VI-U (Kart) 16/12, Rdn. 18.

Vertragsverhältnis verdinglicht.[133] Die Ausnutzung eines Vertragsbruchs ist daher auch dann nicht unzulässig, wenn dem Profiteur der Vertragsbruch bekannt ist,[134] und zwar auch dann nicht, wenn systematisch und planmäßig vorgegangen wird.[135] Es ist deshalb auch zulässig, den vertragsbrüchigen Mitarbeiter des Konkurrenten in Kenntnis seiner anderweitigen vertraglichen Pflichten zu beschäftigen,[136] Auch wenn gesetzlichen oder verbandseigenen Anzeigepflichten nicht nachgekommen wird und der Vertragsbruch dadurch erst später bemerkt werden kann.[137] Die Ausnutzung eines Vertragsbruchs wird nicht schon aufgrund der Gefahr unlauter, dass ein Mitarbeiter während einer vertragswidrigen Doppelbeschäftigung Ressourcen des Mitbewerbers verwenden könnte.[138] Wenn die Beschäftigung den vertragsbrüchigen Arbeitnehmer allerdings aktiv darin unterstützen soll, den vertraglichen Verpflichtungen gegenüber dem Konkurrenten nicht nachzukommen, soll die Grenze in Richtung einer Verleitung zum Vertragsbruch überschritten werden.[139] Allerdings kommt es auf die Umstände des Einzelfalls an.

(3) **Eingriffe in den Betriebsorganismus** des Konkurrenten zum Zwecke der Abwerbung ei- 40
nes Mitarbeiters sind häufig wettbewerbswidrig. Dazu gehört die Ausforschung von Mitarbeitern im fremden Unternehmens über geeignete Kandidaten und Kontaktmöglichkeiten für eine Arbeitsstelle bei einem Wettbewerber,[140] die gezielte Einschleusung von Informationen (Name, Anschrift, Telefonnummer etc.) über interessierte Personalwerber in den betriebsinternen Kommunikationsgang,[141] die Entsendung von Werbern in den fremden Betrieb,[142] aber auch jedes sonstige Eindringen in die fremde Betriebssphäre,[143] solange die kontaktierten Mitarbeiter an der Maßnahme kein eigenes schützenswertes Interesse haben und sich auch in diesem Ausnahmefalle der Einbruch in den fremden Betriebsorganismus auf das Notwendigste beschränkt.

Die **Kontaktaufnahme mit Mitarbeitern am Arbeitsplatz** durch Konkurrenten oder beauf- 41
tragte Headhunter zum Zwecke der Abwerbung ist nur in engen Grenzen zulässig. Bei der Beurteilung sind die Interessen des Konkurrenten und seines Personalberaters, des betroffenen Mitarbeiters und seines Arbeitgebers abzuwägen. Deshalb greift der BGH bei der rechtlichen Beurteilung nicht auf § 4 Nr. 4, sondern § 3 Abs. 1 UWG zurück.[144] Eine erste telefonische Kontaktaufnahme am Arbeitsplatz über das Festnetznetz oder ein dienstliches Mobiltelefon ist demgegenüber nicht wettbewerbswidrig ist, solange der Anrufer sich streng an bestimmte vom BGH festgelegte Vorgaben hält.[145] Der Anrufer muss sich kurz vorstellen, den allgemeinen Anlass seines Anrufs kurz schildern und dann konkret nachfragen, ob der Angerufene bei diesem Anlass überhaupt an einer Kontaktaufnahme Interesse hat. Er darf nur dann das Gespräch fortsetzen und die offene Stelle knapp umschreiben, wenn der Angerufene **ausdrücklich einwilligt.** Danach muss er sich erneut erkundigen, ob ein Interesse des angerufenen Mitarbeiters an der Fortsetzung des Gesprächs besteht. In diesem Fall darf kurz eine Kontaktmöglichkeit außerhalb des Arbeitsbereichs verabredet werden.[146]

---

[133] BGH GRUR 2009, 173, Rdn. 35 – *bundesligakarten.de;* WRP 2007, 951, 953 – *Außendienstmitarbeiter;* OLG Hamburg, GRUR-RR 2015, 110, Rdn. 206 – *Buddy Bots*; s. a. OLG Dresden GRUR-RR 2005, 354, 355 – *Lackdoktor.*

[134] OLG Düsseldorf, Urt. v. 14.11.2012 – VI-U (Kart) 16/12, Rdn. 20.

[135] Vgl. BGH GRUR 2009, 173, Rdn. 38 – *bundesligakarten.de;* OLG Hamburg GRUR-RR 2015, 110, Rdn. 202 – *Buddy Bots.*

[136] BGH GRUR 2009, 173, Rdn. 37 – *bundesligakarten.de;* WRP 2007, 951, 955 – *Außendienstmitarbeiter;* OLG Frankfurt GRUR-RR 2014, 69, Rdn. 22.

[137] OLG Frankfurt GRUR-RR 2014, 69, Rdn. 24.

[138] OLG Frankfurt GRUR-RR 2014, 69, Rdn. 25f unter Berufung auf BGH, WRP 2007, 951 – *Außendienstmitarbeiter,* wonach das *bewusste* Ausnutzen eines Vertragsbruchs für sich genommen nicht unlauter ist; a.A. noch BGH GRUR 1980, 296, 297f – *Konfektion-Stylist.*

[139] OLG Hamm GRUR-RR 2004, 27, 28; *Ohly*/Sosnitza, UWG, § 4 Rdn. 10/29 *Piper* GRUR 1990, 643, 647 f.; s. a. zum Verleiten zum Vertragsbruch oben Rdn. 37.

[140] OLG Celle GRUR 1962, 366, 368.

[141] LG Heilbronn WRP 1999, 1190, 1192.

[142] *Bettin* S. 120.

[143] BGH Beschl. v. 13.12.2007, I ZR 137/07; GRUR 1967, 104, 106 – *Stubenhändler;* OLG Celle GRUR 1962, 366, 367.

[144] BGH GRUR 2006, 426, 427 – *Direktansprache am Arbeitsplatz II.*

[145] BGH WRP 2008, 219f. – *Direktansprache am Arbeitsplatz III;* GRUR 2006, 426, 427 – *Direktansprache am Arbeitsplatz II;* GRUR 2004, 696, 697 – *Direktansprache am Arbeitsplatz I;* OLG Karlsruhe NJW-RR 2002, 397, 398; *Beater* § 18 Rdn. 43; *Bettin* S. 103; *Quiring* WRP 2000, 33; a. A. zuvor OLG Stuttgart WRP 2000, 318; *Schloßer* WRP 2002, 1349, 1366; *Schmidt* WRP 2001, 1138, 139; *Trube* WRP 2001, 97, 102; *Lindacher* FS *Erdmann,* S. 647, 654.

[146] BGH WRP 2008, 219 – *Direktansprache am Arbeitsplatz III;* GRUR 2006, 426, 427 – *Direktansprache am Arbeitsplatz II;* GRUR 2004, 696, 699 – *Direktansprache am Arbeitsplatz I.* Wenn diese Grenzen überschritten werden, hält der BGH einen Unterlassungsantrag für zulässig, durch den untersagt werden soll, Mitarbeiter

Wenn das Gespräch über diesen engen Rahmen hinausgeht und der Personalberater etwa ungefragt auf die Vita des Umworbenen eingeht oder sich über eine Ablehnung des Angerufenen hinwegsetzt, wird die Grenze zur Unlauterkeit überschritten.[147] Dafür kann indiziell bereits die Dauer des Telefonats sprechen.[148] Unzulässig ist auch jede **telefonische Ausforschung von Personen an ihrem Arbeitsplatz** darüber, welcher Mitarbeiter ihres Dienstherrn für bestimmte Aufgaben eingesetzt wird oder geeignet sein könnte.[149] Diese Art der Sondierung nutzt den Betriebsorganismus (Arbeitskräfte, Kommunikationssysteme, Betriebsorganisation) des betroffenen Marktteilnehmers eigennützig zu betriebswidrigen Zwecken aus.[150] Die persönliche Ansprache des Mitarbeiters eines Wettbewerbers an dessen Arbeitsplatz ist auch ohne Einsatz von Fernkommunikationsmitteln wettbewerbswidrig.[151] Eine Abwerbungsinitiative per Mail ohne ausdrückliche Einwilligung der kontaktierten Person ist ebenfalls unlauter (§ 7 Abs. 2 Nr. 3 UWG).[152] Außerhalb eines Wettbewerbsverhältnisses kommt ein Eingriff in den eingerichteten und ausgeübten Gewerbebetrieb in Betracht.[153]

42 Die **(Ab-)Werbung** von Arbeitskräften **in der Privatwohnung,** in einem Lokal[154] oder an einem sonstigen Ort ist nicht wettbewerbswidrig, auch nicht bei geschäftsungewandten Personen.[155] Die **telefonische Ansprache** in der Privatwohnung ist aber nach § 7 Abs. 2 Nr. 2 UWG nur zulässig, wenn der Angerufene mit dem Anruf mutmaßlich einverstanden ist.[156] Ein Einverständnis des Angerufenen mit der telefonischen Kontaktaufnahme zu Abwerbezwecken kann aber in der Regel vermutet werden, da ein verbreitetes Interesse an einer beruflichen Verbesserung besteht.[157] Die Grenze zur Wettbewerbswidrigkeit gemäß § 7 Abs. 1 UWG wird aber bei telefonischen Abwerbeversuchen überschritten, wenn sie gegen den erklärten Willen des Umworbenen erfolgt.[158]

43 *cc) Sonstige Begleitumstände einer Abwerbung.* Die Abwerbung des **Mitarbeiters eines Vertragspartners** ist an sich nicht unlauter. Sie wurde aber für unzulässig gehalten, wenn zwischen den Vertragspartnern ein wirksames Wettbewerbsverbot vereinbart wurde[159] oder die Abwerbung eine arbeitsvertraglichen Verpflichtung des Mitarbeiters verletzt.[160] In diesen Ausnahmefällen dürfe die Abwerbung auch nicht durch Strohmänner betrieben werden.[161] In ersten Fall liegt aber nicht mehr als eine Verletzung des Vertragsverhältnisses zwischen den Kooperationspartner vor; im zweiten nicht einmal dies zwingend. Wettbewerbswidrig kann es deshalb nur sein, Mitarbeiter von Unternehmen unter **Ausnutzung eines besonderen,** nicht notwendig vertraglich begründeten **Vertrauensverhältnisses** abzuwerben.[162] Die Abwerbung als Folge von Vertragsverhandlungen, durch die der Konkurrent ungewöhnlich weitgehenden Einblick in die betrieblichen Verhältnisse des Mitbewerbers erhielt, wurde vom BGH zu Recht untersagt.[163] Bedenklich ist auch eine Abwerbung als Folge von Vertragsverhandlungen, wenn dem Mitbewerber durch die Abwerbung die personellen Voraussetzungen genommen werden, um die vertragsgegenständlichen Leistungen zu erbringen.[164] In derartigen Konstellationen wird das besonders weitgehende Vertrauen geschützt, das ein Mitbewerber einem anderen in bestimmten Konstellationen entgegen bringen muss.

---

erstmals und unaufgefordert an ihrem betrieblichen Arbeitsplatz zum Zweck der Abwerbung mit einem Telefongespräch anzusprechen, das über eine erste Kontaktaufnahme hinausgeht.

[147] BGH WRP 2008, 219, 220 – *Direktansprache am Arbeitsplatz III.*

[148] BGH WRP 2008, 219, 220 – *Direktansprache am Arbeitsplatz III.*

[149] OLG Karlsruhe NJW-RR 2002, 397, 398; MünchKommUWG/*Jänich* § 4 Nr. 10 Rdn. 96; *Schloßer* WRP 2002, 1349, 1366; a. A. *Köhler* WRP 2002, 1, 10.

[150] *Schloßer* WRP 2002, 1349, 1357; *Lindacher* FS *Erdmann,* S. 647, 654 f.; a. A. *Köhler* WRP 2002, 1, 3.

[151] BGH, Beschl. v. 13.12.2007 – I ZR 137/07.

[152] *Ernst* GRUR 2010, 963, 964.

[153] A. A. *Quiring* WRP 2000, 33, 38; *Trube* WRP 2001, 97, 104.

[154] BGH GRUR 1966, 263, 264 – *Bau-Chemie.*

[155] BGH GRUR 1966, 263, 264 – *Bau-Chemie; Bettin* S. 101; a. A. OLG Celle GRUR 1962, 366, 368; OLG Karlsruhe GRUR 1961, 80; *von Maltzahn* WRP 1981, 788, 791; *Klaka* GRUR 1966, 266, 267.

[156] *Trube* WRP 2001, 97, 99; a. A. *Köhler* WRP 2002, 1, 6.

[157] *Klein* GRUR 2006, 379, 382; großzügiger *Köhler*/Bornkamm § 7 Rdn. 51; *Köhler* WRP 2002, 1, 6; enger OLG Jena GRUR 2003, 158 f.; *Schloßer* WRP 2002, 1349, 1351.

[158] OLG Oldenburg, Urt. v. 19.4.2012 – 1 U 98/07, Rdn. 200.

[159] BGH GRUR 1971, 358, 359 – *Textilspitzen;* OLG Celle GRUR 1962, 366, 367 f. Ein vertragliches Wettbewerbsverbot oder eine vertragliche Vereinbarung, gegenseitig keine Mitarbeiter abzuwerben, kann gegen § 1 GWB verstoßen und nichtig sein.

[160] OLG Jena WRP 1997, 363, 365 – *Abwerben von Arbeitnehmern.*

[161] BGH GRUR 1971, 358, 359 – *Textilspitzen.*

[162] *Bettin* S. 151 f.

[163] BGH GRUR 1961, 482, 483 – *Spritzgussmaschine.*

[164] Vgl. BGH GRUR 1961, 482, 483 – *Spritzgussmaschine.*

Abwerbeverbote in **Wettbewerbsrichtlinien** wie Nr. 8 der Wettbewerbsrichtlinie der Versicherungswirtschaft sind für die wettbewerbsrechtliche Beurteilung nicht entscheidend.[165] Wettbewerbsregeln haben allenfalls eine indizielle Bedeutung für die Unlauterkeit einer Wettbewerbshandlung.[166] 44

Die Abwerbung von Mitarbeitern, die zu einer **Bedrohung der wirtschaftlichen Existenz** des Konkurrenten führt, ist nicht wettbewerbswidrig, wenn diese Folge eine **bloße Nebenwirkung zulässiger Abwerbemaßnahmen** ist.[167] Eine gezielte Behinderung liegt selbst dann nicht vor, wenn der Abwerbende den Wettbewerber schädigen will, solange er die Mitarbeiter des Konkurrenten für eigene Zwecke benötigt und sich zulässiger Mittel bedient.[168, 169] 45

c) Wettbewerbswidrige Ausnutzung der Übernahme von Mitarbeitern. Mit der Übernahme des Mitarbeiters eines Konkurrenten können Vorteile verbunden sein, die über die Gewinnung einer kompetenten neuen Arbeitskraft hinausgehen. Dem neuen Mitarbeiter kann von Kunden des früheren Arbeitgebers eine besondere Wertschätzung und besonderes Vertrauen entgegengebracht werden. Er kann außerdem Geschäftsgeheimnisse des Mitbewerbers kennen. Trotz alledem darf der Abgeworbene im neuen Betrieb in seiner alten Position und Funktion beschäftigt werden. Die **Werbung** des neuen Arbeitgebers **mit dem Wechsel von Mitarbeitern** eines Konkurrenten ist ebenfalls zulässig.[170] Der neue Mitarbeiter darf Kenntnisse und Fertigkeiten ausnutzen, die er beim Mitbewerber erworben hat. Er darf auch Betriebs- und Geschäftsgeheimnisse verwerten, die in zulässiger Weise erlangt und ‚im Kopf' behalten hat.[171] Die Verwendung von Betriebs- und Geschäftsgeheimnissen wird als Verstoß gegen § 17 Abs. 2 UWG erst unzulässig, soweit der Mitarbeiter oder sein neuer Dienstherr auf Aufzeichnungen von Betriebs- und Geschäftsgeheimnissen zurückgreift, die der Mitarbeiter beim früheren Arbeitgeber erlangt hat.[172] In der Information potentieller Kunden über den Wechsel von Mitarbeitern liegt keine unzulässige **anlehnende Werbung** an den guten Ruf des Mitbewerbers.[173] Die Rufausbeutung als Anwendungsfall des § 4 Nr. 4 wird zwar weiterhin diskutiert, aber auf enge, eher theoretische Sachverhalte beschränkt.[174] 46

d) Rückwerbung. Für die Rückwerbung rechtmäßig abgeworbener Mitarbeiter gelten die gleichen Wettbewerbsregeln wie für die Abwerbung. Bei der **Rückwerbung rechtswidrig abgeworbener Mitarbeiter** gilt allerdings u. U. ein großzügigerer Maßstab.[175] Wenn eine wettbewerbswidrige Abwerbung bereits so weit fortgeschritten ist, dass ihr mit gerichtlichen Schritten nicht oder nicht mehr ausreichend begegnet werden kann, können im Rahmen des Erforderlichen Maßnahmen angemessen und zulässig sein, die ansonsten wettbewerbswidrig wären.[176] 47

e) Rechtsfolgen. Die unlautere Abwerbung **führt nicht zur Unwirksamkeit des Arbeitsvertrags** zwischen dem neuen Arbeitgeber und dem abgeworbenen Mitarbeiter. Der Arbeitsvertrag ist nach § 138 BGB nur nichtig, wenn der abgeworbene Mitarbeiter mit dem abwerbenden Mitbewerber bei der Abwerbung kollusiv zum Nachteil des Konkurrenten zusammengewirkt hat.[177] Wenn der unlauter abgeworbene Mitarbeiter mit einer Rückkehr zum früheren Dienstherrn einverstanden ist, kann ein Schadenersatzanspruch auf Aufhebung des neuen Arbeitsvertrags bestehen. Gegen einen vertragsbrüchigen Arbeitnehmer besteht kein Anspruch darauf, dem neuen Arbeitgeber seine Arbeitskraft vorzuenthalten.[178] 48

---

[165] OLG München WRP 1980, 284, 285; *Piper* GRUR 1990, 643, 648 f.

[166] BGH GRUR 2006, 773, 774 – *Probeabonnement;* s. a. *Keller* § 2, Rdn. 196.

[167] OLG Düsseldorf GRUR 1961, 92, 93 – *Glasbläser;* OLG Köln WRP 1984, 571, 573; OLG Karlsruhe GRUR 1963, 80, 81; Fezer/*Götting* §§ 4–10 Rdn. 45; *Beater* § 18 Rdn. 40; *Beater* WRP 2011, 7, 14.

[168] A. A. OLG Celle GRUR 1962, 366, 367, offen gelassen in BGH GRUR 1976, 306, 307 – *Baumaschinen;* GRUR 1966, 263, 265 – *Bau-Chemie;* RGZ 149, 114, 118 ff; OLG Jena WRP 1997, 363, 364 – *Abwerben von Arbeitnehmern.*

[169] BGH GRUR 1976, 306, 307 – *Baumaschinen;* GRUR 1966, 263, 265 – *Bau-Chemie;* RGZ 149, 114, 118 ff.; ausdrücklich offengelassen von OLG Jena WRP 1997, 363, 364 – *Abwerben von Arbeitnehmern.*

[170] *Kotthoff* in HK-WettbR § 1 Rdn. 584.

[171] BGH GRUR 2002, 91, 92 – *Spritzgießwerkzeuge;* GRUR 1964, 215, 216 – *Milchfahrer;* GRUR 1963, 367, 369 – *Industrieböden; Bettin* S. 137 f.; *von Maltzahn* WRP 1981, 788, 793; a. A. BAG NJW 1986, 1687, 1688; NJW 1983, 134, 135.

[172] BGH GRUR 2006, 1044, 1045 f. – *Kundendatenprogramm; Westermann* GRUR 2007, 116, 117 f.

[173] A.A. BGH GRUR 1957, 23, 24 – *Bünder-Glas;* vgl. OLG Jena WRP 1997, 363, 365 – *Abwerben von Arbeitnehmern.*

[174] BGH GRUR 2011, 828, Rdn. 34 – *bananabay II;* GRUR 2009, 1162, Rdn. 45 – *DAX.*

[175] BGH GRUR 1967, 428, 429 – *Anwaltsberatung.*

[176] BGH GRUR 1967, 428, 429 – *Anwaltswerbung.*

[177] BGH GRUR 1971, 358, 359 – *Textilspitzen; Bettin* S. 162 f.; *von Maltzahn* WRP 1981, 788, 792.

[178] OLG Frankfurt WM 1994, 862; LAG Frankfurt BB 1956, 853; LAG Bremen BB 1955, 1059.

49 Zugunsten des verlassenen Mitbewerbers kommt ein zeitlich und sachlich befristetes Beschäftigungsverbot in Betracht.[179] Ein **Beschäftigungsverbot** als Inhalt eines Unterlassungsanspruchs setzt voraus, dass nicht nur die Art und Weise der Abwerbung, sondern die Beschäftigung des abgeworbenen Mitarbeiters an sich unlauter ist. Andernfalls kann ein Beschäftigungsverbot als Schadenersatz geschuldet werden. In beiden Fällen kann es **im einstweiligen Verfügungsverfahren** durchgesetzt werden.[180] Das Verbot der Vorwegnahme der Hauptsache steht dem nicht entgegen, weil wegen des Zeitablaufs andernfalls ein effektiver Rechtsschutz nicht gewährleistet wäre.[181] Ein Schadenersatzanspruch in Geld ist keine zumutbare Alternative. Die Höhe des Schadens, der durch die unlautere Abwerbung des Mitarbeiters beim Konkurrenten entstanden ist, ist kaum nachzuweisen.

50 Die **Dauer und** der **Umfang des Beschäftigungsverbots** richten sich danach, was erforderlich ist, um den mit der unlauteren Abwerbung verbundenen Störungszustand zu beseitigen[182] bzw. den durch die unlautere Abwerbung erzielten wettbewerblichen Vorsprung zu egalisieren.[183] Es sind alle Umstände des Einzelfalls zu würdigen.[184] Der Zeitraum für das Beschäftigungsverbot kann nach § 287 ZPO geschätzt werden, so dass ein entsprechender Anspruch dem Umfang nach in das Ermessen des Gerichts gestellt werden kann.[185] Ein Maßstab kann die Karenzzeit sein, für die im HGB ein Konkurrenzverbot zulässig ist.[186] Allerdings liegt dieser gesetzlichen Regelung eine abweichende Interessenlage zugrunde. In krassen Ausnahmefällen soll ein unbefristetes Beschäftigungsverbot ausgesprochen werden können.[187]

51 Ein Beschäftigungsverbot scheidet aus, wenn infolge der **Veränderung der Verhältnisse** ein Ausgleich der wettbewerblichen Nachteile nicht mehr erreicht werden kann.[188] So muss die weitere wirtschaftliche Tätigkeit des geschädigten Mitbewerbers bei der Verhängung des Verbotes gesichert sein. Wenn er seine Tätigkeit nicht mehr fortsetzen kann oder will, wird dem früheren Arbeitgeber durch ein Beschäftigungsverbot nicht geholfen.[189] Ein Beschäftigungsverbot scheidet auch aus, wenn der betroffene Arbeitnehmer einen Anspruch oder ein rechtlich anerkennenswertes Interesse daran hat, dass er von seinem neuen Arbeitgeber beschäftigt und nicht nur bezahlt wird.[190] Der abgeworbene Mitarbeiter genießt allerdings keinen Schutz, wenn er an der wettbewerbswidrigen Abwerbung kollusiv mitgewirkt hat. Scheidet ein zeitlich befristetes Beschäftigungsverbot aus, verbleibt ein **Schadenersatzanspruch in Geld.**[191]

2. Einwirkungen auf den Betriebs- und Produktionsablauf

52 Die **Einwirkung auf Sachmittel** (Werkzeuge, Maschinen, Verbrauchsmittel etc.) sowie den Betriebs- und Produktionsablauf des Mitbewerbers können wettbewerbswidrig sein. Im Einzelfall muss zwischen der behindernden Wirkung des Eingriffs, möglichem Duldungspflichten des betroffenen Konkurrenten und der Zumutbarkeit eines weniger behindernden Verhaltens für den Störer abgewogen werden. Die Einwirkung ist prinzipiell nicht zu beanstanden, wenn sie die **Nebenfolge eines erlaubten Wettbewerbsverhaltens** ist. Sie wird unlauter, wenn sie durch zumutbare Maßnahmen vermieden werden kann. Unzulässig ist der **Einsatz von Hackern** und jede Form der

---

[179] BGH GRUR 1976, 306, 307 – *Baumaschinen;* GRUR 1971, 358, 359 – *Textilspitzen;* GRUR 1970, 182, 184 – *Bierfahrer;* GRUR 1961, 482 – *Spritzgussmaschine;* kritisch MünchKommUWG/*Jänich* § 4 Nr. 10 Rdn. 103f.

[180] OLG Jena WRP 1997, 363, 365 – *Abwerben von Arbeitnehmern;* OLG Oldenburg WRP 1996, 612, 615f.; LG Saarbrücken NJW 1973, 373; *Bettin* S. 182; *Kicker* FS Piper, S. 273, 276.

[181] OLG Jena WRP 1997, 363, 365 – *Abwerben von Arbeitnehmern;* OLG Oldenburg WRP 1996, 612, 615f.; LG Saarbrücken NJW 1973, 373; *Bettin* S. 182.

[182] BGH GRUR 1970, 182, 184 – *Bierfahrer;* OLG Jena WRP 1997, 363, 365 – *Abwerben von Arbeitnehmern.*

[183] BGH GRUR 1961, 482 – *Spritzgussmaschine;* OLG Jena WRP 1997, 363, 365 – *Abwerben von Arbeitnehmern.*

[184] BGH GRUR 1970, 558, 560 – *Textilspitzen; Kicker* Festschrift Piper, S. 273, 275.

[185] BGH GRUR 1961, 482, 483 – *Spritzgussmaschine; Klaka* GRUR 1976, 307, 308; *Kicker* FS Piper, S. 273, 275.

[186] GroßkommUWG/*Brandner/Bergmann* § 1 A Rdn. 241.

[187] Vgl. BGH GRUR 1964, 215, 216 – *Milchfahrer;* a.A. *Bußmann* GRUR 1970, 184, 185.

[188] BGH GRUR 1976, 306, 307 – *Baumaschinen;* OLG Jena WRP 1997, 363, 365 – *Abwerben von Arbeitnehmern;* OLG Oldenburg WRP 1996, 612; OLG Frankfurt ZiP 1996, 390; *Kicker* FS Piper, S. 273, 275; *Bettin* S. 167.

[189] OLG Jena WRP 1997, 363, 365 – *Abwerben von Arbeitnehmern.*

[190] OLG Jena WRP 1997, 363, 365 – *Abwerben von Arbeitnehmern; Bettin* S. 168ff.

[191] BGH GRUR 1976, 306, 307 – *Baumaschinen.*

Sabotage. Eine unlautere Einwirkung auf den Betriebs- und Produktionsablauf kann auch darin liegen, dass Sachen, z. B. Abfälle, Warenrückläufe etc., für deren Entsorgung ein Mitbewerber sorgen muss, in den Rücklauf entsprechender Waren des Konkurrenten eingespeist wird, der sie erst aufwendig aussondern muss oder bei der Entsorgung zusätzlich Kosten trägt.

Der Erwerb, die Wahrnehmung und die Durchsetzung von **Ausschließlichkeitsrechten** wie **gewerblichen Schutzrechten, Eigentumsrechten oder sonstigen Rechten an Grundstücken** ist grundsätzlich nicht wettbewerbswidrig.[192] Die Ausübung von Grunddienstbarkeiten, die in dem Verbot bestehen, auf dem dienenden Grundstück irgendein Gewerbe oder ein bestimmtes Gewerbe zu errichten oder auszuüben ist ebenfalls nicht wettbewerbswidrig, solange die Grunddienstbarkeit dem herrschenden Grundstück irgend einen Vorteil bietet[193] und nicht auf einer kartellrechtswidrigen Vereinbarung beruht.[194] 53

3. Testmaßnahmen

Schrifttum: *Bartl,* Mitschneiden von Verkaufsgesprächen oder Verkaufsveranstaltungen auf Tonband – unzulässige Beschaffung von Beweismitteln im Wettbewerbsprozess, WRP 1996, 386; *Friedrich,* Der perfide Testkauf – Zu den rechtlichen Grenzen von Testkaufaktionen – dargestellt am Beispiel des Wettbewerbs unter Apothekern, Festgabe für *Sandrock,* 1995, 323; *Hagenkötter,* Die Unlauterkeit von Testfotos, WRP 2008, 39; *Isele,* Die wettbewerbsrechtliche Zulässigkeit von Hausverboten gegenüber Konkurrenten, GRUR 2008, 1064; *Rojahn,* Testkäufe – Rechtliche Würdigung einer ungeliebten Kundschaft, WRP 1984, 241.

a) Zulässigkeit von Testmaßnahmen. Waren und Dienstleistungen eines Anbieters unterliegen häufig der Kontrolle von Warentestern, Medien, Verbraucherverbänden oder Mitbewerbern. Testmaßnahmen können im Kauf und der Untersuchung einer Ware, der Inanspruchnahme einer Dienstleistung, der Durchführung von Kunden- und Werbegesprächen,[195] der Geltendmachung von Reparatur-, Garantie- oder Serviceleistungen oder in Kundenbefragungen bestehen. Sie entsprechen verschiedenartigen Bedürfnissen. In vielen Fällen dienen sie der Aufdeckung oder dem **Nachweis von Rechtsverletzungen**[196] und der **Selbsthilfe des Wettbewerbs,** wie sie durch § 8 Abs. 3 UWG vom Gesetzgeber gefördert wird. An solchen Kontrollen besteht ein schützenswertes Interesse.[197] Ein Wettbewerber darf beim Konkurrenten auch **Erkundigungen über den Preis oder die Qualität** von dessen Waren und Leistungen einholen, um sein eigenes Angebot daran auszurichten.[198] Testmaßnahmen sind deshalb ohne das Hinzutreten besonderer Umstände zulässig. 54

Der Anbieter von Waren oder Dienstleistungen ist zur **Duldung von Kontrollmaßnahmen** verpflichtet, wenn die den Test durchführenden Personen sich wie normale Nachfrager oder Interessenten verhalten.[199] Der Zulässigkeit von Kontrollen steht nicht entgegen, dass sie im Einzelfall ungeeignet sein können, einen Wettbewerbsverstoß nachzuweisen. Selbst wenn von vornherein ausgeschlossen ist, dass die Kontrollen als Indizien in einer Beweisführung ungeeignet sind, ist eine Testmaßnahme zulässig,[200] solange keine weiteren Umstände hinzutreten. 55

Trotz der Verpflichtung des Wettbewerbers, Testmaßnahmen zu dulden, besteht **kein Anspruch** des Mitbewerbers **auf Kontrollen.**[201] Der Wettbewerber ist nicht verpflichtet, Personen zu Testzwecken als Kunden zu akzeptieren, die nicht zu dem Personenkreis zählen, für die er seinen Geschäftsbetrieb allgemein eröffnet hat. Wer ein Frauencafe führt, muss keine männlichen Kontrolleure dulden. Wer eine Messe für Fachbesucher veranstaltet, kann anderen den Zugang zu Testzwecken untersagen.[202] Wer eine bestimmte Personengruppe jedoch zulässt, kann einzelne Gruppenmitglieder, die Tests durchführen wollen, nicht zurückweisen. Der Kontrolleur hat aber auch in diesem 56

---

[192] Zur wettbewerbswidrigen Eintragung und Ausübung von Sperrmarken siehe Rdn. 113.

[193] Vgl. BGH GRUR 1962, 198, 200 – *Franziskaner;* zur Wirksamkeit einer Grunddienstbarkeit zur Absicherung ener Bezugspflicht in einem Bierlieferungsvertrag siehe OLG Düsseldorf, Urt. v. 7.1.2015 – VI-U (Kart) 17/14.

[194] LG Düsseldorf, Urt. vom 4.2.2010 – 37 O 194/09, Rdn. 20 ff.

[195] Vgl. OLG Karlsruhe GRUR 1994, 62.

[196] BGH GRUR 1966, 564, 565 – *Hausverbot;* BGH GRUR 1965, 612, 614 – *Warnschild.*

[197] BGH GRUR 1965, 607, 609 – *Funkmietwagen.*

[198] OLG Stuttgart GRUR 1982, 315, 318; *Beater* § 18 Rdn. 31; *Ulrich* EWiR 2000, 879 f.; a. A. OLG Saarbrücken GRUR 2001, 175, 176.

[199] BGH GRUR 1991, 843, 844 – *Testfotos;* GRUR 1981, 827, 828 – *Vertragswidriger Testkauf;* GRUR 1979, 859, 860 – *Hausverbot II;* GRUR 1966, 564, 565 – *Hausverbot;* GRUR 1965, 607, 609 – *Funkmietwagen;* BGH GRUR 1965, 612, 614 – *Warnschild;* OLG Hamburg WRP 2007, 1249 – *Hausverbot im Internet;* OLG Nürnberg GRUR 1982, 571; OLG Karlsruhe GRUR 1984, 62 und 130.

[200] Strenger noch BGH GRUR 1981, 827, 828 – *Vertragswidriger Testkauf.*

[201] A. A. *Rojahn* WRP 1984, 241, 243, die ein Recht auf Kontrollkäufe unterstellt.

[202] A. A. *Rojahn* WRP 1984, 241, 243.

Falle **keinen** zivilrechtlichen **Anspruch auf Abschluss eines Vertrages** über die zu testende Ware oder Dienstleistung.[203]

57 **b) Unzulässigkeit des Verbots von Testmaßnahmen.** Die Verhinderung von Testmaßnahmen ist unlauter. Darin wurde früher eine individuelle Behinderung gesehen. Da die Verhinderung von Testmaßnahmen aber weder der Beeinträchtigung der Entfaltung und der Verdrängung des Konkurrenten dient noch dazu führt, dass er sein eigenes Angebot nicht mehr angemessen am Markt präsentieren kann, ergibt sich die Unlauterkeit aus § 3 Abs. 1 UWG.

58 Wer seine Geschäftsräume für den allgemeinen Verkehr eröffnet, handelt wettbewerbswidrig, wenn er Kontrollmaßnahmen unter Berufung auf sein **Hausrecht** untersagt.[204] Dies gilt sowohl für **Hausverbote** gegen jedermann, der Testkäufe vornehmen will,[205] als auch für Hausverbote, die gegen konkrete einzelne Testkäufer ausgesprochen werden.[206] Testkäufe dürfen auch in **allgemeinen Geschäftsbedingungen** nicht ausgeschlossen werden, die von jedem akzeptiert werden müssen, der Zutritt zu den Geschäftsräumen erhalten will.[207] Für **‚Hausverbote im Internet'**[208] oder die Erschwerung des Zugriffs auf bestimmte Internetseiten durch die Sperrung von IP-Nummern oder ähnliche technische Maßnahmen gilt das Gleiche, wobei die besonderen Bedingungen des elektronischen Geschäftsverkehrs berücksichtigt werden müssen.[209]

59 **c) Unzulässige Testmaßnahmen.** Testmaßnahmen sind wettbewerbswidrig, wenn der Tester sich nicht **wie ein normaler Kunde** verhält. Dann geht es ihm nicht um die Prüfung des Konkurrenzangebots, sondern – jedenfalls auch – um die Störung des Betriebs und damit um eine gezielte Behinderung. Der Tester darf allerdings ungewöhnlich hartnäckig verhandeln oder Kritik an einer Ware oder Leistung äußern, weil derartiges Kundenverhalten nicht unnormal ist. Die Grenze zwischen zulässigem und verwerflichem Handeln kann nur im Einzelfall bestimmt werden, wobei die Branchengepflogenheiten und die sonstigen Gegebenheiten in der Testumgebung eine wesentliche Rolle spielen können.[210] Ein Test ist unlauter, wenn **Tricks, Drohungen oder vergleichbare Mittel** angewendet werden, um den Wettbewerber zu einem Rechtsverstoß zu verleiten.[211] **Systematische Beobachtungen** sollen ebenfalls bedenklich sein;[212] ebenso die Ausforschung von **Betriebs- und Geschäftsgeheimnissen.**[213]

60 Der Tester darf den Betriebsorganismus oder **Betriebsablauf** des getesteten Mitbewerbers **nicht übermäßig stören oder beeinträchtigen.**[214] Er darf Kunden und Personal nicht belästigen. Er darf sich auch nicht so verhalten, dass er vom Publikum als Tester erkannt wird, weil dadurch der Eindruck entstehen kann, dass im Unternehmen etwas nicht in Ordnung ist. Er darf deshalb keine störenden oder auffälligen Beobachtungen anstellen, die ihn als fremden Kontrolleur erkennen lassen. Lange Zeit wurde es auch für unzulässig erachtet, wenn **Testfotos in Geschäftsräumen** gemacht werden.[215] Der BGH hat zuletzt aber zu erkennen gegeben, dass er an dieser Rechtsprechung nicht mehr uneingeschränkt festhalten möchte, weil das Fotografieren mit Handys oder kleinen Digitalkameras an jedem beliebigen Ort heutzutage üblich geworden sei.[216] Diese Auffassung ist zutreffend, zumal sich das Verbraucherverhalten seit der BGH-Entscheidung durch das Posten von allen möglichen Bildern in Social Media weiter geändert hat und allenthalben fotografierende Mitmenschen angetroffen werden. Fotografieren in Geschäftsräumen zu Testzwecken kann

---

[203] BGH GRUR 1987, 835, 837 – *Lieferbereitschaft; Ohlgart* GRUR 1979, 861; a. A. *Fritze* GRUR 1987, 838, 839.

[204] BGH GRUR 1979, 859, 860 – *Hausverbot II;* GRUR 1966, 564, 565 f. – *Hausverbot;* GRUR 1965, 612, 614 – *Warnschild;* OLG Nürnberg GRUR 1982, 571; s. a. ÖOGH ÖBl. 1986, 9 – *Wecker-Rabatte;* ÖBl. 1993, 77 – *Alibikauf.*

[205] BGH GRUR 1966, 564 – *Hausverbot;* GRUR 1965, 612, 614 – *Warnschild.*

[206] BGH GRUR 1979, 859, 860 – *Hausverbot II.*

[207] BGH GRUR 1981, 827, 828 – *Vertragswidriger Testkauf;* a. A. *Jacobs* GRUR 1981, 829, 831, der zu Recht darauf hinweist, dass der BGH die Unwirksamkeit der Geschäftsbedingung nicht allein aus der Feststellung ableiten konnte, dass Kontrollkäufe zulässig sind.

[208] Zum Begriff siehe OLG Frankfurt, ZUM-RD 2009, 644, 645.

[209] OLG Hamburg GRUR-RR 2007, 365, 366 – *Hausverbot im Internet;* OLG Hamm MMR 2008, 175; LG Hamburg, ZUM-RD 2011, 108, 111.

[210] *Rojahn* WRP 1984, 241, 244 f. mit nicht durchweg überzeugenden Beispielen.

[211] BGH NJW-RR 1990, 173 – *Beförderungsauftrag;* BGH GRUR 1989, 113, 114 – *Mietwagen-Testfahrt;* BGH GRUR 1965, 612, 614 – *Warnschild;* OLG Stuttgart NJW-WettbR 1998, 20.

[212] M. E. zweifelhaft, von BGH GRUR 2009, 1075, Rdn. 22 – *Betriebsbeobachtung* offen gelassen.

[213] Siehe hierzu unten *Harte-Bavendamm* § 17 Rdn. 44.

[214] OLG Hamburg WRP 2007, 1249 – *Hausverbot im Internet.*

[215] BGH WRP 1996, 1099, 1101 – *Testfotos II;* GRUR 1991, 843, 844 – *Testfotos.*

[216] BGH WRP 2007, 1082, 1085 – *Testfotos III.*

allenfalls noch als unlauter angesehen werden, wenn dabei Personal oder Kunden belästigt werden oder der Eindruck entsteht, dass Unregelmäßigkeiten dokumentiert oder Betriebsgeheimnisse ausspioniert werden sollen.[217] Nur in diesem Fall kann aufgrund der Umstände des Einzelfalls der gute Ruf des Geschäftsinhabers in den Augen Dritter beeinträchtigt werden.[218] Die Rechtsprechung, wonach Fotos zu Beweiszwecken unzulässig sind, wenn Zeugen ausreichen können,[219] ist seit der Entscheidung *Testfotos III* überholt.[220]

Die geschilderten Grundsätze zur Herstellung von Testfotos in Geschäftsräumen gelten erst recht für **Testfotos außerhalb der Geschäftsräume,** z. B. in Messehallen oder im Freien. Allerdings ist der Fotograf auch in diesen Fällen verpflichtet, Störungen des Betriebsablaufs und der Kundenbeziehungen des Konkurrenten zu vermeiden. 61

Testmaßnahmen durch **Erhebungen bei Kunden** oder sonstigen Personen über den Preis, die Qualität oder den Service des Mitbewerbers sind nur zulässig, wenn es ausgeschlossen ist, dass irgendeine Art von Zweifel an der Seriosität des betroffenen Mitbewerbers und der Qualität seiner Leistungen bei den Personen aufkommen kann, die für die Erhebung herangezogen werden. Außerdem darf die Erhebung sich nicht auf Erkenntnisse richten, die Testkunden nicht selber herausfinden könnten, beispielsweise nicht auf Geschäftsinterna oder gar Geschäftsgeheimnisse.[221] 62

d) Folgen unzulässiger Testmaßnahmen. Wettbewerbsrechtlichen Ansprüchen, die auf unzulässige Testmaßnahmen gestützt werden, kann der Einwand des Rechtsmissbrauchs entgegengehalten werden, wenn der Test den Getesteten erst dazu bewogen hat, sich wettbewerbswidrig zu verhalten.[222] Wer den Wettbewerbsverstoß jedoch unabhängig von der Testmaßnahme begangen hätte, kann sich darauf nicht berufen.[223] – Unzulässige Testfotos sind als Beweismittel nicht per se unzulässig. Der Verwertung unzulässiger Gesprächsmitschnitte oder des Zeugnisses einer Person, die ohne Zustimmung des anderen, ein Telefongespräch über eine Mithöreinrichtung verfolgt hat, steht das Persönlichkeitsrecht des Gesprächspartners entgegen.[224] 63

e) Erstattung der Testkosten. Die Kosten von Testmaßnahmen sind erstattungsfähig, wenn der **Test** von vornherein **zu Zwecken der Rechtsverfolgung** durchgeführt wurde.[225] Der Anspruch ergibt sich aus § 12 Abs. 1 S. 2 oder § 9 oder nach einem Rechtstreit aus § 91 Abs. 1 ZPO.[226] **Allgemeine Kontrollmaßnahmen** sind demgegenüber auch dann nicht erstattungsfähig, wenn sie ein wettbewerbswidriges Verhalten aufdecken. Die Kosten wären auch angefallen, wenn der Mitbewerber sich rechtmäßig verhalten hätte. 64

Alle Auslagen, die zu Testzwecken aufgewendet wurden, sind **Kosten des Rechtsstreits**. Dazu gehören Personal-, Honorar-, Material- und Reisekosten, Fangprämien sowie das Entgelt, der für die getestete Ware oder Dienstleistung aufgewendet wurde. Dieses Entgelt ist beim Erwerb von unverbrauchten Waren aber nur zu erstatten, wenn gleichzeitig die Ware herausgegeben wird.[227] Der Herausgabepflicht steht nicht entgegen, dass die Ware ggfs. einem Vernichtungsanspruch unterliegt. Die Prüfung dieses materiellen Anspruchs kann nicht dem Kostenfestsetzungsverfahren anheimgestellt werden. Die Kosten sind im Übrigen nur in dem Umfang erstattungsfähig, in dem sie **aus der Sicht einer sparsamen und wirtschaftlich denkenden Person notwendig** waren.[228] Der Erstattungsanspruch erfasst keine Kosten für den Kauf einer Ware, der ausschließlich dem Zweck dient, einen genehmen Gerichtsstand zu begründen.[229] 65

---

[217] BGH GRUR 2009, 1075 – *Betriebsbeobachtung.*

[218] BGH WRP 1996, 1099, 1101 – *Testfotos II;* weiter differenzierend *Hagenkötter* WRP 2007, 39, 42.

[219] BGH WRP 1996, 1099, 1101 – *Testfotos II.*

[220] BGH WRP 2007, 1082 – *Testfotos III.*

[221] OLG Stuttgart GRUR 1982, 315, 316; *Beater* § 18 Rdn. 34.

[222] BGH GRUR 1992, 607 – *Nicola;* GRUR 1989, 115 – *Mietwagen-Testfahrt.*

[223] BGH NJW-RR 1990, 173 – *Beförderungsauftrag;* GRUR 1989, 113, 114 – *Mietwagen-Testfahrt.*

[224] BVerfG NJW 2002, 3619, 3622 f.; einschränkend Thüringer OLG MDR 2006, 533, das im geschäftlichen Bereich von einer allgemeinen Zustimmung des Gesprächspartners ausgeht. Zu zulässigen Mitschnitten von Verkaufsgesprächen in der Öffentlichkeit *Bartl* WRP 1996, 386, 390.

[225] BGH, Urteil vom 17.12.2002, VI ZB 56/02; OLG Koblenz, VersR 2011, 1156; OLG München GRUR 1992, 345; OLG Karlsruhe WRP 1988, 381, 382; OLG Düsseldorf WRP 1986, 33; KG GRUR 1976, 665; OLG Koblenz WRP 1979, 813.

[226] Siehe dazu näher *Brüning* § 12 Rdn. 77 ff; Zum Verhältnis von Klage und Kostenerstattungsverfahren OLG Karlsruhe GRUR 1999, 343, 346; WRP 1988, 381, 382; OLG München GRUR 1996, 56, 57.

[227] KG GRUR 1976, 665; *Rojahn* WRP 1984, 241, 245; a. A. OLG Koblenz WRP 1979, 813.

[228] OLG Koblenz, VersR 2011, 1156; OLG Karlsruhe WRP 1988, 381, 382 f.; OLG Frankfurt GRUR 1985, 401.

[229] OLG München GRUR 1976, 609, 610.

4. Spionage

66 **Spionage im Betrieb des Wettbewerbers** ist nach § 4 Nr. 4 UWG wettbewerbswidrig.[230] Lediglich in Ausnahmefällen kann Spionage unter sehr engen Voraussetzungen wettbewerbsrechtlich erlaubt sein, wenn sie ausschließlich der Abwehr eines rechtswidrigen Verhalten des Konkurrenten dient, dazu geeignet ist und sich im Rahmen des Erforderlichen hält. Dafür genügt nicht ein bloßer Verdacht, dass der Konkurrent sich rechtswidrig verhalten haben könnte.[231] Keine Spionage ist es, wenn lediglich betriebliche Vorgänge von einer allgemein zugänglichen Stelle aus beobachtet werden.[232]

67 Im Unterschied zur Betriebsspionage ist es grundsätzlich erlaubt, Produkte und Leistungen des Wettbewerbers zu analysieren, um ihre besonderen Merkmale, Eigenschaften und Funktionsweisen zu ermitteln. Diese Form der **Konkurrenzbeobachtung** setzt keinen Eingriff in den Betriebs- und Geschäftsablauf des Konkurrenten voraus und dient dem lauteren Ziel, das eigene Leistungsangebot zu verbessern und Wettbewerb zu ermöglichen. Dies gilt entsprechend, wenn beim Mitbewerber Informationen zu dessen Produkten erfragt werden, auch wenn dies unter falschem Namen erfolgt.[233] Etwas anderes kann in Ausnahmefällen gelten, wenn ein Konkurrenzprodukt unter Überwindung von Schutzmechanismen auseinandergenommen wird. Außerdem sind gesetzliche Verbote zu beachten wie das Verbot der Dekompilierung von Computerprogrammen (§ 69 e UrhG) oder das Verbot der Umgehung von Mechanismen zum Schutz von Werken und Leistungen, die urheberrechtlich geschützt sind (§ 95a UrhG).

5. Unruhestiftung

68 Die **Ausübung psychischen oder öffentlichen Drucks** auf ein Unternehmen, seine Mitarbeiter oder aktuelle oder potentielle Geschäftspartner kann den reibungslosen Betriebs- und Geschäftsablauf empfindlich stören. Dazu gehören die **Rufschädigung** einschließlich der gezielten Streuung von **Gerüchten,**[234] **Komplotte** und **Intrigen,** die **Aufwiegelung von Mitarbeitern, Boykottaufrufe** ebenso wie die Androhung, unangenehme Betriebs- und Geschäftsvorgänge öffentlich zu machen. Kritische Äußerungen über Wettbewerber sind aber nicht generell wettbewerbswidrig. Sie werden u. U. vom Grundrecht der Meinungs- und Pressefreiheit gedeckt.[235] Es geht deshalb zu weit, wenn einem Presseunternehmen die Verbreitung von Warndreiecken zum Aufkleben auf Reklamationsschreiben, Bestellungen und sonstiger Korrespondenz als wettbewerbswidrig verboten wird, weil die Adressaten dadurch gezwungen sein könnten, ihre Reaktion von sachfremden Erwägungen zur Vermeidung öffentlicher Auseinandersetzungen leiten zu lassen.[236] In gleicher Weise ist auch die Unterstützung einzelner durch Medien bei der Durchsetzung ihrer Rechte wettbewerbsrechtlich zulässig, solange nicht gegen das Rechtsdienstleistungsgesetz verstoßen oder Persönlichkeitsrechte verletzt werden.[237]

IV. Absatz- und Vertriebsbehinderung

1. Allgemeines

69 Die Werbung um Kunden gehört zum Wesen des Wettbewerbs.[238] Jeder Wettbewerber will neue Kunden gewinnen und einen bestehenden Kundenstamm erhalten. Ein Unternehmen hat keinen Anspruch auf die Bewahrung seines Kundenkreises oder das Fortbestehen von Vertragsverhältnissen.[239] Der Kundenkreis ist kein geschütztes Rechtsgut.[240] Der Kunde kann und soll sich frei für diese oder jene Ware oder Dienstleistung dieses oder jenes Anbieters entscheiden. Der Mitbewerber

---

230 BGH GRUR 1973, 483, 485 – *Betriebsspionage;* siehe hierzu unten *Harte-Bavendamm* § 17 Rdn. 44.
231 BGH GRUR 1973, 483, 485 – *Betriebsspionage.*
232 BGH GRUR 2009, 1075 – *Betriebsbeobachtung.*
233 OLG Hamburg WRP 2008, 1263.
234 Siehe hierzu oben *Bruhn* § 4 Nr. 2, Rdn. 25.
235 Siehe hierzu oben § 4 Nr. 1.
236 A. A. OLG Düsseldorf GRUR 1987, 920, 921.
237 BVerfG NJW 2004, 672 – *Mahnmann;* BGH GRUR 2002, 993 – *Wie bitte?!*
238 BGH GRUR 2004, 704, 705 – *Verabschiedungsschreiben;* GRUR 1990, 522, 527 – *HBV – Familien- und Wohnungsrechtsschutz;* GRUR 1967, 104, 106 – *Stubenhändler.*
239 BGH GRUR 1990, 522, 527 – *HBV – Familien- und Wohnungsrechtsschutz;* GRUR 1967, 104, 106 – *Stubenhändler.*
240 BGH GRUR 2002, 548, 549 – *Mietwagenkostenersatz.*

darf Kunden eines Konkurrenten deshalb systematisch und zielgerichtet abwerben.[241] Die **(Ab-) Werbung von Kunden** des Mitbewerbers ist nur wettbewerbswidrig, wenn besondere Umstände hinzutreten, welche die Unlauterkeit erst begründen.[242]

Diese besonderen Umstände werden in den einzelnen Vorschriften des UWG und den Fallgruppen des § 4 UWG umschrieben und an anderer Stelle kommentiert. Dazu gehören **irreführende oder unsachliche Angaben** über den Mitbewerber, **unzulässige vergleichende Werbung oder Kritik** an seinem Leistungsangebot genauso wie die **Belästigung** von Verbrauchern und sonstigen Marktteilnehmern.[243] In all diesen und weiteren Fällen kommt auch eine gezielte Behinderung in Betracht, wenn die von der Rechtsprechung dafür entwickelten Voraussetzungen erfüllt sind,[244] da diese Fallgruppe gegenüber anderen lauterkeitsrechtlichen Tatbeständen nicht subsidiär ist.[245] 70

2. Werbebehinderung

Schrifttum: *Barber,* Air Ambushing oder Parasitäre Werbung im Luftraum, WRP 2006, 184; *Berberich,* Ambush Marketing bei Sportveranstaltungen – aus wettbewerbsrechtlicher Sicht; SpuRt 2006, 181; *Heermann,* Ambush Marketing durch Gewinnspiele?, WRP 2012, 1035; *ders.,* Sind nicht autorisierte Ticket-Verlosungen lauterkeitsrechtlich unzulässiges Ambush-Marketing?, GRUR-RR 2012, 313; *ders.,* WM-Marken-Urteil im Bereich des ‚Ambush Marketing', CaS 2010, 134; *ders.,* Ambush-Marketing anlässlich Sportveranstaltungen, GRUR 2006, 359; *Jaeschke,* Ambush Marketing, 2008; *ders.,* Ambush-Marketing – Schutzstrategien für Veranstalter von (Sport-)Großereignissen und Markenartikler, MarkenR 2007, 411; Jaeschke, Ambush Marketing, Schutzstrategien gegen assoziatives Marketing für Veranstalter von (Sport-)Großereignissen und Markenartiklern, 2008; *Köhler,* Internet-Werbeblocker als Geschäftsmodell, WRP 2014, 1017; *Körber/Mann,* Werbefreiheit und Sponsoring, Möglichkeiten und Grenzen von Ambush-Marketing unter besonderer Berücksichtigung des neuen UWG, GRUR 2008, 737; *Ladeur,* Der rechtliche Schutz der Fernsehwerbung gegen technische Blockierung durch die ‚Fernsehfee', GRUR 2005, 559; *Plaß,* Hyperlinks im Spannungsverhältnis von Urheber-, Wettbewerbs- und Haftungsrecht, WRP 2000, 599; *Reinholz,* Marketing mit der Fifa WM 2006 – Werbung, Marken, Tickets, Public Viewing, WRP 2005, 1485; *Sosnitza,* Das Internet im Gravitationsfeld des Rechts – Zur rechtlichen Beurteilung sogenannter deep links, CR 2001, 693; *Wittneben/Soldner,* Der Schutz von Veranstaltern und Sponsoren vor Ambush Marketing bei Sportveranstaltungen, WRP 2006, 1175.

Ein Wettbewerber muss es hinnehmen, dass die Werbung eines Konkurrenten die eigene Werbung und ihre Wirkung beeinträchtigt. Der Konkurrent darf seine **Werbung im gleichen** zeitlichen, räumlichen und medialen **Umfeld** oder in unmittelbare Nähe des Geschäftssitzes eines Wettbewerbers platzieren.[246] Er darf im lokalen oder werblichen Umfeld des Mitbewerbers Handzettel verteilen,[247] Werbeschilder aufstellen,[248] Anzeigen in der gleichen Rubrik inserieren,[249] Flugblättern oder Werbematerialien an Kraftfahrzeugen befestigen,[250] auf der Straße Dienstleistungen erbringen[251] oder Fahrzeuge mit Werbung parken.[252] Die **Nachahmung von Werbung** ist außerhalb eines markenrechtlichen Schutzes von **Werbeslogans,**[253] eines designrechtlichen Schutzes, einer unlauteren **Rufausbeutung**[254] oder des ergänzenden **wettbewerblichen Leistungsschutz**es[255] 71

---

[241] BGH GRUR 2002, 548, 549 – *Mietwagenkostenersatz;* GRUR 2001, 1061, 1063 – *Mitwohnzentrale;* GRUR 1988, 545 – *Ansprechpartner;* GRUR 1986, 547, 548 – *Handzettelwerbung;* WM 1979, 59, 61; GRUR 1963, 197, 200 – *Zahnprothese-Pflegemittel.*

[242] BGH GRUR 2004, 704, 705 – *Verabschiedungsschreiben;* GRUR 2002, 548, 549 – *Mietwagenkostenersatz;* GRUR 1990, 522, 527 – *HBV – Familien- und Wohnungsrechtsschutz;* GRUR 1986, 547, 548 – *Handzettelwerbung;* GRUR 1963, 197, 201 – *Zahnprothese-Pflegemittel.*

[243] BGH GRUR 1960, 431, 432 – *Kfz-Nummernschilder;* OLG Hamm GRUR 1991, 229.

[244] Siehe oben Rdn. 6.

[245] *Köhler*/Bornkamm § 4 Rdn. 10.26f.; siehe auch oben Rdn. 4; a. A. *Ohly*/Sosnitza § 4 Rdn. 10/46; Fezer/*Götting* §§ 4–10 Rdn. 67.

[246] Einschränkend Gloy/Loschelder/Erdmann/*Hasselblatt* Hdb. WettbR § 46 Rdn. 4.

[247] BGH GRUR 1986, 547, 548 – *Handzettelwerbung;* OLG Hamm, Urt. v. 14.1.2010 – 4 U 199/09, Rdn. 25.

[248] OLG Hamm WRP 1973, 538; enger *Plaß* in HK-WettbR § 1 Rdn. 273.

[249] OLG Frankfurt, Urteil vom 20. Juli 2010, 6 U 186/09; a. A. OLG Bamberg NJW-RR 1993, 50; zu einem Ausnahmefall irreführender Werbung s. OLG Köln, Magazindienst 2004, 341.

[250] OLG Hamm GRUR 1991, 229f.; allerdings ist das nach den Straßengesetzes der Länder verboten, bei denen es sich aber nicht um wettbewerbsregulierende Regelungen handelt.

[251] OLG Hamm WRP 1981, 658, 660.

[252] OLG Düsseldorf WRP 1985, 217, 218.

[253] Vgl. BGH GRUR 2000, 321 – *Radio von hier;* BGH GRUR 2000, 323 – *Partner with the Best;* BGH GRUR 2000, 720 – *Unter uns.*

[254] OLG Hamm GRUR 1985, 144 – *Altkleidersammlung.*

[255] BGH GRUR 1997, 308 – *Wärme fürs Leben;* OLG Frankfurt GRUR-RR 2012, 75 – *Schönheit von innen;* OLG Köln GRUR 2000, 1096 – *Kleinanzeige;* GRUR 1981, 142, 143 – *Kräutermeister;* GRUR 1968, 581, 585 – *Blunazit;* GRUR 1966, 30, 33 – *Konservenzeichen I;* GRUR 1965, 601, 605 – *Roter Punkt.*

ebenfalls erlaubt.[256] Ein Mitbewerber muss es indes nicht hinnehmen, dass ein anderer in seinem eigenen Ladengeschäft oder auf seinen eigenen Internetseiten (z. B. mittels Pop-ups) Werbung treibt.[257] Mit dieser Begründung wurde es für unzulässig gehalten, dass ein Unternehmer mittels einer Software auf der Website eines anderen automatisiert einen Preisvergleich durchführt.[258] Dieser Ansicht ist zu folgen, wenn dem Nutzer die Software bei der Installation einer anderen Software untergeschoben wird. Es stellt demgegenüber keine gezielte Behinderung dar, wenn der Nutzer die Software bewusst auf seinem Computer installiert, um über Vergleichsangebote zu Produkten, für die er sich interessiert, informiert zu werden.

72 Mitbewerber dürfen für ihr konkurrierendes Leistungsangebot das **Interesse ausnutzen,** das ein Wettbewerber mit seiner Werbung für ein Produkt oder eine Leistung, ein Ladengeschäft oder eine bestimmte Veranstaltung geweckt hat.[259] Die Aufwendung von Mühe und Kosten, die Originalität oder der Erfolg einer Werbung geben für sich genommen keinen Anspruch auf Rechtsschutz gegen daran anknüpfende Werbemaßnahmen Dritter.[260] Wettbewerbswidrig ist es erst, wenn der Werbeerfolg des Mitbewerbers mit unlauteren Mitteln verhindert oder abgeschöpft wird. So lag es bei einer kurzfristigen Ankündigung einer Altkleidersammlung, die einen Tag vor einer seit langem intensiv beworbenen karitativen Altkleidersammlung im gleichen Gebiet durchgeführt werden sollte.[261]

73 Bei sportlichen und kulturellen Großveranstaltungen zahlen Unternehmen oft sehr viel Geld an den Veranstalter,[262] um als offizieller Sponsor in zeitlichem und räumlichem Zusammenhang mit oder mit Bezug zu der Veranstaltung exklusiv werben zu dürfen. **Ambush-Marketing** bezeichnet veranstaltungsbezogene Werbeaktionen, die diese exklusiven Beziehungen ignorieren und von einem Unternehmen initiiert werden, das kein offizieller Sponsor des Ereignisses ist. Solange der Ambusher das Hausrecht des Veranstalters auf dem Veranstaltungsgelände sowie dessen Urheber- und Markenrechte,[263] die an einem Logo, Maskottchen etc. bestehen können, respektiert,[264] ist sein Verhalten **nicht wettbewerbswidrig.**[265] Dem Ambusher geht es bei seiner Werbemaßnahme um die Förderung des eigenen Wettbewerbs. Der Veranstalter und die offiziellen Sponsoren werden nicht in einer Art und Weise beeinträchtigt, dass sie ihre eigene Werbung nicht mehr angemessen zur Geltung bringen können. Zwar ist ihre Werbung nicht mehr exklusiv. Die exklusiven Werberechten, die der Veranstalter seinen Vertragspartnern (Sponsoren) einräumt, sind aber nicht durch gesetzliche Schutzrechte abgesichert.[266] Die vertraglichen Beziehungen bestehen nur inter partes und müssen von Dritten nicht beachtet werden. Das Interesse des Veranstalters, durch den Abschluss ausschließlicher Lizenzverträge Einnahmen zu erzielen, ist legitim, rechtlich aber ebenso wenig geschützt wie das Interesse jedes anderen Unternehmers, der sein ungeschütztes Geschäftskonzept von Dritten respektiert wissen möchte. Für Veranstalter von Großereignissen gilt insofern, dass andere das Interesse ausnutzen dürfen, das er für die Veranstaltung geweckt hat.[267] Auch **§ 4 Nr. 3 a) oder b) UWG** wird in der Regel ausscheiden.[268] Ambush-Marketing ist nur wettbewerbswidrig, wenn besondere Umstände außerhalb des Anwendungsbereichs des § 4 Nr. 3, Nr. 4 UWG wie etwa eine Irreführung über eine Sponsorenstellung vorliegen.[269]

74 Eine unzulässige Werbebehinderung liegt vor, wenn die Werbung oder die Werbemittel des Mitbewerbers beschädigt oder zerstört werden oder wenn in sonstiger Weise **Sabotage** betrieben wird,

---

256 BGH GRUR 2007, 795, Rdn. 51 – *Handtaschen.*

257 LG Hamburg, WRP 2015, 495, Rdn. 25.

258 LG Hamburg, WRP 2015, 495, Rdn. 26.

259 BGH GRUR 1986, 547, 548 – *Handzettelwerbung;* BGH GRUR 1963, 197, 201 – *Zahnprothesen Pflegemittel.*

260 BGH GRUR 1986, 547, 548 – *Handzettelwerbung;* GRUR 1963, 197, 201 – *Zahnprothese-Pflegemittel.*

261 OLG Hamm GRUR 1985, 144, 145 – *Altkleidersammlung;* vgl. auch ÖOGH ÖBl. 1977, 154 – *Austriatrans II.*

262 Bei der Fußball WM 2006 45 Mio. Euro pro Sponsor; bei der Fußball WM 2010 in Südafrika fordert die Fifa noch wesentlich höhere Beträge.

263 Bei olympischen Spielen ist außerdem das Gesetz zum Schutz des olympischen Emblems und der olympischen Bezeichnungen (OlympSchG) zu beachten; siehe dazu BGH GRUR 2014, 1215 – *Olympia-Rabatt.*

264 Die Möglichkeiten, die Veranstaltungsbezeichnung als Marke schützen zu lassen, sind sehr beschränkt (vgl. BGH GRUR 2006, 850 – *Fußball WM 2006*).

265 *Köhler*/Bornkamm § 4 Rdn. 10.74; *Körber/Mann* GRUR 2008, 737, 741; *Jaeschke* MarkenR 2007, 411, 419; *Heermann* GRUR 2006, 359, 364; *Wittneben/Soldner* WRP 2006, 1175, 1179; *Barber* WRP 2006, 184, 187; *Berberich* SpuRt 2006, 181, 184; strenger *Ohly*/Sosnitza § 4 Rdn. 10/66.

266 *Berberich* SpuRt 2006, 181, 184; vgl. auch BGH GRUR 2011, 436 – *hartplatzhelden.de.*

267 Vgl. BGH GRUR 1986, 547, 548 – *Handzettelwerbung;* BGH GRUR 1963, 197, 201 – *Zahnprothesen Pflegemittel.*

268 Siehe hierzu *Heermann* GRUR 2006, 359, 363; *ders.* WRP 2012, 1035, 1043.

269 *Ohly*/Sosnitza § 4 Rdn. 10/66; *Heermann* GRUR 2006, 359, 365; *Barber* WRP 2006, 184, 187.

wobei es nicht darauf ankommt, ob die fremde Werbung rechtmäßig ist oder nicht.[270] Dazu gehören Maßnahmen, mit denen in die Substanz der Werbemittel eingegriffen wird, außerdem die Verwendung oder die Verteilung von Mitteln, mit denen **fremde Werbung unkenntlich gemacht** und gegebenenfalls sogar durch eigene Werbung ersetzt werden soll.[271]

Zur Sabotage fremder Werbung zählt auch die **Manipulation des Empfangs oder des Inhalts** 75
einer Fernsehausstrahlung oder eines Internetauftritts mit elektronischen Mitteln. Allerdings hat niemand einen Anspruch darauf, dass seine Werbung vom angesprochenen Verkehr wahrgenommen wird (negative Informationsfreiheit). Deshalb sind Produkte wie ein TV-Blocker oder ein Web-Washer, die es dem avisierten Werbeempfänger in freier Entscheidung ermöglichen, sich der Werbung im Radio-, Fernsehen oder Internet zu entziehen, zulässig,[272] und zwar auch, wenn sie bestimmte Werbung von der Blockade u.U. gegen eine Geldzahlung ausnehmen, solange es die freie Entscheidung des Nutzers ist, die Freischaltung dieser Werbung zu unterdrücken.[273] Aus dem gleichen Grunde sind auch deep links im Internet, die an der Werbung auf vorgelagerten Webseiten vorbeiführen, hinzunehmen.[274] Wettbewerbsrechtlich unzulässig sind TV-Blocker, Web-Washer, Pop-up-Blocker oder andere elektronische Mittel nur, wenn sie dem Nutzer ohne dessen eigene Entscheidung vorgeben, welche Werbung er sehen soll oder nicht.[275]

Die **Entfernung von herkunftshinweisenden Kennzeichen,** z. B. Marken, oder von sonsti- 76
gen Angaben mit werbender Funktion von einer Ware, kann wettbewerbswidrig sein. Die rechtliche Beurteilung hängt von den Umständen des Einzelfalls ab.[276] Die Entfernung eines Kennzeichens durch den Eigentümer und Nutzer der Ware selbst oder auf sein Geheiß ist erlaubt.[277] Solange sich die Ware aber noch im Handel befindet, kann die Entfernung von Kennzeichen oder entsprechenden Angaben deren Werbefunktion unterlaufen Eine Entfernung ist aber auch in solchen Fällen zulässig, wenn die Werbewirkung auf andere Weise gewahrt wird oder das Kennzeichen ohnehin nicht über den Verkauf an den Endabnehmer hinaus mit der Ware verbunden bleiben soll.[278] Die Entfernung fremder Kennzeichen ist weiterhin erlaubt, wenn sie der Aufrechterhaltung eines rechtlich missbilligten Vertriebsbindungssystems oder einer Behinderung der Wettbewerbsfreiheit durch den Kennzeicheninhaber[279] entgegenwirkt. Auch darüber hinaus sollte das Interesse des Markeninhabers, dass die von ihm in Verkehr gebrachte Ware mit Marke weitervertrieben wird, nicht in jedem Fall höher bewertet werden als die Freiheit des Händlers, seine Ware ohne Marke anzubieten und zu verkaufen. Die Entfernung der Kennzeichnung darf allerdings nicht zu einer Herkunftstäuschung führen.[280]

Neben der physischen Beseitigung einer Produktkennzeichnung kann eine Behinderung durch 77
die **Verwässerung der Werbekraft eines Kennzeichens** eintreten. Aus diesem Grunde ist die Verwendung einer mittelbaren geografischen Herkunftsangabe für Wein als Bestandteil der Firma eines Unternehmens als Behinderungswettbewerb untersagt worden, weil diese Nutzung der Herkunftsangabe die Kennzeichnungskraft für Wein und damit die Wettbewerbsposition aller beeinträchtigen kann, die zur Nutzung der geografischen Herkunftsangabe berechtigt sind. Wegen der möglichen Verkehrsverwirrung droht außerdem die Gefahr, dass der Werbewert der Herkunftsangabe geschwächt wird.[281]

---

[270] OLG Karlsruhe GRUR-RR 2008, 350; *Beater,* WRP 2011, 7, 13.

[271] OLG Hamburg GRUR 1994, 316 – *Überdrucken von Telefonkarten;* OLG Düsseldorf WRP 1967, 280, 281 – *Schutzhüllen für Telefonbücher* (das Gericht musste sich nur mit der Behinderung des Werbedienstleisters, nicht mit der Behinderung des Werbtreibenden befassen.); a. A. OLG Stuttgart BB 1963, 709; OLG Oldenburg 1963, 1274, 1275.

[272] BGH GRUR 2004, 877, 879 – *Werbeblocker;* OLG Frankfurt GRUR 2000, 152, 153 – *TV-Werbeblocker;* KG ZIP 2000, 334, 335 – *Fernsehfee II.*

[273] LG München I, Urt. v. 27.5.2015 – 37 O 11673/14, Rdn. 215; LG Hamburg, Urt. v. 21.4.2015 – 416 HKO 159/14.

[274] BGH GRUR 2011, 1018, Rdn. 69 – *Automobil-Onlinebörse;* GRUR 2003, 958, 963 – *Paperboy;* OLG Köln Mitt. 2003, 173, 176 f.; *Sosnitza* CR 2001, 693, 702 f.

[275] Vgl. OLG Hamburg GRUR 2002, 278, 279; OLG Frankfurt GRUR 2001, 763, 764.

[276] BGH GRUR 2004, 1039, 1041 – *SB-Beschriftung;* GRUR 1972, 558, 559 – *Teerspritzmaschinen;* OLG München Magazindienst 1995, 478, 482 f. Eine Kennzeichenverletzung liegt in der Beseitigung nicht (OLG Düsseldorf WRP 2001, 288, 290; a. A. *Fezer* MarkenG § 14 Rdn. 461 a).

[277] BGH GRUR 1972, 558, 559 – *Teerspritzmaschinen; Plaß* in HK-WettbR § 1 Rdn. 303; a. A. OLG München Magazindienst 1995, 478, 483.

[278] BGH GRUR 2004, 1039, 1041 f. – *SB-Beschriftung.*

[279] OLG Düsseldorf WRP 2001, 288, 291; s. a. OLG München MD 2007, 397, 399.

[280] Nach OLG München MD 2007, 397, 399 scheidet eine Herkunftstäuschung aus, wenn darauf hingewiesen wird, dass der Händler das Produkt nicht selber hergestellt hat.

[281] BGH GRUR 2001, 73, 77 – *Stich den Buben.*

78 Geschäftliche Handlungen, welche die **Verbreitung oder Rezeption von Werbung des Mitbewerbers verhindern** sollen, sind wettbewerbswidrig, wenn sie von einer Intensität sind, der sich der Interessent nicht leicht entziehen kann. Der Kunde wird – beispielsweise durch unmittelbare Ansprache auf der Straße – abgefangen, bevor die Werbung der Mitbewerber zur Geltung kommen kann.[282] Den gleichen Effekt können Werbemaßnahmen haben, durch die Mitbewerber daran gehindert werden, ihre Leistungen in vergleichbarer Art wie der Handelnde zu bewerben. Die Verbreitung von Aufklebern für Briefkästen mit dem Hinweis, dass Werbung oder der Einwurf von Anzeigenblättern verboten sei, wurde deshalb zu Recht untersagt, wenn die Aufkleber ihrerseits Werbung für einen Mitbewerber enthalten oder die eigene Werbung oder das eigene Anzeigenblatt vom Einwurfverbot ausnehmen.[283]

79 Der **Handel** hat ein wirtschaftliches Interesse daran, die Werbeaktion eines Herstellers eines Produkts aus seinem Sortiment zum eigenen Vorteil auszunutzen und mit eigenen Werbemaßnahmen zu unterstützen.[284] Er darf durch Anreize dazu animiert werden, z. B. durch die Veranstaltung eines Schaufensterwettbewerbs.[285] Es stellt keine Behinderung dar, wenn die Ware der konkurrierenden Hersteller während der Werbeaktion zurücktreten muss. Die Einflussnahme auf den Handel zugunsten einer bestimmten Ware wird erst bedenklich, wenn sie missbräuchlich zur Verdrängung anderer Mitbewerber benutzt wird, indem entweder Druck auf den Handel ausgeübt wird oder übermäßig hohe Vorteile versprochen werden.[286]

3. Kundenbeziehungen

Schrifttum: *Bettin,* Unlautere Abwerbung – Die Abwerbung von Arbeitnehmern, Kunden und Lieferanten als Verstoß gegen § 1 UWG, 1999; *Brömmelmeyer,* Internetwettbewerbsrecht, 2007; *Dietrich,* Rechtliche Probleme bei der Verwendung von Metatags, K & R 2006, 71; *Ernst,* AdWord-Werbung im Internet-Suchmaschinen als kennzeichen- und wettbewerbsrechtliches Problem, MarkenG 2006, 57; *Ernst,* Suchmaschinenmarketing im Wettbewerbs- und Markenrecht, WRP 2004, 278; *Hofmann,* Rechtsschutz gegen das Anhängen an EAN-Nummern bei Amazon, MMR 2013, 415; *Hüsch,* Keyword Advertising, MMR 2006, 357; *Illmer,* Keyword Advertising – Quo Vadis?, WRP 2007, 399; *Kazemi,* Die Verwendung von Marken und geschäftlichen Bezeichnungen in Meta-Tags, MarkenR 2006, 192; *Kotthoff,* Fremde Kennzeichen in Metatags, K & R 1999, 157; *Piper,* Zur wettbewerbsrechtlichen Zulässigkeit der Bereitstellung von Versicherungsschutz für Vereinsmitglieder, Festschrift von Gamm 1990, 147; *Menke,* Die Verwendung fremder Kennzeichen in Metatags, WRP 1999, 982; *Piper,* Zur Wettbewerbswidrigkeit des Einbrechens in fremde Vertragsbeziehungen durch Abwerben von Kunden und Mitarbeitern, GRUR 1990, 643; *Reinholz/Janke,* Domainrecht – eine Bilanz der Rechtsprechung aus den Jahren 2013/2014, K&R 2014, 703; *Renner,* Verwendung fremder Kennzeichen als AdWord, CR 2007, 258; *Renner,* Metatags und Keyword Advertising mit fremden Kennzeichen im Marken- und Wettbewerbsrecht, WRP 2007, 49; *Sasse, Stefan/Thurmann, Urte,* Die wettbewerbsrechtliche Zulässigkeit eigennütziger Hilfe bei der Vertragskündigung, GRUR 2003, 921; *Schirmbacher,* Metatags und Keyword-Advertising, ITRB 2007, 117; *Schmid-Bogatzky,* Die Verwendung von Gattungsbegriffen als Internetdomains, GRUR 2002, 941; *Schmitz/Jonas* Neue Möglichkeiten für den Kennzeichenmißbrauch? – Zur Einordnung von sogenannten Vanity-Rufnummern – GRUR 2000, 183; *Ubber,* Markenrecht im Internet, 2002; *Varadinek,* Trefferlisten von Suchmaschinen im Internet als Werbeplatz für Wettbewerber, GRUR 2000, 279; *Viefhues,* Internet und Kennzeichenrecht: Meta-Tags, MMR 1999, 336; *Völker/Weidert,* Domain-Namen im Internet, WRP 1997, 652; *Vander,* Gezielte Behinderung bei teilidentischen Rufnummern, K & R 2009, 167; *Zöllner/Lehmann,* Kennzeichen- und lauterkeitsrechtlicher Schutz für Apps, GRUR 2014, 431.

80 **a) Abfangen von Kunden.** Beim Abfangen von Kunden geht es neben der Werbung für die eigene Leistung darum, das bereits auf den Mitbewerber konkretisierte Interesse vom Konkurrenten weg- und auf das eigene Angebot umzulenken. Der Werbende stellt sich gewissermaßen zwischen den Mitbewerber und dessen Kunden, um diesen zu einer Änderung seiner (Vor-)Entscheidung zu bewegen.[287] Dazu zählt auch das **Unterschieben von Waren und Dienstleistungen** anstelle der vom Interessenten gewünschten Leistung.[288] Das Abfangen von Kunden ist in vielen Fällen unzulässig.

---

[282] BGH GRUR 1960, 431, 432 f. – *Kfz-Nummernschilder;* OLG Koblenz WRP 1974, 283, 285.

[283] OLG Brandenburg, WRP 2015, 362; OLG Koblenz, WRP 2013, 361; a.A. LG München I, Urt. v. 27.5.2015 – 37 O 11673/14, Rdn. 215, Rdn. 204f.

[284] BGH GRUR 1959, 138, 140 – *Italienische Note.*

[285] BGH GRUR 1959, 138, 142 – *Italienische Note.*

[286] BGH WRP 2003, 1107 – *Kleidersack;* GRUR 1959, 138, 142 – *Italienische Note.*

[287] BGH GRUR 2014, 393, Rdn. 35; – wetteronline.de; GRUR 2012, 645, Rdn. 17 – Mietwagenwerbung; BGH GRUR 2009, 886, Rdn. 21 – Änderung der Voreinstellung; BGH GRUR 2001, 1061, 1063 – *Mitwohnzentrale;* BGH GRUR 1989, 430, 431 – *Krankentransportbestellung;* OLG Düsseldorf MMR 2015, 279.

[288] BGH GRUR 1966, 564, 565 – *Hausverbot;* GRUR 1963, 218, 222 – *Mampe Halb und Halb II.*

Das Abfangen von Kunden mit **Gewalt oder** mittels **Nötigung** ist immer wettbewerbswidrig.[289] 81
In allen anderen Fällen lässt sich die Wettbewerbswidrigkeit nur aufgrund der konkreten Umstände des Einzelfalls bestimmen. Maßgebend ist, wie konkret der Kunde sich bereits für das Waren- oder Dienstleistungsangebot eines bestimmten Wettbewerbers entschieden hat, wie greifbar die beworbene, konkurrierende Alternative für den Kunden ist und welche Qualität die Maßnahme hat, die den Kunde auf die Alternative umleiten soll.

Das **Ansprechen von Kunden,** die sich in mutmaßlicher Kaufabsicht dem Geschäft eines Kon- 82
kurrenten nähern, soll wettbewerbswidrig sein, wenn dadurch auf das eigene konkurrierende Unternehmen aufmerksam gemacht werden soll.[290] Es kommt allerdings – insbesondere im Anwendungsbereich der Richtlinie (EG) 2005/29 – entscheidend darauf an, wie intensiv und mit welchen Mitteln sich der Wettbewerber zwischen seinen Mitbewerber und dessen potentiellen Kunden drängt.[291] Ergänzend ist zu berücksichtigen, dass kein Unternehmer außerhalb seines Hausrechts einen Anspruch auf einen Freiraum hat, in dem er vor Wettbewerb des Konkurrenten geschützt ist.[292] Die **Verteilung von Handzetteln** mit der Werbung für das eigene Geschäft an Kunden, die gerade den Geschäftsbetrieb des Konkurrenten aufsuchen wollen, sollte deshalb nicht mehr als wettbewerbswidrig angesehen werden.[293] Die Werbung in räumlicher Nähe zum Geschäftsbetrieb des Konkurrenten ist ebenfalls nicht mehr unlauter, bloß weil sie geeignet ist, Kunden des Mitbewerbers vom Konkurrenten abzufangen und in das eigene Geschäft umzuleiten **(Fangwerbung).**[294]

Mehr noch als die Werbung in räumlicher Nähe ist die **Werbung im zeitlichen oder sachli-** 83
chen Kontext mit Werbemaßnahmen der Mitbewerber zulässig. Es ist ohne weiteres zulässig, bei Verkaufsförderungsmaßnahmen (Sales Promotions), das Interesse, das der angesprochene Verkehr dem Angebot von Mitbewerbern entgegenbringt, für die Bewerbung des eigenen Angebots zu nutzen.[295] Dadurch wird die Vergleichbarkeit der Angebote am Markt erhöht. Es ist auch nicht wettbewerbswidrig, wenn ein Unternehmen die Werbemaßnahmen eines Konkurrenten mit eigenen verstärkten **Werbemaßnahmen in den gleichen Medien** beantwortet,[296] wenn die Einlösung von Gutscheinen angekündigt wird, die ein Wettbewerber im Rahmen einer Verkaufsaktion ausgibt,[297] wenn in Fachmedien für bestimmte Waren oder Leistungen Werbeanzeigen für andere, konkurrierende Waren oder Leistungen geschaltet werden, wenn der Geschäftsbezeichnung ein oder mehrere Male der Buchstabe A vorangestellt wird, um im Branchentelefonbuch an erster Stelle genannt zu werden[298] oder wenn ein Anbieter seine Werbung in einer Rubrik einer Zeitung oder eines anderen Mediums veröffentlicht, die für Anbieter konkurrierender Leistungen konzipiert wurde. Ein Anbieter von Funkmietwagen darf deshalb seine Leistung im Telefonbuch unter „T" wie „Taxi" bewerben.[299] Zur Verwendung von Metatags und Keywords siehe nachfolgend Rdn. 88.

Ein **Händler,** der Waren verschiedener Hersteller gegenüber einem Kunden sachlich vergleicht 84
oder einen Kunden, der ein bestimmtes Produkt wünscht, auf ein alternatives Produkt empfehlend hinweist, handelt nicht wettbewerbswidrig, auch wenn der Vergleich den Voraussetzungen des § 6 UWG nicht genügt.[300] **Vergleiche und Empfehlungen von Waren** des eigenen Sortiments sind eine der wesentlichen Aufgaben des Handels. Der Händler muss sich dabei aber in den Grenzen halten, die sich aus seiner Beraterfunktion ergeben. Er darf den Kunden nicht irreführen[301] oder andere Waren anstelle der gewünschten Produkte unterschieben.[302]

Es ist wettbewerbswidrig, **geschäftliche Korrespondenz** oder andere an einen Konkurrenten 85
gerichteten Dokumente **abzufangen**[303] und die daraus gewonnenen Erkenntnisse zur Gewinnung

---

[289] Gewalt und Nötigung sind aggressive Geschäftspraktiken gemäß Art. 8, 9 UGP-RL. Die Bestimmungen wurden nicht ins UWG umgesetzt, weil sie ohnehin bereits von § 4 Nr. 1, Nr. 2 erfasst werden.

[290] BGH GRUR 1960, 431, 433 – *Kfz-Nummernschilder.*

[291] *Ohly*/Sosnitza § 4 Rdn. 10/47.

[292] *Ohly*/Sosnitza § 4 Rdn. 10/47; *Köhler*/Bornkamm, UWG, § 4 Rdn. 10.29.

[293] *Beater,* WRP 2011, 7, 13.

[294] Strenger BGH GRUR 1986, 547, 548 – *Handzettelwerbung;* OLG Koblenz WRP 1974, 283, 285.

[295] OLG Frankfurt, Urteil vom 20. Juli 2010, 6 U 186/09.

[296] Zur Ausnahme eines wettbewerbswidrigen Preiskampfes vgl. § 4 Nr. 10 Rdn. 154 ff.

[297] OLG Stuttgart, Urt. v. 2.7.2015, 2 U 148/14; BGH Urt. v. 23.6.2016, I ZR 137/15 – *Rabatt-Coupons.*

[298] OLG Hamm WRP 2005, 525 – *AA Schlüsseldienst.*

[299] BGH GRUR 2012, 645, Rdn. 18 – *Mietwagenwerbung;* OLG Frankfurt, Urteil vom 20. Juli 2010, 6 U 186/09; a. A. OLG Bamberg NJW-RR 1993, 50.

[300] BGH GRUR 1963, 197, 202 – *Zahnprothesen-Pflegemittel.*

[301] BGH GRUR 1963, 197, 202 – *Zahnprothesen-Pflegemittel.*

[302] BGH GRUR 1966, 564, 565 – *Hausverbot;* vgl. auch BGH GRUR 1963, 218, 222 – *Mampe Halb und Halb II.*

[303] BGH GRUR 1987, 532, 533 – *Zollabfertigung.*

des Kunden einzusetzen. Dazu gehören auch das Ausspähen von geschäftlicher Korrespondenz im **elektronischen Geschäftsverkehr** und die Ausnutzung der daraus gewonnenen Erkenntnisse zu Wettbewerbszwecken. Einem Interessenten darf wahrheitswidrig nicht vorgespiegelt werden, dass er es mit dem von ihm gewünschten Geschäftspartner zu tun habe.[304] Wer bemerkt, dass eine Bestellung nicht an ihn adressiert ist, darf sie nicht ausführen.[305] Er darf sie aber – sofern er legal vom Inhalt Kenntnis erlangt hat – zu einem Gegenangebot ausnutzen, sofern er die Bestellung an den eigentlichen Adressaten weiterleitet oder den Adressaten auf die Fehlleitung hinweist.[306] Unlauter ist die **Umleitung einer Bestellung** an einen anderen Unternehmer.[307] Wer als Telekommunikationsanbieter eine Verbindungskennziffer beantragt und zugewiesen bekommt, die direkt neben der Einwahlnummer eines Mitbewerbers liegt, behindert den Mitbewerber jedoch nicht, weil die Kennziffern begrenzt sind und die Telekommunikationsdienstleistung ohne Kennziffer gar nicht angeboten werden kann.[308]

86 Die **Ausnutzung fremder Einrichtungen** zum Abfangen von Kunden ist unlauter. Auf die Art der Einrichtung und das Eigentum daran kommt es nicht an. Bei dieser Fallgruppe liegt die gezielte Behinderung eines Mitbewerbers darin, dass die von einem oder für einen Mitbewerber geschaffenen Einrichtungen für eigene Zwecke ausgenutzt werden, ohne dazu berechtigt zu sein oder dafür ein Entgelt zu entrichten.[309] Aus diesem Grunde ist die Verbreitung von Werbematerial oder das Angebot von Waren und Dienstleistungen in Räumen oder auf Flächen, die ausschließlich einem Wettbewerber vorbehalten sind, unlauter.[310] Wer Taxihalteplätze nutzt, obwohl er im Unterschied zu Wettbewerbern keine Erlaubnis dazu erworben hat, behindert seine Mitbewerber, die die erforderliche Erlaubnis entgeltlich erworben haben und den Taxihalteplatz damit finanzieren.[311] Im **Telekommunikations- und Energiesektor** ist die Ausnutzung fremder Einrichtungen besonders verbreitet, aber aufgrund der technischen Dachverhalte auch besonders kompliziert. Der Anbieter eines Festnetzanschlusses behindert die Betreiber von Mobilfunknetzen unlauter, wenn er seinen Kunden eine Vergünstigung dafür gewährt, dass sie einer **Umleitung eines Anrufs** aus einem Festnetz an ihr Mobiltelefon **auf** ihren **Festnetzschluss** zustimmen. Der Festnetzanbieter spart sich dadurch das Zusammenschaltungsentgelt, das er bei einer Verbindung mit dem Mobiltelefon an den Mobiltelefonanbieter zahlen müsste.[312] Sein Angebot macht sich die Telekommunikationseinrichtung des Wettbewerbers zunutze, die lediglich wegen der Rufumleitung nicht genutzt wird.[313] Ebenso ist der Einsatz eines GSM-Wandlers zur Umleitung eines Anrufs vom Festnetz in ein Mobilfunknetz unlauter, der einen netzinternen Anruf des Mobilfunkanbieters simuliert und dem Mobilfunkanbieter damit Einnahmen vorenthält.[314] Auf der gleichen Linie liegt das Angebot an alle Nutzer der Flatrate eines Access Providers, sich entgeltlich an einer Gemeinschaft zu beteiligen, die sich wechselseitig die Nutzung ihrer jeweiligen Flatrate gestattet.[315]

87 Im Telekommunikations- und Energiesektor sind aufgrund der technischen Gegebenheiten und der Vertriebsstrukturen auch andere Konstellationen möglich, die einem Abfangen von Kunden vergleichbar sind. Zwar wird in diesen Fällen nicht direkt auf den Kunden selber eingewirkt. Seine Vorgaben werden aber weisungswidrig so umgesetzt, dass der Kunde auf das eigene Unternehmen umgelenkt oder von ihm festgehalten wird.[316] Wer als Anbieter einer Leistung im Falle der Kündigung seines Kunden an der **Umstellung der Leistung auf einen anderen Anbieter** mitwirken muss, behindert diesen unlauter, wenn er die Mitwirkung bewusst verzögert oder unterlässt.[317] Eine versehentliche Verzögerung ist dafür aber noch nicht ausreichend.[318] Dem bewussten Verhalten steht

---

[304] OLG Frankfurt GRUR-RR 2009, 65.

[305] BGH, BeckRS 2012, 07782 = GuT 2012, 181 – *Parkplatz-Service*; GRUR 1983, 34, 36 – *Bestellschreiben*.

[306] A. A. BGH GRUR 1983, 34, 36 – *Bestellschreiben*.

[307] BGH, BeckRS 2012, 07782 – *Parkplatz-Service*; GRUR 1989, 430, 431 – *Krankentransportbestellung*.

[308] OLG Köln GRUR-RR 2006, 191, 193 – *0 10 58/0 10 59*.

[309] BGH GRUR 2014, 393, Rdn. 33 – *wetteronline.de*.

[310] OLG Hamm, Urt. v. 12.6.2012 – I-4 U 9/12, Rdn. 23.

[311] OLG Frankfurt, Urt. v. 6.3.2014 – 6 U 246/13 (BeckRS 2014, 08610)

[312] BGH GRUR 2010, 346, Rdn.15 – *Rufumleitung*.

[313] BGH GRUR 2010, 346, Rdn.18 f. – *Rufumleitung*.

[314] BGH K & R 2010, 586, Rdn. 43.

[315] OLG Köln GRUR-RR 2009, 339, 340 f.; ablehnend *Mantz*, MMR 2009, 697, 699 und *Nemeczek*, WRP 2010, 1204, 1207.

[316] BGH GRUR 2009, 876, Rdn. 21 f. – *Änderung der Voreinstellung II*; GRUR 2007, 987, 989 – *Änderung der Voreinstellung*; OLG Düsseldorf GRUR-RR 2015, 307.

[317] LG Freiburg, Urt. v. 9.3.2012 – 10 O 17/11 (zu einem Stromlieferungsvertrag)

[318] BGH GRUR 2007, 987, 989 f. – *Änderung der Voreinstellung*; OLG Frankfurt MMR 2009, 879; *Isele* GRUR 2009, 727, 729.

es gleich, wenn solche Vorgänge ohne ausreichende menschliche Kontrolle automatisch erfolgen und dabei vorkommende weisungswidrige Änderungen zu Gunsten des eigenen Unternehmens bewusst in Kauf genommen werden.[319] Wer bei Endkunden eine falsche Preselection-Rufnummer oder ohne deren Auftrag überhaupt eine Preselection-Rufnummer installiert (sog. **Slamming**), fängt Kunden des Anbieters ab bzw. hält Kunden vor dem Konkurrenten fest, über dessen Netz die Anrufe andernfalls erfolgen würden.[320] Unlauter ist es außerdem, wenn bei Fernabsatzverträgen über Telekommunikationsdienstleistungen die Kündigung des bestehenden Vertrages im Namen des Kunden vor Ablauf der Widerrufsfrist ausgesprochen wird, da die Kündigung trotz eines späteren Widerrufs wirksam bleibt.[321] In solchen Fällen ist es erst recht unlauter, wenn ein Widerruf der Kündigung ignoriert[322] oder die Kündigung zwar unverzüglich veranlasst, der Widerruf des neuen Vertrages aber nur verzögert abgewickelt wird.[323] Es ist auch unlauter, wenn der Anbieter einer Leistung (z. B. eines DSL-Anschlusses), die er über Dritte vertreiben lässt (Reseller), die eingehenden Aufträge dazu nutzt, dem vermittelten Endkunden unter Umgehung des Resellers eine alternative Leistung (z. B. einen anderen DSL-Anschluss) anzubieten.[324]

Die **Registrierung einer Domain oder einer Vanity-Nummer** stellt ohne Vorliegen besonderer Umstände keine Kennzeichenverletzung dar.[325] In der Registrierung kann jedoch eine **rechtswidrige Namensanmaßung** liegen.[326] Sie kann außerdem zu einer unlauteren Behinderung führen. Den Umstand, dass ein Domainname nur ein einziges Mal vergeben werden kann, hat allerdings jedermann grundsätzlich hinzunehmen.[327] Unzulässig ist aber eine rechtsmissbräuchliche Registrierung oder Blockade einer Domain. Ein solcher Rechtsmissbrauch ist insbesondere anzunehmen, wenn der Domaininhaber den Domainnamen ohne ernsthaften Benutzungswillen in der Absicht registrieren lässt, sich diesen von dem Inhaber eines entsprechenden Kennzeichen- oder Namensrechts abkaufen zu lassen,[328] oder wenn die Domain ohne erkennbaren sachlichen Grund oder ohne sonstige Berechtigung, wie ein Namensrecht sie gewähren kann,[329] vom Konkurrenten registriert und für den Mitbewerber gesperrt wird, der ein dem Konkurrenten erkennbares anerkennenswertes Interesse an der Nutzung hat.[330] Soweit die Registrierung oder Nutzung des Domainnamens keine Namens- oder Kennzeichenrechte Dritter verletzt, ist allerdings der Handel mit Domainnamen zulässig und verfassungsrechtlich geschützt (Art. 12 und 14 GG).[331] Wettbewerbswidrig ist es aber, wenn ein Domainprovider ohne Auftrag KK-Anträge bei der Denic stellt, um einen Umzug der bei einem Wettbewerber gehosteten Domain zum eigenen Unternehmen zu initialisieren.[332] Außerhalb eines Wettbewerbsverhältnisses[333] kann im **Domain-Grabbing** zum Zwecke der Behinderung oder zur Realisierung materieller Vorteile ein Eingriff in das Recht am eingerichteten und ausgeübten Geschäftsbetrieb (§ 823 Abs. 1 BGB) oder eine vorsätzliche sittenwidrige Schädigung (§ 826 BGB) liegen.[334] Im Falle der bloßen Registrierung eines Gattungsbegriffs als Domainname kommt ein Verstoß gegen § 826 BGB jedoch in der Regel nicht in Betracht.[335] – Mit der Registrierung von Domains ist die Registrierung einer gebührenfreien (0800-)Telefonnummer ver- 88

---

[319] OLG Köln GRUR-RR 2010, 297 (Nichtzulassungsbeschwerde zurückgewiesen).

[320] BGH GRUR 2009, 876, Rdn. 11, 22 – *Änderung der Voreinstellung II; = Änderung der Voreinstellung III.*

[321] LG Freiburg, Urt. v. 2.5.2011 – 12 O 118/10 (zu einem Stromlieferungsvertrag).

[322] OLG Düsseldorf MMR 2015, 279.

[323] KG MMR 2009, 694.

[324] OLG Köln GRUR-RR 2007, 367.

[325] BGH GRUR 2014, 393, Rdn. 52; – wetteronline.de; GRUR 2002, 622, 624 – *shell.de;* OLG Karlsruhe GRUR-RR 2002, 138.

[326] Ständige Rechtsprechung seit BGH GRUR 2002, 622, 624 – *shell.de;* siehe zuletzt BGH GRUR 2012, 304 – *Basler Haar Kosmetik;* GRUR 2014, 506 – *sr.de.*

[327] BGH GRUR 2014, 393, Rdn. 53; – *wetteronline.de*; WRP 2009, 803, Rdn. 42 – *ahd.de*; OLG Hamburg, Urt. v. 9.4.2015 – 3 U 159/11 – *creditsafe.de*; OLG München, MMR 2011, 243.

[328] BGH WRP 2009, 803, Rdn. 43 – *ahd.de;* GRUR 2008, 1099 Rdn. 33 – *afilias.de;* OLG Hamburg, Urt. v. 9.4.2015 – 3 U 159/11 – *creditsafe.de*; OLG Frankfurt WRP 2000, 772, 774; OLG München GRUR 2000, 518 f.; OLG Karlsruhe WRP 1998, 900; OLG Dresden NJWE-WettbR 1999, 133, 135; LG Frankenthal MMR 2006, 116, 117.

[329] BGH GRUR 2002, 706, 708 – *vossius.de.*

[330] OLG Jena MMR 2005, 776, 778 – *deutsche-anwalthotline.de;* KG Magazindienst 2003, 990, 993 f. – *america2.de;* OLG Karlsruhe GRUR-RR 2002, 138, 139; OLG Düsseldorf GRUR-RR 2002, 20, 23; OLG Dresden NJW-WettbR 1999, 133, 136 f. – *cyberspace.de;* LG Leipzig MMR, 2006, 113, 114; *Beater,* WRP 2011, 7, 15.

[331] BGH GRUR 2005, 687, 688 – *weltonline.de.*

[332] LG Berlin, Beschl. v. 22.4.2009 – 16 O 67/09.

[333] Zum Wettbewerbsverhältnis der Prätendenten um eine Domain s. BGH WRP 2009, 803, Rdn. 40 – *ahd.de.*

[334] OLG Frankfurt GRUR-RR 2001, 264; LG München MMR 2006, 692.

[335] BGH GRUR 2005, 687 – *weltonline.de.*

gleichbar, die mit der Festnetznummer des Konkurrenten identisch ist,[336] wenn dem Anrufer nicht sofort beim Erstkontakt die eigene Identität mitgeteilt wird.[337]

89 Die **Nutzung von Internetdomains und Vanity-Nummern** kann fremde Namens- und Kennzeichenrechte verletzen.[338] Die Nutzung einer Domain, die ein bestehendes Kennzeichenrecht nicht verletzt, ist allerdings regelmäßig auch nicht wettbewerbswidrig. Andernfalls würde die Systematik zwischen dem Kennzeichen- und Wettbewerbsrecht unterlaufen.[339] Wird eine Internetdomain, die vom Verkehr mit dem Unternehmen, den Waren oder den Dienstleistungen eines Konkurrenten assoziiert wird, allerdings dazu genutzt, Interessenten am Angebot eines Konkurrenten auf das eigene Angebot umzuleiten, kann darin ein wettbewerbswidriges **Abfangen von Kunden** liegen, soweit der Nutzung der Domain kein eigenes Benutzungsrecht korrespondiert. Es ist in diesen Fällen nicht zwingend erforderlich, dass die Domain für den Mitbewerber kennzeichenrechtlich geschützt ist.[340] Wettbewerbswidrig können Vertipper-Domains sein, über die Interessenten am Angebot eines Wettbewerbers, die sich bei der Eingabe der Domain vertippen, auf ein anderes Angebot umgeleitet werden sollen.[341] Bei der wettbewerbsrechtlichen Beurteilung ist allerdings zu berücksichtigen, ob unter der Domain ein eigener Inhalt eingestellt wird ob nur Adword-Anzeigen angezeigt werden oder ob auf einen Inhalt umleitet wird, der unter einer anderen Domain eingestellt wurde.[342] Eine unlautere Behinderung durch eine Tippfehler-Domain scheidet aus, wenn der Nutzer auf der aufgerufenen Internetseite sogleich und unübersehbar auf den Umstand aufmerksam gemacht wird, dass er sich nicht auf der Internetseite, an die sich die Domain anlehnt, befindet, weil er sich vermutlich bei der Eingabe des Domainnamens vertippt hat.[343] – Tippfehlerdomains vergleichbar ist die Ausnutzung eines Domainverlustes eines anderen durch die Registrierung derselben Domain, um Interessenten am Angebot des anderen auf die eigene Website umzuleiten.[344] Allerdings kommt es bei all diesen Sachverhalten auch immer auf die Art der Domain an. So stellt es noch keine Behinderung dar, wenn ein Anbieter einen glatt beschreibenden Begriff, den ein Wettbewerber ebenfalls als Domain nutzt, in anderer Schreibweise verwendet.[345] – Gegen wettbewerbswidrig registrierte oder genutzte Internetdomain besteht nur dann ein **Löschungsanspruch** aus §§ 8 Abs. 1, 9 i. V. m. §§ 3, 4 Nr. 4 UWG, wenn unter dem angegriffenen Domainnamen kein legales Internetangebot betrieben werden kann.[346] Ein **Übertragungsanspruch** besteht in keinem Fall.[347]

90 In der **Verwendung beschreibender Domains oder Vanity-Nummern,** die von Konkurrenten für ihre Waren und Leistungen (noch) gar nicht verwendet werden, liegt keine Behinderung und auch kein wettbewerbswidriges Abfangen von Kunden.[348] Die systematische Blockade eines Begriffs in unterschiedlichen Schreibweisen unter verschiedenen Top-Level-Domains wurde im Einzelfall als unzulässige Behinderung angesehen, wenn die Mitbewerber in ihrer Entfaltungsfreiheit behindert werden.[349] Angesichts der Masse an Top-Level-Domains, die einem Websitebetreiber mittlerweile zur Verfügung stehen, sind entsprechende Konstellationen aber kaum mehr vorstellbar. Beschreibende Domains können allerdings irreführend sein, wenn sie fälschlich den Eindruck einer Alleinstellung oder einer sonstigen herausgehobenen Qualität oder Qualifikation vermitteln.[350]

---

336 LG Leipzig GRUR-RR 2003, 224.

337 OLG Frankfurt GRUR-RR 2009, 65.

338 BGH GRUR 2002, 622, 623 f. – *shell.de;* OLG Hamburg GRUR-RR 2002, 100, 101; KG GRUR 2001, 180; OLG München GRUR 2000, 519, 520.

339 OLG Düsseldorf GRUR-RR 2002, 20, 22 f.; GRUR 2001, 247, 250; *Ubber* S. 103 f.

340 Vgl. ÖOGH MMR 1999, 662.

341 BGH GRUR 2014, 393; Rdn. 36 – *wetteronline.de*; OLG Köln, WRP 2014, 202, Rdn. 4; OLG Jena MMR 2005, 776, 778 – *deutsche-anwalthotline.de.*

342 OLG Hamburg GRUR-RR 2006, 193, 194 – *Advanced Microwave Systems;* OLG München GRUR 2000, 518, 519 – *buecherde.com.*

343 BGH GRUR 2014, 393, Rdn. 48; – *wetteronline.de.*

344 OLG München MMR 2007, 115.

345 BGH GRUR 2014, 393, Rdn. 41; – *wetteronline.de*; OLG Köln MMR 2005, 763, 764 – *schluesselbänder.de.*

346 BGH GRUR 2014, 393, Rdn. 54; – *wetteronline.de*; GRUR 2002, 706, 709 – *vossius.de;* BGH GRUR 2002, 622, 626 – *shell.de;* KG Magazindienst 2003, 990, 993 f. – *america2.de.*

347 BGH GRUR 2002, 622, 626 – *shell.de;* OLG Hamburg GRUR-RR 2002, 100, 102 f.

348 BGH GRUR 2002, 902, 905 – *Vanity-Nummer;* GRUR 2001, 1061, 1062 – *mitwohnzentrale.de;* OLG Frankfurt WRP 2002, 1452, 1454; OLG Hamburg GRUR-RR 2002, 182, 183; *Ubber* S. 129.

349 BGH GRUR 2005, 517, 518 – *Literaturhaus;* KG Magazindienst 2003, 990, 993 f. – *america2.de;* OLG Frankfurt WRP 2002, 1452, 1456; LG Leipzig MMR 2006, 113, 114; MünchKommUWG/*Jänich* § 4 Nr. 10 Rdn. 65; *Ubber* S. 130.

350 BGH GRUR 2001, 1061, 1064 – *mitwohnzentrale.de;* OLG Hamburg Magazindienst 2002, 1034, 1036 – *rechtsanwalt.com; Ubber* S. 131 ff.

Metatags und andere Angaben im Quelltext einer Internetseite sollen gewährleisten, dass die Seite von Suchmaschinen bei der Eingabe entsprechender Begriffe gefunden wird. Werden Kennzeichenrechte eines anderen als Metatags im Waren- oder Dienstleistungsähnlichkeitsbereich eingesetzt, liegt darin eine Markenverletzung, soweit keine Berechtigung zur Nutzung der Marke vorliegt.[351] – Die Verwendung beschreibender Begriffe als Domain, Metatag oder Keyword ist marken- und wettbewerbsrechtlich nicht zu beanstanden.[352] Ebenso wenig ist es unlauter, dass ein Anbieter versucht, in der Ergebnisliste von Suchmaschinen möglichst vorne platziert zu werden, gegebenenfalls auch mit mehreren Treffern zum gleichen Produkt, auch wenn sein Mitbewerber dadurch im Suchergebnis nach hinten rutscht.[353]– Die Generierung von Werbeanzeigen über Keywords (Keyword-Advertising, z. B. Google AdWords), die dem geschützten Kennzeichen eines anderen entsprechen, kann zu einer Kennzeichenrechtsverletzung führen.[354] Sie ist aber keine Ausbeutung des guten Rufs eines Wettbewerbers[355] und kein Abfangen von Kunden.[356] Etwas anderes gilt jedoch, wenn es einem Anbieter in einem App-Store, in dem nicht zwischen natürlichen Suchergebnissen und bezahlten Anzeigen unterschieden wird, verlässlich gelingt, dass seine App stets vor der App des Mitbewerbers aufgeführt wird, nach der vom Interessenten gesucht wird.[357] Wenn ein Mitbewerber die zulässige Verwendung einer Marke als Keyword durch eine unberechtigte Beschwerde beim Medium, z. B. einer Internetsuchmaschinen, verhindern will, liegt eine gezielte Behinderung vor. Eine allgemeine Markenbeschwerde des Markeninhabers, welche die Verwendung einer Marke als Keyword generell blockiert, ist zulässig. Allerdings stellt es wiederum eine gezielte Behinderung dar, wenn der Markeninhaber sich weigert, seine Zustimmung in eine rechtmäßige Verwendung der Marke durch einen Dritten zu erteilen.[358] 91

Computerprogramme oder Datenbanken, die der Bestellung von Waren oder Dienstleistungen dienen oder über ein Waren- oder Dienstleistungsangebot informieren, sind wettbewerbswidrig, wenn sie so konfiguriert sind, dass sie bei der Eingabe einer bestimmten Ware oder Leistung **systematisch auf das Konkurrenzangebot umschalten.** Ein Programm zur Verschreibung von Arzneimitteln wurde deshalb zu Recht für unlauter gehalten, weil es in der (abwählbaren) Grundeinstellung ein vom Arzt gewähltes Präparat immer durch ein identisches Produkt oder Generikum eines Wettbewerbers ersetzte.[359] Gegen eine Software, in der der Arzt eine entsprechende Voreinstellung selber einrichten kann, bestehen hingegen wettbewerbsrechtlich keine Bedenken.[360] Ebenso ist es zulässig, wenn das Programm systematisch auf das Konkurrenzprodukt als mögliche Alternative hinweist, soweit die Voraussetzungen einer zulässigen vergleichenden Werbung berücksichtigt werden. Aus diesem Grunde ist auch die Verwendung von Artikelnummern eines Anbieters auf einer Internetplattform zulässig, um darüber auf das eigene Konkurrenzangebot hinzuweisen.[361] 92

b) Abwerbung von Kunden. Der **Kundenkreis** ist **kein geschütztes Rechtsgut.**[362] Das Abwerben von Kunden gehört zum Wesen des Wettbewerbs. Kein Wettbewerber hat Anspruch auf 93

---

[351] BGH WRP 2006, 1513, 1515 – *Impuls;* GRUR 2007, 784 – *Aidol.*

[352] BGH GRUR 2002, 902 – *Vanity-Nummer;* GRUR 2001, 1061 – *Mitwohnzentrale* zu beschreibenden Internetdomains; OLG Düsseldorf GRUR-RR 2003, 48; LG Frankfurt K & R 2001, 173 f.; *Ernst* WRP, 278, 279.

[353] OLG Hamm, MMR 2010, 36, 37.

[354] EuGH GRUR 2011, 1224 – *Interflora*; GRUR 2010, 445, Rdn. 83 f., 88 ff. – *Google France;* GRUR 2010, 641, Rdn. 24 ff. – *eis.de;* BGH GRUR 2013, 1044 – *Beate Uhse*; GRUR 2011, 828, Rdn. 34 – *bananabay II.*

[355] So BGH GRUR 2011, 828, Rdn. 34 – *bananabay II;* GRUR 2009, 500, Rdn. 22 – *beta layout;* KG GRUR-RR 2009, 61; OLG Köln MMR 2008, 50, 52; OLG Düsseldorf MMR, 2007, 247, 248; *Hüsch* MMR 2006, 357, 359; *Varadinek* GRUR 2000, 279, 285; a. A. LG Hamburg CR 2000, 392; LG Berlin K&R 2001, 171; *Ubber/Jung-Weiser* S. 187, 190; *Mann* FS *Hertin* S. 609, 616 f.; *Ernst* WRP, 278, 280; *Ernst* K&R 1998, 536, 541.

[356] BGH GRUR 2011, 828, Rdn. 335 – *bananabay II;* GRUR 2009, 500, Rdn. 23 – *beta layout;* OLG Hamburg GRUR 2014, 490, 491; KG GRUR-RR 2009, 69, Rdn. 73 ff; OLG Köln MMR 2008, 50, 51; OLG Düsseldorf MMR, 2007, 247, 248; LG Frankfurt K & R 2001, 173; *Ohly*/Sosnitza § 4 Rdn. 10/53; *Ubber/Jung-Weiser* S. 190; *Ernst* MarkenR 2006, 57, 59; *Varadinek* GRUR 2000, 279, 284; a. A. MünchKomm-UWG/*Jänich* § 4 Nr. 10 Rdn. 69.

[357] OLG Hamburg GRUR 2014, 490, 492; *Zöllner/Lehmann* GRUR 2014, 431, 436.

[358] BGH GRUR 2015, 607 – *Uhrenankauf im Internet*; OLG Köln, WRP 2010, 1179, 1180.

[359] OLG Hamburg GRUR 2002, 278, 279 – *AKUmed;* OLG Frankfurt GRUR 2001, 763, 764. Dem Einsatz solcher Software für Ärzte wird mittlerweile durch § 73 Abs. 8 SGB 5 vorgebeugt, demzufolge nur noch ein Computerprogramm eingesetzt werden darf, das von der Kassenärztlichen Bundesvereinigung für die vertragsärztliche Versorgung zugelassen ist.

[360] LG Hamburg MedR 2006, 362.

[361] *Hofmann*, MMR 2013, 415; siehe dazu auch die Entscheidung OLG Frankfurt MMR 2012, 183 und dazu *Ullmann*, jurisPR-WettbR 12/2011, Anm. 4.

[362] BGH GRUR 2002, 548, 549 – *Mietwagenkostenersatz;* WM 1979, 59, 61.

die Bewahrung seines Kundenkreises oder den Fortbestand eines einmal begründeten Vertragsverhältnisses mit einem Kunden.[363] Das Abwerben ist auch dann zulässig, wenn die Kunden vertraglich noch an den Mitbewerber gebunden sind[364] oder wenn die Abwerbung systematisch und zielgerichtet erfolgt.[365] Wettbewerbswidrig wird ein Einbrechen in fremde Vertragsbeziehungen erst, wenn besondere Unlauterkeitsumstände hinzutreten, wenn unlautere Ziele verfolgt oder unlautere Mittel und Methoden eingesetzt werden.[366]

94 *aa) Unlautere Begleitumstände der Abwerbung.* Die **Verleitung eines Kunden zum Vertragsbruch** ist nach herrschender Meinung unlauter.[367] Ob die Initiative für den Vertragsbruch vom Anbieter oder vom Kunden ausgeht, soll nach dieser Ansicht unerheblich sein, solange der Anbieter den Kunden aktiv unterstützt. Die Unterstützung muss aber über ein bloß alternatives Angebot an den Kunden hinausreichen[368] und den Vertragsbruch des Kunden provozieren.[369] Außerdem wird gefordert, dass dem Verleitenden die vertragliche Verpflichtung bekannt ist, wobei ein dolus eventualis genügen soll.[370] – Für eine Verleitung zum Vertragsbruch reichen an die Allgemeinheit gerichtete Anzeigen in aller Regel aber noch nicht aus,[371] gleich ob sie nur eine invitatio ad offerendum oder ein verbindliches Vertragsangebot enthalten.[372] Wer im Internet ein Forum betreibt, das von den Nutzern nach objektiver Betrachtung nicht anders verstanden werden kann, als eine Plattform zum Handel mit virtuellen Gegenständen aus einem Computerspiel eines Wettbewerbers, soll zum Vertragsbruch verleiten, wenn dieser Handel vom Wettbewerber in seinen AGB untersagt wurde.[373]

95 Die **Ausnutzung eines Vertragsbruchs** ist nur unlauter, wenn weitere die Wettbewerbswidrigkeit begründende Umstände hinzutreten.[374] Dafür genügt es nicht, dass der Wettbewerber weiß, damit rechnet oder in Kauf nimmt, dass sich der Kunde eines Wettbewerbers bei der Begründung eines neuen Vertragsverhältnisses vertragswidrig verhält.[375] Die schuldrechtliche Bindung zwischen dem Wettbewerber und seinem Vertragspartner entfaltet Dritten gegenüber keine rechtlichen Wirkungen. Wäre schon die Ausnutzung eines Vertragsbruchs unlauter, würde das Vertragsverhältnis verdinglicht.[376]

96 Wer einen **Vertragsbruch gegenüber einem Wettbewerber** begeht, handelt allein dadurch nicht wettbewerbswidrig. Das Sanktionssystem bei einem Vertragsbruch unterscheidet sich grundlegend von den Bestimmungen der §§ 8 ff. und 12 ff. UWG und darf durch die Gleichstellung von Vertragsbruch und Wettbewerbsverstoß nicht unterlaufen werden. Es müssen für die Annahme einer gezielten Behinderung weitere Umstände hinzutreten. Dafür kann die **Ausnutzung eines besonderen Vertrauens oder im Vertrauen übermittelter Kontakte und Kenntnisse** zur Abwerbung von Kunden ausreichen. Maßgeblich sind aber die jeweiligen Umstände des Einzelfalls. Nach der Beendigung eines Subauftragsverhältnisses darf der ehemalige Subauftragnehmer aufgrund einer nachvertraglichen Treuepflicht bestimmte Kontakte und Kenntnisse, die er während des Subauftragsverhältnisses erhalten hat, für ein Jahr nicht zur Abwerbung von Kunden ausnutzen.[377]

97 Ein **Arbeitnehmer oder Vertreter** soll während der Laufzeit seines Vertrages Kunden seines Arbeitgebers oder Prinzipals für einen Mitbewerber oder eine selbständige konkurrierende Neben-

---

363 BGH GRUR 2005, 603, 604 – *Kündigungshilfe;* GRUR 2004, 704, 705 – *Verabschiedungsschreiben;* GRUR 2002, 548, 549 *Mietwagenkostenersatz;* GRUR 1990, 522, 527 – *HBV – Familien- und Wohnungsrechtsschutz.*

364 BVerfG NJW, 2003, 3472, 3473; BGH GRUR 2002, 548, 549 – *Mietwagenkostenersatz;* GRUR 2001, 1061, 1063 – *Mitwohnzentrale;* GRUR 1986, 547, 548 – *Handzettelwerbung;* GRUR 1967, 104, 106 – *Stubenhändler;* GRUR 1966, 263, 264 – *Bau-Chemie;* GRUR 1963, 197, 200 f. – *Zahnprothese-Pflegemittel.*

365 BGH GRUR 2002, 548, 549 – *Mietwagenkostenersatz;* GRUR 1988, 545 – *Ansprechpartner;* GRUR 1986, 547, 548 – *Handzettelwerbung;* WM 1979, 59, 61; GRUR 1963, 197, 200 – *Zahnprothese-Pflegemittel;* s. a. BGH GRUR 2009, 173, Rdn. 38 – *bundesligakarten.de.*

366 BGH GRUR 2010, 346, Rdn. 15 – *Rufumleitung.*

367 BGH GRUR 2009, 173, Rdn. 31 – *bundesligakarten.de;* WRP 2007, 951, 953 – *Außendienstmitarbeiter;* GRUR 1987, 532, 533 – *Zollabfertigung;* OLG Köln WRP 1985, 235, 236; differenzierter *Bettin* S. 79 ff., 82; zur berechtigten Kritik siehe oben Rdn. 37.

368 Vgl. zur wettbewerbswidrigen Verleitung zum Vertragsbruch zur Mitarbeiterabwerbung BGH WRP 2007, 951, 955 – *Außendienstmitarbeiter.*

369 A. A. *Sack* WRP 2000, 447, 452; *Lubberger* WRP 2000, 139, 142.

370 *Piper* GRUR 1990, 643, 644.

371 BGH GRUR 2009, 173, Rdn. 32 – *bundesligakarten.de*; LG Hamburg, Urt. v. 15.4.2014 – 312 O 34/14 (BeckRS 2014, 12069).

372 OLG Hamburg GRUR-RR 2015, 110 – *Buddy Bots.*

373 OLG Hamburg, MMR 2013, 453, 454 f.

374 Siehe hierzu oben *Ahrens* Einl. F. Rdn. 143 ff.

375 BGH WRP 2007, 951, 953 – *Außendienstmitarbeiter;* a. A. OLG Bremen OLGR Bremen 2005, 352.

376 BGH WRP 2007, 951, 953 – *Außendienstmitarbeiter.*

377 KG, GuT 2011, 331.

tätigkeit oder eine nachvertragliche Selbständigkeit nicht nur aufgrund seines Dienstvertrages, sondern auch wettbewerbsrechtlich nicht abwerben dürfen.[378] Da aber auch insoweit das Sanktionssystem für den Bruch des Arbeits- oder Dienstvertrages und die Verletzung von § 4 Nr. 4 UWG unterschiedlich ist, kann der Bruch des Dienstvertrages allein die Wettbewerbswidrigkeit nicht begründen. Erschwerend muss zumindest hinzukommen, dass die Abwerbung unter Verwendung von Geschäftsinterna oder einem sonstigen Missbrauch betrieblicher Mittel erfolgt oder der abwerbende Mitarbeiter von seinem Dienstherrn gegenüber dem Kunden mit einer besonderen Vertrauensposition ausgestattet wurde.[379] Nach der Beendigung des Vertragsverhältnisses besteht dann außerhalb einer Verletzung von Geschäfts- und Betriebsgeheimnissen keine Verpflichtung mehr zur Rücksichtnahme.[380] Wer verhindern will, dass ein Mitarbeiter Erfahrungen, Kenntnisse und Kontakte zu Gunsten eines späteren Arbeitgebers oder einer späteren Selbständigkeit verwertet, muss mit dem Mitarbeiter ein Wettbewerbsverbot oder eine Geheimhaltungsvereinbarung treffen.[381]

Das **Ausspähen von Geschäfts- und Betriebsgeheimnissen**, nicht aber schon die Erfassung 98
allgemein zugänglicher oder offenkundiger Informationen über Wettbewerber kann unzulässig sein.[382] Die **Ausnutzung eines Geschäfts- oder Betriebsgeheimnisses** eines Konkurrenten zum Zwecke der Abwerbung von dessen Kunden ist in der Regel nur wettbewerbswidrig, wenn die Informationen unter Verletzung von § 17 UWG oder einer anderen gesetzlichen Bestimmung zum Schutze von Daten und Informationen gewonnen wurde.[383] Wer den Mitarbeiter eines Konkurrenten übernimmt, darf auf dessen Wissen, nicht aber auf schriftlich fixierte Informationen zur Abwerbung von Kunden seines ehemaligen Arbeitgebers zurückgreifen.[384] – Kenntnisse, die ein Unternehmer aufgrund einer besonderen **Vertrauensstellung** rechtmäßig erlangt, darf er zur Abwerbung nutzen. Eine Bank darf daher im Rahmen der Vermögensberatung einem Kunden zu einer bestimmten Vermögensanlage im Austausch gegen eine bestehende Lebensversicherung eines Mitbewerbers raten, von der sie nur aufgrund ihrer Eigenschaft als kontoführendes Institut des Kunden weiß.[385]

Eine gezielte Behinderung liegt in der **Verunglimpfung oder Herabwürdigung** des Mitbe- 99
werbers oder seiner Waren und Dienstleistungen im Rahmen einer konkreten Abwerbemaßnahme;[386] ebenso in der **Verbreitung unwahrer betriebs- und kreditschädigender Tatsachen** über ihn. In diesen Fällen wird neben § 4 Nr. 4 auch § 4 Nr. 1 oder Nr. 2 verwirklicht. Es verstößt gegen § 4a ebenso wie gegen § 4 Nr. 4, wenn jemand durch **Überrumpelung** oder die **Ausübung von Druck** bewegt werden soll, dass Vertragsverhältnis zu einem Wettbewerber zu kündigen. § 5 und § 4 Nr. 4 werden verletzt, wenn im Rahmen der Abwerbung **fehlerhafte oder lückenhafte Informationen** über das eigene oder fremde Leistungsangebot oder über die aus der Vertragsauflösung erwachsenden Nachteile und Risiken erteilt werden.[387] Eine Versicherung, die in einem Anschreiben an einen Versicherungsnehmer, der von einem versicherungsfremden Versicherungsvermittler betreut wird, einen eigenen Mitarbeiter als Ansprechpartner nennt, behindert aber nicht gezielt, weil die Angabe in erster Linie der Förderung des eigenen Wettbewerbs dient.[388]

Die Übernahme von Kunden durch einen koordinierten **Coup,** der sich gezielt gegen einen be- 100
stimmten arglosen Wettbewerber richtet, ist wettbewerbswidrig.[389] Von einem solchen Coup ist

---

[378] BGH GRUR 2004, 704, 705 – *Verabschiedungsschreiben; Piper* GRUR 1990, 643, 646; restriktiver *Köhler*/Bornkamm, UWG, § 4 Rdn. 10.42; *Ohly*/Sosnitza § 4 Rdn. 10/57.

[379] Diese Voraussetzung lag in dem in BGH GRUR 2004, 704 – *Verabschiedungsschreiben* – relevanten Sachverhalt vor.

[380] BGH WM 1979, 59, 61. Allerdings soll es wettbewerbswidrig sein, wenn frühere Mitarbeiter eines Konkurrenten nach deren Wechsel zum neuen Geschäftsherrn unverzüglich gezielt in deren bisherigen Wirkungskreis eingesetzt werden (BGH GRUR 1964, 213, 214 – *Milchfahrer*). BGH GRUR 2004, 704, 705 – *Verabschiedungsschreiben* unterstellt ebenfalls noch wettbewerbsrechtlich relevante nachvertragliche Rücksichtnahmepflichten.

[381] BGH GRUR 1988, 545 f. – *Ansprechpartner.*

[382] BGH GRUR 2009, 1075, Rdn. 20 – *Betriebsbeobachtung.*

[383] BGH GRUR 1976, 306, 307 – *Baumaschinen;* GRUR 1971, 358, 359 – *Textilspitzen; Piper* GRUR 1990, 643, 646; zum Betriebs- und Geschäftsgeheimnis s. *Harte-Bavendamm* § 17.

[384] BGH GRUR 2006, 1044, 1045 – *Kundendatenprogramm;* GRUR 1999, 934, 935 – *Weinberater.*

[385] OLG Köln WRP 1985, 233, 235; *Piper* GRUR 1990, 643, 646.

[386] BGH GRUR 2002, 548, 549 – *Mietwagenkostenersatz;* OLG Köln WRP 1985, 233, 234; WRP 1985, 235, 236; siehe auch § 4 Nr. 1 UWG.

[387] BGH GRUR 1988, 764, 766 f. – *Krankenkassen-Fragebogen;* OLG Düsseldorf GRUR-RR 2006, 100 f. – *Switch & Profit;* OLG Köln WRP 1985, 233, 234; WRP 1985, 235, 236.

[388] OLG Hamm, Urt. v. 18.11.2014 - 4 U 90/14.

[389] BGH WM 1979, 59, 61 in Abgrenzung von BGH GRUR 1970, 182 – *Bierfahrer;* s. a. OLG Köln WRP 1990, 846.

auszugehen, wenn der Mitbewerber sich aus Gründen, die in der Abwerbemaßnahme angelegt sind, gegen den Angriff nicht (mehr) mit wettbewerbseigenen Mitteln wehren kann. Dazu zählt, dass ein Arbeitnehmer oder Handelsvertreter noch während seiner Tätigkeit für den späteren Konkurrenten ein Unternehmen im Wesentlichen auf dem Besitzstand des früheren Arbeitgebers oder Prinzipals und unter gezielter Übernahme von dessen Kunden aufbaut.[390] Es ist aber noch nicht ausreichend, dass sich die Werbung um eigene Kunden ausschließlich auf die aus der früheren Tätigkeit bekannte Kundschaft beschränkt.[391]

101 Die **Übernahme von Warenrestbeständen** durch den Konkurrenten zur Erleichterung eines Lieferantenwechsels ist nicht wettbewerbswidrig. Der Hersteller oder Lieferant einer Ware hat nach deren Lieferung keinen Anspruch darauf, dass sie nicht an Mitbewerber veräußert wird.[392] Die **Inzahlungnahme** eines Konkurrenzprodukts ist ebenfalls zulässig;[393] gleichermaßen die **Übernahme von Kosten,** die beim Kunden im Rahmen seines Altvertrages noch anfallen. Das Angebot eines Mobilfunkbetreibers, einem Kunden die Grundgebühren des Vertrags mit einem Mitbewerber zu erstatten, falls er einen weiteren zeitweise parallel laufenden Vertrag schließt, ist deshalb nicht unlauter. Die vertraglich gesicherte Erwartung des Mitbewerbers, über die Grundgebühr hinaus Nutzungsentgelte zu realisieren, ist nicht geschützt.[394]

102 Die Leistung von **Kündigungshilfe** durch Hinweise auf die Möglichkeit, Notwendigkeit, Frist und Form einer Kündigung ist wettbewerbskonform.[395] Der Mitbewerber darf **vorformulierte Kündigungsschreiben** einsetzen und anbieten, sie für den Kunden abzusenden.[396] Eine Kündigungshilfe wird in manchen Branchen (z. B. Energie und Telekommunikation) heutzutage vom Verbraucher sogar erwartet.[397] Sie kann aber gegen das Rechtsdienstleistungsgesetz verstoßen, wenn mit ihr eine rechtliche Prüfung des Einzelfalls verbunden ist.[398] Außerdem kann eine unlautere Behinderung darin liegen, wenn der neue Vertragspartner den Kunden veranlasst, dem gekündigten Wettbewerber ab sofort jeden weiteren Kontakt zu verbieten.[399]

103 Bestimmte Koppelungsangebote können den Abnehmer in eine Situation bringen, in der er faktisch zur Kündigung eines anderen Vertragsverhältnisses gezwungen wird **(mittelbarer Kündigungszwang).**[400] Ein Beispiel bilden obligatorische Gruppenversicherungen, bei denen mit dem Erwerb der Mitgliedschaft in einer Organisation automatisch der Erwerb von Versicherungsschutz verbunden ist. Solche Gruppenversicherungen sind aus vier Gründen wettbewerbsrechtlich problematisch: dem Mitglied wird Versicherungsschutz aufgedrängt, obwohl es ihn vielleicht gar nicht will; ein Mitglied wird gezwungen, seine bereits bestehende Versicherung zu kündigen; die Mitbewerber werden vom Wettbewerb um die Mitglieder ausgeschlossen; der Wettbewerb kann in seinem Bestand gefährdet werden.[401] Eine obligatorische Gruppenversicherung für alle Mitglieder einer Gewerkschaft wurde deshalb für wettbewerbswidrig gehalten.[402] Die Bereitstellung von Versicherungsschutz durch eine Organisation kann jedoch zulässig sein, wenn dem Mitglied der Beitritt zu anderen Organisationen mit gleicher Zielsetzung und Bedeutung, und ohne Versicherungszwang offen steht,[403] oder wenn nach dem Zweck und den Aufgaben der Organisation sachliche Gründe für einen obligatorischen Versicherungsschutz sprechen und ein Versicherungsschutz vom Mitglied erwartet wird (Beispiel: Mieterverein).[404] Bei der Annahme einer Wettbewerbswidrigkeit einer Koppelung von Mitgliedschaften mit wirtschaftlichen Leistungen sollte deshalb Zurückhaltung wal-

---

[390] BGH GRUR 1971, 358, 359 – *Textilspitzen;* GRUR 1966, 262, 266 – *Bau-Chemie; Piper* GRUR 1990, 643, 647.

[391] *Köhler*/Bornkamm § 4 Rdn. 10.44; a. A. *Piper* GRUR 1990, 643, 647.

[392] BGH GRUR 1988, 619, 620 – *Lieferantenwechsel.*

[393] *Bettin* S. 119.

[394] A. A. OLG Celle NJW-RR 1999, 550, 551.

[395] BGH GRUR 2002, 548, 549 – *Mietwagenkostenersatz;* OLG Nürnberg NJW-RR 1991, 233, 234 *Piper* GRUR 1990, 643, 644.

[396] BGH GRUR 2005, 603, 604 – *Kündigungshilfe;* OLG Brandenburg, VersR 2002, 759, 760 f.; OLG Schleswig, OLG-Report 1999, 340, 341; a. A. früher u. a. OLG München GRUR 1994, 136 f.; OLG Nürnberg NJW-RR 1991, 233, 234.

[397] *Sasse/Thurmann* GRUR 2003, 921, 922 f.

[398] *Sasse/Thurmann* GRUR 2003, 921, 924.

[399] OLG Dresden WRP 2015, 1395.

[400] Der faktische Kündigungszwang fällt nach der UWG-Reform 2015 unter § 4 Nr. 1 UWG oder hilfsweise § 3 UWG. Es fehlt in der Regel an der behindernden Zielrichtung, die § 4 Nr. 4 UWG voraussetzt.

[401] BGH GRUR 1990, 522, 525 ff. – *HBV – Familien- und Wohnungsrechtsschutz;* OLG Frankfurt GRUR 1966, 222, 224 f. – *BahnCard mit Kreditkartenfunktion; Piper* Festschrift von Gamm, S. 147, 156 f.

[402] BGH GRUR 1990, 522 – *HBV – Familien- und Wohnungsrechtsschutz.*

[403] OLG Frankfurt GRUR 1966, 222, 224 – *BahnCard mit Kreditkartenfunktion.*

[404] *Piper* in: FS von Gamm, S. 147, 153.

ten. Zur Koppelung müssen besondere Umstände hinzutreten, die erst zur Unlauterkeit der Behinderung führen. Die Grundsätze gelten für **Kreditkartenverträge** mit Zusatzleistungen nicht.[405]

An **Wettbewerbsrichtlinien** sind Gerichte bei der Beurteilung eines Sachverhalts nicht gebun- **104**
den.[406] Sie können allenfalls als Indiz dafür herangezogen werden, welches Wettbewerbsverhalten nach der Auffassung der beteiligten Verkehrskreise als unlauter anzusehen ist.[407] Wettbewerbsrechtlich entscheidend ist jedoch, ob das Verhalten dem UWG widerspricht.[408] Insbesondere die Wettbewerbsrichtlinien der Versicherungswirtschaft enthalten diverse Werbe- und Abwerbeverbote. Diese sind nur beachtlich, soweit sie dem Zweck dienen, einem wettbewerbswidrigen Verhalten entgegenzuwirken.[409]

bb) Rückwerbung. Zur Rückwerbung kann auf die Ausführungen zur Abwerbung von Mitarbei- **105**
tern verwiesen werden, die für die Abwerbung von Kunden entsprechend gelten. Bei der **Rückwerbung rechtswidrig abgeworbener Kunden** gilt ein großzügiger Unlauterkeitsmaßstab als bei der Abwerbung.[410]

cc) Rechtsfolgen. Zum Unterlassungs- und Schadenersatzanspruch kann auf die Ausführungen zur **106**
Abwerbung von Mitarbeitern verwiesen werden, die für die Abwerbung von Kunden entsprechend gelten.

4. Vertriebsstörung

Schrifttum: *Brömmelmeyer,* Internetwettbewerbsrecht, 2007; *Czychowski,* Wettbewerbsrechtliche Zulässigkeit des automatisierten Abrufs von Daten einer Internetseite, NJW 2014, 3277; *Deutsch,* Die Zulässigkeit des so genannten ‚Screen Scraping' im Bereich der Online-Flugvermittler, GRUR 2009, 1027; *Holzhäuser,* Weiterverkäufe von Fußball-Tickets über Internet-Ticketplattform, SpuRt 2011, 106; *Nemeczek,* Gibt es einen unmittelbaren Leistungsschutz im Lauterkeitsrecht?, WRP 2010, 1204; *Peukert,* hartplatzhelden.de – Eine Nagelprobe für den wettbewerblichen Leistungsschutz, WRP 2010, 316; Einsatz.

Das Angebot und der Vertrieb von Hilfsmitteln, die den Anwender in die Lage versetzen, ent- **107**
geltliche Waren und Leistungen eines Dritten unentgeltlich zu nutzen, sind wettbewerbswidrig, wenn der Anbieter seine Leistung gegen einen Zugriff durch jedermann geschützt hat. Meist handelt es sich um technische Mittel zur **Umgehung eines Zugangsschutzes.** Zu diesen Hilfsmitteln gehören **Piratenkarten,** mit denen Pay-TV-Programme ohne die ansonsten kostenpflichtigen Decoder empfangen werden können,[411] ebenso **Hackertools** zur Umgehung von Zugangsbeschränkungen in Online- oder Offline-Medien.[412] § 95a UrhG verbietet spezialgesetzlich Produkte oder Dienstleistungen, deren Zweck darin besteht, technische Maßnahmen zum Schutz von urheberrechtlich geschützten Werken und verwandten Schutzrechten zu umgehen. § 3 Zugangskontrolldienstschutzgesetz (ZKDSG) untersagt verbietet Umgehungsvorrichtungen zur Nutzung von zugangskontrollierten Rundfunkdarbietungen und Telemedien.[413] Eine Verletzung des ZKDSG ist nach § 3a UWG wettbewerbswidrig, weil das Gesetz dazu dient, die Hersteller legale Entschlüsselungsvorrichtungen sowie die Anbieter der verschlüsselten Medieninhalte vor unerlaubtem Wettbewerb zu schützen. Demgegenüber sind Leistungsangebote zulässig, die das allgemein zugängliche Angebot eines Dritten im Internet erschließen, ausnutzen oder darauf aufbauen.[414] Wer Inhalte im Internet öffentlich zugänglich macht, muss es sich gefallen lassen, dass sie von jedermann aufgefunden und ggfs. auch für Dritte aufbereitet werden,[415] solange kein Sonderrechtsschutz wie z.B. ein Datenbankrecht nach § 87b UrhG verletzt wird. Ein Websitebetreiber, der sich dagegen schützen will, muss effiziente Zugangsbeschränkungen einrichten oder ein Vertragssystem etablieren, dass einen beliebigen Zugriff auf die Website ausschließt.[416] Dafür genügt es aber nicht, bestimmte Nut-

---

[405] OLG Frankfurt GRUR 1966, 222, 224, 225 – *BahnCard mit Kreditkartenfunktion.*

[406] *Piper* GRUR 1990, 643, 648.

[407] BGH GRUR 2002, 548, 549 – *Mietwagenkostenersatz;* GRUR 1991, 462, 463 – *Wettbewerbsrichtlinie der Privatwirtschaft;* GRUR 1977, 619, 621 – *Eintrittsgeld;* OLG Celle GRUR-RR 2003, 91.

[408] BGH GRUR 2002, 548, 549 – *Mietwagenkostenersatz;* GRUR 1999, 748, 749 – *Steuerberaterwerbung auf Fachmessen;* GRUR 1991, 462, 463 – *Wettbewerbsrichtlinien der Privatwirtschaft; Piper* GRUR 1990, 643, 649.

[409] OLG Köln WRP 1985, 235, 236 zu Nr. 48 der Wettbewerbsrichtlinien der Versicherungswirtschaft.

[410] BGH GRUR 1967, 428, 429 – *Anwaltswerbung.*

[411] OLG Frankfurt NJW 1996, 264.

[412] LG Frankfurt MMR 2006, 766, 767 f.; s. a. BGH K & R 2010, 586, Rdn. 42.

[413] Siehe hierzu OLG Hamburg GRUR-RR 2006, 148; OLG Frankfurt GRUR-RR 2003, 287.

[414] BGH NJW 2011, 3443, Rdn. 69 – *Automobil-Onlinebörse;* GRUR 2011, 56, Rdn. 27 – *Session-ID;* GRUR 2003, 958 – *Paperboy.*

[415] BGH GRUR 2014, 785, Rdn. 37 – *Flugvermittlung im Internet.*

[416] BGH GRUR 2014, 785, Rdn. 37 – *Flugvermittlung im Internet*; zu technischen Schutzmaßnahmenbeachte auch § 95a UrhG.

zungen einer Website über AGB zu untersagen.[417] Die Tätigkeit von branchenspezifischen **Metasuchmaschinen** ist daher wettbewerbsrechtlich grundsätzlich hinzunehmen, datenbankrechtlich aber u.U. problematisch.[418] Ebenso wenig handelt unlauter, wer eine Software anbietet, die die Auswertung allgemein zugänglicher Websites ermöglicht.[419] Die Übernahme von Flugdaten aus dem allgemein zugänglichen Internetportal einer Fluggesellschaft in die Ergebnisliste einer Flugsuchmaschine wurde ebenfalls nicht beanstandet.[420] Ein derartiges Angebot zielt nicht auf die Störung der wettbewerblichen Entfaltung der Klägerin ab, sondern baut gerade auf deren Angebot und der Funktionsfähigkeit des Buchungsportals der Klägerin im Internet auf.[421]

108 **a) Parasitäre Leistungsangebote.** Neben der Ausbeutung des guten Rufs eines Unternehmers oder seiner Waren und Leistungen und neben der Nachahmung wettbewerblich eigenartiger Produkte ist eine Ausnutzung des wirtschaftlichen Erfolgs eines Mitbewerbers auch durch das Angebot von Produkten oder Leistungen möglich, die auf dem Erfolg eines anderen Unternehmers aufbauen. Gegen die **Ausnutzung eines Interesses an einem Ergänzungsbedarf,** der durch den wirtschaftlichen Erfolg des Konkurrenten ausgelöst wird, ist aber nichts einzuwenden.[422] Es ist aber unlauter, wenn diese Produkte oder Leistungen das **Konkurrenzangebot parasitär ausbeuten** und dadurch dessen Anbieter um Teile seines Erfolg bringen oder ihn zwingen, seine Leistung als Reaktion auf das parasitäre Angebot zu ändern. Diese Voraussetzung erfüllt ein automatischer „Bietagent" nicht, der kurz vor dem Ende einer Versteigerung im Internet eingesetzt wird und gewährleistet, dass sein Nutzer das letzte Angebot macht.[423] Das Angebot einer Set-Top-Box, die es ermöglicht, am Computer Internet und Fernsehen gleichzeitig zu sehen, wobei das Fernsehbild bei voller Bildschirmnutzung für die Computeranwendung im Hintergrund weiter sichtbar bleibt, wurde ebenfalls zurecht nicht als Behinderungswettbewerb eingestuft.[424] Die Grenze des Zulässigen überschreitet aber das Angebot juristischer Examenshilfen, die in Loseblatt-Gesetzessammlungen eingeheftet werden können, und dadurch deren Nutzbarkeit, insbesondere als Examensmaterialien, beeinträchtigen.[425] Unzulässig ist auch das Angebot von Hilfsmitteln wie Computerprogrammen oder Ergänzungen dazu, die bei der Lösung von Aufgaben in einem Computerspiel helfen, um dem Spieler unter allen Mitspielern eine bessere Spielposition oder sonstige Vorteile zu verschaffen. Dadurch kann das Spiel nicht mehr mit den Spielregeln, wie sie vom Anbieter konzipiert wurden, gespielt werden. Gravierender ist aber noch, dass andere, nicht ‚gedopte' Spieler das Interesse am ungleichen Wettbewerb und damit an der Ware des Anbieters verlieren.[426] Ob es gleichermaßen unlauter ist, wenn Spielgeld für ein Computerspiel, das von dessen Anbieter an Spieler ausgegeben wurde, auf einem Schwarzmarkt gehandelt wird, ist demgegenüber zweifelhaft.[427]

109 **b) Aufkauf von Waren.** Der Erwerb der Handelsware eines Wettbewerbers durch einen Mitbewerber ist nur unter besonderen Umständen wettbewerbswidrig. Ein Hersteller darf einen Händler durch die **Übernahme von Restbeständen** des Konkurrenten zum Wechsel zum eigenen Warenangebot bewegen.[428] Außerhalb kartellrechtlich zulässiger vertraglicher Vertriebsbeschränkungen dürfen Händler Waren beliebig an Konkurrenten weiterverkaufen. Der Erwerb von Ware eines Mitbewerbers behindert ihn erst gezielt, wenn Ware aufgekauft wird und der Konkurrent dadurch als nicht lieferfähig dasteht.[429]

---

[417] BGH GRUR 2014, 785, Rdn. 38 – *Flugvermittlung im Internet.*

[418] EuGH GRUR 2014, 166 – *Innoweb*; großzügiger BGH NJW 2011, 3443, Rdn. 66 – *Automobil-Onlinebörse*; *Deutsch* GRUR 2009, 1027, 1031.

[419] BGH NJW 2011, 3443, Rdn. 70 – *Automobil-Onlinebörse;* s.a. OLG Frankfurt, ZUM-RD 2009, 644, 645; LG Hamburg, ZUM-RD 2011, 108, 111.

[420] BGH GRUR 2014, 785 – *Flugvermittlung im Internet.*

[421] BGH NJW 2011, 3443, Rdn. 66 – *Automobil-Onlinebörse;* BGH GRUR 2014, 785, Rdn. 25 – *Flugvermittlung im Internet.*

[422] Ausnahmen gelten für Waren oder Leistungen, die von vornherein auf einen fortgesetzten Bedarf gleichartiger Erzeugnisse zugeschnitten sind oder den guten Ruf des Originals ausbeuten: BGH GRUR 2000, 521, 525 – *Modulgerüst;* GRUR 1990, 619, 620 – *Klemmbausteine II;* GRUR 1968, 698, 701 – *Rekordspitzen.*

[423] LG Berlin www.jurpc.de/rechtspr/20040038.pdf; a. A. LG Hamburg MMR 2002, 755, 756.

[424] OLG Köln GRUR-RR 2005, 228, 229 – *Set-Top-Box.*

[425] OLG München AfP 1998, 626, 628.

[426] OLG Hamburg GRUR-RR 2015, 110, 113 – World of Warcraft (n.rkr.); LG Hamburg WRP 2013, 394, 399 – Diablo III.

[427] So OLG Hamburg MMR 2013, 453, 455.

[428] BGH GRUR 1988, 619, 620 – *Lieferantenwechsel.*

[429] BGH GRUR 1988, 619, 620 – *Lieferantenwechsel;* GRUR 1987, 835, 837 – *Lieferbereitschaft;* BGH GRUR 1960, 558, 561 – *Eintritt in Kundenbestellung;* OLG Celle WRP 1974, 277, 278; *Bettin* S. 118.

c) Einsatz rechtlicher Mittel gegen Leistungsangebote Dritter. Eigentums- und Besitzrechte, Konkurrenzklauseln in Mietverträgen oder **beschränkte Dienstbarkeiten** können Verbotsrechte gegen die Aufnahme oder Unterhaltung eines bestimmten Gewerbes begründen. Derartige Rechte stellen zwar eine Behinderung des Grundstücksnutzers dar.[430] Ihre Ausübung ist jedoch nur ausnahmsweise unlauter. Für eine Grunddienstbarkeit wurde dies angenommen, wenn sie vom Standpunkt eines rationalen Wirtschaftsteilnehmers keinen Vorteil für das herrschende Grundstück bietet, während der Nachteil für das dienende Grundstück groß ist. Davon kann aber noch nicht ausgegangen werden, wenn die Dienstbarkeit nur den eigenen Betrieb auf dem herrschenden Grundstück schützen soll.[431] Die Ausnutzung der formalen Rechtsposition muss einer Schikane (§ 226 BGB) nahe kommen. Anders herum ist die **Verletzung von Eigentumsrechten** nicht wettbewerbswidrig, weil gesetzliche Bestimmungen zum Schutze des Eigentums keine Marktverhaltensregeln sind.[432] **110**

Gewerbliche Schutzrechte begründen Verbotsansprüche gegen Mitbewerber, die deren freie Entfaltung im Wettbewerb beeinträchtigen. Dafür wurden sie geschaffen Der Erwerb und die Durchsetzung solcher Schutzrechte ist deshalb wettbewerbseigen. Der Erwerb und die Durchsetzung von Kennzeichenrechten können nur im Ausnahmefall unlauter sein.[433] **111**

Wer **vertragliche Ansprüche,** die in Inhaberpapieren oder ähnlichen Urkunden verbürgt sind (Eintrittskarten zu Sport- und kulturellen Ereignissen, Gutscheine, etc.) und im Direktvertrieb verbreitet werden, generell für unwirksam erklärt, wenn sie über Wiederverkäufer in den Verkehr gebracht werden, behindert die Wiederverkäufer unlauter, wenn der Rechteverfall gegenüber dem Wiederverkäufer oder dessen Käufer unwirksam ist und der Wiederverkäufer die Inhaberpapiere ohne Wettbewerbsverstoß erworben hat oder anbieten kann.[434] Vertragsklauseln, die den Vertragspartner in der Inanspruchnahme von Konkurrenzanbietern behindern, sind bedenklich und nur zulässig, wenn ein berechtigtes Interesse besteht. Unzulässig sind auch Preisklauseln, die den Preis einer Leistung verteuern, wenn der Vertragspartner vergleichbare Leistungen bei Mitbewerbern in Anspruch nimmt.[435] Bei **Verträge**n **zwischen Dritten** ist nach herrschender Meinung zwischen einer Verleitung zum Vertragsbruch und der Ausnutzung eines Vertragsbruchs zu unterscheiden.[436] Die Befüllung von Flüssiggastanks, die im Eigentum eines Wettbewerbers stehen, der mit den Nutzern vertraglich vereinbart hat, dass sie nur von ihm befüllt werden dürfen, ist zulässig, wenn damit nur ein Vertragsverstoß des Kunden ausgenutzt wird.[437] **112**

d) Sperrmarken. Marken sind Ausschließlichkeitsrechte. Sie dienen dem Zweck, für Waren oder Dienstleistungen, die mit der Marke versehen sind, gegenüber Waren oder Dienstleistungen anderer Unternehmen einen Absatzmarkt zu erschließen oder zu sichern.[438] Der **Ausschluss Dritter von der Nutzung einer geschützten Marke liegt in ihrer Natur.** Die damit verbundene Behinderung der Mitbewerber ist vom Gesetz gewollt und nicht unlauter. Es gibt aber Konstellationen, in denen Marken nicht um ihrer selbst willen, sondern zur Verfolgung von der Marke fremden, u.U. wettbewerbswidrigen Zwecke erworben und eingesetzt werden. **113**

Die **Kenntnis von Verwendung der Marke durch einen Mitbewerber** ist eine notwendige, aber allein nicht ausreichende Voraussetzung für einen Kennzeichenmissbrauch.[439] Ebenso wenig ist es ausreichend, dass der spätere Markeninhaber weiß, dass sein Mitbewerber im Ausland über ein oder viele Markenrechte an dem Kennzeichen verfügt, da Marken immer nur beschränkt für das Territorium gelten, für das sie registriert wurden. Nur wenn zur Kenntnis von der Benutzung besondere Umstände hinzutreten, die das Verhalten des Anmelders als wettbewerbswidrig erscheinen lassen, steht der markenrechtliche **Territorialitätsgrundsatz** der Anwendung des UWG nicht entgegen.[440] **114**

---

[430] BGH GRUR 1962, 198, 200 – *Franziskaner.*

[431] BGH GRUR 1962, 198, 200 – *Franziskaner.*

[432] BGH GRUR 2006, 879, 880 – *Flüssiggastanks.*

[433] Näheres dazu Rdn. 113 ff und Rdn. 188 ff.

[434] LG Essen K&R 2009, 418.

[435] OLG Jena GRUR-RR 2010, 113, 115.

[436] Dazu siehe Rdn. 37.

[437] BGH GRUR 2006, 879 880 – *Flüssiggastanks.*

[438] EuGH GRUR Int. 2014, 956, Rdn. 29. *Walzer Traum*; GRUR 2013, 722, 725 – *Colloseum*; GRUR 2004, 425, Rdn 37 –*Ansul.*

[439] BGH GRUR 2008, 621, Rdn. 21 – *AKADEMIKS*; GRUR 2008, 917, Rdn. 23 – *EROS.*

[440] BGH GRUR 2008, 621, Rdn. 21 – *AKADEMIKS*; GRUR 2005, 581, 582 – *The Colour of Elegance*; GRUR 1987, 292, 294 – *KLINT*; GRUR 2000, 1032, 1034 – *EQUI 2000*; GRUR 2008, 160, Rdn. 18 – *CORDARONE.*

115 Beim Kennzeichenmissbrauch geht es in erster Linie um **Sperrmarken**. Das sind Marken, die dem Zweck dienen, andere davon abzuhalten, diese oder verwechslungsfähige Zeichen zu benutzen oder weiter zu benutzen, jedenfalls nicht solange dem Markeninhaber dafür ein Entgelt bezahlt wurde. In einer Alternative setzt der Tatbestand eines schutzwürdigen **Besitzstand** des Kennzeichennutzers voraus: Das Zeichen muss im Inland zum Zeitpunkt der Anmeldung durch den anderen entweder aufgrund einer im Inland erfolgten Nutzung oder im Hinblick auf eine überragende Verkehrsgeltung im Ausland eine gewisse Bekanntheit erreicht hat.[441] Bei ausländischen Marken muss der Unternehmer wissen oder zumindest damit rechnen, dass der Kennzeichennutzer im Ausland das Zeichen im Inland ebenfalls nutzen möchte.[442] Das ist nicht der Fall, wenn der Kennzeichennutzer die Ware im Inland unter einem anderen Kennzeichen vertreibt.[443]

116 Dem Erwerber geht es beim Erwerb eines Ausschließlichkeitsrechts an dem Zeichen in diesen Fällen darum, diesen Besitzstand des Vorbenutzers ohne zureichenden sachlichen Grund durch den Erwerb eines eigenen Rechts zu stören.[444] Diese Intention braucht allerdings nicht der einzige Beweggrund zu sein; es ist ausreichend, wenn sie das wesentliche Motiv für den Erwerb des Kennzeichenrechts darstellt.[445] Ein wesentliches Merkmal bei der Beurteilung eines Kennzeichenmissbrauchs ist in diesem Zusammenhang die **eigene Benutzung oder Benutzungsabsicht des Kennzeicheninhabers.** Wer ein Zeichen für sich selbst benutzt oder benutzen will, behindert andere durch das erworbene Kennzeichenrecht nicht unlauter. Diese Benutzungsabsicht wird widerlegbar vermutet wird.[446] Die Benutzungsabsicht schießt allerdings die Annahme einer Behinderungsabsicht nicht zwangsläufig aus.[447] Fehlt eine Benutzungsabsicht, und sei es durch einen Lizenznehmer, kann bereits die Anmeldung einer Marke wettbewerbswidrig sein.[448] Kommt wegen des Geschäftsgegenstands des Markeninhabers nur eine Benutzung durch Dritte in Betracht, kann die Anmeldung bösgläubig sein, wenn nach den tatsächlichen Umständen des Falles der Schluss gerechtfertigt ist, der Anmelder werde in rechtsmissbräuchlicher Weise versuchen, Dritte zum Erwerb der Markenrechte zu veranlassen.[449] Davon kann ausgegangen werden, wenn nicht ersichtlich ist, dass der Anmelder seine Marken ernsthaft verwertet.[450]

117 Das Vorliegen eines schutzwürdigen Besitzstandes eines Vorbenutzers ist aber nicht der einzige Umstand, der die Unlauterkeit oder Sittenwidrigkeit der Geltendmachung des Rechts aus einer Marke begründen kann.[451] Das wettbewerbsrechtlich Unlautere (vgl. §§ 3, 4 Nr. 4 UWG) kann auch im zweckfremden **Einsatz der** mit der Eintragung des Zeichens kraft Zeichenrechts entstehende **Sperrwirkung als Mittel des Wettbewerbskampfes** gegenüber beliebige Wettbewerber liegen. Die Feststellung der unlauteren Behinderung bedarf in solchen Fällen einer eingehenden Würdigung aller Umstände des Einzelfalls.[452] Dieser Tatbestand erfordert neben einer objektiven Eignung des Zeichens, eine Sperrwirkung zu entfalten und als Mittel des Wettbewerbskampfes eingesetzt zu werden, eine entsprechende Absicht des Anmeldenden.[453]

118 Unlauter war die Anmeldung einer Marke für Kleidungsstücke, die der Bezeichnung dergleichen, stilistisch auch noch gleich gestalteten Waren entsprach, die in den USA gerade Mode war.[454] Unzulässig war außerdem die Anmeldung einer Marke durch einen Vertriebspartner, die der fristlosen Kündigung des Vertriebsvertrags unmittelbar vorausging.[455] Die Anmeldung einer 3D-Marke, die dem typischen Aussehen einer traditionellen ausländischen Ware entsprach, um sich den Vertrieb

---

[441] BGH GRUR 2008, 621, Rdn. 22 – *AKADEMIKS.*

[442] BGH GRUR 2008, 621, Rdn. 26 – *AKADEMIKS*; GRUR 1969, 607, 609 – *Recrin*; GRUR 1987, 292, 294 – *KLINT*; GRUR 2008, 160, Rdn. 21 – *CORDARONE.*

[443] BGH GRUR 2008, 160 – *CORDARONE.*

[444] BGH GRUR 2008, 621, Rdn. 21 – *AKADEMIKS*; GRUR 2008, 917, Rdn. 23 – *EROS*; OLG Hamburg WRP 2013, 201.

[445] BGH GRUR 2008, 621, Rdn. 32 – *AKADEMIKS*; GRUR 2000, 1032, 1034 – *EQUI 2000*; GRUR 1986, 74, 76f.- *Shamrock III*; OLG Hamburg, Urt. v. 7.6.2012 – 3 U 186/10; OLG Frankfurt WRP 2014, 480, Rdn. 16.

[446] BGH GRUR 2001, 242, 244 – *Classe E.*

[447] BGH GRUR 2000, 1032, 1034 – *EQUI 2000*; GRUR 1986, 74, 76f. – *Shamrock III*; OLG Hamburg WRP 2013, 201.

[448] BGH GRUR 2009, 780, Rdn. 19 – *IVADAL*; BGH GRUR 2001, 242, 244 – *Classe E.*

[449] BGH GRUR 2009, 780, Rdn. 20 – *IVADAL*; GRUR 2001, 242, 244 – *Classe E.*

[450] OLG Frankfurt WRP 2014, 480, Rdn. 5 f, 9.

[451] BGH GRUR 2005, 414, 417 – *Russisches Schaumgebäck.*

[452] BGH GRUR 2005, 414, 417 – *Russisches Schaumgebäck*; GRUR 1998, 412, 414 – *Analgin*; GRUR 1998, 1034, 1037 – *Makalu*; GRUR 2000, 1032, 1034 – *EQUI 2000*; GRUR 2003, 428, 431 – *BIG BERTHA.*

[453] BGH GRUR 2005, 581, 582 – *The Colour of Elegance*; GRUR 1986, 74, 76f – *Shamrock III.*

[454] BGH GRUR 2008, 621, Rdn. 32 – *AKADEMIKS.*

[455] BGH GRUR 2008, 917, Rdn. 24 – *EROS.*

dieser Ware im Inland vorzubehalten, wurde ebenfalls untersagt.[456] Es wurde außerdem für unzulässig angesehen, wenn ein Markeninhaber eine Vielzahl von Marken für unterschiedliche Waren oder Dienstleistungen anmeldet, aber keinen ernsthaften Benutzungswillen hat und die Marken im wesentlichen zu dem Zweck gehortet werden, Dritte, die identische oder ähnliche Bezeichnungen verwenden, mit Unterlassungs- und Schadensersatzansprüchen zu überziehen.[457] Eine Behinderungsabsicht wurde abgelehnt, wenn es dem Markeninhaber bei der Anmeldung einer Marke um die Fortschreibung seines bestehenden Markenportfolios ging.[458]

Eine wettbewerbswidrige Behinderung kann bereits in der Anmeldung und Eintragung einer **119**
Marke liegen.[459] Sie kann aber auch erst darin liegen, dass ein an sich schutzwürdiges Kennzeichenrecht missbräuchlich ausgeübt wird.[460] Die Hinterlegung einer allgemeinen **Markenbeschwerde** bei einer Internetsuchmaschine oder einem anderen Dienst im Internet, mit der vorbeugend verhindert werden soll, dass eine Marke als Keyword für Anzeigen verwendet wird, ist allerdings noch nicht unlauter, weil sie dem Interesse des Markeninhabers an der Unterbindung von Markenverletzungen dient.[461] Eine unlautere Behinderung liegt aber darin, dass der Markeninhaber auf Anfrage seine Zustimmung in eine markenrechtlich unbedenkliche Nutzung der Marke, z.B. für erschöpfte Waren, verweigert.[462]

Den aus einer Marke hergeleiteten Ansprüchen kann als **Einrede** entgegengehalten werden, dass **120**
auf Seiten des Markeninhabers Umstände vorliegen, die die Geltendmachung des markenrechtlichen Schutzes hinsichtlich der angegriffenen Warenform als sittenwidrig i.S. des § 826 BGB oder als unlauter i.S. des § 3 UWG erscheinen lassen.[463] Aus §§ 3, 4 Nr. 4, 8 Abs. 1 UWG (Beseitigung) ergibt sich außerdem in analoger Anwendung des § 52 Abs. 2 MarkenG ein **außermarkenrechtlicher Löschungsanspruch** gegen bösgläubig oder in Behinderungsabsicht eingetragene oder erworbene Marken. Dieser Anspruch besteht rückwirkend auf den Zeitpunkt der Anmeldung oder den Erwerb der Marke zurück. Der Klage auf Einwilligung in die Löschung kann danach Rückwirkung auch über den Zeitpunkt der Klageerhebung hinaus zukommen. Ein besonderer Antrag ist hierzu nicht erforderlich.[464] Die Löschung der missbräuchlich eingetragener Marken kann außerdem über § 50 MarkenG in Verbindung mit § 54 MarkenG auf Antrag, von Amts wegen oder vor den Zivilgerichten durchgesetzt werden.[465]

e) Sonstige Formen der Vertriebsstörung. Vertriebsstörungen können auf vielfältige Weise **121**
entstehen. Die bloße Schlechterfüllung von Verträgen gehört dazu nicht.[466] Wer aber als Anbieter einer Leistung im Falle einer Kündigung seines Kunden zur **Mitwirkung bei der Umstellung der Leistung auf einen anderen Anbieter** verpflichtet ist, behindert diesen unlauter, wenn er die Mitwirkung bewusst verzögert oder unterlässt.[467] Demgegenüber führt die Missachtung vertraglicher Pflichten gegenüber einem Dritten, z.B. gegenüber ebay, die auch im Interesse der Mitbewerber bestehen, nicht zur gezielten Behinderung. Wer entgegen der Nutzungsbedingungen von ebay mehr Angebote desselben Artikels als zulässig einstellt, verletzt zwar den Nutzungsvertrag mit ebay, behindert den Wettbewerber aber nicht unlauter, dessen Angebot dadurch im Rang verdrängt wird.[468]

Das **Schmarotzen** am Vertriebs- oder Betriebsorganismus eines Mitbewerbers ist im Regelfall **122**
wettbewerbswidrig, wenn es sich nicht lediglich um eine wettbewerbsimmanente Beeinträchtigung der Entfaltungsmöglichkeiten des Mitbewerbers handelt.[469] Die Verwendung von Planungsunterlagen eines Konkurrenten ist nur unzulässig, wenn dem Wettbewerber bekannt ist oder sein muss,

---

[456] *BGH GRUR 2005, 414, 417 – Russisches Schaumgebäck.*
[457] BGH GRUR 2001, 242, 244 – *Classe E.*
[458] BGH GRUR 2005, 581, 582 – *The Colour of Elegance.*
[459] BGH GRUR 2008, 621, Rdn. 21 – *AKADEMIKS*; BGH GRUR 2000, 1032, 1034 – *EQUI 2000.*
[460] BGH GRUR 2001, 242, 244 – *Classe E*; GRUR 1970, 138, 139 – *Alemite*; siehe dazu auch die Ausführungen zur unberechtigten Schutzrechtsverwarnung.
[461] BGH GRUR 2015, 607, Rdn. 17 – *Uhrenankauf im Internet.*
[462] BGH GRUR 2015, 607, Rdn. 29f – *Uhrenankauf im Internet.*
[463] BGH GRUR 2005, 414, 417 – *Russisches Schaumgebäck*; OLG Hamburg WRP 2013, 201.
[464] BGH GRUR 2014, 385, Rdn. 22 – *H 15.*
[465] BGH GRUR 2000, 1032, 1034 – *EQUI 2000.*
[466] BGH GRUR 2007, 987, 989 – *Änderung der Voreinstellung;* GRUR 2002, 1093, 1094 – *Kontostandsauskunft.*
[467] Siehe hierzu Rdn. 94 ff.
[468] OLG Hamm, MMR 2011, 241, 242.
[469] BGH GRUR 2011, 436, Rdn. 24, 33 – *hartplatzhelden.de. Peukert* (WRP 2010, 316; 318) weist zurecht darauf hin, dass ein Wettbewerber schlechterdings nicht behindert werden kann, wenn er seine Leistung uneingeschränkt anbieten könnte, aber davon absieht.

dass der Kunde sie nur im Interesse oder nach den Weisungen des Erstellers verwenden darf. Ohne ein entsprechendes Vertrauensverhältnis handelt bspw. der Anbieter von Einbauküchen nicht unlauter, wenn er Interessenten an seinem Angebot veranlasst, sich die gewünschte Einbauküche beim Wettbewerber planen und kalkulieren zu lassen, um unter Einsparung dieser Aufwendungen die Einbauküche selber günstiger anbieten zu können.[470] Wer Handelsvertreter eines Wettbewerbers veranlasst, dessen Kunden unter Verletzung des Handelsvertretervertrages im Rahmen ihrer Tätigkeit die eigene Konkurrenzware anzubieten, verstößt demgegenüber gegen § 4 Nr. 4 UWG.[471]

2. Marktzugangsbehinderung durch die öffentliche Hand

123 Die öffentliche Hand darf sich mit gewissen Einschränkungen am Wettbewerb beteiligen.[472] Für sie gelten die gleichen wettbewerbsrechtlichen Schranken und Möglichkeiten wie für einen privaten Unternehmer. Eine Behinderung durch die beherrschende Stellung der öffentlichen Hand auf einem bestimmten Markt oder durch das ihr entgegen gebrachte Vertrauen ist nicht wettbewerbswidrig.[473] Auch die Verknüpfung hoheitlicher Aufgaben mit privatem Gewinnstreben oder die Finanzierung dieser Aufgaben durch privatwirtschaftliche Tätigkeiten ist für sich genommen nicht wettbewerbswidrig.[474] Für die öffentliche Hand kommt jedoch die Besonderheit hinzu, dass ihr bei ihrer erwerbswirtschaftlichen Betätigung **kein unsachlicher Vorsprung dadurch** erwachsen darf, dass sie ihre **hoheitlichen Befugnisse** zur Verbesserung ihrer privatwirtschaftlichen Interessen und zur Förderung ihres Wettbewerbs einsetzt oder die privaten Mitbewerber mit Mitteln verdrängt, die ihr nur aufgrund ihrer öffentlich-rechtlichen Sonderstellung zur Verfügung stehen und den Mitbewerber verschlossen sind.[475] Sie ist aber nicht gehindert, Sachmittel einzusetzen, die ihr aufgrund ihrer öffentlich-rechtlichen Stellung zur Verfügung stehen; z. B. ihre Immobilien für gewerbliche Zwecke zu nutzen.[476]

124 Eine wettbewerbswidrige Behinderung kann in der **unzulässigen Verquickung der öffentlich-rechtlichen Aufgabe mit der erwerbswirtschaftlichen Tätigkeit** liegen.[477] Die privaten Wettbewerber sind in diesem Falle nicht mehr in der Lage, ihre eigene Leistung in angemessener Weise durch eigene Anstrengungen zur Geltung zu bringen. Ein Missbrauch einer amtlichen Stellung, der seine rechtliche Grundlage in § 3 Abs. 1 UWG hat, wurde darin gesehen, dass eine Körperschaft des öffentlichen Rechts, die Prüfungen zu beruflichen Qualifikationen abnahm und neben privaten Anbietern Kurse anbot, die auf diese Prüfungen vorbereiteten, nicht auf das Konkurrenzangebot der Wettbewerber hinwies, obwohl sie danach befragt oder vom Mitbewerber darum gebeten wurde.[478] Es wurde demgegenüber nicht beanstandet, dass die öffentliche Hand als Wettbewerber **bloße Hilfstätigkeit** zur öffentlich-rechtlichen Aufgabe anbietet, soweit die Versorgung durch private Anbieter auf längere Sicht gewährleistet bleibt.[479] Es wurde auch für zulässig erachtet, dass die öffentliche Hand den Verkauf eigener Grundstücke an den Bezug von Fernwärme des eigenen Unternehmens koppelt. Sie mache in diesem Fall lediglich von Gestaltungsmöglichkeiten Gebrauch, über die ein privater Grundstückseigentümer ebenso verfüge.[480]

V. Verletzung von selektiven und Direktvertriebssystemen und die Entfernung von Warencodierungen

Schrifttum: *Bayreuther,* Rechtsprobleme im Zusammenhang mit dem Schutz von Vertriebsbindungssystemen nach Markenrecht, WRP 2000, 349; *Bechthold,* Leitlinien der Kommission und Rechtssicherheit – am Beispiel der neuen Horizontalleitlinien, GRUR 2012, 107; *Bergmann,* Selektive vertikale Vertriebsbindungssysteme im Lichte der kartell- und lauterkeitsrechtlichen Rechtsprechung des BGH und EuGH, ZWeR 2004, 28; *Busche,* Der Schutz selektiver Vertriebssysteme gegen Außenseiterwettbewerb – Abschied vom Dogma der Lückenlosigkeit?, WRP 1999, 1231; *Emmerich,* Der böse Außenseiter, Festschrift für Erdmann, 2002, 561; Änderung der

---

470 BGH WRP 2009, 432, Rdn. 18 – *Küchentiefstpreis-Garantie.*

471 Vgl. OLG Oldenburg WRP 2007, 460.

472 Hierzu ausführlich *Ahrens* Einl. G Rdn. 47 ff.

473 BGH GRUR 2005, 960, 961 – *Friedhofsruhe.*

474 BGH GRUR 2009, 606 – *Buchgeschenk vom Standesamt;* GRUR 1971, 168, 169 – *Ärztekammer.*

475 BGH GRUR 2005, 960, 961 – *Friedhofsruhe;* WRP 2003, 73, 75 – *Kommunaler Schilderprägebetrieb;* WRP 2002, 1426, 1428 – *Fernwärme für Börnsen.*

476 BGH GRUR 2005, 960, 962 – *Friedhofsruhe.*

477 BGH GRUR 2005, 960, 961 – *Friedhofsruhe;* WRP 2003, 73, 75 – *Kommunaler Schilderprägebetrieb.*

478 BGH GRUR 2009, 1080, Rdn. 18 f. – *IHK-Auskunft.*

479 BGH WRP 2003, 73, 75 f. – *Kommunaler Schilderprägebetrieb.*

480 BGH WRP 2002, 1426, 1428 – *Fernwärme für Börnsen* gegen OLG Schleswig NJWE-WettbR 2000, 253, 255.

Rechtsprechung des BGH zum wettbewerbsrechtlichen Schutz selektiver Vertriebssysteme – Entbehrlichkeit des Lückenlosigkeitserfordernisses, NJW 2000, 2482; *Fezer,* Wettbewerbsrechtlicher und markenrechtlicher Bestandsschutz funktionsfähiger Distributionssysteme selektiven Vertriebs vor Außenseiterwettbewerb, GRUR 1999, 99; *Harte-Bavendamm,* Günstige Winde für den selektiven Vertrieb, FS *Erdmann,* 2002, 571; *Harte-Bavendamm/Kreutzmann* Neue Entwicklungen in der Beurteilung selektiver Vertriebssysteme, WRP 2003, 682; *Haslinger,* Freistellung quantitativer Vertriebsbindungssysteme – ein Freibrief für Willkür des Depotkosmetik-Herstellers, WRP 2007, 926; *Körber/Heinlein,* Das Ticket-Urteil des BGH und seine Auswirkungen auf den Handel mit Eintrittskarten, WRP 2009, 266; *Laas,* Entfernung von Herstellungsnummern, GRUR Int. 2002, 829; *Lettl,* Die neue Vertikal-GVO (EU Nr. 330/2010), WRP 2010, 807; *Lubberger,* Die neue Rechtsprechung des Bundesgerichtshofs zum Vertriebsbindungsschutz – praktische Konsequenzen, WRP 2000, 139; *Pauly,* Der Schutz von Kontrollnummernsystemen vor und nach der Cartier-Entscheidung, WRP 1997, 15; *Rösner,* Aktuelle Probleme der Zulässigkeit von Selektivvertriebssystemen vor dem Hintergrund der Reform der Vertikal-GVO, WRP 2010, 1114; *Sack,* Vertriebsbindungen und Außenseiter, WRP 2000, 447; *Schaffert,* Die Ansprüche auf Drittauskunft und Schadenersatz im Fall der Beeinträchtigung schutzwürdiger Kontrollnummernsysteme durch Entfernen oder Unkenntlichmachen der Kontrollnummern, Festschrift für Erdmann, 2002, 719; *Wolter/Lubberger,* Wo steht die Lückenlosigkeit?, GRUR 1999, 17.

1. Allgemeines

Selektive Vertriebssysteme sind Vertriebssysteme, in denen sich der Anbieter verpflichtet, die 125
Vertragswaren oder -dienstleistungen unmittelbar oder mittelbar nur an Händler zu verkaufen, die anhand festgelegter Merkmale ausgewählt werden, und in denen sich diese Händler verpflichten, die betreffenden Waren oder Dienstleistungen nicht an Händler zu verkaufen, die innerhalb des vom Anbieter für den Betrieb dieses Systems festgelegten Gebiets nicht zum Vertrieb zugelassen sind.[481] Zur Kontrolle eines selektiven Vertriebssystems werden vom Initiator häufig Warenkodierungen, z. B. **Kontrollnummern,** eingesetzt. Dadurch soll der Vertriebsweg einer Ware zurückverfolgt werden, wenn sie über einen Außenseiter angeboten wird. In wettbewerbsrechtlicher Sicht stellt sich die Frage, unter welchen Bedingungen der Bezug und Weitervertrieb gebundener Ware durch den Außenseiter und gegebenenfalls auch die damit einhergehende Entfernung von Warenkodierungen unlauter ist. Dabei ist zu unterscheiden zwischen rechtlich geschützten und rechtlich missbilligten selektiven Vertriebssystemen einerseits, nach der Art und Weise, wie der Außenseiter an die gebundene Ware gelangt und schließlich danach, ob Warenkodierungen entfernt wurden, um die Rückverfolgung des Vertriebswegs der Ware zu verhindern.

Ein anderes in Zeiten des Internets zunehmend verbreitetes Vertriebssystem ist der **Direktvertrieb** vom Hersteller der Ware oder dem Erbringer einer Dienstleistung an den Endverbraucher. 126
Damit werden unterschiedliche, in der Regel billigenswerte Ziele verfolgt. Im Vordergrund steht die Preispolitik. Wer auf den Zwischenhandel verzichtet, spart beim Verkauf dessen Marge. Aber auch andere Zwecke werden verfolgt wie etwa die Verhinderung eines Schwarzhandels bei Tickets für Fußballspiele oder kulturelle Veranstaltungen.

a) Wettbewerbsrechtlich geschützte Vertriebsbindungssysteme. Der Schleichbezug in Di- 127
rektvertriebssystemen oder der Bezug von gebundener Ware und die Dekodierung von Waren zur Verhinderung der Kontrolle eines selektiven Vertriebsbindungssystems sind nur wettbewerbswidrig, wenn das Vertriebssystem geschützt ist. Dazu muss es nach deutschem und europäischem Recht[482] wirksam sein und vom Vertriebsbinder diskriminierungsfrei praktiziert werden. Sofern es beim Direktvertriebssystem auf Allgemeinen Geschäftsbedingungen aufbaut, müssen diese der rechtlichen Inhaltskontrolle standhalten und wirksam sein.[483]

Europäisches Kartellrecht: Vertikalvereinbarungen, die ausschließlich objektive, an qualitativen 128
Kriterien ausgerichtete und für das jeweilige Produkt erforderliche Lieferkriterien enthalten, unterfallen nicht dem europäischen Kartellrecht.[484] Die Wirksamkeit sonstiger Bedingungen in selektiven Vertriebssystemen, die den Wettbewerb in den Mitgliedstaaten der Europäischen Gemeinschaft berühren, richtet sich nach **Art. 101 AEUV** in Verbindung mit der Verordnung (EG) Nr. 1/2003 und der **Verordnung (EU) Nr. 330/2010.**[485] Die Verordnung (EU) Nr. 330/2010 stellt selektive

---

[481] Legalefinition gemäß Art. 1 Abs. 1 lit e) der Verordnung (EU) Nr. 330/2010 der Kommission vom 20.4.2010 über die Anwendung von Artikel 101 Absatz 3 des Vertrags über die Arbeitsweise der Europäischen Union auf Gruppen von vertikalen Vereinbarungen und abgestimmten Verhaltensweisen.

[482] Zum Vorrang des europäischen Rechts bei vertikalen Vertriebssystemen siehe *Harte-Bavendamm* in: FS Erdmann, S. 571, 583 ff.

[483] BGH GRUR 2014, 785, Rdn. 32 – *Flugvermittlung im Internet.*

[484] Leitlinien der Kommission für vertikale Beschränkungen (ABl. 2000 C 291, 1 Rdn. 185).

[485] Verordnung (EG) Nr. 1/2003 des Rates vom 16.12.2002 zur Durchführung der in den Artikeln 81 und 82 des Vertrages niedergelegten Wettbewerbsregeln; Verordnung (EU) Nr. 330/2010 der Kommission vom 20.4.

Vertriebssysteme vom Verbot des Art. 101 Abs. 1 AEUV frei, wenn sie keine der in Art. 4 und 5 der Verordnung niedergelegten Vertragsklauseln enthalten.[486]

129 **Deutsches Kartellrecht:** Deutsches Kartellrecht ist auf selektive Vertriebssysteme anzuwenden, wenn sie den Handel zwischen den Mitgliedsstaaten in der EG nicht spürbar beeinflussen.[487] Im deutschen Recht sind **wettbewerbsbeschränkende Vereinbarungen in Austauschverträgen** über § 2 Abs. 2 GWB in gleicher Weise und im gleichen Umfang **zulässig** wie im europäischen Kartellrecht.

130 **Diskriminierungsfreie Realisierung und Durchsetzung:** Ein Vertriebsbindungssystem genießt wettbewerbsrechtlichen Schutz nur, wenn das kartellrechtlich zulässige Vertriebssystem vom Hersteller **diskriminierungsfrei angelegt und gehandhabt** wird.[488] Er muss zum einen alle gebundenen Händler innerhalb eines einheitlichen Wirtschaftsraums grundsätzlich denselben vertraglichen Verpflichtungen unterwerfen.[489] Innerhalb dieses Wirtschaftsraumes muss er außerdem gegen den Vertrieb der Produkte durch Außenseiter vorgehen, weil die Einhaltung des Vertriebsbindungssystems ansonsten für Vertriebshändler und Außenseiter unzumutbar wird.[490] Ein **einheitlicher Wirtschaftsraum** ist ein einheitlicher Rechtsraum, der es erlaubt, auf vertraglicher Ebene eine effektive Schranke gegen Außenseiterwettbewerb zu etablieren.[491] Er wird in der Regel mit dem Europäischen Wirtschaftsraum identisch sein.[492] Bei Lieferungen des Vertriebsbinders an Abnehmer außerhalb dieses Wirtschaftsraums muss er dafür Sorge tragen, dass sein Vertriebsbindungssystem innerhalb des Wirtschaftsraums intakt bleibt und dort nur die systemgebundenen Händler als Anbieter seiner Waren auftreten.[493]

131 Die praktische Lückenlosigkeit ist für die Schutzwürdigkeit eines Vertriebsbindungssystems ohne jede Relevanz.[494] Andernfalls würde der Schutz selektiver Vertriebssysteme gerade in den Fällen versagen, in der er benötigt wird, weil eine Lücke geschlossen werden soll.[495]

132 **b) Ungeschützte faktische Vertriebsbindungssysteme.** Ein Vertriebsbindungssystem, dass kartellrechtlich unzulässig ist oder nicht diskriminierungsfrei praktiziert wird, genießt keinen wettbewerbsrechtlichen Schutz **(faktisches Vertriebsbindungssystem).**[496] Der Bezug und weitere Vertrieb der Ware durch ungebundene Händler ist nicht unlauter, weil das Vertriebsbindungssystem nicht geschützt oder so lückenhaft ist, dass seine Respektierung Außenseitern nicht zugemutet werden kann.[497] Bei faktischen Vertriebsbindungssystemen will der Verwender meist die Auswahl seiner Käufer und Wiederverkäufer nach eigenen Vorstellungen steuern, während er sich gleichzeitig der Missbrauchsaufsicht der Kartellbehörden entziehen möchte.[498] Würde diese Verhalten über das

---

2010 über die Anwendung von Artikel 101 Absatz 3 des Vertrags über die Arbeitsweise der Europäischen Union auf Gruppen von vertikalen Vereinbarungen und abgestimmten Verhaltensweisen (ABl. EU vom 23. April 2010, Nr. L 102, S. 1 ff., siehe dazu auch die Leitlinien für vertikale Beschränkungen (SEK (2010) 411 endgültig); dazu *Bechthold* GRUR 2012, 107).

[486] Durch die Verordnung wurde die frühere Rechtsprechung des EuGH (vgl. EuGH GRUR Int. 1998, 149, 154 ff. – *Leclerc/Yves Saint Laurent;* GRUR Int. 1984, 28, 29 f., Rdn. 33, 42 – *AEG-Telefunken;* BGH GRUR 1999, 1109, 1112 – *Entfernung der Herstellungsnummer;* GRUR 1999, 276, 277 – *Depotkosmetik*) liberalisiert.

[487] Weiterführend *Harte-Bavendamm/Kreutzmann* WRP 2003, 682, 686 ff.

[488] EuGH GRUR Int. 1998, 149, 156 – *Lerclerc/Yves Saint Laurent;* GRUR Int. 1984, 28, 29, 32 – *AEG-Telefunken;* BGH GRUR 2000, 724, 725 – *Außenseiteranspruch II;* GRUR 1999, 276 – *Depotkosmetik;* GRUR 1988, 327 – *Cartier-Uhren;* OLG Köln NJW-RR 2001, 690, 692; *Beater* § 23 Rdn. 36a.

[489] BGH GRUR 2002, 709, 711 – *Entfernung der Herstellungsnummer III.*

[490] *Ensthaler* NJW 2000, 2482, 2483.

[491] *Lubberger* WRP 2000, 139, 146.

[492] OLG Hamburg Magazindienst 2002, 745, 747; OLG Frankfurt GRUR 2001, 532.

[493] EuGH GRUR Int. 1998, 149, 156 – *Lerclerc/Yves Saint Laurent;* BGH GRUR 1999, 1109, 1112 – *Entfernung der Herstellernummer;* OLG Frankfurt NJW-RR 2001, 1122 f. – *Auskunft über decodierte Ware.*

[494] BGH GRUR 2000, 724, 725 – *Außenseiteranspruch II*; GRUR 1999, 1109, 1111 ff. – *Entfernung der Herstellungsnummer* unter Aufgabe der früheren Rechtsprechung; vgl. auch BGH WRP 1999, 1022, 1023 ff. – *Außenseiteranspruch;* OLG Köln NJW-RR 2001, 690, 692; LG Bamberg GRUR-RR 2015, 119; a. A. *Sack* WRP 2000, 447, 451.

[495] EuGH GRUR 1994, 300, 302 – *Cartier-Uhren;* BGH GRUR 1999, 1109, 1112 – *Entfernung der Herstellernummer.*

[496] BGH GRUR 1989, 110, 113 – *Synthesizer;* WRP 1989, 366, 367 – *Entfernung von Kontrollnummern IV;* WRP 1989, 369, 370 – *Entfernung von Kontrollnummern III;* GRUR 1988, 826, 828 – *Entfernung von Kontrollnummern II;* GRUR 1988, 823, 825 – *Entfernung von Kontrollnummern I.*

[497] BGH WRP 1989, 366, – *Entfernung von Kontrollnummern IV;* GRUR 1989, 110 – *Synthesizer.*

[498] BGH WRP 1989, 366, 367 – *Entfernung von Kontrollnummern IV;* WRP 1989, 369, 371 – *Entfernung von Kontrollnummern III;* GRUR 1989, 110, 112 – *Synthesizer;* 1988, 826, 828 – *Entfernung von Kontrollnummern II;* GRUR 1988, 823, 825 – *Entfernung von Kontrollnummern I.*

UWG geschützt, stünde die Auslegung der §§ 3, 4 Nr. 4 UWG im Widerspruch zu den Wertungen des GWB.[499]

2. Wettbewerbsrechtlicher Schutz von Vertriebssystemen

Direktvertriebssysteme und kartellrechtlich zulässige selektive Vertriebssysteme, die diskrimierungsfrei angelegt und gehandhabt werden, werden über das Wettbewerbsrecht gegen bestimmte Arten der Beeinträchtigung geschützt. Das Bestreben eines nicht autorisierten Händlers, in ein Vertriebssystem einzubrechen und einen Anteil am Absatz einer von Kunden begehrten Ware oder Dienstleistung zu erhalten, ist solange nicht zu beanstanden, wie es nicht mit **unredlichen Mitteln** wie einem Schleichbezug oder einem **Verleiten zum Vertragsbruch** durchgesetzt wird.[500] Die **Ausnutzung des Vertragsbruchs** eines gebundenen Händlers ist wettbewerbsrechtlich hingegen nicht bedenklich. Andernfalls würde die vertragliche Bindung des Initiators zum gebundenen Händler verdinglicht und wirkte auch gegenüber Dritten, die gar nicht Vertragspartei sind.[501] Ein Verleiten zu einem Vertragsbruch liegt noch nicht in der Einholung oder der Annahme eines Kaufangebots.[502] Auch der Bezug vertraglich zulässig, aber nicht zwingend preisgebundener Waren wie bei Zeitschriften oder Zeitungen (vgl. § 30 Abs. 1 GWB) und deren Weiterveräußerung unterhalb des gebundenen Preises sind nicht wettbewerbswidrig.[503] 133

Neben dem Verleiten zum Vertragsbruch ist die zweite Alternative einer wettbewerbswidrigen Behinderung der Beteiligten an einem Direktvertriebssystem oder selektiven Vertriebsbindungssystem der **Schleichbezug.**[504] Von einem Schleichbezug ist auszugehen, wenn ein Wettbewerber gegenüber einem gebundenen Händler oder dem Direktvertreiber so tut, als sei er zum Bezug der Ware berechtigt. Der Schwerpunkt des Unlauterkeitsvorwurfs liegt in der Behinderung eines Vertriebskonzepts, mit dem der Hersteller oder Dienstleistungserbringer legitime Absatzinteressen verfolgt.[505] Er geht zwingend mit einer Irreführung und damit einem Verstoß gegen § 5 UWG einher. Ob die Beeinträchtigung durch Mitbewerber im Einzelfall den Tatbestand des unlauteren Schleichbezugs erfüllt, ist jeweils durch Abwägung der maßgeblichen Einzelumstände und widerstreitenden Interessen zu ermitteln.[506] Von einem Schleichbezug kann nicht ausgegangen werden, wenn der Abnehmer die Ware von einem Dritten erwirbt, der sie selber nicht erschlichen hat.[507] Erklärt ein Anbieter von Eintrittskarten, die er über ein Direktvertriebssystem vertreibt und die ein Dritter gewerblich weiterverkauft, die weiter verkauften Eintrittskarten generell für unwirksam, behindert er seinerseits die Wiederverkäufer unlauter.[508] 134

Ein selektives Vertriebssystem, das kartellrechtlich unzulässig oder nicht diskriminierungsfrei angelegt ist und gehandhabt wird, genießt keinen wettbewerbsrechtlichen Schutz. Es ist entweder rechtlich unwirksam, so dass auch niemand zum Vertragsbruch verleitet werden kann, oder es ist den gebundenen Händlern nicht zuzumuten, sich an das System zu halten, weil der Initiator selber keine ausreichende Vorsorge gegen einen Missbrauch getroffen hat. 135

3. Kodierungen zur Kontrolle von Vertriebssystemen

Warenkodierungen sind ein geeignetes und legitimes **Mittel zur Überwachung rechtswirksamer Vertriebsbindungssysteme** und deren Schutz gegen Außenseiter und vertragsbrüchige Händler.[509] Wird einem Hersteller oder Lieferanten die Kontrolle dieses Systems durch die **Entfer-** 136

---

[499] BGH WRP 1989, 366, 367 – *Entfernung von Kontrollnummern IV;* WRP 1989, 369, 371 – *Entfernung von Kontrollnummern III;* GRUR 1988, 826, 828 – *Entfernung von Kontrollnummern II;* GRUR 1988, 823, 825 – *Entfernung von Kontrollnummern I;* vgl. auch BGH GRUR 1988, 327 – *Cartier-Uhren.*

[500] BGH GRUR 2009, 173, Rdn. 41 – *bundesligakarten.de;* MünchKomm-UWG § 4 Nr. 10 Rdn. 44; zur Kritik an der allgemeinen Wettbewerbswidrigkeit eines Verleitens zum Vertragsbruch siehe Rdn. 37.

[501] BGH GRUR 2002, 724, 726 – *Außenseiteranspruch II;* s. a. BGH WRP 2007, 951, 954 – *Außendienstmitarbeiter;* OLG Düsseldorf, Urt. v. 14.11.2012 – VI-U (Kart) 16/12.

[502] OLG Düsseldorf GRUR-RR 2003, 89 f. – *Lieferanfrage;* a. A. *Lubberger* WRP 2000, 139, 142.

[503] OLG Düsseldorf, Urt. v. 14.11.2012 – VI-U (Kart) 16/12.

[504] BGH GRUR 2009, 173 – *bundesligakarten.de;* GRUR 2000, 724, 726 – *Außenseiteranspruch II;* GRUR 1999, 1113, 1114 – *Außenseiteranspruch;* LG Dortmund SpuRt 2010, 211.

[505] BGH GRUR 2014, 785, Rdn. 28 – *Flugvermittlung im Internet;* GRUR 2009, 173, Rdn. 22, 27 – *bundesligakarten.de;* OLG Hamburg, MMR 2010, 178, 179.

[506] OLG Hamburg, MMR 2010, 178, 179.

[507] LG Hamburg, Urt. v. 15.4.2014 – 312 O 34/14 (BeckRS 2014, 12069).

[508] LG Essen K&R 2009, 418.

[509] BGH GRUR 2002, 709, 710 – *Entfernung der Herstellungsnummer III;* GRUR 2000, 724 – *Außenseiteranspruch II;* GRUR 1999, 1109, 1112 – *Entfernung der Herstellungsnummer;* GRUR 1999, 1022, 1026 – Außenseiteranspruch; GRUR 1969, 222, 224 – *Le Galion.*

nung oder durch das **Unkenntlichmachen der Kodierung** erschwert, stehen ihm gegenüber dem gebundenen Händler Ansprüche aus Vertrag und aus § 4 Nr. 4 UWG sowie gegenüber dem Außenseiter, der die dekodierte Ware vertreibt, aus § 4 Nr. 4 UWG[510] oder – außerhalb eines Wettbewerbsverhältnisses – aus § 823 Abs. 1 BGB i. V. m. den Grundsätzen zum eingerichteten und ausgeübten Gewerbebetrieb[511] zu.[512] Der Entfernung der Kodierung steht die **Entfernung der Produktverpackung** gleich, wenn sich die Kodierung nur auf der Verpackung befindet.[513]

137 Der wettbewerbsrechtliche Anspruch gegen den Außenseiter besteht **unabhängig davon, wer die Kodierung wo entfernt hat.** Es ist aber noch nicht abschließend geklärt, ob der Vertrieb decodierter Ware nur unlauter ist, wenn der Außenseiter sie durch ein Verleiten zum Vertragsbruch oder einen Schleichbezug erhalten hat, oder nur wenn er positive Kenntnis von der Decodierung der Ware hat, oder ob es sogar ausreicht, dass er überhaupt decodierte Ware vertreibt. M. E. ist es zur Begründung der Unlauterkeit erforderlich, aber auch **ausreichend, dass der Außenseiter dekodierte Ware vertreibt.**[514] Auf die Kenntnis kommt es für den Wettbewerbsverstoß nicht mehr an.[515]

4. Sonstige Kodierungen für unterschiedliche Zwecke

138 Warencodierungen dienen nicht nur der Kontrolle der Vertriebswege, sondern unterschiedlichen Zwecken. Auch außerhalb rechtmäßiger selektiver Vertriebsbindungssysteme kann die Entfernung solcher Kodierungen wettbewerbswidrig oder ein Eingriff in den eingerichteten und ausgeübten Gewerbebetrieb sein. Für die rechtliche Beurteilung kommt es entscheidend darauf an, welchem Zweck oder Interesse die Kodierung oder sonstige Angabe dient.

139 **a) Kodierungen zur Gefahrenabwehr.** Kodierungen können im allgemeinen Interesse liegen. Dazu gehören Kodierungen zur **Abwehr ernstlicher Gefahren,** die mit der Verwendung eines Produkts verbunden sind, oder Kodierungen zur **Erleichterung des Rückrufs** mangelhafter Produkte.[516] Die Dekodierung ist in diesen Fällen wettbewerbswidrig, es sei denn, dass die Kodierung – jedenfalls auch – dazu geeignet ist, jeden einzelnen Artikel zu identifizieren, da sie dann missbräuchlich dazu genutzt werden kann, ein missbilligtes Vertriebsbindungssystems zu kontrollieren.[517] Derartige Warenkodierungen zur Identifizierung jeder einzelnen Ware können auch nicht mit Praktikabilitätserwägungen gerechtfertigt werden.[518] Eine Ausnahme gilt nur, wenn die individuelle Identifizierung ausnahmsweise zur Abwehr der Gefahr unabdingbar ist.

140 **b) Gesetzlich vorgeschriebene Warenkodierungen.** Warenkodierungen können gesetzlich vorgeschrieben sein. Der Vertrieb dekodierter Produkte verletzt in diesen Fällen § 3a UWG, sofern es sich bei der gesetzlichen Vorschrift um eine Marktverhaltensregelung handelt.[519] Nach § 4 Abs. 1 KosmetikVO dürfen **kosmetische Artikel** gewerbsmäßig nur in Verkehr gebracht werden, wenn auf ihren Behältnissen und Verpackungen die Nummer des Herstellungspostens oder ein anderes Kennzeichen angebracht ist, dass eine Identifizierung der Herstellung erlaubt. Die Vorschrift dient dem Schutz der Volksgesundheit. Sie überlässt die Art der Kennzeichnung dem Hersteller. Es reicht

---

[510] BGH GRUR 2000, 724, 727 – *Außenseiteranspruch II;* LG Bamberg GRUR-RR 2015, 119.

[511] BGH GRUR 1978, 364, 367 – *Golfrasenmäher.*

[512] A. A. *Emmerich* in: FS Erdmann, S. 561, 568 ff.; dagegen wiederum *Harte-Bavendamm/Kreutzmann* WRP 2003, 682, 691.

[513] OLG Düsseldorf GRUR-RR 2002, 23, 24.

[514] BGH GRUR 2000, 724, 727 – *Außenseiteranspruch II;* GRUR 1999, 1109, 1112 – *Entfernung der Herstellungsnummer; Lubberger* WRP 2000, 139, 140; *Sack* WRP 2000, 447, 456.

[515] BGH GRUR 2007, 800 Rdn. 21 f. – *Außendienstmitarbeiter;* a. A. *Beater* WRP 2011, 7, 12.

[516] OLG Hamburg GRUR 1990, 625.

[517] BGH WRP 1989, 366, 368 – *Entfernung von Kontrollnummern IV;* GRUR 1989, 110, 112 – *Synthesizer;* GRUR 1988, 826, 828 – *Entfernung von Kontrollnummern II;* GRUR 1988, 823, 825 – *Entfernung von Kontrollnummern I;* OLG Hamburg GRUR 1990, 625; großzügiger noch BGH GRUR 1978, 364, 366 f. – *Golfrasenmäher;* OLG Nürnberg WRP 1978, 475, 476 – *Entfernung von Fabrikationsnummern;* OLG Koblenz WRP 1978, 470, 471 – *Entfernung von Fabrikationsnummern;* OLG Düsseldorf GRUR 1970, 248, 249 – *Fabrikationsnummer;* vgl. auch BGH GRUR 1988, 461 – *Radio-Recorder* – zu einer Gerätenummer, die nicht zur Identifizierung des einzelnen Geräts geeignet war.

[518] BGH GRUR 1988, 823, 825 – *Entfernung von Kontrollnummern I;* OLG Hamburg GRUR 1990, 625; OLG Frankfurt WRP 1981, 530, 531 – *Anbringung eigener Seriennummern;* anders noch OLG Nürnberg WRP 1978, 475, 476 – *Entfernung von Fabrikationsnummern;* OLG Koblenz WRP 1978, 470, 471 – *Entfernung von Fabrikationsnummern;* OLG Düsseldorf GRUR 1970, 48,249 – *Fabrikationsnummer.*

[519] EuGH WRP 1998, 156, 160 – *Loendersloot/Ballantine;* BGH GRUR 2002, 709, 710 – *Entfernung der Herstellungsnummer III;* GRUR 2001, 841, 843 – *Anspruch auf Drittauskunft;* GRUR 1999, 1109, 1111 – *Entfernung der Herstellungsnummer; Lubberger* WRP 2000, 139, 140.

aus, wenn der Hersteller unschwer und unzweifelhaft ermitteln kann, welchem Herstellungsposten das einzelne Produkt zuzuordnen ist.[520]

Ob der Händler eine vom Hersteller vergebene **gesetzlich vorgeschriebene Kodierung** durch eine **eigene Warenkodierung austauschen** darf, hängt vom Zweck der gesetzlichen Bestimmung ab. Wenn die Warenkodierung den Hersteller in die Lage versetzen soll, fehlerhafte Produkte unverzüglich einem Herstellungsposten zuzuordnen und Maßnahmen hinsichtlich der anderen Produkte aus dem gleichen Herstellungsposten einzuleiten, muss er selbst über die entsprechenden Informationen verfügen.[521] In diesen Fällen dürfen die Kodierungen des Herstellers nicht durch den Händler ausgetauscht werden. 141

Der Hersteller darf gesetzlich vorgeschriebene Warenkodierungen **nicht missbräuchlich einsetzen.**[522] Sie dürfen keine gesetzlich nicht erforderlichen Informationen enthalten, um die Kontrolle eines missbilligten faktischen Vertriebsbindungssystems zu ermöglichen.[523] Trotzdem darf der Händler die Warenkodierungen nicht beseitigen, soweit sie gesetzlich vorgeschrieben sind. Er kann sich gegen das missbräuchliche Vertriebsbindungssystem aber durch eine Beschwerde bei den Kartellbehörden oder einen wettbewerbsrechtlichen Unterlassungsanspruch gegen den Vertriebsbinder wehren, der seinerseits den Wettbewerber durch derartige Kodierungen behindert.[524] 142

c) Sonstige Angaben zur Steuerung des Vertriebswegs. Neben Warenkodierungen sind **sonstige Angaben zur Steuerung des Vertriebswegs** auf Waren oder ihrer Verpackung möglich. Soweit diese Steuerung des Vertriebs gesetzlich zulässig oder sogar – wie zur Kennzeichnung apothekenpflichtiger Ware – geboten ist, behindern die Angaben den Mitbewerber nicht unlauter, der an diesem Vertriebsweg nicht partizipiert. Der durch § 14 ApoG gedeckte Hinweis auf Arzneimittelpackungen, dass deren Verkauf außerhalb einer Krankenhausapotheke unzulässig ist, stellt keine unlautere Behinderung dar,[525] seine Entfernung wohl.[526] 143

Warencodierungen werden auch verwendet, um **Verletzungen gewerblicher Schutzrechte oder des Urheberrechts** zu unterbinden. Der Rechtsinhaber kann gezwungen sein, im Verletzungsfall nachzuweisen, dass seine Rechte an einem Produkt nicht erschöpft sind.[527] Die Entfernung von Produktangaben, über die bestimmt werden kann, auf welchem Markt ein Produkt in den Verkehr gebracht wurde, ist unlauter, wenn nur mittels dieser Angaben verlässlich festgestellt werden kann, ob der Rechtsinhaber dem Inverkehrbringen auf diesem Markt, d.h. in der Regel im Europäischen Wirtschaftsraum, zugestimmt hat. Die Entfernung derartiger Kodierungen kann wettbewerbsrechtlich aber zulässig sein, wenn das Verbreitungsrecht des Rechtsinhabers an dem Produktexemplar nachweislich erschöpft ist,[528] oder wenn die Kennzeichnung auch dem Zweck dient, ein rechtlich ungeschütztes Vertriebsbindungssystem durchzusetzen. Als Sonderverbot zur Entfernung von Informationen zur Wahrung der Rechte von Urheber- und Leistungsschutzberechtigten ist § 95 c UrhG zu beachten. 144

5. Irreführung über die Entfernung einer Warenkodierung

Eine Kodierung, die zur Kontrolle des Vertriebswegs innerhalb und außerhalb von Vertriebsbindungssystemen eingesetzt wird, ist für den Endabnehmer der Ware ohne Bedeutung.[529] Wenn mit der Kodierung für den Käufer jedoch günstige Funktionen verbunden sind, die seinen Kaufentschluss beeinflussen können, kann der Käufer durch die Dekodierung irregeführt werden. Davon ist etwa auszugehen, wenn die fehlende Kodierung den Hersteller zur **Verweigerung von Kundendienst- oder Garantieleistungen** im Rahmen geschützter Vertriebsbindungssysteme berechtigt.[530] 145

Eine Irreführung durch Dekodierung kann vom Händler durch eine hinreichend deutliche **Aufklärung des Käufers** ausgeschlossen werden.[531] Wenn ein Hersteller die Garantie für Produkte 146

---

520 BGH GRUR 1999, 1109, 1111 – *Entfernung der Herstellungsnummer.*
521 BGH GRUR 1999, 1109, 1111 – *Entfernung der Herstellungsnummer.*
522 OLG Karlsruhe WRP 1996, 122, 124.
523 Vgl. BGH GRUR 1999, 1109, 1111 – *Entfernung der Herstellungsnummer.*
524 EuGH WRP 1998, 156, 160 – *Loendersloot/Ballantine; Lubberger* WRP 2000, 139, 140.
525 BGH GRUR 1990, 1010, 1011 – *Klinikpackung.*
526 BGH PharmaR 1990, 50, 51 f.; OLG Köln GRUR 2000, 81, 82.
527 BGH GRUR 2004, 156, 158 – *stüssy II.*
528 Vgl. BGH GRUR 2001, 153, 155 – *OEM-Version.*
529 BGH GRUR 1988, 823, 824 – *Entfernung von Kontrollnummern.*
530 EuGH GRUR 1994, 300, 302 – *Cartier-Uhren;* Baumbach/Köhler/*Bornkamm* § 5 Rdn. 2.56.
531 BGH GRUR 1989, 110, 113 – *Synthesizer;* GRUR 1988, 461, 462 – *Radio-Recorder;* OLG Hamburg GRUR 1990, 625.

ohne Kennzeichnung nicht verweigern darf, entfällt auch diese Aufklärungspflicht.[532] Dazu gehören neben der Kodierung in faktischen Vertriebsbindungssystemen auch die Fälle, in denen der Hersteller die Garantie für parallelimportierte Erzeugnisse verweigert.[533] Aus möglichen Schwierigkeiten bei Reparaturen oder Garantieleistungen in faktischen Vertriebsbindungssystemen folgt ebenfalls keine Aufklärungspflicht. Mit ihnen rechnet der Kunde, wenn er ein Produkt nicht über den Fachhandel bezieht.[534] Die durch die Beseitigung der Warenkodierung sichtbare Veränderung der Verpackung muss wegen ihrer Auffälligkeit ebenfalls nicht offenbart werden, genauso wenig wie die unsichtbare Dekodierung, weil die Gruppe der Verbraucher, die sich an einer unsichtbaren Veränderung der Verpackung stören könnte, klein und wettbewerbsrechtlich unerheblich ist.[535]

6. Ansprüche aus dem Markengesetz

147 Der Markeninhaber kann sich gegen den Weitervertrieb eines mit seiner Marke versehenen Produkts gem. § 24 Abs. 2 MarkenG wehren, wenn der **Zustand des Produkts** nach dem Inverkehrbringen durch die Entfernung der Warenkodierung **sichtbar verändert** wird.[536] Bei der **unsichtbaren Entfernung** muss unterschieden werden: Wenn die Entfernung der Warenkodierung der Kontrolle eines Vertriebsbindungssystems dient, kann der Markeninhaber sich aus dem Recht an der Marke nicht gegen die Entfernung der Kodierung wehren.[537] Die Funktion der Sicherung von Vertriebsbindungssystemen ist der Marke fremd.[538] Soweit die Kodierung anderen legitimen Zwecken oder der Erfüllung gesetzlicher Vorgaben (z. B. gemäß § 4 Abs. 1 KosmetikVO) dient, beeinträchtigt eine unsichtbare Dekodierung die Garantiefunktion der Marke.[539] Ansprüche aus dem Markengesetz treten in diesen Fällen wiederum zurück, wenn sie der Durchsetzung eines wettbewerbsrechtlich ungeschützten faktischen Vertriebsbindungssystems dienen.[540]

7. Urkundenvernichtung (§ 274 StGB)

148 Eine Warenkodierung kann als **Beweiszeichen** Urkundenqualität haben.[541] Ihre Entfernung kann den Straftatbestand der Urkundenunterdrückung erfüllen kann. Der Bezug und Vertrieb dekodierter Ware sind indes keine nach deutschem Recht strafbaren Handlungen.[542] Sie sind auch nicht wettbewerbswidrig, wenn die Entfernung der Kontrollnummer an einem ausländischen Begehungsort als Urkundenvernichtung strafbar ist.[543] Da faktische Vertriebsbindungssysteme rechtlich keinen Schutz genießen, ist die Entfernung von Warenkodierungen in solchen Vertriebssystemen trotz § 274 StGB zulässig.[544]

8. Anbringen eigener Warenkodierungen

149 Der **Austausch der Warenkodierung** durch den Händler steht rechtlich der Entfernung der Warenkodierung gleich. Sie ist in all den Fällen unlauter, in denen die Entfernung der Warenkodie-

---

532 BGH GRUR 1988, 826, 827 – *Entfernung von Kontrollnummern II.*

533 EuGH Slg. 1984, 883 – *Hasselblad;* BGH GRUR 1988, 823, 825 – *Entfernung von Kontrollnummern I;* BGH GRUR 1988, 327 – *Cartier-Uhren.*

534 BGH GRUR 1988, 823, 824 – *Entfernung von Kontrollnummern I* mit Verweis auf EuGH NJW 86, 1417 – *Swatch-Quarzuhren; Pauly* WRP 1996, 15, 16; *Langer* WRP 1989, 373.

535 BGH GRUR 1999, 1017, 1019 – *Kontrollnummernbeseitigung;* weitergehend noch BGH GRUR 1992, 406, 408 – *Beschädigte Verpackung I.*

536 BGH GRUR 2002, 709, 711 – *Entfernung der Herstellungsnummer III;* GRUR 2002, 724, 726 – *Außenseiteranspruch II;* GRUR 2001, 448, 450 – *Kontrollnummernbeseitigung II; Bayreuther* WRP 2000, 349, 358; a. A. *Emmerich* Festschrift *Erdmann,* S. 561, 570.

537 BGH GRUR 2002, 709, 711 – *Entfernung der Herstellungsnummer III;* a. A. *Sack* WRP 2004, 1405, 1425; WRP 2000, 447, 457.

538 *Laas* GRUR Int. 2002, 829, 830; a. A. *Fezer* GRUR 1999, 99, 104.

539 BGH GRUR 2002, 709, 711 – *Entfernung der Herstellungsnummer III;* a. A. *Laas* GRUR Int. 2002, 829, 833 f., der überzeugend auf die Unvereinbarkeit dieser Auffassung mit der Rechtsprechung des EuGH zur Umverpackung parallelimportierter Arzneimittel hinweist.

540 BGH GRUR 2000, 724, 727 – *Außenseiteranspruch II;* WRP 1989, 366, 369 – *Entfernung von Kontrollnummern IV;* WRP 1989, 369, 372 f. – *Entfernung von Kontrollnummern III;* GRUR 1988, 823, 826 – *Entfernung von Kontrollnummern I;* differenziert *Bayreuther* WRP 2000, 349, 350 f., 359.

541 AG Tettnang MA 1957, 725 f.; *Pauly* WRP 1996, 15, 18; *Tiedemann/Vogel* JuS 1988, 295; offen gelassen in BGH WRP 1989, 369, 372 – *Entfernung von Kontrollnummern III.*

542 BGH WRP 1989, 366, 368 – *Entfernung von Kontrollnummern IV;* WRP 1989, 369, 372 – *Entfernung von Kontrollnummern III.*

543 BGH WRP 1989, 366, 368 – *Entfernung von Kontrollnummern IV.*

544 *Pauly* WRP 1996, 15, 18.

rung unlauter ist. In anderen Fällen begegnet sie keinen grundsätzlichen Bedenken.[545] Dies gilt gleichermaßen, wenn der Händler eine zur Kodierung des Herstellers oder anderer Händler **zusätzliche eigene Warenkodierung** anbringt. Darin liegt keine Verletzung eines Markenrechts, wenn die zusätzliche Kodierung nicht dem Hersteller zugeordnet wird. Anderenfalls kann die Ware durch die Kodierung jedoch in einer Weise verändert werden, welche die Erschöpfungswirkung nach § 24 Abs. 2 MarkenG entfallen lässt.

9. Zivilprozessuale Besonderheiten

Darlegungs- und Beweislast: Wer gegen die Entfernung von Kontrollnummer vorgehen will, muss die Voraussetzungen eines wirksamen und diskriminierungsfrei gehandhabten Vertriebsbindungssystems[546] oder ein überwiegendes Interesse der Allgemeinheit an der konkreten Art der Warenkodierung darlegen. Die **bloße Existenz eines Kodierungssystems** genügt zur Darlegung eines geschützten Vertriebsbindungssystems nicht.[547] **150**

Es besteht eine **tatsächliche Vermutung** dafür, dass eine Warenkodierung – jedenfalls auch – dazu dienen soll, die Kontrolle des Vertriebswegs der Ware mit dem Ziel zu ermöglichen, nicht genehme Händler auszuschließen und ihre Lieferanten zur Einstellung der Belieferung zu veranlassen oder selber von der Weiterbelieferung auszusperren. Diese Vermutung besteht gleichfalls, wenn die Kodierung anderen Zwecken dienen kann, soweit keine gesetzliche Verpflichtung zur Kodierung besteht und diese sich im Rahmen des gesetzlich Erforderlichen hält.[548] Die Vermutung besteht schließlich auch, wenn die Warenkodierung über das hinausgeht, was gesetzlich geboten oder zu Zwecken notwendig ist, die überwiegenden Interessen der Allgemeinheit dienen. Sie kann vom Hersteller, der die Warenkodierung angebracht hat, widerlegt werden. **151**

Ansprüche: Dem Vertriebsbinder steht gegen den Händler, der dekodierte Waren vertreibt, ein selbständiger Anspruch auf **Drittauskunft** darüber zu, von wem er die dekodierte Ware erhalten hat.[549] Der Auskunftsanspruch soll den Vertriebsbinder in die Lage versetzen, zukünftige Beeinträchtigungen zu unterbinden. Das Interesse des Außenseiters, seine Bezugsquelle geheim zu halten, fällt demgegenüber nicht ausschlaggebend ins Gewicht.[550] Der Anspruch ist auf die Herkunft der konkreten, dem Vertriebsbinder bekannten Warenlieferung beschränkt und erstreckt sich nicht auf weitere Lieferungen gleicher oder gleichartiger Waren.[551] Ein **Schadenersatzanspruch** wegen des durch die Dekodierung **entgangenen Gewinns** scheitert in der Regel daran, dass der Vertriebsbinder durch die Inverkehrgabe seines (kodierten) Produkts bereits das vereinbarte Entgelt erhalten hat.[552] Er erfasst gleichfalls keine **Aufwendungen,** die er zur Aufrechterhaltung seines Vertriebsbindungssystems aufgewendet hat.[553] Ein erstattungsfähiger Schaden kann aber in **zusätzlichen Kosten** liegen, die dem Vertriebsbinder durch die Dekodierung etwa im Rahmen einer Rückrufaktion wegen Produktmängeln oder der Überprüfung der Echtheit einer Ware entstehen.[554] **152**

VI. Preisgestaltung

Schrifttum: *Alexander,* Privatrechtliche Durchsetzung des Verbots von Verkäufen unter Einstandspreis, WRP 2010, 727; *Bechthold,* Probeabonnement, WRP 2006, 1162; *Bülow,* Preisgestaltung und Rechtswidrigkeit, BB 1985, 1297; *Dittmer,* Zur gezielten Behinderung von Mitbewerbern, EWiR 2006, 664; *Faustmann/Raapke,* Zur Neuregelung des Preismissbrauchs im Energie- und Lebensmittelsektor – Fortschritt für den Wettbewerb?, WRP 2008, 67; *Gloy,* Zur Beurteilung gezielter Kampfpreise nach Kartell- und Wettbewerbsrecht, Festschrift *Gaedertz,* 1992, 209; *Kreuzer,* Wettbewerb um jeden Preis? Zur Problematik des Verkaufs zu Verlustpreisen im Einzelhandel, WRP 1985, 467; *Köhler,* ‚Verkauf unter Einstandspreis' im neuen GWB, BB 1999, 697; *Köhler/Steindorff,* Öffentlicher Auftrag, Subvention und unlauterer Wettbewerb, NJW 1995, 1705; *Köhler,* Der Rechtsbruchtatbestand im neuen UWG, GRUR 2004, 381; *Köhler,* Der Markenartikel und sein Preis, NJW-Sonderheft 2003 (100 Jahre Markenverband), 28; *König/Hellstern,* Die Klagebefugnis bei wettbewerbsrechtlichen

---

[545] *Pauly* WRP 1996, 15, 16.

[546] BGH WRP 1989, 369, 370f. – *Entfernung von Kontrollnummern III;* OLG Frankfurt GRUR 2001, 532, 533.

[547] BGH WRP 1989, 369, 371 – *Entfernung von Kontrollnummern III.*

[548] BGH GRUR 1989, 110, 111 – *Synthesizer.*

[549] BGH GRUR 2001, 841, 842 – *Entfernung der Herstellungsnummer II.*

[550] BGH GRUR 2001, 841, 843 – *Anspruch auf Drittauskunft.*

[551] BGH GRUR 2001, 841, 844 – *Entfernung der Herstellungsnummer II.*

[552] BGH GRUR 2002, 709, 712 – *Entfernung der Herstellungsnummer III.*

[553] BGH GRUR 2001, 841, 845 – *Entfernung der Herstellungsnummer II; Schaffert* Festschrift Erdmann, S. 719, 724.

[554] *Schaffert* in FS *Erdmann,* S. 719, 725f.

Klagen gegen unionsrechtswidrige Beihilfemaßnahmen, GRUR Int. 2012, 14; *Lehmann*, Schutz des Leistungswettbewerbs und Verkauf unter Einstandspreis, GRUR 1979, 368; *Lehmann*, Wettbewerbs- und warenzeichenrechtliche Bemerkungen zur Entscheidung des Bundesgerichtshofs vom 6.10.1983 – Verkauf unter Einstandspreis II, GRUR 1984, 313; *Mann/Smid*, Preisunterbietung von Presseprodukten, 1997, 139; *Mees*, Wettbewerbliche Ansprüche und EG-Beihilfenrecht, Festschrift Erdmann, S. 657; *Mees*, Preisunterbietungen als Behinderungen aus wettbewerbsrechtlicher und kartellrechtlicher Sicht in der Rechtsprechung des Bundesgerichtshofs, WRP 1992, 223; *Pilcher*, Das Verhältnis von Kartell- und Lauterkeitsrecht, 2009; *Sack*, Der Verkauf unter Selbstkosten im Einzelhandel, WRP, 1983, 63; *Sack*, Die wettbewerbsrechtliche Durchsetzung arbeitsrechtlicher Normen, WRP 1998, 683; *Scholz*, Verkauf unter den Selbstkosten oder zurück zur Verordnung über Wettbewerb von 1934?, WRP 1983, 373; *Ulmer*, Der Begriff ‚Leistungswettbewerbs' und seine Bedeutung für die Anwendung von GWB- und UWG-Tatbeständen, GRUR 1977, 565; *Ulmer*, Wettbewerbsrechtliche Schranken für die Händlerwerbung mit bekannten Herstellermarken?, WRP 1987, 299; *Weber/Weber*, Unlauterer Wettbewerb und ausländische Arbeitsbedingungen, GRUR Int. 2008, 899.

1. Preisgestaltungsfreiheit

153 Die freie Preisgestaltung ist ein Eckpfeiler eines marktwirtschaftlichen, dezentral gesteuerten Wirtschaftssystems.[555] Die Unterbietung des Marktpreises oder des Preises von Mitbewerbern gehört zu einem gesunden Wettbewerb.[556] Das Wettbewerbsrecht gewährt deshalb keinen Schutz für oder gegen einen bestimmten Preis.[557] Jeder Unternehmer kann und muss seine Preise in eigener Verantwortung kalkulieren und festsetzen.[558] Es besteht daher grundsätzlich **kein Schutz gegen eine aggressive Preispolitik** eines Mitbewerbers.[559] Die Ausnahmen von diesem Grundsatz sind eng umgrenzt. Wie auch in anderen Fällen der gezielten Behinderung wird vorausgesetzt, dass die Preisgestaltung geeignet ist, die wirtschaftliche Entfaltung von Mitbewerbern durch Kampfpreise zu beeinträchtigen oder derart zu behindern, dass sie ihre Leistung am Markt über den Preis nicht mehr in angemessener Weise zur Geltung bringen können.

2. Wettbewerbswidrige Elemente der Preisbildung

154 Die Auslobung eines bestimmten Preises für Waren oder Dienstleistungen kann wettbewerbswidrig sein, wenn bei der Preisbildung Gesetze, Verträge oder schutzwürdige Interessen Dritter oder der Allgemeinheit missachtet werden. Das Unterbieten **gesetzlich gebundener Preise** (bspw. RVG i.V.m. § 49b BRAO, HOAI, GOÄ, GOZ) oder **behördlich genehmigter Tarife** (bspw. Beförderungstarife nach GüKG oder § 39 PBefG) ist als **Vorsprung durch Rechtsbruch** wettbewerbswidrig.[560] Nach § 3 Buchpreisbindungsgesetz muss jeder, der an Endabnehmer Bücher verkauft, den Preis einhalten, den der Verleger von Büchern und buchähnlichen Erzeugnissen nach § 5 BPreisBG festgesetzt hat.[561] auch wenn es versehentlich erfolgt.[562] Wer allerdings nicht Normadressat einer Preisbindung ist, kann gegen die Vorschrift auch nicht verstoßen. Ein Gewerbetreibender ist deshalb berechtigt, preisgebundene Fahrscheine für den öffentlichen Nahverkehr, die er zum festgesetzten Preis erworben hat, unter Preis zu verkaufen.

155 **Vereinbarungen zur Beschränkung der Preisgestaltungsfreiheit** sind nach § 1 GWB verboten.[563] Wettbewerbsbeschränkende Vereinbarungen können auch gegen § 4 Nr. 4 verstoßen.[564] Als Ausnahme lässt § 30 GWB eine **Preisbindung bei Zeitungen und Zeitschriften** zu.[565] Die

---

[555] *Lehmann* GRUR 1984, 313.

[556] BGH WRP 2010, 1388 Rdn. 20 – *Ohne 19% Mehrwertsteuer;* GRUR 2009, 416 Rdn. 13 – *Küchentiefstpreis-Garantie;* GRUR 2006, 596, Rdn. 13 – *10% billiger;* GRUR 1990, 687, 688 – *Anzeigenpreis II;* GRUR 1986, 397, 399 – *Abwehrblatt II;* RGZ 134, 342, 350f. – *Benrather Tankstelle*; OLG Hamburg GRUR-RR 2015, 120, 121.

[557] BGH GRUR 1990, 687, 688 – *Anzeigenpreis II.*

[558] BGH GRUR 2006, 596, Rdn. 13 – *10% billiger;* GRUR 1990, 371, 372 – *Preiskampf;* BGH GRUR 1984, 204, 206 – *Verkauf unter Einstandspreis II;* OLG Hamburg WRP 1997, 212 – *TV Today.*

[559] BGH GRUR 1986, 397, 399 – *Abwehrblatt II*; LG Essen, NJW-RR 2014, 379, 380.

[560] BGH GRUR 1991, 769, 771 – *Honoraranfrage;* einschränkend KG MD 2007, 1148.

[561] OLG Hamburg GRUR-RR 2006, 200 nimmt aus ungenannten Gründen bei einem Verstoß gegen § 3 BPreisbG auch einen Verstoß gegen § 4 Nr. 10 an.

[562] BGH GRUR 2005, 778 – *Atemtest;* WRP 2007, 951 – *Außendienstmitarbeiter;* a.A. noch BGH GRUR 1991, 769, 771 – *Honoraranfrage.*

[563] Zur in sehr engen Grenzen möglichen Umgehung des Verbotes durch eine Publikumswerbung mit Endverkaufspreisen oder Preisnachlässen siehe BGH GRUR 2003, 1062 – *Preisbindung durch Franchisegeber II;* GRUR 1999, 1025 – *Preisbindung durch Franchisegeber I;* GRUR 2003, 637 – *1 Riegel extra.*

[564] BGH GRUR 2006, 773, 774 – *Probeabonnement;* a. A. *Köhler* WRP 2004, 381, 387.

[565] Zum Verlagserzeugnis BGH GRUR 1997, 677 – *NJW auf CD-ROM;* zur Preisbindung *Franzen*, Die Preisbindung des Buchhandels, 2. Aufl., 1979.

Verletzung eines Preisbindungssystems für Zeitungen und Zeitschriften ist allerdings nicht unlauter.[566] Auch die Unterschreitung von Preisen in einem Preisbindungssystem oder einem geschützten Vertriebsbindungssystem durch das gebundene Unternehmen oder einen Außenseiter ist an sich nicht unlauter, solange über den Vertragsbruch respektive den niedrigen Preis hinaus nicht weitere Umstände hinzutreten, welche die Unlauterkeit begründen.[567]

Eine **Preisunterbietung durch die öffentliche Hand** ist nicht schon deshalb unzulässig, weil diese bei der Erfüllung einer öffentlichen Aufgabe auf öffentliche Mittel zurückgreifen kann.[568] Die **zweckwidrige Verwendung öffentlicher Mittel** durch die öffentliche Hand zur Unterbietung der Preise privater Mitbewerber ist jedoch unlauter.[569] Eine Zweckentfremdung wird angenommen, wenn die öffentliche Hand eine Preisunterbietung aus Mitteln finanziert, die ihr zur Erfüllung eines anderen öffentlichen Zwecks zufließen.[570] Eine Stadt, die städtische Theater- und Konzertbühnen subventioniert, behindert nicht gezielt private Veranstalter.[571] Eine Krankenversicherung, die bei der Berechnung von Tarifen für freiwillig Versicherte finanzielle Mittel der gesetzlich Versicherten berücksichtigte,[572] oder eine Gebietskörperschaft, die ihrer Preiskalkulation zweckwidrig öffentliche Sach- oder Finanzmittel zu Grunde legte, die den privaten Konkurrenten nicht oder nicht zu gleichen Konditionen zur Verfügung stehen,[573] handelten unlauter. Zwar fällt die Frage, wie sich ein Unternehmer finanziert, prinzipiell nicht in den Anwendungsbereich des UWG.[574] Das Durchführungsverbot für Beihilferegelung vor einer Stellungnahme der Kommission (Art. 108 Abs. 3 S. 3 AEUV) ist aber ein Schutzgesetz im Sinne der §§ 823 Abs. 2 BGB, 3a UWG, so dass der Erhalt oder die Gewährung einer ungenehmigten Beihilfe rechts- und wettbewerbswidrig ist.[575] 156

Das Angebot von Waren oder Leistungen zu Preisen, die auf **Kosteneinsparungen durch Rechtsverstöße** beruhen, kann im Einzelfall zwar wettbewerbswidrig sein. §§ 3, 4 Nr. 4 UWG sind aber über den Umweg der Preisgestaltung keine Handhabe für Individualansprüche gegen Rechtsverletzungen aller Art, die in irgendeiner Form Auswirkungen auf das Preisgebaren haben können.[576] Erste Voraussetzung für die Wettbewerbswidrigkeit des Preisangebotes ist eine Kostenersparnis durch die Verletzung einer Vorschrift, die einen Bezug zum Wettbewerbsgeschehen hat. Dazu zählen nicht: **Lohnunterschreitungen** bei Tarifverträgen, die für allgemeinverbindlich erklärt wurden,[577] die **Beschäftigung von Schwarzarbeitern** oder von Ausländern ohne Arbeitserlaubnis zu Billiglöhnen oder **Steuer- und Zollhinterziehungen.**[578] Immissionsschutzvorschriften fehlt ebenfalls der erforderliche Bezug zum Wettbewerbsgeschehen,[579] ebenso den Vorschriften des Umsatzsteuerrechts.[580] Außerdem muss als zweite Voraussetzung hinzutreten, dass der Wettbewerber die Kostenersparnis bei seiner Preiskalkulation berücksichtigt.[581] Dafür kann nach der allgemeinen Lebenserfahrung eine hohe Wahrscheinlichkeit sprechen, die im Prozess Beweiserleichterungen 157

---

566 BGH GRUR 2006, 773, 774 – *Probeabonnement:* OLG Düsseldorf, Urt. v. 14.11.2012 – VI-U (Kart) 16/12; kritisch *Bechthold* WRP 2006, 1162, 1163 f.

567 Vgl. BGH WRP 2007, 951, 953 f. – *Außendienstmitarbeiter;* s. a. OLG Dresden GRUR-RR 2005, 354, 355 – *Lackdoktor;* noch offen gelassen in BGH GRUR 2000, 724, 726 – *Außenseiteranspruch II;* a. A. noch BGH GRUR 1968, 272, 274 f. – *Trockenrasierer III;* GRUR 1962, 426, 427 – *Selbstbedienungsgroßhandel;* OLG Düsseldorf, Urt. v. 14.11.2012 – VI-U (Kart) 16/12, Rdn. 31. Im Vertriebsbindungssystem kommen gegebenenfalls ergänzend vertragliche Ansprüche in Betracht.

568 BGH GRUR 1987, 116, 118 – *Kommunaler Bestattungswirtschaftsbetrieb I;* BGH WRP 1998, 857, 859 – 1000,– DM – *Umweltbonus;* OLG Hamburg GRUR-RR 2015, 120, 121 f.

569 BGH WRP 1993, 106, 108 – *EWG-Baumusterprüfung;* GRUR 1987, 116, 118 – *Kommunaler Bestattungswirtschaftbetrieb I;* GRUR 1982, 433, 436 – *Kinderbeiträge;* OLG Schleswig GRUR 1996, 141, 142 – *Badespaß.*

570 OLG Hamburg GRUR-RR 2015, 120, 121 f.; *Köhler*/Bornkamm, § 4 Rn. 13.44.

571 OLG Hamburg GRUR-RR 2015, 120, 121 f.

572 BGH GRUR 1982, 433, – *Kinderbeiträge.*

573 OLG Schleswig GRUR 1996, 141, 142 – *Badespaß.*

574 BGH GRUR 2003, 164 – *Altautoverwertung;* GRUR 2002, 825 – *Elektroarbeiten;* GRUR 2000, 1076 – *Abgasemissionen; Ullmann* GRUR 2003, 817, 822.

575 BGH GRUR 2011, 444, Rdn. 17 – *Flughafen Frankfurt-Hahn;* GRUR-RR 2012, 157, Rdn. 20 – *Flughafen Schönefeld;* a. A. *Mees* in: FS Erdmann, S. 657, 659 f.

576 BGH GRUR 2000, 1076, 1078 f. – *Abgasemissionen; Ullmann* GRUR 2003, 817, 820; *Stolterfoth* FS Rittner, S. 695, 699 ff.

577 *Ullmann* GRUR 2003, 817, 822; a. A. noch BGH WRP 1993, 314, 317 – *Tariflohnunterschreitung;* OLG Frankfurt GRUR 1988, 844; OLG Stuttgart NJW-RR 1988, 103, 104; OLG Hamburg NJW 1987, 1651, 1652.

578 BGH GRUR 2010, 654 – *Zweckbetrieb.*

579 BGH GRUR 2000, 1076, 1079 – *Abgasemissionen.*

580 OLG München GRUR 2004, 169, 170.

581 BGH WRP 1993, 314, 317 – *Tariflohnunterschreitung;* a. A. OLG Hamburg NJW 1987, 1651, 1652.

begründet.[582] Es ist nicht erforderlich, dass die Ausnutzung eines Gesetzesverstoßes tatsächlich zu einer Unterschreitung fremder Preise führt. Es genügt, dass sie eine bessere Ausgangssituation im Wettbewerb verschafft.[583]

158 Die Kalkulation günstiger Preise für Produkte, die aufgrund von **Billiglöhnen oder niedrigen** oder fehlenden wettbewerbsbezogenen **Sicherheitsbestimmungen in Drittländern** rechtmäßig hergestellt wurden, ist nicht wettbewerbswidrig. Eine Ausnahme soll bei der Produktion von Waren gelten, die unter Bedingungen hergestellt werden, die in unerträglicher Weise gegen sittliche Grundanforderungen verstoßen.[584] Der günstige Verkauf von Asbestprodukten, die in Südkorea unter laxeren Sicherheitsvorkehrungen hergestellt wurden, als sie in Deutschland gelten, wurde wettbewerbsrechtlich nicht beanstandet.[585]

159 Die **Nachahmung von Waren,** die nicht gegen § 4 Nr. 3 (zuvor § 4 Nr. 9) UWG verstößt[586] und keinem Sonderrechtsschutz unterliegt, ist grundsätzlich im Interesse des Wettbewerbs zulässig. Nachgemachte oder nachgeahmte Waren eines Mitbewerbers dürfen in diesen Fällen zu einem günstigeren Preis angeboten werden als das Original.[587] Es ist unerheblich, dass Kosten und Mühen erspart werden können, die der Mitbewerber für die Entwicklung des Produkts aufwenden musste.[588] Eine unlautere Behinderung wird aber angenommen, wenn dem Schöpfer eines wettbewerblich eigenartigen Originals außerhalb des Anwendungsbereichs des § 4 Nr. 3 durch das Anbieten einer Nachahmung die Möglichkeit genommen wird, sein Produkt oder seine Produkte in angemessener Zeit zu vermarkten. Je mehr Produkte übernommen werden, desto eher ist eine systematische Übernahme anzunehmen. Beim Nachbau kann es darauf ankommen, ob vorrangig eine technische Lösung übernommen wird oder frei wählbare, wenn auch funktionale Merkmale. Je höher schließlich die für die Nachahmung eingesparten Entwicklungskosten sind und die dadurch ermöglichte Preisunterbietung ist, desto eher eine Behinderung anzunehmen, bei der der Nachahmer die wettbewerblichen Entfaltung des Herstellers des Originals beeinträchtigt, weil er die übernommene Leistung ohne entsprechenden Aufwand auf den Markt bringen kann.[589] Außerdem wurde eine Preisunterbietung, die auf der Verletzung eines Schutzrechtes oder einer Verletzung von § 4 Nr. 3 UWG beruht, für wettbewerbswidrig gehalten.[590] Ein Schutzbedürfnis für den Rechtsinhaber besteht dafür wegen seiner Ansprüche aus dem Schutzrecht oder aus § 4 Nr. 3 aber nicht. Es darf über die Preisgestaltung auch nicht die ausschließliche Befugnis des Rechtsinhabers unterlaufen werden, gegen Verletzungen unzulässiger Nachahmungen vorzugehen.

160 Preise, die durch die **Ausbeutung oder zumindest die Ausnutzung der Leistung von Mitbewerbern** günstig kalkuliert werden, können unlauter sein, wenn die tatsächlichen Voraussetzungen für eine Preisunterbietung durch einen **Vertrauensbruch** geschaffen wurden. wobei ein Vertrauensverhältnis auch bereits im Rahmen der Anbahnung eines Vertragsverhältnisses entstehen kann. Davon kann ausgegangen werden, wenn im Zusammenhang mit Vertragsverhandlungen vertrauliche Unterlagen übergeben werden. Das Angebot eines Unternehmers an potentielle Kunden, jeden Preis eines Wettbewerbers für eine Einbauküche um 13% zu unterbieten, ist außerhalb eines entsprechenden Vertrauensverhältnisses allerdings nicht unzulässig, auch wenn das günstigere Angebot auf einer konkreten, zeitintensiven Planung der Küche durch den Konkurrenten aufbaute, die der Anbieter sich dadurch ersparen konnte.[591]

3. Das Verhältnis des Preises zu anderen Marktparametern

161 Ein Unternehmer muss sich außerhalb von Gebühren-, Tarif- und rechtswirksamen Preisbindungssystemen bei der Festsetzung seiner Preise nicht an der Marktlage oder an bestimmten preisbildenden Faktoren orientieren, Er ist nicht verpflichtet, innerhalb eines bestimmten Preisgefüges zu bleiben oder Preisuntergrenzen zu beachten. Er muss bei seiner eigenen Preisbildung nicht berück-

[582] BGH WRP 1993, 314, 318 – *Tariflohnunterschreitung.*
[583] BGH WRP 1993, 314, 317 – *Tariflohnunterschreitung.*
[584] BGH GRUR 1980, 858, 860 – *Asbestimporte;* siehe *Weber/Weber* GRUR Int. 2008, 899 zur Unlauterkeit des Verhaltens des Importeurs aufgrund der Nichteinhaltung von Arbeitsbedingungen durch ausländische Lieferanten.
[585] BGH GRUR 1980, 858, 860 – *Asbestimporte;* vgl. auch GRUR 2000, 1076, 1079 – *Abgasemissionen*; s.a. *Sack* WRP 1998, 683, 690; *Katzenberger* IPrax 1981, 7.
[586] Hierzu ausführlich *Sambuc* zu § 4 Nr. 3 UWG.
[587] BGH GRUR 2003, 359, 361 – *Pflegebett*; *Köhler*/Bornkamm § 4, Rdn. 9.65.
[588] OLG Köln WRP 1997, 343, 347; WRP 1981, 413.
[589] OLG Schleswig v. 26.3.2013 – 16 U (Kart) 49/13, Rdn. 87 (SchlHA 2014, 241); *Köhler*/Bornkamm § 4 Rdn 9.66.
[590] BGH GRUR 1979, 119, 120 – *Modeschmuck.*
[591] BGH GRUR 2009, 416 Rdn. 18f. – *Küchentiefstpreis-Garantie.*

sichtigen, ob ein Konkurrent eine Niedrigpreisgarantie abgegeben hat, die ihn zwingen könnte, seine Preise ebenfalls herabzusetzen.[592]

4. Wettbewerbswidrigkeit von Niedrigpreisen

Das Angebot einer Ware oder Leistung unter Selbstkosten ist zulässig.[593] Selbst für ein **Angebot unter Einkaufs- oder Einstandspreis** können kaufmännisch vernünftige Gründe sprechen wie die Erzielung eines Werbeeffekts,[594] die Einführung oder Wiederbelebung des Geschäfts mit bestimmten Artikeln,[595] die Erzielung von Kostendeckungsbeiträgen in einer Absatzkrise,[596] die Verderblichkeit der Ware und vieles mehr. Im systematischen Unterbieten der Konkurrenzpreise auf einem Markt, auf dem ein allgemeiner **Preisverfall** existiert, liegt ebenfalls nichts Unlauteres. Jeder Kaufmann reagiert auf die jeweiligen **Marktverhältnisse** und passt den Preis seiner Produkte an.[597] Bei Angeboten der öffentlichen Hand kann außerdem deren Pflicht zu berücksichtigen sein, bestimmte Leistungen wie Bildungsangebote auch für Minderbemittelte erschwinglich sein zu lassen.[598] 162

Das Angebot unter Selbstkosten oder Einstandspreis ist – ebenso wie die Gratisleistung[599] – nur wettbewerbswidrig, wenn zusätzliche Umstände die Wettbewerbswidrigkeit begründen.[600] Dabei sind alle Umstände des Einzelfalls zu beachten.[601] Im Vordergrund standen in der Vergangenheit die Absicht des Niedrigpreisanbieters und die **Auswirkungen der Niedrigpreispolitik.** Nachdem der BGH in seiner jüngeren Rechtsprechung zurecht Zurückhaltung übt, die Unlauterkeit einer Wettbewerbshandlung von subjektiven Merkmalen abhängig zu machen,[602] sollte es auch bei Preisaktionen ebenfalls nicht mehr auf die Absicht des Anbieters, sondern nur auf die objektiven Auswirkungen der Preispolitik eines Unternehmers ankommen.[603] Für subjektive Absichten besteht umso weniger Bedarf, als die herrschende Meinung diese Absichten im Regelfall aus objektiven Indizien ableiten muss und das Unwerturteil dann auch gleich an diesen objektiven Umständen festmachen könnte. 163

a) Behinderung einzelner Mitbewerber. Die Unlauterkeit eines Preises oder Preissystems setzt in allen Fallvarianten zunächst voraus, dass der geforderte Preis unter den eigenen Selbstkosten des Anbieters liegt.[604] Der Preis oder das Preissystem muss nach der herrschenden Meinung außerdem dazu bestimmt und dazu geeignet sein, einen oder mehrere Mitbewerber vom Markt zu verdrängen.[605] Der Tatbestand enthält demnach eine subjektive und eine objektive Komponente.[606] 164

(1) Preise, die **gezielt die Preise eines bestimmten Mitbewerbers angreifen** und ihn dadurch in der wirtschaftlichen Entfaltung behindern, können wettbewerbswidrig sein,[607] wenn die Gegenpreise unter den Selbstkosten des Anbieters liegen.[608] Es ist zwar zulässig, dieselben Waren wie der Konkurrent zu einem günstigeren Preis anzubieten und werbend darauf hinzuweisen.[609] Immerhin lässt § 6 Abs. 2 Nr. 2 sogar eine vergleichende Werbung mit Preisen ausdrücklich zu. 165

---

[592] BGH GRUR 1990, 371, 372 – *Preiskampf;* OLG Karlsruhe GRUR 1983, 187, 188 – *Asbach Uralt.*

[593] BGH GRUR 1990, 685, 686 – *Anzeigenpreis I;* BGH GRUR 1979, 321, 322 – *Verkauf unter Einstandspreis;* GRUR 1960, 331, 334 – *Schleuderpreise.*

[594] BGH GRUR 1984, 204, 206 – *Verkauf unter Einstandspreis II;* GRUR 1979, 321, 322 – *Verkauf unter Einstandspreis I.*

[595] BGH GRUR 1990, 371, 372 – *Preiskampf;* GRUR 1986, 397, 400 – *Abwehrblatt II.*

[596] RG GRUR 1936, 138, 141 – *Putztuchwäscherei.*

[597] OLG Hamburg NJW 1997, 2888, 2889 – *Telefonbuch-CD.*

[598] OLG Hamburg GRUR-RR 2015, 120, 121 f.; OLG Nürnberg GRUR-RR 2010, 99, 102.

[599] BGH GRUR 2001, 80, 81 – *ad-hoc-Mitteilung.*

[600] BGH GRUR 1990, 371, 372 – *Preiskampf;* GRUR 1984, 204, 206 – *Verkauf unter Einstandspreis II.*

[601] BGH GRUR 1979, 321, 322 – *Verkauf unter Einstandspreis.*

[602] BGH GRUR 2007, 800 Rdn. 21 f. – *Außendienstmitarbeiter;* a. A. *Beater* WRP 2011, 7, 12.

[603] Trotzdem a. A. die h. M.: vgl. BGH GRUR 2009, 416 Rdn. 13 – *Küchentiefstpreis-Garantie;* OLG Hamburg GRUR-RR 2015, 120, 121 f.; *Köhler*/Bornkamm, UWG, § 4 Rdn. 10.189 ff., insbes. 10.192.

[604] *Köhler*/Bornkamm § 4 Rdn. 10.190; MünchKommUWG/*Jänich* § 4 Nr. 10 Rdn. 163 f.; *Ohly*/Sosnitza § 4 Rdn. 10/94 unter Verweis auf BGH GRUR 2006, 596, 597 – *10% billiger.*

[605] BGH GRUR 2001, 80, 81 – *ad-hoc-Mitteilung;* GRUR 1990, 687, 688 – *Anzeigenpreis II;* GRUR 1990, 371, 372 – *Preiskampf;* GRUR 1979, 321, 322 – *Verkauf unter Einstandspreis;* OLG Stuttgart NJWE-WettbR 1999, 200, 201.

[606] BGH GRUR 2009, 416 Rdn. 13 – *Küchentiefstpreis-Garantie; Köhler*/Bornkamm, UWG, § 4 Rdn. 10.189 ff.; A. A. *Lehmann* GRUR 1979, 368, 378.

[607] BGH GRUR 2006, 596, 597 – *10% billiger;* BGH GRUR 1990, 371, 373 – *Preiskampf;* OLG Karlsruhe WRP 2002, 750; a. A. *Beater,* WRP 2011, 7, 13.

[608] A. A., dem diese Aussage aber m. E. für die Fallgruppe des Preiskampfes nicht entnommen werden kann.

[609] BGH GRUR 2006, 596, 597 – *10% billiger.*

Eine öffentliche Herausforderung zum **Preiskampf**, die den Mitbewerber zwingt, entweder mit noch günstigeren Preisen zu kontern oder den Preiswettbewerb gedemütigt aufzugeben,[610] kann den Wettbewerb auf dem Markt massiv stören.[611] Dafür ist es aber noch nicht ausreichend, dass überhaupt wechselseitig günstigere Preise angeboten werden.[612] Vielmehr kommt es auf die Art und Weise an, wie der Preiskampf in der Öffentlichkeit geführt wird.

166 *(2)* Neben der Behinderung konkreter Mitbewerber können Preise unter Selbstkosten oder Einstandspreis wettbewerbswidrig sein, wenn die Preispolitik zur **Verdrängung einzelner Mitbewerbern aus dem Markt** geeignet und (so die herrschende Meinung) auch bestimmt ist (Verdrängungswettbewerb).[613] Die **wettbewerbswidrige Zwecksetzung** kann sich unmittelbar aus den Begleitumständen ergeben. Im Regelfall liegt sie nicht auf der Hand und muss aus **Indizien** hergeleitet werden.[614] Sie kann sich darin zeigen, dass ein marktstarker Unternehmer regelmäßig in gleichartigen Werbeaktionen seine Mitbewerber systematisch unterbietet oder örtlich unterschiedliche Preise fordert.[615] Ein Indiz kann auch sein, dass sich durch eine Preisreduzierung ein dem üblichen Gesamtumsatz entsprechender Mehrverbrauch nicht erwarten lässt.[616] Eine Behinderungsabsicht liegt außerdem nahe, wenn der Kalkulation **ersichtlich unvertretbare Eckdaten** zugrunde gelegt werden, die als Vorwand dienen, einen wettbewerbswidrigen Kampfpreis zu verdecken.[617] Zur Feststellung von Kampfpreisen müssen die einzelnen Faktoren der Kalkulation einschließlich der langfristigen Umsatzziele unter Berücksichtigung der wirtschaftlichen Gegebenheiten und Verhältnisse auf dem relevanten Markt ermittelt werden.[618]

167 Die **Kostenunterdeckung** ist wettbewerbsrechtlich nicht zu beanstanden.[619] Der Unternehmer hat bei der Berechnung und Festsetzung seiner Preise einen großen kalkulatorischen Ermessensspielraum. Er muss sich bei der Preisbildung nur durch ein **vernünftiges, anzuerkennendes Eigeninteresse** leiten lassen.[620] Es wird **kein Stückgewinn** verlangt.[621] Es kann sinnvoll sein, den Werbeeffekt eines Niedrigpreis-Angebots auszunutzen, um durch Mitnahmeeffekte beim sonstigen Sortiment eine Umsatz- und Gewinnsteigerung zu erzielen.[622] Es ist ebenso wenig zu beanstanden, dass zur Auflagensteigerung einer Zeitschrift auf einem übersichtlichen Markt vorübergehend der Verkaufspreis deutlich gesenkt wird.[623]

168 Die Niedrigpreispolitik muss außerdem **zur Verdrängung von Mitbewerbern aus dem Markt geeignet** sein. Die Eignung ist auf Grund der konkreten Umstände auf dem relevanten Markt festzustellen. Der relevante Markt bestimmt sich dabei nach den gleichen Grundsätzen wie im Kartellrecht.[624] Dem Markt sind sachlich nur diejenigen Produkte oder Leistungen zuzurechnen, die der Verbraucher nach Eigenschaft, Verwendungszweck und Preislage zur Deckung seines Bedarfs als austauschbar ansieht.[625] – Zur Verdrängungseignung lassen sich keine allgemeinen Regeln aufstellen.[626] Von erheblicher Bedeutung ist die **wirtschaftliche Bedeutung des Tiefpreisanbieters** auf dem relevanten Markt.[627] Dauerhafte Preise unter Selbstkosten oder dem Einstandspreis

---

[610] BGH GRUR 1990, 371, 372 f. – *Preiskampf;* OLG Karlsruhe WRP 2002, 750.

[611] BGH GRUR 1990, 371, 372 f. – *Preiskampf.*

[612] BGH GRUR 2006, 596, 597 f.– *10% billiger.*

[613] BGH WRP 2009, 432, Rdn. 13 – *Küchentiefstpreis-GGarantie;* BGH GRUR 2006, 596, 597 f. – *10% billiger; Köhler*/Bornkamm § 4 Rdn. 10.190; MünchKomm-UWG § 4 Nr. 10 Rdn. 163 f.; *Ohly*/Sosnitza § 4 Rdn. 10/94 unter Verweis auf BGH GRUR 2006, 596, 597 – *10% billiger; Köhler* WRP 2005, 645, 651; a. A. *Lehmann* GRUR 1979, 368, 378.

[614] *Köhler*/Bornkamm § 4 Rdn. 10.192.

[615] OLG Stuttgart NJWE-WettbR 1999, 200, 201. Regional unterschiedliche Preise können aber auch in regionalen Besonderheiten der Wettbewerbssituation begründet sein.

[616] Vgl. BR-Drcks. 301/03 Beschluss S. 6; BT-Drucks. 15/1487 S. 30, die insbesondere Produkte mit geringer Preiselastizität (z. B. Nahrungsmittel) erwähnen.

[617] BGH GRUR 1986, 397, 399 – *Abwehrblatt II; Kroitzsch* GRUR 1986, 401.

[618] BGH GRUR 1986, 397, 399 – *Abwehrblatt II.*

[619] BGH GRUR 1990, 687, 688 – *Anzeigenpreis II.*

[620] BGH GRUR 1984 204, 206 – *Verkauf unter Einstandspreis II;* OLG Hamburg NJW 97, 2888, 2890 – *Telefonbuch-CD.*

[621] BGH GRUR 2006, 596, 597 – *10% billiger;* GRUR 1984 204, 206 – *Verkauf unter Einstandspreis II;* OLG Hamburg NJW 1997, 2888, 2890 – *Telefonbuch-CD.*

[622] BGH GRUR 1984, 204, 206 – *Verkauf unter Einstandspreis II.*

[623] OLG Hamburg WRP 1997, 213 – *TV Today;* OLG München WRP 1996, 1216; vgl. *Mann/Smid* WRP 1997, 139, 141 ff.

[624] OLG Stuttgart NJWE-WettbR 1999, 200, 201 f.

[625] BGH GRUR 1988, 323, 324 – *Gruner + Jahr/Zeit II;* GRUR 1977, 169, 172 – *Vitamin B-12.*

[626] BGH GRUR 1984, 204, 207 – *Verkauf unter Einstandspreis II.*

[627] BGH GRUR 1992, 191, 193 – *Amtsanzeiger; Köhler*/Bornkamm § 4 Rdn. 10.191.

durch marktstarke Unternehmen stellen nach § 20 Abs. 3 Nr. 2 GWB gewöhnlich eine unbillige Behinderung der Mitbewerber dar.[628] Der nur kürzere Zeit währende Verkauf unter Selbstkosten oder unter dem Einstandspreis ist zur Verdrängung von Mitbewerbern allerdings noch nicht geeignet,[629] ebenso wenig die bloße Gefahr, dass der Einstandspreis unterschritten werden könnte.[630] Es ist erst recht nicht unlauter, wenn marktstarke Unternehmen kostendeckende Preise fordern, bei denen kleine oder mittlere Unternehmen nicht mehr konkurrenzfähig sind[631] oder sogar zur Aufgabe ihrer geschäftlichen Tätigkeiten veranlasst werden.[632] Unter-Selbstkosten-Angebote von Mitbewerbern, deren wirtschaftliche Bedeutung auf dem relevanten Markt gering ist, sind ebenfalls nicht geeignet, andere Wettbewerber zu verdrängen.[633]

b) Behinderung des Wettbewerbs. *(1)* Verkäufe unter Selbstkosten oder Einstandspreis sind wettbewerbswidrig, wenn sie dazu geeignet und (nach herrschender Meinung) auch darauf gerichtet sind, den Wettbewerb auf dem betroffenen Markt völlig oder nahezu aufzuheben.[634] Der Tatbestand enthält wiederum eine subjektive und eine objektive Komponente.[635] Die vorstehenden Erläuterungen zu Behinderung einzelner Mitbewerber gelten entsprechend. **169**

Die **Beschränkung oder Aufhebung des Wettbewerbs** durch eine aggressive Preispolitik ist nicht wettbewerbswidrig. Marktstarke oder marktbeherrschende Unternehmen dürfen als Folge der Kostendegression oder besserer Einkaufskonditionen günstiger kalkulieren und niedrigere Preise anbieten als die Konkurrenz.[636] Marktstarke und marktbeherrschende Unternehmen haben in ihrer Preispolitik aber größere Rücksicht zu nehmen als sonstige Wettbewerber. Bei ihnen spricht nach **§ 20 Abs. 3 GWB** eine Vermutung dafür, dass eine längerfristige Absatzpolitik unter der Deckungsgrenze darauf abzielt und geeignet ist, den Wettbewerb auf dem betroffenen Markt zu gefährden.[637] Außerhalb des Anwendungsbereichs der Norm lassen sich jedoch keine festen Regeln aufstellen, wann eine bestimmte Intensität oder ein bestimmter Umfang von Unter-Einstandspreis-Aktionen hierzu geeignet ist.[638] Es muss auf die jeweiligen Verhältnisse auf dem relevanten Markt und eine Prognose der weiteren Entwicklung des Marktes unter Berücksichtigung aller Umstände des Einzelfalls, abgestellt werden. **170**

(2) Eine aggressive Preispolitik kann nach § 3 UWG unlauter sein, wenn sie für sich allein oder auf Grund einer Nachahmung durch die Mitbewerber die ernstliche Gefahr begründet, dass der Wettbewerb auf dem relevanten Markt in erheblichem Maße gestört wird **(Marktstörung).**[639] Hierbei kommt es auf eine individuelle Beeinträchtigung von Mitbewerbern oder eine Behinderungsabsicht nicht an.[640] Eine Marktstörung setzt voraus, dass wegen der Marktstellung der Beteiligten und der Art des Vorgehens **eine objektive ernsthafte Gefahr für den Wettbewerb** auf dem betroffenen Markt entsteht,[641] die konkret befürchten lässt, dass Mitbewerber aus dem Markt ausscheiden müssen.[642] Bei der Beurteilung ist zu berücksichtigen, dass es keine Aufgabe des Wettbewerbsrechts ist, überkommene Strukturen auf einem Markt zu erhalten.[643] Maßgeblich ist, ob das Wettbewerbsverhalten ggfs. in Verbindung mit einer konkret zu erwartenden Nachahmung durch Mitbewerber überhaupt noch einen Wettbewerb zulässt oder nicht doch eher den Wettbewerb auf dem betroffenen Markt abschafft.[644] **171**

---

[628] BKartA NJWE-WettbR 2000, 310, 312 – *Aldi.*

[629] BGH GRUR 1992, 191, 193 – *Amtsanzeiger;* GRUR 1990, 685, 686 – *Anzeigenpreis I;* OLG Hamburg WRP 1997, 212f. – *TV Today.*

[630] BGH GRUR 2006, 596, 597 – *10% billiger.*

[631] BGH GRUR 1984, 204, 207 – *Verkauf unter Einstandspreis II.*

[632] BGH GRUR 1990, 685, 686 – *Anzeigenpreis I.*

[633] BGH GRUR 1990, 371, 372 – *Preiskampf;* OLG Köln MMR 2008, 172, 173 – *Congstar.*

[634] BGH GRUR 1990, 687, 688 – *Anzeigenpreis II;* GRUR 1990, 371, 372 – *Preiskampf;* GRUR 1979, 321, 322 – *Verkauf unter Einstandspreis;* zur Kritik siehe Rdn. 155.

[635] BGH GRUR 2006, 596, 598 – *10% billiger.*

[636] BGH GRUR 1986, 397, 399 – *Abwehrblatt II;* RGZ 134, 342, 349, 351 – *Benrather Tankstelle.*

[637] BKartA NJWE-WettbR 2000, 310, 312 – *Aldi.*

[638] BGH GRUR 1995, 624, 627 – *Hitlisten-Platten;* GRUR 1984, 204, 207 – *Verkauf unter Einstandspreis II.*

[639] BGH GRUR 1991, 616, 617 – *Motorboot-Fachzeitschrift;* BGH GRUR 1990, 371, 372 – *Preiskampf;* GRUR 1979, 321, 323 – *Verkauf unter Einstandspreis I;* OLG Karlsruhe WRP 2002, 750, 751.

[640] BGH GRUR 1991, 616, 617 – *Motorboot-Fachzeitschrift.*

[641] BGH GRUR 2006, 596, 598 – *10% billiger;* OLG Bamberg WRP 1970, 395, 396; *Mees* WRP 1992, 223, 227.

[642] *Köhler* WRP 2005, 645, 652; *Beater* § 24 Rdn. 2.

[643] BGH GRUR 1991, 616, 617 – *Motorboot-Fachzeitschrift; Mees* WRP 1992, 223, 224.

[644] BGH GRUR 1981, 746, 748 – *Ein-Groschen-Werbeaktion.*

172 Zur Feststellung einer Markstörung durch eine Niedrigpreispolitik oder gar durch das Verschenken von Leistungen müssen die gesamten **Umstände des Einzelfalles** einschließlich des Marktanteils und der Finanzkraft des Preisunterbieters, der Dauer, der Häufigkeit und der Intensität der Maßnahme sowie der Zahl, Größe und Finanzkraft der Mitbewerber ermittelt werden.[645] Eine Marktstörung droht, wenn die Preispolitik eines Mitbewerbers und seiner potentiellen Nachahmer geeignet ist, den Leistungswettbewerb auf dem konkreten Markt zu stören, ohne einen alternativen, funktionsfähigen Leistungswettbewerb zu etablieren. Für eine Marktstörung kann eine Kalkulation eines marktstarken Unternehmens sprechen, die auf Dauer nur aufgeht, wenn die Mitbewerber aus dem Wettbewerb ausscheiden oder ihr Marktverhalten zugunsten des Tiefstpreisanbieters ändern.[646] Eine Markstörung liegt außerdem vor, wenn die Preise eines marktstarken Unternehmens dauerhaft **Scheinpreise** sind, die einem Verschenken der Ware gleichkommen.

173 **c) Rechtfertigung.** Eine wettbewerbswidrige Niedrigpreispolitik kann regelmäßig nicht mit dem ebenso unlauteren Preisverhalten eines Mitbewerbers gerechtfertigt werden, solange Rechte oder berechtigte Interessen Dritter betroffen sind oder gerichtliche Hilfe in Anspruch genommen werden könnte.[647] Eine Rechtfertigung kommt nur in Betracht, wenn auf dem relevanten Markt nur die beiden sich gegenseitig bekämpfenden Unternehmen tätig sind.[648]

174 **d) Darlegungs- und Beweislast.** Die Darlegungs- und Beweislast liegt bei derjenigen Partei, die sich gegen die Niedrigpreispolitik eines anderen wehren möchte. Die andere Partei ist nicht verpflichtet, ihre Kostenstruktur und Gewinnsituation offen zu legen.[649] Die Behinderungswirkung hat keine Indizwirkung für die Unlauterkeit des beanstandeten Verhaltens.[650] Allerdings ist zu berücksichtigen, dass ein Unternehmen mit gegenüber kleinen und mittleren Unternehmen überlegener Marktmach nach § 20 Abs. 4 GWB verpflichtet sind, den sich auf Grund bestimmter Tatsachen nach allgemeiner Erfahrung bestehenden Anschein einer behindernden Ausnutzung von Marktmacht zu widerlegen und solche anspruchsbegründenden Umstände aus seinem Geschäftsbereich aufzuklären, deren Aufklärung dem betroffenen Wettbewerber oder einem Verband nach § 33 Abs. 2 nicht möglich, dem in Anspruch genommenen Unternehmen aber leicht möglich und zumutbar ist.

5. Verkauf unter Selbstkosten oder Einstandspreis im Kartellrecht

175 Im GWB gilt wie im UWG der Grundsatz, dass es einem Unternehmer freisteht, seine Preise in eigener Verantwortung zu gestalten.[651] Der Versuch eines marktbeherrschenden oder marktstarken Unternehmens, Mitbewerber mit Niedrigpreisen vom Markt zu verdrängen, kann aber gegen die **Missbrauchsverbote** des Art. 102 AEUV oder des § 19 Abs. 1 GWB verstoßen.[652] Unbillig i. S. des § 20 Abs. 3 GWB ist eine gezielte Preisunterbietung, wenn sie unter Einsatz nicht leistungsgerechter **Kampfpreise** die Verdrängung und Vernichtung des Wettbewerbers bewirken kann. Nach § 20 Abs. 3 GWB dürfen Unternehmen eine überlegene Marktmacht nicht dazu ausnutzen, kleine und mittlere Wettbewerber unmittelbar oder mittelbar unbillig zu behindern, wobei eine unbillige Behinderung z. B. darin liegt, dass Lebensmittel ohne sachlich gerechtfertigten Grund und andere Waren oder gewerbliche Leistungen nicht nur gelegentlich und ohne sachlich gerechtfertigten Grund unter Einstandspreis angeboten werden.[653] Eine Verdrängungsabsicht oder der Nachweis einer konkreten Wettbewerbsgefährdung ist in diesem Fall nicht erforderlich.[654]

6. Schleuderpreise für Markenartikel

176 Schleuderpreise können zu einer **Beeinträchtigung des Markenimages** insbesondere von hochpreisiger Ware (Luxusartikel) führen. Markenartikel dürfen trotzdem zu Niedrigpreisen oder

---

[645] BGH GRUR 2001, 80, 81 – *ad-hoc-Meldung;* GRUR 1979, 321, 322 – *Verkauf unter Einstandspreis I.*

[646] Dazu genügt aber noch nicht, dass ein Artikel aus einem großen Sortiment dauerhaft unter Einstandspreis angeboten wird (a. A. *Lehmann* GRUR 1979, 368, 379).

[647] BGH GRUR 2003, 363, 366 – *Wal*Mart;* GRUR 1990, 685, 686 – *Anzeigenpreis I;* GRUR 1990, 371, 372 – *Preiskampf.*

[648] *Köhler*/Bornkamm § 4 Rdn. 4.194.

[649] BGH GRUR 1992, 191, 193 f. – *Amtsanzeiger;* a. A. *Kroitzsch* GRUR 1985, 885, 886.

[650] A. A. *Sack* WRP 1983, 63, 66.

[651] OLG Hamburg NJW 1997, 2888, 2890 – *Telefonbuch-CD.*

[652] Vgl. BGH WRP 2011, 257 – *Entega II.*

[653] Vgl. hierzu BGH GRUR 2003, 363 – *Wal*Mart;* BKartA NJWE-WettbR 2000, 310, 312 – *Aldi.*

[654] *Ohly*/Sosnitza § 4 Rdn. 10/92; Fezer/*Osterrieth* § 4 – S 1 Rdn. 260 ff.

unter Einstands- oder Einkaufspreis angeboten werden.[655] Ein Händler ist nicht verpflichtet, sein eigenes Vertriebskonzept dem Preiskonzept des Herstellers anzupassen.[656] Der Hersteller hat eine damit verbundene Ruf- und Absatzschädigung grundsätzlich hinzunehmen.[657]

Dieser Rechtsprechung wird in der Literatur vorgeworfen, dass sie nicht ausreichend berücksich- 177
tige, dass Schleuderpreisaktionen eine gezielte **Rufausbeutung und Rufschädigung** berühmter Marken darstellten.[658] Der Handel dürfe seine Preise nicht auf Kosten anderer bestimmen.[659] Dieser Kritik folgend wurde das Angebot eines hochpreisigen Markenfernsehers in der Bewerbung einer Internetauktion zu einem Mindestangebot von 1,– DM als imageschädigende unlautere Behinderung verboten.[660] Die Argumentation verkennt jedoch, dass der Markenartikelhersteller sein Vertriebskonzept über ein selektives Vertriebsbindungssystem weitgehend schützen kann.[661] Der Verbraucher ist außerdem an besondere Verkaufsaktionen mit Markenartikeln gewöhnt und wird aus dem günstigen Preis nicht zwangsläufig auf ein schlechteres Image des Produkts schließen. Ein Verkauf berühmter Markenware unter Einstandspreis ist deshalb grundsätzlich nicht unlauter.[662] Erst wenn der Preis aufgrund der Umstände des Einzelfalls das Markenimage oder die Ware gemäß § 4 Nr. 1 herabsetzt oder verunglimpft, liegt auch ein Verstoß gegen § 4 Nr. 4 vor. Dafür ist ein niedrigerer Preis allein nicht ausreichend

7. Irreführung der angesprochenen Verkehrskreise

Das Angebot einzelner Artikel zu einem auffälligen Preis kann die angesprochen Verkehrskreise 178
unter Umständen über die Preisbemessung des Gesamtangebots irreführen **(Lockvogelangebote)**.[663] Diese Gefahr wurde angenommen, wenn der Verbraucher genaue Preisvorstellungen von dem Produkt hatte und die Angebote zu Niedrigpreisen nicht deutlich genug als Sonderangebote gekennzeichnet wurden.[664] Dem informierten, verständigen und situationsadäquat aufmerksamen Verbraucher ist heute aber bekannt, dass Handelsunternehmen mit breiter Sortimentspalette die einzelnen Artikel unterschiedlich kalkulieren und ein besonders günstiger Preis eines oder mehrerer Artikel keinen Aufschluss über die Preisbemessung des übrigen Angebots gibt. Der Verbraucher wird eher getäuscht, wenn ein Discounter, einen oder einzelne Artikel besonders teuer auspreist und als besonderes Angebot bewirbt.

8. Schleuderpreise als übertriebenes Anlocken

Sonderangebote unter dem Einstandspreis sind **kein übertriebenes Anlocken.**[665] Sie führen zu 179
keinem psychologischen **Kaufzwang**,[666] solange die Rationalität der Nachfrageentscheidung beim angesprochenen Verkehr nicht ganz in den Hintergrund tritt.[667] Gegen das Angebot von Fotoabzügen zu 1 Cent hatte der BGH nichts einzuwenden.[668] Es geht deshalb zu weit, bei einer Internetversteigerung im Mindestgebot von 1,– DM für einen hochpreisigen Markenfernsehers ein übertriebenes Anlocken zu sehen, zumal der Verkehr nicht ernsthaft damit rechnen wird, das Produkt zu diesem Preis ersteigern zu können.[669]

---

[655] BGH GRUR 1984, 204, 206 – *Verkauf unter Einstandspreis II; Ulmer* WRP, 1987, 299; *Lehmann* GRUR 1984, 313; *Gaedertz* GRUR 1980, 813.

[656] BGH GRUR 1984, 204, 206 – *Verkauf unter Einstandspreis II.*

[657] BGH GRUR 1984, 204, 207 – *Verkauf unter Einstandspreis II;* OLG Karlsruhe GRUR 1993, 187, 189 – *Asbach Uralt.*

[658] *Ulmer* WRP 1987, 299, 304f. m. w. N.; *Klette* GRUR 1984, 207, 208; *Sack* WRP 1983, 63, 68f.

[659] *Ulmer* WRP 1987, 299, 307.

[660] OLG Hamburg ZUM-RD 2002, 243, 244.

[661] *Lehmann* GRUR 1979, 368, 376.

[662] OLG Karlsruhe GRUR 1993, 187, 190 – *Asbach Uralt; Ohly*/Sosnitza § 4 Rdn. 10/93.

[663] Siehe hierzu unten *Weidert* § 5 D, Rdn. 92f.

[664] BGH GRUR 1979, 116, 117 – *Der Superhit;* GRUR 1978, 652, 653 – *mini-Preis;* GRUR 1978, 649, 651 – *Elbe-Markt;* GRUR 1970, 33, 34 – *Lockvogel;* OLG Karlsruhe GRUR 1993, 187, 190 – *Asbach Uralt; Lehmann* GRUR 1979, 368, 375; weitergehend *Sack* WRP 1983, 63, 64.

[665] BGH GRUR 1979, 321, 323 – *Verkauf unter Einstandspreis.* Zum übertriebenen Anlocken siehe oben *Stuckel* § 4 Nr. 1 Rdn. 62.

[666] BGH GRUR 1979, 321, 323 – *Verkauf unter Einstandspreis;* OLG Karlsruhe GRUR 1983, 187, 189 – *Asbach Uralt.*

[667] Siehe zum übertriebenen Anlocken oben *Stuckel* § 4 Nr. 1 Rdn. 62.

[668] BGH WRP 2003, 1101 – *Foto-Aktion.*

[669] OLG Hamburg ZUM-RD 2002, 243.

VII. Unberechtigte Abmahnung von Wettbewerbsverstößen

1. Allgemeines

180 Die **Abmahnung eines Wettbewerbsverstoßes** ist mit der Forderung einer strafbewehrten Unterlassungserklärung und der Androhung gerichtlicher Schritte für den Fall verbunden, dass die darin geforderte Unterlassungserklärung nicht abgegeben wird. Sie zwingt den Abgemahnten dazu, sich mit ihr zu befassen, personelle und sachliche Betriebsmittel einzusetzen, ggfs. externen Rat einzuholen und Kosten zu verursachen. Wenn der Abgemahnte der Unterlassungsforderung nachkommt, muss er sogar sein Verhalten entsprechend verändern und gegebenenfalls Werbe-, Informations-, Bestell- und sonstige Materialien vernichten und mit Änderungen neu produzieren.[670] Kurzum: die Abmahnung behindert den Abgemahnten und hält ihn von seiner eigentlichen geschäftlichen Tätigkeit ab.

2. Wettbewerbsrechtliche Beurteilung

181 **Berechtigte Abmahnungen** sind nie unlauter.[671] Abmahnungen sind gemäß § 12 Abs. 1 bei wettbewerbswidrigen geschäftlichen Handlungen erwünscht.[672] Außerdem ‚behindern' berechtigte Abmahnungen den Mitbewerber nur bei der Fortsetzung seines wettbewerbswidrigen Verhaltens. Abmahnungen eines Wettbewerbsverstoßes sind deshalb selbst dann nicht wettbewerbswidrig, wenn der Abmahnende nicht aktivlegitimiert ist.[673]

182 **Unberechtigte wettbewerbsrechtliche Abmahnungen** sind in der Regel ebenfalls nicht wettbewerbswidrig.[674] Wenn die Abmahnung von einer Person oder Organisation ausgesprochen wird, die ihre Aktivlegitimation aus § 8 Abs. 3 Nr. 2 bis 4 UWG herleitet, fehlt es oft schon an einer geschäftlichen Handlung gemäß § 2 Abs. 1 Nr. 1. Ein Wettbewerber, der Anhaltspunkte für ein wettbewerbswidriges Verhalten eines Mitbewerbers hat, muss sich seinerseits nicht durch sachliche oder rechtliche Zweifel von einer Abmahnung abhalten lassen.[675] Wenn jede unberechtigte Abmahnung unlauter wäre, würde das vom Gesetzgeber privatrechtlich organisierte System der Verfolgung von Wettbewerbsverstößen gefährdet, in dessen Rahmen das Institut der Abmahnung dem Interesse an einer effektiven und beschleunigten Abhilfe von Wettbewerbsverstößen dient.[676] Ein abgemahnter Wettbewerber ist nicht schutzlos. Er kann die Rechtslage durch eine negative Feststellungsklage (§ 256 ZPO) klären lassen.[677]

183 Unberechtigte wettbewerbsrechtliche Abmahnungen sind nur wettbewerbswidrig, wenn zur mangelnden sachlichen oder rechtlichen Begründetheit der Abmahnung **zusätzliche unlauterkeitsbegründende Umstände** hinzutreten. Dazu gehört, dass in der Abmahnung falsche oder irreführende Angaben gemacht werden[678] oder der Abmahnende positive **Kenntnis von der mangelnden Berechtigung** hat.[679] Das bloße Fehlen greifbarer Anhaltspunkte genügt aber noch nicht.[680] Der Umstand, dass eine Abmahnung rechtsmissbräuchlich war, soll allerdings noch nicht genügen.[681]

---

670 OLG Frankfurt NJW-RR 1991, 1006; OLG Hamm WRP 1980, 216, 218.

671 BGH GRUR 2001, 354, 355 – *Verbandsklage gegen Vielfachabmahner;* GRUR 1994, 841, 843 – *Suchwort;* GRUR 1985, 571, 573 – *Feststellungsinteresse;* WRP 1965, 97, 98 – *Kaugummikugeln;* OLG Hamm WRP 1980, 216, 217.

672 *Omsels* WRP 2004, 136, 142 f.

673 BGH GRUR 2001, 354, 355 – *Verbandsklage gegen Vielfachabmahner.*

674 BGH GRUR 2001, 354, 355 – *Verbandsklage gegen Vielfachabmahner;* OLG Frankfurt NJW-RR 1991, 1006.

675 BGH WRP 1965, 97, 99 – *Kaugummikugeln.*

676 OLG Frankfurt NJW-RR 1991, 1006. Als weiterer Grund wird angegeben, dass der Verwarnte dem Sachverhalt in der Regel näher steht als der Verwarnende (BGH WRP 1965, 97, 99 – *Kaugummikugeln*) und dass die Abmahnung eine Meinungsäußerung ist, die wegen der Drittwirkung von Art. 5 Abs. 1 GG in wettbewerbsrechtlichen Auseinandersetzungen hinzunehmen ist (BGH GRUR 1994, 841, 843 – *Suchwort;* GRUR 1985, 571, 573 – *Feststellungsinteresse;* GRUR 1969, 479, 481 – *Colle de Cologne;* OLG Hamburg Magazindienst 2003, 341, 345).

677 BGH GRUR 2001, 354, 355 – *Verbandsklage gegen Vielfachabmahner;* GRUR 1969, 479, 481 – *Colle de Cologne;* OLG Hamm NJOZ 2010, 2522; OLG Frankfurt NJW-RR 91, 1006; GRUR 1990, 642.

678 OLG Frankfurt, Urt. v. 6.12.2005 – 11 U 28/05.

679 Dabei handelt es sich um einen Ausnahmefall von der Regel, dass subjektive Umstände bei der Beurteilung der Unlauterkeit einer Behinderung keine Rolle spielen. Die Ausnahme hat ihren Grund darin, dass selbst objektiv unberechtigte Abmahnungen als rechtmäßig hingenommen werden.

680 OLG Hamburg Magazindienst 2003, 341, 345.

681 BGH GRUR 2001, 354, 355 – *Verbandsklage gegen Vielfachabmahner;* zweifelhaft, da sich auf das Privileg, Wettbewerber mit unberechtigten Abmahnungen behindern zu dürfen, nicht mehr berufen kann, wer dieses

3. Schadenersatz und Kostenerstattung

Ein **Schadenersatzanspruch nach § 9 UWG** wegen der Kosten, die der Abgemahnte zur Prüfung und Abwehr aufwenden musste, besteht nur, wenn die unberechtigte Abmahnung ausnahmsweise wettbewerbswidrig ist. Bei einer **rechtsmissbräuchlichen Abmahnung** sieht **§ 8 Abs. 4 S. 2** einen Kostenerstattungsanspruch vor. Ein vertraglicher Schadenersatzanspruch scheidet bei unberechtigten Abmahnungen aus, weil durch die fruchtlose unberechtigte Abmahnung kein **Vertragsverhältnis,** nicht einmal eine **wettbewerbsrechtliche Sonderbeziehung eigener Art** begründet wird.[682] Ein Anspruch aus § 311 Abs. 2 BGB (Verschulden bei Vertragsschluss) scheitert daran, dass aus der unberechtigten Abmahnung keine besonderen Rücksichtnamepflichten resultieren.[683] Die Abwehr einer unberechtigten Abmahnung ist schließlich **keine Geschäftsführung ohne Auftrag.** Die Abwehr dient objektiv ausschließlich der Wahrung der eigenen Interessen des Abgemahnten, dem der Wille fehlt, ein fremdes Geschäft zu führen.[684] 184

Ein Kostenerstattungsanspruch wegen einer unberechtigten Abmahnung ergibt sich nicht aus § 12 Abs. 1 S. 2 UWG analog.[685] Ob daneben noch Raum für einen Erstattungsanspruch des Gläubigers aus einer berechtigten Geschäftsführung ohne Auftrag verbleibt, ist streitig.[686] Teils wird angenommen, dass ein Rückgriff auf die GoA im UWG – anders als bei Schutzrechtsverwarnungen[687] – durch § 12 Abs. 1 S. 2 UWG ausgeschlossen ist. Nach anderer Auffassung lassen sich § 12 Abs. 1 S. 2 UWG und GoA nebeneinander anwenden. In diesem Falle könnte bei einer unberechtigten Abmahnung vom Abgemahnten ein **Schadenersatzanspruch aus § 678 BGB** geltend gemacht werden,[688] wenn der Abmahner bei gehöriger Beachtung der Sorgfaltspflichten erkennen musste, dass die Abmahnung unberechtigt war und zu dem wirklichen oder mutmaßlichen Willen des Abgemahnten im Widerspruch stand.[689] Die Sorgfaltspflichten des Abmahnenden dürfen jedoch nicht hoch angesetzt werden,[690] weil die Bekämpfung unlauteren Wettbewerbs durch Wettbewerber und die sonstigen in § 8 Abs. 3 UWG genannten Mitbewerber und Organisationen bei einem drohenden Schadenersatzanspruch übermäßig erschwert würde, obwohl der Gesetzgeber die Wahrung des lauteren Wettbewerbs privatrechtlich organisiert und in die Hände der Marktbeteiligten gelegt hat.[691] Ein Abmahner handelt deshalb jedenfalls nicht schuldhaft, wenn er die Rechtslage selber für zweifelhaft hält oder abmahnt, obwohl ihm nicht alle erforderlichen Informationen zur Beurteilung der Rechtslage zur Verfügung stehen oder andere vernünftige Überlegungen die Abmahnung rechtfertigen.[692] 185

§ 823 Abs. 1 BGB in Verbindung mit dem **Recht am eingerichteten und ausgeübten Gewerbebetrieb** tritt als Anspruchsgrundlage für einen Schadenersatzanspruch des unberechtigt Abgemahnten gegenüber den besonderen Vorschriften des Wettbewerbsrechts als subsidiär zurück.[693] Die Vorschrift käme als Anspruchsgrundlage aber bei Personen und Organisationen in Betracht, die 186

Privileg missbraucht; a. A. auch LG Mannheim WRP 86, 56; zum Rechtsmissbrauch siehe unten *Goldmann* § 8, Rdn. 375 ff.

[682] BGH GRUR 1995, 167, 168 – *Kosten bei unberechtigter Abmahnung.*

[683] BGH GRUR 1995, 167, 169 – *Kosten bei unberechtigter Abmahnung;* OLG Köln GRUR 2001, 525, 529.

[684] OLG Hamburg WRP 1983, 422, 423; OLG Hamm WRP 1980, 216; 80, 270; LG Wiesbaden GRUR 1987, 658; *Deutsch* WRP 1999, 25, 28; a. A. *Kunath* WRP 2000, 1074, 1076.

[685] OLG Hamm NJOZ 2010, 2522; OLG München GRUR-RR 2006, 176; LG Berlin Magazindienst 2007, 868.

[686] Ablehnend *Brüning* § 12 Rdn. 79; Ahrens/*Scharen* Kap. 11 Rdn. 16.

[687] *Teplitzky,* 10. Aufl. Kap. 41 Rdn. 84.

[688] A. A. OLG Hamm NJOZ 2010, 2522.

[689] OLG München Magazindienst 2008, 1183, 1184; OLG Hamburg NJW-RR 2003, 857, 858; OLG Frankfurt GRUR 1989, 858, 859; OLG Hamm GRUR 1988, 772; OLG Hamburg WRP 1983, 422, 424; LG Stuttgart WRP 2009, 1313. Gegen § 678 BGB wird von einer verbreiteten Meinung grundsätzlich eingewendet, dass die Gegenreaktion des Abgemahnten auf seinem eigenen Entschluss beruhe (LG Mannheim GRUR 1985, 328, 329; *Ahrens* NJW 1982, 2477, 2478; *Deutsch* WRP 1999, 25, 28; vgl. auch OLG Köln GRUR 2001, 525, 529). Teilweise wird ein Ersatzanspruch auf die Kosten begrenzt, die dem Geschäftsherrn entstehen, um die Berechtigung der Abmahnung prüfen zu lassen. Weitergehende Schäden sollten dem Abmahner nicht mehr zugerechnet werden (*Teplitzky* 10. Aufl. Kap. 41 Rdn. 80).

[690] OLG Hamburg NJW-RR 2003, 857, 858; OLG Hamm GRUR 1988, 773; *Brüning* § 12 Rdn. 80; offen gelassen in OLG München Magazindienst 2008, 1183, 1186; a. A. OLG Frankfurt GRUR 1989, 858.

[691] BGH GRUR 1969, 479, 481 – *Colle de Cologne;* OLG Hamburg WRP 1983, 422, 425; *Ahrens* NJW 1982, 2477, 2479.

[692] OLG Hamm NJOZ 2010, 2522; OLG Hamburg Magazindienst 2003, 341, 345; WRP 1983, 422, 425; LG Stuttgart WRP 2009, 1313.

[693] BGH GRUR 1969, 479, 481 – *Colle de Cologne;* LG Berlin Magazindienst 2007, 868; a. A. BGH GRUR 1963, 197, 202 – *Zahnprothese-Pflegemittel;* LG Osnabrück GRUR 1984, 831; AG Hannover NJW 1982, 1001.

ihre Aktivlegitimation aus § 8 Abs. 3 Nr. 2 bis 4 UWG herleiten, weil deren Abmahnungen keine geschäftlichen Handlungen gemäß § 2 Abs. 1 Nr. 1 sind. Allerdings fehlt es aufgrund der bei dem Rahmenrecht erforderlichen Gesamtwürdigung der Interessen in der Regel an der Rechtswidrigkeit. Darüber hinaus darf auch hier das gesetzliche System der privatrechtlich organisierten Verfolgung unlauteren Wettbewerbs nicht durch einen strengen Verschuldensmaßstab gefährdet werden.[694]

187 Ein Schadenersatzanspruch kann sich aus einer **vorsätzlichen sittenwidrigen Schädigung** (§ 826 BGB) ergeben, die voraussetzt, dass das Verhalten des unberechtigt Abmahnenden gegen das Anstandsgefühl aller billig und gerecht Denkenden verstößt.[695] Diese Voraussetzung wird nur ausnahmsweise erfüllt sein, z. B. im Falle rechtsmissbräuchlicher Abmahnungen in Kenntnis ihrer auch sachlich mangelnden Berechtigung. Rechtsmissbräuchliches Verhalten allein genügt nicht.[696]

VIII. Verwarnung aus Ausschließlichkeitsrechten (Schutzrechtsverwarnung)

Schrifttum: *Ahrens,* Zum Ersatz der Verteidigungsaufwendungen bei unberechtigter Abmahnung, NJW 1982, 2477; *Blaurock,* Die Schutzrechtsverwarnung, 1970; *Brandi-Dohrn,* Die Abnehmerverwarnung in Rechtsprechung und Praxis, GRUR 1981, 679; *Deutsch,* Der BGH-Beschluss zur unberechtigten Schutzrechtsverwarnung und seine Folgen für die Praxis, GRUR 2006, 374; *Deutsch,* Gedanken zur unberechtigten Schutzrechtsverwarnung, WRP 1999, 25; *Hesse,* Ist § 14 UWG auf die Abnehmerverwarnung aus Patenten und Gebrauchsmustern anwendbar?, GRUR 1979, 438; *Horn,* Die unberechtigte Verwarnung aus gewerblichen Schutzrechten, 1971; *Kunath,* Kostenerstattung bei ungerechtfertigter Verwarnung, WRP 2000, 1074; *Lindacher,* Die Haftung wegen unberechtigter Schutzrechtsverwarnung oder Schutzrechtsklage, ZHR 144 (1980), 350; *Lindacher,* Der „Gegenschlag" des Abgemahnten, FS *von Gamm,* 1990, 83; *Mayer,* Die Folgen rechtsmissbräuchlicher Abmahnungen, WRP 2011, 534; *Meier-Beck,* Die Verwarnung aus Schutzrechten – mehr als eine Meinungsäußerung!, GRUR 2005, 535; *Meyer-Beck,* Die unberechtigte Schutzrechtsverwarnung als Eingriff in das Recht am Gewerbebetrieb, WRP 2006, 790; *Peukert,* Änderung der Rechtsprechung zu unberechtigten Schutzrechtsverwarnung?, Mitt. 2005, 73; *Quiring,* Zur Haftung wegen unbegründeter Verwarnungen, WRP 1983, 317; *Sack,* Die Haftung für unbegründete Schutzrechtsverwarnungen, WRP 2005, 253; *Sack,* Unbegründete Schutzrechtsverwarnungen, 2006; *Sack,* Die Haftung für unbegründete Schutzrechtsverwarnungen, WRP 1976, 733; *Sack,* Notwendige Differenzierungen bei unbegründeten Abnehmerverwarnung an, WRP 2007, 708; *Sack,* Unbegründete Schutzrechtsverwarnungen – lückenloser Unternehmensschutz durch das UWG seit 2004, NJW 2009, 1642; *Sessinghaus,* Abschied von der unberechtigten Schutzrechtsverwarnung – auf Wiedersehen im UWG?, WRP 2005, 823; *Teplitzky,* Zur Frage der Rechtmäßigkeit unbegründete Schutzrechtsverwarnungen, GRUR 2005, 9; *Teplitzky,* Die prozessualen Folgen der Entscheidung des Großen Senats für Zivilsachen zur unberechtigten Schutzrechtsverwarnung, WRP 2005, 1433; *Ullmann,* Die Verwarnung aus Schutzrechten – mehr als eine Meinungsäußerung?, GRUR 2001, 1027; *Ullmann,* Eine unberechtigte Abmahnung – Entgegnung, WRP 2006, 1070; *Wagner/Thole,* Kein Abschied von der unberechtigten Schutzrechtsverwarnung, NJW 2005, 3470; *Winkler,* Probleme der Schutzrechtsverwarnung, GRUR 1980, 526.

188 Mit der **Schutzrechtsverwarnung** wird die Verletzung eines Ausschließlichkeitsrechts beanstandet und der Adressat ernsthaft und endgültig aufgefordert, die Produktion, den Import oder den Vertrieb einer Ware, die Anwendung eines Verfahrens, die Verwertung eines urheber- oder geschmacksmusterrechtlich geschützten Werks oder die Verwendung eines Kennzeichens zu unterlassen. Schutzrechtsverwarnungen können auf die Verletzung von Patenten, Gebrauchsmustern, Marken und Geschäftsbezeichnungen[697] einschließlich der Werktitel, geographische Herkunftsbezeichnungen, Urheberrechte und die im Urheberrechtsgesetz verankerten Leistungsschutzrechte, Geschmacksmuster, Designrechte, Halbleiter- und Sortenschutz, Rechte an den vermögenswerten Bestandteilen des Persönlichkeitsrechts[698] und Ansprüche aus einem ergänzenden wettbewerblichen Leistungsschutz gestützt werden.[699] Den Schutzrechtsverwarnungen werden Informationsschreiben eines Wirtschaftsverbands an Mitbewerber ihrer Mitglieder gleichgestellt, die auf die Verletzung von Ausschließlichkeitsrechten durch die Adressaten hinweisen.[700] Verwarnungen wegen eines Geheimnisverrats (§ 17 UWG) oder einer Vorlagenfreibeuterei (§ 18 UWG) sind keine Schutzrechtsver-

---

[694] BGH GRUR 1969, 479, 481 – *Colle de Cologne; Teplitzky* 8. Aufl. Kap. 41 Rdn. 79.

[695] LG Mannheim WRP 1986, 56, 57.

[696] BGH GRUR 2001, 354, 355 – *Verbandsklage gegen Vielfachabmahner;.*

[697] Dazu zählen Abmahnungen, die auf § 5 Abs. 2 UWG gestützt werden nicht, da sie in der Regel nur auf die Art der Bewerbung einer Ware und Dienstleistung und nicht auf diese selbst zielt.

[698] Vgl. BGH GRUR 2000, 709 – *Marlene Dietrich;* zu Abmahnungen wegen einer Verletzung des Rechts am eigenen Bild ablehnend LG Hamburg AfP 2007, 385; *Goldbeck* AfP 2008, 139, 142.

[699] OLG Stuttgart GRUR-RR 2010, 298, 299 f.; OLG Frankfurt NJW-RR 1991, 1006, *Köhler*/Bornkamm;, § 4, Rdn. 10.169; a. A.OLG Köln GRUR-RR 2013, 24; Fezer/*Büscher* § 12 UWG, Rdn. 42; Köhler/*Bornkamm* § 12, Rdn. 1.70.

[700] BGH GRUR 2009, 878, Rdn. 18 – *Fräsautomat.*

warnungen, sondern wettbewerbsrechtliche Abmahnungen.[701] Mögliche Adressaten einer Schutzrechtsverwarnung sind der Produzent oder Anbieter einer Ware oder Dienstleistung **(Herstellerverwarnung)** sowie der Abnehmer, der eine Ware geschäftlich nutzt oder weiter vertreibt **(Abnehmerverwarnung)**.[702]

Von der Schutzrechtsverwarnung abzugrenzen sind die bloße **Berechtigungsanfragen** oder 189 Hinweise auf die Verletzung von Ausschließlichkeitsrechten. Unberechtigte Berechtigungsanfragen sind zulässig,[703] soweit sie nicht aus anderen Gründen, etwa wegen eines irreführenden Gehalts wettbewerbswidrig sind.[704] Die prozessualen Folgen der Berechtigungsanfrage sind umstritten. Wer dem Rechtsinhaber nicht oder abweisend antwortet, soll im Prozess trotzdem ein sofortiges Anerkenntnis abgeben können, wenn er nach der erfolglosen Berechtigungsanfrage nicht noch erfolglos abgemahnt wurde.[705] Nach anderer Auffassung, soll ein sofortiges Anerkenntnis nicht mehr möglich sein.[706] Diese Auffassung erscheint vorzugswürdig, da die Berechtigungsanfrage andernfalls keinen Sinn machte, weil sie dem Rechtsinhaber, der wegen einer anderweitig drohenden Schadenersatzpflicht von einer Verwarnung absehen möchte, keinen Vorteil brächte.

Die **Abgrenzung der Berechtigungsanfrage von der Schutzrechtsverwarnung** erfolgt da- 190 nach, wie der Empfänger das Anliegen unter den Umständen des konkreten Einzelfalls verstehen muss: als ernsthafte und endgültige Forderung, ein bestimmtes Verhalten sofort einzustellen, weil es ein Schutzrecht verletzt, oder als Aufforderung, sich über das Schutzrecht und eine Schutzrechtsverletzung Gedanken zu machen und ggfs. zu einer möglichen Schutzrechtsverletzung zu äußern.[707] Die Forderung einer strafbewehrten Unterlassungserklärung und die Androhung gerichtlicher Schritte sind für die Annahme einer Schutzrechtsverwarnung hinreichende, aber keine notwendigen Bestandteile.[708] Die ernsthafte und endgültige Unterlassungsforderung kann sich auch aus anderen Umständen ergeben. Die Behauptung eigener Nutzungsrechte oder einer Rechtsverletzung mit der Aufforderung zur Stellungnahme reicht nicht aus.[709] Eine Schutzrechtsverwarnung liegt nicht vor, wenn keine Unterlassung gefordert wird und der Absender sich auf die Forderung von Auskunfts- oder Schadenersatzansprüchen beschränkt.[710] – Für eine Abnehmerverwarnung gelten strengere Maßstäbe.[711] Sie kann bereits darin liegen, dass dem Abnehmer eine Abschrift der Verwarnung des Herstellers oder die Kopie eines Urteils gegen den Hersteller zugeschickt wird, wenn der Absender zu erkennen gibt, dass er die Beachtung ebenfalls vom Adressaten erwartet.[712]

Schutzrechtsverwarnungen können **bedrohliche Auswirkungen** für den Adressaten haben.[713] 191 Möglicherweise müssen die Produktion oder der Vertrieb einer Ware, vielleicht ein ganzer Geschäftszweig oder der gesamte Betrieb eingestellt werden.[714] Es droht die Vernichtung von Produktionsmitteln und Lagerbeständen. Der Verwarnte haftet ab der Schutzrechtsverwarnung außerdem nach einem sehr strengen Verschuldensmaßstab und muss nach Wahl des Verwarners als Schadenersatz eine angemessene Lizenzgebühr zahlen, seinen eigenen Gewinn herausgeben oder den entgan-

[701] BGH GRUR 2009, 878 – *Fräsautomat*; OLG Hamburg Magazindienst 2003, 341, 345; *OLG Frankfurt*, Urt. v. 6.12.2005 – 11 U 28/05; vgl. zu den Unterschieden bei der Verletzung von Ausschließlichkeitsrechten und § 4 Nr. 9 UWG auch OLG Hamburg, Beschl. v. 19.3.2007 – 5 U 33/07.

[702] Abnehmer ist nur, wer seine Entscheidungen wirtschaftlich und rechtlich vom Hersteller unabhängig trifft. Abnehmer ist nicht jeder, der die Ware nicht selber herstellt. Die mit dem Hersteller eng verbundene Vertriebsgesellschaft ist beispielweise nicht Abnehmer (*Brandi-Dohrn* GRUR 1981, 679, 683).

[703] OLG Karlsruhe GRUR 1994, 143 – *Berechtigungsanfrage; Ullmann* jurisPR-WettbR 4/2007 Anm. 2; a. A. *Sack* WRP 2007, 708, 713.

[704] OLG Karlsruhe Magazindienst 2008, 670, 672 (zu einer Irreführung durch das Verschweigen eines Einspruch gegen ein Patent).

[705] OLG Hamburg GRUR 2006, 616.

[706] *Ullmann* jurisPR-WettbR 4/2007 Anm. 2.

[707] BGH GRUR 2011, 995, Rdn. 29 – *Besonderer Mechanismus* (jedenfalls nicht bei einer Erstbegehungsgefahr); GRUR 1997, 896, 897 – *Mecki-Igel III;* OLG Koblenz, Beschl. v. 24.2.2012 – 10 U 1281/11; OLG Karlsruhe GRUR 1987, 846; GRUR 1984, 143, 144.

[708] GRUR 2011, 995, Rdn. 29 ff – *Besonderer Mechanismus*; OLG Frankfurt, Urt. v. 6.12.2005 – 11 U 28/05; OLG Karlsruhe GRUR 1987, 846 f.; GRUR 1984, 143, 144.

[709] BGH GRUR 1997, 896, 897 – *Mecki-Igel III;* LG Mannheim, Urt. v. 23.2.2007 – 7 O 276/06.

[710] OLG Düsseldorf, Beschl. v. 2.3.2009 – I-2 W 10/09.

[711] Auf die besonderen Gefahren der Abnehmerverwarnung weist auch der Große Senat des BGHs in seiner Grundsatzentscheidung zur Schutzrechtsverwarnung hin (BGH GRUR 2005, 882 – *Unberechtigte Schutzrechtsverwarnung*).

[712] BGH GRUR 1997, 896, 897 – *Mecki-Igel III;* GRUR 1995, 424, 425 – *Abnehmerverwarnung;* OLG Karlsruhe GRUR 1987, 845; OLG München WRP 1980, 228; *Brandi-Dohrn* GRUR 1981, 679, 682.

[713] BGH GRUR 2005, 882, 884 – *Unberechtigte Schutzrechtsverwarnung.*

[714] BGH GRUR 1963, 255, 257 – *Kindernähmaschinen;* OLG Hamm WRP 1980, 216 218.

genen Gewinn des Verwarners ersetzen.[715] Dabei bleibt dem Verwarnten meist nur sehr wenig Zeit, um auf die Schutzrechtsverwarnung zu reagieren. Diese Zeit reicht oft nicht aus, um den Bestand des beanspruchten Schutzrechts, beispielsweise eines komplizierten Patents zu überprüfen.

192 In den unterschiedlichen Konsequenzen von wettbewerbsrechtlichen Abmahnungen und Schutzrechtsverwarnungen liegt deren unterschiedliche Bewertung durch die Rechtsprechung begründet.[716] Während unberechtigte Abmahnungen von Wettbewerbsverstößen in der Regel nicht rechts- und wettbewerbswidrig sind, können unberechtigte Schutzrechtsverwarnungen wettbewerbswidrig sein. Sie stellen nach der ständigen Rechtsprechung des BGH jedenfalls einen Eingriff in den eingerichteten und ausgeübten Gewerbebetrieb des Verwarnten dar.[717]

1. Formale und inhaltliche Voraussetzungen einer zulässigen Schutzrechtsverwarnung

193 Für die Schutzrechtsverwarnung gelten einige besondere inhaltliche und formale Voraussetzungen. Eine Schutzrechtsverwarnung kann wegen ihres Inhalts unabhängig davon wettbewerbswidrig sein, ob sie begründet oder unbegründet ist.[718] Der Verwarnende muss **alle relevanten Tatsachen vollständig, zutreffend und unmissverständlich angeben** und klar erkennen lassen, welches Schutzrecht er geltend macht und worin eine Verletzung dieses Rechts gesehen wird. Allgemein gehaltene Hinweise gegenüber potentiellen Abnehmern auf Schutzrechtsverletzungen durch irgendwelche am Markt angebotene Waren sind aufgrund ihrer pauschal abschreckenden Wirkung unzureichend.[719] Der Hinweis auf eine Schutzrechtsverletzung darf nicht so allgemein gehalten werden, dass auch zulässige Verhaltensweisen erfasst werden.[720] Der Verwarnende muss die Möglichkeiten benennen, wie der Verwarnte das Schutzrecht und seine Verletzung prüfen kann.[721] Er ist verpflichtet, **auf** gewichtige **rechtliche oder sachliche Zweifel hinweisen.**[722] Der Verwarner muss insbesondere eine für ihn **ungünstige gerichtliche Entscheidung angeben,** die zum Schutzrecht oder seiner Verletzung ergangen ist, auch wenn die Entscheidung noch nicht rechtskräftig ist.[723] Er darf ihren Inhalt nicht verzerren. Bei einer nicht rechtskräftigen gerichtlichen Entscheidung zu Gunsten des Verwarners muss er die fehlende Rechtskraft erwähnen.[724] Ob ausländische behördliche oder gerichtliche Entscheidungen angegeben werden müssen, hängt von deren Bedeutung für die Schutzrechtslage im Inland ab.[725]

194 Für eine Schutzrechtsverwarnung bestehen nach zutreffender Ansicht **keine weiteren formalen Bedingungen.** Der Verwarner ist nicht verpflichtet, vor einer Schutzrechtsverwarnung zunächst als milderes Mittel eine Berechtigungsanfrage an den möglichen Rechtsverletzer zu richten.[726] Er muss die Verwarnung nicht zunächst auf den Hersteller einer mutmaßlich schutzrechtsverletzenden Ware beschränken und mit einer Abnehmerverwarnung abwarten, bis eine Herstellerverwarnung erfolglos geblieben ist.[727] Der Abnehmer der Ware kann – auch bei ungeprüften Schutzrechten[728] – unabhängig vom Hersteller oder Lieferanten abgemahnt werden, wenn dessen Nutzung der Ware oder deren weiterer Vertrieb ebenfalls das Schutzrecht verletzt.[729] Es besteht schließlich keine Verpflich-

---

[715] BGH GRUR 1974, 290, 291 – *Maschenfester Strumpf;* GRUR 1963, 255, 257 – *Kindernähmaschinen.*

[716] BGH GRUR 1996, 812, 813 – *Unterlassungsurteil gegen Sicherheitsleistung.*

[717] BGH GRUR 2005, 882 – *Unberechtigte Schutzrechtsverwarnung;* RGZ 58, 24 *Jutepllüsch.*

[718] BGH GRUR 1995, 424, 426 – *Abnehmerverwarnung;* WRP 1968, 50, 53 – *Spielautomat;* OLG Düsseldorf GRUR-RR 2009, 122 (Ls.).

[719] OLG München, Urt. v. 2.12.2010 – 6 U 2074/10; OLG Düsseldorf Mitt. 1996, 60, 61.

[720] BGH GRUR 2009, 878, Rdn. 21 ff. – *Fräsautomat.*

[721] BGH GRUR 2009, 878, Rdn. 21 ff. – *Fräsautomat;* OLG Düsseldorf, Urt. v. 24.1.2002 – 2 U 115/01.

[722] Zur Parallele im Patentanmeldeverfahren s. § 34 Abs. 7 PatG.

[723] OLG Düsseldorf, Urt. v. 19.6.2008 – 2 U 95/07; LG Mannheim WRP 1965, 188, 190; *Horn* S. 185; *Ohl* GRUR 1966, 172, 173 f.; *Sack* WRP 1976, 733, 734; *Ullmann* GRUR 2001, 1027, 1030; a. A. OLG Hamburg GRUR-RR 2002, 145 f.

[724] BGH GRUR 1995, 424, 426 – *Abnehmerverwarnung;* LG Mannheim WRP 1965, 188, 190.

[725] Vgl. LG Düsseldorf 1968, 156, 158.

[726] OLG München ZUM-RD 2001, 522, 524.

[727] BGH GRUR 2005, 882, 884 – *Unberechtigte Schutzrechtsverwarnung;* GRUR 1995, 424, 425 – *Abnehmerverwarnung;* OLG Karlsruhe GRUR 1987, 845; *Ullmann* GRUR 2001, 1027, 1028; *Brandi-Dohrn* GRUR 1981, 679, 682; vgl. auch OLG Karlsruhe GRUR 1984, 143, 144; a. A. noch BGH GRUR 1979, 332, 336 – *Brombeerleuchte.*

[728] OLG Düsseldorf, Urt. v. 24.1.2002 – 2 U 115/01; OLG Hamburg GRUR-RR 2002, 145, 146, *Deutsch* WRP 1999, 25, 26 f.; *Hesse* GRUR 1979, 438, 439.

[729] BGH GRUR 2005, 882, 884 – *Unberechtigte Schutzrechtsverwarnung;* GRUR 1995, 424, 425 – *Abnehmerverwarnung;* vgl. auch Obersten Gerichtshof GRUR Int. 2000, 558, 559 – *Abnehmerverwarnung;* a. A. noch BGH GRUR 1979, 332, 336 – *Brombeerleuchte,* s. a. AG Schwäbisch Gmünd NJWE-WettbR 96, 136, 137 – *Plüsch-Seehund.*

tung, von einer Schutzrechtsverwarnung allein deshalb abzusehen, weil eine vorläufige Gerichtsentscheidung eine Verletzung des Schutzrechts verneint hat.[730]

2. Berechtigte Schutzrechtsverwarnungen

Eine begründete Schutzrechtsverwarnung ist – vorbehaltlich etwaiger vorstehend genannter unlauterer Begleitumstände – zulässig. Der Inhaber eines Schutzrechts darf **alle Maßnahmen** ergreifen, **die der Abwehr von Eingriffen in sein Schutzrecht dienen**. Dazu gehört die Verwarnung mit der Forderung einer Unterlassungserklärung und der Androhung von gerichtlichen Schritten.[731] Die möglicherweise ruinösen Folgen der berechtigten Verwarnung muss der Verwarnte hinnehmen. 195

3. Die unberechtigte Schutzrechtsverwarnung

Eine Schutzrechtsverwarnung ist unberechtigt, wenn **objektiv kein Schutzrecht verletzt** wird. 196
An einer Schutzrechtsverletzung fehlt es, wenn das Schutzrecht noch nicht erteilt wurde,[732] nicht besteht[733] oder später rückwirkend wegfällt[734] oder wenn es zwar besteht, aber nicht verletzt wird,[735] weil das Schutzrecht erschöpft ist,[736] die beanstandete Handlung nicht begangen wurde oder, wenn auch nur teilweise,[737] vom Schutzrecht nicht erfasst wird.[738] Eine Schutzrechtsverwarnung ist auch unberechtigt, wenn das Schutzrecht zwar besteht und verletzt wird, nicht aber dem Verwarner zusteht. Ein **guter Glaube** des Verwarners in sein Schutzrecht ist für die Beurteilung der Berechtigung einer Schutzrechtsverwarnung ebenso wenig erheblich[739] wie der Umstand, dass ein Gericht eine Schutzrechtsverletzung in einem anderen Verfahren oder in einer früheren Instanz angenommen hat.[740] Diese Umstände können aber für die Rechtswidrigkeit oder das Verschulden von Bedeutung sein.

a) § 4 Nr. 4 UWG. Die unberechtigte Schutzrechtsverwarnung kann wettbewerbswidrig sein 197
und gegen § 4 Nr. 4 UWG verstoßen.[741] Der Verwarner handelt mit seiner Schutzrechtsverwarnung in aller Regel im geschäftlichen Verkehr. Es besteht zum Verwarnten ein Wettbewerbsverhältnis, da beide zumindest in der Auswertung des vermeintlichen Schutzrechts miteinander konkurrieren und der Abmahnende sich auf Kosten des Abgemahnten wirtschaftliche Vorteile sichern will.[742] Die Unlauterkeit muss – ebenso wie bei § 823 Abs. 1 BGB in Verbindung mit den Grundsätzen zum eingerichteten und ausgeübten Gewerbebetrieb – aufgrund einer umfassenden **Güter- und Interessenabwägung** festgestellt werden. Der Umstand, dass die Verwarnung objektiv unberechtigt ist, reicht allein nicht,[743] wenn ihm immerhin aber eine gewichtige Bedeutung zukommt, da die Privilegierung wettbewerbsrechtlicher Abmahnungen[744] für Schutzrechtsverwarnungen nicht in gleichem Maße gilt. Eine Verwarnung verstößt andererseits aber nicht erst dann gegen § 4 Nr. 4 UWG, wenn der Verwarner von ihrer mangelnden Berechtigung weiß.[745] Die unberechtigte

---

[730] OLG Hamburg GRUR-RR 2002, 145.

[731] BGH GRUR 1995, 424, 425 – *Abnehmerverwarnung;* BGH GRUR 1974, 612, 613 – *Maschenfester Strumpf;* RGZ 94, 271, 276; *Benkard/Bruchhausen* PatG Vor §§ 9–14 Rdn. 13.

[732] BGH GRUR 1951, 314, 315 – *Metall-Spritzverfahren* (Beschränkte Warnungen über die Rechtslage nach der Erteilung der Schutzrechtes werden in der Entscheidung aber für zulässig gehalten.).

[733] BGH GRUR 1963, 255 – *Kindernähmaschinen.*

[734] BGH GRUR 2006, 219, 222 – *Detektionseinrichtung II;* GRUR 1976, 715, 716 f. – *Spritzgießmaschine.*

[735] BGH GRUR 1996, 812, 813 – *Unterlassungsurteil gegen Sicherheitsleistung;* GRUR 1976, 715, 716 – *Spritzgießmaschine;* OLG Hamburg GRUR-RR 2002, 145; vgl. auch Obersten Gerichtshof GRUR Int. 2000, 558, 559 – *Abnehmerverwarnung.*

[736] BGH GRUR 2006, 433, 435 – *Unbegründete Abnehmerverwarnung;* OLG Nürnberg GRUR 1996, 48 zur Erschöpfung bei einer Lizenz nach § 23 PatG.

[737] BGH WRP 1968, 50 – *Spielautomat.*

[738] BGH GRUR 2009, 878, Rdn. 17 – *Fräsautomat.*

[739] BGH GRUR 1996, 812, 813 – *Unterlassungsurteil gegen Sicherheitsleistung;* GRUR 1963, 255 – *Kindernähmaschinen.*

[740] BGH GRUR 1996, 812, 813 – *Unterlassungsurteil gegen Sicherheitsleistung.*

[741] *Horn* S. 188 f.; *Sack* NJW 2009, 1642, 1643 f. (der den Schutzrechtsverwarnungen im Wesentlichen in § 3 UWG verortet); WRP 1976, 733, 735 f.; *Deutsch* WRP 1999, 25, 28; *Ullmann* GRUR 2001, 1027, 1029.

[742] *Beater* § 19 Rdn. 54; s. a. *Köhler* WRP 2009, 499, 506.

[743] BGH GRUR 1963, 255, 257 – *Kindernähmaschinen; Ullmann* GRUR 2001, 1027, 1029.

[744] Siehe dazu Rdn. 174.

[745] Nach *Sack,* NJW 2009, 1642, 1643 f. soll § 4 Nr. 10 UWG auf fahrlässig unberechtigte Schutzrechtsverwarnungen keine Anwendung finden.

Schutzrechtsverwarnung ist stets unlauter, wenn der Verwarner **subjektive Kenntnis** von der fehlenden Berechtigung hat,[746] oder z. B. von **neuheitsschädlichen Veröffentlichungen** oder Produkten oder **vorbekannten Gestaltungen** weiß[747] oder auf sie hingewiesen wird,[748] oder ihm sogar in einem Gerichtsurteil attestiert wurde, dass das von ihm behauptete Schutzrecht nicht oder nicht im behaupteten Umfang besteht.[749] Außerdem kann von Bedeutung sein, ob der Verwarner sich der Kenntnis der Umstände, die gegen seine Berechtigung sprechen, verschließt. Mögliche Zweifel an der Berechtigung müssen in diesen Fällen für den Verwarner einen konkreten sachlichen oder rechtlichen Bezugspunkt haben, den er bewusst übergeht.[750] Es genügt auch, wenn der Verwarnte sich mit sachlichen oder rechtlichen Argumenten gegen die Verwarnung wehrt, die dem Verwarner Anlass geben müssen, an der Berechtigung seiner Verwarnung zu zweifeln und die Schutzrechtsverletzung erneut kritisch zu überprüfen. Der Verwarner muss sich bei zwingenden Indizien **nähere Kenntnis von der Sach- und Rechtslage verschaffen** und in Zweifelsfällen besonders **sachkundigen Rechtsrat einholen**.[751] Im Übrigen muss hinsichtlich der Anforderungen an den Verwarner, sich über die Beständigkeit seines Schutzrechts und dessen Schutzumfang zu vergewissern, danach unterschieden werden, ob es sich um ein geprüftes (Patent), teilweise geprüftes (Marke) oder ein ungeprüftes Schutzrecht (Urheberrecht; Designrecht) handelt. Bei ungeprüften Schutzrechten oder Aspekten von Schutzrechten sind höhere Anforderungen zu stellen.

198 Der unberechtigten Schutzrechtsverwarnung steht die unberechtigte Einleitung eines **einstweiligen Verfügungsverfahrens oder** eines **Klageverfahrens** nicht gleich.[752] Die Einleitung gerichtlicher Maßnahmen steht jedem frei.[753] Wer einen Titel erwirkt oder aus einem Titel vollstreckt, handelt nicht rechtswidrig. Die Einleitung von gerichtlichen Schritten oder die Vollstreckung gerichtlicher Entscheidungen kann aber wettbewerbswidrig sein, wenn sich darin das rechtswidrige Verhalten niederschlägt oder fortsetzt, das einer Verwarnung das Gepräge der Unlauterkeit verleiht.[754] Weil es jedem freisteht, sein vermeintliches Recht gerichtlich geltend zu machen, besteht in solchen Fällen aber kein Anspruch des Wettbewerbers darauf, dass der Verwarner keine gerichtlichen Schritte einleitet.[755]

199 **b) § 4 Nr. 1, 2 UWG.** § 4 Nr. 2 UWG erfasst nur **Äußerungen über Dritte.** Die Herstellerverwarnung scheidet aus diesem Grunde von vornherein aus dem Anwendungsbereich der Vorschrift aus.[756] Die Abnehmerverwarnung kann demgegenüber § 4 Nr. 2 UWG verletzen,[757] wenn sie falsche Tatsachenbehauptungen enthält, z. B. falsche Behauptungen über die Produkteigenschaften oder Funktionsweisen der Ware eines anderen Herstellers[758] oder über die Erteilung oder den Fortbestand eines Schutzrechts.[759] Ob die Behauptung, dass ein Schutzrecht verletzt wird, ebenfalls eine Tatsachenbehauptung ist, ist streitig.[760] Diese Auffassung führt über die Verteilung der Darlegungs- und Beweislast des § 4 Nr. 2 UWG zu einer verschuldenslosen Gefährdungshaftung für jede objektiv unberechtigte Verwarnung. Für die herrschende Meinung ist demgegenüber maßgebend, ob der Empfänger die Verwarnung als eine **Tatsachenbehauptung oder** lediglich als eine **Bewertung der Rechtslage** versteht, wobei in der Regel eine Wertung angenommen

---

[746] BGH GRUR 2002, 269 – *Sportwetten-Genehmigung;* GRUR 1991, 914 (915) – *Kastanienmuster;* GRUR 1963, 255, 257 – *Kindernähmaschinen.*

[747] *Ullmann* GRUR 2001, 1027, 1030.

[748] OLG Dresden NJWE-WettbR 1999, 49; vgl. BGH GRUR 1963, 255 – *Kindernähmaschinen.*

[749] OLG Dresden NJWE-WettbR 1999, 49.

[750] BGH GRUR 1963, 255, 257 – *Kindernähmaschinen;* OLG Dresden NJWE-WettbR 1999, 49, 50; *Teplitzky* 10. Aufl. Kap. 41 Rdn. 76.

[751] Vgl. für den Fall möglicher Rechtsverstöße BGH GRUR 2002, 269, 270 – *Sportwetten-Genehmigung.*

[752] A. A. noch BGH GRUR 1996, 812, 813 – *Unterlassungsurteil gegen Sicherheitsleistung;* BGH GRUR 1963, 255, 258 – *Kindernähmaschinen.*

[753] BGH GRUR 2005, 882, 884 f. – *Unberechtigte Schutzrechtsverwarnung;* GRUR 2006, 219, 222 – *Detektionseinrichtung II;* siehe auch Rdn. 198.

[754] BGH GRUR 1996, 812, 813 – *Unterlassungsurteil gegen Sicherheitsleistung.*

[755] BGH GRUR 2005, 882, 884 f. – *Unberechtigte Schutzrechtsverwarnung;* GRUR 2006, 433, 435 – *Unbegründete Abnehmerverwarnung;* GRUR 1998, 587, 589 – *Bilanzanalyse Pro7.*

[756] BGH GRUR 1963, 255, 257 – *Kindernähmaschinen; Sack,* NJW 2009, 1642, 1643.

[757] BGH GRUR 2006, 433, 434 – *Unbegründete Abnehmerverwarnung.*

[758] *Brandi-Dohrn* GRUR 1981, 679; *Hesse* GRUR 1979, 438, 442 hält solche falschen Behauptungen für wertfrei und ungeeignet, Mitbewerber zu schädigen (dagegen zu Recht *Winkler* GRUR 1980, 526, 528).

[759] *Ullmann* GRUR 2001, 1027, 1030.

[760] So Oberster Gerichtshof GRUR Int. 2000, 558, 559 f. – *Abnehmerverwarnung* (mit eingehender Diskussion von Rechtsprechung und Lehre in Deutschland); Sack NJW 2009, 1642, 1644; WRP 2007, 708, 712; *ders.,* Unbegründete Schutzrechtsverwarnungen, S. 10, 153 f.

wird.[761] Nach zutreffender Ansicht ist die Behauptung einer Schutzrechtsverletzung immer eine Wertung,[762] wie jede Subsumption eines Sachverhalts unter eine Norm immer ein Akt der Wertung ist, der dem empirischen Beweis nicht zugänglich ist. Die Wertung wird nicht dadurch zur Tatsache, dass sie mit großer Überzeugung, Nachdruck und unter der Androhung von gerichtlichen Schritten und Schadenersatzansprüchen vorgebracht wird.[763] Die verschuldensunabhängige Gefährdungshaftung, die § 4 Nr. 2 begründen würde, wird vom BGH ausdrücklich abgelehnt.[764]

Soweit § 4 Nr. 2 UWG ausscheidet, weil die Behauptung einer Schutzrechtsverletzung keine Tatsachenbehauptung ist, kommt ein Anspruch aus **§ 4 Nr. 1 UWG** wegen der Herabsetzung der Waren oder Leistungen eines Mitbewerbers in Betracht. Im Rahmen dieser Vorschrift findet wiederum eine Güter- und Interessenabwägung statt, wie sie auch bei der Beurteilung unberechtigter Schutzrechtsverwarnungen nach § 4 Nr. 4 UWG erfolgt. Beide Bestimmungen können in diesem Fall parallel angewendet werden, führen aber zum gleichen Ergebnis. 200

c) § 823 I BGB (Eingriff in den Gewerbebetrieb). *aa)* Die unberechtigte Schutzrechtsverwarnung stellt nach ständiger Rechtsprechung einen **Eingriff in das Recht am eingerichteten und ausgeübten Gewerbebetrieb** des Verwarnten dar.[765] Sie ist betriebsbezogen, weil sie den gewerblichen Tätigkeitsbereich des Verwarnten unmittelbar betrifft. Der Eingriff liegt in der Verwarnung als solcher und nicht erst in der Produktions- oder Vertriebseinstellung, die der Verwarnte daraufhin verfügt.[766] Diese Einstellung der Produktion oder des Vertriebs ist eine adäquat kausale und vom Verwarner beabsichtigte Folge der Schutzrechtsverwarnung.[767] 201

Die **Abnehmerverwarnung** ist zugleich ein Eingriff in das Recht am eingerichteten und ausgeübten Gewerbebetrieb des Herstellers oder Zulieferers der Ware sowie des Lizenzgebers, weil zu deren Gewerbebetrieb auch der **Kundenstamm** gehört.[768] Es ist nicht erforderlich, dass zwischen dem Hersteller, Zulieferer oder Lizenzgeber und dem verwarnten Abnehmer unmittelbare vertragliche Beziehungen bestehen.[769] Die Schutzrechtsverwarnung greift aber nicht in das Recht am Gewerbebetrieb der Zulieferer eines Herstellers ein, soweit sich die in der Verwarnung liegende Behinderung nicht ihm gegenüber als unberechtigte Inanspruchnahme eines Ausschließlichkeitsrechts darstellt. Da gilt auch dann, wenn der Zulieferer objektiv als mittelbarer Patentverletzer in Betracht kommt.[770] 202

Wer eine Schutzrechtsverwarnung ausgesprochen hat, ist verpflichtet, sie zurückzunehmen, sobald er erkennt oder erkennen muss, dass sie unberechtigt ist. Verletzt er die **Verpflichtung zur Rücknahme der Verwarnung,** liegt darin ebenfalls ein Eingriff in den eingerichteten und ausgeübten Gewerbebetrieb des Verwarnten.[771] 203

Die **unberechtigte Klage** oder der unberechtigte **Antrag auf Erlass einer einstweiligen Verfügung** sowie die unberechtigte **Vollstreckung** aus einem nicht rechtskräftigen Unterlassungstitel wurden in der Rechtsprechung lange der unberechtigten Verwarnung gleichgestellt.[772] Diese Rechtsprechung wurde durch die Entscheidung des Großen Senats des BGH zur unberechtigten Schutzrechtsverwarnung weitgehend obsolet. Danach darf niemandem die gerichtliche Prüfung 204

---

[761] BGH WRP 1968, 50, 51 – *Spielautomat;* OLG Karlsruhe GRUR-RR 2003, 230; OLG Dresden NJWE-WettbR 1999, 49, 50; OLG München WRP 1980, 228, 229; *Benkard/Bruchhausen* PatG Vor §§ 9–14 Rdn. 15.

[762] MünchKomm-UWG § 4 Nr. 10 Rdn. 125; *Ullmann* GRUR 2001, 1027, 1030; *Lindacher* ZHR 144 (1980), 350, 361; *Winkler* GRUR 1980, 526, 528; *Hesse* GRUR 1979, 438, 443.

[763] A. A. *Beater* § 19 Rdn. 55.

[764] BGH GRUR 1997, 741 f. – *Chinaherde;* GRUR 1974, 290 – *Maschenfester Strumpf;* GRUR 1971, 86 – *Fahrradgepäckträger II;* GRUR 1963, 255, 257 – *Kindernähmaschinen;* a. A. für die Abnehmerverwarnung *Lindacher* ZHR 144 (1980), 350, 361.

[765] BGH GRUR 2005, 882, 883 – *Unberechtigte Schutzrechtsverwarnung;* GRUR 2007, 313, 314 – *Funkuhr II;* GRUR 2006, 433, 434 – *Unbegründete Abnehmerverwarnung;* GRUR 2006, 219, 222 – *Detektionseinrichtung II;* st. Rspr. seit RGZ 58, 24, 27 ff. – *Juteartikel.*

[766] BGH GRUR 1977, 805, 807 – *Klarsichtverpackung;* GRUR 1974, 290, 291 – *Maschenfester Strumpf* (allerdings mit dogmatischen Zweifeln); *Utescher* GRUR 1977, 808; a. A. *Kunath* WRP 2000, 1074, 1075.

[767] *Sack* WRP 1976, 733, 735.

[768] BGH GRUR 2005, 882, 883 – *Unberechtigte Schutzrechtsverwarnung;* GRUR 2007, 213, 215 – *Funkuhr II;* GRUR 2006, 219, 222 – *Detektionseinrichtung II;* GRUR 2006, 433, 434 – *Unbegründete Abnehmerverwarnung;* GRUR 1995, 424 ff. – *Abnehmerverwarnung;* GRUR 1979, 332 ff. – *Brombeerleuchte;* GRUR 1977, 805, 807 – *Klarsichtpackung;* WRP 1968, 50, 51 – *Spielautomat;* OLG Hamm, Urt. v. 11.2.2010 – 4 U 75/09; OLG Hamburg GRUR-RR 2003, 257, 259 f.; OLG Nürnberg GRUR 1996, 48, 49.

[769] OLG Hamburg GRUR-RR 2003, 257, 260.

[770] BGH GRUR 2007, 313, 315 – *Funkuhr II;* s. a. BGH GRUR 1977, 805 ff. – *Klarsichtverpackung.*

[771] BGH GRUR 1978, 492, 495 – *Fahrradgepäckträger II.*

[772] BGH GRUR 1996, 812, 813 – *Unterlassungsurteil gegen Sicherheitsleistung;* GRUR 1963, 255, 258 – *Kindernähmaschinen;* OLG Karlsruhe GRUR 2003, 230; MünchKomm-*Mertens* § 823 Rdn. 493.

eines auch nur vermeintlich bestehenden Anspruchs verwehrt werden.[773] Dieser Grundsatz gilt aber nur im Verhältnis der Parteien eines Rechtsstreits. Dritten wie etwa dem Lieferanten des gerichtlich in Anspruch genommenen Abnehmers kann daher aus der unberechtigten Geltendmachung eines Schutzrechts ein Schadenersatzanspruch zustehen. Sie können sich aber ebenfalls nicht gegen die Einleitung gerichtlicher Maßnahmen als solcher zur Wehr setzen.[774]

205 *bb) Rechtswidrigkeit.* Bis zur Entscheidung des Großen Senats des BGH zur unberechtigten Schutzrechtsverwarnung wurde angenommen, dass sich die Rechtswidrigkeit einer unberechtigten Schutzrechtsverwarnung bereits aus der **objektiv fehlenden Berechtigung** der Verwarnung ergibt.[775] Sie entfiel auch dann nicht, wenn für den Verwarner kein Grund bestand, an seinem Schutzrecht zu zweifeln.[776] Es sollte allein darauf ankommen, dass das Schutzrecht zum Zeitpunkt der Verwarnung tatsächlich nicht bestand.

206 Der für Wettbewerbsstreitigkeiten zuständige I. Zivilsenat des BGH hat diese Rechtsprechung zwischenzeitlich in Frage gestellt, jedoch noch nicht verworfen. Er betont in jüngeren Entscheidungen allerdings zutreffend, dass das Recht am eingerichteten und ausgeübten Gewerbebetrieb ein offener Tatbestand ist, dessen Inhalt und Grenzen sich erst aus einer Interessen- und Güterabwägung mit der im Einzelfall konkret kollidierenden Interessensphäre anderer ergeben. Die Rechtswidrigkeit wird nicht durch den Eingriff in das Recht indiziert, sondern ist in jedem Einzelfall unter Heranziehung aller Umstände festzustellen.[777] Es besteht kein Grund, von dieser Rechtslage bei Schutzrechtsverwarnungen abzusehen.[778] Vielmehr kann dadurch den unterschiedlichsten Sachverhaltskonstellationen Rechnung getragen werden, ohne dass der Verwarnte dadurch schutzlos gestellt würde. Es können verschiedene Abwägungsgesichtspunkte zum Tragen kommen, die auch ein unbegründetes Vorgehen aus einem Schutzrecht gerechtfertigt erscheinen lassen.[779] Ein gewichtiger Gesichtspunkt bei der Abwägung ist es u. a., ob die Tatsachen, die für oder gegen eine Schutzrechtsverletzung sprechen, besser vom Rechtsinhaber oder vom potentiellen Rechtsverletzer überprüft werden können. Schutzrechtsverwarnungen gegenüber einem Online-Marktplatz können daher gerechtfertigt sein, weil dessen Verantwortlichkeit für eine Schutzrechtsverletzung erst nach einer ersten Verletzungsanzeige entsteht und auch danach vom Rechtsinhaber nicht mit Sicherheit festgestellt werden kann, da sie davon abhängen kann, welche Filter eingesetzt wurden, um weitere Verstöße zu vermeiden.[780] Zu Lasten des Rechtsinhabers kann in anderen Fällen zu berücksichtigen sein, ob die Schutzrechtsverwarnung wegen einer eingetretenen Erschöpfung unberechtigt war. Während der Rechtsinhaber nämlich ohne weiteres feststellen kann, ob seine Produkte im Europäischen Wirtschaftsraum mit seiner Genehmigung in Verkehr gebracht worden sind, verfügen Händler und Abnehmer der Ware meist nicht über vergleichbare Informationen und Kontrollmöglichkeiten.[781]

207 **d) Verschulden.** *aa) Verschulden des Verwarnenden.* Für unberechtigte Schutzrechtsverwarnungen – ob sie nach § 823 Abs. 1 BGB oder nach § 4 Nr. 4 UWG beurteilt werden[782] – gilt wegen der damit verbundenen weitreichenden Konsequenzen ein **strenger Verschuldensmaßstab.**[783] Darin liegt der Ausgleich für den strengen Sorgfaltsmaßstab, dem Dritte zur Vermeidung von Schutzrechtsverletzungen unterliegen.[784] Die Anforderungen an die Sorgfaltspflichten des Verwarners dürfen andererseits nicht so groß sein, dass er wegen des drohenden Haftungsrisikos von der Geltendmachung berechtigter Ansprüche abgehalten wird.[785] Es besteht **keine Gefährdungshaf-**

---

[773] BGH GRUR 2005, 882, 884 f. – *Unberechtigte Schutzrechtsverwarnung;* GRUR 2006, 433, 435 – *Unbegründete Abnehmerverwarnung;* GRUR 1998, 587, 589 – *Bilanzanalyse Pro7.*

[774] BGH GRUR 2006, 219, 222 – *Detektionseinrichtung II.*

[775] BGH GRUR 1996, 812, 813 – *Unterlassungsurteil gegen Sicherheitsleistung;* GRUR 1963, 255, 257 – *Kindernähmaschinen;* ständige Rechtsprechung seit RGZ 58, 24, 27 – *Juteartikel;* insgesamt kritisch *Sack* WRP 1976, 733, 736.

[776] BGH GRUR 1963, 255, 257 – *Kindernähmaschinen.*

[777] BGH GRUR 2006, 432, 433 – *Verwarnung aus Kennzeichenrechten II;* s. a. BGH GRUR 2006, 433, 435 – *Unbegründete Abnehmerverwarnung;* GRUR 1973, 90; NJW-RR 2005, 1175; *Köhler*/Bornkamm, § 4, Rdn. 10.180.

[778] *Ohly*/Sosnitza § 4 Rdn. 10/38; a. A. *Meyer-Beck* WRP 2006, 790, 791.

[779] BGH GRUR 2006, 432, 433 – *Verwarnung aus Kennzeichenrechten II; Sack* BB 2005, 2368, 2370 f.; *Wagner/Thole,* NJW 2005, 3470, 3471 f.; *Teplitzky* GRUR 2005, 9, 14; WRP 2005, 1433 f.; *Horn* S. 157; *Ullmann* GRUR 2001, 1027, 1029.

[780] LG Berlin MD 2007, 410, 411 f.

[781] BGH GRUR 2006, 433, 435 – *Unbegründete Abnehmerverwarnung.*

[782] *Beater* § 19 Rdn. 59.

[783] BGH GRUR 2006, 432, 433 – *Verwarnung aus Kennzeichenrechten II.*

[784] BGH GRUR 1977, 250, 252 f. – *Kunststoffhohlprofil.*

[785] BGH GRUR 1995, 424,425 – *Abnehmerverwarnung; Sack* WRP 1976, 733.

tung.[786] Es soll auch keine Verpflichtung des Schutzrechtsinhabers bestehen, vor einer Schutzrechtsverwarnung zunächst eine Berechtigungsanfrage an den möglichen Rechtsverletzer zu richten.[787]

Der Verwarner handelt nicht schuldhaft, wenn er sich durch eine **gewissenhafte Prüfung** die Überzeugung verschafft hat, sein Schutzrecht werde rechtsbeständig sein.[788] Bei der Prüfung der Verschuldensfrage wird vorrangig auf die folgende **Kriterien** abgestellt: 208

- Für die Annahme eines Verschuldens genügt nicht die – nie auszuschließende – Möglichkeit, dass das Schutzrecht keinen Bestand haben könnte.[789] Die möglichen Zweifel an der Rechtslage müssen einen konkreten Bezugspunkt haben, der vom Verwarner hätte beachtet werden können.[790]
- Bei Verwarnungen aus **ungeprüften Schutzrechten** wird vom Verwarner ein höheres Maß an Sorgfalt verlangt als bei einem Vorgehen aus geprüften Schutzrechten.[791] Schuldhaft handelt, wer
  • den **Stand der Technik** oder den **Formenschatz** nur unvollständig berücksichtigt oder falsch würdigt, oder
  • die **Erfindungs- oder Gestaltungshöhe** falsch einschätzt.
- Der Inhaber eines **geprüften Schutzrechts** darf im Allgemeinen darauf vertrauen, dass dieses Recht rechtsbeständig ist.[792] Er handelt jedoch schuldhaft,
  • wenn er weitergehende Kenntnisse als die Erteilungsbehörden hat, oder
  • wenn ihm Informationen, die der Schutzfähigkeit entgegenstehen, nachträglich bekannt geworden sind und er wusste, dass diese Sachverhalte dem Schutzrecht entgegenstehen, oder
  • wenn er sich dieser Erkenntnis verschließt.[793]
- Bei geprüften wie ungeprüften Rechten handelt schuldhaft, wer die Verletzungsform zu Unrecht als Eingriff in sein Recht bewertet. Allerdings gilt bei der Beurteilung, ob in den Schutzumfang des Rechts eingegriffen wird, ein etwas großzügigerer Maßstab als bei der Prüfung, ob überhaupt ein Schutzrecht besteht.[794]
- Bei der **Abnehmerverwarnung** wird ein strengerer Sorgfaltsmaßstab als bei der Verwarnung des Herstellers zugrunde gelegt, weil der Abnehmer zur Prüfung der Sach- und Rechtslage kaum in der Lage ist und sich einer Verwarnung schneller unterwerfen wird als der Hersteller.[795] Allerdings kann sich der Verwarner auch bei der Abnehmerverwarnung aus einem geprüften Schutzrecht darauf verlassen, dass sein Recht beständig ist, soweit ihm keine Umstände bekannt sind oder sein müssen, die Zweifel daran begründen können.
- Bestimmte, eine **gesteigerte Sachkenntnis** bedingende Umstände, wie sie sich etwa aus den langjährigen Erfahrungen eines bedeutenden Unternehmens ergeben, können bei der Bemessung der Sorgfaltspflicht berücksichtigt werden.[796]

Der Schutzrechtsinhaber genügt seinen Sorgfaltspflichten, wenn er auf einem Gebiet, das in technischer oder gestalterischer Hinsicht überschaubar ist, den **Rat erfahrener Rechts- und Patentanwälte** einholt, an deren Objektivität kein Zweifel besteht.[797] In schwierigeren Fällen muss er 209

---

[786] BGH GRUR 1997, 741 f. – *Chinaherde;* GRUR 1974, 290 – *Maschenfester Strumpf;* GRUR 1971, 86 – *Fahrradgepäckträger II;* GRUR 1963, 255, 257 – *Kindernähmaschinen;* a. A. für die Abnehmerverwarnung *Lindacher* ZHR 144 (1980), 350, 361.

[787] OLG München ZUM-RD 2001, 522, 524.

[788] BGH GRUR 1974, 290 – *Maschenfester Strumpf;* OLG Hamm, Urt. v. 11.2.2010 – 4 U 75/09; OLG München ZUM-RD 2001, 522.

[789] BGH GRUR 1974, 290, 292 – *Maschenfester Strumpf;* GRUR 1963, 255, 259 – *Kindernähmaschinen;* OLG München ZUM-RD 2001, 522.

[790] BGH GRUR 1974, 290, 292 – *Maschenfester Strumpf;* GRUR 1963, 255, 259 – *Kindernähmaschinen;* OLG München ZUM-RD 2001, 522.

[791] BGH GRUR 1997, 741 f. – *Chinaherde;* GRUR 1979, 332 – *Brombeerleuchte;* GRUR 1974, 290, 292 – *Maschenfester Strumpf;* GRUR 1963, 255, 259 – *Kindernähmaschinen;* OLG Hamburg GRUR-RR 2002, 145, 146; OLG München ZUM-RD 2001, 522; vgl. auch BGH GRUR 1977, 250, 252 f. – *Kunststoffhohlprofil.*

[792] BGH GRUR 2006, 432, 433 – *Verwarnung aus Kennzeichenrecht II;* BGH GRUR 2006, 219, 222 – *Detektionseinrichtung II;* GRUR 1976, 715, 717 – *Spritzgießmaschine;* OLG Karlsruhe GRUR 2003, 230, 231; OLG Düsseldorf GRUR-RR 2002, 213, 215; *Sack* WRP 1976, 733, 734.

[793] BGH GRUR 2006, 219, 222 – *Detektionseinrichtung II.*

[794] BGH GRUR 1974, 290, 292 – *Maschenfester Strumpf;* GRUR 1963, 255, 259 – *Kindernähmaschinen; Lindacher* ZHR 144 (1980), 350, 359.

[795] BGH GRUR 2009, 878, Rdn. 17 – *Fräsautomat;* BGH GRUR 2005, 882, 884 – *Unberechtigte Schutzrechtsverwarnung;* GRUR 1979, 332 – *Brombeerleuchte;* LG Düsseldorf GRUR 1968, 156, 158.

[796] BGH GRUR 1974, 290, 292 – *maschenfester Strumpf;* GRUR 1963, 255, 259 – *Kindernähmaschinen; Sack* WRP 1976, 733, 734.

[797] BGH GRUR 1974, 290, 293 – *Maschenfester Strumpf;* WRP 1968, 50, 53 – *Spielautomat.*

ergänzend die **Stellungnahme eines neutralen Sachverständigen** einholen.[798] Er darf den anwaltlichen oder sachverständigen Rat nicht ohne weiteres akzeptieren, sondern muss sich im Rahmen seiner Möglichkeiten in die Prüfung einschalten, unter Einsatz seines eigenen sachlichen Spezialwissens an ihr mitwirken[799] und beispielsweise **eigene neuheitsschädliche Handlungen berücksichtigen.**[800] Er darf nicht rechtskräftigen Urteilen nicht unbesehen vertrauen.[801] Ergeben sich nach dem Ausspruch einer Verwarnung neue Erkenntnisse, wonach die Schutzrechtsverwarnung unberechtigt sein könnte, darf er die Verwarnung nicht wiederholen. Er ist unter Umständen sogar verpflichtet, die **Schutzrechtsverwarnung** zu **widerrufen.**[802] Dazu können Urteile zu Ungunsten des Schutzrechtsinhabers Anlass geben, die nach der Schutzrechtsverwarnung ergangen sind.

210 Der Verwarner handelt nicht schuldhaft, wenn er gerichtliche Schritte wegen der möglichen Verletzung eines Schutzrechts androht oder einleitet, obwohl er sich nach gewissenhafter Prüfung der Sach- und Rechtslage darüber bewusst ist, dass der Bestand oder die Verletzung des Schutzrechts von der Entscheidung einer rechtlich umstrittenen und höchstrichterlich **nicht abschließend geklärte**n **Rechtsfrage** abhängt.[803] Zwar liegt außerhalb eines unvermeidbaren Verbotsirrtums das Risiko der rechtlichen Fehlbeurteilung beim Schädiger.[804] Der Schutzrechtsprätendent hat aber nur die Alternative, die mögliche Verletzung seines Schutzrechts hinzunehmen oder zu verfolgen.[805] In dieser Situation kann ihm nicht vorgeworfen werden, dass er sich auf den rechtlich mit guten Gründen vertretbaren Standpunkt stellt, dass sein Schutzrecht verletzt wird.[806]

211 *bb) Mitverschulden des Verwarnten.* Der Schadenersatzanspruch des Verwarnten kann durch sein Mitverschulden gemindert oder ausgeschlossen werden, wenn er der Verwarnung in vorwerfbarer Weise voreilig nachgibt.[807] Allerdings gibt es gravierende **Unterschiede zwischen einer Hersteller- und einer Abnehmerverwarnung.** Dem verwarnten Abnehmer einschließlich des Zwischenhändlers, aber mit Ausnahme des Importeurs ist nicht zuzumuten, die Sach- und Rechtslage zu überprüfen. Sie dürfen die Verwarnung ungeprüft zum Anlass nehmen, das betroffene Produkt aus dem Sortiment zu nehmen oder seine Nutzung einzustellen. Der verwarnte Hersteller oder Importeur muss sich demgegenüber **Gewissheit über die Berechtigung einer Verwarnung** verschaffen. Gegebenenfalls muss er den Rat eines auf dem Gebiet des gewerblichen Rechtsschutzes erfahrenen Patent- oder Rechtsanwaltes einholen und ein Sachverständigengutachten in Auftrag geben. Er ist verpflichtet, erfolgversprechende rechtliche Maßnahmen einzuleiten, um das **Schutzrecht amtlich oder gerichtlich überprüfen** zu lassen.[808] Er darf die Prüfung der Sach- und Rechtslage nicht einstellen, nachdem er sich entschlossen hat, der Schutzrechtsverwarnung Folge oder keine Folge zu leisten.[809] Seine Sorgfaltspflichten sollten den Sorgfaltspflichten entsprechen, die der Verwarner vor dem Ausspruch einer Verwarnung und in Folge seiner Verwarnung erfüllen muss.[810] Denn der verwarnte Hersteller hatte in der Regel bereits vor der Schutzrechtsverwarnung Anlass, die Sach- und Rechtslage eingehend zu überprüfen, um keine Gefahr zu laufen, ein fremdes Schutzrecht zu verletzen.[811] Die Prüfung darf nicht erst einsetzen, nachdem eine Schutzrechtsverwarnung ausgesprochen wurde.

212 **e) Verjährung.** Der Schadenersatzanspruch aus § 823 Abs. 1 BGB, der Unterlassungsanspruch aus §§ 823 Abs. 1 i. V. m. 1004 Abs. 1 BGB sowie die der Durchsetzung dienenden Hilfsansprüche verjähren nach **drei Jahren** (§ 852 Abs. 1 BGB). Jede Maßnahme des Verwarnenden, die der wei-

[798] BGH GRUR 1976, 715 – *Spritzgießmaschine;* OLG Dresden NJWE-WettbR 1999, 49, 51; vgl. auch BGH GRUR 1977, 250, 252 – *Kunststoffhohlprofil.*
[799] BGH GRUR 1974, 290, 293 – *Maschenfester Strumpf.*
[800] BGH GRUR 1997, 741 f. – *Chinaherde.*
[801] OLG Hamm, Urt. v. 11.2.2010 – 4 U 75/09.
[802] BGH GRUR 1978, 492, 494 f. – *Fahrradgepäckträger II.*
[803] BGH GRUR 1981, 285, 288 – *Goldene Kundenkarte I;* OLG Frankfurt GRUR 1989, 858, 859.
[804] BGH GRUR 1995, 744, 749 – *Feuer, Eis & Dynamit I;* GRUR 1990, 1035, 1038 – *Urselters II;* GRUR 1981, 286, 288 – *Goldene Armbänder;* GRUR 1971, 492, 494 f. – *clix-Mann.*
[805] *Horn* S. 185; *Lindacher* ZHR 144 (1980), 350, 360.
[806] Vgl. *Ullmann* GRUR 2001, 1027, 1029.
[807] BGH GRUR 1997, 741 f. – *Chinaherde;* GRUR 1963, 255, 260 – *Kindernähmaschinen.*
[808] BGH GRUR 1977, 250, 252 f. – *Kunststoffhohlprofil.*
[809] BGH GRUR 1978, 492, 494 – *Fahrradgepäckträger II; Benkard/Bruchhausen* PatG Vor §§ 9–14 Rdn. 22.
[810] A. A. wohl die Rechtsprechung, die dem Verwarnten geringere Sorgfaltspflichten aufzulegen scheint als dem Verwarner; BGH GRUR 1963, 255, 260 – *Kindernähmaschinen; Benkard/Bruchhausen* PatG Vor §§ 9–14 Rdn. 22.
[811] Zu den Sorgfaltspflichten des Schutzrechtsverletzers beim Patent und Gebrauchsmuster *Benkard* PatG § 139 Rdn. 42–55, bei Marken *Fezer* Markenrecht 3. Aufl. § 14 Rdn. 514–517 und Geschäftsbezeichnungen *Fezer* ebd. § 15 Rdn. 192, beim Urheberrecht *Schricker* UrhG § 97 Rdn. 51–55 und beim Geschmacksmuster *Eichmann/von Falkenstein* GeschmG § 14a Rdn. 9.

teren Durchsetzung einer unberechtigten Verwarnung dient, setzt den Lauf der Verjährung erneut in Gang. Wenn der Verwarner es schuldhaft unterlassen hat, den durch die Verwarnung hervorgerufenen Störungszustand zu beseitigen, beginnt der Lauf der dreijährigen Verjährungsfrist aus § 852 Abs. 1 BGB für jeden infolge der Unterlassung entstehenden weiteren Schaden in dem Zeitpunkt, in dem der Geschädigte von diesem Schaden Kenntnis erlangt.[812]

Bei dem **Zusammentreffen von Ansprüchen aus § 823 BGB mit § 4 Nr. 4 UWG oder § 4 Nr. 2 UWG** gehen die kurzen Verjährungsfristen des spezielleren § 11 Abs. 1 UWG nur vor, wenn sich das Verhalten im Lauterkeitsrecht erschöpft.[813] Dies ist bei unberechtigten Schutzrechtsverwarnungen jedoch nicht der Fall, so dass **kein Vorrang von §§ 4 Nr. 1, 3, § 3a UWG** besteht.[814] Der Schwerpunkt der unerlaubten Handlung liegt nicht im unzulässigen Verhalten, sondern im Erfolg, dem Eingriff in den Gewerbebetrieb eines Dritten. 213

Nach dem Eintritt der Verjährung des Schadenersatzanspruches steht dem Verletzten ein **Ersatzanspruch aus § 852 Satz 1 BGB** zu. Diese Bestimmung, die auch auf Schadenersatzansprüche aus § 9 UWG angewendet werden kann,[815] enthält eine Rechtsfolgenverweisung auf § 812 Abs. 1 BGB. Der Schadenersatzanspruch bleibt trotz seiner Verjährung bestehen. Er wird nur in seinem Umfang beschränkt auf das, was der Verwarner durch die unerlaubte Handlung auf Kosten des Verwarnten erlangt hat.[816] Eine unmittelbare Vermögensverschiebung, wie sie § 812 Abs. 1 BGB als Rechtsgrund voraussetzt, verlangt § 852 Satz 1 BGB nicht. Die Vorschrift stellt auf die unerlaubte Handlung ab, die adäquat kausal zur Vermögensverschiebung geführt hat. Sie berücksichtigt nicht den Weg, den das Vermögen vom Geschädigten zum Schädiger genommen hat.[817] Der Anspruch verjährt gemäß § 852 Satz 2 BGB in zehn Jahren. 214

f) Weitere Anspruchsgrundlagen. Ein Schadenersatzanspruch aus § 311 Abs. 2 BGB **(Verschulden bei Vertragsverhandlungen)** scheidet in aller Regel aus.[818] Die Verwarnung ist zwar mit einem Angebot zum Abschluss eines Unterlassungsvertrags verbunden.[819] Aus § 311 Abs. 2 Nr. 1 BGB sind aber nur Schäden zu ersetzen, die aus der Verletzung von Sorgfaltspflichten resultieren, die die Einleitung von Vertragsverhandlungen zeitlich nachfolgen.[820] Der Anspruch kommt daher nur in Betracht, wenn der Verwarner nach der Schutzrechtsverwarnung und vor der Abgabe einer Unterlassungserklärung Erkenntnisse gewinnt, denen er entnehmen muss, dass die Schutzrechtsverwarnung unberechtigt sein könnte. In diesem Fall ist er verpflichtet, den Verwarnten darüber zu informieren.[821] In gleicher Weise kommt ein Anspruch aus § 241 Abs. 2 BGB **(positive Forderungsverletzung)** in Frage, wenn die Erkenntnisse nach Abgabe einer Unterlassungserklärung und dem damit verbundenen Abschluss eines Unterlassungsvertrages gewonnen werden.[822] 215

Ein Anspruch auf Ersatz der Kosten für einen Anwalt, einen Sachverständigen oder eine Recherche besteht nach den Vorschriften über die **Geschäftsführung ohne Auftrag** (§§ 677, 673 BGB) nicht.[823] Der Verwarnte führt kein objektiv dem Verwarner obliegendes Geschäft.[824] 216

Die berechtigte Schutzrechtsverwarnung stellt nach herrschender Auffassung eine Geschäftsführung ohne Auftrag dar. Bei der unberechtigten Schutzrechtsverwarnung kommt daher ein Anspruch auf **Ersatz des Schadens aus § 678 BGB** in Betracht.[825] Der Anspruch setzt ein Übernahmever- 217

---

[812] BGH GRUR 1978, 492, 495 – *Fahrradgepäckträger II.*

[813] BGH GRUR 2011, 444, Rdn. 56 – *Flughafen Frankfurt-Hahn;* OLG Köln GRUR-RR 2001, 110; *Brandi-Dohrn* GRUR 1981, 679, 680.

[814] OLG Hamburg GRUR-RR 2003, 257, 260; anders allerdings BGH GRUR 1974, 99, 100 – *Brünova* zum Vorrang von § 21 UWG (a. F.) im Falle einer verwarnungsähnlichen Abnehmerinformation, die als Verletzung von § 3 UWG (a. F., § 5 UWG n. F.) angegriffen wurde. Siehe zur Verjährungsproblematik auch *Winkler* GRUR 1980, 526, 528 ff.

[815] Vgl. BGH GRUR 2015, 780, Rdn. 13 – *Motoradteile.*

[816] BGH GRUR 1978, 492, 496 – *Fahrradgepäckträger II.*

[817] BGH GRUR 1978, 492, 496 – *Fahrradgepäckträger II.*

[818] BGH GRUR 1995, 167, 169 – *Kosten bei unbegründeter Abmahnung.*

[819] *Quiring* WRP 1983, 317, 323.

[820] OLG Düsseldorf GRUR-RR 2002, 213, 214; OLG Köln GRUR 2001, 525, 529; a. A. *Quiring* WRP 1983, 317, 323 f.

[821] Zur unterlassenen Aufklärung als unerlaubter Handlung BGH GRUR 1978, 492, 495 – *Fahrradgepäckträger II.*

[822] BGH GRUR 1978, 492, 494 – *Fahrradgepäckträger II* (zur Verletzung von Aufklärungspflichten als unerlaubte Handlung).

[823] OLG Köln GRUR 2001, 525, 529.

[824] OLG Düsseldorf GRUR-RR 2002, 213, 214 (für den Fall eines Antrags auf Löschung einer Marke).

[825] OLG München Magazindienst 2008, 1183, 1184; OLG Frankfurt GRUR 1989, 858; OLG Hamm GRUR 1988, 772; OLG Hamburg NJW-RR 2003, 857, 858; WRP 1983, 422, 424; LG Mainz GRUR 1994, 80; LG Düsseldorf GRUR 1989, 543; LG Freiburg WRP 1983, 711; a. A. *Ahrens* NJW 1982, 2477, 2478; *Deutsch* WRP 1999, 25, 28.

schulden voraus, für das der gleiche Sorgfaltsmaßstab gilt wie bei der Anwendung des § 823 Abs. 1 BGB i. V. m. den Grundsätzen zum eingerichteten und ausgeübten Gewerbebetrieb.[826] Streitig ist, ob der Anspruch sich auch auf Schäden erstreckt, die über die bloße Abwehr der Verwarnung hinausgehen und einen weitergehenden Entschluss des Geschäftsherrn, z. B. die Beauftragung eines Rechtsanwalts voraussetzen.[827]

218 Für Ansprüche aus **deliktischen Äußerungstatbeständen** gilt das gleiche, was zu § 4 Nr. 2 UWG ausgeführt wurde. **§ 826 BGB** kann im Ausnahmefall eingreifen, wenn die Schutzrechtsverwarnung in Kenntnis ihrer fehlenden Berechtigung und zu dem Zwecke ausgesprochen wird, dem Verwarnten Schaden zuzufügen.

219 Wenn der Verwarner ein erfolgreiches einstweiliges Verfügungsverfahren durchgeführt hat, bevor sich herausstellt das keine Schutzrechtsverletzung vorliegt, besteht weiterhin ein Schadenersatzanspruch aus § 945 ZPO. Dem Anspruch steht nicht entgegen, dass das Schutzrecht erst später für nichtig erklärt wird, da dadurch das Schutzrecht ex tunc wegfällt und nie bestanden hat.[828] Beim Wegfall des Schutzrechts ex nunc, etwa bei der Löschung einer Marke wegen Nichtbenutzung, bestehen aber keine Schadenersatzansprüche.

4. Ansprüche

220 **a) Unterlassung und Beseitigung.** Der Verwarnte oder sein Zulieferer kann eine **negative Feststellungsklage** erheben, um die Berechtigung der Verwarnung überprüfen zu lassen.[829] Der Hersteller oder Lieferant kann weiterhin einen **Anspruch auf Unterlassung der Verwarnung seiner Abnehmer** geltend machen.[830] Ein Unterlassungsanspruch gegen die Einleitung gerichtlicher Maßnahmen gegen seine Kunden steht ihm aber nicht zu.[831] Die **Beweislast** für die mangelnde Berechtigung der Verwarnung liegt in diesen Fällen immer beim Verwarner.

221 **b) Auskunft.** Wer eine unberechtigte Verwarnung gegen Abnehmer ausgesprochen hat, ist dem Hersteller und Lieferanten zur **Auskunft über die Adressaten** verpflichtet.[832] Ein schützenswertes Interesse daran, die Adressaten einer unberechtigten Verwarnung geheim zu halten, besteht nicht.

222 **c) Schadenersatz.** Wer schuldhaft unberechtigt verwarnt, weil das Schutzrecht nicht besteht oder nicht verletzt wird, ist zum Ersatz des daraus resultierenden Schadens verpflichtet. Ein Schadenersatzanspruch des Verwarnten besteht jedoch nicht, wenn die Schutzrechtsverwarnung nur deshalb unberechtigt ist, weil dem Verwarner die Aktivlegitimation fehlt, während das Schutzrecht vom Verwarnten tatsächlich verletzt wird.

223 Der Schadenersatzanspruch umfasst den **entgangenen Gewinn** und den **Sachschaden,** der durch die Vernichtung von Produktionswerkzeugen, Waren, Werbematerialien und andere Gegenständen auf Grund der unberechtigten Schutzrechtsverwarnung entsteht. Vom Schadenersatzanspruch werden die **Kosten der Rechts- und Patentanwälte** erfasst, auch wenn der Verwarnung keine Folge geleistet wurde.[833] **Recherchekosten und Kosten für einen Sachverständigen** sind ebenfalls zu erstatten, wenn der Geschädigte diese Kosten für notwendig halten durfte.[834] Der Verwarnte darf auf diesem Wege aber keine **„Sowieso-Kosten"** auf den Verwarner abwälzen. Hatte er Veranlassung, die Rechtslage wegen einer möglichen Schutzrechtsverletzung bereits vor der Schutzrechtsverwarnung zu überprüfen, so kann er die Kosten, die in diesem Rahmen entstanden wären, nicht als Schaden geltend machen. Eine Kostenerstattung kommt außerdem nicht in Betracht, wenn eine gesetzliche Regelung vorgeht, die eine Erstattung der Kosten ausschließt oder von der Entscheidung in einem amtlichen oder gerichtlichen Verfahren abhängig macht.[835]

---

826 OLG München ZUM-RD 2001, 522 f.; a. A. OLG München Magazindienst 2008, 1183, 1184, 1185.

827 AG Kempen GRUR 1987, 657; a. A. OLG München Magazindienst 2008, 1183, 1185.

828 BGH GRUR 2006, 219, 222 – *Detektionseinrichtung II;* a. A. Zöller/*Vollkommer* 26. Aufl. § 945 Rdn. 8; *Schwerdtner* GRUR 1968, 17; *Kroitzsch* GRUR 1976, 512; *Pietzcker* GRUR 1980, 442.

829 OLG Hamm, NJOZ 2010, 2522; *Deutsch* WRP 1999, 25, 29.

830 BGH GRUR 2006, 433, 434, 435 – *Unbegründete Abnehmerverwarnung;* GRUR 1996, 812, 813 – *Unterlassungsurteil gegen Sicherheitsleistung;* GRUR 1963, 255, 258 – *Kindernähmaschinen;* GRUR 1955, 150 f. – *Farina Belgien;* BGH GRUR 1951, 314 – *Metall-Spritzpistole; Pohlmann* GRUR 1993, 361, 365; *Lindacher* FS v. Gamm, S. 83, 84 (auf Abnehmerverwarnungen beschränkt).

831 BGH GRUR 2005, 882, 884 f. – *Unberechtigte Schutzrechtsverwarnung;* GRUR 2006, 433, 435 – *Unbegründete Abnehmerverwarnung;* GRUR 1998, 587, 589 – *Bilanzanalyse Pro7;* OLG Düsseldorf GRUR 2003, 814, 816; OLG Hamburg WRP 2001, 956, 963; *Ullmann* GRUR 2001, 1027, 1028; *Deutsch* WRP 1999, 25 ff.

832 Benkard/*Bruchhausen* PatG Vor §§ 9–14 Rdn. 18.

833 OLG Braunschweig NJWE-WettbR 1997, 232 f.; *Quiring* WRP 1983, 317, 321.

834 OLG Frankfurt GRUR 1967, 114, 115; Benkard/*Bruchhausen* PatG Vor §§ 9–14 Rdn. 19.

835 OLG Düsseldorf GRUR-RR 2002, 213, 214 zu §§ 63 Abs. 1, 71 Abs. 1 MarkenG; vgl auch BGH GRUR 1971, 355, 356 – *Epigran II.*

224 Die erforderliche **Kausalität** zwischen der Verwarnung und dem Schaden wird nicht dadurch unterbrochen, dass der Schaden erst durch den eigenen Entschluss des Verwarnten eintritt, der Schutzrechtsverwarnung Folge zu leisten. Diese Entscheidung und ihre Folgen sind adäquat kausal und sind vom Verwarner beabsichtigt.[836] Der Schadenersatzanspruch besteht auch, wenn der Verwarnte sich erst zu einem späteren Zeitpunkt, beispielsweise nach dem Erlass eines erstinstanzlichen Urteils, dazu entschließt, der Verwarnung nachzugeben.[837]

225 Bei einer **formal wettbewerbswidrigen**, materiell aber berechtigten **Schutzrechtsverwarnung** besteht ein Schadenersatzanspruch nicht für solche Schäden, die aus der zukünftigen Unterlassung der Schutzrechtsverletzung resultieren.[838] Der Schadenersatzanspruch beschränkt sich auf den Schaden, der daraus entsteht, dass die berechtigte Schutzrechtsverwarnung formal nicht ordnungsgemäß war. Ist nur ein **Teil der Schutzrechtsverwarnung begründet,** entfällt der Schadenersatzanspruch unter dem Gesichtspunkt mangelnder Kausalität, wenn dieser Teil für sich allein den gesamten Schaden herbeigeführt hat.[839] Der Verwarnte muss beweisen, in welchem Umfang sein Schaden auf dem unberechtigten Teil der Verwarnung beruht.[840] Anderenfalls ist der Schaden, der durch den unbegründeten Teil entstanden ist, zu ermitteln. Dies gilt auch, wenn die Verwarnung zwar insgesamt unberechtigt, aber nur teilweise schuldhaft ausgesprochen wurde.[841] Die **Kausalität** und der **Umfang des Schadens** können **nach § 287 ZPO geschätzt** werden.[842]

IX. Boykott

Schrifttum: *Aderhold,* Boykottmaßnahmen gegen Versand- und Selbstbedienungshandel beim Vertrieb hochwertiger Geräte, DB 65, 619; *Bappert,* Die Aufforderung zum Anzeigenboykott, AfP 1966, 589; *Bauer/Wrage-Molkenthin,* Aufforderung zu Liefer- oder Bezugssperren, BB 1989, 1495; *Berghoff,* Nötigung durch Boykott, 1998; *Biedenkopf,* Zum politischen Boykott, JZ 55, 553; *Helle,* Boykott und Meinungskampf, NJW 64, 1497; *v. Köller,* Meinungsfreiheit und unternehmensschädigende Äußerung, 1971; *Kreuzpointner,* Boykottaufrufe durch Verbraucherorganisationen. Zur Zulässigkeit des sog. Käuferstreiks, 1980; *Krumpholz,* Das Verbot von Boykott-Erklärungen, NJW 1993, 113; *Löhr,* Boykottaufruf und Recht auf freie Meinungsäußerung, WRP 75, 581 ff.; *Markert,* Aufforderung zu Liefer- und Bezugssperren, BB 1989, 921; *Möllers,* Zur Zulässigkeit des Verbraucherboykotts – Brent Spar und Mururoa, NJW 1996, 1374; *Möschel,* Zum Boykott-Tatbestand des § 26 Abs. 1 GWB, in: Wettbewerb als Herausforderung und Chance, FS Benisch, 1989, S. 339 ff.; *Nipperdey,* Boykott und freie Meinungsäußerung, DVBl. 58, 445 ff.; *Rinck,* Kritik und Boykott durch Verbraucherverbände, BB 1961, 613; *Sandrock,* Die Liefersperre in kartell- und zivilrechtlicher Sicht, JuS 1971, 57; 1193.

1. Allgemeines

226 Der **Boykott** ist die bewusste Weigerung eines Marktteilnehmers, von einem Unternehmen oder einer Gruppe von Unternehmen etwas zu erwerben oder diesen Unternehmen Waren zu liefern oder für sie Leistungen zu erbringen. Der Boykott als Ablehnung eines Geschäftskontakts im bilateralen Verhältnis von Marktteilnehmern ist außerhalb des Anwendungsbereichs des § 19 Abs. 1, Abs. 2 Nr. 1 GWB zulässig. Niemand ist verpflichtet, mit einem anderen Marktteilnehmer Geschäfte zu machen.

227 Während der Boykott eines Unternehmens durch einen Marktteilnehmer in aller Regel unbedenklich ist, bildet die **Boykottaufruf** im Sinne einer **Aufforderung eines Marktteilnehmers an einen oder mehrere Dritte, eine bestehende Geschäftsverbindung zu einem anderen Unternehmen zu beenden oder erst gar nicht aufzunehmen,** eine klassische Form des Behinderungswettbewerbs.[843] Dem zum Boykott Auffordernden geht es nicht um den eigenen Geschäftserfolg, sondern um die Schädigung des oder der Boykottierten. Dadurch wird der im UWG geschützte Leistungswettbewerb erheblich beeinträchtigt.

228 Boykottaufforderungen beurteilen sich primär nach **§ 4 Nr. 4 UWG und § 21 Abs. 1 GWB.** § 21 Abs. 1 GWB verbietet es Unternehmen und Vereinigungen von Unternehmen, ein anderes Unternehmen oder Vereinigungen von Unternehmen in der Absicht, Dritte unbillig zu beeinträchtigen, zu Liefersperren oder Bezugssperren aufzufordern. § 4 Nr. 4 UWG und § 21 Abs. 1 GWB

[836] Vgl. zum Zurechnungszusammenhang bei selbstschädigendem Verhalten BGH NJW 2002, 2232, 2233.
[837] BGH GRUR 1995, 812, 813 f. – *Unterlassungsurteil gegen Sicherheitsleistung.*
[838] BGH GRUR 1995, 424, 426 – *Abnehmerverwarnung; Ullmann* GRUR 2001, 1027, 1030.
[839] BGH WRP 1968, 50, 53 – *Spielautomat;* GRUR 1963, 255, 259 – *Kindernähmaschinen.*
[840] A. A. *Benkard/Bruchhausen* PatG Vor §§ 9–14 Rdn. 23.
[841] *Benkard/Bruchhausen* PatG Vor §§ 9–14 Rdn. 21; vgl. auch BGH GRUR 1965, 231, 234 – *Zierfalten.*
[842] BGH GRUR 1997, 741 f. – *Chinaherde; Benkard/Bruchhausen* PatG Vor §§ 9–14 Rdn. 19.
[843] BGH WRP 1999, 941, 944 – *Sitzender Krankentransport;* GRUR 1990, 474, 476 – *Neugeborenentransporte.*

sind **nebeneinander anwendbar.**[844] Der Anwendungsbereich der beiden Vorschriften deckt sich weitgehend,[845] wenn es auch nicht ausgeschlossen ist, dass aufgrund besonderer Unlauterkeitsmomente ein Verhalten nur nach der einen oder anderen Vorschrift unzulässig ist.[846] Außerdem müssen der zum Boykott Auffordernde und der den Boykott Ausführende bei § 21 Abs. 1 GWB Unternehmen sein müssen, während dies bei § 4 Nr. 4 UWG nicht zwingend erforderlich ist. Die meisten der nachfolgend zitierten Gerichtsentscheidungen sind zu § 21 Abs. 1 GWB ergangen. Neben beiden Vorschriften liegt im Einzelfall auch eine Anwendung von **§ 4 Nr. 1 oder Nr. 2 UWG** nahe, wenn die Boykottaufforderung mit herabsetzenden Werturteilen oder unwahren Tatsachenbehauptungen verbunden wird.[847] Fehlt es bei der Boykottaufforderung an einer Wettbewerbshandlung gemäß § 2 Abs. 1 Nr. 1 UWG, kann er gegen **§ 823 Abs. 1 BGB** in Verbindung mit den Grundsätzen zum eingerichteten und ausgeübten Gewerbebetrieb oder gegen **§ 826 BGB** verstoßen.[848]

2. Die Beteiligten

229 Die wettbewerbswidrige Boykottaufforderung setzt **mindestens drei Beteiligte oder drei Gruppen von Beteiligten** voraus: den zum Boykott Auffordernden (auch Verrufer oder Boykottierer genannt), den Adressaten der Boykottaufforderung (auch Ausführer oder Sperrer genannt), und den Boykottierten (auch Gesperrter oder Verrufener genannt).[849] Es können aber auch mehr als drei Personen(gruppen) beteiligt sein, wenn der Adressat der Boykottaufforderung ein Unternehmen nicht selbst boykottieren soll, sondern seinerseits Dritte zum Boykott eines Unternehmens auffordern soll.

230 Der **zum Boykott Auffordernde (Verrufer)** kann eine natürliche oder juristische Person oder eine Personenmehrheit sein. Er muss selber kein Unternehmen betreiben, soweit es ihm mit der Boykottaufforderung darum geht, fremden Wettbewerb zu fördern. Es ist ausreichend, dass mehrere Personen sich miteinander zum Boykott verabreden. In diesem Fall können Verrufer und Adressat der Boykottaufforderung identisch sein.[850] Verrufer ist auch, wer sich der Boykottaufforderung eines anderen anschließt.

231 Auf Seiten des Verrufers kommen **verschiedene Beteiligungsformen** in Betracht. Die Aufforderung zum Boykott kann etwa von einem Anstifter konzipiert und dem Verrufer aufgegeben werden.[851] In der Vergangenheit wurde auch eine Verantwortlichkeit für eine Boykottaufforderung als Störer für möglich gehalten.[852] Daran kann aber nicht festgehalten werden, nachdem der BGH die Störerhaftung im Verhaltensunrecht und damit im UWG abgeschafft hat.[853]

232 **Adressat der Boykottaufforderung** kann jedermann sein, der die Auswahl zwischen mehreren Leistungserbringern zu treffen hat.[854] Eine namentliche Nennung ist nicht erforderlich. Erforderlich ist allerdings, dass der Adressat **nach bestimmten Merkmalen** bestimmt oder **bestimmbar** ist.[855] Dafür reicht es aus, dass Adressat jeder aus einer nach allgemeinen Kriterien bestimmten Personengruppe ist.[856] Meist richtet sich die Boykottaufforderung an die Abnehmer des boykottierten Unternehmens, häufig an den Verbraucher. Die Boykottaufforderung kann sich aber auch an Personen richten, die selber den Boykott gar nicht durchführen können, sondern ihrerseits erst Dritte zum Boykott veranlassen sollen.[857]

233 Der **Adressat als notwendiger Teilnehmer** an einem Boykott **ist** für die wettbewerbswidrige Boykottaufforderung in der Regel **nicht verantwortlich.**[858] Wenn er der Boykottaufforderung

[844] BGH GRUR 2006, 773 – *Probeabonnement.*
[845] BGH GRUR 2000, 89, 92 – *Beteiligungsverbot für Schilderpräger;* BGH WRP 1999, 941, 943 – *Sitzender Krankentransport.*
[846] OLG Hamburg MD 2006, 1277, 1281 – *Automatenangebote.*
[847] Gloy/Loschelder/Erdmann/*Hasselblatt,* HandbWettbR, § 45 Rdn. 57.
[848] BGH GRUR 1965, 440, 442 – *Milchboykott;* OLG Stuttgart GRUR-RR 2006, 20 – *Absperrband-Aktion.*
[849] BGH GRUR 2000, 344, 346 – *Beteiligungsverbot für Schilderpräger;* GRUR 1999, 1031, 1032 – *Sitzender Krankentransport;* GRUR 1990, 474, 475 – *Neugeborenentransporte;* GRUR 1965, 440, 442 – *Milchboykott.*
[850] BGH GRUR 1965, 440, 442 – *Milchboykott;* RGZ 155, 279 ff.
[851] BGH GRUR 1980, 242 f. – *Denkzettel-Aktion.*
[852] BGH GRUR 1980, 243, 244 – *Denkzettel-Aktion.*
[853] BGH GRUR 2011, 152, Rdn. 448 – *Kinderhochstühle im Internet.*
[854] BGH WRP 2000, 759, 761 – *Zahnersatz aus Manila;* GRUR 1999, 1031, 1033 – *Sitzender Krankentransport.*
[855] BGH GRUR 1980, 243, 244 – *Denkzettel-Aktion.*
[856] OLG München WRP 1996, 925, 928 – *Scheiß des Monats.*
[857] BGH GRUR 1984, 461 – *Kundenboykott;* GRUR 1980, 242, 243 – *Denkzettel-Aktion.*
[858] BGH GRUR 1983, 259, 261 – *Familienzeitung* zum damaligen § 26 Abs. 1 GWB.

Folge leistet, macht er nur von seinem Recht Gebrauch, sich für oder gegen Geschäftskontakte mit einem bestimmten Unternehmen oder einer bestimmten Unternehmensgruppe zu entscheiden. Etwas anderes gilt nur, wenn er mit dem Verrufer kollusiv zusammenwirkt.[859]

Der **Boykottierte** muss ein Unternehmen oder eine Gruppe von Unternehmen sein. Er muss in der Boykottaufforderung nicht namentlich genannt werden. Wie beim Adressaten der Boykottaufforderung reicht es aus, wenn er **aufgrund bestimmter Merkmale bestimmbar** ist.[860] Die Individualisierbarkeit fehlt aber, wenn der Kreis der zu sperrenden Unternehmen praktisch unübersehbar ist.[861] § 4 Nr. 4 UWG setzt tatbestandlich weiterhin voraus, dass der Boykottierte **Mitbewerber** des Verrufers oder des vom Verrufer mit der Boykottaufforderung geförderten Unternehmens ist.[862] Wenn kein konkretes Wettbewerbsverhältnis vorliegt, muss auf §§ 823 Abs. 1, 826 BGB zurückgegriffen werden. 234

3. Geschäftliche Handlung

Die Boykottaufforderung setzt eine geschäftliche Handlung im Sinne von **§ 2 Abs. 1 Nr. 1** voraus. Sie muss objektiv den Wettbewerb eines Unternehmens fördern.[863] Sie muss außerdem objektiv damit zusammenhängen, den Wettbewerb des eigenen oder eines oder mehrerer fremder Unternehmen zu fördern. Probleme bereiten insofern Meinungsäußerungen eines Unternehmens, insbesondere eines Wettbewerbers des Boykottierten, die als Stellungnahme zu gesellschaftliche Belange der Öffentlichkeit berührende Fragen zu werten sind, sowie Äußerungen der Presse. 235

Das Grundrecht der **Meinungsfreiheit (Art. 5 Abs. 1 GG)** schließt kommerzielle Meinungsäußerungen sowie die reine Wirtschaftswerbung ein.[864] § 4 Nr. 4 ist zwar ein allgemeines Gesetz i. S. des Art. 5 Abs. 2 GG, das einen Eingriff in die Meinungsfreiheit erlaubt.[865] Die Vorschrift ist jedoch im Lichte des Grundrechts auszulegen und in seiner das Grundrecht beschränkenden Wirkung selbst wieder so einzuschränken, dass der besondere Gehalt der Meinungsfreiheit zur Geltung kommt.[866] Bei der **Stellungnahme** eines Wettbewerbers **im Rahmen einer öffentlichen Auseinandersetzung** kann bereits das Vorliegen einer geschäftlichen Handlung gem. § 2 Nr. 1 zweifelhaft sein, wenn der geschäftliche Zweck der Äußerung nicht im Vordergrund steht.[867] Bei der Beurteilung muss u. a. auf den situativen Kontext abgestellt werden, in dem die Aussage getroffen wurde. Zwar liegt es bei einem Unternehmer nahe, dass er mit einer Handlung sein Unternehmen fördern will. Wenn das zu einem Boykott aufrufende oder sich einer Boykottaufforderung anschließende Unternehmen aber keinerlei unmittelbaren oder mittelbaren Bezug auf das eigene wirtschaftliche Angebot nimmt, muss das Vorliegen einer geschäftlichen Handlung, mit dem an einer öffentlichen Auseinandersetzung teilgenommen oder eine solche initiiert wird, kritisch hinterfragt werden.[868] 236

Bei **Privatpersonen und Vereinigungen,** die ihre Überzeugungen durchsetzen wollen und dabei von ihrem Grundrecht auf **Meinungsfreiheit** Gebrauch machen, und bei **Äußerungen in** den **Medien,** die dem Grundrecht der **Pressefreiheit** unterfallen, liegt im Regelfall keine geschäftliche Handlung vor. Sie muss vielmehr aufgrund der Umstände des Einzelfalls konkret festgestellt werden. Eine Ausnahme gilt bei Medien nur für die Eigenakquisition oder den Erhalt des eigenen Kundenkreises, die als geschäftliche Handlung zu beurteilen sind.[869] Ansonsten ist bei der Annahme, dass es jemandem darum geht, ein Unternehmen oder eine Unternehmensgruppe zu fördern 237

---

[859] Juris PK/*Müller-Bidinger* § 4 Nr. 10 Rdn. 169.

[860] BGH GRUR 2000, 340 – *Kartenlesegerät;* GRUR 1980, 243, 244 – *Denkzettel-Aktion;* OLG Stuttgart, Urt. v. 21.1.2010 – 2 U 8/09, Rdn. 118 (NZB zurückgewiesen BGH GRUR-RR 2011, 343 (Ls.)).

[861] OLG Hamburg MD 2006, 1277, 1281 – *Automatenangebote;* OLG München WUW/E 1989, 4622 – *Einheimischen-Regelung.*

[862] JurisPK/*Müller-Bidinger* § 4 Nr. 10 Rdn. 170; MünchKomm-UWG § 4 Nr. 10 Rdn. 152.

[863] Siehe hierzu oben *Keller* § 2 Rdn. 56.

[864] BVerfG GRUR 2008, 81 – *Pharma-Kartell;* GRUR 2001, 1058, 1059 – *Generika-Werbung;* GRUR 2001, 170, 173 – *Benetton-Werbung I;* NJW 1992, 1153, 1154.

[865] Vgl. zu § 1 UWG aF BVerfG GRUR 2001, 1058, 1059 – *Generika-Werbung;* GRUR 2001, 170 – *Benetton-Werbung I.*

[866] Vgl. BVerfG GRUR 2001, 1058, 1059 – *Generika-Werbung;* GRUR 2001, 170, 173 f. – *Benetton-Werbung I;* s. a. BGH GRUR 1997, 916, 919 – *Kaffeebohne;* GRUR 1995, 595, 597 – *Kinderarbeit;* GRUR 1992, 707, 709 – *Erdgassteuer;* OLG München GRUR-RR 2006, 268, 277 – *Trivial-Patente;* s. a. Stellungnahme der Bundesregierung BT-Drucks. 15/1487, S. 18.

[867] BVerfG GRUR 2008, 81, 82 – *Pharma-Kartell.*

[868] Vgl. BVerfG GRUR 2008, 81, 82 – *Pharma-Kartell.*

[869] BGH GRUR 1971, 259 ff. – *W. A. Z.;* BVerfG GRUR 1984, 357, 359 – *markt-intern;* OLG Hamburg GRUR-RR 2005, 385, 386 – *Ladenhüter;* OLG München GRUR-RR 2004, 309, 310 – *Billiges Plagiat.*

mit Rücksicht auf das Grundrecht der Meinungs- und Pressefreiheit große Zurückhaltung geboten. Es steht den Medien und jedermann frei, das Verhalten oder Angebot eines Unternehmens aus beliebigen Gründen massiv zu kritisieren. Tendenziöse und suggestive Darstellungsformen führen an sich ebenfalls noch nicht zum Vorliegen einer geschäftlichen Handlung.[870] Für die Annahme einer geschäftlichen Handlung ist es erforderlich, dass die Handlung bei der gebotenen objektiven Betrachtung vorrangig dem Ziel der Förderung des Absatzes oder Bezugs von Waren oder Dienstleistungen dient.[871] Dabei reicht es aus, dass **zumindest nach allgemeinen Merkmalen bestimmte Unternehmen** gefördert werden sollen.[872] Die Einflüsse des Grundrechts der Meinungs- und Pressefreiheit sind in diesem Falle jedoch ergänzend im Rahmen der Unlauterkeits- oder Rechtswidrigkeitsprüfung zu beachten.[873] Boykottaufforderungen der Presse, die nicht dem UWG unterfallen, können unter Umständen als Eingriff in den eingerichteten und ausgeübten Gewerbebetrieb (§ 823 Abs. 1 BGB) oder als vorsätzliche sittenwidrige Schädigung (§ 826 BGB) gewertet werden.[874]

4. Boykottaufforderung

238 **a) Aufforderungshandlung.** Die Boykottaufforderung ist der **Versuch einer Beeinflussung der freien Entscheidung eines Marktteilnehmers, bestimmte Geschäftsbeziehungen mit einem Unternehmen nicht einzugehen oder nicht aufrecht zu erhalten.**[875] Gegenstand einer Liefer- oder Bezugssperre kann jede Tätigkeit im geschäftlichen Verkehr sein. Sie kann das Leistungsangebot eines Unternehmens insgesamt betreffen oder auf alle oder einzelne beliebige Waren (einschließlich Rechte) oder Dienstleistungen gerichtet sein.[876] Auch eine gesellschaftliche Beteiligung kann Gegenstand eines Boykotts sein.[877] Es ist nicht erforderlich, dass die Geschäftsbeziehungen vollständig eingestellt werden sollen. Vielmehr kann auch in der Aufforderung, die Geschäftsbeziehungen temporär zu reduzieren, eine Boykottaufforderung liegen.[878] Die Forderung, einem Dritten schlechtere vertragliche Konditionen zu gewähren, kann ausreichen, wenn sie den Erwerb oder die Abnahme von Waren oder Leistungen wirtschaftlich unrentabel machen soll.[879]

239 Die Boykottaufforderung kann **mündlich oder schriftlich, ausdrücklich oder konkludent, in einem persönlichen Kontakt oder öffentlich** erfolgen.[880] Ihr ist eigen, dass der Verrufer den Versuch unternimmt, zielgerichtet auf die Willensentscheidung des Adressaten Einfluss zu nehmen. Eine Boykottaufforderung liegt noch nicht darin, dass der Verrufer den Adressaten über Handlungen oder Eigenschaften eines Dritten informiert oder den Dritten kritisiert. Die Kundgabe muss über eine bloße Anregung, Tatsachenmitteilung, Meinungskundgabe oder Empfehlung hinausgehen[881] und ein Element der Aufforderung enthalten, Maßnahmen gegen den Dritten im Sinne einer Bezugs- oder Liefersperre einzuleiten.[882] Dafür ist es nicht ausreichend, dass eine Aussage den Adressaten lediglich mittelbar veranlassen kann, Dritten von der Beauftragung eines Unternehmens abzuraten.[883]

240 Bei der Beurteilung, ob es sich bei einer Kundgabe um eine Boykottaufforderung handelt, ist auf das **Verständnis eines durchschnittlich aufmerksamen, verständigen und informierten Mitglieds der angesprochenen Verkehrskreise** abzustellen. Es sind alle Umstände des Einzelfalls zu berücksichtigen.[884] Die Boykottaufforderung kann sich aus mehreren Kundgaben, die in einer

---

[870] Vgl. aber BGH GRUR 1985, 468, 469 – *Ideal Standard;* GRUR 1984, 461, 462 – *Kundenboykott.*

[871] BGH GRUR 2015, 694, Rdn. 22 – *Bezugsquellen für Bachblüten.*

[872] BGH GRUR 1985, 468, 469 – *Ideal Standard;* GRUR 1984, 461, 462 – *Kundenboykott;* GRUR 1980, 242, 244 – *Denkzettel-Aktion;* OLG München NJWE-WettbR 1999, 274, 275.

[873] BGH GRUR 2015, 694, Rdn. 34 – *Bezugsquellen für Bachblüten.*

[874] BGH GRUR 1965, 440, 442 – *Milchboykott;* OLG Stuttgart GRUR-RR 2006, 20 – *Absperrband-Aktion.*

[875] BGH GRUR 2000, 340, 342 – *Kartenlesegerät;* WRP 2000, 759, 761 – *Zahnersatz aus Manila;* GRUR 1999, 1031, 1033 – *Sitzender Krankentransport;* GRUR 1990, 474, 475 – *Neugeborenentransporte.*

[876] BGH GRUR 2000, 344, 345 f. – *Beteiligungsverbot für Schilderpräger;* WUW/E 3006, 3008 – *Handelsvertretersperre.*

[877] GRUR 2000, 344, 346 – *Beteiligungsverbot für Schilderpräger.*

[878] OLG Hamburg MD 2006, 1277, 1281 – *Automatenangebote.*

[879] OLG Hamburg MD 2006, 1277, 1281 – *Automatenangebote.*

[880] BGH WUW/E BGH 2137, 2138 – *markt-intern/Sanitär-Installation;* 2371, 2372 – *importierte Fertigarzneimittel;* GRUR 1990, 474, 476 – *Neugeborenentransporte;* GRUR 1985, 468, 469 – *Ideal-Standard;* 1984, 461, 462 – *Kundenboykott;* 214, 215 – *Copy-Charge;* KG WUW/E OLG 5299, 5305 – *Schnäppchenführer.*

[881] BGH NJW 1954, 147 – *Innungsboykott;* OLG Hamburg WUW/OLG 2067, 2068 – *Werbeaktion mit Kaffeegeschirren.*

[882] BGH GRUR 1984, 214, 215 – *Copy Charge.*

[883] A. A. OLG Nürnberg WRP 2007, 202, 203.

[884] OLG Stuttgart, Urt. v. 21.1.2010 – 2 U 8/09, Rdn. 120.

Gesamtschau zu betrachten sind, ergeben.[885] Wer allerdings nur – wenn auch mit unlauteren Mitteln –[886] die **Vorzüge** eines bestimmten, etwa **des eigenen Angebots** schildert, fordert damit nicht gleichzeitig zum Boykott der anderen Anbieter auf. Der **Nachweis günstigerer Bezugsmöglichkeiten** ist nur dann eine Boykottaufforderung, wenn damit für den Adressaten erkennbar ein Boykottaufruf verbunden ist.[887]

Eine Boykottaufforderung kann in bestimmten **Vertragsklauseln** liegen. Die Vereinbarung **exklusiver Geschäftsbeziehungen oder** die **Koppelung von Produkten** in Austauschverträgen, die entsprechende Beziehungen zu Dritten ausschließen, ist als Ausfluss privater Vertragsautonomie aber ohne weitere Umstände nicht als Boykottaufforderung zu werten.[888] Dies gilt in gleicher Weise für die Forderung eines Vertragspartners, dass die andere Vertragspartei sich an die Ausschließlichkeitsbindung halten soll.[889] Anders liegt es aber, wenn die vertragliche Beschränkung des Geschäftspartners eine **gegen bestimmte Dritte gerichtete Zielsetzung** aufweist oder mit ihrer Hilfe bestimmte, individualisierbare Unternehmen getroffen oder sogar vom Markt verdrängt oder fern gehalten werden sollen.[890] In einer Vertragsgestaltung, die dazu benutzt wird, die eigene Marktstellung zu zementieren und dem Konkurrenten den Zugang zu Ressourcen zu blockieren,[891] oder in einer Vereinbarung, durch die einem Vertragspartner außerhalb exklusiver Vertragsbeziehungen untersagt wird, Geschäftskontakte mit einem bestimmten Dritten oder einer bestimmten Gruppe von Dritten zu pflegen, wurde deshalb eine Boykottaufforderung gesehen.[892] 241

Beispiele: Die Rechtsprechung hat **Boykottaufforderungen angenommen** bei der „Bitte" einer gesetzlichen Krankenkasse an Vertragsärzte, die Patienten vorrangig an namentlich genannte Unternehmen zu verweisen;[893] bei der Aufforderung, bei der Behebung von Missständen und Machtmissbräuchen mitzuwirken, für die ein bestimmtes Unternehmen repräsentativ sei;[894] bei der negativen Darstellung einer Geschäftsverbindung mit einem bestimmten Unternehmen verbunden mit dem Angebot zur Benennung anderer, preisgünstiger Bezugsquellen;[895] bei dem an einen Armaturenhersteller gerichteten Verlangen, bestimmte Großhändler zu sperren;[896] bei der Kündigung eines Inseratauftrags unter Hinweis auf die Anzeige eines Konkurrenten;[897] bei der Äußerung „wenn wir Apotheker uns einig sind, sind diese Präparate schnell vom Markt verschwunden";[898] bei dem Hinweis einer Ortskrankenkasse gegenüber dem Chefarzt eines Krankenhauses, dass die Kosten eines privaten Krankentransportunternehmens künftig nicht mehr übernommen werden;[899] bei der Aufforderung, einen Werbevertrag zu kündigen, weil der Vertragspartner zu den Schmuddelkindern seiner Branche gehört;[900] bei der Aufforderung einer Universität an das mit der Vermietung von Gebäuden der Universität betraute Unternehmen, Werbeflächen nicht mehr an Repetitorien zu vergeben[901] sowie in der Äußerung einer Kfz-Versicherung gegenüber dem Rechtsanwalt des Geschädigten, die Kosten für die Erstellung eines Sachverständigengutachtens wegen fehlender Unabhängigkeit des Sachverständigen zu übernehmen.[902] Auch in der Art und Weise, wie über einen Boykott berichtet wird, kann eine versteckte Aufforderung liegen, sich an dem Boykott zu beteiligen.[903] 242

Keine Boykottaufforderung wurde in der Warnung in einer Zeitschrift gesehen, dass ein Hersteller „auf eine Mauer eisiger Ablehnung in Handel und Handwerk stoßen" werde, wenn sich sein 243

---

[885] OLG Düsseldorf GRUR 1984, 131, 133; jurisPK/*Müller-Bidinger* § 4 Nr. 10 Rdn. 179.

[886] BGH GRUR 2000, 340, 342 – *Kartenlesegerät.*

[887] BGH GRUR 2000, 340, 342 f. – *Kartenlesegerät* WRP 2000, 759, 761 – *Zahnersatz aus Manila.*

[888] BGH GRUR 2003, 77, 79 – *Fernwärme für Börnsen;* GRUR 2000, 344, 346 – *Beteiligungsverbot für Schilderpräger;* OLG Hamburg MD 2006, 1277, 1282 – *Automatenangebote.*

[889] Zutreffend *Markert* BB 1989, 921, 923; OLG Stuttgart NJW E-WettbR 1999, 93, 94.

[890] BGH GRUR 2003, 77, 79 – *Fernwärme für Börnsen;* GRUR 2000, 344, 346 – *Beteiligungsverbot für Schilderpräger.*

[891] OLG Celle GRUR-RR 2004, 118 – *Vereinbarung eines Wettbewerbsverbotes als Boykottaufruf.*

[892] BGH GRUR 2003, 77 – *Fernwärme für Börnsen;* GRUR 2000, 344 – *Beteiligungsverbot für Schilderpräger;* OLG Hamburg GRUR-RR 2008, 31, 32 – *Exklusivitätsklausel.*

[893] BGH WRP 1999, 941, 944 – *Sitzender Krankentransport.*

[894] BGH GRUR 1985, 468, 469 – *Ideal-Standard.*

[895] BGH GRUR 1984, 214, 215 – *Copy Charge.*

[896] BGH BB 1989, 931 – *markt-intern-Dienst.*

[897] Zutreffend KG WUW/E OLG 1029, 1031 – *Anzeigensperre.*

[898] OLG München WRP 1996, 925, 928 – *Scheiß des Monats.*

[899] BGH GRUR 1990, 474 – *Neugeborenentransporte.*

[900] OLG Frankfurt, Urt. v. 18.6.2015 – 6 U 46/14, Rdn. 27.

[901] OLG Karlsruhe GRUR-RR 2009, 275, 276.

[902] OLG Nürnberg WRP 2007, 202, 203.

[903] BGHZ 24, 200, 204 f. – *Spätheimkehrer.*

Produkt nicht durchsetzt;[904] oder der Forderung eines Abnehmers, der Lieferant möge für ihn stets das billigste Erzeugnis am Markt einkaufen;[905] in der werblichen Aufforderung, der Interessent möge bestimmte Anschaffungen zurückstellen, bis der Werbende sein Geschäft eröffnet hat;[906] in der Empfehlung eines Verbandes von Ersatzkassen an Zahnärzte und Patienten, Zahnersatz preisgünstig von bestimmten ausländischen Anbietern zu beziehen,[907] und in dem Hinweis einer Kfz-Versicherung an den Anspruchsteller auf Mietwagen oder Reparaturmöglichkeiten von Anbietern mit günstigeren Preisen, als sie vom Anbieter des Antragsstellers gewährt werden. Dies gilt jedenfalls, solange berechtigte gegenläufige Interessen des Anspruchstellers dadurch nicht berührt werden.[908]

244 **b) Versuch der Einflussnahme.** Die wettbewerbswidrige Boykottaufforderung ist der Versuch der Einflussnahme auf die Auswahlentscheidung eines anderen. Sie setzt voraus, dass der Boykotteur (Ausführer) frei darin ist, sich für oder gegen den Boykott zu entscheiden. Andernfalls kann der Leistungswettbewerb durch eine Boykottaufforderung nicht verfälscht werden. An der **Entscheidungsfreiheit des Adressaten** fehlt es, wenn ein Marktteilnehmer bezüglich des Gegenstands der Aufforderung keinen eigenen Entscheidungsspielraum hat, weil es beispielsweise gesetzlich oder vertraglich zu einem bestimmten Verhalten verpflichtet oder vom Verrufer weisungsabhängig ist.[909] Eine Weisungsabhängigkeit kann bei einer Tochtergesellschaft gegenüber der verrufenden Muttergesellschaft bestehen,[910] bei einer nachgeordnete gegenüber ihrer übergeordneten Dienststelle[911] oder bei Arbeitnehmern, Handelsvertretern, Kommissionären etc. gegenüber dem Prinzipal.[912] Im Verhältnis eines Krankenhauses gegenüber einer Krankenversicherung als dem Sachleistungsträger besteht kein Weisungsrecht.[913] Die erforderliche Entscheidungsfreiheit soll auch fehlen, wenn der Verrufer im Boykottaufruf den Eindruck vermittelt, dass es keine Alternative zum geforderten Verhalten gibt.[914]

245 **c) Eignung zur Beeinflussung.** Die Aufforderung muss objektiv zur Einflussnahme auf die Willensentscheidung des Adressaten geeignet sein, ein **Erfolg der Einflussnahme ist** aber **nicht erforderlich.**[915] Die Boykottaufforderung ist zur Einflussnahme geeignet, wenn sie aufgrund des Inhalts der Aufforderung oder des Kontextes, in dem sie erfolgt, das **Potential** hat, **auf die Auswahlentscheidung des Adressaten einzuwirken.** Die Eignung kann sich erst aus einer kumulativen Einflussnahme eines oder mehrerer Verrufer ergeben.[916] Es ist nicht notwendig, dass der Adressat in besonderer Weise dem Einfluss des Verrufers unterliegt.[917] Ein Einsatz von **Druckmitteln oder** gar **Drohungen** ist nicht erforderlich.[918] Die wirtschaftliche Macht oder die gesellschaftliche oder fachliche Autorität des Verrufers können Indizien ausreichen.[919] Von einer Eignung kann im Regelfall ausgegangen werden, wenn dem Adressaten wirtschaftliche oder sonstige **Vorteile oder Nachteile in Aussicht gestellt** werden,[920] etwa bei der Drohung einer Krankenkasse, die Kostenübernahme zu verweigern, wenn zukünftig nicht andere Unternehmen mit bestimmten Leistungen beauftragt werden.[921] Auch ein Presseartikel, der einen Konflikt zwischen verschiedenen Unternehmen darstellt und daraus Maßnahmen gegen ein Unternehmen oder eine Unternehmensgruppe ableitet, kann zur Einflussnahme objektiv geeignet sein.[922]

---

904 BGH BB 1989, 931 – *markt-intern-Dienst* zu § 26 Abs. 1 DWB a. F.; näher lag hier die Annahme einer bedingten Boykottaufforderung, zutreffend *Markert* BB 1989, 921, 924.
905 BGH WuW/E BGH 2370, 2373 – *importierte Fertigarzneimittel.*
906 BGH GRUR 2001, 752 – *Eröffnungswerbung.*
907 WRP 2000, 759 – *Zahnersatz aus Manila.*
908 BGH GRUR 2012, 1153 – *Unfallersatzgeschäft.*
909 juris PK/*Müller-Bidinger* § 4 Nr. 10 Rdn. 167.
910 BGH GRUR 1973, 277 – *Ersatzteile für Registrierkassen.*
911 RGZ 155, 257, 279.
912 BGHZ 19, 72 – *Gesangsbuch;* jurisPK/*Müller-Bidinger* § 4 Nr. 10 Rdn. 167.
913 BGH GRUR 1990, 474 – *Neugeborenentransporte.*
914 OLG Stuttgart, Urt. v. 21.1.2010 – 2 U 8/09, Rdn. 123.
915 BGH GRUR 1980, 242, 244 – *Denkzettel-Aktion.*
916 KG WUW/E OLG 1029, 1031 – *Anzeigensperre.*
917 BGH GRUR 1985, 468, 469 – *Ideal-Standard.*
918 BGH GRUR 1999, 1031 – *Sitzender Krankentransport;* GRUR 1985, 468, 469 – *Ideal-Standard.*
919 BGH GRUR 1984, 461, 462 – *Kundenboykott;* OLG Frankfurt WRP 1998, 98, 99; GroßKomm/*Brandner/Bergmann* § 1 UWG A Rdn. 21.
920 BGH GRUR 1999, 1031, 1033 – *Sitzender Krankentransport;* GRUR 1984, 214, 215 – *Copy-Charge;* OLG Düsseldorf NJWE-WettbR 1999, 123; juris PK/*Müller-Bidinger* § 4 Nr. 10 Rdn. 186.
921 BGH GRUR 1990, 474, 476 – *Neugeborenentransporte.*
922 BGH WRP 1985, 340 – *Ideal-Standard;* GRUR 1984, 214, 215 – *Copy-Charge.*

5. Unlauterkeit/Rechtswidrigkeit

Die Unlauterkeit einer Boykottaufforderung ist im Rahmen einer **Gesamtabwägung** unter Berücksichtigung aller Umstände und der Schutzzwecke des § 1 UWG festzustellen.[923] Es gelten im Wesentlichen[924] die gleichen Kriterien wie bei § 21 Abs. 1 GWB.[925] Wenn Boykottaufforderungen wegen der damit verbundenen Einflussnahme auf den Leistungswettbewerb auch bedenklich sind, spricht **keine Vermutung für die Unlauterkeit.**[926] Vielmehr sind stets auch die Interessen des Verrufers, der Verbraucher und sonstiger Marktteilnehmer zu berücksichtigen. So kann eine Boykottaufforderung berechtigt sein, wenn der Verrufer berechtigte Interessen verfolgt.[927] Sie kann auch gerechtfertigt sein, wenn der Boykottaufruf gegenüber einer wettbewerbsrechtlichen Inanspruchnahme des Adressaten das mildere Mittel darstellt, weil der Adressat für ein rechtswidriges Verhalten des Boykottierten selber verantwortlich ist.[928] Weiterhin kann entscheidend sein, ob das Verhalten des Verrufers von rechtlichen Vorgaben außerhalb der §§ 4 Nr. 4 UWG, 21 GWB bestimmt wird.[929] 246

Eine Boykottaufforderung eines Mitbewerbers ist allerdings nur in Ausnahmefällen gerechtfertigt. 247 Ein anerkannter Ausnahmefall ist die **Boykottaufforderung zur Abwehr eines rechtswidrigen Angriffs** des Boykottierten. Die Voraussetzungen für eine zulässige Abwehrmaßnahme[930] sind allerdings sehr eng begrenzt. Der Verrufer muss sich objektiv in einer Abwehrlage befinden. Die Boykottaufforderung muss geeignet, erforderlich und verhältnismäßig im engeren Sinne sein, um dem rechtswidrigen Angriff zu begegnen.[931] Durch die Boykottaufforderung dürfen keine schutzwürdigen Belange Dritter mehr als erforderlich beeinträchtigt und keine Rechte Dritter verletzt werden.[932] Dem Verrufer darf es schließlich nicht möglich sein, rechtzeitige und ausreichende gerichtliche Hilfe gegen den Angriff des Boykottierten zu erlangen.[933] Die Boykottaufforderung muss zudem streng darauf begrenzt sein, den rechtswidrigen Angriff abzuwehren.[934] Eine Abwehrlage wurde bei einem systematischen, massiven Wettbewerbsverstoß angenommen, wenn der Boykottierte sich an ein gerichtliches Verbot nicht hält oder das gerichtliche Verbot ohnehin nicht geeignet ist, die weitere Schadensentwicklung ausreichend zu begrenzen.[935]

Besonderer Bedeutung bei der Rechtfertigung einer Boykottaufforderung kommt der **Meinungs- und Pressefreiheit** des Art. 5 GG zu. Wegen der konstitutiven Bedeutung dieser Grundrechte kann in ihrem Anwendungsbereich die Rechtswidrigkeit einer Boykottaufforderung nur aufgrund einer konkreten Abwägung festgestellt werden. Im Mittelpunkt der Abwägung stehen die betroffenen Rechtsgüter, Motive, Ziele und Zwecke der Boykottaufforderung. Geht es dem Verrufer, auch wenn er Wettbewerber des Boykottierten ist, um politische, wirtschaftliche, soziale oder kulturelle Belange der Allgemeinheit, zu denen auch wirtschaftliche Themen gehören können, gehen die Meinungs- und Pressefreiheit in der Regel auch dann vor, wenn private und wirtschaftliche Interessen beeinträchtigt werden.[936] Dem Schutz dieser Interessen kommt eine umso größere Bedeutung zu, je weniger es dem Verrufer um eine Teilnahme am Austausch über eine die Öffentlichkeit wesentlich berührende Frage, sondern um die Verfolgung eines eigennützigen, wirtschaftlichen Ziels geht.[937] Wenn sich eine Boykottaufforderung einem Thema von öffentlichem Interesse 248

---

[923] BGH GRUR 2000, 344, 346 – *Beteiligungsverbot für Schilderpräger;* GRUR 1999, 1031, 1033 – *Sitzender Krankentransport;* GRUR 1980, 242, 244 – *Denkzettel-Aktion.*

[924] OLG Hamburg MD 2006, 1277, 1281 – *Automatenangebote.*

[925] BGH GRUR 2000, 344 – *Beteiligungsverbot für Schilderpräger.*

[926] MünchKomm-UWG § 4 Nr. 10 Rdn. 156: strenger OLG Frankfurt GRUR-RR 2005, 197, 198; OLG Stuttgart GRUR-RR 2003, 21, 22; jurisPK/*Müller-Bidinger* § 4 Nr. 10 Rdn. 187.

[927] BGH GRUR 2000, 344, 346 – *Beteiligungsverbot für Schilderpräger;* WRP 2000, 759, 761 – *Zahnersatz aus Manila;* OLG Karlsruhe GRUR-RR 2009, 275, 276; OLG Frankfurt, Urt. v. 18.6.2015 – 6 U 46/14 – Rdn. 38.

[928] Vgl. OLG Jena GRUR-RR 2006, 135, 136 – *sportwetten.de.*

[929] BGH GRUR 1999, 1031, 1033 – *Sitzender Krankentransport.*

[930] Siehe hierzu unten *Goldmann* Vor § 8, Rdn. 205 ff.

[931] BGH GRUR 1960, 331, 336 – *Schleuderpreise;* GRUR 1959, 244, 247 – *Versandbuchhandlung;* OLG Frankfurt, Urt. v. 18.6.2015 – 6 U 46/14, Rdn. 38.

[932] BGH GRUR 1984, 461, 463 – *Kundenboykott.*

[933] OLG Jena GRUR-RR 2006, 135, 136 – *sportwetten.de;* KG WUW/E 5103, 5105 – *Dire Straits – European Tour 1992;* 1029, 1032 – *Anzeigensperre;* OLG Hamburg WUW/E OLG 2067, 2070 – *Werbeaktion mit Kaffeegeschirren.*

[934] BGHZ 140, 135, 143 – *Hormonpräparate.*

[935] OLG Jena GRUR-RR 2006, 135, 136 – *sportwetten.de;* s. a. BGH GRUR 1971, 259, 260 – *W. A. Z.*

[936] BVerfG GRUR 1984, 357, 359 – *markt-intern;* s. a. BVerfG GRUR 2008, 81, 82 f. – *Pharma-Kartell;* NJW 1992, 1153, 1154; NJW 1984, 1741, 1743; OLG Stuttgart GRUR-RR 2006, 20, 21 – *Absperrband-Aktion.*

[937] Vgl. BVerfG GRUR 2008, 81, 82 – *Pharma-Kartell;* NJW 1992, 1153, 1154; NJW 1984, 1741, 1743.

widmet, ist sie nicht schon deshalb unzulässig, weil sie weniger scharf oder sachlicher hätte formuliert werden können.[938]

249 **Privatpersonen, Interessenvereinigungen und die Presse dürfen** im Lichte der Meinungs- und Pressefreiheit **dazu auffordern, bestimmte Leistungen zu boykottieren und andere zu bevorzugen.**[939] Im Rahmen des Grundrechts der Meinungs- und Pressefreiheit lässt sich entgegen der herrschenden Meinung zur Presseberichterstattung nicht differenzieren zwischen der erlaubten reinen Meinungsäußerung als solcher und unzulässigen Empfehlungen zu einem bestimmten wirtschaftlichen Verhalten, die aus der Meinung abgeleitet werden. Die Aufforderung zum Boykott ist ein **Mittel im Meinungskampf**. Solange die Boykottaufforderung der Durchsetzung von Meinungen und Überzeugungen dient, gehen die Grundrechte der Meinungs- und Pressefreiheit deshalb vor. Das gilt auch, wenn die Boykottaufforderung mit drastischen und fern liegenden Argumenten eine exotische Mindermeinung unterstützt und/oder objektiv einer bestimmten Gruppe oder auch nur einem einzigen Wettbewerber dient. Es ist nicht unlauter, dass die Presse tendenziös zugunsten eines Wettbewerbers oder einer Gruppe von Wettbewerbern Partei ergreift und Ratschlage erteilt, die darauf hinauslaufen, dass deren Konkurrenten nicht unterstützt werden sollen.[940] Wenn die Boykottaufforderung allerdings über die Verbreitung von Meinungen und die Teilnahme an einer öffentlichen Auseinandersetzung hinaus geht und beispielsweise mit wirtschaftlichem oder sonstigem Druck verbunden wird, treten die Grundrechte der Meinungs- und Pressefreiheit zunehmend zurück,[941] wobei aber auch insofern zu beachten ist, dass die gesellschaftliche Gewöhnung an und Akzeptanz von Boykottaufforderungen im Zuge von Greenpeace-, Attac, PETA oder Occupy-Aktionen zugenommen hat. Wer als Nicht-Wettbewerber lautstark und werbewirksam dazu aufruft, kein Fleisch mehr vom einem bestimmten Massentierproduzenten zu beziehen und stattdessen auf bestimmte Öko-Zertifizierungen zu achten, fördert zwar den Wettbewerb von Ökofleisch-Anbietern, handelt aber nicht unlauter.

6. Boykottähnliche Maßnahmen

250 Bei der Boykottaufforderung geht es darum, den Adressaten dazu zu veranlassen, mit dem Boykottierten keine Geschäftskontakte zu pflegen. Boykottähnliche Maßnahmen zielen darauf ab, eine **Liefer- oder Bezugssperre in anderer Weise** herbeizuführen. Ihre Unlauterkeit beurteilt sich nach den gleichen rechtlichen Kriterien wie die Boykottaufforderung.[942] Erweckt beispielsweise ein Kfz-Hersteller in Kundenanschreiben den unzutreffenden Eindruck, die Kunden könnten Nachteile bei der Abwicklung von Gewährleistungsansprüchen erleiden, wenn sie Wartung und Reparaturen nicht bei einem Vertragshändler durchführen lassen, kann darin eine gezielte Behinderung eines aus dem Vertragshändlernetz ausgeschiedenen freien Händlers liegen.[943] Auch die unbegründete Weigerung einer Kfz-Versicherung gegenüber einem Geschädigten, die Kosten eines bestimmten Kfz-Sachverständigen generell nicht zu erstatten, kann dazu führen, dass der Sachverständige von anderen Geschädigten nicht mehr beauftragt wird.[944] Demgegenüber ist eine Kfz-Versicherung aber berechtigt, einen Anspruchsteller auf Mietwagen oder Reparaturmöglichkeiten von Anbietern mit günstigeren Preisen hinzuweisen, als sie vom Vertragspartner des Anspruchstellers gewährt werden, solange berechtigte gegenläufige Interessen des Antragstellers dadurch nicht berührt werden.[945]

X. Marktstörung

Schrifttum: *Baudenbacher,* Machtbedingte Wettbewerbsstörungen als Unlauterkeitstatbestände, GRUR 1981, 19; *Baudenbacher,* Außenseiteraktivitäten zu Lasten selektiver Vertriebssysteme als Marktstörungen, in *Wild/Schulte-Franzheim/Lorenz-Wolf* (Hrsg.), FS *Alfred-Carl Gaedertz; Burmann,* Marktbezogene Unlauterkeit als eigenständiger Tatbestand, WRP 1967, 385; *Gesellensetter,* Rechtliche Probleme der unentgeltlichen Verteilung meinungsbildender Tagespresse, GRUR 2001, 707; *Gounalakis/Rhode,* Unentgeltlicher Zeitungsvertrieb – modernes

---

[938] Vgl. BVerfG GRUR 2008, 81, 83 – *Pharma-Kartell;* strenger noch BVerfG GRUR 1984, 357, 359f. – *markt-intern.*

[939] *Köhler*/Bornkamm, UWG, § 4 Rdn. 10. 128; deutlich restrikrtiver. BGH GRUR 1985, 468, 469f. – *Ideal Standard;* GRUR 1984, 461, 462 – *Kundenboykott;* GRUR 1984, 214, 215 – *Copy-Charge;* s. a. BVerfG GRUR 1984, 357, 360 – *markt-intern;* OLG Frankfurt WRP 1999, 98, 99.

[940] A. A. BGH GRUR 1984, 461, 462 – *Kundenboykott.*

[941] BVerfG GRUR 1984, 357, 360 – *markt-intern.*

[942] BGH GRUR 1960, 331, 335 – *Schleuderpreise;* OLG Karlsruhe GRUR 1984, 669, 672 sowie dazu BGH GRUR 1986, 905 – *Innungskrankenkassenwesen.*

[943] OLG Frankfurt GRUR-RR 2005, 197f.

[944] OLG Nürnberg WRP 2007, 202, 203.

[945] BGH GRUR 2012, 1153 – *Unfallersatzgeschäft.*

Medienkonzept oder Marktstörung?, AfP 2000, 321; *Köhler,* Zur Konkurrenz lauterkeitsrechtlicher und kartellrechtlicher Normen, WRP 2005, 645; *Kraft,* Gemeinschaftsschädliche Wirtschaftsstörungen als unlauterer Wettbewerb, GRUR 1980, 966; *Koppensteiner,* Marktbezogene Unlauterkeit und Missbrauch von Marktmacht, WRP 2007, 475; *Lahusen,* Die wettbewerbs- und verfassungsrechtliche Beurteilung des Gratisvertriebs meinungsbildender Tagespresse, GRUR 2005, 221; *Lindow, Klaus-Peter,* Marktstörung als UWG-Tatbestand, 1995; *Lux,* Der Tatbestand der allgemeinen Marktbehinderung, 2006; *Raiser,* Marktbezogene Unlauterkeit, GRUR Int. 1973, 443; *Ruess/Tellmann,* ‚Umsonst ist der Tod allein'? – Neues zur Werbung mit Gratisanzeigen, WRP 2004, 665; *Scherer,* Wechselwirkungen zwischen Kartellrecht und UWG, WRP 1996, 174; *Sack,* § 1 UWG und Wirtschaftspolitik, WRP, 1974, 247; *Teplitzky,* Zur Frage der wettbewerbsrechtlichen Zulässigkeit des (ständigen) Gratisvertriebs einer ausschließlich durch Anzeigen finanzierten Zeitung, GRUR 1999, 108; *Tieben,* Die Einflussnahme der öffentlichen Hand auf den Wettbewerb, WRP 2011, 1101, *P. Ulmer,* Der Begriff ‚Leistungswettbewerb' und seine Bedeutung für die Anwendung von GWB und UWG; GRUR 1977, 565; *von Danwitz,* Der Gratisvertrieb anzeigenfinanzierter Tageszeitungen im Wettbewerb der Presseorgane, Baden-Baden 2002.

1. Allgemeines

Unter der **Marktstörung oder allgemeinen Marktbehinderung** versteht die Rechtsprechung ein Verhalten, das zwar nicht von vornherein unlauter, aber doch wettbewerblich bedenklich ist[946] und für sich allein oder in Verbindung mit den zu erwartenden, gleichartigen Maßnahmen von Mitbewerbern die ernstliche Gefahr begründet, dass der Leistungswettbewerbs hinsichtlich der fraglichen Warenart in nicht unerheblichem Maße eingeschränkt wird.[947] Der Tatbestand der Marktstörung führt zu einer **Marktstrukturkontrolle** über das UWG, wie sie eigentlich eine Aufgabe des Kartellrechts ist.[948] 251

Der Tatbestand der **Marktstörung schützt nicht den Markt in seinem konkreten Bestand,** in seinem aktuellen und historisch bedingten Sosein. Er schützt auch nicht die Position der einzelnen Mitbewerber im Wettbewerb oder die wirtschaftlichen Parameter, die ihrem wettbewerblichen Kalkül zugrunde liegen. Niemand hat einen Anspruch auf den Erhalt seines Kundenstammes[949] oder der Beibehaltung bestimmter Marktstrukturen oder überhaupt eines Marktes für sein Angebot.[950] Eine geschäftliche Handlung ist nicht unlauter, bloß weil sie Mitbewerbern unangenehm sein kann und zur Reaktion zwingt.[951] Das gilt selbst dann, wenn Mitbewerber aufgrund der Wettbewerbsmaßnahme und ihrer Wiederholung oder Nachahmung durch Konkurrenten aus dem Wettbewerb ausscheiden.[952] 252

Das Schutzobjekt der Marktstörung ist das **Interesse der Allgemeinheit an einem freien Wettbewerb als elementare Voraussetzung für einen funktionierenden Markt.** Wenn es heißt, dass für die Marktstörung die Gefährdung des Wettbewerbsbestands auf dem Markt für bestimmte Waren oder Leistungen kennzeichnend sei,[953] wird diese Schutzrichtung eher verschleiert als konkretisiert. Es geht nicht um den Schutz des Marktes vor Wettbewerb, sondern um den **Erhalt von freiem Wettbewerb als Marktprinzip.** Dieses Schutzobjekt wurde in der früheren Rechtsprechung nicht immer ausreichend beachtet. Die Ergebnisse der Judikatur liefen nicht selten – insbesondere im Bereich des Pressewesens – auf einen Marktstruktur- und Bestandsschutz hinaus. Dem Wettbewerb wurde bisweilen zu seinem eigenen Schutz wenig zugetraut.[954] Es wurde in den Marktmechanismus bereits protektionistisch eingegriffen, wo eine Störung allenfalls spekulativ zu erahnen war.[955] 253

---

[946] Der BGH definiert diese Voraussetzung nicht näher. Siehe zu diesem Terminus *Koppensteiner* WRP 2007, 475, 478 f., der bedenkliches Verhalten mit Nichtleistungswettbewerb übersetzt.

[947] BGH GRUR 2004, 602, 603 – *20 Minuten Köln;* WRP 2004, 746, 747 – *Zeitung am Sonntag;* WRP 2001, 688, 690 – Eröffnungswerbung; GRUR 2001, 80, 81 – *ad-hoc-Meldung;* GRUR 1965, 489, 491 – *Kleenex;* KG GRUR-RR 2001, 279, 280.

[948] BGH GRUR 2004, 602, 603 – *20 Minuten Köln;* WRP 2004, 746, 747 – *Zeitung am Sonntag; Kotthoff* in HK-WettR § 1 Rdn. 686; kritisch *Kraft* GRUR 1980, 966, 967 f. Ausführlich hierzu *Ahrens,* Einl. G; *Podszun,* Kommentierung zu § 3 UWG.

[949] BGH GRUR 2004, 602, 604 – *20 Minuten Köln;* GRUR 1985, 881, 882 – *Bliestal-Spiegel.*

[950] BGHZ 114, 82, 84 – *Motorboot-Fachzeitschrift.*

[951] BGH GRUR 2004, 602, 604 – *20 Minuten Köln;* GRUR 1985, 881, 882 – *Bliestal-Spiegel;* GRUR 1965, 489, 491 – *Kleenex.*

[952] BGH GRUR 1990, 44, 45 – *Annoncen-Avis;* GRUR 1965, 489, 491 – *Kleenex; Beater* § 24 Rdn. 8.

[953] BGH WRP 2001, 688, 690 – *Eröffnungswerbung;* GRUR 2001, 80, 81 – *ad-hoc-Meldung* (für den Wettbewerb auf dem Markt der Verbreitung solcher Meldungen an die Medien); BGH GRUR 1969, 295, 297 – *Goldener Oktober* (hinsichtlich der fraglichen Warenart).

[954] Eine Wende markierten die Entscheidungen BGH GRUR 2004, 602 – *20 Minuten Köln* und WRP 2004, 746 – *Zeitung zum Sonntag,* – die den Tatbestand der Marktstörung zugunsten einer Öffnung der Märkte für den Wettbewerb deutlich liberalisierten.

[955] *Scherer* WRP 1996, 174, 177; *Kraft* GRUR 1980, 966, 968.

254 Die Marktstörung fällt nicht unter den Beispielstatbestand des § 4 Nr. 4 UWG, weil es ihr nicht wesenseigen ist, dass der einzelne Mitbewerber behindert wird.[956] Die Marktstörung unterfällt **§ 3 Abs. 1 UWG.**[957] Trotzdem unterscheidet die Marktstörung sich von der individuellen Behinderung nicht selten nur graduell. Ein Beispiel sind Preiskämpfe, die mit einzelnen Mitbewerbern geführt werden, ab einer größeren Intensität aber auch eine allgemeine Marktstörung verursachen können.[958] Während die individuelle Behinderung sich in der Regel unmittelbarer gegen einzelne Mitbewerber richtet, gefährdet die Marktstörung die Voraussetzungen für einen freien Wettbewerb auf dem Markt an sich und trifft alle Mitbewerber dadurch mittelbar.

255 Der Tatbestand der Marktstörung setzt eine umfassende Würdigung aller Umstände des Einzelfalls voraus.[959] Im Vorfeld der **normativen Gesamtwürdigung** müssen die Marktverhältnisse, die Art der Gefährdung des Wettbewerbs auf dem betroffenen Markt und der Grad der Gefährdung durch die beanstandete Verhaltensweise konkret ermittelt und festgestellt werden.[960] Die Gesamtwürdigung mündet in die Frage, ob die Strukturen und Mechanismen des betroffenen Marktes es wert sind, gegen die konkrete Art und Intensität der Gefährdung geschützt zu werden.[961]

256 **a) Feststellung der Marktverhältnisse.** In einem ersten Schritt müssen die **Wettbewerbsverhältnisse auf dem betroffenen Markt** konkret ermittelt werden.[962] Bei der Bestimmung des betroffenen Markts kann auf die Grundsätze zur Bestimmung des relevanten Marktes zurückgegriffen werden, wie sie im Kartellrecht gelten und von der Literatur auch im Rahmen der Marktstörung bevorzugt werden.[963] Die Rechtsprechung hat sich darauf indes nie festgelegt. Diese Zurückhaltung ermöglicht eine größere Freiheit und Rücksichtnahme auf die Umstände des Einzelfalls, erspart allerdings keine Bestimmung des betroffenen Marktes und keine **Bestandsaufnahme der maßgeblichen Marktverhältnisse.**[964] Zu dieser Bestandsaufnahme gehört die Feststellung der Anzahl, Organisation und Größe der Wettbewerber, der Flexibilität des Marktes, insbesondere im Hinblick auf Marktzutrittschancen, der waren- und leistungsspezifischen Besonderheiten des Wettbewerbs, der Bedeutung einer Ware oder Leistung oder von Teilen der Ware oder Leistung in den Augen der Abnehmer sowie von weiteren den konkreten Wettbewerb auf dem Markt prägenden Umständen.[965] Von besonderer Bedeutung ist die Feststellung der Merkmale, welche die Funktionsweise des Wettbewerbs auf dem betroffenen Markt prägen, sowie die Berücksichtigung von bereits bestehenden Störungen des Wettbewerbs, beispielsweise durch monopolistische oder verkrustete Strukturen.[966]

257 **b) Gefährdung des Wettbewerbsbestands.** In einem zweiten Schritt muss festgestellt werden, inwieweit die konkrete geschäftliche Handlung diesen Wettbewerbsbestand gefährdet. Hierbei ist wiederum zu unterscheiden zwischen der **Art und Intentionalität der Gefährdung** (was am Wettbewerbsbestand wird in welcher Weise gefährdet) einerseits und dem **Grad dieser Gefährdung** andererseits. Bei der Feststellung des Grades der Gefährdung ist es ist nicht erforderlich, dass eine Marktstörung bereits eingetreten ist.[967] Andererseits reicht eine abstrakte Gefährdung oder die Möglichkeit rechtspolitisch unerwünschter Entwicklungen nicht aus.[968] Märkte mit wenigen Wettbewerbern sind eher gefährdet als Märkte mit komplexen Marktstrukturen.[969] Eine Gefährdung

---

956 OLG Köln MD 2007, 1217, 1218 – *Switch & Profit.*

957 OLG Hamm, MMR 2012, 32, 33; BT-Drucks. 15/1487 S. 19.

958 BGH GRUR 1990, 371, 372 f. – *Preiskampf.*

959 BGH GRUR 1982, 53, 55 – *Bäckerfachzeitschrift;* GRUR 1975, 26, 28 f. – *Colgate;* GRUR 1965, 489, 491 – *Kleenex.*

960 BGH GRUR 1993, 774, 776 – *Hotelgutschein;* GRUR 1991, 616, 617 – *Motorboot-Fachzeitschrift;* GRUR 1982, 53, 55 – *Bäckerfachzeitschrift;* GRUR 1971, 168, 170 – *Ärztekammer;* KG GRUR-RR 2008, 171 – *Mediaboxen;* OLG Köln NJWE-WettbR 1997, 54, 56.

961 Nach einer Mindermeinung ist diese wertende Betrachtung überflüssig, weil sich die Unlauterkeit schon aus der bloßen Gefährdung ergeben soll (*Baudenbacher* GRUR 1981, 19 ff.; *Raiser* GRUR Int. 1973, 443 ff.).

962 *Beater* § 24 Rdn. 19.

963 *Kotthoff* in HK-WettR § 1 Rdn. 687 f.; *Beater* § 24 Rdn. 9; Im Kartellrecht ist die Missbrauchskontrolle aber auch nicht nur auf den Markt beschränkt, auf dem das agierende Unternehmen selbst eine marktbeherrschende Stellung einnimmt (*Immenga/Mestmäcker-Möschel* § 19 Rdn. 114). Diese Ausweitung des Marktbegriffs erlaubt ebenfalls bereits eine größere Flexibilität.

964 Siehe kritisch *Scherer* WRP 1996, 175, 177.

965 Vgl. BGH GRUR 2001, 80, 82 – *ad-hoc-Meldung;* GRUR 1991, 616, 618 – *Motorboot-Fachzeitschrift.*

966 BGH GRUR 2004, 602, 605 – *20 Minuten Köln;* WRP 2004, 746, 749 – *Zeitung am Sonntag.*

967 BGH GRUR 1991, 616, 618 – *Motorboot-Fachzeitschrift.*

968 BGH GRUR 1982, 53, 55 – *Bäckerfachzeitschrift;* KG GRUR-RR 2008, 1714 – *Mediaboxen; Kotthoff* in HK-WettR § 1 Rdn. 690; *Lindow* S. 114.

969 Vgl. BGH GRUR 2001, 80, 82 – *ad-hoc-Meldung;* GRUR 1991, 616, 618 – *Motorboot-Fachzeitschrift.*

kann indiziert werden durch die Darlegung von tatsächlichen Einbußen im Umsatz oder auf dem Kundenmarkt. Solche Einbußen alleine genügen für die Annahme einer Marktstörung aber nicht.[970] Daneben wird auf allgemeine Erfahrungssätze zurückgegriffen, soweit sie die Annahme einer Gefährdung stützen.[971] Je länger ein Marktverhalten praktiziert wird, ohne dass nennenswerte Veränderungen im Wettbewerbsbestand eingetreten sind, desto weniger kann eine Bestandsgefährdung angenommen werden. Ein wesentliches Indiz gegen eine Gefährdung ist außerdem die Koexistenz von zwei Produkten unter vergleichbaren Bedingungen auf anderen Märkten, ohne dass der Wettbewerb dadurch im Bestand gefährdet wurde.[972] Es muss die Gefahr einer dauerhaften Verschlechterung der Wettbewerbsstrukturen bestehen. Wenn eine Gefährdung des Wettbewerbsbestands nicht festgestellt und die künftige Entwicklung auch nicht prognostiziert werden kann, scheidet ein Verbot der beanstandeten Wettbewerbsmaßnahme unter dem Aspekt der Marktstörung aus.[973]

Bei der Feststellung des Grades der Gefährdung werden auch solche Auswirkungen berücksichtigt, die sich mittelbar aus einer Nachahmung oder anderen zu erwartenden Maßnahmen der Mitbewerber ergeben können.[974] Eine **Nachahmungsgefahr** darf allerdings nicht einfach unterstellt oder vermutet werden.[975] Sie setzt eine **substantiierte Prognose** voraus, für die es greifbare Anhaltspunkte geben muss.[976] **258**

Die Rechtsprechung ist mit Prognosen der Auswirkungen einer Wettbewerbsmaßnahme und der daraus resultierenden weiteren Entwicklung in der Vergangenheit teilweise sehr großzügig gewesen.[977] Im Interesse eines innovativen freien Wettbewerbs sollte, sofern nicht sogar Prognosen ganz abgelehnt werden, stattdessen **große Zurückhaltung** geübt werden. Es kann die weitere Entwicklung zunächst abgewartet werden. Es spricht nichts dagegen, ein Wettbewerbsverhalten, dessen Auswirkungen auf den Wettbewerbsbestand zunächst nicht verlässlich prognostiziert werden kann, erst als wettbewerbswidrig zu untersagen, nach dem die weitere Entwicklung auf dem betroffenen Markt das Gefährdungspotenzial dieser Wettbewerbsmaßnahme offen gelegt hat.[978] **259**

c) Wettbewerbsrechtliche Bewertung der Gefährdung des Wettbewerbsbestands. Erst nach der Feststellung der konkreten Verhältnisse auf dem betroffenen Markt, und der Art und Intensität der Gefährdung dieses Wettbewerbsbestands ist in einem dritten Schritt normativ und unter Berücksichtigung aller Umstände des Einzelfalls zu bewerten, ob diese Gefährdung des Wettbewerbs hingenommen werden kann.[979] Das rechtliche Unwerturteil kann dabei nicht an den die Mitbewerber beeinträchtigenden Erfolg anknüpfen, soweit dieser mit wettbewerbseigenen Mitteln erzielt wird.[980] Unmaßgeblich sind auch die subjektiven Absichten des Handelnden.[981] **Vorrangige normative Bewertungskriterien** sind die **Gewährleistung der Freiheit des Wettbewerbs** und die **Chancengleichheit bestehender und innovativer Methoden** im Wettbewerb. Die lauterkeitsrechtliche Beurteilung muss dabei stets die Zielsetzung des Gesetzes gegen Wettbewerbsbeschränkungen berücksichtigen.[982] Was kartellrechtlich erlaubt ist, kann ohne Hinzutreten weiterer Umstände lauterkeitsrechtlich nicht verboten werden.[983] **260**

Von dem Verbot eines Verhaltens als Markstörung muss im Interesse eines effektiven und funktionierenden Wettbewerbs sehr zurückhaltend Gebrauch gemacht werden.[984] Im Rahmen der Ge- **261**

---

[970] BGH GRUR 2004, 602, 604 – *20 Minuten Köln;* WRP 2004, 746, 748 f. – *Zeitung am Sonntag.*

[971] BGH GRUR 1985, 881, 882 – *Bliestal-Spiegel.*

[972] BGH GRUR 1985, 881, 882 – *Bliestal-Spiegel.*

[973] BGH GRUR 1965, 489, 491 – *Kleenex.*

[974] BGH GRUR 1991, 616, 617 – *Motorboot-Fachzeitschrift;* GRUR 1982, 53, 55 – *Bäckerfachzeitschrift;* GRUR 1975, 26, 28 f. – *Colgate;* GRUR 1969, 295, 297 – *Goldener Oktober;* GRUR 1965, 489, 491 – *Kleenex;* kritisch *Kraft* GRUR 1980, 966, 968.

[975] Die in BGH GRUR 1957, 365 – *SÜWA* vertretene abweichende Ansicht gilt allgemein als überholt.

[976] OLG Bremen WRP 1999, 1052, 1054; OLG Karlsruhe WRP 1998, 525, 528; *Beater* § 24 Rdn. 20; *Koppensteiner* WRP 2007, 475, 477.

[977] Vgl. BGH GRUR 1991, 616, 617 f. – *Motorboot-Fachzeitschrift;* GRUR 1975, 26, 28 f. – *Colgate.*

[978] KG GRUR-RR 2008, 171 – Mediaboxen; ablehnend OLG Hamburg MD 2007, 254, 262 – *Fliegerzeitschrift.*

[979] Nach *Koppensteiner* WRP 2007, 475, 479 soll es darauf nicht mehr ankommen. Es sei ausreichend, dass durch ein Verhalten die Wettbewerbsintensität auf einem bestimmten Markt ernsthaft gefährdet wird. Nach diesem Kriterium wäre aber jeder besonderer Erfolg eines Unternehmens gleichzeitig auch wettbewerbswidrig, weil er weniger kompetitive Wettbewerber und damit den Wettbewerb gefährdet.

[980] BGH GRUR 1965, 489, 491 – *Kleenex.*

[981] Fezer/*Fezer* § 3 Rdn. 81 ff.; vgl. auch BGH GRUR 2005, 778 – *Atemtest;* WRP 2007, 951 – *Außendienstmitarbeiter.*

[982] BGH GRUR 2004, 602, 603 – *20 Minuten Köln.*

[983] *Köhler* WRP 2005, 645, 651.

[984] *Beater* § 24 Rdn. 16.

samtwürdigung ist die **Besinnung auf die teleologischen Grundlagen** der wettbewerbsrechtlichen Kategorie der Marktstörung von besonderer Bedeutung. Es geht um den **Schutz des freien Wettbewerbs** als dem grundlegenden Marktprinzip **und nicht** um den **Schutz des Marktes vor Wettbewerb.**[985] Ein Unwerturteil rechtfertigt sich nicht allein schon daraus, dass der Wettbewerb und die ihm zugrunde liegenden Strukturen sich ändern. Das UWG darf nicht dazu dienen, ohnehin bestehende Marktzutrittschranken zu erhöhen und damit zu einer Marktabschottung beizutragen.[986] Es ist gerade der Sinn der Wettbewerbsordnung, dem freien Spiel der Kräfte des Marktes im Rahmen der Rechtsordnung Raum zu verschaffen. Dies schließt ein, dass eine neue erfolgreiche Wettbewerbskonzeption Nachahmer findet, die ältere Konzepte ablösen.[987] Es ist außerdem rechtlich unerheblich, ob mit der Wettbewerbsmaßnahme gegen anerkannte betriebswirtschaftliche Grundsätze verstoßen wird oder ob kleinere Mitbewerber wirtschaftlich in der Lage sind, sich derselben Maßnahme zu bedienen.[988] Eine Werbe- und Produktkonzeption, die sich unter Berücksichtigung eines weiten Prognosespielraums des Initiators ‚rechnet', kann nicht als Marktstörung verboten werden, und zwar auch dann nicht, wenn das Produkt sich über andere Quellen finanziert als üblich.[989]

262 Auf der normativen Stufe fließen Wertungen zur **Schutzwürdigkeit des Wettbewerbsbestands** ein. Dieser Umstand ist von besonderer Bedeutung im Pressewesen. Nach ständiger Rechtsprechung kommt der **Institution der meinungsbildenden und berichterstattenden Presse** aus Art. 5 Abs. 1 Satz 2 GG ein besonderer Schutz zu, der auch wettbewerbsrechtlich zu berücksichtigen ist.[990] Danach besteht ein besonderes, verfassungsrechtlich verbürgtes Interesse an einem funktionierenden Wettbewerb auf dem Markt der meinungsbildenden Presse. Die sehr ausdifferenzierte Rechtsprechung zu den Grundlagen und Grenzen der Zulässigkeit kostenloser Printmedien,[991] der zufolge anzeigenfinanzierte Printmedien mit meinungsbildenden Inhalten wettbewerbswidrig waren, wurde durch die Entscheidungen unter den Titeln „20 Minuten Köln" und „Zeitung zum Sonntag" korrigiert und kann teils als überholt gelten.[992] Nach der jüngsten Rechtsprechung ist der **Vertrieb einer anzeigenfinanzierten Zeitung** auf einem Lesermarkt, auf dem die lokalen und regionalen Tageszeitungen in ihren Kernverbreitungsgebieten keinem wesentlichen Wettbewerb ausgesetzt sind, nicht von vornherein unzulässig. Die Gefahr, dass die inserierende Wirtschaft Einfluss auf die Inhalte der Zeitung nimmt, hält der BGH zwar für beachtlich. Sie besteht aber auch bei der mischfinanzierten Presse.[993] Weiterhin ist bei zukünftigen Konflikten zu berücksichtigen, dass der Markt für Informationen und Meinungen sich bereits sehr weitgehend in das Internet verlagert hat, in dem nahezu alle Informationsangebote kostenlos und werbefinanziert sind.

263 **Weitere Einzelfälle:** Von der Aufforderung, bestimmte Anschaffungen bis zur bevorstehenden Eröffnung eines neuen Geschäftslokals zurückzustellen, geht keine ernstliche Gefahr für den Wettbewerb hervor.[994] Ein marktstarker Hersteller darf sein Absatzsystem aus wirtschaftlichen Gründen in der Weise umgestalten, dass er den Absatz seiner Ware unter Ausschluss Dritter selbst übernimmt, auch wenn dadurch Händler in ihrer Wettbewerbsposition empfindlich getroffen werden.[995] Das

---

[985] BGH GRUR 1982, 53, 55 – *Bäckerfachzeitschrift.*

[986] BGH GRUR 2004, 602, 603 f. – *20 Minuten Köln.*

[987] BGH GRUR 1990, 44, 45 – *Annoncen-Avis;* GRUR 1965, 489, 491 – *Kleenex.*

[988] BGH GRUR 1969, 295, 296 – *Goldener Oktober;* GRUR 1965, 489, 491 – *Kleenex.*

[989] *Lahusen* GRUR 2005, 221, 222.

[990] BGH GRUR 2004, 602, 604 – *20 Minuten Köln;* WRP 2004, 746, 748 – *Zeitung am Sonntag;* GRUR 1990, 44, 45 – *Annoncen-Avis;* ständige Rspr. Auf den verfassungsrechtlichen Schutz der Pressefreiheit kann sich auch die Anbieterin einer allein anzeigenfinanzierten Zeitung berufen (BGH GRUR 2004, 602, 604 – *20 Minuten Köln*).

[991] Vgl. zu reinen Anzeigenblättern BGHZ 19, 392, 397 – *Freiburger Wochenbericht;* 51, 236, 238 – *Stuttgarter Wochenblatt I;* zu Anzeigenblättern mit einem redaktionellen Teil BGH GRUR 1985, 881, 882 – *Bliestal-Spiegel;* GRUR 1992, 191, 193 – *Amtsanzeiger;* zur Kombination von Tageszeitung und Anzeigenblatt BGH GRUR 1977, 668 – *WAZ-Anzeiger;* zu Mitgliederzeitschriften BGH GRUR 1971, 168, 171 – *Ärztekammer;* zu Fachzeitschriften BGH GRUR 1982, 53, 55 – *Bäckerfachzeitschrift;* zu Amtsblättern OLG Naumburg WRP 1995, 61; zum kostenlosen Abdruck von Anzeigen BGH GRUR 1991, 616, 617 – *Motorboot-Fachzeitschrift;* GRUR 1990, 44 – *Annoncen-Avis;* OLG Bremen WRP 1999, 1052; OLG Dresden WRP 1993, 814 OLG Düsseldorf WRP 1987, 177; OLG Hamm WRP 1977, 271; zur Literatur *Gesellenstätter* GRUR 2001, 707; *Gounalakis/Rhode* AfP 2000, 321; *Teplitzky* GRUR 1999, 108; *Mann* WRP 1999, 740; *Ahrens* WRP 1999, 123; *Köhler* WRP 1998, 455; *Ikas* WRP 1997, 392.

[992] BGH GRUR 2004, 602 – *20 Minuten Köln* und WRP 2004, 247 – *Zeitung zum Sonntag;* s. a. OLG Bremen WRP 1999, 1052, 1054; OLG Karlsruhe WRP 1998, 525, 528.

[993] BGH GRUR 2004, 602, 604 – *20 Minuten Köln;* WRP 2004, 746, 748 – *Zeitung am Sonntag.*

[994] BGH WRP 2001, 688, 690 – *Eröffnungswerbung.*

[995] BGH NJW 1987, 3197, 3199 – *Freundschaftswerbung.*

Angebot eines Mobilfunkanbieters, einen Tag kostenlos zu telefonieren, ist nicht geeignet, den Wettbewerb in seinem Bestand zu gefährden.[996] Das Angebot, eine kostenlose Registrierung von Internet-Adressen durchzuführen, führt nicht zu einer wettbewerbswidrigen Marktstörung.[997] Ein Unternehmenskonzept, das auf Dauer keinen wirtschaftlichen Gewinn verspricht, andererseits durch die Abwanderung der Kunden von den Mitbewerbern eine Schädigung, unter Umständen sogar den Verlust der wirtschaftlichen Existenz dieser Mitbewerber zur Folge hätte, ist wettbewerbswidrig.[998] Das Angebot einer Druckereifachzeitschrift, jedem Unternehmen je Heft eine kostenlose Kleinanzeige von maximal vier Zeilen anzubieten, wurde als Marktstörung angesehen, weil die Gefahr bestanden haben soll, dass die kostenlosen Anzeigen auf Dauer die entgeltlichen Anzeigen des Mitbewerbers ersetzen.[999] Es hätte jedoch geprüft werden müssen, ob die Zeitschrift sich als Wirtschaftsprodukt nicht durch andere Einnahmen ausreichend trägt.

2. Marktstörung durch das Verschenken oder die Gratisabgabe von Waren und Leistungen

Ein Schwerpunkt der Rechtsprechung zur Marktstörung liegt auf der Beurteilung von Verschenkaktionen und sonstigen Formen der unentgeltlichen Abgabe von Waren und Leistungen. Diese Vertriebsform ist nicht grundsätzlich unzulässig, wenn auch bedenklich, soweit der Unternehmer seine Ware oder Leistung nicht anderweitig rentabel kalkulieren kann. Denn durch das nicht anderweitig refinanzierte Verschenken von Waren oder Leistungen kann kein Unternehmen bestehen.[1000] 264

Das **Verschenken von Waren und Leistungen** kann in besonderem Maße geeignet sein, den Wettbewerb auszuschalten.[1001] Niemand kauft eine Ware, die er beim Konkurrenten umsonst erhält.[1002] Waren und Leistungen werden verschenkt, um Kunden eine Aufmerksamkeit zukommen zu lassen, um den Absatz einer anderen Ware oder Leistung zu fördern, um ihre Erprobung zu ermöglichen oder um einen Ergänzungsbedarf zu wecken. Ein Verschenken einer Ware oder Leistung, das als Wertreklame erlaubt ist, kann unter dem Gesichtspunkt der Marktstörung wettbewerbswidrig sein.[1003] 265

Gratisprodukte und -leistungen sind in manchen Branchen üblich. Beispiele sind Computersoftware, die als Freeware, Shareware oder Open Source umsonst abgegeben wird, unentgeltliche Kleinanzeigen in entgeltlichen Anzeigenzeitungen oder kostenlose Anzeigenzeitungen, die von entgeltlichen Anzeigen leben. Ein besonders markantes Beispiel ist das Internet, in dem das Gros der angebotenen Leistungen für den Nutzer nichts kostet. Diese Gratisleistungen beruhen in der Regel auf einer betriebswirtschaftlich ausgerichteten, gewinnorientierten Konzeption. Sie finanzieren sich über andere Mittel als dem Entgelt des Nutzers. Sie sind deshalb **prinzipiell nicht wettbewerbswidrig.**[1004] Dabei kommt es nicht wesentlich darauf an, ob die Gratisverteilung als wirtschaftliches System auf einem Markt eingeführt und eine Dauereinrichtung ist oder nicht.[1005] Bei der Beurteilung der Umstände des Einzelfalls sind zwar die Übung und die Verhältnisse auf dem zu beurteilenden Markt maßgeblich.[1006] Ein Produkt, dass vom Wettbewerber anders kalkuliert wird als die Konkurrenzprodukte und dem Kunden gratis angeboten werden kann, ist auf einem etablierten Markt entgeltlicher Produkte nicht prinzipiell strenger zu beurteilen als auf einem Markt, auf dem sich noch keine entsprechende Übung herausgeschält hat.[1007] 266

Die unentgeltliche Abgabe von Waren oder Dienstleistungen ist nur auf Grund besonderer Umstände unlauter.[1008] Es muss hinzukommen, dass die Gewährung einer kostenlosen Leistung für sich 267

---

[996] OLG Düsseldorf WRP 1999, 865, 868.
[997] KG GRUR-RR 2001, 279, 280.
[998] OLG Düsseldorf WRP 1987, 176, 178.
[999] OLG Stuttgart NJWE-WettbR 1998, 217, 218.
[1000] *Köhler* WRP 2005, 645, 652.
[1001] BGH GRUR 2001, 80, 82 – *ad-hoc-Meldung.*
[1002] OLG Stuttgart NJWE-WettbR 1998, 217, 218.
[1003] Vgl. BGH GRUR 2003, 804, 805 – *Foto-Aktion.*
[1004] BGH GRUR 1993, 483, 484 – *Unentgeltliche Partnervermittlung;* GRUR 1990, 44, 45 – *Annoncen-Avis;* s. a. OLG Karlsruhe WRP 1998, 525, 528.
[1005] OLG Karlsruhe WRP 1998, 525, 528; a. A. BGH GRUR 1982, 53, 55 – *Bäckerfachzeitschrift;* s. a. OLG München GRUR 1999, 1019, 1020 für Online-Stellenmärkte.
[1006] BGH GRUR 1982, 53, 55 – *Bäckerfachzeitschrift;* GRUR 1971, 168, 170 – *Ärztekammer.*
[1007] Enger BGH GRUR 2004, 602, 603 – *20 Minuten Köln;* WRP 2004, 746, 747 – *Zeitung zum Sonntag.*
[1008] BGH GRUR 2001, 80 – *ad-hoc-Meldung;* GRUR 1993, 483, 484 – *Unentgeltliche Partnervermittlung;* GRUR 1991,616, 617 – *Motorboot-Fachzeitschrift;* GRUR 1990, 44, 45 – *Annoncen-Avis;* GRUR 1986, 820, 821 – *Probe-Jahrbuch;* GRUR 1965, 489, 490 – *Kleenex;* a. A. OLG Hamburg NJWE-WettbR 1998, 172, 173.

allein oder in Verbindung mit den zu erwarteten gleichartigen Werbemaßnahmen von Mitbewerbern die ernstliche Gefahr begründet, dass der Leistungswettbewerb auf einem bestimmten Markt in nicht unerheblichem Maße eingeschränkt wird.[1009] Diese Voraussetzung wird von einer einmaligen Abgabe einer Originalware an einen großen Verteilerkreis auch dann nicht erfüllt, wenn der Verbrauch der Ware längere Zeit in Anspruch nimmt.[1010] Etwas anderes gilt nur im **Geltungsbereich der §§ 19, 20 GWB.** § 20 Abs. 3 Nr. 1, 2 GWB verbieten es Unternehmen, die gegenüber kleinen und mittleren Unternehmen auf dem relevanten Markt über eine überlegene Marktmacht verfügen, ohne sachlich gerechtfertigten Grund Lebensmittel unter Einstandspreis oder andere Waren nicht nur gelegentlich unter Einkaufspreisen zu verkaufen. Für das Verschenken von Waren kann nichts anderes gelten.

268 Das **Verschenken** von Waren und Leistungen **zu Erprobungszwecken** bietet die Möglichkeit, die angesprochenen Verbraucher von einer Ware zu überzeugen und zu einem Vergleich mit anderen Waren konkurrierender Anbieter anzuregen.[1011] In der Rechtsprechung werden Verschenkaktionen zur Erprobung einer Ware oder Leistung deshalb **grundsätzlich** für **zulässig** gehalten. Bei der rechtlichen Beurteilung wird gelegentlich unterschieden, ob zur Erprobung Originalware in Originalverpackungen abgegeben wurde oder eigens hergestellte Probepackungen. Im Ergebnis spielte diese Unterscheidung in der Judikatur aber letztlich keine ausschlaggebende Rolle.[1012] Entscheidend ist, ob die Verschenkaktion noch **vom Erprobungszweck gedeckt** ist.[1013] Diese Frage beurteilt sich unter anderem nach der Art und Beschaffenheit der verschenkten Ware und dem Umfang, in dem sie verschenkt wurde. Die Rechtsprechung prüft die Gratisverteilung von Waren für Erprobungszwecke allerdings teilweise viel zu beckmesserisch und streng.[1014] Großzügigere Maßstäbe werden nur angewendet, wenn es um die Einführung eines nach Art und Verwendungsmöglichkeiten noch weitgehend unbekannten Produkts geht.[1015] Für diese Fälle wurde anerkannt, dass die Werbemaßnahme zu einer Aufschließung des Marktes zu Gunsten der Mitbewerber führen kann.[1016]

269 Aus der Feststellung, dass eine Verschenkaktion von keinem oder nicht mehr von einem Erprobungszweck gedeckt ist, folgt noch keine wettbewerbswidrige Marktstörung. Vielmehr kommt es weiter darauf an, ob durch das Verschenken eine Gefährdung des Wettbewerbsbestands herbeigeführt wird.[1017] Dafür wird auf den **Gewöhnungseffekt** und die **Marktverstopfung** abgestellt. Eine Marktstörung wird angenommen, wenn die Art und der Umfang der unentgeltlichen Leistung den Empfänger derart an die kostenlos abgegebene Leistung gewöhnt, dass er zukünftig davon absieht, Leistungsangebote anderer Mitbewerber auf deren Güte und Wirtschaftlichkeit zu überprüfen.[1018] Im Einzelfall wird geprüft, inwieweit die unentgeltliche Leistung dazu geeignet ist, die entgeltlichen Leistungen zu ersetzen oder übermäßig zu verdrängen.[1019] Außerdem wird geprüft, inwieweit durch das Verschenken von Waren oder Leistungen auf dem betroffenen Markt eine Bedarfssättigung eintritt, die einen weiteren Wettbewerb um den Absatz dieser Waren oder Leistungen – jedenfalls zeitweise – ausschließt (Marktverstopfung).[1020]

1009 BGH GRUR 2001, 80, 81 – *ad-hoc-Meldung;* GRUR 1991, 616 – *Motorboot-Fachzeitschrift.*

1010 OLG Köln GRUR-RR 2005, 168, 169 – *Glow by J. Lo.*

1011 BGH GRUR 1968, 649, 651 – *Rocroni-Ascher;* BGH GRUR 1969, 295, 296 f. – *Goldener Oktober;* BGH – *Kleenex;* BGH GRUR 1975, 26, 27 – *Colgate.*

1012 BGH GRUR 1969, 295, 297 – *Goldener Oktober;* OLG Köln NJWE-WettbR 1997, 54, 55.

1013 Zuletzt LG München ZUM 2004, 583, 585 (kein Erprobungszweck, wenn die neue Zeitschrift eine andere zum gleichen Thema ablöst).

1014 *Kraft* GRUR 1980, 966, 968; vgl. z. B. BGH GRUR 1975, 26, 28 – *Colgate* zur intensiven Auseinandersetzung mit der Frage, wie oft sich ein Verbraucher mit einer Zahncreme die Zähne putzen und mit einer Seife waschen muss, um sich ein Bild von der Preiswürdigkeit und Qualität der Waren verschaffen zu können.

1015 BGH GRUR 1965, 489, 490 – *Kleenex;* OLG Frankfurt WRP 1981, 27; OLG München WRP 1979, 892.

1016 BGH GRUR 1965, 489, 491 – *Kleenex.*

1017 BGH GRUR 1975, 26, 28 f. – *Colgate;* GRUR 1969, 295, 297 – *Goldener Oktober;* OLG Köln NJWE-WettbR 1997, 54, 55.

1018 BGH GRUR 1991, 616, 617 – *Motorboot-Fachzeitschrift;* GRUR 1990, 44, 45 – *Annoncen-Avis;* GRUR 1975, 26, 28 f. – *Colgate;* GRUR 1965, 489, 491 – *Kleenex;* OLG Hamburg MD 2007, 254, 258 – *Fliegerzeitschrift;* OLG Stuttgart NJWE-WettbR 1998, 217; OLG Köln NJWE-WettbR 1997, 54, 55.

1019 BGH GRUR 1993, 774, 776 – *Hotelgutschein;* GRUR 1991, 616, 617 – *Motorboot-Fachzeitschrift;* GRUR 1969, 295, 297 – *Goldener Oktober.*

1020 BGH GRUR 1975, 26, 28 f. – *Colgate;* GRUR 1969, 295, 296 – *Goldener Oktober;* OLG Düsseldorf WRP 1999, 865, 868 zu einem zulässigen Angebot eines Mobilfunkanbieters, einen Tag kostenlos zu telefonieren.

270 Ein besonderer Bereich, in dem es immer wieder zum Verschenken von Originalware oder zur Gratisabgabe von Leistungen kommt, ist das **Pressewesen,** in dem der grundrechtliche Schutz der Presse als Institution berücksichtigt werden muss.[1021] In Bezug auf Kaufzeitungen soll als Regel gelten, dass ein zweiwöchiges Probeabonnement noch vom Erprobungszweck gedeckt ist, längere Probeabonnements demgegenüber nur im Ausnahmefall.[1022] Im Bereich der Kaufzeitschriften werden zwei bis vier Exemplare zugelassen, wobei auch insoweit darauf abgestellt wird, ob es sich um eingeführte oder neue Zeitschriften handelte.[1023] Außerdem kann die massenweise unentgeltliche Abgabe entgeltlicher Zeitungen zu einer relevanten Marktverstopfung führen.[1024] Neben dem Verschenken von Zeitungen oder Zeitschriften beschäftigt auch die unentgeltliche Veröffentlichung von Anzeigen immer wieder die Rechtsprechung. Soweit der Markt für ein konkretes Presseerzeugnis geschlossen und überschaubar ist und der Wettbewerb auf dem Markt funktioniert, soll die unentgeltliche Veröffentlichung von Anzeigen in einem Medium einen Marktmechanismus in Gang setzen, der zu einer Störung der Marktstrukturen und zu einer Beeinträchtigung der redaktionellen Qualität der Presseerzeugnisse führt.[1025] Dieser Argumentation lässt sich aber entgegenhalten, dass auch die anderen Verlage ihre Kalkulation der Presseerzeugnisse für den Markt an die veränderten Marktbedingungen anpassen können, wie sie ja auch sonst auf wesentliche Änderungen im Angebot des Wettbewerbers, zum Beispiel die Herabsetzung eines Preises, reagieren müssen, um marktfähig zu bleiben.[1026]

271 Es ist zu wünschen, aber auch wahrscheinlich, dass in der Rechtsprechung **zukünftig ein großzügigerer Maßstab** bei der Beurteilung von Verschenkaktionen zu Erprobungszwecken praktiziert wird.[1027] Die Gefahr, dass der Verbraucher sich an eine Ware gewöhnt, besteht auch bei Produkten, für die er etwas bezahlt, ohne dass daran etwas zu beanstanden wäre. Außerhalb des Anwendungsbereichs des Kartellrechts besteht auch keine nennenswerte Gefahr, dass Verschenkaktionen dauerhaft einen Umfang annehmen, der dem Wettbewerb auf dem Markt die Grundlage entzieht, weil kein Unternehmer sich dauerhaft leisten kann, seine Ware zu verschenken, ohne sich anderweitig zu refinanzieren. Es bleibt für ein Verdikt von Verschenkaktionen nur der Aspekt der Marktverstopfung, der nicht von der Hand gewiesen werden kann. Für eine Marktverstopfung reicht es jedoch nicht aus, dass der Markt für einen nur kurzen Zeitraum regional gesättigt wird. Die Marktverstopfung muss – gegebenenfalls unter Berücksichtigung einer im konkreten Einzelfall wahrscheinlichen Nachahmung durch die Mitbewerber – ein Ausmaß erreichen, das die Herstellung oder das Angebot von Konkurrenzprodukten zu Zwecken des Wettbewerbs für die Mitbewerber und anderen Marktteilnehmer für einen wirtschaftlich nicht nur unbedeutenden Zeitraum uninteressant werden lässt. Unterhalb dieser Schwelle ist nicht anzunehmen, dass der Wettbewerb auf dem Markt wirklich nennenswert ‚gestört' wird.[1028] Wann diese Schwelle erreicht wird, ist unter Berücksichtigung der Besonderheiten des Produkts, der konkreten Verhältnisse auf dem betroffenen Markt sowie der Reaktionsmöglichkeiten des Wettbewerbs und der umworbenen Abnehmer zu beurteilen. Dies gilt auch für den Pressebereich, in dem viele Inhalte ohnehin im Internet umsonst verbreitet werden.

3. Preiskampf

272 Das Angebot von Waren und Leistungen zu **Preisen unter den Selbstkosten** kann (nur) unter besonderen Umständen zu einer Marktstörung führen. Diese Variante der Marktstörung wird im Kapitel über die Preisgestaltung erörtert.[1029]

[1021] BGH GRUR 2004, 602, 604 – *20 Minuten Köln;* WRP 2004, 746, 748 – *Zeitung am Sonntag;* GRUR 1990, 44, 45 – *Annoncen-Avis;* OLG Hamburg MD 2007, 254, 259 – *Fliegerzeitschrift.* Auf den verfassungsrechtlichen Schutz der Pressefreiheit kann sich auch die Anbieterin einer allein anzeigenfinanzierten Zeitung berufen (BGH GRUR 2004, 602, 604 – *20 Minuten Köln*).

[1022] BGH GRUR 1957, 600, 601 – *Westfalen-Blatt.*

[1023] BGH GRUR 1996, 778, 779 f. – *Stumme Verkäufer;* OLG München WRP 1996, 54, 56; und OLG Schleswig WRP 1996, 57, 58; OLG Hamburg NJWE-WettbR 1998, 172, 173; AfP 1993, 656; LG München ZUM 2004, 583, 585; vgl. auch der Ziff. IV, 2 der Wettbewerbsrichtlinien des Bundesverbandes Deutscher Zeitungsverleger; dazu wiederum BGH GRUR 2006, 773 – *Probeabonnement.*

[1024] BGH GRUR 1996, 778, 779 f. – *Stumme Verkäufer.*

[1025] BGH GRUR 1991, 616, 617 f. – *Motorboot-Fachzeitschrift;* OLG Hamburg MD 2007, 254, 259 – *Fliegerzeitschrift.*

[1026] Kritisch auch *Köhler*/Bornkamm § 4 Rdn. 12.28; *Singer* jurisPR-WettbR 3/2007 Anm. 5; *Wenzel* AfP 1992, 44; *Rohnke* GRUR 1991, 767 f.

[1027] *Beater* § 24 Rdn. 24.

[1028] Vgl. *Beater* § 24 Rdn. 22 f.; *Kraft* GRUR 1980, 966, 968.

[1029] Oben Rdn. 153 ff.

4. Marktstörung durch die öffentliche Hand

273 Maßnahmen der öffentlichen Hand mit Auswirkungen auf dem Wettbewerb können unter dem Gesichtspunkt der Marktstörung unlauter sein.[1030] Die Wettbewerbswidrigkeit ergibt sich in diesem Fall zwar noch nicht daraus, dass die öffentliche Hand überhaupt am Wettbewerb teilnimmt,[1031] und zwar gleich ob in Wahrnehmung einer öffentlichen Aufgabe, ohne öffentlichen Auftrag oder sogar entgegen der einschlägigen öffentlich-rechtlichen Vorschriften.[1032] Sie darf aber grundsätzlich **nicht über das sachlich Gebotene und verfassungsrechtlich Zulässige hinaus** in den Bereich der privaten beruflichen Betätigung Dritter zu deren Nachteil eingreifen und sich dadurch einen unsachlichen Vorsprung vor ihren Mitbewerbern verschaffen, dass sie ihre hoheitlichen Befugnisse zur Durchsetzung ihrer privatwirtschaftlichen Interessen und zur Förderung ihres Wettbewerbs einsetzt oder die privaten Mitbewerber mit Mitteln verdrängt, die nur ihr auf Grund ihrer öffentlich-rechtlichen Sonderstellung zur Verfügung stehen.[1033] In diesen Fällen kann das Verhalten der öffentlichen Hand eine unbillige Behinderung von Mitbewerbern[1034] oder eine Marktstörung darstellen.

274 Eine wettbewerbswidrige Marktstörung durch die öffentliche Hand kann in dreierlei Hinsicht eintreten:

275 Die öffentliche Hand kann zum einen **Waren und Leistungen verschenken** oder zu nicht konkurrenzfähigen Preisen anbieten.[1035] In dieser Hinsicht gilt für sie nichts anderes als für das vorstehend erörterte Verschenken von Waren und Leistungen anderer Mitbewerber. Es muss im Interesse eines funktionierenden Wettbewerbs zugunsten der privaten Anbieter aber berücksichtigt werden, dass die öffentliche Hand anders als private Unternehmer nicht auf die Erzielung von Gewinnen angewiesen ist und Verluste durch Steuern, Abgaben oder Beiträge decken kann.[1036] Die kostenlose Abgabe einer Abrechnungs-Software für Zahnarztpraxen und deren Wartung durch eine Kassenärztliche Vereinigung war wettbewerbswidrig, weil es in erheblichem Maße den Wettbewerb privater Anbieter auf diesem Markt gefährdete und außer Verhältnis zu den Maßnahmen stand, die zur Erfüllung der der Kassenärztlichen Vereinigung obliegenden gesetzlichen Aufgaben erforderlich war.[1037] Das gleiche gilt für die kostenlose Abgabe von VPN-Routern durch eine kassenärztliche Vereinigung an ihre Mitglieder, da es zur Gewährleistung einer reibungslosen Kommunikation zwischen Arzt und KV ausreichend, den Anbietern von Routern im Rahmen eines Pflichtenheftes vorzugeben, welchen Anforderungen die technischen Kommunikationsmittel genügen müssen.[1038] Die kostenlose Abgabe einer Software, die Konkurrenzprodukte wegen deren weitergehendem Funktionsumfang nicht überflüssig machte, wurde demgegenüber für zulässig gehalten.[1039] Außerdem ist zu beachten, dass die öffentliche Hand eine Verpflichtung zur Daseinsfürsorge hat und Leistungen unter den Selbstkosten anbieten darf, um z.B ein Angebot einer Musikschule auch für Personen erschwinglich zu machen, die über geringe finanzielle Mittel verfügen,[1040] oder um Theater und Konzerthäuser im Interesse der Kunst und Kultur zu subventionieren.[1041]

276 Die öffentliche Hand kann die **Waren und Leistungen eines** oder einzelner **Mitbewerber** aufgrund ihrer öffentlich-rechtlichen Aufgaben in einer den Wettbewerb auf dem Markt beeinträchtigenden Intensität **fördern.** Das Angebot einer Krankenkasse, Bedürftigen Hilfsmittel in Koope-

---

[1030] BGH GRUR 1993, 917, 919 – *Abrechnungssoftware für Zahnärzte;* OLG Hamm, MMR 2012, 32, 33; OLG Stuttgart NJW-WettbR 1999, 3, 4.

[1031] Anders noch die frühere Rechtsprechung. In BGH GRUR 1982, 425 – *Brillen-Selbstabgabestellen* – wurde die Einrichtung von Brillen-Selbstabgabestellen durch Allgemeine Ortskrankenkassen für wettbewerbswidrig gehalten. Vgl. zur früheren Rechtsprechung und zu gesetzlichen Vorschriften, die der öffentlichen Hand den Wettbewerb verwehren BGH GRUR 1996, 213, 216 – *Sterbegeldversicherung;* GRUR 1974, 733, 734 – *Schilderverkauf.* Zur Betätigung der öffentlichen Hand als Unternehmer oben *Ahrens* Einl. B Rdn. 47 ff.

[1032] BGH GRUR 2002, 825, 827 – *Elektroarbeiten.*

[1033] BGH GRUR 2003, 167, 169 – *Kommunaler Schilderprägebetrieb;* GRUR 2003, 77 – *Fernwärme für Börnsen;* GRUR 2002, 825, 827 – *Elektroarbeiten;* GRUR 1999, 256, 257 – *1000 DM Umwelt-Bonus;* GRUR 1993, 917, 919 – *Abrechnungssoftware für Zahnärzte;* GRUR 1991, 53, 55 f. – *Kreishandwerkerschaft I;* GRUR 1987, 116, 118 – *Kommunaler Bestattungswirtschaftsbetrieb I;* GRUR 1982, 425, 430 – *Brillen-Selbstabgabestellen;* OLG Hamm, MMR 2012, 32, Rdn. 64; OLG Stuttgart NJW-WettbR 1999, 3, 4.

[1034] § 4 Nr. 10 Rdn. 99 f.

[1035] BGH GRUR 1993, 917, 919 – *Abrechnungssoftware für Zahnärzte;* GRUR 1982, 425, 430 – *Brillen-Selbstabgabestellen.*

[1036] BGH GRUR 1982, 425, 430 – *Brillen-Selbstabgabestellen.*

[1037] BGH GRUR 1993, 917, 919 – *Abrechnungssoftware für Zahnärzte.*

[1038] OLG Hamm, MMR 2012, 32, Rdn. 64, 71.

[1039] OLG Düsseldorf, Urt. v. 28.4.2010 – VI-U (Kart) 4/10, Rdn. 118.

[1040] OLG Nürnberg GRUR-RR 2010, 99, 102.

[1041] OLG Hamburg GRUR-RR 2015, 120, 121 f.

ration mit einem Hilfsmittelhersteller unter Umgehung seiner Mitbewerber kostenlos zukommen zulassen, wurde deshalb für wettbewerbswidrig gehalten, weil die gesetzliche Regelung im SGB V dem Bedürftigen ein freies Wahlrecht unter den Anbietern und dem Krankenversicherer nur ein Informationsrecht über die bestehenden Angebote eingeräumt hat.[1042] Bei vergleichbaren Sachverhalten muss heutzutage allerdings berücksichtigt werden, dass die Regelungen des SGB V in ihrem Anwendungsbereich das UWG und GWB verdrängen und eine lauterkeits- oder kartellrechtliche Beurteilung ausschließen.[1043]

Die öffentliche Hand kann schließlich ihre **öffentlich-rechtlichen Kompetenzen mit dem** 277
Angebot von Waren oder Leistungen in einer Weise **verknüpfen,** die den weiteren Wettbewerb für diese Waren oder Leistungen ausschließt. Ein Beispiel ist eine öffentlich-rechtliche Verpflichtung, eine bestimmte Ware oder Leistung zu nutzen, wenn dadurch das private Angebot entsprechender Waren oder Dienstleistungen verdrängt wird.

5. Sonstige marktstörende Verhaltensweisen

Der Katalog der Maßnahmen, die eine marktstörende Wirkung haben, ist nicht abschließend. Es 278
kommen alle vertraglichen oder sachlichen Mittel in Betracht, die den Wettbewerb auf einem Markt unterminieren können. Dazu können **korporative Koppelungsangebote** zählen, welche die Mitgliedschaft in einer Vereinigung mit bestimmten wirtschaftlichen Leistungen verbinden,[1044] obwohl die Schwelle zu einer Gefährdung des Wettbewerbsbestands selten erreicht werden dürfte.[1045] Das Angebot von Mitteln, die dem Anwender eine bestimmte Nutzung des Leistungsangebots Dritter ermöglichen, führen auch dann zu keiner Marktstörung, wenn sie den Anbieter der zugrundeliegenden Leistung stören. **Werbeblocker,** die Werbung im Fernsehen oder Internet herausfiltern, verursachen ebenso wenig eine Marktstörung,[1046] wie sogenannte **Sniper-Software,** die für den Anwender die Ersteigerung eines Produkts bei Online-Versteigerungen übernimmt.[1047]

§ 4a Aggressive geschäftliche Handlungen

(1) **Unlauter handelt, wer eine aggressive geschäftliche Handlung vornimmt, die geeignet ist, den Verbraucher oder sonstigen Marktteilnehmer zu einer geschäftlichen Entscheidung zu veranlassen, die dieser andernfalls nicht getroffen hätte. Eine geschäftliche Handlung ist aggressiv, wenn sie im konkreten Fall unter Berücksichtigung aller Umstände geeignet ist, die Entscheidungsfreiheit des Verbrauchers oder sonstigen Marktteilnehmers erheblich zu beeinträchtigen durch**

1. Belästigung,
2. Nötigung einschließlich der Anwendung körperlicher Gewalt oder
3. unzulässige Beeinflussung.

Eine unzulässige Beeinflussung liegt vor, wenn der Unternehmer eine Machtposition gegenüber dem Verbraucher oder sonstigen Marktteilnehmer zur Ausübung von Druck, auch ohne Anwendung oder Androhung von körperlicher Gewalt, in einer Weise ausnutzt, die die Fähigkeit des Verbrauchers oder sonstigen Marktteilnehmers zu einer informierten Entscheidung wesentlich einschränkt.

(2) **Bei der Feststellung, ob eine geschäftliche Handlung aggressiv im Sinne des Absatzes 1 Satz 2 ist, ist abzustellen auf**

1. Zeitpunkt, Ort, Art oder Dauer der Handlung;
2. die Verwendung drohender oder beleidigender Formulierungen oder Verhaltensweisen;
3. die bewusste Ausnutzung von konkreten Unglückssituationen oder Umständen von solcher Schwere, dass sie das Urteilsvermögen des Verbrauchers oder sonstigen Marktteilnehmers beeinträchtigen, um dessen Entscheidung zu beeinflussen;

[1042] OLG Stuttgart NJW-WettbR 1999, 3, 4.
[1043] BGH GRUR 2006, 517 – *Blutdruckmessungen* – einerseits; andererseits BGH GRUR 2007, 535 – *Gesamtzufriedenheit.*
[1044] Vgl. hierzu § 4 Nr. 14 Rdn. 103.
[1045] A. A. *Kotthoff* in HK-WettR § 1 Rdn. 695.
[1046] BGH GRUR 2004, 877, 880 – *Werbeblocker; Beater* § 24 Rdn. 51 f.
[1047] LG Berlin www.jurpc.de/rechtspr/20040038.pdf; siehe dazu unter dem Aspekt der individuellen Behinderung aber LG Hamburg MMR 2002, 755, 756.

4. belastende oder unverhältnismäßige Hindernisse nichtvertraglicher Art, mit denen der Unternehmer den Verbraucher oder sonstigen Marktteilnehmer an der Ausübung seiner vertraglichen Rechte zu hindern versucht, wozu auch das Recht gehört, den Vertrag zu kündigen oder zu einer anderen Ware oder Dienstleistung oder einem anderen Unternehmer zu wechseln;

5. Drohungen mit rechtlich unzulässigen Handlungen.

Zu den Umständen, die nach Nummer 3 zu berücksichtigen sind, zählen insbesondere geistige und körperliche Beeinträchtigungen, das Alter, die geschäftliche Unerfahrenheit, die Leichtgläubigkeit, die Angst und die Zwangslage von Verbrauchern.

Inhaltsübersicht

	Rdn.
A. Entstehung und Systematik der Norm	1
I. Entstehungsgeschichte	1
II. Europäischer Hintergrund und Normstruktur	4
III. Systematische Stellung im Verhältnis zu anderen Normen	14
IV. Neue Norm und gewachsener Rechtsbestand	20
B. Allgemeines	21
C. Ausübung von Druck	27
D. Bisherige Fallgruppen	31
I. Verkaufsförderung	32
1. Begriff und Bedeutung	32
2. Kopplungsgeschäfte	37
a) Regelungssystem vor Aufhebung der ZugabeVO	37
b) Begriff des Kopplungsangebots	38
c) Grundsätze der lauterkeitsrechtlichen Behandlung	41
d) Besondere Fallgruppen	46
aa) Preisausschreiben und Gewinnspiele	46
bb) Kundenbindungssysteme	47
cc) Spezialgesetzliche Kopplungsverbote	48
dd) Verkaufsförderungsmaßnahmen gegenüber anderen Marktteilnehmern	49
ee) Dreieckskopplungen	50
3. Ungekoppelte Zuwendungen	66
a) Älteres Recht	66
b) Begriff	67
c) Grundsatz	68
d) Ausnahmen	69
e) Sonderfall: Dreieckskonstellationen	72
4. Aleatorische Reize	73
a) Begrifflichkeit	73
b) Grundsätzliche Zulässigkeit	74
c) Ausnahmsweises Eingreifen des Lauterkeitsrechts	76
d) Kopplung gegenüber sonstigen Marktteilnehmern	80
5. Rabatte	81
a) Regelungssystem vor Aufhebung des RabattG	81
b) Begriff	82
c) Zulässigkeit im Grundsatz	83
d) Unlauterkeit im Einzelfall	86
II. Gefühlsbetonte Werbung	91
III. Weitere unlautere Beeinflussungen	99
1. Laienwerbung	99
2. Autoritäts- und Vertrauensmissbrauch	105
3. „Schwarze Klauseln" und vergleichbarer Fallkonstellationen bei (Schein-)Verträgen	115
a) „Schwarze Klauseln" Ziff. 27, 29 des UWG-Anhangs	115
b) Vergleichbare Fallkonstellationen	116
c) Irreführende Schreiben und (Schein-)Folgeverträge	117
4. Verharmlosung von Sicherheits- oder Gesundheitsrisiken	123
IV. Ausnutzen einer besonderen Schutzbedürftigkeit, § 4a Abs. 2 S. 1 Nr. 3, S. 2	124
1. Allgemeines	124
2. Ausnutzen von geistigen und körperlichen Beeinträchtigungen	132
3. Ausnutzen von Alter	133
4. Ausnutzen sonstiger geschäftlicher Unerfahrenheit	145
5. Ausnutzen von Leichtgläubigkeit	147
6. Ausnutzen von Angst oder Zwangslage	148

A. Entstehung und Systematik der Norm

Schrifttum: *Alexander,* Anmerkungen zum Referentenentwurf eines Zweiten Gesetzes zur Änderung des UWG, WRP 2014, 1384; *ders.,* Die Umsetzung von Art. 7 der Richtlinie 2005/29/EG über unlautere Geschäftspraktiken in Deutschland und Österreich, GRUR Int. 2012, 1; *Apetz,* Das Verbot aggressiver Geschäftspraktiken, 2011; *Glöckner,* UWG-Novelle mit Konzept und Konsequenz, WRP 2014, 1399; *Fritzsche,* Überlegungen zum Referentenentwurf eines Zweiten Gesetzes zur Änderung des UWG, WRP 2014, 1392; *ders.,* Aggressive Geschäftspraktiken nach dem neuen § 4a UWG, WRP 2016, 1; *Handelsverband Deutschland (HDE),* Stellungnahme zu dem Referentenentwurf eines Gesetzes gegen den unlauteren Wettbewerb, WRP 2014, 1430; *Hecker,* Die Richtlinie über unlautere Geschäftspraktiken: Einige Gedanken zur „aggressiven Geschäftspraktiken"-Umsetzung in das deutsche Recht, WRP 2006, 640; *Henning-Bodewig,* Erneute UWG-Reform? Einige Anmerkungen zum Referentenentwurf WRP 2014, 1407; *dies.,* Neuorientierung von § 4 Nr. 1 und 2 UWG?, WRP 2006, 621; *dies.,* Richtlinienvorschlag über unlautere Geschäftspraktiken und UWG-Reform, GRUR Int. 2004, 183; *Keßler/Micklitz,* Der Richtlinienvorschlag über unlautere Praktiken im binnenmarktinternen Geschäftsverkehr, BB 2003, 2073; *Köhler,* Alternativentwurf (UWG-AE) zum Regierungsentwurf (UWG-E) eines Zweiten Gesetzes zur Änderung des Gesetzes gegen den unlauteren Wettbewerb, WRP 2015, 1311; *ders.,* Der Regierungsentwurf zur UWG-Novelle 2015: Nur Klarstellungen oder doch tiefgreifende Änderungen?, WRP 2015, 275; *ders.,* Die Neujustierung des UWG am Beispiel der Verkaufsförderungsmaßnahmen, GRUR 2010, 767; *ders.,* Die Unlauterkeitstatbestände des § 4 UWG und ihre Auslegung im Lichte der Richtlinie über unlautere Geschäftspraktiken, GRUR 2008, 841; *ders.,* Richtlinienkonforme Gesetzgebung statt richtlinienkonforme Auslegung: Plädoyer für eine weitere UWG-Novelle, WRP 2012, 251; *ders.,* Stellungnahme zum Referentenentwurf eines Zweiten Gesetzes zur Änderung des UWG, WRP 2014, 1410; *ders.,* UWG-Reform 2015: Im Regierungsentwurf nicht angesprochene Defizite bei der Umsetzung der UGP-Richtlinie, WRP 2015, 1037; *Köhler/Bornkamm/Henning-Bodewig,* Vorschlag für eine Richtlinie zum Lauterkeitsrecht und eine UWG-Reform, WRP 2002, 1317; *Köhler/Lettl,* Das geltende Europäische Lauterkeitsrecht, der Vorschlag für eine EG-Richtlinie über unlautere Geschäftspraktiken und die UWG-Reform, WRP 2003, 1019; *Kirchhoff,* Die UWG-Novelle 2015 – nur Kodifizierung der Rechtsprechung oder substantiell Neues?, WRP 2015, 659; *Ohly,* Nach der Reform ist vor der Reform Anmerkungen zum Referentenentwurf eines Zweiten Gesetzes zur Änderung des UWG, GRUR 2014, 1137; *ders.,* Alternativentwurf („Große Lösung") zum Regierungsentwurf eines Zweiten Gesetzes zur Änderung des Gesetzes gegen den unlauteren Wettbewerb, WRP 2015, 1443; *Markenverband,* Position zum Entwurf eines Zweiten Gesetzes zur Änderung des Gesetzes gegen den unlauteren Wettbewerb, WRP 2015, 46; *Münker,* Stellungnahme der Wettbewerbszentrale zum Referentenentwurf eines Zweiten Gesetzes zur Änderung des Gesetzes gegen den unlauteren Wettbewerb, WRP 2014, 1434; *Palzer,* Alles bleibt so, wie es wird! – Oder: Von Schmetterlingen und Ameisen, WRP 2015, 793; *Sack,* Anmerkungen zur geplanten Änderung des UWG, WRP, 2014, 1418; *Sosnitza,* Das Koordinatensystem des Rechts des unlauteren Wettbewerbs im Spannungsfeld zwischen Europa und Deutschland, GRUR 2003, 739.

I. Entstehungsgeschichte

Aus Sicht des Gesetzgebers des UWG in seiner Fassung von 2008[1] hätte es zur Schaffung des § 4a eigentlich gar nicht kommen dürfen. Denn man nahm damals an, dass bereits § 4 Nr. 1, Nr. 2 als Beispieltatbestände unlauteren Handelns die Europäischen Vorgaben zu aggressiven Geschäftspraktiken vollumfänglich umsetzten.[2] Die Sichtweise der Europäischen Kommission war offenbar eine andere und die hierdurch hervorgerufene **Sorge mangelnder Europarechtskonformität** hat zu der neuen, **enger am Wortlaut der UGP-Richtlinie gehaltenen Vorschrift geführt.**[3] 1

Im Entstehungsprozess der jetzigen Fassung des UWG[4] war vor allem auch das Schicksal des § 4a wechselvoll. Zunächst sah der Referentenentwurf eine Streichung der bisherigen § 4 Nr. 1 und Nr. 2 vor sowie eine Wortlauterstreckung von § 4a auf Verbraucher, sonstige Marktteilnehmer *und* Wettbewerber.[5] Der Regierungsentwurf nahm § 4 Nr. 1, Nr. 2 dann wieder hinein.[6] Diesem An- 2

---

* Verlag und Herausgeber danken Herrn Rechtsanwalt *Dr. Marc Stuckel* für die Kommentierung des § 4 Nr. 1 und Nr. 2 UWG in den ersten drei Auflagen dieses Werkes. Mit der UWG-Reform 2015 sind diese Bestimmungen entfallen und im Wesentlichen im neuen, weiter gefassten § 4a UWG mit aufgegangen, dessen Kommentierung Herr Prof. Dr. *Peter Picht* übernommen hat. Die Rdn. 1–30 sind von Prof. *Picht* verfasst; die Rdn. 31–150 („Bisherige Fallgruppen") stellen eine von Prof. *Picht* aktualisierte und an § 4a UWG angepasste Fassung des von Dr. *Stuckel* erstellten Textes dar.

[1] Für einen Überblick zu Rechtslage und -entwicklung vor dem UWG 2008 s. die Vorauflage, insbesondere § 4 Nr. 1 Rdn. 14 ff.

[2] Dazu *Köhler* WRP 2014, 1410, 1412.

[3] *Köhler* WRP 2015, 275, 275.

[4] Allgemein hierzu *Keller,* Einleitung A Rdn. 26 f., 39.

[5] Entwurf eines Zweiten Gesetzes zur Änderung des Gesetzes gegen den unlauteren Wettbewerb des Bundesministeriums der Justiz und für Verbraucherschutz (Referentenentwurf), WRP 2014, 1373.

[6] Entwurf eines Zweiten Gesetzes zur Änderung des Gesetzes gegen den unlauteren Wettbewerb der Bundesregierung (Gesetzentwurf), WRP 2014, 1373.

satz ließ sich immerhin zugute halten, dass zugleich § 4a – in der Fassung des Regierungsentwurfs – nur B2C-Praktiken adressierte und aggressive Praktiken im B2B-Bereich somit ohne spezifische Regelung geblieben wären. Nichtsdestotrotz machte das Resultat mit Blick auf Normierungsästhetik und Rechtsklarheit wenig Freude, so dass es auf vielfache Kritik stieß.[7] Es ist daher zu begrüßen, dass die jetzt – vor allem auch infolge der Beschlüsse des Ausschusses für Recht und Verbraucherschutz[8] – Gesetz gewordene Fassung wieder näher am Referentenentwurf liegt. Insbesondere werden **§ 4 Nr. 1 und Nr. 2 doch gestrichen,** wobei zentrale Elemente des § 4 Nr. 2 Eingang in § 4a Abs. 2 S. 2 finden. Der Regelungsgehalt des § 4 Nr. 1 geht ohnehin, zumindest weitestgehend, in § 4a auf. § 4a umfasst auch Praktiken gegenüber sonstigen Marktteilnehmern, jedoch nicht – wie noch der Referentenentwurf – gegenüber Wettbewerbern (hierzu auch u. Rdn. 14ff.).

3 Die Unterschiede im Schutzbereich des Europäischen (nur B2C) und des deutschen (auch B2B) Lauterkeitsrechts[9] zwingen in dieser Hinsicht zu schwierigen Gestaltungsentscheidungen: Entweder die Europäischen Vorgaben werden unmodifiziert befolgt, dann muss aber die Regelung ein und derselben Verhaltensweise auf unterschiedliche Normen verteilt werden, je nachdem gegen welchen Adressaten sie sich richtet. Oder das Gesetz denkt vom Verhaltenstypus her und versucht, dasselbe Tun gegenüber verschiedenen Adressaten unter eine Norm zu fassen. Dann aber droht Varianz gegenüber dem Europarecht. § 4a versucht es nun mit einem Kompromiss. Für die Herausnahme von Verhaltensweisen gegenüber Wettbewerbern sprechen dabei gute Sachgründe (s. auch u. Rdn. 14ff.). Die Hereinnahme der sonstigen Marktteilnehmer sollte hoffentlich **keinen Anlass für erneute Bedenken gegenüber der Europarechtskonformität** liefern, denn sie unterläuft die Europäischen Regelungsanliegen nicht.[10]

II. Europäischer Hintergrund und Normstruktur

4 Das allgemeine Verhältnis zwischen dem UWG 2015 und dem Europarecht wird eingehend an anderer Stelle behandelt.[11] Mit Blick auf § 4a sei daher hier nur festgehalten, dass die Norm **in erster Linie Art. 2 lit. j), Art. 5 Abs. 4, Art. 8 sowie Art. 9 der UGP-Richtlinie umsetzt.** Sie ist daher auch **richtlinienkonform auszulegen.**[12]

5 Während die UGP-Richtlinie in ihrem Art. 5 Abs. 4 lit. b) klarstellt, dass aggressive Geschäftspraktiken einen Fall des unlauteren Handelns darstellen, trifft das UWG diese Aussage durch die Formulierung **„[u]nlauter handelt“** in § 4a selbst. Zu der Frage, wann eine geschäftliche Handlung „aggressiv“ ist, zeigt das UWG mehr Selbstvertrauen als die UGP-Richtlinie. Während nämlich Art. 8 UGP-Richtlinie nur eine Legalfiktion („gilt als“)[13] formuliert, **„ist“ gem. § 4a eine Handlung aggressiv,** wenn sie die Voraussetzungen der Norm erfüllt. Divergenzen in der Sache sind hierdurch nicht zu erwarten.

Gleiches dürfte für die unterschiedliche Binnenhierarchie zwischen aggressiver Handlung, Beeinträchtigung der Entscheidungsfreiheit und Beeinflussung der geschäftlichen Entscheidung gelten: § 4a S. 1 deutet hierbei die **aggressive Handlung und die Eignung zur Beeinflussung der geschäftlichen Entscheidung als zwei *nebeneinander* stehende Elemente eines unlauteren Verhaltens,** die Beeinträchtigung der Entscheidungsfreiheit durch ein verpöntes Mittel ist dann gem. § 4a S. 2 die zentrale Komponente der aggressiven Handlung. Der Wortlaut der Richtlinie hingegen ordnet die Beeinflussung der geschäftlichen Entscheidung *unter* die aggressive Geschäftspraxis, so dass sie gemeinsam mit der Beeinträchtigung der Entscheidungsfreiheit eine Voraussetzung derselben bildet.

Terminologisch belässt es § 4a beim Schutz der **„Entscheidungsfreiheit“,** während die UGP-Richtlinie noch die **„Verhaltensfreiheit“** nennt. Dieser Wortlautunterschied muss und kann durch ein weites Begriffsverständnis in § 4a aufgefangen werden, so dass keine verengende Abweichung von der Richtlinie entsteht.[14] Das gegenüber dem Referentenentwurf geäußerten Bedenken, die in der Richtlinie vorgeschriebene Einzelfallbetrachtung („unter Berücksichtigung aller tatsächlichen Umstände“, Art. 8 UGP-Richtlinie) sei im neuen UWG-Wortlaut nicht genügend veran-

---

[7] S. etwa *Köhler* WRP 2015, 275; Köhler WRP 2015, 1311; *Kirchhoff* WRP 2015, 659; *Ohly* WRP, 1443.

[8] BT-Drs 18/6571.

[9] Vgl. dazu *Henning-Bodewig* WRP 2014, 1407, 1407.

[10] Ähnlich *Fritzsche,* WRP 2016, 1, 2.

[11] *Keller,* Einleitung A Rdn. 16; *Glöckner,* Einleitung B Rdn. 1ff.

[12] *Köhler*/Bornkamm, § 4a Rdn. 1.4.

[13] Diese Zurückhaltung findet sich auch in anderen Sprachfassungen, etwa dem Englischen *„shall be regarded as“* dem Französischen *„est réputée“* oder dem Italienischen *„è considerata“*.

[14] So etwa auch *Fritzsche* WRP 2015, 1392, 1395; *Köhler*/Bornkamm, § 4a Rdn. 1.33. Kritischer allerdings *Fritzsche,* WRP 2016, 1, 2.

kert,[15] kann man als ausgeräumt ansehen. Denn zusätzlich zu den Einzelfall-sensitiven Kriterien des § 4a Abs. 2 besagt nunmehr § 4a Abs. 1 S. 2, dass der Rechtsanwender den „konkreten Fall unter Berücksichtigung aller Umstände" betrachten muss.

Ohnehin rein ästhetischer Natur – und leserfreundlich – ist die **Hervorhebung der Beeinträchtigungsmittel** (Belästigung, usw.) durch gesonderte Ziffern in § 4a Abs. 1 S. 2 Ziff. 1–3. § 4a Abs. 2 S. 1 enthält Kriterien, die bei der Beurteilung eines aggressiven Charakters der fraglichen geschäftlichen Handlung heranzuziehen sind. Es fällt auf, dass die Kriterienliste abschließend formuliert ist, weil ein einleitendes „insbesondere" oder ein ähnlicher Signalbegriff fehlt. Die Tragfähigkeit dieser Entscheidung wird man abwarten müssen. Wenn die ohnehin weit gehaltene Begrifflichkeit nicht genügend Raum bietet, muss zur Not die Rechtsprechung durch erweiternde Auslegung oder Analogie helfen. In § 4a Abs. 2 S. 2 wird dann, wie schon eingehend erörtert, § 4a Abs. 2 S. 1 Nr. 3 seinerseits durch Regelbeispiele konkretisiert. 6

Trotz der leichten, eher formalen Gestaltungsunterschiede wird in Summe der Gehalt des Art. 8 UGP-Richtlinie in § 4a Abs. 1 befriedigend umgesetzt. Vor allem in zweierlei Hinsicht geht **§ 4a über den Wortlaut des Art. 8 UGP-Richtlinie** aber auch **hinaus.** Zum einen integriert § 4a Abs. 1 S. 3 die Definition der **„unzulässigen Beeinflussung"** aus Art. 2 lit. j) UGP-Richtlinie. Dies erscheint in der Sache gerechtfertigt,[16] weil § 4a in der Tat ein wesentlicher – und vom Gesetzeswortlaut her sogar der einzige – *sedes materiae* für „unzulässige Beeinflussungen" ist. Zum anderen bezieht § 4a ausdrücklich auch die **sonstigen Marktteilnehmer** in den Anwendungsbereich der Vorschrift ein. Bedenken hinsichtlich der Europarechtskonformität ergeben sich hieraus nicht,[17] sehr wohl aber muss bei der Anwendung der Norm gegebenenfalls nach dem Kreis der Schutzadressaten differenziert werden.[18] 7

Art. 9 der Richtlinie wird in § 4a Abs. 2 S. 1 umgesetzt. Während sich die – nicht abschließenden[19] – Kriterienkataloge beider Normen vollständig decken, ist der Einleitungssatz, welcher den Geltungsbereich ihrer indikativen Wirkung abgrenzt, im UWG etwas weiter und damit auch sachgerechter gehalten. Denn die genannten Kriterien (Zeitpunkt, usw.) sollen und können nicht nur – wie in der Richtlinie – für die Feststellung herangezogen werden, ob von einer Belästigung, Nötigung, körperlichen Gewalt oder unzulässigen Beeinflussung Gebrauch gemacht wurde, sondern ausweislich der Verweisung auf den gesamten § 4a Abs. 1 S. 2 auch für die Frage, ob die geschäftliche Handlungen dadurch geeignet war, die Entscheidungsfreiheit erheblich zu beeinträchtigen.[20] 8

Nicht aus Art. 9 UGP-Richtlinie stammt **§ 4a Abs. 2 S. 2,** der § 4a Abs. 2 S. 1 Nr. 3 (Unglücksituationen, usw.) durch die Nennung von Regelbeispielen konkretisiert, nämlich körperliche Beeinträchtigungen, Alter, geschäftliche Unerfahrenheit, Leichtgläubigkeit, Angst und Zwangslage von Verbrauchern. Vielmehr finden sich hier die Merkmale des bisherigen § 4 Nr. 2 a. F. wieder, allerdings eben nicht mehr als eigenständiger Tatbestand der Unlauterkeit, sondern nurmehr als konkretisierende Regelbeispiele im Rahmen der Prüfung, ob eine aggressive geschäftliche Handlung vorliegt. Zugleich hat § 4a Abs. 2 S. 2 aber auch Anklang an und inhaltliche Beziehung zu § 3 Abs. 4 und dessen europarechtlichem Vorbild in Art. 5 Abs. 3 UGP-Richtlinie. Denn auch in der Generalklausel werden Alter, Leichtgläubigkeit und körperliche Beeinträchtigungen ausdrücklich genannt. Zugleich gibt es zwischen den „geistigen Beeinträchtigungen" im Sinne der Generalklausel und der „Leichtgläubigkeit" oder „Angst" im Sinne von § 4a Abs. 2 S. 2 Schnittmengen. Zu einem wesentlichen Teil bildet § 4a Abs. 2 S. 2 letztlich eine **Konkretisierung des § 3 Abs. 4 und des Art. 5 Abs. 3 UGP-Richtlinie für aggressive geschäftliche Handlungen.** Im Hinblick auf die Kodifikation des Art. 5 Abs. 3 S. 1 UGP-Richtlinie in § 3 Abs. 4 S. 2 wird daher eine sehr weitreichende, **richtlinienkonforme Reduktion** der Vorschrift gefordert, wonach allein die Tatbestandsmerkmale der „Angst" und „Zwangslage" anwendbar sein, alle übrigen Situationsalternativen („geistige und körperliche Beeinträchtigungen, das Alter, die geschäftliche Unerfahrenheit, die Leichtgläubigkeit") hingegen ausschließlich Art. 3 Abs. 4 S. 2 unterfallen sollen.[21] Welche Fallgruppen die Praxis künftig welcher Norm unterstellt, wird abzuwarten bleiben. Jedenfalls folgt aus der konkretisierenden Spiegelung des § 3 Abs. 4 S. 2 in § 4a Abs. 2 S. 2 noch nicht zwingend, dass die in Anwendung der letztgenannten Norm gefundenen Ergebnisse richtlinienwidrig sind.[22] 9

---

[15] *Fritzsche* WRP 2015, 1392, 1395.
[16] Kritisch zur Positionierung in § 4a statt § 2 *Fritzsche,* WRP 2016, 1, 1.
[17] Mit ähnlicher Richtung *Henning-Bodewig* WRP 2014, 1407, 1408; wohl auch Scherer WRP 2014, 148.
[18] Ebenso *Fritzsche,* WRP 2016, 1.
[19] *Köhler*/Bornkamm, § 4a Rdn. 1.83.
[20] Ebenso *Fritzsche,* WRP 2016, 1, 5.
[21] *Köhler*/Bornkamm, § 4a Rdn. 2.11 f.
[22] S. a. Rdn. 124.

10 Ebenso wird mit Spannung zu beobachten sein, ob und wie sich die insoweit durchaus komplexe, mehrfach gestufte Binnenstruktur des § 4a als praktikabel erweist, wonach **§ 4a Abs. 2 S. 2 für die Konkretisierung von § 4a Abs. 2 Nr. 3 herangezogen werden soll, der seinerseits wieder in die Beurteilung der Frage einfließt, ob eine der Nummern des § 4a Abs. 1 S. 2 vorliegt.**

Der Wortlaut der Normen macht das Ineinandergreifen von § 4a Abs. 2 S. 1 Nr. 3 und § 4a Absatz 2 S. 2 nicht unbedingt einfacher. Denn die Formulierung „konkrete Unglücksituationen oder Umstände von solcher Schwere dass sie das Urteilsvermögen […] beeinträchtigen" (§ 4a Abs. 2 S. 1 Nr. 3) lässt eher an vorübergehende Zustände denken, die auch ein ansonsten nicht beeinträchtigter Marktteilnehmer erleben kann. Jedenfalls die in § 4a Abs. 2 S. 2 genannten Merkmale Alter, geschäftliche Unerfahrenheit und Leichtgläubigkeit sind hingegen eher von einer dauernden, strukturellen Natur. Es kann eben der geschäftserfahrene, mitten im Leben stehende Marktteilnehmer besonders verletzlich sein, weil er gerade eine existenzielle Situation erlebt; und umgekehrt bedarf es einer solchen Situation nicht, um eine besonders junge oder alte, womöglich zusätzlich geschäftsunerfahrene Person verletzlich zu machen. Vielleicht erweist es sich daher als ratsamer, die beiden Vorschriften eher kumulativ als nach einem strengen hierarchischen Verhältnis zu interpretieren.

11 Jedenfalls wird der Rechtsanwender zu beachten haben, dass § **4a Abs. 2 S. 2 ausdrücklich nur von Verbrauchern** spricht, während § 4a Abs. 2 S. 1 Nr. 3 explizit auch sonstige Marktteilnehmer einbezieht. Die Konkretisierungswirkung der erstgenannten Vorschrift gilt demnach also nur für einen Teil der Schutzadressaten der letztgenannten. Hier ist der Gesetzgeber zu kurz gesprungen und die Rechtsanwendung wird durch erweiternde Handhabung des Gesetzes gegebenenfalls nachbessern müssen.

12 In Summe erscheint es nachvollziehbar, dass der deutsche Gesetzgeber nicht durch völlige Streichung der (bisher) in § 4 Nr. 2 genannten Merkmale den Eindruck einer Schutzabsenkung erwecken wollte.[23] In Gestalt der interpretatorischen und dogmatischen Schwierigkeiten, die aus der nunmehr gewählten Lösung entstehen, wird hierfür aber auch ein Preis bezahlt.

13 Aus der vorstehenden Analyse im Lichte europarechtlicher Vorgaben folgt **zusammenfassend** für die **Binnenstruktur** des § 4a: Die Norm wendet sich gegen geschäftliche Handlungen i. S. v. § 2 Abs. 1 Nr. 1, die unlauter sind, weil sie einen aggressiven Charakter aufweisen und kumulativ geeignet sind, die geschäftliche Entscheidung eines Verbrauchers (§§ 2 Abs. 2 UWG, 13 BGB, Art. 2 lit. a) UGP-Richtlinie) oder sonstigen Marktteilnehmers (§ 2 Abs. 1 Nr. 2) zu verfälschen (§ 4a Abs. 1 S. 1). Damit ein aggressiver Charakter der Handlung bejaht werden kann, ist gemäß § 4a Abs. 1 S. 2 wiederum zweierlei vonnöten, nämlich erstens die Eignung zur erheblichen Beeinträchtigung der Entscheidungsfreiheit des Verbrauchers und zweitens der Einsatz eines in § 4a Abs. 1 S. 2 Nr. 1–3 genannten Mittels.

Eines dieser Mittel, nämlich die **unzulässige Beeinflussung, erhält eine Legaldefinition in § 4a Abs. 1 S. 3.** Deren Abstimmung mit den in § 4a Abs. 1 S. 2 genannten Tatbestandsmerkmalen kann intrikat sein. Wie verhalten sich etwa die „Nötigung" im Sinne von § 4a Abs. 1 S. 2 Nr. 2 und der „Druck" im Sinne von § 4a Abs. 1 S. 3 zueinander? Das Vorliegen oder Fehlen von körperlicher Gewalt bietet jedenfalls kein geeignetes Abgrenzungskriterium, da nach der Gesetzesformulierung Nötigung auch ohne körperliche Gewalt[24] und Druck auch mit ihr gegeben sein kann. Um ein weiteres Beispiel zu nennen: Wo genau liegt der Unterschied zwischen einer wesentlichen Einschränkung der Fähigkeit des Verbrauchers oder sonstigen Marktteilnehmers zu einer informierten Entscheidung (§ 4a Abs. 1 S. 3) und der erheblichen Beeinträchtigung der Entscheidungsfreiheit des Verbrauchers oder sonstigen Marktteilnehmers (§ 4a Abs. 1 S. 2)? In eins fallen können die beiden Merkmale jedenfalls nach der Normstruktur schlecht, weil sonst das Gesetz sinnlose Doppelungen enthielte. Vermeiden kann man eine solche Interpretation unter dem Gesichtspunkt, dass § 4a Abs. 1 S. 2 lediglich die Eignung zur erheblichen Beeinträchtigung fordert, hingegen § 4a Abs. 1 S. 3 eine tatsächlich bewirkte wesentliche Einschränkung. In jedem Fall bleibt mit Blick auf § 4a Abs. 1 S. 1, S. 3 die zur UGP-Richtlinie getroffene Äußerung relevant,[25] dass zwischen der Informiertheit einer Entscheidung (§ 4a Abs. 1 S. 3) und ihrer Freiheit (§ 4a Abs. 1 S. 1) nicht zwangsläufig Deckungsgleichheit besteht, denn ein i. S. v. § 4a Abs. 1 S. 2 verpöntes Einwirken kann insbe-

---

[23] Vgl. auch *vzbv* WRP 2015, 177; *Köhler* WRP 2015, 275, 279, zu den Gründen, warum § 4 Nr. 2 a. F. zunächst nicht gestrichen werden sollte; und *Köhler*/Bornkamm, § 4a Rdn. 2.1, dazu, dass die Vorschrift dann in § 4a Abs. 2 S. 2 Eingang fand.

[24] S. ebenso *Köhler*/Bornkamm, § 4a Rdn. 1.48; *Fritzsche,* WRP 2016, 1, 3.

[25] S. *Glöckner,* Einleitung B Rdn. 346, 357 mit der Kritik, dass aggressives geschäftliches Handeln wesensmäßig nicht die Informiertheit sondern die Freiheit der Entscheidung beeinträchtige und daher Art. 2 lit. j) UGP-Richtlinie verfehlt sei.

sondere auch den voll Informierten dazu veranlassen, gegen sein besseres Wissen und eigentliches Wollen eine geschäftliche Entscheidung zu treffen.[26]

Das schon im bisherigen Rechtsbestand wenig konturierte Tatbestandsmerkmal der **„Machtposition“**[27] wird durch den neuen § 4a Abs. 1 S. 3 zwar in das UWG selbst aufgenommen, aber nicht weiter erhellt. Zu einer hohen Hürde für das Eingreifen von § 4a Abs. 1 S. 3 sollte es nicht ausgebaut werden und auch die wenig glückliche, eine Marktbeherrschung im kartellrechtlichen Sinne suggerierende Wortwahl trifft nicht den Kern der Sache.[28] Vielmehr geht es – vor allem im Verhältnis zu Verbrauchern – um eine Position der relativen Stärke des Unternehmers, die sich hinreichend schon dann manifestiert, wenn die Ausübung von Druck und die Einschränkung der informierten Entscheidung überhaupt gelingen.[29] Es genügt dabei, wenn ein solches Gefälle zwischen dem Unternehmer und dem jeweils betroffenen Verbraucher besteht,[30] die Machtposition muss also auch aus dieser Perspektive nicht marktweit sein. Im Verhältnis zu anderen Unternehmen unterliegt eine „Machtposition“ höheren Anforderungen; sind diese erfüllt, befindet man sich häufig bereits im Bereich der – dann vorrangigen – §§ 19, 20 GWB.[31]

III. Systematische Stellung im Verhältnis zu anderen Normen

14 Im Verhältnis zur bisherigen Fassung des UWG hat **§ 4a die § 4 Nr. 1 und Nr. 2 a. F. aufgesogen,**[32] sofern es um Verhaltensweisen gegenüber Verbrauchern oder **sonstigen Marktteilnehmern** geht. **Verhaltensweisen gegenüber Wettbewerbern** erfasst die Norm hingegen nach ihrem Wortlaut und dem Gegenschluss zu § 4 ebenso wenig wie ihre Vorgabe-Normen in der UGP-Richtlinie. Hier kommen andere Vorschriften des UWG zur Anwendung, wie eben **§ 4 Nr. 4 oder die Generalklausel des § 3,**[33] sofern nicht ohnehin – wie insbesondere denkbar bei der Ausübung von Marktmacht – das GWB Vorrang beansprucht.[34]

15 Das **Verhältnis der Regelung in § 4a zur Generalklausel in § 3** ist vielgestaltig und wird sich in der Anwendungspraxis beider Normen erst noch voll entfalten müssen; insofern wird auf die Kommentierung durch *Podszun* zu § 3 UWG insb. die Rdn. 98ff. verwiesen. Der im Regierungsentwurf enthaltene, ausdrückliche Verweis in § 4a auf § 3 Abs. 1 wurde wieder gestrichen, jedoch beinhaltet die Formulierung **„unlauter handelt“** weiterhin einen **Rückbezug auf die Generalklausel.** Damit enthalten nunmehr also sowohl § 3 Abs. 2 als auch § 4a konkretisierende Legaldefinitionen der „unlauteren Handlung“ im Verhältnis zu Verbrauchern, ohne dass der Gesetzeswortlaut sie, klärend, in eine Gleich- oder Über-/Unterordnungsbeziehung zueinander setzt.[35] Normenhierarchisch wird man eine **Gleichordnung** annehmen müssen, so dass **§ 4a** keinen Unterfall des **§ 3 Abs. 2** enthält, sondern einen zweiten Typus des unlauteren Verhaltens gegenüber Verbrauchern adressiert, und zudem auch Verhaltensweisen gegenüber sonstigen Marktteilnehmern. Zugleich bleibt ein **Rückgriff auf § 3 Abs. 2 möglich,** wenn die Voraussetzungen des § 4a nicht erfüllt sind.[36] Dann gelten auch Rechtsentwicklungen zur „Unlauterkeit“ i. R. v. § 3 Abs. 2 nicht automatisch für § 4a. Von der Sache her ist dies indes nicht völlig evident: Während § 3 Abs. 2 nämlich alle „Handlungen“ betrifft, die „nicht der für den Unternehmer jeweils geltenden fachlichen Sorgfalt entsprechen“, gilt § 4a nur für „aggressive geschäftliche Handlung[en]“. Dass aber eine „aggressive“ Handlung der fachlichen Sorgfalt entspricht, ist schwer vorstellbar. Und auch die jeweilige Ausgestaltung der Einwirkungsvoraussetzung auf den Verbraucher spricht eher dafür, dass die in § 4a kodifizierten Fallgestaltungen eine dort vorrangig geregelte Teilmenge des § 3 Abs. 2 bilden. Ist nämlich eine Handlung „geeignet […], den Verbraucher zu einer geschäftlichen Entscheidung zu veranlassen, die er andernfalls nicht getroffen hätte“, so hat sie jedenfalls nach intuitivem Wortverständnis auch die Eignung „das wirtschaftliche Verhalten des Verbrauchers wesentlich zu beeinflus-

---

[26] Vgl. auch *Köhler*/Bornkamm, § 4a Rdn. 1.49, zur „Nötigung“ informierter Adressaten.

[27] *Glöckner,* Einleitung B, Rdn. 347.

[28] So schon bisher *Glöckner,* Einleitung B, Rdn. 350.

[29] In dieselbe Richtung *Henning-Bodewig* WRP 2006, 621, 625; *Köhler*/Bornkamm § 4a Rdn. 1.57f. Eingehend und wohl etwas restriktiver *Fritzsche,* WRP 2016, 1, 4f.

[30] Ebenso *Köhler*/Bornkamm, § 4a Rdn. 1.57.

[31] *Köhler*/Bornkamm, § 4a Rdn. 1.57.

[32] Statt vieler *Henning-Bodewig* WRP 2014, 1407, 1409; Beschlussempfehlung und Bericht des Ausschusses für Recht und Verbraucherschutz zum Gesetzentwurf der Bundesregierung BT-Drs. 18/6571, S. 15.

[33] *Köhler*/Bornkamm, § 4a Rdn. 1.27.

[34] Allgemein zum Verhältnis zwischen UWG und GWB siehe *Ahrens,* Einleitung G Rdn. 108ff.

[35] Kritisch hierzu *Fritzsche,* WRP 2016, 1, 6.

[36] *Köhler*/Bornkamm, § 4a Rdn. 1.8.

sen". Allerdings mag § 4a bezüglich des unlauter Handelnden eine wirkliche – und dann wichtige – **Erweiterung zu § 3 Abs. 2** dort enthalten, wo es um **aggressives Wettbewerbsverhalten der öffentlichen Hand oder nicht-unternehmerischer Verbände** geht, für das man den Verhaltensstandard der fachlichen Sorgfalt *für den Unternehmer* aus § 3 Abs. 2 als nicht anwendbar ansehen kann.[37]

Soweit § 4a **Handlungen gegenüber sonstigen Marktteilnehmern** adressiert, passt § 3 Abs. 2 nicht, es liegt dann eine **Ausprägung von § 3 Abs. 1** vor.[38] Zugleich besteht keine zwingende Bindung an die UGP-Richtlinie. Dennoch sollte ein – nicht von sachlichen Unterschieden getragenes – Auseinanderstreben der Rechtslage für Verbraucher und sonstige Marktteilnehmer dadurch vermieden werden, dass die **Wertungen der Richtlinie auch für Handlungen gegenüber sonstigen Marktteilnehmern** berücksichtigt werden.[39] Eine relevante Fallgruppe bildet die Ausübung von **Druck auf Lieferanten.** Diese Fallgruppe wurde noch unter der Geltung des § 1 UWG 1909 der Generalklausel zugewiesen, heute kann sie, je nach den Einzelfallumständen, aber auch von § 4a erfasst sein.

16 Die zu § 4a gehörigen, in ihrem Anwendungsbereich vorrangigen Tatbestände der **„schwarzen Liste"** – nämlich Ziff. 27–30 – sind stets nach **§ 3 Abs. 3** unlauter. Beziehungen nach Inhalt und Wortlaut bestehen, wie bereits ausgeführt, zwischen § 3 Abs. 4 und § 4a Abs. 2 S. 2.

17 Weitere Überschneidungen und Nachbarschaftsverhältnisse hat § 4a insbesondere mit der **Irreführung (§§ 5, 5a), der unzumutbaren Belästigung (§ 7) sowie dem Rechtsbruch (§ 3a).** Aus dem Bürgerlichen Recht kann ein aggressives Verhalten i. S. v. § 4a insbesondere die §§ 123, 138, 826 sowie 311 Abs. 2 i. V. m. 280 Abs. 1 BGB (culpa in contrahendo) verwirklichen.[40]

18 Für die Abgrenzung zwischen dem Tatbestand der **unzumutbaren Belästigung nach § 7** (dazu *Schöler,* § 7 Rdn. 42 ff.) und der aggressiven geschäftlichen Handlung nach § 4a wird sich ein breiter und detaillierter Konsens erst noch bilden müssen. Sicherlich bestehen **Überschneidungen** im Merkmal der „Belästigung". Schon das Gesetz rechnet ja in § 4a Abs. 1 S. 2 Nr. 1 die „Belästigung" zu den aggressiven Beeinträchtigungsmitteln. Sofern man nicht – was kein Kompliment an den Gesetzgeber des UWG 2015 wäre – annimmt, dass „Belästigung" in § 4a und § 7 etwas weitgehend Unterschiedliches meint, kann dies bei wortlautorientierter Interpretation eigentlich nur dahin verstanden werden, dass die „unzumutbare Belästigung" des § 7 vor allem auch eine verschärfte Form der „Belästigung" in § 4a Abs. 1 S. 2 Nr. 1 ist.[41]

18a Jedenfalls besteht ein **Unterschied** zwischen § 4a und § 7 in der **geforderten Relevanz,** weil nur § 4a die Eignung zur Herbeiführung einer sonst nicht getroffenen geschäftlichen Entscheidung und die wesentliche Beeinträchtigung der Entscheidungsfreiheit verlangt.[42] Sieht man in diesem Unterschied die zentrale Abgrenzungslinie zwischen den Normen, wäre ein **Abgrenzungsansatz** zu diskutieren, wonach – in weiten Teilen entsprechend der bisherigen Abgrenzung von § 7 zu § 4 Nr. 1, Nr. 2[43] – unzumutbare Belästigungen im Sinne von § 7, welche die Relevanzschwelle des § 4a überschreiten, zugleich auch aggressiv und daher unlauter im Sinne des § 4a sind. Werden die Relevanzkriterien des § 4a nicht erfüllt, bleibt es bei der Unzulässigkeit nur nach § 7. Nur § 4a unterfiele eine Belästigung, welche zwar den erforderlichen Einfluss auf die Entscheidungsfreiheit des Adressaten auszuüben geeignet, dabei aber nicht „unzumutbar" im Sinne des § 7 ist.

19 Für das **Verhältnis von § 4a zu §§ 5, 5a** gilt: Zur unsachlichen Beeinflussung der Entscheidungsfreiheit der angesprochenen Verkehrskreise ist insbesondere eine irreführende Werbung geeignet.[44] Die irreführende Werbung ist im Einzelnen in §§ 5, 5a geregelt. Die Regelungen zur irreführenden Werbung stellen demnach gegenüber § 4a den **spezielleren Fall** dar. Eine ergänzende Anwendung von § 4a gegenüber §§ 5, 5a ist bei Vorliegen einer Schutzlücke möglich, die allerdings nicht leichtfertig angenommen werden darf. Grundsätzlich sind von §§ 5, 5a nicht erfasste Täuschungshandlungen nicht unlauter. Die unreflektierte Berufung auf einen das gesamte Wettbewerbsrecht beherrschenden **Wahrheitsgrundsatz** würde es erlauben, eine unlautere Verfälschung des Wettbewerbs etwa auch dann anzunehmen, wenn unrichtige Werbeaussagen wettbewerbsrechtlich

---

[37] Hierzu auch *Köhler* WRP 2015, 275, 276.

[38] I. Erg. ebenso *Köhler*/Bornkamm, § 4a Rdn. 1.7. sowie die Kommentierung von *Podszun* zu § 3, Rdn. 98 ff.

[39] *Köhler*/Bornkamm, § 4a Rdn. 1.45; OLG Celle GRUR-RR 2013, 108, 109.

[40] S. a. *Köhler*/Bornkamm, § 4a Rdn. 1.21.

[41] Wohl von einem stärker divergierenden Begriffsinhalt ausgehend *Köhler*/Bornkamm, § 4a Rdn. 1.38.

[42] *Fritzsche,* WRP 2016, 1, 3; so im Ergebnis schon bisher auch *Glöckner,* Einleitung B, Rdn. 346 ff., insbes. Rdn. 353. Dazu, dass ein zentraler *telos* des § 7 der Schutz der Privatsphäre bzw. ungestörter Betriebsabläufe und nicht so sehr der Schutz geschäftlichen Handelns ist, etwa *Ohly* WRP 2015, 1143, 1446.

[43] Hierzu *Köhler*/Bornkamm, § 7 Rdn. 9 f. mit den dortigen w. N.

[44] Vgl. etwa BGH GRUR 2003, 538, 539 – *Gesamtpreisangebot.*

nicht relevant sind,[45] oder nur die Gefahr einer Irreführung eines flüchtigen Verbrauchers nach altem Verbraucherleitbild besteht, nicht dagegen eines verständigen Durchschnittsverbrauchers nach neuem Verbraucherleitbild.[46] Ebenso wenig ist es möglich, § 4a wie die Generalklausel des § 1 UWG 1909 als Ermächtigung für die Schaffung richterrechtlicher Gefährdungstatbestände unter der Schwelle einer nach §§ 5, 5a unlauteren Irreführung anzusehen.

IV. Neue Norm und gewachsener Rechtsbestand

Nach ausdrücklicher Intention des Gesetzgebers soll der neu geschaffene § 4a bezüglich aggressiver Geschäftspraktiken **keine substantielle Rechtsänderung** mit sich bringen.[47] Ob sich dies in der Rechtsentwicklung bewahrheiten wird, bleibt abzuwarten. Jedenfalls vorerst geht die nachfolgende Kommentierung im Grundsatz von der Annahme aus, dass der bisherige Rechtsbestand zu aggressiven Geschäftspraktiken weitgehend in den § 4a übernommen und damit die vertraute Fallgruppenbildung (zunächst) fortgeführt werden kann.[48] 20

B. Allgemeines

Unlauterkeit nach **§ 4a setzt mehr voraus,** als eine bloße **Beeinflussung der Entschließung** der Marktgegenseite. Der Versuch einer solchen Beeinflussung gehört zum **Wesen des Wettbewerbs.** Werbung (und Marketing) sind darauf gerichtet, eigenen oder fremden Absatz durch Einflussnahme auf die Marktgegenseite zu fördern. Werbung kann sich auf die Qualität und Preiswürdigkeit einer Leistung (Leistungswettbewerb) oder auf Serviceleistungen und Vergünstigungen (Nebenleistungswettbewerb) beziehen. Werbung kann aber auch psychologische Ebenen ansprechen. So kann Werbung eine besondere Aura eines Produkts (Luxus, Umweltfreundlichkeit etc.) oder einen besonderen Lifestyle oder auch nur besondere Eigenschaften der Benutzergruppe (soziale Einstellung, Sportlichkeit, Gruppenzugehörigkeit aller Art etc.) vermitteln. All das ist rechtlich nicht zu beanstanden. Es geht § 4a auch nicht um die moralische Bewertung der Art der Beeinflussung, sondern vielmehr um die Sicherstellung einer autonomen Entscheidungsfähigkeit im Markt.[49] 21

Die Relevanzschwelle des § 4a ist erst erreicht, wenn eine **erhebliche Beeinträchtigung der Entscheidungsfreiheit** vorliegt. Dies bringt schon die **Legaldefinition in Art. 2j) UGP-Richtlinie** zum Ausdruck, wonach „unzulässig" nur eine solche Beeinflussung ist, die „die Fähigkeit des Verbrauchers zu einer informierten Entscheidung **wesentlich** einschränkt". § 4a bringt das Konzept der erheblichen Beeinträchtigung vor allem an zwei Stellen zum Ausdruck. Erstens fordert er nämlich in **§ 4a Abs. 1 S. 1** die Eignung der Handlung, zu einer geschäftlichen Entscheidung zu veranlassen, die andernfalls nicht getroffen worden wäre. Schon wenn die Handlung eine solche Wirkungsmacht entfaltet – nämlich das Potential, eine eigentlich nicht gewollte geschäftliche Disposition herbeizuführen – ist kaum noch vorstellbar, sie als unwesentlich zu qualifizieren. Noch zusätzlich fordert **§ 4a Abs. 1 S. 2** die Eignung, „die Entscheidungsfreiheit [...] **erheblich** zu beeinträchtigen", und räumt damit jeden Zweifel aus. 22

Ob es dann der Förderung eines in sich stimmigen Gesetzestextes entspricht, wenn **§ 4a Abs. 1 S. 3** nochmals und nur in der Legaldefinition der unzulässigen Beeinflussung von der **„wesentlichen"** Einschränkung der Fähigkeit zu einer informierten Entscheidung spricht, sei dahingestellt. Man kann die gesetzliche Differenzierung mit dem Argument verteidigen, dass es hier gerade nur um die „informierte" Entscheidung geht, also um die nachteilige Beeinflussung der Entscheidungsgrundlage, während etwa § 4a Abs. 1 S. 2 Nr. 2 auch dann verwirklicht sein kann, wenn der Adressat im Zustand voller Information aufgrund des Nötigungsdrucks eine eigentlich ungewollte Entscheidung trifft. Letztlich dürfte aber auch das Bestreben nach möglichst unangreifbarer, buchstabengetreuer Umsetzung der Richtlinie eine Rolle gespielt haben. 22a

Für die Ermittlung, ob eine erhebliche Beeinträchtigung der Entscheidungsfreiheit vorliegt, ist in persönlicher Hinsicht grundsätzlich auf einen **Durchschnittsadressaten,** bei Verhalten gegenüber 23

---

[45] S. unten § 5 B. Rdn. 1 ff., 77, 196 ff.

[46] S. unten § 5 B. Rdn. 13 ff., 21 f.

[47] Ziel sei eine gesetzessystematische Klarstellung, siehe hierzu Beschlussempfehlung und Bericht des Ausschusses für Recht und Verbraucherschutz zum Gesetzentwurf der Bundesregierung BT-Drs. 18/6571, S. 1 und 15.

[48] In deren Darstellung basiert die Kommentierung – in aktualisierter Form – auf den entsprechenden Textteilen der Vorauflage, die noch vom Autor *Stuckel* allein verantwortet wurden.

[49] Dazu *Glöckner,* Einl. B. Rdn. 488 ff.

Verbrauchern insbesondere auf einen Durchschnittsverbraucher (§ 3 Abs. 4), abzustellen, der angemessen verständig und nicht überdurchschnittlich beeinflussbar ist.[50] Weist der Adressat eine erhöhte Verletzlichkeit auf, kann dies über § 4a Abs. 2 S. 1 Nr. 3, S. 2 berücksichtigt werden.

24 Die **deutsche Rechtsprechung** ist noch auf der Suche nach einer ganz kohärenten Linie bei der **Präzisierung des Erheblichkeitsstandards.** Teils hat sie ihn so interpretiert, dass die beanstandete geschäftliche Handlung geeignet sein muss, die Rationalität der Entscheidung des Adressaten vollständig in den Hintergrund treten zu lassen.[51] Dieser Maßstab ist zu streng. Wenn man dem typischen Adressaten, insbesondere dem Durchschnittsverbraucher, auch nur ein Mindestmaß an kognitiver Kontrolle und Fähigkeiten zum Abwägen von Alternativen zuspricht, ist ein derartiger Fall abgesehen von Verkaufsförderungsmaßnahmen gegenüber besonders schutzwürdigen Verbrauchern[52] kaum denkbar.[53] Die oben wiedergegebene Formulierung hat der BGH entwickelt, um das Recht der Wertreklame nach Wegfall der ZugabeVO zu lockern.[54] Das war in historischer Perspektive zu begrüßen. An dem Ergebnis der Entscheidungen des BGH, die zur grundlegenden Liberalisierung im Recht der Wertreklame geführt haben, ändert sich aber auch nichts, indem geringere Anforderungen an die Intensität der Einwirkung auf die Entscheidungsfreiheit gestellt werden.[55] Dies gilt insbesondere vor dem Hintergrund einer zunehmenden Gewöhnung des Verkehrs an die verschiedensten Formen der Wertreklame einschließlich von Kopplungsangeboten. Daher muss die zur Beurteilung von Wertreklame entwickelte Formel des BGH relativiert werden. Teils wählt der BGH selbst vorsichtigere Formulierungen, wonach etwa eine unsachliche Beeinflussung erst vorliegt, „wenn der Einfluss ein solches Ausmaß erreicht, dass die freie Entscheidung der Verbraucher beeinträchtigt zu werden droht."[56] In Entscheidungen zum UWG 2008 verwendet der BGH zwar nach wie vor die zu den Kopplungsgeschäften entwickelte Formulierung, ergänzt diese aber um den Hinweis, dass „zudem" eine Erheblichkeit unter den Voraussetzungen des Art. 2 (Art. j) der Richtlinie („qualifizierte Ausnutzung einer Machtposition") vorliegen muss.[57] Diese Formulierung ist insoweit missverständlich, als die Richtlinie kein zusätzliches Erfordernis enthält, sondern zur Bestimmung der Kriterien für die Maßgeblichkeit allein entscheidend ist. In den nicht harmonisierten und zunehmend in den Mittelpunkt des Anwendungsbereichs des § 4a geratenden Fällen der Dreieckskopplungen, in denen es darum geht, dass sonstige Marktteilnehmer bei ihren geschäftlichen Entscheidungen die Interessen Dritter zu wahren haben, stellt der BGH allein darauf ab, ob diese durch die Gewährung oder das in Aussichtstellen eines finanziellen Vorteils dazu veranlasst werden können, ihre Interessenwahrungspflicht zu verletzen.[58] In den Fällen aleatorischer Anreize stellt der BGH ebenfalls geringere Anforderungen gemäß einer schon vor Einführung des § 4 Nr. 1 a. F. in der Rechtsprechung gewählten Formulierung. Insoweit soll maßgeblich sein, ob die freie Entscheidung der ausgesprochenen Verkehrskreise so nachhaltig beeinflusst wird, dass ein Kaufentschluss nicht mehr maßgeblich von sachlichen Gesichtspunkten, sondern durch das Streben nach der in Aussicht gestellten Gewinnchance bestimmt wird.[59]

---

[50] Vgl. *Glöckner,* Einl. B. Rdn. 499.

[51] BGH GRUR 2014, 1117, Rdn. 27 – *Zeugnisaktion;* BGH WRP 2015, 131, Rdn. 14 – *Schufa-Hinweis.*

[52] OLG Köln GRUR-RR 2013, 168.

[53] So zutreffend *Henning-Bodewig,* WRP 2006, 621, 627. A.A *Scherer* WRP 2007, 723, 727, wonach gerade auch nach der Richtlinie eine relevante Beeinträchtigung der Entscheidungsfreiheit nur vorliegt, wenn „die Beeinflussung für den Verbraucher bzw. sonstigen Marktteilnehmer nicht mehr beherrschbar ist, d. h. das der Nachfrager unter Zugrundelegung eines typischen Geschehenablaufs nicht mehr die Möglichkeit hat, sich anders zu entschließen, als von der werblichen Beeinflussung gefordert."

[54] Diese Definition für eine unsachliche Beeinflussung passt ersichtlich auch nicht zu Entscheidungen, in denen der BGH die Voraussetzungen des § 4 Nr. 1 a. F. bejaht hat, etwa in den Entscheidungen *„Warnhinweis II"* (GRUR 2006, 953), *„Kleidersack"* (GRUR 2003, 624) und *„Tony Taler"* (GRUR 2008, 183).

[55] Soweit der BGH in der Entscheidung *„Artenschutz"* (GRUR 2006, 75, 76) lapidar ausführt, dass jeder selbst entscheiden kann, ob und wie er sich beeinflussen lassen will, ist möglicherweise nur gemeint, dass jeder selbst entscheiden kann, welche Relevanz ein soziales Engagement für seine Entscheidung hat.

[56] BGH GRUR 2006, 953, 954 – *Warnhinweis II,* GRUR 2006, 75 – *Artenschutz;* GRUR 2006, 511 – *Umsatzsteuererstattungs-Modell;* GRUR 2009, 875 Rdn. 12 – *Jeder 100 Einkauf gratis.* Zu beachten ist, dass der BGH den Begriff der unsachlichen Beeinflussung im Zusammenhang mit der Auslegung von § 11 I HWG anders versteht. Im Anschluss an die Entscheidung *„Lebertran-Kapseln"* (GRUR 2004, 799) zu § 11 I Nr. 10 HWG führt der BGH in seiner Entscheidung *„Krankenhauswerbung"* (BGH GRUR 2007, 809) zu § 11 I Nr. 4 HWG aus, dass diese abstrakten Gefährdungstatbestände verfassungskonform dahin auszulegen sind, dass die Werbung geeignet sein muss, „das Laienpublikum unsachlich zu beeinflussen und dadurch zumindest eine mittelbare Gesundheitsgefährdung zu bewirken".

[57] BGH GRUR 2010, 455 Rdn. 17 – *Stumme Verkäufer II;* GRUR 2010, 850 Rdn. 13 – *Brillenversorgung II.*

[58] BGH GRUR 2010, 850 Rdn. 17 mwN – *Brillenversorgung II.*

[59] BGH GRUR 2009, 875 – *Jeder 100. Einkauf gratis.*

Letztlich muss die „erhebliche Beeinträchtigung" **zwischen der schlichten, geringfügigen Beeinträchtigung und dem völligen Ausschalten der geschäftlichen Entscheidungsfreiheit** verortet werden. Eine **„Eignung"** der Handlung, diesen Effekt hervorzurufen, setzt insbesondere einen objektiven **Wahrscheinlichkeitszusammenhang** voraus.[60] Auf die eine, „richtige" Formel zur Definition und Interpretation der Erheblichkeit sollten dabei nicht zu viele Hoffnungen gesetzt werden, schon weil die jeweiligen **Sachverhaltsumstände** von großer Bedeutung sind. § 4a Abs. 1 S. 2 bringt dies in der Formulierung „unter Berücksichtigung aller Umstände" auch zum Ausdruck. Erheblichkeit bedeutet also nicht in allen Kontexten und gegenüber allen Adressaten – man beachte auch § 4a Abs. 2 S. 1 Nr. 3, S. 2 – dasselbe. Findet die geschäftliche Handlung beispielsweise unter Zeit- und Entscheidungsdruck statt, wie etwa bei einer Flugbuchung im Internet, ist an das Ausmaß der zulässigen Beeinflussung ggf. ein strengerer Maßstab zu stellen.[61] 25

Präzisierungsversuche für den Erheblichkeitsstandard, die mit hinreichender Flexibilität ausgestattet sind, können dennoch hilfreich sein. So leitet etwa *Glöckner,* Einl. B. Rdn. 488 f., mittels Auslegung des Begriffs der Autonomie unter Rückgriff auf die objektive Wertordnung der Verfassung ab, dass die **bloße Beeinflussung legitim** ist, solange der Adressat sie **erkennt und inhaltlich zumindest mitträgt.** Für das Element der „andernfalls nicht getroffen[en]" geschäftlichen Entscheidung bietet sich demnach die Kontrollfrage an, **ob der Adressat ex post das Geschäft in seiner konkreten Form noch gutheißen kann.** *Köhler* will eine erhebliche Beeinträchtigung dann annehmen, wenn der Betroffene „davon ausgeht, dass er sich dem von dem Mittel ausgehenden Druck **nicht entziehen kann** und daher zumindest **ernsthaft in Erwägung zieht,** die von ihm erwartete geschäftliche Entscheidung zu treffen (oder sich in der erwarteten Weise zu verhalten), um die ihm sonst drohenden Nachteile abzuwenden".[62]

Nach dem zuvor Gesagten kann die Rspr. vor Inkrafttreten des UWG 2008 auch in wesentlichen weiteren Aspekten nicht fortgeführt werden. Zur Rechtfertigung einer Unlauterkeit kann insbesondere nicht mehr allein auf die Kriterien des **übertriebenen Anlockens** und des psychologischen **Kaufzwangs** zurückgegriffen werden. Diese Kriterien haben ihre selbstständige unlauterkeitsbegründende Funktion verloren. Dem psychischen Kaufzwang kommt im Einzelfall nur noch im Rahmen des Ausnutzens bei Schutzbedürftigen nach § 4a Abs. 2 S. 1 Nr. 3, S. 2 Bedeutung zu. Der Begriff des übertriebenen Anlockens beschreibt nicht mehr ein aus der Generalklausel abgeleitetes Unlauterkeitskriterium. Mit der insoweit missverständlichen Formulierung „übertriebenes Anlocken" kann allenfalls noch der Versuch unternommen werden, bestimmte Formen der nach § 4a unsachlichen Beeinflussung sprachlich zu erfassen. Eine selbstständige, den Anwendungsbereich von § 4a erweiternde Bedeutung kommt der ehemaligen Fallgruppe des übertriebenen Anlockens jedoch nicht zu. 26

C. Ausübung von Druck

§ 4a bietet eine solide, nach dem **Gesetzeswortlaut** fast etwas zu üppige Handhabe gegen die unlautere Ausübung von Druck. Solcher **Druck** kann eine „Nötigung" (§ 4a Abs. 1 S. 2 Nr. 2) darstellen oder auch eine „Beeinflussung" (§ 4a Abs. 1 S. 2 Nr. 3), in deren Legaldefinition (§ 4a Abs. 1 S. 3) der Begriff sogar ausdrücklich genannt ist. Allerdings setzt Beeinflussung durch Druck eine Machtposition voraus, wohingegen das Gesetz dies für Druck durch Nötigung nicht ausdrücklich verlangt. Schließlich findet sich auch in den Aggressivitätskriterien des § 4a Abs. 2 S. 1, vor allem den Nummern 2, 4 und 5, ein Element der Drohung wieder. In ihrer **Relevanz** muss die Druckausübung stets geeignet sein, die Entscheidungsfreiheit erheblich zu beeinträchtigen (§ 4a Abs. 1 S. 2), und sie muss die Eignung aufweisen, eine anderenfalls nicht getroffene geschäftliche Entscheidung zu veranlassen (§ 4a Abs. 1 S. 1). Liegt ein Element der Verletzlichkeit im Sinne von § 4a Abs. 2 S. 1 Nr. 3, S. 2 vor, kann dies eine ansonsten noch hinnehmbare Einwirkung unzulässig machen oder (vor allem) die Relevanz der Einwirkung herbeiführen. 27

Nach bisheriger Kasuistik kann unlauterer Druck durch **Gewalt** oder **unsachliche Drohung** mit einem nicht nur unerheblichen Übel erfolgen.[63] Ähnlich wie bei der Ermittlung der Rechts- 28

---

[60] OLG Frankfurt GRUR 2005, 1064, 1065; OLG München GRUR-RR 2010, 53, 56; *Köhler*/Bornkamm, § 4a Rdn. 1.32.

[61] OLG Frankfurt GRUR-RR 2015, 339, Rdn. 27.

[62] *Köhler*/Bornkamm, § 4a Rdn. 1.34.

[63] Vgl. OLG München, WRP 2010, 295, 297 – *Besuch durch Inkassoteam;* nach OLG Hamm NJOZ 2005, 5063 genügt sogar das Inaussichtstellen eines Vorteils eine Ausübung von Druck darstellen können.

widrigkeit einer Nötigung nach § 240 Abs. 2 StGB[64] sind dabei Druckmittel und verfolgter Zweck in Beziehung zu setzen. Die Unlauterkeit setzt jedoch die Erfüllung des Straftatbestands der Nötigung nach § 240 StGB nicht voraus, zumal auch dieses Wortlautmerkmal richtlinienkonform zu interpretieren ist und das europäische Recht sicher keiner Bindung an das deutsche StGB unterliegt.[65] Der wettbewerbsimmanente Versuch der psychologischen Beeinflussung der Entscheidung allein reicht freilich nicht aus. Andererseits ist es gemäß § 3 Abs. 3 i. V. m. **Ziffer 25 des UWG-Anhangs** stets unlauter, den Verbraucher dadurch unter Druck zu setzen, dass ihm der – falsche oder zutreffende – Eindruck vermittelt wird, er könne die Geschäftsräume erst verlassen, wenn er sich auf einen Geschäftsabschluss einlässt. (Vgl. die Kommentierung dieses per se-Verbots im Anhang).

29 **Die Androhung eines rechtmäßigen Verhaltens** wie die Androhung des Abbruchs der Vertragsbeziehungen und die Ausübung eines berechtigten Kündigungsrechts sind im Allgemeinen nicht geeignet, die Entschließungsfreiheit zu verfälschen. Ein verständiger Marktteilnehmer muss mit dem Androhen eines rechtmäßigen Verhaltens auch zum Zwecke der Verbesserung der eigenen Verhandlungsposition rechnen. Dieser Gedanke kommt auch in den Einschränkungen der Ziffer 26, 27 des Anhangs zum Ausdruck und er folgt aus einem Gegenschluss zu § 4a Abs. 2 S. 1 Nr. 5. Ausnahmen können etwa gerechtfertigt sein, wenn der Marktgegenseite eine derart unangemessen **kurze Überlegungsfrist** eingeräumt wird, dass ihr eine rationale Entscheidung nicht möglich ist, oder ein Minderjähriger durch den Hinweis auf einer Rechnung, dass eine falsche Angabe des Geburtsdatums strafrechtlich verfolgt wird, zur rechtsgrundlosen Zahlung angehalten werden soll.[66] Maßnahmen zur Durchsetzung von tatsächlich bestehenden Ansprüchen können, weil es sich um *per se* legitimes Verhalten handelt, nur in Ausnahmefällen unlauter sein, etwa wenn eine Prangerwirkung erzielt wird.[67]

30 Auch die **Androhung eines unlauteren Verhaltens** kann zu einer unsachlichen Beeinflussung führen. Dies betrifft Konstellationen, in denen für den Fall, dass ein bestimmtes Verhalten unterbleibt, die rechtswidrige Abmahnung von gewerblichen Abnehmern angedroht wird, ohne dass die zumutbare und zuverlässige Möglichkeit einer gerichtlichen Unterbindung des angedrohten Verhaltens besteht. Eine derartige Konstellation liegt etwa bei der Androhung einer kurzfristigen rechtswidrigen Abnehmerverwarnung für den Fall vor, dass sich der Bedrohte nicht vorher verpflichtet, an den Drohenden einen diesem vermeintlich zustehenden Schadensersatzanspruch zu bezahlen. Auch der Einsatz der **Autorität als Arbeitgeber** kann eine wettbewerbswidrige Nötigung begünstigen. Dies ist etwa der Fall, wenn der Arbeitgeber Mitarbeitern auf Grund eines hohen Eigeninteresses nahe legt, einen Krankenkassenwechsel vorzunehmen, obwohl dies nicht im Interesse der Mitarbeiter ist.[68] Ebenso kann die Ausübung **moralischen** oder **wirtschaftlichen Drucks** zu einer unlauteren Verfälschung der Entscheidungsfreiheit führen.[69]

D. Bisherige Fallgruppen

31 Noch ist nicht absehbar, ob und inwiefern die Änderung des Gesetzestextes auch eine Änderung der bisher durch die Praxis etablierten Fallgruppen des aggressiven Wettbewerbs nach sich zieht. Nach Willen des Gesetzgebers sollen die bislang § 4 Nr. 1 und 2 a. F. unterfallenden Sachverhalte nach wie vor dem UWG unterliegen (dazu *Keller,* Einl. A, Rdn. 38). Auf welcher Grundlage dies geschieht, wird sich zeigen. Jedenfalls wird eine Überlagerung des bisherigen Rechtsbestands einer gewissen Zeit bedürfen. Daher werden in der nachfolgenden Darstellung die bis dato etablierte Fallgruppenbildung – unter Hinweis auf die spezifisch in § 4a vorgesehenen Kriterien (vgl. oben) – vorerst weiter beibehalten. Bereits jetzt zeichnet sich jedoch ab, dass **Überschneidungen mit anderen Tatbeständen** eine größere Bedeutung erlangen werden. Dies gilt insb. für die Irreführungstatbestände in §§ 5, 5a UWG sowie die Generalklausel des § 3 UWG. Auf die Kommentierungen dieser Vorschriften wird daher verwiesen.

---

64 Vgl. dazu *Schönke/Schröder/Eser,* StGB, § 240 Rdn. 17.

65 *Köhler*/Bornkamm, § 4a Rdn. 1.48.

66 LG Mannheim MMR 2009, 568.

67 LG Leipzig NJW 1995, 3190 – *Schwarze Schatten; Köhler*/Bornkamm, § 4a Rdn. 1.46.

68 OLG Frankfurt NJWE-WettbR 1998, 124, 125. In diesen Fällen sind auch das Vorliegen einer unlauteren Dreieckskopplung und ein Autoritäts- und Vertrauensmissbrauch zu prüfen.

69 Von einer Erörterung dieser Unlauterkeitsmomente im Rahmen einer besonderen Fallgruppe wird vorliegend abgesehen. Ein derartiger moralischer Druck kann etwa bei Ziff. 30 der „schwarzen Liste", dazu Kommentierung im UWG-Anhang, relevant sein.

I. Verkaufsförderung

Schrifttum: *Ahrens, H.-J.*, Das Herkunftslandprinzip in der E-Commerce-Richtlinie, CR 2000, 835; *Arndt/Köhler, M.*, Elektronischer Handel nach der E-Commerce-Richtlinie, EWS 2001, 102; *Berlit,* Auswirkungen der Aufhebung des Rabattgesetzes und der ZugabeVO auf die Auslegung von § 1 UWG und § 3 UWG, WRP 2001, 349; *Berlit,* Das „Traumcabrio": Preisausschreiben und Gewinnspiele im Lauterkeitsrecht, WRP 2005, 1213; *ders.* Die Zukunft des Preisausschreibens im Lichte der Entscheidung „Millionen-Chance II", WRP 2011, 1225; *Berneke,* Zum Lauterkeitsrecht nach einer Aufhebung von ZugabeVO und Rabattgesetz, WRP 2001, 615; *Bernreuther,* Die Rechtsdurchsetzung des Herkunftslandsrechts nach Art. 3 Abs. II EC-RiL und das Grundgesetz, WRP 2001, 384; *Bernreuther,* Der Ort der Rechtsdurchsetzung des Herkunftslandsrechtes nach Art. 3 Abs. II EC-RiL und das Grundgesetz, WRP 2001, 513; *Bodewig/Henning-Bodewig,* Rabatte und Zugaben in den Mitgliedstaaten der Europäischen Union, WRP 2000, 1341; *Borck, H.-G.*, Vermutungen über vergleichende Werbung, über Wertreklame und deren weitere Entwicklung, WRP 2001, 1124; *Borck, H.-G.*, Mehr über Miles & More und „die Moral von der Geschicht", WRP 2002, 1131; *Bottenscheidt,* Restriktion der Wertreklame: Eine schutzzweckbezogene Analyse auf dem Gebiet des Wettbewerbsrechts, 2001; *Bülow,* Kein Abschied vom psychischen Kaufzwang, WRP 2005, 954; *Cordes,* Die Gewährung von Zugaben und Rabatten und deren wettbewerbsrechtliche Grenzen nach Aufhebung von ZugabeVO und Rabattgesetz, WRP 2001, 867; *Dittmer,* Rabatte und Zugaben nach dem Wegfall von Rabattgesetz und ZugabeVO: Mehr Gestaltungsspielraum für Unternehmer, BB 2001, 1961; *Eppe,* Zugaben und Rabatte im Anwendungsbereich des UWG, 2003; *Ernst,* Rechtliche Zulässigkeit von Preisnachlässen an virtuelle Kaufgemeinschaften im Internet, CR 2000, 239; *Freytag/Gerlinger,* Kombinationsangebote im Pressemarkt, WRP 2004, 537; *Gloy/Loschelder,* Eingabe zum Entwurf eines Gesetzes zur Aufhebung der ZugabeVO, GRUR 2001, 319; *Gloy/Loschelder,* Stellungnahme zum Entwurf eines Gesetzes zur Aufhebung der ZugabeVO, GRUR 2001, 718; *Härting,* Umsetzung der E-Commerce Richtlinie, DB 2001, 80; *Heermann,* Rabattgesetz und ZugabeVO ade!, WRP 2001, 855; *Heermann,* Lauterkeitsrechtliche Informationspflichten bei Verkaufsförderungsmaßnahmen, WRP 2005, 141; *Heermann,* Prämien, Preise, Provision, WRP 2006, 8; *Heermann/Ruess,* Verbraucherschutz nach RabattG und ZugabeVO – Schutzlücke oder Freiheitsgewinn?, WRP 2001 883; *Heil,* Gewinnspiele – eine unendliche Geschichte?, WRP 98, 839; *Heil/Dübbers,* Die Abschaffung von Rabattgesetz und ZugabeVO, ZRP 2001, 207; *Henning-Bodewig,* Abschaffung von Rabattgesetz und ZugabeVO?, WRP 2000, 886; *Henning-Bodewig,* E-Commerce und irreführende Werbung, WRP 2001, 771; *Hoffmann,* Entwicklung des Internet-Rechts, Beilage zu NJW Heft 14/2001; *Hoß,* Rabattgesetz und ZugabeVO: Die Rechtslage nach der Aufhebung, MMR 2001, 1094; *Huppertz, S.*, Rechtliche Probleme von Online-Auktionen, MMR 2000, 65; *Huppertz, S.*, Community Shopping, MMR 2000, 329; *Huppert, P.*, Wettbewerbsrechtliche Zulässigkeit von Verbraucher-Einkaufsgemeinschaften im Web, MMR 2000, 329; *John,* Zur Frage der Unlauterkeit von Verkaufsförderungsmaßnahmen wegen über drittverantwortlichen Marktteilnehmern, WRP 2011, 147; *Kappes,* Gutschein- und Bonussysteme im Apothekenwesen, WRP 2009, 250; *Karenfort/Weißgerber,* Lauterkeit des Wirtschaftsverkehrs in Gefahr?, MMR-Beilage 7/2000 S. 38; *Kögele,* Wettbewerbsrechtliche Beurteilung von Kopplungsangeboten, GRUR 2006, 105; *Köhler,* Rabattgesetz und ZugabeVO: Ersatzlose Streichung oder Gewährleistung eines Mindestschutzes für Verbraucher und Wettbewerber?, BB 2001, 265; *ders.*, Kartellrechtliche Aspekte von Kundenbindungssystemen – oder: Vom Wettbewerb der Produkte zum Wettbewerb der Vergünstigungen?, BB 2001, 1157; *ders.*, Zugaben: Die Rechte des Verbrauchers und die Risiken des Handels, BB 2001, 1589; *ders.*, Zum Anwendungsbereich der §§ 1 und 3 UWG nach Aufhebung von RabattG und ZugabeVO, GRUR 2001, 1067; *ders.*, Kopplungsangebote (einschließlich Zugaben) im geltenden und künftigen Wettbewerbsrecht, GRUR 2003, 729; *ders.*, Neujustierung des UWG am Beispiel der Verkaufsförderungsmaßnahmen, GRUR 2010, 767; *ders.*, Die Kopplung von Gewinnspielen an Umsatzgeschäften: Wenn der in der Lauterkeitsrechtlichen Beurteilung, GRUR 2011, 478; *Koos,* Der Wettbewerbsschutz des Onlinegewinnspiels, WRP 2001, 106; *Lange,* Wettbewerbliche Grenzen gekoppelter Stromverträge, WRP 2002, 10; *Lange/Spätgens,* Rabatte und Zugaben im Wettbewerb, 2001; *Koos,* Der Wettbewerbsschutz des Onlinegewinnspiels, WRP 2001, 106; *Köhler, M./Arndt,* Recht des Internet, 2008; *Lahosen,* Die Wettbewerbs- und verfassungsrechtliche Beurteilung des Gratisvertriebs meinungsbildender Tagespresse, GRUR 2005, 221; *Leible/Sos nitza,* Virtuelle Einkaufsgemeinschaften, ZIP 2000, 732; *Lindacher,* Powershopping in der Form sich schließender Preisstufen ist wettbewerbswidrig i. S. v. § 1 UWG, Anm. zu OLG Köln ZIP 2001, 1214, EWiR 2001, 831; *Marx,* Der Wegfall von Rabattgesetz und ZugabeVO, Die Information über Steuer und Wirtschaft 2001, 560; *Menke,* Community Shopping und Wettbewerbsrecht, WRP 2000, 337; *Meyer,* Rabatt- und Zugabe-Regulierung auf dem Prüfstand, GRUR 2001, 98; *Möller,* Werbung mit Zuzahlungsverzicht – Ein wettbewerbsrechtliches Problem?, WRP 2004, 530; *Möller,* Neue Erscheinungsformen von Rabattwerbung und „Rabatte" zu Lasten Dritter, GRUR 2006, 292; *Nordemann, J. B.*, Wegfall von ZugabeVO und Rabattgesetz, NJW 2001, 2505; *Ohly,* Herkunftslandprinzip und Kollisionsrecht, GRUR Int. 2001, 899; *Ohly,* Die wettbewerbsrechtliche Beurteilung von Gesamtpreisangeboten, NJW 2003, 2135; *Peifer,* Aufräumen im UWG – Was bleibt nach der Kodifikation zum irreführenden Unterlassen für § 4 Nr. 1, 4, 5 und 6 UWG?, WRP 2010, 1432; *Pluskat,* Das kombinierte Warenangebot als zulässiges verdecktes Kopplungsgeschäft, WRP 2001, 1262; *Pluskat,* Das kombinierte Warenangebot – dieses mal als unzulässig verdecktes Koppelungsgeschäft, WRP 2002, 789; *Römermann/van der Moolen,* Rabatte und Zugaben: In der anwaltlichen Beratung, 2002; *Ruttig,* „Verkaufsverlosungen": Verkaufsförderung zwischen Gewinnspiel und Sonderangebot; *Sack,* Das internationale Wettbewerbsrecht nach der E-Commerce-Richtlinie (ECRL) und dem EGG-/TDG-Entwurf, WRP 2001, 1408; *Sack,* Herkunftslandprinzip und internationale elektronische Werbung nach der Novellierung des Teledienstgesetz (TDG), WRP 2002, 271; *Scherer,* Abschied vom „psychischen Kaufzwang"-Paradigmenwechsel im neuen Unlauterkeitsrecht,

WRP 2005, 672; *Schmitts,* „Übertriebenes Anlocken" und psychologischer Kaufzwang durch Gewinnspiele, NJW 2003, 3034; *Scholz,* Ist Werbung für den Verkauf von Waren mit der Behauptung, der Verkauf erfolge ohne Mehrwertsteuer zulässig?, WRP 2008, 571; *Seichter,* „20% auf Alles – nur heute!" – Zur wettbewerbsrechtlichen Beurteilung von kurzfristigen Rabattaktionen, WRP 2006, 628; *Steinbeck,* Lauterkeitsrechtliche Grenzen für Zugaben und Rabatte nach der Aufhebung von ZugabeVO und Rabattgesetz, ZIP 2001, 1741; *Steinbeck,* Die Dreieckskopplung – ein Fall des übertriebenen Anlockens?, GRUR 2005, 15; *Steinbeck,* Anm. zu BGH „Zeitschrift mit Sonnenbrille", GRUR 2006, 163; *Steingass/Tevorte,* Stellung und Reichweite des Transparenzgebots im Neuen UWG, WRP 2005, 676; *Tavanti,* Gesamtpreis, Zugabe oder übertriebenes Anlocken – Handy und Playstation für DM 1,– auch nach Abschaffung der ZugabeVO unzulässig?, WRP 2001, 977; *Teplitzky,* Zur Frage der wettbewerbsrechtlichen Zuständigkeit des (ständigen) Gratisvertrieb einer ausschließlich durch anzeigenfinanzierten Zeitung, GRUR 1999, 108; *Tettenborn,* E-Commerce-Richtlinie – Erste Überlegungen zur Umsetzung in Deutschland, K & R 2000, 386; *Trube,* Preisangaben nach Wegfall des RabattG, WRP 2001, 878; *Wagner/Ruess,* Neues zur wettbewerbsrechtlichen Beurteilung sogenannter Kopplungsangebote-Abkopplung vom Sittenwidrigkeitsbegriff?; *Weiler,* Psychischer Kaufzwang – Ein Abschiedsplädoyer, WRP 2002, 871; *Ullmann,* Das Koordinatensystem des Rechts des unlauteren Wettbewerbs im Spannungsfeld von Europa und Deutschland, GRUR 2003, 817; *Vieregge/Strothmann,* Preisausschreiben und Gewinnspiele als Werbemittel, in: FS Quack, 1991 S 139.

Materialien: Gesetz zur Aufhebung des Rabattgesetzes und zur Anpassung anderer Rechtsvorschriften vom 23.7.2001 (BGBl. I S 1663); Gesetz zur Aufhebung der ZugabeVO und zur Anpassung anderer Vorschriften vom 23.7.2001 (BGBl. I S 1661).

1. Begriff und Bedeutung

32 Im Geltungszeitraum der ZugabeVO (9.3.1932–29.6.2001) und des RabattG (25.11.1933–29.6. 2001) diente der Begriff der **Wertreklame** der Kennzeichnung von verkaufsfördernden Werbeformen, die sich von den klassischen Mitteln der Wort- und Bildwerbung unterscheiden, weil sie mit dem Leitbild eines an Qualität und Preisgünstigkeit orientierten **Leistungswettbewerbs**[70] nur schwer vereinbar erschienen.[71] Dies sollte sich daraus ergeben, dass der Unternehmer versucht, die Kunden **nicht auf Grund der Güte und Preiswürdigkeit** seines Produkts zum Kauf zu veranlassen, sondern durch das Gewähren einer **geldwerten zusätzlichen Leistung.** Nach diesem funktionalen Begriff der Wertreklame unterfiel die Werbung mit der Preisgünstigkeit zur Förderung des Absatzes der Ware oder der Leistung selbst nicht der Wertreklame. Wertreklame war demgemäß Werbung mit dem Wert einer Ware oder Leistung, die dem Kunden im Zusammenhang mit dem Abschluss eines Geschäfts über eine andere Ware oder Leistung verbilligt oder ganz unentgeltlich überlassen wird.[72] Rabatte wurden dagegen teilweise als Mittel des Preiswettbewerbs,[73] teilweise als Wertreklame[74] angesehen.

33 Nach Aufhebung (29.6.2001) der ZugabeVO und des RabattG dient die begriffliche Zuordnung zur Wertreklame nicht mehr der Unterscheidung von fragwürdigen und nicht fragwürdigen Werbeformen, sondern der **zweckmäßigen Systematisierung.** Wertreklame liegt vor, wenn Handelspraktiken eines Unternehmens bei tatsächlichen oder potentiellen Kunden den Eindruck der Gewährung von **geldwerten Vergünstigungen** entstehen lassen. Dabei kann es sich etwa um unentgeltliche oder preisgünstige – einzeln oder gekoppelt angebotene – Waren oder Leistungen handeln. Die lauterkeitsrechtliche Bewertung hat vom Leitbild eines durchschnittlich informierten und verständigen Verbrauchers auszugehen, der das fragliche Werbeverhalten mit einer der Situation angemessenen Aufmerksamkeit verfolgt.[75] Berücksichtigung finden muss dabei die zunehmende **Verkehrsgewöhnung** an unterschiedliche Formen der Wertreklame.[76] Zu beachten ist auch, dass Wertreklame Ausfluss der **Freiheit des Wettbewerbs** ist, so dass die lauterkeitsrechtliche Einschränkung einer an den Schutzzwecken des UWG ausgerichteten Begründung bedarf.[77] Damit **unvereinbar** ist die **Gewährung eines abstrakten Gefährdungsschutzes.** Stets ist eine konkrete Gefahr der unsachlichen Beeinflussung der Entscheidungsfreiheit erforderlich. Der gesetzgeberische Wille, der durch die Aufhebung der ZugabeVO und des RabattG zum Ausdruck gebracht worden ist, kann nicht durch ein teilweises Aufleben der Schutzzwecke der ZugabeVO und des RabattG in Gestalt übertragener und im UWG konservierter Schutzzwecke unterlaufen werden.[78]

---

[70] S. zur Fragwürdigkeit des Kriteriums des Leistungswettbewerbs oben § 3 Rdn. 141.

[71] So noch *Baumbach/Hefermehl,* 22. Aufl., 2001, § 1 Rdn. 85; zum Begriff vgl. auch *Glöckner,* Einl. B. Rdn. 507–509.

[72] *Lange* in: Lange/Spätgens, RabattG Rdn. 120.

[73] *Spätgens* in: Lange/Spätgens, ZugabeVO Rdn. 222.

[74] *Lange* in: *Lange/Spätgens,* RabattG Rdn. 120.

[75] *Glöckner,* Einl. B Rdn. 423 ff., 488 ff.; *Dreyer,* § 5 B Rdn. 5 ff., 15 ff.

[76] Vgl. schon BGH GRUR 1989, 366, 368 – *Wirtschaftsmagazin;* GRUR 2002, 1000, 1002 – *Testbestellung.*

[77] S. oben Einl. F Rdn. 24 ff.; *Schricker* GRUR 1996, 473, 477; *Sosnitza* S. 92 ff.

[78] *Eppe* S. 71.

Nach Aufhebung der ZugabeVO und des RabattG und Inkrafttreten eines neuen UWG im Jahr 2004 unterliegt die Wertreklame somit einer **grundlegenden Neubewertung.** Die vor Aufhebung der ZugabeVO und des RabattG ergangene Rspr. kann nur noch eingeschränkt und mit Vorsicht herangezogen werden. 34

Der Begriff der Wertreklame im weiteren Sinne stimmt mit dem mit der **Verkaufsförderung** überein. Unter Verkaufsförderung sind die Wettbewerbshandlungen zu verstehen, die Gegenstand einer Verordnung über die Verkaufsförderung im Binnenmarkt sein sollen, deren Verabschiedung aber fraglich bleibt.[79] 35

Wie die Praxis die Fallgruppe der Wertreklame künftig in die Systematik des UWG einordnen wird, ist noch unklar. Nach hier vertretener Auffassung unterfällt die Wertreklame jedenfalls teilweise dem **§ 4a.** Diese Fallgruppe soll nachfolgend im Zusammenhang dargestellt werden, also auch insoweit als andere Bestimmungen des UWG auf sie – anwendbar sind.[80] In Betracht kommen vor allem die §§ 3a, 4 Nr. 4, 5,[81] 5a und 7 und als Auffangtatbestand die Generalklausel des § 3;[82] insofern wird auf die entsprechende Kommentierungen verwiesen. Was die Beurteilung auf der Grundlage von § 4a betrifft, so ist jedenfalls auffallend, wie wenig die **Vorschrift über aggressive Geschäftspraktiken** ihrem Wortlaut nach **auf Verkaufsförderungsmaßnahmen** (Wertreklame) **zugeschnitten** ist, obgleich diese im Mittelpunkt ihres Anwendungsbereichs stehen.[83] Dies hängt damit zusammen, dass nach der Entstehungsgeschichte der Richtlinie über unlautere Geschäftspraktiken insoweit eine separate Regelung von Verkaufsförderungsmaßnahmen in einer Verordnung über Verkaufsförderung erfolgen sollte, vgl. die Kommentierung zur Entstehungsgeschichte bei *Glöckner,* Einl. B. Rdn. 103 ff. 36

2. Kopplungsgeschäfte

a) Regelungssystem vor Aufhebung der ZugabeVO. Zum wettbewerbsrechtliche Regelungssystem vor Aufhebung der ZugabeVO vgl. zusammenfassend Harte/Henning/*Stuckel,* 1. Aufl., 2004, § 4 Nr. 1, Rdn. 11–15. 37

b) Begriff des Kopplungsangebots. Mit Aufhebung der ZugabeVO hat die Rspr. die bisherigen Fallgruppen der Zugaben, offenen und verdeckten Kopplungsgeschäfte sowie Vorspannangebote zu einer **einheitlichen Fallgruppe** der **Kopplungsangebote** zusammengefasst. 38

Bei einem Gesamtangebot ist dabei die **Aufspaltung** in mehrere Rechtsgeschäfte wie etwa Mobiltelefonvertrag und Netzkartenvertrag ohne Bedeutung, da der Verkehr sich mit solchen rechtlichen Erwägungen nicht aufhält.[84] Eine Kopplung liegt daher auch in einem Zuschuss durch einen Dritten für die Abnahme einer Ware oder Dienstleistung.[85] 39

Kopplungsgeschäfte sind regelmäßig Mittel der Wertreklame. Dies gilt zunächst, wenn **ein Bestandteil** der Ware oder Leistung als **(fast) unentgeltlich** oder auch nur als **preisgünstig** – ausdrücklich oder konkludent – ausgelobt wird. Aber auch ohne eine derartige Auslobung wird der Verbraucher, sofern die Kopplung nicht nahe liegt, wie etwa wegen eines durch eine Ware ausgelösten Folgebedarfs,[86] einen in der Preisgünstigkeit des Gesamtangebots selbst liegenden Vorteil jedenfalls dann erwarten, wenn ein isolierter Erwerb der Waren oder Inanspruchnahme der Leistungen möglich ist, d. h. es sich um marktgängige Produkte handelt.[87] In diesen Fällen **erwartet der Verbraucher regelmäßig eine Prämie** dafür, dass er sich auf die Kopplung einlässt. 40

c) Grundsätze der lauterkeitsrechtlichen Behandlung. Kopplungsgeschäfte sind Ausfluss der **Freiheit des Wettbewerbs** und sie stellen eine effiziente Möglichkeit des Produktmarketings 41

---

[79] Dazu *Glöckner,* Einl. B. Rdn. 103. Verkaufsförderungsmaßnahmen erfassen damit auch ungekoppelte Geschäfte wie Preisnachlässe und Geschenke. Aus systematischen Gründen werden diese ungekoppelten Zuwendungen unter Rdn. 100 ff. kommentiert.

[80] Dazu, dass sich die Auswirkungen der Gesetzesänderung auf die Behandlung dieser Fallgruppe noch nicht sicher abschätzen lassen, auch *Köhler*/Bornkamm, § 3 Rdn. 8.1, 8.16. Hier werden die Verkaufsförderungsmaßnahmen schwerpunktmäßig bei § 3 behandelt.

[81] S. dort insbesondere die Abschnitte C, D und F.

[82] Zögernd insoweit *Fritzsche,* WRP 2016, 1, 8. S. auch *Podszun,* § 3 Rdn. 90. Den Schwerpunkt in der Generalklausel sehend *Köhler*/Bornkamm, § 3 Rdn. 8 ff.

[83] Vgl. *Köhler,* GRUR 2005, 798. S. auch *Köhler,* GRUR 2010, 772 f., wonach die Generalklausel den Prüfungsmaßstab für diese Fallgruppe bilden soll.

[84] BGH WRP 1999, 517, 518 – *Am Telefon nicht süß sein?*

[85] Vgl. BGH GRUR 1999, 256 – *1000,– DM Umwelt-Bonus:* Angebot eines Zuschusses von 1000,– DM durch Stadtwerke u. a. für den Einbau einer Gaszentralheizanlage.

[86] Etwa Kopplung von Taschenlampen und Batterien.

[87] Etwa bei der Kopplung einer Kühltruhe mit einer Schweinehälfte, vgl. BGH GRUR 1996, 363 – *Saustarke Angebote.*

dar. Es sollte einem Unternehmer freistehen, unterschiedliche Waren oder Leistungen zu Gesamtangeboten zusammenzustellen und dementsprechend zu bewerben. Unternehmer haben zwar grundsätzlich **nichts zu verschenken,** was der durchschnittlich informierte und verständige Verbraucher auch erkennt. Dies bedeutet aber **nicht,** dass Unternehmer **Kosten** für (fast) unentgeltliche Waren oder Leistungen **stets durch den Preis der damit gekoppelte Waren oder Leistungen abdecken.** So können Kopplungsgeschäfte Ausdruck einer langfristig ausgerichteten Absatzstrategie sein, bei der temporär geringere Gewinnmargen bewusst eingegangen werden, um über längere Sicht zusätzliche Kunden zu gewinnen. Dies ist z. B. der Fall, wenn Waren oder Leistungen zur Erprobung durch den Verbraucher und damit zum Gewinn neuer Kunden zugegeben werden oder wenn der Unternehmer, etwa aus besonderem Anlass wie dem Markteintritt, besondere Aufmerksamkeit erwecken und Sympathie und damit Kunden gewinnen will. Auch der UGP-Richtlinie sowie (für Zugaben) § 6 Abs. 1 Nr. 3 TMG lässt sich die grundsätzliche Wettbewerbskonformität von Kopplungsangeboten entnehmen.[88] Diese verstoßen nach jetziger Rechtslage[89] mithin nur in Ausnahmesituationen gegen das UWG.[90]

42 In solchen Ausnahmesituationen ist freilich, entgegen teilweise geäußerter Ansicht,[91] auch die Anwendbarkeit von **§ 4a UWG** nicht gänzlich ausgeschlossen. Genannt seien z. B. bestimmte **aufgedrängte Kopplungsangebote,**[92] bei denen die eigentlich begehrte Leistung nur gemeinsam mit einem weiteren Bestandteil erhältlich ist, an dem der Verbraucher an sich kein Interesse hat. Der Koppelnde nutzt hier seine besondere Marktmacht aus, um den Verbrauchern eine Ware oder Leistung aufzudrängen. Eine Verfälschung der Entscheidungsfreiheit, also die Realisierung der Relevanzkriterien von § 4a, kann in solchen Fällen nicht von vorneherein ausgeschlossen werden.

43 Zentrales Instrument des Lauterkeitsrechts im Umgang mit Kopplungsangeboten ist freilich nach geltendem Recht der **Irreführungstatbestand des § 5.**[93] Eine Irreführung durch positives Tun (§ 5 Abs. 1 Satz 2 Nr. 1, 2) kann etwa dann gegeben sein, wenn eine tatsächlich vorgenommene Kopplung gar nicht offen gelegt wird[94] oder umgekehrt eine behauptete Kopplung nicht ernstlich gemeint ist.[95] Ebenso ist eine Unlauterkeit denkbar, wenn der Verbraucher über wesentliche Charakteristika der gekoppelten Leistung getäuscht wird, wie insbesondere ihren Wert oder ihre wesentlichen Eigenschaften.[96] Eine wertbezogene Irreführung kann vorliegen bei zu hohen Einzelpreis- oder Geldwertangaben zu Einzelbestandteilen.[97] Weiter liegt eine Irreführung regelmäßig auch vor, wenn der gekoppelte Gesamtpreis höher ist als die Summe der ungekoppelten Einzelpreise. Auch wenn das Irreführungsrecht nicht bezweckt, in die freie Preisgestaltung des Unternehmers einzugreifen, die darin liegen kann, dass die Vergünstigung durch den Preis damit gekoppelter Waren oder Leistungen abgedeckt wird, kann man vermuten, dass der Verkehr in diesen Fällen regelmäßig eine Prämie für die Einlassung auf das Gesamtangebot erwartet. Der verständige Verbraucher wird bei dem Herausstellen der Attraktivität der Zugabe allerdings in Rechnung stellen, dass jede Werbung darauf ausgerichtet ist, das beworbene Produkt positiv darzustellen.[98] Schließlich liegt eine Irreführung vor, wenn es sich bei Einzelpreisangaben um **Mondpreise** handelt, die bei einem Einzelabsatz des Gegenstandes nicht ernsthaft gefordert und gezahlt würden.[99]

44 Geschieht die Täuschung dadurch, dass „wesentliche Merkmale" der angebotenen Waren oder Dienstleistungen nicht angegeben werden, kann § 5a Abs. 3 Nr. 1 verwirklicht sein.[100] Ferner kommen Verstöße gegen § 5a Abs. 3 Nr. 3, Abs. 4 in Betracht.

---

[88] *Köhler*/Bornkamm, § 3 Rdn. 8.21.

[89] Für eine eingehende Behandlung des älteren Rechtsbestandes s. die Vorauflage.

[90] *Ullmann* GRUR 2003, 818 f. So auch die jetzige Linie der Rechtsprechung, s. etwa BGH GRUR 2002, 976, 978 – *Kopplungsangebot I;* GRUR 2003, 538, 539 – *Gesamtpreisangebot;* GRUR 2006, 161 Rn 16 – *Zeitschrift mit Sonnenbrille.*

[91] So *Köhler*/Bornkamm, § 3 Rdn. 8.22.

[92] Eingehend und m. w. N. hierzu die Vorauflage, Harte-Bavendamm/Henning-Bodewig/*Stuckel*³, § 4 Rdn. 52.

[93] Mit dieser Gewichtung offenbar auch *Köhler*/Bornkamm, § 3 Rdn. 8.23 ff.

[94] OLG Stuttgart GRUR 1972, 658; 1978, 722.

[95] BGH GRUR 2000, 820, 822 – *Space Fidelity Peep-Show.*

[96] BGH GRUR 2002, 976, 978 – *Kopplungsangebot I;* 2003, 538, 539 – *Gesamtpreisangebot; Köhler*/Bornkamm, § 3 Rdn. 8.23 m. w. N. aus der Rspr.

[97] Vgl. *Köhler* GRUR 2003, 732.

[98] BGH GRUR 2001, 1000, 1002 – *Testbestellung.*

[99] BGH GRUR 1984, 212, 213 – *Unechter Einzelpreis.*

[100] *Köhler*/Bornkamm, § 3 Rdn. 8.25. Zur besonderen Relevanz des Maßstabs einer Irreführung durch Unterlassen auch BGH GRUR 2007, 247, 250 – *Regenwaldprojekt I;* GRUR 2007, 251, 252 – *Regenwaldprojekt II;* jeweils mit weiteren Nachweisen zum Meinungsstand; *Henning-Bodewig,* WRP 2006, 621, 624 f., neigte hingegen unter bisherigem Recht dazu, das Transparenzgebot im Hinblick auf die Betonung der „informierten Entscheidung" in der Richtlinie über unlautere Geschäftspraktiken unmittelbar § 4 Nr. 1 zuzuordnen.

Bei der Beurteilung einer Irreführung i. S. d. §§ 5, 5a ist auch der von *Henning-Bodewig*[101] zum „Social Sponsoring" entwickelte Gedanke zu beachten, dass einem Ausgleich zwischen den Interessen des Werbenden und des Umworbenen nach Art. 7 Abs. 3 der Richtlinie über unlautere Geschäftspraktiken dadurch Rechnung getragen werden kann, dass die **Informationen auch an anderer Stelle als in der Werbung gegeben** werden können. Entgegen der in der Vorauflage vertretenen Auffassung genügt es dabei nicht, wenn der Werbende lediglich auf konkrete Anfrage Auskunft erteilt. 45

d) Besondere Fallgruppen. *aa) Preisausschreiben und Gewinnspiele.* § 4 Nr. 4–6 a. F. enthielten spezifische Regelungen zu bestimmten Kopplungsangeboten. § 4 Nr. 4–5 a. F. normierten spezielle **Informationspflichten** für u. a. Zugaben und für Preisausschreiben und Gewinnspiele. Mit dem UWG 2015 entfallen diese Tatbestände, vielmehr sollen ihre Anwendungsbereiche nunmehr durch das allgemeine Irreführungsverbot in §§ 5, 5a abgedeckt werden. § 4 Nr. 6 a. F. trug den von aleatorischen Reizen ausgehenden Einflüssen Rechnung, indem an den Erwerb einer Ware oder an der Inanspruchnahme einer Leistung gekoppelte Preisausschreiben und Gewinnspiele[102] gegenüber Verbrauchern[103] ausdrücklich verboten wurde. Für **Preisausschreiben** und **Gewinnspiele** gegenüber Verbrauchern enthielt das UWG 2008 damit ein **Verbot der Kopplung** der Teilnahme an derartigen aleatorischen Veranstaltungen an den Warenbezug.[104] Unter Geltung des neuen Rechts allerdings muss die gesetzgeberische Entscheidung zur **Streichung von § 4 Nr. 6 a. F.** berücksichtigt werden. Der Gesetzgeber folgt damit der herrschenden Literatur[105] sowie der deutschen und Europäischen Rechtsprechung,[106] welche die Kopplung von Gewinnspiel und Produkterwerb **nicht mehr pauschal als unlauter** bewerten möchte. 46

bb) Kundenbindungssysteme stellen Kopplungsangebote dar, wenn bei Erreichen der Voraussetzungen statt oder zusätzlich zu Rabatten auch Waren oder Leistungen als Zugaben gewährt werden. Bei derartigen **Kundenbindungssystemen können Intransparenz und Komplexität, auch in Verbindung mit dem Ansprechen der Sammelleidenschaft, rationale Entscheidungen gefährden.** Die von derartigen Kundenbindungssystemen ausgehende Sogwirkung führt allerdings allein noch nicht zu einer unsachlichen Beeinflussung im Sinne von § 4a. Den dadurch entstehenden Gefahren ist in erster Linie durch hohe Anforderungen an Informationspflichten und das Irreführungsverbot zu begegnen. Die Verlagerung des Wettbewerbs im Hinblick auf das attraktivste Kundenbindungssystem steht bei hinreichender Information des Verbrauchers einer informierten Entscheidung grundsätzlich nicht entgegen.[107] Sofern Informationspflichten und das Irreführungsgebot nicht ausreichen, um den von Kundenbindungssystemen ausgehenden Gefahren wirksam entgegen zu wirken, kann in besonders gelagerten Einzelfällen § 4a unter dem Gesichtspunkt des unlauteren Anlockens zur Anwendung gelangen. Ein unlauteres Anlocken wurde aber z. B. in dem Fall der Werbung eines Apothekers mit einem Bonussystem, durch das die Praxisgebühr zurückerstattet werden kann oder nicht rezeptpflichtige Waren erworben werden können, nicht als unsachliche Beeinflussung gesehen.[108] 47

cc) Spezialgesetzliche Kopplungsverbote müssen selbstverständlich beachtet werden. Neben **§§ 14 II, 24 I 4 TabaksteuerG, § 56a Nr 2 GewO, § 31 MBOÄ** und **Art 10 § 3 MRVerbG** gehört zu ihnen insbesondere **§ 7 I HWG.**[109] Für Heilmittel besteht ein Zugabeverbot fort und ein Verstoß gegen spezialgesetzliche Kopplungsverbote wie § 7 I HWG verwirklicht in der Regel zugleich einen Verstoß gegen § 4a.[110] Über §§ 3, 4a kann im Wege der **europarechtskonformen Auslegung** auch **nicht umgesetztes europäisches Recht** Berücksichtigung finden. Dies betrifft etwa 48

---

[101] *Henning-Bodewig,* WRP 2006, 621, 626.

[102] Die Begriffe „Preisausschreiben" und „Gewinnspiele" in § 4 Nr. 5, 6 a. F. erfassten dabei sämtliche Geschicklichkeits- und Glücksspiele, vgl. 2. Auflage 2009 § 4 Nr. 5 Rdn. 1 ff. Nicht erfasst wurden dagegen sonstige aleatorische Reize wie sie von umgekehrten Versteigerungen und Powershopping ausgehen.

[103] Zur Rechtslage gegenüber sonstigen Marktteilnehmern vgl. unten Rdn. 68 ff.

[104] Vgl. im Einzelnen Vorauflage, § 4 Nr. 6 Rdn. 1 ff.

[105] S. statt vieler *Glöckner* WRP 2014, 1399, 1405 f.; *Köhler* WRP 2014, 1410, 1413.

[106] EuGH WRP 2010, 232 – *Plus Warenhandelsgesellschaft;* BGH GRUR 2011, 532 – *Millionen-Chance II.*

[107] Vgl. *Fezer* WRP 2001, 1012 f.; kritisch *Berneke* WRP 2001, 619.

[108] Vgl. dazu auch Rdn. 92.

[109] S. *v. Jagow,* Einl. H Rdn. 79 ff.

[110] BGH GRUR 2006, 949, 951 – *Kunden werben Kunden;* GRUR 2003, 624, 626 – *Kleidersack.* Zur Anwendbarkeit von § 7 I HWG in derartigen Fallkonstellationen vgl. etwa auch OLG München, GRUR-RR 2007, 297 – *Geld verdienen auf Rezept,* allerdings mit anderer Begründung; OLG Saarland, Urt. v. 13.6.2007 – 1 U 81/07 – 25; OLG Naumburg, GRUR-RR 2006, 336 f. – *Einkauf-Gutschein;* OLG Frankfurt, GRUR-RR, 2005, 393 – *Barrabatt für Hörgeräte;* OLG Hamburg, GRUR-RR 2005, 397 – *AirView* (LS).

Art. 94 Abs. 1 Richtlinie 2001/83/EG des Europäischen Parlaments und des Rates vom 6.11.2001 zur Schaffung eines **Gemeinschaftskodexes für Humanarzneimittel.**[111] So enthält § 7 I HWG insoweit ein **Umsetzungsdefizit,** als diese Vorschrift neben Zugaben keine **allgemeinen Kopplungsangebote** erfasst. Nach Art. 94 Abs. 1 des Gemeinschaftskodexes für Humanarzneimittel ist es gegenüber den zur Verschreibung oder Abgabe von Humanarzneimitteln berechtigten Personen aber generell verboten, Prämien, finanzielle oder materielle Vorteile im Rahmen der Verkaufsförderung zu gewähren, anzubieten oder zu versprechen, außer wenn sie von geringem Wert und für die medizinische oder pharmazeutische Praxis von Belang sind. Eine **richtlinienkonforme Auslegung** wäre schon ohne weiteres über § 3 I, II ohne Rückgriff auf § 4a möglich gewesen. Der BGH[112] hat ein allgemeines Kopplungsangebot eines Großhändlers gegenüber Zahnärzten bestehend aus Medizinprodukten im Wert von ca. DM 700,– und einem Kleidersack im Wert von über DM 100,– zu einem Gesamtpreis von DM 738,– als Verfälschung der Entscheidungsfreiheit angesehen. Dies steht in einem gewissen Widerspruch zu den Anforderungen des BGH, die dieser insbesondere an die unsachliche Beeinflussung bei Kopplungsangeboten stellt;[113] und ist wohl nur dadurch zu erklären, dass wegen der Nähe zum Zugabeverbot des § 7 HWG (das hier nicht eingriff) und dem Umstand, dass Fehlkäufe Dritte (Patienten) in Mitleidenschaft ziehen können, eine strenge Bewertung veranlasst ist. Auch wenn es insoweit nicht um den Schutz von Verbrauchern, sondern von Zahnärzten ging, scheint der BGH diese Konstellation den Dreieckskopplungen zugeschlagen haben.[114] Die **abstrakte Gefahr,** dass sich ein Arzt beeinflussen lassen könnte, begründet keine unsachliche Beeinflussung.[115] Letztlich ist der Auffassung zu widersprechen, dass § 4a für den **Gesundheitsbereich** ein **Einfallstor für richterrechtliche abstrakte Gefährdungstatbestände** darstellt.[116] Anders kann es sich dagegen verhalten, wenn der Zuwendende etwa eine konkrete, von ihm überprüfbare Gegenleistung verlangt.[117] Für die **Arzneimittelwerbung** stünde die Gegenauffassung auch in Widerspruch zu dem Gemeinschaftskodex für Humanarzneimittel. Denn für den Bereich der Arzneimittelwerbung führt der Gemeinschaftskodex für Humanarzneimittel zu einer Vollharmonisierung und setzt damit auch einen Höchststandard.[118] Weitergehende Verbote dürfen sich daher weder aus dem HWG noch aus dem UWG ergeben. Bei Dreieckskonstellationen kann allerdings ein Verstoß gegen Art. 87 Abs. 3 der Richtlinie vorliegen, wonach die Arzneimittelwerbung einen zweckmäßigen Einsatz des Arzneimittels fördern muss. Diese Förderungspflicht spiegelt den Gedanken im 45. Erwägungsgrund der Richtlinie wider, in dem auf die Notwendigkeit hingewiesen wird, übertriebene und unvernünftige Werbung, die sich auf die öffentliche Gesundheit auswirken könnte, zu verhindern.

49 *dd) Verkaufsförderungsmaßnahmen gegenüber anderen Marktteilnehmern.* Im **Stufenwettbewerb** sind die angesprochenen Verkehrskreise **Fachkreise,** die für eine unsachliche Beeinflussung weniger empfänglich[119] sind und die Kalkulation der Marktgegenseite regelmäßig durchschauen. **Im Stufenwettbewerb sind Verkaufsförderungsmaßnahmen (Wertreklame) daher noch eindeutiger grundsätzlich zulässig.** Ein verständiger Unternehmer stellt regelmäßig **keine irrationalen Überlegungen** an, die etwa die Nachteile einer wirtschaftlichen Disposition unberücksichtigt lässt. Insbesondere ist einem verständigen Unternehmer bewusst, dass die Kundenzufriedenheit und Kundenbindung und damit der Markt über seinen mittel- und langfristigen Erfolg entscheidet. Für vielfache **Fallgestaltungen** im Stufenwettbewerb ist eine unsachliche Beeinflussung nach jetzigem Recht daher nur **schwer vorstellbar.**

50 *ee) Dreieckskopplungen. (1) Problematik und Grundsätze.* „Dreieckskopplungen"[120] sind dadurch geprägt, dass der **Umworbene von dem Preis und der Qualität der gekauften Ware nicht unmittelbar selbst betroffen** ist. Der Umworbene erhält eine Begünstigung dafür, dass er den

---

[111] ABl. EG. Nr. L 311 S. 67. Die Richtlinie wurde zuletzt modifiziert durch die Richtlinie 2011/62/EU des Europäischen Parlaments und des Rates v. 8.6.2011 zur Änderung der Richtlinie 2001/83/EG zur Schaffung eines Gemeinschaftskodexes für Humanarzneimittel hinsichtlich der Verhinderung des Eindringens von gefälschten Arzneimitteln in die legale Lieferkette, ABl. 2011 L 174 S. 74.

[112] GRUR 2003, 624, 626 – *Kleidersack.*

[113] Vgl. dazu auch Rdn. 37 ff.

[114] Vgl. Systematisierung nach BGH GRUR 2009, 969 – *Winteraktion, zu Dreieckskonstellation,* siehe Rdn. 83 ff.

[115] GRUR 2011, 431 FAS-Kodex, vgl. dazu Rdn. 87 ff.

[116] Vgl. Vorauflage, Rdn. 79, in Auseinandersetzung mit dem früheren Gesetzesstand des UWG.

[117] Zu dieser Dreieckskonstellation Rdn. 85 ff.

[118] EuGH GRUR Int. 2008, 224 – *Gintec.*

[119] So schon BGH GRUR 1959, 318 – *Italienische Note;* GRUR 1979, 779 – *Wert-Coupons.*

[120] Vgl. *Steinbeck,* GRUR 2005, 15, m. w. N., auch zu dem Begriff und der Parallele mit der offenen Laienwerbung. Für eine – offenbar pauschale – Unterstellung der Fallgruppe unter die Generalklausel jetzt *Fritzsche,* WPR 2016, 1, 7.

Werbenden beim Absatz von Waren oder der Erbringung von Leistungen gegenüber einem Dritten fördert. Als Begünstigung kommt dabei ein Vorteil jeder Art in Betracht. Auf eine rechtliche Kopplung kommt es auch insoweit nicht an.[121] Diese Förderung kann etwa in Empfehlungen, der Vermittlung eines Kaufvertrages zu Gunsten des Werbenden oder auch nur der Darlegung einer Option liegen. Ein Dritter kommt dagegen bei wirtschaftlicher Betrachtung für die Kosten der Begünstigung auf. Der Umworbene wird so **in das Vertriebskonzept des Werbenden eingespannt.** Die verschiedenen Formen der „Dreieckskopplung" weisen damit ein gewisses bestechungsähnliches Element[122] auf, weil sich diese **Wettbewerbshandlung zum Nachteil Dritter auswirken kann.** Die potentielle „Unlauterkeitsvereinbarung" liegt darin, dass der Umworbene **das Erhalten einer Begünstigung gegenüber dem Dritten nicht offen legt.** Der Leistung des Umworbenen gegenüber dem Dritten soll dadurch aus Sicht des Werbenden ein höherer Stellenwert zukommen. Dadurch **unterscheidet** sich die Dreieckskopplung insbesondere von der **Fallgruppe des Autoritäts- und Vertrauensmissbrauchs.**[123] Bei dem Autoritäts- und Vertrauensmissbrauch beruft sich der Werbende ausdrücklich auf eine Autoritätsperson bzw. der Werbende und die Autoritätsperson erscheinen den angesprochenen Verkehrskreisen typischerweise als „Werbegespann". Gerade die **Werbung mit der Parteinahme der Autoritätsperson** zu Gunsten eines bestimmten Marktteilnehmers soll beim Autoritäts- und Vertrauensmissbrauch Einfluss auf eine Vermögensdisposition eines Dritten nehmen. Eine **Unlauterkeit** unter dem Gesichtspunkt einer unsachlichen Beeinflussung des Verbrauchers kann im Einzelfall entfallen, **wenn der Dritte Kenntnis von der Begünstigung hat.** Eine spätere Kenntniserlangung oder ein Herausgabeanspruch des Erlangten sind dagegen rechtlich unerheblich.[124]

Für die wettbewerbsrechtliche **Beurteilung** von Dreieckskopplungen kommt es **maßgeblich auf die Erwartungshaltung des Dritten** an, die wiederum von der Stellung des Umworbenen abhängt, und auf die **Eignung der Zuwendung an den Begünstigten, eigene Interessen den Interessen Dritter überzuordnen.** Insoweit reicht bereits die Gefahr, dass der Werbeadressat eine nicht ausschließlich im Interesse des potentiell geschädigten stehende Handlung begeht. 51

(2) Vertrauenspersonen. Besondere Gefahren bestehen bei Verkaufsförderungsmaßnahmen gegenüber **Berufsgruppen, denen besonderes Vertrauen entgegen gebracht und von denen eine erhöhte Objektivität erwartet wird.** Dabei kann es sich um Berufsträger wie **Rechtsanwälte, Steuerberater und Wirtschaftsprüfer oder Ärzte** handeln. So unterliegen Ärzte strengen berufsrechtlichen Restriktionen,[125] die sie etwa verpflichten, sich für Zuweisungen von Patienten oder für die Zuweisung von Untersuchungsmaterial keine Gegenleistung gewähren zu lassen oder selbst eine solche Gegenleistung zu gewähren. Der Schutz nach § 4a besteht insoweit unabhängig davon, ob ein Verstoß gegen berufsrechtliche Vorschriften vorliegt.[126] 52

Als derartige Vertrauenspersonen kommen letztlich alle Personen in Betracht, bei denen ein Autoritäts- und Vertrauensmissbrauch vorliegen kann.[127] Zu diesen besonderen Vertrauenspersonen gehören dagegen **nicht** dem Handel zuzurechnende **Apotheker.**[128] Soweit ersichtlich hat sich die 53

---

[121] BGH GRUR 2005, 1059, 1061 – *Quersubventionierung von Laborgemeinschaften I;* BGH GRUR 2012, 1050, 1052 – *Dentallaborleistungen;* vgl. zu sonstigen Dreieckskonstellationen auch Rdn. 118.

[122] Der Straftatbestand des § 299 StGB als solcher regelt die Bestechlichkeit und Bestechung im geschäftlichen Verkehr. Es handelt sich um eine originär wettbewerbsrechtliche Vorschrift, die durch das Gesetz zur Bekämpfung der Korruption vom 13.8.1997 (BGBl. I 38) in das StGB (vgl. GroßKomm/*Otto* § 12) verlagert wurde. Schutzgüter sind das Allgemeininteresse an lauteren Wettbewerbsbedingungen und daneben auch potenzielle Vermögensinteressen von Mitbewerbern und Geschäftsherren (*Schönke/Schröder/Heine,* StGB, § 299 Rdn. 2; GroßKomm/*Otto* Abschn. C § 12 Rdn. 5). Der Vorteil muss sich als Gegenleistung für eine zukünftige unlautere Bevorzugung darstellen. Erforderlich ist der Abschluss einer Unrechtsvereinbarung, die darauf abzielt, dass der Täter oder ein von ihm begünstigter Dritter beim Bezug von Waren oder gewerblichen Leistungen im Wettbewerb unlauter bevorzugt wird (*Schönke/Schröder/Heine,* StGB, § 299 Rdn. 2; GroßKomm/*Otto* Abschn. C § 12 Rdn. 69). Der Begriff „Bezug" wird dabei weit ausgelegt. Er soll den gesamten Vorgang von der Bestellung über die Lieferung bis hin zur Bezahlung der Ware oder Leistung umfassen (*Schönke/Schärder/Heine,* StGB, § 299 Rdn. 2; GroßKomm/*Otto* Abschn. C § 12 Rdn. 51). Dies führt dazu, dass vom Hersteller an Mitarbeiter von Händlern gewährte Umsatzprämien oder Preisausschreiben oder Gewinnspiele, bei denen eine Abhängigkeit von dem Verkauf von Waren des Herstellers besteht, regelmäßig eine Straftat darstellen. Strafrechtlich nicht erfasst sind dagegen Zuwendungen an den Prinzipal.

[123] Vgl. dazu Rdn. 160ff.

[124] BGH GRUR 2009, 969, 970 – *Winteraktion.*

[125] Vgl. dazu *von Jagow,* Einl. J Rdn. 18ff.

[126] BGH GRUR 2009, 969 – *Winteraktion.*

[127] Zum Autoritäten- und Vertrauensmissbrauch Rdn. 160ff.

[128] Insoweit sind allerdings spezialgesetzliche Vorschriften wie etwa das ApoG und die Berufsordnungen des jeweiligen Bundeslandes zu berücksichtigen.

Rspr. noch nicht damit befasst, ob Vermögensverwalter und **Bankberater** als derartige Vertrauenspersonen einzustufen sind. Dies wird man bejahen müssen mit dem Ergebnis, dass der Kunde über von ihm in dieser Höhe nicht erwartete *kick-backs* (Rückvergütungen) aufzuklären ist.[129]

54 Bereits eine **Verkaufsförderungsmaßnahme gegenüber Vertrauenspersonen,** die in der aus deren Sicht **erkennbaren Erwartung** erfolgt, ihnen zu Gute kommende, über eine bloße Aufmerksamkeitswerbung hinausgehende Zuwendungen für den Fall eines Abschlusserfolgs, oder gar *kick-backs* (Rückvergütungen) **dem betroffenen Dritten nicht offenzulegen,** ist **grundsätzlich unlauter.** Diese Erwartung kann etwa in für den betroffenen Dritten bestimmten Rechnungen manifestiert werden, die den Vorteil für die Vertrauensperson (etwa Barprämie) zu Lasten eines Dritten nicht erkennen lassen. Die **billigende Inkaufnahme** ist dabei der zum Ausdruck gebrachten Erwartung gleichzustellen.[130] Der BGH hat in einem ***kick-back*-System,** nach dem ein Brillenhersteller Augenärzten Vergütungen für die Zuführung von Kunden gewährt, denen er erfolgreich die Beschaffung von Brillen im „verkürzte[n] Versorgungsweg" als Option dargelegt hat, eine unsachliche Beeinflussung des Augenarztes gesehen, wenn dieser jeweils eine Vergütung von € 80 oder mehr erhält.[131] Zu berücksichtigen ist dabei auch, dass insbesondere eine mehrfache Praktizierung eines derartigen Modells eine relevante Anlockwirkung im Sinne einer erheblichen Beeinträchtigung der Entscheidungsfreiheit ausübt. Eine derart unsachliche Beeinträchtigung ist dagegen zu verneinen, wenn ein Pharmaunternehmen Ärzten eine von der Verordnung von Arzneimitteln unabhängige kostenlose **Teilnahme an Seminaren** anbietet, zumal wenn ähnliche Seminare auch von den Kassenärztlichen Vereinigungen angeboten werden.[132] Gleichfalls liegt eine unsachliche Beeinflussung des Arztes nicht vor, wenn diesem als Verordnungshilfe eine Arzneimittelsoftware zur kostenlosen Verfügung gestellt wird, die durch Anzeigen für bestimmte Arzneimittel finanziert ist.[133]

55 Eine unsachliche Beeinflussung kann auch in der Kopplung mit **aleatorischen Anreizen** liegen.[134] Eine besondere Konstellation liegt in der Kopplung eines Absatzgeschäfts mit einem Gewinnspiel gegenüber anderen Marktteilnehmern.[135]

56 Zu beachten ist darüber hinaus, dass in der besonders sensiblen **gesundheitsrelevanten Werbung** eine **tendenziell strengere Auslegung** durch die Rspr. erfolgt.[136] Dies kommt auch aus den Wertungen von gesetzlichen Werbeverboten[137] und Kopplungsverboten[138] zum Ausdruck. So stellt die Rspr. bei gesundheitsrelevanter Werbung die **Erwartung der Erbringung einer Leistung** einer rechtlichen Bindung des Umworbenen mitunter gleich.[139]

Zu weit geht es allerdings, das **Kopplungsangebot eines Großhändlers gegenüber Zahnärzten** bestehend aus Medizinprodukten im Wert von ca. DM 700,00 und einem Kleidersack im Wert von über DM 100,00 zu einem Gesamtpreis von DM 738,00 als Verstoß gegen § 4a anzusehen.[140] Denn insoweit ist nicht ersichtlich, warum eine stärkere Beeinflussung vorliegen soll als etwa bei der zweifellos zulässigen Gewährung hoher Rabatte. Anders mag es sich bei einem angestellten Arzt verhalten, sofern man eine grundsätzliche Unterscheidung zwischen Inhaber und Angestelltem befürwortet.[141] Es ist allein Aufgabe des Gesetzgebers, einer nur abstrakten Gefahr der Verfälschung der Entscheidungsfreiheit entgegen zu wirken.

57 *(3) Öffentliche Hand.* Erhöhte Anforderungen an die Objektivität und Neutralität bestehen auch bei der **öffentlichen Hand.** So kann die Verpflichtung zur Offenlegung von **Provisionen** bestehen. Dies betrifft etwa den Fall, dass beim Vertrieb von Schließfachanlagen gegenüber Schulen eine Provision von € 3,– angeboten wird, um die Unterstützung der Schule beim späteren Abschluss

---

129 Bereits bankrechtlich besteht nach BGH, Urt. v. 19.12.2006, VI ZR 56/05 bei der Vermittlung von Fondsanteilen die Verpflichtung der Bank, auf das ob und die Höhe von Kick-Backs hinzuweisen. Nach der ab November 2007 anzuwendenden Richtlinie 2004/93/EG (Markets in Financial Instruments Directive – MiFid) sind Rückvergütungen ohnehin nur zulässig, wenn sie die Beratungsqualität der Banken erhöhen.

130 Vgl. BGH GRUR 2003, 624 – *Kleidersack.*

131 BGH GRUR 2010, 850.

132 Vgl. OLG München WRP 2012, 347, 349 – *Arzt-Seminare;* nach Zurückverweisung durch den BGH GRUR 2011, 431 – *FSA-Kodex,* da entgegen der Auffassung des OLG München allein ein Verstoß gegen den „FS Arzneimittelindustrie-Kodex" (der freiwilligen Selbstkontrolle für die Arzneimittelindustrie) nicht nach § 3 I unlauter ist.

133 BGH GRUR 2011, 1163 – *Arzneimitteldatenbank.*

134 BGH GRUR 2009, 969 – *Winteraktion,* dazu im Einzelnen Rdn. 134.

135 Vgl. auch Rdn. 119 ff.

136 Vgl. dazu auch Rdn. 80.

137 Vgl. dazu *v. Jagow* Einl. J Rdn. 20 ff.

138 Vgl. dazu *v. Jagow,* Einl. I Rdn. 58.

139 S. a. Rdn. 76.

140 So aber BGH GRUR 2003, 624, 626 – *Kleidersack* (als obiter dictum), vgl. dazu auch Rdn. 76 oben.

141 Vgl. dazu Rdn. 95 ff.

eines Vertrages mit dem jeweiligen Schulträger zu gewinnen. Das OLG Karlsruhe[142] sah dieses Provisionsmodell zu Recht als unlauter an. Der Schulträger erwarte eine sachliche und unparteiliche Prüfung durch die Schulen und deren Leitungen. Dies ergebe sich auch unmittelbar aus dem Schulauftrag. Aufgrund der angebotenen Provision bestehe jedoch die Gefahr, dass von der Schulleitung zu berücksichtigende Gesichtspunkte in den Hintergrund treten. Die lauterkeitsrechtliche Bewertung hängt davon ab, ob der Anbieter billigend in Kauf genommen hat, dass die Schulleitung dem Schulträger das Provisionsangebot vorenthält. Dies sei insbesondere der Fall, wenn das Provisionsmodell nur unter dieser Voraussetzung Sinn macht. Die sachgerechte Empfehlung der Schulleitung zu Gunsten eines bestimmten Schließfachvermieters gegenüber dem Schulträger unter Offenlegung des Provisionsangebots stellt dagegen keine unlautere Dreieckskoppelung dar. Die **Übergänge dieser Fallgruppe zu der des Autoritäts- und Vertrauensmissbrauchs bei der öffentlichen Hand sind fließend.**[143] Bei einer Unlauterkeit unter dem Gesichtspunkt einer Dreieckskoppelung liegt jedoch der Schwerpunkt in der Nichtoffenlegung der Begünstigung.

(4) Vorteile zu Lasten von Solidargemeinschaften. Eine unsachliche Beeinflussung unter dem Gesichtspunkt einer Drittkopplung kann auch bei Begünstigungen zu Lasten von Solidargemeinschaften vorliegen. Der besondere Anreiz für den Umworbenen liegt in dieser Fallgestaltung darin, dass **ein Vorteil zu Lasten Dritter** erlangt werden kann. Dies ist etwa der Fall, wenn Kunden einer KfZ-Werkstatt zur Abrechnung gegenüber ihren jeweiligen Versicherungen **Rechnungen über fiktive Reparaturkosten** erhalten, welche den tatsächlich vereinnahmten Betrag um den jeweils fälligen Selbstbehalt übersteigen.[144] Insofern stellt sich auch die Frage eines Betrugs und einer Verleitung zu einem Verstoß gegen den Versicherungsvertrag.[145] Nicht anders liegt es, wenn eine Reparaturwerkstatt für den Austausch einer defekten Autoglasscheibe die Ausstellung einer Rechnung für die Teilkaskoversicherung in voller Höhe auslobt, zumal wenn zusätzlich noch Barprämien gewährt werden.[146] 58

(5) Begünstigungen für den Handel. Bei **anderen Marktteilnehmern,** die **keine besonderen Vertrauenspersonen** sind, an deren Objektivität und Neutralität aber erhöhte Anforderungen gestellt werden, stellt der verständige Verbraucher in Rechnung, dass unternehmerische Tätigkeit gewinnorientiert ist und insbesondere das Produktsortiment und die **Empfehlungen** des Handels und anderer Unternehmen **von den Konditionen des Lieferanten bzw. Drittunternehmen im weitesten Sinn abhängig sind,** etwa von Einkaufskonditionen, Mengenrabatten, Sachprämien etc. Der Unternehmer wird dabei, wie der verständige Verbraucher erkennt, umso eher Kompromisse bei der Einkaufspolitik und ausgesprochenen Empfehlungen eingehen, je günstiger die Konditionen für die Produkte im Verhältnis zu Wettbewerbsprodukten sind. Demgemäß **erwartet der Verkehr keine gänzlich objektive Beratung durch den Handel und andere Unternehmen.** Regulativ für die Einhaltung der Objektivität in einem bestimmten Rahmen ist der Markt selbst. Ein Unternehmer kann mittel – und langfristig nur **geschäftlichen Erfolg** verzeichnen, wenn er tatsächliche und **potenzielle Kunden mit seinen Produkten und Empfehlungen nicht enttäuscht,** sondern zufrieden stellt und längerfristig an sich bindet. Ein verständiger Händler wird daher, für den verständigen Verbraucher erkennbar, im Einzelfall eine Kosten-Nutzenbetrachtung anstellen und kurzfristige Vorteile mit langfristigen Nachteilen abwägen. Für den verständigen Verbraucher besteht kein Anlass für die Annahme, dass Händler oder Vermittler von Dienstleistungen keiner Beeinflussung durch Hersteller, Großhändler, Dienstleistungsunternehmer oder sonstigen Anbieter ausgesetzt sind.[147] 59

Auch die bisherige Rspr. hat eine **Verpflichtung des Handels zur Offenlegung seiner Kalkulation** gegenüber den Verbrauchern grundsätzlich **verneint.**[148] 60

Nach herrschender Meinung sind die Voraussetzungen des § 4a bei **Zuwendungen an den Geschäftsinhaber regelmäßig nicht erfüllt.**[149] Der verständige Verbraucher erwarte demnach 61

---

142 OLG Karlsruhe GRUR-RR 2003, 191, 192; vgl. zu ähnlichen „Dreieckskopplungen" und „Dreieckskonstellationen" unter dem Gesichtspunkt des Autoritäts- und Vertrauensmissbrauchs Rdn. 83ff., 118.

143 Vgl. dazu *Ahrens,* Einl. G Rdn. 56ff.

144 GRUR 2008, 530 – *Nachlass bei der Selbstbeteiligung;* ebenso BGH GRUR 2008, 530 bei Reparaturservice für Schäden an Autoglasscheiben; OLG Naumburg, GRUR-RR 2005, 203 – *Selbstbeteiligung;* weitere Beispiele zur Rspr. der Instanzgerichte bei *Möller* GRUR 2006, 292, 293, Fn. 69.

145 Vgl. *Möller,* aaO, S. 298.

146 OLG Celle, WRP 2006, 129; OLG Schleswig GRUR-RR 2007, 242.

147 Vgl. OLG Hamburg GRUR-RR 2004, 117f. – *sixperts;* OLG Oldenburg GRUR-RR 2004, 209 – *Mittelmeerkreuzfahrt.*

148 BGH GRUR 1961, 588, 592 – *Einpfennig-Süßwaren;* GRUR 1979, 779f. – *Wert-Coupons.*

149 So auch Ullmann/*Seichter,* § 4 Nr. 1 Rdn. 80; Hefermehl/*Köhler*/Bornkamm, § 4 Rdn. 1.173; a.A. *Steinbeck* GRUR 2005, 15, 20.

nicht, dass die Entscheidungen des Händlers frei von Einflussnahme des Lieferanten bzw. Herstellers sind. Aus diesem Grund bestehe auch nicht die Gefahr einer nach §§ 5, 5a unlauteren Irreführung.[150] Der Rechtsanwender sollte sich an dieser Differenzierung orientieren, solange sie herrschend bleibt. Es sei ihr aber immerhin die kritische Nachfrage angefügt, ob der Kunde beispielsweise in einer Apotheke wirklich derjenigen Empfehlung misstrauischer gegenübersteht, die vom Apotheker selbst statt von dem Fachangestellten kommt? Wittert er wirklich beim namensgebenden, unter Umständen hoch renommierten Inhaber einer Arztpraxis sogleich verdeckte Dreiecksbeeinflussung, während er nur dem jungen, angestellten Arzt als Träger neutraler und kompetenter Beratung vertraut? Es erscheint jedenfalls angebracht, die in der herrschenden Meinung angelegte Möglichkeit zur differenzierenden Behandlung von Inhaber-Dreieckskoppelungen mit Leben zu erfüllen.

62 Ein besonderes lauterkeitsrechtliches Risiko stellen jedenfalls **Zuwendungen des Herstellers an Angestellte** eines Händlers dar.[151] Eine unsachliche Beeinflussung liegt vor, wenn die Gefahr besteht, dass der **Mitarbeiter unter Verschweigen seiner wahren Motive ein bestimmtes Produkt übermäßig empfiehlt,** um in den Genuss der ausgelobten oder erhofften Vergünstigung zu gelangen. Entscheidend kommt es auf den **Wert aus Sicht des angesprochenen** Mitarbeiters an. Differenzierungen danach, ob die Zuwendung Bedürfnisse des täglichen Bedarfs abdeckt oder zum privaten bzw. beruflichen Gebrauch bestimmt ist, kommt dagegen kein zusätzlicher Erkenntniswert zu.[152] Nach den Umständen des Einzelfalls kann die dem Verbraucher nicht offengelegte Zuwendung die Gefahr einer unsachlichen Beeinflussung begründen. Auch der verständige Verbraucher erwartet, dass Empfehlungen nicht durch „Schmiergelder" begünstigt werden. Dabei ist auch zu berücksichtigen, dass das Interesse des Angestellten, in den Genuss der Vergünstigung zu gelangen, mit dem Interesse des Händlers nicht in Einklang stehen muss. Gerade bei Angestellten besteht anders als beim Prinzipal die erhöhte Gefahr, dass die Verantwortung für das Unternehmen um eines kurzfristigen Vorteils willen in den Hintergrund tritt und Kunden einseitig beraten werden.[153]

63 Schon vor Inkrafttreten des **UWG 2008** bewertete die Rspr. das Anbieten und Gewähren von Prämien an Angestellte eines Händlers als Gegenleistung für die von diesen erzielten Umsätze sowie das Ausloben und Durchführen von Gewinnspielen und Preisausschreiben für Angestellte eines Händlers zur Förderung des Absatzes unter dem Gesichtspunkt der unsachlichen Beeinflussung der Verbraucher als unzulässig.[154] Die Verkäufer würden dadurch verleitet, die Kunden aus sachfremden Motiven einseitig zu beraten und zu beeinflussen, wodurch die Erwartung der Kunden auf eine im üblichen Rahmen objektive Beratung enttäuscht würde. Der BGH hat diese Rspr. in seiner Entscheidung *„Verschlusskapsel-Prämie"*,[155] bei der es um die Auslobung von Geldprämien an Gastwirte durch einen Spirituosenhersteller für Kronkorken ging, ausgedehnt, obwohl es an einer Prämie gegenüber Angestellten fehlte. Der BGH begründete dies damit, dass die Sonderprämie eine ungewisse, den Spiel- und Sammelbetrieb ausnutzende Chance insbesondere auf einen Gewinn in Bargeld bot, so dass von den Geldprämien eine hohe anlockende Wirkung ausging.

64 Das OLG Düsseldorf[156] sah es auf der Grundlage der in der *clixman*-Entscheidung entwickelten Grundsätze als unzulässig an, wenn ein Reiseveranstalter **Parfümerie-Gutscheine** im Wert von DM 25,– auch **für Angestellte eines Reisebüros** für die Vermittlung von Flugreisen verteilt. Denn dadurch werde die Gefahr einer unsachlichen Beratung der Kunden begründet. Gegenstand einer Entscheidung des LG Frankfurt[157] war die Gewährung von Kinogutscheinen an Reisebüromitarbeiter für die Vermittlung von Flugreisen und die Auslobung von Flugtickets im Wert von ca. DM 1000,– für die Reisebüromitarbeiter mit den meisten Buchungen. In Abgrenzung zu dem Verteilen eines Parfümerie-Gutscheins im Wert von DM 25,–, über welches das OLG Düsseldorf zu entscheiden hatte, waren die **Kinogutscheine** nach Auffassung des LG Frankfurt nicht zu beanstanden, weil es sich um ein Alltagsgeschenk unter DM 20,– handelte und ein Parfümerie-Warengutschein Bedürfnisse des täglichen Gebrauchs abdeckt, leichter einlösbar ist und damit eher den Charakter einer geldwerten Zuwendung aufweist. Dagegen wurde die Auslobung der **Flugti-**

---

[150] Vgl. die Kommentierung von *Dreyer* zu § 5 B.

[151] Auch der Tatbestand der Bestechung unterscheidet zwischen dem Geschäftsinhaber und dessen Angestellte, vgl. zu § 299 StGB.

[152] Dazu *Steinbeck* GRUR 2005, 15, 19 m. w. N. aus der Rspr.

[153] OLG Hamburg, GRUR-RR 2004, 117 – *sixpertes.*

[154] Grundlegend BGH GRUR 1971, 223, 225 – *clixman* m. w. N.; vgl. auch OLG Stuttgart BB 1974, 1265 f.

[155] BGH GRUR 1974, 394 – *Verschlusskapsel-Prämie.*

[156] WRP 1999, 1197 f., vgl. auch OLG Hamburg WRP 1987, 482 f.; OLG Düsseldorf WRP 1979, 37 f.

[157] GRUR-RR 2002, 204.

ckets als unlauter angesehen. Nach diesen Grundsätzen und Maßstäben hielt das OLG Hamburg[158] ein Prämiensystem für die Mitarbeiter von Reisebüros für unlauter, nach dem die Mitarbeiter für jede Buchung eines bestimmten, mit der Vermietung von Kraftfahrzeugen befassten Unternehmens **Punkte im Werte zwischen € 1,– und € 4,–** gutgeschrieben erhielten, die bei dem Überschreiten bestimmter Wertgrenzen in Sachprämien, Wochenendnutzungen von Mietfahrzeugen oder Bargeld eingetauscht werden konnten.

Ob sich diese Entscheidungslinie nach neuem Recht aufrechterhalten lässt, erscheint zweifelhaft. 65
Denn nach geändertem Verbraucherleitbild fehlt es an der Erwartung der Verbraucher, dass Gastwirte derartigen Einflussnahmen nicht ausgesetzt werden.

3. Ungekoppelte Zuwendungen

a) Älteres Recht. Zu dem ursprünglichen Regelungssystem vor Aufhebung der ZugabeVO, 66
vgl. zusammenfassend Harte/Henning/*Stuckel,* 1. Aufl., 2004. Für den Rechtszustand im Übergang zum UWG 2008, s. Harte/Henning/*Stuckel,* 3. Aufl., 2013.

b) Begriff. Die Fallgruppe der ungekoppelten und (fast) unentgeltlichen Gewährung von Waren 67
oder Leistungen (ungekoppelte Zuwendungen) ist dadurch gekennzeichnet, dass der Umworbene **keinem rechtlichen Kaufzwang** unterliegt, d. h. die Vergünstigung unabhängig davon erhält, ob er eine (weitere) Ware oder Leistung erwirbt oder entgeltlich in Anspruch nimmt. Den lauterkeitsrechtlich relevanten Aspekt bildet vielmehr ein potentieller **psychologischer Kaufzwang,** bei dem der Verbraucher den Eindruck gewinnt, er könne einem an sich nicht beabsichtigten Geschäftsabschluss nicht ausweichen, weil er ansonsten die ihm als Kaufinteressenten entgegen gebrachte Wertschätzung verlieren würde. Der Verbraucher fühlt sich nach diesem Konzept also zur Meidung einer **„Peinlichkeit"** verpflichtet, das Angebot des Werbenden entgeltlich in Anspruch zu nehmen.[159] Die Motive für (fast) unentgeltliche Zuwendungen sind vielfältig. So können sie der **Erprobung** durch die Marktteilnehmer, aber auch der **Gewöhnung** der Marktteilnehmer an die Waren oder Dienstleistungen oder gar der Behinderung von Mitbewerbern oder der Marktverstopfung dienen. Es kann sich auch um **Aufmerksamkeitswerbung** handeln, um neue Kunden zu gewinnen und bestehende Kunden zu binden oder um **Serviceleistungen** gegenüber Interessenten wie etwa die Verabreichung von Getränken oder Kundenfahrten. Ziel kann schließlich auch die **Konfrontation des Interessenten mit dem übrigen Sortiment** des Werbenden sein.

c) Grundsatz. Schon vor Aufhebung des RabattG und der ZugabeVO stellte die Rspr. an einen 68
psychologischen Kaufzwang zunehmend strengere Anforderungen. Danach kam ein derartiges Heraustreten aus der Anonymität beispielsweise bei Geschäftslokalen mit größeren Verkaufsflächen[160] oder Selbstbedienungsrestaurants[161] nicht mehr in Betracht.[162] Insgesamt waren also deutliche Liberalisierungstendenzen zu erkennen.[163] Unter jetzigem Recht sind **ungekoppelte Zuwendungen prinzipiell zulässig.**[164] Das Konzept eines **psychologischen Kaufzwangs** stellt sich vor dem Hintergrund des heutigen Verbraucherleitbildes selbst in den Fällen, in denen der Verbraucher bei Betreten von Geschäften aus der Anonymität heraustrat, als **Fiktion** dar. Zu berücksichtigen ist auch die zunehmende **Verkehrsgewöhnung** an unterschiedlichste Formen der Wertreklame[165] und ein damit einhergehender Abbau psychologischer Barrieren.[166] Es erscheint lebensfremd, dass nicht nur „besonders sensible Gemüter",[167] sondern auch ein durchschnittlich informierter, situationsadäquat aufmerksamer und verständiger Verbraucher einem dem rechtlichen Kaufzwang gleich zu stel-

---

158 GRUR-RR 2004, 117 – *sixperts.*

159 BGH GRUR 1987, 243, 245 – *Alles frisch;* GRUR 1998, 475, 476 – *Erstcoloration;* GRUR 1993, 774, 776 – *Hotelgutschein.*

160 BGH GRUR 2000, 820, 822 – *Space Fidelity Peep-Show.*

161 BGH GRUR 1989, 757, 758 – *McBacon.*

162 S. zu weiteren Fallgestaltungen BGH GRUR 1998, 735, 736 – *Rubbelaktion;* BGH GRUR 2000, 820, 822 – *Space Fidelity Peep-Show.*

163 S. insbesondere BGH GRUR 1998, 1037, 1038 – *Schmuck-Set;* BGH GRUR 1999, 256, 258 – *1000,– DM Umwelt-Bonus;* BGH GRUR 2002, 1000, 1002 – *Testbestellung.*

164 Ebenso *Köhler*/Bornkamm, § 3 Rdn. 8.62 unter zusätzlichem Verweis auf Art 6 lit c ECRL 2000/31/EG und § 6 I Nr 3 TMG. Mit gleicher Wertung nach bisherigem Recht BGH GRUR 2003, 804, 805 f. – *Foto-Aktion;* GRUR 2004, 960 – *500 DM-Gutschein für Autokauf;* GRUR 2007, 981 – *150 % Zinsbonus.*

165 Vgl. bereits zum Gesichtspunkt der Verkehrsgewöhnung BGH GRUR 89, 366, 368 – *Wirtschaftsmagazin;* GRUR 1998, 1037 – *Schmuck-Set;* GRUR 2002, 1000, 1002 – *Testbestellung.*

166 *Berlit* WRP 2001, 352; *Weiler* WRP 2003, 871.

167 So in den Worten von *Schricker/Henning-Bodewig* WRP 2001, 1367, 1403; vgl. auch *Weiler* WRP 2002, 871.

lenden psychologischem Kaufzwang unterliegt. Auch die Gefahr, dass der Nachfrager davon **abgehalten wird,** sich mit dem **Angebot der Mitbewerber** und damit mit dem Preis und der Qualität konkurrierender Waren und Leistungen zu befassen oder sich an die Waren und Leistungen zu gewöhnen, begründet für sich allein nicht den Vorwurf der Unlauterkeit. Denn insofern handelt es sich nur um einen **wettbewerbsimmanenten Reflex der besonderen Attraktivität eines Angebotes.** Teilweise hielt die Rspr. der Instanzgerichte allerdings nach wie vor an einer traditionellen Linie fest. So hatte das OLG Köln[168] über ein von einer Supermarktkette veranstaltetes Gewinnspiel zu entscheiden und verneinte eine Unlauterkeit unter dem Gesichtspunkt des psychologischen Kaufzwangs nur deshalb, weil sich der Scanner, mit dem der Kunde seine „Haushaltskarte" einlesen lassen musste, außerhalb des Verkaufs- und Kassenbereichs an sogenannten Infopoints befand, so dass der Kunde die Ladenlokale unauffällig und ausschließlich zur Gewinnspielteilnahme aufsuchen konnte, „ohne sich deshalb einer peinlichen oder unangenehmen Begegnung mit dem Verkaufspersonal gegenüber zu sehen, die ihn zu einem sonst unterbliebenen Kauf veranlasst." Von dieser Rechtsprechungslinie sollte nunmehr endgültig Abstand genommen werden.

69 **d) Ausnahmen.** Für sich genommen liegt im Angebot einer ungekoppelten Zuwendung in aller Regel kein Verstoß gegen **§ 4a.**[169] Die Norm kann aber bei **„aggressiven Begleitumständen"** eingreifen, etwa wenn im Zuge der Entgegennahme eines Geschenks Druck auf den Verbraucher ausgeübt wird, damit dieser die Ware erwerbe.[170]

70 Eine Unlauterkeit wegen **Irreführung (§§ 5, 5a)** kommt unter verschiedenen Gesichtspunkten in Betracht. Zum einen kann sie sich auf **Wert oder Eigenschaften des zugewendeten Gegenstands** richten.[171] Zum anderen kann die Zuwendung aber auch eine irreführende Wirkung im Hinblick auf **Leistungen** haben, zu deren **Bezug** der Verbraucher mittels der Zuwendung **veranlasst werden soll,** etwa wenn der Eindruck einer besonderen Preisgünstigkeit dieser Leistungen vermittelt wird.[172] Schließlich kann der **Zuwendungsvorgang** betroffen sein, etwa die Voraussetzungen für einen Erhalt der Zuwendung. In diesem Bereich sind namentlich Verstöße gegen § 6 I Nr. 3 TMG, § 5a IV sowie Nr. 21 möglich.[173] **Gratis-Werbung** setzt völlige Kostenfreiheit voraus. Die angesprochenen Verkehrskreise erwarten, dass auch keine Porto-, Fracht- und Handlingkosten anfallen.[174] Eine Irreführung bei der Anlockung von Kunden mit ungewöhnlich günstigen Angeboten liegt ausnahmsweise vor, wenn zu Unrecht der Eindruck der **Preisgünstigkeit des gesamten Angebots** erweckt wird.[175] Es besteht dabei allerdings kein Erfahrungssatz, dass der Verkehr die im Einzelhandel üblichen und als solche besonders herausgestellten preisgünstigen Angebote als beispielhaft und charakteristisch für das Preisniveau des gesamten Angebots ansieht.[176] Bei dem mit den Marktgegebenheiten vertrauten durchschnittlich informierten und verständigen Verbraucher ist dieser Schluss aber auch dann nicht gerechtfertigt, wenn auffallend preisgünstige Waren angeboten werden, ohne dass gleichzeitig deutlich wird, dass es sich um die Einzelerscheinung eines Sonderangebots handelt.[177] Entscheidend ist stets der beim Verkehr entstehende Gesamteindruck.[178] Entgegen der älteren Rspr. bedarf es hierzu nicht der Betonung des Angebots als Einzelangebot, weil der Verkehr eine allgemeine Preisgünstigkeit allein auf Grund der besonderen Preisgünstigkeit einer einzelnen branchenzugehörigen oder -fremden Ware oder Dienstleistung nicht mehr erwartet. Das Anlocken von Kunden mit ungewöhnlich günstigen Angeboten ist hingegen irreführend, wenn ein besonders beworbener Gegenstand **nicht vorrätig** ist und die durch das Angebot angelockten Kunden stattdessen andere Waren einkaufen können.[179]

71 Die Unlauterkeit von (fast) unentgeltlichen Zuwendungen kann sich ferner unter den Gesichtspunkten einer **gezielten Behinderung** eines Mitbewerbers nach § 4 Nr. 4 oder einer nach § 3 I

---

[168] GRUR-RR 2005, 194 – *REWE-Haushaltskarte.*

[169] *Köhler*/Bornkamm, § 3 Rdn. 8.63.

[170] Vgl. auch *Steinbeck* GRUR 2005, 540, 545.

[171] *Köhler*/Bornkamm, § 3 Rdn. 8.64.

[172] BGH GRUR 2003, 804, 805 – *Foto-Aktion.*

[173] BGH GRUR 2009, 1064, 1066 – *Geld-zurück-Garantie II; Köhler*/Bornkamm, § 3 Rdn. 8.65, auch zur Übertragung der Vorgaben für den elektronischen Geschäftsverkehr auf den nicht-elektronischen Bereich.

[174] S. unten Anh. zu § 3 Abs. 3 Nr. 21 Rdn. 1 ff.; *Gloy/Loschelder/Helm,* Handbuch des Wettbewerbsrechts, § 49 Rdn. 244.

[175] BGH GRUR 1970, 33, 34 – *Lockvogel;* GRUR 1974, 344, 345 – *Intermarkt;* GRUR 1978, 649, 651 – *Elbe-Markt.*

[176] BGH GRUR 1978, 649 – *Elbe-Markt.*

[177] Anders noch BGH GRUR 1970, 33 – *Lockvogel.*

[178] Vgl. BGH GRUR 1978, 652, 653 – *Mini-Preis;* GRUR 1979, 116, 117 f. – *Der Superhit.*

[179] *Glöckner,* Einl. B. Rdn. 471; Anh. zu § 3 Abs. 3 Nr. 5 Rdn. 1 ff., Nr. 6 Rdn. 3; BGH GRUR 1996, 800, 802 – *EDV-Geräte;* GRUR 2000, 911, 914 – *Computerwerbung.*

unlauteren **allgemeinen Marktbehinderung** (= Marktstörung), die eine Gefährdung des Wettbewerbsbestands voraussetzt, ergeben. Ein Rechtsbruch im Sinne von § 3a kann wegen Verstoßes gegen § 7 HWG, § 78 II 2 AMG oder § 3 I AMPreisV verwirklicht sein.[180]

e) Sonderfall: Dreieckskonstellationen. „Dreieckszuwendungen" sind dadurch geprägt, dass die **Interessen Dritter involviert** sind. Insofern besteht eine **Ähnlichkeit** zu den Fällen der **„Dreieckskopplungen".** So handelt ein **Laborarzt** auch unabhängig von einer rechtlichen Bindung unlauter, wenn er niedergelassenen Ärzten die Durchführung von **Laboruntersuchungen,** die diese selbst gegenüber der Kasse abrechnen können, unter Selbstkosten in der Erwartung **anbietet,** dass die niedergelassenen Ärzte ihm **im Gegenzug Patienten** für Untersuchungen **überweisen,** die nur vom einem Laborarzt vorgenommen werden können.[181] Insoweit hat eine tendenziell strengere Gesetzesanwendung zu erfolgen, weil von Ärzten eine erhöhte Objektivität zu erwarten und der sensible Gesundheitsbereich betroffen ist.[182] 72

4. Aleatorische Reize

a) Begrifflichkeit. Aleatorische Veranstaltungen lassen sich in Gewinnspiele, nämlich Geschicklichkeitsspiele (wie Preisausschreiben), Glücksspiele und sonstige aleatorische Veranstaltungen (wie umgekehrte Versteigerungen und Powershopping) einteilen. Bei Glücksspielen kann wiederum danach unterteilt werden, ob ein bestimmter Einsatz erforderlich ist, um einen bestimmten Gewinn zu erhalten. Bei der Lotterie besteht der vom Zufall abhängige Gewinn in Geld, bei der Ausspielung in Waren oder sonstigen vermögenswerter Gegenstände. 73

b) Grundsätzliche Zulässigkeit. Der Einsatz aleatorischer Reize in der Produktwerbung ist ein Mittel der **Wertreklame** und wurde unter der Geltung des RabattG und der ZugabeVO allein schon aus diesem Grund als bedenklich angesehen. Mit der Aufhebung des RabattG und der ZugabeVO ging eine **Liberalisierung** auch der wettbewerbsrechtlichen Beurteilung von aleatorischen Veranstaltungen einher. Die Rspr. stellte zunehmend strengere Anforderungen an die besonderen Umstände, die hinzutreten müssen, um den Vorwurf der Unlauterkeit zu rechtfertigen. Eine Unlauterkeit unter dem Gesichtspunkt des übertriebenen Anlockens wurde nur noch angenommen, wenn der Einsatz aleatorischer Reize dazu führt, die **freie Entschließung** der angesprochenen Verkehrskreise so **nachhaltig zu beeinflussen,** dass ein Kaufentschluss nicht mehr von sachlichen Gesichtspunkten, sondern maßgeblich durch das Streben nach der in Aussicht gestellten Gewinnchance bestimmt wird.[183] 74

Das UWG 2008 enthielt in § 4 Nr. 5, 6 a. F. **Sonderregeln** für Preisausschreiben und Gewinnspiele. § 4 Nr. 5 a. F. normierte bestimmte Informationspflichten. § 4 Nr. 6 a. F. schrieb die vorangegangene Rspr. zum Verbot der Kopplung von Preisausschreiben und Gewinnspielen gegenüber Verbrauchern – im Grundsatz – fort. Da § 4 Nr. 6 a. F. damit für derartige Kopplungen ein per se-Verbot ohne Wertungsmöglichkeiten enthielt, war § 4 Nr. 6 a. F. richtlinienkonform auszulegen und auf dessen europarechtlich noch zulässigen Gehalt zu reduzieren.[184] Nunmehr wurde die Vorschrift ohnehin **gestrichen.** Vielfach von der Literatur gefordert,[185] vollzieht der Gesetzgeber damit die deutsche und Europäische Rechtsprechung nach,[186] welche die Koppelung von Gewinnspiel und Produkterwerb als **grundsätzlich nicht mehr unlauter** bewerten möchte. 75

c) Ausnahmsweises Eingreifen des Lauterkeitsrechts. Die grundsätzliche Zulässigkeit von aleatorischen Reizen nach heutigem Lauterkeitsrecht bedeutet nicht ihre Rechtskonformität in jedem Einzelfall. Sind die Voraussetzungen der **Ziffern 17 oder 20 der schwarzen Liste** gegeben, steht die Unlauterkeit ohnehin außer Frage. Weiter sind aleatorische Veranstaltungen anhand des **Irreführungsverbots** der §§ 5, 5a zu prüfen.[187] Diese Tatbestände können etwa verwirklicht sein, wenn die Höhe eines Gewinns,[188] die Chance auf seine Erzielung[189] oder die Voraussetzungen einer ordnungsgemäßen Spielteilnahme unrichtig dargestellt sind. Besonders dem letztgenannten 76

---

[180] *Köhler*/Bornkamm, § 3 Rdn. 8.66.
[181] BGH GRUR 2005, 1059 – *Quersubventionierung von Laborgemeinschaften.*
[182] Vgl. dazu auch Rdn. 80, 85.
[183] BGH GRUR 1989, 757, 758 – *McBacon* (auch den Umstand, dass der Teilnehmer Geschäftslokale aufsuchen muss, um festzustellen, ob er zu den Gewinnern gehört, sah der BGH nicht als übertriebenes Anlocken an); GRUR 2000, 820, 821 – *Space Fidelity Peep-Show.*
[184] EuGH GRUR 2010, 244 – *Plus Warenhandelsgesellschaft;* BGH GRUR 2011, 532 – *Millionen-Chance II.*
[185] S. statt vieler *Glöckner* WRP 2014, 1399, 1405 f.; *Köhler* WRP 2014, 1410, 1413.
[186] EuGH WRP 2010, 232 – *Plus Warenhandelsgesellschaft;* BGH GRUR 2011, 532 – *Millionen-Chance II.*
[187] *Köhler*/Bornkamm, § 3 Rdn. 8.78.
[188] BGH GRUR 1989, 434, 435 – *Gewinnspiel I;* WRP 1995, 591 – *Gewinnspiel II.*
[189] BGH GRUR 1962, 461, 465 – *Filmvorführung.*

Schutzzweck dient auch **§ 6 Abs. 1 Nr. 4 TMG,** wonach Preisausschreiben oder Gewinnspiele mit Werbecharakter klar als solche erkennbar und die Teilnahmebedingungen leicht zugänglich, klar und unzweideutig sein müssen.

77 Unlauterkeit kommt ferner in Betracht nach **§§ 3 Abs. 1, 3a i. V. m. § 11 Abs. 1 S. 1 Nr. 13 HWG.** Denn nach dieser spezialgesetzlichen Regelung darf nicht geworben werden mit „Preisausschreiben, Verlosungen oder anderen Verfahren, deren Ergebnis vom Zufall abhängig ist, sofern diese Maßnahmen oder Verfahren einer unzweckmäßigen oder übermäßigen Verwendung von Arzneimitteln Vorschub leisten". Auch eine Behinderung von Mitbewerbern im Sinne von § 4 Nr. 4 oder eine allgemeine Marktbehinderung im Sinne von § 3 Abs. 1 sind denkbar,[190] werden aber nur selten verwirklicht sein.

78 Ob nach jetzigem Recht ein aleatorischer Anreiz **allein deswegen unlauter** sein kann, weil er **sehr stark** ausfällt,[191] erscheint zumindest zweifelhaft.[192] Tritt freilich noch eine **besondere Schutzbedürftigkeit des Adressatenkreises** hinzu, so kommt eine Rechtswidrigkeit viel eher in Betracht,[193] sei es im Hinblick auf die Veranlassung einer Teilnahme als solche, sei es im Hinblick auf die bewirkte Überlassung von persönlichen Daten.[194] Ob auf derartige Konstellationen künftig **§ 3 Abs. 2**[195] **oder § 4a Abs. 2 S. 2 i. V. m. S. 1 Nr. 3** zur Anwendung kommt,[196] wird sich zeigen müssen. Zu Recht ist geltend gemacht worden, dass das Wesen aleatorische Reize eher im Anlocken des Verbrauchers liegt als darin, ihn aggressiv unter Druck zu setzen.[197] Andererseits erscheint es jedenfalls beim ersten Blick auf den Wortlaut des § 4a nicht völlig ausgeschlossen,[198] im aleatorischen Anreiz unter Umständen eine erhebliche Beeinträchtigung der Entscheidungsfreiheit durch unzulässige Beeinflussung oder möglicherweise sogar Belästigung zu sehen. Im Hinblick auf die besondere Schutzbedürftigkeit des Adressatenkreises passt dann der Wortlaut des § 4a Abs. 2 Satz 2 ohnehin.

79 **Ebenfalls dem aggressiven Verhalten** – nach damaligem Recht in Anwendung des UWG 2008 § 4 Nr. 1 – schlug das OLG Köln[199] den Fall der Verlosung von WM-Tickets zu, die von einer **Erklärung abhängig gemacht wurde, mit der Weitergabe von persönlichen Daten an Drittunternehmen und mit Werbeanrufen einverstanden** zu sein. Das Gericht stellte dabei auf die besonderen Umstände des Einzelfalls ab, nach denen der Verbraucher über die vorgenannte **Kopplung erst ins Bild gesetzt wurde, nachdem er sich bereits für die Teilnahme an der Verlosung entschieden** hatte. Auf diese Weise sollte er durch einen aleatorischen Anreiz – also durch ein sachfremdes Motiv – bewegt werden, einen Teil seiner geschützten Privatsphäre preis zu geben. Richtigerweise liegt es bei solchen Konstellationen näher, an eine nach § 4 Nr. 5 a. F. unlautere Werbung wegen Verstoßes gegen das Transparenzgebot[200] zu denken oder einen Verstoß gegen das **Irreführungsverbot** (§§ 5, 5a) anzunehmen. Einschlägig können dabei auch Nr. 17 der Schwarzen Liste sein sowie § 6 I Nr 4 TMG.[201]

80 **d) Kopplung gegenüber sonstigen Marktteilnehmern.** Ohne Hinzutreten **besonderer Unlauterkeitsmomente** kann die **Kopplung eines Absatzgeschäftes mit einem Gewinnspiel gegenüber sonstigen Marktteilnehmern** nicht unlauter sein. Derartige besondere Umstände können insbesondere in der Beeinträchtigung von **Drittinteressen** liegen.[202] Insofern besteht eine Ähnlichkeit zu den Fällen der **Dreieckskopplung,** bei denen der Umworbene von der Qualität der gekauften Ware nicht unmittelbar selbst betroffen ist.[203] Die aleatorischen Reize erhöhen dabei

---

[190] *Köhler*/Bornkamm, § 3 Rdn. 8.84 f. m. w. N. zur älteren Rspr.

[191] Nach früherer Rspr. war freilich eine Unlauterkeit möglich, wenn der aleatorische Anreiz geeignet war, die Nachfrageentscheidung völlig in den Hintergrund treten zu lassen; s. etwa BGH GRUR 2009, 875 – *Jeder 100. Einkauf gratis;* Unlauterkeit etwa auch (unter Geltung des UWG 2008) bejaht durch OLG Hamm GRUR-RR 2009, 313, 314 – *Europameisterschaft:* vollständige Kaufpreisrückzahlung für alle innerhalb einer Woche getätigten Möbelkäufe sofern Deutschland Fußball-Europameister wird.

[192] Noch ablehnender *Köhler*/Bornkamm, § 3 Rdn. 8.82.

[193] *Köhler*/Bornkamm, § 3 Rdn. 8.83; vgl. auch LG München I NJW 2003, 3066.

[194] Zur grundsätzlichen Zulässig des Datenüberlassungseffekts bei Fehlen besonderer Schutzbedürftigkeit BGH NJW 2010, 864 – *Happy Digits.*

[195] So *Köhler*/Bornkamm, § 3 Rdn. 8.77, 8.82 f.

[196] Dagegen BGH GRUR 2011, 532 – *Millionen-Chance II.*

[197] *Köhler* GRUR 2010, 177, 182.

[198] Auch *Köhler* GRUR 2010, 177, 182, will Raum für Ausnahmen lassen.

[199] WRP 2008, 261 – *Verlosung von WM-Tickets.*

[200] So auch LG Köln, Urt. vom 18.4.2006, Az. 31 O 298/06.

[201] *Köhler*/Bornkamm, § 3 Rdn. 8.83.

[202] Vgl. Rdn. 83 ff.

[203] Vgl. dazu Rdn. 83 ff.

die Gefahr einer unsachlichen Beeinflussung. Dies betrifft etwa die Auslobung der Teilnahme an einem **Gewinnspiel, gegenüber Rechtsanwälten, Steuerberatern und Wirtschaftsprüfern,** bei dem für die Vermittlung einer Vorratsgesellschaft ein Smart-Cabrio gewonnen werden kann.[204] Es besteht dann die Gefahr, dass die Möglichkeit der Teilnahme an dem Gewinnspiel geeignet ist, in die von dem Berater zu treffenden Wertungen, welche Angebote oder Produkte er eingehender prüfen und welchen Angeboten oder Produkten er bei Gleichwertigkeit den Vorzug geben soll, einfließt. Dabei wurde auch berücksichtigt, dass diese Berufsgruppen die Interessen Dritter zu wahren haben und diese Dritte auch eine entsprechende Objektivität erwarten.[205]

5. Rabatte

a) Regelungssystem vor Aufhebung des RabattG

Schrifttum: *Köhler/Piper,* 3. Aufl., 2002; *Baumbach/Hefermehl,* Wettbewerbsrecht, 22. Aufl., 2001.

Die Zulässigkeit der Auslobung von Rabatten war vor Aufhebung vom 23.7.2001 im RabattG geregelt; zur damaligen Regelung zusammenfassend Harte/Henning/*Stuckel,* 1. Aufl. 2004, § 4 Rdn. 101–107. 81

b) Begriff. Rabatte unterteilen sich in Geld- und Warenrabatte. Der **Geldrabatt** ist ein **Preisnachlass.** Ein Preisnachlass liegt auch vor im Fall der Gewährung einer unmittelbaren oder durch die Überlassung eines Wertgutscheins mittelbaren Geldzuwendung,[206] so dass sich die in Form eines Gutscheins über einen bestimmten Geldbetrag gewährte Vergünstigung als Preisnachlass beim Wareneinkauf darstellt. Denkgesetzlich ist ein Rabatt von einem weiteren Normalpreis zu unterscheiden. Maßgeblich ist dabei auf die Verkehrsauffassung abzustellen. Die Rspr. unter dem RabattG gibt hierfür eine Orientierungshilfe.[207] Allerdings erübrigt sich eine trennscharfe Abgrenzung, da an diese Unterscheidung grundsätzlich keine unterschiedlichen Rechtsfolgen mehr geknüpft werden. 82

Bei dem **Warenrabatt** kann es sich um einen **Natural- oder Mengenrabatt** handeln. Der Warenrabatt zeichnet sich dadurch aus, dass zusätzlich mehrere identische Waren oder Leistungen gewährt werden. Nicht maßgeblich ist dabei, ob ein Bestandteil als unentgeltlich herausgestellt wird. Unter Geltung der ZugabeVO nahm die Rspr. in diesen Fällen eine Zugabe an.[208]

c) Zulässigkeit im Grundsatz. Preisnachlässe sind nach heutigem deutschem Recht, ebenso wie nach Unionsrecht,[209] grundsätzlich zulässig. Es ist Teil der Gewerbefreiheit, die Preise zu einem dem Gewerbetreibenden sinnvoll erscheinenden Zeitpunkt nach Belieben allgemein oder individuell zu senken. Wann Angebote unter dem Einstandspreis als unzulässige Wettbewerbsbeeinträchtigung zu missbilligen sind, ist eine Frage des Kartellrechts. Die Anlockwirkung eines Rabattes ist für sich genommen zur Verfälschung der Entscheidungsfreiheit nicht geeignet.[210] 83

Auch Rabatte in Höhe der **gesetzlichen Mehrwertsteuer** oder in Höhe der **Rundfunkgebühren** sind dagegen zulässig.[211] Insofern handelt es sich um nichts anderes als eine werbemäßig wirksame Umschreibung der Höhe des gewährten Rabattes. Der Umworbene wird so gestellt, dass die Höhe des Rabattes die unliebsame Belastung neutralisiert. Allenfalls könnte man eine Irreführung darin erblicken, dass die Mehrwertsteuer nicht, wie suggeriert, tatsächlich wegfällt, sondern lediglich durch einen Rabatt des Anbieters ausgeglichen wird. Infolge der Gängigkeit derartiger Formulierungen in heutiger Zeit dürfte Solches allerdings nur im Ausnahmefall zu besorgen sein. Diese Grundsätze können auch auf die **Erstattung der Praxisgebühr** übertragen werden.[212] 84

---

[204] MD 2006, 1383, 1385, auch mit Ausführungen zu der fehlenden Relevanz zu einer etwaigen Herausgabeverpflichtung des Berufsträgers gegenüber dem Dritten nach § 667 BGB.

[205] BGH GRUR 2009, 969 – *Winteraktion.*

[206] BGH GRUR 2003, 1057 – *Einkaufsgutschein;* OLG Köln, WRP 2006, 130 – *Gutschein bei Rezepteinlösung* (insoweit auch zu § 78 Arzneimittelpreisverordnung, dazu auch etwa OLG Naumburg, WRP 2006, 132 – *Gutschein bei Rezepteinlösung durch Versandapotheke*).

[207] Dazu oben Rdn. 78 ff.

[208] BGH GRUR 1991, 933, 934 – *One for Two.*

[209] Eingehend hierzu *Köhler*/Bornkamm, § 3 Rdn. 8.40.

[210] BGH GRUR 2003, 1057 – *Einkaufsgutschein I;* in der Entscheidung GRUR 2004, 349 – *Einkaufsgutschein II* wurde die Zuwendung von Gutscheinen über 10 DM aus Anlass des Geburtstags von Kunden als Schenkung und nicht mehr als Rabatt angesehen.

[211] Beispiele nach *Möller,* aaO, S. 293.

[212] Vgl. OLG Rostock, GRUR-RR 2005, 391; OLG Stuttgart, GRUR-RR 2005, 96 – *Erstattung der Praxisgebühr durch Augenoptiker;* vgl. auch dazu *Möller,* aaO, S. 294 mit weiteren Nachweisen zur Rspr. Vereinzelt verstößt allerdings die Erstattung der Praxisgebühr durch Apotheker gegen Berufsordnungen des jeweiligen Bundeslands.

85 Im Rahmen von **Kundenbindungssystemen** werden typischerweise auch Rabatte ausgelobt, und auch das ist für sich genommen zulässig. Schon vor Aufhebung des RabattG setzten sich Kundenbindungssysteme durch, wonach ein Barzahlungsrabatt für Waren des täglichen Bedarfs bis zu 3% auch durch Gutscheinausgabe zulässig war. Nur die darüber hinaus gehende Gewährung von Zugaben wurde erst nach Aufhebung des RabattG und der ZugabeVO möglich. Die Verlagerung des Wettbewerbs auf das attraktivste Kundenbindungssystem steht bei hinreichender Information des Verbrauchers einer informierten Entscheidung nicht entgegen.[213]

86 **d) Unlauterkeit im Einzelfall.** Unter dem Gesichtspunkt der **Irreführung (§§ 5, 5a)** kann das Rabattversprechen insbesondere unlauter sein, wenn eine Fehlinformation hinsichtlich des tatsächlichen Vorliegens eines Preisnachlasses erfolgt,[214] hinsichtlich seiner konkreten Gestalt (Höhe, Adressaten, etc.) oder – dann kann vor allem auch **§ 6 Abs. 1 Nr. 3 TMG** eingreifen – hinsichtlich der Voraussetzungen seiner Inanspruchnahme.[215]

87 Eine Irreführung kann insbesondere auch vorliegen, wenn das systematische Herauf- und Heruntersetzen von Preisen zur Verschleierung von „Mondpreisen" (Preisschaukelei) führt.[216] Bei Preissenkungen muss der vorherige **Normalpreis ernsthaft über einen längeren Zeitraum** verlangt worden sein, wie sich aus der ausdrücklichen Anordnung in **§ 5 Abs. 4** ergibt.[217] § 5 Abs. 4 Satz 2 enthält insoweit eine **Umkehr der Beweislast.**[218] Ist streitig, ob und in welchem Zeitraum der ursprüngliche Preis gefordert worden ist, so trifft die Beweislast denjenigen, der mit der Preissenkung geworben hat.

88 **§ 3a** kann vor allem in Verbindung mit **§ 7 I HWG** sowie **§ 19 AGG**[219] zu einer Unzulässigkeit des Rabatts führen. Ein allgemeines Verbot **diskriminierender Rabatte** besteht allerdings nicht. So ist es nicht unlauter, wenn etwa nach Familienstand oder Berufszugehörigkeit differenziert wird. Das bisherige rabattrechtliche Verbot von Sonderpreisen für bestimmte Verbrauchergruppen in § 1 Abs. 2 RabattG kann nicht über das Lauterkeitsrecht aufrechterhalten werden.[220] Auch **§ 3 S. 1 BuchpreisbindungsG** enthält ein spezialgesetzliches Rabattverbot. Eine Unlauterkeit nach **§ 4 Nr. 4** wegen der gezielten Behinderung von Mitbewerbern hat die Rechtsprechung bei Verkauf unter Selbstkostenpreis in Betracht gezogen, sofern Verdrängungsabsicht vorliegt.[221] Bei dem Gewähren einer **Geldprämie zu Lasten Dritter** kann ein Verstoß gegen § 4a unter dem Gesichtspunkt einer **Dreieckskopplung** vorliegen.

89 Wird durch die Ausgestaltung des Preisnachlasses ein **besonderer Zeitdruck erzeugt oder suggeriert,** kann dieser Faktor für eine Unlauterkeit sprechen,[222] die Hürden sind allerdings hoch. So entschied nach bisherigem Recht etwa das OLG Hamm, als in einer Sonntagszeitung für den Tag selbst ein Preisnachlass von 25% auf alle Küchen im Angebot eines Möbeldiskounters angeboten wurde.[223] Das Gericht stellte maßgeblich darauf ab, dass derartige Küchen anders als Gebrauchsgüter des täglichen Lebens nicht ohne Vorabinformationen und Preisvergleiche erworben werden und der Verbraucher nicht allein deshalb, weil er voraussichtlich an diesem Tag keine Vergleichsangebote mehr einholen kann, ganz darauf verzichtet, das Geschäftslokal aufzusuchen. In Abgrenzung zu der Entscheidung des BGH *„umgekehrte Versteigerung im Internet"*, berücksichtigte das OLG Hamm die Gefahr, dass der Verbraucher auch deshalb nicht in konkrete Überlegungen eintritt, weil er noch nicht absehen kann, ob ihm ein Objekt zusagt.[224] Diese Wertungen lassen sich allerdings mit einer danach ergangenen Entscheidung des BGH[225] nicht in Einklang bringen. Der BGH sah nicht die Gefahr, dass der Verbraucher auch bei einem Rabatt auf Haushaltsgeräte in Höhe der Mehrwertsteuer bei Ankündigung erst am Tag selbst für die Dauer des Tages einen unüberlegten Kaufentschluss trifft. Es komme häufig vor, dass sich der Verbraucher kurzfristig zu einem Kauf entschließt ohne vorher einen umfassenden Preisvergleich vorgenommen zu haben. Es handle sich

---

213 *Fezer* WRP 2001, 1012f.

214 OLG Schleswig WRP 2001, 322, 323; BGH WRP 1993, 749, 751 – *Geld-zurück-Garantie I.*

215 S. a. *Köhler*/Bornkamm, § 3 Rdn. 8.43.

216 Umfassend dazu unten § 5 L. Rdn. 2ff.

217 BGH GRUR 1999, 507, 508 – *Teppichpreiswerbung;* GRUR 2000, 337, 338 – *Preisknaller.*

218 S. näher § 5 L. Rdn. 8.

219 *Köhler*/Bornkamm, § 3 Rdn. 8.46.

220 *Berneke* WRP 2001, 619; *Köhler* BB 2001, 267.

221 BGH GRUR 2009, 416, 417 – *Küchentiefstpreis-Garantie;* GRUR 2010, 1022, 1024 – *Ohne 19 % Mehrwertsteuer.*

222 Vgl. BGH GRUR 2010, 1022, 1023 – *Ohne 19 % Mehrwertsteuer;* OLG Hamm, GRUR 2006, 86 – *Sonntagsrabatt; Köhler* GRUR 2010, 767, 774.

223 Vgl. OLG Hamm, GRUR 2006, 86 – *Sonntagsrabatt.*

224 BGH GRUR 2004, 249.

225 GRUR 2010, 1022 – *Ohne 19 % Mehrwertsteuer.*

dann um ein bewusstes Risikogeschäft. Diese Position verdient Zustimmung insbesondere angesichts der heute sehr weitreichenden Verfügbarkeit von **Preis- und Qualitätsvergleichen im Internet.** Jedenfalls sofern entsprechende Tests und spezialisierte Websites für die betreffende Ware über Suchmaschinen zugänglich sind, kann sich der Kunde heutzutage in sehr kurzer Zeit – und mittels eines Smartphone auch mobil – einen Marktüberblick verschaffen und das konkrete Angebot in das Marktgeschehen einordnen. Der zur Meidung einer Irreführung erforderliche Hinweis „Soweit Vorrat reicht" führt ohnehin nicht zu einem unlauteren Zeitdruck.[226] Ein solcher kann jedoch, etwa bei **Kaffeefahrten,** durch ein über ein normales Verkaufsgespräch hinausgehendes „Drängeln" ausgelöst werden.[227] Unterfällt ein Preisnachlass nach Maßgabe der vorstehenden Überlegungen dem Verdikt der Unlauterkeit, wird sie noch zeigen müssen, ob dies in Zukunft unter Anwendung der Generalklausel des § 3 Abs. 2[228] oder des § 4a[229] geschieht.

Zur Frage, ob und nach welchen Vorschriften ein Rabatt unlauter ist, weil er sich an **besonders** 90
schutzbedürftige Personen richtet, kann auf die Ausführungen zu Kopplungsangeboten verwiesen werden.

II. Gefühlsbetonte Werbung

Schrifttum: *Ahrens, H.-J.,* Benetton und Busengrapscher – ein Test für die wettbewerbsrechtliche Sittenwidrigkeitsklausel und die Meinungsfreiheit, JZ 1995, 1069; *Bamberger,* Mitleid zu Zwecken des Eigennutzes?, FS Piper, 1996, S 41; *Bottenschein,* Regenwaldprojekt und der Kaufzwang bei der akzessorischen Werbung, WRP 2002, 1107; *Brandner,* Imagewerbung mit dem World-Trade-Center?, in: FS Erdmann, 2002, S. 533; *Fezer,* Diskriminierende Werbung – Das Menschenbild der Verfassung im Wettbewerbsrecht, JZ 1998, 265; *Fezer,* Modernisierung des deutschen Rechts gegen den unlauteren Wettbewerb auf der Grundlage einer Europäisierung des Wettbewerbsrechts, WRP 2001, 989; *Fezer,* Imagewerbung mit gesellschaftskritischen Themen im Schutzbereich der Meinungs- und Pressefreiheit, NJW 2001, 580; *Fischer,* Politische Aussagen in der kommerziellen Produktwerbung, GRUR 1995, 641; *Gaedertz/Steinbeck,* Diskriminierende und obszöne Werbung, WRP 1996, 978; *Gärtner,* Zum Einfluss der Meinungsfreiheit auf § 1 UWG am Beispiel der Problemwerbung, 1998; *v. Gierke,* Wettbewerbsrechtlicher Schutz der Persönlichkeitssphäre, insbesondere im Bereich der gefühlsbetonten Werbung, in: FS Piper, 1996, S. 243; *Hartwig,* Über das Verhältnis von informativer und suggestiver Werbung – Anmerkungen zur „Benetton-Werbung", WRP 1997, 825; *Hartwig,* Moralischer Kaufzwang, WRP 2002; *Hartwig,* „H. I. V. Positive II" – zugleich Abschied vom Verbot „gefühlsbetonter Werbung", WRP 2003, 582; *Hartwig,* Neuere Literatur zum Verhältnis von Werbung und Meinungsfreiheit – Besprechung der Festschriften für Helm, Erdmann und Ulmer, WRP 2003, 1193; *Hartwig,* Meinungsfreiheit und lauterer Wettbewerb, GRUR 2003, 924; *Henning-Bodewig,* Schockierende Werbung, WRP 1992, 533; *Henning-Bodewig* „Werbung mit der Realität" oder wettbewerbswidrige Schockwerbung?, GRUR 1993, 950; *Henning-Bodewig,* Neue Aufgaben für die Generalklausel des § 1 UWG – Von „Benetton" zu „Busengrapscher", GRUR 1997, 180; *Hoffmann-Riem,* Kommunikationsfreiheit für Werbung, ZUM 1996, 1; *Hösch,* Meinungsfreiheit und Wettbewerbsrecht am Beispiel der „Schockwerbung", WRP 2003, 936; *Hoffrichter-Daunicht,* Unlauterer Wettbewerb auf dem Spendenmarkt, in: FS v. Gamm, 1990, S. 39; *Kassebom,* Grenzen schockierender Werbung, 1995; *Keßler,* Wettbewerbsrechtliche Grenzen sozial orientierter Absatzsysteme, WRP 1999, 146, 150; *Kießling/Kling,* Die Werbung mit Emotionen, WRP 2002, 615; *Kisseler,* Das Bild der Frau in der Werbung, in: FS Gaedertz, 1992 S. 283; *Kur, A.,* Die „geschlechtsdiskriminierende Werbung" im Recht der nordischen Länder; *Koppensteiner,* FS Mayer-Maly, 1996, S. 311; *Kort,* Zur wettbewerbsrechtlichen Beurteilung gefühlsbetonter Werbung, WRP 1997, 526; *Kübler, F./Kübler, J.,* Werbefreiheit nach „Benetton", FS Ulmer, P. 2003, S. 907; *Löffler,* Verstößt die „Benetton-Werbung" gegen die guten Sitten in § 1 UWG?, AfP 1993, 536; *Menke,* Zur Fallgruppe „Gefühlsbetonte Werbung", GRUR 1995, 534; *Nordemann/Dustmann,* Gefühlsbetonte Werbung – Quo Vadis?, FS Tilmann, 2003, S. 207; *Reichardt,* Gestattet § 1 UWG gefühlsansprechende unsachliche Werbung? WRP 1995, 796; *Reichold,* Unlautere Werbung mit der Realität, WRP 1994, 219; *Ruess,* Werbung zwischen Meinung, Markt und Menschenwürde, WRP 2002, 1376; *Ruess/Voigt,* Wettbewerbsrechtliche Regelung von diskriminierenden Werbeaussagen – Notwendigkeit oder abzulehnende Geschmackszensur?, WRP 2002, 171; *Scherer,* Verletzung der Menschenwürde durch Werbung, WRP 2007, 594; *Scherer,* Das Ende des Verdikts der „gefühlsbetonten" Werbung – Aufgabe der „Sachlichkeits"-Doktrin?, GRUR 2008, 490; *Seichter,* Das Regenwaldprojekt – Zum Abschied von der Fallgruppe der gefühlsbetonten Werbung, WRP 2007, 230; *Sevecke,* Wettbewerbsrecht und Kommunikationsgrundrechte, 1997; *Sosnitza,* Werbung mit der Realität, GRUR 1993, 540; *Teichmann/van Krüchten,* Kriterien gefühlsbetonter Werbung, WRP 1994, 704; *Schricker/Henning-Bodewig,* WRP 2001, 1367, Elemente einer Harmonisierung des Rechts des unlauteren Wettbewerbs in der Europäischen Union, WRP 2001, 1367; *Ullmann,* Das Koordinatensystem des Rechts des unlauteren Wettbewerbs im Spannungsfeld von

226 Vgl. BGH GRUR 2004, 343 – *Playstation.*

227 Bei Kaffeefahrten kommt auch die Ausübung eines unlauteren moralischen Drucks etwa dadurch in Betracht, dass an die Solidarität mit anderen Teilnehmern appelliert wird, vgl. zu diesem Aspekt Ziff. 30 der „schwarzen Liste", kommentiert im Anhang zu § 3 Abs. 3.

228 So jetzt *Köhler*/Bornkamm, § 3 Rdn. 8.45.

229 So die bisherige Rspr., BGH GRUR 2010, 1022, 1023 – *Ohne 19 % Mehrwertsteuer.*

Europa und Deutschland, GRUR 2003, 817; *Wassermeyer,* Schockierende Werbung, GRUR 2002, 126; *Wiebe,* Zur „ökologischen Relevanz" des Wettbewerbsrechts – Lauterkeitsrechtliche Grenzen der Umweltwerbung, WRP 1993, 798.

91 Die Förderung des Kaufinteresses durch Erwecken von **sozialem Verantwortungsgefühl, Umweltbewusstsein, Hilfsbereitschaft, Mitleid** oder sonstigen Emotionen wurde von der **älteren Rechtsprechung vielfach als unlauter** angesehen, wenn ein **sachlicher Zusammenhang** zwischen dem in der Werbung hergestellten sozialen Engagement und der beworbenen Ware oder Leistung nicht bestand, und die Werbung geeignet war, den Verbraucher zu veranlassen, die Ware oder Leistung gerade wegen dieses in der Werbung hervorgehobenen sozialen Gesichtspunkts zu kaufen bzw. in Anspruch zu nehmen. Im UWG 1909 bestand hierfür eine normative Grundlage in der auf die „guten Sitten" abstellenden Generalklausel, die jedoch später verfassungsrechtlich eingeschränkt wurde.[230]

Das Inkrafttreten eines neuen UWG 2008 und seine europarechtlichen Vorgaben in der UGP-Richtlinie, die grundsätzliche Neubewertung der Wertreklame, das neue Verbraucherleitbild, die zunehmende Verkehrsgewöhnung an einen lauterkeitsrechtlich als solchen nicht mehr als bedenklich einzustufenden Nebenleistungswettbewerb, die Rspr. des BVerfG und der damit zunehmend in das Bewusstsein rückende Grundsatz, dass die Einschränkung der Wettbewerbsfreiheit einer an den Schutzzielen des UWG orientierten Begründung bedarf, brachten dann aber eine **grundlegende Neubewertung.** Unlauterkeitsbegründend ist nach neuem Recht **allein die konkrete Gefahr einer unsachlichen Beeinflussung und damit eine Verfälschung der Entscheidungsfreiheit.** Ein Großteil heutiger Werbung ist durch das Bestreben gekennzeichnet, durch **gefühlsbetonte Werbung** Aufmerksamkeit zu erregen und Sympathie zu gewinnen.[231] Kaufappelle, die Gefühle wie soziale Verantwortung, Hilfsbereitschaft oder Mitleid ansprechen, sind – wie jede andere Werbung – aber nur dann unlauter, wenn sie zu einer solchen Verfälschung der Entscheidungsfreiheit geeignet sind. Gefühlsbetonte Werbung verstößt mithin nur noch in engen Grenzen gegen **§ 4a.**

92 **Schockierende, menschenverachtende oder die Grundwerte verletzende Werbung** ist im Grundsatz nicht durch § 4a,[232] sondern allenfalls durch die **Generalklausel des § 3** erfasst; ausführlich hierzu *Podszun,* § 3 UWG Rdn. 64.[233] Auch dann bedarf es freilich eines Bezugs zum unverfälschten Wettbewerb.[234] Auch die Richtlinie über unlautere Geschäftspraktiken schützt nur die **wirtschaftlichen Interessen** der Verbraucher.[235] Nach Erwägungsgrund 7 können die Mitgliedstaaten zwar nach wie vor die Fragen des Geschmacks, des Anstands oder der sozialen Verantwortung regeln. Eine derartige Regelung wäre jedoch in erster Linie Sache des **Gesetzgebers;**[236] den Wettbewerbsgerichten ist es hingegen verwehrt, das UWG auf geschäftliche Handlungen ohne **Wettbewerbsbezug** anzuwenden.[237] § 4 Nr. 1 UWG a. F. enthielt ein Verbot der menschenverachtenden geschäftlichen Handlung, das allerdings Auswirkungen auf das Entscheidungsverhalten haben musste. Im Zuge der UWG Reform 2015 wurde es aufgehoben. Die Gesetzesbegründung zur UWG-Reform 2015 weist allerdings auf die Möglichkeit der Erfassung von gegen die Menschen-

---

[230] Ausführlich dazu *Ahrens,* Einl. G. Ältere Entscheidungen sind z.B. BGH GRUR 1959, 143, 144 – *Blindenseife;* GRUR 1965, 485, 487 – *Versehrtenbetrieb;* GRUR 1968, 44, 46 – *Schwerbeschädigtenbetrieb;* GRUR 1976, 699, 701 – *Die 10 Gebote heute;* GRUR 1987, 534, 535 – *McHappy-Tag* (Ankündigung einer „Hamburger"-Kette, die Einnahmen an einem bestimmten Tag dem Kinderhilfswerk zur Verfügung zu stellen); GRUR 1991, 542, 543 – *Biowerbung mit Fahrtpreiserstattung;* GRUR 1991, 545 – *Tageseinnahme für Mitarbeiter;* GRUR 1995, 595, 596 – *Kinderarbeit;* OLG Hamburg GRUR 199, 614 – *Umweltengagement.* S. mit näheren Ausführungen auch die Vorauflage, Rdn. 146ff. BGH GRUR 1997, 761 – *Politikerschelte.* BGH GRUR 1959, 277, 279 – *Künstlerpostkarten.* BGH GRUR 1995, 742, 743f. – *Arbeitsplätze bei uns.* BGH GRUR 1976, 308, 310 – *UNICEF-Grußkarten* (Weihnachtskartenverkauf des UNICEF-Kinderhilfswerks). BGH GRUR 1995, 600, 601 – *Busengrapscher.* Vgl. BGH GRUR 1995, 598 – *Ölverschmutzte Ente.* BGH GRUR 1995, 600 – *H. I. V.-Positive I.* BVerfG GRUR 2001, 170 – *Benetton-Werbung I.* Vgl. zu verfassungsrechtlichen Implikationen insbesondere *Hartwig* GRUR 2003, 924ff.; *ders.* WRP 2003, 582ff.; OLG Hamburg GRUR-RR 2003, 51, 52 – *Bringt die Kinder durch den Winter* und OLG Hamm GRUR 2003, 975, 976 – *Regenwaldprojekt* hielten die bisherige Rspr. zu der gefühlsbetonten Werbung bereits unter der Geltung des § 1 UWG 1909 für verfassungswidrig. BVerfG GRUR 2002, 455 – *Tier- und Artenschutz* zur gefühlsbetonten Werbung und BVerfG GRUR 2001, 170 – *Benetton-Werbung I;* GRUR 2003, 442 – *Benetton-Werbung II* zur schockierenden Werbung.

[231] BVerfG GRUR 2001, 170 – *Benetton-Werbung I;* GRUR 2002, 455, 456 – *Tier- und Artenschutz.*

[232] Vgl. auch *Henning-Bodewig* GRUR 1997, 186, 189f.

[233] So auch *Köhler*/Bornkamm, § 3 Rdn. 9.1ff.

[234] S. oben § 3 Rdn. 188f.; *Ullmann* GRUR 2003, 821.

[235] Dazu *Glöckner,* Einl. B. Rdn. 216, 220.

[236] Vgl. zu den public policy issues die Ausführungen von *Schricker/Henning-Bodewig* WRP 2001, 1395, die im Vorfeld der UWG-Reform von 2004 die sich auf europäischer Ebene anbietenden Themenbereiche erörtern.

[237] *Köhler*/Bornkamm, § 3 Rdn. 24; a. A. *Scherer,* WRP 2007, 594, 597.

würde verstoßenden geschäftlichen Handlungen durch § 3 UWG hin (ausführlich dazu *Podszun,* § 3 Rdn. 28, 188ff.).[238] Auch wenn gerade die Entscheidung des BVerfG „Tier- und Artenschutz“[239] zeigt, wie schwer Art. 1 GG als Grundlage wettbewerbsrechtlicher Ansprüche, insbesondere unter Berücksichtigung des Erfordernisses der Auslegung auch im Lichte anderer Grundrechte, fruchtbar gemacht werden kann, ist es weiter nicht ausgeschlossen, dass sich darüber hinaus gefühlsbetonte Werbung in der Gesamtheit ihrer Umstände einmal zu einer **aggressiven geschäftlichen Handlung i. S. d. § 4a verdichtet,** namentlich in der Tatbestandsalternative der **„Belästigung“** (§ 4a Abs. 1 S. 2 Nr. 1).

93 Gefühlsbetonte Werbung kann **irreführend i. S. d. §§ 5, 5a** sein, wenn das Unternehmen den ausgelobten Hilfsbeitrag **nicht abführen will** oder der für jeden Artikel abgeführte finanzielle Anteil derart gering ist, dass entgegen der hervorgerufenen berechtigten Verbrauchererwartung **keine nennenswerte Unterstützung** des sozialen Hilfszwecks erreicht werden kann.[240] Eine Irreführung liegt weiter vor, wenn die Auslobung den Eindruck der Förderung des sozialen Zwecks in Abhängigkeit von dem Produktumsatz entstehen lässt, tatsächlich aber **nur ein fester Gesamtbetrag** für den sozialen Zweck aufgebracht wird. Ein derartiger Eindruck kann schon allein auf Grund eines Hinweises auf ein soziales Engagement auf der Ware selbst entstehen.[241] **§ 4a** begründet **im Prinzip keine** über den Schutz vor irreführender Werbung **hinausgehenden Informationspflichten.**[242] Allerdings kann gerade dieser Schutz nach bestimmten Informationen verlangen.[243]

94 Denkbar ist, dass gefühlsbetonte Werbung in unzulässiger Weise **vergleichend** gestaltet ist und dann gegen **§ 6** verstößt. Auch eine **unzumutbare Belästigung (§ 7)** kann verwirklicht sein, jedoch genügt hierfür ein unerwünschter oder unerfreulicher Inhalt der Werbung grundsätzlich noch nicht.

95 Per se verboten bleibt ein Hinweis auf die **Gefährdung des Arbeitsplatzes oder Lebensunterhalts** gegenüber dem Verbraucher gemäß **Ziff. 30 der Schwarzen Liste** der Richtlinie über unlautere Geschäftspraktiken, die seit 2008 über den Anhang zu § 3 Abs. 3 UWG auch für das deutsche Recht Geltung hat (dazu ausführlich in der Kommentierung dieses Anhangs). Eine Ausweitung dieses Verbots auch im Verhältnis zu sonstigen Marktteilnehmern kommt dagegen nicht in Betracht, da die Gefahr einer Verfälschung der Entscheidungsfreiheit hier nicht vergleichbar ist.

96 **Imagewerbung unter Hinweis auf das soziale Engagement** ist jedenfalls aus Sicht des § 4a **grundsätzlich unbedenklich,** auch wenn Verbraucher das soziale Engagement durch Einkäufe honorieren und die Imagewerbung dies gerade bezweckt. Ein allgemeines Sachlichkeitsgebot ist dem UWG nicht zu entnehmen.[244]

97 Ein **erhöhter Kaufreiz** kann indes bestehen, wenn die **Höhe des sozialen Engagements in Abhängigkeit von einem Kauf** steht, man spricht auch von **„social sponsoring“.** Dabei kann es sich etwa um die Aktionen einer „Hamburger“-Kette handeln, die die gesamten Tageseinnahmen an einem Aktionstag dem Kinderhilfswerk spendet,[245] oder einer Brauerei, wonach für einen Zeitraum von drei Monaten der von dem Kauf jeweils eines Kasten Bier abhängige Schutz von „1 m^2 Regenwald“[246] ausgelobt wird, oder das Versprechen einer – nicht konkretisierten – Spende an eine bestimmte gemeinnützige Einrichtung für jeden Auftrag.[247] Diese Fallgestaltungen weisen wegen der Akzessorietät des social sponsoring eine **gewisse Ähnlichkeit zu den Kopplungsangeboten** im Rahmen der Wertreklame auf.[248] Das Gesamtangebot fasst ein Produkt und social sponsoring zusammen, wobei das social sponsoring zugunsten einer gemeinnützigen Einrichtung, eines bedürftigen Dritten oder der Umwelt dem Verbraucher nicht unmittelbar, sondern nur mittelbar in Form des Gefühls zugutekommt, eine gute Tat geleistet zu haben. In diesen Fällen hängt

---

238 Vgl. zu dieser Thematik auch *Scherer,* WRP 2007, 594, 597, die sich für eine nur zurückhaltende Anwendung ausspricht.

239 GRUR 2002, 445.

240 OLG Hamburg GRUR-RR 2003, 51, 52 – *Bringt die Kinder durch den Winter.*

241 OLG Hamburg, GRUR-RR 2004, 216 – *Kindernothilfe.*

242 BGH GRUR 2007, 274 – *Regenwaldprojekt I;* GRUR 2007, 252 – *Regenwaldprojekt II,* jeweils auch zum Meinungsstand.

243 *Henning-Bodewig* WRP 2006, 626; *Nordemann/Dustmann,* in: FS Tilmann, S. 217; a. A. OLG Hamburg GRUR-RR 2003, 51, 52 – *„Bringt die Kinder durch den Winter“* sowie noch die Vorauflage.

244 Vgl. BGH GRUR 2001, 752, 754 – *Eröffnungswerbung.*

245 BGH GRUR 1987, 534 – *McHappy-Tag;* vgl. auch BGH GRUR 1991, 545 – *Tageseinnahmen für Mitarbeiter.*

246 BGH GRUR 2007, 274 – *Regenwaldprojekt I,* hierzu auch *Glöckner,* Einl. B. Rdn. 213.

247 BGH aaO, S. 24 – *Regenwaldprojekt I;* aaO, S. 22 – *Regenwaldprojekt II,* hierzu auch *Glöckner,* Einl. B. Rdn. 213.

248 S. Vorauflage § 4 Nr. 1, Rdn. 26ff.

das soziale Engagement unmittelbar von der Zahl der verkauften Produkte ab, worauf der zusätzliche Kaufanreiz gerade beruht. Demgemäß sind die für Kopplungsangebote entwickelten Grundsätze auf die Kopplung eines Absatzgeschäftes mit dem Versprechen eines sozialen Engagements grundsätzlich übertragbar,[249] was unter **Umständen zu einem Verstoß gegen § 4a** führen kann. Dies gilt indes nur *mutatis mutandis,* weil doch auch die Förderung des Gemeinwohls zu berücksichtigen ist, sofern sie tatsächlich und substantiell erfolgt. Eine unsachliche Beeinflussung liegt demgemäß erst vor, wenn die Entscheidungsfreiheit verfälscht wird,[250] weil beispielsweise der wahre Umfang des Sponsoring unrichtig (i. d. R. überzeichnend) dargestellt ist. Nach den vom BGH in den Entscheidungen **„Regenwaldprojekt I/II"**[251] entwickelten Grundsätzen ist dies in den dargestellten Fallkonstellationen zu verneinen. Höchstrichterlich ist allerdings noch nicht geklärt, ob dies uneingeschränkt auch bei besonderen Sicherheits- oder Gesundheitsrisiken oder im Bereich der Heilmittelwerbung gilt, etwa für die Kopplung des Vertriebs von Arzneimitteln mit einem sozialen Engagement.[252]

98 Stets sind bei der Bewertung von gefühlsbetonter Werbung nach § 4a auch die in **§ 4a Abs. 2 S. 1 Nr. 3 i. V. m. S. 2** genannten Kriterien zu berücksichtigen, weil eine derartige, **erhöhte Verletzlichkeit** des Adressaten die ansonsten noch akzeptable Werbung über die Schwelle der Unlauterkeit heben kann. Gerade in der Kontrolle gefühlsbetonter Werbung, die sich gezielt an solche Adressaten wendet und deren geschäftliche Entscheidungen zu beeinflussen sucht, dürfte einer der wichtigsten Anwendungsbereiche des § 4a verbleiben.[253]

III. Weitere unlautere Beeinflussungen

1. Laienwerbung

Schrifttum: *Bühring,* Der Einsatz von Laien als Werber unter Gewährung von Prämien, WRP 1958, 321, 369 und WRP 1959, 13; *Hartlage,* Progressive Kundenwerbung – immer wettbewerbswidrig?, WRP 1997, 1; *Köhler,* Wettbewerbsrechtliche Grenzen des Mitgliederwettbewerbs der gesetzlichen Krankenkassen, WRP 1997, 373; *Schütz,* Nachahmungsgefahr und Unlauterkeit – Zugleich einer Anmerkung zur Entscheidung BGH WRP 1992, 646 („verdeckte Laienwerbung") – WRP 1993, 168; *Ulrich,* Die Laienwerbung, in: FS Piper, 1996, 495.

99 **Laienwerbung** liegt vor, wenn Laien in der Werbung eingeschaltet werden. Sie sind keine professionellen Werber und üben insbesondere keine berufsmäßige Vertretertätigkeit aus, sondern sind nur nebenbei tätig.[254] Bei Laienwerbung kam unter der Geltung der Generalklausel des § 1 UWG 1909 eine Unlauterkeit unter mehreren Kriterien in Betracht, die einzeln oder bei einer Gesamtwürdigung, auch unter Berücksichtigung der Nachahmungsgefahr, zu dem Vorwurf der Sittenwidrigkeit führen konnten.[255] Nach neuem UWG ist die Zuweisung dieser Fallgestaltung zu der Generalklausel des **§ 3 nicht mehr möglich.** Vielmehr müssen die einzelnen Varianten der Laienwerbung den **Beispielstatbeständen in §§ 4a, 5 und 7** zugewiesen werden.[256] Auch dabei ist aber zu beachten, dass nach den Wertungen des heutigen Rechts der Einsatz von Laien in der Werbung **Ausfluss der Wettbewerbsfreiheit** ist und kann zur Einsparung von Werbe- und Vertriebskosten sowie zur Steigerung der Effektivität von Werbung führen. Die **Einschränkung der Wettbewerbsfreiheit** bedarf einer an den Schutzzielen des UWG orientierten Begründung und damit einer **besonderen Rechtfertigung.**[257] Die abstrakte Gefahr einer – nur in besonderen Konstellationen vorliegenden – unsachlichen Beeinflussung rechtfertigt dagegen keine Einschränkung der Wettbewerbsfreiheit. Dies gilt umso mehr, als mit derartigen Vertriebsformen, etwa bei Weitergabe der Preisvorteile, Vorteile der Verbraucher verbunden sein können.

---

[249] Insoweit grundlegend BGH GRUR 2007, 247, 249 – *Regenwaldprojekt I;* 252 – *Regenwaldprojekt II.*

[250] BGH aaO – *Regenwaldprojekt I* und *Regenwaldprojekt II.*

[251] BGH GRUR 2007, 274 – *Regenwaldprojekt I;* GRUR 2007, 252 – *Regenwaldprojekt II.*

[252] Bejahend: LG Ulm, GRUR-RR 2007, 300 – *WORLD IN BALANCE.* In dem Gesundheitsbereich nimmt die Rspr. tendenziell eine strengere Beurteilung veranlasst vor, vgl. dazu Rdn. 76, 84.

[253] So auch *Köhler*/Bornkamm, § 3 Rdn. 9.9.

[254] BGH GRUR 81, 655 f. – *Laienwerbung I;* Saarländ. OLG WRP 1994, 840, 842 – *Gastgeber-Gewinnspiel.*

[255] Zu UWG a. F.: *Baumbach/Hefermehl,* Wettbewerbsrecht, 22. Aufl., 2001, § 1 Rdn. 200 ff.; *Köhler/Piper,* UWG, 3. Aufl., 2002, § 1 Rdn. 273 ff.; *Bülow,* Anmerkung zur Entscheidung BGH GRUR 2006 – *Kunden werben Kunden,* GRUR 2006, 952; *Hartwig,* Der BGH und das Ende des Verbots „gefühlsbetonter Werbung", NJW 2006, 1326. S. mit näheren Ausführungen zum alten Recht auch Vorauflage, Rdn. 162 f.

[256] So erkennt auch BGH GRUR 2006, 949, 951 – *Kunden werben Kunden* an, dass eine Laienwerbung nach §§ 5, 7 unlauter sein kann.

[257] Insofern gilt nichts anderes als bei Kopplungsangeboten und gefühlsbetonter Werbung.

Soweit **offene Laienwerbung** unter dem UWG 1909 insbesondere unter dem Gesichtspunkt des übertriebenen Anlockens als unlauter angesehen wurde,[258] ist diese Rspr. nach Aufhebung des RabattG und der ZugabeVO und der Aufgabe der damit einhergehenden Wertungen **überholt.**[259] Bei offener Laienwerbung kann eine unsachliche Beeinflussung nicht mehr darin gesehen werden, dass der Umworbene von Preis und Qualität abgelenkt und übertrieben angelockt wird, weil er dem ihm persönlich bekannten Laienwerber einen Vorteil zukommen lassen will.[260] Diese Fallgestaltungen weisen wie die Kopplung von sozialem Engagement und Warenabsatz wegen der Akzessorietät der Zuwendung an den Laienwerber eine gewisse **Ähnlichkeit zu den Kopplungsangeboten** im Rahmen der Wertreklame auf.[261] Das Gesamtangebot fasst das Produkt und die Zuwendung zusammen, wobei die Zuwendung anders als das Produkt dem Laienwerber zukommt. Auch insoweit gilt, dass sich der verständige Verbraucher nicht schon durch Kopplungen zum Vertragsschluss verleiten lässt. Die Entschließungsfreiheit ist nicht dadurch gefährdet, dass das Gesamtangebot Leistungen an unterschiedliche Empfänger umfasst. Schließlich kann die Unlauterkeit auch nicht unter dem Gesichtspunkt des **übertriebenen Anlockens** des Laienwerbers begründet werden,[262] wenn der Zuwendung keine adäquate Gegenleistung des Laienwerbers gegenüber steht. Im Verhältnis des Unternehmens zum Laienwerber liegt eine ungekoppelte Zuwendung vor. Der Laienwerber selbst trifft keine Vermögensdisposition. Die anlockende Wirkung folgt unmittelbar aus der Vorteilhaftigkeit des Angebots für den Laienwerber ohne Gefahr einer nicht rationalen Kaufentscheidung. Die abstrakte Gefahr, dass sich der Laienwerber, um die Zuwendung zu erhalten, unlauterer Mittel gegenüber dem Umworbenen bedient, rechtfertigt für sich alleine nicht eine Einschränkung der Wettbewerbsfreiheit. Eine **offene Laienwerbung** als solche kann daher **§ 4a nicht verwirklichen.**[263] Eine Unlauterkeit kann sich nur im Einzelfall aus hinzukommenden **besonderen Unlauterkeitsmomenten** ergeben. Dies ist etwa bei der nach **§ 16 II strafbaren progressiven Kundenwerbung** der Fall.[264] 100

Anders verhält es sich bei der **verdeckten Laienwerbung.** Denn eine verdeckte Laienwerbung ist auf eine Verdeckung des Prämieninteresses und damit eine **Täuschung über die Motive des Werbenden** angelegt. In diesen Fällen liegt oftmals bereits ein Verstoß gegen das **Irreführungsverbot** des § 5. Dies gilt etwa auch, wenn der Werbezweck einer Verkaufsveranstaltung verschwiegen und der unzutreffende Eindruck einer privaten, nicht kommerziellen Veranstaltung erweckt wird;[265] dieser Sachverhalt wird nunmehr über § 3 Abs. 3 i. V. m. Ziff. 23 des Anhangs erfasst (ausführlich dazu die Kommentierung zum Anhang). Eine Irreführung liegt auch vor, wenn ein Zeitungsverlag Prämien für die Mitteilung von Adressen potenzieller Bezieher auslobt, um diese dann unter Hinweis auf eine „Empfehlung" anzuschreiben, da die Fehlvorstellung erweckt wird, der Laienwerbe würde das Produkt zum Bezug empfehlen.[266] Insofern bleibt es bei den bisherigen Grundsätzen.[267] In der Entscheidung „Kunden werben Kunden" verneinte der BGH für den Fall der Auslobung einer Werbeprämie von ca. € 30 für die erfolgreiche Empfehlung eines neuen Gleitsichtglas-Kunden die Gefahr, dass Laienwerber, die sich erfahrungsgemäß vor allem an Verwandte, 101

---

[258] Vgl. BGH GRUR 1959, 285, 287 – *Bienenhonig;* OLG Düsseldorf GRUR-RR 2001, 171; OLG Hamm WRP 1995, 270; OLG Stuttgart GRUR 1990, 205 f.

[259] Vgl. grundlegend BGH GRUR 2006, 949 – *Kunden werben Kunden;* vgl. auch *Lange* in: *Lange/Spätgens* Rdn. 134; *Berlit* WRP 2001, 349, 353.

[260] Anders noch BGH GRUR 1981, 655 f. – *Laienwerbung für Maklerauftrāge;* OLG Jena GRUR 2000, 442; OLG München NJWE-WettbR 1997, 1.

[261] Dazu oben § 4a Votauflage Rdn. 26 ff.

[262] So noch BGH GRUR 1981, 655 f. – *Laienwerbung für Maklerauftrāge;* BGH GRUR 1991, 150, 151 – *Laienwerbung für Kreditkarten;* BGH WRP 1995, 104, 105 – *Laienwerbung für Augenoptiker.*

[263] Dies erkennt der BGH in seiner Entscheidung „Kunden werben Kunden" (GRUR 2006, 949, 951 an, hält sich aber mit der Formulierung: *„Die Gefahr, dass der Laienwerber unlautere Mittel einzusetzen versucht, mag im Einzelfall auch wegen der von einer besonderen attraktiven Prämie ausgehenden Anreizwirkung bestehen"* ein Hintertürchen offen. In diesen Fällen liegt aber näher, dass der Umworbene an der Prämie partizipiert, d. h. der Laienwerbende und der Umworbene die Prämie unter sich aufteilen, als dass die Entscheidungsfreiheit des Umworbenen verfälscht wird.

[264] Dazu die ausführliche Kommentierung zu § 16 II.

[265] Vgl. OLG München, WRP 1996, 42, 44.

[266] Vgl. OLG Karlsruhe, WRP 1995, 960, 961 m. Anm. *Ulrich.*

[267] So auch BGH GRUR 2006, 949, 951 – *Kunden werben Kunden.* Soweit der BGH eine weitere Ausnahme von der grundsätzlichen Zulässigkeit der Laienwerbung für den Fall vorsieht, dass sie sich auf Waren oder Dienstleistungen bezieht, für die besondere Maßstäbe gelten, kann dem jeweils für den konkreten Fall keine Bedeutung zu, weil sich die Unlauterkeit insoweit bereits aus § 4 Nr. 11 a. F. i. V. m. § 7 I HWG ergab. Möglich ist allerdings, dass sich der BGH insoweit ein „Hintertürchen" für den Fall des besonderen sensiblen Bereichs der gesundheitsrelevanten Werbung offen halten wollte.

Freunde und Bekannte wenden, allein wegen dieses Wertes ihre persönlichen Beziehungen zu den genannten Personen durch den Einsatz unlauterer Mittel missbrauchen werden, um in den Besitz der ausgesetzten Prämie zu gelangen.

102 Auf der Grundlage von § 1 UWG 1909 stufte der BGH die Einbindung von Laien zur Vermittlung neuer Kunden darüber hinaus nicht nur als unlauter ein, wenn nach der Konzeption des Werbenden sowohl eine offene als auch eine verdeckte Laienwerbung in Betracht kam,[268] sondern auch dann, wenn Laien zur **Mitteilung von Adressen** potentieller Kunden aufgefordert wurden.[269] Zwar sollte die Auslobung einer Prämie für die bloße Adressenüberlassung für sich gesehen zulässig sein.[270] Zur Unlauterkeit führte aber die Erwartung einer **verdeckten Mitwirkung** des Laienwerbers bei der Kundenaktion, etwa weil die Prämie vom Zustandekommen eines Kaufvertrages abhing. In der Entscheidung *„Verdeckte Laienwerbung"*[271] sah es der BGH als unlauter an, wenn ein Automobilhändler an seine Kunden schriftlich die Aufforderung richtete, ihm Adressen anderer potenzieller Kaufinteressenten mitzuteilen, wenn die dafür ausgelobte Geldprämie von DM 100,– vom Zustandekommen eines Kaufvertrags abhing. Insbesondere das Ausspähen von Daten bei **Gefahr eines kollusiven Zusammenwirkens** von Unternehmen und Laienwerber zur Einwirkung auf den potentiellen Käufer wurde als bedenklich eingestuft. Ob die Summe der bedenklichen Umstände für sich allein ausreicht, um den Unlauterkeitsvorwurf zu begründen, ließ der BGH offen, weil er die Sittenwidrigkeit jedenfalls unter dem Gesichtspunkt der Gefahr der Nachahmung bejahte.

103 Zur Einstufung der Laienwerbung als unlauter berief sich der BGH auch in seiner weiteren Rspr.[272] mehrfach auf die **Nachahmungsgefahr.** Der Gesichtspunkt einer Gefahr einer Nachahmung ist nach **dem UWG 2004** aber schon per se **nicht mehr geeignet,** die Unlauterkeit zu begründen[273] und wird von der jüngeren Rspr. auch nicht mehr herangezogen. In der der Entscheidung *„Verdeckte Laienwerbung"* zu Grunde liegenden Fallkonstellation war zudem zweifelhaft, ob von dem Ansinnen an Kunden, sich als Späher gegenüber Verwandten zur Verfügung zu stellen, die konkrete Gefahr einer Nachahmung ausging, insbesondere weil dieses Ansinnen bei den Adressaten zu Empörung führen und Gegenstand einer negativen öffentlichen Berichterstattung sein konnte.[274] Die Empfehlung eines Bekannten, bei dem es sich nicht um eine besonderes Vertrauen genießende Autoritätsperson handelt,[275] ist auch für sich allein gesehen nicht geeignet, eine nicht rationale Kaufentscheidung eines verständigen Verbrauchers herbeizuführen. Dies gilt umso mehr, als sich ein situationsadäquat aufmerksamer Verbraucher für die beträchtliche Investition eines Kraftfahrzeugs erfahrungsgemäß nur nach reiflicher Überlegung und Prüfung von Vergleichsangeboten entscheidet.[276] Der Schutz von Grundwerten wie der **Schutz der informationellen Selbstbestimmung** kann auch nicht über die Anwendung der Generalklausel des § 3 Rechnung getragen werden. Insofern kann nichts anderes als für die schockierende und sonstige Grundwerte verletzende Werbung gelten. Auch der Gesichtspunkt der Gefahr einer **sachlich unrichtigen oder einseitigen Beratung** des Kunden wegen nicht ausreichender Schulung oder fehlender Sachkunde kann eine Unlauterkeit nach neuem UWG nicht mehr begründen.[277]

104 Unlauter bleibt die **progressive Kundenwerbung,** die den Straftatbestand des § 16 II erfüllt und regelmäßig eine besondere Form der Laienwerbung darstellt. Die Unlauterkeit dieser progressiven Kundenwerbung ergibt sich bereits aus § 3a. Daneben kommt eine Unlauterkeit auf Grund des Irreführungsverbots des § 5 und der Generalklausel des § 3 in Betracht. Ob ein Bedürfnis für eine zusätzliche Anwendung dieser Normen besteht, lässt sich noch nicht abschließend beurteilen. Anders als der Wortlaut der Strafbestimmung des § 6c UWG 1909 erfasst der Wortlaut der Strafbestimmung des § 16 II auch die Fallkonstellation, dass die Vorteile nicht vom Versprechenden

---

268 BGH GRUR 1959, 285 – *Bienenhonig;* BGH GRUR 1981, 655 – *Laienwerbung für Makleraufträge;* BGH GRUR 1991, 150 – *Laienwerbung für Kreditkarten.*

269 Grundlegend BGH GRUR 1992, 622 – *Verdeckte Laienwerbung.*

270 OLG Karlsruhe WRP 1995, 960.

271 BGH GRUR 1992, 622 ff.

272 Vgl. nur BGH GRUR 1981, 655 – *Laienwerbung für Makleraufträge;* GRUR 1991, 150 – *Laienwerbung für Kreditkarten.*

273 Vgl. oben § 3 Rdn. 214 ff.

274 Vgl. im Einzelnen auch *Schütz* WRP 1993, 168 ff. bereits zum Rückgriff auf die Gefahr einer Nachahmung nach bisherigem UWG.

275 Dazu oben Rdn. 105 ff.

276 Vgl. BGH GRUR 2004, 249, 251 – *Umgekehrte Versteigerung im Internet;* BGH GRUR 1999, 256 f. – *DM 1000,– Umwelt-Bonus.*

277 Vgl. zu UWG a. F.: BGH GRUR 1991, 150, 151 – *Laienwerbung für Kreditkarten; Köhler/Piper* UWG, § 1 Rdn. 379.

gewährt werden. Mit entsprechenden Schutzlücken ist daher nicht mehr ohne weiteres zu rechnen.[278]

2. Autoritäts- und Vertrauensmissbrauch

Eine Autoritätswerbung ist dadurch geprägt, dass eine **Person** wirbt, der der Umworbene **besonderes Vertrauen** entgegen bringt, oder dass auf sie in der Werbung zumindest Bezug genommen wird. Autoritätswerbung ist unter dem Gesichtspunkt des Autoritäts- und Vertrauensmissbrauchs unlauter, wenn sie zu einer Verfälschung der Entscheidungsfreiheit führt. Die Fallgruppe des Autoritäts- und Vertrauensmissbrauchs ist von der **Dreieckskopplung** zu **unterscheiden,** bei der der Betroffene über eine der Vertrauensperson zukommende Zuwendung im Unklaren gelassen wird. 105

Das Einspannen eines Dritten, dem der Umworbene **besonderes Vertrauen** entgegen bringt, kann zu einer Verfälschung der Entscheidungsfreiheit führen. Die Rspr. zum Ausnutzen von Vertrauen unter § 1 UWG 1909[279] beruhte teilweise auf einem anderen Verbraucherleitbild und kann schon aus diesem Grund nur eingeschränkt übernommen werden. Im Rahmen des § 4a sind zudem andere Unlauterkeitskriterien als die unsachliche Beeinflussung nicht zu berücksichtigen. Allein der Sittenwidrigkeitsvorwurf der **Anstößigkeit des Einsatzes von Dritten** in der Werbung führt nach „entmoralisiertem" UWG[280] auch nicht mehr ohne weiteres zur Anwendbarkeit der Generalklausel des § 3, bei der es sich um einen subsidiären Auffangtatbestand mit erhöhtem Voraussetzungsniveau handelt.[281] Nach neuem Recht erfolgt der Schutz vor Autoritäts- und Vertrauensmissbrauch grundsätzlich über die Tatbestände der unzulässigen Beeinflussung (§ 4a), der unzumutbaren Belästigung (§ 7), der gezielten Behinderung (§ 4 Nr. 4) und der Irreführung (§ 5). 106

Ähnlich der gefühlsbetonten Werbung[282] ist die Einbindung von Autoritätspersonen und Persönlichkeiten des öffentlichen Lebens in der Werbung darauf gerichtet, Aufmerksamkeit zu erregen und Sympathie zu gewinnen. Allein dies führt noch nicht zu einer Verfälschung der Entscheidungsfreiheit. Auch lässt sich dem UWG **kein allgemeines Sachlichkeitsgebot** entnehmen.[283] Die Einbindung von Autoritätspersonen und Sympathieträgern in die Werbung ist außerhalb spezialgesetzlicher Verbote wie etwa des HWG[284] unbedenklich. Das damit einhergehende Ablenken von Preis und Qualität begründet nicht den Vorwurf der Unlauterkeit. Ausnahmsweise kann das Einspannen von **Autoritätspersonen** in die Werbung gegen § 4a verstoßen, wenn auch ein verständiger Verbraucher die vermeintliche **Objektivität und Neutralität** einer eingeschalteten Vertrauensperson zur **Grundlage seiner Kaufentscheidung** macht. 107

Dies kommt insbesondere bei **Ärzten** in Betracht. Der Patient befindet sich bei ärztlicher Beratung und Behandlung in einem – auch normativ durch die MBO[285] – geschützten Bereich, in dem er sich vor dem Einfluss von nicht an seiner Betreuung orientierten Interessen sicher fühlt. §§ 30 ff. MBO soll dem Patientenschutz durch Wahrung der ärztlichen Unabhängigkeit gegenüber Dritten dienen (§ 30 Abs. 1 MBO), damit sich der Patient auf die Unabhängigkeit seines Arztes verlassen kann. Ärztliche Empfehlungen, für die der Arzt von Dritten eine **Gegenleistung** erhält, verstoßen nicht nur regelmäßig gegen die mit der MBO übereinstimmende Berufsordnung des jeweiligen Landes und damit gegen § 3a, sondern auch gegen § 4a. Eine Empfehlung kann ausdrücklich oder konkludent erfolgen. Eine **konkludente Empfehlung** liegt etwa regelmäßig vor, wenn ein Arzt Probepackungen eines Präparats[286] an Patienten abgibt. Der Patient wird im Allgemeinen erwarten, dass das Präparat nach Auffassung seines Arztes für ihn besonders geeignet ist. Bei dem **Einspannen von Ärzten in Werbeaktionen** des Herstellers besteht grundsätzlich die erhöhte Gefahr einer unsachlichen Beeinflussung. 108

---

[278] Vgl. insoweit zu UWG a. F.: OLG Karlsruhe GRUR 1989, 615, 616 – *Karlsbader Goldkreis.*

[279] Vgl. *Baumbach/Hefermehl,* Wettbewerbsrecht, 22. Aufl., 2001 § 1 Rdn. 189–191, 938 f.; *Köhler/Piper,* UWG, 3. Aufl., 2002, § 1 Rdn. 366–369, 565 ff.

[280] Vgl. oben § 3 Rdn. 112 ff.

[281] Vgl. oben § 3 Rdn. 66 ff., 107 ff.

[282] Vgl. oben 146 ff.

[283] Vgl. BGH GRUR 2001, 752, 754 – *Eröffnungswerbung.*

[284] Vgl. dazu *von Jagow,* Einl. I Rdn. 49.

[285] (Muster-)Berufsordnung für die deutschen Ärztinnen und Ärzte in der Fassung der Beschlüsse des 100. Deutschen Ärztetages 1997 in Eisenach geändert durch die Beschlüsse des 103. Deutschen Ärztetages 2000, des 106. Deutschen Ärztetages 2003, jeweils in Köln, sowie zuletzt durch des 118. Deutschen Ärztetages 2015 in Frankfurt am Main; hierzu *v. Jagow,* Einl. J Rdn. 19 ff.

[286] Dabei ist auch das Werbeverbot gegenüber den allgemeinen Verkehrskreisen für Heilmittel durch die Abgabe von Mustern oder Proben von Arzneimitteln oder durch Gutscheine dafür nach § 11 Abs. 1 Nr. 14 HWG und das Verbot des Anbietens, Ankündigens und Gewährens von Werbegaben nach § 7 Abs. 1 HWG zu beachten.

109 Eine die berufsrechtlichen Vorschriften ergänzende Anwendung von § 4a kommt etwa in Betracht, wenn ein **ausländischer Arzt** wirbt, der nicht Normadressat der geltenden Berufsordnungen ist.[287] Dabei kann es sich um einen TV-Spot handeln, in dem ein ausländischer Zahnarzt erscheint, der eine bestimmte Zahncreme empfiehlt. Für eine entsprechende Fachanzeige hat das OLG Hamburg einen Verstoß gegen § 4a verneint.[288] Diese Auffassung wäre auch für die Publikumswerbung in dem TV-Spot richtig gewesen.[289] Letztlich liefe ein Verbot auf die Statuierung eines abstrakten Gefährdungstatbestandes kraft Richterrecht hinaus. Die Aufstellung derartiger abstrakter Gefährdungstatbestände, wie sie sich etwa in § 11 I HWG für Arzneimittel und eingeschränkt auch für Medizinprodukte finden, ist aber dem Gesetzgeber vorbehalten. Für die Publikumswerbung sollte, wie etwa im Rahmen von Ziff. 30 der schwarzen Liste des UWG-Anhangs, zwischen den Fällen der **Massenwerbung** und der **Aufnahme eines unmittelbaren Kontakts** unterschieden werden.[290] Nur bei einem ausdrücklichen Ansprechen besteht die Gefahr der Verfälschung der Entscheidungsfreiheit. In der Fernsehwerbung ist der Verkehr geradezu daran gewöhnt, dass in der Produktwerbung mittelbar mit ärztlicher Autorität geworben wird.[291] Bei dem Vorliegen von Krankheiten kommt darüber hinaus der Ausnutzungstatbestand des § 4a Abs. 2 S. 1 Nr. 3 i. V. m. S. 2 in Betracht.

110 Ein Autoritäts- oder Vertrauensmissbrauch kommt auch bei dem Einspannen von **Geistlichen** in der Werbung in Betracht.[292] Bei Empfehlungen von **Apothekern** gelten die Grundsätze für die Empfehlungen des Handels entsprechend. Der Verkehr erwartet insoweit keine gänzlich objektive Beratung.[293] Auch das besondere Vertrauen, das die Belegschaft einem **Betriebsrat** entgegen bringt, führt noch nicht ohne weiteres zur Unlauterkeit des Einspannens des Betriebsrats in eine Werbeaktion unter dem Gesichtspunkt des § 4a. Die Aufforderung an Betriebsräte, angebotene Waren zu begutachten, der Belegschaft vorzuführen, Sammelbestellungen entgegen zu nehmen, den Kaufpreis einzuziehen oder den Kaufpreis an die Handelsgesellschaft abzuführen, ist nicht unlauter.[294] Ein verständiger Mitarbeiter folgt einer Empfehlung des Betriebsrats nicht blind unter Zurückstellen rationaler Überlegungen. Erst recht ist die Bewerbung von Brandschutzartikeln durch einen Baumarkt mit dem Hinweis auf eine Informationsveranstaltung durch die ortsansässige **Feuerwehr** nicht unlauter.[295]

111 Eine unsachliche Beeinflussung kann sich auch aus der Art und Weise der Beteiligung der **öffentlichen Hand** am Wettbewerb ergeben. Dies kann insbesondere daraus folgen, dass die öffentlich-rechtliche Hand das Vertrauen der Verbraucher in die Objektivität und Neutralität der Amtsführung ausnutzt oder öffentlich-rechtliche Aufgaben mit der erwerbswirtschaftlichen Tätigkeit verquickt und dadurch die Entscheidungsfreiheit der Verbraucher verfälscht.[296] Dies ist allerdings nicht der Fall, wenn etwa eine Gemeinde ihren **gewerblichen Bestattungsdienst im Friedhofsgebäude** auf dem Gelände des städtischen Friedhofs unterbringt,[297] vorausgesetzt, dass die Räume für die hoheitliche Friedhofsverwaltung und den Bestattungsdienst hinreichend getrennt sind. Die öffentliche Hand ist – gerade im Hinblick auf die im öffentlichen Interesse stehende Wirtschaftlichkeit – grundsätzlich und aus lauterkeitsrechtlicher Perspektive nicht gehindert, für ihre erwerbswirtschaftliche Tätigkeit Mittel einzusetzen, die ihr auf Grund ihrer öffentlich-rechtlichen Stellung zur Verfügung stehen.

112 **Empfehlungen** der öffentlichen Hand können die Entscheidungsfreiheit der Verbraucher verfälschen, insbesondere wenn sie **nicht das Ergebnis einer sachlichen und unparteilichen Wertung** sind, sondern von geschäftlichen Interessen bestimmt werden, d. h. der Förderung eigener

---

[287] Vgl. OLG Hamburg, MD 2007, 282, 285 – *Zahnpastawerbung mit niederländischem Zahnarzt,* auch zum Gesichtspunkt der Umgehung berufsrechtlicher Vorschriften.

[288] Vgl. OLG Hamburg, MD 2007, 282 ff.

[289] Die erstinstanzlich erlassene einstweilige Verfügung wurde allerdings durch Berufungsrücknahme formell rechtskräftig.

[290] Dazu Kommentierung zu Ziff. 30 des UWG-Anhangs.

[291] Vgl. etwa die Werbung mit Ehefrauen von Ärzten oder mit namentlich nicht identifizierbaren Ärzten.

[292] OLG München NJWE-WettbR 1997, 1 f.

[293] Spezifisch apothekenrechtliche Vorschriften können jedoch einer Werbung auch im Interesse eines Dritten wie in den Fällen der Regal- und Schaufenstermiete entgegen stehen.

[294] A. A. zu UWG a. F.: LG Frankfurt WRP 1971, 379 f., wobei das Verbot allerdings auch auf den Gesichtspunkt der Belästigung gestützt wurde, vgl. auch LG Frankfurt DB 1978, 535 und OLG Zweibrücken NJWE-WettbR 2000, 40.

[295] So aber OLG Saarland, WRP 2005, 759, 762 – *Beratung durch die Feuerwehr.* Dies gilt um so mehr, als die Informationsveranstaltung produktneutral und außerhalb der Geschäftsräume des Baumarkts abgehalten wurde.

[296] BGH GRUR 2005, 960, 961 – *Friedhofsruhe* mit Hinweisen zur Rspr. unter § 1 UWG a. F.

[297] BGH GRUR 2005, 960, 961 – *Friefhofsruhe.*

erwerbswirtschaftlicher Tätigkeit oder der Förderung des Wettbewerbs privater Unternehmen dienen. Ob überhaupt eine **Empfehlung** vorliegt, richtet sich nach den Umständen des Einzelfalls. Allein die **Duldung von Werbeplakaten** in den Räumen öffentlicher Stellen ist noch keine Empfehlung der Waren oder Leistungen.[298] Anders kann es sich verhalten, wenn die Schulleitung **Werbung in Schulräumen duldet.**[299] Zweifelhaft erscheint die Rechtsprechung, wonach das **Versenden von Informationsbriefen** an Eltern durch öffentliche Stellen[300] **unter Beifügung eines Werbeschreibens** eines Kreditinstitutes auch dann noch keine Empfehlung darstellen soll, wenn sich das Werbeschreiben in Titel, Stil, Aufmachung, Gestaltung und Inhalt an die Elternbriefe anlehnt und den Elternbriefen schon in der Vergangenheit ähnliche Werbematerialien ohne Hinweis auf die dafür geleistete finanzielle Unterstützung beigefügt waren.[301]

Auch bei einem **Schulträger** kommt ein Autoritäts- oder Vertrauensmissbrauch in Betracht. So 113
hatte der BGH[302] über das Angebot eines Fotostudios an eine Schule, dieser einen PC zu überlassen, wenn die Schule eine Schulfotoaktion vermittelt, bei der die angefertigten Fotos Eltern und Schülern zum Kauf angeboten werden, zu entscheiden. Wohl zu Recht verneinte der BGH eine unsachliche Beeinflussung der Schüler und Eltern beim Kauf der Bilder, da der in Aussicht gestellte PC bereits am Tag der Bilderlieferung und unabhängig davon, ob später Bilder abgenommen wurden, ausgeliefert wurde. Demgemäß hatte die Schule auch kein Interesse an einer unsachlichen Beeinflussung.

Autoritäts- und Vertrauensmissbrauch kann auch durch die Ausübung eines **sachwidrigen** 114
Drucks begründet werden.[303] Nach neuem Recht liegt allerdings ein Autoritätsmissbrauch bei Einschaltung der Autorität von **Kindergärten** in die Werbung eines Spielzeugherstellers, um **moralischen Druck** auf die Eltern auszuüben, ihre Kinder an einem Malwettbewerb teilnehmen zu lassen, in dessen Rahmen Begehrlichkeiten der Kinder geweckt werden können,[304] nicht mehr vor. Den Eltern war zum Zeitpunkt der Kaufentscheidung eine rationale Entscheidung ohne weiteres möglich. Soweit die Kinder betroffen waren, kommt allerdings durchaus der Ausbeutungstatbestand des § 4a Abs. 2 S. 1 Nr. 3 i. V. m. S. 2 in Betracht.

3. „Schwarze Klauseln" und vergleichbare Fallkonstellationen bei (Schein-)Verträgen

a) „Schwarze Klauseln" Ziff. 27, 29 des UWG-Anhangs. Geschäftliche Handlungen gem. 115
Ziff. 27, 29 der schwarzen Liste der Richtlinie über unlautere Geschäftspraktiken sind nach § 3 Abs. 3 UWG per se unlauter (dazu Kommentierung zum Anhang). Erfasst werden damit auch Handlungen, die entweder den Verbraucher von der Ausübung seiner vertraglichen Rechte abhalten oder nicht bestehende vertragliche Verpflichtungen suggerieren.

b) Vergleichbare Fallkonstellationen. Ziff. 27, 29 der schwarzen Liste kommt **indizielle** 116
Wirkung für die Unlauterkeit vergleichbarer Fallkonstellationen der Beeinflussung des Verbrauchers zu.[305] Als regelungskonzipierender Gedanke liegt dabei Art. 9d) der Richtlinie zugrunde. Danach kann auch ein übertriebenes Abhalten von der Geltendmachung vertraglicher Rechte eine unsachliche Beeinflussung darstellen. Wie Ziff. 29 zum Ausdruck bringt, kann dem bei wertender Betrachtung das Suggerieren vertraglicher Verpflichtungen gleichstehen. Welche vergleichbaren Konstellationen ebenfalls eine Anwendung des § 4a rechtfertigen, kann noch nicht abschließend beurteilt werden, der Prozess einer fallbezogenen Fortentwicklung des § 4a wird anhalten. Dies gilt umso mehr, als auch geschäftliche Handlungen „nach Vertragsschluss", die Auswirkungen auf „geschäftliche Entscheidungen" des Verbrauchers haben können, nach der Definition in § 2 Abs. 1 Nr. 1 in den Anwendungsbereich des UWG fallen.[306] Als vergleichbare Konstellationen lassen sich allerdings schon die Verwendung irreführender Schreiben an (angebliche) Kunden und die

---

298 RGZ 116, 28, 31.

299 Vgl. BGH GRUR 1984, 665 f. – *Werbung in Schulen.*

300 Hier: Amt für Soziale Dienste.

301 BGH GRUR 2002, 550, 553 f. – *Elternbriefe;* der BGH kam gleichwohl zu einem Verstoß gegen § 1 UWG 1909 unter dem Gesichtspunkt der unzulässigen Ausnutzung einer öffentlichen Einrichtung. Zum UWG a. F.: GK/*Köhler* § 1 Rdn. E 43.

302 GRUR 2006, 77 – *Schulfotoaktion,* kritisch hierzu *Henning-Bodewig* WRP 2007.

303 Vgl. zu Autoritätsmissbrauch durch sachwidrigen Druck nach § 1 UWG 1909 BGH GRUR 2002, 550, 551 f. – *Elternbriefe;* GRUR 1973, 530 f. – *Crailsheimer Stadtblatt;* GRUR 1979, 157 f. – *Kindergarten-Malwettbewerb.*

304 Vgl. *Dembowski* in: FS Ullmann, S. 602 f.; a. A. noch BGH GRUR 1979, 157, 158 – *Kindergarten-Malwettbewerb.*

305 Dazu *Glöckner,* Einl. B. Rdn. 322 f.

306 Vgl. dazu *Keller,* § 2 Abs. 1 Nr. 2; *Glöckner,* Einl. B. Rdn. 259 ff.

Fallgruppe der (Schein-) Folgeverträge einstufen, bei denen bereits Unlauterkeit angenommen wurde.

c) Irreführende Schreiben und (Schein-)Folgeverträge

Schrifttum: *Garber,* Rechnungsähnliche Vertragsofferten als strafbarer Betrug, NJW 1999, 2868; *Mees,* Zur wettbewerbsrechtlichen Beurteilung des Verhaltens nach Vertragsschluss, FS Brandner, 1996, S. 473; *Ochs,* Wertreklame und Folgeverträge, WRP 77, 373; *Sack,* Die Durchsetzung unlauter zustande gebrachter Verträge als unlauterer Wettbewerb?, WRP 2002, 396; *ders.,* Folgeverträge unlauteren Wettbewerbs, GRUR 2004, 625; *Säcker/Mohr,* Forderung und Durchsetzung ungerechtfertigter Vorteile, WRP 2010, 1; *Schmidtke,* Unlautere geschäftliche Handlungen bei und nach Vertragsschluss, WRP 2011; *Schockenhoff,* Wettbewerbswidrige Folgeverträge, NJW 1995, 500; *Schwippert;* Vom Elend eines Tatbestandsmerkmals – Zur „Entscheidungsfreiheit" im Sinne des § 4 Nr. 1 UWG, FS Samwer 2008, 197; *Traub,* Durchführungsverbot und Folgeverträge, GRUR 1980, 673; *v. Ungern-Sternberg,* Kundenfang durch rechnungsähnlich aufgemachte Angebotsschreiben, WRP 2000, 1057.

117 Eine unsachliche Beeinflussung kann – und wird idR – in der **Verwendung irreführender Schreiben an (angebliche) Kunden** liegen, die auf den Vorwurf der unrichtigen Behauptung eines Vertragsschlusses gestützt sind[307] und alternativ oder kumulativ[308] den Empfänger zu einer Zahlung trotz fehlender Zahlungsverpflichtung oder zum Abschluss eines nicht gewollten, Zahlungsverpflichtungen begründenden Vertrags veranlassen sollen.[309]

118 Diese Praktiken bewirken, dass oftmals auch der verständige Durchschnittsverbraucher als Adressat ohne Rechtsgrund **Vermögensdispositionen** trifft oder unbewusst auf den Abschluss eines entgeltlichen Vertrags gerichtete Erklärungen abgibt. Denn dem Empfänger wird **verschleiert, dass ihm überhaupt Nachteile entstehen können.** Er sieht daher nicht die Notwendigkeit, sich mit der Günstigkeit eines Angebots auseinander zu setzen. Vielmehr vertraut der Empfänger auf die Richtigkeit der Zahlungsaufforderung oder meint, einen unentgeltlichen und damit für ihn ausschließlich vorteilhaften Vertrag abzuschließen. Allerdings dürften diese Fallgestaltungen nach jetzigem Recht **eher durch §§ 3, 5, 5a zu bewältigen sein als durch § 4a.**

119 Unlautere Täuschungshandlungen, die für den Abschluss eines Vertrages (mit-) ursächlich sind, haben auf die **Wirksamkeit des Vertrages,** der Folge der Täuschungshandlung ist, keine automatischen Auswirkungen. Die Rechtsfolgen unlauterer geschäftlicher Handlungen sind Unterlassungs- und Schadensersatzansprüche. Die Nichtigkeit von Folgeverträgen, zu deren Abschluss der Verbraucher durch eine irreführende Werbung angelockt oder verleitet wurde, ergibt sich auch nicht ohne weiteres aus **§§ 134, 138 BGB.** Auch Unlauterkeit nach §§ 4a, 5, 5a impliziert keine Sittenwidrigkeit nach § 138 BGB. Die Beeinflussung eines Kunden mit unlauteren Mitteln reicht für die Annahme eines Sittenverstoßes nach § 138 BGB nicht aus. Entscheidend ist insoweit allein, ob das Rechtsgeschäft seinem Inhalt nach mit den grundlegenden Wertungen der Rechts- oder Sittenordnung unvereinbar ist.[310] Im Raume steht aber eine Anfechtbarkeit nach §§ 119, 123 BGB. Ausführlich zum Verhältnis Lauterkeitsrecht/BGB *Ahrens,* Einl. G Rdn. 121 ff.

120 Nach diesen Wertungen – und ersichtlich auch aus dem Gegenschluss zu § 123 BGB, der bei arglistiger Täuschung nur Anfechtbarkeit vorsieht – ist die **Durchsetzung von Verträgen,** zu deren Abschluss der Verbraucher durch Täuschungshandlungen veranlasst worden ist, als solche grundsätzlich nicht unlauter. Im Allgemeinen kommt eine Unlauterkeit schon deshalb nicht in Betracht, weil der Käufer nach der Täuschungshandlung Gelegenheit hat, sich mit dem Angebot näher zu befassen.[311] Darüber hinaus fehlt es regelmäßig schon an einer geschäftlichen Handlung. Die Abwicklung von Verträgen richtet sich gegen den Vertragspartner und zielt nicht auf Außenwirkung im Wettbewerb.[312]

121 Die Durchsetzung eines wettbewerbswidrig zustande gekommenen Vertrags ist ausnahmsweise aber dann unlauter, wenn aufgrund zusätzlicher Momente **von der Vertragsabwicklung selbst**

---

[307] Vgl. BGH, Beschluss v. 24.4.2008, Az. I ZR 36/07.

[308] BGH GRUR 1992, 450 – *Beitragsrechnung;* GRUR 1994, 126 – *Folgeverträge I;* GRUR 1995, 358 – *Folgeverträge II;* GRUR 1998, 415 – *Wirtschaftsregister;* OLG Hamm NJW-RR 1989, 165; NJW-RR 1993, 871; OLG Köln WRP 1975, 170; OLG Frankfurt GRUR 1978, 720.

[309] Insofern liegt jedenfalls auch eine irreführende Werbung nach § 5 vor. Bei diesen Fallgestaltungen stellt sich oftmals die Frage, ob auch die Durchsetzung dadurch begründeter (Schein-)Folgeverträge noch als unsachliche Beeinflussung angesehen werden kann.

[310] BGH GRUR 1990, 522, 528 – *HBV – Familien- und Wohnungsrechtsschutz.*

[311] BGH GRUR 1999, 261, 264 – *Handy-Endpreis;* GRUR 2001, 446, 447 – *1-Pfennig-Farbbild;* GRUR 2001, 1178, 1180 – *Gewinn-Zertifikat.*

[312] BGH GRUR 1986, 816, 819 – *Widerrufsbelehrung bei Teilzahlungskauf;* GRUR 1987, 180, 181 – *Ausschank unter Eichstrich II.*

eine unlautere Störung des Wettbewerbs auf dem Markt ausgehen.[313] Liegt diese Störung (in erster Linie) in einer **Irreführung, ergibt sich die Unlauterkeit vor allem aus §§ 5, 5a;** liegt sie aber in **aggressiven Maßnahmen zur Vertragsdurchsetzung,** kann auch **§ 4a zur Anwendung** kommen.

Eine unlautere Wettbewerbsstörung gerade durch die Vertragsabwicklung kann etwa vorliegen, wenn die Durchsetzung des Vertrages systematisch und im Rahmen bzw. als Teil eines von Anfang an auf **Täuschung aufgebauten Gesamtkonzeptes erfolgt.** Voraussetzung ist dabei, dass die Täuschung bei Durchführung des Vertrages durch konkludentes Verhalten aufrecht erhalten wird, etwa wenn die Zusendung rechnungsähnlich aufgemachter Angebotsschreiben darauf angelegt ist, die Betroffenen in eine „Vertragsfalle" zu locken und sie dann an dem scheinbar geschlossenen Vertrag festzuhalten.[314] Die Anschreiben erschöpfen sich dann nicht darin, den Eindruck einer tatsächlich nicht bestehenden Zahlungsverpflichtung hervorzurufen; vielmehr enthalten sie zusätzlich ein Angebot auf Abschluss eines Vertrages über eine Eintragung in ein Verzeichnis, wobei die Annahme des Angebots durch Überweisung des angegebenen Betrages erfolgen soll. Die Täuschung bei Vertragsanbahnung wird bei Durchsetzung des Vertrags durch Ausnutzen der Unkenntnis der Kunden aufrechterhalten. Diese Unkenntnis liegt in dem fehlenden Bewusstsein der Anfechtbarkeit des Vertrages nach §§ 119, 123 BGB[315] bzw. – so wohl richtig – der **fehlenden Kenntnis der Unwirksamkeit der Annahmeerklärung.**[316] Unter solchen Umständen stellt auch der Versuch, den Betroffenen unter Berufung auf den behaupteten Vertrag zu einer weiteren Zahlung zu veranlassen, eine weitere unsachliche Beeinflussung dar.[317] Zweifelhaft ist in diesen Konstellationen allerdings, ob eine **geschäftliche Handlung** allein daraus folgt, dass das Zahlungsverlangen Teil eines einheitlichen, von Anfang an auf Täuschung als Mittel des Wettbewerbs angelegten Gesamtkonzepts ist.[318] Eine geschäftliche Handlung liegt aber jedenfalls dann vor, wenn sich das Zahlungsverlangen als Maßnahme zur Erhaltung des Kundenstammes darstellt und damit unmittelbar wettbewerbsbezogen ist.[319] Das Zahlungsverlangen ist geeignet, den Bestand der geschlossenen Verträge für die Zukunft zu erhalten und die Abwanderung der Kunden zu verhindern.[320]

Ein weiterer Ausnahmefall liegt vor, wenn die Durchsetzung von (Schein-)Verträgen auf **betrügerischer Täuschung** aufbaut. Dies ist auch der Fall, wenn das Verhalten des Werbenden bei Vertragsanbahnung als Betrug (§ 263 StGB) zu werten ist und ein Dritter die Vertragsabwicklung übernimmt, da eine – bis zur Beendigung mögliche – Teilnahme an einem Betrug (§ 27 StGB) vorliegt.[321] Neben Ansprüchen auf Unterlassung der Geltendmachung von Vertragsansprüchen können auch Ansprüche auf Schadensersatz sowie auf Beseitigung der Störung durch Hinweise auf die fehlende Zahlungspflicht bestehen.[322] 122

4. Verharmlosung von Sicherheits- oder Gesundheitsrisiken

Nach der zu § 4 Nr. 1 a. F. ergangenen BGH-Entscheidung „Warnhinweis II",[323] die die Rspr. zu § 1 UWG 1909[324] fortführt, kann eine die freie Entscheidung des Verbrauchers beeinträchtigende Beeinflussung auch vorliegen, wenn **bestehende Sicherheits- oder Gesundheitsrisiken ver-** 123

[313] BGH GRUR 2001, 1178, 1180 – *Gewinn-Zertifikat.*

[314] BGH GRUR 1994, 126 – *Folgeverträge I;* GRUR 1995, 358, 360 – *Folgeverträge II;* GRUR 1998, 383 – *Wirtschaftsregister.*

[315] BGH GRUR 1994, 126, 127 – *Folgeverträge I;* GRUR 1995, 358, 360 – *Folgeverträge II;* offengelassen in GRUR 1998, 415, 416 – *Wirtschaftsregister.*

[316] So *v. Ungern-Sternberg* WRP 2000, 1057, 1060: Bei fehlendem Erklärungsbewusstsein liegt eine Annahmeerklärung und damit eine Willenserklärung nur vor, wenn der Erklärende bei Anwendung der im Verkehr erforderlichen Sorgfalt hätte erkennen und vermeiden können, dass seine Äußerung nach Treu und Glauben und der Verkehrssitte als Willenserklärung aufgefasst werden durfte, und wenn der Empfänger sie auch tatsächlich so verstanden hat, dazu etwa BGH NJW 1995, 953. Vorliegend fehle es an einer Willenserklärung, weil der Absender die an ihn geleisteten Zahlungen nach Treu und Glauben nicht als Annahme seines Vertragsangebotes verstehen durfte, weil er bei der Gestaltung seiner Anschreiben selbst alles dazu getan hat, um deren Angebotscharakter zu verschleiern.

[317] BGH GRUR 2001, 1178, 1180 – *Gewinn-Zertifikat; v. Ungern-Sternberg,* WRP 2000, 1060 f.

[318] So aber BGH GRUR 1994, 126, 127 – *Folgeverträge I;* a. A. *Sack* WRP 2002, 396, 397 f. (zum einen ziele jede unlautere Handlung auf Fruchtziehung aus einem Geschäftsabschluss, zum anderen sei die Quantität der Verstöße kein geeignetes Kriterium zur Bestimmung einer Wettbewerbshandlung).

[319] BGH GRUR 1992, 450, 452 – *Beitragsrechnung;* GRUR 1992, 707, 708 – *Erdgassteuer.*

[320] So die weitere Begründung in BGH GRUR 1994, 126, 127 – *Folgeverträge I.*

[321] BGH GRUR 2001, 1178, 1180 – *Gewinn-Zertifikat* mit Hinweisen auf die strafrechtliche Literatur.

[322] BGH GRUR 1998, 414, 416 f. – *Wirtschaftsregister.*

[323] BGH GRUR 2006, 953, 954.

[324] BGH GRUR 1993, 756 – *Mildabkommen,* GRUR 1996, 793 – *Fertiglesebrillen.*

harmlost werden. Dies soll auch dann gelten, wenn ein Warnhinweis für Zigarillos unterbleibt, der im Interesse des Gesundheitsschutzes der Verbraucher geboten ist, um das Bewusstsein der Schädlichkeit des Rauchens wachzuhalten. So hat der BGH über § 4 Nr. 1 a. F. die damals bestehende – und mittlerweile beseitigte[325] – Gesetzeslücke geschlossen, nach der für Zigarillos außerhalb der Verpackung geworben werden konnte, ohne zugleich durch einen deutlich sichtbaren und leicht lesbaren Warnhinweis auf die Schädlichkeit des Rauchens hinzuweisen. Es ist aber fraglich, ob in diesen Fällen eine Verfälschung der Entscheidungsfreiheit eintreten kann. Es sollte auch vermieden werden, von Fall zu Fall unterschiedliche Maßstäbe an die Erheblichkeit der Beeinflussung zu stellen. Vorzuziehen ist es daher, diese Fallgruppe über §§ 3 oder 5a zu lösen. Entsprechende Informationspflichten als Marktverhaltensregelungen lassen sich aus dem Gesichtspunkt der Verkehrssicherungspflicht (§ 823 Abs. 1 BGB) ableiten.

IV. Ausnutzen einer besonderen Schutzbedürftigkeit, § 4a Abs. 2 S. 1 Nr. 3, S. 2

Schrifttum: *Boesche,* Drum kopple was sich (nicht) ewig bindet, WRP 2011, 1345; *Glöckner/Henning-Bodewig,* EG-Richtlinie über unlautere Geschäftspraktiken: Was wird aus dem „neuen" UWG?, WRP 2005, 1311; *Heermann,* Richtlinienkonforme Auslegung und Anwendung von § 4 Nr. 2 UWG; *Köhler,* GRUR 2011, 781, Richtlinienkonforme Gesetzgebung; Plädoyer für weitere UWG-Novelle; *ders.,* Neujustierung des UWG am Beispiel der Verkaufsförderungsmaßnahmen, GRUR 2010, 767; *Henning-Bodewig,* Neuorientierung von § 4 Nr. 1 und 2 UWG?, WRP 2006, 621; *Scherer,* Ende der Werbung in Massenmedien?, WRP 2008, 563; *Seichter,* Der Umsetzungsbedarf der Richtlinie über unlautere Geschäftspraktiken, WRP 2005, 1087.

1. Allgemeines

124 Die **bisher in § 4 Nr. 2 a. F.** geregelte unlautere Einwirkung auf besonders schutzbedürftige Personen findet sich **nun in § 4a Abs. 2 S. 1 Nr. 3 i. V. m. S. 2.** Zu interpretieren sind die neuen Vorschriften einerseits aus dem **bisherigen Rechtsbestand** heraus, den sie fortschreiben wollen. Andererseits bringt ihre **neuartige Struktur nicht nur dogmatische, sondern wohl auch gewisse inhaltliche Verschiebungen.** Im Hinblick auf die Kodifikation des Art. 5 Abs. 3 S. 1 UGP-Richtlinie in § 3 Abs. 4 S. 2 wird gar eine sehr weitreichende, **richtlinienkonforme Reduktion** der Vorschrift gefordert, wonach allein die Tatbestandsmerkmale der „Angst" und „Zwangslage" anwendbar seien, alle übrigen Situationsalternativen („geistige und körperliche Beeinträchtigungen, das Alter, die geschäftliche Unerfahrenheit, die Leichtgläubigkeit") hingegen ausschließlich § 3 Abs. 4 S. 2 unterfallen sollen.[326] Zutreffend ist, dass es angesichts von § 3 Abs. 4 S. 2 des § 4a Abs. 2 S. 2 für eine befriedigende Lösung einschlägiger Fallkonstellationen nicht zwingend bedürfte. Dennoch hat sich der Gesetzgeber zu einer spezifischen Konkretisierung für Fälle des aggressiven Verhaltens entschlossen, während § 3 Abs. 4 S. 2 eine allgemeine Regelung für alle geschäftlichen Handlungen gegenüber Verbrauchern enthält. Welche Fallgruppen die Praxis künftig welcher Norm unterstellt, wird abzuwarten bleiben. Jedenfalls folgt aus der konkretisierenden Spiegelung des § 3 Abs. 4 S. 2 in § 4a Abs. 2 S. 2 noch nicht zwingend, dass die in Anwendung der letztgenannten Norm gefundenen Ergebnisse richtlinienwidrig sind.

125 Als Ausgangspunkt ist vielmehr (nochmals) festzuhalten, dass auch die in § 4a Abs. 2 S. 2 genannten Fälle einer besonderen Schutzbedürftigkeit den Wertungsgesichtspunkten aus Art. 5 Abs. 3 S. 1 UGP-Richtlinie entstammen, richtlinienkonform zu interpretieren und **Regelbeispiele für „Umstände"** im Sinne von § 4a Abs. 2 S. 1 Nr. 3 sind. Solche Umstände wiederum bilden ein **Kriterium zur Charakterisierung einer geschäftlichen Handlung als aggressiv** im Sinne von § 4a Abs. 1 S. 2, sofern sie schwerwiegend genug sind, um das Urteilsvermögen des Handlungsadressaten zu beeinträchtigen, und sofern sie vom Handelnden bewusst ausgenutzt werden, um eine Entscheidung des Adressaten zu beeinflussen. Die „Schwere" der Umstände folgt also noch nicht automatisch aus ihrem Vorliegen, sie muss vielmehr zusätzlich festgestellt werden.[327] Aggressiv wird eine geschäftliche Handlung durch das Vorliegen dieses Kriteriums allerdings nur dann, wenn sie konkret zur erheblichen Beeinträchtigung der Entscheidungsfreiheit geeignet ist, indem eine Belästigung, Nötigung oder unzulässige Beeinflussung verwirklicht wird. Und selbst wenn dies bejaht wird, liegt – jedenfalls nach dem Gesetzeswortlaut – noch nicht zwingend Unlauterkeit im Sinne von § 4a vor. Denn die aggressive geschäftliche Handlung muss auch noch geeignet sein eine geschäftliche Ent-

---

[325] Siehe *von Jagow,* Einl. I Rdn. 38 f.
[326] *Köhler*/Bornkamm, § 4a Rdn. 2.11 f.
[327] So auch *Köhler*/Bornkamm, § 4a Rdn. 2.5.

scheidung herbeizuführen, die der Adressat anderenfalls nicht getroffen hätte. Wie die Praxis dieses komplexe Ineinandergreifen mehrerer Prüfungsschritte – vor allem die etwas ausufernde Häufung von Relevanzformulierungen – bewältigen wird, bleibt abzuwarten.

Wie bisher ist jedenfalls § 4a Abs. 2 S. 1 Nr. 3, S. 2 **kein Einfallstor für einen umfassenden, vom Schutzzweck des § 3 losgelösten Verbraucherschutz** bei besonderer Schutzbedürftigkeit.[328] **Die Normen erfassen auch weder** die unter dem UWG 1909 bekannte Fallgruppe des **Ausnutzens von Rechtsunkenntnis,** bei der der Werbende Vorteile aus der Rechtsunkenntnis der Verbraucher zu ziehen sucht und eine gebotene Belehrung unterlässt,[329] noch diejenige der **unterschwelligen (sublimalen) Werbung gegenüber geschäftlich erfahrenen Verkehrsteilnehmer,** bei der die Werbung von dem Umworbenen nicht mehr als solche wahrgenommen wird.[330] Beide Fallgruppen beurteilen sich vielmehr nun nach §§ 5, 5a. 126

Schon jetzt lässt sich auch festhalten, dass § 4a Abs. 2 S. 1 Nr. 3 i. V. m. S. 2 ebenso wie § 4 Nr. 2 a. F. eine **geschäftliche Handlung** erfordert. An erster Stelle stehen dabei Werbemaßnahmen, doch auch sonstige Handlungen bei oder nach einem Geschäftsabschluss, wie etwa die Ermittlung von Kundendaten von Kindern und Jugendlichen in Zusammenhang mit der Ausschreibung eines Gewinnspiels, kommen in Betracht.[331] 127

Schutzadressaten des § 4 Nr. 2 a. F. waren wortlautgemäß nur Verbraucher und § 4a Abs. 2 S. 2 führt diese Formulierung fort. Dadurch liefert die Vorschrift indes nur eine gewissermaßen halbseitige Konkretisierung von § 4a Abs. 2 S. 1 Nr. 3, der ausdrücklich auch sonstige Marktteilnehmer vor einer Ausnutzung von Unglückssituationen oder schwerwiegenden Umständen schützen will. Diese Gestaltung ist in der Handhabung komplex und in der Sache nicht sinnvoll. Denn auch sonstige Marktteilnehmer, etwa die Vertreter von Vereinen[332] oder Geschäftspartner können in eine Situation besonderer Schutzbedürftigkeit geraten. Eine Normierungshypothese, die nur und gerade Verbraucher für potentiell unerfahren, leichtgläubig oder gehandicapt hält, ist nach der hier vertretenen Auffassung unhaltbar. Den Gegenschluss, wonach die in § 4a Abs. 2 S. 2 aufgezählten Umstände bei sonstigen Marktteilnehmern gerade keine Berücksichtigung finden können, darf man der Vorschrift daher nicht entnehmen. Vielmehr sollten, wie bisher,[333] bei geeigneten Gesamtumständen die in § 4a Abs. 2 S. 2 genannten Umstände auch dann Berücksichtigung finden können, wenn sie bei sonstigen Marktteilnehmern vorliegen. Ein Rückgriff auf die Generalklausel des § 3 Abs. 1 – § 3 Abs. 2, 4 adressieren selbst nur Verbraucher – drängt sich hierfür weniger auf als nach bisherigem Rechtsstand.[334] Denn § 4a Abs. 2 S. 2 enthält eben nur verbraucherbezogene Regelbeispiele für eine Norm (§ 4a Abs. 2 S. 1 Nr. 3), in deren Anwendungsbereich Verbraucher und sonstige Marktteilnehmer gleichermaßen liegen. 128

Begrüßenswert ist es hingegen, dass nach neuem Gesetzeswortlaut nicht mehr (wie in § 4 Nr. 2 a. F.) die **Eignung** der geschäftlichen Handlung **zur Ausnutzung** einer besonderen Schutzbedürftigkeit genügt. Vielmehr verlangt § 4a Abs. 2 S. 1 Nr. 3 ein **tatsächliches und bewusstes Ausnutzen.** Eine richtlinienkonform auslegende Korrektur des Gesetzes ist damit insoweit nicht mehr erforderlich.[335] Soweit bisher ein Relevanzkriterium in den Begriff des „Ausnutzens" hineinzulesen oder im Lichte der Generalklausel ergänzend zu fordern war,[336] kann heute zumindest auch auf § 4a Abs. 2 S. 1 Nr. 3 und § 4a Abs. 1 S. 2 selbst verwiesen werden. Denn das Gesetz fordert hier ausdrücklich, dass die bewusste Ausnutzung erfolgen muss, um die Entscheidung des Schutzbedürftigen zu beeinflussen, und dass sie (um unlauter zu sein) die Eignung zu Veranlassung einer geschäftlichen Entscheidung aufweisen muss, die ansonsten nicht getroffen worden wäre. 129

Wie bisher wird sich die Frage stellen, **wie gezielt und spezifisch die geschäftliche Handlung auf den oder die Schutzbedürftigen ausgerichtet sein muss,** um deren erhöhte Verletzlichkeit – in den Worten der jetzigen Gesetzesfassung – **bewusst auszunutzen.** Und wie bisher wird man es im Grundsatz ausreichen lassen, wenn am Maßstab objektivierter geschäftlicher Sorgfalt Kenntnis (also nicht zwangsläufig Absicht)[337] besteht, dass nur oder ganz überwiegend besonders schutzbedürftige Personen – die einzeln oder als Gruppe hinreichend identifizierbar sind – von der 130

---

[328] Vgl. *Zagouras,* GRUR 2006, 731.

[329] Zum UWG a. F.: *Baumbach/Hefermehl,* 21. Aufl., 2001, § 1 Rdn. §§ 21a–22b.

[330] Zu UWG a. F.: *Baumbach/Hefermehl,* 21. Aufl., 2001, § 1 Rdn. 193.

[331] S. Rdn. 204 sowie *Köhler*/Bornkamm, 33. Aufl. 2015, § 4 Nr. 2 Rdn. 2.2, 2.13 unter zutreffendem Verweis auf OLG Hamm wrp 2013, 375, Rn. 34; BGH NJW 2010, 864, Rn. 24 – *Happy Digits.*

[332] So auch *Köhler*/Bornkamm, 33. Aufl. 2015, § 4 Nr. 2 Rdn. 2.14.

[333] *Köhler*/Bornkamm, 33. Aufl. 2015, § 4 Nr. 2 Rdn. 2.14.

[334] So unter bisherigem Recht noch *Köhler*/Bornkamm, 33. Aufl. 2015, § 4 Nr. 2 Rdn. 2.14.

[335] Eine solche für das bisherige Recht fordernd *Köhler*/Bornkamm, 33. Aufl. 2015, § 4 Nr. 2 Rdn. 2.17.

[336] *Köhler*/Bornkamm, 33. Aufl. 2015, § 4 Nr. 2 Rdn. 2.18f; *Heermann* GRUR 2011, 781, 786.

[337] *Köhler*/Bornkamm, § 4a Rdn. 1.94.

geschäftlichen Handlung betroffen werden.[338] Das gezielte Ansteuern eines solchen Adressatenkreises genügt dem erst recht.[339] Der grundsätzliche Maßstab der **Vorhersehbarkeit** und **Identifizierbarkeit** entstammt § 3 Abs. 4 und seiner europarechtlichen Vorgabenorm, dem Art. 5 Abs. 3 UGP-Richtlinie. Er ist zum Zwecke einer sinnvollen Haftungsbegrenzung in den § 4a hineinzulesen. Die Ausprägungen im Detail sind dann stark von den jeweiligen Sachverhaltsumständen abhängig. Hierbei kann auch ein Element der **Interessenabwägung** zum Zuge kommen, in welche die Art der Werbung, der Grad der Schutzbedürftigkeit und das Ausmaß der Gefährdung einfließen. Das Interesse an einem effektiven Schutz besonders verletzlicher Personen und das Interesse der Gewerbetreibenden, nicht übermäßig belastet zu werden, sind dann in Einklang zu bringen. So kann beispielsweise zu verfahren sein, wenn sich die Werbung an **Minderjährige mit großer Altersspanne** richtet.

131 Ziff. 28 der **„schwarzen Liste"** der Richtlinie über unlautere Geschäftspraktiken betrifft Fallgestaltungen, wie sie auch von § 4a Abs. 2 S. 1 Nr. 3, S. 2 adressiert werden, und geht dem § 4a in ihrem Anwendungsbereich vor. Die Ziffer enthält das per se-Verbot von Werbeangeboten, mit denen Kinder unmittelbar zum Erwerb von Waren oder zur Inanspruchnahme von Dienstleistungen aufgefordert werden. Gleiches gilt für die Aufforderung, Kinder mögen ihre Eltern oder andere Erwachsene dazu veranlassen, die Leistungen für die Kinder zu beziehen.

Die **Wertungen der Ziff. 28** des UWG-Anhangs sind auch im Übrigen **bei der Auslegung von § 4a Abs. 2 S. 1 Nr. 3, S. 2 zu berücksichtigen.** Ein vergleichbarer Druck wie derjenige, der in den Fällen des Ziff. 28 ausgelöst wird, kann auch in anderen Fällen, insbesondere bei der Ausübung moralischen Drucks vorliegen. Entsprechendes gilt bei einem ausgeübten **Gruppenzwang** oder dem durch die Werbung ausgelösten Eindruck, von den Eltern im Falle des Nichtkaufs ungerecht und lieblos behandelt zu werden.

2. Ausnutzen von geistigen und körperlichen Beeinträchtigungen

132 Eine Ausnutzung geistiger und körperlicher Beeinträchtigungen kommt in Betracht, wenn diese den **Betroffenen an einer informierten Entscheidung hindern.** Zu denken ist etwa an Blindheit, Taubheit, Hörbehinderung und andere physische sowie psychische Störungen.[340]

3. Ausnutzen von Alter

Schrifttum: *Alexander,* Fachliche Sorgfalt und Gewinnspielwerbung gegenüber Kindern, WRP 2014, 1010. *Albert,* Die wettbewerbsrechtliche Beurteilung der werblichen Beeinflussung von Kindern, 2001; *Bahr,* Anm. zu OLG Hamburg – Werbung; *Baukelmann,* FS Ullmann, 2006, 587; *Böhler,* Wettbewerbsrechtliche Schranken für Werbemaßnahmen gegenüber Minderjährigen, WRP 2011, 1028; *Fuchs,* Wettbewerbsrechtliche Schranken bei der Werbung gegenüber Minderjährigen, WRP 2009, 255; *Yankova/Hören,* Besondere Schutzbedürftigkeit von Senioren nach dem UWG?, WRP 2011, 1236; für Handy-Klingeltöne in Jugendzeitschriften, MMR 2003, 466; *Benz,* Werbung vor Kindern unter Lauterkeitsgesichtspunkten, WRP 2003, 1160; *Brändel,* Jugendschutz im Wettbewerbsrecht, in: FS v. Gamm, 1990, S. 9; *Bülow,* Werbung gegenüber Kindern und Jugendlichen – nationales und europäisches Recht, in: FS Piper, 1996, S. 121; *Dembowski,* FS Ullmann, 2006, 599; *Engels,* Wettbewerbsrechtliche Grenzen der Fernsehwerbung für Kinder, WRP 1997, 6; *Eisenhardt,* Werbung gegenüber Kindern, WRP 1997, 283; *Heermann,* Ausnutzung der geschäftlichen Unerfahrenheit von Kindern und Jugendlichen in der Werbung, in: FS Raiser, 2005, S. 681; *Köhler,* Minderjährigenschutz im Lauterkeitsrecht, FS Ullmann, 2006, 679; *Klees/Lange,* Bewerbung, Nutzung und Herstellung von Handy-Klingeltönen, CR 2005, 684; *Mankowski,* Wer ist „ein Kind"?, WRP 2007, 1398; *Scherer,* Schutz „leichtgläubiger" und „geschäftlich unerfahrener" Verbraucher in § 4 Nr. 2 UWG n. F. – „Wiederkehr des alten Verbraucherleitbildes durch die Hintertür"? WRP; 2004, 1355; *Scherer,* Die Werbung zur Ausnutzung von Angst von Verbrauchern nach § 4 Nr. 2 UWG n. F. – Neukonzeption eines altvertrauten Tatbestandes, WRP 2004, 1426; *Scherer,* Verletzung der Menschenwürde durch Werbung, WRP 2007, 594; *Zagouras,* Werbung für Mobilfunkmehrwertdienste und die Ausnutzung der geschäftlichen Unerfahrenheit von Kindern und Jugendlichen nach § 4 Nr. 2 UWG, GRUR 2006, 731.

---

338 *Köhler*/Bornkamm, 33. Aufl. 2015, § 4 Nr. 2 Rdn. 2.15. Zu unterschiedlichen, teils abweichenden, Deutungen dieser Formel im Detail s. etwa *Scherer* WRP 2008, 563; *Baukelmann* in: FS Ullmann, S. 595 f.; *Seichter* WRP 2005, 1087. Als Beispiele älterer Rechtsprechung vgl. BGH NJW, 1994, 731, 733 – *Wettbewerbswidrige Zigarettenwerbung;* ebenfalls auf die Zielgruppengestaltung abstellend: KG WRP 1990, 518, 520; vgl. weitere Beispiele bei *Klees/Lange,* CR 2005, 684, 686.

339 Dazu, dass Vorsatz des Handelnden genügt, aber auch nicht zwingend erforderlich ist, *Baukelmann* in: FS Ullmann, S. 595; *Henning-Bodewig* WRP 2006, 621, 625; *Seichter* WRP 2005, 1087, 1091; a. A. *Köhler* in: FS Ullmann, S. 687.

340 Vgl. *Scherer,* WRP 2008, 563, 570.

Obgleich **Kinder und Jugendliche** im Wortlaut nicht ausdrücklich erwähnt werden,[341] erfassen § 4a Abs. 2 S. 1 Nr. 3, S. 2 wie bislang auch und gerade die Ausnutzung der geschäftlichen Unerfahrenheit dieser Verbrauchergruppe. Ein hohes Alter allein hindert hingegen noch nicht an einer rationalen und informierten Entscheidung. Hinzukommen müssten besondere Umstände, etwa eine Altersdemenz. Auch § 4a Abs. 2 S. 1 Nr. 3, S. 2 wird einen Praxisschwerpunkt insbesondere bei der Ausnutzung **altersbedingter geschäftlicher Unerfahrenheit** finden. Hingegen wird er allenfalls in Ausnahmefällen bei einer Werbung greifen, bei der uneingeschränkt nur Erwachsene mit geschäftlicher Erfahrung ohne eine Gruppe identifizierbarer Schutzbedürftige angesprochen werden. Etwas anderes kann dann gelten, wenn die Erwachsenen situationsbedingt selbst zu Schutzbedürftigen werden. Allein die **Überforderung auch von Erwachsenen bei bestimmten komplexen Angelegenheiten** wie etwa bestimmten Vermögensanlagen rechtfertigt jedoch noch nicht die Anwendung von § 4a Abs. 2 S. 1 Nr. 3, S. 2. 133

Nicht jede geschäftliche Handlung, die sich gezielt und vorhersehbar an Kinder und Jugendliche als Verbrauchergruppe wendet, ist allein deshalb unlauter i. S. v. § 4a Abs. 2 S. 1 Nr. 3, S. 2.[342] Sie muss vielmehr dadurch auch geeignet sein, die geschäftliche Unerfahrenheit auszunutzen.[343] Minderjährige sind für eine **unsachliche Beeinflussung besonders empfänglich.** Sie verfügen altersbedingt über eine geringe geschäftliche Erfahrung, reagieren spontaner und emotionaler als Erwachsene und unterliegen leichter einem Gruppenzwang.[344] Insbesondere jüngere Kinder können die ökonomischen Ziele der Werbung oftmals nicht durchschauen und betrachten Werbung eher unterhaltungsorientiert.[345] Im Hinblick auf den zunehmenden Reifungsprozess bei Minderjährigen sind altersbedingte Abstufungen bei der Beurteilung der geschäftlichen Unerfahrenheit zu beachten.[346] Beurteilungsmaßstab ist das kritische Urteilungsvermögen die Tragweite der geschäftlichen Handlung, etwa im Hinblick auf Bedarf, finanzielle Belastung, Qualität und Preiswürdigkeit des Angebots, zu erkennen.[347] Im Rahmen der Schutzziele des UWG erfolgt der **Schutz der Minderjährigen** in erster Linie über **§ 4a Abs. 2 S. 1 Nr. 3, S. 2,** der **Schutz der Eltern** oder sonstigen Bezugspersonen, die oftmals von den Minderjährigen als Absatzmittler oder Kaufmotivatoren zum Kauf gedrängt werden, in erster Linie über den **§ 4a** im Übrigen.[348] Dies wird weiter durch die Wertungen der Ziff. 28 des UWG-Anhangs gestützt.[349] 134

Dagegen ist es **nicht Aufgabe** des Lauterkeitsrechts, einen **umfassenden Jugendschutz** sicher zu stellen und den vielfältigen Aspekten des sich aus Art. 6 II S. 1 GG ergebenden Elternrechts[350] Rechnung zu tragen. Ein derart umfassender Jugendschutz kann sich nur aus außerlauterkeitsrechtlichen **Regelungen** und **Selbstbindungen** der Wirtschaft und der Medienanstalten ergeben. Zu erwähnen sind insoweit insbesondere die Verhaltensregeln des Zentralausschusses der Werbewirtschaft (ZAW) für die Werbung mit und vor Kindern im Werbefunk und Werbefernsehen.[351] Ein weitergehender Jugendschutz kann beispielsweise auch im **Rundfunk- und Telekommunikationsrecht** erfolgen.[352] Einen ergänzenden lauterkeitsrechtlichen Schutz erfahren Kinder und Jugendliche durch das **Irreführungsverbot** des § 5. Abzustellen ist dabei auf einen altersbedingt verständigen Adressaten. 135

---

[341] Durch die Streichung dieser Termini mit dem UWG 2008 sollte von vornherein dem Risiko vorgebeugt werden, dass der gemeinschaftskonforme Begriff „Kinder" in Ziff. 28 der schwarzen Liste und der Begriff in § 4 Nr. 2 UWG eine unterschiedliche Auslegung erfährt; s. RegE zu § 4 Nr. 2 UWG 2008 sowie Vorauflage, § 4 Nr. 2 Rdn. 17.

[342] BGH GRUR 1998, 1041 f. – *Verkaufsveranstaltung in Aussiedlerwohnheimen.* OLG Frankfurt GRUR 2005, 782, 783 – *Milchtaler;* OLG Frankfurt GRUR 2005, 1064, 1065 – *Lion-Sammelaktion.*

[343] BGH GRUR 2006, 161 Rdn. 21 – *Zeitschrift mit Sonnenbrille;* BGH GRUR 2006, 776, Rdn. *22 – Werbung für Klingeltöne;* BGH GRUR 2009, 71 Rdn. 14 – *Sammelaktion für Schoko-Riegel;* BGH NJW 2014, 2282 Rdn. 25 – *Nordjob-Messe.*

[344] OLG Hamburg GRUR-RR 2003, 317, 317 – *BRAVO girl;* OLG Frankfurt GRUR 2005, 782, 783 – *Milchtaler;* OLG Frankfurt GRUR 2005, 1064, 1065 – *Lion-Sammelaktion.*

[345] *Benz* WRP 2003, 1171.

[346] OLG Hamm WRP 2013, 375, Rdn. 41.

[347] BGH GRUR 2006, 776 Rdn. 22 – *Werbung für Sonnenbrillen;* BGH GRUR 2014, 1117, Rdn. 30 – *Zeugnisaktion.*

[348] So auch *Dembowksi* in: FS Ullmann, S. 600 ff.

[349] So auch *Baukelmann* in: FS Ullmann, S. 590. *Baukelmann* weist darauf hin, dass ältere Entscheidungen des BGH weniger auf den Schutz der Kinder, sondern mehr auf den Schutz der Erwachsenen abstellen.

[350] Vgl. *Benz* WRP 2003, 1162.

[351] Vgl. *Benz* WRP 2003, 1162, 1173 f. m. w. N. Vgl. zur eingeschränkten wettbewerbsrechtlichen Relevanz von Verhaltensregeln § 3 Rdn. 130 ff., OLG Hamburg WRP 2003, 1003, 1007 f. – *Klingeltonwerbung in Jugendzeitschriften;* KG AfP 1992, 298, 299 f.

[352] Vgl. dazu *Zagouras* GRUR 2006, 731.

136 § 4a findet unstreitig Anwendung auf solche **Vermögensdispositionen,** die Kinder **rechtlich wirksam** vornehmen können. Erfasst sind damit insbesondere Geschäfte nach Maßgabe des **§ 110 BGB (Taschengeldparagraph).** Kinder und Jugendliche sind aber auch insoweit vor Vermögensdispositionen zu schützen, **als sie sie rechtlich nicht in wirksam** durchführen können. Jedenfalls gilt dies nach dem Inkrafttreten der Richtlinie und folgt jetzt auch aus Ziff. 28 des UWG-Anhangs.[353] Denn die beiden Tatbestandsalternativen einer unmittelbaren Kauf- bzw. Überredungsaufforderung erfassen sowohl den Fall, dass Kinder zum Kauf unmittelbar aufgefordert werden (Fall 1), als auch die unmittelbare Aufforderung, andere Erwachsene zum Kauf zu überreden (Fall 2). Ziff. 28 der „schwarzen Liste" bestätigt damit, dass Kinder und Jugendliche nicht nur vor unvorteilhaften, eigenen und wirksamen Vermögensdispositionen zu schützen sind. Darüber hinaus wird man in den meisten Fällen der Gefahr eines Vertragsabschlusses ohne Zustimmung der Eltern bereits in der Vermögensgefährdung (Gefahren des Nichterkennens der schwebenden Unwirksamkeit oder Gefährdungslage bei Rückabwicklung des Vertrages) eine relevante Vermögensdisposition sehen müssen.[354] Bei vom Taschengeldparagraph nicht gedeckten Vermögensdispositionen ist eher – wegen der erhöhten Relevanz der Vermögensdisposition – von einem größeren Schutzbedürfnis und auch einer erhöhten geschäftlichen Unerfahrenheit auszugehen. Der BGH hat daher in seiner Entscheidung *„Zeitschrift mit Sonnenbrille"*[355] den Umstand, dass ein Geschäft vom Taschengeldparagraph erfasst wird, als Aspekt gewertet, der gerade gegen die Ausnutzung der Unerfahrenheit spricht, da derartige Produkte vom Jugendlichen – eben weil sie vom Taschengeldparagraphen erfasst werden – regelmäßig nachgefragt werden.[356] Aus dieser Entscheidung folgt aber auch die Wertung, dass Werbung gegenüber Kindern und Jugendlichen für Waren und Dienstleistungen des täglichen Bedarfs nicht per se unlauter ist, auch wenn sie Zugaben, Preisnachlässe oder Gewinnspiele einsetzt (dazu noch sogleich).[357]

137 Von **aleatorischen Reizen** wie Gewinnspielen geht eine besondere anziehende Wirkung aus. Der Schutzzweck des § 4a Abs. 2 S. 1 Nr. 3, S. 2 ist indes nur tangiert, wenn die Gefahr nachteilhafter Vermögensdispositionen besteht. Und insbesondere muss die gesetzgeberische Entscheidung zur **Streichung von § 4 Nr. 6 a. F.** berücksichtigt werden. Vielfach von der Literatur gefordert,[358] vollzieht diese Maßnahme eine Positionierung der deutschen und Europäischen Rechtsprechung nach,[359] welche die Koppelung von Gewinnspiel und Produkterwerb **nicht mehr pauschal als unlauter** bewerten möchte. Damit ist eine Anwendung von § 4a Abs. 2 S. 1 Nr. 3, S. 2 auf derartige Fallgestaltungen allerdings nicht generell ausgeschlossen. Denn der gegenüber Erwachsenen eingeschränkteren Entscheidungsrationalität von Minderjährigen muss auch insoweit Rechnung getragen werden. So führen die alternativen Möglichkeiten der Teilnahme per Postkarte, Telefon oder Internet bei Kindern oder Jugendlichen als angesprochene Zielgruppe nicht ohne weiteres zu einer Entkopplung von Gewinnspiel und Produkterwerb. Als unlauter wurde daher die Auslobung eines Gewinnspiels durch eine Fast-Food-Kette gegenüber Minderjährigen mit Preisen bis zu € 1 Mio. beurteilt, bei dem der Erhalt der zur Teilnahme am Gewinnspiel erforderlichen Rubbelkarten an den Kauf von bestimmten Produkten in einer der Filialen gekoppelt ist, auch wenn die alternative Teilnahmemöglichkeit über eine Telefon-Hotline besteht.[360] Im zu entscheidenden Fall war die in der Fernsehwerbung eingeblendete Hotline ohnehin derart kurz und schwer erkennbar, dass eine zuverlässige Kenntnisnahme selbst bei Erwachsenen nicht in Betracht kam. Kinder und Jugendliche sind regelmäßig auch davor zu schützen, dass sie ohne Hinweis auf die alternative Teilnahmemöglichkeit von Dritten auf die Aktion aufmerksam gemacht oder auch nur von Freunden aufgefordert werden, eine der Filialen zur Teilnahme an dem Gewinnspiel aufzusuchen.

138 Kommen als Werbeadressaten nicht nur Kinder und Jugendliche, sondern auch Erwachsene in Betracht, so reicht nach der zu Nr. 28 des Anhangs ergangenen *Runes of Magic*-Entscheidung die

[353] Vgl. ausführliche Kommentierung im Anhang zu § 3 Abs. 3.

[354] So auch *Dembowski* in: FS Ullmann, S. 609 m. w. N.; a. A. noch BGH GRUR 2004, 343, 344 – *Playstation;* allerdings ohne Begründung.

[355] GRUR 2006, 161, 162.

[356] Da die Entscheidung „Playstation" mit diesen Ausführungen nicht vereinbar wäre, kann wohl davon ausgegangen werden, dass diese Entscheidung bereits durch die Entscheidung „Zeitschrift mit Sonnenbrille" überholt ist.

[357] BGH GRUR 2006 161 Rdn. 17 – *Zeitschrift mit Sonnenbrillen;* BGH GRUR 2009, 71 Rdn. 15 – *Sammelaktion für Schoko-Riegel;* BGH GRUR 2014, 686 Rdn. 35 – *Goldbärbarren.*

[358] S. statt vieler *Glöckner* WRP 2014, 1399, 1405 f.; *Köhler* WRP 2014, 1410, 1413.

[359] EuGH WRP 2010, 232 – *Plus Warenhandelsgesellschaft;* BGH GRUR 2011, 532 – *Millionen-Chance II.*

[360] LG München I NJW 2003, 3066 ff.

Anrede mit „Du" für sich genommen nicht mehr aus.[361] Doch kann die Anrede in Verbindung mit der Verwendung kindertypischer Begriffe und Anglizismen ein unmittelbares Ansprechen von Kindern und Jugendlichen indizieren.[362] Die Auslobung **alterstypischer Gewinne** legt ebenfalls ein unmittelbares Ansprechen von Kindern oder Jugendlichen nahe. Evident ist das unmittelbare Ansprechen von Jugendlichen bei Werbung in **Jugendzeitschriften.**[363] Selbst wenn Werbung zwar Erwachsene, in einem besonders hohen Maße aber auch Kinder oder Jugendliche anspricht, sind nach den Wertungen des § 4a Abs. 2 S. 1 Nr. 3, S. 2 geringere Anforderungen an den Grad einer unsachlichen Beeinflussung als in der Erwachsenenwerbung zu stellen.

Aleatorischer Reize,[364] **Kopplungsangebote**[365] **und ungekoppelte Zuwendungen** (insbesondere Rabatte) können, abhängig von den Einzelfallumständen, **gerade wegen altersbedingt erhöhter Verletzlichkeit** der Adressaten **unlauter** sein. Für Einzelheiten zum früheren Recht sei auf die Ausführungen der Vorauflage verwiesen. Wie sich die insgesamt permissivere Positionierung des UWG 2015 in der Praxis auswirkt, wird abzuwarten sein. 139

Ein Fall des § 4a Abs. 2 S. 1 Nr. 3, S. 2 liegt, bezogen auf die Beeinflussung von Eltern beim Einsatz Minderjähriger als **Absatzhelfer** oder **Kaufmotivatoren,** grundsätzlich nicht vor. Insoweit ist, auch wenn Minderjährige als Absatzhelfer oder Kaufmotivatoren der Eltern oder sonstiger Erwachsener fungieren und damit Einfluss auf die Kaufentscheidung nehmen, auf die Beeinflussung des Erwachsenen im Rahmen des Tatbestands des § 4a abzustellen, wobei eine unsachliche Beeinflussung noch zum Zeitpunkt der maßgeblichen Vermögensdisposition fortwirken muss.[366] Nach den dafür geltenden strengen Maßstäben wird man die Voraussetzungen des § 4a bezogen auf die Erwachsenen in den meisten Fällen verneinen müssen.[367] Bezogen auf die Kinder kommt dagegen der Ausnutzungstatbestand des § 4a Abs. 2 S. 1 Nr. 3, S. 2 durchaus in Betracht. Denn in bestimmten Konstellationen sind Jugendliche durch § 4a Abs. 2 S. 1 Nr. 3, S. 2 auch unabhängig von der Gefahr einer nachteilhaften Vermögensdisposition geschützt.[368] Dies ergibt sich für unmittelbare Überredungsappelle – die beim Einsatz Minderjähriger als Kaufmotivatoren oftmals[369] vorliegen können – bereits aus Ziff. 28 der schwarzen Liste des UWG-Anhangs.[370] Aber auch unabhängig von unmittelbaren Kauf- und Überredungsappellen sind Fälle denkbar, in denen ein Schutzbedürfnis insbesondere von Kindern besteht, weil die Art der Werbung einen ähnlichen „Possessionswille" wie in den Fällen der Ziff. 28 auslöst, d. h. ein vergleichbarer Druck ausgeübt wird. § 4a Abs. 2 S. 1 Nr. 3, S. 2 hat dann eine Auffangfunktion zu der Ziff. 28. Dies wird man allerdings für den Regelfall noch nicht bei der im räumlichen Zusammenhang mit der Kasse ausgestellten **„Quengelware"**[371] oder vergleichbaren **suggestiven Beeinflussungen** annehmen können, da sie keinen in der Intensität unmittelbarer Kauf- und Überredungsappelle vergleichbaren Druck ausüben. Eine **Irreführung** des Minderjährigen nach § 5 kommt in Betracht, wenn diesem suggeriert wird, er könne das Geschäft selbst abschließen, obwohl die Voraussetzungen des Taschengeldparagraphen nicht vorliegen. So täuscht der Hinweis „Sprich mit uns!" regelmäßig darüber hinweg, dass das Geschäft ohne Zustimmung der Erziehungsberechtigten überhaupt nicht abgeschlossen werden kann.[372] 140

---

[361] BGH GRUR 2014, 298, Rdn. 19 – *Runes of Magic;* anders die ältere Rspr.: LG München I NJW 2003, 3066, 3068; differenzierend OLG Frankfurt, GRUR 2005, 1064, 1065 – *Lion-Sammelaktion* (unter Hinweis darauf, dass die unmittelbare Ansprache „Du" auch in der Erwachsenenwerbung genutzt wird); a. A. *Schmitz* NJW 2003, 3035.

[362] siehe hierzu *Picht/Stuckel* Nr. 28 UWG-Anhang, Rdn. 8.

[363] BGH GRUR NJW 1994, 731, 732.

[364] Hierzu aus der früheren Rspr. OLG München WRP 2000, 1321, 1322f. – *Gewinnspiel;* so auch *Dembowski* in: FS Ullmann, S. 604; OLG Nürnberg GRUR-RR 2003, 315f. – *Werbeschreiben an Jugendliche.*

[365] OLG Frankfurt, GRUR 2005, 782 – *Milchtaler;* OLG Frankfurt, GRUR 2005, 1064 – *Lion-Sammelaktion* (bestätigt durch BGH, GRUR 2009, 71 – *Sammelaktion für Schoko-Riegel*). BGH GRUR 2006, 161, 162 – *Zeitschrift mit Sonnenbrille;* kritisch hierzu *Henning-Bodewig,* WRP 2006, 624, da der BGH den Schwerpunkt auf § 4 Nr. 1 a. F. statt § 4 Nr. 2 a. F. setzte.

[366] BGH GRUR 2004, 343, 344 – *„Playstation".*

[367] So im Grundsatz BGH GRUR 2008, 183 – *Tony Taler;* vgl. auch *Dembowski* in: FS Ullmann, S. 604f., jedenfalls für den Fall, dass die Auseinandersetzung von Kind und Eltern „nicht im Einflussbereich außenstehender Dritter stattfindet". Ebenso für Österreich OGH medien und recht 2008, 308 – *Pony-Club:* Eine stets kündbare Mitgliedschaft, bei der die Jugendlichen zunächst für € 5 ein Überraschungspaket und später für ca. € 20 Spezialpakete erhielten, wurde allerdings in ihrer Ausgestaltung als preisverschleiernd und belästigend angesehen.

[368] Vgl. dazu Ziff. 28 der schwarzen Liste des UWG-Anhangs.

[369] Vgl. *Baukelmann* in: FS Ullmann, S. 591.

[370] Vgl. dazu ausführliche Kommentierung zum Anhang.

[371] *Dembowski* in: FS Ullmann, S. 604f., a. A. *Benz* WRP 2003, 1160.

[372] OLG Nürnberg 2003 GRUR-RR 2003, 315f. – *Werbeschreiben an Jugendliche.*

141 Unter dem Gesichtspunkt der **Intransparenz** kann auch ein an 14-jährige Leserinnen einer Jugendzeitschrift gerichtete Auslobung von entgeltlichen Telefonmehrdienstleistungen wie das **Laden von Klingeltönen** auf das Handy über eine kostenpflichtige Service-Telefonnummer zur Unlauterkeit führen. In folgender Fallkonstellation bejahte der BGH eine Unlauterkeit:[373] Bei einem derartigen Ladevorgang lagen die Preise durchschnittlich bei € 4,50. Für die jugendlichen Nutzer war **nicht übersehbar ist, welche Kosten** auf sie zukommen, da ihnen die maßgebliche Dauer des Ladevorgangs unbekannt war und die Nutzer bei einem Abbrechen des Ladevorgangs überhaupt keine Gegenleistung erhalten. In derartigen Fällen besteht zudem eine besondere Gefährdungslage, da eine Bestellmöglichkeit zeit- und ortsunabhängig besteht. Eine Unlauterkeit kommt aber auch dann in Betracht, wenn regelmäßige Kosten genannt werden, aber die Gefahr besteht, dass diese in Vergessenheit geraten können. Hinzu kommt die für jugendliche Handynutzer in diesem Fall durchaus gefährliche Situation, dass Ladevorgänge beinahe in jeder Lebenssituation spontan getätigt werden können.[374] In dem zu beurteilenden Fall hing der Preis von dem Zeitraum des Telefonierens einschließlich Ladevorgang und der Fingerfertigkeit ab, so dass der Gesamtpreis intransparent war.[375]

142 Eine besondere Gefahr unsachlicher Beeinflussung von Kindern und Jugendlichen kann auch bei einem **Autoritäts- oder Vertrauensmissbrauch** vorliegen, d. h. dem Einspannen von Autoritätspersonen (Erzieher, Lehrer etc.) und Medienstars (reale Personen und fiktive Figuren) in der Werbung gegenüber Kindern oder Jugendlichen.[376] Insoweit können die Tatbestände des § 4a und des § 5 ineinander übergehen. Minderjährige neigen oftmals dazu, unkritisch Empfehlungen von Autoritätspersonen zu übernehmen. Demgemäß sind strengere Anforderungen als bei Erwachsenen im Rahmen des Autoritäts- und Vertrauensmissbrauch zu stellen. Insbesondere reicht bei Minderjährigen ein erheblich geringerer **„moralischer Druck"** aus, um die Unlauterkeit zu bejahen.

143 Das **Dulden von Werbung in der Schule** auf Grund von Einzelfallgenehmigungen der Schulleitung im Rahmen des allgemeinen Bildungsauftrags der Schule ist ohne Hinzutreten besonderer Umstände zulässig.[377] Wenn die Schulleitung derartige Werbung zulässt, ist es grundsätzlich nicht Aufgabe des Wettbewerbsrechts, dem außerhalb von Missbrauchsfällen entgegen zu treten.[378] Für Duldung von Werbung in **Kindergärten** kann insofern nichts anders gelten.[379] Ein Missbrauch liegt jedoch regelmäßig vor, wenn die Schule oder der Kindergarten für die Werbung eine nicht offengelegte Gegenleistung erhält. Dagegen liegt in der Duldung einer Aktion, an Schulen Schüler-Kurzabonnements einer wöchentlich erscheinenden Zeitschrift zu vertreiben, weder eine unerlaubte Werbung an Schulen noch eine unlautere Ausnutzung der Autorität der Lehrer zu werblichen Zwecken, wenn keine besonderen unlauteren Umstände hinzutreten.[380]

144 § 4a Abs. 2 S. 1 Nr. 3, S. 2 erfasst nicht nur konkrete Verkaufsförderungsmaßnahmen, sondern auch **Handlungen im Vorfeld konkreter Verkaufsförderungsmaßnahmen.** Dies verdeutlicht Ziff. 28 des UWG-Anhangs.[381] Auch die **Datenerhebung** bei Kindern und Jugendlichen zu Werbezwecken kann zu einem Verstoß führen.[382] Unlauter ist jedenfalls eine Aktion mit einer gegen datenrechtliche Vorschriften verstoßenden Datenerhebung bei Kindern, die diese ohne Einschaltung der Eltern über das Internet zu einer von einem Kfz-Hersteller angeboten Club-Mitgliedschaft veranlassen soll.[383]

---

[373] BGH GRUR 2006, 776 – *Werbung für Klingeltöne.*

[374] Vgl. *Klees/Lange,* CR 2005, 686.

[375] OLG Hamburg, MMR 2003, 467 – *Werbung für Handy-Klingeltöne in Jugendzeitschriften;* generell ablehnend *Klees/Lange,* CR 2005, 684, 686 wegen fehlender Bestimmbarkeit einer Preisobergrenze; ablehnend auch *Bahr,* MMR 2003, 470 f.; da sich das OLG Hamburg einseitig an den Bestimmungen des rechtlich unverbindlichen Verhaltenskodex der Freiwilligen Selbstkontrolle Telefonmehrwertdienste (FST) e. V. orientiert habe.

[376] S. für Einzelheiten die Vorauflage; ferner *Benz* WRP 2003, 1160, 1167 ff.; sowie aus der früheren Rspr. insbesondere BGH GRUR 1979, 157 – *Kindergarten-Malwettbewerb;* a. A. *Dembowski,* FS Ullmann, S. 602; BGH GRUR 1984, 665, 666 – *Werbung in Schulen;* OLG Frankfurt MD 2001, 286, 288 f. – *Schulprogramm als Werbeträger;* BGH GRUR 2008, 183 – *Tony Taler.* OLG Celle, GRUR-RR 2005, 387 – *Klassensparbuch;* hierzu *Dembowski* in: FS Ullmann, S. 603 f. Zum Einsatz von Jugend-„Idolen" *Köhler* in: FS Ullmann, S. 694, allerdings nur auf § 4 Nr. 3 a. F. abstellend; besonders kritisch *Benz* WRP 2003, 1160.

[377] Nach BGH GRUR 1979, 157 – *Kindergarten-Malwettbewerb.* Allerdings wird insoweit mittlerweile wiederholt auf die Ausübung von Druck auf die Eltern abzustellen. Dagegen *Dembowski* in: FS Ullmann, S. 602 f.; *Köhler* in: FS Ullmann, S. 692 bejaht dagegen die Voraussetzungen des Ausbeutungstatbestands.

[378] BGH GRUR 1984, 665, 666 – *Werbung in Schulen.*

[379] *Benz* WRP 2003, 1169.

[380] OLG Hamburg, GRUR-RR, 2005, 224 – *STERN.*

[381] Vgl. dazu ausführliche Kommentierung im Anhang.

[382] BGH NJW 2010, 864, Rdn. 24 – *Happy Digits;* OLG Hamm WRP 2013, 375, Rdn. 34.

[383] Vgl. OLG Frankfurt, GRUR 2005, 785 – *Skoda-Autokids-Club.*

4. Ausnutzen sonstiger geschäftlicher Unerfahrenheit

Die für Minderjährige geltenden Grundsätze lassen sich behutsam auf sonstige geschäftlich unerfahrene Verbraucher übertragen, die in besonderem Maße für unsachliche Beeinflussungen empfänglich sind. Geschäftlich unerfahren in diesem Sinne ist eine Person, die nicht die Erfahrungen im Geschäftsleben hat, die bei einem durchschnittlich informierten, aufmerksamen und verständigen Verbraucher zu erwarten sind.[384] Wo diese durchschnittliche geschäftliche Erfahrung anzusiedeln ist, hängt von der konkreten Handlung und dem konkret angesprochenen Personenkreis ab.[385] Rechtsunkenntnis wirtschaftlich erfahrener Verkehrskreise allein kann dagegen den Tatbestand des § 4a Abs. 2 S. 1 Nr. 3, S. 2 nicht begründen.[386] 145

Unerfahrenheit im (inländischen) Geschäftsverkehr kann etwa vorliegen bei **Flüchtlingen und sonstigen, frisch nach Deutschland migrierten Personen.** So liegt bei der Durchführung von Verkaufsveranstaltungen in Aussiedlerwohnheimen, jedenfalls wenn sie von der Heimleitung nicht genehmigt worden sind, unter dem Gesichtspunkt der Ausnutzung der geschäftlichen Unerfahrenheit ein Verstoß gegen § 4a Abs. 2 S. 1 Nr. 3, S. 2 nahe.[387] Ein Ausnutzen geschäftlicher Unerfahrenheit kommt ferner bei **Analphabetismus** und **langer Abgeschiedenheit,** etwa im geschlossenen Vollzug, in Betracht.[388] Hingegen sind Rentner und Hausfrauen nicht pauschal wegen geschäftlicher Unerfahrenheit besonders schutzwürdig. Das Problem der „Kaffeefahrten" lässt sich daher nicht befriedigend über § 4a Abs. 2 S. 1 Nr. 3, S. 2 lösen. 146

5. Ausnutzen von Leichtgläubigkeit

Ein eigenständiger Anwendungsbereich des Ausnutzens der Leichtgläubigkeit (neben dem Ausnutzen der geschäftlichen Unerfahrenheit) ist nur schwer erkennbar. Bei **fehlerhafter oder unterlassener Belehrungen,** die zu einem Verstoß außerwettbewerbsrechtlicher Vorschriften führen, sind regelmäßig schon die Voraussetzungen von § 3a erfüllt, so dass es einer ergänzenden Anwendung des § 4a Abs. 2 S. 1 Nr. 3, S. 2 nicht bedarf. Über § 4a Abs. 2 S. 1 Nr. 3, S. 2 kann grundsätzlich auch nicht die Verwendung **unwirksamer AGBs** erfasst werden, die auf eine Übervorteilung der mit dem Marktauftritt des Klauselverwenders angesprochenen Verbraucher angelegt ist.[389] Besondere Fallkonstellationen, die eine Anwendung des § 4a Abs. 2 S. 1 Nr. 3, S. 2 rechtfertigen können, sind aber nicht völlig ausgeschlossen. 147

6. Ausnutzen von Angst oder Zwangslage

Schrifttum: *Girth/Sack,* Die Werbung mit der Inflation, WRP 1974, 181; *Knubben,* Die Werbung unter Ausnutzung von Angst, Dissertation, 2007; *Schnorbus,* Werbung mit der Angst, GRUR 1994, 15; *Tetzner,* Ist Werbung mit der Angst unlauter?, MDR 1975, 281.

Das Ausnutzen von Angst oder einer Zwangslage stellt eine weitere Tatbestandsalternative der unsachlichen Beeinflussung bei Schutzbedürftigen dar. Vor der UWG-Reform 2004 wurde die Werbung mit der Angst der **unzulässigen gefühlsbetonten** Werbung zugeordnet.[390] Die Rspr. sah es als mit dem Leistungswettbewerb unvereinbar an, nicht mit der Leistung und der Preiswürdigkeit, sondern mit unsachlichen und damit wettbewerbsfremden Umständen zu werben. § 4a bezweckt aber **nicht die Zementierung** dieser Grundsätze. Die Tatbestandsalternative des Ausnutzens von Angst normiert **keinen abstrakten Gefährdungstatbestand** im Hinblick auf das Ansprechen von gesundheitlichen, wirtschaftlichen oder sonstigen politischen Gefahren. Vielmehr stellt § 4a Abs. 2 S. 1 Nr. 3, S. 2 nur klar, dass **bei einer besonderen Schutzbedürftigkeit** ähnlich wie bei geschäftlicher Unerfahrenheit, Leichtgläubigkeit und Bestehen einer Zwangslage ein geringerer Grad an unsachlicher Beeinflussung die **Entscheidungsfreiheit** verfälschen kann. 148

Abstrakte Gefährdungstatbestände bestehen für **Heil- und Lebensmittel,** namentlich in **§ 11 Abs. 1 S. 1 Nr. 7 HWG sowie § 12 Abs. 1 Nr. 6 LFGB.** Ein Verstoß gegen diese Normen 149

---

[384] BGH GRUR 2007, 978, 980 – *Rechtsberatung durch Haftpflichtversicherer.*

[385] OLG Hamm WRP 2013, 375 – *Datenerhebung durch Krankenkasse.*

[386] BGH GRUR 2007, 978, 980 – *Rechtsberatung durch Haftpflichtversicherer.*

[387] BGH GRUR 1998, 1041 f. – *Verkaufsveranstaltung in Aussiedlerwohnheimen.*

[388] Vgl. *Scherer* WRP 2008, 563, 570.

[389] So auch OLG Köln, GRUR-RR, 2007, 285 – *Schriftformklauseln;* vgl. dazu auch BGH GRUR 2007, 978 – *Rechtsberatung durch Haftpflichtversicherer* zur geschäftlichen Unerfahrenheit, a. A. OLG Düsseldorf, GRUR 2006, 782, 785 – *Lottofonds:* Im Fall einer unzureichenden Belehrung über ein Widerrufsrecht, wenn durch sie die Gefahr begründet wird, dass der Kunde von seinem Widerrufsrecht keinen Gebrauch macht und der Unternehmer diese Rechtsunkenntnis zu seinem Vorteil ausnutzt.

[390] Vgl. *Baumbach/Hefermehl,* Wettbewerbsrecht, 21. Aufl., 2001, § 1 Rdn. 76a, b.

kann zugleich **§ 3a** erfüllen.[391] Nach der Zweckbestimmung des § 4a Abs. 2 S. 1 Nr. 3, S. 2 ist auch in diesem Bereich mit dem Ausnutzen von Angst nicht das Ausnutzen von Ängstlichkeiten des täglichen Lebens, sondern nur **ernsthafter, besonders erheblicher Angstgefühle** gemeint.[392] Ein Ausnutzen von Angst liegt auch nicht vor, wenn die Angst durch eine sachgerechte Beschreibung der Zweckbestimmung eines Produktes, etwa dem Anwendungsbereich eines Arzneimittels, ausgelöst wird. Eine unsachliche Beeinflussung kann dann aber durch eine **dramatisierende werbliche Darstellung** hervorgerufen werden.[393] An die Richtigkeit, Eindeutigkeit und Klarheit der Aussage sind im Gesundheitsbereich besonders strenge Anforderungen zu stellen.[394]

150 Zwangslagen können durch **Unfälle, Erkrankungen, Vermögenslosigkeit und sonstige besondere** Drucksituationen hervorgerufen werden. Der Umworbene befindet sich dann in einem Zustand eingeschränkter Entscheidungsrationalität. Die Gefahr einer unsachlichen Beeinflussung liegt insbesondere vor, wenn sich der Umworbene in einer Schocksituation befindet und unter Entscheidungs- und Zeitdruck gesetzt wird. In diesen Fällen besteht die erhöhte Gefahr einer Überrumpelung bei dem Treffen einer Vermögensdisposition. Ob der Verbraucher die Zwangslage selbst (mit) herbeigeführt hat, ist nicht entscheidend.[395] So kommt ein Ausnutzen der Zwangslage – neben einer nach § 7 unzumutbaren Belästigung – in Betracht, wenn **Unfallbeteiligte** noch am Unfallort zum Abschluss eines Abschleppvertrages[396] oder eines Reparatur- und Kfz-Mietvertrags[397] angesprochen werden. Ein unlauteres Ausnutzen bei Schutzbedürftigen nach § 4a Abs. 2 S. 1 Nr. 3, S. 2 verlangt aber stets eine **unsachliche Beeinflussung im Einzelfall.** Allein eine abstrakte Gefährdungslage, das Interesse der Allgemeinheit und die Gefahr einer Nachahmung rechtfertigen nicht mehr das generelle Verbot des unaufgeforderten Ansprechens von Unfallbeteiligten, auch nicht über die Generalklausel des § 3. Beim Eindringen in die Individualsphäre wie etwa den Fällen, in denen Angehörige von Verstorbenen zu Hause aufgesucht werden, um Bestattungsaufträge zu erlangen,[398] kann je nach den Einzelfallumständen Unlauterkeit gegeben sein.[399]

§ 5 Irreführende geschäftliche Handlungen

(1) [1]**Unlauter handelt, wer eine irreführende geschäftliche Handlung vornimmt, die geeignet ist, den Verbraucher oder sonstigen Marktteilnehmer zu einer geschäftlichen Entscheidung zu veranlassen, die er andernfalls nicht getroffen hätte.** [2]**Eine geschäftliche Handlung ist irreführend, wenn sie unwahre Angaben enthält oder sonstige zur Täuschung geeignete Angaben über folgende Umstände enthält:**

1. **die wesentlichen Merkmale der Ware oder Dienstleistung wie Verfügbarkeit, Art, Ausführung, Vorteile, Risiken, Zusammensetzung, Zubehör, Verfahren oder Zeitpunkt der Herstellung, Lieferung oder Erbringung, Zwecktauglichkeit, Verwendungsmöglichkeit, Menge, Beschaffenheit, Kundendienst und Beschwerdeverfahren, geographische oder betriebliche Herkunft, von der Verwendung zu erwartende Ergebnisse oder die Ergebnisse oder wesentlichen Bestandteile von Tests der Waren oder Dienstleistungen;**
2. **den Anlass des Verkaufs wie das Vorhandensein eines besonderen Preisvorteils, den Preis oder die Art und Weise, in der er berechnet wird, oder die Bedingungen, unter denen die Ware geliefert oder die Dienstleistung erbracht wird;**
3. **die Person, Eigenschaften oder Rechte des Unternehmers wie Identität, Vermögen einschließlich der Rechte des geistigen Eigentums, den Umfang von Verpflichtungen, Befähigung, Status, Zulassung, Mitgliedschaften oder Beziehungen, Auszeichnungen oder Ehrungen, Beweggründe für die geschäftliche Handlung oder die Art des Vertriebs;**

---

[391] *Köhler*/Bornkamm, § 4a Rdn. 2.21.

[392] So BGH GRUR 1986, 902 – *Angstwerbung* zu § 11 I Nr. 7 HWG.

[393] Vgl. auch BGH GRUR 1999, 1007 f. – *Vitalkost* zu § 12 I Nr. 6 LFGB.

[394] BGH GRUR 2002, 182, 185 – *Das Beste jeden Morgen;* BGH GRUR 2013, 649 Rdn. 15 – *Basisinsulin mit Gewichtsvorteil.*

[395] LG Berlin WRP 2010, 955, 956f; *Köhler*/Bornkamm, § 4a Rdn. 2.29. A. A. MünchKomm-UWG/*Heermann*, § 4 Nr. 2 UWG (a. F.) Rdn. 127.

[396] BGH GRUR 1980, 790 – *Werbung am Unfallort III;* GRUR 2000, 235 – *Werbung am Unfallort IV.*

[397] BGH GRUR 1975, 264 f. – *Werbung am Unfallort I;* GRUR 1975, 266 f. – *Werbung am Unfallort II.*

[398] Zu UWG a. F.: BGH GRUR 1967, 430 f. – *Grabsteinaufträge I;* BGH GRUR 1971, 317 f. – *Grabsteinaufträge II.*

[399] *Köhler*/Bornkamm, § 4a Rdn. 2.33.

4. Aussagen oder Symbole, die im Zusammenhang mit direktem oder indirektem Sponsoring stehen oder sich auf eine Zulassung des Unternehmers oder der Waren oder Dienstleistungen beziehen;
5. die Notwendigkeit einer Leistung, eines Ersatzteils, eines Austauschs oder einer Reparatur;
6. die Einhaltung eines Verhaltenskodexes, auf den sich der Unternehmer verbindlich verpflichtet hat, wenn er auf diese Bindung hinweist oder
7. Rechte des Verbrauchers, insbesondere solche auf Grund von Garantieversprechen oder Gewährleistungsrechte bei Leistungsstörungen.

(2) **Eine geschäftliche Handlung ist auch irreführend, wenn sie im Zusammenhang mit der Vermarktung von Waren oder Dienstleistungen einschließlich vergleichender Werbung eine Verwechslungsgefahr mit einer anderen Ware oder Dienstleistung oder mit der Marke oder einem anderen Kennzeichen eines Mitbewerbers hervorruft.**

(3) **Angaben im Sinne von Absatz 1 Satz 2 sind auch Angaben im Rahmen vergleichender Werbung sowie bildliche Darstellungen und sonstige Veranstaltungen, die darauf zielen und geeignet sind, solche Angaben zu ersetzen.**

(4) [1] **Es wird vermutet, dass es irreführend ist, mit der Herabsetzung eines Preises zu werben, sofern der Preis nur für eine unangemessen kurze Zeit gefordert worden ist.** [2] **Ist streitig, ob und in welchem Zeitraum der Preis gefordert worden ist, so trifft die Beweislast denjenigen, der mit der Preisherabsetzung geworben hat.**

Gesamtinhaltsübersicht

Rdn.

A. Grundlagen ... 1
I. Einfluss des Europäischen Rechts ... 1
II. Gesetzesgeschichte ... 4
1. Lauterkeitsrechtlicher Irreführungsschutz bis zur UWG-Novelle 2008 ... 4
2. UWG-Novelle 2008 ... 7
3. UWG-Reform 2015 ... 8
III. Normzweck, Regelungsinhalt und Systematik ... 9
1. Normzweck ... 9
2. Regelungsinhalt und Systematik ... 10
IV. Europäischer Kontext ... 17
1. Primäres Gemeinschaftsrecht ... 17
2. Sekundäres Gemeinschaftsrecht ... 25
a) Unionskonforme Auslegung ... 25
b) Werberichtlinie 2006/114/EG ... 28
c) UGP-Richtlinie ... 29
d) Unionsrechtliche Informationspflichten ... 50
e) Weitere Irreführungsverbote ... 60
V. Nationaler Kontex ... 69
1. Verfassungsrecht ... 69
2. Kennzeichen-, Namens- und Registerrecht, geografische Herkunftsangaben, Urheberrecht ... 76
3. Vertragsrecht, Gewährleistungsrecht, Allgemeine Geschäftsbedingungen ... 79
a) Vertragsrecht ... 79
b) Allgemeine Geschäftsbedingungen ... 90
4. Deliktsrecht ... 91
a) § 823 Abs. 1 BGB ... 91
b) § 823 Abs. 2 BGB ... 92
c) § 826 BGB ... 94
5. Andere Irreführungsverbote ... 95
a) Innerhalb des UWG ... 95
b) Außerhalb des UWG ... 106
c) Informationspflichten ... 109
d) Preisangabenverordnung ... 110
e) Berufsrecht ... 121
B. Die Unlauterkeit irreführender geschäftlicher Handlungen (§ 5 Abs. 1 UWG) ... 1
I. Geschäftliche Handlung ... 1
II. Verkehrsauffassung ... 13
1. Grundsatz ... 13
a) Begriffe und Bedeutung ... 13
b) Maßstab ... 14

Rdn.
c) Irreführung durch Unterlassen ... 15
d) Gespaltene Verkehrsauffassung ... 16
2. Normativ oder empirisch ... 18
3. Durchschnittlich (angemessen) informierte, aufmerksame und verständige Zielperson ... 28
a) „Durchschnittlich" im Sinne von „angemessen" ... 28
b) Besonderer Schutz bestimmter Verbrauchergruppen ... 29
c) Zielgruppe ... 34
d) Situationsbedingtheit des Verkehrsverständnisses ... 40
e) „Angemessene" Informiertheit, Aufmerksamkeit und Verständigkeit ... 42
III. Zur Täuschung geeignete Angaben, § 5 Abs 1 S. 2 Alt. 2 ... 49
1. Angabe ... 50
a) Begriff ... 50
b) Verkehrsverständnis ... 56
c) Abgrenzung ... 57
d) Unklare oder mehrdeutige Angaben ... 70
e) Mehrere Angaben/Zusammengesetzte Angaben/Angaben in einer geschlossenen Darstellung ... 71
f) Verschweigen, Unvollständigkeiten, mittelbare, konkludente und getarnte Angaben ... 77
g) Werbung mit Selbstverständlichkeiten ... 91
h) Bildliche Darstellungen, sonstige Veranstaltungen, vergleichende Werbung ... 96
i) Wahre/unwahre Angaben ... 97
j) Zu Eigenmachen von Angaben Dritter ... 98
k) Angaben zugunsten eines fremden Unternehmens ... 100
l) Angaben über andere Unternehmer ... 101
2. Feststellung des Angabeninhalts ... 104
a) Allgemeines ... 104
b) Verkehrsverständnis ... 105
c) Gesamteindruck ... 106
d) Wortbedeutung ... 108
e) Unklare und mehrdeutige Angaben ... 109
f) Gesteuerte Verkehrsauffassung ... 113
g) Veränderte Verkehrsauffassung ... 114
h) Motive ... 115
i) Fortwirkung ... 117
3. Umstand im Sinne von § 5 Abs. 1 S. 2 ... 118
a) Allgemein ... 118
b) Abschließende Aufzählung für das Verhältnis B2C ... 119
c) Erweiterbarkeit für Verhältnis B2B? ... 120
d) Einschränkung bei vergleichender Werbung? ... 121
e) Weitere Einzelheiten ... 122
4. Täuschungseignung ... 123
a) Verkehrsverständnis ... 123
b) Eignung ... 124
c) Fehlvorstellung ... 125
d) Problembereiche ... 126
IV. Unwahre Angaben, § 5 Abs. 1 S. 2 Alt. 1 ... 174
1. Objektiv unwahre Angabe ... 174
2. Kein Erfordernis der Täuschungseignung ... 180
3. Umstand im Sinne von § 5 Abs. 1 S. 2 ... 185
4. Relevanz, kein zusätzliches Erheblichkeitserfordernis ... 192
V. Wettbewerbsrechtliche Relevanz, keine zusätzliche Erheblichkeit ... 196
1. Relevanzklausel in § 5 Abs. 1 S. 1 letzter HS ... 196
2. Relevanzerfordernis bei unwahren Angaben ... 204
3. Doppelte Zielrichtung des Relevanzerfordernisses ... 206
4. Voraussetzungen ... 208
a) Eignung zur wesentlichen Beeinflussung der geschäftlichen Entscheidung 208
b) Eignung zur Schädigung eines Mitbewerbers ... 226
5. Beispiele ... 235
a) Bejahung ... 235
b) Verneinung ... 236
VI. Interessenabwägung und Verhältnismäßigkeit ... 237
1. Interessenabwägung ... 237
a) Allgemeines ... 237

Rdn.
b) Unterschiedlich hohe Anforderungen an das Verkehrsverständnis 238
c) Strengere Anforderungen bei bestimmten Schutzgütern 241
d) Verwendung gesetzlich vorgeschriebener oder zugelassener Bezeichnungen 245
2. Verhältnismäßigkeit 246
a) Allgemeines 246
b) Einzelheiten 247
c) Problembereiche 248
VII. Verwirkung 255
VIII. Die Bezugspunkte der Irreführung 256
C. Die Merkmale der Ware oder Dienstleistung (§ 5 Abs. 1 S. 2 Nr. 1) 1
I. Verfügbarkeit und Menge der Waren oder Dienstleistungen 1
1. Abgrenzung 1
2. Warenmenge 3
a) Angabe 4
b) Mehr versprochen als geliefert 5
c) Verhältnis zu früheren Mengen 6
d) Sonderregelungen 7
3. Vorratsmenge, Beschränkung der Abgabenmenge 9
4. Verfügbarkeit 11
a) Fehlende Abgabebereitschaft 13
b) Liefer- und Mitnahmemöglichkeit 15
c) Verfügbarkeit der beworbenen Ware 16
d) Zeitpunkt der Verfügbarkeit 17
e) Dauer der Verfügbarkeit 18
f) Aufklärende Hinweise 23
g) Entlastung des Unternehmers 25
h) Subjektiver Vorratsmangel, Relevanz 26
i) Beweislast 27
II. Art, Ausführung, Zusammensetzung, Beschaffenheit der Ware oder Dienstleistung, Zubehör 28
1. Bedeutung und Abgrenzung 28
2. Verkehrsauffassung, Verbraucherleitbild 31
a) Relevante Verkehrskreise 32
b) Bestimmung des Verständnisses 33
c) Wandel der Verkehrsauffassung 37
d) Fehlen klarer eigener Vorstellungen 39
3. Einzelfälle/Fallgruppen 42
a) Zusammengesetzte Worte 43
b) „Kunst", „Synthetik", „Plastik", „-look", „dekor" 44
c) „echt", „Original" 47
d) „Spezial-", „Extra", „forte" 50
e) „Natur-", „naturrein", „neutral" 51
f) Marken 55
g) Qualitätsangaben 58
h) frisch 63
i) Mangelhafte Ware 64
j) Auslaufmodell, Restposten 66
k) Finanzprodukte und -dienstleistungen 67
l) Zubehör 68
m) Typenbezeichnungen 69a
n) „ohne"-Werbung, gentechnische Veränderungen 70
o) Weitere Einzelfälle 70c
4. Verhältnis zu sonderrechtlichen Normen 71
a) Sonderrechtliches Verbot 72
b) Andere sonderrechtliche Regelungen 73
c) Beispiele für gesetzliche Regelungen 84
5. Ausschluss der Irreführungsgefahr durch ergänzende Hinweise 91
III. Verfahren oder Zeitpunkt der Herstellung, Lieferung oder Erbringung 92
1. Abgrenzung 92
2. Verfahren der Herstellung, Lieferung oder Erbringung 98
a) Eigene Leistung 99
b) Handwerkliche Herstellung 100
c) Sonstige Verfahren oder Leistungen 102
d) Denaturierung, Bedeutungswandel 103
e) Verstärkende Zusätze 104
f) Vertriebsart 105

Rdn.
3. Zeitpunkt der Herstellung (einer Ware), Lieferung (einer Ware) oder der Erbringung (einer Dienstleistung) ... 108
a) Alterswerbung ... 109
b) Neuheitswerbung ... 110
c) Last Minute ... 117
d) Zeitpunkt der Lieferung ... 118
e) Maßgeblicher Zeitpunkt ... 119
IV. Zwecktauglichkeit, Verwendungsmöglichkeit, Vorteile, Risiken, von der Verwendung zu erwartende Ergebnisse (= Wirkung der Ware oder Leistung) ... 120
1. Allgemeines und Abgrenzung ... 120
2. Nachprüfbare Tatsachenbehauptung, keine allgemeine Aufklärungspflicht ... 124
3. Gesundheitsbezogene/krankheitsbezogene Werbung ... 128
a) Grundsatz ... 129
b) Sonderregelungen ... 131
4. Wissenschaftlich umstrittene bzw. nicht hinreichend gesicherte gesundheitsbezogene Aussagen ... 143
5. Schlankheitsmittel/schlankmachende Wirkung ... 152
6. Schönheitsmittel, Faltencremes ... 156
7. Umweltbezogene Wirkungen ... 157
a) Maßstab der Beurteilung, Umfang von Aufklärungspflichten ... 158
b) Werbung mit „bio" ... 161
c) Werbung mit Öko-/Umwelt-Kennzeichen ... 164
8. Sonstige Wirkungen, Vorteile, Risiken, Verwendungsmöglichkeiten, Einzelfälle ... 166
V. Kundendienst und Beschwerdeverfahren ... 171
1. Herkunft, Abgrenzung und Bedeutung ... 171
2. Kundendienst und Beschwerdeverfahren ... 174
VI. Geografische Herkunft ... 177
1. Abgrenzung und Konkurrenzen ... 177
2. Unwahre oder täuschende Angaben über die geografische Herkunft ... 182
a) Angabe über die geografische Herkunft ... 182
b) Unwahr oder täuschend ... 190
3. Wettbewerbsrechtliche Relevanz ... 193
4. Verhältnismäßigkeit ... 194
5. Beispiele ... 195
VII. Betriebliche Herkunft ... 208
1. Kein Vorrang des Kennzeichenrechts; Abgrenzung ... 208
a) Kennzeichenrecht ... 208
b) UWG ... 209
2. Unwahre oder täuschende Angaben über die betriebliche Herkunft ... 212
a) Angabe über die betriebliche Herkunft ... 212
b) Unwahrheit oder Täuschungseignung ... 221
3. Wettbewerbsrechtliche Relevanz bzw. Erheblichkeit ... 226
4. Beispiele ... 231
VIII. Ergebnisse und wesentliche Bestandteile von Tests oder Untersuchungen der Waren oder Dienstleistungen ... 248
1. Abgrenzung und Bedeutung ... 248
2. Tests/Untersuchungen ... 255
a) Testhinweiswerbung ... 256
b) Testergebniswerbung ... 257
c) Wesentliche Bestandteile/Merkmale von Tests, Andere Tests, Aufklärungspflichten ... 272
3. Prüfzeichen/Gütesiegel/Gütezeichen ... 277
a) Verhältnis zu Nr. 2 im Anhang zu § 3 Abs. 3 UWG ... 283
b) Grundsätze der Vergabe und Überwachung ... 284
c) Einzelfälle ... 286
d) Werbung mit Sternen ... 290
4. DIN Normen ... 291
5. Besondere gesetzliche Vorgaben ... 292
a) CE-Zeichen ... 293
b) GS-Zeichen ... 295
c) EU-Gemeinschaftsemblem für ökologischen Landbau ... 296
D. Der Anlass des Verkaufs (§ 5 Abs. 1 S. 2 Nr. 2) ... 1
I. Anlass der Verkaufs ... 1
1. Herkunft und Abgrenzung ... 1
2. Sonderregelungen ... 5

Rdn.

a) Sonderregelungen in der Schwarzen Liste ... 4
b) Frühere Sonderregelungen im UWG ... 6
3. Irreführung über den Anlass oder die Dauer eines Sonderverkaufs ... 7
a) Scheinverkäufe; Verlängerung oder Verkürzung zeitlicher Befristungen ... 7
b) Notwendigkeit zeitlicher Befristungen von Sonderverkäufen ... 8a
4. Kategorien, Einzelfälle ... 8b
a) Schlussverkäufe ... 9
b) Eröffnungen; Einführungen ... 11
c) Notlagen; Räumungsverkäufe; soziale Zwecke ... 12
d) Insolvenzen ... 13
e) Jubiläen ... 14
II. Der Preis und seine Berechnung, besondere Preisvorteile ... 15
1. Einführung ... 15
2. Angaben mit Preisbezug ... 17
3. Divergierende Preisangaben ... 18
4. Preisspaltung ... 22
5. Vollständigkeit der Preisinformation ... 23
a) Angabe des Gesamtpreises ... 23
b) Mehrwertsteuer ... 24
c) Versandkosten ... 27
d) Erforderlichkeit ergänzender Angaben ... 28
6. Margenpreise („Ab"-Preise) und Eckpreise, Beispielsrechnungen ... 30
7. Preislisten ... 32
8. Preisangaben bei Krediten, insbesondere Ratenkauf ... 33
9. Preisvergleich ... 36
a) Allgemein ... 36
b) Bezugnahme auf eigene Preise (Eigenpreisvergleich) ... 37
c) Bezugnahme auf Konkurrenzpreise ... 46
d) Bezugnahme auf empfohlene Preise ... 51
e) Irreführende Bezugnahme auf sonstige Werte ... 64a
10. Vorhandensein eines besonderen Preisvorteils ... 65
a) Allgemein ... 65
b) Pauschalbehauptung besonders günstiger Preise ... 66
c) Einzelfälle/Schlagworte ... 67
d) Werbung ohne Verwendung des Begriffs „Preis" ... 80
11. Sonstige Preiswerbung ... 72
a) Schlagworte ... 81
b) Irreführende Preiswerbung mit Selbstverständlichkeiten ... 91
c) Irreführende Preiswerbung durch Preisgestaltung („Lockvogelwerbung") .. 92
d) Irreführende Preiswerbung durch sonstige Angaben ... 94
III. Bedingungen, unter denen die Ware geliefert oder die Dienstleistung erbracht wird ... 95
1. Abgrenzung und Bedeutung ... 95
2. Risiken und Pflichten des Kunden ... 101
3. Allgemeine Geschäftsbedingungen ... 104
4. Garantien ... 106
5. Sonstige Fälle ... 108
E. Die Eigenschaften des Unternehmers (§ 5 Abs. 1 S. 2 Nr. 3) ... 1
Einführung ... 1
I. Identität des Unternehmers ... 1
1. Abgrenzung ... 2
a) § 5a Abs. 2 Nr. 3, Abs. 4 ... 2
b) Betriebliche und geographische Herkunft ... 3
c) Kennzeichenrecht ... 4
d) Registerrecht ... 5
2. Voraussetzungen ... 6
a) Unwahre oder zur Täuschung geeignete Angabe ... 6
b) Relevanz ... 15
3. Beispiele ... 17
II. Vermögen des Unternehmers einschließlich seiner Rechte des geistigen Eigentums ... 53
1. Allgemeines ... 53
2. Rechte des geistigen Eigentums ... 54
a) Allgemeines ... 54
b) Grundsätze ... 59
c) Einzelfälle, Ausdrücke ... 67

Rdn.
3. Sonstiges Vermögen 73
a) Voraussetzungen 73
b) Beispiele 80
III. Umfang der Verpflichtungen des Unternehmers 95
1. Europäischer Kontext und Abgrenzung 95
2. Einzelheiten 98
a) Unwahr oder zur Täuschung geeignet 98
b) Angabe über den Umfang der Verpflichtungen 100
c) Relevanz 102
3. Beispiele 104
IV. Befähigung des Unternehmers 115
1. Abgrenzung und Bedeutung 115
2. Dr.-Titel 119
3. Prof.-Titel 125
4. Diplom/Dipl.-Ing. 127
5. Ausländische akademische Grade und Bezeichnungen 128
6. Architekt/Architektur 132
7. Handwerker, handwerkliche Leistungen, Meister, Meisterbetrieb 134
8. Weitere Einzelfälle 137
9. Relevanz 169
V. Status des Unternehmers 170
1. Allein- und Spitzenstellungswerbung 171
a) Abgrenzung 174
b) Beurteilungsmaßstab 178
c) Arten von Alleinstellungswerbung 190
d) Spitzengruppenwerbung 203
e) Beweislast 205
2. Unternehmensziele 206
3. Unternehmensgröße und -bedeutung 211
a) Allgemein 211
b) Einzelne Fallgestaltungen 213
4. Stellung im Herstellungs- bzw. Vertriebsverfahren 248
5. Unternehmensalter und -tradition 249
a) Hohes Alter 249
b) Junges Alter 263
6. Überwachung und Kontrolle des Unternehmers 265
7. Personal und Mitarbeiter 268
a) Voraussetzungen 268
b) Beispiele 272
VI. Zulassung des Unternehmers 273
1. Allgemeines 273
a) Abgrenzung 273
b) Unwahre oder täuschende Angabe über Zulassung 276
c) Relevanz 280
d) Interessenabwägung bei fehlerhaftem oder irreführendem Verwaltungsakt? 281
2. Beispiele 284
VII. Mitgliedschaften oder Beziehungen des Unternehmers 312
1. Allgemein 312
a) Abgrenzung 312
b) Mitgliedschaften oder Beziehungen 315
c) Unwahre oder zur Täuschung geeignete Angabe 316
d) Relevanz 317
2. Beispiele 318
VIII. Auszeichnungen oder Ehrungen 342
1. Bedeutung und Abgrenzung 342
2. Beurteilungsmaßstab 348
3. Einzelfragen 349
a) Bestand 350
b) Ausgezeichnetes Objekt 351
c) Person des Auszeichnenden 352
d) Anlass, Auszeichnungskriterien, Verfahren 353
e) Zeitpunkt und Aktualität 354
f) Sonstiges 355
4. Empfehlungen 356
5. Relevanz 360

Rdn.
IX. Beweggründe für die geschäftliche Handlung 361
1. Herkunft und Abgrenzung 364
2. Bedeutung des Verbots; Unternehmerbezogenheit 367
3. Irreführung über Geschäftsanbahnung/-fortsetzung 369
4. Verwendung rechnungsähnlicher Formulare 370
5. Irreführung über den gewerblichen Charakter eines Angebots 372
6. Irreführung über Beweggründe des Unternehmers für die Art des Vertriebs? 375
X. Art des Vertriebs 376
1. Abgrenzung 376
2. Einzelheiten 381
3. Beispiele 383
F. Aussagen im Zusammenhang mit Sponsoring (§ 5 Abs. 1 S. 2 Nr. 4) 1
I. Herkunft, Abgrenzung und Bedeutung 1
II. Abgrenzung des Begriffs „Sponsoring" 3
III. Abgrenzung der „Zulassung" 5
IV. Aussagen oder Symbole 6
V. Im Zusammenhang mit direktem oder indirektem Sponsoring 7
VI. Zulassung des Unternehmers oder der Waren oder Dienstleistungen 9
VII. Darlegungs- und Beweislast 12
G. Die Notwendigkeit einer Leistung (§ 5 Abs. 1 S. 2 Nr. 5) 1
I. Herkunft, Abgrenzung 1
II. Inhalt der Regelung 3
H. Die Einhaltung eines Verhaltenskodex (§ 5 Abs. 1 S. 2 Nr. 6) 1
I. Europäischer und nationaler Kontext 1
II. Gesetzeszweck und Systematik 2
III. Einzelheiten 3
1. Verhaltenskodex 3
2. Auf den sich der Unternehmer verbindlich verpflichtet hat 4
3. (Nicht-)Einhaltung des Verhaltenskodex trotz Hinweises auf die Bindung 5
4. Relevanz 8
I. Rechte des Verbrauchers (§ 5 Abs. 1 S. 2 Nr. 7) 1
I. Herkunft, Abgrenzung und Bedeutung 1
II. Angaben, gegenüber einem konkreten Verbraucher 10
III. Zeitpunkt 14
IV. Rechte des Verbrauchers 15
1. Garantien 17
2. Widerrufs- und Rückgaberechte 23
V. Risiken 25
VI. Rechtsfolgen, Konkurrenzen 27
J. Irreführung durch Herbeiführung einer Verwechslungsgefahr (§ 5 Abs. 2) 1
I. Überblick 1
II. Anwendungsbereich und Konkurrenzen 2
1. Verhältnis zum Kennzeichenrecht 2
2. Verhältnis zu § 6 Abs. 2 Nr. 3 17
3. Verhältnis zu § 4 Nr. 3a (§ 4 Nr. 9a a. F.) 24
III. Begründung einer Verwechslungsgefahr durch Produktvermarktung i. E. 29
1. Allgemein 29
2. Geschäftliche Handlung im Zusammenhang mit der Vermarktung 30
3. Verwechslungsgefahr mit einem anderen Produkt, einer Marke oder einem Kennzeichen eines Mitbewerbers 34
4. Relevanz 43
5. Beispiele 44
K. Angaben im Rahmen vergleichender Werbung, bildliche Darstellungen und sonstige Veranstaltungen (§ 5 Abs. 3) 1
I. Vergleichende Werbung 1
1. Europäischer Kontext 1
2. Begriff 7
3. Unwahre oder zur Täuschung geeignete Angaben in vergleichender Werbung 8
4. Waren- und Preistests 17
a) Begriff und Bedeutung 17
b) Selbst veranstaltete Waren- und Preistests 18
c) Werbung von Unternehmen mit Waren- und Preistests neutraler Dritter .. 19
d) Testveröffentlichung durch den Testveranstalter 27
5. Allgemein gehaltener Vergleich 33
II. Bildliche Darstellungen und sonstige Veranstaltungen 35

Rdn.
L. Irreführende Werbung mit Preisherabsetzungen (§ 5 Abs. 4) ... 1
I. Einführung ... 1
II. Rechtsprechungsgrundsätze für Preissenkungswerbung ... 2
III. Vermutung der Irreführung (§ 5 Abs. 4 Satz 1 UWG) ... 6
IV. Beweislastregelung (§ 5 Abs. 1 Satz 2 UWG) ... 8
M. Prozessuales ... 1
I. Antrag, Streitgegenstand ... 1
1. Klageantrag ... 1
a) Konkrete Verletzungsform ... 1
b) Verallgemeinert abstrakt gefasstes Verbot ... 2
c) Fehlende Pflichtangaben ... 3
2. Streitgegenstand ... 4
II. Darlegungs- und Beweislast ... 5
1. Grundsatz ... 5
2. Ausnahmen ... 9
a) § 5 Abs. 4 ... 10
b) § 5a Abs. 3 und 4, Abs. 6 ... 11
c) Sekundäre Darlegungslast ... 12
d) Vergleichende Werbung ... 15
e) Negative Tatsachen ... 16
f) Spitzenstellungsbehauptungen ... 17
g) Ungesicherte Angaben ... 18
h) Nährwert- und gesundheitsbezogene Angaben, Kosmetika ... 19
i) Befristete Aktion ... 21
j) Relevanz ... 22
k) Schaden ... 23
III. Ermittlung der Verkehrsauffassung für die Irreführungsgefahr ... 24
1. Empirisches oder normatives Verständnis als Ausgangspunkt ... 24
a) Die Rspr. des EuGH ... 24
b) Die Rspr. des BGH ... 25
2. Keine unterschiedlichen Anforderungen bei Bejahung bzw. Verneinung der Irreführungsgefahr ... 32
3. Maßgeblicher Zeitpunkt für die tatsächlichen Feststellungen ... 34
4. Revisibilität ... 35
a) Die Rspr. des BGH ... 35
b) Eigene Auffassung ... 39
IV. Feststellung der wettbewerbsrechtlichen Relevanz ... 42
1. Darlegungs- und Beweislast ... 42
2. Einzelheiten der Feststellung der Relevanz ... 46

A. Grundlagen

Inhaltsübersicht

Rdn.
I. Einfluss des Europäischen Rechts ... 1
II. Gesetzesgeschichte ... 4
1. Lauterkeitsrechtlicher Irreführungsschutz bis zur UWG-Novelle 2008 ... 4
2. UWG-Novelle 2008 ... 7
3. UWG-Reform 2015 ... 8
III. Normzweck, Regelungsinhalt und Systematik ... 9
1. Normzweck ... 9
2. Regelungsinhalt und Systematik ... 10
IV. Europäischer Kontext ... 17
1. Primäres Gemeinschaftsrecht ... 17
2. Sekundäres Gemeinschaftsrecht ... 25
a) Unionskonforme Auslegung ... 25
b) Werberichtlinie 2006/114/EG ... 28
c) UGP-Richtlinie ... 29
aa) Notwendigkeit der Differenzierung zwischen Anwendungsbereich und Ausnahmebereichen ... 29
bb) Beschränkungen des Anwendungsbereichs ... 34
cc) Zugelassene Ausnahmebereiche ... 42
d) Unionsrechtliche Informationspflichten ... 50
aa) Sperrwirkung des Art. 7 Abs. 5 UWG-Richtlinie im Grundsatz ... 50

Rdn.
bb) Abschließende Regelungen ... 53
cc) Sperrwirkung außerhalb der Richtlinie ... 55
dd) Modifzierung in Ausnahmebereichen ... 56
e) Weitere Irreführungsverbote ... 60
V. Nationaler Kontext ... 69
1. Verfassungsrecht ... 69
2. Kennzeichen-, Namens- und Registerrecht, geografische Herkunftsangaben, Urheberrecht ... 76
3. Vertragsrecht, Gewährleistungsrecht, Allgemeine Geschäftsbedingungen ... 79
a) Vertragsrecht ... 79
aa) Grundlagen ... 79
bb) Vorenthalten von Informationen vor, während und nach Vertragsschluss ... 80
cc) Falsche oder zur Täuschung geeignete Angaben gegenüber dem Vertragspartner ... 81
dd) Mangelhafte oder nicht vertragsgemäße Leistung ... 84
b) Allgemeine Geschäftsbedingungen ... 90
4. Deliktsrecht ... 91
a) § 823 Abs. 1 BGB ... 91
b) § 823 Abs. 2 BGB ... 92
c) § 826 BGB ... 94
5. Andere Irreführungsverbote ... 95
a) Innerhalb des UWG ... 95
b) Außerhalb des UWG ... 106
c) Informationspflichten ... 109
d) Preisangabenverordnung ... 110
e) Berufsrecht ... 121

Schrifttum: *Albrecht,* Europäisches Wettbewerbsrecht und seine Auswirkungen auf das deutsche Wettbewerbsrecht, WRP 1997, 926; *Alexander,* Anmerkungen zum Referentenentwurf eines Zweiten Gesetzes zur Änderung des UWG, WRP 2014, 1384; *ders.,* Vertragsrecht und Lauterkeitsrecht unter dem Einfluss der Richtlinie 2005/29/EG über unlautere Geschäftspraktiken, WRP 2012, 515; *Apostolopoulos,* Das europäische Irreführungsverbot: Liberalisierung des Marktgeschehens oder Einschränkung für die Anbieterseite?, GRUR Int. 2005, 292; *Bärenfänger,* Symbiotische Theorie zum Kennzeichen- und Lauterkeitsrecht, WRP 2011, 160; *Beater,* Allgemeininteressen und UWG, WRP 2012, 6; *ders.,* Verbraucherschutz und Schutzzweckdenken im Wettbewerbsrecht, 2000; *ders.,* Zum Verhältnis von europäischem und nationalem Wettbewerbsrecht – Überlegungen am Beispiel des Schutzes vor irreführender Werbung und des Verbraucherbegriffs, GRUR Int. 2000, 963; *Berlit,* Das neue Gesetz gegen den unlauteren Wettbewerb: Von den guten Sitten zum unlauteren Verfälschen, WRP 2003, 563; *Bernreuther,* Werbliche Angabe und allgemeine Geschäftsbedingungen, GRUR 1998, 542; *Bornkamm,* Das Wettbewerbsverhältnis und die Sachbefugnis des Mitbewerbers, GRUR 1996, 527; *ders.,* Kennzeichenrecht und Irreführungsverbot – Zur wettbewerbsrechtlichen Beurteilung der irreführenden Kennzeichenbenutzung, in: FS Mühlendahl, 2005, S. 9; *ders.,* Die Schnittstellen zwischen gewerblichem Rechtsschutz und UWG – Grenzen lauterkeitsrechtlichen Verwechslungsschutzes, GRUR 2011, 1; *Böttcher/Siebert,* Abgrenzung zum Markenrecht und ergänzendem Leistungsschutz. Eine kritische Beschäftigung mit der aktuellen BGH-Rechtsprechung, in: FG Säcker, 2006, S. 233; *Brömmelmeyer,* Der Binnenmarkt als Leitstern der Richtlinie über unlautere Geschäftspraktiken, GRUR 2007, 295; *Büllesbach,* Auslegung der irreführenden Geschäftspraktiken des Anhangs I der Richtlinie 2005/29/EG über unlautere Geschäftspraktiken, 2008; *Büscher,* Neuere Entwicklung der Rechtsprechung des Europäischen Gerichtshofs und des Bundesgerichtshofs zu den geografischen Herkunftsangaben, GRUR Int. 2005, 801; *ders.,* Schnittstellen zwischen Markenrecht und Wettbewerbsrecht, GRUR 2009, 230; *Dembowski,* Wettbewerbsrechtliche Auswirkungen unwirksamer Allgemeiner Geschäftsbedingungen („Unwirksame AGB"), Anm. zu OLG Hamburg, Beschluss v. 13.11.2006 – 5 W 162/06, jurisPR-WettbR 2/2007 Anm. 2; *v. d. Decken/Heim,* Anm. zu BGH GRUR 2011, 742 – Leistungspakete im Preisvergleich, GRUR 2011, 746; *Deutsch,* Anspruchskonkurrenzen im Marken- und Kennzeichenrecht, WRP 2000, 854; *Ernst,* Unwirksame AGB-Klausel eines Internetdienstleisters, die Kostenpflichtigkeit des Angebots begründet, jurisPR-ITR 3/2007 Anm. 3; *Fehringer/Freund,* Die Umsetzung der Richtlinie über unlautere Geschäftspraktiken in das UWG, Medien und Recht 2007, 115; *Fezer,* Das Informationsgebot der Lauterkeitsrichtlinie als subjektives Verbraucherrecht, WRP 2007, 1021; *ders.,* Imitationsmarketing als irreführende Produktvermarktung, GRUR 2009, 451; *ders.,* Normenkonkurrenz zwischen Kennzeichenrecht und Lauterkeitsrecht: Ein Beitrag zur kumulativen und subsidiären Normenkonkurrenz im Immaterialgüterrecht – Kritik der Vorrangthese des BGH zum MarkenG, WRP 2008, 1; *ders.,* Plädoyer für eine offensive Umsetzung der Richtlinie über unlautere Geschäftspraktiken in das deutsche UWG, WRP 2006, 781; *ders.,* Theorie der Funktionalität der Immaterialgüterrechte als geistiges Eigentum – Zugleich eine rechtstheoretische Grundlegung zum Vorabentscheidungsverfahren „Ford/Wheeltrims", GRUR 2016, 30; *Fritzsche,* Überlegungen zum Referentenentwurf eines Zweiten Gesetzes zur Änderung des UWG, WRP 2014, 1392; *Fuchs/Farkas,* Hyperlinks und Urheberrecht – zugleich Besprechung EuGH, Beschluss vom 21. Oktober 2014 – C-348/12 – BestWater, ZUM 2015, 110; *Gamerith,* Neue Herausforderungen für ein europäisches Lauterkeitsrecht – Studie für den Arbeitskreis „UWG" des Bundesministeriums für Wirtschaft und Arbeit, WRP 2003, 143; *Glöckner,* Der Schutz vor Verwechslungsgefahr im Spannungsfeld von Kennzeichenrecht und verbraucherschützendem Lauterkeitsrecht, in: Geistiges Eigentum und Gemeinfreiheit, Ansgar Ohly, Diethelm Klippel (Hrsg.), 2007, S. 145; *ders.,* Rechtsbruchtatbestand oder … The Saga Continues!, GRUR 2013, 568, 575; *ders.,* UWG-Novelle mit Konzept und Konsequenz, WRP 2014, 1399; *ders.,* Good News from Luxembourg? Die Anwendung des Lauterkeitsrechts auf Verhalten zur Förderung eines fremden Unternehmens nach EuGH – RLvS Verlagsgesellschaft mbH, in: Festschrift Köhler, 2014, S. 159; *Goldberg,* (Kein) „Haircut" bei der Preisangabenverordnung?, WRP 2013, 1561; *Hamacher,* GOOD NEWS II: Hat der EuGH die Vollharmonisierung des Lauterkeitsrechtes in Teilbereichen abgeschafft? GRUR-Prax 2014, 365; *Harmsen,* § 3 UWG und das Problem der Beweislast, GRUR 1969, 251; *Harte-Bavendamm,* Wettbewerbsrechtlicher Verbraucherschutz in der Welt der „look-alikes", FS Loschelder 2010, 111; *Hennig,* Anm. zu EuGH Urt. v. 15.3.2012, Az. C-453/10, GRUR 2012, 639, GRUR 2012, 641; *Henning-Bodewig,* Die Bekämpfung unlauteren Wettbewerbs in den EU-Mitgliedstaaten: eine Bestandsaufnahme, GRUR Int. 2010, 273; *dies.,* Lauterkeit im B2B-Verhältnis – „anständige Marktgepflogenheiten", nicht „fachliche Sorgfalt"!, GRUR Int. 2015, 529; *dies.,* Relevanz der Irreführung, UWG-Nachahmungsschutz und die Abgrenzung Lauterkeitsrecht/IP-Rechte, GRUR Int. 2007, 986; *dies.,* Richtlinienvorschlag über unlautere Geschäftspraktiken und UWG-Reform, GRUR Int. 2004, 183; *Hetmank,* Im Korsett der UGP-Richtlinie, GRUR 2015, 323; *Hilty/Henning-Bodewig,* Law Against Unfair Competition. Towards a New Paradigm in Europe?, 2007; *Hoeren,* Das neue UWG und dessen Auswirkungen auf den B2B-Bereich, WRP 2009, 789; *Ingerl,* Der wettbewerbsrechtliche Kennzeichenschutz und sein Verhältnis zum MarkenG in der neueren Rechtsprechung des BGH und in der UWG-Reform, WRP 2004, 809; *Jänich,* Zur Herkunftstäuschung bei Handtuchklemmen – Ergänzender wettbewerbsrechtlicher Leistungsschutz nur bei gewissem Bekanntheitsgrad, LMK 2005, II, 47; *Kiethe/Groeschke,* Erweiterung des Markenschutzes vor Verwechslungen durch das neue Lauterkeitsrecht, WRP 2009, 1343; *Kamlah,* Zum Konkurrenzverhältnis des UWG zum UKlaG, WRP 2006, 33; *Keßler,* Lauterkeitsschutz und Wettbewerbsordnung – zur Umsetzung der Richtlinie 2005/29/EG über unlautere Geschäftspraktiken in Deutschland und Österreich, WRP 2007, 714; *ders.,* Wettbewerbsrechtliches Irreführungsverbot und Freiheit des Warenverkehrs, EuZW 1991, 107; *Keßler/Micklitz,* BB-Europareport: Der Richtlinienvorschlag über unlautere Praktiken im binnenmarktinternen Geschäftsverkehr, BB 2003, 2073; *Kiethe/Groeschke,* Die Mogelpackung – Lebensmittel- und wettbewerbsrechtliche Risiken der Produkteinführung – Rechtsschutzmöglichkeiten der Wettbewerber, WRP 2003, 962; *Köhler,* Das Verhältnis des Wettbewerbsrechts zum Recht des geistigen Eigentums – Zur Notwendigkeit einer Neubestimmung auf Grund der Richtlinie über unlautere Geschäftspraktiken, GRUR 2007, 548; *ders.,* Der Schutz vor Produktnachahmungen im Markenrecht, Geschmacksmusterrecht und neuen Lauterkeitsrecht, GRUR 2009, 445; *ders.,* Die Durchsetzung des Vertragsrechts mit Mitteln des Lauterkeitsrechts, FS für Dieter Medicus, 2009, 225; *ders.,* Die Verwendung unwirksamer Vertragsklauseln: ein Fall für das UWG – Zugleich Besprechung der BGH-Entscheidungen „Gewährleistungsausschluss im Internet" und „Vollmachtsnachweis", GRUR 2010, 1047; *ders.,* „Haircut" bei der Preisangabenverordnung am 12.6.2013, WRP 2013, 723; *ders.,* Irreführungsrichtlinie und deutsches Wettbewerbsrecht, GRUR Int. 1994, 396; *ders.,* Irreführende vergleichende Werbung, GRUR 2013, 761; *ders.,* Richtlinienkonforme Gesetzgebung statt richtlinienkonforme Auslegung, WRP 2012, 251; *ders.,* Unzulässige geschäftliche Handlungen bei Abschluss und Durchführung eines Vertrags, WRP 2009, 898; *ders.,* UWG-Reform 2015: Im Regierungsentwurf nicht angesprochene Defizite bei der Umsetzung der UGP-Richtlinie, WRP 2015, 1037; *ders.,* Stellungnahme zum Referentenentwurf eines Zweiten Gesetzes zur Änderung des UWG, WRP 2014, 1410; *ders.,* Zur Mitbewerberklage gegen die Verwendung unwirksamer Allgemeiner Geschäftsbedingungen?, WRP 2012, 1475; *ders.,* Zur Umsetzung der Richtlinie über unlautere Geschäftspraktiken, GRUR 2005, 793; *Köhler/Lettl,* Das geltende europäische Lauterkeitsrecht, der Vorschlag für eine EG-Richtlinie über unlautere Geschäftspraktiken und die UWG-Reform, WRP 2003, 1019; *Kolb,* Auswirkungen und Zusammenspiel der Übergangsklausel und des Spezialitätsgrundsatzes der Richtlinie über unlautere Geschäftspraktiken am Beispiel der Preisangabenverordnung, Diss. Bayreuth 2015; *Körner,* Das allgemeine Wettbewerbsrecht des UWG als Auffangtatbestand für fehlgeschlagenen oder abgelaufenen Sonderrechtsschutz, in: FS Ullmann, 2006, 701; *Kur,* Die Schnittstellen zwischen Marken- und Wettbewerbsrecht bei nationalen und Gemeinschaftsmarken, MarkenR 2001, 137; *Leible/Schäfer,* Proaktive Informationspflichten aus Art. 7 UGP-RL – eine wettbewerbsrechtliche Allzweckwaffe?, WRP 2012, 32; *Leistner,* Richtiger Vertrag und lauterer Wettbewerb, 2007; *Lettl,* Das neue UWG, GRUR-RR 2009, 41; *ders.,* Der lauterkeitsrechtliche Schutz vor irreführender Werbung in Europa, 2004, und GRUR Int. 2004, 85; *Lindacher,* Bei Nichtzufriedeheit Geld zurück. Zur bürgerlichrechtlichen und lauterkeitsrechtlichen Verortung einschlägiger Händler- und Herstellerversprechen, Festschrift Köhler zum 70. Geburtstag, 2014, S. 445; *ders.,* Funktionsfähiger Wettbewerb als Final- und Beschränkungsgrund des lauterkeitsrechtlichen Irreführungsverbots, FS Nirk, 1992, 587; *Loschelder/Dörre,* Das Verhältnis des wettbewerbsrechtlichen zum kennzeichenrechtlichen Schutz vor Verwechslungen, KSzW 2010, 242; *Lubberger,* Alter Wein in neuen Schläuchen, WRP 2007, 873; *Mankowski,* Die durch Marketing beeinflusste Willenserklärung. Wertungslinien zwischen Lauterkeitsrecht und Zivilrecht, Festschrift Köhler zum 70. Geburtstag, 2014, S. 477; *Martin-Ehlers,* Die Irreführungsverbote des UWG im Spannungsfeld des freien europäischen Warenverkehrs, 1996; *Meisterernst,* Kein Öl an die Karotte! – 5 Jahre VO (EG) 1924/2006 über nährwert- und gesundheitsbezogene Angaben, WRP 2012, 405; *Menke,* Anmerkung zu einer Entscheidung des LG Bochum, Urt. v. 19.6.2013 (I-13 O 69/13; K&R 2013, 754) – Zur Frage der Anforderungen an die Pflicht zur Angabe des Grundpreises bei Internetangeboten, K&R 2013, 755; *Metzger,* Die Entwicklung des Rechtsbruchtatbestands nach der Umsetzung der UGP-Richtlinie – Ein Zwischenbericht, GRUR Int. 2015, 687; *Micklitz/Kessler,* Funktionswandel des UWG, WRP 2003, 919; *Miller,* After the unfair Contract Terms Directive; Recent European Directives and English Law, ERCL 2007, 88; *Münker,* Stellungnahme der Wettbewerbszentrale zum Referentenentwurf eines Zweiten Gesetzes zur Änderung des Gesetzes gegen den unlauteren Wettbewerb, WRP 2014, 1434; *Nussbaum/Ruess,* Irreführung durch Marken – Die Neuregelung der Imitationswerbung in § 5 Abs. 2 n. F., MarkenR 2009, 233; *Ohly,* Bausteine eines europäischen Lauterkeitsrechts, WRP 2008, 177; *ders.,* Der Schutz der unternehmerischen Interessen im Lauterkeitsrecht, Gutachten im Auftrag des Bayerischen Industrie- und Handelskammertages e. V., 2015, abrufbar über die Website der IHK München und Oberbayern, www.muenchen.ihk.de (zuletzt besucht 22.5.2016); *ders.,* Geistiges Eigentum und Wettbewerbsrecht – Konflikt oder Symbiose?, in: Oberender (Hrsg.), Wettbewerb und geistiges Eigentum, 2007, 47; *ders.,* Urheberrecht und UWG, GRUR Int. 2015, 693; ders., Vom abstrakten zum konkreten Verbraucherschutz im Rahmen des Rechtsbruchtatbestands, Festschrift Köhler zum 70. Geburtstag, 2014, S. 507; *Peukert,* hartplatzhelden.de – Eine Nagelprobe für den wettbewerbsrechtlichen Leistungsschutz, WRP 2010, 316; *ders.,* Urheberrecht und UWG, GRUR Int. 2015, 693; *ders,* Vom abstrakten zum konkreten Verbraucherschutz im Rahmen des Rechtsbruchtatbestands, in: FS Köhler, 2014, 507; *Omsels,* Die Auswirkungen einer Verletzung richtlinienwidriger Marktverhaltensregelungen auf § 4 Nr. 11 UWG, WRP 2013, 1286; *Oppenhoff,* Im Spannungsfeld zwischen Gemeinschaftsrecht und deutschem Wettbewerbsrecht, FS v. Gamm, 1990, 117; *Peifer,* Die Zukunft der irreführenden Geschäftspraktiken, WRP 2008, 556; *ders.,* Good News" und die Medien – Die lauterkeitsrechtliche Kontrolle publizistischer Belange am Scheideweg?, FS Köhler, 2014, S. 519; *Piper,* Zu den Auswirkungen des EG-Binnenmarktes auf das deutsche Recht gegen den unlauteren Wettbewerb, WRP 1992, 685; *Sack,* Anmerkungen zur geplanten Änderung des UWG, WRP 2014, 1418; *ders.,* Deliktsrechtlicher Verbraucherschutz gegen unlauteren Wettbewerb, NJW 1975, 1303; *ders.,* Die Berücksichtigung der Richtlinie 97/55/EG über irreführende und vergleichende Werbung bei der Anwendung der §§ 1, 3 UWG, WRP 1998, 241; *ders.,* Markenrechtliche Probleme vergleichender Werbung, GRUR 2008, 201; *ders.,* Produktnachahmung und betriebliche Herkunftstäuschung nach § 4 Nr. 9 Buchst. a UWG, GRUR 2015, 442; *Säcker,* Das UWG zwischen den Mühlsteinen europäischer Harmonisierung und grundrechtsgebotener Liberalisierung, WRP 2004, 1199; *Scherer,* Das Verhältnis des lauterkeitsrechtlichen Nachahmungsschutzes nach § 4 Nr. 9 UWG zur europarechtlichen Vollharmonisierung der irreführenden oder vergleichenden Werbung, WRP 2009, 1446; *dies.,* Ungeschriebenes Tatbestandsmerkmal für „Geschäftspraxis" nach Art. 2d) UGP-RL, WRP 2014, 517; *Schilling,* Konkretisierungskompetenz und Konkretisierungsmethoden im Europäischen Privatrecht, 2009; *Schlingloff,* Keine Änderungen für die Rechtspraxis? Ein erster Blick auf den Referentenentwurf zur Änderung des UWG, WRP 2014, 1424; *Schmidtchen,* Die Beziehung zwischen dem Wettbewerbsrecht und dem Recht des geistigen Eigentums – Konflikt, Harmonie oder Arbeitsteilung?, in: Oberender (Hrsg.), Wettbewerb und geistiges Eigentum, 2007, S. 9; *Schmidtke,* Unlautere geschäftliche Handlungen bei und nach Vertragsschluss, 2011; *Schricker,* Die Bekämpfung der irreführenden Werbung in den Mitgliedstaaten der EG, GRUR Int. 1990, 112; *ders.,* Schadenersatzansprüche der Abnehmer wegen täuschender Werbung? – Betrachtungen im Anschluss an die Prüfzeichen-Entscheidung des BGH vom 14. Mai 1974, GRUR 1975, 111; *Schricker/Henning-Bodewig,* Elemente einer Harmonisierung des Rechts des unlauteren Wettbewerbs in der Europäischen Union, WRP 2001, 1367; *Schulte-Nölke/Busch,* Der Vorschlag der Kommission für eine Richtlinie über unlautere Geschäftspraktiken KOM (2003) 356 endg., ZEuP 2004, 99; *Schreiber,* Wettbewerbsrechtliche Kennzeichenrechte?, GRUR 2009, 113; *Seichter,* Anm. zu BGH Urt. v. 31.3.2010 – I ZR 34/08 – *Gewährleistungsausschluss im Internet,* jurisPR-WettbR 11/2010, Anm. 3; *Sosnitza,* Der Regierungsentwurf zur Änderung des Gesetzes gegen den unlauteren Wettbewerb, GRUR 2015, 318; *ders.,* Die Richtlinie über unlautere Geschäftspraktiken – Voll- oder Teilharmonisierung?, WRP 2003, 1186; *ders.,* Fake-Werbung, GRUR 2010, 106; *ders.,* Wettbewerbsbeschränkungen durch die Rechtsprechung. Erscheinungsformen und Ursachen auf dem Gebiet des Lauterkeitsrechts, 1995; *Spindler/Volkmann,* Die zivilrechtliche Störerhaftung der Internet-Provider, WRP 2003, 1; *Starck,* Bemerkungen zum Regelungsumfang von § 2 MarkenG, in: FS Erdmann, 2002, S. 485; *Steinbeck,* Richtlinie über unlautere Geschäftspraktiken: Irreführende Geschäftspraktiken – Umsetzung in das deutsche Recht, WRP 2006, 632; *dies.,* Zur These vom Vorrang des Markenrechts, in: FS Ullmann, 2006, 409; *Stieper,* Das Verhältnis von Immaterialgüterrechtsschutz und Nachahmungsschutz nach neuem UWG, WRP 2006, 291; *Szalai,* Rechtsdurchsetzung im Lauterkeitsrecht, DZWIR 2014, 1; *Teplitzky,* Die markenrechtliche Verwechslungsgefahr in der Rechtsprechung des BGH und des EuGH, WRP 2003, 415; *Tilmann,* Richtlinie vergleichende Werbung, GRUR 1997, 790; *Tilmann/Ohde,* Die Mindestirreführungsquote im Wettbewerbsrecht und im Gesundheitsrecht, GRUR 1989, 229 und 331; *Thouvenin,* Funktionale Systematisierung von Wettbewerbsrecht (UWG) und Immaterialgüterrechten, 2007; *Tiller,* Gewährleistung und Irreführung, 2005; *Ullmann,* Das Koordinatensystem des Rechts des unlauteren Wettbewerbs im Spannungsfeld von Europa und Deutschland, GRUR 2003, 817; *Willems,* Preisangaben vor dem „Frisierspiegel" des Europarechts? GRUR 2014, 734; *Zecca-Jobst,* Informationspflichten im Lauterkeits- und Vertragsrecht, 2015; *Würtenberger/Loschelder,* Stellungnahme der Deutschen Vereinigung für gewerblichen Rechtsschutz und Urheberrecht zum Entwurf eines Zweiten Gesetzes zur Änderung des Gesetzes gegen den unlauteren Wettbewerb, GRUR 2014, 1185; *Wunderle,* Verbraucherschutz im Europäischen Lauterkeitsrecht, 2010.

S. darüber hinaus auch die Schrifttumsnachweise zu § 5 Abschn. J. und zu § 5a.

I. Einfluss des Europäischen Rechts

1 Bis zum Inkrafttreten des UWG 2008 bestand eine Vollharmonisierung des wettbewerbsrechtlichen Irreführungsschutzes nur im Bereich der **vergleichenden Werbung**[1] sowie bestimmter **spezieller Irreführungsverbote.**[2] Im Übrigen war durch die Europäische **Irreführungsrichtlinie** in der Fassung vom 6.10.1997,[3] inzwischen 2006/114/EG **(Werberichtlinie),** eine Teilharmonisierung erreicht worden. Durch die durch das Reformgesetz 2008 umgesetzte **Richtlinie unlautere Geschäftspraktiken**[4] (UGP-Richtlinie) wurde, begrenzt auf das Verhältnis Unternehmer zu Verbrauchern (B2C), in weiten Bereichen eine Vollharmonisierung bewirkt. Daher dürfen die Mitgliedstaaten im Anwendungsbereich der UGP-Richtlinie auch keine strengeren Maßnahmen erlassen als die, die in der Richtlinie festgelegt sind, selbst wenn sie ein höheres Verbraucherschutzniveau bezwecken[5] (ausführlich dazu *Glöckner,* Einl. B).

2 Zu den Richtlinien, ihrer Entstehungsgeschichte, ihren wesentlichen Zügen sowie ihrem Kontext im sonstigen europäischen Recht s. ausführlich die Kommentierung bei *Glöckner* Einl. B. Zum nationalen und europäischen Kontext näher unten **§ 5 Rdn. A.20 ff.**

3 Für den Tatbestand des § 5 sind inbesondere Art. 2 und Art. 3 der Werberichtlinie[6] und Art. 6 UGP-Richtlinie von Bedeutung, während die „irreführende Unterlassung" (Art. 7 UGP-Richtlinie) in § 5a geregelt ist. Im Zusammenhang mit dem Irreführungsverbot ist weiter die im Anhang I der UGP-Richtlinie enthaltene „black list" derjenigen Geschäftspraktiken von Bedeutung, die unter allen Umständen als unlauter gelten, wenn sie sich an Verbraucher richten. Sie wurde durch Schaffung eines neuen § 3 Abs. 3 UWG samt Anhang in deutsches Recht umgesetzt, wobei verschiedene Veränderungen am Wortlaut der „schwarzen Liste" vorgenommen wurden, und durch „Einschub" der Nr. 31 der „black list" als Nr. 17 des Anhangs zu § 3 Abs. 3 die Nummerierung verändert wurde.

II. Gesetzesgeschichte

1. Lauterkeitsrechtlicher Irreführungsschutz bis zur UWG-Novelle 2008

4 Bereits § 1 des Gesetzes gegen den unlauteren Wettbewerb vom **27.5.1896**[7] kannte einen Schutz gegen Irreführung, der aber auf die öffentliche Werbung beschränkt war. An dieser Einschränkung hielt das Gesetz gegen den unlauteren Wettbewerb vom **7.6.1909**[8] zunächst fest. Gesetzessystematisch findet sich die dem § 1 UWG des Gesetzes vom 27.5.1896 entsprechende Bestimmung dort in § 3. Sie hatte der sog. großen Generalklausel zum Schutz vor sittenwidrigem Verhalten Platz zu machen. Letztere wurde in den folgenden Jahren *die* maßgebliche Vorschrift des UWG, in deren Schatten die immer noch auf die öffentliche Werbung beschränkte kleine Generalklausel stand. Erst durch die Gesetzesänderung vom **26.6.1969**[9] wurde der wettbewerbsrechtliche Irreführungsschutz auf die Einzelwerbung erstreckt.

---

[1] Durch die Richtlinie 84/450/EWG zur Angleichung der Rechts- und Verwaltungsvorschriften der Mitgliedstaaten über irreführende Werbung, ABl. EG Nr. L 250/17, i. d. F. der Richtlinie 97/55/EG des Europäischen Parlaments und des Rates vom 6.10.1997 zur Änderung der Richtlinie 84/450/EWG über irreführende Werbung zwecks Einbeziehung der vergleichenden Werbung, ABl. EG Nr. L 290/18.

[2] Vgl. zu diesen näher § 5 Abschn. A Rdn. 49, 56, 60 ff.

[3] Richtlinie 84/450/EWG zur Angleichung der Rechts- und Verwaltungsvorschriften der Mitgliedstaaten über irreführende Werbung, ABl. EG Nr. L 250/17, i. d. F. der Richtlinie 97/55/EG des Europäischen Parlaments und des Rates vom 6.10.1997 zur Änderung der Richtlinie 84/450/EWG über irreführende Werbung zwecks Einbeziehung der vergleichenden Werbung, ABl. EG Nr. L 290/18.

[4] Richtlinie 2005/29/EG des Europäischen Parlaments und des Rates vom 11.5.2005 über unlautere Geschäftspraktiken im binnenmarktinternen Geschäftsverkehr zwischen Unternehmen und Verbrauchern und zur Änderung der Richtlinie 84/450/EWG des Rates, der Richtlinien 97/7/EG und 2002/65/EG des Europäischen Parlaments und des Rates sowie der Verordnung (EG) Nr. 2006/2004 des Europäischen Parlaments und des Rates, ABl. EG Nr. L 149/22 vom 11.6.2005, Abdruck im Anhang.

[5] EuGH, Urteil v. 14.1.2010, *Plus Warenhandelsgesellschaft,* C-304/08, EU:C:2010:12, Rdn. 41; Urt. v. 9.11.2010, *Mediaprint,* C-540/08, EU:C:2010:660, Rdn. 30; Urt. v. 10.7.2014, *Kommission/Belgien,* C-421/12, EU:C:2014:2064, Rdn. 55; Beschl. v. 8.9.2015, Cdiscount, C-13/15, ECLI:EU:C:2015:560 Rdn. 34.

[6] Richtlinie 2006/114/EG des Europäischen Parlaments und des Rates vom 12.12.2006 über irreführende und vergleichende Werbung (kodifizierte Fassung), ABl. EG Nr. L 376 v. 27.12.2006, S. 21, Abdruck im Anhang.

[7] RGBl. S. 145. Zur Entwicklung des UWG vgl. insb. *Keller,* Einl. A.

[8] RGBl. S. 499.

[9] BGBl. I S. 633.

Am **10.9.1984** erließ der Rat der Europäischen Gemeinschaften die **Richtlinie 84/450/EWG** zur Angleichung der Rechts- und Verwaltungsvorschriften der Mitgliedstaaten über irreführende Werbung.[10] Die Richtlinie enthält i. S. einer **Teilharmonisierung** nur einen **Mindestschutz gegen irreführende Werbung.**[11] Von einer Umsetzung der Richtlinie sah der deutsche Gesetzgeber im Hinblick darauf ab, dass der durch das UWG gewährte Irreführungsschutz bereits den Mindeststandard der Richtlinie erreiche. Das Gesetz zur vergleichenden Werbung und zur Änderung wettbewerbsrechtlicher Vorschriften vom **1.9.2000**[12] erweiterte den Irreführungsschutz des § 3 UWG (1969) durch die Einfügung eines Satzes 2 auf **Angaben im Rahmen der vergleichenden Werbung.** Es setzt Art. 3a Abs. 1 lit. a der Irreführungsrichtlinie in der Fassung nunmehr von Art. 1 Ziff. 4 der Richtlinie 97/55/EG des Europäischen Parlaments und des Rates vom 6.10.1997 zur Änderung der Richtlinie 84/450/EWG über die irreführende Werbung zwecks Einbeziehung der vergleichenden Werbung um. 5

Im Zuge einer weiteren zum **8.7.2004** in Kraft tretenden Reform wurde das Irreführungsverbot in § 5 UWG (2004) neu geregelt und hierbei vom bislang selbständigen Verbotstatbestand zur Konkretisierung der Generalklausel des § 3 UWG (2004); hierbei ist es geblieben, s. § 5 Rdn. B.10. Gleichzeitig wurden die bestehenden Regelungen zur irreführenden Werbung zusammengefasst. Dabei hat man den Wortlaut des § 5 der Regelung in Art. 3 Abs. 1 der Richtlinie 84/450/EWG weitgehend angeglichen.[13] Die den Irreführungsschutz flankierenden Vorschriften über den Insolvenzwarenverkauf (§ 6 UWG a. F.), über die Hersteller- und Großhändlerwerbung (§ 6a UWG a. F.), über den Kaufscheinhandel (§ 6b UWG a. F.), über Sonderveranstaltungen (§ 7 UWG a. F.) und über Räumungsverkäufe (§ 8 UWG a. F.) wurden ersatzlos aufgehoben. 6

2. UWG-Novelle 2008

Durch das UWG 2008 wurde die **UGP-Richtlinie** 2005/29/EG in deutsches Recht umgesetzt. Der bislang an „Werbung" anknüpfende Irreführungstatbestand wurde auf alle geschäftlichen Handlungen erweitert und so insbesondere in den Bereich der **Vertragsdurchführung bzw. -abwicklung** ausgedehnt, ferner neben Änderungen des § 3 Abs. 1 und Abs. 2 der Katalog der Bezugspunkte in § 5 Abs. 2 a. F. ergänzt und abschließend ausgestaltet. Die bislang in § 5 Abs. 2 S. 2 a. F. nur in einem Satz erwähnte Irreführung durch Unterlassen wurde in **§ 5a** neu geregelt und durch § 3 Abs. 3 i. V. m. dem Anhang die **„schwarze Liste"** der UGP-Richtlinie umgesetzt. 7

3. UWG-Reform 2015

Bereits mit Wirkung zum **10.12.2015** wurde das UWG in der Fassung der Bekanntmachung vom **3.3.2010** (BGBl. I, S. 254), zuletzt geändert durch Art. 6 des Gesetzes vom **1.10.2013** (BGBl. I, S. 3714), erneut reformiert. Anlass für das zum **10.12.2015** in Kraft getretene Zweite Gesetz zur Änderung des Gesetzes gegen den unlauteren Wettbewerb vom **2.12.2015** (BGBl. I, S. 2158) waren Beanstandungen der Europäischen Kommission aus den Jahren 2011 und 2014. Sie hatte in verschiedenen Punkten eine unzureichende Umsetzung der UGP-Richtlinie gerügt. Im Rahmen der zum **10.12.2015** in Kraft getretenen Novellierung ist § 4 Nr. 3 a. F. entfallen, da der Regelungsgehalt sich nunmehr in § 5a und dort zum Schutz von Verbrauchern insbesondere in Abs. 6 findet.[14] **§ 4 Nr. 4 und 5** wurden gestrichen, da diese Fälle durch §§ 5, 5a erfasst sind. [15] Der Wortlaut des § 5a wurde stärker an die unionsrechtlichen Vorgaben angepasst. Inhaltliche Veränderungen sind damit für § 5a nicht verbunden, da die Vorschrift schon bislang unionskonform auszulegen war. **§ 5** wurde um eine **eigene Relevanzklausel** ergänzt (§ 5 Abs. 1 S. 1 a. E.), die zuvor bereits durch unionskonforme Auslegung der Vorschrift in diese hineinzulesen war, und in § 3 Abs. 1 das Spürbarkeitserfordernis gestrichen. Zudem wurde der Anwendungsbereich des § 5 auf Verbraucher und **sonstige Marktteilnehmer** beschränkt („… die geeignet ist, den Verbraucher oder sonstigen Marktteilnehmer zu einer geschäftlichen Entscheidung zu veranlassen, die er andernfalls nicht getroffen hätte …"), s. **§ 5 Rdn. B.8,** zur UWG-Reform 2015 *Keller,* Einl. A. 8

---

[10] ABl. EG Nr. L 250/17; ausführlich *Glöckner,* Einl. B.

[11] EuGH, Urt. v. 13.12.1990, *Pall,* C-238/89, EU:C:1990:473, Rdn. 22; EuGH, Urt. v. 2.2.1994, *Verband Sozialer Wettbewerb,* C-315/92, EU:C:1994:34, Rdn. 10.

[12] BGBl. I S. 1374.

[13] Vgl. auch die Amtl. Begr. zu § 5 Abs. 2 des Gesetzentwurfs der Bundesregierung, BT-Drucks. 15/1487, S. 19.

[14] Beschlussempfehlung und Bericht des Ausschusses für Recht und Verbraucherschutz zum Gesetzentwurf der Bundesregierung, BT-Drucks. 18/6571, S. 15.

[15] Beschlussempfehlung und Bericht des Ausschusses für Recht und Verbraucherschutz zum Gesetzentwurf der Bundesregierung, BT-Drucks. 18/6571, S. 15.

III. Normzweck, Regelungsgehalt und Systematik

1. Normzweck

9 Schutzzweck des § 5 ist der Schutz der Schutz der Verbraucher und sonstigen Marktteilnehmer vor irreführenden geschäftlichen Handlungen; **mittelbar** bezweckt die Vorschrift auch den Schutz von Mitbewerbern. Da sich Wettbewerb nur bei ungestörter Inanspruchnahme der individuellen Handlungs- und Entscheidungsfreiheit der Marktteilnehmer entfalten kann, ist ein Schutz vor Irreführung erforderlich.[16] Die unionsrechtliche Grundlage bildet in Bezug auf Schutz von Verbrauchern die UGP-Richtlinie 2005/29/EG (vgl. **8. Erwägungsgrund**) und hinsichtlich des Schutzes von Gewerbetreibenden die Werberichtlinie 2006/114/EG (vgl. **4. Erwägungsgrund**). Mit der Ausklammerung des Schutzes von Mitbewerbern vor Irreführung im Zuge der Reform 2015 ist keine Einschränkung des mittelbar mitbewerberschützenden Schutzzwecks der Vorschrift verbunden (s. dazu **§ 5 Rdn. B. 9** sowie zur Bedeutung der Mitbewerberschädigung hinsichtlich des Relevanzerfordernisses **§ 5 Rdn. B. 206 ff.**).

2. Regelungsgehalt und Systematik

10 **§ 5 Abs. 1** nimmt zwar nicht mehr ausdrücklich auf **§ 3 Abs. 1** Bezug. Auch nach neuem Recht ist eine nach § 5 unlautere geschäftliche Handlung aber nur unter den in § 3 genannten Voraussetzungen unzulässig,[17] sodass stets eine **geschäftliche Handlung** i. S. d. § 2 Nr. 1 vorliegen muss.[18] § 3 Abs. 1 UWG (2015) wurde im Zuge der Reform 2015 neu gefasst. Das **Spürbarkeitserfordernis** ist entfallen. Eigenständige Bedeutung kam ihm neben den tatbestandlichen Voraussetzungen der §§ 5, 5a schon bislang nicht zu.[19]

11 Irreführende geschäftliche Handlungen sind **in jeder Form** unlauter, unabhängig davon, ob sie durch werbende Angaben oder durch bildliche Darstellungen oder sonstige Veranstaltungen erfolgen, die darauf zielen und geeignet sind, solche Angaben zu ersetzen **(§ 5 Abs. 3 HS 2).** Auch ein **Werbevergleich** und selbst tatsächliche Handlungen, die werbende Angaben ersetzen, können unter bestimmten Umständen als irreführende geschäftliche Handlung unlauter sein **(§ 5 Abs. 3 HS 1).**

12 **§ 5 Abs. 1 S. 2** konkretisiert den Irreführungstatbestand, indem er Umstände nennt, auf die sich die Täuschung bzw. Täuschungseignung beziehen muss. Die Vorschrift orientiert sich an Art. 3 Irreführungsrichtlinie und Art. 6 der Richtlinie unlautere Geschäftspraktiken, ohne deren Wortlaut vollständig zu übernehmen. Die Aufzählung der **Bezugspunkte** ist anders als nach altem Recht **abschließend.** Sie unterscheidet nicht danach, ob Verbraucher oder Unternehmer von der Irreführung betroffen sind. **S. dazu näher § 5 Rdn. B.256 ff.**

13 **§ 5 Abs. 2** setzt Art. 6 Abs. 2 lit. a UGP-Richtlinie um. Er betrifft das **Verhältnis zwischen Wettbewerbs- und Kennzeichenrecht.**

14 **§ 5 Abs. 3** stellt klar, dass auch durch **bildliche und sonstige Angaben** sowie durch Informationen, die einen Mitbewerber betreffen, i. S. d. § 5 irregeführt werden kann.

15 **§ 5 Abs. 4** enthält schließlich für die **Werbung mit Preisherabsetzungen** eine Konkretisierung des Irreführungsverbots, die sich auch auf den Bereich der Beweislastverteilung erstreckt. Die vormals in § 5 Abs. 5 enthaltene Regelung der Werbung mit Vorratsverkäufen wurde im Zuge der Gesetzesreform 2008 aufgehoben, um u. a. Abgrenzungsschwierigkeiten zu Nr. 5 des Anhangs zu § 3 Abs. 3 zu vermeiden.

Die Irreführung durch **Unterlassen** ist in **§ 5a** geregelt.

16 **Stets unzulässig** sind die im **Anhang zu § 3 Abs. 3** enthaltenen Irreführungstatbestände.

---

[16] Vgl. *Brömmelmeyer* GRUR 2007, 297; *Kessler* WRP 2005, 1203, 1209.

[17] Vgl. Amtl. Begr. zum RegE, BT-Drucks. 16/10145, S. 23.

[18] Köhler/*Bornkamm*, 34. Aufl. 2016, § 5 Rdn. 2.1.

[19] Vgl. GRUR 2009, 888, 889 Rdn. 18 – *Thermoroll;* GRUR 2012, 1273, 1274 Rdn. 25 – *Stadtwerke Wolfsburg;* WRP 2016, 440, 453 f., Rdn. 25 – *Fressnapf.*

IV. Europäischer Kontext

1. Primäres Gemeinschaftsrecht

Das primäre Gemeinschaftsrecht geht §§ 5, 5a UWG vor.[20] Die innerstaatlichen Gerichte sind nach der Rechtsprechung des EuGH verpflichtet, für die **volle Wirksamkeit der Geltung des Gemeinschaftsrechts** zu sorgen, indem sie erforderlichen Falls jede entgegenstehende Bestimmung des nationalen Rechts unangewendet lassen.[21] Vgl. dazu auch *Glöckner,* Einl. B, ***Ahrens,*** **Einl. G.** 17

(Auch) was das Irreführungsverbot angeht, ist der Gerichtshof der Europäischen Gemeinschaften gesetzlicher Richter i. S. d. Art. 101 Abs. 1 Satz 2 GG.[22] Nach heutiger Rechtsprechung des BVerfG stehen das BVerfG und der EuGH in einem Kooperationsverhältnis zueinander, bei dem der EuGH den Grundrechtsschutz in jedem Einzelfall für das gesamte Gebiet der Europäischen Gemeinschaften garantiert und sich das BVerfG auf eine generelle Gewährleistung des unabdingbaren Grundrechtsstandards beschränkt.[23] Die nationalen Gerichte sind berechtigt und unter den Voraussetzungen des Art. 267 AEUV verpflichtet, dem EuGH Auslegungsfragen zum Europäischen Recht vorzulegen, auf die es für die Entscheidung des Rechtsstreits ankommt.[24] Wird die Vorlagepflicht der Gerichte in unhaltbarer Weise verletzt, kann darauf eine außerordentliche Rechtsbeschwerde gegründet werden.[25] 18

Nach ständiger Rspr. des EuGH muss jede nationale Regelung in einem Bereich, der auf Unionsebene abschließend harmonisiert wurde, **anhand der fraglichen Harmonisierungsmaßnahme** und nicht anhand des Primärrechts beurteilt werden.[26] Die Regeln über unlautere Geschäftspraktiken sind mit der UGP-Richtlinie auf Unionsebene vollständig harmonisiert worden,[27] sodass sie in deren Anwendungsbereich anhand der **Bestimmungen der UGP-Richtlinie** und nicht anhand von Art. 28 AEUV zu beurteilen sind.[28] 19

Jedoch ist die den Mitgliedstaaten verliehene Befugnis, wie in Art. 4 UGP-Richtlinie auch ausdrücklich festgehalten wird, unter Beachtung der Regelungen des AEUV zum freien Waren- und Dienstleistungsverkehr auszuüben.[29] Wenn sich ein hinreichender Irreführungsschutz durch Maßnahmen der Etikettierung erreichen lässt, muss eine danach noch verbleibende „Restirreführungsgefahr" für einzelne Verbraucher im Hinblick auf Art. 34 AEUV u. U. hingenommen werden.[30] Hier liegt ausgehend vom normativen Irreführungsbegriff bereits keine relevante Irreführung vor. 20

Nach std. Rspr. des EuGH gehören die **Grundrechte** zu den allgemeinen Rechtsgrundsätzen, deren Wahrung der Gerichtshof zu sichern hat.[31] Die Charta der Grundrechte sind den Verträgen 21

---

[20] Vgl. EuGH NJW 1964, 2371, 2372 – *Costa/ENEL;* GRUR Int. 1987, 585 – *Berlin-Butter II;* Urt. v. 2.2.1994, *Verband Sozialer Wettbewerb,* C-315/92, EU:C:1994:34, Rdn. 13 („Clinique"); Urt. v. 18.7.2007, *Lucchini,* C-119/05, ECLI:EU:C:2007:434, Rdn. 62.

[21] EuGH, Urt. v. 18.7.2007, *Lucchini,* C-119/05, ECLI:EU:C:2007:434, Rdn. 61.

[22] Vgl. BVerfG NJW 1987, 577, 578 – *Solange II;* NJW 2002, 1486, 1487 – *biobronch;* BGH WRP 2003, 655, 657 – *TURBO-TABS.*

[23] BVerfG NJW 1993, 3047 – *Maastricht.*

[24] EuGH, Urt. v. 22.6.2010, *Melki* und *Abdeli,* C-188/10 und C-189/10, EU:C:2010:363, Rdn. 45; Urt. v. 11.9.2014, A, C-112/13, EU:C:2014:2195, Rdn. 34.

[25] Vgl. BVerfGE 29, 198, 207; 82, 159, 194; 135, 155, 231; BVerfG, Nichtannahmebeschluss vom 8.4.2015, Az. 2 BvR 35/12, Rdn. 22.

[26] Vgl. EuGH, Urt. v. 11.12.2003, *Deutscher Apothekerverband,* C-322/01, EU:C:2003:664, Rdn. 64; Urt. v. 16.12.2008, *Gysbrechts* und *Santurel Inter,* C-205/07, EU:C.2008:730, Rdn. 33; Urt. v. 10.7.2014, *Kommission/Belgien,* C-421/12, EU:C:2014:2064, Rdn. 63; Urt. v. 16.7.2015, UNIC und UNI. CO. PEL., C-95/14, EU:C:2015:492, Rdn. 33.

[27] EuGH, Urt. v. 14.1.2010, *Plus Warenhandelsgesellschaft,* C-304/08, EU:C:2010:12, Rdn. 45; Urt. v. 9.11. 2010, *Mediaprint,* C-540/08, EU:C:2010:660, Rdn. 30; Beschl. v. 30.6.2011, Wamo, C-288/10, EU:C:2011: 443, Rdn. 33; BGH GRUR 2008, 807 – *Millionen-Chance I;* GRUR 2011, 532, 534 – *Millionen-Chance II,* std. Rspr.

[28] EuGH, Urt. v. 10.7.2014, *Kommission/Belgien,* C-421/12, EU:C:2014:2064, Rdn. 63–66.

[29] Vgl. EuGH, Urt. v. 11.12.2003, *Deutscher Apothekerverband,* C-322/01, EU:C:2003:664, Rdn. 64/65; Urt. v. 16.1.2014, *Juvelta,* C-481/12, EU:C:2014:11, Rdn. 15 ff.; Urt. v. 16.7.2015, *UNIC* und *UNI. CO. PEL.,* C-95/14, EU:C:2015:492, Rdn 41–46.

[30] Vgl. EuGH GRUR Int. 1984, 291, 300 – *Bocksbeutelflasche;* GRUR Int. 1987, 414, 417 – *pétillant de raisin;* GRUR Int. 2001, 55, 56 – *Geffroy vs. Casino22 France;* BGH GRUR 1994, 519, 520 – *Grand Marnier;* GRUR 1999, 757, 759 – *Auslaufmodelle II;* GRUR 1999, 1125, 1126 – *EG-Neuwagen II.*

[31] EuGH, Urt. v. 14.10.2004, *Omega,* C-36/02, EU:C:2004:614, Rdn. 33; Urt. v. 17.12.2015, *Neptune Distribution,* C-157/14, EU:C:2015:823, Rdn. 75.

nach Art. 6 EUV gleichrangig; auch der **EMRK** misst der EuGH besondere Bedeutung zu.[32] Die Grundrechte sind bei der Beurteilung der Gültigkeit der Vorschriften und bei deren Auslegung zu beachten.[33] Soweit eine Vorschrift **auf zwingendem europäischem Recht beruht,** ist sie im Hinblick auf den Anwendungsvorrang des europäischen Rechts folglich nicht am Maßstab der Grundrechte durch das BVerfG zu überprüfen, sondern unterliegt dem auf gemeinschaftlicher Ebene gewährleisteten Grundrechtsschutz.[34]

22 Die europäischen Grundrechte gelten nicht uneingeschränkt, sondern können durch Ziele des Allgemeininteresses gerechtfertigten **Beschränkungen** unterworfen sein.[35] Jede Einschränkung ihrer Ausübung muss jedoch nach Art. 52 Abs. 1 der Charta gesetzlich vorgesehen sein und den Wesensgehalt dieser Freiheiten achten.[36] Außerdem dürfen nach dieser Bestimmung unter Wahrung des Grundsatzes der Verhältnismäßigkeit Einschränkungen nur vorgenommen werden, wenn sie erforderlich sind und den von der Union anerkannten, dem Gemeinwohl dienenden Zielsetzungen oder den Erfordernissen des Schutzes der Rechte und der Freiheiten anderer tatsächlich entsprechen.[37]

23 Der **Schutz der Lauterkeit des Wettbewerbs,**[38] das hohe **Verbraucherschutzniveau**[39] und das hohe **Gesundheitsschutzniveau**[40] stellen nach der Rspr. des EuGH berechtigte Ziele von allgemeinem Interesse dar, die durch das Unionsrecht insbesondere gemäß Art. 9 AEUV, Art. 114 Abs. 3 AEUV, 168 Abs. 1 AEUV und Art. 169 Abs. 1 AEUV sowie Art. 35, Art. 38 der Charta umgesetzt werden.[41] Die **unternehmerische Freiheit** ist durch Art. 16 der Charta geschützt.[42] Zudem **umfasst die Freiheit der Meinungsäußerung und Informationsfreiheit nach Art. 10 EMRK und Art. 11 der Charta,** der nach Art. 6 Abs. 1 AEUV den Verträgen rechtlich gleichrangig ist, **auch die Verbreitung von Informationen geschäftlicher Art durch einen Unternehmer, u. a. in Form von Werbebotschaften.**[43]

24 Rechtsmethodisch erfolgt die Prüfung der Grundrechte bei der **unionskonformen Auslegung** der Vorschriften, dazu sogleich **§ 5 Rdn. A.25 ff.,** und hier insbes. bei der Interpretation **unbestimmter Rechtsbegriffe;** zur **Interessenabwägung** näher **§ 5 Rdn. B. 194 ff.** Soweit hier keine ausreichende Berücksichtigung erfolgen kann, ist im Hinblick auf mögliche Grundrechtsverletzungen die **Verhältnismäßigkeit** zu prüfen. Der **7. Erwägungsgrund** der UGP-Richtlinie betont ausdrücklich, dass „bei der Anwendung dieser Richtlinie, insbesondere der Generalklauseln, … die **Umstände des Einzelfalles** umfassend gewürdigt werden" sollen.

2. Sekundäres Gemeinschaftsrecht

25 **a) Unionskonforme Auslegung.** Auf Unionsebene sind die von **§§ 5, 5a** erfassten Regelungsbereiche inzwischen **weitgehend vollharmonisiert.** Für die Auslegung des wettbewerbsrechtlichen Irreführungsverbots sind in erster Linie die **UGP-Richtlinie**[44] und die **Werberichtlinie**

---

[32] EuGH Urt. v. 18.6.1991, C-260/89, Slg. 1991, I-2925, Tz. 41 – *ERT;* Urt. v. 12.6.2003, C-112/00, *Schmidberger,* EU:C:2003:333, Rdn. 71; EuGH, Urt. v. 14.10.2004, *Omega,* C-36/02, EU:C:2004:614, Rdn. 33; Urt. v. 17.12.2015, *Neptune Distribution,* C-157/14, EU:C:2015:823, Rdn. 65.

[33] EuGH, Urt. v. 17.12.2015, *Neptune Distribution,* C-157/14, EU:C:2015:823, Rdn. 75.

[34] BVerfG ZUM 2007, 378, Tz. 20.

[35] EuGH, Urt. v. 11.7.2002, *Carpenter,* C-60/00, EU:C:2002:434, Rdn. 42; Urt. v. 12.6.2003, C-112/00, *Schmidberger,* EU:C:2003:333, Rdn. 79; Urt. v. 12.12.2006, C-380/03, Urt. v. 12.12.2006, *Deutschland/Parlament und Rat,* C-380/03, EU:C:2006:772, Rdn. 154; Urt. v. 17.12.2015, *Neptune Distribution,* C-157/14, EU:C:2015:823, Rdn. 68.

[36] EuGH, Urt. v. 12.6.2003, C-112/00, *Schmidberger,* EU:C:2003:333, Rdn. 79; Urt. v. 17.12.2015, *Neptune Distribution,* C-157/14, EU:C:2015:823, Rdn. 68.

[37] EuGH, Urt. v. 17.12.2015, *Neptune Distribution,* C-157/14, EU:C:2015:823, Rdn. 68.

[38] EuGH, EuGH, Urt. v. 13.12.1990, *Pall,* C-238/89, EU:C:1990:473, Rdn. 22; Urt. v. 18.11.2003, C-216/01, *Budějovický Budvar,* EU:C:2003:618, Rdn. 109; Urt. v. 8.5.2014, *ASSICA* und *Krafts Foods Italia,* C-35/13, EU:C:2014:306, Rdn. 37.

[39] EuGH, EuGH, Urt. v. 13.12.1990, *Pall,* C-238/89, EU:C:1990:473, Rdn. 22; Urt. v. 18.11.2003, C-216/01, *Budějovický Budvar,* EU:C:2003:618, Rdn. 109; Urt. v. 17.12.2015, *Neptune Distribution,* C-157/14, EU:C:2015:823, Rdn. 73.

[40] EuGH, Urt. v. 6.9.2012, *Deutsches Weintor,* C-544/10, EU:C:2012:526, Rdn. 45; Urt. v. 17.12.2015, *Neptune Distribution,* C-157/14, EU:C:2015:823, Rdn. 73.

[41] EuGH, Urt. v. 17.12.2015, *Neptune Distribution,* C-157/14, EU:C:2015:823, Rdn. 73.

[42] EuGH, Urt. v. 17.12.2015, *Neptune Distribution,* C-157/14, EU:C:2015:823, Rdn. 65.

[43] EuGH,Urt. v. 17.12.2015, *Neptune Distribution,* C-157/14, EU:C:2015:823, Rdn. 64; vgl. EuGH, Urt. v. 12.12.2006, *Deutschland/Parlament und Rat,* C-380/03, EU:C:2006:772, Rdn. 144 ff., 156.

[44] ABl. EG L 149/22 v. 11.6.2005.

2006/114/EG[45] maßgeblich. Ferner bestehen zahlreiche Sonderregelungen, insbes. im Bereich des Gesundheits- und Lebensmittelrechts, die spezielle Täuschungsverbote oder Informationspflichten enthalten, s. dazu **§ 5 Rdn. A.62 ff.** und zum Konkurrenzverhältnis und der Sperrwirkung bei Informationspflichten **§ 5 Rdn. A.50 ff.**

Soweit eine nationale Vorschrift auf Gemeinschaftsrecht beruht, das dem nationalen Gesetzgeber keinen Umsetzungsspielraum lässt, ist sie daher nicht am Maßstab der Grundrechte durch das BVerfG zu überprüfen, sondern unterliegt dem auf gemeinschaftlicher Ebene gewährleisteten Grundrechtsschutz.[46] Die darin verwandten Rechtsbegriffe sind als Begriffe des Gemeinschaftsrechts **autonom auszulegen.**[47] **25a**

Bei der Auslegung der Unionsvorschriften sind nicht nur ihr **Wortlaut,** sondern auch ihr Zusammenhang und die **Ziele** zu berücksichtigen, die mit der Regelung, zu der sie gehört, verfolgt werden.[48] Die Notwendigkeit einheitlicher Anwendung und damit Auslegung schließt aus, sie in einer ihrer **Sprachfassungen** isoliert zu betrachten, sondern gebietet es vielmehr, sie nach dem wirklichen Willen ihres Urhebers und dem von diesem verfolgten Zweck namentlich im Lichte ihrer Fassung in allen Sprachen auszulegen.[49] Die **Auslegung** darf nicht dazu führen, dass die mit der Harmonisierungsmaßnahme verfolgten Ziele beeinträchtigt werden, und hat darauf zu achten, dass die verschiedenen durch die Unionsrechtsordnung geschützten Grundrechte und berechtigten Ziele von allgemeinem Interesse, insbes. der Schutz des **Geistigen Eigentums** und das hohe **Verbraucherschutzniveau,** miteinander in Einklang gebracht werden und zwischen ihnen ein **angemessenes Gleichgewicht** besteht.[50] **26**

Das Erfordernis der unionskonformen Auslegung gilt nur im Anwendungsbereich der jeweiligen Richtlinien, sodass in einigen Bereichen der §§ 5, 5a grundsätzlich Spielraum für eine autonome nationale Auslegung besteht, vgl. dazu **§ 5 Rdn. A.28 ff., J.17 ff., K.4 ff.**). Im Interesse einer einheitlichen Auslegung und Anwendung der §§ 5, 5a sollten die in den harmonisierten Bereichen geltenden Maßstäbe jedoch auch hier herangezogen werden, soweit nicht Unterschiede der Interessenlage eine abweichende Auslegung erfordern. **27**

b) Werberichtlinie 2006/114/EG. Bei der Werberichtlinie 2006/114/EG handelt es sich um die kodifizierte Fassung der durch die Richtlinie vergleichende Werbung 97/55/EG geänderten und durch die UGP-Richtlinie auf den Schutz der Gewerbetreibenden beschränkten Irreführungsrichtlinie 84/450/EWG.[51] Sie enthält abgesehen von den Anforderungen an vergleichende Werbung i.S. einer **Teilharmonisierung** nur einen **Mindestschutz gegen irreführende Werbung.**[52] Der Bereich der **vergleichenden Werbung** ist **vollharmonisiert;** hier bildet der Mindestirreführungsschutz der Irreführungsrichtlinie zugleich das **Höchstmaß möglichen Schutzes,**[53] was im Rahmen der unionskonformen Auslegung zu berücksichtigen ist; für eine autonome nationale Auslegung bleibt hier kein Raum, vgl. auch **§ 5 Rdn. K.4 ff.** **28**

Die Anforderungen der Werberichtlinie an zulässige irreführende und an zulässige vergleichende Werbung sind jeweils unabhängig voneinander zu beachten.[54] **28a**

---

[45] ABl. EG L 376/21 vom 27.12.2006. Es handelt sich um die kodifizierte Fassung der mehrfach geänderten Richtlinie 84/450/EWG vom 10.9.1984.

[46] BVerfG ZUM 2007, 378, Tz. 20; vgl. *Ahrens,* Einl. G Rdn. 11 ff.

[47] EuGH, Urt. v. 11.3.2003, Az. C-40/01, Slg. 2003, I-2439 Tz. 26 = GRUR 2003, 425 – *Ansul BV/Ajax Brandbeveiliging BV;* GRUR 2013, 1159, 1160 Rdn. 25 – *BKK/Wettbewerbszentrale;* Urt. v. 10.7.2014, Kommission/Belgien, C-421/12, EU:C:2014:2064, Rdn. 63–66; BGH GRUR 2012, 288 Rdn. 10 – *Betriebskrankenkasse I;* GRUR 2014, 1120, 1121 Rdn. 18 – *Betriebskrankenkasse II.*

[48] EuGH, Urt. v. 19.7.2012, *ebookers.com Deutschland,* C-112/11, EU:C:2012:487, Rdn. 12 (zur UGP-Richtlinie); Urt. v. 1.3.2007, *Schouten,* C-34/05, EU:C:2007:122, Rdn. 25; Urt. v. 7.12.2006, *SGAE,* C-306/05, EU:C:2006:764, Rdn. 34.

[49] EuGH, Urt. v. 3.4.2014, *4finance,* C-515/12, EU:2014:211, Rdn. 19; vgl. auch BGH, Urt. v. 11.12.2014, – I ZR 113/13, MMR 2015, 518, 519 f. Rdn. 22 f. – *Bezugsquellen für Bachblüten;* GRUR 2014, 682 Rdn, 16 – *Nordjob-Messe;* GRUR 2014, 1120 Rdn. 15 – *Betriebskrankenkasse II.*

[50] EuGH, Urt. v. 6.9.2012, *Deutsches Weintor,* C-544/10, EU:C:2012:526, Rdn. 47; Urt. v. 17.12.2015, *Neptune Distribution,* C-157/14, EU:C:2015:823, Rdn. 75; vgl. EuGH, Urt. v. 16.2.2012, *Sabam,* C-360/10, EU:C:2012:85, Rdn. 40, 43; EuGH, Urt. v. 16.7.2015, *Coty Germany,* C-580/13, EU:C:2015:485, Rdn. 34 f.

[51] Vgl. dazu EuGH Urt. v. 13.3.2014, *Posteshop,* C-52/13, EU:C:2014:150, Rdn. 27 f.

[52] EuGH, Urt. v. 13.12.1990, *Pall,* C-238/89, EU:C:1990:473, Rdn. 22; EuGH, Urt. v. 2.2.1994, *Verband Sozialer Wettbewerb,* C-315/92, EU:C:1994:34, Rdn. 10.

[53] EuGH, Urt. v. 8.4.2003, *Pippig Augenoptik,* C-44/01, EU:C:2003:205, Rdn. 44; BGH, Urt. v. 2.4.2015, Az. I ZR 167/13 Rdn. 18 – *Staubsaugerbeutel im Internet;* vgl. BGH GRUR 2011, 1158 Rdn. 21, 26 – *Teddybär.*

[54] Vgl. EuGH, Urt. v. 13.3.2014, *Posteshop,* C-52/13, EU:C:2014:150, Rdn. 27 f.

29 **c) UGP-Richtlinie.** ***aa) Notwendigkeit der Differenzierung zwischen Anwendungsbereich und Ausnahmebereichen.*** Durch die UGP-Richtlinie sind die Regeln über unlautere Geschäftspraktiken von **Unternehmern gegenüber Verbrauchern vollständig harmonisiert** worden;[55] daher dürfen die Mitgliedstaaten im Anwendungsbereich der UGP-Richtlinie auch keine strengeren als die in der UGP-Richtlinie festgelegten Maßnahmen erlassen, und zwar auch nicht, um ein höheres Verbraucherschutzniveau zu erreichen.[56] (Ausführlich *Glöckner,* Einl. B)

30 Die UGP-Richtlinie differenziert nach Wortlaut und Zielsetzung allerdings zwischen zwei Bereichen:

31 ***Erstens*** dem **Anwendungsbereich** der Richtlinie, der festlegt, welche Geschäftspraktiken grundsätzlich von der Richtlinie erfasst werden und auf welche sie sich nicht bezieht (insbes. Art. 3 Abs. 1, Abs. 10, Erw.grd. 6 Satz 4, Erw.gr. 7).

32 ***Zweitens*** den von der Richtlinie **zugelassenen Ausnahmebereichen,** in denen der **Anwendungsbereich der Richtlinie zwar eröffnet ist, die vollharmonisierende Wirkung** der Richtlinie **aber eingeschränkt** oder modifiziert wird. In diesen Bereichen, z. B. dem Vertragsrecht (Art. 3 Abs. 2) oder Rechtsvorschriften in Bezug auf Gesundheits- oder Sicherheitsaspekte von Produkten (Art. 3 Abs. 3), bleibt die UGP-Richtlinie zwar grundsätzlich anwendbar,[57] sie lässt allerdings bestimmte andere Harmonisierungsmaßnahmen unberührt (z. B. Art. 3 Abs. 2, 3, 7, 8) oder tritt im Konfliktfall hinter diese zurück (Art. 3 Abs. 4). Art. 3 Abs. 2–9 UGP-Richtlinie schränken deren Anwendungsbereich somit nicht ein, sondern modifizieren lediglich in jeweils auslegungsbedürftiger Weise deren Anspruch auf Totalharmonisierung, s. **näher *Glöckner,* Einl. B Rdn. 238 ff.**

33 **Die präzise Abgrenzung und Differenzierung zwischen Anwendungsbereich und zugelassenen Ausnahmebereichen ist für den Umfang der Sperrwirkung der Richtlinie insbesondere im Hinblick auf Informationspflichten (Art. 7 Abs. 5 UGP-Richtlinie/§ 5a Abs. 4 UWG) entscheidend** und daher für §§ 5, 5a von zentraler Bedeutung. Denn diese ist aufgrund der durch die UGP-Richtlinie bewirkten Vollharmonisierung anhand der Harmonisierungsmaßnahmen auf Unionsebene zu bewerten.

34 ***bb) Beschränkungen des Anwendungsbereichs.*** **Außerhalb ihres Anwendungsbereichs ist die UGP-Richtlinie weder anwendbar noch entfaltet sie Sperrwirkung.** Eine Ausnahme besteht allerdings im Bereich der **vergleichenden Werbung** aufgrund des Rückverweises in Art. 4 lit. a Werberichtlinie auf Art. 6, 7 UGP-Richtlinie, **s. dazu § 5 Rdn. J.17 ff.** Soweit der Anwendungsbereich der UGP-Richtlinie nicht eröffnet ist, hat sich die Auslegung der §§ 5, 5a anhand der jeweiligen anderen Harmonisierungsmaßnahme zu vollziehen, für vergleichende Werbung also anhand Art. 4 Werberichtlinie (Vollharmonisierung) und im Bereich B2B anhand der Werberichtlinie (Mindeststandard); nur soweit das Unionsrecht hierfür Raum lässt, kann (autonomes) nationales Recht maßgebend sein.

Außerhalb des Anwendungsbereichs der UGP-Richtlinie liegen insbesondere folgende Bereiche:

35 – **Vergleichende Werbung.** Die UGP-Richtlinie „erfasst und berührt nicht" die Bestimmungen über vergleichende Werbung **(Erw.grd. 6 Satz 5).** Hier ist bereits der Anwendungsbereich der UGP-Richtlinie nicht eröffnet („erfasst nicht"). Zugleich stellt die UGP-Richtlinie klar, dass darin keine Einschränkung der Vorgaben der Werberichtlinie für vergleichende Werbung in Art. 4 Werberichtlinie liegt („berührt nicht"). Letzteres war nötig, weil **Art. 4 lit. a der Werberichtlinie für irreführende vergleichende Werbung auf Art. 6 und 7 UGP-Richtlinie (rück) verweist,** s. dazu **§ 5 Rdn. J.17 ff.** Der Zusatz „berührt nicht" in Erw.grd. 6 Satz 5 stellt klar, dass unbeschadet dessen, dass die UGP-Richtlinie vergleichende Werbung nicht erfasst, diese im Umfang des Rückverweises weiter gilt.

---

[55] EuGH, Urt. v. 14.1.2010, *Plus Warenhandelsgesellschaft,* C-304/08, EU:C:2010:12, Rdn. 45; Urt. v. 9.11.2010, *Mediaprint,* C-540/08, EU:C:2010:660, Rdn. 30; Beschl. v. 30.6.2011, *Wamo,* C-288/10, EU:C:2011:443, Rdn. 33; BGH GRUR 2008, 807 – *Millionen-Chance I;* GRUR 2011, 532, 534 – *Millionen-Chance II.*

[56] EuGH, Urt. v. 14.1.2010, *Plus Warenhandelsgesellschaft,* C-304/08, EU:C:2010:12, Rdn. 41; Beschl. v. 30.6.2011, *Wamo,* C-288/10, EU:C:2011:443, Rdn. 33; Urt. v. 9.11.2010, *Mediaprint,* C-540/08, EU:C:2010:660, Rdn. 30; Urt. v. 10.7.2014, *Kommission/Belgien,* C-421/12, EU:C:2014:2064, Rdn. 55; EuGH, Beschl. v. 8.9.2015, *Cdiscount,* C-13/15, ECLI:EU:C:2015:560 Rdn. 38 ff., 41.

[57] Besonders deutlich wird dies bspw. in der französischen, spanischen oder englischen Sprachfassung, die in den Ausnahmebereichen Art. 3 Abs. 2, 3, 7,8 formulieren: „La présente directive s'applique sans préjudice des dispositions communautaires" bzw. „La presente Directiva se entenderá sin perjuicio de (del Derecho/de las normas)" bzw. „This Directive is without prejudice to contract law".

- **Verhältnis B2B.** Die UGP-Richtlinie erfasst und berührt nicht den Bereich B2B, insbesondere die Bestimmungen der Werberichtlinie über Werbung, die für Unternehmer, nicht aber Verbraucher irreführend ist **(Erwg.grd. 6 Satz 3, 4, Art. 3 Abs. 1).** 36
- **Förderung fremden Wettbewerbs.** Die UGP-Richtlinie und die Werberichtlinie 2006/114/EG stehen der Regelung der Förderung fremden Wettbewerbs durch nationales Lauterkeitsrecht auch in Fällen mit Verbraucherbezug bzw. bei vergleichender Werbung nicht entgegen, da die Förderung des Absatzes eines anderen Unternehmens, die nicht in dessen Namen oder Auftrag erfolgt, nicht in ihren Anwendungsbereich fällt.[58] 37
- **Fehlender Verbraucherschutzbezug.** Nationale Regelungen ohne verbraucherschützende Zielsetzung, wie Vorschriften über Ladenschlusszeiten, fallen nicht in den Anwendungsbereich der UGP-Richtlinie (Erw.grd. 8).[59] 38
- **Keine Beeinflussung der geschäftlichen Entscheidung.** Die UGP-Richtlinie bezieht sich ebenfalls nur auf Geschäftspraktiken, die in unmittelbarem Zusammenhang mit der Beeinflussung der geschäftlichen Entscheidung des Verbrauchers in Bezug auf Produkte stehen. Sie **bezieht sich nicht auf Geschäftspraktiken, die vorrangig anderen Zielen dienen,** etwa kommerzielle, **für Investoren gedachte Mitteilungen** wie Jahresberichte und **Unternehmensprospekte (Erw.grd. 7 S. 1, 2).**[60] Rechtsvorschriften, die zwar (auch) den Schutz der Verbraucher bezwecken, aber nur den Absatz von bestimmten Waren oder Dienstleistungen generell oder durch bestimmte Personen oder an bestimmte Personen oder zu bestimmten Zeiten verbieten oder einschränken, fallen daher nicht in den Anwendungsbereich der Richtlinie. Dazu zählen z. B. die Vorschriften zum **Jugendschutz,** die den Verkauf bestimmter Waren an Jugendliche beschränken.[61] 39
- **Regelungen der guten Sitten.** Gesetzliche Anforderungen in Fragen der guten Sitten und des Anstandes, zu denen die Richtlinie auch das **Ansprechen auf der Straße zu Verkaufszwecken** zählt, nimmt die UGP-Richtlinie aus (Erwägungsgrund 7, S. 3, 4). Die § 1 Abs. 1 Nr. 1 und 2 ESchG geregelten Straftatbestände der **Eizellspende** fallen daher als Regelungen der guten Sitten i. S. d. v. Erwägungsgrund 7 S. 3 nicht in den Anwendungsbereich der UGP-Richtlinie.[62] 40
- **Edelmetall.** Die Richtlinie gilt zudem nicht für die Anwendung der Rechts- und Verwaltungsvorschriften in Bezug auf die **Zertifizierung und Angabe des Feingehalts** von Artikeln aus **Edelmetall (Art. 3 Abs. 10,** Erwägungsgrund 9 S. 6). Im Gegensatz zu Art. 3 Abs. 4 oder Abs. 7 handelt es sich bei Art. 3 Abs. 10 nicht um eine Öffnungsklausel, wie aus dem Wortlaut („gilt nicht") folgt.[63] Art. 3 Abs. 10 ist auf die Zertifizierung und Angabe des Feingehalts beschränkt. Daher ist z. B. die Werbung mit der Gebührenfreiheit des Edelmetallankaufs an § 5 zu messen.[64] 41

*cc) **Zugelassene Ausnahmebereiche.*** Überwiegend klammert die UGP-Richtlinie, wie auch der Gegenschluss zu Art. 3 Abs. 10 zeigt, Vorgaben anderer Harmonisierungsmaßnahmen nicht aus ihrem Anwendungsbereich aus, sondern wird der **Irreführungsschutz der Art. 5, 6 UGP-Richtlinie durch Vorgaben anderer Harmonisierungsmaßnahmen lediglich verstärkt oder modifiziert, s. *Glöckner,* Einl. B.238.** So bleiben z. B. das Vertragsrecht (Art. 3 Abs. 2) oder Rechtsvorschriften in Bezug auf Gesundheits- oder Sicherheitsaspekte von Produkten (Art. 3 Abs. 3) durch die UGP-Richtlinie (lediglich) **unberührt.** Daraus folgt, dass die UGP-Richtlinie hier im Gegensatz zu Art. 3 Abs. 10 UGP-Richtlinie („Diese Richtlinie gilt nicht …") anwendbar und lediglich ihre **vollharmonisierende Wirkung eingeschränkt ist,**[65] wobei der Umfang der Einschränkung der Sperrwirkung durch Auslegung anhand den jeweiligen Harmonisierungsmaßnahmen festzustellen ist. Grundsätzlich anzuwenden ist die Richtlinie auch, soweit sie, wie z. B. in Art 3 Abs. 9, **Öffnungsklauseln** für restriktivere und strengere Vorschriften enthält, denn daraus ergibt sich im Gegenschluss, dass die Richtlinie in diesen Bereichen anwendbar ist;[66] die Vollhar- 42

---

[58] Vgl. EuGH, Urt. v. 17.10.2013, C-391/12, *RLvS,* EU:C:2013:669, Rdn. 40; BGH GRUR 2015, 694, 696 Rdn. 26 – *Bezugsquellen für Bachblüten;* GRUR 2014, 879, 880 Rdn. 13 – *GOOD NEWS II; Koch,* FS Köhler, 2014, 359, 367; *Scherer,* WRP 2014, 517, 519.

[59] EuGH, Urt. v. 4.10.2012, C-559/11, *Pelckmans Turnhout,* EU:C:2012:615, Rdn. 19, 20.

[60] Vgl. BGH, Urt. v. 11.12.2014, – I ZR 113/13, MDR 2015, 518, 520 Rdn. 22 – *Bezugsquellen für Bachblüten;* v. 10.1.2013, – I ZR 190/11, GRUR 2013, 945, 948 Rdn. 29 – *Standardisierte Mandatsbearbeitung;* OLG Karlsruhe, GRUR-RR 2010, 47, 48.

[61] *Köhler*/Bornkamm, 33. Aufl. 2015, § 4 Rdn. 11.6 m.

[62] BGH, Urt. v. 8.10.2015, Az. I ZR 225/13, *Eilzellspende,* DE:BGH:2015:081015UIZR225.13.0, Rdn. 19.

[63] Anders *Glöckner,* Einl. B.247.

[64] BGH WRP 2009, 435 – *Edelmetallankauf.*

[65] Ebenso hinsichtlich Art. 3 Abs. 2–9 *Glöckner,* Einl. B.247, der allerdings Art. 3 Abs. 10 anders als hier vertreten ebenfalls nicht als Einschränkung des Anwendungsbereichs der Richtlinie ansieht.

[66] Vgl. GK/*Heinze,* 2. Aufl. 2014, Einl. Teil C Rdn. 325 zu Art. 3 Abs. 9 UGP-Richtlinie.

monisierung und damit auch die Sperrwirkung der Richtlinie wird lediglich in dem Maße eingeschränkt, das die jeweilige Ausnahmevorschrift vorsieht. Schließlich gehen auch andere Rechtsvorschriften, die besondere Aspekte unlauterer Geschäftspraktiken regeln, nach Art. 3 Abs. 4 der Richtlinie dieser nur im Kollisionsfall vor, was bedeutet, dass die Richtlinie auch in diesen Bereichen anwendbar und lediglich im Kollisionsfall subsidiär ist. In all diesen Ausnahmebereichen ist der **Irreführungsschutz nach Art. 6 und 7 UGP-Richtlinie somit grundsätzlich eröffnet und wird lediglich unter Einschränkung bzw. Modifizierung der vollharmonisierenden Wirkung der Richtlinie durch Sonderregelungen verstärkt oder modifiziert.** Dies entspricht der Zielsetzung und konzeptionellen Ausgestaltung der Richtlinie als Rahmenrichtlinie und dem mit ihr verfolgten Ansatz einer Vollharmonisierung. Für das Vorenthalten von **Pflichtangaben** trifft Art. 7 hierbei nach Wortlaut und Regelungszusammenhang eine grundsätzlich abschließende Regelung, **s. Rdn. 50 ff.**

Zugelassene Ausnahmebereiche sind insbesondere:

43 – **Vertragsrecht.** Das Vertragsrecht und insbesondere die Bestimmungen über die Wirksamkeit, das Zustandekommen oder die Wirkungen eines Vertrags lässt die UGP-Richtlinie unberührt **(Art. 3 Abs. 2, Erw.grd. 9 Satz 2).** Gleiches gilt für die Werberichtlinie, die nur „Werbung" erfasst. **S. zum Konkurrenzverhältnis zum Vertragsrecht näher Rdn. 79 ff.**

44 – **Reglementierte Berufe.** Die UGP-Richtlinie lässt nach **Art. 3 Abs. 8** alle Niederlassungs- oder Genehmigungsbedingungen, berufsständischen Verhaltenskodizes oder andere spezielle Regeln für reglementierte Berufe unberührt.[67] Gleiches gilt für die Werberichtlinie 2006/114/EU (vgl. Art. 8 Abs. 4).

45 – **Beschränkungen für bestimmte Waren und Dienstleistungen.** Die Werberichtlinie gilt unbeschadet der Rechtsvorschriften der Gemeinschaft, die auf die Werbung für bestimmte Waren und/oder Dienstleistungen anwendbar sind, sowie unbeschadet der Beschränkungen oder Verbote für die Werbung in bestimmten Medien **(Art. 8 Abs. 2 RL 2006/114/EG).**

46 – **Gesundheits- und Sicherheitsaspekte von Produkten.** Rechtsvorschriften der Gemeinschaft oder der Mitgliedstaaten in Bezug auf Gesundheits- oder Sicherheitsaspekte von Produkten lässt die Richtlinie nach **Art. 3 Abs. 3 UGP-RL** unberührt.[68] Die Mitgliedstaaten können unter Berufung auf den Schutz der Gesundheit und der Sicherheit von Verbrauchern in ihrem Hoheitsgebiet Beschränkungen aufrechterhalten oder einführen oder diese Praktiken verbieten, etwa im Zusammenhang mit **Spirituosen, Tabakwaren oder Arzneimitteln (Erw.grd. 9 S. 3).**[69]

47 – **Schutz des geistigen Eigentums, Niederlassungsbedingungen und Genehmigungsregelungen.** Vorschriften in diesen Bereichen, einschließlich solcher Vorschriften, die sich im Einklang mit dem Gemeinschaftsrecht auf **Glücksspiele** beziehen, lässt die Richtlinie unberührt **(Erw.grd. 9 S. 2).**[70]

48 – **Finanzdienstleistungen und Immobilien.** Im Zusammenhang mit **„Finanzdienstleistungen" und „Immobilien"** sind restriktivere und strengere Vorschriften möglich **(Art. 3 Abs. 9, Erw.grd. 9 S. 4).**[71]

49 – **Besondere Irreführungsverbote.** Kollidieren die Bestimmungen der UGP-Richtlinie mit Rechtsvorschriften der Gemeinschaft, die besondere Aspekte unlauterer Geschäftspraktiken regeln, gehen die Letzteren vor und sind für die besonderen Aspekte maßgebend **(Art. 3 Abs. 4 und 10. Erw.grd.).** Durch die „Citroën Commerce"-Entscheidung des EuGH ist geklärt, dass auch die **Preisangabenrichtlinie 98/6/EG** besondere Aspekte iSd Art. 3 Abs. 4 UGP-Richtlinie regelt, insbes. solche, die mit der Angabe des Verkaufspreises von Erzeugnissen in Verkaufsangeboten und in der Werbung in Zusammenhang stehen.[72] Der Vorrang beschränkt sich auf den Kollisionsfall und betrifft nur abweichende Regelungen dieser besonderen Aspekte. Daraus folgt, dass auch diese speziellen Täuschungsverbote und Regelungen zu Informationsanforderungen Art. 7 UGP-Richtlinie

---

[67] **S. dazu *Glöckner,* Einl. B.245.**

[68] **S. dazu *Glöckner,* Einl. B.244.**

[69] Für den Bereich der Werbung für Verfahren und Behandlungen zur Erkennung, Beseitigung oder Linderung von Krankheiten, Leiden, Körperschäden oder krankhaften Beschwerden i. S. d. § 1 Abs. 1 Nr. 2 HWG und für den Bereich der Werbung für Medizinprodukte gemäß § 1 Abs. Nr. 1a HWG, für die weder die RL 93/42/EWG über **Medizinprodukte** noch andere Bestimmungen eine gemäß Art. 3 Abs. 4 UGP-RL vorrangig anzuwendende Reglementierung der Werbung enthalten, bleibt nach der Rspr. des BGH daher gemäß Art. 3 Abs. 3 UGP die Werbebeschränkung in § 7 Abs. 1 S. 1 HWG anwendbar, s. BGH, Urt. v. 12.2.2015, Az. I ZR 213/13, WRP 2015, 966, 967, Rdn. 12 – *Fahrdienst zur Augenklinik;* vgl. auch BGH GRUR 2015, 504 Rdn. 10 – *Kostenlose Zweitbrille.*

[70] **S. dazu *Glöckner,* Einl. B.246.**

[71] S. EuGH, Urt. v. 18.7.2013, *Citroën Belux,* C-265/12, EU:C:2013:498, Rdn. 21 ff., 25.

[72] EuGH, Urt. v. 7.7.2016, *Cirtroën Commerce,* C-476/14, EU:C:2016:527, Rdn. 44 f.

nicht verdrängen, sondern dass diese Sondervorschriften des Unionsrechts, die spezielle Aspekte unlauterer Geschäftspraktiken regeln und zu denen auch Informationsanforderungen gehören, die UGP-Richtlinie ergänzen.[73] Neben den Sondervorschriften bleibt der Irreführungsschutz der UGP-Richtlinie daher anwendbar, sofern die Anwendungsvoraussetzungen dieser Richtlinie vorliegen.[74] Im Anwendungsbereich der Sondervorschriften sind §§ 5, 5a jedoch ausschließlich nach Maßgabe der Sondervorschriften richtlinienkonform auszulegen.[75] S. näher zu besonderen Irreführungsverboten allgemein **Rdn. A.60 ff.** sowie speziell zu **Pflichtangaben Rdn. A. 53.**

d) Unionsrechtliche Informationspflichten. *aa) **Sperrwirkung des Art. 7 Abs. 5 UGP-Richtlinie im Grundsatz.*** Der Gemeinschaftsgesetzgeber verfolgt die der UGP-Richtlinie (vgl. Art. 1) wie auch zahlreichen anderen Richtlinien, z.B. der Verbraucherschutzrichtlinie 2011/83/EG, zugrunde liegende Zwecksetzung, zu einem reibungslosen Funktionieren des Binnenmarktes und zum Erreichen eines hohen **Verbraucherschutzniveaus** beizutragen, in großem Umfang durch Etablierung formalisierter Informationspflichten. Dieses **Informationsmodell** bezweckt, durch hinreichende Markttransparenz die Voraussetzungen für eine informierte Entscheidung des Verbrauchers zu schaffen. Informationspflichten stellen danach zugleich das Pendant zu dem Leitbild des durchschnittlich aufmerksamen, informierten und verständigen Verbrauchers dar. 50

Das Konkurrenzverhältnis der Informationspflichten zueinander ist aufgrund der durch die UGP-Richtlinie bewirkten Vollharmonisierung anhand der Harmonisierungsmaßnahmen auf Unionsebene zu bewerten und aufgrund des regelmäßigen Fehlens eindeutiger Konkurrenzregelungen in den einzelnen Harmonisierungsmaßnahmen bis heute erheblichen Zweifelsfragen behaftet. 51

Bei der Bewertung des Konkurrenzverhältnisses ist zwischen den oben aufgeführten Bereichen zu differenzieren, da insoweit unterschiedliche Kriterien gelten: 52

bb) **In ihrem Anwendungsbereich** enthält die UGP-Richtlinie jedenfalls **soweit nicht die insbes. in Art. 3 UGP-Richtlinie zugelassenen Ausnahmebereiche (Rdn. 42) berührt sind,** für gesetzlich vorgeschriebene Pflichtangaben **abschließende** Regelungen (vgl. insbes. Art 7 Abs. 5 und Erw.grd. 15).[76] Zwar gehen nach Art. 3 Abs. 4 UGP-Richtlinie speziellere Informationsanforderungen des Unionsrechts dieser Richtlinie vor. Art. 3 Abs. 5 UGP-Richtlinie ermöglichte die Aufrechterhaltung strengerer nationaler Vorschriften, die in Umsetzung von Mindestangleichungsklauseln erlassen wurden, jedoch nur für eine **Übergangsfrist bis 12.6.2013 (Art. 3 Abs. 5).** Diese Vorschrift liefe leer, wenn sich Richtlinien mit Mindestklauseln insgesamt gegenüber der UGP-Richtlinie durchsetzen. Daraus folgt, dass die Informationspflichten des deutschen Rechts, jedenfalls seit dem Ablauf der Übergangsfrist am 12.6.2013, im Anwendungsbereich der UGP-Richtlinie genau dem europäischen Standard entsprechen müssen.[77] Die Integration von Informationspflichten auf Grundlage von Mindestklauseln wäre auch praktisch kaum durchsetzbar, denn von der ihnen durch Mindestklauseln eingeräumten Kompetenz haben die Mitgliedstaaten in ganz unterschiedlicher Weise Gebrauch gemacht.[78] Die Mitgliedstaaten können daher zwar, sofern dies nach den unionsrechtlichen **Mindestklauseln** zulässig ist, im Einklang mit dem Unionsrecht strengere Vorschriften aufrechterhalten oder einführen, um ein höheres Schutzniveau für die individuellen vertraglichen Rechte der Verbraucher zu gewährleisten (Erwägungsgrund 15, S. 6). Aufgrund der durch die UGP-Richtlinie eingeführten vollständigen Angleichung werden jedoch nur die nach dem Gemeinschaftsrecht **vorgeschriebenen** Informationen als wesentlich für die Zwecke des **Art. 7 Abs. 5** dieser Richtlinie betrachtet **(Erwägungsgrund 15, S. 4).** Haben die Mitgliedstaaten auf der Grundlage von Mindestklauseln Informationsanforderungen eingeführt, die über das hinausgehen, was im Unionsrecht geregelt ist, so kommt das Vorenthalten dieser Informationen einem **irreführenden Unterlassen** daher 53

---

[73] So zur Richtlinie 2001/83/EG: EuGH Urt. v. 16.7.2015, *Abcur,* C-544/13 und C-545/13, EU:C:2015:481, Rdn. 81; zur Health-Claims-VO: *Köhler* ZLR 2008, 135, 138; *Meisterernst* WRP 2012, 405, 409; vgl. EuGH GRUR 2012, 1161 – *Deutsches Weintor.*

[74] Vgl. EuGH, Urt. v. 16.7.2015, *Abcur,* C-544/13 und C-545/13, EU:C:2015:481, Rdn. 84; EuGH, Urt. v. 7.7.2016, *Cirtroën Commerce,* C-476/14, EU:C:2016:527, Rdn. 44 f.

[75] Vgl. EuGH, Urt. v. 23.1.2003, *Kommission/Österreich,* C-221/00, EU:C:2003:44; Urt. v. 8.11.2007, *Gintec,* C-374/05, EU:C:2007:654, Rdn. 38 f.; Urt. v. 16.7.2015, *Abcur,* C-544/13 und C-545/13, EU:C:2015:481, Rdn. 45 ff., 80 ff.; BGH, Urt. v. 2.12.2015, *Himbeer-Vanille-Abenteuer II,* I ZR 45/13, DE:BGH:2015:021215UIZR45.13.0, Rdn. 23; GRUR 2002, 1091, 1092 – *Bodensee-Tafelwasser;* GRUR 2003, 628, 629 – *Klosterbrauerei;* GRUR 2008, 830, 831 – *L-Carnitin II;* GRUR 2010, 359, 361 – *Vorbeugen mit Coffein.*

[76] Ebenso *Köhler*/Bornkamm, 34. Aufl. 2016, § 3a Rdn. 1.18.

[77] *Köhler,* GRUR 2008, 841, 844; *ders.,* WRP 2013, 723 ff.; *v. Oelffen,* Rdn. 790 f.; *Ohly*/Sosnitza, 6. Aufl. 2014, § 4.11 Rdn. 11/7a; *Zecca-Jobst,* Informationspflichten im Lauterkeits- und Vertragsrecht, 2015, S. 53 f.

[78] Vgl. *Köhler,* WRP 2013, 723 ff.; *v. Oelffen,* Rdn. 790 f.; *Ohly*/Sosnitza, 6. Aufl. 2014, § 4.11 Rdn. 11/7a; *Zecca-Jobst,* Informationspflichten im Vertrags- und Lauterkeitsrecht, S. 59.

jedenfalls nach Ablauf der Übergangsfrist am 12.6.2013[79] **nicht** gleich.[80] **Art. 7 UGP-Richtlinie entfaltet insoweit Sperrwirkung.** Das **Vorenthalten gesetzlich vorgeschriebener Pflichtangaben** stellt deshalb, zumindest seit Ablauf der Übergangsfrist (Art. 3 Abs. 5) am 12.6.2013, nur noch unter den Voraussetzungen des Art. 7 UGP-Richtlinie (§ 5a UWG) eine irreführende Geschäftspraxis durch Unterlassen im Sinne der Richtlinie dar. Die UGP-Richtlinie nimmt in ihrem Regelungsbereich eine **abschließende Bewertung vor, welche Informationen ein** durchschnittlich aufmerksamer, informierter und **verständiger Verbraucher für eine informationsgetragene Entscheidung benötigt** und unter welchen Voraussetzungen das Fehlen solcher Informationen eine unlautere Geschäftspraxis im Sinne der Richtlinie darstellt.

54 Ein Vorenthalten von Pflichtangaben, das in den Anwendungsbereich der UGP-Richtlinie fällt, aber die dort geregelten Voraussetzungen einer Unlauterkeit nicht erfüllt, stellt somit unter dem Gesichtspunkt einer möglichen Beeinflussung der geschäftlichen Entscheidung von Verbraucher in Bezug auf Produkte **als solches keinen Verstoß gegen die fachliche Sorgfalt** dar. Aufgrund der durch die UGP-Richtlinie in ihrem Anwendungsbereich bewirkten Vollharmonisierung lässt es sich auch nicht auf anderer Rechtsgrundlage, insbesondere über **§ 3a UWG,** erfassen; die **UGP-Richtlinie entfaltet insoweit Sperrwirkung.**

55 *cc)* ***Außerhalb des Anwendungsbereichs der Richtlinie gilt die Sperrwirkung nicht.*** Die Richtlinie ist hier, also insbesondere auf die Durchsetzung von Informationsanforderungen, die das Verhältnis **B2B** betreffen, unanwendbar.[81] Auch die Durchsetzung von Informationsanforderungen aus Rechts- und Verwaltungsvorschriften in Bezug auf die Zertifizierung und Angabe des Feingehalts von Artikeln aus Edelmetall erfolgt nicht nach Art. 7 UGP-Richtlinie, sondern nach diesen Rechts- und Verwaltungsvorschriften (vgl. Art. 3 Abs. 10). In einigen Bereichen hat der nationale Gesetzgeber den Schutz der §§ 5, 5a auf diese Bereiche erstreckt, so z. B. für sonstige Marktteilnehmer in §§ 5, 5a Abs. 1.

56 ***dd) In den zugelassenen Ausnahmebereichen (Rdn. 42f.) ist die UGP-Richtlinie anwendbar und bleibt somit auch ihre Sperrwirkung erhalten und wird lediglich eingeschränkt bzw. modifiziert.*** Dies folgt daraus, dass die UGP-Richtlinie in diesen Bereichen die **Harmonisierungsmaßnahmen vollständig in ihren Anwendungsbereich integriert** und als Ausnahmebereiche ausgestaltet, die unter den näher geregelten Voraussetzungen und in unterschiedlich weitem Umfang (vgl. z.B. Art. 3 Abs. 4 einerseits und Abs. 9 andererseits) die Vollharmonisierung durchbrechen, s. oben **§ 5 Rdn. A.28 ff.** Die UGP-Richtlinie gilt nach **Art. 3 Abs. 4** und ihrem **10. Erw.grd.** nur insoweit, als keine spezifischen Vorschriften des Gemeinschaftsrechts vorliegen, die spezielle Aspekte unlauterer Geschäftspraktiken regeln, wie etwa Informationsanforderungen oder Regeln darüber, wie dem Verbraucher Informationen zu vermitteln sind.[82] **Selbst spezielle unionsrechtliche Informationsanforderungen verdrängen Art. 7 UGP-Richtlinie nicht.**[83] Nur wenn das Gemeinschaftsrecht Informationsanforderungen in Bezug auf Werbung, kommerzielle Kommunikation oder Marketing festlegt, werden die betreffenden Informationen i. S. d. **Art. 7 Abs. 5** als wesentlich angesehen (Art. 7 Abs. 5, Erw.grd. 15 Satz 1). Diese können zudem nach allgemeinen Grundsätzen **(Art. 7 Abs. 1–4 UGP-Richtlinie)** „wesentliche" Informationen sein, deren Vorenthalten ein Irreführen durch Unterlassen begründet. Aufgrund der durch die UGP-Richtlinie angeführten Angleichung werden auch **nur diese durch Art. 7 integrierten Informationen im Anwendungsbereich der Richtlinie als mit den Mitteln des Lauterkeitsrechts durchsetzbare wesentliche Informationen angesehen.** Das folgt daraus, dass die Richtlinie zur Erreichung der Ziele der Gemeinschaft die Fragmentierung der nationalen Vorschriften ersetzt und die Unternehmen und Verbraucher in die Lage versetzen soll, sich an einem **einzigen Rechtsrahmen** zu orientieren, der auf einem klar definierten Rechtskonzept beruht, das alle Aspekte unlauterer Geschäftspraktiken in der Union regelt. Die **Beschränkung des Art. 7 Abs. 5 auf Informationsanforderungen für die kommerzielle Kommunikation liefe leer,** wenn Informationsanforderungen, welche die Voraussetzungen des Art. 7 nicht erfüllen, aber in den Anwendungsbereich der Richtlinie fallen, die auch Verhalten nach

---

[79] Für den Zeitraum bis zum Ablauf der Übergangsfrist wird von der wohl überwiegenden Meinung eine Durchsetzbarkeit auf Grundlage des § 4 Nr. 11 UWG a. F. bejaht, vgl. *Seichter* WRP 2005, 1087, 1094; *Köhler/* Bornkamm, 33. Aufl., 2015, § 4 Nr. 11 Rdn. 11.6c; *Zecca-Jobst,* Informationspflichten im Vertrags- und Lauterkeitsrecht, S. 59.

[80] Ebenso *Köhler*/Bornkamm, 34. Aufl. 2016, § 3a Rdn. 1.18.

[81] Ebenso *Zecca-Jobst,* Informationspflichten im Lauterkeits- und Vertragsrecht, 2015, S. 60.

[82] Vgl. EuGH, Urt. v. 16.7.2015, *Abcur,* C-544/13 und C-545/13, EU:C:2015:481, Rdn. 79.

[83] So zur Richtlinie 2001/83/EG: EuGH Urt. v. 16.7.2015, *Abcur,* C-544/13 und C-545/13, EU:C:2015: 481, Rdn. 81; zur Health-Claims-VO: *Köhler* ZLR 2008, 135, 138; *Meisterernst* WRP 2012, 405, 409; vgl. EuGH GRUR 2012, 1161 – *Deutsches Weintor.*

Vertragsschluss erfasst (Art. 3 Abs. 1, Erw.grd. 13 Satz 3), trotz der Beschränkung in Art. 7 Abs. 5 mit Mitteln des Lauterkeitsrechts stets durchgesetzt werden könnten.

Der Rückgriff auf § 3a zur Durchsetzung von Informationsanforderungen des Unionsrechts, welche die Anforderungen des Art. 7 UGP-Richtlinie nicht erfüllen, ist somit nicht zulässig. Ebenso wie das Vorenthalten von strengeren nationalen Informationsanforderungen auf Grundlage von Mindestklauseln lediglich individuelle vertragliche Rechte der Verbraucher gewähren kann (Erw.grd. 15, Satz 5 und 6), ist auch die Durchsetzung von Informationspflichten, welche die Voraussetzungen des Art. 7 nicht erfüllen, mit Mitteln des Lauterkeitsrechts nicht möglich, sondern können Verletzungen dieser Informationspflichten lediglich individuelle vertragliche Rechte der einzelnen Verbraucher gewähren. Dafür spricht auch die folgende Überlegung: Die Informationsanforderungen, welche die Voraussetzungen des Art. 7 Abs. 5 erfüllen, benötigt der Verbraucher **vor Vertragsschluss** für eine informiert geschäftliche Entscheidung; jede individuelle Geltendmachung nach diesem Zeitpunkt käme zu spät und würde den Zweck verfehlen; **nur eine präventive Kontrolle und kollektive Durchsetzung,** wie sie das Lauterkeitsrecht ermöglicht, ist hier daher **zielführend und in Anbetracht der zentralen Bedeutung der Informationen für eine informierte Entscheidung des Verbrauchers auch gerechtfertigt.** Demgegenüber haben Informationspflichten, die zu anderen Zwecken als in Bezug auf kommerzielle Kommunikation, also erst im Zuge des Vertragsschlusses oder bei der Vertragsabwicklung zu erfüllen sind **(s. § 5a Rdn. 132),** aber trotzdem in den Anwendungsbereich der Richtlinie fallen, für den Verbraucher häufig selbständige Bedeutung, weil er diese Informationen trotz des geschlossenen Vertrags benötigt, und kann daher auch eine ausschließlich individuell durch den Verbraucher erfolgende Durchsetzung zielführend und auch ausreichend sein. 57

Schutzlücken entstehen dadurch nicht, weil das Vorenthalten von Pflichtangaben, die nicht die kommerzielle Kommunikation betreffen und daher nicht unter die Wesentlichkeitsvermutung des Art. 7 Abs. 5 UGP-Richtlinie/§ 5a Abs. 4 fällt, trotzdem nach allgemeinen Grundsätzen (Art. 7 Abs. 1–3 UGP-Richtlinie/§ 5a Abs. 2, 5, 6 UWG) als Irreführung durch Unterlassen zu qualifizieren sein kann, wenn es sich um wesentliche Informationen handelt, die der Verbraucher für seine geschäftliche Entscheidung (z. B. hinsichtlich einer Vertragskündigung) benötigt. Die Wesentlichkeitsvermutungen in Art. 7 Abs. 4 und 5 UGP-Richtlinie sollen die Rechtsstellung der Verbraucher ausschließlich verbessern und schließen den Rückgriff auf die allgemeinen Grundsätze in Art. 7 Abs. 1 und 2 UGP-Richtlinie nicht[84] aus. Deshalb kann sich ein **Vorenthalten von Pflichtangaben, auch wenn die Voraussetzungen des Art. 7 Abs. 5 UGP-Richtlinie nicht erfüllt sind,** im konkreten Fall unter Berücksichtigung aller Umstände trotzdem noch **nach allgemeinen Grundsätzen (Art. 7 Abs. 1 und 2 UGP-Richtlinie/§ 5a Abs. 2 und 5 UWG) als irreführend erweisen,** sofern die Sonderregelung nicht ausnahmsweise eine abweichende (vorrangige) Regelung trifft.[85] **Auf diese Weise stellt die UGP-Richtlinie sicher, dass auch hinsichtlich der Pflichtangaben in jedem Fall der Basisschutz der Richtlinie besteht.** 58

Festzuhalten bleibt nach alledem, dass **Informationsanforderungen** aus anderen Harmonisierungsmaßnahmen oder nationalem Recht im Anwendungsbereich der Richtlinie stets, also auch in den zugelassenen Ausnahmebereichen wie z. B. dem Vertragsrecht und den besonderen Irreführungsverboten (Art. 3 Abs. 4), aufgrund der **Sperrwirkung des Art. 7 UGP-Richtlinie** nur unter den Voraussetzungen des Art. 7 UGP-Richtlinie mit Mitteln des Lauterkeitsrechts durchgesetzt werden können. Im Anwendungsbereich der UGP-Richtlinie (vgl. **Rdn. 34 ff.**) werden somit nach Art. 7 Abs. 5 UGP-Richtlinie (§ 5a Abs 4 UWG) *erstens* nur die im Gemeinschaftsrecht festgelegten Informationsanforderungen in Bezug auf **kommerzielle** Kommunikation als wesentlich im Sinne des Art. 7 Abs. 5 angesehen. Weitergehende **Informationsanforderungen** können sich nur aufgrund Art. 7 Abs. 1–4 UGP-Richtlinie und nicht aus anderen Harmonisierungsmaßnahmen ergeben. Diese Integration gesetzlich vorgeschriebener Pflichtangaben durch **Art. 7 Abs. 5** UGP-Richtlinie (§ 5a Abs. 4 UWG) setzt *zweitens* voraus, dass es sich um **nach dem Gemeinschaftsrecht vorgeschriebene** Informationsanforderungen in Bezug auf kommerzielle Kommunikation handelt. Pflichtangaben des nationalen Rechts, die das Unionsrecht nicht vorschreibt oder die zwar auf **Mindestklauseln** beruhen, aber über diese hinausgehen, werden jedenfalls seit Ablauf der Übergangsfrist am 12.6.2013 nicht mehr im Sinne des Art. 7 Abs. 5 als wesentlich angesehen (Erwägungsgrund 4, 5).[86] Dadurch entstehen *drittens* auch **keine Schutzlücken,** weil **kein Vorrang der Art. 7 Abs. 4 und 5 UGP-** 59

---

[84] Vgl. BGH, Urt. v. 21.7.2016, *LGA tested,* I ZR 26/15, DE:BGH:2016:210716UIZR26.15.0, Rdn. 52.

[85] Ebenso OLG Düsseldorf, GRUR-RR 2015, 158, 160; vgl. auch *Bergmann* in: FS Krämer, S. 163, 168 f.; *Körber/Heinlein,* WRP 2009, 780, 785; Ohly/*Sosnitza,* 6. Aufl. 2014, § 5a Rdn. 31. – A. A. *Köhler,* WRP 2009, 109, 116 rSp., der jedenfalls für den Fall der „Aufforderung zum Kauf" den Katalog der Informationsanforderungen in § 5a Abs. 3 als abschließend ansieht.

[86] *Köhler,* WRP 2013, 723 ff.; *v. Oelffen,* Rdn. 790 f.; *Ohly*/Sosnitza, 6. Aufl. 2014, § 4.11 Rdn. 11/7a.

Richtlinie vor Art. 7 Abs. 1 und 2 besteht, sodass das Vorenthalten dieser Informationsanforderungen trotzdem nach allgemeinen Grundsätzen (Art. 7 Abs. 1–3 UGP-Richtlinie/§ 5a Abs. 2, 5, 6 UWG) als Irreführung durch Unterlassen zu qualifizieren sein kann und mithin in jedem Fall der **Basisschutz der Richtlinie besteht (§ 5a Rdn. 7ff.).**

S. zu letzterem näher auch § 5a Rdn. 4ff. 183ff., 206.

60 **e) Weitere Irreführungsverbote.** Neben der Art. 6, 7 UGP-Richtlinie und der Werberichtlinie enthalten zahlreiche **europäische Richtlinien und Verordnungen weitere Irreführungsverbote.** Es handelt sich bei den genannten Richtlinien und Verordnungen zur Bekämpfung von Täuschungen in aller Regel um Rechtsvorschriften i. S. d. **Art. 3 Abs. 4 UGP-Richtlinie, die auf spezielle Aspekte unlauterer** Geschäftspraktiken anwendbar sind und den allgemeinen Irreführungsschutz der UPG-Richtlinie und der Werberichtlinie **ergänzen.**[87] **(Nur) im Kollisionsfall gehen diese Sonderregelungen der UGP-Richtlinie vor** und sind für diese **speziellen** Aspekte anwendbar (Art. 3 Abs. 4 sowie 10. Erw.grd.).[88] Im Anwendungsbereich dieser Sondervorschriften sind §§ 5, 5a **ausschließlich nach Maßgabe der Sondervorschriften unionskonform auszulegen.**[89] Auf **nationaler Ebene** kann sich aufgrund des Erfordernisses der unionskonformen Auslegung über **§ 3a** i. V. m. den Sonderregelungen kein anderes Ergebnis als über §§ 5, 5a ergeben, s. dazu **§ 5 Rdn. A.103.**

61 Zur Frage der **Sperrwirkung des Art. 7 Abs. 5** bei Informationspflichten näher **§ 5 A.32ff.**

Als weitere Irreführungsverbote i. d. S. zu nennen sind insbesondere:

Zur Preisangabenrichtlinie 98/6/EU s. § 5 Abschn. A 111 und **§ 5a Rdn. 155ff., 193ff.**

62 Die **VO Nr. 178/2002/EG (s. dazu näher *v. Jagow,* Einl. I Rdn. 5ff.)** regelt allgemeine Grundsätze und Anforderungen des **Lebensmittels,** Behörden und Verfahren; ihr Art. 14 legt lediglich einen Mindeststandard fest.[90] Nach Art. 16 der VO dürfen unbeschadet spezifischer Bestimmungen des Lebensmittelrechts die Kennzeichnung, Werbung und Aufmachung von Lebensmitteln oder Futtermitteln den Verbraucher nicht irreführen.[91] Eine spezifische Bestimmung i. S. d. Art. 16 der VO 178/2002/EG stellt die **Etikettierungsrichtlinie 2000/13/EG** dar,[92] die zwar gem. Art. 53 Abs. 1 der VO (EU) Nr. 1169/2011 mit Wirkung zum **13.12.2014** aufgehoben wurde, aber für Sachverhalte vor diesem Zeitpunkt noch zur Anwendung kommt.[93] Für den Zeitpunkt ab dem 13.12.2014 gilt an ihrer Stelle die **VO (EU) Nr. 1169/2011 betreffend die Information der Verbraucher über Lebensmittel (LMIV)**; dazu näher **Jagow, Einl. I Rdn. 6ff.** Diese enthält in Art. 7 Abs. 1 ein umfassendes Irreführungsverbot für Informationen über Lebensmittel, das sich gem. Art. 7 Abs. 4 auch auf die Werbung und die Aufmachung von Lebensmitteln (Form, Aussehen, Verpackung usw.) erstreckt und Grundlage des sondergesetzlichen Irreführungsverbots in **§ 11 Abs. 1 LFGB** ist. Gem. Art. 9 Abs. 1 LMIV sind bei Lebensmitteln näher aufgeführte Angaben nach Maßgabe der Art. 10–35 LMIV vorbehaltlich der dort vorgesehenen Ausnahmen verpflichtend, u. a. das Zutatenverzeichnis, die Nettofüllmenge des Lebensmittels, das Mindesthaltbarkeits- oder Verbrauchsdatum, Name bzw. Firma und Anschrift des Lebensmittelunternehmers sowie eine Nährwertdeklaration. Ob der Unternehmer den Verbraucher mit der **Aufmachung** des Lebensmittels hinreichend über dessen Merkmale aufgeklärt hat, ist nach der LMIV bzw. der RL 2000/13/EG zu beurteilen. Für eine diese – jeweils **abschließenden** Regelungen ergänzende Anwendung des Art. 7 Abs. 4 lit. a UGP-Richtlinie/§ 5a Abs. 3 Nr. 1 UWG ist kein Raum.[94]

63 Die **VO (EG) Nr. 1924/2006** (sog. **Health-Claims-VO/HCVO,** s. dazu auch **Jagow, Einl. I Rdn. 15ff.**) harmonisiert die Rechts- und Verwaltungsvorschriften für **gesundheits- und nährwertbezogene Angaben.** Sie enthält in den für alle Angaben geltenden Allgemeinen Grundsätzen

---

[87] Vgl. EuGH, Urt. v. 23.1.2003, *Kommission/Österreich,* C-221/00, EU:C:2003:44, Rdn. 43; Urt. v. 8.11. 2007, *Gintec,* C-374/05, EU:C:2007:654, Rdn. Tz. 39; Urt. v. 16.7.2015, *Abcur,* C-544/13 und C-545/13, EU:C:2015:481, Rdn. 45ff., 80ff.

[88] Vgl. EuGH, Urt. v. 16.7.2015, *Abcur,* Rs. C-544/13 und C-545/13, EU:C:2015:481, Rdn. 81; vgl. Schlussanträge des Generalanwalts *Szpunar* v. 3.3.2015, Rdn. 57–86; BGH, Urt. v. 7.5.2015, Az. I ZR 158/14, Rdn. 29 – *Der Zauber des Nordens.*

[89] Vgl. EuGH, Urt. v. 23.1.2003, *Kommission/Österreich,* C-221/00, EU:C:2003:44; Urt. v. 8.11.2007, *Gintec,* C-374/05, EU:C:2007:654, Rdn. 38f.; Urt. v. 16.7.2015, *Abcur,* C-544/13 und C-545/13, EU:C: 2015:481, Rdn. 45ff., 80ff.; BGH GRUR 2002, 1091, 1092 – *Bodensee-Tafelwasser;* GRUR 2003, 628, 629 – *Klosterbrauerei;* GRUR 2008, 830, 831 – *L-Carnitin II;* GRUR 2010, 359, 361 – *Vorbeugen mit Coffein.*

[90] S. dazu BGH LMuR 2011, 13.

[91] Dazu EuGH, Urt. v. 4.6.2015, Teekanne *[Himbeer-Vanille-Abenteuer],* C-195/14, ECLI:EU:C:2015:361, Rdn. 4.

[92] EuGH, Urt. v. 4.6.2015, Teekanne *[Himbeer-Vanille-Abenteuer],* C-195/14, ECLI:EU:C:2015:361, Rdn. 4.

[93] Vgl. EuGH, Urt. v. 4.6.2015, Teekanne *[Himbeer-Vanille-Abenteuer],* C-195/14, ECLI:EU:C:2015:361.

[94] BGH, Urt. v. 2.12.2015, Himbeer-Vanille-Abenteuer II, I ZR 45/13, DE:BGH:2015:021215UIZR45. 13.0, Rdn. 23.

u. a. ein Täuschungsverbot, nach dem nährwert- und gesundheitsbezogene Angaben nicht falsch, mehrdeutig oder irreführend sein dürfen (Art. 3 lit. a HCVO). Die HCVO ist am 19.1.2007 in Kraft getreten und gilt seit dem 1.7.2007 mit den Übergangsmaßnahmen in Art. 28. Solange die Listen gemäß Art. 13 und Art. 14 HCVO noch nicht existierten, kann zwar die Verwendung dem Art. 10 Abs. 3 HCVO unterfallender gesundheitsbezogener Angaben nicht unter Hinweis auf eine fehlende Beifügung einer speziellen gesundheitsbezogenen Angabe untersagt werden.[95] Die Informationspflichten in Art. 10 Abs. 2 und die allgemeinen Voraussetzungen zulässiger gesundheitsbezogener Angaben nach Art. 3–7 HCVO, zu denen auch das Täuschungsverbot in Art. 3 HCVO zählt, gelten jedoch grundsätzlich unabhängig davon, ob in dem entscheidungserheblichen Zeitraum Listen gemäß Art. 13 und Art. 14 der VO bereits existieren oder nicht;[96] nach Auffassung des BGH können allerdings nicht die Nachweise nach Art. 5 lit. a und Art. 6 Abs. 1 HCVO verlangt werden, dies ist derzeit Gegenstand einer EuGH-Vorlage.[97] Die speziellen Vorschriften der VO (EG) Nr. 1924/2006 für die Verwendung nährwertbezogener und gesundheitsbezogener Angaben bei Lebensmitteln, die an den Endverbraucher abgegeben werden, sollen die allgemeinen Regelungen über den Täuschungsschutz in der RL 2000/13/EG und der RL 84/450/EWG, an deren Stelle inzwischen die **Richtlinie 2006/114/EG über irreführende und vergleichende Werbung** getreten ist, nicht verdrängen, sondern lediglich ergänzen, wie sich aus Art. 3 Abs. 2 lit. a der VO ergibt.[98] Die Anforderungen an zulässige **vergleichende Werbung** werden durch **Art. 9 HCVO** allerdings im **Lebensmittelbereich verschärft.**

Die HCVO gilt nach ihrem Art. 1 Abs. 5 unbeschadet der Bestimmungen der **Mineralwasser-** 64
Richtlinie **2009/54/EG;**[99] s. dazu auch *Jagow,* **Einl. I Rdn. 10.** Die Richtlinie 2009/54/EG enthält jedoch für die Angaben, die auf den Verpackungen und Etiketten natürlicher Mineralwässer sowie in der Werbung für diese enthalten sein dürfen, Sonderregelungen.[100] Inwieweit diese vorrangig sind und bestimmte Vorgaben der HCVO verdrängen, ist durch Auslegung festzustellen;[101] so darf z. B. die Angabe „sehr natriumarm/kochsalzarm" für natürliche Mineralwässer und andere Wasser nicht verwendet werden.[102]

Mit der Richtlinie **2001/83/EG** vom 6.11.2001 zur Schaffung eines Gemeinschaftskodexes für 65
Humanarzneimittel, die bei der Auslegung des **HWG** zu berücksichtigen ist,[103] ist eine vollständige Harmonisierung des Bereichs der **Arzneimittelwerbung** erfolgt.[104] Diese Richtlinie stellt zwar eine Sonderregelung gegenüber der in der UGP-Richtlinie vorgesehenen allgemeinen Regelung dar und geht ihr im Falle einer Kollision vor.[105] Im Bereich der Irreführung durch Unterlassen gemäß Art. 7 UGP-Richtlinie/§ 5a UWG ergänzen sich beide Richtlinien jedoch, denn Art. 7 Abs. 5 UGP-Richtlinie verweist hinsichtlich der als wesentlich geltenden Informationsanforderung ausdrücklich auf Art. 86–100 der Richtlinie 2001/83/EG.[106] Die Werbung für Humanarzneimittel ist durch die Richtlinie 2001/83/EG im Grundsatz vollständig harmonisiert, die Richtlinie führt jedoch ausdrücklich Fälle auf, in denen die Mitgliedstaaten weiter befugt sind, Bestimmungen zu erlassen, die von den in der Richtlinie getroffenen Regelungen abweichen. Dazu gehört gem. Art. 89 Abs. 2, 91 Abs. 2 der RL insbesondere die Freistellung der Erinnerungswerbung von dem Erfordernis, insoweit Pflichtangaben zu machen.[107] Nach Art. 3 der RL sind ferner bestimmte Arzneimittel vom Anwendungsbereich der RL ausgenommen. Daraus folgt, dass das Unionsrecht kein Werbeverbot für alle nicht behördlich zugelassenen Arzneimittel anordnet, sondern das Werbever-

[95] BGH GRUR 2015, 403, 407 – *Monsterbacke II;* vgl. BGH GRUR 2013, 958, 959 Rdn. 12–15 – *Vitalpilze.*

[96] EuGH GRUR Int. 2014, 595, 598, LS und Rdn. 32 – *Monsterbacke;* BGH Urt. v. 12.3.2015, Az. I ZR 29/13, WRP 2015, 721, 722, LS 2 – *RESCUE-Produkte.*

[97] BGH Urt. v. 12.3.2015, Az. I ZR 27/13 WRP 2015, 721 ff. – *RESCUE-Produkte.*

[98] Vgl. BGH GRUR 2015, 403, 405, Rdn. 18 – *Monsterbacke II.*

[99] Richtlinie 2009/54/EG des Europäischen Parlaments und des Rates vom 18.6.2009 über die Gewinnung von und den Handel mit natürlichen Mineralwässern, ABl. L 164/2009, S. 45. Zur Vorgänger-Richtlinie 80/777/EWG des Rates zur Angleichung der Rechtsvorschriften der Mitgliedstaaten über die Gewinnung von und den Handel mit natürlichen Mineralwässern vom 15.7.1980, ABl. EG Nr. L 229 v. 30.8.1980, S. 1.

[100] EuGH, Urt. v. 17.12.2015, *Neptune Distribution,* C-157/14, EU:C:2015:823, Rdn. 43.

[101] EuGH, Urt. v. 17.12.2015, *Neptune Distribution,* C-157/14, EU:C:2015:823, Rdn. 38 ff., 56.

[102] EuGH, Urt. v. 17.12.2015, *Neptune Distribution,* C-157/14, EU:C:2015:823, Rdn. 56.

[103] BGH GRUR 2015, 705, 706 Rdn. 14 – *Weihrauch-Extrakt-Kapseln.*

[104] EuGH, Urt. v. 8.11.2007, *Gintec,* C-374/05, EU:C:2007:654, Rdn. 39; BGH GRUR 2015, 705, 706 Rdn. 14 – *Weihrauch-Extrakt-Kapseln;* GRUR 2012, 647, 649 Rdn. 27 – INJECTIO; GRUR 2010, 749, 752 Rdn. 31 – *Erinnerungswerbung im Internet.*

[105] EuGH, Urt. v. 16.7.2015, *Abcur,* C-544/13 und C-545/13, EU:C:2015:481, Rdn. 80/81.

[106] EuGH, Urt. v. 16.7.2015, *Abcur,* C-544/13 und C-545/13, EU:C:2015:481, Rdn. 78.

[107] EuGH, Urt. v. 8.11.2007, *Gintec,* C-374/05, EU:C:2007:654, Rdn. 22, 23; BGH GRUR 2010, 749, 752 Rdn. 31 – *Erinnerungswerbung im Internet.*

bot davon abhängig macht, ob das Arzneimittel der in der RL 2001/83/EG angeordneten Zulassungspflicht unterliegt;[108] die deshalb bedeutsame Frage der Vereinbarkeit des Art. 21 Abs. 2 Nr. 1 AMG mit der insoweit engeren Regelung des Art. 3 Nr. 1 der RL sowie der Auslegung des Art. 21 Abs. 2 Nr. 1 AMG hat der BGH durch Beschluss v. 16.4.2015[109] dem EuGH zur Vorabentscheidung vorgelegt.[110]

65a Für den Bereich der Werbung für **Medizinprodukte** i. Sd. **§ 1 Nr. a HWG** und für Verfahren und Behandlungen zur Erkennung, Beseitigung oder Linderung von Krankheiten, Leiden, Körperschäden oder krankhaften Beschwerden i. S. d. **§ 1 Abs. 1 Nr. 2 HWG** enthält das Unionsrecht hingegen **keine speziellen Bestimmungen.**[111]

66 Die Verordnung (EG) **Nr. 1223/2009** des Europäischen Parlaments und des Rates vom 30.11.2009 über **kosmetische Mittel,**[112] die mit Wirkung vom 11.7.2013 an die Stelle der Kosmetikrichtlinie[113] getreten ist, und die ab demselben Tag geltende **VO (EU) Nr. 655/2013** zur Festlegung gemeinsamer Kriterien zur Begründung von Werbeaussagen im Zusammenhang mit kosmetischen Mitteln (sog. **Kosmetik-Claims-VO).**[114] Nach dem 51. Erw.grd. der **Kosmetikverordnung** bezweckt diese den Schutz der Verbraucher vor irreführenden Werbeaussagen und gilt insbesondere die UGP-Richtlinie. Die Kosmetikverordnung sieht u. a. Regelungen über einen Täuschungsschutz und Kennzeichnungspflichten vor. Die **Kosmetik-Claims-VO** gilt für Werbeaussagen, die sich explizit oder implizit auf Merkmale oder Funktionen eines Produkts beziehen und die der Kennzeichnung, der Bereitstellung auf dem Markt und der Werbung für kosmetische Mittel eingesetzt werden und enthält im Anhang gemeinsame Kriterien über Werbeaussagen bei Kosmetika. Anders als für die HCVO sind keine abschließenden Positiv-Listen über zulässige Werbeaussagen vorgesehen, sondern unverbindliche **Leitlinien.**

67 Ferner sind zu nennen: die Richtlinie **2014/40/EG** des Europäischen Parlaments und des Rates vom 3.4.2014 zur Angleichung der Rechts- und Verwaltungsvorschriften der Mitgliedstaaten über die Herstellung, die Aufmachung und den Verkauf von Tabakerzeugnissen,[115] die bis zum **20.5. 2016** umzusetzen war und die Richtlinie **2001/37/EG**[116] aufhebt und ersetzt. Die Bestimmungen über irreführenden Informationen in der RL 2014/40/EG sollen das generelle Verbot irreführender Praktiken im B2B-Geschäftsverkehr gem. der UGP-RL ergänzen.[117]

68 Die VO (EWG) **1151/2012** besteht zum Schutz von **geografischen Angaben und Ursprungsbezeichnungen für Agrarerzeugnisse und Lebensmittel;**[118] mit Wirkung zum 13.12. 2014 sieht zwar auch Art. 26 der **VO (EU) Nr. 1169/2011** betreffend die Information der Verbraucher über Lebensmittel **(LMIV)**[119] in bestimmten Fällen verpflichtend die Angabe des Ursprungslands oder des Herkunftsorts vor; die Kennzeichnungsvorschriften der VO (EWG) 510/ 2006 bleiben davon unberührt.[120] Weitere Irreführungsverbote enthalten u. a. die Verordnung (EG) Nr. **607/2009** der Kommission betr. **Weinbauerzeugnisse**[121] und die Verordnung (EG)

---

[108] BGH GRUR 2015, 705, 707 Rdn. 15 – *Weihrauch-Extrakt-Kapseln.*

[109] BGH GRUR 2015, 705 – *Weihrauch-Extrakt-Kapseln.*

[110] Anhängig EuGH Rs. C-276/15.

[111] BGH, Urt. v. 12.2.2015, Az. I ZR 213/13, Rdn. 12 – *Fahrdienst zur Augenklinik;* vgl. GRUR 2015, 504 Rdn. 10 – *Kostenlose Zweitbrille.*

[112] ABl.EG L 342 vom 22.12.2009, S. 59, zuletzt geändert durch die Verordnung (EU) Nr. 2016/314 vom 4.3.2016.

[113] Richtlinie 76/768/EWG vom 27.7.1976, ABl. EG L 262/169.

[114] VO (EU) Nr. 655/2013 v. 10.7.2013 zur Festlegung gemeinsamer Kriterien zur Begründung von Werbeaussagen im Zusammenhang mit kosmetischen Mitteln, ABl. L 190/31 v. 11.7.2013.

[115] ABl. EG L 127/1 v. 29.4.2014.

[116] Richtlinie 2001/37/EG des Europäischen Parlaments und des Rates vom 5. Juni 2001 zur Angleichung der Rechts- und Verwaltungsvorschriften der Mitgliedstaaten über die Herstellung, die Aufmachung und den Verkauf von Tabakerzeugnissen, ABl. EG L 194/26 v. 18.7.2001.

[117] Erwägungsgrund 24 der RL.

[118] ABl. EG L 343/1 v. 21.11.2012.

[119] VO (EU) Nr. 1969/2011 des Europäischen Parlaments und des Rates vom 25.10.2011 betreffend die Information der Verbraucher über Lebensmittel und zur Änderung der Verordnung (EG) Nr. 1924/2006 und (EG) Nr. 1925/2006 des Europäischen Parlaments und des Rates und zur Aufhebung der Richtlinie 87/250/ EWG der Kommission, der Richtlinie 90/496/EWG des Rates, der Richtlinie 1999/10/EG der Kommission, der Richtlinie 2000/13/EG des Europäischen Parlaments und des Rates, der Richtlinien 2002/67/EG und 2008/5/EG der Kommission und der Verordnung (EG) Nr. 608/2004 der Kommission, ABl. L 304, S. 18, **näher dazu oben Rdn. 62.**

[120] Vgl. Art. 26 Abs. 1 der VO 1169/2011.

[121] Verordnung (EG) Nr. 607/2009 der Kommission vom 14.7.2009 mit Durchführungsbestimmungen zur Verordnung (EG) Nr. 479/2008 des Rates hinsichtlich der geschützten Ursprungsbezeichnungen und geografischen Angaben, der traditionellen Begriffe sowie der Kennzeichnung und Aufmachung bestimmter Weinbauer-

Nr. **1308/2013** über eine **gemeinsame Marktorganisation für landwirtschaftliche Erzeugnisse (GMO).**[122] Die **LMIV** findet mit den darin geregelten Ausnahmen grundsätzlich auch auf Weinbauerzeugnisse Anwendung, speziellere Vorschriften der VO (EG) Nr. 1308/2013 für die Kennzeichnung und Aufmachung gehen ihr jedoch vor.[123]

V. Nationaler Kontext

1. Verfassungsrecht

Wettbewerbsrechtliche Verbote wegen irreführender Geschäftspraktiken können Grundrechte verletzen. Wegen der Einzelheiten der Begründung von UWG-Normen im Lichte des Verfassungsrechts und der Voraussetzungen und Rechtsfolgen eines Grundrechtseingriffs im Lichte der verfassungsgerichtlichen Entscheidungen wird auf die Kommentierung bei *Ahrens,* Einl. G Rdn. 32 ff. verwiesen. 69

In den zum wettbewerbsrechtlichen Irreführungsverbot ergangenen Entscheidungen des BVerfG spielen va die **Berufsfreiheit** (Art. 12 GG),[124] die auch die berufliche Außendarstellung von Werbung umfasst, und die **Meinungsfreiheit** (Art. 5 Abs. 1),[125] deren Schutz sich auch auf kommerzielle Meinungsäußerungen und reine Wirtschaftswerbung erstreckt, wenn sie einen wertenden, auf Meinungsbildung gerichteten Inhalt haben,[126] eine große Rolle. Es können aber auch das Recht auf **Eigentum** (Art. 14 GG) und die **Kunstfreiheit** (Art. 5 Abs. 3 GG) berührt sein.[127] Das Grundrecht der Berufsausübungsfreiheit **(Art. 12 Abs. 1 GG) rechtfertigt keine irreführende Werbung.**[128] Das Irreführungsverbot in der bis zum Jahre 2004 geltenden generalklauselartigen Fassung und verschiedene spezielle Ausgestaltungen des Irreführungsverbots[129] waren vom BVerfG für **verfassungskonform** erachtet worden; dies gilt auch für §§ 5, 5a. 70

Ihre besondere Bedeutung entfalten die Grundrechte aber bei der **Auslegung** und Anwendung des Irreführungsverbots. 71

S. zum **Berufsrecht s. näher unten 121.** 72

Bei einem **redaktionellen Beitrag** ist bereits ein objektiver Zusammenhang iSd § 2 Abs. 1 Nr. 1 mit der Förderung des Absatzes eines fremden Unternehmens und damit eine geschäftliche Handlung zu verneinen, wenn der Beitrag **allein** der Information und Meinungsbildung seiner Adressaten dient.[130] Bei Handlungen, die **vorrangig** der Förderung des eigenen oder fremden Absatzes oder Bezugs von Waren oder Dienstleistungen dienen, schließt der **grundrechtliche Schutz** hingegen nicht bereits eine **geschäftliche Handlung** aus, sondern ist erst bei der Beurteilung der **Unlauterkeit** der in Rede stehenden irreführenden geschäftlichen Handlung zu beachten.[131] Die 73

---

zeugnisse, ABl. EG Nr. L 193 vom 24.7.2009, S. 60; s. zur Vorgängerverordnung Nr. 753/2002 EuGH GRUR 2008, 528 – *Réserve.*

[122] Verordnung (EG) Nr. 1308/2013 des Europäischen Parlaments und des Rates vom 13.12.2013 über eine gemeinsame Marktorganisation für landwirtschaftliche Erzeugnisse und zur Aufhebung der Verordnungen (EWG) Nr. 922/72, (EWG) Nr. 234/79, (EG) Nr. 1037/2001 und (EG) Nr. 1234/2007, ABl. EG L 347/671 v. 20.12.2013.

[123] Art. 118 GMO.

[124] S. BVerfG NJW 1993, 1969, 1970; NJW 2001, 2788 – *Praxisschilder von Zahnärzten;* GRUR 2003, 966 – *Internetwerbung von Zahnärzten;* GRUR 2003, 69 – *Juve-Handbuch;* NJW 2004, 2656 – *Spezialist für Verkehrsrecht;* GRUR 2008, 618 – *Anwaltsdienste bei ebay;* GRUR 2012, 72 – *Zahnärztehaus;* GRUR-RR 2013, 76 – *Zentrum für Zahnmedizin.*

[125] S. nur BVerfG GRUR 2001, 170, 172 – *Benetton-Werbung I;* GRUR 2001, 1058, 1059 – *Therapeutische Äquivalenz;* GRUR 2002, 455 – *Tier- und Artenschutz;* GRUR 2007, 1083 – *Dr. R's Vitaminprogramm;* GRUR 2008, 81 – *Pharmakartell.*

[126] BVerfG GRUR 2001, 170, 172 – *Benetton-Werbung I;* GRUR 2001, 1058, 1059 – *Therapeutische Äquivalenz;* GRUR 2002, 455 – *Tier- und Artenschutz;* GRUR 2007, 1083 – *Dr. R's Vitaminprogramm.*

[127] Vgl. BGH GRUR 1995, 750 – *Feuer, Eis & Dynamit II.*

[128] BVerfG NJW 2000, 3195; GRUR 2008, 352, 353 – *Gegnerliste;* BGH, WRP 2015, 1102, 1105, Rdn. 32 – *Mobiler Buchhaltungsservice.*

[129] BVerfG GRUR 1993, 751 – *Großmarkt-Werbung I.*

[130] BGH GRUR 2015, 694, 697 Rdn. 34 – *Bezugsquellen für Bachblüten;* vgl. BGH GRUR 2012, 74, 76 Rdn. 15 – *Coaching-Newsletter.*

[131] Vgl. BGH GRUR 2015, 694, 697 Rdn. 34 – *Bezugsquellen für Bachblüten:* Geschäftliche Handlung eines Unternehmens, das auf seiner Internetseite im Zusammenhang mit Angaben zu einer bestimmten Therapie (hier: Original Bach-Blütentherapie) auf die „Original Produkte" zu dieser Therapie hinwies und einen elektronischen Verweis (Link) auf dieser Internetseite für den Verbraucher vorhielt, der auf eine Produktseite führt, auf der ausschließlich Waren eines Anbieters aufgeführt sind, bejaht; BGH, WRP 2015, 1098, 1100, Rdn. 16 – *TIP der Woche:* Geschäftliche Handlung der Herausgeberin einer Zeitschrift, die hauptsächlich Werbeanzeigen für Produkte einer bestimmten Unternehmensgruppe und daneben vereinzelt Anzeigen anderer Einzelhandelsgeschäft und unterhaltende Beiträge enthält, in Form der Förderung fremden Absatzes der Hersteller der bewor-

Frage, ob eine Handlung vorrangig der Förderung des eigenen oder fremden Absatzes oder Bezugs von Waren oder Dienstleistungen oder aber anderen Zielen dient, ist auf Grund einer Würdigung der gesamten Umstände des Einzelfalls zu beurteilen, wobei es nicht nur auf den Inhalt der angegriffenen Äußerung, sondern auch auf die Begleitumstände ankommt und der Umstand, dass der Handelnde ein eigenes wirtschaftliches Interesse an der Beeinflussung der geschäftlichen Entscheidung von Verbrauchern oder anderen Marktteilnehmern hat, nur ein – wenngleich maßgebliches – Indiz darstellt.[132]

74 Als „Aufhänger“ für die gebotene Berücksichtigung der grundrechtlichen Wertungen bei der Beurteilung der **Unlauterkeit** dienen insbes. die in § 5 enthaltenen **unbestimmten Rechtsbegriffe** („geschäftlichen Handlung“, „Irreführung“, „Angabe“ usw.).[133] Nach der Rspr. des BVerfG setzt die Einschränkung von Grundrechten im Interesse des Schutzguts des UWG die eigenständige Feststellung einer Gefährdung des Leistungswettbewerbs im konkreten Fall voraus.[134] Aufklärende Hinweise können sich gegenüber einem Verbot der irreführenden geschäftlichen Handlung als milderes Mittel erweisen;[135] dies ist auch nach der **labelling doctrine** des EuGH geboten (näher § 5 Abschn. **B Rdn. 42, 46**).

75 Für eine Herauf- oder Herabsetzung des **Irreführungsmaßstabs für ganze Bereiche** bleibt aufgrund des durch §§ 5, 5a umgesetzten europäischen Rechts, soweit dieses nicht einen höheren Standard selbst vorsieht, kein Raum, s. näher **§ 5 Abschn. B Rdn. 241 ff.**

2. Kennzeichen-, Namens- und Registerrecht, geografische Herkunftsangaben, Urheberrecht

76 **Wettbewerbsrecht und Kennzeichenrecht** (einschließlich **Namensrecht** und **geographische Herkunftsangaben**) **stehen seit Umsetzung der UGP-Richtlinie in nationales Recht nebeneinander.**[136] Die bisher in std. Rspr. vertretene Vorrangthese hat der **BGH** zwischenzeitlich in der **„Hard Rock Café“-Entscheidung** vom 15.8.2013[137] aufgrund der ins deutsche Recht umgesetzten Bestimmung des Art. 6 Abs. 2 lit. a UGP-Richtlinie für § 5 Abs. 1 S. 2 Nr. 1 ausdrücklich aufgegeben.

77 **Wegen der Einzelheiten wird auf die Kommentierung zu § 5 Abs. 2 (unten § 5 Abschn. J Rdn. 1 ff.) verwiesen.**

78 Der lauterkeitsrechtliche Schutz vor Irreführung besteht grundsätzlich neben und unabhängig vom **Urheberrecht.**[138] Beide Bereiche sind im Kern vollharmonisiert,;[139] Vorschriften zum Schutz des geistigen Eigentums lässt die UGP-Richtlinie jedoch unberührt **(Erw.grd. 9 Satz 2, s. o. Rdn. A.43).** Der Irreführungsschutz der §§ 5, 5a setzt nicht bei der Nutzung des Urheberrechts an, sondern ist ein Schutz vor einer Verletzung von Verbraucherinteressen, der im Verhältnis B2C unionsrechtlich vorgeschrieben ist und nicht hinter dem Autonomieinteresse des Rechtsinhabers zurückzutreten hat.[140] Aufgrund seiner **andersgearteten Zielrichtung** wird er auch außerhalb des Anwendungsbereichs der UGP-Richtlinie, etwa bei der Förderung fremden Wettbewerbs, nicht durch die InfoSoc-Richtlinie verdrängt. Die Wertungen des Urheberrechts können allerdings im Wege der unionskonformen Auslegung zu berücksichtigen sein, weil Wertungswidersprüche zwischen der InfoSoc-Richtlinie 2001/29/EG und der UGP-Richtlinie auch auf unionsrechtlicher Ebene grundsätzlich zu vermeiden sind.

---

benen Waren und der Betreiber der Märkte der Unternehmensgruppe durch Veröffentlichung irreführender Werbeanzeigen in der Zeitschrift bejaht.

132 BGH GRUR 2015, 694, 696 Rdn. 28 – *Bezugsquellen für Bachblüten.*

133 BVerfG GRUR 2008, 81, 82 – *Pharmakartell.*

134 BVerfG GRUR 2008, 81, 82 f. – *Pharmakartell;* näher die Kommentierung bei *Ahrens,* Einl. G Rdn. 76 ff.

135 Vgl. BVerfG WRP 2001, 1441; WRP 2001, 1284, 1286.

136 BGH GRUR 2013, 1161, 1165 Rdn. 60 – *Hard Rock Café;* OLG Düsseldorf Urt. v. 5.9.2011, I-20 U 98/10, Tz. 61, zitiert nach juris; *Bornkamm,* GRUR 2011, 1 ff. und *ders.* in Köhler/*Bornkamm,* 34. Aufl. 2016, § 5 Rdn. 4.212 und 4.223; *Büscher* GRUR 2009, 230, 236; Fezer/*Fezer* Einl. E Rdn. 96; *ders.* WRP 2006, 781, 789 ff.; GRUR 2010, 953 ff., 962; GK/*Lindacher,* 2. Aufl. 2013, § 5 Rdn. 564; Götting/Nordemann/*A. Nordemann,* § 5 Rdn. 8.10; *Goldmann* GRUR 2012, 857, 859; *Harte-Bavendamm,* FS Lohschelder, S. 111, 118; *Ingerl/Rohnke,* § 2 Rdn. 8 und Vor §§ 128 ff. Rdn. 9; *Köhler* GRUR 2007, 548 ff.; *Köhler*/Bornkamm, 34. Aufl. 2016, § 4 Rdn. 3.6a; Loschelder/*Dörre,* KSzW 2010, 242, 246. – A. A. Ohly/*Sosnitza,* 6. Aufl. 2014 § 5 Rdn. 709.

137 BGH GRUR 2013, 1161, 1165 Rdn. 60 – *Hard Rock Café.*

138 *Ohly,* GRUR Int. 2015, 693, 699; Köhler/*Bornkamm,* 33. Aufl., § 4 Rdn. 3.6a.

139 Zum Urheberrecht: EuGH, Urt. v. 13.2.2014, *Svensson* u. a., C-466/12, EU:C:2014:76, Rdn. 33 ff., 41. Zum Lauterkeitsrecht oben **§ 5 A.25.**

140 *Ohly,* GRUR Int. 2015, 693, 699; Köhler/*Bornkamm,* 34. Aufl. 2016, § 4 Rdn. 3.6a.

3. Vertragsrecht, Gewährleistungsrecht, Allgemeine Geschäftsbedingungen

a) Vertragsrecht. ***aa) Grundlagen.*** Aufgrund der durch die UGP-Richtlinie bewirkten Vollharmonisierung ist das Konkurrenzverhältnis anhand der Harmonisierungsmaßnahme und nicht nach nationalem Recht zu beurteilen.[141] Nach Art. 3 Abs. 1 i. V. m. Art. 2 lit. d) sowie Erw.grd. 13 der UGP-Richtlinie fällt Verhalten eines Gewerbetreibenden, das in unmittelbarem Zusammenhang mit dem Verkauf oder Lieferung eines Produkts an Verbraucher steht, in den Anwendungsbereich der Richtlinie. Im Gegensatz zu Art. 3 Abs. 1 und Art. 3 Abs. 10 lässt die UGP-Richtlinie in **Art. 3 Abs. 2** und nach ihrem **9. und 15. Erw.grd.** das Vertragsrecht und insbesondere die Bestimmungen über das Zustandekommen und die Wirkungen eines Vertrags (lediglich) unberührt. Der Irreführungsschutz der Art. 6 und 7 UGP-Richtlinie ist daher auch im Bereich des Vertragsrechts grundsätzlich eröffnet und wird durch die UGP-Richtlinie lediglich **verstärkt und modifiziert,** s. auch **Rdn. A.29 ff., 43.** Die **verbraucherschützende Zielsetzung** der UGP-Richtlinie (Art. 1) und der verfolgte regelungstechnische Ansatz eines Informationsmodells schließen auf Unionsebene ein striktes Trennungsprinzip für das Verhältnis von Vertragsrecht und Lauterkeitsrecht aus. Nach dem unionsrechtlichen Regelungsmodell ist Verbraucherschutz nicht allein Aufgabe des Vertragsrechts, sondern auch des Lauterkeitsrechts. Bei der Etablierung und Durchsetzung von Verbraucherschutz wirken Vertragsrecht und Lauterkeitsrecht zusammen und ergänzen sich wechselseitig. Sofern die jeweiligen Voraussetzungen vorliegen, können **individuelle** vertragliche Ansprüche und lauterkeitsrechtliche Ansprüche daher zusammentreffen und besteht zwischen ihnen in aller Regel **Gesetzeskonkurrenz.** 79

bb) Vorenthalten von Informationen vor, während und nach Vertragsschluss. Die UGP-Richtlinie regelt in ihrem Anwendungsbereich zwar abschließend, unter welchen Voraussetzungen das Vorenthalten von Informationen gegenüber Verbrauchern eine mit den Mitteln des Lauterkeitsrechts durchsetzbare **Irreführung** im Sinne der Richtlinie darstellt. Bei dem Vertragsrecht und insbesondere den Bestimmungen über das Zustandekommen und die Wirkungen eines Vertrags handelt es sich jedoch um einen von der UGP-Richtlinie zugelassenen Ausnahmebereich (Art. 3 Abs. 2), sodass die Sperrwirkung der UGP-Richtlinie eingeschränkt ist, **s. § 5 Rdn. A. 29f.** Hinsichtlich der **Pflichtangaben** hat die **Verbraucherrechterichtlinie 2011/83/EU** im Grundsatz Ergänzungsfunktion (vgl. Art. 5 Abs. 4 sowie Erw.grd. 12, ferner allg. Art. 26, 27 der RL 2011/83/EG), sodass diese Informationsanforderungen **zusätzlich** zu beachten sind. Unter welchen Voraussetzungen das Vorenthalten von Pflichtangaben im geschäftlichen Verkehr gegenüber Verbrauchern eine Irreführung durch Unterlassen darstellt, ist in Art. 7 UGP-Richtlinie jedoch abschließend geregelt, **s. § 5 A.50 ff.** Nur unter den Voraussetzungen des Art. 7 UGP-Richtlinie/§ 5a können diese Vorgaben mit den Mitteln des **Lauterkeitsrechts** durchgesetzt werden. Auf Grundlage von Mindestklauseln können die Mitgliedstaaten somit auch in Bereichen mit Bezug zum Vertragsrecht seit dem 13.6.2013 kein anderes Verbraucherschutzniveau mehr durch eine überschießende Umsetzung von Mindestklauseln einführen oder aufrechterhalten, sondern lediglich Regelung zur **Stärkung der *individuellen* vertraglichen Rechte** treffen (vgl. Erwägungsgrund 15 UGP-Richtlinie, Art. 4 Verbraucherrechterichtlinie). Sind die Voraussetzungen des Art. 7 UGP-Richtlinie/§ 5a nicht erfüllt, kann das **Vorenthalten von Pflichtangaben** aufgrund der Sperrwirkung des Art. 7 UGP-Richtlinie auch nicht nach § 3a verfolgt werden, s. **§ 5 A.50 ff.** Die übliche und in ähnlicher Form auch in anderen der im Anhang II der UGP-Richtlinie aufgeführten Richtlinien enthaltene **Rechtsdurchsetzungsklausel in Art. 23 Verbraucherrechterichtlinie** ändert die Sperrwirkung des Art. 7 UGP-Richtlinie nicht ab, sondern setzt die Rechtsbehelfe der UGP-Richtlinie vielmehr voraus und ergänzt diese lediglich hinsichtlich der vertraglichen Rechte (vgl. Erw.grd. 60). **Schutzlücken entstehen dadurch nicht, weil Art. 7 Abs. 5 den allgemeinen Schutz nach Art. 7 Abs. 1–4 UGP-Richtlinie nicht verdrängt.** Daher können auch Informationsanforderungen der Verbraucherrechterichtlinie, die erst während oder nach Vertragsschluss zu erfüllen sind und die Voraussetzungen der Wesentlichkeitsvermutung nach Art. 7 Abs. 5 UGP-Richtlinie/§ 5a Abs. 4 UWG nicht erfüllen, „wesentliche" Informationen sein, deren Vorenthalten nach allgemeinen Grundsätzen (Art. 7 Abs. 1–4 UGP-Richtlinie/§ 5a Abs. 1–3, 5, 6 UWG) eine Irreführung durch Unterlassen begründen kann, s. **§ 5 A.58.** 80

*cc) **Falsche oder zur Täuschung geeignete Angaben gegenüber dem Vertragspartner.*** Durch die „UPC Magyarország"-Entscheidung des **EuGH**[142] ist geklärt, dass bereits die **einmalige** falsche 81

---

[141] Vgl. EuGH, Urt. v. 11.12.2003, *Deutscher Apothekerverband,* C-322/01, EU:C:2003:664, Rdn. 64; Urt. v. 16.12.2008, *Gysbrechts und Santurel Inter,* C-205/07, EU:C.2008:730, Rdn. 33; Urt. v. 10.7.2014, *Kommission/ Belgien,* C-421/12, EU:C:2014:2064, Rdn. 63; Urt. v. 16.7.2015, *UNIC* und *UNI. CO. PEL.,* C-95/14, EU:C:2015:492, Rdn. 33.

[142] EuGH, Urt. v. 16.4.2015, *UPC Magyarország,* C-388/13, EU:C:2015:225.

Auskunft **während** eines bestehenden Vertragsverhältnisses durch den Unternehmer gegenüber seinem Vertragspartner über Umstände, welche die Entscheidung dieses Verbrauchers über den Zeitpunkt der Beendigung des Vertrages beeinflussen können, eine irreführende Geschäftspraxis i. S. d. Art. 6 UGP-Richtlinie darstellen kann. Der EuGH betont in der Entscheidung den präventiven Charakter des lauterkeitsrechtlichen Irreführungsschutzes und stellt fest, dass zusätzliche Voraussetzungen wie Vorsatz oder eine bestimmten Breitenwirkung des Verhaltens im Rahmen des Art. 6 UGP-Richtlinie nicht gefordert werden dürfen.

82 Soweit in Deutschland bislang teilweise erwogen wurde, dass es für die Anwendbarkeit des **§ 5 Abs. 1 S. 2 Nr. 7 UWG** eines planmäßigen Handelns wider besseres Wissen bedarf oder die rechtliche Beurteilung, die Gegenstand einer falschen Angabe ist, zweifelhaft ist und nur im Einzelfall gegenüber dem Kunden eine unzutreffende Rechtsansicht vertreten wird, ist hierfür nach der Entscheidung des EuGH kein Raum mehr.[143] Selbst erstmalige unwahre oder täuschende Angaben eines Unternehmers gegenüber seinem Vertragspartner, die diesen Verbraucher davon abhalten können, seine **vertraglichen Rechte** (Gewährleistungsansprüche, Schadenersatzansprüche, Rücktritts-, Kündigungs- oder Widerrufsrechte, Recht auf Ersatzlieferung oder aus Garantien) auszuüben oder ihn veranlassen können, auf solche Rechte zu verzichten, verstoßen nach Maßgabe der vom EuGH festgestellten Grundsätze gegen Art. 6 UGP-Richtlinie (§ 5). Die geschäftliche Relevanz ergibt sich daraus, dass der Verbraucher durch die unwahren oder täuschenden Angaben in seiner Entscheidung beeinflusst wird, wie er seine vertraglichen Rechte ausüben will (Art. 2 lit. k) UGP-Richtlinie).

83 Auch bei der **Durchsetzung eigener Erfüllungsansprüche** des Unternehmers reicht bei unionskonformer Auslegung des § 5 im Lichte der Rspr. des EuGH für eine Irreführung aus, dass der Unternehmer den Verbraucher durch unwahre Angaben oder zur Täuschung geeignetes Verhalten dazu veranlasst, ganz oder teilweise eine Erfüllung (z. B. Zahlung) vorzunehmen, die er anderenfalls nicht oder nicht, nicht so oder nicht unter diesen Bedingungen getätigt hätte (vgl. Art. 2 lit k) UGP-Richtlinie). Die **dt. Rspr.** forderte demgegenüber auch hier bislang ein fortlaufendes, systematisches und zielgerichtetes Verhalten.[144] Weder Art. 3 Abs. 2 noch Erwägungsgrund 7 können nach der Rspr. des EuGH als Grundlage für strenge Maßstäbe an die lauterkeitsrechtliche Bewertung von Verhalten mit **individuellem** Vertragsbezug dienen.[145]

84 *dd)* ***Mangelhafte oder nicht vertragsgemäße Leistung.*** Die **dt. Rspr.** hatte demgegenüber bei einer mangelhaften oder nicht vertragsgemäßen Leistung bislang bereits eine „geschäftliche Handlung verneint, weil kein (ausreichender) funktionaler Bezug auf die Beeinflussung der geschäftlichen Entscheidung von Verbrauchern bestehe;[146] diese komme vielmehr nur in Betracht, wenn der Unternehmer von vornherein nicht gewillt sei, sich vertragsgemäß zu verhalten und mit der fraglichen Handlung auf eine Übervorteilung des Verbrauchers abzielte,[147] s. **näher auch die Kommentierung zu § 2 Nr. 1.**

85 Nach Maßgabe der durch den **EuGH** in der „UPC Magyarország"-Entscheidung[148] aufgestellten Grundsätze dürfte zwar auch für die Qualifizierung einer mangelhaften oder nicht vertragsgemäßen Leistung als **„Geschäftspraxis"** eine bestimmte Zielrichtung oder Nachhaltigkeit der Maßnahme nicht zu fordern sein, sondern der unmittelbare Zusammenhang mit dem Verkauf und der Lieferung des Produkts ausreichen. Ferner gilt auch hier, dass für die Einstufung als „irreführende Handlung" auf zusätzliche Anforderungen der bezeichneten Art nicht abgestellt werden darf, sondern vielmehr nur darauf, ob die in Rede stehende Handlung des Wettbewerbers geeignet ist, einen (ggf. auch einzigen) Verbraucher irrezuführen und einen nachteiligen Einfluss auf seine geschäftliche Entscheidung auszuüben.

---

143 *Lorenz* jurisPR-ITR 16/2015 Anm. 2.

144 Vgl. BGH NJW 1993, 3329, 3330 – *Folgeverträge I;* GRUR 1998, 415, 416 – *Wirtschaftsregister;* GRUR 2001, 1178, 1180 – *Gewinn-Zertifikat;* OLG Düsseldorf, Urt. v. 15.7.2014, I-15 U 43/14.

145 EuGH, Urt. v. 16.4.2015, *UPC Magyarország,* C-388/13, EU:C:2015:225.

146 BGH GRUR 2013, 945, 946 Rdn. 16 ff. – *Standardisierte Mandatsbearbeitung.*

147 BGH GRUR 2013, 945 – *Standardisierte Mandatsbearbeitung;* s. bereits BGH GRUR 1987, 180, 181 – *Ausschank unter Eichstrich II;* GRUR 1983, 451, 452 – *Ausschank unter Eichstrich I;* GRUR 1983, 587, 588 – Letzte Auftragsbestätigung; WM 1986, 1062, 1064, 1065 – *Widerrufsbelehrung bei Teilzahlungskauf;* GRUR 2002, 1093, 1094 – *Kontostandsauskunft;* GRUR 2007, 805, 806 Rdn. 13 f. – *Irreführender Kontoauszug;* GRUR 2007, 987, 989 Rdn. 24 – *Änderung der Voreinstellung I.* Vgl. zu § 4 Nr. 10 a. F. auch BGH GRUR 2014, 785, 788 Rdn. 35 – *Flugvermittlung im Internet:* Bloßes Hinwegsetzen über Vertragsbedingungen ist für die Bewertung einer geschäftlichen Handlung als wettbewerbswidrig nicht ausreichend; vgl. auch OLG Düsseldorf, Urt. v. 1.7.2014, Az. I-20 U 231/13, BeckRS 2014, 17536.

148 EuGH, Urt. v. 16.4.2015, *UPC Magyarország,* C-388/13, EU:C:2015:225.

Eine Nicht- oder Schlechtleistung als solche erfüllt aber auch diese zuletzt genannten Voraussetzungen im Allgemeinen nicht.[149] 86

Bereits an der fehlenden Eignung der mangelhaften Lieferung oder Nichtlieferung zur **Täuschung** des Verbrauchers wird eine Qualifizierung als irreführende Handlung in aller Regel scheitern. Ein durchschnittlich aufmerksamer, verständiger und informierter Verbraucher weiß, dass sein Vertragspartner im Zeitalter der Globalisierung, von Leistungsketten, Zukäufen und maschineller Fertigung in den meisten Fällen weder selbst sicher beurteilen noch ausschließen kann, dass das Produkt mangelbehaftet ist oder es zu Lieferstörungen kommt. Sofern keine besonderen Umstände (z. B. eine ausdrückliche gegenteilige Erklärung) hinzutreten, entnimmt ein solcher Verbraucher Erklärungen und Verhaltensweisen bei Vertragsschluss oder im Zuge der Erfüllung deshalb auch keine Information, dass Gewährleistungsfälle oder Leistungsstörungen nicht auftreten, sodass bei deren Eintritt keine Diskrepanz zu der Verbrauchererwartung besteht.[150] 87

Des Weiteren fehlt es auch an der erforderlichen geschäftlichen **Relevanz.** Denn ein durchschnittlich aufmerksamer, verständiger und informierter Verbraucher wird sich bei seinen geschäftlichen Entscheidungen, also insbes. ob er die Leistung ab- bzw. entgegennimmt (nachteilige Folge z. B.: §§ 363, 640, 641 BGB) oder die Gegenleistung erbringt[151] (und damit das Druckmittel § 320 BGB und die Aufrechnungsmöglichkeit verliert), in aller Regel nicht von Erwägungen leiten lassen, ob möglicherweise eine Nicht- oder Schlechtleistung auftritt oder nicht. Derartige Risiken nimmt ein verständiger Verbraucher vielmehr in Kauf, da sie durch die exakt auf diesen Fall zugeschnittenen Vorschriften des Leistungsstörungsrechts und die Möglichkeit einer individuellen Verstärkung dieses Schutzniveaus durch vertragliche Vereinbarung bei normativer Bewertung noch genügend abgesichert sind. 88

Erst wenn **zusätzliche Umstände** hinzutreten, die isoliert oder im Zusammenhang mit der Nicht- oder Schlechtlieferung geeignet sind, den Verbraucher irrezuführen und einen nachteiligen Einfluss auf seine geschäftliche Entscheidung auszuüben, kommt eine irreführende geschäftliche Handlung i. S. d. Art. 6 UGP-Richtlinie (§ 5 UWG) daher in Betracht.[152] Das kann etwa die unwahre Angabe nach Mängelrüge sein, das Produkt untersucht und keine Mängel festgestellt zu haben, die geeignet ist, den Verbraucher zur Auszahlung des Einbehalts zu veranlassen. Auch die planmäßige Nicht- oder Schlechterfüllung kann weiterhin eine relevante Irreführung begründen,[153] denn mit ihr muss ein mündiger Verbraucher weder rechnen noch schließt er in einem derartigen Fall voraussichtlich den Vertrag ab. 89

b) Allgemeine Geschäftsbedingungen. Eine irreführende geschäftliche Handlung kann auch in der Verwendung gemäß §§ 307 ff. BGB unwirksamer AGB liegen **(näher § 5 Abschn. D Rdn. 104, und Abschn. E Rdn. 97 ff.).** Zwischen lauterkeitsrechtlichen Ansprüchen und Ansprüchen auf Grundlage der Bestimmungen des **AGB**-Rechts, die insbes. bei Verstößen gegen § 307 Abs. 1 BGB in Betracht kommen, besteht wegen des prinzipiell unterschiedlichen Regelungsansatzes grundsätzlich **Gesetzeskonkurrenz.**[154] Auch prozessual besteht bei der Durchsetzung **kein Vorrang des UKlaG vor dem UWG.**[155] Der Anwendungsbereich der Richtlinie 2009/22/ 90

---

[149] I. E. ebenso Ohly/*Sosnitza,* 6. Aufl. 2014, § 3 Rdn. 76 i. V. m. § 5 Rdn. 15; vgl. BGH GRUR 1983, 451, 452 – *Ausschank unter Eichstrich I;* GRUR 1987, 180, 181 – *Ausschank unter Eichstrich II;* GRUR 2013, 945, 947 Rdn. 26 – *Standardisierte Mandatsbearbeitung.*

[150] I. E. ebenso Ohly/*Sosnitza,* 6. Aufl. 2014, § 3 Rdn. 76 i. V. m. § 5 Rdn. 15; vgl. BGH GRUR 1983, 451, 452 – *Ausschank unter Eichstrich I;* GRUR 1987, 180, 181 – *Ausschank unter Eichstrich II;* GRUR 2013, 945, 947 Rdn. 26 – *Standardisierte Mandatsbearbeitung.*

[151] Auch die Erfüllung der Zahlungspflicht durch den Verbraucher stellt eine geschäftliche Entscheidung dar, vgl. *Köhler*/Bornkamm, 34. Aufl. 2016, § 2 Rdn. 84; **a. A.** *Scherer,* WRP 2009, 761, 767.

[152] I. E. ebenso Ohly/*Sosnitza,* 6. Aufl. 2014, § 3 Rdn. 76 i. V. m. § 5 Rdn. 15; vgl. BGH GRUR 1983, 451, 452 – *Ausschank unter Eichstrich I;* GRUR 1987, 180, 181 – *Ausschank unter Eichstrich II;* GRUR 2013, 945, 947 Rdn. 26 – *Standardisierte Mandatsbearbeitung.*

[153] Vgl. BGH GRUR 1983, 451, 452 – *Ausschank unter Eichstrich I;* GRUR 1987, 180, 181 – *Ausschank unter Eichstrich II;* GRUR 2013, 945, 947 Rdn. 26 – *Standardisierte Mandatsbearbeitung.*

[154] BGH GRUR 2013, 421, 424 f. – *Pharmazeutische Beratung über Call-Center;* NJW-RR 2014, 669, 671 Rdn. 26 – *Vermittlung von Netto-Policen;* Urt. v. 25.11.2015, – VIII ZR 360/14, BeckRS 2015, 20865 Rdn. 10; vgl. EuGH, Urt. v. 15.3.2012, *Pereničová und Perenič,* C-453/10, EU:C:2012:144, Rdn. 43 ff.: Die Qualifizierung einer Klausel als irreführende geschäftliche Handlung hat keine unmittelbare Auswirkung auf die Frage ihrer Wirksamkeit.

[155] BGH GRUR 2010, 1117, 1119 Rdn. 31 – *Gewährleistungsausschluss im Internet;* OLG Brandenburg, Beschl. v. 1.6.2015, Az. 6 W 63/15, juris-Tz. 3; OLG Frankfurt, GRUR 2015, 919, 922; KG MMR 2005, 466; Beschl. v. 25.1.2008, 5 W 344/07; Beschl. v. 15.8.2008, 5 W 248/08; OLG Jena GRUR-RR 2006, 283; *Dembowski* jurisPR-WettbR 2/2007 Anm. 2; *Kamlah* WRP 2006, 33; *Köhler* NJW 2008, 177 ff. und GRUR 2010, 1047 ff.; *Link* in: jurisPK-UWG, § 3 Rdn. 42; MüKo-UWG/*Schaffert* § 4 Nr. 11 Rdn. 30; *Peifer* WRP 2008, 556, 558; *Ullmann* jurisPK-UWG, § 3 Rdn. 42.

EG über Unterlassungsklagen ist zwar nicht nur bei Verstößen gegen die Richtlinie 93/13/EWG über missbräuchliche Klauseln in Verbraucherverträgen, sondern auch bei Verstößen gegen die UGP-Richtlinie, die Richtlinie 2001/31/EG über den elektronischen Geschäftsverkehr und andere Richtlinien eröffnet (Art. 1 Abs. 2 i. V. m. Anh. I der Richtlinie 93/13/EWG). Die Richtlinie lässt nach **Art. 7** die Möglichkeit der Mitgliedstaaten, **weitergehende Handlungsbefugnisse** beizubehalten oder zu etablieren, jedoch unberührt. Verstöße können daher sowohl nach UKlaG als auch nach UWG verfolgt werden, sofern deren Voraussetzungen gegeben sind. Bei der Rechtsdurchsetzung auf Grundlage des Lauterkeitsrechts und nach UKlaG ergeben sich teils erhebliche Unterschiede,[156] insbes. hinsichtlich der Klagebefugnis/**Aktivlegitimation,** der Inter-Omnes-**Wirkung** nach UKlaG erstrittener Entscheidungen sowie – da die Zuständigkeitskonzentration nach § 6 Abs. 2 UKlaG und § 13 Abs. 2 UWG optional ist und nicht einheitlich ausgeübt werden muss[157] – der Zuständigkeit der Gerichte.

4. Deliktsrecht

91 **a) § 823 Abs. 1 BGB.** Der Irreführungsschutz und der Deliktsschutz nach § 823 Abs. 1 BGB stehen ob ihrer unterschiedlichen Schutzzwecke selbstständig nebeneinander. Zum Verhältnis zwischen Lauterkeits- und allgemeinem Deliktsrecht näher *Ahrens,* Einl. G Rdn. 118 ff.

92 **b) § 823 Abs. 2 BGB.** Streitig war schon nach altem Recht, ob die den wettbewerbsrechtlichen Schutz gegen Irreführung gewährleistende Vorschrift ein Schutzgesetz im Sinne von § 823 Abs. 2 BGB ist. Die Befürworter führten an, bei § 3 UWG a. F. gehe es auch um den Schutz der Mitbewerber.[158] Die Gegenauffassung berief sich darauf, dass § 3 UWG a. F. den kollektiven Schutz bezwecke.[159] In der Begründung zum Reformgesetz 2004 wurde der Schutzgesetzcharakter des UWG mit Ausnahme der §§ 16 bis 19 UWG abgelehnt.[160] In den Materialien zum UWG 2008 wird die Frage nicht mehr erwähnt.

93 § 5 UWG ist ebenso wie § 5a auch weiterhin **kein Schutzgesetz.** Die verbraucherschützende Zwecksetzung zielt nicht auf einen Individualschutz, sondern darauf, die Bedingungen zu schaffen, die für einen funktionierenden Markt erforderlich sind. Zu ihnen gehört auch das Maß an verbraucherorientierter Markttransparenz, das die erforderliche Handlungsfreiheit der Konsumenten sicherstellt.[161] Damit fehlt § 5 UWG der für den Schutz des § 823 Abs. 2 BGB erforderliche typisch drittschützende Charakter.

94 **c) § 826 BGB.** Die Vorschrift verlangt einerseits anders als § 5 UWG vorsätzliches Verhalten und einen Schaden. Sie ist andererseits weiter als § 5, weil sie auch vorsätzliche sittenwidrige Schädigungen erfasst, die durch ein anderes Verhalten als eine Irreführung eintreten.

5. Andere Irreführungsverbote

95 **a) Innerhalb des UWG.** Aufgrund der durch die UGP-Richtlinie bewirkten weitgehenden Vollharmonisierung sind Auslegungs- und Abgrenzungsfragen im Anwendungsbereich der §§ 5, 5a in aller Regel auf **Unionsebene** zu lösen, sodass auch auf Grundlage anderer nationaler Vorschriften jedenfalls kein widersprüchliches Ergebnis entstehen kann.[162] Wegen des Konkurrenzverhältnisses auf Unionsebene wird auf die Ausführungen **§ 5 Abschn. A Rdn. 33 ff., 49 ff.** verwiesen.

96 Bei geschäftlichen Handlungen, die gegenüber Verbrauchern vorgenommen werden, kann § 5 mit **Nr. 1 bis 30 des Anhangs zu § 3 Abs. 3** zusammen treffen.[163] Lässt sich der fragliche Sachverhalt unter den Anhang zu § 3 Abs. 3 subsumieren, bedarf es der Prüfung des § 5 nicht mehr;

---

[156] S. dazu näher *Szalai,* DZWIR 2014, 1, 2 ff.

[157] So besteht z. B. in Hessen eine Zuständigkeitskonzentration nur für Streitigkeiten nach dem UKlaG und nicht auch nach § 13 Abs. 2 UWG.

[158] *Ekey* in: HK-WettbR, § 3 Rdn. 8; *Schricker* GRUR 1975, 111, 112 ff.; *Sack* NJW 1975, 1303, 1305; siehe auch BGHZ 15, 338, 355 f.

[159] BGH GRUR 1975, 150, 151 – *Prüfzeichen;* anders noch BGHZ 15, 338, 355 f. Gegen den Schutzgesetzcharakter auch Baumbach/Hefermehl/*Bornkamm,* 24. Aufl. 2004, § 5 Rdn. 1.11; *Köhler* GRUR 2003, 265, 271.

[160] Amtl. Begr. zu § 8 des Gesetzentwurfs der Bundesregierung, BT-Drucks. 15/1487, S. 22.

[161] *Keßler* WRP 2007, 714, 717.

[162] Vgl. EuGH, Urt. v. 11.12.2003, *Deutscher Apothekerverband,* C-322/01, EU:C:2003:664, Rdn. 64; Urt. v. 16.12.2008, *Gysbrechts und Santurel Inter,* C-205/07, EU:C.2008:730, Rdn. 33; Urt. v. 10.7.2014, *Kommission/Belgien,* C-421/12, EU:C:2014:2064, Rdn. 63; Urt. v. 16.7.2015, *UNIC* und *UNI. CO. PEL.,* C-95/14, EU:C:2015:492, Rdn. 33.

[163] Ebenso zu dem vergleichbaren Verhältnis von § 7 UWG und Nr. 29 des Anhangs zu § 3 Abs. 3 BGH Urt. v. 17.8.2011, I ZR 134/10, Tz. 16 – *Auftragsbestätigung,* zitiert nach juris.

dieser fungiert insoweit als „Sicherheitsnetz".[164] Abschließende Wirkung entfaltet der Anhang zu § 3 Abs. 3 im Verhältnis zu §§ 5, 5a nicht; es dürfen lediglich keine Wertungswidersprüche auftreten.[165] Deshalb kann ein formularmäßig aufgemachtes Angebotsschreiben, das nach seiner Gestaltung und seinem Inhalt darauf angelegt ist, beim flüchtigen Leser den Eindruck hervorzurufen, mit der Unterzeichnung und Rücksendung des Schreibens werde lediglich eine Aktualisierung von Eintragungsdaten im Rahmen eines bereits bestehenden Vertragsverhältnisses vorgenommen, auch dann gegen § 5 Abs. 1 oder § 5a verstoßen, wenn die Voraussetzungen von Nr. 22 des Anhangs zu § 3 Abs. 3 nicht erfüllt sind, weil keine Zahlungsaufforderung beigefügt ist.[166]

Zwischen §§ 5, 5a und **§ 4 Nr. 1–3** sowie **§ 4a** besteht aufgrund der unterschiedlicher Zielrichtung Gesetzeskonkurrenz. 97

§ 4 Nr. 3–5 a. F. sind mit Wirkung zum 10.12.2015 aufgehoben worden, ihr Regelungsgehalt wird (und wurde schon bislang) durch §§ 5, 5a abgedeckt.[167] 98

Zum Verhältnis zwischen § 5 Abs. 2 und § 6 Abs. 2 Nr. 3 siehe § 5 J Rdn. 17 ff. sowie die Kommentierung zu § 6. 99

Zum Verhältnis von § 5 zu § 5a s. § 5 Abschn. B Rdn. 77 ff. 100

Bestimmte Formen irreführender Werbung sind **gemäß § 16 strafbar.** 101

Zum Verhältnis zwischen § 5 und **§ 4 Nr. 3 (§ 4 Nr. 9 a. F.)** s. näher die Kommentierung zu § 5 Abs. 2, **§ 5 Abschn. J Rdn. 24 ff.** 102

§ 3a (§ 4 Nr. 11 a. F.). Nach den Gesetzesmaterialien zu **§ 3a** betrifft die Vorschrift ganz überwiegend Bestimmungen außerhalb des Geltungsbereichs der UGP-Richtlinie[168] und ist im Übrigen richtlinienkonform auszulegen.[169] Der **BGH** wendet § 3a (§ 4 Nr. 11 a. F.) bei Verstößen gegen Informationspflichten gegen § 5a Abs. 3 und 4 gleichrangig neben § 5a Abs. 4 an und legt beide Anspruchsgrundlagen unionskonform aus;[170] durch die Gesetzesänderung ab dem 10.12.2015 hat sich nach seiner Rspr. für den Tatbestand des Rechtsbruchs nichts geändert.[171] Bei Verstößen gegen spezielle Irreführungsverbote i. S. d. Art. 3 Abs. 4 UGP-Richtlinie, Art. 20 Abs. 1 Kosmetik-VO Nr. 1223/2009 i. V. m. der VO (EU) Nr. 655/2013 scheint er § 3a als vorrangig anzusehen.[172] 103

Auch wenn Art. 11 UGP-Richtlinie den Mitgliedstaaten hinsichtlich der Maßnahmen der Durchsetzung ein weites Ermessen einräumt und sich letztlich aufgrund des Erfordernisses der unionskonformen Auslegung **über § 3a doch kein anderes Ergebnis als über §§ 5, 5a ergeben kann,** erfordert die unionskonforme Auslegung des § 3a anhand der Art. 6, 7 UGP-Richtlinie angesichts des vollständig unterschiedlichen Wortlauts und Aufbaus einen erheblichen **Auslegungsaufwand.** Bereits die deutlich geringeren sprachlichen Abweichungen des § 5a a. F. von Art. 7 waren in der Vergangenheit von der Kommission als unzureichende Umsetzung **beanstandet** worden. **Vorzugswürdig** erscheint es daher aus meiner Sicht, im Verhältnis zu § 3a die §§ 5, 5a hinsichtlich der Umsetzung der Art. 6, 7 UGP-Richtlinie als **abschließende Regelung** anzusehen.[173] Jedenfalls wäre, wovon sowohl die Gesetzesbegründung als auch der BGH ausgehen, § 3a in diesem Fall anhand Art. 6, 7 UGP-Richtlinie unionskonform auszulegen. 104

Von erheblicher praktischer Relevanz ist die Frage, inwieweit trotz der vollharmonisierenden Wirkung der UGP-Richtlinie **Informationspflichten** aus anderen Harmonisierungsmaßnahmen 105

---

[164] *Büllesbach,* S. 30 m. w. N.; *Henning-Bodewig,* UWG-Anhang I.

[165] BGH GRUR 2012, 184, 186 Rdn. 29 – *Branchenbuch Berg.*

[166] BGH GRUR 2012, 184 – *Branchenbuch Berg;* OLG Düsseldorf WRP 2012, 731.

[167] Vgl. Beschlussempfehlung und Bericht des Ausschusses für Recht und Verbraucherschutz zum Gesetzentwurf der Bundesregierung, BT-Drucks. 18/6571, S. 15.

[168] Vgl. BGH, Urt. v. 8.10.2015, Eizellenspende, I ZR 225/13, DE:BGH:2015:081015UIZR225.13.0, Rdn. 19: Verstoß gegen die Straftatbestände des § 1 Abs. 1 Nr. 1 und 2 ESchG der Eizellspende.

[169] Vgl. Begründung zu § 3a der Beschlussempfehlung des Rechtsausschusses, BT-Drucks. 186571, S. 15. Die vom Rechtsausschuss vorgeschlagenen Gesetzesänderungen wurden durch das zum 10.12.2015 in Kraft getretene 2. Änderungsgesetz unverändert übernommen.

[170] BGH, Urt. v. 14.1.2016, *Wir helfen im Trauerfall,* I ZR 61/14, DE:BGH:2016:140116UIZR61.14.0, Rdn 10 ff.; BGH GRUR 2014, 576 Rdn. 15 – *2 Flaschen GRATIS* (zu § 5a); vgl. BGH GRUR 2010, 248, 250 Rdn. 16 f. – *Kamerakauf im Internet;* GRUR 2010, 251 – *Versandkosten bei Froogle I;* GRUR 2010, 1110 – *Versandkosten bei Froogle II;* GRUR 2012, 842, 843 Rdn. 17 – *Neue Personenkraftwagen;* OLG Bamberg, Urt. v. 25.5.2011, Az. 3 U 7/11; OLG Hamm, Urt. v. 26.7.2012, Az. I-4 U 16/12, BeckRS 2012, 23071; juris/PK-UWG/*Seichter,* § 5a Rdn. 2.3; *Köhler*/Bornkamm, 34. Aufl. 2016, § 3a Rdn. 1.19.

[171] BGH, Urt. v. 14.1.2016, *Wir helfen im Trauerfall,* I ZR 61/14, DE:BGH:2016:140116UIZR61.14.0, Rdn. 11.

[172] Vgl. BGH, Urt. v. 28.1.2016, *Feuchtigkeitsspendendes Gel-Reservoir,* I ZR 36/14, DE:BGH:2016:280116UIZR36.14.0, Rdn. 8, 11 ff.

[173] Vgl. *Köhler*/Bornkamm, 34. Aufl. 2016, § 3a Rdn. 1.19; MüKo/*Alexander,* § 5a Rdn. 69; *Steinbeck* WRP 2011, 1221 ff.; *Ohly*/Sosnitza, 6. Aufl. 2014, § 4 Rdn. 11/9.

über § 3a durchgesetzt werden können, wenn die Voraussetzungen des **Art. 7 UGP-Richtlinie nicht erfüllt** sind. Diese Frage stellt sich insbesondere bei **Pflichtangaben mit Vertragsbezug** aus der **Verbraucherrechterichtlinie** und der **Richtlinie über den elektronischen Geschäftsverkehr,** die nicht über § 5a Abs. 4 UWG/Art. 7 Abs. 5 UGP-Richtlinie integriert werden, weil es sich nicht um Informationsanforderungen „in Bezug auf Werbung, kommerzielle Kommunikation oder Marketing“ i. S. d. § 5a handelt (vgl. **§ 5a Rdn. 186, 190, 206**) und auch eine „Wesentlichkeit“ nach allgemeinen Grundsätzen (Art. 7 Abs. 1–4 UGP-Richtlinie/§ 5a Abs. 2–3, 5, 6 UWG) nicht gegeben ist. Zu Recht wird darauf aufmerksam gemacht, dass über den Rechtsbruchtatbestand die Voraussetzungen des Art. 7 UGP-Richtlinie nicht unterlaufen werden dürfen.[174] Nach hier vertretener Auffassung ist ein **Rückgriff auf § 3a aufgrund der Sperrwirkung des Art. 7 UGP-Richtlinie im Anwendungsbereich der UGP-Richtline bei Pflichtangaben ausgeschlossen, s. näher § 5 A.50 ff.**

106 **b) Außerhalb des UWG.** Spezielle **verbraucherschutzrechtliche Ausprägungen** des Irreführungsverbots finden sich z. B. in **§§ 11, 27, 33 LFGB,** in **§ 3 HWG, § 25 WeinG** und **§ 8 AMG;** zu diesen und weiteren Sonderregelungen, welche die Werbung mit gesundheits- bzw. krankheitsbezogenen Aussagen regeln, s. ausführlich **§ 5 Abschn. C Rdn. 131 ff. § 43 Abs. 2 MessEG** regelt in Umsetzung von Art. 3 der Richtlinie 2007/45/EG die besonderen Anforderungen, denen Fertigpackungen unterliegen, damit nicht der Eindruck einer größeren Füllmenge als tatsächlich enthalten entsteht. Ein Gesetz zum Schutze bestimmter Bevölkerungsgruppen ist das **JuSchG,** das z. B. Werbeverbote für jugendgefährdende Medien enthält.[175]

107 Der allgemeine Irreführungsschutz der UGP-Richtlinie und der Werberichtlinie 2006/114/EG wird in aller Regel durch andere Rechtsvorschriften des Unionsrechts zur Bekämpfung von Täuschungen nicht verdrängt. Bei ihnen handelt es sich zumeist um Rechtsvorschriften i. S. d. Art. 3 Abs. 4 UGP-Richtlinie, die auf spezielle Aspekte unlauterer Geschäftspraktiken anwendbar sind.[176] Nach Art. 3 Abs. 4 UGP-Richtlinie sowie dem 10. Erwägungsgrund gehen sie der Richtlinie nur im Kollisionsfall vor und sind für diese speziellen Aspekte anwendbar (**Art. 3 Abs. 4 sowie 10. Erwägungsgrund** der UGP-Richtlinie).[177] Daraus folgt, dass diese speziellen Täuschungsverbote und Regelungen zu Informationsanforderungen den allgemeinen Irreführungsschutz der Artt. 6, 7 UGP-Richtlinie nicht verdrängen, sondern lediglich **ergänzen.**[178]

108 Neben solchen speziellen verbraucherschützenden Irreführungsverboten bleibt der allgemeine Irreführungsschutz aus den Art. 6, 7 UGP-Richtlinie umsetzenden Vorschriften der §§ 5, 5a daher bestehen, sofern seine Voraussetzungen vorliegen.[179] **Im Anwendungsbereich unionsrechtlicher Sondervorschriften sind §§ 5, 5a jedoch nach Maßgabe dieser Sondervorschriften unionskonform auszulegen.**[180]

109 **c) Informationspflichten.** Über § 5a Abs. 4 werden darüber hinaus bestimmte im Gemeinschaftsrecht wurzelnde **Informationspflichten** in das wettbewerbliche Irreführungsverbot eingegliedert, s. **dazu näher oben Rdn. A 34, 50 ff., ferner § 5a Rdn. 74 ff.**

110 **d) Preisangabenverordnung.** Überschneidungen zwischen §§ 5, 5a und der PAngV ergeben sich insbes. bei § 5a Abs. 3 Nr. 3, Abs. 4 und § 5 Abs. 1 S. 2, Abs. 4.

---

174 *Steinbeck* WRP 2011, 1221 ff.; *Ohly,* Gutachten im Auftrag des Bayerischen Industrie- und Handelskammertages e. V., 2015, Rdn. 37; *Ohly*/Sosnitza, 6. Aufl. 2014, § 4 Rdn. 11/77 sowie Rdn. 11/8a; vgl. auch *Glöckner,* GRUR 2013, 568, 575.

175 BGH GRUR 2007, 890 – *Jugendgefährdende Medien bei ebay.*

176 Vgl. EuGH, Urt. v. 23.1.2003, *Kommission/Österreich,* C-221/00, EU:C:2003:44, Rdn. 43; Urt. v. 8.11.2007, *Gintec,* C-374/05, EU:C:2007:654, Rdn. Tz. 39; Urt. v. 16.7.2015, *Abcur,* C-544/13 und C-545/13, EU:C:2015:481, Rdn. 45 ff., 80 ff.

177 Vgl. EuGH, Urt. v. 16.7.2015, *Abcur,* Rs. C-544/13 und C-545/13, EU:C:2015:481, Rdn. 81; vgl. Schlussanträge des Generalanwalts *Szpunar* v. 3.3.2015, Rdn. 57–86; BGH, Urt. v. 7.5.2015, Az. I ZR 158/14, Rdn. 29 – *Der Zauber des Nordens.*

178 So zur Richtlinie 2001/83/EG: EuGH Urt. v. 16.7.2015, Abcur, C-544/13 und C-545/13, EU:C:2015:481, Rdn. 81; zur Health-Claims-VO: *Köhler* ZLR 2008, 135, 138; *Meisterernst* WRP 2012, 405, 409; vgl. EuGH GRUR 2012, 1161 – *Deutsches Weintor.*

179 Vgl. zu Art. 6, 7 UGP-Richtlinie EuGH, Urt. v. 16.7.2015, Abcur, C-544/13 und C-545/13, EU:C:2015:481, Rdn. 84.

180 Vgl. EuGH, Urt. v. 23.1.2003, *Kommission/Österreich,* C-221/00, EU:C:2003:44; Urt. v. 8.11.2007, *Gintec,* C-374/05, EU:C:2007:654, Rdn. 38 f.; Urt. v. 16.7.2015, *Abcur,* C-544/13 und C-545/13, EU:C:2015:481, Rdn. 45 ff., 80 ff.; Urt. v. 16.7.2015, *Abcur,* C-544/13 und C-545/13, EU:C:2015:481, Rdn. 45 ff., 80 ff.; BGH GRUR 2002, 1091, 1092 – *Bodensee-Tafelwasser;* GRUR 2003, 628, 629 – *Klosterbrauerei;* GRUR 2008, 830, 831 – *L-Carnitin II;* GRUR 2010, 359, 361 – *Vorbeugen mit Coffein.*

Auf **nationaler Ebene** werden **§ 5a Abs. 3 Nr. 3, Abs. 4 durch die PAngV nicht verdrängt.** Nach der Rspr. des BGH ist zugrunde zu legen, dass auf nationaler Ebene keine Aufspaltung der Preisinformationspflichten aus Art. 7 UGP-Richtlinie auf unterschiedliche nationale Normen erfolgt ist, sondern 5a Abs. 3 Nr. 3 und Abs. 4 neben und unabhängig von der PAngV zur Anwendung kommen, wobei für beide Anspruchsgrundlagen das Erfordernis unionskonformer Auslegung gilt.[181] Daran hat sich durch die zum 10.12.2015 in Kraft getretene Gesetzesänderung nach der Rspr. des BGH für den Tatbestand des Rechtsbruchs nichts geändert.[182] 111

Inwieweit die PAngV selbst in allen Punkten dem Unionsrecht entspricht und sich Verstöße gegen die PAngV auch nach dem 12.6.2013 weiterhin auf Grundlage des § 3a (§ 4 Nr. 11 a.F.) verfolgen lassen, obgleich die Mitgliedstaaten jedenfalls nach Ablauf der Übergangsfrist auch keine strengeren nationalen Regelungen mehr erlassen dürfen,[183] ist bislang noch nicht vollständig geklärt;[184] zu verschiedenen Fragen der Auslegung der Preisangabenrichtlinie hat der **EuGH** nunmehr **grundlegend** entschieden,[185] s. dazu Rdn. 117. 112

Keinesfalls dürfen die Vorgaben des Art. 7 UGP-Richtlinie unterlaufen werden, welche die Richtlinie 98/6/EG nur i.S.d. Abs. 3 Abs. 4 modifiziert (näher **§ 5 Abschn. A Rdn. 49**). Nach der Rspr. des BGH lassen sich Verstöße gegen die PAngV jedenfalls dann weiterhin über § 4 Nr. 11 a.F. bzw. § 3a n.F. verfolgen, wenn die Voraussetzungen des Art. 7 Abs. 4 lit. c UGP-Richtlinie erfüllt sind.[186] Auch wenn sich aufgrund des Erfordernisses der unionskonformen Auslegung der PAngV hier letztlich kein anderes Ergebnis als über § 5a ergeben kann, entfernt sich diese Auslegung doch teils erheblich vom Wortlaut, wenn etwa der in § 1 Abs. 1 S. 1 PAngV enthaltene Begriff der „Werbung unter Angabe von Preisen" mit Blick auf den in Art. 7 Abs. 4 lit. c UGP-Richtlinie als „Aufforderung zum Kauf" auszulegen ist.[187] Vorzugswürdig erscheint nach alledem, Verstöße gegen Art. 7 UGP-Richtlinie auf der Grundlage des § 5a und nicht nach § 3a i.V.m. der PAngV zu verfolgen, zumal schon in der Vergangenheit vom Wortlaut abweichende Umsetzungen von der Kommission beanstandet worden waren. 113

Für **§ 5a Abs. 2–6** hat die Frage der Unionskonformität der PAngV unmittelbar keine Bedeutung, weil diese Vorschriften **vollständig auf Art. 7 UGP-Richtlinie beruhen, sodass für sie eine vergleichbare Problematik wie für die PAngV nicht besteht.** Ferner wird § 5a durch die PAngV auch nicht verdrängt, sodass unabhängig von der Frage der Anwendbarkeit der PAngV die Informationspflichten aus § 5a Abs. 2–6 jedenfalls zu beachten sind. 114

Aufgrund des erreichten Harmonisierungsstandes und des Erfordernisses der unionskonformen Auslegung der §§ 5, 5a sind Abgrenzungsfragen zwischen der UGP-Richtlinie und der Preisangabenrichtlinie nicht auf **nationaler Ebene,** sondern im Wege der unionskonformen Auslegung der Vorschriften der PAngV und des § 5a zu lösen, sodass auf nationaler Ebene ein Konflikt nicht entstehen kann; s. dazu auch oben **Rdn. 58/59.** 115

Für die **unionskonforme Auslegung** der §§ 5, 5a kommt es auf das Verhältnis der unionsrechtlichen Grundlagen an, das durch Auslegung zu klären ist; danach gilt: 116

Soweit für bestimmte Bereiche des Preisrechts europäische Verordnungen und Richtlinien existieren, die **spezielle Aspekte** unlauterer Geschäftspraktiken regeln, und zu denen auch spezielle Informationsanforderungen oder Regelungen gehören, wie dem Verbraucher Informationen zu vermitteln sind,[188] werden in aller Regel durch **§ 5a Abs. 4** UWG/Art. 7 Abs. 5 UGP-Richtlinie 117

---

[181] Std. Rspr., vgl. z.B. BGH GRUR 2010, 251 – *Versandkosten bei Froogle I;* GRUR 2010, 1110 – *Versandkosten bei Froogle II;* GRUR 2014, 576 Rdn. 15 – *2 Flaschen GRATIS;* vgl. zum Verhältnis der unionsrechtlichen Grundlagen auch BGH, Urt. v. 7.5.2015, Az. I ZR 158/14, GRUR 2015, 1240 Rdn. 19ff. – *Der Zauber des Nordens.*

[182] BGH, Urt. v. 14.1.2016, *Wir helfen im Trauerfall,* I ZR 61/14, DE:BGH:2016:140116UIZR61.14.0, Rdn. 11.

[183] Vgl. EuGH, Beschl. v. 30.6.2011, Wamo, C-288/10, EU:C:2011:443; Beschl. v. 8.9.2015, Cdiscount, C-13/15, EU:C:2015:560 Rdn. 38ff., 41; BGH GRUR 2011, 82, 83 – *Preiswerbung ohne Umsatzsteuer;* GRUR 2011, 742, 745 – *Leistungspakete im Preisvergleich;* GRUR 2014, 1208ff. – *Preis zuzüglich Überführung.*

[184] Vgl. dazu das Vorabentscheidungsersuchen BGH GRUR 2014, 1208 – *Preis zuzüglich Überführung; Glöckner,* GRUR 2013, 568ff.; *Goldberg,* WRP 2013, 1561ff.; *Köhler,* WRP 2013, 723ff. und *ders.* in: FS Loschelder, S. 151ff.; *Kolb,* Auswirkungen und Zusammenspiel der Übergangsklausel und des Spezialitätsgrundsatzes der Richtlinie über unlautere Geschäftspraktiken am Beispiel der Preisangabenverordnung, Diss. Bayreuth 2015, S. 12ff.; *Omsels,* WRP 2013, 1286ff.; *Menke,* K&R 2013, 755ff.; *Willems,* GRUR 2014, 734ff.

[185] EuGH, Rs. C-476/14, Urt. v. 7.7.2016, *Citroën Commerce,* EU:2016:527.

[186] BGH, Urt. v. 14.1.2016, *Wir helfen im Trauerfall,* I ZR 61/14, DE:BGH:2016:140116UIZR61.14.0, Rdn. 25.

[187] Vgl. BGH, Urt. v. 14.1.2016, *Wir helfen im Trauerfall,* I ZR 61/14, DE:BGH:2016:140116UIZR61.14.0, Rdn. 28; dazu *Köhler,* WRP 2016, 541ff.

[188] Vgl. EuGH, Urt. v. 16.7.2015, *Abcur,* C-544/13 und C-545/13, EU:C:2015:481, Rdn. 79.

in deren Anwendungsbereich integriert sein und gehen als **Sonderregelungen** bei der richtlinienkonformen Auslegung vor (s. **§ 5 Abschn. A Rdn. 58**). Dazu zählen **Art. 3 Abs. 4 der Preisangabenrichtlinie 98/6/EG**[189] und **Art. 23 Abs. 1** der **VO (EG) Nr. 1008/2008** für Luftverkehrsdienste (s. **§ 5a Rdn. 221**).

118 Als unionsrechtliche Grundlage für Preisangabenverpflichtungen kommen neben Art. 7 Abs. 4 lit. c) UGP-Richtlinie, den **§ 5a Abs. 3 Nr. 3** umsetzt, im Prinzip zwar auch die Informationsanforderungen nach der Preisangabenrichtlinie **98/6/EG** in Betracht. Zum Konkurrenzverhältnis zwischen UGP-Richtlinie und Preisangabenrichtlinie 98/6/EG liegt mit der **„Citroën Commerce"**-Entscheidung v. 7.7.2016[190] eine Grundsatzentscheidung des **EuGH** vor. Der EuGH zieht in dieser Entscheidung den Anwendungsbereich der RL 98/6/EG sehr weit,[191] indem er ihn über Preisangaben von Waren unter Bezugnahme auf unterschiedliche **Maßeinheiten (vgl. Art. 3 Abs. 4 RL 98/6/EG**) hinaus mit der teilverdrängenden Wirkung des Art. 3 Abs. 4 UGP-Richtlinie auch auf bestimmte Aspekte des **„Verkaufspreises"** erstreckt.[192] Entgegen dem ersten Anschein legt der EuGH in dieser Entscheidung jedoch nicht zugrunde, dass die RL 98/6/EG eine eigenständige Rechtsgrundlage für zusätzliche Preisinformationspflichten darstellen könnte, die über Art. 7 UGP-Richtlinie hinausgehen. In der nicht erschöpfenden Auflistung der im Unionsrecht festgelegten Informationsanforderungen in Bezug auf kommerzielle Kommunikation einschließlich Werbung und Marketing in Art. 7 Abs. 5 i. V. m. Anh. II UGP-Richtlinie werden abgesehen von **Art. 3 Abs. 4** keine anderen Bestimmungen der Preisangabenrichtlinie aufgeführt; die Richtlinie bezieht sich ferner auch nur auf **Waren** („Erzeugnisse") und nicht auf **Dienstleistungen.** Da die Auflistung im Anh. II UGP-Richtlinie allerdings auch nicht abschließend ist, stellt sich die Frage, ob nicht im Anh. II genannte Informationsanforderungen der Preisangabenrichtlinie und **Art. 22 Abs. 1 lit. i), Abs. 2 und Abs. 3 lit. a, Abs. 4 der Richtlinie 2006/123/EG** über Dienstleistungen im Binnenmarkt unionsrechtliche Informationsanforderungen enthalten können, die nach Art. 7 Abs. 5 UGP-Richtlinie als wesentlich gelten. Diese Frage ist zu **verneinen,** sodass das Vorenthalten dieser Informationen einer Irreführung durch Unterlassen nach § 5a Abs. 4 nicht gleichkommt, **s. näher § 5a Rdn. 193.**

119 Soweit nicht spezielle Sonderregelungen des Unionsrechts, die vorrangig bei der Auslegung zu berücksichtigen sind, **insbesondere Art. 3 Abs. 4 Preisangabenrichtlinie 98/6/EG,**[193] abweichende Regelungen treffen, sind nach **§ 5a Abs. 3 Nr. 3 UWG**/Art. 7 Abs. 4 Nr. 3 UGP-Richtlinie zudem bestimmte Basisinformationen über Preise zur Verfügung zu stellen.

120 **Ein Vorrang der § 5a Abs. 3 und 4 vor § 5a Abs. 2 oder des § 5a Abs. 4 vor § 5a Abs. 3 besteht** hierbei nicht, **s. näher § 5a Rdn. 9 ff.**

121 **e) Berufsrecht.** Verschiedene **Berufsordnungen** enthalten Werbeverbote, die darauf angelegt sind, eine Täuschung der Verbraucher zu verhindern.[194] Sie sind im Lichte von **Art. 24 der Richtlinie 2006/123/EG**[195] und **Art. 12 GG** auszulegen.[196] Die UGP-Richtlinie lässt nach **Art. 3 Abs. 8 UGP-Richtlinie** alle Niederlassungs- oder Genehmigungsbedingungen, berufsständische Verhaltenskodizes oder andere spezifische Regeln für reglementierte Berufe unberührt, damit die **strengen** Integritätsstandards, die die Mitgliedstaaten den in dem Beruf tätigen Personen nach Maßgabe des Gemeinschaftsrechts auferlegen können, gewährleistet bleiben. Dies berechtigt die Mitgliedstaaten jedoch nicht, bestimmte Berufe von dem Anwendungsbereich des die UGP-Richtlinie umsetzenden nationalen **Lauterkeitsrechts** auszunehmen.[197]

122 Nach **Art. 24 Abs. 1 der Richtlinie 2006/123/EG** sind absolute Verbote der kommerziellen Kommunikation für **reglementierte Berufe** untersagt. Gemäß **Art. 24 Abs. 2** der Richtlinie dürfen berufsrechtliche Regelungen über die kommerzielle Kommunikation nicht diskrimi-

---

[189] EuGH, Urt. v. 7.7.2016, *Citroën Commerce,* C-476/14, EU:2016:527, Rdn. 44 mit Anm. *Jacob,* WRP 2016, 1098 ff.

[190] EuGH, Urt. v. 7.7.2016, *Citroën Commerce,* C-476/14, EU:C:2016:527.

[191] Vgl. EuGH, Urt. v. 10.7.2014, *Kommission/Belgien,* C-421/12, EU:C:2014:2064, Rdn. 59.

[192] Vgl. EuGH, Urt. v. 7.7.2016, *Citroën Commerce,* C476/14, EU:C:2016:527, Rdn. 44.

[193] EuGH, Urt. v. 7.7.2016, *Citroën Commerce,* C-476/14, EU:2016:527, Rdn. 44 f., mit Anm. *Jacob,* WRP 2016, 1098 ff.; *Weidert,* GRUR-Prax 2016, 355.

[194] Z. B. § 43b BRAO, § 7 BORA; ausführlich v. *Jagow,* **Einl. J.**

[195] BGH GRUR 2014, 86 Rdn. 14 ff. – *Kommanditistenbrief;* GRUR 2015, 286, 287 Rdn. 12 f. – *Fachanwalt für Familienrecht.*

[196] BGH GRUR 2014, 86 Rdn. 11 ff. – *Kommanditistenbrief;* GRUR 2015, 286, 287 Rdn. 13. – *Fachanwalt für Familienrecht.* BVerfG GRUR 2012, 72, 72 – *Zahnärztehaus;* GesR 2012, 360, 361 – *Zentrum für Zahnmedizin.* S. zu § 7 Abs. 2 BORA bereits die „Spezialist für Verkehrsrecht"-Entscheidung des BVerfG (NJW 2004, 2656, 2658), die zu der am 1.3.2006 in Kraft getretenen Änderung führte.

[197] Vgl. EuGH GRUR Int. 2014, 964 – *Kommission/Belgien.*

nierend sein und müssen durch einen zwingenden Grund des Allgemeininteresses gerechtfertigt und verhältnismäßig sein, wobei in dem **40. Erwägungsgrund** dieser Richtlinie als zwingende Gründe u. a. der Verbraucherschutz und die Verhütung von unlauterem Wettbewerb genannt werden.

Spezielle Eingriffe in die Berufsausübungsfreiheit sind nur dann mit **Art. 12 Abs. 1 GG** vereinbar, wenn sie den Berufstätigen nicht übermäßig oder unzumutbar treffen, also dem Grundsatz der Verhältnismäßigkeit genügen.[198] Das Grundrecht der Berufsausübungsfreiheit **(Art. 12 Abs. 1 GG) rechtfertigt aber keine irreführende Werbung.**[199] **123**

Bei der Anwendung der wettbewerbsrechtlichen Irreführungsvorschriften sind die **Wertungen anderer gesetzlicher Bestimmungen** zu respektieren.[200] **124**

§ 8 Abs. 4 S. 3 StBerG n. F. lässt sich nicht die Wertung entnehmen, dass eine durch die Verwendung der Bezeichnung „Buchhaltungsservice" hervorgerufene Irreführung des angesprochenen Verkehrs hinzunehmen ist.[201] Die in **§ 6 Nr. 4 StBerG** bezeichneten Personen sind zwar nicht verpflichtet, die von ihnen angebotenen Tätigkeiten nach § 6 Nr. 3 und 4 StBerG im Einzelnen aufzuführen, wenn sie auf ihre **Befugnis zur Hilfeleistung in Steuersachen** hinweisen und sich als **Buchhalter** bezeichnen oder unter Verwendung von Begriffen wie **„Buchhaltungsservice"** werben. Sie müssen aber eine durch solche Angaben hervorgerufene Gefahr der Irreführung des angesprochenen Verkehrs über die von ihnen angebotenen Tätigkeiten auf andere Weise ausräumen.[202] Hingegen gelangt der BGH in der **„Spezialist für Familienrecht"**-Entscheidung im Wege der Interessenabwägung zu einer Einschränkung des speziellen Irreführungstatbestands in § 7 Abs. 2 BORA und des § 5 Abs. 1 Satz 1 und 2 Nr. 3 UWG für den Fall, dass die Fähigkeiten des Rechtsanwalts, der sich als Spezialist auf einem Rechtsgebiet bezeichnet, den an einen Fachanwalt zu stellenden Anforderungen entsprechen, selbst wenn beim rechtssuchenden Publikum die Gefahr einer Verwechslung mit der Bezeichnung **„Fachanwalt für Familienrecht"** besteht.[203] **125**

B. § 5 Abs. 1 (Die Unlauterkeit irreführender geschäftlicher Handlungen)

„Unlauter handelt, wer eine irreführende geschäftliche Handlung vornimmt, die geeignet ist, den Verbraucher oder sonstigen Marktteilnehmer zu einer geschäftlichen Entscheidung zu veranlassen, die er andernfalls nicht getroffen hätte. Eine geschäftliche Handlung ist irreführend, wenn sie unwahre Angaben enthält oder sonstige zur Täuschung geeignete Angaben über folgende Umstände enthält:"

Inhaltsübersicht

	Rdn.
I. Geschäftliche Handlung	1
II. Verkehrsauffassung	13
1. Grundsatz	13
a) Begriff und Bedeutung	13
b) Maßstab	14
c) Irreführung durch Unterlassen	15
d) Gespaltene Verkehrsauffassung	16
2. Normativ oder empirisch	18
3. Durchschnittlich (angemessen) informierte, aufmerksame und verständige Zielperson	28
a) „Durchschnittlich" im Sinne von „angemessen"	28
b) Besonderer Schutz bestimmter Verbrauchergruppen	29
c) Zielgruppe	34
aa) Qualifikation	34

[198] BVerfG GRUR 2012, 72 – *Zahnärztehaus;* GesR 2012, 360, 361 – *Zentrum für Zahnmedizin.*
[199] BGH, WRP 2015, 1102, 1105, Rdn. 32 – *Mobiler Buchhaltungsservice.*
[200] BGH, WRP 2015, 1102, 1104, Rdn. 23 – *Mobiler Buchhaltungsservice;* vgl. BGH GRUR 2008, 1114, 1115, Rdn. 14 – *Räumungsfiliale;* GRUR 2011, 535, 537, Rdn. 20 – *Lohnsteuerhilfeverein Preußen.*
[201] BGH, WRP 2015, 1102, 1104, Rdn. 24 – *Mobiler Buchhaltungsservice.*
[202] BGH, WRP 2015, 1102, LS – *Mobiler Buchhaltungsservice.*
[203] BGH, v. 24.7.2014, Az.: I ZR 53/13, GRUR 2015, 286, 288, LS und insbes. Rdn. 20 ff., 25, 28 – *Fachanwalt für Familienrecht.*

Rdn.
bb) Regionale Verkehrsauffassung ... 37
cc) Abgrenzung der Verkehrskreise ... 38
d) Situationsbedingtheit des Verkehrsverständnisses ... 40
e) „Angemessene" Informiertheit, Aufmerksamkeit und Verständigkeit ... 42
aa) Angemessenheit ... 42
bb) Abschließende Aufzählung der Eigenschaften ... 43
cc) Aufmerksamkeit ... 45
dd) Informiertheit ... 47
ee) Verständigkeit ... 48
III. Zur Täuschung geeignete Angaben, § 5 Abs 1 S. 2 Alt. 2 ... 49
1. Angabe ... 50
a) Begriff ... 50
aa) Tatsachenbehauptung ... 51
bb) Angaben über nicht-geschäftliche Verhältnisse ... 52
cc) Angaben über Mitbewerber ... 53
dd) Verschleierung des Werbecharakters ... 55
b) Verkehrsverständnis ... 56
c) Abgrenzung ... 57
aa) Werturteile ... 58
bb) Tatsächliche Maßnahmen ... 59
cc) Gefühle ... 60
dd) Unbemerkte geschäftliche Handlungen ... 61
ee) Nichts sagende Anpreisungen, Floskeln und Übertreibungen ... 62
ff) Wortschöpfungen ... 68
gg) Domains ... 69
d) Unklare oder mehrdeutige Angaben ... 70
e) Mehrere Angaben/Zusammengesetzte Angaben/Angaben in einer geschlossenen Darstellung ... 71
f) Verschweigen, Unvollständigkeiten, mittelbare, konkludente und getarnte Angaben ... 77
aa) Notwendigkeit der Abgrenzung von § 5 und § 5a ... 77
bb) Verschweigen und Unvollständigkeiten ... 83
cc) Mittelbare bzw. konkludente Angaben ... 84
dd) Getarnte Angaben ... 88
g) Werbung mit Selbstverständlichkeiten ... 91
h) Bildliche Darstellungen, sonstige Veranstaltungen, vergleichende Werbung ... 96
i) Wahre/unwahre Angaben ... 97
j) Zu Eigen machen von Angaben Dritter ... 98
k) Angaben zugunsten eines fremden Unternehmens ... 100
l) Angaben über andere Unternehmer ... 101
2. Feststellung des Angabeninhalts ... 104
a) Allgemeines ... 104
b) Verkehrsverständnis ... 105
c) Gesamteindruck ... 106
d) Wortbedeutung ... 108
e) Unklare und mehrdeutige Angaben ... 109
f) Gesteuerte Verkehrsauffassung, gesetzlich verpflichtende Angaben ... 113
g) Veränderte Verkehrsauffassung ... 114
h) Motive ... 115
i) Fortwirkung ... 117
3. Umstand im Sinne von § 5 Abs. 1 S. 2 ... 118
a) Allgemein ... 118
b) Abschließende Aufzählung für das Verhältnis B2C ... 119
c) Erweiterbarkeit für Verhältnis B2B? ... 120
d) Einschränkung bei vergleichender Werbung? ... 121
e) Weitere Einzelheiten ... 122
4. Täuschungseignung ... 123
a) Verkehrsverständnis ... 123
b) Eignung ... 124
c) Fehlvorstellung ... 125
d) Problembereiche ... 126
aa) Korrektur täuschender Angaben ... 126
bb) Blickfangwerbung ... 127
cc) Wahre und unwahre Angaben, dreiste Lüge ... 140
dd) Fortwirkung irreführender Angaben, veränderte Umstände ... 146
ee) Internet und neue Medien ... 149

Rdn.
ff) Gesundheit ... 168
gg) Motive und Täuschungsabsicht ... 169
hh) Gesetzliche Verpflichtung/Berechtigung zur Angabe ... 170
IV. Unwahre Angaben, § 5 Abs. 1 S. 2 Alt. 1 ... 174
1. Objektiv unwahre Angabe ... 174
2. Kein Erfordernis der Täuschungseignung ... 180
3. Umstand im Sinne von § 5 Abs. 1 S. 2 ... 185
4. Relevanz, kein zusätzliches Erheblichkeitserfordernis ... 192
V. Wettbewerbsrechtliche Relevanz, keine zusätzliche Spürbarkeit ... 196
1. Relevanzklausel in § 5 Abs. 1 S. 1 letzter HS ... 196
2. Relevanzerfordernis bei unwahren Angaben ... 204
3. Doppelte Zielrichtung des Relevanzerfordernisses ... 206
4. Voraussetzungen ... 208
a) Eignung zur wesentlichen Beeinflussung der geschäftlichen Entscheidung 208
aa) Situationsgebundenes Verkehrsverhalten ... 209
bb) Eignung zur Veranlassung einer geschäftlichen Entscheidung ... 214
cc) Keine besondere Wesentlichkeit bzw. Spürbarkeit ... 219
dd) Kriterien, die bei der Beurteilung eine Rolle spielen können ... 220
b) Eignung zur Schädigung eines Mitbewerbers ... 226
aa) Beeinflussung von Kundenströmen ... 227
bb) Abstellen auf das Verhalten eines Durchschnittsverbrauchers ... 228
cc) Unmittelbarer Zusammenhang ... 229
dd) Denkbare Konstellationen ... 231
5. Beispiele ... 235
a) Bejahung ... 235
b) Verneinung ... 236
VI. Interessenabwägung und Verhältnismäßigkeit ... 237
1. Interessenabwägung ... 237
a) Allgemeines ... 237
b) Unterschiedlich hohe Anforderungen an das Verkehrsverständnis ... 238
c) Strengere Anforderungen bei bestimmten Schutzgütern ... 241
d) Verwendung gesetzlich vorgeschriebener oder zugelassener Bezeichnungen ... 245
2. Verhältnismäßigkeit ... 246
a) Allgemeines ... 246
b) Einzelheiten ... 247
c) Problembereiche ... 248
VII. Verwirkung ... 255
VIII. Die Bezugspunkte der Irreführung ... 256

Schrifttum: *Ackermann,* Das Verbraucherleitbild im Lauterkeits- und Kennzeichenrecht und seine praktischen Auswirkungen, in: Baudenbacher/Simon (Hrsg.), Neuste Entwicklungen im europäischen und internationalen Immaterialgüterrecht, 2001, 59; *H.-J. Ahrens,* Verwirrtheiten juristischer Verkehrskreise zum Verbraucherleitbild einer „normativen" Verkehrsauffassung, WRP 2000, 812; *S. Ahrens,* Der Irreführungsbegriff im deutschen Wettbewerbsrecht, WRP 1999, 389; *Apostolopoulos,* Einige Gedanken zur Auslegung der nationalen Generalklausel im Hinblick auf eine Vollharmonisierung des Lauterkeitsrechts, WRP 2005, 152; *ders.,* Das europäische Irreführungsverbot: Liberalisierung des Marktgeschehens oder Einschränkung für die Anbieterseite?, GRUR Int. 2005, 292; *Augenhofer,* Ein „Flickenteppich" oder doch der „große Wurf"?, Überlegungen zur neuen Richtlinie über unlautere Geschäftspraktiken, ZfRV 2005, 204; *Baukelmann,* Jugendschutz und Lauterkeitsrecht – neue europäische Gesichtspunkte?, in: FS Ullmann, 2006, S. 587; *Beater,* Zum Verhältnis von europäischem und nationalem Wettbewerbsrecht – Überlegungen am Beispiel des Schutzes vor irreführender Werbung und des Verbraucherbegriffs, GRUR Int. 2000, 963; *Becker,* Der Schutz von Veranstaltungszeichen über § 5 Abs. 1 S. 2 Nr. 4 UWG, WRP 2015, 139; *Berlit,* Auswirkungen der Aufhebung des Rabattgesetzes und der Zugabeverordnung auf die Auslegung von § 1 UWG und § 3 UWG, WRP 2001, 349; *Berneke,* Zum Lauterkeitsrecht nach einer Aufhebung von Zugabeverordnung und Rabattgesetz, WRP 2001, 615; *Böhler,* „I'll be back" – Kommt es zur Rückkehr des „flüchtigen Verbrauchers" in UWG und Lebensmittelrecht?, ZLR 2014, 27; *Borck,* Die Interessenabwägung bei irreführender Werbung, WRP 1985, 63; *Blasek,* Kostenfallen im Internet ein Dauerbrenner, GRUR 2010, 396; *Bornkamm,* Die Feststellung der Verkehrsauffassung im Wettbewerbsprozess, WRP 2000, 830; *ders.,* Irrungen, Wirrungen – Der Tatbestand der Irreführung durch Unterlassen, WRP 2012, 1; *Busch,* Towards a European Legal Framework of Commercial Fairness Rules? The EU Commissions's Proposal for a Directive on Unfair Commercial Practices, EuLF 2004, 91; *Büttner,* Die Irreführungsquote im Wandel – Folgen eines sich ändernden Normverständnisses, GRUR 1996, 533; *Collins,* The Forthcoming EC Directive on Unfair Commercial Practices – Contract, Consumer and Competition Law Implications, 2004; *Cordes,* Die Gewährung von Zugaben und Rabatten und deren wettbewerbsrechtliche Grenzen nach Aufhebung von Zugabeverordnung und Rabattgesetz, WRP 2001, 867; *Daunicht-Hoffrichter,* Die „halbe Wahrheit" – Irreführung durch lückenhafte Werbung, 1984; *Deutsch,* Der Einfluss des europäischen Rechts auf den Irreführungstatbestand des § 3 UWG – Gedanken zum Verbraucher-Leitbild und zur Relevanz bei Täuschungen, GRUR 1996, 541; *ders.*, Noch einmal: Das Verbraucherleitbild des EuGH und das „Nissan"-Urteil, GRUR 1997, 44; *Doepner,* Verbraucherleitbilder zur Auslegung des wettbewerbsrechtlichen Irreführungsverbots – Anmerkungen zum Diskussionsstand, in: FS Lieberknecht 1997, 165 und WRP 1997, 999; *Dörre/Jüngst,* Aktuelle Entwicklung der AdWord-Rechtsprechung, K&R 2007, 239; *Dreher,* Der Verbraucher – Das Phantom in den opera des europäischen und deutschen Rechts?, JZ 1997, 167; *Drettmann,* Wirtschaftswerbung und Meinungsfreiheit, 1984; *Drexl,* Die wirtschaftliche Selbstbestimmung des Verbrauchers, 1998; *Droste,* Irreführende Beschaffenheitsangaben und Interessenabwägung, GRUR 1972, 281; *Eichelberger,* Markenverletzung durch die unberechtigte Verwendung einer Marke als Schlüsselwort bei der Aufgabe einer kontext-sensitiv erscheinenden Anzeige (Google AdWord), MarkenR 2007, 83; *Eicke,* Meinungsfreiheit für die Werbung?, WRP 1988, 643; *Ernst,* Anm. zu AG München, Urt. v. 16.1.2007 – 161 C 23695/06, jurisPR-ITR 3/2007 Anm. 3; *Eilmansberger,* Zur Reichweite der Grundfreiheiten des Binnenmarkts, JBl 1999, 345 und 434; *Emmerich,* Auf dem Weg zum europäischen Binnenmarkt, WM 1990, 1; *ders.,* Wettbewerbsrecht: Irreführung durch Unterlassen, JuS 2012, 651; *Engels,* Markenrechtliche Reichweite und wettbewerbsrechtliche Grenzen von Keyword Advertising, MarkenR 2010, 233; *Everling,* Der Einfluss des EG-Rechts auf das nationale Wettbewerbsrecht im Bereich des Täuschungsschutzes, ZLR 1994, 221; *Fehringer/Freund,* Die Umsetzung der Richtlinie über unlautere Geschäftspraktiken in das UWG, Medien und Recht 2007, 115; *Fezer,* Das wettbewerbsrechtliche Irreführungsverbot als ein normatives Modell des verständigen Verbrauchers im Europäischen Unionsrecht, WRP 1995, 671; *ders.,* Die Kollision komplexer Kennzeichen im Markenverletzungsrecht, GRUR 2013, 209; *ders.,* Modernisierung des deutschen Rechts gegen den unlauteren Wettbewerb auf der Grundlage einer Europäisierung des Wettbewerbsrechts, WRP 2001, 989; *ders.,* Kommentar zum Gesetz gegen den unlauteren Wettbewerb (UWG), 2. Auflage 2010; *Fritzsche/Frahm,* Zahlen schon fürs Bieten – Internetauktionen mit kostenpflichtigen Gebotsrechten, WRP 2008, 22; *Fuchs/Farkas,* Hyperlinks und Urheberrecht – zugleich Besprechung EuGH, Beschluss vom 21. Oktober 2014 – C-348/12 – BestWater, ZUM 2015, 110; *Funke,* Das deutsche Wettbewerbsrecht im europäischen Binnenmarkt, WRP 1991, 550; *Gabel,* Die Haftung für Hyperlinks im Lichte des neuen UWG, WRP 2005, 1102; *Gamerith,* Der Richtlinienvorschlag über unlautere Geschäftspraktiken – Möglichkeiten einer harmonischen Umsetzung, WRP 2005, 391; *Glöckner,* Richtlinienvorschlag über unlautere Geschäftspraktiken, deutsches UWG oder: die schwierige Umsetzung von europarechtlichen Generalklauseln, WRP 2004, 936; *ders.,* Good News from Luxembourg? Die Anwendung des Lauterkeitsrechts auf Verhalten zur Förderung eines fremden Unternehmens nach EuGH – RLvS Verlagsgesellschaft mbH, in: FS Köhler, 2014, S. 159; *Glöckner/Henning-Bodewig,* EG-Richtlinie über unlautere Geschäftspraktiken, WRP 2005, 1311; *Glöckner/Kur,* Geschäftliche Handlungen im Internet, GRUR-Beil. 2014, 29; *Gloy,* Verkehrsauffassung – Rechts- oder Tatfrage, FS Erdmann, 2002, S. 811; *Groeschke/Kiethe,* Die Ubiquität des europäischen Verbraucherleitbildes, WRP 2001, 230; *Hackbarth,* Erste Anmerkungen zu „Bananabay II" – Gelöste Probleme und offene Fragen, WRP 2011, 1124; *Härting/Schätzle,* Kennzeichenrechte und Social Networks – Zur Verwendung fremder Kennzeichen im URL-Pfad, ITRB 2011, 11; *dies.,* Rechtsverletzungen in Social Networks, ITRB 2010, 39; *Hamacher,* GOOD NEWS II: Hat der EuGH die Vollharmonisierung des Lauterkeitsrechtes in Teilbereichen abgeschafft?, GRUR-Prax 2014, 365; *Handig,* Harmonisierung des Lauterkeitsrechts in der EU, 2006; *Helm,* Das Verbraucherleitbild des Europäischen Gerichtshofs und des Bundesgerichtshofs im Vergleich, FS Tilmann, 2003, S. 135; *ders.,* Der Abschied vom „verständigen" Verbraucher, WRP 2005, 931; *Heermann,* Auswirkungen der Europäischen Rechtsentwicklung auf das deutsche Wettbewerbsrecht, WRP 1993, 578; *ders.,* Die Erheblichkeitsschwelle i. S. des § 3 UWG-E, GRUR 2004, 94; *ders.* Unangemessene unsachliche Beeinflussung des Kunden durch Hinweise auf Social Sponsoring?, LMK 2007, 212520; *Hefermehl,* Die Konkretisierung der wettbewerbsrechtlichen Generalklausel durch Rechtsprechung und Lehre, in: FS GRUR, Bd. 2, 1991, S. 897; *Heim,* Der Schutz Minderjähriger durch Wettbewerbsrecht, FamRZ 2007, 321; *Helm,* Hohes Verbraucherschutzniveau, WRP 2013, 710; *Henning-Bodewig,* Abschied vom „verständigen Verbraucher"?. WRP, 2013, Heftnummer 11, Editorial; *dies.,* Das neue UWG – von Brüsseler Gnaden?, FS Schricker, 2005, 705; *dies.,* Die Richtlinie 2005/29/EG über unlautere Geschäftspraktiken, GRUR Int. 2005, 629; *dies.,* Erneute UWG-Reform? Einige Anmerkungen zum Referentenentwurf 2014, WRP, 2014, 1407; *dies.,* E-Commerce und irreführende Werbung – Auswirkungen des Herkunftslandprinzips auf das europäische und deutsche Irreführungsrecht, WRP 2001, 771; *dies.,* Relevanz der Irreführung, UWG-Nachahmungsschutz und die Abgrenzung Lauterkeitsrecht/IP-Rechte, GRUR Int. 2007, 986; *dies.,* Richtlinienvorschlag über unlautere Geschäftspraktiken und UWG-Reform, GRUR Int. 2004, 183; *Himmelsbach,* Irreführende Werbung durch nicht ausreichend lesbare Fußnotentexte, K&R 2006, 423; *Hoeren,* Das neue UWG – der Regierungsentwurf im Überblick, BB 2008, 1182; *ders.,* Das neue UWG und dessen Auswirkungen auf den B2B-Bereich, WRP 2009, 789; *Hösl,* Interessenabwägung und rechtliche Erheblichkeit der Irreführung bei § 3 UWG, 1986; *Howells/Micklitz/Wilhelmsson,* European Fair Trading Law – The Unfair Commercial Practices Directive, 2006; *Illmer,* Keyword-Advertising – Quo vadis?, WRP 2007, 399; *Jahn/Palzer,* der mündige Verbraucher ist tot, es lebe der mündige Verbraucher, K&R 2015, 444; *Kaestner/Tews,* Informations- und Gestaltungspflichten bei Internet-Auktionen, WRP 2004, 391; *Kemper/Rosenow,* Der Irreführungsbegriff auf dem Weg nach Europa, WRP 2001, 370; *Kendziur,* Wettbewerbswidrige Sportwettenangebote auch bei rechtswidriger Versagung einer Genehmigung?, ZUM 2007, 193; *Keßler,* Vom Recht des unlauteren Wettbewerbs zum Recht der Marktkommunikation, 2005; *Kessler/Micklitz,* Die Richtlinie 2005/29/EG über unlautere Geschäftspraktiken im binnenmarktinternen Geschäftsverkehr zwischen Unternehmen und Verbrauchern, Special zu BB 2005, 1; *Kiethe,* Werbung im Internet, WRP 2000, 616; *Kleine-Cosack,* Freiberufsspezifische Werbeverbote vor dem Aus, NJW 2010, 1921; *Knaak,* Demoskopische Umfragen in der Praxis des Wettbewerbs- und Warenzeichenrechts, 1986; *Koch,* GOOD NEWS aus Luxemburg?, FS Köhler, 2014, 359; *Köhler,* Die Bedeutung der Richtlinie 2005/29/EG über unlautere Geschäftspraktiken und ihre Auswirkungen für Lebensmittelrecht und Lebensmittelwirtschaft, ZLR 2006, 3; *ders.*, Konkurrentenklage gegen die Verwendung unwirksamer Allgemeiner Geschäftsbedingungen?, NJW 2008, 177; *ders.*, Richtlinienkonforme Gesetzgebung statt richtlinienkonforme Auslegung, WRP 2012, 251; *ders.*, Zur „geschäftlichen Relevanz" unlauterer geschäftlicher Handlungen gegenüber Verbrauchern, WRP 2014, 259; *ders.*, Zur Umsetzung der Richtlinie über unlautere Geschäftspraktiken, GRUR 2005, 793; *Köhler/Bornkamm/Henning-Bodewig*, Vorschlag für eine Richtlinie zum Lauterkeitsrecht und eine UWG-Reform, WRP 2002, 1317; *Koppensteiner*, Verbraucherleitbilder bei der Bewerbung von Kapitalanlagen, FS Köhler zum 70. Geburtstag, 2014, S. 371; *Krajewski*, Werbung über das Handy – Zur Zulässigkeit kommerzieller SMS-Nachrichten, MMR 2001, 86; *Kugeler*, Die strafbare Werbung (§ 16 Abs. 1 UWG) nach der UWG-Reform 2004, Konstanz 2008; *Kunz-Hallstein/Loschelder*, Stellungnahme zum Vorschlag der Europäischen Kommission für eine Richtlinie über unlautere Geschäftspraktiken im binnenmarktinternen Geschäftsverkehr zwischen Unternehmen und Verbrauchern – KOM (2003) 356 endg., GRUR 2004, 215; *Kur*, Metatags – pauschale Verurteilung oder differenzierende Betrachtung? – Zugleich eine Stellungnahme zur „kennzeichenmäßigen Benutzung" im Lichte der EuGH-Rechtsprechung, CR 2000, 448; *Lange*, Steht das Powershopping in Deutschland vor dem Aus?, WRP 2001, 888; *Leible*, Abschied vom „flüchtigen Verbraucher"?, DZWir 1994, 178; *ders.*, Internet-Werbung (Online-Werbung), FS Köhler zum 70. Geburtstag, 2014, S. 403; *Lettl*, Der lauterkeitsrechtliche Schutz vor irreführender Werbung in Europa, 2004 und GRUR Int. 2004, 85; *ders.*, Gemeinschaftsrecht und neues UWG, WRP 2004, 1079; *ders.*, Irreführung durch Lock(vogel) angebote im derzeitigen und künftigen UWG, WRP 2008, 155; *Leupold/Pfeiffer*, Von der Werbung zur kommerziellen Kommunikation: Die Vermarktung von Waren und Dienstleistungen im Internet, WRP 2000, 575; *Loewenheim*, Aufklärungspflichten in der Werbung – Eine Analyse der neueren Entscheidungspraxis –, GRUR 1980, 14; *Maasch/Kracht/v. Schliefen*, Vertiefung der wichtigsten Tatbestände des UWG, 2010; *Mankowski*, Besondere Formen von Wettbewerbsverstößen im Internet und Internationales Wettbewerbsrecht, GRUR Int. 1999, 995; *Mees*, Der Patient als Verbraucher – Ein neuer Topos des wettbewerbsrechtlichen Verbraucherschutzes, in: FS Ullmann, 2006, 755; *Metz*, Verbraucherschützende Informationspflichten in der Werbung – Eine Analyse rechtlicher und ökonomischer Rahmenbedingungen, 2007; *A. Meyer*, Die anlockende Wirkung der irreführenden Werbung, 1989; *Michalski*, Das Verbot der Werbung mit Selbstverständlichkeiten, BB 1992, 40; *Micklitz/Kessler*, Funktionswandel des UWG, WRP 2003, 919; *Niemöller*, Das Verbraucherleitbild in der deutschen und europäischen Rechtsprechung, 1999; *v. Oelffen*, § 5a UWG-Irreführung durch Unterlassen – ein neuer Tatbestand im UWG, 2012; *Ohly*, Der Schutz der unternehmerischen Interessen im Lauterkeitsrecht, Gutachten im Auftrag des Bayerischen Industrie- und Handelskammertages e. V., 2015, abrufbar über die Website der IHK München und Oberbayern, www.muenchen.ihk.de (zuletzt besucht 22.5.2016); *ders.*, Keyword-Advertising auf dem Weg von Karlsruhe nach Luxemburg, GRUR 2009, 709; *Olenhusen*, Das „Institut" im Wettbewerbs-, Firmen-, Standes-, Namens- und Markenrecht, WRP 1996, 1079; *Omsels*, Irreführungsgefahr bei der Täuschung nur eines kleinen Teils des angesprochenen Verkehrs, jurisPR-WettbR 7/2009 Anm. 4; *ders.*, Kritische Anmerkungen zur Bestimmung der Irreführungsgefahr, GRUR 2005, 548; *Ott*, Informationspflichten im Internet und ihre Erfüllung durch das Setzen von Hyperlinks, WRP 2003, 945; *Peifer*, „Good News" und die Medien – Die lauterkeitsrechtliche Kontrolle publizistischer Belange am Scheideweg?, FS Köhler, 2014, S. 519; *Plehwe*, Anm. zu BGH Urt. v. 13.7.2006 – I ZR 234/03 – Warnhinweis II, jurisPR-WettbR 3/2007, Anm. 4; *Rathke*, Die Auswirkungen der Richtlinie 2005/29/EG über unlautere Geschäftspraktiken und ihr Verhältnis zu bestehenden rechtlichen Vorgaben im Verkehr mit Erzeugnissen im Sinne des LFGB, ZLR 2006, 555; *Reinauer*, Einbindung fremder Werke durch Framing, MDR 2015, 252; *Risthaus*, Erfahrungssätze im Kennzeichenrecht, 2003; *Sack*, Das Verbraucherleitbild und das Unternehmensleitbild im europäischen und deutschen Wettbewerbsrecht, WRP 1998, 264; *ders.*, Die Durchsetzung unlauter zustande gebrachter Verträge als unlauterer Wettbewerb?, WRP 2002, 396; *ders.*, Die neue deutsche Formel des europäischen Verbraucherleitbilds, WRP 2005, 462; *ders.*, Die Präzisierung des Verbraucherleitbildes durch den EuGH, WRP 1999, 399; *ders.*, Die relevante Irreführung im Wettbewerbsrecht, WRP 2004, 521; *ders.*, Die Toshiba-Entscheidung des EuGH zur vergleichenden Werbung, WRP 2002, 363; *ders.*, Fehlvorstellungen über das Verhältnis von wahrer und irreführender Werbung, GRUR 1996, 461; *ders.*, Immanente Schranken des Irreführungsverbots, Festschrift Köhler zum 70. Geburtstag, 2014, S. 555; *ders.*, Irreführende Werbung mit wahren Angaben, FS Trinkner, 1995, S. 293 und GRUR 1996, 461; *Schaar*, Rechtliche Grenzen des „In-Game-Advertising", GRUR 2005, 912; *Scherer*, Divergenz und Kongruenz der Rspr. des EuGH und des BGH, WRP 1999, 991; *dies.* Migrationsfolgen im Marken- und Lauterkeitsrecht, WRP 2016, 8; *dies.*, Normative Bestimmung von Verwechslungs- und Irreführungsgefahr im Markenrecht, GRUR 2000, 273; *dies.*, „Unternehmerisches Risiko" im Lauterkeitsrecht, FS Köhler, 2014, S. 607; *Schimansky*, Irreführung des Bankkunden durch Kontostandsauskunft am Geldautomaten?, BKR 2003, 179; *Schmidt-Bogatzky*, Die Verwendung von Gattungsbegriffen als Internetdomains – Zur „Mitwohnzentrale.de"-Entscheidung des BGH, GRUR 2002, 941; *Schricker*, Berichtigende Werbung – Rechtsvergleichende Überlegungen zur Fortbildung des deutschen Wettbewerbsrechts, GRUR Int. 1975, 191; *ders.*, Deregulierung im Recht des unlauteren Wettbewerbs?, GRUR Int. 1994, 586; *ders.*, Die Bekämpfung der irreführenden Werbung in den Mitgliedstaaten der EG, GRUR Int. 1990, 112; *ders.*, Hundert Jahre Gesetz gegen den unlauteren Wettbewerb – Licht und Schatten, GRUR Int. 1996, 473; *Schricker/Henning-Bodewig*, Elemente einer Harmonisierung des Rechts des unlauteren Wettbewerbs in der Europäischen Union, WRP 2001, 1367; *Schröler*, Wettbewerbsrechtliche Fragestellungen bei der Verlängerung und dem Abbruch von zeitlich befristeten Rabattaktionen, GRUR 2013, 564; *Schünemann*, „Unlauterkeit" in den Generalklauseln und Interessenabwägung nach neuem UWG, WRP 2004, 925; *W. Schuhmacher*, Die Richtlinie über unlautere Geschäftspraktiken, WBl. 2005, 506; *Schweizer*, Die „normative Verkehrsauffassung" – ein doppeltes Missverständnis – Konsequenzen für das Leitbild des „durchschnittlich informierten, verständigen und aufmerksamen Durchschnittsverbrauchers", GRUR 2000, 923; *Seibt*, Das europäische Verbraucherleitbild – ein Abschied von der

Verwechslungsgefahr als Rechtsfrage?, GRUR 2002, 465; *Seichter,* Der Umsetzungsbedarf der Richtlinie über unlautere Geschäftspraktiken, WRP 2005, 1087; *Sosnitza,* Das Koordinatensystem des Rechts des unlauteren Wettbewerbs im Spannungsfeld zwischen Europa und Deutschland – Zum Regierungsentwurf zur Reform des UWG vom 9.5.2003, GRUR 2003, 739; *ders.,* Einfluss des Gemeinschaftsrechts auf das nationale Recht zum Schutz geografischer Herkunftsangaben in Deutschland, GRUR 2007, 462; *ders.,* Zulässigkeit und Grenzen der Verknüpfung des Produktabsatzes mit dem Versprechen einer Sponsoringleistung an einen Dritten („Regenwaldprojekt I"), jurisPR-WettbR 2/2007 Anm. 1; *Sosnitza,* Das Internet als Rahmenbedingung und neue Handlungsform im Marken- und Lauterkeitsrecht, GRUR-Beil. 2014, 93; *ders.,* Fake-Werbung, GRUR 2010, 106; *ders.,* „Gefühlte" Irreführung – Normative Verschiebung der Maßstäbe des Täuschungsschutzes im Lebensmittelrecht?, ZLR 2014, 137; *Steinbeck,* Richtlinie über unlautere Geschäftspraktiken: Irreführende Geschäftspraktiken – Umsetzung in das deutsche Recht, WRP 2006, 632; *Steinbeck,* Das Verbraucherleitbild im Lebensmittelrecht: Renaissance des flüchtigen Verbrauchers?, ZLR 2014, 302; *Steingass/Teworte,* Stellung und Reichweite des Transparenzgebots im neuen UWG, WRP 2005, 676; *Streinz,* Die Bedeutung eines „Verbraucherleitbilds" im Lebensmittelrecht, Festschrift für Köhler zum 70. Geburtstag, 2014, S. 745; *Strepp,* Irreführung und Verwechslungsgefahr. Einige dogmatische Aspekte des Verhältnisses von Wettbewerbs- und Markenrecht, 2000; *Teplitzky,* Zur Methodik der Interessenabwägung in der neueren Rspr. des Bundesgerichtshofs zu § 3 UWG, FS Vieregge, 1995, 853; *Terhaag,* Anmerkung zu OLG Braunschweig, MMR 2007, 110, MMR 2007, 111; *Tilmann,* Der „verständige Verbraucher", FS Piper, 1996, 481; *ders.,* Die Verkehrsauffassung im Wettbewerbs- und Warenzeichenrecht – Möglichkeiten und Grenzen der demoskopischen Wahrheitsfindung im Prozess, GRUR 1984, 716; *ders.,* Irreführende Werbung in Europa, GRUR 1990, 87; *Tonner/Brieske,* Verbraucherschutz durch gesetzliche Kennzeichnungserfordernisse, BB 1996, 919; *Traub,* Das Verbraucherleitbild in rechtsvergleichender Sicht, 1998; *Trube,* Preisangaben nach Wegfall des RabattG, WRP 2001, 878; *Ulbrich,* Der BGH auf dem Weg zum normativen Verbraucherleitbild?, WRP 2005, 940; *Ullmann,* Das Koordinatensystem des Rechts des unlauteren Wettbewerbs im Spannungsfeld von Europa und Deutschland, GRUR 2003, 817; *ders.,* Der Verbraucher – Ein Hermaphrodit?, GRUR 1991, 789; *ders.,* Wer sucht, der findet – Kennzeichenverletzung im Internet, GRUR 2007, 633; *Voigt,* Händler-Haftung für fehlerhafte Angaben in Preissuchmaschinen, K&R 2010, 793; *Weidert,* Internet und Wettbewerbsrecht, AnwBl 2000, 390; *Westermann,* Bekämpfung irreführender Werbung ohne demoskopische Gutachten, GRUR 2002, 403; *Wiebe,* Das Leid des Verbrauchers mit dem Verbraucherleitbild, Festschrift für Köhler zum 70. Geburtstag, 2014, S. 745; *Wiring,* § 5 UWG über irreführende geschäftliche Handlungen: Eine Norm, die irreführt?, NJW 2010, 580; *Würtenberger/Loschelder,* Stellungnahme der Deutschen Vereinigung für gewerblichen Rechtsschutz und Urheberrecht zum Entwurf eines Zweiten Gesetzes zur Änderung des Gesetzes gegen den unlauteren Wettbewerb, GRUR 2014, 1185; *Wuttke,* Die Bedeutung der Schutzzwecke für ein liberales Wettbewerbsrecht (UWG), WRP 2007, 119; *ders.,* Die Europäisierung des Wettbewerbsrechts, 2005; *ders.,* Die Konvergenz des nationalen und des europäischen Irreführungsbegriffs, WRP 2004, 820; *ders.,* Neues zur wettbewerbsrechtlichen Relevanz und Interessenabwägung bei der irreführenden Werbung, WRP 2003, 839.

S. auch die **Schrifttumsnachweise zu § 5 Abschn. A und J** sowie zu **§ 5a.**

I. Geschäftliche Handlung

1 Nach § 5 Abs. 1 S. 1 handelt unlauter, wer eine irreführende **„geschäftliche Handlung"** vornimmt. Es gilt die Legaldefinition des § 2 Abs. 1 Nr. 1. Danach ist „geschäftliche Handlung" jedes Verhalten einer Person zugunsten des eigenen oder eines fremden Unternehmens vor, bei oder nach einem Geschäftsabschluss, das mit der Förderung des Absatzes oder des Bezugs von Waren oder Dienstleistungen oder mit dem Abschluss oder der Durchführung eines Vertrags über Waren oder Dienstleistungen objektiv zusammenhängt. Das Merkmal des „objektiven Zusammenhangs" im Sinne von § 2 Abs. 1 Nr. 1 UWG ist nach der Rspr. des BGH **funktional** zu verstehen und setzt voraus, dass die Handlung bei objektiver Betrachtung darauf gerichtet ist, durch Beeinflussung der geschäftlichen Entscheidung der Verbraucher oder sonstigen Marktteilnehmer den Absatz oder Bezug von Waren oder Dienstleistungen des eigenen oder eines fremden Unternehmens zu fördern.[1]

2 § 5 ist erstens **unionskonform** anhand der UGP-Richtlinie und der Werberichtlinie 2006/114/EG **auszulegen** und weiter als der Begriff der der Werbung in § 5 UWG (2004).[2] Wie der EuGH entschieden hat, ist die **UGP-Richtlinie** durch einen besonders weiten sachlichen Anwendungsbereich gekennzeichnet, der alle **Geschäftspraktiken** erfasst, die unmittelbar mit der Absatzförderung, dem Verkauf oder der Lieferung eines Produkts an Verbraucher zusammenhängen.[3]

3 Der seit der UWG-Reform 2008 maßgebliche Begriff der „geschäftlichen Handlung" in § 2 Nr. 1, der auch § 5 zugrunde liegt, ist zweitens in mehrfacher Hinsicht **weiter als der unionsrechtliche Begriff der „Geschäftspraktiken" in Art. 2 lit. d) UGP-Richtlinie, s. die**

---

[1] BGH GRUR 2013, 945 – *Standardisierte Mandatsbearbeitung.*

[2] Vgl. OLG Hamburg GRUR-RR 2006, 377; *Steinbeck* WRP 2006, 632, 633 f.

[3] EuGH GRUR 2011, 76, 77 Rdn. 21 – *Mediaprint Zeitungs- und Zeitschriftenverlag;* Urt. v. 16.4.2015, *UPC Magyarország,* C-388/13, EU:C:2015:225, Rdn. 34 ff.; Urt. v. 16.7.2015, C-544/13 und C-545/13, *Abcur,* EU:C:2015:481, Rdn. 74.

Kommentierung bei *Keller*, § 2 Rdn. 12ff. § 5 erfasst deshalb auch bestimmtes Verhalten, insbes. die Irreführung zur Förderung fremden Wettbewerbs, das nicht in den Anwendungsbereich der UGP-Richtlinie fällt, **s. unten Rdn. 7.**

Ein unmittelbarer Zusammenhang mit der **Absatz**förderung ist nicht Voraussetzung für eine geschäftliche Handlung; **Aufmerksamkeits- und Imagewerbung** werden ebenfalls erfasst,[4] ohne dass es auf den zu Art. 2 Abs. 1 lit. d UGP-Richtlinie geführten Streit[5] ankommt, ob es sich um eine „Geschäftspraxis" handelt. Nicht nur Handlungen, sondern auch **Unterlassungen** können „geschäftliche Handlung" sein[6] (vgl. Art. 2 lit. d UGP-Richtlinie). Die Irreführung durch Unterlassen ist allerdings gesondert **in § 5a** geregelt; s. zur Abgrenzung näher **§ 5 Abschn. B Rdn. 77ff.** 4

§ 5 UWG erfasst seit der UWG-Reform 2008 – anders als noch § 5 UWG (2004)[7] – auch **Verhalten nach Vertragsschluss.**[8] In Beziehungen zwischen Unternehmern und Verbrauchern folgt die Einbeziehung von Geschäftspraktiken nach dem Abschluss eines Vertrags und während dessen Ausführung aus der UGP-Richtlinie und dort insbesondere aus Art. 3 Abs. 1 i.V.m. Art. 2 lit. c UGP-Richtlinie und dem 13. Erwägungsgrund der Richtlinie.[9] Aufgrund der Erstreckung des § 5 auf Verhalten während und nach Vertragsschluss stellt sich die Frage einer Abgrenzung zum Vertragsrecht, insbesondere auch hinsichtlich von Pflichtangaben; s. **dazu näher § 5 Rdn. A.29ff., 79ff.** 5

Nach der Rspr. des **EuGH** ist unter Berücksichtigung dessen, dass der Irreführungsschutz des Art. 6 UGP-Richtlinie im Wesentlichen **präventiver** Art ist für die Zwecke der Anwendung dieses Artikels ausreichend, dass der Gewerbetreibende eine objektiv falsche Auskunft erteilt, die **geeignet ist, einen nachteiligen Einfluss auf die geschäftliche Entscheidung des Verbrauchers auszuüben.**[10] Der EuGH betont, dass der Irreführungsschutz der UGP-Richtlinie von keinen anderen als den in der UGP-Richtlinie genannten Kriterien abhängt;[11] der Maßstab der „beruflichen Sorgfalt" kommt als zusätzliches Korrektiv nicht in Betracht. Strengere Anforderungen an die Qualifizierung von Verhalten nach Vertragsschluss, etwa bei der **Irreführung über vertragliche Rechte** des Verbrauchers (Widerrufsrechte, Gewährleistungsrechte, Schadenersatzansprüche und Rücktrittsmöglichkeiten) oder im Zusammenhang mit der **Durchsetzung von Erfüllungsansprüchen** durch den Unternehmer sind hiernach nicht gerechtfertigt. Eine Nicht- oder Schlechterfüllung als solche stellt hingegen noch keine irreführende geschäftliche Handlung dar, **s. dazu näher § 5 Abschn. A Rdn. 84.** 6

Ferner werden seit der UWG-Reform 2008 von **§ 5** auch Maßnahmen gegenüber **sonstigen Marktteilnehmern (Vertikalverhältnis)** einschließlich des **Nachfragewettbewerbs** erfasst.[12] Sie stellen zwar keine „Geschäftspraxis" im Sinne des Art. 2 lit. d) UGP-Richtlinie und auch keine „Werbung" gemäß Art. 2 lit. a Werberichtlinie 2006/114/EG dar. Insoweit besteht aber im Grundsatz eine vergleichbare Interessenlage.[13] Da der Begriff der „Geschäftspraxis" aber den Anwendungsbereich der UGP-Richtlinie begrenzt und die Werberichtlinie 2006/114/EG nur einen Mindeststandard vorgibt, stand es dem nationalen Gesetzgeber frei, für den Nachfragewettbewerb Regelungen zu treffen.[14] Für **§ 5a Abs. 4–13** gilt diese Einbeziehung sonstiger Marktteilnehmer allerdings nicht; diese beziehen sich nur auf geschäftlichen Handlungen gegenüber Verbrauchern. 7

Unwahre oder täuschende **Angaben *über* Mitbewerber** können nach § 5 ebenfalls eine Irreführung begründen, s. § 5 Abs. 3 und unten **§ 5 Abschn. B Rdn. 53.** Demgegenüber wird eine **Ir-** 8

---

[4] S. Amtl. Begr., BT-Drucks. 16/10145, S. 20f; BGH GRUR 2013, 1259, 1260f. Rdn. 17 – *Empfehlungs-E-Mail.*

[5] S. einerseits *Köhler/Lettl* WRP 2003, 1019, 1034; *Henning-Bodewig* GRUR Int. 2004, 183, 189; MüKo-UWG/*Micklitz*, EG E Rdn. 67, und andererseits Fezer/*Steinbeck*, § 4-1 Rdn. 46; *Steinbeck* WRP 2006, 632, 634; Howells/Micklitz/*Wilhelmsson*, S. 54f.; *Glöckner/Henning-Bodewig* WRP 2005, 1311, 1326.

[6] Amtl. Begr., BT-Drucks. 16/10145, S. 20; näher § 5 Abschn. B Rdn. 60ff.

[7] BGH GRUR 2002, 1093, 1094 – *Kontostandsauskunft;* GRUR 2007, 806, 807 Rdn. 13f. – *Irreführender Kontoauszug;* GRUR 2007, 987, 989 Rdn. 24 – *Änderung der Voreinstellung I;* GRUR 2009, 876, 877 Rdn. 13ff. – *Änderung der Voreinstellung II;* GRUR 2015, 692, 693 Rdn. 15 – *Hohlkammerprofilplatten.*

[8] Amtl. Begr., BT-Drucks. 16/10145, S. 21; vgl. EuGH, Urt. v. 16.4.2015, *UPC Magyarország,* C-388/13, EU:C:2015:225, Rdn. 36; BGH GRUR 2009, 876, 878 Rdn. 24 – *Änderung der Voreinstellung II;* GRUR 2013, 945, 947 Rdn. 26 – *Standardisierte Mandatsbearbeitung;* GRUR 2015, 692, 693 Rdn. 14 – *Hohlkammerprofilplatten.*

[9] EuGH, Urt. v. 16.4.2015, *UPC Magyarország,* C-388/13, EU:C:2015:225, Rdn. 36.

[10] EuGH, Urt. v. 16.4.2015, *UPC Magyarország,* C-388/13, EU:C:2015:225.

[11] EuGH, Urt. v. 16.4.2015, *UPC Magyarország,* C-388/13, EU:C:2015:225, Rdn. 43; so bereits EuGH, Urt. v. 19.9.2013, Rs. C-435/11, ECLI:EU:C:2013:574, GRUR Int. 2013, 1060, 1063 Rdn. 41 – *CHS/Team4 Travel.*

[12] Köhler/*Bornkamm*, 34. Aufl. 2016, § 5 Rdn. 2.15.

[13] Vgl. *Köhler,* WRP 2014, 1410, 1414.

[14] Vgl. Amtl. Begr., BT-Drucks. 16/10145, S. 21.

reführung *von* Mitbewerbern seit dem 10.12.2015 durch §§ 5, 5a Abs. 1 n. F. (2015) nicht mehr erfasst, da der Anwendungsbereich der Vorschrift durch zu diesem Zeitpunkt in Kraft getretene Zweite Änderungsgesetz **auf Verbraucher und sonstige Marktteilnehmer beschränkt** worden ist („… die geeignet ist, den Verbraucher oder sonstigen Marktteilnehmer zu einer geschäftlichen Entscheidung zu veranlassen, die er andernfalls nicht getroffen hätte …").

9 Die Änderung ist im Zusammenhang mit den Stellungnahmen des GRUR-Fachausschusses[15] und *Köhlers*[16] zu dem Referentenentwurf zu sehen, die darauf hingewiesen hatten, dass die Vorschrift insoweit noch nicht praxisrelevant geworden sei und entsprechende mitbewerberbezogene Sachverhalte bereits von § 4 Nr. 7–10 (§ 4 Nr. 1–4 n. F.) erfasst seien und **darf nicht im Sinne einer Beschränkung des mittelbaren Mitbewerberschutzes verstanden werden.** Eine Verkürzung des durch das Verbot der Irreführung von Verbrauchern und sonstigen Marktteilnehmern mittelbar mitbezweckten Schutzes der Mitbewerber ist mit der Gesetzesänderung nicht verbunden.[17]

10 Die Einschränkung betrifft auch **§ 5 Abs. 3 Alt. 1 (irreführende vergleichende Werbung).** Eine mögliche Irreführung *von* Mitbewerbern durch vergleichende Werbung fällt nach dem 10.12.2015 nicht mehr unter § 5, sondern ist nur noch am Maßstab des § 6 bzw. der mitbewerberschützenden Vorschriften, insbes. § 4, zu messen. Zur Irreführung von Verbrauchern oder sonstigen Marktteilnehmern geeignete vergleichende Werbung bleibt weiterhin von § 5 Abs. 3 erfasst.

11 **§ 5a Abs. 1** blieb zwar sprachlich unverändert, aufgrund des systematischen Bezugs zu § 5 gilt für ihn diese Einschränkung jedoch ebenfalls, s. auch **§ 5a Rdn. 24.**

12 Eine irreführende geschäftliche Handlung kann sich außerdem auch unter dem Gesichtspunkt der **Förderung fremden Wettbewerbs** ergeben.[18] Die UGP-Richtlinie und die Werberichtlinie 2006/114/EG stehen einer autonomen Regelung des nationalen Lauterkeitsrechts auch hier nicht entgegen, da die Förderung des Absatzes eines anderen Unternehmens, die nicht in dessen Namen oder Auftrag erfolgt, nicht in ihren Anwendungsbereich fällt,[19] **s. näher § 5 Abschn. A Rdn. 37.**

II. Verkehrsauffassung

1. Grundsatz

13 **a) Begriff und Bedeutung.** Unlauter handelt, wer eine irreführende geschäftliche Handlung vornimmt (§ 5 Abs. 1 S. 1). Eine geschäftliche Handlung ist irreführend, wenn sie in Bezug auf einen der in 5 Abs. 1 S. 2 genannten Umstände unwahre oder zur Täuschung geeignete Angaben enthält (§ 5 Abs. 1 S. 2). Der Begriff der unwahren Angabe ist zwar ein objektiver (näher § 5 Abschn. B Rdn. 174); im Übrigen ist aber die (objektivierte, sogleich § 5 Abschn. B Rdn. 18 ff.) Verkehrsauffassung maßgeblich. Für die Beurteilung, ob eine geschäftliche Handlung irreführend ist, kommt es darauf an, welchen **Gesamteindruck** sie bei den **maßgeblichen Verkehrskreisen** hervorruft. [20] Sie ist irreführend, wenn das Verständnis, das sie bei den **angesprochenen** Verkehrskreisen erweckt, mit den tatsächlichen Verhältnissen nicht übereinstimmt.[21] Nur auf das Verständnis dieser Zielgruppe, die auch ein **regional begrenzter** Verkehrskreis oder ein **Einzelverbraucher** sein kann (näher § 5 **Abschn. B Rdn. 34**) kommt es an.[22] Auch die Relevanz ist aus Sicht des Verkehrskreises zu beurteilen, an den sich die geschäftliche Handlung **richtet** bzw. den sie erreicht,[23]

---

[15] *Würtenberger/Loschelder,* GRUR 2014, 1185, 1187.

[16] *Köhler,* WRP 2014, 1410 ff.

[17] Auf das Erfordernis der strengen Differenzierung zwischen der Irreführung von Mitbewerbern und dem durch das Verbot der Irreführung von Verbrauchern und sonstigen Marktteilnehmern mitbezweckten Schutz der Mitbewerber weist *Köhler* in seiner Stellungnahme zum RefE bereits ausdrücklich hin (WRP 2014, 1410, 1416 Rdn. 57 Fn. 48).

[18] BGH GRUR 2015, 694 LS und S. 696 f. Rdn. 25 ff., 30 – *Bezugsquellen für Bachblüten;* vgl. BGH GRUR 2014, 496 – Rdn. 12 f. – *Werbung für Fremdprodukte;* OLG Frankfurt, Urt. v. 22.9.2015, Az. 6 U 77/14, juris-Tz. 20.

[19] Vgl. zur UGP-Richtlinie EuGH, Urt. v. 17.10.2013, C-391/12, *RLvS,* EU:C:2013:669, Rdn. 40; BGH GRUR 2015, 694, 696 Rdn. 26 – *Bezugsquellen für Bachblüten;* GRUR 2014, 879, 880 Rdn. 13 – *GOOD NEWS II;* OLG Frankfurt, Urt. v. 22.9.2015, Az. 6 U 77/14, juris-Tz. 20.

[20] BGH GRUR 2005, 438, 440 – *Epson-Tinte;* GRUR 2005, 690, 692 – *Internet-Versandhandel;* GRUR 2014, 88, 91 Rdn. 30 – *Vermittlung von Netto-Policen;* GRUR 2014, 494, 495 Rdn. 14 – *Diplomierte Trainerin;* GRUR 2015, 906, 907 – *TIP der Woche;* Urt. v. 25.6.2015, Az. I ZR 145/14, Rdn. 19 – *Mobiler Buchhaltungsservice.*

[21] BGH GRUR 2005, 438, 440 – *Epson-Tinte;* GRUR 2005, 690, 692 – *Internet-Versandhandel;* GRUR 2014, 88 Rdn. 30 – *Vermittlung von Netto-Policen;* GRUR 2015, 906, 907 – *TIP der Woche;* Urt. v. 25.6.2015, Az. I ZR 145/14, WRP 2015, 1102, 1103, Rdn. 19 – *Mobiler Buchhaltungsservice.*

[22] EuGH, Urt. v. 16.4.2015, *UPC Magyarország,* C-388/13, EU:C:2015:225, Rdn. 42 ff., 60.

[23] Art. 5 Abs. 2 lit. b UGP-Richtlinie; ebenso schon zum früheren Recht BGH GRUR 1996, 910, 912 – *Der meistverkaufte Europas;* GRUR 2004, 244, 245 – *Marktführerschaft.*

der also **bestimmungsgemäß mit ihr in Kontakt kommt.** Man spricht insoweit auch vom **„Verbraucherleitbild"** oder besser – denn § 5 betrifft nicht nur geschäftliche Handlungen gegenüber Verbrauchern – der **„Verkehrsauffassung".** Die „Verkehrsauffassung" bestimmt unmittelbar über die Reichweite des Irreführungsverbots. Je stärker die Schutzbedürftigkeit von Minderheiten gegen – auch entfernte – Irreführungsgefahren das Verbraucherleitbild beeinflusst, umso größer ist der Anwendungsbereich der §§ 5, 5a.

b) Maßstab. §§ 5, 5a liegt bei richtlinienkonformer Auslegung das Leitbild eines durchschnitt- 14
lich (angemessen) aufmerksamen, verständigen und informierten Mitglieds des Verkehrskreises zugrunde, an den sich die geschäftliche Handlung richtet. Nach dem **18. Erwägungsgrund der UGP-Richtlinie** nimmt die Richtlinie den „Durchschnittsverbraucher, der angemessen gut unterrichtet und angemessen aufmerksam und kritisch ist, unter Berücksichtigung sozialer, kultureller und sprachlicher Faktoren in der Auslegung des Gerichtshofs als Maßstab. Bereits zur Irreführungsrichtlinie 84/450/EG hatte der **EuGH** entschieden, dass die mutmaßliche Erwartung eines **durchschnittlich informierten, aufmerksamen und verständigen Durchschnittsverbrauchers** maßgeblich ist;[24] dieses Verbraucherleitbild legte er auch in Entscheidungen zur Richtlinie vergleichende Werbung 97/55/EG zugrunde.[25] In den späteren Entscheidungen zur UGP-Richtlinie stellt der EuGH mit modifizierter Formulierung im Einklang mit dem 18. Erwägungsgrund dieser Richtlinie auf den „normal informierten und vernünftig aufmerksamen und **kritischen** Verbraucher" ab.[26] Entgegen einer teilweise vertretenen Auffassung[27] ist **mit der im Wortlaut veränderten Formulierung keine inhaltliche Korrektur in Richtung eines höheren Verbraucherschutzniveaus verbunden,**[28] **sondern setzt der EuGH,** so jetzt auch ausdrücklich in Rdn. 36 und 42 der „BVV/Teekanne"-Entscheidung (verbindliche Sprache: Deutsch),[29] **die deutschen Begriffe „verständig" und „kritisch" gleich.** In dieser Entscheidung verwendet der EuGH beide Formulierungen als Synonyme. Bereits in der *„Konsumentenumbudsman/Ving Sverige AB"*-Entscheidung[30] wird auch für Art. 7 UGP-Richtlinie auf das Verbraucherleitbild des zur Richtlinie 84/450/EG ergangenen „Lidl Belgium"-Urteils[31] verwiesen.

c) Irreführung durch Unterlassen. Das vorgenannte Verbraucherleitbild gilt nach der Recht- 15
sprechung des EuGH auch bei einer Irreführung durch Unterlassen im Sinne des (durch § 5a UWG umgesetzten) Art. 7 UGP-Richtlinie[32] und bei der Beurteilung der Frage, ob eine Etikettierung den Käufer irreführen kann.[33]

d) Gespaltene Verkehrsauffassung. Das Verkehrsverständnis ist grundsätzlich **einheitlich** zu 16
bestimmen. Die Annahme einer **gespaltenen Verkehrsauffassung** ist mit der Sichtweise eines Durchschnittsverbrauchers im Grundsatz nicht zu vereinbaren.[34] Eine andere Beurteilung kommt ausnahmsweise dann in Betracht, wenn sich die Werbung an **verschiedene Verkehrskreise** richtet, die sich – **wie der allgemeine Verkehr und Fachkreise oder unterschiedliche Sprachkreise** – objektiv voneinander abgrenzen lassen.[35] Innerhalb eines **einzigen Verkehrskreises** scheidet

[24] EuGH, Urt. v. 8.4.2003, *Pippig Augenoptik,* C-44/01, ECLI:EU:C:2003:205 (verbindliche Sprache: Deutsch); Urt. v. 19.9.2006, *Lidl Belgium,* C-356/04, EU:C:2006:585, Rdn. 78 (verbindliche Sprache: Niederländisch), in deutscher Übersetzung abgedruckt GRUR 2007, 69; Urt. v. 21.1.2016, *Verlados,* C-75/15, EU:C:2016:35, Rdn. 25.

[25] EuGH, Urt. v. 18.11.2010, *Lidl,* C-159/09, EU:C:2010:696, Rdn. 48 (verbindliche Sprache: Niederländisch), in deutscher Übersetzung abgedruckt GRUR 2011, 159 161; der vorliegenden Kommentierung liegt der Text in der verbindlichen Verfahrenssprache zugrunde.

[26] EuGH, Urt. v. 4.6.2015, Teekanne *[Himbeer-Vanille-Abenteuer],* C-195/14, ECLI:EU:C:2015:361, Rdn. 42 (verbindliche Verfahrenssprache: Deutsch).

[27] *Helm,* WRP 2013, 710; *Scherer,* WRP 2013, 705. Dagegen *Henning-Bodewig,* WRP 2013 Nr. 11, S. 1.

[28] Ganz h. M., vgl. nur *Henning-Bodewig,* WRP 2013 Nr. 11, S. 1; *Jahn/Palzer,* K&R 2015, 444 ff.; Köhler/*Bornkamm,* 33. Aufl. 2015, § 5 Rdn. 1.54; zum Lebensmittelrecht: *Böhler,* ZLR 2014, 27; *Steinbeck,* ZLR 2014, 302; *Sosnitza,* ZLR 2014, 137.

[29] EuGH, Urt. v. 4.6.2015, Teekanne *[Himbeer-Vanille-Abenteuer],* C-195/14, ECLI:EU:C:2015:361, Rdn. 42.

[30] EuGH, Urt. v. 12.5.2011, *Ving Sverige,* C-122/10, EU:C:2011:299.

[31] EuGH, Urt. v. 19.9.2006, *Lidl Belgium,* C-356/04, EU:C:2006:585.

[32] EuGH, Urt. v. 12.5.2011, *Ving Sverige,* C-122/10, ECLI:EU:C:2011:299.

[33] EuGH, Urt. v. 4.6.2015, Teekanne *[Himbeer-Vanille-Abenteuer],* C-195/14, ECLI:EU:C:2015:361, Rdn. 36.

[34] BGH WRP 2013, 778, 784 Rdn. 64 – *AMARULA/Marulablu;* GRUR 2014, 1013 Rdn. 33 – *Original Bach Blüten;* WRP 2015, 732, 734 Rdn. 22 – *PINAR.*

[35] BGH GRUR 2012, 54 Rdn. 9 – *Maalox/Melox-GRY;* WRP 2013, 778, 784 Rdn. 64 – *AMARULA/Marulablu;* GRUR 2014, 1013 Rdn. 33 – *Original Bach-Blüten;* WRP 2015, 732, 734 Rdn. 22 – *PINAR;* näher dazu *Scherer,* WRP 2016, 8 ff.

dagegen eine gespaltene Verkehrsauffassung grundsätzlich aus.[36] Vom Grundsatz des **einheitlichen Begriffs der Verkehrsauffassung** ist jedoch nach **Art. 5 Abs. 3** UGP-Richtlinie eine **Ausnahme** zu machen, wenn geschäftliche Handlungen voraussichtlich in einer für den Gewerbetreibenden vernünftigerweise vorhersehbaren Art und Weise das wirtschaftliche Verhalten **nur** einer eindeutig identifizierbaren Gruppe von Verbrauchern wesentlich beeinflussen, die aufgrund bestimmter Eigenschaften wie **geistiger oder körperlicher Gebrechen, Alter oder Leichtgläubigkeit** im Hinblick auf diese Praktiken oder die ihnen zugrunde liegenden Produkte besonders schutzbedürftig sind; hier kommt es auch dann auf die Perspektive eines durchschnittlichen Mitglieds dieser Gruppe an, wenn sich die geschäftliche Handlung außerdem auch an andere Personengruppen richtet.

17 Ein **gespaltenes Verkehrsverständnis** gilt außerdem, wenn sich eine Werbung sowohl an **Verbraucher** als auch an **sonstige Marktteilnehmer (z. B. Handel)** richtet. Bei einer an Verbraucher wie auch sonstige Marktteilnehmer gerichteten Werbung ist stets von mehreren objektiv voneinander abgrenzbaren Verkehrskreisen auszugehen, für die eine bestehende Irreführungsgefahr getrennt zu untersuchen ist. Dies beruht darauf, dass die Irreführungsvorschriften der §§ 5, 5a UWG für Verbraucher und Unternehmer **unterschiedliche unionsrechtliche Grundlagen** haben und daher eine an Verbraucher wie auch Unternehmer gerichtete Werbung sowohl den Vorgaben der Art. 6 und 7 UGP-Richtlinie als auch der Art. 3 und 4 Werberichtlinie genügen musst. Richtet sich eine Werbung an Verbraucher wie auch an den Handel, kann daher **sowohl das Verständnis des Durchschnittsverbrauchers als auch das Verständnis der am Handel beteiligten Fachkreise jeweils allein eine Irreführungsgefahr begründen.**[37]

2. Normativ oder empirisch

18 Der **BGH ging traditionell** von einem **empirischen Verkehrsverständnis** aus, das lediglich in bestimmten Fällen, etwa bei Werbung mit **wahren** Tatsachen,[38] **normativ zu korrigieren** sei.[39] Entscheidungen ab dem Jahre 2002 ließen eine gewisse Hinwendung des BGH zum normativen Verkehrsverständnis erkennen.[40] In der *„Elternbrief"*-Entscheidung wurden unter ausdrücklicher Aufgabe der „Bärenfang-Doktrin", nach welcher der Richter über die Irreführung (nur) ohne Einholung eines Sachverständigengutachtens entscheiden kann, wenn er die Irreführungsgefahr bejahen möchte, die beweisrechtlichen Anforderungen für die Bejahung und die Verneinung der Irreführungsgefahr einander angeglichen.[41] In der Entscheidung *„Marktführerschaft"* stellte der BGH fest, einen Rechtssatz des Inhalts, dass eine beantragte Beweiserhebung stets geboten sei, wenn die Richter von der in Rede stehenden Werbung selbst nicht angesprochen seien, gebe es nicht.[42] Da sich die Feststellung der Verkehrsauffassung aus eigener Sachkunde auf Erfahrungswissen stütze und § 291 ZPO nur Tatsachen betreffe, könne die Verbraucherauffassung nicht im Sinne dieser Vorschrift offenkundig sein.

19 Seit der „Marktführerschaft"-Entscheidung entspricht es std. Rspr. des **BGH, dass die Ermittlung des Verkehrsverständnisses keine Tatsachenfeststellung, sondern Anwendung speziellen Erfahrungswissens** sei,[43] welches das Gericht grundsätzlich auch dann haben könne, wenn der entscheidende Richter nicht zu den angesprochenen Verkehrskreisen zähle.[44] An dem Maßstab

---

[36] BGH GRUR 2014, 1013 Rdn. 33 und LS – *Original Bach-Blüten;* WRP 2015, 732, 734 Rdn. 23 – *PINAR;* Köhler/*Bornkamm,* 34. Aufl. 2016, § 5 Rdn. 2.87b; *Scherer,* WRP 2016, 8, 13.

[37] Vgl. EuGH, GRUR 1999, 723 Rdn. 29 – *Windsurfing Chiemsee;* GRUR 2006, 411 Rdn. 24 – *Matratzen Concord/Hukla;* GRUR 2004, 682, Rdn. 26 – *Bostnongurka;* BGH, GRUR 1961, 545, 547 – *Plastic-Folien;* GRUR 1968, 200, 201 – *Acrylglas;* GRUR 2012, 54 Rdn. 9 – *Maalox/Melox-GRY;* WRP 2013, 778, 784 Rdn. 64 – *AMARULA/Marulablu;* GRUR 2014, 1013 Rdn. 33 – *Original Bach-Blüten;* WRP 2015, 732, 734 Rdn. 22 – *PINAR;* BPatG, Beschl. v. 28.4.2016, Az. 26 W (pat) 18/15, juris-Rdn. 25; Ohly/*Sosnitza,* 6. Aufl. 2014, § 5 Rdn. 123; GK/*Lindacher,* 2. Aufl. 2013, § 5 Rdn. 79.

[38] Vgl. schon BGH GRUR 1957, 285, 287 – *Erstes Kulmbacher;* GRUR 1958, 444 – *Emaillelack.* An dieser Rspr. hat der BGH auch nach Inkrafttreten der UGP-Richtlinie festgehalten, vgl. BGH GRUR 2010, 1024, 1025 Rdn. 25 – *Master of Science Kieferorthopädie;* GRUR WRP 2012, 1526 Rdn. 2 – *Über 400 Jahre Brautradition;* 2013, 1252, 1254 Rdn. 17 – *Medizinische Fußpflege.*

[39] Vgl. z. B. BGH GRUR 1981, 656, 657 – *Schlangenzeichen.*

[40] S. Vorauflage § 5 Rdn. 77 ff.; vgl. auch *Ullmann* GRUR 2003, 817, 818.

[41] BGH GRUR 2002, 550, 552 – *Elternbriefe.*

[42] BGH GRUR 2004, 244, 245 – *Marktführerschaft.*

[43] BGH GRUR 2004, 244, 245 – *Marktführerschaft;* GRUR 2007, 1079, 1082 Rdn. 36 – *Bundestagsdruckerei;* GRUR 2010, 1125, 1129 Rdn. 50 – *Femur-Teil;* GRUR 2014, 1211, 1212 Rdn. 19 – *Runes of Magic II.*

[44] BGH GRUR 2004, 244, 245 – *Marktführerschaft;* GRUR 2007, 1079, 1082 Rdn. 36 – *Bundestagsdruckerei;* GRUR 2014, 682, 685 Rdn. 29 – *Nordjob-Messe;* GRUR 2014, 1211, 1212 Rdn. 19 – *Runes of Magic II.*

einer (nunmehr erhöhten) **Irreführungsquote** hielt der BGH jedoch fest.[45] Nach der **„Marktführer Sport"**-Entscheidung vom 8.3.2012 hat sich die Irreführungsquote zwar nach oben verschoben und ist nicht mehr von festen Prozentsätzen auszugehen ist, da schon für die Bewertung der Quote eine normative Bewertung durchzuführen ist, die maßgeblich von den Umständen des jeweiligen Einzelfalls abhängt, hält der BGH jedoch weiterhin an dem Erfordernis einer Irreführungsquote tatsächlich irregeführter Verbraucher fest.[46]

In jüngster Zeit gibt es Anzeichen für eine **weitere Lockerung.** Nachdem bereits in mehreren 20
Entscheidungen zur HCVO hervorgehoben worden war, dass nach Erwägungsgrund 16 S. 5 und 6 HCVO, der im Wortlaut Erwägungsgrund 18 S. 5 und 6 UGP-Richtlinie entspricht, kein statistischer, sondern ein normativer Maßstab gilt,[47] hat der BGH in einigen eng umgrenzten Ausnahmefällen nunmehr als Revisionsgericht die Verkehrsauffassung selbst bewertet. Hierbei wurden nicht nur rechtsfehlerhafte Feststellungen des Berufungsgerichts zur Auffassung eines durchschnittlichen Angehörigen einer Verbrauchergruppe auf Grund eigener Sachkunde ersetzt,[48] sondern in einigen Fällen hat der BGH die **erstmalige Beurteilung der Verkehrsauffassung aufgrund eigenen Erfahrungswissens auf Grundlage des unstreitigen oder festgestellten Sachverhalts selbst vorgenommen.**[49] Dieses Verständnis entspricht den für die Beurteilung der Verwechslungsgefahr im Markenrecht geltenden Grundsätzen, nach denen das Vorliegen einer Verwechslungsgefahr eine Rechtsfrage ist, die grundsätzlich auch das Revisionsgericht beantworten kann, wobei die Beurteilung der dafür maßgeblichen Kriterien zwar im Wesentlichen auf tatrichterlichem Gebiet liegt, das Revisionsgericht aber selbst entscheiden kann, wenn der dazu erforderliche Sachverhalt feststeht und weiterer Sachvortrag der Parteien dazu nicht zu erwarten ist **(näher § 5 Abschn. M Rdn. 40 f.).** Grundsätzlich dürfte es sich bei diesen Entscheidungen des BGH jedoch um eng umgrenzte Ausnahmen handeln, **s. § 5 40 f.** Den von Teilen der Literatur[50] und auch der vorliegenden Kommentierung[51] seit langem geforderten Übergang zur **normativen** Ermittlung der Verkehrsauffassung durch den entscheidenden Richter hat der BGH bisher nicht vollzogen.[52]

Vorzugswürdig ist ein **normatives Verkehrsverständnis.**[53] Ein empirisches Verkehrsverständnis 21
steht nicht in Einklang mit europäischem Recht; es stellt sich darüber hinaus als anachronistisch dar. Im Gewerblichen Rechtsschutz ist der normative Charakter der Verwechslungsgefahr seit langem anerkannt. So ist z. B. die markenrechtliche Verwechslungsgefahr, für die es ebenfalls auf das Verständnis eines Durchschnittsverbrauchers ankommt,[54] eine Rechtsfrage;[55] der Nachweis tatsächlicher Verwechslungen kann lediglich eine gewisse Indizwirkung für eine Verwechslungsgefahr haben.[56] Auch ob eine Werbeabbildung ein eingetragenes Gebrauchsmuster verletzt, ist ohne empirische Ermittlungen des Verständnisses der Adressaten der Werbung zu beantworten.[57] Dass nichts anderes auch für das Wettbewerbsrecht gelten kann, ergibt sich eindeutig aus der **UGP-Richtlinie;**[58] diese ist bei der Auslegung der Norm zu beachten.[59] Dort heißt es in **Erwägungsgrund 18** unmissver-

---

[45] BGH GRUR 2004, 244, 245 – *Marktführerschaft;* GRUR 2012, 1053, 1054 Rdn. 19 – *Marktführer Sport.*

[46] BGH GRUR 2012, 1053, 1054 Rdn. 19, 21 – *Marktführer Sport;* vgl. Köhler/*Bornkamm,* 34. Aufl. 2016, § 5 Rdn. 2.105 ff.

[47] BGH GRUR 2014, 500, 501 Rdn. 17 – *Praebiotik;* GRUR 2014, 1013, 1016 Rdn. 24 – *Original Bach-Blüten.*

[48] BGH GRUR 2012, 942/943 Rdn. 12 und 18 – *Neurologisch/Vaskuläres Zentrum;* GRUR 2013, 644, 446/647 Rdn. 20 und 23 – *Preisrätselgewinnauslobung;* GRUR 2014, 1211, 1213 Rdn. 21 – *Runes of Magic II*

[49] BGH GRUR 2014, 500, 501 Rdn. 17 – *Praebiotik;* GRUR 2014, 1013, 1016 Rdn. 24 – *Original Bach-Blüten;* vgl. auch BGH GRUR-RR 2014, 201, 205 Rdn. 48 ff. – *Peek & Cloppenburg IV.*

[50] *Emmerich* UWG, § 14 Rdn. 26; *Fezer,* WRP 1995, 671, 675 f.; GRUR 2013, 209, 220; *Scherer* GRUR 2000, 273, 275; WRP 1999, 991, 994 f.; *Ulbrich* WRP 2005, 940.

[51] S. näher schon die 2. Auflage, § 5 Rdn. 65 ff.

[52] Ohly/*Sosnitza,* 6. Aufl. 2014, § 5 Rdn. 134; Köhler/*Bornkamm,* 34. Aufl. 2016, § 5 Rdn. 2.106a.

[53] Ähnlich *Schünemann,* in: GK, Einl. Rdn. D 270; *Kugeler* S. 49 ff., 73; *Lettl,* ZGR 2003, 853, 866; *Metz,* Verbraucherschützende Informationspflichten in der Werbung, 137; *Omsels,* GRUR 2005, 548 ff.; *Scherer,* WRP 2005, 672, 675 und WRP 1999, 991, 994 ff.; *Ulbrich* WRP 2005, 940, 953; strittig, so hält *Glöckner,* Einl. B Rdn. 483 ff., ein normatives Verständnis der Irreführungsgefahr aus europäischer Sicht nicht für zwingend.

[54] BGH GRUR 1998, 942, 943 – *Alka-Seltzer;* GRUR 2000, 506 – *Attaché/Tisserand;* GRUR 2005, 61, 62 – *Compunet/Comnet;* vgl. EuGH, Urt. v. 11.11.1997, SABEL, C-251/95, EU:C:1997:528.

[55] BGH GRUR 1992, 48, 52 – *frei öl;* GRUR 2000, 506 – *Attaché/Tisserand;* GRUR 2005, 61, 62 – *Compunet/Comnet;* GRUR 2012, 635, 637 Rdn. 35 – *METRO/ROLLER's Metro;* GRUR 2013, 833, 839 Rdn. 67 – *Culinaria/Villa Culinaria;* Urt. v. 5.3.2015, Az. I ZR 161/13, Rdn. 58 – *IPS/ISP.*

[56] BGH GRUR 1992, 48, 52 – *frei öl.*

[57] BGH GRUR 2005, 665 – *Radschützer.*

[58] Ebenso *Keßler* WRP 2007, 714, 716; *Schillig,* Konkretisierungskompetenz und Konkretisierungsmethoden im Europäischen Privatrecht, 2009, S. 341.

[59] Näher oben § 5 Abschn. A Rdn. 29 ff.

ständlich: „**Der Begriff des Durchschnittsverbrauchers beruht dabei nicht auf einer statistischen Grundlage.** Die nationalen Gerichte und Verwaltungsbehörden müssen sich bei der Beurteilung der Frage, wie der Durchschnittsverbraucher in einem gegebenen Fall typischerweise reagieren würde, auf ihre **eigene Urteilsfähigkeit unter Berücksichtigung der Rechtsprechung des Gerichtshofs** verlassen." Aus dem **7. Erwägungsgrund** der Richtlinie ergibt sich weiter, dass bei der Feststellung der Verkehrsauffassung im Wege der normativen Bewertung alle **Umstände des Einzelfalls** umfassend gewürdigt werden müssen, so dass insbes. auch die **Auswirkungen auf die Marktverhältnisse und die Möglichkeit** von **irrtumsausschließenden oder -verringernden Hinweisen** zu berücksichtigen sind. Infolge der Einheitlichkeit des Verkehrsverständnisses für alle irreführenden geschäftlichen Handlungen[60] gilt dies nicht nur für den B2C-Bereich, sondern auch bei geschäftlichen Handlungen, die sich an Unternehmer richten.

22 Ein normatives Verkehrsverständnis legt auch der **EuGH** zugrunde.[61] Nach std. Rspr. des EuGH müssen sich insbesondere die nationalen **Gerichte bei der Beurteilung der Frage, wie der Durchschnittsverbraucher in einem gegebenen Fall typischerweise reagieren würde, auf ihre eigene Urteilsfähigkeit verlassen.**[62] **Informationen,** die einem Verbraucher von einem Gewerbetreibenden gegeben werden, sind nach der Rspr. des EuGH **im Lichte der Erwägungsgründe 18 und 19** sowie des einschlägigen Artikels der UGP-Richtlinie zu prüfen und zu beurteilen.[63] Dies betrifft sowohl die Verfügbarkeit der Information als auch den Informationsträger, die Lesbarkeit der Texte, deren Klarheit und Verständlichkeit für das Zielpublikum der Praktik.[64] Bereits aus der zur irreführenden Werbung ergangenen „Gut Springenheide"-Entscheidung[65] ergibt sich, dass die Gerichte auf „den" durchschnittlich informierten, aufmerksamen und verständigen Umworbenen abzustellen haben; von dessen Sicht geht der EuGH beim irreführenden Charakter geschäftlicher Handlungen aus.[66] Das Verständnis einer solchen Person kann zwangsläufig nur wertend ermittelt werden, denn **„den Durchschnittsverbraucher" gibt es ebenso wenig wie den „Idealfahrer"** des § 17 Abs. 3 StVG. Es **fehlt auch jeder Anhalt,** wie anders als wertend festgestellt werden soll, was „informiert", „verständig" und „aufmerksam" bedeutet. Empirische Erhebungen können diese Wertung nicht ersetzen, sondern nur Anhaltspunkte z.B. zur tatsächlichen Struktur des Kreises der Befragten ergeben. Mit dem Durchschnittsverbraucher gemeint ist, wie sich auch aus dem 18. Erwägungsgrund der UGP-Richtlinie ergibt, nicht das tatsächliche Mittel der tatsächlichen Eigenschaften aller Mitglieder der Zielgruppe, sondern ein **unter Berücksichtigung sozialer, kultureller und sprachlicher Faktoren angemessen gut unterrichtetes, angemessen aufmerksames und kritisches Durchschnittsmitglied der Zielgruppe.** Welche Eigenschaften situationsbedingt angemessen sind, ist eine Rechtsfrage, die durch wertende Abwägung vom Gericht beantwortet werden muss. **Entscheidend ist** dabei nicht, über welche Eigenschaften die betroffenen Verbraucher tatsächlich verfügen, sondern **welche Eigenschaften Unternehmer in der Situation des Wettbewerbers von ihnen erwarten *dürfen*.**

23 Dem normativen Verkehrsverständnis entspricht es, dass **auch das irreführende Vorenthalten von Informationen i. S. d. § 5a Abs. 2 auf einer Wertung beruht;** nach § 5a Abs. 3 und 4 sind dabei bestimmte Informationspflichten und Vermutungen zu beachten, die mit dem tatsächlichen Verständnis des Verkehrs nichts zu tun haben müssen. Der **Gefahr,** dass dadurch der **Schutz bestimmter Verbrauchergruppen auf der Strecke bleibt,** die in der fraglichen Situation diesem Maßstab nicht genügen, trägt das UWG in Umsetzung der UGP-Richtlinie dadurch Rechnung, dass bei geschäftlichen Handlungen, die neben anderen Personengruppen auch **gezielt besonders schutzwürdige Verbraucher ansprechen,** auf Letztere abzustellen ist (vgl. § 3 Abs. 4 S. 2; näher sogleich § 5 Abschn. B Rdn. 29 ff.), dass **besondere Informationserfordernisse** bestehen (näher § 5a Rdn. 34 ff.) und dass **verstärkt Schutz vor besonders gefährlichen Praktiken** gewährt wird (vgl. § 3 Abs. 3 i. V. m. dem Anhang).[67]

24 Empirische Untersuchungen können darüber hinaus immer nur den tatsächlichen Zustand wiedergeben. Nicht auf diesen kommt es für § 5 aber an, sondern auf die **Gefahr** einer Irreführung,

---

[60] S. schon § 5 Abschn. A Rdn. 28 ff.

[61] Ebenso *Keßler* WRP 2007, 714, 716; *Metz,* Verbraucherschützende Informationspflichten in der Werbung, 137; *Omsels* GRUR 2005, 548, 553; *Ulbrich* WRP 2005, 940, 941; *Wuttke* WRP 2004, 820, 826.

[62] EuGH, Urt. v. 18.10.2012, *Purely Creative* u. a., C-428/11, EU:C:2012:651, Rd. 53.

[63] EuGH, Urt. v. 18.10.2012, *Purely Creative* u. a., C-428/11, EU:C:2012:651, Rdn. 54.

[64] EuGH, Urt. v. 18.10.2012, *Purely Creative* u. a., C-428/11, EU:C:2012:651, Rdn. 55.

[65] EuGH, Urt. v. 16.7.1998, *Gut Springenheide* und *Tusky,* C-210/96, EU:C:1998:369, Rdn. 31 ff., näher hierzu bei *Glöckner,* Einleitung B Rdn. 345 ff.

[66] EuGH, Urt. v. 19.9.2006, *Lidl Belgium,* C-356/04, EU:C:2006:585, Rdn. 78; Urt. v. 18.11.2010, *Lidl,* C-159/09, C:2010:696, Rdn. 47; Urt. v. 12.5.2011, *Ving Sverige,* C-122/10, EU:C:2011:299, Rdn. 23.

[67] Vgl. den 18. Erwägungsgrund der UGP-Richtlinie.

die zwangsläufig eine **Prognose** erfordert. Dass der EuGH in Fällen, in denen dem Richter die Entscheidung schwer fällt, weil er weder zu der Gruppe der Umworbenen gehört noch einen Überblick über ihre Erwartungen hat oder sich verschaffen kann, eine Verbraucherumfrage oder ein Sachverständigengutachten nicht ausgeschlossen hat, steht der Annahme eines normativen Verbraucherbegriffs nicht entgegen. Es ist Folge des Umstands, dass **jede Wertung auf einer Tatsachengrundlage beruht** und beruhen muss. Fehlen dem Gericht gesicherte **Anknüpfungstatsachen,** auf deren Basis es unter Berücksichtigung der Umstände des Einzelfalls **wertend** feststellen kann, welches Verständnis der Durchschnittsumworbene hat, muss es sich die Gewissheit verschaffen. Dies kommt beispielsweise bei einer an Fachkreise gerichteten geschäftlichen Handlung in Betracht, wenn dem Richter das fachspezifische Wissen fehlt, das Voraussetzung ist, um die mögliche irreführende Wirkung der geschäftlichen Handlung auf eine durchschnittlich aufmerksame, verständige und informierte Person, die über dieses Fachwissen verfügt, beurteilen zu können. Statistische Erhebungen oder Gutachten können hier allein oder neben anderen Beweismitteln *ein* geeignetes Mittel darstellen, um dem Richter die für seine Bewertung fehlenden Anknüpfungspunkte zu verschaffen. Sie können die auf einer umfassenden Abwägung beruhende wertende Feststellung des Gerichts jedoch niemals ersetzen, sondern immer nur einzelne Aspekte betreffen, die der Richter für die Abwägung benötigt.

Der „Durchschnittsverbraucher" ist folglich eine **Kunstfigur** des Rechts.[68] Entscheidend ist nicht, wie der angesprochene Verkehr die geschäftliche Handlung versteht, sondern wie er sie ***verstehen darf.*** In § 5 geht es nicht um einen umfassenden Schutz jeglicher Verbraucher, Mitbewerber und sonstigen Marktteilnehmer vor Täuschung, sondern der Irreführungsschutz wird auf der Grundlage eines **Interessenausgleichs gewährt, der den „Durchschnittsverbraucher", allerdings in der konkreten Situation der geschäftlichen Handlung, als Maßstab nimmt.**[69] So ist zugleich gewährleistet, dass die Bedingungen, an denen die Marktteilnehmer ihr Handeln ausrichten müssen, im Interesse der **Rechtssicherheit** schon im Vorfeld hinreichend klar feststehen. 25

Es kommt für die Irreführungsgefahr nicht darauf an, ob real existierende Verbraucher irregeführt werden oder nicht. Empirische Untersuchungen, also z. B. Verbraucherumfragen und Sachverständigengutachten, können die normative Wertung des Gerichts nicht – auch nicht teilweise – ersetzen. Sie können dem Richter nur die Fakten verschaffen, die er als Basis seiner wertenden Betrachtung benötigt. **Verbraucherumfragen** und **Meinungsforschungsgutachten** sind also zwar hilfreich, entheben das Gericht aber nicht der Notwendigkeit einer eigenen Bewertung und können insoweit immer nur **Anhaltspunkte** für die Sicht des Durchschnittsverbrauchers geben, diese aber niemals selbst feststellen.[70] 26

S. dazu näher **§ 5 Abschn. M Rdn. 24 ff.** 27

3. Durchschnittlich (angemessen) informierte, aufmerksame und verständige Zielperson

a) „Durchschnittlich" im Sinne von „angemessen". Maßstab des Irreführungsverbots ist nach dem 18. Erwägungsgrund der in ihrem Anwendungsbereich abschließenden UGP-Richtlinie der „Durchschnittsverbraucher, der angemessen gut unterrichtet und angemessen aufmerksam und kritisch ist, unter Berücksichtigung sozialer, kultureller und sprachlicher Faktoren in der Auslegung des Gerichtshofs … Der Begriff des Durchschnittsverbrauchers beruht dabei nicht auf einer statistischen Grundlage. Die nationalen Gerichte … müssen sich bei der Beurteilung der Frage, wie der Durchschnittsverbraucher in einem gegebenen Fall typischerweise reagieren würde, auf ihre eigene Urteilsfähigkeit unter Berücksichtigung der Rechtsprechung des Gerichtshofs verlassen." Aus der englischen und französischen Sprachfassung der Irreführungsrichtlinie erschließt sich, dass sich die Durchschnittlichkeit auf alle drei Adjektive beziehen muss.[71] Gemeint ist nach dem 18. Erwägungsgrund der UGP-Richtlinie der **unter Berücksichtigung sozialer, kultureller und sprachlicher Faktoren angemessen gut unterrichtete, angemessen aufmerksame und kritische Durchschnittsverbraucher;** der Begriff **„kritisch" ist dabei gleichbedeutend mit „verstän-** 28

[68] So auch *Ullmann* GRUR 2003, 817, 818.

[69] Vgl. *Lettl* Irreführende Werbung in Europa, S. 92; *Omsels* GRUR 2005, 548, 553.

[70] Ebenso *Wuttke* WRP 2004, 820, 826. – Vgl. auch BVerfG WRP 2003, 633, 635 – *Benetton II* – für die Feststellung des Sinns einer Meinungsäußerung: „Dabei kommt es nicht auf nach außen nicht erkennbare Absichten des Urhebers der Äußerung an, sondern auf die Sichtweise eines verständigen Empfängers unter Berücksichtigung der für ihn wahrnehmbaren, den Sinn der Äußerung mitbestimmenden Umstände. Wie bestimmte Minder- oder Mehrheiten von Rezipienten die Äußerung tatsächlich verstehen, kann ein Argument, muss aber nicht entscheidend sein."

[71] *Bornkamm* in: FS 50 Jahre BGH, S. 343, 361.

dig" (s. o. Abschn. B Rdn. 14). Bei geschäftlichen Handlungen, die sich nicht an Verbraucher richten, kommt es auf die Sicht eines entsprechenden **Mitglieds der Zielgruppe** an.

29 **b) Besonderer Schutz bestimmter Verbrauchergruppen.** Ein **gespaltenes Verkehrsverständnis** ist der Sichtweise eines Durchschnittsverbrauchers im Grundsatz nicht zu vereinbaren. Es kommt lediglich ausnahmsweise dann in Betracht, wenn sich die Werbung an verschiedene Verkehrskreise richtet, die sich – wie der allgemeine Verkehr und Fachkreise oder unterschiedliche Sprachkreise – objektiv voneinander abgrenzen lassen;[72] **näher § 5 Abschn. B Rdn. 16 f.** Im Wege der richtlinienkonformen Auslegung ist **von der Einheitlichkeit des Verkehrsverständnisses eine Ausnahme** zu machen: Geschäftliche Handlungen, die voraussichtlich in einer für den Gewerbetreibenden vernünftigerweise vorhersehbaren Art und Weise das wirtschaftliche Verhalten **nur** einer eindeutig identifizierbaren Verbrauchergruppe wesentlich beeinflussen, die aufgrund von **geistigen oder körperlichen Gebrechen, Alter oder Leichtgläubigkeit** im Hinblick auf diese Praktiken oder die ihnen zugrunde liegenden Produkte besonders schutzbedürftig sind, werden nach **§ 3 Abs. 4 Satz 2 UWG/Art. 5 Abs. 3 UGP-Richtlinie** aus der Perspektive eines durchschnittlichen Mitglieds dieser Gruppe beurteilt, selbst wenn sich die geschäftliche Handlung auch noch an andere Personenkreise richtet. Richtet sich eine Geschäftspraxis speziell – allein oder zumindest auch[73] – an eine eindeutig identifizierbare Gruppe von Verbrauchern, die aufgrund von geistigen oder körperlichen Gebrechen, Alter oder Leichtgläubigkeit in Bezug auf die geschäftliche Handlung oder die ihr zugrunde liegenden Produkte besonders schutzbedürftig ist, und wird durch diese Geschäftspraxis voraussichtlich und vorhersehbar **allein** das geschäftliche Verhalten dieser Verbrauchergruppe wesentlich beeinflusst, kommt es auf das Verkehrsverständnis dieser Gruppe an;[74] hier ist deshalb **ausnahmsweise eine gespaltene Verkehrsauffassung** maßgeblich.[75] Die Rechtmäßigkeit der geschäftlichen Handlung ist dann sowohl am Maßstab eines Durchschnittsverbrauchers der Gesamtzielgruppe als auch am Maßstab eines Durchschnittsverbrauchers dieser Zielgruppe zu messen.

30 Eine Rückausnahme vom erweiterten Schutz „besonders schutzwürdiger Verbraucher" gilt nach **Art. 5 Abs. 3 S. 2 UGP-Richtlinie,** wenn es sich bei der geschäftlichen Handlung um die „übliche und rechtmäßige Werbepraxis (handelt), **übertriebene … oder nicht wörtlich zu nehmende Behauptungen** aufzustellen". Es liegt in der Natur der Sache, dass Werbung sich vom Alltäglichen abzuheben und durch Übertreibungen und Wortspiele auf das Produkt bzw. Unternehmen aufmerksam zu machen sucht. Werbung würde daher, jedenfalls wenn sie sich an größere Bevölkerungsteile oder die Allgemeinheit richtet (Plakatwerbung, Fernsehwerbung, Zeitungswerbung), ihre Funktion nicht mehr uneingeschränkt erfüllen können, wenn sie so gestaltet sein müsste, dass auch das jeweils schwächste Glied der Kette (z. B. Kinder, Ausländer o. ä.) die darin enthaltenen Übertreibungen und nicht wörtlich zu nehmenden Behauptungen sicher als solche erkennt. Um den abgesenkten Maßstab des Art. 5 Abs. 3 S. 1 UGP-RL nicht zu einer unangemessenen Beschränkung für Werbung werden zu lassen, sieht der iRd Auslegung zu berücksichtigende Art. 5 Abs. 3 S. 2 UGP-RL deshalb vor, dass es hier beim alleinigen Maßstab eines Durchschnittsverbrauchers aller angesprochenen Verkehrskreise bleibt. Zur Frage, wann „übertriebene … oder nicht wörtlich zu nehmende Behauptungen" in der Werbung vorliegen, s. näher unten **§ 5 Abschn. B Rdn. 62 ff.**

31 Auf andere geschäftliche Handlungen als **Werbung** ist Art. 5 Abs. 3 S. 2 UGP-Richtlinie wegen der Besonderheiten von Werbung nicht übertragbar; werden hier gezielt besonders schutzwürdige Personenkreise angesprochen, kommt es zu einem gespaltenen Verkehrsverständnis mit der Folge der Notwendigkeit einer Doppelüberprüfung der Maßnahme.

32 Die Aufzählung derjenigen Eigenschaften, aus denen sich die besondere Schutzbedürftigkeit herleitet, in Art. 5 Abs. 3 UGP-Richtlinie ist **nicht abschließend.** Dies folgt aus dem 19. Erwägungsgrund, in dem es heißt: „Sind Verbraucher aufgrund bestimmter Eigenschaften *wie* Alter, geistige oder körperliche Gebrechen …". Der deutsche Gesetzgeber hat die besondere Schutzbedürftigkeit dieser Verbrauchergruppen in § 3 Abs. 2 S. 2 nur im Zusammenhang mit der Relevanz bzw. Erheblichkeit der geschäftlichen Handlung geregelt. Es gilt aber gleicher Maßen **schon für die vorgelagerte Frage, ob eine geschäftliche Handlung irreführend ist,** da sich sonst der von Art. 5 Abs. 3 UGP-Richtlinie beabsichtigte Schutz der betr. Personengruppen nicht verwirklichen ließe.

---

[72] BGH GRUR 2012, 54 Rdn. 9 – *Maalox/Melox-GRY;* WRP 2013, 778, 784 Rdn. 64 – *AMARULA/Marulablu;* GRUR 2014, 1013 Rdn. 33 – *Original Bach-Blüten;* WRP 2015, 732, 734 Rdn. 22 – *PINAR.*

[73] Vgl. BGH GRUR 2014, 682 Rdn. 23 – Nordjob-Messe; GRUR 2014, 686, 687 Rdn. 16 – *Goldbärchenbarren;* GRUR 2014, 1013, 1017, Rdn. 33 – *Original Bach-Blüten.*

[74] BGH GRUR 2014, 686, 687 Rdn. 16 – *Goldbärchenbarren;* GRUR 2014, 1013, 1017, Rdn. 33 – *Original Bach-Blüten.*

[75] Vgl. BGH GRUR 2014, 1013, 1017 Rdn. 33 – *Original Bach-Blüten.*

Wie sich daraus ergibt, dass Art. 6 bzw. 7 der Richtlinie anders als Art. 5 Abs. 2 lit. b die Relevanz irreführender Geschäftspraktiken nicht davon abhängig machen, dass diese das Verhalten von Verbrauchern „wesentlich" bzw. „spürbar" beeinflussen, beeinträchtigen relevant irreführende Geschäftspraktiken die Fähigkeit des Verbrauchers, eine informierte Entscheidung zu beeinträchtigen, per se wesentlich bzw. spürbar, s. **§ 5 B.197.** Dies ist auch im Anwendungsbereich des Art. 5 Abs. 3 zu beachten. 33

c) Zielgruppe. *aa) Qualifikation.* Wie informiert, aufmerksam und verständig man sein muss, um „Durchschnittszielperson" zu sein, kommt zunächst auf die konkrete **Personengruppe** an, an die sich die **geschäftliche Handlung** richtet.[76] **Soziale, kulturelle und sprachliche Faktoren** sind zu berücksichtigen.[77] Deshalb kann die „durchschnittlich" informierte, aufmerksame und verständige Zielperson im jeweiligen Einzelfall mal mehr und mal weniger aufmerksam, verständig und informiert sein. Je nachdem, an welchen Verkehrskreis sich die Werbung richtet, kann die Zielgruppe über unterschiedliche Fähigkeiten, Kenntnisse und Eigenschaften verfügen.[78] Was gerichtet an den einen Verkehrskreis irreführend sein kann, vermag der andere Verkehrskreis vielleicht zu durchschauen. Deshalb kann eine Werbung je nachdem, an wen sie sich wendet, mal irreführend und mal nicht irreführend sein.[79] 34

Eine an **Verbraucher** gerichtete Werbung kann auch dann vorliegen, wenn der Werbende nicht an Letztverbraucher verkauft, solange sich die Werbung zumindest auch an diesen Kreis richtet.[80] 35

Werden **Fachkreise** umworben, so kann in aller Regel zugrunde gelegt werden, dass diese Werbeangaben sorgfältiger betrachten und aufgrund ihrer Vorbildung und Erfahrung den Aussagegehalt einer Angabe leichter erfassen als Laien.[81] Daher ist weniger wahrscheinlich, dass der durchschnittlich aufmerksame, verständige und informierte Fachhändler eine Assoziation zwischen dem Ruf der Erzeugnisse des Geräteherstellers und den Erzeugnissen des konkurrierenden Anbieters herstellt, als bei einer an den **Endverbraucher** gerichteten Werbung.[82] Andererseits kann sich die Irreführungsgefahr bei einer an Fachkreise gerichteten Werbung aber auch erhöhen, weil diese bei der Angabe der Indikation eines Arzneimittels eine präzisere Wortwahl erwarten als Laien;[83] s. auch unten **Rdn. 38.** Wird einem **Unternehmer** eine Rechnung zugesandt, so verfügt dieser über größere Erfahrung bei der Rechnungsbearbeitung als der Verbraucher. Es ist aber zu berücksichtigen, dass wegen der Vielzahl der zu bearbeitenden Rechnungen häufig eine schematisierte Bearbeitung erfolgen muss, so dass z. B. als Rechnung getarnte Offerten u. U. nicht auffallen. Werden **Kinder**[84] **bzw. Jugendliche** umworben, ist das Verständnis eines durchschnittlich informierten, aufmerksamen und verständigen Angehörigen dieser Gruppe maßgeblich, die sich einerseits durch größere geschäftliche Unerfahrenheit auszeichnet[85] und Reizen eines Gewinnspiels eher unterliegt,[86] aber andererseits auch über „Sonderwissen", z. B. in Bezug auf Dinosaurier, bestimmte Spielfiguren oder Computertechnik, verfügen kann.[87] Für eine gezielte Ansprache von **Kindern** unter 14 Jahren kann ausreichen, dass die Werbung sprachlich von einer durchgängigen Verwendung der direkten Ansprache in der zweiten Person Singular und überwiegend kindertypischen Begrifflichkeiten ein- 36

---

[76] BGH GRUR 2004, 793, 796 – *Sportlernahrung II;* GRUR 2005, 438, 440 – *Epson-Tinte,* GRUR 2007, 605, 606, *Umsatzzuwachs;* vgl. EuGH, Urt. v. 23.2.2006, *Siemens,* C-59/05, EU:C:2006:147, Rdn. 19; Urt. v. 18.11.2010, *Lidl,* C-159/09, C:2010:696, Rdn. 47 jeweils für die Unterscheidung zwischen Fachkreisen und Endverbrauchern.

[77] 18. Erw.grd. der UGP-Richtlinie; EuGH GRUR Int. 2000, 354, 356 – *Lifting.*

[78] EuGH, Urt. v. 25.10.2001, *Toshiba Europe,* C-112/99, EU:C:2001:566, Rdn. 52.

[79] Std. Rspr. zum früheren Recht, vgl. BGH GRUR 1958, 444, 446 f. – *Emaillelack;* GRUR 1987, 638, 639 – *Deutsche Heilpraktiker;* GRUR 2001, 350 f. – *Lampenkatalog;* GRUR 2002, 77, 79 – *Rechenzentrum;* EuGH, Urt. v. 25.10.2001, *Toshiba Europe,* C-112/99, EU:C:2001:566, Rdn. 52.

[80] BGH GRUR 2010, 82 – *Preiswerbung ohne Umsatzsteuer;* s. näher **§ 5 Abschn. B Rdn. 17.**

[81] BGH GRUR 1966, 445, 447 – *Glutamal;* GRUR 1984, 376, 377 – *Johannisbeerkonzentrat;* OLG Düsseldorf, Urt. v. 17.3.2016, Az.: I-15 U 38/15, juris – Rdn. 87; OLG Köln, WRP 2016, 646, 647; vgl. BGH WRP 2012, 83, 84 Rdn. 9 – *Maalox/Melox-GRY.*

[82] EuGH, Urt. v. 25.10.2001, Toshiba Europe, C-112/99, EU:C:2001:566, Rdn. 52; vgl. BGH GRUR 1958,...; WRP 2012, 83, 84 Rdn. 9 – *Maalox/Melox-GRY;* BGH GRUR 1958, 444, 446 f. – *Emaillelack.*

[83] BGH WRP 2009, 304, 307 – *Fußpilz.*

[84] Ob dieser Begriff im Anwendungsbereich der UGP-Richtlinie abweichend vom deutschen Rechtsverständnis auch an „Jugendliche" i. S.d § 1 Abs. 1 Nr. 2 JSchG, also Minderjährige über 14 Jahre, erfasst, ist streitig, im vorliegenden Zusammenhang aber nicht von Bedeutung.

[85] Vgl. BGH GRUR 2014, 1117, 1119 Rdn. 29 – *Zeugnisaktion;* GRUR 2014, 682, 684 Rdn. 29 – *Nordjob-Messe* (jeweils zu § 4 Nr. 2).

[86] Vgl. BGH GRUR 2014, 682, 684 Rdn. 35 – *Nordjob-Messe* m. w. N. (zu § 4 Nr. 2).

[87] Vgl. Erwägungsgrund 19 der UGP-Richtlinie; BGH GRUR 2014, 1117, 1119 Rdn. 29 – *Zeugnisaktion;* GRUR 2014, 298, 301 Rdn. 30 – *Runes of Magic I;* GRUR 2014, 682, 684 Rdn. 22 – *Nordjob-Messe.*

schließlich gebräuchlichen Anglizismen geprägt ist.[88] Da es sich bei Kindern und Jugendlichen um eine besonders schutzbedürftige Verbrauchergruppe handelt, ist das Verständnis eines Durchschnittsverbrauchers dieser Personengruppe außerdem nach Art. 5 Abs. 3 UGP-Richtlinie und dem 19. Erwägungsgrund der Richtlinie bereits dann zugrunde zu legen, wenn die in Rede stehenden geschäftliche Handlung voraussichtlich und vorhersehbar allein das geschäftliche Verhalten dieser Verbrauchergruppe wesentlich beeinflusst (näher **Rdn. 29**).[89] Wird im **Asylbewerberheim** oder einer Schule für **lernschwache Personen** geworben, kann man nicht dieselben Anforderungen an die Fähigkeiten des Durchschnittsumworbenen zur Feststellung des schriftlichen Werbetextes stellen wie bei einer Werbung gegenüber Personen, die ständig mit dem Erfassen und Bearbeiten schriftlicher Texte zu tun haben. **Alte und Kranke** können in ihrer Kritikfähigkeit ganz oder partiell, soweit es um Mittel zur Heilung ihrer Leiden geht, stark gemindert sein.[90]

37 *bb) **Regionale Verkehrsauffassung.*** **Regionale** sprachliche Unterschiede sind zu beachten; so wird z. B. unter „Kaltem Kaffee" in Teilen Deutschlands ein Mischgetränk aus Cola und Limonade verstanden, während der Begriff in anderen Teilen Deutschlands unbekannt ist und daher wörtlich aufgefasst wird. Bei der Vorratswerbung sind die tatsächlichen Verhältnisse in der jeweiligen Filiale zu beachten.[91] Wird eine **geschäftliche Handlung** nur in bestimmten Teilen der Bundesrepublik falsch verstanden, ist das Verbot räumlich entsprechend zu beschränken.[92] Wer auf **bundesweit ausgerichteten Portalen** im Internet für Telekommunikationsleistungen wirbt und weder aus der Natur der Sache noch aufgrund entsprechender Hinweise als **allein lokal oder regional ausgerichtetes Unternehmen** erkennbar ist, erweckt den Eindruck einer bundesweiten Verfügbarkeit des Produkts.[93] Eine spezielle Zielgruppe der **„Internetbenutzer"** gibt es nicht, s. hierzu näher § 5 B Rdn. 149 ff.

38 *cc) **Abgrenzung der Verkehrskreise.*** **Maßstab** für die zugrunde zu legende Verkehrsauffassung ist immer **der Personenkreis, an den sich die geschäftliche Handlung richtet.** Das können Privatpersonen (Verbraucher) oder Geschäftspersonen sein, wobei letztere wiederum auch in ihrer Eigenschaft als Privatperson umworben werden können, wenn es um den Kauf von Gegenständen für ihren Privatbedarf geht. Will der Unternehmer z. B. Tonerpatronen bei Fachhändlern absetzen, ist auf den durchschnittlich informierten, aufmerksamen und verständigen Fachhändler abzustellen;[94] anders als beim Verkauf durch den Einzelhändler an den Endverbraucher.

Fachhändler können eine Werbung, weil sie über anderes oder umfassenderes Wissen verfügen als der Verbraucher, anders verstehen als Privatpersonen,[95] s. näher § 5 **Rdn. 36.** Bei einer an Zahnärzte gerichteten Werbung kommt es auf deren Verständnis an.[96] Der Umstand, dass Geschäftsleute in ihrem Geschäftsgebiet meist über umfassendere Kenntnisse verfügen als der Verbraucher, kann die Irreführungsgefahr je nach Fallgestaltung vermindern oder erhöhen. Gehört das Wissen, dass „Scotch Whisky" drei Jahre gelagert sein muss, nur zum Kenntnisstand des durchschnittlichen Einzelhändlers, während dieser Umstand dem Verbraucher nicht bekannt ist, vermag die Bewerbung einer Spirituose mit kürzerer Lagerungsdauer mit diesem Begriff nur den durchschnittlichen Einzelhändler, nicht aber den Durchschnittsverbraucher, irrezuführen.[97]

39 Eine geschäftliche Handlung muss sich nicht an einen **größeren Personenkreis,** sondern kann sich auch an einen einzigen Kunden richten,[98] z. B. im **Einzelverkaufsgespräch.** Sie kann sich auch an **mehrere Zielgruppen** richten. So werden mit der Bezeichnung eines Zusammenschlusses von Ärzten als „Brustzentrum" nicht nur Patientinnen angesprochen, sondern auch die niedergelassenen Ärzte, die sie dorthin überweisen;[99] zum **gespaltenen Verkehrsverständnis** näher **§ 5 Abschn. B Rdn. 16 f.** Richtet sich die geschäftliche Handlung an die **Allgemeinheit,** ist – mit derselben Einschränkung – auf eine durchschnittlich informierte, aufmerksame und verständige Person aus dem Kreis der Allgemeinheit abzustellen, wobei zu beachten ist, dass der Kreis aller der

---

[88] BGH GRUR 2014, 298, 299, Rdn. 19 – *Runes of Magic I.*
[89] Vgl. BGH GRUR 2014, 686/687 Rdn. 14 ff. – *Goldbärchenbarren* (zu § 4 Nr. 6 a. F.).
[90] Vgl. Gloy/Loschelder/Erdmann/*Helm,* § 59 Rdn. 80, 84 ff.
[91] BGH GRUR 2004, 70, 71 – *Preisbrecher.*
[92] BGH GRUR 1983, 32, 33 f. – *Stangenglas I.*
[93] BGH, Urt. v. 28.4.2016, *Geo-Targeting,* DE:BGH:2016:280416UIZR23.15.0, Rdn. 20 ff.
[94] Vgl. EuGH, Urt. v. 25.10.2001, *Toshiba Europe,* C-112/99, EU:C:2001:566, Rdn. 52.
[95] Vgl. EuGH, Urt. v. 23.2.2006, *Siemens,* C-59/05, EU:C:2006:147, Rdn. 19; Urt. v. 19.9.2006, *Lidl Belgium,* C-356/04, EU:C:2006:585, Rdn. 78; Urt. v. 18.11.2010, *Lidl,* C-159/09, C:2010:696, Rdn. 47; BGH GRUR 1969, 280, 281 – *Scotch Whisky.*
[96] Vgl. BGH GRUR 2003, 624, 626 – *Kleidersack.*
[97] Vgl. BGH GRUR 1969, 280, 281 – *Scotch Whisky;* s. zum Schutz der Bezeichnung als geographische Angabe **§ 5 C.203.**
[98] EuGH, Urt. v. 16.4.2015, *UPC Magyarország,* C-388/13, EU:C:2015:225.
[99] OLG München GRUR-RR 2005, 59.

„Allgemeinheit" angehörenden Personen weit ist und sich aus Personen mit Hilfsschülerniveau und Wissenschaftlern, aus Arbeitern, Angestellten und Selbstständigen, aus Kindern und Erwachsenen usw. zusammensetzt.

d) Situationsbedingtheit des Verkehrsverständnisses. Nicht nur die Qualifikation des Zielkreises bestimmt über die Frage, ob eine Werbung irreführend ist, sondern auch die konkrete Situation, in welcher dieser mit der geschäftlichen Handlung konfrontiert wird.[100] Der Grad der Aufmerksamkeit, Verständigkeit und Informiertheit, den eine durchschnittliche Zielperson der fraglichen geschäftlichen Handlung angemessener Weise widmet, **variiert situationsbedingt.**[101] Die jeweilige situationsadäquate Aufmerksamkeit des Durchschnittsumworbenen ist deshalb auch für die Ermittlung des Verkehrsverständnisses maßgebend.[102] Entscheidend sind alle Umstände der Situation, in der eine durchschnittliche Zielperson mit der geschäftlichen Handlung konfrontiert wird. Erwirbt der Durchschnittsverbraucher ein Produkt wegen seiner objektiven Merkmale erst nach aufmerksamer Prüfung, ist folglich nicht deshalb ein geringerer Aufmerksamkeitsgrad zugrunde zu legen, weil der Verkehr das Produkt **auch in anderen Situationen** wahrnehmen kann, die mit dem Kauf nichts zu tun haben und in denen er möglicherweise nur geringe Aufmerksamkeit aufbringt.[103] 40

Zu berücksichtigen sind u. a.: die **Art der geschäftlichen Handlung** (Werbung empfindet man oft als lästig, bei individueller Beratung hört man aufmerksam zu); das **Produkt** (für eine Blickfang-Werbung für Geldanlagen im Internet ist der BGH von erfahrungsgemäß hoher Aufmerksamkeit ausgegangen;[104] bei langlebigen und hochpreisigen Wirtschaftsgütern kann i. d. R. ein höheres Maß an Aufmerksamkeit verlangt werden;[105] zu beachten ist auch, dass in bestimmten Bereichen, insbes. im **Gesundheits- und Lebensmittelrecht,** unionsrechtliche Sonderregelung bestehen, die bei der richtlinienkonformen Auslegung vorgehen,[106] s. **§ 5 A.60 ff.;** für Angaben mit fachlichen Aussagen auf dem Gebiet der **gesundheitsbezogenen Werbung** gilt nach der Rspr. des BGH, dass die Werbung nur zulässig ist, wenn sie gesicherter wissenschaftlicher Erkenntnis entspricht,[107] **s. näher § 5 Rdn. C 145**); **Preisen** wendet der Verbraucher regelmäßig besondere Aufmerksamkeit zu; Werbung mit einem durchgestrichenen Preis misst er nicht eine je nach Vertriebsform unterschiedliche Bedeutung bei;[108] der/die **Verkaufsort/e** (in der Entscheidung „Clinique" hat der EuGH die medizinische Konnotation eines Produktnamens zur Begründung einer Irreführung nicht ausreichen lassen, da das kosmetische Produkt auch in Kaufhäusern und Drogerien verkauft wurde);[109] das handelnde **Unternehmen** (auf Angaben des Fachhändlers wird man sich eher verlassen dürfen als auf die eines „fliegenden Händlers"); der **Ort** (Ladenlokal, Haustürgeschäft, Arbeitsplatz u. a.); **Zeit- und Entscheidungsdruck** (z. B. bei der Beteiligung an Online-Auktionen, bejaht auch bei der Buchung von Flügen über das Internet);[110] die **Uhrzeit** (wer nachts anruft, muss sich nicht wundern, dass der Verbraucher nicht aufmerksam zuhört), **bekannte Täuschungsgefahr** (höhere Aufmerksamkeit im Hinblick auf betriebliche Herkunft bei vorangegangenen **Nachahmungen von Luxusgütern**)[111] usw. 41

e) „Angemessene" Informiertheit, Aufmerksamkeit und Verständigkeit. ***aa) Angemessenheit.*** § 5 UWG liegt nach der Amtlichen Gesetzesbegründung das Leitbild eines „durchschnittlich informierten und verständigen Verbrauchers, ... der das Werbeverhalten mit einer der Situation angemessenen Aufmerksamkeit verfolgt", zugrunde.[112] Der 18. Erwägungsgrund der UGP-Richt- 42

---

[100] Vgl. EuGH, Urt. v. 19.9.2006, *Lidl Belgium,* C-356/04, EU:C:2006:585, Rdn. 78; Urt. v. 18.11.2010, Lidl, C-159/09, C:2010:696, Rdn. 47.

[101] BGH GRUR 2000, 619, 621 – *Orient-Teppichmuster;* GRUR 2002, 182, 183 – *Das Beste jeden Morgen;* GRUR 2002, 81, 82 – *Anwalts- und Steuerkanzlei;* GRUR 2001, 1061, 1063 – *Mitwohnzentrale.de;* GRUR 2003, 247, 248 – *THERMAL BAD;* GRUR 2004, 244, 245 – *Marktführerschaft.*

[102] BGH GRUR 2000, 619, 621 – *Orient-Teppichmuster.*

[103] EuGH GRUR 2006, 237, 239 f. – *Picasso* (zum Markenrecht).

[104] BGH GRUR 2007, 981, 983 – *150 % Zinsbonus.*

[105] Vgl. BGH GRUR 2000, 337, 338 – *Preisknaller;* GRUR 2007, 795 – *Handtaschen;* GRUR 2015, 698, 699 Rdn. 7, 18 *Schlafzimmer komplett.*

[106] Vgl. EuGH, Urt. v. 23.1.2003, *Kommission/Österreich,* C-221/00, EU:C:2003:44; Urt. v. 8.11.2007, *Gintec,* C-374/05, EU:C:2007:654, Rdn. 38 f.; Urt. v. 16.7.2015, *Abcur,* C-544/13 und C-545/13, EU:C:2015:481, Rdn. 45 ff., 80 ff.; Köhler/*Bornkamm,* 33. Aufl. 2015, § 5 Rdn. 1.45.

[107] BGH, Urt. v. 7.5.2015 – I ZR 29/14, WRP 2016, 44, 46, Rdn. 16 – *Äquipotenzangabe in Fachinformation;* vgl. BGH, Urt. v. 6.2.2013 – I ZR 62/11, GRUR 2013, 649 Rdn. 16 f. – *Basisinsulin mit Gewichtsvorteil.*

[108] BGH, Urt. v. 5.11.2015, *Durchgestrichener Preis II,* DE:BGH:2015:051115UIZR182.14.0, LS.

[109] EuGH, Urt. v. 2.2.1994, *Verband Sozialer Wettbewerb,* C-315/92, EU:C:1994:34, Rdn. 23 („Clinique").

[110] Vgl. OLG Frankfurt, Urt. v. 9.4.2015, Az. 6 U 33/14, juris-Tz. 28.

[111] Vgl. BGH GRUR 2007, 795 – *Handtaschen.*

[112] Amtl. Begr. (zu § 5) zum Gesetzentwurf der Bundesregierung, BT-Drucks. 15/1487, S. 19.

linie spricht genauer von dem „Durchschnittsverbraucher, der angemessen gut unterrichtet und angemessen aufmerksam und kritisch ist". Im 7. Erwägungsgrund der UGP-Richtlinie heißt es schließlich ausdrücklich, dass bei der Anwendung der Richtlinie, insbesondere der Generalklauseln, die Umstände des Einzelfalls umfassend gewürdigt werden sollen. Entscheidend ist damit nicht, welche Eigenschaften ein Verbraucher in der fraglichen Situation tatsächlich aufweist, sondern welche ihr angemessen sind, also in der konkreten Situation der **geschäftlichen Handlung aus Sicht der Marktgegenseite von einem Durchschnittsverbraucher angemessener Weise erwartet werden dürfen.**[113] Über die Angemessenheit bestimmt folglich nach dem gebotenen normativen Verständnis nicht der rechnerische Durchschnitt der angesprochenen Verkehrskreise, sondern eine **wertende (normative)** Abwägung des Informationsinteresses der Verbraucher **mit den einer Information entgegenstehenden Interessen der Marktgegenseite.**[114] Auswirkungen auf den freien Warenverkehr sind zu berücksichtigen; nach Art. 4 der UGP-Richtlinie dürfen die Mitgliedstaaten den freien Dienstleistungsverkehr und den freien Warenverkehr nicht aus Gründen, die mit dem durch die Richtlinie angeglichenen Bereich zusammenhängen, einschränken. Eine wichtige Bedeutung hat die Möglichkeit **aufklärender Hinweise.**[115] Bereits in der Entscheidung „GB-Inno-BM" war durch Verweis auf die europäischen Verbraucherschutzprogramme und das „Grundrecht auf Information" der zugrunde liegende Bezug zwischen Verbraucherschutz und Verbraucherinformation hergestellt worden.[116] Hier hatte der EuGH festgehalten, dass in einer geeigneten Etikettierung der Ware ein im Verhältnis zu einem Verbot milderes Mittel liegen kann (sog. **labelling approach**).[117] Die dann noch verbleibende **„Restirreführungsgefahr" ist in diesem Fall für das Verständnis eines „angemessen" aufmerksamen, verständigen und informierten Durchschnittsverbrauchers nicht ausschlaggebend und hinzunehmen.**[118] Maßgeblich für die Frage, ob die aufklärenden Hinweise ausreichen, ist die Wahrnehmung der fraglichen Werbung oder geschäftlichen Handlung durch ein normal informiertes, angemessen aufmerksames und verständiges Mitglied des Verkehrskreises, an den sich die geschäftliche Handlung richtet.[119] So ergibt sich aus der Rspr. des EuGH, dass Verbraucher, die sich in ihrer Kaufentscheidung nach der Zusammensetzung des Erzeugnisses richten, zunächst das **Zutatenverzeichnis** lesen.[120] Eine Irreführung durch unwahre, falsche, mehrdeutige, widersprüchliche oder unverständliche andere Elemente der Etikettierung schließt dies nicht aus.[121]

43 ***bb) Abschließende Aufzählung der Eigenschaften.*** Nur drei Eigenschaften des angesprochenen Verkehrskreises sind entscheidend: seine **Informiertheit;** seine **Verständigkeit** (im Sinne von Fähigkeit zur kritischen Betrachtung der Information); seine der geschäftlichen Handlung entgegen gebrachte **Aufmerksamkeit.** Die Aufzählung dieser drei Eigenschaften ist abschließend; **andere Charakterzüge und Eigenschaften des Verkehrs,** etwa sein Mitgefühl, sein wissenschaftliches Interesse, seine aufbrausende Art, spielen deshalb nur mittelbar eine Rolle, nämlich soweit sie sich auf die Informiertheit, die Verständigkeit bzw. die Aufmerksamkeit des angesprochenen Verkehrs auswirken.

Z. B. lassen sich auf der Grundlage eines **fundierten Allgemeinwissens, von Lebenserfahrenheit und guten Sprachkenntnissen** oft auch Informationen, die ein Spezialgebiet betreffen,

---

113 Näher oben § 5 B Rdn. 22.

114 *Lettl* GRUR Int. 2004, 85, 87 f.

115 Vgl. EuGH GRUR Int. 1990, 955, 956, Tz. 14 ff. – *GB-Inno-BM;* BGH GRUR 2013, 1161, 1166, Rdn. 62 – *Hard Rock Café:* Möglichkeit der Beseitigung der durch die Nutzung eines Logos begründeten Gefahr der Verwechslung der Unternehmen durch klarstellende Hinweise; GRUR 2013, 631, 637, Rdn. 72 – *Amarula/Marulabu:* § 5 Abs. 2 UWG ausreichendende ausreichende Kenntlichmachung des beschreibenden Gehalts des Zeichenbestandteils „Marula" durch erläuternde Hinweise auf den Flaschenetiketten; GRUR-RR 2014, 201, 205, Rdn. 48 f. – *Peek & Cloppenburg IV:* Weitestgehende Ausräumung einer § 5 Abs. 2 UWG tragenden Verwechslungsgefahr durch aufklärende Hinweise in der Werbung; auch zu § 4 Nr. 9 UWG a. F. BGH WRP 2015, 717, 721 LS und Rdn. 36 – *Keksstangen:* Vertrieb nahezu identischer Nachahmungsprodukte in Packungen mit gegenüber dem Originalprodukt deutlich unterschiedlichen Herkunftshinweisen steht der Annahme einer Herkunftstäuschung entgegen.

116 EuGH GRUR Int. 1990, 955, 956, Tz. 14 ff. – *GB-Inno-BM; Heermann* WRP 1993, 578, 583.

117 EuGH GRUR Int. 1990, 955, 956, Tz. 17 – *GB-Inno-BM;* GK/*Lindacher,* 2. Aufl. 2013, § 5a Rdn. 12; Köhler/*Bornkamm,* 33. Aufl. 2015, § 5 Rdn. 2.95; *Wuttke* WRP 2004, 820, 822 f.

118 BGH GRUR-RR 2014, 201, 205 Rdn. 51 – *Peek & Cloppenburg IV;* vgl. EuGH Slg. 2011, I-8701 = GRUR 2012, 519, 523 Rdn. 79–84 – *Budvar/Anheuser Busch.*

119 Vgl EuGH, Urt. v. 6.10.2005, Medion, C-120/04, EU:C:2005:594, Rdn. 28; BGH GRUR 2013, 631, 637 Rdn. 64 – *Amarula/Marulablu;* GRUR-RR 2014, 201, 205 Rdn. 49 – *Peek & Cloppenburg IV.*

120 EuGH, Urt. v. 26.10.1995, *Kommission/Deutschland,* C-51/94, EU:C:1995:352, Rdn. 34; Urt. v. 4.4.2000, *Darbo,* C-465/98, EU:C:2000:184, Rdn. 22; Urt. v. 4.6.2015, Teekanne *[Himbeer-Vanille-Abenteuer],* C-195/14, EU:C:2015:361, Rdn. 37.

121 EuGH, Urt. v. 4.6.2015, Teekanne *[Himbeer-Vanille-Abenteuer],* C-195/14, EU:C:2015:361, Rdn. 37.

besser erfassen, verstehen und einordnen. Die abschließende Aufzählung der maßgeblichen Eigenschaften trägt dem Umstand Rechnung, dass das Verständnis einer geschäftlichen Handlung entscheidend durch eben diese drei Faktoren bestimmt wird, und schafft zugleich die erforderliche Rechtssicherheit für die Marktgegenseite.

Entscheidend sind die drei Eigenschaften nur insoweit, als sie **in der konkreten Situation** die Auffassung des Verkehrs beeinflussen. Erwirbt der Durchschnittsverbraucher ein Produkt wegen seiner objektiven Merkmale erst nach aufmerksamer Prüfung, ist folglich nicht deshalb ein geringerer Aufmerksamkeitsgrad zugrunde zu legen, weil der Verkehr das Produkt auch in anderen Situationen flüchtig wahrnimmt, s. schon oben § 5 Abschn. B Rdn. 40. 44

cc) ***Aufmerksamkeit.*** Das Kriterium der Aufmerksamkeit bezieht sich auf die **Intensität des Wahrnehmens und Aufnehmens von Informationen.**[122] Es beinhaltet eine Aussage über das Maß der Anstrengungen, die im konkreten Fall vom Verbraucher erwartet werden können, um sich Informationen zu beschaffen. Dabei spielen neben dem bei dem angesprochenen Verbraucherkreis zu erwartenden Kenntnisstand auch die **Kosten und der Aufwand eine Rolle, die mit der Bereitstellung bzw. Verschaffung der Information verbunden sind; sie dürfen nicht außer Verhältnis zum Wert bzw. Preis des Produkts stehen.** Im Einzelnen hängt das Maß angemessener Aufmerksamkeit von vielen Faktoren ab, insbes. der wirtschaftlichen Bedeutung des Produkts, dem Werbemedium und den angesprochenen Verkehrskreisen. 45

Bedeutsam können sein: die **Qualifikation** des angesprochenen Personenkreises (s. § 5 Abschn. B Rdn. 38); die **Bedeutung** des beworbenen Umstandes für den angesprochenen Verkehr; der **Preis und Lebensdauer des Produkts** (die Werbung für eine höherwertige Ware oder Dienstleistung wird von dem Durchschnittsverbraucher mit entsprechend größerer Aufmerksamkeit wahrgenommen als die Werbung für geringwertige Gegenstände des täglichen Bedarfs, die erfahrungsgemäß eher flüchtig zur Kenntnis genommen wird);[123] bei **Luxusgütern** achtet der Verkehr verstärkt auf Hinweise auf die betriebliche Herkunft,[124] bei Allerwelts- und Dutzendware legt er auf sie keinen Wert[125]); die **Art des Produkts** (häufig wird sich eine Unterscheidung zwischen **Erfahrungs-, Such- und Vertrauensgütern** anbieten,[126] wobei das Maß der angemessenen Aufmerksamkeit in dieser Reihenfolge ansteigt); **bekannte Täuschungsgefahr** (z. B. höhere Aufmerksamkeit an betriebliche Herkunft bei bekannter Nachahmungsgefahr);[127] **Art und Medium der geschäftlichen Handlung** (Werbebeilagen, Werbeprospekte oder Zeitungsanzeigen blättert man meist erst einmal grob durch,[128] Werbefilme wird der Verkehr häufig nur flüchtig verfolgen,[129] auch für Schilder- und Plakatwerbung wird der Verbraucher meist nicht stehen bleiben,[130] während man beim individuellen Beratungsgespräch mehr Aufmerksamkeit an den Tag legt; z. **Internet** s. § 5 Abschn. B Rdn. 149ff.); die **Gestaltung der geschäftlichen Handlung** (z. B. kann sich aus der Ausführlichkeit der Angaben der Eindruck ihrer Vollständigkeit ergeben; dass der Verbraucher beim Lesen einer Zeitung die Lupe zu Hilfe nimmt, kann nicht erwartet werden);[131] die **Person des Werbenden** (ein unseriöser Eindruck kann zur Vorsicht warnen); sein **Tätigkeitsgebiet** (wer „im Interesse des Kunden" beratend tätig wird, braucht sich nicht zu wundern, wenn der Kunde seinen Vorschlag nicht hinterfragt); der dem Verkehr erkennbare **Vertriebsweg** (trotz Ähnlichkeit der Produkte ist eine betriebliche Herkunftsverwechslung ausgeschlossen, wenn der Verkehr anhand der unterschiedlichen Vertriebswege erkennt, dass sie aus unterschiedlichen Betrieben stammen); ob **aufklärende Hinweise vorgeschrieben oder zumindest gängig sind** (z. B. ist nach der Rspr. des EuGH zugrunde zu legen, dass Verbraucher, die sich in ihrer Kaufentscheidung nach der 46

---

[122] *Lettl* GRUR Int. 2004, 85, 87; *Ulbrich* WRP 2005, 940, 949.

[123] BGH GRUR 2000, 619, 621 – *Orient-Teppichmuster;* GRUR 2002, 81, 83 – *Anwalts- und Steuerkanzlei;* GRUR 2003, 626, 627 – *Umgekehrte Versteigerung II;* WRP 2011, 1050, Tz. 24 – *Ford-Vertragspartner;* Urt. v. 6.10.2011, I ZR 42/10, Tz. 20 – *Falsche Suchrubrik.*

[124] BGH GRUR 2000, 619, 621 – *Orient-Teppichmuster;* GRUR 2002, 81, 83 – *Anwalts- und Steuerkanzlei;* GRUR 2003, 626, 627 – *Umgekehrte Versteigerung II;* WRP 2004, 345 – *Umgekehrte Versteigerung im Internet;* GRUR 2007, 795 – *Handtaschen;* Urt. v. 17.3.2011, Az. I ZR 170/08, Tz. 24 – *Ford-Vertragspartner.*

[125] BGH WRP 2007, 313 – *Stufenleitern;* Beschl. v. 18.10.2011, Az. I ZR 109/10 (zu § 4 Nr. 9 a. F.).

[126] Hierzu näher *Beater,* Unlauterer Wettbewerb, § 15 Rdn. 26ff.; *Groeschke/Kiethe* WRP 2001, 230, 234; *Lettl* GRUR 2004, 449, 454; *Ulbrich* WRP 2005, 940, 950f.; vgl. auch BGH GRUR 2007, 795 – *Handtaschen.*

[127] BGH GRUR 2007, 795 – *Handtaschen.*

[128] Vgl. BGH GRUR 2000, 619, 621 – *Orient-Teppichmuster;* BGH GRUR 2000, 337, 338 – *Preisknaller;* GRUR 2002, 81, 83 – *Anwalts- und Steuerkanzlei;* GRUR 2002, 715ff. – *Scanner-Werbung.*

[129] OLG Frankfurt GRUR-RR 2005, 128; OLG Hamburg, Urt. v. 17.11.2005, Az. 3 U 88/05.

[130] Vgl. OLG Celle WRP 2005, 250, 251.

[131] OLG Stuttgart WRP 2005, 919.

Zusammensetzung des Erzeugnisses richten, zunächst das Zutatenverzeichnis lesen.[132] Bereits in der „GB-Inno-BM"-Entscheidung hatte der EuGH festgehalten, dass in einer geeigneten Etikettierung der Ware ein im Verhältnis zu einem Verbot milderes Mittel liegen kann, sog. **labelling approach**).[133]

47 *dd) **Informiertheit.*** Das Kriterium der Informiertheit bezieht sich auf den Kenntnisstand der Zielperson.[134] Welche Informiertheit von einer durchschnittlichen Zielperson angemessener Weise erwartet werden kann, hängt von den Umständen des Einzelfalls ab. Je nach der angesprochenen Zielgruppe sind nicht nur die **allgemeinen Informationsquellen** wie Schulbildung, Zeitungen, Fernsehen und Radio, sondern auch besondere Informationsquellen zu beachten, aus denen sich ein zur fraglichen Gruppe gehörender „Insider" üblicherweise bedient **(„Insiderwissen").** Die bei einem Durchschnittsverbraucher vorauszusetzenden Informationen beeinflussen sein Verständnis einer geschäftlichen Handlung u. U. auch dann, wenn **er selbst nicht zu dem Kreis der betroffenen Personen gehört.**[135] Eine Rolle für die Informiertheit können u. a. spielen: **Allgemeinwissen** (Kenntnis von Fakten, die zum Allgemeinwissen gehören oder Gegenstand einer Berichterstattung in der Tagespresse waren, kann oft vorausgesetzt werden);[136] **Produkt** (Kenntnis der Eigenschaften neuartiger Produkte kann oftmals nicht erwartet werden); **Qualifikation** des betroffenen **Verkehrskreises** (von „Spezialisten" wie dem Fachhändler, dem Computerfreak, dem Hobbymodellflugzeugbauer können Spezialkenntnisse erwartet werden); **Medium** (wird im Intranet der Universität oder bestimmter Organisationen inseriert, darf der Inserierende ein entsprechendes Fachpublikum erwarten), **Ort** (wirbt der Unternehmer im Ausland für deutsche Waren, kann er nicht ohne weiteres erwarten, dass die Zielgruppe über Kenntnisse verfügt, die der durchschnittliche Deutsche aufweist) usw.

48 *ee) **Verständigkeit.*** Das europäische Verbraucherleitbild geht von einem angemessen verständigen bzw. – so der 18. Erwägungsgrund der UGP-Richtlinie – **angemessen kritischen** Verbraucher aus. **Die Begriffe „verständig" und „kritisch" decken sich und werden vom EuGH als Synonyme verwandt (näher § 5.B.14 ff.).** Das europäische Verbraucherleitbild verlangt von den Verbrauchern nicht nur, dass sie sich aufmerksam informieren, sondern dass sie darüber hinaus weitergehende und zutreffende **Überlegungen** zu diesen Informationen anstellen, auf Grund derer sie **in rationaler Weise inhaltlich richtige Schlüsse** ziehen. Dies korrespondiert insofern mit dem Begriff des durchschnittlich informierten Verbrauchers, als das Bemühen um hinreichende Produktinformation Bestandteil eines effizienten und an den eigenen Bedürfnissen orientierten Auswahlprozesses ist.[137] Es wird erwartet, dass der Verbraucher, auf dessen Sicht es ankommt, die fraglichen **geschäftlichen Handlungen** angemessen **kritisch-distanzierend betrachtet und würdigt.** Ein angemessen verständiger Verbraucher verfügt damit über die intellektuelle Fähigkeit zur **kritischen Betrachtung der Information;** er ist in der Lage, die wahrgenommenen Informationen **richtig einzuordnen und zu verarbeiten.**[138] Deshalb erkennt er, dass zwischen der Größe von Werbeaufdrucken, die auf eine Erhöhung der Menge des Erzeugnisses hinweisen, und dem Ausmaß dieser Erhöhung nicht notwendig ein Zusammenhang besteht.[139] Ein verständiger Verbraucher weiß auch, dass die medizinische Konnotation eines Produktnamens nicht entscheidend sein muss;[140] er wird die Gesamtumstände berücksichtigen. Verständige Verbraucher sind sich über ihre eigenen Bedürfnisse hinreichend im Klaren und nehmen diese zum Maßstab ihrer Befriedigung. Deshalb interessieren sie sich mehr für die Eigenschaften der Ware als dafür, wo das sie kennzeichnende Warenzeichen eingetragen ist.[141] Auch die Annahme, der Verbraucher würde immer alles generalisierend verstehen, lässt sich mit diesem Verbraucherbild nicht vereinbaren.[142] Die Verständigkeit des Verbrauchers

---

132 EuGH, Urt. v. 26.10.1995, Rs. C-51/95, ECLI:EU:C:1995:352 Rdn. 34=BeckRS 2004, 77519 – *Kommission/Deutschland;* Urt. v. 4.4.2000, Rs. C-465/98, ECLI:EU:C:2000:184 Rdn. 22=NJW 2000, 2729 – *Darbo;* Urt. v. 4.6.2015, Teekanne *[Himbeer-Vanille-Abenteuer],* C-195/14, ECLI:EU:C:2015:361, Rdn. 37.

133 EuGH GRUR Int. 1990, 955, 956, Tz. 17 – *GB-Inno-BM.*

134 *Lettl* GRUR Int. 2004, 85, 86; vgl. *Ulbrich* WRP 2005, 940, 948.

135 Vgl. BGH GRUR 2014 1114, 1117 Rdn. 30 f. – *nickelfrei:* Aufgrund dem Verkehr bekannter Nickelallergie größerer Teile der Bevölkerung erwartet dieser bei einer Werbung für Edelstahlketten mit „nickelfrei", dass dieser Schmuck Nickelreste enthält.

136 Vgl. z. B. BGH GRUR 2014, 1114, 1117, Rdn. 39 f. – *nickelfrei:* Bei Teilen der Bevölkerung bestehende Nickelallergie als dem Verkehr bekannter und sein Verständnis beeinflussender Umstand.

137 *Lettl* GRUR Int. 2004, 85, 87.

138 *Lettl* GRUR Int. 2004, 85, 86; *Ulbrich* WRP 2005, 940, 949.

139 EuGH NJW 1995, 3243, 3244, Tz. 24 – *Mars.*

140 EuGH, Urt. v. 2.2.1994, *Verband Sozialer Wettbewerb,* C-315/92, EU:C:1994:34, Rdn. 23 („Clinique").

141 EuGH GRUR Int. 1991, 215, 216 – *Pall/Dahlhausen.*

142 OLG Hamburg, Urt. v. 17.11.2005, Az. 3 U 88/05.

wird durch einen geringen Grad an Aufmerksamkeit nicht beseitigt. Flüchtige Wahrnehmung bedeutet nicht, dass eine durchschnittliche Zielperson die dabei aufgenommenen Informationen sämtlich für bare Münze nimmt; „flüchtige" Wahrnehmung und „verständige" Aufnahme schließen sich nämlich nicht aus.[143]

III. Zur Täuschung geeignete Angaben, § 5 Abs. 1 S. 2 Alt. 2

Im Sinne von § 5 irregeführt werden kann durch unwahre Angaben (unten § 5 Abschn. B Rdn. 174ff.) und durch geschäftliche Handlungen, die zur Täuschung geeignete Angaben enthalten (hierzu sogleich). Verschweigt der Unternehmer Informationen oder hält er diese den Adressaten vor, so ist demgegenüber § 5a einschlägig. 49

1. Angabe

a) Begriff. § 5 Abs. 1 S. 2 **beschränkt** den Kreis der für eine Irreführung in Frage kommenden geschäftlichen Handlungen auf solche, die **unwahre** oder **täuschungsgeeignete** „Angaben" enthalten. Dies steht in Einklang mit Art. 6 Abs. 1 Richtlinie unlautere Geschäftspraktiken, der **in beiden Fällen** ebenfalls eine „Angabe" fordert.[144] 50

aa) ***Tatsachenbehauptung.*** Der Begriff der Angabe wird in den Richtlinien bzw. im UWG nicht definiert. Er ist im Sinne einer **Information mit Tatsachengehalt** (Tatsachenbehauptung) zu verstehen. Die französische und die spanische Fassung der Richtlinie unlautere Geschäftspraktiken sprechen von „information" bzw. „información", die englische Fassung der Irreführungsrichtlinie von „information". Angaben sind daher – wie schon nach bisherigem Recht[145] – **Aussagen, die aus Sicht des maßgeblichen Verkehrskreises, an den sich die geschäftliche Handlung richtet, einen Tatsachenkern haben,** also inhaltlich nachprüfbar sind. 51

bb) ***Angaben über nicht-geschäftliche Verhältnisse.*** Erfasst werden mit dieser Maßgabe Informationen jeden Inhalts. Die Angabe muss zwar in einer geschäftlichen Handlung enthalten sein, eine Beschränkung des Irreführungsverbots auf Angaben **über geschäftliche Verhältnisse** gilt seit der Reform 2004 aber nicht mehr. Deshalb können auch Informationen über **private Vorgänge** im Sinne der Vorschrift irreführen, wenn sie zu Gunsten des eigenen oder eines fremden Unternehmens erfolgen und im Sinne von § 2 Abs. 1 Nr. 1 mit der Förderung des Absatzes oder Bezugs von Produkten oder der Durchführung eines Vertrags objektiv zusammen hängen. Erforderlich ist nur, dass sie sich auf einen der in § 5 Abs. 1 S. 2 abschließend aufgeführten **Bezugspunkte** beziehen und die erforderliche Relevanz besitzen. So kann z.B. die Täuschung über die persönlichen Lebensverhältnisse des Unternehmers im Sinne des § 5 relevant irreführend sein, wenn sie beim Verkehr eine Fehlvorstellung über das unternehmerische Vermögen auslöst.[146] 52

cc) ***Angaben über Mitbewerber.*** Die Angabe kann sich auch auf einen oder mehrere **Mitbewerber** beziehen. Dies ergibt sich für Angaben über Mitbewerber auch aus § 5 Abs. 2 und 3, die jeweils Angaben im Rahmen der vergleichenden Werbung ausdrücklich einbeziehen. Demgegenüber wird eine **Irreführung *von* Mitbewerbern seit dem 10.12.2015 durch §§ 5, 5a Abs. 1 (2015) nicht mehr erfasst,** da der Anwendungsbereich der Vorschrift durch zu diesem Zeitpunkt in Kraft getretene Zweite Änderungsgesetz auf Verbraucher und sonstige Marktteilnehmer beschränkt worden ist („... die geeignet ist, den Verbraucher oder sonstigen Marktteilnehmer zu einer geschäftlichen Entscheidung zu veranlassen, die er andernfalls nicht getroffen hätte ..."), **s. dazu und zu den Folgen § 5 B.8, § 5a Rdn. 24.** 53

Zu dem Verhältnis zwischen § 5 Abs. 2 und dem Verwechslungsschutz in § 6 Abs. 2 Nr. 3 siehe § 5 J.17ff. 54

Zu Angaben Dritter und Angaben über Dritte s. u. § 5 B.100f.

dd) ***Verschleierung des Werbecharakters.*** § 5a erfasst auch das Verheimlichen, Bereitstellen in unklarer, unverständlicher oder zweideutiger Weise sowie die nicht rechtzeitige Bereitstellung, **s. § 5a Rdn. 94ff.** Die Nichtkenntlichmachung des kommerziellen Zwecks ist seit der UGW-Reform 55

---

[143] Vgl. BGH GRUR 2000, 619, 621 – *Orient-Teppichmuster;* GRUR 2002, 81, 82 – *Anwalts- und Steuerkanzlei.*

[144] Anders allerdings *Becker,* WRP 2015, 139, 140, der in Art. 6 Abs. 1 Alt. 2 UGP-Richtlinie lediglich eine Klarstellung erblickt.

[145] Vgl. BGH GRUR 1989, 608, 609 – *Raumausstattung;* GRUR 1992, 66, 67 – *Königl.-Bayerische Weiße;* GRUR 2002, 182, 183 – *Das Beste jeden Morgen.*

[146] Anders zu § 16 noch BGH NJW 1990, 2395; BayObLG wistra 1991, 119.

2015 für das Verhältnis B2C in § 5a Abs. 6 geregelt; auch **Nr. 22 Anh. zu § 3 Abs. 3** kann einschlägig sein. Ein formularmäßig aufgemachtes Angebotsschreiben, das nach seiner Gestaltung und seinem Inhalt darauf angelegt ist, beim flüchtigen Leser den Eindruck hervorzurufen, mit der Unterzeichnung und Rücksendung des Schreibens werde lediglich eine Aktualisierung von Eintragungsdaten im Rahmen eines bereits bestehenden Vertragsverhältnisses vorgenommen, kann auch dann gegen § 5 Abs. 1 oder § 5a verstoßen, wenn die Voraussetzungen von Nr. 22 des Anhangs zu § 3 Abs. 3 nicht erfüllt sind, weil keine Zahlungsaufforderung beigefügt ist.[147] Im Verhältnis zu sonstigen Marktteilnehmern gilt § 5a Abs. 6 nicht, greift aber § 5a Abs. 1 ein, **s. § 5a Rdn. 49.** Ist die Fehlvorstellung auf ein Tun zurückzuführen, ist § 5 anzuwenden (vgl. **§ 5 B.84 ff.**).

56 **b) Verkehrsverständnis.** Ob und mit welchem Inhalt eine geschäftliche Handlung eine „Angabe" enthält, ist aus der Sicht eines durchschnittlich (angemessen) informierten, aufmerksamen und verständigen Mitglieds der Personengruppe zu beurteilen, an die sich die geschäftliche Handlung wendet; ausführlich zu diesem Verkehrsverständnis § 5 Abschn. B Rdn. 13 ff. Demgegenüber entscheidet bei **unwahren Angaben eine objektive Betrachtung,** s. näher **§ 5 Abschn. B Rdn. 13, 174 ff.** Umstände außerhalb der geschäftlichen Handlung (z. B. eine vorangegangene Werbeaktion des Unternehmers) selbst sind zu berücksichtigen, wenn sie das Verständnis der durchschnittlich (angemessen) aufmerksamen, verständigen und informierten Zielperson beeinflussen.

57 **c) Abgrenzung.** „Angabe" im Sinne des § 5 Abs. 1 S. 2 sind nur Aussagen mit einem nachprüfbaren Informationsgehalt,[148] also Tatsachenbehauptungen. Abgrenzungsbedarf besteht in mehrfacher Hinsicht:

58 *aa)* ***Werturteile.*** **Keine „Angabe"** sind reine Werturteile, da diesen der Informationsgehalt fehlt. Der Angabencharakter einer Tatsachenbehauptung wird aber nicht dadurch beseitigt, dass die Äußerung *auch* einen meinungsbildenden Inhalt hat. Bzgl. der ähnlich gelagerten Problematik, ob ein Handeln in Wettbewerbsabsicht auch dann vorliegen kann, wenn eine Äußerung nicht ausschließlich wirtschaftlichen Zwecken dient, sondern einen darüber hinausgehenden meinungsbildenden Inhalt hat, hat das BVerfG die dies bejahende Rechtsprechung als verfassungsgemäß angesehen.[149] Bei der Auslegung, ob es sich im konkreten Fall um ein reines Werturteil handelt oder darin eine Tatsachenbehauptung versteckt ist, sind die **Grundrechte bzw. Grundfreiheiten** des Einzelnen zu beachten, s. schon näher § 5 A Rdn. 21 ff. Führt die erforderliche Abwägung zu dem Ergebnis, dass die geschäftliche Handlung nach der Verkehrsauffassung zumindest auch eine Aussage mit **sachlichem Kern** enthält, greift das Irreführungsverbot ungeachtet dessen ein, wie andere oder der Unternehmer selbst die geschäftliche Handlung verstehen.[150]

59 *bb) Tatsächliche Maßnahmen.* Die geschäftliche Handlung, durch die der Verkehr eine bestimmte Information erhält, muss keine Äußerung (z. B. Radiowerbung), sondern **kann auch eine tatsächliche Maßnahme sein** (z. B. Zusendung einer Rechnung); entscheidend ist nur, dass ihr der Verkehr eine **Information** mit Tatsachengehalt entnimmt. Geschäftliche Handlungen, die der Verkehr als **rein tatsächliche Maßnahmen** ansieht, enthalten keine „Angaben". Dabei ist zu beachten, dass das Erfordernis der „Werbung" nach neuem Recht entfallen ist, so dass auch geschäftliche Handlungen, die **nach Abschluss** eines Vertrags vorgenommen werden oder nicht auf die Anwerbung von Kunden gerichtet sind, irreführende Angaben im Sinne des § 5 beinhalten können. Z. B. kann die **Zusendung einer überhöhten Rechnung** an einen Kunden die irreführende Angabe enthalten, es bestehe eine Verbindlichkeit in Höhe der Abrechnungsforderung. Verlangt der Kunde das billigste Produkt einer bestimmten Produktgruppe, kann in der **Aushändigung** eines Produkts die Angabe liegen, es handele sich um das Verlangte. Der Packungsgröße lassen sich u. U. Angaben über den Inhalt, insbes. dessen Menge, entnehmen, was für die Irreführung durch sog. **Mogelpackungen** bedeutsam wird. Die Weiterleitung von „Pre-Selection"-Aufträgen durch ein auf dem Gebiet der Vermittlung von Telefongesprächen tätiges Unternehmen an ein anderes Unternehmen kann die Angabe enthalten, dass die Aufträge rechtmäßig erlangt wurden.[151] In der Übersendung eines **Kontoauszugs** kann die Angabe liegen, über die ausgewiesene Gutschrift könne ohne Zinsbelastung verfügt werden.[152] Ein **Antwortschreiben an Kunden,** mit dem ein vom Kunden gel-

---

[147] BGH GRUR 2012, 184 – *Branchenbuch Berg.*

[148] So schon die Rspr. zu § 5 a. F., s. z. B. BGH GRUR 1989, 608, 609 – *Raumausstattung;* GRUR 1992, 66, 67 – *Königl.-Bayerische Weiße;* GRUR 2002, 182, 183 – *Das Beste jeden Morgen.*

[149] BVerfG GRUR 2008, 81 – *Pharmakartell.*

[150] BGH GRUR 1955, 251 – *Silberal;* GRUR 1975, 141, 142 – *Unschlagbar.*

[151] Vgl. OLG Hamburg Magazindienst 2006, 183: Irreführende Werbung durch Weiterleitung von Aufträgen, die aufgrund einer unlauteren Werbung erlangt wurden.

[152] BGH BB 2007, 1694, 1696 – *Irreführender Kontoauszug.*

tend gemachter vertraglicher Anspruch zurückgewiesen wird, kann eine unlautere Irreführung beinhalten, wenn der Unternehmer darin eine ihm nachteilige höchstrichterliche Rechtsprechung unrichtig wiedergibt oder durch unwahre Angaben eine solche Rechtsprechung negiert.[153]

*cc) **Gefühle.*** Keine Angaben sind geschäftliche Handlungen, die bei einem durchschnittlichen Mitglied des Verkehrskreises, an den sich die Maßnahme richtet, lediglich **Gefühle** erwecken. Abbildungen attraktiver Personen und Sachen oder von Orts- und Personennamen, die beim Umworbenen Vorstellungen von Luxus, Eleganz, Geltung und Ansehen hervorrufen, sind nur Angaben, wenn der Werbende dadurch aus Sicht des Verkehrs bestimmte Umstände behauptet, z. B. besondere Qualität oder Güte oder eine bestimmte betriebliche Herkunft der Ware. So entschied der BGH schon nach altem Recht für eine Werbung „K. – Das Beste jeden Morgen", ob die beworbenen Cerealienprodukte für den angesprochenen Verbraucher „das Beste jeden Morgen" seien, entziehe sich weitgehend einer objektiven Nachprüfbarkeit, weil es in erster Linie von den persönlichen geschmacklichen Vorlieben und Frühstücksgewohnheiten des Einzelnen, aber auch von der unterschiedlichen körperlichen Konstitution der Menschen und ihren Lebens-, Arbeits- und Umweltbedingungen abhänge und daher, wie dem angesprochenen Verkehr durchaus bewusst sei, maßgebend subjektiv und individuell geprägt sei.[154] 60

*dd) **Unbemerkte geschäftliche Handlungen.*** Keine Angaben enthalten geschäftliche Handlungen, die das durchschnittliche Mitglied des Verkehrskreises, an den sich die geschäftliche Handlung richtet, **nicht bemerkt;** ihnen fehlt der kommunikative Gehalt. Deshalb erfüllt die Installation eines **Cookies,** der es dem Werbenden erleichtert, den potentiellen Kunden mit Werbeschreiben zu versorgen, selbst nicht den Tatbestand des § 5. Da nicht erforderlich ist, dass der Verkehr der Angabe Aufmerksamkeit widmet, kann aber auch **Product Placement,** also z. B. die Präsentation von Kennzeichen im redaktionellen Teil der Medien, Angaben im Sinne von § 5 enthalten. Nach Art. 11 Abs. 3 Satz 3 lit. d der RL 2010/13/EU über audiovisuelle Mediendienste[155] müssen die Zuschauer in den Fällen zulässigen Product Placements eindeutig auf das Bestehen einer Produktplatzierung hingewiesen werden und sind Sendungen mit Produktplatzierung zu Sendungsbeginn und -ende sowie bei Fortsetzung einer Sendung nach Werbeunterbrechnung angemessen zu kennzeichnen, um jede Irreführung des Zuschauers zu verhindern. Zur Bejahung des Angabeninhalts im Sinne von § 5 ist nicht notwendig, dass der Verkehr die Angabe **bewusst wahrnimmt,** solange er sie nur überhaupt wahrnimmt. Auch **subliminale** Werbung, d. h. die nur Sekundenbruchteile dauernde Einblendung von Produkten oder produktkennzeichnenden Bildern mit dem Ziel, das Unterbewusstsein des Verbrauchers zu manipulieren, ist daher anhand von §§ 5, 5a Abs. 6 auf ihre Irreführungseignung zu untersuchen, s. **§ 5a Rdn. 354.** 61

*ee) **Nichts sagende Anpreisungen, Floskeln und Übertreibungen.*** Sie enthalten keine Angabe im Sinne von § 5.[156] Dem Durchschnittsverbraucher ist bekannt, dass die reklamehafte Anpreisung in der Natur der Werbung liegt. Ein durchschnittlich aufmerksamer, verständiger und informierter Verbraucher wird sich Werbung daher kritisch nähern und nichts sagende Anpreisungen, Floskeln und Übertreibungen nicht wörtlich nehmen. Um die üblichen und gängigen Werbeformen nicht unangemessen einzuschränken, bleibt die „übliche und rechtmäßige Werbepraxis, **übertriebene ... oder nicht wörtlich zu nehmende Behauptungen** aufzustellen", nach **Art. 5 Abs. 3 S. 2 UGP-Richtlinie** für den erhöhten Schutz besonderer Personengruppen nach Art. 5 Abs. 3 S. 1 RLuG unberührt, wenn die Werbung **neben** dem Durchschnittsverbraucher gezielt besonders schutzwürdige Verbraucher anspricht. Auf ihr Verständnis einer im Rahmen des Üblichen und „Rechtmäßigen" liegenden übertriebenen oder nicht wörtlich zu nehmenden Behauptung, die vom Rest des angesprochenen Verkehrs als solche erkannt wird, kommt es nicht an; anders aber, wenn sie die alleinige Zielgruppe der Werbung bilden, s. näher § 5 Abschn. B Rdn. 29 ff. 62

Nichts sagende Anpreisungen der Ware oder Dienstleistung sind dem Beweise nicht zugänglich und enthalten deshalb keine „Angabe" im Sinne des § 5. So enthält der Spruch „den und keinen anderen", wenn er ohne weiteren Zusatz lediglich als Werbung für den Kauf eines von dem Werbenden angebotenen Erzeugnisses verwendet wird, keine Angabe.[157] Die Eröffnungswerbung „Wil- 63

---

[153] OLG Frankfurt Urt. v. 11.11.2011, Az. 6 U 188/11.

[154] BGH GRUR 2002, 182, 183 – *Das Beste jeden Morgen.*

[155] Richtlinie 2010/13/EU des Europäischen Parlaments und des Rates vom 10.3.2010 zur Koordinierung bestimmter Rechts- und Verwaltungsvorschriften der Mitgliedstaaten über die Bereitstellung audiovisueller Mediendienste, ABl. L 95 v. 15.4.2010, S. 1.

[156] BGH GRUR 1996, 367, 368 – *Umweltfreundliches Bauen;* GRUR 2002, 182 183 – *Das Beste jeden Morgen;* OLG München Urt. v. 11.11.2010, Az. 29 U 2391/10, juris-Tz. 61; Magazindienst 2011, 169 ff.

[157] BGH GRUR 1965, 365, 367 – *Lavamat II.*

ly säht: Bis 17.4. kein Wäschmaschin kaufe jon." enthält keine Tatsachenbehauptung, sondern den bloßen Appell an potentielle Kunden, erst beim neu zu eröffnenden Geschäft zu kaufen. Schlagworte wie „Premium", „Leistungsgarantie" und „ausgezeichnet" haben je nach Zusammenhang u. U. keinen Bedeutungsgehalt.[158] Auch die Einleitung eines Werbeartikels, der Firmenchef habe sich nicht nur dem Grundsatz „Gesundes Wohnen" verschrieben, (sondern auch der umweltgerechten Produktion), soll nach der Rspr. keine Angabe enthalten;[159] das ist indes zweifelhaft.

64 Dass Werbeanpreisungen vom durchschnittlich informierten, verständigen und aufmerksamen Umworbenen ausschließlich als Worthülse aufgefasst werden, ist allerdings eher selten. Zwar gibt es keinen allgemeinen Erfahrungssatz dahingehend, dass der Verkehr hinter einer allgemeinen Redewendung grundsätzlich schon dann eine ernstlich gemeinte Aussage über bestimmte geschäftliche Verhältnisse vermutet, wenn sie in der Werbung eines besonders bekannten und geachteten Unternehmens verwendet werden.[160] Übersteigerte Äußerungen werden vom Verkehr aber häufig in einem **entsprechend reduziertem Umfang als Tatsachenbehauptung** aufgefasst, z. B. eine „radikale" Preissenkung als ungewöhnliche, ein gewisses Mindestmaß übersteigende Preissenkung.[161] Gerade Werbung wird entspr. dem Wandel zum selbstbewussten Verbraucher heutzutage mehr und mehr mit Informationen über die Ware bzw. die Dienstleistung angereichert. Der Gedanke, dass Werbung heutzutage oftmals informationsgetragen ist oder vom Verbraucher so verstanden wird, liegt auch § 434 Abs. 1 Satz 3 BGB zugrunde.

65 Ob Floskeln und Übertreibungen einen – u. U. **eingeschränkten – Tatsachenkern** enthalten, ist aus der **Sicht** eines durchschnittlich (angemessen) aufmerksamen, verständigen und informierten Mitglieds des Personenkreises, an den sich die geschäftliche Handlung richtet, zu beurteilen. Entscheidend ist die **Situation,** in der es zu der geschäftlichen Handlung kommt. *Bornkamm* weist zu Recht darauf hin, dass der Verkehr von der „Marktschreierei" auf dem Jahrmarkt nicht den gleichen sachlichen Informationsgehalt erwartet wie bei einer Produktbeschreibung in einem Versandhauskatalog, und dass der Begriff „Mode" in dem breiten Angebot eines Großversandhauses anders als bei Modeschöpfungen der Luxusklasse verstanden wird.[162] Bestimmten Werbeformen, etwa der Karikatur oder den Werbeversen, ist die Übertreibung auf den Leib geschnitten.[163] Der Unternehmer darf i. d. R. erwarten, dass ein durchschnittlich aufmerksamer, verständiger und informierter Verbraucher dies erkennt und entspr. Abstriche an den erwarteten Informationsgehalt der Werbung macht. Deshalb wurde die Werbeaussage, es handele sich um die „profilierteste People-Zeitschrift", als reklamehafte Anpreisung ohne Tatsachenkern angesehen.[164]

66 Führt der Durchschnittsumworbene die Anpreisung auf einen **Tatsachenkern** zurück, so muss sich dieser, so übertrieben die Anpreisung sonst auch sein mag, an § 5 UWG messen lassen.[165] Der Werbung für Frühstückscerealien **„K. – Das Beste jeden Morgen"** entnimmt der Verkehr, dass es sich um ein qualitativ hochwertiges Produkt handelt, das – zusammen mit anderen Produkten – zur Spitzenklasse der auf dem betreffenden Warengebiet vorhandenen Erzeugnisse gehört, nicht aber darüber hinaus auch die Behauptung einer Alleinstellung; (nur) insoweit muss die Werbung also zutreffend sein.[166] Der Werbeaufdruck **„die faire Milch"** auf der Vorderseite einer Milchverpackung verbunden mit dem auf der Schmalseite aufgedruckten Hinweis auf eine gerechte Entlohnung der Milcherzeuger enthält eine Angabe.[167] Schlagwörter wie **„riesengroß", „spottbillig", „blitzschnell"** oder **„federleicht"** werden zwar als Übertreibung erkannt, ihnen wird aber trotzdem ein reduzierter Aussagegehalt beigeschrieben.[168] Ist das Warenlager nicht einmal groß und die Ware nicht einmal billig oder leicht, dann kann trotz der erkennbaren Übertreibung eine Irreführung des Verkehrs eintreten.[169] Wird ein Produkt als **„unschlagbar"** beworben, kann darin die Behauptung liegen, es handele sich um das technisch Beste.[170] Wer das **„superweiche"** Waschmittel eines Waschmittelherstellers erwirbt, erwartet zwar nicht, dass es kein weichmachenderes Waschmittel gibt, aber u. U. doch eine außergewöhnliche Weiche der mit dem Produkt gewaschenen

[158] OLG Nürnberg LMuR 2005, 94.
[159] BGH GRUR 1996, 367, 368 – *Umweltfreundliches Bauen.*
[160] BGH GRUR 1965, 365, 367 – *Lavamat II.*
[161] BGH GRUR 1979, 781, 782 – *Radikal gesenkte Preise.*
[162] Köhler/*Bornkamm,* 34. Aufl. 2016, § 5 Rdn. 2.128; s. auch BGH GRUR 1986, 321, 323 – *Modemacher.*
[163] Vgl. Köhler/*Bornkamm,* 34. Aufl. 2016, § 5 Rdn. 2.129 ff.
[164] OLG Hamburg GRUR-RR 2006, 170, 172.
[165] *Schulze zur Wiesche* GRUR 1979, 781, 783.
[166] BGH GRUR 2002, 182 ff. – *Das Beste jeden Morgen.*
[167] OLG München GRUR-RR 2012, 289.
[168] Vgl. hierzu *Reimer* GRUR 1965, 367, 368.
[169] Vgl. hierzu *Reimer* GRUR 1965, 367, 368.
[170] BGH GRUR 1975, 141, 142 – *Unschlagbar.*

Wäsche. Wer **„radikal"** gesenkte Preise ankündigt, muss seine Preise auch tatsächlich in einer ungewöhnlichen, ein gewisses Mindestmaß übersteigenden Art und Weise vermindert haben.[171] Bewirbt der Hersteller sein Produkt mit der Äußerung, er sei von der Belastbarkeit des Materials **„selbst überrascht"** gewesen, kann darin die Angabe liegen, es sei ein besonders belastbares Material verwandt worden. **„Empfindet"** der Werbende seine Preise in der Werbung als besonders günstig, liegt darin versteckt die Behauptung einer objektiv gegebenen Preisgünstigkeit. Durch Schlagworte wie **„das Beste"**, **„die Einzige"** oder **„nur wir"** kann der Eindruck einer Spitzenstellung des Werbenden oder seines Produkts erweckt werden, die dem Beweise zugänglich ist. Die Werbung der Firma Benetton mit dem Bild eines nackten menschlichen Gesäßes, auf das die Worte „H. I. V.-POSITIVE" aufgestempelt waren und die im unteren rechten Bildrand in kleiner weißer Schrift auf grünem Grund „UNITED COLORS OF BENETTON" zeigte,[172] enthielt die Tatsachenbehauptung, dass sich die werbende Firma für die Rechte Geächteter einsetze.

Keine anhand § 5 UWG überprüfbare Angabe enthält hingegen der Slogan, **„Linoleum hat die Schlacht um den Artikel Linoleum gewonnen".**[173] Gleiches gilt für die Formulierung **„den und keinen anderen"**, wenn sie ohne weiteren Zusatz zur Anpreisung von Waschmaschinen verwendet wird.[174] Der Anpreisung eines Baby-Fertigbreis als **„Mutti gibt mir immer nur das Beste"** wurde ein auf die Aussage, das Erzeugnis gehöre zur Spitzenklasse, beschränkter Aussagegehalt entnommen.[175] 67

ff) ***Wortschöpfungen.*** Welcher Formulierung sich der Werbende bedient, ist unerheblich. Auch **Wortschöpfungen des Werbenden** müssen sich an § 5 UWG messen lassen, soweit der Durchschnittsverbraucher ihnen Tatsachen entnimmt. Dass eine als „unkaputtbar" beworbene Flasche nicht jeder Beanspruchung standhält, ist dem Verbraucher bewusst, er erwartet aber, dass sie besonderen Beanspruchungen standhält und nicht bereits beim Fall aus geringer Höhe zerbricht. 68

gg) ***Domains.*** Auch **Domains** können eine Angabe enthalten. Das erfordert, dass der Domain vom Durchschnittsumworbenen überhaupt ein **Aussagegehalt** zugeschrieben wird. Er kann in dem Hinweis auf ein bestimmtes Unternehmen oder in einer Alleinstellungsbehauptung[176] bestehen. Der Domain „Deutsches-Handwerk.de" entnimmt der Verkehr nach einer Entscheidung des OLG Hamburg, dass es sich um den Internetauftritt einer offiziellen und berufsständischen Organisation des Deutschen Handwerks handelt.[177] **Zur Irreführung durch Domains näher § 5 Abschn. B Rdn. 152.** 69

d) Unklare oder mehrdeutige Angaben. Bei mehrdeutigen Angaben hat der Werbende die verschiedenen Bedeutungen gegen sich gelten zu lassen,[178] s. näher **§ 5 Abschn. B Rdn. 112.** Ist eine geschäftliche Handlung **so unklar oder widersprüchlich,** dass der Verkehr ihr überhaupt keine Aussage entnimmt, fehlt es an einer Angabe.[179] Der Angabencharakter wird aber nicht dadurch ausgeschlossen, dass der Informationsgehalt der geschäftliche Handlung aus Sicht des angesprochenen Verkehrs nicht in allen Punkten **klar und eindeutig** ist, wenn ein durchschnittlich aufmerksames, informiertes und verständiges Mitglied des angesprochenen Verkehrskreises der geschäftlichen Handlung trotzdem eine Information entnimmt. So vermittelt die Ankündigung einer „radikalen" Preissenkung zwar keine ziffernmäßig genauen Vorstellungen über das Ausmaß der Preissenkung; es liegt aber insofern eine Angabe vor, als der Durchschnittsverbraucher die Vorstellung gewinnt, die Preissenkung übersteige ein gewisses **Mindestmaß.**[180] Von der Mehrdeutigkeit einer Angabe zu unterscheiden sind geschäftliche Handlungen, die mehrere Angaben, also Informationen über unterschiedliche Umstände enthalten (näher sogleich). Zur Feststellung des Inhalts von unklaren oder mehrdeutigen Angaben näher § 5 Abschn. B Rdn. 109 ff. 70

e) Mehrere Angaben/Zusammengesetzte Angaben/Angaben in einer geschlossenen Darstellung. Beruht die Täuschung auf einer unterlassenen Information, können nach dem im 71

---

[171] BGH GRUR 1979, 781, 782 – *Radikal gesenkte Preise.*

[172] Hierzu BVerfG WRP 2003, 633 ff.; GRUR 1995, 600 f. – *H. I. V. POSITIVE I;* BGH GRUR 2002, 360 ff. – *H. I. V. POSITIVE II;* siehe auch *Ahrens,* Einl. G. Rdn. 52 f., 67, 86 ff.

[173] BGH GRUR 1964, 33, 35 – *Bodenbeläge.*

[174] BGH GRUR 1965, 365, 367 – *Lavamat II.*

[175] BGH GRUR 1965, 363, 365 – *Fertigbrei.*

[176] Vgl. BGH GRUR 2001, 1061 – *Mitwohnzentrale;* GRUR 2005, 687 – *weltonline.de;* OLG Hamburg GRUR-RR 2007, 93 – *Deutsches-Handwerk.de.*

[177] OLG Hamburg GRUR-RR 2007, 93.

[178] BGH GRUR 2012, 1053, 1054 – *Marktführer Sport.*

[179] Vgl. OLG Hamburg GRUR-RR 2006, 170, 172: Der schillernde Ausdruck „People-Magazin" sei zu diffus, um eine Irreführung herbeizuführen.

[180] Vgl. BGH GRUR 1979, 781, 782 – *Radikal gesenkte Preise.*

Wege der richtlinienkonformen Auslegung des § 5a Abs. 2 UWG zu berücksichtigenden Art. 7 Abs. 3 UGP-Richtlinie unter bestimmten Umständen Informationen außerhalb des Gesamtzusammenhangs gegeben werden, vgl. näher § 5a Rdn. 92ff. Auf die Täuschung durch – auch unvollständig – gemachte Angaben findet § 5a Abs. 2 aber keine Anwendung. Hier kommt es vielmehr darauf an, ob mehrere Informationen eine **geschlossene Darstellung** bilden und deshalb nicht aus dem **Zusammenhang** gerissen werden dürfen.[181] Fehlt es daran, besteht anders als bei § 5a Abs. 2 keine Möglichkeit einer Darstellung irrtumsausschließender Informationen an anderer Stelle. Der Grund hierfür ist in dem unterschiedlichen Ansatz beider Normen zu sehen. § 5 liegt ein Handeln des Unternehmers zu Grunde, für das er Verantwortung übernehmen muss. Demgegenüber knüpft der Unlauterkeitsvorwurf bei § 5a Abs. 2 an das bloße Unterlassen einer vom Verkehr benötigten Information an. Hier muss deshalb sichergestellt werden, dass die dem Verkehr kraft Gesetzes aufzuerlegenden Informationspflichten ein zumutbares Maß nicht übersteigen.

72 Ob **mehrere Informationen** eine **geschlossene Darstellung** bilden, richtet sich danach, ob der Verkehr sie in der **konkreten Situation** als Einheit versteht.[182] Die Eigenarten des verwandten **Kommunikationsmediums** sind zu berücksichtigen.[183] So sind die Möglichkeiten, zeitlich auseinanderliegende Informationen in einen Zusammenhang zu stellen, bei „flüchtigen" Medien wie Rundfunk und Fernsehen naturgemäß begrenzt, während der Verbraucher die ihm während eines Verkaufsgesprächs übergebenen schriftlichen Informationen regelmäßig als Einheit betrachten wird. Während die Besonderheiten des Internet es mit sich bringen, dass Informationen teilweise erst auf anderen Webseiten verfügbar sind, auf die der Internet-Nutzer mit Hilfe von Links geleitet wird (näher sogleich), bestehen bei Printmedien vergleichbare Erfordernisse nicht. Das schließt zwar nicht aus, dass Informationen auf anderen Seiten eines Printprodukts gleichwohl Teil des Gesamtzusammenhangs werden;[184] die Regel ist dies jedoch nicht.

73 Im **Internet** rechnet der durchschnittlich aufmerksame, verständige und informierte Verbraucher damit, dass Angaben verlinkt werden, und ist auch in der Lage, derartige elektronische Verweise **(Hyperlinks)** zu erkennen.[185] Auch nach Art. 7 Abs. 4 UGP-Richtlinie besteht keine Verpflichtung, in einer Aufforderung zum Kauf stets bereits alle ein Produkt kennzeichnende Merkmale anzugeben, sondern kann der Anbieter in einem nach den Umständen der Aufforderung zum Kauf, der Beschaffenheit und der Merkmale des Produkts sowie des verwendeten Kommunikationsmittels im Einzelfall zu beurteilenden Umfang wegen wesentlicher Produktmerkmale auch auf seine Website verweisen, auf der die wesentlichen Produktmerkmale angegeben sind.[186] Zwar rechtfertigt der Umstand, dass der an einem Kauf im Internet interessierte Nutzer die benötigten Informationen von sich aus „aktiv" nachfragen muss, nicht die Schlussfolgerung, er werde in jedem Falle sämtliche Seiten des Internet-Auftritts des Anbieters zur Kenntnis nehmen.[187] Ein Internetnutzer wird aber im Allgemeinen diejenigen Seiten aufrufen, die er **zur Information über die von ihm gewünschte Ware benötigt oder zu denen er durch Verweise aufgrund einfacher elektronischer Verknüpfungen oder durch klare und unmissverständliche Hinweise geleitet** wird.[188] Die durch einen elektronischen Verweis miteinander verbundenen Internetseiten sieht er als zusammengehörig an.[189] Voraussetzung ist, dass die Informationen aufgerufen werden können, ohne dass es dazu noch weiterer **wesentlicher Zwischenschritte oder eines Suchens** bedarf.[190] An

---

[181] Vgl. BGH GRUR 2004, 604, 606 – *Dauertiefpreise;* GRUR 2005, 438 – *Epson-Tinte;* GRUR 2005, 690, 692 – *Internet-Versandhandel;* GRUR 2014, 298, 301, Rdn. 31 – *Runes of Magic; I* GRUR 2015, 698, 699 Rdn. 10 – *Schlafzimmer komplett;* OLG Hamburg Magazindienst 2008, 364 – *Bauhaus-Klassiker.*

[182] BGH GRUR 2005, 690, 692 – *Internet-Versandhandel;* BGH GRUR 2014, 298 300, Rdn. 31 – *Runes of Magic I.*

[183] Vgl. EuGH GRUR 2011, 930, Rdn. 45 u. 48 – *Konsumentenombudsmannen/Ving;* BGH GRUR 2014, 298 300, Rdn. 27f. – *Runes of Magic I.*

[184] Strenger wohl OLG Hamburg, Urt. v. 6.9.2006, Az. 5 U 159/05.

[185] Vgl. BGH GRUR 2005, 690, 692 – *Internet-Versandhandel;* GRUR 2008, 84, 87, Tz. 30 –*Versandkosten;* GRUR 2014, 94, 95, Rdn. 17 – *Pflichtangaben im Internet;* GRUR 2014, 298, 301, Rdn. 31 – *Runes of Magic I.*

[186] EuGH GRUR 2011, 930, 933, Tz. 55f. – *Konsumentombudsman;* vgl. zu Nr. 28 des Anh. zu § 3 Abs. 3 UWG BGH GRUR 2014, 298, 300f., Rdn. 28f. – *Runes of Magic I.*

[187] BGH GRUR 2005, 438, 440 – *Epson-Tinte.*

[188] BGH GRUR 2003, 889, 890 – *Internet-Reservierungssystem;* GRUR 2005, 438 – *Epson-Tinte;* GRUR 2005, 690, 692 – *Internet-Versandhandel;* GRUR 2007, 159, 160 – *Anbieterkennzeichnung im Internet;* GRUR 2008, 84, 87, Tz. 31f. – *Versandkosten;* GRUR 2014, 298, 301, Rdn. 31 – *Runes of Magic I;* GRUR 2014, 94, 95 Rdn. 18 – *Pflichtangaben im Internet.*

[189] Vgl. BGH GRUR 2005, 438, LS – *Epson-Tinte;* GRUR 2005, 690, 692 – *Internet-Versandhandel;* GRUR 2014, 94, 95 Rdn. 17 – *Pflichtangaben im Internet;* GRUR 2014, 298, 301 Rdn. 31 – *Runes of Magic I.*

[190] BGH GRUR 2007, 159, 160 – *Anbieterkennzeichnung im Internet;* GRUR 2014, 298, 301, Rdn. 31f. – *Runes of Magic I;* vgl. EuGH GRUR 2011, 930, Rdn. 56 – *Konsumentenombudsmannen/Ving* zu Art. 7 Abs. 4 UGP-RL.

den letztgenannten Voraussetzungen fehlt es aber nicht schon dann, wenn der Nutzer nicht schon in einem Schritt, sondern erst in zwei Schritten zu den benötigten Informationen gelangt, solange er zwischen verschiedenen Links nicht erst eine Auswahl treffen oder mehrere Links anklicken muss, weil sie nicht eindeutig sind.[191] Befinden sich die erforderlichen Angaben nicht auf der Startseite, müssen für weiterführende Links verständliche Bezeichnungen gewählt werden, deren Bedeutung sich dem Nutzer ohne weiteres erschließen,[192] z. B. **„Kontakt"** und **„Impressum"** (für die Verlinkung der Seite mit der Anbieterkennzeichnung)[193] oder **„Pflichtangaben"** (zur Weiterleitung auf die Seite mit den Pflichtangaben nach § 4 HWG).[194]

Zur Frage eines Verstoßes gegen das **Trennungsgebot** oder einer sonstigen Verschleierung s. 74
§ 5a Rdn. 359 ff. Zur **Haftung bei Hyperlinks s. § 8 Rdn. 465.**

Bei Informationen über **Liefer- und Versandkosten** ist ausreichend, wenn diese leicht erkenn- 75
bar und gut wahrnehmbar auf einer Seite gegeben werden, die noch vor Einleitung des Bestellvorgangs notwendig aufgerufen werden muss.[195] Für zulässig erachtet wurde es, beim Internetvertrieb unmittelbar bei der Werbung für das einzelne Produkt den Hinweis **„zzgl. Versandkosten"** aufzunehmen, wenn sich bei Anklicken oder Ansteuern dieses Hinweises ein Bildschirmfenster mit einer übersichtlichen und verständlichen Erläuterung der allgemeinen Berechnungsmodalitäten für die Versandkosten öffnet und außerdem die tatsächliche Höhe der für den Einkauf anfallenden Versandkosten jeweils bei Aufruf des virtuellen Warenkorbs in der Preisaufstellung gesondert ausgewiesen wird.[196] Bei einer Werbung für Waren in **Preisvergleichslisten einer Preissuchmaschine** dürfen die zum Kaufpreis hinzukommenden Versandkosten nicht erst auf der eigenen Internetseite des Werbenden genannt werden, die mit dem Anklicken der Warenabbildung oder des Produktnamens erreicht werden kann;[197] auch gelten strenge Aktualisierungsanforderungen.[198]

Bei **Google-AdWords-Anzeigen** müssen die **Pflichtangaben** gem. § 4 HWG nicht in der 76
Anzeige selbst enthalten sein, sondern ist ausreichend, dass die Anzeigen einen als solchen klar erkennbaren elektronischen Verweis enthält, der unzweideutig darauf hinweist, dass der Nutzer über ihn zu den Pflichtangaben gelangt (z. B. „Pflichtangaben") und zu einer Internetseite führt, auf der die Pflichtangaben unmittelbar, d. h. ohne weitere Zwischenschritte leicht lesbar wahrgenommen werden können.[199]

f) Verschweigen, Unvollständigkeiten, mittelbare, konkludente und getarnte Angaben. 77
aa) Notwendigkeit der Abgrenzung von § 5 und § 5a. Die Praxis verzichtet teilweise auf eine **Abgrenzung von § 5 zu § 5a** und wendet beide Normen nebeneinander an.[200] Eine Abgrenzung ist jedoch wegen der unterschiedlichen Anforderungen beider Normen unerlässlich.[201]

Bloßes Schweigen kann keine Angabe im Sinne von § 5 Abs. 1 S. 2 sein, denn der Verkehr 78
entnimmt ihm keine Information. Es kann nur § 5a eingreifen. Betroffen sind z. B. **unterlassene Widerrufsbelehrungen** oder **fehlende Hinweise auf Verbraucherrechte („Pflichtangaben").** Hier postulieren § 5a Abs. 2 bis 4 echte Informationspflichten, s. näher § 5a Rdn. 29 ff.

Unter bestimmten Umständen hat das Verschweigen von Informationen **„sprechende Wir-** 79
kung". Der Verkehr entnimmt z. B. dem Umstand, dass eine Information unterlassen wurde (Auslassung), dass der verschwiegene Umstand nicht existiert, oder er deutet die vom Unternehmer gemachten Angaben falsch, weil diese lückenhaft sind. **Art. 7 Abs. 2 UGP-Richtlinie** hält hierzu

---

191 BGH GRUR 2007, 159, 160 – *Anbieterkennzeichnung im Internet.*

192 BGH GRUR 2007, 159, 160 – *Anbieterkennzeichnung im Internet;* BGH GRUR 2014, 94, 95 Rdn. 18 – *Pflichtangaben im Internet.*

193 BGH GRUR 2007, 159, 160 – *Anbieterkennzeichnung im Internet.*

194 BGH GRUR 2014, 94, 95 Rdn. 18 – *Pflichtangaben im Internet.*

195 BGH GRUR 2008, 84, 87, Tz. 31 – *Versandkosten;* OLG Frankfurt K&R 2008, 462 ff.

196 BGH GRUR 2010, 248 – *Kamerakauf im Internet.*

197 BGH GRUR 2010, 251 – *Versandkosten bei Froogle I.*

198 BGH GRUR 2010, 936 – *Espressomaschine;* GRUR 2010, 1110, 1112 – *Versandkosten bei Froogle II.*

199 BGH GRUR 2014, 94, 95 Rdn. 18 – *Pflichtangaben im Internet.*

200 Vgl. BGH GRUR 2009, 1180, 182 f. – *Grundgebühr;* weitere Nachweise bei *Steinbeck,* WPR 2011, 1221 ff.

201 Ebenso *Steinbeck* WPR 2011, 1221 ff., 224; *Blasek* GRUR 2010, 396, 400; *Emmerich* JuS 2012, 651, 652; Gloy/Loschelder/Erdmann/*Helm,* HdbWettbR, § 59 Rdn. 122; jurisPK-UWG/*Seichter* § 5a Rdn. 26. **A. A.** *Bornkamm* WRP 2012, 1, 3 und in Köhler/*Bornkamm,* 33. Aufl. 2015, § 5a Rdn. 7d: Die Regel, dass sich Tun und Unterlassen ausschließen, gelte nur für den herkömmlichen Irreführungstatbestand, der nur entweder durch aktives Tun oder durch Unterlassen begangen werden könne. Dagegen könne § 5 Abs. 1 vor allem neben § 5a Abs. 2 anwendbar sein, wenn der Verbraucher, dem eine wesentliche Information vorenthalten werde, tatsächlich irregeführt werde. Ähnlich auch BGH GRUR 2011, 82 – *Preiswerbung ohne Umsatzsteuer;* GRUR 2011, 846 –*Kein Telekom-Anschluss nötig.*

fest, dass es als irreführende Unterlassung auch gilt, wenn ein Gewerbetreibender wesentliche und relevante Informationen im Sinne von Art. 7 Abs. 1 der Richtlinie verheimlicht oder auf unklare, unverständliche oder zweideutige Weise oder nicht rechtzeitig bereitstellt oder wenn er den kommerziellen Zweck einer Geschäftspraxis nicht kenntlich macht. Dies verdeutlicht, dass – wie schon bislang – eine Irreführung durch Unterlassen nicht nur in Betracht kommt, wenn der Unternehmer sich überhaupt nicht äußert oder Angaben sogar bewusst verschweigt, sondern auch dann, wenn er seine geschäftliche Handlung so gestaltet, dass der Verkehr ihr die notwendigen Informationen nicht entnehmen kann, unabhängig davon, worauf Letzteres beruht und ob der Unternehmer Angaben bewusst verschleiert oder die fehlende Information nur in einer missverständlichen Formulierung gründet.

80 Die Subsumtion eines „sprechenden" Verschweigens unter den Irreführungstatbestand darf allerdings nicht auf eine allgemeine Pflicht der Unternehmen hinauslaufen, dem Verkehr jede nur denkbare Information zur Verfügung zu stellen. Dies würde die Unternehmer erheblich belasten und zu Einschränkungen im Wettbewerb führen. Deshalb gelten § 5a Abs. 2 bis 4 nur im geschäftlichen Verkehr **gegenüber Verbrauchern.** Auch ihnen gegenüber besteht keine **allgemeine Informationsverpflichtung,** sondern ist die Annahme einer „irreführenden Unterlassung" davon abhängig, dass ein Durchschnittsverbraucher die Information in der konkreten Situation der geschäftlichen Handlung im Hinblick auf seine **Wesentlichkeit** für die geschäftliche Entscheidung erwarten darf, und die Verletzung dieser Informationspflicht darüber hinaus für die geschäftliche Entscheidung des Verbrauchers relevant wird. Über die Voraussetzungen, unter denen vorenthaltene Informationen „wesentlich" und deshalb zu offenbaren sind, enthalten § 5a Abs. 2 bis 4 detaillierte und differenzierte Regelungen. Neben dem Kommunikationsmedium (vgl. § 5a Abs. 2 a.E.) spielen die Art der vorenthaltenen Information (vgl. § 5a Abs. 3), die in der Rechtsordnung niedergelegten Informationspflichten (vgl. § 5a Abs. 4) und der Grad der Nähebeziehung zwischen Unternehmer und Verbraucher eine Rolle (vgl. § 5a Abs. 3).

81 Ließe man die „sprechende Wirkung" einer nicht offengelegten Information schon ausreichen, um darin eine „Angabe" im Sinne von § 5 Abs. 1 zu sehen, bestünde die Gefahr, dass die **Voraussetzungen des § 5a unterlaufen** werden. Wäre umgekehrt jede Nichtaufklärung eines Irrtums ein Verschweigen oder Vorenthalten von Informationen im Sinne von § 5a, bestünde die Gefahr, dass das bei § 5 geltende Erfordernis einer unwahren oder täuschenden **Angabe** entwertet würde.

82 § 5 UWG, Art. 6 UGP-Richtlinie einerseits und § 5a UWG, Art. 7 UGP-Richtlinie andererseits haben deshalb jeweils **eigene Anwendungsbereiche;** zur Abgrenzung sogleich sowie § 5a Rdn. 39ff. **Sie schließen sich hinsichtlich ein und derselben Information aus.**[202] Ein Beispiel: Liegt in einer E-Mail-Werbung, in der mit „Ihr U-Vorteil: 100 € gespart! Kassieren Sie bis zu 100 €" geworben wird, obwohl tatsächlich nur je nach Bestellung bis zu 100 € vom Preis einer weiteren Bestellung abgezogen werden, die konkludente Angabe einer Barauszahlung, ist die Werbung nur am Maßstab des § 5 zu überprüfen und § 5a nicht einschlägig. **Mehrere unwahre oder täuschende Informationen** sind hingegen auch dann jeweils gesondert darauf zu überprüfen, ob § 5 oder § 5a anwendbar ist, wenn sie in derselben geschäftlichen Handlung enthalten sind. Belehrt der Unternehmer den Verbraucher z.B. fehlerhaft darüber, dass der Widerruf eines Vertrags nur binnen einer Woche zulässig sei, kann dies sowohl deshalb irreführend sein, weil die richtige Belehrung fehlt (Unterlassen), als auch deshalb, weil der Verbraucher falsch belehrt wurde (Handeln).

83 *bb) Verschweigen und Unvollständigkeiten.* Die **„Nichtinformation",** also das Verschweigen eines Umstandes, über den sich der Verkehr keine Gedanken macht, ist keine Angabe im Sinne von § 5. Hier ist der ureigenste Anwendungsbereich des § 5a Abs. 2 bis 4 UWG, Art. 7 Richtlinie unlautere Geschäftspraktiken betroffen, der Informationspflichten nur unter bestimmten Voraussetzungen vorsieht, die nicht unterlaufen werden dürfen. Gleiches gilt unter den genannten Voraussetzungen auch für die **bloße Unvollständigkeit** einer gegebenen Information, über deren fehlende Bestandteile sich der Verkehr keine Gedanken macht.

84 *cc) Mittelbare bzw. konkludente Angaben.* Von der „Nichtinformation" bzw. der bloß unvollständigen Information abzugrenzen sind **mittelbar bzw. konkludent** in einer geschäftlichen Handlung enthaltene Angaben. Sie sind „Angaben" im Sinne des § 5 Abs. 1 S. 2, denn dieser setzt nicht voraus, dass die Information in der geschäftlichen Handlung offen zu Tage tritt. Es reicht aus, wenn der angesprochene Verkehr ihr die Tatsachenbehauptungen durch Schlussfolgerung entnehmen kann. Konkludente Angaben können nicht nur in der Werbung, sondern auch in Äußerungen ent-

---

[202] *Steinbeck* WPR 2011, 1221ff., 224; *Blasek* GRUR 2010, 396, 400; *Emmerich* JuS 2012, 651, 652; Gloy/Loschelder/Erdmann/*Helm,* HdbWettbR, § 59 Rdn. 122; jurisPK-UWG/*Seichter* § 5a Rdn. 26.

halten sein, deren Ziele auf den ersten Blick auf anderem Gebiet liegen. Die Anpreisung darf allerdings nicht so unklar sein, dass der Verkehr ihr überhaupt keine Aussage entnimmt.

Von verschwiegenen Informationen, die nur unter den Voraussetzungen des § 5a den Tatbestand 85
der Irreführung ausfüllen, unterscheiden sich mittelbare, konkludente bzw. getarnte Angaben dadurch, dass der Verkehr der geschäftlichen Handlung selbst einen Informationsgehalt zuschreibt. Entscheidend ist deshalb, ob der durchschnittlich (angemessen) aufmerksame, verständige und informierte Verbraucher die Aussage des Unternehmers nur um die Lücke schließt, die eine vermeintlich fehlende Information lässt (dann Unterlassen), oder ob er aus den gegebenen Angaben falsche Schlüsse zieht (dann Handeln, selbst wenn korrigierende bzw. aufklärende Hinweise die Täuschungseignung beseitigen könnten).[203] Zu fragen ist folglich: **Ergänzt der Verkehr die geschäftliche Handlung nur im negativen Sinne um scheinbar fehlende Bestandteile?** Schließt er z. B. aus dem Fehlen einer zeitlichen Begrenzung des Angebots darauf, dass keine zeitliche Begrenzung gilt, also auf die zeitlich unbefristete Geltung des Angebots? Dann liegt Verschweigen vor. Oder ist die **Fehlvorstellung auf die gemachten Angaben zurückzuführen und besteht das „Unterlassen" nur darin, dass sie nicht ausgeräumt wird?**[204] Versteht der Verkehr z. B. die Einschränkung der Werbung „Angebot gültig nur bis zum 21.7.2012" im Sinne nicht nur der Geltungsdauer des Angebots, sondern auch der Vorrätigkeit des beworbenen Artikels bis zum genannten Datum? Dann liegt eine mittelbare bzw. konkludente Angabe vor, die anhand von § 5 Abs. 1 S. 2 auf ihre Vereinbarkeit mit dem Irreführungsverbot zu überprüfen ist.

Mittelbare bzw. konkludente Angaben wurden u. a. angenommen in folgenden Fällen: Eine 86
Stellenanzeige kann zugleich eine werbemäßige Selbstdarstellung des inserierenden Unternehmens beinhalten.[205] In der Gegenüberstellung eines durchgestrichenen „Normalpreises" und eines „pc. Spezialist Preises" für Computer, die i. R. einer Sonderveranstaltung abgesetzt werden, kann konkludent die Angabe enthalten sein, dass der durchgestrichene Preis derjenige ist, den der Werbende sonst, also vor oder nach der Sonderveranstaltung, verlangt.[206] Wer Möbel als „Muster-Modelle" bewirbt, äußert damit konkludent, es handele sich bei den beworbenen Stücken um Muster, die noch mehrfach vorrätig seien.[207] Eine anhand § 5 UWG überprüfbare Äußerung liegt in der Gegenüberstellung einer „ehemaligen unverbindlichen Preisempfehlung des Herstellers" mit dem verlangten Preis; sie suggeriert, dass es sich bei der angegebenen Herstellerempfehlung um die zuletzt gültig gewesene und inzwischen ungültig gewordene Preisempfehlung des Herstellers handelt.[208] Auch ein Briefkopf, der darauf abzielt, den Verkehr für die Waren bzw. Leistungen des Werbenden zu gewinnen, kann Tatsachenbehauptung sein.[209] Ein Angebot zu einem „Komplettpreis" kann die tatsächliche Behauptung enthalten, die Ware sei sofort mitnehmbar.[210] Die blickfangmäßige Herausstellung von Preisen kann die Tatsachenbehauptung enthalten, diese bezögen sich auf das daneben abgebildete Produkt.[211] Die Bezeichnung „Gemeinnützige Wohnungsgesellschaft H" in der Firma eines Unternehmens erweckt beim Verkehr den Eindruck, das Unternehmen sei durch die Finanzverwaltung nach § 52 AO als gemeinnützig anerkannt, es fordere nur ein die Selbstkosten deckendes Entgelt und biete seine Leistungen zu niedrigeren Preisen an als die Wettbewerber.[212] Unrichtige oder missverständliche Darstellungen in einer ***„ad-hoc"***-Mitteilung nach § 15 WpHG können irreführend iSd § 5 UWG sein, zB wenn sie die konkludente Angabe enthalten, dass sich die Preisgestaltung des Unternehmens im Hinblick auf freiwerdende Aufwendungen künftig für den Verbraucher günstiger gestalten wird.[213] Gleiches muss auch für falsche Angaben iSd § 16 InstitutsVergV gelten.[214]

Ein (möglicherweise irreführendes) Verschweigen liegt demgegenüber vor: Wenn in ei- 87
ner an die Allgemeinheit gerichteten Werbung für auf einem Kabelanschluss basierende Telefon-

---

[203] Ähnlich OLG Hamm, GRUR-RR 2011, 189; Fezer/*Peifer*, § 5 Rdn. 246.

[204] Ebenso *Blasek* GRUR 2010, 396, 400; so auch *Köhler*/Bornkamm, 34. Aufl. 2016, § 5a Rdn. 1.14, der sich im Hinblick auf praktische Abgrenzungsschwierigkeiten jedoch dafür ausspricht, §§ 5, 5a nebeneinander anzuwenden (Rdn. 1.16).

[205] BGH GRUR 2003, 540 – *Stellenanzeige.*

[206] BGH GRUR 2001, 84 f. – *Neu in Bielefeld II.*

[207] BGH GRUR 1979, 781, 782 – *Radikal gesenkte Preise.*

[208] BGH GRUR 2000, 436, 438 – *Ehemalige Herstellerpreisempfehlung.*

[209] BGH GRUR 2002, 81, 82 – *Anwalts- und Steuerkanzlei.*

[210] Vgl. BGH GRUR 2003, 163 – *Computerwerbung II.*

[211] BGH GRUR 2003, 249 – *Preis ohne Monitor.*

[212] BGH GRUR 2003, 448, 450 – *Gemeinnützige Wohnungsgesellschaft.*

[213] OLG Hamburg GRUR-RR 2006, 377, 378; Köhler/*Bornkamm,* 34. Aufl. 2016, § 5 Rdn. 5.114b; *Lettl,* ZGR 2003, 853, 856; jurisPK-UWG/*Diekmann;* aA *Klöhn* ZHR 172 (2008), 388, 402 ff.; MüKo-UWG/*Bähr,* 2. Aufl. 2014, § 2 Rdn. 130; s. auch *Keller,* § 2 Rdn. 33.

[214] JurisPK/*Diekmann,* 4. Aufl. 2016, Std. 1.5.2016, § 5 Rdn. 644; vgl. dazu *Kolb,* WRP 2015, 31.

dienstleistungen damit geworben wird, dass „Kein Telekom-Anschluss nötig" oder „Kein Telekom-Telefonanschluss mehr nötig!" sei. Hier muss der Werbende darauf hinweisen, wenn bei einer Nutzung der beworbenen Telefondienstleistung keine Möglichkeit besteht, **„Call-by-Call"**-Telefonate zu führen, sonst ist die Werbung nach § 5a Abs. 1 irreführend.[215] In unterlassenen Warnhinweisen kann irreführendes Schweigen liegen, unabhängig davon, ob diese Aufklärungs- oder Erinnerungsfunktion haben;[216] zu elektronischen Verweisen in E-Mails auf Informationen auf der Website des Unternehmers oben § 5 Abschn. B Rdn. 73ff.

88 *dd)* ***Getarnte Angaben.*** Nach Art. 7 Abs. 2 UGP-Richtlinie, nunmehr auch im Wortlaut ausdrücklich umgesetzt durch § 5a Abs. 2 S. 2 Nr. 2 UWG (2015) und schon bislang im Wege der unionskonformen Auslegung zu berücksichtigen, gilt es als irreführende Unterlassung auch, wenn ein Gewerbetreibender wesentliche Informationen auf unklare, unverständliche oder zweideutige Weise bereitstellt oder den kommerziellen Zweck einer Geschäftspraxis nicht kenntlich macht. Daraus folgt jedoch nicht, dass **getarnte Informationen** stets nur unter den Voraussetzungen des § 5a UWG, Art. 7 UGP-Richtlinie irreführend sein können. Vielmehr handelt es sich nur um eine Klarstellung, dass eine Irreführung durch Unterlassen auch in Betracht kommt, wenn Angaben so unklar oder unverständlich sind, dass der Verkehr ihnen eine erforderliche Information nicht entnehmen kann, s. **§ 5a Rdn. 74ff.**

89 Auch bei getarnten Angaben kommt es für die Abgrenzung zwischen § 5 und § 5a folglich darauf an, ob der unrichtige bzw. täuschende Eindruck auf gemachten Angaben beruht und der Unternehmer nur die Aufklärung der Fehlvorstellung unterlässt, oder ob der Verkehr die **geschäftliche Handlung** um scheinbar fehlende Informationen ergänzt. Sendet der Unternehmer dem Verbraucher z.B. eine rechnungsähnlich aufgemachte Vertragsofferte zu, liegt darin keine Täuschung durch Unterlassen der Aufklärung über den Offertencharakter, sondern im Hinblick auf die bewusst missverständliche und unklare Gestaltung des Formulars eine Täuschung durch positives Tun.[217] Eine Stellenanzeige kann getarnte werbende Angaben über das Unternehmen enthalten. Unter dem Deckmantel eines Spendenaufrufs („Spielzeug für die Dritte Welt") kann für den Kauf von Produkten eines bestimmten Unternehmens geworben werden. Geht es um Äußerungen der Presse, karitativer Unternehmen oder der öffentlichen Hand, ist aber stets genau zu prüfen, ob überhaupt eine geschäftliche Handlung vorliegt (näher § 2 Rdn. 40ff., 80ff.).

90 Zur **getarnten Werbung** s. auch die Kommentierung zu § 5a Abs. 6 (§ 5a Rdn. 236ff.).

91 **g) Werbung mit Selbstverständlichkeiten.** Einen **Sonderfall** der irreführenden Werbung mit Selbstverständlichkeiten regelt **Nr. 10 des Anhangs zu § 3 Abs. 3,**[218] für Lebensmittel enthält **§ 11 Abs. 1 Nr. 1 LFBG** i.V.m. **§ 7 Abs. 1 lit. c LMIV** ein Verbot der Werbung mit Selbstverständlichkeiten.

92 Der Verkehr kann in wettbewerbsrechtlich relevanter Weise irregeführt werden, wenn Werbebehauptungen etwas **Selbstverständliches** in einer Weise **betonen,** dass der Adressat der Werbung hierin irrtümlich einen **besonderen Vorzug** der beworbenen Ware oder Leistung erblickt.[219] Das ist **insbesondere** der Fall, wenn gesetzlich vorgeschriebene Eigenschaften oder zum Wesen der angebotenen Ware oder Leistung gehörende Umstände besonders hervorgehoben werden, sodass der angesprochene Verkehr irrig davon ausgeht, es handele sich um einen besonderen Vorzug.[220] **Wesensgemäße Eigenschaften** der Ware oder **gesetzlich vorgeschriebene Angaben** sind jedoch lediglich **Beispiele** einer unlauteren Werbung mit Selbstverständlichkeiten.[221] Diese kann auch dadurch erfolgen, dass der Unternehmer andere selbstverständliche Umstände in der vorbezeichneten Weise **betont.** Angaben oder Hinweise, zu denen der Unternehmer gesetzlich verpflichtet ist, sind als solche noch kein Hervorheben einer Selbstverständlichkeit, diese kann sich jedoch aus der Art und Weise ihrer Darstellung ergeben.[222] **Entscheidend** ist, dass der angespro-

---

[215] BGH GRUR 2011, 846 – *Kein Telekom-Anschluss.*

[216] Vgl. BGH GRUR 2006, 953 – Warnhinweise II.

[217] Hier kann Nr. 22 des Anhangs zu § 3 Abs. 3 einschlägig sein.

[218] S. dazu BGH GRUR 2014, 1007 – *Geld-Zurück-Garantie III.*

[219] BGH GRUR 1973, 481, 483 – *Weingeist;* GRUR 1988, 28 – *Gratis-Sehtest;* GRUR 1990, 1028 – *Incl. MWSt. I;* GRUR 2001, 181, 183 – *Dentalästhetika;* WRP 2009, 435 – *Edelmetallankauf;* GRUR 2013, 401, 404/405 Rdn. 29/40 – Biomineralwasser; GRUR 2014, 498, 499 Rdn. 13 – *Kostenlose Schätzung.*

[220] BGH GRUR 1987, 916, 917 – Gratis-Sehtest; WRP 2009, 435 – *Edelmetallankauf;* GRUR 2014, 498, 499 Rdn. 13 – *Kostenlose Schätzung.*

[221] BGH WRP 2009, 435 – *Edelmetallankauf;* GRUR 2014, 498, 499 Rdn. 13 – *Kostenlose Schätzung;* MüKo-UWG/*Reese,* § 5 Rdn. 178.

[222] OLG Düsseldorf, Urt. v. 25.2.2016, Az. I-15 U 58/15; vgl. OLG Frankfurt, Urt. v. 21.6.2012, Az. 6 U 24/11.

chene Verkehr in den herausgestellten Eigenschaften irrtümlich einen **Vorteil** sieht, den er nicht ohne weiteres, insbesondere auch nicht bei Bezug der gleichen Ware oder Leistung bei einem Mitbewerber, erwarten kann.[223] Eine entsprechende Irreführung setzt voraus, dass der **Verbraucher nicht weiß,** dass es sich bei den betreffenden Eigenschaften lediglich um einen gesetzlich vorgeschriebenen oder zum Wesen der Ware bzw. Leistung gehörenden Umstand handelt.[224]

Der Werbende darf grundsätzlich auf **freiwillig erbrachte Leistungen** wie einen niedrigen Preis, die hohe Qualität seiner Ware oder andere Vorzüge seines Angebots hinweisen, auch wenn andere Mitbewerber keinen höheren Preis verlangen oder die gleiche Qualität bieten.[225] Die Werbung darf aber auch wenn die Vorzüge **objektiv bestehen** nicht den falschen Eindruck erwecken, dass es sich hierbei um **besondere** Vorzüge des Angebots des Werbenden handelt, die der Verbraucher **nicht ohne weiteres, insbesondere auch nicht bei Bezug der gleichen Ware oder Leistung bei der Konkurrenz,** erwarten kann.[226] Daran fehlt es, wenn bestehende Ansprüche nicht als etwas **Ungewöhnliches** herausgestellt werden, sondern als selbstverständlich bestehend.[227] **Zusätzliche Nebenleistungen,** die andere Anbieter nicht anbieten, sind keine Selbstverständlichkeiten in diesem Sinne; die besondere Hervorhebung des Gratischarakters einer Zusatzleistung in einer werblichen Äußerung kann aber u. U. einen Verstoß gegen § 7 HWG[228] oder eine Irreführung über die Preisgünstigkeit des Angebots begründen **(näher § 5 Abschn. D Rdn. 15 ff.; zur Werbung mit „Gratiszugaben" s. auch Weidert, Anh. § 3 Nr. 21).** 93

Beispielsfälle aus der Rspr.:

Irreführende Werbung mit Selbstverständlichkeiten bejaht: Betonung oder Hervorhebung des CE-Zeichens, das in Verbraucherkreisen weitgehend (fälschlich) als Zeichen für geprüfte Qualität versteht, unzulässig daher z. B. die ausdrückliche Aussage **„CE-geprüft",**[229] u. U. auch Anbringung in unmittelbarem textlichem, graphischem o. ä. Zusammenhang mit echten Prüfsiegeln („GS", „TÜV"), wenn der Verbraucher die mit diesen verbundene Erwartung dadurch auf „CE" überträgt (zulässig aber: Anbringung des CE-Zeichens als solche),[230] s. dazu auch **§ 5 C Rdn. 293 ff.;** besondere Betonung der allgemein üblichen **Gebührenfreiheit** des **Edelmetallankaufs**[231] (zulässig aber: Werbung mit „kostenloser Schätzung"[232]); „Rechtsanwalt auch zugelassen am OLG" auf dem Briefkopf eines Anwalts;[233] **„inkl. MWSt." bei besonderer Hervorhebung;**[234] (zulässig aber im Fließtext);[235] Siegel **„tiergerechte Haltungsform",** wenn die Haltung der Tiere lediglich entsprechend den geltenden gesetzlichen Vorschriften erfolgt;[236] Bewerbung von „Natursalz vom Toten Meer" mit der Aussage **„für Bio-Nahrungsmittel geeignet.";**[237] Bewerbung ärztlicher Leistungen mit einem **„Hygienezertifikat",** das lediglich de Einhaltung gesetzlicher Hygieneanforderungen bescheinigt.[238] 94

Keine irreführende Werbung mit Selbstverständlichkeiten: Angaben oder Hinweise, zu denen der Unternehmer gesetzlich verpflichtet ist, solange der Unternehmer tunlichst alles unter- 95

---

[223] BGH GRUR 2010, 349, 350 – *EKW-Steuerberater;* GRUR 2014, 498, 499 Rdn. 13 – *Kostenlose Schätzung;* vgl. BGH WRP 2009, 435 Rdn. 2 – *Edelmetallankauf.*

[224] BGH GRUR 2013, 401, 404/505 Rdn. 29/40 – Biomineralwasser (insoweit Rdn. 40 verweisend auf die Ausführungen zu § 11 Abs. 1 S. 2 Nr. 3 LFGB a. F.).

[225] BGH WRP 2009, 435 – *Edelmetallankauf;* GRUR 2014, 498, 499 – *Kostenlose Schätzung;* vgl. BGH GRUR 1987, 916, 917 – *Gratis-Sehtest;* vgl. OLG München, Urt. v. 24.5.2012, Az. 29 U 4217/11, BeckRS 2013, 0300

[226] BGH GRUR 1973, 481, 483 – *Weingeist;* GRUR 1988, 28 – *Gratis-Sehtest;* GRUR 1990, 1028 – *Incl. MWSt. I;* GRUR 2001, 181, 183 – *Dentalästhetika;* WRP 2009, 435 – *Edelmetallankauf;* GRUR 2013, 401, 404/405 Rdn. 29/40 – Biomineralwasser; GRUR 2014, 498, 499 Rdn. 13 – *Kostenlose Schätzung;* vgl. *auch Büscher* GRUR 2013, 969, 980.

[227] BGH GRUR 2014, 1007, 1009 Rdn. 15 – *Geld-Zurück-Garantie III.*

[228] Vgl. BGH GRUR 2015, 504, 506, Rdn. 18 – *Kostenlose Zweitbrille* (zu § 7 Abs. 1 HWG).

[229] OLG Düsseldorf, Urt. v. 25.2.2016, Az. I-15 U 58/15, juris-Rdn. 23 ff.; vgl. OLG Frankfurt, Urt. v. 21.6.2012, Az. 6 U 24/11.

[230] OLG Düsseldorf, Urt. v. 25.2.2016, Az. I-15 U 58/15, juris-Rdn. 23 ff.; OLG Frankfurt, Urt. v. 21.6. 2012, Az. 6 U 24/11 LG Darmstadt, Urt. v. 19.2.2010, Az. 15 O 327/09; LG Landau, Urt. v. 6.11.2013, HK O 16/13.

[231] BGH WRP 2009, 435 – *Edelmetallankauf.*

[232] BGH GRUR 2014, 498 ff. – *Kostenlose Schätzung.*

[233] OLG Köln Urt. v. 22.6.2012, Az. I-6 U 4/12, MD 2012, 856.

[234] BGH GRUR 1990, 1027 – *Inkl. MWSt. I;* GRUR 1990, 1028 – *Inkl. MWSt. II.*

[235] BGH GRUR 1990, 1027, 1028 – *Inkl. MWSt. I;* GRUR 1990, 1029, 1030 – *Inkl. MWSt. III;* GRUR 1991, 323 – *Inkl. MWSt. IV.*

[236] OLG Oldenburg GRUR-RR 2011, 190.

[237] OLG München GRUR-RR 2015, 310, 311 Rdn. 21 – *Natursalz vom Toten Meer.*

[238] OLG München GRUR-RR 2015, 341 – *Hygienezertifikat.*

lässt, was über diesen Hinweis hinausgeht;[239] nicht irreführend daher wegen § 7 Abs. 2 Nr. 2 ProdSG die bloße **Anbringung des CE-Zeichen,** obwohl dessen zutreffende Bedeutung in Verbraucherkreisen weitgehend unbekannt ist (irreführend aber die ausdrückliche Aussage: „CE-geprüft");[240] für die Verbraucher stellt es bei vielen Geschäftsmodellen zwar eine Selbstverständlichkeit dar, dass die Preise die Mehrwertsteuer enthalten, nach § 1 Abs. 2 S. 1 Nr. 1 PAngV ist diese Angabe aber erforderlich, zulässig daher **„inkl. MWSt." im Fließtext**[241] (anders aber bei besonderer Hervorhebung[242]); Werbung eines **Edelmetallankäufers** mit „kostenloser Schätzung";[243] (irreführend aber: Betonung der allgemein üblichen Gebührenfreiheit des Edelmetallankaufs[244]). Bezeichnung natürlichen Mineralwassers als **„Biomineralwasser",** da Erwartung des Verbrauchers, dass sich dieses Wasser im Hinblick auf seine Gewinnung und seinen niedrigen Schadstoffgehalt von normalen Mineralwässern abhebe, durch das von der Qualitätsgemeinschaft entwickelte Zertifizierungssystem sichergestellt;[245] Zusatz **„Auch zugelassen am OLG Frankfurt"** zur Namensleiste eines Rechtsanwalts, dem vor dem 1.6.2007 eine solche Zulassung erteilt wurde, weil Entfallen des Zulassungserfordernisses gerade bei den Teilen des Verkehrs, die nicht ständig Rechtsstreitigkeiten führen, noch nicht bekannt;[246] Werbung eines **Steuerberaters** mit zusätzlichen Nebenleistungen wie einem Abhol- und Bringdienst für die Buchführung;[247] an Tankstellenpächter gerichtete Werbung für ein bestimmtes Abrechnungssystem mit „Bietet Ihnen ihr EKW-Steuerberater keine Standardlösungen, sondern individuelle Betreuung?", wenn sich aus dem Kontext ergibt, dass der Steuerberatungsbedarf der Umworbenen unterschiedlich sein kann und individuelle Lösungen in Aussicht gestellt werden;[248] Werbung eines Rechtsanwalts mit **kostenlosen Deckungsanfragen** bei Rechtsschutzversicherern;[249] Werbung eines Optikerfachgeschäfts für einen **„Gratis-Sehtest",** obwohl auch alle anderen Optikerfachgeschäfte in der Umgebung unentgeltliche Sehtests anbieten;[250] Hinweis **„ohne Fett"** auf Verpackung für Süßwaren;[251] im Fließtext enthaltene Werbeangabe **„frei von Hormonen und schädlichen Zusätzen"** für Kosmetika;[252] **„laktosefrei"** auf der Vorderseite der Verpackung von Gouda, da dem Verkehr nicht bekannt ist, dass Goudakäse – das Vorbringen des Klägers als zutreffend unterstellt – aufgrund seiner Reifezeit grundsätzlich laktosefrei ist.[253]

96 **h) Bildliche Darstellungen, sonstige Veranstaltungen, vergleichende Werbung.** Bildliche Darstellungen und „sonstige Veranstaltungen", etwa eine Erkennungsmelodie, ein Geruch oder ein zu ertastendes Zeichen, können ebenso Angaben enthalten wie vergleichende Werbung, § 5 Abs. 3. Ausführlich hierzu **§ 5 Abschn. K.**

97 **i) Wahre/unwahre Angaben.** S. ausführlich **§ 5 Abschn. B Rdn. 140ff., 144, 174ff., 182a.** Aus dem Wortlaut des § 5 Abs. 1 S. 2, der im Einklang mit der UGP-Richtlinie zwischen unwahren und anderen Angaben unterscheidet, ergibt sich eindeutig, dass sowohl wahre als auch unwahre Informationen „Angaben" im Sinne des § 5 Abs. 1 S. 2 sind. Während bei unwahren Angaben aber der Angabencharakter nach objektiven Maßstäben zu beurteilen ist (§ 5 Abschn. B Rdn. 174ff.), entscheidet bei täuschungsgeeigneten Angaben das **Verkehrsverständnis.** Nach std. Rspr. des **BGH** ist dann, wenn die Täuschung des Verkehrs lediglich auf dem Fehlverständnis einer

---

[239] OLG Düsseldorf, Urt. v. 25.2.2016, Az. I-15 U 58/15, Rdn. 24; vgl. OLG Frankfurt, Urt. v. 21.6.2012, Az. 6 U 24/11.

[240] OLG Düsseldorf, Urt. v. 25.2.2016, Az. I-15 U 58/15; vgl. OLG Frankfurt, Urt. v. 21.6.2012, Az. 6 U 24/11; LG Darmstadt, Urt. v. 19.2.2010, Az. 15 O 327/09; LG Landau, Urt. v. 6.11.2013, Az. HK O 16/13.

[241] BGH GRUR 2008, 84, 87, Tz. 34 – *Versandkosten.*

[242] BGH GRUR 1990, 1027 – *Inkl. MWSt. I;* GRUR 1990, 1028 – *Inkl. MWSt. II.*

[243] BGH GRUR 2014, 498ff. – *Kostenlose Schätzung.*

[244] BGH WRP 2009, 435 – *Edelmetallankauf.*

[245] BGH GRUR 2013, 401, 404 Rdn. 29 – Biomineralwasser (zu § 11 Abs. 1 S. 2 Nr. 3 LFGB a. F.

[246] BGH GRUR 2013, 950, 951 Rdn. 15ff. – *Auch zugelassen am OLG Frankfurt.*

[247] BGH GRUR 2010, 349, 350 – *EWK-Steuerberater.*

[248] BGH GRUR 2010, 349, 350 – *EKW-Steuerberater* – mit Anm. *Kleine-Cosack,* NJW 2010, 1921ff.

[249] KG Berlin WRP 2010, 948.

[250] BGH GRUR 1987, 916, 917 – *Gratis-Sehtest;* vgl. aber auch BGH GRUR 2014, 576 – *2 Flaschen GRATIS:* Kein Verstoß gegen das wettbewerbsrechtliche Irreführungsverbot gem. §§ 3, 5 Abs. 1 bei Werbung für Erfrischungsgetränke mit „2 Flaschen GRATIS beim Kauf eines Kastens", weil der Durchschnittsverbraucher ohne Weiteres erkennt, dass er für den in der Werbung genannten Preis tatsächlich 14 Flaschen erhält und daher davon ausgehen wird, dass der angegebene Grundpreis auf der Basis der Gesamtmenge berechnet wurde. Zur Werbung mit **„Gratiszugaben"** s. **§ 3 Abs. 3 Nr. 12, zur Preiswerbung § 5 Abschn. D Rdn. 15ff.**

[251] OLG Düsseldorf GRUR-RR 2006, 235, 237.

[252] OLG Hamburg OLGR Hamburg 2006, 527.

[253] OLG Düsseldorf, Urt. v. 16.12.2014, Az. I-20 U 227/13.

an sich zutreffenden Angabe beruht, für die Anwendung des § 5 grundsätzlich eine höhere Irreführungsquote als im Falle einer Täuschung mit objektiv unrichtigen Angaben erforderlich; außerdem ist eine Interessenabwägung vorzunehmen.[254] Das **Relevanzerfordernis** besteht auch bei unwahren Angaben, näher Rdn. 204ff.

j) Zu Eigen machen von Angaben Dritter. Der Unternehmer kann sich auch Angaben fremder Personen dadurch **zu Eigen machen,** dass er sich auf sie bezieht,[255] ohne dass es darauf ankommt, ob der **Dritte,** um dessen Angaben es geht, mit der Angabe selbst Wettbewerb betreibt.[256] Verweist der Unternehmer z. B. auf **wissenschaftliche Abhandlungen,** die sein Produkt in einem günstigen Lichte dastehen lassen, macht er sich dadurch die Untersuchung zu Eigen.[257] Weitere Beispiele bilden die Werbung mit **Testergebnissen, Referenzen, Kundenempfehlungen und Umfrageergebnissen, s. näher § 5 Abschn. K Rdn. 18.** Für die Richtigkeit von **Gutachten,** deren Inhalt in Bezug genommen oder (z. B. in einer Werbedrucksache) wiedergegeben wird, hat der Werbende **wie für eigene Angaben einzustehen.**[258] Wurden die Erkenntnisse, welche die Abhandlung oder welche das Gutachten darstellt, nicht unter Beachtung der elementaren wissenschaftlichen Grundsätze gewonnen, von denen der durchschnittlich informierte, verständige und aufmerksame Umworbene ausgeht, verstößt der Werbende gegen § 5 UWG.[259] Die Werbung mit Testergebnissen der **„Stiftung Warentest"** und ähnlicher Organisationen versteht der Verkehr in aller Regel nicht im Sinne einer objektiven Richtigkeit, sondern dahin, dass der Rang in einem neutralen, objektiven und sachkundigen Verfahren verliehen und nicht erschlichen wurde. Die Werbung mit einem objektiv unrichtigen Testergebnis begründet damals solche noch keine relevante Irreführung **(s. § 5 Abschn. K Rdn. 22).** 98

Schuldner der in § 8 geregelten Abwehransprüche ist jeder, der durch sein Verhalten den objektiven Tatbestand einer Zuwiderhandlung **selbst, durch einen anderen oder gemeinschaftlich mit einem anderen** adäquat kausal verwirklicht. Im Falle der Verbreitung **wettbewerbswidriger Äußerungen in Medien** haftet neben dem Urheber der Äußerung jeder an der Wiedergabe und der Verbreitung Beteiligte, soweit sein Verhalten eine geschäftliche Handlung iSv § 2 Abs. 1 Nr. 1 darstellt.[260] Die zuletzt genannte Voraussetzung hat zur Folge, dass Personen, die zwar rein tatsächlich an einer Verletzung mitwirken, aber – wie etwa Plakatkleber oder Prospektverteiler – nicht entscheidungsbefugt und in völlig untergeordneter Stellung ohne eigenen Entscheidungsspielraum tätig sind, idR nur bei vorsätzlichem Handeln als Gehilfen zur Verantwortung gezogen werden können.[261] **Presseunternehmen** haften für die Veröffentlichung gesetzwidriger Werbeanzeigen Dritter nur, wenn sie gegen ihre Pflicht zur Prüfung verstoßen haben, ob die Veröffentlichung der Anzeigen gegen gesetzliche Vorschriften verstoßen, wobei sich diese Prüfungspflicht, um die Arbeit von Presseunternehmen nicht über Gebühr zu erschweren und die Verantwortlichen nicht zu überfordern, auf grobe und unschwer erkennbare Rechtsverstöße beschränkt.[262] Der Schutz der Pressefreiheit gilt dabei auch für Kundenzeitschriften und für Anzeigenblätter, die hauptsächlich Werbeanzeigen und zu einem geringen Teil redaktionelle Beiträge enthalten, ist hier jedoch je nach meinungsbildendem Bezug und kommerzieller Ausrichtung des Blattes entsprechend beschränkt oder entfällt sogar ganz.[263] **Zur Verantwortlichkeit des Unternehmers s. i. Ü. die Kommentierung zu §§ 8ff.** 99

k) Angaben zugunsten eines fremden Unternehmens. § 5 knüpft seit der UWG-Reform 2008 nicht mehr an „Werbung", sondern an eine „geschäftliche Handlung" i. S. d. § 2 Nr. 1 an. Da 100

---

[254] BGH GRUR 2000, 73, 75 – *Tierheilpraktiker;* GRUR 2010, 1024, 1025 Rdn. 25 – *Master of Science Kieferorthopädie;* WRP 2012, 1526 Rdn. 3 – *Über 400 Jahre Brautradition;* GRUR 2013, 1252, 1254 Rdn. 17 – *Medizinische Fußpflege;* Urt. v. 30.7.2015, Piadina-Rückruf, I ZR 250/12, DE:BGH:2015:300715UIZR250.12.0, Rdn. 26.

[255] BGH GRUR 1961, 189, 191 – *Rippenstreckmetall;* GRUR 1962, 45, 49 – *Betonzusatzmittel;* vgl. BGH GRUR 2003, 800, 801 – *Schachcomputerkatalog.*

[256] BGH GRUR 1961, 45, 49 – *Betonzusatzmittel;* GRUR 2002, 633, 635 – *Hormonersatztherapie.*

[257] Vgl. BGH GRUR 1961, 45, 49 – *Betonzusatzmittel;* GRUR 2002, 633, 635 – *Hormonersatztherapie.*

[258] BGH GRUR 1961, 189, 191 – *Rippenstreckmetall.*

[259] BGH GRUR 2002, 633 – *Hormonersatztherapie.*

[260] BGH, Urt. v. 5.2.2015, Az. I ZR 136/13, Tz. 29 – *TIP der Woche;* vgl. BGH GRUR 2011, 340, 342 Rdn. 27 – *Irische Butter.*

[261] BGH GRUR 2011, 340, 342 Rdn. 27 – *Irische Butter.*

[262] BGH, Urt. v. 5.2.2015, Az. I ZR 136/13, Tz. 32 – *TIP der Woche;* vgl. BGH GRUR 1990, 1012, 1014 – *Pressehaftung I;* GRUR 1992, 618, 619 – *Pressehaftung II;* GRUR 2001, 529, 531 – *Herz-Kreislauf-Studie;* GRUR 2006, 957f. Rdn. 14 – *Stadt Geldner.*

[263] BGH, Urt. v. 5.2.2015, Az. I ZR 136/13, Tz. 37 – *TIP der Woche.*

dieser Begriff auch weiter als der der „Geschäftspraxis" der UWG-Richtlinie ist, werden **unwahre oder zur Täuschung geeignete geschäftliche Handlungen zugunsten eines fremden Unternehmens von § 5 erfasst,** ohne dass es darauf ankommt, ob der Dritte im **Namen oder Auftrag** des fremden Unternehmens handelt.[264] Handlungen Dritter zur Förderung des Absatzes oder Bezuges eines fremden Unternehmens fallen zwar weder in den Anwendungsbereich der UGP-Richtlinie noch der Werberichtlinie 2006/114/EG, sofern diese Personen nicht **im Namen oder Auftrag des Unternehmers** handeln,[265] da diese Einschränkung zugleich den Anwendungsbereich beider Richtlinien begrenzt, stehen diese einer darüber hinausgehenden Erfassung auch anderer Fälle der Förderung fremden Wettbewerbs durch das nationale Lauterkeitsrechts aber nicht entgegen.[266] s. dazu auch **§ 5 Abschn. A Rdn. 34.**

101 **l) Angaben über andere Unternehmer.** Unwahre oder täuschende Angaben **über andere Unternehmer** können unter dem Gesichtspunkt einer Irreführung über einen anderen der in § 5 Abs. 1 S. 2 genannten Bezugspunkte irreführend sein. Auch Werbung, die einen Mitbewerber erkennbar macht **(vergleichende Werbung),** muss sich nach § 5 Abs. 3 am Irreführungsverbot messen lassen. Deshalb darf sie z. B. keinen falschen Eindruck über die Beziehungen der Mitbewerber erwecken.[267] Ferner gilt auch für vergleichende Werbung der Verwechslungsschutz des § 5 Abs. 2; **zum Verhältnis zwischen § 5 Abs. 2 und § 6 Abs. 2 Nr. 3 siehe näher § 5 J Rdn. 17 ff. sowie die Kommentierung zu § 6.**

102 Zur Geltung des Bezugskatalogs für Angaben im Rahmen vergleichender Werbung s. näher **§ 5 Rdn. B. 121.**

103 Auch Angaben, die sich darauf beschränken, einen Mitbewerber und sein Angebot gegenüber der Marktgegenseite zu kritisieren, erfüllen die Merkmale der Werbung, wenn sie dem Ziel dienen, den eigenen Wettbewerb zu fördern.[268] Der hierfür erforderliche Zusammenhang zum handelnden Unternehmer, dessen Produkten oder Geschäften besteht z. B. bei der betrieblichen Herkunftstäuschung i. S. v. § 5 Abs. 1 S. 2 Nr. 1 (U gibt fälschlich an, das Produkt stamme vom Markenhersteller H), bei § 5 Abs. 2 oder wenn der Unternehmer i. S. v. § 5 Abs. 1 S. 2 Nr. 3 Beziehungen zu Dritten vortäuscht (U täuscht umfangreiche Lieferbeziehungen zu den solventen A, B und C vor).

2. Feststellung des Angabeninhalts

104 **a) Allgemeines.** Der Angabeninhalt entscheidet darüber, ob eine Angabe zur Täuschung geeignet ist. Die Täuschungseignung setzt deshalb die genaue Feststellung dessen voraus, welchen Inhalt die in einer geschäftlichen Handlung enthaltene Angabe aus Sicht des angesprochenen Verkehrs hat.

105 **b) Verkehrsverständnis.** Nicht nur die Frage danach, ob überhaupt eine Angabe vorliegt, ist von der Warte eines durchschnittlich aufmerksamen, informierten und verständigen Mitglieds des Verkehrskreises zu beantworten, an den sich die geschäftliche Handlung richtet (näher hierzu § 5 Abschn. B Rdn. 28 ff.), sondern auch die Frage nach dem Inhalt der Angabe. Objektive Maßstäbe sind nur bei der Feststellung der Unwahrheit von Angaben anzulegen, näher § 5 Abschn. B Rdn. 56. Da das Verkehrsverständnis und die Situation, in der die geschäftliche Handlung vorgenommen wird, entscheiden, kann eine Angabe je nachdem, in welcher Situation und gegenüber welchem Personenkreis sie gemacht wird, unterschiedliche Inhalte haben. Beispielsweise kann von einem Gewerbetreibenden eher verlangt werden, dass er die erläuternden Hinweise einer Blickfangwerbung in einem Werbemagazin zur Kenntnis nimmt, als von einem Laien, s. § 5 Abschn. B Rdn. 36.

106 **c) Gesamteindruck.** Maßgeblich ist, wie der angesprochene Verkehr die beanstandeten Angaben **im Gesamtzusammenhang** aufgrund ihres **Gesamteindrucks** versteht.[269] Der „europäische" Verbraucher ist in der Lage zu erkennen, dass eine Werbung auf ihren **konkreten Gesamtkontext** bezogen werden muss. Bereits in seiner Entscheidung „Clinique" statuierte der EuGH, die

---

[264] GK/*Lindacher,* 2. Aufl., § 5 Rdn. 28; Köhler/*Bornkamm,* 34. Aufl. 2016, § 5 Rdn. 2.27.

[265] Vgl. *Koch,* FS Köhler, 2014, 359, 367; *Scherer,* WRP 2014, 517, 519.

[266] Vgl. zur UGP-Richtlinie EuGH, Urt. v. 17.10.2013, C-391/12, RLvS, EU:C:2013:669, Rdn. 40; BGH GRUR 2015, 694, 696 Rdn. 26 – *Bezugsquellen für Bachblüten;* GRUR 2014, 879, 880 Rdn. 13 – *GOOD NEWS II.*

[267] EuGH GRUR 2006, 345, 346 – *Siemens/VIPA.*

[268] Köhler/*Bornkamm,* 34. Auflage 2016, § 5 Rdn. 2.34.

[269] BGH GRUR 2003, 361, 362 – *Sparvorwahl;* GRUR 2010, 352 – *Hier spiegelt sich Erfahrung;* GRUR 2014, 88, 91 Rdn. 32 – *Vermittlung von Netto-Policen;* GRUR 2014, 298, 299, Rdn. 19 – *Runes of Magic I;* GRUR 2014, 494, 495 Rdn. 14 – *Diplomierte Trainerin;* GRUR 2015, 698, 699 Rdn. 10 – *Schlafzimmer komplett;* Urt. v. 25.6.2015, Az. I ZR 145/14, Rdn. 19 – *Mobiler Buchhaltungsservice.*

medizinische Konnotation eines Produktnamens reiche für die Annahme einer Irreführung nicht aus, wenn das Produkt auch in Kaufhäusern und Drogerien vertrieben werde.[270] Entscheidend für den Aussagegehalt einer Angabe ist auch nach gefestigter deutscher Rechtsprechung der Gesamteindruck in der **konkreten Situation**[271] und **Art und Weise,**[272] in der die Angabe gemacht wird. Stehen einzelne Angaben in einer in sich geschlossenen Darstellung, so dürfen sie **nicht aus ihrem Zusammenhang** gerissen werden.[273] Ob mehrere Angaben als zusammengehörig aufgefasst werden, richtet sich nach den Umständen des Einzelfalls.[274] Entscheidend ist die Sicht des Verkehrs, an den sich die **geschäftliche Handlung** richtet. Bei **mehreren Angaben** bzw. Angaben, die sich **aus mehreren Bestandteilen zusammensetzen** (§ 5 Abschn. B Rdn. 71 f.) kommt es deshalb darauf an, ob ein Durchschnittsverbraucher in der fraglichen Situation das Zusammenwirken der Bestandteile erkennt. Ist dies nicht der Fall, z. B. weil die in einer einheitlichen Werbeschrift befindlichen Angaben weder sachlich noch äußerlich erkennbar miteinander verbunden oder aufeinander bezogen sind,[275] ist eine isolierte Betrachtung geboten; andernfalls entscheidet der Gesamteindruck.[276] Diese Grundsätze gelten auch hinsichtlich der **Etikettierung von Lebensmitteln.** Insoweit ergibt sich aus der Rspr. des EuGH zwar, dass Verbraucher, die sich in ihrer Kaufentscheidung nach der Zusammensetzung des Erzeugnisses richten, zunächst das **Verzeichnis der Zutaten lesen.**[277] Lassen die **unwahre, falsche, mehrdeutig, widersprüchliche oder unverständliche Etikettierung** eines Lebensmittels und die Art und Weise, in der sie erfolgt, **insgesamt den falschen oder missverständlichen Eindruck entstehen,** dass dieses Lebensmittel eine Zutat enthält, die tatsächlich nicht darin vorhanden ist, ist eine solche Etikettierung daher geeignet, den Käufer über die Eigenschaften des Lebensmittels irrezuführen; ein **richtiges und vollständiges Zutatenverzeichnis kann dann den falschen oder missverständlichen Eindruck nicht berichtigen,** der sich für den normal informierten, angemessen aufmerksamen und verständigen Durchschnittsverbraucher bzgl. der Eigenschaften des Lebensmittels aus den anderen Elementen der Etikettierung dieses Lebensmittels ergibt.[278]

Entscheidend für den Gesamteindruck sind u. a.: Die Eigenschaften des angesprochenen **Verkehrskreises,** die Person des **Unternehmers,** die **Art und Form der Angabe sowie das verwandte Medium,** das betroffene **Produkt** und dessen **Preis.** Z. B. wird der Verbraucher sich bei einer beabsichtigten Investition in vierstelliger Höhe regelmäßig für den gesamten Inhalt einer Werbeaussage interessieren,[279] zumal wenn er sich ohne weitere Informationen wie z. B. **Maßangaben** (konkret: des beworbenen Schlafzimmers) nicht ausreichend über das Angebot informieren kann.[280] Auch wird der durchschnittlich aufmerksame, verständige und informierte Zeitungsleser einem dem Bild räumlich zugeordneten, kurzen und gut lesbaren Text „Preis ohne Zubehör" einer aus Bild und Text zusammen gesetzten Zeitungsanzeige entnehmen können, dass es sich bei dem angegebenen Preis für das mit Zubehör abgebildete Gerät nur um den Grundpreis handelt und Zubehör gesondert zu bezahlen ist; die Werbung ist in diesem Fall nicht zur Irreführung iSd § 5 geeignet. Anders hingegen, wenn die gleiche Anzeige in der Großbildschirmwerbung an einer Autobahn sichtbar wird, und angesichts der Aufmerksamkeit, die die Autofahrer dort dem Verkehr widmen müssen, nicht davon auszugehen ist, dass einem durchschnittlich aufmerksamen, verständigen und informierten Teilnehmer des Straßenverkehrs ausreichend Zeit zur Verfügung steht, um neben dem Bild und der Preisangabe auch die fragliche Einschränkung zur Kenntnis zu nehmen; in diesem Fall ist der Bildteil isoliert auf seine Täuschungseignung zu untersuchen. Je knapper die Möglichkeiten einer ausführlichen Information in dem betr. Medium bemessen sind, umso eher wird der Durch- 107

[270] EuGH, Urt. v. 2.2.1994, *Verband Sozialer Wettbewerb,* C-315/92, EU:C:1994:34, Rdn. 23 („Clinique").

[271] BGH GRUR 2005, 438, 440 – *Epson;* GRUR 2005, 442 f. – *Direkt ab Werk;* GRUR 2006, 1042, 1044 – *Kontaktanzeigen;* GRUR 2010, 352 – *Hier spiegelt sich Erfahrung.*

[272] BGH GRUR 2014, 298, 299, Rdn. 20 – *Runes of Magic I.*

[273] BGH GRUR 2005, 690, 691 f. – *Internet-Versandhandel;* GRUR 2014, 298, 301, Rdn. 31 – *Runes of Magic; I* GRUR 2015, 698, 699 Rdn. 10 – *Schlafzimmer komplett.*

[274] BGH GRUR 2005, 690, 692 – *Internet-Versandhandel.*

[275] Vgl. BGH GRUR 2003, 800, 803 – *Schachcomputerkatalog;* GRUR 2004, 162, 163 – *Mindestverzinsung;* GRUR 2005, 438, 440 – *Epson.*

[276] BGH GRUR 2005, 438, 440 – *Epson.*

[277] EuGH, ECLI:EU:C:1995:352 Rdn. 34 = BeckRS 2004, 77519 – *Kommission/Deutschland;* ECLI:EU:C:2000:184 Rdn. 22 = NJW 2000, 2729 – *Darbo;* GRUR 2015, 701, 702 Rdn. 37 – *BVV/Teekanne [Himbeer-Vanille-Abenteuer].*

[278] EuGH GRUR 2015, 701, 702 Rdn. 37–44 – *BVV/Teekanne [Himbeer-Vanille-Abenteuer];* BGH, Urt. v. 02.12.2015, *Himbeer-Vanille-Abenteuer II,* I ZR 45/13, DE:BGH:2015:021215UIZR45.13.0, Rdn. 15.

[279] BGH GRUR 2015, 698, 699 Rdn. 7, 18 *Schlafzimmer komplett.*

[280] BGH GRUR 2015, 698, 699 Rdn. 7, 18 *Schlafzimmer komplett.*

schnittsverbraucher mit Unvollständigkeiten rechnen. Bei **Domains** kann die Täuschungseignung unter Gleichnamigen (s. dazu **§ 5 Abschn. J Rdn. 42**) bzw. soweit sie sich aus einer Gattungsbezeichnung ergibt[281] durch einen irreführungsausschließenden Hinweis auf der Homepage ausgeräumt werden.[282] Bei **Marken, Firmen und Bezeichnungen** ist zu berücksichtigen, dass diese häufig abgekürzt verwandt werden. Zu Besonderheiten der **Blickfangwerbung** s. **§ 5 B.127 ff.**

108 **d) Wortbedeutung.** Gibt es eine **übliche Wortbedeutung,** wird der Verkehr im Zweifel sie zugrunde legen,[283] z.B. **„nickelfrei"** (in der Werbung für Edelstahlketten) als „frei von Nickel" verstehen[284] und **„KOMPLETT"** (als hervorgehobene Angabe in der Werbung für eine Schlafzimmereinrichtung) als funktionsgerecht ausgestattet.[285] Das **allgemeine Sprachverständnis** ist grundsätzlich auch ein für **Fachkreise** gültiger Maßstab, wenn der Anspruchsgegner kein hiervon ausnahmsweise abweichendes Verständnis vorträgt und unter Beweis stellt.[286] Der Vermerk „Verkauf nur solange der Vorrat reicht" ist allgemein als Hinweis auf eine beschränkte Vorratshaltung bekannt. Deshalb wird aus einer entsprechenden Klausel auf der letzten Seite einer Werbebeilage nicht auf eine Sonderveranstaltung, etwa einen Räumungsverkauf, geschlossen.[287]

109 **e) Unklare und mehrdeutige Angaben.** Wird eine Information in unklarer oder zweideutiger Weise zum Ausdruck gebracht, so dass der maßgebliche Verkehr ihren Inhalt nicht erkennt oder ihn nicht versteht, kann darin eine **Irreführung durch Verschweigen** liegen, § 5a. Ist die Angabe hingegen wegen ihrer Unklarheit oder Mehrdeutigkeit entweder bei objektiver Betrachtung unrichtig oder wird sie vom angesprochenen Verkehr falsch verstanden, kommt eine **Irreführung durch positives Tun** in Betracht. Unklare oder **mehrdeutige Angaben** sind irreführend, wenn der Verkehr **ihnen (mindestens) eine Aussage** entnimmt, die **nicht zutrifft.**[288] Entscheidend für das wettbewerbliche Irreführungsverbot ist, welche Informationen ein durchschnittlich aufmerksames, informiertes und verständiges Mitglied des angesprochenen Verkehrskreises der geschäftlichen Handlung entnimmt. Z. B. wird der Verkehr der Ankündigung einer „radikalen" Preissenkung zwar keine Aussage über den genauen Umfang der Preisreduzierung entnehmen, aber doch den Eindruck gewinnen, die Preissenkung übersteige jedenfalls ein bestimmtes **Mindestmaß.**[289] Trifft Letzteres nicht zu, ist die Ankündigung irreführend.

110 **Mehrdeutig** sind Angaben unter Zugrundelegung eines normativen Verkehrsverständnisses nicht schon dann, wenn empirische Erhebungen zeigen, dass Teile des angesprochenen Verkehrs sie anders verstehen als andere,[290] sondern nur, wenn ein **durchschnittlich (angemessen) aufmerksames, verständiges und informiertes Mitglied** des Verkehrskreises, an den sie sich richtet, mehrere Deutungen in Betracht zieht. Dann ist allerdings weiter zu fragen, ob sich der Verkehr durch eine als mehrdeutig erkannte Angabe in relevanter Weise täuschen lässt, etwa weil er sich unter In-Kaufnahme des Risikos, dass die von ihm bevorzugte Deutung unrichtig ist, für eine der in Betracht kommenden Auslegungen entscheidet.

111 Eine **gespaltene Verkehrsauffassung** kommt ausnahmsweise dann in Betracht, wenn eine an mehrere Verkehrskreise gerichtete geschäftliche Handlung in für den Unternehmer erkennbarer Art und Weise voraussichtlich das wirtschaftliche Verhalten einer darin enthaltenen, eindeutig identifizierbaren Verbrauchergruppe beeinflusst, die infolge bestimmter Eigenschaften besonders schutzbedürftig ist; hier reicht aus, dass die geschäftliche Handlung in relevanter Weise zur Irreführung dieser Gruppe geeignet ist, s. näher zur Frage der gespaltenen Verkehrsauffassung **§ 5 Abschn. B Rdn. 16 ff.**

---

[281] OLG München, Urt. v. 28.10.2010, Az.: 29 U 2590/10, juris-Tz. 35, MMR 2011, 243 ff.; Köhler/*Bornkamm,* 34. Aufl. 2016, § 5 Rdn. 4.110.

[282] BGH GRUR 2001, 1061, 1063 – *Mitwohnzentrale;* GRUR 2002, 706, 708 – *vossius.de;* OLG Hamburg, GRUR 2003, 1058; – *Mitwohnzentrale II;* GRUR-RR 2007, 93, 94 – *Deutsches-Handwerk.de.*

[283] Vgl. BGH GRUR 1962, 249, 252 – *Naturrein;* GRUR 1998, 1046, 1047 – *Geburtstagswerbung III;* GRUR 2014, 1114, 1117 Rdn. 40 – *nickelfrei.*

[284] BGH GRUR 2014, 1114, 1117 Rdn. 40 – *nickelfrei.*

[285] BGH GRUR 2015, 698, 699 Rdn. 13 – *Schlafzimmer komplett;* vgl. auch OLG Celle, Beschluss v. 19.12.2002, Az. 13 W 83/02; KG, Beschluss v. 19.9.2008, Az. 5 U 120/06, MD 2008, 1135; OLG Bamberg, Urt. v. 21.9.2011, Az. 3 U 129/11, MD 2011, 973.

[286] BGH Urt. v. 28.9.2011, Az. I ZR 96/11 – *INJECTIO.*

[287] Vgl. BGH GRUR 1998, 1046, 1047 – *Geburtstagswerbung III.*

[288] BGH GRUR 1969, 546, 548 – *med;* GRUR 1957, 128, 130 – *Steinhäger;* GRUR 1982, 563, 564 – *Betonklinker;* GRUR 2000, 436, 438 – *Ehemalige Herstellerempfehlung;* LG München WRP 2011, 935; vgl. BGH GRUR 2009, 788, 790 – *20 % auf alles.*

[289] Vgl. BGH GRUR 1979, 781, 782 – *Radikal gesenkte Preise.*

[290] So bislang die Rspr., vgl. BGH GRUR 1957, 128, 130 – *Steinhäger;* GRUR 1982, 463, 464 – *Betonklinker;* GRUR 2000, 436, 438 – *Ehemalige Herstellerpreisempfehlung.*

Ist die Angabe nach Maßgabe dieser Grundsätze mehrdeutig bzw. besteht eine gespaltene Verkehrsauffassung, hat der Unternehmer wie schon bislang[291] **jede der in Betracht kommenden Bedeutungen** gegen sich gelten zu lassen, und zwar unabhängig davon, ob er es auf die Mehrdeutigkeit angelegt hat oder nicht.[292] Z. B. darf ein Unternehmen auf seiner Website nicht mit einem mehrdeutigen Begriff wie dem des „Umsatzes" werben und dabei teils den Netto- und teils den Brutto-Umsatz als Vergleichsgröße verwenden, ohne den Begriff zur Vermeidung irrtumsbedingter Fehlvorstellungen klarzustellen.[293] Beschränkt man, wie dargestellt, ausgehend vom normativen Verbraucherleitbild die Mehrdeutigkeit auf Sachverhalte, in denen die Äußerung aus Sicht eines Durchschnittsverbrauchers mehrdeutig ist oder sich ein abweichendes Verständnis eines gezielt angesprochenen Teils des Verbraucherkreises ergibt, ist das mehrdeutige Verständnis für den Unternehmer ohne weiteres vorherseh- und vermeidbar. Ein Eingriff in die Meinungsfreiheit wird daher durch an irreführende mehrdeutige Äußerungen geknüpfte Sanktionen des Wettbewerbsrechts nicht mehr in Betracht kommen. 112

f) Gesteuerte Verkehrsauffassung, gesetzlich verpflichtende Angaben. Zwar kann auch eine objektiv richtige Angabe zur Täuschung geeignet sein, wenn der Verkehr, für den sie bestimmt ist, ihr etwas Unrichtiges entnimmt.[294] Deshalb kann auch die Verwendung von Bezeichnungen gegen § 5 verstoßen, zu denen der Unternehmer durch Gesetz oder Verwaltungsakt befugt ist.[295] Das Verkehrsverständnis kann jedoch in gewissem Umfang durch gesetzliche oder behördliche Bestimmungen in der Form gesteuert bzw. **geläutert** werden, dass es den bestehenden Normen entspricht.[296] Angaben oder Hinweise, zu denen der Unternehmer **gesetzlich verpflichtet** ist, können für sich genommen noch keine Irreführungsgefahr begründen, wohl aber deren besondere Hervorhebung bzw. die Art und Weise ihrer Darstellung.[297] So stellt die Anbringung des CE-Zeichens, die der Verpflichtung des § 7 Abs. 2 Nr. 2 ProdSG entspricht, als solche noch keine irreführende Werbung mit Selbstverständlichkeiten dar, obwohl dessen zutreffende Bedeutung in Verbraucherkreisen weitgehend unbekannt ist, darf jedoch nicht mit der ausdrücklichen Aussage „CE-geprüft" geworben werden.[298] I. d. R. darf sich der Unternehmer darauf verlassen, dass der durchschnittlich (angemessen) aufmerksame, verständige und informierte Verbraucher gesetzliche Angaben auch so versteht, wie das Gesetz dies vorsieht.[299] Es kommt aber darauf an, dass die gesetzlichen Bestimmungen auch einen entsprechenden **Regelungsbereich** haben. So erschloss sich aus dem RBerG nicht, warum ein Mitarbeiter einer Versicherung dem Berufsbild eines Versicherungsberaters nicht entsprach und keine Erlaubnis zur Rechtsberatung erhalten konnte. Der BGH verneinte deshalb eine Irreführung durch Verwendung der Berufsbezeichnung „Versicherungsberater" für die im Jahr 2005 in den Filialen einer Bank eingesetzten Mitarbeiter ihrer auf dem Gebiet der Versicherungswirtschaft tätigen Konzerngesellschaften.[300] Der **Umgangssprache** nahestehende Begriffe können durch die tatsächliche Verwendung überlagert werden mit der Folge, dass der Verkehr überhaupt keine festen Vorstellungen bildet.[301] Bei **neu** eingeführten Bezeichnungen oder wenn der Unternehmer aus anderen Gründen damit rechnen muss, dass der Durchschnittsverbraucher die entspr. Bestimmungen nicht kennt, scheidet eine Steuerung der Verkehrsauffassung u. U. aus. Die nach Aufhebung oder Änderung gesetzlicher Regelungen, die bislang das Verkehrsverständnis bestimmt haben, während einer Übergangszeit bestehenden Fehlvorstellungen des Verkehrs 113

---

[291] BGH GRUR 1957, 128, 130 – *Steinhäger;* GRUR 1982, 563, 564 – *Betonklinker;* GRUR 2000, 436, 438 – *Ehemalige Herstellerempfehlung;* OLG Hamburg, Urt. v. 31.1.2007, Az. 5 U 47/06.

[292] BGH GRUR 1963, 539, 541 – *echt skai;* GRUR 1982, 563, 564 – *Betonklinker;* GRUR 1992, 66, 67 – *Königl.-Bayerische Weisse;* NJW 2000, 1417 – *Ehemalige Herstellerpreisempfehlung;* GRUR 2012, 1053, 1054 – *Marktführer Sport;* Köhler/*Bornkamm,* 34. Aufl. 2016, § 5 Rdn. 2.111, 111 a.

[293] Vgl. OLG Hamburg, Urt. v. 31.1.2007, Az. 5 U 47/06.

[294] BGH GRUR 2010, 1024, 1025 Rdn. 25 – *Master of Science Kieferorthopädie;* WRP 2012, 1526 Rdn. 2 – *Über 400 Jahre Brautradition;* GRUR 2013, 1252, 1254 Rdn. 17 – *Medizinische Fußpflege.*

[295] BGH GRUR 1998, 1043, 1044 – *GS-Zeichen.*

[296] BGH GRUR 2009, 970, 972 – *Versicherungsberater.*

[297] BGH GRUR 1990, 1027 – *Inkl. MWSt. I;* GRUR 1990, 1028 – *Inkl. MWSt. II;* OLG Düsseldorf, Urt. v. 25.2.2016, Az. I-15 U 58/15.

[298] OLG Düsseldorf, Urt. v. 25.2.2016, Az. I-15 U 58/15; vgl. OLG Frankfurt, Urt. v. 21.6.2012, Az. 6 U 24/11; LG Darmstadt, Urt. v. 19.2.2010, Az. 15 O 327/09; LG Landau, Urt. v. 6.11.2013, Az. HK O 16/13.

[299] Vgl. BGH GRUR 1958, 492, 495 – *Eis-Praline;* GRUR 1963, 36, 38 – *Fichtennadelextrakt;* GRUR 2009, 970, 972 Rdn. 25 – *Versicherungsberater;* OLG Hamburg GRUR-RR 2004, 36 und GRUR-RR 2010, 63, 66; OLG Karlsruhe, NJW-RR 1990, 425, 427; Köhler/*Bornkamm,* 34. Aufl. 2016, § 5 Rdn. 2.91; Ohly/*Sosnitza,* 6. Aufl. 2014, § 5 Rdn. 129.

[300] BGH GRUR 2009, 970, 972 – *Versicherungsberater.*

[301] Vgl. BGH GRUR 2009, 970, 972 – *Versicherungsberater.*

sind jedoch ggf. hinzunehmen, weil andernfalls die **alte Rechtslage** mit Hilfe des Irreführungsverbots **perpetuiert** würde. Daher hat der BGH in seiner Entscheidung *„rote Briefkästen"* eine relevante Irreführung im Sinne von § 5 UWG durch Aufstellen rot lackierter, im Übrigen jedoch denen der Deutsche Post AG ähnelnder Briefkästen in der Nähe von deren Filialen verneint.[302] Tatsächliche Fehlvorstellungen des Verkehrs, dass Saisonschlussverkäufe sich stets durch eine feste Dauer auszeichnen, begründen nach Streichung der gesetzlichen Bestimmungen über Sonderveranstaltungen keine Irreführungsgefahr im Sinne von § 5.[303]

S. näher auch **§ 5 Abschn. B Rdn. 170.**

114 **g) Veränderte Verkehrsauffassung.** Da das Verkehrsverständnis **wandelbar** ist, können Angaben im Laufe der Zeit einen anderen Inhalt annehmen, weil sie vom Verkehr inzwischen anders verstanden werden.[304] So versteht der Verkehr z.B. die seit 1908 für AEG eingetragene Marke „Fön" heute als Gattungsbezeichnung. Der Marktzutritt von diversen Generika und dessen werbliche Begleitung kann bei den umworbenen Fachkreisen das Bewusstsein entstehen lassen, dass sich Originalpräparat und Generika im Hinblick auf bestimmte Inhaltsstoffe unterscheiden.[305] Dass bei einem derartigen Bedeutungswandel diejenigen Teile des angesprochenen Verkehrs, die den Wandel (noch) nicht mitvollzogen haben, nicht vor Täuschung geschützt werden, ist hinzunehmen; denn § 5 gewährleistet keinen umfassenden Schutz vor Täuschung, sondern ist das Ergebnis eines Interessenausgleichs, der den „Durchschnittsverbraucher" als Maßstab nimmt. Steht die von dem Gericht angenommene Verkehrsauffassung nicht in Einklang mit der Verkehrsauffassung, wie sie Entscheidungen anderer Gerichte zugrunde liegt, bedarf es einer **näheren Begründung,** wie das Gericht zu der von ihm angenommenen Verkehrsgewöhnung gelangt[306] S. ferner auch **§ 5 Abschn. B Rdn. 147.**

115 **h) Motive.** Welche Beweggründe den Unternehmer zu der geschäftlichen Handlung veranlassen, ob es sich um einen Einzelfall handelt oder der Unternehmer vorsätzlich handelt, ist für die Qualifizierung der geschäftlichen Handlung als irreführend **bei gebotener richtlinienkonformer Auslegung bedeutungslos, sofern die UGP-Richtlinie derartige Voraussetzungen nicht ausdrücklich aufstellt.**[307] So kommt es nicht darauf an, an welchen Abnehmerkreis der Unternehmer die Werbung richten wollte, sondern an wen sie sich aus Sicht der Adressaten der Werbung richtet.[308] Mit dem „Durchschnittsverbraucher" hat der europäische Gesetzgeber im Interesse der **Rechtssicherheit** einen **objektivierten Maßstab** gewählt. Eine im Einzelverkaufsgespräch gemachte Angabe, die nicht geeignet ist, beim Adressaten einen Irrtum hervorzurufen, wird nicht dadurch irreführend, dass der Unternehmer die Absicht hatte, seinen potentiellen Kunden zu täuschen. Die **Rspr.** stellt allerdings bei der **dreisten Lüge** geringere Anforderungen an eine Irreführung, s. näher **§ 5 Abschn. B Rdn. 183, 204 f.** Auch wird im Bereich der **Mängelhaftung** und der Verletzung von **Vertragspflichten** teils ein **planmäßiges Verhalten** gefordert, s. näher **§ 5 Abschn. A Rdn. 84.**

116 Von Bedeutung sind die Beweggründe des Unternehmers insbesondere bei der Irreführung über die Beweggründe für die geschäftliche Handlung gemäß **§ 5 Abs. 1 S. 2 Nr. 3,** aber auch bei einigen Tatbeständen der **„schwarzen Liste".** So erfordern die in **Nr. 6** des Anhangs zu § 3 Abs. 3 erfassten „bait-and-switch"-Techniken die Absicht des Unternehmers, ein anderes Produkt abzusetzen, und die in **Nr. 13 des Anhangs zu § 3 Abs. 3** geregelte Werbung für verwechslungsfähige Produkte setzt voraus, dass der Verbraucher **absichtlich** dazu verleitet werden muss zu glauben, das beworbene Produkt sei von einem anderen Hersteller hergestellt worden, s. näher die dortige Kommentierung.

117 **i) Fortwirkung.** Eine an sich nicht zu beanstandende Werbeangabe kann einen anderen Inhalt haben, wenn der Verkehr mit ihr die **Erinnerung an eine frühere Werbemaßnahme** verbindet, als wenn es an einer solchen Verbindung fehlt. Die frühere irreführende Angabe kann nämlich zur Folge haben, dass auch ein späteres Verhalten den Verkehr wegen der Nachwirkung der früheren

---

[302] BGH GRUR 2011, 166, 168 – *Rote Briefkästen* mit Anm. *Kefferpütz,* GRURPrax 2010, 563.

[303] BGH Urt. v. 11.9.2008, I ZR 120/06, Tz. 14 – *Räumungsfinale.*

[304] BGHZ 10, 196, 202 – *Dun-Europa;* OLG Hamburg PharmaR 2006, 222 ff.; Köhler/*Bornkamm,* 34. Aufl. 2016, § 5 Rdn. 2.124.

[305] OLG Hamburg Magazindienst 2006, 557 ff.

[306] BGH GRUR 2015, 698, 699 Rdn. 14 – *Schlafzimmer komplett.*

[307] Vgl. EuGH, Urt. v. 16.4.2015, UPC Magyarország, C-388/13, EU:C:2015:225 Rdn. 43, 47, 53 f.; BGH GRUR 2011, 82, 83 Rdn. 23 – *Preiswerbung ohne Umsatzsteuer;* OLG Köln Magazindienst 2011, 632; *Scherer,* FS Köhler, 2014, S. 607, 608 f.

[308] BGH GRUR 1990, 617, 623 – *Metro III;* GRUR 2011, 82, 83 Rdn. 23 – *Preiswerbung ohne Umsatzsteuer.*

Angabe irreführt.[309] In seiner „Pietra di Soln"-Entscheidung führt der BGH aus, die Fortwirkung dürfe nicht bloß unterstellt werden.[310] Nach Auffassung des BGH kommt es darauf an, ob die frühere Angabe in einem solchem Umfang und in einer solchen Intensität verwendet worden ist, dass sie sich einem rechtserheblichen Teil der angesprochenen Verkehrskreise genügend eingeprägt hat, um fortwirken zu können.[311]

3. Umstand im Sinne von § 5 Abs. 1 S. 2

a) Allgemein. Die der geschäftlichen Handlung zu entnehmende Angabe muss sich auf mindestens einen der in § 5 Abs. 1 S. 2 aufgeführten Umstände beziehen. Das gilt auch, wenn die Klage auf die **Unwahrheit** der Angabe gestützt wird (näher § 5 Abschn. B Rdn. 186). Zur Frage der Geltung der Bezugspunkte bei der Irreführung durch **Verschweigen** näher § 5a Rdn. 137. 118

b) Abschließende Aufzählung für das Verhältnis B2C. Anders als vor der Reform 2008 ist die **Aufzählung der Bezugspunkte abschließend, näher § 5 Abschn. B Rdn. 256.** Daher wird z. B. ein Irrtum über die Vertriebswege der beworbenen Waren als solcher von § 5 nicht erfasst; dies liefe auch den Zielen des Binnenmarktes und der europäischen Irreführungsrichtlinie bzw. UGP-Richtlinie zuwider.[312] Eine Erweiterung bleibt allerdings möglich, soweit die aufgezählten Bezugspunkte in § 5 Abs. 1 S. 2 konkretisiert werden und die Konkretisierung ihrerseits nicht abschließend ist. So handelt es sich bei den in § 5 Abs. 1 S. 2 Nr. 1 genannten Kriterien der Verfügbarkeit, Art, Ausführung usw. nur um Beispiele für wesentliche Merkmale der Ware oder Dienstleistung („... wie ..."). 119

c) Erweiterbarkeit für Verhältnis B2B? Problematisch ist die abschließende Aufzählung der Bezugspunkte aber im Anwendungsbereich der Irreführungsrichtlinie, also soweit der Schutz von Unternehmern (B2B) vor irreführender Werbung betroffen ist. Nach der zum **10.12.2015** erfolgten Ausklammerung der Irreführung *von* Mitbewerber stellt sich diese Problematik allerdings nur noch für die Irreführung *von* **sonstigen Marktteilnehmern,** die nicht in den Anwendungsbereich der UGP-Richtlinie, wohl aber der Werberichtlinie 2006/114/EG fällt. Hier darf folglich der **Mindeststandard der Irreführungsrichtlinie nicht unterschritten** werden; zu vergleichender Werbung sogleich **Rdn. B.121.** Die Werberichtlinie kennt einen abschließenden Katalog von Umständen, auf die sich unwahre bzw. täuschende Angaben (nur) beziehen dürfen, aber nicht. Nach Art. 3 Irreführungsrichtlinie sind bei der Beurteilung der Frage, ob eine Werbung irreführend ist, *alle* ihre Bestandteile zu berücksichtigen; die anschließende Liste von Bezugspunkten ist nicht abschließend, wie sich aus der Verwendung des Wortes „insbesondere" ergibt. Soweit §§ 5, 5a nicht die UGP-Richtlinie umsetzen, sind sie unionskonform anhand der **Werberichtlinie 2006/114/EG** auszulegen, s. § 5 Abschn. A Rdn. 25 ff. Die Irreführungseignung von Werbung kann sich deshalb, soweit der Schutz von sonstigen Mitbewerbern betroffen ist, auch aus Angaben ergeben, die sich auf Umstände beziehen, die in § 5 Abs. 1 S. 2 nicht genannt sind. Es ist abzuwarten, ob die Problematik im Hinblick auf die recht umfassende Liste in § 5 Abs. 1 S. 2 praktische Relevanz hat. 120

d) Einschränkung bei vergleichender Werbung? Für **vergleichende Werbung** gilt nach Art. 4 lit. a) Werberichtlinie, dass vergleichende Werbung nicht irreführend im Sinne des Art. 2 lit. b), Art. 3 und Art. 8 Abs. 1 der Werberichtlinie *oder* im Sinne der Art. 6 und Art. 7 der UGP-Richtlinie sein darf. Daraus folgt, dass auch hier für das Verhältnis B2B der Katalog der Bezugspunkte der UGP-Richtlinie nicht abschließend ist. Zwar stellt der Schutzstandard der Werberichtlinie 2006/114/EG, soweit das Verhältnis **B2B** betroffen ist, hier anders als im übrigen Anwendungsbereich der Werberichtlinie auch die **Schutzhöchstgrenze** dar, s. näher **§ 5 Rdn. A. 28 ff.** Eine Einschränkung der möglichen Bezugspunkte ergibt sich für die irreführende vergleichende Werbung daraus jedoch nicht, weil die in Art. 4 lit. a) bis h) Werberichtlinie aufgeführten Bedingungen kumulativ gelten,[313] ferner es sich bei der irreführenden und der unzulässigen vergleichenden Werbung um zwei unterschiedliche Zuwiderhandlungen handelt,[314] sodass die tatbestandlichen Voraussetzungen des Art. 3 Werberichtlinie auch für die Beurteilung einer irreführenden vergleichenden Werbung uneingeschränkt gelten. 121

S. **auch § 5 Abschn. K Rdn. 4 f.**

---

[309] BGH GRUR 1982, 685, 686 – *Ungarische Salami II;* GRUR 2007, 66, 69 – *Pietra di Soln.*

[310] BGH GRUR 2007, 67, 69 – *Pietra di Soln.*

[311] BGH GRUR 2007, 67, 69 – *Pietra di Soln.*

[312] Vgl. EuGH, Urt. v. 8.4.2003, *Pippig Augenoptik,* C-44/01, EU:C:2003:205, Rdn. 62 ff.

[313] EuGH, Urt. v. 18.6.2009, *L'Oréal u. a.,* C-487/07, EU:C:2009:378, Rdn. 67; Urt. v. 18.11.2010, Lidl, C-159/09, C:2010:696, Rdn. 16; Urt. v. 13.3.2014, *Posteshop,* C-52/13, EU:C:2014:150, Rdn. 25.

[314] EuGH, Urt. v. 13.3.2014, *Posteshop,* C-52/13, EU:C:2014:150, Rdn. 28 f.

122 **e) Weitere Einzelheiten.** Wegen der Bezugspunkte allgemein, ihrem Inhalt und Beispielsfällen wird auf die Kommentierung zu § 5 Abs. 1 S. 2 (§ 5 Abschn. C bis I) verwiesen.

4. Täuschungseignung

123 **a) Verkehrsverständnis.** Zur Täuschung geeignet sind Angaben, die geeignet sind, beim maßgeblichen Verkehrskreis eine Fehlvorstellung zu erwecken. Bei der Betrachtung ist auf das Verständnis eines **durchschnittlich (angemessen) aufmerksamen, informierten und verständigen Mitglieds des angesprochenen Verkehrskreises in der konkreten Situation** abzustellen, in welcher der betreffende Verkehrskreis mit der geschäftlichen Handlung in Kontakt kommt. Wegen der Einzelheiten wird auf die Kommentierung des Verkehrsverständnisses (§ 5 Abschn. B Rdn. 13 ff.) verwiesen. Wie andere Kreise oder der Wettbewerber selbst die Angabe verstehen, spielt für die Frage der Täuschungseignung keine Rolle.

124 **b) Eignung.** Die Täuschungs*eignung* reicht aus. Entscheiden ist damit nicht, ob die Angabe beim maßgeblichen Verkehr eine Fehlvorstellung hervorgerufen hat, sondern ob sie bei ihm eine **Fehlvorstellung erwecken kann.** Inzwischen geht auch der BGH davon aus, dass dies eine Prognose erforderlich macht, wie der Verkehr die Angabe verstehen kann. Zur Täuschung geeignet ist eine Angabe dann, wenn Verkehrsverständnis und objektive Sachlage eine Diskrepanz aufweisen.[315] Wegen des normativen Charakters des Verkehrsverständnisses handelt es sich bei der Täuschungseignung um eine **Rechtsfrage** (str., näher § 5 Abschn. B Rdn. 18 ff.).

125 **c) Fehlvorstellung.** Zur Täuschung geeignet ist eine Angabe dann, wenn **der aus der Sicht des Verkehrs festgestellte Angabeninhalt (§ 5 B Rdn. 104 ff.) von der Wirklichkeit abweicht.**[316] Besondere Anforderungen an den Irrtum des Verkehrs sind nicht zu stellen; jeder, auch ein **allgemeiner Irrtum** über einen der Bezugspunkte genügt. Z. B. reicht eine Werbung aus, die den Verkehr zu Unrecht glauben macht, die beworbene Ware weise die gleichen Ausstattungsmerkmale wie jene eines anderen Herstellers auf, ohne dass er weiß, welche Ausstattungsmerkmale dies im Einzelnen sind.[317] Die Verkehrserwartung bezieht sich hier nicht auf das Vorliegen bestimmter Ausstattungsmerkmale, sondern darauf, dass diese denen des anderen Herstellers entsprechen und im Preis enthalten sind.[318] Inhalt, Ausmaß und Folgen der Fehlvorstellung können aber im Rahmen der Prüfung der Relevanz (§ 5 Abschn. B Rdn. 196 ff.) eine Rolle spielen und sind für die Fassung des Urteilstenors von Bedeutung.

126 **d) Problembereiche.** ***aa) Korrektur täuschender Angaben.*** Wenn davon gesprochen wird, der Werbende könne Angaben im zeitlichen, räumlichen und sachlichen Zusammenhang mit der Werbung „korrigieren", so ist dies missverständlich. Tatsächlich geht es meist nicht um die **(nachträgliche)** Korrektur einer täuschenden Angabe, die nämlich in aller Regel eine Irreführung nicht mehr ausräumen kann,[319] sondern darum, dass der Verkehr bereits **im Zusammenhang** mit einer isoliert betrachtet täuschenden Angabe weitere Informationen erhält, welche die Täuschung ausschließen, so z. B. bei der Blickfangwerbung, s. u. **Rdn. 130.** Eine Bereitstellung von Informationen an Stellen, die nicht mehr Teil des aus Sicht des Verkehrs zu beurteilenden Gesamtzusammenhangs sind, kann nur eine Irreführung durch **Unterlassen** ausschließen, s. § 5 Abschn. B Rdn. 71. Ob die Angabe(n) bei der gebotenen Betrachtung im Zusammenhang zur Täuschung des Verkehrs geeignet ist/sind oder nicht, ist nach dem Gesamteindruck der geschäftlichen Handlung zu beurteilen. Dabei kommt es auf die Sicht des durchschnittlich aufmerksamen, informierten und verständigen Durchschnittsverbrauchers an. Nimmt er die „korrigierenden" Informationen zur Kenntnis und unterliegt deshalb keiner Fehlvorstellung, sind die in der geschäftlichen Handlung enthaltenen Angaben trotz der bei isolierter Betrachtung einzelner Angaben vorhandenen Täuschungseignung insgesamt nicht zur Täuschung geeignet.

127 ***bb) Blickfangwerbung.*** *α) Begriff.* Eine Blickfangwerbung setzt voraus, dass bestimmte (positive) Werbeangaben deutlich von dem Rest einer Werbung abgehoben werden und damit geeignet und bestimmt sind, die besondere Aufmerksamkeit des Verkehrs auf sich zu ziehen.[320] Dies ist bei einer auf der ersten Seite in Fettdruck herausgestellten Werbeaussage „ALL NET FLAT … 19,90 €/

---

[315] Vgl. BGH GRUR 1964, 33, 36 – *Bodenbeläge;* GRUR 2000, 911, 913 – *Computerwerbung;* OLG Saarbrücken Magazindienst 2006, 935.
[316] BGH GRUR 2000, 911, 913 – *Computerwerbung.*
[317] BGH GRUR 1999, 1125, 1127 – *EG-Neuwagen II.*
[318] BGH GRUR 1999, 1125, 1127 – *EG-Neuwagen II.*
[319] BGH, Urt. v. 28.4.2016, *Geo-Targeting,* I ZR 23/15, DE:BGH:2016:280416UIZR23.15.0, Rdn. 35.
[320] Vgl. BGH GRUR 2002, 979 ff. – *Koppelungsangebot II.*

Monat*" anzunehmen[321] und kann auch bei einer aufgrund ihrer Größe ins Auge fallende Kurzbezeichnung am oberen Rand des Briefbogens einer Anwaltskanzlei der Fall sein.[322] An der für eine Blickfangwerbung charakteristischen Situation fehlt es, wenn nahezu alle Aussagen der Werbung farblich und drucktechnisch optisch hervorgehoben und herausgestellt sind; hier finden die Grundsätze der Blickfangwerbung keine Anwendung.[323]

β) Rechtsprechung. Die Rechtsprechung stellt trotz **Relativierung** des Grundsatzes der isolierten Beurteilung des Blickfangs[324] **strenge Anforderungen an die Blickfangwerbung.** Bei der Prüfung, ob eine Blickfangwerbung gegen § 5 verstößt, verfolgte sie ein Mehrstufenmodell:[325] 128

(a) Der **Blickfang** selbst darf nach der Rspr. des BGH keine objektive Unrichtigkeit in Form einer **„dreisten Lüge"** enthalten.[326] Der Begriff der „dreisten Lüge" ist dabei im Sinne einer objektiven Unrichtigkeit, für die kein vernünftiger Anlass besteht, zu verstehen.[327] Enthält der Blickfang eine „dreiste" Lüge, ist nach Rechtsprechung eine Korrektur durch einen Sternchenhinweis nicht möglich.[328] Die „Schlafzimmer komplett"-Entscheidung,[329] der kein solcher Sachverhalt zugrunde lag und die im Lichte der „All Net Flat"-Entscheidung[330] restriktiv zu sehen ist, dürfte zwar nicht als Abkehr von dieser Rspr. zu verstehen sein. Strengere (oder andere) Anforderungen an die lauterkeitsrechtliche Bewertung der „dreisten Lüge" bei § 5 haben m. E. im Unionsrecht jedoch keine Stütze **(näher Rdn. B.140 ff.),** weshalb für die „dreiste Lüge" nichts anderes als für unwahre Angaben gelten kann (dazu b), zumal bei den schwer erkennbaren **subtilen „Halbwahrheiten"** das **Gefährdungspotential höher als bei der „dreisten Lüge"** sein kann. 129

(b) Enthält der Blickfang keine „dreiste Lüge, kann eine **blickfangmäßig herausgestellte Aussage, die isoliert betrachtet objektiv unrichtig oder zur Täuschung geeignet ist, durch klarstellende Angaben im weiteren Text aufgeklärt werden.**[331] Vermittelt der Blickfang für sich genommen eine fehlerhafte Vorstellung, kann der dadurch veranlasste Irrtum allerdings regelmäßig nur durch einen **klaren und unmissverständlichen Hinweis** ausgeschlossen werden, **der selbst am Blickfang teilhat,**[332] in aller Regel durch einen **Sternchenhinweis.**[333] Unter bestimmten Umständen kann dies aber auch durch **andere klarstellende Angaben**[334] **im übrigen Text** erfolgen, selbst wenn diese nicht am Blickfang teilhaben. Die Annahme, der Verbraucher werde die Einschränkung einer blickfangmäßig herausgestellten Werbeaussage durch eine andere Aussage in der Werbung erkennen, zu der er nicht durch einen klaren und unmissverständlichen Hinweis an der blickfangmäßig herausgestellten Aussage hingeführt wird, ist jedoch nur unter **engen Voraussetzungen** gerechtfertigt,[335] **s. u. Rdn. 133.** 130

---

[321] BGH, Urt. v. 15.10.2015, I ZR 260/14, WRP 2016, 184 – *All Net Flat.*

[322] Vgl. BGH GRUR 2014, 496, 497 Rdn. 10 – *Kooperation mit Wirtschaftsprüfer.*

[323] OLG Hamburg, Urt. v. 7.3.2007, Az. 5 U 75/06; vgl. GK/*Lindacher,* 2. Aufl., § 5 Rdn. 109; Gloy/Loschelder/Erdmann/*Helm,* 4. Aufl. 2010, § 59 Rdn. 102.

[324] Köhler/*Bornkamm,* 34. Aufl. 2016, § 5 Rdn. 2.95; vgl. zuletzt BGH, Urt. v. 18.12.2014, Az. I ZR 129/13, GRUR 2015, 698 – *Schlafzimmer komplett:* Eine objektiv unzutreffende Angabe, die blickfangmäßig herausgestellt ist, kann nunmehr auch ohne Sternchenhinweis durch klarstellende Angaben im weiteren Text aufgeklärt werden, wenn sich der Verbraucher vor einer geschäftlichen Entscheidung mit dem gesamten Text befassen wird.

[325] Köhler/*Bornkamm,* 34. Aufl. 2016, § 5 Rdn. 2.96 ff.

[326] BGH GRUR 2003, 163, 164 – *Computerwerbung II;* GRUR 2003, 249 f. – *Preis ohne Monitor;* WRP 2007, 1337, 1339 – *150 % Zinsbonus;* OLG Düsseldorf, Urt. v. 13.11.2014, Az. I-15 U 71/14, BeckRS 2015, 03183; Köhler/*Bornkamm,* 34. Aufl. 2016, § 5 Rdn. 2.97.

[327] OLG Düsseldorf, Urt. v. 13.11.2014, Az. I-15 U 71/14, BeckRS 2015, 03183; Köhler/*Bornkamm,* 34. Aufl. 2016, § 5 Rdn. 2.97.

[328] Vgl. BGH GRUR 2001, 78 – *Falsche Herstellerpreisempfehlung;* GRUR 2012, 81, 82 Rdn. 14 – *Innerhalb von 24 Stunden;* OLG Frankfurt, Urt. v. 8.11.2012, Az. 6 U 27/11 Rdn. 23; OLG Düsseldorf, Urt. v. 13.11.2014, Az. I-15 U 71/14, BeckRS 2015, 03183.

[329] Vgl. BGH, Urt. v. 18.12.2014, Az. I ZR 129/13, GRUR 2015, 698, 700 Rdn. 20 – *Schlafzimmer komplett.*

[330] BGH, Urt. v. 15.10.2015, I ZR 260/14, WRP 2016, 184, 186 Rdn. 18 und LS – *All Net Flat.*

[331] BGH GRUR 2015, 698, 700 Rdn. 16 – *Schlafzimmer komplett;* Urt. v. 15.10.2015, I ZR 260/14, WRP 2016, 184 – *All Net Flat;* zum **dogmatischen** Ansatz einer Korrektur täuschender Angaben näher § 5 Abschn. B Rdn. 126.

[332] BGH, Urt. v. 31.3.2016, *Himalaya Salz,* I ZR 86/13, DE:BGH:2016:310316UIZR86.13.0, Rdn. 23; BGH, Urt. v. 18.12.2014, Az. I ZR 129/13, GRUR 2015, 698, 700 Rnd. 16 – *Schlafzimmer komplett.*

[333] BGH GRUR 2009, 1180 – *Grundgebühr;* GRUR 2010, 744, 746 – *Sondernewsletter;* GRUR 2011, 340, 341 – *Irische Butter;* GRUR 2011, 742, 746 – *Leistungspakete im Preisvergleich.*

[334] BGH GRUR 2015, 698, 700 Rdn. 16 – *Schlafzimmer komplett;* vgl. BGH GRUR 2003, 249 – *Preis ohne Monitor;* BGH MDR 2003, 404, 405 – *Computerwerbung II.*

[335] BGH, Urt. v. 15.10.2015, I ZR 260/14, WRP 2016, 184, 186 Rdn. 18, LS – *All Net Flat.* Tendenziell großzügiger noch BGH GRUR 2015, 698 ff. – *Schlafzimmer komplett.*

131 Zur Aufklärung geeignet sind nach der Rechtsprechung nur Hinweise, die **klar und unmissverständlich, räumlich eindeutig den anderen blickfangmäßig herausgestellten Angaben zugeordnet sowie gut lesbar und grundsätzlich vollständig sind.**[336]

132 **Wie genau die Hinweise gestaltet sein müssen, hängt von den Umständen des Einzelfalls ab:**

Regelmäßig muss der Irrtum durch einen klaren und unmissverständlichen Hinweis – im Allgemeinen einen **Sternchenhinweis** – ausgeschlossen werden, der eine eindeutige Zuordnung gewährleistet und **selbst am Blickfang teilhat.**[337] Danach reicht es nicht aus, wenn etwa der beworbene Artikel zusammen mit weiteren Artikeln abgebildet wird, ohne die er nicht benutzt werden kann, und der aufklärende Hinweis nur innerhalb der Produktbeschreibung steht, ohne am Blickfang teilzuhaben und die Zuordnung zu den herausgestellten Angaben zu wahren.[338] Der Betrachter soll durch einen Sternchenhinweis oder auf andere geeignete Weise im Blickfang ein **Warnsignal** erhalten, das ihm zeigt, dass der Blickfang nicht vorbehaltlos gilt.[339] In diesem Fall, d. h. wenn der Sternchenhinweis am Blickfang teilhat, braucht der aufklärende Hinweis selbst nicht zwingend in der Fußzeile der Werbung enthalten sein, sofern nur das Sternchen am Blickfang teilhat.[340]

133 **Nicht in jedem Fall muss ein Sternchenhinweis oder aufklärender Hinweis am Blickfang selbst teilhaben.** Eine für sich genommen unzutreffende Aussage, die blickfangmäßig herausgestellt ist, kann **unter engen Voraussetzungen**[341] auch ohne Sternchenhinweis durch klarstellende Angaben im weiteren Text aufgeklärt werden, wenn der Verbraucher sich vor einer geschäftlichen Entscheidung mit dem gesamten Text befassen wird und gewährleistet ist,[342] dass der Durchschnittsverbraucher nicht durch die weiteren in der Anzeige enthaltenen Angaben davon abgehalten wird, eine darauf beruhende geschäftliche Entscheidung zu treffen.[343] Soweit die **„Schlafzimmer Komplett"**-Entscheidung[344] tendenziell großzügiger verstanden werden könnte, wird dies durch die diese Entscheidung ergänzende **„All Net Flat"**-Entscheidung relativiert.[345] Eine Klarstellung durch Angaben, die nicht am Blickfang teilhaben, kommt danach vor allem bei Werbung für **langlebige und kostspielige Güter** in Betracht, mit der sich der Verbraucher nach der Lebenserfahrung **eingehend** und nicht nur flüchtig befasst und die er aufgrund einer **kurzen und übersichtlichen Gestaltung** insgesamt zur Kenntnis nehmen wird.[346] Dies hat der BGH bei einer Werbung für eine Schlafzimmereinrichtung Preis in vierstelliger Höhe bejaht.[347] Für die Rechtslage vor Umsetzung der UGP-Richtlinie wurde eine Klarstellung auf diese Weise auch für eine Werbung für Geldanlagen in Betracht gezogen, da der **Aufmerksamkeitsgrad** hier erfahrungsgemäß hoch ist.[348]

---

[336] BGH GRUR 1987, 45, 47 – *Sommerpreiswerbung;* GRUR 2000, 911, 912 – *Computerwerbung I;* NJOZ 2002, 972, 974 – *Für'n Apfel und n'Ei;* GRUR 2005, 164, 166 – *Aktivierungskosten II;* GRUR 2007, 251, 253 – *Regenwaldprojekt II;* GRUR 2009, 1180 – *Grundgebühr;* GRUR 2010, 744, 746 – *Sondernewsletter;* GRUR 2011, 340, 341 – *Irische Butter;* GRUR 2011, 742, 746 – *Leistungspakete im Preisvergleich;* Urt. v. 18.12.2014, Az. I ZR 129/13, GRUR 2015, 698, 700 Rdn. 16 – *Schlafzimmer komplett;* OLG Hamm, Urt. v. 10.1.2013, Az. 4 U 129/12, BeckRS 2013, 07271 (unter II.3.d).

[337] BGH, Urt. v. 31.3.2016, Himalaya Salz, I ZR 86/13, DE:BGH:2016:310316UIZR86.13.0 Rdn. 23; Urt. v. 15.10.2015, I ZR 260/14, WRP 2016, 184, 186 Rdn. 18, LS – *All Net Flat;* GRUR 2015, 698, 700 Rdn. 16 – *Schlafzimmer komplett;* BGH GRUR 2009, 1180 – *Grundgebühr;* GRUR 2010, 744, 746 – *Sondernewsletter;* GRUR 2011, 340, 341 – *Irische Butter;* GRUR 2011, 742, 746 – *Leistungspakete im Preisvergleich.*

[338] BGH GRUR 2015, 698, 700 Rdn. 16 – *Schlafzimmer komplett;* vgl. BGH GRUR 2003, 249 f. – *Preis ohne Monitor.*

[339] Vgl. Köhler/*Bornkamm,* 34. Aufl. 2016, § 5 Rdn. 2.98.

[340] BGH WRP 2012, 1233 – *Bester Preis der Stadt;* vgl. BGH GRUR 2002, 979, 982 – *Koppelungsangebot II.*

[341] BGH GRUR 2015, 698 – *Schlafzimmer komplett.*

[342] Vgl. BGH, Urt. v. 15.10.2015, I ZR 260/14, WRP 2016, 184, 186 Rdn. 18 ff., 21 – *All Net Flat.*

[343] BGH, Urt. v. 15.10.2015, I ZR 260/14, WRP 2016, 184, 186 Rdn. 18, LS – *All Net Flat;* GRUR 2015, 698, 700 Rdn. 20 – *Schlafzimmer komplett;* GRUR 2007, 1337, 1339 – *150 % Zinsbonus;* GRUR 2003, 249 – *Preis ohne Monitor.*

[344] BGH GRUR 2015, 698 – *Schlafzimmer komplett.*

[345] BGH, Urt. v. 15.10.2015, I ZR 260/14, WRP 2016, 184, 186 Rdn. 18 und LS – *All Net Flat;* vgl. auch BGH, Urt. v. 31.3.2016, *Himalaya Salz,* I ZR 86/13, DE:BGH:2016:310316UIZR86.13.0, Rdn. 23. Nach Köhler/*Bornkamm,* 34. Aufl. 2016, § 5 Rdn. 2.98a beruht die „Schlafzimmer komplett"-Entscheidung auf einer Würdigung des Einzelfalls und ist darin keine Abkehr von der dort und auch hier zugrunde gelegten Kategorisierung der Blickfangwerbung zu sehen.

[346] BGH, Urt. v. 15.10.2015, I ZR 260/14, WRP 2016, 184 – *All Net Flat;* GRUR 2015, 698, 700 Rdn. 19 – *Schlafzimmer komplett;* vgl. BGH MDR 2003, 404, 405 – *Computerwerbung II.*

[347] BGH GRUR 2015, 698, 700 Rdn. 19 – *Schlafzimmer komplett.*

[348] BGH WRP 2007, 1337, 1339 – *150 % Zinsbonus.*

(c) Fehlvorstellungen durch bestimmte, im Blickfang nur sehr indirekt enthaltene Angaben können schließlich nach *Bornkamm* in bestimmten Fällen u. U. auch durch eine allgemeine **salvatorische Klausel** korrigiert werden.[349] Das soll allerdings nur möglich sein bei Aussagen, die im Blickfang nur sehr indirekt enthalten sind wie z. B. die Vorstellung des Verbrauchers, die beworbene Ware werde nur eine bestimmte Zeit vorrätig sein.[350] 134

Als irreführend hat die Rspr. angesehen: Werbung für den Abschluss eines Netzkartenvertrags mit einem blickfangmäßig herausgestellten monatlichen Pauschalpreis und einem Mobiltelefon, das nichts oder nahezu nichts kosten soll, wenn sich zusätzlich anfallende Aktivierungskosten oder Kosten für ein „Startpaket" nur aus dem nachfolgenden Fließtext bei der Aufzählung der in dem Pauschalpreis enthaltenen Leistungen ergeben oder die Auflösung des Sternchenhinweises erst am Ende der andere Seite des Werbeblattes in schwer lesbarer Schriftgröße erfolgt;[351] in der Kopfleiste des Briefbogens einer Anwaltskanzlei blickfangmäßig herausgestellte **Kurzbezeichnung der Rechtsanwaltskanzlei,** wenn sich die unter ihr auftretenden Berufsträger nicht zu einer haftungsrechtlichen Einheit verbunden haben, sondern lediglich als Bürogemeinschaft oder Kooperation tätig sind.[352] Herausstellung der Namen oder einer Kurzbezeichnung der Sozietätsmitglieder zusammen mit der Berufsbezeichnung Rechtsanwälte, Steuerberater und Patentanwälte bzw. Wirtschaftsprüfer, wenn über die Zusatzqualifikation **Steuerberater** und **Patentanwalt** bzw. **Wirtschaftsprüfer** kein Sozietätsmitglied, sondern nur die Kooperationspartner der Kanzlei verfügen, selbst wenn die Berufsbezeichnungen Steuerberater und Patentanwalt am rechten Rand des Briefkopfes durch Namensnennung der Kooperationspartner unter Hinzufügung ihrer beruflichen Stellung erläutert werden.[353] 135

Verneint wurde eine relevante Irreführungsgefahr: Werbung für Schlafzimmereinrichtungen mit der hervorgehobenen Angabe „KOMPLETT" erweckt beim Verbraucher zwar die fehlerhafte Vorstellung, das Angebot umfasse auch Lattenrost und Matratze,[354] die blickfangmäßig herausgestellte und objektiv unzutreffende Angabe wird aber auch ohne Sternchenhinweis durch klarstellende Angaben am Ende des unterhalb der Abbildung befindlichen Textes ausgeräumt.[355] Der an der blickfangmäßig herausgehobenen Preisangabe (49 DM) für einen Videorekorder angebrachte Sternchenhinweis, der den Betrachter zu einem unmittelbar daneben befindlichen Kasten führt, in dem darauf hingewiesen wird, dass der Preis nur in Verbindung mit dem Abschluss eines Stromlieferungsvertrags zu den im Kasten i. E. aufgeschlüsselten Bedingungen gilt, schließt einen irreführenden Gesamteindruck der Werbung über die mit dem Vertragsabschluss verbundenen wirtschaftlichen Belastungen aus;[356] anders wenn die Information in diesem Kasten nicht waagerecht, sondern senkrecht in kleinerer Schriftgröße abgedruckt ist und zudem nicht alle Informationen über die Konditionen des Stromvertrags enthält.[357] Der in der Fußzeile einer Werbeanzeige enthaltene Hinweis „Keine Mitnahmegarantie. Sofern nicht vorhanden, gleich bestellen. Wir liefern umgehend" kann geeignet sein, die beim Verbraucher durch die herausgestellte Bewerbung erweckte Erwartung, den beworbenen Artikel sofort mitnehmen zu können, zu zerstören.[358] Die Information über die Kosten des Netzzugangs des als „für'n Apfel und n'Ei" angepriesenen Handys, die räumlich eindeutig dem blickfangmäßig herausgestellten Preis für das Mobiltelefon zugeordnet sowie gut lesbar und grundsätzlich vollständig ist, reicht aus, um entsprechende Missverständnisse auszuschließen.[359] 136

γ) Notwendigkeit eines neuen Ansatzes. Die Rspr. stellt trotz einer gewissen Liberalisierung an Blickfangwerbung strengere Anforderungen als an andere Werbeformen. Der tendenziell etwas großzügigere Ansatz der „Schlafzimmer komplett"-Entscheidung wird durch die „All Net Flat"-Entscheidung wieder relativiert. Im Grundsatz bleibt es weiter bei der Regel, dass der Verbraucher 137

---

[349] Köhler/*Bornkamm,* 34. Aufl. 2016, § 5 Rdn. 2.99; vgl. auch BGH WRP 2007, 1337, 1339 – *150 % Zinsbonus.*

[350] Vgl. BGH GRUR 2003, 249 – *Preis ohne Monitor.*

[351] BGH GRUR 2006, 164 – *Aktivierungskosten II;* GRUR 2009, 73 ff. – *Telefonieren für 0 Cent!;* GRUR 2010, 744 ff. – *Sondernewsletter;* Urt. v. 15.10.2015, I ZR 260/14, WRP 2016, 184 – *All Net Flat.*

[352] BGH GRUR 2014, 496 – *Kooperation mit Wirtschaftsprüfer.*

[353] BGH NJW 2003, 345, 346; GRUR 2014, 496, 498 Rdn. 18 – *Kooperation mit Wirtschaftsprüfer.*

[354] BGH GRUR 2015, 698, 699 f. Rdn. 13–14 – *Schlafzimmer komplett;* vgl. bereits KG Berlin Magazindienst 2010, 286; OLG Celle, Beschluss v. 19.12.2002, Az. 13 W 83/02; OLG Bamberg, Urt. v. 21.9.2011, Az. 5 U 129/11, MD 2011, 973.

[355] BGH GRUR 2015, 698, 700 Rdn. 18–20 – *Schlafzimmer komplett.*

[356] BGH GRUR 2002, 976, 978 f. – *Koppelungsangebot I.*

[357] BGH GRUR 2002, 979 ff. – *Koppelungsangebot II.*

[358] BGH GRUR 2003, 163 – *Computerwerbung II.*

[359] BGH NJOZ 2002, 972, 974 – *Für'n Apfel und n'Ei.*

den Blickfang als abgeschlossene Angabe auffasst und eine Kenntnisnahme von Informationen außerhalb des Blickfangs deshalb nicht erwartet werden kann.[360] Die Systematisierung mithilfe der Bildung einer bei einzelnen Elementen der Ausgestaltung der Werbung ansetzenden eigenen Fallgruppe einer „Blickfangwerbung“ mit in rechtlicher Hinsicht bestehenden Besonderheiten beinhaltet die Gefahr einer zu einseitigen Überbetonung der für die Einordnung als „Blickfangwerbung“ maßgeblichen Elemente und darf nicht darüber hinwegtäuschen, dass die Anforderungen unionsrechtlich vorgegeben sind. Das **Unionsrecht** misst dem Umstand keine eigenständige Bedeutung zu, ob eine Angabe blickfangmäßig herausgestellt wird oder nicht.[361] Weder Art. 6 UGP-Richtlinie noch die Irreführungsrichtlinie sehen strengere (oder andere) Anforderungen für die Werbung mit blickfangmäßigen Angaben vor. In der „Ives-Rocher“-Entscheidung hat der EuGH in der blickfangmäßigen Werbung mit Preisgegenüberstellungen daher **keinen geeigneten Anknüpfungspunkt für ein Werbeverbot** gesehen.[362] In der „Naturrein“-Entscheidung[363] wurde eine Irreführung des Verbrauchers durch die blickfangmäßige Angabe „naturrein“ auf dem Etikett für Konfitüre, die das Geliermittel Pektin enthielt, unter Hinweis auf das Zutatenverzeichnis verneint; grundsätzlich ist nach der Rspr. des EuGH zugrunde zu legen, dass Verbraucher, die sich in ihrer Kaufentscheidung nach der Zusammensetzung des Erzeugnisses richten, zunächst das Zutatenverzeichnis lesen[364]. Der **labelling approach** des EuGH, nach dem sich ein Verbot der Werbung als unverhältnismäßig erweisen kann, wenn die Fehlvorstellung auch durch einen aufklärenden Hinweis vermieden werden kann,[365] ließe sich nicht umfassend verwirklichen, wenn außerhalb des Blickfangs befindlichen Hinweisen keine oder nur eine eingeschränkte Bedeutung zukäme. Darüber hinaus ist nach neuem, richtlinienkonform auszulegendem Recht für die Täuschungseignung auf das **europäische Verbraucherleitbild** eines durchschnittlich (angemessen) informierten, verständigen und aufmerksamen Verbrauchers abzustellen (näher § 5 Abschn. B Rdn. 13 ff.). Eine solche Person wird korrigierende bzw. erläuternde Teile der Werbung jedoch häufig auch dann zur Kenntnis nehmen, wenn sie am Blickfang nicht teilhaben. Nach **Art. 7 Abs. 3 UGP-Richtlinie** sind schließlich bei der Entscheidung, ob eine Information **„verschwiegen“** wurde, unter bestimmten Voraussetzungen auch außerhalb des Zusammenhangs **„anderweitig“ zur Verfügung gestellte Informationen** zu berücksichtigen.

138 Für die Blickfangwerbung ist daher ein **neuer Ansatz** erforderlich. Für sie gelten bei der gebotenen richtlinienkonformen Auslegung der §§ 5, 5a keine anderen Grundsätze als für andere Werbungen auch. Danach gilt: Wie bislang darf eine Blickfangwerbung nicht **relevant unwahr** sein (§ 3 Abs. 1 und 2 i. V. m. § 5 Abs. 1 S. 2 Alt. 1). Für die Unwahrheit kommt es auf das objektive Verständnis an. Erläuternde bzw. korrigierende Hinweise sind nur zu berücksichtigen, wenn sie das Verständnis bei objektiver Betrachtung beeinflussen. Eine weitere Grenze des Irreführungsverbots bildet auch bei unwahren Angaben das Relevanz- bzw. Erheblichkeitserfordernis: Unwahren, aber nicht täuschenden Angaben in der Blickfangwerbung wird häufig die erforderliche Relevanz fehlen (näher § 5 Abschn. B Rdn. 182). Eine bei objektiver Betrachtung unter Berücksichtigung des Gesamtzusammenhangs **wahre Blickfangwerbung kann irreführend sein,** wenn sie geeignet ist, beim Durchschnittsverbraucher eine Fehlvorstellung herbeizuführen. Die Täuschungseignung ist aus Sicht eines durchschnittlich aufmerksamen, verständigen und informierten Mitglieds des angesprochenen Verkehrs zu beurteilen. Nimmt eine solche Person den Blickfang **erläuternde oder korrigierende** Hinweise bzw. Zusätze zur Kenntnis und beeinflussen sie sein Verständnis, sind sie zu berücksichtigen; der Blickfang darf dann also **nicht isoliert** auf seine Täuschungseignung hin untersucht werden.[366] Ist die Blickfangwerbung weder unwahr noch täuschend, sondern **fehlen darin Informationen, die der Verkehr für eine informierte Entscheidung benötigt,** liegt gemäß § 5a nur ein irreführendes Unterlassen vor, wenn wesentliche Informationen betroffen sind und diese unter Berücksichtigung der Besonderheiten des verwandten Kommunikationsmediums und „anderweitig“ gemachter Angaben verschwiegen oder vorenthalten werden. S. zur Abgrenzung

---

[360] Vgl. BGH, Urt. v. 31.3.2016, *Himalaya Salz,* I ZR 86/13, DE:BGH:2016:310316UIZR86.13.0, Rdn. 23; Urt. v. 15.10.2015, I ZR 260/14, WRP 2016, 184, 186 Rdn. 18 – *All Net Flat;* GRUR 2007, 802, 804 – *Testfotos III;* GK/*Lindacher,* 2. Aufl., § 5 Rdn. 104.

[361] *Wuttke* WRP 2004, 820, 822.

[362] EuGH GRUR 1993, 747, Tz. 16 – *Ives Rocher.*

[363] EuGH, Urt. v. 4.4.2000, *Darbo,* C-465/98, EU:C:2000:184.

[364] EuGH, Urt. v. 26.10.1995, Rs. C-51/95, ECLI:EU:C:1995:352 Rdn. 34=BeckRS 2004, 77519 – *Kommission/Deutschland;* Urt. v. 4.4.2000, Rs. C-465/98, ECLI:EU:C:2000:184 Rdn. 22=NJW 2000, 2729 – *Darbo;* Urt. v. 4.6.2015, Teekanne *[Himbeer-Vanille-Abenteuer],* C-195/14, ECLI:EU:C:2015:361, Rdn. 37.

[365] EuGH GRUR Int. 1990, 955, 956, Tz. 14 ff. – *GB-Inno-BM;* GK/*Lindacher,* 2. Aufl. 2013, § 5a Rdn. 12; Köhler/*Bornkamm,* 34. Aufl. 2016, § 5 Rdn. 2.95; *Wuttke* WRP 2004, 820, 822 f.

[366] Vgl. *Oelrichs* ZLR 2006, 168.

zwischen irreführender Handlung und irreführendem Unterlassen § 5 Abschn. B Rdn. 77 ff., § 5a Rdn. 39 ff.

Die **Relevanz** einer täuschenden Blickfangwerbung richtet sich nach allgemeinen Grundsätzen; sie wird also nicht ohne weiteres dadurch ausgeschlossen, dass eine beim Verbraucher bewirkte Fehlvorstellung vor Abschluss des schuldrechtlichen Geschäfts ausgeräumt wird (näher § 5 Abschn. B Rdn. 196 ff.). 139

*cc) **Wahre und unwahre Angaben, dreiste Lüge.*** Die Irreführung durch **unwahre** Angaben ist in § 5 Abs. 1 S. 2 Alt. 1 geregelt. Unwahre Angaben müssen nicht notwendig auch täuschend im Sinne des § 5 Abs. 1 S. 2 Alt. 2 sein. Versteht der Verkehr eine unwahre Angabe „richtig", ist die Angabe nicht zur Täuschung geeignet;[367] sie bleibt aber unwahr i. S. d. § 5 Abs. 1 S. 2 Alt. 1. **Ausführlich zur Irreführung durch unwahre Angaben § 5 Abschn. B Rdn. 174 ff.** 140

Aus § 5 Abs. 1 S. 2 Alt. 1 folgt, dass sich das Irreführungsverbot auch auf täuschungsgeeignete **wahre** Angaben erstreckt. **Der BGH geht bislang in ständiger Rechtsprechung davon aus, dass für die Anwendung des wettbewerbsrechtlichen Irreführungsverbots bei wahren Angaben eine höhere Irreführungsquote erforderlich** sei als im Falle der Täuschung mit objektiv unrichtigen Angaben, und hält es außerdem für geboten, eine **Interessenabwägung** vorzunehmen und die Auswirkungen eines Verbots einer objektiv richtigen Aussage in die Erwägungen mit einzubeziehen.[368] Bei einer **„dreisten Lüge"** oder wenn eine Werbung **gerade darauf angelegt ist,** einen unzutreffenden Eindruck zu vermitteln oder den Verbraucher in seinem ersten unzutreffenden Eindruck zu bestätigen, soll nach der Rspr. des BGH auch davon ausgegangen werden können, dass ein ausreichender Teil des in dieser Weise angesprochenen Verkehrs getäuscht wird.[369] 141

Demgegenüber lässt sich der Rspr. des EuGH eine generelle Differenzierung des Irreführungsschutzes bei unwahren und bei wahren Angaben, etwa im Sinne von generell höheren Anforderungen an den Irreführungsschutz gegen irreführende wahre Angaben, nicht entnehmen. Der EuGH betont zwar ebenfalls das Interesse der Verbraucher an wahrer und zutreffender Information. So wurde in der „Ives Rocher"-Entscheidung ein Argument für den Verstoß des Verbots blickfangmäßiger Werbung mit Preisgegenüberstellungen darin gesehen, dass wahre Preisgegenüberstellungen der Information des Verbrauchers dienten.[370] Im „GB-Inno"-Urteil wies der EuGH darauf hin, dass das Verbot, bestimmte Erzeugnisse in einen Mitgliedstaat einzuführen, gegen Art. 30 EGV a. F. verstößt, wenn sich das mit dem Verbot verfolgte Ziel auch durch eine geeignete Etikettierung des betreffenden Erzeugnisses erreichen lässt, durch die der Verbraucher die notwendigen Angaben erhalten und somit seine Wahl in Kenntnis aller Umstände treffen kann.[371] In den genannten Entscheidungen ging es aber stets nur darum, den Zusammenhang zwischen Verbraucherschutz und Verbraucherinformation herzustellen. Generell unterschiedliche Anforderungen an ein Verbot der Irreführung mit unwahren bzw. wahren Angaben lassen sich daraus nicht herleiten. Der **Irreführungsschutz des Art. 6 UGP-Richtlinie** hat nach der Rspr. des EuGH im Wesentlichen **präventiven Charakter.** Aus Sicht des **Verbraucherschutzes** ist bedeutungslos, **ob** die Täuschung auf einer wahren oder einer unwahren Angabe beruht. Denn auch bei wahren Angaben lässt sich dem **Interesse der Verbraucher an wahrer und zutreffender Information** dadurch Rechnung tragen, dass eine Irreführung des Verbrauchers **durch aufklärende Zusätze oder Hinweise** vermieden wird. 142

Ein Verständnis, nach dem bei objektiv wahren Angaben tendenziell großzügigere Maßstäbe anzulegen sind als bei objektiv unzutreffenden Angaben, ist nicht gerechtfertigt. Seit der UWG-Reform 2008 ist die Irreführung durch unwahre Angaben ausdrücklich gesetzlich geregelt. Seit der Gesetzesreform setzt ein Verstoß gegen § 5/Art. 6 Abs. 1 UGP-Richtlinie bei unwahren Angaben nur noch voraus, dass der Gewerbetreibende eine objektiv falsche Angabe macht, die geeignet ist, einen nachteiligen Einfluss auf eine geschäftliche Entscheidung des Verbrauchers auszuüben.[372] Demgegenüber setzt ein auf § 5 gestütztes Verbot bei wahren Angaben zusätz- 143

---

[367] BGH GRUR 1957, 285, 286 – *Erstes Kulmbacher;* GRUR 1958, 444, 446 f. – *Emaillelack;* GRUR 1963, 36, 39 – *Fichtennadelextrakt.*

[368] BGH GRUR 1996, 910, 912 – *Der meistverkaufte Europas;* WRP 2010, 1390 – *Master of Science Kieferorthopädie;* Urt. v. 13.6.2012, Az. I ZR 228/10, GRUR 2012, 1273, 1274, Tz. 22 – *Stadtwerke Wolfsburg;* v. 24.7. 2014, Az. I ZR 53/13, GRUR 2015, 286, 288, Rdn. 20, 28 – *Spezialist für Familienrecht.*

[369] BGH GRUR 2001, 78, 79 – *Falsche Herstellerpreisempfehlung;* GRUR 2002, 715, 716 – *Scanner-Werbung;* GRUR 2012, 184, 186 Rdn. 25 ff., 28 – *Branchenbuch Berg;* vgl. vgl. auch BGH GRUR 2012, 81, 82 Rdn. 14 – *Innerhalb 24 Stunden;* Köhler/*Bornkamm,* 34. Aufl. 2016, § 5 Rdn. 2.107a.

[370] EuGH GRUR 1993, 747, 748, Tz. 17 – *Yves Rocher.*

[371] EuGH GRUR Int. 1990, 955, 956, Tz. 17 – *GB-Inno.*

[372] Vgl. EuGH, Urt. v. 16.4.2015, *UPC Magyarország,* C-388/13, EU:C:2015:225, Rdn. 49.

lich die Prüfung und Feststellung voraus, dass die in Rede stehende geschäftliche Handlung geeignet ist, den Verbraucher zu täuschen. **Für unwahre Angaben gilt folglich bereits kraft ausdrücklicher gesetzlicher Differenzierung in Art. 6 Abs. 1 UGP-Richtlinie bzw. § 5 UWG ein anderes und auch geringeres Anforderungsprofil als für wahre Angaben, weil ein Verstoß gegen § 5 nicht voraussetzt, dass der Verbraucher durch die unrichtige Angabe getäuscht wird,** sondern lediglich deren Relevanz für seine geschäftliche Entscheidung **(näher Abschn. B Rdn. 174 ff., 182).**

144 Damit bleibt festzuhalten, dass **der europäische Gesetzgeber die Problematik einer Differenzierung zwischen wahren und unwahren Angaben gesehen und geregelt hat; für eine allgemeine Privilegierung wahrer Angaben durch tendenziell großzügigere Maßstäbe bleibt kein Raum.** Die geltende **Gesetzesregelung ist bereits das Ergebnis einer Interessenabwägung,** in die auch das an **wahren Angaben bestehende Informationsinteresse** eingeflossen ist. Fehlvorstellungen der Teile des angesprochenen Verkehrs, die nicht angemessen aufmerksam, verständig und informiert sind, werden nicht nur im Interesse der Marktgegenseite, sondern auch im Interesse der Information der nicht irregeführten Verbraucher hingenommen. Das so hergestellte Gleichgewicht darf nicht dadurch gestört werden, dass das Interesse nicht getäuschter Verbraucher an einer zutreffenden Information im Wege einer Interessenabwägung erneut und damit letztlich doppelt in die Waagschale geworfen wird. Das schließt nicht aus, dass sich aufgrund besonderer Umstände des **Einzelfalls** ein Verbot ausnahmsweise als unverhältnismäßig erweisen kann **(näher Abschn. B Rdn. 248).** Bereits vom Gesetzgeber berücksichtigte Umstände wie die – auch dreiste – Unwahrheit einer Angabe können dies aber nicht sein.

145 Auch dogmatisch lässt sich die Rechtsfigur der „dreisten Lüge" nicht rechtfertigen. Sie knüpft an den **Vorsatz** bzw. die Motive des Unternehmers an, die bei der gebotenen richtlinienkonformen Auslegung im Lichte der Rspr. des EuGH **nicht berücksichtigt werden können.**[373] Eine autonome Auslegung, die zu einer Schutzverstärkung führt, ist im **vollharmonisierten** Anwendungsbereich der UGP-Richtlinie, die auch die Obergrenze des Irreführungsschutzes festlegt, nicht zulässig. Zudem bleibt bei der Figur der „dreisten Lüge" unberücksichtigt, dass **subtile Halbwahrheiten** oftmals ein deutlich höheres **Gefahrenpotential** aufweisen als die „dreister Lüge", die sich anhand ihrer objektiven Unrichtigkeit für den Verbraucher eher als solche „entlarven" lässt.

146 ***dd) Fortwirkung irreführender Angaben, veränderte Umstände.*** Eine an sich nicht zu beanstandende geschäftliche Handlung kann ausnahmsweise Abwehransprüche auslösen, wenn der Verkehr mit ihr die **Erinnerung an eine frühere unlautere Handlung verbindet** und wegen dieser Fortwirkung zu einer Vorstellung vom Inhalt der späteren Handlung gelangt, die wettbewerbsrechtlich zu beanstanden ist, auch wenn die frühere Handlung nicht wiederholt wird.[374] Die Fortwirkung darf allerdings nicht bloß unterstellt werden. Vielmehr kommt es darauf an, ob die frühere Angabe in einem solchen Umfang und in einer solchen Intensität verwendet worden ist, dass sie sich einem erheblichen Teil der angesprochenen Verkehrskreise genügend eingeprägt hat, um fortwirken zu können.[375] Der Werbende, der zur Unterlassung einer bestimmten Werbung verpflichtet ist, muss sich daher dann von der Werbung, auf die sich diese Verpflichtung bezieht, eindeutig abgrenzen, wenn er sich nicht dem Vorwurf erneuter Irreführung aussetzen will.[376]

147 Eine **Irreführungsgefahr** kann durch eine Änderung der Umstände **für die Zukunft ausgeräumt** werden. **Künftige Veränderungen** lassen die Irreführungsgefahr demgegenüber nur entfallen, wenn sie dem Verkehr bereits bekannt sind und sein Verständnis entsprechend beeinflussen. Deshalb darf ein Unternehmen einen über die **Größenverhältnisse** täuschenden Zusatz wie „Werk", „Zentrale" o. Ä. auch dann nicht benutzen, wenn zu erwarten ist, dass es in einiger Zeit die fragliche Größe erreichen wird;[377] anders hingegen, wenn es bereits über den entsprechenden Unternehmenszuschnitt verfügt und es nur noch um die fehlende, aber in Kürze zu erwartende **Marktbedeutung** geht, s. näher § 5 E Rdn. 211. Aus der irreführenden Verwendung einer Dr.-Firma können sich Schadenersatzansprüche ergeben, wenn tatsächlich kein promovierter Gesellschafter die Geschicke der Gesellschaft maßgeblich beeinflusst hat und der Durchschnittsumworbene hierüber einem relevanten Irrtum unterlegen ist. Ein für die Zukunft wirkender **Unterlas-**

---

373 Vgl. EuGH, Urt. v. 16.4.2015, *UPC Magyarország,* C-388/13, EU:C:2015:225 Rdn. 41 ff., 47 ff. **Näher § 5 Abschn. A Rdn. 81 ff., Abschn. B Rdn. 169 ff.**

374 BGH GRUR 1964, 686, 688 – *Glockenpackung II;* GRUR 1970, 425, 426 f. – *Melitta-Kaffee;* GRUR 1982, 685, 686- *Ungarische Salami II;* WRP 2007, 1516, 1518 f. Rdn. 21 – *Pietra di Soln;* WRP 2011, 1593, 1595 Rdn. 15 – *Creation Lamis.*

375 BGH WRP 2007, 1516, 1518f. Rdn. 21 – *Pietra di Soln;* WRP 2011, 1593, 1595 Rdn. 15 – *Creation Lamis.*

376 BGH GRUR 1970, 425, 426 f. – *Melitta-Kaffee;* Köhler/*Bornkamm,* 34. Aufl. 2016, § 5 Rdn. 2.123.

377 *Haberkorn* WRP 1969, 261.

sungstitel kann jedoch nicht mehr ergehen, nachdem ein promovierter Akademiker Gesellschafter-geschäftsführer geworden ist.[378]

Eine **zunächst zulässige geschäftliche Handlung kann durch Zeitablauf irreführend werden.** Werden in der Werbung für eine Rabattaktion oder einen Frühbucherrabatt zeitliche Grenzen genannt, muss sich der Unternehmer hieran grundsätzlich festhalten lassen, will er sich nicht bei deren Überschreitung dem Vorwurf der Irreführung aussetzen.[379] Der Verkehr rechnet indessen damit, dass es für die Verlängerung eines solchen Rabatts vernünftige Gründe geben kann, die bei Schaltung der Werbung nicht voraussehbar waren, wie beispielsweise eine schleppende Nachfrage. Trotz der Verlängerung erweist sich die ursprüngliche Ankündigung in einem solchen Fall nicht als irreführend.[380] Es ist Sache des Werbenden, die Umstände darzulegen, die für die Unvorhersehbarkeit der Verlängerungsgründe und für die Einhaltung der fachlichen Sorgfalt sprechen.[381] 148

*ee) **Internet und neue Medien.*** S. *Frank,* **Einl. H Rdn. 2 ff.** Das Irreführungsverbot gilt auch hier. Die Wahl des Mediums Internet rechtfertigt es insbesondere nicht, die Grenzen erlaubter Außendarstellung enger zu ziehen als bei der Benutzung anderer Medien.[382] Betrifft Werbung im Internet Waren des Bedarfs des allgemeinen Publikums, ist sie ausgehend vom **Leitbild des „Normalverbrauchers"** zu beurteilen.[383] 149

*α) **Ad-Words.*** Bei dem sog. Keyword Advertising handelt es sich um eine Werbemethode, die das Aufscheinen von Anzeigen in Trefferlisten von Suchmaschinen mit der Eingabe bestimmter Begriffe (Adwords bzw. Keywords) verknüpft, die der Werbende beim Suchmaschinenbetreiber „bucht". Inzwischen ist – nach Vorlage an den EuGH[384] wegen der kennzeichenrechtlichen Problematik – höchstrichterlich geklärt, dass die **Benutzung von fremden Kennzeichen als Schlüsselwörtern** dann, wenn beim Erscheinen der Werbung nach Eingabe des dem Schlüsselworts entsprechenden Suchworts der Suchbegriff in der Suchzeile sichtbar bleibt, i. d. R. weder eine Irreführung nach § 5 UWG noch (insoweit anders als Meta-Tags) eine Kennzeichenrechtsverletzung bewirkt.[385] Da beim Erscheinen der Werbung der Suchbegriff in der Suchzeile sichtbar bleibt, stelle der nomal informierte und angemessen aufmerksame Internetbenutzer insbesondere keine Verbindung zur Herkunft her und entstehe für ihn nicht der Eindruck, dass die beworbenen Produkte von dem Markeninhaber oder einem mit ihm verbundenen Unternehmen stammten.[386] Auch bei **Google-AdWords-Anzeigen** sind die **Pflichtangaben** gem. § 4 HWG zu machen, diese müssen jedoch nicht in der Anzeige selbst enthalten sein, sondern ist ausreichend, dass die Anzeigen einen als solchen klar erkennbaren elektronischen Verweis enthält, der unzweideutig darauf hinweist, dass der Nutzer über ihn zu den Pflichtangaben gelangt (z. B. „Pflichtangaben") und zu einer Internetseite führt, auf der die Pflichtangaben unmittelbar, d. h. ohne weitere Zwischenschritte leicht lesbar wahrgenommen werden können.[387] 150

*β) **Auktionen im Internet.*** Die Bezeichnung **„Auktion"** oder **„Versteigerung"** für Verkäufe gegen Höchstgebot im Internet, die keine Versteigerungen im Sinne von § 34b GewO sind, ist ohne Hinzutreten weiterer Umstände nicht irreführend.[388] Geschäftliche Handlungen im Zusammenhang mit der Veranstaltung von Internet-Auktionen können sich aber als irreführend erweisen, wenn weitere Umstände hinzutreten. Abzustellen ist auf die Sicht des durchschnittlich informierten, aufmerksamen und verständigen Teilnehmers solcher Auktionen. Er verfügt i. d. R. bereits über Fähigkeiten im Umgang mit dem virtuellen Marktplatz Internet und ist in der Lage, eine Internetseite sorgfältig zu studieren und verlinkte Informationen aufzufinden.[389] Eine Irreführung von Internet-Auktionen kann sich daraus ergeben, dass sich der Stand der Auktion nicht sicher feststellen 151

---

[378] BGH GRUR 1992, 121, 122 – *Dr. Stein ... GmbH.*

[379] BGH WRP 2012, 311 – *10% Geburtstags-Rabatt;* WRP 2012, 316, 317 – *Frühlings-Special* mit Anm. *Omsels,* jurisPR-WettbR 2012 Anm. 3; GRUR 2014, 91 – *Treuepunkt-Aktion.*

[380] BGH WRP 2012, 316 – *Frühlings-Special;* GRUR 2014, 91, 93 Rdn. 23 – *Treuepunkt-Aktion.*

[381] BGH WRP 2012, 316, 317 – *Frühlings-Special* mit Anm. *Omsels,* jurisPR-WettbR 2012 Anm. 3; *Schröler,* GRUR 2013, 564, 567; vgl. BGH GRUR 2002, 187, 188 f. – *Lieferstörung.*

[382] Vgl. BVerfG NJW 2004, 2656, 2658; GRUR 2008, 618, 620 – *Anwaltsdienste bei ebay,* jeweils zur Außenwerbung Freiberuflicher.

[383] BGH GRUR 2005, 438, 440 – *Epson.*

[384] EuGH GRUR 2010, 641 – *Eis.de* auf Vorlage des BGH GRUR 2009, 498 – *Bananabay I.*

[385] BGH GRUR 2011, 828 – *Bananabay II;* GRUR 2012, 81 – *Innerhalb 24 Stunden.*

[386] BGH GRUR 2011, 828, 829 – *Bananabay II;* vgl. BGH GRUR 2009, 502 – *pcb.*

[387] BGH GRUR 2014, 94, 95 Rdn. 18 – *Pflichtangaben im Internet.*

[388] OLG Frankfurt MMR 2001, 451; KG NJW 2001, 3272; Köhler/*Bornkamm,* 34. Aufl. 2016, § 5 Rdn. 4.127.

[389] *Ott* WRP 2003, 945, 954; *Kaestner/Tews* WRP 2004, 391, 399; *Fritzsche/Frahm* WRP 2008, 22, 34; vgl. BGH GRUR 2005, 690, 692 – *Internet-Versandhandel.*

lässt.[390] Irreführend sind lediglich **zum Schein benannte Mindestpreise,** an denen sich der Betreiber in Wahrheit nicht festhalten lassen will.[391] **Überhöhte „Marktwertangaben“** können irreführend sein, wenn sie beim Umworbenen den falschen Eindruck erwecken, es handele sich um die üblichen Marktpreise.[392] Es darf nicht der Eindruck erweckt werden, ein bestehendes Rücktrittsrecht sei ausgeschlossen oder eingeschränkt.[393] Die **Angabe „von privat“** darf nicht verwandt werden, wenn tatsächlich eine unternehmerische Verkaufstätigkeit vorliegt.[394] Der BGH ist davon ausgegangen, dass der von der Werbung eines Internet-Versandhauses angesprochene Durchschnittsverbraucher in der Regel erwartet, dass die beworbene Ware unverzüglich versandt werden kann, wenn nicht auf das Bestehen einer abweichenden Lieferfrist unmissverständlich hinwiesen wird;[395] näher noch **§ 5 Abschn. B Rdn. 161.**

152 *γ) **Domains.*** S. auch **§ 5 Abschn. E Rdn. 29 sowie § 5 Abschn. J Rdn. 50.**

Bei **Gattungsbezeichnungen** und dem Recht der **Gleichnamigen** gelten **Besonderheiten;** hier kann eine Irreführungsgefahr durch einen geeigneten Hinweis auf der ersten sich öffnenden Seite ausgeräumt werden. Dieses Privileg gilt für andere Fälle irreführender Domains jedoch nicht.[396]

153 Domains enthalten häufig Namen, Firmen oder **Kennzeichen.** Ein Vorrang des Kennzeichenrechts gilt bei unionskonformer Auslegung nicht, die Wertungen des Rechts der **Gleichnamigen** sind jedoch zu beachten.[397] Der Träger des Namens, der Unternehmensbezeichnung oder des Firmenschlagworts hat grundsätzlich ein schutzwürdiges Interesse, diese Bezeichnung auch als Bestandteil von Internet- und E-Mail-Adressen zu benutzen.[398] Ist der Anwendungsbereich des Rechts der Gleichnamigen eröffnet, s. dazu **näher § 5 Abschn. J Rdn. 40,** ist zur Ausräumung einer Verwechslungsgefahr daher ausreichend, aber auch zumutbar und erforderlich, dass auf der **ersten sich öffnenden Website** ein aufklärender Hinweis erfolgt, der das werbende Unternehmen klar und eindeutig von dem Gleichnamigen abgrenzt und so eine Verwechslungsgefahr mit diesem weitgehend ausschließt.[399] Auch wenn die Irreführung durch die Verwendung einer **Gattungsbezeichnung** als Domainname bewirkt worden ist, reicht ein entsprechender klarstellender Hinweis auf der ersten sich öffnenden Seite aus.[400]

154 Die Registrierung und Nutzung **generischer Domains** zu kommerziellen Zwecken ist rechtlich zulässig, und zwar auch in unterschiedlicher Schreibweise.[401] Dem Verkehr ist bekannt, dass generische Domains in vielen Fällen zu kommerziellen Zwecken genutzt werden und er rechnet beim Aufsuchen einer Internetseite mit generischer Domain damit, zu einem bestimmten Anbieter zu gelangen.[402] Im Einzelfall kann jedoch eine unlautere Behinderung **(näher § 4 Nr. 4 Rdn. 88 ff.)** oder Irreführung vorliegen.[403] So kann ein beschreibender Begriff je nach den Umständen des Einzelfalls als **Gattungsbegriff** verstanden und vom Verkehr erwartet werden, bei Eingabe dieser Domain eine vollständige Zusammenstellung der Gattung (also z.B. bei „Deutsches-Handwerk.de“ eine Liste aller deutschen Handwerker) zu erhalten, oder als **Alleinstellungsbehauptung** aufgefasst werden.[404] Bei Domains wie „rechtsanwaelte.de“, „autovermietung.com“, „sauna.de“ erkennt der Verkehr, dass sich hier nicht zwangsläufig ein vollständiges Bild des Internet-Angebots finden lässt.[405] Bei der Verwendung **geografischer Bezeichnungen,** an denen Namensrechte bestehen,

---

390 *Fritsche/Frahm* WRP 2008, 22, 34.

391 *Bullinger* WRP 2000, 253, 257.

392 *Bullinger* WRP 2000, 253, 257.

393 LG Dortmund Urt. v. 22.12.2005, Az. 8 O 349/05, WRP 2006, 780 (LS).

394 OLG Frankfurt GRUR-RR 2005, 319; Beschluss v. 21.3.2007, Az. 6 W 27/07.

395 BGH GRUR 2005, 690 – *Internet-Versandhandel;* GRUR 2012, 81 – *Innerhalb 24 Stunden.*

396 BGH GRUR 2001, 1061, 1063 – *Mitwohnzentrale;* GRUR 2002, 706, 708 – *vossius.de;* OLG Hamburg, GRUR 2003, 1058; – *Mitwohnzentrale II;* GRUR-RR 2007, 93, 94 – *Deutsches-Handwerk.de;* OLG München, MMR 2011, 243, 244; Köhler/*Bornkamm,* 34. Aufl. 2016, § 5 Rdn. 4.110; OLG München, MMR 2011, 243, 244.

397 Vgl. BGH GRUR 2013, 397, 400 Rdn. 44 – *Peek & Cloppenburg III; Knaak,* GRUR-Prax 2013, 171, 173, 174 unter VI.4.

398 BGH GRUR 2010, 738, 743 f. Rdn. 29 – *Peek und Cloppenburg I.*

399 BGH GRUR 2002, 706, 708 – *vossius.de;* GRUR 2010, 738, 743 Rdn. 37 – *Peek & Cloppenburg I; Knaak,* GRUR-Prax 2013, 171, 173 f.; OLG Hamburg, GRUR 2003, 1058; – *Mitwohnzentrale II;* GRUR-RR 2007, 93, 94 – *Deutsches-Handwerk.de;* OLG München, MMR 2011, 243, 244.

400 BGH GRUR 2001, 1061, 1064 – *Mitwohnzentrale;* OLG München, MMR 2011, 243, 244; Köhler/*Bornkamm,* 34. Aufl. 2016, § 5 Rdn. 4.110.

401 BGH GRUR 2014, 393, 396 Rdn. 41 mwN – *wetteronline.de.*

402 BGH GRUR 2014, 393, 396 Rdn. 41 – *wetteronline.de.*

403 BGH GRUR 2001, 1061 – *Mitwohnzentrale.*

404 BGH GRUR 2001, 1061, 1063 – *Mitwohnzentrale.*

405 Vgl. schon BGH GRUR 2001, 1061, 1063 – *Mitwohnzentrale;* OLG Hamm GRUR-RR 2003, 289.

geht diese in aller Regel vor und kann sich der Dritte nicht darauf berufen, die Domain lediglich beschreibend zu verwenden.[406] Auch die Verwendung des Begriffs **„International"** in der Internetadresse kann im Einzelfall irreführend sein, wenn die Geschäftstätigkeit des Betriebes ausschließlich auf das Bundesgebiet beschränkt ist.[407] Die Irreführungseignung kann sich Verbindung einer dem Internetnutzer nicht hinreichend geläufigen Top-Level-Domain ergeben, z. B. wenn durch die Länderkennung für Antigua und Barbuda „ag" der Eindruck einer Aktiengesellschaft erweckt wird.[408]

δ) ***E-Mail-Werbung.*** Die in der E-Mail enthaltenen Informationen sind in ihrem Gesamtzusammenhang auf ihre **Täuschungseignung** zu untersuchen. Informationen, die der Interessent erst durch Anklicken eines Hyperlinks, der ihn auf die Website des Anbieters führt, abrufen kann, bilden nicht mehr Teil des Gesamtzusammenhangs, weil der E-Mail-Empfänger sie erst zur Kenntnis erhält, wenn er sich bereits täuschungsbedingt auf die Website des Anbieters begeben hat und der Anlockvorgang erfolgreich abgeschlossen ist.[409] Enthält die E-Mail hingegen keine täuschenden Angaben, sondern ist sie nur **unvollständig,** können Informationen unter bestimmten Voraussetzungen nachgeholt werden, s. näher § 5a Rdn. 39 ff., 99 ff. **155**

ε) ***Gatoring.*** Dabei werden mittels eines auf dem PC des Internetnutzers installierten Hilfsprogramms **Daten über das Nutzerverhalten an den Server eines Internet-Marketing-Unternehmens übermittelt,** der durch Einspielung der zu den Daten passenden Werbung reagiert. Da sich der durchschnittlich aufmerksame, verständige und informierte Internet-Nutzer i. d. R. weder Gedanken über die Ursache der Werbeeinspielung noch über die Person des die Werbung einspielenden Unternehmens macht, und zudem weiß, dass Werbung nicht nur durch den Websitebetreiber eingespielt wird, kommt eine Irreführung i. d. R. nicht in Betracht.[410] **156**

ζ) ***Hyperlinks.*** S. auch **Rdn. 73.** Im **Internet** rechnet der durchschnittlich aufmerksame, verständige und informierte Verbraucher damit, dass Angaben verlinkt werden, und ist auch in der Lage, derartige elektronische Verweise **(Hyperlinks)** zu erkennen.[411] Ein Internetnutzer wird im Allgemeinen diejenigen Seiten aufrufen, die er **zur Information über die von ihm gewünschte Ware benötigt oder zu denen er durch Verweise aufgrund einfacher elektronischer Verknüpfungen oder durch klare und unmissverständliche Hinweise geleitet** wird.[412] Die auf entsprechend verlinkten Seiten befindlichen Informationen sind in diesem Fall Teil einer geschlossenen Darstellung, sodass die Täuschungseignung für sich genommen missverständlicher Darstellungen auf den einzelnen Webseiten durch **aufklärende Hinweise auf den verlinkten Seiten** ausgeschlossen werden kann.[413] Voraussetzung ist, dass die Informationen dort aufgerufen werden können, ohne dass es noch weiterer wesentlicher Zwischenschritte oder eines Suchens bedarf.[414] Die Irreführung durch bloß unterlassene Informationen richtet sich nach § 5a. **157**

Das Setzen von Hyperlinks, auch in Form von **Deep Links** und **Framing,** auf eine von dem Berechtigten öffentlich zugänglich gemachte Website stellt als solches, wenn technische Schutzmaßnahmen nicht umgangen werden, keine öffentliche Wiedergabe im Sinne der InfoSoc-Richtlinie 2001/29/EG dar, sodass sich der Anbieter dagegen in der Regel nicht mit Erfolg auf Grundlage des Urheberrechts zur Wehr setzen kann.[415] Der lauterkeitsrechtliche Schutz für Irreführung gemäß § 5 bleibt in Anbetracht seiner abweichenden Zielrichtung daneben zwar grundsätzlich anwendbar **(s. näher § 5 Abschn. A Rdn. 78),** setzt aber eine relevante Irreführung und damit voraus, dass sich der durchschnittliche Internetnutzer erstens überhaupt Gedanken über die Herkunft der verlinkten Inhalt macht und (trotzdem) nicht erkennt, dass es sich um einen fremden Inhalt handelt (also irrt) **158**

---

[406] LG München I ZUM-RD 2002, 107 – *neuschwanstein.de;* vgl. LG Mannheim GRUR 1997, 377 – *heidelberg.de;* Köhler/*Bornkamm,* 34. Aufl. 2016, § 5 Rdn. 4.112.

[407] OLG Dresden WRP 2010, 1285.

[408] OLG Hamburg GRUR-RR 2005, 199 – *tipp.ag.*

[409] **A. A.** LG Bonn Urt. v. 10.4.2007, Az. 11 O 165/06.

[410] **A. A.** *Vykydal/Diemar,* WRP 2004, 1237, 1242, die argumentieren, es werde eine Geschäftsbeziehung des Werbenden zu dem die Website betreibenden Mitbewerber vorgetäuscht.

[411] Vgl. BGH GRUR 2005, 690, 692 – *Internet-Versandhandel;* GRUR 2008, 84, 87, Tz. 30 –*Versandkosten;* GRUR 2014, 94, 95, Rdn. 17 – *Pflichtangaben im Internet;* GRUR 2014, 298, 301, Rdn. 31 – *Runes of Magic I.*

[412] BGH GRUR 2003, 889, 890 – *Internet-Reservierungssystem;* GRUR 2005, 438 – *Epson-Tinte;* GRUR 2005, 690, 692 – *Internet-Versandhandel;* GRUR 2007, 159, 160 – *Anbieterkennzeichnung im Internet;* GRUR 2008, 84, 87, Tz. 31 f. – *Versandkosten;* GRUR 2014, 298, 301, Rdn. 31 – *Runes of Magic I;* GRUR 2014, 94, 95 Rdn. 18 – *Pflichtangaben im Internet.*

[413] Vgl. BGH GRUR 2005, 438, LS – *Epson-Tinte;* GRUR 2005, 690, 692 – *Internet-Versandhandel;* GRUR 2014, 94, 95 Rdn. 17 – *Pflichtangaben im Internet;* GRUR 2014, 298, 301 Rdn. 31 – *Runes of Magic I.*

[414] BGH GRUR 2007, 159, 160 – *Anbieterkennzeichnung im Internet;* GRUR 2014, 298, 301, Rdn. 31 f. – *Runes of Magic I;* vgl. EuGH GRUR 2011, 930, Rdn. 56 – *Konsumentenombudsmannen/Ving* zu Art. 7 Abs. 4 UGP-RL.

[415] EuGH, Urt. v. 13.2.2014, *Svensson* u. a., C-466/12, EU:C:2014:76, Rdn. 14 ff., 32; Beschl. v. 21.10. 2014, *BestWater International,* C-348/13, EU:C:2014:2315; vgl. BGH GRUR 2003, 855 – *Paperboy.*

und zweitens auch sich die Irreführung auf sein wirtschaftliches Verhalten auswirkt.[416] Im Allgemeinen wird der Internetnutzer mit dem Aufruf der Website jedoch nur den Zweck der Informationsbeschaffung verfolgen und werden ihm die näheren Umstände der Informationsbeschaffung gleichgültig sein;[417] eine relevante Irreführung scheidet dann aus.

159 *η) In-Game-Advertising.* Darunter versteht man den Einsatz von Werbung in Computerspielen.[418] Auch wenn fremde Firmen, Marken oder Unternehmenskennzeichen in Computerspielen verwandt werden, darf der Verkehr hierdurch nicht irregeführt werden, denn ein Vorrang des Kennzeichenrechts ist mit europäischem Recht unvereinbar, s. dazu näher § 5 Abschn. J Rdn. 2 ff. Näher zum **Product Placement** § 5 Abschn. B Rdn. 61 und § 5a Rdn. 332 ff.

160 *θ) Internetwerbung.* Die Wahl des Mediums Internet rechtfertigt es nicht, die Grenzen erlaubter Außendarstellung enger zu ziehen.[419] Betrifft Werbung im Internet Waren des Bedarfs des allgemeinen Publikums, ist sie ausgehend vom **Leitbild des „Normalverbrauchers"** zu beurteilen.[420] Die Besonderheit, dass es sich beim Internet um eine passive Darstellungsplattform handelt, bei der die angebotenen Informationen vom Nutzer „aktiv" abgerufen werden müssen, rechtfertigt nicht die Zugrundelegung eines anderen Verbraucherleitbilds. Dem Umstand, dass der an einem Kauf interessierte Internet-Nutzer die Informationen selbst nachfragen muss, wird schon dadurch Rechnung getragen, dass nicht (mehr) auf den flüchtigen Betrachter, sondern auf denjenigen Verbraucher abzustellen ist, der sich der betreffenden Werbeangabe mit der situationsbedingten Aufmerksamkeit zuwendet.[421] Hinsichtlich der Frage, wann Angaben in einer geschlossenen Darstellung stehen und deshalb nicht isoliert betrachtet werden dürfen, kommt es auf das Verständnis des angesprochenen Verkehrs an.[422] Informationen, die der Nutzer mittels Hyperlink abrufen kann, sind unter bestimmten Voraussetzungen Teil des Gesamtzusammenhangs, s. **§ 5 Abschn. B Rdn. 157.**

161 Im Internet-**Versandhandel** wird der Kunde i. d. R. von kurzen **Lieferfristen** von wenigen Tagen ausgehen. Der BGH hat zugrunde gelegt, dass der von der Werbung eines Internet-Versandhauses angesprochene Durchschnittsverbraucher in der Regel erwartet, dass die beworbene Ware unverzüglich versandt werden kann, wenn nicht auf das Bestehen einer abweichenden Lieferfrist unmissverständlich hinwiesen wird.[423] Bewegen sich die Angaben zu den Lieferfristen in der Anzeige in dem Rahmen, mit dem der durchschnittlich informierte, aufmerksame und verständige Verbraucher ohnehin rechnet, ist die Anzeige nicht irreführend und kommt es nicht auf weitergehende (richtige) Angaben auf einer verlinkten Webseite an.[424] Dies hat der BGH im Hinblick darauf, dass der Kunde auch bei einem **24-Stunden-Lieferservice** eine gänzlich einschränkungslose Auslieferung auch zu Abend- und Nachtzeiten sowie am Sonntag nicht erwartet, für eine Adwords-Anzeige „Original Druckerpatronen innerhalb 24 Stunden" angenommen.[425] Problematisch ist hingegen der Fall, dass der Kunde über längere Lieferfristen erst auf Seiten aufgeklärt wird, die er zuvor mittels Anklicken bzw. Ansteuern eines Hyperlinks öffnen muss. Hier gelten die oben unter „Hyperlink" gemachten Ausführungen entsprechend, d. h. i. d. R. ist ausreichend, dass der Kunde auf einer Seite über die Lieferfristen aufgeklärt wird, die er auf dem Weg zum Vertragsschluss notwendig durchlaufen muss. Auch der BGH hat es in der Entscheidung *„Internet-Versandhandel"* grundsätzlich für zulässig angesehen, wenn der Internet-Nutzer entspr. Informationen (erst) auf einer Info-Seite erhalten konnte, über die er mittels Hyperlinks **vor** Abschluss des Kaufvertrags geleitet wurde.[426] Wegen der **Funktionsgleiche von Internethandel und stationärem Handel** steht demgegenüber der Aufruf einer Internetseite **mit unmittelbarer Bestellmöglichkeit** dem Aufsuchen eines stationären Geschäfts gleich.[427]

162 Die Internet-Werbung eines Anbieters von Online-Diensten mit einer optisch herausgestellten und farblich umrandeten **„Beispielsrechnung" für die monatlichen Gesamtkosten** wurde als nicht

---

416 Vgl. *Ohly,* GRUR Int. 2015, 693, 702.

417 OLG Düsseldorf, CR 2000, 184, 186 mit Anm. *Leistner; Wiebe,* WRP 1999, 734; *Plaß,* WRP 2000, 599, 607; eher restriktiv auch *Ohly,* GRUR Int. 2015, 693 f. und Fn. 111; tendenziell weiter hingegen *Bornkamm/Seichter,* CR 2005, 747, 751; *Fuchs/Farkas,* ZUM 2015, 110, 124.

418 Vgl. *Schaar* GRUR 2005, 912 ff.

419 Vgl. BVerfG NJW 2004, 2656, 2658; GRUR 2008, 618, 620 – *Anwaltsdienste bei ebay,* jeweils zur Außenwerbung Freiberuflicher.

420 BGH GRUR 2005, 438, 440 – *Epson.*

421 BGH GRUR 2005, 438, 440 – *Epson;* GRUR 2005, 690 – *Internet-Versandhandel;* OLG Köln Urt. v. 23.2.2007, Az. 6 U 150/06.

422 BGH GRUR 2005, 690, 692 – *Internet-Versandhandel.*

423 BGH GRUR 2005, 690 – *Internet-Versandhandel.*

424 BGH GRUR 2012, 81 – *Innerhalb 24 Stunden.*

425 BGH GRUR 2012, 81 – *Innerhalb 24 Stunden.*

426 BGH GRUR 2005, 690 – *Internet-Versandhandel.*

427 BGH, Urt. v. 28.4.2016, *Geo-Targeting,* DE:BGH:2016:280416UIZR23.15.0, Rdn. 36.

irreführend angesehen, wenn sich aus den darunter deutlich wahrnehmbar und fett gedruckten Angaben der Leistungsumfang der jeweiligen DSL-Tarife ergab.[428] Wird der Nutzer nach Aufruf der Domain durch das Anklicken der Rubrik „Service" auf eine Seite geleitet, auf der die verschiedenen Leistungen des Unternehmens angeboten werden, sind die nach Anklicken einer Einzelleistung ersichtlichen Informationen nach Auffassung des OLG Sachsen-Anhalt im Gesamtzusammenhang mit der Leistungsübersicht zu sehen, so dass eine dort aufgeführte Sachverständigentätigkeit bei der Frage des Vortäuschens einer tatsächlich nicht gegebenen Qualifikation zu berücksichtigen ist.[429]

Bei einer Werbung für Waren in Preisvergleichslisten einer **Preissuchmaschine** dürfen die zum 163
Kaufpreis hinzukommenden Versandkosten nicht erst auf der eigenen Internetseite des Werbenden genannt werden, die mit dem Anklicken der Warenabbildung oder des Produktnamens erreicht wird.[430]

Wird hingegen nicht im Internet, sondern **für eine Internetnutzung** geworben, können nähe- 164
re Kenntnisse von der Funktion des Mediums u. U. nicht vorausgesetzt werden. Wendet sich der Unternehmer mit seiner Werbung für eine eigene Homepage an Internet-Nutzer, die befürchten, dass „alles viel zu kompliziert ist", können ebenfalls keine überhöhten Anforderungen an deren Kenntnisse und Fähigkeiten betr. das Internet gestellt werden.[431]

ι) Meta-Tags. Dies sind **Schlüsseldaten über den Inhalt von Websites,** die den Suchmaschi- 165
nen das Auffinden der Sites ermöglichen und vom Browser nicht angezeigt werden. Verwendet ein Unternehmen die Namen, Firmen, Marken oder sonstigen Kennzeichen anderer Unternehmen als Meta-Tag, um die User auf die eigene Website zu locken, kam § 5 bislang im Hinblick auf die Vorrangthese der Rspr. kaum Bedeutung zu, weil der BGH in der Verwendung eines fremden Kennzeichens als Meta-Tag ungeachtet der „Unsichtbarkeit" von Tags eine **Kennzeichenverletzung** sieht.[432] Die Vorrangthese ist nunmehr aber aufzugeben, s. näher **§ 5 J Rdn. 2 ff.** Eine Irreführung durch Verwendung von Meta-Tags wird gleichwohl in aller Regel ausscheiden, weil der durchschnittlich aufmerksame, verständige und informierte Internetnutzer weiß, dass die Suchmaschine auch Treffer anzeigt, die nur in losem oder in gar keinen Zusammenhang zum Suchwort stehen.[433]

κ) Sprache. Das OLG Köln hat in einer Entscheidung aus dem Jahr 2005 angenommen, dass bei 166
einer Internetwerbung, die unter der TOP-Level-Domain „com" weltweit abrufbar und für den Weltmarkt konzipiert und deshalb vollständig in englischer Sprache abgefasst sei, die auf eine falsche Übersetzung zurückgehende Täuschung des Verkehrs hinzunehmen sei.[434] Meist wird schon die Täuschungseignung zu verneinen sein, denn von einem durchschnittlich aufmerksamen, verständigen und informierten Internet-Nutzer, der die Website einer „com-Domain" aufruft, kann erwartet werden, dass er seine Englischkenntnisse realistisch einschätzt und bei Bedarf ein Wörterbuch zu Rate zieht. Zur Erbringung von **Kundendienstleistungen** in einer anderen Sprache s. die Kommentierung **zu Nr. 8 des Anhangs** zu § 3 Abs. 3.

λ) Verbotene Produkte. Wer Waren oder Dienstleistungen bewirbt, die der Umworbene **wegen** 167
des generellen Verbots ihrer Inanspruchnahme nicht nutzen kann, täuscht seine potentiellen Kunden über ein wesentliches und für die Kaufentscheidung relevantes Element.[435] Anders verhält es sich hingegen, wenn nur das Angebot bzw. die Bewerbung sonderrechtsgeschützter Produkte das **Sonderrecht des Dritten** verletzt, die Nutzung durch den Umworbenen jedoch zulässig, z. B. durch eine Schrankenregelung des Sonderrechts gedeckt, wäre. Dem Umworbenen wird es i. d. R. nur um die eigene Nutzungsmöglichkeit gehen. Die Gefahr einer kaufrelevanten Fehlvorstellung über die Berechtigung des Anbieters wird daher meist nicht bestehen.

ff) Gesundheit. Nach gefestigter dt. Rspr. sind an eine Werbung mit gesundheitsgefährdenden 168
Angaben **besonders strenge Anforderungen** zu stellen.[436] Rechtsvorschriften der Mitgliedstaaten

---

428 OLG Hamburg Urt. v. 7.3.2007, Az. 5 U 75/06.

429 OLG Sachsen-Anhalt, Urt. v. 3.3.2006, Az. 10 U 53/05.

430 BGH GRUR 2010, 251 – *Versandkosten bei Froogle I.*

431 Vgl. OLG Hamburg Magazindienst 2006, 1361 ff.

432 BGH GRUR 2007, 65 – *Impuls;* NJW-RR 2010, 465 – *Partnerprogramm;* NJW-RR 2010, 1273 – *POWER BALL;* GRUR 2011, 828, 830 – *Bananabay.*

433 OLG Düsseldorf WRP 2003, 104; MMR 2004, 319; *Kaufmann* MMR 2005, 348, 351; Köhler/*Bornkamm,* 34. Aufl. 2016, § 5 Rdn. 4.126. – **A. A.** OLG Frankfurt GRUR-RR 2005, 319, 320.

434 OLG Köln MMR 2005, 110.

435 Vgl. OLG München GRUR 1987, 181; KG GRUR 1991, 690, 692; OLG Köln GRUR-RR 2005, 94.

436 BGH GRUR 2002, 182, 185 – *Das Beste jeden Morgen;* MD 2012, 583, 589 – *INJECTIO;* OLG München Pharma Recht 2005, 181: ausreichend, dass Irreführungsgefahr bei einem nicht völlig unerheblichen Teil des angesprochenen Verkehrs eintritt; OLG Oldenburg Magazindienst 2005, 1410; vgl. EuGH GRUR 2012, 1161 – *Deutsches Weintor:* „Bekömmlich" für Wein unzulässige gesundheitsbezogene Angaben i. S. v. Art. 2 Abs. 2 Nr. 5, 4 Abs. 3 VO Nr. 1924/2006.

und der Union in Bezug auf Gesundheits- und Sicherheitsaspekte von Produkten bleiben nach **Art. 3 Abs. 3 und Erwägungsgrund 9 UGP-Richtlinie** von der durch die UGP-Richtlinie bewirkten vollständigen Harmonisierung unberührt. Soweit nicht entsprechende Rechtsvorschriften vorrangigen Regelungen treffen, fallen Werbemaßnahmen unter die UGP-Richtlinie, sofern ihre Anwendungsvoraussetzungen vorliegen.[437] Inzwischen existieren für weite Teile des Gesundheitsbereichs **Sonderregelungen,** die bei der unionskonformen Auslegung des § 5 vorrangig zu berücksichtigen sind, s. **§ 5 Abschn. A Rdn. 25 ff., 60 ff.** So ist z. B. mit der Richtlinie 2001/83 zur Schaffung eines Gemeinschaftskodex für Humanarzneimittel eine vollständige Harmonisierung des Bereichs der **Arzneimittelwerbung** erfolgt;[438] s. hierzu § 5 Abschn. A Rdn. 65. Durch die **VO (EG) Nr. 1924/2006** (sog. **Health-Claims-VO/HCVO**)[439] erfolgte eine Harmonisierung der Rechts- und Verwaltungsvorschriften für **gesundheits- und nährwertbezogene Angaben.** Sie enthält in den für alle Angaben geltenden Allgemeinen Grundsätzen u. a. ein Täuschungsverbot, nach dem nährwert- und gesundheitsbezogene Angaben nicht falsch, mehrdeutig oder irreführend sein dürfen (Art. 3 lit. a HCVO). Die HCVO ist am 19.1.2007 in Kraft getreten und gilt seit dem 1.7.2007 mit den Übergangsmaßnahmen in Art. 28. Mit Wirkung zum 14.12.2012 ist die VO (EU) 432/2012 in Kraft getreten, die die Liste der zulässigen gesundheitsbezogenen Angaben festlegt.[440] Solange – wie z. B. bei sog. **Botanicals** – die Listen gemäß Art. 13 und Art. 14 HCVO noch nicht existierten, kann zwar die Verwendung dem Art. 10 Abs. 3 HCVO unterfallender gesundheitsbezogener Angaben nicht unter Hinweis auf eine fehlende Beifügung einer speziellen gesundheitsbezogenen Angabe untersagt werden.[441] Die Hinweispflichten in Art. 10 Abs. 2 und die allgemeinen Voraussetzungen zulässiger gesundheitsbezogener Angaben nach Art. 3–7 HCVO, zu denen auch das Täuschungsverbot in Art. 3 HCVO zählt, gelten jedoch grundsätzlich unabhängig davon, ob in dem entscheidungserheblichen Zeitraum Listen gemäß Art. 13 und Art. 14 der VO bereits existieren oder nicht;[442] nach Auffassung des BGH können allerdings bei Verweisen auf nichtspezifische Vorteile nach Art. 10 Abs. 3 HCVO nicht die Nachweise nach Art. 5 lit. a und Art. 6 Abs. 1 HCVO verlangt werden, dies ist derzeit Gegenstand einer EuGH-Vorlage.[443] Die speziellen Vorschriften der VO (EG) Nr. 1924/2006 für die Verwendung nährwertbezogener und gesundheitsbezogener Angaben bei Lebensmitteln, die an den Endverbraucher abgegeben werden, sollen die allgemeinen Regelungen über den Täuschungsschutz in der RL 2000/13/EG und der RL 84/450/EWG, an deren Stelle inzwischen die **Richtlinie 2006/114/EG über irreführende und vergleichende Werbung** getreten ist, nicht verdrängen, sondern lediglich ergänzen, wie sich aus Art. 3 Abs. 2 lit. a der VO ergibt.[444]

169 *gg) **Motive und Täuschungsabsicht.*** Anknüpfungspunkt für den Unlauterkeitsvorwurf ist bei richtlinienkonformer Auslegung die (relevante) Unwahrheit bzw. Täuschungseignung der Angaben. Eine Täuschungsabsicht ist für den Art. 6 UGP-Richtlinie umsetzenden Irreführungsschutz des § 5 UWG daher nicht erforderlich.[445] Auch andere Motive des Unternehmers spielen im Rahmen des § 5 keine Rolle.[446] Ob dem Werbenden ein **Schuldvorwurf** gemacht werden kann, ist aber für die Frage eines Schadenersatzanspruchs bedeutsam.

---

[437] EuGH Urt. v. 16.7.2015, *Abcur,* C-544/13 und C-545/13, EU:C:2015:481, Rdn. 75 ff.; vgl. auch BGH MD 2012, 583, 586 – *INJECTIO.*

[438] EuGH, Urt. v. 8.11.2007, *Gintec,* C-374/05, EU:C:2007:654, Rdn. 39.

[439] VO (EG) Nr. 1924/2006 des Europäischen Parlaments und des Rates vom 20.12.2006 über nährwert- und gesundheitsbezogene Angaben über Lebensmittel, ABl. EG L 404/9 v. 30.12.2005, **s. dazu auch** *Jagow,* **Einl. I Rdn. 15 ff.**

[440] VO (EU) Nr. 432/2012 der Kommission vom 16.5.2012 zur Festlegung einer Liste zulässiger anderer gesundheitsbezogener Angaben über Lebensmittel als Angaben über die Reduzierung eines Krankheitsrisikos sowie die Entwicklung und die Gesundheit von Kindern, ABl. L 136, S. 1, v. 25.5.2012.

[441] BGH GRUR 2015, 403, 407 – *Monsterbacke II;* vgl. BGH GRUR 2013, 958, 959 Rdn. 12–15 – *Vitalpilze.*

[442] EuGH GRUR Int. 2014, 595, 598, LS und Rdn. 32 – *Monsterbacke;* BGH Urt. v. 12.3.2015, – I ZR 29/13, Tz. 35 – *RESCUE-Produkte.*

[443] BGH GRUR 2015, I ZR 27/13 – *RESCUE-Produkte.*

[444] Vgl. BGH GRUR 2015, 403, 405, Rdn. 18 – *Monsterbacke II.*

[445] EuGH, Urt. v. 16.4.2015, *UPC Magyarország,* C-388/13, EU:C:2015:225, Rdn. 47 (zu Art. 6 Abs. 1 UGP-Richtlinie).

[446] Vgl. EuGH, Urt. v. 16.4.2015, *UPC Magyarország,* C-388/13, EU:C:2015:225 (zu Art. 6 Abs. 1 UGP-Richtlinie): Für die Zwecke der Anwendung des Art. 6 Abs. 1 UGP-Richtlinie ist ausreichend, dass der Gewerbetreibende eine objektiv falsche Auskunft erteilt hat, die geeignet ist, einen nachteiligen Einfluss auf eine geschäftliche Entscheidung des Verbrauchers auszuüben (Rdn. 49). Für die Einstufung als verbotene irreführende geschäftliche Handlung ist unerheblich, ob es sich um ein wiederholendes oder ein einmaliges Verhalten handelt (Rdn. 42), ob lediglich ein oder ob mehrere Verbraucher betroffen sind (Rdn. 41 f.), ob der Unternehmer vorsätzlich oder zumindest fahrlässig handelt (Rdn. 47 f.) sowie ob dem Verbraucher ein tatsächlicher Schaden ent-

hh) Gesetzliche Verpflichtung/Berechtigung zur Angabe. α) Gesetzliche Verpflichtungen. Bei der Anwendung der wettbewerbsrechtlichen Irreführungsvorschriften sind grundsätzlich die Wertungen zu respektieren, die der Gesetzgeber in anderen Bestimmungen getroffen hat.[447] Angaben oder Hinweise, zu denen der Unternehmer **gesetzlich verpflichtet** ist, können für sich genommen noch keine Irreführungsgefahr begründen, wenn sie in der vorgeschriebenen Art erfolgen; eine Irreführungsgefahr kann sich jedoch aus der Art und Weise ihrer Darstellung oder eine besondere Hervorhebung ergeben,[448] zur Werbung mit Selbstverständlichkeiten s. **§ 5 Abschn. B Rdn. 91.** Ein **gesetzliches oder behördliches Begriffsverständnis** kann das Verständnis des Verkehrs beeinflussen, sog. gesteuerte Verkehrsauffassung, s. näher **§ 5 Abschn. B Rdn. 113.** Kommt es trotzdem zu einer Diskrepanz zwischen dem Verkehrsverständnis und nationalem Gesetzesrecht, soll nach vorherrschender Auffassung das Irreführungsverbot die Verwendung gesetzlich vorgeschriebener Angaben grundsätzlich nicht beanstandet werden.[449] Bei neu eingeführten Vorschriften soll das Irreführungsverbot für eine Übergangszeit zurücktreten, damit sich die Verkehrsauffassung der neuen gesetzlichen Regelung anpassen kann; dies folge auch aus einer Interessenabwägung.[450] Auch nach Aufhebung bzw. Änderung gesetzlicher Regelungen seien übergangsweise bestehende Fehlvorstellungen hinzunehmen, damit die alte Rechtslage nicht perpetuiert werde.[451] Demgegenüber wird der Unternehmer jedenfalls bei gesetzlichen Verpflichtungen, die keine Rechtsgrundlage im europäischen Recht haben, eine Irreführungsgefahr i. d. R. durch **aufklärende Hinweise** oder andere geeignete Maßnahmen ausräumen müssen. Der Anwendungsvorrang des europäischen Rechts darf durch Rückgriff auf den Verhältnismäßigkeitsgrundsatz nicht unterlaufen werden. Während Art. 2 Abs. 2 Nr. 1 HCVO[452] regelt, dass die nach Gemeinschaftsrecht oder nationalem Recht obligatorischen Aussagen keine „Angaben“ sind, enthält die UGP-Richtlinie eine solche Ausnahmeregelung für obligatorische Angaben nicht. Eine Irreführungsgefahr, die durch Erfüllung **nationaler** Verpflichtungen bewirkt wird, die keine Rechtsgrundlage im europäischen Recht haben, wird der Unternehmer daher i. d. R. durch **aufklärende Hinweise** oder andere geeignete Maßnahmen ausräumen müssen. 170

Beruht die gesetzliche Verpflichtung auf **europäischen** Vorgaben, sind das Verhältnis zum Irreführungsverbot und die Reichweite durch unionskonforme Auslegung zu klären. Soweit z. B. **Angaben in Erfüllung einer auf europäischem Recht beruhenden Informationsverpflichtung** gemacht werden, bei deren Umsetzung dem Unternehmer kein Spielraum zur Verfügung steht, kann darin kein Verstoß gegen das Irreführungsverbot liegen.[453] Ein ähnliches Problem stellt sich bei Nr. 10 des Anhangs zu § 3 Abs. 3: Ein **Hinweis auf Verbraucherrechte,** zu dem der Unternehmer gesetzlich verpflichtet ist, kann kein „Präsentieren“ dieser Rechte als Besonderheit im Sinne der Nr. 10 des Anhangs sein, s. näher die dortige Kommentierung. 171

β) Gesetzliche Berechtigungen. Vorschriften, die zu bestimmten Angaben berechtigen, z. B. zur Führung einer bestimmten Bezeichnung, können das Verkehrsverständnis beeinflussen (näher **§ 5 Abschn. B Rdn. 90,** zur Werbungmit Selbstverständlichkeiten **§ 5 Abschn. B Rdn. 91**). Dann ist die Verwendung der Angabe im Sinne der gesetzlichen Vorschrift schon nicht zur Täuschung geeignet. Weichen die Verkehrsauffassung und der gesetzliche bzw. behördliche Sprachgebrauch voneinander ab, ist die Verwendung der Angabe im zuletzt genannten Sinne zur Täuschung des Verkehrs geeignet. Der Unternehmer muss die Täuschungseignung auch hier durch **geeignete Hinweise** ausräumen oder andere Bezeichnungen verwenden. Z. B. sind die in § 6 Nr. 4 StBerG bezeichneten Personen nach § 8 Abs. 4 S. 3 StBerG in der ab 12.4.2008 geltenden Fassung berechtigt, auf ihre Befugnis zur Hilfeleistung in Steuersachen hinzuweisen und sich als Buchhalter zu bezeichnen, ohne die von ihnen angebotenen Tätigkeiten nach § 6 Nr. 3 und 4 StBerG im Einzelnen aufzuführen. Sie müssen aber eine durch solche Angaben hervorgerufene Gefahr der Irreführung des angesprochenen Verkehrs über die von ihnen angebotenen Tätigkeiten auf andere Weise 172

---

standen ist (Rdn. 48); diese Umstände können die Mitgliedstaaten erst bei der Ausgestaltung der Sanktionen berücksichtigen (Tz. 58). Instruktiv dazu *Scherer,* FS Köhler 2014, S. 607 ff.

[447] BGH, Urt. v. 25.6.2015, Az. I ZR 145/14, Rdn. 23 – *Mobiler Buchhaltungsservice.*

[448] BGH GRUR 1990, 1027 – *Inkl. MWSt. I;* GRUR 1990, 1028 – *Inkl. MWSt. II;* OLG Düsseldorf, Urt. v. 25.2.2016, Az. I-15 U 58/15.

[449] Ohly/*Sosnitza,* 6. Auflage 2014, § 5 Rdn. 198. *Lindacher* in: Teplitzky/Peifer/Leistner, 2. Auflage 2013, § 5 Rdn. 358.

[450] OLG Hamburg WRP 1973, 164; Köhler/*Bornkamm,* 34. Aufl. 2016, § 5 Rdn. 2.92 und 2.201.

[451] BGH GRUR 2008, 1114, 1115 Rdn. 14 – *Räumungsfinale;* GRUR 2011, 166, 168 Rdn. 23 – *Rote Briefkästen.*

[452] VO (EG) Nr. 1924/2006 (Health-Claims-VO), ABl. EG L 404/9 bzw. in der berichtigten Fassung ABl. EG 2007 Nr. L 12/3.

[453] Vgl. OLG Köln GRUR-RR 2008, 88, 91 – *„Sofort-Kaufen“*-Option.

ausräumen.[454] Versteht der Durchschnittsumworbene unter „Goldschmuck" Schmucksachen mit einem Feingoldgehalt von mindestens $^{333}/_{1000}$, obwohl das Gesetz über den Feingehalt der Gold- und Silberwaren[455] diese Bezeichnung auch bei geringeren Mindestfeingoldgehalten zulässt,[456] ist die Verwendung der Bezeichnung im letzteren Falle zur Täuschung geeignet. Pralinenförmige, massive Stücke, die aus Kakaopulver, Kokosfett und Zucker hergestellt werden und „massive Pralinen" i. S. d. KakaoVO a. F.[457] sind, dürfen nicht unter der Bezeichnung Eis-Pralinen" vertrieben werden, wenn der Wortbestandteil „Praline" nach der Verkehrsauffassung auf ein echtes Schokoladenerzeugnis hindeutet.[458] Rote Betondachsteine dürfen auch dann nicht als „naturrot" beworben werden, wenn die Baubehörden und Baugestaltungssatzungen vielfach Dacheindeckungen in „naturrot" vorschreiben, wenn der Begriff beim Durchschnittsumworbenen den Eindruck erweckt, es handele sich beim dem beworbenen Produkt um Ziegel.[459]

173 Die UGP-Richtlinie lässt nach ihrem Art. 3 Abs. 8 alle Niederlassungs- oder Genehmigungsbedingungen, berufsständische Verhaltenskodizes oder andere spezifische Regeln für reglementierte Berufe unberührt, damit die **strengeren Identititätsstandards,** die die Mitgliedstaaten den in dem Beruf Tätigen auferlegen können, gewährleistet bleiben. Dementsprechend ist die Anwendung des UWG trotz der Vollharmonisierung der UGP-Richtlinie auf berufsrechtliche Bestimmungen, die das Marktverhalten in gemeinschaftsrechtskonformer Weise regeln, auch nach dem UWG (2008) zulässig.[460] Zu berufsspezifischen Besonderheiten s. § 5 Abschn. A Rdn. 121. Bei der Verwendung einer irreführenden **Berufsbezeichnung** für eine **erlaubte Berufstätigkeit** sollte das Irreführungsverbot nach bisheriger Rspr. des BGH u. U. zurücktreten müssen.[461] Soweit ausgehend vom Leitbild eines angemessen verständigen, aufmerksamen und informierten Durchschnittsverbrauchers überhaupt noch eine Irreführung angenommen werden kann, muss Ansatzpunkt die Verhältnismäßigkeit eines Verbots der Berufsbezeichnung sein. In dessen Rahmen wird künftig für nationale Berufsbezeichnungen ebenfalls verstärkt die Möglichkeit irrtumsvermeidender Hinweise in Betracht zu ziehen sein.

IV. Unwahre Angaben, § 5 Abs. 1 S. 2 Alt. 1

1. Objektiv unwahre Angabe

174 § 5 Abs. 1 S. 2 Alt. 1 setzt eine objektiv unwahre Angabe voraus. Anders als bei § 5 Abs. 1 S. 2 Alt. 2 entscheidet eine **objektive Betrachtung.**[462] Das ergibt sich bei der gebotenen richtlinienkonformen Auslegung aus Art. 6 Abs. 1 der UGP-Richtlinie. Dieser setzt unwahre mit falschen Angaben gleich und wählt damit einen seiner Wortbedeutung nach an das objektive Verständnis anknüpfenden Begriff. Dementsprechend ist auch in den Gesetzesmaterialien zum Ersten Gesetz zur Änderung des UWG die Rede davon, dass „nicht jede unwahre Angabe ... zwingend zur Feststellung einer unlauteren geschäftlichen Handlung (führt). Zum einen müssen unwahre Angaben nicht notwendig irreführend sein ..." Käme es schließlich für die Unwahrheit nicht auf eine objektive Betrachtung, sondern auf das Verkehrsverständnis an, wäre die in § 5 Abs. 1 S. 2 UWG/Art. 6 Abs. 1 UGP-Richtlinie gewählte Unterscheidung zwischen unwahren (falschen) und täuschenden Angaben überflüssig.

175 Unwahr im Sinne des § 5 Abs. 1 S. 2 Alt. 1 ist eine Angabe demgemäß, wenn sie **objektiv falsch** ist. Es entscheidet nicht das situationsgebundene Verkehrsverständnis, sondern die **objektive Betrachtung.** Deshalb können Informationen, die bei objektiver Betrachtung nicht mehr in einem Zusammenhang zur Angabe stehen, bei der Feststellung des Aussageninhalts nicht berücksichtigt werden. Hinweise in optisch schwer zugänglichen „Vergabe-Bedingungen" auf der Rückseite eines einer Gewinnmitteilung beigefügten „Auszahlungs-Belegs" ändern an der Unwahrheit einer Gewinnmitteilung, die den falschen Eindruck vermittelt, der Verbraucher habe den Preis bereits ge-

[454] BGH, Urt. v. 25.6.2015, Az. I ZR 145/14 – *Mobiler Buchhaltungsservice.*
[455] RGBl. 1884, 120.
[456] BGH GRUR 1983, 651 – *Feingoldgehalt.*
[457] BGBl. I 1975 S. 1760, seit 24.12.2003 KakaoVO 2003 (BGBl. I S. 2738).
[458] BGH GRUR 1958, 492 – *Eis-Pralinen.*
[459] BGH GRUR 1983, 245 ff. – *Naturrot.*
[460] BGH GRUR 2009, 1077, Tz. 21 – *Finanz-Sanierung;* GRUR 2011, 539, Tz. 23 – *Rechtsberatung durch Lebensmittelchemiker;* Urt. v. 1.6.2011, Az. 58/10, Tz. 11 – *Rechtsberatung durch Einzelhandelsverband.*
[461] Vgl. BGH GRUR 1990, 1032, 1034 – *Krankengymnastik;* NJW 1990, 678, 679 – *Buchführungshelfer;* GRUR 2000, 73, 75 – *Tierheilpraktiker.*
[462] Ebenso BGH GRUR 2008, 818, 822 – *Strafbare Werbung im Versandhandel* (zu § 16 Abs. 1); Götting/Nordemann/*A. Nordemann,* § 5 Rdn. 079.

wonnen, folglich nichts.[463] Eine Angabe kann auch dann „unwahr" sein, wenn ihre Unrichtigkeit für den angesprochenen Verkehr in der konkreten Situation erkennbar ist.[464]

Untrennbar mit der Feststellung der Unwahrheit der Angabe verbunden ist die Frage, **ob eine geschäftliche Handlung überhaupt eine Angabe enthält.** So lässt sich dem Slogan „Und wir sind jetzt doch günstiger – M. Markt!" bei objektiver Betrachtung keine sachliche Information entnehmen. Nach der Verkehrsauffassung derjenigen Verbraucher, die vorher von einem großen Konkurrenten einen Preisvergleich für die von beiden Mitbewerbern angebotenen Fernseher erhalten haben, kann darin aber die Angabe liegen, dass die in dem Preisvergleich genannten Preise des Mitbewerbers nunmehr unterboten werden. Da sich der Angabencharakter und die Unwahrheit der Angabe nicht isoliert voneinander betrachten lassen, ist bei unwahren Angaben im Sinne des § 5 Abs. 1 S. 2 Alt. 1 **auch der Angabencharakter aus objektiver Sicht zu beurteilen;** mit dieser Maßgabe gelten die **Ausführungen § 5 Abschn. B Rdn. 50 ff. entsprechend.** 176

Die Erstreckung des Irreführungsverbots auf objektiv unwahre Angaben iRd UWG-Reform 2008 stellte eine Neuerung im deutschen Wettbewerbsrecht dar. Auf die objektive Unwahrheit von Angaben kam es im Zusammenhang mit der irreführenden Werbung nach bisher geltendem Recht nur im Rahmen des Straftatbestands des **§ 16 Abs. 1** an. Auf § 5 ließ sich ein Verbot der Werbung mit unwahren Angaben bislang nur stützen, wenn diese Angaben auch geeignet waren, den Verkehr zu täuschen. Eine vergleichbare Regelung findet sich auch in **§ 3 Nr. 3 HWG.** Danach liegt eine Irreführung insbes. vor, wenn unwahre oder zur Täuschung geeignete Angaben über bestimmte Umstände gemacht werden. 177

Objektiv unrichtige Angaben wurden u. a. in folgenden Fällen bejaht: Die **Einordnung** eines Gebrauchtfahrzeugs **in eine unzutreffende Suchrubrik,** konkret: mit einer geringeren als der tatsächlichen Laufleistung des Kfz.[465] **Die Aussage „Ihr Fernseher kann jetzt mehr",** obwohl die Ausweitung des von der Antragsgegnerin versprochenen Leistungsspektrums nicht – technisch – auf der Ebene des Fernsehers als Endgerät, sondern durch abonnierbare Teledienste erfolgt, die mittels eines Zusatzmoduls den Fernseher – insoweit unverändert – nur als Endgerät nutzen.[466] Die **Abbildung** eines anderen als des beworbenen Geräts in der Werbung.[467] Die Werbung für ein bestimmtes Produkt mit der Spitzenstellungsbehauptung **„Der beste Preis der Stadt",** obwohl der Werbende vorher nicht einmal bei seinem Hauptkonkurrenten und den sonst günstigsten Anbietern des Einzugsgebiets über die Preisgestaltung des fraglichen Produkts informiert hatte.[468] Die Behauptung, durch bloße Einnahme des beworbenen Schlankheitsmittels und ohne Änderung der Essgewohnheiten werde es innerhalb von 4 Wochen zu einer **Gewichtsreduzierung** von 16 Kilogramm kommen.[469] Die Werbung für eine Kaffeefahrt, die Reisegäste erhielten ein **„leckeres, reichhaltiges Mittagsmenü",** bzw. ein „leckeres, schmackhaftes Mittagessen", obgleich sie lediglich eine verschlossene Konservendose mit einer Suppe oder mit Brechbohnen zum Mitnehmen ausgehändigt bekommen sollten.[470] Die telefonische Mitteilung, ein Gerät sei **nicht lieferbar,** obgleich es im Geschäft vorrätig ist.[471] Eine Gewinnmitteilung, obwohl der Verbraucher den Preis noch gar nicht gewonnen hatte, selbst wenn sich aus optisch schwer zugänglichen „Vergabebedingungen" auf der Rückseite eines sog. „Auszahlungsbelegs" diese Information erschließen lässt.[472] Die Mitteilung, der Verbraucher habe einen Gewinn erhalten, wenn eine Chance, den Preis zu erhalten, nicht besteht.[473] 178

Keine objektiv unwahre Angabe liegt in folgenden Fällen vor: Werbung durch die Betreiberin einer Praxis für Fußpflege, die gem. dem PodG nicht die Bezeichnung „Podologin/Medizinische Fußpflegerin" führen darf, mit dem Namenszusatz **„medizinische Fußpflege".**[474] Der Aufdruck **„+ 10 %"** auf einer Verpackung, wenn diese tatsächlich 10% mehr Inhalt als üblich enthält, selbst wenn der Verkehr im Hinblick auf die Überdimensionierung des Balkens mit dem Aufdruck davon ausgeht, dass der Packungsinhalt um mehr als 10% vergrößert wurde.[475] Die Verwendung ei- 179

---

463 BGH BGH GRUR 2008, 818, 822 – *Strafbare Werbung im Versandhandel.*
464 Vgl. OLG Hamburg OLGR Hamburg 2006, 464.
465 BGH Urt. v. 6.10.2011, I ZR 42/10, WRP 2012, 464 – *Falsche Suchrubrik.*
466 OLG Hamburg OLGR Hamburg 2006, 464.
467 BGH GRUR 2002, 715 – *Scanner-Werbung.*
468 OLG Hamburg Urt. v. 24.1.2007, Az. 5 U 204/05, Tz. 20.
469 KG Magazindienst 2006, 704.
470 BGH wistra 2002, 467.
471 BGH GRUR 2002, 1095 – *Telefonische Vorratsanfrage.*
472 BGH GRUR 2008, 818, 822 – *Strafbare Werbung im Versandhandel.*
473 BGH GRUR 2008, 818, 822 – *Strafbare Werbung im Versandhandel.*
474 BGH GRUR 2013, 1252 – *Medizinische Fußpflege.*
475 EuGH GRUR Int. 1995, 804 – *Mars.*

nes **Professorentitels** in einer Gesundheitswerbung, wenn dem Werbenden für seine Leistungen auf dem Gebiet der Physik ein solcher Titel verliehen wurde, selbst wenn der Verkehr irrig annimmt, der Werbende habe den Titel für Leistungen auf dem Gebiet der Medizin erworben.[476] Der Hinweis eines Verkäufers von Autozubehör **„mit Materialgutachten"**, wenn gutachterliche Stellungnahmen über das Material vorliegen, aus dem die angebotenen Autoteile hergestellt werden.[477]

2. Kein Erfordernis der Täuschungseignung

180 Bislang war die Irreführung durch unwahre Angaben im Gesetz nicht ausdrücklich geregelt. Auf unwahre Angaben ließ sich ein Verbot der Werbung deshalb nur stützen, wenn diese auch irreführend waren. Das setzte voraus, dass die unwahre Angabe geeignet war, den angesprochen Verkehr zu täuschen. So verneinte das OLG Hamburg Unterlassungsansprüche aus §§ 8, 5 a. F. gegen die Werbung eines Anbieters von Telekommunikationsdienstleistungen mit der Formulierung: „Ihr Fernseher kann jetzt mehr", obwohl die versprochene Leistungssteigerung nicht technisch auf der Ebene des Fernsehers, sondern durch abonnierbare Teledienste erfolgte, die mittels eines Zusatzmoduls den Fernseher nur als Endgerät nutzten, weil der Durchschnittsverbraucher die Werbung nicht wörtlich nehme.[478]

181 **Nach neuem Recht entfällt bei unwahren Angaben das Erfordernis der *Täuschungs*eignung und bedarf es lediglich ihrer Relevanz.**[479] Der Wortlaut von **Art. 6 Abs. 1 UGP-RL** („Eine Geschäftspraxis gilt als irreführend, wenn sie falsche Angaben enthält und somit unwahr ist *oder* wenn sie in irgend einer Weise … selbst mit sachlich richtigen Angaben den Durchschnittsverbraucher … täuscht oder zu täuschen geeignet ist …") ist insofern unmissverständlich; er **unterscheidet** ausdrücklich **zwischen unwahren** Angaben **und sonstigen Angaben, wobei das Erfordernis der Täuschungseignung nur für Letztere besteht.** Diese Unterscheidung macht nur Sinn, wenn bei unwahren Angaben die Prüfung entbehrlich ist, ob diese geeignet sind, den Verbraucher zu täuschen. Der Irreführungsschutz wird bei unwahren Angaben also vorverlagert und schon **im Vorfeld einer Irreführung des Durchschnittsverbrauchers** gewährt, um zu verhindern, dass Teile des Verbraucherkreises irregeführt werden, die selbst nicht die Eigenschaften des maßgeblichen Durchschnittsverbrauchers erfüllen. Dahinter steht der Gedanke, dass an einem Gebrauch unwahrer Angaben i. d. R. ein geringeres Interesse der Unternehmer bestehe und es deshalb angemessen ist, auch Teile der Verbraucher zu schützen, die trotz mangelnder Irreführungsgefahr im Rechtssinne auf die unwahre Angabe hereinfallen können.

182 Unwahre Angaben sind also unabhängig von ihrer Täuschungseignung von § 5 UWG erfasst; **allerdings gilt auch für sie das Relevanzerfordernis, s. Rdn. 204.** Versteht ein durchschnittlich informiertes, verständiges und aufmerksames Mitglied des angesprochenen Verkehrskreises eine unwahre Angabe richtig, liegt zwar keine Irreführung im Rechtssinne vor, es kann jedoch an der Relevanz der unwahren Angabe fehlen. Dabei ist die **doppelte Zielrichtung des Relevanzerfordernisses** zu beachten: Die Relevanz einer geschäftlichen Handlung kann sich sowohl wegen der Eignung der geschäftlichen Handlung zur Beeinflussung des wirtschaftlichen Verhaltens von Verbrauchern ergeben (§ 3 Abs. 2), als auch aus ihren schädigenden Wirkungen insbes. zum Nachteil von Mitbewerbern (§ 3 Abs. 1).[480] **Unwahre, aber nicht täuschende Angaben** können daher unter dem Gesichtspunkt einer **Schädigung der Mitbewerber** relevant sein,[481] s. Rdn. 204 ff.

183 Damit werden durch das UWG (2008) auch angemessene Eingriffsmöglichkeiten gegen **dreiste Lügen** in der Werbung bereitgestellt. Ein Teil der Rechtsprechung wählt hier demgegenüber nach wie vor den Weg über die Irreführungsgefahr, geht jedoch davon aus, dass eine dreiste Lüge nicht damit gerechtfertigt werden könne, dass nur eine geringe Zahl von Verbrauchern irregeführt

---

[476] BGH GRUR 1995, 612 – *Sauerstoff-Mehrschritt-Therapie.*

[477] OLG Düsseldorf WRP 2005, 1309. Die Angabe kann aber zur Täuschung geeignet sein, § 5 Abs. 1 S. 2 Alt. 2, weil der Verkehr den Begriff u. U. im Sinne des nach § 19 Abs. 3 S. 1 Nr. 3 StVZO beim An- bzw. Einbau potenziell sicherheitsrelevanter Teile am Kfz erforderlichen „Teilegutachtens" versteht.

[478] OLG Hamburg OLGR Hamburg 2006, 523.

[479] **A. A.** *Sosnitza* GRUR 2007, 462, 467, der für ein Verständnis von Art. 6 Abs. 1 dahingehend plädiert, dass eine falsche Angabe lediglich die Irreführung indiziere; unklar *Wiring,* NJW 2010, 580, 581, der zwar eine Täuschungseignung fordert, dies aber u. a. mit dem Relevanzerfordernis des Art. 6 Abs. 1 UGP-RL begründet. Offengelassen bei Köhler/*Bornkamm,* 34. Aufl. 2016, § 5 Rdn. 2.70, da jedenfalls die Korrektur durch das Relevanzerfordernis zu gleichen Ergebnissen führe.

[480] So jetzt auch BGH GRUR 2011, 82, 84 – *Preiswerbung ohne Umsatzsteuer.*

[481] Vgl. schon BGH GRUR 1987, 535, 537 – *Wodka Woronoff.*

wird;[482] **strengere Anforderungen an die „dreiste Lüge" sind jedoch nicht gerechtfertigt (näher § Abschn. B Rdn. 140 ff.).**

Der Verzicht auf eine Täuschungseignung unwahrer Angaben schießt nicht über das Ziel hinaus. 184
Er führt zwar dazu, dass unwahre Angaben auch irreführend sind, wenn **kein einziger Verbraucher einem Irrtum unterliegt,** etwa weil der Unternehmer die unwahre Behauptung im Einzelverkaufsgespräch gegenüber einem Verbraucher aufstellt, der den wahren Sachverhalt kennt. Hier verhindert jedoch das auch für unwahre Angaben geltende **Relevanzerfordernis,** dass an für den Wettbewerb folgenlose, d. h. weder Verbraucher *noch* Mitbewerber beeinträchtigende, geschäftliche Handlungen wettbewerbsrechtliche Verbote geknüpft werden.

3. Umstand im Sinne von § 5 Abs. 1 S. 2

Bei unwahren Angaben stellt sich die Frage, ob sie auch als irreführend gelten, wenn sie keinen 185
der in § 5 Abs. 1 S. 2 Nr. 1–7, Abs. 2 aufgeführten Umstand betreffen. Die Problematik gewinnt z. B. Bedeutung für **satirische Werbeanzeigen,** die sich mit Personen des öffentlichen Lebens oder aktuellen Tagesereignissen auseinander setzen. So hatte den Bundesgerichtshof in anderem Zusammenhang die Anzeige eines Leasing-Unternehmens beschäftigt, die Porträtaufnahmen von 16 Mitgliedern der damaligen Bundesregierung einschließlich des nach kurzer Amtszeit zurückgetretenen Finanzministers zeigte, und die untertitelt war mit: „S. verleast auch Autos für Mitarbeiter in der Probezeit".[483] Enthalten derartige Anzeigen objektiv unrichtige Angaben über die Person oder die Ereignisse, die in einer solchen Anzeige kritisch gewürdigt oder ins Lächerliche gezogen werden, wird oftmals keiner der in § 5 Abs. 1 S. 2, Abs. 2 genannten Bezugspunkte betroffen sein. Mitbewerber oder Verbraucherschutzverbände könnten daher nur Unterlassung der geschäftlichen Handlung verlangen, wenn die abschließende Liste der Bezugspunkte in § 5 Abs. 1 S. 2, Abs. 2 für unwahre Angabe keine Geltung beanspruchen würde. Im Übrigen bliebe es dem Verunglimpften selbst überlassen, aus einer Verletzung des Persönlichkeitsrechts oder Rechts am eigenen Bild gegen den Werbenden vorzugehen.

Für täuschende Angaben ist die Liste der Bezugspunkte nach Wortlaut des Art. 6 und 186
dem von der UGP-Richtlinie verfolgten Zweck der Vollharmonisierung **abschließend,**[484] näher **§ 5 Abschn. B Rdn. 256. Gleiches** muss auch **für unwahre Angaben** gelten. Weder der **Wortlaut** des deutschen Gesetzes noch jener des Art. 6 UGP-Richtlinie ist insofern allerdings eindeutig. Eine geschäftliche Handlung gilt gemäß **§ 5 Abs. 1 S. 2** als irreführend, wenn sie „unwahre Angaben enthält oder sonstige zur Täuschung geeignete Angaben über folgende Umstände enthält …". In **Art. 6 UGP-Richtlinie** heißt es: „Eine Geschäftspraxis gilt als irreführend, wenn sie falsche Angaben enthält und somit unwahr ist *oder* wenn sie in irgendeiner Weise, einschließlich sämtlicher Umstände ihrer Präsentation, den Verbraucher in Bezug auf einen oder mehrere der nachstehend aufgeführten Punkte täuscht oder ihn zu täuschen geeignet ist und ihn in jedem Fall tatsächlich oder voraussichtlich zu einer geschäftlichen Entscheidung veranlasst, die er ansonsten nicht getroffen hätte." Ähnlich unklar sind der englische und der französische Richtlinientext. Damit bleibt dem Wortlaut nach offen, ob die nachfolgend genannten Bezugspunkte auch für unwahre Angaben gelten.

Die **Materialien** zur Entstehung der UGP-Richtlinie helfen nicht weiter. Der Richtlinienvor- 187
schlag der Kommission[485] sah vor, dass gemäß Art. 6 „eine Geschäftspraxis … als irreführend (gilt), wenn sie in irgendeiner Weise, einschließlich sämtlicher Umstände ihrer Anwendung, den Durchschnittsverbraucher dadurch tatsächlich oder voraussichtlich zu einer geschäftlichen Entscheidung veranlasst, dass sie ihn täuscht oder zu täuschen geeignet ist in Bezug auf" einen der in der nachfolgenden Liste aufgeführten Bezugspunkte. Der in erster Lesung am 20.4.2004 festgelegte gemeinsame Standpunkt des Europäischen Parlaments[486] sah keinen die hier in Frage stehende Problematik

---

[482] BGH GRUR 2001, 78, 79 – *Falsche Herstellerpreisempfehlung;* GRUR 2002, 715, 716 – *Scanner-Werbung;* GRUR 2012, 184, 186 Rdn. 25 ff., 28 – *Branchenbuch Berg;* OLG Frankfurt MMR 2009, 553 ff.; GRUR-RR 2011, 145; OLG Köln GRUR-RR 2011, 274; OLG Düsseldorf, Urt. v. 13.11.2014, Az. I-15 U 71/14, BeckRS 2015, 03183; Köhler/*Bornkamm,* 34. Aufl. 2016, § 5 Rdn. 2.107a.

[483] BGH GRUR 2007, 139, 141 – *Rücktritt des Finanzministers.*

[484] Ebenso Gloy/Loschelder/Erdmann/*Helm,* 4. Aufl. 2010, § 59 Rdn. 4; *Henning-Bodewig,* GRUR Int. 2005, 629; *Hoeren,* BB 2008, 1182, 1185 (zu Art. 6 UGP-Richtlinie); jurisPK-UWG/*Link,* 3. Aufl. Std. 17.12.2015, § 5 Rdn. 31; *Peifer* WRP 2008; *Steinbeck* WRP 2006, 632, 634. – A. A. GK/*Lindacher,* 2. Aufl. 2013, § 5 Rdn. 306; Köhler/*Bornkamm,* 34. Aufl. 2016, § 5 Rdn. 1.25b; Ohly/*Sosnitza,* 6. Aufl. 2014, § 5 Rdn. 228; *Sosnitza,* WRP 2008, 1014, 1028; *Wiring,* NJW 2010, 580, 58 f.

[485] KOM/2003/0356 endg.

[486] Dokument P5_TC1-COD(2003)0134.

betreffenden Änderungsbedarf. Erst durch den Gemeinsamen Standpunkt des Rates vom 15.11. 2004[487] wurde Art. 6 in die heute geltende Fassung gebracht. Die eingeführte Neuerung, vom Rat selbst als „Anpassung bei den Kriterien für irreführende Handlungen" bezeichnet, wird nicht näher begründet.

188 Auch der Blick auf die **Wettbewerbsgesetze der anderen europäischen Länder** gibt keine hinreichenden Anhaltspunkte. Bislang wurde die Irreführung durch unwahre Angaben nur in den Wettbewerbsgesetzen einiger weniger Staaten ausdrücklich angesprochen.[488] Die vorhandenen Regelungen unterschieden sich sowohl im Wortlaut als auch in der nationalen Anwendung. So erforderte z.B. ein Werbeverbot in Frankreich zwar eine Angabe, die objektiv unzutreffend oder zur Irreführung über eine der nachfolgend aufgezählten Umstände geeignet ist; in der Praxis wurde bei unwahren Angaben aber stets auch die Irreführungsgefahr geprüft, um zu vermeiden, dass objektiv unzutreffende Angaben strafrechtlich verfolgt werden, die nicht weiter ernst genommen werden.[489]

189 Das **Schutzziel** des § 5 UWG/Art. 6 und Art. 7 UGP-RL fordert ein Verbot aller geschäftlichen Handlungen, die geeignet sind, den Verbraucher irrezuführen und dadurch zu einer geschäftlichen Entscheidung zu veranlassen. Da die Liste der Bezugspunkte für täuschende Angaben nach Wortlaut und Zweck des Art. 6, 7 UGP-RL abschließend ist, s. **§ 5 Abschn. B Rdn. 256,** ist folglich davon auszugehen, dass der **Katalog der Bezugspunkte bereits alle Umstände enthält, die** aus Sicht des europäischen Gesetzgebers für eine von Irreführung unbeeinflusste Entscheidung des Verkehrs überhaupt **von Bedeutung sein können.** Ausgehend hiervon bestehen für die Ausweitung des Katalogs aber auch dort kein Bedürfnis und dementsprechend auch kein Raum, wo es um den Schutz vor unwahren Angaben geht.

190 Die von der UGP-Richtlinie angestrebte **Vollharmonisierung** könnte überdies durch eine unterschiedliche Handhabung bzgl. dort nicht aufgelisteter Bezugspunkte unwahrer Angaben auf nationaler Ebene gefährdet werden. Es bestünde die Gefahr, dass die Gerichte der verschiedenen Mitgliedstaaten unterschiedliche zusätzliche Bezugspunkte anerkennen. Die detaillierte und umfangreiche Aufzählung der Bezugspunkte für irreführende Angaben spricht dafür, dass der europäische Gesetzgeber dieser Gefahr durch eine abschließende Regelung nicht nur für täuschende, sondern auch für unwahre Angaben entgegen treten wollte.

191 Die Bezugspunkte sind daher bei der **gebotenen richtlinienkonformen Auslegung auch für unwahre Angaben abschließend in § 5 aufgeführt.**[490]

4. Relevanz, kein zusätzliches Erheblichkeitserfordernis

192 Nach früherem Recht war zwar anerkannt, dass zur Täuschung des angesprochenen Verkehrs geeignete Angaben nur wegen Verstoßes gegen das Irreführungsverbot untersagt werden können, wenn sie für die geschäftliche Entscheidung des Umworbenen relevant werden können. Der **BGH** ging jedoch davon aus, dass der Werbende eine **dreiste Lüge** nicht damit rechtfertigen könne, sie betreffen nur einen nebensächlichen Gesichtspunkt, der für die Marktentscheidung des Verbrauchers nicht von nennenswerter Bedeutung sei.[491]

193 Demgegenüber **gilt das Relevanzerfordernis** nach neuem Recht **auch für unwahre Angaben.**[492] Eine relevante Irreführung nach § 5 liegt daher nicht vor, wenn der Verkäufer eines Gebrauchtfahrzeugs sein Angebot auf einer Internethandelsplattform in eine Suchrubrik mit einer geringeren als der tatsächlichen Laufleistung einordnet, für den durchschnittlich informierten und verständigen Leser aber bereits aus der Überschrift der Anzeige ohne Weiteres hervorgeht, dass das Fahrzeug in eine falsche Rubrik eingestellt wurde.[493] Nach § 5 Abs. 1 S. 1 handelt unlauter, wer eine irreführende geschäftliche Handlung vornimmt. Unzulässig sind unlautere geschäftliche Handlungen jedoch nur unter den weiteren Voraussetzungen des § 3. Eine Einschränkung dahingehend, dass dies für unwahre Angaben nicht gilt, enthalten §§ 3, 5 nicht. Dies entspricht den Vorgaben der

---

[487] ABl. EG C 038 E vom 15.2.2005, S. 1.

[488] So z. B. Dänemark, Frankreich und Slowenien s. i. E. die Länderberichte in der Einl. F.

[489] S. Voraufl., Einl. E, Länderbericht Frankreich, Rdn. 182.

[490] Str., **a. A.** *Wiring,* NJW 2010, 890, 891 f.; *Becker,* WRP 2015, 139, 140.

[491] BGH GRUR 2001, 78, 79 – *Falsche Herstellerpreisempfehlung;* GRUR 2002, 715, 716 – *Scanner-Werbung;* GRUR 2012, 184, 186 Rdn. 25 ff., 28 – *Branchenbuch Berg;* OLG Frankfurt MMR 2009, 553 ff.; GRUR-RR 2011, 145; OLG Köln GRUR-RR 2011, 274; OLG Düsseldorf, Urt. v. 13.11.2014, Az. I-15 U 71/14, BeckRS 2015, 03183; Köhler/*Bornkamm,* 34. Aufl. 2016, § 5 Rdn. 2.107a.

[492] EuGH, Urt. v. 16.4.2015, UPC Magyarország, C-388/13, EU:C:2015:225, Rdn. 49; BGH GRUR 2012, 286 – *Falsche Suchrubrik;* Ohly/*Sosnitza,* UWG, 6. Auflage, 2014, § 5 Rdn. 208.

[493] BGH Urt. v. 6.10.2011, I ZR 42/10, WRP 2012, 464 – *Falsche Suchrubrik.*

Richtlinie unlautere Geschäftspraktiken, denn nach Art. 6 UGP-Richtlinie gelten sowohl täuschungsgeeignete als auch unwahre Angaben nur als irreführend, wenn sie die geschäftliche Entscheidung des Verbrauchers beeinflussen können. Lediglich die im Anhang I der Richtlinie (Anhang zu § 3 Abs. 3 UWG) erschöpfend aufgelisteten Geschäftspraktiken können ohne Beurteilung des Einzelfalls als unlauter gelten;[494] für sie gilt das Relevanzerfordernis nicht. Strengeren Anforderungen für unwahre Angaben selbst in der Form der dreisten Lüge steht die abschließende Natur der Richtlinie entgegen, die eine Vollharmonisierung bewirkt. Allerdings ist § 3 richtlinienkonform dahingehend auszulegen, dass im Anwendungsbereich der Art. 6, 7 UGP-Richtlinie **über das Relevanzerfordernis hinaus eine besondere Wesentlichkeit oder Spürbarkeit nicht erforderlich** ist, s. näher § 5 Abschn. B Rdn. 178.

Wirbt der Anbieter von Telekommunikationsdienstleistungen mit der Formulierung: „Ihr Fernseher kann jetzt mehr", obwohl die versprochene Leistungssteigerung nicht technisch auf der Ebene des Fernsehers, sondern durch abonnierbare Teledienste erfolgte, die mittels eines Zusatzmoduls den Fernseher nur als Endgerät nutzten, liegt darin also zwar eine unwahre Angabe;[495] weil der Durchschnittsverbraucher die Werbung aber nicht wörtlich nimmt und sich ihm ihre Bedeutung ohne Weiteres erschließt,[496] er durch sie also nicht einmal angelockt wird, ist die Werbung aber nicht unzulässig. 194

Wegen der **Einzelheiten des Relevanz- bzw. Erheblichkeitserfordernisses** s. näher sogleich **§ 5 Abschn. B Rdn. 196 ff.** 195

V. Wettbewerbsrechtliche Relevanz, keine zusätzliche Spürbarkeit

1. Relevanzklausel in § 5 Abs. 1 S. 1 letzter HS

Erstmals seit der Reform 2015 enthält § 5 eine eigene Relevanzklausel in § 5 Abs. 1 S. 1 letzter HS; das Spürbarkeitserfordernis ist in § 3 Abs. 1 UWG (2015) entfallen. Zu materiell-rechtlichen Veränderungen führt dies nicht, weil § 5 schon bislang in diesem Sinne **unionskonform** auszulegen war.[497] 196

Die Gesetzesänderung verdeutlicht, dass die einschlägigen irreführenden Handlungen unlauter im Sinne des § 3 Abs. 1 und somit ohne Prüfung weiterer Umstände außerhalb des § 5 unzulässig sind.[498] **Eine „spürbare Beeinträchtigung" oder ein Verstoß gegen die fachliche Sorgfalt sind nicht mehr zu prüfen.**[499] Der irreführende Charakter einer Geschäftspraxis nach Art. 6 Abs. 1 UGP-Richtlinie hängt allein davon ab, dass sie unwahr ist, weil sie falsche Angaben enthält, oder dass sie ganz allgemein den Durchschnittsverbraucher in Bezug auf die dort aufgestellten Merkmale zu täuschen geeignet ist und ihn dadurch voraussichtlich zu einer geschäftlichen Entscheidung veranlasst, die er ohne diese Praxis nicht getroffen hätte. Liegen diese Merkmale vor, gilt die Praxis als irreführend und mithin nach Art. 5 Abs. 4 der Richtlinie unlauter und nach Art. 5 Abs. 1 UGP-Richtlinie zu verbieten, ohne dass das Verbot von weiteren als den in Art. 6 UGP-Richtlinie genannten Voraussetzungen abhängig oder zu prüfen wäre, ob auch die in Art. 5 Abs. 2 lit. a der Richtlinie aufgestellte Voraussetzung erfüllt ist, dass diese Praxis den Erfordernissen der beruflichen (fachlichen) Sorgfalt widerspricht.[500] 197

§ 5 Abs. 2 blieb bei der Reform 2015 sprachlich unverändert. Die Umsetzung der Relevanzklausel aus Art. 6 Abs. 2 UGP-Richtlinie erfolgt hier jedoch durch die bestehende Rückkopplung an § 5 Abs. 1 S. 1, der die Voraussetzungen der Unlauterkeit regelt. 198

Das Relevanzerfordernis in § 5 Abs. 1 S. 1 letzter HS gilt **einheitlich** für geschäftliche Handlungen gegenüber **Verbrauchern** und gegenüber **sonstigen Marktteilnehmern.** Für Verbraucher 199

---

[494] EuGH GRUR 2010, 244, 246 – *Plus Warenhandelsgesellschaft;* Urt. v. 9.11.2010, Rs. C-540/08, ECLI:EU:C:2010:660, GRUR 2011, 76, 78, Rdn. 34 – *Mediaprint;* Beschl. v. 30.6.2011, Wamo, C-288/10, EU:C:2011:443, Rdn. 37.

[495] Vgl. OLG Hamburg OLGR Hamburg 2006, 523.

[496] Vgl. OLG Hamburg OLGR Hamburg 2006, 523.

[497] BGH, Urt. v. 3.3.2016, *Herstellerpreisempfehlung bei Amazon,* IZR 110/15, DE:BGH:2016:030316UIZR110.15.0, LS 2; vgl. BGH GRUR 2009, 888 – *Thermoroll;* GRUR 2010, 251 – *Versandkosten bei Froogle I;* GRUR 2010, 936, 938 – *Espressomaschine;* WRP 2012, 464, 466 – *Falsche Suchrubrik;* Urt. v. 13.6.2012, Az. I ZR 228/10, GRUR 2012, 1273, 1274,Tz. 25 – *Stadtwerke Wolfsburg:* Wettbewerbliche Erheblichkeit dem Irreführungstatbestand immanentes, spezifisches Relevanzerfordernis, das als eigenstände Bagatellschwelle eine zusätzlich Erheblichkeitsprüfung nach § 3 UWG ausschließt. S. dazu näher die Vorauflage, § 5 Abschn. B Rdn. 155 ff.

[498] Amtl. Begr. zum Gesetzentwurf der Bundesregierung, BT-Drucks. 18/4535, S. 15.

[499] Amtl. Begr. zum Gesetzentwurf der Bundesregierung, BT-Drucks. 18/4535, S. 15.

[500] EuGH, Urt. v. 19.9.2013, *CHS Tour Services,* C-435/11, EU:C:2013:574, Rdn. 41 ff., 45, 48; Urt. v. v. 16.4.2015, *UPC Magyarország,* C-388/13, EU:C:2015:225 Rdn. 63.

entspricht dies den Vorgaben des Art. 6 UGP-Richtlinie. Für sonstige Marktteilnehmer wurde dasselbe Kriterium gewählt, da die Interessenlage vergleichbar ist.[501]

200 Das Relevanzerfordernis gilt im gesamten Anwendungsbereich des § 5. Bei den im Anhang I der UGP-Richtlinie (Anhang zu § 3 Abs. 3 UWG) erschöpfend aufgelisteten Geschäftspraktiken muss (und darf) eine Relevanzprüfung nicht erfolgen;[502] dies gilt jedoch nur, soweit die Prüfung der einschlägigen Sachverhalte auf Grundlage von § 3 Abs. 3 i. V. m. Anh. I erfolgt und nicht hinsichtlich eines möglichen (zusätzlichen) Anspruchs aus § 5.

201 Das Relevanzerfordernis besteht **auch bei unwahren Angaben,**[503] **näher dazu § 5 Abschn. B Rdn. 204 ff.**

202 Durch das **„Trento Sviluppo/AGCM"**-Urteil[504] des **EuGH** ist für den Anwendungsbereich des Art. 6 UGP-Richtlinie geklärt, dass eine Geschäftspraxis (nur) als „irreführend" im Sinne von **Art. 6 Abs. 1 UGP-Richtlinie** einzustufen ist, wenn diese Praxis zum einen falsche Angaben enthält oder den Durchschnittsverbraucher zu täuschen geeignet ist **und** zum anderen geeignet ist, den Verbraucher zu einer geschäftlichen Entscheidung zu veranlassen, die er ansonsten nicht getroffen hätte.[505] Bereits seit der **„Nissan"**-Entscheidung betonte der EuGH das Erfordernis der Relevanz der Irreführung in verschiedenen Entscheidungen.[506]

203 Die von § 5 verlangte wettbewerbsrechtliche Relevanz ist (nur) dann gegeben, wenn die falsche oder täuschende Angabe **geeignet ist, den Verbraucher zu einer geschäftlichen Entscheidung zu veranlassen, die er ansonsten nicht getroffen hätte.**[507] Für den Begriff der „geschäftlichen Entscheidung" gilt dabei die **Legaldefinition in Art. 2 lit. k UGP-Richtlinie.**[508] Der Begriff der „geschäftlichen Entscheidung" ist **weit auszulegen** und erfasst nicht nur die Entscheidung über den Erwerb oder Nichterwerb eines Produktes, sondern auch damit unmittelbar zusammenhängende Entscheidungen wie insbesondere das **Betreten des Geschäfts.**[509] Erfasst werden **sämtliche Entscheidungen, die mit der Entscheidung über den Erwerb oder Nichterwerb eines Produktes unmittelbar zusammenhängen.**[510]

2. Relevanzerfordernis bei unwahren Angaben

204 Das Relevanzerfordernis besteht nach zutreffender und inzwischen gefestigter h. M. im gesamten Anwendungsbereich des § 5 UWG **auch bei unwahren Angaben.**[511] Der neue § 5 Abs. 1 S. 1 letzter HS stellt dies nunmehr auch sprachlich klar. In der **„Trento Sviluppo/AGCM"**-Entscheidung hat der **EuGH** entschieden, dass eine Geschäftspraxis als „irreführend" im Sinne von **Art. 6 Abs. 1 UGP-Richtlinie** einzustufen ist, wenn diese Praxis zum einen **falsche** Angaben enthält oder den Durchschnittsverbraucher zu täuschen geeignet ist und zum anderen geeignet ist, den Verbraucher zu einer geschäftlichen Entscheidung zu veranlassen, die er ansonsten nicht getroffen

---

[501] Vgl. Amtl. Begr. zum Gesetzentwurf der Bundesregierung, BT-Drucks. 18/4535, S. 15.

[502] EuGH, Urt. v. 14.1.2010, *Plus Warenhandelsgesellschaft,* C-304/08, EU:C:2010:12, Rdn. 45; Urt. v. 9.11.2010, *Mediaprint,* C-540/08, EU:C:2010:660, Rdn. 34; Beschl. v. 30.6.2011, *Wamo,* C-288/10, EU:C:2011:443, Rdn. 37; Urt. v. 10.7.2014, *Kommission/Belgien,* C-421/12, EU:C:2014:2064, Rdn. 56.

[503] BGH GRUR 2012, 286 – *Falsche Suchrubrik;* Ohly/*Sosnitza,* UWG, 6. Auflage, 2014, § 5 Rdn. 208; Köhler/*Bornkamm,* 34. Aufl. 2016, § 5 Rdn. 2.70.

[504] EuGH, Urt. v. 19.12.2013, *Trento Sviluppo* und *Centrale Adriatica,* C-281/12, ECLI:EU:C:2013:859.

[505] EuGH, Urt. v. 19.12.2013, *Trento Sviluppo* und *Centrale Adriatica,* C-281/12, ECLI:EU:C:2013:859, Rdn. 38; vgl. bereits Urt. v. 15.3.2012, Rs. C-453/10, ECLI:EU:C:2012:144, GRUR 2012, 639, Rdn. 47 – *Pereničová und Perenič;* Urt. v. 19.9.2013, Rs. C-435/11,ECLI:EU:C:2013:574, GRUR Int. 2013, 1060, 1063/1064 Rdn. 42 – *CHS/Team4 Travel;* s. auch EuGH, Urt. v. 16.4.2015, *UPC Magyarország,* C-388/13, EU:C:2015:225, Rdn. 49.

[506] EuGH GRUR 2010, 244, 246 – *Plus Warenhandelsgesellschaft;* Urt. v. 9.11.2010, Az. C-540/08, Tz. 34, GRUR 2011, 76, 78 – *Mediaprint;* Beschluss v. 30.6.2011, Az. C-288/10, Tz. 37, GRUR Int. 2011, 853 – *Wamo ./. JBC NV.*

[507] EuGH, Urt. v. 19.12.2013, *Trento Sviluppo* und *Centrale Adriatica,* C-281/12, ECLI:EU:C:2013:859, Rdn. 38; vgl. bereits Urt. v. 15.3.2012, Rs. C-453/10, ECLI:EU:C:2012:144, GRUR 2012, 639 – *Pereničová und Perenič;* s. auch EuGH, Urt. v. 16.4.2015, *UPC Magyarország,* C-388/13, EU:C:2015:225, Rdn. 49.

[508] EuGH, Urt. v. 19.12.2013, Rs. C-281/12, ECLI:EU:C:2013:859, GRUR 2014, 196, Rdn. 33 ff., 38 – *Trento Sviluppo/AGCM.*

[509] EuGH, Urt. v. 19.12.2013, *Trento Sviluppo* und *Centrale Adriatica,* C-281/12, ECLI:EU:C:2013:859, Rdn. 36.

[510] EuGH, Urt. v. 19.12.2013, *Trento Sviluppo* und *Centrale Adriatica,* C-281/12, ECLI:EU:C:2013:859, Rdn. 38.

[511] BGH GRUR 2012, 286 – *Falsche Suchrubrik;* Ohly/*Sosnitza,* UWG, 6. Auflage, 2014, § 5 Rdn. 208; Köhler/*Bornkamm,* 34. Aufl. 2016, § 5 Rdn. 2.70.

hätte.[512] Ein **Verbot unwahrer Angaben, die auf das Verhalten des maßgeblichen Verkehrskreises keinen Einfluss haben,** wäre zudem mit dem **Verhältnismäßigkeitsgrundsatz** nicht in Einklang zu bringen.[513]

Folglich **ist das Relevanzerfordernis auch bei der Irreführung mit unwahren Angaben und selbst bei der dreisten Lüge zu beachten.**[514] Es entfällt insoweit lediglich die Notwendigkeit der Feststellung, ob die unwahre Angabe geeignet ist, den Verbraucher zu täuschen. § 5 lässt sich damit trotz des immer wieder laut werdenden Rufes nach dem Gesetzgeber **kein generelles Verbot der dreisten Lüge** entnehmen, denn auch diese kann auf der Grundlage des § 5 nur untersagt werden, wenn sie sich auf die geschäftliche Entschließung des angesprochenen Verkehrs auswirken kann.[515] 205

3. Doppelte Zielrichtung des Relevanzerfordernisses

Im Anwendungsbereich der Werberichtlinie 2006/114/EG hat das Relevanzerfordernis des § 5 eine **doppelte Zielrichtung.** Das folgt aus der **unionskonformen Auslegung des § 5 anhand Art. 2b der Werberichtlinie 2006/114/EG.** Dieser lässt ausreichen, dass die Werbung „in irgendeiner Weise – einschließlich ihrer Aufmachung – die Personen, an die sie sich richtet oder die von ihr erreicht werden, täuscht oder zu täuschen geeignet ist und die **infolge der ihr innewohnenden Täuschung ihr wirtschaftliches Verhalten beeinflussen** kann **oder** aus diesen Gründen einen **Mitbewerber schädigt oder zu schädigen geeignet ist**". Bis zur UWG-Reform 2015 war deshalb zu Recht anerkannt, dass ein auf § 5 gestütztes Verbot nicht voraussetzt, dass die täuschende Werbung geeignet ist, die geschäftliche Entscheidung des Verbrauchers zu beeinflussen, sondern sich auch daraus ergeben kann, dass die irreführende Werbung geeignet ist, Mitbewerber zu schädigen.[516] 206

Die UWG-Reform 2015 hat an der doppelten Zielrichtung des Relevanzerfordernisses für den Irreführungsschutz (§§ 5, 5a) nichts geändert. Jedenfalls im Bereich der **irreführenden** geschäftlichen Handlung kann sich die Relevanz sowohl im zeitlichen Anwendungsbereich des UWG (2008)[517] als auch des UWG (2015) auch weiterhin sowohl aus der Eignung zur Beeinflussung des wirtschaftlichen Verhaltens von Verbrauchern als auch aus ihren **schädigenden Wirkungen zum Nachteil von Mitbewerbern ergeben.** Bzgl. des zuletzt genannten Punktes bleibt die Werberichtlinie 2006/114/EG einschlägig, weil der Mitbewerberschutz im Vordergrund steht. Das folgt bereits aus dem **Wortlaut** des **Art. 2 lit. b**) der Werberichtlinie 2006/114/EG. Dieser übernimmt den Wortlaut des Art. 2 Nr. 2 Irreführungsrichtlinie 84/450/EWG auch in der kodifizierter Fassung (also nach erfolgter Einschränkung ihres Anwendungsbereichs auf Gewerbetreibende). Art. 2 lit. b) Werberichtlinie verpflichtet die Mitgliedstaaten somit ungeachtet der Beschränkung des Anwendungsbereichs der Werberichtlinie auf den Schutz der Mitbewerber durch die UGP-Richtlinie weiterhin zur Gewährung des (Mindest-)Schutzes für Gewerbetreibende vor irreführender Werbung auch in dem Fall, dass der **Personenkreis, an den sich die irreführende Werbung richtet, und derjenige, zu dessen Schädigung sie geeignet ist, auseinanderfallen.** Entstehungsgeschichtliche und teleologische Erwägungen bestätigen, dass die Vollharmonisierung der UGP-Richtlinie zu keiner Einschränkung dieser doppelten Zielrichtung des Relevanzerfordernisses geführt hat. Der Anwendungsbereich der UGP-Richtlinie ist auf das Verhältnis zwischen Unternehmern und Verbrauchern beschränkt; **Auswirkungen einer den Verbraucher irreführenden geschäftlichen Handlung auf Mitbewerber des Handelnden fallen schon nicht ihren Anwendungsbereich** (Erwägungsgrund 6 Satz 4 und 5 UGP-Richtlinie). Durch den Erlass der UGP-Richtlinie ist lediglich der Schutz von Verbrauchern aus der Irreführungsrichtlinie 84/450/EWG ausgeklammert und gesondert 207

---

[512] EuGH, Urt. v. 19.12.2013, *Trento Sviluppo* und *Centrale Adriatica,* C-281/12, ECLI:EU:C:2013:859, Rdn. 38; vgl. auch EuGH, Urt. v. 16.4.2015, *UPC Magyarország,* C-388/13, EU:C:2015:225, Rdn. 49.

[513] Vgl. Amtl. Begr., BT-Drucks. 16/10145, S. 23; s. schon die Begründung zum Diskussionsentwurf vom 8.5.2007, unter A. II. 6. a; *Steinbeck* WRP 2006, 632, 634.

[514] Ebenso *Steinbeck,* WRP 2006, 632, 634.

[515] Ebenso i. E. Köhler/*Bornkamm,* 34. Aufl. 2016, § 5 Rdn. 2.70, der offen lässt, ob § 5 UWG bei objektiv unrichtigen, aber nicht irreführenden Angaben an der fehlenden Irreführung oder der fehlenden Relevanz scheitert. Vgl. zur dreisten Lüge auch OLG Frankfurt MMR 2009, 553 ff.

[516] BGH GRUR 2011, 82, 84 Rdn. 30 – *Preiswerbung ohne Umsatzsteuer;* KG, Urt. v. 17.1.2014, Az. 5 U 89/13, juris-Rdn. 82–84; Köhler/*Bornkamm,* 34. Aufl. 2016, § 5 Rdn. 2.195, jeweils zum UWG (2008). Für den Zeitraum vor Umsetzung der UGP-Richtlinie: BGH GRUR 2003, 249 – *Preis ohne Monitor;* GRUR 2008, 186, 189 – *Telefonaktion;* OLG Frankfurt GRUR-RR 2005, 388, 390; OLG Hamburg, Urt. v. 12.7.2006, Az. 5 U 179/95; Vorauflage, § 5 Rdn. 214; Hefermehl/Köhler/*Bornkamm,* UWG, 26. Auflage 2008, § 5 Rdn. 2.181, 2.191 und 2.195.

[517] Vgl. zum UWG (2008) BGH GRUR 2011, 82, 84 Rdn. 30 – *Preiswerbung ohne Umsatzsteuer;* KG, Urt. v. 17.1.2014, Az. 5 U 89/13, juris-Rdn. 82–84; Köhler/*Bornkamm,* 34. Aufl. 2016, § 5 Rdn. 2.195.

geregelt worden. Hingegen hat der Unionsgesetzgeber nicht beabsichtigt, die Regelungen über irreführende Werbung, wie sie von der Richtlinie 84/450/EWG vorgesehen ist, außer dass er ihren Anwendungsbereich auf den Schutz von Gewerbetreibenden beschränkt, zu ändern.[518] Die in anderen Bereichen mögliche[519] Gefahr eines Konflikts zwischen harmonisiertem und nationalem Recht besteht im Bereich der irreführenden Werbung somit nicht. **Verbraucher- und Mitbewerberinteressen laufen insoweit parallel, auch was die Relevanz irreführender geschäftlicher Handlungen anbetrifft.** Eine Schutzverstärkung auf nationaler Ebene lässt die Werberichtlinie 2006/114/EG im Bereich des Irreführungsschutzes zu. Wie bislang kann daher eine **Anlockwirkung,** die sich nicht in einem Umsatzgeschäft mit dem Verbraucher niederschlägt, unter dem Gesichtspunkt zur Bejahung der wettbewerblichen Relevanz ausreichen, dass sie einen Mitbewerber schädigt oder zu schädigen geeignet ist, s. zu letzterem näher **§ 5 Abschn. B Rdn. 227 ff.**

4. Voraussetzungen

208 **a) Eignung zur wesentlichen Beeinflussung der geschäftlichen Entscheidung.** Eine unwahre oder zur Täuschung geeignete Angabe ist wettbewerbsrechtlich relevant, wenn sie geeignet ist, den maßgeblichen Verkehrskreis zu einer geschäftlichen Entscheidung zu veranlassen, die er ansonsten nicht getroffen hätte. Dafür ist ausreichend, wenn die Fehlvorstellung des angesprochenen Verkehrs diesen veranlasst, sich durch Aufruf der Bestellwebsite oder durch Betreten des Geschäfts mit dem Angebot näher zu befassen, auch wenn es nicht zum Kauf kommt.[520] Auch genügt es, wenn sie für den Kaufentschluss **irgendwie – i. S. einer allgemeinen Wertschätzung – von Bedeutung** ist, ohne dass es auf besondere Qualitätserwartungen ankommt.[521]

209 *aa) **Situationsgebundenes Verkehrsverhalten.*** Anders als bei der Frage nach dem Angabeninhalt und der Täuschungseignung kommt es für die Relevanz nicht auf das Verkehrsverständnis, sondern auf das **Verkehrsverhalten** an. Die unwahre oder zur Täuschung geeignete Angabe muss nicht nur geeignet sein, einen solchen Verbraucher oder sonstigen Marktteilnehmer davon abzuhalten, die Vor- und Nachteile einer bestimmten geschäftlichen Entscheidung zu erkennen, abzuwägen und eine für ihn „effektive" Wahl zu treffen, sondern sie muss ihn auch zu einer geschäftlichen Entscheidung veranlassen, die er ansonsten *nicht* getroffen hätte.[522] Die Funktion dieses Auswirkungserfordernisses besteht darin, sicherzustellen, dass geschäftliche Handlungen nicht schon wegen einer sorgfaltswidrigen Einwirkung auf die Entscheidungsfähigkeit des Verbrauchers verboten werden, sondern nur dann, wenn sie sich tatsächlich auf das wirtschaftliche Verhalten der Verbraucher auswirken können.[523] Maßgeblich ist das Verhalten, das von einem **durchschnittlich informierten, verständigen und der Situation entsprechend aufmerksamen Mitglied des Verkehrskreises,** der mit der **geschäftlichen Handlung** bestimmungsgemäß in Kontakt kommt, erwartet werden kann. Ist für den Unternehmer vorhersehbar, dass eine an mehrere Personengruppen gerichtete geschäftliche Handlung das Verhalten einer eindeutig identifizierbaren Personengruppe beeinflusst, die insbes. wegen **geistigen oder körperlichen Gebrechen, Alter oder Leichtgläubigkeit** im Hinblick auf diese Praktiken oder die ihnen zugrunde liegenden Produkte besonders schutzbedürftig ist, ist auf diesen Verbraucherkreis abzustellen ist, vgl. § 5 Abschn. B Rdn. 29 ff.

210 Die bloße Möglichkeit, dass auch Verbraucher beeinflusst werden, die mit der geschäftlichen Handlung **zufällig in Kontakt geraten,** reicht nicht aus. Deshalb wurde schon nach altem Recht die Relevanz des Aufdrucks „Regelmäßig samstags durch den Zusteller der Deutschen Post direkt in ihren Briefkasten" auf der von einem im Bereich des Vertriebs von Werbung tätigen Unternehmen vertriebenen Werbebroschüre verneint, weil sie die geschäftliche Entscheidung der Endverbraucher nicht zum Nachteil seiner Mitbewerber beeinflussen könne, während etwaige Werbekunden, für welche die Regelmäßigkeit der Verteilung eine Rolle spiele, vom Aufdruck nicht bestimmungsgemäß angesprochen würden.[524]

211 Das Verkehrsverhalten ist **einheitlich** für die gesamte Personengruppe zu ermitteln, an die sich die geschäftliche Handlung richtet. Eine **Ausnahme,** wenn bei einer an einen inhomogenen Personenkreis gerichteten geschäftlichen Handlung für den Unternehmer vorhersehbar eine besonders

---

[518] Vgl. EuGH, Urt. v. 13.3.2014, *Posteshop,* C-52/13, EU:C:2014:150, Rdn. 28 f.

[519] Dazu näher *Ohly,* Der Schutz unternehmerischer Interessen im Lauterkeitsrecht, Gutachten erstattet im Auftrag des Bayerischen Industrie- und Handelskammertages e. V., S. 14.

[520] BGH, Urt. v. 28.4.2016, *Geo-Targeting,* I ZR 23/15, DE:BGH:2016:280416UIZR23.15.0, Rdn. 34.

[521] BGH, Urt. v. 30.7.2015, *Piadina-Rückruf,* I ZR 250/12, DE:BGH:2015:300715UIZR250.12.0, Rdn. 22.

[522] *Köhler,* WRP 2014, 259, 261.

[523] *Köhler,* WRP 2014, 259, 261.

[524] OLG Hamburg GRUR-RR 2006, 23 f.

schutzbedürftige, eindeutig identifizierbare Gruppe von Verbrauchern beeinflusst werden wird, s. näher schon § 5 Abschn. B Rdn. 209.

Das Verkehrsverhalten kann mit der **Situation** variieren, in welcher eine solche Person die Angabe zur Kenntnis nimmt, und ist daher situationsgebunden. Das führt dazu, dass sich allgemeine Aussagen über die Relevanz einer Angabe für die geschäftliche Entscheidung nicht aufstellen lassen. Z.B. wird es dem durchschnittlich aufmerksamen, verständigen und informierten Blumenkäufer u.U. nicht darauf ankommen, ob die Blumen wie angepriesen aus eigenem Anbau stammen oder aus Holland importiert wurden. Erfolgt die Anpreisung aber im Einzelverkaufsgespräch gegenüber einem Kunden, der erkennbar Wert auf Heimanbau legt, kann das schon ganz anders sein. 212

Bislang war der BGH davon ausgegangen, dass es bei einer tatsächlich **gespaltenen Verkehrsauffassung,** bei der die Angabe für einen Teil des Verkehrs einen irgendwie beachtlichen Hinweis darstelle, während sie für einen anderen Teil ohne Bedeutung sei, für die Relevanz der Irreführung ausreiche, wenn die Angabe für mehr als nur einen unbeachtlichen Teil von Bedeutung sei.[525] Unter der Geltung des neuen Verbraucherbegriffs kann auf diese Rechtsprechung jedoch nicht mehr zurückgegriffen werden, weil nicht auf den tatsächlichen Verkehr, sondern auf den durchschnittlich informierten, verständigen und aufmerksamen Umworbenen in der jeweiligen Situation abzustellen ist.[526] Nach Maßgabe dieses Verbraucherbegriffs kommt eine gespaltene Verkehrsauffassung nur noch in bestimmten **Sonderfällen** in Betracht, s. **näher § 5 Abschn. B Rdn. 29 ff., 209.** 213

bb) ***Eignung zur Veranlassung einer geschäftlichen Entscheidung.*** Die unwahre oder zur Täuschung geeignete geschäftliche Handlung muss geeignet sein, den Verbraucher oder sonstigen Marktteilnehmer zu einer geschäftlichen Entscheidung zu veranlassen, die er ansonsten nicht getroffen hätte, § 5 Abs. 2 a.E. Das UWG (2015) enthält nun erstmals in Umsetzung des **Art. 2 lit. k) UGP-Richtlinie** in **§ 2 Abs. 1 Nr. 9** eine **Legaldefinition** der „geschäftlichen" Entscheidung, die auch für §§ 5, 5a maßgeblich ist. Zu materiell-rechtlichen Veränderungen führt dies nicht, weil Art. 2 lit. k) UGP-Richtlinie schon bislang im Wege der unionskonformen Auslegung in §§ 5, 5a „hineinzulesen" war und § 2 Abs. 1 Nr. 9 dessen Vorgaben ungeachtet der geringfügigen sprachlichen Abweichungen inhaltlich unverändert übernimmt. **„Geschäftliche Entscheidung"** ist nach § 2 Abs. 1 Nr. 9 jede Entscheidung eines Verbrauchers darüber, ob, wie und unter welchen Bedingungen er ein Geschäft abschließen, eine Zahlung leisten, eine Ware oder Dienstleistung behalten oder abgeben oder ein vertragliches Recht im Zusammenhang mit einer Ware oder Dienstleistung ausüben will, unabhängig davon, ob der Verbraucher oder ein sonstiger Marktteilnehmer sich entschließt, tätig zu werden. Dieser Begriff erfasst außer der Entscheidung über den Erwerb oder Nichterwerb des Produkts auch damit unmittelbar zusammenhängende Entscheidungen wie insbesondere das **Betreten eines Geschäfts.**[527] Auf sie muss sich der Einfluss der unwahren bzw. täuschenden Angabe auswirken. Das **Aufsuchen einer Internetseite,** auf der Produkte oder Dienstleistungen **unmittelbar bestellt werden können,** steht dem Betreten eines stationären Geschäfts gleich.[528] 214

Bei der Eignung zur Beeinflussung des Durchschnittsverbrauchers zu einer geschäftlichen Entscheidung handelt es sich nach hier vertretener Auffassung um eine **Rechtsfrage,** die vom Richter auf der Grundlage einer Wertung zu entscheiden ist, denn es kommt auf das Verhalten des Durchschnittsverbrauchers an. Da der „Durchschnittsverbraucher" das Ergebnis eines gesetzgeberischen Interessenausgleichs ist, kann sein Verhalten mit Mitteln der Empirie nicht festgestellt werden, s. näher § 5 Abschn. B Rdn. 8 ff., Abschn. M Rdn. 24 ff. Aus der „Nissan"-Entscheidung des **EuGH,** in denen vom Erfordernis einer „nachgewiesenen" Beeinflussung der Kaufentscheidung durch die Täuschung die Rede ist,[529] ergibt sich nichts anderes. Diese Formel ist nicht im Sinne der Notwendigkeit empirisch festgestellter Täuschungsauswirkungen zu verstehen, sondern dient nur dem Ausschluss derjenigen Fälle, in denen sich die Irreführung nicht auf die spätere Kaufentscheidung auswirken kann. Ein empirisches Verständnis der Irreführungsgefahr wäre auch nicht mit dem normativen Verbraucherbegriff vereinbar, den der EuGH seinen Entscheidungen zugrunde legt.[530] 215

Zur Beeinflussung der geschäftlichen Entscheidung des Verkehrs geeignet ist eine unwahre bzw. täuschende Angabe, wenn **die geschäftliche Entscheidung eines solchen Durchschnittsver-** 216

---

[525] BGH GRUR 1971, 313, 315 – *Bocksbeutelflasche;* GRUR 1981, 71, 73 – *Lübecker Marzipan.*

[526] Näher § 5 Abschn. B Rdn. 13 ff., 29 ff.

[527] EuGH, Urt. v. 19.12.2013, *Trento Sviluppo* und *Centrale Adriatica,* C-281/12, ECLI:EU:C:2013:859, Rdn. 36–38; BGH WRP 2015, 850, 853 Rdn. 20 – *Schlafzimmer komplett;* BGH, Urt. v. 28.4.2016, *Geo-Targeting,* I ZR 23/15, DE:BGH:2016:280416UIZR23.15.0, Rdn. 34.

[528] BGH, Urt. v. 28.4.2016, *Geo-Targeting,* I ZR 23/15, DE:BGH:2016:280416UIZR23.15.0, Rdn. 34.

[529] EuGH GRUR Int. 1993, 951, 952 – *Nissan;* s. auch EuGH GRUR Int. 1999, 345, 348 Tz. 38 – *Sektkellerei Kessler;* vgl. dazu auch BGH GRUR 2000, 727 ff. – *Lorch Premium.*

[530] Näher zu diesem Verbraucherbegriff § 5 Abschn. B Rdn. 14 ff.

brauchers ohne die zu beanstandende Handlung bzw. Unterlassung irgendwie anders ausfallen würde.[531] Das ist nicht nur der Fall, wenn die unwahre bzw. täuschende Angabe geeignet ist, den Verkehr zu veranlassen, überhaupt eine **geschäftliche Bindung einzugehen,** die er sonst nicht übernommen hätte (z. B.: Kauf ja oder nein), sondern auch, wenn sie geeignet ist, den **Inhalt oder den Umfang eines Vertrags** zu beeinflussen, der schon besteht oder ohnehin, aber mit abweichendem Inhalt geschlossen worden wäre (z. B.: nachteilige Vertragsklausel wird akzeptiert). Dies ergibt sich im Wege der richtlinienkonformen Auslegung aus Art. 2 lit. k UGP-Richtlinie, nach dem **auch die Entscheidung des Verbrauchers darüber, ob, wie und unter welchen Bedingungen er kontrahiert, leistet, die Gegenleistung behält oder vertragliche Rechte ausübt** bzw. nicht ausübt, „geschäftliche Entscheidung" im Sinne der Richtlinie ist. Die Eignung zur Beeinflussung der geschäftlichen Entscheidung kann auch gegeben sein, wenn sich der Durchschnittsverbraucher dessen bewusst ist, dass der Gegenstand der irreführenden Angabe für ihn zunächst bedeutungslos ist, er seine Kaufentscheidung aber gleichwohl darauf gründet, um „auf der sicheren Seite" zu sein.[532]

217 Die Relevanz kann sich auch daraus ergeben, dass der Verkehr **täuschungsbedingt ein Tätigwerden** unterlässt; darum geht es z. B., wenn die Täuschung geeignet ist, den Kunden **an der Kündigung bestehender Verträge zu hindern.**[533] Dass hier nicht nur das individuelle Interesse des Verbrauchers an einer freien Willensentscheidung betroffen ist, sondern die Täuschung Marktrelevanz besitzt, ergibt sich daraus, dass der Bedarf des Verbrauchers während der zusätzlich gewonnen Laufzeit des Vertrags befriedigt ist und es deshalb für andere Anbieter unmöglich oder wesentlich schwieriger wird, substituierbare Produkte an ihn abzusetzen. Hingegen wird der Verkehr durch unwahre oder täuschende Angaben über den Umfang der Verpflichtungen des Unternehmers, die ihn **an der Durchsetzung vertraglicher Ansprüche gegen den Unternehmer hindern,** dem Markt zwar nicht als Nachfrager entzogen, sondern muss täuschungsbedingt seinen bislang nicht befriedigten Bedarf (erneut) auf dem Markt decken. Trotzdem ist auch diese Fehlvorstellung, wie sich aus Art. 2 lit. k UGP-Richtlinie ergibt, im Interesse des von der Richtlinie bezweckten Schutzes der wirtschaftlichen Interessen der Verbraucher vor unlauteren Geschäftspraktiken relevant.

218 Bei der **Irreführung durch Verschweigen** bzw. Vorenthalten von Informationen kommt es darauf an, ob der Verkehr eine andere geschäftliche Entscheidung getroffen hätte, wenn die Information offenbart worden wäre. Problematisch ist dies u. a. bei Informationen, die wie der Warnhinweis „Rauchen gefährdet Ihre Gesundheit" nur eine **Erinnerungs- und keine Aufklärungsfunktion** haben. Hier spricht jedenfalls keine Vermutung für die Relevanz des unterlassenen Warnhinweises;[534] zur **Beweislast s. § 5 Abschn. M Rdn. 42 ff.**

219 ***cc) Keine besondere Wesentlichkeit bzw. Spürbarkeit.*** Im Zuge der UWG-Novelle 2015 hat der Irreführungstatbestand eine eigenständige Relevanzklausel erhalten (§ 5 Abs. 1 S. 1 HS 2). **§ 3 Abs. 1 UWG (2015)** wurde im Zuge der Reform 2015 neu gefasst. Das Spürbarkeitserfordernis ist entfallen,[535] s. näher **§ 5 Abschn. B Rdn. 196 ff.** Eigenständige Bedeutung kam ihm neben den tatbestandlichen Voraussetzungen der §§ 5, 5a schon bislang nicht zu.[536]

220 ***dd) Kriterien, die bei der Beurteilung eine Rolle spielen können.*** Die Eignung einer Angabe zur Beeinflussung der geschäftlichen Entscheidung des Verkehrs setzt zumindest voraus, dass sie beim Verkehr eine **Fehlvorstellung** verursacht hat. **Unwahre, aber nicht täuschende Angaben können nur unter dem Gesichtspunkt einer Schädigung der Mitbewerber relevant sein.**[537] Eine für sich genommen irreführende Angabe in einer Werbung begründet daher dann keine relevante Irreführung, wenn der Verbraucher sich vor einer geschäftlichen Entscheidung mit dem gesamten Text befassen wird und gewährleistet ist, dass der Durchschnittsverbraucher nicht durch die weiteren in der Anzeige enthaltenen Angaben davon abgehalten wird, eine darauf beruhende geschäftliche Entscheidung zu treffen.[538] Nach Sinn und Zweck des Relevanzerfordernisses muss es sich um eine Fehlvorstellung handeln, die sich **zu Gunsten des Handelnden auswirken**

---

[531] BGH, Urt. v. 30.7.2015, *Piadina-Rückruf,* I ZR 250/12, DE:BGH:2015:300715UIZR250.12.0, Rdn. 22.

[532] Vgl. OLG Frankfurt Magazindienst 2008, 636 zu einer angeblich zum Tauchen in einer Wassertiefe von 39 m geeigneten Uhr.

[533] EuGH, Urt. v. 16.4.2015, *UPC Magyarország,* C-388/13, EU:C:2015:225, Rdn. 36.

[534] *Plehwe,* jurisPR-WettbR 3/2007 Anm. 4.

[535] Vgl. Amtl. Begr. zum Gesetzentwurf der Bundesregierung, BT-Drucks. 18/4535, S. 15.

[536] Vgl. GRUR 2009, 888, 889 Rdn. 18 – *Thermoroll;* GRUR 2012, 1273, 1274 Rdn. 25 – *Stadtwerke Wolfsburg;* WRP 2016, 440, 453 f., Rdn. 25 – *Fressnapf.*

[537] Vgl. schon BGH GRUR 1987, 535, 537 – *Wodka Woronoff.*

[538] BGH, Urt. v. 15.10.2015, I ZR 260/14, WRP 2016, 184 Rdn. 18, LS – *All Net Flat;* GRUR 2015, 698, 700 Rdn. 20 – *Schlafzimmer komplett;* GRUR 2007, 1337, 1339 – *150 % Zinsbonus;* GRUR 2003, 249 – *Preis ohne Monitor.*

kann.[539] So wird ein aufmerksamer, verständiger und informierter Verbraucher durch die falsche telefonische Auskunft, eine tatsächlich jedoch im Geschäft vorhandene Ware sei nicht lieferbar, zwar getäuscht. Die Täuschung ist auch geeignet, die geschäftliche Entscheidung des Nachfragenden zu beeinflussen, denn dieser wird seine Kaufabsichten daraufhin aufgeben. Der Angabe fehlt gleichwohl eine Relevanz im Rechtssinne, weil sie den Nachfragenden nicht anlockt, sondern erfahrungsgemäß gerade davon **abhält,** das Geschäft des Handelnden aufzusuchen.[540] Ist die Ware am Regal mit einem höheren als dem in der Werbung angegebenen Preis ausgezeichnet, kann es trotzdem an einem wettbewerbsrelevanten Irreführung fehlen, wenn dem Kunden an der Kasse von vornherein nur der beworbene Preis in Rechnung gestellt wird.[541]

Die **Art der Fehlvorstellung** lässt Rückschlüsse auf die Eignung der Angabe zur Beeinflussung des geschäftlichen Verkehrs zu. Eine **dem Handelnden nachteilige Fehlvorstellung** ist nicht geeignet, die geschäftliche Entscheidung des Verkehrs zu seinen Gunsten zu beeinflussen (§ 5 Abschn. B Rdn. 220). Demgegenüber liegt bei einer **dem Handelnden günstigen Fehlvorstellung** nahe, dass diese für die geschäftliche Entscheidung des Verkehrs auch relevant wird. 221

Eine wichtige Rolle spielt für die Relevanz die **Bedeutung des Umstandes, auf den sich die Fehlvorstellung bezieht,** für den angesprochenen Verkehr. Sind Umstände von zentraler Bedeutung für den Verkehr betroffen, wird die Fehlvorstellung i. d. R. geeignet sein, ihre geschäftliche Entscheidung zu beeinflussen. Dies liegt z. B. bei Angaben über die gesundheitliche Unbedenklichkeit eines Produkts nahe.[542] Von **Preisangaben,** insbesondere einer zu Unrecht erfolgten Platzierung des Angebots auf den ersten Rang einer Preisvergleichsliste, geht eine erhebliche irreführende Werbewirkung aus.[543] 222

Geht es um das **Angebot** von Waren oder Dienstleistungen, kann der in **§ 5a Abs. 3 enthaltene Katalog** der Umstände, die im Zusammenhang mit dem Angebot von Waren oder Dienstleistungen wesentlich und deshalb bei der Beurteilung der Irreführungswirkung von Verschweigen bzw. Vorenthalten von Informationen zu berücksichtigen sind, einen Anhalt geben. Er bringt die gesetzgeberische Wertung zum Ausdruck, dass für die Verbraucher zumindest die folgenden Umstände von wesentlicher Bedeutung sind: die wesentlichen **Merkmalen des Produkts,** die Eckdaten des Geschäfts wie **Anbieter, Preis und Kosten,** wesentlich von verbindlichen Regelungen abweichende **Zahlungs-, Liefer- und Leistungsbedingungen** bzw. Bedingungen zum **Beschwerde-/Klageverfahren** und die **Rücktritts- bzw. Widerrufsrechte.** Eine gesetzgeberische Wertung, dass dort nicht genannte Umstände für den Verbraucher auch nicht wichtig sind, lässt sich der Vorschrift hingegen nicht entnehmen und wäre so auch nicht zutreffend. Z. B. können Umstände, die besonderen Einfluss auf die **Brauchbarkeit** des Produkts haben können, wie **Qualität und Haltbarkeit,** oder die für die Preisbildung besonders wichtig sind **(Marke, Güte),** für die geschäftliche Entscheidung des Verbrauchers ebenfalls eine hervorgehobene Bedeutung haben. 223

Keinen Rückschluss auf die Relevanz lässt der Umstand zu, dass eine Angabe im **Anhang zu § 3 Abs. 3** aufgeführt ist. Die Liste enthält eine Aufzählung aller Geschäftspraktiken, die unter allen Umständen als unlauter anzusehen sind, ohne dass ein Relevanzerfordernis besteht. 224

Macht der Verkehr von einer ihm **nach Eintritt der Täuschung** gebotenen Informationsmöglichkeit Gebrauch *und* wird er durch sie von der geschäftliche Entscheidung abgehalten, ist die Angabe nicht geeignet, die geschäftliche Entscheidung zu beeinflussen und kann nur im Hinblick auf eine Beeinträchtigung der Mitbewerber (§ 5 Abschn. B Rdn. 226 ff.) relevant sein. Die bloße **Möglichkeit,** sich vor der geschäftlichen Entscheidung noch eingehender zu informieren, reicht nicht. Die Wettbewerbswidrigkeit entfällt auch nicht dadurch, dass der Verbraucher einen auf Grund seiner Täuschung zustande gekommenen Vertrag widerrufen kann;[544] denn relevant ist eine Täuschung nach den Vorgaben der Irreführungsrichtlinie und der Richtlinie unlautere Geschäftspraktiken schon, wenn sie geeignet ist, die geschäftliche Entschließung des Verkehrs zu beeinflussen. Ob die getroffene Entscheidung wieder rückgängig gemacht wird, spielt demnach für die Relevanz keine Rolle. 225

b) Eignung zur Schädigung eines Mitbewerbers. Die Relevanz der unwahren bzw. täuschenden Angabe kann sich auch daraus ergeben, dass sie geeignet ist, einen Mitbewerber zu schä- 226

---

[539] BGH GRUR 2008, 442, 443 – *Fehlerhafte Preisauszeichnung.*

[540] BGH GRUR 2002, 1095, 1096 – *Telefonische Vorratsanfrage;* BGH, Urt. v. 30.7.2015, *Piadina-Rückruf,* I ZR 250/12, DE:BGH:2015:300715UIZR250.12.0, Rdn. 23.

[541] BGH GRUR 2008, 442 – *Fehlerhafte Preisauszeichnung.*

[542] Vgl. BGH GRUR 2008, 443, 446 – *Saugeinlagen.*

[543] BGH GRUR 2010, 936, 938 – *Espressomaschine.*

[544] OLG Hamburg GRUR-RR 2006, 105, 107; ebenso zu § 16 Abs. 1 BGH GRUR 2008, 818, 823 – *Strafbare Werbung im Versandhandel.*

digen;[545] auf die Eignung zur Beeinflussung der geschäftlichen Entscheidung des Durchschnittsverbrauchers kommt es dann nicht an (vgl. § 5 Abschn. B Rdn. 206ff.).

227 *aa) Beeinflussung von Kundenströmen.* Unwahre oder täuschende Angaben, die geeignet sind, die geschäftliche Entscheidung eines Durchschnittsverbrauchers zu beeinflussen, wirken sich unter dem Gesichtspunkt der **Beeinflussung von Kundenströmen** aus. Ausreichend für die Relevanz ist eine **Anlockwirkung,** die dazu führt, dass sich der Verbraucher näher **mit dem Angebot befasst,** selbst wenn der Irrtum des Verbrauchers vor der Marktentscheidung des Verbrauchers noch aufgeklärt wird.[546] Das gilt jedoch dann nicht, wenn der mit der Werbung Angesprochene die Unrichtigkeit sofort anhand der Textüberschrift erkennt.[547] Zu einer solchen Umleitung bzw. Kappung von Kundenströmen kann es aber auch kommen, wenn sich der Durchschnittsverbraucher **durch die unwahre oder täuschende Angabe nicht zu einer geschäftlichen Entscheidung verleiten lässt.** Hier kann die Angabe allenfalls unter dem Gesichtspunkt der Mitbewerberschädigung relevant sein.

228 *bb) Abstellen auf das Verhalten eines Durchschnittsverbrauchers.* Entscheidend für die Feststellung, ob die Fehlvorstellung geeignet ist, einen Mitbewerber zu schädigen, ist auch hier das Verhalten eines durchschnittlich aufmerksamen, verständigen und informierten Mitglieds des angesprochenen Verkehrskreises. Zwar gibt die Irreführungsrichtlinie insoweit lediglich einen Mindeststandard vor. Bei der Umsetzung der Vorgaben der UGP-Richtlinie hat sich der deutsche Gesetzgeber jedoch zu Recht um eine einheitliche Regelung irreführender Geschäftspraktiken für Verbraucher und Unternehmer bemüht.

229 *cc) Unmittelbarer Zusammenhang.* Art. 2 lit. b Irreführungsrichtlinie fordert einen **unmittelbaren Zusammenhang** zwischen der Fehlvorstellung und der Schädigung von Mitbewerbern („… und die infolge der ihr innewohnenden Täuschung ihr wirtschaftliches Verhalten beeinflusst oder aus diesen Gründen einen Mitbewerber zu täuschen geeignet ist"). Voraussetzung für eine Relevanz unter dem Gesichtspunkt der Mitbewerberschädigung ist deshalb, dass der Mitbewerber durch die unwahre bzw. täuschende Angabe konkrete Nachteile erfährt, ihm insbes. ein **Geschäft entgangen** ist. Eine bloß mittelbare Schädigung etwa dergestalt, dass der Durchschnittsumworbene durch die Angabe erstmals auf den Unternehmer aufmerksam wurde und der Mitbewerber deshalb künftig seine Konkurrenz befürchten muss, reicht nicht.

230 Eine Verkürzung des durch das Verbot der Irreführung von Verbrauchern und sonstigen Marktteilnehmern **mittelbar mitbezweckten Schutzes der Mitbewerber** ist mit der Ausklammerung der Irreführung *von* Mitbewerbern mit der Gesetzesänderung 2015 nicht verbunden,[548] s. näher **§ 5 Abschn. B Rdn. 8f.** Dieser (auch) mitbewerberbezogener Ansatz der Relevanzbegründung bleibt daher nach dem 10.12.2015 möglich, sondern ist in unionskonformer Auslegung des § 5 auch geboten, um eine vollständige Umsetzung der Werberichtlinie zu gewährleisten.

231 *dd) Denkbare Konstellationen.* Mehrere **Konstellationen** kommen in Betracht:

α) Die durch die unwahre bzw. irreführende Werbung entstandene Fehlvorstellung wird vor der geschäftlichen Entscheidung ausgeräumt. Ein Durchschnittsverbraucher wird die **geschäftliche Entscheidung aber trotzdem im Sinne des Unternehmers treffen und deshalb nicht mit dem Mitbewerber kontrahieren.**[549] In Betracht kommt dies z.B. bei werbebedingten Fehlvorstellungen, die erst vor Ort ausgeräumt werden, wenn anzunehmen ist, dass ein durchschnittlich aufmerksamer, verständiger und informierter Verbraucher unter diesen Umständen die Fahrtkosten, den Zeitaufwand oder die Mühe nicht mehr aufbringen wird, um Konkurrenzangebote zu prüfen und wahrzunehmen.[550] Dann ändert an der Relevanz der täuschenden Angabe auch nichts, wenn

---

[545] BGH GRUR 2011, 82, 84 – *Preiswerbung ohne Umsatzsteuer;* Köhler/*Bornkamm,* 34. Aufl. 2016, § 5 Rdn. 2.196.

[546] BGH, Urt. v. 28.4.2016, *Geo-Targeting,* I ZR 23/15, DE:BGH:2016:280416UIZR23.15.0, Rdn. 35; vgl. BGH GRUR 2003, 249 – *Preis ohne Monitor;* GRUR 2008, 186, 189 – *Telefonaktion;* Urt. v. 6.10. 2011, I ZR 42/10, Tz. 21 – *Falsche Rubrik;* WRP 2012, 311, 315 – *10 % Geburtstags-Rabatt;* GRUR 2014, 785, 206; OLG Frankfurt GRUR-RR 2005, 388, 390; OLG Frankfurt GewArch 2010, 458, 459; OLG Hamm Magazindienst 2011, 437; OLG Köln GRUR-RR 2011, 274; Fezer/*Peifer,* § 2 Rdn. 206; Köhler/*Bornkamm,* 34. Aufl. 2016, § 5 Rdn. 2.193.

[547] BGH Urt. v. 6.10.2011, I ZR 42/10, Tz. 21 – *Falsche Rubrik.*

[548] Auf das Erfordernis der strengen Differenzierung zwischen der Irreführung von Mitbewerbern und dem durch das Verbot der Irreführung von Verbrauchern und sonstigen Marktteilnehmern mitbezweckten Schutz der Mitbewerber weist *Köhler* in seiner Stellungnahme zum RefE bereits ausdrücklich hin (*Köhler,* WRP 2014, 1410, 1416 Rdn. 57 Fn. 48).

[549] Vgl. BGH GRUR 2008, 442, 443 – *Fehlerhafte Preisauszeichnung.*

[550] BGH NJW 1988, 1978 – *Konfitüre;* NJW-RR 2001, 620 – *Filialleiterfehler.* S. auch BGH GRUR 2008, 442, 443 – *Fehlerhafte Preisauszeichnung,* wo ein Umlenken von Kunden jedoch im konkreten Fall verneint wurde.

Kunden nach längeren Disputen unter Vorlage des Werbeprospekts doch noch der niedrigere Preis berechnet wird. Denkbar ist auch, dass der Durchschnittsverbraucher seinen Irrtum erst an der Kasse bemerkt und es ihm peinlich ist, das Produkt „zurückzugeben".[551] Wurde der Verbraucher über Widerrufs- bzw. Rücktrittsrechte getäuscht, ist möglich, dass er sich im Zeitpunkt der Aufklärung seines Irrtums bereits mit der Situation abgefunden und ggf. Dispositionen getroffen hat und deshalb trotz Kenntnis seiner mangelnden Verpflichtung am Vertrag festhält – mit der Folge, dass der Mitbewerber nicht zum Zuge kommt.

β) Der mit der unwahren bzw. täuschenden Angabe konfrontierte Durchschnittsverbraucher wird zwar nicht das von der unwahren bzw. täuschenden Angabe betroffene Produkt erwerben, sich aber auf Kosten seiner Mitbewerber für ein **anderes Produkt** des Unternehmers entscheiden.[552] So liegt es z. B., wenn die unwahre bzw. täuschende Preisangabe in einer Werbung geeignet ist, den Durchschnittsverbraucher in das Geschäft des Werbenden zu locken, wo dieser nach Ausräumung der Fehlvorstellung seinen Bedarf bzgl. eines anderen Produkts befriedigen wird, das er sonst beim Mitbewerber erworben hätte.[553] Dies kommt vor allem bei Unternehmen in Betracht, die über ein großes und vielfältiges Sortiment verfügen. Der BGH hat sogar eine Werbung eines Lohnsteuerhilfevereins als relevant irreführend angesehen, die beim Umworbenen die Fehlvorstellung hervorrief, der Verein berate Nichtmitglieder, weil die erst nach der ersten Kontaktaufnahme erfolgte Richtigstellung nichts daran ändere, dass der Verein den Kontakt für eine Mitgliederwerbung nutzen könne.[554] 232

γ) Die unwahre oder täuschende Angabe veranlasst den Durchschnittsverbraucher dazu, seine **Erwerbsabsicht ganz aufzugeben,** so dass jetzt auch der an sich günstigere Mitbewerber nicht zum Zuge kommt. *Bornkamm* nennt den Fall, dass der enttäuschte Verbraucher, der an sich schon entschlossen war, ein bestimmtes Modell im Computerhandel zu erwerben, jetzt nicht mehr bereit ist, den deutlich höheren Preis, den der Handel fordert, für ein entspr. Modell zu zahlen.[555] 233

δ) **Nicht ausreichend ist hingegen,** dass die unwahre bzw. täuschende Angabe die geschäftliche Entschließung von Verbrauchern beeinflusst, die nicht über die Eigenschaften eines Durchschnittsverbrauchers verfügen, denn hierdurch würde der Standard der UGP-Richtlinie unterlaufen. 234

5. Beispiele

a) Bejahung. Nach der Rspr. des BGH ist eine Irreführung durch eine **geografische Herkunftsangabe** i. d. R. wettbewerblich relevant.[556] Bei Angaben über die **gesundheitliche** oder **lebensmittelrechtliche** (Un-)Bedenklichkeit eines Produkts liegt die Eignung zur Beeinflussung der Kaufentscheidung des Kunden nahe.[557] Die Relevanz von Fehlvorstellungen mit **Qualitätsbezug** ist regelmäßig zu bejahen.[558] Gleiches gilt für Fehlvorstellungen über die **fachliche Kompetenz** des Unternehmens, wie sie z. B. durch eine Täuschung über erhaltene Auszeichnungen entstehen.[559] Bei der Werbung für eine **Finanz-Sanierung** ist die Befähigung der Person, die die Dienstleistung ausführen soll, ein für die Marktentscheidung zentraler Gesichtspunkt.[560] Eine irreführende Werbung über die bundesweite Verfügbarkeit ist relevant, wenn sie den irregeführten Durchschnittsverbraucher veranlasst, die Internet-Bestellseite aufzusuchen, selbst wenn er das Produkt dort aufgrund einer PLZ-Selektion nicht bestellen kann.[561] Auch die Relevanz eines Irrtums des Umworbenen über eine **vermeintliche Günstigkeit** des Angebots liegt nahe.[562] Der Preis 235

---

[551] Vgl. BGH GRUR 2008, 442, 443 – *Fehlerhafte Preisauszeichnung.*

[552] Vgl. BGH GRUR 2000, 911, 914 – *Computerwerbung.*

[553] Vgl. Köhler/*Bornkamm,* 34. Aufl. 2016, § 5 Rdn. 2.192 ff.

[554] BGH GRUR 2008, 186, 189 – *Telefonaktion.*

[555] Köhler/*Bornkamm,* 34. Aufl. 2016, § 5 Rdn. 2.195.

[556] BGH, Urt. v. 30.7.2015, *Piadina-Rückruf,* I ZR 250/12, DE:BGH:2015:300715UIZR250.12.0, Rdn. 22; v. 31.3.2016, *Himalaya Salz,* I ZR 86/13, DE:BGH:2016:310316UIZR86.13.0, Rdn. 34.

[557] Vgl. BGH GRUR 2008, 443, 446 – *Saugeinlagen:* Irreführende Angaben über Saugeinlagen für Verpackungen von frischem Fleisch, die geeignet sind, deren gesundheitliche und lebensmittelrechtliche Unbedenklichkeit in Zweifel zu ziehen; BGH GRUR 2014, 1114, 1117 Rdn. 42 – *nickelfrei:* Wettbewerbliche Relevanz ist bei der Bewerbung von Schmuck, der tatsächlich nicht frei von Nickel ist, als „nickelfrei" gegeben, da ein erheblicher Teil des Verkehrs im Blick darauf, dass rund 15 % bis 20 % der Bevölkerung unter eine Nickelallergie leiden, beim Erwerb von Schmuck Wert darauf legt, dass dieser nickelfrei ist.

[558] BGH GRUR 1992, 66, 69 – *Königl.-Bayerische Weisse.*

[559] Vgl. OLG Köln, Urt. v. 17.3.2006, Az. 6 U 176/05: Werbung mit der Angabe „ausgezeichnet vom Bundesverband Deutscher Bestatter".

[560] BGH GRUR 2009, 1077, 1080 – *Finanz-Sanierung.*

[561] BGH, Urt. v. 28.4.2016, *Geo-Targeting,* I ZR 23/15, DE:BGH:2016:280416UIZR23.15.0, Rdn. 33 ff.

[562] BGH GRUR 2002, 715, 716 – *Scanner-Werbung.*

einer Ware ist ein zentrales Instrument des Wettbewerbs; deshalb sind **irreführende Angaben zu Preisen i. d. R. von wettbewerbsrechtlicher Relevanz.**[563] Dies gilt auch für eine unrichtige Angabe des **Zeitraums,** in dem ein Rabatt gewährt wird.[564] Wirbt der Reiseveranstalter mit einem **befristeten Frühbucherrabatt,** den er auch nach Ablauf der Frist weiter gewährt, ergibt sich die Relevanz der Irreführung daraus, dass durch die zeitliche Begrenzung der Verbraucher gezwungen wird, die Kaufentscheidung **unter zeitlichem Druck** vorzunehmen.[565] Für die wettbewerbliche Relevanz einer Werbung mit irreführenden Preisangaben in einem Preisvergleichsportal im Internet spricht insbesondere, dass bereits von der dadurch bewirkten Platzierung des Angebots auf den **ersten Rang** der Preisvergleichsseite eine erhebliche irreführende Werbewirkung ausgeht.[566] Wer ein Zeichen mit dem Zusatz ® verwendet, ohne Inhaber dieser Marke oder einer Lizenz an der **Marke** zu sein, führt den Verkehr regelmäßig in wettbewerblich relevanter Weise irre.[567] Die durch die Einstellung von Rentenüberweisungen in die **Kontostandsauskunft** vor deren Eingang auf dem Konto bewirkte Irreführung ist wettbewerbsrechtlich relevant, obwohl nicht jeder Kunde im Vertrauen auf den vermeintlich höheren Kontostand eine Kontoüberziehung vornehmen wird.[568] Angaben über eine Fortentwicklung, die zu **neuen Verwendungsmöglichkeiten** führen, werden im Allgemeinen geeignet sein, die angesprochenen Verbraucher in ihrer Entscheidung zu beeinflussen, weil der Umfang der Nutzbarkeit für den Verbraucher eine wichtige Rolle spielt.[569]

236 **b) Verneinung.** Irrtümer der Umworbenen über die **Herstellungsart** einer Ware sind nicht geeignet, den Kaufentschluss maßgeblich zu beeinflussen, wenn sich der Verkehr über die Herstellungsform der Ware gar keine Vorstellung macht.[570] Dem durch die telefonische Auskunft, eine tatsächlich im Geschäft vorhandene Ware sei **nicht lieferbar,** beim potenziellen Kunden bewirkten Irrtum fehlt die wettbewerbsrechtliche Relevanz, weil er den Nachfragenden nicht anlockt, sondern erfahrungsgemäß gerade davon abhält, das Geschäft aufzusuchen.[571] Eine Täuschung darüber, dass ein **PC vorrätig** sei, wird hingegen meist wettbewerbsrechtlich relevant sein, weil PCs nicht selten als ständige Arbeitsmittel benötigt werden, so dass vor allem bei Ersatzbeschaffungen längere Betriebsunterbrechungen unerwünscht sind.[572] Ein durch die Angabe **„Tageszulassung mit 0 km"** für ein Neufahrzeug, das sechs Tage zugelassen war, im Straßenverkehr aber nicht benutzt worden ist, bewirkter Irrtum über die Dauer der Zulassung ist wettbewerbsrechtlich irrelevant; für den Autokäufer ist bei so kurzen Zulassungszeiten entscheidend, dass das Fahrzeug noch nicht im Straßenverkehr genutzt wurde.[573] Die Verwendung des Begriffs „Gesundheitsforschung" in der **Firma** eines Unternehmens, das tatsächlich Marketingdienstleistungen anbietet, ist wettbewerbsrechtlich nicht relevant, wenn sich das Unternehmen unter dieser Firma nur – mit dem Ziel der Datenerhebung – an verschiedene Apotheken gewandt hat, Apotheken jedoch nicht zu den Abnehmern der von der Firma vertriebenen Marketingleistungen zählen.[574] Hinsichtlich der Angabe „THERMAL BAD" auf einer Badetablette, die den Verkehr glauben machen kann, dass es sich um ein Naturprodukt handelt, hat der BGH die wettbewerbsrechtliche Relevanz verneint, da der Verkehr aus den **weiteren Angaben auf der Verpackung** unschwer entnehmen könne, dass es sich um ein künstliches Produkt handele.[575] Die beim Verkehr durch die Bezeichnung des Unternehmers bewirkte Irreführung über dessen **Größe** ist irrelevant, wenn der Werbende über eine ebenso große und günstige Auswahl von Produkten verfügt wie der Inhaber des Geschäfts, den der Umworbene hinter der werbenden Angabe vermutet. Der Irrtum darüber, dass am **Vertrieb** durch den **Hersteller** kein Dritter mitwirke, während tatsächlich ein Handelsvertreter beteiligt ist, ist wettbewerbsrechtlich irrelevant, wenn der Vertrag unmittelbar mit dem Hersteller geschlossen wird, alle erwarteten Vorteile in Bezug auf Qualität der Ware, Sorgfalt der Auftragsausführung und Gewährleistung bietet

---

[563] BGH, Urt. v. 31.3.2016, *Apothekenabgabepreis,* I ZR 31/15, DE:BGH:2016:310316UIZR31.15.0, Rdn. 21; WRP 2012, 311, 315 – *10 % Geburtstags-Rabatt;* WRP 2009, 951 – *10 % auf alles;* vgl. OLG Köln GRUR-RR 2003, 86 – *Havarieware;* OLG Saarbrücken, Urt. v. 18.10.2006, Az. 1 U 670/05, Tz. 24.
[564] BGH WRP 2012, 311, 315 – *10 % Geburtstags-Rabatt.*
[565] BGH WRP 2012, 316, 318 – *Frühlings-Special* mit Anm. *Omsels,* jurisPR-WettbR 2012 Anm. 3.
[566] BGH GRUR 2010, 936, 937 – *Espressomaschine.*
[567] BGH GRUR 2009, 888 – *Thermoroll.*
[568] BGH GRUR 2002, 1093, 1094 – *Kontostandsauskunft.*
[569] BGH GRUR 1999, 1011, 1013 – *Werbebeilage.*
[570] BGH GRUR 1991, 852, 856 – *Aquavit.*
[571] BGH GRUR 2002, 1095, 1096 – *Telefonische Vorratsanfrage.*
[572] BGH GRUR 2000, 911, 914 – *Computerwerbung.*
[573] BGH GRUR 2000, 914, 915 – *Tageszulassung II.*
[574] BGH WRP 2000, 1253, 1258 f. – *Unternehmenskennzeichen.*
[575] BGH GRUR 2003, 247, 248 – *THERMAL BAD.*

und sich etwaige Gewährleistungsansprüche unmittelbar gegen den Hersteller richten.[576] Irrelevant ist der durch die Angabe „Mitglied im Bundesverband Deutscher Bestatter" hervorgerufene Irrtum, das Bestattungsunternehmen sei selbst Mitglied im Bundesverband, während es tatsächlich lediglich Mitglied in einem Landesverband ist, der seinerseits Mitglied des Bundesverbandes ist.[577] Die für sich genommen unwahre Werbung „Ihr Fernseher kann jetzt mehr" eines Telekommunikationsanbieters für abonnierbare Teledienste, die mittels eines Zusatzmoduls den Fernseher nur als Endgerät nutzen, ohne seine Leistungskraft technisch zu verändern, ist weder geeignet, die geschäftliche Entscheidung des Verkehrs zu beeinflussen noch in sonstiger Weise relevant, weil der Durchschnittsverbraucher ihre wahre Bedeutung ohne weiteres erkennt.[578] Wird auf der Verpackung eines Produkts eine **Marke** (hier: Medisoft für Kontaktlinsen) angegeben, und nimmt der Verbraucher irrig an, diese sei in Großbritannien eingetragen statt in den USA, fehlt diesem Irrtum nach einer Entscheidung des OLG Köln die Relevanz;[579] anders hingegen, wenn der Unternehmer ein Zeichen mit dem Zusatz ® verwendet, ohne Inhaber dieser Marke oder Lizenz zu sein.[580] Z. T. wird die Relevanz wettbewerbswidriger Angaben im Internet verneint, wenn die betr. Website abgeschaltet bzw. nur noch zufällig oder mit großen Schwierigkeiten auffindbar ist.[581]

VI. Interessenabwägung und Verhältnismäßigkeit

1. Interessenabwägung

a) Allgemeines. Nach der Rspr. zu § 5 a. F. ist als „tatbestandsimmanente Form der Verhältnismäßigkeitsprüfung" eine Interessenabwägung durchzuführen, von deren Ergebnis es abhängt, ob die empirisch ermittelte Irreführungsquote den Tatbestand der irreführenden Werbung erfüllt oder nach oben oder unten verschoben werden muss,[582] **s. dazu § 5 Abschn. B Rdn. 38 ff.** Diese Rechtsprechung bedarf im Hinblick auf die spätestens nach Umsetzung der Richtlinie unlautere Geschäftspraktiken in deutsches Recht gebotene Übernahme des normativen Verbraucherbegriffs der **Überprüfung.** Dabei geht es insbes. um folgende **Problemkomplexe:** 237

b) Unterschiedlich hohe Anforderungen an das Verkehrsverständnis. Der **BGH** geht davon aus, dass das Verständnis der Verbraucher empirisch festzustellen und mittels einer Interessenabwägung zu korrigieren sei, um auf der Grundlage der empirisch festgestellten Irreführungsquote zu gerechten Ergebnissen zu kommen. Wie groß der Teil des angesprochenen Verkehrskreises sein muss, der durch die Werbung irregeführt werde, soll von einer Beurteilung der jeweiligen Besonderheiten des Falles und vom Ergebnis einer hierfür vorzunehmenden Interessenabwägung abhängig sein.[583] Als Regelfall kann nach *Borkamm* eine Quote von einem Viertel bis einem Drittel zugrunde gelegt werden.[584] Bedeutsam soll zudem sein, ob die Irreführung lediglich auf einem **unrichtigen Verständnis einer an sich zutreffenden Angabe** beruht;[585] hier nimmt der **BGH** eine normative Korrektur vor und fordert für die Täuschung mit objektiv richtigen Angaben grundsätzlich eine höhere Irreführungsquote sowie eine Interessenabwägung.[586] 238

Umgekehrt setzt der BGH in den Fällen der **dreisten Lüge** die Irreführungsquote drastisch herab **(näher zur Rechtsfigur der „dreisten Lüge" und zur Kritik § 5 Abschn. B Rdn. 140 ff.).** Veränderungen der Irreführungsquote wurden auch für **mehrdeutige Angaben** 239

---

[576] BGH GRUR 1976, 596, 597 – *Aluminiumrollläden.*

[577] OLG Köln Urt. v. 17.3.2006, Az. 6 U 176/95.

[578] Vgl. OLG Hamburg OLGR Hamburg 2006, 523.

[579] OLG Köln Magazindienst 2010, 543.

[580] BGH GRUR 2009, 888 – *Thermoroll.*

[581] OLG Düsseldorf, OLGR Düsseldorf 2008, 256; LG Magdeburg, Urt. v. 13.4.2011, Az. 7 O 260/11, dagegen gerichtete Berufung zurückgewiesen, OLG Sachsen-Anhalt, Urt. v. 19.7.2011, Az. 9 U 100/11.

[582] BGH GRUR 2012, 1053, 1054 Rdn. 19, 21 – *Marktführer Sport;* vgl. Köhler/*Bornkamm,* 34. Aufl. 2016, § 5 Rdn. 2.105 ff., 2.198 ff.

[583] BGH GRUR 1987, 171, 172 – *Schlussverkaufswerbung;* GRUR 1994, 519, 521 – *Grand Marnier;* GRUR 2000, 73 – *Tierheilpraktiker;* GRUR 2004, 613, 614 – *Schlauchbeutel.*

[584] Köhler/*Bornkamm,* 34. Aufl. 2016, § 5 Rdn. 2.106.

[585] Vgl. BGH GRUR 1987, 171, 172 – *Schlussverkaufswerbung I;* GRUR 1995, 612 – *Sauerstoff-Mehrschritt-Therapie;* GRUR 1996, 985, 986 – *PVC-frei;* GRUR 1996, 910 – *Der meistverkaufte Rasierer Europas;* WRP 2012, 1526 Rdn. 3 – *Über 400 Jahre Brautradition.*

[586] BGH Urt. v. 30.7.2015, *Piadina-Rückruf,* I ZR 250/12, DE:BGH:2015:300715UIZR250.12.0, Rdn. 26; Urt. v. 31.3.2016, *Himalaya Salz,* I ZR 86/13, DE:BGH:2016:310316UIZR86.13.0, Rdn. 27; GRUR 2010, 1024, 1025 – *Master of Science Kieferorthopädie;* Köhler/*Bornkamm,* 34. Aufl. 2016, § 5 Rdn. 108.

und im Falle eines **Bedeutungswandels** von Angaben erwogen.[587] Anerkannt ist, dass Fehlvorstellungen des Verkehrs, die sich in einer Übergangszeit nach einer **Gesetzesänderung** bilden, hingenommen werden müssen, da andernfalls die alte Rechtslage mit Hilfe des Irreführungsverbots perpetuiert würde.[588] Eine weitere normative Korrektur des empirisch festgestellten Verkehrsverständnisses lässt der BGH inzwischen bei Lockerung oder **Aufhebung eines Monopols** zu. Fehlvorstellungen, die darauf beruhen, dass der Verkehr noch nicht daran gewöhnt ist, dass eine Dienstleistung (z.B. Post- und Paketdienst) außer von dem früheren Monopolunternehmen auch von Wettbewerbers angeboten wird, begründen keine relevante Irreführung im Sinne von § 5.[589] Zu berücksichtigen ist nach der Rspr. des BGH schließlich u.a., welche Bedeutung der Irreführung objektiv und/oder nach den Vorstellungen der von ihr betroffenen Kreise zukam und welches Gewicht den Interessen der Allgemeinheit oder des Werbenden selbst an der Aufrechterhaltung der Art und Weise seiner Werbung beizumessen sei.[590] Je nach dem Ergebnis der Interessenabwägung führt diese zu einer Verschiebung der Irreführungsquote nach oben oder unten.[591]

240 Demgegenüber ist nach dem hier vertretenen normativen Verständnis die Irreführungsgefahr **ohnehin auf der Grundlage einer normativen Bewertung festzustellen,** sodass für eine zusätzliche Korrektur kein Bedarf und auch kein Raum bestehen.[592] Nach Art. 6 UGP-Richtlinie entscheidet die **normativ festzustellende Sicht eines Durchschnittsverbrauchers.** Maßgeblich für die Irreführung ist daher nicht, ob der Verbraucher tatsächlich irregeführt wird, sondern ob er die Informationen erhält, die ein angemessen **informierter, verständiger und aufmerksamer Verbraucher erwarten darf.** In den Bereichen, in denen der BGH mittels normativer Korrektur auf der Grundlage der Verhältnismäßigkeitsprüfung einen Wettbewerbsverstoß verneint, wird daher nach der hier vertretenen Auffassung zumeist schon keine Irreführung vorliegen, weil der Verbraucher alle Informationen erhalten hat, die ein durchschnittlich informierter, verständiger und aufmerksamer Verbraucher als „Kunstfigur des Rechts" erwarten kann: So besteht bei unwahren Angaben kein Täuschungs-, sondern nur das Relevanzerfordernis, der „dreisten Lüge" ist also bereits auf normativer Ebene begegnet worden, **näher hierzu und zur Kritik im Übrigen § 5 Abschn. B Rdn. 140ff.** Ferner wird das Verständnis des Durchschnittsverbrauchers i.d.R. auch durch neu eingeführte Gesetze beeinflusst (vgl. § 5 Abschn. B Rdn. 170); gleichermaßen kann vom durchschnittlich informieren, verständigen und aufmerksamen Durchschnittsverbraucher erwartet werden, dass ihm Gesetzesänderungen oder die Lockerung bzw. Aufhebung eines **Monopols** bekannt sind und er die Folgen zutreffend einzuordnen vermag. Werden aber die Informationen erteilt, die ein verständiger Verbraucher bei normativer Bewertung erwarten darf, ist umgekehrt auch keine weitere (allgemeine) Interessenabwägung mehr durchzuführen; denn **das neue Verbraucherleitbild ist bereits das Ergebnis einer gesetzgeberischen Interessenabwägung,** so dass einzelne Interessen der Verbraucher oder Unternehmer nicht erneut, nunmehr im Rahmen einer „Korrektur", in die Waagschale geworfen werden dürfen. Um die Auswirkungen dieses strengen Maßstabs in Fällen abzumildern, in denen bestimmte Verbraucher eines besonderen Schutzes bedürfen, die dem Maßstab des „Durchschnittsverbrauchers" nicht genügen, oder bestimmte Geschäftspraktiken ihn erforderlich machen, enthält die **UGP-Richtlinie besondere Schutzmechanismen,** die im Zuge der UWG-Reform 2008 in das deutsche Recht übernommen wurden: Nach Art. 5 Abs. 3 der Richtlinie kommt es für das Verbraucherleitbild dann, wenn sich eine Geschäftspraxis an eine besonders **schutzwürdige Verbrauchergruppe** richtet, auf ein durchschnittliches Mitglied dieser Verbrauchergruppe an. Art. 7 Abs. 4 und 5 UGP-Richtlinie schreiben die Geltung besonderer **Informationsanforderungen** fest. Gemäß Art. 5 Abs. 4 sorgt eine im Anhang I enthaltene **„schwarze Liste"** von Geschäftspraktiken, die stets als unlauter gelten, wenn sie gegenüber einem Verbraucher vorgenommen werden, für einen ausreichenden Verbraucherschutz. Gemäß Art. 6 Abs. 1 gelten **unwahre Angaben,** die geeignet sind, einen Verbraucher zu einer geschäftlichen Entscheidung zu veranlassen, stets als irreführend. Die Umstände, aus denen sich die irreführende Wirkung einer Geschäftspraxis ergeben kann, sind schließlich in **Art. 6 Abs. 1 abschlie-**

---

[587] OLG Hamm Urt. v. 9.12.2004, Az. 4 U 117/04, Tz. 25, 27; Köhler/*Bornkamm,* 34. Aufl. 2016, § 5 Rdn. 2.204f.

[588] BGH GRUR 2009, 1114 – *Räumungsfinale;* GRUR 2011, 166, 168 – *Rote Briefkästen.*

[589] BGH GRUR 2011, 166 – *Rote Briefkästen;* Urt. v. 13.6.2012, Az. I ZR 228/10, GRUR 2012, 1273, 1274, Tz. 27 – *Stadtwerke Wolfsburg.*

[590] BGH GRUR 1994, 519, 520 – *Grand Marnier;* GRUR 2004, 613, 614 – *Schlauchbeutel.*

[591] Vgl. Köhler/*Bornkamm,* 34. Aufl. 2016, § 5 Rdn. 2.210.

[592] Dagegen *Ohly,* FS Bornkamm, 2014, S. 423, 428ff., der allerdings, s. *Ohly,* Der Schutz der unternehmerischen Interessen im Lauterkeitsrecht, Gutachten im Auftrag der IHK, 2015, abrufbar über die Website der IHK München und Oberbayern, www.muenchen.ihk.de (zuletzt besucht 6.9.2015), ebenfalls Begründungsschwierigkeiten für den gegenteiligen Standpunkt sieht.

ßend aufgezählt. Damit sind die Maßstäbe für das Irreführungsverbot abschließend vorgegeben und für die nationalen Gerichte verbindlich. Für eine **Interessenabwägung** bleibt kein Raum, soweit es nur um eine **Herauf- oder Herabsetzung des Irreführungsmaßstabs** im Hinblick auf **allgemeine Umstände** geht, also etwa in den Fällen der Mehrdeutigkeit oder eines Bedeutungswandels von Angaben. Derartige allgemeine Faktoren, die bei jeder Irreführung eine Rolle spielen können, hat der europäische Gesetzgeber bei der Entscheidung, den durchschnittlich informierten, verständigen und aufmerksamen Verbraucher zum Maßstab des Irreführungsverbots zu nehmen, bereits berücksichtigt. Soll das Ziel der **Rechtsvereinheitlichung im vollharmonisierten Bereich** nicht in Frage gestellt werden, dürfen sie daher nicht erneut im Zuge einer allgemeinen Interessenabwägung Gewicht erhalten. Einer etwaigen Irreführung ist durch irrtumsausschließende Zusätze zu begegnen.

c) Strengere Anforderungen bei bestimmten Schutzgütern. S. auch **§ 5 Abschn. B** 241
Rdn. 168. Der **BGH ging bislang auch davon aus,** dass an die Richtigkeit, Eindeutigkeit und Klarheit der Aussagen **unterschiedlich strenge Anforderungen** zu stellen sein können je nachdem, welche Schutzgüter betroffen seien,[593] so z. B. bei gesundheitsbezogener Werbung,[594] s. **Abschn. B Rdn. 168.** Inzwischen existieren in diesen Bereichen, insbesondere im Gesundheits- und Lebensmittelbereich, in weitem Umfang Sonderregelungen, die bei der Auslegung des § 5 vorrangig zu berücksichtigen sind, s. **§ 5 Abschn. A Rdn. 60 ff.,** nach denen sich das jeweiligen Schutzmaß richtet, sodass die Problematik weitgehend theoretischer Natur ist.

Soweit keine Sonderregelungen existieren, stellt § 5 UWG für die Frage der Irreführungsgefahr 242
auf die Sicht des durchschnittlich (angemessen) informierten, aufmerksamen und verständigen Durchschnittsumworbenen ab, ohne dass zwischen den einzelnen Werbebereichen differenziert wird.[595] Dieses Verbraucherleitbild ist nicht davon abhängig, ob es bei einer Maßnahme unmittelbar um den Verbraucherschutz geht oder ob andere Zwecke, wie der Gesundheitsschutz oder der Schutz geografischer Herkunftsangaben, verfolgt werden.[596] Dem besonderen Schutzbedürfnis der Verbraucher in sensiblen Bereichen wie der Gesundheitswerbung wird vielmehr auf andere Weise Rechnung getragen: Über die Irreführung entscheidet zunächst bei gesundheitsbezogenen Angaben (wie sonst auch) nicht ein bestimmter, möglicherweise zu erhöhender, Prozentsatz der Verbraucher, sondern der **objektivierte Maßstab** eines Verbrauchers, der über das Maß an Aufmerksamkeit, Informiertheit und Verständigkeit verfügt, dass von ihm im Hinblick auf die konkrete geschäftliche Handlung angemessener Weise erwartet werden darf. Soweit dies dem europäischen Gesetzgeber nicht ausreichend schien, trägt die Richtlinie dem besonderen Schutzbedürfnis der Verbraucher im Bereich der Gesundheitswerbung noch durch flankierende Maßnahmen Rechnung. Sind die Auswirkungen der geschäftlichen Handlung auf besonders schutzbedürftige Personengruppen für den Unternehmer vorhersehbar, ist auf das Verständnis einer durchschnittlich (angemessen) aufmerksamen, verständigen und informierten Person dieses **besonders schutzwürdigen Personenkreises** abzustellen. Gemäß Nr. 18 des Anhangs zu § 3 Abs. 3 gelten **falsche Behauptungen, ein Produkt könne Krankheiten, Funktionsstörungen oder Missbildungen heilen,** stets als unlauter, wenn sie gegenüber einem Verbraucher vorgenommen werden. Gleiches gilt gemäß Nr. 12 der „schwarzen Liste" für **sachlich falsche Behauptungen über die Art und das Ausmaß von Gefahren für die persönliche Sicherheit** von Verbrauchern oder ihrer Familien für den Fall, dass sie das Produkt nicht erwerben. Über Art. 7 Abs. 5 UGP-Richtlinie finden die für derartige Bereiche im Gemeinschaftsrecht festgelegten **Informationsanforderungen** ins Wettbewerbsrecht Eingang. Auf diese Weise wird z. B. sichergestellt, dass Arzneimittelwerbung den Anforderungen von Art. 86 ff. der Richtlinie 2001/83/EG über die Schaffung eines **Gemeinschaftskodex für Humanarzneimittel** genügt, für die der EuGH entschieden hat, dass sie eine Vollharmonisierung des betr. Bereichs bewirkt.[597] Schließlich bleibt es dem nationalen Gesetzgeber nach **Art. 3 Abs. 3** und dem **9. Erwägungsgrund** der UGP-Richtlinie vorbehalten, unter Berufung auf den Schutz der Gesundheit und der Sicherheit der Verbraucher in ihrem Hoheitsgebiet für Geschäftspraktiken Beschränkungen aufrechtzuerhalten oder einzuführen oder diese Praktiken zu verbieten, bspw. im Zusammenhang mit **Spirituosen, Tabakwaren und Arzneimitteln.**

Im Übrigen, d. h. soweit die UGP-Richtlinie nicht selbst oder über unionsrechtliche Informa- 243
tionsanforderungen zur „Stellschraube" für einen unterschiedlichen Irreführungsmaßstab wird, ver-

---

[593] BGH GRUR 2002, 182, 185 – *Das Beste jeden Morgen.*
[594] BGH GRUR 1995, 612 – *Sauerstoff-Mehrschritt-Therapie;* GRUR 2002, 182, 185 – *Das Beste jeden Morgen.*
[595] Näher oben § 5 B Rdn. 28 ff.
[596] *Omsels* WRP 2006, 434, 442.
[597] EuGH, Urt. v. 8.11.2007, *Gintec,* C-374/05, EU:C:2007:654, Rdn. 39.

bleibt es wegen der durch sie bewirkten Vollharmonisierung auch dann, wenn besonders wertvolle Schutzgüter betroffen sind, grundsätzlich beim Maßstab des Durchschnittsverbrauchers.

244 Die UGP-Richtlinie und in deren Umsetzung auch das deutsche Recht enthält damit eine **grundsätzlich abschließende Regelung des Schutzes der Verbraucher vor irreführenden Geschäftspraktiken.** Außerhalb des durch unionsrechtliche Sonderregelungen und besondere Informationsgebote, insbes. § 5a Abs. 4, und die „schwarze Liste" gezogenen Rahmens kommt es auch hier nur darauf an, ob die geschäftliche Handlung in relevanter Weise unwahre Angaben enthält oder geeignet ist, den Durchschnittsverbraucher irrezuführen.

245 **d) Verwendung gesetzlich vorgeschriebener oder zugelassener Bezeichnungen.** Vgl. hierzu näher § 5 Abschn. B Rdn. 170ff.

2. Verhältnismäßigkeit

246 **a) Allgemeines.** Nach der Rspr. des **BGH** ist eine **Irreführungsgefahr in besonderen Ausnahmefällen unter dem Gesichtspunkt der Verhältnismäßigkeit hinzunehmen,** wenn die Belange der Allgemeinheit und der Mitbewerber nicht in erheblichem Maße ernsthaft in Mitleidenschaft gezogen werden, weil die bewirkte Fehlvorstellung zwar von Bedeutung, gleichwohl aber für die Verbraucherentscheidung letztlich nur von geringem Gewicht ist und schutzwürdige Interessen des auf Unterlassung in Anspruch Genommenen entgegen stehen.[598]

Sowohl die **Irreführungsrichtlinie** als auch die **UGP-Richtlinie** haben den **Vorrang des europäischen Primärrechts** zu wahren (näher § 5 Abschn. A Rdn. 17ff.). Sie stehen zudem unter der Geltung des Verhältnismäßigkeitsgrundsatzes.[599] Das Verbot einer irreführenden geschäftlichen Handlung kann sich damit bei richtlinienkonformer Auslegung auch nach neuem Recht als unverhältnismäßig erweisen. Der Rückgriff auf den Verhältnismäßigkeitsgrundsatz darf allerdings nicht dazu führen, dass Interessen, die nach der gesetzgeberischen Wertung bereits die Auslegung unbestimmter Rechtsbegriffe beeinflussen, unter dem „Aufhänger" der Verhältnismäßigkeit erneut und damit **doppelt** in die Waagschale geworfen werden. Vielmehr müssen **Besonderheiten des Einzelfalls** vorliegen, die bei der Auslegung der Richtlinie wegen ihrer konkreten Fallbezogenheit nicht berücksichtigt werden können.

247 **b) Einzelheiten.** Ausgangspunkt der Verhältnismäßigkeitsprüfung ist folglich, dass im Allgemeinen kein schutzwürdiges Interesse Dritter an der Verwendung einer i. S. d. § 5 irreführenden Angabe besteht.[600] So können die Umstände des Einzelfalls dazu führen, dass eine **Irreführung, die anders nicht zumutbar ausgeräumt werden kann, hinzunehmen** ist.[601] Vorrangiges Gemeinschaftsrecht, das i. R. d. Auslegung unbestimmter Rechtsbegriffe nicht hinreichend berücksichtigt werden konnte, ist allerdings stets zu beachten (§ 5 Abschn. A Rdn. 17ff.).

248 **c) Problembereiche.** Ein Verbot irreführender Angaben kann sich als unverhältnismäßig erweisen, wenn **im konkreten Einzelfall** hierdurch **Art. 34 AEUV**[602] oder **Grundrechte** bzw. Grundfreiheiten verletzt würden.[603] Das kann dazu führen, dass das inkriminierte Verhalten nicht vollständig verboten, sondern die Irreführungsgefahr nur beschränkt werden kann.[604]

249 Beruht die Täuschung des Verkehrs auf dem Fehlverständnis einer **objektiv richtigen Angabe,** ist nach der Rspr. des BGH für die Anwendung des § 5 grundsätzlich eine höhere Irreführungsquote erforderlich und eine Interessenabwägung vorzunehmen.[605] **Dem ist aus den in Abschn. B Rdn. 238ff. ausgeführten Gründen nicht zu folgen.** Das schließt die Prüfung nicht aus, ob im

---

598 BGH GRUR 2003, 628, 630 – *Klosterbrauerei;* WRP 2012, 1526, Rdn. 2 – *Über 400 Jahre Brautradition;* GRUR 2013, 1161, 1167 – *Hard Rock Café.*

599 Vgl. nur den 6. Erwägungsgrund der RLuG: „Im Einklang mit dem Verhältnismäßigkeitsprinzip schützt die Richtlinie die Verbraucher … ."

600 Vgl. schon zum alten Recht BGH NJW 2000, 600, 602 – *Warsteiner III* m. w. N.

601 Vgl. BGH NJW 2000, 600, 602 – *Warsteiner III;* WRP 2012, 1526 Rdn. 2 – *Über 400 Jahre Brautradition.*

602 Vgl. BGH GRUR 1999, 1122, 1124 – *EG-Neuwagen I;* GRUR 1999, 1125, 1126 – *EG-Neuwagen II.*

603 Vgl. BVerfG GRUR 2002, 455, 456 – *Tier- und Artenschutz;* WRP 2003, 69, 71 – *JUVE-Handbuch;* BGH GRUR 2002, 77, 80 – *Rechenzentrum;* GRUR 2003, 886, 888 – *Erbenermittler;* GRUR 2004, 162, 163 – *Mindestverzinsung;* BGH GRUR 2013, 1252 – *Medizinische Fußpflege;* v. 24.7.2014, Az.: I ZR 53/13, GRUR 2015, 286, 288, LS und insbes. Rdn. 20ff., 25, 28 – *Fachanwalt für Familienrecht.*

604 Vgl. BGH, Urt. v. 25.6.2015, Az. I ZR 145/14, LS – *Mobiler Buchhaltungsservice;* BGH, v. 24.7.2014, Az.: I ZR 53/13, GRUR 2015, 286, 288 Rdn. 20ff., 25, 28 – *Fachanwalt für Familienrecht.*

605 BGH GRUR 1996, 910, 912 – *Der meistverkaufte Europas;* WRP 2010, 1390 – *Master of Science Kieferorthopädie;* Urt. v. 13.6.2012, Az. I ZR 228/10, GRUR 2012, 1273, 1274, Tz. 22 – *Stadtwerke Wolfsburg;* v. 24.7. 2014, Az. I ZR 53/13, GRUR 2015, 286, 288, Rdn. 20, 28 – *Spezialist für Familienrecht.*

Einzelfall ausnahmsweise besondere Umstände vorliegen, aufgrund derer sich ein Verbot ausnahmsweise als unverhältnismäßig erweisen kann.

Nach der Rspr. des BGH kann es im Hinblick auf einen erworbenen **Besitzstand** des Unternehmers unter besonderen Umständen **im Einzelfall** geboten sein, die **langjährig unbeanstandete** Benutzung einer Angabe auch künftig hinzunehmen.[606] Als Ausdruck des Verhältnismäßigkeitsgrundsatzes kommt sie insbesondere in Betracht, wenn durch das Verbot ein wertvoller Besitzstand an einer **Individualkennzeichnung** zerstört würde;[607] um einen Wertungswiderspruch zum Markenrecht zu vermeiden, hält der BGH jedenfalls für die neue Fallgruppe der Irreführung über die betriebliche Herkunft gem. § 5 Abs. 1 S. 2 Nr. 1 UWG eine **Übertragung des Instituts der Verwirkung aus dem Markenrecht** für geboten,[608] wobei die dafür maßgeblichen Aspekte dann auch bei der **Verhältnismäßigkeit** zu berücksichtigen sein sollen.[609] Ob eine solche Ausnahme angenommen werden kann, bestimmt sich auf Grund einer Abwägung der Interessen der Parteien sowie der Allgemeinheit.[610] Im Rahmen der **Interessenabwägung** sind u. a. die Möglichkeit einer Beseitigung der Gefahr durch klarstellende Hinweise,[611] die Beeinträchtigung des Rufs des verletzten Unternehmens und eine durch den Irrtum von Kunden hervorgerufene Marktverwirrung zu berücksichtigen.[612] Unter dem Gesichtspunkt der Zumutbarkeit ist ferner auch von Bedeutung, ob der Verletzer das Risiko einer Inanspruchnahme ursprünglich selbst gesetzt hat,[613] etwa indem er sich bewusst an eine fremde Geschäftsidee angelehnt hat und das Verhalten daher, auch wenn darin zum damaligen Zeitpunkt keine Rechtsverletzung gelegen hat, doch mit dem Mangel behaftet war, dass es ohne Vereinbarung mit dem Verletzten und ohne dessen Wissen begonnen wurde.[614] **250**

Im Hinblick auf eine **langjährige redliche Koexistenz der Unternehmenskennzeichen** der Parteien kann es der Verhältnismäßigkeitsgrundsatz gebieten, eine nur gering ins Gewicht fallenden Fehlvorstellung des Verkehrs hinzunehmen, wenn der Verwechslungsgefahr ausreichend durch aufklärende Hinweise entgegen gewirkt wurde.[615] Insoweit sind die Wertungen zum **Recht der Gleichnamigen** im Kennzeichenrecht auch im Bereich des § 5 Abs. 2 nachzuvollziehen,[616] s. **§ 5 J Rdn. 42.** Hier besteht aus der maßgeblichen Sicht des Durchschnittsverbrauchers in aller Regel bei ausreichenden aufklärenden Hinweisen keine Verwechslungsgefahr i. S. d. § 5 Abs. 2.[617] **251**

Hingegen kann durch bloß langjährig unbeanstandeten Vertrieb irreführender Produkte kein schutzwürdiger Besitzstand an dem weiteren **Vertrieb irreführender Produkte** erwachsen, da gleichartige, jeweils abgeschlossene Verletzungshandlungen jeweils einen neuen Unterlassungsanspruch auslösen; dem Umstand, dass der Verletzte den Vertrieb in der Vergangenheit nicht beanstandet hat, kommt deshalb weder für die Verwirkung noch im Rahmen der Interessenabwägung unter dem Gesichtspunkt der Verhältnismäßigkeit maßgebliche Bedeutung zu.[618] **252**

Auch bei Verwendung einer irreführenden **Berufsbezeichnung** für eine erlaubte Berufstätigkeit können nach der Rspr. Einschränkungen des Irreführungsverbots erforderlich sein.[619] Neben der Breite der Irreführungsgefahr und deren Bedeutung für die relevanten Verkehrskreise ist in die Abwägung einzustellen, ob und in welchem Umfang bei dem angesprochenen Publikum ein beachtliches Interesse daran besteht, dass der Berufsausübende jeden Hinweis auf seine Tätigkeit unterlassen muss, obwohl er diese ausüben darf.[620] Ferner ist in die Abwägung auch einzubeziehen, ob es ihm **253**

---

[606] Vgl. BGH GRUR 1957, 285, 287 – *Erstes Kulmbacher;* GRUR 1977, 159, 161 – *Ostfriesische Tee Gesellschaft;* GRUR 2003, 628, 630 f. – *Klosterbrauerei;* GRUR 2007, 1079, 1081 – *Bundesdruckerei;* WRP 2012, 1526 – *Über 400 Jahre Brautradition;* GRUR 2013, 1161, 1167, Rdn. 77 – *Hard Rock Café.*

[607] BGH GRUR 2013, 1161, 1167, Rdn. 77 – *Hard Rock Café;* vgl. BGH GRUR 2003, 628, 630 – *Klosterbrauerei.*

[608] BGH GRUR 2013, 1161, 1165 Rdn. 64 – *Hard Rock Café;* vgl. *Eckel* GRUR Int. 2015, 438, 439.

[609] BGH GRUR 2013, 1161, 1167 Rdn. 79 – *Hard Rock Café.*

[610] BGH GRUR 2013, 1161, 1167, Rdn. 77 – *Hard Rock Café.*

[611] Vgl. BGH GRUR 2013, 1161, 1167, Rdn. 79 – *Hard Rock Café*

[612] BGH GRUR 2013, 1161, 1167, Rdn. 78 – *Hard Rock Café.*

[613] GK/*Lindacher,* 2. Aufl. 2013, § 5 Rdn. 280; *Hösl,* Interessenabwägung, S. 262.

[614] BGH GRUR 2013, 1161, 1167, Rdn. 81 – *Hard Rock Café.*

[615] BGH GRUR-RR 2014, 201, 205 Rdn. 50–52 – *Peek & Cloppenburg IV.*

[616] BGH GRUR-RR 2014, 201, 205 Rdn. 51 – *Peek & Cloppenburg IV.*

[617] Vgl. BGH GRUR-RR 2014, 201, 205 Rdn. 52 – *Peek & Cloppenburg IV.*

[618] BGH GRUR 2013, 1161, 1167 Rdn. 62, 81 – *Hard Rock Café.*

[619] Vgl. BGH GRUR 1990, 1032, 1034 – *Krankengymnastik;* NJW 1990, 678, 679 – *Buchführungshelfer;* GRUR 2000, 73, 75 – *Tierheilpraktiker;* GRUR 2013, 1252, 1254 Rdn. 17 – *Medizinische Fußpflege.*

[620] BGH GRUR 1990, 1032, 1034 – *Krankengymnastik;* OLG Celle GRUR-RR 2013, 177, 179 – *Medizinische Fußpflege,* Rev. zurückgewiesen BGH GRUR 2013, 1252 – *Medizinische Fußpflege.*

zumutbar wäre, sonstige Angaben zu machen, um Fehlvorstellungen zu vermeiden.[621] Letzteres hat der BGH hinsichtlich der Verwendung von Begriffen wie „Buchhaltungsservice" und der Bezeichnung „Buchhalter" durch die in § 6 Nr. 4 StBerG angenommen. Die in **§ 6 Nr. 4 StBerG** bezeichneten Personen sind zwar nicht verpflichtet, die von ihnen angebotenen Tätigkeiten nach § 6 Nr. 3 und 4 StBerG im Einzelnen aufzuführen, wenn sie auf ihre **Befugnis zur Hilfeleistung in Steuersachen** hinweisen und sich als **Buchhalter** bezeichnen oder unter Verwendung von Begriffen wie **„Buchhaltungsservice"** werben. Sie müssen aber eine durch solche Angaben hervorgerufene Gefahr der Irreführung des angesprochenen Verkehrs über die von ihnen angebotenen Tätigkeiten auf andere Weise ausräumen.[622] Demgegenüber wurde mit Blick auf die Berufsfreiheit ein Verbot der Werbung für die erlaubnisfreie Tätigkeit einer medizinischen Fußpflege mit dem Tätigkeitszusatz **„medizinische Fußpflege"** als unverhältnismäßig angesehen.[623] In der Entscheidung **„Spezialist für Familienrecht"** gelangt der BGH im Wege der Interessenabwägung zu einer Einschränkung des speziellen Irreführungstatbestands in § 7 Abs. 2 BORA und des § 5 Abs. 1 Satz 1 und 2 Nr. 3 UWG für den Fall, dass die Fähigkeiten des Rechtsanwalts, der sich als Spezialist auf einem Rechtsgebiet bezeichnet, den an einen Fachanwalt zu stellenden Anforderungen entsprechen, selbst wenn beim rechtssuchenden Publikum die Gefahr einer Verwechslung mit der Bezeichnung „Fachanwalt für Familienrecht" besteht.[624]

254 Schließlich kann das Irreführungsverbot zurücktreten, wenn die Irreführung des Durchschnittsverbrauchers nur darauf zurückzuführen ist, dass **im konkreten Einzelfall** der Unternehmer seinen **bürgerlichen Namen**[625] oder ein geschütztes **Kennzeichen** verwendet.[626] Darüber hinaus kann es der Grundsatz der Verhältnismäßigkeit gebieten, dass nicht die irreführende Firma insgesamt, sondern nur der irreführende **Firmenbestandteil** zu löschen ist.[627]

VII. Verwirkung

255 Um einen Wertungswiderspruch zum Markenrecht zu vermeiden, hält der BGH **jedenfalls für die neue Fallgruppe der Irreführung über die betriebliche Herkunft gem. § 5 Abs. 1 S. 2 Nr. 1 UWG eine Übertragung des Instituts der Verwirkung aus dem Markenrecht** für geboten,[628] wobei die dafür maßgeblichen Aspekte auch bei der **Verhältnismäßigkeit** zu berücksichtigen sind.[629] Ob dies auch für **andere Fallgruppen und Unterlassungsansprüche von Verbraucherschutzverbänden** gilt, ist noch nicht geklärt; nach bisheriger höchstrichterlicher Rspr. konnte der Einwand der Verwirkung der sich im **Verhältnis der Parteien zueinander** aus dem Grundsatz von **Treu und Glauben** ergibt, einem auf die Verletzung des Irreführungsverbots gestützten Anspruch regelmäßig nicht mit Erfolg entgegen gehalten werden, da der mit dieser Vorschrift bezweckte Schutz der Allgemeinheit vor Irreführung gegenüber den individuellen Parteiinteressen grundsätzlich vorrangig ist.[630] An den Erwerb eines schutzwürdigen Besitzstandes stellt der BGH allerdings **hohe Anforderungen;**[631] dieser scheidet wie im Markenrecht[632] insbesondere bei gleichartigen Verletzungshandlungen aus, die (wie der Vertrieb irreführender Merchandising-Artikel) zeitlich unterbrochen fortlaufend auftreten, sodass ständig neue Unterlassungsansprüche entstehen.[633]

---

[621] BGH GRUR 1990, 1032, 1034 – *Krankengymnastik;* Urt. v. 25.6.2015, Az. I ZR 145/14 – *Mobiler Buchhaltungsservice;* OLG Celle GRUR-RR 2013, 177, 179 – *Medizinische Fußpflege.*

[622] BGH, Urt. v. 25.6.2015, Az. I ZR 145/14, LS – *Mobiler Buchhaltungsservice;* **s. auch § 5 Abschn. A Rdn. 125 und § 5 Abschn. E Rdn. 289.**

[623] BGH GRUR 2013, 1252 – *Medizinische Fußpflege.*

[624] BGH, v. 24.7.2014, Az.: I ZR 53/13, GRUR 2015, 286, 288, LS und insbes. Rdn. 20ff., 25, 28 – *Fachanwalt für Familienrecht.*

[625] Vgl. BGH GRUR 1958, 185, 187 – *Gabriele Wyeth;* Köhler/*Bornkamm,* 34. Aufl. 2016, § 5 Rdn. 2.208.

[626] Vgl. zur Marke bzw. zum Unternehmenskennzeichen BGH GRUR 1957, 285, 287 – *Erstes Kulmbacher;* zur Ausstattung BGH GRUR 1966, 445, 449f. – *Glutamal;* GRUR 1977, 159, 161 – *Ostfriesische Tee Gesellschaft.*

[627] BGH WRP 2007, 1346, 1351 – *Bundesdruckerei.*

[628] BGH GRUR 2013, 1161, 1165 Rdn. 64 – *Hard Rock Café;* vgl. *Eckel* GRUR Int. 2015, 438, 439.

[629] BGH GRUR 2013, 1161, 1167 Rdn. 79 – *Hard Rock Café.*

[630] BGH GRUR 1957, 285, 287 – *Erstes Kulmbacher;* GRUR 1966, 267, 271 – *White Horse;* GRUR 1983, 32, 34 – *Stangenglas I;* GRUR 1984, 457 – *Deutsche Heilpraktikerschaft;* GRUR 2003, 628, 630 – *Klosterbrauerei;* vgl. BGH GRUR 1962, 310, 313 – *Gründerbildnis.*

[631] BGH GRUR 2013, 1161, 1167 Rdn. 79–82 – *Hard Rock Café.*

[632] BGH GRUR 2012, 928, 930 Rdn. 22–25 – *Honda-Grauimport.*

[633] BGH GRUR 2013, 1161, 1165 Rdn. 64 – *Hard Rock Café.*

VIII. Die Bezugspunkte der Irreführung

Die Bezugspunkte der Irreführung **sind in der UGP-Richtlinie abschließend aufgeführt.**[634] 256
Dafür spricht nicht nur der **Wortlaut,** sondern insbesondere auch das von der Richtlinie angestrebte Ziel eine **Vollharmonisierung.** Dieses würde durch eine mögliche unterschiedliche Handhabung bzgl. dort nicht aufgelisteter Bezugspunkte auf nationaler Ebene gefährdet. Bereits in der Entscheidung *„Pippig Augenoptik"* hatte der EuGH zur vergleichenden Werbung festgehalten, dass der Irrtum über den Vertriebsweg als solcher angesichts der abschließenden Harmonisierung der Bedingungen, unter denen vergleichende Werbung zulässig sei, keine nach der Irreführungsrichtlinie maßgebliche Irreführung darstellt.[635] Genauso liegt der Fall hier. Die **detaillierte und umfangreiche Aufzählung der Bezugspunkte** in der UGP-Richtlinie, die praktisch alle vom nationalen Recht anerkannten Fallgruppen aufnimmt, und die (ansonsten überflüssige) Formulierung **nur der produkt- und der unternehmensbezogenen Irreführung als offene Tatbestände** rechtfertigen daher die Annahme, dass es dem europäischen Gesetzgeber um eine abschließende Regelung ging. Der Katalog der Bezugspunkte **führt daher abschließend alle Umstände auf, die** aus Sicht des europäischen Gesetzgebers für eine von Irreführung unbeeinflusste Entscheidung des Verkehrs **überhaupt von Bedeutung sein können.** § 5 enthält daher bei der gebotenen unionskonformen Auslegung einen nach der Gesetzeskonzeption abschließenden Katalog von Umständen, auf die sich unwahre oder zur Täuschung geeignete Angaben beziehen können, um als irreführend im Sinne des Gesetzes zu gelten. **Bedeutung erlangt diese Eingrenzung** insbes. für die Qualifizierung unwahrer oder täuschungsgeeigneter Angaben **im Rahmen eines bereits bestehenden Vertragsverhältnisses** als Irreführung i. S. d. § 5, s. **§ 5 Abschn. A Rdn. 84 ff.**

Dies stellt einen entscheidenden Unterschied zum bisherigen Recht dar, das die Bezugspunkte 257
einer Irreführung nur beispielhaft nannte. **Durchbrochen** wird die abschließende Wirkung der Aufzählung für die wesentlichen Merkmale der Waren und Dienstleistungen und für die an die Person des Unternehmers anknüpfenden Bezugspunkte. Die in **§ 5 Abs. 1 S. 2 Nr. 1 und 3** genannten **Einzelmerkmale** sind **nur Beispiele für die jeweiligen Oberbegriff.** Dies wird in Art. 6 Abs. 2 lit. b und f der Richtlinie unlautere Geschäftspraktiken und in § 5 Abs. 1 S. 2 durch das Wort „wie" zum Ausdruck gebracht. Rechtssystematisch bietet sich eine **weite Auslegung der die jeweiligen Oberbegriffe konkretisierenden Beispielsfälle** an, um die Bildung weiterer Untergruppen zu verhindern. Das kann hinsichtlich der in § 5 Abs. 1 S. 2 Nr. 3 genannten Umstände v. a. durch eine entsprechend weite Auslegung des Begriffs „Status" des Unternehmers geschehen. In jedem Fall müssen unwahre oder täuschende Angaben über die in den Oberbegriffen genannten Umstände in das Irreführungsverbot einbezogen werden.

Enthält eine geschäftliche Handlung **mehrere Angaben** (näher dazu § 5 B Rdn. 56), sind alle 258
auf ihre Vereinbarkeit mit dem Irreführungsverbot zu überprüfen.

§ 5 Abs. 1 S. 2 fasst die Bezugspunkte in **sieben Gruppen** zusammen:

§ 5 Abs. 1 S. 2 Nr. 1 regelt Angaben, welche die angebotenen Waren oder Dienstleistungen selbst 259
betreffen. Im Verhältnis zu § 5 Abs. 2 a. F. wurde klarstellend der Hinweis aufgenommen, dass nur wesentliche Merkmale erfasst werden, und aus Art. 6 Abs. 1 lit. b die Merkmale „Vorteile", „Risiken", „Zubehör", „Kundendienst" und „Beschwerdeverfahren" übernommen. Eine weitergehende Anpassung an die UGP-Richtlinie wurde nicht für erforderlich gehalten, weil der Begriff „Verfügbarkeit der Waren und Dienstleistungen" in § 5 Abs. 1 S. 2 Nr. 1 inhaltlich mit dem in Art. 6 Abs. 1 lit. a der Richtlinie verwendeten Begriff „Vorhandensein des Produkts" identisch sei.[636]

§ 5 Abs. 1 S. 2 Nr. 2 regelt Angaben über den Anlass des Verkaufs „wie" den Preis und die 260
Bedingungen, unter denen die Waren geliefert oder Dienstleistungen erbracht werden. Durch das UWG 2008 wurde dem bisher in § 5 Abs. 2 Nr. 2 a. F. verwendeten Merkmal des „Anlass des Verkaufs" das aus Art. 6 Abs. 1 lit. d übernommene Merkmal „Vorhandensein eines besonderen Preisvorteils" hinzugefügt.

§ 5 Abs. 1 S. 2 Nr. 3 regelt Angaben, welche die Person und die geschäftlichen Verhältnisse des 261
Unternehmers betreffen; einen Fremdkörper stellt allerdings das Merkmal **„Umfang seiner (des**

---

634 Ebenso GK/*Glöckner,* 2. Aufl. 2013, § 6 Rdn. 77; Gloy/Loschelder/Erdmann/*Helm,* 4. Aufl. 2010, § 59 Rdn. 4; *Henning-Bodewig,* GRUR Int. 2005, 629; *Hoeren,* BB 2008, 1182, 1185 (zu Art. 6 UGP-Richtlinie); jurisPK-UWG/*Link,* 3. Aufl. Std. 17.12.2015, § 5 Rdn. 31; *Peifer* WRP 2008; *Steinbeck* WRP 2006, 632, 634. – A. A. GK/*Lindacher,* 2. Aufl. 2013, § 5 Rdn. 306; Köhler/*Bornkamm,* 34. Aufl. 2016, § 5 Rdn. 1.25b; Ohly/*Sosnitza,* 6. Aufl. 2014, § 5 Rdn. 228; *Sosnitza,* WRP 2008, 1014, 1028; *Wiring,* NJW 2010, 580, 58 f.

635 EuGH, Urt. v. 8.4.2003, *Pippig Augenoptik,* C-44/01, EU:C:2003:205, Rdn. 61.

636 Amtl. Begr. zum RegE, BT-Drucks. 16/10145, S. 24.

Unternehmers) Verpflichtungen" dar. Im Zuge der Gesetzesreform wurde die Vorschrift in Anlehnung an Art. 6 Abs. 1 lit. f neu gefasst und darüber hinaus um die in Art. 6 Abs. 1 lit. c der Richtlinie enthaltenen Merkmale, die ebenfalls an die Person des Unternehmers anknüpfen, ergänzt. Gemäß § 2 Abs. 1 Nr. 6 sind „Unternehmer" auch Personen, die im Namen oder Auftrag einer solchen Person handeln. In Art. 6 Abs. 1 lit. f wird ferner der „Vertreter" eines Gewerbetreibenden ausdrücklich genannt. Die „kommerziellen oder gewerblichen Eigentumsrechte" hat der Gesetzgeber als von den Begriffen „Vermögen" und „Rechte des geistigen Eigentums" umfasst angesehen.[637]

262 **§ 5 Abs. 1 S. 2 Nr. 4** setzt Art. 6 Abs. 1 lit. c der UGP-Richtlinie um.

263 **§ 5 Abs. 1 S. 2 Nr. 5** übernimmt wörtlich die Regelung aus Art. 6 Abs. 1 lit. e der Richtlinie unlautere Geschäftspraktiken.

264 **§ 5 Abs. 1 S. 2 Nr. 6** stellt ein Novum dar. Er regelt in Umsetzung von Art. 6 Abs. 2 Richtlinie unlautere Geschäftspraktiken die Irreführung durch unwahre oder zur Täuschung geeignete Angaben über die Einhaltung eines Verhaltenskodex.

265 **§ 5 Abs. 1 S. 2 Nr. 7** setzt Art. 6 Abs. 1 lit. g der Richtlinie unlautere Geschäftspraktiken um. Er betrifft Angaben über Rechte bei Leistungsstörungen einschließlich der Rechte aus Gewährleistung und Garantieversprechen.

C. § 5 Abs. 1 S. 2 Nr. 1 (Die Merkmale der Ware oder Dienstleistung)

Unlauter handelt, wer eine irreführende geschäftliche Handlung vornimmt, die geeignet ist, den Verbraucher oder sonstigen Marktteilnehmer zu einer geschäftlichen Entscheidung zu veranlassen, die er andernfalls nicht getroffen hätte. Eine geschäftliche Handlung ist irreführend, wenn sie unwahre Angaben enthält oder sonstige zur Täuschung geeignete Angaben über folgende Umstände enthält:

1. die wesentlichen Merkmale der Ware oder Dienstleistung wie Verfügbarkeit, Art, Ausführung, Vorteile, Risiken, Zusammensetzung, Zubehör, Verfahren oder Zeitpunkt der Herstellung, Lieferung oder Erbringung, Zwecktauglichkeit, Verwendungsmöglichkeit, Menge, Beschaffenheit, Kundendienst und Beschwerdeverfahren, geographische oder betriebliche Herkunft, von der Verwendung zu erwartende Ergebnisse oder die Ergebnisse oder wesentlichen Bestandteile von Tests der Waren oder Dienstleistungen;

Inhaltsübersicht

	Rdn.
I. Verfügbarkeit und Menge der Waren oder Dienstleistungen	1
1. Abgrenzung	1
2. Warenmenge	3
a) Angabe	4
b) Mehr versprochen als geliefert	5
c) Verhältnis zu früheren Mengen	6
d) Sonderregelungen	7
3. Vorratsmenge, Beschränkung der Abgabenmenge	9
4. Verfügbarkeit und Vorhandensein	11
a) Fehlende Abgabebereitschaft	13
b) Liefer- und Mitnahmemöglichkeit	15
c) Verfügbarkeit der beworbenen Ware	16
d) Zeitpunkt der Verfügbarkeit	17
e) Dauer der Verfügbarkeit	18
f) Aufklärende Hinweise	23
g) Entlastung des Unternehmers	25
h) Subjektiver Vorratsmangel, Relevanz	26
i) Beweislast	27
II. Art, Ausführung, Zusammensetzung, Beschaffenheit der Ware oder Dienstleistung, Zubehör	28
1. Bedeutung und Abgrenzung	28
2. Verkehrsauffassung, Verbraucherleitbild	31
a) Relevante Verkehrskreise	32

[637] Amtl. Begr. zum RegE, BT-Drucks. 16/10145, S. 24.

	Rdn.
b) Bestimmung des Verständnisses	33
c) Wandel der Verkehrsauffassung	37
d) Fehlen klarer eigener Vorstellungen	39
3. Einzelfälle/Fallgruppen	42
a) Zusammengesetzte Worte	43
b) „Kunst", „Synthetik", „Plastik", „-look", „dekor"	44
c) „echt", „Original"	47
d) „Spezial-", „Extra", „forte"	50
e) „Natur-", „naturrein", „neutral"	51
f) Marken	55
g) Qualitätsangaben	58
h) frisch	63
i) Mangelhafte Ware	64
j) Auslaufmodell, Restposten	66
k) Finanzprodukte und -dienstleistungen	67
l) Zubehör	68
m) Typenbezeichnungen	69a
n) „Ohne"-Werbung, gentechnische Veränderungen	70
o) Weitere Einzelfälle	70c
4. Verhältnis zu sonderrechtlichen Normen	71
a) Sonderrechtliches Verbot	72
b) Andere sonderrechtliche Regelungen	73
aa) Höherrangiges Recht	74
bb) Zwingende gesetzliche Vorgaben	75
cc) Gesetzlich erlaubte oder verwendete Kennzeichnungen und Angaben	78
dd) DIN Normen	83
c) Beispiele für gesetzliche Regelungen	84
aa) Lebensmittelrecht	84
bb) Sonstige Erzeugnisse	87
5. Ausschluss der Irreführungsgefahr durch ergänzende Hinweise	91
III. Verfahren oder Zeitpunkt der Herstellung, Lieferung oder Erbringung	92
1. Abgrenzung	92
2. Verfahren der Herstellung, Lieferung oder Erbringung	98
a) Eigene Leistung	99
b) Handwerkliche Herstellung	100
c) Sonstige Verfahren oder Leistungen	102
d) Denaturierung, Bedeutungswandel	103
e) Verstärkende Zusätze	104
f) Vertriebsart	105
3. Zeitpunkt der Herstellung (einer Ware), Lieferung (einer Ware) oder der Erbringung (einer Dienstleistung)	108
a) Alterswerbung	109
b) Neuheitswerbung	110
aa) Neuheit bezogen auf den Markt	111
bb) Neuheit bezogen auf eigenes Angebot	112
cc) Neuheit der Ware als solche	113
dd) Frisch	116
c) Last Minute	117
d) Zeitpunkt der Lieferung	118
e) Maßgeblicher Zeitpunkt	119
IV. Zwecktauglichkeit, Verwendungsmöglichkeit, Vorteile, Risiken, von der Verwendung zu erwartende Ergebnisse (= Wirkung der Ware oder Leistung)	120
1. Allgemeines und Abgrenzung	120
2. Nachprüfbare Tatsachenbehauptung, keine allgemeine Aufklärungspflicht	124
3. Gesundheitsbezogene/krankheitsbezogene Werbung	128
a) Grundsatz	129
b) Sonderregelungen	131
aa) Nr. 17 Anhang zu § 3 Abs. 2 UWG	132
bb) § 22 Abs. 2 Nr. 1a VTabakG	133
cc) § 3 S. 2 HWG	134
dd) Diätetische Lebensmittel	135
ee) Art. 7 Abs. 3 LMIV	136
ff) Gesundheitsbezogene Werbung	137
4. Wissenschaftlich umstrittene bzw. nicht hinreichend gesicherte gesundheitsbezogene Aussagen	143

Rdn.
5. Schlankheitsmittel/schlankmachende Wirkung ... 152
6. Schönheitsmittel, Faltencremes ... 156
7. Umweltbezogene Wirkungen ... 157
a) Maßstab der Beurteilung, Umfang von Aufklärungspflichten ... 158
b) Werbung mit „bio“ ... 161
c) Werbung mit Öko-/Umwelt-Kennzeichen ... 164
8. Sonstige Wirkungen, Vorteile, Risiken, Verwendungsmöglichkeiten, Einzelfälle ... 166
V. Kundendienst und Beschwerdeverfahren ... 171
1. Herkunft, Abgrenzung und Bedeutung ... 171
2. Kundendienst und Beschwerdeverfahren ... 174
VI. Geografische Herkunft ... 177
1. Abgrenzung und Konkurrenzen ... 177
2. Unwahre oder täuschende Angaben über die geografische Herkunft ... 182
a) Angabe über die geografische Herkunft ... 182
b) Unwahr oder täuschend ... 190
3. Wettbewerbsrechtliche Relevanz bzw. Erheblichkeit ... 193
4. Verhältnismäßigkeit ... 194
5. Beispiele ... 195
VII. Betriebliche Herkunft ... 208
1. Kein Vorrang des Kennzeichenrechts; Abgrenzung ... 208
a) Kennzeichenrecht ... 208
b) UWG ... 209
2. Unwahre oder täuschende Angaben über die betriebliche Herkunft ... 212
a) Angabe über die betriebliche Herkunft ... 212
b) Unwahrheit oder Täuschungseignung ... 221
3. Wettbewerbsrechtliche Relevanz bzw. Erheblichkeit ... 226
4. Beispiele ... 231
VIII. Ergebnisse und wesentliche Bestandteile von Tests oder Untersuchungen der Waren oder Dienstleistungen ... 248
1. Abgrenzung und Bedeutung ... 248
2. Tests/Untersuchungen ... 255
a) Testhinweiswerbung ... 256
b) Testergebniswerbung ... 257
aa) Durchführung des Tests ... 258
bb) Wirksamkeitsprüfungen ... 261
cc) Kein Test/Anderes Test-Objekt/andere Testkategorien ... 262
dd) Darstellung des Ergebnisses ... 264
ee) Stellung des getesteten Objekts im Gesamtgefüge; eigene Wertung ... 265
ff) Repräsentativität ... 269
gg) Aktualität ... 270
c) Wesentliche Bestandteile/Merkmale von Tests, Andere Tests, Aufklärungspflichten ... 272
3. Prüfzeichen/Gütesiegel/Gütezeichen ... 277
a) Verhältnis zu Nr. 2 im Anhang zu § 3 Abs. 3 UWG ... 283
b) Grundsätze der Vergabe und Überwachung ... 284
c) Einzelfälle ... 286
d) Werbung mit Sternen ... 290
4. DIN Normen ... 291
5. Besondere gesetzliche Vorgaben ... 292
a) CE-Zeichen ... 293
b) GS-Zeichen ... 295
c) EU-Gemeinschaftsemblem für ökologischen Landbau ... 296

I. Verfügbarkeit und Menge der Waren oder Dienstleistungen

Schrifttum: *Böse,* Zum Begriff der Flatrate bei Telekommunikationsdienstleistungen, VuR 2014, 43.

1. Abgrenzung

1 § 5 Abs. 1 S. 2 Nr. 1 UWG nennt als mögliche Bezugsobjekte irreführender Angaben u. a. die **„Verfügbarkeit“** und die **„Menge“** von Waren oder Dienstleistungen. Beide Begriffe wirken zusammen bei einer Irreführung über die Vorratsmenge, beide Begriffe haben daneben aber auch noch einen eigenständigen Anwendungsbereich: „Menge“ umfasst nicht nur die Vorratsmenge, sondern auch die Warenmenge. **Warenmenge** bezeichnet die Quantität der beworbenen Ware

nach Zahl, Maß oder Gewicht, die ein Kunde beim Erwerb dieser Ware erhalten soll, z. B. 1 kg Mehl oder 3 Einzelteile eines Tee-Service. „Menge" in diesem Sinn kann auch die Angabe einer **Fläche** sein, z. B. die Angabe einer Wohnfläche einer Mietwohnung. **Vorratsmenge** hingegen bezeichnet die Menge an beworbener Ware, die ein Händler vorrätig hat. Angaben zur Vorratsmenge stehen in einem engen Zusammenhang zur **Verfügbarkeit** der Waren: Denn Waren, die nicht in ausreichender Menge vorrätig sind, sind auch schnell nicht mehr verfügbar. Ähnliches gilt für das **„Vorhandensein"** eines Produkts, also die reale Existenz einer Ware. Ein Produkt, das nicht vorhanden ist, kann auch nicht verfügbar sein. Der deutsche Gesetzgeber hielt daher eine ausdrückliche Aufnahme des Begriffs „Vorhandensein" in § 5 UWG für entbehrlich.[1] obwohl die UGP-Richtlinie in Art. 6 Abs. 1 lit. a) ausdrücklich das „Vorhandensein" eines Produkts erwähnt und in Art. 6 Abs. 1 lit. b) die „Verfügbarkeit", also zwischen beiden Begriffen unterscheidet. Die Europäische Kommission hat daher die Ansicht vertreten, die **Richtlinie** sei (auch) in diesem Punkt **unzureichend umgesetzt** worden.[2] Ob dies zutrifft, sei dahingestellt und muss letzten Endes durch den EuGH entschieden werden. Auf jeden Fall ist der Begriff der „Verfügbarkeit" **richtlinienkonform** dahingehend **auszulegen,** dass er nicht nur die Lieferbarkeit eines Produkts umfasst, sondern auch dessen reale Existenz, also sein Vorhandensein. Außerdem kann ein Vorrat bewusst **zu knapp angegeben** werden, um Käufer zu einem übereilten Kauf zu bewegen. Neben falschen Angaben über die Menge kann sich ein Irrtum über die Verfügbarkeit einer Ware aber auch daraus ergeben, dass falsche Angaben über die **Dauer** der Verfügbarkeit gemacht werden (vgl. den Tatbestand der Nr. 7 im Anhang zu § 3 Abs. 3), über den **Ort** der Verfügbarkeit oder über **sonstige Modalitäten,** z. B. ob eine Ware ohne weitere Montage direkt aus dem Geschäft mitgenommen werden kann. Überschneidungen kann es auch mit der Fallgruppe der Irreführung über den Zeitpunkt der Lieferung einer Ware geben (hierzu Rdn. 118). Eine Beschränkung der Verfügbarkeit kann auch darin liegen, dass ein Angebot nur in Verbindung mit einem anderen Angebot verfügbar ist; zur Rechtmäßigkeit solcher **Kopplungsangebote** und den dabei zu beachtenden **Informationspflichten** siehe auch Abschn. D Rdn. 29, 104 sowie Picht § 4a Rdn. 46 ff.

Die gesetzlichen Regelungen zur Irreführung aufgrund von Angaben über die Verfügbarkeit ei- **2**
ner Ware oder Dienstleistung haben eine wechselvolle Geschichte: Heute ist die Irreführung über die Verfügbarkeit (nur noch) in § 5 Abs. 1 S. 2 Nr. 1 UWG sowie – vorrangig – in **Nr. 5, 6 und 7 des Anhangs zu § 3 Abs. 3 UWG** (sog. **Schwarze Liste** oder **Black List**) geregelt. Bei Nr. 5 der Schwarzen Liste geht es darum, dass die Verbraucher nicht über eine unangemessene Bevorratung aufgeklärt und dadurch Kunden in einen Laden gelockt werden **(Lockvogelangebote).** Bei Nr. 7 geht es hingegen um die unwahre Angabe, dass eine Ware nur noch kurze Zeit verfügbar sei, um so den Kunden zu einem übereilten Kaufentschluss zu bewegen. Nr. 6 betrifft den Fall, dass auf Seiten des Verkäufers überhaupt keine Lieferbereitschaft für die konkret beworbene Ware besteht, sondern er stattdessen eine andere Ware absetzen will (sog. **„bait-and-switch Technik"**). Diese Verbote in der Schwarzen Liste gelten allerdings nur für geschäftliche Handlungen, die **gegenüber Verbrauchern** vorgenommen werden. Alle anderen Fälle der Irreführung über die Verfügbarkeit, insbesondere im Verkehr zwischen Unternehmen, sind hingegen am Maßstab des § 5 Abs. 1 S. 2 Nr. 1 UWG zu messen. Daneben erfasst § 5 Abs. 1 S. 2 Nr. 1 UWG alle irreführenden Angaben zur **Warenmenge** sowie zur **Vorratsmenge,** soweit diese nicht zu einem Irrtum über die Verfügbarkeit der Ware, sondern zu einem anderen Irrtum führen.

Für die Kommentierung der Regelung muss somit unterschieden werden zwischen Angaben ge- **2a**
genüber Verbrauchern und Angaben gegenüber Nicht-Verbrauchern, sowie zwischen Angaben zur Warenmenge, zur Vorratsmenge und zur Verfügbarkeit (einschließlich des Vorhandenseins).

2. Warenmenge

Angaben über Warenmengen sind grundsätzlich geeignet, die geschäftliche Entscheidung des **3**
Durchschnittsverbrauchers zu beeinflussen. Zwar ist es nicht Aufgabe des Wettbewerbsrechts, eine Gleichwertigkeit von Preis und Leistung für den Erwerber herbeizuführen. Zielt die irreführende Angabe jedoch von vornherein auf eine Übervorteilung des Kunden, um dadurch **planmäßig Vorteile im Wettbewerb** zu erlangen, ist das Verhalten wettbewerbsrechtlich unzulässig.[3] Wurde hingegen nur im *Einzelfall* versehentlich eine falsche Menge abgegeben, konnte es in der Vergangenheit am Handeln zu Zwecken des Wettbewerbs fehlen.[4] Nach der Umsetzung der UGP-

---

[1] Amtl. Begr. zum RegE, BT-Drucks. 16/10145, S. 24.

[2] Schreiben vom 12. Dezember 2011, JUST/A3/SoR/RM/ij D (2011) 991038. Vgl. hierzu auch *Köhler* WRP 2012, 251, 252.

[3] BGH GRUR 1987, 180, 181 – *Ausschank unter Eichstrich II.*

[4] BGH GRUR 1987, 180, 181 – *Ausschank unter Eichstrich II.*

Richtlinie und der Definition der „geschäftlicher Handlung" in § 2 Abs. 1 Nr. 1 UWG ist diese subjektive Absicht allerdings nicht mehr erforderlich. Zudem hat der EuGH entschieden, dass selbst eine einmalige falsche Auskunft, die nur einen Verbraucher betrifft, eine unlautere Geschäftspraxis i. S. v. Art. 2 lit. d) der UGP-Richtlinie sein kann.[5] Ein planmäßiges Vorgehen ist somit nicht mehr erforderlich. Allerdings muss die irreführende geschäftliche Handlung weiterhin geeignet sein, den Verbraucher zu einer geschäftlichen Entscheidung zu veranlassen, die er andernfalls nicht getroffen hätte. An dieser **wettbewerblichen Relevanz** kann es fehlen, wenn die **Warenmenge zu gering** angegeben wird, es sei denn, die geringe Menge ist ein besonderes Qualitätsmerkmal der beworbenen Waren, wie z. B. ein geringes Gewicht bei Smartphones, Tablet-PCs oder anderen tragbaren Geräten. Umgekehrt kann zu hohen Angaben die wettbewerbliche Relevanz fehlen, wenn es bei der Ware auf möglichst geringe Werte ankommt. Im Regelfall werden **zu hohe Gewichts- oder Inhaltsangaben** jedoch relevant irreführend sein.[6]

4 **a) Angabe.** Eine „Angabe" über die (Waren)menge im Sinne von § 5 Abs. 1 S. 2 Nr. 1 UWG kann **ausdrücklich** erfolgen. Es kann aber auch die **Verpackung** einer Ware sein.[7] Selbst bei zutreffender Gewichts- oder Stückzahlangabe kann deshalb eine Irreführung vorliegen, wenn der durchschnittlich informierte und verständige Verbraucher auf Grund der Art und Weise der Verpackung einen erheblich größeren Inhalt erwartet,[8] sog. **Mogelpackung.**[9] Eine größere Verpackung unter *vergleichbaren* Produkten lässt grundsätzlich auch eine größere Warenmenge erwarten. Dem durchschnittlich informierten und verständigen Verbraucher ist allerdings regelmäßig auch bewusst, dass *verschiedene* Produkte verschiedene Füllmengen aufweisen können, etwa eingeschweißter gemahlener Kaffee im Vergleich zu einer Tüte Chips. Zudem kann eine Irreführung **durch** eine geeignete **Gestaltung der Verpackung,** z. B. mit durchsichtigem Material oder durch Weichfertigpackungen, **verhindert** werden. Etwas anderes kann aber gelten, wenn der Verbraucher mit einem **(neuen) Produkt** noch nicht hinreichend vertraut ist. So kann eine im Vergleich zu Konkurrenzprodukten übergroße Verpackung von kleinen Beuteln mit Kaffee (auf Neudeutsch: „Pads") trotz korrekter Stückzahlangabe irreführend sein, wenn der Verkehr nicht weiß, wie viel Kaffee in einem Pad enthalten ist und wie viele Tassen Kaffee daraus hergestellt werden können.[10] Das gilt insbesondere dann, wenn nur wenige Produkte auf dem relevanten Markt vorhanden sind und eine Verpackung trotz gleicher Stückzahl wesentlich größer ist als die Verpackung der Wettbewerber. Wird eine auf Grund der Verpackung hervorgerufene Erwartung enttäuscht, kann das **nicht** ohne weiteres dadurch **gerechtfertigt** werden, dass die Gestaltung und Größe der Verpackung **technisch bedingt** oder notwendig ist.[11] Jedoch kann in Einzelfällen eine verbleibende Irreführungsgefahr **ausnahmsweise hinzunehmen** sein, wenn der Unternehmer alles getan hat, um eine Irreführung auszuschließen und das Interesse an einer technisch fortschrittlichen Verpackungsgestaltung ausnahmsweise überwiegt.[12] Allein die Angabe der tatsächlichen Füllmenge genügt dafür jedoch nicht,[13] da selbst der durchschnittlich informierte und verständige Verbraucher die Mengenangabe mit der Packungsgröße nicht ohne weiteres ins Verhältnis setzen kann. Allerdings kann die Mengenangabe in Verbindung mit anderen Hinweisen (z. B. Sichtfenster, Möglichkeit des Betastens) helfen, eine Irreführung zu vermeiden (siehe Rdn. 7).

5 **b) Mehr versprochen als geliefert.** Der Hauptfall der Irreführung über die Warenmenge ist, **dass dem Werbeadressaten mehr versprochen wird, als er tatsächlich erhält.** Die Anzeige eines Möbelhauses, in der eine größere Menge an Möbelstücken abgebildet wird, als tatsächlich vom konkreten Angebot erfasst sind, ist deshalb irreführend.[14] Wird in einem Prospekt eine Kombination von Schrank, Bett (mit Matratze) und Konsole abgebildet und mit dem Begriff **„Komplett"** oder **„Komplett-Schlafzimmer"** unter Angabe eines Preises beworben, erwarten die angesprochenen Verkehrskreise, dass Lattenrost und Matratze als Bestandteile eines funktionsgerechten

---

[5] EuGH GRUR 2015, 600 Tz. 41 – *Ungarische Verbraucherschutzbehörde/UPC.*

[6] Vgl. OLG Köln MD 2003, 93, 94 – *Telefon-CD* (zur Anzahl von Einträgen auf einer Telefon-CD).

[7] OLG Frankfurt WRP 1979, 722, 723; BGHZ 82, 138, 142 – *Kippdeckeldose;* OLG Hamburg BeckRS 2016, 05444 – Nivea Vital.

[8] BGHZ 82, 138, 142 – *Kippdeckeldose;* OLG Hamburg, BeckRS 2016, 05444 – Nivea Vital; OLG Karlsruhe WRP 2015, 774, 775; OLG Frankfurt WRP 1979, 722, 723; OLG Köln NJW-RR 1996, 368, 369 (irreführende Gestaltung von sog. „Zweikammerbechern"); LG Frankfurt a. M. GRUR-RR 2002, 80, 81.

[9] Vgl. auch 43 Abs. 1 MessEG und unten Rdn. 7.

[10] OLG Hamburg MD 2004, 773, 774 – *Kaffeepads.*

[11] BGHZ 82, 138, 143 – *Kippdeckeldose.*

[12] BGHZ 82, 138, 143 – *Kippdeckeldose;* OLG Köln WRP 1989, 690.

[13] BGHZ 82, 138, 144 – *Kippdeckeldose;* vgl. auch OLG Hamburg, BeckRS 2016, 05444 – Nivea Vital.

[14] OLG Stuttgart WRP 1984, 450.

Bettes ebenfalls zum Lieferumfang gehören.[15] Allerdings kann dieser Erwartung durch eine Klarstellung entgegengewirkt werden. Das soll nach Ansicht des BGH selbst dann gelten, wenn mit dem „Komplett"-Angebot im Blickfang geworben wurde.[16] Jedoch soll das nur gelten, sofern sich um kurze und übersichtliche Werbung handelt, mit der der Verbraucher sich eingehend beschäftigt, z. B. weil es um langlebige und kostspielige Güter geht. Verneint wurde demgegenüber eine hinreichende Aufklärung für eine Werbung, bei der blickfangmäßig ein **Computer mit Monitor** sowie ein Preis hervorgehoben wurden, sich der Preis aber laut (unscheinbarer) Produktbeschreibung nur auf den Computer beziehen sollte.[17] Es kommt somit stets auf den Einzelfall an, wie auch die beiden Entscheidungen Computerwerbung I[18] (keine hinreichende Aufklärung über Mitnahmemöglichkeit) und Computerwerbung II[19] (hinreichende Aufklärung über Mitnahmemöglichkeit, obwohl der Hinweis an gleicher Stelle platziert und nicht wesentlich größer gedruckt war, er aber leicht lesbar war und sofort ins Auge fiel) belegen. Zudem ist insoweit auch die Rechtsprechung des EuGH (zum Lebensmittelrecht) zu beachten, nach der ein klarstellender Hinweis nicht derart hinter der Aufmachung des Produktes zurücktreten darf, dass die gewonnene Auffassung des Verkehrs nicht entkräftet werden kann.[20] Ebenso sind aufklärende Hinweise unbeachtlich, wenn sie nach dem Gesamteindruck der Darstellung zu spät kommen, um eine Irreführung des Verbrauchers auszuschließen.[21] Zulässig ist auch die Angabe ***„Wohn- und Nutzfläche"*** mit einer qm-Zahl in einem Immobilienangebot, sofern der Anteil der Wohnfläche nicht ungewöhnlich gering ist;[22] Abweichungen im deutlich zweistelligen Bereich sind dabei allerdings nicht mehr hinnehmbar.[23] Die Bezeichnung *„7-Tage-Reise"* für eine sechs Übernachtungen umfassende Reise, bei der die Anreise nachmittags und die Abreise morgens erfolgt, ist hingegen nicht irreführend;[24] der Verkehr weiß, dass er aus Hotels am Vormittag auschecken muss und im Regelfall erst am Nachmittag einchecken kann. Irreführend ist auch die Werbung mit der Aussage „alle Gespräche ins nationale Festnetz sind inklusive", wenn für Service- und Sonderrufnummern gesondert zu zahlen ist und darauf nicht hinreichend hingewiesen wird.[25]

c) Verhältnis zu früheren Mengen. Eine Irreführung kann sich nicht nur auf die absolute Warenmenge beziehen, sondern auch auf die **Relation zu früheren Mengen** desselben Produkts. So ist eine Aufmachung irreführend, wenn der Adressat ihr fälschlich entnimmt, die beworbene Ware weise im Vergleich zu früher mehr Inhalt bei unverändertem Preis auf. Eine Etikettierung mit dem Hinweis „+10%", der optisch mehr als 10% der Verpackung einnimmt, ist nach Ansicht des EuGH jedoch nicht zu einer solchen Irreführung geeignet.[26] 6

d) Sonderregelungen. Im Bereich der Mengenangaben sind zahlreiche **sondergesetzliche Vorschriften** zu beachten, welche die Anwendung von § 5 UWG jedoch nicht ausschließen,[27] sondern ergänzend eine Irreführung verhindern sollen und bei Verstößen auch eine Wettbewerbswidrigkeit nach § 3a UWG (vormals § 4 Nr. 11 UWG a. F.) begründen können. Gem. **§ 43 Abs. 1 MessEG**[28] muss auf Fertigpackungen die Nennfüllmenge ausgewiesen sein und den festgelegten Anforderungen entsprechen.[29] **§ 43 Abs. 2 MessEG** enthält eine Spezialvorschrift zur Be- 7

---

[15] BGH GRUR 2015, 698 Tz. 13 – *Schlafzimmer komplett;* OLG Hamm GRUR-RR 2015, 64 – *Bettrahmen ohne Lattenrost.*

[16] BGH GRUR 2015, 698 Tz. 19 – *Schlafzimmer komplett;* unter Bezugnahme auf BGH GRUR 2003, 163, 164 – *Computerwerbung II;* einschränkend danach jedoch BGH GRUR 2016, 207 Tz. 18 – All Net Flat.

[17] BGH GRUR 2003, 249 – *Preis ohne Monitor.* Dem lässt sich auch nicht entgegnen, dass es bei dieser Entscheidung noch um ein altes Verbraucherleitbild ging, denn bereits einen Monat vor dieser Entscheidung hatte der BGH in der Entscheidung Computerwerbung II eine hinreichende Aufklärung zur Mitnahmemöglichkeit beim Computerkauf bejaht, BGH GRUR 2003, 163, 164 – *Computerwerbung II.*

[18] BGH GRUR 2000, 911, 912 – *Computerwerbung I.*

[19] BGH GRUR 2003, 163, 164 – *Computerwerbung II.*

[20] Vgl. EuGH GRUR 2015, 701 – *Teekanne;* BGH GRUR 2014, 588 – *Himbeer-Vanille-Abenteuer I;* OLG Düsseldorf LMuR 2009, 131. Der Eindruck des Produktes kann dabei auch durch seine Farbe gefestigt werden, siehe LG Hamburg MD 2009, 576 – *100 % pure fruit smoothie.*

[21] BGH GRUR 1982, 563, 564 – *Betonklinker.*

[22] KG GRUR 1991, 234; OLG München GRUR 1992, 324; OLG Hamburg WRP 1994, 315, 317; a. A. OLG Hamm NJW-RR 1992, 1072.

[23] LG Berlin WRP 2006, 1545, 1546; die Berufung wurde nach Hinweis des KG, veröffentlicht in WRP 2008, 386, zurückgenommen.

[24] OLG Köln WRP 2013, 825 Tz. 2 – *„7-Tage-Reise".*

[25] BGH GRUR 2016, 207 Tz. 12 – All Net Flat.

[26] EuGH WRP 1995, 677, 678 – *Mars.*

[27] BGHZ 82, 138, 142 – *Kippdeckeldose.*

[28] Mess- und Eichgesetz i. d. Fass. d. Bek. v. 25.7.2013, BGBl. I S. 2722.

[29] Beachte hierzu die Verordnung über Fertigpackungen vom 8. März 1994 (BGBl. I S. 451, 1307).

kämpfung von sog. **Mogelpackungen.** Die äußere Gestaltung einer Verpackung darf keine größere Füllmenge – sei es nach Volumen, Gewicht oder Stückzahl – vortäuschen als tatsächlich vorhanden ist. Dabei beurteilt sich die Täuschung (nur) anhand der jeweils in Frage stehenden Verpackung; ein Vergleich mit der früheren (eigenen) Verpackung für dasselbe Produkt kommt bei der Prüfung nach § 43 Abs. 2 MessEG, insbesondere im Rahmen eines Ordnungswidrigkeitenverfahrens, nicht in Betracht, sondern ist allein nach § 5 UWG zu beurteilen. Zudem ist zu berücksichtigen, ob der Verbraucher durch **Betrachten und Betasten der Verpackung** weitere Erkenntnisse gewinnen kann. Kann er beispielsweise durch Betasten von Weichfertigpackungen feststellen, dass diese auch Luft enthalten und erkennt er durch ein **Sichtfenster,** dass sich die verpackte Ware beim **Schütteln** bewegt, so steht das einer Irreführung darüber, dass die Verpackung prall mit Ware gefüllt sei, grds. entgegen. Dass der Verbraucher die konkrete Füllmenge bzw. die Luftmenge nicht genau ermitteln kann, ist dabei unerheblich, weil ihm insoweit die Angabe der Füllmenge auf der Verpackung hilft.[30] Kann der Verbraucher hingegen allein aufgrund der äußeren Verpackung den wesentlich reduzierten Inhalt nicht oder kaum erkennen, so hilft auch die Angabe der Füllmenge nicht, eine Irreführungsgefahr auszuschließen. Irreführend ist daher beispielsweise die Umhüllung einer runden Innenverpackung durch eine viereckige Außenverpackung mit der Folge, dass das Außenmaß der Verpackung mehr als das Doppelte des Volumens der Innenverpackung beträgt und dies äußerlich kaum wahrnehmbar ist[31] oder die äußerlich nicht wahrnehmbare Beschränkung der Füllmenge durch eine technisch nicht bedingte Einbuchtung in der Innenverpackung.[32] Ebenso ist die bloße Angabe der Füllmenge nicht ausreichend, wenn es dem Durchschnittsverbraucher nicht auf die Füllmenge, sondern auf die **Angabe zur Ergiebigkeit** ankommt, wie z. B. bei konzentrierten Lebensmitteln.[33] Zu § 43 Abs. 2 MessEG wurden zahlreiche **Verwaltungsrichtlinien**[34] erlassen, die als Indiz für die Verbrauchererwartung gewertet werden können, die aber für die Gerichte nicht verbindlich sind.[35]

8 In **§ 2 PreisangabenVO** wird die Verpflichtung zur Angabe eines **Grundpreises** geregelt, die sowohl für offene Packungen als auch für Fertigpackungen gilt (hierzu Weidert, § 2 PAngV). Die Verpflichtung zur Grundpreisangabe soll es dem Verbraucher erleichtern, das **Preis/Mengenverhältnis** verschiedener Anbieter zu vergleichen. Das Fehlen einer Grundpreisangabe allein genügt allerdings im Allgemeinen nicht, um eine Irreführungseignung i. S. d. § 5 UWG anzunehmen. Bei Lebensmitteln, die in Fertigpackungen abgegeben werden, muss die **Fertigpackungs-Verordnung**[36] beachtet werden, die Vorgaben über bestimmte Füllmengen bzw. Kennzeichnungsvorschriften zu den Füllmengen enthält.

8a Sofern bei Größenangaben **verschiedene Einheiten** verwendet werden, regelt das MessEG welche Einheit besonders **hervorzuheben** ist.

3. Vorratsmenge, Beschränkung der Abgabemenge

9 Irreführend sind Angaben zum Warenvorrat des Unternehmers, wenn dieser seinen **Vorrat höher angibt als er tatsächlich ist** und damit eine größere Auswahl oder eine größere Leistungsfähigkeit vortäuscht.[37] Erfolgen keine weiteren Angaben, geht der Verkehr davon aus, dass sich die

---

[30] OLG Frankfurt BeckRS 2009, 11004; a. A.; LG Stade BeckRS 2009, 12927.

[31] OLG Karlsruhe WRP 2015, 774 Tz. 11.

[32] OLG Karlsruhe WRP 2013, 216 Tz. 22.

[33] LG Hamburg GRUR-RR 2004, 186, 187 zu Bratenfondflasche.

[34] Siehe hierzu folgende, noch zu § 17a EichG a. F. erlassenen, jedoch auch für 43 Abs. 1 MessEG gültige Richtlinien für die zuständigen Behörden: Allgemeine Grundsätze für die Gestaltung von Fertigpackungen i. S. von § 17a Eichgesetz vom 31.1.1977 (MinBlFin 1977, S. 26), Allgemeine Grundsätze zur Gestaltung von Schachteln für Tuben und von anderen Umverpackungen für Fertigpackungen i. S. von § 17a EichG vom 23.1.1978 (MinBlFin 1978, S. 63); Richtlinien zur Gestaltung von Kunststoff- und Kartonbehältnissen in Becherform für Fertigpackungen i. S. von § 17a Eichgesetz vom 31.1.1977 (MinBlFin 1977, S. 25); Richtlinien zur Gestaltung von Fertigpackungen mit Pralinen i. S. von § 17a Eichgesetz vom 31.1.1977 (MinBlFin 1977, S. 23); Richtlinien zur Gestaltung von Fertigpackungen mit Dauerbackwaren und Feinbackwaren i. S. von § 17a Eichgesetz vom 31.1.1977 (MinBlFin 1977, S. 24); Richtlinie zur Gestaltung von Fertigpackungen mit Körperpflegemitteln i. S. von § 17a Eichgesetz vom 3.2.1982 (MinBlFin 1982, S. 41). Vgl. auch Richtlinien des Bundesverbandes der Deutschen Fleischwarenindustrie für die Beurteilung von Fertigpackungen mit Fleisch- und Wurstwaren vom 25.4.1973, Deutsche Industrienorm DIN 55 540 Teil 1 zur Bestimmung des Füllgrades von Fertigpackungen (Mai 1978, Beiblatt 1 Januar 1979, Beiblatt 2, 3 und 4 April 1980) und die Äußerung des Arbeitskreises lebensmittelchemischer Sachverständiger der Länder und des Bundesgesundheitsamtes (Bundesgesundheitsbl. 1976, S. 175).

[35] OLG Hamburg MD 2004, 773, 774 – *Kaffeepads.*

[36] Fertigverpackungsverordnung in der Fassung der Bekanntmachung vom 8.3.1994 (BGBl. I S. 451, 1307).

[37] OLG Zweibrücken WRP 1992, 281, 282 – *Millionen von Spielsachen;* OLG Hamm WRP 1965, 435.

angegebene Warenmenge allein auf den Vorrat des Unternehmers in den angegebenen Verkaufsstätten bezieht.[38] Falsche Angaben über einen zu hohen Warenvorrat sind **vorrangig** nach **Nr. 5 im Anhang zu § 3 Abs. 3 UWG** zu beurteilen, soweit diese im Zusammenhang mit konkreten Angeboten gemacht werden. Aber auch die Angabe **geringerer Vorräte als tatsächlich vorhanden** kann irreführend wirken, wenn dadurch die Fehlvorstellung einer Warenknappheit hervorgerufen wird. Dies unterfällt § 5 Abs. 1 S. 2 Nr. 1 UWG.[39] Wer etwa mit der Angabe ***„staatlich limitiert"*** wirbt, erweckt damit den Eindruck, dass die Ware nur in geringer Menge vorhanden ist; es ist daher irreführend, so für Münzen zu werben, deren Menge zwar einer staatlichen Kontrolle unterliegt, die im Ursprungsland aber in großer Menge in Umlauf sind.[40] Werden hingegen falsche Angaben über zu geringe Vorräte gemacht, ohne den Gedanken einer Warenknappheit hervorzurufen, so wird der dadurch herbeigeführten Irreführung im Regelfall die wettbewerbsrechtliche Relevanz fehlen.

Andererseits ist es grundsätzlich **zulässig, wahrheitsgemäß** auf eine **knappe Vorratsmenge** 10
hinzuweisen. Entsprechendes gilt für die Angabe, dass ein Angebot nur gilt **„solange der Vorrat reicht".**[41] Bezieht sich der Hinweis auf eine Zugabe, so ist er auch nach § 3 Abs. 2 UWG bzw. vormals 4 Nr. 4 UWG a.F. grds. nicht zu beanstanden. Der Verkehr entnimmt diesem Hinweis dann nur die Aussage, dass die Zugabe nicht unbegrenzt und auch nicht in demselben Umfang wie die Hauptware vorhanden ist.[42] Allerdings schließt dieser Hinweis nicht etwaige Fehlvorstellungen über die Warenverfügbarkeit im Einzelfall aus (vgl. Rdn. 23). Auch ist es erlaubt, Beschränkungen der Abgabemenge vorzunehmen[43] und darauf hinzuweisen durch Aussagen wie **„Abgabe nur in haushaltsüblicher Menge".**[44] Die Ankündigung einer solchen Beschränkung kann jedoch irreführend sein, wenn sie dann tatsächlich missachtet wird, d.h. wenn die Ware in unbeschränkter Menge abgegeben wird. Allerdings ist bei solchen Ankündigungen die wettbewerbliche Relevanz sorgfältig zu prüfen. Denn die mögliche Beschränkung des Angebots wird manche Kunden eher von einer weiteren Beschäftigung abhalten. Sie kann aber auch zu einer schnellen Erwerbsentscheidung verleiten.

Je nach Art der Ware kann der „Warenvorrat" auch beim Kunden liegen. Wenn Banken im Rah- 10a
men automatisierter **Kontostandsauskünfte** Überweisungen am Monatsende bereits vor der Wertstellung als Guthaben ausweisen und so Kunden zu **Kontoüberziehungen** veranlassen, ist das ebenfalls irreführend.[45]

4. Verfügbarkeit und Vorhandensein

Bereits in der Rechtsprechung zu § 3 UWG a.F. war anerkannt, dass eine Werbung irreführend 11
ist, wenn die beworbenen **Waren** entgegen der durch die Werbung hervorgerufenen Erwartung **nicht** oder **nicht in ausreichender** Menge zu dem angekündigten Zeitpunkt und eine den Umständen nach zu erwartende Zeit später, **nicht in den angekündigten Größen, nicht in der beworbenen Art** oder **nicht am erwarteten Ort** vorrätig sind oder wenn der Werbende aus nicht sachgerechten Gründen **nicht lieferbereit** ist.[46] (Zur Irreführung über den Zeitpunkt der Lieferung einer Ware siehe auch Rdn. 118). Das deutsche Recht hat somit den Begriff der Verfügbarkeit seit jeher so interpretiert, dass er auch das Vorhandensein (im Sinne einer realen Existenz) eines Produkts umfasst und es allein darauf ankommt, was der angesprochene Verbraucher jeweils konkret erwartet. Damit deckt der Begriff der „Verfügbarkeit" auch das Merkmal des Vorhan-

---

[38] Vgl. OLG Zweibrücken WRP 1992, 281, 282 – *Millionen von Spielsachen.*

[39] Zu unwahren Angaben über eine nur kurze Dauer der Verfügbarkeit einer Ware an sich oder zu bestimmten Bedingungen, siehe Nr. 7 im Anhang zu § 3 Abs. 3 UWG.

[40] OLG München MD 1997, 901.

[41] BGH GRUR 1984, 596 – *Vorratskauf,* GRUR 2004, 343, 344 – *Playstation.*

[42] BGH GRUR 2010, 247, 248 – *Solange der Vorrat reicht.*

[43] OLG Karlsruhe GRUR 1999, 769, 770.

[44] BGH GRUR 2004, 343, 344 – *Playstation;* OLG Düsseldorf WRP 1981, 100, 101; OLG München WRP 1981, 288, 289; OLG Hamm WRP 1981, 402, 403; *Helm* in: Gloy/Loschelder/Erdmann, HdbWettbR, § 59, Rdn. 335.

[45] BGH GRUR 2007, 805, 806f. – *Irreführender Kontoauszug,* Fortführung von BGH GRUR 2002, 1093f. – *Kontostandsauskunft.*

[46] Vgl. u.a. BGH GRUR 1982, 681, 682 – *Skistiefel;* GRUR 1984, 593 – *Sportartikel;* GRUR 1985, 980, 981 – *Tennisschuhe;* GRUR 1987, 371 – *Kabinettwein;* GRUR 1988, 311, 312 – *Beilagen-Werbung;* GRUR 1989, 609, 610 – *Fotoapparate;* GRUR 1992, 858, 859 – *Clementinen;* GRUR 1996, 800, 801 – *EDV-Geräte;* GRUR 1998, 949, 950 – *D-Netz Handtelefon;* GRUR 1999, 509, 511 – *Vorratslücken;* GRUR 1999, 1011, 1012 – *Werbebeilage;* GRUR 2000, 907, 909 – *Filialleiterfehler;* GRUR 2000, 911, 912 – *Computerwerbung;* GRUR 2002, 187, 188 – *Lieferstörung;* GRUR 2002, 1095 – *Telefonische Vorratsanfrage;* GRUR 2003, 163, 164 – *Computerwerbung II.*

denseins einer Ware ab.[47] Eine Irreführung über die Verfügbarkeit kann darüber hinaus auch in der unwahren Angabe liegen, ein Produkt sei **exklusiv** bei einem Unternehmen erhältlich.[48] In all diesen Fällen besteht die Gefahr, dass der Kunde durch die Werbung angelockt wird und im Geschäftslokal des Unternehmers mangels Verfügbarkeit bzw. Vorhandensein der beworbenen Ware etwas anderes kauft oder sich sonst wie (z. B. auf der Website des Unternehmers) mit dem weiteren Angebot des Unternehmers beschäftigt. Mittlerweile hat auch der EuGH ausdrücklich bestätigt, dass die Entscheidung über das Betreten eines Geschäfts eine „geschäftliche Entscheidung" i. S. d. UGP-Richtlinie sein kann.[49] Auf eine entsprechende Absicht des Unternehmers kommt es dabei nicht an.

12 Dem gleichgestellt war und ist die Werbung für eine **Dienstleistung,** die aus technischen Gründen nicht bundesweit genutzt werden kann, ohne hinreichend[50] auf diese beschränkte Verfügbarkeit hinzuweisen. Zu denken ist etwa an **DSL- oder VDSL-Anschlüsse,** die nicht überall oder nicht mit der beworbenen Daten-Kapazität verfügbar sind[51] oder weitere Anschlüsse voraussetzen,[52] **Streaming-Angebote** oder sog. **Home-Zones,** die ein günstigeres Telefonieren mit dem Mobiltelefon versprechen, die aber nur innerhalb bestimmter, nicht bundesweit flächendeckend vorhandener Mobilfunknetze eingerichtet werden können.[53] Dass bei grundsätzlicher Verfügbarkeit von Satelliten-Signalen je nach individueller ungünstiger Lage Beschränkungen bestehen können, ist dem Durchschnittsverbraucher hingegen bekannt.[54] Ebenso weiß er, dass es beim Mobilfunk Funklöcher geben kann, die eine perfekte Netzabdeckung verhindern.[55] Irreführend ist es, wenn für Internet-Flatrates geworben wird, ohne darauf hinzuweisen, dass bei Erreichen eines bestimmten Datenvolumens der Anbieter die **Übertragungsgeschwindigkeit** aktiv **drosselt,** wobei es unerheblich ist, ob man dies als Irreführung über die Verfügbarkeit oder über die Verwendungsmöglichkeit qualifiziert.[56] Nicht zulässig ist auch die Angabe einer Übertragungsgeschwindigkeit, wenn diese tatsächlich nur die (mittels „Vectoring") ermöglichte Maximalgeschwindigkeit darstellt.[57]

12a Die Verfügbarkeit kann auch für andere Dienstleistungen relevant sein, wie z. B. für einen **ärztlichen Notdienst,** der trotz Ankündigung nicht „ganztägig erreichbar" ist.[58] Bei einer **Beratungsdienstleistung** muss während der Öffnungszeiten des Geschäftslokals grundsätzlich eine Person dort anwesend oder zumindest unmittelbar erreichbar sein, die befähigt und berechtigt ist, diese Dienstleistung zu erbringen. Etwas anderes kann jedoch gelten, wenn der Verkehr erwartet, dass die Beratungsdienstleistung nicht ohne vorherige Terminabsprache erbracht wird, z. B. weil die entsprechende Beratung oder Behandlung einen längeren Zeitraum in Anspruch nimmt, wie das etwa bei einem **Hörgeräteakustiker** der Fall ist.[59]

13 **a) Fehlende Abgabebereitschaft.** Wer für eine Ware wirbt, indiziert damit auch eine Verkaufsbereitschaft. Unlauter ist daher eine Werbung, wenn der Unternehmer **überhaupt nicht bereit ist,** die beworbene Ware **abzugeben**[60] oder sie trotz Ankündigung gegenüber der Allgemein-

---

[47] Zum Vorwurf der Kommission, mangels ausdrücklicher Erwähnung des Begriffs „Vorhandensein" sei Art. 6 Abs. 1 lit. a) der Richtlinie 2005/29/EG nicht richtig umgesetzt s. o. Rdn. 1.

[48] EuGH GRUR 2013, 1157 Tz. 29 – *CHS Tour Service/Team4 Travel.*

[49] EuGH GRUR Int. 2014, 276 Tz. 36 – *Trento Sviluppo.*

[50] Nicht ausreichend ist nach OLG Frankfurt WRP 2014, 1226 Tz. 24 f. der Hinweis auf eine eingeschränkte Verfügbarkeit ohne weitere Hervorhebung im Fließtext einer Fußnote, die einen Sternchenhinweis neben einer Preisangabe auflöst und bei der ein Verbraucher daher weitere Preisinformationen erwartet. A. A. OLG Köln, MD 2014, 155, 156.

[51] Vgl. allerdings auch OLG Köln MD 2002, 1049, 1050 (*„der durchschnittlich informierte Verbraucher weiß, dass der attraktive Internet-Zugang durch DSL bislang technisch noch nicht überall verwirklicht werden kann."*). A. A. OLG Hamburg GRUR-RR 2006, 285 – *DSL-Internetzugang;* MD 2007, 458, 466 – *0,00 Euro-Offensive;* MD 2007, 1188, 1189 – *„DSL – jetzt auch bei uns" („kann nicht davon ausgegangen werden, dass den angesprochenen Verkehrskreisen bekannt ist, dass die DSL-Technologie nicht überall verfügbar ist");* LG Hamburg NJOZ 2010, 932, 933. Vgl. auch OLG München, BeckRS 2009, 12845 zur Hinweispflicht auf das Fehlen von Preselection und Call-by-Call Verfahren. Siehe auch Rdn. 23.

[52] OLG Hamburg GRUR-RR 2006, 285 – *DSL-Internetzugang;* MD 2007, 458, 466 – *0,00 Euro-Offensive.*

[53] OLG Hamburg GRUR-RR 2007, 85, 86 f. – *Homezone im O2-Netz.*

[54] OLG Köln MD 2004, 229, 232; OLG Frankfurt GRUR-RR 2015, 247 Tz. 15.

[55] OLG Frankfurt WRP 2015, 1120 Tz. 5 – *Kein Netz keine Ausrede mehr.*

[56] OLG Koblenz GRUR-RR 2013, 443, 445 – *unbegrenzt surfen;* OLG Köln MD 2014, 155, 156 – *endlos surfen;* siehe dazu unten Rdn. 194.

[57] OLG Köln WRP 2015, 768, 769.

[58] OLG Hamm GRUR-RR 2006, 105.

[59] BGH GRUR 2013, 1056, 1957 – *Meisterpräsenz.*

[60] BGH GRUR 1983, 650 – *Kamera;* GRUR 2000, 911, 913 – *Computerwerbung;* KG WRP 1981, 525, 526; GRUR 1983, 676, 677.

heit **nur an bestimmte Personen** (z. B. eigene Angestellte) abgeben will,[61] ohne darauf hinreichend hinzuweisen.[62] Bei Handlungen gegenüber Verbrauchern ist dies nunmehr in Nr. 6 im Anhang zu § 3 Abs. 3 UWG ausdrücklich als per se Verbot geregelt und vorrangig zu prüfen. Entsprechendes gilt, wenn der Werbende **nicht bereit ist,** zu einem bestimmten Preis beworbene Waren **durch wenige Handgriffe kurzfristig zur Auslieferung fertig zu machen** oder sonst wie **innerhalb vertretbarer Zeit zu liefern** oder den beworbenen **Artikel zu zeigen** oder **Bestellungen dafür anzunehmen** oder **ein fehlerhaftes Exemplar vorführt,** um statt dessen andere Waren abzusetzen. Ausgenommen ist die Abgabe an Testkäufer. Die Nichtabgabe an (als solche erkannte) **Testkäufer** indiziert nicht zugleich eine fehlende Verkaufsbereitschaft an andere Kunden oder einen unzureichenden Warenvorrat.[63] Auch ist es unschädlich, wenn ein Einzelhändler sich die Abgabe von Waren *„in haushaltsüblicher Menge"* vorbehält; allerdings darf er dann nicht zugleich zu *„Vorratskäufen"* auffordern.[64]

Wird ein Verkaufslokal während der allgemeinen gesetzlichen **Ladenschlusszeiten ausschließlich zur Besichtigung der Ware** und nicht zu Beratung oder Verkauf offen gehalten – was notwendig ist, um „geschäftlichen Verkehr" und damit einen Verstoß gegen § 3 LadSchlG zu vermeiden –, muss hierauf in der Werbung deutlich hingewiesen werden.[65] Andernfalls liegt auch insoweit eine Irreführung vor, denn zu dem relevanten Zeitraum ist die Ware jedenfalls nicht für den Kunden zu erwerben und daher nicht verfügbar. 14

b) Liefer- und Mitnahmemöglichkeit. Bei Waren, die zum persönlichen Gebrauch oder Verbrauch bestimmt sind, erwartet der Durchschnittsverbraucher – und dies ist nicht nur der „Schnäppchenjäger"[66] – im Regelfall, dass die beworbene Ware im Verkaufsraum zur **sofortigen Mitnahme** greifbar ist.[67] Dass Nr. 6 im Anhang zu § 3 Abs. 3 UWG für das per se Verbot im geschäftlichen Verkehr gegenüber Verbrauchern nur auf eine Lieferung „innerhalb einer vertretbaren Zeit" abstellt, steht dem nicht entgegen. Das gilt insbesondere dann, wenn das Angebot in der Werbung blickfangmäßig hervorgehoben wird.[68] Etwas anderes kann im Einzelfall z. B. für hochwertige **Möbel** gelten, die in unterschiedlicher Ausgestaltung angeboten werden,[69] – in diesem Fall sowie bei anderen kostspieligen und langlebigen Gütern könnte ausnahmsweise, unter engen Voraussetzungen, sogar einem Blickfang durch andere Angaben in der Werbung entgegengewirkt werden[70] – nicht aber für billige Möbel zum Selbstabholen.[71] Bei **Versandunternehmen** rechnet der Kunde mangels anderslautender Aussagen mit **sofortiger Liefermöglichkeit.** Das gilt auch bei einer Werbung im Internet. Allerdings ist hier nicht entscheidend, ob der Werbende die Waren selbst vorrätig hat, sondern ob er die unverzügliche Versendung an den Kunden nach Eingang einer Bestellung sicherstellen kann, denn eine sofortige Mitnahme steht hier nicht in Frage.[72] Betreibt ein Filialunternehmen einen Internetshop, erwartet der Verkehr im Regelfall nicht, dass die im **Internetshop** angebotenen Produkte auch in den (physisch vorhandenen) **Filialen** zur sofortigen Mitnahme bereitstehen.[73] Erfolgt die Werbung hingegen ohne Einschränkung für ein Filialunternehmen, erwartet der Verbraucher die Ware grds. in allen Filialen und nicht nur am jeweiligen Wohnsitz des Verbrauchers vorrätig.[74] Werden nur bestimmte Filialen oder Verkaufsstätten in der 15

[61] Vgl. OLG Düsseldorf WRP 2011, 1088, 1091.

[62] BGH GRUR 2003, 163 – *Computerwerbung II.*

[63] BGH GRUR 1987, 835, 837 – *Lieferbereitschaft;* OLG Düsseldorf WRP 1981, 100; KG GRUR 1983, 677.

[64] BGH GRUR 1984, 596 – *Vorratskauf;* siehe auch Rdn. 23.

[65] OLG Köln WRP 1982, 166, 168; OLG Hamburg GRUR 1984, 678; OLG Düsseldorf WRP 1985, 345, 346; 1986, 395; *Scholtissek* WRP 1992, 11, 14; a. A. OLG Oldenburg WRP 1976, 498; KG WRP 1983, 493; OLG Stuttgart WRP 1984, 357, 358.

[66] OLG Hamburg GRUR-RR 2005, 287, 288 – *Weihnachts-Kerzenleuchter.*

[67] BGH GRUR 1996, 800, 801 – *EDV-Geräte;* GRUR 1998, 949, 950 – *D-Netz Handtelefon;* GRUR 1999, 509, 511 – *Vorratslücken;* GRUR 2000, 911, 912 – *Computerwerbung;* GRUR 2002, 1095 – *Telefonische Vorratsanfrage;* KG MD 1997, 838, 841.

[68] BGH GRUR 2000, 911, 913 – *Computerwerbung;* OLG Düsseldorf WRP 2002, 1467, 1469 – *Lockvogel-Angebote;* im Ansatz ebenso GRUR 2003, 163, 164 – *Computerwerbung II.*

[69] BGH GRUR 1987, 903, 905 – *Le Corbusier-Möbel.*

[70] BGH GRUR 2015, 698 Tz. 19 – *Schlafzimmer komplett;* GRUR 2003, 163, 164 – *Computerwerbung II;* allerdings gilt das nur „unter engen Voraussetzungen", BGH GRUR 2016, 207 – All Net Flat.

[71] OLG Hamburg NJW-RR 1986, 1372, 1373; *Helm* in: Gloy/Loschelder/*Erdmann,* HdbWettbR, § 59, Rdn. 339.

[72] BGH GRUR 2005, 690, 692 – *Internet-Versandhandel;* OLG Hamburg MD 2001, 1261, 1263; MD 2003, 759, 761; LG Hamburg, NJOZ 2010, 932, 933.

[73] OLG Frankfurt MD 1998, 798.

[74] OLG Nürnberg WRP 2015, 390; OLG Düsseldorf WRP 2011, 1088, 1091; BGH GRUR 2016, 395 Tz. 20 –*Smartphone-Werbung.*

Werbung erwähnt, erwartet der Verbraucher die Ware nur (aber immerhin) in diesen[75] und das Vorhandensein der Ware in anderen Filialen, in einem Zentrallager oder bei Dritten ist dann im Regelfall nicht ausreichend, um die Irreführung zu verneinen;[76] das gilt unabhängig davon, wie schnell die Ware von dort beschafft werden kann. Ist beim Kauf der Ware besonderen Kundenwünschen Rechnung zu tragen (z. B. durch individuelle **Konfiguration** von Computern), erwartet der Kunde von vornherein keine sofortige Mitnahmemöglichkeit.[77] Auch rechnet er bei Sonderpostenmärkten damit, dass **kleinere Montagearbeiten** (wie z. B. Justierung von Lenker und Pedale eines Fahrrads) vom Käufer selbst vorgenommen werden müssen.[78]

16 **c) Verfügbarkeit der beworbenen Ware.** Der Verbraucher erwartet im Regelfall, dass **konkret *die* Ware vorrätig ist, die beworben wurde.** Insbesondere ist es verboten, das konkret angebotene Produkt nicht zu zeigen oder Bestellungen dafür anzunehmen, um stattdessen ein anderes Produkt abzusetzen. Das ist nunmehr für den geschäftlichen Verkehr gegenüber Verbrauchern ausdrücklich in Nr. 6 im Anhang zu § 3 Abs. 3 UWG geregelt. Allerdings wird sich diese Absicht in der Praxis nur schwer oder kaum beweisen lassen. Im Übrigen ist zu beachten, dass Nr. 5 der Schwarzen Liste nunmehr ausdrücklich auch die Lieferung eines **gleichartigen** Produkts vorsieht, d. h. bei Bereitstellung einer gleichartigen Ware wäre das Verbot nicht mehr verwirkt. „Gleichartig" meint dabei, dass das andere Produkt aus Sicht des Verbrauchers gleichwertig und damit **austauschbar** zu dem konkret angebotenen Produkt ist. Diese Regelung in Nr. 5 der Schwarzen Liste hat auch Auswirkung auf die Auslegung des § 5 Abs. 1 UWG, denn wenn schon die Lieferung eines gleichwertigen Produkts bei einem konkreten Angebot gegenüber einem *Verbraucher* genügen kann, so muss das erst recht bei weniger konkreten Angeboten oder Angeboten gegenüber *Unternehmern* gelten. Wird in der Werbung kein konkretes Modell genannt, so erwartet der Verkehr ohnehin nicht das Vorrätigsein eines bestimmten Modells. Auch schadet es nicht, wenn dieses eine **weitere Marke** trägt,[79] während die Marke als solche bei der Beurteilung der Gleichartigkeit durchaus eine Rolle spielen kann. Fehlt eine **Größenangabe,** geht der Verbraucher davon aus, dass die Ware **in allen gängigen Größen** und Modellen vorhanden ist.[80]

17 **d) Zeitpunkt der Verfügbarkeit. Ab wann** und wie lange die Ware vorrätig sein muss, hängt von den Umständen des Einzelfalls ab. Im Regelfall geht der Verkehr davon aus, dass eine Ware ab dem **Tag des Verkaufsbeginns** vorrätig ist. Verkaufsbeginn ist dabei der Zeitpunkt, der in der Werbung als solcher angegeben wird, andernfalls der Zeitpunkt, der den Umständen nach zu erwarten ist. Im Regelfall wird das der **Tag des Erscheinens der Werbung** sein. Bei einer Werbung in einer Tageszeitung wird der Verkehr somit davon ausgehen, dass die Ware am Erscheinungstag der Werbung verfügbar ist, sofern nicht ein anderes Datum ausdrücklich angegeben wird. Erscheint eine Werbung **mehrfach hintereinander,** kommt es für die Verfügbarkeit nicht auf den Zeitraum ab erstmaligem Erscheinen an, sondern auf das jeweils letzte Erscheinen. Auch wenn eine Werbung bereits mehrfach geschaltet wurde, muss beim Erscheinen der letzten Werbung noch ausreichender Vorrat vorhanden sein, zumal der Verbraucher häufig nicht weiß, ob oder wann zuvor bereits geworben wurde. Irreführend ist es auch, eine **„Lieferzeit auf Nachfrage"** anzukündigen, wenn das beworbene Produkt wegen einer Liefersperre des Herstellers nicht zuverlässig lieferbar ist.[81] Bei der Vorstellung von Neuentwicklungen auf **Fachmessen** wird der Verkehr im Regelfall hingegen nicht die sofortige Lieferbereitschaft erwarten.[82]

18 **e) Dauer der Verfügbarkeit.** Wie *lange* die Ware vorrätig sein muss, hängt ebenfalls von den Umständen des **Einzelfalls** ab. Eine Beweislastregelung wie in Nr. 5 der Schwarzen Liste oder zuvor in § 5 Abs. 5 UWG a. F. vorgesehen, gibt es im Rahmen des § 5 Abs. 1 S. 2 Nr. 1 UWG nicht (mehr). Maßgeblich ist somit, ob ein Vorrat in angemessener Menge vorhanden ist, um die **zu erwartende Nachfrage** zu befriedigen. Die zu erwartende Nachfrage und die angemessene Bevorratung sind dabei aus Sicht eines **verständigen Unternehmers in der konkreten Situation des Anbieters** zu bestimmen. Die beworbene Ware ist in einer angemessenen Menge vorzuhalten, mit

[75] BGH GRUR 2000, 907, 909 – *Filialleiterfehler;* GRUR 2004, 70 – *Preisbrecher;* OLG Düsseldorf WRP 2002, 1467, 1469 – *Lockvogel-Angebote.* Vgl. auch OLG Zweibrücken WRP 1992, 281, 282 – *Millionen von Spielsachen;* OLG Karlsruhe WRP 2003, 1257, 1258 f. – *Lockvogelangebot.*

[76] Vgl. OLG Düsseldorf WRP 2011, 1088.

[77] BGH GRUR 1999, 1011, 1012 – *Werbebeilage.*

[78] OLG Celle GRUR-RR 2003, 253 – *Fahrrad.*

[79] Vgl. BGH GRUR 1998, 949, 951 – *D-Netz Handtelefon.*

[80] BGH GRUR 1985, 980, 981 – *Tennisschuhe;* OLG München WRP 1991, 743, 744.

[81] OLG Hamm BeckRS 2009, 12079.

[82] OLG Celle NJW-RR 1989, 103; *Helm* in: Gloy/Loschelder/Erdmann, HdbWettbR, § 59, Rdn. 344.

der die zu erwartende Nachfrage befriedigt werden kann. Dies bedeutet, dass eine **ex-ante Sicht** erforderlich ist. Demnach kann eine Werbung nicht erst dann irreführend sein, wenn eine Verfügbarkeit tatsächlich nicht mehr gegeben ist, sondern auch schon dann, wenn zwar noch Waren vorrätig sind, zugleich aber schon jetzt feststeht, dass kein angemessener Vorrat vorhanden ist, durch den die zu erwartende Nachfrage insgesamt befriedigt werden kann.[83] Erst recht und stets irreführend ist eine Werbung eines **Händlers,** wenn zum Zeitpunkt der Werbung bereits **jeglicher Warenvorrat fehlt,**[84] z.B. weil die Ware vom Hersteller noch nicht einmal produziert ist.[85] Allerdings gilt dieser Erfahrungssatz nicht automatisch für die Werbung eines **Herstellers,** da dieser nicht ohne weiteres die Verfügbarkeit der Ware beim Händler steuern kann. Dies gilt insbesondere, wenn es sich um hochwertige Ware handelt und in der Werbeanzeige wichtige Umstände für den Erwerbsvorgang, wie z.B. der Preis, wesentliche Produkteigenschaften oder einzelne Verkaufsstellen, nicht genannt werden.[86]

19 Den **Faktoren,** aus denen sich die zu erwartende Nachfrage bestimmt, ist bei einem gerichtlichen Vorgehen **bereits bei der Antragstellung Rechnung zu tragen;** andernfalls kann ein Unterlassungsantrag zu weitgehend und damit unbegründet sein.[87] Relevante Faktoren können insbesondere sein die Art und Preis der Ware, Art, Umfang, Verbreitung und Inhalt der Werbung, Größe und Bedeutung des werbenden Unternehmens, Art des Vertriebs (z.B. Versandhandel, Verkaufslokal).[88] Auch frühere Verkaufszahlen können von Bedeutung sein (siehe auch unten Rdn. 25).[89]

20 Bei der **Art der Ware** ist vor allem zu berücksichtigen, ob es sich um ein langlebiges oder ein kurzlebiges Wirtschaftsgut handelt, ob es ein Produkt des täglichen Gebrauchs oder Sonderbedarf ist, ob es einfach gelagert werden kann oder viel Platz in Anspruch nimmt etc. Für Lebensmittel gelten z.B. andere Erwartungen als für hochwertige Computergeräte oder für große Möbelstücke.[90] Die Art der Ware ist auch in Relation zu setzen zu der üblichen Produktpalette des Unternehmers. So erwartet der Verkehr bei Ware, die nicht der üblichen Produktpalette entspricht und die schwieriger zu lagern ist, im Regelfall eine geringere Bevorratung; dies gilt insbesondere für hochpreisige und exklusive Luxusprodukte.[91] Allerdings ist aber auch zu beachten, dass der Verkehr zunehmend daran gewöhnt ist, bei Lebensmitteldiscountern sortimentsfremde Waren zu kaufen, sodass er mangels anderslautender Aussagen erwartet, einen beworbenen Computer zumindest am Erstverkaufstag noch erwerben zu können.[92]

21 Das Merkmal **Gestaltung der Werbung** umfasst alle inhaltlichen sowie die äußerlichen Merkmale der Werbung. **Verbreitung der Werbung** umschreibt Dauer, Verteilgebiet und Intensität (z.B. Auflagenhöhe) einer Werbung. Bei einer Werbung, die erkennbar in großer Intensität betrieben wird, erwartet der Verkehr auch einen größeren Warenvorrat. Ebenso kann die **Art der Werbung** für die erwartete Vorratsmenge von Bedeutung sein. So erwartet der Verkehr bei einer **Katalogwerbung** im Regelfall eine längere Verfügbarkeit als bei einer **Handzettelwerbung;** bei Werbebeilagen erwartet der Verkehr im Allgemeinen eine längere Verfügbarkeit als bei Anzeigen in Tageszeitungen.

22 Soll sich das beworbene Angebot erkennbar auf einen **bestimmten Zeitraum** erstrecken (wie z.B. *„Unsere Sommerangebote"*), dürfen die Waren nicht nur kurz nach Erscheinen der Werbung vorrätig sein. Man denke nur an Katalogwerbung (wie z.B. den millionenfach verteilten Ikea-Katalog, andere Möbelkataloge oder Reiseprospekte[93]), bei welcher der Verkehr erwartet, dass die angebotene Ware nicht nur zwei Tage nach Erscheinen des Katalogs vorrätig ist, sondern auch einen längeren Zeitraum danach.[94] Je länger der Zeitraum ist, desto seltener wird der durchschnittlich informierte Verbraucher allerdings von einer jederzeit uneingeschränkten sofortigen Mitnahmemöglichkeit ausgehen, sondern auch das **Erfordernis von Nachbestellungen** in Kauf neh-

---

83 Vgl. auch Nr. 5 im Anhang zu § 3 Abs. 3 UWG: *„hinreichende Gründe für die Annahme hat, er werde nicht in der Lage sein . . .".*

84 OLG Oldenburg GRUR-RR 2006, 202, 203 – *Lockvogelwerbung;* OLG Hamburg MD 2007, 454, 456.

85 BGH GRUR 1999, 1011, 1012 – *Werbebeilage.*

86 BGH WRP 2007, 1351, 1353 – *Weltreiterspiele.*

87 Vgl. BGH GRUR 1999, 509, 511 – *Vorratslücken;* OLG Düsseldorf WRP 2002, 1467, 1469 – *Lockvogel-Angebote.*

88 Vgl. OLG Hamburg MD 2001, 1261, 1263.

89 BGH GRUR 1987, 371, 372 – *Kabinettwein;* GRUR 1989, 609, 610 – *Fotoapparate.*

90 OLG Oldenburg GRUR-RR 2006, 202, 203 – *Lockvogelwerbung.*

91 BGH GRUR 1987, 903, 905 – *Le-Corbusier-Möbel;* WRP 2007, 1351, 1353 – *Weltreiterspiele.*

92 OLG Stuttgart WRP 2005, 1424, 1425.

93 Vgl. OLG Düsseldorf WRP 1986, 33, 34; OLG Karlsruhe WRP 1987, 401, 402; OLG Hamburg, MD 1999, 682.

94 Ebenso *Lettl* WRP 2008, 835, 837.

men.[95] Der BGH hielt bei einer Werbung für Computer in einer Beilage zu Tageszeitungen einen Vorrat für eine Woche erforderlich.[96] Mangels anderslautender Angaben (die z. B. gem. § 312d Abs. 1 BGB i. V. m. Art. 246a § 1 Abs. 1 Nr. 7 EGBGB erforderlich sind), erwartet der Durchschnittsverbraucher beim **Internet-Versandhandel** in der Regel, dass die Ware unverzüglich versandt werden kann, sei es durch den Unternehmer oder einen Dritten.[97] Das OLG Düsseldorf entschied, dass bei (sortimentsfremder) **Aktionsware** (Dampfbügeleisen, Computermonitor) eines der größten Lebensmittelfilialisten in Deutschland der Verkehr eine Bevorratung für mindestens drei Tage erwartet.[98]

23 **f) Aufklärende Hinweise.** Der Händler kann auf die Verkehrserwartung zur Verfügbarkeit von Waren durch **aufklärende Hinweise** Einfluss nehmen und damit einer Irreführung des Werbeadressaten durch zusätzliche Angaben entgegenwirken. Diese Hinweise müssen **klar formuliert, leicht lesbar und gut erkennbar** sein.[99] Das gilt sowohl für die Vorratsmenge als auch für die sonstigen Erwartungen an die Verfügbarkeit. So kann der Werbende darlegen, dass Ware **nur in bestimmten Größen** vorrätig ist, dass nur **Restposten** oder **Einzelstücke** verfügbar sind oder Angebote nur für bestimmte **Filialen** gelten sollen. Gleiches gilt für Hinweise auf die **Drosselung der Datenübertragungsmenge** bei einem Mobilfunkvertrag.[100] Die Anforderungen haben sich auch hier durch die Berücksichtigung des durch den EuGH geprägten Verbraucherleitbilds gelockert. So kann – zumindest bei langlebiger und kostspieliger Ware, bei der ein Verbraucher sich eingehend mit der Werbung beschäftigt – der leicht lesbare Hinweis ***„Keine Mitnahmegarantie. Sofern nicht vorhanden, gleich bestellen"*** am Ende einer Werbeanzeige selbst dann genügen, wenn in der Werbung die nicht verfügbaren Waren blickfangmäßig hervorgehoben werden und der Hinweis zwar an diesem Blickfang nicht durch Sternchen o. Ä. teilnimmt, wohl aber sofort ins Auge fällt.[101] Allerdings genügt ein solcher Hinweis nicht, wenn die Ware überhaupt nicht, d. h. in keiner der beworbenen Filialen vorhanden ist und dies von vornherein feststeht.[102] Der Hinweis, dass ein Produkt (nur) an *„vielen"* Orten verfügbar sei, macht dem verständigen Durchschnittsverbraucher hinreichend deutlich, dass keine Verfügbarkeit an allen Stellen besteht. Das gilt zumindest in Fällen, in denen mit „Verfügbarkeit" nicht die Mitnahme aus einem Geschäft gemeint ist, sondern die Möglichkeit zur Nutzung des Produktes, wenn diese Nutzung von weiteren technischen Voraussetzungen abhängt, die ohne den Einfluss des Unternehmers nicht überall gegeben sind (wie z. B. die Verfügbarkeit eines DSL-Anschlusses oder eines Satellitenempfangs).[103] Aufklärungsbedürftig kann eine solche Angabe allerdings sein, wenn ein beworbener DSL-Anschluss mit einer bestimmten Geschwindigkeit für einen erheblichen Teil der angesprochenen Verkehrskreise nicht verfügbar ist.[104] Erwartet der Verkehr hingegen, dass die beworbene Ware in einem Geschäft verfügbar ist (im Sinne von mitnahmebereit) genügt der Hinweis auf ***„viele Geschäfte"*** nicht. Dasselbe gilt für die Einschränkung, dass eine Ware ***„nur regional erhältlich"*** sei: Auch hier erwartet der Verbraucher im Regelfall, dass die beworbene Ware in seiner Region erhältlich ist, wenn die Werbung in dieser Region verteilt wurde.[105] Anders ist es, wenn die ausgeschlossene Region genau benannt wird. Entsprechendes kann gelten, wenn für eine Ware oder Leistung eine bundesweite Verfügbarkeit suggeriert wird, obwohl das Angebot in einigen Bundesländern nicht verfügbar ist.[106] Ob dafür allerdings bereits die Verwendung des Begriffs „Deutschland" in der Unternehmensbezeichnung des Anbieters reicht, ist fraglich. Die Aussage ***„solange der Vorrat reicht"*** weist hingegen nur auf eine begrenzte Laufzeit des Angebots hin, lässt den Verbraucher aber nicht vermuten, dass die Ware nicht

---

95 BGH GRUR 1999, 1011, 1012 – *Werbebeilage.*
96 BGH GRUR 1999, 1011, 1012 – *Werbebeilage.*
97 BGH GRUR 2005, 690, 692 – *Internet-Versandhandel* (noch zu Zeiten, als keine Angaben zum Liefertermin gemacht werden mussten).
98 OLG Düsseldorf WRP 2002, 1467, 1470 – *Lockvogel-Angebote.*
99 BGH GRUR 2016, 395 Tz. 20 – Smartphone-Werbung.
100 OLG Köln MD 2014, 155 zu *„Endlos surfen ohne Vertrag"* und *„Daten-Flat mit bis zu 7,2 Mbit/s"*.
101 BGH GRUR 2003, 163, 164 – *Computerwerbung II;* vgl. nunmehr auch GRUR 2015, 698 Tz. 19 – *Schlafzimmer komplett.* Anders noch BGH GRUR 2000, 911, 912 f. – *Computerwerbung;* a. A. auch OLG Hamburg GRUR-RR 2007, 372 (= MD 2007, 454, 456); einschränkend auch BGH GRUR 2016, 207 Tz. 18 – All Net Flat.
102 OLG Hamburg MD 2007, 454, 456 zu *„Keine Mitnahmegarantie. Aus vertriebstechnischen Gründen ist nicht jeder in dem Prospekt beworbene Artikel in jeder Filiale erhältlich";* OLG Oldenburg GRUR-RR 2006, 202, 203 – *Lockvogelwerbung.*
103 OLG Köln NJWE-WettbR 1998, 220, 221; noch weitergehend OLG Köln MD 2004, 229, 232.
104 OLG Frankfurt WRP 2014, 1226, 1228.
105 OLG Karlsruhe WRP 2003, 1257, 1258 – *Lockvogelangebot.*
106 LG Hamburg MMR 2011, 389, 390.

in ausreichender Menge zur sofortigen Mitnahme verfügbar oder bereits am Vormittag des ersten Angebotstages ausverkauft ist.[107] Bezogen auf Zugaben entnimmt der Verbraucher dem Hinweis die Aussage, dass die Zugabe nicht in derselben Menge wie die Hauptware vorhanden ist. Dennoch wäre dieser Hinweis im Einzelfall irreführend, wenn die bereitgehaltene Menge an Zugaben in keinem angemessenen Verhältnis zur erwarteten Nachfrage stünde.[108] Auch allgemeine Hinweise eines großen Filialunternehmens, *„dass bestimmte Artikel trotz sorgfältig geplanter Angebotsmengen* ***allzuschnell ausverkauft*** *sein können"* oder *„bei diesem Artikel besteht die Möglichkeit, dass er trotz sorgfältiger Bevorratung kurzfristig ausverkauft ist"* rechtfertigen nicht, dass die beworbene Ware schon am ersten Verkaufstag nicht mehr vorrätig ist.[109] Nach Ansicht des BGH soll noch nicht einmal der Hinweis „Dieser Artikel kann aufgrund begrenzter Vorratsmenge bereits im Laufe des ersten Angebotstages ausverkauft sein" für eine wöchentliche Angebotsware ausreichen, wenn diese bereits am Vormittag des ersten Angebotstages ausverkauft ist.[110] Maßstab ist stets, ob der angesprochene Verkehr auf Grund der Werbung in das Geschäft gelockt wird und mit der Verfügbarkeit der Ware rechnet. Das kann auch dann der Fall sein, wenn die Werbung zwar einschränkende Hinweise enthält, jedoch nicht klar ist, auf welche Ware sich die Einschränkung konkret bezieht.[111] Der Hinweis auf ***„Abholpreise"*** besagt nur, dass der angegebene Preis nicht die Lieferung der Ware an den Kunden umfasst; er besagt nichts über die Verfügbarkeit der Ware. Aus dem Hinweis ergibt sich insbesondere nicht, dass der beworbene Preis nur für vorrätige Ware gelten soll und nicht für Bestellungen.[112]

In jedem Fall müssen die einschränkenden Angaben **inhaltlich zutreffend** sein. Wird ein Angebot gegenüber Verbrauchern wahrheitswidrig als nur für kurze Zeit verfügbar dargestellt, so findet Nr. 7 im Anhang zu § 3 Abs. 3 UWG vorrangig Anwendung. 24

g) Entlastung des Unternehmers. Will der Unternehmer sich für eine unzureichende Verfügbarkeit entlasten, hat er Gründe nachzuweisen, die eine **geringere Bevorratung rechtfertigen.** In der bisherigen Rechtsprechung zur Warenverfügbarkeit ist anerkannt, dass der Verkehr bei seiner Erwartung über die Verfügbarkeit der Ware auch berücksichtigt, dass auf Grund besonderer Umstände die Ware nicht verfügbar sein kann, z.B. wegen unvorhersehbarer **Lieferschwierigkeiten, höherer Gewalt** oder **Aufkäufen** durch Mitbewerber. Solche Umstände entlasten den Unternehmer allerdings nur, wenn ihn hieran **kein Verschulden** trifft, sie für ihn **nicht vorhersehbar** waren und er zuvor sich mit angemessener **kaufmännischer Sorgfalt** um seine Belieferung bemüht hatte. Verschulden seines Personals muss der Unternehmer sich dabei zurechnen lassen.[113] Erforderlich ist vor allem, dass der Unternehmer **den benötigten Warenvorrat sorgfältig kalkuliert,** hinreichend gesicherte Bestellungen aufgibt, die laufende Nachfrage beobachtet und hierauf reagiert. Bei der Kalkulation des Warenvorrats sind insbesondere **frühere Verkaufszahlen zu berücksichtigen.**[114] Allerdings sind diese nicht allein maßgebend. Auch entlastet der Umstand, dass bislang immer richtig kalkuliert wurde, nicht.[115] Von Bedeutung sind auch die Attraktivität des jeweiligen Angebots und die Existenz vergleichbarer Angebote von Wettbewerbern. Auf frühere Verkaufszahlen darf man sich daher nicht berufen, wenn das aktuelle Angebot deutlich attraktiver ist.[116] Außerdem ist bei der Kalkulation von einem **normalen Käuferverhalten** auszugehen. Mit **(umfangreichen) Einkäufen von Wettbewerbern** auf der gleichen Handelsstufe muss deshalb im Regelfall nicht gerechnet werden;[117] etwas anderes kann aber gelten, wenn der Abgabepreis des Unternehmers noch unter dem Einstandspreis der Wettbewerber liegt. Ebenso kann aus der Weigerung eines Unternehmers, Ware an erkannte **Testkäufer** zu verkaufen, nicht auf eine unzureichende Bevorratung geschlossen werden;[118] etwas anderes kann allerdings gelten, wenn die Ware den (erkannten) Testkäufern noch nicht einmal gezeigt wird.[119] Es gehört zu den Sorgfaltspflichten ei- 25

---

[107] BGH GRUR 2016, 395 Tz. 21 – *Smartphone-Werbung.* Vgl. allerdings OLG Stuttgart WRP 1984, 439.

[108] BGH GRUR 2010, 247, 248 – *Solange der Vorrat reicht.*

[109] OLG Düsseldorf WRP 2002, 1467, 1470 – *Lockvogel-Angebote;* OLG Hamburg GRUR-RR 2005, 287, 288 – *Weihnachts-Kerzenleuchter.*

[110] BGH GRUR 2016, 395 Tz. 21 – *Smartphone-Werbung.*

[111] Vgl. OLG Hamm WRP 1979, 325; WRP 1981, 329, 330; OLG Hamburg MD 2000, 289, 294.

[112] OLG Stuttgart GRUR-RR 2007, 361, 362 – *Abholpreise.*

[113] BGH GRUR 1984, 593, 594 – *adidas-Sportartikel;* GRUR 2000, 907, 909 – *Filialleiterfehler;* OLG Hamburg GRUR 1984, 287, 288.

[114] BGH GRUR 1987, 371, 372 – *Kabinettwein;* GRUR 1989, 609, 610 – *Fotoapparate.*

[115] OLG Hamburg ZUM-RD 2003, 194, 195.

[116] OLG Hamburg ZUM-RD 2003, 194, 195.

[117] BGH GRUR 1987, 835, 837 – *Lieferbereitschaft;* 1989, 609, 611 – *Fotoapparate; Nacken* WRP 1987, 598, 603; *Traub* WRP 1987, 709, 712.

[118] BGH GRUR 1987, 835, 837 – *Lieferbereitschaft.*

[119] Vgl. BGH GRUR 1989, 609, 611 – *Fotoapparate.*

nes Unternehmers und damit zur Verkehrserwartung, dass der Unternehmer bei längeren Angeboten die **Nachfrage beobachtet** und **bei Bedarf Ware nachbestellt.**[120] Bei der Sicherstellung der Belieferung ist zu berücksichtigen, ob zum jeweiligen Vorlieferanten bereits zuverlässige Lieferbeziehungen bestehen (evtl. sogar im Rahmen eines selektiven Vertriebssystems) oder ob es sich um eine Erstbestellung (evtl. sogar eines Außenseiters) handelt, bei der man sich nicht ohne weiteres auf die Lieferzusage des Vertragspartners verlassen kann.[121] Bei einem **Versandhändler** ist nicht erforderlich, dass er die gesamte Ware selbst auf Lager vorhält, solange nur sichergestellt ist, dass er auf Bestellungen unverzüglich reagieren und die Absendung der Ware veranlassen kann; allerdings muss dann auch sichergestellt sein, dass bei Bedarf kurzfristig auf andere Bezugsquellen ausgewichen werden kann.[122] Insgesamt sind die **Anforderungen** an die Sorgfaltspflicht des Unternehmers **umso höher, je attraktiver das Angebot** und je intensiver dessen Bewerbung ist. Werden nur wenige Waren beworben, so erwartet der Verkehr im Allgemeinen eine unbedingte Liefermöglichkeit ab Geschäftseröffnung.[123] Bei Werbung für eine Vielzahl von Produkten rechnet der Verkehr hingegen auch mit vereinzelten Fehldispositionen von Waren, sofern diese nicht gerade besonders in der Werbung hervorgehoben werden.[124]

26 **h) Subjektiver Vorratsmangel, Relevanz.** Ist die Verkehrserwartung definiert, entscheidet sich allein nach den tatsächlichen, objektiven Umständen, ob diese Erwartung erfüllt ist. Ob ein Testkäufer die vorhandene Ware auch tatsächlich findet, ist daher egal, solange sie nicht bewusst an versteckter Stelle aufgestellt wird. Wird am *Telefon* behauptet, dass eine Ware nicht lieferbar sei, obwohl sie tatsächlich im Geschäft bereit steht, so stellt das zwar eine falsche Aussage über die Verfügbarkeit dar **(„subjektiver Vorratsmangel"),** jedoch fehlt die wettbewerbsrechtliche **Relevanz,** da die Auskunft den Kunden eher vom Besuch des Geschäfts abhalten wird.[125] Wird die falsche Auskunft hingegen im *Laden* erteilt, ist sie relevant, da der Kunde dann versucht sein könnte, andere Ware zu kaufen;[126] in solchen Fällen ist im geschäftlichen Verkehr mit Verbrauchern zukünftig zudem vorrangig der Tatbestand der Nr. 6 im Anhang zu § 3 Abs. 3 UWG zu prüfen.

27 **i) Beweislast.** Die **Beweislast** für die Verkehrserwartung und die fehlende Verfügbarkeit trifft den **Kläger.** Der Umstand, dass die Ware von einem **Testkäufer** nicht gefunden wurde, genügt zum Nachweis nicht, wenn der Unternehmer (z.B. durch Vorlage von Kassenbelegen) den Verkauf der Ware zu etwa demselben Zeitpunkt belegen kann. Auch belegt das „Abwimmeln" eines erkannten Testkäufers nicht die fehlende Verfügbarkeit.[127] Die Darlegungslast dafür, dass die Ware nur auf Grund unvorhersehbarer Umstände nicht verfügbar war und dies auch bei Wahrung der kaufmännischen Sorgfaltspflichten nicht hätte verhindert werden können, trägt hingegen der **Unternehmer.**[128]

II. Art, Ausführung, Zusammensetzung, Beschaffenheit der Ware oder Dienstleistung, Zubehör

Schrifttum: *Bergmann,* Frisch vom Markt, ZLR 2001, 667; *v. Gamm,* Wein- und Bezeichnungsvorschriften des Gemeinschaftsrechts und nationales Recht gegen den unlauteren Wettbewerb, GRUR 1984, 165; *Gorny,* Der Abschied vom verständigen Durchschnittsverbraucher im Lebensmittelwerberecht, ZLR 2003, 253; *Grundmann,* Nährwert- und gesundheitsbezogene Angaben über Lebensmittel und „drohendes" EG-Recht, ZLR 2003, 85; *Hagenmeyer/Hahn,* Im SumV der NemV, WRP 2004, 1445; *Hagenmeyer,* Vierte Beleuchtung der Rechtsprechung zur VO (EG) Nr. 1924/2006 über Nährwet- und gesundheitsbezogene Angaben, WRP 2012, 414; *Hieronimi,* Das neue EU-Weinbezeichnungsrecht und das deutsche Qualitätsstufensystem, WRP 2010, 211; *Hohmann,* Die Verkehrsauffassung im deutschen und europäischen Lebensmittelrecht, 1994; *Kiethe/Groeschke,* Die Zulässigkeit der Produktkennzeichnung und die Bewerbung von Lebensmitteln, insbesondere von Milchprodukten als „Frisch", WRP 2000, 431; *Köhler,* Zivilrechtliche Aspekte des Mindesthaltbarkeitsdatums bei

---

[120] BGH GRUR 1985, 980, 981 – *Tennisschuhe;* OLG Köln GRUR 1984, 827, 828 – *Schmuckartikel;* OLG München WRP 1991, 744, 745.

[121] BGH GRUR 2002, 187, 189 – *Lieferstörung.*

[122] OLG Hamburg MD 2001, 1261, 1266; MD 2003, 759, 761.

[123] BGH GRUR 2002, 187, 189 – *Lieferstörung.*

[124] BGH GRUR 1987, 52, 54 – *Tomatenmark;* 1987, 371, 372 – *Kabinettwein;* 1988, 311, 312 – *Beilagen-Werbung;* 1989, 609, 610 – *Fotoapparate;* 1992, 858, 859 – *Clementinen.*

[125] BGH GRUR 2002, 1095, 1096 – *Telefonische Vorratsanfrage.*

[126] Vgl. OLG Frankfurt NJOZ 2005, 2180, 2182.

[127] BGH GRUR 2002, 187, 190 – *Lieferstörung.*

[128] BGH GRUR 1982, 681, 683 – *Skistiefel;* GRUR 1983, 582, 583 – *Tonbandgerät;* GRUR 2002, 187, 189 – *Lieferstörung.*

Lebensmitteln, DB 1985, 215; *ders.*, Verbraucherinformation im Spannungsverhältnis von Lebensmittelrecht und Lauterkeitsrecht, WRP 2014, 637; *Kisseler,* Das Wettbewerbsrecht als Mittel zur Durchsetzung des Lebensmittelrechts, ZLR 1989, 588; 236 ff.; *Krohn,* Die Bedeutung von lebensmittelrechtlichen Werbeverboten aus der Perspektive des Wettbewerbsrechts, ZLR 1999, 127; *Leible,* in: Lebensmittelrechts-Handbuch (Stand: November 2002), III, Rdn. 400 ff.; *Leible/Sosnitza,* § 17 LMBG nach „Darbo". Ein Plädoyer für die Streichung von § 17 Abs. 1 Nr. 4 LMBG, WRP 2000, 610; *Lindacher,* Zur Gewährleistungshaftung des Händlers bei Veräußerung von Lebensmitteln nach Ablauf des Mindesthaltbarkeitsdatums, NJW 1985, 423; *Lips,* Die Auslobung der Eigenschaft „Frische" bei Lebensmitteln, insbesondere tiefgefrorenen Lebensmitteln, ZLR 1986, 364; *Mayer,* Irreführende Verwendung von IVW-Zahlen bei der Bewerbung von Pressemedien, WRP 2010, 984 ff.; *Meisterernst,* Kein Öl an die Karotte!, WRP 2012, 405; *Michalski/Riemenschneider,* Irreführende Werbung mit dem Mindesthaltbarkeitsdatum, BB 1994, 588; *Möstle,* Wandel des Verbraucherleitbilds? Eine Positionsbestimmung aus lebensmittelrechtlicher Perspektive, WRP 2014, 906; *Oelrichs,* Naturbezogene Werbung für Lebensmittel – gestern, heute und morgen, WRP 2004, 863; *Rabe/Wulf,* Zuckerwerbung, GRUR 1990, 174; *Raschke,* Inhalt und Grenzen des ärztlichen Werberechts; NJW 2015, 825; *Schröder/Vandersanden,* Neues zur Kennzeichnung von Lebensmitteln, ZLR 2008, 543; *Schulteis,* Frisch auf den Tisch: Aktuelle Rechtsprechung zur lebensmittelrechtliche Irreführung, GRUR-Prax 2010, 548; *Streinz,* Werbung für Lebensmittel – Verhältnis Lebensmittel- und Wettbewerbsrecht, GRUR 1996, 16; *Stumpf,* Sprachliche Anforderungen an die Kennzeichnung parallelimportierter Lebensmittel, das maßgebliche Verbraucherleitbild und die europäische Warenverkehrsfreiheit, WPR 2014, 286; *Teufer,* Fernabsatz von Lebensmitteln: Die neuen Pflichtangaben kommen näher, GRUR-Prax 2014, 449; *Weitner,* Gesundheitsbezogene Angaben bei Lebensmitteln: Möglichkeiten und Grenzen nach der aktuellen BGH- und EuGH-Rechtsprechung, GRUR-PRAX 2014, 246.

1. Bedeutung und Abgrenzung

28 § 5 Abs. 1 S. 2 Nr. 1 UWG verbietet zur Irreführung geeignete Aussagen über Art, Ausführung, Zusammensetzung oder Beschaffenheit von Waren oder Dienstleistungen. Die genaue Abgrenzung ist dabei schwierig, zumal der Begriff der Beschaffenheit noch unter der Geltung des § 3 UWG a. F. weit verstanden wurde und alle Umstände tatsächlicher Art umfasste, die nach der Verkehrsauffassung für die Wertschätzung einer Ware oder Leistung von Bedeutung waren.[129] Der Begriff war somit nicht auf Eigenschaften der Ware beschränkt, die mit ihrer stofflichen Beschaffenheit oder der Qualität zusammenhingen oder sich auf die Verwendung oder den Geschmack der Ware bezogen. Aufgrund der Vorgabe in Art. 6 Abs. 1 lit. b) der UGP-Richtlinie wurde das **„Zubehör"** ergänzt. Der Referentenentwurf zur Neufassung von § 5 UWG ging im Jahr 2007 noch davon aus, dass dies von den Worten „Ausführung" und „Zusammensetzung" umfasst sein soll.[130] Mit dem Regierungsentwurf wurde der Ausdruck dann hingegen ausdrücklich in den Gesetzestext übernommen, allerdings ohne weitere Begründung. Dies zeigt, dass dem Ausdruck im Vergleich zur früheren Regelung keine weitergehende Bedeutung zukommt. Dennoch ist die ausdrückliche Erwähnung angesichts der Vollharmonisierung durch die UGP-Richtlinie zu begrüßen.

29 Bestimmte Erwartungen an die Beschaffenheit und Qualität einer Ware können sich auch aufgrund von Angaben über das **Verfahren der Herstellung** (Herstellungsart) (hierzu Rdn. 98 ff.) oder aus Hinweisen auf **Auszeichnungen** oder **Gütezeichen und Gütesiegel** (hierzu Rdn. 277 ff.) ergeben. Aus dem **Zeitpunkt der Herstellung** (hierzu Rdn. 92 ff.) lassen sich ebenfalls Rückschlüsse auf die Beschaffenheit ziehen, z. B. bei Werbung für „frische" Produkte. Ebenso hängen Zusammensetzung und Beschaffenheit der Ware einerseits und die daraus **resultierenden Verwendungsmöglichkeiten** und die von der **Verwendung zu erwartenden Ergebnisse** andererseits (hierzu Rdn. 120 ff.) häufig zusammen. Gelegentlich kommt es aber auch vor, dass der Verkehr zwar keine bestimmte Vorstellung über die Zusammensetzung einer Ware hat, von ihr aber dennoch eine bestimmte Wirkung erwartet. Oft lassen auch Produktkennzeichnungen oder die **Verwendung von Marken** auf eine bestimmte Beschaffenheit der Ware schließen (hierzu Rdn. 55 ff.); davon zu unterscheiden ist der Fall, dass irreführend mit dem Bestehen von Markenschutz oder anderer geistiger Eigentumsrechte für eine Ware geworben wird (hierzu § 5 Abschn. C Rdn. 18 ff.).

30 Mit Angaben über die Art, Ausführung, Zusammensetzung oder Beschaffenheit der angebotenen Waren oder Dienstleistungen oder Zubehör dazu entsprechen die Anbieter einem Informationsinteresse der Abnehmer, deren **Gütevorstellungen** über Produkte in der Regel von diesen Kriterien mitbestimmt werden. Insbesondere im Rahmen des europäischen Geschäftsverkehrs kommt diesen Angaben eine besondere Bedeutung zu, nachdem häufig Vertriebsverbote für bestimmte Waren vom EuGH für unwirksam erklärt wurden mit dem Hinweis darauf, dass sich Irreführungen auch

---

[129] BGH GRUR 1969, 280, 281 – *Scotch Whisky;* Ohly/*Sosnitza,* UWG, § 5 Rdn. 247.

[130] Begründung des Referentenentwurfs vom 27.7.2007, Erstes Gesetz zur Änderung des Gesetzes gegen den unlauteren Wettbewerb, S. 42.

durch Informationen über die Zusammensetzung der Ware vermeiden lassen.[131] Umso wichtiger ist es, dass diese Informationen über die Zusammensetzung nicht selbst irreführend wirken. Zu diesen Informationen zählen dabei nicht nur ergänzende **Angaben zur Zusammensetzung einer Ware,** wie z.B. das Zutatenverzeichnis, sondern auch und gerade die **Bezeichnung einer Ware.** Erst recht gilt das für Angaben über die **Verkehrsfähigkeit** einer Ware, für die nunmehr in **Nr. 9 im Anhang zu § 3 Abs. 3 UWG** sogar ein eigener Tatbestand irreführender Werbung geschaffen wurde. Erschwert wird die rechtliche Beurteilung darüber hinaus durch eine Vielzahl von Sonderregelungen. Insbesondere das Lebensmittelrecht enthält detaillierte Anforderungen an Herstellung, Zusammensetzung, Qualität, Aufmachung und den Vertrieb von Waren (hierzu vor allem Rdn. 85ff. sowie v. Jagow Einl I).

2. Verkehrsauffassung, Verbraucherleitbild

31 Maßgeblich dafür, ob eine Angabe über die Art, Ausführung, Zusammensetzung, Beschaffenheit oder das Zubehör irreführen kann, ist – soweit der Gesetzgeber nicht eine verbindliche Auslegung vorgibt[132] – die Verkehrsauffassung, wobei konkret auf das **Verständnis des Durchschnittsverbrauchers** abzustellen ist, der angemessen gut unterrichtet und angemessen aufmerksam und kritisch ist, unter Berücksichtigung sozialer, kultureller und sprachlicher Faktoren.[133] Zudem kann das Verständnis dieses Durchschnittsverbrauchers auch durch die Dauer der Verwendung einer bestimmten Werbung oder Bezeichnung beeinflusst werden.[134] Der gute Glaube des Herstellers ist hingegen unerheblich. Gerade zur Irreführung über die Beschaffenheit hat sich dabei eine umfangreiche Rechtsprechung entwickelt.

32 **a) Relevante Verkehrskreise.** Ob eine Bezeichnung unrichtig ist, entscheidet sich allein nach dem Sinn, der ihr nach Auffassung derjenigen Verkehrskreise zukommt, die von der Bezeichnung angesprochen werden.[135] **Fachkreise** können mit Warenbezeichnungen andere Vorstellungen verbinden als **Laien.** Das gilt insbesondere dann, wenn der Begriff bereits lange Zeit in der Fachsprache verwendet wird und dadurch in der Fachwelt einen schützenswerten sprachlichen Besitzstand begründet hat. Der BGH sah deshalb den Ausdruck *„Emaillelack"* für Lackerzeugnisse in unverarbeitetem Zustand als nicht irreführend an, da Abnehmer dieser Erzeugnisse Fachleute waren, die den Lack als Anstreichmittel für ihre Produkte verwendeten und ihnen der Begriff seit mehr als fünf Jahrzehnten geläufig war. Auf eine etwaige Irreführung der Abnehmer dieser Fertigprodukte kam es nach Ansicht des BGH daher nicht an; die Frage, ob der Ausdruck *„Emaillelack"* auch gegenüber den Endabnehmern der Fertigprodukte verwendet werden dürfe, ließ der BGH ausdrücklich offen.[136] Wendet sich eine geschäftliche Handlung an eine **bestimmte Gruppe** von Verbrauchern, ist auf ein durchschnittliches Mitglied dieser Gruppe abzustellen, § 3 Abs. 4 S. 1 Alt. 2 UWG. Ist für den Unternehmer vorhersehbar, dass seine Werbung nur eine eindeutig identifizierbare Gruppe **besonders schutzbedürftiger Verbraucher,** d.h. geistig oder körperlich Behinderte, alte oder leichtgläubige Personen, betrifft, ist auf die durchschnittliche Sicht eines Mitglieds dieser Gruppe abzustellen, § 3 Abs. 4 S. 2 UWG. Richtet sich eine Aussage an **verschiedene Verkehrskreise,** so reicht die Irreführung in einem dieser Kreise aus. Wird ein Ausdruck daher nicht nur gegenüber den Fachkreisen, sondern auch in der Werbung gegenüber Verbrauchern verwendet, kommt es für die Irreführungsgefahr (auch) auf deren Verständnis an, selbst wenn der Begriff von Fachleuten möglicherweise richtig verstanden wird.[137] Richtet sich eine geschäftliche Angabe primär an Fachkreise, ist sie aber dazu bestimmt, (durch die Fachkreise) auch gegenüber Verbrauchern verwendet zu werden oder ist die Angabe darauf ausgerichtet, von Kunden im Vorfeld einer Kaufentscheidung beachtet zu werden, die dann den Fachmann darauf ansprechen, so kommt es insoweit auch auf das

---

[131] Vgl. etwa EuGH ZLR 2003, 190, 204f. – *Schokolade (Italien);* EuZW 2001, 16, 17 – *Geffroy;* NJW 1990, 972, 973 – *Deserbais;* grundlegend NJW 1979, 1766, 1767 – *Cassis de Dijon;* NJW 1982, 1212, 1213 – *Reservierung der Bezeichnung „Essig" für Weinessig;* GRUR Int. 1987, 404, 412 – *Reinheitsgebot für Bier;* NJW 1987, 566, 568 – *Mindestalkoholgehalt von „Genever";* Slg. 1988, 4233, 4281 – *Teigwaren;* NJW 1989, 1428, 1429 – *Reinheitsgebot für Fleischerzeugnisse;* NJW 1989, 2184, 2185 – *Verkehrsverbot für Milchersatzstoffe.*

[132] BVerfG NJW 2002, 1486; hierzu unten Rdn. 72.

[133] Ausführlich *Glöckner* Einl. B Rdn. 172ff. und *Dreyer,* § 5 B Rdn. 13ff.

[134] EuGH GRUR 2010, 151, 155 – *Salami Felino-Art.*

[135] Siehe oben § 5 B Rdn. 21ff.; vgl. auch BVerwG LMuR 2002, 144, 145; BGHZ 27, 1, 4 – *Emaillelack;* GRUR 1984, 376, 377 – *Johannisbeerkonzentrat.*

[136] BGHZ 27, 1, 11 – *Emaillelack.* Wobei die Entscheidung anders ausfallen dürfte, wenn mit der Verwendung des Begriffs auch gegenüber Verbrauchern zu rechnen ist.

[137] BGHZ 13, 244, 251ff. – *Cupresa-Kunstseide;* GRUR 1968, 200, 202 – *Acrylglas;* GRUR 1973, 481, 482f. – *Weingeist;* GRUR 2004, 244, 246 – *Marktführerschaft.*

Verständnis der nicht fachkundigen Kunden an.[138] An einer relevanten Irreführung kann es trotz Verwendung einer wissenschaftlich unkorrekten Bezeichnung fehlen, wenn sich im Sprachgebrauch der beteiligten Verkehrskreise eine **eigene,** die wissenschaftlichen Differenzierungen verneinende **Begrifflichkeit** herausgebildet hat.[139]

b) Bestimmung des Verständnisses. Die Verkehrsauffassung orientiert sich grundsätzlich am **Wortsinn** einer Aussage, d.h. am allgemeinen Sprachgebrauch und am allgemeinen Sprachverständnis[140] sowie daran, was in der jeweiligen Branche üblich ist.[141] Die Verkehrsauffassung kann darüber hinaus auch durch gesetzliche Regelungen, behördliche Verlautbarungen, Erwähnung in Lexika, Verwendung in der Fachwissenschaft, Handelsbräuche oder Verbandsrichtlinien beeinflusst werden.[142] Im Lebensmittelrecht kommt beispielsweise den Leitsätzen des **„Deutschen Lebensmittelbuchs",** die von der Deutschen Lebensmittelbuch-Kommission gemäß §§ 15f. LFGB beschlossen werden, als „Sachverständigengutachten von besonderer Qualität"[143] eine wichtige Bedeutung zu,[144] wobei es sich allerdings nicht um verbindliche Rechtssätze handelt,[145] welche das Verbraucherverständnis zwingend prägen.[146] Andererseits kann aus der irreführenden Verwendung eines Begriffes durch Verwaltungsbehörden nicht geschlossen werden, dass der Begriff nicht irreführend ist, weil nicht ohne weiteres davon auszugehen ist, dass die Verkehrsauffassung hierdurch geprägt wird.[147] Auch müssen sich Verkehrsauffassung einerseits und allgemeiner Sprachgebrauch, Fachsprache oder Handelsbräuche andererseits nicht immer decken. Da die Verkehrsauffassung „nicht selten ihre eigenen Wege geht",[148] kann selbst eine ihrem allgemeinen Sprachsinn nach an sich **unrichtige Bezeichnung** erlaubt sein, wenn der durchschnittlich verständige und informierte Verbraucher innerhalb der in Betracht kommenden Abnehmerkreise mit ihr die **richtige Vorstellung verbindet.** Dies entsprach auch der bisherigen Rechtsprechung.[149] Art. 6 Abs. 1 S. 1 der UGP-Richtlinie verbietet nunmehr allerdings ausdrücklich **objektiv unwahre Angaben.** Das kann nur so verstanden werden, dass objektiv unwahre Angaben per se verboten sind. Allerdings ist auch bei solchen Angaben für das Verbot nach Art. 6 UGP-Richtlinie erforderlich, dass sie den Verbraucher zu einer geschäftlichen Entscheidung veranlassen, die er ansonsten nicht getroffen hätte.[150] Und daran wird es im Regelfall fehlen, wenn der Verbraucher eine objektiv unrichtige Bezeichnung richtig versteht. Zweifelhaft könnte daher auch sein, ob an der Rechtsprechung des BGH festgehalten werden kann, nach der selbst dann nicht mit irreführenden Aussagen geworben werden darf, wenn die beworbene Ware den **Qualitätsvorstellungen des Verbrauchers entspricht.**[151] Auf der anderen Seite wurde diese Rechtsprechung mit dem Argument begründet, dass solche Angaben geeignet waren, in unredlicher Weise die **Kauflust** zu wecken. Nach Art. 6 Abs. 1 der UGP-Richtlinie kommt es zwar nicht darauf an, ob die Kauflust geweckt wird, sondern ob der Durchschnittsverbraucher zu einer geschäftlichen Entscheidung veranlasst wird, die er ansonsten nicht getroffen hätte. Das könnte aber der Fall sein, wenn durch falsche Angaben eine Kauflust erst geweckt wird. Der Begriff „geschäftliche Entscheidung" umfasst nicht nur die Entscheidung über den Erwerb eines Produkts, sondern auch unmittelbar damit unmittelbar zusammenhängende Entscheidungen; dazu zählt auch die Frage, ob der angesprochene Verbraucher ein Geschäft be- 33

[138] BGH GRUR 1988, 700, 702 – *Messpuffer.*

[139] OLG Köln MD 2004, 1256, 1260.

[140] BGH GRUR 2003, 247, 248 – *Thermalbad;* GRUR 2002, 182, 184 – *Das Beste jeden Morgen,* m.w. Nachw.

[141] BGH GRUR 1979, 402, 404 – *Direkt ab LKW;* GRUR 2000, 239, 240 – *Last-Minute-Reisen.*

[142] Vgl. BGH GRUR 1961, 361, 363 – *Hautleim.* Bejaht für RAL-Gütebestimmungen KG WRP 1986, 329, 330f. – *Werbung mit Gütezeichen;* zu weiteren Quellen der Verkehrsauffassung: *Streinz* GRUR 1996, 16, 21; *Hohmann,* Die Verkehrsauffassung im deutschen und europäischen Lebensmittelrecht, 1994, 131ff.

[143] OVG Münster BeckRS 2010, 56245.

[144] Vgl. etwa OVG Münster BeckRS 2010, 56245; BayVGH ZLR 2000, 938, 942; OLG Hamburg ZLR 1999, 642, 645 – *Schoko;* MD 2004, 1036, 1039 – *Naschkatze* zu Vanillesauce und den Leitsätzen für Pudding; vgl. auch BVerwG LMuR 2002, 144, 146; ZLR 1988, 556. Abgelehnt in OLG Hamburg GRUR-RR 2006, 289 – *SprudelFix;* OLG Köln MD 2008, 288, 292.

[145] BVerwG ZLR 1988, 556, 562 – *Jägerburger/Snackburger;* ZLR 1986, 333, 341 – *Diät-Wurstwaren.*

[146] OLG Köln MD 2008, 288, 292: *„Die Regelungen des Deutschen Lebensmittelbuches sind dem Verbraucher nicht bekannt und prägen daher sein Bild ... nicht;* BeckRS 2012, 00030 – *„Sparkling Tea".*

[147] BGH GRUR 1983, 245, 247 – *naturrot;* GRUR 1991, 554, 555 – *Finanzbuchhalter.*

[148] BGH GRUR 1967, 600, 603 – *Rhenodur.*

[149] Vgl. OLG Koblenz GRUR-RR 2001, 32 – *Scampi;* OLG Köln MD 2004, 1256, 1260.

[150] Vgl. EuGH GRUR 2014, 196 Tz. 33 – *Trento Sviluppo.*

[151] BGH GRUR 1960, 567, 570 – *Kunstglas;* GRUR 1961, 361, 364 – *Hautleim;* GRUR 1967, 600, 601 – *Rhenodur;* GRUR 1969, 280, 282 – *Scotch-Whisky;* GRUR 1991, 852, 855 – *Aquavit; Helm* in: Gloy/Loschelder/Erdmann, Handbuch des Wettbewerbsrechts, § 59 Rdn. 98; Ohly/*Sosnitza,* UWG, § 5 Rdn. 254.

tritt.[152] Ob das im Einzelnen jeweils der Fall ist, muss sorgfältig geprüft werden.[153] Umgekehrt bedeutet das allerdings auch, dass selbst eine **objektiv falsche und auch falsch verstandene Aussage** nicht in jedem Fall verboten ist. Zwar muss das Irreführungsverbot nach den Worten des BGH in der Lage sein, die dreiste Lüge zu erfassen, selbst wenn sie sich im äußeren Erscheinungsbild von der irrtümlichen Falschangabe nicht unterscheidet.[154] Aber auch insoweit gilt das zusätzliche Erfordernis, das der Gesetzgeber nunmehr ausdrücklich auch im Tatbestand des § 5 UWG verankert hat, dass die Werbung bzw. die jeweilige geschäftliche Handlung geeignet sein muss, den Verbraucher zu einer geschäftlichen Entscheidung zu veranlassen, die er andernfalls nicht getroffen hätte.

34 Umgekehrt können auch **objektiv richtige** Angaben **irreführend** sein. Das gilt grundsätzlich auch unter der UGP-Richtlinie. Art. 6 Abs. 1 erwähnt ausdrücklich die Irreführung „selbst mit sachlich richtigen Angaben". Vom BGH wurde bereits vor langem entschieden, dass die Bezeichnung **„Kupferseide"** für eine bestimmte künstliche Seide irreführend wirkt auf den Verbraucher, der hierunter Naturseide versteht.[155] Trotz seiner philologisch richtigen Verwendung wurde auch die Bezeichnung **„organisches Glas"** für Kunststoffglas als irreführend verboten, da ein großer Teil der angesprochenen Verkehrskreise die chemischen Begriffe „organisch" und „anorganisch" nicht unterscheiden könne und sich keine Rechenschaft darüber gebe, dass herkömmliches Glas ein anorganischer Stoff sei.[156] Auch die Angabe **„Weingeist"** bei einer Spirituose wurde als irreführend beurteilt, weil die Verbraucher wegen der hervorgehobenen Darstellung der Bezeichnung irrtümlich annahmen, bei der Herstellung sei ein aus Wein oder Weintrauben hergestellter Branntwein verwendet worden. Den angesprochenen Verkehrskreisen sei nicht bewusst, dass „Weingeist" in der Fachterminologie auf die Verwendung von Ethylalkohol hinweise.[157] Eine andere, durchaus offene Frage ist allerdings, ob diese Urteile auch auf der Grundlage des neuen *Verbraucherleitbilds* so ergangen wären.

35 Darüber hinaus ist bei der Beurteilung **objektiv wahrer Aussagen** als irreführend auch aus anderem Grund Zurückhaltung geboten: Bereits unter der Geltung des „alten" Verbraucherleitbildes verlangte der BGH in solchen Fällen grundsätzlich eine **höhere Irreführungsquote** und eine **besondere Interessenabwägung.**[158] Diese Zurückhaltung hat er unter dem „neuen" Verbraucherleitbild bestärkt.[159] Und auch die Rechtsprechung des BVerfG zwingt insoweit zur Zurückhaltung. Denn wenn man unterstellt, dass die Verbreitung wahrer Behauptungen der **Meinungsfreiheit nach Art. 5 GG** unterfällt (Ausnahme: Angaben rein statistischer Art, für die Art. 2 Abs. 1 GG gilt)[160] und daher die Meinungsfreiheit bei der Prüfung eines Verstoßes gegen die guten Sitten im Rahmen von § 1 UWG a. F. zu berücksichtigen war, so muss das auch gelten für das Verbot irreführender Werbung nach § 5 UWG, das ausdrücklich als Unterfall der unlauteren Werbung nach § 3 UWG (vormals § 1 UWG a. F.) ausgestaltet ist. Dies bedeutet, dass die beanstandete Aussage nach den Umständen des Einzelfalls so schwerwiegend sein muss, dass eine Gefährdung des Leistungswettbewerbs besteht.[161] Ob das der Fall ist, bedarf der sorgfältigen Prüfung und Begründung.

36 Die Eignung zur Irreführung kann sich auch aus dem Umstand ergeben, dass ein tatsächlich vorhandener Bestandteil besonders hervorgehoben wird. Mit objektiv richtigen Angaben darf nicht geworben werden, wenn damit auf **Selbstverständlichkeiten** hingewiesen wird und im Verkehr der unzutreffende Eindruck geweckt wird, als sei der herausgestellte Umstand etwas Besonderes (vgl. oben § 5 Abschn. B. Rdn. 91 ff.).[162] Einen solchen Eindruck verursacht z. B. der Hinweis ***„ohne Konservierungsstoffe"*** auf Ganzbroten, wenn diese bereits gesetzlich nicht mit Konservierungsstoffen versehen werden dürfen,[163] sowie die Werbung eines Reiseveranstalters mit der (gesetzlich vorgeschriebenen) Übersendung eines Reisesicherungsscheins als „Vorteil" seines Leistungs-

---

[152] EuGH GRUR 2014, 196 Tz. 36 – *Trento Sviluppo*.

[153] Verneint wurde das Vorliegen dieser Voraussetzung etwa in BGH GRUR 1991, 852, 855 – *Aquavit*.

[154] BGH GRUR 2001, 78, 79 – *Falsche Herstellerpreisempfehlung*. Konkret wurde hier die unverbindliche Preisempfehlung des Herstellers zu hoch angegeben.

[155] BGHZ 13, 244, 251 ff. – *Cupresa-Kunstseide*.

[156] BGH GRUR 1968, 200, 202 – *Acrylglas*.

[157] BGH GRUR 1973, 481, 482 f. – *Weingeist*. Siehe nunmehr auch Nr. 17 im Anhang II der VO (EG) Nr. 110/2008.

[158] BGH GRUR 1996, 985, 986 – *PVC-frei;* GRUR 2000, 73, 75 – *Tierheilpraktiker*.

[159] BGH GRUR 1999, 1122, 1123 – *EG-Neuwagen I;* GRUR 1999, 1125, 1126 – *EG-Neuwagen II;* GRUR 2002, 182, 185 – *Das Beste jeden Morgen*. Vgl. auch OLG Köln MD 2004, 1256, 1260.

[160] BVerfGE 65, 1, 40 f.

[161] BVerfG GRUR 2002, 455, 456 – *Tier- und Artenschutz*.

[162] Siehe nunmehr auch Nr. 10 im Anhang zu § 3 Abs. 3 UWG zur Werbung mit Selbstverständlichkeiten bei gesetzlich bestehenden Rechten sowie § 11 Abs. 1 Nr. 3 LFGB zur Werbung mit Selbstverständlichkeiten bei Lebensmitteln.

[163] OLG Hamburg WRP 1982, 424 – *ohne Konservierungsstoffe;* im Ergebnis anders OLG Hamburg MD 2002, 1157, 1160 – *Konfitüre naturrein*.

angebots.[164] Etwas anderes kann allenfalls gelten, wenn der Verkehr erkennt, dass es sich um etwas Selbstverständliches handelt. Umgekehrt kann hingegen die Tatsache, dass dem Verkehr die als Besonderheit hervorgehobene Tatsache noch nicht bekannt ist, nicht die Hervorhebung rechtfertigen, denn gerade auf dieser Unkenntnis beruht das Irreführungspotenzial der Werbung.[165] Verbindet der Verbraucher mit der Bezeichnung ***„naturrein"*** in Bezug auf Wein bestimmte Gütevorstellungen, ist die Verwendung dieser Bezeichnung für Schaumwein unzulässig, wenn der Verbraucher seine Vorstellungen von „naturreinem" Wein auf Schaumwein überträgt, die zum Ausdruck gebrachten Eigenschaften aber in Wirklichkeit für die Güte des Schaumweins sachlich unerheblich sind.[166] Auch kann eine für sich genommen nicht irreführende Angabe dann irreführend wirken, wenn die frühere Bezeichnung des Produktes irreführend gewesen ist und sich dies in dem Verständnis der neuen Bezeichnung durch die Abnehmer weiter auswirkt.[167] Bejaht wurde das vom BGH bei der Angaben *„Ei wie fein"* für Margarine mit lediglich geringem Ei-Anteil.

c) Wandel der Verkehrsauffassung. Die Verkehrsauffassung kann einem Wandel unterliegen. 37
Ein solcher Wandel ist bei der Beurteilung zu berücksichtigen. Denn Ziel des § 5 UWG ist es nicht, Änderungen der Bedeutung von Begriffen zu verhindern.[168] Das kann insbesondere auch im Hinblick auf die unionsrechtlichen Normen relevant sein. Mit dem **europäischen Binnenmarkt** können sich die **Vorstellungen der Verbraucher im Laufe der Zeit fortentwickeln.** Deshalb hat der EuGH wiederholt darauf hingewiesen, dass das Recht eines Mitgliedstaates nicht dazu dienen darf, die gegebenen Verbrauchergewohnheiten zu zementieren, um einer mit deren Befriedigung befassten Industrie einen erworbenen Vorteil zu bewahren.[169] Bezeichnungen, deren Verwendung früher irreführend waren, können im Laufe der Zeit zulässig werden, weil z. B. ein Begriff seine Bedeutung erweitert. Umgekehrt können Bezeichnungen, deren Verwendung früher zulässig war, mit der Zeit irreführend werden.

In Betracht kommt ein Wandel der Verkehrsauffassung etwa im Verhältnis zwischen einer **geografischen Herkunftsangabe** und einer **Gattungsbezeichnung** sowie zwischen einer **Beschaffenheitsangabe** und einer Gattungsbezeichnung. Hier galten lange strenge Voraussetzungen: Die Behauptung, eine (weite) Gattungsbezeichnung habe sich im Zuge eines Bedeutungswandels zu einer bestimmten (engeren) Warenbezeichnung zurückgebildet und weise deshalb nur noch auf eine bestimmte Zusammensetzung oder Herkunft der Ware hin, erforderte nach der **alten Rechtsprechung** die Darlegung, dass die ganz überwiegende Mehrzahl der in Betracht kommenden Kreise das betreffende Wort in der neuen Bedeutung verstand.[170] Deshalb genügte es für einen solchen (verengenden) Bedeutungswandel nicht, dass auf Grund jahrelangen Gebrauchs durch einen Hersteller (nur) ein nicht unerheblicher Teil – nicht aber die Mehrheit – des angesprochenen Verkehrs unter der Gattungsbezeichnung „Lakritz-Konfekt" ausschließlich gepresste, bissfeste Lakritze verstand.[171] Denn bei einem solchen (verengenden) Wandel der Verkehrsauffassung sind die Interessen derjenigen zu berücksichtigen, die in der Vergangenheit rechtmäßig von einem weiteren Verständnis ausgegangen waren. Die Umwandlung einer (engen) Beschaffenheitsangabe oder einer Herkunftsbezeichnung in eine (weite) Gattungsbezeichnung war hingegen erst dann vollzogen, wenn nur noch ein ganz unerheblicher Teil des Verkehrs von der ursprünglichen Bezeichnung ausging.[172] Allerdings ging es in diesen Fällen auch weniger darum, ob die Verwendung der alten (engen) Beschaffenheitsangabe irreführend war – sie war es regelmäßig nicht, denn die engere Bezeichnung war ja ein Bestandteil des weiteren Gattungsbegriffs – als um die Frage, ob die Verwendung des weiteren Gattungsbegriffs möglicherweise nicht mehr irreführend war, weil das Verständnis mittlerweile weiter ging. Grundlage dieser Rechtsprechung war damals allerdings noch die Irreführung eines nicht unerheblichen Teils der **(flüchtigen) Verbraucher.** Unter dem Leitbild des **durchschnittlich informierten und verständigen Verbrauchers** kann ein Wandel der Verkehrsauffassung hingegen **schneller** eintreten (vgl. § 5 Abschn. B. Rdn. 114).

---

164 OLG Frankfurt a. M. WRP 2014, 213, 214 – *Ihr Vorteil: Sicherungsschein;* der schlichte Hinweis auf einen Sicherungsschein im Leistungskatalog ist hingegen zulässig, OLG Köln WRP 2013, 662 Tz. 4.

165 OLG Franfurt a. M. a. a. O.

166 Vgl. BGH GRUR 1962, 249, 252 f. – *Schaumweinwerbung.*

167 BGH GRUR 1958, 86, 88 f. – *Ei-fein.*

168 Zu § 3 UWG a. F.: BGH GRUR 1960, 567, 571 – *Kunstglas;* GRUR 1955, 251, 252 – *Silberal;* OLG Düsseldorf GRUR 1961, 365 f. – *Moka-Efti.*

169 EuGH GRUR Int. 1987, 404, 412 – *Reinheitsgebot für Bier;* Slg. 1980, 417, 434 – *Besteuerung von Wein.*

170 BGH GRUR 1986, 822 f. – *Lakritz-Konfekt;* GRUR 1990, 461 – *Dresdner Stollen II.* Hierzu auch *Reinhart* WRP 2003, 1313 ff.

171 BGH GRUR 1986, 822 f. – *Lakritz-Konfekt.*

172 BGHZ 13, 244, 255 – *Cupresa;* GRUR 1960, 567, 570 – *Kunstglas.*

39 **d) Fehlen klarer eigener Vorstellungen.** Macht der Adressat der geschäftlichen Handlung sich über die Beschaffenheit eines Produktes **keine Vorstellungen,** kann er auch nicht in die Irre geführt werden.[173] Kommt es ihm – entgegen der Regel[174] – hierauf nicht an, fehlt es an der erforderlichen wettbewerblichen Relevanz, weil die Handlung dann nicht geeignet ist, den Verbraucher zu einer geschäftlichen Entscheidung zu veranlassen, die er andernfalls nicht getroffen hätte.[175] Das Fehlen einer Vorstellung über die Beschaffenheit der Ware schließt allerdings nicht aus, dass der Adressat konkrete Vorstellungen über andere Eigenschaften, Merkmale oder Wirkungen der Ware hat, über die er irregeführt werden kann. So fehlt dem Durchschnittsverbraucher bei chemischen Wirkstoffen oftmals eine genaue Vorstellung über die stoffliche Zusammensetzung eines Produkts.[176] Dies schließt z. B. **Erwartungen über die Wirkungen** des beworbenen Produkts aber nicht aus. Dies war nach Ansicht des BGH der Fall bei einem Produkt, das nicht aus Rohhaut, sondern aus regenerierter Haut hergestellt und als *„Hautleim"* bezeichnet wurde.[177] Würden den beteiligten Verkehrskreisen nähere Kenntnisse von den Begriffsbestimmungen und Herstellungsvorgängen eines Produktes fehlen, seien sie umso mehr darauf angewiesen, die begriffliche Einordnung anhand der übrigen Eigenschaften des Produktes vorzunehmen. Auch interessieren die angesprochenen Verkehrskreise im Regelfall keine Einzelheiten über die Herstellung von schottischem Whisky. Dennoch verbinden sie mit der Bezeichnung *„Scotch Whisky"* gewisse Gütevorstellungen, so dass ein Hersteller nicht vorgeben darf, sein Whisky habe einen höheren Anteil schottischen Whiskys, als dies tatsächlich der Fall ist.[178] Die Bezeichnung von Oberbekleidungsartikeln, die aus einem wildlederähnlichen Ersatzstoff bestehen, als *„Synthetik-Wildleder"* ist auch dann irreführend, wenn der Verkehr zwar erkennt, dass es sich nicht um echtes Leder handelt, jedoch auf Grund des Zusatzes „Synthetik" vermutet, das Produkt weise die typischen Eigenschaften des Naturproduktes auf.[179]

40 Vom Fehlen jeglicher Vorstellung über die Zusammensetzung zu unterscheiden ist der Fall, dass der Verkehr nur eine **unklare Vorstellung** hat oder erwartet, dass die Ware dem entspricht, was die damit befassten Normen, Handelsbräuche, Fachkreise und Stellen vorschreiben bzw. für richtig befinden („sog. **verweisende Verkehrsvorstellung**").[180] Dabei mag der Verbraucher sich sogar bewusst sein, dass er über die Tragweite der Verweisung nichts Näheres weiß. Ob sich die verweisende Vorstellung auf **Normen des Inlands** bezieht oder auf **ausländische Rechtsvorschriften** oder Gattungsbezeichnungen, ist unerheblich. Erwartet der Verkehr die Einhaltung ausländischer Vorgaben zur Herstellung, Zusammensetzung oder Verkehrsbezeichnung der Ware, sind diese beachtlich. Aus diesem Grund darf z. B. ein Whisky, der nicht mindestens 3 Jahre lang gelagert wurde, nicht als *„Scotch Whisky"* bezeichnet werden, und zwar auch dann nicht, wenn dem Verbraucher die entsprechenden Vorschriften in Großbritannien nicht konkret bekannt sind, er aber erwartet, dass ein Scotch Whisky diese Vorgaben einzuhalten hat.[181] Von einer in Deutschland hergestellten *„Crème fraiche"* erwartet der Verkehr, dass das Erzeugnis in seinen wesentlichen Eigenschaften der in Frankreich üblichen Zusammensetzung entspricht.[182] Wird dagegen eine im europäischen Ausland hergestellte Spirituose in speziell deutscher Aufmachung als *„Apfelkorn"* in Verkehr gebracht, geht der Verbraucher davon aus, dass das Produkt den gleichnamigen deutschen Produkten vergleichbar ist.[183] Es genügt dabei, wenn der Verkehr von der Existenz solcher Regelungen und deren Einhaltung ausgeht. Das gilt u. U. selbst dann, wenn die beworbene Ware qualitativ gleichwertig oder sogar besser ist. Denn auch für vorhandene Vorteile darf nicht in irreführender Weise geworben werden.[184]

---

[173] BVerwG ZLR 2003, 448, 449 – *feinherb;* OLG Hamburg MD 2009, 748, 751 – *Eudragit-frei;* MD 2003, 877, 880 f. – *S.-Extra.*

[174] BGH GRUR 1969, 422, 424 – *Kaltverzinkung.*

[175] Vgl. z. B. BGH GRUR 1967, 600, 601 – *Rhenodur.*

[176] BGH GRUR 1966, 445, 447 – *Glutamal.*

[177] BGH GRUR 1961, 361, 363 – *Hautleim.*

[178] BGH GRUR 1969, 277, 278 – *Whisky.* Zur Verkehrsbezeichnung „Whisky" siehe nunmehr auch VO (EG) 110/2008, hierzu Rdn. 110.

[179] BGH GRUR 1977, 729, 730 f. – *Synthetik-Wildleder.*

[180] BGH GRUR 1967, 30, 32 – *Rum-Verschnitt;* GRUR 1969, 280, 282 – *Scotch Whisky;* GRUR 1984, 455, 456 – *Französischer Brandy;* OLG Frankfurt GRUR 1987, 380, 381 – *Napoléon;* OLG Köln GRUR 1986, 323, 324 – *Fleischwurst;* GRUR 1983, 71, 72 – *Apfelkorn;* KG WRP 1986, 329, 330 f. – *Werbung mit Gütezeichen;* OLG Köln GRUR 1992, 323, 324 – *Holländischer Advocaat;* abgelehnt für Nuss-Nougat-Creme in OLG Düsseldorf GRUR 1985, 233, 234 – *ohne Streckmittel* – und für Konfitüre extra in OLG Hamburg MD 2003, 877, 880 f. – *S.-Extra.*

[181] BGH GRUR 1969, 280, 282 – *Scotch Whisky;* ähnlich OLG Frankfurt GRUR 1987, 380, 381 – *Napoléon.*

[182] OLG Hamburg LRE 15, 115, 118 ff. – *Crème fraiche.*

[183] OLG Köln GRUR 1983, 71, 72 – *Apfelkorn.*

[184] Siehe oben, § 5 B Rdn. 92.

Von der Maßgeblichkeit inländischer oder ausländischer Vorgaben zu unterscheiden ist allerdings die Frage, ob der Verkehr bei einem **in Deutschland vertriebenen ausländischen Produkt** die Vorstellung hat, nur die Vorgaben des deutschen Rechts werden eingehalten bzw. nur oder auch die Vorgaben des **Rechts des jeweiligen Herstellungsstaates.** Nach der Rechtsprechung des EuGH, die mittlerweile in verschiedenen Normen des deutschen Rechts umgesetzt wurde,[185] kann ein Produkt, das in einem **anderen Mitgliedstaat** der Europäischen Union oder des EWR **rechtmäßig hergestellt** und in den Verkehr gebracht wird, **grundsätzlich auch in Deutschland** vertrieben werden, und zwar insbesondere auch unter der Verkehrsbezeichnung des Herstellungsstaates. Das ist dem Verkehr angesichts der zahlreichen Aufsehen erregenden Fälle und der Berichterstattung hierüber mittlerweile auch bekannt. Der deutsche Verkehr kann im Rahmen einer verweisenden Vorstellung deshalb zunächst und vor allem davon ausgehen, dass aus dem EU/EWR-Ausland stammende Produkte den dort geltenden Anforderungen entsprechen. Soweit nicht ausdrücklich auf Abweichungen hingewiesen wird, kann er aber auch damit rechnen, dass die in Deutschland geltenden Vorschriften eingehalten werden. Würden die Vorschriften nicht eingehalten, bedürfte es entsprechender Hinweise, sofern dies zum Schutz des Verbrauchers erforderlich ist;[186] fehlen diese, kann das eine Irreführung bewirken. 41

3. Einzelfälle/Fallgruppen

Häufig wird die Beschaffenheit einer Ware in **zusammengesetzten Bezeichnungen** ausgedrückt. Beliebt ist es auch, die Beschaffenheit einer Ware durch zusätzliche Angaben zu beschreiben, wie z. B. „echt", „original", „Kunst" oder „Spezial". Solche Zusätze können helfen, eine andernfalls bestehende Irreführungsgefahr zu verhindern; sie können aber auch gerade eine Irreführung bewirken. Ebenso können Marken über die Beschaffenheit von Waren irreführen. Spezialfälle sind Angaben über die Qualität der Ware, das Verschweigen etwaiger Mängel, Auslaufmodelle sowie die Werbung für Finanzprodukte. 42

a) Zusammengesetzte Worte. Häufig wird dem Hinweis auf die Beschaffenheit (z. B. „Lack") eine zusätzliche Bezeichnung hinzugefügt (z. B. „Emaillelack"). Hierbei gilt immer noch, dass im deutschen Sprachgebrauch in der Regel der **letzte Bestandteil** eines zusammengesetzten Wortes den **bezeichneten Gegenstand wiedergibt,** während der vorangestellte Zusatz besondere Eigenschaften dieses Gegenstands heraushebt.[187] Daher sind die Bezeichnungen „Acrylglas" und „organisches Glas" irreführend für ein aus Kunststoff bestehendes Erzeugnis, wenn der Verkehr zunächst ein aus herkömmlichem (Silikat-)Glas bestehendes Produkt erwartet.[188] Der Begriff „Betonklinker" für Betonsteine ist irreführend, wenn damit nicht nur die Vorstellung verbunden wird, das Produkt habe das Aussehen, sondern besitze auch die wesentlichen Eigenschaften eines Klinkersteins.[189] Der Ausdruck „Recycling-Leder" ist irreführend, wenn es sich nicht um einen Stoff handelt, der in einem Verfahren der Wiederverwendung aus Leder gewonnen worden ist und der wegen seiner Strukturen und seiner Eigenschaften ebenso wie der Ausgangsstoff wieder Leder ist.[190] Wie von jeder Regel gibt es aber auch hier **Ausnahmen.** Das setzt allerdings voraus, dass die abweichende Eigenschaft eindeutig offengelegt wird. So kann z. B. der vorangestellte Zusatz **„Kunst-"** eine Abweichung von der Beschaffenheit verdeutlichen, die der Verkehr auf Grund der nachfolgenden Bezeichnung eigentlich erwarten würde (siehe auch Rdn. 44). Etwas anderes gilt auch bei der Angabe der **Bestandteile von Lebensmitteln.** Wird für ein Obstprodukt mit der Bezeichnung „Erdbeere-Orange" oder „Banane-Apfel" unter hervorgehobener Darstellung entsprechender Obstsorten geworben, so erwartet der Verkehr, dass das Produkt diese Obstsorten auch tatsächlich enthält und deren Anteil größer ist als der anderer Obstsorten. Der Verkehr erwartet hingegen nicht, dass die zuerst genannte Obstsorte den größten Anteil der verwendeten Obstsorten oder gar den Hauptbestandteil des Lebensmittels ausmacht.[191] 43

b) „Kunst", „Synthetik", „Plastik", „-look", „dekor". Zusätze wie „Kunst", „Synthetik" oder „Plastik" reichen in der Regel zur Klarstellung aus, dass es sich bei dem Erzeugnis nicht um 44

---

[185] Vgl. z. B. § 54 Abs. 1 LFGB, § 4 Abs. 2 S. 1 LMKV, § 1 Abs. 2 BierVO, § 28 Abs. 1 KäseVO.

[186] § 54 Abs. 4 LFGB, § 4 Abs. 2 S. 2 LMKV.

[187] BGHZ 27, 1, 7f. – *Emaillelack;* BGH GRUR 1967, 600, 603 – *Rhenodur;* OLG Bamberg WRP 2012, 1182, 1184 – *Textilleder.*

[188] BGH GRUR 1968, 200, 202 – *Acrylglas.*

[189] BGH GRUR 1982, 563, 564 – *Betonklinker.*

[190] OLG Hamburg GRUR 1991, 240 – *Recycling-Leder;* im Ergebnis ebenso OLG Bamberg WRP 2012, 1182, 1184 – *Textilleder.*

[191] OLG Köln MD 2008, 288, 291, 292 – *Erdbeer-Orange;* OLG Düsseldorf GRUR-RR 2014, 131, 133 – *Obst zum Trinken.*

ein Naturprodukt, sondern um eine **künstliche Nachahmung** handelt. Auch hier kommt es aber auf den Einzelfall an. Denn „Kunst" kann nicht nur im Sinne von künstlich, sondern auch im Sinne von künstlerisch verstanden werden. So ist die Bezeichnung **„Kunstglas"** mehrdeutig und kann vom Verkehr sowohl als Hinweis auf ein künstlerisches Werk als auch in der Bedeutung eines durchsichtigen Kunststoffes verstanden werden.[192] Dagegen macht die Bezeichnung **„Kunststoffglas"** auch ohne weitere Angaben hinreichend deutlich, dass es sich um ein aus Kunststoff bestehendes Produkt, und nicht um herkömmliches Silikatglas handelt.[193] Weitere Voraussetzung für die Werbung mit **Substitutionsprodukten** ist, dass ihre Eigenschaften dem Naturprodukt **vergleichbar** sind und sie im Wesentlichen **denselben Zweck** erfüllen.[194] Das war bei „Kunststoffglas" zu bejahen. Die Bezeichnung eines Materials aus wildlederähnlichem Ersatzstoff als **„Synthetik-Wildleder"** wurde hingegen als irreführend angesehen, weil der Verkehr glaubte, das Produkt weise die typischen Eigenschaften des Naturproduktes auf, dies aber nicht der Fall war.[195] Ob dies heute noch ebenso zu beurteilen wäre, ist allerdings zweifelhaft. Angesichts der weiten Verbreitung des Ausdrucks „Synthetik" sieht der Verkehr im Regelfall die beworbene Ware ohne weiteres als künstliches Produkt an und erwartet daher allenfalls vergleichbare, nicht aber identische Eigenschaften wie bei einem Naturprodukt.[196] Der BGH hielt den Ausdruck **„Neusilber"** für nicht-silberhaltige Legierungen aus unedlen Metallen für nicht irreführend, nachdem sich diese Bezeichnung nach jahrzehntelangem Gebrauch im Verkehr durchgesetzt hatte; anders hingegen bei „Silberal".[197] Bei **„Seide"** erwarte der Verkehr Naturseide;[198] der Ausdruck „Cupresa" genüge zu einer Denaturisierung nicht.[199]

45 Bei ***„-look"*** und **„Dekor"** kommt es auf den Einzelfall an. Eigentlich besagt „-look", das eine Ware nur äußerlich das Aussehen hat wie ein entsprechender Stoff und daher mit diesem nicht identisch ist. Etwas anderes kann jedoch gelten, wenn „-look" nicht auf eine bestimmte **Beschaffenheit,** sondern auf das Aussehen an sich bezogen wird, der Verkehr aus **dem Aussehen** aber zugleich eine bestimmte Beschaffenheit ableitet. So muss nach Ansicht des OLG Hamburg bei Verwendung der Bezeichnung *„im Astkieferlook"* darauf hingewiesen werden, dass die beworbenen Möbel eine Kunststoffoberfläche aufweisen.[200] Solche Möbel dürfen auch nicht mit der Bezeichnung einer Holzart und dem Zusatz **„-foliert"** angeboten werden, da dieser Zusatz ungebräuchlich und zur Aufklärung ungeeignet ist.[201] Irreführend soll auch die Verwendung des Begriffes *„Büffel-Look"* für eine aus Kunststofffolie hergestellte Konferenzmappe sein.[202] Ebenso kann der Verbraucher der Bezeichnung „Buche **Dekor**" nicht ohne weiteres entnehmen, dass es sich nur um die Verwendung von buchenartigem oder buchenfarbigem Kunststoff handelt.[203]

46 Die Ausdrücke **„Art"**, **„Typ"**, **„Fasson"**, **„Stil"**, und **„Geschmack"** deuten insbesondere bei Lebensmitteln ebenfalls an, dass es sich nicht um ein Lebensmittel handelt, das den „eigentlichen" Anforderungen an ein solches Lebensmittel entspricht. Für alkoholische Getränke, die nicht den im Anhang II der VO 110/2008 festgelegten Anforderungen entsprechen, ist nunmehr allerdings ausdrücklich verboten, in ihrer Bezeichnung, Aufmachung oder Etikettierung bestimmte Verkehrsbezeichnungen (wie z. B. Brandy, Wodka, Rum etc.) oder eingetragene geografischen Angaben zu führen, und zwar auch **nicht** in Verbindung mit Wörtern wie **„Art"**, **„Typ"**, **„Fasson"**, **„Stil"**, **„Marke"**, **„Geschmack"** oder anderen ähnlichen Begriffen, **Art. 9 Abs. 7 VO 110/2008.**

47 **c) „echt", „Original".** Ausdrücke wie „echt" oder „Original" **heben** die **denaturisierende Wirkung** von Hinweisen auf Kunstprodukte **auf** und können daher in Verbindung mit solchen Kunstprodukten über die Beschaffenheit in die Irre führen. Bei Ware, die im Allgemeinen sowohl als Naturprodukt als auch als Kunstware angeboten wird, glaubt der Verkehr bei Verwendung des Wortes **„echt"**, dass es sich um ein **Naturprodukt** handelt. Wird ein Kunstprodukt als „echt"

[192] BGH GRUR 1960, 567, 569 – *Kunstglas;* 1968, 200, 201 f. – *Acrylglas.*
[193] BGH GRUR 1972, 360, 361 f. – *Kunststoffglas.*
[194] BGH GRUR 1972, 360, 362 – *Kunststoffglas;* GRUR 1982, 563, 564 – *Betonklinker;* RG GRUR 1938, 121, 124 – *künstlicher Traßkalk;* lediglich die Erfüllung des gleichen Zwecks, nicht aber vergleichbare Eigenschaften fordert GK-*Lindacher,* § 5 Rdn. 363; vgl. auch OLG Oldenburg NJW 1987, 1272 – *Rinde statt Torf.*
[195] BGH GRUR 1977, 729, 730 f. – *Synthetik-Wildleder.* Vgl. auch OLG Hamburg GRUR 1991, 240 – *Recycling Leder* und OLG Bamberg WRP 2012, 1182, 1184 – *Textilleder.*
[196] *Helm* in: Gloy/Loschelder/Erdmann, HdbWettbR, § 59 Rdn. 237; OLG Stuttgart MD 2000, 1020, 1024 – *Synthetik-Daune.*
[197] BGH GRUR 1955, 251, 252 – *Silberal.*
[198] Vgl. auch § 3 Abs. 3 Textilkennzeichnungsgesetz.
[199] BGHZ 13, 245, 254 – *Cupresa.*
[200] OLG Hamburg NJW-RR 1988, 813.
[201] OLG Hamburg GRUR 1989, 125 – *Holzart-foliert.*
[202] OLG Hamburg, Urteil v. 15.10.1981 – 3 U 64/81.
[203] OLG Hamm MD 2011, 437, 439 f. – *Wohnwand Buche oder Kirschbaum Dekor.*

beworben, ist die Werbung daher irreführend. So wurde die Bezeichnung „echt skai" für Kunstledererzeugnisse der Marke „skai" untersagt, weil Teile der angesprochenen Verkehrskreise hierunter einen Hinweis auf die Beschaffenheit der Ware verstanden und die Erzeugnisse irrtümlich für eine bestimmte Ledersorte hielten.[204] Ob das Kunstprodukt der Naturware qualitativ gleichwertig ist, spielt dabei keine Rolle. Allerdings können andere Hinweise auf die Existenz eines Kunstprodukts möglicherweise die irreführende Wirkung von „echt" in diesem Zusammenhang aufheben, denn der durchschnittlich informierte und verständige Verbraucher wird die ihm angebotenen Informationen im Regelfall vollständig zur Kenntnis nehmen.[205]

Der Ausdruck „echt" kann aber auch so verstanden werden, dass Bezug genommen wird auf eine 48
bestimmte Marke, um sich so von etwaigen **Fälschungen** abzugrenzen, oder dass die beworbene Ware **als erste** in dieser Form auf den Markt kam oder nach einem Original-Rezept hergestellt wird[206] oder eine besondere Qualität aufweist,[207] während andere, „unechte" Waren eine minderwertige Qualität haben.[208] So wurde die Bezeichnung *„echt versilbert"* für ein Kaffee-Service von Teilen des Verkehrs unzutreffend als Hinweis auf eine „bessere Versilberung" verstanden, obwohl eine solche Abstufung in der Beschaffenheit von Silberware in Wirklichkeit nicht existierte.[209] Das gilt erst recht unter dem Leitbild des durchschnittlich verständigen und informierten Verbrauchers, dem bewusst ist, dass es eine „unechte Versilberung" nicht gibt und der daher vermutet, dass mit dem Ausdruck etwas anderes gemeint sein muss. Wird ein Senf mit dem Hinweis beworben *„Mit echter Terra Leone Saatmischung"*, so erwartet der Verkehr, dass es eine entsprechende Saatmischung gibt, die nach objektiven Kriterien bestimmt wird und die eine stetige nachkontrollierbare Güte gewährleistet. Ist das nicht der Fall, ist die Werbung irreführend.[210]

Auch der Ausdruck **„Original"** kann – je nach Bezugsobjekt und weiteren Angaben – auf ein 49
Naturprodukt hindeuten, als Hinweis auf eine besondere **Qualität** der Ware verstanden werden oder auf eine Warenart, die so **erstmals** auf den Markt gebracht wurde,[211] während man bei einem Unternehmen, das sich als „das Original" bezeichnet, nicht erwartet, dass es sich um das erste Unternehmen seiner Art handelt. Wohl aber erwartet der Verkehr ein innovationskräftiges Unternehmen, dessen Produkte oftmals als Inspiration für Nachahmungen dienen. Ebenso wie „echt" kann „Original" aber auch als Abgrenzung gegenüber Nachahmungen verstanden werden. Außer bei einem Hinweis auf ein Naturprodukt wird der Verkehr bei einem Hinweis auf ein Original im Regelfall davon ausgehen, dass es daneben noch ein Produkt gibt, das erst später auf den Markt kam;[212] das einzige Produkt auf dem Markt darf daher nicht als „Original" bezeichnet werden. Nachgeahmte Ware darf, unabhängig von ihrer Qualität,[213] ebenfalls nicht als „Original" Ware bezeichnet werden. Das gilt auch für **„Original-Ersatzteile"**;[214] hier erwartet der Verkehr Ersatzteile, die von gleicher Qualität sind wie die Bauteile, die für die Herstellung der Neuware verwendet werden und die entweder vom Hersteller der Neuware selbst oder zumindest nach seinen Spezifizierungen und Produktionsanforderungen hergestellt werden, und zwar auf der gleichen Produktionsanlage wie die ursprünglichen Bauteile und unter der Kontrolle des Herstellers der Neuware.[215] Der Bezeichnung als „Original-Ersatzteil" kann es gleichstehen, wenn auf Rechnungen für Endkunden die Materialnummern für die Original-Ersatzteile des Erstausstatters angegeben werden.[216] Unabhängig von wem das „Original-Ersatzteil" stammt, muss die Qualität des Ersatzteils mit der des Originalerzeugnisses gleich sein.[217]

---

[204] BGH GRUR 1963, 539, 541 – *echt skai.*

[205] A. A. noch OLG Düsseldorf WRP 1971, 189 („echtes Kunsthaar") unter der Geltung des alten Verbraucherleitbilds; offen gelassen in BGH GRUR 1987, 124 – *echt versilbert.*

[206] RG GRUR 1939, 488 – *Original Bergmann.*

[207] BGH GRUR 1987, 124 – *echt versilbert.*

[208] BGH GRUR 1963, 539, 541 – *echt skai.*

[209] BGH GRUR 1987, 124 – *echt versilbert.*

[210] OLG Düsseldorf WRP 2003, 1260, 1262 – *Echte Terra Leone Saatmischung.*

[211] OLG Bremen WRP 2015, 913 Tz. 24.

[212] OLG Hamburg MD 2006, 82, 83.

[213] BGH GRUR 1962, 537, 542 f. – *Radkappe;* KG WRP 1985, 488; OLG Karlsruhe GRUR 1994, 134, 136 – *Schnellster Ersatzteildienst.* Zur Irreführung auf Grund minderwertiger Qualität siehe auch OLG München GRUR 1995, 429, 430 f. – *Unverzinkte Kotflügel.*

[214] Zur Werbung mit der Aussage „baugleich" siehe *Helm* in: Gloy/Loschelder/Erdmann, HdbWettbR, § 59 Rdn. 247.

[215] BGH GRUR 1963, 142, 146 – *Original Ersatzteile;* GRUR 1966, 211, 212 – *Ölfilter.* Siehe auch Rdn. 79.

[216] BGH GRUR 1962, 537, 543 – *Radkappe;* OLG Hamburg GRUR 1979, 65, 67 – *Katalognummern;* OLG Karlsruhe GRUR 1994, 134, 136 – *Schnellster Ersatzteildienst.* Zur vergleichenden Werbung unter Angabe der Produktnummer von Wettbewerbern siehe BGH GRUR 2003, 444 – *„ersetzt"* sowie § 6 Rdn. 58.

[217] BGH GRUR 1966, 211, 212 – *Ölfilter;* KG WRP 1985, 488.

50 **d) „Spezial-"; „Extra"; „forte".** Durch den Zusatz **„Spezial"** wird in der Regel indiziert, dass sich das Produkt von der Normalbeschaffenheit der Gattung in irgendeiner Weise unterscheidet.[218] Dies ist zulässig, wenn sich die Bedeutung des Hinweises hierin erschöpft und nicht irrige Vorstellungen über bestimmte Eigenschaften der Ware hervorgerufen werden.[219] Der Zusatz „Spezial" weist die angesprochenen Verkehrskreise jedoch nicht darauf hin, dass das Produkt in Wahrheit zu einer anderen Produktgattung als die verwendete Bezeichnung gehört. Daher darf ein Gemisch aus Zucker und Süßstoff, dessen Süßkraft zu 50% vom Bestandteil Süßstoff herrührt, nicht als „Spezial-Zucker" bezeichnet werden, weil „Zucker" nicht der Oberbegriff für Süßstoff *und* Zucker ist.[220] Entsprechendes gilt für **„extra".** Der Ausdruck kann im Einzelfall als besonderer Qualitätshinweis verstanden werden.[221] Wird ein pflanzliches Arzneimittel mit dem Zusatz *„Extra stark, bis zu 2700 mg Baldrian pro Dragee"* beworben, versteht der durchschnittlich informierte Verbraucher dies als Hinweis auf den Wirkstoffgehalt und erwartet nicht, dass der Wert von 2700 mg nur im günstigsten Fall erreicht wird, aber ebenso gut auch nur die Hälfte betragen kann.[222] Bei Eiern dürfen nach Art. 14 DurchführungsVO v. 23.6.2008[223] die Worte „Extra" und „Extra frisch" bis zum neunten Tag nach dem Legedatum als zusätzliche Qualitätsangabe verwendet werden. Auch den Ausdruck **„forte"** versteht der Verkehr, zumindest bei Arzneimitteln, so, dass damit eine **höhere Dosierung** verbunden ist; er erwartet deshalb jedoch **nicht** auch eine **erhöhte Wirksamkeit** oder gar eine Spitzenstellung im Vergleich zu Wettbewerbspräparaten.[224]

51 **e) „Natur-", „naturrein"; „neutral".** Hinweise auf die natürliche Beschaffenheit von Erzeugnissen gewinnen zunehmend an Bedeutung für die Kaufentscheidung. Das gilt insbesondere für Lebensmittel, erfasst heute aber auch Pflegeprodukte, Haushaltsmittel, Naturfarben, Tabakerzeugnisse etc. Besonderheiten gelten dabei für Aromen: Dem Verbraucher ist klar, dass sie erst noch aus anderen Stoffen herausgelöst werden müssen, so dass es bei natürlichen Aromen allein auf die Natürlichkeit der Ausgangsstoffe ankommen kann.[225] Vgl. auch § 2 Abs. 3 Nr. 1 LFGB mit der Unterscheidung zwischen „natürlichen Stoffen", „Stoffen natürlicher Herkunft" und „chemisch gleichen" Stoffen.

51a **Einzelfälle:** Gefärbte Betondachsteine dürfen nicht als **„naturrot"** bezeichnet werden, weil der Verkehr dies nicht als bloße Farbkennzeichnung, sondern als Beschaffenheitsangabe versteht und glaubt, es handele sich um naturfarbene Dachziegel.[226] Ein Dauerwellenpräparat mit chemischen Wirkstoffen darf nicht als **„Bio-Dauerwelle"** bezeichnet werden;[227] von einer **„Natur-Hautpflege"** erwartet der Verkehr zunächst, dass sie nur technisch unverzichtbare Konservierungsstoffe enthält; ein Hautöl, das zu mehr als der Hälfte aus synthetisch hergestellten Wirkstoffen besteht, darf nicht als **„natürlich"** bezeichnet werden;[228] Linoleum ist nicht **„100% reine Natur"**.[229] Wird Babynahrung mit der Angabe **„natürliche Milchsäurekultur"** beworben, ist dies irreführend, sofern die Milchsäurekultur nicht der Natur entnommen, sondern in ihrer biochemischen Beschaffenheit verändert wurde.[230] Bei der Bezeichnung **„pure & natural"** für eine kosmetische Pflegeserie geht der Verkehr vom gänzlichen Verzicht auf chemische Zusatzstoffe aus.[231] Zulässig ist es, das Prädikat „natürlich" auf einzelne **Rohstoffe** des Produktes zu beziehen, wenn der Hinweis richtig und unmissverständlich nur auf den betreffenden Rohstoff beschränkt ist. Wird dagegen keine konkrete Bezugnahme vorgenommen, bezieht der Verkehr den Hinweis in der Regel auf das Erzeugnis als Ganzes und erwartet, dass es vollen Umfangs nur aus Stoffen natürlichen Ursprungs besteht.[232] Wird im Zusammenhang mit **Klima**angaben das Wort **„neutral"** verwendet, z.B.

---

[218] Zur Bedeutung von „Spezial" im Zusammenhang mit Angaben über die Qualität der Ware siehe Rdn. 62.
[219] BGH GRUR 1967, 362, 369 – *Spezialsalz I.*
[220] BGH GRUR 1972, 132, 133 f. – *Spezial-Zucker;* siehe auch Anlage 1 zur Zuckerartenverordnung v. 23.10.2003 (BGBl. I 2003, S. 2098).
[221] OLG Frankfurt GRUR 1985, 226 – *EXTRA Ausstattung;* anders OLG Hamburg MD 2003, 877, 882 – *„S. Extra"* wo Extra als Hinweis auf eine bekannte Marke und daher nicht als Qualitätshinweis verstanden wurde.
[222] OLG Karlsruhe GRUR-RR 2006, 241, 242 – *„Extra-Stark".*
[223] VO (EG) Nr. 589/2008 der Kommission mit Durchführungsbestimmungen zur VO (EG) 1234/2007 des Rates mit Vermarktungsnormen für Eier (ABl. Nr. L 163 v. 2.6.2008, S. 6).
[224] OLG Hamburg GRUR-RR 2008, 100, 101 – *forte.*
[225] Siehe dazu Anlage 1 der AromenV und OLG Hamburg WRP 2014, 96 Tz. 18.
[226] OLG Köln WRP 1984, 430 – *Dacheindeckung* im Anschluss an BGH GRUR 1983, 245 – *naturrot.*
[227] OVG Nordrhein-Westfalen LRE 19, 220, 221.
[228] OLG Nürnberg GRUR 1989, 128 – *Hautöl.*
[229] KG MD 1993, 4 – *natürlich Natur.*
[230] OLG Hamburg WRP 2014, 96 Tz. 17.
[231] LG Hamburg WRP 2013, 543 Tz. 31.
[232] Vgl. OLG Hamburg MD 1994, 462, 463 – *Naturarznei;* KG MD 1993, 4, 7 – *natürlich Natur.*

„CO_2-neutral“ oder „klimaneutral“, so erwartet der Verkehr eine Situation, in der zwar eine bestimmte Belastung (wie z.B. CO_2-Ausstoß) stattfindet, diese aber an anderer Stelle wieder eingespart oder durch Klima-Projekte kompensiert wird, so dass es letzten Endes eine vollständig ausgeglichene Bilanz gibt. Dabei sind auch die Belastungen mit zu berücksichtigen, die mit der Produktion der jeweils beworbenen Ware verbunden sind.[233] Auch durch die Verwendung der Bezeichnung **„grün“** kann der Eindruck der ökologischen Vorteilhaftigkeit des Produkts entstehen.[234]

Im **Lebensmittelrecht** bestehen zahlreiche **Sonderregelungen** (hierzu ausführlich *v. Jagow* oben Einl. I Rdn. 1ff.): Die wichtigste Regelung zur Irreführung ist Art. 7 Abs. 1 LMIV. Daneben enthält z.B. § 9 Mineral- und TafelwasserV[235] mit dem Verbot der Mehrfachbezeichnung ein spezielles Irreführungsverbot für Mineralwässer und die §§ 2 und 8 Mineral- und TafelwasserV regeln die Verkehrsbezeichnungen für **natürliches Mineralwasser.**[236] § 15 Abs. 1 Nr. 1 MTVO ergänzt die Anforderungen durch ein konkretes Irreführungsverbot, das beispielsweise die Bezeichnungen **„Sprudel“,** „Säuerling“, „Quelle“ oder „Brunnen“ – auch in Wortverbindungen – für andere als natürliche Mineralwässer verbietet.[237] Der EuGH entschied, dass die Bezeichnung **„naturrein“** für Lebensmittel nicht zu beanstanden sei, wenn diese nur minimale Spuren von Blei, Cadmium und Pestizidrückständen enthielten, die infolge der Umweltverschmutzung heute in der natürlichen Umwelt vorhanden seien.[238] Maßgeblich ist somit allein, ob eine konkrete Irreführungsgefahr vorliegt, was im Rahmen der Prüfung nach Art. 7 Abs. 1 LMIV zu beurteilen ist. Spezielle Irreführungsverbote finden sind auch im **Weinrecht,** insbesondere Art. 103 der Verordnung über die einheitliche GMO[239] und § 25 WeinG. Die Verwendung der Bezeichnungen **„von Natur aus“** oder **„natürlich“** ist als nährwertbezogene Angabe für Lebensmittel nunmehr im Anhang zur **Verordnung (EG) Nr. 1924/2006** (sog. **Health Claims VO**)[240] geregelt. Danach dürfen diese Ausdrücke einer nährwertbezogenen Angabe nur noch vorangestellt werden, wenn ein Lebensmittel von Natur aus die in dem Anhang zur Health Claims VO aufgeführten Bedingungen für die Verwendung einer nährwertbezogenen Angabe erfüllt, also z.B. eine „natürliche“ „Proteinquelle“ ist. Dies schließt die Verwendung im Zusammenhang mit anderen – nicht nährwertbezogenen Angaben – nicht aus. 52

Zudem können Angaben wie „natürlich“, „naturrein“ oder **„frei von“** weiterhin gemäß Art. 7 LMIV oder dem daneben weiterhin anwendbaren § 5 UWG (konkret) irreführend sein; es kommt auf die **Umstände des Einzelfalls** an.[241] So stehen größere Mengen von **Rückständen** der Angabe „naturrein“ weiterhin entgegen, und zwar auch dann, wenn diese nicht gesundheitsgefährdend sind[242] oder wenn diese noch nicht die Grenzwerte nach der Rückstands-Höchstmengenverordnung überschreiten. Wo genau die Grenze verläuft, hängt vom Einzelfall ab. Neben dem Vorhandensein von Rückständen kommt es aber auch entscheidend auf den Grund für die Rückstände an. So sind Angaben wie **„natürlich“** oder **„naturrein“** dann als irreführend anzusehen, wenn die Schadstoffbelastung ihre Ursache gerade (auch) in der Sphäre des Herstellers/Anbieters hat, also produktionsbezogen angefallen ist.[243] Umgekehrt stehen die schonende Be- oder Verarbeitung eines Lebensmittels sowie eine leichte Veränderung während des Transports oder der Lagerung der Anga- 53

---

[233] OLG Koblenz WRP 2011, 1499, 15012 – *CO2-neutral.*

[234] LG Düsseldorf GRUR-RR 2013, 446 – *Die Dose ist grün.*

[235] VO über natürliches Mineralwasser, Quellwasser und Tafelwasser v. 1.8.1984 (BGBl. I S. 1036).

[236] Vgl. auch Richtlinie 2009/54/EG des Europäischen Parlaments und des Rates vom 18. Juni 2009 über die Gewinnung von und den Handel mit natürlichen Mineralwässern, ABl. Nr. L 164 v. 26.6.2009, S. 45.

[237] Bedenklich daher OLG Hamburg GRUR-RR 2006, 289 – *SprudelFixx;* WRP 2006, 382 – *Sprudelpower,* jeweils zur Bezeichnung von Geräten, die Trinkwasser mit Kohlensäure anreichern.

[238] EuGH GRUR Int. 2000, 756, 757 – *„naturrein“;* ebenso OLG Hamburg MD 2002, 1157, 1160. Auf die damals ebenfalls maßgebliche Frage, ob ein abstraktes Gefährdungsdelikt wie in § 17 Abs. 1 Nr. 4 LMGB a.F. unter Geltung der Etikettierungsrichtlinie überhaupt möglich sei – was der EuGH verneinte – kommt es nach dem Wegfall dieser Regelung heute nicht mehr an.

[239] Verordnung (EU) Nr. 1308/2013 über eine gemeinsame Marktorganisation für landwirtschaftliche Erzeugnisse.

[240] Berichtigung der Verordnung (EG) Nr. 1924/2006 des Europäischen Parlaments und des Rates vom 20. Dezember 2006 über nährwert- und gesundheitsbezogene Angaben über Lebensmittel (ABl. Nr. L 12/3). Hierzu ausführlich *v. Jagow* oben Einl. I Rdn. 15ff.

[241] Vgl. Amtl. Begr. zu § 11 LFGB, BT-Drucks. 15/3657 v. 24.8.2004, S. 62; OLG Düsseldorf GRUR-RR 2006, 235, 236 für die Angabe „ohne Fett“ trotz Vorhandenseins von 0,2–0,4g Fett in Süßigkeiten, was jedoch ohne ernährungsphysiologische Wirkung ist, sowie HansOLG ZLR 2006, 162ff. für Molkedrinks mit einem Fettanteil von 0,04g. Auch insoweit ist die Health Claims VO (VO (EG) Nr. 1924/2006) zu beachten.

[242] EuGH GRUR Int. 2000, 756, 758 – *„naturrein“.*

[243] *Oelrichs* WRP 2004, 863, 867.

be „naturrein“ aus Irreführungsgesichtspunkten nicht entgegen.[244] Auch der Einsatz von Zusatzstoffen bei der Herstellung schloss eine naturbezogene Werbung nicht zwingend aus. Die Angaben **„ohne chemische Zusätze“** oder **„ohne fremde Zusätze“** verletzten früher weder § 17 Abs. 1 Nr. 4 LMBG a. F. noch § 5 UWG, wenn bei der Herstellung des Produktes weder chemische noch fremde Zusatzstoffe verwendet wurden.[245] Aufgrund der weiten Definition des Begriffs „nährwertbezogene Angabe“ in Art. 2 Abs. 2 Nr. 4 lit. b) **Health Claims VO** ist für die Zukunft dennoch fraglich, ob solche Ausdrücke verwendet werden können, solange sie nicht im Anhang zur Verordnung aufgeführt werden. Denn erfasst wird von der Definition auch jede Angabe, mit der zum Ausdruck gebracht wird, dass ein Lebensmittel aufgrund der Nährstoffe oder anderer Substanzen, die es *nicht* enthält, besondere positive Nährwerteigenschaften besitzt (sog. **„Clean Labeling“**).[246] Die Zulässigkeit muss dabei jeweils im Einzelfall beurteilt werden.[247] In Betracht kommt vor allem ein Verstoß gegen das Irreführungsverbot des Art. 7 Abs. 1 lit. c) LMIV, **Werbung mit Selbstverständlichkeiten,** wenn der Zusatz von Zusatzstoffen bei dem jeweiligen Lebensmittel ohnehin nicht erlaubt ist.[248] Erfolgt der Hinweis jedoch nur im Fließtext und auch sonst auf unauffällige Weise, so kann es an der Fehlvorstellung fehlen, das Ausgelobte sei etwas Besonderes.[249] Ob ein Saft, der durch Rückverdünnung eines Konzentrats gewonnen wurde und deshalb gemäß § 1 Abs. 2 FruchtsaftVO a. F.[250] einem Fruchtsaft gleichgestellt war, als **„Natursaft“** bezeichnet werden durfte, wenn er zusätzlich gezuckert und die Naturtrübe beseitigt worden war, ließ der BGH unter Hinweis auf die (damals noch) erforderliche Verkehrsbefragung offen.[251]

54 § 22 Abs. 2 S. 1 Nr. 2 VTabakG verbietet bei **Tabakerzeugnissen** Hinweise auf „naturrein“ oder „natürlich“. Dabei handelt es sich um ein abstraktes Werbeverbot. Eine Irreführungsgefahr ist nicht erforderlich.[252] Auch ist nicht erforderlich, dass gerade die Worte „naturrein“ oder „natürlich“ verwendet werden müssen, sondern es genügen auch andere Begriffe, die auf ein entsprechendes Verständnis hindeuten; das können auch Ausdrücke wie **„100 % Bio“** und **„natural“** sein.[253] Bei Verwendung von Angaben zu Agrarerzeugnissen wie **„aus natürlichem Anbau“,** die den Eindruck vermitteln, dass das Erzeugnis aus ökologischem Landbau stammt, sind ab 1.1.2009 die Vorgaben der EG-Öko-BasisVO nebst Durchführungsvorschriften zu beachten. Zur Werbung mit der umweltverträglichen Wirkung von Erzeugnissen sowie mit „bio“ und „öko“ siehe Rdn. 161 ff., 164 ff.

55 **f) Marken.** Nicht nur Gattungsbezeichnungen, sondern auch Marken können über die Art, Zusammensetzung oder Beschaffenheit eines Produktes oder dessen Qualität irreführen. Dies setzt voraus, dass der Verkehr die Marke nicht nur als Herkunftszeichen versteht.[254] Zwar schließen § 8 Abs. 2 Nr. 2 und 4 MarkenG die Beschaffenheit einer Ware beschreibende oder zur Täuschung des Verkehrs geeignete Zeichen von der Markeneintragung aus. Dies verhindert jedoch zum einen nicht, dass eine bereits eingetragene Marke erst mit der Zeit als Beschaffenheitsangabe aufgefasst wird und irreführend wirkt. Zum anderen mag die **lediglich kursorische Prüfung der Täuschungseignung durch das zuständige Markenamt,** auch wenn diese wettbewerbsrechtlichen Grundsätzen zu folgen hat,[255] im konkreten Fall zu einem **anderen Ergebnis** führen als die Entscheidung eines nachfolgend mit **§ 5 UWG befassten Gerichts.**[256] Der grundsätzliche Vorrang des Markenrechts steht dem nicht entgegen, da insoweit der Anwendungsbereich des MarkenG nicht betroffen ist.[257] Für einen Verstoß gegen § 5 UWG ist nicht erforderlich, dass das Markenzeichen den Begriff über die Beschaffenheit wörtlich wiedergibt. Auch eine Anlehnung an die Beschaffenheitsangabe kann die Verkehrsvorstellung zur Folge haben, die Ware weise die Beschaffenheit auf, an die ihre Bezeichnung anklingt.[258]

---

[244] OLG Hamburg ZLR 1980, 222, 225.
[245] OLG Frankfurt GRUR 1985, 232 f. – *ohne chemische Zusätze.*
[246] Zur Zulässigkeit des Clean Labeling ausführlich: *Wehlau/Starck* ZLR 2011, 687 ff.
[247] *Wehlau/Starck* ZLR 2011, 687, 706.
[248] Vgl. OLG Hamburg WRP 1982, 424 zur Angabe *„Ohne Konservierungsstoffe“* auf Ganzbroten.
[249] OLG Hamburg LMuR 2006, 165.
[250] Vgl. heutzutage Anlage 1 Nr. 1 lit. b) zur FruchsaftVO mit den Herstellungsanforderungen für „Fruchtsaft aus Fruchtsaftkonzentrat“.
[251] BGH GRUR 1984, 465, 467 – *Natursaft.*
[252] BGH GRUR 2011, 633 Tz. 14 – *Bio Tabak.*
[253] BGH GRUR 2011, 633 Tz. 26–33 – *Bio Tabak.*
[254] BGH GRUR 1966, 445, 447 – *Glutamal;* OLG Hamburg MD 2003, 887, 882 – *S. Extra.*
[255] *Fezer,* Markenrecht, § 8 Rdn. 297.
[256] BGH WRP 2011, 63, 65 – *Praxis Aktuell.*
[257] Vgl. auch BGH GRUR 1955, 251 – *Silberal.*
[258] BGH GRUR 1966, 445, 447 – *Glutamal;* OLG München MD 1995, 65 – *Porcelin.*

Sonderbestimmungen über die Verwendung von Marken, die über die Zusammensetzung eines Produktes irreführen können, finden sich im Lebensmittelrecht, z. B. in **Art. 23 Abs. 2 EG-Öko-BasisVO,** in der Verordnung über die **gemeinsame Marktorganisation für Wein,** aber auch in anderen produktspezifischen Regelungen, wie z. B. **§ 9 Abs. 2 S. 3 TextilkennzeichnungsG.** Danach darf in dem Fall, dass die Marke, unter der ein Textilerzeugnis in den Verkehr gebracht wird, mit einer Rohstoffgehaltsangabe verwechslungsfähig ist, das Kennzeichen nur unmittelbar bei der Rohstoffgehaltsangabe mitverwendet werden. Marken unterliegen auch den Anforderungen der Health Claims VO. Allerdings dürfen nach **Art. 1 Abs. 3 Health Claims VO** „Handelsmarken" oder „Markennamen", die in der Werbung für ein Lebensmittel verwendet werden und als nährwert- oder gesundheitsbezogene Angabe aufgefasst werden können, auch zukünftig verwendet werden, wenn ihnen eine verordnungskonforme nährwert- oder gesundheitsbezogene Angabe beigefügt wird. Zudem dürfen Produkte mit Altmarken (Stichtag 1. Januar 2005) noch weiterhin bis zum 19. Januar 2022 in den Verkehr gebracht werden, Art. 28 Abs. 2 Health Claims VO. 56

Rechtswidrig ist es, eine Ware als **„Markenware"** zu bezeichnen, wenn die Ware nicht mit einer Marke gekennzeichnet ist. Denn mit dem Begriff der Markenware verbindet der Verkehr nicht nur bestimmte Qualitätserwartungen, sondern auch die Vorstellung, dass die Ware durch die Kennzeichnung mit einer Marke ihrer Herkunft nach legitimiert ist[259] bzw. unter der Kontrolle eines einzigen Unternehmens hergestellt wurde, das für seine Qualität verantwortlich gemacht werden kann.[260] Die Bezeichnung **„in Markenqualität"** kann hingegen auch ohne eine Kennzeichnung mit einer Marke zulässig sein, wenn die entsprechende Ware aus der Produktion von Markenartikeln stammt oder solchen Artikeln qualitativ entspricht.[261] Ein Anspruch auf gleichbleibende Qualität oder Zusammensetzung ergibt sich aus der fortdauernden Verwendung einer Marke hingegen im Regelfall nicht, sofern in der Vergangenheit nicht gerade auf diese Aspekte besonders hingewiesen wurde. Irreführend ist es allerdings, mit einer **Händlermarke** so zu werben als handle es sich um eine **Herstellermarke.** Dabei fasst der durchschnittlich informierte Verbraucher aber nicht jede Marke automatisch als Herstellermarke auf. Er ist vielmehr an die Existenz zahlreicher Händlermarken gewöhnt, insbesondere bei Waren des täglichen Bedarfs.[262] Zur Irreführung im Zusammenhang mit geografischen Herkunftsangaben siehe Rdn. 177 ff. 57

g) Qualitätsangaben. Die Erwartungen des Werbeadressaten an die Qualität der beworbenen Ware spielen für die Kaufentscheidung im Regelfall eine bedeutende Rolle. Qualitätsaussagen können **direkt** gemacht werden durch Anpreisungen wie **„Spitzenerzeugnis"** oder **„Spitzenqualität".** Qualitätserwartungen können aber auch **indirekt** geweckt werden, z. B. durch Hinweise auf **Normen,** die auch Qualitätsanforderungen regeln[263] oder **Auszeichnungen** (hierzu § 5 Abschn. E. Rdn. 342 ff.). Voraussetzung ist allerdings, wie sonst auch, dass es sich bei der Angabe nach dem Verständnis der angesprochenen Verkehrskreise überhaupt um eine Behauptung mit einem nachprüfbaren Tatsachenkern handelt. Das ist nach der Rechtsprechung des BGH nicht der Fall bei Ausdrücken wie „Hollywood Duftschaumbad",[264] wohl aber bei der Angabe „Sinnbild und Maßstab für …"[265] sowie – dem gleichgestellt – Ausdrücke wie **„Inbegriff"** oder **„Symbol".**[266] Bei allgemeinen Schlagworten wie „einmalig", „super", „mega", „sensationell", „einzigartig" oder „exklusiv" kommt es hingegen auf die Verwendung im Einzelfall an. 58

Versucht man eine **Kategorisierung** einzelner Angaben zur Qualität einer Ware oder Leistung, kann unterschieden werden zwischen Angaben, die ein Erzeugnis der Spitzengruppe zurechnen, die eine (deutlich) überdurchschnittliche Qualität erwarten lassen, die eine normale (gute) Qualität beschreiben oder die auf eine besondere Qualität hinweisen sollen.[267] 59

Spitzengruppe: Wird eine Ware als **„deutsches Spitzenerzeugnis"** bezeichnet, muss es hinsichtlich der Güte zur Spitzengruppe aller in Deutschland angebotenen Waren dieser Gattung gehö- 60

---

[259] GRUR 1966, 45, 46 – *Markenbenzin;* GRUR 1967, 360, 362 – *Maßkleidung;* OLG Hamm GRUR 1968, 318, 319 – *Markenqualität.*

[260] EuGH GRUR 2003, 55, 56, Rdn. 48 – *Arsenal Football Club plc.*

[261] BGH GRUR 2013, 1254, 1258 – *Matratzen Factory Outlet.* Anders noch BGH GRUR 1989, 754, 755 – *Markenqualität* und die Vorauflage hier.

[262] So bereits BGH GRUR 1989, 754, 756 – *Markenqualität.*

[263] Z. B. BGH GRUR 1968, 387, 388 – *Spezialreinigung.*

[264] BGH GRUR 1963, 482, 484 – *Hollywood Duftschaumbad.*

[265] BGH GRUR 1965, 438, 439 – *Sinnbild und Maßstab.*

[266] *Helm* in: Gloy/Loschelder/Erdmann, HdbWettbR, § 59 Rdn. 60.

[267] Zu den Qualitätsangaben bei Weinen siehe *Hieronimi* WRP 2010, 21 ff.

ren.[268] Ebenso bei **„Spitzenqualität"**:[269] dies erfordert z.B. bei Wurst- oder Fleischerzeugnissen die Verwendung von bestem Ausgangsmaterial und nicht von Bruchware.[270]

61 **(Deutlich) überdurchschnittliche Qualität:** Deutlich überdurchschnittliche Qualität wird bei einer Ware oder Dienstleistung erwartet, die als **„Premium"** bezeichnet wird,[271] bei **„Linie Prestige"**,[272] **„Auslese"**,[273] **„Extra"**,[274] **„Luxusklasse"**, **„Luxusausführung"**, **„I a"**, **„Delikatess"**, **„Gold"**, **„High-End"**,[275] **„Sonderklasse"**[276] oder **„erstklassig"**.[277] Auch der Slogan **„Get more"** für Mobilfunkleistungen lässt nicht nur einen Eigenvergleich, sondern ein Mehr im Vergleich zum Angebot der Wettbewerber erwarten; zumindest gilt dies dann, wenn auf dem relevanten Markt nur wenige Wettbewerber vorhanden sind.[278] Darüber hinaus kann sich die Vorstellung einer überdurchschnittlichen Qualität nicht nur aus Bezeichnungen ergeben, sondern auch aus der **gehoben Ausstattung** der Ware.[279]

61a **Gute Qualität: „Qualitätsware"** und **„1. Wahl"** werden als Ware mit durchschnittlich guter Qualität verstanden, wobei bei Ware „1. Wahl" keine Fehler vorhanden sein dürfen, soweit das technisch möglich ist.[280] Entsprechendes gilt für „hochwertige" Ware.[281]

62 **Besondere Qualität:** Der Ausdruck **„Spezial"** deutet im Regelfall nicht auf eine überdurchschnittliche Qualität hin und denaturiert auch nicht Beschaffenheitsangaben,[282] sondern dient (nur) als Hinweis auf eine besondere Ware, die sich in irgendeiner Weise von normaler Ware gleicher Gattung abhebt. Es wird nur das Besondere der Ware angedeutet, ohne irgendetwas Konkretes auszusagen.[283] Weisen allerdings andere Produkte gleicher Gattung dieselben Eigenschaften auf, ist die Angabe irreführend.[284] Auch kann der Verkehr im Einzelfall auf Grund der Aussage „Speziell" eine besondere Zusammensetzung, Qualität oder Wirkung erwarten.[285] Siehe auch Rdn. 50.

63 **h) frisch.** Die Bezeichnung **„frisch"** verbindet eine **Zeit-** (hierzu Rdn. 116) **und** eine **Qualitätskomponente.** „Frisch" wird vom durchschnittlich informierten und verständigen Verbraucher bei Lebensmitteln als Hinweis darauf verstanden, dass das beworbene Produkt **erst vor kurzer Zeit hergestellt** wurde und dass es die gleiche Qualität im Angebotszeitpunkt aufweist, die es im Ursprungszustand hatte.[286] Gemeint ist somit eine natürliche, nicht künstlich konservierte Frische.[287] Nicht mehr „frisch" sind daher solche Produkte, deren Herstellung bereits mehrere Wochen zurückliegt[288] oder Produkte, die durch besondere Vorkehrungen über längere Zeit **haltbar gemacht** wurden.[289] Das gilt auch für die Verwendung frischer Zutaten und Rohstoffe. Irreführend ist daher die Bezeichnung **„fruchtig frisch"** oder **„Frischeria"** soweit ein Teil der verwen-

---

[268] BGH GRUR 1961, 538, 540 – *Feldstecher;* 1973, 594, 596 – *Ski-Sicherheitsbindung;* OLG Frankfurt WRP 1992, 328, 329 (zur Werbung mit der Bezeichnung Nr. 1).

[269] Vgl. OLG Hamburg GRUR 1977, 113 – *Mocca Auslese.*

[270] OVG Münster BeckRS 2010, 55662; VGH München LMRR 2013, 85 Tz. 40 ff.

[271] Vgl. BGH GRUR 2000, 727, 728 – *Lorch Premium* –, wo offen gelassen wurde, ob die Aussage auf eine Spitzenstellung hindeutet oder „nur" auf überdurchschnittliche Qualität; a. A. OLG Schleswig GRUR-RR 2015, 212 Tz. 24 – *Premium-Gleitsichtgläser in Optikerqualität* -, welches (zu Unrecht) annimmt der Zusatz „Premium" oder „hochwertig" sei für Brillen nichtssagend.

[272] BGH GRUR 2000, 727, 729 – *Lorch Premium.*

[273] OLG Hamburg GRUR 1977, 113, 114 – *Mocca Auslese* (für Kaffee).

[274] OLG Frankfurt GRUR 1985, 226, 227; anders im konkreten Fall OLG Hamburg MD 2003, 877, 882.

[275] OLG Köln GRUR-RR 2007, 243, 244 – *dedicated Server.*

[276] Köhler/*Bornkamm,* § 5 Rdn. 4.47, für eine großzügigere Beurteilung des Begriffs „Sonderklasse"; GK-*Lindacher,* § 5 Rdn. 420; Ohly/*Sosnitza,* UWG, § 5 Rdn. 272.

[277] LG Kiel GRUR-RR 2013, 344 – *Erstklassige Optiker-Qualität.*

[278] OLG Hamburg MD 2005, 539, 545 – *Get more* (Netzabdeckung, Sprachqualität, Tarife und Service bei Mobilfunkleistungen).

[279] BGH GRUR 2000, 727, 729 – *Lorch Premium.*

[280] OLG Karlsruhe WRP 1968, 36, 37; LG München WRP 1962, 172, 173; GK-*Lindacher,* § 5 Rdn. 405; *Helm* in: Gloy/Loschelder/Erdmann, HdbWettbR, § 59 Rdn. 243.

[281] A. A. OLG Schleswig GRUR-RR 2015, 212 Tz. 24 – *Premium-Gleitsichtgläser in Optikerqualität.*

[282] BGH GRUR 1972, 132 – *Spezialzucker.*

[283] BGH GRUR 1967, 362, 369 – *Spezialsalz.*

[284] BGH GRUR 1961, 288, 293 – *Zahnbürsten.*

[285] Vgl. BGH GRUR 1972, 550, 551 – *Spezialsalz II;* GRUR 1968, 387, 388 – *Spezialreinigung.*

[286] *Kiethe/Groeschke* WRP 2000, 431, 437. Zur Qualitätskomponente siehe auch BGH GRUR 2001, 1151, 1152 – *marktfrisch,* zum Markenrecht.

[287] OLG Düsseldorf GRUR-RR 2005, 55, 57 – *Frischer Kaffee.*

[288] Vgl. hierzu *Bergmann* ZLR 2001, 667, 677.

[289] BGH GRUR 1979, 63, 64 – *vakuum frisch II.*

deten Zutaten **tiefgefroren** oder konserviert ist.[290] Die Aussage **„schmeckt wie frische Frucht aufs Brot"** für einen Fruchtaufstrich hingegen wird der Verbraucher nur auf den Geschmack und nicht auf die Herstellungsweise beziehen; er wird deshalb nicht annehmen, es seien frische und nicht tiefgekühlte Früchte verwertet worden.[291] Orangensaft/Apfelsinensaft, der als Fruchtsaft im Sinne der Fruchtsaftverordnung aus Konzentrat gewonnen und für längere Zeit haltbar gemacht worden ist, darf daher nicht als **„frischer Saft"** bezeichnet werden,[292] und darf auch nicht mit dem Hinweis **„aus tagesfrisch gepressten Orangen"** beworben werden, wenn der frisch gepresste Saft vor dem Verkauf wärmebehandelt wurde.[293] Ebenso ist die Bezeichnung „Orangensaft" für einen Saft aus Orangensaftkonzentrat irreführend.[294] Ein ausdrücklich so bezeichneter Orangensaft aus Konzentrat, der **„riecht und schmeckt doch fast wie frisch gepresst"** hingegen wird nicht in irreführender Weise mit frisch gepresstem Orangensaft gleichgestellt, wenn beide Getränke tatsächlich annähernd gleich schmecken und riechen.[295] Rote Grütze, die aus tiefgefrorenen Früchten hergestellt und durch Pasteurisierung haltbar gemacht wurde, darf nicht als **„fruchtig-frisch"** charakterisiert werden.[296] Wird nur das ätherische Öl des Knoblauchs verwendet und mit Öl versetzt, kann nicht mehr mit **„frischem Knoblauch"** geworben werden.[297] Der Hinweis **„immer frisch, Qualität die schmeckt"** ist irreführend, wenn zwischen Herstellung und Verkauf ein Zeitraum von 28 Tagen liegt und die Haltbarkeit durch den Einsatz von Konservierungsstoffen erzielt wurde.[298] Bei **Milcherzeugnissen** (wie z. B. Rahmjoghurt) steht allerdings die **Pasteurisierung** der Bezeichnung „frisch" nicht entgegen, sofern durch die Pasteurisierung kein Qualitätsverlust eingetreten ist.[299] Etwas anderes gilt für ultrahocherhitzte, sterilisierte Milch, die unstrittig nicht mehr „frisch" ist. Auch stehen **Verarbeitungen** des Ausgangsstoffs oder einer Zutat der Bezeichnung als „frisch" nicht entgegen, solange die Verarbeitungen nur zu leichten physikalischen Umgestaltungen geführt haben.[300] Besonderheiten gelten bei **„frischem Kaffee".** Hier ist zu unterscheiden, ob der Verkehr die Aussage auf das Endprodukt, das aufgebrühte Getränk, oder auf das Kaffeepulver bezieht. Wird nur für „frischen Kaffee" geworben, versteht der durchschnittlich informierte und verständige Verbraucher hierunter einen aus dem klassischen Ausgangsprodukt, d. h. frisch gerösteten und dann sofort gemahlenen Kaffeebohnen, unmittelbar hergestellten Aufguss. Wird der Kaffee hingegen aus haltbar gemachten Zwischenprodukten hergestellt, wie z. B. ein tiefgefrorenes flüssiges Kaffeekonzentrat, dann stellt dies keinen „frischen Kaffee" mehr dar.[301] Wird in der Werbung hingegen klargestellt, dass sich das „frisch" allein auf den Vorgang des Aufbrühens bezieht, kann die Aussage erlaubt sein. Das OLG Hamburg hat dies beispielsweise bejaht für die Aussage „Jede Tasse herrlich frischer Kaffeegenuss" in einer Werbung für Kaffeepads, wobei das OLG allerdings ausdrücklich auf das besondere werbliche Umfeld der Aussage abstellte.[302] In älteren Entscheidungen wurde verboten, vakuumverpackten Röstkaffee als **„vacuum frisch"** zu bezeichnen.[303] Ob diese Entscheidung auch heute noch Bestand hätte, ist zweifelhaft. **Nicht entscheidend** für die Beurteilung der Irreführungsgefahr ist jedenfalls, ob ein nicht frisch hergestelltes Getränk einen gleich guten oder gar besseren **Geschmack** hat als ein frisches, und zwar unabhängig von der Tatsache, dass sich über Geschmack ohnehin streiten lässt.[304] Davon zu unterscheiden ist allerdings die Frage, ob es erlaubt ist, ein nicht frisches Produkt seinem Geschmack oder Geruch nach mit einem frischen Produkt zu vergleichen. Das ist der Fall, solange hinreichend deutlich wird, dass es sich bei dem beworbenen Produkt selbst nicht um ein frisches Produkt handelt.[305] Der Begriff der „Frische" ist von der Einhaltung des **Mindesthaltbarkeitsdatums** (§§ 3 Abs. 1 Nr. 4, 7 LMKV) bzw. **Ver-**

---

[290] OLG Hamburg ZLR 6/99, 791 ff. – *fruchtig frisch;* ZLR 6/99, 801 – *Frischeria;* einschränkend bei Tiefkühlprodukten *Lips* ZLR 1986, 364, 369; kritisch auch *Bergmann* ZLR 2001, 667, 676.

[291] OLG Köln MD 2010, 408 – *Schmeckt wie frische Frucht aufs Brot.*

[292] KG GRUR 1987, 737, 738 – *frisch gepresst;* OLG Hamburg GRUR 1978, 313, 314 – *vacuum frisch.*

[293] LG Düsseldorf WRP 2005, 766, 767 – *aus tagesfrisch gepressten Orangen.*

[294] OLG Düsseldorf MD 2010, 1023.

[295] KG GRUR 1987, 737 – *frischgepresst;* vgl. aber OLG Hamburg LRE 23, 46.

[296] OLG Hamburg ZLR 1999, 791.

[297] KG NJW-RR 1990, 54.

[298] OLG Hamburg WRP 1999, 1314, 1315 – *Frischegarantie.* A. A. Köhler/*Bornkamm,* § 5 Rdn. 4.72.

[299] BVerwG ZLR 1987, 562, 567 f.; OLG Köln ZLR 2001, 299, 311 – *Frischer Rahmjoghurt.*

[300] KG NJW-RR 1990, 54. a. A. *Helm* in: Gloy/Loschelder/Erdmann, HdbWettbR, § 59 Rdn. 248.

[301] OLG Düsseldorf GRUR-RR 2005, 55, 57 – *Frischer Kaffee.*

[302] OLG Hamburg MD 2004, 776, 778 ff. – *Kaffeepads.* A. A. OLG Düsseldorf GRUR-RR 2005, 55, 57 – *Frischer Kaffee,* zur Aussage „frisch zubereiteter Kaffee".

[303] OLG Hamburg GRUR 1978, 313, 314 – *vacuum frisch;* BGH GRUR 1979, 63, 64 – *vakuum frisch II.*

[304] OLG Düsseldorf GRUR-RR 2005, 55, 56 – *Frischer Kaffee.*

[305] KG GRUR 1987, 737, 738 – *frisch gepresst,* zu den Aussagen „Aber riecht doch fast wie frisch gepresst!", „Und schmeckt auch fast wie frisch gepresst!".

brauchsdatums (§§ 3 Abs. 1 Nr. 4, 7a LMKV) zu unterscheiden.[306] Denn das Mindesthaltbarkeitsdatum bezeichnet das Datum, bis zu dem dieses Lebensmittel unter angemessenen Aufbewahrungsbedingungen seine spezifischen Eigenschaften behält (§ 7 Abs. 1 LMKV). Der Verbraucher setzt dies gleich mit dem Datum, bis zu dem das Lebensmittel sicher verzehrbar ist. Verzehrbarkeit ist aber nicht gleichzusetzen mit „frisch". Das gilt auch bei nicht konservierten Produkten. Dabei kommt es nicht darauf an, dass die längere Haltbarkeit ohne den Zusatz von Konservierungsstoffen besteht.[307] Zur Irreführung durch das Anbieten von Ware nach Ablauf des Mindesthaltbarkeitsdatums siehe auch nachfolgend Rdn. 65. Die Verwendung von „frisch" im Zusammenhang mit **Eiern** ist in Art. 85 i. V. m. Anhang IX der VO (EU) 1308/2013 über eine gemeinsame Marktorganisation für landwirtschaftliche Erzeugnisse[308] geregelt.

Zur Werbung mit dem Begriff **„neu"** siehe Rdn. 110 ff.

64 **i) Mangelhafte Ware.** Werden Mängel einer Ware nicht offenbart oder sogar vertuscht, kann das zu einer relevanten Irreführung führen. Allerdings führt nicht jeder unabsichtliche Ausreißer bei einer Ware oder Dienstleistung dazu, dass die Werbung unlauter i. S. v. § 5 UWG ist. Denn zum einen kann es dann bereits am Vorliegen einer geschäftlichen Handlung fehlen, zum anderen regelt § 5 UWG nicht den Ausgleich von Leistungsstörungen zwischen Vertragspartnern. Zudem weiß der verständige Durchschnittsverbraucher, dass einzelne Schlechtleistungen, wie z. B. ein gelegentlicher **Minderausschank** von Bier oder Fehler bei Software, unvermeidbar sind.[309] Etwas anderes gilt allerdings, wenn die **Kundentäuschung bewusst zum Mittel des Wettbewerbs gemacht** wird[310] – wobei schon eine falsche Aussage gegenüber einem Verbraucher reichen kann[311] – oder wenn ausdrücklich Anderes angekündigt wird, wie z. B. die Bezeichnung von mangelhafter Ware als **„Erste Wahl"**.[312]

65 Im Übrigen ist über wesentliche Mängel der Ware aufzuklären. Ein günstiger Preis oder die Bezeichnung als **„Sonderangebot"** allein lassen nicht bereits auf Mängel schließen.[313] Werden Lebensmittel zum normalen Preis im normalen Sortiment ohne besonderen Hinweis zum Kauf angeboten, geht auch der durchschnittlich informierte und verständige Verbraucher davon aus, dass das **Mindesthaltbarkeitsdatum** noch nicht abgelaufen ist.[314] Werden Lebensmittel mit einem falschen Mindesthaltbarkeitsdatum (§§ 3 Abs. 1 Nr. 4, 7 LMKV) oder **Verbrauchsdatum** (§§ 3 Abs. 1 Nr. 4, 7a LMKV) versehen, führt das im Regelfall zu einer relevanten Irreführung,[315] und zwar auch dann, wenn die Mindesthaltbarkeit *zu kurz* angegeben wird, weil das zu einem schnelleren Verbrauch und dementsprechenden Nachkauf führen kann. Erst recht kann es irreführend wirken, Ware mit *abgelaufenem* Mindesthaltbarkeitsdatum anzubieten, ohne darauf hinzuweisen.[316] Dabei ist es unerheblich, ob die Verzehrtauglichkeit im konkreten Fall bereits beeinträchtigt ist oder noch nicht. Auch die Möglichkeit des Verbrauchers, das Datum vor dem Kauf zu überprüfen, entlastet den anbietenden Händler nicht, da bereits die Irreführungsgefahr genügt.[317]

66 **j) Auslaufmodell, Restposten.** Handelt es sich bei einer Ware um ein **Auslaufmodell** – d. h. um Ware, die vom Hersteller nicht mehr produziert und im Sortiment geführt oder vom Hersteller

[306] LG Hamburg WRP 1999, 1314, 1315 – *Frischegarantie;* a. A. OLG Köln ZLR 2001, 299, 309 f. – *Frischer Rahmjoghurt.*

[307] BGH GRUR 1979, 63, 64 – *vakuum frisch II.* A. A. OLG Köln ZLR 2001, 299, 309 f. – *Frischer Rahmjoghurt.* Offengelassen bei LG Hamburg WRP 1999, 1314 ff. – *Frischegarantie.*

[308] ABl. Nr. L 347 S. 671.

[309] BGH GRUR 1983, 451, 452 – *Ausschank unter Eichstrich I;* GRUR 1987, 180, 181 – *Ausschank unter Eichstrich II;* allgemein zur Ausreißerproblematik: BGH GRUR 1986, 816, 819 – *Widerrufsbelehrung bei Teilzahlungskauf;* 1988, 461, 462 – *Radiorecorder;* 1988, 629, 630 – *Falsche Preisauszeichnung;* 1992, 617, 618 – *Briefkastenwerbung;* 1994, 640, 642 – *Ziegelvorhangfassade;* OLG Hamburg WRP 1986, 329, 330; Ohly/*Sosnitza,* UWG, § 5 Rdn. 287.

[310] BGH GRUR 2002, 1093, 1094 – *Kontostandsauskunft.*

[311] EuGH GRUR 2015, 600 Tz. 41 – *Ungarische Verbraucherschutzbehörde/UPC.*

[312] OLG Karlsruhe WRP 1968, 36, 37.

[313] *Helm* in: Gloy/Loschelder/Erdmann, HdbWettbR, § 59 Rdn. 255; Ohly/*Sosnitza,* UWG, § 5 Rdn. 274, 286.

[314] OLG Hamburg GRUR-RR 2002, 302 f. – *Mindesthaltbarkeit.* Die Revision wurde nicht angenommen (BGH, Beschl. v. 25.10.2001 – I ZR 63/01).

[315] OLG Köln WRP 1989, 45, 46; OLG Hamm WRP 1992, 396, 397; OLG Hamburg WRP 2001, 423; *Köhler* DB 1985, 215 ff.; *Lindacher* NJW 1985, 2933, 2934 (im Rahmen der zivilrechtlichen Gewährleistungsproblematik); *Michalski/Riemenschneider* BB 1994, 588, 589 ff. (es fehle aber ein Handeln zu Zwecken des Wettbewerbs, wenn die falsche Angabe nicht planmäßig erfolgt); bereits die Irreführung verneint *Schüler* WRP 1990, 406, 407.

[316] OLG Köln GRUR 1988, 920; OLG Hamm WRP 1992, 396, 397.

[317] OLG Hamburg WRP 2001, 423, 424.

selbst (ausdrücklich oder konkludent, z.B. durch Herausnahme aus dem Katalog)[318] als Auslaufmodell bezeichnet wird – muss darauf vom Händler bei bestimmten Warengruppen **hingewiesen werden;** andernfalls besteht eine Irreführungsgefahr. Zwar trifft den Unternehmer nicht schlechthin eine Aufklärungspflicht (siehe § 5 B Rdn. 80ff.). Etwas anderes gilt jedoch in Fällen, in denen solche Hinweise im Wettbewerb üblich sind und daher vom Verkehr erwartet werden. Maßgeblich ist, ob der verständige Durchschnittsverbraucher sich darüber Gedanken macht, ob das angebotene Produkt von Hersteller auch aktuell noch in dieser Form hergestellt und vertrieben wird. Eine solche Erwartung kann vor allem bestehen bei Produkten, die – jeweils nach Kenntnis des verständigen Durchschnittsverbrauchers – an einem **ständigen technischen oder sonstigen Fortschritt** teilhaben und bei denen der Verbraucher daher im Regelfall das jüngere Produkt bevorzugt, wie z.B. Kfz oder hochwertige und teure Geräte der Unterhaltungselektronik (wie Fernseher, Smartphones, Tablets, DVD-Player, Hifi-Anlagen, Digitalcameras, Camcorder), Computer, hochwertige Elektrohaushaltsgeräte (wie z.B. Bügelmaschinen, Elektroherde, Gefrierschränke, Gefriertruhen, Geschirrspüler, Kühlschränke, Wäschetrockner, Waschmaschinen) sowie alle anderen technischen Geräte höheren Wertes,[319] bei Produkten deren Ausstattung und Design regelmäßig wechselt, wie z.B. bei Markenprodukten in der Modebranche, sowie bei Produkten, bei den dem Verbraucher bekannt ist, dass in bestimmten Zeitintervallen alle wesentlichen Hersteller in der Branche Wechsel vornehmen, wie z.B. bei Skiern oder Skibindungen,[320] nicht aber bei Schulrucksäcken.[321] Erst recht ist ein **Hinweis erforderlich,** wenn bereits der Hersteller selbst äußerlich erkennbar einen Modellwechsel vorgenommen hat, wenn er das beworbene Produkt nicht mehr herstellt und nicht mehr im Sortiment führt oder es bereits selbst als Auslaufmodell bezeichnet.[322] Eine Eigenschaft als Auslaufmodell kann zudem nicht nur im Hinblick auf den technischen Fortschritt relevant sein, sondern auch mit Bezug auf Leistung, wirtschaftliche Arbeitsweise, Umweltverträglichkeit, äußere Aufmachung[323] etc. Unerheblich ist, ob mit dem neuen Modell auch tatsächlich ein Fortschritt verbunden ist.[324] Besteht eine Hinweispflicht genügen Bezeichnungen wie **„Restposten“**[325] oder **„Einzelposten“**[326] ebenso wenig wie **günstige Preise.**[327] **Ausnahmen von der Hinweispflicht** gelten, wenn der Händler ein Gerät noch aus der laufenden Produktion des Herstellers erworben hat und ein Nachfolgemodell noch nicht im Handel ist oder – wenn es **kein Nachfolgemodell** gibt – die Ware im üblichen Warenumschlag noch nicht abgesetzt ist.[328] Ein Hinweis ist auch entbehrlich, wenn der Hersteller das Gerät baugleich und technisch identisch weiter produziert und ausliefert, aber die Bezeichnung geändert hat.[329] Entsprechende Hinweispflichten wie für Auslaufmodelle gelten für **Modeartikel einer vergangenen Kollektion** oder für **Ware zweiter Wahl.**[330] Zur Hinweispflicht bei importierten Kraftfahrzeugen und zur Werbung mit „fabrikneu“ s. Rdn. 113ff. Zur Subsumtion unter § 5a UWG siehe dort.

k) Finanzprodukte und -dienstleistungen. Weitreichende Folgen für den Verkehr bewirken 67
auch Irreführungen über die Art und Beschaffenheit von Finanzprodukten und -dienstleistungen. So ist eine an private Kleinanleger gerichtete Werbeaussage in einem Emissionsprospekt über die **Mindestverzinsung** des eingesetzten Kapitals *(„Mindestverzinsung ... ergebnisunabhängig vertraglich zugesichert“)* irreführend, wenn sie den Eindruck erweckt, es sei eine sichere Rendite zu erwarten, während tatsächlich nur ein Anspruch gewährt wird, der notfalls aus den eigenen Einlagen der Gesellschafter aufgebracht werden muss.[331] In diesem Fall kann die Beurteilung der Angaben als irre-

---

[318] BGH GRUR 1998, 757, 758 – *Auslaufmodelle I;* GRUR 1999, 760, 761 – *Auslaufmodelle II;* GRUR 2000, 616, 618 – *Auslaufmodelle III.*

[319] Vgl. BGH GRUR 1998, 757, 758 – *Auslaufmodelle I;* GRUR 1999, 760, 761 – *Auslaufmodelle II;* GRUR 2000, 616, 618 – *Auslaufmodelle III;* OLG Düsseldorf WRP 2010, 1551f.

[320] BGH GRUR 1982, 374, 376 – *Ski-Auslaufmodell;* GRUR 1987, 45, 47 – *Sommerpreiswerbung;* OLG München WRP 1979, 893, 894.

[321] KG KG Report 2005, 104, 105.

[322] BGH GRUR 1999, 757, 758 – *Auslaufmodelle I.*

[323] OLG München WRP 1977, 279, 280; 1979, 157; anders OLG Düsseldorf WRP 1976, 474, 476; OLG Frankfurt WRP 1974, 418, 420.

[324] BGH GRUR 2000, 616, 618 – *Auslaufmodelle III.*

[325] OLG Köln MD 2003, 802, 803.

[326] OLG Köln MD 1997, 892.

[327] BGH GRUR 1999, 760, 761 – *Auslaufmodelle II.*

[328] BGH GRUR 1998, 757, 758 – *Auslaufmodelle I;* GRUR 2000, 616, 619 – *Auslaufmodelle III.*

[329] OLG Köln MD 2003, 802, 803f.

[330] OLG Hamm GRUR 1983, 593, 594 – *Markenjeans;* einschränkend OLG Düsseldorf GRUR 1987, 450, 451 – *Sportschuhe;* KG WRP 1988, 301, 303 – *Jogging-Anzüge.*

[331] BGH GRUR 2004, 162, 163 – *Mindestverzinsung.*

führend auch nicht durch den sonstigen Inhalt des **Emissionsprospektes** ausgeschlossen werden.[332] Eine Irreführung bewirkt auch die Werbeaussage *„bis zu 10,2% und mehr – so einfach wie ein Sparbuch"* für eine fondsgebundene Lebensversicherung, da das beworbene Produkt unmittelbar mit einer sichereren Anlageform verglichen wird.[333] Entsprechendes gilt für die Werbung mit einem *„bankgesichertem Investmentprogramm"*, wenn die angekündigten jährlichen Renditechancen *(„Traumrendite von 860%")* ohne jegliches Verlustrisiko bei den auf dem Geldmarkt üblichen Kapitalanlagen nicht zu erwarten sind;[334] zumindest trifft hier den Unternehmer die Beweislast für die Richtigkeit der Aussage. Ein **Kreditmittler** führt irre, wenn er den Eindruck der (direkten) Kreditgewährung erweckt, da der Umweg über den Vermittler regelmäßig zu einer Verteuerung führt. **Kontoauszüge** einer Bank sind irreführend, wenn zwar bei den einzelnen Gutschriften zutreffend zwischen den Daten der Buchung und der Wertstellung unterschieden, bei der optisch hervorgehobenen Angabe des Kontostands am Ende des Auszugs aber nicht deutlich darauf hingewiesen wird, dass darin auch noch nicht wertgestellte Beträge enthalten sein können, über die bis zur Wertstellung (noch) nicht ohne Belastung mit Sollzinsen verfügt werden kann.[335] Nicht beanstandet wurde dagegen eine blickfangmäßig herausgestellte Angabe **„bis zu 150% Zinsbonus"** in einer Werbung für eine **Festgeldanlage.** Der Ausdruck „Zinsbonus" beschreibt schon nach seinem Wortsinn einen Zuschlag auf gewährte Zinsen und nicht etwa die Zinshöhe selbst; dies gilt insbesondere, wenn ein gut erkennbarer Sternchenhinweis erklärt, dass sich der „Zinsbonus" auf den garantierten Basiszinssatz bezieht.[336] Die Werbung mit der Aussage **„keine Bearbeitungsgebühr"** für einen Konsumentenkredit ist nicht deshalb irreführend, weil über den Zins üblicherweise auch die allgemeinen Verwaltungskosten eines Kreditinstituts in den effektiven Jahreszins eingehen, sofern tatsächlich nicht eine einmalige, von der Laufzeit des Kredits unabhängige Bearbeitungsgebühr verlangt wird, während dies bei anderen Kreditinstituten üblicherweise der Fall ist.[337] Irreführend ist es auch, mit **besonders günstigen Zinssätzen** zu werben, wenn deren Inanspruchnahme von weiteren Verpflichtungen (wie z.B. Abschluss eines Bausparvertrags, Eröffnung eines Wertpapierdepots) abhängig ist.[338] An dieser Rechtsprechung hat sich auch durch die UGP-Richtlinie nichts geändert. Denn Art. 3 Abs. 9 sieht ausdrücklich vor, dass im Zusammenhang mit Finanzdienstleistungen im Sinne der Richtlinie 2002/65/EG[339] und Immobilien die Mitgliedstaaten restriktivere und strengere Anforderungen stellen können. Vgl. auch § 6a PAngV.

68 **l) Zubehör.** Entsprechend der Vorgabe in Art. 6 Abs. 1 lit. b) der UGP-Richtlinie erwähnt nunmehr auch § 5 Abs. 1 Nr. 1 UWG ausdrücklich die Irreführung über „Zubehör". Bereits in der „Nissan"-Entscheidung des EuGH[340] spielte Zubehör eine Rolle, indem es um die Frage ging, ob Verbraucher wissen, dass parallel importierte Fahrzeuge häufig günstiger, aber auch mit weniger Zubehör ausgestattet sind. Der Referentenentwurf zur UWG Reform 2008 hielt die ausdrückliche Erwähnung des Merkmals „Zubehör" dennoch zunächst für überflüssig.[341] Mit dem Gesetzentwurf der Bundesregierung zur UWG-Reform 2008 wurde dann der Begriff aber ausdrücklich in den Gesetzestext aufgenommen. Dabei wird Zubehör als ein **wesentliches Merkmal eines Produkts** eingeordnet. D.h. die Vorstellung des Verkehrs über das Zubehör beeinflusst **mittelbar** auch seine **Vorstellung über das Produkt.** Damit geht es letzten Endes um dieselben Merkmale, die auch für das Produkt als solches gelten, wie z.B. ist überhaupt Zubehör vorhanden und wann kann es ggf. geliefert werden (Verfügbarkeit), in welcher Menge, wie ist das Zubehör beschaffen (Art, Ausführung, Zusammensetzung), etc.? Soll allein das Zubehör verkauft werden, so ist es ohnehin unmittelbar „Produkt" im Sinne des Art. 6 der UGP-Richtlinie bzw. „Ware" im Sinne des § 5 UWG, um deren Merkmale es dann unmittelbar geht. So z.B. bei der Werbung für Autozubehör mit dem Hinweis auf ein Materialgutachten.[342]

---

[332] BGH GRUR 2004, 162, 163 – *Mindestverzinsung.*

[333] OLG Düsseldorf MD 2000, 585, 589.

[334] OLG München NJWE-WettbR 1997, 152.

[335] BGH GRUR 2007, 805, 807 – *Irreführender Kontoauszug* (Fortführung von BGH GRUR 2002, 1093 – *Kontostandsauskunft*).

[336] BGH WRP 2007, 1337, 1338 – *150 % Zinsbonus.*

[337] BGH GRUR 1989, 611, 612 – *Bearbeitungsgebühr.*

[338] BGH GRUR 1967, 664 – *Baugeld.*

[339] Dort definiert in Art. 2 lit. b) als „ jede Bankdienstleistung sowie jede Dienstleistung im Zusammenhang mit einer Kreditgewährung, Versicherung, Altersversorgung von Einzelpersonen, Geldanlage oder Zahlung".

[340] EuGH GRUR 1993, 951, 952.

[341] Begründung des Referentenentwurfs vom 27.7.2007, Erstes Gesetz zur Änderung des Gesetzes gegen den unlauteren Wettbewerb, S. 42.

[342] OLG Düsseldorf WRP 2005, 1309.

„Zubehör" wird in § 97 Abs. 1 BGB definiert als bewegliche Sachen, die, ohne Bestandteile der Hauptsache zu sein, dem wirtschaftlichen Zwecke der Hauptsache zu dienen bestimmt sind und zu ihr in einem dieser Bestimmung entsprechenden räumlichen Verhältnis stehen. Eine Sache ist nicht Zubehör, wenn sie im Verkehr nicht als Zubehör angesehen wird. Maßgeblich für die Bestimmung von „Zubehör" ist allerdings nicht allein die Definition des deutschen Gesetzes. Der Begriff ist vielmehr **gemeinschaftsrechtlich** anhand der Vorgaben der UGP-Richtlinie **auszulegen.** Dabei ist zu beachten, dass Zubehör auch ein Merkmal einer Dienstleistung sein kann. „Zubehör" in diesem Sinn sind daher nicht nur bewegliche Sachen, sondern auch untergeordnete zusätzliche Dienstleistungen. **69**

Zur Bezeichnung als „Original-Ersatzteile" siehe Rdn. 49. Hinsichtlich der Beurteilung des Nachbaus von Ersatzteilen und Zubehör siehe § 4 Nr. 3 UWG.

m) Typenbezeichnungen. Wird eine Ware unter einer **unrichtigen Typenbezeichnung** beworben, liegt ebenfalls eine Irreführung über ein wesentliches Merkmal der Ware vor. Die Merkmalseigenschaft folgt daraus, dass mit der Typenbezeichnung das Produkt individualisierbar bezeichnet wird, was den Verbraucher in die Lage versetzt, die Ware mit konkurrierenden Produkten zu vergleichen.[343] Hiervon zu unterscheiden ist die Bewerbung von Waren **ohne Typenbezeichnung:** Richtet sich eine solche Werbung an Verbraucher, kann die Nichtangabe der Typenbezeichnung irreführend im Sinne von § 5a Abs. 3 Nr. 1 UWG sein.[344] Außerhalb des Anwendungsbereichs des § 5a Abs. 3 Nr. 1 UWG liegt in der Nichtangabe hingegen keine Irreführung.[345] Insoweit ist das gesetzgeberische Interesse zu berücksichtigen, den B2B Bereich nicht übermäßig mit Informationspflichten zu belasten.[346] **69a**

n) „Ohne"-Werbung, gentechnische Veränderungen: Die Hinweise **„Kosmetik ohne Tierversuche",** *„Beauty without Cruelty"* und *„wir sprechen uns seit 1978 klar gegen Tierversuche ... aus"* beziehen sich nach dem Verständnis des Verkehrs auf alle Produktionsstufen des beworbenen Erzeugnisses. Daher sind solche Hinweise auch dann irreführend, wenn der Werbetreibende selbst bei der Herstellung seines Kosmetikerzeugnisses keine Tierversuche durchgeführt hat, gleichwohl aber die verwendeten Grundstoffe mit Tierversuchen in Verbindung stehen.[347] Bei der Kennzeichnung von Lebensmitteln im Hinblick auf etwaige **genetische Veränderungen** ist zwischen der Pflicht zur **Positivkennzeichnung** und dem Recht zur **Negativkennzeichnung** zu unterscheiden: Die Voraussetzungen und Anforderungen der Positivkennzeichnung, d. h. der Pflicht zur Kennzeichnung von Lebensmitteln, die genetisch verändert wurden, ist seit 2004 einheitlich in den Verordnungen (EG) Nr. 1829/2003[348] und 1830/2003[349] geregelt.[350] Nach Art. 12 Abs. 1, Art. 2 Nr. 6 VO (EG) 1829/2003 sind positiv kennzeichnungspflichtig alle Lebensmittel, die genetisch veränderte Organismen (GVO) enthalten oder daraus bestehen oder aus GVO hergestellt werden. Nicht erfasst sind danach Lebensmittel, die lediglich mit Hilfe von GVO hergestellt werden.[351] Das Recht zur Negativkennzeichnung, d. h. die Kennzeichnung von Lebensmitteln, die ohne Anwendung gentechnischer Verfahren hergestellt worden sind, ist seit dem 1.5.2008 nicht mehr in der NLV,[352] sondern im EG-Gentechnik-Durchführungsgesetz (EGGenT-DurchfG)[353] geregelt. Nach § 3a EGGenT-DurchfG darf ein Lebensmittel mit einer Angabe, die auf die Herstellung des Lebensmittels ohne Anwendung gentechnischer Verfahren hindeutet, nur in den Verkehr gebracht oder beworben werden, soweit die im Gesetz festgelegten Anforderungen eingehalten worden sind, **70**

---

343 BGH GRUR 2014, 584, 586 – *Typenbezeichnung.*

344 BGH GRUR 2014, 584 – *Typenbezeichnung.*

345 Vgl. Köhler/*Bornkamm,* § 5 Rn. 7.30.

346 Amtl. Begr. zum RegE, BT-Drucks. 16/10 145, S. 25.

347 OLG Frankfurt LRE 24, 55, 57; KG MD 1998, 1243; offen gelassen in KG Report 1999, 222, 223.

348 Verordnung (EG) Nr. 1829/2003 des Europäischen Parlaments und des Rates vom 22. September 2003 über genetisch veränderte Lebensmittel und Futtermittel, ABl. Nr. L 268 v. 18.10.2003 S. 1.

349 Verordnung (EG) Nr. 1830/2003 des Europäischen Parlaments und des Rates vom 22. September 2003 über die Rückverfolgbarkeit und Kennzeichnung von genetisch veränderten Organismen und über die Rückverfolgbarkeit von aus genetisch veränderten Organismen hergestellten Lebensmitteln und Futtermitteln sowie zur Änderung der Richtlinie 2001/18/EG, ABl. Nr. L 268 v. 18.10.2003, S. 24.

350 Hierzu ausführlich *Schöder/Vandersanden* ZLR 2008, 543, 544 ff.

351 *Schöder/Vandersanden* ZLR 2008, 543, 546.

352 Verordnung zur Durchführung gemeinschaftsrechtlicher Vorschriften über neuartige Lebensmittel und Lebensmittelzutaten (Neuartige Lebensmittel – und Lebensmittelzutatenverordnung – NLV) i. d. F. der Bekanntmachung vom 14.2.2000, BGBl. I S. 123.

353 Gesetz zur Durchführung der Verordnungen der Europäischen Gemeinschaft auf dem Gebiet der Gentechnik und über die Kennzeichnung ohne Anwendung gentechnischer Verfahren hergestellter Lebensmittel (EG-Gentechnik-Durchführungsgesetz – EGGenTDurchfG), vom 22.6.2004.

wobei diese Anforderungen insbesondere im Hinblick auf Schwellenwerte teilweise strenger sind als bei der Positivkennzeichnungspflicht. So darf nach § 3a Abs. 3 EGGenT-DurchfG die Angabe **„ohne Gentechnik"** auch dann nicht verwendet werden, wenn die verwendeten Ausgangsprodukte nur zufällige oder technisch unvermeidbare Spuren von GVO enthalten oder aus GVO hergestelltes Material unter dem **Schwellenwert von 0,9 %** enthalten, während in solchen Fällen eine positive Kennzeichnungspflicht nicht besteht. Im Falle eines Lebensmittels oder einer Lebensmittelzutat tierischer Herkunft gelten dabei noch besondere Regelungen (§ 3a Abs. 4 EGGenT-DurchfG). So dürfen etwa dem Tier, von dem das Lebensmittel gewonnen worden ist, bestimmte Futtermittel, die GVO bestimmter Mengen enthalten, innerhalb bestimmter Zeiten nicht verabreicht worden sein. Es darf zur Kennzeichnung auch nur die Angabe „ohne Gentechnik" verwendet werden; andere Bezeichnungen sind nicht erlaubt, um eine Verwirrung der Verbraucher zu vermeiden. Die Beweislast dafür, dass die gesetzlichen Anforderungen für die Negativkennzeichnung erfüllt sind, trägt derjenige, der ein Lebensmittel mit der Kennzeichnung „ohne Gentechnik" in den Verkehr bringt oder bewirbt.

70a Für einen Kindertee durfte nach Ansicht des OLG Köln auch dann nicht mit der Angabe **„ohne Zuckerzusatz** (Saccharose)" geworben werden, wenn dies zutreffend war, da hierdurch der Anschein hervorgerufen wurde, der Tee enthalte keinerlei kariesfördernde Bestandteile.[354] Dem steht die BGH-Entscheidung „Das Beste jeden Morgen"[355] nicht zwingend entgegen, denn in dieser Entscheidung stellte der BGH nur fest, dass über das **Karies-Risiko** beim Verzehr von Produkten, die Zucker enthalten, nicht zusätzlich aufgeklärt werden muss, da dieses Risiko heute allgemein bekannt sei. Etwas anderes kann jedoch gelten, wenn ein solches Risiko durch die Werbung irreführend nicht nur verschwiegen, sondern verharmlost wird. Für die Zukunft sind zudem die Vorgaben für nährwertbezogene Angaben im Anhang der Health Claims VO zu beachten, die auch die Verwendung von „zuckerarm", „zuckerfrei" und „ohne Zuckerzusatz" regeln. Auch aus anderen Regelungen können sich Vorgaben für zuckerarme Lebensmittel ergeben: So ist z. B. eine als „Konfitüre extra" bezeichnete Konfitüre, deren Zuckergehalt 58 % beträgt, nicht ***„zuckerarme Konfitüre"*** im Sinne von Anhang III Teil A der Richtlinie 95/2/EG.[356]

70b Die Angabe **„ohne Fett"** auf der Verpackung von Süßigkeiten soll nach Ansicht des OLG Düsseldorf nicht relevant irreführend sein, wenn diese zwar 0,2 bis 0,4g Fett enthalten, das jedoch ohne ernährungsphysiologische Wirkung ist.[357] Auch hier ist zudem die Health Claims VO zu beachten. Den Hinweis **„ohne Parfum"** in Bezug auf kosmetische Produkte versteht der Verkehr in der Weise, dass das Produkt frei von jeglicher Art von Duftstoffen ist.[358] Ebenso verhält es sich mit der Angabe **„neutral"** für Hautpflegemittel.[359]

70c **o) Weitere Einzelfälle.** Bei der Werbung mit der **Auflage** von Pressemedien sind insbesondere die sog. IVW-Richtlinien der Informationsgemeinschaft zur Feststellung der Verbreitung von Werbeträgern e. V. zur Bestimmung der Verkehrsauffassung zu berücksichtigen.[360] Toilettenpapier, das nur zu 80 % aus Altpapier besteht, darf nicht mit der Angabe **„aus Altpapier"** beworben werden.[361] Eine **CD-Box,** die mit „100 Number 1 Hits" betitelt ist, muss auch die Originalversionen der jeweiligen Titel enthalten, die in den Hitlisten waren.[362] Ein **Badezusatz** darf nicht als „Klosterfrau Naturarznei" bezeichnet werden, wenn er nicht ausschließlich aus Stoffen natürlicher Herkunft zusammengesetzt ist.[363] Für Hühnereier aus **Batteriehaltung** darf durch die Abbildung einer kleinbäuerlichen Idylle in unberührter Natur nicht der Eindruck erweckt werden, die Eier stammten aus einer artgerechten Haltungsform der Hühner.[364] Wirbt ein Möbelanbieter für einen „Direktvertrieb exklusiver … **Bauhausmöbel**" ist es irreführend, wenn es sich bei den Möbelstücken tatsächlich um nicht-autorisiert hergestellte Nachahmungen handelt.[365] Die Bezeichnung **„Betonklinker"** erweckt bei den Abnehmern die Erwartung, es handele sich um Klinker, nicht aber um

---

354 KG GRUR 1986, 258 – *ohne Zuckerzusatz.*

355 BGH GRUR 2002, 182, 185 – *Das Beste jeden Morgen.*

356 EuGH WRP 2009, 1496, 1501 – *zuckerarme Konfitüre.*

357 OLG Düsseldorf GRUR-RR 2006, 235, 236 – *ohne Fett.* Zu Molkedrinks mit 0,04g Fettanteil siehe OLG Hamburg ZLR 2006, 162 ff. – *ohne Fett II.*

358 OLG Köln GRUR 1989, 684 – *Baby-Pflegemittel ohne Parfüm.*

359 LG Köln NJW-RR 1990, 240.

360 Hierzu *Mayer* WRP 2010, 984 ff. Siehe auch § 5 Abschn. E. Rdn. 110.

361 Vgl. BGH GRUR 1991, 546 – *… aus Altpapier.*

362 OLG Nürnberg BeckRS 2010, 27931 – *100 Number 1 Hits.*

363 OLG Hamburg MD 1994, 462 – *Naturarznei.*

364 OLG Frankfurt GRUR-RR 2003, 192. Ähnlich bereits OLG Köln NJW 1985, 1911, 1912.

365 LG Hamburg MD 2010, 343.

einen rot gefärbten Betonstein.[366] Wird in einem Prospekt ein Komplett-**Bett** mit Lattenrost und Matratze abgebildet, erwarten die angesprochenen Verkehrskreise in Ermangelung hinreichend deutlicher Klarstellungen, dass Lattenrost und Matratze ebenfalls zum Lieferumfang gehören.[367] Ein **Kosmetikum** darf nicht als „Bio-Oil" bezeichnet werden, wenn das Produkt überwiegend (50% + x) aus chemisch-industriellen Substanzen besteht.[368] Von einem **„Branchenbuch"** erwartet der Verkehr eine weitgehende Vollständigkeit; ist das nicht der Fall, z.B. weil ein Sammelbuch nur aus bestimmten bezahlten Einträgen besteht, so muss darauf zur Vermeidung einer Irreführung hingewiesen werden.[369] Die Bewerbung eines gem. § 18 DeMailG akkreditierten **De-Mail-Dienstes** als **„amtliche E-Mail"** ist hingegen nicht irreführend.[370] Mit der Bezeichnung **„Buttergebäck"** verbinden die Endabnehmer ein Erzeugnis, das zumindest in erheblichem Umfang Butter (und nicht Butterschmalz) enthält.[371] Aus der Bezeichnung **„Clinique"** für kosmetische Erzeugnisse folgert der Verkehr nach einer Entscheidung des EuGH nicht, dass es sich bei den Erzeugnissen um Arzneimittel handelt.[372] Wird in einer Rundfunkwerbung für **Eierteig**waren Hühnergegacker eingeblendet, erwartet der Verkehr die Verwendung von Frischeiern und nicht von Trockeneimasse.[373] Die kräftig-gelbe Färbung eines **Eierlikörs** führt der deutsche Verbraucher bei Fehlen eines aufklärenden Hinweises auf den Gehalt an Eiern, nicht aber auf die Benutzung von Dicke- und Färbemittel zurück.[374] Die Bewerbung einer Kühlgefrierkombination, die nur zur Energieeffizienzklasse A+ gehört, mit **„Sehr sparsam im Energieverbrauch"** ist irreführend.[375] Ein auf der Mobilfunktechnik beruhender Telefonanschluss stellt keinen **„Festnetzanschluss"** dar.[376] Werden Hähnchenbrüste zerkleinert, in einem Kunstdarm zu neuer Masse zusammengeführt, gekocht und dann in gleich große Stücke zerkleinert, so dürfen diese nicht als „Hähnchen**filet**streifen" bezeichnet werden.[377] Bei **„Fleischwurst"** erwartet der Verkehr keine Beimischung von drei oder mehr Volumenprozent Sojamehl.[378] Bei der Angabe **„70% Fruchtanteil"** für Fruchtaufstriche erwartet der Verkehr nicht, dass es sich hierbei um einen Frischfruchtanteil handelt.[379] Bei Angabe von Fruchtsorten unter hervorgehobener Darstellung entsprechender Früchte (wie z.B. **„Erdbeere-Orange"**) erwartet der Verkehr nicht nur eine bestimmte Geschmacksrichtung, sondern auch, dass das Produkt diese Obstsorten auch tatsächlich enthält und deren Anteil größer ist als der anderer Obstsorten. Der Verkehr erwartet hingegen nicht, dass die zuerst genannte Obstsorte den größten Anteil der verwendeten Obstsorten ausmacht.[380] Wird ein Verbraucher darüber informiert, gewonnen zu haben und wird in diesem Zusammenhang auf eine **„Gewinnauskunft"** hingewiesen, dann erwartet der Durchschnittsverbraucher unter dieser Nummer eine Auskunft, welchen der möglichen Gewinne er gewonnen hat und nicht nur allgemeine Informationen über die ausgesetzten Gewinne.[381] Die Aussage „Mit jeder Packung 20 Songs **gratis**" versteht der Verbraucher nicht dahingehend, dass er lediglich Zugriff auf Musikstücke erhält, die bei Internetradiosendern gespielt werden und die er nur während des Bestehens der Internetverbindung aufnehmen kann. Er erwartet vielmehr den Zugriff auf eine Datenbank, von der er 20 dort gespeicherte Musikstücke herunterladen kann.[382] Für einen lediglich vergoldeten Anhänger darf nicht mit „**22 Karat** Goldauflage" geworben werden, weil der Verkehr die Feingehaltsangabe nicht nur auf das zur Vergoldung benutzte Material bezieht.[383] Öl, das thermisch behandelt und erhitzt wurde, darf nicht als „**kaltgepresst,** aus 1. Pressung" bezeichnet werden.[384] Versteht der Verkehr unter **„Kunstglas"** sowohl künstlerisch bearbeitetes Glas als auch künstliches Glas, kann ein Verstoß gegen § 5 UWG

---

[366] BGH GRUR 1982, 563 ff. – *Betonklinker.*

[367] BGH GRUR 2015, 698 Tz. 13 – *Schlafzimmer komplett;* OLG Hamm GRUR-RR 2015, 64 – *Bettrahmen ohne Lattenrost.*

[368] OLG Hamm MD 2012, 610.

[369] OLG Frankfurt a. M. GRUR-RR 2011, 142.

[370] OLG Köln GRUR-RR 2013, 439, 440 f. – *GMX De-Mail – die amtliche E-Mail.*

[371] OLG Hamburg GRUR 1990, 55 ff. – *Butasan.*

[372] EuGH GRUR Int. 1994, 231, 233 – *Clinique.*

[373] BGH GRUR 1961, 544 – *Hühnergegacker.*

[374] OLG Köln GRUR 1992, 323, 324 – *Holländischer Advocaat.*

[375] LG Freiburg BeckRS 2010, 17666.

[376] OLG Düsseldorf GRUR-RR 2015, 219 Tz. 23 – *Festnetzanschluss.*

[377] OVG Lüneburg BeckRS 2010, 50430.

[378] OLG Köln GRUR 1986, 323 – *Fleischwurst.*

[379] Vgl. KG GRUR 1988, 538 – *70 % Fruchtanteil.*

[380] OLG Köln MD 2008, 288, 291, 292 – *Erdbeer-Orange.*

[381] BGH GRUR 2005, 1061, 1063 – *Telefonische Gewinnauskunft.*

[382] OLG Düsseldorf BeckRS 2011, 11199.

[383] KG GRUR 1987, 448 – *Vergoldeter Schmuck.*

[384] OVG Münster BeckRS 2010, 55 279.

ausscheiden, wenn in der Werbung unmissverständlich zum Ausdruck gebracht wird, dass mit „Kunstglas" in diesem Fall Kunststoff gemeint ist.[385] Eine **Matratze,** deren Anteil an Naturlatex nur 10–30% beträgt, darf nicht mit der Angabe **„mit allergenfreiem Natur-Latex"** angepriesen werden.[386] Unter einem **„Massivhaus"** versteht der Verkehr ein Haus, bei dem die stützenden und lasttragenden Wände aus Stein und mineralischen Stoffen errichtet wurden.[387] Die schlagwortartige Angabe **„natriumarm"** auf Mineralwasserflaschen wird von den Verbrauchern als Hinweis darauf verstanden, dass das Getränk für natriumarme Ernährung geeignet ist.[388] Zur Werbung mit **„neu"** siehe Rdn. 139ff. Bei einem **„Parkhotel"** erwartet der Verkehr möglicherweise ein gehobenes Niveau der erbrachten Beherbergungsleistungen, jedenfalls aber auch ein Hotel, das sich in der Nähe eines Parks oder einer parkähnlichen Fläche befindet und nicht nur an eine Durchgangstraße gelegen ist.[389] Wird ein Produkt mit der Angabe **„mit pflanzlichen Inhaltsstoffen"** beworben, ist dies selbst dann nicht irreführend, wenn die pflanzlichen Stoffe in chemisch verarbeiteter Form dargereicht werden.[390] Erlaubt wurde die Abbildung einer Artischocke auf der Packung eines Arzneimittels, das zu 50% aus einem Artischockenblätterextrakt besteht.[391] Papier, zu dessen Herstellung auch Fabrikationsreste verwendet werden, die bei der Produktion von Frischfaserpapier anfallen, darf nicht als **„100% recycled"** bezeichnet werden.[392] Von einem **„Resort"** erwartet der Verkehr eine Ferienanlage mit Beherbergung, aber auch mit zusätzlichen Freizeitangeboten.[393] Die Aussage **„100% ... säurefrei"** in Bezug auf einen Reinigungs- und Polierstein versteht der Verkehr dahin, dass das Produkt auch keine Säuren enthält, die neutralisiert sind.[394] Die Bewerbung eines Kinderschuhs mit der Materialangabe „Obermaterial **reine Schurwolle** – Laufsohle Polyester-Filz mit Latexbeschichtung" ist irreführend, wenn der Schaft des Schuhs noch ein Strickbündchen aus einer Kunstfaser aufweist.[395] Wer über sog. **Selektivverträge** zahnärztliche Leistungen anbietet, die über die sog. gesetzliche Regelversorgung hinausgehen und dabei sein Programm als „deutschlandweit einziges **Vollprogramm**" bezeichnet, bei dem der Patient zahnärztliche Leistungen erhält, erweckt damit den Eindruck, dass *alle* über die gesetzliche Regelversorgung hinausgehenden Leistungen angeboten werden.[396] Wird ein **Staubsauger** mit den Aussagen „ohne Saugkraftverlust" und „konstante Saugkraft" beworben, so darf dies nicht bloß für die höchste Leistungsstufe gelten.[397] Die Beeinflussung von **Suchmaschinen** in der Art, dass bei Verwendung bestimmter Begriffe eine bestimmte Internetseite auf einem oberen Platz angezeigt wird (sog. Search Engine Optimisation), stellt, wenn nur legale Hilfestellungen angeboten werden, keine Irreführung dar;[398] allerdings sind bei dieser Tätigkeit auch weitere Aspekte zu berücksichtigen, insbesondere markenrechtliche Vorgaben bei der Verwendung von sog. Keywords und Adwords sowie von sog. Metatags. Das Einstellen eines Gebrauchtfahrzeugs auf einer Internethandelsplattform in einer **Suchrubrik** mit einer geringeren als der tatsächlichen Laufzeit ist zwar eine unwahre Angabe, zur Irreführung aber dennoch nicht geeignet, wenn aus der Überschrift der Anzeige ohne Weiteres die wahre Laufleistung hervorgeht.[399] Die Bezeichnung **„synthetisches Motorenöl"** hat sich bei beachtlichen Teilen des Verkehrs derart verfestigt, dass ein so bezeichnetes Erzeugnis in seiner Zusammensetzung und seinen Eigenschaften nicht wesentlich von anderen „synthetischen Motorölen" abweichen darf.[400] Die in einem **Telefonverzeichnis** unter dem Buchstaben „T" veröffentlichte Anzeige eines Mietwagenunternehmens stellt keine Irreführung des Verkehrs dar, sofern deutlich darauf hingewiesen wird, dass kein Taxen- sondern Mietwagenverkehr angeboten wird.[401] Der Durchschnittsverbraucher beschränkt sich bei der Durchsicht eines Werbeprospekts für **Teppiche** nicht auf das Betrachten der Abbildungen, sondern befasst sich auch mit klein gedruckten Erläute-

---

[385] BGH GRUR 1960, 567, 571 – *Kunstglas.*
[386] OLG Köln NJWE-WettbR 2000, 281 – *„mit allergenfreiem Natur-Latex".*
[387] OLG Rostock OLG Report 2006, 367.
[388] OLG Köln WRP 1995, 128 – *natriumarm.* Für andere Lebensmittel als natürliche Mineralwässer richtet sich die Verwendung nach Art. 8 i. V. m. dem Anhang zur Health Claims Verordnung (EG) Nr. 1924/2006.
[389] OLG Karlsruhe WRP 2012, 1292, 1294 – *Parkhotel.*
[390] OLG Hamburg MD 2001, 311, 314.
[391] OLG Frankfurt NJW-RR 1996, 33.
[392] KG AbfallR 2010, 216.
[393] OLG Düsseldorf 2015, 217 Tz. 28 – *Ostsee-Resort.*
[394] OLG Köln MD 2002, 296 – *biologisch abbaubar ... säurefrei.*
[395] OLG Düsseldorf, Urteil v. 5.10.2010, Az. I-20 U 180/09.
[396] OLG Hamm WRP 2014, 220 Tz. 65ff.
[397] OLG Köln GRUR-RR 2012, 480, 481.
[398] OLG Köln BeckRS 2011, 14258.
[399] BGH GRUR 2012, 286 Tz. 18ff. – *Falsche Suchrubrik.*
[400] OLG Hamburg WRP 1989, 667.
[401] OLG Frankfurt a. M. GRUR-RR 2011, 140 – *Buchstabe T.*

rungen. Daher hat der BGH eine Irreführung darüber verneint, dass es sich bei den angebotenen Teppichen um **Webteppiche** und nicht um handgeknüpfte Teppiche handelte.[402] Bei **„Textilleder"** erwartet der Verkehr, dass der Stoff zumindest überwiegend aus Leder besteht.[403] Ein Schokoladenprodukt darf nach OLG Bremen mit dem Hinweis **„Milchcremefüllung mit ... Traubenzucker"** beworben werden, obwohl es überwiegend mit Kristallzucker gesüßt ist und sich die Werbung vornehmlich an Kinder wendet.[404] Wird hingegen ein Früchtequark mit der Aussage ***„So wichtig wie das tägliche Glas Milch"*** beworben, bezieht der Verbraucher diese Aussage nicht auf einen Vergleich des Zuckeranteils, da er weiß, dass es sich bei Früchtequark um ein Produkt handelt, welches sich in seiner Zusammensetzung deutlich von Milch unterscheidet.[405] Dem Slogan steht daher nicht entgegen, dass der Früchtequark rund 2,75 mal mehr Zucker enthält als Milch. Das Angebot eines Gebrauchtwagens als Jahreswagen aus **„1. Hand"** bzw. mit dem Zusatz **„1 Vorbesitzer"** ist irreführend, wenn das Fahrzeug als Mietwagen genutzt worden ist.[406] Bei einem „Vorder**schinken**" erwartet der Verkehr, dass die Schinkenqualität den Leitsätzen des Deutschen Lebensmittelbuches entspricht und nicht lediglich „nach italienischer Art" aus Vorderschinken geformt und teilweise zerkleinert ist.[407] Obgleich das Wort **„Weingeist"** in Verbindung mit einem Getränk fachterminologisch lediglich besagt, dass das Erzeugnis Äthylalkohol enthält, schließt der Verkehr aus der schlagwortartigen Verwendung des Begriffs auf dem Etikett, das Erzeugnis sei aus Wein oder Weintrauben hergestellt.[408] Wird für ein **Wörterbuch** ohne nähere Erläuterung mit einer Wortanzahl geworben, so versteht der Durchschnittsverbraucher diese Angabe als Hinweis darauf, wie viele Wörter übersetzt sind, ohne Berücksichtigung der Wörter in den Übersetzungen.[409] Die Bewerbung eines **„Zahnärztlichen Notdienstes"** durch eine Zahnarztpraxis in Telefonbüchern unter der Rubrik „Notrufe" ist irreführend.[410] Unter der Bezeichnung als **„Zeitung"** erwartet der Verkehr ein periodisch erscheinendes Druckerzeugnis mit redaktionellem Inhalt und kein reines Anzeigenblatt.[411]

4. Verhältnis zu sonderrechtlichen Normen

Insbesondere zur Zusammensetzung von Lebensmitteln besteht eine Vielzahl sonderrechtlicher 71 Normen.[412] Zu einem Konflikt kann es in zwei Konstellationen kommen: Entweder das Spezialrecht enthält ein eigenständiges Verbot, so dass sich die Frage stellt, ob dieses Verbot vorrangig anwendbar ist und dementsprechend (i) eine Werbung verbieten kann, die nach allgemeinem Recht möglicherweise erlaubt wäre oder aber (ii) eine Aussage gerade nicht verbietet und man sich fragen muss, ob ein Rückgriff auf das allgemeine Irreführungsverbot des Wettbewerbsrechts erlaubt ist (nachfolgend Rdn. 72). Oder das Spezialrecht sieht die Verwendung bestimmter Bezeichnungen vor, so dass sich die Frage stellt, ob diese Bezeichnungen dennoch als irreführend verboten werden können (nachfolgend Rdn. 73ff.). Enthält das Spezialrecht keine Regelung, so kommen die allgemeinen Vorschriften zur Anwendung. So lässt z.B. eine fehlende Kennzeichnungspflicht nach der LMKV keinen Rückschluss auf die Zulässigkeit einer Bezeichnung i.S.v. §§ 11 Abs. 1 LFGB/Art. 7 LMIV, 5 UWG zu.[413]

a) Sonderrechtliches Verbot. Soweit das Sonderrecht **eigenständige Irreführungsverbote** 72 statuiert (z.B. Art. 7 Abs. 4 LMIV, § 13 Abs. 4 Nr. 1c LFGB i.V.m. bestimmten Verordnungen wie z.B. § 15 Abs. 1 MTVO), ist § 5 UWG neben diesen Vorschriften zwar grundsätzlich anwendbar.[414] Ist das sondergesetzliche Irreführungsverbot aber erschöpfend – was häufig unter Rückgriff auf Vorgaben des Gemeinschaftsrechts beurteilt werden muss – und fällt das beanstandete Verhalten

---

[402] BGH GRUR 2000, 619, 621 – *Orient-Teppichmuster.*

[403] OLG Bamberg MD 2012, 719.

[404] OLG Bremen ZLR 2005, 404, 405 – *Mit Traubenzucker.*

[405] BGH GRUR 2015, 403 Tz. 22, 30 – *Monsterbacke II.*

[406] OLG Hamm MD 2010, 970, 973 – *Mietwagen aus 1. Hand;* OLG München WRP 2012, 87 Tz. 12ff. – *Jahreswagen.*

[407] OVG Münster BeckRS 2010, 56244, 56245.

[408] BGH GRUR 1973, 481, 483 – *Weingeist.*

[409] OLG Hamburg NJOZ 2004, 3571, 3574f. – *Multilex.*

[410] OLG Hamm GRUR-RR 2010, 61f. – *Zahnärztlicher Notdienst.*

[411] OLG Köln AfP 1999, 86, 87; OLG Köln GRUR-RR 2013, 334, 335 („in nennenswertem Umfang" redaktionelle Text- und Bildbeiträge erforderlich).

[412] Überblick bei *v. Jagow* oben Einl. I Rdn. 1ff.; ausführlich auch *Helm* in: Gloy/Loschelder/Erdmann, HdbWettbR, § 74 Rdn. 4f.; zum Verhältnis zwischen Lebensmittel- und Lauterkeitsrecht insbesondere unter Berücksichtigung des Gemeinschaftsrechts siehe auch *Köhler* WRP 2014, 637ff.

[413] BVerwG, BeckRS 2011, 49976.

[414] BGH WRP 2003, 748, 749 – *Klosterbrauerei;* Ohly/*Sosnitza,* UWG, § 5 Rdn. 18.

nischt unter diese sonderrechtliche Verbotsnorm, ist auch § 5 UWG nicht einschlägig. Das Verbot des § 5 UWG kann z. B. im Anwendungsbereich des Art. 7 LMIV nicht weiter gehen als die dort getroffenen Regelungen,[415] da bereits die Etikettierungsrichtlinie 2000/13/EG, gegenüber der Irreführungsrichtlinie vorrangig war.[416] Nichts anderes gilt für das Verhältnis UGP-Richtlinie und LMIV: Die UGP-Richtlinie lässt die Informationsanforderungen des Lebensmittelrechts gem. Art. 3 Abs. 4 und Erwägungsgrund 10 UGP-Richtlinie sowie Erwägungsgrund 5 der LMIV ausdrücklich unberührt. Daher kann eine Werbung nach Art. 7 LMIV oder Art. 3 Abs. 2 HCVO irreführend sein, obwohl sie es nach § 5 UWG bzw. Art. 6 Abs. 1 UGP-Richtlinie nicht wäre.[417] Zur Werbung mit nährwert- und gesundheitsbezogenen Aussagen und zu dem Anwendungsbereich der Health Claims VO siehe Rdn. 137 ff. und *v. Jagow* oben Einl. I Rdn. 15 ff.

73 **b) Andere sonderrechtliche Regelungen.** Soweit die sondergesetzlichen Bestimmungen hingegen kein Verbot enthalten, sondern nur die Zusammensetzung oder Herstellungsart von Lebensmitteln oder deren Verkehrsbezeichnung festlegen, kommt es darauf an, in welcher **Normenhierarchie** diese Bestimmungen zum Irreführungsverbot stehen, ob die in Frage stehenden Angaben gesetzlich **zwingend vorgegeben** werden und ob sie ausdrücklich oder konkludent **erlaubt** werden oder ob sie im Gesetz nur verwendet werden.

74 *aa) Höherrangiges Recht.* Werden in höherrangigen Normen, z. B. EG-Verordnungen, bestimmte Bezeichnungen vorgeschrieben oder zugelassen, so haben diese Bestimmungen Vorrang vor dem Irreführungsverbot des § 5 UWG. Dasselbe gilt, wenn höherrangige Normen ein bestimmtes Verständnis einer Bezeichnung fingieren, so z. B. Art. 2, 23 Abs. 1 und Anhang 1 EG-Öko-Basis VO 834/2007 bei Verwendung der Begriffe „ökologisch" oder „biologisch". In diesem Fall ist dieses Verständnis verbindlich, unabhängig von einem etwaigen anderen tatsächlichen Verkehrsverständnis.[418]

75 *bb) Zwingende gesetzliche Vorgaben.* Soweit Kennzeichnungen und Angaben in gleichrangigen Gesetzen zwingend vorgegeben sind, sind diese vom Werbetreibenden zu verwenden. Unterlässt der Unternehmer dies, wird das im Regelfall irreführend i. S. v. § 5, 5a UWG wirken und außerdem einen Verstoß gegen §§ 3, § 3a UWG (vormals § 4 Nr. 11 UWG a. F.) begründen.[419] Werden z. B. bei einem Desinfektionsmittel die darin enthaltenen Gifte entgegen den gesetzlichen Bestimmungen nicht angegeben, ist das irreführend.[420] Zwar bedeutet eine unvollständige Angabe nicht ohne weiteres, dass sie unrichtig ist. Auch ist der Unternehmer nicht unbedingt zu vollständigen Angaben verpflichtet.[421] Etwas anderes gilt jedoch, wenn er auf Grund der zwingenden gesetzlichen Vorgaben zur Aufklärung verpflichtet ist oder wenn der Verkehr die Kennzeichnung als wesentlich ansieht und aus ihrem Unterbleiben den Schluss zieht, die verschwiegene Eigenschaft der Ware sei nicht gegeben.[422] Letzteres wird im Rahmen von Angaben, die einen objektiven Charakter haben (wie z. B. das Zutatenverzeichnis bei Lebensmitteln), wahrscheinlicher sein als bei reinen Werbeaussagen, die als solche erkennbar sind und denen der Verbraucher in der Regel ein größeres Maß an Skepsis entgegenbringt. Je größer die Gefahren sind, die von einem Produkt ausgehen, desto eher wird der Verkehr von einschlägigen positiven Kennzeichnungsvorschriften und deren Einhaltung durch den Anbieter ausgehen.[423]

76 Verwendet der Unternehmer die **gesetzlich vorgeschriebenen Bezeichnungen** und Angaben, **kommt ein Verstoß gegen § 5 UWG nicht in Betracht.**[424] Daher darf ein Pfirsich-Likör, der

[415] So auch schon zu § 11 LFGB a. F. BGH WRP 2007, 772, 774 – *Umsatzzuwachs;* WRP 2003, 748, 749 – *Klosterbrauerei;* OLG Nürnberg GRUR 2000, 1105, 1106; OLG Frankfurt GRUR-RR 2001, 67, 69; *Bornkamm* in: FS BGH 2000, 343, 354; OLG Düsseldorf GRUR-RR 2006, 235, 236 – *ohne Fett.* Vgl. auch BGH GRUR 2002, 1091, 1092 – *Bodensee-Tafelwasser.*

[416] Zum Vorrang der Etikettierungsrichtlinie: EuGH EWS 2003, 89, 92 – *Sterbenz und Haug;* Slg. 2002, 9391, 9402 – *Linhart und Biffl.* Vgl. auch BGH GRUR 1997, 756, 757 – *Kessler Hochgewächs.*

[417] *Köhler* WRP 2014, 637, 638.

[418] BVerfG NJW 2002, 1486.

[419] Siehe auch § 3a UWG (vormals § 4 Nr. 11 UWG a. F.).

[420] BGH GRUR 1964, 269, 272 f. – *Grobdesin.*

[421] BGH GRUR 1952, 416, 417 – *Dauerdose;* 1957, 491, 493 – *Wellaform;* GRUR 1997, 672, 674 – *Sonderpostenhändler.*

[422] BGH GRUR 1964, 269, 272 f. – *Grobdesin.*

[423] Vgl. BGH GRUR 1964, 269, 272 – *Grobdesin.*

[424] BGH GRUR 1982, 423, 424 – *Schlossdoktor/Klosterdoktor;* BGH GRUR 1997, 756, 757 – *Kessler Hochgewächs;* BVerwG ZLR 1992, 528, 535 – *Becel-Diät-Teewurst;* OLG Karlsruhe ZLR 1994, 391, 393 – *biologisch-dynamisch;* GK-*Lindacher,* § 5 Rdn. 76; Ohly/*Sosnitza,* UWG, § 5 Rdn. 255; *v. Gamm* GRUR 1984, 165, 168; *Zipfel/Rathke,* Kommentar zum Lebensmittelrecht, Stand: 11/02, Bd. 2, § 4 Lebensmittel-KennzeichnungsVO Rdn. 16; *Streinz* GRUR 1996, 16, 23 f., wobei teilweise (nicht vom BGH) von einer „normierten Verkehrsauffassung" gesprochen wird.

Aromenverordnung entsprechend, mit der Angabe „mit naturidentischen Aromastoffen" beworben werden, auch wenn der Verkehr glaubt, es handele sich dabei um natürliche Aromastoffe.[425] Ebenso darf die Bezeichnung **„Fruchtnektar"** entsprechend der FruchtsaftVO (Anlage 1 Nr. 4) verwendet werden, auch wenn Teile des Verkehrs mit einem „Nektar" Qualitätsvorstellungen verbinden, die über die gesetzliche Regelung hinausgehen.[426]

Selbst bei Beachtung der gesetzlichen Vorgaben kann sich eine Irreführung allerdings auf Grund **weiterer Umstände** ergeben, auf die sich die normativen Vorgaben nicht erstrecken,[427] wie z. B. durch die Hervorhebung von Selbstverständlichkeiten[428] oder durch zusätzliche, gesetzlich nicht vorgeschriebene Angaben. Aus diesem Grund ist es beispielsweise verboten, einen „Französischen **Branntwein** aus Wein" zusätzlich als „Französischen Brandy" zu bezeichnen, wenn der Verkehr in seinen Qualitätsvorstellungen **„Brandy"** mit einem Weinbrand gleichsetzt (so auch Nr. 5 im Anhang II zur VO 110/2008), der konkret beworbene Branntwein diese Qualitätsvoraussetzungen eines Weinbrands aber nicht erfüllt.[429] 77

cc) Gesetzlich erlaubte oder verwendete Kennzeichnungen und Angaben. Werden Angaben oder Bezeichnungen in Normen nicht vorgeschrieben, sondern werden nur bestimmte Begriffe verwendet oder werden bestimmte Angaben erlaubt, so ist allein entscheidend, wie der durchschnittlich informierte und verständige Verbraucher sie versteht.[430] Im Regelfall wird der Verbraucher erwarten, dass die beworbene Ware und die verwendeten Bezeichnungen dem entsprechen, was die damit befassten Normen, Fachkreise und Stellen vorschreiben bzw. für richtig befinden.[431] Insbesondere wird der Verkehr bei der Verwendung gesetzlicher Bezeichnungen in der Regel nicht erwarten, dass die beworbene Ware höhere Anforderungen erfüllt, als es in den einschlägigen Bestimmungen festgelegt ist.[432] Entsprechendes gilt für den Fall, dass auf die **Einhaltung gesetzlicher Vorgaben** (z. B. Grenzwerte) **hingewiesen** wird. Der Käufer eines Kraftfahrzeugs erwartet bei der Werbung mit der Einhaltung von Abgaswerten nach **„EURO 6"** beispielsweise, dass das beworbene Fahrzeug die für es festgelegten Grenzwerte für Schadstoffemissionen in der entsprechenden Norm[433] nicht überschreitet. Die korrekte Bezeichnung der Norm „€ 6" sowie die genaue Höhe der Grenzwerte und deren Berechnung werden ihm hingegen regelmäßig egal sein. 78

In Ausnahmefällen kann ein Begriff in seiner gesetzlichen Verwendung aber auch von der Bedeutung **abweichen,** die ihm von der Verkehrsauffassung beigemessen wird. Das gilt insbesondere bei gesetzlich neu eingeführten Bezeichnungen oder sehr alten Normen, die dem aktuellen Verkehrsverständnis nicht mehr entsprechen.[434] Auch in solchen Fällen entscheidet das **Verkehrsverständnis.**[435] Dabei kann das Verkehrsverständnis **enger,** aber auch **weiter** sein als der Wortlaut des Gesetzes. So muss der Verkehr den allgemein gebräuchlichen Ausdruck „Säfte" in der Werbung[436] nicht unbedingt gleichsetzen mit der künstlich geschaffenen Verkehrsbezeichnung „Fruchtsäfte" im 79

---

[425] OLG Hamburg WRP 1990, 530, 531 – *Pfirsichlikör.*

[426] Vgl. OLG Nürnberg GRUR 2000, 1105, 1106 – *Verkehrsverständnis Säfte.*

[427] Angedeutet in BGH GRUR 1967, 495, 497 – *Samo.*

[428] BGH GRUR 1973, 481, 482 f. – *Weingeist.* Nunmehr allgemein in Nr. 10 im Anhang zu § 3 Abs. 3 UWG geregelt, sowie speziell für Lebensmittel in § 11 Abs. 1 Nr. 3 LFGB.

[429] BGH GRUR 1984, 455, 456 – *Französischer Brandy.* Zu den Anforderungen an „Deutschen Weinbrand" siehe § 2 Alkoholhaltige Getränke-Verordnung, AGeV (i. d. Neufass. der Bek. v. 30.6.2003, BGBl. I 1255). Siehe auch Art. 9 VO (EG) 110/2008 und Nr. 4 und 5 im Anhang II dazu.

[430] BGH GRUR 1983, 245, 247 – *naturrot;* GRUR 1991, 554, 555 – *Finanzbuchhalter.* Weitergehend bei gesetzlich erlaubten Bezeichnungen GK-*Lindacher,* § 5 Rdn. 71 ff., 63 f.; *Helm* in: Gloy/Loschelder/Erdmann, HdbWettbR, § 59 Rdn. 263.

[431] BGH GRUR 1958, 492, 496 – *Eis-Pralinen;* GRUR 1964, 269, 272 – *Grobdesin;* GRUR 1967, 30, 32 – *Rum-Verschnitt;* GRUR 1969, 280, 282 – *Scotch Whisky;* abgelehnt für Nuss-Nougat-Creme in OLG Düsseldorf GRUR 1985, 233, 234 – *ohne Streckmittel.*

[432] BGH GRUR 1984, 376, 377 – *Johannesbeerkonzentrat.*

[433] Anhang I Tabelle 2 zur Verordnung (EG) Nr. 715/2007 des Europäischen Parlamentes und des Rates vom 20. Juni 2007 über die Typengenehmigung von Kraftfahrzeugen hinsichtlich der Emissionen von leichten Personenkraftwagen und Nutzfahrzeugen (€ 5 und € 6) und über den Zugang zu Reparatur- und Wartungsinformationen für Fahrzeuge (ABl. Nr. L 171 v. 29.6.2007, S. 1); § 47 StVZO; siehe auch LG Braunschweig GRUR-RR 2004, 30, 31.

[434] Vgl. BGH GRUR 1992, 525, 526 – *Professorenbezeichnung II.*

[435] BGH GRUR 1992, 70, 71 – *40 % weniger Fett;* a. A. OLG Hamburg MD 2004, 35, 43 – *„Spreewälder Gurken".* Vgl. auch OLG Hamburg GRUR-RR 2006, 289, 290 – *SprudelFixx:* Abweichung von MTVO und den Leitsätzen für Erfrischungsgetränken.

[436] Auf der Fertigpackung eines Lebensmittels hingegen ist die Verkehrsbezeichnung anzugeben, die sich primär nach den gesetzlichen Vorgaben und nur bei deren Fehlen nach der allgemeinen Verkehrsauffassung bestimmt, §§ 3 Abs. 1, 4 Abs. 1 LMKV.

Sinne von Anlage 1 FruchtsaftVO, sondern kann ihn auch als Oberbegriff für Getränke mit Obstanteil verstehen.[437] Umgekehrt können in bestimmten Fällen zur Vermeidung einer Irreführungsgefahr zusätzliche Angaben erforderlich sein. So durften die Kraftstoffverbrauchswerte nach der **DIN Norm 70030,** die unter Idealbedingungen ermittelt wurden, ohne klarstellende Hinweise nicht zum Vergleich mit dem tatsächlichen Kraftstoffverbrauch eines Fahrzeugs herangezogen werden. Die alte KfZ GruppenfreistellungsVO (EG) Nr. 1400/2002[438] (EU) definierte in Art. 1 Abs. 1 (t) – für die Anwendung dieser Verordnung – **„Originalersatzteile"** als Teile, die von gleicher Qualität sind wie die Bauteile, die für die Montage des Neufahrzeugs verwendet werden oder wurden und die nach den Spezifizierungen und Produktionsanforderungen hergestellt werden, die vom Kraftfahrzeughersteller für die Herstellung der Bauteile oder Ersatzteile des fraglichen Kraftfahrzeugs vorgegeben wurden. Allerdings erwartet der Verkehr von einem „Originalersatzteil" zusätzlich, dass dieses auch einer geeigneten Kontrolle durch den KfZ-Hersteller unterliegt.[439] Die neue Verordnung Nr. 461/2010 vom 27.5.2010 über vertikale Vereinbarungen und abgestimmte Verhaltensweisen im Kraftfahrzeugsektor[440] definiert den Begriff „Original"-Ersatzteil nicht mehr. Versteht der Verkehr unter einer **„Praline"** nur ein schokoladenhaltiges Erzeugnis, so ist diese Auffassung wettbewerbsrechtlich auch dann maßgeblich, wenn der Begriff im Lebensmittelrecht weiter verstanden wird und die Verwendung der Bezeichnung auch für nicht-schokoladenhaltige Erzeugnisse erlaubt ist.[441] Das Gesetz über den Feingehalt von Gold- und Silberwaren erlaubt, dass Goldwaren mit jedem Feingehalt gestempelt werden dürfen. Aufgrund jahrzehntelanger Übung erwartet der Verkehr in Deutschland allerdings von **„Goldschmuck"** einen Feingehalt von mindestens $^{333}/_{1000}$, so dass es bei so bezeichnetem „Goldschmuck" von geringerem Feingehalt zusätzlicher Angaben zur Vermeidung einer Irreführung bedarf.[442]

80 Allerdings ist **bei der Annahme solcher Ausnahmefälle Zurückhaltung geboten.** Denn es bedarf grundsätzlich keiner Aufklärung über Bedeutung und Inhalt der gesetzlich verwendeten Bezeichnungen. Der Unternehmer kann regelmäßig von einer entsprechenden Kenntnis des durchschnittlich informierten und verständigen Verbrauchers ausgehen, zumal sich dieser an entsprechende Bezeichnungen gewöhnt und daher auch eine entsprechende Warenbeschaffenheit erwartet.[443] Zudem unterfällt die Werbung mit wahren Tatsachenbehauptungen der Meinungsfreiheit nach **Art. 5 Abs. 1 S. 1 GG** und kann daher nach der Rechtsprechung des BVerfG nur bei einer konkreten Gefährdung des Leistungswettbewerbs untersagt werden.[444]

81 In jedem Fall ist genau zu prüfen, ob die verwendete Werbeaussage von der gesetzlichen Regelung überhaupt gedeckt ist. So sieht § 9 Abs. 3, Anlage 6 Mineral- und Tafelwasser-Verordnung (MTVO) die Angabe **„natriumhaltig"** für Mineralwässer mit einem Natriumgehalt von mehr als 200 mg/l vor; dennoch kann die Bezeichnung **„natriumarm"** für Mineralwässer mit einem niedrigeren Gehalt irreführend sein.[445] Wenn die Nährwert-KennzeichnungsVO (§ 6 Abs. 2 Nr. 3) verbietet, auf einen verminderten Nährstoffgehalt von Lebensmitteln hinzuweisen, wenn der Gehalt des beworbenen Lebensmittels den Durchschnittsgehalt vergleichbarer Lebensmittel um weniger als 30% (vormals 40%) unterschreitet, dann ist damit nicht gesagt, wie (positiv) für ein solches Lebensmittel geworben werden kann. Aus diesem Grund kann auch die Aussage *„40% weniger Fett"* in der Werbung für Kartoffelchips irreführend sein, wenn der Verkehr die Aussage nicht nur auf den *durchschnittlichen* Nährstoffgehalt vergleichbarer Lebensmittel bezieht, sondern hierin einen Vergleich mit jeder anderen Kartoffelchip-Marke sieht.[446] Ebenso kann eine Tabelle über den Inhalt an Nährstoffen irreführend wirken, auch wenn sie der Nährwert-KennzeichnungsVO entspricht.[447]

---

[437] OLG Nürnberg GRUR 2000, 1105, 1106 – *Verkehrsverständnis Säfte.*

[438] Verordnung (EG) Nr. 1400/2002 der Kommission vom 31. Juli 2001 über die Anwendung von Artikel 81 Abs. 3 des Vertrags auf Gruppen von vertikalen Vereinbarungen und aufeinander abgestimmten Verhaltensweisen im Kraftfahrzeugsektor, ABl. Nr. L 203, S. 30.

[439] Vgl. BGH GRUR 1963, 142, 146 – *Original Ersatzteile;* GRUR 1966, 211, 212 – *Ölfilter.*

[440] ABl. L 129 v. 28.5.2010, S. 52.

[441] BGH GRUR 1958, 492, 495 – *Eis-Pralinen;* vgl. nunmehr allerdings Anlage 1.10 der KakaoVO v. 15.12.2003 (BGBl. I S. 2738). Siehe auch LG Hamburg LRE 27, 95, 103 zur Größe einer Praline.

[442] BGH GRUR 1983, 651, 652f. – *Feingoldgehalt.*

[443] BGH GRUR 1990, 70, 71 – *40 % weniger Fett.*

[444] S. o. Rdn. 36; im Ergebnis ebenso OLG Hamburg MD 2004, 35, 43 – *„Spreewälder Gurken"*.

[445] OLG Köln WRP 1995, 128, 130ff. – *natriumarm.* Für andere Lebensmittel als natürliche Mineralwässer richtet sich die Verwendung nach Art. 8 i. V. m. dem Anhang zur sog. Health Claims Verordnung (EG Nr. 1924/2006).

[446] BGH GRUR 1992, 70, 71 – *40 % weniger Fett.*

[447] OLG Frankfurt WRP 2012, 228, 229 – *Nuss-Nougat-Creme.*

Besonderheiten bestehen bei **importierten Lebensmitteln** aus anderen Mitgliedstaaten der Europäischen Gemeinschaft bzw. des EWR. So darf ein Erzeugnis, das in einem Mitgliedstaat der Europäischen Gemeinschaft oder des EWR rechtmäßig unter einer bestimmten Verkehrsbezeichnung hergestellt und in den Verkehr gebracht wurde, **im Regelfall auch in Deutschland unter dieser Bezeichnung vertrieben werden.** Einer etwaigen Irreführung kann grundsätzlich nicht durch ein Verbot des Vertriebs unter dieser Verkehrsbezeichnung, sondern nur durch zusätzliche Angaben Rechnung getragen werden, §§ 54 LFGB, 4 Abs. 2 und 3 LMKV, Art. 17 Abs. 2 LMIV. Ist eine Werbung hingegen nicht fest mit dem beworbenen Produkt verbunden, so ist ein Verbot der Werbung grundsätzlich nur die Regelung einer nicht von Art. 34 AEUV erfassten Verkaufsmodalität, so dass originär nationale Maßstäbe heranzuziehen sind.[448] 82

dd) DIN Normen. DIN-Normen sind die vom Deutschen Institut für Normung e. V. aufgestellten Regeln. Wird in der Werbung auf eine oder mehrere solcher DIN-Normen Bezug genommen, erwartet der Verkehr, dass das beworbene Produkt bzw. die beworbene Dienstleistung die in allen erwähnten Normen aufgestellten Anforderungen erfüllt.[449] Je nach Inhalt der Norm gilt das sowohl für den Endzustand der Ware als auch ihre Fertigungsmethode, mit welcher der normgerechte Zustand herbeigeführt werden soll.[450] Bestehen **Abweichungen von der Norm,** sind diese **kenntlich** zu **machen.**[451] So erwartet der Verkehr auf Grund der DIN-Plaketten an Zapfsäulen beispielsweise normgerechten Kraftstoff, so dass der Tankstellenbetreiber für nicht normgemäßes Benzin haften kann.[452] Wird auf mehrere Normen verwiesen, müssen sämtliche Anforderungen in jeder Hinsicht erfüllt sein.[453] Das gilt auch bei einem Verweis auf internationale Normen.[454] Zudem darf durch die **selektive Angabe von Normen** nicht der irreführende Eindruck erweckt werden, das beworbene Produkt erfülle alle einschlägigen Normen, wenn tatsächlich einzelne (nicht genannte) Normen nicht erfüllt werden. Wird unter Berufung auf das Inkrafttreten einer DIN-Norm der Eindruck erweckt, dass nicht normgerechte Erzeugnisse nicht vertrieben werden dürfen, so ist das ebenfalls irreführend.[455] Zur Werbung mit Prüfzeichen siehe Rdn. 277 ff. 83

c) Beispiele für gesetzliche Regelungen. *aa) Lebensmittelrecht.* Vorschriften, die für die Bestimmung der Verkehrsauffassung maßgeblich sein können bzw. gegenüber § 5 UWG spezielle Regelungen enthalten, finden sich vor allem im Lebensmittelrecht, wobei insoweit zwischen horizontalen und vertikalen Regelungen zu unterscheiden ist. 84

Bei den horizontalen, allgemein geltenden Regelungen betrifft das insbesondere **Täuschungsverbote** (z. B. Art. 7 Abs. 1 LMIV, § 11 Abs. 2 LFGB, § 25 WeinG, Art. 103 VO (EG) Nr. 1308/2013, § 15 MTVO), **Kennzeichnungsvorschriften** (insb. in der LMIV, aber auch in der DiätV oder der Novel-Food-VO[456]) und **speziellen Werberegelungen,** wie dem Verbot der krankheitsbezogenen Werbung (Art. 7 Abs. 3 LMIV), der Health-Claims-Verordnung, der DiätV, dem GenTG,[457] der Verordnungen (EG) Nr. 1829/2003[458] und Nr. 1830/2003,[459] dem EGGenTDurchfG und der EG Öko-Basis VO Nr. 834/2007. 85

Die vertikalen Regelungen betreffen bei Lebensmitteln Vorgaben z. B. zu Bier, Butter, Margarine, Streichfetten, Eiern, Fisch, Fleisch, Fruchtsaft, Honig, Kaffee, Kakao, Käse, Konfitüre, Milch, 86

---

[448] OLG Köln NJW-RR 1997, 1473, 1474; OLG Dresden GRUR 1997, 231, 233.

[449] BGH GRUR 1985, 973, 974 – *DIN 2093;* GRUR 1988, 832, 833 f. – *Benzinwerbung;* KG GRUR-RR 2010, 343, 344.

[450] BGH GRUR 1985, 973, 974 – *DIN 2093;* GRUR 1992, 117, 119 – *IEC-Publikation; Kollmann* GRUR 2004, 6, 9. Zur Werbung mit Prüfzeichen siehe BGH GRUR 1998, 1043, 1044 – *GS Zeichen* – sowie Rdn. 260 ff.

[451] BGH GRUR 1988, 832, 834 – *Benzinwerbung.*

[452] BGH GRUR 1988, 832, 834 – *Benzinwerbung* (noch unter der Geltung der Störerhaftung im Wettbewerbsrecht); OLG Düsseldorf WRP 1987, 252, 253; OLG Hamm GRUR 1987, 922, 923 – *Benzinwerbung;* OLG Karlsruhe WRP 1988, 52, 54.

[453] BGH GRUR 1992, 117, 119 – *IEC – Publikation.*

[454] BGH GRUR 1992, 117, 119 – *IEC – Publikation.*

[455] BGH GRUR 1991, 921, 922 – *Sahnesiphon.*

[456] VO (EG) Nr. 258/97 des Europäischen Parlaments und des Rates v. 27.1.1997 über neuartige Lebensmittel und neuartige Lebensmittelzutaten (ABl. L 43 v. 14.2.97, S. 1).

[457] Gesetz zur Regelung der Gentechnik v. 16.12.1993 BGBl. I S. 2066).

[458] Verordnung (EG) Nr. 1829/2003 des Europäischen Parlaments und des Rates vom 22. September 2003 über genetisch veränderte Lebensmittel und Futtermittel, ABl. Nr. L 268 vom 18.10.2003 S. 1.

[459] Verordnung (EG) Nr. 1830/2003 des Europäischen Parlaments und des Rates vom 22. September 2003 über die Rückverfolgbarkeit und Kennzeichnung von genetisch veränderten Organismen und über die Rückverfolgbarkeit von aus genetisch veränderten Organismen hergestellten Lebensmitteln und Futtermitteln sowie zur Änderung der Richtlinie 2001/18/EG, ABl. Nr. L 268 v. 18.10.2003, S. 24.

Mineralwasser, Spirituosen, Tabak, Weinbrand, Würzmitteln und Zucker. Insoweit sei auf die Darstellung bei *v. Jagow* Einl. I Rdn. 1 ff. verwiesen.

87 *bb) Sonstige Erzeugnisse.* **Gold- und Silberwaren:** Das Gesetz über den Feingehalt der Gold- und Silberwaren v. 16.7.1884[460] regelt die Art und Weise der Kennzeichnung des Feingehalts (§§ 2–5). Bei Gold- und Silberwaren, welche mit anderen metallischen Stoffen ausgefüllt sind, darf der Feingehalt dagegen nicht angegeben werden (§ 8 Abs. 1). Die Anwendung dieser Vorschriften soll nach Art. 3 Abs. 10 der UGP-Richtlinie ausdrücklich unberührt bleiben.

88 **Heilmittel:** § 3 Nr. 3a HWG[461] verbietet in der Werbung unwahre oder zur Täuschung geeignete Angaben über die Zusammensetzung oder Beschaffenheit von Arzneimitteln, Medizinprodukten und den sonstigen von § 1 HWG erfassten Heilmitteln. Das Verbot ist strafbewehrt (§ 14 HWG). Die Angabe der Bezeichnung sowie Angaben über die Zusammensetzung von Arzneimitteln schreiben § 4 Abs. 1 Nr. 2 und 3 HWG,[462] bzw. arzneimittelrechtlich § 10 Abs. 1 S. 1 Nr. 2 und 8 und § 11 Abs. 1 S. 1 Nr. 1 und 2 AMG[463] (Packungsbeilage) vor. Im Falle von **Monopräparaten** (das sind Arzneimittel, die nur einen einzigen arzneilich wirksamen Bestandteil enthalten) muss der Bezeichnung des Arzneimittels die Bezeichnung des Bestandteils folgen, und zwar mit dem Hinweis „Wirkstoff: …" (§ 4 Abs. 1a HWG). Bei Arzneimitteln, die nicht mehr als drei Wirkstoffe enthalten, muss der internationale Freiname (INN) angegeben werden oder, soweit ein solcher nicht vorhanden ist, die gebräuchliche Kurzbezeichnung (§ 10 Abs. 1 S. 1 Nr. 2 AMG). Teilweise freigestellt von den strengen Kennzeichnungsanforderungen ist gem. § 4 Abs. 6 HWG die Erinnerungswerbung.

89 **Kosmetische Mittel:** Nach Art. 20 der EU-Kosmetik-Verordnung[464] dürfen bei der Kennzeichnung und der Werbung für kosmetische Mittel keine Merkmale oder Funktionen vorgetäuscht werden, die die betreffenden Erzeugnisse nicht besitzen. Diese Regelung ist gegenüber § 27 LFGB aber auch gegenüber § 5 UWG vorrangig.[465] Art. 20 Abs. 1 der EU-KosmetikVO sieht den Erlass einer Liste mit gemeinsamen Kriterien für Werbeaussagen vor, die mit der Verordnung (EU) Nr. 655/2013 mittlerweile erlassen wurde. Art. 19 EU-KosmetikVO enthält detaillierte Kennzeichnungsvorschriften.

90 **Textilerzeugnisse:** Das TextilkennzeichnungsG i. d. F. d. Bek. v. 14.8.1986[466] schreibt in § 1 Abs. 1 vor, dass Textilerzeugnisse mit einer **Rohstoffgehaltsangabe** zu versehen sind. § 9 Abs. 2 S. 3 TextilkennzeichnungsG regelt den Fall, dass die Marke oder das Unternehmenskennzeichen des Herstellers eine Rohstoffgehaltsangabe enthält. Das Zeichen darf dann nur unmittelbar bei der Rohstoffgehaltsangabe mitverwendet werden. Die Anwendbarkeit des UWG wird durch diese Regelung allerdings nicht ausgeschlossen (§ 9 Abs. 2 S. 5 TextilkennzeichnungsG). Seit dem 8. Mai 2012 gilt außerdem die neue Verordnung (EU) Nr. 1007/2011[467] und nicht länger die Richtlinie 2008/121/EG. Diese enthält Vorschriften über die Bezeichnung von Textilfasern sowie die Etikettierung und Kennzeichnung von Textilerzeugnissen.

5. Ausschluss der Irreführungsgefahr durch ergänzende Hinweise

91 Ob und in welchem Umfang einzelne, für sich genommen möglicherweise zur Irreführung geeignete Aussagen durch ergänzenden Hinweise richtiggestellt und dadurch ein Verstoß gegen § 5 UWG vermieden werden kann, ist eine Frage des Einzelfalls: Bereits in der Entscheidung „Kunstglas" entschied der BGH, dass unter bestimmten Umständen **ausnahmsweise Erläuterungen zur Beseitigung einer Irreführungsgefahr** genügten und daher nicht der Gebrauch einer Bezeichnung als solche untersagt werden könne.[468] Bei **„Goldschmuck"**, der zwar den von Gesetzes wegen geforderten Feingoldgehalt von $^{166}/_{1000}$ enthält, nicht aber den vom Verkehr auf Grund dieser

---

460 RGBl. I S. 120.

461 Gesetz über die Werbung auf dem Gebiete des Heilwesens i. d. F. d. Bek. v. 19.10.1994 (BGBl. I S. 3068).

462 Zur Art und Weise der Pflichtangabe siehe § 4 Abs. 4 HWG. Im Internet, z. B. bei AdWord-Anzeigen, kann Verlinkung der Angaben genügen, BGH GRUR 2014, 94 Tz. 16 ff. – *Pflichtangaben im Internet.*

463 Gesetz über den Verkehr mit Arzneimitteln i. d. F. d. Bek. v. 12.12.2005 (BGBl. I S. 3394).

464 Verordnung (EG) Nr. 1223/2009 vom 30.11.2009 über kosmetische Mittel, ABl. Nr. L 342/59.

465 BGH GRUR 2016, 418 Tz. 12 – Feuchtigkeitsspendendes Gel-Reservoir.

466 BGBl. I S. 1285.

467 Verordnung (EU) Nr. 1007/2011 des Europäischen Parlaments und des Rates vom 27. September 2011 über die Bezeichnungen von Textilfasern und die damit zusammenhängende Etikettierung und Kennzeichnung der Faserzusammensetzung von Textilerzeugnissen und zur Aufhebung der Richtlinie 73/44/EWG des Rates und der Richtlinien 96/73/EG und 2008/121/EG des Europäischen Parlaments und des Rates Text von Bedeutung für den EWR.

468 BGH GRUR 1960, 567, 570 f. – *Kunstglas.*

Bezeichnung erwarteten Feingoldgehalt von mindestens $^{333}/_{1000}$, kann ebenfalls die Eignung zur Irreführung durch einen aufklärenden Hinweis ausgeschlossen werden.[469] Im Zusammenhang mit der Irreführung durch **Domainnamen** stellt der BGH auch auf den Inhalt der Homepage ab, die nach Eingabe eines Domainnamens aufgerufen wird.[470] Und bei *unklaren* Produktbezeichnungen wie z. B. **„Thermal-Bad"** scheidet eine wettbewerbsrechtlich relevante Irreführung aus, wenn die betreffenden Teile des Verkehrs einer Erläuterung auf der Verpackung unschwer entnehmen können, dass es sich bei der beworbenen Ware um ein künstlich gewonnenes Erzeugnis handelt.[471] Dies steht in Einklang mit der Rechtsprechung des EuGH, der insbesondere bei einer etwaigen Irreführung in der Werbung für Lebensmittel darauf abstellt, dass Verbraucher, die sich bei ihrer Kaufentscheidung nach der Zusammensetzung der Erzeugnisse richten, sich nicht allein an der Warenbezeichnung orientieren, sondern das **Zutatenverzeichnis** lesen, so dass Angaben dort eine Irreführungsgefahr ausschließen können.[472] Dementsprechend gehen auch manche Oberlandesgerichte davon aus, dass die Verbraucher erkennbar **reklamehaften Anpreisungen** auf den Verpackungen keine exakte Aussage beimessen, sondern sie sich – sofern es sie überhaupt interessiert – die Zutatenliste und die Nährwertinformationen durchlesen.[473] Allerdings gilt dieser Grundsatz nicht uferlos: Ergänzende Hinweise können immer nur der Aufklärung bei missverständlichen Ausdrücken dienen, nicht aber objektiv falsche Angaben korrigieren. Und ebenso wie bei der Blickfangwerbung zumindest für den Regelfall anerkannt ist, dass eine eindeutige Aussage[474] in einem Blickfang nicht durch einen Fußnotentext in ihr Gegenteil verkehrt werden kann, ist auch das Zutatenverzeichnis nicht uneingeschränkt zur Aufklärung geeignet. Erweckt etwa die Etikettgestaltung eines Lebensmittels den Eindruck, dass eine bestimmte Zutat in dem Produkt enthalten sei, sie dies aber tatsächlich nicht ist, so kann eine Irreführung trotz inhaltlich korrektem Zutatenverzeichnis vorliegen. Bejaht wurde das vom EuGH – auf Vorlage des BGH[475] – für den Fall, dass die Aufmachung eines Früchtetees unter dem Namen „Himbeer-Vanille Abenteuer" die Abbildung von Himbeeren und Vanille-Blüten sowie ein Siegel mit dem Aufdruck „nur natürliche Zutaten" aufwies, der Tee tatsächlich aber weder Bestandteile von Vanille und Himbeere noch auch nur natürliche Vanillearoma oder Himbeeraroma enthielt.[476] Außerdem darf ein klarstellender Hinweis nicht derart hinter der Aufmachung des Produktes zurücktreten, dass die gewonnene Auffassung des Verkehrs nicht entkräftet werden kann.[477] Ebenso sind aufklärende Hinweise unbeachtlich, wenn sie nach dem Gesamteindruck der Darstellung zu spät kommen, um eine Irreführung des Verbrauchers auszuschließen.[478] Daran hat auch die BGH-Entscheidung „Schlafzimmer komplett"[479] nichts geändert. Nach dieser Entscheidung muss eine andernfalls für sich genommen irreführende Blickfangwerbung nicht durch einen ebenfalls am Blickfang teilnehmenden Sternchenhinweis ausgeschlossen werden, sondern es kann sich auch um einfachen weiteren Text in der Werbung handeln; zumindest soll das bei kurzer und übersichtlicher Werbung gelten, mit welcher der Verbraucher sich eingehend befasst, z. B. weil sie langlebige und kostspielige Güter betrifft. Auch in einem solchen Fall bleibt es allerdings dabei, dass der ergänzende Hinweis allenfalls der Aufklärung bei einer missverständlichen Aussage dient, aber nicht eine schlichtweg unwahre Behauptung in ihr Gegenteil

[469] BGH GRUR 1983, 651, 653 – *Feingoldgehalt.*

[470] BGH GRUR 2001, 1061, 1063 – *Mitwohnzentrale;* BRAK-Mitt. 2003, 22, 23 – *rechtsanwaelte-notar.de;* ebenso OLG Hamburg K&R 2003, 405, 406 – *Mitwohnzentrale II.* Vgl. aber auch BGH GRUR 2002, 622, 624 – *shell.de* (Zuordnungsverwirrung auch dann gegeben, wenn der Nutzer beim Betrachten der Homepage bemerkt, dass er nicht auf Homepage des Namensträgers gelandet ist).

[471] BGH GRUR 2003, 247, 249 – *Thermal-Bad.*

[472] EuGH Slg. 1995 I, 3599, 3629 – *Sauce Béarnaise;* Slg. 1999 I, 731, 764 f. – *Holländischer Vorderschinken;* GRUR Int. 2000, 756, 757 – *naturrein.* Hierzu kritisch *Helm* in: Gloy/Loschelder/Erdmann, HdbWettbR, § 59 Rdn. 265. Vgl. auch § 54 LFGB, §§ 4 Abs. 2 und 3 LMKV, Art. 5 Abs. 1 lit. b) der Richtlinie 2000/13/EG (ab dem 13. Dezember 2014 gilt stattdessen Art. 17 Abs. 2 der Verordnung (EU) Nr. 1169/2011).

[473] Vgl. z. B. OLG Hamburg MD 2006, 720, 723 – *Dinkel-Grünkern Brot;* OLG Bremen ZLR 2005, 404, 405 – *Mit Traubenzucker* (mit zust. Anm. *Bürglen*).

[474] Der BGH spricht in diesem Zusammenhang von einer „dreisten Lüge", GRUR 2001, 78, 79 – *Falsche Herstellerpreisempfehlung;* GRUR 2002, 715, 716 – *Scanner-Werbung.* Modifiziert nunmehr für hochpreisige Waren in BGH GRUR 2015, 698 – *Schlafzimmer komplett* allerdings nur unter engen Voraussetzungen, BGH GRUR 2016, 207 Tz. 18 – *All Net Flat.*

[475] BGH GRUR 2014, 588 – *Himbeer-Vanille-Abenteuer.*

[476] EuGH GRUR 2015, 701, Tz. 40 – *Teekanne.* Vgl. allerdings LG Frankfurt GRUR-RR 2011, 194 – *Früchtetee aromatisiert.*

[477] OLG Düsseldorf LM uR 2009, 131. Der Eindruck des Produktes kann dabei auch durch seine Farbe gefestigt werden, siehe LG Hamburg MD 2009, 576 – *100 % pure fruit smoothie.*

[478] BGH GRUR 1982, 563, 564 – *Betonklinker.*

[479] BGH GRUR 2015, 698 – *Schlafzimmer komplett.*

verkehren kann. Zu Recht hat der BGH mittlerweile klargestellt, dass die Rechtsprechung im Fall „Schlafzimmer komplett" nur „unter engen Voraussetzungen" anwendbar ist.[480]

III. Verfahren oder Zeitpunkt der Herstellung, Lieferung oder Erbringung

Schrifttum: *Andryk*, Payback nach Playback? Playback als Rechtsproblem im Vertrags-, Lauterkeits- und Urheberrecht, WRP 2014, 397.

1. Abgrenzung

92 Anders als die UGP-Richtlinie verbietet § 5 Abs. 1 S. 2 Nr. 1 UWG nicht irreführende Angaben über Verfahren *und* Zeitpunkt der Herstellung, sondern irreführende Angaben über Verfahren *oder* Zeitpunkt der Herstellung, Lieferung oder Erbringung. Damit ist klargestellt, dass auch solche irreführenden Aussagen verboten sind, die sich *nur* auf das Verfahren oder *nur* auf den Zeitpunkt der Herstellung beziehen, wenngleich sich Aussagen häufig sowohl auf das Verfahren als auch auf den Zeitpunkt der Herstellung beziehen können.[481] So erwartet der Verkehr bei einem „Scotch Whisky", dass dieser nach den hierfür in Schottland vorgesehenen Verfahren hergestellt wird, was eine mindestens dreijährige Lagerung mit einschließt. Ebenfalls eng miteinander verknüpft sind in der Praxis häufig Aussagen über Herstellungsverfahren und Beschaffenheit oder Qualität der Ware. So stellte beispielsweise auch die – mittlerweile durch die EU-QualitätsregelungenVO[482] aufgehobene, aber inhaltlich kaum veränderte – Verordnung (EG) Nr. 509/2006 des Rates vom 20. März 2006 über die garantiert traditionellen Spezialitäten bei Agrarerzeugnissen und Lebensmitteln[483] auf dessen traditionelle Zusammensetzung oder auf eine Herstellungsart ab, die zu einem traditionellen Herstellungstyp gehörte.[484]

93 Häufig sind Angaben über **Herstellungsverfahren** mit Vorstellungen über die betriebliche Herkunft der Ware verknüpft, wenn z. B. der Verbraucher bei der Werbung mit einem bestimmten Herstellungsverfahren an einen Kleinbetrieb denkt (hierzu unten Rdn. 212ff.). Eine Fehlvorstellung über die Herstellungsart kann auch verbunden sein mit einer Irreführung über die **Qualifikation** des Herstellers (hierzu unter § 5 E Rdn. 134); so ist z. B. für einen handwerksmäßigen Betrieb die Mitarbeit des Inhabers und ausgebildeter Hilfskräfte typisch und wird vom Verbraucher auch so erwartet. Wird durch einen Betrieb, der nicht **Handwerksbetrieb** im Sinne der Handwerksordnung ist, für eine handwerkliche Tätigkeit geworben, kann zudem ein Verstoß gegen § 3a UWG (vormals § 4 Nr. 11 UWG a. F.) vorliegen.[485] Zur Irreführung über das Alter des Unternehmens, siehe § 5 E Rdn. 139. Im Bereich der **Umweltwerbung** liegen Aussagen zum Verfahren der Herstellung und zu den Auswirkungen des Produkts („von der Verwendung zu erwartende Ergebnisse", hierzu Rdn. 157ff.) nahe beieinander, da mit einer umweltfreundlichen Herstellung geringere Belastungen der Umwelt verbunden sind. Schließlich kann eine Werbung über die Herstellungsart auch unlauter an den guten Ruf anderer Verfahren anlehnen, z. B. durch die Aussage „wie maßgeschneidert".

94 Eng einher mit der Aussage über die Qualifikation des Unternehmers geht die Aussage über die Qualität der Ware/Leistung. Mit Angaben über das Verfahren oder den Zeitpunkt der Herstellung kann häufig auch eine **Qualitätsaussage** verbunden sein, z. B. wenn eine Ware als **„frisch"** bezeichnet wird (hierzu Rdn. 63) oder bei der Werbung für **Auslaufmodelle** (hierzu Rdn. 66). Wird mit der Neuheit eines Produktes oder eines Geschäfts geworben, kann das auch als Ankündigung eines bestimmten **Verkaufsanlasses** verstanden werden, so dass die Fallgruppe „Beweggründe für die geschäftliche Handlung" in § 5 Abs. 1 S. 2 Nr. 3 UWG erfasst wäre. Das ist beispielsweise bei der Werbung mit „Einführungsangeboten" oder „Eröffnungspreisen" der Fall (hierzu auch § 5 Abschn. D. Rdn. 11).

95 Werbung mit dem **Zeitpunkt der Herstellung** oder Erbringung erfasst vor allem **Angaben über das Alter oder die Neuheit.** Die Werbung mit dem – hohen oder geringen – Alter kann

---

480 BGH GRUR 2016, 207 Tz. 18 – *All Net Flat.*

481 § 3 UWG a. F. erwähnte daher auch nur irreführende Angaben über die Herstellungsart.

482 Verordnung (EU) Nr. 1151/2012 des Europäischen Parlaments und des Rates vom 21. November 2012 über Qualitätsregelungen für Agrarerzeugnisse und Lebensmittel, Abl. Nr. L 343, S. 1.

483 ABl. Nr. L 93 v. 31.3.2006, S. 1.

484 Die Verordnung ersetzt die Verordnung (EWG) Nr. 2082/92 des Rates vom 14. Juli 1992 über Bescheinigungen besonderer Merkmale von Agrarerzeugnissen und Lebensmitteln für die Registrierung eines Lebensmittels mit besonderen Merkmalen.

485 Vgl. BGH GRUR 1989, 432, 433 – *Kachelofenbauer I;* GRUR 1992, 123, 124 – *Kachelofenbauer II;* OLG Stuttgart NJWE-WettbR 1996, 84.

sich sowohl auf den Unternehmer als auch auf die von ihm angebotenen Waren und Dienstleistungen beziehen. Mit einem hohen Alter können Vorstellungen der Tradition, der Erfahrung, des dadurch gewonnenen besonderen Wissens aber auch besonderer Seriosität und wirtschaftlicher Solidität verbunden sein. Altersangaben in der Werbung können die Vorstellung eines traditionsbewussten, seit langem mit Erfolg im Markt tätigen, auf bewährte Produkte setzenden Unternehmens vermitteln, ohne damit nahe zu legen, dass diese Produkte seit Jahrhunderten unverändert geblieben sind.[486] Mit einem geringen Alter bzw. der Neuheit kann der Verkehr eine besondere Agilität, Frische, Unverbrauchtheit und Innovationskraft verbinden. Häufig lassen altersbezogene Vorstellungen über eine Ware auch Rückschlüsse auf den Hersteller zu oder umgekehrt, so z. B. wenn der Verkehr ein traditionelles Produkt mit einem alt eingesessenen Unternehmen verbindet.

Der Wortlaut der Regelung wurde zudem auch **auf Verfahren oder Zeitpunkt der *Lieferung*** 96 erstreckt. Dadurch kommt es teilweise zu einer Überschneidung mit der Fallgruppe irreführender Angaben über die **Verfügbarkeit** einer Ware, denn eine Aussage darüber, wann eine Ware geliefert werden kann, ist im Ergebnis nichts anderes als eine Aussage über deren Verfügbarkeit. Für irreführende Angaben zur Verfügbarkeit siehe Rdn. 11 ff. sowie Nr. 5, 6 und 7 im Anhang zu § 3 Abs. 3 UWG. Die Fallgruppe „Verfahren der Lieferung“ erfasst aber auch die Fälle der Irreführung über die **Vertriebsart.** Zwar wird Art des Vertriebs auch in § 5 Abs. 1 S. 2 Nr. 3 UWG ausdrücklich erwähnt. Dabei geht es allerdings nur um die Beweggründe des Unternehmers für die Vertriebsart und nicht um die Vertriebsart als solche (siehe Rdn. 105). „Lieferung“ kann schließlich auch so verstanden werden, dass damit die **Bedingungen, unter denen ein Produkt geliefert wird,** gemeint sind. Der deutsche Gesetzgeber hat diese Fallgruppe in § 5 Abs. 1 Nr. 2 gesondert geregelt. Das geschah zunächst noch zur Umsetzung der Richtlinie 84/450/EWG, allerdings hat er diese Regelung auch dann noch beibehalten, nachdem er zur Umsetzung der UGP-Richtlinie den Tatbestand der „Lieferung“ zusätzlich auch in § 5 Abs. 1 Nr. 1 ergänzt und somit zumindest teilweise doppelt geregelt hat.

§ 5 Abs. 1 S. 2 Nr. 1 regelt nur die **altersbezogene Werbung für Waren und Dienstleistungen.** 97 Die altersbezogene Werbung für *Unternehmen* richtet sich als Aussage über die Person bzw. Eigenschaften des Unternehmers nach § 5 Abs. 1 S. 2 Nr. 3 (hierzu unten § 5 Abschn. E. Rdn. 249 ff.). Für beide Arten der Werbung gelten jedoch dieselben Grundsätze.

2. Verfahren der Herstellung, Lieferung oder Erbringung

Angaben zum Verfahren der Herstellung einer Ware oder der Erbringung einer Dienstleistung 98 umfassen insbesondere Angaben zur **Herstellungsmethode,** aber auch zu den dabei verwendeten **Rezepturen, Formeln und Systemen.** Angaben über das Verfahren zur Herstellung der Ware bzw. zur Erbringung einer Dienstleistung sind für die Kaufentscheidung wichtig, weil der durchschnittlich informierte und verständige Verbraucher unterschiedlichen Herstellungsverfahren unterschiedliche Wertschätzung entgegenbringt und daraus auch unterschiedliche Preis- und Qualitätsvorstellungen entwickelt. So geht der durchschnittlich informierte und verständige Verbraucher ohne weiteres davon aus, dass ein Maßhemd mehr kostet als ein aus dem gleichen Stoff industriell gefertigtes Hemd von der Stange; handgenähte Schuhe gelten als besonders gut und sind deshalb auch teuer. Fehlvorstellungen über die handwerkliche Herstellung im Gegensatz zu einer industriellen Herstellung oder umgekehrt sind vermutlich auch die wichtigste Fallgruppe der Irreführung über die Herstellungsart. Häufig kommt es aber auch zu Fehlvorstellungen über die Verwendung bestimmter Rezepturen zur Herstellung von Produkten.

a) Eigene Leistung. Eine Irreführung über das Verfahren der Herstellung einer Ware bzw. der 99 Erbringung einer Dienstleistung kann bewirken, wer Leistungen **als eigene darstellt,** obwohl sie von Dritten erbracht wurden, z. B. indem ein Kellereibetrieb sich als **„Weingut“** bezeichnet, obwohl nur ein geringer Teil der Produktion aus eigenem Anbau stammt[487] oder der Begriff **„Design“** in der Firma eines Pelzgeschäfts, der suggeriert, dass überwiegend vom Inhaber selbst entworfene Pelzwaren angeboten werden.[488] Ebenso irreführend ist die Werbung für Reisen zu Kliniken im Ausland mit der Angabe **„unsere Klinik“** wenn die Klinikleistungen nicht von dem Anbieter selbst mit angeboten, sondern nur vermittelt werden.[489] Wird in dem Katalog eines **Buchclubs** für das Angebot einer **„Clubapotheke“** mit besonderen Vorteilen für die Mitglieder des Buchclubs geworben, so erwarten die Verbraucher, dass die Apotheke Bestandteil des Buchclubs

---

[486] BGH GRUR 2003, 628, 629 – *Klosterbrauerei.*
[487] BayObLG WRP 1972, 158, 159.
[488] OLG Hamburg WRP 1981, 326.
[489] OLG Hamm, Urteil v. 18.5.2010, Az. 4 U 36/10.

ist und von ihm betrieben wird.[490] Allerdings ist bei der Beurteilung auch insoweit Vorsicht geboten, als der durchschnittlich verständige und informierte Verbraucher heute weiß, dass Unternehmen Fertigungsvorgänge auslagern und Zulieferer Teile nach den Vorgaben der Hersteller anfertigen.[491] So darf sich ein Unternehmen auch dann als **„kosmetisches Produktionsunternehmen"** bezeichnen, wenn es Anrühren und Abfüllen der Kosmetika ausgelagert hat, sofern die Entwicklung der Rezepturen, die Bestimmung der Rohstoffe und die Endkontrolle selbst vorgenommen werden.[492] Außerdem kann im Einzelfall die Eignung der Angabe zur Beeinflussung der Marktentscheidung des angesprochenen Adressaten fehlen.[493]

100 **b) Handwerkliche Herstellung.** Irreführend ist es, wenn für industriell hergestellte Produkte Bezeichnungen verwendet werden, die auf eine **handwerkliche** Herstellung hindeuten oder wenn der Anteil handwerklicher Tätigkeit an der Herstellung eines Produktes größer dargestellt wird, als er tatsächlich war. So erwartet der Verkehr bei einem Unternehmen, das sich als **„Möbelhaus des Handwerks"** bezeichnet, dass dort weit überwiegend Ware angeboten wird, die in Handwerksbetrieben hergestellt wurde und Industrieerzeugnisse allenfalls ausnahmsweise verkauft werden.[494] Werden Schmuckstücke als **„von hoher handwerklicher Qualität"** angepriesen, schließt das zwar nicht aus, dass Teile der Ware maschinell hergestellt wurden. Die für die Schmuckstücke wesentlichen und charakteristischen Leistungen müssen jedoch im Rahmen der Herstellung handwerklich durchgeführt worden sein. Dafür genügt nicht, dass angelernte Kräfte irgendetwas per Hand montieren, sondern von einer handwerklichen Herstellung kann nur gesprochen werden, wenn ein entsprechend qualifizierter Handwerker die wesentlichen und charakteristischen Leistungen erbringt.[495] **Großserien** sprechen tendenziell gegen eine handwerkliche Fertigung. Wird für eine handwerkliche Tätigkeit geworben, die dem Tätigkeitsbereich **verschiedener Handwerke** unterfällt (z. B. Trockenbau), soll aber nur die Leistung erbracht werden, die dem werbenden Handwerker (z. B. Tischlermeister) erlaubt ist (z. B. Innenausbau) oder soll die handwerkliche Leistung durch ein anderes Unternehmen erbracht werden, muss hierauf hingewiesen werden.[496] Zur Werbung mit der handwerklichen Qualifikation des Unternehmers siehe § 5 Abschn. E. Rdn. 134 ff.

101 Von einer **„Spezialreinigung"** erwartet der Verkehr, ebenso wie von einer **„Vollreinigung"**, dass über ein bloßes Kleiderbad hinaus eine individuelle Nachbehandlung zur Entfernung der verbliebenen Flecken (detachieren), zur Beseitigung der farblosen Stellen (retuschieren) oder das gebrauchsmäßige Aufarbeiten wie Bügeln, Pressen etc. stattfindet.[497] Allerdings erwartet er insoweit nicht eine uneingeschränkt handwerksmäßige Leistung durch handwerklich ausgebildete Personen.[498] Jedoch darf auf etwaige Handwerksleistungen zusätzlich hingewiesen werden (falls zutreffend). Bei einer **„Maßarbeit"** erwartet der Verkehr bei Bekleidungsstücken eine handwerksmäßige Schneiderarbeit mit individueller Berücksichtigung besonderer Wünsche.[499] Den Gegensatz dazu bildet **„Konfektionskleidung"**, die industriell und einheitlich hergestellt wird. Zwischen beiden Arten liegt die **„Maßkonfektion"**, d. h. zwar fabrikmäßig, aber wenigstens unter Berücksichtigung der Maße des Bestellers hergestellte Bekleidungsstücke. Aber auch bei einer solchen Konfektionskleidung darf nicht der falsche Eindruck erweckt werden, als ob die Ware durch Handarbeit hergestellt wurde. Dies kann bei Aussagen wie **„Wir fertigen nach Ihren Maßen"** der Fall sein, wenn sie nicht durch den weiteren Inhalt der Werbung relativiert werden.[500] Die Aussage **„Kleidung wie nach Maß"** für Konfektionsware ist im Regelfall hingegen nicht irreführend, kann jedoch unter dem Gesichtspunkt der anlehnenden Werbung kritisch sein.[501] Ebenso ist bei Angeboten von Hemden über das Internet, die eine gewisse Individualisierung ermöglichen, die Bezeichnung maßkonfektionierter Bekleidung als **„Maßhemd"** nicht irreführend, weil der das Internet nutzende Durchschnittsverbraucher insoweit keine traditionelle schneiderhandwerkliche Maßanfertigung erwartet, wohl aber die Bezeichnung **„maßgeschneidertes Hemd"**.[502]

---

[490] LG Münster WRP 2009, 1426.
[491] Vgl. Rdn. 49 für „Original Ersatzteile".
[492] OLG Köln GRUR-RR 2006, 237 – *Produktionsunternehmen.*
[493] OLG Hamm MMR 2009, 577.
[494] BGH GRUR 1961, 425, 428 – *Möbelhaus des Handwerks.*
[495] KG GRUR 1995, 133, 135 – *Hohe handwerkliche Qualität.*
[496] BGH GRUR 1993, 397, 398 – *Trockenbau;* OLG Bremen WRP 1992, 317; OLG Celle WRP 1992, 320. Vgl. aber auch OLG Saarbrücken GewA 2002, 32.
[497] BGH GRUR 1968, 387, 388 – *Spezialreinigung;* GRUR 1963, 203, 204 – *Vollreinigung.*
[498] BGH GRUR 1968, 387, 388 – *Spezialreinigung.*
[499] BGH GRUR 1957, 274, 275.
[500] BGH GRUR 1957, 274, 275; OLG München WRP 1977, 432.
[501] BGH GRUR 1967, 360, 362 – *Maßkleidung.*
[502] KG OLG Report 2009, 871, 872 f.

c) Sonstige Verfahren oder Leistungen. Industriell hergestelltes Speiseeis darf nicht als „**Konditoreis**" bezeichnet werden; entsprechendes gilt für die Verwendung der Bezeichnung „Eiskonditor".[503] Unter einer „**Manufaktur**" stellt sich der durchschnittlich informierte und verständige Verbraucher häufig immer noch eine Herstellungsstätte vor, in der wesentliche Produktionsvorgänge von Hand ausgeführt werden, wie z. B. bei einer Porzellanmanufaktur,[504] häufig wird der Begriff aber auch einer „Fabrik" gleichgestellt, so dass es für die Beurteilung stets auf den Einzelfall ankommt. Von einem „**Bekleidungswerk**", das Ware an den Endkunden verkauft, erwartet der durchschnittlich informierte und verständige Verbraucher, dass der weit überwiegende Teil der verkauften Ware selbst hergestellt wird; irreführend ist die Bezeichnung daher, wenn Ware, die ein Drittel des Gesamtumsatzes ausmacht, von anderen Herstellern dazugekauft wird.[505] Entsprechendes gilt, wenn ein Unternehmen den Firmenzusatz „Herstellung und Vertrieb" führt.[506] Wird für einen Fruchtaufstrich mit der Aussage geworben, er sei „**ohne Kochen hergestellt**", dann ist das mehrdeutig und kann so verstanden werden, dass der Aufstrich entweder nur kaltgerührt hergestellt wird oder ohne Erreichen des Siedepunktes erwärmt wird.[507] Die Röstung eines Kaffees in einem Trommelröster darf nicht als „behutsame **Röstung über offenem Feuer**" beworben werden, wenn sich die Wärmequelle (Gas) in einer abgeschlossenen Vorrichtung befindet.[508] Ebenso kann es irreführend sein, wenn ein Versicherungsunternehmen zwar damit wirbt, dass es in einem Tarif „direkt +" seine Kundenbetreuung „**online und telefonisch**" erbringt, dabei aber nicht klar wird, dass die Betreuung *nur* auf diese Weise erfolgt und somit keine persönliche Betreuung in Geschäftsstellen gegeben ist.[509] Für irreführend wurde auch die Aussage „**20 Songs gratis**" gehalten, wenn der Kunde die Songs nicht aus einer Datenbank herunterladen konnte, sondern nur eine Software zum Durchsuchen von Internetradios und zum Speichern von Musikstücken, aber keine entsprechende Nutzungsberechtigung erhielt.[510] 102

d) Denaturierung, Bedeutungswandel. Ähnlich wie bei Angaben über die Zusammensetzung und/oder Herkunft einer Ware ist auch bei der Herstellungsart eine Denaturierung von Ausdrücken möglich. So sollte nach einer Entscheidung des OLG Stuttgart aus dem Jahr 1979 die Bezeichnung „**Bäckernudeln**" für industriell gefertigte Nudeln irreführend sein,[511] während das OLG Stuttgart im Jahr 1999 zu dem zutreffenden Ergebnis kommt, dass der Ausdruck „**Metzgernudeln**" nicht irreführend sei.[512] Auch der Ausdruck „Bäckernudeln" ist heute angesichts des bekannt hohen Marktanteils von industriell gefertigten Backwaren und der Kenntnis des durchschnittlich informierten und verständigen Verbrauchers von der Existenz zahlreicher Bäckereiketten nicht mehr dahingehend irreführend, dass man handwerklich hergestellte Nudeln erwartet.[513] Bei einem „**Bauernbrot**" erwartet der Verkehr nicht, dass das Brot von einem Bauern oder nach einem bäuerlichen Rezept hergestellt wird; die Bezeichnung wird vielmehr so verstanden, dass dieses Brot nach Art und Geschmack einem Brot ähnelt, wie es auf dem Land hergestellt wird.[514] Einen Hinweis auf „**Hausmacherart**" versteht der Verkehr nicht so, dass die beworbene Ware in einem Privathaushalt oder nach einem privaten Rezept hergestellt wird. Sogar die Verwendung moderner Zusatzstoffe in Waren mit nostalgischer Bezeichnung ist heute erlaubt, weil der Verkehr sich anhand der zutreffenden Angaben über die Zusammensetzung des Erzeugnisses auf der Verpackung über das Produkt informieren kann.[515] Jedoch erwartet der Verkehr weiterhin eine gute Qualität solcher Ware.[516] 103

---

[503] OLG Stuttgart WRP 1977, 433 – *Eiskonditor.*

[504] BGH GRUR 1961. 680, 681 – *Porzellanmanufaktur.*

[505] BGH GRUR 1986, 676, 677 – *Bekleidungswerk.*

[506] BGH GRUR 1976, 197, 198 – *Herstellung und Vertrieb.*

[507] OLG Köln MD 2004, 799, 780.

[508] OLG Zweibrücken LMuR 2011, 92 (LS).

[509] OLG Hamm GRUR-RR 2010, 342, 343 (auch nach § 5a verboten).

[510] OLG Düsseldorf MMR 2011, 664, 665 – *20 Songs gratis.*

[511] OLG Stuttgart WRP 1979, 577.

[512] OLG Stuttgart OLG Report 2000, 54.

[513] A. A. noch OLG Stuttgart WRP 1979, 578 (mit Hinweis auf den „flüchtig und oberflächlich prüfenden Verbraucher").

[514] BGH GRUR 1956, 550, 553 – *Tiefenfurter Bauernbrot* (in der Entscheidung wurde auf die Vorstellung eines „Abnehmers von durchschnittlicher Intelligenz" abgestellt).

[515] Aufgabe der bisherigen Rechtsprechung durch OVG Rheinland-Pfalz LRE 33, 406 – *Bauern-Leberwurst nach alter Hausschlachtungsart* unter Hinweis auf BVerwG WRP 1993, 16 – *becel* und EuGH Slg. 1990, S. 4169 – *niederländische Fleischwaren;* BayVGH ZLR 1996, 95 – *Bauernbrotwurst;* zur Gegenansicht vgl. *Klein* ZLR 1992, 213 ff.

[516] OLG Koblenz ZLR 1991, 652; *Helm* in: Gloy/Loschelder/Erdmann, HdbWettbR, § 59 Rdn. 294; Ohly/*Sosnitza,* UWG, § 5 Rdn. 290.

104 **e) Verstärkende Zusätze.** Umgekehrt kann es bei der Verwendung von Begriffen zu Herstellungsverfahren auch zu einer **Verstärkung** der traditionellen Bedeutung kommen durch Aussagen wie z.B. **„Original"** oder **„echt"** oder die Verwendung bestimmter Symbole, die auf eine nichtindustrielle Herstellung der beworbenen Ware schließen lassen. „Original" kann je nach dem Zusammenhang der Verwendung bedeuten, dass ein Produkt als erstes auf dem Markt war oder dass es nach traditioneller Herstellungsart hergestellt wurde. Ebenso wie die Abbildung eines ruhig gelegenen **Bauernhofs** auf einer Eierverpackung den Gedanken an eine artgerechte Bodenhaltung der Tiere nahe legt, können die Abbildung einer Mühle und naturbelassene Landschaften auf eine handwerkliche Bäckerherstellung oder die Abbildung eines Schneiders mit Nadel, Zwirn und Maßband auf die Maßarbeit eines Schneiders schließen lassen.

105 **f) Vertriebsart.** § 5 Abs. 1 S. 2 Nr. 3 UWG regelt die Irreführung über die Beweggründe des Unternehmers für die Art des Vertriebsverfahrens. Dabei handelt es sich um subjektive Motive des Unternehmers. Bei der Irreführung über die Vertriebsart hingegen geht es um **objektive Umstände** im Zusammenhang mit dem Produkt. Diese Fallgruppe unterfällt daher § 5 Abs. 1 S. 2 Nr. 1 UWG, der die Irreführung über wesentliche Merkmale des Produkts nicht abschließend definiert („wie") und – wie das Wort „Lieferung" belegt – auch Umstände erfasst, die dem Produkt nicht unmittelbar anheften. Man könnte die Vertriebsart aufgrund der Mehrdeutigkeit des Wortes „Bedingungen" auch subsumieren unter den Tatbestand der „Bedingungen, unter denen die Ware geliefert wird" gem. § 5 Abs. 1 Nr. 2 UWG. Im Ergebnis bewirkt das aber keinen Unterschied.

106 So ist es irreführend, **Versteigerungen** anzukündigen, obwohl von Anfang an ein freihändiger Verkauf geplant ist. Denn bei einer Versteigerung erwartet der Verkehr im Regelfall besonders günstige Preise. Muss die Versteigerung hingegen aus besonderen Gründen abgesagt werden, so wird die frühere Ankündigung deshalb nicht rechtswidrig. Wohl aber verletzt es § 5 UWG, wenn der Unternehmer gegenüber den durch die Ankündigung angelockten Kunden dann einen freihändigen Verkauf der Ware ankündigt.[517] Bei **„Internet-Auktionen"** war umstritten, ob sie „Versteigerungen" i.S.d. § 34b GewO darstellten.[518] Der BGH hat dann entschieden, dass jedenfalls umgekehrte Versteigerungen (sog. **Dutch Auctions**) im Internet keine „Auktionen" darstellen, wie sie von Auktionatoren im Rahmen der Gewerbeordnung und der Versteigerungsverordnung durchgeführt werden.[519] Allerdings ging es in den Entscheidungen nur um die Aktivlegitimation eines Verbandes von Auktionatoren sowie um eine (vom BGH verneinte) Wettbewerbswidrigkeit nach §§ 1, 7 UWG a.F. Zur vermeintlichen Irreführungsgefahr des Begriffs hat sich der BGH nicht geäußert. Diese Irreführungsgefahr ist jedoch ebenfalls zu verneinen. Die Verwendung des Ausdrucks „Internet-Auktion" oder „Internet-Versteigerung" ist mangels eines klaren Begriffsverständnisses nicht irreführend.[520] Der durchschnittlich verständige und informierte Verbraucher weiß, dass es sich bei solchen Veranstaltungen im Internet nicht um Versteigerungen im klassischen Sinn handelt, sondern eine Vielzahl unterschiedlichster Veranstaltungen im Internet als „Auktion" oder „Versteigerung" bezeichnet werden. Er erwartet daher ohne weitere Angaben auch nicht, dass eine solche Versteigerung durch einen öffentlich bestellten Versteigerer durchgeführt wird.[521] Glaubt der Verbraucher, dass ein Kaufvertrag bereits mit Zuschlagerteilung zustande komme, während ein Kaufvertrag tatsächlich erst später bei Gefallen der Ware abgeschlossen wird, so fehlt einer entsprechenden Irreführung die erforderliche wettbewerbliche Relevanz.[522] Etwas anderes gilt allerdings, wenn bis dahin auch noch der Veräußerer vom Verkauf Abstand nehmen könnte.

107 Der Betrieb eines **„Shop-in-the-shop"** ist per se nicht irreführend. Allerdings ist dem durchschnittlich informierten Verbraucher allein aufgrund des Vorhaltens von Ware auf diesen besonderen Verkaufsflächen weiterhin noch nicht klar, dass es sich um ein Drittsortiment handelt, für das die übrige Preisgestaltung im Laden (z.B. *„20% auf alles"*) nicht gilt; das gilt insbesondere bei Bezahlung sämtlicher Waren an einer Kasse.[523]

---

[517] OLG Karlsruhe GRUR 1996, 77 – *Versteigerung von Orientteppichen II.*

[518] *Krugmann* NVwZ 2001, 651. Allgemein zur wettbewerbsrechtlichen Zulässigkeit von Internet-Auktionen vgl. *Spindler/Wiebe* S. 38f.

[519] BGH GRUR 2004, 249, 250 – *Umgekehrte Versteigerung im Internet;* GRUR 2004, 251, 252 – *Hamburger Auktionatoren.*

[520] OLG Frankfurt GRUR-RR 2001, 317 – *Internet-„Auktion";* KG MMR 2001, 764, 766f. – *Internetauktion.*

[521] BGH GRUR 2004, 249, 251 – *Umgekehrte Versteigerung im Internet.*

[522] BGH GRUR 2004, 249, 251 – *Umgekehrte Versteigerung im Internet.*

[523] OLG Saarbrücken GRUR-RR 2007, 161, 162 – *20 % auf alles.*

3. Zeitpunkt der Herstellung (einer Ware), Lieferung (einer Ware) oder der Erbringung (einer Dienstleistung)

Aussagen über den Zeitpunkt der Herstellung einer Ware oder Erbringung einer Leistung erfassen sowohl die Fälle der Alterswerbung (Rdn. 138) als auch der Werbung mit der Neuheit einer Ware (Rdn. 139 ff.). Ein besonders praxisrelevanter Bereich irreführender Werbung mit dem Zeitpunkt der Leistungserbringung betrifft die Werbung für Last-Minute Reisen (Rdn. 146). Daneben sind auch irreführende Angaben über den Zeitpunkt der Lieferung einer Ware (Rdn. 146a) verboten. Zur Irreführung durch Werbung für Auslaufmodelle siehe Rdn. 66. **108**

a) Alterswerbung dient bei der Werbung für *Unternehmen* vor allem als Hinweis auf eine lange **Tradition** und Erfahrung und damit verbunden auch auf eine entsprechende fachliche und **wirtschaftliche Zuverlässigkeit.** Ist die Alterswerbung auf *Waren*[524] bezogen, können mit ihr auch **Qualitätsangaben** verbunden sein. Das gilt für alle Waren, die mit zunehmendem Alter vom Verkehr regelmäßig höher geschätzt werden. Dies kann insbesondere der Fall sein bei Oldtimern, Antiquitäten, Kunstgegenständen, aber auch Lebensmitteln wie z. B. dem Alter bestimmter Käsesorten, den Jahrgängen eines Weines, der Reifezeit eines Balsamico-Essigs oder der Lagerung eines Whiskeys, Brandys, Cognacs oder Tequilas.[525] Wird hier ein höheres Alter oder eine längere Dauer angegeben, kann das zu einer relevanten Irreführung führen. Ebenso ist es unzulässig, für ein Produkt mit der Aussage *„millionenfach bewährte Technik in neuem Design"* zu werben, wenn dieses Produkt von dem Unternehmer erstmals hergestellt wird, denn der Verkehr wird die Aussage so verstehen, dass mit dem neuen Produkt technisch an ein Vorgängermodell desselben Herstellers angeknüpft wird und dieses neue Produkt auf dessen Know-how beruht.[526] Irreführend ist es auch, für eine Veranstaltung *(„X Oldie Nacht")* eine **Kontinuität** und damit den Schein einer eingeführten Veranstaltung vorzutäuschen, die tatsächlich nicht besteht, z. B. weil der Veranstalter mittlerweile gewechselt hat.[527] **109**

b) Neuheitswerbung wird demgegenüber im Regelfall als Hinweis auf die **Aktualität des Produktes** verstanden, kann aber auch einen Hinweis auf die **Qualität der Ware** darstellen. Varianten der Neuheitswerbung sind Aussagen wie **„jetzt"**, **„erstmals"**, **„Premiere"**, aber auch die Werbung mit **„Eröffnungsangeboten"** oder **„Einführungspreisen"** (hierzu auch § 5 Kap. D. Rdn. 11). Die Neuheit kann sich beziehen auf andere Produkte im Markt (nachfolgend lit. aa), auf das bisherige Angebot des Unternehmers (nachfolgend lit. bb) oder die Ware als solche (nachfolgend lit. cc). Ein Sonderfall ist die Werbung mit der Bezeichnung **„frisch"** (nachfolgend lit. dd). Wie die Werbung konkret zu verstehen ist, hängt daher stets vom jeweiligen Einzelfall ab. **110**

aa) Neuheit bezogen auf den Markt. Wird eine Ware als **„neuartig"** beschrieben oder bezeichnet, ist das als Vergleich mit den bereits auf dem jeweiligen **Markt** vertriebenen Produkten zu verstehen. Die Werbung ist daher irreführend, wenn eine in wesentlichen Merkmalen identische Ware zum Zeitpunkt der Werbung bereits von anderen vertrieben oder die als neu bezeichneten Verfahren oder Techniken im Wesentlichen bereits angewendet werden. Ein Hersteller von Zahnbürsten darf daher die von ihm verwendeten Kunststoffborsten nicht als neuartig bezeichnen, wenn Mitbewerber sie schon vorher verwendet haben.[528] „Neu" ist dabei im Regelfall aber **nicht im Sinne** von **§ 3 PatG** zu verstehen, sofern nicht ausdrücklich auf eine besondere erfinderische Leistung Bezug genommen wird.[529] **111**

bb) Neuheit bezogen auf eigenes Angebot. Häufig bezieht sich die Aussage „neu" auf einen **Vergleich** mit dem **bisherigen Angebot** des Unternehmers. Dies kann z. B. der Fall sein bei einem Tarif, den ein Telekommunikationsunternehmen neu anbietet, bei einer Filiale, die neu eröffnet wird oder einer Ware, die neu in ein Sortiment aufgenommen wird. Auch einen **„Einführungspreis"** für ein Produkt versteht der Verkehr so, dass dieses Produkt erstmals bei diesem Anbieter in Erscheinung tritt oder dass zumindest wesentliche Veränderungen eingetreten sind.[530] Das ist bei einer **Zeitschrift** aus Sicht eines Anzeigenkunden beispielsweise der Fall, wenn der Verlag, die An- **112**

---

[524] Zur Alterswerbung für Unternehmen siehe § 5 E Rdn. 249 ff.

[525] OLG Hamburg GRUR 1987, 719, 720 – *Tequila;* OLG Karlsruhe GRUR 1996, 75 – *Antike Orientteppiche;* vgl. auch § 3 der Verordnung über bestimmte alkoholhaltige Getränke i. d. Neufass. v. 30.6.2003, BGBl. I S. 1256.

[526] OLG Stuttgart NJW-RR 1997, 617.

[527] KG GRUR-RR 2002, 297 – *Oldie-Nacht.*

[528] BGH GRUR 1961, 288, 293 – *Zahnbürsten.*

[529] BGH GRUR 1958, 553, 555 – *Saugrohr.*

[530] OLG Hamburg WRP 1976, 710, 712; ZUM 1990, 42.

zeigenleitung und den Erscheinungsrhythmus gewechselt hat, auch wenn Titel und Verkaufspreis gleich blieben.[531] Bezogen auf Dienstleistungen erwartet der Verkehr bei dieser Aussage, dass diese Dienstleistung jedenfalls von dem Unternehmer in der Vergangenheit nicht angeboten wurde. In solchen Fällen ist die Werbung daher irreführend, wenn es entsprechende Angebote in der Vergangenheit bereits gab. Maßgeblich ist dabei die Übereinstimmung in den wesentlichen Produkt- oder Dienstleistungseigenschaften. Die **bloße Umbenennung genügt** daher **nicht,** wenn der Rest der Ware unverändert bleibt und in der Werbung nicht klargestellt wird, dass sich die Neuheit nur auf eine neue Marke bezieht.[532] Entsprechendes gilt für die **„Neueröffnung"** eines Geschäfts mit gleichem Warenangebot durch den gleichen Inhaber oder die „Neueröffnung" eines Möbelgeschäfts nach vorübergehender Schließung, die somit de facto nur eine Wiedereröffnung ist.[533] Bei der Angabe **„Neu nach Umbau"** erwartet der Durchschnittsverbraucher hingegen nicht, dass in dem Geschäft Waren angeboten werden, die es vor dem Umbau nicht gab oder dass die Preise im Vergleich zur Zeit vor dem Umbau herabgesetzt wurden.[534]

113 *cc) Neuheit der Ware als solche.* Werden Waren als „neu" verkauft, so erklärt der Verkäufer damit im Regelfall, dass die Ware **fabrikneu** ist. Das gilt insbesondere bei der Werbung für **Kraftfahrzeuge** und andere Waren des täglichen Bedarfs, die einem ständigen Verschleiß unterliegen. Nach der Rechtsprechung des BGH zum Schuldrecht vor dem 1.1.2002 war mit dem Verkauf einer Ware als „neu" in der Regel die Fabrikneuheit der Ware konkludent zugesichert.[535] Auch bei einem Kfz, das als **„neu zum Gebrauchtpreis"** angeboten wird, erwartet der Verkehr nicht nur, dass das Fahrzeug aus neuen Materialien hergestellt wurde, sondern dass es fabrikneu ist.[536] **Fabrikneu** ist eine Ware nur dann, wenn sie noch nicht benutzt worden ist – wobei die Überführung eines Kfz für sich allein unschädlich ist –, durch Lagerung/Standzeit keinen Schaden erlitten hat und nach wie vor unverändert, d. h. mit der gleichen Ausstattung und Technik hergestellt wird.[537] Außerdem dürfen nach der neuen Rechtsprechung des BGH zwischen Herstellung des **Fahrzeugs** und Abschluss des Kaufvertrages nicht mehr als **12 Monate** liegen, unabhängig von konkret feststellbaren Mängeln des Fahrzeugs.[538] Denn grundsätzlich verschlechtert sich der Zustand des Fahrzeugs auf Grund von Materialermüdung, Oxydation und anderen physikalischen Veränderungen nach Ablauf dieses Zeitraums. Diese Zeitgrenze gilt allerdings nur für den Regelfall, d. h. im Einzelfall sind auch kürzere oder längere Zeiten denkbar. Unerheblich ist hingegen, wann die neue Modellserie ausgeliefert wird; maßgebend ist vielmehr die objektiv feststellbare Einstellung der Produktion des bisherigen Modells.[539]

114 Bei fabrikneuen Kraftfahrzeugen, die aus dem **EU-Ausland importiert** werden, ist ein Hinweis auf diesen Import (nur dann) erforderlich, wenn diese im Ausland **bereits zugelassen** wurden und sich dadurch die Herstellergarantie nicht unerheblich verkürzt hat.[540] Das gilt unabhängig von einer daneben bestehenden Händlergarantie. Ein Zeitraum von *„nur wenigen Tagen oder Wochen"* genügt nach Ansicht des BGH dabei allerdings noch nicht,[541] ohne dass er präzisiert, ab wann nicht mehr von wenigen Tagen oder Wochen gesprochen werden kann. Auch eine **Tageszulassung** durch einen deutschen Händler steht der Werbung als neu/fabrikneu **nicht zwingend entgegen.** Das gilt selbst dann, wenn die „Tageszulassung" wenige Tage dauerte, sofern das Fahrzeug nicht im Straßenverkehr genutzt wurde und es sich insbesondere nicht um einen **Vorführwagen** handelt.[542] Dabei hielt der BGH in einem Fall eine Zulassung von sechs Tagen für unbeachtlich;[543] in einer anderen Entscheidung führte er aus, dass eine Verkürzung der Herstellergarantie um „nicht mehr als

---

531 OLG Hamburg ZUM 1990, 42.

532 OLG Hamburg MD 2000, 609; vgl. auch OLG Hamburg MD 2003, 561, 562.

533 OLG Koblenz GRUR 1988, 555, 556 – *Neueröffnung.*

534 BGH GRUR 1993, 563 – *Neu nach Umbau.*

535 BGH NJW 1980, 2127, 2128; NJW 1985, 796, 798; NJW 2000, 2018, 2019; NJW 2003, 2824, 2825; NJW 2004, 160; BB 2005, 798; nach neuem Schuldrecht wird zumindest eine Beschaffenheitsvereinbarung i. S. d. § 434 Abs. 1 S. 1 BGB vorliegen, so auch OLG Köln MDR 2005, 1048.

536 OLG Zweibrücken GRUR-RR 2002, 306.

537 BGH NJW 1980, 1097; NJW 1980, 2127, 2128; GRUR 1983, 661, 663 – *Sie sparen 4000,– DM;* GRUR 1995, 610, 612 – *Neues Informationssystem;* NJW 2003, 2824, 2825; NJW 2004, 160; OLG Saarbrücken WRP 2014, 987, 988 – *Artikelzustand: Neu.*

538 BGH NJW 2004, 160.

539 BGH NJW 2003, 2824, 2825.

540 BGH GRUR 1999, 1122, 1123f. – *EG-Neuwagen 1;* GRUR 1999, 1125, 1126 – *EG-Neuwagen II;* GRUR 2000, 724, 727 – *Außenseiteranspruch II;* zurückhaltender noch BGH GRUR 1986, 615, 618 – *Reimportierte Kraftfahrzeuge.* Zur (fehlenden) Relevanz einer Irreführung über den Umfang einer Herstellergarantie siehe BGH NJW 1997, 3376, 3377.

541 BGH GRUR 2000, 724, 727 – *Außenseiteranspruch II.*

542 BGH GRUR 2000, 914 – *Tageszulassung II;* BB 2005, 798.

543 BGH GRUR 2000, 914 – *Tageszulassung II.*

zwei Wochen" hinnehmbar sei.[544] Auch die Angabe *„Tageszulassung mit 0 km"* ist dann nicht irreführend.[545] Der verständige und informierte Durchschnittsverbraucher weiß, dass die Tageszulassung im Absatzinteresse des Händlers erfolgt und es sich hierbei um einen rein formalen Akt handelt. Eine ununterbrochene Zulassung über mehrere Monate hinweg ist hingegen sicher schädlich. Davon zu unterscheiden ist der Fall, dass eine Tageszulassung nur kurz erfolgte, dieser Zeitraum zum Zeitpunkt der Werbung aber auch schon mehrere Monate zurückliegt. Bei Unterlassungsanträgen und Gerichtsentscheidungen ist insoweit auf sorgfältige Formulierung zu achten, damit es nicht zu unlösbaren Widersprüchen kommt.[546]

Die Vorstellung der Fabrikneuheit erstreckt sich im Regelfall **auch auf die einzelnen Teile** der Ware. Etwas anderes kann aber gelten bei Produkten mit Teilen, die durch den Gebrauch des Produkts **keinem Verschleiß unterliegen** und die in ihrer Funktionstüchtigkeit sich nicht von neuen Teilen unterscheiden, wie z. B. Mikrochips einer hochwertigen **EDV-Anlage.** Hier erstreckt sich die Vorstellung des durchschnittlich verständigen und informierten Durchschnittverbrauchers von einer Fabrikneuheit im Regelfall nicht auf solche Teile in der im Übrigen fabrikneuen Anlage.[547] Die Vorstellung von der Neuheit einer Ware kann sich **auch ohne ausdrücklichen Hinweis** darauf ergeben. So erwartet der Verkehr nach Auffassung des OLG Hamburg nicht, dass ihm eine bereits früher erschienene CD mit Stücken der **Unterhaltungsmusik** zu einem späteren Zeitpunkt unter einem anderen Titel, ansonsten aber inhaltlich identisch präsentiert werde. Ein entsprechendes Angebot ohne Hinweis auf die frühere Veröffentlichung sei daher irreführend.[548] Dies mag im Einzelfall zutreffend gewesen sein. Allerdings sind an die Hinweise keine großen Anforderungen zu stellen. So ist es heute auch üblich, nach dem Bestsellererfolg eines Buch-Autors auch dessen frühere Werke in größerer Auflage erneut zu verlegen und prominent zu bewerben, ohne dass die frühere Veröffentlichung hervorgehoben wird. Insoweit genügt der Hinweis im Buchumschlag auf eine frühere Erstveröffentlichung. 115

dd) Frisch. Einen Sonderfall der Neuheitswerbung stellt die Werbung mit der „Frische" eines Produktes dar. Die Bezeichnung **„frisch"** verbindet eine Zeit- und eine Qualitätskomponente (vgl. Rdn. 63). „Frisch" wird vom durchschnittlich informierten und verständigen Verbraucher bei Lebensmitteln als Hinweis darauf verstanden, dass das beworbene Produkt erst vor kurzer Zeit hergestellt wurde und dass es die gleiche Qualität im Angebotszeitpunkt aufweist, die es im Ursprungszustand hatte.[549] Nicht mehr „frisch" sind daher solche Produkte, deren Herstellung bereits mehrere Wochen zurückliegt[550] oder die durch besondere Vorkehrungen über längere Zeit haltbar gemacht wurden.[551] Allerdings stehen Verarbeitungen des Ausgangsstoffs oder einer Zutat der Bezeichnung als „frisch" nicht entgegen, solange die Verarbeitung nur zu **leichten physikalischen Umgestaltungen** geführt hat.[552] Entscheidend ist stets die Verbrauchererwartung im Einzelfall. Bei **Milch** z. B. weiß der Verbraucher, dass in jedem Fall eine Wärmebehandlung stattfindet, jedoch ist eine ultrahocherhitzte, sterilisierte Milch nicht mehr frisch. **Orangensaft,** der nach dem Pressen wärmebehandelt wurde, darf ebenso nicht mit dem Spruch beworben werden *„aus tagesfrisch gepressten Orangen"*.[553] Zu unterscheiden ist der Begriff der „Frische" von der Einhaltung des **Mindesthaltbarkeitsdatums.**[554] 116

c) Last Minute. Angaben über den Zeitpunkt der Erbringung werden auch bei **Last-Minute-Reisen** gemacht. „Last-Minute-Reise" ist in Deutschland mittlerweile als Gattungsbegriff für relativ **kurzfristig gebuchte,** dafür aber **preisgünstigere Reisen** anzusehen.[555] Es handelt sich um Reisen, die der Reiseveranstalter aus dem regulären Vertrieb herausgenommen hat, um dafür „in letzter Minute" doch noch Abnehmer zu finden und für eine bessere Auslastung zu sorgen. Erreicht werden soll dies vor allem durch Preisreduzierungen. Der durchschnittliche Verbraucher verbindet daher mit einer Last-Minute-Reise im Regelfall die Erwartung, dass wegen des Zwangs zur kurzfristigen Buchung die Reise besonders günstig angeboten wird. Der Begriff „last minute" enthält 117

---

544 BGH BB 2005, 798.
545 BGH GRUR 2000, 914 – *Tageszulassung II.*
546 Vgl. BGH GRUR 2011, 1050 Tz. 15 – *Ford Vertragspartner;* MD 2010, 362 Tz. 11.
547 BGH GRUR 1995, 610, 612 – *Neues Informationssystem.*
548 OLG Hamburg MD 2003, 561, 562 – *Freestyle Dreams.*
549 *Kiethe/Groeschke* WRP 2000, 431, 437.
550 Vgl. hierzu *Bergmann* ZLR 2001, 667, 677.
551 BGH GRUR 1979, 63, 64 – *vakuum frisch II.*
552 KG NJW-RR 1990, 54; *Helm,* in: Gloy/Loschelder/Erdmann, HdbWettbR, § 59 Rdn. 248.
553 LG Düsseldorf WRP 2005, 766 – *„aus tagesfrisch gepressten Orangen".*
554 LG Hamburg WRP 1999, 1314, 1315 – *Frischegarantie;* a. A. OLG Köln ZLR 2001, 299, 309 f. – *Frischer Rahmjoghurt.*
555 Vgl. LG Hamburg MMR 2000, 763, 764 – *lastminute.com.*

somit sowohl eine **preisliche** als auch eine **zeitliche Komponente.** Wird der Verkehr in einer oder sogar in beiden Erwartungen getäuscht, ist die Werbung irreführend. Insbesondere darf eine Last-Minute-Reise nicht zum Normalpreis angeboten werden.[556] Der Ausdruck „last minute" ist dabei allerdings nicht wörtlich zu verstehen. Wie lange die „letzte Minute" dauert, hängt vielmehr von den Umständen des Einzelfalls ab. Dabei sind auch Art, Dauer und Ziel der Reise zu berücksichtigen. Für eine relativ teure Fernreise ist der letztmögliche Buchungszeitraum im Regelfall länger als für eine billige Reise im Shuttle-Flieger nach Mallorca. Feste Zeiträume, wie lange vor Reiseantritt mit „last minute" geworben werden kann, lassen sich daher nicht festlegen.[557] Hinzu kommt, dass der Irreführung über die verbleibende Zeit bis zum Reiseantritt im Regelfall eine geringere – möglicherweise auch keinerlei – wettbewerbliche Relevanz zukommt. Denn im Regelfall verspricht sich der angesprochene Verkehr als Vorteil vor allem eine günstige Reise, die aus einem sonst nicht absetzbaren Restkontingent stammt. Die kurze Buchungsfrist stellt sich demgegenüber eher als Nachteil dar, so dass stets sorgfältig geprüft werden muss, ob eine Irreführung über die verbleibende Zeit zwischen Werbung und Reiseantritt geeignet ist, die Kaufentscheidung des Verkehrs zu beeinflussen.[558] Etwas anderes gilt, wenn der Verkehr durch zu kurze Zeitangaben zu einer übereilten Entscheidung bewegt werden soll (vgl. hierzu auch Nr. 7 im Anhang zu § 3 Abs. 3 UWG).

118 **d) Zeitpunkt der Lieferung.** Die Fallgruppe der Irreführung über den Zeitpunkt der Lieferung einer Ware überschneidet sich mit der Fallgruppe der Verfügbarkeit einer Ware. Auch bei dieser Fallgruppe gilt selbstverständlich das Leitbild des durchschnittlich informierten, aufmerksamen und verständigen Verbrauchers. Diesem ist zum Beispiel bewusst, dass an Sonntagen in Deutschland regelmäßig nicht ausgeliefert wird und dass im Rahmen von Adword-Anzeigen oftmals eine verkürzte Darstellung erfolgt. [559] Dementsprechend ist die Angabe *„Original Druckerpatronen **innerhalb 24 Stunden**"* in einer **Adword-Anzeige** im Internet auch dann nicht irreführend, wenn keine Auslieferung an Sonntagen erfolgt und eine Lieferung am Folgetag nur bei Bestellung bis 16:45 Uhr möglich ist. Denn damit rechnet der Verbraucher ohnehin. Allerdings muss auf diese Einschränkungen in der Voll-Werbung, auf welche die Adword-Anzeige verweist, ausreichend hingewiesen werden.[560] Irreführend ist es auch, eine **„Lieferzeit auf Nachfrage"** anzukündigen, wenn das beworbene Produkt wegen einer **Liefersperre** des Herstellers nicht zuverlässig lieferbar ist.[561]

119 **e) Maßgeblicher Zeitpunkt.** Eine Neuheitswerbung, die zunächst zutreffend war, kann im Laufe der Zeit irreführend werden. Maßgeblich ist stets die Beurteilung im **Zeitpunkt der letzten mündlichen Verhandlung.** Dies bedeutet für die Parteien, dass bei entsprechend langer Dauer eines Gerichtsverfahrens der durch bloßen Zeitablauf eintretenden neuen Rechtslage Rechnung getragen werden muss. Insbesondere kann sich zur Vermeidung einer Erstbegehungsgefahr dann die Erklärung empfehlen, dass an einer bestimmten Neuheitswerbung jedenfalls für die Zukunft nicht mehr festgehalten wird. **Ab wann** eine vormals zulässige **Werbung mit „neu" nicht mehr zulässig** ist, hängt von den Umständen des Einzelfalls, insbesondere von der **Branche** und der **Art der beworbenen Ware** ab. Ein für alle Warengattungen gültiger Zeitraum lässt sich nicht bestimmen.[562] Je kurzlebiger das beworbene Produkt ist, je schneller es bei längerer Lagerung Schaden nimmt, je kürzer die Produktionszyklen sind und je schneller Weiterentwicklungen des Produkts erfolgen, desto kürzer darf mit seiner Neuheit geworben werden. **Modeartikel** können nur während der aktuell laufenden Kollektion als neu bezeichnet werden, **Skier** nur während einer Saison. Bei **hochwertigen, langlebigen und nicht billigen Präzisionsgegenständen** wie z. B. einer Nähmaschine, soll hingegen auch sechs Monate nach der Einführung mit einem „Einführungspreis" geworben werden dürfen,[563] bei **Fertigarzneimitteln** kann sogar eine Neuheitswerbung ein Jahr lang ab dem ersten Inverkehrbringen – auf den Zeitpunkt der arzneimittelrechtlichen Zulassung kommt es insoweit nicht an[564] – erlaubt sein.[565] Bei **Autos** kommt es darauf an, ob das neueste

---

[556] OLG München GRUR 1999, 71, 72 – *Werbung im Internet.*

[557] BGH GRUR 2000, 239, 240 f. – *Last-Minute-Reise;* a. A. LG Düsseldorf NJW-RR 1996, 167, 168; OLG München GRUR 1999, 71, 72 – *Werbung im Internet* (Verbot gestützt auf § 1 UWG a. F., nur bis zu 14 Tage vor Reiseantritt möglich).

[558] BGH GRUR 2000, 239, 241 – *Last-Minute-Reise.*

[559] BGH GRUR 2012, 81 Tz. 13 – *Innerhalb 24 Stunden.*

[560] BGH GRUR 2012, 81 Tz. 15 – *Innerhalb 24 Stunden.*

[561] OLG Hamm BeckRS 2009, 12079.

[562] KG WRP 1982, 28, 29.

[563] KG GRUR 1982, 620, 622.

[564] OLG Hamburg MD 2007, 1092, 1094.

[565] KG WRP 1982, 28, 29 unter Bezugnahme auf die Richtlinien für die wissenschaftliche Information und für die Arzneimittelwerbung des Bundesverbandes der Pharmazeutischen Industrie e. V. (BPI). Dem entspricht

Fahrzeug eines Herstellers *(„Das neue Auto von VW")* oder die neueste Version eines Modells *(„Die neue C-Klasse")* beworben werden: Neue Fahrzeuge eines Herstellers gibt es häufiger als neue Versionen eines Modells; dementsprechend ist die Werbung für ein neues Modell im Regelfall auch länger möglich. Bei einer **Tageszeitung** darf nach Auffassung des BGH für eine Neuerung, die bereits drei Monate zurück liegt, nicht mehr mit der Angabe „jetzt mehr" geworben werden.[566] Zu den Hinweispflichten bei der Werbung für Auslaufmodelle siehe Rdn. 66.

IV. Zwecktauglichkeit, Verwendungsmöglichkeit, Vorteile, Risiken, von der Verwendung zu erwartende Ergebnisse (= Wirkung der Ware oder Leistung)

Schrifttum: *Bornkamm,* Wettbewerbs- und Kartellrechtsprechung zwischen nationalem und europäischem Recht, in: FS BGH 2000, S. 343; *Bruggmann,* Neun Jahre Health-Claims-Verordnung – kein Ende der Kinderkrankheiten in Sicht, LMuR 2015, 73; *Braun,* Wissenschaftlicher Nachweis von Wirksamkeitsaussagen in der Medizinproduktewerbung – Anforderungen der Rechtsprechung, MPR 2014, 193; *Bruggmann/Hohmann,* Leben mit der Health Claims Verordnung – Chancen und Risiken anhand von Anwendungsbeispielen aus der Praxis, ZLR 2007, 51; *Bruggmann,* Neun Jahre Health-Claims-Verordnung – kein Ende der Kinderkrankheiten in Sicht, LMuR 2015, 73; *Cordes,* Umweltwerbung, 1994; *Epping/Greifeneder,* Die Health-Claims-Verordnung auf der Zielgeraden, WRP 2006, 830; *Ewert,* Wettbewerbsrechtliche Beurteilung von Umweltwerbung ohne Produktqualitätsbezug nach deutschem Recht und europäischem Gemeinschaftsrecht; *Feddersen,* Wissenschaftliche Absicherung von Wirkungsangaben im Heilmittelwerbeprozess, GRUR 2013, 127; *Federhoff-Rink,* Umweltschutz und Wettbewerbsrecht im europäischen Binnenmarkt, 1994; *Füger,* Umweltbezogene Werbung, 1993; *Gorny,* Der Abschied vom verständigen Durchschnittsverbraucher im Lebensmittelwerberecht, ZLR 2003, 253; *Hagemeyer,* Siebte Beleuchtung der Rechtsprechung zur VO (EG) Nr. 1924/2006 über nährwert- und gesundheitsbezogene Angaben, WRP 2015, 308; *Hahn/Ströhle,* Lebensmittel- und Arzneimittelwerbung mit „wissenschaftlichen" Aussagen, GRUR 2013, 120; *Hartwig,* Das Verhältnis von Werbung und Umwelt und seine wettbewerbsrechtlichen Grenzen, 1999; *ders.,* Die lauterkeitsrechtliche Beurteilung der Werbung mit dem „Grünen Punkt", GRUR 1997, 560 ff.; *Holtorf,* Health Claims in den Jahren 2008/2009, LMuR 2008, 81; *Hüttebräuker,* Vorschlag für eine EU-Verordnung über nährwert- und gesundheitsbezogene Angaben in Bezug auf Lebensmittel – eine kritische Bestandsaufnahme, WRP 2004, 188; *Jung,* Die Health Claims Verordnung – Neue Grenzen gesundheitsbezogener Werbung für Lebensmittel, WRP 2007, 389; *Kiefer,* Das deutsche Umweltzeichen aus wettbewerbsrechtlicher Sicht – eine Untersuchung am Maßstab des § 3 UWG, 2000; *Klindt,* Die Umweltzeichen „Blauer Engel" und „Europäische Blume" zwischen produktbezogenem Umweltschutz und Wettbewerbsrecht, BB 1998, 545 ff.; *Köhler,* „Grüner Punkt" als irreführende Werbung? BB 1998, 2065; *Lambsdorff,* Werbung mit dem Umweltschutz, 1993; *Lappe,* Die wettbewerbsrechtliche Beurteilung der Umweltwerbung, 1995; *Leible/Brzezinski,* Rechtsprechungsreport Lebensmittelrecht 2014, WRP 2015, 301; *Leible/Schäfer,* Der persönliche Anwendungsbereich der Health Claims-Verordnung, WRP 2011, 1509; *Leible/Schäfer,* Alles „Bio" oder was?, GRUR-Prax 2013, 101; *Lindacher,* Umweltschutz in der Werbung – lauterkeitsrechtliche Probleme, in: Marburger/Reinhardt/Schröder (Hrsg.), Umweltschutz und Wettbewerb, 1997; *Meier,* Möglichkeiten und Grenzen von Health Claims, LMuR 2003, 160; *Meisterernst,* Kein Öl an die Karotte!, WRP 2012, 405; *ders.,* Vom Regen in die Traufe – Zum Entwurf für eine europäische Verordnung über nährwert-, wirkungs- und gesundheitsbezogene Angaben auf Lebensmitteln, ZLR 2002, 569; *Meisterernst/Haber,* Praxiskommentar Health & Nutrition Claims, Stand: 06/15; *dies.,* Die VO (EG) 1924/2006 über nährwert- und gesundheitsbezogene Angaben, WRP 2007, 363; *Meyer,* Health Claims-Verordnung, 1. Auflage 2007; *Meyer,* Das Kosmetikum als Ausweg aus der Health-Claims Verordnung?, LMuR 2008, 25; *Meyer/Bruggmann,* So schnell kann es gehen: die Health Claims-Verordnung beschäftigt bereits die Gerichte, LMuR 2008, 85 ff.; *Michalski/Riemenschneider,* Irreführende Werbung mit der Umweltfreundlichkeit von Produkten, BB 1994, 1157 ff.; *Micklitz,* Umweltwerbung im Binnenmarkt, WRP 1995, 1014 ff.; *Oelrichs,* Das Ende des Schlankheitswerbeverbots?, ZLR 2005, 23; *Reinhart,* Gesundheitsbezogene Werbung – aktuelle Rechtsprechung im Überblick, LMuR 2002, 159; *Riemenschneider,* Irreführende Werbung mit der Umweltfreundlichkeit von Produkten, Eine Rechtsprechungsanalyse, BB 1997, 1157 ff.; *Rohnke,* Werbung mit Umweltschutz, GRUR 1988, 667 ff.; *Schroeter,* Rechtliche Aspekte der Werbung mit Gesundheit, ZLR 1989, 37; *Sosnitza,* Gesundheitsbezogene Werbung für Lebensmittel – Paradigmenwechsel in Europa, WRP 2003, 669; Das Verhältnis von § 12 LFGB zu den Regelungen der VO (EG) Nr. 1924/2006 – gesetzgeberischer Handlungsbedarf?, ZLR 2007, 423; *Weidert,* Das Verbot gesundheitsbezogener Werbung im Lebensmittelrecht (Diss. 1998); *Völker,* Irreführende Umweltwerbung, 2000; *Ziegler,* Die Relevanz der Health Claims Verordnung für die Markenstrategie, ZLR 2007, 529 ff.

1. Allgemeines und Abgrenzung

§ 5 Abs. 1 S. 2 Nr. 1 UWG verbietet irreführende Angaben über die Zwecktauglichkeit, die Verwendungsmöglichkeit oder die von der Verwendung zu erwartenden Ergebnisse von Waren oder 120

heute § 3 Abs. 3 des Kodex der Mitglieder des Bundesverbandes der Pharmazeutischen Industrie e. V., Pharma Kodex 2006, Band 3, S. 584, i. d. Fass. v. 28. Juni 1995, zuletzt geändert zum 15. Oktober 2015.

[566] BGH GRUR 1968, 433, 436 – *Westfalen Blatt II.*

Dienstleistungen. Wie die einzelnen Begriffe abgegrenzt werden sollen, ist ebenso unklar wie unerheblich. Ebenso ist es unerheblich, dass in Art. 6 Abs. 1 lit. b) der UGP-Richtlinie (Richtlinie 2005/29/EG über unlautere Geschäftspraktiken) von „Verwendung" die Rede ist, der deutsche Text hingegen von „Verwendungsmöglichkeit" spricht. In allen Fällen geht es letzten Endes darum, zu welchen Zwecken eine Ware verwendet werden kann und welche Wirkungen zu erwarten sind.

121 Dazu zählen auch die daraus entstehenden Risiken und Vorteile. Die UGP-Richtlinie erwähnt ausdrücklich **„Vorteile"** und **„Risiken"** als wesentliche Merkmale einer Ware oder Dienstleistung. Dies kann als Teil der Beschaffenheit verstanden werden, etwa wenn es darum geht, welche Risiken durch eine Versicherung abgedeckt sind.[567] Ein Risiko kann auch der **Verbraucher** eingehen, indem er einen bestimmten Vertrag abschließt. Diese Gefahr ist in **Art. 6 Abs. 1 lit. g)** UGP-Richtlinie ausdrücklich geregelt; sie wurde in den Text von § 5 UWG nicht wörtlich übernommen, lässt sich aber unter Bedingungen der Warenlieferung oder Dienstleistungserbringung, § 5 Abs. 1 Nr. 2 UWG, subsumieren. Im Übrigen geht es bei den Vorteilen und Risiken um eine Wirkung eines Produkts, die eben mit Vorteilen oder Risiken verbunden sein kann. Insoweit bringen diese Ausdrücke für das deutsche Recht nichts Neues. Sie wurden vom Gesetzgeber auch ohne weitere Begründung in den Gesetzestext übernommen.

122 Aussagen über die Verwendungsmöglichkeit und die Wirkung sind in starkem Maß geeignet, die Kaufentscheidung des Werbeadressaten zu beeinflussen. In der Praxis besonders relevant sind dabei Aussagen über die **Wirkungen auf den menschlichen Körper** und die **Gesundheit/Krankheiten** (nachfolgend Rdn. 128ff.), einschließlich der Werbung für **diätetische Lebensmittel** und für Schlankheitsmittel (nachfolgend Rdn. 152ff.) und **Schönheitsmittel/Faltencremes** (nachfolgend Rdn. 156), sowie die Werbung mit der **Wirkung auf die Umwelt** (Rdn. 157ff.). Konkret geht es dabei um Aussagen über allgemeine oder spezifische gesundheitsfördernde Wirkungen, Verhinderung von Krankheiten, Gewichtsreduktion, Haarwuchs, Steigerung der Leistungsfähigkeit, Stärkung von Abwehrkräften, nachhaltige Faltenreduzierung, Umweltverträglichkeit etc.

123 Die besondere Bedeutung solcher Aussagen kommt auch dadurch zum Ausdruck, dass es mittlerweile zahlreiche **Sonderregelungen** gibt, welche die Verwendung wirkungsbezogener Aussagen im Zusammenhang mit bestimmten Produkten oder Produktgattungen regeln. Das gilt sowohl innerhalb des UWG als auch – erst recht – in Sonderregelungen außerhalb des UWG: So verbietet etwa Nr. 16 im Anhang zu § 3 Abs. 3 UWG die Behauptung, Produkte könnten die Gewinnchancen bei Glücksspielen erhöhen; Nr. 18 im Anhang zu § 3 Abs. 3 UWG verbietet bestimmte unwahre krankheitsbezogene Aussagen. Da diese Werbungen in jedem Fall verboten sein sollen, sind diese Tatbestände vorrangig zu prüfen. Daneben finden sich zahlreiche weitere produktspezifische vorrangige Sonderregelungen insbesondere in der **LMIV,** in der **EU KosmetikVO** (insb. Art. 20 I Kosmetik-VO i. V. m. VO (EU) Nr. 655/2013,[568] und in der Verordnung (EG) Nr. 1924/2006, der sog. **Health Claims Verordnung.**[569] Nachfolgend werden diese Gesetze nur kurz angesprochen. Einzelheiten zu den jeweiligen produktspezifischen Sonderregelungen sind in Einl Abschn. I dargestellt.

2. Nachprüfbare Tatsachenbehauptung, keine allgemeine Aufklärungspflicht

124 Wie bei den anderen Fallgruppen des § 5 UWG auch, setzt die Anwendbarkeit des Verbots irreführender Aussagen über bestimmte Wirkungen voraus, dass es sich nach dem Verständnis eines durchschnittlich informierten und verständigen Verbrauchers überhaupt um eine, zumindest im Kern, konkret fassbare und **der Nachprüfung zugängliche Tatsachenbehauptung** handelt. Dabei muss es sich noch nicht einmal um eine bestimmte Wirkung handeln. Es kann vielmehr genügen, dass dem beworbenen Mittel überhaupt eine – wie auch immer zu spezifizierende – positive Wirkung zugeschrieben wird. Das OLG Karlsruhe hat das bejaht für die Bezeichnungen *„Blasenkraft Plus"* und *„Prostata Vit"* für Fruchtriegel.[570] Irgendwelche positiven Assoziationen hingegen genügen nicht. Der irreführende Eindruck einer positiven Wirkung kann sich dabei nicht nur aus **expliziten Behauptungen** ergeben, sondern auch durch die Verwendung bestimmter **Marken** und **Symbole.** So entschied der BGH, dass der Verbraucher (nach altem Leitbild) mit der Bezeichnung *„Rheumalind"* für wollene Bettwaren die Vorstellung verbindet, diese Bettwaren hätten eine thera-

[567] Vgl. BGH GRUR 1983, 654 zur Werbung für eine Reisegepäckversicherung.

[568] Dazu BGH GRUR 2016, 418 Tz. 11ff. – Feuchtigkeitsspendendes Gel-Reservoir.

[569] Verordnung (EG) Nr. 1924/2006 über nährwert- und gesundheitsbezogene Angaben über Lebensmittel (ABl. Nr. L 12 v. 18.1.2007, S. 3). Zur Rechtmäßigkeit des Verbots von nährwert- und gesundheitsbezogenen Angaben bei Alkohol in Art. 4 Abs. 3 siehe: *Maaßen/Schoene* ZLR 2011, 709ff.

[570] OLG Karlsruhe MD 2006, 1288, 1290 – *Blasenkraft Plus Riegel.*

peutische und schmerzlindernde Wirkung bei Rheuma.[571] Die Ankündigung *„Klein & fein gehackt – im Handumdrehen"* für einen Gemüse- und Zwiebelschneider nimmt der normal informierte und angemessen aufmerksame und verständige Durchschnittsverbraucher ernst und erwartet, dass das eingefüllte Schnittgut nach ein paar Umdrehungen klein gehackt ist, auch wenn „im Handumdrehen" als Wortspiel doppeldeutig verwendet wird.[572] Die Aussage *„Die Chinesen glauben, dass XY Krebs bekämpfen kann, vor Herzinfarkt und vielen Zivilisationskrankheiten schützt"* versteht der Verbraucher nicht nur als Hinweis auf einen Irrglauben der Chinesen, sondern dergestalt, dass der Glaube seine Berechtigung habe und das Produkt entsprechende Wirkungen zeige.[573] Mit den Wörtern **„med."** oder **„medizinisch"** verbindet der Verkehr im Regelfall für Produkte gesundheitsfördernde Eigenschaften oder gar ärztliche Empfehlungen.[574] Das gilt nicht nur bei Lebensmitteln, sondern auch für kosmetische Mittel und Mittel zur Schönheitspflege;[575] allerdings kommt es hier auf den Einzelfall an. Die medizinische Konnotation des Begriffs **„Clinique"** reicht nach Ansicht des EuGH nicht aus zur Irreführung der Verbraucher bei kosmetischen Erzeugnissen, die ausschließlich durch Parfümerien und Kosmetikabteilungen von Kaufhäusern vertrieben werden.[576] Bei einem Waschmittel ist die Angabe *„med."* hingegen nicht irreführend, wenn dieses keine Parfüm- und Farbstoffe und keinen Konservierungszusatz enthält, dadurch bei Allergien und empfindlicher Haut besonders geeignet ist und (nur) hierauf auf dem Etikett hingewiesen wird.[577] Irreführend ist es allerdings, ein Pigmentiergerät als **„Medizinprodukt"** zu bezeichnen und unter Hinweis auf eine Zertifizierung nach dem MPG zu bewerben, wenn das Gerät nicht medizinischen, sondern nur kosmetischen Zwecken dienen soll.[578] Ebenso dürfen kosmetische Erzeugnisse ohne therapeutischen Zweck nicht als **„Schönheitsmedizin"** bezeichnet werden.[579] Umgekehrt steht es dem Hersteller hingegen frei den Anwendungsbereich eines Produkts, welches sowohl medizinischen als auch nicht-medizinischen Zwecken dienen könnte, auf einen nicht-medizinischen Bereich zu beschränken.[580]

Den Gegensatz zu nachprüfbaren Tatsachenbehauptungen bilden **vage Anklänge,** erkennbare **Übertreibungen** sowie Aussagen, bei denen der Verbraucher erkennt, dass eine bestimmte **Wirkung vom Zufall abhängt** (z. B. bei Glücksspielen) oder eine bloße Glaubenssache ist. Art. 5 Abs. 3 S: 2 der UGP-Richtlinie erwähnt ausdrücklich die „übliche und rechtmäßige Werbepraxis, übertriebene Behauptungen oder nicht wörtlich zu nehmende Behauptungen aufzustellen." So kann es bei nur vagen Anklängen oder allgemeinen Symbolen, wie z. B. einer **Schlange,** bereits am Vorliegen von Angaben i. S. v. § 5 UWG fehlen;[581] während die **Abbildung eines Herzens** durchaus einen Gesundheitsbezug suggerieren kann.[582] Maßgeblich sind die Umstände des Einzelfalls und dabei sind nicht allein die verwendeten Zeichen, sondern auch die beworbenen Produkte und die weiteren Angaben auf den konkret verwendeten Werbe- und Vertriebsmitteln zu beachten. Auch weiß der Verkehr, dass er allein durch den Verzehr eines bestimmten Lebensmittels nicht die sportliche Figur des in der Werbung abgebildeten Models erlangt und hält daher auch die Frage *„Was braucht dieser Mann, um so auszusehen"* nicht für eine ernst zu nehmende Produktinformation.[583] Anders allerdings, wenn konkrete Angaben zu Dauer und Ausmaß einer Gewichtsabnahme gemacht werden.[584] **125**

Auch der Hinweis auf eine **verbesserte Lebensqualität,** die sich aus einer auf natürliche Weise erfolgenden Aktivierung von Energiereserven in Körperzellen ergeben soll, ist nur eine subjektiv gefärbte und unspezifische Werbeanpreisung und keine irreführende Wirkungsangabe.[585] Wird in **126**

---

[571] BGH GRUR 1991, 848, 849 – *Rheumalind.*

[572] OLG Hamburg WRP 2006, 1152, 1153 – *Klein & Fein gehackt im Handumdrehen I;* a. A. Handelsgericht Wien WRP 2006, 1154 – *Klein & Fein gehackt im Handumdrehen II:* Danach werde diese Aussage als Wortspiel lediglich so verstanden, dass der Gebrauch des Zerkleinerers mühelos und rasch und damit einfacher als der Gebrauch eines Messers von sich gehe.

[573] BGH WRP 2005, 1519, 1521 – *Ginseng Präparate.*

[574] Zur Verwendung von *„med."* im Zusammenhang mit Tätigkeiten siehe § 5 E. Rdn. 149.

[575] RG GRUR 1935, 510, 514 – *Eu Med;* BGH GRUR 1969, 546 – *med;* OLG Köln WRP 1989, 271 – *P. medical.*

[576] EuGH Slg. 1994 I 317, 337 – *Clinique.*

[577] OLG Köln MD 2003, 496. Vgl. auch OLG Köln GRUR-RR 2002, 175, 176 – *„Dental Gel".*

[578] OLG Hamburg GRUR-RR 2002, 360.

[579] OLG Köln WRP 1988, 483.

[580] BGH GRUR 2013, 1261 Tz. 12 – *Messgerät II*

[581] BGH GRUR 1981, 656, 658 – *Schlangenzeichen.*

[582] BGH GRUR 1962, 97, 99 – *Tafelwasser.*

[583] BGH GRUR 2002, 182, 185 – *Das Beste jeden Morgen.*

[584] Hier greift ohnehin Art. 12 lit. b) der Health Claims VO ein, siehe nachfolgend Rdn. 137.

[585] BGH GRUR 2004, 72 – *Coenzym Q 10.*

der Werbung hingegen der konkrete Anschein eines sicheren Erfolges hervorgerufen, z. B. in Werbung für **Lottospielgemeinschaften,** so konnten selbst Aussagen über Glücksspiele irreführend sein.[586] Heute sind solche Aussagen am Verbot der Nr. 16 im Anhang zu § 3 Abs. 3 UWG zu messen.

127 Auch bei der Werbung über Wirkungen einer Ware gilt, dass den Unternehmer abseits spezieller Sonderregelungen und unbeschadet § 5a UWG **keine allgemeine Aufklärungspflicht** trifft. So stand einer Werbung mit wahrheitsgemäßen gesundheitsfördernden Eigenschaften eines Lebensmittels nicht entgegen, dass dieses zu einem geringen Anteil (15%) auch Zucker enthielt, der zu Karies führen konnte; hierüber musste nicht gesondert aufgeklärt werden, solange die Kariesgefahr im Vergleich zur allgemeinen Nahrungsaufnahme nicht in außergewöhnlichem Maße gesteigert war.[587] Entsprechendes gilt für die Aussage **„ohne Fett"** für Süßigkeiten im Hinblick auf den vorhandenen Zuckeranteil.[588] Eine Werbung mit **„naturrein"** erfordert keine Aufklärung über etwaige Rückstände, die in der Natur vorhanden sind (siehe Rdn. 52 f.).[589] Eine andere Frage ist allerdings, ob solche nährwertbezogenen bzw. allgemeinen gesundheitsbezogenen Aussagen in Zukunft überhaupt noch zulässig sind; das richtet sich vor allem nach der Verordnung (EG) Nr. 1924/2006 (Health Claims Verordnung)[590] (hierzu Rdn. 137 ff. und *v. Jagow,* Einl. I).

3. Gesundheitsbezogene/krankheitsbezogene Werbung

128 Die Werbung mit gesundheitsbezogenen oder krankheitsbezogenen Wirkungen einer Ware oder Leistung ist seit jeher in besonderem Maß geeignet, den Kaufentschluss zu beeinflussen. Mit zunehmendem Gesundheitsbewusstsein gewinnt sie sogar noch mehr an Bedeutung; je höher der Stellenwert der eigenen Gesundheit, desto höher ist auch die Empfänglichkeit für gesundheitsbezogene Aussagen. Umgekehrt können sich aus irreführenden Aussagen aber auch besondere Gefahren für die menschliche Gesundheit ergeben, einem der höchsten Schutzgüter, das unsere Rechtsordnung kennt.

129 **a) Grundsatz.** Im Bereich **gesundheitsbezogener** Werbung gelten daher seit jeher besonders **strenge Anforderungen an die Richtigkeit, Eindeutigkeit und Klarheit** von Werbung außerhalb der Fachkreise.[591] Das hat sich auch unter dem Leitbild des durchschnittlich verständigen und aufmerksamen Verbrauchers nicht geändert, da dieser ebenfalls besonderen Wert auf seine Gesundheit legt; allerdings ist auch zu berücksichtigen, dass dieser Verbraucher über allgemeine gesundheitliche Risiken informiert ist und insoweit keiner Aufklärung bedarf.

130 **Bekämpft aber ein Arzneimittel** nur die **Symptome,** nicht jedoch die Ursachen einer Grippe, darf es nicht mit der Aussage *„bewährt bei Erkältung und Grippe"* beworben werden.[592] Ein Mittel, das nur als Abhilfe für eine Schlappheit als Folge von Vitaminmangel dient, darf nicht ohne weitere Aufklärung als *„Anti-Schlapp-Kapsel"* bezeichnet werden, wenn dadurch der Eindruck erweckt wird, dass jede Art von Abgeschlagenheit bekämpft werden kann.[593] Regelmäßig irreführend ist auch die Ankündigung, die einem Produkt **Wirkungen gegen zahlreiche verschiedenartige Krankheiten** und Leiden beimisst und es damit darüber hinausgehend als eine Art *„Allheilmittel"* beschreibt, weil es ein gegen sämtliche Alltagsleiden wirkendes Heilmittel nicht gibt.[594] Das kann dann sogar dazu führen, dass der Wahrheitsgehalt bezüglich einzelner Krankheiten nicht mehr nachgeprüft werden muss.[595] Wer Informationen mit der Überschrift *„Wichtige Informationen für*

---

586 KG GRUR 1988, 223 – *Bio-Lottogramm;* WRP 1976, 372, 374 – *Irreführende Werbung für Glücksbringer;* WRP 1987, 108, 110 – *Werbung für Talisman;* WRP 1987, 467, 468 – *Lotto-Zufall besiegt;* ZLR 1992, 647, 652 – *Bioregulator;* OLG Frankfurt WRP 1981, 467, 468 – *Abergläubische Werbung;* OLG Stuttgart NJW-RR 1988, 934, 935. Zur Beeinflussung von Glücksspielen vgl. jetzt auch Nr. 16 im Anhang zu § 3 Abs. 3 UWG.

587 BGH GRUR 2002, 182, 185 – *Das Beste jeden Morgen.*

588 OLG Düsseldorf GRUR-RR 2006, 235, 236 – *ohne Fett.*

589 EuGH GRUR Int. 2000, 756, 758 – *Darbo;* ähnlich BGH GRUR 1997, 306, 308 – *Naturkind.*

590 Berichtigte Fassung der Verordnung (EG) Nr. 1924/2006 vom 20.12.2006 über nährwert- und gesundheitsbezogene Angaben über Lebensmittel (2007), ABl. Nr. L 12, S. 3.

591 BGH GRUR 1967, 592, 593 – *Gesunder Genuss;* GRUR 1973, 445, 449 – *Glutamal;* GRUR 1973, 429, 431 – *Idee-Kaffee I;* GRUR 1973, 538, 539 – *Idee-Kaffee II;* GRUR 1975, 664, 665 – *Idee-Kaffee III;* GRUR 1980, 797, 799 – *Topfit Boonekamp;* GRUR 2002, 633, 634 – *Homonersatztherapie;* GRUR 1992, 874, 876 – *Hyanit;* GRUR 2002, 182, 185 – *Das Beste jeden Morgen;* vgl. auch GRUR 1993, 756, 757 – *Mild-Abkommen.* Siehe auch § 5 B. Rdn. 15 ff.

592 BGH GRUR 1083, 333, 334 – *Grippewerbung II.*

593 OLG Hamburg LMuR 2002, 148. Ähnlich OLG Hamm MD 2004, 78, 80 – *„Müde? Gestresst? Ausgepowert?".*

594 OLG Saarbrücken MD 2006, 935, 940 – *Schwingungstherapeut.*

595 OLG Koblenz MD 2004, 332, 336 – *Magnetfeldartikel.*

Arthrose-Patienten" ankündigt, erweckt bei den angesprochenen Arthrose-Patienten den Eindruck, das beworbene Mittel könne arthrosebedingte Gelenkschmerzen lindern.[596] Produkte, die **gesundheitsschädlich** sind, dürfen grundsätzlich nicht mit Angaben beworben oder bezeichnet werden, die eine gesundheitsfördernde Wirkung suggerieren. Verboten wurde daher z. B. die Aussage *„Topfit Boonekamp"* für eine Spirituose[597] (wobei diese Aussage heute nach Maßgabe der Health Claims Verordnung zu beurteilen wäre, siehe Rdn. 139).

b) Sonderregelungen. Es gibt zahlreiche gesetzliche Sonderregelungen, welche die Werbung mit gesundheitsbezogenen bzw. krankheitsbezogenen Aussagen regeln: 131

aa) Nach **Nr. 17 im Anhang zu § 3 Abs. 3 UWG** ist die unzutreffende Behauptung, ein Produkt könne Krankheiten, Funktionsstörungen oder Missbildungen heilen, unter allen Umständen unlauter. 132

bb) **§ 22 Abs. 2 Nr. 1a VTabakG**[598] verbietet, in der Werbung für **Tabakerzeugnisse** den Eindruck zu erwecken, dass deren Genuss oder bestimmungsgemäße Verwendung **gesundheitlich unbedenklich** oder gar geeignet sei, die Funktion des Körpers günstig zu beeinflussen.[599] 133

cc) **§ 3 S. 2 HWG** verbietet, **Arzneimitteln, Medizinprodukten** und sonstigen Heilmitteln und Verfahren, die dem HWG unterfallen, eine therapeutische Wirksamkeit oder Wirkungen beizulegen, die sie nicht haben (§ 3 S. 2 Nr. 1 HWG) oder fälschlich den Eindruck zu erwecken, dass ein Erfolg mit Sicherheit erwartet werden könne (§ 3 S. 2 Nr. 2a HWG).[600] Für Arzneimittel gilt insoweit **§ 8 Abs. 1 Nr. 2 AMG. § 12 HWG** verbietet zudem, außerhalb der Fachkreise die Werbung für **Arzneimittel, Medizinprodukte oder andere Heilmittel** im Sinne des HWG, die sich auf die Erkennung, Beseitigung, (Verhütung)[601] oder Linderung von bestimmten Krankheiten bezieht. 134

dd) **Diätetische Lebensmittel** unterliegen besonderen Anforderungen und Regelungen in der DiätVO.[602] Diätetische Lebensmittel entsprechen besonderen Ernährungserfordernissen bestimmter Verbrauchergruppen und unterscheiden sich auf Grund ihrer besonderen Zusammensetzung oder des besonderen Herstellungsverfahrens von Lebensmitteln des allgemeinen Verzehrs. Für Lebensmittel des allgemeinen Verzehrs darf das Wort „diätetisch" nicht verwendet werden; auch darf nicht der Eindruck eines diätetischen Lebensmittels erweckt werden, **§ 2 Abs. 1 DiätVO.** Für bestimmte dietätische Lebensmittel gilt ab dem 20.7.2016 die **Verordnung (EU) Nr. 609/2013.**[603] 135

ee) **Art. 7 Abs. 3 LMIV** (bzw. zuvor **§ 12 Abs. 1 LFGB a. F.)**[604] und **§ 3 Abs. 1 DiätVO**[605] verbieten die Werbung für **Lebensmittel** mit **krankheitsbezogenen Aussagen,** und zwar nach h. M. unabhängig davon, ob die Aussagen zutreffend und wissenschaftlich gesichert oder irreführend sind.[606] Verboten waren nach § 12 Abs. 1 LFGB a. F. bzw. sind nach Art. 7 Abs. 3 LMIV nicht nur Aussagen, die eine bestimmte Krankheit konkret benennen. Es genügt vielmehr bereits die Nennung von **Krankheitssymptomen,** wenn diese ohne weiteres mit einer bestimmten Krankheit 136

---

[596] BGH GRUR 2002, 273, 274 f. – *Eusovit.*

[597] BGH GRUR 1980, 797, 799 – *Topfit Boonekamp.*

[598] Vorläufiges Tabakgesetz, in der Fassung der Bekanntmachung vom 9. September 1997, zuletzt geändert durch Gesetz vom 9.12.2010, BGBl. I S. 1934.

[599] § 21a VTabakG regelt darüber hinaus, in Umsetzung der Vorgaben der EU-Richtlinie zur Tabak-Werbung (Richtlinie 2003/33/EG, ABl. EU Nr. L 152 S. 16, 2004 Nr. L 67 S. 34), dass in bestimmten Medien Werbung für Tabakerzeugnisse grundsätzlich verboten ist.

[600] Bspw. indem mit einer *„Geld-zurück-Garantie"* geworben wird, OLG Hamburg WRP 2014, 98 Tz. 15.

[601] „Verhütung" wird nach § 12 Abs. 2 HWG bei anderen Mitteln, Verfahren, Behandlungen und Gegenständen als Arzneimitteln und Medizinprodukten nicht erfasst.

[602] Verordnung über diätetische Lebensmittel, in der Fassung der Bekanntmachung vom 28. April 2005.

[603] Verordnung (EU) Nr. 609/2013 über Lebensmittel für Säuglinge und Kleinkinder, Lebensmittel für besondere medizinische Zwecke und Tagesrationen für gewichtskontrollierende Ernährung, ABl. Nr. L 181/35.

[604] Vormals § 18 LMBG; ebenso vormals Art. 2 Nr. 1b Etikettierungsrichtlinie (2000/13/EG).

[605] Ebenso Art. 8 der Richtlinie 2009/39/EG (über Lebensmittel, die für eine besondere Ernährung bestimmt sind), ABl. Nr. L 124 S. 21.

[606] OLG Karlsruhe MD 2006, 612, 616 – *Kollagen-Hydrolysat;* Köhler/*Bornkamm,* § 5 Rdn. 4.182a; OLG München GRUR-RR 2006, 139, 141 – *Mobil-Plus-Kapseln,* OLG Hamm MD 2007, 383, 386 – *Zimt gegen Zucker;* KG MD 2009, 644, 650; 2010, 154, 159, alle zu § 12 LFGB. Ebenso *Rathke,* in Zipfel/Rathke, Lebensmittelrecht, Nr. 113, Art. 7 LIMV, Rn. 428 und *Bruggmann,* LMuR 2014, 45, 47 zu Art. 7 Abs. 3 LMIV. Auch aus der Entscheidung EuGH EuZW 2004, 657, 658 Ewg. 36 – *Douwe Egberts* ergab sich nach altem Recht nichts anderes, zumal der EuGH ausdrücklich feststellte, dass Art. 2 Abs. 1 der Richtlinie 2000/13/EG Angaben, die sich auf die Vorbeugung, Behandlung oder Heilung einer menschlichen Krankheit beziehen, auch dann verbietet, wenn sie nicht geeignet sind, den Käufer irrezuführen.

assoziiert werden.[607] Probleme ergeben sich daraus insbesondere bei funktionellen Lebensmitteln/ **Novel Food.**[608] In Zukunft ist zu beachten, dass Angaben über die Reduzierung eines Krankheitsrisikos (sog. **Risk Reduction Claims,** definiert in Art. 2 Abs. 2 Nr. 6 der VO 1924/2006, Health Claims VO) sowie Angaben über die Entwicklung und die Gesundheit von Kindern erlaubt sein können (siehe hierzu auch *v. Jagow,* Einl. I Rdn. 19), allerdings nur, wenn sie in eine entsprechende Gemeinschaftsliste nach Maßgabe der Health Claims Verordnung aufgenommen wurden und zudem eine Erklärung enthalten, dass die Krankheit, auf die sich die Angabe bezieht, durch mehrere Risikofaktoren bedingt ist und dass die Veränderung eines dieser Risikofaktoren eine positive Wirkung haben kann oder auch nicht. Die Claims müssen nicht ausdrücklich besagen, dass der Risikofaktor für die Krankheitsentwicklung gesenkt wird, es reicht aus, dass der Durchschnittsverbraucher den Eindruck gewinnt, eine Senkung des Risikofaktors sei deutlich.[609] Mit dieser Regelung kommt es also zu einer Lockerung des Verbots der krankheitsbezogenen Werbung, wenngleich auch nur für Aussagen zur Verringerung eines Krankheitsrisikos. Die Regelung bedeutet nicht, dass grundsätzlich krankheitsbezogene Aussagen für Lebensmittel zulässig sind.[610] Vielmehr bleibt Art. 7 Abs. 3 LMIV grds. neben der Health Claims Verordnung anwendbar.[611]

137 *ff)* **Health Claims VO.** Rein **gesundheitsbezogene Werbung** für Lebensmittel wurde durch § 12 LFGB a. F. und wird durch Art. 7 Abs. 3 LMIV nicht verboten; ein solches Verbot hätte – soweit es als abstraktes Gefährdungsdelikt auch für nicht irreführende Angaben gegolten hätte – auch gegen die Etikettierungsrichtlinie verstoßen.[612] Allerdings ist insoweit die sog. **Health Claims Verordnung (EG) Nr. 1924/2006** zu beachten, die vor allem die Kennzeichnung und die Werbung für Lebensmittel mit nährwert- oder gesundheitsbezogenen Angaben regelt.[613] Nährwert- und gesundheitsbezogene Angaben dürfen nach den Regelungen der Health-Claims Verordnung nicht falsch, mehrdeutig[614] oder irreführend sein, Art. 3 lit. a) VO 1924/2006, wobei es nicht auf eine etwaige wettbewerbliche Relevanz oder eine Eignung zur wesentlichen Verbraucherbeeinflussung ankommt; sie dürfen nur verwendet werden, wenn vom durchschnittlichen Verbraucher erwartet werden kann, dass er die dargestellte positive Wirkung versteht, Art. 5 Abs. 2 VO 1924/2006; sie müssen sich auf allgemein anerkannte wissenschaftliche Nachweise stützen, Art. 6 Abs. 1 VO 1924/2006 (siehe auch nachfolgend Rdn. 143 ff.); und sie dürfen nur für Lebensmittel(kategorien) verwendet werden, die bestimmten Nährwertprofilen entsprechen, Art. 4 Abs. 1 VO 1924/2006.

138 Eine **nährwertbezogene Angabe** ist dabei nach der Definition in Art. 2 Abs. 2 Nr. 4 VO 1924/2006 jede (nach dem Unionsrecht oder dem nationalen Recht nicht obligatorische)[615] Angabe, mit der erklärt, suggeriert oder mittelbar zum Ausdruck gebracht wird, dass ein Lebensmittel aufgrund seiner Energie (Brennwert) oder Nährstoffe besondere positive Nährwerteigenschaften hat.[616] Neben den bereits genannten allgemeinen Anforderungen ist erforderlich, dass die nährwert-

---

[607] BGH GRUR 1988, 493, 495 – *Gelenk-Nahrung;* OLG Hamburg ZLR 2001, 737; OLG Hamm MD 1997, 1208; OLG Hamburg ZLR 1995, 60, 61; KG MD 2009, 644, 648; MD 1995, 800, 808 f. Verneint in OLG Köln GRUR-RR 2001, 64, 65. Vgl. auch BGH GRUR 1999, 936 – *Hypotonietee. Reinhart* LMuR 2002, 159 ff.; *Weidert* GRUR 1999, 955, 959; *ders.,* Das Verbot gesundheitsbezogener Werbung im Lebensmittelrecht, 1998, S. 55 ff.

[608] Vgl. Entscheidung der Kommission vom 24.7.2000, ABl. Nr. L Nr. 2000 S. 59 (becel pro-activ), nach der beim Inverkehrbringen von gelben Streichfetten mit Phytosterinesterzusatz ausdrücklich darauf hingewiesen werden muss, dass das Erzeugnis nur für Personen bestimmt ist, die ihren Cholesterinspiegel im Blut senken möchten, sowie OLG Hamburg ZLR 2002, 682. Das gleiche Hinweiserfordernis sieht die VO (EG) 68/2004 (ABl. Nr. L 97 v. 1.4.2004, S. 44 f.) für die Etikettierung von Lebensmitteln und Lebensmittelzutaten mit Phytosterin-, Phytosterinester-, Phytostanol- und/oder Phytostanolesterzusatz vor. Siehe auch § 3 Abs. 2 DiätVO sowie Weißbuch zur Lebensmittelsicherheit KOM (1999) 719 endg., Ziffern 101 ff., Aktionen 65 ff.

[609] EuGH GRUR 2013, 1061 Tz. 21 ff. – *Green Swan Pharmaceuticals.*

[610] *Meyer/Bruggmann* LMuR 2008, 85, 86 f. mit Verweis auf LG Düsseldorf, Az. 38 O 212/07, weitgehend bestätigt durch OLG Düsseldorf LMuR 2010, 85, 89.

[611] BGH GRUR 2015, 403 Tz. 17 ff. – *Monsterbacke II;* KG MD 2010, 518, 521.

[612] Anders als es seine Überschrift vermuten lässt. Vgl. Sten. Ber., 108. Sitzung, 18.6.1974, S. 7316 f.; BT-Drucks. 8/2373 S. 9; *Eckert* ZLR 1974, 427, 443; *Schroeter* ZLR 1975, 154, 176.

[613] Vgl. zur Health Claims Verordnung *Meisterernst/Haber* WRP 2007, 363; *Jung* WRP 2007, 389; *Meisterernst* WRP 2012, 405; *Hagenmeyer* WRP 2015, 308; *Loosen* ZLR 2012, 401 ff.; *Bruggmann/Hohmann* ZLR 2007, 51; *Bruggmann* LMuR 2015, 73; *Leible/Brzezinski,* WRP 2015, 301; *Sosnitza* ZLR 2007, 423; siehe dazu ausführlich oben Einl. J Rdn. 15 ff.

[614] Wobei mehrdeutige Angaben nur dann nicht verwendet werden dürfen, wenn sie in mindestens einer Auslegungsvariante falsch sind, *Holtorf* LMuR 2008, 81, 83.

[615] Siehe BGH GRUR 2015, 498 Tz. 19 – *Combiotik.*

[616] Zu den Definitionen ausführlich BGH GRUR 2015, 403, Tz. 27 ff.– *Monsterbacke II; Hagenmeyer* WRP 2012, 414, 415 f.

bezogene Angabe in einem Anhang zur Health Claims VO aufgeführt sein muss (Art. 8 Abs. 1 VO 1924/2006); dies betraf zunächst 29 nährwertbezogene Angaben wie z. B. **„energiearm"**, **„energiereduziert"**, **„energiefrei"**, **„fettarm"**, **„fettfrei"**, **„ohne Fett"**, **„arm an gesättigten Fettsäuren"**, **„frei von gesättigten Fettsäuren"**, **„zuckerarm"**, **„zuckerfrei"**, **„ohne Zuckerzusatz"**, **„(sehr) natriumarm/kochsalzarm"**, **„natrium/kochsalzfrei"**, **„Ballaststoffquelle"**, **„hoher Ballaststoffgehalt"**, **„Proteinquelle"**, **„hoher Proteingehalt"**, **„erhöhter/reduzierter** [Name des Nährstoffs-]**Gehalt"**, **„leicht"**, oder **„von Natur aus"/„natürlich"**. Durch die VO (EG) Nr. 116/2010 wurden dann u. a. die Angaben **„mit einem hohen Gehalt an OMEGA-3 Fettsäuren"** und **„mit einem hohen Gehalt an ungesättigten Fettsäuren"** ergänzt. Die Angabe **„kohlehydratarm"** oder **„lowcarb"** ist (derzeit) hingegen unzulässig.[617]

Eine **gesundheitsbezogene Angabe** im Sinne der VO 1924/2006 ist jede Angabe, mit der er- 139
klärt, suggeriert oder mittelbar zum Ausdruck gebracht wird, dass ein Zusammenhang zwischen einer Lebensmittelkategorie, einem Lebensmittel oder einem seiner Bestandteile einerseits und der Gesundheit andererseits besteht, Art. 2 Abs. 2 Nr. 5 VO 1924/2006. Dabei ist der Begriff des „Zusammenhangs" nach einer Entscheidung des EuGH **weit auszulegen** und es sind auch vorübergehende, flüchtige und kumulative Wirkungen zu berücksichtigen.[618] Es wird folglich schlechthin jeder Zusammenhang erfasst, der eine Verbesserung des Gesundheitszustands dank des Verzehrs des Lebensmittels impliziert.[619] Der Ausdruck **„bekömmlich"** für einen Wein kann daher zumindest dann eine gesundheitsbezogene Angabe sein, wenn er mit einem Hinweis auf den reduzierten Gehalt vermeintlich negativer Stoffe verbunden wird,[620] ebenso die Bewerbung von Babynahrung als **„probiotisch"** oder, **„präbiotisch"**[621] oder eines alkoholfreien Bieres mit **„vitalisierend"**.[622] Erfasst werden auch Aussagen wie *„zur Unterstützung eines gesunden Herzens/einer gesunden Verdauung/des Immunsystems/einer gesunden Durchblutung/einer gesunden Blutzuckerfunktion"* oder *„für gesunde Blutgefäße"*.[623] Selbst die Verwendung eines Kunstworts wie „Combiotik", das noch dazu durch ein ® als Marke gekennzeichnet ist, kann eine Angabe über besondere Eigenschaften eines Lebensmitteln in diesem Sinne sein, z. B. wenn es in Verbindung mit den Bezeichnungen „präbiotisch" und „probiotisch" beim Verbraucher den Eindruck erweckt, das beworbene Produkt weise eine Kombination aus präbiotischen und probiotischen Inhaltsstoffen auf.[624] Auch bei einer gleichstellenden Werbung wie *„So wichtig wie das tägliche Glas Milch"* kann ein Gesundheitsbezug mit dem mittelbaren Hinweis auf ähnliche allgemeine Vorteile für die Gesundheit angenommen werden.[625] Neutrale Aussagen wie die Produktbezeichnung **„Original Bach-Blüten"** sind von Art. 2 Abs. 2 VO 1924/2006 hingegen nicht erfasst.[626] Informationen über Eigenschaften eines Lebensmittels sind ebenfalls keine Angaben im Sinne von Art. 2 Abs. 2 VO 1924/2006, wenn mit ihnen keine besonderen Eigenschaften des Lebensmittels herausgestellt werden, sondern lediglich objektive Informationen über die Beschaffenheit oder die Eigenschaften der Gattung von Lebensmitteln mitgeteilt werden, die alle Lebensmittel der angesprochenen Gattung besitzen, wie z. B. **„Energy"** bei Energydrinks.[627]

Für gesundheitsbezogene Angaben gilt künftig, dass **bestimmte Angaben von vornherein** 140
nicht zulässig sind, wie z. B. durch **Verzicht** auf das Lebensmittel könne die Gesundheit beeinträchtigt werden, Angaben über Dauer und Ausmaß der **Gewichtsabnahme** oder Angaben, die auf ***Empfehlungen von einzelnen Ärzten*** **verweisen,** Art. 12 VO 1924/2006. Getränke mit einem **Alkoholgehalt** von mehr als 1,2 Volumenprozent dürfen ebenfalls keine gesundheitsbezogenen Angaben tragen, **Art. 4 Abs. 3 VO 1924/2006.**[628] Dies entspricht auch der Rechtsprechung des BGH, nach der eine hochprozentige Spirituose nicht als *„ein gesunder Genuss"* oder als *„topfit"* bezeichnet werden durfte.[629]

---

[617] OLG Hamburg GRUR-RR 2014, 468, 469.

[618] EuGH GRUR 2012, 1161, Tz. 41 – *Deutsches Weintor/Land Rheinland-Pfalz;* GRUR 2013, 1061 Tz. 22 – *Green-Swan Pharmaceuticals.*

[619] BGH GRUR 2013, 958 Tz. 10 – *Vitalpilze;* GRUR 2014, 500 Tz. 16 – *Praebiotik;* BGH GRUR 2015, 403 Tz. 33 – *Monsterbacke II.*

[620] EuGH GRUR 2012, 1161, Tz. 41 – *Deutsches Weintor/Land Rheinland-Pfalz.*

[621] BGH GRUR 2014, 500 – *Praebiotik.*

[622] OLG Hamm GRUR-RR 2014, 465, 466 – *Vitalisierendes alkoholfreies Bier.*

[623] BGH GRUR 2013, 958 Tz. 11 – *Vitalpilze.*

[624] BGH GRUR 2015, 498 Tz. 30 ff. – *Combiotik.*

[625] BGH GRUR 2015, 403, Tz. 34 ff. – *Monsterbacke II*

[626] BGH GRUR 2014, 1013 Tz. 29 – *Original Bach-Blüten.*

[627] BGH GRUR 2014, 1244 Tz. 13 – *Energy & Vodka.*

[628] Die Rechtmäßigkeit dieses Verbots ablehnend: *Maaßen/Schoenen* ZLR 2011, 709 ff.

[629] BGH GRUR 1967, 592, 593 – *Gesunder Genuss;* GRUR 1980, 797, 799 – *Topfit Boonekamp.*

141 Im Übrigen gilt für gesundheitsbezogene Werbung für Lebensmittel ein **Verbot mit Erlaubnisvorbehalt,** d. h. die Verwendung gesundheitsbezogener Angaben für Lebensmittel ist nur dann erlaubt, wenn sie zugelassen und in eine Liste der zugelassenen Angaben aufgenommen worden sind, Art. 10 Abs. 1, 13 Abs. 3 VO 1924/2006.[630] Bei einer Reihe von Angaben („claims on hold") ist die Prüfung noch nicht abgeschlossen. Insoweit gelten weiterhin Übergangsvorschriften, Art. 28 VO 1924/2006. Ebenso ist die Liste mit gesundheitsbezogenen Angaben zu pflanzlichen Stoffen, sog. **„Botanicals"** noch in Arbeit.

142 *Unspezifische* gesundheitsbezogene Aussagen, die aufgrund ihrer allgemeinen Formulierung nicht Gegenstand eines Zulassungsverfahrens sein können, – wie z. B. *„zur Unterstützung einer optimalen Leistungsfähigkeit"* oder *„erhöht die Ausdauer und Leistungsfähigkeit"*[631] sind nur erlaubt, wenn sie mit *spezifischen* (zugelassenen) Aussagen gekoppelt sind, Art. 10 Abs. 3 VO 1924/2006.

4. Wissenschaftlich umstrittene bzw. nicht hinreichend gesicherte Aussagen

143 Nach **§ 11 Abs. 1 Nr. 4 LFGB a. F.** (vormals § 17 Abs. 1 Nr. 5c LMBG) war es verboten, Lebensmitteln den Anschein eines Arzneimittels zu geben.[632] **§ 11 Abs. 1 Nr. 2 LFGB a. F.** (vormals § 17 Abs. 1 Nr. 5a LMBG) untersagte eine Werbung als irreführend, wenn Lebensmitteln **Wirkungen** beigemessen wurden, die ihnen nicht zukamen oder die **wissenschaftlich nicht hinreichend** gesichert waren. Nach **§ 27 Abs. 1 Nr. 1 LFGB** gilt entsprechendes für kosmetische Mittel; ähnlich der vorrangige **Art. 20 Abs. 1 EU Kosmetik-VO** i. V. m. VO (EU) Nr. 655/2013, Anhang, Nr. 3. **§ 3 S. 2 HWG** verbietet ebenfalls, **Arzneimitteln, Medizinprodukten** und sonstigen Heilmitteln und Verfahren, die dem HWG unterfallen, eine therapeutische Wirksamkeit oder Wirkungen beizulegen, die sie nicht haben (§ 3 S. 2 Nr. 1 HWG) oder fälschlich den Eindruck zu erwecken, dass ein Erfolg mit Sicherheit erwartet werden könne (§ 3 S. 2 Nr. 2a HWG). Für Arzneimittel gilt insoweit **§ 8 Abs. 1 Nr. 2 AMG** und für **Medizinprodukte § 4 Abs. 2 S. 1, S. 2 Nr. 1 MPG.** Erforderlich ist jeweils eine konkrete Irreführungsgefahr.

144 Auch **Art. 7 Abs. 1 lit. b) LMIV** enthält ein Verbot, Lebensmitteln Wirkungen zuzuschreiben, die sie nicht besitzen. Der Tatbestand der nicht hinreichenden wissenschaftlichen Absicherung – so wie er noch in § 11 Abs. 1 S. 2 Nr. 2 LFGB a. F. enthalten war – ist hingegen in der LMIV nicht ausdrücklich geregelt, allerdings fordern Art. 5 Abs. 1 lit. a) und Art. 6 Abs. 1 Health Claims VO (1924/2006), dass gesundheitsbezogene Angaben durch allgemein anerkannte wissenschaftliche Nachweise abgesichert sein müssen. Ähnlich Art. 20 Abs. 1 EU KosmetikVO i. V. m. Nr. 3 Anhang VO (EU) Nr. 655/2013. Begründen muss die Verwendung der Lebensmittelunternehmer, der die Angabe macht, Art. 6 Abs. 2 VO 1924/2006. Auch im HWG und im AMG ist der Tatbestand der nicht hinreichenden wissenschaftlichen Absicherung nicht ausdrücklich geregelt. Es entspricht allerdings der ganz h. M. in Rechtsprechung und Literatur, dass auch im Bereich des HWG die Werbung mit unzureichend wissenschaftlich gesicherten Wirkungsaussagen verboten ist, wenn es dadurch zu einer Irreführung kommt.[633] Das gilt nicht nur für den Fall, dass durch das Vorhandensein bestimmter Eigenschaften eine besondere Wirkung versprochen wird, sondern auch für den Fall, dass durch die Behauptung, ein bestimmter (Hilfs-)Stoff würde fehlen, ein besonderer Produktvorteil suggeriert wird.[634] Zur Werbung für Kosmetika, siehe Rdn. 151a.

145 Die **Beweislast** für das Vorliegen einer Irreführungsgefahr liegt zunächst bei demjenigen, der sich auf diese Gefahr beruft (i. d. R. der Kläger). Nach der Rechtsprechung kann es bei der Werbung mit Aussagen über gesundheitsbezogene Wirkungen **gegenüber Verbrauchern** aber zu einer **Umkehr der Darlegungs- und Beweislast** kommen: Im Interesse des Gesundheitsschutzes ist die gesundheitsbezogene Werbung mit fachlichen Aussagen nur zulässig, wenn sie gesicherter wissenschaftlicher Erkenntnis entspricht. Wer daher mit einer **fachlich umstrittenen Meinung** wirbt bzw. eine entsprechende gesundheitsbezogene Wirkung behauptet, ohne eine bestehende und ernst zu nehmende Gegenmeinung zu erwähnen bzw. ohne zu erwähnen, dass die behauptete Wirkung in der Wissenschaft nicht ganz überwiegend anerkannt ist, übernimmt nach der Rechtsprechung damit die **Verantwortung für die Richtigkeit der Aussage,** die er dann im Streitfall auch be-

---

[630] Hierzu *Meyer/Bruggmann* LMuR 2008, 85 f. mit Verweis auf LG Nürnberg-Fürth, Az. 1 HK O 2675/08. Zur Liste siehe VO (EU) Nr. 432/2012 der Kommission vom 16. Mai 2012, ABl. Nr. L 136/1.

[631] BGH GRUR 2013, 958 Tz. 13 – *Vitalpilze.*

[632] Ebenso § 17 Nr. 5 lit. c VTabakG.

[633] BGH GRUR 2002, 273 – *Eusovit; Feddersen* GRUR 2013, 127, 128 m. w. N. in Fn. 5.

[634] OLG Hamburg GRUR-RR 2010, 70, 71 – *Eudragit-frei.* Erst recht ist die Werbung irreführend, wenn die Freiheit gesetzlich vorgegeben ist und somit eine Werbung mit Selbstverständlichkeiten vorliegen würde, vgl. OLG Hamburg LMuR 2006, 165, 175.

weisen muss.[635] Dabei reicht das Wort „kann" allein noch nicht aus, um einen ungesicherten wissenschaftlichen Erkenntnisstand auszudrücken.[636] Ebenso wenig reicht bei Heilmitteln der bloße Hinweis auf die **fehlende Erstattungsfähigkeit durch die Krankenkassen** aus.[637]

Die Folge dieser Darlegungs- und Beweislastregelung ist, dass der Kläger bei einer uneinge- **146**
schränkten gesundheitsbezogenen Wirkungsaussage „nur" darlegen muss, dass die Werbeaussage wissenschaftlich umstritten ist. Dafür kann es genügen, dass die umstrittene Wirksamkeitsbehauptung in einem wissenschaftlichen Standardwerk verneint wird.[638] Wurde die behauptete gesundheitsbezogene Wirkung in der Wissenschaft noch nicht umfassend untersucht, genügt eine **substantiierte Beanstandung** durch den Kläger.[639] Bei älteren Produkten genügt die Darlegung, dass zumindest **wissenschaftlicher Streit besteht.** Dem Unternehmer obliegt dann der Beweis dafür, dass seine Aussagen richtig sind; d.h. er hat zu beweisen, dass die beworbenen Wirkungen tatsächlich gesicherter Kenntnisstand der Wissenschaft sind,[640] und zwar bezogen auf den Zeitpunkt der Werbung.[641] Die Berufung auf eine Mindermeinung genügt dafür nicht, mag diese Meinung auch bedeutend sein.[642] Erforderlich ist vielmehr, dass der Unternehmer zumindest die herrschende Meinung hinter sich hat, insbesondere dann, wenn er nicht nur eine bestimmte Wirkung behauptet, sondern ausdrücklich damit wirbt, diese Wirkung sei nachgewiesen, wie z.B. durch Aussagen wie **„mehrfach nachgewiesen"**, oder **„wissenschaftliche Studien zeigen".**[643] Erkenntnisse, die von namhaften Wissenschaftlern aufgrund allgemein anerkannter und nachprüfbarer Methoden in Zweifel gezogen werden, sind im Allgemeinen nicht hinreichend wissenschaftlich gesichert. Erfahrungsberichte aus der Praxis genügen im Regelfall nicht den Anforderungen einer wissenschaftlichen Studie;[644] ebenso wenig apothekenbasierte Anwendungsbeobachtungen.[645] Dass die Studie als solche de lege artis durchgeführt wurde, ist notwendig, aber nicht hinreichend für die wissenschaftliche Absicherung.[646] Vielmehr sind Studienergebnisse, die in der Werbung oder im Prozess als Beleg einer gesundheitsbezogenen Aussage angeführt werden, grundsätzlich nur dann hinreichend aussagekräftig, wenn sie nach den anerkannten Regeln und Grundsätzen wissenschaftlicher Forschung durchgeführt und ausgewertet wurden. Dafür ist zumindest bei Arzneimitteln[647] im Regelfall erforderlich, dass eine randomisierte, placebokontrollierte Doppelblindstudie mit einer adäqua-

---

[635] BGH GRUR 1958, 485, 486 – *Odol;* GRUR 1991, 848, 849 – *Rheumalind II;* GRUR 2002, 173 – *pur;* GRUR 2013, 649 Tz. 17ff. – *Basisinsulin mit Gewichtsvorteil;* OLG Köln GRUR-RR 2014, 303, 304f.- Feuchtigkeitsspender; OLG Düsseldorf MD 2014, 133, 135 – *Kalkwasserbehandler;* KG MD 2011, 714, 716 – *„Vitalfeld Therapie";* OLG München MD 2012, 759, 763 – *Eliminiert Fettzellen;* OLG Dresden WRP 2011, 1496, 1498; OLG Hamburg MD 2003, 52, 58 – *Strobby;* MD 2002, 164, 166 – *Rheuma-Hek;* GRUR-RR 2010, 70, 71 – *Eudragit-frei;* OLG Frankfurt GRUR-RR 2003, 295f. – *Roter Ginseng;* OLG Karlsruhe MD 2004, 401, 402; MD 2006, 612, 617; OLG Oldenburg MD 2005, 1410, 1412 – *Haar-Mineralstoffanalyse;* OLG Celle MD 2005, 911, 914 – *Schützen so die Zellkomponenten;* OLG Hamm MD 2005, 956, 957 – *Magnet-Schmuck;* MD 2007, 376, 379 – *„Glatze? Vorbeugen mit Coffein!";* OLG Koblenz MD 2004, 332, 335 – *Magnetfeldartikel;* MD 2007, 53, 57 – *Quanten-Therapie;* OLG Bamberg MD 2007, 522, 524 – *Bauchkurs;* Schleswig Holsteinisches OLG MD 2008, 533, 535. Vgl. auch BGH GRUR 2002, 273, 275 – *Eusovit.*

[636] OLG Frankfurt GRUR-RR 2005, 394, 395 – *Bluttest;* OLG Hamm MD 2007, 383, 386 – *Zimt gegen Zucker;* MD 2011, 158, 162.

[637] OLG Oldenburg GRUR-RR 2006, 243, 245 – *IgG-Antikörpertest.*

[638] OLG Karlsruhe MD 2006, 612, 614.

[639] OLG Karlsruhe GRUR-RR 2013, 445 – *Fitness Schuh.*

[640] St. Rspr. seit BGH GRUR 1971, 153, 155 – *Tampax.* Aus jüngerer Zeit z.B. GRUR 2013, 649 Tz. 17ff. – *Basisinsulin mit Gewichtsvorteil;* OLG Köln GRUR-RR 2014, 303, 305 – Feuchtigkeitsspender; OLG Karlsruhe GRUR-RR 2013, 445 – *Fitness-Schuh;* OLG Frankfurt MD 2009, 528, 529; OLG Hamburg GRUR-RR 2010, 70, 71 – *Eudragit-frei;* NJOZ 2011, 975, 976 – *Clopidogrel;* OLG Hamm MD 2011, 158, 162; OLG Oldenburg MD 2010, 1256, 1258; OLG Bamberg MD 2010, 514, 517. Nach OLG Oldenburg MD 2005, 1410, 1412 – *Haar-Mineralstoffanalyse* – genügt dafür auch der Nachweis, dass das Gewicht der Gegenstimmen unbedeutend ist. Zu weitgehend OLG Köln MD 2006, 905, 907 – *KernspinResonanzTherapie,* falls die Entscheidung so zu verstehen ist, dass damit jeglicher Beweis abgeschnitten werden soll.

[641] OLG Hamm LMuR 2010, 179, 181.

[642] OLG Karlsruhe MD 2006, 612, 614.

[643] Vgl. OLG Karlsruhe MD 2006, 612, 614 – *Kollagen-Hydrolysat.*

[644] Vgl. OLG Frankfurt GRUR-RR 2005, 394, 395 – *Bluttest;* im Ergebnis ebenso OLG Oldenburg MD 2005, 1401, 1405 – *IgG-Test* (zu §§ 3 UWG a.F., 11 HWG).

[645] Vgl. OLG Hamburg WRP 2015, 1021 Tz. 47.

[646] BGH GRUR 2010, 359 Tz. 19 – *„Vorbeugen mit Coffein!"* (zu § 27 LFGB): zusätzlich keine ablehnenden wissenschaftlichen Stellungnahmen zu der Studie und keinen Anhalt für Gesundheitsschädlichkeit des Mittels.

[647] Anders bei spezifisch gesundheitsbezogenen Aussagen zu **Lebensmitteln,** BGH GRUR 2013, 958 Tz. 20 – *Vitalpilze.*

ten statistischen Auswertung vorliegt, die durch Veröffentlichung in den Diskussionsprozess der Fachwelt einbezogen worden ist.[648] Bei der Werbung mit medizinischen Wirkungen für Arzneimittel erfordert eine wissenschaftliche Anerkennung zudem entsprechende Beurteilungen von Wissenschaftlern der relevanten Fachrichtungen; wird hingegen nur eine homöopathische Wirkung in Anspruch genommen, dann gilt auch nur der Erfahrungssatz dieser medizinischen Richtung.[649] Auch ist der Bioäquivalenznachweis nach § 24b Abs. 2 S. 1 AMG per se kein wissenschaftlicher Nachweis.[650] Ebenso wenig genügt die Berufung auf eine nicht veröffentlichte Studie, die der wissenschaftlichen Diskussion nicht zugänglich ist.[651] Darüber hinaus ist auf jeden Fall die Bestätigung durch unabhängige Dritte erforderlich; eine Studie des geschäftsführenden Gesellschafters des Unternehmens kann nicht genügen,[652] ebenso wenig die Aussage des Leiters der Forschungsabteilung des Herstellerunternehmens.[653] Zudem hat der Beklagte auch substantiiert darzulegen, aufgrund gerade welcher Veröffentlichungen und Untersuchungen genau eine ausreichende wissenschaftliche Absicherung anzunehmen ist. Lässt sich trotz aller Aufklärungsmöglichkeiten keine sichere Aussage über die Wirksamkeit des beworbenen Mittels machen, so hat der Unternehmer die Nachteile der Beweislosigkeit zu tragen.[654]

147 Bei der Prüfung einer Aussage kommt es nicht darauf an, wie lange der Streit bereits besteht; d. h. eine Werbung mit gesundheitsbezogener Wirkung kann selbst dann für die Zukunft verboten werden, wenn sie jahr(zehnt)elang unbeanstandet durchgeführt wurde und erst in jüngerer Zeit wissenschaftliche Zweifel an der Wirkung aufkamen, die jedoch in der Werbung verschwiegen werden.[655]

148 Irreführend ist es auch, wenn eine gesundheitsbezogene Wirkung gegenüber Verbrauchern unter Berufung auf eine bestimmte Studie behauptet wird, die die entsprechende Aussage nicht trägt **(nicht einschlägige Studie),**[656] die als Erkenntnisquelle nicht in Betracht kommt, weil die aus ihr gezogenen Schlüsse unvertretbar sind **(nicht tragfähige Studie)**, die **selbst abweichende Ergebnisse nennt,** ohne dass dies in der Werbung zum Ausdruck kommt oder die die in der Werbung behaupteten Ergebnisse **nicht für erwiesen hält.**[657] Dann liegt die Irreführung nicht darin, dass die Aussage falsch ist (denn möglicherweise ist sie ja richtig), sondern dass sie jeder Grundlage entbehrt, während der Verkehr annimmt, niemand werde ohne qualifizierte Grundlage eine derartige Behauptung aufstellen. Und selbst wenn der Verkehr weiß, dass eine bestimmte Therapie fachlich umstritten ist, so schließt das eine Irreführung nicht aus, wenn sich für die behauptete Wirkung noch nicht einmal einzelne Stimmen in der Wissenschaft finden lassen, die diese Wirkung bejahen.[658]

149 Ergibt sich die Irreführung aus der Berufung auf **nicht einschlägige oder nicht tragfähige Studien,** so hat der Kläger dies (voll) zu beweisen; bloße Zweifel an der Richtigkeit der Studie genügen insoweit nicht.[659] Umgekehrt nützt dem Unternehmer in diesen Fällen aber auch die Erwähnung etwaiger Gegenmeinungen nichts, denn auf Fragen der Beweislast kommt es nicht mehr an, wenn die Gegenmeinung nachgewiesen ist und sich die behauptete Wirkung durch die genannten Studien nicht nachweisen lässt.

150 **Weniger streng** ist die Rechtsprechung bei der Werbung gegenüber **Fachkreisen:** Beruft sich ein Unternehmen in seiner Werbung gegenüber den Fachkreisen auf einen wissenschaftlichen Beitrag, dann ist dies nach § 5 UWG nicht zu beanstanden, sofern der Beitrag oder die Untersuchung selbst wissenschaftlichen Anforderungen genügen; dazu zählt auch die Erwähnung etwaiger Gegenmeinungen.[660] Umgekehrt können sich **je nach Adressatenkreis** und Aussage aber auch **be-**

---

[648] GRUR 2013, 649 Tz. 19 – *Basisinsulin mit Gewichtsvorteil.* Ob auch nicht prospektive, sondern nachträglich anhand vorliegender Studiendaten im Rahmen einer so genannten Subgruppenanalyse oder im Wege der Zusammenfassung mehrerer wissenschaftlicher Studien (Metaanalyse) erstellte Studien eine Werbeaussage tragen können, hängt von den Umständen des Einzelfalls ab.

[649] OLG Stuttgart MD 2006, 631, 633 – *Orotsäure.*

[650] OLG Hamburg NJOZ 2011, 975, 977 – *Clopidogrel.*

[651] GRUR 2013, 649 Tz. 19 – *Basisinsulin mit Gewichtsvorteil;* OLG Frankfurt MD 2013, 921, 923 – *Faltenreduktion von bis zu 50 %.*

[652] OLG Karlsruhe WRP 2012, 368.

[653] OLG Celle MD 2005, 911, 914 – *Schützen so die Zellkomponenten.*

[654] OLG Karlsruhe MD 2006, 1038, 1043 – *„Zur Leistungssteigerung".*

[655] BGH GRUR 1991, 848, 849 – *Rheumalind.*

[656] Vgl. OLG Hamburg MD 2007, 449, 453 – *Monatstablette.*

[657] Vgl. OLG Hamburg MD 2007, 449, 453 – *Monatstablette.*

[658] OLG Karlsruhe MD 2005, 222, 226.

[659] OLG Hamburg GRUR-RR 2004, 88, 89 – *Chitosan.* Kann der Kläger diesen Beweis nicht erbringen, muss er zumindest nachweisen, dass die behauptete Wirkung nicht gesicherter Stand der Wissenschaft ist.

[660] BGH GRUR 2002, 633, 634 – *Hormonersatztherapie.*

sondere Anforderungen ergeben: Wird etwa für eine Diät-Margarine mit der Aussage geworben, es sei ***„wissenschaftlich belegt"***, dass deren regelmäßige Verwendung den LDL-Cholesterinwert in wenigen Wochen verringern könne, dann erwartet der Verbraucher nicht nur, dass diese Aussage wissenschaftlich abgesichert ist, sondern dass die entsprechenden wissenschaftlichen Belege unter wissenschaftlicher Mitwirkung von Ärzten zustande gekommen sind.[661]

Weniger strenge Anforderungen gelten auch im Zusammenhang mit Wirksamkeitsnachweisen für **gesundheitsbezogene Angaben zu Lebensmitteln** nach Art. 5 Abs. 1, 6 Abs. 1 der VO Nr. 1924/2006. Zwar muss auch hier grundsätzlich der Werbende das Vorliegen der Voraussetzungen darlegen, warum das beworbene Lebensmittel spezifische Vorteile bietet und daher nicht dem grundsätzlichen Verbot gesundheitsbezogener Aussagen unterfällt. Allerdings sind insoweit nicht dieselben Anforderungen zu stellen wie an den Nachweis der Wirksamkeit eines Arzneimittels oder einer bilanzierten Diät.[662] **151**

Weniger strenge Anforderungen an den Nachweis gelten auch bei Wirkungsaussagen zu **Kosmetika:** Hier war bislang nach **§ 27 LFGB** und bei richtlinienkonformer Auslegung entsprechend der Richtlinie 76/768/EWG verboten, einem kosmetischen Mittel Wirkungen beizulegen, die ihm nicht zukommen oder die wissenschaftlich nicht hinreichend gesichert sind. Die Beweislast für die *wissenschaftliche* Absicherung trug dabei der Werbende, allerdings mussten die entsprechenden Erkenntnisse noch nicht Gegenstand einer allgemeinen wissenschaftlichen Diskussion geworden sein, sondern die Absicherung konnte sich auch aus einer einzelnen wiss. Arbeit ergeben, sofern diese auf überzeugenden Methoden und Feststellungen beruhte (und nicht umstritten war).[663] Nunmehr gilt allerdings vorranging **Art. 20 Abs. 1 EU KosmetivVO.** Dort wird eine wissenschaftliche Absicherung nicht erwähnt. Allerdings ergibt sich aus Ziff. 3 Nr. 1 des Anhangs zur **VO (EU) NR. 655/2013,** dass Werbeaussagen durch *„hinreichende und überprüfbare Nachweise"* belegt werden müssen. Das ist aber ein weniger strenger Maßstab als eine wissenschaftliche Absicherung[664] und es können neben Sachverständigengutachten auch andere Nachweise herangezogen werden, sofern diese den Stand der Technik berücksichtigen. Die Beweislast ist für den Werbenden insoweit geringer als bei gesundheitsbezogener Werbung im Bereich des HWG oder AMG. Strengere Anforderungen gelten allerdings wiederum bei kosmetischen Mitteln, bei denen eine fehlende Wirksamkeit ein Sicherheitsproblem verursachen könnte (Nr. 4 der VO (EU) Nr. 655/2013). **151a**

5. Schlankheitsmittel/schlankmachende Wirkung

Für die Werbung für Schlankheitsmittel gelten im Grundsatz die gleichen Anforderungen wie **für allgemeine gesundheitsbezogene Werbung.** Auch hier sind zukünftig für Lebensmittel die Vorgaben der **Health Claims Verordnung** 1924/2006 zu beachten. Danach sind gesundheitsbezogene Angaben über Dauer und Ausmaß einer Gewichtsabnahme schlichtweg unzulässig, d. h. unabhängig vom Wahrheitsgehalt der Angaben, **Art. 12 lit. b) Health Claims VO.** Aus dieser Regelung lässt sich im Übrigen nicht ableiten, dass alle anderen schlankheitsbezogenen Angaben zu Lebensmitteln grundsätzlich zulässig sind.[665] Solche Angaben sind vielmehr nur erlaubt, wenn sie nach Maßgabe des Art. 13 Abs. 1 lit. c) i. V. m. Abs. 3 VO 1924/2006 **zugelassen** sind. Das gilt für alle Angaben, die **schlankmachende** oder **gewichtskontrollierende Eigenschaften** eines Lebensmittels oder die **Verringerung des Hungergefühls** oder ein **verstärktes Sättigungsgefühl** oder eine verringerte Energieaufnahme durch den Verzehr des Lebensmittels beschreiben oder darauf verweisen, wobei sowohl die unmittelbare Angabe als auch der nur mittelbare Hinweis erfasst werden, wie z. B. *„macht schlank"*, *„für die schlanke Linie"*, *„schlank auf Dauer"*, *„Fett weg in Rekordzeit"*, *„Superstoff zum Schnellabnehmen"* oder *„Schlankmacher"*. **Nicht erfasst** sind hingegen **allgemeine Appelle zur Gewichtskontrolle** wie *„Du darfst"*, *„für ernährungsbewusste Verbraucher"*[666] oder *„achten Sie auf Ihr Gewicht"*. Selbstverständlich gelten für solche Aussagen auch die allgemeinen Anforderungen, dass sie nicht (konkret) irreführend sein dürfen. Eine Irreführung kann vorliegen bei der Aussage *„Abnehmen ohne Diät"*, wenn die beworbene Leistung tatsächlich mit einer Ernährungsumstellung verbunden ist und deshalb eine Diätform darstellt.[667] **152**

---

[661] OLG Hamburg MD 2005, 21, 22 – *„wissenschaftlich belegt ..."*.
[662] BGH GRUR 2013, 958 Tz. 20 – *Vitalpilze*.
[663] BGH LMuR 2010, 129, 131 – *Vorbeugen mit Coffein!* zu § 27 Abs. 1 S. 2 Nr. 1 Fall 2 LFGB.
[664] BGH GRUR 2016, 418 Tz. 18 ff. – *Feuchtigkeitsspendendes Gel-Reservoir.*
[665] *Sosnitza* ZLR 2007, 423, 431.
[666] Ohly/*Sosnitza,* UWG, § 5 Rdn. 299.
[667] LG Frankfurt a. M. GRUR-RR 2014, 308 – *Abnehmen ohne Diät.*

153 Mit der Geltung der Health Claims Verordnung hat **§ 6 Abs. 1 S. 1 der Nährwert-KennzeichnungsVO (NKV)** seine Bedeutung weitgehend verloren.[668] Danach war es in der Werbung für Lebensmittel verboten, Bezeichnungen zu verwenden, die auf schlankmachende, schlankheitsfördernde oder gewichtsverringernde Eigenschaften des Lebensmittels hindeuten. Dieses abstrakte (absolute) Verbot des § 6 Abs. 1 NKV[669] war – wie andere abstrakte, nationale Verbote, die nicht auf Vorgaben des Gemeinschaftsrechts zurückgehen – nach der Rechtsprechung des EuGH im Hinblick auf das in Art. 2 Abs. 1 lit. a der Etikettierungsrichtlinie 2000/13/EG enthaltene konkrete Irreführungsverbot und im Hinblick auf die Warenverkehrsfreiheit nach Art. 34, 36 AEUV im Wege teleologischer Reduktion ohnehin dahingehend einzuschränken, dass die *konkrete* Gefahr einer Irreführung bestehen musste.[670]

154 Wenn sie sich nicht auf Lebensmittel bezieht, unterfällt schlankheitsbezogene Werbung häufig § 3 HWG. Danach dürfen dem Schlankheitsmittel insbesondere **nicht Wirkungen zugesprochen** werden, **die gesicherten wissenschaftlichen Erkenntnissen widersprechen:**[671] Dies ist beispielsweise der Fall bei der Aussage, eine erhebliche und dauerhafte Gewichtsreduktion sei allein durch die Einnahme des beworbenen Produkts und ganz ohne Veränderung der sonstigen Ernährungs- und Lebensgewohnheiten sowie des Umfangs körperlicher Betätigung[672] oder allein durch ein bestimmtes Muskeltraining[673] zu erreichen oder der Behauptung, die Einhaltung eines bestimmten diätetischen Ernährungsplans ginge gänzlich *„ohne Hungergefühl"* einher.[674] Bei Werbung mit **fachlich umstrittenen Meinungen** sind die Gegenmeinungen zu erwähnen, andernfalls trägt der Unternehmer im Streitfall die Darlegungs- und Beweislast für die Richtigkeit seiner Behauptung;[675] dieselbe Beweislastverteilung gilt bei wissenschaftlich ungesicherten Aussagen.[676] Die **Zertifizierung** als Medizinprodukt genügt als Nachweis einer behaupteten Wirkung nicht[677] genauso wie eine sog. **„EG-Konformitätserklärung"**, sofern diese lediglich die Einführung und Anwendung eines Qualitätsmanagements bescheinigt.[678] Ebenso wenig darf in der Werbung für Schlankheitsmittel der Eindruck erweckt werden, dass ein bestimmter **Erfolg garantiert** werden kann.[679] Dieser Eindruck kann insbesondere entstehen, wenn der Eintritt konkreter Erfolge innerhalb kurzer Fristen gegenüber jedermann als sicher hingestellt wird.[680]

155 Unabhängig von der Qualifizierung als Lebensmittel oder sonstige Mittel darf die schlankheitsbezogene Werbung **nicht konkret irreführend** sein. Die Aussage **„leicht"** oder **„light"** wird im Regelfall auf den Fettgehalt oder Brennwert bezogen[681] und nur ausnahmsweise als Hinweis auf lockere Konsistenz oder leichte Bekömmlichkeit[682] verstanden. Die Verwendung dieser Worte – oder anderer Worte, die für den Verbraucher voraussichtlich dieselbe Bedeutung haben – für Lebensmittel ist nach Art. 8 Abs. 1 i. V. m. dem Anhang zur Health Claims Verordnung künftig nur dann zulässig, wenn der Fettgehalt bzw. der Brennwert um mindestens 30% gegenüber einem vergleichbaren Produkt reduziert ist und die Angabe zusätzlich mit einem Hinweis auf die Eigenschaften einhergeht, die das Lebensmittel „leicht" machen. Daneben darf die Aussage aber auch nicht nach allgemeinen Grundsätzen irreführend sein. Nach der bisherigen Rechtsprechung erforderte

---

[668] Für eine vollständige Streichung des § 6 Abs. 1 NKV bereits *Oelrichs* ZLR 2005, 23, 33.

[669] Eine Ausnahme ist lediglich für diätetische Lebensmittel für kalorienarme Ernährung vorgesehen, wenn sie zur Verwendung als Tagesration dienen (§ 14a DiätVO); hierzu OLG Hamburg LMuR 2002, 150, 151; KG MD 2005, 750, 752 f. – *„Glyx-Diät"*.

[670] KG MD 2005, 750, 754 – *„Glyx-Diät"* unter Bezugnahme auf die Rechtsprechung des EuGH GRUR Int. 2004, 1016 – *Douwe Egberts;* so auch OLG Hamburg MD 2007, 363, 366 – *Trägt effektiv zur Gewichtsreduktion bei.* Allerdings galt das nach h. M. nicht für krankheitsbezogene Werbung.

[671] OLG Karlsruhe MD 2003, 73, 74 – *Strobby.*

[672] OLG Hamm MD 2005, 73, 76 – *Pressehaftung;* unbeanstandet gelassen von BGH WRP 2006, 585 Tz. 11 – *Schlank-Kapseln.* OLG Düsseldorf MD 2004, 756, 757 – *Pressehaftung;* OLG Frankfurt MD 2004, 152, 154 f. – *„Fett ade-Figur ok!";* OLG Naumburg MD 2004, 807, 812 – *„Sie verbrennen Ihr überflüssiges Fett"*.

[673] OLG München MD 2008, 807, 815.

[674] OLG Bamberg MD 2007, 522, 525 – *Bauchkurs* –, wonach eine mit Verzicht verbundene Reduktionsdiät grundsätzlich mit dem Auftreten von Hungergefühl verbunden ist.

[675] OLG Hamburg MD 2003, 52, 58 – *Strobby;* MD 2003, 747, 749 – *Strobby.*

[676] BGH GRUR 1991, 848, 849 – *Rheumalind;* OLG München MD 2008, 807, 815.

[677] OLG München MD 2001, 757, 760; OLG Hamburg MD 2003, 747, 751 – *Strobby;* LG Darmstadt MD 2003, 908, 911.

[678] OLG Frankfurt a. M. MD 2004, 758, 759 – *„Fett-Fresser"*.

[679] Nach KG MD 2005, 750, 754 – *„Glyx-Diät"* ist es dagegen aber zulässig, auf die bloße Möglichkeit einer Gewichtsreduzierung hinzuweisen (etwa im Sinne eines Beitrags zum Schlankwerden).

[680] OLG Hamm GRUR 1984, 140, 141.

[681] EuGH WRP 2002, 426 – *LITE.*

[682] Vgl. LG München NJW-RR 1990, 239 – *Schankbier Pilsner Art light.*

dies, dass der Fett- und Kaloriengehalt nicht nur **relativ geringer** als beim Standardprodukt war, sondern **auch absolut nicht sehr hoch** sein durfte.[683] Ob sich diese Aussage noch unter der Health Claims VO halten lässt, ist allerdings fraglich. Denn die Health Claims VO unterscheidet ausdrücklich zwischen den Ausdrücken **„leicht"** oder **„reduziert"** einerseits, bei denen **nur relativ geringere Werte** erforderlich sind und **„energiearm"**, **„fettarm"** und **„zuckerarm"** andererseits, bei denen auf **absolut geringe Werte** abgestellt wird. Zugleich verlangt die Health Claims VO, dass Angaben nicht irreführend sein dürfen, was nicht ausschließt, dass trotz Beachtung der Voraussetzungen für bestimmte Angaben im Anhang des Textes Aussagen irreführend sein können. Danach lässt sich auch die BGH Entscheidung *„40% weniger Fett"* weiter halten, wonach eine Werbung mit dieser Aussage irreführend ist, wenn der Fettgehalt nur im Vergleich zum Durchschnitt aller vergleichbaren Lebensmittel reduziert ist, der Verkehr aber eine Reduzierung gegenüber jedem vergleichbaren Lebensmittel erwartet.[684] Ebenso wenig schließt eine Zulässigkeit nach der Nährwert-KennzeichnungsVO die Anwendbarkeit des § 5 UWG aus.

6. Schönheitsmittel, Faltencremes

Bei der Werbung für Schönheitsmittel, wie z. B. Faltencremes, geht der durchschnittlich verstän- **156**
dige und informierte Verbraucher zwar grundsätzlich davon aus, dass er **mit Übertreibungen rechnen** muss und dass ein Mittel nicht bei jedermann die gleichen Erfolge erzielen kann. Andererseits veranlasst die eigene Eitelkeit und das Bemühen um schönes Aussehen häufig auch den Durchschnittsverbraucher an die versprochenen Wirkungen solcher Mittel zumindest ansatzweise zu glauben. So ist dem Verbraucher zwar bewusst, dass es einen Jungbrunnen für die Haut nicht gibt und daher eine alte und von Falten geprägte Haut allein durch eine Creme nicht vollständig geglättet werden kann.[685] Dennoch erwartet er von einer **„Antifalten-Creme"** – zunehmend auch als **„Anti-Aging"** bezeichnet – jedenfalls eine signifikante, nach außen sichtbare Verbesserung der Faltenbildung. Ist dies nicht der Fall, sondern führt die Creme nur in gut der Hälfte aller Fälle zu Verbesserungen, ist die Aussage irreführend.[686] Die Aussage *„Neu: 10 Tage, um 10 Jahre zu vergessen"* für eine *„Verjüngungscreme"* wird der Durchschnittsverbraucher ebenfalls nicht wörtlich nehmen. Er wird jedoch erwarten, dass innerhalb kurzer Zeit ein erheblicher Verbesserungseffekt mit nachhaltiger Wirkung eintritt.[687] Auch bei der Aussage *„fast wie 10 Jahre jünger"* erwartet der Durchschnittsverbraucher eine nachhaltige Hautstraffung und Faltenbeseitigung; eine nur unwesentliche Straffung der Haut (nur) während der Anwendungszeit genügt nicht.[688] Von einer **„Lifting-Creme"** erwartet der durchschnittlich informierte und verständige Verbraucher nicht dieselben Wirkungen wie von einem operativen Eingriff. Fraglich ist jedoch, ob diese Bezeichnung nicht zumindest Assoziationen an das operative Lifting hervorruft und der Verkehr deshalb einen Erfolg von einer gewissen Dauerhaftigkeit erwartet, der über den täglichen Anwendungszeitraum hinausreicht. Nach Auffassung des BGH besteht eine solche Erwartung.[689] Nach Auffassung des EuGH spricht für eine solche Auffassung auf den ersten Blick wenig, jedoch sei es Sache des nationalen Gerichts zu prüfen, ob soziale, kulturelle oder sprachliche Eigenheiten zu einem anderen Verständnis der Verbraucher in Deutschland führen.[690] Auf keinen Fall dürfen aber Wirkungen als wissenschaftlich gesichert dargestellt werden, wenn sie es tatsächlich nicht sind.[691] Bei **„Cellulite-Cremes"** ist wissenschaftlich umstritten, ob sie eine nachhaltige „Tiefenwirkung" erzielen können, so dass eine entsprechende Behauptung ohne Hinweis auf die Umstrittenheit irreführend wirkt.[692] Wird für ein **Duschmittel** mit Angaben wie *„mit Feuchtigkeitscreme", „die reichhaltige Feuchtigkeitsformel", „Ihre tägliche Quelle der Feuchtigkeit"* oder *„feuchtigkeitsspendend"* geworben, so erwartet der Verkehr nicht nur dass das Pro-

---

[683] OLG Hamburg WRP 1992, 391, 392f. – *Exquisa leicht;* Ohly/*Sosnitza,* UWG, § 5 Rdn. 299.
[684] BGH GRUR 1992, 70, 71 – *40 % weniger Fett.*
[685] OLG München 1995, 228, 230; OLG Hamburg WRP 1988, 411, 412; vgl. auch LG Düsseldorf MD 2003, 584, 586 (Massagegerät).
[686] OLG Hamburg WRP 1988, 411, 412.
[687] OLG München GRUR 1993, 486. Ähnlich OLG Zweibrücken EwiR 1997, 765.
[688] OLG Hamburg MD 2006, 595, 603 – *„Lifting ohne Skalpell";* ebenso für die Aussagen *„Freunde, die ich schon länger nicht mehr sah, meinten ich sehe um 10 Jahre jünger aus", „sichtbare Glättung bis zu 50 % geringere Faltentiefe"* und *„das Creme-Gel, das sichtbar verjüngt",* MD 2006, 302, 305.
[689] BGH GRUR 1997, 537, 538 – *Lifting-Creme* (zu § 27 LMBG), noch weitergehend LG Hamburg MD 2003, 1057, 1058 – *Lifting Tagescreme.* Ebenso OLG Hamburg MD 2006, 595, 601 – *„Lifting ohne Skalpell"* zur Aussage *„Einige Bekannte und Kunden waren fest der Meinung, ich habe mich liften lassen".*
[690] EuGH GRUR Int. 2000, 354, 356 – *Estée Lauder ./. Lancaster.*
[691] OLG München MD 2012, 410 Tz. 56ff. – *meso/Beauty Lift-Methode.*
[692] OLG München MD 2006, 916, 923 – *Weniger Cellulite.*

dukt eine **Feuchtigkeitscreme** enthält, sondern auch, dass es wie eine Feuchtigkeitscreme wirkt, d. h. dass der Haut durch das Produkt aktiv und spürbar Feuchtigkeit zugeführt wird und damit der durch die Reinigungsstoffe bedingten Austrocknung der Haut durch Feuchtigkeitsrückführung begegnet wird.[693] Den Gegensatz bilden Aussagen, nach denen nur ein Verlust vorhandener Hautfeuchtigkeit verhindert wird (z. B. *„natürliche Feuchtigkeit wird erhalten"*). In ähnlicher Weise versteht der Durchschnittsverbraucher die Angabe *„hautstraffend"* dahingehend, dass das so beworbene Duschgel die Haut „straffer" mache als vor dem Duschen, die Hautfeuchtigkeit also gleichsam erhöht wird.[694] Es genügt nicht, dass die Haut nur weniger austrocknet als bei Verwendung eines anderen Duschmittels. Daneben gilt auch hier, dass die entsprechende Aussage bei einem Kosmetikum „hinreichend und überprüfbar" und bei einem Arzneimittel sogar wissenschaftlich gesichert sein muss (siehe Rdn. 143 und 151a).

7. Umweltbezogene Wirkungen

157 Umweltbezogener Werbung kommt heute angesichts des gesteigerten Umwelt- und Gesundheitsbewusstseins eine ständig wachsende Bedeutung zu. Verbraucher sind für umweltbezogene Werbeaussagen besonders empfänglich.[695] Die Gesundheit soll durch den Verzehr biologisch erzeugter Nahrungsmittel erhalten bleiben. Auch das Verantwortungsgefühl für spätere Generationen sowie der Wunsch, die Natur nicht zu stören, spielen für die Kaufentscheidungen der Verbraucher eine wichtige Rolle. Von daher wohnt der Umweltwerbung eine **starke emotionale Werbekraft** inne.[696] Hiervon zeugen auch die vielen Umweltzeichen, mit denen Produkte ausgezeichnet und von den Herstellern beworben werden (wie der Blaue Engel oder die Europäische Blume[697]). Der Umweltbezug kann dabei sowohl das Unternehmen als auch das Produkt betreffen und hier von der Erzeugung über die Anwendung bis hin zur Entsorgung reichen. Beschaffenheit und Wirkung eines Produkts sind insoweit besonders eng verknüpft.

158 **a) Maßstab der Beurteilung, Umfang von Aufklärungspflichten.** Wegen der hohen Relevanz von Aussagen über die **Umweltverträglichkeit eines Produktes** oder über **umweltbezogene Verhaltensweisen** eines Unternehmens werden sie von der Rechtsprechung durchaus kritisch beurteilt, wenngleich auch hier sich mit dem Leitbild des durchschnittlich verständigen und informierten Verbrauchers und der allgemeinen Aufklärung der Verbraucher über Umweltfragen Lockerungen abzeichnen. Umweltbezogene Werbeaussagen sind daher – auch im Interesse der Förderung des Umweltschutzes und der Information der Verbraucher – grundsätzlich zulässig, unterliegen aber nach der bisherigen Rechtsprechung **strengen Anforderungen** und **weitgehenden Aufklärungspflichten.**[698] Neben § 5 UWG kommt im Bereich umweltbezogener Werbung häufig auch eine Anwendung des § 3 UWG in Betracht.[699] Das gilt insbesondere für den Fall, dass Werbeaussagen nicht als „Angaben" im Sinne von § 5 UWG zu qualifizieren sind. Dies kommt vor allem bei allgemein gehaltenen Aussagen über umweltbewusstes Verhalten eines Unternehmens in Betracht.[700] Anhand des Einzelfalls ist zu beurteilen, ob eine Aussage einen bloßen Hinweis auf das Angebot von allgemein umweltfreundlichen Waren und/oder auf ein allgemein umweltfreundliches Unternehmen darstellt[701] oder ob der Verkehr erwartet, dass die beworbenen Waren bestimmte Eigenschaften oder eine bestimmte Beschaffenheit aufweisen, die sie von einem gleichartigen, aber nicht als umweltfreundlich eingestuften Warenangebot abheben. Ist das der Fall, so ist eine pauschal

---

693 OLG Hamburg MD 2007, 267, 269 – *„Die reichhaltige Feuchtigkeitsformel"*; OLG Hamburg MD 2007, 277, 280 – *„mit Feuchtigkeits-Creme"*; vgl. auch OLG Köln GRUR-RR 2014, 303, 304 – *Feuchtigkeitsspende* zu einem Rasiergerät mit „Gel-Reservoir".

694 OLG Hamburg MD 2007, 264, 266 f. – *„Hautstraffend"*.

695 Vgl. nur BGHZ 112, 311, 314 – *Biowerbung mit Fahrpreiserstattung.*

696 BGH GRUR 1997, 666, 668 – *Umweltfreundliches Reinigungsmittel; Rohnke* GRUR 1988, 667, 671.

697 Zu den Voraussetzungen für Vergabe und Werbung siehe die Umweltzeichenverordnung (EG) Nr. 66/2010 (ABl. 2010 Nr. L 27 S. 1).

698 BGH GRUR 1994, 828, 829 – *Unipor-Ziegel;* GRUR 1996, 367 – *Umweltfreundliches Bauen;* GRUR 1997, 666, 668 – *Umweltfreundliche Reinigungsmittel;* GRUR 1991, 548 – *Umweltengel;* GRUR 1991, 550, 551 – *Zaunlasur;* OLG München GRUR 1990, 290 – *Bioclean;* OLG Düsseldorf GRUR 1988, 55, 58 – *bio-FIX;* OLG Hamburg, 5 U 85/06, Urteil v. 2.5.2007, BeckRS 2008 07230 – *schnell biologisch abbaubar;* LG Berlin MD 2006, 1403, 1406 *„Mit unseren hochmodernen Kraftwerken halten wir die Berliner Luft sauber"*.

699 BGH GRUR 1996, 367, 368 – *Umweltfreundliches Bauen;* GRUR 1997, 666, 668 – *Umweltfreundliche Reinigungsmittel.*

700 Vgl. BGH GRUR 1997, 666, 668 – *Umweltfreundliche Reinigungsmittel.*

701 BGH GRUR 1991, 548 ff. – *Umweltengel.*

umweltbezogene Werbung, die den konkreten Umweltbezug nicht erkennen lässt, sogar besonders zur Irreführung geeignet.[702]

Ein Umweltbezug wird in der Praxis mit einer **Vielzahl von Bezeichnungen** zum Ausdruck gebracht. Beispiele sind Ausdrücke wie *„umweltfreundlich"*, *„umweltverträglich"*, *„umweltbewusst"*, *„umweltgerecht"*, *„umweltschonend"*, *„umweltneutral"*, *„frei von umweltschädlichen Einflüssen"*, *„weniger umweltbelastend"*, [703] aber auch durch Sätze wie z. B. *„Produkt xy sei grün"*, wenn mit „grün" evident nicht die Farbe gemeint ist, sondern ein etwaiger Umweltbezug.[704] Angesichts der Vielzahl der Ausdrucksvarianten und der damit verbundenen Auslegungsmöglichkeiten kommt es bei der Beurteilung umweltbezogener Aussagen besonders auf den **Einzelfall** an. Maßstab ist auch hier die Auffassung des durchschnittlich verständigen und informierten, situationsadäquat aufmerksamen Verbrauchers. Dieser besitzt mittlerweile wenigstens Grundkenntnisse in Umweltfragen, beurteilt Produkte und Unternehmen aber auch zunehmend umweltkritischer. Dieser Verbraucher weiß, dass es **absolut schadstofffreie Umweltbedingungen heutzutage kaum noch gibt.** Daher ist eine Aussage mit dem Ausdruck „naturrein" selbst dann nicht irreführend, wenn die Ware Blei-, Cadmium-, und Pestizidrückstände aufweist, solange diese Werte deutlich unter den zulässigen Höchstwerten bleiben und der allgemeinen Belastung in der Natur entsprechen.[705] Der durchschnittlich informierte und verständige Verbraucher weiß auch, dass es eine **absolute Umweltverträglichkeit,** d. h. den Ausschluss jeglicher Umweltbelastung heute bei der Herstellung, Benutzung und Entsorgung von Waren kaum noch geben kann, sondern vielmehr auch bei weitgehender Berücksichtigung von Umwelt- und Naturschutzgesichtspunkten **Restbelastungen der Umwelt** verbleiben.[706] Der Verbraucher wird umweltbezogene Werbeaussagen zu Produkten daher tendenziell auch weniger absolut hinsichtlich der Auswirkungen auf die Umwelt denn **relativ** hinsichtlich der Umwelteigenschaften von Konkurrenzprodukten **verstehen.**[707] Dessen ungeachtet darf ein Produkt nicht als besonders **umweltfreundlich** oder **umweltschonend** bezeichnet werden, wenn es die Umwelt stark belastet, mag es relativ auch weniger belastend sein als Konkurrenzprodukte.[708] 159

Der Begriff der **Umweltfreundlichkeit** wird allerdings **nicht einheitlich verstanden,** sondern ist mit **widersprüchlichen Erwartungen** verbunden. Darüber hinaus lassen sich die komplexen Auswirkungen auf die Umwelt häufig nicht vollständig mit einfachen begrifflichen Werbebehauptungen wie *„umweltschonend"*, *„umweltfreundlich"* oder *„bio"* beschreiben. Da dem Verbraucher zudem klar ist, dass es eine absolute Umweltverträglichkeit nicht gibt, sondern die Ware nur in Teilbereichen weniger umweltstörend sein kann als andere Waren, bestehen bei der Umweltwerbung nach der bisherigen Rechtsprechung deutscher Gerichte weitgehende **Aufklärungspflichten.** Insbesondere ist der **konkrete Umweltbezug darzulegen.** Die Maßstäbe für die Aufklärung werden dabei allerdings nicht so streng gezogen wie bei gesundheitsbezogener Werbung.[709] Denn eine differenzierte Betrachtung der „Umwelt" und „Natur" im Zusammenhang mit Aussagen über Erzeugnisse ist heute üblich geworden.[710] Zudem bedarf es grds. keiner Aufklärung über Umstände, die dem Durchschnittsverbraucher im Allgemeinen bekannt sind.[711] Das gilt auch im Rahmen von § 5a UWG. Wird der beworbene Umweltbezug spezifiziert, bedarf es grundsätzlich keines Hinweises auf davon unabhängige negative Umwelteigenschaften der Ware. Erst recht ist eine Darlegung einer **vollständigen Öko-Bilanz** der beworbenen Ware **nicht erforderlich.** Und schließlich gilt auch 160

---

[702] Vgl. BGH GRUR 1996, 367 f. – *Umweltfreundliches Bauen;* OLG Düsseldorf WRP 1992, 209, 210; KG WRP 1991, 30, 31 f.; WRP 1996, 750, 751 – *Für den Schutz der Umwelt;* OLG München WRP 1989, 763; LG Berlin MD 2006, 1403, 1406 *„Mit unseren hochmodernen Kraftwerken halten wir die Berliner Luft sauber"*.

[703] Zur Werbung mit den Ausdrücken „bio" und „öko" siehe Rdn. 161 f. Zur Werbung mit „natur" siehe Rdn. 51 ff.

[704] LG Düsseldorf GRUR-RR 2013, 446.

[705] EuGH GRUR Int. 2000, 756, 758 – *Darbo;* ähnlich BGH GRUR 1997, 306, 308 – *Naturkind.* Bei Lebensmitteln sind zusätzlich die Anforderungen der Health Claims VO zu beachten.

[706] BGH GRUR 1991, 548, 549 – *Umweltengel;* GRUR 1994, 828, 829 – *Unipor-Ziegel;* GRUR 1996, 367, 368 – *Umweltfreundliches Bauen;* GRUR 1997, 306, 308 – *Naturkind;* GRUR 1997, 666, 667 – *Umweltfreundliche Reinigungsmittel;* BGH GRUR 1996, 985, 986 – *PVC-frei.*

[707] Für absolute Umweltverträglichkeit bei Verwendung des Handelsnamens „Bioclean" OLG München GRUR 1990, 290, 291 – *Bioclean.*

[708] OLG Köln GRUR 1988, 630 – *Universal Kaltreiniger;* OLG Stuttgart WRP 1991, 194 – *Umweltbezogene Werbung für Naturdünger;* OLG Düsseldorf GRUR 1988, 55, 58 – *bio-FIX; GK-Lindacher,* § 5 Rdn. 473; *Brandner,* in: FS v. Gamm, S. 27, 31 f.

[709] A. A. noch BGH GRUR 1991, 546, 547 – *„... aus Altpapier";* GRUR 1991, 548, 549 – *Umweltengel („ähnlich wie Gesundheitswerbung");* GRUR 1994, 828, 829 – *Unipor Ziegel („ebenso wie Gesundheitswerbung").* Einschränkend dann allerdings BGH GRUR 1996, 985, 986 – *PVC-frei.*

[710] BGH GRUR 1997, 306, 308 – *Naturkind.*

[711] BGH GRUR 1996, 367, 368 – *Umweltfreundliches Bauen.*

bei umweltbezogener Werbung, dass objektiv wahre Aussagen grundsätzlich zulässig sind und nur in besonderen Fällen verboten werden können.[712] Dementsprechend steht es einem Unternehmen frei, wahrheitsgemäß auf die Einhaltung gesetzlich vorgegebener Emissionswerte (z.B. der Abgaswerte nach den sog. € 5 und € 6 Normen)[713] hinzuweisen, mag man diese Grenzwerte aus ökologischen Gesichtspunkten auch für verfehlt halten.[714] Auch besteht keine Pflicht darüber aufzuklären, wie diese Werte im Einzelnen zustande kommen oder unter welchen konkreten Voraussetzungen sie eingehalten werden.

161 **b) Werbung mit „bio".** Der Ausdruck **„bio"** stammt aus der altgriechischen Sprache und bedeutet eigentlich „Leben". Als Bestandteil der Werbung bestehen über Bedeutung und Inhalt von „bio" jedoch Unklarheiten.[715] „Bio" wird heute nicht nur für Naturprodukte („Bio-Gemüse") sondern auch für künstliche Produkte (z.B. Reiniger) verwendet und kann sowohl einen **Gesundheitsbezug**[716] als auch einen **Umweltbezug** ausdrücken. Die Werbung mit „bio" unterliegt daher **strengen Aufklärungspflichten.** Im Zusammenhang mit industriell hergestellten, zum menschlichen Genuss bestimmten Produkten ist „bio" sogar geeignet, vom Verkehr **absolut verstanden** zu werden, etwa im Sinne von ausschließlich natürlich wirkend, frei von chemischen Stoffen oder ohne jegliches gesundheitliches Risiko.[717] Es ist daher irreführend, einen Haushaltsreiniger als *„bio-FIX"* oder ein Waschmittel als *„BIO-GOLD"* zu bezeichnen, wenn Schmutz nicht so abgebaut wird, wie das in der Natur geschehen würde, sondern rein chemische Prozesse in Gang gesetzt werden und der Anteil umweltbelastender Tenside nicht geringer ist als in anderen Produkten.[718] Ein kosmetisches Öl, das überwiegend aus Substanzen chemisch-industriellen Ursprungs besteht, darf nicht als *„Bio-Oil"* beworben werden.[719] Ein Erzeugnis, das nicht auf natürlichem Weg schnell und vollständig abgebaut wird, darf nicht als *„biologisch abbaubar"* bezeichnet werden.[720] Ebenso ist es irreführend, für ein Mineralwasser, welches sich grundsätzlich nicht von anderen Mineralwässern unterscheidet, mit dem Begriff *„Biosphärenwasser"* zu werben. Denn dem Verbraucher wird durch den Zusatz „Bio" suggeriert, es handele sich um ein besonders reines Naturprodukt, welches besonders gesund sei und aus einem ungestörten Haushalt der Natur stamme.[721] Entsprechendes gilt für die Bezeichnung als **„Bio-Mineralwasser"**, es sei denn, es ist tatsächlich besonders rein und weist Grenzwerte auf, die noch unter denen liegen, die nach der Mineral- und Tafelwasserverordnung für natürliche Mineralwässer (die ja ebenfalls ursprünglich rein sein müssen) als Obergrenze festgelegt sind.[722] Erst recht unzulässig ist es, ein dem Bio-Siegel nach § 1 ÖkoKennzV nachgeahmtes Kennzeichen zu verwenden.[723] Für eine Sauna, die nur vergleichsweise geringe Temperaturen bei hoher Luftfeuchtigkeit erlaubte, durfte nach einer Entscheidung des OLG Hamm nicht mit dem Ausdruck **„Bio-Sauna"** geworben werden, da der Verkehr von einer Sauna sehr hohe Temperaturen und niedrige Luftfeuchtigkeit erwartete.[724] Diese Entscheidung ist angesichts diverser „Saunalandschaften" in Hotels und Badeanstalten und der Existenz unterschiedlicher Sauna-Arten mittlerweile überholt.

162 Im Zusammenhang mit landwirtschaftlichen Erzeugnissen und Lebensmitteln war die Verwendung der Ausdrücke **„bio"** und **„öko"** bis zum 31.12.2008 in der **Verordnung (EWG)**

---

[712] BGH GRUR 1996, 985, 987 – *PVC-frei.*

[713] € 3 und 4 festgelegt in Anhang I Abschnitt 5.3.1.4 zur Richtlinie 98/69/EG vom 13.10.1998. Die Richtlinie 98/69/EG wird mit Wirkung zum 2.1.2013 durch die Verordnung (EG) Nr. 715/2007 vom 20.6.2007 (Abl. L 171 v. 29.6.2007, S. 1 ff.) aufgehoben.

[714] LG Braunschweig GRUR-RR 2004, 30, 31. Zur Werbung mit Selbstverständlichkeiten siehe § 5 B. Rdn. 72 ff.; zur Bedeutung gesetzlicher Vorgaben und DIN-Normen siehe Rdn. 83 ff.

[715] OLG Frankfurt GRUR 1989, 358 – *biologisch düngen;* OLG München GRUR 1990, 290 – *Bioclean.*

[716] OLG München GRUR 1990, 294 – *Biolarium;* OLG Hamm GRUR 1990, 639 – *Biolarium;* GRUR 1991, 929 – *Bio-Sauna;* OLG Frankfurt a. M. WRP 2007, 1386, 1388 – *Biosphärenwasser.*

[717] OLG Düsseldorf GRUR 1988, 55, 57 – *bio-FIX;* OLG München GRUR 1990, 290, 291 – *Bioclean;* GRUR 1990, 294, 295 – *Biolarium;* OLG Hamm GRUR 1990, 639 – *Biolarium;* KG GRUR 1993, 766 – *BIO-GOLD.* A.A. für Lebensmittel: OLG München WRP 1990, 194, 195 f. – *Öko-Pilsner;* OLG München ZLR 1991, 95, 98 – *Bier Bio hell.*

[718] OLG Düsseldorf GRUR 1988, 55, 57 – *bio-FIX;* KG GRUR 1993, 766 – *BIO-GOLD;* dahin tendierend auch OLG Frankfurt GRUR 1989, 358 – *biologisch düngen.*

[719] OLG Hamm MD 2012, 610 – *Bio-Oil.*

[720] OLG Düsseldorf GRUR 1988, 55, 57 – *bio-FIX.*

[721] OLG Frankfurt a. M. WRP 2007, 1386, 1388 – *Biosphärenwasser.*

[722] BGH GRUR 2013, 401 Tz. 34 f. – *Biomineralwasser:* nur Geringstmengen von Rückständen und Schadstoffen deutlich unterhalb der rechtlich zulässigen Grenzwerte, unbehandelt und frei von Zusatzstoffen; kritisch dazu *Leible/Schäfer* GRUR-Prax. 2013, 101, 102.

[723] BGH GRUR 2013, 401 Tz. 69 ff. – *Biomineralwasser.*

[724] OLG Hamm GRUR 1991, 929 – *Bio-Sauna.*

Nr. 2092/91 (EG-Öko-VO) vom 24.6.1991[725] geregelt. In ihrem Anwendungsbereich ging die Verordnung § 11 Abs. 1 LFGB a. F. und § 5 UWG vor. Es kam deshalb nicht darauf an, ob bei Lebensmitteln der Ausdruck „bio" im Sinne einer vollständigen Freiheit von Schadstoffen zu verstehen war.[726] Die EG-Öko-VO regelte, wann bei der Kennzeichnung von Agrarerzeugnissen auf den ökologischen Landbau Bezug genommen werden durfte. Danach war ein Hinweis auf den ökologischen Landbau nur zulässig, wenn das Produkt den Vorgaben der VO für die **Erzeugung** entsprach und die in der VO vorgesehenen **Kontrollmaßnahmen** durchgeführt worden waren. Wurden die Vorgaben erfüllt, durfte das Erzeugnis als aus ökologischem Landbau stammend gekennzeichnet werden. Wurden die Vorgaben nicht eingehalten, war jeder Hinweis verboten, der dem Käufer den Eindruck vermittelte, dass das Erzeugnis, seine Bestandteile oder die Futtermittel-Ausgangserzeugnisse nach den Produktionsregeln der VO gewonnen worden waren. Ein solcher Eindruck wurde gemäß Art. 2 der VO insbesondere durch die Verwendung der Begriffe *„ökologisch", „öko", „biologisch"* oder *„bio"*, aber auch *„biologischer/ökologischer Landbau", „kontrolliert biologisch/ökologisch"* vermittelt.[727] Die Verwendung dieser Ausdrücke war bei Nichterfüllung der Anforderungen der EG-Öko-VO verboten, ohne dass im Einzelfall ermittelt werden musste oder auch nur durfte, wie die Ausdrücke verstanden wurden.[728] Die EG-Öko-VO wurde zwar zum 1.1.2009 **aufgehoben und ersetzt** durch die sog. **EG-Öko-BasisVO,** Verordnung (EG) Nr. 834/2007,[729] welche die dargestellten Grundsätze zur Kennzeichnung von ökologischen/biologischen Erzeugnissen in Art. 23 allerdings im Grundsatz aufrechterhält. Verweisungen auf die (dann) alte EG-Öko-VO gelten automatisch als Verweisungen auf die neue VO 834/2007, Art. 39 Abs. 2 VO 834/2007. So dürfen nach Art. 23 Abs. 1 EG-Öko-Basis-VO die Bezeichnungen *„biologisch, ökologisch"*, bzw. daraus abgeleitete Bezeichnungen und Verkleinerungsformen wie *„bio-"* und *„öko-"*, allein oder kombiniert, bei der Kennzeichnung von landwirtschaftlichen Erzeugnissen und der Werbung für sie nur dann verwendet werden, wenn diese Erzeugnisse den Anforderungen der EG-Öko-BasisVO genügen. Eine Ausnahme von diesem Grundsatz besteht nach Art. 23 Abs. 2 Unterabs. 1 EG-Öko-BasisVO nur für den Fall, dass eindeutig kein Bezug der verwendeten Bezeichnung zur ökologischen/biologischen Produktion gegeben ist. Das umfasst auch die Pflicht, sich dem Kontrollsystem mit Unterstellungs- und Meldepflicht gem. Art. 27 der VO 834/2007 zu unterwerfen, sofern nicht eine direkte Abgabe an Endverbraucher oder Endnutzer gem. § 3 Abs. 2 ÖLG vorliegt. Dabei meint „direkt" einen Verkauf am Ort der Lagerung unter gleichzeitiger Anwesenheit des Öko-Unternehmers und des Verbrauchers, was bei einem Internetvertrieb nicht der Fall ist.[730]

Bei Erzeugnissen, die **genetisch veränderte Organismen** (GVO) enthalten, aus GVO beste- **163**
hen oder aus GVO hergestellt worden sind, ist eine Bezeichnung als *„ökologisch"/„biologisch"* ausgeschlossen, Art. 23 Abs. 3 **EG-Öko-BasisVO** (VO 834/2007).[731] Darüber hinaus enthält Art. 23 Abs. 2 Unterabs. 2 EG-Öko-BasisVO ein eigenständiges Irreführungsverbot: Danach sind alle Bezeichnungen sowie Kennzeichnungs- und Werbepraktiken, die den Verbraucher irreführen können, indem sie ihn glauben lassen, dass das betreffende Erzeugnis oder die zu seiner Produktion verwendeten Zutaten die Anforderungen der VO erfüllen, ausdrücklich unzulässig.

c) Werbung mit Öko-/Umwelt-Kennzeichen. Aufbauend auf den Vorgaben der EG-Öko- **164**
VO haben sowohl der europäische als auch der deutsche Gesetzgeber **Öko-Kennzeichen** geschaffen. Art. 10 i. V. m. Anhang V der alten EG-Öko-VO erlaubte die Angaben *„Ökologischer Landbau – EG Kontrollsystem"* oder *„Biologische Landwirtschaft – EG-Kontrollsystem"*. Art. 25 der neuen EG-Öko-BasisVO ist Grundlage eines (neuen) **Gemeinschaftslogos** für ökologische/biologische Produktion, dessen Verwendung auf der Verpackung vorverpackter Lebensmittel gemäß Art. 24 Abs. 1 lit. b EG-Öko-BasisVO nicht mehr lediglich fakultativ, sondern zwingend vorgeschrieben ist. Das führte auch zu einer Änderung des **ÖkoKennzG.**[732] Dieses sieht derzeit noch vor, dass für solche Erzeugnisse, die den Vorgaben der EG-Öko-VO entsprechen, ein eigenes Öko-Kennzeichen ver-

---

[725] VO (EWG) Nr. 2092/91 des Rates über den ökologischen Landbau und die entsprechende Kennzeichnung der landwirtschaftlichen Erzeugnisse und Lebensmittel (ABl. Nr. L 198 S. 1).

[726] Siehe Nachweise bei *Helm* in: Gloy/Loschelder/Erdmann, HdbWettbR, § 5 Rdn. 253.

[727] Alternative Formulierungen wären *„aus kontrolliertem Anbau", „unter unabhängiger Kontrolle", „ungespritzt", „aus integrierter Landwirtschaft", „aus Vertragsanbau"*.

[728] BVerfG NJW 2002, 1486.

[729] Verordnung (EG) Nr. 834/2007 des Rates vom 28.6.2007 (ABl. L 189 vom 20.7.2007, S. 1), DurchführungsVO (EG) Nr. 889/2008.

[730] OLG Frankfurt a. M. MMR 2015, 452 Tz. 33.

[731] Zur Kennzeichnung *„ohne Gentechnik"* siehe Rdn. 70.

[732] Gesetz zur Einführung und Verwendung eines Kennzeichens für Erzeugnisse des ökologischen Landbaus v. 20.1.2009 (BGBl. I S. 78).

wendet werden darf. Die konkrete Gestaltung und die erlaubte Verwendung des Kennzeichens *(„Bio – nach der EG-Öko-Verordnung")* sind in der **ÖkoKennzV** festgesetzt.[733] Als Anreiz zu einer eigenverantwortlichen Umweltkontrolle durch die Unternehmen dient zusätzlich die **EG-Umwelt-Audit-VO.**[734] Organisationen, die sich dem Kontrollsystem unterwerfen (insbesondere eine Umwelterklärung erstellen) sind berechtigt, das in Anhang IV der VO aufgeführte **EMAS-Zeichen** (= „eco-managament and audit scheme") zu führen. Das EMAS-Zeichen darf gem. Art. 10 Abs. 4 lit a) Öko-Audit-VO zwar nicht auf Produkten und deren Verpackungen selbst, aber in der Produkt- und Dienstleistungswerbung verwendet werden. Verboten ist allerdings die vergleichende Werbung mit dem EMAS-Zeichen (Art. 10 Abs. 4 lit b) Öko-Audit-VO).

165 Bei der Werbung mit **Umweltzeichen im Übrigen,** wie z. B. dem Blauen Engel oder der Europäischen Blume[735] erwartet der Verkehr nicht nur, dass das entsprechende Umweltzeichen verliehen wurde, sondern auch, dass die dafür **erforderlichen Voraussetzungen tatsächlich erfüllt** sind. Daher darf mit solchen Umweltzeichen nur in der verliehenen Form geworben werden und es ist der Grund für die Verleihung konkret erkennbar zu machen.[736] Geschieht dies, darf auf die Auszeichnung hingewiesen werden.[737] Darüber hinaus rechtfertigt die Verleihung jedoch nicht jede Werbung mit dem Attribut *„umweltfreundlich",* solange für die Auszeichnung bereits kleine Schritte zur Verbesserung der Umweltbelastung ausreichen, das beworbene Produkt als solches aber immer noch stark umweltbelastend ist.[738] Auch erwartet der Verkehr bei umweltbezogenen Angaben ohne Hinweis auf ein Öko-Label nicht stets, dass die Anforderungen erfüllt werden, die an die Vergabe eines Öko-Labels gestellt werden. Bewirbt man jedoch einen Schmierstoff als *„schnell biologisch abbaubar"* so ist zumindest zu erläutern, woraus dieses Kriterium hergeleitet wird; das gilt insbesondere dann, wenn die verwendete Testmethode nicht der heutzutage bei der Vergabe von Umweltzeichen üblicherweise verwendeten Testmethode entspricht.[739] Die Werbung mit einem firmeneigenen **Biosiegel** auf einer **Arzneimittelpackung** ist mit § 10 Abs. 1 S. 5 AMG unvereinbar und daher unzulässig.[740] Ein solches Biosiegel zählt nicht zu den arzneimittelrechtlichen Pflichtangaben und dient auch nicht deren Veranschaulichung, sondern hat Werbecharakter.

8. Sonstige Wirkungen, Vorteile, Risiken, Verwendungsmöglichkeiten, Einzelfälle

166 In der Rechtsprechung ist seit jeher anerkannt, dass im geschäftlichen Verkehr – etwa in den AGB eines **Versicherungsunternehmens** – nicht der Eindruck erweckt werden darf, bestimmte **Risiken** seien abgesichert, wenn dies in Wirklichkeit nicht der Fall ist.[741] Die bloße Aussage *„rundum sorglos reisen",* mit der nur bestimmte Vorteile eines Versicherungsschutzes umschrieben werden, soll dafür allerdings noch nicht genügen.[742] Es ist allerdings irreführend, damit zu werben, man könne eine **Kreditkarte** *„ohne jedes Risiko"* testen, wenn tatsächlich eine Haftung im Falle des Kartenverlustes besteht.[743] Bei **Arzneimitteln** dürfen **Nebenwirkungen** oder **Kontraindikationen nicht verharmlost** werden. Umgekehrt dürfen aber auch nicht Gefahren **aufgebauscht** oder vergrößert dargestellt werden, um so die Bedeutung des beworbenen Mittels zu erhöhen, indem z. B. für ein **Vitaminpräparat** behauptet wird, der entsprechende Vitaminbedarf könne mit normaler Ernährung nicht gedeckt werden.[744]

167 Die Werbung mit der Aussage *„So wirksam wie ein Antibiotikum"* für ein schleimlösendes Medikament ist irreführend, wenn sich mit diesem Medikament nicht die gleichen therapeutischen Wirkungen erreichen lässt wie mit einem Antibiotikum.[745] Ebenso wenig wird der Verbraucher bei

---

[733] Verordnung zur Gestaltung und Verwendung des Öko-Kennzeichens v. 6.2.2002 (BGBl. I S. 589).

[734] VO (EG) Nr. 1221/2009 vom 25.11.2009 (ABl. Nr. L 342 v. 22.12.2009, S. 1).

[735] Zu den Voraussetzungen für Vergabe und Werbung siehe die Umweltzeichenverordnung (EG) Nr. 66/2010.

[736] BGH GRUR 2014, 578 579 – *Umweltengel für Tragetasche;* GRUR 1991, 548, 549 – *Umweltengel;* OLG Köln WRP 1992, 504, 505.

[737] BGH GRUR 1991, 550, 551 – *Zaunlasur* („ausgezeichnet mit dem Blauen Engel"); 1994, 523 – *Ölbrenner-Modelle;* OLG Hamburg NJW-RR 1994, 555; *Klindt* BB 1998, 545, 550; *Keßler* WRP 1999, 146, 155; *Helm* in: Gloy/Loschelder/Erdmann, Handbuch des Wettbewerbsrechts, § 59 Rdn. 252.

[738] OLG Düsseldorf GRUR 1988, 55, 59 – *bio-FIX.*

[739] OLG Hamburg, 5 U 85/06, Urteil v. 2.5.2007, BeckRS 2008 07 230 – *schnell biologisch abbaubar.*

[740] OVG Münster PharmaR 2013, 463.

[741] BGH GRUR 1983, 654, 656 – *Kofferschaden;* KG WRP 1987, 32; KG GRUR 1991, 787.

[742] KG WRP 1985, 637.

[743] OLG Hamburg WRP 1986, 344.

[744] BGH 1998, 1052, 1053 – *Vitaminmangel.* Für Lebensmittel, denen Vitamine zugesetzt wurden sowie für Nahrungsergänzungsmittel ergibt sich dies bereits direkt aus dem Irreführungsverbot des Art. 7 Abs. 1 der VO (EG) Nr. 1925/2006 bzw. des § 4 Abs. 4 NemV.

[745] OLG München MD 2005, 684, 687.

einem ***„pflanzlichen Antibiotikum"*** von allein davon ausgehen, dass es sich um ein im Vergleich zu einem „klassischen" Antibiotikum „milderes" Mittel handelt, das nur bei harmloseren Infekten einsetzbar sei; und auch der Umstand, dass ein Präparat nicht verschreibungspflichtig ist, impliziert per se nicht zwingend eine von vornherein eingeschränkte Einsetzbarkeit und Wirksamkeit, sondern es bedarf dazu schon konkreter Aussagen des Werbenden.[746] Ein Arzneimittel, das laut eigener Fachinformation häufig Nebenwirkungen wie z. B. Kopfschmerzen, Übelkeit, Bauchschmerzen und Durchfall oder Augenschmerzen und Fremdkörpergefühl verursachen kann, darf nicht als *„sehr gut verträglich"* [747] oder mit *„hervorragender lokaler Verträglichkeit"*[748] beworben werden. Mit der Aussage *„überlegene Verträglichkeit"* suggeriert die Werbung eine Überlegenheit des beworbenen Arzneimittels hinsichtlich aller wesentlichen, unerwünschten Nebenwirkungen und nicht nur einen Vorsprung im Rahmen einer quasi saldierenden Gesamtbilanz.[749] Ein Arzneimittel, das nur zur unterstützenden, d. h. zur begleitenden Behandlung bei Osteoporose zugelassen ist, darf nicht mit der Aussage beworben werden *„Zur Basistherapie bei Osteoporose"* weil sonst selbst die Fachkreise vermuten, dass diese Therapie am Anfang jeder Behandlung der Osteoporose stehe und ohne sie eine Behandlung nicht in Betracht käme.[750] Irreführend kann auch die Werbung für ein Arzneimittel mit einer generellen Indikation sein, wenn das Arzneimittel nur für eine **spezielle Indikation** zugelassen ist. Bejaht wurde das für die Aussagen *„stärkt das Gedächtnis"* und *„fördert die Konzentration"* bei einem Arzneimittel, dessen zugelassenes Anwendungsgebiet auf das Vorliegen eines dementiellen Syndroms beschränkt war.[751] Bei der Werbung mit **Anwendungsgebieten,** für die ein Arzneimittel nicht zugelassen ist, muss seit dem Jahr 2005 zudem das Verbot des § 3a HWG berücksichtigt werden. *„Akut"* im Namen eines Arzneimittels deutet auf eine schnelle beschwerdelindernde Wirkung hin. Wie schnell diese Wirkung sein muss, hängt vom Einzelfall und insbesondere von der jeweiligen Indikation des Arzneimittels ab.[752] Die angepriesene **„Freiheit"** von einem bestimmten Stoff erweckt den Eindruck eines Produktvorteils und ist als irreführend zu unterlassen, sofern die Vorteilhaftigkeit des hervorgehobenen Umstands nicht nachgewiesen werden kann.[753] Ein **Generikum,** das die zugelassenen Anwendungsgebiete des Originalarzneimittels nur teilweise abdeckt oder bei dem die Inhalatoren zur Applikation nicht baugleich sind, darf nicht mit der Aussage *„Alles bleibt bis auf Name und Preis"* beworben werden.[754] **E-Zigaretten** dürfen, solange noch keine gesicherten wissenschaftlichen Erkenntnisse hinsichtlich des Gesundheitsrisikos vorliegen, nicht als gesundheitlich unbedenklich bezeichnet werden. Wohl aber darf darauf hingewiesen werden, dass sie deutlich weniger schädlich sind als herkömmliche Zigaretten.[755]

Erwirbt ein Kunde eine bestimmte **Software** und werden ihm auf der Hülle *„viele Programme mehr"* angekündigt, geht er davon aus, dass es sich um **Vollversionen** handelt. Er wird daher über die Verwendungsmöglichkeit dieser Programme in die Irre geführt, wenn es sich hierbei um sog. **Shareware** handelt, die zunächst nur Demonstrations- und Prüfzwecken dienen soll oder bei der einzelne Funktionen unterdrückt werden (z. B. keine Druckfunktion), ohne dass hierauf hingewiesen wird.[756] Wirbt ein Anbieter für eine privat einsetzbare Sicherheitssoftware mit der Aussage *„Gehen Sie auf **Nummer sicher**"*, so versteht der normal informierte, situationsadäquat aufmerksame Durchschnittsverbraucher die Aussage so, dass diese Software ein Schutzniveau deutlich über dem Standard der üblichen Schutzprogramme liefert und etwaige Gefahren sehr weitgehend ausgeschlossen werden und nach menschlichem Ermessen kein Risiko mehr besteht, wobei dem Verkehr allerdings auch bekannt ist, dass es bei Internetzugängen keine hundertprozentige Sicherheit geben kann.[757] Die Werbung mit Aussagen wie ***„unbegrenzt"*** oder ***„echte Flat"*** – insbesondere im Zusammenhang mit Mobilfunkverträgen – wird der Verkehr entsprechend ihrem klaren Wortlaut im Regelfall wörtlich verstehen und daher keine Beschränkungen erwarten. Ohne ausdrücklich ge- 168

---

[746] OLG Celle WRP 2015, 1115 Tz. 19.

[747] LG Köln MD 2009, 1189, 1190.

[748] OLG Hamburg MDR 2010, 1072.

[749] OLG Hamburg MD 2006, 1031, 1036 – *Das erste Atypikum der nächsten Generation.* Abgelehnt hingegen bei der Aussage *„Stellen Sie einen unzufriedenen Patienten um. Fragen Sie nach der Therapiezufriedenheit"*, OLG Hamburg MD 2007, 1044 ff. – *Probeflug.*

[750] OLG Hamburg NJOZ 2004, 403, 404.

[751] OLG München MD 2006, 911, 915.

[752] Das OLG München BeckRS 2010, 04780, hielt 1–2 Stunden bei einem Arzneimittel gegen Sodbrennen noch für akzeptabel; a. A. in der Vorinstanz das LG München I MD 2010, 232 ff.

[753] OLG Hamburg GRUR-RR 2010, 70 (LS) – *Eudragit-frei.*

[754] OLG Hamburg MD 2007, 352, 354.

[755] OLG Frankfurt a. M. GRUR-RR 2014, 402, 403 f.; OLG Hamm WRP 2013, 95.

[756] BGH GRUR 2000, 76, 77 – *Shareware-Version.*

[757] OLG Hamburg MD 2008, 281, 284 – *Gehen Sie auf Nummer sicher.*

machte Einschränkungen wird er daher davon ausgehen, dass ein solcher Tarif auch das Versenden von Kurznachrichten in Netze des innereuropäischen Auslandes umfasst,[758] zumal es auf dem Mobilfunkmarkt ständig wechselnde Preismodelle und sich ausweitende Flat-Tarife gibt. Ebenso irreführend ist eine Werbung mit einer ***„SMS-Flatrate"*** (ohne ausdrückliche Beschränkung), wenn hierdurch nur bis zu 3000 SMS im Monat abgegolten sind[759] und die Aussage, der Kunde könne **„unbegrenzt im Internet surfen"** ***„in bester D-Netz Qualität"***, wenn bei Überschreitung bestimmter Datenvolumina die Übertragungsgeschwindigkeit auf 10% herabgesetzt wird.[760] Eine Bezeichnung eines Tarifs als „SMS Flat 3000" in Verbindung mit einem unmissverständlichen Hinweis über den Inhalt des Tarifs kann hingegen erlaubt sein.[761]

169 Die Aussage, bei einem bestimmten **Provider** sei die größtmögliche **Wirkung bei einer Internet-Werbung** zu erzielen, stellt eine Alleinstellungsbehauptung dar, die den dafür geltenden Grundsätzen (siehe § 5 Abschn. E Rdn. 178ff.) entsprechen muss. Die Aussage ist jedoch nicht allein deshalb irreführend, weil es keine gesicherten wissenschaftlichen Erkenntnisse über Online-Werbung gibt.[762] Irreführend ist die absatzbezogene Werbung mit einer **Spende** für einen guten Zweck, wenn der Spendenbeitrag tatsächlich nicht gezahlt wird oder der Anteil je Produkt derart gering ist, dass hierdurch der vom Verbraucher gewünschte soziale Hilfszweck nicht erreicht werden kann.[763] Dagegen besteht keine allgemeine Verpflichtung über die Art und Weise der **Spendenverwendung** im Einzelnen aufzuklären. Hat der Unternehmer keine nach Art und Umfang näher bestimmte Verwendung versprochen, wird der Verbraucher nur erwarten, dass das werbende Unternehmen zeitnah überhaupt eine Unterstützungsleistung erbringt und diese nicht so geringfügig ist, dass sie die werbliche Herausstellung nicht rechtfertigt.[764] Enthält die Werbung hingegen konkrete Angaben zur Spendenverwendung, kommt eine Irreführung in Betracht, wenn die tatsächliche Leistung hinter dem zurückbleibt, was in der Werbung versprochen wurde.[765] Irreführend ist es auch, wenn der Eindruck erweckt wird, der Kunde könne durch den Kauf des beworbenen Produktes die Höhe der sozialen Unterstützung unmittelbar beeinflussen, während tatsächlich die Spende vom Unternehmer in eigener Entscheidung festgelegt wird und sich nicht nach einem Anteil am Umsatzerlös bestimmt.[766] Darüber hinaus ist bei Angaben im Zusammenhang mit **Sponsoring** nunmehr die Sonderregelung in **§ 5 Abs. 1 S. 2 Nr. 4 UWG** zu beachten. Bewirbt ein Verkäufer von **Autozubehör** den Verkauf von Seitenschwellern und Stoßstangen mit dem Hinweis **„Materialgutachten"**, so ist dies irreführend. Viele Käufer werden nämlich annehmen, es handele sich um ein sog. „Teilegutachten" i. S. d. § 19 Abs. 3 S. 1 Nr. 4 lit. a) StVZO, welches erforderlich ist, damit die Betriebserlaubnis für das Fahrzeug trotz des An- bzw. Einbaus dieser Teile erhalten bleibt. Demgegenüber stellt ein „Materialgutachten" für den Erhalt der Betriebserlaubnis keine wesentliche Hilfe dar, es ist insoweit mehr oder minder wertlos für den Käufer.[767] Die Bewerbung eines Baugerüsts mit dem Slogan ***„Mit Zulassung"*** ist irreführend, wenn das beworbene Gerüst selbst nicht über eine bauaufsichtliche Zulassung verfügt; eine Konformitätsbescheinigung zu einem zugelassenen Gerüst eines Wettbewerbers genügt nicht.[768] Wird ein **Gemüseschneider** mit dem Slogan *„Klein & fein gehackt – im Handumdrehen"* beworben, so wird diese Aussage vom relevanten Verkehr ernst genommen in der Weise, dass er erwartet, dass das eingefüllte Schnittgut nach ein paar Umdrehungen klein gehackt ist. Ist das Schnittgut dann tatsächlich nach 20 Umdrehungen immer noch von grober Konsistenz, ist die Werbung irreführend.[769] Von einer ***„anhaltenden"*** Wirkung erwartet der Durchschnittsverbraucher eine nicht nur kurzfristige Wirkung, sondern eine gewisse Dauer, wobei sich diese Dauer angesichts der subjektiven Wertung nicht genau bestimmen

---

758 LG Hamburg WRP 2013, 237 Tz. 16.

759 OLG Schleswig WRP 2014, 746, 747 f.

760 OLG Koblenz GRUR-RR 2013, 443, 445 – *unbegrenzt surfen.*

761 OLG Schleswig a. a. O. Aber auch insoweit entscheidet der Einzelfall; eine „SMS Flat 2015" dürfte trotz 2015 freier SMS irreführend wirken.

762 OLG Hamburg MD 2003, 476 (LS) – *größtmögliche Wirkung.*

763 OLG Hamburg GRUR-RR 2003, 51, 52 – *Bringt die Kinder durch den Winter;* MD 2003, 765, 767 – *Kindernothilfe.*

764 BGH GRUR 2007, 247, 250 – *Regenwaldprojekt I.*

765 BGH GRUR 2007, 251, 253 – *Regenwaldprojekt II.*

766 OLG Hamburg MD 2003, 765, 767 – *Kindernothilfe.*

767 OLG Düsseldorf WRP 2005, 1309 – *Materialgutachten.*

768 OLG Karlsruhe WRP 2013, 1386, 1389.

769 OLG Hamburg WRP 2006, 1152, 1153 – *Klein & Fein gehackt im Handumdrehen I;* a. A. Handelsgericht Wien WRP 2006, 1154 – *Klein & Fein gehackt im Handumdrehen II:* Danach werde diese Aussage als Wortspiel lediglich so verstanden, dass der Gebrauch des Zerkleinerers mühelos und rasch und damit einfacher als der Gebrauch eines Messers von sich gehe.

lässt.[770] Irreführend kann es auch sein, wenn ein Bauteil eines Produkts als *„langlebig"* herausgestellt wird, obwohl die Lebensdauer des gesamten Produkts erheblich geringer ist und dies nicht ohne weiteres erkennbar ist.[771] Wird in einem Prospekt für einen **Fleckentferner** ein Bildvergleich verwendet, auf dem ein Textil vor der Wäsche grau und fleckig und nach der Wäsche nicht nur fleckenfrei sondern auch deutlich aufgehellt dargestellt wird, so entsteht dennoch nicht der irreführende Eindruck einer aufhellenden Wirkung des Fleckentferners, wenn der Gesamteindruck der Werbung die fleckentfernende Wirkung des Mittels hervorhebt und deutlich wird, dass der Fleckentferner zusätzlich zum gewöhnlichen Waschmittel verwendet werden soll.[772] Irreführend kann im Einzelfall auch die Bewerbung einer Uhr mit der Angabe *„30m wasserdicht"* sein, wenn der Verkehr diese Angabe so versteht, dass er mit dieser Uhr bis zu 30 Meter tief tauchen könne, während das tatsächlich nicht der Fall ist.[773] Dieser Eindruck kann entstehen, wenn nur mit der Meterangabe geworben wird. Anders sieht es hingegen aus, wenn die Meterangabe nur ergänzend zur Angabe des relevanten Drucks (z.B. 3 bar) erfolgt, so wie es nach der DIN 8310 und der internat. Norm 1S02281:1990(E)vorgesehen ist.

Zur Angabe von **Benzin-Verbrauch** unter Hinweis auf bestimmte DIN-Werte siehe Rdn. 83. **170**

V. Kundendienst und Beschwerdeverfahren

1. Herkunft, Abgrenzung und Bedeutung

Die Erwähnung von Kundendienst und Beschwerdeverfahren in § 5 Abs. 1 S. 2 Nr. 1 UWG ist zurückzuführen auf eine entsprechende Regelung in Art. 6 Abs. 1 lit. b) der UGP-Richtlinie. Die Erwähnung in Nr. 1 zeigt, dass die Regelung vor allem in Bezug auf die jeweilige Ware oder Dienstleistung zu sehen ist und nicht im Hinblick auf Eigenschaften des Unternehmers (Nr. 3) oder die Bedingungen der Leistungserbringung (Nr. 2). **171**

Abzugrenzen sind die Aussagen über Kundendienst und Beschwerdeverfahren von Angaben über die Rechte des Verbrauchers im Sinne von § 5 Abs. 1 S. 2 Nr. 7 UWG und über den Umfang der Verpflichtungen des Unternehmers gemäß § 5 Abs. 1 S. 2 Nr. 3 UWG sowie allgemein über die Bedingungen, unter denen eine Ware geliefert oder eine Dienstleistung erbracht wird, § 5 Abs. 1 S. 2 Nr. 2 UWG; § 5a Abs. 3 Nr. 4 regelt zudem das Unterlassen der Aufklärung des Verbrauchers über ein Abweichen der Zahlungs- oder Leistungsbedingungen sowie des Verfahrens zum Umgang mit Beschwerden von wesentlichen Grundgedanken der gesetzlichen Regelung. Zwischen diesen Regelungen kann es leicht zu Überschneidungen kommen. Eine saubere Abgrenzung wird nicht immer möglich sein, ist letzten Endes aber auch entbehrlich. **172**

Einen **Sonderaspekt** regelt das Verbot in **Nr. 8 im Anhang zu § 3 Abs. 3 UWG,** bei dem es um die Erbringung einer Leistung nach Vertragsschluss in einer **Sprache** geht, die weder die Amtssprache am Sitz des Verbrauchers ist noch die Sprache, in der die Vertragsverhandlungen geführt wurden. Die Formulierung des Verbots ist so weit gefasst, dass es auch die Erbringung eines Kundendienstes in einer entsprechenden anderen Sprache erfasst. Dieser Tatbestand ist im Verhältnis zu § 5 UWG vorrangig zu prüfen. Ebenso vorrangig zu prüfen ist **Nr. 10 im Anhang zu § 3 Abs. 3 UWG,** wonach es verboten ist, **gesetzlich bestehende Rechte als Besonderheit** herauszustellen. Dies könnte der Fall sein, wenn bestimmte Beschwerdeverfahren gesetzlich vorgesehen sind. **173**

2. Kundendienst und Beschwerdeverfahren

Auch die Begriffe „Kundendienst" und „Beschwerdeverfahren" lassen sich nicht trennscharf voreinander abgrenzen, weil die Einrichtung eines Beschwerdeverfahrens auch eine Form des Kundendienstes sein kann. In der Sache handelt es sich bei beiden Fällen um **nachvertragliche Serviceleistungen. Kundendienst** meint dabei vor allem den klassischen Vorortservice, aber auch die sonstige Kundenbetreuung oder den Betrieb einer sog. **„Hotline".**[774] **Beschwerdeverfahren** umfasst die Einrichtung eines Verfahrens, dass dem Kunden die Möglichkeit gibt, Beschwerden vorzubringen, und zwar **unabhängig von etwaigen Mängelansprüchen** oder sonstigen Ansprüchen. **174**

---

[770] OLG Hamburg MD 2007, 570, 573 – *Anhaltende Wirksamkeit.*
[771] OLG Celle WRP 2015, 472, Tz. 14.
[772] OLG Köln MD 2010, 867 Tz. 13f.
[773] OLG Frankfurt a.M. MD 2008, 636 – *30m wasserdicht.* Nichtzulassungsbeschwerde und Anhörungsrüge wurden vom BGH zurückgewiesen.
[774] Amtl. Begründung des Gesetzentwurfes der Bundesregierung vom 23.5.2008, BR-Drs. 345/08, S. 47.

175 Verboten ist es, einen Kundendienst oder ein Beschwerdeverfahren vorzutäuschen, die es tatsächlich nicht oder nicht in dem behaupteten Umfang gibt, z. B. weil ein Kundendienst überhaupt nicht vorhanden ist, nicht in der angekündigten Nähe des Kunden, nicht für die für den Verbraucher relevanten Waren und Dienstleistungen, nicht kostenlos bzw. zu anderen Kosten als ursprünglich angekündigt etc.

176 Wer damit wirbt, dass er an Geräten einer bestimmten Marke den „Kundendienst" durchführe, erweckt dadurch den Eindruck, dass es sich um einen **von dem entsprechenden Hersteller organisierten Kundendienst** handelt und somit der Unternehmer zumindest eine Vertragswerkstatt des entsprechenden Herstellers ist.[775] Stimmt das nicht, so ist die Werbung irreführend, wobei es dann nicht darauf ankommt, ob sich dies aus § 5 Abs. 1 S. 2 Nr. 3 UWG ergibt (Eigenschaften des Unternehmers) oder aus Nr. 1. Wirbt hingegen ein Unternehmer mit *„Barpreisen ab Lager"*, so erwartet der Verbraucher keinen Kundenservice dahingehend, dass ihm das Gerät nach Hause geliefert, aufgebaut und er in die Bedienung eingewiesen wird.[776] Ebenso kann es irreführend sein, wenn ein Versicherungsunternehmen damit wirbt, dass es in einem Tarif **„direkt +"** seine Kundenbetreuung **„online und telefonisch"** erbringt, dabei aber nicht klar wird, dass die Betreuung *nur* auf diese Weise erfolgt und somit keine persönliche Betreuung in Geschäftsstellen gegeben ist.[777]

VI. Geografische Herkunft

Schrifttum: *Ahrens,* Geografische Herkunftsangaben – Tätigkeitsverbot für den BGH? – Über gemeinschaftsrechtlichen Eigentumsschutz und Importbehinderungen kraft Irreführungsschutzes, GRUR Int. 1997, 508; *Beier,* Der Schutz geografischer Herkunftsangaben in Deutschland, GRUR 1963, 169 und 236; *ders.,* Internationaler Schutz von Ursprungsbezeichnungen (62 B) – Bericht erstattet im Namen der Deutschen Landesgruppe, GRUR Int. 1974, 134; *ders.,* Das Schutzbedürfnis für Herkunftsangaben und Ursprungsbezeichnungen im Gemeinsamen Markt – Zum „Sekt/Weinbrand"-Urteil des Europäischen Gerichtshofs vom 20. Februar 1975, GRUR Int. 1977, 1; *Beier/Knaak,* Der Schutz geografischer Herkunftsangaben in der Europäischen Gemeinschaft, GRUR Int. 1992, 411; *dies.,* Der Schutz geografischer Herkunftsangaben in der Europäischen Gemeinschaft – Die neuste Entwicklung, GRUR Int. 1993, 602; *Borck,* Ein gemeinsames Erbe: „Made in Germany", WRP 1993, 301; *Bornkamm,* Die Schnittstellen zwischen gewerblichem Rechtsschutz und UWG-Grenzen des lauterkeitsrechtlichen Verwechslungsschutzes, GRUR 2011, 1; *Büscher,* Der Schutz geografischer Herkunftsangaben und die Warsteiner-Entscheidung des EuGH, FS Erdmann, 2002, S. 237; *ders.,* Neuere Entwicklung der Rechtsprechung des Europäischen Gerichtshofs und des Bundesgerichtshofs zu den geografischen Herkunftsangaben, GRUR Int. 2005, 801; *v. Danwitz,* Ende des Schutzes der geografischen Herkunftsangabe? – Verfassungsrechtliche Perspektiven –, GRUR 1997, 81; *Dickertmann,* „Wer darf Parmaschinken schneiden bzw. Parmakäse reiben?" oder „Gibt es bei geografischen Herkunftsangaben eine Erschöpfung?", WRP 2003, 1082; *Dorndorf,* Schutz vor Herkunftstäuschung und Rufausbeutung, 2005; *Dreier,* TRIPS und die Durchsetzung von Rechten des geistigen Eigentums, GRUR Int. 1996, 205; *Dück,* Geografische Herkunftsangaben auf dem Weg zum Kennzeichenrecht? – Dargestellt am Beispiel von „Made in Germany", WRP 2011, 1107; *Dück/Maschemer,* Swissness-Vorlage als Vorbild für „Made in Germany"?, GRUR Int. 2015, 220; *Ekey/Klippel/Bender,* Markenrecht, Bd. 2, 2. Auflage 2009; *Fezer,* Markenrecht, 4. Aufl., 2009; *v. Gamm,* Der Schutz geografischer Herkunftsangaben nach mehr- und zweiseitigen Staatsverträgen in der BRep Deutschland, in: FS Brandner, 1996, S. 375; *ders.,* Wein- und Bezeichnungsvorschriften des Gemeinschaftsrechts und nationales Recht gegen den unlauteren Wettbewerb, GRUR 1984, 165; *Gloy,* Geografische Herkunftsangaben, wettbewerbsrechtliche Relevanz und klarstellende Zusätze, FS Piper, 1996, S. 543; *Gorny,* Markenrecht und geografische Herkunftsangaben bei Lebensmitteln, GRUR 1996, 447; *Gündling,* „Made in Germany" – Geografische Herkunftsbezeichnung zwischen Qualitätsnachweis und Etikettenschwindel, GRUR 2007, 921; *Harte-Bavendamm,* Ende der geografischen Herkunftsbezeichnungen? – „Brüsseler Spitzen" gegen den ergänzenden nationalen Rechtsschutz, GRUR 1996, 717; *Heine,* Das neue gemeinschaftsrechtliche System zum Schutz geografischer Bezeichnungen, GRUR 1993, 96; *Helm,* Der Schutz geographischer Angaben nach dem Markengesetz, FS Vieregge, 1995, S. 335; *Henning-Bodewig,* Relevanz der Irreführung, UWG-Nachahmungsschutz und die Abgrenzung Lauterkeitsrecht/IP-Rechte, GRUR Int. 2007, 986; *Hohmann/Leible,* Probleme der Verwendung geografischer und betrieblicher Herkunftsangaben bei Lebensmitteln, ZLR 1995, 265; *Huth,* Auffassungswandel beim Firmenzusatz „deutsch"?, GRUR 1965, 290; *Ingerl/Rohnke,* Markengesetz, 3. Aufl., 2010; *Junker,* Die personengebundene Herkunftsangabe, WRP 1987, 523; *Kahler,* Die geografischen Herkunftsangaben an der Schnittstelle zwischen Markenrecht und Wettbewerbsrecht, 2002; *ders.,* Die kennzeichenrechtlichen Schutzmöglichkeiten geografischer Herkunftsangaben im Markenrecht neben den §§ 126 ff. MarkenG, GRUR 2003, 10; *Kepinski,* Geografische Bezeichnungen im polnischen Recht des Gewerblichen Eigentums, GRUR Int. 2003, 37; *Knaak,* Der Schutz geografischer Herkunftsangaben im neuen Markengesetz, GRUR 1995, 103; *ders.,* Die EG-Verordnung Nr. 510/2006 zum Schutz von geographischen Angaben und Ursprungsbezeichnungen, GRUR Int. 2006, 893; *ders.,* Die Recht-

[775] OLG Hamburg GRUR 1993, 488; a. A. KG WRP 1984, 204.
[776] BGH GRUR 1966, 567 – *Barpreise ab Lager.*
[777] OLG Hamm GRUR-RR 2010, 342, 343 (auch nach § 5a verboten).

sprechung des Europäischen Gerichtshofs zum Schutz geografischer Angaben und Ursprungsbezeichnungen nach der EG-Verordnung Nr. 2081/92, GRUR Int. 2000, 401; *Krieger,* Der internationale Schutz von geografischen Bezeichnungen aus deutscher Sicht, GRUR Int. 1984, 71; *Lindacher,* Geografische Herkunftsangaben im Kennzeichen- und Lauterkeitsrecht. Gedanken zur Neujustierung des einschlägigen Koordinatensystems, in: Festschrift Müller-Graff, 2015, S. 649; *Loschelder,* Geografische Herkunftsangaben – Absatzförderung oder erzwungene Transparenz?, GRUR 2016, 339; *Loschelder/Loschelder,* Geographische Angaben und Ursprungsbezeichnungen, 2. Aufl. 2002; *Mayer, A. H.,* Anmeldung von Herkunftsangaben nach der VO (EWG) Nr. 2081/92 des Rates – Ein Leitfaden –, GRUR 1997, 91; *ders.,* Verordnung (EWG) Nr. 2081/92 zum Schutz von geografischen Angaben und Ursprungsbezeichnungen, WRP 1995, 783; *Meyer, A. H./Klaus,* Kommt Parmesan-Käse aus Parma und Umgebung? – Oder: Das Urteil „Parmigiano Reggiano" im Kontext der bisherigen Rechtsprechung des EuGH zum gemeinschaftsrechtlichen Schutz von Herkunftsangaben, GRUR 2003, 553; *Meier, G.,* Art. 30 EWGV und bilaterale Abkommen zum Schutz von Herkunftsangaben, WRP 1992, 299; *Meyer, P./Koch,* Rechtsschutz im Verfahren zum Schutz geografischer Angaben und Ursprungsbezeichnungen (VO 2081/92), GRUR 1999, 113; *Möhring,* Die Umwandlung einer Beschaffenheitsangabe zum betrieblichen Herkunftshinweis und § 3 UWG, GRUR 1974, 565; *Obergfell,* „Qualitätsneutrale" geografische Herkunftsangaben als Schutzdomäne des nationalen Rechts – Zur Entscheidung des EuGH vom 7.11.2000 – Rs. C-312/98 (Warsteiner), GRUR 2001, 313; *dies.,* Trauben und Birnen verglichen, MarkenR 2005, 470; *Ohde,* Zur demoskopischen Ermittlung der Verkehrsauffassung von geografischen Herkunftsangaben, GRUR 1989, 88; *Omsels,* Versuch einer Neuorientierung des Schutzes der geografischen Herkunftsangaben im deutschen Recht, WRP 2006, 434; *ders.,* Geographische Herkunftsangaben, 2007; *Oppenhoff,* Geografische Bezeichnungen und Warenzeichen, GRUR Int. 1977, 226; *Peter,* Warum die Initiative „Law – Made in Germany" bislang zum Scheitern verurteilt ist, JZ 2011, 939; *Reimer,* Die personengebundene Herkunftsbezeichnung, GRUR 1948, 242; *Scherer,* Normative Bestimmung von Verwechslungs- und Irreführungsgefahr im Markenrecht, GRUR 2000, 273; *Reinhart,* Der Wandel einer geografischen Herkunftsangabe zur Gattungsbezeichnung und zurück am Beispiel der „Nürnberger Rost-Bratwürste", WRP 2003, 1313; *Richard,* Geografische Herkunftsangaben und Ursprungsbezeichnungen im Recht des Unlauteren Wettbewerbs, 1977; *Scherer,* Kurskorrektur bei der Beurteilung der mittelbaren Herkunftsangaben, WRP 2000, 362; *Schoene,* g.g.A. – Anspielung aus Sicht „der europäischen Verbraucher", GRUR-Prax 2016, 80; *Schricker,* Der Schutz der Ursprungsbezeichnungen und Herkunftsangaben gegen anlehnende Bezugnahme, GRUR Int. 1982, 515; *Seidel,* Die sogenannte Cassis de Dijon-Rechtsprechung des Europäischen Gerichtshofs und der Schutz von Herkunftsangaben in der Europäischen Gemeinschaft, GRUR Int. 1984, 80; *Sosnitza,* Der Einfluss des Gemeinschaftsrechts auf das nationale Recht zum Schutz geografischer Herkunftsangaben in Deutschland, GRUR 2007, 462; *ders.,* Subjektives Recht und Ausschließlichkeit – zugleich ein Beitrag zur dogmatischen Einordnung der geografischen Herkunftsangaben, MarkenR 2000, 77; *ders.,* Zum Benutzungserfordernis bei geographischen Herkunftsangaben, in: FS Doepner, 2008, S. 63; *de Sousa Borda,* Schutz der geografischen Herkunftsangaben in Brasilien, GRUR Int. 2003, 510; *Steeger,* Die neue VO der EU zum Schutz von geografischen Herkunftsangaben und „Dresdner Stollen", WRP 1994, 584; *Ströbele/Hacker,* Markengesetz Kommentar, 10. Auflage 2012; *Tilmann,* Zur Bestimmung des Kreises der an einer geografischen Herkunftsangabe Berechtigten, GRUR 1980, 487; *ders.,* EG-Schutz für geografische Herkunftsangaben, GRUR 1992, 829; *ders.,* Ausschließlicher Schutz für geografische Herkunftsbezeichnungen nach der EG-VO 2081/92?, GRUR 1996, 959; *ders.,* Kennzeichenrechtliche Aspekte des Rechtsschutzes geografischer Herkunftsangaben, in: FS GRUR, Bd. 2, 1991, S. 1007; *Ullmann,* Der Schutz der Angabe zur geografischen Herkunft – wohin?, GRUR 1999, 666; *Weides,* Verfassungsrechtliche Aspekte der geografischen Herkunftsangabe – Dargestellt am Beispiel des Gesetzes zum Schutze des Namens „Solingen" v. 15. Juli 1938, WRP 1977, 141 und 234; *Wichard,* Von Warstein nach Europa? – Was verdrängt die Verordnung (EWG) Nr. 2081/92?, WRP 1999, 1005.

1. Abgrenzung und Konkurrenzen

Geographische Herkunftsangaben i. S. d. **§ 126 Abs. 1 MarkenG,** d. h. Angaben, die im ge- **177**
schäftlichen Verkehr zur Kennzeichnung der geografischen Herkunft von Waren oder Dienstleistungen verwandt werden, verkörpern einen kollektiven Goodwill, der allen berechtigten Unternehmen gemeinsam zusteht.[778] Sie sind daher durch ein ausdifferenziertes Schutzsystem geschützt. Neben **§§ 126 ff. MarkenG** gewähren ihnen verschiedene bilaterale Verträge zusätzlich[779] den **Schutz des Ursprungslandes,**[780] so die Verträge zwischen der Bundesrepublik und **Frankreich,**[781] **Griechen-**

---

[778] Amtl. Begr. zum MarkenG, BT-Drucks. 12/6581, S. 116; BGH GRUR 2001, 73, 77 – *Stich den Buben; Ingerl/Rohnke,* Vor §§ 126 ff. Rdn. 1.

[779] Vgl. BGH GRUR 1969, 611, 613 f. – *Champagner-Weizenbier;* GRUR 2005, 957, 958 – *Champagner Bratbirne;* vgl. EuGH GRUR Int. 1999, 433, 445 – *Gorgonzola.*

[780] Vgl. EUGH Urt. v. 10.11.1992, Exportur, C-3/01, EU:C:1992:420, Rdn. 325 ff.

[781] Abkommen vom 8.3.1960 über den Schutz von Herkunftsangaben, Ursprungsbezeichnungen und anderen geografischen Bezeichnungen, Ratifikation durch Gesetz vom 21.1.1961, BGBl. 1961 II S. 22, in Kraft seit 7.5.1961 gemäß Bekanntmachung v. 20.4.1961, BGBl. 1961 II S. 482. Anlagen A und B neu gefasst und in Kraft gesetzt durch VO v. 23.4.1969, BGBl. II S. 856, in Kraft seit 1.11.1969 gemäß Bekanntmachung vom 24.10.1969, BGBl. II S. 2064. – S. dazu BGH GRUR 2005, 957 – *Champagner Bratbirne;* Schweizerisches Bundesgericht, GRUR Int. 2004, 341; BPatG Beschluss v. 30.6.2010, Az.: 26 W (Pat) 106/09; *Obergfell* MarkenR 2005, 470 ff.

land,[782] **Italien,**[783] der **Schweiz,**[784] **Spanien**[785] und **Kuba;**[786] Bedeutung hat dies insbes. im Hinblick auf die Frage eines Vorrangs des MarkenG (s. § 5 J Rdn. 2ff.) und die Geltung des Territorialitäts- und Schutzlandprinzips für geografische Herkunftsangaben nach §§ 126ff. MarkenG.[787] Nach Art. 1 Abs. 2 **PVÜ** sind geografische Herkunftsangaben und Ursprungsbezeichnungen gewerbliches Eigentum. Das **Madrider Abkommen** über die Unterdrückung falscher oder irreführender Herkunftsangaben[788] regelt die Einfuhrbeschlagnahme von Erzeugnissen, die falsche oder irreführende Angaben tragen, durch die eines der Länder, auf die das Abkommen Anwendung findet, oder ein in diesen Ländern befindlicher Ort unmittelbar oder mittelbar als Land oder Ort des Ursprungs angegeben ist. Dem **Lissaboner Abkommen** über den Schutz der Ursprungsbezeichnungen und ihre internationale Registrierung[789] ist die Bundesrepublik nicht beigetreten.[790] Gemäß Art. 3, 4, 22–24 **TRIPS** besteht für geografische Angaben, bei denen eine bestimmte Qualität, der Ruf oder eine sonstige Eigenschaft der Ware im Wesentlichen auf der geografischen Herkunft beruht, Inländerbehandlung und ein Mindestschutz auf hohem Niveau. Die Mitgliedstaaten sind zur Meistbegünstigung verpflichtet. Auf europäischer Ebene zählen geografische Herkunftsangaben zum gewerblichen und kommerziellen Eigentum i.S.d. **Art. 36 AEUV.** [791] Geografische Angaben und Ursprungsbezeichnungen von Agrarerzeugnissen und Lebensmitteln genießen im Falle ihrer Eintragung als **g. g. A.** bzw. **g. U.** Schutz nach der der **VO (EG) Nr. 1151/12,** die an die Stelle der VO Nr. 510/2006 zum Schutz von geografischen Angaben und Ursprungsbezeichnungen[792] getreten ist.[793] Auf nationaler Ebene ist für §§ 126ff. MarkenG durch die „Himalaya Salz"-Entscheidung des BGH geklärt, dass die Regelungen zum Schutz geografischer Herkunftsangaben in den §§ 126ff. MarkenG nach der Novellierung des MarkenG durch das Gesetz zur Verbesserung der Durchsetzung von Rechten des geistigen Eigentums vom 7. Juli 2008 keinen lauterkeitsrechtlichen, sondern einen kennzeichenrechtlich begründeten Schutz vermitteln.[794] Ob aus Erwägungsgrund 9 S. 2 UGP-Richtlinie folgt, dass für geografische Herkunftsangaben i.S.d. § 126 Abs. 1, § 127 Abs. 1 MarkenG ein über dem allgemeinen Irreführungsschutz nach Art. 6 und Art. 7 UGP-Richtlinie und §§ 5, 5a UWG liegendes Schutzniveau bestehen kann, hat der BGH offen gelassen.[795]

---

[782] Abkommen vom 16.4.1964 über den Schutz von Herkunftsangaben, Ursprungsbezeichnungen und anderen geografischen Bezeichnungen, Ratifikation durch Gesetz vom 17.3.1965, BGBl. II S. 176, in Kraft seit 1.4.1967 gemäß Bekanntmachung v. 9.6.1967, BGBl. II S. 1944. Die Anlage B wurde geändert durch Verordnung vom 23.4.1969, in Kraft getreten am 29.5.1969, BGBl. 1969 II S. 854, und Verordnung v. 24.5.1972, in Kraft getreten am 1.6.1972, BGBl. II S. 564.

[783] Abkommen vom 23.7.1963 über den Schutz von Herkunftsangaben und Ursprungsbezeichnungen, Ratifikation durch Gesetz vom 17.3.1965, BGBl. II S. 156, in Kraft getreten gemäß Bekanntmachung vom 7.6.1967, BGBl. II S. 1815.

[784] Vertrag vom 7.3.1967 über den Schutz von Herkunftsangaben und anderen geografischen Bezeichnungen, Ratifikation durch Gesetz vom 7.2.1969, BGBl. II S. 138, in Kraft getreten am 30.8.1969 gemäß Bekanntmachung vom 15.7.1969, BGBl. II S. 1463.

[785] Vertrag vom 11.9.1970 über den Schutz von Herkunftsangaben, Ursprungsbezeichnungen und anderen geografischen Bezeichnungen, Ratifikation durch Gesetz vom 3.3.1972, BGBl. II, 109, in Kraft getreten am 27.9.1973 gemäß Bekanntmachung vom 13.8.1973, BGBl. II, 1305. Die Anlage B wurde geändert durch Verordnung vom 10.10.1994, BGBl. II S. 3534, in Kraft getreten am 15.2.1994 gemäß Bekanntmachung vom 2.6.1995, BGBl. II S. 492.

[786] Abkommen über die Wiederherstellung gewerblicher Schutzrechte und über den Schutz von Herkunftsbezeichnungen vom 22.3.1954, BGBl. II S. 1112 in Kraft getreten am 20.1.1955 hinsichtlich der gewerblichen Schutzrechte und am 21.1.1961 hinsichtlich der Herkunftsbezeichnungen, BGBl. II S. 4.

[787] Vgl. BGH WRP 2001, 546 – *SPA;* GRUR 2007, 884, 886, Tz. 26 – *Cambridge Institute.*

[788] Vom 14.4.1891, revidiert in Washington am 2.6.1911, in Haag am 6.11.1925, in London am 2.6.1934, in Lissabon am 31.10.1958, BGBl. 1961 II S. 293, mit Stockholmer Zusatzvereinbarung vom 14.7.1967, BGBl. 1970 II S. 444.

[789] Vom 31.10.1958, revidiert in Stockholm am 14.7.1967 und geändert am 2.10.1979, abgedruckt bei *Fezer,* Markenrecht, Dokumentation Gesetzestexte, C. I.8.

[790] Zu den Gründen *Krieger* GRUR 1984, 71, 73; *Fezer,* Markenrecht, Teil II Rdn. 12.

[791] EUGH, Urt. v. 10.11.1992, *Exportur,* C-3/01, EU:C:1992:420, Rdn. 37; Urt. v. 6.5.2003, *Libertel,* C-104/01, EU:C:2003:244, Rdn. 49; Urt. v. 5.11.2002, *Kommission/Deutschland,* C-325/00, EU:C:2002:633; s. zu Art. 36 AEUV *Glöckner,* Einl. B Rdn. 35.

[792] V. 20.3.2006, ABlEG Nr. L 93 v. 31.3.2006, S. 12.

[793] S. dazu *Lindacher,* FS Müller-Graff 2015, S. 649ff.

[794] BGH, Urt. v. 31.3.2016, *Himalaya Salz,* I ZR 86/13, DE: BGH 2016: 310316UIZR86.13.0 Rdn. 13, LS; vgl. auch *Büscher*/Dittmer/Schiwy, Gewerblicher Rechtsschutz Urheberrecht Medienrecht, 3. Aufl., § 126 MarkenG Rdn. 18; *Fezer,* Markenrecht, 4. Aufl., § 126 MarkenG Rdn. 4ff.; *Loschelder,* FS Ahrens, 2016, S. 255, 261.

[795] BGH, Urt. v. 31.3.2016, *Himalaya Salz,* I ZR 86/13, DE: BGH 2016: 310316UIZR86.13.0 Rdn. 15.

Im **Wettbewerbsrecht** geht es hingegen nicht um den Schutz von Immaterialgüterrechten oder des an einer geografischen Herkunftsangabe bestehenden kollektiven Goodwills, sondern um den Schutz der Verbraucher, Mitbewerber und sonstigen Marktteilnehmer vor Irreführung. Art. 3 lit. a **Werberichtlinie** verpflichtet deshalb zum Schutz der Gewerbetreibenden vor irreführenden Angaben über die „geografische ... Herkunft". Nach Art. 6 Abs. 1 lit. b **UGP-Richtlinie** gilt auch im Verhältnis B2C eine Geschäftspraxis unter bestimmten weiteren Voraussetzungen als irreführend, wenn sie unwahre oder täuschende Angaben über die „geografische ... Herkunft" enthält. Für vergleichende Werbung sind zusätzlich zu dem Irreführungsschutz in Art. 3 Werberichtlinie und Art. 6, 7 UGP-Richtlinie die Anforderungen des Art. 4 zu beachten. Für **vergleichende Werbung mit Ursprungsbezeichnungen** enthalten **Art. 4 lit. e) und f) Werberichtlinie** besondere Voraussetzungen. Wie der EuGH entschieden hat, ist aber nicht jeder Vergleich, der sich für Waren ohne Ursprungsbezeichnungen auf Waren mit Ursprungsbezeichnungen bezieht, nach Art. 4 lit. e) Irreführungsrichtlinie unzulässig, weil ein Schutz von Ursprungsbezeichnungen, der sich im Sinne eines absoluten Verbots von Vergleichen von Waren ohne Ursprungsbezeichnungen und Waren mit Ursprungsbezeichnungen auswirkte, mit der Irreführungsrichtlinie nicht in Einklang zu bringen ist.[796] Außerdem sind u. a. die Health-Claims-VO, die Etikettierungsrichtlinie,[797] die VO (EU) Nr. 1169/2011 betreffend die Information der Verbraucher über Lebensmittel (LMIV),[798] die WeinVO und die SpirituosenVO zu beachten.[799] **Nach Art. 26 Abs. 2 der VO (EU) Nr. 1169/2011 ist die Angabe des Ursprungslandes oder des Herkunftsortes in bestimmten Fällen verpflichtend,** u. a. falls ohne sie eine Irreführung der Verbraucher hierüber möglich wäre. 178

Nach der Umsetzung dieser unionsrechtlichen Vorgaben durch das UWG (2008) ist die **Vorrangtheorie auch für geographische Angaben und Ursprungsbezeichnungen aufzugeben.** Für das Konkurrenzverhältnis zu §§ 126 ff. MarkenG wurde bislang überwiegend von einem Vorrang der §§ 126 ff. MarkenG gegenüber dem lauterkeitsrechtlichen Irreführungsschutz ausgegangen (s. dazu § 5 Rdn. J. 2 ff.). Dementsprechend kam § 5 auf die Irreführung über die geografische Herkunft von Produkten kaum zur Anwendung. Im Verhältnis zum sonstigen Zeichenrecht kam bei geografischen Herkunftsangaben erschwerend hinzu, dass eine kennzeichenmäßige Benutzung für die Annahme einer Verletzungshandlung i. S. d. §§ 126 ff. MarkenG nach h. M. nicht Voraussetzung[800] und dementsprechend von einem im Verhältnis zum übrigen Zeichenrecht sogar noch weiteren Anwendungsbereich des MarkenG auszugehen war.[801] Damit blieb für § 5 im Bereich geografischer Herkunftsangaben im Wesentlichen nur noch Raum, wenn die Angabe schon gar nicht für Waren oder Dienstleistungen benutzt wurde.[802] 179

Der **BGH** hat die zuvor in std. Rspr., die in weiten Teilen der Literatur auf Zustimmung gestoßen war,[803] vertretene **Vorrangthese** zwischenzeitlich in der „Hard Rock Café"-Entscheidung vom 15.8.2013[804] aufgrund der ins deutsche Recht umgesetzten Bestimmung des Art. 6 Abs. 2 lit. a UGP-Richtlinie **jedenfalls für § 5 Abs. 1 S. 2 Nr. 1 aufgegeben,** s. § 5 Rdn. J. 2 ff. 180

Auch die Regelungen zum Schutz **geografischer Herkunftsangaben und Ursprungsbezeichnungen** gehen dem wettbewerblichen Irreführungsschutz nicht vor.[805] Geografische Her- 181

---

[796] Vgl. EuGH, Urt. v. 19.4.2007, *De Landtsheer Emmanuel,* C-381/05, EU:C:2007:230.

[797] Richtlinie 2000/13/EG und VO (EG) Nr. 1924/2006, s. näher § 5 Abschn. A. Rdn. 62 ff.

[798] VO (EU) Nr. 1969/2011, ABl. L 304, S. 62 ff.

[799] Näher schon § 5 Abschn. A. Rdn. 62 ff.

[800] BGH GRUR 2002, 426, 427 – *Champagner bekommen, Sekt bezahlen;* GRUR 2005, 957, 958 – *Champagner Bratbirne; Büscher* GRUR Int. 2005, 801, 802; *Ingerl/Rohnke,* Vor §§ 126–139, Rdn. 5; v. Schultz/*Gruber* § 127 Rdn. 2; Ströbele/*Hacker,* § 127 Rdn. 39.

[801] Vgl. *Büscher* GRUR Int. 2005, 801, 802 ff.

[802] BGH GRUR 2001, 73, 76 – *Stich den Buben;* GRUR 2007, 884, 886, Tz. 26 – *Cambridge Institute; Büscher* GRUR Int. 2005, 801 ff.

[803] S. nur Ströbele/*Hacker,* § 2 Rdn. 16, 18; *Ingerl* WRP 2004, 809, 815 f.; *Ingerl/Rohnke,* 2. Auflage, § 2 Rdn. 2 ff. (zum alten Recht, anders jetzt im Hinblick auf die Umsetzung der UGP-RL 3. Auflage 2010 § 2 Rdn. 2); *Sack* WRP 2001, 1022, 1033; *Sambuc* in: FS Hertin, S. 439, 444; *Sosnitza* WRP 2003, 1186, 1187; *Starck* in: FS Erdmann, S. 485, 489 f.; *Teplitzky* WRP 2003, 415, 416.

[804] BGH GRUR 2013, 1161, 1165 Rdn. 60 – *Hard Rock Café.*

[805] *Fezer,* Markenrecht, 4. Aufl. 2009, § 126 Rd. 3; *Lindacher,* FS Müller-Graff, S. 649, 653; GK/*Lindacher,* 2. Aufl. 2014, § 5 Rdn. 539; s. auch Ströbele/*Hacker,* MarkenG, § 126 Rdn. 9; *Ingerl/Rohnke,* MarkenG, 3. Auflage 2010, § 2 Rdn. 8 und Vor §§ 126 ff. Rdn. 9. S. auch Köhler/*Bornkamm,* 34. Aufl. 2016, § 5 Rdn. 1.79, 4.203 a: das Konkurrenzverhältnis zu §§ 126 ff. MarkenG sei eher nicht eines der Spezialität, sondern der Subsidiarität; da sich der Anspruch in den meisten Fällen bereits aus §§ 126 ff. ergebe, komme es hierauf jedoch zumeist nicht entscheidend an. – **A. A.** OLG Hamm GRUR-RR 2011, 72, 73: §§ 126 ff. MarkenG lex specialis.

kunftsangaben zählen auf europäischer Ebene zum gewerblichen und kommerziellen Eigentum,[806] ebenso vermitteln auch §§ 126 ff. MarkenG nach der Novellierung des MarkenG 2008 für geografische Herkunftsangaben keinen lauterkeitsrechtlichen, sondern einen kennzeichenrechtlich begründeten Schutz,[807] so dass im Grundsatz nichts anderes gelten kann als für das Verhältnis zwischen Wettbewerbs- und Zeichenrecht. Bei dem Schutz nach der **VO (EG) Nr. 1151/12** und dem Irreführungsschutz der Werberichtlinie bzw. UGP-Richtlinie handelt es sich auf Unionsebene um zwei verschiedene Schutzsysteme, die unterschiedliche Ansätze verfolgen und nebeneinander anwendbar sind. Ein Vorrang des Schutzes nach der VO (EU) Nr. 1151/12 besteht daher auch nach einer Anmeldung und für in das bei der Kommission geführte Register eingetragene **g. g. A.** bzw. **g. U.** nicht[808]

2. Unwahre oder täuschende Angabe über die geografische Herkunft

182 **a) Angabe über die geografische Herkunft.** Dies ist im wettbewerbsrechtlichen Sinne jede Information, in der ein durchschnittlich (angemessen) aufmerksames, verständiges und informiertes Mitglied des Personenkreises, an den sich die geschäftlichen Handlung richtet, in der konkreten Situation der geschäftlichen Handlung einen Hinweis auf die geografische Herkunft der Ware bzw. Dienstleistung erblickt; lediglich bei objektiv unwahren Angaben entscheidet ein **objektiver** Maßstab, näher § 5 B Rdn. 174.

183 Auch **Verschweigen oder Vorenthalten** für den Verkehr wesentlicher Informationen über die geografische Herkunft von Waren oder Dienstleistungen kann unter den Voraussetzungen des § 5a irreführend sein. Dabei gelten in Angeboten an Verbraucher die wesentlichen Merkmale der Ware oder Dienstleistung, zu denen auch die geografische Herkunft zählen kann, in dem für das Kommunikationsmittel oder die Ware oder Dienstleistung angemessenen Umfang kraft Gesetzes als wesentlicher Umstand, § 5a Abs. 3 Nr. 1. Eine Wesentlichkeitsvermutung besteht auch, wenn das Gemeinschaftsrecht entspr. Angaben vorschreibt, § 5a Abs. 4. S. zur Irreführung durch Unterlassen von Informationen ausführlich die Kommentierung zu § 5a.

184 Der Herkunftshinweis kann **unmittelbar** erfolgen (z. B.: „Warsteiner" für Bier,[809] „Rügenwalder Teewurst",[810] „Made in (es folgt eine Länderbezeichnung)",[811] „Lübecker Marzipan",[812] „Wall-(Street)-Finanz H. + Partner" für einen Finanzmakler)[813] oder **mittelbar** gegeben werden (z. B.: herkunftshinweisende Flaschenform für Wein[814] oder Bier,[815] CMA-Gütesiegel „Markenqualität aus deutschen Landen",[816] **ausländische Produktaufmachung,**[817] z. B. Landesfarben auf Ware bzw. Verpackung,[818] Abbild eines berühmten Gebäudes,[819] fremdländische Schreibweise eines Namens,[820] die Verwendung des Namens einer bekannten Weinbergslage[821]). Keinen Hinweis auf die geografische Herkunft entnimmt der Verkehr Angaben, die er als reine **Phantasieangaben, Warennamen, Pseudo-Herkunftsangaben** u. ä. versteht. So nimmt der Durchschnittsumworbene nicht an, ein als „Capri-Sonne" beworbenes Getränk stamme tatsächlich aus Capri oder weise einen örtlichen Bezug dazu auf.[822] Unter „Keramik" versteht man heute eine Produktbezeichnung und

[806] Näher bereits oben Rdn. 178.

[807] BGH, Urt. v. 31.3.2016, *Himalaya Salz,* I ZR 86/13, DE: BGH 2016: 310316UIZR86.13.0 Rdn. 13, LS.

[808] Vgl. *Lindacher,* FS Müller-Graff, S. 649, 654 ff.; enger aber *Fassbender/Herbrich,* GRUR Int. 2014, 765, 772 f., der für den Fall einer Eintragung den lauterkeitsrechtlichen Irreführungsschutz für entbehrlich hält und von einem Vorrang der VO (EU) Nr. 1151/2012 ausgeht.

[809] BGH GRUR 1999, 252, 254 – *Warsteiner II.*

[810] Vgl. BGH GRUR 1995, 352 ff. – *Rügenwalder Teewurst II.* Die Bezeichnung „Rügenwalder Teewurst" ist inzwischen als Kollektivmarke nach § 97 MarkenG eingetragen und darf nur von Traditionsträgern verwendet werden, OLG Hamburg ZLR 1999, 354 mit Anm. *Hackbarth.*

[811] Vgl. BGH GRUR 1974, 665 ff. – *Germany;* GRUR-RR 2015, 209 ff. – *Made in Germany.*

[812] BGH GRUR 1981, 71, 73 – *Lübecker Marzipan.*

[813] Vgl. OLG Bremen WRP 1977, 267.

[814] Vgl. BGH GRUR 1971, 313 ff. – *Bocksbeutelflasche;* GRUR 1979, 415 ff. – *Cantil-Flasche.*

[815] OLG Hamburg Magazindienst 2005, 528 – *Desperados.*

[816] Vgl. EuGH, Urt. v. 5.11.2002, *Kommission/Deutschland,* C-325/00, EU:C:2002:633.

[817] BGH, Urt. v. 30.7.2015, *Piadina-Rückruf,* I ZR 250/12, DE:BGH:2015:300715UIZR250.12.0, Rdn. 19.

[818] Vgl. BGH GRUR 1982, 685 – *Ungarische Salami II;* Urt. v. 30.7.2015, *Piadina-Rückruf,* I ZR 250/12, DE:BGH:2015:300715UIZR250.12.0, Rdn. 2 ff., 19.

[819] BGH GRUR 1955, 91, 92 – *Mouson.*

[820] Vgl. BGH GRUR 1991, 215 – *Emilio Adani.*

[821] BGH GRUR 2001, 73 – *Stich den Buben.*

[822] BGH GRUR 1983, 768, 770 – *Capri.*

„Kasseler Rippenspeer" ist kein Herkunftshinweis, sondern stammt vom Koch Caßler. Bezeichnungen wie *Italienischer Salat,*[823] *Wiener Schnitzel*[824] und *Kölnisch Wasser*[825] erkennt der Durchschnittsverbraucher ohne weiteres als **Gattungsbezeichnung.** Auch wenn der Verkehr eine Angabe ausschließlich als Hinweis auf die **betriebliche Herkunft** des Produkts versteht, ist keine geografische Herkunftsangabe gegeben. In Unternehmenskennzeichen liegt daher nur ein geografischer Herkunftshinweis, wenn der Durchschnittsverbraucher in der Angabe neben dem Hinweis auf den Betrieb auch noch einen solchen auf die geografische Herkunft sieht.[826]

Entscheidend ist die Sicht des Verkehrs in der **konkreten Situation der geschäftlichen** 185 **Handlung.** Alle dem Durchschnittsverbraucher erkennbaren Umstände des Einzelfalls sind zu berücksichtigen, also z. B. die Art des Produkts, die konkrete Verwendung der Bezeichnung, das Schriftbild bzw. der Klang, die Verwendung einer fremdländischen Sprache,[827] Zusätze **(„original", „echt")** usw. Deshalb kann die Bezeichnung „Plym" für einen Gin, die vom Durchschnittsumworbenen an sich nicht als Hinweis auf den englischen Fluss Plym bzw. die englische Stadt Plymouth aufgefasst wird, dadurch zur Herkunftsangabe werden, dass ihr englisches Vokabular, z. B. die englisch anmutende Firma des Werbenden, beigefügt wird.[828]

Ob die Angabe als geografische Herkunftsangabe **im Sinne von § 126 MarkenG geschützt** 186 wird, ist für §§ 5, 5a **unerheblich.** Deshalb spielt hier auch die im Anwendungsbereich der §§ 126 ff. MarkenG streitige Frage, ob die Angaben zuvor bereits im geschäftlichen Verkehr als Hinweis auf die geografische Herkunft von Produkten verwandt worden sein müssen,[829] keine Rolle.[830] Gleichermaßen ist der Schutz aus §§ 5, 5a auch nicht davon abhängig, dass **ergänzende Schutzbestimmungen** eingreifen bzw. nicht eingreifen. Ob eine ausländische Herkunftsangabe in ihrem Heimatland geschützt ist, ist schon für die Einstufung als geografische Herkunftsangabe i. S. d. § 126 MarkenG irrelevant;[831] erst Recht ist es für §§ 5, 5a ohne Bedeutung.

Der wettbewerbliche Irreführungsschutz setzt nur voraus, dass der durchschnittlich (angemessen) 187 aufmerksame, verständige und informierte Verkehr die Angabe in der konkreten Situation der geschäftlichen Handlung als Hinweis auf die geografische Herkunft des Produkts begreift. Eine **besondere Bekanntheit** der Bezeichnung, etwa eines Städtenamens, ist dafür nicht erforderlich. Es muss sich **nicht einmal um einen tatsächlich existierenden Ort** handeln. Ausreichend ist, dass der Verkehr mit der Angabe nur die Vorstellung einer bestimmten geografischen Herkunft verbindet.

Auf die für §§ 126 ff. MarkenG umstrittene Frage, ob für die **Entwicklung und Rückentwick-** 188 **lung** von Gattungsbezeichnungen bzw. Beschaffenheitsangaben zu Herkunftsangaben und umgekehrt besondere Anforderungen gelten,[832] kommt es bei §§ 5, 5a nicht an.

Eine Angabe, welche sich auf Grund ihrer Benutzung für einen bestimmten **Betrieb** als Her- 189 kunftshinweis durchgesetzt hat, verliert dadurch nicht ihre Eigenschaft, als geografischer Herkunftshinweis zu wirken, solange der Verkehr sie nach wie vor als solchen auffasst.[833] Gleiches gilt, wenn die Bezeichnung zugunsten eines Einzelnen als **Marke** geschützt ist.[834]

b) Unwahr oder täuschend. Ob die Angabe über die geografische Herkunft unwahr ist, ist 190 anhand objektiver Maßstäbe zu beurteilen, s. näher § 5 Abschn. B Rdn. 174. Demgegenüber kommt es für die Täuschungseignung der Angabe auf die Sicht eines durchschnittlich (angemessen) aufmerksamen, verständigen und informierten Mitglieds des Personenkreises an, an den sich die geschäftliche Handlung richtet.[835] Dies kann auch bei geographischen Herkunftsangaben ein

---

[823] *Fezer,* Markenrecht, § 126 Rdn. 17.

[824] *Fezer,* Markenrecht, § 126 Rdn. 17.

[825] BGH GRUR 1965, 317, 318 – *Kölnisch Wasser.*

[826] Vgl. BGH GRUR 1958, 39, 40 – *Rosenheimer Gummimäntel;* OLG Frankfurt Urt. v. 5.5.2011, Az. 6 U 41/10, BeckRS 2011, 14804.

[827] Vgl. BGH GRUR 1956, 187 ff. – *English Lavender;* GRUR 1958, 185, 187 – *Wyeth.*

[828] Vgl. BGH GRUR 1971, 255, 257 f. – *Plym-Gin.*

[829] Für das Benutzungserfordernis: *Büscher* GRUR Int. 2005, 801, 802; *Knaak* GRUR 1995, 103, 105; *Fuchs-Wissemann* in: HK-MarkenR, § 126 Rdn. 3; *Fezer,* Markenrecht, § 126 Rdn. 13. Dagegen: *Ullmann* GRUR 1999, 666, 668. S. auch den neuen Ansatz von *Sosnitza,* FS Doepner, S. 63 ff.

[830] Ebenso *Ingerl/Rohnke,* § 126 Rdn. 9.

[831] BGH GRUR 1982, 564 ff. – *Elsässer Nudeln.*

[832] Vgl. BGH GRUR 1957, 128 – *Steinhäger;* GRUR 1965, 317 – *Kölnisch Wasser;* GRUR 1982, 71, 73 – *Lübecker Marzipan;* GRUR 2001, 420, 421 – *SPA;* GRUR 2002, 1074, 1076 – *Original Oettinger.* Für einen Gleichlauf mit dem UWG bei der Umwandlung einer geografischen Bezeichnung in eine Gattungsbezeichnung *Ingerl/Rohnke,* § 126 Rdn. 15.

[833] Vgl. schon BGH GRUR 1999, 252, 254 – *Warsteiner II.*

[834] Vgl. *Ullmann* GRUR 1999, 666, 672.

[835] Vgl. EUGH, Urt. v. 21.1.2016, *Verlados,* C-75/15, EU:C:2016:35, Rdn. 25 (zur VO Nr. 110/2008); v. 4.6.2015, *Himbeer-Vanille Abenteuer* [Teekanne], C-195/14, EU:C:2015:361, Rdn. 36.

regional begrenzter Kreis von Verbrauchern oder sonstigen Marktteilnehmern sein, wenn sich eine regional begrenzte Werbung nur an einen räumlich begrenzten Kreis von Verbrauchern wendet.[836] Zwar hat der **EuGH** zu dem Schutz eingetragener geografischer Angaben nach der EU-Spirituosen-VO 110/2008 entschieden, dass es bei der Beurteilung, ob eine widerrechtliche „Anspielung" nach Art. 16 lit. b dieser Verordnung vorliegt, auf die Wahrnehmung eines europäischen Verbrauchers und nicht nur eines Verbrauchers des Mitgliedstaates ankommt.[837] Dem liegt die Erwägung zugrunde, dass Art. 16 lit. b) der VO 110/2008 geografische Angaben im gesamten Hoheitsgebiet gegen jede „Anspielung" schützt.[838] Auf den lauterkeitsrechtlichen Schutz der Verbraucher vor Irreführung nach Art. 6 Abs. 1 lit. b) UGP-Richtlinie/§ 5 Abs. 1 S. 2 Nr. 1 UWG, der andere Voraussetzungen und Rechtswirkungen hat als ein kennzeichenrechtlich begründetes Schutzrecht, und bei dem die Möglichkeit einer regionalen Schutzbegrenzung des Unterlassungsgebots besteht,[839] lässt sich dies jedoch nicht übertragen.

191 Die Sicht des Durchschnittsverbrauchers entscheidet nicht nur darüber, ob überhaupt eine Angabe über die geografische Herkunft vorliegt, sondern auch, **welcher Herkunftsort (angeblich) bezeichnet wird.** Bedeutsam wird das vor allem bei Waren, die verschiedene Produktionsstufen durchlaufen (z. B. Anbau – Ernte – Mahlen – Brotbacken), oder deren Produktion im Inland auf der Grundlage einer ausländischen Lizenz erfolgt. Von einem **„deutschen Erzeugnis"** wird regelmäßig erwartet, dass es von einem deutschen Unternehmen in Deutschland hergestellt wird.[840] Da der Verkehr das Phänomen der internationalen Arbeitsteilung kennt, erwartet er jedoch im Allgemeinen nicht, dass alle Produktionsvorgänge an demselben Ort stattfinden,[841] sondern bezieht bei einem Industrieprodukt eine Herkunftsangabe auf denjenigen Ort der Herstellung der Ware, an dem das Industrieerzeugnis seine für die Verkehrsvorstellung **maßgebende Qualität und charakteristischen Eigenschaften** erhält.[842] Die Eigenheiten **industriell gefertigter Erzeugnisse** bilden sich während des Fertigungsvorgangs heraus und nicht durch dessen Überwachung und Kontrolle.[843] Für die Richtigkeit der Angabe **„Made in Germany"** ist daher bei Industrieerzeugnissen notwendig, aber auch ausreichend, dass die Leistungen in Deutschland erbracht worden sind, durch die das zu produzierende Industrieerzeugnis seine aus Sicht des Verkehrs im Vordergrund stehenden qualitätsrelevanten Bestandteile oder wesentlichen produktionsspezifischen Eigenschaft erhält.[844] Wird ein Erzeugnis unter Verwendung ausländischer Lizenzen hergestellt, ist es nur dann **„deutsches Erzeugnis"**, wenn die Eigenschaften oder Bestandteile der Ware, die in den Augen des Publikums deren **Wert ausmachen,** auf einer deutschen Leistung beruhen.[845] Steht für die Wertschätzung ein Element im Vordergrund, das auf einer ausländischen Leistung basiert, so kann die Bezeichnung irreführend und, wenn die ausländische Herkunft jener Eigenschaften der Ware für die Kaufüberlegungen der Interessenten von Bedeutung sein können, die Irreführungsgefahr auch wettbewerbsrechtlich relevant sein.[846] Entsprechendes gilt bei anderen Länderangaben, z. B. **„engli-**

---

[836] BGH GRUR 1983, 32, 33 – *Stangenglas I;* Ohly/*Sosnitza,* 6. Aufl. 2014, § 5 Rdn. 124; Köhler/*Bornkamm,* 34. Aufl. 2016, § 5 Rdn. 2.82; s. näher **§ 5 Abschn. B Rdn. 37.**

[837] EUGH, Urt. v. 21.1.2016, *Verlados,* C-75/15, EU:C:2016:35, Rdn. 28, LS. Gleiches dürfte auch für den Schutz von g. g. A. bzw. g. U. vor widerrechtlicher Anspielung nach **Art. 24 Abs. 1 der VO (EG) Nr. 1251/2012 (Lebensmittel), Art. 103 Abs. 2 lit. b) VO Nr. 1308/2013 (Wein)** und **Art. 20 Abs. 2 lit. b)** der **VO (EG) Nr. 251/2004** (aromatisierte Weine) gelten, vgl. *Schoene,* GRUR-Prax 2016, 80.

[838] EUGH, Urt. v. 21.1.2016, *Verlados,* C-75/15, EU:C:2016:35, Rdn. 27.

[839] BGH, GRUR 1983, 32, 33 f. – *Stangenglas I;* Ohly/*Sosnitza,* 6. Aufl. 2016, § 5 Rdn. 124.

[840] BGH GRUR 1973, 594, 595 – *Ski-Sicherheitsbindung;* vgl. BGH GRUR 1961, 538 – *Feldstecher.* Informativ auch *Gündling* GRUR 2007, 921; *Peter* JZ 2011, 939; *Slopek* GRURPrax 2011, 291.

[841] BGH GRUR-RR 2015, 209, 210, Rdn. 15 – *KONDOME – Made in Germany;* OLG Stuttgart NJW-WettbR 1996, 53, 54; *L* GK/*Lindacher,* 2. Aufl. 2013, § 5 Rdn. 548; Gloy/Loschelder/Erdmann/*Helm,* WettbewerbsR, 4. Aufl., § 73 Rdn. 35.

[842] BGH GRUR-RR 2015, 209, 210, Rdn. 15 – *KONDOME – Made in Germany;* GK/*Lindacher,* 2. Aufl. 2013, § 5 Rdn. 548; Ohly/*Sosnitza,* UWG, 6. Aufl., § 5 Rdn. 381; *Büscher*/Dittmer/Schiwy, Gewerblicher Rechtsschutz, UrheberR, MedienR, 3. Aufl., § 127 MarkenG Rdn. 9 f.; vgl. zur früheren Rechtslage BGH GRUR 1973, 594, 595 – *Ski-Sicherheitsbindung.*

[843] BGH, Urt. v. 30.7.2015, *Piadina-Rückruf,* I ZR 250/12, DE:BGH:2015:300715UIZR250.12.0, Rdn. 20; vgl. BGH GRUR-RR 2015, 209, 210, Rdn. 15, 18 – *KONDOME – Made in Germany.*

[844] BGH GRUR-RR 2015, 209, 210, Rdn. 15 f. – *KONDOME – Made in Germany.*

[845] BGH GRUR 1973, 594, 595 – *Ski-Sicherheitsbindung.*

[846] BGH GRUR 1973, 594, 595 – *Ski-Sicherheitsbindungen;* BGH GRUR-RR 2015, 209, 210, Rdn. 15 f. – *KONDOME – Made in Germany:* Werbung für Kondome mit der Angabe „Made in Germany" ist irreführend, wenn sich die aus Sicht des Verbrauchers wesentlichen Eigenschaften der Dichtigkeit und Reißfestigkeit während der Fertigung im Ausland herausbilden und die Kondome im deutschen Werk lediglich noch verpackt und versiegelt sowie einer chargenmäßigen Qualitätskontrolle unterzogen werden.

sche Ware", während man bei den Bezeichnungen **„europäisch"** bzw. **„international"** davon ausgeht, dass das Unternehmen über eine auf den europäischen bzw. internationalen Markt ausgerichtete Organisation, wirtschaftliche Stärke und ausländische Geschäftsbeziehungen verfügt. Der Umstand, dass das Unternehmen im **Internet** vertreten ist, reicht für sich genommen nicht aus. Bei bearbeiteten **Naturerzeugnissen** ist i. d. R. der Bearbeitungsort maßgeblich.[847] Bei **Wein** kommt es auf die Lage an,[848] bei **Bier** ist der Brauort entscheidend.[849] Bei **Dauermilcherzeugnissen** kommt es auf den Gewinnungsort der Milch an,[850] bei **Mineralwasser** ist die natürliche Quelle ausschlaggebend.[851] Bei Sicherheitsskibindungen versteht der Verkehr die Angabe **„deutsches Erzeugnis"** als Hinweis darauf, dass es sich um eine deutsche Konstruktion handele, so dass die Kennzeichnung irreführend ist, wenn das nicht zutrifft, selbst wenn die Ware in Deutschland produziert und verarbeitet wird. Den Begriff „**Kontinent** Möbel" für ein Möbel-Großhandelsunternehmen versteht auch der durchschnittlich informierte, verständige und aufmerksame Durchschnittsumworbene noch dahingehend, dass die Möbel im Wesentlichen vom Kontinent stammen.[852]

Eine Täuschungseignung über die geografische Herkunft kann dadurch vermieden werden, dass einer an sich täuschenden Angabe geeignete **irrtumsausschließende Zusätze** beigefügt werden.[853] Inwieweit an entlokalisierende Zusätze bei § 127 MarkenG strengere Anforderungen zu stellen sind, ist streitig.[854] Für § 5 hat dieser Streit angesichts der Selbständigkeit beider Schutzsysteme, vgl. § 5 Abschn. J Rdn. 2 ff., keine Auswirkungen; hier gelten die allgemeinen Grundsätze. 192

3. Wettbewerbsrechtliche Relevanz

Das – im Anwendungsbereich der §§ 127 ff. MarkenG umstrittene[855] – Erfordernis wettbewerblicher Relevanz besteht im Anwendungsbereich des § 5 uneingeschränkt und damit auch für die Irreführung über die geografische Herkunft.[856] Nach der Rspr. des BGH ist eine Irreführung durch eine geografische Herkunftsangabe i. S. d. § 5 Abs. 1 S. 2 Nr. 1 i. d. R. wettbewerblich relevant, weil es sich dabei um ein wesentliches werbliches Kennzeichnungsmittel handelt, das der Individualisierung der Ware sowie der Herstellung einer Beziehung zwischen den gekennzeichneten Waren einerseits und den Qualitäts- und Preisvorstellungen der Kunden andererseits dient und deshalb ein für die Kaufentscheidung bedeutsamer Informationsträger ist.[857] Es bedarf daher regelmäßig besonderer Gründe für die Annahme, dass eine irreführende geographische Herkunftsangabe für den Kaufentschluss des getäuschten Publikums ohne Bedeutung ist.[858] Ein solcher besonderer Grund liegt vor, wenn sich ein bei dem Verbraucher hervorgerufener Irrtum über die geografische Herkunft regelmäßig nicht positiv, sondern negativ auf dessen Kaufentschluss auswirkt.[859] Hingegen ist die Relevanz zu bejahen, wenn der Durchschnittsumworbene mit der vermeintlichen Herkunft eine besondere Gütevorstellung verbindet,[860] was z. B. für die Herkunft haarkosmetischer Erzeugnisse aus Paris bejaht wurde.[861] Bei mit Lagenamen gekennzeichneten Weinen erwartet der Verkehr im Allgemeinen bessere Qualität als bei solchen, deren Bezeichnung keinen Lagenamen aufweist.[862] 193

---

[847] Ohly/*Sosnitza,* 6. Aufl. 2014, § 5 Rdn. 382.

[848] BGH GRUR 1961, 347, 348 – *Almglocke;* GRUR 2001, 73, 75 – *Stich den Buben.*

[849] BGH NJW 2002, 600, 601 – *Warsteiner III.*

[850] BGH GRUR 1961, 347, 348 – *Almglocke.*

[851] Ohly/*Sosnitza,* 6. Aufl. 2014, § 5 Rdn. 382.

[852] BGH GRUR 1979, 716, 718 – *Kontinent-Möbel.*

[853] Vgl. BGH GRUR 1956, 187 – *English Lavender;* GRUR 1958, 185, 187 – *Wyeth;* GRUR 1963, 589, 591; GRUR 1965, 681, 684 – *de Paris;* GRUR 1971, 255, 258 – *Plym-Gin;* GRUR 1982, 564, 565 – *Elsässer Nudeln;* GRUR 2002, 160, 162 – *Warsteiner III;* OLG Hamburg Magazindienst 2005, 528 – *Desperados.*

[854] Näher *Sosnitza* GRUR 2007, 462, 465 f. m. w. N.

[855] Der BGH hatte ein Relevanzerfordernis bislang verneint, vgl. BGH GRUR 1999, 252, 254 – *Warsteiner II;* GRUR 2001, 420, 421 – *SPA,* diese Rspr. aber in der Entscheidungen „Original Oettinger" und „Warsteiner III" angezweifelt, vgl. BGH NJW 2002, 600, 601 f. – *Warsteiner III;* GRUR 2002, 1074, 1076 – *Original Oettinger.* S. hierzu näher *Sosnitza* GRUR 2007, 462, 467 f. m. w. N.

[856] Gloy/Loschelder/Erdmann/*Helm,* HdbWettbR, § 59 Rdn. 158, 164.

[857] BGH, Urt. v. 30.7.2015, *Piadina-Rückruf,* I ZR 250/12, DE:BGH:2015:300715UIZR250.12.0, Rdn. 22; v. 31.3.2016, *Himalaya Salz,* I ZR 86/13, DE:BGH:2016:310316UIZR86.13.0, Rdn. 34.

[858] BGH, Urt. v. 30.7.2015, *Piadina-Rückruf,* I ZR 250/12, DE:BGH:2015:300715UIZR250.12.0, Rdn. 22; v. 31.3.2016, *Himalaya Salz,* I ZR 86/13, DE:BGH:2016:310316UIZR86.13.0, Rdn. 34.

[859] BGH, Urt. v. 30.7.2015, *Piadina-Rückruf,* I ZR 250/12, DE:BGH:2015:300715UIZR250.12.0, Rdn. 23.

[860] BGH GRUR 1965, 681, 684 – *de Paris;* vgl. *Schricker* GRUR Int. 1982, 515, 517.

[861] BGH GRUR 1965, 681, 684 – *de Paris;* vgl. *Schricker,* GRUR Int. 1982, 515, 517.

[862] BGH GRUR 1980, 173, 174 – *Fürstenthaler.*

4. Verhältnismäßigkeit

194 Zu Geltung und Umfang des Verhältnismäßigkeitsgrundsatzes näher § 5 Abschn. B Rdn. 246 ff. Der BGH geht in ständiger Rechtsprechung davon aus, dass im Allgemeinen kein schutzwürdiges Interesse besteht, eine unrichtige geografische Herkunftsangabe zu verwenden,[863] hält Einschränkungen des Irreführungsverbots jedoch in bestimmten Fällen für möglich. So erkannte er ein überwiegendes Interesse der Brauerei an, das wertvolle Unternehmenskennzeichen „Warsteiner" auch an weiteren Produktionsstätten (konkret: für das in Paderborn gebrauchte „Fresh-Bier" bzw. „Light-Bier") verwenden zu können, die das Unternehmen erwarb oder aufbaute, um dort der Expansion des Geschäftsbetriebs Rechnung tragen zu können.[864] Wird das Zeichen durch ein rechtlich selbstständiges Drittunternehmen genutzt, soll dies i. R. d. Interessenabwägung keinen Unterschied machen, sofern dieses Unternehmen der Unternehmensgruppe, die ein erhebliches wirtschaftliches Interesse an der Präsentation unter dem Unternehmenskennzeichen hat, angehört und ihr eng verbunden ist.[865]

5. Beispiele

195 **Bier: „Kulmbacher Bier"**,[866] **„Oettinger"**[867] bzw. **„Original Oettinger"**,[868] **„Pilsener"**, **„Pilsner"** in Alleinstellung[869] werden als Hinweis auf die geografische Herkunft des Bieres aufgefasst, ebenso **Warsteiner** auf den Etiketten der Bierflaschen.[870] **„Pils"**, **„Pilsner"**, **„Pilsener"** als einem als Betriebskennzeichen wirkenden Wort nachgestellte Bezeichnung oder wenn sie aus anderen Gründen auf eine deutsche Brauerei hinweisen, hingegen nicht.[871] Zu **„Bayerisches Bier"** s. EuGH GRUR 2011, 240 (auf Vorlage des BGH GRUR 2008, 413) und BGH Urt. v. 22.9.2011, Az. I ZR 69/04, BeckRS 2012, 05598 – *Bayerisches Bier II.*

196 **Dienstleistungen: „Wall-Finanz H. + Partner"** für Finanzmakler kann herkunftshinweisend sein.[872] **„Cambridge"** für eine Sprachschule, die Kurse und Prüfungen für die engl. Sprache anbietet, versteht der Verkehr nach der vom BGH[873] nicht beanstandeten Auffassung des OLG München[874] dahingehend, dass die angebotenen Sprachkurse zumindest in Zusammenarbeit mit der Universität in Cambridge erarbeitet und die Prüfungen in Zusammenarbeit mit der Universität in Cambridge abgenommen werden.

197 **Getränke:** Bezeichnung von Saft als **„Capri"** versteht der Verkehr nicht als Hinweis auf eine geografische Herkunft.[875] Anders i. d. R. bei **Mineralwässern.** S. auch unter „Wein" und „Spirituosen".

198 **Körperpflegemittel und Parfümeriewaren, Kondome:** Im Ausland gefertigte Kondome, die in Deutschland nur noch verpackt und versiegelt sowie einer chargenmäßigen Qualitätskontrolle unterzogen werden, dürfen nicht mit der Angabe **„Made in Germany"** beworben werden.[876] **„English Lavender"** für Lavendel-Seife soll nach einer früheren Entscheidung des BGH als Herkunftshinweis wirken;[877] dies erscheint zweifelhaft. Der **Frankfurter Römer** auf der Verpackung kann herkunftshinweisend sein.[878] **„Hollywood-Duftschaumbad"** für Badezusatz wird heute kein Verbraucher mehr als Hinweis auf eine entspr. geografische Herkunft ansehen.[879] **„Kölnisch Wasser"** wird als Beschaffenheitsangabe erkannt.[880] **„Lady-Rose"** für kosmetische Erzeug-

---

[863] BGH NJW 2002, 600, 602 – *Warsteiner III;* GRUR 2002, 1074, 1076 – *Original Oettinger.*

[864] BGH GRUR 1999, 252, 255 – *Warsteiner II;* s. auch BGH Beschluss v. 16.8.2012, Az. I ZR 200/11: offengelassen für Werbung mit dem Slogan „Über 400 Jahre Brautraditition", der von Teilen des Verkehrs unrichtig im Sinne der Anwendung eines 400 Jahre alten Rezepts verstanden wird.

[865] BGH GRUR 2002, 1174, 1176 – *Original Oettinger.*

[866] RG MuW 1923, 151, 152; vgl. BGH GRUR 1957, 285 ff. – *Erstes Kulmbacher.*

[867] BGH GRUR 2002, 1074, 1075 – *Original Oettinger.*

[868] BGH GRUR 2002, 1074 ff. – *Original Oettinger.*

[869] Oberstes Gericht, GRUR Int. 1994, 864 – *Holsten Pilsener.*

[870] BGH NJW 2002, 600 f. – *Warsteiner III.*

[871] BGH GRUR 1974, 220 – *Club-Pilsener;* vgl. BGH GRUR 2003, 628 ff. – *Klosterbrauerei.*

[872] Anders OLG Bremen WRP 1977, 267.

[873] BGH GRUR 2007, 884, 887, Tz. 37 f. – *Cambridge Institute.*

[874] OLG München GRUR-RR 2004, 171.

[875] BGH GRUR 1983, 768, 770 – *Capri.*

[876] BGH GRUR-RR 2015, 209 ff. – *KONDOME – Made in Germany.*

[877] BGH GRUR 1956, 187 ff. – *English Lavender.*

[878] BGH GRUR 1955, 91, 92 – *Mouson.*

[879] Anders noch BGH GRUR 1963, 482 ff. – *Hollywood-Duftschaumbad.*

[880] BGH GRUR 1965, 317 ff. – *Kölnisch Wasser.*

nisse kann kein Herkunftshinweis entnommen werden.[881] **„L'Oreal de Paris"** für Haarkosmetik kann auf die geografische Herkunft hinweisen.[882] Ob der Markenbestandteil **SPA** (gleich lautender Ort in Belgien) für Kosmetik als geografischer Herkunftshinweis aufgefasst wird,[883] ist zweifelhaft.

199 **Nahrungsmittel:** Für Nahrungsmittel gelten in weiten Teilen Sonderregelungen, s. dazu ***v. Jagow,* Einl. I Rdn. 2 ff.** Hinweise auf Italien auf der Produktaufmachung bezieht der Verkehr bei industrielle gefertigtem (Fladen-) **Brot** auf die Herstellung des Brots in diesem Land.[884] Das **CMA-Gütesiegel** „Markenqualität aus deutschen Landen" hatte herkunftshinweisende Funktion; es wurde infolge eines EuGH-Urteils[885] inzwischen in „geprüfte Markenqualität" geändert. Bei **„Dresdner Stollen"** wird der Verkehr häufig erwarten, dass er aus Dresden kommt; zudem wurde der DDR-Warenkennzeichenschutz in die neuen Bundesländer erstreckt.[886] **„Elsässer Nudeln"** sollen aus dem Elsass stammen.[887] **„Frankfurter Kranz"** wird hingegen als Gattungsbezeichnung verstanden.[888] **„Grönland" für Speiseeis** ist kein geografischer Herkunftshinweis, ebenso wenig sind dies **„Hamburger"**,[889] **„Iglu"** für tiefgefrorene Lebensmittel oder **„Königsberger Klopse"**.[890] Bei **„Königsberger Marzipan"** wurde von den Anmeldern selbst lediglich eine betriebsbezogene Herkunftsangabe vorgebracht; das reicht nicht aus.[891] In den **Landesfarben** gehaltene Etikettierungen von Wurstwaren können u. U. als geografischer Herkunftshinweis verstanden werden.[892] **„Nürnberger Lebkuchen"** weisen auf die Herkunft aus Nürnberg hin.[893] **„Nürnberger Rostbratwürste"** versteht der Verkehr als Hinweis auf die geografische Herkunft,[894] ebenso u. U. die Bezeichnung von Teewurst als **„Rügenwalder Teewurst"**.[895] Die Werbung für **Steinsalz** als „Himalaya-Salz und „aus dem Himalaya" mit der Abbildung schneebedeckter Berge eines Hochgebirgsmassivs ist irreführend, wenn das Salz aus der Vorgebirgsregion („salt-range") stammt.[896] **„Italienischer Salat"**,[897] **„Wiener Schnitzel"**[898] und **„Wiener Würstchen"**[899] erkennt der Verkehr als Gattungsbezeichnungen. Hingegen ist **„Parmesan"** nicht zu einer Gattungsbezeichnung geworden.[900]

200 **Porzellan und Keramik:** Den Begriff **„Berliner Porzellan/Königlich Preußische Porzellanmanufaktur/KPM"** versteht der Verkehr als betriebliche und nicht als geografische Herkunftsangabe.[901] Bei **„Meißner Porzellan"** geht der Verkehr hingegen davon aus, dass dieses aus Meißen stammt.[902]

201 **Schmuck und Uhren:** Die Angabe **„Germany"** auf Uhrenrückseite und Verpackung wird als Hinweis auf die geografische Herkunft aus Deutschland verstanden.[903]

---

[881] Anders noch BGH GRUR 1963, 589 ff. – *Lady-Rose.*

[882] BGH GRUR 1965, 681 ff. – *de Paris.*

[883] So BGH GRUR 2001, 420 ff. – *SPA.*

[884] BGH, Urt. v. 30.7.2015, *Piadina-Rückruf,* I ZR 250/12, DE:BGH:2015:300715UIZR250.12.0, Rdn. 20.

[885] Problematisch die Vereinbarkeit mit Art. 28 ff. EG a. F. (Art. 34 ff. AEUV), vgl. EuGH, Urt. v. 5.11.2002, Kommission/Deutschland, C-325/00, EU:C:2002:633.

[886] *Köhler/Piper,* UWG, § 3 Rdn. 321 m. w. N.; Ohly/*Sosnitza,* 6. Aufl. 2014, § 5 Rdn. 364.

[887] BGH GRUR 1982, 564, 565 – *Elsässer Nudeln.*

[888] OLG Koblenz ZLR 1985, 81.

[889] *Ekey* in: HK-WettbR § 3 Rdn. 262.

[890] *Junker* WRP 1987, 523, 525.

[891] BGH GRUR 2006, 74, 75 – *Königsberger Marzipan.*

[892] Vgl. BGH GRUR 1982, 685 – *Ungarische Salami II.*

[893] KG JW 1928, 1234; *Loschelder/Loschelder,* Geographische Angaben und Ursprungsbezeichnungen, S. 144; Ohly/*Sosnitza,* 6. Aufl. 2014, § 5 Rdn. 364.

[894] LG München I, Urt. v. 12.10.2005, Az. 33 O 5401/05, LMuR 2005, 111 (red. LS).

[895] BGH GRUR 1956, 270 ff. – *Rügenwalder Teewurst I;* GRUR 1995, 352 ff. – *Rügenwalder Teewurst II.* Inzwischen ist die Bezeichnung „Rügenwalder Teewurst" als Kollektivmarke nach § 97 MarkenG eingetragen und darf nur noch von Traditionsträgern verwendet werden, vgl. OLG Hamburg ZLR 1999, 345 mit Anm. *Hackbarth;* Köhler/*Bornkamm,* 34. Aufl. 2016, § 5 Rdn. 4.206.

[896] OLG Hamm GRUR-RR 2011, 72 (zu §§ 126 ff. MarkenG), Rev. zurückgewiesen durch BGH, Urt. v. 31.3.2016, Himalaya Salz, I ZR 86/13, DE:BGH:2016:310316UIZR86.13.0.

[897] *Fezer,* Markenrecht, § 126 Rdn. 17.

[898] *Fezer,* Markenrecht, § 126 Rdn. 17.

[899] *Fezer,* Markenrecht, § 126 Rdn. 17.

[900] KG Urt. v. 15.6.2010, Az. 5 U 97/08, GRURPrax 2010, 390; vgl. EuGH, Urt. v. 26.2.2008, *Kommission/Deutschland,* C-132/05, EU:C:2008:117.

[901] Ohly/*Sosnitza,* 6. Aufl. 2014, § 5 Rdn. 374.

[902] RG JW 26, 1984.

[903] BGH GRUR 1974, 665 ff. – *Germany.*

202 **Schneidwaren:** Der Begriff **„Solingen"** wirkt hier i.d.R. herkunftshinweisend. Zudem besteht Schutz nach der SolingenV,[904] zudem wurde zur Erstreckung des Schutzes über deren deutschen Geltungsbereich hinaus der Begriff als Gemeinschaftskollektivmarke registriert.[905] **„Made in Germany"** und **„Produziert in Deutschland"** auf der Verpackung von Bestecken stellen unzulässige geografische Herkunftsangaben dar, wenn die Messer im Wesentlichen in China und nicht in Deutschland hergestellt werden.[906] Bei Bestecken legen die Verbraucher gerade hinsichtlich der Messer besonderen Wert auf Qualität.[907]

203 **Spirituosen:** Zur **SpirituosenVO** s.o. § 5 Abschn. C Rdn. 191. Die Bezeichnung von Gin als **„Plym"** versteht der Verkehr i.d.R. nicht als Herkunftshinweis.[908] Zu **„Whiskey-Cola"** s. OLG Frankfurt Beschluss v. 1.6.2011, Az. 6 U 43/11, juris: Im konkreten Fall keine Beeinträchtigung der Kaufentscheidung. Bzgl. **Steinhäger** wurde ein Schutz nach §§ 126ff. MarkenG verneint.[909] **„Scotch Whisky"** kann sowohl als Hinweis auf die geografische Herkunft als auch als Beschaffenheitsangabe wirken.[910] **„Cognac"** ist sowohl im Anhang III der VO Nr. 110/2008 als auch im Anhang II der VO Nr. 1576/89 als geografische Angabe enthalten, mit der eine Spirituose bezeichnet wird, deren Ursprungsland Frankreich ist, und daher seit Inkraftreten der letztgenannten VO am 15.6.1989 als geografische Angabe geschützt.[911]

204 **Stein: „Solnhofer Lithographiersteine und -platten":** Die Verwendung der Städtebezeichnung kann als Hinweis auf die Herkunft aus Solnhofen wirken. In einem konkreten Fall wurde im Hinblick auf ein deutsch-italienisches Abkommen Schutz über das Zeichenrecht bejaht.[912] In der „Pietra-di-Soln"-Entscheidung bejahte der BGH eine Irreführung nach § 127 MarkenG durch den Vertrieb von Keramikplatten bzw. -fliesen aus Italien, die in ihrer Funktion Fliesen und Platten aus Stein ersetzen sollten, unter der Bezeichnung **„Pietra di Soln";**[913] dabei kamen Grundsätze vergleichbar der im Markenrecht angewandten „Prägetheorie" zur Anwendung, während der BGH bislang die Irreführung i.S.d. § 127 MarkenG nach wettbewerbsrechtlichen Grundsätzen beurteilt hatte.[914]

205 **Vertriebsweg.** Ein Irrtum über den Vertriebsweg vermag für sich genommen keine wettbewerbliche Irreführung im Sinne von § 5 zu begründen.[915] Zur Irreführung über die Stellung des Unternehmers im Vertriebsverfahren näher § 5 Abschn. E Rdn. 248.

206 **Werkzeug:** Die auf einem Akku-Schlagschrauber, der Verpackung, dem Informationsblatt und der Bedienungsanleitung angebrachte Angabe **„Germany"** stellt eine Angabe über die geografische Herkunft der Ware dar, wenn das Zeichen vom angesprochenen Verkehr nicht als Unternehmenskennzeichen, sondern als Marke aufgefasst wird.[916]

207 **Wein:** Zu beachten sind die Verordnung (EG) Nr. **607/2009** der Kommission betr. **Weinbauerzeugnisse,**[917] und die Verordnung (EG) Nr. **1234/2007** über eine **GMO,**[918] die an die Stelle der

---

[904] Verordnung zum Schutz des Namens Solingen vom 16.12.1994, beruhend auf § 137 MarkenG, BGBl. I 1994, 3833.

[905] *Dück/Maschemer,* GRUR Int. 2015, 220, 225.

[906] Vgl. dazu *Dück/Maschemer,* GRUR Int. 2015, 220, 224f.

[907] OLG Düsseldorf WRP 2011, 939; LG Düsseldorf WRP 2010, 1420 (Vorinstanz). Grundlegend zu den Anforderungen an ein „deutsches Erzeugnis" BGH GRUR 1973, 594, 595 – *Ski-Sicherheitsbindung;* GRUR-RR 2015, 209ff. – *KONDOME – Made in Germany.*

[908] BGH GRUR 1971, 255ff. – *Plym-Gin.*

[909] BGH GRUR 1957, 128 – *Steinhäger.*

[910] BGH GRUR 1969, 280, 281 – *Scotch Whisky.*

[911] EuGH, Urt. v. 14.7.2011, C-4/10, *Bureau National Interprofessionnel du Cognac,* EU:C:2011:484, Rdn. 46ff. Die zuständigen nationalen Behörden müssen daher auf der Grundlage von Art. 23 Abs. 1 VO 110/2008 die Eintragung einer Marke, die diese geschützte Angabe enthält und nicht unter die in Art. 23 Abs. 2 vorgesehene zeitliche Ausnahme fällt, ablehnen oder löschen, wenn die Verwendung dieser Marke zu einem der in Art. 16 der VO genannten Tatbestände führt.

[912] BGH GRUR Int. 2007, 342 – *Pietra di Soln.*

[913] BGH GRUR 2007, 67, 69 – *Pietra di Soln.*

[914] Vgl. BGH GRUR 1981, 71, 72 – *Lübecker Marzipan;* GRUR 2002, 160, 162 – *Warsteiner III.*

[915] EuGH, Urt. v. 8.4.2003, *Pippig Augenoptik,* C-44/01, EU:C:2003:205.

[916] OLG Frankfurt WRP 2011, 1218. Grundlegend zu den Anforderungen an ein „deutsches Erzeugnis" GRUR 1973, 594, 595 – *Ski-Sicherheitsbindung.*

[917] Verordnung (EG) Nr. 607/2009 der Kommission vom 14.7.2009 mit Durchführungsbestimmungen zur Verordnung (EG) Nr. 479/2008 des Rates hinsichtlich der geschützten Ursprungsbezecihnungen und geografischen Angaben, der traditionellen Begriffe sowie der Kennzeichnung und Aufmachung bestimmter Weinbauerzeugnisse, ABl. EG Nr. L 193 vom 24.7.2009, S. 60; s. zur Vorgängerverordnung Nr. 753/2002 EuGH, Urt. v. 13.3.2008, Schneider, C-285/06, EU:C:2008:164.

[918] Verordnung (EG) Nr. 1234/2007 über eine gemeinsame Organisation der Argrarmärkte und mit Sondervorschriften für bestimmte landwirtschaftliche Erzeugnisse (VO über eine einheitliche GMO), ABl. EG L 299/1.

Verordnung (EG) Nr. 1493/1999 des Rates vom 17. Mai 1999 über die gemeinsame Marktorganisation für **Wein**[919] getreten ist. Der **Firmenbestandteil** „Hans Stich den Buben" weist auf die bekannte Weinlage im Baden-Badener Rebland hin und darf deshalb zur Meidung eines Verstoßes gegen § 5 UWG nur verwandt werden, wenn der Schwerpunkt des Unternehmens auf dem Vertrieb von „Stich den Buben"-Weinen liegt.[920] Irreführend ist die Verwendung des **Phantasienamens** „Fürstenthaler" für einen Wein, der im Verkehr als Lagenamen wirkt bzw. den Eindruck erweckt, aus einer Gemarkung Fürstenthal zu stammen.[921] Bekannte **Flaschenformen** (Cantil-Flasche; Bocksbeutel-Flasche) können u. U. den Eindruck erwecken, der darin enthaltene Wein stamme aus Gegenden, in denen diese Formen typisch auf eine Beschaffenheit hindeuten.[922] **Volksmundlagenamen** können einen geografischen Herkunftshinweis enthalten; bei „Forster Jesuitengarten" wurde dies aber verneint.[923] Wein **„Vom Nürnberger Christkindlesmarkt"** versteht der Verbraucher u. U. als Hinweis auf die geografische Herkunft aus Nürnberg.[924]

VII. Betriebliche Herkunft

Schrifttum: *Blau,* Der Verkauf zugekaufter Waren unter der eigenen Herstellermarke, 1984; *Bärenfänger,* Symbiotische Theorie zum Kennzeichen- und Lauterkeitsrecht, WRP 2011, 160; *Bornkamm,* Die Schnittstellen zwischen gewerblichem Rechtsschutz und UWG – Grenzen des lauterkeitsrechtlichen Verwechslungsschutzes, GRUR 2011, 1; *Büscher,* Schnittstellen zwischen Markenrecht und Wettbewerbsrecht, GRUR 2009, 230; *Ekey/Klippel/Bender,* Markenrecht, Bd. 1, 2. Auflage 2009; *v. Falck,* Anmerkung zu BGH GRUR 1963, 539 – *echt skai; Fezer,* Imitationsmarketing als irreführende Produktvermarktung, GRUR 2009, 451; *Fuchs/Farkas,* Hyperlinks und Urheberrecht – zugleich Besprechung EuGH, Beschluss vom 21. Oktober 2014 – C-348/12 – BestWater, ZUM 2015, 110; *Hartwig,* Die lauterkeitsrechtliche Beurteilung der Werbung mit dem „Grünen Punkt" (§ 3 UWG), GRUR 1997, 560; *Heydt,* Anmerkung zu BGH GRUR 1966, 267 – White Horse, GRUR 1966, 271; *Harte-Bavendamm,* Wettbewerbsrechtlicher Verbraucherschutz in der Welt der „look-alikes", in: FS Loschelder, 2010, S. 111; *Hohmann/Leible,* Probleme der Verwendung geografischer und betrieblicher Herkunftsangaben bei Lebensmitteln, ZLR 1995, 265; *Ingerl,* Der wettbewerbsrechtliche Kennzeichenschutz und sein Verhältnis zum MarkenG in der neueren Rechtsprechung des BGH und in der UWG-Reform, WRP 2004, 809; *Jonas/Hamacher,* „Mac Dog" und „shell" ade?, WRP 2009, 535; *Kiethe/Groeschke,* Erweiterung des Markenschutzes vor Verwechslungen durch das neue Lauterkeitsrecht, WRP 2009, 1343; *Junker,* Die personengebundene Herkunftsangabe, GRUR 1987, 523; *Klindt,* Das Umweltzeichen „Blauer Engel" und „Europäische Blume" zwischen produktbezogenem Umweltschutz und Wettbewerbsrecht, BB 1998, 545; *Köhler,* Das Verhältnis des Wettbewerbsrechts zum Recht des geistigen Eigentums – Zur Notwendigkeit einer Neubestimmung auf Grund der Richtlinie über unlautere Geschäftspraktiken, GRUR 2007, 548; *ders.,* Der Schutz vor Produktnachahmungen im Markenrecht, Geschmacksmusterrecht und neuen Lauterkeitsrecht, GRUR 2009, 445; *ders.* „Grüner Punkt" als irreführende Werbung?, BB 1998, 2065; *Körber/Lee,* Rechtliche Bewertung der Markenbenutzung in Computerspielen nach dem Opel-Blitz-Urteil des EuGH, WRP 2007, 609; *Krink,* Firmenbezeichnung bei Inhaberwechsel, BB 1954, 276; *Kur,* Die gemeinschaftliche Markenbenutzung – Markenlizenzen und verwandte Tatbestände, GRUR Int. 1990, 1; *dies.,* Verwechslungsgefahr und Irreführung – zum Verhältnis von Markenrecht und § 3 UWG, GRUR 1989, 240; *Loschelder/Dörre,* Das Verhältnis des wettbewerbsrechtlichen zum kennzeichenrechtlichen Schutz vor Verwechslungen, KSzW 2010, 242; *v. Metzen,* Zeichenschutz an Beschaffenheitsangaben, GRUR 1956, 103; *Möhring,* Die Umwandlung einer Beschaffenheitsangabe zum betrieblichen Herkunftshinweis und § 3 UWG, GRUR 1974, 565; *Müller,* Zur Führung des Firmenzusatzes „Deutsch", GRUR 1971, 141; *Nussbaum/Ruess,* Irreführung durch Marken – Die Neuregelung der Imitationswerbung in § 5 Abs. 2 n. F., MarkenR 2009, 233; *Ohly,* Geistiges Eigentum und Wettbewerbsrecht – Konflikt oder Symbiose?, in: Oberender (Hrsg.), Wettbewerb und geistiges Eigentum, 2007, 47; *ders.,* Hartplatzhelden.de oder: Wohin mit dem unmittelbaren Leistungsschutz?, GRUR 2010, 487; Ohly, Urheberrecht und UWG, GRUR Int. 2015, 693; *Peukert,* hartplatzhelden.de – Eine Nagelprobe für den wettbewerbsrechtlichen Leistungsschutz, WRP 2010, 316; *Reimer,* Die personengebundene Herkunftsbezeichnung, GRUR 1948, 242; *Scherer,* Das Verhältnis des lauterkeitsrechtlichen Nachahmungsschutzes nach § 4 Nr. 9 UWG zur europarechtlichen Vollharmonisierung der irreführenden oder vergleichenden Werbung, WRP 2009, 1446; *Schreiber,* Wettbewerbsrechtliche Kennzeichenrechte?, GRUR 2009, 113; *Sosnitza,* Fake-Werbung, GRUR 2010, 106; *Steinbeck,* Richtlinie über unlautere Geschäftspraktiken, WRP 2006, 632; *Ullmann,* Die Verwendung von Marke, Geschäftsbezeichnung und Firma im geschäftlichen Verkehr, insbesondere des Franchising, NJW 1994, 1255.

---

919 ABl. EG L 179/1 v. 14.7.1999; s. dazu EuGH, Urt. v. 13.3.2008, *Schneider,* C-285/06, EU:C:2008:164.

920 BGH GRUR 2001, 73, 76 – *Stich den Buben.*

921 BGH GRUR 1980, 173, 174 – *Fürstenthaler.*

922 BGH GRUR 1996, 270, 271 – *Madeira.*

923 BGH GRUR 1961, 477 ff. – *Forster Jesuitengarten.*

924 OLG Nürnberg GRUR 1987, 538; die Revision gegen das Urteil wurde vom BGH durch Beschluss vom 19.6.1986, I ZR 203/95, nicht angenommen.

1. Kein Vorrang des Kennzeichenrechts; Abgrenzung

208 **a) Kennzeichenrecht.** Ein Vorrang des Kennzeichenrechts besteht nach hier vertretener Auffassung nicht. Der **BGH** hat die zuvor in std. Rspr., die in weiten Teilen der Literatur auf Zustimmung gestoßen war,[925] vertretene **Vorrangthese** zwischenzeitlich in der „Hard Rock Café"-Entscheidung vom 15.8.2013[926] aufgrund der ins deutsche Recht umgesetzten Bestimmung des Art. 6 Abs. 2 lit. a UGP-Richtlinie **jedenfalls für § 5 Abs. 1 S. 2 Nr. 1 aufgegeben. S. dazu ausführlich § 5 Abschn. A Rdn. 76, 5 Abschn. J Rdn. 2 ff.**

209 **b) UWG.** Versteht der Verkehr eine Information nicht als Hinweis auf einen bestimmten Betrieb, sondern wertet er sie ausschließlich als Beschaffenheitsangabe, scheidet eine Irreführung über die betriebliche Herkunft aus und kommt nur eine Irreführung über die **Beschaffenheit** der Ware (§ 5 Abschn. C Rdn. 28 ff.) in Betracht.[927] Begreift der Verkehr eine Angabe als Hinweis auf die räumliche Herkunft des Produkts, kann nur oder auch eine Irreführung über die **geographische** Herkunft (§ 5 Abschn. C Rdn. 177 ff.) vorliegen. Darüber hinaus kann § 5 Abs. 1 S. 2 Nr. 1 mit § 5 Abs. 1 S. 2 Nr. 3 zusammen treffen. Während der Irrtum über die **Identität** bzw. den **Status** eine Fehlvorstellung über den Unternehmer ist, geht es bei der Irreführung über die betriebliche Herkunft um einen Irrtum über die Ware bzw. Dienstleistung.

210 Häufig wird § 5 Abs. 1 Nr. 1 mit **§ 5 Abs. 2** zusammen treffen; **s. daher auch die Kommentierung unter § 5 Abschn. J.** Beide Vorschriften schließen sich nicht aus, sondern sind nebeneinander anwendbar.

Neben und unabhängig von § 5 Abs. 1 S. 2 Nr. 1 kann **§ 3 Abs. 3 i.V.m. Nr. 13 des Anhangs** einschlägig sein; unwahre Angaben zur betrieblichen Herkunft sind, wenn sie gegenüber Verbrauchern gemacht werden, unter den dortigen Voraussetzungen stets unzulässig. Anknüpfungspunkt der Irreführung nach Nr. 13 ist allerdings allein die Ähnlichkeit der Ware oder Dienstleistungen.

211 Zur Abgrenzung zu **§ 4 Nr. 3a** näher § 5 Abschn. J Rdn. 24 ff.

2. Unwahre oder täuschende Angabe über die betriebliche Herkunft

212 **a) Angabe über die betriebliche Herkunft.** Aus Art. 6 Abs. 1 lit. b UGP-Richtlinie, Art. 3 Werberichtlinie 2006/114/EG ergibt sich im Wege der richtlinienkonformen Auslegung, dass mit der „betrieblichen" die „kommerzielle Herkunft" der Ware bzw. Dienstleistung gemeint ist. Betriebliche Herkunftsangabe ist folglich jede Information, die **aus der Sicht des Durchschnittsverbrauchers,** also eines durchschnittlich (angemessen) aufmerksamen, verständigen und informierten Mitglieds des Verkehrskreises, an den sich die geschäftliche Handlung richtet, **als Hinweis auf die Herkunft einer Ware oder Dienstleistung aus einer bestimmten Herkunftsstätte verstanden wird.**[928] Bei objektiv unwahren Angaben entscheidet allerdings ein objektiver Maßstab, näher § 5 Abschn. B Rdn. 174.

213 Auch **Verschweigen oder Vorenthalten** von für den Verkehr wesentlichen Informationen über die betriebliche Herkunft von Waren oder Dienstleistungen kann unter den Voraussetzungen des § 5a irreführend sein. Dabei gelten in an Verbraucher gerichteten Angeboten die wesentlichen Merkmale der Ware oder Dienstleistung, zu denen auch die betriebliche Herkunft zählen kann, in dem für das Kommunikationsmittel oder die Ware oder Dienstleistung angemessenen Umfang kraft Gesetzes als wesentlicher Umstand, § 5a Abs. 3 Nr. 1. Eine Wesentlichkeitsvermutung besteht auch, wenn das Gemeinschaftsrecht entspr. Angaben vorschreibt, § 5a Abs. 4. S. zur Irreführung durch Unterlassen von Informationen ausführlich die Kommentierung zu § 5a.

214 Entscheidend ist die Vorstellung des Verkehrs von **der „betrieblichen", also kommerziellen Herkunft des Produkts.** Der Irrtum des Verbrauchers über die Person, die im Betrieb für die Herstellung der Ware verantwortlich ist, ist kein Irrtum über die betriebliche Herkunft. Dies hat der EuGH für die Fehlvorstellung über die Person des Designers entschieden: Wer irrig annimmt, die Ware werde innerhalb des Betriebs von einem bestimmten **Designer** gestaltet, während dieser an der Gestaltung nicht (mehr) mitwirkt, unterliegt danach keiner i.S.d. § 5 relevanten Fehlvorstel-

---

[925] S. nur Ströbele/*Hacker,* § 2 Rdn. 16, 18; *Ingerl* WRP 2004, 809, 815 f.; *Ingerl/Rohnke,* 2. Auflage, § 2 Rdn. 2 ff. (zum alten Recht, anders jetzt im Hinblick auf die Umsetzung der UGP-RL dies. 3. Auflage 2010 § 2 Rdn. 2); *Sack* WRP 2001, 1022, 1033; *Sambuc* in: FS Hertin, S. 439, 444; *Sosnitza* WRP 2003, 1186, 1187; *Starck* in: FS Erdmann, S. 485, 489 f.; *Teplitzky* WRP 2003, 415, 416.

[926] BGH GRUR 2013, 1161, 1165 Rdn. 60 – *Hard Rock Café.*

[927] BGH GRUR 1963, 539, 541 – *echt skai.*

[928] MüKo-UWG/*Busche,* § 5 Rdn. 416; Köhler/*Bornkamm,* 34. Aufl. 2016, § 5 Rdn. 4.217; vgl. auch *Ingerl/Rohnke,* § 2 Rdn. 4: Markenschutz nicht erforderlich.

lung.[929] Hingegen wird eine nach § 5 unlautere Irreführung nicht dadurch ausgeschlossen, dass der Zeichenbenutzer auf Grund einer Lizenzvereinbarung zur Verwendung des Zeichens berechtigt ist. Verbindet der Verkehr mit dem Zeichen die Herkunftsstätte des Lizenzgebers, während die Ware tatsächlich vom Lizenznehmer hergestellt wird, muss ggf. auf das Lizenzverhältnis hingewiesen werden, s. näher § 5 Abschn. J Rdn. 35.

„Angabe über die betriebliche Herkunft“ kann z. B. der Aufdruck der fremden **Firma** oder eines mit ihr verwechslungsfähigen **Namenszeichens** auf der Verpackung sein,[930] die Nennung einer vom Verkehr als Hinweis auf das fremde Unternehmen verstandenen **Etablissementbezeichnung** in der Fernsehwerbung, die Angabe einer fremden **Marke** oder eines ihr ähnlichen Zeichens auf der Website, in Ausnahmefällen auch die **Abbildung** des fremden **Firmengebäudes** auf dem Werbeplakat[931] oder das Abspielen einer fremden **Erkennungsmelodie** in der Telefonwarteschleife. Sogar die **Anschrift,** die **E-Mail-Adresse,** die **Telefonnummer** und die **Telefaxnummer** oder mit ihnen verwechslungsfähige Zeichen können in bestimmten Situationen auf den fremden Betrieb hindeuten.[932] Auch in **vergleichender Werbung** können sich Herkunftshinweise finden. Stellt ein Unternehmen in seinem Produktkatalog seine eigenen Waren den vergleichbaren des namentlich genannten Herstellers gegenüber, versteht der Verkehr dies aber nicht als Gegenüberstellung, sondern schließt er aus der Firmenangabe, der Marke, der **Bestellnummer,** der **Artikelbezeichnung** oder **anderen Unterscheidungszeichen** des Mitbewerbers fälschlich, dass es sich beim Werbenden um den namentlich bekannten Originalhersteller handelt, liegt eine Irreführung über die betriebliche Herkunft vor.[933] 215

Allein der Umstand, dass ein Unternehmen die gleichen **Leistungen** anbietet wie sein Mitbewerber, muss nach der Rspr. des **BGH** bei der Prüfung der Irreführung außer Betracht bleiben.[934] Eine Irreführung über die betriebliche Herkunft könne – wie bei § 4 Nr. 3 – zudem auch nicht mit einer Ähnlichkeit von **Produktmerkmalen** begründet werden, die gerade selbstverständlich oder jedenfalls naheliegend sind.[935] Auch eine **glatt beschreibende** Angabe trage regelmäßig nicht zur Irreführung über die betriebliche Herkunft bei, weil sie die angebotene Ware oder Leistung nur beschreibt.[936] 216

Ein Zeichen, das für sich genommen keinen betrieblichen Herkunftshinweis enthält, kann durch **Zusätze** wie **„echt“, „Original“** oder **„exklusiv“** zum Herkunftshinweis ausgestaltet werden.[937] Der Zusatz „Original“ weist begrifflich auf den Ursprung der Ware hin und kann je nach Art der Verwendung auch den Eindruck erwecken, als habe die so beworbene Ware eine Vorzugsstellung vor den anderen. Die Beifügung einer auf das fremde Unternehmen hinweisenden Abbildung von **Gebäuden,** einem **Wahrzeichen** der Stadt, in welcher der Betrieb seine Niederlassung hat, oder einer auf ihn hindeutenden Erkennungsmelodie kann die herkunftshinweisende Funktion einer Angabe begründen, die isoliert betrachtet nicht als Hinweis auf ein Unternehmen verstanden wird. 217

Auch andere Umstände wie z. B. der **Vertriebsweg** sind zu beachten, wenn sie dem Verkehr erkennbar sind. Der Irrtum über den Vertriebsweg als solcher vermag aber keine wettbewerbliche Irreführung im Sinne von § 5 zu begründen.[938] 218

Ursprünglich als betriebliche Herkunftsangaben verstandene Angaben können sich zur **Gattungsbezeichnung** umgewandelt haben. Voraussetzung ist, dass der durchschnittlich (angemessen) informierte, verständige und aufmerksame Adressat der geschäftlichen Handlung in der jeweiligen Werbesituation in ihnen keinen Herkunftshinweis, sondern nur noch eine Beschaffenheitsangabe erblickt. Höhere Anforderungen an den Bedeutungswandel sind nicht gerechtfertigt. Es können unter den gleichen Voraussetzungen auch ursprüngliche Gattungsbezeichnungen zur betrieblichen Herkunftsangabe werden. 219

---

929 EuGH, Urt. v. 30.3.2006, *Emanuel,* C-259/04, EU:C:2006:215, Rdn. 43 ff.

930 Vgl. BGH GRUR 1963, 539, 541 – *echt skai.*

931 Vgl. BGH GRUR 2005, 419 – *Räucherkate.*

932 BGH GRUR 1963, 539, 541 – *echt skai;* OLG Frankfurt, Urt. v. 11.9.2008, 6 U 197/07.

933 EuGH Urt. v. 25.10.2001, *Toshiba Europe,* C-112/99, EU:C:2001:566, Rdn. 41 ff.; Urt. v. 23.2.2006, Siemens, C-59/05, EU:C:2006:147, Rdn. 16 ff.; BGH GRUR 2003, 444, 445 – *Ersetzt.*

934 BGH GRUR 2011, 166, 167 – *Rote Briefkästen* mit Anm. *Kefferpütz* GRURPrax 2010, 563.

935 BGH GRUR 2011, 166, 167 – *Rote Briefkästen;* vgl. (zu § 4 Nr. 3) BGH GRUR 2005, 166, 168 – *Puppenausstattung.*

936 BGH GRUR 2011, 166, 168 – *Rote Briefkästen.*

937 BGH GRUR 1963, 539, 541 – *echt skai;* OLG Hamburg OLGR Hamburg 2005, 794; OLG Frankfurt WRP 1980, 338, 340.

938 EuGH, Urt. v. 8.4.2003, *Pippig Augenoptik,* C-44/01, EU:C:2003:205, Rdn. 58 ff., 65. Zum Irrtum über die Stellung des Unternehmers im Vertriebsverfahren s. **§ 5 Abschn. E Rdn. 248.**

220 In Ausnahmefällen kann der Name einer Gegend so eng mit einem Betrieb verbunden sein, dass letzterem die geografische Herkunftsbezeichnung bei einer Sitzverlegung oder einer Änderung der Ortsbezeichnung verhaftet bleibt (sog. **personengebundene Herkunftsangabe**).[939] Relevant wurde bzw. wird das vor allem bei der Produktion von Heimatvertriebenen unter einem ihrem ursprünglichen Produktionsort zuzuordnenden Begriff.

221 **b) Unwahrheit oder Täuschungseignung.** Unwahr ist die Angabe dann, wenn sie bei objektiver Betrachtung nicht den tatsächlichen Begebenheiten entspricht, d. h. wenn das Produkt **tatsächlich nicht aus der Herkunftsstätte stammt,** die vom Verbraucher aufgrund der Angabe über die betriebliche Herkunft angenommen wird.

222 Auch wahre Angaben können irreführen, wenn sie geeignet sind, bei einem durchschnittlich (angemessen) aufmerksamen, verständigen und informierten Mitglied des angesprochenen Verkehrskreises eine Fehlvorstellung über die betriebliche Herkunft des Produkts zu erwecken. Entscheidend ist, welche Aufmerksamkeit, Verständigkeit und Informiertheit vom angesprochenen Verkehr gerade im Hinblick auf die fragliche geschäftliche Handlung **im konkreten Fall** verlangt werden kann.[940] Erwirbt der Durchschnittsverbraucher ein Produkt wegen seiner objektiven Merkmale erst nach aufmerksamer Prüfung, ist folglich nicht deshalb ein geringerer Aufmerksamkeitsgrad zugrunde zu legen, weil der Verkehr das Produkt auch **in anderen Situationen** wahrnehmen kann, die mit dem Kauf nichts zu tun haben und in denen er möglicherweise nur geringe Aufmerksamkeit aufbringt.[941]

223 Welche Aufmerksamkeit, Informiertheit und Verständigkeit vom Durchschnittsverbraucher in der konkreten Situation angemessener Weise verlangt werden darf, ist wie auch sonst im Wege normativer Bewertung durch **Abwägung des Informationsinteresses der Verbraucher mit dem einer Information entgegenstehenden Interessen der Marktgegenseite** zu ermitteln (§ 5 Abschn. B Rdn. 13 ff.). Dabei kommt in Fällen einer möglichen Irreführung durch Produkt- oder Zeichenähnlichkeit der Möglichkeit der Anbringung aufklärender Hinweise (sog. **labelling approach**) besondere Bedeutung zu. Bereits in der Entscheidung „GB-Inno-BM“ hatte der EuGH festgehalten, dass in einer geeigneten Etikettierung der Ware ein im Verhältnis zu einem Verbot milderes Mittel liegen kann.[942] Eine dann noch verbleibende Möglichkeit der Irreführung muss grundsätzlich hingenommen werden. Die **Gefahr, dass trotz aufklärender Hinweise** bzw. Kennzeichnung der Produkte noch **Teile des tatsächlichen Verkehrs irregeführt werden, vermag** ausgehend von dem gebotenen **normativen** Verständnis der Verkehrsauffassung **eine Irreführungsgefahr nicht zu begründen.**

224 Zu berücksichtigen ist ferner, dass einem angemessen aufmerksamen, verständigen und informierten Verbraucher, der seine Kaufentscheidung an einer bestimmten Marke oder einer als Herkunftshinweis erblickten Form des Produkts ausrichtet, die Bedeutung derartiger Zeichen beim Produktabsatz und der Umstand, dass andere Unternehmen ihre Produkte bzw. Zeichen deshalb in dem Bemühen, Kunden zu gewinnen, ihnen annähern werden, bekannt sind. Hat die betriebliche Herkunft, wie bei **Luxusgütern,** für den Verkehr **besondere Bedeutung,** wird ein angemessen aufmerksamer, verständiger und informierter Durchschnittsverbraucher deshalb im Hinblick auf die betriebliche Herkunft einen hohen Aufmerksamkeitsgrad aufbringen.[943] Er wird insbes. eher auf **Details** (eingenähte Schildchen oder Aufdrucke auf dem T-Shirt, Herstellerangabe auf der Verpackung, Gravur auf der Uhr, Form der Ware) achten, anhand derer sich die betriebliche Herkunft feststellen lässt. Das gilt insbesondere in Fällen bereits **bekannter Produktnachahmungen,**[944] etwa wenn konkrete Nachahmungsfälle von der Presse aufgenommen worden waren. Hingegen legt der Verkehr bei Allerwelts- und Dutzendware auf die betriebliche Herkunft zumeist keinen besonderen Wert.[945]

225 Mit dem Umstand allein, dass der Unternehmer die gleichen Leistungen anbietet wie sein Mitbewerber, mit **Ähnlichkeiten der Produkte,** die funktionell bedingt, selbstverständlich oder jedenfalls naheliegend sind, und mit glatt beschreibenden Angaben lässt sich eine Irreführung über die betriebliche Herkunft nach der Rspr. des BGH i. d. R. nicht begründen.[946] Fehlvorstellungen, die darauf beruhten, dass der Verkehr noch nicht daran gewöhnt ist, dass eine Dienstleistung außer von

---

939 BGH GRUR 1995, 354, 357 – *Rügenwalder Teewurst II.*

940 Vgl. EuGH GRUR 2006, 237 – *Picasso;* BGH GRUR 2007, 795 – *Handtaschen;* ausführlich schon § 5 Abschn. B **Rdn. 140 ff., 144, 174 ff.**

941 EuGH GRUR 2006, 237, 239 f. – *Picasso* (zum Markenrecht).

942 EuGH, Urt. v. 7.3.1990, GB-INNO-BM, C-362/88, EU:C:1990:102, Rdn. 17.

943 Vgl. EuGH GRUR 2006, 237, 239 – *Picasso.*

944 Vgl. BGH GRUR 2007, 795 – *Handtaschen.*

945 BGH WRP 2007, 313 – *Stufenleitern;* Beschluss v. 18.10.2011, Az. I ZR 109/10 (zu § 4 Nr. 3).

946 BGH GRUR 2011, 166, 168 – *Rote Briefkästen;* vgl. (zu § 4 Nr. 3) BGH GRUR 2005, 166, 168 – *Puppenausstattung;* GRUR 2010, 80 – *LIKEaBIKE;* Urt. v. 22.3.2012, Az. I ZR 21/11, Tz. 27 – *Sandmalkasten.*

dem früheren Monopolunternehmen auch von Wettbewerbern angeboten wird, begründen keine relevante Irreführung.[947] Es ist anerkannt, dass Fehlvorstellungen des Verkehrs, die sich in einer Übergangszeit nach einer Gesetzesänderung bilden, hingenommen werden müssen, weil andernfalls die alte Rechtslage mittels des Irreführungsverbots perpetuiert würde.[948] In seiner Entscheidung *„Rote Briefkästen"* hat der BGH daher eine relevante Irreführung im Sinne von § 5 UWG durch Aufstellen rot lackierter, im Übrigen jedoch denen der Deutsche Post AG ähnelnder Briefkästen in der Nähe von deren Filialen verneint.[949]

3. Wettbewerbsrechtliche Relevanz bzw. Erheblichkeit

Unwahre oder täuschende Angaben über die betriebliche Herkunft sind nach allgemeinen Grundsätzen wettbewerbsrechtlich relevant, wenn sie infolge der ihnen innewohnenden Täuschung das **wirtschaftliche Verhalten des Verkehrs beeinflussen können** oder aus diesen Gründen geeignet sind, einen **Mitbewerber zu schädigen,** s. ausführlich § 5 B Rdn. 196ff. 226

Die Relevanz wird jedenfalls dann i.d.R. zu bejahen sein, wenn sich an die Herkunftsangabe, wie schon nach der bisher von der Rspr. vertretenen Vorrangthese erforderlich, **Gütevorstellungen** des Verkehrs knüpfen. Beispielsweise kann die Fortführung einer Anwaltskanzlei nach dem Ausscheiden eines Sozius unter dessen Namen den Eindruck erwecken, der Qualitätsstandard der Anwaltstätigkeit sei nach wie vor maßgeblich durch diesen Anwalt geprägt.[950] Marken wie *„Emilio Adani"* können glauben machen, die Ware stamme aus der Hand eines Modemachers oder Designers mit diesem (Künstler-)Namen, und sei daher besonders „im Trend".[951] 227

Auch andere Vorstellungen des Verkehrs als die einer besonderen Güte des Produkts können seine geschäftliche Entscheidung beeinflussen. Nimmt der Verbraucher z.B. an, das mit einer **„Billigmarke"** gekennzeichnete Produkt stamme aus dem Betrieb des Markeninhabers und sei deshalb besonders **günstig,** ist seine Fehlvorstellung relevant.[952] Verwechselt der Verkehr die Firma eines kleinen Internet-Versandhändlers mit der eines großen Versandunternehmens, kann der Irrtum über die Herkunft des bestellten Produkts im Hinblick auf Erwartungen des Verkehrs relevant sein, das liefernde Unternehmen sei dauerhaft wirtschaftlich **leistungsfähig** oder **Ersatzteile** und **Zubehör** könnten dort nachbestellt werden. 228

Die mit der betrieblichen Herkunft verbundenen Vorstellungen des Verkehrs müssen nach der Rechtsprechung des BGH nicht **rational begründbar** sein, um relevant zu werden. So kann der Begriff der **„Klosterbrauerei",** der unterschwellig den Eindruck einer alten, bodenständigen Brautradition vermittelt, nach einer Entscheidung des BGH vom Verkehr ohne nähere Reflexion als Zeichen von Güte und Qualität genommen werden, obwohl bei näherer Überlegung nicht ersichtlich ist, wodurch sich „Klosterbier" von anderem Bier unterscheidet.[953] Auch ein verständiger, informierter und aufmerksamer Verbraucher, der sich darüber im Klaren ist, dass das konkrete Bier nicht mehr von Mönchen gebraut wird und dass im Übrigen von Mönchen gebrautes Bier nicht notwendig etwas Besonders sein muss, soll sich nach dieser Rspr. u.U. von solchen unbewussten Vorstellungen besonderer Güte der Ware leiten lassen.[954] 229

Besteht eine relevante Täuschungsgefahr, schadet es nicht, dass die beworbenen **Waren oder Dienstleistungen ebenso gut oder sogar besser** als jene desjenigen Unternehmens sind, das der Umworbene als Herkunftsstätte ansieht.[955] Denn nicht an der tatsächlich gegebenen Qualität, sondern an seiner Vorstellung hiervon richtet der Verkehr sein geschäftliches Verhalten aus. 230

4. Beispiele

Artikelnummer. Durch die Verwendung fremder Artikelnummern, die der Verkehr als Unterscheidungszeichen für die von einem bestimmten Hersteller hergestellten Produkte erkennt, kann über die betriebliche Herkunft irregeführt werden.[956] 231

[947] BGH GRUR 2011, 166, 168 – *Rote Briefkästen;* GRUR 2005, 166, 168 – *Puppenausstattung.*

[948] BGH GRUR 2008, 1114, 1115 – *Räumungsfinale;* GRUR 2011, 166, 168 – *Rote Briefkästen;* näher § 5 Abschn. B Rdn. 113.

[949] BGH GRUR 2011, 166, 168 – *Rote Briefkästen* mit Anm. *Kefferpütz,* GRURPrax 2010, 563.

[950] BGH GRUR 2002, 703, 704f. – *Vossius & Partner.*

[951] Vgl. BGH GRUR 1991, 215 – *Emilio Adani.*

[952] Vgl. zur Relevanz von Fehlvorstellungen hinsichtlich der Preise BGH GRUR 2002, 715, 716 – *Scanner-Werbung.*

[953] BGH GRUR 2003, 628, 629 – *Klosterbrauerei.*

[954] BGH GRUR 2003, 628, 629 – *Klosterbrauerei.*

[955] Vgl. BGH GRUR 1991, 852, 855 – *Aquavit.*

[956] EuGH, Urt. v. 25.10.2001, *Toshiba Europe,* C-112/99, EU:C:2001:566, Rdn. 41ff.; Urt. v. 23.2.2006, *Siemens,* C-59/05, EU:C:2006:147, Rdn. 16ff.; BGH GRUR 2003, 444, 445 – *Ersetzt.*

232 **Bestellnummern.** Werden in einem Produktkatalog die eigenen Bestellnummern den vergleichbaren des namentlich benannten Herstellers gegenüber gestellt und schließt der Verkehr aus der Namensnennung irrig darauf, dass es sich beim Werbenden um den namentlich bekannten Originalhersteller handele, liegt eine Irreführung über die betriebliche Herkunft vor.[957]

233 **„Direkt ab …"** Die Werbung eines Handelsvertreters unter der blickfangmäßig hervorgehobenen Überschrift „Direkt ab Fabrik" enthält keine wettbewerbsrechtlich relevante Irreführung, wenn damit die Erzeugnisse eines bestimmten Herstellers angeboten werden, der Handelsvertreter kein Lager unterhält, der Kunde in unmittelbare vertragliche Beziehungen zum Hersteller tritt sowie Lieferung und Einbau unmittelbar durch den Herstellerbetrieb stattfinden.[958]

234 **Designer.** Der Irrtum des Verbrauchers über die Person des Designers ist kein Irrtum über die betriebliche Herkunft. Wer irrig annimmt, die Ware werde **innerhalb des Betriebs** von einem anderen Designer gestaltet, als dies tatsächlich der Fall ist, unterliegt keiner i. S. d. § 5 relevanten Täuschung.[959] Anders demgegenüber, wenn der Verkehr auf einen anderen Herstellerbetrieb schließt. Deshalb kann die Verwendung der Marke „Emilio Adani", durch die der falsche Eindruck entsteht, die Ware stamme aus der Hand eines Modemachers oder Designers mit diesem (Künstler-)Namen, relevant täuschend sein.[960]

235 **Domain. S. auch § 5 Abschn. B Rdn. 152.** Werden unter einer aus dem bekannten Namen eines großen Unternehmens gebildeten Domain Waren oder Dienstleistungen von einem Dritten abgesetzt, kann dies einen Irrtum über die betriebliche Herkunft begründen.[961] Keine Irreführung über die betriebliche Herkunft liegt in der Verwendung beschreibender Domains wie „mitwohnzentrale.de", „sauna.de" oder „rechtsanwaelte.de", wenn der Domaininhaber Waren oder Dienstleistungen aus eben diesem Bereich anbietet. Die Domainbenutzung kann aber als irreführende Spitzen- oder Alleinstellungswerbung unlauter sein,[962] ebenso wenn die Bezeichnung den Verkehr über den Betreiber der Website irreführt.[963]

236 **Farben.** Ausgehend von der Vorrangthese hat der BGH einen wettbewerbsrechtlichen Irreführungsschutz für die **Farbgestaltung** grau/magenta verneint, weil dessen kennzeichenrechtliche Schutzfähigkeit nicht feststand; es wurde aber ausnahmsweise ein Anspruch aus § 1 a. F. (§ 4 Nr. 4 n. F.) bejaht.[964] Die Vorrangthese ist aufzugeben, so dass auch Farben einen irreführenden Herkunftshinweis enthalten können, wenn der Verkehr sie als betriebliches Unterscheidungszeichen eines bestimmten Herstellers erkennt. Das LG Münster hat eine Irreführung über den (tatsächlich nicht vorgesehenen) Einsatz von Mietwagen als Taxen in dem Aufdruck „SmaTax" bzw. „Taxen-Mietwagen" in Verbindung mit der Farbe der Fahrzeuge „hell Elfenbein" gesehen.[965]

237 **Form.** Bei bestimmten bekannten Warenformen (Coca-Cola-Flasche, Ferrero-Rocher-Kugeln usw.) schließt der Verkehr aus der Warenform auf die betriebliche Herkunft.[966] Formen können daher unabhängig von ihrer kennzeichenrechtlichen Schutzfähigkeit grundsätzlich eine Irreführung über die betriebliche Herkunft begründen, wenn der Verkehr sie als Herkunftshinweis ansieht. Der Schutz kann auch bei einer über die betriebliche Herkunft täuschenden Nachahmung eines Produkts eingreifen. Mit dem Umstand allein, dass der Unternehmer die **gleichen Leistungen** anbietet wie sein Mitbewerber, und mit Ähnlichkeiten der Produkte, die **funktionell bedingt, selbstverständlich** oder jedenfalls **naheliegend** sind, lässt sich eine Irreführung über die betriebliche Herkunft nach der Rspr. des BGH aber i. d. R. nicht begründen.[967] In der Entscheidung *„Rote Briefkästen"* hat der BGH daher der Höhe der Kästen keine Bedeutung beigemessen, und es genügen lassen, dass die Briefkästen des Mitbewerbers der Deutschen Post AG durch ihre rote Farbe, den auffällig gestalteten, runden Kastendeckel und die Beschriftung einen deutlichen Abstand zu den

---

[957] EuGH Urt. v. 25.10.2001, *Toshiba Europe,* C-112/99, EU:C:2001:566, Rdn. 41 ff.; Urt. v. 23.2.2006, *Siemens,* C-59/05, EU:C:2006:147, Rdn. 16 ff.; BGH GRUR 2003, 444, 445 – *Ersetzt.*
[958] BGH GRUR 1976, 596 – *Aluminiumrollläden.*
[959] EuGH, Urt. v. 30.3.2006, *Emanuel,* C-259/04, EU:C:2006:215, Rdn. 43 ff.
[960] Vgl. BGH GRUR 1991, 215 – *Emilio Adani; Fezer,* GRUR 2009, 451, 456.
[961] Vgl. OLG Düsseldorf, GRUR-RR 2015, 217.
[962] Näher § 5 E Rdn. 171 ff.; vgl. BGH GRUR 2001, 1061 ff. – *Mitwohnzentrale.de.*
[963] OLG München, Urt. v. 28.10.2010, Az. 29 U 2590/10, MMR 2011, 243: Wettbewerbsverstoß durch Verwendung der Domainnamen „bayerischespielbank.de", „bayerischespielbanken.de" und „bayerische-spielbank.de", weil der Verkehr irrtümlich annimmt, die zugehörigen Webseiten würden von dem Betreiber der Spielbanken in Bayern und damit von Staatsbetrieben unterhalten.
[964] BGH GRUR 1997, 754 ff. – *grau/magenta.*
[965] LG Münster WRP 2012, 493.
[966] Vgl. BGH GRUR 1983, 32 – *Stangenglas.*
[967] BGH GRUR 2011, 166, 168 – *Rote Briefkästen;* vgl. (zu § 4 Nr. 3) BGH GRUR 2005, 166, 168 – *Puppenausstattung;* GRUR 2010, 80 – *LIKEaBIKE;* GRUR 2012, 1155, Rdn. 27 – *Sandmalkasten.*

Kästen der Klägerin aufwiesen. Besteht wie im Warenbereich der Schreibgeräte nur ein **begrenzter Vorrat gemeinsam genutzter Gestaltungsmittel,** ist der Verkehr daran gewöhnt, Ausstattungsdetails mit gesteigerter Aufmerksamkeit zur Kenntnis zu nehmen.[968] Je **wichtiger** die betriebliche Herkunft für den Verkehr ist, um so eher wird er auch die Form der Ware daraufhin untersuchen, ob sie Rückschlüsse auf den Herstellerbetrieb zulässt. Kommt es dem Verbraucher, wie beim Erwerb von **Luxusgütern,** gerade darauf an, Ware eines bestimmten Herstellers zu kaufen, wird er auf **Details** wie eingenähte Schildchen oder Aufdrucke auf dem T-Shirt, die Herstellerangabe auf der Verpackung, die Gravur auf der Uhr oder die genaue Form der Handtasche[969] achten, anhand derer sich die betriebliche Herkunft feststellen lässt. Das gilt insbesondere in Fällen bereits **bekannter Produktnachahmungen.**[970] Oftmals wird allerdings in der konkreten Situation „echte" Ware als Vergleich fehlen. Der Verkehr ist dann auf sein **Erinnerungsbild** angewiesen. Bei Allerwelts- und Dutzendware legt der Verkehr hingegen auf die betriebliche Herkunft häufig keinen Wert.[971] Eine in der konkreten Situation eintretende betriebliche Herkunftstäuschung, der **durch zumutbare Maßnahmen nicht begegnet** werden kann, stellt allerdings keine unlautere geschäftliche Handlung dar und ist daher auch nicht geeignet, eine Irreführung i. S. v. § 5 zu begründen, s. ausführlich § 5 Abschn. J Rdn. 6 ff., 12. In diese Richtung geht jetzt auch die Entscheidung des BGH „Rote Briefkästen", s. o.

Hyperlinks. S. dazu § 5 Abschn. B Rdn. 73.

Internetsuchdienst. Ein Internetsuchdienst, der Informationsangebote, insbesondere Presseartikel, auswertet, die vom Berechtigten öffentlich zugänglich gemacht worden sind, führt nicht über die betriebliche Herkunft irre, wenn er Nutzern unter Angabe von Kurzinformationen über die einzelnen Angebote durch Deep-Links den unmittelbaren Zugriff auf die nachgewiesenen Angebote ermöglicht.[972] **238**

Kennzeichen. Die Verwendung fremder Kennzeichen kann zu Fehlvorstellungen über die betriebliche Herkunft führen.[973] Für Zeichen mit großer Bekanntheit wie das **AEG-Zeichen,**[974] den Namen **„Liebig"**[975] oder die Bezeichnung **„White Horse"** für Whisky[976] hat die Rspr. dies schon nach bisherigem Recht anerkannt. Da die Vorrangthese der Rspr. bei richtlinienkonformer Auslegung für § 5 n. F. keine Geltung mehr hat, kann eine Irreführung aber auch durch Verwendung anderer identischer oder verwechslungsfähiger Kennzeichen bewirkt werden (§ 5 Abschn. J Rdn. 2 ff.). Voraussetzung ist, dass der Verkehr durch die Verwendung des Zeichens über die betriebliche Herkunft des Produkts getäuscht wird, und dass die Fehlvorstellung geeignet ist, seine geschäftliche Entscheidung zu beeinflussen. Dies ist bei dem Aufdruck von Kfz-Marken oder -Logos auf originalgetreu nachgebauten Fahrzeugen i. d. R. nicht der Fall, denn der Käufer und Sammler derartiger Modelle versteht derartige Kennzeichen nicht dahingehend, dass Hersteller der Modellautos der Marken- bzw. Logoinhaber ist.[977] **239**

Lichtbild. In der Entscheidung „Editorial" hat der BGH dahinstehen lassen, ob die Veröffentlichung von redaktionellen Beiträgen unter Beifügung des **Namens** und **Lichtbilds** eines Apothekers als irreführend zu beanstanden ist, wenn der Apotheker den Beitrag tatsächlich nicht verfasst hat.[978] Um einen solchen Fall ging es in der Entscheidung „Apothekenzeitschriften"; die gegen den das Verbot der Veröffentlichung redaktioneller Beiträge betreffenden Teil der Entscheidung gerichtete Revision hat der BGH nicht zur Entscheidung angenommen.[979] **240**

Marke. Zu bejahen sein kann eine Irreführung über die betriebliche Herkunft, wenn durch die Verwendung fremder Marken der Eindruck entsteht, das Produkt stamme aus dem Betrieb des Markeninhabers, s. näher unter „Kennzeichen". **241**

---

968 OLG Hamburg, Urt. v. 27.3.2014, Az. 3 U 33/12, BeckRS 2014, 12345, juris-Rdn. 97.
969 Vgl. BGH GRUR 2007, 795 – *Handtaschen.*
970 Vgl. BGH GRUR 2007, 795 – *Handtaschen.*
971 BGH WRP 2007, 313 – *Stufenleitern;* Beschluss v. 18.10.2011, Az. I ZR 109/10 – *Elektrische Gebäckpresse* (zu § 4 Nr. 3).
972 *BGH* MMR 2003, 719, 723 – *Paperboy.*
973 Vgl. EuGH Urt. v. 25.10.2001, Toshiba Europe, C-112/99, EU:C:2001:566, Rdn. 41 ff.; Urt. v. 23.2.2006, Siemens, C-59/05, EU:C:2006:147, Rdn. 16 ff.; BGH WRP 2013, 1465, 1470, Rdn. 60 ff. – *Hard Rock Cafe ;* GRUR-RR 2014, 201 – *Peek & Cloppenburg IV.*
974 RG GRUR 1939, 806, 808 – *AEG;* BGH GRUR 1966, 267, 270 – *White Horse.*
975 RG GRUR 1942, 432, 435 f. – *Liebig;* BGH GRUR 1966, 267, 270 – *White Horse.*
976 BGH GRUR 1966, 267, 270 – *White Horse.*
977 Vgl. EUGH, Urt. v. 25.1.2007, *Adam Opel,* C-48/05, EU:C:2007:55; BGH GRUR 1996, 57 – *Spielzeugautos.*
978 BGH GRUR 1995, 125 ff. – *Editorial.*
979 BGH GRUR 1993, 926 f. – *Apothekenzeitschriften.*

242 **Mitarbeiter, Verantwortliche.** Die Fehlvorstellung über die im Betrieb für die Herstellung bzw. Gestaltung des Produkts verantwortlichen oder an ihr mitwirkenden Personen ist kein Irrtum über die betriebliche Herkunft. Wer irrig annimmt, die Ware werde innerhalb des Betriebs von einem anderen Designer gestaltet, als dies tatsächlich der Fall ist, unterliegt keiner i. S. d. § 5 relevanten Täuschung.[980]

243 **Modellauto.** Den Aufdruck von Kfz-Marken oder -Logos auf originalgetreu nachgebauten Fahrzeugen verstehen Käufer und Sammler derartiger Modelle i. d. R. nicht dahingehend, dass Hersteller der Modellautos der Marken- bzw. Logoinhaber ist.[981]

244 **Name, Firma.** In der Bezeichnung eines Bieres als **„Königl.-Bayerische Weisse"** hat der BGH einen Herkunftshinweis auf das Bayerische Königshaus gesehen;[982] nach dem geänderten Verkehrsbegriff lässt sich diese Entscheidung aber kaum mehr aufrechterhalten. In der Entscheidung „Editorial" hat der BGH dahinstehen lassen, ob die Veröffentlichung von redaktionellen Beiträgen unter Beifügung des Namens und Lichtbilds eines Apothekers als irreführend zu beanstanden ist, wenn der Apotheker den Beitrag tatsächlich nicht verfasst hat.[983] Für die Fortführung des Namens eines ausgeschiedenen Partners einer angesehenen Patentanwaltskanzlei hat der BGH entschieden, dass darin keine i. S. d. § 5 relevante Irreführung liege, weil die mit dem Namen verbundenen Gütevorstellungen des Verkehrs auf die gemeinsame Zeit der Berufsausübung zurückgingen und daher nicht enttäuscht würden.[984] Werden in einem Produktkatalog die eigenen Bestellnummern den vergleichbaren des namentlich benannten Herstellers gegenüber gestellt und schließt der Verkehr aus der Namensnennung irrig darauf, dass es sich beim Werbenden um den namentlich bekannten Originalhersteller handele, liegt eine Irreführung über die betriebliche Herkunft vor.[985] Eine als solche nicht ohne weiteres erkennbare Anzeige eines Mietwagenunternehmens, die in einem Telefonbuch unter dem Buchstaben „T", aber nicht unmittelbar unter der Rubrikenüberschrift „Taxi" platziert ist, führt zu keiner Verwechslung mit dem Taxenverkehr und verstößt daher nicht gegen § 5 Abs. 1 S. 2 Nr. 3 oder Abs. 2.[986]

245 **„Original".** In der Werbung mit dem Begriff „Original-Spiel" für ein „Master Mind"-Spiel hat das OLG Frankfurt (nur) den Hinweis darauf erblickt, dass das Spiel der ursprünglichen Idee und Konzeption des Urhebers entspricht.[987] Der Begriff „Original Patienten-Aufklärungsbögen von Dr. S." suggeriert, dass es sich in Abgrenzung zu anderen, nicht authentischen Produkten um diejenigen Aufklärungsbögen handelt, die unter Wahrung einer von Dr. S. begründeten Unternehmenstradition hergestellt werden. Hat der Mitgründer Dr. S. eines Unternehmens, das Patienten-Aufklärungsbögen herstellt, die Gestaltung dieser Bögen nicht mitgeprägt, darf er deshalb Aufklärungsbögen, die er nach seinem Ausscheiden aus dem Unternehmen – nunmehr erstmals – selbst gestaltet, nicht als „Original Patienten-Aufklärungsbögen" bewerben.[988]

246 **Vergleichende Werbung.** Die Bezugnahme auf einen Mitbewerber, dessen Produkte oder Unterscheidungszeichen im Rahmen vergleichender Werbung darf keinen falschen Eindruck über die betriebliche Herkunft der Produkte erwecken.[989] In der Vorlageentscheidung O2 Holdings Lt. v. Hutchison 3G,[990] in der es um die Verwendung der für O2 als Marke geschützten Abbildung einer Blase in einem vergleichenden Werbespot eines Konkurrenten ging, führte der EuGH aus, ein genereller Vorrang der MarkenRL bzw. der IrreführungsRL im Bereich der vergleichenden Werbung bestehe nicht. Weise der Mitbewerber eine Verwechslungsgefahr mit seinem geschützten Zeichen nicht nach, sei er nicht berechtigt, die Benutzung in einer vergleichenden Werbung auf der Grundlage des Art. 5 Abs. 1 und 2 MarkenRL zu verbieten. Weise er das Bestehen einer Verwechslungsgefahr nach, könne der Werbende einem Verbot in Anwendung von Art. 3a Abs. 1 IrreführungsRL nichts entgegen halten, da die in Rede stehende Werbung nicht alle dort genannten Voraussetzungen erfülle.

---

[980] EuGH, Urt. v. 30.3.2006, *Emanuel,* C-259/04, EU:C:2006:215, Rdn. 43 ff.

[981] Vgl. EUGH, Urt. v. 25.1.2007, *Adam Opel,* C-48/05, EU:C:2007:55; BGH GRUR 1996, 57 – *Spielzeugautos.*

[982] BGH GRUR 1992, 66, 68 – *Königl.-Bayerische Weisse.*

[983] BGH GRUR 1995, 125 ff. – *Editorial.*

[984] BGH GRUR 2002, 703, 705 – *Vossius.*

[985] Vgl. BGH GRUR 2003, 444, 445 – *Ersetzt.*

[986] BGH WRP 2012, 817, 819, Rdn. 15 – *Mietwagenwerbung.*

[987] OLG Frankfurt WRP 1980, 338, 340.

[988] OLG Hamburg OLGR Hamburg 2005, 794.

[989] EuGH, Urt. v. 25.10.2001, *Toshiba Europe,* C-112/99, EU:C:2001:566, Rdn. 41 ff.;Urt. v. 23.2.2006, Siemens, C-59/05, EU:C:2006:147, Rdn. 16 ff.; EuGH, Urt. v. 12.6.2008, O2 Holdings & O2 (UK), C-533/06, EU:C:2008:339, Rdn. 48 ff.

[990] EuGH, Urt. v. 12.6.2008, *O2 Holdings & O2 (UK),* C-533/06, EU:C:2008:339.

Vertriebsweg. Der Irrtum über den Vertriebsweg vermag für sich genommen keine wettbewerbliche Irreführung im Sinne von § 5 zu begründen.[991] 247

VIII. Ergebnisse und wesentliche Bestandteile von Tests oder Untersuchungen der Waren oder Dienstleistungen

Schrifttum: *Brinkmann,* Zur Problematik der Werbung mit Testergebnissen, BB 1978, 1285; *ders.,* Rechtliche Grenzen der Werbung mit Testergebnissen – Anm. zu OLG Koblenz, Urt. vom 28.9.1978, 6 U 1388/76, BB 1979, 132; *Fezer,* Testwerbung, GRUR 1976, 472; *Hart,* Warentest, Preisvergleich und Testwerbung – Zur neuen delikts- und wettbewerbsrechtlichen Entwicklung in der Rechtsprechung, WRP 1986, 515; *Hart/Silberer,* Werbung mit Testergebnissen der Stiftung Warentest, GRUR 1983, 691; *Heerman,* Manipulierte Produktbewertungen im Lichte des Lauterkeitsrechts, WRP 2014, 509; *Heermann,* Manipulierte Produktbewertungen im Lichte des Lauterkeitsrechts, WRP 2014, 509; *Heiseke,* Werbung mit vergleichenden Warentests, WuW 1967, 19; *ders.,* Werbung mit vergleichenden Warentests, WRP 1977, 615; *Himmelbach,* Die neuen Werbe-Bedingungen der Stiftung Warentest, K&R 2008, 335; *Hoeren/Ernstschneider,* Das neue Geräte- und Produktsicherheitsgesetz und seine Anwendung auf die IT-Branche, MMR 2004, 507; *Karpf,* Werbung mit Testergebnissen, München 1983; *Kollmann,* Technische Normen und Prüfzeichen im Wettbewerbsrecht, GRUR 2004, 6; *Koppe/Zagouras,* Rechtsprobleme der Testwerbung, WRP 2008, 1035; *Lindacher,* „Testsieger"-Werbung, WRP 2014, 140; *Müller/Kessler,* Testwerbung und Markttransparenz – Zur Werbung mit Veröffentlichungen der Stiftung Warentest, WRP 1981, 495; *Sack,* Irreführende Werbung mit wahren Angaben, GRUR 1996, 461; *Schulte-Franzheim/Tyra,* Werbung mit Auszeichnungen nach „Kamerakauf im Internet", in: FS Bornkamm, S. 489; *Semler,* Zur werbemäßigen Verwendung der Äußerungen Dritter, WRP 1979, 524; *Stenzel,* Der Griff nach den Sternen: Grundsätze bei der Kennzeichnung und Werbung mit Hotelsternen, GRUR-Prax 2015, 291; *Vogt,* Vergleichender Warentest, 1986; *Wiebe,* Wettbewerbsrechtliche und zivilrechtliche Rahmenbedingungen der Vergabe und Verwendung von Gütezeichen, Teil I, WRP 1993, 74–90; *ders.,* Teil II, WRP 1993, 156.

1. Abgrenzung und Bedeutung

Den Ergebnissen von Tests oder Untersuchungen kommt bei der Entscheidung über die Auswahl einer Ware oder einer Dienstleistung großes Gewicht zu. Denn es handelt sich um **Prüfungen durch Dritte,** denen der Verkehr eine besondere Bedeutung beimisst, sei es weil er von dem Dritten eine besondere Sachkunde oder Erfahrung und/oder auch nur ein neutrales Urteilungsvermögen erwartet. Die ausdrückliche Erwähnung von „Tests" im Gesetzestext geht zurück auf die UGP-Richtlinie. Diese erwähnt in Art. 6 Abs. 1 lit. b) als wesentliche Merkmale des Produkts auch *„die Ergebnisse und wesentlichen Merkmale von Tests oder Untersuchungen, denen das Produkt unterzogen wurde"*. 248

Leider ist die Übernahme des Richtlinientextes in das deutsche Recht nicht genau erfolgt, was im Zweifel im Rahmen richtlinienkonformer Auslegung zu berücksichtigen ist. So spricht die Richtlinie von „wesentlichen **Merkmalen** von Tests", während das UWG „wesentliche **Bestandteile**" erwähnt. Die Richtlinie nennt „Ergebnisse **und** wesentliche Merkmale", der deutsche Text hingegen „Ergebnisse **oder** wesentliche Bestandteile". Im Ergebnis wird das aber keinen Unterschied machen. Es genügt, wenn entweder über die Ergebnisse oder über wesentliche Bestandteile/Merkmale irregeführt wird. Darüber hinaus erwähnt die Richtlinie zusätzlich aber auch noch **„Untersuchungen",** denen das Produkt unterzogen wurde. Im deutschen Text kommt „Untersuchungen" nicht vor; es ist nur von **„Tests"** die Rede. Dies zeigt, dass der Begriff des „Tests" im deutschen Recht **weit zu verstehen** ist und auch sonstige Untersuchungen erfasst, wobei offen bleiben kann, worin der Unterschied zwischen einem Test einerseits und einer Untersuchung andererseits liegen soll. Wegen des weiten Verständnisses des Begriffes erfasst die Regelung daher nicht nur die Werbung mit vergleichenden **Tests,** sondern auch die Verwendung von **Zeichen** oder **Symbolen,** die auf Einzeluntersuchungen oder auf vorhergegangene Untersuchungen hinweisen. Dabei können sowohl Produkte als auch Unternehmen getestet werden. Für **Unternehmen** gelten die nachfolgenden Grundsätze entsprechend. 249

Häufig knüpft an eine Untersuchung die Erteilung eines **Prüfzeichens, Gütezeichens und anderer qualitätsrelevanter Zeichen** an. Somit impliziert die Werbung mit diesem Gütezeichen zugleich das erfolgreiche Bestehen des Tests. In diesem Fall – aber auch nur insoweit –[992] sind **vorrangig** die Tatbestände in **Nr. 2 und Nr. 4 des Anhangs zu § 3 Abs. 3 UWG** zu prüfen. Nach Nr. 2 ist die Verwendung von Gütezeichen, Qualitätskennzeichen oder Ähnlichem ohne die erforderliche Genehmigung verboten. Nr. 4 verbietet die unwahre Angabe, ein Unternehmer oder sein Produkt seien von dritter Stelle bestätigt, gebilligt oder genehmigt worden. Allerdings geht es in diesen Fällen nur um das Bestehen des Tests als solchem, nicht um die Werbung mit konkreten 250

---

[991] EuGH, Urt. v. 8.4.2003, *Pippig Augenoptik,* C-44/01, EU:C:2003:205, Rdn. 58ff., 65; zum Irrtum über die Stellung des Unternehmers in Vertriebsverfahren s. **§ 5 E Rdn. 248.**

[992] KG WRP 2012, 993 Tz. 142 – *Deutsches Hygienezertifikat.*

Testergebnissen. Hinsichtlich der Aussagen mit konkreten Testergebnissen bleibt es daher bei der Prüfung nach § 5 UWG.

251 Werden mehrere Produkte getestet und miteinander verglichen und werden dabei die *Mitbewerber* oder deren Produkte – unmittelbar oder mittelbar – *erkennbar* gemacht, ist dies als **vergleichende Werbung** am Maßstab des § 6 UWG zu messen.[993] Auch insoweit wurden die Voraussetzungen in der Richtlinie 84/450/EWG bzw. Richtlinie 2006/114/EG[994] abschließend harmonisiert, so dass strengere nationale Vorschriften zum Schutz gegen irreführende Werbung hinsichtlich der Form und des Inhalts des Vergleichs nicht angewandt werden dürfen.[995] Allerdings ist nicht jeder Hinweis auf einen „Test" im Sinne einer objektiven und neutralen, vergleichenden Untersuchung zu verstehen. Eine Aussage wie „X im Test" wird z. B. im Regelfall als eine reine Funktionsprüfung verstanden.[996]

252 Wird mit einem **„Testsieg"** oder einem **„1. Platz"** geworben, so könnte das auch als **Alleinstellungsbehauptung** verstanden werden. Jedoch finden die dafür speziell geltenden Grundsätze (hierzu § 5 Abschn. E. Rdn. 175) nach der Rechtsprechung des BGH keine Anwendung. Denn bei der Alleinstellungswerbung geht es zumeist um eine Selbsteinschätzung des Werbenden, während die Werbung mit Testergebnissen sich auf die **Beurteilungen durch Dritte** bezieht. Der Unternehmer darf sich daher grundsätzlich mit der Auszeichnung eines Dritten schmücken und muss keinen eigenen Qualitätsnachweis führen.[997]

253 Sind die Tests/Untersuchungen erforderlich für die **Zulassung** von Waren oder Dienstleistungen, so kann die Werbung damit auch gegen **§ 5 Abs. 1 S. 2 Nr. 4 UWG** verstoßen.

254 Zudem ist anerkannt, dass bei der Werbung mit Testergebnissen eine leicht und eindeutig lesbare Angabe der Fundstelle, an der der Test veröffentlicht wurde, zu machen ist. Wird das unterlassen, so kann dies eine Irreführung gemäß § 5a Abs. 2 UWG bewirken (dazu nachfolgend auch Rdnr. 256).[998]

2. Tests/Untersuchungen

255 Bei der rechtlichen Beurteilung ist zu unterscheiden zwischen der **Durchführung und Veröffentlichung von Tests** durch bestimmte Einrichtungen, z. B. die Stiftung Warentest oder Ökotest, dem bloßen Hinweis auf die Existenz eines Tests (sog. **Testhinweiswerbung**) und der Werbung mit den Ergebnissen solcher Tests **(Testergebniswerbung).** Durchführung und Veröffentlichung von Tests durch das Testinstitut selbst sind am Maßstab der §§ 3, 6 UWG bzw. §§ 823, 824 BGB zu prüfen, allerdings kann sich die fehlerhafte Durchführung eines Tests auf die Werbung hiermit auswirken.

256 **a) Testhinweiswerbung.** Der Testhinweiswerbung kommt eine praktische Bedeutung zumeist bei der (nach §§ 5a Abs. 2 UWG zu beurteilenden) Frage zu, ob bei dem Hinweis auf Tests von Dritten die **Angabe einer Fundstelle erforderlich** ist. Das wurde von der Rechtsprechung in Anlehnung an die Vorgaben der Stiftung Warentest zumeist bejaht[999] und vom BGH auch unter Geltung der UGP-Richtlinie noch einmal ausdrücklich bestätigt und für die Werbung im Internet präzisiert. Danach ist es erforderlich, dass bei einer Werbung für ein Produkt mit einem Testergebnis im Internet die Fundstelle entweder bereits deutlich auf der ersten Bildschirmseite dieser Werbung angegeben wird oder jedenfalls ein deutlicher **Sternchenhinweis** den Verbraucher ohne Weiteres zu der Fundstellenangabe führt.[1000] Auch für die Test-Werbung außerhalb des Internets gilt, dass die Fundstellenangabe in jedem Falle leicht auffindbar, gut lesbar und eindeutig nachprüfbar sein muss.[1001] Die Schriftgröße darf dabei im Regelfall – im Einzelfall mag aufgrund besonderer Um-

---

[993] Vgl. z. B. BGH GRUR 2005, 172, 174 ff. – *Stresstest.*

[994] Richtlinie 2006/114/EG des Europäischen Parlaments und des Rates vom 12. Dezember 2006 über irreführende und vergleichende Werbung (kodifizierte Fassung), ABl. Nr. L 376 S. 21.

[995] EuGH GRUR 2003, 533, 535 *Pippig Augenoptik ./. Hartlauer.*

[996] LG Hamburg MD 2014, 316, 320.

[997] BGH GRUR 2003, 800, 802 – *Schachcomputerkatalog.*

[998] Z. B. BGH GRUR 2010, 248 – *Kamerakauf im Internet;* OLG Brandenburg MD 2013, 709, 711 f. m. w. N.

[999] KG MD 1993, 286 ff.; KG MD 2001, 546, 548; OLGR Schleswig 2001, 393 ff.

[1000] BGH GRUR 2010, 248, 251 Tz. 32 – *Kamerakauf im Internet;* ebenso OLG Stuttgart MD 2011, 543, 546; KG GRUR-RR 2011, 278, 279; OLG Bamberg MD 2011, 805; OLG Hamburg WRP 2007, 557 – *Facts;* OLG Brandenburg MD 2013, 709, 711 f. m. w. N.; diese Grundsätzen sollen auch bei der Werbung mit selbst durchgeführten Verbraucherbefragungen gelten, OLG Hamburg GRUR-RR 2014, 333 f. – *Testsieger im Geschmack.*

[1001] **Produktverpackung:** OLG Köln WRP 2013, 535 Tz. 14 ff.; **Printwerbung:** OLG Bamberg MD 2011, 805; OLG Brandenburg MD 2013, 709, 712 f.; **TV-Werbung:** OLG Frankfurt GRUR-RR 2013, 393 – *Der Netzbetreiber mit den zufriedensten Kunden.*

stände etwas anderes gelten[1002] – 6-Punkt nicht unterschreiten,[1003] was aber selbstverständlich nicht bedeutet, dass eine Größe von 6-Punkt automatisch unbedenklich ist, z. B. weil die Angabe der Fundstelle verschwommen ist oder bei Betrachtung aus nächster Nähe eine besondere Konzentration und Anstrengung erfordert.[1004] Die Angabe der Fundstelle ist zudem nicht nur dann erforderlich, wenn direkt mit dem Testergebnis geworben wird, sondern auch dann, wenn nur eine Produktverpackung abgebildet wird, auf der das entsprechende Testsiegel sowie das Testergebnis gut lesbar abgebildet sind.[1005] Diese Grundsätze gelten auch für Verbraucherumfragen eines Unternehmens, wenn die Darstellung des Testergebnisses den Eindruck eines unabhängig durchgeführten Tests erweckt.[1006] Angaben zur **Durchführung des Tests** und dem **Veröffentlichungsdatum** sind hingegen nicht zwingend erforderlich, es sei denn, dass Fehlen dieser Angaben bewirkt im Einzelfall aufgrund besonderer Umstände eine Irreführung.[1007]

b) Testergebniswerbung. Für die Praxis mindestens genauso relevant ist allerdings die Werbung 257
mit den Ergebnissen von Tests, d. h. die Werbung mit den Aussagen Dritter, und mit den wesentlichen Bestandteilen von Tests. Die Werbung mit Tests durch ein werbendes Unternehmen kann aus verschiedenen Gründen irreführend sein. Die Irreführung muss sich nicht allein auf das **Ergebnis** eines Tests beziehen, sondern kann nach der gesetzlichen Regelung ausdrücklich auch **wesentliche Bestandteile** eines Tests erfassen. Eine Irreführung kann sich insbesondere ergeben, weil die Anforderungen der Rechtsprechung an die **Durchführung** solcher Tests nicht beachtet werden, weil falsche Angaben **zum getesteten Objekt** gemacht werden, weil das **Testergebnis falsch wiedergegeben** wird, aus falschen Angaben zur Stellung des beworbenen Objekts im Gesamtgefüge des Tests, bei irreführenden Angaben zur **Repräsentativität eines Tests** oder aus falschen Angaben zur **Aktualität des Tests.** Maßstab für die Beurteilung der Werbung sind allein die gesetzlichen Regelungen. Ob zugleich auch etwaige Regelungen des Testinstituts, wie etwa die **Bedingungen der Stiftung Warentest** zur Werbung mit Untersuchungsergebnissen[1008] eingehalten werden, ist für die wettbewerbsrechtliche Beurteilung ein Indiz, aber nicht verbindlich.[1009] Die Einhaltung dieser Bedingungen ist allerdings Voraussetzung für die Verwendung des **„test"** oder des „test.de"-**Logos** der Stiftung Warentest.[1010] Zudem stellt eine Verletzung der Bedingungen in vielen Fällen zugleich auch eine wettbewerbswidrige Handlung dar.

aa) Durchführung des Tests. Gab es einen Test, ist Voraussetzung für die Werbung mit dessen Er- 258
gebnissen und Bestandteilen, dass die Anforderungen der Rechtsprechung an die Durchführung solcher Tests[1011] beachtet wurden. Zu diesen Grundvoraussetzungen zählt insbesondere, dass der Test **objektiv, neutral, sachkundig und repräsentativ durchgeführt** wurde. Sind diese Grundvoraussetzungen erfüllt, steht dem Tester bei der Auswahl der Testobjekte, bei der Angemessenheit der Untersuchungsmethoden und der Darstellung der Untersuchungsergebnisse, einschließlich der Vergabe von Gesamtnoten, ein erheblicher **Entscheidungsfreiraum** zu. Ob das gefundene Ergebnis und die Testnote *objektiv* richtig sind, ist dann für die Rechtmäßigkeit der Veröffentlichung egal, solange nur ein **Bemühen um objektive Richtigkeit** gegeben war und die aus der Prüfung gezogenen Schlüsse vertretbar („diskutabel") sind. Auch ist nicht erforderlich, dass allein objektive Eigenschaften getestet werden, sondern es können auch subjektive Einschätzungen von Verbrauchern wiedergegeben werden (sog. **Konsumententest**), sofern dies in der Werbung deutlich gemacht wird und das Ergebnis repräsentativ ist.[1012] Irreführend ist es allerdings, mit einem TÜV-

---

1002 OLG Köln GRUR-RR 2012, 32 f. Noch weitergehend *Rehart,* MMR 5/2012, Fokus V.

1003 OLG Bamberg GRUR-RR 2013, 482 – *Ich bin doch nicht GAGA;* OLG Brandenburg MD 2013, 709, 713; OLG Karlsruhe MD 2011, 1002, 1003; OLG Nürnberg MD 2011, 1017, 1018; OLG Stuttgart MD 2011, 543, 547; KG GRUR-RR 2011, 278, 279; OLG Celle GRUR-RR, 2011, 278; OLG Hamburg WRP 2007, 557, 558; insoweit werden Parallelen gezogen zu den Pflichtangaben in der Heilmittelwerbung, dazu BGH GRUR 1987, 301– *6-Punkt-Schrift;* GRUR 1988, 68 – *Lesbarkeit I.*

1004 *Schulte-Franzheim/Tyra,* FS für Bornkamm, 2014, S. 489, 497 m. w. N.

1005 OLG Köln MD 2001, 1003, 1004.

1006 OLG Hamburg GRUR-RR 2014, 333 – *Testsieger im Geschmack.*

1007 KG GRUR-RR 2011, 278, 279; *Schulte-Franzheim/Tyra,* FS für Bornkamm, 2014, S. 489, 497.

1008 In der Fassung vom 25. Januar 2012 abrufbar unter http://www.test.de/unternehmen/werbung/nutzungs bedingungen/.

1009 BGH GRUR 1991, 679 – *Fundstellenangabe.*

1010 Hierzu *Selting* MDR 2013, 1260 ff.

1011 BGHZ 65, 325, 334 = GRUR 1976, 268 – *Warentest II;* GRUR 1986, 330 ff. – *Warentest III;* GRUR 1987, 468, 469 ff. – *Warentest IV;* GRUR 1989, 539 – *Warentest V;* OLG Frankfurt GRUR 2003, 85, 86 – *Vergleich von Finanzdienstleistungen.*

1012 OLG Köln WRP 2011, 362, 363; bestätigt im Hauptsacheverfahren, MD 2013, 232, 234. Offen gelassen in OLG Hamburg GRUR-RR 2014, 333, 334 – *Testsieger im Geschmack.*

Siegel und der Aussage „TÜV Service tested …" zu werben, wenn der TÜV keinen Test nach seinen Prüfkriterien vorgenommen, sondern nur eine Kundenbefragung ausgewertet hat.[1013] Zudem muss die von den Konsumenten abgegebene Bewertung sich ausschließlich auf Eigenschaften des Produkts beziehen und von äußeren Umständen unbeeinflusst sein.[1014] Die vorgegebene Notenskala muss den Vorstellungen der Verbraucher entsprechen; danach ist ein „sehr gut" im Regelfall die Bestnote und nicht nur die zweitbeste Note oder ein „gut" nicht nur eine Note im Mittelfeld aller möglichen Bewertungen. Des Weiteren dürfen negative und neutrale Meinungen nicht nur erschwert in das Ergebnis der Kundenbewertung einfließen.[1015]

259 Die **Wertungen des Tests kommen auch dem Werbenden zugute,** der den Test und das Ergebnis vollständig übernimmt. Dann findet auch keine Wiederholung des Warentests statt, der Unternehmer **braucht keinen eigenen Nachweis zu führen,** sondern kann sich mit dem Testergebnis schmücken. Das gilt auch, soweit mit dem Testergebnis eine Alleinstellungsbehauptung verbunden ist, etwa durch Urteile wie „Testsieger" oder „bestes Produkt". Insoweit findet eine **Privilegierung** im Vergleich zu den sonstigen Anforderungen bei Alleinstellungsbehauptungen statt.[1016]

260 Erfüllt ein Test hingegen nicht die Grundanforderungen an seine Zulässigkeit, ist auch die Werbung hiermit irreführend,[1017] und zwar unabhängig davon, ob der Unternehmer von solchen Mängeln Kenntnis hat. Das kann etwa der Fall sein, wenn der Test **nicht sachkundig** durchgeführt wurde, weil etwa die angewendeten Prüfungsmethoden wissenschaftlich nicht anerkannt sind,[1018] wenn der Test nicht von einer **unabhängigen Organisation** durchgeführt wurde,[1019] der Test nicht **hinreichend repräsentativ** ist[1020] oder die Möglichkeit **testfremder Einflussnahme** durch Zuwendungen von Wettbewerbern besteht.[1021] Von dem Beurteilungsspielraum des Testers ebenfalls nicht erfasst sind **falsche tatsächliche Feststellungen,** denen im Rahmen des Tests eine eigenständige Bedeutung zukommt und die vom Durchschnittsverbraucher als Aussage über nachweisbare Fakten aufgefasst werden, wie z. B. die Angabe eines einheitlichen Preises in Filialen eines Unternehmens, wenn dort kein einheitlicher Preis gefordert wird.[1022] Werden solche falschen tatsächlichen Feststellungen in die Werbung übernommen, ist dies irreführend. Der Unternehmer ist somit von einem eigenen Qualitätsnachweis befreit, trägt andererseits aber das Risiko, dass der Test nicht in vertretbarer Weise durchgeführt wurde.

261 *bb) Wirksamkeitsprüfungen.* Wirksamkeitsprüfungen sind keine Voraussetzung für die Durchführung der Tests und deren Veröffentlichungen durch das Testinstitut. Wollen allerdings die *Hersteller* der getesteten Erzeugnisse mit den Testergebnissen werben, dann müssen sie auf die fehlenden Wirksamkeitsprüfungen hinweisen. Denn wird z. B. für ein Haarshampoo mit dem Testergebnis „sehr gut" geworben, dann erwartet der Verkehr mangels anderslautender Angaben, dass die Wirksamkeit des Shampoos entsprechend getestet wurde.[1023] Ebenso erwartet der Verkehr bei der Werbung mit einem „Test Gesamturteil sehr gut" für ein Fertigarzneimittel, dass auch dessen Wirksamkeit getestet wurde.[1024]

262 *cc) Kein Test/Anderes Test-Objekt/Andere Testkategorien.* Wenn ein Test **überhaupt nicht stattgefunden** hat, ist die Werbung mit etwaigen Testergebnissen selbstverständlich irreführend. Ob theoretisch ein entsprechendes Ergebnis bei Durchführung eines Tests erzielt worden wäre, ist unerheblich und lässt sich angesichts des Ermessensspielraums des Testers auch praktisch kaum belegen.

263 Irreführend kann die Werbung mit Testergebnissen ferner sein, wenn das **beworbene Objekt** (Ware/Dienstleistung/Unternehmen) **als solches nicht getestet** wurde; etwa wenn ein Test eines Unternehmens so dargestellt wird, als habe er sich auch auf die beworbene Ware bezogen oder

---

[1013] OLG Saarbrücken MMR 2015, 450 Tz. 33; LG Köln, MMR 2012, 244.

[1014] OLG Köln a. a. O.; zur Haftung eines Unternehmens bei manipulierten Produktbewertungen vgl. *Heermann* WRP 2014, 509 ff.

[1015] OLG Düsseldorf WRP 2013, 818 Tz. 18, wo sogar mit *„garantiert echten Kundenmeinungen"* geworben wurde.

[1016] BGH GRUR 2003, 800, 802 – *Schachcomputerkatalog.* Einschränkend allerdings OLG Hamburg WRP 2013, 1206 Tz. 21 für den Fall, dass kein „Testsieger" gekürt wurde.

[1017] *Helm* in: Gloy/Loschelder/Erdmann, HdbWettbR, § 59 Rdn. 313.

[1018] *Koppe/Zagouras* WRP 2008, 1035; vgl. BGH GRUR 2002, 633, 634 – *Hormonersatztherapie.*

[1019] OLG Düsseldorf WRP 2007, 357, 358 – *Auszeichnung zum „1a Augenoptiker";* OLG Hamm WRP 1980, 281 f. – *Bodybuilding Präparate.*

[1020] BGH GRUR 2005, 877, 880 – *Werbung mit Testergebnis;* KG ZUM-RD 1999, 88, 90.

[1021] OLG München NJW-RR 1997, 1330 – *Neutralität bei Warentest.*

[1022] BGH GRUR 1986, 330, 331 – *Warentest III;* GRUR 1989, 539 – *Warentest V.*

[1023] OLG Frankfurt GRUR-RR 2007, 16, 18 – *Öko-Test.*

[1024] OLG Frankfurt WRP 2014, 1101 Tz. 21 f.

wenn Aussagen in Tests, die sich auf eine ganze Branche (z.B. Kabelbetreiber) im Vergleich zu anderen Branchen beziehen, durch Ergänzung spezieller Logos auf ein werbendes Unternehmen spezifiziert werden, obwohl dieses Unternehmen die angegebenen Spitzenwerte gerade nicht erreicht[1025] oder wenn andere Kriterien getestet wurden als diejenigen, die der Verbraucher nach der Werbung vermutet.[1026] Zu dieser Fallgruppe zählt auch, dass die beworbene Ware in wesentlichen Aspekten **mittlerweile andere Eigenschaften** hat als die getestete Ware[1027] oder ein **anderes Modell** getestet wurde. Ist das beworbene Produkt technisch **baugleich** mit dem getesteten Produkt, so muss darauf deutlich hingewiesen werden, um eine Irreführung zu vermeiden.[1028] Im Übrigen ist bei Produktveränderungen allerdings auch sorgfältig die Relevanz einer etwaigen Fehlvorstellung zu prüfen. Handelt es sich bei den Änderungen um objektive Verbesserungen, die sogar noch zu einer Verbesserung des Testergebnisses geführt hätten, kann der rein formal möglicherweise irreführenden Werbung die notwendige Relevanz fehlen.[1029] Auch kommt es nicht darauf an, ob mittlerweile andere Produkte auf den Markt gekommen sind, solange damit nicht eine neue technische Entwicklung eingetreten ist und das beworbene Produkt immer noch dem Stand der Technik entspricht.[1030] Bei Lebensmitteln verlangt die Stiftung Warentest mittlerweile die Angabe der untersuchten **Charge.** Die beworbenen Lebensmittel müssen dabei jedoch nicht derselben Charge angehören wie die getesteten Produkte und auch das Mindesthaltbarkeitsdatum der getesteten Charge muss nicht angegeben werden.[1031] Zur Irreführung über die Aktualität eines Tests siehe Rdn. 270.

dd) Darstellung des Ergebnisses. Irreführend ist es ferner, wenn das **Testergebnis besser dargestellt** wird, als es für die beworbene Ware/Dienstleistung tatsächlich ist. Dies kann geschehen, indem ein besseres Gesamtergebnis angegeben wird als erzielt wurde. Wer etwa für einen DSL-Anschluss damit wirbt *„über alle Anschluss-Geschwindigkeiten (DSL 2000, 6000 und 16 000) hinweg vorn zu liegen"*, der suggeriert, dass er bei jedem der genannten Geschwindigkeiten den ersten Platz belegt habe. Ist das nicht der Fall, so ist die Werbung irreführend.[1032] Irreführend kann aber auch die **selektive Übernahme einzelner,** für den Unternehmer positiver Aussagen in einzelnen **Kategorien** eines Tests sein, wenn dadurch der Eindruck eines besseren Gesamtergebnisses bei diesem Test entsteht als tatsächlich erzielt wurde (hierzu nachfolgend Rdn. 265). Davon zu unterscheiden ist das negative Ergebnis bei einem anderen Test, d.h. bei einem Test eines anderen Testinstituts oder eines anderen Produkts, auf den der Unternehmer grundsätzlich nicht hinweisen muss (hierzu Rdn. 276). 264

ee) Stellung des getesteten Objekts im Gesamtgefüge; eigene Wertung. Die Irreführung kann auch dadurch geschehen, dass über die **Stellung** des beworbenen Objekts **im Gesamtgefüge** des Tests, d.h. **im Vergleich zu anderen Testobjekten,** getäuscht wird. Zwar gibt es keine grundsätzliche Verpflichtung, die Stellung des beworbenen Produkts im Gesamtgefüge des Tests wiederzugeben. Jedoch können Angaben zu dem Abschneiden von Konkurrenten helfen, Fehlvorstellungen zu vermeiden. Der Unternehmer muss also nicht in jedem Fall angeben, wie Konkurrenzerzeugnisse abgeschnitten haben und welche Noten insgesamt vergeben wurden.[1033] Die Angabe des Rangverhältnisses der Bewertungen kann allerdings notwendig sein, wenn nennenswerte Rangunterschiede bestehen, etwa bei Existenz von in einer besseren Notenstufe bewerteten Konkurrenzprodukten.[1034] Allein eine (geringfügig) bessere Note (z.B. 1,8 statt 1,7) innerhalb derselben Notenstufe (z.B. 265

[1025] OLG Köln MD 2011, 56, 58.

[1026] OLG Brandenburg WRP 2012, 1123, 1126 – *Testsiegel* (zu einer Servicestudie).

[1027] Vgl. *Helm* in: Gloy/Loschelder/Erdmann, HdbWettbR, § 59 Rdn. 313 mit dem Beispiel einer geänderten Rezeptur eines Nahrungsmittels; OLG Frankfurt GRUR 1992, 538 – *Altes Testurteil* (dort allerdings mangels Nachweises abgelehnt).

[1028] OLG Köln GRUR 1988, 556 – *Waschmaschine.*

[1029] BGH GRUR 2003, 800, 803 – *Schachcomputerkatalog;* OLG Köln BeckRS 2011, 09926. A.A. noch OLG Köln MD 2003, 1154, 1158 – *Kinderfahrradhelm.*

[1030] BGH WRP 2014, 67 Tz. 8 – *Testergebnis Werbung für Kaffee-Pads;* GRUR 1985, 932, 933 – *Veralteter Test;* OLG Köln MD 2003, 1154, 1158 – *Kinderfahrradhelm.*

[1031] BGH WRP 2014, 67 Tz. 8 – *Testergebnis-Werbung für Kaffee-Pads.*

[1032] OLG Köln MD 2011, 56, 58.

[1033] OLG Celle GRUR-RR 2005, 286; OLG Frankfurt WRP 1982, 35, 36 – *Werbung mit Testergebnissen I;* WRP 1985, 495, 496 – *Werbung mit Testergebnissen II;* OLG Köln GRUR 1983, 514, 515; OLG Koblenz WRP 1982, 484, 486 – *Werbung mit dem Testurteil „gut"; Helm* in: Gloy/LoschelderErdmann, HdbWettbR, § 59 Rdn. 314; a.A. *Giefers* WRP 1964, 289, 293; Bedenken äußert auch *Hart* WRP 1986, 515, 521. Die anderslautenden Empfehlungen der Stiftung Warentest sind für die Auslegung von § 5 UWG nicht bindend; so ausdrücklich auch OLG Celle GRUR-RR 2005, 286.

[1034] OLG Frankfurt K&R 2013, 129, 130 – wobei sich die Irreführung bei Fehlen dieser Angaben streng genommen aus § 5a Abs. 2 UWG ergibt.

„gut") muss hingegen im Regelfall nicht offengelegt werden.[1035] Ebenso muss ein ausdrücklich zum **„Testsieger"** erklärtes Unternehmen grundsätzlich nicht über den Umfang des Vorsprungs gegenüber anderen aufklären; er muss nach der Rechtsprechung des BGH noch nicht einmal darüber aufklären, dass er sich den Sieg mit einem Wettbewerber teilt, weil der BGH dies als Werbung mit einer Auszeichnung ansieht.[1036] Allerdings darf umgekehrt durch Hinzufügen von Adjektiven wie *„klar"*, *„unangefochten"* oder *„souverän"* nicht der Eindruck eines deutlichen Vorsprungs erweckt werden, wenn dieser Vorsprung tatsächlich nicht gegeben war, sondern der 1. Platz mit anderen geteilt werden musste.[1037] Ebenso kann die Werbung mit einem „Testsieg" ohne weitere Aufklärung irreführend sein, wenn der Werbende sich den Testsieg mit so vielen anderen Unternehmen teilen muss, dass er insgesamt nur durchschnittlich abgeschnitten hat.[1038] Werden mehrere bestplatzierte Testobjekte nicht ausdrücklich zum „Testsieger" gekürt, so kann in der Werbung mit einer entsprechenden Behauptung ebenfalls eine irreführende Alleinstellungsbehauptung liegen.[1039] Irreführend ist es auch, sich als „Testsieger" zu bezeichnen, wenn der Test **Fehlertoleranzen** enthält, nach denen der Werbende eventuell doch nicht vor seinen Mitbewerbern liegen könnte.[1040]

266 Bei einem mit **„sehr gut"** bewerteten Produkt geht der Verkehr nicht davon aus, dass allein dieses Produkt und nicht auch einzelne andere Produkte diese Wertung erhalten haben.[1041] Daher ist grundsätzlich kein Hinweis erforderlich, dass auch andere Produkte ein „sehr gut" erhalten haben.[1042] Etwas anderes kann allenfalls in besonderen Situationen gelten, wenn alle getesteten Produkte mit „sehr gut" bewertet wurden oder ein „sehr gut" entgegen der Erwartung des Verkehrs nicht die **höchste Wertungsstufe** ist.[1043]

267 Ebenso erwartet der durchschnittlich informierte und verständige Verbraucher von einem im Gesamtergebnis mit **„gut"** bewerteten Produkt, bei dem dieses Ergebnis in der Werbung herausgestellt wird, dass es überdurchschnittlich abgeschnitten hat.[1044] Ist das nicht der Fall, weil etwa zehn getestete Produkte mit „sehr gut", elf mit „gut" und nur eins mit „befriedigend" abgeschnitten haben, ist die Werbung bei Fehlen erläuternder Angaben irreführend.[1045] Die bloße Angabe der Fundstelle für den vollständigen Testbericht genügt dabei selbst nach dem Leitbild des durchschnittlich verständigen und informierten Verbrauchers nicht.[1046] Denn dieses Leitbild geht davon aus, dass der Verbraucher die ihm dargebotenen Informationen nutzt, nicht aber davon, dass er sich weitergehende Informationen verschafft.

268 Irreführend kann es auch sein, wenn der Unternehmer sein Abschneiden im Test in **eigene Worte** fasst und sich selbst z. B. zum „Testsieger" kürt, obwohl es kein Gesamtergebnis durch den Testenden gab;[1047] das ist unlauter, wenn dadurch entweder der Eindruck erweckt wird, dieses Gesamtprädikat sei vom Testinstitut vergeben worden oder wenn die Einschätzung nicht dem tatsächlichen Testergebnis entspricht.[1048]

269 *ff) Repräsentativität.* Irreführend ist es auch, wenn mit Aussagen über die **Repräsentativität** eines Tests irregeführt wird. Das ist z. B. der Fall, wenn bei einem Test nur fünf von insgesamt 289 Beratungsstellen eines überregional tätigen Lohnsteuerhilfevereins getestet werden und dem Test auch nur eine Aussagekraft für die jeweils getestete Beratungsstelle zukommt – denn geprüft wurden jeweils Steuerbearbeitung, Service, Beratung und Beratungsgespräch und die Ergebnisse fielen bei einzelnen Beratungsstellen desselben Vereins teilweise sehr unterschiedlich aus –, der Unternehmer

---

1035 OLG Hamburg GRUR-RR 2014, 160.

1036 BGH GRUR 2003, 800, 802 – *Schachcomputerkatalog;* a. A. *Koppe/Zagouras* WRP 2008, 1035, 1037. Differenzierend OLG Hamburg GRUR-RR 2013, 437, 438 – *Spitzentrio.*

1037 BGH GRUR 2003, 800, 803 – *Schachcomputerkatalog; Lindacher,* WRP 2014, 140, 141.

1038 LG Hamburg MD 2014, 319, 322.

1039 OLG Hamburg GRUR-RR 2013, 437, 438 – *Spitzentrio;* a. A. *Lindacher,* WRP 2014, 140, 141.

1040 OLG Zweibrücken WRP 2011, 1660, 1661 – *Branchensieger.*

1041 OLG Frankfurt WRP 1985, 495, 496 – *Werbung mit Testergebnissen.*

1042 OLG Celle GRUR-RR 2005, 286; vgl. im Hinblick auf mehrere Produkte mit der Testnote „gut" OLG Hamburg GRUR-RR 2014, 160 – *Gut (1,9).*

1043 OLG Köln MD 2013, 232, 234.

1044 OLG Köln WRP 2013, 535 Tz. 10.

1045 BGH GRUR 1982, 437, 438 – *Test gut;* OLG Koblenz WRP 1982, 484; KG GRUR 1980, 728, 730 – *„Qualitätsurteil gut";* vgl. auch OLG Köln GRUR 1983, 514 für den Fall, dass alle Erzeugnisse mit „gut" bewertet wurden und nur ein Erzeugnis mit „befriedigend". Nach Auffassung des OLG Frankfurt GRUR-Prax 2011, 127, ist gem. § 5a UWG zusätzlich auch noch der Rang des getesteten Produkts anzugeben, und zwar selbst dann, wenn dieses Produkt überdurchschnittlich abgeschnitten hat.

1046 Vgl. bereits BGH GRUR 1982, 437, 438 – *Test Gut.*

1047 OLG Hamburg GRUR-RR 2013, 437, 438 – *Spitzentrio.*

1048 Verneint in OLG München GRUR 1990, 134, 135 – *Der Testsieger.* Die Stiftung Warentest verlangt in ihren Bedingungen sogar, dass ihre Aussagen vom Werbenden nicht mit eigenen Worten umschrieben werden.

aber dennoch den Eindruck erweckt, das Testergebnis beziehe sich auf seine gesamte Organisation.[1049] Das gilt selbst dann, wenn die getesteten Beratungsstellen nach ihrem Gewicht, ihrer Ausstattung und ihrem Auftreten als repräsentativ für die gesamte Organisation angesehen werden können.[1050] Ebenso ist es irreführend, sich als „Testsieger" zu bezeichnen, wenn in dem Test nur fünf von 30 möglichen Angeboten getestet wurden.[1051] Auf der anderen Seite ist Repräsentativität **nicht gleichzusetzen mit Vollständigkeit.** Es müssen daher nicht stets sämtliche auf dem Markt befindlichen einschlägigen Angebote getestet werden; dem durchschnittlich verständigen Verbraucher ist vielmehr bekannt, dass vom testenden Unternehmen eine – repräsentative – Vorauswahl getroffen wird.[1052]

gg) Aktualität. Getäuscht werden darf schließlich auch nicht über die **Aktualität** eines Tests. Zwar ist es grundsätzlich nicht verboten, auch mit älteren Tests zu werben. Enthält die Werbung keine anderslautenden Angaben, geht der Verkehr aber davon aus, dass es sich um ein aktuelles Testergebnis handelt.[1053] Will man mit **älteren Testergebnissen** (desselben Testinstituts) werben, ist daher grundsätzlich der Zeitpunkt der Testveröffentlichung hinreichend deutlich erkennbar zu machen.[1054] Zum Hinweis auf andere Tests, siehe Rdn. 276. 270

Darüber hinaus müssen die mit dem Testurteil beworbenen Waren den seinerzeit geprüften **Waren unverändert entsprechen** und es darf in der Zwischenzeit **keine bedeutsamen neueren technischen Entwicklungen** gegeben haben.[1055] Außerdem dürfen auch **keine neueren vergleichbaren Prüfergebnisse** (desselben Testinstituts) vorliegen, wobei es für die Vergleichbarkeit auf den Einzelfall ankommt.[1056] Liegen für dasselbe Produkt neue Ergebnisse vor, ist die Werbung mit den besseren alten Ergebnissen irreführend.[1057] Wurde das beworbene Produkt in dem neuen Test hingegen nicht mit einbezogen, sondern wurden nur vergleichbare Waren derselben Waren*gattung* getestet, hängt die Beurteilung der Irreführungsgefahr davon ab, ob der Verkehr bei dem Hinweis auf den alten Test erwartet, dass in der Zwischenzeit keine weiteren Tests für diese Gattung stattgefunden haben. Je größer das Spektrum und die Produktvielfalt einer Warengattung ist, desto unwahrscheinlicher ist diese Vorstellung. Aus diesem Grund ist beispielsweise eine Werbung mit einem älteren Test für eine Matratze nicht irreführend, wenn diese zugleich als **„Restposten"** beworben wird und sich die neueren Tests auf ein **anderes Preissegment** beziehen.[1058] Zur Werbung mit Testergebnissen für mittlerweile veränderte Produkte siehe Rdn. 263. 271

c) Wesentliche Bestandteile/Merkmale von Tests, Andere Tests, Aufklärungspflichten. 272
Nicht nur die Angabe eines falschen Gesamtergebnisses kann irreführend sein. § 5 Abs. 1 S. 2 Nr. 1 UWG und Art. 6 Abs. 1 lit. b) der UGP-Richtlinie erwähnen vielmehr ausdrücklich auch „wesentliche Bestandteile" bzw. „wesentliche Merkmale" eines Tests oder einer Untersuchung. Dies bedeutet, dass auch die Darstellung von Details eines Tests eine Irreführung begründen kann, sofern diese „wesentlich" sind. Wer etwa für *Mobilfunkdienst*leistungen damit wirbt, *„der Netzbetreiber mit den zufriedensten Kunden"* zu sein, handelt irreführend, wenn der Test eine Spitzenstellung allein unter den Netzbetreibern ergibt, unter allen Mobilfunkanbietern hingegen nur einen Mittelplatz.[1059]

Nach welchen Kriterien sich diese Wesentlichkeit bestimmt, wird nicht geregelt. Auch in den Gesetzes-Materialien finden sich hierzu keine Angaben. Wesentlich sind insbesondere **alle Einzelbewertungen, die in das jeweilige Gesamtergebnis eingeflossen** sind. Die richtige Angabe des Gesamtergebnisses „heilt" nicht die falsche Angabe solcher Einzelergebnisse. Denn mögliche Kunden können unterschiedlichen Wert legen auf Bewertungen in einzelnen Kriterien, denen bei identischem Gesamtergebnis ausschlaggebende Bedeutung zukommen kann. So kann beispielsweise ein Kunde beim Kauf eines Digital-Fotoapparates besonderen Wert legen auf die Auflösung, wäh- 273

1049 OLG Celle GRUR 2005, 877 – *Werbung mit Testergebnis.*

1050 BGH GRUR 2005, 877, 880 – *Werbung mit Testergebnis.*

1051 KG GRUR 1999, 192.

1052 OLG Frankfurt GRUR-RR 2003, 344, 345 – *Matratzentest.*

1053 OLG Hamburg GRUR 2000, 530, 532 – *CSE-Hemmer;* OLG Düsseldorf GRUR 1981, 750, 751 – *Folienschweißgerät.*

1054 Vgl. OLG Zweibrücken WRP 2012, 1136, 1137. Zur (nicht erforderlichen) Aufklärung über die Existenz anderer Tests durch andere Testinstitute siehe Rdn. 276.

1055 BGH WRP 2014, 67, 68 – *Testergebnis-Werbung für Kaffee-Pads;* GRUR 1985, 932, 933 – *Veralteter Test;* OLG Frankfurt NJWE-WettbR 1996, 54, 55.

1056 OLG Zweibrücken WRP 2012, 1136, 1137 – *Fahrrad-Bügelschloss.*

1057 OLG Stuttgart GRUR 2007, 435, 436 – *Veralteter Matratzentest;* vgl. auch OLG Zweibrücken WRP 2012, 1136, 1137 – *Fahrrad-Bügelschloss* für den Fall, dass der Tester aufgrund neuer Erkenntnisse sein früheres (positives) Urteil revidiert.

1058 OLG Frankfurt GRUR-RR 2003, 344, 345 – *Matratzentest.*

1059 OLG Frankfurt GRUR- RR 2013, 393 – *Der Netzbetreiber mit den zufriedensten Kunden.*

rend ein anderer mehr Wert legt auf das Objektiv, ein Dritter mehr auf Gewicht und Einstellmöglichkeiten etc. Wesentliche Bestandteile sind dabei nicht nur solche, die in das Gesamtergebnis des jeweils beworbenen Objekts eingeflossen sind. Auch die **Stellung des einzelnen Ergebnisses im Gesamtgefüge** oder die **Aktualität eines Tests** können ein wesentlicher Bestandteil sein. Maßgeblich ist, ob die Angabe über den einzelnen Bestandteil geeignet ist, die Kaufentscheidung eines Kunden positiv zu beeinflussen.

274 Die Erwähnung von „wesentlichen Bestandteilen" bedeutet nicht, dass sich die Werbung mit Tests in jedem Fall auf die Darstellung einzelner Test-Bestandteile beschränken darf, auch wenn diese wesentlich sein mögen. Die Frage nach der Irreführung durch Unterlassen bei der **Werbung mit einzelnen Bestandteilen** beantwortet sich vielmehr allein nach den allgemeinen Kriterien des § 5a UWG. Dabei kommt es stets nur auf die Ergebnisse des jeweiligen Tests an, d. h. etwaige Tests anderer Komponenten desselben Geräts durch andere Testinstitute spielen keine Rolle (zur Berücksichtigung anderer Tests siehe Rdn. 276).

275 Das bedeutet konkret, dass nicht mit einem Testsieg für einzelne Komponenten geworben werden darf, die **nicht in das Endergebnis eingeflossen** sind.[1060] Auch die **Hervorhebung** einzelner Bestandteile eines Tests kann irreführend sein, wenn wesentliche andere Bestandteile desselben Tests, die zu Lasten des Unternehmers gehen, nicht erwähnt werden.[1061] Die Stiftung Warentest verlangt daher in ihren Bedingungen, dass günstige Einzelaussagen nicht isoliert wiedergegeben werden, wenn **andere Aussagen weniger günstig** sind. Darüber hinaus kann auch die Darstellung von unwesentlichen Bestandteilen irreführend sein, wenn ihnen dadurch eine **größere Bedeutung** beigemessen wird, als ihnen tatsächlich zukommt oder wenn dadurch der falsche Eindruck eines **besseren Gesamtergebnisses** hervorgerufen wird, als tatsächlich erzielt wurde. Erst recht darf nicht der falsche Eindruck erweckt werden, das **Teilergebnis entspreche dem Gesamtergebnis,** wenn dies tatsächlich nicht der Fall ist. Besonders kritisch ist daher die Werbung für Dienstleistungen mit dem Ergebnis „*Beste Leistung*", wenn die Leistungserbringung nur eine Sparte eines umfangreichen Qualitätstests war, in dem auch andere Kriterien (z. B. Finanzkraft und Kundenservice) getestet wurden und der Werbende insoweit deutlich schlechter abschnitt. Denn „Beste Leistungen" versteht der Verbraucher schnell als das Ergebnis eines umfassenden Vergleichs.[1062] Die Bedingungen der Stiftung Warentest sehen außerdem vor, dass stets (auch) ein veröffentlichtes **zusammenfassendes Qualitätsurteil** anzugeben ist. Das ist jedoch nicht zwingend für die Beurteilung nach § 5 UWG. Denn der durchschnittlich informierte Verbraucher weiß, dass das Gesamtergebnis die Summe von Einzelwertungen ist und es in diesen Einzelwerten durchaus zu unterschiedlichen Ergebnissen kommen kann. Es kommt daher auf den Einzelfall an. Wird mit dem Ergebnis eines Einzelmerkmals geworben, das für das Gesamturteil nur eine geringe Bedeutung hat und ist das Gesamturteil wesentlich schlechter als das Einzelmerkmal, kann dies irreführend wirken. Wird hingegen mit einem gewichtigen Einzelmerkmal geworben und schneidet das Produkt auch insgesamt überdurchschnittlich ab, spricht das gegen eine Irreführungsgefahr. Nicht unlauter ist beispielsweise die Werbung mit dem Testergebnis „sehr gut" für das Einzelmerkmal Kaffeearoma bei einem Test, in dem das Kaffeearoma mit 35 % am Gesamturteil das gewichtigste Einzelmerkmal ist und die beworbene Kaffeemaschine Testsieger wurde, auch wenn die Maschine insgesamt nur mit „gut" abgeschnitten hat.[1063]

276 Von den Teilergebnissen eines Tests zu unterscheiden ist das **Vorliegen weiterer Tests** durch **andere Testinstitute.** Dem durchschnittlich informierten und verständigen Verbraucher ist bekannt, dass heute von einer Vielzahl von Organisationen und Instituten Tests durchgeführt werden. Auf die Existenz anderer Tests anderer Testinstitute muss daher zur Vermeidung einer Irreführungsgefahr im Regelfall **nicht hingewiesen** werden. Ebenso wenig muss im Regelfall auf anderslautende Testergebnisse hingewiesen werden, solange dadurch nicht die Aktualität des Tests in Frage steht.[1064] Der Unternehmer ist grundsätzlich nicht verpflichtet, auf für ihn negative Testergebnisse hinzuweisen. Etwas anderes kann jedoch in Ausnahmefällen gelten, wenn das Testergebnis, das in der Werbung verwendet werden soll, in krassem Widerspruch zu allen anderen Testergebnissen steht – in einem solchen Fall dürften zumeist aber auch Zweifel an der Objektivität und Neutralität des (positiven) Tests bestehen – oder wenn aus einem Test allgemeine Aussagen abgeleitet werden, die aber durch andere Tests widerlegt werden.[1065]

[1060] OLG Hamburg NJOZ 2001, 611, 613 – *Preis-Leistungs-Sieger.*
[1061] BGH GRUR 1982, 437, 438 – *Test Gut.*
[1062] LG Hamburg WRP 2012, 1307 Tz. 32 – *Beste Krankenkasse.*
[1063] OLG Celle GRUR-RR 2005, 286.
[1064] Vgl. OLG München VersR 2000, 909.
[1065] OLG Köln MD 2011, 56, 59.

3. Prüfzeichen/Gütesiegel/Gütezeichen

Prüfzeichen, Gütesiegel und Gütezeichen sind Zeichen dafür, dass die konkret beworbene Ware oder Leistung von einem **neutralen Dritten mit entsprechender Kompetenz nach objektiven Kriterien geprüft** wurde. 277

Prüfzeichen sind z. B. das „TÜV-Prüfzeichen",[1066] „VDE-Zeichen" (Verband der Elektrotechnik Elektronik Informationstechnik e. V.), „DLG-SignumTest", „QS – Qualität und Sicherheit". 278

Gütesiegel sind z. B.: „AGR-Gütesiegel" – Aktion Gesunder Rücken, „Trusted Shops" – Beachtung von Verbraucherschutz-Richtlinien und Datenschutz durch kommerzielle Internet-Angebote, „DEKRA-Siegel". 279

Teilweise wird zur Bezeichnung von Gütesiegeln auch der Begriff **„Gütezeichen"** verwendet. Gütezeichen sind z. B. der „Blaue Engel", das „Gütezeichen Buskomfort"[1067] oder das CMA-Gütezeichen „Markenqualität aus deutschen Landen".[1068] 280

Die Verwendung von **Prüfzeichen**/Gütesiegeln/Gütezeichen und vergleichbaren Zeichen suggeriert dem durchschnittlich aufmerksamen und verständigen Verbraucher, dass eine entsprechende **Untersuchung** nach **objektiven Kriterien** durch einen **neutralen Dritten** vorher stattgefunden hat. Ob es sich bei diesem Dritten um eine öffentliche oder eine private Stelle handelt, ist dabei irrelevant. Irreführend ist daher die Werbung mit einem Gütesiegel, wenn dessen Verleihung nicht an ein objektives, sachbezogenes Prüfungs- und Vergabeverfahren durch eine neutrale Instanz geknüpft ist, sondern allein auf **Selbstauskünften** der jeweiligen Unternehmen beruht[1069] oder allein auf subjektiven Bewertungen von Urlaubern, ohne weitere Nachprüfung.[1070] Dabei kann der Eindruck eines solchen Prüfungs- und Vergabeverfahrens auch durch ein in Siegelform gestaltetes Unternehmenskennzeichen eines als „Akademie" bezeichneten Unternehmens hervorgerufen werden.[1071] 281

Davon **abzugrenzen** sind Aussagen, die der Verkehr nicht als Hinweis auf eine Prüfung durch Dritte versteht. Wird z. B. nur von einer **„Premium Leistungsgarantie"** gesprochen, so ist dem per se kein Hinweis auf eine objektive Prüfung durch einen neutralen Dritten zu entnehmen, zumal der Begriff „Premium" heute weit verbreitet ist.[1072] Ebenso werden dem Hinweis auf eine **„garantierte Markenqualität",**[1073] die Werbung für eine **„Brille des Monats"**[1074] sowie Werbung mit Tätigkeitsschwerpunkten eines Rechtsanwaltes[1075] vom Verkehr nicht als Hinweis auf eine besondere Prüfung durch Dritte verstanden. Anders ist es zu beurteilen, wenn ein *„Produkt des Monats"* unter ausdrücklichem **Hinweis auf einen Dritten,** der das Produkt gewählt hat, etwa eine Fachzeitschrift, beworben wird.[1076] 282

a) Verhältnis zu Nr. 2 im Anhang zu § 3 Abs. 3 UWG. Vorrangig zu prüfende Sonderregelungen zur Verwendung von Gütezeichen finden sich in **Nr. 2 und Nr. 4** im Anhang zu § 3 Abs. 3 UWG. Verwendet ein Unternehmer gegenüber Verbrauchern ein Gütezeichen, ein Qualitätskennzeichen oder Ähnliches ohne die erforderliche Genehmigung, so ist dies nach Nr. 2 des Anhangs zu § 3 Abs. 3 in jedem Fall unzulässig. Diese Regelung erfasst allerdings nur Fälle, in denen real existierende qualitätsbezogene Zeichen, die von Dritten vergeben werden, verwendet werden. Wird hingegen nur der irreführende Eindruck eines Gütezeichens erweckt, wird das verwendete Zeichen vom Unternehmer selbst vergeben oder liegt zwar formell eine Genehmigung vor, ist diese aber angreifbar, verbleibt es bei der Anwendbarkeit von § 5 Abs. 1 S. 2 UWG.[1077] Das betrifft z. B. denjenigen, der damit wirbt, sein Produkt sei mit einer *„Premium-Leistungsgarantie" „ausgezeich-* 283

[1066] Vgl. BGH GRUR 1991, 553 – *TÜV-Prüfzeichen.*

[1067] Vgl. LG Saarbrücken WRP 2005, 386, 388 – *4 Sterne Bus.*

[1068] Nach Auffassung des EuGH verstößt die Bundesrepublik Deutschland allerdings durch die Vergabe des CMA-Gütezeichens an in Deutschland hergestellte Fertigerzeugnisse gegen Art. 34 AEUV, EuGH EuZW 2003, 23, 24. Hierzu sowie zum Gütezeichen des Freistaats Bayern „Geprüfte Qualität – Bayern" siehe *Ohler* ZLR 2002, 713, 717 ff. und *Korte/Oschmann* NJW 2003, 1766 ff.

[1069] OLG Dresden MMR 2012, 679, 680.

[1070] LG Köln MMR 2012, 244, 245.

[1071] OLG Rostock WRP 2015, 66 Tz. 14 – *Allergiebettwäsche;* das gilt erst recht, wenn die Verwendung in Verbindung mit anderen allgemein anerkannten Zertifikaten wie z. B. dem Ökotest Label oder dem Logo des TÜV Rheinland erfolgt.

[1072] OLG Nürnberg WRP 2005, 917 – *Leistungsgarantie.* Anders wenn davon die Rede ist, ein Produkt sei entsprechend „ausgezeichnet".

[1073] BGH GRUR 1989, 754, 756 – *Markenqualität.*

[1074] OLG Hamburg GRUR 1985, 226.

[1075] BGH GRUR 1994, 825, 826 – *Strafverteidigungen;* GRUR 1996, 365, 366 – *Tätigkeitsschwerpunkte.*

[1076] LG Kiel MD 2012, 457.

[1077] KG WRP 2012, 993 Tz. 142 – *Deutsches Hygienezertifikat;* OLG Celle WRP 2014, 1216.

net", obwohl der Vergabe keine ausreichende Prüfung durch einen Dritten vorausging.[1078] Ebenso bei Werbung für Kaffee mit der Aussage *„Zwei Angebote mit Auszeichnung"*, bei der ein durchschnittlich informierter Verbraucher ebenfalls glauben kann, der Kaffee wurde von einem neutralen Dritten untersucht und dann ausgezeichnet.[1079] Dasselbe gilt auch für die irreführende Verwendung des **„CE"-Zeichens,** das der Unternehmer sich quasi selbst verleiht, z. B. durch die Angabe „CE-geprüft". Hier erwartet der Verkehr, dass eine Prüfung durch einen neutralen Dritten stattgefunden hat.[1080]

284 **b) Grundsätze der Vergabe und Überwachung.** Gütezeichen sind Ausweise der Gütesicherung,[1081] bei der nicht nur Qualitätsanforderungen an Waren oder Leistungen festgelegt, sondern auch deren Einhaltung ständig überwacht werden. Sie werden von **Gütezeichengemeinschaften** vergeben, welche auf gesetzlicher Grundlage oder unter Beachtung der „RAL Grundsätze für Gütezeichen"[1082] tätig werden. Hierfür hat eine hinreichend kompetente Gemeinschaft öffentlich zugängliche Bedingungen für die Vergabe des Gütezeichens nach objektiven Kriterien aufzustellen, die Erfüllung der Anforderungen vor der Vergabe zu überprüfen und die Einhaltung auch nachfolgend ständig zu überwachen. Gütezeichen können allerdings nicht nur vom RAL e. V. vergeben werden.

285 Von einem „Gütezeichenverband" erwartet der Verkehr allerdings, dass Prüfung und Qualitätsüberwachung nach Maßstäben durchgeführt werden, die mit den **RAL-Grundsätzen** zumindest **vergleichbar** sind.[1083] Wird ausdrücklich auf ein RAL-Gütezeichen hingewiesen, so erwartet der durchschnittlich informierte Verbraucher auch die Beachtung der RAL-Grundsätze. Etwas anderes gilt nur, wenn erkennbar nicht mit der Verleihung eines Gütezeichens geworben werden, sondern nur eine Übersicht gegeben werden soll, wie z. B. bei einer „Farbtonübersichtskarte nach RAL".[1084] Nach den RAL-Grundsätzen werden RAL-Gütezeichen nicht für Einzelerzeugnisse, sondern nur für Warenarten und Leistungskategorien vergeben. An der Aufstellung der Gütebedingungen sind, soweit diese nicht gesetzlich vorgegeben sind, die betroffenen Fach- und Verkehrskreise (Verbände des betroffenen Verbraucherzweigs, der Verbraucher, des Prüfwesens, zuständige Behörden) zu beteiligen. Die Aufstellung allgemeiner Prüfungsbedingungen im Rahmen eines **privaten Einzelauftrags** genügt daher nicht, und zwar auch dann nicht, wenn der beauftragte Dritte objektiv und neutral handelt.[1085] Das RAL selbst haftet im Regelfall nicht für eine etwaige Irreführung durch ein von ihm anerkanntes Gütezeichen. Das gilt auch für eine Störerhaftung, da das RAL nicht zur Prüfung verpflichtet ist, ob von dem Namen der Gütegemeinschaft oder von dem Gütezeichen die Gefahr einer Irreführung ausgeht.[1086]

286 **c) Einzelfälle.** Eine Werbung mit angeblichen Prüfzeichen/Gütesiegeln/Gütezeichen ist irreführend, wenn das **Zeichen** von dem Unternehmer **selbst angefertigt,** die **Prüfung** von ihm **selbst durchgeführt** wurde oder erst gar **keine leistungsbezogene Prüfung** stattfand oder nur das Vorliegen der **gesetzlichen Mindestvoraussetzungen** konstatiert wird. Wenn etwa **Anwälte** mit einem Qualitätssiegel und dem Begriff *„Prädikatsanwälte"* werben, dann ist das irreführend, wenn dem allein die Mitgliedschaft in einem Verein zugrunde liegt, die (nur) bestimmte Noten, einen Fachanwaltstitel und eine zeitliche Berufserfahrung voraussetzt, aber keine Zertifizierung von dritter Stelle.[1087] Ebenso ist es irreführend, wenn ein „Testsiegel" eines Reiseportals allein auf (vermeintlichen) Kundenwertungen beruht, wobei weder die Authentizität der Bewertung noch die tatsächlichen Angaben vor Ort neutral überprüft werden.[1088] In einem solchen Fall darf auch nicht von einer *„geprüften Qualität"* gesprochen werden.[1089] Ebenso wie bei einer Testwerbung kann auch bei Prüfsiegeln die

---

[1078] LG Nürnberg-Fürth WRP 2005, 138, 139 – *Premium-Leistungsgarantie;* aufgehoben allerdings durch OLG Nürnberg WRP 2005, 917. Ähnlich OLG Hamburg GRUR 1991, 470: „2 Angebote mit Auszeichnung" für Kaffeesorten; KG WRP 2012, 993 Tz. 125 – *Deutsches Hygienezertifikat.*

[1079] OLG Hamburg GRUR 1991, 470 – *Angebote mit Auszeichnung.*

[1080] OLG Frankfurt MD 2012, 842 f.; OLG Zweibrücken BeckRS 2014, 19888.

[1081] Vgl. Ziff. 1.2, Definition, in „RAL Grundsätze für Gütezeichen", Stand: 17. Aufl. 2005, www.ral.de/lib/pdf/RG_FA_Grundsaetze_fuer_Guetezeichen_Ausgabe_2005.pdf. Zu einer früheren Fassung siehe BGH GRUR 1991, 553 – *TÜV-Prüfzeichen.*

[1082] RAL Deutsches Institut für Gütesicherung und Kennzeichnung e. V. Das RAL führt auch eine Liste der Gütezeichen: sie ist abrufbar unter www.ral.de.

[1083] BPatGE 28, 139, 143 – *Gütezeichenverband;* zu den Eintragungsvoraussetzungen einer entsprechenden Kollektivmarke siehe *Fezer,* Markenrecht, § 97 Rdn. 21.

[1084] OLG Düsseldorf NJWE-WettbR 2000, 154, 155.

[1085] BGH GRUR 1991, 552, 554 – *TÜV-Prüfzeichen.*

[1086] BGH GRUR 1995, 62, 63 – *Betonerhaltung.*

[1087] OLG Nürnberg NJOZ 2011, 46.

[1088] OLG München, Urteil v. 2.8.2012, 6 U 1645/12. Ebenso LG Köln MMR 2012, 244, 245.

[1089] LG Köln MMR 2012, 244, 245. Zugleich wurde die Angabe *„echte Gästemeinung"* als Werbung mit einer Selbstverständlichkeit verboten.

Angabe einer Fundstelle erforderlich sein, wenn sich diese Siegel auf die Produktqualität oder Produktsicherheit beziehen.[1090] Werden Produkte mit dem Gütesiegel *„Wir unterstützen keine Kinderarbeit"* in den Verkehr gebracht, erwartet der Verbraucher, dass durch geeignete Kontrollmaßnahmen sichergestellt wird, dass die Produkte ohne Mithilfe von Kindern hergestellt werden.[1091] Wird mit einem Gütesiegel *„tiergerechte Haltungsform"* geworben, so suggeriert das dem Verbraucher mehr als nur die Einhaltung der gesetzlichen Mindestanforderungen für eine tiergerechte Haltung.[1092] Von einem *„Deutschen Hygienezertifikat"* erwartet der Verkehr, erstens dass die so ausgezeichneten Betriebe besondere Hygieneanforderungen erfüllen und **nicht nur die gesetzlichen Mindestvorgaben** und zweitens dass der Vergabe eine objektive und neutrale Prüfung vorausging.[1093] Der wesentliche Unterschied zur TÜV-(KfZ-)Plakette liegt dabei darin, dass die Bedeutung der TÜV-Plakette dem Verkehr bekannt ist und dieser daher weiß, dass es beim TÜV nur um die Erfüllung der gesetzlichen Anforderungen geht. Ist in der Werbung zusätzlich von *„autorisierten Hygienefachberatern"* die Rede, erwartet der Verkehr zudem, dass die Vergabestelle eine nationale und staatlich anerkannte Hygieneinstitution ist, die das Recht zur Verleihung des Zertifikats aufgrund eines besonderen Anerkennungsverfahrens erhalten hat. Das ist aber nicht automatisch und bei jedem Gütezeichen der Fall. Bei der Auszeichnung als *„TOP-Lokalversorger"* erwartet der Verkehr über die bloße Lieferung von Energie hinausgehende Leistungen des Versorgungsunternehmens.[1094]

287 Ebenso ist es irreführend, wenn das Zeichen ohne vorherige Prüfung **nur erkauft** wurde.[1095] Irreführend ist es daher z. B. mit einer Auszeichnung zum *„1a Augenoptiker"* zu werben, wenn dieser Titel nicht von einem kompetenten Dritten nach Prüfung der für einen Augenoptikerbetrieb maßgeblichen Leistungen vergeben wird, sondern die Betriebe sich die Auszeichnung praktisch selbst verleihen, indem sie einen bestimmten Fragebogen ausfüllen und eine geringe Schutzgebühr entrichten, für die man dann das Auszeichnungsmaterial (Aufkleber und Urkunde) erhält.[1096] Die Zahlung einer angemessenen **Gebühr für die Durchführung** einer sachlichen Prüfung und die Verleihung eines Prüfzeichens/Gütesiegels/Gütezeichens steht der rechtmäßigen Werbung mit diesem Zeichen hingegen nicht entgegen.[1097]

288 Irreführend ist es auch, den **Gegenstand der Prüfung** falsch darzustellen. Wird etwa behauptet, der Inhalt eines Vertrages stimme mit dem Verlagsgesetz überein, dann erwartet der durchschnittliche Verbraucher, dass die Regelungen in dem Vertrag den gesetzlichen Bestimmungen entsprechen; er erwartet nicht, dass die Regelungen vom dispositiven Gesetzestext abweichen.[1098] Ebenso ist es irreführend, wenn Hinweise auf **Qualitätsmanagementsysteme** (z. B. ISO 9000) so gegeben werden, dass der durchschnittlich informierte und verständige Verbraucher sie auf bestimmte Produkte bezieht.[1099] Irreführend kann es auch sein, wenn mit einer **„Autorisierung"** geworben wird ohne zu sagen, wer diese Autorisierung vorgenommen hat und die Einhaltung der Rahmenbedingungen auch nachfolgend prüft.[1100]

289 Auch geht der Verkehr davon aus, dass das mit dem Hinweis auf ein Prüfzeichen/Gütesiegel/Gütezeichen beworbene Produkt die bei der Vergabe-Prüfung gestellten Anforderungen erfüllt hat und **auch aktuell noch erfüllt.** Selbst wenn ein qualitätsbezogenes Zeichen in der Vergangenheit vergeben wurde, kann die Werbung hiermit daher irreführend sein, wenn es widerrufen wurde oder wenn das Zeichen nicht hätte erteilt werden dürfen, z. B. weil die Prüfung in wesentlichen Punkten unvollständig war oder die geprüfte Ware wesentliche Mängel aufweist, welche die Erteilung des Prüfzeichens hätten ausschließen müssen.[1101] Das soll selbst dann gelten, wenn die Verleihung durch **Verwaltungsakt** erfolgte.[1102] Allerdings ist fraglich, ob sich diese Rechtsprechung noch halten lässt, nachdem der BGH in Entscheidungen zu § 4 Nr. 11 UWG a.F (jetzt § 3a UWG) festgestellt hat, dass kein (damals noch so genannter) Rechtsbruch vorliegt, wenn eine Handlung im Vertrauen auf einen nicht **nichtigen** Verwaltungsakt vorgenommen wurde.[1103] Erst recht irreführ-

---

[1090] OLG Düsseldorf GRUR-RR 2015, 158 Tz. 50 ff. – *LGA tested quality.*
[1091] LG Stuttgart WRP 2006, 1156 (LS).
[1092] LG Oldenburg WRP 2010, 1187, 1189.
[1093] KG WRP 2012, 993 Tz. 125 ff. – *Deutsches Hygienezertifikat;* OLG München WRP 2015, 642 Tz. 26.
[1094] OLG Frankfurt WRP 2015, 463 Tz. 7.
[1095] BGH GRUR 1991, 552, 554 – *TÜV-Prüfzeichen;* BGH GRUR 1961, 189, 191 – *Rippenstreckmetall.*
[1096] OLG Düsseldorf WRP 2007, 357, 358 – *Auszeichnung zum „1a Augenoptiker".*
[1097] BGH GRUR 1991, 550, 551 – *Zaunlasur;* GRUR 1991, 552, 554 – *TÜV-Prüfzeichen.*
[1098] LG Frankfurt a. M. WRP 2007, 469.
[1099] OLG München WRP 1999, 963.
[1100] OLG Brandenburg, Urt. v. 13.7.2010, 6 U 33/10 – *autorisierte Goldverwertungsagentur.*
[1101] OLG Oldenburg GRUR-RR 2003, 159 f. – *Torpfosten; Kollmann* GRUR 2004, 6, 9.
[1102] BGH GRUR 1998, 1043, 1044 – *GS-Zeichen;* GRUR 1975, 442, 443 – *Vaasbüttel.*
[1103] BGH GRUR 2005, 778, 779 – *Atemtest;* 2002, 269, 270 – *Sportwetten-Genehmigung.*

rend ist die Werbung mit einem amtlichen Zulassungsbescheid, wenn dieser wesentlich geändert oder eingeschränkt wurde.[1104] Auch geht der Verkehr davon aus, dass die beworbenen Waren keine Mängel aufweisen, die zum **Widerruf** der Erteilung führen müssten, und zwar unabhängig davon, ob der Widerruf bereits erfolgte.[1105] Umgekehrt sind falsche Angaben über die Durchführung, den Inhalt oder die Ergebnisse einer angeblichen Prüfung, die tatsächlich nicht stattgefunden hat, auch dann irreführend, wenn eine Prüfung zu diesen Ergebnissen geführt hätte.[1106] Sofern sich die Prüfung allein auf ein Vorgängermodell bezog, ist eine Werbung für das neuere Modell unter Verwendung des Prüfsiegels zudem irreführend, wenn eine qualitative Gleichwertigkeit der Produkte nicht nachgewiesen werden kann.[1107]

290 **d) Werbung mit Sternen.** Auch bei einer Werbung mit Sternen geht der Verkehr im Regelfall mangels anderslautender Angaben davon aus, dass vor der Vergabe eine Prüfung durch eine neutrale Instanz stattgefunden hat. Bei einer Angabe von Sternen auf einer Plakette an der Außenfassade eines Hotels in Deutschland wird er dabei mangels entgegenstehender Hinweise davon ausgehen, dass es sich um die Klassifizierung des Deutschen Hotel und Gaststättenverbandes (Dehoga) handelt.[1108] Bei einer Werbung mit Sternen auf Reisebussen hingegen ist zu beachten, dass die Verwendung der Sterne als Kollektivmarke den Mitgliedern der Gütegemeinschaft Buskomfort vorbehalten ist. Bei Angaben von Sternen an anderer Stelle (z. B. auf Urlaubsportalen im Internet) weiß der Verkehr hingegen mittlerweile, dass dafür eine Vielzahl von Vergabesystemen in Betracht kommt. Der Verkehr wird daher nicht annehmen, dass es sich um die Klassifizierung der Dehoga handelt. Wohl aber wird er erwarten, dass zuvor eine objektive Prüfung durch eine neutrale Stelle stattgefunden hat. Das bedeutet zugleich, dass bei Verwendung von solchen Klassifizierungen jeweils anzugeben ist, von wem die Bewertung stammt.[1109]

4. DIN Normen

291 Wird mit den Ergebnissen eines Prüfverfahrens nach einer bestimmten **DIN-Norm** geworben, so erwartet der Verkehr, dass dieses Prüfverfahren auch auf das beworbene Produkt anwendbar ist oder zumindest auch für das beworbene Produkt zutreffende Ergebnisse und zuverlässige Aussagen liefern kann[1110] und dass die beworbene Ware den normierten Qualitätsanforderungen entspricht. Nicht erwartet wird, dass die DIN-Norm speziell für das beworbene Produkt geschaffen wurde.[1111] Bestehen Abweichungen von der Norm, sind diese kenntlich zu machen,[1112] soweit die Norm sich auch an denjenigen wendet, der die jeweilige Aussage macht.[1113] Allgemein zur Werbung mit DIN-Normen siehe Rdn. 83.

5. Besondere gesetzliche Vorgaben

292 Besondere **gesetzliche Vorgaben** bestehen für die Zeichen **„CE"** und **„GS"** („geprüfte Sicherheit")[1114] sowie das **„EU-Gemeinschaftsemblem für ökologischen Landbau"** nach der EG-Öko-Verordnung bzw. für das „EU-Gemeinschaftslogo für ökologische/biologische Produktion" nach der EG-Öko-Basis-Verordnung.

293 **a) CE-Zeichen.** Nach zahlreichen europäischen Richtlinien[1115] sowie nach Maßgabe von Rechtsverordnungen gemäß **§ 8 ProdSG**[1116] ist das „CE"-Zeichen vom Hersteller auf bestimmten

---

[1104] BGH GRUR 1975, 442, 443 – *Vaasbüttel.*

[1105] BGH GRUR 1998, 1043, 1044 – *GS-Zeichen.*

[1106] Ohly/*Sosnitza,* UWG, § 5 Rdn. 282.

[1107] OLG Koblenz WRP 2013, 922 Tz. 7 f.

[1108] LG Aurich WRP 2009, 1579, 1580; LG Koblenz BeckRS 2014, 03937; a. A. OLG Celle WRP 2014, 1216 Tz. 5.

[1109] *Stenzel* GRUR-Prax. 2015, 291, 293.

[1110] OLG Köln MD 2003, 240, 242 – *Laminat.*

[1111] OLG Düsseldorf NJOZ 2001, 1434, 1436 f. – *Laminat-Fußböden.*

[1112] BGH GRUR 1988, 832, 834 – *Benzinwerbung.*

[1113] KG GRUR-RR 2010, 343, 344.

[1114] Geregelt im Gesetz über die Bereitstellung von Produkten auf dem Markt (Produktsicherheitsgesetz – ProdSG) vom 8.11.2011 (BGBl. I S. 2178), durch welches das frühere Gesetz über technische Arbeitsmittel und Verbraucherprodukte (Geräte- und Produktsicherheitsgesetz – GPSG) ersetzt wurde.

[1115] Z. B. Richtlinie 2006/42/EG (Maschinen), ABl. L 157 S. 24; VO (EG) Nr. 245/2009 (Anforderungen an die umweltgerechte Gestaltung von Leuchtstofflampen), ABl. L 76, S. 17; 89/106/EWG (Bauprodukterichtlinie), ABl. L 40 v. 11.2.1989, S. 12, ab dem 1.7.2013 gilt stattdessen VO (EU) 305/2011; 95/16/EG (Aufzüge), ABl. L 213 v. 7.9.1995, S. 1.

[1116] Das GPSG wurde zum 1.12.2011 durch das neue ProdSG (BGBl. I S. 2178) ersetzt. Die Ermächtigung zum Erlass von Rechtsverordnungen findet sich jetzt dort in § 8.

Produkten anzubringen. Die allgemeinen Grundsätze zur CE-Kennzeichnung sind dabei mit Wirkung ab dem 1.1.2010 in **Art. 30 Verordnung (EG) Nr. 765/2008** festgelegt.[1117] Indem er die CE-Kennzeichnung anbringt, gibt der Hersteller an, dass er die Verantwortung für die Konformität des Produkts mit allen in den einschlägigen Harmonisierungsrechtsvorschriften der Europäischen Gemeinschaft enthaltenen und für deren Anbringung geltenden Anforderungen übernimmt, Art. 30 Abs. 3 Verordnung (EG) Nr. 765/2008. D.h. das „CE"-Kennzeichen ist also solches zunächst **kein Prüfzeichen im klassischen Sinn,** sondern nur eine **Herstellererklärung.** Damit unterfällt es auch nicht der Regelung der Nr. 2 im Anhang zu § 3 Abs. 3 UWG. Zum Prüfzeichen wird das CE-Zeichen erst, wenn mittels einer zusätzlichen Kennnummer auf eine unabhängige Prüfung durch behördlich anerkannte Stellen hingewiesen wird, die für einige Produkte in der jeweiligen Norm vorgeschrieben ist.[1118] Auf Produkte, für die in den gesetzlichen Normen eine solche CE-Kennzeichnung nicht vorgesehen ist, darf das „CE"-Zeichen nicht angebracht werden, § 7 Abs. 2 Nr. 1 ProdSG, Art. 30 Abs. 2 Verordnung (EG) Nr. 765/2008.[1119] Bei Produkten, für die das „CE"-Zeichen vorgeschrieben und damit Voraussetzung für den Vertrieb ist, darf umgekehrt das „CE"-Zeichen in der Werbung nicht besonders hervorgehoben werden, weil dies eine Werbung mit **Selbstverständlichkeiten** wäre. Auch dürfen – unabhängig vom Irreführungsverbot des § 5 UWG – nicht Kennzeichnungen, Zeichen oder Aufschriften angebracht werden, deren Bedeutung oder Gestalt von Dritten mit der Bedeutung oder Gestalt der CE-Kennzeichnung verwechselt werden kann, Art. 30 Abs. 5 Verordnung (EG) Nr. 765/2008.

Ebenfalls eine reine Herstellererklärung ist das sog. **„Ü"-Zeichen,** mit dem Bauprodukte nach 294
den jeweiligen Landesbauordnungen zu kennzeichnen sind und mit dem der Hersteller bestätigt, dass für das in seinem Werk gefertigte Bauprodukt ein Übereinstimmungsnachweis mit den technischen Regeln oder Verwendbarkeitsnachweisen geführt wurde.

b) GS-Zeichen. Das vom Bundeswirtschaftsministerium amtlich bekannt gemachte „GS"- 295
Zeichen ist demgegenüber ein echtes **Gütesiegel,** da es durch einen Dritten zuerkannt wird, der zuvor eine Prüfung durchgeführt hat.[1120] Das „GS"-Zeichen darf nur auf Produkten (technische Arbeitsmittel und verwendungsfertige Gebrauchsgegenstände) angebracht werden, wenn die Voraussetzungen des **§ 21 Abs. 1 i.V.m. § 3 bzw. § 6 ProdSG** erfüllt sind. Das GS-Zeichen wird zuerkannt durch eine sog. GS-Stelle, welche prüft, ob die gesetzlichen Anforderungen, insbesondere an Sicherheit und Gesundheit, erfüllt sind. Außerdem werden eine Baumusterprüfung und eine Prüfung der Fertigungsstätte durchgeführt. Die Zuerkennung ist auf maximal fünf Jahre zu befristen. Darüber hinaus hat die GS-Stelle Kontrollmaßnahmen zur Überwachung der Herstellung der Produkte sowie der rechtmäßigen Verwendung des GS-Zeichens durchzuführen. Liegen die Voraussetzungen für die Zuerkennung des GS-Zeichens nicht mehr vor, ist sie zu entziehen, § 21 Abs. 5 S. 2 ProdSG. Solange die Entziehung nicht erfolgt ist, liegt kein Verstoß gegen Nr. 2 im Anhang zu § 3 Abs. 3 UWG vor. Ausdrücklich verboten ist auch die Verwendung eines Zeichens, das mit dem GS-Zeichen verwechselt werden kann, § 22 Abs. 4 ProdSG, allerdings ist das kein Fall der Nr. 2. Für die Vergabe des GS-Zeichens gibt es mehrere Prüfstellen. Wird der Eindruck erweckt, dass nur Geräte mit dem GS-Prüfzeichen einer bestimmten Stelle zuverlässig sind und Geräte mit den Prüfzeichen anderer (zugelassener) Stellen hingegen keinen vergleichbaren Sicherheitsstandard bieten, so ist dies irreführend.[1121]

c) EU-Gemeinschaftsemblem für ökologischen Landbau/EU-Gemeinschaftslogo für öko- 296
logische/biologische Produktion/**Bio-Siegel.** Das „EU-Gemeinschaftsemblem für ökologischen Landbau" durfte gem. Art. 10 Abs. 1 S. 1 (der nur bis zum 1.1.2009 gültigen) EG-Öko-VO[1122] auf dem Etikett eines Erzeugnisses angebracht werden, wenn die Kriterien dieser Verordnung erfüllt wurden und ein Prüfverfahren nach Art. 9 EG-Öko-VO durchlaufen worden war. Zum 1.1.2009 wurde die EG-Öko-VO aufgehoben und ersetzt durch die EG-Öko-BasisVO,[1123] die in Art. 25 Abs. 1 bestimmt, dass das Gemeinschaftslogo für ökologische/biologische Produktion in der Kenn-

---

[1117] Verordnung (EG) Nr. 765/2008 vom 9. Juli 2008. Weitere Einzelheiten zur CE-Kennzeichnung finden sich im Internet unter www.cecoach.de.

[1118] So § 9 Abs. 3 MedizinprodukteG vom 7. August 2002, BGBl. I S. 3146 in Umsetzung der Richtlinie 93/42/EWG (Medizinprodukterichtlinie), ABl. L 169 v. 12.7.1993, S. 1.

[1119] Zuvor geregelt in 6 Abs. 1 GPSG.

[1120] *Hoeren/Ernstscheider* MMR 2004, 507, 512.

[1121] OLG Hamm GRUR-RR 2004, 265 – *VDE/GS-Prüfzeichen.*

[1122] VO (EWG) Nr. 2092/91 des Rates vom 24. Juni 1991 über den ökologischen Landbau und die entsprechende Kennzeichnung der landwirtschaftlichen Erzeugnisse und Lebensmittel, ABl. Nr. L 198 v. 22.7.1991, S. 1.

[1123] Verordnung (EG) Nr. 834/2007 vom 28. Juni 2007, ABl. Nr. L 189 vom 20.7.2007, S. 1.

zeichnung, Aufmachung und Werbung von Erzeugnissen (nur) verwendet werden darf, sofern die Voraussetzungen der EG-Öko-BasisVO erfüllt sind. Kriterien für die Aufmachung und Gestaltung dieses Logos legt die Kommission fest. Im Übrigen gelten Verweisungen auf die (dann) alte EG-Öko-VO automatisch als Verweisungen auf die neue EG-Öko-BasisVO, Art. 39 Abs. 2 VO 834/2007.

297 Das sog. „Bio-Siegel" gem. § 1 Abs. 1 ÖkoKennzG[1124] i. V. m. den Vorschriften der ÖkoKennzV[1125] durfte ebenfalls unter den Voraussetzungen der EG-ÖkoVO (bzw. ab 1.1.2009 der EG-Öko-BasisVO) angebracht werden, § 1 ÖkoKennzG. Statt eines Vorab-Prüfverfahrens sieht § 3 Abs. 1 ÖkoKennzV eine Pflicht zur Anzeige der Benutzung bei der Informationsstelle Bio-Siegel der Öko-Prüfzeichen GmbH vor, die dann später einen etwaigen Missbrauch überprüfen kann. Streng genommen ist das Bio-Siegel daher kein Prüfzeichen im eigentlichen Sinn. § 1 Abs. 2 Nr. 2 ÖkoKennzG verbietet das Nachmachen des Siegels. Besonders gestaltete Bio-Zeichen können – irreführend sein, weil sie die unrichtige Vorstellung staatlicher Kontrolle des Produktes erwecken können.[1126]

D. § 5 Abs. 1 S. 2 Nr. 2 (Anlass des Verkaufs und Preis)

Eine geschäftliche Handlung ist irreführend, wenn sie unwahre Angaben enthält oder sonstige zur Täuschung geeignete Angaben über folgende Umstände enthält:

2. den Anlass des Verkaufs wie das Vorhandensein eines besonderen Preisvorteils, den Preis oder die Art und Weise, in der er berechnet wird, oder die Bedingungen, unter denen die Ware geliefert oder die Dienstleistung erbracht wird;

Inhaltsübersicht

Rdn.
I. Anlass des Verkaufs ... 1
1. Herkunft und Abgrenzung ... 1
2. Sonderregelungen ... 4
a) Sonderregelungen in der Schwarzen Liste ... 4
b) Frühere Sonderregelungen im UWG ... 6
3. Irreführung über den Anlass oder die Dauer eines Sonderverkaufs ... 7
a) Scheinverkäufe; Verlängerung oder Verkürzung zeitlicher Befristungen ... 7
b) Notwendigkeit zeitlicher Befristungen von Sonderverkäufen ... 8a
4. Kategorien, Einzelfälle ... 8b
a) Schlussverkäufe ... 9
b) Eröffnungen; Einführungen ... 11
c) Notlagen; Räumungsverkäufe; soziale Zwecke ... 12
d) Insolvenzen ... 13
e) Jubiläen ... 14
II. Der Preis und seine Berechnung, besondere Preisvorteile ... 15
1. Einführung ... 15
2. Angaben mit Preisbezug ... 17
3. Divergierende Preisangaben ... 18
4. Preisspaltung ... 22
5. Vollständigkeit der Preisinformation ... 23
a) Angabe des Gesamtpreises ... 23
b) Mehrwertsteuer ... 24
aa) Private Letztverbraucher ... 24
bb) Unternehmer als Adressaten ... 25
cc) Hinweis auf Einbeziehung ... 26
c) Versandkosten ... 27
d) Erforderlichkeit ergänzender Angaben ... 28
6. Margenpreise („Ab"-Preise) und Eckpreise, Beispielsrechnungen ... 30
7. Preislisten ... 32
8. Preisangaben bei Krediten, insbesondere Ratenkauf ... 33

[1124] Gesetz zur Einführung und Verwendung eines Kennzeichens für Erzeugnisse des ökologischen Landbaus v. 20.1.2009 (BGBl. I S. 78).

[1125] Verordnung zur Gestaltung und Verwendung des Öko-Kennzeichens v. 6.2.2002 (BGBl. I S. 589).

[1126] BGH GRUR 2013, 401 Tz. 69 ff. – *Biomineralwasser* für rechteckiges Zeichen mit blauem Rand und kleinem „i". Anders für bloße Bezeichnung „Biomineralwasser", a. a. O., Tz. 45.

Rdn.
9. Preisvergleich ... 36
a) Allgemein ... 36
b) Bezugnahme auf eigene Preise (Eigenpreisvergleich) ... 37
aa) Einführung ... 37
bb) Vergleich mit früherem Preis (Werbung mit Preissenkung) ... 40
cc) Werbung mit späterem höheren Preis ... 41
dd) Vergleich simultan geltender eigener Preise ... 42
c) Bezugnahme auf Konkurrenzpreise ... 46
d) Bezugnahme auf empfohlene Preise ... 51
e) Irreführende Bezugnahme auf sonstige Werte ... 64a
10. Vorhandensein eines besonderen Preisvorteils ... 65
a) Allgemein ... 65
b) Pauschalbehauptung besonders günstiger Preise ... 66
c) Einzelfälle/Schlagworte ... 67
aa) Dauerniedrigpreise ... 67a
bb) „Discount-Preise" ... 68
cc) „Einführungspreise" ... 69
dd) „Zum Einkaufspreis" ... 70
ee) „Fabrikpreise" ... 71
ff) „Jubiläumspreise" ... 72
gg) „Partnerpreise" ... 73
hh) „Schnupperpreise" ... 74
ii) „Sparpreise" ... 75
jj) „Sommerpreise" ... 76
kk) „Super-Preise" ... 77
ll) „Tiefstpreise" ... 78
mm) „Wahnsinn für nur ..." ... 79
d) Werbung ohne Verwendung des Begriffs „Preis" ... 80
11. Sonstige Preiswerbung ... 81
a) Schlagworte ... 81
aa) „Bruttopreis"/„Nettopreis" ... 82
bb) „Endpreis" ... 83
cc) „Festpreis" ... 84
dd) „Listenpreis" ... 85
ee) „Normalpreis" ... 86
ff) „Pauschalpreis" ... 87
gg) „Preisgarantie" ... 88
hh) „Regulärer Preis" ... 89
ii) „Verhandlungsbasis" ... 90
b) Irreführende Preiswerbung mit Selbstverständlichkeiten ... 91
c) Irreführende Preiswerbung durch Preisgestaltung („Lockvogelwerbung") .. 92
d) Irreführende Preiswerbung durchsonstige Angaben ... 94
III. Bedingungen, unter denen die Ware geliefert oder die Dienstleistung erbracht wird ... 95
1. Abgrenzung und Bedeutung ... 95
2. Risiken und Pflichten des Kunden ... 101
3. Allgemeine Geschäftsbedingungen ... 104
4. Garantien ... 106
5. Sonstige Fälle ... 108

I. Anlass des Verkaufs

1. Herkunft und Abgrenzung

1 Die Fallgruppe der Irreführung über den Anlass des „Verkaufs" ist noch ein **Relikt aus der früheren Fassung des UWG.** Durch die **UGP-Richtlinie** wird diese Fallgruppe auch **nicht direkt vorgegeben.** Jedenfalls erwähnt die Richtlinie eine Irreführung über den Anlass des Verkaufs nicht wörtlich. Zwar ist in der Richtlinie in Art. 6 Abs. 1 lit. c von einer Irreführung über die Beweggründe für die Geschäftspraxis die Rede. Der deutsche Gesetzgeber hat diese Fallgruppe der „Beweggründe des Unternehmers für die geschäftliche Handlung" jedoch in § 5 Abs. 1 S. 2 Nr. 3 UWG geregelt (siehe hierzu § 5 Abschn. E. Rdn. 361).

2 Dafür wurde das Merkmal „Anlass des Verkaufs" in § 5 Abs. 1 S. 2 Nr. 2 UWG ergänzt um den Beispielfall des Vorhandenseins eines besonderen Preisvorteils. Der **Grund für die Zusammenlegung mit der Gruppe des Preisvorteils** ist anscheinend, dass nach Auffassung des Gesetzgebers

zur UWG Reform 2008 eine Irreführung über den Verkaufsanlass regelmäßig mit einer Irreführung über einen Preisvorteil einhergeht.[1] Der Gesetzgeber dachte dabei vor allem an die Werbung **mit Scheininsolvenz- oder Scheinräumungsverkäufen.** Dies **entspricht auch der bisherigen Rechtsprechung des BGH,** nach der ein Verbraucher der Angabe eines bestimmten Verkaufsanlasses im Regelfall das Vorliegen einer preisgünstigen Einkaufsmöglichkeit entnimmt.[2] Dementsprechend stellt die Gesetzesbegründung zur UWG Reform 2008 auch klar, dass sich durch die Ergänzung des Hinweises auf den Preisvorteil sachlich nichts geändert habe.[3] Die Irreführung über das Vorhandensein eines Preisvorteils ist somit – wie auch die Formulierung („wie") zeigt – nur ein **Beispielsfall** für eine Irreführung über den Verkaufsanlass. Daneben kommen auch weitere Irreführungen im Zusammenhang mit dem Verkaufsanlass in Betracht.

3 Auf der anderen Seite ist zu beachten, dass in der UGP-Richtlinie das Vorhandensein eines besonderen Preisvorteils als eine eigenständige Fallgruppe geregelt wird. Eine Irreführung über das Vorliegen eines Preisvorteils darf daher nicht auf die Fälle beschränkt werden, die zugleich zu einer Irreführung über den Verkaufsanlass führen. Aufgrund der gebotenen **richtlinienkonformen Auslegung** ist vielmehr **zwischen den Fallgruppen „Anlass des Verkaufs" einerseits** (hierzu Rdn. 1 ff.) **und „Vorhandensein eines besonderen Preisvorteils" andererseits** (hierzu Rdn. 15 ff.) **zu unterscheiden.** Beides sind eigenständige und voreinander unabhängige Fallgruppen, die sich überschneiden können, aber nicht überschneiden müssen.

2. Sonderregelungen

4 **a) Sonderregelungen in der Schwarzen Liste. Im Geschäftsverkehr mit Verbrauchern vorrangig zu prüfende Sonderregelungen** zur Irreführung über den Anlass des Verkaufs bzw. über die Beweggründe des Unternehmers für die geschäftliche Handlung bzw. über besondere Preisvorteile finden sich in **Nr. 6, Nr. 15, Nr. 22 und Nr. 23** der **Schwarzen Liste** im Anhang zu § 3 Abs. 3 UWG. **Nr. 6** regelt den Fall, dass statt der angebotenen Ware/Dienstleistung **eine andere Ware/Dienstleistung abgesetzt werden soll. Nr. 15** verbietet die unwahre Angabe, dass der Unternehmer **demnächst sein Geschäft aufgeben oder seine Geschäftsräume verlegen** will, bei **Nr. 22** geht es um die **Übermittlung rechnungsähnlicher Werbung** und bei **Nr. 23** um die **Verschleierung der Identität des Gewerbetreibenden.** Da die Regelungen im Anhang zu § 3 Abs. 3 UWG in jedem Fall unlauter sind, müssen diese vorrangig geprüft werden. Ist ihr Tatbestand nicht erfüllt, kann allerdings auf die Regelungen in § 5 UWG zurückgegriffen werden.

5 Zur Irreführung durch Aussagen im Zusammenhang mit Sponsoring siehe § 5 Abs. 1 S. 2 Nr. 4 UWG. Zur Irreführung über die Art des Vertriebs als solche siehe § 5 Abschn. E. Rdn. 376 ff.

6 **b) Frühere Sonderregelungen im UWG.** Im **UWG a. F.** gab es außerdem noch zahlreiche **Sonderregelungen** zu besonderen Verkaufsveranstaltungen, nämlich in § 6 (Konkurswarenverkauf), § 7 (Sonderveranstaltungen) und § 8 (Räumungsverkäufe). Dabei handelte es sich allerdings um abstrakte Gefährdungsdelikte. Das Verbot (konkret) irreführender Werbung war jedoch stets von der Existenz dieser Sonderregelungen unabhängig, so dass der **Wegfall der** entsprechenden **Spezialgesetze** auch das Verbot irreführender Werbung über den Anlass des Verkaufs **unberührt** ließ. Allerdings wirken sich der Wegfall der Sonderregelungen und die dadurch bewirkte Möglichkeit, z. B. häufiger mit Sonderveranstaltungen zu werben, immer mehr auf das Verkehrsverständnis bzw. auf das Verständnis des durchschnittlich informierten und verständigen Verbrauchers aus. So war der Durchschnittsverbraucher in Zeiten der gesetzlich regulierten Sommer- und Winterschlussverkäufe z. B. an die Ankündigung vollmundiger Preissenkungen gewöhnt, so dass er während dieses Zeitraums die Werbung mit „Tiefstpreisen" anders verstand als außerhalb der Schlussverkaufsphasen.[4] Das fällt heute weg.

3. Irreführung über den Anlass oder die Dauer eines Sonderverkaufs

7 **a) Scheinverkäufe; Verlängerung oder Verkürzung zeitlicher Befristungen.** Unabhängig von der Art der Veranstaltung (Räumungsverkauf, Eröffnungsangebot, etc.) ist es selbstverständlich irreführend, eine besondere Verkaufsveranstaltung anzukündigen, die **tatsächlich nicht stattfindet.**

---

[1] Amtl. Begründung des Gesetzentwurfes der Bundesregierung vom 23.5.2008, BT-Drucks. 345/08, S. 47.
[2] BGH GRUR 2000, 239, 241 – *Last-Minute-Reise.*
[3] BT-Drucks. 16/10145, S. 15.
[4] OLG Köln WRP 1990, 131 – *Tiefstpreise.*

8 Irreführend kann es aber auch sein, für solche Aktionen – entsprechendes gilt für zeitlich befristete Preisnachlässe[5] oder für besondere Rabattaktionen[6] – **Befristungen** anzugeben, die nicht stimmen, insbesondere als Verkaufszeitraum zunächst eine kürzere Frist anzugeben und dann den Verkauf mit denselben Waren und Preisen uneingeschränkt auch danach fortzusetzen.[7] Zumindest gilt das dann, wenn der Entschluss zur Verlängerung der Aktion **von Anfang an,** d.h. bei Erscheinen der Werbung, feststeht.[8] Beabsichtigt der Unternehmer von vornherein, seine Aktion zu verlängern oder zu verkürzen, so muss er das in seiner Werbung hinreichend deutlich zum Ausdruck bringen.[9] Ansonsten ist die (vorbehaltlose) Werbung mit einer befristeten Aktion irreführend. Dementsprechend ist auch die Werbung mit der Angabe ***„nur heute"*** irreführend, wenn mit demselben Angebot an mehreren Tagen geworben wird, selbst wenn derselbe Verbraucher das Angebot aus technischen Gründen nur einmal lesen kann.[10] Ebenso kann es irreführend sein, wenn bei *Dauerleistungen* mit einer Preisreduzierung geworben wird, diese Reduzierung aber zeitlich beschränkt sein soll und das nicht hinreichend aus der Werbung erkennbar ist. Denn während der Mindestlaufzeit des beworbenen Angebots (das ist die Dauer des Angebots nach üblicher Verkehrserwartung) rechnet der durchschnittlich informierte und verständige Verbraucher nicht mit einer Preiserhöhung.[11] Wird eine befristete Aktion hingegen nur aufgrund von Umständen verlängert, die erst **nach Erscheinen** der Werbung eingetreten sind, so kommt es darauf an, ob diese Umstände für den Unternehmer unter Berücksichtigung fachlicher Sorgfalt **voraussehbar** waren und bei der Planung der Aktion berücksichtigt werden konnten.[12] War das nicht der Fall – was der werbende Unternehmer zu beweisen hat[13] – so kommt eine Verlängerung in Betracht. Ein erhebliches Indiz für die Voraussehbarkeit bilden die Erfahrungen des Unternehmers aus früheren vergleichbaren Aktionen.[14] Der **Erfolg** einer Aktion rechtfertigt allerdings nicht deren nachträgliche **Verlängerung,**[15] weil das nicht unvorhersehbar ist. Überhaupt kommen laut BGH Verlängerungen nur bei besonderen Umständen, wie z.B. der vorübergehenden Schließung des Ladenlokals wegen höherer Gewalt oder sonstigen unverschuldeten Geschehensabläufen in Betracht.[16] Anders kann es hingegen bei einem **Misserfolg** aussehen, z.B. bei der Verlängerung eines zunächst befristeten Frühbucherrabatts für Urlaubsreisen aufgrund schleppender Nachfrage.[17] Auch sind **Verkürzungen** einer Aktion gerade bei einem besonderen Erfolg einer Aktion denkbar, sofern dieser Erfolg nicht vorhersehbar war. Maßgeblich sind jeweils die Umstände des Einzelfalls und die Erwartungen des angesprochenen Verkehrs. So gelten bspw. für **Rabattaktionen** (z.B. Treuepunkteaktionen) dieselben Grundsätze wie für Rabattverkäufe, auch wenn sie anlassungebunden sind.[18] Auch hier gilt, dass der Unternehmer sich grds. an die von ihm genannten zeitlichen Grenzen halten muss.[19] Und selbst wenn der Verkehr damit rechnet, dass bei einer unerwartet starken Nachfrage eine Rabattaktion auch einmal verkürzt werden kann, so darf der Unternehmer bei einer Rabattaktion mit Treuepunkten die Aktion nicht vollständig abbrechen, sondern muss den Kunden, für die die Treuepunkte eine Art Währung sind, eine Alternative anbieten, z.B. die versprochenen Treueprämien später oder ersatzweise andere Waren bzw. Einkaufsgutscheine anbieten.[20] An diesen Grundsätzen hat sich auch

---

[5] BGH GRUR 2012, 213 Tz. 16 – *Frühlings-Special.*

[6] BGH GRUR 2014, 91 Tz. 19 – *Treuepunkte-Aktion* (Vergünstigte Abgabe von Messer nach Erreichen bestimmter Treuepunkte).

[7] OLG Düsseldorf BeckRS 2011, 07052; LG Ulm WRP 2006, 780; LG Konstanz WRP 2006, 780; Köhler/*Bornkamm,* § 5 Rdn. 6.6a.

[8] Was aber nicht bedeutet, dass der Entschluss stets schon von vornherein feststehen muss.

[9] BGH GRUR 2014, 91 Tz. 22f. – *Treuepunkte-Aktion;* GRUR 2012, 208 Tz. 21 – *10 % Geburtstags-Rabatt;* 2012, 213 Tz. 20 – *Frühlings-Special;* KG WRP 2009, 1426.

[10] OLG Hamburg MD 2009, 947, 949.

[11] LG München WRP 2015, 511 Tz. 55f.

[12] BGH GRUR 2012, 208 Tz. 22 – *10 % Geburtstags-Rabatt;* 2012, 213 Tz. 21 – *Frühlings-Special;* GRUR 2014, 91 Tz. 23 – *Treuepunkte-Aktion.*

[13] BGH GRUR 2014, 91 Tz. 23 – *Treuepunkte-Aktion.*

[14] BGH GRUR 2014, 91 Tz. 23 – *Treuepunkte-Aktion.*

[15] BGH GRUR 2012, 208 Tz. 23 – *10 % Geburtstags-Rabatt;* a.A. *Schirmbacher* K&R 2012, 87, 89.

[16] BGH GRUR 2012, 208 Tz. 23 – *10 % Geburtstags-Rabatt.*

[17] BGH GRUR 2012, 213 (LS) – *Frühlings-Special,* wobei der BGH im Leitsatz eine entsprechende Ausnahme andeutet, im Ergebnis dann aber trotzdem eine Irreführung nicht grds. ausgeschlossen hat. A.A. *Matthes* GRUR-Prax 2012, 68.

[18] Anlassungebundene Aktionen subsumiert der BGH unter die Alternative der Bedingungen für die Warenlieferung und Dienstleistungserbringung in § 5 Abs. 1 Satz 2 Nr. 2 a.E., vgl. BGH GRUR 2014, 91 Tz. 18 – *Treuepunkte-Aktion.*

[19] BGH GRUR 2014, 91 Tz. 21 – *Treuepunkte-Aktion.*

[20] BGH GRUR 2014, 91 Tz. 26 – *Treuepunkte-Aktion.*

durch die Feststellung des EuGH nichts geändert, dass eine Irreführung nach Art. 6 Abs. 1 UGP-Richtlinie nicht voraussetzt, dass die beanstandete Handlung auch den Erfordernissen der beruflichen Sorgfalt widerspricht.[21] Denn nach der Rechtsprechung der deutschen Gerichte ist die Erfüllung der beruflichen Sorgfaltspflicht kein Tatbestandsmerkmal per se, sondern es ist nur ein Kriterium zur Bestimmung der Verkehrserwartung. Der verständige Durchschnittsverbraucher erwartet eine Verkürzung oder Verlängerung einer für ihn günstigen Aktion nur aus Gründen, die trotz entsprechender Sorgfalt nicht vorhersehbar waren.

8a **b) Notwendigkeit zeitlicher Befristungen von Sonderverkäufen.** Von der Frage der *Verlängerung* zu unterscheiden ist die Frage, ***ob*** für die Veranstaltung überhaupt eine **zeitliche Befristung** vorzunehmen und anzukündigen ist. Das ist grundsätzlich nicht der Fall,[22] und zwar auch nicht mehr für Räumungsverkäufe oder Saison-Schlussverkäufe.[23] Der Unternehmer ist also grundsätzlich **nicht verpflichtet,** seine Verkaufsaktion (wie z. B. einen Räumungsverkauf) von vornherein auf einen bestimmten Zeitraum **zu befristen.**[24] Ist allerdings eine solche feste Befristung von vornherein geplant, dann ist darauf auch nach dem Wegfall des § 4 Nr. 4 UWG a. F. (im Zuge der Gesetzesänderung im Jahr 2015) hinzuweisen[25] und der Unternehmer muss sich dann grundsätzlich auch an der mitgeteilten Befristung festhalten lassen.[26] Solange allerdings nur eine ungefähre Vorstellung von der Dauer besteht, soll eine Befristungsangabe nach Ansicht des BGH nicht erforderlich sein.[27] Davon abgesehen kann allerdings auch ohne eine ausdrückliche Angabe zur Befristung die Erwartung bestehen, dass die entsprechende Sonderveranstaltung **nicht endlos** geht. Z. B. wird ein Saisonschlussverkauf sich nicht über Monate hinweg ziehen, die Ankündigung einer Preisreduzierung wegen eines **„Sortimentswechsels"** kann irreführend sein, wenn sich dieser Zeitraum bei relativ leicht austauschbaren Produkten (wie z. B. Matratzen) über mehr als vier Monate hinziehen wird[28] und auch ein Räumungsverkauf kann grds. nicht über mehrere Monate durchgeführt werden, allerdings kommt es hier für die konkrete Erwartung darauf an, wie groß das jeweilige Unternehmen ist und welchen Wert die jeweiligen Waren haben da sich hochpreisige Ware nur schwerer absetzen lässt als geringwertigere Güter.[29] Auch ist es selbstverständlich irreführend, den Verkauf nicht zum angekündigten Termin zu beginnen, sondern **später,** wobei die Verpflichtung, einen **Anfangstermin** für den Sonderverkauf anzukündigen, überhaupt nur dann besteht, wenn dieser Zeitraum in der Zukunft liegt. Auf **bereits vergangene Anfangstermine** ist bei laufenden Aktionen hingegen nicht hinzuweisen; das war auch nicht gem. § 4 Nr. 4 UWG a. F. erforderlich.[30]

4. Kategorien, Einzelfälle

8b Die in der Praxis am häufigsten genannten (besonderen) Anlässe für Verkäufe sind Saison-Schlussverkäufe, Eröffnungsangebote, Notverkäufe, Räumungsverkäufe, Insolvenzverkäufe und Jubiläumsverkäufe.

9 **a) Schlussverkäufe. Saison-Schlussverkäufe** sind von Gesetzes wegen **nicht mehr an feste Zeiten gebunden.** Sie dürfen also nicht nur Ende Januar oder Ende Juli stattfinden und sie müssen auch nicht zeitlich begrenzt werden. Allerdings wird der Verbraucher auch heute noch erwarten, dass ein Saison-Schlussverkauf – der früher auf zwei Wochen beschränkt war, dann aber auch so lange lief – nicht bereits nach wenigen Tagen wieder endet, es sei denn, dies wird ausdrücklich so angekündigt. Feste Fristen gibt es dabei aber nicht. Irreführend ist es erst recht, einen **„Schlussverkauf"** anzukündigen, der tatsächlich nicht stattfindet oder nicht die berechtigten Erwartungen an

[21] EuGH GRUR 2013, 1157, Tz. 45 – *CHS Tour Services.*

[22] BGH GRUR 2011, 1151 Tz. 19 – *Original Kanchipur;* GRUR 2009, 1185 Tz. 13 und 15 – *Totalausverkauf;* GRUR GRUR 2009, 1183, 1184 Tz. 11 – *Räumungsverkauf wegen Umbau;* GRUR 2008, 1114, 1115 Tz. 13 – *Räumungsfinale;* OLG Köln GRUR 2006, 786; KG WRP 2009, 1426.

[23] *Schröler,* GRUR 2013, 564, 566.

[24] Kritisch dazu *Faustmann/Ramsperger* WRP 2011, 1241, 1243 f.

[25] Vgl. BGH GRUR 2011, 1151 Tz. 22 – *Original Kanchipur.* Ebenso BGH GRUR 2014, 91 Tz. 16 – *Treuepunkte-Aktion: „weil in einem Verstoß gegen das Transparanzgebot des § 4 UWG in der Regel auch eine Irreführung liegt …"*, vgl. Beschlussempfehlung des Rechtsausschusses zum Entwurf eines Zweiten Gesetzes zur Änderung des UWG, BT Drs. 18/6571 S. 14, wonach derartige Fälle durch die allgemeinen Irreführungstatbestände des § 5 und § 5a erfasst sind.

[26] Vgl. BGH GRUR 2012, 208 Tz. 18, 20 – *10 % Geburtstags-Rabatt;* 2012, 213 Tz. 19 – *Frühlings-Special;* OLG Düsseldorf, BeckRS 2011, 07052. A. A. OLG Hamm MMR 2011, 180, 181: bei neuem Entschluss sei die spätere Verschiebung des Termins erlaubt.

[27] BGH GRUR 2009, 1183, 1184 Tz. 11 – *Räumungsverkauf wegen Umbau.*

[28] OLG Köln GRUR-RR 2010, 339.

[29] *Faustmann/Ramsperger* WRP 2011, 1241, 1246.

[30] BGH GRUR 2009, 1185 Tz. 11 – *Totalausverkauf.*

einen solchen Verkauf erfüllt. Abkürzungen wie **„SSV"** oder **„WSV"** werden – ohne weitere Erläuterung – auch nach Wegfall des Verbots der Sonderveranstaltungen vom durchschnittlich informierten und verständigen Durchschnittsverbraucher weiterhin als Ankündigung eines solchen Sommer- bzw. Winter-Schlussverkaufs verstanden.[31] Der Ausdruck **„Sale"** wird heute hingegen nicht mehr mit einem Schlussverkauf gleichgesetzt.[32] Ein „Sale" muss sich daher nicht auf einen Sommer- oder Winterschlussverkauf oder auf die dort typischerweise angebotene Saisonware beschränken. Allerdings erwartet der Durchschnittsverbraucher auch bei einem „Sale" in größerem Umfang reduzierte Waren als bei einzelnen Sonderangeboten.

Wesentlich für einen Saison-Schlussverkauf ist die **erhebliche Reduzierung eines Großteils der Ware aus der abgelaufenen Saison.** Umgekehrt darf – auch nach Aufhebung des Verbots von Sonderveranstaltungen – die Reduzierung nur einzelner Waren nicht als „Schlussverkauf" angekündigt werden. Soweit in der Ankündigung nicht weitere Angaben gemacht werden, beschränkt sich die Erwartung von Preisreduzierungen bei einem als solchen angekündigten Saison-Schlussverkauf („WSV" oder „SSV") auf die Waren, die auch schon in der Vergangenheit schlussverkaufsfähig waren; **die Reduzierung des gesamten Warenbestands** ist jedoch möglich.[33] Waren, die während eines Schlussverkaufs weiterhin zum Normalpreis angeboten werden, sind von der Schlussverkaufsware deutlich zu trennen.[34] Nach Beendigung der Schlussverkaufsphase dürfen die reduzierten Preise nicht weiter verlangt werden.[35] In solchen Fällen könnte zudem der Tatbestand der Nr. 7 im Anhang zu § 3 Abs. 3 UWG verletzt sein. 10

b) Eröffnungen; Einführungen. „Eröffnungspreise" beziehen sich auf neu eröffnete *Unternehmen;* auf *Produkt*ebene sind dem **„Einführungspreise"** gleichgestellt, mit denen neu auf den Markt gekommene oder neu in ein Sortiment aufgenommene Waren beworben werden.[36] Das ist bei einer bloßen Wiedereröffnung eines Geschäfts nicht der Fall, so dass hier nicht mit „Einführungspreisen" geworben werden darf.[37] Wohl aber kann bei einem Wechsel einer Zeitschrift, die nunmehr von einem neuen Verlag herausgegeben wird, mit Einführungspreisen geworben werden.[38] „Eröffnungsangebote" oder „Einführungspreise" sind als solche grds. zulässig. Bei „Eröffnungsangeboten" oder „Eröffnungspreisen" erwartet der durchschnittlich informierte und verständige Kunde **besonders attraktive Preise.** Speziell bei Eröffnungspreisen müssen diese Preise unter den Preisen liegen, die nach der Eröffnungsphase in derselben Filiale oder im Zeitpunkt der Eröffnung in anderen Filialen desselben Unternehmens verlangt werden. Bei der Ankündigung *„Neu nach Umbau"* hingegen erwartet der Verkehr nicht unbedingt neue, herabgesetzte Preise.[39] Außerdem muss ein **enger zeitlicher Zusammenhang** zu der Neu-Eröffnung des Verkaufsorts bzw. der Einführung des Produkts bestehen, wobei der konkrete Zeitraum von den Umständen des Einzelfalls abhängt. Entsprechendes gilt für „Einführungspreise": Die **Dauer,** für die ein Eröffnungsangebot oder ein Einführungspreis zulässig ist, hängt von den **Umständen des Einzelfalls,** insbesondere von der Branche und der Art der beworbenen Ware ab.[40] Je kurzlebiger das beworbene Produkt ist, je schneller es bei längerer Lagerung Schaden nimmt, je kürzer die Produktionszyklen sind und je schneller Weiterentwicklungen des Produkts erfolgen, desto kürzer darf mit seiner Neuheit für ein Einführungsangebot geworben werden. Modeartikel können nur während der aktuell laufenden Kollektion als neu bezeichnet werden, Skier nur während einer Saison. Bei hochwertigen, langlebigen und nicht billigen **Präzisionsgegenständen** soll hingegen auch sechs Monate nach der Einführung mit einem „Einführungspreis" geworben werden dürfen,[41] bei **Fertigarzneimitteln** kann sogar eine Neuheitswerbung ein Jahr lang ab dem ersten Inverkehrbringen erlaubt sein.[42] Der **Zeitpunkt,** bis zu dem das Eröffnungs- oder Einführungs-Angebot gelten soll, muss nicht angegeben werden. Auch bei Eröffnungs- oder Einführungsangeboten gilt, dass für die Verkaufsveranstaltung 11

[31] Vgl. BGH GRUR 1984, 285, 286 – *WSV.*
[32] OLG Hamburg GRUR-RR 2002, 262.
[33] Köhler/*Bornkamm,* § 5 Rdn. 6.6e; BT-Drucks. 15/1487 S. 14.
[34] BGH GRUR 1987, 171 – *Schlussverkaufswerbung;* OLG Saarbrücken WRP 1991, 746, 748.
[35] LG Ulm WRP 2006, 780 (LS).
[36] BGH GRUR 1966, 214 – *Einführungsangebot.*
[37] OLG Koblenz NJW-RR 1989, 36.
[38] OLG Hamburg WRP 1989, 115; Köhler/*Bornkamm,* § 5 Rdn. 7.103.
[39] BGH GRUR 1993, 563, 564 – *Neu nach Umbau.*
[40] KG WRP 1982, 28, 29; KG GRUR 1982, 620, 622.
[41] KG GRUR 1982, 620, 622.
[42] KG WRP 1982, 28, 29 unter Bezugnahme auf die Richtlinien für die wissenschaftliche Information und für die Arzneimittelwerbung des Bundesverbandes der Pharmazeutischen Industrie e. V. (BPI). Heute § 3 Abs. 3 Kodex der Mitglieder des Bundesverbandes der Pharmazeutischen Industrie e. V., Pharma Kodex 2006, Band 3, S. 584, i. d. Fass. vom 28. Juni 1995, zuletzt geändert am 15. Oktober 2015.

als solche grds. keine bestimmte zeitliche Befristung erforderlich ist. Ebenso bedarf ein beworbener Einführungspreis nicht stets der Angabe einer zeitlichen Begrenzung.[43] Wird der Einführungspreis einem anderen (häufig durchgestrichenen) Preis **gegenübergestellt,** so muss klar und deutlich angegeben werden, worum es sich bei dem durchgestrichenen Preis handelt.[44] Das gilt insbesondere für den Fall, dass es sich nicht um den Normalpreis handelt, den der Unternehmer später fordern wird. Darüber hinaus muss die Werbung in diesem Fall aber auch einen Hinweis darauf enthalten, ab wann der Normalpreis gefordert wird.[45] Das gilt gem. § 5 Abs. 2 UWG auch nach dem Wegfall von § 4 Nr. 4 UWG a. F.[46] Ebenso muss bei Eröffnungsangeboten und Preisvergleichen klargestellt werden, mit welchem Preis verglichen wird, denn auch hier gibt es eine Vielzahl von Alternativen, wie z. B. den früheren Preis des Werbenden, den empfohlenen Herstellerpreis, den Preis von Wettbewerbern, den zukünftigen Normalpreis des Werbenden. Normalerweise wird der Verkehr bei einem durchgestrichenen Preis vermuten, es handle sich um den früheren Preis des werbenden Unternehmers. Das ist bei einem „Eröffnungsangebot" ebenso wie bei einem Einführungsangebot aber nicht möglich.[47]

12 **c) Notlagen; Räumungsverkäufe; soziale Zwecke.** Kündigt ein Unternehmer **„Notverkäufe"** an, geht der Verkehr davon aus, dass der Unternehmer auf Grund einer **besonderen Notsituation** zu besonders günstigen Preisen verkaufen muss. Die Werbung mit diesem Ausdruck ist daher irreführend, wenn tatsächlich keine Zwangslage vorliegt. Ebenso ist die Ankündigung eines Räumungsverkaufs irreführend, wenn der angekündigte Räumungsgrund nicht tatsächlich besteht, z. B. weil es den behaupteten Wasserschaden nicht gab oder der angekündigte Umbau nicht, nicht zu dieser Zeit oder nicht im angekündigten oder zu erwartenden Umfang stattfindet. Auf der anderen Seite ist der Unternehmer für einen Räumungsverkauf nicht mehr auf die wenigen Anlässe beschränkt, die zuvor im Gesetz vorgegeben waren. Auch bedarf es **keiner Anmeldung** mehr, was angesichts der Möglichkeit, grds. jederzeit Sonderverkäufe aus beliebigen Gründen zu veranstalten, auch wenig sinnvoll gewesen wäre. Zum Räumungsverkauf wegen **Geschäftsaufgabe** gilt vorrangig die Regelung in Nr. 15 im Anhang zu § 3 Abs. 3 UWG. Ebenso wirbt irreführend, wer behauptet, mit dem Verkauf einen bestimmten **sozialen Zweck** verfolgen zu wollen (z. B. *„alle Erlöse des Verkaufs gehen an das Kinderheim X"*), obwohl die Verkaufserlöse von vornherein nicht diesem Zweck zugeführt werden sollen.[48] Auch bei Räumungsverkäufen gibt es keine Verpflichtung, diese von vornherein zeitlich zu begrenzen, wohl aber ist auf bestehende Befristungen hinzuweisen.[49]

13 **d) Insolvenzen.** Bei **„Insolvenzwarenverkäufen"** müssen die Waren aus einem Vermögen stammen, über das ein Insolvenzverfahren eröffnet wurde, welches noch andauert. Eine Pflicht, auf die Eröffnung eines Insolvenzverfahrens beim Verkauf von Insolvenzware hinzuweisen, gibt es hingegen nicht.[50] Wer nur Interessenten für eine Zwangsversteigerung akquirieren, aber keine unmittelbare Kaufmöglichkeit verschaffen will, darf die zu verkaufende Ware (z. B. Immobilie) nicht als *„Angebot aus der Zwangsvollstreckung"* anbieten.[51]

14 **e) Jubiläen.** Bei **Jubiläumsverkäufen** ist erforderlich, dass das beworbene Jubiläum auch **tatsächlich besteht** und die Verkaufsaktion in einem **zeitnahen Zusammenhang** hierzu steht. Auf die Art des Jubiläums kommt es hingegen nicht mehr an, solange nur die Angabe als solche korrekt ist.

II. Der Preis und seine Berechnung, besondere Preisvorteile

1. Einführung

15 Der Preiswerbung kommt im Wettbewerb eine kaum zu überschätzende Bedeutung zu. Neben der Qualität der Ware ist bekanntlich der Preis regelmäßig das entscheidende Kriterium für die Attraktivität des Angebots und damit für die Entscheidung des Kunden. In der Praxis der Wirt-

[43] BGH GRUR 2011, 1151 Tz. 21 – *Original Kanchipur.*
[44] BGH GRUR 2011, 1151 Tz. 21 – *Original Kanchipur.*
[45] BGH GRUR 2011, 1151 Tz. 21 – *Original Kanchipur,* mit Verweis auf GRUR 1985, 929 – *Späterer Preis.*
[46] Vgl. BGH GRUR 2011, 1151 Tz. 21 – *Original Kanchipur,* wo sowohl auf § 4 Nr. 1 UWG a. F. als auch § 5a UWG abgestellt wurde.
[47] OLG Köln, MD 2013, 434, 436 f.
[48] Zur unlauteren Werbung mit einem sozialen Zweck nach §§ 3, 4a UWG siehe auch oben § 4a Rdn. 93 ff.
[49] BGH GRUR 2008, 1114 Tz. 13 – *Räumungsfinale;* GRUR 2009, 1183 Tz. 11 – *Räumungsverkauf wegen Umbau;* GRUR 2011, 1151 Tz. 19 – *Original Kanchipur*
[50] BGH GRUR 1989, 682, 683 – *Konkursvermerk.*
[51] OLG Brandenburg WRP 2007, 354 (LS).

schaftswerbung spielt dementsprechend die Preiswerbung eine zentrale Rolle. Der heute **wichtigste wettbewerbsrechtliche Maßstab für die Zulässigkeit einer Preiswerbung** ist neben der Preisangabenverordnung, die gesondert kommentiert wird, das **Irreführungsverbot in § 5 UWG,** der in **Abs. 1 S. 2 Nr. 2** auch den Preis als Angabe, über die nicht irregeführt werden darf, nennt. In Zukunft wird darüber hinaus der Regelung in **§ 5a Abs. 3 Nr. 3 UWG** eine noch stärkere Bedeutung zukommen: Danach sind bei Angeboten von Waren oder Dienstleistungen unter Angabe von Preisen der Gesamtpreis und ggf. die Art der Preisberechnung sowie etwaige Fracht-, Liefer- und Zustellkosten wesentliche Merkmale, deren Verschweigen zu einer **Irreführung durch Unterlassen** führen kann. Diese Regelung ist auf **Art. 7 Abs. 4 UGP-Richtlinie** zurückzuführen. Sie erhält besondere rechtliche Brisanz durch **Art. 3 Abs. 5 UGP-Richtlinie,** wonach Regelungen, die restriktiver oder strenger sind als die Bestimmungen der Richtlinie nach dem 12. Juni 2013 nicht länger beibehalten werden dürfen, was insbesondere für einige Normen der PAngV relevant ist. Zugleich bedeutet diese Regelung aber nicht, dass grundsätzlich bei jeder Werbung ein Preis anzugeben ist. Das ist nicht der Fall.

Eine Irreführung über den Preis liegt vor, wenn die durch eine preisbezogene Angabe bei den relevanten Verkehrskreisen (§ 3 Abs. 4 UWG) hervorgerufenen Vorstellungen über die Preise einzelner Waren oder Leistungen, des Sortiments insgesamt oder Teilen davon nicht mit der Wirklichkeit übereinstimmen, also tatsächlich höhere Preise verlangt werden als auf Grund der Angabe erwartet. Dies ist insbesondere dann der Fall, wenn die preisbezogene Angabe **objektiv unrichtig oder mehrdeutig** ist und von dem rechtlich relevanten Teil des Publikums falsch verstanden wird, aber auch, wenn die preisbezogene Angabe **unvollständig** ist, noch zusätzliche Preisbestandteile hinzukommen, ohne dass dies für das Publikum nach den Umständen des Falls aus der Angabe ersichtlich ist oder die gesetzlich geforderten Informationen in unklarer, unverständlicher oder zweideutiger Weise oder erst verspätet dem Verbraucher bereitgestellt werden, § 5a Abs. 2 S. 2 UWG. **15a**

Eine irreführende Angabe über den Preis wird im Regelfall auch geeignet sein, das wirtschaftliche Verhalten eines angesprochenen Verbrauchers wesentlich zu beeinflussen. Für Preise, die im Geschäft niedriger ausgezeichnet sind als sie an der Kasse berechnet werden sollen (und als sie ggf. beworben wurden), ist das evident. Es gilt aber auch für Preise, die im Geschäft höher ausgezeichnet sind als sie in der Werbung angekündigt wurden, wenn nicht sichergestellt ist, dass an der Kasse immer nur der geringere Preis gefordert wird.[52] Im Übrigen siehe nachfolgend Punkt 3 zu divergierenden Preisangaben. **15b**

Nach dem Wortlaut von § 5 Abs. 1 S. 2 Nr. 2 werden auch irreführende Angaben über die Art und Weise in welcher der Preis **berechnet** wird, erfasst. Dies ist insbesondere – wenn auch nicht ausschließlich – im Hinblick auf **Tarife für Dienstleistungen** von Relevanz, namentlich wenn die Höhe des Entgelts von variablen Faktoren abhängt, z. B. von dem Zeitraum, für den die Dienstleistung in Anspruch genommen wird (etwa Telefontarife). **16**

2. Angaben mit Preisbezug

Eine Irreführung über den Preis setzt grundsätzlich eine Angabe voraus, die direkt oder indirekt bestimmte **Vorstellungen über den Preis** erweckt. Solche Angaben sind selbstverständlich alle unmittelbar preisbezogenen Informationen, insbesondere die **Nennung eines Preises** oder Preisbestandteils, ggf. i. V. m. der Angabe „Flat“[53] die Bezeichnung als **„gratis“, „kostenlos“, „beitragsfrei“**[54] oder auch die Bezugnahme auf eine mögliche **Ersparnis** (z. B. in Form einer Prozentangabe). Eine Irreführung über den Preis liegt auch vor, wenn **Preissteigerungen** nicht angegeben werden, die ihre rechtliche Grundlage bereits in dem Abschluss des Grundvertrages haben und nur eine von zwei späteren Preissteigerungen angegeben wird.[55] Eine Irreführung über die Preiswürdigkeit eines Angebots kann aber auch **mittelbar** durch andere Angaben, insbesondere über die **Beschaffenheit** der Ware, hervorgerufen werden: Wird die Ware oder Leistung besser dargestellt als sie ist, erscheint auch der Preis günstiger, als er ist. In solchen Fällen liegt eine Irreführung über die Beschaffenheit der Ware oder Leistung vor. Daneben wird mittelbar auch über die Preiswürdigkeit der Ware getäuscht. Eine mittelbare Irreführung über den Preis selbst liegt dann vor, wenn das Publikum auf Grund der Werbung, insbesondere von Abbildungen und mangels hinreichender Klarstellung im Werbetext[56] einen **größeren Leistungsumfang** erwartet **als tatsächlich geboten** wird, **17**

[52] BGH GRUR 2008, 442 Tz. 11 – *Fehlerhafte Preisauszeichnung;* GRUR 2000, 907, 909 – *Filialleiterfehler.*
[53] BGH GRUR 2016, 207 Tz. 15 ff. – All Net Flat.
[54] Siehe dazu Anhang zu § 3 Abs. 3 Nr. 21 Rdn. 1 ff.
[55] Dies soll nach Auffassung des OLG Köln GRUR-RR 2014, 299, 300 – *Doppelte Preiserhöhung* selbst dann gelten, wenn der Kunde die Preissteigerung durch eine Kündigung vermeiden kann.
[56] Vgl. BGH GRUR 2015, 698 Tz. 19 – *Schlafzimmer komplett;* GRUR 2016, 207 Tz. 15 ff. – All Net Flat.

z. B. wenn der Preis einer Einbauküche die mit abgebildete Kranzleiste nicht enthält,[57] der Preis einer abgebildeten EDV-Anlage nicht den Monitor einschließt,[58] der blickfangmäßig hervorgehobene Preis einer abgebildeten Schlafzimmereinrichtung nicht Matratzen und Lattenroste umfasst,[59] eine blickfangmäßig hervorgehobene „All Net Flat" mit Preisangabe zusätzliche „Aktivierungskosten" erfordert oder Servicenummern extra kosten,[60] oder wenn eine Preiswerbung mit Fertighäusern den unrichtigen Eindruck erweckt, der angegebene Preis enthalte Keller bzw. Fundamentplatte.[61] Nur in Einzelfällen kann der durch die (fälschliche) Abbildung einer teureren Ware neben einem billigen Preis hervorgerufenen Fehlvorstellung die wettbewerbsrechtliche Relevanz fehlen.[62]

3. Divergierende Preisangaben

18 Kündigt der Anbieter für eine bestimmte Ware oder Leistung in verschiedenen Medien **zeitgleich verschiedene Preise** an (z. B. in verschiedenen Werbeträgern oder in der Werbung einerseits und in der Preisauszeichnung der Ware im Geschäft andererseits), ist für die rechtliche Beurteilung zwischen folgenden Varianten zu unterscheiden: Verlangt der Anbieter **an der Kasse** den **höheren** der angekündigten Preise, ist die Ankündigung des niedrigeren Preises irreführend;[63] dies gilt selbst dann, wenn der Anbieter in Einzelfällen – z. B. bei sofortigem Kaufentschluss – ausnahmsweise zur Gewährung des niedrigeren Preises bereit ist.[64]

19 Wird hingegen an der Kasse tatsächlich der **niedrigere** Preis verlangt als im Geschäft oder in der Werbung angegeben, dann ist die Angabe des höheren Preises jedenfalls dann nicht relevant irreführend, wenn sichergestellt ist, dass grundsätzlich und auch ohne Nachfragen des Kunden der niedrigere Preis berechnet wird. Zwar mag die höhere Preisangabe den Verbraucher verunsichern. Aber nicht jede Verunsicherung muss sich auch auf den Kaufentschluss auswirken.[65] Das betrifft z. B. den Fall, dass in unterschiedlichen Zeitungen unterschiedliche Preise genannt werden, etwa weil eine Anzeige bereits vor der Preisherabsetzung in Auftrag gegeben worden war und nicht mehr geändert bzw. storniert werden konnte.[66] Entsprechendes gilt auch für den Fall, dass z. B. in Tageszeitungen ein DVD-Player mit einem Verkaufspreis von 179 Euro beworben, im Geschäft jedoch mit einem Preis von 199 Euro ausgezeichnet ist, soweit an der Kasse grundsätzlich nur der beworbene (niedrigere) Preis berechnet wird und dies z. B. aufgrund eines elektronischen Kassensystems, in dem der niedrigere Preis hinterlegt ist, sichergestellt ist.[67] Denn der Verkehr rechnet nach Auffassung des BGH zumindest bei breit sortierten Einzelhandelsmärkten damit, dass die Preisauszeichnung einzelner Waren noch nicht an eine am selben Tag erschienene Werbung angepasst ist. Er wird daher auch nicht seinen Kaufentschluss aufgeben und stattdessen eine andere Ware kaufen, sondern entweder die höher ausgezeichnete Ware dennoch kaufen wollen und dann positiv überrascht sein oder das Geschäft verärgert verlassen.

20 Allerdings muss stets sichergestellt sein, dass dem Kunden an der Kasse **automatisch stets** nur **der niedrigere Preis berechnet** wird. Geschieht das nicht oder muss der Kunde erst nachfragen, kann auch die höhere Preisangabe in der Werbung oder im Regal relevant irreführend wirken.[68]

21 Wird ohne entsprechende Werbung und **ohne Änderung der Preisschilder** eine Preissenkung vorgenommen, verstößt dies ebenfalls nicht ohne eiteres gegen § 5 Abs. 1 S. 2 Nr. 2, da hier beim Publikum bei Betreten des Geschäfts nicht die Erwartung des niedrigeren Preises besteht. Zwar entsteht hier bei Lektüre der Preisauszeichnung die Fehlvorstellung, den ausgezeichneten höheren Preis zahlen zu müssen; diese Fehlvorstellung ist jedoch für sich genommen wettbewerbsrechtlich nicht relevant, wenn bei Bezahlung der niedrigere Preis gefordert wird.

---

[57] Vgl. KG MD 1994, 40 ff.; KG GRUR 1995, 140 f.; KG GRUR 1995, 149.

[58] BGH GRUR 2003, 249 – *Preis ohne Monitor;* KG MD 1992, 569 ff. und MD 1996, 855, 859.

[59] OLG Bamberg MD 2011, 973, 975; KG MD 2010, 286.

[60] BGH GRUR 2016, 207 Tz. 15 ff. – All Net Flat.

[61] Vgl. KG WRP 1985, 585 ff.; MD 1996, 397, 399; OLG Celle GRUR 1970, 473, 476 f.; OLG Hamburg MD 1999, 242 f.; OLG Brandenburg MD 1999, 952, 953; MD 2000, 165 f.

[62] OLG Hamm GRUR-RR 2010, 37 (LS) – *Geschirrspüler.*

[63] OLG Hamm GRUR 1983, 453 f.

[64] Vgl. KG GRUR 1979, 725, 726.

[65] BGH GRUR 2008, 442 – *Fehlerhafte Preisauszeichnung.*

[66] BGH GRUR 1986, 322 – *Unterschiedliche Preisankündigung;* ähnlich OLG München MDR 1993, 1072 für Preisdivergenz zwischen Hauptprospekt und beigefügtem Faltblatt; vgl. auch die Fallgestaltung OLG Hamm GRUR 1990, 627 f.; strenger OLG Hamm GRUR 1983, 453 f.

[67] BGH GRUR 2008, 442, 443 – *Fehlerhafte Preisauszeichnung.*

[68] BGH GRUR 1988, 629 f. – *Konfitüre;* 2000, 907 – *Filialleiterfehler.*

4. Preisspaltung

Von den vorstehend behandelten Fällen unterschiedlicher Preisankündigungen bei tatsächlich einheitlichem Preis sind die Fälle der sog. **Preisspaltung** zu unterscheiden: Es ist einem Unternehmen preisangabenrechtlich und unter Irreführungsgesichtspunkten grundsätzlich gestattet, **für dieselbe Ware in verschiedenen Geschäften verschiedene Preise** anzukündigen und zu verlangen, soweit nicht etwa durch die Art der Werbung der unrichtige Eindruck erweckt wird, die Ware sei zum günstigeren Preis auch in Verkaufsstellen erhältlich, die den höheren Preis berechnen. Entsprechendes gilt auch für eine Preisspaltung bei Leistungen.[69] Wenn daher im Internet mit dem niedrigsten der in den verschiedenen Filialen verlangten Preise geworben wird, so muss deutlich gemacht werden, **für welche Verkaufsstelle** dieser Preis gilt.[70] Wird Ware in einem Geschäftslokal mit unterschiedlicher Preisauszeichnung angeboten und entsprechend dem jeweiligen Preisetikett an der Kasse berechnet, liegt jedenfalls dann eine Irreführung vor, wenn der niedrigere Preis (z. B. als Sonderangebot) besonders beworben wird:[71] Hier besteht die Gefahr, dass von der Werbung angesprochenen Kunden, welche an die höher ausgezeichneten Waren geraten, die höhere Preisauszeichnung nicht bemerken und dann einen höheren als den beworbenen und erwarteten Preis zahlen. Bei Waren des täglichen Bedarfs besteht diese Gefahr darüber hinaus auch dann, wenn der niedrigere Preis nicht besonders beworben wird, da bei Kunden, die zunächst die günstiger ausgezeichnete Ware erwerben, das Risiko besteht, beim nächsten Einkauf an die höher ausgezeichnete Ware zu geraten und diese ohne nochmalige Prüfung der Preisauszeichnung erneut – und in der Erwartung des niedrigeren Preises – zu kaufen.[72] Ist allerdings sichergestellt, dass dem Kunden an der Kasse stets und unaufgefordert nur der günstigere Preis berechnet wird, dann liegt auch insoweit nach der BGH-Rechtsprechung keine relevante Irreführung mehr vor.[73] 22

5. Vollständigkeit der Preisinformation

a) Angabe des Gesamtpreises. Im Verhältnis zu privaten Letztverbrauchern ist es auch unter Irreführungsgesichtspunkten regelmäßig erforderlich, den **Gesamtpreis** i. S. v. § 1 Abs. 1 S. 1 PAngV (vormals als „Endpreis" bezeichnet) jedenfalls in den Fällen anzugeben, in denen die PAngV dies vorschreibt, da sie wegen der Regelungen der PAngV dessen Angabe seit langem gewohnt sind und erwarten, also in der Regel nicht mit weiteren Preisbestandteilen bzw. Aufschlägen neben dem als Preis genannten Betrag rechnen,[74] z. B. mit zusätzlichen Frachtkosten bei Kfz-Preiswerbung[75] oder mit anderen Nebenkosten.[76] Wird im Verhältnis zu privaten Endverbrauchern in solchen Fällen nicht der Gesamtpreis angegeben, liegt daher – neben einem Verstoß gegen die PAngV i. v. m. § 3a UWG – im Regelfall auch ein Verstoß gegen § 5 UWG vor. 23

b) Mehrwertsteuer. *aa) Private Letztverbraucher.* Jedenfalls im Verhältnis zu privaten Endverbrauchern ist regelmäßig die Angabe des Preises **einschließlich Mehrwertsteuer** gem. § 1 Abs. 1 S. 1 PAngV (Art. 7 Abs. 4 lit. c UGP-Richtlinie) sowie § 312a Abs. 2 BGB i. V. m. Art 246 Abs. 1 Nr. 3 EGBGB sowie §§ 312d Abs. 1, 312j Abs. 2 BGB i. V. m. Art. 246a § 1 Nr. 4 EGBGB erforderlich. Wenn die Pflicht zur Gesamtpreisangabe im Verhältnis zu solchen Abnehmern im Einzelfall nach der PAngV nicht besteht (z. B. nach § 9 Abs. 1 Nr. 3 PAngV) und der Preis ohne Mehrwertsteuer angegeben wird, kommt ein Verstoß gegen § 5 UWG in Betracht, wenn auf diesen Umstand nicht deutlich hingewiesen wird, z. B. durch den Zusatz *„zuzüglich Mehrwertsteuer"* oder zumindest eine geläufige und allgemein verständliche **Abkürzung** wie „+ MwSt".[77] Entsprechend der Rechtsprechung des BGH zur Angabe von Versandkosten im Internet[78] ist es dabei zu spät, wenn ein solcher Hinweis erstmalig erst nach Ablegen der Ware in einen virtuellen Warenkorb im Rahmen des Bestellvorgangs gegeben wird oder nur in den AGB auftaucht. Umgekehrt musste dieser Hinweis al- 24

---

[69] Vgl. OLG Stuttgart WRP 1995, 757, 761 f.

[70] OLG Frankfurt a. M. GRUR-RR 2011, 193, 194 – *Abweichende Filial-Preise.*

[71] Vgl. den Fall OLG Hamm WRP 1981, 655 ff.

[72] Vgl. GK-*Lindacher,* § 5 Rdn. 696.

[73] Vgl. BGH GRUR 2008, 442 – *Fehlerhafte Preisauszeichnung.*

[74] Vgl. BGH GRUR 1989, 606, 608 – *unverb. Preisempfehlung;* BGH GRUR 1993, 53, 54 – *Ausländischer Inserent.*

[75] Vgl. auch BGH GRUR 1985, 58, 60 – *Mischverband II;* KG MD 1992, 1 ff.; MD 1993, 377 ff.; vgl. auch KG MD 1995, 657 f. zur Täuschung über die Höhe der Frachtkosten.

[76] BGH GRUR 1987, 125 – *Berühmung;* OLG Stuttgart NJWE-WettbR 1998, 101.

[77] Vgl. OLG Hamm GRUR 1985, 142 f.; a. A. OLG München NJW 1970, 661 f.: erforderlich „ohne MWSt".

[78] BGH GRUR 2008, 84 – *Versandkosten;* MMR 2010, 237 Tz. 18, 22 – *Kamerakauf im Internet.* Vgl. auch § 1 PAngVO § 1 Rdn. 41 ff.

lerdings auch nicht zwingend in unmittelbarem räumlichen Zusammenhang zu dem Angebot stehen; es genügte vielmehr, wenn die Angabe leicht erkennbar und gut wahrnehmbar auf einer gesonderten Internetseite gemacht wurde, sofern diese Seite noch vor Einleitung des Bestellvorgangs notwendig aufgerufen werden musste. Allerdings verlangt § 312j Abs. 2 BGB nunmehr, dass die Angaben *unmittelbar* vor der Aufgabe der Bestellung zur Verfügung gestellt werden müssen. Besteht allerdings keine Pflicht zur Gesamtpreisangabe und wird auf den Umstand, dass die Mehrwertsteuer nicht einbezogen ist, hinreichend deutlich hingewiesen, ergibt sich dann nicht schon aus der möglichen Unkenntnis der Abnehmer hinsichtlich der Höhe des Mehrwertsteuersatzes bzw. deren teilweiser Unfähigkeit oder Unwilligkeit, den Gesamtpreis mit Mehrwertsteuer zu berechnen, eine dem Anbieter zurechenbare Irreführung i. S. v. § 5 UWG.[79]

25 *bb) Unternehmer als Adressaten.* Im kaufmännischen Geschäftsverkehr ist die Angabe des Gesamtpreises – und damit die Einbeziehung der Mehrwertsteuer – nach der PAngV nicht vorgeschrieben. Der Preis kann bei Angeboten an Kaufleute also auch ohne Mehrwertsteuer angegeben werden. Früher ging die Rechtsprechung allerdings auf vertragsrechtlicher Ebene auch im kaufmännischen Geschäftsverkehr davon aus, dass der vertragliche Preis auch die Umsatzsteuer umfasste, wenn nicht ausdrücklich etwas anderes geregelt war.[80] Daher musste zur Vermeidung einer Irreführung **auch im kaufmännischen Geschäftsverkehr auf die Nichteinbeziehung der Mehrwertsteuer ausdrücklich hingewiesen werden.**[81] Ob das auch heute noch so gilt, erscheint fraglich.

26 *cc) Hinweis auf Einbeziehung.* Nach früherer Auffassung des BGH stellte es im Verhältnis zu privaten Endverbrauchern (also bei Pflicht zur Angabe des Gesamtpreises i. S. v. § 1 Abs. 1 S. 1 PAngV) eine **irreführende Werbung mit Selbstverständlichkeiten** dar, wenn darauf hingewiesen wurde, dass der angegebene Preis die Mehrwertsteuer enthielt und wenn dieser Hinweis **„in besonderem Maße hervorgehoben"** wurde.[82] Hierfür sollte es bereits ausreichen, wenn der Zusatz vom übrigen (Fließ-)Text abgesetzt und der Preisangabe unmittelbar zugeordnet war, selbst wenn er im Verhältnis zum Kaufpreis und anderen Angaben in kleinerem Druck gehalten war.[83] Dies erschien schon damals zu streng. Nunmehr kommt hinzu, dass Art. 5 Abs. 2 der Richtlinie 2000/31/EG (sog. E-Commerce Richtlinie) und § 1 Abs. 2 S. 1 Nr. 1, 2 PreisAngV ausdrücklich die Angabe vorschreiben, dass in den angegebenen Preisen Steuern enthalten sind. Diese Angabe kann daher nur noch bei besonderer Hervorhebung eine irreführende Werbung mit Selbstverständlichkeiten sein und selbst das ist fraglich, wenn man bedenkt, dass § 312j Abs. 2 BGB ausdrücklich die Hervorhebung bestimmter Angaben verlangt. **Keine Irreführung** liegt jedenfalls vor, wenn sich der Hinweis in einem längeren klein gedruckten **Fließtext**[84] oder an einer anderen **unauffälligen Stelle** zusammen mit anderen Angaben ohne werbenden Charakter befindet.[85]

27 **c) Versandkosten.** Angesichts der gestiegenen Bedeutung des E-Commerce kommt auch den Angaben der Versandkosten insbesondere bei Internetangeboten eine besondere Relevanz zu. Im Fernabsatz gegenüber Letztverbrauchern müssen nach den Bestimmungen der PAngV zwar die Versandkosten grundsätzlich nicht in den Gesamtpreis einbezogen werden; nach § 1 Abs. 2 S. 1 Nr. 2, S. 2 PAngV sowie Art. 246a § 1 Abs. 1 Nr. 4 EGBGB, Art. 7 Abs. 4 lit. c UGP-Richtlinie, § 5a Abs. 3 Nr. 3 UWG ist jedoch anzugeben, ob zusätzlich Versandkosten anfallen und, falls ja, auch deren Höhe.[86] Selbst wenn die Einbeziehung nach der PAngV nicht erforderlich ist (z. B. bei gewerblichen Abnehmern), ist es wegen §§ 5, 5a UWG geboten, auf die Versandkosten mit der erforderlichen Klarheit und Deutlichkeit hinzuweisen.[87] Grundsätzlich genügt es, unmittelbar bei der Werbung für das einzelne Produkt den Hinweis **„zzgl. Versandkosten"** aufzunehmen, wenn sich beim Anklicken dieses Hinweises ein Bildschirmfenster mit einer übersichtlichen und verständlichen Erläuterung der allgemeinen Berechnungsmodalitäten für die Versandkosten öffnet und au-

---

[79] OLG Hamm a. a. O.

[80] BGH NJW 1991, 2484.

[81] GK-*Lindacher,* § 5 Rdn. 685.

[82] BGH GRUR 1990, 1027 f. – *incl. MwSt. I;* GRUR 1990, 1028 f. – *incl. MwSt. II;* GRUR 1990, 1029 – *incl. MwSt. III* – m. krit. Anm. *Doepner;* GRUR 1991, 323 – *incl. MwSt. IV;* a. A. – differenzierend – GK-*Lindacher,* § 5 Rdn. 684.

[83] BGH a. a. O. – *incl. MwSt. II;* bei einer ähnlichen Gestaltung die Irreführung verneinend dagegen BGH a. a. O. – *incl. MwSt. IV.*

[84] BGH a. a. O. – *incl. MwSt. I.*

[85] BGH a. a. O. – *incl. MwSt. III.*

[86] Näher unten § 1 PAngV Rdn. 41 ff.

[87] Vgl. BGH GRUR 1992, 618 – *Pressehaftung II;* BGH GRUR 1993, 53, 54 – *Ausländischer Inserent;* KG MD 1992, 151, 153; vgl. auch OLG Karlsruhe MD 1998, 808; offengelassen in BGH GRUR 1997, 479, 481 – *Münzangebot.*

ßerdem die tatsächliche Höhe der für den jeweiligen Einkauf konkret anfallenden Versandkosten jeweils bei Aufruf des virtuellen Warenkorbs in der Preisaufstellung gesondert ausgewiesen wird.[88] Hingegen reicht es nicht aus, wenn Angaben zu Liefer- und Versandkosten sowie zur Umsatzsteuer erst erfolgen, wenn der Verbraucher seinen virtuellen Warenkorb am Bildschirm aufruft und somit den Kaufvorgang bereits eingeleitet hat. Strengere Anforderungen gelten bei **Preissuchmaschinen** und **Preisvergleichslisten.** Denn anders als bei Angeboten auf „normalen" Webseiten erwartet der Verbraucher hier einen Preis zuzüglich der konkreten Versandkosten, weil er nur dann effektiv die Preise vergleichen kann. Dementsprechend sind hier die Versandkosten bereits in der Preisvergleichsliste mit aufzuführen und ein Verweis auf die Internetseiten des Händlers genügt nicht.[89] Ebenso ist es irreführend, wenn auf einer Internetseite eine Lieferung **„frei Haus"** angekündigt wird, dann aber zusätzlich Verpackungskosten berechnet werden, die zudem erst in der Auftragsbestätigung erwähnt werden.[90]

d) Erforderlichkeit ergänzender Angaben. Im Übrigen verpflichtet § 5 UWG bei Preisan- 28
gaben und preisbezogenen Angaben zwar keineswegs immer und grundsätzlich zu einer umfassenden Preisinformation; eine gesonderte Aufschlüsselung sämtlicher Preisbestandteile ist daher nicht immer erforderlich.[91] Allerdings dürfen nach § 5a UWG nicht **wesentliche** Informationen vorenthalten werden, und zwar auch dann nicht, wenn das für den Verbraucher erkennbar ist – wobei bei einem Erkennen der Unvollständigkeit fraglich sein kann, ob die Aussage geeignet ist, den Verbraucher zu einer geschäftlichen Entscheidung zu veranlassen, die er andernfalls nicht getroffen hätte. Als wesentlich gelten dabei nach § 5a Abs. 3 Nr. 3 UWG insbesondere der Gesamtpreis bzw. die Art der Preisberechnung sowie zusätzliche Fracht-, Liefer- und Zustellkosten. Erst recht liegt eine Irreführung vor, wenn nach Lage des Falls bei dem angesprochenen Durchschnittsverbraucher der Eindruck erweckt wird, zu einem angegebenen Betrag kämen bei Durchführung des Geschäfts keine weiteren *zwingenden* Kosten hinzu. Demgegenüber sind Kosten für *fakultative* Zusatzleistungen nur in bestimmten Fällen anzugeben, z. B. bei Flügen gem. Art. 23 Abs. 1 S. 4 der VO 1008/2008 **(Luftverkehrsdiensteverordnung)**;[92] solche Zusatzleistungen müssen zudem im Wege eines Opt-In angenommen werden.[93] Wird daher bei der Buchung einer Flugreise im Internet dem Warenkorb eine optionale Reiseversicherung automatisch hinzugefügt, ohne dass der Verbraucher sich hierfür aktiv entschieden hat, so liegt hierin zwar nicht die Angabe eines unzutreffenden Gesamtpreises, wohl aber ein Verstoß gegen Art. 23 Abs. 1 S. 4 der VO 1008/2008 **(Luftverkehrsdiensteverordnung)** und auch eine Täuschung über die Zusammensetzung des Preises.[94] Ebenso kann eine Irreführung vorliegen, wenn Leistungen, die der Verkehr üblicherweise der Hauptleistung zurechnet, nur optional und gegen Zusatzentgelt zur Verfügung gestellt werden und darauf nicht bereits bei der Angabe des Endpreises für die Hauptleistung, sondern gar nicht oder erst wesentlich später hingewiesen wird. Ein solches Verhalten mag preisangabenrechtlich in Ordnung sein; es kann aber dennoch unter besonderen Umständen irreführend sein. Entschieden wurde das z. B. bei einer Werbung mit **Flugpreisen,** bei der unerwähnt blieb, dass für jedes beim Einchecken aufgegebene **Gepäckstück** selbst bei Unterschreiten der üblichen Grenzen ein zusätzliches Entgelt bezahlt werden muss.[95] Verneint wurde es für eine gesonderte Gebühr zur Reservierung eines Sitzplatzes im Flugzeug.[96] Bei dem **Erwerb einer GmbH** kann es erforderlich sein darauf hinzuweisen, dass ergänzend zu dem angegebenen Kaufpreis noch das Stammkapital aufgebracht werden muss.[97]

Immobilienanzeigen gewerblicher Vermittler mit Preisangabe sind irreführend, wenn sie nicht 29
zum Ausdruck bringen, falls vom Erwerber eine **Vermittlerprovision** zu zahlen ist.[98] Bei provisionsfreien Angeboten ist allerdings kein Hinweis auf die Maklereigenschaft des Inserenten erforderlich.[99] Sind die sonstigen Angaben zur angebotenen Ware oder Leistung unvollständig oder missver-

---

[88] BGH MMR 2010, 237 Tz. 27 – *Kamerakauf im Internet;* GRUR 2008, 84 – *Versandkosten.*

[89] BGH MMR 2010, 245 Tz. 14 – *Versandkosten bei Froogle,* wobei der BGH dieses Ergebnis vor allem aus § 1 Abs. 6 PAngV ableitet.

[90] OLG Hamm MMR 2010, 763.

[91] Vgl. OLG Celle WRP 2015 364 Tz. 2

[92] VO (EG) Nr. 1008/2008 des Europäischen Parlaments und des Rates vom 24.9.2008 über gemeinsame Vorschriften für die Durchführung von Luftverkehrsdiensten in der Gemeinschaft, ABl. Nr. L 293, S. 3.

[93] Siehe hierzu die Kommentierung zur Preisangabenverordnung, Einleitung Rdn. 9a.

[94] Thüringer OLG MD 2011, 651, 652, 654.

[95] OLG Hamburg WRP 2008, 149, 150 f.

[96] KG BeckRS 2015, 19934.

[97] OLG Dresden MMR 2013, 594,

[98] BGH GRUR 1990, 377 f. – *RDM;* BGH GRUR 1991, 324 f. – *Finanz- und Vermögensberater.*

[99] BGH GRUR 1993, 760 f. – *Provisionsfreies Maklerangebot;* GRUR 1993, 760 f. – *Makler-Privatangebot.*

ständlich, kann dies im Einzelfall auch zu einer Irreführung über den Preis bzw. die Preiswürdigkeit des Angebots führen. Bei einer Werbung mit Preisangaben für sperrige Möbelstücke oder Großgeräte der Unterhaltungselektronik ist daher z. B. zur Vermeidung einer Irreführung in direkter Verbindung mit der Preisangabe der ausdrückliche Hinweis erforderlich, dass es sich um **Abholpreise**[100] und nicht um Lieferpreise handelt,[101] soweit sich dies für das Publikum nach den sonstigen Umständen des Falls, insbesondere dem gesamten Erscheinungsbild der Werbung, im Einzelfall nicht von selbst versteht. Bei **Kopplungsangeboten**[102] ist es irreführend, einen Teil des Gesamtangebots blickfangmäßig als preisgünstig hervorzuheben, soweit die Kopplung mit der Abnahme einer weiteren Ware oder Dienstleistung nicht hinreichend deutlich wird[103] (z. B. blickfangmäßig beworbene Internetflatrate ohne ausreichenden Hinweis auf die Kopplung mit DSL-Telefonanschluss[104] oder Werbung für eine „All Net Flat" für Telefonkosten ohne ausr. Hinweis auf zusätzliche Aktivierungsgebühren.[105] Das gilt insbesondere für die Kopplung mit Mobilfunkverträgen bei anderen Produkten als Mobiltelefonen, weil hier der Verkauf nicht eine solche Kopplung erwartet.[106]

6. Margenpreise („Ab"-Preise) und Eckpreise, Beispielsrechnungen

30 Sogenannte **„ab . . ."**-Preisangaben (Eckpreise) und **„von . . .- bis . . ."**-Preisangaben (Margenpreise), die der sortimentsbezogenen Preisinformation dienen, sind im Grundsatz sowohl für eine Warengattung als auch für Waren unterschiedlicher Beschaffenheit **zulässig,** soweit sie ein **realistisches Bild des Preisniveaus** vermitteln. „Ab"-Preise sind daher nicht per se irreführend,[107] insbesondere muss bei „ab . . ."-Preisen nicht auch ein höherer oder der höchste verlangte Preis für die beworbenen Waren/Leistungen angegeben werden. Allerdings muss die als besonders günstig beworbene Ware/Leistung auch zum „ab . . ."- bzw. „von . . ."-Preis tatsächlich[108] und unter Berücksichtigung der Umstände der Werbung **in angemessenem Umfang** verfügbar sein; der günstigste Preis darf nicht nur für einen unbedeutenden, im Verhältnis zum Gesamtangebot nicht ins Gewicht fallenden Teil der Waren verlangt werden.[109]

31 Grundsätzlich zulässig – und für die Verbraucher bei einer komplexeren Entgeltstruktur häufig informativ – sind auch **Beispielsrechnungen,** soweit sie inhaltlich zutreffend sind und kein unrealistisches Bild vom Preisniveau vermitteln. Soweit sich die Beispielsrechnung erkennbar auf ein ganz bestimmtes Verbrauchsvolumen bezieht, muss in der Beispielsrechnung auch nicht angegeben werden, welche Mehrkosten bei einer Überschreitung dieses Volumens entstehen[110] soweit diese zusätzliche Information im Zusammenhang mit der Preiswerbung in zumutbarer und leicht auffindbarer Form und unter Beachtung der weiteren Kriterien des § 5a UWG geboten wird.[111]

7. Preislisten

32 Ebenfalls grundsätzlich **zulässig** (und nach deutschem Preisangabenrecht[112] z. T. sogar vorgeschrieben, vgl. z. B. § 5 PAngV) ist die Vorlage von oder Bezugnahme auf **Preislisten/Preisverzeichnissen,** wenn sie die tatsächlich geforderten Preise wiedergeben. **Irreführend** ist es, wenn allgemein oder **stets** auf Verlangen **niedrigere Preise** gewährt werden und die Vorlage der Preisliste nur dazu dient, jeweils den Schein eines besonders günstigen Individualangebots hervorzuru-

---

[100] Zum Begriff BGH GRUR 1993, 127 – *Teilzahlungspreis II;* vgl. auch BGH GRUR 2010, 649 ff. – *Preisnachlass für Vorratsware,* zu einem Verstoß gegen § 4 Nr. 4 UWG a. F.

[101] Vgl. OLG Köln WRP 1986, 51 f.; OLG Köln GRUR 1995, 434, 435 f.; OLG Stuttgart WRP 1987, 271 f.; OLG Hamburg WRP 1991, 736, 737 f. und WRP 1998, 225, 227; GA WRP 1990, 65 und WRP 1998, 553.

[102] Solche Kopplungsangebote können nicht nur über den Preis, sondern auch über die Warenlieferbedingungen bzw. die Pflichten des Kunden (siehe dazu unten Rdn. 102) sowie über die Verfügbarkeit irreführen (siehe dazu Abschn. C Rdn. 1).

[103] OLG Koblenz GRUR-RR 2013, 443, 444 – *unbegrenzt surfen;* OLG Köln MD 2010, 738 (LS).

[104] OLG Frankfurt a. M. GRUR-RR 2007, 165, 166 f.; a. A. OLG Hamburg MD 2008, 276, 280.

[105] BGH GRUR 2016, 207 Tz. 15 ff. – All Net Flat.

[106] OLG Düsseldorf GRUR-RR 2014, 347 – *Spielkonsole.*

[107] EuGH WRP 2012, 189, 194 – *Konsumentenombudsmannen/Ving Sverige AB.*

[108] Vgl. OLG Hamburg WRP 2008, 149 ff.

[109] Vgl. BGH GRUR 1966, 382, 384 – *Jubiläum;* GRUR 1983, 257, 258 – *bis zu 40 %;* OLG Schleswig-Holstein WRP 2007, 1127, 1129; OLG Naumburg GRUR-RR 2008, 173, 175 zur Anwaltswerbung mit „ab"-Preisen; Fallbeispiele bei *Völker,* PreisangabenR, § 3 UWG Rdn. 47.

[110] OLG Hamburg MD 2007, 805, 807 ff.

[111] OLG Hamburg MD 2006, 1361, 1365 ff.

[112] Zur – fraglichen – Vereinbarkeit von § 5 PAngV mit Gemeinschaftsrecht siehe die Kommentierung dort.

fen.[113] Dagegen ist es nicht ohne weiteres irreführend, eine Preisliste auch dann gegenüber bestimmten Abnehmern zu verwenden, wenn anderen Kunden z. T. günstigere Preise gewährt werden.[114] Der Verkehr dürfte heute in der bloßen Verwendung einer Preisliste nicht ohne weiteres die Angabe sehen, der Verwender halte sich stets und in jedem Fall an sie. **Irreführend** i. S. v. § 5 UWG wäre aber z. B. die Erstellung und Verwendung einer (letztlich fingierten) „Preisliste" nur für einen Abnehmer oder die ausdrückliche Falschbehauptung, die Preisliste sei stets für alle Kunden verbindlich; in derartigen Fällen wird der Abnehmer in relevanter Weise über das (tatsächliche) Preisniveau des Anbieters und über die Verhandelbarkeit der Preise irregeführt. Auch die Verwendung **mehrerer** Preislisten (z. B. für verschiedene Abnehmergruppen) ist nicht ohne weiteres wettbewerbswidrig, soweit dies nicht in irreführender Weise geschieht, also z. B. der unrichtige Eindruck erweckt wird, nur nach einer Preisliste zu verkaufen.[115] Im Verhältnis zu Endverbrauchern kann dieser Eindruck allerdings leicht entstehen, wenn nicht aus den Umständen klar ist, dass es mehrere Preislisten gibt, während es im Verhältnis zum an Konditionendifferenzierungen gewöhnten Handel im Regelfall zusätzlicher unrichtiger Angaben bedarf, um diese Fehlvorstellung zu erwecken.

8. Preisangaben bei Darlehen, insbesondere Ratenkauf

Neben den Sondervorschriften in **§§ 6–6c PAngV,** die bei Darlehen (und über § 6c PAngV 33
auch bei anderen Finanzierungshilfen) gegenüber Verbrauchern und der Werbung dafür zur Angabe des effektiven Jahreszinses verpflichten, und den Sonderbestimmungen des **BGB** für Verbraucherkredite, ist auch im Kreditsektor das Irreführungsverbot des § 5 UWG für **Darlehen aller Art,** auch in Verbindung mit dem Angebot einer Ware/Leistung, zu beachten.[116] Insbesondere muss das Darlehen auch tatsächlich zu den beworbenen Konditionen gewährt werden. Gegen § 5 UWG verstößt es daher, in einem Darlehensvertrag einen geringeren als den realen effektiven Jahreszins anzugeben oder durch unrichtige Zuordnung eines Zinssatzes den unzutreffenden Eindruck zu erwecken, ein niedriger Zinssatz beziehe sich auf die gesamte Laufzeit des Darlehens.[117] Ferner wurde es als Verstoß gegen das Irreführungsverbot angesehen, in unmittelbarem räumlichem Zusammenhang mit der Werbung für einen „Kreditrahmen" von 2000 Euro für Warenkredite eine auf den ersten Blick günstige monatliche **„Kontoführungsgebühr"** von sieben Euro anzugeben, soweit nicht offenkundig wird, dass dieser Monatsbetrag auch bei Darlehen in weit geringerer Höhe voll anfällt.[118] Irreführend (sei es nach § 5 oder § 5a) ist auch die Werbung für einen **Finanzkauf** auf der Titelseite eines Katalogs ohne Einschränkung, wenn die Möglichkeit des Finanzkaufs erst ab einem bestimmten **Auftragswert** besteht.[119] Ist eine nicht unbeträchtliche **Anzahlung** erforderlich (jedenfalls bei 20–25% des Kaufpreises) muss bei einer Werbung mit einem Warenkredit hierauf hingewiesen werden.[120] Dabei muss jedoch die Bezugsgröße einer entsprechenden Prozentangabe nicht unbedingt genannt werden,[121] soweit nicht ausnahmsweise nach den sonstigen Umständen der Werbung die Gefahr besteht, dass das Publikum von der falschen Bezugsgröße ausgeht. Wird für einen Teilzahlungskauf mit der Behauptung **„keine Zinsen"** geworben, ist dies irreführend, wenn die Finanzierungskosten bei der Kalkulation des Teilzahlungspreises berücksichtigt wurden.[122] Zulässig ist dagegen der wahre Hinweis **„keine Bearbeitungsgebühr"** durch eine Bank im Hinblick auf die Kreditgewährung, auch wenn während der Laufzeit des Darlehens später allgemeine Verwaltungskosten anfallen;[123] dies gilt jedoch nicht, wenn durch die Gestaltung der Anzeige *(„Sofortkredit 0,0% Bearbeitungsgebühr")* der irreführende Eindruck hervorgerufen wird, der Hinweis „0,0%" beziehe sich nicht oder nicht nur auf die Bearbeitungsgebühr, sondern auch auf die Kreditkosten.[124] Nicht ohne weiteres irreführend ist es, wenn der Händler beim Angebot eines Warenkredits nicht

---

[113] Vgl. BGH GRUR 1966, 382, 384 – *Jubiläum;* GRUR 1983, 257, 258 – *bis zu 40 %.*

[114] So im Ergebnis auch GK-*Lindacher* § 5 Rdn. 680; für generelle Unzulässigkeit wegen Irreführung über die Verbindlichkeit der Preisliste offenbar OLG Frankfurt WRP 1988, 680, 683.

[115] Köhler/*Bornkamm,* § 5 Rdn. 7.61.

[116] Vgl. EuGH WRP 2012, 547, 550 Tz. 41 – *Perenicova.*

[117] OLG Köln MD 2000, 226 f.; EuGH WRP 2012, 547, 550 Tz. 41 – *Perenicova.*

[118] OLG Düsseldorf WM 1989, 1597, 1601; a. A. *Steppeler* WuB V H. § 4 PAngV 1.90.

[119] BGH GRUR 1989, 855 f. – *Teilzahlungskauf II;* ebenso LG Leipzig WRP 2014, 1362 Tz. 19 ff. (*„0 % Megafinanzierung",* ohne Hinweis darauf, dass dies erst ab einem Einkaufswert von 500,– Euro gilt).

[120] OLG Hamburg MD 1997, 599; Brandenburgisches OLG MD 1997, 1192; KG MD 1992, 742 ff.; 1994, 745 ff.

[121] Vgl. OLG Frankfurt NJW-RR 1994, 107 zum Leasing.

[122] OLG Düsseldorf WRP 1986, 481 f.

[123] BGH GRUR 1989, 611 f. – *Bearbeitungsgebühr* – m. Anm. *Fischer* WuB V B. § 3 UWG 2.89.

[124] KG MD 1997, 940, 942 f.

ausdrücklich darauf hinweist, dass er den beworbenen Kredit nicht selbst gewährt, sondern lediglich **vermittelt.**[125]

34 Die Angabe eines **Prozentsatzes** in unmittelbarem räumlichem Zusammenhang mit dem Begriff „Kredit" oder ähnlichen Hinweisen wird der flüchtige Leser als Zinsangabe verstehen, bei Werbung gegenüber Verbrauchern in der Regel als **Angabe des effektiven Jahreszinses** i. S. v. §§ 6, 6a PAngV, soweit kein aufklärender Hinweis darauf erfolgt oder nach den Umständen ausnahmsweise offensichtlich ist, dass die Prozentangabe anders zu verstehen ist. Irreführend ist daher beim Warenkredit die blickfangmäßig hervorgehobene Angabe *„Verwöhnkredit ... nur 0,95%"*, wenn dies nicht der Zinssatz, sondern der aus der Höhe des Jahreszinses und der Kreditlaufzeit berechnete Aufschlag auf den Kaufpreis ist, der effektive Jahreszins also deutlich höher liegt.[126] Dementsprechend kann auch die Angabe *„Ratenzuschlag 0,5% PM"* von den Verbrauchern in dem Sinne missverstanden werden, es werde ein günstig erscheinender effektiver Jahreszinssatz von 6% (errechnet aus 12 × 0,5%) verlangt.[127]

35 Irreführend ist auch eine Darstellung, die den angegebenen **Barpreis** als den (tatsächlich höheren) **Teilzahlungspreis** erscheinen lässt,[128] z. B. *„... nur 700 Euro – 24 Raten eff. Jahreszins 12%"*;[129] bei einer derartigen Werbung wird leicht verkannt, dass der Zins eine zusätzliche Belastung ist, die der genannte Betrag noch nicht enthält. Wird mit der Behauptung *„Teilzahlung ohne Aufschlag"* oder in ähnlicher Weise allerdings **wahrheitsgemäß** die **Identität des Barzahlungspreises mit dem Teilzahlungspreis** behauptet, ist dies zulässig. Eine Irreführung liegt bei derartiger Werbung vor, wenn doch Zinsen verlangt werden[130] oder der allgemein verlangte Barzahlungspreis tatsächlich niedriger ist als der angegebene (z. B. durch Gewährung eines Barzahlungsrabatts[131] bzw. wenn jedenfalls Sofortzahlern auf Verlangen regelmäßig ein günstigerer Preis eingeräumt wird).[132]

9. Preisvergleich

36 **a) Allgemein.** Preisvergleiche werden häufig und in einer Vielzahl von Varianten als Werbung für die Preiswürdigkeit des eigenen Angebots eingesetzt. Hauptfallgruppen sind **Eigenpreisvergleiche, Konkurrenzpreisvergleiche** und **Bezugnahmen auf unverbindliche Preisempfehlungen** des Herstellers. Preisvergleiche können der Verbraucherinformation dienen, insbesondere eine bessere Kenntnis der Marktpreise und der Preisentwicklung vermitteln. Auch die Preisangabenverordnung dient letzten Endes primär dem Ziel, die nötige Transparenz für einen Preisvergleich zu schaffen. Preisvergleiche sind **im Grundsatz zulässig,** wenn sie nicht irreführen[133] und bei Erkennbarkeit von Mitbewerbern den Anforderungen des § 6 UWG genügen. In Betracht kommt vor allem eine Irreführung über die Höhe oder Ernsthaftigkeit der Vergleichspreise und damit mittelbar über die Preiswürdigkeit der beworbenen Ware/Leistung. Ist der Preisvergleich mehrdeutig, insbesondere der **Vergleichsmaßstab unklar** (also z. B. nicht auf den ersten Blick erkennbar, ob auf frühere eigene, auf Konkurrenzpreise oder auf eine unverbindliche Preisempfehlung vergleichend Bezug genommen wird), verstößt der Vergleich auch dann gegen § 5, wenn er (zwar immerhin, aber auch nur) in einer Bedeutungsvariante zutrifft.[134] In diesem Sinne **vieldeutig** kann z. B. ein Preisvergleich sein mit dem Begriff **„anstatt"** bzw. „statt"[135] oder **mit durchgestrichenen Preisen**[136] ohne Klarstellung des Vergleichsmaßstabs, wenn es sich bei dem durchgestrichenen Preis nicht um den früheren eigenen Preis handelt; das kommt insbesondere bei Markenwaren vor;[137] mit

---

[125] KG MD 1994, 650, 653 ff.
[126] OLG Karlsruhe WRP 1990, 773 ff.
[127] BGH GRUR 1990, 609, 610 f. – *Monatlicher Ratenzuschlag.*
[128] BGH GRUR 1993, 127 f. – *Teilzahlungspreis II;* KG MD 1994, 358 ff.
[129] OLG Hamm WRP 1978, 309.
[130] Vgl. BGH GRUR 1957, 280 f. – *Kassa-Preis.*
[131] Köhler/*Bornkamm,* § 5 Rdn. 7.41.
[132] Vgl. BGH GRUR 1957, 280 – *Kassa-Preis; GK-Lindacher,* § 4 Rdn. 699.
[133] Z. B. BGH GRUR 2000, 337, 338 – *Preisknaller,* für Eigenpreisvergleich.
[134] Zu unklaren Preisvergleichen siehe z. B. OLG Düsseldorf BeckRS 2010, 25 157.
[135] BGH GRUR 1980, 306 f. – *Preisgegenüberstellung III;* OLG Köln GRUR-RR 2013, 259, 260 – *LASIK-Behandlung;* KG MD 2010, 14; OLG Düsseldorf WRP 1985, 215 ff.; bei Filialeröffnungswerbung OLG Hamm WRP 1980, 570 f.
[136] OLG Hamm GRUR-RR 2013, 261, 262 – *Q-Börse.*
[137] OLG Düsseldorf WRP 1985, 492 ff.; OLG Köln GRUR 1987, 447 f.; OLG Koblenz WRP 1996, 77(LS); OLG Koblenz WRP 2000, 1330 (LS); Saarl. OLG MD 1997, 1264 f.; a. A. OLG Stuttgart WRP 1996, 791, 794 f.; vgl. für sonstige Waren OLG Hamm WRP 1985, 349, 351 f. Vgl. BGH GRUR 2016, 207 Tz. 13 – Durchgestrichener Preis II: Durchgestrichener Preis wird als eigener Preis verstanden, weitere Angaben zum Vergleichsmaßstab sind dann nicht erforderlich. Vgl. auch EuGH GRUR Int. 2015, 1140 Tz. 41: Kein pauscha-

hervorgehobenen Prozentangaben ohne nähere Erläuterung;[138] mit Angaben wie **„regulärer Preis"**; [139] **„Normalpreis"**; [140] **„Listenpreis"**, [141] **„Katalogpreis"**, **„Bruttopreis"**, [142] oder **„Neupreis"**,[143] soweit sich nicht aus den Umständen (insbesondere sonstigen Erläuterungen in der Werbung) die beabsichtigte Bedeutung zweifelsfrei ergibt.[144] In der Regel unzulässig sind statt-Preise, insbesondere im Anwendungsbereich von Gebührenordnungen (z. B. GOÄ) mit individualisierenden Bemessungskriterien, weil es dann zumeist an einem festen Vergleichspreis fehlt.[145]

b) Bezugnahme auf eigene Preise (Eigenpreisvergleich). *aa) Einführung.* Eigenpreisvergleiche bestehen in der vergleichenden Bezugnahme auf eigene (früher, künftig oder gleichzeitig geltende) Preise. Der Eigenpreisvergleich ist **grundsätzlich zulässig,** wenn er nicht irreführend wirkt. Die Werbung kann durch **Nennung des Vergleichspreises** erfolgen. Dabei muss verdeutlicht werden, welcher Preis aktuell gilt; bei Preisherabsetzungen ist hierfür das deutliche **Durchstreichen des alten Preises** ausreichend. Das gilt unabhängig von der Vertriebsform und mithin auch bei Werbung auf Handelsplattformen im Internet;[146] hierfür genügt im Allgemeinen ein Begriff wie *„früher"*. Der Vergleich kann auch durch Angabe der Preisdifferenz als Betrag oder Prozentsatz erfolgen, soweit im Übrigen deutlich wird, dass es sich um einen Eigenpreisvergleich handelt, z. B. durch Verwendung des Begriffs **„reduziert"**.[147] Der Hinweis **„jetzt nur"** wird ebenfalls vom Publikum als Preisvergleich, nämlich als Hinweis auf eine (aktuelle) Preisherabsetzung aufgefasst.[148] 37

Nicht von vornherein unzulässig sind auch **„ab ..."** oder **„von ... bis"** Angaben über prozentuale Preisabschläge für eine Mehrzahl von Waren oder ein Sortiment, soweit hierdurch **kein unrealistischer Eindruck** vermittelt wird; das ist der Fall, wenn alle beworbenen Waren also tatsächlich nach Maßgabe der Werbung vergünstigt angeboten werden, der Spitzensatz bei einem nennenswerten Teil der Waren erreicht wird und bei den übrigen Waren im Durchschnitt nicht erheblich darunter liegt.[149] Zusätze wie „ab" oder „bis zu" dürfen jedoch nicht so klein gedruckt sein, dass sie übersehen werden.[150] Die Behauptung einer Preisreduktion kann sich auch aus der **Gestaltung und Anbringung der Preisschilder** ergeben.[151] 38

Selbstverständlich muss auch das jeweilige Vergleichsobjekt klar sein. So ist die pauschale Blickfangwerbung eines Optikers mit **„über 50 %"** irreführend, wenn sie sich lediglich auf Kunststoff-Sonnengläser, nicht aber auf die abgebildete komplette Brille mit Gestell bezieht.[152] Ebenfalls irreführend war die pauschale Aussage *„30 % auf alle Gleitsichtbrillen ab 150 Euro"*, weil der Rabatt nur auf den Einsatz von Gleitsichtgläsern in die Fassung bestimmter Marken gewährt werden sollte.[153] 38a

Zulässig ist auch ein **allgemein gehaltener Hinweis** (z. B. **„jetzt nur noch ..."**) **ohne konkrete Vergleichsgröße,** soweit tatsächlich unlängst eine nennenswerte Preissenkung erfolgte. Bei pauschalen Ankündigungen müssen die Preissenkungen allerdings der hierdurch geweckten Verkehrserwartung genügen: Bei **„radikal gesenkten Preisen"** erwartet das Publikum z. B. mehr als eine Preissenkung um 20 %.[154] Bei einer Pauschalwerbung für Preissenkungen mit **„ca. ..."** liegt 39

---

les Verbot von Werbung mit Preisreduzierungen, die den Referenzpreis nicht ausweisen, sondern Beurteilung im Einzelfall.

[138] Vgl. KG MD 1994, 924, 927 ff.; großzügig OLG Köln MMR 2000, 429 ff.

[139] BGH GRUR 1970, 609 ff. – *regulärer Preis.*

[140] Vgl. OLG Koblenz WRP 1979, 747, 749 f.

[141] LG Kiel WRP 2012, 236 Tz. 8.

[142] Vgl. BGHZ 42, 134, 135 – *20 % unter dem empfohlenen Richtpreis;* BGH GRUR 1981, 654 – *Testpreiswerbung.*

[143] OLG Stuttgart WRP 1997, 873, 876 f.

[144] Zur Angabe des Vergleichspreises bei Eröffnungsangeboten und Einführungspreisen siehe vorstehend Rdn. 11.

[145] OLG Köln GRUR-RR 2013, 259, 260 – *LASIK-Behandlung.*

[146] BGH GRUR 2016, 521 Tz. 13 – Durchgestrichener Preis II.

[147] Vgl. OLG Frankfurt WRP 1982, 422 f.

[148] BGH GRUR 2000, 337 – *Preisknaller.*

[149] H. M., z. B. BGH GRUR 1966, 382, 384 f. – *Jubiläum;* GRUR 1990, 282 – *REVUE-Carat;* OLG Karlsruhe WRP 1988, 122, 124; OLG Frankfurt NJW-RR 1990, 1068, 1069; OLG Hamm MMR 2008, 476 f.; vgl. auch OLG München MD 2001, 194, 197; relativ großzügig OLG Stuttgart NJWE-WettbR 1996, 20, 21 und WRP 1996, 469 ff.; zu „Einführungsrabatten" mit „bis zu"-Werbung OLG Köln GRUR-RR 2008, 250 vgl. auch GK-*Lindacher,* § 5 Rdn. 671.

[150] KG MD 1994, 26 ff.

[151] Vgl. OLG Frankfurt MD 1996, 296.

[152] KG MD 1994, 924, 927 ff.

[153] OLG Stuttgart WRP 2010, 302 (LS).

[154] Vgl. BGH GRUR 1979, 781, 782 – *radikal gesenkte Preise, zu Polstermöbeln.*

mangels Bestimmtheit regelmäßig eine Irreführungsgefahr nahe, soweit nicht alle beworbenen Waren eine (prozentuale oder absolute) Preissenkung erfahren haben, die dem angegebenen Wert zumindest nahe kommt. Die Ankündigung **„20% auf alles"** bei gleichzeitigem Hinweis, dass von dieser Preisreduzierung *„in Anzeigen und Prospekten beworbene Waren"* sowie *„Werbeware"* ausgenommen sein sollen, ist unzulässig, weil zu unbestimmt.[155] Erst recht ist es verboten, mit der Ankündigung *„X% auf alles"* oder *„X% auf alle ABC Waren"* zu werben, wenn nicht alle angekündigten Waren oder Warengruppen von der Preissenkung betroffen sind und das aus der Werbung nicht deutlich wird.

40 *bb) Vergleich mit früherem Preis (Werbung mit Preissenkung).* Die Werbung mit Preissenkungen wird im Zusammenhang mit der Sonderregelung in § 5 Abs. 4 behandelt (vgl. unten Abschn. L.).

41 *cc) Werbung mit späterem höherem Preis.* Diese Variante kommt insbesondere bei **Einführungsangeboten** und **Eröffnungswerbung** vor (siehe oben Rdn. 11). Der Verkehr erwartet hier einen vorübergehend besonders günstigen Preis. Ein Preisvergleich muss hier nicht zwingend erfolgen. Wird allerdings ein Vergleichspreis genannt, so muss der angegebene höhere Preis später tatsächlich ernsthaft verlangt werden. Die Werbung mit einem bestimmen Einführungsangebot (z.B. *„50% Preisvorteil"*) setzt zudem voraus, dass der Werbende die spätere Preisgestaltung auch verbindlich beeinflussen kann; das ist im Verhältnis zwischen Hersteller und Handel nicht ohne weiteres der Fall; Vorgaben in Form unverbindlicher Preisempfehlungen genügen dafür ohne weitere Angaben nicht.[156] Zudem ist bei einem Vergleich zwischen dem aktuell günstigen Einführungspreis und dem späteren höheren (in der Werbung durchgestrichenen) Normalpreis eine Angabe erforderlich, ab wann der Normalpreis gefordert werden wird.[157] Davon zu unterscheiden ist die Frage, ob der Einführungspreis als solcher zeitlich begrenzt werden muss. Das ist, solange kein Vergleich mit anderen Preisen erfolgt, grundsätzlich nicht der Fall.[158]

42 *dd) Vergleich simultan geltender eigener Preise.* Diese Werbung kommt vor allem beim **Preisvergleich günstigerer Groß- und Mehrfachpackungen** im Verhältnis zu teureren Klein- und Einzelpackungen vor, aber auch bei Gegenüberstellung von Einzelpreisen und Gesamtpreisen einer gekoppelt als **„Set"** angebotenen Warenkombination.[159] Er ist im Grundsatz ebenfalls zulässig, wenn es sich um selbstständig und ernsthaft angebotene Verkaufseinheiten handelt.[160] Der Vergleich kann z.B. durch Gegenüberstellung der Preise unter vergleichender Angabe der jeweiligen Füllmenge, Stückzahl oder sonstigen üblichen Verkaufs- oder Leistungseinheit oder durch Angabe der Ersparnis (als Betrag oder Prozentsatz) beim Erwerb der größeren im Vergleich zum Kauf der entsprechenden Anzahl kleinerer Einheiten angegeben werden. Bei Mehrfachpackungen ist auch der Vergleich des rechnerischen Preises für die Einzelpackung im Mehrfachgebinde mit dem tatsächlichen Preis für den Einzelartikel oder die Angabe des (hypothetischen) Gesamtpreises für die Mehrfachpackung beim Erwerb als Einzelpackungen nach § 5 grundsätzlich zulässig, sofern wahr.[161] Keine echte Preisspaltungswerbung liegt vor, wenn die neben einem „Setpreis" angegebenen Einzelpreise der zu einem „Set" zusammengefassten Waren als frühere Preise verstanden werden, weil angesichts des günstigen Setpreises niemand mehr die Einzelpreise zahlen wird; in diesem Fall müssen nach den Grundsätzen zur Preissenkungswerbung die Einzelpreise vorher ernsthaft gefordert worden sein.[162]

42a Entsprechendes gilt bei der Werbung mit **Mengennachlässen** sowie bei der Werbung mit **Treuerabatten.**

42b Ebenfalls grundsätzlich zulässig ist ein Preisvergleich durch Gegenüberstellung der Preise, die ein Händler für unter seiner eigenen **Hausmarke** vertriebene Produkte verlangt, mit denen, die er für entsprechende bekannte Markenartikel fordert.[163]

43 Unter Irreführungsgesichtspunkten grundsätzlich nicht zu beanstanden ist auch die Werbung mit einem günstigeren Preis für eine **Kombination von Waren/Leistungen** im Vergleich zu den höheren Preisen (bzw. deren Summe) für die auch einzeln angebotenen Waren und Leistungen

---

[155] OLG Karlsruhe WRP 2008, 271, 273, zu § 4 Nr. 4 UWG a.F. Vgl. auch LG Leipzig WRP 2014, 1362 – *„jetzt 35 % auf alle Möbel"*

[156] OLG Köln NJOZ 2010, 548 (LS).

[157] BGH GRUR 2010, 1151 Tz. 22 – *Original Kanchipur;* GRUR 1985, 929f. – *Späterer Preis.*

[158] BGH GRUR 2010, 1151 Tz. 21 – *Original Kanchipur.*

[159] Vgl. BGH GRUR 1996, 796ff. – *Setpreis;* vgl. zur umgekehrten Situation der Werbung mit einem durchgestrichenen früher gültigen Preis: OLG Hamm GRUR-RR 2013, 261 – *Q-Börse.*

[160] BGH GRUR 1985, 392f. – *Sparpackung.*

[161] GK-*Lindacher,* § 5 Rdn. 747, 681.

[162] BGH GRUR 1996, 796ff. – *Setpreis.*

[163] BGH GRUR 2007, 896, 898f. – *Eigenpreisvergleich.*

(z. B. Computer mit Drucker zusammen günstiger als einzeln), soweit die Einzelpreise ernsthaft gefordert werden und die Werbung nicht sonst Fehlvorstellungen weckt, also etwa den irrigen Eindruck hervorruft, der höhere Preis sei früher für die Kombination verlangt worden.[164] Die Ernsthaftigkeit der Einzelpreise kann insbesondere bei einer ungewöhnlich hohen Differenz zwischen deren Summe und dem Gesamtpreis zweifelhaft sein; ein weiteres Indiz gegen die Ernsthaftigkeit der Einzelpreise kann darin liegen, dass nur ein sehr geringer Teil der Kunden (z. B. 4%) sich für die Einzelangebote entscheidet.[165]

Ferner kommt ein Vergleich verschiedener vom Anbieter simultan für dasselbe Angebot ange- 44
kündigter Preise bei **Preisdifferenzierung nach Abnehmergruppen** in Betracht (z. B. bei Sonderpreisen wegen der Zugehörigkeit zu bestimmten Alters- oder anderen Abnehmergruppen, Berufen, Vereinen oder Gesellschaften usw.).

In Betracht kommt schließlich auch ein – ebenfalls grundsätzlich zulässiger – Vergleich simultan 45
angekündigter Preise mit Preisdifferenzierung nach dem **Zeitpunkt der Inanspruchnahme des Angebots** (z. B. Werbung mit günstigem Eintrittspreisen für erfahrungsgemäß besucherschwächere Wochentage durch Kinobesitzer, Museen usw. oder mit saisonal unterschiedlichen Preisen durch Reiseveranstalter; zeitlich beschränkte Subskriptionspreise im Verlagswesen).

c) Bezugnahme auf Konkurrenzpreise. Preisvergleiche unter konkreter Bezugnahme auf 46
Konkurrenzpreise, bei denen die Mitbewerber **erkennbar** gemacht werden, sind unter den Voraussetzungen des § 6 UWG als vergleichende Werbung **grundsätzlich zulässig.** Bereits zuvor waren Preisvergleiche durch abstrakte Bezugnahme auf Konkurrenzpreise ohne konkrete Benennung oder sonstige individuelle Kenntlichmachung bestimmter Mitbewerber wettbewerbsrechtlich nicht von vornherein unzulässig. Voraussetzung der Zulässigkeit ist aber in beiden Fällen, dass der Inhalt des Preisvergleichs den Maßstäben des Irreführungsverbots in § 5 UWG genügt. Für den Bereich des Preisvergleichs als vergleichende Werbung im Sinne von § 6 UWG ist dies durch Abs. 3 ausdrücklich klargestellt. In allen Fällen muss der Vergleich zwischen eigenen Preisen und Konkurrenzpreisen also inhaltlich zutreffend sein. Dies ist nicht der Fall, wenn die werblich erwähnten **Konkurrenzpreise falsch** sind.[166] Dabei trifft die Beweislast dafür, dass ein im Bereich standardisierter Dienstleistungen (wie z. B. Factoring ärztlicher Honorarforderungen) verlangter Preis nicht der regelmäßig von ihm verlangte Preis ist, denjenigen, der sich gegen einen Vergleich mit diesem Preis wendet.[167] Auch ist es unzulässig, wenn falsche Vorstellungen hinsichtlich der eigenen oder der fremden Preisgestaltung hervorgerufen werden, z. B. dadurch, dass sich die für den Preis maßgeblichen Konditionen der Wettbewerber nicht nur unwesentlich unterscheiden und der Werbende auf diese Unterschiede nicht deutlich und unmissverständlich hinweist.[168] So ist z. B. ein Preisvergleich von Telekommunikationsdienstleistungen zur Irreführung geeignet, wenn nicht offengelegt wird, dass der beworbene eigene Tarif für einen Vertrag mit einer doppelt so langen **Mindestlaufzeit** gilt.[169] Ein Preisvergleich zwischen Energieunternehmen kann irreführend sein, wenn der zum Vergleich herangezogene Tarif für die Abnahme in der konkret genannten Menge **keine wirtschaftlich vernünftige Alternative** darstellt, indem z. B. auf einen teureren Grundtarif abgestellt wird anstelle eines Sondertarifs, der von ca. 97% der Kunden in Anspruch genommen wird.[170] Ein **Vergleich von Stückpreisen** kann irreführend sein, wenn sich die angegebenen Vergleichspreise auf unterschiedliche Verpackungseinheiten bzw. Abnahmemengen beziehen und auch der Wettbewerber ähnlich große Verpackungseinheiten anbietet.[171]

Irreführend ist auch ein **unvollständiger** Preisvergleich, der z. B. die eigenen niedrigeren **An-** 47
schaffungskosten betont, ohne auf die höheren **Betriebskosten** hinzuweisen,[172] ebenso die Aufforderung an Verbraucher, selbst mit Hilfe eines „Kostenermittlungsblatts" einen Preisvergleich vorzunehmen, wenn das Formular nicht alle Kostenfaktoren berücksichtigt.[173]

---

164 Vgl. BGH GRUR 1984, 212, 213 f. – *„unechter" Einzelpreis;* BGH WRP 1989, 304 f. – *Komplettpreis;* OLG Bremen NJW-RR 1994, 734 f.

165 BGH a. a. O. – *„unechter" Einzelpreis.*

166 OLG Hamburg GRUR-RR 2002, 39.

167 BGH GRUR 2013, 1058 – *Kostenvergleich bei Honorarfactoring.*

168 BGH GRUR 2010, 658 Tz. 16 – *Paketpreisvergleich.*

169 OLG Köln GRUR-RR 2010, 347 – *Mindestvertragslaufzeit.* Wobei offen bleiben kann, ob sich die Irreführung aus § 5 oder § 5a ergibt.

170 OLG Frankfurt a. M. VuR 2010, 32. Irreführung hingegen verneint, wenn zumindest 40 % aller Kunden den verglichenen Tarif nutzen, OLG Frankfurt a. M., BeckRS 2011, 01643.

171 OLG Karlsruhe WRP 2013 13, 1386 Tz. 21.

172 Vgl. BGH GRUR 1967, 596, 598 f. – *Kuppelmuffenverbindung,* zu § 1 UWG a. F.

173 Vgl. OLG München NJW-RR 1990, 107.

48 Klassisches Mittel des Preisvergleichs mit Mitbewerbern ist der Hinweis auf die Möglichkeit einer **„Ersparnis"** durch Wahrnehmung des beworbenen Angebots. Soweit der Anbieter nicht klarstellt, dass mit solchen **„Spar"-Hinweisen** etwas anderes gemeint ist (z. B. eine Bezugnahme auf die unverbindliche Preisempfehlung des Herstellers), wird sie ein relevanter Teil des Publikums auch auf die Mitbewerberpreise beziehen.[174] Eine inhaltlich zutreffende Werbung des Inhalts, man könne gegenüber Konkurrenzangeboten eine bestimmte – als Prozentsatz oder Betrag – ausgedrückte Summe sparen, verstößt nicht gegen § 5 UWG; dies stellte der BGH im Hinblick auf die Werbung einer Buchgemeinschaft für deren Sonderausgaben mit einem **prozentualen Preisvergleich** zu im Buchhandel erhältlichen Originalausgaben klar.[175] Allerdings betrifft die Entscheidung den durch die vertikale Preisbindung für Verlagserzeugnisse[176] bedingten Sonderfall dauerhaft einheitlicher Preise bei allen anderen Anbietern. Eine prozentuale Preisersparniswerbung für mehrere verschiedene Waren bzw. das Gesamtsortiment hielt der BGH in diesem Sonderfall jedenfalls für zulässig, wenn 15% des beworbenen Sortiments den Spitzensatz erreichen und der Durchschnitt nicht viel darunter liegt. Für den Normalfall nicht preisgebundener Konsumgüter entschied der EuGH, eine vergleichende Preiswerbung könne sich im Grundsatz auch auf von zwei konkurrierenden **Supermarktketten** verkaufte **Sortimente** in ihrer Gesamtheit (also nicht nur auf Einzelwaren) beziehen, soweit diese Sortimente jeweils aus einzelnen Produkten bestehen, die paarweise betrachtet (i. S. v. § 6 Abs. 2 Nr. 1 UWG) vergleichbar sind. Ein solcher Vergleich kann sich laut EuGH auch auf das allgemeine Preisniveau beziehen, ebenso auf die Höhe der Ersparnis, die ein Verbraucher erzielen kann, sofern die betreffenden Waren tatsächlich zu dem Sortiment vergleichbarer Waren gehören, auf deren Grundlage das allgemeine Preisniveau ermittelt wurde. Dabei müssen die verglichenen Produkte und Preise in der Werbung nicht alle ausdrücklich und umfassend genannt werden, soweit der Werbende angibt, wo und wie diese Daten in Erfahrung gebracht werden können, um die Richtigkeit des Preisvergleichs zu überprüfen (hierfür dürfte ein Verweis auf entsprechende Detailinformationen auf der Website des Werbenden ausreichen). Der Vergleich muss allerdings gegebenenfalls deutlich machen, dass er sich nur auf eine Produktauswahl und nicht auf alle Produkte des Werbenden bezieht. Unzulässig wäre nach dieser Entscheidung des EuGH auch ein umfassender Hinweis auf eine Ersparnisspanne, wenn nicht das allgemeine Niveau der Preise genannt wird, welche die in den Vergleich einbezogenen Mitbewerber jeweils anwenden, und die Höhe der Ersparnis, die durch das Einkaufen beim Werbenden erzielt werden kann, nicht individualisiert wird.[177] Bei allgemein gehaltenen **Sparhinweisen ohne prozentuale Angabe** hängt die Zulässigkeit unter Irreführungsgesichtspunkten von den Umständen des Einzelfalls ab: Zulässig z. B. **„Sparvorwahl"** für die Netzvorwahl eines Anbieters, dem der Durchschnittsverbraucher entnimmt, dass es sich um einen im Verhältnis zum allgemeinen Preisniveau niedrigen Preis (wenn auch nicht unbedingt stets und in jeder Hinsicht um den niedrigsten) handelt.[178]

49 Irreführend, weil unklar und vieldeutig, sind vergleichende Angaben von im Rahmen von Warentests ermittelten und veröffentlichten **„Testpreisen"** (also Durchschnittspreisen) mit Zusätzen wie *„Preis ca."*, *„Test Preis ca."*, *„Preis lt. Test"*.[179]

50 Ein Konkurrenzpreisvergleich kann auch durch Verwendung des Komparativs erfolgen, insbesondere durch den Begriff **„billiger"**. Auch dies ist unter Irreführungsgesichtspunkten nicht zu beanstanden, wenn der Hinweis nach Lage des Falls zutrifft. Gerade bei Pauschalhinweisen dieser Art (insbesondere Slogans), die sich generell auf das eigene Angebot bzw. Leistungsspektrum beziehen, besteht jedoch häufig das Risiko für den Werbenden, dass die behauptete preisliche Vorzugsstellung gegenüber den Mitbewerbern doch nicht **in allen relevanten Fällen** besteht.[180]

50a Ein Vergleich der Preise verschiedener konkurrierender Angebote kann insbesondere auch über ein **Preisvergleichsportal** oder **Preissuchmaschinen im Internet** erfolgen. Sofern die dabei verwendeten Daten vom jeweiligen Versandhändler selbst übermittelt werden, kann hierin bei unzutreffenden oder unvollständigen Angaben eine irreführende Werbung liegen.[181] Denn der durchschnittliche Nutzer solcher Portale erwartet hier **höchstmögliche Aktualität.** Er wird deshalb

---

[174] BGHZ 49, 325,327 – *40 % können Sie sparen.*

[175] BGH GRUR 1983, 257 f. – *bis zu 40 %.*

[176] Vgl. BuchpreisbindungsG v. 2.9.2002 (BGBl. I S. 3348).

[177] EuGH GRUR 2007, 69 ff. – *Lidl Belgium/Colyruyt.*

[178] BGH GRUR 2003, 361, 362 f. – *Sparvorwahl;* vgl. auch OLG Düsseldorf MMR 2003, 118 f.

[179] BGH GRUR 1981, 654 f. – *Testpreiswerbung;* zu Anforderungen an die Durchführung von Preistests vgl. BGH GRUR 1986, 330, 331 f. – *Warentest III.*

[180] Vgl. OLG Köln WRP 1999, 222, 223 zu „Einfach billiger Telefonieren" und OLG Zweibrücken GRUR 1998, 737 f. zu „. . . ist billiger".

[181] BGH GRUR 2010, 936 Tz. 9 – *Espressomaschine.*

bereits irregeführt, wenn der tatsächlich verlangte Preis auch nur für einige Stunden über dem im Preisvergleichsportal angegebenen Preis liegt.[182]

d) Bezugnahme auf empfohlene Preise. Das frühere grundsätzliche Verbot von Preisempfehlungen im deutschen Kartellrecht (§§ 22f. GWB) ist durch die 7. GWB-Novelle 2005 entfallen. Damit sind heute **unverbindliche Preisempfehlungen** (sei es der Hersteller, sei es zwischen anderen Handelsstufen) grundsätzlich zulässig. Dies gilt im Prinzip auch nach europäischem Kartellrecht: Die Verordnung (EU) 330/2010 der Kommission vom 20.4.2010 über die Anwendung von Artikel 101 Abs. 3 des Vertrages über die Arbeitsweise der Europäischen Union auf Gruppen von vertikalen Vereinbarungen und aufeinander abgestimmten Verhaltensweisen[183] gestattet im Grundsatz bei vertikalen Vereinbarungen Lieferanten, deren Marktanteil im Sinne der GVO 30% nicht überschreitet, Preisempfehlungen auszusprechen (und sogar Höchstverkaufspreise festzusetzen), sofern sich diese nicht in Folge der Ausübung von Druck oder der Gewährung von Anreizen durch eine der Vertragsparteien tatsächlich wie Fest- oder Mindestverkaufspreise auswirken (Artikel 4 lit. a) GVO 330/2010). 51

Wettbewerbsrechtlich geht es im Regelfall um die werbliche Bezugnahme des Handels auf unverbindliche Preisempfehlungen der Hersteller bzw. Lieferanten. Die Bezugnahme kann in der Weise erfolgen, dass der Händler den empfohlenen Preis ohne Hinweis auf einen eigenen abweichenden Preis nennt; in diesem Fall wird die Bezugnahme regelmäßig so verstanden, dass der Händler sich die Preisempfehlung als seinen Preis **zueigen** macht.[184] Dann muss der angegebene empfohlene Preis zur Vermeidung einer Irreführung mit dem vom Händler tatsächlich verlangten Gesamtpreis übereinstimmen. Die Umstände des Einzelfalls entscheiden; nimmt z. B. ein Kfz-Händler gegenüber Interessenten auf Herstellerpreislisten für die Zusammenstellung verschiedener Ausstattungen Bezug, um eine allgemeine Preisvorstellung zu vermitteln, entnimmt der Verkehr dem nicht ohne weiteres, dass der Händler sich die in diesen Listen enthaltenen unverbindlichen Preisempfehlungen generell als seine eigenen Normalpreise zu eigen gemacht hat;[185] anders, wenn der Händler auf der Grundlage der Liste ein bestimmtes konkretes Angebot für den Kunden kalkuliert. 52

In der Mehrzahl der Fälle erfolgt die Nennung der Preisempfehlung jedoch im Rahmen eines **Preisvergleichs mit dem Händlerpreis.** Die zulässige werbliche Bezugnahme des Handels auf solche unverbindliche Preisempfehlungen zur Herausstreichung des eigenen günstigeren Preises setzt unter Irreführungsgesichtspunkten die Klarstellung voraus, dass es sich bei der Herstellerempfehlung um eine **unverbindliche Preisempfehlung** handelt – wobei das Wort „unverbindlich" nicht zwingend verwendet werden muss -, ferner, dass diese auf der Grundlage einer ernsthaften Kalkulation als angemessener Verbraucherpreis ermittelt worden ist und der vom Hersteller empfohlene Preis im Zeitpunkt der Bezugnahme als Verbraucherpreis ernsthaft in Betracht kommt.[186] Neben der primär angestrebten Preisinformation kann an einer solchen Bezugnahme auch deshalb ein Interesse der Verbraucher und des Handels bestehen, weil dadurch klargestellt wird, dass die vom Händler angebotene Ware mit derjenigen identisch ist, für die der Hersteller bzw. Lieferant die unverbindliche Preisempfehlung ausgesprochen hat.[187] 53

Selbstverständlich muss der unverbindlich empfohlene Preis des Herstellers bzw. Lieferanten **inhaltlich richtig wiedergegeben** werden. Wird ein zu hoher Betrag als unverbindliche Preisempfehlung genannt, verstößt dies selbst dann gegen § 5 UWG, wenn zudem (inhaltlich richtig) die Preisdifferenz zum Händlerpreis angegeben wird.[188] Irreführend ist es selbstverständlich auch, wenn auf eine nicht existente Preisempfehlung Bezug genommen wird.[189] Im Internethandel kann es zudem vorkommen, dass ein Händler sich die falschen Angaben zur UVP durch einen Dritten zurechnen lassen muss, wenn beispielsweise ein Händler auf einem **Internet-Marktplatz** sich an die bereits vorhandene Warenbeschreibung eines Dritten für das identische Produkt anhängen muss.[190] 53a

---

[182] BGH GRUR 2010, 936 Tz. 10f. – *Espressomaschine.*

[183] ABl. L 102, S. 1ff.

[184] Vgl. BGH GRUR 1989, 606, 608 – *Unverb. Preisempfehlung.*

[185] Vgl. BGH GRUR 1985, 983, 984f. – *Kraftfahrzeug-Rabatt.*

[186] BGHZ 42, 134ff. – *20 % unter dem empfohlenen Richtpreis;* BGHZ 45, 115ff. – *Richtpreiswerbung I;* BGH GRUR 1980, 108f. – *... unter empf. Preis;* GRUR 1981, 137ff. – *Tapetenpreisempfehlung;* GRUR 1983, 661, 663 – *Sie sparen 4000.– DM;* GRUR 1987, 367, 371 – *Einrichtungs-Pass;* BGH GRUR 2000, 436, 437 – *Ehemalige Herstellerpreisempfehlung;* BGH GRUR 2003, 446 – *Preisempfehlung für Sondermodelle;* BGH GRUR 2004, 246f. – *Mondpreise?.*

[187] BGHZ 42, 134, 143.

[188] BGH GRUR 2001, 78f. – *Falsche Herstellerpreisempfehlung.*

[189] OLG Frankfurt MDR 2000, 100, 101.

[190] OLG Köln WRP 2015, 983 Tz. 25.

54 Wird die Bezugnahme auf die unverbindliche Preisempfehlung so formuliert, dass sie gleichzeitig als **Aussage über die von der Konkurrenz** konkret **verlangten Preise** wirkt, muss die Angabe auch in dieser Hinsicht wahr sein. Zumindest die überwiegende Mehrzahl muss sich an die Preisempfehlung halten.[191] Die Bezugnahme kann z. B. durch die **konkrete Nennung des empfohlenen Preises** der betreffenden Ware, aber auch durch die (inhaltlich zutreffende) Angabe des **absoluten Betrags oder Prozentsatzes, um den dieser unterschritten wird,** erfolgen; es muss aber stets hinreichend deutlich werden, dass die unverbindliche Preisempfehlung des Herstellers bzw. Lieferanten (und nicht etwa z. B. der früher verlangte Preis) Bezugsgröße ist.[192]

55 Werden **mehrere Waren** unter den jeweils von den Herstellern empfohlenen Preisen beworben, ist auch eine **zusammenfassende** prozentuale Angabe der Unterschreitung empfohlener Preise ohne Nennung von Marken, Herstellern und Preisen/Preisempfehlungen jedenfalls dann nicht ohne weiteres irreführend, wenn für alle beworbenen Waren **derselbe Prozentsatz** gilt[193] und die Werbung sich z. B. auf alle Waren des Sortiments oder alle Waren einer bestimmten Marke bezieht[194] oder für den Verbraucher nach den Umständen aus der Werbung klar ersichtlich ist, für welche Waren bzw. Teile des Sortiments die Werbung gilt, z. B. durch Benennung der Warengattung. Ist letzteres nicht der Fall, müssen zur Vermeidung einer Irreführung die Waren in der Werbung konkret benannt oder zumindest im Geschäftslokal gekennzeichnet werden, bei denen die unverbindliche Preisempfehlung in der pauschal beworbenen Weise unterschritten werden.

56 Bezieht sich die Pauschalwerbung zudem auf Waren mit unterschiedlicher prozentualer Unterschreitung der Preisempfehlung, z. B. durch Prozentangaben mit **„von … bis"** oder **„bis zu"**,[195] muss bei den betreffenden Waren in der Werbung oder im Geschäft zusätzlich der konkrete Prozentsatz bzw. die konkrete Preisempfehlung angegeben werden; weiter muss für einen nennenswerten Teil der Waren (die auch in ausreichender Menge vorhanden sein müssen) tatsächlich der prozentuale Höchstsatz gelten. Werden in einer solchen Werbung bestimmte Waren abgebildet bzw. benannt, muss für diese Waren der konkrete Prozentsatz angegeben werden.

57 Es muss auch **nicht unbedingt der im deutschen Kartellrecht früher vorgesehene Terminus „unverbindliche Preisempfehlung"** verwendet werden, soweit die hiervon abweichende Formulierung vom Publikum in gleicher Weise verstanden wird (z. B. *„Alle Dessins werden 35 % unter den Preisempfehlungen namhafter deutscher Hersteller verkauft"*);[196] **zulässig** daher auch **„unverbindlich empfohlener Preis"**, ebenso *„empfohlener Verkaufspreis des Herstellers"* (ohne „unverbindlich")- der Begriff des Empfehlens weist im Regelfall bereits auf die Unverbindlichkeit hin.[197] Auch der Hinweis **„empfohlener Verkaufspreis"** ohne Klarstellung, dass es sich um eine Empfehlung des Herstellers handelt, ist nicht irreführend: Dem Verkehr ist bekannt, dass Preisempfehlungen üblicherweise vom Hersteller stammen.[198]

58 **Abkürzungen** müssen **ohne weiteres verständlich** sein und dürfen nicht zu Missverständnissen führen. Zulässig ist z. B. die Abkürzung ***„UVP"***, da dem Verkehr im Zusammenhang mit Preisgegenüberstellungen geläufig.[199] Nicht zulässig ist demgegenüber die Werbung mit „AVP" als Abkürzung für einen „unverbindlichen Apotheken-Verkaufspreis nach Lauer-Taxe"[200] weil dies den Eindruck einer unverbindlichen Preisempfehlung des Herstellers schafft oder der Abkürzung „ehem. NP" für ehemaligen Neupreis,[201] wenn die Abkürzungen nicht hinreichend erläutert werden.

59 Befindet sich die unverbindliche Preisempfehlung des Herstellers **nicht im Einklang mit VO 330/2010** oder anderen Bestimmungen des Kartellrechts, bedeutet dies nicht ohne weiteres, dass die Händlerwerbung gegen § 5 UWG verstößt; es bleibt stets zu prüfen, ob bei den angesprochenen Verkehrskreisen durch die Händlerwerbung eine relevante Fehlvorstellung hervorgerufen wird. Umgekehrt ist eine Irreführung durch die Bezugnahme auf eine unverbindliche Preisempfehlung nicht dadurch ausgeschlossen, dass sie vom Hersteller bzw. Lieferanten im Einklang mit den Be-

---

[191] Vgl. BGHZ 49, 325 ff. – *40 % können Sie sparen.*
[192] Vgl. BGH GRUR 1983, 661, 663 – *Sie sparen 4000.– DM.*
[193] Vgl. BGH GRUR 1981, 137 ff. – *Tapetenpreisempfehlung.*
[194] Vgl. OLG Stuttgart NJW-RR 1991, 1451, 1452; GRUR-RR 2001, 254, 255 f.
[195] Vgl. OLG Hamm WuW/E OLG 1859, 1860; OLG Frankfurt GRUR 1968, 320 f.
[196] Vgl. BGH a. a. O. – *Tapetenpreisempfehlung;* a. A. OLG Frankfurt WRP 1978, 64 f.; OLG Stuttgart WRP 1982, 169 f.
[197] BGH GRUR 2007, 603, 604 f. – *UVP.*
[198] BGH a. a. O. – *UVP.*
[199] BGH GRUR 2007, 603, 605 – *UVP.*
[200] OLG Frankfurt a. M. GRUR-RR 2014, 268 f. – *Apotheken-Verkaufspreis;* ähnlich KG WRP 2014, 323.
[201] LG Osnabrück WRP 2012, 1306 Tz. 10

stimmungen des Kartellrechts ausgesprochen wurde, wenn sie zum Zeitpunkt der Händlerwerbung (etwa wegen eines kurzfristigen Preisverfalls) nicht mehr den Marktverhältnissen entspricht.

Hat der Hersteller bzw. Lieferant **keine unverbindliche Preisempfehlung abgegeben,** sie **geändert** oder **zurückgenommen,** ist die Werbung mit der früheren bzw. fiktiven Preisempfehlung, die den Eindruck einer aktuellen gültigen Empfehlung erweckt, irreführend,[202] und zwar selbst dann, wenn sie dem aktuellen Preisniveau entspricht.[203] Nicht ohne weiteres irreführend ist dagegen der inhaltlich zutreffende Hinweis auf eine **„ehemalige unverbindliche Preisempfehlung".**[204] Auch eine frühere Preisempfehlung kann durchaus noch als eine sachgerechte Orientierungshilfe für die Preisüberlegung von Verbrauchern dienen, namentlich beim Erwerb eines Auslaufmodells; ebenso wie die Angabe des eigenen früheren Preises kann hier auch der Hinweis auf die ehemalige unverbindliche Preisempfehlung des Herstellers bzw. Lieferanten einen gewissen Anhalt bieten, um das Ausmaß der beim Erwerb des Auslaufmodells zu erwartenden Preisherabsetzung einzuschätzen.[205] Aber auch in solchen Fällen verstößt die Bezugnahme auf eine frühere Preisempfehlung gegen § 5 UWG, wenn der Preis nicht **tatsächlich** in dieser Form **empfohlen wurde** (etwa bei einer behaupteten ehemaligen Preisempfehlung für eine Warenkombination, wenn es nur Preisempfehlungen für die einzelnen Waren gab) oder wenn der genannte Betrag nicht der zuletzt geltenden Preisempfehlung des Herstellers bzw. Lieferanten, sondern einer davor geltenden Empfehlung entspricht.[206] 60

Gegen § 5 verstößt auch die Werbung mit einer Preisempfehlung, die der Hersteller bzw. Lieferanten für **eine andere als die beworbene Ware** ausgesprochen hat,[207] wenn nicht der Preis für die beworbene Ware herausgestellt wird, sondern lediglich die Differenz zwischen dem tatsächlich verlangten (viel höheren) Preis und der unverbindlichen Preisempfehlung des Herstellers,[208] wenn verschwiegen wird, dass die Preisempfehlung **bestimmte Preisbestandteile nicht enthält**[209] oder wenn Ware **2. Wahl** beworben wird.[210] Weiter liegt ein Verstoß gegen § 5 vor, wenn die unverbindliche Preisempfehlung auf Betreiben des Handels und nach dessen Wünschen ausgesprochen wird.[211] 61

Die Bezugnahme auf die unverbindliche Preisempfehlung ist irreführend, wenn der empfohlene Preis, auf den sich die Händlerwerbung bezieht, ein sog. **„Mondpreis"** ist, der den bei verständiger ernsthafter Kalkulation vertretbaren Preis oder den auf dem Markt allgemein üblich gewordenen Preis in einem solchen Maß übersteigt, dass er nur noch eine Phantasiegröße darstellt. In solchen Fällen wird durch die Bezugnahme auf den empfohlenen „Mondpreis" ein in Wirklichkeit tatsächlich nicht gegebenes besonders preisgünstiges Angebot vorgespiegelt. Die Höhe der Handelsspanne rechtfertigt für sich genommen regelmäßig nicht die Annahme eines Mondpreises;[212] ebenso wenig rechtfertigt für sich allein genommen eine besonders hohe prozentuale Differenz zwischen dem Händlerpreis und der unverbindlichen Preisempfehlung diese Annahme.[213] 62

Entscheidend ist das tatsächliche Preisniveau für die Kunden. Bei einer unverbindlichen Preisempfehlung, die von etwa 50% der Händler befolgt wird, kann nicht ohne weiteres von einem Mondpreis ausgegangen werden.[214] Wird die unverbindliche Preisempfehlung dagegen im Handel durchweg oder immerhin von der **Mehrzahl der Händler nennenswert unterschritten,** verstößt die werbliche Bezugnahme auf den empfohlenen Preis gegen § 5 UWG; dass daneben auch schon bei massiver Unterbietung der Preisempfehlung durch eine „qualifizierte Minderheit" ein Verstoß vorliege,[215] erscheint jedenfalls dann unzutreffend, wenn die Mehrheit der Händler die Empfehlung befolgt. Die Darlegungs- und Beweislast für die Eignung zur Irreführung liegt grundsätzlich beim Kläger.[216] 63

---

[202] Vgl. BGH GRUR 2004, 437 f. – *Fortfall einer Herstellerpreisempfehlung;* OLG Köln WRP 2015, 983 Tz. 20. Zur Beweislast BGH GRUR 2004, 244 – *Mondpreise?* – sowie Köhler/*Bornkamm,* § 5 Rdn. 759.

[203] OLG Hamburg MD 1997, 21.

[204] BGH GRUR 2000, 436 ff. – *Ehemalige Herstellerpreisempfehlung.*

[205] BGH a. a. O., 437.

[206] BGH a. a. O., 438.

[207] KG GRUR 1985, 298 f.

[208] KG MD 2002, 849, 851.

[209] Vgl. BGH GRUR 1989, 606, 607 f. – *Unverb. Preisempfehlung,* zu § 1 UWG a. F.

[210] LG Baden-Baden WRP 1998, 934 (LS).

[211] Vgl. BGHZ 45, 115, 127 – *Richtpreiswerbung I;* OLG Hamm WuW/E OLG 777, 778 ff.

[212] BGH GRUR 1981, 137, 139; vgl. aber BGHZ 45, 115, 128 f.

[213] OLG Köln GRUR-RR 2001, 239 ff.

[214] BGH GRUR 1981, 137, 139 – *Tapetenpreisempfehlung.*

[215] So GK-*Lindacher,* § 5 Rdn. 649.

[216] BGH GRUR 2004, 246 f. – *Mondpreise.*

64 Ein **Alleinvertriebsrecht des werbenden Händlers** in einem Teilgebiet Deutschlands schließt eine zulässige Werbung mit der unverbindlichen Preisempfehlung nicht ohne weiteres aus.[217] Beliefert der Hersteller im Inland allerdings nur einen **einzigen Händler,** dem er ein Alleinvertriebsrecht eingeräumt hat, gibt es keine Mehrheit von Empfehlungsempfängern und keinen Markt, für den die Empfehlung irgendeine Orientierungshilfe darstellen könnte. In einem solchen Fall hat die unverbindliche Preisempfehlung nur noch die Funktion, dem Händler eine attraktive Preiswerbung zu ermöglichen, die dem angesprochenen Verbraucher die unrichtige Vorstellung vermittle, es gebe tatsächlich einen in etwa der Empfehlung entsprechenden Marktpreis.[218]

64a **e) Irreführende Bezugnahme auf sonstige Werte.** Irreführend ist der Vergleich des Preises mit einem **Bezugswert, den es** als solchen – zumindest für die betroffene Ware – **nicht gibt,** indem z. B. Orientteppiche, die **als Einzelstücke keinen „Verkehrswert"** haben, mit der Aussage *„ausnahmslos bis zu 67% unter Verkehrswert"* beworben werden.[219] Irreführend ist aber auch der Vergleich mit einem Wert, der als solcher unklar ist, z. B. bei der Aussage *„Zahnersatz 40% günstiger"*, wenn unklar ist, auf welchen Grundpreis sich diese Ersparnis beziehen soll.[220]

10. Vorhandensein eines besonderen Preisvorteils

65 **a) Allgemein.** Als Beispielsfall einer möglichen irreführenden preisbezogenen Werbung nennt die Vorschrift das „Vorhandensein eines besonderen Preisvorteils". Hierunter fällt jegliche werbliche Ankündigung, die den Eindruck erweckt, es werde ein besonders günstiger Preis geboten (sei es im Verhältnis zu Mitbewerbern, sei es im Verhältnis zur eigenen üblichen Preisgestaltung). Preisvergleiche (oben Ziff. 9) werden häufig einen besonderen Preisvorteil suggerieren. Entsprechendes gilt für viele der in der Werbung gern verwendeten Schlagworte (im Einzelnen unten Rdn. 67 ff.).

66 **b) Pauschalbehauptung besonders günstiger Preise.** Eine besonders beliebte Form der Preiswerbung, die besondere Preisvorteile erwarten lässt, ist die **Pauschalankündigung besonders niedriger Preise.** Denn bei pauschaler Preiswerbung ohne konkreten Warenbezug liegt es nahe, dass der Verkehr die Preiswerbung auf das **Gesamtsortiment** bezieht.[221] Auch wenn dies häufig recht plakativ, mitunter marktschreierisch, geschieht und für das Publikum nichts Neues ist, misst der Verkehr solchen Aussagen nach wie vor einen gewissen Bedeutungsgehalt zu. In der Regel haben solche Behauptungen zumindest im Kern einen Aussagegehalt (nämlich die Behauptung von im Vergleich zur allgemeinen Marktsituation besonders niedrigen Preisen) und sind im Hinblick auf diese Kernbedeutung **Angaben** i. S. v. § 5.

67 **c) Einzelfälle/Schlagworte.** Preisschlagworte weisen in kurzer Form auf bestimmte Eigenschaften des Preises bzw. auf einen besonderen Anlass oder andere Umstände der Preisbildung hin. Auch ihre Bewertung unterliegt dem Verkehrsverständnis. Die Kürze führt häufig zu **Mehrdeutigkeit** und damit zur Gefahr einer Irreführung, die sich auf die Höhe des Preises oder auf sonstige kaufrelevante Umstände beziehen kann.

67a *aa) Dauerniedrigpreise.* Die (produkt- oder sortimentsbezogene) Werbung für **Dauerniedrigpreise** (z. B. **„dauernd billig"** oder **„auf Dauer günstig"**) weckt zwei Erwartungen: Zum einen müssen die Preise **unter dem durchschnittlichen Preisniveau** liegen. Zum anderen müssen entsprechend günstige Preise **für eine gewisse Zeitspanne** geboten werden. Soweit der Anbieter den konkreten Zeitraum nicht in unmittelbarem Zusammenhang mit der Dauerniedrigpreiswerbung hinreichend deutlich benennt, kommt es für dessen Bestimmung auf die Umstände des Einzelfalls an, wobei insbesondere der normale Einkaufsrhythmus der Abnehmer zu berücksichtigen sein wird. Bei lagerfähigen Lebensmitteln und anderen Gütern des täglichen Bedarfs wird i. d. R. jedenfalls ein Zeitraum von einem Monat ausreichen.[222] Bei Werbung für frische Waren wie Obst und Gemüse erkennen die Verbraucher dagegen, dass sie nicht darauf vertrauen können, dass diese Preise über eine längere Zeit unverändert bleiben.[223] Daneben kann der Begriff **„Dauertiefpreise"** je nach Art der Werbung vom Verkehr auch als Hinweis auf das **Geschäftsprinzip** verstanden werden, dass auf Sonderangebote vollständig verzichtet und stattdessen das gesamte Produktsortiment mit einer ver-

[217] BGH GRUR 1966, 327, 332 f. – *Richtpreiswerbung I.*
[218] BGH GRUR 2002, 95 f. – *Preisempfehlung bei Alleinvertrieb* – unter Bestätigung von KG MD 1999, 816, 819 und teilweiser Aufgabe von BGH GRUR 1966, 327, 332 f. – *Richtpreiswerbung I;* OLG Hamm NJWE-WettbR 2000, 63, 64; OLG Frankfurt WRP 2002, 1310, 1311 f.
[219] OLG München WRP 2011, 386 (LS).
[220] OLG Düsseldorf BeckRS 2010, 25 157.
[221] Vgl. BGH GRUR 1971, 164 ff. – *Discount-Geschäft.*
[222] BGH GRUR 2004, 605, 606 – *Dauertiefpreise.*
[223] BGH a. a. O., 606 f.

hältnismäßig geringen Spanne kalkuliert wird und dadurch unter den Marktpreisen liegt. Wird der Begriff werblich in diesem Sinne benutzt und gleichzeitig verdeutlicht, dass Preisänderungen für bestimmte Fälle (insbesondere bei geänderten Einkaufskonditionen) vorbehalten sind, erwartet der Verkehr nicht, dass der konkret für eine Ware angegebene Discount-Preis über längere Zeit unverändert bleiben wird.[224]

bb) „Discount-Preise". Die Werbung mit **„Discount-Preisen"** (und sonstige „Discount"-Werbung) erweckt die Erwartung erheblich niedrigerer Preise als im konkurrierenden Einzelhandel,[225] im Normalfall um mindestens 10%; wird noch der Zusatz **„super"** verwendet, muss der Preis besonders günstig sein. Bei einer auf ein ganzes Geschäft oder Sortiment bezogenen Discount-Werbung muss sie – von Ausreißern abgesehen – für das **gesamte beworbene Angebot** zutreffen; ansonsten ist die Beschränkung der Werbung auf Abteilungen oder Bereiche des Angebots erforderlich, für die sie zutrifft.[226] Begriffe wie z. B. **„Discount-Apotheke"** erwecken den Eindruck, das gesamte Sortiment sei immer preisgünstiger als das der Mitbewerber; da zumindest verschreibungspflichtige Medikamente aufgrund der Preisbindung in allen Apotheken gleich viel kosten und dies nicht zum Allgemeinwissen der Verbraucher gehört, sind derartige Bezeichnungen irreführend.[227] Ob das auch für den Ausdruck „Die preiswerte Apotheke" gilt, ist allerdings fraglich. 68

cc) „Einführungspreise". Bei einem **„Einführungspreis"** erwartet der Verkehr ein neues oder verbessertes oder neu in das Sortiment des Anbieters aufgenommenes Produkt,[228] das zu einem günstigen Preis (also unter dem Marktdurchschnitt) angeboten wird und für das der Anbieter den Preis später erhöht.[229] Wie lange mit einem „Einführungspreis" geworben werden kann, hängt – wie stets bei der Neuheitswerbung – von den Umständen des Einzelfalls ab: Bei hochwertigen und langlebigen Waren wird für die Einführungsphase ein Zeitraum von mehreren Monaten als zulässig angesehen;[230] bei geringwertigen Konsumgütern des täglichen Bedarfs wird der zulässige Zeitraum kürzer zu bemessen sein. Entsprechendes gilt bei **„Eröffnungspreisen",** die ebenfalls ein preislich vorübergehend besonders günstiges Angebot, daneben allerdings nicht neue Angebote, sondern ein neues Geschäft erwarten lassen.[231] Die besonders günstige Preisstellung wird aus Anlass der Eröffnung erwartet; irreführend daher die Werbung „Neu-Eröffnung" nach einer nur vorübergehenden Schließung[232] oder das Angebot von Auslaufmodellen ohne aufklärenden Hinweis zu „Eröffnungspreisen".[233] Dagegen wird der Hinweis **„Neu nach Umbau"** vom Verkehr nicht ohne weiteres als Hinweis auf im Verhältnis zum früheren Preisniveau herabgesetzte Preise verstanden.[234] Siehe auch § 5 D Rdn. 11. 69

dd) „Zum Einkaufspreis". Wer angibt, zum **Einkaufspreis** zu verkaufen, darf nur den Preis verlangen, den er selbst für die Ware (unter Berücksichtigung aller Rabatte, Skonti und sonstiger Vergünstigungen und Zuwendungen) bezahlt hat. Über dem Einkaufspreis liegt der **Einstandspreis,** der auch die Bezugsnebenkosten (Versicherung, Transport, Zölle usw.) umfasst. Beim – objektiv kaum zu ermittelnden – **Selbstkostenpreis** sind auch die sonstigen durch das Geschäft anfallenden bzw. anteilig auf das Geschäft entfallenden Betriebskosten des Anbieters zu berücksichtigen. Für die Beurteilung der werblichen Nutzung solcher Bezeichnungen unter Irreführungsgesichtspunkten kommt es nicht allein auf die – oft umstrittene – betriebswirtschaftliche Begriffsbestimmung, sondern auch auf das jeweilige Verständnis der angesprochenen Verkehrskreise an. 70

ee) „Fabrikpreise". Wer mit **„Fabrikpreis"** wirbt, erweckt die Erwartung, man spare die Handelsspanne,[235] und darf daher keinen höheren Preis verlangen als der Hersteller selbst von seinen 71

---

224 BGH a. a. O., 607.

225 BGH GRUR 1971, 164 ff. – *Discount-Geschäft;* näher Köhler/*Bornkamm,* § 5 Rdn. 5, 97 ff.

226 BGH a. a. O., 166.

227 OLG Dresden WRP 2012, 230 Tz. 13 f. und 17 ff.

228 Neuheitswerbung, vgl. OLG Hamburg WRP 1976, 710 ff. zum Einführungspreis bei Kaffee und WRP 1989, 115 f. zum Einführungspreis für Anzeigenkunden einer Zeitschrift nach Verlagswechsel; vgl. auch BGH GRUR 1975, 262, 263 – *10-DM-Schein.*

229 Zu letzterem BGH GRUR 1985, 929, 930 – *späterer Preis.*

230 Z. B. KG GRUR 1982, 620, 622: Bei Nähmaschine für ca. 2000 DM Werbung mit „Einführungspreis" für 7 Monate nicht irreführend.

231 Zur gleichzeitigen Preissenkungswerbung bei Filialneueröffnung OLG Hamm WRP 1977, 348 f.; WRP 1980, 570 f.; MD 2013, 434, 436 f.

232 OLG Koblenz NJW-RR 1989, 36 f.

233 OLG Karlsruhe WRP 1980, 632, 634 f. Vgl. auch OLG Düsseldorf WRP 2010, 1551 f., zur allgemeinen Aufklärungspflicht bei „Auslaufmodellen".

234 BGH GRUR 1993, 563 f. – *Neu nach Umbau.*

235 Vgl. OLG Hamm WRP 1980, 568 ff.

Wiederverkäufern, unter Berücksichtigung von Rabatten, Skonti, Werbekostenzuschüssen und ähnlichen preisrelevanten Vergünstigungen des Herstellers.[236] Parallel hierzu ist der **„Großhandelspreis"** der Preis, den Großhändler ihren Handelskunden und gewerblichen Abnehmern berechnen.[237] Wer mit diesen Begriffen wirbt, muss einen entsprechenden Preis bieten. Bei Verwendung von Begriffen wie *„Fabriklager"*, *„Fabrikauslieferungslager"*, *„Auslieferungslager"* und *„Spezialauslieferungslager"* erwarten angesprochene Endverbraucher zumindest eine gegenüber dem Großhandel günstigere Preisgestaltung.[238] Veranstaltet allerdings ein Einzelhändler einen „Lagerverkauf" mit **„Lagerpreisen"**, kann sich bei entsprechend unmissverständlicher Werbegestaltung die Erwartung des Publikums darauf beschränken, es handle sich um ausgesuchte Ware aus dem Lager des Händlers, die aus geschäftspolitischen Gründen zu günstigen Preisen abgestoßen werden.[239]

72 *ff) „Jubiläumspreise"*. Die Ankündigung von **„Jubiläumspreisen"** lässt Preise erwarten, die aus Anlass des Jubiläums deutlich unter dem üblichen Preisniveau des werbenden Unternehmens liegen. In der Regel wird auch die Erwartung bestehen, dass die Preise unter dem allgemeinen durchschnittlichen Preisniveau liegen, also besonders günstig sind. Werden für eine Rabattaktion anlässlich des Firmenjubiläums feste zeitliche Grenzen gesetzt, so ist es irreführend, wenn die Aktion über den angegebenen Zeitraum hinaus fortgesetzt wird. Eine irreführende Angabe liegt insbesondere dann vor, wenn das Unternehmen bereits bei Erscheinen der Werbung die Absicht hatte, die Aktion zu verlängern.[240] Führen nachträglich eingetretene Umstände zu einer Verlängerung der Werbung, so ist entscheidend, ob diese Umstände für das Unternehmen voraussehbar waren oder nicht. Der wirtschaftliche Erfolg einer Rabattaktion kann dabei jedenfalls nicht zur Rechtfertigung der Verlängerung herangezogen werden.[241] Siehe auch § 5 D Rdn. 7 ff.

73 *gg) „Partnerpreise"*. Die Reisewerbung für den üblichen Doppelzimmer-Preisvorteil mit **„Partnerpreisen"** erweckt den irreführenden Eindruck eines besonderen Preisvorteils.[242] Wer damit wirbt, die **„Preise zu brechen"**, erweckt den Eindruck, ein festgefügtes Preisniveau durch individuelle Preissenkungen zu unterbieten, was jedenfalls bei einem allgemeinen Preisrückgang irreführend ist.

73a Die Angabe **„Preisknüller des Jahres!"** in einer Computerwerbung ist irreführend, wenn das Gerät zum beworbenen Preis beim Anbieter schon im dritten Jahr erhältlich ist.[243]

74 *hh) „Schnupperpreise"*. Die Erwartung vorübergehend besonders günstiger Preise wird auch bei Ankündigung von **„Probier-"**, **„Test-"** und **„Schnupperpreisen"** geweckt, bei einem entsprechenden Verkehrsverständnis nach den Umständen des Einzelfalls auch die Erwartung der Neuheit des Angebots.[244] Wird der spätere höhere Preis genannt, muss angegeben werden, wann er in Kraft tritt.[245]

75 *ii) „Sparpreise"*. Bei einer Werbung mit **„Sparpreisen"** dürfte der Verkehr Preise erwarten, die nicht unerheblich unter dem Durchschnitt liegen, soweit es nicht z. B. erkennbar um den Eigenpreisvergleich zwischen einer Groß-/Mehrfachpackung und einer Klein-/Einfachpackung geht; es muss sich jedoch nicht um die günstigsten Preise am Markt handeln.[246] Die Herabsetzung der eigenen Preise reicht per se nicht aus.[247]

76 *jj) „Sommerpreise"*. Bei **„Sommerpreisen"** erwartet der Verkehr, dass die angebotenen Artikel – als typische Winterware – besonders preisgünstig angeboten werden, weil sie sich im Sommer ohne Kaufanreize über den Preis schlecht absetzen lassen, also eine jahreszeitlich bedingte Preisermäßigung; erfolgt die Reduktion tatsächlich aus anderen Gründen (z. B. Auslaufmodelle), mit denen der Verkehr nicht rechnet, liegt ein Verstoß gegen § 5 UWG nahe.[248]

---

[236] Vgl. BGH GRUR 1974, 225, 226 – *„Lager"-Hinweiswerbung;* OLG Oldenburg NJW 1960, 250 f.; zu entsprechender Herstellerwerbung auch GK-*Lindacher,* § 5 Rdn. 718; vgl. auch BGH GRUR 1964, 397 ff. – *Damenmäntel* – zur Werbung mit Preisvorteilen bei Damenmänteln „aus eigener Fabrikation, also vom Hersteller direkt zum Verbraucher".

[237] Näher Köhler/*Bornkamm,* § 5 Rdn. 7.119–121.

[238] BGH GRUR 1974, 225, 226.

[239] OLG Stuttgart WRP 1996, 147, 152.

[240] BGH GRUR 2012, 208 Tz. 21 – *10 % Geburtstags-Rabatt.*

[241] BGH GRUR 2012, 208 Tz. 22 f. – *10 % Geburtstags-Rabatt.*

[242] OLG Frankfurt WRP 1995, 408.

[243] OLG Stuttgart NJW-RR 1988, 1254 f.

[244] Vgl. BGH GRUR 1978, 372, 374 – *Farbbilder, zu „Probierpreis".*

[245] BGH GRUR 1985, 929 f.

[246] Vgl. BGH GRUR 2003, 361, 362 f. – *Sparvorwahl.*

[247] GK-*Lindacher,* § 5 Rdn. 746.

[248] BGH GRUR 1987, 45, 47 – *Sommerpreiswerbung.*

kk) „Super-Preise". Ein Unternehmen, das etwa mit **„Superpreisen"** wirbt, muss zwar nicht konkurrenzlos günstig sein, preislich aber zumindest zur **Spitzengruppe** der Anbieter gehören; sein niedriges Preisniveau darf nur von wenigen anderen Konkurrenten erreicht werden[249] Entsprechendes gilt für **„Preisknüller"**[250] und **„Preis-Sensation".**[251] Bei **„Traumpreise",**[252] **„irre Preise"**[253] **„Top Preise"**[254] oder „**super Preise**"[255] erwartet der Verkehr hingegen nur ein relativ gutes Angebot. 77

ll) „Tiefstpreise". Wer mit dem Superlativ **„Tiefstpreise"** wirbt, muss die niedrigsten Preise bieten;[256] es darf also allenfalls wenige ähnlich günstige Anbieter[257] und keine günstigeren Anbieter geben.[258] Ebenso stellen die Aussagen *„immer der günstigste Preis"* oder *„Bester Preis der Stadt"* für sich allein genommen eine Alleinstellungsbehauptung dar; in Verbindung mit einer Preisgarantie kann sich aber ergeben, dass der Werbende auch günstigere Preise für möglich hält und daher die Aussage nur als Berühmung zur Spitzengruppenzugehörigkeit zu verstehen ist.[259] Bei einer **Tiefpreisgarantie** kann es sich je nach Lage des Einzelfalls um eine Verpflichtung, den im Vergleich zu dem günstigeren Angebot überschießenden Geldbetrag zurückzuerstatten, oder um eine Geld-zurück-Garantie handeln.[260] Zur möglichen Interpretation als Allein- oder zumindest Spitzengruppenwerbung siehe auch § 5 E Rdn. 173 ff. Zudem bezieht der Verkehr ein solches Versprechen immer nur auf den Zeitpunkt des Erscheinens der Werbung.[261] Entsprechendes gilt im Prinzip auch in umgekehrter Richtung bei Werbung auf der Nachfrageseite mit **„Höchstpreisen",**[262] wobei jedoch die gelegentliche Überbietung durch einen Mitbewerber unschädlich ist, wenn es sich um vereinzelte Fälle handelt,[263] sowie für ***„Höchstrabatt".*** Auch die Bewerbung eines Preises als **„konkurrenzlos"** ist im Regelfall **Alleinstellungswerbung,**[264] bei der deutlicher preislicher Abstand zu den sonstigen Anbietern bestehen muss.[265] Irreführend ist auch die Pauschalbehauptung, *niemand sei günstiger,* wenn sie nicht für alle Leistungen, auf die das Publikum die Aussage bezieht, zutrifft.[266] 78

mm) „Wahnsinn für nur ...". Bei der Aussage **„Wahnsinn für nur ..."** muss nach OLG Düsseldorf[267] zumindest die unverbindliche Preisempfehlung des Herstellers unterschritten sein; darüber hinaus wird man auch bei diesem Slogan die Zugehörigkeit des Anbieters zur (preislichen) Spitzengruppe erwarten dürfen. Auch bei etwas schwächeren Ausdrücken wie **„Preisleistung"** soll es nicht genügen, dass man unter dem durchschnittlichen Preisniveau liegt; die Ware darf am Ort der Werbung nicht wesentlich preisgünstiger angeboten werden.[268] 79

d) Werbung ohne Verwendung des Begriffs „Preis". Auch Werbung, die **ohne Verwendung des Begriffs „Preis"** auf ein besonders günstiges Angebot hindeutet, unterliegt § 5 UWG. 80

Die Werbung mit **„billig", „günstig"** oder **„gering"** lässt Preise erwarten, die nicht ganz unwesentlich unter dem durchschnittlichen Preisniveau liegen, wobei für die Wertung im Einzelfall 80a

---

[249] OLG München WRP 1981, 667 f.

[250] GK-*Lindacher,* § 5 Rdn. 629; vgl. auch OLG München WRP 1985, 580, 583, allerdings mit Orientierung am „empfohlenen Preis".

[251] OLG Hamm GRUR 1993, 855 (LS).

[252] OLG Hamm WRP 1983, 304 (LS): deutlich günstiges, nicht jedoch konkurrenzlos niedriges Angebot.

[253] OLG Stuttgart WRP 1984, 645; allerdings sind bei der Aussage *„Nicht nur bei Fernsehen und Video haben wir irre Preise, sondern auch bei Stereo-Anlagen"* nicht für alle Waren des Sortiments die niedrigsten Preis erforderlich.

[254] OLG Köln WRP 2015, 988 Tz. 14.

[255] OLG Köln WRP 2015, 988 Tz. 14.

[256] Vgl. OLG Hamburg WRP 1977, 651, 654; noch strenger WRP 1999, 214 f. für „*... wo die Preise am tiefsten sind*": Irreführend, wenn einzelne Artikel nicht billiger sind als bei anderen Mitbewerbern.

[257] Etwas großzügiger OLG Köln GRUR 1990, 131 f.

[258] *Helm* in: Gloy/Loschelder/Erdmann, HdbWettbR, § 59 Rdn. 359; a. A. GK-*Lindacher,* § 5 Rdn. 748.

[259] BGH WRP 2012, 1233 – *Bester Preis der Stadt;* OLG Hamburg MD 2010, 18, 22 – *Immer der günstigste Preis. Garantiert;* OLG Bremen WRP 2004, 404, 506 – *die tiefsten Preise;* OLG Hamburg MD 2006, 706, 708 – *Tiefpreisgarantie;* im Ansatz auch LG Stuttgart WRP 2009, 1314 (LS).

[260] Vgl. OLG Hamburg GRUR-RR 2014, 400, 401 – *Tiefpreisgarantie.*

[261] BGH WRP 2012, 1233 – *Bester Preis der Stadt.*

[262] Vgl. OLG Köln WRP 1986, 425.

[263] Vgl. OLG Düsseldorf GRUR 1988, 711; OLG Frankfurt WRP 1991, 176 f.; OLG Nürnberg GRUR 1991, 857 f.; *Helm* in: Gloy/Loschelder/Erdmann, HdbWettbR, § 59 Rdn. 356.

[264] OLG Hamm NJW-RR 2013, 1517, 1519.

[265] Ähnlich GK-*Lindacher,* § 5 Rdn. 736.

[266] OLG Stuttgart NJWE-WettbR 1996, 107 f.

[267] GRUR 1988, 712 ff.

[268] OLG München WRP 1985, 580, 583.

neben dem allgemeinen Preisniveau für die beworbenen Waren auch die sonstige Preisgestaltung des Anbieters für sein übriges Sortiment eine Rolle spielen dürfte. Irreführend ist daher die Werbung für eine *„5-Jahre-Risiko-Garantie gegen einen geringen Aufpreis"*, wenn z. B. das beworbene Fernsehgerät 769 Euro kostet und der Aufpreis für die Garantie 120 Euro.[269] Soweit durch eine zulässige **Preisbindung** oder **staatliche Preisregulierung** im Einzelfall ein Preiswettbewerb ausgeschlossen ist, ist eine Werbung mit „günstig" o. Ä. täuschend.[270] Der Angabe **„Gelegenheitskauf"** entnimmt der Verkehr z. B. eine (ausnahmsweise) besonders preisgünstige Kaufgelegenheit, bei welcher der Preis unter dem üblichen für die konkrete Ware (auch gebrauchte oder beschädigte Ware) liegt.[271] Auch Hinweise wie **„gemeinnützig"** können u. a. die Vorstellung besonders günstiger Preise hervorrufen, z. B. auf Grund der Vorstellung, der Anbieter arbeite zu Selbstkosten bzw. ohne Gewinn oder genieße Steuervergünstigungen, von denen auch der Abnehmer profitiere.[272] Wird eine Ware mit einer gleichartigen **„gratis"**-Zugabe beworben, ist es nicht irreführend, wenn bei der Berechnung des nach der PAngV anzugebenden **Grundpreises** die Gratiszugabe berücksichtigt wird, sich der Grundpreis also auf die gesamte Menge inklusive der Gratiszugabe bezieht.[273] Das Firmenschlagwort **„Mehrwert"** soll nach einer älteren Entscheidung vom Publikum als Alleinstellungsbehauptung des Inhalts verstanden worden sein, dass es für sein Geld bei diesem Unternehmen ein Mehr an (Waren-)Wert erhielt als bei der Konkurrenz.[274] Davon ist heute nicht mehr auszugehen. Bei Kennzeichnung eines Preises als **„nur"** wird man einen unter dem Marktdurchschnitt liegenden Preis (wenn auch nicht notwendig den niedrigsten) erwarten können, bei **„nur noch"** zusätzlich eine kürzlich erfolgte Preisherabsetzung. Irreführend ist das Angebot eines Radios zu 10 Euro an die Inhaber eines 10 Euro-Scheins mit der Zahl 7 in der Seriennummer, wenn der Werbende das Gerät bereits seit längerem zu diesem Preis angeboten hat und es zudem zahlreiche solche Geldscheine gibt.[275] Auch in diesem Fall wird ein besonderer Preisvorteil suggeriert, den es so aber nicht gibt.

11. Sonstige Preiswerbung

81 **a) Schlagworte.** Auch bei sonstiger Preiswerbung können Schlagworte aufgrund der damit verbundenen Verkürzung oftmals irreführend wirken. Der Begriff **„Barzahlungspreis"** beschreibt Form und Zeitpunkt der Zahlung; er bringt zum Ausdruck, dass dieser Preis verlangt wird, wenn die Zahlung unmittelbar bei Übergabe der Ware/Erbringung der Leistung in bar zu zahlen ist. Er bedeutet nicht zwingend, dass auch in einer der Barzahlung gleich- oder nahekommenden Weise bezahlt werden kann, also etwa per Scheck, Überweisung oder Kreditkarte.

82 *aa) „Bruttopreis"/„Nettopreis".* Das Begriffspaar **„Bruttopreis"** und **„Nettopreis"** hat keinen festen Bedeutungsgehalt.[276] Beispielsweise kann darunter der Preis mit (brutto) oder ohne (netto) Umsatzsteuer, Verpackung oder Transport verstanden werden, aber etwa auch Preise vor (brutto) und nach (netto) Abzug von Rabatten, Skonti usw. Ist die intendierte Bedeutung für die angesprochenen Verkehrskreise nach den konkreten Umständen – z. B. durch erläuternde Zusätze oder kraft Branchenübung – nicht eindeutig, kommt ein Verstoß gegen § 5 in Betracht.[277]

83 *bb) „Endpreis".* Der **„Endpreis"** enthält nach der früheren Legaldefinition in § 1 Abs. 1 S. 1 PAngV die Umsatzsteuer und alle sonstigen Preisbestandteile; zumindest im Verhältnis zu privaten Endverbrauchern kann man bei Verwendung dieses Begriffs auch bei § 5 von einem entsprechenden Verkehrsverständnis ausgehen. Entsprechendes gilt für den von Gesetzes wegen neuen Ausdruck **„Gesamtpreis".** Eine Irreführung liegt dann vor, wenn für die beworbene Ware/Leistung noch weitere Preisbestandteile/Kosten zum angeblichen Gesamtpreis hinzukommen.[278] Entspre-

---

[269] OLG Hamm WRP 1992, 723 f.

[270] Vgl. OLG Düsseldorf WRP 1979, 794, 795.

[271] RG MuW 1932, 296 f.; GK-*Lindacher,* § 5 Rdn. 724; OLG Düsseldorf GRUR 1953, 132 f. zu „Einmalig!".

[272] Vgl. BGH GRUR 1981, 670,671 – *Gemeinnützig;* näher GK-*Lindacher,* § 5 Rdn. 967.

[273] BGH GRUR 2014, 576 Tz. 29 – *2 Flaschen GRATIS.* Zum Begriff „gratis" siehe auch Anhang zu § 3 Abs. 3 Nr. 21 Rdn. 1 ff.

[274] BGH GRUR 1973, 534, 535 – *Mehrwert II.*

[275] BGH GRUR 1975, 262 ff. – *10-DM-Schein.*

[276] Vgl. BGHZ 42, 134, 135 – *20 % unter dem empfohlenen Richtpreis.*

[277] Vgl. OLG Köln WRP 1981, 44 f.; großzügiger für „Barkauf-Netto-Preise" im Möbelhandel OLG Hamburg WRP 1980, 298 f. und OLG Koblenz WRP 1982, 428 f. zu „absoluten Netto-Netto-Preisen" eines Bauparks.

[278] Vgl. OLG Frankfurt WRP 1985, 497 f.; OLG Hamm GRUR 1987, 921 f.; OLG Köln MD 1994, 997 ff., zu „Mehr Leistung auch im Service".

chendes gilt in der Regel für Angaben wie **„Inklusivpreis"**, **„Komplettpreis"**; bei diesen Angaben wird bei einer Mehrzahl zusammengehörender bzw. als zusammengehörend dargestellter Waren/Leistungen, die so beworben werden, namentlich auch erwartet, dass sie zusammen für diesen Preis erhältlich sind, soweit nicht optisch deutlich ein aufklärender Hinweis erfolgt.[279] Da es sich um unbestimmte Begriffe handelt, ist für die Bestimmung des Bedeutungsgehalts in besonderem Maß der werbliche Gesamteindruck für das Verkehrsverständnis im Einzelfall zu berücksichtigen. Die Abkürzung **„EP"** dürfte für normale Verbraucher im Hinblick auf Preisangaben keinen festen Bedeutungsgehalt haben und könnte – je nach Art der Werbung – als Bezugnahme auf den vom Händler verlangten „Einzelpreis" (im Gegensatz zu einem Gesamtpreis für mehrere Waren), aber auch als Abkürzung für „empfohlener Preis" oder „Endpreis" verstanden werden.[280] Ohne nähere Erläuterung wird der Ausdruck daher häufig irreführend sein.

cc) „Festpreis". Die Werbung mit **„Festpreisen"** oder sog. „Flatrates" ist irreführend, wenn Preisbestandteile zum angegebenen Preis hinzukommen[281] oder der Gesamtpreis von variablen Kostenfaktoren abhängt und damit höher sein kann. Bei einer Werbung für „Internet zum Festpreis" rechnet der Verbraucher daher nicht damit, dass weitere nutzungsabhängige Kosten anfallen.[282] Wohl aber kann es sein, dass der „Festpreis" nur bis zu einer gewissen quantitativen Grenze gilt.[283] Behält sich ein Stromanbieter, der mit einem „Festpreis" wirbt, in den allgemeinen Geschäftsbedingungen vor, den Preis bei Änderung bestehender Steuern bzw. Erhebung neuer Steuern anzupassen, so ist die Werbung jedenfalls dann irreführend, wenn mehr als 40% des verlangten Preises so variabel bleiben.[284] Ein Verstoß gegen § 5 liegt dagegen nicht ohne weiteres vor, wenn der so bezeichnete Preis noch verhandelbar ist.[285] Unzulässig ist die Angabe **„notarieller Festpreis"**, die den irrigen Eindruck erweckt, der Notar wirke als unparteiisches Organ der Rechtspflege an der Bildung oder Einhaltung des Preises mit.[286] 84

dd) „Listenpreis". Unter **„Listenpreisen"** können nach den Umständen des Einzelfalls die Preise in der Preisliste des Anbieters (namentlich Händlers) oder eines Dritten (namentlich des Herstellers) verstanden werden.[287] Zur Vermeidung eines Verstoßes gegen § 5 muss daher bei werblicher Verwendung dieses Begriffs klargestellt werden, **wessen** Listenpreise gemeint sind. Weiter muss eine entsprechende Preisliste tatsächlich bestehen und im Regelfall von deren Verwender angewandt werden. Schließlich muss der angegebene Preis der Liste entsprechen bzw. zu den in Bezug genommenen Listenpreisen in der angegebenen Relation stehen. Bleibt in der Werbung unklar, wessen Preisliste gemeint ist, kommt eine Irreführung in Betracht, z.B. wenn beim Publikum die Fehlvorstellung hervorgerufen wird, man könne bei einem Händler zu den „Listenpreisen" des Herstellers (also unter Einsparung der Handelsspanne) kaufen. 85

ee) „Normalpreis". Für sich genommen mehrdeutig ist auch **„Normalpreis"**; hierunter kann z.B. der frühere oder künftige (höhere) Preis des Anbieters, eine Preisempfehlung des Herstellers oder ein durch Preisvergleich ermittelter allgemein üblicher oder Durchschnittspreis verstanden werden. Soweit der Begriff nicht nach den Gesamtumständen – namentlich durch aufklärende Zusätze – im Einzelfall doch einen eindeutigen Bedeutungsgehalt hat, kommt daher ein Verstoß gegen § 5 in Betracht.[288] Entsprechendes gilt für **„reguläre Preise"**. 86

ff) „Pauschalpreis". Bei einem **„Pauschalpreis"** erwartet der Verkehr einen Preis, der alle wesentlichen Leistungen zu einem einheitlichen Preis abgilt, ohne dass eine zusätzliche Abrechnung ein- 87

---

[279] Vgl. OLG Hamm GRUR 1991, 636.

[280] Vgl. BGH GRUR 1997, 933, 934 – *EP.*

[281] Z.B. BGH GRUR 2016, 207 Tz. 12ff. – All Net Flat; OLG Stuttgart NJW-RR 1989, 917; OLG München MD 1999, 1152, 1157.

[282] OLG Köln GRUR-RR 2001, 17f.; anders OLG Hamburg GRUR-RR 2001, 15f. Ebenso BGH GRUR 2016, 207 Tz. 12ff. für eine „All Net Flat" und zusätzliche Kosten für Sonderrufnummern und Aktivierungsgebühren.

[283] A.A. noch KG MD 2001, 994, 995 vgl. auch OLG Hamburg MD 2006, 1361, 1365ff.

[284] OLG Hamm MD 2012, 194 Tz. 49f.

[285] Piper/Ohly/*Sosnitza,* UWG, § 5 Rdn. 439, 495; Köhler/*Bornkamm* § 5 Rdn. 7.90; a.A. *Helm* in: Gloy/Loschelder/Erdmann, HdbWettbR, § 59 Rdn. 361.

[286] BGH GRUR 1990, 532f. – *notarieller Festpreis.*

[287] Vgl. BGHZ 42, 134, 135 – *20 % unter dem empfohlenen Richtpreis.*

[288] Vgl. OLG Koblenz WRP 1979, 747, 751; gegen die Annahme einer Irreführung BGH GRUR 2001, 84, 85 – *Neu in Bielefeld II* – für die „durch starken Preiswettbewerb gekennzeichnete" Computerbranche, bei der die Annahme eines Eigenpreisvergleichs nahe liegend sei; anders noch BGH GRUR 1970, 609, 610f. für „regulärer Preis".

zelner Leistungen erfolgt.[289] Er erwartet nicht, dass weitere nutzungsabhängige Entgelte hinzukommen.[290]

88 *gg) „Preisgarantie".* Bei einer **„Preisgarantie"** erwartet der Verkehr normalerweise ein Rücktrittsrecht beim Nachweis, dass dieselbe Ware/Leistung anderswo günstiger erhältlich ist. Eine solche Werbung ist grundsätzlich zulässig wenn der Verbraucher echte Vergleichsmöglichkeiten hat, also insbesondere die konkrete Ware/Leistung auch anderweitig, wenn auch nicht unbedingt bei einem nahegelegenen Mitbewerber, erhältlich ist[291] und die Bedingungen der Preisgarantie für den Verbraucher praktikabel sind,[292] wobei allerdings längeres Suchen noch zumutbar ist.[293] Neben dem Rücktrittsrecht erwartet der Verkehr im Regelfall auch Preise im untersten Bereich des Preisspektrums. Bei Abgabe einer Preisgarantie in einem **Dauerschuldverhältnis** erwartet der Verbraucher die Garantie des angegebenen Preises für die vereinbarte Vertragslaufzeit.[294] Die Ausnahme bestimmter Preisbestandteile von der Garantie, wie etwa Steuern oder Umlagen, ist durch einen entsprechend deutlichen Hinweis kenntlich zu machen.[295] Machen die ausgenommenen Preisbestandteile einen besonders hohen Anteil am garantierten Gesamtpreis aus, ist der Verbraucher auch auf diesen Umstand ausdrücklich hinzuweisen.[296]

89 *hh) „Regulärer Preis".* Der Begriff **„regulärer Preis"** ist für die Verbraucher mehrdeutig und kann als Hinweis auf die Preisgestaltung der Mitbewerber, einen empfohlenen Preis, einen gebundenen Preis oder den eigenen früheren Preis verstanden werden.[297] Ohne Klarstellung kann es daher leicht zu einer Irreführung kommen. Entsprechendes gilt für **„Normalpreis"**.[298]

90 *ii) „Verhandlungsbasis".* Die Angabe **„Preis Verhandlungssache"** oder die Angabe eines bestimmten Preises mit Zusätzen wie **„Verhandlungsbasis"**, die den Preis als verhandelbar kennzeichnen, ist unter Irreführungsgesichtspunkten zulässig, wenn wahr. Besteht keine Verhandlungsbereitschaft, verstößt eine solche Angabe allerdings gegen § 5 UWG.[299]

91 **b) Irreführende Preiswerbung mit Selbstverständlichkeiten.** Auch objektiv richtige Angaben können irreführen, wenn dem Publikum nicht bekannt ist, dass es sich bei einem werblich betonten Element des Angebots um einen **gesetzlich vorgeschriebenen** oder **zum Wesen der Ware/Leistung gehörenden Umstand** (also um eine Selbstverständlichkeit) handelt. Es besteht dann die Gefahr, dass die Kaufentscheidung des Publikums durch die irrige Annahme einer Besonderheit des so beworbenen Angebots beeinflusst wird.[300] Mit **freiwilligen,** wenn auch **üblichen** zusätzlichen Leistungen darf hingegen geworben werden.[301] Dies gilt auch für die Preiswerbung. Insbesondere kommt ein Verstoß gegen § 5 in Betracht, wenn durch die PAngV vorgeschriebene Merkmale der Preisangabe werblich besonders betont werden. Irreführend daher die Kfz-Händlerwerbung mit „Achtung! Preiserhöhung in Sicht! Bestellen Sie jetzt Ihren neuen Ford! Sie haben 4 Monate Preisschutz", da bei solchen Angeboten nach § 1 Abs. 5 S. 1 PAngV Preisänderungsvorbehalte ohnehin nur zulässig sind, wenn Lieferfristen von mehr als vier Monaten bestehen.[302] Entsprechendes gilt bei einer *besonderen* werblichen *Betonung* des Umstands, dass der beworbene Preis die **Mehrwertsteuer** einschließt, soweit die Angabe als solche ohnehin nach § 1 Abs. 1 S. 1 und Abs. 2 PAngV vorgeschrieben ist. Eine irreführende Werbung mit Selbstverständlichkeiten ist auch der (insbesondere werblich hervorgehobene) Hinweis **„ohne Wechselgebühr"** einer Telefongesellschaft in ihrer Werbung für ihr Call by Call-Angebot, wenn kein Mitbewerber in diesem Bereich eine Wechselgebühr fordert.[303]

---

[289] OLG Hamburg MD 2000, 870 f. Siehe auch BGH GRUR 2016, 207 – All Net Flat.

[290] A. A. OLG Hamburg a. a. O.

[291] BGH GRUR 1975, 553 f. – *Preisgarantie I;* GRUR 1991, 468 ff. – *Preisgarantie II;* GRUR 1994, 57 ff. – *Geld-zurück-Garantie;* OLG Hamm WRP 1990, 356 ff.; WRP 1991, 564 ff.

[292] Negativbeispiele OLG Hamburg WRP 1984, 32; OLG Düsseldorf MD 1993, 839 ff.

[293] BGH a. a. O. – *Preisgarantie II* und *Geld-zurück-Garantie* sowie BGH WRP 1996, 286, 288 – *saustarke Angebote.*

[294] OLG Bamberg GRUR-RR 2014, 349, 350 – *Eingeschränkte Preisgarantie.*

[295] OLG Bamberg GRUR-RR 2014, 349, 350 – *Eingeschränkte Preisgarantie.*

[296] OLG Hamm BeckRS 2011, 26623.

[297] Vgl. BGH GRUR 1970, 609 ff. – *regulärer Preis;* OLG Stuttgart MD 2000, 1141, 1145.

[298] Oben Rdn. 87.

[299] *Helm* in: Gloy/Loschelder/Erdmann, HdbWettbR, § 59 Rdn. 357.

[300] Vgl. BGH GRUR 1956, 550, 553 – *Tiefenfurter Bauernbrot;* GRUR 1961, 288, 293 – *Wäschestärkemittel;* BGH GRUR 1973, 481, 483 – *Weingeist.*

[301] BGH GRUR 2014, 498 Tz. 17 – *Kostenlose Schätzung.*

[302] Vgl. BGH GRUR 1981, 206, 207 f. – *4 Monate Preisschutz.*

[303] OLG Köln NJWE-WettbR 1999, 101 f.

c) Irreführende Preiswerbung durch Preisgestaltung („Lockvogelwerbung"). Der Begriff der „Lockvogelwerbung" wird für verschiedene Erscheinungsformen irreführender Werbung verwendet, z. B. für die Preiswerbung für Waren, die nicht oder nur in unzureichender Menge zur Verfügung stehen.[304] Die im Bereich irreführender Preiswerbung praktisch wichtigste Variante der unter diesem Begriff zusammengefassten Spielarten preisbezogener Irreführung ist die **Vortäuschung eines preisgünstigen Gesamtsortiments durch Preiswerbung für besonders günstige Einzelwaren.** 92

Der Verkehr neigt mitunter dazu, aus besonders preisgünstig angebotenen Waren auf eine entsprechend niedrige Preisgestaltung für das Gesamtsortiment zu schließen.[305] Daher kann insbesondere im Angebot einzelner bekannter Markenartikel (bei denen dem Verkehr das allgemeine Preisniveau bekannt ist) zu einem außerordentlich günstigen Preis (z. B. unter dem Fabrikabgabepreis oder Einstandspreis) je nach Gestaltung des Angebots eine **Irreführung über die Preisbemessung** des übrigen Warensortiments liegen, wenn dieses normal oder zumindest nicht ähnlich günstig kalkuliert ist.[306] Dies gilt insbesondere, wenn die äußerst günstigen Angebote (unrichtig) als **beispielhaft** für das Gesamtsortiment dargestellt werden.[307] Für einen Verstoß gegen § 5 ist jedoch **keineswegs erforderlich,** dass dieses Angebot **ausdrücklich** als beispielhaft für das sonstige Preisniveau bezeichnet wird.[308] Angesichts der heutigen Vielzahl von Sonderangeboten im Einzelhandel wird man jedoch stets unter Würdigung aller Umstände des Angebots prüfen müssen, ob der Verkehr im konkreten Einzelfall tatsächlich von einem besonders günstigen Einzelangebot auf die Preisgünstigkeit des Gesamtsortiments schließt. Gegebenenfalls ist es zur Vermeidung einer Irreführung über das Preisniveau des Gesamtsortiments erforderlich, den **(preislichen) Ausnahmecharakter** des besonders günstigen Angebots **deutlich zu machen.** Hierfür wird z. B. in aller Regel der optisch hinreichend deutliche Hinweis *„Sonderangebot"* ausreichen,[309] wenn er dem konkreten Billigangebot klar zugeordnet ist. Der Ausnahmecharakter des Angebots kann auch durch andere Begriffe und werbliche Gestaltungselemente (z. B. graphisch sowie durch die Größe und Platzierung des Angebots innerhalb der Werbung) geschehen.[310] Für sich genommen nicht ausreichend sind allerdings bloße Hinweise wie *„Mein Angebot"*,[311] *„Unser Angebot"*, *„im Angebot"*. 93

d) Irreführende Preiswerbung durch sonstige Angaben. Irreführend ist auch die **Verschleierung des eigentlichen Grundes** einer günstigen Preisgestaltung – z. B. Angebot von Auslaufmodellen – durch Vorgabe eines anderen Motivs, z. B. saisonale Gründe[312] oder eines besonderen Anlasses[313] oder – gem. § 5a UWG – das Fehlen jeglicher Angaben zu Auslaufmodellen. Zur Irreführung durch Verlängerung oder Verkürzung zeitlich befristeter Preisnachlässe siehe § 5 D. Rdn. 8 ff. (Sonderveranstaltungen). 94

III. Bedingungen, unter denen die Ware geliefert oder die Dienstleistung erbracht wird

Schrifttum: *Peifer,* Die Zukunft der irreführenden Geschäftspraktiken, WRP 2008, 556 ff.; *Splittgerber/Krone,* Bis dass der Tod Euch scheide – Zur Zulässigkeit lebenslanger Garantien auf IT-Produkte, CR 2008, 341 ff.; *Ullmann,* Das Koordinatensystem des Rechts des unlauteren Wettbewerbs im Spannungsfeld von Europa und Deutschland, GRUR 2003, 817.

1. Abgrenzung und Bedeutung

Wettbewerb kann nicht nur über den Preis, sondern auch über die Vertragskonditionen gemacht werden. Insoweit bietet sich dem Unternehmer ein breites Spektrum an Möglichkeiten zur Irreführung. Regelungen über Vertragsbedingungen finden sich an **mehreren Stellen des UWG.** Die **Abgrenzung der Regelungen** zueinander ist dabei **schwierig** und teilweise unklar, zumal die Regelungen auf verschiedene Richtlinien zurückzuführen sind. 95

---

304 Köhler/*Bornkamm,* § 5, Rdn. 8.8 ff.

305 GK-*Lindacher,* § 5 Rdn. 676 m. w. N.

306 Vgl. BGHZ 52, 302 ff. – *Lockvogel;* BGH GRUR 1974, 344 f. – *Intermarkt;* GRUR 1978, 649 ff. – *Elbe-Markt;* GRUR 1978, 652 ff. – *mini-Preis;* GRUR 1979, 116 ff. – *Der Superhit.*

307 Vgl. OLG Hamburg BB 1970, 1319; WRP 1977, 651, 655.

308 BGH a. a. O. – *Lockvogel.*

309 GK-*Lindacher,* § 5 Rdn. 676; strenger z. B. OLG Frankfurt WRP 1979, 870, 873.

310 Z. B. BGH a. a. O. – *Intermarkt* und *mini-Preis;* vgl. auch OLG Schleswig GRUR 1975, 666 f.; OLG Bremen WRP 1970, 314, 317.

311 BGH a. a. O. – *Lockvogel.*

312 Vgl. BGH GRUR 1987, 45, 47 – *Sommerpreiswerbung.*

313 Vgl. OLG Karlsruhe WRP 1980, 632, 634 f.

96 § 5 Abs. 1 S. 2 Nr. 2 erwähnt die Bedingungen, unter denen eine Ware geliefert oder eine Dienstleistung erbracht wird. Dazu gibt es in der UGP-Richtlinie kein ausdrückliches Pendant,[314] abgesehen vom Begriff der „Lieferung", der als ein wesentliches Merkmal eines Produkts in Art. 6 Abs. 1 lit. b der Richtlinie genannt wird (und so auch in § 5 Abs. 1 Nr. 1 übernommen wird). Die Regelung in § 5 Abs. 1 Nr. 2 UWG ist vielmehr noch auf die **Richtlinie 84/450/EWG**[315] zurückzuführen, die sich nach Art. 14 der UGP-Richtlinie nunmehr jedoch auf den Schutz von Gewerbetreibenden beschränken soll. **§ 5 Abs. 1 S. 2 Nr. 1 UWG** (Art. 6 Abs. 1 lit. b der UGP-Richtlinie) regelt die Irreführung über **Kundendienst und Beschwerdeverfahren; § 5 Abs. 1 S. 2 Nr. 3 UWG** (Art. 6 Abs. 1 lit. c) UGP-Richtlinie) die Irreführung über den **Umfang der Verpflichtungen des Gewerbetreibenden, § 5 Abs. 1 S. 2 Nr. 7 UWG** (Art. 6 Abs. 1 lit. g) UGP-Richtlinie) die Irreführung über **Rechte des Verbrauchers,** insbesondere aufgrund von Garantieversprechen oder Gewährleistungsrechten. **§ 5a Abs. 3 Nr. 4 UWG** (Art. 7 Abs. 4 lit. d) UGP-Richtlinie) definiert als für eine geschäftliche Entscheidung eines Verbrauchers wesentlichen Umstand die **Zahlungs-, Liefer- und Leistungsbedingungen sowie das Verfahren zum Umgang mit Beschwerden,** sofern diese von wesentlichen gesetzlichen Grundgedanken abweichen. **Nr. 10 im Anhang zu § 3 Abs. 3 UWG** (Nr. 10 im Anhang I der UGP-Richtlinie) verbietet zudem als Spezialfall das Herausstellen gesetzlich bestehender Rechte als Besonderheit **(Werbung mit Selbstverständlichkeiten)** und **Nr. 22 im Anhang zu § 3 Abs. 3 UWG** (Nr. 21 im Anhang I) die irreführende **Verwendung von Rechnungsformularen.**

97 Versucht man eine (grobe) Abgrenzung der Regelungen zueinander, so ergibt sich folgendes Bild:

– Die Regelungen über **Kundendienst** und **Beschwerdeverfahren** in **§ 5 Abs. 1 S. 2 Nr. 1 UWG** (Art. 6 Abs. 1 lit. b) UGP-Richtlinie) betreffen die nachvertraglichen Serviceleistungen; dabei geht es darum, welcher Kundendienst und welche Beschwerdeverfahren existieren und wie diese funktionieren, nicht aber, inwieweit diese Bestandteil von Gewährleistungsansprüchen sind.
– Irreführende Angaben über **Rechte** des *Verbrauchers* unterfallen **§ 5 Abs. 1 S. 2 Nr. 7 UWG (siehe § 5 Abschn. I. Rdn. 1 ff.).**
– Irreführende Angaben über **Verpflichtungen** des *Unternehmers* unterfallen **§ 5 Abs. 1 S. 2 Nr. 3 UWG** (siehe § 5 Abschn. E. Rdn. 1 ff.), wobei es zu Überschneidungen kommen kann, soweit Pflichten des Unternehmers einhergehen mit Rechten des Verbrauchers; das wird häufig der Fall sein, ist aber nicht zwangsläufig so, z. B. bei **Gestaltungsrechten** (Widerruf, Anfechtung, Gewährleistungsrechte), die keine Verpflichtungen des Gegenüber begründen, solange sie nicht ausgeübt wurden.
– **§ 5a Abs. 3 Nr. 4 UWG** (Art. 7 Abs. 4 lit. d) UGP-Richtlinie) verlangt, dass *Verbraucher* über Abweichungen von den gesetzlichen Bestimmungen über **Zahlungs-, Liefer- und Leistungsbedingungen** *aufgeklärt* werden müssen, d. h. hier geht es um das *Unterlassen*. Allerdings soll nach Art. 7 Abs. 2 UGP-Richtlinie das Bereitstellen auf unklare, unverständliche oder zweideutige Weise ebenfalls als irreführende Unterlassung gelten.
– Werden diese Zahlungs-, Liefer- und Leistungsbedingungen objektiv falsch dargestellt (egal ob gegenüber einem Unternehmer oder einem Verbraucher), so unterfällt das **§ 5 Abs. 1 S. 2 Nr. 7 UWG** (siehe § 5 Abschn. I. Rdn. 1 ff.).
– Die Nr. 10 im Anhang zu § 3 Abs. 3 ist demgegenüber das Spiegelbild zu § 5a Abs. 3 Nr. 4 (Art. 7 Abs. 4 lit. d) UGP-Richtlinie): Gelten die gesetzlichen Regelungen, so darf gegenüber *Verbrauchern* dies nicht als Besonderheit dargestellt werden (siehe § 5 Abschn. I. Rdn. 1 ff.).

98 Bei § 5 Abs. 1 S. 2 Nr. 2 handelt es sich somit im Wesentlichen um ein **Relikt aus der Umsetzung der Richtlinie 84/450/EWG,** das mit der Beschränkung des Anwendungsbereichs der Richtlinie auf Gewerbetreibende (vgl. Art. 14 der UGP-Richtlinie) viel an Bedeutung verloren hat. Wenn in der Begründung des Gesetzentwurfes der Bundesregierung zur UWG Reform 2008 demgegenüber davon die Rede ist, dass dies inhaltlich im Wesentlichen dem geltenden Recht entspreche,[316] so ist das zumindest missverständlich. Denn nur soweit einzelne Regelungen aus der UGP-Richtlinie mit Bezug auf Vertragsbedingungen nicht bereits in anderen Bestimmungen umgesetzt wurden, kann im Verkehr mit Verbrauchern noch auf § 5 Abs. 1 S. 2 Nr. 2 UWG zurückgegriffen werden. Das gilt beispielsweise für die **Risiken, denen der Verbraucher sich möglicherweise aussetzt** (Art. 6 Abs. 1 lit. g) UGP-Richtlinie). Im Übrigen kann diese Fallgruppe des § 5 Abs. 1 S. 2 Nr. 2 entsprechend der Vorgabe in Art. 14 der UGP-Richtlinie nur noch auf Liefer-/Leis-

---

314 *Köhler* WRP 2012, 251, 252 plädiert daher für eine Streichung.

315 Seit 12.12.2007 ersetzt durch die Richtlinie 2006/114/EG, ABl. L 376 S. 21; Verweisungen auf die aufgehobene Richtlinie gelten gem. Art. 10 Abs. 2 als Verweisungen auf die neue Richtlinie.

316 Amtl. Begründung des Gesetzentwurfes der Bundesregierung vom 23.5.2008, BR-Drs. 345/08, S. 47.

tungsbedingungen im Verkehr zwischen Unternehmern Anwendung finden. Sollten daneben noch Fälle der Irreführung gegenüber Verbrauchern über die Vertragsbedingungen verbleiben, so sind diese als **sonstige wesentliche Merkmale der Ware oder Dienstleistung** zu qualifizieren, auch wenn sie der besseren Übersicht wegen nachfolgend erwähnt werden.[317]

Zugleich kommt dem Tatbestand aber auch ein Regelungsinhalt zu, der nicht sofort ersichtlich 99 ist, indem er auch die Irreführung über **Risiken des Verbrauchers** erfasst, denen sich dieser möglicherweise aussetzt, was in **Art. 6 Abs. 1 lit. g)** der UGP-Richtlinie ausdrücklich geregelt ist, so aber nicht wörtlich in das UWG übernommen wurde.

Zur Irreführung über den **gewerblichen Charakter** eines Angebots siehe § 5 Abschn. E. 100 Rdn. 372 ff. und **Nr. 23 im Anhang zu § 3 Abs. 3 UWG;** zur Verwendung von **rechnungsähnlichen Formularen** siehe **Nr. 22 im Anhang zu § 3 Abs. 3 UWG** (Nr. 21 im Anhang I zur UGP-Richtlinie) (§ 5 Abschn. E. Rdn. 370 ff.).

2. Risiken und Pflichten des Kunden

Art. 6 Abs. 1 lit. g) der UGP-Richtlinie verbietet die Irreführung über die Rechte des Verbrau- 101 chers und die Risiken, denen er sich möglicherweise aussetzt. Diese Regelung wird vor allem durch § 5 Abs. 1 S. 2 Nr. 7 UWG umgesetzt. Allerdings ist dort nur von den ***Rechten*** des *Verbrauchers* die Rede. § 5 Abs. 1 S. 2 Nr. 3 UWG erwähnt die **Verpflichtungen des Unternehmers.** Das bedeutet, dass eine positive[318] Irreführung über die **Verpflichtungen des Verbrauchers/Kunden** nicht ausdrücklich geregelt ist. Das kann aber nicht beabsichtigt sein, denn damit würde der Schutz des Verbrauchers, der durch die UGP-Richtlinie verstärkt werden sollte, sogar noch hinter den Schutz im unternehmerischen Verkehr zurück bleiben. Um diese Lücke zu vermeiden, ist die Fallgruppe der Liefer- und Leistungsbedingungen in § 5 Abs. 1 S. 2 Nr. 2 UWG so zu verstehen, dass sie **auch die Irreführung über die Risiken und Pflichten** erfasst, denen sich der **Verbraucher** aussetzt.

Das gilt beispielsweise für den Abschluss von **Kopplungsverträgen.** Kann etwa ein Handy/ 102 Smartphone nur dann preisgünstig erworben werden, wenn zugleich ein **Netznutzungsvertrag** abgeschlossen wird, sind dessen Kosten sowie etwaige **Mindestlaufzeiten** und die Tatsache der Erforderlichkeit des zusätzlichen Vertrages ebenfalls anzugeben.[319] Nicht gesondert ausgewiesen werden muss allerdings der Teil der Kosten des Vertrags, der auf die „Subventionierung" des günstigen Handys/Smartphones entfällt (sog. Handyzuschlag).[320] Entsprechendes gilt, wenn eine bestimmte Tarifoption nur in Verbindung mit einem bestimmten Telefonanschluss verfügbar ist, für den Grundgebühren zu bezahlen sind,[321] oder wenn zusätzlich zu einer „Flat" noch Aktivierungsgebühren zu entrichten und Servicenummern nicht erfasst sind. Andererseits muss bei einem Angebot von Telefongeräten nicht auch auf etwaige Verbindungsentgelte hingewiesen werden, weil dem Durchschnittsverbraucher bekannt ist, dass er diese Entgelte durch die von ihm frei wählbaren **Call-by-Call** Einstellungen oder **Pre-Selection** beeinflussen kann und er somit nicht an die Tarife des Verkäufers gebunden ist.[322] Eine (bei Kopplung) erforderliche Aufklärung kann auch durch einen **Sternchenhinweis** erfolgen, wenn dieser unmittelbar zu den entsprechenden Informationen führt. Entscheidend ist, dass die **Aufklärung** in klarer Zuordnung **leicht erkennbar** und **deutlich lesbar** erfolgt. Die Angaben zur wirtschaftlichen Belastung des Kunden dürfen gegenüber der herausgestellten Werbung für das günstige Angebot nicht völlig in den Hintergrund treten. Maßgeblich ist dabei der **Gesamteindruck.** Erweckt Blickfangwerbung den Eindruck, alle wesentlichen Informationen zu enthalten, so führen korrigierende Angaben in einem Sternchenhinweis nicht zur Zulässigkeit der Werbung, denn der Verbraucher muss nicht damit rechnen, dass eine in den Blickfang gestellte Information objektiv unrichtig ist.[323] Sind die Informationen in kleinerer Schrift dargestellt, kann das u. U. noch zu akzeptieren sein;[324] Angaben zu einem Sternchenhinweis in kleinerer

---

[317] Z. B. Voraussetzungen für die Vergabe von Darlehen gegenüber Verbrauchern, § 5 C. Rdn. 192.

[318] Die Irreführung über die Lieferbedingungen durch Unterlassung ist in § 5a Abs. 2 Nr. 4 UWG geregelt.

[319] BGH GRUR 1999, 261, 264 – *Handy-Endpreis;* 1999, 264, 267 – *Handy für 0,00 DM;* WRP 1999, 505, 508 – *Nur 1 Pfennig;* 1999, 509, 512 – *Kaufpreis je nur 1,– DM;* 1999, 512, 516 – *Aktivierungskosten;* OLG Koblenz GRUR-RR 2013, 443, 444 – *unbegrenzt surfen,* das allerdings eine Irreführung über den Preis annahm (dazu siehe oben Rdn. 29). A. A. OLG Köln CR 2002, 576, 577; MD 2002, 803; MD 2002, 803: Bei Erwerb eines SIM-Lock Handy mit Startguthaben wisse der Verbraucher heute, dass er sich an die werbende Telefongesellschaft binden müsse, es sei denn, diese erweckt durch zusätzliche Aussagen einen anderen Eindruck.

[320] OLG Celle WRP 2015, 364 Tz. 3.

[321] BGH GRUR 2009, 73 ff. –*Telefonieren für 0 Cent.*

[322] BGH GRUR 2008, 729, 730 Tz. 16 – *Werbung für Telefondienstleistungen.*

[323] OLG Koblenz GRUR-RR 2013, 443, 444 – *unbegrenzt surfen.*

[324] BGH GRUR 2002, 976, 979 – *Kopplungsangebot I.*

Schrift, in einem Text, der gegenüber dem Rest der Anzeige um 90° gedreht ist und die erforderlichen Informationen nur teilweise enthält, genügen hingegen nicht.[325] Daran hat auch die BGH-Entscheidung „Schlafzimmer komplett“[326] nichts geändert, da die dortigen Aussagen nur „unter engen Voraussetzungen“ gerechtfertigt sind.[327] Entsprechendes gilt für **Gutscheine,** bei denen die Inanspruchnahme der beworbenen Leistung davon abhängt, dass weitere Leistungen in Anspruch genommen werden, z. B. durch die Verpflichtung zum Kauf weiterer Waren oder den Beitritt zu einem Buchclub, ohne dass hierüber hinreichend klar aufgeklärt wird.[328] Zur Irreführung über Begleitumstände des Vertrags siehe auch § 5 Abschn. E. Rdn. 207 ff. Zur Irreführung über die **Dauer** von (auch anlassungebundenen) **Rabattaktionen** und **Sonderaktionen**[329] siehe § 5 Abschn. D. Rdn. 8.

103 Zur Irreführung darüber, dass der Kunde überhaupt einen Vertrag abschließt, z. B. durch Verwendung von rechnungsähnlichen Formularen, siehe § 5 Abschn. E. Rdn. 370 sowie Nr. 22 der Schwarzen Liste im Anhang zu § 3 Abs. 3 UWG.

3. Allgemeine Geschäftsbedingungen

104 Die Kontrolle von allgemeinen Geschäftsbedingungen erfolgt grundsätzlich nach den Regelungen der **§§ 305 ff. BGB** und nach den Regelungen des **UKlaG.** Ob daneben auch Wettbewerber nach § 4 Nr. 11 UWG a. F. klagen konnten, war umstritten.[330] Die überwiegende Meinung geht mittlerweile davon aus, dass eine solche Klage möglich ist,[331] wobei nunmehr statt § 4 Nr. 11 UWG § 3a UWG anwendbar ist. Allerdings ist die Verwendung unwirksamer allgemeiner Geschäftsbedingungen nicht zugleich auch automatisch ein Verstoß gegen §§ 5, 5a UWG.[332] Denn die Frage, welche Rechte/Pflichten überhaupt bestehen und wirksam vereinbart wurden, ist nicht identisch mit der Frage, ob der Verbraucher über bestehende Rechte/Pflichten getäuscht wird, und das Irreführungsverbot dient nicht dazu, die Verwendung unwirksamer AGB zu unterbinden.[333] Ebenso ist die Bezugnahme auf allgemeine Geschäftsbedingungen in der Werbung per se grundsätzlich nicht zu beanstanden, auch wenn damit auf Beschränkungen der Leistungspflicht des Unternehmers hingewiesen wird.[334] Irreführend i. S. v. § 5 UWG ist es allerdings, auf Nachfrage die Rechte des Kunden falsch darzustellen oder mit einer **günstigeren Vertragsgestaltung** oder -abwicklung zu werben, **als dies in den Allgemeinen Geschäftsbedingungen des Unternehmers geregelt** ist,[335] z. B. indem bei einer Versicherung der Eindruck erweckt wird, bestimmte Risiken seien gedeckt, während das tatsächlich nicht der Fall ist[336] oder indem ein Test einer Kreditkarte *„ohne jedes Risiko“* angeboten wird, der Kunde aber tatsächlich bei Kartenverlust haften muss.[337] Wer bei eBay hingegen Ware unter der Option *„sofort kaufen“* anbietet, der erklärt damit nicht zugleich, dass er an jedermann verkaufen will, sondern grenzt sich nur von dem sonst üblichen Versteigerungsprozess ab. Es ist daher nicht irreführend, wenn ein solcher Verkäufer in seinen AGB regelt, dass sein Angebot nicht bindend ist, sondern – wie bei den meisten anderen onlice-Verkäufern auch – eine bloße invitatio ad offerendum.[338] Der Hinweis *„Irrtum vorbehalten“* soll nicht als Haftungsbeschränkung verstanden werden und daher in Werbeprospekten wettbewerbsrechtlich zulässig sein;[339] ebenso wenig ist die Aussage *„rundum sorglos reisen“* so zu verstehen, dass damit alle denkbaren Risiken abgedeckt sind.[340]

---

325 BGH GRUR 2002, 979, 982 – *Kopplungsangebot II.*
326 BGH GRUR 2015, 698 – *Schlafzimmer komplett.*
327 BGH GRUR 2016, 207 Tz. 18 – *All Net Flat.*
328 BGH GRUR 1990, 282, 286 – *Wettbewerbsverein IV;* KG GRUR 1984, 286; a. A. KG WRP 1990, 507, 517.
329 BGH GRUR 2014, 91 Tz. 21 ff. – *Treuepunkte-Aktion.*
330 Dafür KG MMR 2005, 284; *Peifer* WRP 2008, 556, 558; dagegen OLG Köln WRP 2007, 1111; *Ullmann* GRUR 2003, 817, 823; Piper/*Ohly*/Sosnitza, UWG, § 4 Rdn. 11.78.
331 OLG Hamm, Urt. v. 30.3.2006 – 4 U 3/06; OLG Düsseldorf, Urt. v. 5.6.2007 – 20 U 176/06; MünchKommUWG/*Schaffert,* § 4 Nr. 11 Rdn. 30; Palandt/*Bassenge,* BGB, § 3 UKlaG Rdn. 1; Köhler/*Bornkamm,* § 4 Rdn. 11.17; *Eppe* WRP 2005, 808, 812; zu § 475 Abs. 1 Satz 1 BGB: BGH WRP 2010, 1475.
332 Zweifelhaft daher OLG Hamburg MMR 2007, 324, wo die Qualifikation als Marktverhaltensregelung vom Inhalt der jeweiligen Klausel abhängig gemacht wird.
333 Köhler/*Bornkamm,* § 5 Rdn. 7.143 a.
334 BGH GRUR 1983, 654, 655 – *Kofferschaden.*
335 *Helm* in: Gloy/Loschelder/Erdmann, HdbWettbR, § 59 Rdn. 413.
336 BGH GRUR 1983, 654, 655 – *Kofferschaden;* KG GRUR 1991, 787.
337 OLG Hamburg WRP 1986, 344, 345.
338 A. A. OLG Hamburg MMR 2008, 44, 45.
339 BGH GRUR 1997, 472, 473 – *Irrtum vorbehalten.*
340 KG WRP 1985, 637.

Andererseits hängt die Beurteilung einer Irreführungsgefahr **nicht** zwingend davon ab, ob eine Regelung nach den Bestimmungen über allgemeine Geschäftsbedingungen **unwirksam** ist. So können **Inhalt und Reichweite einer Herstellergarantie,** also einer von den Gewährleistungsansprüchen unabhängigen, selbständigen Garantie, als freiwillige Leistung gegenüber Endkunden vom garantierenden Unternehmen grundsätzlich frei bestimmt werden. Als eine solche selbständige Garantie unterliegt die Hersteller-Garantie auch nicht der Verjährung (anders aber die aus ihr erwachsenen Ansprüche und anders als eine etwaige Verlängerung der gesetzlichen Gewährleistungsansprüche). Dennoch kann es irreführen, wenn bei einer solchen Garantie der unzutreffende Eindruck entsteht, eine Beschränkung der Herstellergarantie würde auch die Rechte gegen den Händler betreffen.[341] Ebenso wäre ein Verkäufer nicht verpflichtet, für sein Produkt eine Hotline anzubieten. Behauptet er jedoch, dass er einen solchen Dienst anbietet und geschieht dies dann nicht, so ist dies irreführend.[342] 105

Zur Irreführung über Rechte des Verbrauchers in Allgemeinen Geschäftsbedingungen siehe auch § 5 Abs. 1 S. 2 Nr. 7 UWG sowie § 3a UWG.

4. Garantien

Die Irreführung durch falsche Angaben zu Garantien des Verkäufers gegenüber **Verbrauchern** unterfällt nunmehr **§ 5 Abs. 1 S. 2 Nr. 7 UWG.**[343] Gegenüber Unternehmern findet weiterhin § 5 Abs. 1 S. 2 Nr. 2 UWG Anwendung. Daneben konnte in der Vergangenheit § 4 Nr. 4 UWG a. F. gelten.[344] 106

Langjährige oder umfangreiche Garantien sind wettbewerbsrechtlich grundsätzlich nicht zu beanstanden, solange die Garantie nicht für einen **Zeitraum** versprochen wird, der die Lebenserwartung der Ware bei normaler Verwendung übersteigt und der durchschnittlich informierte und verständige Garantienehmer dadurch über die Lang-/Kurzlebigkeit der Ware getäuscht wird. Die mit einer langen Garantie verbundenen Beweisschwierigkeiten führen als solche ebenfalls nicht zur Anwendbarkeit von § 5 UWG.[345] Garantieversprechen können jedoch irreführend sein, wenn sie entweder **inhaltlich unzutreffend** sind, für den Kunden **praktisch wertlos**[346] oder **rechtlich nicht durchsetzbar** sind oder der Werbende eine angekündigte Garantie auf Wunsch des Kunden **nicht verbindlich vereinbaren** oder (ohne Vereinbarung) zumindest **im Kulanzwege erfüllen** will.[347] So kann es irreführend sein, eine *reine Reparaturkosten-Versicherung* als „Garantie" zu bezeichnen[348] oder mit einer *„bankgarantierten Rückzahlung der Einlage"* zu werben, obwohl die Realisierung der Garantie voraussichtlich mit erheblichen Schwierigkeiten verbunden ist.[349] Eine durch einen Gasversorger garantierte *100%ige Versorgungssicherheit* kann als Vortäuschung einer Sonderstellung irreführend sein.[350] Im Übrigen kann es erforderlich sein, genau danach zu unterscheiden, von wem die jeweilige „Garantie" angeboten wird. Das gilt insbesondere im Verhältnis zwischen Händler und Hersteller: Irreführend ist daher z. B. die Werbung mit einer „Garantiekarte" in KfZ-Handel, wenn damit eine Händlergarantie gemeint ist, während der Verkehr von einer Garantie des Herstellers ausgeht.[351] Die Werbung mit einer **über 30 Jahre** hinausreichenden Garantiezusage eines *Händlers* bei der es letzten Endes um eine Verlängerung der gesetzlichen Gewährleistungspflicht geht, ist irreführend, weil eine solche Verpflichtung gegen das Verbot des rechtsgeschäftlichen Ausschlusses der Verjährung verstößt (§ 202 Abs. 2 BGB) und daher unwirksam ist.[352] Bezieht sich die Verjährung allerdings auf eine von den gesetzlichen Gewährleistungsansprüchen unabhängige, selbständige Garantie eines *Herstellers* zur Haltbarkeit eines bestimmten Materials, so ist dies wettbewerbsrechtlich nicht zu beanstanden, sofern dieses Material bei normaler Abnutzung eine entsprechend lange Lebensdauer besitzt. Nicht verboten wurde daher vom BGH die Werbung eines Herstellers von Aluminiumdächern mit einer Haltbarkeitsgarantie von 40 Jahren.[353] 107

---

[341] BGH NJW 1997, 3376, 3377. Vgl. auch OLG Frankfurt NJW-RR 1996, 1386.
[342] Siehe hierzu auch § 5 Abschn. C Rdn. 174 ff., Fallgruppe „Kundendienst und Beschwerdeverfahren".
[343] So dass sich dort auch eine umfangreichere Kommentierung findet.
[344] BGH WRP 2009, 1229 ff. – *Geld-zurück-Garantie II.*
[345] BGH GRUR 1976, 146, 147 – *Kaminisolierung;* BGH GRUR 2008, 915 Tz. 16 – *40 Jahre Garantie.*
[346] Vgl. BGH GRUR 1994, 57 – *Geld-zurück-Garantie.*
[347] BGH GRUR 2000, 1106, 1108 – *Möbel-Umtauschrecht.*
[348] OLG Frankfurt a. M. NJW-RR 1996, 1386.
[349] KG WRP 1997, 31.
[350] OLG Düsseldorf MD 2009, 652.
[351] OLG Köln WRP 1979, 887.
[352] BGH GRUR 1994, 830 – *Zielfernrohr.*
[353] BGH WRP 2008, 1326, 1327 – *40 Jahre Garantie.*

5. Sonstige Fälle

108 Bei **Kreditangeboten** (Darlehen) rechnet der durchschnittlich informierte und verständige Verbraucher damit, dass der Kreditvergabe eine **Bonitätsprüfung** vorausgeht. Hierauf ist daher nicht gesondert hinzuweisen. Entsprechendes gilt für den Vorbehalt, **Teilzahlungsvereinbarungen** bei zweifelhafter wirtschaftlicher Leistungsfähigkeit des Vertragspartners nicht einzugehen.[354] Der Verbraucher rechnet allerdings nicht damit, dass ganze Verbrauchergruppen von vornherein ausgeschlossen sind, so dass hierauf hinzuweisen ist.[355]

109 Wer **Versandkosten** verlangt, darf nicht den Eindruck erwecken, er liefere frei Haus. Nach § 1 Abs. 2 S. 2 PAngV und Art. 246a § 1 Nr. 4 EGBGB i. V. m. §§ 312dc, e BGB sind etwaig anfallende Versand- oder Lieferkosten sogar in konkreter Höhe anzugeben; die Angabe *„zzgl. Versandkosten"* genügt nicht. Zur Angabe von Versandkosten, insbesondere auch im Internethandel, siehe § 1 PAngV Rdn. 41 ff.

110 Bedingungen, unter denen eine Ware geliefert wird, können nicht nur Umstände sein, auf die der Veräußerer Einfluss hat. Irreführende Angaben können sich auch auf das **Verhalten Dritter** beziehen, wie z. B. Garantien, die von Dritten übernommen werden oder Zuschüsse, die Dritte machen. Irreführend ist es daher, für den möglichst schnellen Bezug von Zusatzversicherungen oder Hilfsmitteln zu werben, indem der Eindruck erweckt wird, dass **Zuschüsse der gesetzlichen Krankenkassen wegfallen,** obwohl ein Wegfall nach den konkreten Planungen der zuständigen Stellen nicht unmittelbar bevorsteht.[356]

111 Zur Werbung mit unwahren Angaben über eine Gefahr für die persönliche Sicherheit des Verbrauchers siehe Nr. 12 im Anhang zu § 3 Abs. 3 UWG.

E. § 5 Abs. 1 S. 2 Nr. 3 (Die Eigenschaften des Unternehmers)

Eine geschäftliche Handlung ist irreführend, wenn sie unwahre Angaben enthält oder sonstige zur Täuschung geeignete Angaben über folgende Umstände enthält:

3. die Person, Eigenschaften oder Rechte des Unternehmers, wie Identität, Vermögen einschließlich der Rechte des geistigen Eigentums, den Umfang von Verpflichtungen, Befähigung, Status, Zulassung, Mitgliedschaften oder Beziehungen, Auszeichnungen oder Ehrungen, Beweggründe für die geschäftliche Handlung oder die Art des Vertriebs.

Inhaltsübersicht

	Rdn.
Einführung	1
I. Identität des Unternehmers	1
1. Abgrenzung	2
a) § 5a Abs. 2 Nr. 3, Abs. 4	2
b) Betriebliche und geographische Herkunft	3
c) Kennzeichenrecht	4
d) Registerrecht	5
2. Voraussetzungen	6
a) Unwahre oder zur Täuschung geeignete Angabe	6
b) Relevanz	15
3. Beispiele	17
II. Vermögen des Unternehmers einschließlich seiner Rechte des geistigen Eigentums	53
1. Allgemeines	53
2. Rechte des geistigen Eigentums	54
a) Allgemeines	54
b) Grundsätze	59
aa) Bestand des Schutzrechts und Berechtigter (Schutzrechtsinhaber)	62
bb) Räumlicher Umfang	63
cc) Zeitlicher Umfang	64

---

[354] BGH GRUR 1988, 459, 460 – *Teilzahlungsankündigung.*

[355] OLG Düsseldorf WRP 2004, 1075 – *„Das kann sich jeder leisten".*

[356] OLG Celle GRUR-RR 2007, 111, 112 – *Hörgeräte;* OLG Karlsruhe, GRUR-RR 2005, 58 – *Zahnprothesen.*

	Rdn.
dd) Sachlicher Umfang	65
ee) Relevanz	66
c) Einzelfälle, Ausdrücke	67
3. Sonstiges Vermögen	73
a) Voraussetzungen	73
b) Beispiele	80
III. Umfang der Verpflichtungen des Unternehmers	95
1. Europäischer Kontext und Abgrenzung	95
2. Einzelheiten	98
a) Unwahr oder zur Täuschung geeignet	98
b) Angabe über den Umfang der Verpflichtungen	100
c) Relevanz	102
3. Beispiele	104
IV. Befähigung des Unternehmers	115
1. Abgrenzung und Bedeutung	115
2. Dr.-Titel	119
3. Prof.-Titel	125
4. Diplom/Dipl.-Ing.	127
5. Ausländische akademische Grade und Bezeichnungen	128
6. Architekt/Architektur	132
7. Handwerker, handwerkliche Leistungen, Meister, Meisterbetrieb	134
8. Weitere Einzelfälle	137
9. Relevanz	169
V. Status des Unternehmers	170
1. Allein- und Spitzenstellungswerbung	171
a) Abgrenzung	174
b) Beurteilungsmaßstab	178
aa) Angesprochener Verkehrskreis	179
bb) Inhaltlicher Sinngehalt	181
cc) Zutreffender Sinngehalt	188
dd) Alleinstellung	189
c) Arten von Alleinstellungswerbung	190
aa) Superlativ	191
bb) Komparativ	195
cc) Negativer	196
dd) Bestimmter Artikel	197
ee) Positive Umschreibungen	198
ff) Geografische Angaben	199
gg) Domainnamen	200
d) Spitzengruppenwerbung	203
e) Beweislast	205
2. Unternehmensziele	206
3. Unternehmensgröße und -bedeutung	211
a) Allgemein	211
b) Einzelne Fallgestaltungen	213
4. Stellung im Herstellungs- bzw. Vertriebsverfahren	248
5. Unternehmensalter und -tradition	249
a) Hohes Alter	249
aa) Allgemeines	249
bb) Unmittelbare und mittelbare Altersangaben	250
cc) Unternehmenskontinuität	252
dd) Relevanz	258
ee) Verhältnismäßigkeit	260
ff) Beispiele	261
b) Junges Alter	263
6. Überwachung und Kontrolle des Unternehmers	265
7. Personal und Mitarbeiter	268
a) Voraussetzungen	268
b) Beispiele	272
VI. Zulassung des Unternehmers	273
1. Allgemeines	273
a) Abgrenzung	273
b) Unwahre oder täuschende Angabe über Zulassung	276
c) Relevanz	280
d) Interessenabwägung bei fehlerhaftem oder irreführendem Verwaltungsakt?	281
2. Beispiele	284

Rdn.
VII. Mitgliedschaften oder Beziehungen des Unternehmers ... 312
1. Allgemein ... 312
a) Abgrenzung ... 312
b) Mitgliedschaften oder Beziehungen ... 315
c) Unwahre oder zur Täuschung geeignete Angabe ... 316
d) Relevanz ... 317
2. Beispiele ... 318
VIII. Auszeichnungen oder Ehrungen ... 342
1. Bedeutung und Abgrenzung ... 342
2. Beurteilungsmaßstab ... 348
3. Einzelfragen ... 349
a) Bestand ... 350
b) Ausgezeichnetes Objekt ... 351
c) Person des Auszeichnenden ... 352
d) Anlass, Auszeichnungskriterien, Verfahren ... 353
e) Zeitpunkt und Aktualität ... 354
f) Sonstiges ... 355
4. Empfehlungen ... 356
5. Relevanz ... 360
IX. Beweggründe für die geschäftliche Handlung ... 361
1. Herkunft und Abgrenzung ... 364
2. Bedeutung des Verbots; Unternehmerbezogenheit ... 367
3. Irreführung über Geschäftsanbahnung/-fortsetzung ... 369
4. Verwendung rechnungsähnlicher Formulare ... 370
5. Irreführung über den gewerblichen Charakter eines Angebots ... 372
6. Irreführung über Beweggründe des Unternehmers für die Art des Vertriebs? 375
X. Art des Vertriebs ... 376
1. Abgrenzung ... 376
2. Einzelheiten ... 381
3. Beispiele ... 383

Einführung

1 In § 5 Abs. 1 S. 2 Nr. 3 sind nach den Gesetzesmaterialien **Bezugspunkte geregelt, die den handelnden Unternehmer selbst betreffen.**[1] Ihnen stehen Angaben über andere Gewerbetreibende bei richtlinienkonformer Auslegung nicht gleich, denn Art. 6 Abs. 2 lit. f) Richtlinie unlautere Geschäftspraktiken spricht nicht von „einem“, sondern von „dem“ Gewerbetreibenden, und führt neben dem Gewerbetreibenden auch seinen **„Vertreter“** auf. Zu Angaben über Dritte s. auch **§ 5 B Rdn. 100.** Unwahre oder täuschende Angaben über die Person, die Eigenschaften oder die Rechte des Unternehmers bzw. seines Vertreters sind entspr. der Aufzählung in § 5 Abs. 1 S. 2 Nr. 3 solche über die Identität, das Vermögen einschließlich der Rechte des geistigen Eigentums sowie des Umfangs der Verpflichtungen, die Befähigung, den Status, die Zulassung, die Mitgliedschaften oder Beziehungen, die Auszeichnungen oder Ehrungen sowie bestimmte Aussagen und Symbole des Unternehmers oder seines Vertreters. **Die Aufzählung ist nicht abschließend.**[2] Es bietet sich aber eine weite Auslegung der untergeordneten Bezugspunkte an, die es ermöglicht, alle Angaben über die Person, die Eigenschaften und die Rechte des Unternehmers den in § 5 Abs. 1 S. 2 Nr. 3 genannten Beispielsgruppen zuzuordnen, so dass über die dort genannten Beispiele hinaus keine weitere Fallgruppe gebildet werden muss.

I. Identität des Unternehmers

Schrifttum: *Bornkamm/Seichter,* Das Internet im Spiegel des UWG – Grenzwerte für die lautere Nutzung eines neuen Mediums, CR 2005, 747; *Dreher/Ballmeier,* Die Werbung mit der Rechtsform durch Versicherungsvereine auf Gegenseitigkeit, VersR 2011, 1087; *Haberkorn,* Zur Zulässigkeit des Firmenzusatzes „Zentrale“, WRP 1966, 306; *Hackbarth,* Erste Anmerkungen zu „Bananabay II“ – Gelöste Probleme und offene Fragen, WRP 2011, 1124; *Härting/Schätzle,* Kennzeichenrechte und Social Networks – Zur Verwendung fremder Kennzeichen im URL-Pfad, ITRB 2011, 11; *Herb,* Spezialisierungshinweise und irreführende Werbung nicht marktbezogener Reparaturwerkstätten, WRP 1991, 699; *Krause,* gGmbH als unzulässiger Rechtsformzusatz?, NJW 2007, 2156; *Mankowski,* Zur Werbung der Ltd mit EU-GmbH, EWiR 2007, 93; *Ohly,* Urheberrecht und

[1] Amtl. Begr., BT-Drucks. 16/10145, S. 24.
[2] Vgl. BGH GRUR 2010, 352, 353 – *Hier spiegelt sich Erfahrung.*

UWG, GRUR Int. 2015, 693; *Plaß,* Hyperlinks im Spannungsfeld von Urheber-, Wettbewerbs- und Haftungsrecht, WRP 2000, 599; *Saenger/Riße,* Die anwaltliche Homepage – Berufs- und wettbewerbsrechtliche Grenzen bei der Wahl eines Domainnamens, MDR 2005, 1381; *Schubert,* Das empirische Verbraucherverständnis über Top-Level-Domains, JurPC Web-Dok. 62/2007, Abs. 1–54; *Wiebe,* „Deep Links" – Neue Kommunikationsformen im Wettbewerb aus lauterkeitsrechtlicher Sicht, WRP 1999, 734.

1. Abgrenzung

a) § 5a Abs. 3 Nr. 2 und Abs. 4. Ein **Schwerpunkt** der Irreführung über die Identität des Unternehmers liegt in der Praxis auf der **Irreführung durch Unterlassen gemäß § 5a.** Gemäß **§ 5a Abs. 3 Nr. 2** gilt in Angeboten an Verbraucher kraft Gesetzes die Information über die Identität des Unternehmers als wesentlich. Ferner schreibt das Unionsrecht in diversen Richtlinie und Verordnungen verpflichtende Basisinformationen betreffend der Identität des Unternehmers vor, die über **§ 5a Abs. 4** als wesentliche Information im Sinne des § 5a Abs. 2 gelten. Zur Abgrenzung siehe näher **§ 5a Rdn. 39 ff.** 2

b) Betriebliche und geografische Herkunft. Während der Verbraucher beim Irrtum über die betriebliche Herkunft falsche Vorstellungen über die Herkunft der Ware entwickelt, geht es bei unwahren oder täuschenden Angaben über die Identität des Unternehmers um einen Irrtum über das **hinter der geschäftlichen Handlung stehende Rechtssubjekt.** Angaben, die der Verkehr nur auf die Betriebsstätte bezieht, ohne ihnen einen Hinweis auf deren Inhaber zu entnehmen (z. B. die Straßenbezeichnung „Wall Street"),[3] sind keine Angaben über die Identität des Werbenden, sondern über die geographische Herkunft. 3

c) Kennzeichenrecht. Ein Vorrang des Kennzeichenrechts besteht nicht, in unionskonformer Auslegung der Vorschrift ist der **wettbewerbliche Irreführungsschutz vom Kennzeichenrechtsschutz unabhängig,** s. näher **§ 5 Abschn. J Rdn. 2 ff.** Die Wertungen des **Rechts der Gleichnamigen** sind zu berücksichtigen, wenn sich die Frage stellt, ob die Gefahr der Verwechslung mit dem Kennzeichen eines Mitbewerbers zu einer unlauteren Handlung i. S. d. § 5 Abs. 2 führt;[4] s. dazu näher **§ 5 Abschn. J Rdn. 42.** Häufig wird die Irreführung über die Identität des Unternehmers gemäß § 5 Abs. 1 S. 2 Nr. 3 mit einer Irreführung durch das **Hervorrufen einer Verwechslungsgefahr gemäß § 5 Abs. 2 n. F.** zusammentreffen; **auf die Kommentierung in § 5 Abschn. J wird verwiesen.** 4

d) Registerrecht. Die Eintragung der (Verletzer-)Firma ins **Handelsregister** schließt eine Irreführung nach § 5 UWG nicht aus.[5] Die handelsrechtlichen Bestimmungen über den unzulässigen Gebrauch einer Firma nach §§ 18, 37 HGB und der Unterlassungsanspruch aus dem UWG stehen selbstständig nebeneinander.[6] Ist die Firmierung eines Unternehmens zur Irreführung geeignet, ist ein dagegen gerichteter wettbewerbsrechtlicher Anspruch nicht deshalb ausgeschlossen, weil das Unternehmen die Firmenbezeichnung zu einem früheren Zeitpunkt zulässigerweise geführt hat.[7] 5

2. Voraussetzungen

a) Unwahre oder zur Täuschung geeignete Angabe. Über die Identität des Unternehmers irrt, wer sich **falsche Vorstellungen über das hinter der geschäftlichen Handlung stehende Rechtssubjekt** macht. Der Umworbene irrt z. B. über die Person des Unternehmers, wenn er diesen mit einer anderen **existierenden** Person verwechselt; wenn er den Handelnden für eine andere, tatsächlich gar **nicht existierende** Person hält; wenn er meint, mit dem Inhaber des Unternehmens zu verhandeln, während ein **Strohmann** tätig wird. 6

Konkrete Vorstellungen über Eigenschaften und Fähigkeiten des Rechtssubjekts, für das der Verkehr den Unternehmer hält, sind nicht Voraussetzung der Täuschungseignung; es reicht aus, wenn der Unternehmer nicht der ist, für den ihn der Verkehr hält. Sie können aber bei der Frage der wettbewerbsrechtlichen Relevanz bedeutsam werden. Angaben, die nicht geeignet sind, den Verkehr infolge ihrer Täuschungseignung in seinem wirtschaftlichen Verhalten zu beeinflussen oder aus diesen Gründen einen Mitbewerber zu schädigen, sind nicht relevant irreführend. 7

---

[3] Vgl. OLG Bremen WRP 1977, 267.

[4] BGH GRUR 2013, 397, 400 Rdn. 44 und LS – *Peek & Cloppenburg III;* GRUR-RR 2014, 201, 205 Rdn. 51 – *Peek & Cloppenburg IV;* vgl. *Bornkamm,* FS Loschelder, S. 31, 37.

[5] BGH GRUR 2003, 448, 449 – *Gemeinnützige Wohnungsgesellschaft.*

[6] BGH GRUR 2003, 448, 449 – *Gemeinnützige Wohnungsgesellschaft;* vgl. auch BGH GRUR 2002, 703, 706 – *VOSSIUS & PARTNER.*

[7] BGH GRUR 2003, 448, 449 – *Gemeinnützige Wohnungsgesellschaft.*

8 Die Täuschung über die Identität des handelnden Rechtssubjekts kann ausdrücklich oder konkludent erfolgen. Auch durch **Verschweigen oder Vorenthalten** für den Verkehr wesentlicher Informationen über die Identität des Unternehmers handelt der Unternehmer irreführend, wenn die Voraussetzungen des **§ 5a** vorliegen. Dabei gilt in **an Verbraucher gerichteten Angeboten** von Waren bzw. Dienstleistungen sowie dann, wenn das Gemeinschaftsrecht diese Information vorschreibt, also v. a. im Fernabsatz, im Finanz-, Wertpapier- und Versicherungsbereich, bei Pauschalreisen und Teilzeitnutzungsrechten, die Identität des Unternehmers kraft Gesetzes als wesentlicher Umstand, **§ 5a Abs. 3 Nr. 2 und 4.** Für das Verhältnis B2B gelten diese Informationspflichten hingegen nicht.[8] S. dazu ausführlich die **Kommentierung zu § 5a.**

9 Nicht nur durch die Verwendung eines fremden **Namens,** einer fremden **Firma** oder sonstiger **geschäftlicher Bezeichnungen,** sondern auch durch **Marken** lässt sich beim Verkehr der Eindruck erwecken, es handele sich um ein anderes Unternehmen, als dies tatsächlich der Fall ist.[9]

10 **Rechtsformzusätze** in der Werbung, auf Rechnungen oder in Verträgen (z. B. AG) können den Eindruck eines tatsächlich nicht existierenden Unternehmens erwecken (Meier AG statt Einzelkaufmann Meier). **Beschreibende Angaben** (z. B.: Gewinner des X-Preises in Y aus 2000), **Formen oder Farben,** die der Verkehr als Herkunftshinweis auf ein bestimmtes anderes Unternehmen versteht, können ebenfalls über die Identität des Unternehmers irreführen. Gleichgültig ist, ob dadurch ein Mitbewerber i. S. d. § 6 Abs. 1 UWG erkennbar gemacht wird, denn auch ein **Werbevergleich** kann zur Täuschung geeignet sein. So kann die Angabe von **Bestellnummern** des Herstellers einen Herkunftshinweis auf den Originalhersteller enthalten;[10] zu irreführenden Werbevergleichen näher noch **§ 5 K.**

11 Eine nicht vermeidbare Herkunftstäuschung begründet keinen Verstoß gegen die unternehmerische Sorgfalt.[11] Mit verpflichtenden Angaben oder dem Umstand allein, dass der Unternehmer die gleichen Leistungen anbietet wie sein Mitbewerber, mit **Ähnlichkeiten der Produkte,** die **funktionell bedingt,** selbstverständlich oder jedenfalls naheliegend sind, und mit glatt beschreibenden Angaben lässt sich eine Irreführung in aller Regel nicht begründen, s. **näher § 5 Abschn. B Rdn. 113 und Abschn. J Rdn. 42.**[12]

12 Die Wertungen des **Rechts der Gleichnamigen** aus dem Kennzeichenrecht gelten entsprechend, s. dazu **näher § 5 Abschn. J Rdn. 42.** Danach sind gering ins Gewicht fallende Fehlvorstellungen des Verkehrs im Hinblick auf eine langjährige redliche **Koexistenz der Unternehmenskennzeichen** (z. B. aufgrund getroffener Abgrenzungsvereinbarungen) hinzunehmen, wenn der Verwechslungsgefahr ausreichend durch **aufklärende Hinweise** entgegengewirkt wurde.[13] Der BGH hat sich mit der Frage, welche Maßnahmen erforderlich und zumutbar sind, insbesondere in mehreren Entscheidungen zu bundesweiter Werbung der beiden Unternehmen „Peek & Cloppenburg" befasst.[14]

13 Auf die **Motive** des Unternehmers und darauf, ob dieser eine Irreführung überhaupt in Betracht gezogen hat, kommt es nicht an,[15] s. näher **§ 5 Abschn. B Rdn. 115.** Auch durch die **Verwendung gesetzlich vorgeschriebener Angaben** lässt sich täuschen; ggf. müssen dann irrtumsausschließende Hinweise angebracht werden, s. näher **§ 5 Abschn. B Rdn. 170.**

14 **Veränderungen,** die dazu führen, dass eine ursprünglich nicht zu beanstandende Angabe unwahr oder vom Verkehr falsch verstanden wird, müssen berücksichtigt werden, s. näher **§ 5 Abschn. B Rdn. 114 und 147.** Es kann deshalb irreführend sein, eine **ursprünglich rechtmä-**

---

[8] Vgl. schon OLG Hamburg, Urt. v. 3.4.2008, Az. 3 U 282/06, Tz. 92 ff.: Nicht jede unterlassene Information über die Verwendung eines falschen Namens ist im Verhältnis B2B eine Irreführung.

[9] EuGH GRUR 2002, 354, 356 – *Toshiba;* GRUR 2006, 345, 346 – *Siemens/VIPA;* GRUR 2008, 698, 700 – *O2 Holdings Limited vs. Hutchison 3 G.*

[10] Vgl. BGH WRP 2003, 637 – *Ersetzt.*

[11] Vgl. *Bornkamm,* FS Loschelder, S. 31, 45; Ohly/*Sosnitza,* 6. Aufl. 2014, § 5 Rdn. 706; *Steinbeck* WRP 2006, 632, 639. – A. A. *A. Nordemann,* FS Stauder, S. 173, 173.

[12] Vgl. BGH GRUR 2011, 166, 168 – *Rote Briefkästen;* vgl. (zu § 4 Nr. 9 a. F.) BGH GRUR 2005, 166, 168 – *Puppenausstattung;* GRUR 2010, 80 – *LIKEaBIKE;* WRP 2012, 1379, 1382 – *Sandmalkasten.*

[13] BGH GRUR 2013, 397, 400 Rdn. 44 und LS – *Peek & Cloppenburg III;* GRUR-RR 2014, 201, 205 Rdn. 51 – *Peek & Cloppenburg IV;* vgl. ferner (zum Markenrecht) BGH GRUR 1984, 738 – *Hotel Krone;* GRUR 1987, 182, 183 – *Stoll;* GRUR 1991, 780, 872 – *TRANSATLANTISCHE;* GRUR 1995, 754 – *Altenburger Spielkartenfabrik;* GRUR 2010, 738, 742 f. Rdn. 19 – *Peek & Cloppenburg I;* GRUR 2011, 623, 626 Rdn. 36 – *Peek & Cloppenburg II.*

[14] BGH GRUR 2013, 397, 400 Rdn. 44 und LS – *Peek & Cloppenburg III;* GRUR-RR 2014, 201, 205 Rdn. 51 – *Peek & Cloppenburg IV;* s. (zum Markenrecht) auch BGH GRUR 2010, 738 – *Peek & Cloppenburg I;* GRUR 2011, 623 – *Peek & Cloppenburg II.*

[15] Vgl. EuGH, Urt. v. 16.4.2015, UPC Magyarország, C-388/13, EU:C:2015:225 Rdn. 43, 47, 53 f.; BGH GRUR 2011, 82, 83 Rdn. 23 – *Preiswerbung ohne Umsatzsteuer.*

ßig geführte Firma ohne klarstellende Zusätze weiter zu verwenden, wenn der namensgebende Gesellschafter ausgeschieden ist.[16]

15 **b) Relevanz.** Der Irrtum über die Identität ist relevant, wenn er geeignet ist, die geschäftliche Entscheidung des Verkehrs zu beeinflussen bzw. Mitbewerber zu beeinträchtigen. Das kommt v. a. dann in Betracht, wenn der Verkehr mit der vorgetäuschten Identität des Unternehmers **Eigenschaften, Kenntnisse** oder **Fertigkeiten** verbindet, die der Unternehmer tatsächlich nicht hat, z. B. eine besondere **Autorität, wirtschaftliche Leistungsfähigkeit** oder **Kulanz** bei der Erledigung von Reklamationen. Maßgeblich ist die Sicht des durchschnittlich informierten, aufmerksamen und verständigen Umworbenen in der jeweiligen Situation. Wer annimmt, die werbende Bank befinde sich in der Hand des deutschen Staates, wird z. B. u. U. größeres Vertrauen in ihre **Integrität** und **Finanzkraft** setzen als in die eines kleinen Privatunternehmens. Angaben der (vermeintlich) öffentlichen Hand oder einer (vermeintlich) staatlich anerkannten Stelle kommt oft größere **Autorität** und **Seriosität** zu als denen eines Dritten.[17] Bei weltweit tätigen, bekannten Herstellern vertraut der Verkehr darauf, dass bei der Produktion **technisches Wissen** des neusten Standes zum Einsatz kommt und der **Produktionsvorgang** in geeigneter Weise gesteuert und überwacht wird, was zu einer zumindest gehobenen **Qualität** der Ware führt. Auch wird der Verkehr annehmen, **Zubehör** und **Ersatzteile** unproblematisch noch über längere Zeit hinweg von eben diesem Unternehmen beziehen zu können.

16 So werden Charakter und **Leistungsfähigkeit** einer privaten Handelsschule entscheidend durch die Person des Inhabers bestimmt, so dass in der Namensfortführung trotz Ausscheidens des Firmengründers eine relevante Irreführung liegen kann.[18] Demgegenüber fehlt einer etwaig in der Verwendung der Bezeichnung „Wäscherei, Färberei und Chemische Reinigung" liegenden Irreführung darüber, dass das werbende Unternehmen nicht selbst Inhaber der Reinigung ist, sondern nur als Annahmestelle für diese fungiert, die Relevanz, weil Annahmestellen üblich sind und der Umstand, dass der Werbende **„nur" Annahmestelle** ist, den Entschluss des Kunden zum Abschluss des Reinigungsvertrags nicht beeinflusst.[19] Ebenso ist der Irrtum über die Identität eines Kioskinhabers beim Kauf einer Zeitung für die Kaufentscheidung nicht relevant.

3. Beispiele

17 **Abteilung.** Ein selbstständiger Frisiersalon verstößt gegen das Irreführungsverbot, wenn er seine Werbung so mit der Marke bzw. dem Namen des Kaufhauses ausstattet, in dem er seinen „Shop in the Shop" hat, dass für den Durchschnittsbetrachter der Eindruck einer unselbständigen, zum Kaufhaus gehörenden Abteilung entsteht.[20]

18 **„AG".** Nach einer Entscheidung des OLG Köln wird der durchschnittlich informierte, verständige und aufmerksame Verkehr durch die Unternehmensbezeichnung WISAG nicht irregeführt;[21] anders haben der BGH für die Firma **INDROHAG**[22] und das OLG Hamburg für die Domain **„tipp.ag"** entschieden.[23]

19 **„Agentur".** Irreführend ist die Verwendung der Bezeichnung „SEGURA BARGELDAGT" durch eine Agentur, weil auch der durchschnittlich informierte, aufmerksame und verständige Umworbene bei dieser Schreibweise den Zusatz „AGT" als Abkürzung für „Agentur" nicht erkennt[24] und auch nicht weiß, dass nur für eine Kreditvermittlung geworben wird, der Werbende also nicht auch der Kreditgeber ist.

20 **„Akademie".** Da auch verschiedene privatrechtlich organisierte und geführte Organisationen seit längerem eine Reihe von Bezeichnungen gebrauchen, welche den Bestandteil „Akademie" enthalten,[25] kann die Bedeutung des Begriffs je nach Einzelfall und etwa verwandten Zusätzen variieren. Für die Bezeichnung **„Manager-Akademie"** hat das LG Frankfurt entschieden, dass den heutigen erfahrenen Verkehrskreisen bekannt sei, dass sich hinter der Angabe ein privates Unternehmen verbirgt.[26] Die Firma **„Akademie für praktische Betriebswirtschaft GmbH"** einer

---

[16] Vgl. RG GRUR 1935, 982; BGH GRUR 2002, 703, 705 – *Vossius & Partner.*
[17] OLG Köln GRUR-RR 2011, 274.
[18] Vgl. OLG Hamm GRUR 1972, 94, 95.
[19] OLG Koblenz GRUR 1986, 552.
[20] BGH GRUR 1989, 211 – *Shop in the Shop II.*
[21] OLG Köln GRUR-RR 2007, 163 – *WISAG.*
[22] BGHZ 22, 88 – *INDROHAG.*
[23] OLG Hamburg GRUR-RR 2005, 199.
[24] Ebenso zum früheren Recht KG WRP 1978, 133.
[25] OLG München WRP 1985, 446, 447; OLG Düsseldorf GRUR-RR 2003, 49.
[26] LG Frankfurt NJWE-WettbR 1998, 244.

privaten Gesellschaft kann den Eindruck erwecken, das Unternehmen befinde sich in öffentlicher Hand.[27]

21 **„Amt“.** Wer sich so nennt, täuscht dadurch u. U. vor, Unternehmensinhaber sei die öffentliche Hand.

22 **Anschrift, E-Mail-Adresse, Telefonnummer, Faxnummer.** Falsche Kontaktdaten können über die Identität des Unternehmers irreführen. Eine Irreführung nach § 5 Abs. 1 S. 2 Nr. 3 liegt vor, wenn Werbung eines Immobilienvermittlers in Form einer Benachrichtigungskarte dem Adressaten suggeriert, unter der dort angegebenen Telefonnummer rufe er einen Paketdienst zwecks Abholung oder erneuter Zustellung einer ihm unzustellbaren Sendung an.[28]

„Anstalt“. Die Bezeichnung einer Buchhandlung als **„Anstalt des deutschen Beamtenwirtschaftsbundes“** erweckt neben Vorstellungen zur Betriebsgröße den Eindruck, als sei der Bund Inhaber oder beherrsche den Betrieb zumindest.[29]

23 **Apotheke.** Die Bezeichnung „Homecare-Apotheke“ wurde als irreführend angesehen, weil der Bestandteil „Homecare“ den unzutreffenden Eindruck erwecke, es bestehe ein Zusammenhang mit Einrichtungen der ambulanten Pflege.[30]

24 **Berufsständische Zusätze.** Die Firma „**Unfallversorgung Deutscher Ärzte und Zahnärzte**-Versicherungsgesellschaft-mbH“ versteht der Verkehr so, dass es sich bei dem Unternehmen um eine berufsständische, jedenfalls aber von berufsständischen Organisationen getragene oder unter deren Einfluss stehende Versorgungseinrichtung handelt.[31] Die Verwendung der Bezeichnung und der Domain **„Deutsches-Handwerk.de“** für ein Internetportal, auf dem Handwerksbetrieben die Möglichkeit der Eintragung von Daten gegen Entgelt angeboten wird, kann den unrichtigen Eindruck erwecken, es handele sich um den Internetauftritt einer offiziellen und berufsständischen Organisation des deutschen Handwerks.[32]

25 **Beschreibende Angaben.** Beschreibende Angaben können, auch wenn sie auf kein anderes existierendes Unternehmen hinweisen, beim Verkehr falsche Vorstellungen über die Identität des Unternehmers erwecken, z. B. wenn der Verkehr infolge der Abkürzung „AGT“ für **„Agentur“** nicht erkennt, dass es sich bei dem Werbenden nur um eine Kreditvermittlung handelt, die nicht selbst Kreditgeber ist.[33]

26 **Bild, Fotografie.** Abbildungen können ebenfalls auf einen bestimmten Unternehmensinhaber hinweisen, so z. B. dessen **Bildnis** oder eine Fotografie des **Unternehmensgebäudes.**[34]

27 **Briefkopf.** Irreführend kann die Verwendung einer falschen oder täuschenden Firma im Briefkopf sein, etwa wenn nach Rechtsformwechsel altes Geschäftspapier noch aufgebraucht wird.

28 **„Bund“.** Die Bezeichnung kann den unrichtigen Eindruck erwecken, Träger der Einrichtung sei der Staat; zum Irrtum über die Größe s. § 5 Abschn. E Rdn. 244 unter „Verband“. Mit einer **„Bundeszentrale für Fälschungsbekämpfung“** verbindet der Verkehr eine öffentliche Einrichtung.[35]

29 **Domain. S. auch § 5 Abschn. B Rdn. 152.** Das Privileg, eine Irreführungsgefahr durch einen geeigneten Hinweis auf der Startseite auszuräumen, gilt nur bei Gattungsbezeichnungen und zwischen Gleichnamigen, nicht auch für **andere Fälle irreführender Domains.**[36] Ist der Anwendungsbereich des Rechts der **Gleichnamigen** eröffnet, sind die Wertungen des Kennzeichenrechts auch bei § 5 Abs. 2[37] und ebenfalls bei § 5 Abs. 1 S. 2 Nr. 3 zu berücksichtigen (s. dazu **näher § 5 Abschn. J Rdn. 42**) und besteht grundsätzlich ein schutzwürdiges Interesse des Trägers des Namens oder der Unternehmensbezeichnung oder das Firmenschlagworts, diese auch als Bestandteil von **Internet- und E-Mail-Adressen** zu benutzen,[38] das auch lauterkeitsrechtlich zu berücksichtigen ist. Um der Verwechslungsgefahr entgegenzutreten, ist es bei Gleichnamigen daher ausreichend, aber auch zumutbar und erforderlich, dass auf der ersten sich öffnenden Website ein aufklärender Hinweis erfolgt, der das werbende Unternehmen klar und eindeutig von dem Gleichnami-

---

27 Vgl. OLG Bremen NJW 1972, 164.

28 OLG Hamm, Urt. v. 19.8.2010, Az. 4 U 66/10.

29 Vgl. RG MuW 33, 122.

30 OLG Düsseldorf, WRP 2008, 1270; Nichtzulassungsbeschwerde zurückgewiesen, BGH Beschluss v. 13.8.2009, Az. I ZR 20/08.

31 BGH GRUR 1968, 431, 432 – *Unfallversorgung.*

32 OLG Hamburg GRUR-RR 2007, 93 – *Deutsches-Handwerk.de.*

33 Ebenso zum früheren Recht KG WRP 1978, 133.

34 Vgl. LG Frankfurt, v. 21.8.2013, Az. 3–10 074/13; OLG Frankfurt, GRUR 2014, 691, 692.

35 BGH GRUR 1980, 794; OLG Köln WRP 1979, 73.

36 OLG München, MMR 2011, 243, 244; Köhler/*Bornkamm,* 34. Aufl. 2016, § 5 Rdn. 4.110.

37 BGH GRUR 2013, 397, 400 Rdn. 44 – *Peek & Cloppenburg III.*

38 BGH GRUR 2010, 738, 743 f. Rdn. 29 – *Peek und Cloppenburg I.*

gen abgrenzt und so eine Verwechslungsgefahr mit diesem weitgehend ausschließt.[39] Auch wenn die Irreführung durch die Verwendung einer **Gattungsbezeichnung** als Domainname bewirkt worden ist, reicht ein entsprechender klarstellender Hinweis auf der ersten sich öffnenden Seite aus.[40] Als irreführend angesehen wurden die Domainnamen „bayerischespielbank.de", „bayerischespielbanken.de" und „bayerische-spielbank.de", weil der Verkehr diese dahingehend verstehe, dass die den Domainnamen – was nicht zutraf – zugehörigen Webseiten von dem Betreiber der Spielbanken in Bayern und damit von Staatsbetrieben unterhalte.[41] Die Verwendung einer Domain **„rechtsanwalt.com"** durch ein Unternehmen, in dem Rechtsanwälte weder tätig noch in Form einer Berufsorganisation zusammengeschlossen sind, ist irreführend, weil der Verkehr unter dieser Domain keine bestimmte Person, sondern nur einen von Rechtsanwälten oder einer Anwaltsorganisation betriebenen Informationsdienst erwartet.[42] Bei geographischen Bezeichnungen kann dies zwar anders sein, die Verwendung der Domains **„heidelberg.de"**[43] und **„neuschwanstein.com"**[44] verstößt jedoch gegen das Namensrecht der Stadt Heidelberg bzw. des Freistaates Bayern. Bietet ein Privatunternehmer unter der Domain „bund.de" Kredite an, liegt darin eine relevante Täuschung über die Identität des Anbieters, wenn der Eindruck entsteht, bei diesem handele es sich um ein in der Hand des Staates befindliches Unternehmen. Nach einer Entscheidung des OLG Hamburg darf die **Top-Level-Domain „ag"** nicht verwandt werden, wenn sie den Eindruck erweckt, der Anbieter sei eine Aktiengesellschaft.[45]

„Fahrschule". Keine Irreführungsgefahr betr. die Identität des Werbenden begründet die Verwendung der Bezeichnung „Fahrschulen" durch einen Fahrlehrer, der neben seiner Fahrschule über fünf Zweigstellen verfügt, weil der Durchschnittsumworbene nicht annimmt, dass mehrere Personen Inhaber seien.[46] Nach einer Entscheidung des OLG Hamm geht der Verkehr jedenfalls dann, wenn in der Werbung für eine Umschulung und Qualifikation zum Berufskraftfahrer auf „Praktika" und „passgenaue Vermittlung" hingewiesen wird, nicht davon aus, dass der Werbende die Leistung selbst erbringt.[47] 30

Farben, Slogans, Zeichen. Der Verkehr versteht Farben, Slogans oder Zeichen u. U. als Hinweis auf ein Unternehmen. Die durch ihren Gebrauch bewirkte Täuschungseignung kann eine Irreführung i. S. d. § 5 UWG begründen. Einschränkungen ergaben sich bislang aus der **Vorrangthese** der Rspr.; diese kann im Anwendungsbereich des § 5 n. F. aber **nicht aufrechterhalten** bleiben, s. näher § 5 J Rdn. 2 ff. 31

Firma. Der Gebrauch einer fremden Firma oder von **Firmenbestandteilen** kann beim Verkehr einen Irrtum über die Identität der hinter der geschäftlichen Handlung stehenden Person hervorrufen.[48] 32

Hersteller. Wenn Bestellscheine des Einzelhändlers am Briefkopf nur die Angabe der weithin bekannten **Herstellerfirma** der Ware aufweisen, nicht hingegen die Bezeichnung des als Vertragspartner auftretenden Einzelhändlers, dessen Bezeichnung auch im übrigen Text sehr zurücktritt, kann eine Vorstellung des Verkehrs entstehen, unmittelbar bei dieser Person zu kaufen.[49] 33

Hyperlinks. s. § 5 Abschn. B Rdn. 157. 34

„Klinik", „Krankenhaus". Bezeichnet der Arzt seine Praxis als „Klinik" oder „Krankenhaus", kann das den Anschein erwecken, er sei Inhaber des Unternehmens, das die stationären Leistungen erbringe. Die Werbung mit diesem Begriff ist daher irreführend, wenn der Arzt tatsächlich nur **Belegarzt** in einer Klinik ist, in welche die Patienten, ggf. nach ambulanter Behandlung in der Praxis, gesondert aufgenommen werden.[50] 35

„Kolleg". Ein Kolleg ist ein Institut der Erwachsenenbildung zur Erlangung der allgemeinen Hochschulreife. Der Begriff deutet deshalb, isoliert verwandt, auf eine staatliche oder staatlich anerkannte Bildungsstätte hin (z. B. **„Hessenkolleg", „Braunschweig-Kolleg"**).[51] Ob der Begriff 36

---

[39] Vgl. BGH GRUR 2002, 706, 708 – *vossius.de;* GRUR 2010, 738, 743 Rdn. 37 – *Peek & Cloppenburg I; Knaak,* GRUR-Prax 2013, 171, 173 f.
[40] OLG München, MMR 2011, 243, 244; Köhler/*Bornkamm,* 34. Aufl. 2016, § 5 Rdn. 4.110.
[41] OLG München MMR 2011, 243.
[42] Vgl. BGH GRUR 2001, 1061, 1063 – *Mitwohnzentrale.de;* OLG Hamburg NJW-RR 2002, 1582.
[43] Vgl. LG Mannheim GRUR 1997, 377.
[44] LG München I ZUM-RD 2002, 107.
[45] OLG Hamburg GRUR-RR 2005, 199.
[46] OLG Stuttgart WRP 1982, 666, 667.
[47] OLG Hamm WRP 2012, 1290.
[48] BGH GRUR 2003, 448, 449 – *Gemeinnützige Wohnungsgesellschaft.*
[49] BGH GRUR 1955, 409 – *AEG Vampyrette.*
[50] OLG Frankfurt DB 1974, 1905.
[51] S. die Liste des Bundesrings der Kollegs, abrufbar unter http://www.bundesring.de.

tatsächlich in diesem Sinne verwandt wird, kommt aber immer auf die konkrete Verwendung an. Eine mögliche Irreführung kann durch Zusätze vermieden werden. So versteht man unter **„Kollegheft"** ein „Studienheft" und unter **„Studentenkolleg"** ein Internat. Die Bezeichnung **„Heilpraktikerkolleg"** durch eine private Ausbildungsstätte für Heilpraktiker wurde demgegenüber als irreführend angesehen, weil der Verkehr annehme, die Einrichtung befinde sich in der Hand des Staates oder stehe jedenfalls unter staatlichem Einfluss.[52]

37 **Leasing.** Irreführend ist es, wenn ein mit fremden Leasingangeboten werbender Kfz-Händler den unzutreffenden Eindruck erweckt, **selbst Leasinggeber** zu sein.[53]

38 **Marke.** Zur Aufgabe der **Vorrangthese s. näher § 2 J Rdn. 2 ff.** Sieht der Verkehr in der Marke nicht nur einen Hinweis auf die Herkunft des Produkts, sondern nimmt er darüber hinaus irrig an, es handele sich bei dem **Benutzer** der Marke oder eines verwechslungsfähigen Zeichens um deren Inhaber oder eine zu diesem in einer bestimmten Beziehung stehende Person (z. B. Vertragshändler), kann dies i. S. d. § 5 irreführend sein. So soll ein selbstständiger Frisiersalon gegen das Irreführungsverbot verstoßen, wenn er seine Werbung mit dem Namen bzw. der Marke des Kaufhauses, in dem er seinen **„Shop in the Shop"** hat, so gestaltet, dass der Eindruck entsteht, es handele sich bei ihm um eine zum Kaufhaus gehörende Abteilung.[54]

39 **Name.** Der Gebrauch eines fremden Namens (**Zuname** oder **Vorname**), von **Pseudonymen** oder **Künstlernamen** oder eines mit diesen verwechslungsfähigen Zeichens kann den unzutreffenden Eindruck erwecken, es handele sich bei dem Unternehmer um den Namensträger.

40 **Rechnung.** S. **Nr. 22 Anh. zu § 3 Abs. 3** sowie **§ 5 Abschn. E Rdn. 370.** Wer unter der Firma eines anderen Rechnungen versendet, in denen er um die Überweisung des Betrags auf sein eigenes Konto bittet, führt den Verkehr in relevanter Weise über die Identität des Unternehmers irre.

41 **Rechtsform.** Verpflichtende Rechtsformangaben können als solche noch keine Irreführung begründen, wohl aber die Art und Weise der Darstellung, s. näher **§ 5 Abschn. B Rdn. 113.** Nach einer Entscheidung des BGH ist die **Firma einer GmbH „INDROHAG"** täuschend, weil der Eindruck einer AG erweckt werde;[55] abweichend hat das OLG Köln für die Unternehmensbezeichnung WISAG entschieden.[56] Nach einer Entscheidung des OLG Hamburg kann die Verwendung der **Top-Level-Domain „ag"** über die Rechtsform des Anbieters täuschen **(„tipp.ag").**[57] Wer unter **„Privat-Handelsschule Trelle"** firmiert, erweckt den Eindruck, eben jener zu sein.[58] Die Internet-Werbung **„EU-GmbH.** Limited Beratung vom Testsieger! Die Alternative zu deutschen Rechtsformen ...", die bei Eingabe der Suchbegriffe „EU", „GmbH" bzw. „Limited" in der **Suchmaschine** Google erscheint, ist nach Auffassung des LG Dresden wettbewerbswidrig, weil es eine GmbH nach einheitlichem europäischen Recht nicht gibt.[59] Firmiert eine BGB-Gesellschaft mit dem Zusatz **„und Partner",** kann dadurch vorgetäuscht werden, dass es sich um eine Personenhandelsgesellschaft handelt,[60] ebenso durch den Zusatz **„mbH"** auf Briefbögen.[61] Zur Werbung mit der Rechtsform durch VVaG s. *Dreher/Ballmaier,* VersR 2011, 1087.

42 **„Stadt" bzw. „städtisch".** Ein solcher Zusatz deutet eine Inhaberschaft oder zumindest Beziehung zur Stadt an („Städtische Werke", „Stadtreiniger"). Wird der Name der Stadt genannt, kommt auch eine Irreführung über die geografische Herkunft in Betracht („Dresdner Stolle").

43 **„Stelle".** Der Begriff kann je nach Wortverbindung auch vom durchschnittlich aufmerksamen, informierten und verständigen Umworbenen als Hinweis auf die dahinter stehende öffentliche Hand aufgefasst werden.

44 **„Studio"** kann vielfältige und ganz unterschiedliche Bedeutungen haben. Von der **Künstlerwerkstatt** über das **Küchenstudio** oder das **Nachrichtenstudio** bis hin zum **Wohnstudio** und zum **Fitnessstudio** bezeichnet es Räume unterschiedlichster Art. Eine besondere Erwartung kann sich daher i. d. R. nur aus der konkreten Verwendung des Begriffs ergeben, z. B. aus Zusätzen wie „Fitness-", „Nachrichten-" usw.

45 **Suchmaschine.** Die **Internet-Werbung** „EU-GmbH. Limited Beratung vom Testsieger! Die Alternative zu deutschen Rechtsformen ...", die bei Eingabe der Suchbegriffe „EU", „GmbH"

---

[52] BGH GRUR 1983, 512, 513 – *Heilpraktikerkolleg.* – Dagegen Köhler/*Bornkamm,* 34. Aufl. 2016, § 5 Rdn. 5.50, weil der Begriff durch eine Vielzahl privater Kollegs verwässert sei.
[53] OLG Karlsruhe NJWE-WettbR 1999, 28.
[54] BGH GRUR 1989, 211 – *Shop in the Shop II.*
[55] BGHZ 22, 88 – *INDROHAG.*
[56] OLG Köln GRUR-RR 2007, 163 – *WISAG.*
[57] OLG Hamburg GRUR-RR 2005, 199.
[58] OLG Hamm GRUR 1972, 94.
[59] LG Dresden GRUR-RR 2007, 25 (rechtskräftig).
[60] OLG Karlsruhe WRP 1985, 509.
[61] OLG München GRUR 1999, 429.

bzw. „Limited" in der Suchmaschine **Google** erscheint, ist nach Auffassung des LG Dresden wettbewerbswidrig, weil es eine GmbH nach einheitlichem europäischen Recht nicht gibt.[62] Zur wettbewerblichen Relevanz bei „Baustellenhinweisen" s. OLG Düsseldorf[63] und LG Magdeburg.[64]

„Treuhand". Darunter versteht der Verkehr die Besorgung fremder Vermögensangelegenheiten 46
in eigenem Namen,[65] weshalb die Bezeichnung über die Identität des Werbenden irreführen kann, wenn der Werbende tatsächlich nicht für einen Dritten, sondern in eigenen Angelegenheiten tätig wird.

„Universität". Die Werbung mit dem Begriff „Universität" („Universitätsgelände", „Universi- 47
tätsgebäude", „Universitätsprofessor") wird im Allgemeinen als Hinweis auf die dahinter stehende Universität aufgefasst. U. U. kann sich aus Zusätzen oder der Situation der Werbung aber ergeben, dass der Bezug zur Universität nur ein mittelbarer ist, z. B. dergestalt, dass der Warenverkauf bzw. das Angebot von Dienstleistungen nur auf dem Universitätsgelände oder nahe der Universität stattfindet, ohne dass diese auf ihn Einfluss nimmt oder gar hinter dem Warenabsatz steht. Der durchschnittlich aufmerksame, verständige und informierte Verbraucher weiß, dass die **„Universitätscafeteria"** meist verpachtet ist, dass eine **„Universitätsbuchhandlung"** diesen Namen nur wegen der räumlichen und fachlichen Nähe zur Universität führt, und dass eine **„Universitätsfeier"** meist nicht von der Universität selbst, sondern von Studentenorganisationen (ASTA) durchgeführt wird.

Unternehmenskennzeichen. Ein Vorrang des Markenrechts besteht nicht. Bei Gleichnamigen 48
oder redlich koexistierenden Unternehmenskennzeichen sind jedoch die Wertungen des Rechts der **Gleichnamigen** zu berücksichtigen, s. näher bereits **§ 5 Abschn. J Rdn. 42.** Hat der Unternehmer ein schutzwürdiges Interesse an der konkreten, die Verwechslungsgefahr begründenden Benutzung des Unternehmenskennzeichens und alles Erforderliche und Zumutbare getan, um eine Erhöhung der Verwechslungsgefahr weitestgehend entgegenzuwirken, ist eine Restirreführungsgefahr auch lauterkeitsrechtlich hinzunehmen.[66] Bei **Internetadressen** ist dazu ein aufklärender Hinweis auf der Startseite, der klar und eindeutig von dem Gleichnamigen abgrenzt, erforderlich und zumutbar, aber auch ausreichend. Wird die gleichnamige Unternehmensbezeichnung in **über die Website ausdruckbaren Werbebeilagen** verwendet, die selbständig verbreitet werden können, müssen ebenfalls aufklärende Hinweise angebracht werden.[67] Auch bei einer **Printwerbung** kann ein schutzwürdiges Interesse eines in mehreren Bundesländern tätigen Handelsunternehmens an Werbemaßnahmen in bundesweit vertriebenen Medien in aller Regel nicht verneint werden.[68] Der Unternehmer ist jedoch verpflichtet, eine Verwechslungsgefahr durch einen geeigneten Hinweis, der deutlich macht, welchem Unternehmen die Werbung zuzuordnen ist, möglichst zu begrenzen. Der Hinweis muss leicht erkennbar, deutlich lesbar und inhaltlich zutreffend, seinen Sinn nach ohne weiteres erfassbar und geeignet sein, dem unzutreffenden Verkehrsverständnis in ausreichendem Maße zu begegnen.[69] S. im Übrigen auch die Kommentierung zu **§ 5 Abschn. J.**

„Verband". So bezeichnet man sowohl öffentlich-rechtliche Verwaltungseinrichtungen als auch 49
private Vereinigungen, weshalb der durchschnittlich aufmerksame, verständige und informierte Umworbene den Begriff nicht als Hinweis auf einen bestimmten, z. B. öffentlich-rechtlichen Unternehmensträger versteht. Zur Irreführung über die Mitgliedschaft in einem Verband näher **§ 5 E Rdn. 172, 244 ff.**

Vergleichende Werbung. Die Bezugnahme auf einen Mitbewerber im Rahmen vergleichender 50
Werbung darf keinen falschen Eindruck über die Identität der Mitbewerber entstehen lassen.[70]

„Wäscherei, Färberei und Chemische Reinigung". Einer in der Verwendung dieses Begriffs 51
durch eine bloße Annahmestelle u. U. liegende Irreführung über die Identität des Werbenden fehlt

---

[62] LG Dresden GRUR-RR 2007, 25 (rechtskräftig).

[63] OLG Düsseldorf, Urt. v. 3.7.2007, Az. 20 U 10/07.

[64] LG Magdeburg, Urt. v. 13.4.2011, Az. 7 O 260/11; dagegen gerichtete Berufung zurückgewiesen, OLG Sachsen-Anhalt, Urt. v. 19.7.2011, Az. 9 U 100/11.

[65] Vgl. OLG Frankfurt DB 1980, 1641.

[66] BGH GRUR 2013, 397, 398, 400 Rdn. 18, 44 und LS – *Peek & Cloppenburg III;* GRUR-RR 2014, 201, 205 Rdn. 51 – *Peek & Cloppenburg IV;* vgl. ferner (zum Markenrecht) BGH GRUR 1984, 738 – *Hotel Krone;* GRUR 1987, 182, 183 – *Stoll;* GRUR 1991, 780, 872 – *TRANSATLANTISCHE;* GRUR 1995, 754 – *Altenburger Spielkartenfabrik;* GRUR 2010, 738, 742 f. Rdn. 19 – *Peek & Cloppenburg I;* GRUR 2011, 623, 626 Rdn. 36 – *Peek & Cloppenburg II.*

[67] Vgl. BGH GRUR 2010, 738, 743 Rdn. 37 – *Peek & Cloppenburg I; Knaak,* GRUR-Prax 2013, 171, 172 f.

[68] BGH GRUR 2013, 397, 399 Rdn. 22 – *Peek & Cloppenburg.*

[69] BGH GRUR 2013, 397, 399 Rdn. 22 – *Peek & Cloppenburg.*

[70] EuGH GRUR 2006, 345, 346 – *Siemens/VIPA.*

i. d. R. die wettbewerbsrechtliche Relevanz, weil es den Kunden nicht interessiert, wo seine Kleidungsstücke gereinigt werden.[71]

52 **„Zentrale“** bzw. **„Hauptgeschäft“.** Der Begriff täuscht i. d. R. nicht über die Identität des Unternehmers, kann aber einen unzutreffenden Eindruck über die Größe des Unternehmens erwecken (vgl. **§ 5 E Rdn. 246a**). Demgegenüber wird über die Identität des Unternehmers getäuscht, wenn sich jemand wahrheitswidrig als **Zweigstelle** eines anderen bezeichnet oder der Eindruck erweckt wird, bei einem selbständigen Unternehmen, das als **„Shop in the shop“** betrieben wird, handele es sich um eine unselbständige Abteilung des Kaufhauses.[72]

II. Vermögen des Unternehmers einschließlich seiner Rechte des geistigen Eigentums

1. Allgemeines

53 Irreführend ist die Werbung, wenn ein falscher Anschein über das Vermögen des Unternehmers einschließlich seiner Rechte des geistigen Eigentums erweckt wird. Die Irreführung über das Vermögen des Gewerbetreibenden oder seines Vertreters ist in Art. 6 Abs. 1 lit. f UGP-Richtlinie geregelt; in der engl. bzw. franz. Richtlinienfassung ist von „assets of the trader or his agent“ bzw. „patrimoine du professionnel ou de son représentant“ die Rede. Erfasst werden Angaben, die Rückschlüsse auf die Vermögensverhältnisse und damit auf die finanzielle (wirtschaftliche) Leistungsfähigkeit des Werbenden zulassen. Täuschend ist die geschäftliche Handlung, wenn sie geeignet ist, bei einem durchschnittlich aufmerksamen, verständigen und informierten Mitglied des angesprochenen Verkehrskreises in der konkreten Situation einen unrichtigen Eindruck zu hinterlassen. Das ist nicht zwangsläufig schon deshalb der Fall, weil der Werbende im Zeitpunkt der Werbung, etwa wegen Mängeln der Buchhaltung, keine hinreichend **sichere Grundlage** für seine Werbebehauptung gehabt hat.[73] Unter den Voraussetzungen des **§ 5a** kann auch das Verschweigen oder Vorenthalten von Informationen irreführend sein, s. näher die dortige Kommentierung.

2. Rechte des geistigen Eigentums

Schrifttum: *Bogler,* Werbung mit Hinweisen auf zukünftigen oder bestehenden Patentschutz, DB 1992, 413; *Bulling,* Patentausschlussrechte in der Werbung – eine Untersuchung am Beispiel Deutschlands und der USA, 2002; *Geißler,* Patent und § 3 UWG, GRUR 1973, 506; *Horn,* Die unberechtigte Verwarnung aus gewerblichen Schutzrechten – Eine rechtsvergleichende Untersuchung, 1972; *Hubbuch,* Auskunftsverpflichtung bei Schutzberühmung nach deutschem Recht, WRP 1958, 232; *ders.,* Der BGH zur Patentberühmung und Auskunftsverpflichtung, GRUR 1961, 226; *ders.,* Der Patenthinweis, WRP 1975, 661; *Graf Lambsdorff/Hamm,* Zur wettbewerbsrechtlichen Zulässigkeit von Patent-Hinweisen, GRUR 1985, 244; *Pourroy,* Die materiellen Anforderungen an die Verwendung technischer Prüfzeichen in der Werbung, Berlin 1995; *Werner,* Werbemäßiger Hinweis auf nicht bekannte Patentanmeldungen, GRUR 1964, 370.

54 **a) Allgemeines.** Der deutsche Gesetzgeber ordnet die geistigen Eigentumsrechte **dem Unternehmer** zu („seiner“) und erwähnt sie dementsprechend in § 5 Abs. 1 S. 2 Nr. 3 UWG. Er entspricht damit Art. 3 lit. c) der Irreführungsrichtlinie 2006/114/EG sowie Art. 6 Abs. 1 lit. f) der UGP-Richtlinie, in der von „gewerblichen oder kommerziellen Eigentumsrechten oder Rechten an geistigem Eigentum“ die Rede ist, ohne dass klar wird, wie sich gewerbliche und kommerzielle Eigentumsrechte untereinander und gegenüber dem Vermögen des Unternehmers und seinen Rechten an geistigem Eigentum abgrenzen sollen.

55 Die **Zuordnung der geistigen Eigentumsrechte zum Unternehmer** in § 5 Abs. 1 S. 2 Nr. 3 UWG und nicht zur Ware oder Dienstleistung in § 5 Abs. 1 S. 2 Nr. 1 UWG ist insoweit (teilweise) überraschend, als der *Inhaber* geistiger Eigentumsrechte zwar eine natürliche oder juristische Person ist, das *Objekt* der geistigen Eigentumsrechte in den meisten Fällen (vom Schutz des Unternehmenskennzeichens abgesehen) hingegen die beworbene Ware ist. Letzten Endes käme daher streng genommen eine Zuordnung zu beiden Gruppen in Betracht, je nachdem ob darüber getäuscht wird, ob und für was überhaupt Schutz besteht (warenbezogen) oder wem dieser Schutz zusteht (unternehmerbezogen). Unmittelbar geht es zumeist um eine Angabe über die Beschaffenheit des jeweiligen Produktes. Mittelbar kann dieser Hinweis auf bestehende Schutzrechte aber auch

[71] OLG Koblenz GRUR 1986, 552.
[72] Vgl. BGH GRUR 1989, 211, 212 – *Shop in the Shop II.*
[73] BGH GRUR 1964, 146, 148 – *Genossenschaftliche Rückvergütung.*

die Bedeutung eines Unternehmens herausstellen. Zu unterscheiden ist die Irreführung über das *Bestehen* oder den Umfang eines Schutzrechtes, wie z. B. einer Marke, von der Irreführung durch *Verwendung* einer irreführenden Marke.[74]

56 Die **Angabe eines Schutzrechtshinweises auf der Ware** ist für das **Entstehen** oder Bewahren von geistigen Eigentumsrechten in Deutschland **nicht erforderlich. Urheberrechte** entstehen in Deutschland und den anderen Verbandstaaten der (Revidierten) Berner Übereinkunft (RBÜ),[75] zu denen seit 1989 auch die USA zählen, sogar **ohne Eintragung.**[76] Bei Staaten, die den Urheberrechtsschutz von der Erfüllung bestimmter Förmlichkeiten abhängig machen, sieht **Art. III 1 Welturheberrechtsabkommen** (WUA)[77] vor, dass bei Urhebern aus anderen Staaten der **copyright-Vermerk** zur Schutzerlangung genügt. Allerdings kann die Eintragung und eine entsprechende Kennzeichnung als urheberrechtlich geschützt Bedeutung haben für Beweiserleichterungen und bestimmte Schadensersatzansprüche („statutory damages") im US-Recht.

57 In Deutschland dient der Hinweis auf bestehende Schutzrechte somit vor allem der **Warnung von Wettbewerbern** vor einer Verletzung von Schutzrechten sowie zur **Beeindruckung von Käufern** des Produktes, die insbesondere bei Hinweisen auf technische Schutzrechte Vorzüge gegenüber gleichartigen Erzeugnissen erwarten.[78] Dem Hinweis auf technische Schutzrechte kommt daher auch grundsätzlich eine **wettbewerbsrechtliche Relevanz** zu. Bei Hinweisen auf Markenschutz wird das teilweise anders gesehen, indem man solchen Angaben jegliche wettbewerbsrechtliche Relevanz abspricht[79] oder weil man jedenfalls den Irrtum darüber für unbeachtlich hält, *wo* Markenschutz besteht.[80]

58 Neben § 5 UWG sind im Zusammenhang mit Schutzrechtshinweisen vor allem die **Auskunftsansprüche bei Rechtsberühmungen** in § 146 PatG und § 30 GebrMG zu beachten. Zudem kann eine unberechtigte Verwarnung[81] von Dritten wegen angeblicher Verletzung von Schutzrechten einen **Eingriff in den eingerichteten und ausgeübten Gewerbebetrieb (§ 823 Abs. 1 BGB)** darstellen[82] und daher zu Schadensersatzansprüchen führen, wobei das dafür erforderliche Verschulden allerdings sorgfältig zu prüfen ist, da der Schutzrechtsinhaber zumindest bei eingetragenen Schutzrechten auf deren Rechtsbestand vertrauen kann, soweit vor Eintragung eine amtliche Prüfung erfolgte. Bei eingetragenen Marken kann der Schutzrechtsinhaber somit darauf vertrauen, dass keine absoluten Schutzhindernisse bestehen.[83] Eine objektiv unberechtigte Verwarnung kann auch einen Verstoß gegen **§ 3 UWG**[84] begründen, wenn etwa der Umfang des Schutzrechts objektiv falsch angegeben wird oder über die Eintragung eines Schutzrechts getäuscht wird oder nicht rechtskräftige Entscheidungen als rechtskräftig dargestellt werden; ebenso bewirkt dies eine relevante Irreführung i. S. v. § 5 UWG.[85] Aus demselben Grund kann auch eine bloße Berechtigungsanfrage irreführend wirken, ohne zugleich gegen § 3 UWG oder § 823 BGB zu verstoßen, wenn nämlich die Anfrage detaillierte Angaben zu Anmeldung, Veröffentlichung und Erteilung des Schutzrechts enthält (was sie grundsätzlich nicht muss), jedoch nicht erwähnt wird, dass gegen die Erteilung Ein-

---

[74] Hierzu BGH WRP 2011, 63 – *Praxis Aktuell.*

[75] Berner Übereinkunft zum Schutz von Werken der Literatur und Kunst vom 9.9.1886 i. d. F. v. 24.7.1971, BGBl. II 1973, 1069.

[76] Seit 6.3.2002, mit Inkrafttreten der Gemeinschaftsgeschmacksmuster-VO, sind auch nicht eingetragene Geschmacksmuster/Designs in der EU schutzfähig.

[77] Welturheberrechtsabkommen vom 6. September 1952, revidiert in Paris am 24. Juli 1971, BGBl. 1973 II S. 1111.

[78] BGH GRUR 1984, 741, 742 – *PATENTED;* GRUR 1964, 144 – *Sintex.*

[79] GK-*Lindacher,* § 5 Rdn. 433; *Sack* GRUR 1998, 871, 877; vgl. auch OLG München GRUR-RR 2002, 357, 358 – *MARKE Ulmer Münster.*

[80] EuGH GRUR Int. 1991, 215, 216 – *Pall/Dahlhausen.* A. A. BGH GRUR 1990, 364, 366 – *Baelz;* BPatG GRUR 1992, 704, 705 – *Royals;* KG MarkenR 2003, 360, 366 – *Das authentische Reiki;* OLG Düsseldorf Mitt 1996, 355, 356; OLG Stuttgart WRP 1994, 136; OLG Hamburg WRP 1997, 101, 102 – *Selenium-ACE;* OLG Hamburg WRP 1986, 290, 291.

[81] Zur Abgrenzung einer haftungsbegründenden Schutzrechtsverwarnung in Form eines ernsthaften und endgültigen Unterlassungsbegehrens von einer bloßen Bitte um Information siehe BGH GRUR 1997, 896, 897 – *Mecki-Igel III.*

[82] BGH Großer Senat für Zivilsachen GRUR 2005, 882, 884 – *Unberechtigte Schutzrechtsverwarnung;* BGH GRUR 1995, 424, 426 – *Abnehmerverwarnung;* GRUR 1979, 332, 333 – *Brombeerleuchte;* BGH GRUR 1996, 812, 813 – *Unterlassungsurteil gegen Sicherheitsleistung;* BGH GRUR 1997, 741, 742 – *Chinaherde.* A. A. BGH (1. Zivilsenat) GRUR 2004, 958 ff. – *Verwarnung aus Kennzeichenrecht;* OLG Düsseldorf GRUR 2003, 814, 815.

[83] BGH GRUR 2006, 432 f. – *Verwarnung aus Kennzeichenrecht II.*

[84] Vgl. Piper/*Ohly*/Sosnitza, UWG, § 4 Rdn. 10/39.

[85] BGH GRUR 1995, 424, 426 – *Abnehmerverwarnung.*

spruch eingelegt wurde.[86] Die falsche (subjektive) Einschätzung, dass Rechte des Verwarnenden verletzt werden, stellt hingegen keine gegen § 5 UWG verstoßende Irreführung dar.[87]

59 **b) Grundsätze.** Erfasst werden mit dem Verbot **Schutzrechte aller Art,** wie z. B. Urheberrechte, verwandte Schutzrechte, Patente, Gebrauchsmuster, Designs (Geschmacksmuster), Marken und Schriftzeichen (nach dem SchriftzeichenG).

60 Der **wahrheitsgemäße und auch zutreffend verstandene Hinweis auf bestehende Schutzrechte** ist sowohl im Interesse des Unternehmers als auch des Werbeadressaten. Er ist deshalb **grundsätzlich zulässig.**[88] Dabei kommt es nicht darauf an, ob ein Schutzrecht zu Recht erteilt wurde,[89] wenn der Erteilung des Schutzrechts eine **inhaltliche Prüfung** vorausging, wie es z. B. bei Patenten der Fall ist. Etwas anderes gilt bei Designs (Geschmacksmustern) und Gebrauchsmustern; hier ist die Werbung mit Schutzrechtshinweisen selbst dann irreführend, wenn ein Schutzrecht eingetragen wurde, das Muster aber mangels Vorliegen der materiellen Schutzvoraussetzungen nicht schutzfähig ist[90] oder wenn das Schutzrecht noch nicht eingetragen wurde. In solchen Fällen fehlt es an der Vorrangstellung, die der Verkehr mit dem Schutzrechtshinweis verbindet. Das bedeutet allerdings nicht, dass die Werbung mit ungeprüften Schutzrechten per se irreführend ist. Vielmehr darf in der Werbung auch auf ungeprüfte Schutzrechte hingewiesen werden, sofern nicht der Eindruck erweckt wird, der Erteilung ging eine inhaltliche Prüfung durch ein Amt voraus.

61 Da die Voraussetzungen für das Entstehen von Schutzrechten für Patente, Gebrauchsmuster, Designs (Geschmacksmuster), Marken oder Urheberrechte unterschiedlich sind, muss bei der Zulässigkeit von Schutzrechtshinweisen **im Einzelfall zwischen den jeweiligen Schutzrechten unterschieden** werden. Auch kommt es, wie stets bei § 5 UWG, auf den **Adressaten der Werbung** an. Insbesondere bei Hinweisen auf technische Schutzrechte können Unterschiede zwischen dem Verständnis eines Laien als Endverbraucher und einem im Umgang mit Schutzrechten erfahrenen und technisch versierten gewerblichen Abnehmer bestehen. Als Grundsatz gilt, dass der Hinweis auf ein Schutzrecht zulässig ist, wenn, solange und soweit – in räumlicher, zeitlicher und sachlicher Hinsicht – das Schutzrecht in dem jeweils angekündigten Zustand für die gekennzeichnete Ware besteht.

62 *aa) Bestand des Schutzrechts und Berechtigter (Schutzrechtsinhaber).* Für Waren oder Dienstleistungen, die nicht, noch nicht oder nicht mehr durch geistige Eigentumsrechte geschützt ist, darf nicht der Eindruck erweckt werden, dass ein solcher Schutz aktuell besteht, z. B. durch Kennzeichnungen mit einem „R" im Kreis („®"), einem „C" im Kreis („©"), durch Angaben wie *„gesetzlich geschützt"* oder durch Abmahnungen unter Berufung auf entsprechende (angebliche) Rechte. Irreführend ist es auch, wenn jemand **für ein Kennzeichen das Zeichen „®" verwendet,** obwohl er nicht Inhaber oder berechtigter Benutzer dieser Marke ist.[91] Ob die Schutzvoraussetzungen theoretisch gegeben sind und ob bereits ein Antrag gestellt wurde, ist dabei egal.[92] Auch das Zeichen „™" wird zumindest der deutsche Verbraucher dem gleichstellen und als Hinweis auf eine eingetragene Marke verstehen; dass in den USA auch nicht eingetragene Marken so gekennzeichnet werden können, dürfte ihm unbekannt sein.[93] Für Ware, die nicht mit einer Marke gekennzeichnet ist, darf nicht mit dem Begriff **„Markenqualität"** geworben werden, da dies auf eine Markenware hinweist. Das gilt selbst dann, wenn die Ware aus der Produktion von Markenartikeln stammt oder solchen Artikeln qualitativ gleichwertig ist.[94] Denn mit einer Markenware muss nicht die Vorstellung einer bestimmten Qualität oder besonderen Güte verbunden sein.[95] Es genügt wenn der Verkehr mit dem Begriff „Markenqualität" eine günstigere Vorstellung verbindet als dies tatsächlich der Fall ist.[96]

63 *bb) Räumlicher Umfang.* Hinsichtlich der Vorstellung des Verkehrs vom räumlichen Umfang eines geistigen Eigentumsrechts kommt es auf den Einzelfall an. Wird etwa mit einer „großen internatio-

---

[86] OLG Karlsruhe WRP 2008, 1127, 1129.
[87] Köhler/*Bornkamm,* § 5 Rdn. 5.131.
[88] BGH GRUR 1985, 520, 521 – *Konterhauben-Schrumpfsystem;* GRUR 1966, 92, 93 – *Bleistiftabsätze;* GRUR 1957, 358, 359 – *Kölnisch Eis.*
[89] BGH GRUR 1957, 372, 374 – *2 DRP.*
[90] BGH GRUR 1957, 372, 374 – *2 DRP;* OLG Hamburg WRP 1999, 218, 220 f.
[91] BGH GRUR 2009, 888, 889 f. – *Thermoroll;* OLG Köln MD 2010, 543.
[92] LG Hannover WRP 2014, 251, 252.
[93] A. A. LG Essen BeckRS 2011, 03160 sowie KG GRUR-RR 2013, 397 – *Irreführung durch ™-Symbol* aus, das von teilweiser Kenntnis des TM-Symbols ausgeht
[94] BGH GRUR 1965, 45, 46 – *Markenbenzin;* GRUR 1989, 754, 756 – *Markenqualität;* NJW-RR 2001, 32, 34 (alle zu § 1 UWG (a. F.).
[95] BGH GRUR 1965, 45, 46 – *Markenbenzin* (zu § 1 UWG a. F.).
[96] A. A. GK-*Lindacher,* § 5 Rdn. 433: keine Angabe über geschäftliche Verhältnisse.

nalen Marke" geworben, so ist zu prüfen, ob darunter der internationale Vertrieb von Waren unter einer nationalen Marke verstanden wird oder der Bestand einer internationalen Marke.[97] Der BGH ging nach bisheriger Rechtsprechung davon aus, dass der Werbeadressat bei Fehlen zusätzlicher Angaben einen Schutzrechtshinweis so auslegt, dass der **Schutz (auch) in Deutschland** besteht,[98] sei es in Form eines nationalen Schutzrechts oder eines Gemeinschaftsschutzrechts (z.B. Gemeinschaftsmarke, Gemeinschaftsgeschmacksmuster). Selbst die Verwendung einer **Fremdsprache** – wie z.B. der Ausdruck **„patented"** – sollte hieran nichts ändern, wenn das bezeichnete Produkt an Endverbraucher abgegeben wurde.[99] Dabei ging der BGH allerdings ausdrücklich vom Leitbild des flüchtigen Verbrauchers aus, der zu „vereinfachender Betrachtung" neigte. Aus Sicht eines durchschnittlich informierten und verständigen Verbrauchers und im Rahmen des zunehmenden gemeinschaftlichen Warenverkehrs ist ein solcher Fall heute differenzierter zu beurteilen.[100] Lassen Informationen auf der Verpackung erkennen, dass es sich um ein nicht in Deutschland hergestelltes Produkt handelt, so wird der Verkehr trotz des Zusatzes ® keine Registrierung für das Gebiet der Bundesrepublik vermuten.[101] Das gilt erst recht dann, wenn nicht nur der Schutzrechtshinweis, sondern auch die übrige Beschriftung in derselben Fremdsprache verfasst ist. Denn dann liegt das Verständnis nahe, dass es sich um die Originalbeschriftung handelt, die auf **Schutzrechte im ursprünglichen Herkunftsland** hinweist.[102] Sind hingegen die gesamte Etikettierung und der Schutzrechtshinweis auf Deutsch und findet sich auch sonst kein Hinweis darauf, dass das Produkt in einem anderen Land hergestellt wurde bzw. sich der Schutzrechtshinweis auf ein fremdes Land bezieht, kann der Hinweis nur auf Deutschland bezogen werden. Voraussetzung ist dabei stets, dass der Verkehr den Hinweis überhaupt als Schutzrechtshinweis versteht. Ist dies nicht der Fall, z.B. weil dem durchschnittlich informierten und verständigen Verbraucher unbekannte Begriffe verwendet werden, kommt jedenfalls aus diesem Grund keine Irreführung in Betracht. Darüber hinaus darf in Deutschland auch mit der **Existenz ausländischer Schutzrechte** geworben werden, sofern nicht ein (nicht bestehendes) deutsches Schutzrecht vorgetäuscht wird. Die Angabe des Landes, in dem Schutz besteht (z.B. „US-Patent"), ist dabei ein – nicht aber das einzige – Mittel zur Vermeidung von Fehlvorstellungen.[103] Den Hinweis auf **„ausländische Patente"** versteht der durchschnittlich informierte und verständige Verbraucher so, dass in mindestens zwei Ländern außerhalb Deutschlands Patentschutz besteht; er vermutet jedoch nicht einen umfassenden Patentschutz.[104] Bei der Aussage *„international patentiert"* erwartet der Verkehr – sofern es keine weiteren Hinweise gibt – Schutz in wichtigen ausländischen Rechtsordnungen und in Deutschland.[105]

cc) Zeitlicher Umfang. Wie lange ein Schutzrechtshinweis zulässig ist, hängt von **Beginn und Ende des jeweiligen Schutzrechtes** ab. Der Hinweis auf **eingetragene** Patente oder Marken ist irreführend, wenn die Eintragung noch nicht erfolgte. Erfolgt keine gesonderte Angabe, geht der Werbeadressat grundsätzlich davon aus, dass das Schutzrecht – soweit es eintragungsfähig ist – bereits eingetragen wurde. Das gilt insbesondere bei Verwendung von Ausdrücken wie *„pat."*, *„gesetzlich geschützt"* oder des Sonderzeichens „®";[106] teilweise wird allerdings vertreten, dass diese Fehlvorstellung irrelevant sei.[107] Wurde ein Patent erst **angemeldet,** muss darauf unmissverständlich hingewiesen werden.[108] Selbst das reicht – jedenfalls im Publikumsverkehr – aber nicht aus, wenn das 64

[97] OLG Hamm GRUR-RR 2010, 104, 105.

[98] BGH GRUR 1984, 741, 742 – *PATENTED;* OLG Hamburg GRUR 1999, 373.

[99] BGH GRUR 1984, 741, 742 – *PATENTED.* Ebenso OLG Hamburg GRUR 1999, 373 (LS) zu „Patent Pending".

[100] Vgl. EuGH GRUR Int. 1991, 215, 216 – *Pall/Dahlhausen* (zum Sonderzeichen ®), wonach der Irrtum über das Wo einer Markenregistrierung irrelevant sei.

[101] OLG Köln BeckRS 2010, 04994 – *Medisoft ®;* mit Anm. *Weidert* GRUR-Prax 2010, 134.

[102] A.A. noch BGH GRUR 1984, 741, 742 – *PATENTED.*

[103] A.A. Piper/Ohly/*Sosnitza,* UWG, § 5 Rdn. 565.

[104] Ebenso *Helm* in: Gloy/Loschelder/Erdmann, HdbWettbR, § 59 Rdn. 308; a.A. OLG Düsseldorf Mitt. 1992, 150.

[105] OLG Stuttgart NJW 1990, 3097; *Ebert-Weidenfeller/Schmüser* GRUR-Prax. 2011, 74, 76.

[106] LG Hannover WRP 2013, 251.

[107] EuGH GRUR Int. 1991, 215, 216 – *Pall/Dahlhausen; Helm* in: Gloy/Loschelder/Erdmann, HdbWettbR, § 59 Rdn. 309; *Sack* GRUR 1998, 871, 877; vgl. auch OLG München NJWE-WettbR 1997, 107 – *Symbol „R im Kreis"* (kein Verstoß, wenn die Marke bereits angemeldet war, mit der Eintragung zu rechnen war und die Eintragung alsbald erfolgte) sowie OLG München GRUR-RR 2014, 38, 40 – *Andechser.* Für eine Interessenabwägung beim „TM"-Symbol, KG GRUR-RR 2013, 397. A.A. BGH GRUR 1990, 364, 366 – *Baelz;* BPatG GRUR 1992, 704, 705 – *Royals;* OLG Düsseldorf Mitt 1996, 355, 357; OLG Stuttgart WRP 1994, 136; OLG Hamburg WRP 1997, 101, 102 – *Selenium-ACE;* OLG Hamburg WRP 1986, 290, 291.

[108] Verneint für die Aussage „DP und DGM angem." von BGH GRUR 1964, 144 – *Sintex.*

Patent nicht bereits offen gelegt wurde (§ 32 PatG);[109] denn erst zu diesem Zeitpunkt steht fest, dass die Anmeldung jedenfalls keine offensichtlichen Mängel hat (vgl. § 42 PatG) und es besteht auch schon ein Entschädigungsanspruch bei Verletzung, so dass auch die mit dem Hinweis verbundene Warnung an Wettbewerber gerechtfertigt ist.[110] Etwas anderes mag gelten bei Aussagen, die sich nicht an das breite Publikum richten, z.B. im Rahmen von Börsengängen,[111] Unternehmenskäufen oder bestimmten Finanztransaktionen; insoweit mag zum Ausschluss einer Irreführungsgefahr der Hinweis genügen, dass die Anmeldung noch nicht offen gelegt wurde,[112] wobei hier ohnehin zu fragen ist, ob überhaupt eine geschäftliche Handlung vorliegt. **Nach Ablauf eines Schutzrechts** darf auf das Schutzrecht nicht mehr hingewiesen werden, solange nicht klargestellt wird, dass die Schutzfrist abgelaufen ist. Nur in Einzelfällen ist für eine Übergangsfrist der Abverkauf von Ware möglich, wenn diese zuvor im ordentlichen Geschäftsverkehr mit einem dauerhaften Schutzrechtshinweis versehen wurde.[113] Die Löschung einer Marke steht der Verwendung des ®-Symbols allerdings nicht entgegen wenn dagegen ein Rechtsmittel mit aufschiebender Wirkung eingelegt wurde.

65 *dd) Sachlicher Umfang.* Über den sachlichen Umfang eines Schutzrechts wird auch der durchschnittlich informierte und verständige Verbraucher sich nur wenige Gedanken machen. In jedem Fall muss sich das Schutzrecht auf die **Ware** beziehen, **für die der Schutzrechtshinweis erfolgt.** Bei komplexen Geräten rechnet der verständige Verbraucher damit, dass sich ein **Patent nur auf einzelne Teile** beschränkt.[114] Diese Teile müssen nicht den Hauptverkehrswert der Ware begründen. Sie dürfen allerdings auch nicht nur von untergeordneter Bedeutung sein; es genügt, wenn sie der Ware eine erhöhte Brauchbarkeit im Sinne ihrer Zweckbestimmung verleihen.[115] Bezieht der Verkehr den Schutzrechtshinweis auf die gesamte Ware, besteht ein Patentschutz aber nur für Teile, so müssen diese Teile der Ware das eigentümliche Gepräge geben.[116] Da sich der Schutz eines Patents nicht auf eine wortsinngemäße Auslegung der Ansprüche beschränkt und auch äquivalente Ausführungsformen erfassen kann, können auch diese in einen Schutzrechtshinweis mit einbezogen werden (wobei allerdings nicht der Eindruck erweckt werden darf, dies entspreche bereits der wortsinngemäßen Auslegung).[117] Auf Marken, die nur kraft Verkehrsgeltung (§ 4 Nr. 2 MarkenG) geschützt sind, darf nicht in einer Weise hingewiesen werden, die der Verkehr als Hinweis auf ein **Schutzrecht** versteht, **das in einem formellen Verfahren erteilt** wurde. Der BGH sah deshalb die Worte *„gesch."* oder *„ges. gesch."* für ein Ausstattungsrecht (nach dem früheren § 25 WZG) als irreführend an, hielt die Ausdrücke darüber hinaus aber auch deshalb für sittenwidrig i.S.v. § 1 UWG a.F., weil der Ausstattungsschutz unsicher und unkontrollierbar sei und eine etwaige Verkehrsgeltung ebenso rasch untergehen könne, wie sie erworben wurde.[118] Ob das allerdings ein quasi vorbeugendes Verbot rechtfertigt, erscheint zweifelhaft. Ausreichend ist, wenn die Verwendung zu dem Zeitpunkt untersagt wird, zu dem der Schutz tatsächlich nicht besteht. Andernfalls könnte z.B. auch der Hinweis auf einen Schutz untersagt werden, der demnächst, z.B. wegen Ablauf des Patents, ausläuft. Auch das wäre aber nicht gerechtfertigt. Ist eine Marke nicht eingetragen, ist auch die Verwendung des Sonderzeichens „®" irreführend, weil dieses Zeichen auf eine Eintragung hindeutet.[119] Erst recht muss das gelten, wenn ein Markenschutz nicht in der Form existiert, wie er angedeutet wird, z.B. weil nur ein Teil der Marke wiedergegeben und mit dem Sonderzeichen „®" gekennzeichnet wird, nicht aber die gesamte Marke.[120] Hierbei muss die Abwandlung aber tatsächlich irreführend sein. Dies ist nicht der Fall, wenn der Verkehr im angegebenen Zeichen das Ursprungszeichen noch erkennt oder wenn die Abwandlung sich im Rahmen des § 26 Abs. 3

---

[109] BGH GRUR 1964, 144 – *Sintex;* BGH GRUR 1966, 92 – *Bleistiftabsätze;* OLG Hamburg GRUR 1974, 398; OLG Frankfurt WRP 1974, 159, 162; Köhler/*Bornkamm,* § 5 Rdn. 5.119f.; *Benkard/Ullmann,* PatG, § 146 Anm. 37; *Helm* in: Gloy/Loschelder/Erdmann, HdbWettbR, § 59 Rdn. 310; Piper/Ohly/*Sosnitza,* UWG, § 5 Rdn. 566.

[110] *Bornkamm* GRUR 2009, 227, 229.

[111] Wobei der geringere Standard gerechtfertigt ist bei Angaben gegenüber den Konsortialbanken, nicht aber im Börsenprospekt.

[112] Köhler/*Bornkamm,* § 5 Rdn. 5.120.

[113] *Benkard/Ullmann,* PatG, § 146 Anm. 28; *Helm* in: Gloy/Loschelder/Erdmann, HdbWettbR, § 59 Rdn. 307; *Ebert-Weidenfeller/Schmüser* GRUR-Prax 2010, 74, 77.

[114] OLG Düsseldorf DB 1967, 725, 726.

[115] BGH GRUR 1957, 372, 373 – *2 DRP.*

[116] BGH GRUR 1957, 372, 373 – *2 DRP;* OLG Karlsruhe GRUR 1980, 118 – *Balkongeländer;* Piper/Ohly/*Sosnitza,* UWG, § 5 Rdn. 565.

[117] BGH GRUR 1985, 520, 521 – *Konterhauben-Schrumpfsystem.*

[118] BGH GRUR 1957, 357, 360 – *Kölnisch Eis.*

[119] Zur möglicherweise fehlenden Relevanz einer Fehlvorstellung vgl. die Nachw. in Fn. 78.

[120] BGH GRUR 1990, 364, 366 – *Baelz;* siehe auch BPatG GRUR 1992, 704 – *Royals.*

MarkenG hält.[121] Wird ein Ausdruck als Hinweis auf ein Patent verstanden, genügt es nicht, wenn Markenschutz vorliegt, auch wenn die Erteilung durch dasselbe Amt erfolgt.[122]

ee) Relevanz. Besteht ein Sonderrechtsschutz und wird dieser nur **falsch wiedergegeben,** so stellt sich die Frage nach der Relevanz einer etwaigen Irreführung. Das betrifft etwa den Fall, dass der durchschnittlich informierte und verständige Verbraucher von einem Patentschutz ausgeht, während tatsächlich „nur" Schutz als Gebrauchsmuster besteht. Insoweit kann sich das neue Verbraucherleitbild auch verschärfend auswirken, da der durchschnittlich verständige Verbraucher die verwendeten Begriffe im Regelfall auch wörtlich verstehen wird, d. h. einen „Musterschutz" als Hinweis auf ein Gebrauchsmuster und nicht als Hinweis auf ein Patent. Angesichts der unterschiedlichen Schutzvoraussetzungen und -umfänge sind solche Fehlvorstellungen im Regelfall auch relevant. Irrelevant kann es auch sein, wenn bei einer Nutzung in Deutschland der Eindruck erweckt wird, es bestünde ein Schutz in einem Land (wie z. B. Großbritannien) während er tatsächlich in einem anderen Land (z. B. USA) besteht.[123] 66

c) Einzelfälle, Ausdrücke. Ausdrücke wie *„Deutsches Bundespatent", „Deutsches Patent", „patentiert", „patented"* oder *„patentamtlich geschützt",* werden vom Verkehr als **Hinweise auf erteilte und rechtsgültige Patente** verstanden. Ein Gebrauchsmusterschutz würde insoweit also nicht genügen.[124] Ob „DBP" heute noch ebenso verstanden wird, ist zweifelhaft. *„Europäisches Patent"* und *„EPÜ-Patent"* sind als Hinweise auf **Patente nach dem Europäischen Patentübereinkommen** zulässig (Art. 2 EPÜ). *„Patent angemeldet"* und *„Patent offengelegt"* machen klar, dass ein **Patent erst angemeldet** (und offengelegt), aber noch nicht erteilt wurde;[125] *„Pat. Pend."* kann hingegen fälschlich als Hinweis auf die bereits erfolgte Erteilung eines inländischen Patents verstanden werden, weil ein nicht unerheblicher Teil der Leser mit der Abkürzung „Pend." nichts anzufangen weiß.[126] Wird ein Produkt als **„neu"** bezeichnet, so wird das hingegen nicht ohne weiteres und grundsätzlich als Neuheit im patentrechtlichen Sinn verstanden; es kommt vielmehr auf die Umstände des Einzelfalls an.[127] 67

„DPa", „BPa" oder *„DBPa"* sind **missverständlich** und deshalb **unzulässig,** sofern sich die Aussage nicht ausschließlich an patentrechtlich geschulte Adressaten richtet.[128] 68

„Gesetzlich geschützt" oder nur *„geschützt"* sollen nach Ansicht einiger Gerichte als **Hinweis auf ein bestehendes Patent** verstanden werden.[129] Das ist allerdings **fraglich.** Je nach Eigenart der Ware kommt durchaus auch anderer Schutz – z. B. als Gebrauchsmuster oder als geografische Herkunftsangabe – in Betracht. Auch ist es richtig, dass der Verkehr bei einer solchen Hervorhebung in der Werbung erwartet, dass den beworbenen Ware besondere Eigenschaften zu eigen sind, welche sie vorteilhaft und wesentlich von vergleichbaren anderen Waren unterscheiden. Ob der durchschnittlich informierte und verständige Verbraucher allerdings zugleich auch erwartet, dass diese Vorzüge aufgrund vorangegangener Prüfung durch eine hierfür vom Staat geschaffene besonders sachkundige Stelle, nämlich das Patentamt, offiziell und zuverlässig anerkannt worden ist, erscheint zweifelhaft. Zwar mögen auch dem durchschnittlich informierten und verständigen Verbraucher nicht die Einzelheiten eines Patentverfahrens bekannt sein. Ihm ist möglicherweise aber bewusst, dass gewisser Schutz auch ohne vorherige Prüfung erlangt werden kann. Das gilt insbesondere, wenn sich die Werbung ausschließlich an Fachkreise richtet oder es sich bei dem angepriesenen Artikel um eine größere Anschaffung handelt, bei dem Werbeangaben besonders sorgfältig geprüft werden.[130] „Neu" wird nicht im Sinne einer Neuheit im gesetzlichen Sinn (z. B. 69

---

121 OLG Hamm GRUR-RR 2010, 104 – *Wärmstens Empfohlen!;* OLG Hamburg WRP 1997, 101, 103 – *Selenium-ACE;* OLG Frankfurt GRUR-RR 2015, 480 – Tea Exclusive.

122 BGH GRUR 1957, 358, 360 – *Kölnisch Eis.*

123 OLG Köln GRUR-RR 2010, 390 – *Medisoft ®; Weidert* GRUR-Prax 2010, 134.

124 OLG Düsseldorf GRUR 1978, 437; OLG München NJWE-WettbR 1997, 37, 38; *Ebert-Weidenfeller/Schmüser* GRUR-Prax 2011, 74, 75.

125 A. A. OLG Düsseldorf Mitt. 1996, 355, 357 – *Pat. Pend.;* LG Düsseldorf Mitt. 1991, 93; *Helm* in: Gloy/Loschelder/Erdmann, HdbWettbR, § 59 Rdn. 310, bei Verwendung gegenüber Handwerkern, weil von ihnen keine Kenntnis englischer Fachausdrücke erwartet werden könne.

126 BGH NJWE-WettbR 1997, 5, 7. Ebenso *Ebert-Weidenfeller/Schmüser* GRUR-Prax 2011, 74, 75. zu „pat. pending".

127 BGH GRUR 1958, 553 – *Saugrohr.*

128 BGH GRUR 1966, 92, 93 – *Bleistiftabsätze;* GRUR 1961, 241, 242 – *Socsil; Helm* in: Gloy/Loschelder/Erdmann, HdbWettbR, § 59 Rdn. 310.

129 OLG Düsseldorf GRUR 1978, 437; ebenso Köhler/*Bornkamm,* § 5 Rdn. 5.117, und *Ebert-Weidenfeller/Schmüser* GRUR-Prax 2011, 74, 75.

130 Vgl. BGH GRUR 1964, 144, 146 – *Sintex.*

nach § 3 Abs. 1 PatG oder § 2 Abs. 2 GeschmMG) verstanden, sondern als Neuheit auf dem Markt.[131]

70 Die Buchstabenkombination *„DGBM“* deutet auf ein **deutsches Gebrauchsmuster** hin. Ob auch „DGM“ heute noch so verstanden wird, ist fraglich.[132] Worte wie *„Geschmacksmuster“, „Musterschutz“, „geschütztes Muster“, „geschütztes Design“, „Designschutz“* oder *„als Design geschützt“* sind **Hinweise auf Designs (Geschmacksmuster).**

71 Ausdrücke wie *„Marke“, „Warenzeichen“, „Wz.“, „Schutzmarke“* oder die Sonderzeichen „®“ oder „™“ werden als **Hinweis auf Markenschutz** verstanden, wobei das bei „™“ in Deutschland nicht ohne weiteres eindeutig ist. „®“ wird dabei als **Hinweis auf eine registrierte Marke** verstanden,[133] bei den anderen Ausdrücken bleibt das offen. Ob das „®“ so verstanden wird, dass die Marke auch gerade in dem Land eingetragen ist, in dem die gekennzeichnete Ware in den Verkehr gebracht wird, hängt vom Einzelfall ab.[134] Die Werbung mit dem „®“ ist so lange erlaubt, bis die Marke rechtskräftig gelöscht ist.[135] Auch schaden kleinere Änderungen in der Verwendung der Marke im Vergleich zur ihrer Registrierung nicht, solange sich dies im Rahmen von § 26 Abs. 3 MarkenG hält und den kennzeichnenden Charakter der Marke nicht verändert.[136] Die Ausdrücke *„geschützt“* oder *„gesch.“* oder *„ges. gesch.“* sind irreführend, wenn sie als Hinweis auf den Schutz der Ware als solcher verstanden werden und nicht als Hinweis auf eine Marke[137] oder wenn es allein um einen Schutz als nicht eingetragene Marke geht, während der Verkehr das Bestehen eines formellen Schutzrechts erwartet.

72 Bei **Urheberrechten** ist die Verwendung des Sonderzeichens „©“ üblich; auf das Leistungsschutzrecht von ausübenden Künstlern und Tonträgern wird in der Regel durch ein *„P“* im Kreis hingewiesen. Auch der Ausdruck *„gesetzlich erlaubt“* ist unter den o. g. Voraussetzungen zulässig, wenn er nicht von einem erheblichen Teil der durchschnittlich informierten und verständigen Verbraucher als Hinweis auf ein technisches Schutzrecht verstanden wird. Mittlerweile kennt auch der deutsche Verkehr den Ausdruck „Copyright“ und verbindet mit ihm den Urheberrechtsschutz.

3. Sonstiges Vermögen

Schrifttum: *Diefenhardt,* Eine als „Ad-hoc-Mitteilung“ nach WpHG § 15 gekennzeichnete Erklärung kann Wettbewerbshandlung und Werbung im Sinne von UWG § 5 Abs. 1 2004 sein, WuB I G 6 § 15 WpHG 1.07; *Klöhn,* Wettbewerbswidrigkeit von Kapitalmarktinformationen?, ZHR 172 (2008), 388; *Köndgen,* Die Ad hoc-Publizität als Prüfstein informationsrechtlicher Prinzipien, FS Druey, 2002, 791; *Kolb,* Rechtsfolgen von Verstößen gegen Informationspflichten nach der Institutsvergütungsverordnung, WRP 2015, 31; *Lettl,* Die wettbewerbswidrige Ad hoc-Mitteilung, ZGR 2003, 853; *ders.,* Die Zulässigkeit von Werbung mit der Einlagensicherung nach UWG und KWG, WM 2007, 1345 und WM 2007, 1397.

73 **a) Voraussetzungen.** Abgesehen von unwahren oder täuschenden Angaben über das **Know-How** und die **geistigen Eigentumsrechte (näher § 5 Abschn. E Rdn. 53 ff.)** können auch falsche oder täuschende Angaben über das sonstige Vermögen des Unternehmers eine Irreführung bewirken. Der Verkehr kann durch derartige Angaben zugleich in relevanter Weise über die Größe und Bedeutung des Unternehmers getäuscht werden.

74 Angaben über das „(sonstige) Vermögen des Unternehmers“ sind alle Informationen über die **Vermögenssituation** des Unternehmers oder dessen **finanzielle Leistungsfähigkeit.** Sie müssen **keinen lückenlosen Überblick** über die Vermögensverhältnisse des Unternehmers geben; es täuscht schon der Unternehmer in relevanter Weise, der sich „nur“ durch falsche Angaben zu seinem Grundvermögen einen Kredit verschafft.[138] Die Information kann **ausdrücklich** gegeben werden (z. B. Vorlage der Bilanz oder der Gewinn- und Verlustrechnung) oder **mittelbar** erfolgen. „Passt“ die dem Kunden vorgeführte **Aura des Luxus** (großes Gebäude, entspr. Fuhrpark, luxuriöse Einrichtung pp.) des vormals wohlhabenden und inzwischen vor der Insolvenz stehenden Unternehmers in keiner Weise mehr zu dessen Vermögenssituation, kann zur Meidung einer Irreführung ein aufklärender Hinweis erforderlich sein.

75 Zur Irreführung geeignet können auch **richtige** Angaben sein, etwa wenn der Hinweis auf eine tatsächlich erfolgte Zahlung so gestaltet wird, dass der Eindruck einer auf erwirtschaftete Gewinne

[131] Vgl. BGH GRUR 1958, 533 – *Saugrohr.*
[132] Dafür *Ebert-Weidenfeller/Schmüser* GRUR-Prax 2011, 74, 75.
[133] BGH NJWE-WettbR 1997, 5, 6.
[134] Siehe Rdn. 78.
[135] OLG Frankfurt WRP 2015, 1122 Tz. 8.
[136] OLG Frankfurt, WRP 2015, 1122 Tz. 6.
[137] BGH GRUR 1957, 358, 360 – *Kölnisch Eis.*
[138] Ebenso Köhler/*Bornkamm,* 34. Aufl. 2016, § 5 Rdn. 5.114a.

zurückzuführenden Sonderausschüttung besteht, während es sich tatsächlich um eine vertraglich vereinbarte, unabhängig von der Gewinnlage zu erbringende Leistung handelt.

Unter den Voraussetzungen des **§ 5a** kann auch das Verschweigen oder Vorenthalten von Informationen irreführend sein, s. näher die dortige Kommentierung. 76

Werden **untypische Umstände** werbend hervorgehoben, betreffen die Informationen z. B. nur den kurzen Zeitraum, in dem das Unternehmen ausnahmsweise schwarze Zahlen geschrieben hat oder wird sonst ein untypischer Abschnitt in der Unternehmensentwicklung zum Gegenstand der Werbung gemacht, ist das i. d. R. unlauter, weil der Verkehr im Allgemeinen davon ausgeht, dass nur Umstände werbend herausgestellt werden, die zumindest eine gewisse Aussagekraft für die weitere Unternehmensentwicklung haben. 77

Vorsicht ist auch bei **mehrdeutigen** Angaben geboten. Wirbt eine Zeitung mit Auflagenzahlen, die sich auf die **gedruckte Auflage** beziehen, während der Verkehr sie als Angabe zur **verbreiteten Auflage** versteht,[139] entsteht ein falsches Bild über die Finanzkraft des Unternehmens. Gibt ein auf dem Gebiet der Außenwerbung tätiger Unternehmer in einem Interview an, mit 176 000 City-Light-Postern den gleichen Umsatz zu machen wie ein bestimmter Mitbewerber mit seinen etwa 30 000 Stück, und trifft dies nur für den **Netto-Umsatz** zu, während der **Brutto-Umsatz** des Mitbewerbers deutlich über dem des Werbenden liegt, muss klargestellt werden, dass es sich um den Netto-Umsatz handelt.[140] 78

Täuschende Angaben über die **Verhältnisse anderer** reichen aus, wenn es sich bei ihnen um die Vertreter des Unternehmers handelt oder wenn der Verkehr sie als Angabe über das Vermögen des Unternehmers versteht, so z. B. wenn es sich bei ihnen um **Gesellschafter** handelt. Beantwortet der am Rande der Insolvenz stehende Bauunternehmer die Frage des unbedarften Bauwilligen nach Insolvenzrisiken ausweichend damit, die **Branche** befinde sich im Aufschwung, täuscht er zugleich über seine eigene wirtschaftliche Leistungskraft. 79

b) Beispiele. Ad-hoc-Meldungen. Unrichtige oder missverständliche Darstellungen in einer „ad-hoc"-Mitteilung nach § 15 WpHG, die beim angesprochenen Verkehrskreis den unrichtigen Eindruck erwecken, dass sich die Preisgestaltung des Unternehmens wegen eines im Hinblick auf ein erstrittenes Urteil nicht mehr zu erbringende Aufwendungen günstiger gestalten werde, können irreführend sein.[141] Es handelt sich auch um eine „Angabe" im Sinne von § 5, s. **§ 5 Abschn. B Rdn. 86.** Gleiches muss für falsche Angaben iSv § 16 **InstitutsVergV** gelten.[142] In beiden Fällen lässt sich durch klarstellende Hinweise ein Irrtum vermeiden. 80

Aktiva, Passiva. Wer unrichtige Zahlen über Aktiva und Passiva des Unternehmens angibt, kann über das Unternehmensvermögen täuschen. Eine Irreführungsgefahr wird dadurch bewirkt, dass auf den Besitz großer Liegenschaften hingewiesen wird, ohne darüber zu informieren, dass sie nur gemietet oder gepachtet sind. 81

Ambiente. Auch mit einem luxuriösen **Ambiente** oder einem **großen Fuhrpark** verbindet der Verkehr u. U. die Vorstellung wirtschaftlicher Macht und Stärke. „Passt" der so vermittelte Eindruck in keiner Weise mehr zur Vermögenssituation, weil Gebäude, Maschinen und Fahrzeuge schon hoch belastet bzw. verpfändet sind und Insolvenz droht, kann deshalb u. U. ein aufklärender Hinweis erforderlich sein. 82

Anlage. Unlauter ist es, wenn eine Bank der Wahrheit zuwider behauptet, sie sei von der **Finanzkrise** nicht betroffen, habe insbesondere keine Vermögenswerte im amerikanischen Suprime-Hypothekenmarkt angelegt.[143] 83

Auflage. Die Auflagenhöhe lässt Rückschlüsse auf die Kapitalausstattung zu.[144] Der Begriff der Auflage ist kein einheitlicher. Von der verkauften Auflage unterscheidet sich die verbreitete Auflage dadurch, dass neben Verkäufen über Einzelhandel und Abonnement auch die kostenlos abgegebenen Exemplare darin enthalten sind. Wenn die Angaben nicht näher konkretisiert werden, wird sie der Anzeigenkunde im Zweifel nicht lediglich als verbreitete, d. h. entgeltlich und unentgeltlich abgege- 84

---

[139] Wenn die Angaben nicht näher konkretisiert werden, wird der Verbraucher den Begriff der „Auflage" im Zweifel nicht als bloße „verbreitete", d. h. entgeltlich und unentgeltlich abgegebene, sondern als „verkaufte Auflage" verstehen, OLG Hamm WRP 1991, 328, 329; Ohly/*Sosnitza,* 6. Aufl. 2014, § 5 Rdn. 601. Kenntlich gemacht werden muss auch, wenn starke Schwankungen bestehen und die angegebene Auflagenhöhe nur an bestimmten Tagen erreicht wird, s. sogleich **Rdn. 37.**

[140] OLG Hamburg Urt. v. 31.1.2007, Az. 5 U 47/06.

[141] OLG Hamburg GRUR-RR 2006, 377; Köhler/*Bornkamm,* 34. Aufl. 2016, § 5 Rdn. 5.114d; *Lettl* ZGR 2003, 853, 856; *Köndgen* FS Druey, S. 791, 812. – **A. A.** *Klöhn* ZHR 172 (2008), 388, 402.

[142] JurisPK-UWG/*Dietmann,* 4. Aufl. 2016, Std. 01.05.2016, § 5 Rdn. 644; s. dazu *Kolb,* WRP 2015, 31 ff.

[143] Köhler/*Bornkamm,* 34. Aufl. 2016, § 5 Rdn. 5.114a.

[144] BGH GRUR 1968, 433, 436 – *Westfalenblatt II.*

bene, sondern im Sinne von „verkaufte Auflage" verstehen.[145] Kenntlich gemacht werden muss auch, wenn die Auflagenhöhe starken Schwankungen unterliegt und die genannte Zahl nur an bestimmten Tagen erreicht wird[146] oder das Anzeigenvolumen unbestellte oder unbezahlte Füllanzeigen enthält.[147]

85 **Betriebsleistungen.** Angaben zu den **Löhnen** der Mitarbeiter können ebenso wie Hinweise auf die sonstigen Leistungen an das Personal beim Durchschnittsumworbenen falsche Vorstellungen über das Vermögen des Werbenden hervorrufen. Je nach Werbesituation können sowohl hohe als auch **niedrige Leistungen** Vorstellungen von wirtschaftlicher Stärke der Gesellschaft auslösen („Wir haben trotz der allgemein schlechten wirtschaftlichen Lage der Branche heute wieder eine Sonderausschüttung leisten können"; „Wir sparen in jeder Hinsicht an unseren Produktionskosten, um Ihnen möglichst günstige Preise bei umfassendem Service bieten zu können").

86 **Dritte.** Angaben über das Vermögen Dritter können über die Person, die Eigenschaften oder die Rechte des Unternehmers bzw. seines Vertreters irreführen, wenn der Verkehr sie als Information über den Unternehmer auffasst. So kann z. B. die Behauptung, über finanzkräftige Gesellschafter, Kreditgeber, Verwandte usw. zu verfügen, beim Verkehr, der davon ausgeht, der Unternehmer könne auf das Vermögen dieser Personen jederzeit zugreifen, eine Fehlvorstellung über die Finanzkraft des Unternehmers erwecken.

87 **Entwicklung.** Angaben über eine Steigerung des Umsatzes, der Mitglieder, der Gewinne pp. können beim Durchschnittsumworbenen die Vorstellung einer noch anhaltenden **positiven wirtschaftlichen Entwicklung** hervorrufen. Trifft das nicht zu, stagniert die Entwicklung vielmehr, kann die Werbung irreführend sein.

88 **Kapital, Umsatz, Forderungen.** Unwahre oder zur Täuschung geeignete Angaben hierüber können irreführen. Der Unternehmer täuscht in relevanter Weise, wenn er nicht ausreichend zwischen **Finanz- und Anlagekapital** differenziert und der Verkehr dadurch einen unrichtigen Eindruck gewinnt. Zahlen zum Umsatz können auch täuschen, wenn nicht klar wird, ob es sich um den **Brutto- oder den Nettoumsatz** handelt.[148] **Betriebsvermögen** und **persönliches Vermögen** dürfen nicht in einen Topf geworfen werden, so dass beim Kreditgeber ein falscher Eindruck über die finanzielle Situation des Kreditnehmers entsteht. Falsche Angaben über **Aktiva und Passiva** können irreführen, ebenso unrichtige oder täuschende Angaben über die **Zusammensetzung** des Vermögens (Grundvermögen, Aktien, Sparanlagen usw.), den **Geschäftswert,** offene **Forderungen,** den **Kundenstamm,** den **Umsatz** bzw. bei Zeitungen oder im Buchhandel die **Auflagenzahl,** die **Gewinne,** die ausgeschütteten **Tantiemen** oder die **Gesellschafterentnahmen.** Es darf nicht der unrichtige Eindruck erweckt werden, dass der Unternehmer sein **persönliches Vermögen** für das Unternehmen einsetzen wird.

89 **Gebäude.** Die Abbildung eines Fabrikgebäudes in der Werbung, das in Wahrheit dem Betrieb nicht gehört, kann in bestimmten Zusammenhängen nicht nur über die Größe, sondern auch die finanzielle Leistungskraft des Unternehmers täuschen.

90 **Kunden.** Unrichtige Zahlen über die **Menge der Kunden,** z. B. der Abonnenten oder Anzeigenkunden einer Zeitung, können über die wirtschaftliche Leistungskraft des Unternehmens täuschen.

91 **Mitarbeiter, Organisation.** Wer damit wirbt, dass sein Unternehmen über einen „Controller", einen „Datenschutzbeauftragten", eine „Sicherheitskraft", einen „Berater", einen „Assistenten" pp. verfügt, während tatsächlich alle Aufgaben von dem einzigen Mitarbeiter des Unternehmens erfüllt werden, erweckt den falschen Eindruck, sich eine Vielzahl verschiedener spezieller Mitarbeiter „leisten" zu können. Er kann sich auch nicht darauf berufen, zur Benennung bestimmter **Beauftragter,** z. B. des Datenschutzbeauftragten, gesetzlich verpflichtet zu sein, da es nicht um die Rechtmäßigkeit der Benennung, sondern um die der werbenden Hervorhebung derselben geht.

92 **Mitglieder.** Hohe Mitgliederzahlen können für wirtschaftliche Leistungskraft des Vereins sprechen. Für die Frage, inwieweit die werbend herausgestellte Mitgliederzahl auf volle Tausend, Zehn- oder Hunderttausend aufgerundet werden kann und um welchen Prozentsatz die Zahlenangabe die mit möglichster Sorgfalt ermittelte tatsächliche Zahl übersteigen darf, ohne unrichtig zu werden, kommt es auf die Anschauung des durchschnittlich informierten, aufmerksamen und verständigen Umworbenen in der jeweiligen Werbesituation an.[149] Eine Abweichung von rund 200 000 Mitgliedern und mehr als 10% hat der BGH als irreführend angesehen.[150]

---

145 OLG Hamm WRP 1991, 328, 329; Ohly/*Sosnitza,* 6. Aufl. 2013, § 5 Rdn. 601.

146 Köhler/*Bornkamm,* 34. Aufl. 2016, § 5 Rdn. 4.138.

147 Vgl. BGH GRUR 1997, 380, 381 – *Füllanzeigen;* OLG Hamm GRUR 1980, 312; OLG Frankfurt GRUR 1988, 847, 848; NJW-RR 2001, 550.

148 OLG Hamburg Urt. v. 31.1.2007, Az. 5 U 47/06.

149 Vgl. zum früheren Recht BGH GRUR 1961, 284 – *Werbung mit Mitgliederzahlen.*

150 BGH GRUR 1961, 284, 287 – *Werbung mit Mitgliederzahlen.*

Tätigkeitsbereich. Angaben über den Tätigkeitsbereich können u. a. über den Unternehmensstatus täuschen, aber auch ein unrichtiges Bild der wirtschaftlichen Leistungsfähigkeit des Unternehmens zeichnen. Wirbt ein Einzelhandelskaufmann, dem der finanzielle Hintergrund für den internationalen Wirtschaftsraum fehlt, damit, er sei ein **„internationales Unternehmen"**, weil seine Internetpräsenz mehrsprachig gestaltet ist, ist die Werbung nicht nur zur Täuschung über die Größe des Unternehmens (s. dazu **§ 5 Abschn. E Rdn. 211 ff.**), sondern auch über die finanzielle Leistungskraft desselben geeignet. Ohnehin sind irreführende Angaben über die **Unternehmensgröße** oft geeignet, den Verkehr auch über das Vermögen des Werbenden irren zu lassen. 93

Umsatz. Unwahre oder täuschende Angaben über den mit dem Unternehmen erzielten Umsatz können eine Irreführung begründen, i. E. oben unter „Kapital". 94

III. Umfang der Verpflichtungen des Unternehmers

Schrifttum: *Alexander,* Vertragsrecht und Lauterkeitsrecht unter dem Einfluss der Richtlinie 2005/29/EU über unlautere Geschäftspraktiken, WRP 2012, 515; *Berlit,* Auswirkungen der Aufhebung des Rabattgesetzes und der Zugabeverordnung auf die Auslegung von § 1 UWG und § 3 UWG, WRP 2001, 349; *Berneke,* Zum Lauterkeitsrecht nach einer Aufhebung von Zugabeverordnung und Rabattgesetz, WRP 2001, 615; *Bernreuther,* Werbliche Angabe und allgemeine Geschäftsbedingungen, GRUR 1998, 542; *Bullinger/Emmerich,* Irreführungsgefahr durch selektive Produktauswahl bei Preisvergleichen, WRP 2002, 608; *Cordes,* Die Gewährung von Zugaben und Rabatten und deren wettbewerbsrechtliche Grenzen nach Aufhebung von Zugabeverordnung und Rabattgesetz, WRP 2001, 867; *Ernst,* Unwirksame AGB-Klausel eines Internetdienstleisters, die Kostenpflichtigkeit des Angebots begründet, jurisPR-ITR 3/2007 Anm. 3; *Haedicke,* Die künftige Zugabe- und Rabattregulierung durch das UWG zwischen Liberalisierung und Lauterkeitsschutz, CR 2001, 788; *Heermann,* Prämien, Preise, Provisionen – Zur lauterkeitsrechtlichen Beurteilung von Absatzförderungsmaßnahmen im Handel gegenüber Nichtverbrauchern, WRP 2006, 8; *Heermann/Rueß,* Verbraucherschutz nach RabattG und ZugabeVO – Schutzlücke oder Freiheitsgewinn?, WRP 2001, 883; *Hoeren,* Zur Irreführung bei Verwendung der amtlichen Musterwiderrufsbelehrung, EWiR 2007, 393; *Kiethe/Groeschke,* Die Mogelpackung – Lebensmittel- und wettbewerbsrechtliche Risiken der Produkteinführung – Rechtsschutzmöglichkeiten der Wettbewerber, WRP 2003, 962; *Köhler,* Konkurrentenklage gegen die Verwendung unwirksamer Allgemeiner Geschäftsbedingungen?, NJW 2008, 177; *ders.,* Rabattgesetz und Zugabeverordnung: Ersatzlose Streichung oder Gewährleistung eines Mindestschutzes für Verbraucher und Wettbewerber?, BB 2001, 265; *ders.,* Zum Anwendungsbereich der §§ 1 und 3 UWG nach Aufhebung von RabattG und ZugabeVO, GRUR 2001, 1067; *ders.,* Koppelungsangebote (einschließlich Zugaben) im geltenden und künftigen Wettbewerbsrecht, GRUR 2003, 729; *Kügele,* Wettbewerbsrechtliche Beurteilung von Koppelungsangeboten, GRUR 2006, 105; *Möller,* Neue Erscheinungsformen von Rabattwerbung und „Rabatte" zu Lasten Dritter – Die wundersame Entledigung unliebsamer Belastungen, GRUR 2006, 292; *Pluskat,* Das kombinierte Warenangebot – dieses Mal als unzulässiges verdecktes Koppelungsgeschäft, WRP 2002, 789; *dies.,* Zur Zulässigkeit von Koppelungsgeschäften – Zugleich Besprechung des Urteils BGH WRP 2002, 1256 – Koppelungsangebot, WRP 2002, 1281; *dies.,* Koppelungsangebote und kein Ende – Zugleich Besprechung des Urteils des BGH WRP 2003, 743 – Gesamtpreisangebot, WRP 2004, 282.

1. Europäischer Kontext und Abgrenzung

§ 5 Abs. 1 S. 2 Nr. 3 regelt unwahre bzw. täuschende Angaben über „den Umfang der Verpflichtung des Unternehmers". Die systematische Behandlung im Zusammenhang mit der Irreführung über das „Vermögen" des Unternehmers ist verfehlt, denn das Bezugskriterium wurde nicht aus Art. 6 Abs. 1 lit. f UGP-Richtlinie übernommen, der die Irreführung über die Person des Unternehmers regelt, sondern beruht auf Art. 6 Abs. 1 lit. c UGP-Richtlinie, der sich mit der Irreführung über die vertraglich geschuldete Leistung befasst (Umfang der Verpflichtung des Unternehmers, Beweggründe für die Geschäftspraxis, Art des Vertriebsverfahrens, bestimmte Umstände im Zusammenhang mit Sponsoring oder mit der Zulassung des Unternehmers bzw. des Produkts). In der **englischen** bzw. **französischen Richtlinienfassung** ist von „extent of the trader's commitments" bzw. l'étendue des engagements du professionnel" die Rede. Gemeint ist die Irreführung über den **Umfang der Bindung** im Verhältnis zum (potenziellen) Vertragspartner, also über die **vertraglichen Verpflichtungen.**[151] 95

Die Irreführung über **Gestaltungs-, Widerrufs- oder Anfechtungsrechte sowie das Recht auf Ersatzlieferung** des Verbrauchers, denen noch keine konkrete Leistungspflicht des Unternehmers gegenübersteht, ist demgegenüber in § 5 Abs. 1 S. 2 Nr. 7 geregelt. 96

Erhebliche Überschneidungen gibt es mit der schon in § 5 a. F. enthaltenen Irreführung über die **Angebots- und Lieferbedingungen** (§ 5 Abs. 1 S. 2 Nr. 2). Das erklärt sich daraus, dass Letztere anders als die übrigen Bezugspunkte nicht aus der Richtlinie unlautere Geschäftspraktiken, 97

---

[151] Ebenso GK/*Lindacher,* 2. Aufl. 2013, § 5 Rdn. 840; *Nordemann, J. B.,* Wettbewerbsrecht, Markenrecht, 11 Aufl. 2012, Rdn. 300.

sondern aus der Irreführungsrichtlinie übernommen wurden. Um eine Doppelkommentierung zu vermeiden, werden hier nur die dort nicht erfassten Fallgruppen behandelt, und wird im Übrigen auf die Kommentierung bei *Weidert,* **§ 5 D Rdn. 95 ff.** verwiesen.

2. Einzelheiten

98 **a) Unwahr oder zur Täuschung geeignet.** Eine Angabe ist unwahr, wenn sie objektiv unrichtig ist. Bzgl. ihrer Täuschungseignung ist auf die Vorstellung abzustellen, die sie beim angesprochenen Verkehr erweckt. Eine wettbewerbliche Irreführung wird nicht dadurch ausgeschlossen, dass die vom Unternehmer verwandte AGB-Klausel zivilrechtlich unwirksam ist.[152]

99 Auch **Verschweigen oder Vorenthalten** für den Verkehr wesentlicher Informationen über den Umfang der Verpflichtungen des Unternehmers kann unter den Voraussetzungen des § 5a irreführend sein. Dabei gelten in an Verbraucher gerichteten Angeboten die Zahlungs-, Liefer- und Leistungsbedingungen sowie das Verfahren zum Umgang mit Beschwerden, soweit sie von wesentlichen Grundgedanken der verbindlichen Regelung abweichen, und Widerrufs- sowie Rücktrittsrechte kraft Gesetzes als wesentlicher Umstand, § 5a Abs. 3 Nr. 4 und Nr. 5. Eine Wesentlichkeitsvermutung besteht auch, wenn das Gemeinschaftsrecht entspr. Angaben vorschreibt, § 5a Abs. 4. Gemeinschaftsrechtliche Belehrungspflichten bestehen u. a. im **Fernabsatz,** bei **Pauschalreisen,** bei **Teilzeitnutzungsrechten,** im **Arzneimittelbereich,** im **elektronischen Geschäftsverkehr,** im **Finanz-, Wertpapier- und Versicherungsbereich.** S. zur Irreführung durch Unterlassen von Informationen ausführlich die Kommentierung zu § 5a.

100 **b) Angabe über den Umfang der Verpflichtungen.** Dies ist jede Information über die vom Unternehmer **geschuldete Leistung.** Unter den Voraussetzungen des § 5a kann auch durch **Verschweigen oder Vorenthalten** von Umständen getäuscht werden. Vor Irreführung über den Umfang der Verpflichtungen des Unternehmers ist der Verkehr unabhängig davon geschützt, ob er irrig von einem **zu großen oder einem zu kleinen Leistungsumfang** ausgeht. Bislang scheiterte eine relevante Irreführung i. S. d. § 5 a. F. bei Angaben, die dem potentiellen Kunden einen kleineren Leistungsumfang als tatsächlich beabsichtigt oder geschuldet vorspiegelten, allerdings i. d. R. daran, dass bei derartigen Angaben das für die Annahme einer „Werbung" erforderliche unternehmerische Ziel, den Absatz von Produkten zu fördern, nicht festgestellt werden konnte.[153] Nach neuem Recht erfasst § 5 jedoch auch geschäftliche Handlungen, die **keine „Werbung"** sind, und damit insbes. auch den Bereich der **Vertragsabwicklung.** Dort wirkt sich das Vortäuschen eines geringeren als des tatsächlich geschuldeten Leistungsumfangs anders als bei der Vertragsanbahnung u. U. für den Unternehmer vorteilhaft aus. Erweckt z. B. die Gestaltung der Kontoauszüge durch eine Bank den unzutreffenden Eindruck, die Bank sei verpflichtet, dem Kunden die ausgewiesene Gutschrift zur Verfügung zu stellen, ohne hierfür Sollzinsen zu berechnen,[154] wird der Bankkunde irrig von einem zu großen Leistungsumfang ausgehen. Damit besteht die Gefahr, dass die vermeintlich zum Leistungsumfang gehörende Leistung in Anspruch genommen und bezahlt wird. Auch die Vorspiegelung eines zu kleinen Leistungsumfangs kann die geschäftliche Entscheidung des Kunden bei der Vertragsabwicklung zum Vorteil des Unternehmers beeinflussen. Wird z. B. mittels unwirksamer AGB der Eindruck erweckt, der Unternehmer sei nur zu Teilleistungen verpflichtet, geht der Kunde irrig von einem zu kleinen Leistungsumfang aus mit der Folge, dass auf die Durchsetzung bestehender Ansprüche verzichtet wird.

101 Jede relevant unwahre bzw. täuschende Angabe über den Umfang der Verpflichtungen des Unternehmers reicht aus. Betroffen sein können sowohl Informationen über die **Hauptleistungspflichten** als auch über die **vertraglichen oder gesetzlichen Nebenleistungspflichten** des Unternehmers. Die unwahre oder täuschende Information kann **ausdrücklich** oder **konkludent** gegeben werden. Es spielt deshalb für § 5 UWG keine Rolle, ob der Bauunternehmer, der mit seinen Kunden vereinbart hat, dass diese die ihm in Rechnung gestellten Vermessungskosten zu tragen haben, ausdrücklich höhere Kosten als tatsächlich angefallen behauptet, oder ob der entspr. Betrag lediglich als Posten in seiner Gesamtrechnung auftaucht. Die Angabe kann auch in **Allgemeinen Geschäftsbedingungen** enthalten sein, z. B. wenn in den AGB eines **Versicherungsunternehmens** der unzutreffende Eindruck erweckt wird, bestimmte Risiken seien abgesichert.[155] Leitet der Unternehmer einen im Verhältnis zum gesetzlich oder vertraglich geschuldeten geringe-

---

[152] Vgl. EuGH WRP 2012, 547 – *Pereničová und Perenič/SOS.* Ebenso zum alten Recht *Köhler* NJW 2008, 177, 181.

[153] Vgl. OLG Hamburg NJW 2007, 2264 ff.

[154] Vgl. zu irreführenden Kontoauszügen BGH BB 2007, 1694 – *Irreführender Kontoauszug.*

[155] BGH GRUR 1983, 654, 656 – *Kofferschaden;* KG WRP 1987, 32; KG GRUR 1991, 787.

ren Umfang seiner Verpflichtungen aus seinen Allgemeinen Geschäftsbedingungen her, kann sich die Unrichtigkeit bzw. Täuschungseignung dieser Angaben auch daraus ergeben, dass die **AGB unwirksam** sind und eine Abweichung vom Leistungsumfang nach unten deshalb nicht begründen können.

c) Relevanz. Eine Fehlvorstellung über den Umfang der geschuldeten Leistung ist nur relevant, 102
wenn sie geeignet ist, den angesprochenen Verkehr zu einer geschäftlichen Entscheidung zu veranlassen oder aus diesen Gründen einen Mitbewerber zu schädigen. Dabei genügt im Wege der richtlinienkonformen Auslegung schon, dass die Entscheidung des Verkehrs darüber, ob und unter welchen Bedingungen er den Vertrag abschließt, Zahlungen ganz oder teilweise leistet, das Produkt behält oder abgibt oder ein vertragliches Recht im Zusammenhang mit dem Produkt ausübt oder dies unterlässt, ohne die unwahre bzw. täuschende Angabe anders ausgefallen wäre; s. ausführlich § 5 B Rdn. 196ff.

Relevant ist eine unwahre oder zur Täuschung geeignete Angabe über den Umfang der Ver- 103
pflichtungen z.B. dann, wenn der Verbraucher infolge der erweckten Fehlvorstellung eine **Minderleistung** akzeptiert (z.B.: statt bestellter 10 Bücher werden nur 9 geliefert). Relevant ist auch eine Täuschung des Verbrauchers darüber, dass eine **mangelhafte Leistung** vertragsgerecht ist. Der Verkehr wird in relevanter Weise in seiner geschäftlichen Entscheidung beeinflusst, wenn er infolge der Täuschung davon ausgeht, rechtlich verbindlich das gelieferte **Aliud** bestellt zu haben, oder wenn er es **unterlässt, geschuldete Nebenleistungen** (z.B.: Handbuch zum Computer fehlt) durchzusetzen bzw. Ansprüche aus ihrer Verletzung herzuleiten.

3. Beispiele

Allgemeine Geschäftsbedingungen. Zwischen lauterkeitsrechtlichen Ansprüchen und An- 104
sprüchen auf Grundlage der Bestimmungen des **AGB**-Rechts, die insbes. bei Verstößen gegen § 307 Abs. 1 BGB in Betracht kommen, besteht wegen des prinzipiell unterschiedlichen Regelungsansatzes grundsätzlich **Gesetzeskonkurrenz.**[156] Auch prozessual besteht bei der Durchsetzung **kein Vorrang des UKlaG vor dem UWG,**[157] s. **§ 5 Rdn. A.90.** Es kann, wie der **EuGH** entschieden hat, die **täuschende** Angabe eines geringeren als des realen effektiven Jahreszinses in einem Verbraucherkreditvertrag eine unlautere Geschäftspraxis nach Art. 6 UGP-Richtlinie/§ 5 UWG darstellen.[158] Zur Frage, ob die Verwendung einer **unwirksamen** AGB eine unlautere Geschäftspraxis darstellt, hat sich der EuGH noch nicht geäußert. Zu **werbenden** Angaben in AGB ausführlich bei *Weidert,* **§ 5 D Rdn. 104.** In relevanter Weise unwahre oder täuschende Angaben in AGB können seit dem UWG 2008 eine Irreführung auch begründen, wenn sie die Vertragsabwicklung betreffen. Die Verwendung unwirksamer AGB, die einen unzutreffenden Eindruck des Verkehrs über den Umfang der Verpflichtungen des Unternehmers erwecken, kann irreführend sein, z.B. wenn in den AGB eines **Versicherungsunternehmens** der unzutreffende Eindruck erweckt wird, bestimmte Risiken seien abgesichert.[159] Fordert der Unternehmer für einen Online-Service ein Entgelt vom Kunden an, obwohl sich ein Hinweis auf die Kostenpflichtigkeit der Inanspruchnahme nur versteckt in den Allgemeinen Geschäftsbedingungen findet, die der Kunde vor Inanspruchnahme durch Anklicken akzeptieren muss, täuscht er dem Kunden vor, nur gegen Entgelt zur Leistung verpflichtet zu sein; denn eine derartige Klausel ist überraschend und damit unwirksam, so dass die Forderung tatsächlich nicht besteht.[160] **Unwirksame Teillieferungsklauseln, Kostenüberlagerungsklauseln oder Abholklauseln** in Allgemeinen Geschäftsbedingungen können eine Irreführung der Vertragspartner über den Umfang der Verpflichtungen des Unternehmers zur Folge haben.[161]

---

[156] BGH GRUR 2013, 421, 424f. – *Pharmazeutische Beratung über Call-Center;* NJW-RR 2014, 669, 671 Rdn. 26 – *Vermittlung von Netto-Policen;* Urt. v. 25.11.2015, – VIII ZR 360/14, BeckRS 2015, 20865 Rdn. 10; vgl. BGH GRUR 2010, 1117, 1119 Rdn. 31 – *Gewährleistungsausschluss im Internet.*

[157] BGH GRUR 2010, 1117, 1119 Rdn. 31 – *Gewährleistungsausschluss im Internet;* OLG Brandenburg, Beschl. v. 1.6.2015, Az. 6 W 63/15, juris-Tz. 3; OLG Frankfurt, GRUR 2015, 919, 922; KG MMR 2005, 466; Beschl. v. 25.1.2008, 5 W 344/07; Beschl. v. 15.8.2008, 5 W 248/08; OLG Jena GRUR-RR 2006, 283; *Dembowski* jurisPR-WettbR 2/2007 Anm. 2; *Kamlah* WRP 2006, 33; *Köhler* NJW 2008, 177ff. und GRUR 2010, 1047ff.; MüKo-UWG/*Schaffert* § 4 Nr. 11 Rdn. 30; *Peifer* WRP 2008, 556, 558; *Ullmann* jurisPK-UWG, 4. Aufl. 2016, Std. 1.5.2016, § 3 Rdn. 83.

[158] EuGH WRP 2012, 547 – *Pereničová und Perenič/SOS* mit Bespr. *Alexander* WRP 2012, 515ff.

[159] BGH GRUR 1983, 654, 656 – *Kofferschaden;* KG WRP 1987, 32; KG GRUR 1991, 787.

[160] Vgl. zu diesem Sachverhalt AG München, Urt. v. 16.1.2007, Az. 161 C 23695/06 mit Anm. *Ernst,* jurisPR-ITR 3/2007 Anm. 3.

[161] S. schon OLG Hamburg NJW 2007, 2264.

105 **Angebots- und Lieferbedingungen.** Zu **werbenden** Angaben in diesen ausführlich bei *Weidert,* **§ 5 Abschn. D Rdn. 95 ff.;** s. auch oben Abschn. E Rdn. 104.

106 **Gewährleistungsrechte.** Abgesehen von § 5 Abs. 1 S. 2 Nr. 3 kommen u.a. auch § 5 Abs. 1 S. 2 Nr. 7 und § 3a in Betracht. Die wegen **§ 475 BGB** unwirksame Vereinbarung eines **Gewährleistungsausschlusses,** die den Verbraucher davon abhalten kann, seine Gewährleistungsansprüche geltend zu machen, verstößt gegen § 3a.[162] Unwahre oder täuschende Angaben über die Verpflichtungen des Unternehmers aus dem durch die Ausübung des Rechts begründeten Gewährleistungsschuldverhältnis fallen unter § 5 Abs. 1 S. 2 Nr. 3. Irreführend kann es z.B. sein, wenn der Unternehmer Kunden, die von ihrem Recht auf Nachlieferung Gebrauch gemacht haben, zu Unrecht auf Selbstabholung verweist.

107 **Hochretournierer.** Die schriftliche Bitte eines Versandhandelsunternehmens an sog. Hochretournierer, nur solche Artikel zu bestellen, die der Kunde mit hoher Wahrscheinlichkeit behalten möchte, weil eine deutliche Absenkung der Rücksendequote Voraussetzung für die Fortsetzung der Geschäftsbeziehung sei, ist anhand von § 5 zu überprüfen.[163]

108 **Kontoauszüge.** Die Kontoauszüge einer Bank sind irreführend, wenn zwar bei den einzelnen Gutschriften zutreffend zwischen den Daten der Buchung und der Wertstellung unterschieden, bei der optisch hervorgehobenen Angabe des Kontostands am Ende des Auszugs aber nicht deutlich darauf hingewiesen wird, dass darin auch noch nicht wertgestellte Beträge enthalten sein können, über die bis zur Wertstellung noch nicht ohne Belastung mit Sollzinsen verfügt werden kann.[164]

109 **Lieferbedingungen.** S. „Angebotsbedingungen".

110 **Versicherungsvertreter.** Lässt sich ein Versicherungsvertreter, der seine Agenturbindung gegenüber dem Versicherungsnehmer offenlegt, für die Beratung und die Vermittlung einer Netto-Police vom Versicherungsnehmer eine eigenständige Vergütung versprechen, ist mit einer solchen Vereinbarung nicht ohne weiteres eine Irreführung über den Status des Versicherungsvertreters (Makler statt Versicherungsvertreter) und den damit verbundenen Pflichtenkreis verbunden.[165]

111 **Vertragserfüllung.** Irreführend kann es sein, wenn ein auf dem Gebiet der Vermittlung von Telefongesprächen tätiges Unternehmen im Zuge der Erfüllung eines bestehenden Vertrags **„Pre-Selection-Aufträge"** an seinen Vertragspartner weiterleitet, die aufgrund einer unlauteren Werbung erlangt worden sind, wenn die Wettbewerbswidrigkeit der Kundengewinnung für das andere Unternehmen nicht erkennbar ist.[166] **Scheinrechnungen** können unlauter nach § 5 und Anh. Nr. 22 des Anh. zu § 3 Abs. 3 sein,[167] s. näher § 5 E. Rdn. 370, Nr. 22 Anh. zu § 3 Abs. 3.

112 **Widerrufsrechte.** Zur Irreführung über das Bestehen von Widerrufsrechten s. ausführlich **§ 5 I Rdn. 23.** Unwahre oder täuschende Angaben über Widerrufsrechte können irreführend sein;[168] ebenso das Fehlen der erforderlichen Widerrufsbelehrung,[169] s. **§ 5a Abs. 3 Nr. 5.** Macht der Unternehmer die Rückzahlung des Kaufpreises von einer Vorleistung des Verbrauchers abhängig, kann darin eine relevante Täuschung über das Bestehen des Zurückbehaltungsrechts liegen, weil der Verbraucher mit diesem auf eine bestehende Sicherheit verzichtet.

113 **Zahlung unter Vorbehalt.** Nach einer Entscheidung des OLG Frankfurt soll in der Erklärung eines Reiseveranstalters im Anschluss an eine unberechtigte Preiserhöhung wegen gestiegener Treibstoffkosten, er werde die Reiseunterlagen nur bei vollständiger Zahlung des Reisepreises aushändigen und einen Vorbehalt der Rückforderung nicht akzeptieren, eine Irreführung über die Wirksamkeit des von einigen Kunden zuvor erklärten Rückforderungsvorbehalts liegen.[170]

---

162 BGH GRUR 2010, 1117 ff. – *Gewährleistungsausschluss im Internet.*

163 Vgl. OLG Hamburg MMR 2005, 617, 619.

164 BGH BB 2007, 1694 – *Irreführender Kontoauszug.*

165 BGH NJW-RR 2014, 669, 672 Rdn. 32 – *Vermittlung von Netto-Policen.*

166 Vgl. schon OLG Hamburg Magazindienst 2006, 183.

167 Vgl. BGH Urt. v. 30.6.2011, Az. I ZR 157/10 – *Branchenbuch Berg.*

168 BGH GRUR 1977, 498, 500 – *Aussteuersortimente;* zu § 1 UWG a.F.: BGH GRUR 1986, 816, 818 – *Widerrufsbelehrung bei Teilzahlungskauf;* GRUR 1986, 819, 820 – *Zeitungsbestellkarte;* GRUR 1990, 46, 47 – *Heizgeräte-Vertrieb;* GRUR 1990, 534 – *Abruf-Coupon;* GRUR 1990, 1015, – *Order-Karte;* GRUR 1990, 1016 – *Sprachkurs;* GRUR 1990, 1020 – *Freizeitveranstaltung;* WRP 1991, 97, 99; WM 1993, 589; WRP 1993, 747, 749 – *Empfangsbestätigung;* GRUR 1995, 68, 70 – *Schlüssel-Funddienst;* WRP 1996, 202, 203 – *Widerrufsbelehrung II;* 1996, 204, 205 – *Widerrufsbelehrung III.*

169 OLG Hamm GRUR-RR 2005, 285 – *Internet-Widerrufsbelehrung;* OLG Jena GRUR-RR 2006, 283 – *Pflichtbelehrung;* KG NJW 2006, 3215; OLG Karlsruhe WRP 2006, 1039, 1042; OLG Frankfurt GRUR 2007, 56, 57 – *Sprechender Link;* OLG Köln GRUR-RR 2008, 88 – *„Sofort-Kaufen" Option;* s. ferner (zu § 1 UWG a.F. BGH GRUR 1986, 816, 818 – *Widerrufsbelehrung bei Teilzahlungskauf;* BGHZ 121, 52, 57 – *Widerrufsbelehrung I.*

170 OLG Frankfurt GRUR 2002, 727.

Zusatzkosten. In weitem Umfang bestehen bereits Informationspflichten, so nach **§ 5a Abs. 3 Nr. 3** und verschiedener unionsrechtlicher Sonderregelungen, s. näher **§ 5a Rdn. 155 ff.** Nach § 5 irreführend kann das Erwecken des Eindrucks sein, dass bestimmte Zusatzkosten im Preis inbegriffen sind. So erweckt die Werbung eines Fitnessstudios mit einem monatlichen Benutzungsbeitrag den Eindruck, dass darin die Benutzung der Duschen inbegriffen ist.[171] Zu Zusatzkosten bei **Luftverkehrsdiensten** s. § 5a Rdn. 221 f. 114

IV. Befähigung des Unternehmers

Schrifttum: *Bleutge,* Rundstempelverbot für selbsternannte Sachverständige, WRP 1979, 777; *Eggert,* Die praktische Bedeutung eines „LL.M." für Rechtsanwälte, ZAP 2011, 581 f.; *Fritzsche,* Grenzen des ärztlichen Werberechts – Aktuelle Rechtsprechung insbesondere zu Berufsbezeichnungen, Qualifikationen und Internetportalen, WRP 2013, 272; *Goetz,* Die Neuregelung des Steuerberatungsrechts durch das 8. StBerÄndG, DB 2008, 971 ff.; *Honig,* Werbung mit dem guten Ruf des Handwerks, WRP 1995, 568; *Hönn,* Akademische Grade, Amts-, Dienst- und Berufsbezeichnungen sowie Titel (Namensattribute) in der Firma in firmen- und wettbewerbsrechtlicher Sicht; ZHR 153, 386; *Kleine-Cosack,* Wettbewerbsrecht und Verfassungsrecht contra antiquierte Berufsbilder – Paradigmenwechsel beim Verbot der irreführenden Werbung, NJW 2013, 272; *Münker,* Vermeintliche Professoren und Doktoren – Täuschung mit falscher Fachkompetenz, NJW-aktuell 11/2011, S. 16; *Remmertz,* Zulässigkeit der Selbsteinschätzung als „Spezialist" nach neuem Berufsrecht, NJW 2008, 266 ff.; *Riegger,* Der Doktor-Titel in der Firma der GmbH, DB 1984, 441; *Weglage,* (Kein!) Wettbewerbsschutz vor der Werbung eines freien Sachverständigen als zertifizierter Sachverständiger auf der Grundlage eines IHK-Zertifikatslehrgangs, Der Sachverständige 2009, 106; *Wessel/Zwernemann/Kögel,* Die Firmengründung, 7. Aufl. 2001.

1. Abgrenzung und Bedeutung

Die Befähigung eines Unternehmers kann eng verbunden sein mit seiner **Zulassung.** Denn meistens setzt die Zulassung eine bestimmte Befähigung voraus, so dass mit der Zulassung zugleich eine Aussage über eine bestimmte Befähigung getroffen wird. Die Zulassung wird dabei sowohl in der UGP-Richtlinie als auch im UWG gleich mehrfach geregelt, nämlich (nur bezogen auf den Unternehmer) in **Art. 6 Abs. 1 lit. f) UGP-Richtlinie** und **§ 5 Abs. 1 S. 2 Nr. 3 UWG** (hierzu § 5 E. Rdn. 273 ff.) und (bezogen auf den Unternehmer und seine Waren und Dienstleistungen) in **Art. 6 Abs. 1 lit. c)** und **§ 5 Abs. 1 S. 2 Nr. 4 UWG** (hierzu § 5 F. Rdn. 9 ff.). Wirbt der Unternehmer im geschäftlichen Verkehr mit Verbrauchern ausdrücklich mit einer Zulassung durch Dritte, die nicht gegeben ist oder deren Voraussetzungen er nicht erfüllt, so ist zudem zugleich der Tatbestand der **Nr. 4 im Anhang zu § 3 Abs. 3 UWG** erfüllt, wobei dieser Tatbestand sogar **vorrangig zu prüfen** ist. Im Übrigen sieht Art. 3 Abs. 8 UGP-Richtlinie vor, dass alle Niederlassungs- und Genehmigungsbedingungen, berufsständische Verhaltenskodizes oder andere spezifische **Regeln für reglementierte Berufe**[172] **unberührt** bleiben; d.h. insoweit kann auch die bisherige Rechtsprechung deutscher Gerichte bestehen bleiben. 115

Die Befähigung des Unternehmers zur Leistungserbringung kann von verschiedenen Faktoren abhängen: seinem Alter, seiner beruflichen Qualifikation, seinem Vermögen, seiner Größe, der Anzahl seiner Mitarbeiter etc. Es kommt daher auch zu **diversen Überschneidungen mit anderen Fallgruppen in § 5 Abs. 1 S. 2 UWG:** Wer etwa mit einem „Meister"-Titel wirbt, erweckt damit im Regelfall zugleich den Eindruck, handwerkliche Leistungen zu erbringen; er kann damit nicht nur über die eigene Befähigung, sondern auch über ein bestimmtes Herstellungsverfahren täuschen (hierzu § 5 Abschn. C. Rdn. 93). Soweit einzelne Faktoren der Befähigung auf Grund eigenständiger Regelung bereits an anderer Stelle behandelt sind, gelten die insoweit maßgeblichen Kriterien auch im Hinblick auf eine etwaige Irreführung über die Befähigung. Für Alterswerbung siehe Rdn. 249 ff., für Angaben über das Vermögen des Unternehmers siehe Rdn. 53 ff., für Angaben über sonstige Unternehmensverhältnisse siehe Rdn. 171 ff. 116

Der für den Verkehr nach außen am ehesten wahrnehmbare und häufig auch wichtigste Eindruck über die Befähigung des Werbungstreibenden ergibt sich aus seiner **Berufsbezeichnung** (z.B. Arzt, Zahnarzt, Psychotherapeut, Apotheker, Rechtsanwalt, Wirtschaftsprüfer, Steuerberater, vereidigter Buchprüfer, Ingenieur, Architekt, Professor), aus der Verwendung **akademischer Grade** (z.B. Dr., Dipl.-Ing.), sowie aus Hinweisen auf **öffentliche Bestellungen** (z.B. öffentlich bestellter 117

---

[171] OLG Karlsruhe WRP 2009, 107.

[172] Darunter sind nach der Legaldefinition des Art. 2 lit. l der UGP-Richtlinie berufliche Tätigkeiten oder eine Reihe beruflicher Tätigkeiten zu verstehen, bei der die Aufnahme oder Ausübung oder eine der Arten der Ausübung direkt oder indirekt durch Rechts- oder Verwaltungsvorschriften an das Vorhandensein bestimmter Berufsqualifikationen gebunden ist. Zu berufsspezifischen Aspekten des Lauterkeitsrechts s. auch *v. Jagow* Einl. J.

und vereidigter Sachverständiger). Solche Hinweise werden vom Verkehr in der Regel als Ausweis einer besonderen Sachkunde oder gar Zuverlässigkeit des Unternehmers verstanden. Nicht umsonst wird ihre Verwendung auch strafrechtlich geschützt **(§ 132a StGB).**[173] Aus ihrer Verwendung zieht der Verkehr daher im Regelfall auch Rückschlüsse über die Qualität des Angebots oder die Seriosität und Leistungsfähigkeit eines Unternehmers. Ist die Verwendung von Berufsbezeichnungen oder akademischen Graden zur Irreführung geeignet, verstößt sie gegen § 5 UWG. Daneben kommt auch eine Verletzung von §§ 3, § 3a UWG (vormals § 4 Nr. 11 UWG a. F.) in Betracht, wenn Titel oder Berufsbezeichnungen entgegen den weiteren gesetzlichen Anforderungen geführt werden.[174] Bei firmenmäßigem Gebrauch ist auch eine Verletzung von **§ 18 Abs. 2 Satz 1 HGB** zu prüfen, wobei vom Registergericht allerdings nur offensichtlich irreführende Bezeichnungen beanstandet werden können und das „Finetuning" nach der Gesetzesbegründung dem Verfahren nach **§ 37 Abs. 2 HGB** bzw. § 5 UWG vorbehalten ist. Wird eine Angabe nicht als Berufsbezeichnung verstanden, sondern **nur als Produktbezeichnung** (z. B. **„Architektenhaus"**) kommt die Fallgruppe „Befähigung des Unternehmers" hingegen von vornherein **nicht in Betracht.** Im Einzelfall ist zu unterscheiden, ob nur auf eine bestimmte **Tätigkeit** oder ob zugleich auf eine bestimmte **Qualifikation** hingewiesen wird. Häufig sind bestimmte Tätigkeiten nämlich – in beschränktem Umfang – auch anderen Berufsgruppen erlaubt. Diese dürfen dann auch für die entsprechende Tätigkeit werben, müssen aber auf die Beschränkungen hinweisen, so z. B. der Hinweis auf „Krankengymnastik" in der Werbung eines Masseurs, der kraft Gesetzes auch krankengymnastische Tätigkeit ausüben darf.[175] Bei Hinweisen auf **öffentliche Würden** (z. B. **„Ehrenbürger"**) ist im Einzelfall sorgfältig zu prüfen, ob dem eine wettbewerbsrechtliche Relevanz zukommt. Das kann insbesondere der Fall sein, wenn die verliehenen Würden Ausdruck einer besonderen persönlichen Zuverlässigkeit sind und es hierauf auch bei der beworbenen Tätigkeit ankommt.

118 Mit der Befähigung ist häufig auch eine Vorstellung über das **Tätigkeitsgebiet** des Werbungstreibenden bzw. das Verfahren der Herstellung eines Produkts verbunden (hierzu § 5 C. Rdn. 98 ff.), teilweise gibt es sogar Überschneidungen, wie etwa bei der Ankündigung handwerklicher Leistungen. Zur Irreführung durch die Verwendung von Berufsbezeichnungen als **Domainnamen,** siehe Rdn. 137 ff.

2. Dr.-Titel

119 Der durchschnittlich informierte und verständige Durchschnittsverbraucher verbindet mit einem Doktortitel im Regelfall eine abgeschlossene Hochschulausbildung und die Berechtigung, diesen akademischen Grad nach Maßgabe der gesetzlichen Regelungen in Deutschland führen zu dürfen (zu ausländischen Titeln siehe unten Rdn. 128 Darüber hinaus wird dem Träger im Regelfall in der breiten Öffentlichkeit – und auch vom informierten und verständigen Durchschnittsverbraucher – ein **besonderes Vertrauen** in intellektuelle Fähigkeiten, guten Ruf, Seriosität und Zuverlässigkeit entgegengebracht.[176] Ob dies berechtigt ist oder nicht, kann dahingestellt bleiben. Es ist jedenfalls irreführend, wenn Personen im geschäftlichen Verkehr einen Dr.-Titel in Deutschland führen, ohne hierzu berechtigt zu sein.

120 Entsprechendes gilt für die Verwendung von Titeln in der **Firma** eines Unternehmens. Handelt es sich um das Geschäft eines **Einzelkaufmanns,** geht der Verkehr davon aus, dass der Inhaber zur Führung des Titels berechtigt ist. Handelt es sich um eine **Gesellschaft,** wird erwartet, dass der berechtigte Titelträger als Gesellschafter die Belange der Gesellschaft zumindest maßgeblich **mitbestimmt.** Ist das nicht der Fall, ist die Verwendung irreführend.[177] Ist allerdings statt des irreführend benannten Titelträgers ein anderer Titelträger maßgeblich mitbestimmender Gesellschafter, kann die Verwendung eines Dr.-Titels in der Firma nicht generell verboten werden, sondern nur in Verbindung mit dem Namen der Person, bei der dies irreführend wirkt.[178] Auch muss im Einzelfall stets geprüft werden, ob der Irreführung die erforderliche wettbewerbsrechtliche Relevanz zukommt.[179]

---

[173] Das gilt nicht für „Ingenieur" und „Architekt", die nach Landesrecht geschützt sind. Siehe auch Rdn. 132.

[174] OLG Köln, Urt. vom 7.6.2002, 6 U 15/02, JurPC Web-Dok. 49/2003.

[175] BGH GRUR 1990, 1032, 1034 – *Krankengymnastik;* GRUR 1993, 397, 398 – *Trockenbau.*

[176] BGHZ 53, 65, 67 – *Doktor-Firma;* OLG Düsseldorf GRUR 1992, 187 – *Werbung mit Doktor-Titel.*

[177] BGH GRUR 1992, 121 – *Dr. Stein . . . GmbH;* GRUR 1990, 604, 605 – *Dr. S.-Arzneimittel;* BGHZ 53, 65, 68 – *Doktor-Firma;* OLG Hamburg GRUR 1993, 690, 691 – *Dr. S.-Arzneimittel.* Vgl. auch OLG Düsseldorf GRUR 1992, 187, 188 – *Werbung mit Doktor-Titel:* Geschäftsführer oder leitender Angestellter (allerdings waren selbst diese Voraussetzungen nicht gegeben); OLG München GRUR-RR 2006, 89, 90.

[178] BGH GRUR 1992, 121 – *Dr. Stein . . . GmbH.*

[179] Verneint z. B. vom OLG Hamburg GRUR 1983, 690, 691 – *Dr. S.-Arzneimittel;* OLG Frankfurt DB 1977, 1253 – *Dr. X & Co. Druck und Papier.*

Selbst wenn die Führung eines Titels grundsätzlich zulässig ist, kann sich eine Irreführung im Einzelfall daraus ergeben, dass der Verkehr auf Grund der Verwendung des Dr.-Titels **Spezialkenntnisse** und -fähigkeiten **gerade auf dem Gebiet des jeweiligen Geschäftsbetriebs** erwartet, die sich auf die **Güte** der angebotenen Waren oder Dienstleistungen auswirken. Das ist immer dann der Fall, wenn es bei der Führung eines Geschäftsbetriebs oder der Erbringung der Leistungen auf eine besondere wissenschaftliche Ausbildung ankommt. Wurde in einem solchen Fall der Dr.-Titel auf einem anderen **Fachgebiet** erworben, ist das durch Verwendung der **Fakultätsangabe** deutlich zu machen, um eine Irreführung zu vermeiden. Das betrifft z. B. den Dr. med., der als Rechtsanwalt tätig ist, ebenso wie den promovierten Juristen bei einer Tätigkeit auf dem Gebiet der Heilkunde.[180] Allerdings ist gerade bei der Medizin Vorsicht geboten: Dem durchschnittlich informierten und verständigen Durchschnittsverbraucher ist bekannt, dass viele Bereiche der Medizin heute nicht mehr ohne andere Wissenschaften wie Physik (siehe Röntgen), Chemie (siehe Pasteur), Biochemie (siehe „Schüssler Salze"), Biologie (siehe Beclere) oder Pharmazie auskommen und insbesondere Naturheilverfahren jenseits der herkömmlichen Schulmedizin von Angehörigen anderer wissenschaftlicher Disziplinen entdeckt und entwickelt wurden/werden.[181] Die Erwartung des Durchschnittsverbrauchers kann sich daher auch auf die akademischen **Grade mehrerer Fakultäten** erstrecken; wurde der Dr.-Titel von einer dieser Fakultäten erworben, ist die Angabe nicht irreführend bzw. eine etwaige Fehlvorstellung jedenfalls wettbewerbsrechtlich nicht relevant.[182] Wurde der Doktortitel nur **ehrenhalber (h. c.)** verliehen, ist darauf hinzuweisen. Ob der Titel als solcher zu Recht geführt wird, ist dabei unerheblich, da sich die Irreführung nicht aus dem Titel als solchem ergibt, sondern aus der Erwartung des Durchschnittsverbrauchers hinsichtlich einer bestimmten Befähigung. 121

Ausnahmen hinsichtlich der Erwartung des Verkehrs können in Fällen gelten, in denen offensichtlich ist, dass es sich um ein **Wortspiel** handelt und mit der Bezeichnung „Doktor" keine akademische Ausbildung gemeint ist, z. B. weil es eine akademische Ausbildung und eine Doktorwürde in dem relevanten Bereich nicht gibt und mit der Bezeichnung „Doktor" auch nicht die Erwartung verbunden ist, der Unternehmer habe in einem geregelten Verfahren eine besondere Qualifikation erworben. Das gilt beispielsweise für den Ausdruck **„Puppendoktor"** zur Reparatur von Spielzeugpuppen oder **„Lackdoktor"** zur Werbung für einen Autolackierer.[183] Zumindest eine durchschnittliche Qualifizierung für die jeweils beworbene Tätigkeit muss aber gegeben sein. 122

Scheidet der **Träger** des akademischen Grades aus dem Unternehmen **aus,** muss auch die Firmierung geändert werden; andernfalls besteht eine Irreführungsgefahr. Geht der Geschäftsbetrieb auf einen **Nachfolger** über, kann dieser zwar die Firma fortführen, nicht aber ohne weiteres auch den Dr.-Titel; insoweit gelten vielmehr die gleichen Anforderungen wie bei der ursprünglichen Firma, d. h. der Nachfolger muss promoviert sein, u. U. sogar von einer bestimmten Fakultät.[184] Ist dies nicht der Fall und kommt dem eine Relevanz zu,[185] kann eine Irreführungsgefahr vermieden werden durch Weglassen des akademischen Grades oder durch Verwendung eines **Nachfolgezusatzes** z. B. **„Nachf.",**[186] wobei der Zusatz nicht hinter dem blickfangmäßig hervorgehobenen Titel zurücktreten darf.[187] Das gilt unabhängig davon, ob der bisherige Firmeninhaber mit der unveränderten Firmenfortführung nach § 24 HGB einverstanden wäre. Denn die Berechtigung zur Führung einer Bezeichnung endet, sobald sie zu einer Täuschung der angesprochenen Verkehrskreise führt.[188] Allerdings muss sich diese Täuschung auf **Gütevorstellungen über das Unternehmen und die angebotenen Waren und Dienstleistungen** beziehen. Eine mögliche Zuordnungsverwirrung, die sich aus der Gestattung einer Namensfortführung ergeben kann, genügt nicht.[189] Rechtsanwälte und Patentanwälte dürfen den Namen eines ausgeschiedenen Sozius mit dessen Zu- 123

---

[180] Anders hingegen bei der Führung eines (damals noch so genannten) Rundfunkgeschäfts durch einen Doktor der Medizin, BGH GRUR 1959, 375 – *Doktortitel.*

[181] BGH GRUR 1995, 612, 614 – *Sauerstoff-Mehrschritt-Therapie;* BPatG GRUR 1991, 144 – *Dr. Schocks;* OLG Düsseldorf GRUR 1989, 137, 138; a. A. OLG Karlsruhe WRP 1989, 408, 411.

[182] BPatG GRUR 1991, 144 – *Dr. Schocks;* BGH GRUR 1995, 612, 614 – *Sauerstoff-Mehrschritt-Therapie.*

[183] OLG Jena GRUR-RR 2005, 354 – *Lackdoktor.*

[184] BGH GRUR 1998, 391, 393 – *Dr. St. ... Nachf.;* BGHZ 53, 65, 68 – *Doktor-Firma.* A. A. für die Personenfirma der GmbH nach § 4 GmbHG a. F. *Hönn* ZHR 153, 386, 414; *Wessel/Zwernemann/Kögel* Rdn. 517.

[185] Verneint in OLG Frankfurt DB 1977, 1253 – *Dr. X & Co. Druck und Papier.*

[186] BGH GRUR 1998, 391, 393 – *Dr. St. ... Nachf.;* BGHZ 53, 65, 68 – *Doktor-Firma;* OLG München GRUR-RR 2006, 89, 90.

[187] OLG Düsseldorf GRUR 1992, 187, 188 – *Werbung mit Doktor-Titel.*

[188] BGH GRUR 1992, 120, 122 – *„Dr. Stein ... GmbH";* 1965, 610, 611 – *Diplom-Ingenieur;* BGHZ 10, 196, 202 – *DUN-Europa.*

[189] BGH GRUR 2002, 703, 705 – *Vossius.*

stimmung[190] daher selbst dann noch in der (Kurz-)Bezeichnung der Kanzlei führen, wenn der Ausgeschiedene danach in einer anderen Kanzlei tätig wird.[191] Etwas anderes gilt, wenn mit dem Namen des Ausgeschiedenen beim Verkehr besondere Gütevorstellungen über die Leistungen der Kanzlei verbunden sind, die mit seinem Ausscheiden von den übrigen Anwälten nicht mehr erfüllt werden. Auf dem **Briefkopf** einer Kanzlei dürfen ausgeschiedene Sozien allerdings nur weiter geführt werden, wenn ihr Ausscheiden kenntlich gemacht wird und sie nicht anderweitig tätig sind.[192]

124 **Weniger strenge Grundsätze** gelten bei **Marken.** Hier wird der Verkehr im Regelfall nicht davon ausgehen, dass der Träger eines akademischen Titels die Herstellung der Waren, die u. a. mit diesem Titel gekennzeichnet sind, überwacht oder in diesem Betrieb (noch) tätig ist.[193] Ebenso wenig wird der Verkehr irregeführt durch die (fortgesetzte) Benutzung einer Marke, die aus dem Namen einer Person besteht, wenn diese Person früher in dem Unternehmen mitgewirkt hat, dann aber aus ihm ausgeschieden ist, sofern die Eigenschaften und Merkmale der entsprechenden Ware weiterhin von demselben Unternehmen, das Inhaber der Marke ist, gewährleistet werden.[194] Zur Irreführung über „Markenware" siehe § 5 Abschn. C. Rdn. 62.

3. Prof.-Titel

125 Bei der Verwendung von Professorentiteln, die der Durchschnittsverbraucher als **Berufsbezeichnung** versteht (vgl. § 42 HRG) und nicht als reinen Ehrentitel erkennt, gelten dieselben Anforderungen wie für die Erwähnung von Dr.-Titeln in der Werbung. D. h. der Benannte muss grundsätzlich zur Führung der Bezeichnung in Deutschland berechtigt sein[195] und diesen – je nach Einzelfall – auf einem oder einem von mehreren Fachgebieten erworben haben.[196] Dabei stellt der durchschnittlich informierte und verständige Durchschnittsverbraucher zwar **nicht mehr** in allen Fällen vollständig auf das **klassische Universitäts-Professorenbild** ab, das eine Habilitation, ein besoldetes Hochschullehramt oder zumindest eine auf Dauer eingerichtete Eingliederung in eine Hochschule und eine Forschungs- und Lehrtätigkeit dort voraussetzt. Er rechnet vielmehr damit, dass im Einzelfall das eine oder andere Kriterium fehlen kann. Es dürfen jedoch nicht sämtliche Kriterien fehlen. Das gilt insbesondere bei der Verwendung von Professorentiteln in der Heilmittelwerbung.[197] Da das Fehlen einer Habilitation sowie die fehlende auf Dauer ausgerichtete Eingliederung in eine Hochschule meist leicht zu erkennen sind, hängt hier die Rechtmäßigkeit der Titel-Verwendung häufig von der Forschungs- und Lehrtätigkeit ab. Dafür genügt es nicht, dass die Forschungsergebnisse eines kommerziellen Unternehmens auch einer Hochschule zur Verfügung gestellt werden, da dies keine unabhängige Forschung im Rahmen der Professorenstellung ist.[198] Ob die Hochschule eine entsprechende **Befreiung von der Lehrtätigkeit** erteilt hat, ist im Regelfall für die wettbewerbsrechtliche Beurteilung irrelevant. Denn der Durchschnittsverbraucher erwartet eine solche Befreiung im Regelfall nicht.

126 Bei anderen als Heilberufen ist hingegen Zurückhaltung geboten. Hier ist zu prüfen, ob auf Grund der konkreten Werbung der durchschnittlich informierte und verständige Verbraucher erwartet, der Titelträger sei **Universitätsprofessor, Hochschulprofessor** oder **Professor an einer Fachhochschule.** Der Verbraucher weiß, dass die Voraussetzungen zur Erlangung des Professorentitels unterschiedlich sind[199] und dass an Professoren-Titel von Fachhochschulen geringere Anforderungen gestellt werden als an Universitätsprofessoren.[200] Werden diese Voraussetzungen erfüllt, ist die Werbung mit dem Professorentitel rechtmäßig. Der Verbraucher erwartet heute nicht mehr hinter jedem Träger eines Professoren-Titels einen Universitätsprofessor (als sog. Professor im enge-

---

[190] Andernfalls bestehen Unterlassungsansprüche nach § 12 BGB, siehe z. B. OLG Hamburg BRAK-Mitt. 2003, 40.

[191] BGH GRUR 2002, 703, 705 – *Vossius.* Siehe auch § 9 Abs. 2, § 10 Abs. 1 und 4 BORA.

[192] BGH GRUR 1997, 925, 927 – *Ausgeschiedener Sozius;* EGH Schleswig-Holstein, AnwBl. 1991, 212, 213.

[193] BPatG GRUR 1991, 144, 145 – *Dr. Schock's.*

[194] EuGH GRUR 2006, 416, 418 f. – *Elizabeth Emanuel.*

[195] Nach den Landeshochschulgesetzen wird die akademische Bezeichnung „Professor" mit der Ernennung zum Professor verliehen, vgl. etwa § 103 Abs. 1 Berliner Hochschulgesetz in der Fassung v. 13.2.2003.

[196] BGH GRUR 1995, 612, 614 – *Sauerstoff-Mehrschritt-Therapie;* KG NJW-RR 2003, 64, 65 – *Prof. h. c. (GCA).*

[197] BGH GRUR 1987, 839, 840 – *Professorentitel in der Arzneimittelwerbung;* GRUR 1989, 445, 446 – *Professorenbezeichnung in der Arztwerbung I;* GRUR 1992, 525, 526 – *Professorenbezeichnung in der Arztwerbung II;* GRUR 1998, 487, 488 – *Professorenbezeichnung in der Arztwerbung III;* KG NJW-RR 2003, 64, 65 – *Prof. h. c. (GCA).*

[198] BGH GRUR 1987, 839, 840 – *Professorentitel in der Arzneimittelwerbung.*

[199] OLG München NJW-RR 1989, 1439, 1441; OLG Bremen GRUR 1978, 258.

[200] OLG Bremen GRUR 1978, 258.

ren Sinn), wohl aber die Erfüllung gewisser Qualitätsmerkmale.[201] Außerdem ist es irreführend, wenn durch eine Wortwahl („Atlasprof.") der Eindruck erweckt wird, es handele sich um einen Professor, während der Begriff nur auf eine „prophylaktische Behandlung" und eine berufliche Professionalität zum Ausdruck gebracht werden soll.[202]

4. Diplom/Dipl.-Ing.

Die gleichen Anforderungen wie bei Doktor-Titeln gelten im Grundsatz auch bei akademischen Graden wie „Diplom" oder „Dipl.-Ing.". Unter einem **„Diplom"** versteht der Verkehr in erster Linie einen Abschluss an einer (Fach-)Hochschule;[203] nach Duden wird auch die Prüfung bei einer Handwerkskammer erfasst; die Gerichte stellen allerdings allein auf ein abgeschlossenes **(Fach-) Hochschulstudium** ab. Das gilt für einen **„Diplom-Tierpsychologen"**[204] ebenso wie für die Werbung einer **Fachkosmetikerin** mit einem „Diplom".[205] Nach Auffassung des BGH soll etwas anderes gelten, wenn die adjektivierte Form **„diplomiert"** im Zusammenhang mit Berufen wie den vorgenannten verwendet wird, die grundsätzlich kein Hochschulstudium voraussetzen.[206] Diese Auffassung ist abzulehnen. Das Argument des BGH, die Verwendung der adjektivierten Form deute gerade auf das Fehlen eines akademischen Grades hin, überzeugt nicht. Ebenso irreführend ist es, wenn der Titel nur von einer privaten Firma/Schule verliehen wurde. Dementsprechend ist auch der akademische Grad **„Dipl.-Ing."** Personen vorbehalten, die erfolgreich eine Ingenieurausbildung an einer Hochschule absolviert haben. Der in der DDR erlangte Ingenieurhochschulabschluss als **„Diplomingenieurökonom"** hingegen ist für Zwecke des § 6 Nr. 4 StBerG einem Abschluss in einem steuer- und wirtschaftsberatenden oder in einem kaufmännischen Ausbildungsberuf gleichgestellt (vgl. auch Art. 37 Abs. 1 Einigungsvertrag).[207] Bei der Fortführung des Titels „Dipl.-Ing." in der **Unternehmensbezeichnung** eines Unternehmens, bei dem der frühere Inhaber diesen Titel führen durfte, muss wenigstens einer der Nachfolger ebenfalls zur Führung des Titels berechtigt sein.[208] Andernfalls kommt die Fortführung nur mit Nachfolgezusatz in Betracht; die Auflistung der einzelnen Gesellschafter ohne Dipl.-Ing. Zusatz genügt nicht (siehe auch oben Rdn. 123). 127

Zur Berufsbezeichnung **„Ingenieur"** siehe nachfolgend Rdn. 146.

5. Ausländische akademische Grade und Berufsbezeichnungen

Das Führen von akademischen Graden kann die **Arbeitnehmerfreizügigkeit** (Art. 45 AEUV) und die **Dienstleistungsfreiheit** (Art. 49 AEUV) berühren. Die Voraussetzungen, unter denen in anderen Mitgliedstaaten der EU erworbene akademische Grade geführt werden dürfen, sind daher an diesen Marktfreiheiten zu messen[209] mit der Folge, dass ein entsprechendes Führen zwar nicht genehmigungsfrei möglich ist, der Inhalt der behördlichen Überprüfung aber beschränkt ist. Die neueren Landeshochschulgesetze und entsprechende Verordnungen sehen daher vor, dass ausländische akademische Grade, die von einer nach dem Recht des Herkunftslandes staatlichen oder **staatlich anerkannten Hochschule** nach einem ordnungsgemäß **durch Prüfung abgeschlossenen Studium** verliehen worden sind, unter **Angabe der verleihenden Hochschule** geführt werden dürfen.[210] Erfolgt keine Angabe, so geht der Verkehr von einem inländischen Titel aus, was irreführend ist.[211] Wird lediglich der Ort der verleihenden Hochschule angegeben, ist danach zu differenzieren, ob die Ortsangabe eindeutig auf eine Universität hinweist oder mehrdeutig ist.[212] Ist die Angabe eindeutig, so fehlt es an der Relevanz einer Irreführung. Eine Irreführung liegt demgegenüber vor, wenn die mehrdeutige Ortsangabe auf eine berühmte Universität hindeutet, der Titel 128

---

[201] LG Baden-Baden WRP 2011, 1498, 1499.

[202] OLG Hamm GRUR-RR 2009, 430, 431.

[203] OLG Köln GRUR-RR 2003, 160 – *Diplom;* OLG Hamm WRP 2007, 1276, 1279 – *Diplom-Tierpsychologe;* LG Frankfurt a. M. WRP 2007, 109, 111; WRP 2007, 222 (LS).

[204] OLG Hamm WRP 2007, 1276, 1279 – *Diplom-Tierpsychologe.*

[205] OLG Köln GRUR-RR 2003, 160 – *Diplom.*

[206] BGH GRUR 2014, 494 Tz. 15 – *Diplomierte Trainerin.*

[207] OLG Brandenburg OLG Report 2006, 71, 72.

[208] BGH GRUR 1965, 610, 611 – *Diplom-Ingenieur.*

[209] EuGH EuZW 1993, 322 – *Krauss.*

[210] Vgl. z. B. § 34a BerlHG, § 22 Hessisches HochschulG; Art. 68 BayHschG. Siehe auch LG Bochum WRP 2004, 259: Irreführende Werbung durch Verwendung eines Diplom-Titels einer nicht anerkannten ausländischen Einrichtung. Hierzu umfassend *Hailbronner* EuZW 2007, 39 ff.

[211] OLG Stuttgart, BeckRS 2015, 18280.

[212] KG NJW 2012, 3589, 3590.

aber von einer wissenschaftlich eher unbekannten Universität verliehen wurde.[213] Für akademische Grade von Hochschulen der EU-Mitgliedstaaten oder des EWR wird teilweise ebenfalls auf die Angabe der betreffenden Hochschule verzichtet.[214] Durch **Titelkauf** erworbene Grade werden allerdings **nicht anerkannt.** Entsprechendes gilt für Hochschultitel und Hochschultätigkeitsbezeichnungen sowie für ausländische Ehrengrade, sofern diese von einer zur Verleihung berechtigten Stelle verliehen wurden. Der EuGH erkennt allerdings auch den Schutz vor irreführender Verwendung von akademischen Graden an, die nicht in Übereinstimmung mit den Vorschriften des Landes verliehen wurden, in dem der Titel geführt werden soll. Jedoch muss die Einschränkung zu diesem Zweck geeignet und erforderlich sein. Die Vergleichbarkeit der verleihenden Hochschule mit einer deutschen staatlichen Hochschule oder vergleichbare Studien- und Prüfungsleistungen sollen nach Auffassung des Bundesverwaltungsgerichts nicht dazugehören.[215] Auf der anderen Seite enthalten manche Gesetze die Einschränkung, dass der verliehene Hochschulgrad nach europäischem Rechtsverständnis ein Hochschulgrad sein muss.[216]

129 Bei einem **„Diplom"** oder anderen Titeln ausländischer **(Fach-)Hochschulen** gelten die gleichen Grundsätze wie bei Dr.-Titeln. Es kommt darauf an, ob die entsprechenden (Fach-)Hochschulen staatlich anerkannt sind, ob die Titel im Herkunftsland nach einem ordnungsgemäß durch Prüfung abgeschlossenen Studium rechtmäßig verliehen wurden.[217] Sollte der Titel hingegen im Ausland bereits aufgrund geringerer Anforderungen geführt werden dürfen, so ist dies für die Beurteilung nach deutschem Recht nicht bindend, es sei denn, es bestünden entsprechende **bilaterale Vereinbarungen.** Darf ein Titel in Deutschland nicht geführt werden, dann nützt auch die Angabe der Quelle nichts. Anders kann es sich bei der Bezeichnung als **„diplomierter XY"** verhalten. Die Verwendung dieses in Deutschland ungebräuchlichen Adjektivs ist mit der Verwendung von „Dipl." nicht gleichzusetzen und kann in Bereichen, in denen der Verkehr mit der Verwendung des Titels „Diplom" bzw. „Dipl." rechnet, zutreffend gerade eher auf das Fehlen eines Diploms hindeuten, so z. B. für eine in Österreich **„Diplomierte Legasthenie- und Dyskalkulie-Trainerin".**[218] Das Hinzufügen eines abgekürzten Zusatzes der privaten Ausbildungsstätte, der weder auf eine im Inland erworbene noch im Inland anerkannte akademische Ausbildung hinweist, kann den zutreffenden Eindruck des Fehlens der akademischen Ausbildung sogar unterstützen.[219] Der Umstand, dass eine private Akademie, deren Lehrinhalte nicht staatlich reglementiert waren und bei deren Ausbildungsabschlüssen auch keine amtliche Stelle mitwirkt, ihr Zeugnis als „Diplom" bezeichnet, berechtigt somit nicht, sich in Deutschland als *„diplomierter Atlas Spezialist"* zu bezeichnen.[220]

130 Bei der Verwendung von **Professortiteln** in der Produktwerbung[221] erwartet der durchschnittlich verständige und informierte Durchschnittsverbraucher nach der bisherigen Rechtsprechung des BGH, dass die sachlichen Anforderungen erfüllt werden, die der Verkehr mit einem (deutschen) Professorentitel verbindet.[222] Da er die zumindest teilweise Erfüllung der herkömmlichen Merkmale eines Professorentitels erwarte, seien Veröffentlichungen oder Ausbildungen in Deutschland nicht als Erfüllung der Lehrtätigkeit an einer ausländischen Hochschule anzusehen.[223] Es komme nicht darauf an, ob der Titelträger von den üblicherweise erwarteten Pflichten befreit worden sei. Auch komme es nicht darauf an, ob der Titel im Ausland rechtmäßig verliehen wurde. Andererseits gehe der Verkehr nicht davon aus, dass ein in Deutschland verliehener Professorentitel einem im Ausland verliehenen Titel automatisch überlegen sei.[224] Diese Rechtsprechung wird zunächst auch noch auf der Basis der **neueren Landeshochschulgesetze** Bestand haben, die nicht nur für akademische

---

[213] KG NJW 2012, 3589, 3590.

[214] § 34a Abs. 1 S. 3 BerlHG, § 22 Abs. 1 S. 3 Hessisches HochschulG.

[215] BVerwGE 105, 336.

[216] Z. B. § 22 Abs. 1 S. 1 Hessisches HochschulG.

[217] Vgl. LG Bochum WRP 2004, 259 – *Ausländischer Diplom-Titel.*

[218] BGH GRUR 2014, 494 Tz. 15 – *Diplomierte Trainerin.* Das LG Frankfurt a. M. WRP 2007, 109, 111 hatte hingegen die Bezeichnung als „diplomierter Atlas Spezialist" aufgrund einer Ausbildung in der Schweiz für unzulässig gehalten.

[219] BGH GRUR 2014, 494 Tz. 15 – *Diplomierte Trainerin.* Das LG Frankfurt a. M. WRP 2007, 109, 111 hatte hingegen der Hinzufügung der Ausbildungsstätte „Atlas Academy Switzerland" keine Bedeutung zugemessen.

[220] LG Frankfurt a. M. WRP 2007, 109, 111.

[221] Entsprechendes gilt in der Werbung für Dienstleistungen.

[222] BGH GRUR 1987, 839, 840 – *Professorentitel in der Arzneimittelwerbung;* GRUR 1989, 445, 446 – *Professorenbezeichnung in der Arztwerbung I;* GRUR 1992, 525, 526 – *Professorenbezeichnung in der Arztwerbung II;* GRUR 1998, 487, 488 – *Professorenbezeichnung in der Arztwerbung III;* OLG München NJW-RR 1989, 1439, 1441.

[223] BGH GRUR 1992, 525, 527 – *Professorenbezeichnung in der Arztwerbung II.*

[224] BGH GRUR 1992, 525, 526 – *Professorenbezeichnung in der Arztwerbung II.*

Grade, sondern auch für Hochschultätigkeitsbezeichnungen gelten sollen.[225] Denn bei der Prüfung der Irreführung im Sinne des § 5 UWG ist nicht auf die öffentlich-rechtliche Befugnis zur Führung des Professorentitels, sondern auf die von dem Titel ausgelösten Erwartungen der im geschäftlichen Verkehr angesprochenen Verkehrskreise abzustellen.[226] Und dabei kommt es auch darauf an, für welche Dienstleistung bzw. für welches Produkt geworben wird. Es geht also nicht allein darum, ob man irgendwie zur Führung dieser Berufsbezeichnung berechtigt ist. Diese Erwartungen können sich aber in Zukunft möglicherweise ändern, da es nach den Landeshochschulgesetzen vor allem auf die rechtmäßige Verleihung im Ausland, also die Kompetenz der zuständigen Stelle und die Vergabe in Übereinstimmung mit den Vorschriften des Herkunftslandes ankommt, nicht aber auf die inhaltliche Vergleichbarkeit.[227] Je bekannter diese Rechtslage wird, desto mehr wird das die Erwartung der angesprochenen Verkehrskreise beeinflussen. Ebenso wie heute in der Rechtsprechung auch **nicht mehr auf das klassische Professorenbild abgestellt** wird und dies damit begründet wird, dass die zwischenzeitlichen Veränderungen im Hochschulrecht, die teilweise die Anforderungen für ein Professorenamt herabgesetzt haben, auch im außerwissenschaftlichen Bereich die entsprechenden Vorstellungen des Verkehrs verändert haben.[228] Noch geringere Anforderungen gelten bei der Verwendung von **Ehrentiteln** (z. B. „Dr. h. c." oder „Prof. h. c."), die auch als solche erkennbar sind. Diese können häufig genehmigungsfrei geführt werden. Auch hier wird sich bei der Verwendung in einer bestimmten, produkt- oder dienstleistungsbezogenen Werbung aber im Regelfall die Erwartung des Verkehrs ergeben, dass der Inhaber auch durch **besondere Leistungen** auf dem Gebiet, auf dem der Titel verliehen ist, ausgewiesen ist.[229] Zudem ist anzugeben, welche Hochschule den Ehrengrad verliehen hat.[230]

Das Führen der **Übersetzung einer ausländischen Berufsbezeichnung,** die einer in 131
Deutschland geschützten Berufsbezeichnung entspricht, kann ebenfalls irreführend sein. Das gilt allerdings nicht für Bezeichnungen wie „griechischer Wirtschaftsprüfer", wenn weder eine Bestellung zum (deutschen) Wirtschaftsprüfer vorliegt noch in Griechenland die Berufsbezeichnung „Wirtschaftsprüfer" geführt werden darf.[231]

6. Architekt/Architektur

Als „Architekt" darf sich nach den Regelungen in den Landes-Architektengesetzen nur bezeich- 132
nen, wer **in die Architektenliste der Architektenkammern eingetragen** ist.[232] Diese Eintragung kann auch nicht dadurch ersetzt werden, dass ein in dem jeweiligen Bundesland niedergelassener Architekt bereits in die Architektenliste eines anderen EU-Mitgliedstaates eingetragen ist. Eine solche Anforderung berührt zwar die Niederlassungsfreiheit des Architekten, ist aber nach Art. 4 Abs. 1 der Richtlinie 2005/36/EG über die Anerkennung von Berufsqualifikationen erlaubt.[233] Auch die Werbung mit **„Innenarchitektur"** als Berufs- oder Tätigkeitsbezeichnung ist nur demjenigen erlaubt, der in die Architektenliste eingetragen ist.[234] Entsprechendes gilt für **Gesellschaften,** die das Wort „Architekt" oder „Architektur" **in ihrer Firma** zur Kennzeichnung ihrer eigenen Tätigkeit führen wollen, wenn sie nach den maßgeblichen Bestimmungen der Länder **als solche in die Architektenliste eingetragen** werden können.[235] Ob die Eintragung eines oder aller Ge-

---

[225] Die Vorschriften über das Führen der akademischen Grade gelten jeweils entsprechend; § 31 Abs. 3 HochSchG-Rheinland-Pfalz setzt zusätzlich voraus, dass der ausländische Professorentitel auf der Grundlage besonderer wissenschaftlicher Leistungen verliehen wurde.

[226] BGH GRUR 1987, 839, 840 – *Professorentitel in der Arzneimittelwerbung.*

[227] Allerdings scheidet damit zukünftig eine Unlauterkeit nach § 3a UWG (vormals § 4 Nr. 11 UWG a. F.) regelmäßig aus und zwar unabhängig von der Frage, ob es sich bei den Landeshochschulgesetzen überhaupt um Marktverhaltensregelungen handelt.

[228] BGH GRUR 1987, 839, 840 – *Professorentitel in der Arzneimittelwerbung.*

[229] Vgl. LG Stuttgart MD 2007, 512 f.

[230] OLG Stuttgart GRUR-RR 2014, 454 – *Akademischer Ehrengrad* zur Zulässigkeit des Führens ausländischer Ehrentitel.

[231] OLG Düsseldorf GRUR-RR 2011, 10, 11 – *Griechischer Wirtschaftsprüfer.*

[232] Vgl. etwa § 2 Abs. 1 Sächsisches Architektengesetz v. 28.6.2002 (SächsGVBl. S. 207), § 2 Abs. 1 Baden-Württembergisches Architektengesetz i. d. F. v. 28.3.2011 (GBl. S. 152); § 2 Abs. 2 NRWBauKAG v. 16.12.2003 (GBl 2003, 786).

[233] BGH GRUR 2010, 1115, 1116 Tz. 15 – *Freier Architekt.*

[234] Vgl. BGH GRUR 1980, 855, 856 f. – *Innenarchitektur* (Verstoß gegen § 1 UWG a. F.). Entsprechendes gilt für *„Garten und Landschaftsarchitekt"* sowie *„Stadtplaner"* je nach Landesrecht, Köhler/*Bornkamm,* § 5 Rdn. 5.151.

[235] OLG Nürnberg GRUR 1983, 453. Diese Möglichkeit besteht z. B. in Rheinland-Pfalz bei der GmbH, vgl. § 3 Abs. 4 Rheinland-Pfälzisches Architektengesetz v. 16.12.2005 (GVBl. S. 505); ebenso § 8 NRWBauKaG.

schäftsführer dieses Unternehmens genügt[236] bzw. ob die Eintragung eines prägenden Gesellschafters[237] ausreicht, ist in der Rechtsprechung umstritten. Hierauf kommt es aber auch nicht an, wenn die Gesellschaft als solche eingetragen werden kann. Dann ist allein maßgeblich, ob sie eingetragen ist, wobei ein maßgeblicher Einfluss von eingetragenen Architekten auf die Geschäfte der Gesellschaft dafür eine Voraussetzung sein kann. Die Sach- und Rechtslage ist insoweit anders als bei Verwendung eines Doktortitels in der Firma eines Unternehmens (Rdn. 120 ff.), denn dort weiß der durchschnittlich informierte und verständige Verbraucher, dass die Gesellschaft als solche nicht Trägerin des Dr.-Titels sein kann. Allerdings kann eine nicht in die Architektenliste eingetragene Gesellschaft auch dadurch auf die (zutreffende) Tätigkeit von Architekten hinweisen, indem sie in der Werbung ihrer Firma, in der sie nicht als Architektengesellschaft bezeichnet wird (sondern z. B. als Ingenieurgesellschaft mbH), **Zusätze** beifügt wie z. B. *„Beratende Ingenieure und Architekten"*.[238] Denn auch wenn die Gesellschaft als solche nicht in die Architektenliste eingetragen ist, muss es ihr möglich sein, auf die berufliche **Qualifikation ihrer Mitarbeiter** hinzuweisen.[239]

133 **Weitergehende Anforderungen** können sich aus den **Architektengesetzen der Länder** ergeben. Mittlerweile sehen die Landes-Architektengesetze besondere Regeln über die Führung von Berufsbezeichnungen in Gesellschaften vor. Oftmals werden bei den Architektenkammern besondere Verzeichnisse über Berufsgesellschaften geführt.[240] Im Einzelnen bestehen hier je nach Landesrecht aber erhebliche Unterschiede. Sehen die Gesetze nur die Billigung durch einen Architekten vor (z. B. für die Einreichung genehmigungspflichtiger Bauvorlagen), ist eine Werbung mit einer entsprechenden Tätigkeit durch ein Unternehmen selbst dann nicht rechtswidrig, wenn dort zwar kein Architekt in relevanter Stellung beschäftigt ist, wohl aber die Billigung eines auswärtigen Architekten vorliegt.[241] Ein nicht in die Architektenliste eingetragenes Unternehmen darf für ein **„Architektenhaus"** werben, wenn dieses Haus von einem Architekten geplant wird. Denn „Architekt" wird dann nicht als Berufsbezeichnung, sondern als Produktbezeichnung verwendet.[242] Auch die Bezeichnung **„Dipl-Ing. Architektur"** stellt keine Berufsbezeichnung dar, sondern nur den Hinweis auf einen akademischen Grad, was nach den maßgeblichen Landesgesetzen erlaubt sein kann.[243]

7. Handwerker, handwerkliche Leistungen, Meister, Meisterbetrieb

134 Irreführend handelt, wer sich besonderer handwerklicher Fähigkeiten berühmt, indem er für eine handwerkliche Tätigkeit wirbt, die nur von einem **zulassungspflichtigen Handwerksbetrieb i. S. d. § 1 Abs. 1 HandwO** erbracht werden darf, obwohl er nicht als Inhaber in die Handwerksrolle eingetragen ist.[244] Dazu zählt beispielsweise die Bezeichnung eines Betriebs als **„Gebäudereinigung"**, obwohl der Inhaber nicht in die Handwerksrolle eingetragen ist.[245] Dabei kommt es heute, nach **Abschaffung des sog. Inhaberprinzips,** für die Eintragung als Inhaber nicht mehr darauf an, dass der Inhaber des Betriebs in seiner Person die handwerksrechtliche Befähigung besitzt. Stattdessen kommt es auf die Person des **Betriebsleiters** an, was auch Personengesellschaften die Eintragung als Inhaber ermöglicht.

135 Bei der relevanten Tätigkeit muss es sich um eine **wesentliche Handwerkstätigkeit** handeln, die den **Kernbereich** eines Handwerks ausmacht und ihm sein **essentielles Gepräge** gibt. Fallen in einem Betrieb hingegen lediglich Tätigkeiten an, die ohne Beherrschung in handwerklicher Schulung erworbener Kenntnisse und Fähigkeiten einwandfrei und gefahrlos ausgeführt werden können, so liegt nur ein **Minderhandwerk** vor, das dem Anwendungsbereich der HandwO nicht

---

[236] Ablehnend: OLG Nürnberg GRUR 1983, 453; OLG Hamm WRP 2002, 1103, 1105; dafür OLG Düsseldorf GRUR 1996, 370, 371 f.

[237] Dafür: OLG Hamm WRP 2002, 1103, 1105. Dagegen: OLG Nürnberg GRUR 1983, 453.

[238] BVerfG, Beschluss vom 14.8.2004, Az. 1 BvR 2338/03.

[239] BVerfG NJW-RR 2008, 909, 910.

[240] Vgl. etwa neben dem bereits genannten NRWBauKaG, §§ 2a, 2b Baden-Württembergisches Architektengesetz i. d. F. v. 28.3.2011 (GBl. S. 152) für Partnerschaften und GmbH; Art. 8 f. Bayerisches Baukammerngesetz v. 9.5.2007 (GVBl. S. 308); §§ 8, 9 Brandenburgisches Architektengesetz v. 8.3.2006 (GVBl. I S. 26); §§ 2 Abs. 4, 4 Abs. 1 Bremisches Architektengesetz v. 2.2.1990 i. d. F. vom 25.2.2003 (GBl. S. 53).

[241] OLG Frankfurt GRUR 1991, 779 f. – *Bauberatung.*

[242] OLG München NJW-RR 1991, 621.

[243] OLG Frankfurt OLG-Rp 1999, 243.

[244] BGH GRUR 1993, 397, 398 – *Trockenbau;* GRUR 1989, 432, 433 – *Kachelofenbauer I;* GRUR 1992, 123, 124 – *Kachelofenbauer II.*

[245] OLG Stuttgart WRP 1986, 358; OLG Koblenz WRP 1988, 555; damals war noch auf den Inhaber abzustellen; nach neuem Recht ist der Betriebsleiter maßgebend.

unterfällt.[246] Abzugrenzen von der Werbung für einen zulassungspflichtigen Handwerksbetrieb sind außerdem die Werbung für einen **Nebenbetrieb,** der ebenfalls ausnahmsweise nicht in die Handwerksrolle eingetragen werden muss, wenn eine handwerkliche Tätigkeit nur in unerheblichem Umfang[247] ausgeübt wird oder es sich um einen Hilfsbetrieb handelt (§ 3 HandwO).

Außerdem gilt es auch zu unterscheiden, ob eine einzelne Person oder ein Betrieb bezeichnet werden sollen. Anfällig für eine Irreführungsgefahr ist in der Praxis insbesondere die Werbung mit der Ausbildungs-Qualifikation als **„Meister"**. Diese Aussage ist im Regelfall **personenbezogen.**[248] Die personenbezogene Bezeichnung „Meister" in Verbindung mit einem zulassungspflichtigen Handwerk darf nur führen, wer in seiner Person für dieses zulassungspflichtige Handwerk die Meisterprüfung bestanden hat, § 51 HandwO. Ein Verstoß dagegen kann nach § 3a UWG (vormals § 4 Nr. 11 UWG a. F.) geahndet werden, ist in der Regel zugleich aber auch irreführend i. S. v. § 5 UWG. Dabei kommt es nicht darauf an, ob der vermeintliche Meister die Qualifikation überhaupt nicht hat oder ob er sie für eine andere handwerkliche Tätigkeit erworben hat als die beworbene. Die Bezeichnung als **„Meisterbetrieb"** hingegen stellt **nicht auf die einzelne Person** ab. Diese Bezeichnung ist nach Aufhebung des § 7 Abs. 4–6 HandwO zumindest dann nicht (mehr) irreführend, wenn der Betriebsleiter die Meisterqualifikation für das ausgeübte Handwerk oder einem diesem verwandten Handwerk besitzt.[249] Denn mittlerweile erlaubt § 7 Abs. 1 HandwO jeder natürlichen oder juristischen Person und jeder Personengesellschaft einen zulassungspflichtigen Handwerksbetrieb zu eröffnen, wenn es einen entsprechend qualifizierten Betriebsleiter gibt. Aber auch insoweit darf ohne klarstellenden Hinweis nicht für eine umfangreichere Tätigkeit geworben werden als die Qualifikation erlaubt. So darf ein einzelner Tischlermeister, dessen berufliche **Qualifikation** (als Inhaber und Betriebsleiter) auch/nur den Trockenbau im Innenbereich umfasst, nicht ohne Beschränkung mit „Trockenbau" werben, wenn dadurch der Eindruck entsteht, auch für Trockenbauarbeiten im Außenbereich beruflich qualifiziert zu sein.[250] 136

8. Weitere Einzelfälle[251]

Mit der Bezeichnung **„AdvoGarant"** für eine Kooperation von Rechtsanwälten und Notaren verbindet der verständige Verbraucher nicht die Erwartung einer Gewähr für besondere Güte oder Qualität.[252] Ebenso ist dem durchschnittlich informierten und verständigen Verbraucher bekannt, dass Gattungsbegriffe als Domainnamen registriert werden können. 137

Die Bezeichnung **„Akademie"** ist heutzutage mehrdeutig; der Verkehr hat über deren Inhalt heute **keine klaren Vorstellungen** mehr.[253] 138

Bei der Angabe von Tätigkeitsgebieten von **Ärzten** auf Briefköpfen und Praxisschildern sind insbesondere die Regelungen in den Berufsordnungen zu beachten. Danach sind Hinweise auf allgemeine Behandlungsmethoden und apparative Ausstattungen verboten, wenn sie fälschlich eine besondere Qualifikation für einen bestimmten Bereich vorspiegeln.[254] Erlaubt sind hingegen Angaben zu bestimmten Richtungen, die es allgemein gibt und über die der Patient sich daher erkundigen kann, mögen sie auch noch nicht von der Schulmedizin anerkannt sein.[255] Im Ausland approbierte Ärzte dürfen sich in Deutschland nur dann als Arzt bezeichnen, wenn sie nach § 2 BÄrzteO im Inland als Arzt arbeiten dürfen. Wer **Heilpraktiker** ist, darf nicht den Eindruck erwecken, er erbringe ärztliche Leistungen. Dementsprechend darf auch ein Verband, der (nur) die berufsständischen Interessen von freien Heilpraktikern vertritt, im Vereinsnamen nicht die Bezeichnung **„Naturärzte"** führen.[256] Zu „med." siehe nachfolgend Rdn. 149. 139

Als **„Buchhalter"** darf (muss aber nicht) sich bezeichnen, wer nach Bestehen der Abschlussprüfung in einem kaufmännischen Ausbildungsberuf oder nach Erwerb einer gleichwertigen Vorbil- 140

---

[246] BGH GRUR 1989, 432, 434 – *Kachelofenbauer I;* BVerwGE 58, 217, 222; BVerwG GewArch 1984, 96, 97.

[247] Eine handwerkliche Tätigkeit ist nach § 3 Abs. 2 HandwO „unerheblich", wenn sie während eines Jahres die durchschnittliche Arbeitszeit eines ohne Hilfskräfte Vollzeit arbeitenden Betriebs des betreffenden Handwerkszweigs nicht übersteigt.

[248] Entsprechendes gilt für den Gewinn einer „Meisterschaft" als Sieg in einem bestimmten Wettbewerb, OLG Dresden WRP 2010, 1285.

[249] So im Ergebnis schon OLG Köln NJW-RR 1987, 1325, 1326.

[250] BGH GRUR 1993, 397, 398 – *Trockenbau.*

[251] Siehe zur Zulassung auch *Dreyer* § 5 E. Rdn. 168.

[252] OLG Köln MD 2003, 565 – *„AdvoGarant".*

[253] OLG Düsseldorf GRUR-RR 2003, 49, 50 – *Akademie;* KG OLG Report KG 2005, 274, 275.

[254] OLG Düsseldorf GRUR 1989, 120 – *Praxisschild;* NJW 1997, 1644, 1645 – *Praxiskauf;* OLG Hamm GRUR-RR 2002, 140; GRUR-RR 2008, 434 zur irreführenden Bezeichnung *„Männerarzt".*

[255] OLG Hamm GRUR-RR 2002, 140, 141 (*„Praxis für Ganzheitliche Zahnmedizin"*).

[256] OLG Köln MD 2006, 1062.

dung mindestens drei Jahre auf dem Gebiet des Buchhaltungswesens in einem Umfang von mindestens 16 Wochenstunden praktisch tätig gewesen ist, §§ 8 Abs. 4, 6 Nr. 4 StBerG. Nach Erwerb eines entsprechenden Abschlusses darf auch unter der Bezeichnung **„geprüfter Bilanzbuchhalter/geprüfte Bilanzbuchhalterin"** oder **„Steuerfachwirt/Steuerfachwirtin"** geworben werden, § 8 Abs. 4 S. 2 StBerG. Allerdings darf dies im Einzelfall nicht irreführend wirken, § 8 Abs. 4 S. 3 StBerG. Damit hat sich die frühere Gesetzeslage (wieder einmal) geändert, was in den letzten Jahren häufig der Fall war und bei der Beurteilung der jeweiligen Gerichtsentscheidungen zu berücksichtigen ist. Nach altem Recht durfte jemand, der (nur, aber auch immerhin) zum Buchen laufender Geschäftsvorfälle, zur laufenden Lohnabrechnung oder zum Fertigen der Lohnsteuer-Anmeldungen i. S. v. § 6 Nr. 4 StBerG befugt war, sich trotz des damit verbundenen hohen Irreführungspotenzials[257] als „Buchhalter" oder als **„Buchführungsbüro"** oder (bei entsprechendem Abschluss) gar als „Geprüfter Bilanzbuchhalter" oder „Steuerfachwirt" bezeichnen; allerdings musste er zugleich angeben, welche der in § 6 Nr. 4 StBerG genannten Tätigkeiten er konkret erbringt.[258] Dieses Erfordernis wurde durch den Gesetzgeber gestrichen, um eine Liberalisierung zu ermöglichen.[259] Damit ist die Bezeichnung als „Buchhalter" oder **„Lohnsteuerhilfeverein"** ohne Angabe der einzelnen Tätigkeiten nicht mehr per se irreführend.[260] Im Einzelfall kann die Werbung aufgrund weiterer Angaben aber dennoch irreführend sein.[261] Bei der Bezeichnung **„Buchhaltungsservice"** ist dies der Fall, da bei den angesprochenen Verkehrskreisen der unzutreffende Eindruck erweckt wird, es könnten auch solche Tätigkeiten erbracht werden, die Steuerberatern vorbehalten sind. Eine Irreführung kann durch einen unmissverständlichen Hinweis ausgeräumt werden, wobei ein schlichter Verweis auf die gesetzliche Regelung des § 6 StBerG jedoch nicht ausreichend ist.[262] Hinzu kommt, dass die Freistellung in § 8 Abs. 4 StBerG nur für bestimmte Ausdrücke und nur für die Tätigkeiten nach § 6 Nr. 4 StBerG gilt. Dementsprechend darf sich jemand, der nur zur Durchführung mechanischer Arbeitsgänge bei der Führung von Büchern zugelassen ist (§ 6 Nr. 3 StBerG) auch weiterhin nicht als „Buchhalter" oder „Buchführungsbüro" bezeichnen. Ein Unternehmer, dem nur das Buchen laufender Geschäftsvorfälle erlaubt ist, darf nicht mit einer **„lfd. Finanzbuchhaltung"**, **„laufende Lohn- und Finanzbuchhaltung"** oder **„offene Posten Buchhaltung"**[263] werben oder gar durch Ausdrücke wie **„Finanzbuchführung"**, **„Finanzbuchhaltung"**, **„Einrichtung der Buchführung"** oder **„Lohnabrechnung"** den Eindruck erwecken, er sei uneingeschränkt zur Übernahme von Buchhaltungsaufgaben berechtigt.[264] Entsprechendes gilt für datenverarbeitende Unternehmen, die nur vorkontierte Belege maschinell verarbeiten und nicht zur Hilfe in Steuersachen zugelassen sind und daher nicht für Buchungs- oder Buchhaltungsaufträge werben dürfen.[265]

141 Das Führen der Domain **„www.steuererklärung.de"** durch einen **Lohnsteuerhilfeverein** ist irreführend, weil der Verein dadurch den Eindruck erweckt, dass er umfassend Steuererklärungen anfertigen darf, mithin auch für Einkunftsarten, für die er in Wirklichkeit keine Berechtigung besitzt.[266] Zeitungsanzeigen eines solchen Vereins, in denen nur die Kontaktdaten angegeben und ansonsten keine Angaben über seine Tätigkeit oder Beratungsbefugnis gemacht werden, sind hingegen nicht irreführend; das gilt selbst bei Verwendung des Wortes ***„Beratungsstelle"***.[267] Etwas anderes kann sich allerdings dann ergeben, wenn sich aus dem Kontext, in dem die Werbung steht, eine Gleichstellung mit der Tätigkeit von Steuerberatern ergibt.

142 Bei einem Wirtschaftsunternehmen, das im Wettbewerb zu anderen Betrieben steht und in seiner Firma den Bestandteil **„Bundes"** führt, erwartet der Verkehr im Allgemeinen, dass die **Bundesrepublik Deutschland zumindest Mehrheitsgesellschafterin** ist.[268] Entsprechendes gilt für den Ausdruck **„staatlich"**[269] und für Hinweise auf die Beteiligung von Kommunen, etwa

---

[257] BGH NJW 2008, 2590, 2591 – *Buchführungsbüro* unter Verweis auf die (damalige) Gesetzesbegründung, BT-Drucks. 14/2667, S. 28.

[258] BGH NJW 2008, 2590, 2591 – *Buchführungsbüro.*

[259] BT-Drucks. 16/7867 S. 39; hierzu BGH MD 2011, 488, 491 – *Lohnsteuerhilfeverein Preußen.*

[260] OLG Brandenburg DStR 2010, 2215, 2216.

[261] OLG Jena GRUR-RR 2009, 149.

[262] BGH WRP 2015, 1102, Tz. 20 – *Mobiler Buchhaltungsservice;* OLG Jena GRUR-RR 2009, 149, 151.

[263] OLG Brandenburg DStR 2010, 2215, 2216.

[264] BGH GRUR 2002, 77, 79 – *Rechenzentrum.*

[265] BGH GRUR 1973, 320, 321 – *Buchhaltungskraft;* GRUR 1987, 444 – *Laufende Buchführung.*

[266] OLG Nürnberg GRUR 2002, 460, 461 – *steuererklärung.de.*

[267] BGH MD 2011, 488, 490 f. – *Lohnsteuerhilfeverein Preußen;* in Abgrenzung zu BGH GRUR 1990, 1024 – *Lohnsteuerhilfeverein IV.*

[268] BGH GRUR 2007, 1079, 1082 – *Bundesdruckerei.*

[269] BGH GRUR 2004, 162, 163 – *Mindestverzinsung.*

durch den Begriff **„Stadtwerke“**[270] oder durch entsprechende Abkürzungen.[271] Etwas anderes gilt bei offensichtlich rein privaten Organisationen und Interessenverbänden, wie z. B. dem Bundesverband der Industrie sowie in Fällen, in denen das Unternehmen auf einem Spezialmarkt tätig ist, in dem die Marktteilnehmer im Allgemeinen Kenntnis von den Unternehmensstrukturen der Gesellschaft haben. Auch von einem solchen **„Bundesverband“** erwartet der Verkehr allerdings eine Organisation, die bundesweit tätig ist und eine gewisse Bedeutung hat; hingegen wird nicht erwartet, dass es sich um eine Dachorganisation handelt, die sich in Landesverbände untergliedert.[272]

Bei einer Verwendung des Wortes **„Fach“** (z. B. **Facharzt, Fachanwalt, Fachtherapeut**) erwartet der Verkehr grundsätzlich eine – u. a. durch besondere Ausbildung erlangte – besondere Fachkunde der den Zusatz verwendenden Person auf dem jeweiligen Gebiet[273] bzw. bei Einrichtungen eine besondere Ausstattung.[274] Ohne weiteres irreführend ist daher die Werbung mit einem Fachanwaltstitel, den es so gar nicht gibt,[275] allerdings muss in solchen Fällen stets auch die Relevanz einer Irreführung sorgfältig geprüft werden. Wer sich als „erster Fachanwalt“ bezeichnet, behauptet damit nicht nur, *zeitlich* als erster die entsprechende Qualifizierung erlangt zu haben, sondern auch einen *qualitativen* Vorsprung gegenüber und eine herausragende Befähigung im Vergleich zu anderen Fachanwälten;[276] ist dies unzutreffend (was meistens der Fall sein dürfte), so ist die Werbung irreführend. Anders als bei Handwerksbetrieben lässt bei Ärzten und Anwälten der Hinweis auf eine Tätigkeit, für die eine Facharzt/-anwaltsausbildung in Frage kommt, nicht zwingend den Rückschluss auf einen Facharzt/-anwaltstitel zu; jedenfalls dann nicht, wenn die Tätigkeit auch ohne Facharzt/-anwaltsausbildung ausgeübt werden darf. Anders kann es hingegen aussehen, wenn eine Bezeichnung gewählt wird, die im Verständnis des Durchschnittsadressaten einem (tatsächlich bestehenden) Fachanwaltstitel sehr nahe kommt, z. B. indem ein Rechtsanwalt sich als *„RA für Bau- und Architektenrecht“* bezeichnet[277] oder indem sich eine Zahnärztin in einem Telefonbuch unter der Rubrik *„Zahnärzte für Kieferorthopädie“* eintragen lässt, obwohl sie keine Fachzahnärztin für Kieferorthopädie ist.[278] Beschäftigt eine **überörtliche Anwaltssozietät** nicht an jedem Standort Fachanwälte, darf auf den Praxisschildern und auf dem Briefkopf trotzdem der Zusatz „Fachanwälte“ verwendet werden, wenn die Sozietät insgesamt mehrere Fachanwälte beschäftigt und überall dort, wo die Mitglieder namentlich aufgeführt sind, die (Zusatz-)Qualifikationen jedes einzelnen Sozietätsmitglieds benannt werden,[279] so dass kein Zweifel an der jeweiligen Qualifikation der einzelnen benannten Berufsträger auftreten kann.[280] Wirbt eine private **Fachhochschule** mit dem Hinweis auf einen *„international und national bekannten Abschluss“*, so wird dadurch der Eindruck erweckt, dass es sich um einen staatlich anerkannten Abschluss handelt. Ist das nicht der Fall, ist die Werbung irreführend und der mit ihr geschlossene Ausbildungsvertrag kann sogar angefochten werden.[281] Ebenso dürfen Titel von Fachhochschulen im Ausland, die als solche in Deutschland nicht anerkannt sind, nicht geführt werden. 143

Heilpraktiker müssen eine entsprechende Erlaubnis besitzen, § 1 Abs. 1 **HeilpraktikerG,** wobei jedoch eine eigene staatliche Ausbildungs- und Prüfungsordnung nicht besteht. Der Heilpraktiker im Humanbereich muss vielmehr nur gewisse persönliche und sachliche Anforderungen erfüllen. Auch dem durchschnittlich informierten und verständigen Verbraucher sind Einzelheiten zur beruflichen Qualifikation eines Heilpraktikers nicht bekannt, sondern er erwartet nur die Ausübung des Berufs **im Rahmen einer gesetzlichen bzw. behördlichen Erlaubnis,**[282] die eher den Charakter einer Unbedenklichkeitsbescheinigung hat.[283] Irreführend kann es allerdings wirken, wenn ein Heilpraktiker zugleich mit dem Begriff **„Medizin“** oder gar „Intern-Medizin“ (konkret: „Heilpraktiker – prakt. Psychologe – Intern-Medizin“) wirbt, weil dann auch der durchschnittlich informierte und verständige Verbraucher einen Berufsträger erwartet, der ähnlich einem praktischen 144

[270] BGH GRUR GRUR 2012, 1273 Tz. 7, 18 – *Stadtwerke Wolfsburg.*
[271] OLG Bremen GRUR-RR 2010, 218 („swb“ – *Stadtwerke Bremen*).
[272] OLG Düsseldorf GRUR-RR 2004, 308.
[273] LG Bamberg GRUR-RR 2006, 64, 65.
[274] BGH GRUR 1988, 841 – *Fachkrankenhaus.*
[275] LG Frankfurt a. M. K&R 2010, 430 *„Fachanwalt für Markenrecht“.*
[276] OLG Bremen GRUR-RR 2007, 209 – *Erster Fachanwalt.*
[277] OLG Bamberg BRAK-Mitt 2009, 244, 245.
[278] OLG Karlsruhe GRUR-RR 2010, 63 (LS).
[279] BGH GRUR 1994, 736, 737 – *Intraurbane Sozietät.*
[280] BGH GRUR 2007, 807, 808 – *Fachanwälte.*
[281] OLG Frankfurt NJW-RR 2005, 1145.
[282] BGH GRUR 2000, 73, 74 – *Tierheilpraktiker;* GRUR 1985, 1064, 1065 – *Heilpraktikerbezeichnung.*
[283] BGH GRUR 2000, 73, 75 – *Tierheilpraktiker;* OLG Celle NJW-RR 1996, 1388.

Arzt eine akademische Ausbildung hat.[284] Der Ausdruck **„Tierheilpraktiker"** hingegen ist noch nicht einmal gesetzlich geschützt. Von einem Tierheilpraktiker erwartet der durchschnittlich informierte und verständige Verbraucher daher nicht, dass er/sie bestimmte gesetzliche Zugangsvoraussetzungen erfüllen. Erwartet wird vielmehr nur, dass es sich um den Angehörigen eines Berufes handelt, der – ohne Arzt zu sein – bei der Behandlung von Tieren Naturheilverfahren anwendet.[285] Dementsprechend ist auch die Bezeichnung **„Naturheilpraxis für Tiere"** nicht allein deshalb irreführend, weil dort kein Tierarzt tätig wird.[286] Behauptet eine Hunde-Physiotherapeutin in ihrem werblich herausgestellten Lebenslauf, sie habe ein **„Studium der Tiernaturheilkunde"** absolviert, so erwartet der Verkehr hingegen den Studienabschluss einer staatlichen oder staatlich anerkannten Hochschule.[287] Die Bezeichnung eines Fachgeschäfts für Tiernahrung als **„Tier-Apotheke"** erweckt außerdem beim Verbraucher den unzutreffenden Eindruck, der Werbende betreibe eine Apotheke im Sinne des Apothekengesetzes.[288] Auch darf der Tierheilpraktiker nicht Tätigkeiten ausüben (oder einen entsprechenden Eindruck erwecken), die ausschließlich dem Tierarzt vorbehalten sind, insbesondere durch arzneimittelrechtliche, tierseuchenrechtliche, tierschutzrechtliche oder betäubungsmittelrechtliche Vorschriften. Auch darf er nicht durch weitere Angaben den Eindruck einer langandauernden Ausbildung und einer staatlichen Prüfung erwecken, wenn beides nicht gegeben ist. Dementsprechend ist es auch irreführend, für einen Matratzenverkäufer eine Art Gütesiegel zu verwenden und diesen dort als **„Ergopraktiker"** und **„ärztlich geprüfter Schlafberater"** zu bezeichnen, da ein solches Zeichen zumindest in der Kombination seiner Elemente Assoziationen an einen Heilpraktiker und den (falschen) Eindruck einer langen Ausbildung und staatlichen Prüfung erweckt.[289]

145 Eine Apotheke mit Versandhandelserlaubnis darf sich nicht **„Homecare Apotheke Deutschland"** nennen. Denn auch wenn die Verwendung des Wortes „Deutschland" lediglich ein Hinweis auf den Sitz des Unternehmens ist, erweckt der Namensbestandteil „Homecare" den unzutreffenden Eindruck, es bestehe ein Zusammenhang mit Einrichtungen der ambulanten Pflege.[290]

146 Die Berufsbezeichnung **„Ingenieur"** ist in den Ingenieurgesetzen der Länder geschützt.[291] Im Regelfall setzt die Führung dieses Titels den erfolgreichen Abschluss eines entsprechenden Studiums voraus. Gleiches gilt für die Bezeichnung „ingenieurmäßig".[292] Bei einer **„Ingenieurgesellschaft"** muss ein aktiver Gesellschafter auch tatsächlich Ingenieur sein.[293] Von einem **„Ingenieurbüro"** erwartet der Verkehr, dass dort auch Ingenieure hauptberuflich arbeiten und die erbrachten technischen Leistungen von Ingenieuren erbracht werden.[294]

147 Wer nicht als geeignete Stelle nach § 305 Abs. 1 Nr. 1 InsO anerkannt ist, kann keine umfassende **Insolvenzberatung** anbieten und darf daher auch nicht pauschal damit werben *„Entschuldungsmöglichkeiten sind unsere Beratungsthemen"*, weil solche Entschuldungsmöglichkeiten auch Fragen der Rechtsberatung umfassen.[295] Auch hier sind somit Umfang der Tätigkeit und mögliche Befähigung eng miteinander verknüpft.

148 Eine Zahnärztin, der von einer österreichischen Universität nach berufsbegleitendem Studium der akademische Grad **„Master of Science Kieferorthopädie"** verliehen wurde, darf diesen in Deutschland führen, auch wenn es zu Verwechslungen mit der Fachgebietsbezeichnung ***„Fachzahnärztin für Kieferorthopädie"*** oder **„Kieferorthopädin"** kommen kann.[296] Etwaige Fehlvorstellungen von Verbrauchern sind hinzunehmen, da es um wahre Aussagen geht und die Verbrau-

---

[284] BGH GRUR 1985, 1064 f. – *Heilpraktikerbezeichnung.*

[285] BGH GRUR 2000, 73, 74 – *Tierheilpraktiker.*

[286] A. A. OLG München WRP 1996, 603, 604; Köhler/*Bornkamm,* § 5 Rdn. 148.

[287] OLG Düsseldorf WRP 2012, 340 Tz. 12.

[288] OLG Stuttgart WRP 2009, 1580 – *Tier-Apotheke.*

[289] LG Braunschweig WRP 2009, 1303.

[290] OLG Düsseldorf WRP 2008, 1270.

[291] Baden-Württemberg v. 30.3.1971 (GBl. S. 105), Bayern v. 27.7.1970 (BayRS 702-2-W), Berlin v. 29.1.1971 (GVBl. S. 323), Brandenburg v. 29.6.2004 (GVBl. I S. 326), Bremen v. 25.2.2003 (GBl. S. 67), Hamburg v. 10.12.1996 (GVBl. S. 219), Hessen, v. 15.7.1970 (GVBl. I S. 407), Mecklenburg-Vorpommern v. 18.11.2009 (GVOBl. S. 646), Niedersachsen v. 12.7.2007 (GVBl. S. 324), Nordrhein-Westfalen v. 16.12.2003 (GV NRW S. 786), Rheinland-Pfalz v. 9.3.2011 (GVBl. S. 47); Saarland v. 17.12.2009 (Amtsbl. S. 1826), Sachsen v. 23.2.1993 (GVBl. S. 236), Sachsen-Anhalt v. 22.1.2009 (GVBl. S. 6), Schleswig-Holstein v. 31.3.1992 (GVOBl. S. 219), Thüringen v. 5.2.2008 (GVBl. S. 9). Teilweise gibt es auch noch den sog. „Beratenden Ingenieur", jedoch setzt dies die Eintragung in eine kammergeführte Liste voraus.

[292] LG Bonn GRUR-RR 2015, 21, 25 – *State-certified-Engineer.*

[293] OLG Hamm DB 1997, 1222, 1223. Vgl. auch LG Düsseldorf NJW-RR 1990, 105, 106.

[294] OLG Frankfurt WRP 1972, 328, 329.

[295] OLG Oldenburg GRUR 2006, 605, 606 – *Entschuldungsmöglichkeiten.*

[296] BGH GRUR 2010, 1024 Tz. 28 – *Master of Science Kieferorthopädie.*

cher sich bei Bedarf näher informieren können. Etwas anderes kann im Einzelfall allerdings gelten, wenn sich solche Fehlvorstellungen nicht allein aus dem Führen des Grades, sondern z. B. aus dessen besonderer Präsentation ergeben.

Zur Werbung von **Lohnsteuerhilfevereinen** siehe oben Rdn. 140, 141.

Unter **„medizinisch"** erwartet der durchschnittlich verständige Verbraucher im Regelfall eine therapeutische Tätigkeit, so dass die Verwendung des Zusatzes „med." für den Betrieb eines Augenoptikers irreführend ist, wenn dieser nicht therapeutisch tätig wird, mag er im Übrigen auch eine hochqualifizierte Beratung für Sehbehinderte erbringen.[297] Ebenso ist die Bezeichnung ***„exam. med. Fußpfleger"*** irreführend, weil sie den Eindruck erweckt, der Werbungstreibende habe eine Ausbildung nach einer staatlichen Ausbildungsordnung mit Examen absolviert.[298] Dementsprechend darf auch ein Physiotherapeut seine Leistungen nicht als *„1. Klasse Medizin"* bezeichnen und damit den Eindruck erwecken, er erbringe medizinische Leistungen, die besser seien als die eines Arztes.[299] Zulässig kann es aber sein, ein Angebot als ***„medizinische Fußpflege"*** zu bewerben, obwohl keine Ausbildung im Sinne von § 1 PodG absolviert wurde.[300] Zur Verwendung von „med." als wirkungsbezogene Aussage siehe auch § 5 Abschn. C. Rdn. 124. 149

Zur Verwendung der Bezeichnung **„Meister"** siehe oben Rdn. 136. Ein „Meister" muss für das betroffene Handwerk die Meisterprüfung bestanden haben, § 51 HandwO. 150

Vom Handwerksbegriff des „Meisters" zu unterscheiden ist der Gewinn einer **Meisterschaft,** also der Sieg in einem bestimmten Wettbewerb. Auch hier ist die damit verbundene Qualifikation personen- bzw. unternehmensbezogen und bezieht sich nur auf denjenigen, der die Meisterschaft konkret gewonnen hat. Hat etwa ein Mitarbeiter eines Betriebs eine Meisterschaft (persönlich) gewonnen, so darf nur er sich „Deutscher Meister" nennen, nicht aber auch das Unternehmen.[301]

Mitgliedschaft in Branchen- oder Berufsverbänden: Mitglied in einer Vereinigung ist jemand, der selbst dieser Vereinigung beigetreten ist und entsprechend ihrer Satzung eigene Rechte und Pflichten hat. Die Mitgliedschaft muss unmittelbar in dem Verband bestehen, der angegeben wird. Die Werbung mit der Mitgliedschaft in einem Bundesverband ist daher irreführend, wenn nur eine Mitgliedschaft in einem Landesfachverband besteht. Allerdings kann es an der erforderlichen Relevanz fehlen, wenn der Bundesverband allein aus Landesverbänden besteht und die einzelnen Mitglieder auch nur diesen Landesverbänden beitreten können.[302] Ein Hyperlink ist zunächst nur der Hinweis auf eine weitere Fundstelle im WWW und erleichtert somit nur den Zugang zu einer bestimmten Veröffentlichung.[303] Ein **Hyperlink zu einem Branchenverband** auf der Website eines Unternehmens suggeriert daher auch nicht automatisch, dass dieses Unternehmen Mitglied des Branchenverbandes ist. Jedenfalls gilt das dann, wenn der Hyperlink in einer gesonderten Rubrik erscheint, in der kommentarlos Links zu zahlreichen anderen Fundstellen bereitgehalten werden.[304] Anders ist es, wenn der Link in engem räumlichen und sachlichen Zusammenhang mit konkreten Dienstleistungen oder Eigenschaften des Unternehmens gesetzt wird. 151

Wer damit wirbt, **„Partner"** einer bestimmten Automarke zu sein, suggeriert zugleich das Vorliegen bestimmter vertraglicher Vereinbarungen; der durchschnittlich informierte und verständige Verbraucher erwartet eine solche Werbung daher nur von einem autorisierten Vertragshändler.[305] 152

Die Verwendung der Domain **„presserecht.de"** durch einen Rechtsanwalt, der auf dieser Website allgemeine, presserechtlich relevante Informationen mit zusätzlichen Informationen über seine Kanzlei und seine Tätigkeitsschwerpunkte gibt, ist nicht irreführend.[306] 153

Der Begriff **„Psychologe"** ist sprachlich verwandt mit einer Reihe ähnlich gebildeter Begriffe, die – wie etwa der des **Philologen, Theologen, Pathologen, Sinologen** usw. – für akademische Berufe gebräuchlich sind.[307] Der durchschnittlich informierte und verständige Verbraucher erwartet daher ein abgeschlossenes Hochschulstudium bzw. einen vergleichbaren **akademischen Abschluss.** Wer nur eine private Ausbildung, ohne abgeschlossenes Hochschulstudium hat, darf sich nicht als *„Fachtherapeut für Psychotherapie"* bezeichnen, zumal dies auch mit dem Beruf des Psycho- 154

---

[297] OLG München, Beschluss v. 16.1.2003, Az. 29 U 4459/02, zitiert in WRP 2003, 914.
[298] OLG Frankfurt NJWE-WettbR 1996, 13.
[299] LG Bremen WRP 2010, 1073.
[300] BGH GRUR 2013, 1252 Tz. 18 – *Medizinische Fußpflege.*
[301] OLG Dresden WRP 2010, 1285.
[302] OLG Köln GRUR-RR 2006, 287, 288 – *Mitglied im Bundesverband.*
[303] BGH GRUR 2003, 958, 962 – *Paperboy.*
[304] OLG Jena WRP 2003, 1141, 1142.
[305] A. A. OLG Naumburg OLG Report 2006, 263, 264.
[306] BGHZ 153, 61, 66 – *presserecht.de.*
[307] BGH GRUR 1985, 1064 – *Heilpraktikerbezeichnung.*

therapeuten verwechselt werden kann.[308] Ebenso ist die Berufsbezeichnung **„Fachexperte für Psychologie"** irreführend, wenn dem keine qualifizierten theoretischen Kenntnisse auf dem Gebiet der Psychologie zu Grunde liegen, die einer akademischen Ausbildung entsprechen.[309]

155 Wenn eine Krankenkasse damit wirbt die „**offizielle Krankenkasse** der Deutschen-Olympiamannschaft" zu sein, so versteht der Verkehr das nur als Hinweis auf ein maßgebliches **Sponsoring** dieser Kasse. Angesichts der Vielzahl von Versicherungsmöglichkeiten und Krankenkassen, wird er nicht auch erwarten, dass zumindest ein erheblicher Teil der gesetzlich versicherten Mitglieder der deutschen Olympianationalmannschaft bei dieser Krankenkasse versichert ist.[310]

156 Wer mit Hinweisen auf eine **„öffentliche Bestellung und Vereidigung"** wirbt – insbesondere als „vereid." oder „öff. best." Sachverständiger – muss seine Werbung **auf das Gebiet seiner Bestellung** beschränken.[311] Denn der Verkehr erwartet, dass die Bestellung (auch) für das Fachgebiet erfolgte, in dem der Unternehmer seine Leistungen konkret anbietet.[312] Wer „nur" als Sachverständiger für das Maurer- und Betonhandwerk öffentlich bestellt und vereidigt wurde, darf daher nicht für eine Tätigkeit als „Bausachverständiger" werben.[313] Ebenso kann der an sich zutreffende Hinweis auf eine Bestellung als Sachverständiger irreführend sein, wenn in dem konkreten Sachverständigengutachten auch Ausführungen gemacht werden, die über den Umfang der Bestellung hinausgehen und der Verkehr glaubt, dass sämtliche Ausführungen in das Fachgebiet der Bestellung fallen. Das war beispielsweise der Fall bei einem Sachverständiger für das Kraftfahrzeugmechanikerhandwerk – daneben gibt es auch Sachverständige für das Kraftfahrzeugwesen –, der in einem Gutachten über KfZ-Unfallschäden auch Feststellungen über die Art und Unfallbedingtheit der Schäden und den Minderwert des Fahrzeugs getroffen hatte und sich für das Gutachten insgesamt auf seine Bestellung berief, obwohl diese die weitergehenden Feststellungen nicht umfasste.[314] Ebenso ist die Werbung für eine Sachverständigentätigkeit von der Werbung für eine andere Tätigkeit, die der Sachverständige ausübt, zu trennen. So dürfen beide Tätigkeiten nicht in einer Anzeige verbunden werden, wohl aber ist ein nicht besonders hervorgehobener Link auf eine gesonderte Homepage erlaubt.[315] Der irreführende Eindruck eines öffentlich bestellten und vereidigten Sachverständigen kann auch dadurch erweckt werden, dass man Stempel verwendet, die mit den üblichen **Rundstempeln** öffentlich bestellter und vereidigter Sachverständiger verwechselt werden können.[316] Die bloße Verwendung eines Stempels in runder Form genügt dafür allerdings nicht, wenn eine Verwechslung durch zusätzliche Angaben oder Gestaltungen vermieden wird.[317]

157 Wird mit dem Hinweis auf eine **„Prüfung"** oder mit dem Zusatz **„geprüft"** geworben, erwartet der Verkehr mangels anders lautender Erläuterung eine staatliche oder staatlich anerkannte Prüfung.[318] Zur Werbung mit Prüfzeichen siehe auch § 5 Abschn. C. Rdn. 277 ff.

158 Die Werbung eines **Rechtsanwalts** mit der Angabe *„auch zugelassen am OLG"* auf seinem Briefkopf ist nach Auffassung des OLG Köln und des OLG Bremen irreführend, da dies selbstverständlich sei.[319] Anders will dies der BGH sehen und hat das Urteil des OLG Köln aufgehoben mit der Begründung, die Werbung mit der Zulassung an einem Oberlandesgericht sei solange nicht irreführend, wie potenzielle Mandanten nicht um die Selbstverständlichkeit dieser Tatsache wüssten.[320] Diese Begründung ist deshalb zweifelhaft, weil die Unkenntnis der angesprochenen Verkehrskreise, dass es sich um eine Selbstverständlichkeit handelt, gerade den Irreführungsvorwurf begründet.

---

[308] LG Bamberg GRUR-RR 2006, 64, 65.

[309] OLG Karlsruhe GRUR-RR 2008, 179, 180.

[310] A. A. OLG Düsseldorf BeckRS 2011, 04393.

[311] Zur Werbung nur mit „Sachverständiger" siehe den nachfolgenden Text.

[312] BGH GRUR 1985, 56, 57 – *Bestellter Kfz-Sachverständiger;* OLG Hamm GRUR 1983, 673.

[313] OLG Stuttgart WRP 2008, 151, 153 – *Bausachverständiger.*

[314] BGH GRUR 1985, 55, 57 – *Bestellter Kfz-Sachverständiger.*

[315] Gutachten des Gutachterausschusses für Wettbewerbsfragen September 2011, WRP 2012, 188.

[316] OLG München WRP 1981, 483; OLG Bamberg WRP 1982, 158; OLG Düsseldorf WRP 1988, 278, 279; OLG Köln MD 1999, 66, 68; OLG Naumburg GewA 1998, 421; *Helm* in: Gloy/Loschelder/Erdmann, HdbWettbR, § 59 Rdn. 455; Piper/Ohly/*Sosnitza,* UWG, § 5 Rdn. 582; vgl. auch OLG Frankfurt NJW-RR 1988, 103 – irreführend, sofern der unzutreffende Eindruck eines Gütesiegels hervorgerufen wird. Zur Werbung mit Gütesiegeln siehe § 5 Abschn. C. Rdn. 277 ff.

[317] OLG Stuttgart NJW-RR 1987, 619, 620; OLG Hamm GRUR 1987, 57, 59.

[318] Köhler/*Bornkamm,* § 5 Rdn. 5.155.

[319] OLG Köln WRP 2012, 1454, 1455 (nicht rechtskräftig); OLG Bremen GRUR-RR 2013, 333 f. – *Zulassung OLG, LG, AG.;* im Grundsatz auch KG NJW-RR 2013, 1308 f., aber nicht bei einer Angabe in kleiner Schrift am unteren Rand einer Homepage. A. A. OLG Saarbrücken GRUR-RR 2008, 176; vgl. auch BGH (AnwZ), BeckRS 2012, 04738.

[320] BGH GRUR 2013, 950 Tz. 7 – *auch zugelassen am OLG Frankfurt;* für eine Werbung mit einer Selbstverständlichkeit.

Ebenso ist es irreführend, wenn Rechtsanwälte auf dem Briefkopf ihrer Sozietät unter Bezugnahme auf Rechtsgebiete, die Fachanwaltstiteln zugänglich sind, mit „*Rechtsanwälte für* …" werben, ohne konkrete Zuordnungen der Fachgebiete zu einzelnen Anwälten vorzunehmen und so den Eindruck erwecken, dass alle im Briefkopf angegebenen Rechtsanwälte berechtigt seien, einen der genannten Fachanwaltstitel zu führen.[321] Im Zusammenhang mit der Vertretung individueller Rechte wird der Verkehr den Begriff **„Anwalt"** im Regelfall als Hinweis auf die Tätigkeit eines Rechtsanwalt verstehen, während das bei der Wahrnehmung öffentlicher Belange oder der Vertretung größerer Gruppen (z. B. „Anwältin der Armen", „Umweltanwalt", „Anwalt der Toten") nicht unbedingt der Fall ist. Bedenklich ist daher die Verwendung der Bezeichnung „Kundenanwalt" (ohne weitere Aufklärung) für einen erfahrenen Mitarbeiter einer Versicherungsgesellschaft, der individuelle Kundeninteressen wahrnehmen soll, der aber kein Rechtsanwalt ist.[322]

Die Bezeichnung **„Sachverständiger"** allein ist als solche **nicht gesetzlich geschützt.** Anders als bei einem amtlich bestellten Sachverständigen erwartet der Verkehr bei einem (bloßen) „Sachverständigen" auch nicht, dass er von einer amtlichen Stelle bestellt wurde. Als „Sachverständige" können daher auch Personen auftreten, die von privaten Organisationen anerkannt wurden oder sich selbst als solche ernannt haben.[323] Allerdings müssen sie **längere Zeit auf dem jeweiligen Fachgebiet tätig** gewesen sein und über ein **uneingeschränkt fundiertes Fachwissen** verfügen, das **auf nachprüfbare Weise erworben** wurde.[324] Im Regelfall erfordert das eine Berufsausbildung mit förmlicher Abschlussprüfung. Ausnahmsweise kann aber auch schon die langjährige Tätigkeit bei einem Sachverständigen oder ein autodidaktisches Studium mit anschließender nachweislich umfangreicher und ordnungsgemäßer Tätigkeit genügen, durch die ein vergleichbarer Kenntnis- und Erfahrungsstand erworben wurde.[325] Auch in anderen Fällen, in denen mit einer Anerkennung durch eine dritte Stelle geworben wird, kann der Verkehr dies so verstehen, dass der Unternehmer damit über ein überdurchschnittliches und durch formelle Prüfung nachgewiesenes Fachwissen verfügt. Die dritte Stelle braucht dabei keine staatliche Stelle zu sein,[326] muss einer solchen Stelle aber im Hinblick auf Sachkompetenz, Unabhängigkeit und Objektivität entsprechen.[327] Allerdings ist es nicht irreführend, mit dem Ausdruck „von der **IHK zertifizierter Sachverständiger**" zu werben, wenn der Werbende an einem 150-stündigen Lehrgang einer IHK teilgenommen und ein entsprechendes Zertifikat dafür erhalten hat.[328] Wird hingegen eine **gesetzlich zwingende behördliche Zulassung,** z. B. nach der Gewerbeordnung, **als Besonderheit dargestellt,** ist das als Werbung mit Selbstverständlichkeiten **irreführend.**[329] Dasselbe gilt für Hinweise auf Eintragungen in Verzeichnissen. Irreführend kann es sein, wenn durch die Angabe bestimmter Tätigkeiten der Eindruck erweckt wird, man sei ein neutraler Sachverständiger. Ob dafür schon die Werbung mit der Erstellung von „EDV-Gutachten" genügt,[330] ist fraglich. **159**

Wirbt ein **Softwarehersteller** für seine Partner unter Angabe von deren Namen und Adressen mit der Aussage „**Beratungskompetenz** vor Ort", dann erwartet der Verkehr nicht, dass der Fachhändler die gleiche Kompetenz hat wie der Software-Hersteller.[331] **160**

Die Werbung mit der Bezeichnung als **„Spezialist"** hat insbesondere nach dem sog. „Spezialistenbeschluss" des Bundesverfassungsgerichts aus dem Jahr 2004[332] und einer Entscheidung des Bundesgerichtshofs aus dem Jahr 2014[333] an Bedeutung und Aufmerksamkeit gewonnen. Die Bezeichnung als „Spezialist" löst beim Publikum **hohe Erwartungen** aus. Von einem „Spezialisten" erwartet der Verkehr besondere, **den Durchschnitt weit übersteigende praktische Kenntnisse** **161**

---

[321] OLG Köln GRUR-RR 2012, 288.

[322] OLG Düsseldorf MMR 2015, 388 Tz. 28 ff. – *Der Kundenanwalt.*

[323] BGH GRUR 1997, 758, 759 – *Selbsternannter Sachverständiger.*

[324] BGH GRUR 1997, 758, 759 – *Selbsternannter Sachverständiger;* OLG Hamm WRP 1997, 972, 974 – *Sachverständige für Kfz;* OLG Stuttgart WRP 2008, 151, 153 – *Bausachverständiger.* A. A. OLG Naumburg OLG Report 2008, 1035, 1036 f.

[325] BGH GRUR 1997, 758, 759 f. – *Selbsternannter Sachverständiger;* OLG Stuttgart WRP 2008, 151, 153 – *Bausachverständiger.*

[326] Es sei denn, es wird ein anderer Eindruck erweckt, was nach dem LG Kiel bei der Bezeichnung als „geprüfter Sachverständiger" bereits der Fall sein soll, LG Kiel GRUR-RR 2009, 184, 185.

[327] BGH GRUR 1978, 368, 370 – *Gemmologe DGemG;* 1984, 740, 741 – *Anerkannter Kfz-Sachverständiger;* OLG Hamm NJW-RR 1987, 233; WRP 1997, 972, 974 – *Sachverständige für Kfz.*

[328] LG Kiel GRUR-RR 2009, 184, 185. Dazu kritisch *Weglage* Der Sachverständige 2009, 106, 109.

[329] LG Stuttgart WRP 1983, 185, 186 – *Amtlich zugelassener Auktionator;* LG München WRP 1985, 113 – *Behördlich zugelassener Vermögensanlagenvermittler.*

[330] So OLG Hamm MMR 2012, 538, 539.

[331] BGH GRUR 1997, 229 – *Beratungskompetenz.*

[332] BVerfG NJW 2004, 2656.

[333] BGH GRUR 2015, 286 – *Spezialist für Familienrecht.*

und Erfahrungen auf dem angegebenen Gebiet.[334] Wer sich „spezialisiert" ist hingegen erst auf dem Weg dorthin. Die allgemeine Existenz von Fachanwälten oder die Möglichkeit zur Werbung mit Interessen- und Tätigkeitsschwerpunkten stehen einer Werbung eines Rechtsanwalts als „Spezialist" nicht grundsätzlich entgegen;[335] dies gilt insbesondere, wenn es für das betroffene Spezialgebiet einen entsprechenden Fachanwaltstitel nicht gibt.[336] Aber auch wenn ein entsprechender Fachanwaltstitel für ein Rechtsgebiet existiert, ist die Werbung als „Spezialist" nach der jüngsten Rechtsprechung des BGH nicht schlechthin ausgeschlossen. In diesem Fall werden von dem „Spezialisten" allerdings zumindest die gleichen theoretischen Kenntnisse und praktische Erfahrungen erwartet wie von einem Fachanwalt, wofür der Werbende beweispflichtig ist.[337] Hinzu kommt, dass ein „Spezialist" sich in erheblichem Umfang,[338] wenn nicht gar ausschließlich **auf sein Fachgebiet konzentriert** und daher andere Gebiete nicht in gleichem Umfang bearbeitet.[339] Nicht ausgeschlossen ist es, dass ein Fachanwalt zugleich auch ein Spezialist für ein Untergebiet seines Fachbereiches ist.[340] Noch strengere Anforderungen sollen nach Auffassung des LG Freiburg für einen **„Experten"** gelten, der zusätzlich zu den Anforderungen an einen Spezialisten auch in der Lage sein soll, sehr schwierige und komplexe Rechtsfälle zu lösen.[341] Dies dürfte allerdings zu weit gehen; der Verkehr unterscheidet nicht zwischen einem „Spezialisten" und einem „Experten".

162 Eine **Steuerberatungsgesellschaft,** die sich *„JUS-Steuerberatungsgesellschaft"* nennt, erweckt damit den Eindruck einer allgemeinen oder besonders qualifizierten rechtswissenschaftlichen Ausrichtung sowie einer Spezialisierung der Steuerberatung auf Angehörige juristischer Berufe.[342] Trifft dies nicht zu, ist die Werbung irreführend. Es kommen auch Verstöße gegen das Berufsrecht in Betracht. Unzulässig ist auch die Werbung einer Rechtsanwaltskanzlei mit dem Logo „XY **Rechtsanwälte Wirtschaftsprüfer Steuerberater**" wenn mit Steuerberatern und Wirtschaftsprüfern lediglich eine **Bürogemeinschaft** oder Kooperation, nicht aber eine haftungsrechtliche Einheit besteht.[343] Die Bezeichnung eines Rechtsanwalts als **„Rechtsanwaltskanzlei Steuerbüro"** soll hingegen zulässig sein, auch wenn es sich beim Betroffenen nicht um einen Steuerberater oder einen Fachanwalt für Steuerrecht handelt, er jedoch zu einem überwiegender Teil Hilfeleistungen in Steuersachen erbringt.[344] Als „Steuerberater" darf er sich hingegen nicht bezeichnen und auch nicht in entsprechenden Kategorien listen lassen, z. B. im Telefonbuch.

163 Die Bezeichnungen **„Taxen-Mietwagen"** oder „SmaTax" für die Personenbeförderung im Mietwagen ist wegen der Verwechslung mit Taxen irreführend.[345]

164 Die Verwendung von **Titeln,** die nach Maßgabe des Gesetzes über Titel, Orden und Ehrenzeichen v. 26. Juli 1957 (BGBl. I S. 844) vom Bundespräsidenten verliehen werden, ist irreführend, wenn keine Berechtigung zum Führen des Titels vorliegt und der Titel den verständigen und durchschnittlich informierten Durchschnittsverbraucher auf eine besondere tätigkeitsbezogene Qualifikation schließen lässt.

165 Von einem Rechtsanwalt, der sich als **„zertifizierter Testamentsvollstrecker"** bezeichnet, erwartet der Verkehr nicht nur besondere Kenntnisse sondern auch praktische Erfahrungen auf dem Gebiet der Testamentsvollstreckung.[346]

---

[334] OLG Stuttgart GRUR-RR 2008, 177, 178 – *Spezialist für Mietrecht;* OLG Karlsruhe GRUR-RR 2009, 431, 433 – *Spezialist für Zahnarztrecht.* LG Freiburg NJOZ 2010, 2071. Vgl. auch BGH GRUR 2012, 215 Tz. 16 – *zertifizierter Testamentsvollstrecker.*

[335] A. A. OLG Nürnberg NJW 2007, 1984, 1985 („Versicherungsspezialist"); der EGMR hat den Antrag auf Entscheidung hierüber als unzulässig zurückgewiesen, Entscheidung vom 23.10.2007 zu Antrag Nr. 2357/05.

[336] BVerfG NJW 2004, 2656, 2658 – „Spezialist für Verkehrsrecht" –, wobei die Eigenschaft des Klägers als „Spezialist" nicht weiter hinterfragt wurde, sondern es allein darum ging wie ein solcher Spezialist werben darf.

[337] BGH GRUR 2015, 286 Tz. 25– *Spezialist für Familienrecht;* OLG Frankfurt a. M. WRP 2015, 883 Tz. 13; vgl. auch LG Dortmund NJW-RR 2006, 345, 346; LG Kiel NJW 2006, 2496, 2497; LG Regensburg NJW-RR 2004, 1044, 1045; *Remmertz* NJW 2008, 266, 268; offen gelassen in OLG Stuttgart GRUR-RR 2008, 177, 178; überholt damit LG München GRUR-Prax 2010, 135; *Huff,* ZAP 2010, 893.

[338] BGH GRUR 2015, 286 Tz. 21, 22– *Spezialist für Familienrecht.*

[339] BVerfG NJW-RR 2006, 345, 346; OLG Karlsruhe GRUR-RR 2009, 431, 433.

[340] *Remmertz* NJW 2008, 266, 269 f.

[341] LG Freiburg NJOZ 2010, 2071, 2072.

[342] BGH GRUR 1985, 930, 931 – *JUS-Steuerberatungsgesellschaft;* vgl. auch BGH GRUR 1985, 596 – *Apotheken-Steuerberatungsgesellschaft.*

[343] BGH GRUR 2014, 496 Tz. 12 f. – *Kooperation mit Wirtschaftsprüfer.*

[344] BGH GRUR 2013, 409 Tz. 30 ff. – *Steuerbüro.* Unzulässig ist allerdings eine Eintragung im Telefonbuch unter der Rubrik „Steuerberatung".

[345] OLG Hamm WRP 2012, 1430, 1432.

[346] BGH GRUR 2012, 215 Tz. 16 – *zertifizierter Testamentsvollstrecker;* ebenso AnwG Nds BeckRS 2009, 09378 und AnwG NRW BeckRS 2011, 07886.

Spricht eine **Unternehmensgruppe** in Stellenanzeigen Bewerber für Tätigkeiten in den unterschiedlichen – namentlich nicht genannten – Unternehmen dieser Gruppe an, gehen die Angesprochenen grundsätzlich nicht davon aus, dass jede der in der Anzeige genannten Tätigkeiten von jedem Unternehmen der Gruppe angeboten wird. Der Bewerber weiß, dass seine Bewerbung nur bei einem Unternehmen Erfolg haben kann, so dass für ihn im Regelfall auch nur wichtig ist, ob ein Unternehmen der Gruppe die entsprechende Tätigkeit (hier: Rechtsberatung) erbringt.[347] 166

Unter einem **„Wirtschaftsjuristen"** erwartet der Verkehr einen auf dem Gebiet der Wirtschaft tätigen Volljuristen. Zumindest gilt dies dann, wenn auf einem Briefbogen, der bereits äußerlich an den eines Rechtsanwalts erinnert, der Ausdruck „Wirtschaftsjurist" oder „Wirtschaftsjuristenkanzlei" hervorgehoben wird. Ein **Diplomjurist** bzw. Absolvent einer Fachhochschule, der keine rechtsberatende und anwaltliche Tätigkeit ausüben darf, hat daher zur Vermeidung einer Irreführung einen klarstellenden Zusatz, wie z. B. „Diplom" oder „FH" zu verwenden.[348] 167

Gesetzlich geschützt sind außerdem „Apothekerassistent, Diätassistent, Hebamme, (Gesundheits- und) Krankenpfleger, Krankenschwester, Krankenpflegehelfer, Masseur, Med. Bademeister, Krankengymnast, Med. Fußpfleger,[349] Med.-technischer Laboratoriumsassistent, Med.-technischer Radiologieassistent, Vet.-med.-technischer Assistent, Pharmazeutisch-technischer Assistent, Rettungsdienstassistent, Wochenpflegerin, Prüfingenieur für Baustatik", aber nicht „Rechtsbeistand".[350] 168

9. Relevanz

Auch bei Irrtümern über die Befähigung des Werbungstreibenden ist stets sorgfältig die Relevanz zu prüfen. So ist ein Irrtum darüber, ob ein Titel im Inland oder im Ausland verliehen wurde, irrelevant, solange der durchschnittlich verständige Verbraucher dem ausländischen Titel dieselbe Wertschätzung entgegenbringt, wie einem im Inland verliehenen Titel. Anders wäre es hingegen, wenn der Verkehr meint, nur ein in Deutschland verliehener Titel würde den sachlichen Anforderungen genügen, die üblicherweise an einen solchen Titel gestellt werden. Davon ist bei einem durchschnittlich verständigen und informierten Verbraucher im Regelfall aber nicht auszugehen.[351] Ebenso kann es an der Relevanz einer Fehlvorstellung fehlen, wenn ein Unternehmen den Eindruck vermittelt, bestimmte Leistungen (wie z. B. die Durchführung von Hauptuntersuchungen für Pkw) selbst durchzuführen, während es tatsächlich diese Leistungen nur vermittelt, wenn dies auf die Durchführung und das Ergebnis der Untersuchung keinen Einfluss hat und es dem Verkehr allein auf dieses Ergebnis ankommt.[352] 169

V. Status des Unternehmers

Auch unwahre oder zur Täuschung geeignete Angaben über den „Status" (die engl. Richtlinienfassung spricht von „status", die franz. von „Statut"), also die Stellung des Unternehmers im Wettbewerb, können i. S. d. § 5 Abs. 1 S. 2 Nr. 3 UWG, Art. 6 Abs. 1 lit. f UGP-Richtlinie irreführen. Angaben über den Status des Unternehmens sind alle Informationen, die über die **Rolle des Unternehmens im Wettbewerb** informieren, sei es in allgemeiner Form (z. B. „Größtes Unternehmen der Branche"), sei es konkret im Hinblick auf einen bestimmten Vorgang (z. B.: Hersteller des beworbenen Produkts). Eine **weite Auslegung** des Begriffs ist auch im Hinblick auf den Umstand geboten, dass es sich bei der Irreführung über den Status des Unternehmers nur um einen Beispielsfall der Irreführung über die Person, die Eigenschaften oder die Rechte des Gewerbetreibenden bzw. seines Vertreters handelt, und die Aufzählung nicht abschließend ist. 170

1. Alleinstellungs- und Spitzenstellungswerbung

Schrifttum: *Abel,* Generische Domains – Geklärte und ungeklärte Fragen zur Zulässigkeit beschreibender second-level-Domains nach dem Urteil des BGH vom 17.5.2001 – mitwohnzentrale.de, WRP 2001, 1426; *Arras,* Superlativwerbung im Wandel der Zeit, NJW 1954, 1910; *Cyrus,* Die Grenzen der Zulässigkeit einer Alleinstellungswerbung, GRUR 1961, 11; *Droste,* Wann sind Alleinstellungen unzulässig?, GRUR 1953, 16; *ders.,* Grenzen der Superlativ-Werbung, DB 1954, 736; *Ernst,* Internetadressen – Der Stand der Rechtsprechung,

[347] BGH NJW 2003, 1814, 1815 – *Stellenanzeige.*
[348] OLG Hamm NJW 2007, 2191, 2192 f.
[349] LG Kassel MD 2004, 826, 827.
[350] LG Berlin NJW 2004, 1250, 1251.
[351] BGH GRUR 1992, 525, 526 – *Professorenbezeichnung in der Arztwerbung II.* A. A. OLG München NJW-RR 1989, 1439, 1441.
[352] OLG Hamm NJOZ 2009, 4033.

MMR 2001, 368; *Esser,* Beweislastverteilung und Beweiswürdigung in der Alleinstellungswerbung, WRP 1963, 43; *Haberkorn,* Kann die künftige Entwicklung des Betriebes bereits als Firmenzusatz berücksichtigt werden?, WRP 1969, 261; *ders.,* Zur Abgrenzung zwischen Handwerksbetrieb und Industriebetrieb, WRP 1966, 332; *ders.,* Zur Zulässigkeit diverser Firmenzusätze, WRP 1967, 204; *Haselmann,* Alleinstellungswerbung und vergleichende Werbung, 1960; *Honig,* Die Werbung für unzulässige Handwerkstätigkeit, WRP 1971, 204; *ders.,* Werbung mit dem guten Ruf des Handwerks, WRP 1995, 568; *Joetze,* Die sogenannte „Superlativreklame" in der Dogmatik des Werberechts, 1962; *Lederle,* Anmerkung zur Stellungnahme der Industrie- und Handelskammer für München und Oberbayern, ebenda, BB 1960, 958; *Lux,* Alleinstellungsberühmung als Vergleichende Werbung? – Zugleich Besprechung des Urteils des OLG Hamburg vom 20.7.2000 – 3 U 191/99, GRUR 2002, 682; *Nägele,* Die Rechtsprechung des Bundesgerichtshofs zu Internet-Domains, WRP 2002, 138; *Olenhusen,* Das „Institut" im Wettbewerbs-, Firmen-, Standes-, Namens- und Markenrecht, WRP 1996, 1079; *Pauly,* Zur Problematik der Alleinstellungswerbung unter besonderer Berücksichtigung von BGH WRP 1976, 729 – Der meistverkaufte Europas, WRP 1997, 691; *Schmidt-Bogatzky,* Die Verwendung von Gattungsbegriffen als Internetdomains – Zur „Mitwohnzentrale.de" – Entscheidung des BGH, GRUR 2002, 941; *Schulze,* Anmerkung zu BGH Sparvorwahl, MMR 2003, 259; *Schulze zur Wiesche,* Zum Problem Verbände und Wettbewerbsrecht, GRUR 1973, 355; *Spengler,* Alleinstellung in der Werbung, DB 1963, 574; *Thiele/Rohlfing,* Gattungsbezeichnungen als Domain-Namen, MMR 2000, 591; *Weyhenmeyer,* Fachgeschäft und Fachhandel als Begriffe des Wettbewerbsrechts, WRP 1982, 443.

171 Über die sonstigen Unternehmensverhältnisse täuscht der Unternehmer, der in anderer Weise als durch die Irreführung über die Identität, das Vermögen, die Befähigung, die gewerblichen Rechte und die Auszeichnungen bzw. Ehrungen einen Irrtum über seine – des Unternehmers – Person oder sein Unternehmen (Art, Eigenschaften, Rechte) erweckt. Maßgeblich ist auch hier die **Sicht des durchschnittlich informierten, aufmerksamen und verständigen Umworbenen in der jeweiligen Werbesituation,**[353] wobei die Werbung so, wie sie sich präsentiert, also in ihrer **Gesamtheit,** auf eine etwaige Irreführungsgefahr hin zu untersuchen ist.[354]

172 Über die sonstigen Unternehmensverhältnisse kann **in den unterschiedlichsten Formen** getäuscht werden. Jede Angabe, die geeignet ist, beim durchschnittlich aufmerksamen, verständigen und informierten Umworbenen in der jeweiligen Werbesituation einen wettbewerbsrechtlich relevanten falschen Eindruck über die Art, die Eigenschaften oder die Rechte des Unternehmers zu erwecken und die in der Aufzählung der Unterfallgruppen des § 5 Abs. 1 S. 2 Nr. 3 UWG nicht genannt ist, wird erfasst. So täuscht z. B. über die Größe des Unternehmens, wer sich in Zeitungsanzeigen, auf Briefbögen, in Drucksachen, in der Beschriftung der Front des Geschäftshauses, seiner Firmenwagen und seiner Geschäftsräume eine Bezeichnung gibt, die beim Durchschnittsumworbenen einen falschen Eindruck über die Unternehmensgröße erweckt.[355]

173 Als **Alleinstellungswerbung** bezeichnet man Aussagen, mit denen der Unternehmer behauptet, in bestimmter oder in jeder Hinsicht einen **Vorrang vor sämtlichen Mitbewerbern** zu haben.[356] Der Vorrang kann sich beziehen auf das Unternehmen selbst (wie z. B. *„Der beste Anbieter", „Europas größter Onlinedienst"*), auf die von ihm angebotenen Waren und Dienstleistungen (*„Der schnellste Rechner", „Kein anderes Produkt ist leichter zu bedienen"*) oder auf die Produktgruppe, der die beworbene Ware angehört (z. B. *„Linoleum hat die führende Stellung unter Fußbodenbelägen", „Europas größtes People Magazin"*),[357] und zwar in allgemeiner Hinsicht oder für spezielle Kriterien wie z. B. Größe, Umsatz, Marktstellung, Verkaufsfläche, Reichweite, Auflage. Die Allein- und Spitzenstellungswerbung wird im Katalog möglicher irreführender Angaben **nicht ausdrücklich erwähnt.** Am ehesten lässt sie sich noch unter **Angaben über Eigenschaften des Unternehmers** subsumieren, soweit sich die Alleinstellungsbehauptung auf den Unternehmer bezieht. In der Praxis lässt sich die Angabe über das Unternehmen jedoch häufig nicht von der Angabe über die **Ware** trennen, so z. B. wenn mit der Alleinstellung für ein Unternehmen auch eine Alleinstellung der von ihm produzierten Waren in Anspruch genommen wird.[358] Auch in der bisherigen Rechtsprechung galten für die Beurteilung von Alleinstellungswerbung **einheitliche Kriterien,** unabhängig davon, ob sich die behauptete Alleinstellung auf das Unternehmen oder die Ware bezog. Da die Merkmale in § 5 Abs. 1 S. 2 Nr. 1 UWG nicht abschließend aufgeführt werden („wie"), gelten die nachfolgenden Grundsätze sowohl für die Alleinstellungswerbung für Waren als auch für den Unternehmer.

174 **a) Abgrenzung.** Wesentlich für die **Alleinstellung** ist, dass sie eine Gleichrangigkeit eines Mitbewerbers ausschließt. Abzugrenzen ist die Alleinstellungswerbung daher von der **Spitzengrup-**

---

[353] Näher § 5 Abschn. B. Rdn. 14 ff., 105.
[354] Näher § 5 Abschn. B. Rdn. 106.
[355] Näher Rdn. 182 ff.; vgl. LG Münster WRP 1971, 143.
[356] Vgl. *Helm* in: Gloy/Loschelder/Erdmann, HdbWettbR, § 59 Rdn. 205.
[357] BGH GRUR 1964, 33, 35 f. – *Bodenbeläge.*
[358] Siehe auch Rdn. 109.

penwerbung (vgl. Rdn. 203), für deren Beurteilung allerdings ähnliche Grundsätze gelten. Bei der Spitzengruppenwerbung nimmt der Unternehmer nicht in Anspruch, dass er allein alle anderen Mitbewerber übertrifft; er behauptet nur, Teil einer Gruppe zu sein, die einen Vorrang vor den übrigen Mitbewerbern hat. Auch die Spitzenstellung kann sich beziehen auf das werbende Unternehmen oder auf die von ihm angebotenen Waren.

Bei der Werbung mit einer Allein- oder Spitzenstellung geht es zumeist um eine **Selbsteinschätzung des werbenden Unternehmens.** Davon zu unterscheiden ist die Werbung mit Testergebnissen (hierzu § 5 C. Rdn. 255ff.) oder mit Auszeichnungen, die von Dritten vergeben wurden (hierzu Rdn. 342ff.), für die andere Maßstäbe gelten.[359] So ist eine Werbung mit einem tatsächlich errungenen „Testsieg" z.B. auch dann erlaubt, wenn der Sieg mit einem anderen Unternehmen zu teilen ist und auch ein stetiger Vorrang nicht geklärt ist.[360] Zudem muss in solchen Fällen, in denen das Ergebnis eines Dritten **unverändert** übernommen wird, der Unternehmer **keinen eigenen Qualitätsnachweis** führen. Eine unveränderte Übernahme liegt allerdings nicht vor, wenn die drei bestplatzierten Unternehmen nicht ausdrücklich zum „Testsieger" erklärt wurden, jedoch mit dem Testsieg geworben wird. 175

Abzugrenzen ist die Alleinstellungswerbung außerdem von Aussagen über die sehr gute Qualität einer Ware (hierzu § 5 Abschn. C. Rdn. 58ff.; Spitzenqualität) sowie von rein **subjektiven Meinungsäußerungen,** bei denen der Verkehr erkennt, dass hinter der Aussage kein nachprüfbarer Tatsachenkern steckt;[361] dasselbe gilt für bloße Kaufappelle, reklamehafte Übertreibungen oder **Slogans,** die der Adressat der Aussage nicht ernst nimmt (vgl. auch Art. 5 Abs. 3 S. 2 der UGP-Richtlinie).[362] Nimmt eine Aussage überhaupt nicht auf Wettbewerber Bezug, sondern behauptet nur einen Vorsprung gegenüber den **eigenen Produkten** *(„Das beste Persil aller Zeiten"),* so stellt das ebenfalls keine für § 5 UWG relevante Alleinstellungswerbung dar.[363] Auch hier kommt es aber auf die gesamte Formulierung an. Wenn etwa die *„weltweit gründlichste ABC-Rasur" „garantiert"* wird, dann wird ein beachtlicher Teil der angesprochenen Verbraucher die Aussage nicht nur auf ABC-Produkte beziehen, sondern auf Nassrasierer überhaupt.[364] 176

Für die Abgrenzung zur vergleichenden Werbung gilt: Jeder **Werbevergleich** muss sich am Verbot der irreführenden Werbung nach § 5 UWG messen lassen (siehe § 5 Abs. 3 UWG), obwohl die gemeinschaftsrechtlich geprägten Regelungen zur vergleichenden Werbung eigentlich abschließend sind.[365] Umgekehrt liegt aber **nicht bei jeder Alleinstellungswerbung zugleich eine vergleichende Werbung i.S.v. § 6 UWG** vor, mit der Folge, dass stets die Wertungen des § 6 Abs. 2 UWG zu berücksichtigen wären. Denn dies würde voraussetzen, dass ein oder mehrere bestimmte Mitbewerber oder die von ihnen angebotenen Waren oder Dienstleistungen unmittelbar oder mittelbar erkennbar gemacht werden.[366] Das wird nur in Ausnahmefällen vorkommen. Denn im Regelfall grenzt sich der Unternehmer mit einer Alleinstellungsbehauptung gegenüber allen Mitbewerbern und nicht nur gegenüber bestimmten Konkurrenten ab. Eine erkennbare Bezugnahme im Sinne des § 6 Abs. 1 UWG setzt hingegen voraus, dass die Werbung so deutlich gegen einen oder mehrere bestimmte Konkurrenten gerichtet ist, dass sich eine Bezugnahme auf sie für die angesprochenen Verkehrskreise förmlich aufdrängt und sich nicht nur reflexartig ergibt.[367] Auch der EuGH legt den Begriff der vergleichenden Werbung weit aus und lässt genügen, dass eine Äußerung unmittelbar oder auch nur mittelbar auf einen Mitbewerber oder seine Erzeugnisse oder Dienstleistungen Bezug nimmt. Dabei stellt er jedoch ebenfalls auf eine Identifizierbarkeit ab.[368] Werden durch eine Alleinstellungsbehauptung Mitbewerber **pauschal herabgesetzt,** ist die Werbung in jedem Fall verboten, ohne dass es der genauen Abgrenzung zu § 6 UWG bedarf. Allerdings genügen die 177

---

[359] BGH GRUR 2003, 800, 802 – *Schachcomputerkatalog.*

[360] Anders hingegen, wenn es 3 bestplatzierte Unternehmen gibt und daher kein „Testsieger" gekürt wurde, ein Unternehmen aber dennoch mit der Stellung als „Testsieger" wirbt, OLG Hamburg GRUR-RR 2013, 437, 438 – *Spitzentrio.*

[361] BGH GRUR 2002, 182, 183 – *Das Beste jeden Morgen.* Siehe auch Rdn. 179.

[362] OLG Frankfurt GRUR-RR 2015, 247, Tz. 16

[363] OLG Köln ZUM-RD 2002, 214, 216.

[364] OLG Hamburg MD 2005, 521, 522 – *Die gründlichste Rasur.*

[365] Vgl. EuGH GRUR 2003, 533, 536 – *Pippig Augenoptik ./. Hartlauer.* Ausführlich zum Verhältnis zwischen vergleichender Werbung und (allgemeiner) irreführender Werbung siehe § 5 Abschn. K. Rdn. 7ff.

[366] BGH WRP 1997, 182, 183 – *Aussehen mit Brille;* GRUR 1961, 85, 90 – *Pfiffikus-Dose;* vgl. auch OLG Karlsruhe MD 1999, 44, 45 – *„Wo bessere Produkte weniger kosten".*

[367] BGH GRUR 2002, 982, 983 – *Die „Steinzeit" ist vorbei;* GRUR 2002, 75 – *SOOOO ... Billig;* OLG Hamburg MD 2005, 521, 523 – *Die gründlichste Rasur.*

[368] EuGH, Slg. 2001, I-7945 Rdn. 38 – *Toshiba Europe;* auch in der Entscheidung EuGH GRUR 2003, 533 – *Pippig Augenoptik/Hartlauer* ging es um den Vergleich mit einem erkennbar gemachten Wettbewerber.

mit jedem Vergleich verbundenen negativen Wirkungen allein dafür nicht. Es müssen vielmehr besondere Umstände hinzutreten, die den Vergleich in unangemessener Weise abfällig abwertend oder unsachlich erscheinen lassen.[369]

178 **b) Beurteilungsmaßstab.** Die Alleinstellungswerbung ist unzulässig, wenn ihr Aussageinhalt **nicht den tatsächlichen Verhältnissen entspricht.** Ob eine Alleinstellungsbehauptung vorliegt und welchen Aussageinhalt sie hat, beurteilt sich nach der **Auffassung des durchschnittlich informierten und verständigen Durchschnittsverbrauchers.**[370] Er wird eher als der angesprochene Verbraucher erkennen, ob es sich z. B. um bloß reklamehafte Übertreibungen handelt.[371] Was der Unternehmer sagen will, ist unerheblich. Entscheidend ist, wie die Werbung verstanden wird. Will der Unternehmer die Alleinstellung in bestimmter Hinsicht beschränken, kommt das aber nicht hinreichend klar zum Ausdruck, muss er sich an dem weiten Verständnis messen lassen.[372] Maßgeblich ist dann, ob der Unternehmer einen Vorsprung **in jeder** für die angesprochenen Verkehrskreise **bedeutenden Hinsicht** und gegenüber allen Mitbewerbern besitzt. Der Verkehr kann im Einzelfall aber auch Aussagen in ihrem Bedeutungsgehalt abschwächen oder relativieren, obwohl sie streng philologisch eine Alleinstellung behaupten.[373]

179 *aa)* Nach Auffassung der angesprochenen Verkehrskreise bestimmt sich zunächst, ob überhaupt eine **Angabe** im Sinne von § 5 UWG vorliegt, d. h. ob die Werbung als Aussage mit einem objektiv nachprüfbaren Tatsachenkern verstanden wird (hierzu § 5 B. Rdn. 51 ff.). Grundsätzlich nimmt der Verkehr Werbeaussagen bekannter und angesehener Unternehmen ernst, und zwar auch, wenn sie Alleinstellungsbehauptungen enthalten.[374] Das gilt nicht nur für die Werbung von Großunternehmen, sondern mit Ausnahme reiner Marktschreier für jeden Gewerbetreibenden. **Ausnahmen** gelten jedoch:

– in Fällen, in denen der Durchschnittsverbraucher erkennt, dass es sich um einen originellen Slogan und eine reklamehafte, **nicht ernst gemeinte Übertreibung** handelt;[375] Art. 5 Abs. 3 S. 2 der UGP-Richtlinie erwähnt sogar ausdrücklich die *„übliche und rechtmäßige Werbepraxis, übertriebene Behauptungen oder nicht wörtlich zu nehmende Behauptungen aufzustellen"*.
– bei der Verwendung von Schlagwörtern, die heute **Allgemeingut der Werbesprache** sind und denen über die Andeutung guter Qualität im Regelfall kein konkreter Bedeutungsgehalt zukommt wie z. B. *„mega"*, *„einmalig"*,[376] *„optimal"*,[377] *„spitze"*, *„super"*, *„klasse"*, *„sensationell"*, *„wunderbar"* oder *„exklusiv"*;[378]
– bei **umgangssprachlichen Redewendungen** wie *„Ich bin doch nicht blöd"*;[379]
– bei Aussagen, die erkennbar nur **reine Werturteile** enthalten, weil sie z. B. rein subjektive Geschmacksfragen ansprechen oder andere Aspekte, die erkennbar objektiv nicht erfassbar sind oder die so allgemein gehalten sind, dass der Bezug der Alleinstellung offen bleibt – so wurde für Fertigbrei die Aussage *„Mutti gibt mir immer nur das Beste"*[380] als nicht irreführend angesehen, bei

---

[369] BGH WRP 1999, 414, 416 – *Vergleichen Sie;* GRUR 1987, 49, 50 – *Cola-Test;* EuGH GRUR 2003, 533, 538 – *Pippig Augenoptik/Hartlauer;* bejaht in KG WRP 1999, 339, 340 – *Werbevergleich;* OLG Köln NJWE-WettbR 1999, 277; OLG Köln MD 1998, 92, 93 – *Herkömmlicher Rasierer;* OLG Köln MD 1997, 1219, 1220; OLG München MD 1996, 896, 900 – *„Der Scheiß des Monats"*.

[370] BGH GRUR 2002, 182, 183 – *Das Beste jeden Morgen;* GRUR 2003, 361, 362 – *Sparvorwahl.*

[371] KG GRUR-RR 2011, 192 – *Bester Powerkurs aller Zeiten;* ähnlich BGH GRUR-RR 2011, 7 Tz. 5 – *steuerberater-suedniedersachsen.de*

[372] Vgl. BGH GRUR 1963, 34, 34 – *Werkstatt und Betrieb;* BGH GRUR 2004, 786, 788 – *Größter Online-Dienst:* Verboten wurde „Europas größter Onlinedienst", erlaubt hingegen „mit mehr als ... Kunden ist T-Online Europas Größter Online-Service".

[373] BGH GRUR 1965, 438, 439 – *Sinnbild und Maßstab;* ebenso *Helm* in: Gloy/Loschelder/Erdmann, Handbuch des Wettbewerbsrechts, § 59 Rdn. 60 *für „Inbegriff"* oder *„Symbol"*.

[374] BGH GRUR 1965, 365, 367 – *Lavamat II;* GRUR 1971, 365, 367 – *Wörterbuch;* GRUR 1973, 78, 80 – *Verbraucherverband;* GRUR 1973, 534, 535 – *Mehrwert II;* GRUR 1975, 141, 142 – *Unschlagbar;* GRUR 1981, 910, 911 – *Der größte Biermarkt der Welt.*

[375] OLG Frankfurt NJW-RR 1999, 770 – *Radio Diehl the best deal;* OLG Düsseldorf K&R 1999, 566, 567 – *„You can't beat the FIRST";* OLG Schleswig-Holstein Urteil vom 5.2.2002, 6 U 64/01 – *„... die größte Auswahl der Welt. Mindestens";* OLG Frankfurt NJWE-WettbR 1997, 2, 3 – *Die Ersten sollen die Besten sein;* KG BeckRS 2010, 19135 – Der beste Powerkurs aller Zeiten. Verneint (und damit Irreführung bejaht) hingegen für „Das sicherste Auto aller Zeiten", OLG Schleswig MD 2010, 884, 885 und „hier kommt die beste Alternative", OLG Hamburg BeckRS 2009, 86 281.

[376] OLG Nürnberg WRP 1960, 185, 186; OLG Koblenz WRP 1986, 168 – *Einmaliges Angebot.*

[377] BGH WRP 2002, 71, 74 – *Anwaltsrundschreiben;* MMR 2005, 449, 450 – *Optimale Interessenvertretung.*

[378] A. A. OLG Köln MD 2000, 222, 223 f. – *exklusive Ledergarnituren.*

[379] OLG Karlsruhe WRP 1997, 865, 866 – *„Ich bin doch nicht blöd"*.

[380] BGH GRUR 1965, 363, 365 – *Fertigbrei.*

Frühstücks-Cerealien die Aussage *„Das Beste jeden Morgen"*,[381] bei einem Einrichtungshaus die Aussage *„Deutschlands bestes Einrichtungshaus"*;[382] bei der Bewerbung des Immobilienteils einer Tageszeitung die Aussage *„Beste Auswahl, beste Lage, beste Übersicht"*;[383] bei einer Zeitschrift die Aussage *„profiliertestes People-Magazin Europas"*,[384] bei einem Kosmetikunternehmen die Aussage *„um Ihnen für jeden Hautzustand stets die ... gemäß der herstellerunabhängigen Fachliteratur verträglichsten und wirksamsten Kosmetikpräparate anbieten zu können"*,[385] bei einem Telekommunikationsunternehmen die Aussage *„Meine Nr. 1"*.[386] Allerdings kann sich hinter einem vermeintlich subjektiven Werturteil auch eine objektive Aussage verstecken, wie etwa bei dem Slogan *„der beliebteste Anbieter"* die Aussage, dass dieser Anbieter objektiv die meisten Kunde habe[387] oder bei der Aussage „Spitzenmediziner".[388] Es ist aber umso wahrscheinlicher, dass der Verkehr diese Tatsachenbehauptung nicht ernst nimmt, wenn und je mehr subjektive Einschätzungen erkennbar der Werbeaussage zu Grunde liegen.[389] Ob solche subjektiven Einschätzungen der Aussage zu Grunde liegen, ist auch von der Art der beworbenen Ware oder Dienstleistung abhängig. So unterliegt die Bewertung von Lehrmitteln für Sprachkurse stark subjektiven Wertungen, sodass der Verkehr die Aussage *„der beste Powerkurs aller Zeiten"* als reklamehafte Übertreibung erkennt.[390]

– Bei **bloßen Kaufappellen,** in denen die angesprochenen Verkehrskreise keine im Kern nachprüfbare Tatsachenbehauptung sehen *(„den und keinen anderen")*.[391]

Maßgeblich sind jeweils der Einzelfall und die Gesamtumstände der Werbung. Ob der Verkehr Aussagen **ernst nimmt,** hängt auch davon ab, ob und welche Aussagen für Produkte derselben Gattung es bereits gibt und ob der Eindruck einer Angabe durch weitere Umstände unterstützt oder aufgehoben wird. Allgemeine Hinweise auf die Größe eines Unternehmens oder andere, allgemein nachprüfbare Aussagen werden im Regelfall ernst genommen.[392] Hingegen führt eine Vielzahl von Alleinstellungsangaben für Waren einer Produktgruppe dazu, dass der Verkehr diese Angaben weniger ernst nimmt.[393] Auch können nach einer älteren Entscheidung des BGH der geringe Preis und die billige Aufmachung einer Ware dazu führen, dass mit dem Ausdruck „Hollywood Duschschaumbad" nicht die Erwartung von Luxus und Eleganz verbunden wird, die nur durch ein Spitzenerzeugnis der Kosmetik erfüllt werden könnte.[394] Dem steht allerdings entgegen, dass der Verkehr nicht immer Aussage und Ausstattung eines Produkts bzw. dessen Preis gleichzeitig wahrnehmen wird. Wer behauptet, *„Standards gesetzt zu haben"* behauptet damit ebenfalls keine Alleinstellung. Dem steht bereits der Wortsinn des Begriffs **„Standard"** entgegen. Wohl aber wird die Zugehörigkeit zur Spitzengruppe behauptet.[395] **180**

bb) Nach dem Verständnis des durchschnittlich informierten und verständigen Verbrauchers bestimmt sich auch, welcher **inhaltliche Sinngehalt** einer Aussage beizumessen ist und wie weit der **räumliche und sachliche Umfang** der behaupteten Alleinstellung reicht. Dabei sind auch die **Adressaten** und die **Gesamtumstände der Werbung** zu berücksichtigen. So stellt die Aussage *„immer der günstigste Preis"* für sich allein genommen eine Alleinstellungsbehauptung dar. In Verbindung mit einer Preisgarantie kann sich aber ergeben, dass der Werbende auch günstigere Preise für möglich hält und daher die Aussage nur als Berühmung zur Spitzengruppenzugehörigkeit zu verstehen ist.[396] Der Slogan *„the best way to brew"* ist als solcher nur eine subjektive Wertung, in Zusam- **181**

---

[381] BGH GRUR 2002, 182, 184 – *Das Beste jeden Morgen.*

[382] OLG Bamberg GRUR-RR 2003, 344 – *Deutschlands bestes Einrichtungshaus;* anders allerdings für „Deutschlands größtes Einrichtungshaus".

[383] KG GRUR 1999, 1021, 1022 – *Beste Auswahl, beste Lage, beste Übersicht.*

[384] OLG Hamburg GRUR-RR 2006, 170, 172, wobei das OLG in der Aussage eine reklamehafte Übertreibung sah, was aber zu demselben Ergebnis führt.

[385] OLG Köln MD 2006, 762, 766 f.

[386] OLG Bremen BeckRS 2010, 23054.

[387] OLG Hamburg MMR 2010, 331, 333 – *Der beliebteste Anbieter II.*

[388] OLG Karlsruhe WRP 2012, 1131, 1133.

[389] KG GRUR-RR 2011, 192, 193 – *Bester Powerkurs aller Zeiten.*

[390] KG GRUR-RR 2011, 192, 193 – *Bester Powerkurs aller Zeiten.*

[391] BGH GRUR 1965, 365, 366 – *Lavamat II;* OLG Hamburg MD 2010, 18, 22.

[392] OLG Bamberg GRUR-RR 2003, 344 – *Deutschlands bestes Einrichtungshaus.*

[393] BGH GRUR 1965, 363, 365 – *Fertigbrei;* vgl. auch BGH GRUR 1965, 438, 439 – *Sinnbild und Maßstab.*

[394] BGH GRUR 1963, 482, 483 – *Hollywood Duftschaumbad.*

[395] OLG Hamburg NJW-RR 2005, 188, 190.

[396] OLG Hamburg MD 2010, 18, 22 – *Immer der günstigste Preis. Garantiert;* OLG Bremen WRP 2004, 404, 506 – *die tiefsten Preise;* OLG Hamburg MD 2006, 706, 708 – *Tiefpreisgarantie;* im Ansatz auch LG Stuttgart WRP 2009, 1314 (LS).

menhang mit weiteren Aussagen kann sich aber ergeben, dass damit z. B. die umweltfreundlichste Methode zur Kaffeezubereitung und damit eine Alleinstellungsbehauptung gemeint ist.[397] Ebenso kann sich die Alleinstellung bei einer Werbung gegenüber Frauen für Rasierer auf Frauen-Rasierer beschränken, so dass Rasierer für Männer nicht zu berücksichtigen sind.[398] Umgekehrt **können aber auch nicht beliebig scheinbare Teilmärkte geschaffen werden,** für die dann eine Alleinstellung behauptet werden kann. Sind beispielsweise Anbieter aus Sicht des Kunden austauschbar, und haben daher bestimmte individuelle Merkmale aus Sicht des Kunden keine maßgebliche Bedeutung, so kann es irreführend sein, für einen auf solchen Merkmalen beruhenden scheinbaren Teilmarkt die Marktführerschaft zu behaupten.[399] Und je geringer der Kreis der relevanten Vergleichsobjekte ist, desto eher wird der Verkehr bei vergleichenden Aussagen zu einer Gesamtschau neigen und daher nicht weiter differenzieren.[400] Die Werbung mit dem **negativen Komparativ** *(„kein besseres Produkt als")* bringt in der Regel nur die Zugehörigkeit zu einer Spitzengruppe zum Ausdruck, kann in Verbindung mit anderen Aussagen *(„das hat X zur Nr. 1 gemacht")* aber als Alleinstellungsbehauptung verstanden werden.[401]

182 *α) Sachlicher Umfang:* Bei Aussagen über die **Größe**[402] kommt es bei **Produktionsbetrieben** mangels anderslautender Aussagen in der Werbung oder anderer Umstände auf die Produktionszahlen[403] oder den Umsatz an.[404] Bei **Handelsbetrieben** hingegen erwartet der Verkehr vom „Größten" auch einen Vorsprung in der Breite des Sortiments, in der Leistungsfähigkeit und der Vertriebsorganisation,[405] der Größe der Geschäftsräume/Verkaufsfläche[406] und der Zahl des Personals[407] sowie – bei Filialunternehmen – der Anzahl an Filialen.[408] Bei **Handwerksbetrieben** kann aber die Anzahl, die Qualifikation oder die Leistungsfähigkeit des Personals entscheidend sein.[409] Die Aussage *„Größter Schuhmarkt Deutschlands"* wird ohne weitere Angaben als Vergleich mit allen **Schuheinzelhandelsgeschäften** in Deutschland verstanden und nicht nur mit **Selbstbedienungsgeschäften.**[410] *„Das größte **Teppichhaus** der Welt"* umfasst mindestens den Vergleich mit allen Spezialhäusern dieser Branche[411] und kann sich bei einem **Filialunternehmen** nicht nur auf das gesamte Unternehmen beziehen, sondern auf eine einzelne Filiale.

183 Bei **Zeitungen** und **Zeitschriften** beziehen sowohl der durchschnittlich verständige Leser als auch der Werbungstreibende die Aussage man sei die *„Größte"* in erster Linie auf die verkaufte Auflage.[412] Dasselbe gilt bei der Werbung mit der *„Marktführerschaft"* bei Zeitungen. Die Unterscheidung zwischen Reichweite und verkaufter Auflage ist hingegen einer Vielzahl der durchschnittlich verständigen und informierten Leser nicht ohne weiteres bekannt. Wer deshalb die Größe allein auf die Reichweite beziehen will, muss dies unmissverständlich deutlich machen. Das gilt insbesondere dann, wenn zwischen Reichweite und verkaufter Auflage große Unterschiede bestehen.[413] Ebenso muss bei einem Auflagenvergleich zwischen herkömmlichen Tageszeitungen einerseits und Anzeigeblättern andererseits klargestellt werden, dass es sich um eine Gratiszeitung handelt.[414] Bei der

---

[397] LG Hamburg BeckRS 2009, 28227.

[398] Vgl. OLG Köln MD 2001, 861.

[399] KG MD 2004, 983.

[400] OLG Köln GRUR-RR 2005, 324 – *Führendes deutsches Fachmagazin* zur Unterscheidung zwischen „Zeitung" und „Magazin" für die Lebensmittelbranche.

[401] OLG Köln MD 2002, 1039, 1040 f.

[402] Zur Irreführung über die Unternehmensgröße siehe auch unten Rdn. 136 ff.

[403] OLG Karlsruhe WRP 1984, 635, 636 – *Weltweit Schlepperhersteller Nr. 1.*

[404] Z. B. OLG Köln MD 2002, 1192, 1193 – *Nr. 1 im Lakritzmarkt;* OLG Frankfurt WRP 2015, 113 Tz. 18 – *Deutschlands Nummer 1 für Werbeartikel.*

[405] BGH GRUR 1985, 140, 141– *Größtes Teppichhaus der Welt;* BGH GRUR 1981, 910, 911 – *Der größte Biermarkt der Welt;* OLG Düsseldorf WRP 1985, 266, 269 – *Nr. 1;* OLG Hamm WRP 1992, 250, 251 – *Größtes Spezialhaus* („Das größte Spezialhaus für Oberbekleidung in Deutschland").

[406] OLG Hamm WRP 1992, 399, 401 – *Westdeutschlands größtes Einrichtungsunternehmen;* OLG Köln MD 2003, 360, 362 – *Eines der größten Möbelhäuser in Deutschland.*

[407] LG Köln WRP 1955, 23, 24 – *Kölns größtes Fachgeschäft.*

[408] GK-*Lindacher,* § 5 Rdn. 222.

[409] *Helm* in: Gloy/Loschelder/Erdmann, HdbWettbR, § 59 Rdn. 225 m. w. N.

[410] BGH GRUR 1983, 780 – *Schuhmarkt.*

[411] BGH GRUR 1985, 140 – *Größtes Teppichhaus der Welt;* der BGH ließ offen, ob die Aussage auch eine Alleinstellungsbehauptung gegenüber Kaufhausabteilungen enthält.

[412] BGH GRUR 2004, 244, 246 – *Marktführerschaft;* 1968, 433, 436 – *Westfalenblatt II;* OLG Hamburg GRUR-RR 2006, 170, 171; vgl. auch BGH GRUR 1988, 951, 953 – *Die große deutsche Tages- und Wirtschaftszeitung.*

[413] BGH GRUR 2004, 244, 246 – *Marktführerschaft;* vgl. auch OLG Hamburg ZUM-RD 1998, 86 zur Reichweiten- und Auflagenermittlung.

[414] OLG Köln MD 2007, 493, 499.

Werbeangabe *„Die größte deutsche* ***Fachzeitschrift*** *ihrer Art für Maschinenbau und Fertigung"* gegenüber der werbungstreibenden Wirtschaft kommt es darauf an, welche Zeitschriften als Werbeträger vergleichbar sind, während Unterschiede im Inhalt und im Leserkreis irrelevant sein können.[415] Die Werbung für eine Zeitung als *„Die große deutsche* ***Tages- und Wirtschaftszeitung****"* beschränkt den sachlichen Markt auf deutsche Tageszeitungen mit bedeutendem Wirtschaftsteil. Sind hingegen auf einem bestimmten Markt (hier: Lebensmittelhandel) insgesamt nur vier Fachveröffentlichungen mit zudem ähnlicher Erscheinungsweise vorhanden, wird der Verkehr bei der Aussage *„seit Jahrzehnten das führende deutsche Fachmagazin"* nicht noch weiter zwischen Magazinen und Zeitungen unterscheiden sondern eher zu einer Gesamtbetrachtung neigen, auch wenn ihm sonst diese Unterscheidung geläufig ist.[416] Wirbt man mit der Aussage *„Die größte unabhängige deutsche Luftfahrt-Fachzeitschrift"*, so kann dies auch einen Vergleich mit Organen eines **Vereins** erfordern, wenn dieser Umstand nach der Verkehrsauffassung nicht die Unabhängigkeit berührt.[417] Besitzen zwei große Verlagsgruppen jeweils 40 % der Geschäftsanteile eines Pressevertriebs, ist die Bezeichnung als „größter unabhängiger Nationalvertrieb" irreführend.[418]

Bei **Wörterbüchern** stellt der durchschnittliche Leser zur Beurteilung der Größe vor allem darauf ab, welches Lexikon am umfangreichsten und ausführlichsten ist. Das bemisst sich in erster Linie nach der Anzahl der Stichworte, aber auch nach dem Umfang der einzelnen Erläuterungen zu den Stichwörtern. Handelt es sich um **wissenschaftliche Werke** und wird eine allgemeine Alleinstellung behauptet, kommt es zusätzlich auch auf den wissenschaftlichen Rang, die Ausführlichkeit und die Zuverlässigkeit des Werkes an.[419] Bei **Kinos** kommt es auf Filmangebot, Auswahl, Sitzplätze und Anzahl der Kinosäle an, bei **Restaurants** auf die Qualität der angebotenen Speisen und Getränke und des Services. 184

Die Werbung mit *„XY ist schon heute eines der weltweit größten Internet-Unternehmen"* ist nach Ansicht des BGH so zu verstehen, dass sich der Unternehmer mit den größten **Internet-Unternehmen** der Welt messen könne, was auch eine weltweite Präsenz voraussetze; sei diese in den USA und in Asien nicht gegeben, sei die Aussage irreführend.[420] Bei einer Werbung mit dem *„größten* ***Onlinedienst****"* oder der Stellung als *„Spitzenreiter"* erwartet der Verkehr nach Ansicht des BGH nicht nur, dass der Anbieter die meisten **Kunden** hat, sondern auch, dass er den größten **Nutzungsumfang** aufweist, d. h. dass die Kunden den Dienst auch am häufigsten und umfangreichsten nutzen und zwar mit erheblichem Abstand zum jeweils nachfolgenden Onlinedienst. Die Aussage *„... im Internet liegen ungeahnte Chancen für alle – T-Online ist Europas gefragtester Zugang zu dieser neuen Welt"* sieht der BGH hingegen nur als geschickt formulierte Aussage, dass der Unternehmer den Internet-Zugang mit den meisten Kunden in Europa betreibe.[421] Unter dem *„größten Provider im Internet"* ist nicht allein der Access-Provider mit den meisten Kunden zu verstehen.[422] Maßgeblich ist aber stets das aktuelle Verständnis einer Aussage, so dass sich auch Wandlungen ergeben können. Dazu zählt auch, dass sich eine ursprünglich als Qualitätsbezeichnung gedachte Aussage zum Herkunftshinweis wandelt.[423] Ähnliches gilt für Ausdrücke wie *„führend"*: Auch hier sind je nach Einzelfall verschiedene Gewichtungen möglich. Mangels anderslautender Angaben oder Umstände bezieht der Verkehr den behaupteten Vorsprung im Regelfall sowohl auf die **Qualität** als auch auf den **Umsatz.**[424] Behauptet ein **Softwareunternehmen** eine ***„Technologieführerschaft"***, so muss es bei allen wesentlichen und nicht nur bei einzelnen Technologiemerkmalen der Branche mit bedeutenden Neuentwicklungen vorangehen und andere Unternehmen müssen sich hieran orientieren.[425] 185

Die Werbung mit einer **„Sparvorwahl"** für **Telefontarife** ist ohne Bezugnahme auf sämtliche Wettbewerber nicht so zu verstehen, dass der Unternehmer preisgünstiger sei als die gesamte Konkurrenz. Die Aussage ist deshalb **zulässig,** wenn der beworbene Tarif des Unternehmers nahezu durchgängig (also noch nicht einmal in jeder Hinsicht) günstiger ist als die Tarife der Marktführe- 186

---

[415] BGH GRUR 1963, 34, 35 f. – *Werkstatt und Betrieb.*
[416] OLG Köln GRUR-RR 2005, 324 – *Führendes deutsches Fachmagazin.*
[417] BGH GRUR 1968, 440 ff. – *Luftfahrt-Fachzeitschrift.*
[418] OLG Köln WRP 2013, 1504 Tz. 14 ff.
[419] BGH GRUR 1971, 365, 366 f. – *Wörterbuch.*
[420] BGH GRUR 2004, 786, 788 – *Größter Online-Dienst.*
[421] BGH GRUR 2004, 786, 788 – *Größter Online-Dienst;* OLG Hamburg K&R 2003, 142, 143 – *Zweitgrößter Onlinedienst der Welt überhaupt.*
[422] BGH GRUR 2004, 786, 786 – *Größter Online-Dienst.*
[423] BGH GRUR 1957, 285, 286 – *Erstes Kulmbacher.*
[424] BGH GRUR 1964, 33, 35 f. – *Bodenbeläge;* OLG Hamburg MD 2003, 863, 865 (hinsichtlich Spitzengruppenstellung).
[425] OLG Hamburg GRUR-RR 2002, 71, 72 – *Technologieführerschaft.*

rin.[426] Ähnliches gilt für die Aussage *„im Vergleich einfach billig"*. Auch dies versteht der durchschnittlich aufmerksame und informierte Verbraucher nicht so, dass der Werbungstreibende auf allen Gebieten günstiger sei als ein oder gar alle Wettbewerber.[427] Die Aussage *„Oddset, die Sportwette mit festen Quoten, nur bei **Lotto**"* wird selbst der Werbeadressat, der kein Vorverständnis des Begriffs „Oddset" hat, nicht so verstehen, dass es „Oddset" nur beim Lottoblock gebe, sondern vielmehr so, dass nur der Lottoblock Anbieter von Sportwetten mit festen Quoten sei.[428]

187 *β) Räumlicher Umfang.* Bei Werbeaussagen **deutscher Unternehmen** erwartet der durchschnittlich informierte und verständige Verbraucher, dass sich die in Alleinstellung beworbenen Eigenschaften räumlich auf *Deutschland* beziehen. Das gilt erst recht, wenn das Unternehmen ausdrücklich damit wirbt, der beliebteste Anbieter Deutschlands zu sein. Hier erwartet der Verkehr dann auch deutschlandweite Angebote.[429] Etwas anderes gilt, wenn der relevante Markt **eingeschränkt** (*„Die größte Zeitung Berlins"; „älteste Porzellanmanufaktur auf westdeutschem Boden", „Bayerische Bank", „der beste Preis der Stadt"*) wird – wobei sich der Aussage *„Die Nr. 1 zwischen Aachen und Berlin"* allerdings keine räumliche Beschränkung entnehmen lässt[430] – oder erweitert wird (*„Die meistverkaufte Elektrorasierermarke Europas"; „Europas Nr. 1", „Europas größter Onlinedienst",*[431] *„Europas unbegrenzter Karrieremarkt",*[432] *„der zweitgrößte Onlinedienst der Welt",*[433] *„weltweit Schlepperhersteller Nr. 1",*[434] *„weltweit die Nr. 1",*[435] *„eines der weltweit größten Internet-Unternehmen"*[436]). Die Werbung mit **größeren Märkten** kann in zwei Richtungen problematisch sein: Erstens ist im Einzelfall zu prüfen, ob die Alleinstellung **nur für den Gesamtmarkt** gelten muss oder ob das Produkt **nicht auch in Deutschland** die behauptete Alleinstellung oder zumindest einen erheblichen Erfolg haben muss. Während der BGH früher eine Alleinstellung **auch** in Deutschland forderte,[437] stellt er heute im Hinblick auf die fortgeschrittene Integration im Gemeinsamen Markt und der internationalen konzernmäßigen Verflechtung großer inländischer Unternehmen zumindest bei europabezogenen Aussagen auf den **europäischen Gesamtmarkt** ab. Zugleich dürfen die Umsatzerfolge in Deutschland aber auch nicht unbedeutend sein.[438] Die gemeinsame Währung in „Euroland" festigt diese Rechtsprechung weiter. Zweitens ist zu prüfen, ob sich allein aus einer Spitzenstellung in Deutschland eine Spitzenstellung in Europa belegen lässt.[439] Das ist grundsätzlich nicht der Fall. Eine andere Frage ist, ob mit einer **Allein- oder Spitzenstellung in Europa** geworben werden darf, wenn das werbende Unternehmen nicht in allen oder zumindest nicht in allen wesentlichen Ländern in Europa präsent ist. Hier muss je nach Einzelfall unterschieden werden, ob der Verkehr eine europaweite Präsenz erwartet. Wer als Unternehmen mit einer Alleinstellung oder Spitzenstellung in Europa wirbt, muss in wesentlichen Teilen von Europa präsent sein.[440] Geht es hingegen um konkrete Produkte oder Dienstleistungen, kann dem durchschnittlich verständigen Verbraucher durchaus bekannt sein, dass eine Verbreitung in allen Ländern Europas nur schwer möglich ist. Dann kann es genügen, wenn die beworbenen Kennzahlen (z. B. Nutzer, Leser, Umsatz etc.) europaweit bemessen die größten sind.[441] Ob dies allerdings die Werbung mit *„Europas größtes People Magazin"* rechtfertigt, wenn ein Magazin nur in Deutschland oder im deutschsprachigen Raum die größte Auflage hat, aber nicht in anderen Ländern präsent ist oder dort nur an Flughäfen oder in Hotels verkauft

---

[426] BGH MMR 2003, 258, 259 – *Sparvorwahl;* im Ergebnis ebenso LG Düsseldorf MMR 2003, 341 („bundesweit ... vorwählen und schon haben Sie gespart"); LG Köln MMR 2002, 556 („Die einfachste Art, Telefonkosten zu sparen").

[427] Vgl. OLG Hamburg MD 2006, 183, 185 (dort im Ergebnis allerdings offen gelassen).

[428] BGH GRUR 2005, 176, 177 – *Nur bei Lotto.*

[429] OLG Hamburg MMR 2010, 331, 332.

[430] OLG Frankfurt WRP 2007, 697 f.

[431] BGH GRUR 2004, 786, 788 – *Größter Online-Dienst.*

[432] OLG Hamburg MD 2002, 136, 137 f.

[433] OLG Hamburg K&R 2003, 142, 143 – *Zweitgrößter Onlinedienst der Welt überhaupt.*

[434] OLG Karlsruhe WRP 1984, 635 – *Weltweit Schlepperhersteller Nr. 1.*

[435] OLG Frankfurt MD 2003, 730 – *Weltweit die Nr. 1.*

[436] BGH GRUR 2004, 786, 788 – *Größter Online-Dienst.*

[437] BGH GRUR 1972, 129 – *Der Meistgekaufte der Welt.* Ebenso OLG Karlsruhe WRP 1984, 635, 636 – *Weltweit Schlepperhersteller Nr. 1.*

[438] BGH GRUR 1996, 910, 912 – *Der meistverkaufte Europas.*

[439] BGH GRUR 2004, 786, 789 – *Größter Online-Dienst.*

[440] BGH GRUR 2004, 786, 788 – *Größter Online-Dienst.* A. A. OLG Hamburg CR 2005, 521 – *Führender Internet Provider Europas.*

[441] Vgl. OLG Hamburg CR 2005, 521 – *Führender Internet Provider Europas;* OLG Hamburg GRUR-RR 2006, 170, 171 – *Europas größtes People Magazin.* Vgl. auch BGH GRUR 2004, 786, 788 – *Größter Online-Dienst,* wo die Aussage „Ist Europas gefragtester Zugang zu dieser neuen Welt" für einen Online-Zugang trotz Präsenz des werbenden Unternehmens in nur wenigen europäischen Ländern nicht beanstandet wurde.

wird,[442] ist zweifelhaft. Das gilt erst recht, wenn ein anderes Magazin in einem anderen Land eine höhere Auflage hat. Es mag sein, dass der Verkehr die sprachliche Begrenztheit von Zeitschriften kennt. Umgekehrt gibt es aber auch bei Magazinen Lizenzausgaben in anderen Ländern. Es kommt somit auf den Einzelfall an. Wer im Internet für *„Europas unbegrenzter Karrieremarkt"* wirbt, weckt beim Interessenten nicht nur die Erwartung, dass eine erhebliche Anzahl Stellenanzeigen von europäischen Unternehmen außerhalb Deutschlands stammt, sondern auch für Positionen außerhalb Deutschlands gilt.[443] Entsprechendes gilt bei einer Werbung mit einer **„weltweit"** führenden Stellung. Auch hier erwartet der Verkehr nicht, dass der Unternehmer in jedem Land vertreten ist oder gar in jedem Land der Größte ist. Allerdings muss er über eine internationale Bedeutung verfügen, in den wichtigsten Märkten der Welt für die angebotene Ware/Dienstleistung vertreten sein und insgesamt die Spitzenstellung innehaben.[444] Wird in Deutschland mit einem weltweiten Umsatz für ein Produkt geworben, so erfordert das, dass dieses Produkt weltweit vertrieben wird. Beziehen sich hingegen die als weltweiter Umsatz für ein bestimmtes Auto genannten Zahlen auch auf andere Modelle, so ist die Werbung irreführend.[445]

cc) Ist der Sinngehalt einer Aussage nach dem Verkehrsverständnis bestimmt, so hängt die Recht- 188
mäßigkeit der Werbung davon ab, ob dieser Sinngehalt **zutreffend** ist. Das setzt zunächst voraus, dass es überhaupt einen abgrenzbaren Markt gibt, für den die Alleinstellung behauptet werden kann. Bezieht sich die Alleinstellung auf Waren, müssen die diesem Markt zuzuordnenden Waren **vergleichbar** sein. Vor allem darf es keine wesentlichen Systemunterschiede bei den Waren zu Lasten desjenigen geben, der die Alleinstellung behauptet. Weist die Konkurrenzware **systemimmanente Besonderheiten** auf, die das beworbene Produkt nicht hat, ist die Inanspruchnahme einer Alleinstellung daher nicht zulässig.[446] Geht es hingegen um die Alleinstellung eines Unternehmens in Bezug auf bestimmte Waren, so können Systemunterschiede in den vertriebenen Waren unbeachtlich sein. Zumindest gilt das für das Fehlen einzelner Merkmale, die dem Verkehr nur wenig bedeutend erscheinen und gegenüber anderen Eigenschaften oder Vorzügen des beworbenen Produkts zurücktreten.[447] Bestehen hingegen Unterschiede in wesentlichen Aspekten, die vom Verkehr in einer Gesamtgewichtung unterschiedlich gewertet werden können, so muss hierauf zur Vermeidung einer Irreführungsgefahr hingewiesen werden.[448] Die Behauptung eines Ghostwriters „einer der Marktführer" im Bereich des wissenschaftlichen Ghostwritings zu sein, ist schon deshalb unzulässig, weil sich das Angebot auf **rechtlich missbilligte** Dienstleistungen bezieht.[449]

dd) Für die Zulässigkeit der Alleinstellungsbehauptung **genügt nicht irgendeine temporäre** 189
Spitzenstellung. Erforderlich ist vielmehr, dass der Unternehmer in der Hinsicht, für die eine Alleinstellung behauptet wird, einen **deutlichen Vorsprung** vor seinen Mitbewerbern aufweist und der Vorsprung die **Aussicht auf eine gewisse Stetigkeit** bietet.[450] Die Alleinstellung muss **nach Umfang und Dauer erheblich** sein.[451] Ein nur geringfügiger Vorsprung oder die jederzeitige Möglichkeit des Wechsels der Alleinstellung genügt nicht für die Zulässigkeit der Aussage. So rechtfertigt beispielsweise ein Gründlichkeitsvorsprung von 0,0143mm bei einem Bartwuchs von 0.27mm innerhalb von 24 Stunden nicht die Werbung mit *„der gründlichsten Rasur"*.[452] Versteht der Adressat die Alleinstellungsangabe in einem umfassenden Sinn, muss der Vorsprung **in jeder bedeutsamen Hinsicht** bestehen.[453] Ein Vorsprung in nur einzelnen Bereichen genügt dann nicht.

---

[442] So OLG Hamburg GRUR-RR 2006, 170, 171 – *Europas größtes People Magazin.*

[443] OLG Hamburg MD 2002, 136, 137 f.

[444] OLG Frankfurt MD 2003, 730, 734 f. – *Weltweit die Nr. 1;* OLG Hamburg K&R 2003, 142, 143 – *Zweitgrößter Onlinedienst der Welt überhaupt.*

[445] OLG Köln GRUR 1999, 360, 361 – *„Meistverkaufter Mini-Van".*

[446] BGH GRUR 1991, 850, 851 – *Spielzeug-Autorennbahn.*

[447] BGH GRUR 92, 404, 406 – *Systemunterschiede.*

[448] OLG Hamburg GRUR-RR 2002, 169 – *Speedway.*

[449] OLG Düsseldorf GRUR-RR 2011, 474.

[450] BGH GRUR 2004, 786, 788 – *Größter Online-Dienst;* GRUR 2003, 800, 802 – *Schachcomputerkatalog;* GRUR 2002, 182, 183 – *Das Beste jeden Morgen;* GRUR 1998, 951, 952 – *Die große deutsche Tages- und Wirtschaftszeitung;* GRUR 1996, 910, 911 – *Der meistverkaufte Europas;* GRUR 1991, 850, 851 – *Spielzeug-Autorennbahn.*

[451] BGH GRUR 1963, 34, 36 – *Werkstatt und Betrieb;* GRUR 1968, 440 – *Luftfahrt-Fachzeitschrift;* GRUR 1981, 910, 911 – *Der größte Biermarkt der Welt;* GRUR 1991, 680, 682 – *Porzellanmanufaktur.*

[452] OLG Hamburg MD 2005, 521, 524 – *Die gründlichste Rasur I;* MD 2005, 526, 527 – *Die gründlichste Rasur II.*

[453] BGH GRUR 1992, 404, 406 – *Systemunterschiede;* GRUR 1981, 910, 911 – *Der größte Biermarkt der Welt;* OLG Köln NJWE-WettbR 1998, 105 – *Vom Erfinder – das beste Stück;* OLG Hamburg NJWE-WettbR 1998, 218, 219 – *Die besten aktuellen deutschen Shareware-Programme.*

Außerdem ist erforderlich, dass **gegenüber jedem anderen Mitbewerber ein Vorsprung** besteht. Ein Wettbewerber kann die Aussage deshalb nicht nur dann beanstanden, wenn sein Unternehmen oder seine Produkte zumindest gleichrangig sind, sondern er kann auch auf andere Unternehmen oder deren Produkte verweisen. Bei einer Werbung mit der Bewertung als **„Testsieger"** ist allerdings kein deutlicher Vorsprung beim Test gegenüber Konkurrenzprodukten erforderlich. Es genügt daher, wenn die Aussage inhaltlich zutreffend ist.[454] Hinzu kommt, dass bei der Wiedergabe von Testergebnissen die **Privilegierung der Testergebniswerbung** greift, der zufolge der Unternehmer die richtig ermittelten Testergebnisse Dritter wiedergeben darf ohne selbst einen entsprechenden Nachweis führen zu müssen (hierzu § 5 C. Rdn. 259).

190 **c) Arten der Alleinstellungswerbung.** Alleinstellungswerbung kommt vor allem durch Verwendung von Superlativen, von bestimmten Artikeln, von Positiven, von Komparativen oder durch Verwendung negativer Komparative vor.

191 *aa) Superlativ.* Werbung mit Aussagen wie ***„das Beste"***,[455] ***„das Größte"***,[456] ***„am meisten"***, ***„meist gelesen"***, ***„meist verkauft"***, ***„schnellster"***,[457] ***„günstigst"***,[458] ***„... wo die Preise am Tiefsten sind"***,[459] ***„das derzeit Einzige"***,[460] ***„die gründlichste Rasur"***,[461] ***„das sicherste Auto"***[462] stellen den typischen Fall einer Alleinstellungswerbung dar. Aber auch Aussagen wie ***„der zweitgrößte"*** stellen eine Alleinstellung gegenüber allen anderen Anbietern außer dem Marktführer dar.[463] Stets kommt es auch hier auf den Einzelfall an. So fehlt es bei der Aussage *„Mutti gibt mir immer nur das Beste"* für Fertigbrei an einem nachprüfbaren Tatsachenkern; die Aussage wurde deshalb nicht verboten.[464] Auch die Angabe *„Das Beste jeden Morgen"* ist bei Verwendung als bloßer Slogan ohne konkreten Bezug auf objektive Produkteigenschaften oder Wettbewerbsprodukte nicht als irreführende Alleinstellungswerbung zu verstehen. Denn was für ihn das Beste ist, kann jeder Verbraucher nur subjektiv für sich entscheiden; mangels Konkretisierung versteht er die Werbung daher nicht als nachprüfbare Behauptung.[465] Wer *„die gründlichste Rasur"* bietet, lässt sich hingegen objektiv nachmessen.[466] Auch der Begriff **„optimal"** wird aufgrund seiner häufigen Verwendung in der Werbung im Regelfall nicht als Superlativ verstanden werden.[467] Wird der **Superlativ ohne bestimmten Artikel** verwendet *(„Beste Auswahl, beste Lage, beste Übersicht")*, kann die – zutreffende – Aussage nicht als Alleinstellungsbehauptung, sondern nur als **Hinweis auf sehr gute Qualität** verstanden werden.[468] Anders stellt sich die Rechtslage hingegen dar, wenn z. B. für Dünger mit den Worten *„Der Beste für den Boden"* unter Angabe konkreter, objektiv nachprüfbarer Produkteigenschaften des eigenen Produkts und eines Wettbewerber-Produkts geworben wird. Auch wenn der Verkehr eine Werbung mit „beste" nicht als Alleinstellungsbehauptung versteht, so wird er doch zumindest eine sehr gute Qualität erwarten. Ist diese nicht gegeben, liegt ebenfalls eine irreführende Werbung vor. Das gilt insbesondere bei Verwendung des Superlativs in Verbindung mit Fragen des Geschmacks, die bekanntlich starker subjektiver Beurteilung unterliegen und daher nur ausnahmsweise als Hinweis auf einen qualitativen Vorsprung, sondern vielmehr als Hinweis auf gute Qualität verstanden wer-

---

[454] OLG München GRUR 1990, 134, 135 – *Der Testsieger.*

[455] OLG Hamburg NJWE-WettbR 1998, 218, 219 – *Die besten aktuellen deutschen Shareware-Programme;* BeckRS 2009, 86281 – *„Hier kommt die beste Alternative".*

[456] BGH GRUR 2004, 786 – *Größter Online-Dienst.*

[457] OLG Karlsruhe GRUR 1994, 134, 135 – *Schnellster Ersatzteildienst;* KG KG Report 1998, 43 – *das schnellste Suchgerät.*

[458] Vgl. OLG Hamburg MD 2002, 511, 512; MD 2004, 73, 76 – *„e-Sixt.günstixt";* KG GRUR-RR 2003, 319 – *Berliner Zeitung.*

[459] OLG Bremen WRP 1999, 214 unter Hinweis auf den Unterschied zu der Aussage „Tiefstpreise", die lediglich auf eine Spitzengruppenstellung hinweist; ähnlich WRP 2004, 505, 506; vgl. dazu auch OLG Köln GRUR 1990, 131 – *Tiefstpreise* und OLG Nürnberg GRUR 1991, 857 – *Wir zahlen Höchstpreise;* OLG Düsseldorf GRUR 1988, 711 – *Höchstpreis für Altgerät.*

[460] OLG Köln Urteil vom 13.7.2001, 6 U 82/01.

[461] OLG Hamburg MD 2005, 521, 524 – *Die gründlichste Rasur I;* MD 2005, 526, 527 – *Die gründlichste Rasur II.*

[462] Schleswig-Holsteinisches OLG MD 2010, 884, 885.

[463] OLG Hamburg K&R 2003, 142, 143 – *Zweitgrößter Onlinedienst der Welt überhaupt.*

[464] BGH GRUR 1965, 363, 365 – *Fertigbrei.* Im Ergebnis ebenso OLG Hamburg PharmaR 2000, 134, 135 – („wirksamster Schutz gegen UVA-Strahlen").

[465] BGH GRUR 2002, 182, 184 – *Das Beste jeden Morgen;* vgl. auch OLG Bamberg, Az. 3 W 48/03.

[466] OLG Hamburg MD 2005, 521, 524 – *Die gründlichste Rasur I;* MD 2005, 526, 527 – *Die gründlichste Rasur II.*

[467] BGH MMR 2005, 449, 450 – *Optimale Interessenvertretung.*

[468] KG GRUR 1999, 1021 – *Beste Auswahl, beste Lage, beste Übersicht.*

den.[469] Die Angabe ***„modernste"*** stellt im Zusammenhang mit Technikprodukten eine Alleinstellungswerbung dar,[470] im Zusammenhang mit Geschmacksfragen bei Modeartikeln hingegen nicht.

192 Die Bezeichnung eines Unternehmens als ***„das Erste"*** kann vom angesprochenen Verkehr nicht nur rein zeitbezogen, sondern auch als Qualitätsbehauptung verstanden werden. Es kommt auf die konkreten Umstände an. Bezeichnet sich ein Unternehmen als *„das Erste"* seiner Branche, behauptet es, das älteste zu sein.[471] Dagegen wird der angesprochene Verkehr die werbliche Aussage eines Anwalts, er sei ***„Erster Fachanwalt"*** in einer bestimmten Stadt, nicht nur rein zeitbezogen, sondern zumindest auch als Qualitätsbehauptung auffassen.[472] Wird die Angabe auf ein Produkt oder bestimmte Produkteigenschaften bezogen, ist die Angabe bei neuen Waren/Eigenschaften im Regelfall so zu verstehen, dass nur das beworbene Produkt diese Eigenschaften hat.[473] Ist dem durchschnittlich verständigen Verbraucher allerdings bekannt, dass es bereits mehrere solche Produkte gibt, wird er die Aussage im Regelfall so verstehen, dass das werbende Unternehmen die entsprechende Ware/Eigenschaft entwickelt und als erstes in dieser Form angeboten oder verwendet hat.[474] Je nach Bezugsobjekt und Adressatenkreis kann die Aussage aber auch nur rein zeitlich und nur auf den Unternehmer bezogen sein, so z.B. wenn ein Seminarveranstalter die erste Veranstaltung einer (künftigen) Veranstaltungsreihe in einer Spezialmaterie als „1. Deutscher Insolvenzrechtstag" bezeichnet und den potentiellen Teilnehmern (einem engen Personenkreis) aufgrund der weiteren Angaben in der Werbung bekannt ist, dass dies nicht die erste Veranstaltung überregionaler Bedeutung im Insolvenzrecht ist, sondern nur die erste von diesem Veranstalter so durchgeführte.[475] Wirbt ein Unternehmen damit, ***„das älteste"*** zu sein, so ist es nur mit denjenigen zu vergleichen, die aktuell noch bestehen.[476] Die Behauptung, das „älteste" Unternehmen zu sein, stellt zunächst eine bloße Altersangabe dar.[477] Darüber hinaus kann damit aber auch eine Spitzenstellung hinsichtlich Tradition und Erfahrung bei der Herstellung der beworbenen Produkte in Anspruch genommen werden. Das gilt insbesondere für hochwertige, langlebige Produkte, wie z.B. Porzellan, bei denen mit der Vorstellung von langer Tradition und Erfahrung auch eine besondere Wertschätzung von Güte und Leistungskraft des herstellenden Unternehmens einhergeht.[478] (Zur Alterswerbung siehe auch Rdn. 249, § 5 C. Rdn. 95, 109).

193 Wer mit der Aussage *„Der **beste Preis** der Stadt"* wirbt, behauptet im Regelfall die Preisführerschaft, d.h. den niedrigsten Preis und nicht nur die Zugehörigkeit zur Gruppe der niedrigsten Preise.[479] Allerdings gilt die Alleinstellungsbehauptung nur für den Zeitpunkt, zu dem die Werbung erscheint[480] und bei Handelsunternehmen in Bezug auf den stationären **Einzelhandel** und nicht auch in Bezug auf **Online-Angebote;** das gilt erst recht, wenn es einen ergänzenden Hinweis gibt *„Alles zum Mitnehmen"*.[481] Wird die Aussage zudem verbunden mit einer ***„Tiefpreisgarantie"*** und dem Hinweis, dass man bei günstigeren Angeboten den Differenzbetrag erstattet, dann wird daraus deutlich, dass es sich nicht um eine Alleinstellungsbehauptung handelt, sondern es noch niedrigere Preise geben kann – die dann allerdings von dem Unternehmer ebenfalls übernommen werden.[482] Entsprechendes gilt für die Aussage *„macht den besten Preis",* die für sich allein genommen irreführend sein kann, wenn es sich nicht um den absolut besten Preis handelt,[483] in Verbindung mit einer erklärten „Preisgarantie" aber nicht irreführend ist. Entsprechendes muss auch für die Werbung mit dem *„günstigsten"* Preis gelten. Bei Zeitungen ist die Werbung mit *„günstigste Abonnementzeitung"*

---

[469] OLG Köln MD 2000, 1124 – *das am besten schmeckt;* GRUR 1983, 135, 136 – *König Pilsener („Qualität in reinster Form").* Vgl. aber auch OLG Hamburg WRP 1977, 811, 813 – *Es gibt kein besseres Bier.* Siehe auch *Helm* in: Gloy/Loschelder/Erdmann, HdbWettbR, § 59 Rdn. 220: „beste Küche, beste Weine" für die Werbung eines Hotels.

[470] OLG Hamburg MD 2002, 384 – *Industrieentfeuchter.*

[471] BGH GRUR 1957, 285, 287 – *Erstes Kulmbacher.*

[472] OLG Bremen GRUR-RR 2007, 209 – *Erster Fachanwalt.*

[473] OLG Stuttgart WRP 1992, 55, 57.

[474] LG Hamburg MD 1997, 794, 796.

[475] OLG Köln MD 2004, 917, 919 – *1. Deutscher Insolvenzrechtstag.*

[476] BGH GRUR 1991, 680, 682 – *Porzellanmanufaktur.*

[477] Zur Werbung mit irreführenden Altersangaben siehe Rdn. 249ff.

[478] BGH GRUR 1991, 680, 682 – *Porzellanmanufaktur.* Etwas anderes gilt z.B. für Brauereien, vgl. BGH GRUR 1957, 285, 287 – *Erstes Kulmbacher.*

[479] OLG Köln MD 2006, 200, 203 – *Der beste Preis der Stadt.*

[480] BGH WRP 2012, 1233 Tz. 6 – *Bester Preis der Stadt.*

[481] LG Würzburg WRP 2004, 1516 – *Der beste Preis der Stadt.*

[482] BGH WRP 2012, 1233 Tz. 6 – *Bester Preis der Stadt;* OLG Bremen WRP 2004, 404, 506 – *die tiefsten Preise;* OLG Hamburg MD 2006, 706, 708 – *Tiefpreisgarantie;* MD 2010, 18, 22 – *„Immer der günstigste Preis. Garantiert.";* im Ansatz auch LG Stuttgart WRP 2009, 1314 (LS).

[483] OLG München, Beschluss vom 13.9.2006, Az. 6 W 2346/06.

daher irreführend, wenn der Preis pro Einzelausgabe höher ist als bei den Wettbewerbern, auch wenn aufgrund der geringeren Anzahl von Einzelausgaben der Preis des Abonnements insgesamt geringer ist als bei der Konkurrenz.[484] Wer seine Preise als ***„unerreicht günstig"*** bezeichnet, behauptet damit ebenfalls, dass er mit seinem preislichen Angebot allein vorne steht.[485] ***„Top Preise"*** sind hingegen weder eine Allein- noch eine Spitzenstellungsbehauptung.[486]

194 Wird der **Plural** verwendet (*„beste Preise"* oder *„günstigste Preise"*) so erwartet der Verkehr, dass der Unternehmer **zumindest im Durchschnitt aller Angebote der Günstigste** ist;[487] ob er hingegen auch erwartet, dass der Anbieter bei jedem einzelnen Angebot der Günstigste sei, hängt vom Einzelfall ab: Je größer das Angebot der beworbenen Waren ist, je mehr Wettbewerber es gibt und je weiter diese verstreut sind, desto weniger geht der Verkehr von einer Alleinstellung bei jedem einzelnen Angebot aus. Auch bei der Aussage *„Die Konkurrenz versucht jetzt krampfhaft unsere Preise zu unterbieten. Geht nicht."* für einen Elektromarkt erwartet der Verkehr nicht, dass bei jedem Artikel der niedrigste Preis im Verhältnis zu den Konkurrenten eingehalten wird.[488]

195 *bb) Komparativ.* Ausdrücke wie ***„mehr"***, ***„more"***, ***„besser"***, ***„billiger"***, ***„schneller"***, ***„höher"***, ***„weiter"***, können ebenfalls schnell als Alleinstellungsbehauptung verstanden werden. Entscheidend ist nicht die sprachliche oder grammatikalische Form einer Aussage, sondern deren **Sinngehalt.** Zwar zielt die Verwendung eines Superlativs stärker als der Komparativ auf die Behauptung einer Alleinstellung ab, je nach dem konkreten Zusammenhang, in dem die Werbeaussage gebraucht wird, kann sich beim beworbenen Publikum aber der **Schluss aufdrängen, es gäbe keine anderen vergleichbaren Anbieter.**[489] Das ist insbesondere der Fall, wenn die Bezugsgröße oder das Bezugsobjekt nicht erwähnt werden. So kann die Werbung mit dem Slogan *„... ist billiger"* dahingehend verstanden werden, der Anbieter sei durchweg billiger als die gesamte Konkurrenz.[490] Die Angabe *„Der bessere Anschluss"* für einen T-ISDN Anschluss wird vom Verkehr als Alleinstellungsbehauptung im Hinblick auf Preis oder Technik verstanden.[491] Nach einer älteren Entscheidung des BGH stellt die Verwendung des Firmenschlagworts *„Mehrwert"* eine unzulässige Alleinstellungsbehauptung dar, wenn das Angebot an Waren sich entgegen der Vorstellung des Verkehrs im Vergleich zu den Produkten der Wettbewerber nicht insgesamt als preisgünstiger erweist.[492] Ebenso soll die Anzeige in einer Tageszeitung mit der Überschrift ***„Wir bieten mehr"*** den Eindruck erwecken, es sei ein Leistungsvergleich mit anderen Tageszeitungen gewollt, die weniger böten als das werbende Blatt.[493] Dabei stellte der BGH jedoch allein auf die Überschrift ab und vernachlässigte Klarstellungen im Text unter Berufung auf die im Verkehr übliche flüchtige Betrachtungsweise. Diese beiden letztgenannten Entscheidungen lassen sich heute unter Berücksichtigung der Entscheidungen *„Sparvorwahl"* und *„Schlafzimmer komplett"*[494] nicht mehr halten. Zwar mag der Verkehr den Text von Werbeanzeigen situationsadäquat weiterhin flüchtig lesen, andererseits kann vom verständigen Verbraucher erwartet werden, dass er bei Fehlen eines konkreten Hinweises im Text nach Aufklärung sucht, worauf sich das Mehr an versprochener Leistung beziehen soll. Der Slogan ***„Get More"*** ist irreführend, wenn sich das Angebot des so werbenden Anbieters in Umfang und Qualität nicht von den Leistungen anderer Wettbewerber unterscheidet, mag er auch mehr Kunden haben.[495] Aus dem Zusatz ***„forte"*** für Arzneimittel lässt sich hingegen keine Alleinstellungs- oder Spitzenstellungsbehauptung ableiten.[496]

196 *cc) Negativer Komparativ.* Bei negativem Komparativ behauptet der Werbende nicht, gegenüber anderen einen Vorsprung zu haben. Er behauptet vielmehr, dass kein Wettbewerber ihm oder seinem Produkt gegenüber einen Vorrang habe. Frei nach *James Bond:* „Nobody does it better." Bei wörtlichem Verständnis geht es somit nicht um eine Alleinstellungsbehauptung, sondern allenfalls um eine

---

[484] KG GRUR-RR 2003, 319 – *Berliner Zeitung.*
[485] OLG Hamburg NJW-RR 2005, 188, 190.
[486] OLG Köln WRP 2015, 988 Tz. 14.
[487] OLG Hamburg MD 2002, 511, 512; MD 2004, 73, 76 – *„e-Sixt.günstixt".*
[488] OLG Hamburg MD 2006, 706, 708 – *Tiefpreisgarantie.*
[489] BGH GRUR 1973, 78, 80 – *Verbraucherverband.*
[490] OLG Zweibrücken GRUR 1998, 737 – *„... ist billiger"*; im Ergebnis ebenso OLG Köln WRP 1999, 222, 223 – *„Einfach billiger telefonieren".* Vgl. auch OLG Hamburg MD 2002, 511, 512 – *„e-Sixt.günstixt".*
[491] OLG Hamburg K&R 2002, 200, 201.
[492] BGH GRUR 1973, 534, 535 – *Mehrwert II.*
[493] BGH GRUR 1968, 433, 437 – *Westfalenblatt II.*
[494] BGH GRUR 2015, 698 – *Schlafzimmer komplett;* einschränkend allerdings BGH GRUR 2016, 207 Tz. 18 – All Net Flat.
[495] OLG Hamburg MD 2003, 1018, 1019; MD 2005, 539, 544 – *„Get More".*
[496] OLG Hamburg GRUR-RR 2008, 100, 101 – *„forte".*

Spitzengruppenbehauptung.[497] Gehört das beworbene Produkt nicht zu dieser Spitzengruppe, ist die Werbung irreführend. Darüber hinaus werden solche Aussagen vom Verkehr häufig aber auch als **Alleinstellungsbehauptung** verstanden.[498] Die Rechtsprechung ist insoweit schwankend: Während der BGH der Werbung mit negativem Komparativ noch relativ großzügig gegenüberstand, haben nachfolgend einige Oberlandesgerichte strengere Maßstäbe angelegt.[499] Ob sich dies noch unter dem Leitbild des durchschnittlich informierten und verständigen, situationsangemessen aufmerksamen Verbrauchers halten lässt, erscheint allerdings fraglich. Auch hier kommt es auf den Einzelfall an. Je stärker die Aussage durch subjektive Elemente geprägt ist, desto eher ist sie zulässig. Umgekehrt können weitere Aussagen das Verständnis als Alleinstellungsbehauptung verstärken.[500]

dd) Bestimmter Artikel. Die Verwendung eines bestimmten Artikels stellt **im Regelfall keine Al- 197
leinstellungsbehauptung** dar.[501] Die Verwendung eines bestimmten Artikels ist heute ein häufig verwendetes Werbemittel; die Rechtsprechung beurteilt es in den letzten Jahren zunehmend weniger kritisch. Es müssen schon besondere Umstände vorliegen, welche die Behauptung einer Spitzenstellung nahelegen. Das kann – muss aber nicht immer – insbesondere der Fall sein, wenn der Akzent durch optische oder sprachliche Hervorhebung erkennbar auf dem Artikel liegt oder der bestimmte Artikel zusammen mit einem Eigenschaftswort von empfehlender Bedeutung verwendet wird, das schon seinem Sinngehalt nach einen Vorrang vor anderen Produkten indiziert.[502] Auch die Kombination des bestimmten Artikels mit dem Wort „groß" und einer Ortsangabe (z. B. *„Der große Schuh-Markt Essen"*) kann leicht zu einem Verständnis im Sinne einer Alleinstellungswerbung führen.[503] Umgekehrt kann umso weniger aus der bloßen Verwendung des bestimmten Artikels mit einem nicht gesteigerten Eigenschaftswort auf eine Alleinstellungsbehauptung geschlossen werden, je größer der Markt ist, auf welchen sich die Werbeaussage bezieht.[504] Der BGH hielt die Aussage *„Die große deutsche Tages- und Wirtschaftszeitung"* daher nicht für irreführend. Ebenso kann es trotz Hervorhebung des Artikels an einer Alleinstellungsbehauptung fehlen, wenn nur subjektive Werturteile beworben werden.[505] Umgekehrt kann das Fehlen eines bestimmten Artikels ebenfalls dazu führen, dass eine Aussage als erkennbare Übertreibung verstanden wird und daher keine Irreführung vorliegt.[506] Daneben bleibt selbstverständlich eine Irreführung aus anderen Gründen möglich. Irreführend ist z. B. die Bezeichnung einer Marke als *„die kommende Weltmarke"*, wenn eine weltweite Bekanntheit in absehbarer Zeit nicht zu erwarten ist, ohne dass es insoweit auf eine Spitzenstellung ankommt.[507]

ee) Positive Umschreibungen. Wer sich als die **„Nr. 1"** in bestimmter Hinsicht oder auf einem 198
bestimmten Gebiet bezeichnet, behauptet damit häufig eine Alleinstellung, sofern die Aussage nicht

---

[497] So auch BGH GRUR 1970, 425, 426 – *Melitta-Kaffee* („Es gibt keinen besseren Kaffee für Ihren Melitta-Filter, weil er Melitta-fein gemahlen ist"); OLG Köln MD 2002, 1039, 1041.

[498] OLG Hamburg WRP 1977, 811, 813 – *Es gibt kein besseres Bier;* OLG Hamm GRUR 1988, 768, 769 (*„Weit und breit ist keiner günstiger"*); *Helm* in: Gloy/Loschelder/Erdmann, HdbWettbR, § 59 Rdn. 217; *Krieger* GRUR 1970, 427.

[499] OLG Hamburg GRUR 1992, 126, 127 (*„Wer bietet mehr?"*); WRP 1981, 400; OLG München WRP 1981, 340, 341; OLG Frankfurt GRUR 1981, 603, 604 (*„keine Bausparkasse ist besser"*); OLG Hamm GRUR 1979, 556, 557; OLG Köln WRP 1996, 1210, 1213 (*„In Sachen Dichtheit kann nichts und niemand dem duktilen Gussrohr etwas vormachen."*).

[500] Vgl. OLG Köln MD 2002, 1039, 1040 f. für die Aussagen „es gibt kein besseres Produkt als H." und „Das hat H zur Nr. 1 gemacht".

[501] BGH GRUR 1998, 951, 952 – *Die große deutsche Tages- und Wirtschaftszeitung;* OLG Düsseldorf WRP 1979, 717 – *Der Alt-Meister;* OLG Hamm GRUR 1991, 689 („Das Möbelerlebnis im Westen"); OLG München WM 1993, 370 („Der Joker"); OLG Stuttgart WRP 1993, 535, 536 („Der Brillenladen"); OLG Hamburg MD 2000, 10, 12 („Die Innovation"); KG GRUR-RR 2001, 60 („Die Stimme Berlins").

[502] BGH GRUR 1998, 951, 953 – *Die große deutsche Tages- und Wirtschaftszeitung;* GRUR 1982, 111, 114 – *Original-Maraschino;* GRUR 1971, 365, 366 – *Wörterbuch;* GRUR 1983, 779, 780 – *Schuhmarkt;* OLG Hamburg MD 2005, 526, 527 – *Die gründlichste Rasur II;* OLG Köln GRUR 1953, 396 – *Das echte Eau de Cologne;* OLG Celle WRP 1988, 306, 307; OLG München NJW-RR 2012, 681, 682 f. – *Die faire Milch;* KG GRUR-RR 2001, 60, 61 – *Die Stimme Berlins;* OLG Köln MD 2006, 1069, 1072 f.; anders noch OLG München GRUR 1990, 690 – *„Das Original"* für einen Rundfunksender (zweifelhaft); OLG Hamm WRP 1990, 841, 843 – *Die Zeitung.*

[503] Vgl. auch KG GRUR-RR 2001, 60: *„Die Zeitung Berlins"* sei eine irreführende Alleinstellungsbehauptung; „die Stimme Berlins" hingegen sei zulässig.

[504] BGH GRUR 1998, 951, 953 – *Die große deutsche Tages- und Wirtschaftszeitung.*

[505] OLG Köln BeckRS 2010, 05256 – *Der Partner für reibungslosen Goldankauf.*

[506] LG Bochum, Urt. v. 22.9.2010, Az. 13 O 94/10 (*„günstigste Top Preise"*).

[507] OLG Hamburg GRUR-RR 2002, 263 – *Die kommende Weltmarke.*

ausnahmsweise als Marke bzw als Herkunftshinweis zu verstehen ist.[508] Dasselbe gilt für Ausdrücke wie ***„führend"***,[509] ***„unerreicht"***,[510] ***„unschlagbar"***,[511] ***„4-fache Meisterleistung"***,[512] ***„nur bei"***,[513] ***„Marktführer"***,[514] ***„Technologieführer"***[515] oder ***„Innovationsführer"***.[516] Auch hier kommt es aber stets auf den Einzelfall an und es ist genau zu prüfen, worauf sich die Stellung beziehen soll.[517] Eine Marktführerschaft kann in qualitativer oder in quantitativer Hinsicht gegeben sein; was gemeint ist, muss auch unter Berücksichtigung der weiteren Angaben in der Werbung ermittelt werden.[518] So begründet z. B. der Hinweis auf Auszeichnungen im Regelfall keine Alleinstellungsbehauptung, solange nicht der Eindruck entsteht, dass andere die Auszeichnung aus sachlichen Gründen nicht erhalten können.[519] Wer behauptet, seine Konkurrenten *„abzuhängen"*, nimmt ebenfalls eine Alleinstellung für sich in Anspruch, und zwar mit deutlichem Abstand. Erfolgt die Aussage im Zusammenhang mit Übertragungsgeschwindigkeiten in der Telekommunikation, ist die Aussage auch dann irreführend, wenn sie zwar im Vergleich zu Wettbewerbern für eine bestimmte Übertragungstechnik (z. B. DSL oder UMTS) zutrifft, es daneben aber noch schnellere Techniken (z. B. V-DSL oder LTE) gibt.[520] Wer damit wirbt *„auf dem Weg zur Nr. 1"* zu sein, muss zwar nicht bereits zum Zeitpunkt der Werbung einen Vorsprung gegenüber seinen Konkurrenten haben, es muss aber aufgrund objektiver Tatsachen eine hinreichend sichere Wahrscheinlichkeit dafür bestehen, dass dieses Ziel in absehbarer Zeit erreicht wird. *„Top Preise"* suggerieren weder eine Alleinstellung noch eine Spitzenstellung.[521]

199 *ff) Geografische Angaben.* Die Verwendung von Bezeichnungen wie **„Deutschland"**, **„deutsch"**, **„euro-"** oder **„europäisch"** begründet allein **im Regelfall keine Alleinstellungsbehauptung,** setzt aber u. U. eine entsprechende Präsenz des werbenden Unternehmens in den entsprechenden Regionen (siehe § 5 Abschn. C. Rdn. 191 ff.) voraus. Keine Alleinstellungsbehauptung liegt in der Regel auch bei der bloßen Kombination eines **Ortsnamens** oder des Namens einer Region mit einer Gattungsbezeichnung vor.[522] Anders, d. h. im Sinne einer Alleinstellung kann es aussehen bei Ergänzung durch Superlative (vgl. Rdn. 191 f.), bestimmte Artikel (vgl. Rdn. 197) oder bei der Behauptung des Werbenden sein Produkt sei das *„einzige"* in dem genannten Gebiet.[523] Letzten Endes kommt es daher auf die Umstände des Einzelfalls an.[524] Aber auch wenn der durchschnittlich informierte und verständige Verbraucher die Aussage nicht im Sinne einer Alleinstellung versteht, so erwartet er zumindest, dass das Unternehmen in entsprechendem Umfang tätig ist und nach Größe und Bedeutung den Anforderungen des jeweiligen Marktes entspricht[525] bzw. dass die beworbene Ware entsprechend qualitativ hochwertig ist.[526] Der kleine Kiosk im Schwarzwald mit lokaler Bedeutung erfüllt z. B. nicht die Anforderungen eines *„Euro-Unternehmens"*. Je übersichtlicher der Bereich, desto näher liegt der Eindruck, das genannte Unternehmen sei in diesem Bereich

---

[508] BGH GRUR 1992, 404, 406 – *Systemunterschiede („C. Die Nr. 1 auf dem Gebiet der Autorennbahnen")*; OLG Köln MD 2002, 1039, 1040 – *Das hat H zur Nr. 1 gemacht;* OLG Hamm WRP 1977, 347 – *G. Die Nr. 1;* OLG Karlsruhe WRP 1984, 635, 636 – *Weltweit Schlepperhersteller Nr. 1;* OLG Düsseldorf WRP 1985, 266, 268; OLG Frankfurt WRP 1992, 328; LG Potsdam MD 2003, 121, 122 – *Europas Nr. 1;* OLG Frankfurt WRP 2007, 697 f. – *Die Nr. 1 zwischen Aachen und Berlin;* LG Dessau-Roßlau, Urt. v. 16.3.2011, Az 3 O 25/10 – *Das kann nur die Nr. 1.* Einschränkend (nur Herkunftshinweis): OLG München, GRUR-Prax 2016, 197 – „Marke No 1".

[509] BGH GRUR 1964, 33, 36 – *Bodenbeläge.*

[510] OLG Frankfurt WRP 1984, 284, 286; OLG Hamburg NJW-RR 2005, 188, 190 – *unerreicht günstige Preise.*

[511] BGH GRUR 1975, 141, 142 – *Unschlagbar.*

[512] OLG Stuttgart NJW-RR 1987, 359.

[513] BGH GRUR 2005, 176 – *Nur bei Lotto.*

[514] BGH GRUR 2012, 1053 Tz. 23 – *Marktführer Sport;* OLG Düsseldorf MD 2012, 182, 183 – *„Der Marktführer".*

[515] OLG Hamburg GRUR-RR 2002, 71.

[516] LG Frankfurt BeckRS 2010, 20 841.

[517] OLG Köln MD 2002, 1192, 1193 – *Nr. 1 im Lakritzmarkt.*

[518] BGH GRUR 2012, 1053 Tz. 23 – *Marktführer Sport.*

[519] Vgl. BGH GRUR 1991, 550, 551 – *Zaunlasur* („... ist ausgezeichnet mit dem Blauen Engel").

[520] OLG Hamburg RTkom 2001, 178, 180.

[521] OLG Köln WRP 2015, 988 Tz. 14 – *Goldankauf zu top Preisen*

[522] OLG Hamm GRUR-RR 2013, 222, 223 – *Tanzschule Essen unter ausdrücklicher Aufgabe von* MMR 2003, 471 – *tauchschule-dortmund.de;* a. A. OLG Stuttgart NJW 2006, 2273, 2274 – *Bodenseekanzlei.*

[523] OLG Hamm WRP 2014, 220Tz. 74, 80 – *Zahngesundheitsprogramm.*

[524] BGH GRUR 1973, 486 – *Bayerische Bank;* OLG Köln MD 2006, 1068, 1072 – *Der Online Branchenführer.*

[525] BGH GRUR 1970, 461, 463 – *Euro-Spirituosen;* GRUR 1978, 251, 252 – *Euro-Sport;* GRUR 1982, 239, 240 – *Allgemeine Deutsche Steuerberatungsgesellschaft;* GRUR 1987, 638, 639 – *Deutsche Heilpraktiker;* OLG Köln MD 2004, 917, 919 – *1. Deutscher Insolvenzrechtstag;* vgl. auch Rdn. 694.

[526] OLG Köln MD 2004, 917, 919 – *1. Deutscher Insolvenzrechtstag.*

führend oder gar als einziges tätig.[527] Je unbestimmter („Nord“, „Süd“, „Ost“ oder „West“) und vager die Angabe („schwäbische“, „norddeutsche“), desto weniger wird sie als Alleinstellungsbehauptung verstanden.

200 *gg) Domainnamen.* Wählt man als Domainnamen einen **generischen, branchenumfassenden Begriff,** kann das beim Internetnutzer evtl. den Eindruck einer Alleinstellung hervorrufen, indem er glaubt, der Anbieter der Website sei der Einzige oder zumindest der größte Anbieter auf dem jeweiligen Gebiet.[528] Diese Vermutung liegt nahe – ist aber nicht zwingend –, wenn der **Singular** eines generischen Begriffs verwendet wird.[529] Für die Beurteilung einer etwaigen Irreführung kommt es nach Auffassung des BGH aber auch auf den **Inhalt der jeweiligen Website** an.[530] **Verboten** ist daher nicht die Verwendung des Domainnamens schlechthin, sondern **nur die Verwendung ohne Hinweis auf Mitbewerber auf der Homepage des Domaininhabers.**[531] Außerdem erwartet der Verkehr unter einer generischen Domain **Informationen über das beschriebene Thema.** Werden diese Informationen nicht gegeben, d. h. besteht **kein unmittelbarer Sachbezug** zwischen dem Inhalt der Homepage und der generischen Bezeichnung im Domainnamen, ist die Verwendung des Domainnamens irreführend.[532] Entsprechendes galt zunächst auch für **Metatags,** d. h. für den Nutzer nicht ohne weiteres sichtbare Einträge im Quelltext einer Website, die geeignet sind, Suchmaschinen auf diese Seiten zu führen. Hier wurde durch den BGH die heftig umstrittene Frage entschieden, dass in der Verwendung eines Metatags eine kennzeichenmäßige Nutzung des entsprechenden Begriffes liegt und damit das Markenrecht anwendbar ist.[533] Insoweit erübrigen sich zumeist Überlegungen zu einer etwaigen Irreführung.[534] Das gilt selbst dann, wenn ein rein beschreibender Ausdruck verwendet wird. Zwar könnte eine solche Verwendung nach § 23 Nr. 2 MarkenG markenrechtlich erlaubt sein als Angabe über Merkmale oder Eigenschaften von Waren oder Dienstleistungen. In diesem Fall wäre aber auch keine Irreführung gegeben. Eine Irreführung würde vorliegen, wenn das Metatag gerade keinen Bezug zum Inhalt der Website hat; dann wäre aber auch § 23 MarkenG nicht einschlägig. Bei Adwords kommt es u. a. darauf an, ob ein beschreibender Begriff verwendet wird und ob Verwechslungsgefahr besteht.[535]

201 Ob der Verkehr auch erwartet, dass die jeweiligen Informationen von einem entsprechenden **Berufsträger** angeboten werden, hängt vom Einzelfall ab.[536] Die Rechtsprechung ist insoweit noch nicht einheitlich: Nach Auffassung des OLG Frankfurt erwartet der Verkehr bei der Domain *„drogerie.de“* nicht, dass die entsprechende Website von einem Drogisten gestaltet oder kontrolliert

---

[527] BGH GRUR 1964, 314 – *Kiesbaggerei;* GRUR 1968, 702 – *Hamburger Volksbank;* 1973, 486 – *Bayerische Bank;* 1975, 380 – *Die Oberhessische;* 1977, 503, 504 – *Datenzentrale Nord;* OLG Karlsruhe GRUR 1990, 52 – *Treuhand Bad Säckingen GmbH Steuerberatungsgesellschaft;* OLG Köln MD 2006, 1069, 107.

[528] Vgl. BGH GRUR 2001, 1061, 1063 – *Mitwohnzentrale;* OLG Nürnberg K&R 2002, 155, 156 – *steuererklärung.de;* OLG Hamm MMR 2001, 237 – *sauna.de;* LG München, Urteil vom 28.9.2000, 4 HK O 13251/00 – *autovermietung.com.*

[529] Vgl. OLG Hamm MMR 2003, 471 – *tauchschule-dortmunde*.de (Spitzenstellungswerbung wegen Verknüpfung von Name und Ortsangabe). A. A. jetzt aber BGH GRUR-RR 2011, 7 Tz. 6; OLG Hamm MMR 2009, 50 f. und OLG München MMR 2003, 404, 405 – *ra.(ortsname).de.* Mit GRUR-RR 2013, 222, 223 – *Tanzschule Essen* hat das OLG Hamm seine Rechtsprechung aufgegeben.

[530] BGH GRUR 2001, 1061, 1063 – *Mitwohnzentrale;* BRAK-Mitt. 2003, 22, 23 – *rechtsanwaelte-notar.de;* ebenso OLG Hamburg K&R 2003, 405, 406 – *Mitwohnzentrale II;* LG Duisburg K&R 2002, 612, 613 – *anwalt-muehlheim.de;* LG Darmstadt MMR 2001, 559 – *kueche.de.* A. A. OLG Celle NJW 2001, 2100 – *anwalt-hannover.de;* sowie LG Berlin CR 2003, 771, 772 – *rechtsbeistand.info.* Vgl. aber auch BGH GRUR 2002, 622, 624 – *shell.de:* Zuordnungsverwirrung auch dann gegeben, wenn der Nutzer beim Betrachten der Homepage bemerkt, dass er nicht auf Homepage des Namensträgers gelandet ist.

[531] Vgl. auch OLG Hamburg GRUR-RR 2007, 93, 94 – *DeutschesHandwerk.de,* wonach der Irreführung bereits mit einem deutlichen Hinweis auf der Startseite entgegengewirkt werden muss.

[532] Vgl. OLG Frankfurt BB 1997, 545 – *wirtschaft-online.*

[533] BGH GRUR 2007, 65, 66 – *Impuls;* 2007, 784, 785 – *Aidol.* Davor für Markenverletzung: OLG Karlsruhe MMR 2004, 256, 257; OLG München MMR 2000, 546, 547; LG Köln GRUR-RR 2001, 41, 42 – *Der Prozessfinanzierer;* dagegen: OLG Düsseldorf GRUR-RR 2003, 48. Differenzierend: OLG Hamburg MMR 2005, 186.

[534] Der EuGH entschied jedenfalls, dass in der Verwendung von Metatags eine Werbung i. S. v. Art. 2 Abs. 1 der Richtlinie 84/450/EWG und Art. 2a der Richtlinie 2006/114 zu sehen ist, EuGH GRUR-Int. 2013, 937 Tz. 57 – *Belgian Electronic Sorting Technology/Bert Peelaers.*

[535] BGH I ZR 30/07, I ZR 139/07; vgl. auch OLG Braunschweig WRP 2007, 435; OLG Dresden K&R 2007, 269; OLG Stuttgart WRP 2007, 269; OLG Frankfurt WRP 2008, 830.

[536] Verneint von OLG Frankfurt MMR 2002, 811, 812 – *drogerie.de;* bejaht von OLG Nürnberg K&R 2002, 155, 156 – *steuererklärung.de;* OLG Hamburg K&R 2002, 610, 611 – *rechtsanwalt.com.* Offen gelassen vom LG Berlin MD 2003, 378, 380 – *deutsches-anwaltsverzeichnis.de.*

wird.[537] Unter der Domain *„steuererklärung.de“* erwartet der Verkehr Informationen über Steuererklärungen; nach Ansicht des OLG Nürnberg erwartet er aber auch, dass der Anbieter uneingeschränkt in der Lage ist, Steuererklärungen anzufertigen; die Nutzung der Domain durch einen Lohnsteuerhilfeverein sei daher irreführend.[538] Werden gesetzlich geschützte Berufsbezeichnungen verwendet, wie z. B. Rechtsanwalt (vgl. § 132a StGB), wird der Verkehr im Regelfall davon ausgehen, dass die entsprechende Website maßgeblich von einem Berufsträger oder einer Standesvertretung verantwortet wird. Irreführend ist daher die Verwendung der Domain *„rechtsanwalt.com“* durch eine Aktiengesellschaft, die lediglich rechtliche Informationen bereitstellt, aber keine Anwaltstätigkeit leistet.[539]

202 Werden **generische Bezeichnungen** im ***Plural*** verwendet, ist die Vermutung einer Alleinstellungsbehauptung eher fernliegend.[540] Eine Irreführungsgefahr kann sich in solchen Fällen allerdings daraus ergeben, dass der Verkehr unter dieser Domain ein Verzeichnis von allen oder zumindest den meisten Anbietern auf diesem Gebiet erwartet; das kann insbesondere der Fall sein, wenn eine Berufsbezeichnung mit einer **Ortsangabe** verknüpft wird und der relevante räumliche Bereich nicht zu groß ist. Bejaht wurde die Irreführungsgefahr für die Domainnamen *„rechtsanwaelte-dachau.de“*,[541] und *„rechtsanwaelte-koeln.de“*.[542] Insoweit ist nach der Rechtsprechung des BGH aber auch zu berücksichtigen, ob eine solche Erwartung auf der jeweiligen Homepage sofort korrigiert wird.[543] Verneint wurde die Irreführung für „Kanzlei-Niedersachsen“.[544] Unter dem Domainnamen *„rechtsanwaelte-notar.de“* erwartet der durchschnittlich informierte und verständige Internet-Nutzer hingegen nicht einen Überblick über das gesamte Angebot anwaltlicher und notarieller Dienstleistungen.[545] Auch werde durch die Verwendung der Pluralform nicht über die Bedeutung und Größe der Kanzlei getäuscht, solange in der Kanzlei mindestens zwei Rechtsanwälte tätig sind, von denen einer Anwaltsnotar ist. Zudem sei bei der Beurteilung auch der Inhalt der Homepage zu berücksichtigen.[546] Ebenso wenig wird bei Verwendung des Singulars eine Liste erwartet.[547] Hier ist allenfalls eine Alleinstellungsbehauptung zu prüfen[548] und auch dort kommt es auch auf den Inhalt der Homepage an.

203 **d) Spitzengruppenwerbung.** Bei der Spitzengruppenwerbung behauptet der Werbende keinen deutlichen Vorsprung vor den Konkurrenten, sondern lediglich, dass er **gemeinsam mit andern Mitbewerbern an der Spitze** liegt. Häufiges Ausdrucksmittel ist der **negative Komparativ** (siehe Rdn. 196). Weitere typische Ausdrucksformen sind Wendungen wie *„Eine der Größten“*, *„Eines der Führenden“*,[549] *„gehört zu den wachstumsstärksten Unternehmen der Branche“*,[550] *„einer der Marktführer“*,[551] *„Spitzenmediziner“*,[552] aber auch die Werbung mit *„Schneller kann keiner“*,[553] *„Höchstpreisen“*[554] bzw. *„Tiefstpreisen“*[555] wird nicht als Alleinstellungsbehauptung verstanden, sondern als Behauptung einer Spitzengruppenzugehörigkeit. Das gilt insbesondere zu Zeiten, in denen der Verkehr eine aggressive Werbung gewohnt ist, z. B. kurz vor Schlussverkäufen. Auch von einer *„Tiefstpreisgarantie“* erwartet der Verbraucher nur, dass andere Angebote nicht günstiger sind, nicht aber, dass weitere Anbieter mit deutlichem Abstand unterboten werden. Auch die Werbung mit einem *„Testergebnis gut“* wird vom Verkehr so verstanden, dass das entsprechende Produkt hin-

---

[537] OLG Frankfurt MMR 2002, 811, 812 – *drogerie.de.*

[538] Bejaht vom OLG Nürnberg K&R 2002, 155, 156 – *steuererklärung.de.*

[539] OLG Hamburg K&R 2002, 610, 611 – *rechtsanwalt.com.*

[540] BGH GRUR-RR 20111, 7 –*steuerberater-suedniedersachsen.de.*

[541] OLG München NJW 2002, 2113 – *rechtsanwaelte-dachau.de.*

[542] LG Köln, Urteil vom 7.9.1998, 31 O 723/98 – *rechtsanwaelte-koeln.de.*

[543] BGH GRUR-RR 2011, 7 – *steuerberater-suedniedersachsen.de.*

[544] OLG Celle GRUR-RR 2012, 362.

[545] BGH BRAK-Mitt. 2003, 22, 23 – *rechtsanwaelte-notar.de.*

[546] BGH BRAK-Mitt. 2003, 22, 23 – *rechtsanwaelte-notar.de.*

[547] OLG München Urteil vom 10.5.2001, 29 U 1594/01 – *rechtsanwalt-kempten.de;* vgl. auch OLG Hamm MMR 2001, 237 – *sauna.de* – und OLG München Mitt. d. dt. Patentanwälte 2003, 188, 191 – *autovermietung.com.* A. A. OLG Celle NJW 2001, 2100 – *„www.anwalt-hannover.de“;* LG Berlin MD 2003, 378, 380 – *deutsches-anwaltsverzeichnis.de.*

[548] Vgl. LG Köln, Beschluss v. 23.9.1998, 31 O 723/98 – *anwalt-arbeitsrecht.de.*

[549] OLG Zweibrücken NJW-RR 2002, 1066, 1067.

[550] OLG Köln MD 2006, 762, 766.

[551] OLG Düsseldorf MDR 2011, 557.

[552] OLG Karlsruhe WRP 2012, 1131, 1133.

[553] OLG Frankfurt a. M. GRUR-RR 2014, 159 – *Schneller kann keiner.*

[554] OLG Nürnberg GRUR 1991, 857, 858 – *Wir zahlen Höchstpreise;* OLG Düsseldorf GRUR 1988, 711 – *Höchstpreis für Altgerät;* OLG Köln WRP 1986, 425; WRP 2015, 988 Tz. 13.

[555] OLG Köln GRUR 1990, 131 – *Tiefstpreise;* a. A. noch OLG Köln WRP 1986, 425.

sichtlich seiner Qualität zur Spitzengruppe der getesteten Erzeugnisse gehört.[556] Wer mit der Aussage wirbt *„Geld zurück, wenn dies nicht die besten Scheiben sind, die Sie je im Einsatz hatten"*, behauptet ebenfalls nur eine Zugehörigkeit zur Spitzengruppe, nicht aber eine Alleinstellung, denn andernfalls würde das Geld-zurück Versprechen keinen Sinn machen.[557] Allerdings wäre die Werbung irreführend, wenn an die Geld-zurück Garantie so hohe Anforderungen gestellt werden, dass kaum ein Verbraucher sie erfüllen kann.

Spitzengruppenwerbung ist **zulässig,** wenn der Werbende einer für den Verkehr erkennbaren 204 Spitzengruppe angehört, die gegenüber den sonstigen Mitbewerbern einen **deutlichen Abstand** aufweist.[558] Auch hier ist eine **gewisse Stetigkeit** erforderlich. Wer damit wirbt, *„heute zu den wachstumsstärksten Unternehmen einer Branche zu gehören"*, muss über längere Zeit eine der höchsten Wachstumsraten aufweisen; hohe Wachstumsraten für nur ein Jahr genügen nicht.[559] Wird mit dem negativen Komparativ geworben, ist zusätzlich erforderlich, dass der Werbende hinsichtlich der für die angesprochenen Verkehrskreise relevanten Tatsachen tatsächlich von keinem Mitbewerber übertroffen wird.

e) Beweislast. Die Darlegungs- und Beweislast für die Irreführung trägt grundsätzlich **derjenige, der die Werbung angreift.**[560] Er muss darlegen, wie der Verkehr die Aussage versteht und 205 muss beweisen, dass dieser Aussageinhalt falsch ist. Dabei darf er jedoch nicht nur auf die eigenen Produkte oder das eigene Unternehmen zurückgreifen. Die Alleinstellungswerbung ist vielmehr auch schon dann irreführend, wenn andere Unternehmen zu dem Unternehmer gleichrangig sind oder zumindest kein deutlicher Vorsprung mit Aussicht auf eine gewisse Stetigkeit besteht. Eine **Umkehr der Darlegungs- und Beweislast** kommt ausnahmsweise in Betracht, wenn der Kläger die Tatsachen, die die Allein- oder Spitzenstellung begründen, entweder überhaupt nicht oder nur mit erheblichen Schwierigkeiten aufklären kann.[561] Das gilt insbesondere, soweit es um **Tatsachen aus dem Verantwortungsbereich des Unternehmers** geht oder um **Behauptungen in einem Ausmaß, das der Kläger nicht überblicken kann** (z. B. weltweite Alleinstellung).[562] Geht es hingegen um Umstände, die der Kläger genauso gut beurteilen und belegen kann, so kommt eine Umkehr der Darlegungs- und Beweislast nicht in Betracht.[563] So liegt der Fall etwa bei einer preisbezogenen Alleinstellungs- oder Spitzenstellungswerbung, bei der es dem Kläger in der Regel zuzumuten sein wird, **Testkäufe oder -anfragen** vorzunehmen.[564] Wird mit der Alleinstellungsbehauptung nur das Ergebnis eines von einem Dritten neutral und zutreffend durchgeführten Tests wiedergegeben, so gelten die **Privilegierung der Testergebniswerbung;** der Werbende muss keinen Qualitätsnachweis führen (vgl. § 5 Abschn. C. Rdn. 259).[565]

2. Unternehmensziele

Schrifttum: *Armbrüster,* Der Dritte Sektor als Teilnehmer am Markt: Zur Privilegierung gemeinnützigen Handelns im Privatrecht, Non Profit Law Yearbook 2002, 87; *Krause,* gGmbH als unzulässiger Rechtsformzusatz?, NJW 2007, 2156; *Olenhusen,* Das „Institut" im Wettbewerbs-, Firmen-, Standes-, Namens- und Markenrecht, WRP 1996, 1079; *Otto,* Die strafrechtliche Bekämpfung unseriöser Geschäftstätigkeit, 1990.

Auch durch unwahre oder täuschende Angaben über die **Unternehmensziele** kann über die 206 Stellung des Unternehmers im Wirtschaftsverkehr irregeführt werden. Die Relevanz derartiger Angaben liegt auf der Hand, wenn sich der Verkehr von ihnen Vorteile im Hinblick auf das Preis-Leistungs-Verhältnis oder die Qualität der Leistungen verspricht. Der Gebrauch des Begriffs **„gemeinnützig"** in der Firma eines auf Gewinnerzielung ausgerichteten Unternehmens kann daher

---

556 BGH GRUR 1982, 437 – *Test Gut.*

557 OLG Hamburg MD 2005, 790, 792.

558 BGH GRUR 1969 415, 416 – *Kaffeerösterei.*

559 OLG Köln MD 2006, 762, 766.

560 BGH GRUR 2015, 186 Tz. 10 – *Wir zahlen Höchstpreise;* GRUR 1985, 140, 142 – *Größtes Teppichhaus;* GRUR 1963, 270, 271 – *Bärenfang;* OLG Düsseldorf WRP 1985, 266, 268; vgl. auch OLG Hamburg GRUR-RR 2002, 362, 363.

561 BGH GRUR 2015, 186 Tz. 10 – *Wir zahlen Höchstpreise.*

562 BGH GRUR 1985, 140, 142 – *Größtes Teppichhaus;* GRUR 2003, 800, 802 – *Schachcomputerkatalog;* Piper/Ohly/*Sosnitza,* UWG, § 5 Rdn. 637. Abgelehnt von OLG Köln GRUR 1990, 131 – *Tiefstpreise.*

563 BGH GRUR 2015, 186 Tz. 6– *Wir zahlen Höchstpreise;* WRP 2010, 636, 640 – *Hier spiegelt sich Erfahrung.*

564 BGH GRUR 2015, 186 Tz. 11 – *Wir zahlen Höchstpreise.*

565 BGH GRUR 2003, 800, 802 – *Schachcomputerkatalog.*

relevant täuschend sein,[566] ebenso eine die besondere Ausrichtung des Unternehmens auf **Verbraucherinteressen** vorspiegelnde Firma.[567]

207 **Akademie.** Die Firma „Akademie für praktische Betriebswirtschaft Gesellschaft mit beschränkter Haftung" wurde als irreführend angesehen, weil der Durchschnittsumworbene den Begriff „Akademie" mit einer Fortbildungsstätte verbinde, bei der die berufliche oder künstlerische Förderung der Besucher oder Mitglieder Selbstzweck und nicht Mittel der Gewinnerzielung sei.[568]

208 **Gemeinnützig.** Relevant irreführend kann es sein, dem Verkehr die Gemeinnützigkeit des Unternehmens vorzuspiegeln. Ob sie vorliegt, richtet sich nach den Vorschriften der AO. Die erforderlichen Voraussetzungen muss das Unternehmen selbst erfüllen; eine unterstützende Tätigkeit zu Gunsten der Gesellschafter reicht nicht.[569] Die Firma **„Gemeinnützige Wohnungsgesellschaft H."** kann dem Durchschnittsumworbenen eine Anerkennung als gemeinnütziges Unternehmen i.S.v. § 52 AO vorspiegeln.[570] Zugleich besteht die Gefahr der Irreführung über die Höhe des Entgelts für die gelieferten Waren bzw. erbrachten Dienste.[571] Selbst wenn ein Unternehmen steuerrechtlich als „gemeinnützig" anerkannt ist, berechtigt es dies nicht, den Begriff „gemeinnützig" in der Werbung in irreführender Art und Weise zu verwenden.[572] Verbindet der durchschnittlich informierte, aufmerksame und verständige Verbraucher mit dem Begriff die Vorstellung, dass alle Preise des Unternehmens nur kostendeckend seien, während die Preise tatsächlich auf einer Mischkalkulation beruhen, so dass für einige Produkte auch Preise mit Aufschlag verlangt werden, kann darin eine relevante Irreführung liegen.[573]

209 **Selbsthilfeeinrichtung.** Mit der Bezeichnung **„Selbsthilfeeinrichtung der Beamten"** verbindet auch der durchschnittlich informierte, aufmerksame und verständige Verbraucher noch die Vorstellung einer lediglich kostendeckenden Tätigkeit, so dass er getäuscht wird, wenn tatsächlich Gewinne erwirtschaftet werden sollen.[574]

210 **Verbraucherinteressen.** Wer seine besondere Ausrichtung auf Verbraucherinteressen herausstellt, kann dadurch den Eindruck erwecken, es handele sich bei ihm um eine einer Verbraucherschutzorganisation ähnliche Einrichtung.[575] Die Bezeichnung **„Betreuungsverbund Verbraucherorientierter Finanzpartner"** für einen privatwirtschaftlichen Vermittler von Finanzdienstleistungen ist irreführend.[576]

3. Unternehmensgröße und -bedeutung

Schrifttum: *Ahlert/Siebenbrock,* Der Großhandelsbegriff im Spannungsfeld marketing-wissenschaftlicher Betrachtungen, BB 1987, Beilage 15 zu Heft 23; *Altendorfer/Heppekausen,* Der Zentrumsbegriff – die Maßstäbe der Rechtsprechung außerhalb der Krankenhausfinanzierung, PKR 2011, 7; *Gröner/Köhler,* Der SB-Großhandel zwischen Rechtszwang und Wettbewerb, 1986; *Herb,* Spezialisierungshinweise und irreführende Werbung nicht markenbezogener Reparaturwerkstätten, WRP 1991, 699; *Hereth,* Großhandel und Wettbewerbsrecht, WRP 1989, 352; *Lindemann/Bauer,* Fabrikverkauf, Lagerverkauf, Hersteller-Direkt-Verkauf und Factory Outlet – Werbung am Rande der Legalität, WRP 2004, 45; *Müller,* Zur Führung des Firmenzusatzes „Deutsch", GRUR 1971, 141; *Okonek,* Faktory Outlet Center: Eine neue Chance durch E-Commerce?, K&R 2001, 91; *Schmitz-Temming,* Wettbewerbsrecht contra Factory Outlet Center – Fangschuss oder untauglicher Versuch?, WRP 1998, 580; *Schricker,* Funktionstreue des Großhandels – ein Rechtswert?, GRUR 1990, 567; *Schricker/Lehmann,* Der Selbstbedienungsgroßhandel, 2. Auflage, 1987; *Schulze zur Wiesche,* Zur Bedeutung des Wortes „Center" in der Firmenbezeichnung, GRUR 1986, 904; *Weyhenmeyer,* Der wettbewerbsrechtliche Großhandelsbegriff, WRP 1988, 141.

211 **a) Allgemein.** Unwahre oder täuschende Angaben über die Unternehmensgröße oder -bedeutung können eine relevante Irreführung über den Status des Unternehmens begründen. Der Verkehr verspricht sich von der Größe oder Bedeutung des Unternehmens u.U. bestimmte Vorteile: **wirtschaftliche Leistungsfähigkeit, Bonität,** ein **Netz von Zweigstellen, Kulanz** bei der Regulierung von Gewährleistungsansprüchen, **dauerhafter Bezug von Zubehör und Ersatz-**

[566] BGH GRUR 2003, 448 – *Gemeinnützige Wohnungsgesellschaft.*
[567] Vgl. BGH GRUR 1997, 927, 928f. – *Selbsthilfeeinrichtung.*
[568] Vgl. OLG Bremen NJW 1972, 164f.; s. auch OLG Düsseldorf GRUR-RR 2003, 49.
[569] Vgl. näher zur Abgrenzung BFH Urt. v. 7.3.2007, Az. I R 90/04.
[570] BGH GRUR 2003, 448 – *Gemeinnützige Wohnungsgesellschaft.*
[571] BGH GRUR 2003, 448 – *Gemeinnützige Wohnungsgesellschaft.*
[572] BGH GRUR 1981, 670, 671 – *Gemeinnützig.*
[573] Vgl. den Sachverhalt bei BGH GRUR 1981, 670, 671 – *Gemeinnützig,* für den allerdings eine Irreführung im konkreten Fall verneint wurde.
[574] Vgl. BGH GRUR 1997, 927, 928f. – *Selbsthilfeeinrichtung.*
[575] Köhler/*Bornkamm,* 34. Aufl. 2016, § 5 Rdn. 5.97a.
[576] LG Leipzig WRP 2006, 1268.

teilen u. Ä. Bei Unternehmen, die ihre Tätigkeit erst aufnehmen bzw. ausweiten wollen, kann naturgemäß nicht erwartet werden, dass sie bereits über die dem geplanten Tätigkeitsbereich entsprechende Bedeutung auf dem Markt verfügen. Es muss aber zumindest der Unternehmenszuschnitt (Kapitalausstattung, Umsatz, Warenangebot, Lieferantengeschäftsbeziehungen, Abnehmer, usw.) erkennen lassen, dass das Unternehmen in einen den Verkehrserwartungen entspr. Rahmen in Kürze hineinwächst.[577] Sind diese Voraussetzungen nicht erfüllt, so schließt die bloße **Erwartung,** dass das werbende Unternehmen die fragliche Größe später erreichen wird, eine Irreführungsgefahr im Zeitpunkt der geschäftlichen Handlung nicht aus.

Weist ein Unternehmen die für die Verwendung einer bestimmten Bezeichnung in der Firma erforderliche Größe und Bedeutung auf, darf es den Begriff in aller Regel auch für seine **Zweigstellen** verwenden.[578] **212**

b) Einzelne Fallgestaltungen. „Anstalt". Der Begriff deutet auf einen größeren Betrieb hin. Aus Zusätzen und dem Zusammenhang der Werbung kann sich aber Gegenteiliges ergeben. „Justizvollzugsanstalt" beispielsweise sagt nichts über die Größe aus. **213**

& Associates. Der Zusatz deutet jedenfalls bei Rechtsanwälten auf mehrere Berufsträger hin.[579] **214**

Auflage. Ihre Höhe spielt für die Marktbedeutung von Zeitungs- und Zeitschriftenverlagen eine Rolle, die wiederum ein entscheidendes Kriterium bei der Inserentenwerbung ist. Die Auflagenhöhe lässt Rückschlüsse auf die Größe und Kompetenz der Redaktion, die Arbeitsweise, die Aktualität und Schnelligkeit der Berichterstattung, die Wertschätzung und die Kapitalausstattung zu.[580] Der Begriff der Auflage ist kein einheitlicher. Von der „verkauften Auflage" unterscheidet sich die „verbreitete Auflage" dadurch, dass neben Verkäufen über Einzelhandel und Abonnement auch die kostenlos abgegebenen Exemplare darin enthalten sind. Wenn die Angaben nicht näher konkretisiert werden, wird sie der Anzeigenkunde im Zweifel im Sinne von „verkaufte Auflage" verstehen.[581] Kenntlich gemacht werden muss, wenn die Auflagenhöhe starken Schwankungen unterliegt und die genannte Zahl nur an bestimmten Tagen erreicht wird,[582] oder wenn das Anzeigenvolumen unbestellte oder unbezahlte Füllanzeigen enthält.[583] **215**

Baubetreuung. Die Werbung eines Baubetreuers mit „Alles in einer Hand" erweckt nicht den Eindruck, dass einer der Mitarbeiter des Unternehmens ein Architekt oder Ingenieur ist. Es reicht aus, dass eine Billigung durch einen externen Architekten vorliegt.[584] **216**

Beauftragte. Der Verweis auf die Existenz von „Beauftragten" bzw. auf eine bes. ausgefeilte Organisation innerhalb des Unternehmens kann Vorstellungen besonderer Unternehmensgröße erwecken. Wer damit wirbt, dass sein Unternehmen über **„Controller", „Datenschutzbeauftragte", „Sicherheitskräfte", „Berater", „Assistenten"** pp. verfügt, während tatsächlich alle Aufgaben vom einzigen Angestellten des Unternehmens erfüllt werden, erweckt den falschen Eindruck eines großen Betriebs. Der Unternehmer kann sich zur Rechtfertigung dieser Werbung auch nicht darauf berufen, zur Benennung eines Datenschutzbeauftragten usw. gesetzlich verpflichtet zu sein, da es nicht um die Rechtmäßigkeit der Benennung des Beauftragten, sondern um die der werbenden Hervorhebung derselben geht. **217**

Beziehungen. Unwahre oder täuschende Angaben über Geschäftsbeziehungen zu anderen können einen falschen Eindruck über die Größe oder Bedeutung des Unternehmens erwecken. Sie werden zudem gesondert unter **§ 5 Abschn. E Rdn. 312 ff.** behandelt. **218**

„Börse". Der Begriff ist nicht mehr ausschließlich dem Wertpapiermarkt vorbehalten, sondern wird unter Verwendung von Zusätzen auch für die Veräußerung anderer Waren verwandt[585] **(„Briefmarkenbörse", „Praktikums-Börse", „Arbeitsplatz-Börse", „Notarzt-Börse", „Schmuck-Börse").** Seiner ursprünglichen Bedeutung nach bezeichnet der Begriff einen Marktplatz, auf dem sich mehrere Verkäufer mit einem entsprechend weitgespannten, i. d. R. allerdings auf ein bestimmtes Marktsegment beschränkten Angebot treffen.[586] Je nach Gebrauch kann der **219**

---

[577] Vgl. BGH GRUR 1979, 716, 718 – *Kontinent-Möbel.*

[578] Vgl. OLG Stuttgart WRP 1976, 794; Köhler/*Bornkamm,* 34. Aufl. 2016, § 5 Rdn. 5.48.

[579] BGH Urt. v. 3.11.2008, Az. AnwSt (R) 10/08, AnwBl 2009, 451; OLG Karlsruhe GRUR-RR 2012, 287; vgl. auch BGH NJW 2005, 1170 – *Associates.*

[580] BGH GRUR 1968, 433, 436 – *Westfalenblatt II;* Ohly/Sosnitza, 6. Aufl. 2014, § 5 Rdn. 600.

[581] OLG Hamm WRP 1991, 328, 329.

[582] Köhler/*Bornkamm,* 34. Aufl. 2016, § 5 Rdn. 4.138; Ohly/Sosnitza, 6. Aufl. 2014, § 5 Rdn. 601.

[583] Vgl. BGH GRUR 1997, 380, 381 – *Füllanzeigen;* OLG Hamm GRUR 1980, 312; OLG Frankfurt GRUR 1988, 847, 848; NJW-RR 2001, 550.

[584] OLG Frankfurt GRUR 1991, 779.

[585] OLG Köln Magazindienst 2000, 467.

[586] Vgl. noch unter der Geltung des alten Verbraucherleitbildes OLG Hamm BB 1968, 311.

Begriff aber auch für ein **einziges Unternehmen** stehen, dessen Warenumschlag einen börsengleichen Umfang erreicht und das eine börsenähnliche Absatzstruktur hat,[587] z. B. **„job-Börse"** für eine Arbeitsplatzvermittlung;[588] **„Schnäppchen-Börse"** für eine umgekehrte Versteigerung,[589] **„Mitfahrbörse"** für eine Vermittlung von Mitfahrgelegenheiten. In bestimmten Zusammenhängen wird der Begriff vom Verkehr noch auf seine ursprüngliche Bedeutung zurückgeführt; so wurde die Werbung eines privaten „B. ...-Münzkontors" in einem **„Börsen-Blatt"**, in dem Formulierungen wie „offizielle Ausgabe ...", (befristete) „Gültigkeit", „offizielles Forum für Sammler", „Börsen-Regeln" und „Orderscheine" sowie ein stilisiertes Wappen verwandt wurden, untersagt.[590]

220 **„Center".** Unter einem „Center" hat man ursprünglich ebenso wie unter einer „Zentrale" einen kapitalkräftigen Großbetrieb verstanden, der innerhalb eines Bezirks die Handelsbeziehungen einer bestimmten Branche zusammenfasst und über den Durchschnitt von Unternehmen dieses Umfangs herausragt.[591] Der Begriff hat aber eine Wandlung erfahren und wird heute in verschiedenen Zusammensetzungen verwandt, wie etwa **„Garten-Center", „Möbel-Center", „Teppich-Center",**[592] **„Fitness-Center", „Service-Center"** oder **„Buch-Center".**[593] Je nach Gebrauch erweckt er u. U. noch die Vorstellung eines kapital- oder marktstarken Unternehmens, das seine Mitbewerber oder zumindest normale Fachgeschäfte überragt, oder wird nur i. S. eines Unternehmens verstanden, das ein größeres Angebot führt.[594] Zur Bedeutung von „Zentrum" s. unter diesem Stichwort **(§ 5 Abschn. E Rdn. 247).**

221 **„Euro-"/„Europäisch"** deutet darauf hin, dass das Unternehmen nach Angebot, Größe, Bedeutung und Marktstellung auf den europäischen Markt zugeschnitten ist, also insbesondere auch über das Kapital, die Ausstattung und die Beziehungen verfügt, die erforderlich sind, um auf dem europäischen (und nicht bloß dem inländischen) Markt tätig zu werden.[595] Welche Anforderungen zu stellen sind, hängt i. E. von den Gegebenheiten des betreffenden Marktes ab. In überschaubaren Märkten können auch kleinere Unternehmen, die Waren auf dem Versandweg absetzen, über einen europäischen Zuschnitt verfügen.[596] Je nach dem Sinn, den der Verkehr der Aussage entnimmt, ist nicht einmal erforderlich, dass das Unternehmen in ganz Europa oder auch nur einem wesentlichen Teil der Staaten Europas tätig wird. Während die Abbildung der **Europaflagge** in der Werbung für Kaffeefilter einen Absatz in wesentlichen Teilen der Staaten Europas suggeriert,[597] soll die Werbung mit **„Europas größter Onlinedienst"** nach *Bornkamm* keine Omnipräsenz nahe legen.[598] Bei Unternehmen, die eine Tätigkeit auf dem europäischen Markt erst aufnehmen wollen, kann naturgemäß nicht erwartet werden, dass sie bereits über eine gewisse Bedeutung oder Marktstellung auf dem europäischen Markt verfügen. Es muss aber zumindest der Unternehmenszuschnitt nach Kapitalausstattung, Umsatz, Warenangebot, Lieferantengeschäftsbeziehungen und Abnehmer erkennen lassen, dass das Unternehmen in einen den Verkehrserwartungen entspr. Rahmen in Kürze **hineinwächst.**[599]

222 Zur Allein- und Spitzenstellungswerbung s. ausführlich § 5 Abschn. E Rdn. 171 ff.

223 **„Fabrik"** kann je nach den Umständen des Einzelfalls eine unterschiedliche Bedeutung haben,[600] spricht aber im Allgemeinen neben einer bestimmten Fertigungsart für eine nicht nur unerhebliche Unternehmensgröße. Demgegenüber bedeutet **„Fabrikation"** nichts anderes als „Herstellung"; dieser Begriff darf deshalb i. d. R. auch von kleineren Unternehmen als Firmenzusatz oder Geschäftsbezeichnung verwandt werden.[601]

224 **Gebäude.** Die Abbildung einer Fabrikanlage kann irreführend sein, wenn sie den Eindruck erweckt, der Werbende verfüge über ein größeres Werk als tatsächlich der Fall, oder wenn der Ver-

---

587 Vgl. *Haberkorn* WRP 1967, 204.

588 Vgl. OLG Frankfurt NJW-RR 2001, 550; LG Hamburg Magazindienst 2001, 1054.

589 OLG Hamburg GRUR-RR 2001, 113.

590 OLG Köln Magazindienst 2000, 467.

591 BGH GRUR 1986, 903, 904 – *Küchen-Center;* siehe auch LG Berlin BB 1968, 311.

592 BGH GRUR 1986, 903, 904 – *Küchen-Center.*

593 BGH GRUR 1986, 903, 904 – *Küchen-Center.*

594 S. BGH GRUR 1986, 903, 904 – *Küchen-Center;* OLG Stuttgart WRP 1986, 242; KG GRUR-RR 2002, 79.

595 Vgl. BGH GRUR 1970, 461, 463 – *Euro-Spirituosen;* GRUR 1978, 251, 252 – *Euro-Sport;* GRUR 1994, 120, 121 – *Euro-Consult;* Ohly/*Sosnitza,* 6. Aufl. 2015, § 5 Rdn. 611.

596 BGH GRUR 1997, 669, 670 – *Euromint.*

597 OLG Hamburg NJWE-WettbR 1999, 172.

598 Köhler/*Bornkamm,* 34. Aufl. 2016, § 5 Rdn. 5.109, insoweit gegen OLG Hamburg GRUR-RR 2002, 73, 74. Der BGH hatte bei der Entscheidung über die gegen das Urteil des OLG Hamburg gerichtete Revision nicht mehr entscheidend auf diesem Punkt abgestellt, vgl. BGH GRUR 2004, 786 – *Größter Online-Dienst.*

599 BGH GRUR 1979, 716, 718 – *Kontinent-Möbel;* GK/*Lindacher,* 2. Aufl. 2013, § 5 Rdn. 923.

600 OLG Karlsruhe BB 1962, 387.

601 Köhler/*Bornkamm,* 34. Aufl. 2016, § 5 Rdn. 5.12; GK/*Lindacher,* 2. Aufl. 2013, § 5 Rdn. 923.

kehr sogar fälschlich annimmt, es gebe ein Unternehmenswerk, während der Werbende in Wahrheit gar keine eigene Produktion besitzt.[602]

Geografische Firmenzusätze sind dann zur Irreführung geeignet, wenn sie – ggf. neben einer Täuschung über die geografische Herkunft der Ware[603] – auf eine Größe oder Bedeutung des Unternehmens schließen lassen, die ihm in Wirklichkeit nicht zukommt.[604] Die Bezeichnung **„Kiesbaggerei Rinteln"** ist irreführend, wenn der Verkehr daraus den falschen Schluss zieht, es handele sich um das einzige oder doch bedeutungsvollste Unternehmen der fraglichen Branche.[605] Von den **„Oldenburger Klinkerwerken"** erwartet der Verkehr nicht nur eine Zugehörigkeit zum Oldenburger Land, sondern auch eine gewisse wirtschaftliche Bedeutung.[606] Zu **Länderzusätzen** s. näher unter „Ländername". **Euro-** bzw. **europäisch-** deutet darauf hin, dass das Unternehmen auf den europäischen Markt zugeschnitten ist;[607] s. ausführlich hierzu unter „Euro". Zur Allein- bzw. Spitzenstellungswerbung durch geografische Angaben ausführlich § 5 Abschn. E Rdn. 199. 225

„Großhandel". Bezeichnet sich ein Unternehmen als „Großhandel", erwartet der Verkehr wie bei einem „Supermarkt" zusätzlich zu bestimmten Preisvorteilen eine gewisse Größe des Unternehmens.[608] 226

„Halle" deutet ebenso wie **„Magazin"** und **„Markt"** i. d. R. auf einen Treffpunkt mehrerer Unternehmen oder ein großes Unternehmen mit entsprechend weit gespanntem Angebot hin, v. a. wenn der Begriff im Plural verwandt wird **(„Markthallen", „Spielhallen", „Einkaufshallen X").**[609] Oft erwartet man beim Einkauf von/in einer „Halle" Selbstbedienung, niedrige Preise und ein breites Angebot. 227

„Haus". Die Bezeichnung besagt nach heutigem Begriffsverständnis häufig nichts mehr über die Größe des Unternehmens des Werbenden.[610] Der Begriff hat seit längerem eine Ausweitung erfahren und wird heute auch für kleine Geschäfte verwandt **(„Reformhaus", „Blumenhaus", „Bekleidungshaus").** Je nach Gebrauch kann er auch bedeuten, dass in einem Gebäude mehrere unterschiedliche Unternehmen vertreten sind **(„Ärztehaus", „Gesundheitshaus").**[611] Auch ein kleines **„Reformhaus"** muss deshalb nicht auf diese Bezeichnung verzichten. Ebenso wenig ist ein kleines **„Warenhaus",** das seinem Sortiment nach mit anderen Warenhäusern mithalten kann, zur Wahl einer anderen Bezeichnung verpflichtet. Zu Recht für zulässig erachtet wurde auch der Firmenzusatz **„Süßwaren-Haus"** eines nur durchschnittlich großen, allerdings Massenware vertreibenden Süßwarengeschäfts.[612] Hingegen löst die Werbung mit Angeboten eines **„Autohauses"** nach wie vor die Vorstellung aus, dass hier in größerer Anzahl neue Pkw zur Besichtigung bereitstehen. Die Bezeichnung **„Haus der Anwälte"** deutet zwar auf mehrere Anwaltskanzleien bzw. Anwälte hin, erweckt aber entgegen LG Osnabrück[613] nicht die Vorstellung, dass die in dem so bezeichneten Gebäude ansässigen Rechtsanwaltskanzleien in bestimmter Weise kooperieren. Die Annahme, der Begriff in Verbindung mit einem Warenspektrum (z. B. **„Möbelhaus"**) löse die Vorstellung eines Fachgeschäfts aus,[614] ist in dieser Pauschalität nicht gerechtfertigt. In Verbindung mit Zusätzen, z. B. als **„unser Haus führt nur X-Moden",** steht der Begriff nicht für Größe, sondern für Exklusivität. 228

„International". Der Zusatz deutet darauf hin, dass das Unternehmen **auf den internationalen Markt zugeschnitten** ist, also über das entspr. Kapital, die Größe und Marktstellung, die Beziehungen und die Ausstattung verfügt, um dort tätig zu werden. Welche Anforderungen i. E. zu stellen sind, hängt aber von den Gegebenheiten des Marktes und der Situation der Angabe ab; bei bestimmten Märkten kann schon ein **Versandhandel** ausreichen.[615] Je nach der Situation, in der die 229

---

[602] OLG Kassel GRUR 1937, 1109; OLG Nürnberg WRP 1961, 272, 273 f.; OLG Stuttgart WRP 1982, 547, 548.

[603] Dazu näher § 5 C Rdn. 201 ff.

[604] *Haberkorn* WRP 1966, 245; OLG Frankfurt/M DB 1980, 1641.

[605] BGH GRUR 1964, 314 – *Kiesbaggerei.*

[606] LG Oldenburg BB 1962, 386, 387.

[607] Vgl. BGH GRUR 1970, 461, 463 – *Euro-Spirituosen;* GRUR 1978, 251, 252 – *Euro-Sport;* GRUR 1994, 120, 121 – *Euro-Consult;* Ohly/*Sosnitza,* 6. Aufl. 2014, § 5 Rdn. 611.

[608] *Haberkorn* WRP 1967, 204.

[609] Vgl. *Haberkorn* WRP 1967, 204.

[610] BGH GRUR 2001, 73, 74 – *Stich den Buben;* Köhler/*Bornkamm,* 34. Aufl. 2016, § 5 Rdn. 5.24; Götting/Nordemann/*A. Nordemann,* § 5 Rdn. 3.65. – A. A. noch BGH GRUR 1980, 60 – *10 Häuser erwarten Sie.*

[611] Vgl. BGH GRUR 1988, 458 – *Ärztehaus.* Anders noch BGH WRP 1982, 409, 410 – *Möbel-Haus.*

[612] OLG Celle NJW 1963, 1064.

[613] LG Osnabrück GRUR-RR 2011, 222.

[614] So OLG Köln WRP 1978, 472.

[615] Vgl. zur vergleichbaren Situation bei der Werbung mit „Euro-" BGH GRUR 1997, 669, 670 – *Euromint.*

Angabe gebraucht wird, kann sie im Sinne einer Tätigkeit des Unternehmens an bestimmten **Orten** (z. B. auf bedeutenden Welthandelsplätzen oder in einem wesentlichen Teil der Staaten) oder im Sinne eines **Größenvergleichs** zu anderen international tätigen Unternehmen verstanden werden und muss dann auch nur diesen Anforderungen genügen. Einem Autoglasbetrieb wurde untersagt, in seiner **Internet-Domain** und seiner **Firma** den Bestandteil „International" zu verwenden, wenn die Geschäftstätigkeit des Betriebs ausschließlich auf das Bundesgebiet beschränkt ist.[616] Die Verwendung der Bezeichnung „**Internationale Sozietät** von Rechtsanwälten und Attorneys-at-Law" auf dem Briefkopf einer aus sechs Rechtsanwälten bestehenden inländischen Kanzlei wurde als irreführend angesehen, weil der US-amerikanischen anwaltlichen **„Partnership"**, mit der die Kanzlei zusammenarbeitete, nur einer dieser Rechtsanwälte angehörte.[617] Demgegenüber ist dem internationalen Bezug, der aus der Kurzbezeichnung **„K-Associates"** einer Anwaltskanzlei auf dem Briefkopf folgt, ausreichend dadurch Rechnung getragen, dass einer der Anwälte seinen Sitz in New York hat.[618]

230 **„Kontor".** Der Begriff steht ursprgl. für das Büro bzw. die Niederlassung von Kaufleuten und wird in diesem Sinne heute noch von traditionellen Handelsfirmen verwandt. Der Verkehr verbindet ihn aber i. d. R. nicht mit einer bestimmten Unternehmensgröße.[619]

231 **Ländername.** Die Verwendung eines Ländernamens in der Firma eines Unternehmens **(„Allgemeine Deutsche Steuerberatungsgesellschaft", „American Express")** ist irreführend, wenn das Unternehmen nicht nach Ausstattung und Umsatz auf den betr. Markt zugeschnitten ist.[620] Vorstellungen über die Beispielhaftigkeit oder Wichtigkeit des Unternehmens für die Wirtschaft des betreffenden Landes sind mit dem Zusatz als solchem meist nicht verbunden;[621] anders, wenn er in Verbindung mit „größte/r/s" steht. Der Verkehr nimmt nicht an, dass einem **„Deutsche Heilpraktiker e. V."** alle deutschen Heilpraktiker angehören.[622] Ebenso wenig leitet er aus der Bezeichnung her, dass der Verein die einzige Standesorganisation oder ein Zusammenschluss aller deutschen Heilpraktiker sei.[623] Infolge der zunehmenden internationalen Wirtschaftsverflechtungen insbesondere innerhalb der EG wird der Länderzusatz zwangsläufig häufiger auch zur Kennzeichnung der in dem fraglichen Land tätigen Tochtergesellschaften ausländischer Unternehmen oder im Ausland tätiger Unternehmen mit Sitz im fraglichen Land verwendet.[624] Erkennt der Durchschnittsumworbene, dass es sich bei dem fraglichen Unternehmen um das Tochterunternehmen einer großen, länderübergreifend tätigen Gesellschaft handelt, wird er den Länderzusatz in der Firma nur als Hinweis darauf nehmen, dass es sich um die in eben diesem Lande tätige Tochtergesellschaft bzw. Niederlassung des Großunternehmens handele. Deshalb wird er den **Zusatz „deutsch" in den Firmen** „Deutsche Shell AG", „Deutsche Fiat AG", „Allgemeine Deutsche Philips Industrie GmbH" nicht als Hinweis auf einen nach Ausstattung und Umsatz auf den gesamten deutschen Markt zugeschnittenen Betrieb, sondern im Sinne einer deutschen Tochter bzw. der deutschen Herkunft verstehen. **„Immobilienverband Deutschland"** erweckt nach Auffassung des LG Hamburg den Eindruck, es handele sich um eine Art Dachorganisation aller immobilienrelevanten Marktteilnehmer.[625] Die Verwendung der Bezeichnung und der Domain **„Deutsches-Handwerk.de"** für ein Internetportal, auf dem Handwerksbetrieben die Möglichkeit der Eintragung von Daten gegen Entgelt angeboten wird, kann den unrichtigen Eindruck erwecken, es handele sich um den Internetauftritt einer offiziellen und berufsständischen Organisation des deutschen Handwerks.[626] **„Anstalt des deutschen Beamtenwirtschaftsbundes"** erweckt neben Vorstellungen zur Betriebsgröße den Eindruck, als sei der Bund Inhaber oder beherrsche den Betrieb zumindest.[627] Die Benutzung der Abkürzung **„BDB"** auf dem Praxisschild eines Psychologen, der psychotherapeutische Behandlung anbietet, ist nach einer Entscheidung des OLG Karlsruhe irreführend, weil sie beim Verkehr den Eindruck einer zusätzlichen Qualifikation oder der Mitgliedschaft in einem namhaften Berufsverband erwecke, während der mit „BDB" bezeichnete **„Bund**

---

[616] OLG Dresden WRP 2010, 1285.

[617] BGH GRUR 1996, 917 – *Internationale Sozietät.*

[618] BGH NJW 2005, 1770 – *Associates.*

[619] A. A. noch unter der Geltung des alten Verbraucherleitbilds LG Mainz BB 1968, 311.

[620] Vgl. BGH GRUR 1982, 239, 240 – *Allgemeine Deutsche Steuerberatungsgesellschaft;* GRUR 1987, 638, 639 – *Deutsche Heilpraktiker.*

[621] Vgl. BGH GRUR 1982, 239, 240 – *Allgemeine Deutsche Steuerberatungsgesellschaft;* GRUR 1987, 638, 639 – *Deutsche Heilpraktiker.*

[622] BGH GRUR 1987, 638, 639 – *Deutsche Heilpraktiker.*

[623] BGH GRUR 1987, 638, 640 – *Deutsche Heilpraktiker.*

[624] BGH GRUR 1982, 239, 240 – *Allgemeine Deutsche Steuerberatergesellschaft.*

[625] LG Hamburg Grundeigentum 2006, 649.

[626] OLG Hamburg GRUR-RR 2007, 93 – *Deutsches-Handwerk.de.*

[627] Vgl. RG MuW 33, 122.

Deutscher Berufspsychologen" in Psychologenkreisen gänzlich unbekannt sei.[628] S. ferner auch unter **„Euro"** und **„international"**. Zur Täuschung über eine **Allein- oder Spitzenstellung** s. ausführlich § 5 Abschn. E Rdn. 171 ff.

„Lager". Die Bezeichnung deutet auf das Vorhandensein eines großen Vorrats von Waren hin.[629] Wer so wirbt, ohne dauerhaft einen entsprechenden Warenbestand vorhalten zu können, führt den Verkehr irre. Ein **„Zentrallager"** oder **„Verkaufslager"** soll anders als **„Fabriklager"**, „Fabrikauslieferungslager", **„Auslieferungslager"** und „Spezialauslieferungslager" vom Verbraucher auch im Sinne eines Großhandels verstanden werden.[630] An alle Bezeichnungen kann je nach den Umständen der Werbung die Erwartung einer besonders engen Verbindung des Werbenden zum Hersteller und darauf aufbauend die Vorstellung besonders günstiger Preise geknüpft sein,[631] so z. B. bei der Werbung mit einem **„Lagerverkauf"**. 232

Leseranalysen. Die Werbung mit „Leseranalysen" spielt im Anzeigengeschäft eine Rolle. Unter dem Begriff versteht der Verkehr eine Untersuchung der Leser und nicht nur der Empfänger der Zeitschrift.[632] Alleine durch die Verwendung der Begriffe „Leser" oder „Leserschaft" wird aber nicht notwendig der Eindruck einer Leseranalyse erweckt.[633] Leseranalysen müssen auf verlässlich festgestellten Leserzahlen beruhen und auch sonst aussagekräftig sein.[634] S. auch unter **„Auflage"**. Zur Werbung mit **Konsumentenumfragen, Kundenempfehlungen und Referenzschreiben näher § 5 Abschn. E Rdn. 356 ff. und Abschn. K Rdn. 18.** 233

„Markt". Die Bedeutung des Begriffs variiert je nach Verwendung. Während sich der Verbraucher unter einem **„Wochenmarkt"** eine größere Ansammlung von Verkaufsständen unterschiedlicher Anbieter v. a. aus dem Lebensmittel- und Blumenbereich vorstellt, versteht er unter einem **„Supermarkt"** das Geschäft eines einzelnen Anbieters mit großer Auswahl und Verkaufsfläche, günstigen Angeboten und (ggf. abgesehen von einzelnen Frischetheken) Selbstbedienung. Der Begriff **„Möbelmarkt"** wird meist für größere Verkaufsstätten eines einzigen Anbieters verwandt, die sich durch ein vielfältiges Angebot und günstige Preise auszeichnen. Demgegenüber benutzen nicht nur gewerbliche Händler die Bezeichnung **„Automarkt"** für ihre Verkaufsstätten, sondern man bezeichnet so auch Orte, an denen an bestimmten Tagen private Verkäufer (häufig Firmenangehörige) mit dem Ziel des Verkaufs von Gebrauchtwagen zusammen treffen. Ergibt sich aus den Umständen nichts anderes, handelt es sich bei einem **„Flohmarkt"** um das zeitlich und räumlich beschränkte Angebot gebrauchter Waren vorwiegend durch Private und Kleinhändler. 234

Mitgliederzahl. Falsche oder ungenaue Mitgliederzahlen können eine tatsächlich nicht gegebene Größe oder Bedeutung vortäuschen. Als irreführend wurde die Werbung einer Buchgemeinschaft, die unter 1,8 Millionen Mitglieder hatte, mit „fast 2 Millionen Mitgliedern" angesehen.[635] 235

Mitgliedschaft. Unwahre oder täuschende Angaben über die Mitgliedschaft in einem **Verband** können irreführend sein. Die Werbung eines Lohnsteuerhilfevereins darf nicht den unrichtigen Eindruck erwecken, dass der Verein auch Nichtmitglieder unterstütze und dass die Beratungsbefugnis unumschränkt bestehe und nicht auf bestimmte Einkunftsarten beschränkt sei.[636] Weist ein **Lohnsteuerhilfeverein** in einer Werbeanzeige nur auf sein Bestehen hin, muss er aber nicht zugleich erklären, dass eine Beratung nur im Rahmen einer Mitgliedschaft bei ihm möglich und er auch lediglich in eingeschränktem Umfang zur geschäftsmäßigen Hilfeleistung in Steuersachen befugt ist; die frühere Entscheidung des BGH „Lohnsteuerhilfeverein IV" ist überholt.[637] 236

S. näher auch unter „Verband, **§ 5 Abschn. E Rdn. 244).**

---

628 OLG Karlsruhe Magazindienst 2000, 448.

629 Vgl. *Haberkorn* WRP 1967, 204; OLG Köln GRUR 1961, 43, 44; LG Hamburg WRP 1974, 288, 290. Ebenso Götting/Nordemann/*A. Nordemann*, § 5 Rdn. 3.73.

630 BGH GRUR 1974, 225, 226 – *Lager-Hinweiswerbung.* – **Krit.** bzgl. „Verkaufslager" GK/*Lindacher,* 2. Aufl. 2013, § 5 Rdn. 940; Köhler/*Bornkamm,* 34. Aufl. 2016, § 5 Rdn. 5.32.

631 BGH GRUR 1974, 225, 226 – *Lager-Hinweiswerbung.*

632 Köhler/*Bornkamm,* 34. Aufl. 2016, § 5 Rdn. 4.141.

633 Köhler/*Bornkamm,* 34. Aufl. 2016, § 5 Rdn. 4.141

634 LG Düsseldorf WRP 1971, 82; Ohly/*Sosnitza,* 6. Aufl. 2014, § 5 Rdn. 674.

635 BGH GRUR 1961, 282, 287 – *Werbung mit Mitgliederzahlen.*

636 BGH GRUR 2008, 186, 188 f. – *Telefonaktion.*

637 BGH GRUR 2011, 535 – *Lohnsteuerhilfeverein Preußen.* Soweit in der Entscheidung GRUR 1990, 1024 – *Lohnsteuerhilfeverein IV* ein strengerer Maßstab angewandt worden sei, habe dem noch das inzwischen aufgegebene traditionelle Verbraucherleitbild zugrunde gelegen. Zu berücksichtigen sei ferner, dass beim Erlass der Entscheidung „Lohnsteuerhilfeverein IV" noch die Verordnung über die zulässigen Hinweise auf die Befugnis zur Hilfeleistung in Steuersachen vom 25.11.1976 galt, die in ihrem § 3 strenge inhaltliche Vorgabe für Werbeangaben von Lohnsteuerhilfevereinen enthielt; vgl. *Schaffert,* in: MüKo-UWG, § 4 Nr. 11 Rdn. 162 m. w. N.

237 **Plural.** Die Verwendung des Plural für den Betrieb bzw. dessen Verkaufsstätten kann den Eindruck besonderer Größe erwecken **(„Kaufhallen", „Automobilwerke")**. Die in Singular und Plural gleiche Berufsbezeichnung **„Winzer"** kann auf einen Zusammenschluss mehrerer Weinbauern hindeuten (z.B. „Winzergenossenschaft", u.U. auch „Winzerhaus").[638] Verneint wurde eine Irreführungsgefahr betr. der Größe des Unternehmens für die Werbung eines Fahrlehrers mit der Bezeichnung **„Fahrschulen"** für seine Fahrschule mit insgesamt fünf Zweigstellen.[639]

238 **„Schloss".** Verneint wurde eine Irreführung durch die Bezeichnung eines alten Herrenhauses und Fachwerkgehöfts als „Schloss G.", weil sich die Werbung (für Brautpaare, Firmenveranstaltungen und Familienfeste) vornehmlich an Interessenten aus der Umgebung richte, denen sie als feststehender Begriff für das Herrenhaus bekannt sei.[640]

239 **„Speicher"** dient zur Kennzeichnung der Lagerung großer Warenmengen[641] bzw. der Kapazität von Datenträgern. Hingegen geht es bei diesem Begriff nicht um eine bestimmte Vertriebsform, sondern z.B. um die Abgrenzung des Einzelhandels vom Großhandel.[642]

240 **Standort.** Die Werbung eines Unternehmens für Dachbeschichtungen mit einem „Standort" in einem bestimmten Ort kann unzulässig sein, wenn dort tatsächlich eine Lagerhalle vorhanden ist, aber keine Niederlassung mit eigenem Büro und Personal mit der Möglichkeit einer persönlichen Kontaktaufnahme besteht.[643]

241 **„Studio"** wird heutzutage in vielen Zusammenhängen auch für kleine Unternehmen verwandt **(„Fitness-Studio", „Sonnenstudio", „Kosmetik-Studio")**.[644] In bestimmten Zusammenhängen kann der Begriff aber auch auf eine gewisse Größe und Bedeutung hinweisen **(„X-Filmstudios")**.

242 **„Supermarkt".** Bezeichnet sich ein Unternehmen so, erwartet der Verkehr neben Selbstbedienung und niedrigen Preisen auch eine gewisse Größe des Unternehmens.[645]

243 **Umsatz und Vermögen.** Unwahre oder täuschende Angaben über Umsatz und Vermögen werden gesondert unter § 5 E Rdn. 73ff. behandelt.

244 **„Verband".** Verbände sind meist freiwillige Zusammenschlüsse von Personen oder Körperschaften, die über eine feste Organisationsstruktur verfügen. Inwieweit der Verkehr darüber hinaus von Verbänden eine gewisse Größe erwartet oder ihnen eine Spitzen- oder Alleinstellung zuschreibt, kommt auf die Umstände des Einzelfalls an. Unter einem **„Gesamtverband"** versteht man eine Spitzen- oder Dachorganisation mehrerer Verbände; wer sich so bezeichnet, dem wird der Verkehr deshalb auch eine besondere Bedeutung zuschreiben.[646] Von einem **„Bundesverband"** spricht man, wenn die Organisation bundesweit tätig ist und innerhalb der Berufs- bzw. Wirtschaftsgruppe, auf die sie sich bezieht, herausgehobene Größe und Bedeutung hat.[647] Daran fehlt es bei einem „Bundesverband Deutscher Heilpraktiker e.V.", dem nur 7,5% der praktizierenden Heilpraktiker angehören.[648] **„Wirtschaftsverbände"** kommen i.d.R. auf freiwilliger Basis zustande.[649] Stets sind die Umstände des Einzelfalls zu berücksichtigen. So wird von einem **„Verbraucherverband"** oder **„Verband der Einzelhändler"** niemand erwarten, dass ihm sämtliche Verbraucher oder Einzelhändler der Bundesrepublik oder eines bestimmten örtlichen Gebiets angehören. Enthält der Verbandsname den Gegenstand der Tätigkeit, darf dadurch kein falscher Eindruck entstehen. Einem Verband, der im Wesentlichen Makler und nur in untergeordnetem Maße auch Immobilieneigentümer als Mitglieder hat, wurde daher die Werbung mit **„Immobilienverband Deutschland"** untersagt, weil der unzutreffende Eindruck hervorgerufen werde, es handele sich um eine Art Dachorganisation aller immobilienrelevanten Marktteilnehmer.[650] Die Benutzung der Abkürzung **„BDB"** auf dem Praxisschild eines Psychologen, der psychotherapeutische Behandlung anbietet, ist nach einer Entscheidung des OLG Karlsruhe irreführend, weil sie den Eindruck einer zusätzlichen **Qualifikation** oder der Mitgliedschaft in einem namhaften Berufsverband erwecke, während der

---

[638] BGH GRUR 2001, 73, 74 – *Stich den Buben.*
[639] OLG Stuttgart WRP 1982, 666ff.
[640] LG Wuppertal, Urt. v. 19.7.2011, Az. 11 O 51/11.
[641] Vgl. *Haberkorn* WRP 1967, 204.
[642] Vgl. OLG Hamburg WRP 1968, 119.
[643] OLG Celle GRUR-RR 2015, 481.
[644] OLG Hamm WRP 1979, 320.
[645] *Haberkorn* WRP 1967, 204.
[646] BGH GRUR 1973, 371, 373 – *Gesamtverband;* GRUR 1984, 457, 460 – *Deutsche Heilpraktikerschaft.*
[647] BGH GRUR 1984, 457, 460 – *Deutsche Heilpraktikerschaft.*
[648] BGH GRUR 1984, 457, 460 – *Deutsche Heilpraktikerschaft.*
[649] BGH GRUR 1973, 371, 373 – *Gesamtverband.*
[650] LG Hamburg Grundeigentum 2006, 649.

mit „BDB“ bezeichnete **„Bund Deutscher Berufspsychologen“** in Psychologenkreisen gänzlich unbekannt sei.[651] S. ferner auch **§ 5 Abschn. E Rdn. 49.**

„Weingut“. Für die Werbung und den Handel mit Wein bestehen in weitem Umfang unionsrechtliche Sonderregelungen,[652] sodass stets geprüft werden muss, inwieweit diese bei der Auslegung vorgehen (s. **näher § 5 Abschn. A Rdn. 68**). Unter einem „Weingut“ versteht man den landwirtschaftlichen Betrieb eines einzelnen Winzers, während die im Singular und Plural identische Berufsbezeichnung „Winzer“ eher auf einen Zusammenschluss mehrerer Weinbauern hindeutet (z. B. „Winzergenossenschaft“, u. U. auch „Winzerhaus“).[653] Der Begriff „Weingut“ weist v. a. auf die Eigenproduktion hin. So wurde die Bezeichnung **„Weingut“** als irreführend angesehen, wenn mehr als 20% der jährlichen Gesamtproduktion aus fremderzeugten Weintrauben oder aus Erzeugnissen aus solchen hergestellt wurden.[654] Bestimmte Größenvorstellungen verbinden sich mit der Bezeichnung „Weingut“ insoweit, als sich die Produktion von Wein aus eigenem Anbau zwangsläufig nur verwirklichen lässt, wenn der Unternehmer über größere Anbauflächen und einen entsprechenden Betrieb verfügt. 245

„Werk“. Darunter versteht der Verkehr im Allgemeinen einen industriellen Großbetrieb mit eigenen großen Fabrikräumen, größeren Maschinenanlagen und einer größeren Arbeiterzahl;[655] das „Werk“ übertrifft dann an Größe noch die Fabrik.[656] Je nach Gebrauch kann sich ein anderes Verständnis ergeben; so bezeichnet der Begriff **„Sägewerk“** nur die Produktionsweise, so dass auch kleine Sägewerke so genannt werden können. Auch bei anderen Betrieben der **Holz-, Erden- und Steinindustrie** gilt „Werk“ nur als gebräuchliche Bezeichnung der Geschäftstätigkeit.[657] Bei einer Verwendung im **Plural** („Oldenburger Klinkerwerke“) gelten u. U. strengere Anforderungen;[658] meist werden dann mehrere Betriebsstätten erwartet. 246

„Zentrale“. Die Bezeichnung eines Unternehmens als „Zentrale“ deutet auf einen Großbetrieb hin, der innerhalb eines bestimmten Bezirks die Handelsbeziehungen eines bestimmten Geschäftszweigs ganz oder zumindest in erheblichem Umfang in sich derart vereinigt, dass ein geschäftlicher Verkehrsmittelpunkt vorliegt, der in seiner Bedeutung eindeutig über den Durchschnitt der am Ort befindlichen Betriebe gleicher Art hinausragt und in dem vor allen Geschäften gleicher Art die Käuferwünsche bevorzugt befriedigt werden können.[659] „Möbel-**Großeinkaufs-Zentrale**“ für ein Möbelgeschäft wurde als irreführend angesehen, weil die Vorstellung von einer Einkaufsorganisation hervorgerufen werde, die einerseits als Großhändler den Großeinkauf zum Geschäftsgegenstand habe, also für mehrere Wiederverkäufer zentral den Einkauf besorge, und die andererseits in dem von ihr gleichzeitig betriebenen Einzelhandelsgeschäft diese Vorteile auch dem Letztverbraucher in Form besonders günstiger Preise zukommen lasse.[660] Unter **zentralen Fachbibliotheken** versteht man Bibliotheken, die der überregionalen Literatur- und Informationsversorgung im Bereich der Wissenschaft und Forschung dienen und über einen im Wesentlichen vollständigen Bestand von Publikationen im In- und Ausland verfügen, den sie u. a. per Fernleihe zur Verfügung stellen. **Zentrale Bußgeldstellen** sind für die Ahndung von Verkehrsordnungswidrigkeiten für größere Verwaltungseinheiten (meist Landesebene) zuständig. Ein Taxi-Einzelunternehmen darf nicht mit dem Begriff **„Taxi-Zentrale“** werben, da der angesprochene Verkehrskreis darunter einen organisatorischen Zusammenschluss mehrerer selbständiger Taxiunternehmen erwartet, der eine gewisse Größe und Bedeutung aufweist.[661] 246a

„Zentrum“. Der Begriff wird im Grundsatz als Charakterisierung für ein Unternehmen nach Größe und Bedeutung verstanden oder jedenfalls vom Verkehr auf einen entsprechenden Tatsa- 247

---

[651] OLG Karlsruhe Magazindienst 2000, 448.

[652] Insbes. die Verordnung (EG) Nr. **607/2009** der Kommission betr. **Weinbauerzeugnisse** und die Verordnung (EG) Nr. **1308/2013** über eine **gemeinsame Marktorganisation für landwirtschaftliche Erzeugnisse (GMO).** Die **LMIV** findet mit den darin geregelten Ausnahmen grundsätzlich auch auf Weinbauerzeugnisse Anwendung, speziellere Vorschriften der VO (EG) Nr. 1308/2013 für die Kennzeichnung und Aufmachung gehen ihr jedoch vor, s. näher **§ 5 Abschn. A Rdn. 68.**

[653] BGH GRUR 2001, 73, 74 – *Stich den Buben.*

[654] Bayerisches Oberstes Landesgericht WRP 1977, 524.

[655] OLG Hamm BB 1960, 958; BB 1968, 311.

[656] Näher zur Fabrik oben unter „Fabrik“.

[657] LG Mannheim BB 1962, 387.

[658] OLG Oldenburg BB 1962, 386, 387; a. A. RG JW 1937, 2983.

[659] BGH GRUR 1977, 503 – *Datenzentrale;* GRUR 1986, 903, 904 – *Küchen-Center;* LG Oldenburg BB 1960, 958; LG Düsseldorf BB 1968, 312; *Haberkorn* WRP 1966, 306.

[660] LG Münster WRP 1971, 143.

[661] LG Stuttgart, Urt. v. 24.11.2010, Az. 39 O 71/10 KfH; OLG Karlsruhe Urt. v. 9.8.2012, Az. 4 U 35/12, Irreführung allerdings im konkreten Fall verneint.

chenkern zurückgeführt, wobei allerdings auf die jeweiligen Einzelfallumstände abzustellen ist.[662] Der Begriff **„Neurologisch/Vaskuläres Zentrum"** für eine Klinik ohne überdurchschnittliche Ausstattung oder Erfahrung auf dem Gebiet der neurologischen Erkrankungen ist daher irreführend.[663] Hingegen ist der Begriff **„Zentrum für Kleintiermedizin"** für eine große Tierarztpraxis mit zwei Tierärzten angesichts des Umstandes, dass Tierärzte im Allgemeinen alleine praktizieren,[664] nicht irreführend.[665] Erwogen wird ein Bedeutungswandel des Begriffs „Zentrum" im Zusammenhang mit Dienstleistungslokalitäten.[666] Insoweit kommt es stets auf den Gesamtkontext an; so erweckt z.B. die plakative Darstellung des Namens **„Gesundheitszentrum"** im Eingangsbereich eines Gebäudes auch weiterhin die Vorstellung, dass sich dort neben Arztpraxen und Apotheken auch die dazugehörigen Fachgeschäfte befinden; sie ist daher unlauter, wenn dort nur einzelne Praxen untergebracht sind.[667] Mit einem **„Kinderhörzentrum"** verbindet der Verkehr mehr als nur ein von einem Inhaber betriebenes Hörgeräteakustik-Geschäft üblicher Größenordnung, welches lediglich über die an Betreuung von Kindern in diesem Bereich zu erwartende allgemeine, auch von anderen Hörakustikern gebotene fachliche Kompetenz verfügt.[668] Von einem **„Brustzentrum"** erwartet der Verkehr koordinierte und konzentrierte Fachkompetenz in all denjenigen Disziplinen, die bei der Behandlung des Mamakarzinoms involviert sind.[669] **„Bildungszentrum** für EDV-Lehrgänge und Schulungen" wird i.d.R. im Sinne eines über den Durchschnitt gleichartiger Unternehmen hinausragenden Anbieters verstanden.[670] Der für ein Einzelhandelsunternehmen benutzte Begriff des **„Handelszentrums"** begründet nach wie vor die Erwartung, dass in zentraler Zusammenfassung im Wesentlichen alle Waren des täglichen Bedarfs angeboten werden, wie es in ähnlicher Weise bei einem großen Kaufhaus oder einem Verbrauchermarkt üblich ist.[671] Zur Bedeutung von **„Center"** s. dort, § 5 Abschn. E Rdn. 220.

4. Stellung im Herstellungs- bzw. Vertriebsverfahren

Schrifttum: *Bleutge,* Rundstempel-Verbot für selbsternannte Sachverständige, WRP 1979, 777; *Herb,* Spezialisierungshinweise und irreführende Werbung nicht markenbezogener Reparaturwerkstätten, WRP 1991, 699; *Lindemann/Bauer,* Fabrikverkauf, Lagerverkauf, Hersteller-Direkt-Verkauf und Factory Outlet – Werbung am Rande der Legalität –, WRP 2004, 45; *Müller,* Zur Führung des Firmenzusatzes „Deutsch", GRUR 1971, 141; *Nassall,* Anm. zu BGH Urt. v. 20.1.2005, I ZR 96/02 – Direkt ab Werk, jurisPR-BGHZivilR 6/2005 Anm. 2; *v. Olenhusen,* Das „Institut" im Wettbewerbs-, Firmen-, Standes-, Namens- und Markenrecht, WRP 1996, 1079; *Schmitz-Temming,* Wettbewerbsrecht contra Factory Outlet Center – Fangschuss oder untauglicher Versuch?, WRP 1998, 680.

248 Zum Status des Unternehmers gehört auch seine Stellung im Herstellungs- bzw. Vertriebsverfahren. Fehlvorstellungen über den **Vertriebsweg** begründen zwar meist keinen Irrtum über die betriebliche Herkunft des Produkts. In unwahren oder täuschenden Angaben über die Stellung des Unternehmers im Herstellungs- bzw. Vertriebsverfahren kann aber eine **unternehmensbezogene** Irreführung liegen. Bezeichnet sich der Unternehmer z.B. als „Großhändler", liegt darin zugleich die Behauptung, Waren im Großhandel abzusetzen. Die Irreführung über die Stellung des Unternehmers im Herstellungs- bzw. Vertriebsverfahren wird deshalb im Zusammenhang mit der Irreführung über die Art des Vertriebs behandelt; auf die dortige Kommentierung **(§ 5 Abschn. E Rdn. 376ff.)** wird verwiesen.

5. Unternehmensalter und -tradition

Schrifttum: *Paefgen,* Zur Frage der Irreführung über geschäftliche Verhältnisse bei der Traditionswerbung, EWiR 1994, 611; *Sosnitza,* Zur Verwendung des Begriffs Kloster im Zusammenhang mit einem Bier, ZLR

---

[662] BGH GRUR 2012, 942 – *Neurologisch/Vaskuläres Zentrum;* OLG München GRUR-RR 2005, 59; OLG Köln MD 2008, 807; OLG Hamburg, GRUR-RR 2012, 479.

[663] BGH GRUR 2012, 942 – *Neurologisch/Vaskuläres Zentrum.*

[664] So die im Auftrag der Bundestierärztekammer erstellte Statistik „Tierärzteschaft in der Bundesrepublik Deutschland", Std. 31.12.2014, abrufbar auf der Website der Bundestierärztekammer http://www.bundestieraerztekammer.de.

[665] Vgl. BVerfG NVwZ 2005, 683; dazu Köhler/*Bornkamm,* 34. Aufl. 2016, § 5 Rdn. 5.47.

[666] BVerfG NVwZ 2005, 683; anders BGH GRUR 2012, 942 – *Neurologisch/Vaskuläres Zentrum;* OLG München GRUR-RR 2005, 59; OLG Köln MD 2008, 807.

[667] LG Cottbus NJW 1997, 2459f.

[668] OLG Hamburg, GRUR-RR 2012, 479; GK/*Lindacher,* 2. Aufl. 2013, § 5 Rdn. 959.

[669] OLG München GRUR-RR 2005, 59.

[670] OLG Koblenz WRP 1990, 125.

[671] OLG Düsseldorf WRP 1982, 224.

2003, 482; *Teplitzky,* Bezeichnung nach 150 Jahren irreführend? – Klosterbrauerei und Kloster Pilsner, LMK 2003, 130.

a) Hohes Alter. ***aa) Allgemeines.*** Unzutreffende oder täuschende Altersangaben in der Werbung können nach § 5 irreführen. An ein hohes Unternehmensalter bzw. eine lange Unternehmenstradition können sich Vorstellungen von **Güte** und **Zuverlässigkeit,** von erworbenen **Fähigkeiten** und **Erfahrungen,** von wirtschaftlicher **Leistungsfähigkeit** und dauerhafter **Wertschätzung** knüpfen.[672] Altersangaben enthalten daher – je nach Ausmaß – eine versteckte Qualitätsbehauptung.[673] Nach der Rechtsprechung des BGH lassen sich auch verständige Verbraucher von solchen versteckten Qualitätssignalen leiten, selbst wenn sie sich im Klaren sein mögen, dass die konkrete Ware nicht mehr in der ursprünglichen Form hergestellt wird und im Übrigen das ursprüngliche Herstellungsverfahren auch nicht notwendig für eine besondere Güte der Ware sprechen muss.[674] So ist dem Publikum z. B. beim Kauf wertvollen und künstlerischen Haushaltsporzellans das Alter des Herstellungsbetriebs nicht gleichgültig.[675] Es gilt der Gesichtspunkt, dass gerade weil es bei diesen Erzeugnissen stark auf den persönlichen Geschmack ankommt, die Verbraucher, denen es an Erfahrung fehlt, geneigt sein werden, ihren Kaufentschluss am Alter des Herstellungsunternehmens auszurichten, aus dem sie Rückschlüsse auf die Güte der Ware ziehen.[676] 249

bb) Unmittelbare und mittelbare Altersangaben. Mit dem hohen Alter des Unternehmens kann durch unmittelbare (direkte) oder mittelbare (indirekte) Altersangaben geworben werden. Eine unwahre und irreführende Alterswerbung mit **direkten Altersangaben** liegt in der werbenden Herausstellung eines **falschen Gründungsjahrs.**[677] Angaben, die **indirekt** auf das Alter bzw. die Tradition des Unternehmens hinweisen, können z. B. Abbildungen von bedeutenden geschichtlichen Ereignissen oder die Verwendung von Sütterlin in der Schriftsprache sein. Maßgebend ist, ob ein durchschnittlich (angemessen) aufmerksames, verständiges und informiertes Mitglied des angesprochenen Verkehrs die Angabe als Hinweis auf das Alter bzw. die Tradition des Unternehmens versteht. Unter Zugrundelegung dieses europäischen Verbraucherleitbildes kann nicht mehr davon ausgegangen werden, dass sich dem Leser bei Angabe der Lebensdaten des Firmengründers in der Werbung das **Geburtsjahr** stärker als das Todesjahr einprägt und er deshalb davon ausgeht, es sei schon früher als tatsächlich der Fall mit der Produktion begonnen worden.[678] Demgegenüber wird eine **Produktions(wieder)aufnahme** durch ein neues Unternehmen nach Abwicklung und Liquidation des alten u. U. als Anknüpfung an die Tradition des früheren Produzenten verstanden, so wenn der Betrieb auf dem Betriebsgelände eines in Konkurs bzw. Insolvenz geratenen und anschließend liquidierten Unternehmens durch ein anderes Unternehmen wieder aufgenommen wird;[679] s. auch unten **Rdn. 255.** 250

Die werbende Anführung der Tradition versteht der Durchschnittsumworbene im Zweifel als Hinweis auf die **Unternehmenstradition** und nicht bloß auf die Tradition des Unternehmers oder des Handwerks.[680] Wirbt eine Porzellanmanufaktur mit dem Gründungsjahr, versteht der verständige Durchschnittsverbraucher darunter das Jahr der tatsächlichen **Produktionsaufnahme.**[681] Auch die **Namensfortführung** des Gründers oder eines Unternehmens(mit)inhabers nach dessen Ausscheiden bzw. nach Erlöschen des Unternehmensträgers kann auf die Unternehmenstradition hinweisen;[682] sie ist aber nicht irreführend, wenn die Unternehmenskontinuität trotz Inhaberwechsel erhalten geblieben ist (näher sogleich Rdn. 252 ff.). 251

cc) Unternehmenskontinuität. Unmittelbare oder mittelbare Angaben zum Alter bzw. der Tradition des Unternehmens sind irreführend, wenn sie in relevanter Weise unwahr oder zur Täuschung 252

---

[672] Vgl. BGH GRUR 1984, 457, 458 – *Deutsche Heilpraktikerschaft;* GRUR 1992, 66, 69 – *Königl.-Bayerische Weisse;* GRUR 2003, 628, 630 – *Klosterbrauerei;* KG GRUR 1976, 640, 641.

[673] BGH GRUR 2003, 628 – *Klosterbrauerei;* OLG Hamm GRUR-RR 2012, 293, 295.

[674] Vgl. BGH GRUR 2003, 628, 629 f. – *Klosterbrauerei;* OLG München WRP 2014, 327, 329 Rdn. 32.

[675] BGH GRUR 1991, 680, 681 f. – *Porzellanmanufaktur;* KG GRUR 1976, 640, 641.

[676] KG GRUR 1976, 640, 641.

[677] Vgl. BGH NJW 1960, 1856 – *Sektwerbung;* GRUR 1981, 69 – *Alterswerbung für Filialen;* GRUR 1991, 680, 681 f. – *Porzellanmanufaktur.*

[678] So noch BGH GRUR 1962, 310 – *Gründerbildnis.*

[679] OLG Celle OLGR Celle 1999, 142; LG Arnsberg Magazindienst 2011, 756; vgl. auch OLG Oldenburg, Urt. v. 22.4.2010, Az. 1 W 16/10; zweifelnd aber GK/*Lindacher,* 2. Aufl. 2013, § 5 Rdn. 906.

[680] OLG Hamburg GRUR 1984, 290; GK/*Lindacher,* 2. Aufl. 2013, § 5 Rdn. 911.

[681] Thüringer OLG, Magazindienst 2010, 177.

[682] Vgl. BGH GRUR 1958, 367 – *Traditionswerbung bei Ostenteignung;* GRUR 2002, 703, 705 – *Vossius & Partner;* OLG München GRUR-RR 2014, 300; OLG München NJWE-WettbR 1999, 52 ff.; OLG Hamm OLGR Hamm 1992, 318.

des Verkehrs geeignet sind. Entscheidend ist, ob der unrichtige **Eindruck einer Unternehmenstradition** erweckt wird, die es nicht gegeben hat oder die jedenfalls nicht erhalten geblieben ist. Das hängt davon ab, ob das gegenwärtige Unternehmen trotz aller im Laufe der Zeit eingetretenen Änderungen aus Sicht des Verkehrs noch mit dem früheren Unternehmen **wesensgleich** ist.[683] Erforderlich ist also grundsätzlich eine **Geschäftskontinuität,** nicht lediglich eine Namenskontinuität. Es kommt auf die **wirtschaftliche Fortsetzung** des in der Werbung dargestellten Geschäftsbetriebes an.[684]

253 Mängel des **Gründungsaktes** des Unternehmens werden den Verkehr dabei i. d. R. nicht interessieren, denn ihm geht es nur um die Tradition der Produktion. Solange das Unternehmen nicht (mit Wirkung *ex nunc*) gelöscht ist, sind Gründungsmängel für § 5 UWG unbeachtlich.[685] Zu Recht wurde daher einem im Jahre 1933 trotz seiner ausschließlich öffentlich-rechtlichen Natur als privater Verein ins Vereinsregister eingetragenen und nicht gelöschten Verein erlaubt, sich auf dieses Gründungsjahr zu berufen.[686]

254 Die **Einstellung** oder **dauerhafte Unterbrechung** des Geschäftsbetriebs unterbricht i. d. R. auch die Unternehmenskontinuität. Für durch von außen kommende Ereignisse wie Krieg oder Naturkatastrophen **erzwungene Unterbrechungen** soll dies nicht gelten, selbst wenn sie von längerer Dauer sind.[687] Eine nur vorübergehende Einstellung des Betriebs, z. B. wegen Umbauarbeiten, schadet auch in anderen Fällen nicht.

255 Ein **Inhaberwechsel,** eine **Rechtsnachfolge,** die **Umfirmierung** oder eine **Änderung der Rechtsform** unterbrechen für sich genommen die Unternehmenskontinuität i. d. R. nicht.[688] Der Übergang von Betrieben auf Rechtsnachfolger ist heute schon im Hinblick auf die vom UmwG gebotenen Möglichkeiten der Rechtsnachfolge kein ungewöhnliches Ereignis mehr. Ein Inhaberwechsel spielt häufig für das Vertrauen des Verkehrs in das Unternehmen keine bedeutende Rolle.[689] Es entscheidet aber immer die konkrete Situation der geschäftlichen Handlung. Gewahrt bleibt die Unternehmenstradition z. B., wenn eine Patentanwaltskanzlei nach dem Ausscheiden eines namensgebenden Sozius ohne sonstige organisatorische Änderungen von den übrigen Sozien fortgeführt wird.[690] Anders aber dann, wenn die Produktion aus Sicht des Verkehrs in besonderem Maße **durch den Unternehmensinhaber geprägt** wird,[691] z. B. weil es sich bei dem fraglichen Sozius um den einzigen erfahrenen Patentanwalt der Kanzlei handelt, oder wenn der Inhaberwechsel mit Veränderungen einhergeht, die aus Sicht des Verkehrs darauf schließen lassen, dass der neue Betriebsinhaber an der Unternehmenstradition nicht festhalten will. An der Wesensgleichheit der Unternehmen kann es fehlen, wenn wesentliche **Betriebsbereiche geschlossen** oder **neu hinzuerworben** werden, wenn die **Struktur** oder **Organisation** des Unternehmens entscheidend verändert[692] oder wenn der **Geschäftsgegenstand** gegen einen ganz anderen ausgetauscht wird. Die Benutzung seines Namens darf dem **Namensinhaber** aber nicht verwehrt werden. Ein aus einem alten Unternehmen ausgeschiedenes Familienmitglied darf daher bei Neugründung eines branchengleichen Geschäfts auf die Tradition des Familiennamens hinweisen, **wenn** eindeutig zum Ausdruck gebracht wird, dass es sich lediglich um eine Namens- und nicht etwa um eine Geschäftstradition handelt.[693]

256 Ob die **Insolvenz und Liquidation** des Unternehmens die Unternehmenskontinuität unterbricht, wenn der Geschäftsbetrieb oder ein wesentlicher Teil desselben nach Erwerb aus der Masse fortgeführt wird, wird unterschiedlich gesehen. Eine Auffassung sieht für eine an die Tradition des Ursprungsunternehmens anknüpfende Alterswerbung i. d. R. keinen Raum mehr, weil Alterswerbung gerade auf das Vertrauen in die wirtschaftliche Kontinuität, Zuverlässigkeit und Solidität ziele,

---

683 Vgl. OLG Frankfurt, Beschl. v. 7.9.2015, Az. 6 U 69/15, juris-Tz. 12; OLG Hamm GRUR-RR 2012, 293, 295; Köhler/*Bornkamm,* 34. Aufl. 2016, § 5 Rdn. 5.58.

684 OLG Frankfurt, Urt. v. 15.10.2015, Az. 6 U 167/14, Rdn. 45; OLG München, WRP 2014, 327, 329 Rdn. 27.

685 Vgl. BGH GRUR 1984, 457, 458 – *Deutsche Heilpraktikerschaft.*

686 Vgl. BGH GRUR 1984, 457, 458 – *Deutsche Heilpraktikerschaft.*

687 Vgl. GK/*Lindacher,* 2. Aufl. 2013, § 5 Rdn. 906; Köhler/*Bornkamm,* 34. Aufl. 2016, § 5 Rdn. 5.62.

688 Vgl. BGH GRUR 1960, 563, 565 – *Sektwerbung;* GRUR 1981, 69, 70 – *Alterswerbung für Filialen;* GRUR 1991, 680, 681 f.; OLG Dresden GRUR 1998, 171, 172; OLG München LMRR 2013, 129, unter B.3.

689 Vgl. OLG Dresden GRUR 1998, 171, 172; OLG Düsseldorf OLG-Report 2001, 446.

690 Vgl. BGH GRUR 2002, 703, 705 – *Vossius & Partner.*

691 BGH GRUR 2002, 703, 705 – *Vossius & Partner;* OLG München NJWE-WettbR 1999, 52, 54.

692 Vgl. OLG Hamm GRUR 1972, 94, 95; OLG Oldenburg, Urt. v. 22.4.2010, Az.: 1 W 16/10; LG Stuttgart WRP 2001, 189.

693 BGH GRUR 1951, 412 – *Graphia;* OLG München GRUR-RR 2014, 300, 301; OLG Frankfurt, Urt. v. 10.10.2015, Az. 6 U 167/14, 46; Köhler/*Bornkamm,* 34. Aufl. 2016, § 5 Rdn. 5.64.

das indes mit der Insolvenzeröffnung und Liquidation entfallen sei.[694] Nach der Gegenauffassung kommt es auch hier maßgeblich darauf an, ob im Auftreten nach außen eine Geschäftsfortführung angenommen werden kann, namentlich ob der Verlauf des Insolvenzverfahrens den Unternehmenscharakter verändert habe.[695] Zur Hinweispflicht des **Insolvenzverwalters s. § 5a Rdn. 71.**

Werden hinsichtlich bestimmter **Unternehmensteile** Alters- oder Traditionsangaben gemacht, 257
müssen diese Unternehmensteile bzw. Zweigstellen Teil der Unternehmenstradition sein. Irreführend ist daher die Werbung für eine Filialkette mit dem Alter des Stammhauses, wenn die betr. Filialen nicht wie vom Verkehr erwartet aus der Tradition des Stammhauses hervorgegangen sind, sondern erst geraume Zeit später hinzuerworben wurden.[696]

dd) Relevanz. Ein hohes Alter bzw. eine lange Tradition kann für den Verkehr ein Signal für dau- 258
erhafte wirtschaftliche Leistungsfähigkeit und Wertschätzung durch Kunden sein und lässt so u. U. auch Rückschlüsse auf **Qualität** und **Güte** der Produkte, auf vorhandenes **Zubehör** und **Ersatzteile** sowie auf **Kulanz, Fähigkeiten** und **Erfahrungen** des Unternehmensinhabers zu.[697] Während der BGH in der Entscheidung ***„Erstes Kulmbacher"*** aus dem Jahre 1957 noch davon ausgegangen war, dass die Alterswerbung bei **Brauereierzeugnissen** i. d. R. keine entscheidende Rolle für die Vorstellung des Publikums von der Güte der Erzeugnisse spiele, weil es an einem objektiven Maßstab für die Güte eines Bieres fehle,[698] sind nach der ***„Klosterbrauerei"***-Entscheidung des BGH auch Erwägungen des Verkehrs zu berücksichtigen, die sich einer rationalen Überprüfung entziehen.[699]

Entscheidend ist stets, wer die Angaben macht und in welcher Situation dies geschieht. So spielen 259
das Alter bzw. die Tradition des Unternehmens bei Produkten, die als **Statussymbole** herhalten (z. B. Pkw, Whisky, Zigarren), typischerweise eine eher große Rolle. Im **Lebensmittel- oder Gesundheitsbereich** (Medizin, Brot, Getränke) sowie bei **teuren und langlebigen Produkten** (Pkw, Küchen) legt der Verbraucher ebenfalls häufig großes Gewicht auf die Unternehmenstradition; sie steht hier für **Sicherheit** und Durchsetzbarkeit von **Gewährleistungsansprüchen.** Auch bei Handwerksbetrieben (Maler, Verputzer, Elektriker) ist das Alter des Unternehmens traditionell von Bedeutung, da es auf **Bonität, Zuverlässigkeit, fachliche Kompetenz** und Durchsetzbarkeit von Gewährleistungsansprüchen schließen lässt.

ee) Verhältnismäßigkeit. Für die **Verhältnismäßigkeit des Irreführungsverbots** gelten keine 260
Besonderheiten. Als unverhältnismäßig angesehen wurde das Verbot der Bezeichnung *„Klosterbrauerei"* bzw. *„Kloster Pilsner"* als Bier- und Unternehmensbezeichnung eines Unternehmens, das sich auf eine über 160-jährige, unbeanstandete Verwendung der Begriffe berufen konnte.[700]

ff) Beispiele. **Geburtstagswerbung** für ein Unternehmen muss zutreffend sein und darf nicht 261
den Eindruck erwecken, als sei das Unternehmen älter als tatsächlich der Fall. So kann die Werbung **„100 Jahre berufliche Tradition"** irreführend sein, wenn nicht das Unternehmen, sondern die Branche über 100 Jahre Tradition verfügt.[701] Der zusammen mit der Firma verwandte Hinweis **„Familientradition seit 1910",** der sich darauf stützt, dass auch Großvater und Vater des Werbenden Goldschmiedemeister waren, ist – ohne erläuternde Zusätze – geeignet, irreführende Vorstellungen im Sinne des § 5 UWG über das Alter des Unternehmens zu wecken, wenn Letzteres erst 1981 gegründet worden ist.[702] Der Verkehr versteht die Werbung als Hinweis auf eine Unternehmenstradition, nicht als Hinweis auf eine unabhängig von einem Unternehmen bestehende Familientradition im Sinne einer generationenlang ausgeübten Handwerkstätigkeit.[703] Der Begriff **„Original Patienten-Aufklärungsbögen von Dr. S."** suggeriert, dass es sich in Abgrenzung zu anderen, nicht authentischen Produkten um diejenigen Aufklärungsbögen handelt, die unter Wah-

---

694 Vgl. OLG Celle OLGR 1999, 142; OLG Arnsberg, Urt. v. 21.4.2011, Az. 8 O 104/10, GWR 2011, 427; jurisPK/UWG/*Link,* 3. Aufl. 2013, § 5 Rdn. 53; im Ansatz auch GK/*Lindacher,* § 5 Rdn. 906, der jedoch das Berufen auf eine bloße Fertigungstradition („Wir … fertigen unsere Geräte seit 1984") noch für zulässig erachtet.

695 OLG Frankfurt, Beschl. v. 7.9.2015, Az. 6 U 69/15; OLG München, Urt. v. 16.5.2013, Az. 6 U 1038/12, LMRR 2013, 129; OLG Dresden GRUR 1998, 171.

696 Vgl. BGH GRUR 1981, 69 – *Alterswerbung für Filialen.*

697 Vgl. BGH GRUR 1984, 457, 458 – *Deutsche Heilpraktikerschaft;* GRUR 1992, 66, 69 – *Königl.-Bayerische Weisse;* GRUR 2003, 628, 630 – *Klosterbrauerei;* KG GRUR 1976, 640, 641.

698 BGH GRUR 1957, 285, 287 – *Erstes Kulmbacher.*

699 BGH GRUR 2003, 628, 630 – *Klosterbrauerei.*

700 BGH GRUR 2003, 628, 630 f. – *Klosterbrauerei.*

701 OLG Stuttgart WRP 1978, 480.

702 OLG Hamburg GRUR 1984, 290.

703 OLG Hamburg GRUR 1984, 290.

rung einer von Dr. S. begründeten Unternehmenstradition hergestellt werden. Hat der Mitgründer Dr. S. eines Unternehmens, das Patienten-Aufklärungsbögen herstellt, die Gestaltung dieser Bögen nicht mitgeprägt, darf er deshalb Aufklärungsbögen, die er nach seinem Ausscheiden aus dem Unternehmen – nunmehr erstmals – selbst gestaltet, nicht als „Original Patienten-Aufklärungsbögen" bewerben.[704] Das KG war davon ausgegangen, dass der Begriff **„Porzellan-Manufaktur"** vom Verkehr im Sinne einer alten Betriebsstätte aufgefasst wird, in der in alter Tradition weitgehend von Hand gefertigt und insbesondere Handdekormalerei ausgeführt wird.[705]

262 Eine **Unterbrechung** der Unternehmenstradition wurde angenommen bei einem ursprünglich *Käthe Kruse* gehörenden Betrieb, den sie bei ihrer Flucht 1950 zurückgelassen hatte. Die Werbung des Nachfolgers: „Seit dem Weggang der berühmten Puppengestalterin konzentrierte sich das Unternehmen auf die Herstellung von Plüschtieren ... Doch *Käthe Kruses* Ideen und Ideale wurden bewahrt ..." wurde daher als irreführend angesehen, denn die Tradition sei gerade nicht fortgeführt, sondern durch die Einstellung der Puppenproduktion und Aufnahme der Produktion von Stofftieren und Plastikspielzeug unterbrochen worden.[706] Den Schluss auf Unternehmenskontinuität rechtfertigt es schließlich auch nicht, wenn der musikalische Leiter und Solist eines vor Jahren aufgelösten Chors einen neuen Chor gleicher Stilrichtung maßgebend und leitend führt.[707]

263 **b) Junges Alter.** Nicht nur die Werbung mit einem hohen, sondern auch jene mit einem niedrigen Alter des Unternehmens kann irrtumserregend und zur Beeinflussung der Kaufentscheidung des Verkehrs geeignet sein. Weist der Unternehmer werbend darauf hin, dass es sich bei ihm um ein besonders junges Unternehmen handelt oder dass es jedenfalls vor Kurzem Neuerungen (Umbau, **Neustrukturierung** o. Ä.) erfahren habe, kann das ebenfalls eine Irreführungsgefahr begründen, wenn die Angaben nicht zutreffen. Der Hinweis kann beim Durchschnittsumworbenen Vorstellungen von **Dynamik** und **Tatkraft,** von **Innovationsbereitschaft** und **Aktualität,** von **Preisgünstigkeit** und **Leistungsbereitschaft** begründen, die den Kaufentschluss beeinflussen können. Mit der Umstrukturierung des Unternehmens, der Verlegung des Firmensitzes, der Renovierung der Betriebsräume u. Ä. können Vorstellungen günstiger Preise oder eines verbesserten Sortiments verbunden sein. Insbesondere die Werbung mit einer Neu- oder Wiedereröffnung oder mit dem Geburtstag des Unternehmens kann Anlass zum Schluss auf besonders günstige Einführungspreise geben. Angaben über das Alter des Unternehmens sowie über dessen Umstrukturierung oder andere Neuerungen, die es erfahren habe, müssen deshalb zutreffen. Maßgeblich ist der Eindruck eines durchschnittlich aufmerksamen, informierten und verständigen Mitglieds des Verkehrskreises, auf den die geschäftliche Handlung zielt, in der konkreten Situation. Den Hinweis auf Neuerungen im Unternehmen wird eine solche Person regelmäßig dahin auffassen, dass diese **kürzlich** stattgefunden haben. Haben zwar tatsächlich Veränderungen stattgefunden, liegen diese aber schon längere Zeit zurück, begründet das daher meist eine Irreführungsgefahr. Worauf sich der Begriff, aus dem der Verkehr die Neuheit schlussfolgert, bezieht, ist ebenfalls aus der Sicht des Durchschnittsumworbenen festzustellen.

264 Nicht irreführend ist die Werbung eines Optikers „Neu nach Umbau" aus Anlass der Wiedereröffnung einer Filiale, die tatsächlich in zeitlichem Zusammenhang stattfindet, die aber nicht zu neuen Preisen oder einem neuen Warensortiment geführt hat, weil der Verkehr den Begriff „Neu" nicht auf die Preise oder das Warensortiment, sondern auf die Eröffnung bezieht.[708]

6. Überwachung und Kontrolle des Unternehmers

265 **Zu Prüfzeichen/Gütesiegeln/Gütezeichen s. § 5 Abschn. C Rdn. 277; zur Zulassung des Unternehmers § 5 Abschn. E Rd. 273.**

266 Die Stellung des Unternehmers im Wettbewerb wird dadurch mitbestimmt, ob bzw. in welchem Umfang er einer Überwachung bzw. Kontrolle unterliegt. Der Verkehr sieht eine solche Überwachung und Kontrolle, vor allem wenn sie staatlicherseits erfolgt, oft als **Qualitätssicherung** an und folgert daraus eine besondere Güte und Qualität der Produkte bzw. Dienstleistungen. Die werbende Hervorhebung einer **„Unternehmer-Selbstkontrolle"** ist daher unzulässig, wenn die so werbenden Unternehmen tatsächlich keinem unabhängigen Kontrollorgan unterstehen, das die Qualität, den Preis oder die Zusammensetzung der Waren überwacht.[709] **„Geprüft"** deutet auf eine staatli-

---

[704] OLG Hamburg OLGR Hamburg 2005, 794.
[705] KG GRUR 1976, 640, 641.
[706] OLG München NJWE-WettbR 1999, 52, 54.
[707] OLG Köln NJWE-WettbR 1998, 272.
[708] BGH GRUR 1993, 563, 564 – *Neu nach Umbau.*
[709] LG Braunschweig WRP 1971, 339, 340.

che oder staatlich anerkannte Prüfung hin.[710] Der Begriff **„autorisierte Goldverwertungsagentur"** weckt die Vorstellung, dass das beworbene Unternehmen gewisse Standards in Bezug auf Qualität, Kontrolle und Ausbildung einhält und insofern einer Kontrolle der autorisierenden Stelle unterliegt.[711] Die Bezeichnung **„Institut für physikalische Therapie"** für einen von zwei Masseuren und medizinischen Bademeistern geführten Betrieb hat das OLG Düsseldorf als irreführend angesehen, da der Begriff „Institut" auf eine öffentliche oder unter öffentlicher Aufsicht stehende wissenschaftliche Einrichtung hindeute, wenn ihm eine Tätigkeitsangabe hinzugefügt werde, die normalerweise Gegenstand wissenschaftlicher Forschung oder Behandlung sei.[712] Ebenso für unzulässig angesehen wurde die Bezeichnung **„Institut für Zelltherapie Düsseldorf"** bzw. **„Frischzelleninstitut Düsseldorf"** für ein Unternehmen, in dem sich Interessierte einer Zellenimplantation unterziehen konnten, ohne dass hierfür eine behördliche Genehmigung erwirkt worden war.[713] Die Gestaltung eines Testsiegels eines privaten Testveranstalters unter der Verwendung des Begriffs **„Deutsches Institut"** ist irreführend, wenn der Eindruck erweckt wird, dass es sich um eine öffentliche oder unter öffentlicher Aufsicht stehende Einrichtung handelt.[714]

Zur Irreführung im Zusammenhang mit **Verhaltenskodizes** s. § 5 Abschn. H sowie die Kommentierung zu Nummer 1 und 3 des Anhangs zu § 3 Abs. 3. **267**

7. Personal und Mitarbeiter

a) Voraussetzungen. Zur Irreführung durch Angaben über **Dritte** s. allgemein § 5 Abschn. B Rdn. 101 f. Unwahre oder täuschende Angaben zu Personal und Mitarbeitern können den Verkehr in mehrfacher Hinsicht über die Person, die Eigenschaften oder die Rechte des Unternehmers irreführen. **268**

Es kann der Eindruck erweckt werden, der Unternehmer verfüge über eigenes Personal, während tatsächlich Fremdpersonal zum Einsatz kommt. Ob der Werbende **eigenes Personal** bzw. eigene Mitarbeiter einsetzt oder ob es sich um **Leiharbeitnehmer, Subunternehmer** o. Ä. handelt, ist dem Verkehr in der Regel nicht gleichgültig. Im Regelfall wird in die Ausbildung und Überwachung eigener Mitarbeiter mehr investiert und sind die Möglichkeiten der Einflussnahme auch größer, als wenn Fremdarbeiter oder gar Subunternehmer eingesetzt werden. Auch für die Frage, wer bei **Mängeln** oder im **Schadensfall** in Anspruch genommen werden kann und welche Voraussetzungen dafür dargetan und bewiesen werden müssen, spielt die Unterscheidung zwischen eigenem Personal und Fremdkräften u. U. eine Rolle. **269**

Eine Irreführung kann sich auch daraus ergeben, dass der Unternehmer suggeriert, er sei von seiner **Größe** und Bekanntheit her auf einen größeren Markt ausgerichtet als dies tatsächlich der Fall ist. Mit dieser Begründung hat das OLG Zweibrücken die Verwendung des Firmenzusatzes „Deutschland" durch einen Postanbieter, der Zustellleistungen lediglich in drei Postleitzahlenbereichen selbst erbrachte und im Übrigen durch **Subunternehmer** tätig wurde, als irreführend angesehen.[715] **270**

Wer mit besonderen **Fachkenntnissen von Mitarbeitern** wirbt, die in Wahrheit nicht vorliegen, verstößt ebenfalls gegen § 5 UWG. Es darf deshalb nicht behauptet werden, man habe **„Spezialarbeiter"**, wenn tatsächlich Arbeiter ohne jede Vorbildung eingesetzt werden.[716] Die Werbung mit einer „Spezialisierung" kann auch den Eindruck erwecken, es seien nicht nur ursprünglich Mitarbeiter mit besonderen Kenntnissen eingestellt worden, sondern diese würden auch laufend durch **Fortbildungen** auf dem aktuellen Stand gehalten.[717] Der Begriff **„autorisierte Goldverwertungsagentur"** weckt die Vorstellung, dass das beworbene Unternehmen gewisse Standards in Bezug auf Qualität, Kontrolle und Ausbildung einhält und insofern einer Kontrolle der autorisierenden Stelle unterliegt.[718] **271**

b) Beispiele. Als irreführend angesehen wurde die Werbung einer (Auto-)Reparaturwerkstatt mit der Angabe, sie sei **spezialisiert auf die (Auto-)Marke X,** weil die Mitarbeiter dieser Werkstatt nicht auf Grund vom Hersteller herausgegebenen Informationsmaterials und auf Grund von **272**

---

[710] Vgl. OLG Karlsruhe WRP 1981, 225; OLG Köln WRP 1994, 130; LG Hannover WRP 1982, 173.
[711] OLG Brandenburg, Urt. v. 13.7.2010, Az. 6 U 58/09.
[712] OLG Düsseldorf WRP 1977, 796 f.; siehe auch OLG Düsseldorf WRP 1976, 317.
[713] OLG Düsseldorf WRP 1976, 317 ff.
[714] OLG Brandenburg WRP 2012, 1123.
[715] OLG Zweibrücken GRUR-RR 2007, 89, 90.
[716] Köhler/*Bornkamm*, 34. Aufl. 2016, § 5 Rdn. 5.157.
[717] OLG Karlsruhe WRP 1980, 574, 575.
[718] OLG Brandenburg, Urt. v. 13.7.2010, Az. 6 U 58/09; s. auch **§ 5 Abschn. E Rdn. 266.**

vom Hersteller veranstalteten Fortbildungskursen über die fortlaufende Entwicklung dieses (Fahrzeugs-)Typs auf dem Laufenden gehalten wurden.[719] Eine Irreführung über die Größe und Leistungsfähigkeit des Mitarbeiterstamms kann es sein, einen Rechtsanwalt als **„neuen Kollegen"** der Anwaltssozietät vorzustellen, wenn dieser nicht als Sozius oder anwaltschaftlicher Mitarbeiter in die Anwaltsgemeinschaft eingebunden ist, sondern lediglich auf Anfrage für eine bestimmte Rechtsberatung zur Verfügung steht.[720] Der Bauunternehmer, der werbend auf die Qualifikation seiner **„Mitarbeiter"** hinweist, die in Wahrheit Subunternehmer sind, verstößt gegen § 5 UWG. Wer mit einer **„Rollladen-Montage durch Fachpersonal"** wirbt, suggeriert damit, es handele sich bei den Monteuren um eigene Mitarbeiter und nicht um Fachkräfte anderer (= Sub-)Unternehmer.[721]

VI. Zulassung des Unternehmers

Schrifttum: *Brenncke,* Nomen est Omen? – Zur Europarechtskonformität des Bezeichnungsschutzes für Sparkassen, ZBB 2007, 1; *Edenfeld,* Anwaltliche Beratung über die Telefon-Hotline?, MDR 1999, 532; *Flohr,* Mediation als Rechtsberatung, DStR 2001; *Hönn,* Akademische Grade, Amts-, Dienst- und Berufsbezeichnungen sowie Titel (Namensattribute) in der Firma in firmen- und wettbewerbsrechtlicher Sicht, ZHR 153 (1989), 386; *Hörle,* Apotheken, Berufsordnung und Werbung, WRP 1983, 596; *Hösch,* „Internationale Apotheke" oder vom Versuch der Selbstentlastung mittels § 522 Abs. 2 ZPO, WRP 2003, 344; *Honig,* Werbung mit dem guten Ruf des Handwerks, WRP 1995, 568; *Horn,* Anwaltliche Werbung mit dem Titel Mediator, NJW 2007, 1413; *Horn/Fischer,* Rechtsfragen der Werbung für privat veranstaltete Sportwetten, GewArch 2005, 217; *Koch,* Zur unerlaubten Rechtsberatung durch nicht-anwaltliche Mediation, EWiR 2002, 165; *Kollmann,* Technische Normen und Prüfzeichen im Wettbewerbsrecht, GRUR 2004, 6; *Lettl,* Die Zulässigkeit von Werbung mit der Einlagensicherung nach UWG und KWG, WM 2007, 1345; *Mankowski,* Mediation – Erlaubnispflichtig nach dem RBerG?, EWiR 2000, 1119; *Peifer,* Anm. zu OLG Frankfurt, Urt. v. 15.10.2009, Az. 6 U 178/08, GewArch 2010, 459; *Römermann,* Rechtsberatung durch Banken bei Testamentserrichtung, ZERB 2007, 52; *Spalckhaver,* Mediation als Dienstleistungsangebot der Justiz, IDR 2004, 80; *Vogel,* Schutz der Bezeichnung „Sparkasse" und europäische Grundfreiheiten, ZBB 2007, 130; *Wolf,* Anwaltliche Werbung, Diss. 2011.

1. Allgemein

273 **a) Abgrenzung.** Irreführend können unwahre oder täuschende Angaben über die Zulassung des Unternehmers sein. Die Formulierung beruht auf Art. 6 Abs. 2 lit. f UGP-Richtlinie, der denselben Begriff verwendet; in der engl. Richtlinienfassung ist von „approval", in der franz. von „agrément" die Rede. Nach Art. 3 Abs. 8 UGP-Richtlinie bleiben alle Niederlassungs- und Genehmigungsbedingungen, berufsständische Verhaltenskodizes und andere spezifischen **Regeln für reglementierte Berufe**[722] **unberührt,** damit die strengen Integritätsstandards, welche die Mitgliedstaaten den in dem Beruf tätigen Personen nach Maßgabe des Gemeinschaftsrechts auferlegen können, gewährleistet bleiben. Dementsprechend ist die Anwendung des UWG trotz der Vollharmonisierung der UGP-Richtlinie auf berufsrechtliche Bestimmungen, die das Marktverhalten in gemeinschaftsrechtskonformer Weise regeln (z. B. HandwO, Berufsordnungen), auch nach dem UWG (2008) zulässig.[723] Wegen **berufsspezifischer Besonderheiten** wird auf die Kommentierungen von ***v. Jagow,*** **Einl. I** und **§ 3a Rdn. 53 ff.** verwiesen.

274 Geschäftliche Handlungen **gegenüber Verbrauchern** sind nach **Nr. 4 des Anhangs zu § 3 Abs. 3** unzulässig, wenn sie unwahre Angaben u. a. über die Genehmigung des Unternehmers enthalten. Die Irreführung über die Zulassung des Unternehmers kann unter **§ 5 Abs. 1 S. 2 Nr. 4** fallen, sowie dann, wenn eine Zulassung zur Führung eines Titels berechtigt, mit der Irreführung über den **Titel** (§ 5 E Rdn. 119 ff.) zusammen treffen. Da die Zulassung meistens eine bestimmte Befähigung voraussetzt bzw. suggeriert, besteht ein enger Zusammenhang mit der Irreführung über die **Befähigung** des Unternehmers, s. dazu § 5 Abschn. E Rdn. 115 ff. Täuscht ein zugelassener Unternehmer durch eine unzutreffende Berufsbezeichnung über seine fachliche Quali-

---

[719] OLG Karlsruhe WRP 1980, 574, 575.

[720] BGH GRUR 1991, 917 – *Anwaltswerbung.*

[721] Vgl. OLG Nürnberg WRP 1985, 447.

[722] Darunter sind nach der Legaldefinition des Art. 2 lit. l der Richtlinie berufliche Tätigkeiten oder eine Reihe beruflicher Tätigkeiten zu verstehen, bei der die Aufnahme oder Ausübung oder eine der Arten der Ausübung direkt oder indirekt durch Rechts- oder Verwaltungsvorschriften an das Vorhandensein bestimmter Berufsqualifikationen gebunden ist.

[723] BGH GRUR 2009, 886, 887 – *Die clevere Alternative;* GRUR 2009, 977 – *Brillenversorgung I;* GRUR 2009, 1077, Tz. 21 – *Finanz-Sanierung;* GRUR 2011, 539, Tz. 23 – *Rechtsberatung durch Lebensmittelchemiker;* Urt. v. 1.6.2011, Az. 58/10, Tz. 11 – *Rechtsberatung durch Einzelhandelsverband.*

fikation, liegt keine Irreführung über die Zulassung, wohl aber u. U. aber eine solche über die Befähigung des Unternehmers vor.[724]

Bislang wurden Sachverhalte im Zusammenhang mit einer nicht erfolgten Zulassung von Unternehmen vorwiegend in Hinblick auf die Vereinbarkeit mit **§ 3a (§ 4 Nr. 11 a. F.)** geprüft. Dabei kann allerdings im Anwendungsbereich der UGP-Richtlinie ein Verstoß gegen nationale Informationspflichten eine Unlauterkeit nach § 3a nur dann begründen, wenn die dort aufgestellten Informationspflichten eine Grundlage im Unionsrecht haben.[725] Abweichende Regelungen für berufsrechtliche Bestimmungen, die das Marktverhalten in gemeinschaftsrechtskonformer Weise regeln, sind nach Art. 3 Abs. 8 UGP-Richtlinie allerdings auch hier möglich.[726] 275

b) Unwahre oder täuschende Angabe über Zulassung. Über die Zulassung kann mittels **ausdrücklicher** und mittels **konkludenter** unwahrer oder täuschender Angaben irregeführt werden, z. B. durch Angabe eines berufsrechtlich **unzulässigen Unternehmensgegenstandes in der Firmierung.**[727] Wenn der Unternehmer für Dienste wirbt, für die eine **Zulassung notwendig** ist, bringt er damit häufig zum Ausdruck, dass er **die Zulassung erhalten hat** und die **Bedingungen** für die Zulassung auch erfüllt.[728] Maßgeblich ist jedoch stets, inwieweit der Verkehr mit dem entsprechenden Begriff überhaupt ein Zulassungerfordernis verbindet und auf wen er es im Gesamtkontext aufgrund des **Gesamteindrucks** der Werbung bezieht. So kann die Verwendung des Begriffs „diplomiert" in einem Zusammenhang, in dem der angesprochene Verkehr an sich mit der Verwendung des Begriffs „Diplom" oder – abgekürzt – „Dipl." rechnet, je nach den Umständen nicht auf das Vorliegen einer solchen Qualifikation, sondern im Gegenteil eher auf deren Fehlen hinweisen.[729] Ist dem Verkehr weitgehend **unbekannt,** dass der Begriff (im konkreten Fall: Versicherungsberater) eine **gesetzliche Ausprägung** mit bestimmten Anforderungen erfahren hat, kann er insoweit auch keiner Fehlvorstellung unterliegen und scheidet eine Irreführung aus.[730] 276

Wird ein Begriff verwandt, der im Grunde für das Unternehmen bzw. dessen Tätigkeit passt, der aber **zu weit** ist, weil er auch Bereiche einbezieht, für die keine Zulassung erteilt wurde, kommt es darauf an, ob ein durchschnittlich (angemessen) aufmerksamer, verständiger und informierter **Adressat** der geschäftlichen Handlung dies in der **konkreten Situation** erkennt. Im Allgemeinen ist eine nähere Beschäftigung mit den Voraussetzungen und dem Umfag einer Zulassung des Unternehmens nicht zu verlangen; denn es handelt sich um eine der Tätigkeit vorgelagerte und in den **Risikobereich** des Unternehmers fallende Aufgabe. Werden Dienstleistungen **üblicherweise zusammenhängend** erbracht, unterstellt der Verbraucher i. d. R. eine entspr. umfassende Zulassung, so dass nicht noch ein zweiter Unternehmer eingeschaltet werden muss. 277

Welche Kenntnisse und Fähigkeiten bei dem angesprochenen Verkehr unterstellt werden können, hängt von der konkreten Situation der geschäftlichen Handlung ab. Bei beratenden und unterstützenden Tätigkeiten ist u. U. aus dem Umstand, dass der Verbraucher eine entsprechende Beratung bzw. Unterstützung benötigt, auf eine gegenüber dem **„Normalverbraucher"** eingeschränkte Aufmerksamkeit, Informiertheit und/oder Verständigkeit zu schließen. Wer sich mit seiner geschäftlichen Handlung an den „typischen Schuldner" wendet, muss berücksichtigen, dass es häufig gerade mangelnde Aufmerksamkeit und übermäßige Risikobereitschaft sind, die Personen in eine derartige Lage geraten lassen. Er muss zudem in Rechnung stellen, dass sein potentieller Kundenkreis angesichts der bestehenden Notlage dazu neigen wird, nach dem „letzten Strohhalm" zu greifen.[731] 278

Verfügt der Unternehmer nicht über die erforderliche Zulassung, um bestimmte Tätigkeiten zu erbringen, stellt sich schon deren **Bewerbung** als irreführend dar, unabhängig davon, ob der Unternehmer die Tätigkeiten tatsächlich **ausführt.**[732] 279

c) Relevanz. Zulassungserfordernisse dienen zumeist auch dem Verbraucherschutz. Sie gewährleisten, dass der Unternehmer den Nachweis von Fachwissen, Erfahrung, Seriosität, Finanzkraft 280

---

[724] S. zur Abgrenzung auch BGH GRUR 2009, 970 – *Versicherungsberater.*

[725] BGH GRUR 2010, 852, 853 – *Gallardo Spyder;* GRUR 2011, 82, 83 – *Preiswerbung ohne Umsatzsteuer;* GRUR 2011, 742, 745 – *Leistungspakete im Preisvergleich;* MD 2012, 583, 586 – *INJECTIO,* s. näher **§ 5 Abschn. A Rdn. 29 ff.**

[726] BGH GRUR 2009, 1077, Tz. 21 – *Finanz-Sanierung;* GRUR 2011, 539, Tz. 23 – *Rechtsberatung durch Lebensmittelchemiker;* Urt. v. 1.6.2011, Az. 58/10, Tz. 11 – *Rechtsberatung durch Einzelhandelsverband.*

[727] BGH GRUR 2016, 292, 293 ff. Rdn. 12, 21 ff. – *Treuhandgesellschaft.*

[728] Vgl. BGH GRUR 2016, 292, 293 ff. Rdn. 21 ff. – *Treuhandgesellschaft.*

[729] BGH GRUR 2014, 494 – *Diplomierte Trainerin.*

[730] BGH GRUR 2009, 970, 972 – *Versicherungsberater.*

[731] OLG Oldenburg GRUR 2006, 605.

[732] BGH GRUR 1987, 444, 445 – *Laufende Buchführung;* GRUR 2002, 77, 79 – *Rechenzentrum.*

oder anderer für den Verbraucher wichtiger Umstände erbringen musste, und stehen damit für die **Qualifikation** des Zugelassenen. Die Behauptung einer tatsächlich nicht oder nicht fehlerfrei erteilten Zulassung ist deshalb i. d. R. auch geeignet, die geschäftliche Entscheidung des Verbrauchers zu beeinflussen. Die Relevanz der täuschenden geschäftlichen Handlung entfällt dann auch nicht dadurch, dass das Unternehmen im fraglichen Zeitpunkt alle Voraussetzungen erfüllt, um zugelassen zu werden. Die **Zulassungsfähigkeit** des Unternehmens wird für den Verkehr häufig schon deshalb nicht ausreichend sein, weil er mit der erfolgten Zulassung (anders als mit bloßer Zulassungsfähigkeit) eine anschließende dauerhafte Überwachung verbindet. Darüber hinaus kann sich die Relevanz der Täuschung auch unter dem Gesichtspunkt des Anlockens von Kunden zum Nachteil von Mitbewerbern ergeben (näher § 5 Abschn. B Rdn. 226 ff.).

281 **d) Interessenabwägung bei fehlerhaftem oder irreführendem Verwaltungsakt?** Die Entscheidung über die Zulassung erfolgt meist durch **Verwaltungsakt.** Solange eine wirksam erteilte Zulassung nicht durch die zuständigen Behörden widerrufen wurde, ist die betr. Person zur Ausübung der Tätigkeit, zu der sie zugelassen wurde, berechtigt.[733] Der Umstand, dass der Verwaltungsakt tatsächlich ergangen und der Hinweis darauf deshalb richtig ist, schließt eine Irreführung allerdings nicht aus, denn auch eine **objektiv richtige Angabe („Zulassung erfolgt") kann irreführen,** wenn der Verkehr, für den sie bestimmt ist, ihr in relevanter Weise etwas Unrichtiges entnimmt.[734] Das kommt insbesondere dann in Betracht, wenn er aus der erteilten Zulassung darauf schließt, dass die Bedingungen für die Zulassung (noch) erfüllt sind, oder über die Zulassungsvoraussetzungen irrt. Für die Verwendung der gesetzlich nicht geschützten Berufsbezeichnung „Tierheilpraktiker" nach Maßgabe der geltenden gesetzlichen Vorschriften, die bei Teilen des Verkehrs die Fehlvorstellung hervorrief, der sich so Bezeichnende sei ebenso behördlich geprüft wie ein Heilpraktiker, hat der BGH deshalb Fehlvorstellungen des Verkehrs in Betracht gezogen, einen Verstoß gegen das Irreführungsverbot jedoch im Wege einer **Interessenabwägung** im Hinblick auf das an der Benutzung der an sich richtigen Bezeichnung bestehende Interesse verneint.[735] Für eine derartige „ausgelagerte" Interessenabwägung besteht auf der Grundlage des geltenden normativen Verbraucherleitbilds jedoch nur eingeschränkt Raum, s. näher § 5 Abschn. B Rdn. 237 ff. Die Interessen an der Benutzung der an sich richtigen Bezeichnung berücksichtigt das Gesetz bereits, indem nicht auf tatsächliche Fehlvorstellungen einer Verbraucherminderheit, sondern darauf abgestellt wird, welches Verständnis der Angabe der Unternehmer bei einem Durchschnittsverbraucher in der Situation der geschäftlichen Handlung **erwarten darf,** und dem Unternehmer die Möglichkeit aufklärender Hinweise eröffnet wird.

282 Eine wichtige Bedeutung kommt dem Inhalt der Fehlvorstellung zu; entscheidend ist insbes., ob der Verkehr bloß annimmt, dass der Unternehmer überhaupt **über eine Zulassung verfügt,** oder ob er darüber hinaus erwartet, dass die Zulassung **zu Recht erteilt** wurde bzw. die **Zulassungsbedingungen (noch) erfüllt** werden. Für die Abgrenzung sind sowohl die dem Verkehr bekannten Einfluss- und Einsichtsmöglichkeiten des Unternehmers in das Verfahren als auch die konkrete Form der Benutzung der Bezeichnung von Bedeutung.[736] Der ohne Zusatz verwendeten Bezeichnung „Mediator" ebenso wie der Bezeichnung „Rechtsanwalt" kann nur entnommen werden, dass der Betreffende die für diese Tätigkeit vorausgesetzte Qualifikation erfüllt.[737] Dagegen vermittelt das zugestellte Adjektiv „zertifiziert" den Eindruck einer Überprüfung im Rahmen eines Zertifizierungsverfahrens und besonderen Qualifikation.[738]

283 Zu beachten ist ferner, dass ein durchschnittlich (angemessen) aufmerksamer, verständiger und informierter Verbraucher bzw. sonstiger Marktteilnehmer bei Tätigkeiten, deren **Zulassungspflicht er nicht sicher beurteilen kann,** nur erwarten wird, dass „eine etwa erforderliche Zulassung" erteilt und nicht widerrufen wurde und dass dem Unternehmer auch keine Umstände bekannt sind, die zum Widerruf führen können. Der Verweis auf eine wirksam erteilte und nicht widerrufene Zulassung kann dann i. d. R. nicht als irreführend i. S. d. § 5 angesehen werden, selbst wenn die Voraussetzungen für die Zulassung nicht vorlagen.[739]

---

[733] Vgl. BGH MDR 1993, 540; OLGR Zweibrücken 2005, 759 f.

[734] BGH GRUR 1998, 1043, 1044 – *GS-Zeichen.*

[735] BGH GRUR 2000, 73 – *Tierheilpraktiker.*

[736] Vgl. *Kollmann* GRUR 2004, 6 ff.

[737] BGH Urt. v. 9.6.2011, Az. I ZR 113/10 – *Zertifizierter Testamentsvollstrecker.*

[738] BGH Urt. v. 9.6.2011, Az. I ZR 113/10 – *Zertifizierter Testamentsvollstrecker.*

[739] Ebenso im Ergebnis, aber mit anderer Begr. BGH GRUR 2000, 73 – *Tierheilpraktiker:* Fehlvorstellung über das Erfordernis einer nicht bestehenden Erlaubnispflicht unbeachtlich; OLG Zweibrücken OLGR Zweibrücken 2005, 759 f.: Führung der Bezeichnung „Bestattermeister" durch eine Person nicht zu beanstanden, die diesen Titel nur im Rahmen einer Fortbildungsmaßnahme i. S. v. § 42 Abs. 1 HWO, jedoch im Einklang mit

2. Beispiele

Akademie. Die Bezeichnung **„Business-Akademie"** für ein Unternehmen, das Weiterbildung in den Bereichen „Musik, Medien, Events und Kultur" anbietet, erweckt nicht den Eindruck, das Unternehmen sei eine behördlich anerkannte Ausbildungsstätte.[740] 284

Apotheke. Nach § 1 Abs. 2 des Gesetzes über das Apothekenwesen (Apothekengesetz) bedarf eine Erlaubnis, wer eine Apotheke betreiben will. Bezeichnet der Unternehmer sein Geschäft als „Apotheke", ohne über die erforderliche Erlaubnis zu verfügen, kann darin eine relevante Täuschung des Verkehrs liegen,[741] denn dieser legt bei der Arzneimittelabgabe Wert auf Sicherheit und häufig auch auf ergänzende Beratung und Information;[742] dem trägt das Zulassungserfordernis Rechnung. Eine ausländische Versandapotheke darf nicht den Eindruck erwecken, in Deutschland ansässig zu sein.[743] 285

„Architekt". S. § 5 E Rdn. 132. 286

„Arzt". Zur Ausübung einer Tätigkeit als Arzt sind Personen nur nach den für diesen Beruf geltenden Vorschriften befugt. I. d. R. setzt das eine Approbation als Arzt voraus (§ 2 Abs. 1 BÄrzteO, § 1 ZHG). Wer sich als „Arzt" bezeichnet, ohne die entspr. Voraussetzungen zu erfüllen, täuscht den Verkehr in relevanter Weise. Lässt sich eine Zahnärztin in einem Telefonbuch unter der Rubrik „Zahnärzte für Kieferorthopädie" eintragen, so kann dies irreführend sein, wenn die Zahnärztin zwar im Bereich der Kieferorthopädie tätig, aber nicht berechtigt ist, die Gebietsbezeichnung „Fachzahnärztin für Kieferorthopädie" zu führen.[744] Die Führung des **Doktortitels** bei der Ausübung der Heilkunde enthält nach einer in der Lit. vertretenen Auffassung die konkludente Behauptung, es handele sich um den Dr. med.;[745] s. dazu näher **§ 5 Abschn. E Rdn. 119 ff.** 287

„Bank", „Bankier". Diese Begriffe oder eine Bezeichnung, in der das Wort „Bank" oder „Bankier" enthalten ist, dürfen abgesehen von best. Ausnahmen für Altfälle nach § 39 Abs. 1 KWG in der Firma, als Zusatz zu ihr, zur Bezeichnung des Geschäftszwecks oder zu Werbezwecken nur Kreditinstitute führen, die eine Erlaubnis nach § 32 KWG besitzen, oder Zweigniederlassungen von Unternehmen nach § 53b Abs. 1 Satz 1 und 2 oder Abs. 7 KWG sowie Unternehmen, die bei Inkrafttreten des KWG eine solche Bezeichnung befugter Weise geführt haben. Der Verkehr nimmt daher, wenn sich aus der jeweiligen Werbesituation nichts anderes ergibt, an, dass sich hinter einem mit diesen Begriffen werbenden Unternehmen auch ein „Bankier" in diesem Sinne verbirgt. Der Irrtum hierüber ist für ihn relevant, weil er mit der Zulassung Vorstellungen geprüfter Zuverlässigkeit und finanzieller Sicherheit verbindet. 288

Buchhaltung. Die in § 6 Nr. 4 StBerG bezeichneten Personen sind nach § 8 Abs. 4 S. 3 StBerG in der ab 12.4.2008 geltenden Fassung berechtigt, sich als Buchhalter zu bezeichnen.[746] Sie dürfen auch andere Bezeichnungen verwenden und in sonstiger Weise auf ihre Befugnis zur Hilfsleistung hinweisen, die Verwendung derartiger Hinweise oder Bezeichnungen darf jedoch nicht gegen das UWG verstoßen und insbesondere nicht irreführend i. S. d. § 5 UWG sein.[747] Die in § 6 Nr. 3 und 4 StBerG bezeichneten Personen sind auch nicht verpflichtet, die von ihnen angebotenen Tätigkeiten im Einzelnen aufzuführen, wenn sie auf ihre Befugnisse zur Hilfeleistung in Steuersachen hinweisen und sich als Buchhalter bezeichnen oder unter Verwendung von Begriffen wie „Buchhaltungsservice" werben. Sie müssen aber eine durch solche Angaben hervorgerufene Gefahr der Irreführung des angesprochenen Verkehrs über die von ihnen angebotene Tätigkeit auf andere Weise ausräumen.[748] S. auch **§ 5 Abschn. A Rdn. 125 und § 5 Abschn. B Rdn. 253** sowie unten zum Stichwort **„Steuerberater".** 289

---

den hierzu von der zuständigen Handwerkskammer erlassenen Rechtsvorschriften erworben hat. BGH GRUR 1998, 1043, 1044 – *GS-Zeichen:* Werbung mit GS-Zeichen begründet die Erwartung, dass das Produkt keine zum Widerruf der Erteilung des Zeichens führenden Mängel aufweist.

740 OLG Düsseldorf, Urt. v. 9.7.2002, Az. I-20 U 154/01.

741 OLG Stuttgart WRP 2009, 1580: Die Werbung mit „Ihre 24h Internet Tierapotheke" ist irreführend, weil ein nicht zu vernachlässigender Teil des Verkehrs annehmen wird, er habe es mit einer zugelassenen Apotheke zu tun.

742 Vgl. BVerfG NJW 2003, 1027, 1029.

743 BGH, WRP 2013, 479, 481 – *Pharmazeutische Beratung über Call-Center;* OLG Stuttgart Urt. v. 17.2.2011, Az. 2 U 65/10, WRP 2011, 644.

744 OLG Karlsruhe OLGR Karlsruhe 2009, 750.

745 So Köhler/*Bornkamm,* 34. Aufl. 2016, § 5.146a; GK/*Lindacher,* § 5 Rdn. 868.

746 BGH WRP 2015, 1102, 1104 Rdn. 30 – *Mobiler Buchhaltungsservice.*

747 BGH WRP 2015, 1102, 1104 Rdn. 30 – *Mobiler Buchhaltungsservice.*

748 BGH WRP 2015, 1102 – *Mobiler Buchhaltungsservice;* OLG Jena GRUR-RR 2009, 149, 150 ff.; OLG Brandenburg GRUR-RR 2009, 152, 153; DstR 2010, 2215 f.

290 **„Diplom".** Der Begriff weist im Allgemeinen nicht auf eine Zulassung, sondern darauf hin, dass die Person, die diese Berufsbezeichnung führt, über eine entsprechende, durch eine akademische Hochschulausbildung erworbene Qualifikation verfügt, s. näher **§ 5 Abschn. E Rdn. 127.**

291 **Glücksspiele.** Nach dem 9. Erw.grd. der UGP-Richtlinie sind von ihrem Anwendungsbereich nationale Vorschriften ausgenommen, die sich im Einklang mit dem Unionsrecht auf Glücksspiele beziehen. Letzteres hat die Rechtsprechung bei § 284 StGB[749] und § 4 GlüStV (2008) bejaht.[750] Die Erlaubnispflicht dient u.a. dazu, durch staatliche Kontrolle einen geregelten Spielbetrieb zu gewährleisten und einer übermäßigen Ausnutzung der Spielsucht entgegen zu wirken.[751] Wenn Glücksspiele ohne die erforderliche Erlaubnis betrieben werden, kommt nicht nur ein Rechtsbruch nach § 3a in Betracht,[752] sondern der Verkehr kann auch in relevanter Weise darüber irregeführt werden, dass der Unternehmer über eine entsprechende Erlaubnis verfügt.[753] Es kann aber umgekehrt auch die Bezeichnung einer Spielhalle, die dem Verbraucher suggeriert, dass die üblichen Beschränkungen für Spielhallen nicht gelten, mit einer Anreizwirkung für den Verbraucher verbunden und als unzulässigen Irreführung zu qualifizierten sein.[754] Für die Bezeichnung **„Casino"** wurde dies vom LG Frankfurt verneint.[755]

292 **Fahrlehrer.** Wer Personen ausbildet, die eine Erlaubnis zum Führen von Kraftfahrzeugen nach § 2 des Straßenverkehrsgesetzes erwerben wollen (Fahrschüler), bedarf nach § 1 FahrlehrerG der Fahrlehrerlaubnis. Spiegelt der Unternehmer wahrheitswidrig deren Vorliegen vor, kann darin eine relevante Täuschung liegen. Dem Verkehr ist bewusst, dass die Erlaubnispflicht u. a. dem Schutz von Leben und Gesundheit der Fahrschüler dient;[756] er wird sich daher im Allgemeinen nur an zugelassene Unternehmen wenden wollen.

Handwerk. Unter den in § 1 Abs. 2 Handwerksordnung geregelten Voraussetzungen bedarf der Betrieb eines Handwerks als Gewerbe der Zulassung. Darüber hinaus sind Zulassungserfordernisse anderer Gesetze zu beachten. Wer mit handwerklichen Begriffen, Bezeichnungen oder Hinweisen wirbt, die auf ein Handwerk hindeuten und geeignet sind, den Verkehr in relevanter Weise über die Zulassung des Werbenden zu täuschen, handelt unlauter im Sinne von § 5. Eine der HandwO unterliegende handwerkliche Tätigkeit setzt voraus, dass es sich um wesentliche Handwerkstätigkeiten handelt, die den Kernbereich eines Handwerks ausmachen und ihm sein essentielles Gepräge geben; sonst liegt nur ein Minderhandwerk vor, das der HandwO nicht unterliegt.[757] Nicht als Handwerk sind Tätigkeiten einzuordnen, die ohne die in handwerklicher Schulung erworbenen Kenntnisse und Fähigkeiten einwandfrei und gefahrlos ausgeübt werden können.[758] Nur wenn die beworbene handwerkliche Tätigkeit einem Handwerksbetrieb im Sinne von § 1 Abs. 1 HandwO vorbehalten ist, ist eine irreführende Berühmung besonderer handwerklicher Tätigkeiten nach § 5 unzulässig.[759]

293 **„Heilpraktiker".** Wer die Heilkunde ausüben will, ohne als Arzt bestellt zu sein, bedarf nach § 1 HeilprG der Erlaubnis. Dies dient dem Schutz der Volksgesundheit.[760] Wer sich als „Heilpraktiker" bezeichnet, ohne über die erforderliche Erlaubnis zu verfügen, kann den Verkehr dadurch in relevanter Weise irre führen, denn der Verbraucher verbindet mit der Zulassung eine bes. Fachkun-

---

749 BGH MMR 2010, 547 – *Internet-Sportwetten vor 2008.*

750 BGH WRP 2012, 201, 204 Tz. 30, 33ff. – *Sportwetten im Internet II*: Der Glücksspielstaatsvertrag und insbesondere § 4 GlüStV stehen formell und materiell mit dem Verfassungsrecht und dem Unionsrecht in Einklang. Der EuGH (Urt. v. 11.06.2015, Berlington Hungary u.a., C-98/14, EU:C:2015:386, Rdn. 56ff., 63 mwN.) geht davon aus, dass ein staatliches Glücksspielmonopol aufgrund zwingender Gründe des Allgemeininteresse zulässig sein kann, allerdings nur, wenn die Regelung dazu beiträgt, die Spieltätigkeit in kohärenter und systematischer Weise zu begrenzen; die Beurteilung im Einzelfall war den nationalen Gerichten überlassen worden.

751 BGH GRUR 2002, 269, 270 – *Sportwetten.*

752 BGH WRP 2012, 201 – *Sportwetten im Internet II.*

753 LG Köln Urt. v. 25.2.2010, Az. 81 O 126/09; LG Hamburg Urt. v. 19.12.2008, Az. 408 O 178/07.

754 OVG Nordrhein-Westfalen, Beschl. v. 15.10.2015, Az. 4 B 822/15, Rdn. 42.

755 LG Frankfurt, Urt. v. 10.12.2007, Az. 3–11 O 149/07; zweifelnd OVG Nordrhein-Westfalen, Beschl. v. 15.10.2015, Az. 4 B 822/15, Rdn. 42.

756 Vgl. BGH GRUR 1991, 768 – *Fahrschulunterricht.*

757 BGH GRUR 1992, 123, 124 – *Kachelofenbauer II;* OLG Jena NJW-RR 2009, 975; OLG Frankfurt GewArch 2010, 458 mit Anm. *Peifer,* GewArch 2010, 459; LG Arnsberg, WRP 2011, 937ff.; Köhler/*Bornkamm,* 34. Aufl. 2016, § 5 Rdn. 5.132.

758 BGH GRUR 2001, 352, 354 – *Kompressionsstrümpfe.*

759 Vgl. BGH GRUR 1989, 432, 433 *Kachelofenbauer I;* GRUR 1992, 123, 24 – *Kachelofenbauer II;* OLG Dresden WRP 1995, 731; OLG Zweibrücken WRP 1997, 795, 797; Köhler/*Bornkamm,* 34. Aufl. 2016, § 5 Rdn. 5.132.

760 BVerfG NJW 2000, 2736.

de der betr. Person, die aus seiner Sicht bei nicht zugelassenen Unternehmern nicht in gleicher Weise gewährleistet ist; s. näher § 5 Abschn. E Rdn. 84.

Investment, Kapitalanlagegesellschaft. Der Betrieb einer Kapitalanlagegesellschaft bedarf nach § 7 Abs. 1 InvG der Erlaubnis. Kapitalanlagegesellschaften sind gemäß § 6 Abs. 1 InvG Unternehmen, deren Geschäftsbereich darauf gerichtet ist, inländische Investmentvermögen im Sinne des § 1 Satz 1 Nr. 1 InvG zu verwalten und Dienstleistungen oder Nebendienstleistungen nach § 7 Abs. 2 InvG zu erbringen. Die Verwendung der Bezeichnungen „Kapitalanlagegesellschaft", „Investmentfonds" bzw. „Investmentgesellschaft" alleine oder in Zusammensetzung mit anderen Wörtern ist nach § 3 InvG den dort genannten Gesellschaften vorbehalten. Ihre unbefugte Verwendung durch andere Gesellschaften kann geeignet sein, den Verkehr in relevanter Weise zu täuschen, weil dieser mit der erteilten Erlaubnis Vorstellungen von Seriosität, Zuverlässigkeit und Überwachung verbindet. **§ 4 Abs. 1 InvG** hält in Form eines speziellen Irreführungsverbots fest, dass die Bezeichnung eines Investmentfonds oder der InvestmentAG nicht irreführen darf. **294**

„Mediator". Als solcher darf sich gemäß § 7a BORA bezeichnen, wer durch geeignete Ausbildung nachweisen kann, dass er die Grundsätze des Mediationsverfahrens beherrscht. § 2 Abs. 3 Nr. 4 RDG nimmt die Mediation und alle vergleichbaren Formen der alternativen Streitbeilegung ausdrücklich vom Begriff der Rechtsdienstleistung aus, sofern die Tätigkeit nicht durch rechtliche Regelungsvorschläge in die Gespräche der Beteiligten eingreift. Die von einem Rechtsanwalt im Briefkopf geführte Bezeichnung „Mediator" ist nicht zu beanstanden, wenn der Anwalt über eine entsprechende Zusatzausbildung verfügt.[761] S. auch unter „Rechtsbesorgung", unten § 5 Abschn. E Rdn. 302. **295**

„Meister". Darunter versteht man den nach den Bestimmungen der Handwerksordnung erlangten Meistertitel. An ihn können sich Vorstellungen besonderer Kompetenz knüpfen. In der Bezeichnung einer Person als „Meister", die nicht über diesen Titel verfügt, kann daher eine Irreführung liegen. Entscheidend ist der konkrete Gebrauch; Zusätze sind zu beachten. So ist die Führung des Titels **„Bestattermeister"** nicht ohne Weiteres irreführend, wenn der Titel (nur) im Rahmen einer Fortbildungsmaßnahme i. S. v. § 42 Abs. 1 HWO, jedoch im Einklang mit den hierzu von der zuständigen Handwerkskammer erlassenen Rechtsvorschriften erworben wurde.[762] **296**

„Notar". Als Notar darf nur tätig werden, wer nach den geltenden Vorschriften hierzu bestellt wurde (§§ 1 ff. BNotO). An den Begriff knüpfen sich Vorstellungen besonderer Seriosität, Fachkunde und Überwachung. S. auch *v. Jagow* Einl. J Rdn. 14. **297**

„Optiker". Die Berufsausbildung zum Optiker ist in der AugOptAusbVO geregelt. Einer besonderen Zulassung bedarf der Optiker nicht. Für die berührungslose Augeninnendruckmessung (Tonometrie) bedarf der Optiker, der die Kunden zuvor darauf hinweist, dass nur eine Untersuchung durch den Augenarzt zuverlässig einen krankhaften Befund ausschließen kann, schon keiner Zulassung nach § 1 HeilprG.[763] **298**

Personenbeförderung. Die entgeltliche oder geschäftsmäßige Personenbeförderung mit Straßenbahnen, Obussen, Kraftfahrzeugen im Linien- oder Gelegenheitsverkehr bedarf gemäß § 2 PBefG der Genehmigung. Werden derartige Leistungen ohne entspr. Genehmigung angeboten, kann darin eine relevante Täuschung des Verkehrs liegen, der aus dem Betrieb auf die erforderliche Genehmigung schließt. Die Relevanz der Fehlvorstellung ist vor dem Hintergrund von an die Zulassung geknüpften Sicherheits- und Zuverlässigkeitsvorstellungen zu sehen.[764] **299**

„Podologe". Wer die Berufsbezeichnung „Podologin" oder „Podologe" bzw. **„Medizinische Fußpflegerin"** oder „Medizinischer Fußpfleger" führen will, bedarf nach § 1 Podologengesetz[765] der Erlaubnis. Die in § 1 PodG geregelte Erlaubnispflicht gilt nur im Hinblick auf die Führung dieser konkreten Berufsbezeichnung und verbietet nicht die Werbung für rechtlich erlaubnisfreie Tätigkeiten einer medizinischen Fußpflege mit dem Namen und dem Zusatz „medizinische Fußpflege".[766] Der BGH hat mit Blick auf die Berufsfreiheit in der Entscheidung **„Medizinische Fußpflege"** ein Verbot der Werbung für die erlaubnisfreie Tätigkeit einer medizinischen Fußpflege mit dem Tätigkeitszusatz „medizinische Fußpflege" als unverhältnismäßig angesehen.[767] **300**

„Rechtsanwalt". Rechtsanwälte müssen nach § 4 BRAO zur Anwaltschaft zugelassen worden sein. S. auch unter „Rechtsbesorgung" und *v. Jagow,* Einl. J Rdn. 4 ff. Die Werbung mit „Prädikats- **301**

---

[761] BGH NJW 2002, 2948; Urt. v. 9.6.2011, Az. I ZR 113/10 – *Zertifizierter Testamentsvollstrecker.*

[762] OLG Zweibrücken OLGR Zweibrücken 2005, 759.

[763] Vgl. BVerfG NJW 2000, 2736, 2737 – *Tonometrie und Perimetrie durch Optiker.*

[764] Vgl. § 13 Abs. 1 Nr. 1, Nr. 3 PBefG.

[765] BGBl. I 2001, 3320.

[766] BGH GRUR 2013, 1252, 1253 Rdn. 13 – *Medizinische Fußpflege.*

[767] BGH GRUR 2013, 1252 – *Medizinische Fußpflege.*

anwalt" kann irreführend sein, wenn der unzutreffende Eindruck erweckt wird, dass die praktische Tätigkeit des Anwalts bestimmte qualitative Anforderungen erfüllt, die vom Vermittlungsservice auch überprüft werden.[768] S. auch unten **„Treuhand"**, § 5 Abschn. E Rdn. 307.

302 **Rechtsbesorgung.** Die selbständige Erbringung außergerichtlicher Rechtsdienstleistungen ist nach § 3 **RDG** nur in dem Umfang zulässig, in dem sie durch das RDG oder aufgrund anderer Gesetze erlaubt wird. Ein Verstoß ist nach § 3a UWG i. V. m. § 3 RDG unlauter. Die Vollharmonisierung durch die UGP-Richtlinie steht nicht entgegen, denn nach Art. 3 Abs. 8 bleiben alle spezifischen Integritätsstandards gewährleistet, die die Mitgliedstaaten den in dem Beruf tätigen Personen nach Maßgabe des Gemeinschaftsrechts auferlegen können. Dementsprechend ist die Anwendung des UWG auf berufsrechtliche Bestimmungen, die das Marktverhalten in gemeinschaftsrechtskonformer Weise regeln, auch nach dem UWG (2008) zulässig.[769] Neben § 3a bleibt § 5 anwendbar. Verbraucher verknüpfen mit einer Befugnis zur Rechtsbesorgung häufig die Vorstellung von Qualität und Fachkunde. Unwahre oder täuschende Angaben über eine tatsächlich nicht vorliegende Erlaubnis können mithin geeignet sein, den Verbraucher **in relevanter Weise irre zu führen.** Wer durch seine Werbung für eine „Finanz-Sanierung" beim Durchschnittsverbraucher den Eindruck erweckt, er sei berechtigt und in der Lage, für seine Kunden umfassende Finanz-Sanierungen durchzuführen, obwohl er **zur Rechtsberatung nicht berechtigt** ist, sondern sich selbst eines Rechtsberaters bedienen muss, wirbt relevant irreführend.[770] Die geschäftsmäßig betriebene **Mediation** (vgl. § 7a BORA) wurde als Rechtsbesorgung i. S. v. § 1 RBerG angesehen,[771] erfüllt unter den in § 2 Abs. 3 Ziff. 4 RDG genannten Voraussetzungen nach neuem Recht hingegen nicht mehr den Begriff der Rechtsdienstleistung. In der Werbung eines Unternehmens, das keine zugelassene Stelle für **Verbraucherinsolvenzen** nach § 305 InsO war und keine Erlaubnis nach dem Rechtsberatungsgesetz besaß, in einem Angebot zur Finanz- und Wirtschaftsberatung mit **„Entschuldungsmöglichkeiten"** wurde ein Verstoß gegen § 5 UWG gesehen.[772] Demgegenüber wurde die Beratung über **Fördermittel der öffentlichen Hand** schon nach altem Recht nicht als Rechtsberatung angesehen[773] (s. jetzt § 5 Abs. 2 Ziff. 3 RDG). Der Verkehr entnimmt der Werbung eines Finanzdienstleisters mit einer **„Umschuldung"** i. d. R. nur, dass ein Kredit abgelöst werden soll; liegen keine Besonderheiten vor, wird der Begriff daher nicht im Sinne einer rechtsberatenden Tätigkeit aufgefasst werden.[774] Die Übersendung einer Postwurfsendung eines **Mietervereins** an Mieter einer Wohnanlage, unter denen auch Nichtmitglieder des Vereins sind, mit konkreten Informationen zu einer möglichen Mietminderung und der Beifügung von Mustern, wurde schon unter der Geltung des RBerG nicht als „geschäftsmäßige Besorgung fremder Rechtsangelegenheiten einschließlich der Rechtsberatung" i. S. d. § 1 Abs. 1 S. 1 RBerG angesehen.[775] Die **Gemeinschaftswerbung** einer Unternehmensgruppe mit Stellenanzeigen, in der Informationen über die Leistungen der Unternehmen zusammen gefasst mitgeteilt werden, um geeignete Personen zu einer Kontaktaufnahme zu veranlassen, versteht der Verkehr im Allgemeinen nicht dahingehend, dass jedes der Mitglieder der Unternehmensgruppe auch alle in der Anzeige genannten Leistungen anbietet.[776] Die Organisation einer **Anwalts-Hotline** ist nur rechtsberatende Tätigkeit, wenn der Betreiber die Beratung als eigene Leistung anbietet; davon ist im Zweifel nicht auszugehen, sondern von einer bloßen Vermittlung des Vertragsschlusses mit dem jeweils beratenden Anwalt.[777] Berufsmäßige **Betreuer** dürfen trotz der Gefahr einer Fehlvorstellung der Verbraucher, dass es sich um eine umfassende Rechtsberatung handelt, mit der im Gesetz (Überschrift zu §§ 1896 ff. BGB) vorgesehenen Angabe „Rechtliche Betreuung" jedenfalls dann werben, wenn in der Werbung gleichzeitig ein nicht auf die Erbringung einer umfassenden Rechtsberatung hindeutender Berufsabschluss mitgeteilt wird.[778]

303 **„Sparkasse", „Bausparkasse".** Die Bezeichnung „Sparkasse" versteht der Durchschnittsumworbene wegen §§ 32, 40 Abs. 1 KWG, nach denen nur öffentlich-rechtliche Sparkassen diese Bezeichnung in der Firma führen dürfen, die eine Erlaubnis nach § 32 KWG besitzen, oder andere

---

[768] OLG Nürnberg NJW-Spezial 2009, 558 (red. LS, Kurzwiedergabe).
[769] BGH GRUR 2009, 1077, Tz. 21 – *Finanz-Sanierung;* GRUR 2011, 539, Tz. 23 – *Rechtsberatung durch Lebensmittelchemiker;* Urt. v. 1.6.2011, Az. 58/10, Tz. 11 – *Rechtsberatung durch Einzelhandelsverband.*
[770] BGH GRUR 2009, 1077, 1080 – *Finanz-Sanierung.*
[771] OLG Rostock BB 2001, 1869; LG Hamburg NJW-RR 2000, 1514; LG Leipzig NJW 2004, 3784.
[772] OLG Oldenburg GRUR 2006, 605.
[773] BGH GRUR 2005, 605 – *Fördermittelberatung.*
[774] OLG Hamburg GRUR-RR 2007, 20, 22.
[775] OLG Hamburg NJW 2005, 3431.
[776] BGH GRUR 2003, 540 – *Stellenanzeige.*
[777] BGH GRUR 2003, 349, 351 – *Anwaltshotline.*
[778] OLG Frankfurt Urt. v. 15.4.2010, Az. 6 U 30/10, BtPrax 2010, 239.

Unternehmen, die bei In-Krafttreten der Neufassung des KWG vom 22.1.1996 eine solche Bezeichnung nach den bisherigen Vorschriften befugt geführt haben, i. d. R. in eben diesem Sinne. **„Bausparkasse"** versteht der Umworbene im Allgemeinen so, dass hinter dem Unternehmen ein Kreditinstitut i. S. d. § 1 des Gesetzes über Bausparkassen steht (§ 40 Abs. 2 KWG). Als **„Spar- und Darlehenskasse"** betrachtet er i. d. R. eingetragene Genossenschaften, die einem Prüfungsverband angehören (§ 40 Abs. 2 KWG).

„Steuerberater", „Steuerbevollmächtigte". Zur Werbung der in **§ 6 Nr. 3 und 4 StBerG** genannten Personen näher oben unter **„Buchhaltung"**, § 5 Abschn. E Rdn. 289. Überschreitet der Steuerberater die Grenzen berufsrechtlich zulässiger Werbung, kommt ein Anspruch aus § 3a UWG i. V. m. § 57a StBerG § 10 Abs. 2 BOStB in Betracht. Unabhängig davon darf die Werbung des Steuerberaters nicht irreführend sein.[779] Die individuelle Betreuung ist selbstverständlicher Bestandteil einer Steuerberatung. Die Werbung mit „Bietet Ihnen ihr EKW-Steuerberater keine Standardlösungen, sondern individuelle Betreuung?" stellt aber dann keine irreführende Werbung mit Selbstverständlichkeiten dar, wenn sie im Kontext der Werbung zum Ausdruck bringt, dass der Steuerberatungsbedarf der einzelnen Tankstellenpächter im Zusammenhang mit dem EWK-Abrechnungssystem unterschiedlich sein kann, und im Hinblick darauf individuelle Lösungen in Aussicht stellt.[780] Mit zusätzlichen Nebenleistungen wie einem Abhol- und Bringdienst für die Buchführung darf der Steuerberater werben.[781] Steuerberater müssen gemäß §§ 32 ff. StBerG als solche bestellt werden. Gehört einer Kanzlei kein Steuerberater an, darf die Kanzlei nicht als **„Anwalts- und Steuerkanzlei"** bezeichnet werden.[782] Die Täuschungseignung bzw. die Relevanz kann aber entfallen, wenn auf dem Briefbogen die Kanzleimitglieder und deren berufliche Qualifikation im Einzelnen aufgeführt werden.[783] Die Werbung eines Lohnsteuerhilfevereins darf nicht den unrichtigen Eindruck erwecken, dass der Verein auch Nichtmitglieder betreue, die Beratungsbefugnis unumschränkt bestehe und nicht auf bestimmte Einkunftsarten beschränkt sei;[784] weist ein **Lohnsteuerhilfeverein** in einer Werbeanzeige aber nur auf sein Bestehen hin, so muss er nicht zugleich erklären, dass eine Beratung nur im Rahmen einer Mitgliedschaft bei ihm möglich und er auch lediglich in eingeschränktem Umfang zur geschäftsmäßigen Hilfeleistung in Steuersachen befugt ist.[785] Das Führen der Domain **„www.steuererklärung.de"** durch einen Lohnsteuerhilfeverein hat das OLG Nürnberg als irreführend angesehen, weil der Verein dadurch den Eindruck erweckt, dass er umfassend Steuererklärungen anfertigen darf, mithin auch für Einkunftsarten, für die er in Wirklichkeit keine Berechtigung besitzt.[786] S. auch **§ 5 Abschn. A Rdn.125 und Abschn. B Rdn. 253.** 304

Testamentsvollstrecker. Die Tätigkeit des **Testamentsvollstreckers** ist keine erlaubnispflichtige Tätigkeit.[787] Wer sich aber als „zertifizierter Testamentsvollstrecker" bezeichnet, erweckt den Eindruck, nicht nur über besondere Kenntnisse, sondern auch über praktische Erfahrung auf diesem Gebiet zu verfügen.[788] 305

„Tierheilpraktiker". Bei dem Begriff des Heilpraktikers handelt es sich nicht um eine geschützte Berufsbezeichnung. Personen, die – ohne Arzt zu sein – bei der Behandlung von Tieren Naturheilverfahren anwenden und eine entspr. Ausbildung abgeleistet haben, werben daher nicht irreführend, wenn sie sich als „Tierheilpraktiker" bezeichnen.[789] 306

„Treuhand". Da die Treuhandtätigkeit seit jeher zum Berufsbild der Rechtsanwälte gehört, kann eine untergeordnete Treuhandtätigkeit auch ohne eine ausdrückliche gesetzliche Gestattung Unternehmensgegenstand einer Rechtsanwaltsgesellschaft sein.[790] 307

Verbraucherinsolvenz. In der Werbung eines Unternehmens, das keine zugelassene Stelle für Verbraucherinsolvenzen nach § 305 InsO war und keine Erlaubnis nach dem Rechtsberatungsgesetz besaß, in einem Angebot zur Finanz- und Wirtschaftsberatung mit **„Entschuldungsmöglichkeiten"** hat das OLG Oldenburg einen Verstoß gegen § 5 gesehen.[791] 308

---

[779] Vgl. BGH GRUR 2010, 349 – *EKW-Steuerberater;* GRUR 2011, 535 – *Lohnsteuerhilfeverein Preußen.*
[780] BGH GRUR 2010, 349, 350 – *EKW-Steuerberater* mit Anm. *Kleine-Cosack,* NJW 2010, 1921 ff.
[781] BGH GRUR 2010, 349, 350 – *EWK-Steuerberater.*
[782] BGH NJW 2001, 3193, 3194 – *Anwalts- und Steuerkanzlei.*
[783] Vgl. BGH NJW 2001, 3193, 3194 – *Anwalts- und Steuerkanzlei.*
[784] BGH GRUR 2008, 186, 188 f. – *Telefonaktion.*
[785] BGH GRUR 2011, 535 – *Lohnsteuerhilfeverein Preußen.*
[786] OLG Nürnberg, GRUR 2002, 460, 461 – *steuererklärung.de;* vgl. auch LG Leipzig MD 2003, 1074, 1078.
[787] BGH GRUR 2005, 355, 356 – *Testamentsvollstreckung durch Steuerberater;* BGH GRUR 2005, 353, 354 f. – *Testamentsvollstreckung durch Banken.*
[788] BGH Urt. v. 9.6.2011, Az. I ZR 113/10 – *Zertifizierter Testamentsvollstrecker.*
[789] BGH GRUR 2000, 73, 74 – *Tierheilpraktiker.*
[790] BGH GRUR 2016, 202 LS 2. – *Treuhandgesellschaft.*
[791] OLG Oldenburg GRUR 2006, 605.

309 **„Versicherungsberater".** Die Bezeichnung „(Vorsorge- und) Versicherungsberater" war im Jahr 2005 weder durch das RBerG noch durch ein anderes Gesetz geschützt und, soweit sie für Mitarbeiter einer Versicherung verwendet wurde, auch nicht irreführend.[792]

310 **„Volksbank".** Diese oder eine Bezeichnung, in der dieses Wort enthalten ist, dürfen nur Kreditinstitute neu aufnehmen, die in der Rechtsform einer eingetragenen Genossenschaft betrieben werden und einem Prüfungsverband angehören (§ 39 Abs. 2 KWG). Der Verbraucher verbindet mit der Zulassung die Vorstellung besonderer Zuverlässigkeit und Überwachung. I. d. R. irreführend handeln deshalb Unternehmen anderer Rechtsform, die ohne eine entsprechende Erlaubnis Volksbankgeschäfte betreiben.

311 Zu **Aussagen und Symbolen,** die sich auf eine Zulassung des Unternehmers oder der Waren oder Dienstleistungen beziehen, näher § 5 Abschn. C Rdn. 277 ff.

VII. Mitgliedschaften oder Beziehungen des Unternehmers

Schrifttum: *Heermann,* Ambush-Marketing anlässlich Sportgroßveranstaltungen – Erscheinungsformen, wettbewerbsrechtliche Bewertung, Gegenmaßnahmen, GRUR 2006, 359; *Herb,* Spezialisierungshinweise und irreführende Werbung nicht markenbezogener Reparaturwerkstätten, WRP 1991, 699; *Huth,* Auffassungswandel beim Firmenzusatz „deutsch"?, GRUR 1965, 290; *Nassal,* Irreführung im Kfz-Handel („Ford-Vertragspartner"), jurisPR-BGHZivilR 20/2011 Anm. 2; *Niebling,* Werkstätten als Vertragspartner oder scheinbare Vertragshändler, WRP 2011, 1416; *v. Olenhusen,* Das „Institut" im Wettbewerbs-, Firmen-, Standes-, Namens- und Markenrecht, WRP 1996, 1079; *P. Ulmer,* Wettbewerbsrechtliche Schranken für die Händlerwerbung mit bekannten Herstellermarken?, WRP 1987, 299.

1. Allgemein

312 **a) Abgrenzung.** Eine geschäftliche Handlung ist gemäß § 5 Abs. 1 S. 2 Nr. 3 irreführend, wenn sie in Bezug auf die Mitgliedschaften oder Beziehungen des Unternehmers in relevanter Weise unwahre oder täuschende Angaben enthält. Der Bezugspunkt wurde in Umsetzung von Art. 6 Abs. 1 lit. f Richtlinie unlautere Geschäftspraktiken neu in § 5 Abs. 1 S. 2 eingefügt, der die gleichen Begriffe verwendet. In der engl. bzw. franz. Richtlinienfassung ist von „affiliation or connection" bzw. „son affiliation ou ses liens" die Rede; ohnehin handelt es sich nur um einen der nicht abschließenden Beispielsfälle für die Irreführung über die Person, die Eigenschaften oder die Rechte des Gewerbetreibenden bzw. seines Vertreters. Schon bislang war anerkannt, dass täuschende Angaben über Mitgliedschaften oder Beziehungen eine Irreführung begründen können. Auch Negativangaben unterfallen § 5, so die falsche oder täuschende Angabe, nicht zu einem bestimmten Konzern zu gehören.[793]

313 **Unterlässt** der Unternehmer Angaben über seine Beziehungen zu anderen Unternehmen, kann § 5a einschlägig sein. So wird nach § 5a Abs. 4 i. V. m. Art. 12 RL 2002/92/EG über Versicherungsvermittlungen die Wesentlichkeit der Information, dass der **Versicherungsvermittler** vertraglich verpflichtet ist, Versicherungsvermittlungsgeschäfte ausschließlich mit einem oder mehreren Versicherungsunternehmen zu tätigen, von Gesetzes wegen vermutet; zu der sich daraus ergebenden Informationspflicht näher **§ 5a Rdn. 201.**

314 Mitgliedschaften oder Beziehungen können die Identität oder den Status des Unternehmers beeinflussen; dann kommt eine Irreführung auch im Hinblick auf diese Bezugspunkte in Betracht. Bislang ging die Rechtsprechung davon aus, dass § 5 auf derartige Irrtümer nur unter Beachtung des **Vorrangs des Kennzeichenrechts** anwendbar sei. Dies kann nach neuem Recht nicht mehr gelten, s. **näher § 5 Abschn. J Rdn. 2 ff.** Für die **vergleichende Werbung** hat der EuGH entschieden, dass die Benutzung fremder Kennzeichen keinen falschen Eindruck über die Beziehungen zwischen dem Werbenden und dem Zeicheninhaber erwecken darf.[794]

315 **b) Mitgliedschaften oder Beziehungen.** Unter der **„Mitgliedschaft"** i. S. d. § 5 Abs. 1 S. 2 Nr. 3 ist die mit Rechten und Pflichten verbundene Stellung des Unternehmers in einem Verband zu verstehen. Dazu gehören auch „gemittelte Mitgliedschaften" dergestalt, dass der Unternehmer Mitglied eines Verbandes ist, dem wiederum die Mitgliedschaft in einem anderen Verband zusteht. Darüber hinaus werden auch alle anderen **Beziehungen** des Unternehmers erfasst, also seine geschäftlichen Verbindungen.

---

[792] BGH GRUR 2009, 970 – *Versicherungsberater.*
[793] Vgl. LG Darmstadt, Beschluss vom 18.11.2010, Az. 16 O 284/10.
[794] EuGH GRUR 2002, 354, 356 – *Toshiba;* GRUR 2006, 345, 346 – *Siemens/VIPA.*

c) Unwahre oder zur Täuschung geeignete Angabe. Darunter fallen alle Informationen über Mitgliedschaften oder Beziehungen, die nicht den objektiven Tatsachen entsprechen oder geeignet sind, den Verkehr zu täuschen. Sowohl durch unmittelbare als auch durch konkludente Angaben lässt sich täuschen. So kann die Benutzung fremder **Kennzeichen** den Eindruck von Verbindungen zum Kennzeicheninhaber erwecken. Ist ein Rechtsanwalt aus der Kanzlei ausgeschieden, darf sein Name im Briefkopf nicht mehr ohne entspr. Hinweis als Partner aufgeführt werden. Die Verwendung fremder Marken kann beim Verkehr die Vorstellung hervorrufen, der Benutzer sei **Kommissionär, Handelsvertreter, Vertriebspartner** o. ä. dieses Unternehmens. In der Bezeichnung einer Software zur Lohn- und Gehaltsabrechnung, die u. a. der Übermittlung von Daten zwischen Arbeitgebern und gesetzlichen Krankenkassen dient, unter der Bezeichnung „Praxis Aktuell Lohn & Gehalt", die wegen des **Zeitschriftentitel eines Publikationsorgans der AOK** „Praxis Aktuell" bei den angesprochenen Verkehrskreisen den Eindruck erwecke, es handele sich bei der Software um ein von der AOK oder in enger Zusammenarbeit mit ihr hergestelltes Produkt das schon deshalb für die Kommunikation der Arbeitgeber mit der AOK besonders geeignet sei, liegt nach Auffassung des BGH keine wettbewerbsrechtlich relevante Irreführung gemäß § 5 Abs. 1 Satz 2 Nr. 3, sondern nach § 5 Abs. 1 Satz 2 Nr. 1 UWG.[795] Auch unwahre oder täuschende Angaben über die Art oder die Intensität von Mitgliedschaften oder Beziehungen können den Verkehr irreführen. 316

d) Relevanz. Angaben über Mitgliedschaften und Beziehungen des Unternehmers können das Verhalten des Verkehrs aus unterschiedlichen Gründen beeinflussen. Das Wissen um eine Beteiligung des Kreditvermittlers an bestimmten kreditgebenden Unternehmen kann den Ausschlag dafür geben, einen anderen **(unabhängigen)** Vermittler zu beauftragen. Von einem Händler, der vertraglich in das Vertriebsnetz eines Automobilherstellers eingebunden ist, erwartet der Verkehr ein besonders **geschultes Fachpersonal,** mithin eine besondere **Qualität** bei der Beratung, beim Service und bei Werkstattleistungen.[796] Zudem liegt es nicht fern, dass sich die Verbraucher von einem **Vertragshändler** eine besondere Nähe zum Hersteller und damit bessere tatsächliche und rechtliche Möglichkeiten bei der Regelung von **Garantie- und Kulanzfällen** versprechen als bei einem Betrieb, der mit dem Hersteller lediglich als Servicepartner verbunden ist.[797] Der Hinweis des Rechtsanwalts auf eine Vielzahl zufriedener (tatsächlich nicht existierender) Geschäftspartner kann den Ausschlag geben, ihm als vermeintlich **Fachkundigerem** den Fall zu übertragen. Beziehungen zum Staat fasst der Verkehr oft i. S. einer besonderen **Zuverlässigkeit** und **Überwachung** auf. Auch vermeintliche Beziehungen zu (quasi) öffentlichen Institutionen wie der AOK können vertrauensschaffende Umstände sein. So hat das OLG Hamburg die Relevanz der vom Gericht in der Verwendung des Titels eines ihrer Publikationsorgane als Bestandteil der Bezeichnung einer Software zur Übermittlung von Daten zwischen Arbeitgebern und gesetzlichen Krankenkassen erkannten Täuschung des Verkehrs darin gesehen, dass sich der Unternehmer das in die AOK gesetzte **besondere Vertrauen** des Verkehrs zu Nutze mache.[798] Irrelevant sind demgegenüber Fehlvorstellungen über Umstände, die für die geschäftliche Entscheidung des Verkehrs keine Rolle spielen. Dazu kann der Irrtum des Verbrauchers gehören, der Unternehmer sei selbst Mitglied eines Verbandes, während er tatsächlich nur Mitglied eines Mitglieds des Verbandes ist.[799] 317

2. Beispiele

„Abteilung". Wer mit dem Begriff **„Opel-Kunden"** und **„Abt. Opel"** wirbt, kann dadurch den irrigen Eindruck hervorrufen, ein Opel-Händler oder eine autorisierte Opel-Werkstatt zu sein.[800] 318

„Akademie". Der Begriff wird heute nicht mehr nur für staatliche, sondern auch für private Einrichtungen verwandt. Ob beim Verkehr der Eindruck entsteht, der Inhaber oder Träger der „Akademie" habe Beziehungen zum Staat, kommt deshalb immer auf die konkrete Verwendung an.[801] Die Bezeichnung **„Akademie für praktische Betriebswirtschaft GmbH"** einer privaten 319

[795] BGH GRUR 2011, 85 ff. – *Praxis aktuell;* anders die Vorinstanz OLG Hamburg MarkenR 2008, 282 – *Praxis aktuell:* Irreführung nach § 5 Abs. 2 Nr. 3 UWG 2004, § 5 Abs. 1 Satz 2 Nr. 3 UWG 2008.

[796] BGH Urt. v. 17.3.2011, Az. I ZR 170/08, Tz. 27 – *Ford-Vertragspartner.*

[797] BGH Urt. v. 17.3.2011, Az. I ZR 170/08, Tz. 27 – *Ford-Vertragspartner.*

[798] Vgl. OLG Hamburg MarkenR 2008, 282 – *Praxis aktuell,* bestätigt durch BGH GRUR 2011, 85 ff. – *Praxis aktuell.*

[799] OLG Köln Urt. v. 17.3.2006, Az. 6 U 176/95.

[800] BGH GRUR 1970, 467 ff. – *Vertragswerkstatt.*

[801] Vgl. OLG München WRP 1985, 446, 447; OLG Düsseldorf GRUR-RR 2003, 49.

Gesellschaft soll nach einer Entscheidung des OLG Bremen aus den 70ger Jahren den Eindruck von Beziehungen zur öffentlichen Hand erwecken.[802] Demgegenüber soll der Verkehr erkennen, dass sich hinter der Bezeichnung **„Manager-Akademie"** ein privates Unternehmen verbirgt.[803] Die Bezeichnung **„Business-Akademie"** für ein Unternehmen, das Weiterbildung in den Bereichen „Musik, Medien, Events und Kultur" anbietet, ist nicht deshalb irreführend, weil das bezeichnete Unternehmen keine öffentlich-rechtliche oder behördlich anerkannte Ausbildungsstätte ist und auch keine akademischen Strukturen hat.[804]

320 **Ambush-Marketing.** Dabei geht es um an den guten Ruf einer (Sport-)Veranstaltung angelehnte Werbung von Unternehmen, die nicht als offizieller Sponsor fungieren.[805] Ambush-Marketing kann den unrichtigen Eindruck hervorrufen, der Werbende stehe in einer **Sponsor-Beziehung** zu Veranstaltern oder Teilnehmern der Veranstaltung.[806] Hier kommt neben § 5 Abs. 1 Satz 2 Nr. 3 auch § 5 Abs. 1 Satz 2 Nr. 4 in Betracht, s. auch § 5 Abschn. G.

321 **Auftrag.** Irreführend ist die unrichtige Behauptung, der Vertrieb erfolge im Auftrag eines anderen Unternehmens.[807]

322 **„Bund".** Bei mit anderen Betrieben in Wettbewerb stehenden Wirtschaftsunternehmen, die in der **Firmenbezeichnung** den Bestandteil „Bundes" führen (z. B.: **„Bundesdruckerei"**), ist nach allgemeiner Lebenserfahrung davon auszugehen, dass der Verkehr im Allgemeinen annehmen wird, dass die Bundesrepublik Deutschland zumindest Mehrheitsgesellschafter des Unternehmens ist.[808] Die Bezeichnung einer Buchhandlung als **„Anstalt des deutschen Beamtenwirtschaftsbundes"** erweckt neben Vorstellungen zur Betriebsgröße den Eindruck, als sei der Bund Inhaber oder beherrsche den Betrieb zumindest.[809] Der Begriff **„Bundeszentrale für Fälschungsbekämpfung"** deutet auf hoheitliche Befugnisse hin.[810] Die Benutzung der Abkürzung **„BDB"** auf dem Praxisschild eines Psychologen, der psychotherapeutische Behandlung anbietet, ist nach einer Entscheidung des OLG Karlsruhe irreführend, weil sie beim Verkehr den Eindruck einer zusätzlichen Qualifikation oder der Mitgliedschaft in einem namhaften Berufsverband erwecke, während der mit „BDB" bezeichnete „Bund Deutscher Berufspsychologen" in Psychologenkreisen gänzlich unbekannt sei.[811]

323 **„Deutsch".** Bezeichnet sich eine gesetzliche Krankenkasse als „offizielle Krankenkasse der Deutschen Olympiamannschaft", kann dies den Eindruck erwecken, dass zumindest ein erheblicher Teil der gesetzlich versicherten Mitglieder der deutschen Olympiamannschaft seien bei ihr versichert und zudem als Angliederung an den deutschen Olympischen Sportbund verstanden werden.[812] S. auch **§ 5 Abschn. C Rdn. 191, Abschn. E Rdn. 187.**

„Fachschule". Nach einer Entscheidung des LG Düsseldorf aus dem Jahre 2003 liegt in der Verwendung des Begriffs **„Fachschule"** in Nordrhein-Westfalen keine Irreführung, denn der Verkehr nehme weder an, es handele sich um eine staatliche Schule, noch schließe er auf staatliche Aufsicht oder die Erfüllung staatlicher Zulassungsvoraussetzungen als Lehranstalt.[813]

324 **Firma.** S. unter „Kennzeichen".

325 **Geografische Bezeichnungen.** Geografische Bezeichnungen weisen zwar in erster Linie auf die Herkunft des Produkts bzw. des Unternehmens hin, können aber auch im Sinne der Existenz anders gestalteter Beziehungen (**Kontrolle, anteilsmäßige Beteiligung, finanzielle Unterstützung** u. Ä.) des Unternehmens zum Staat verstanden werden. So kann die Bezeichnung einer Buchhandlung als **„Anstalt des deutschen Beamtenwirtschaftsbundes"** die Vorstellung erwecken, der deutsche Staat sei Inhaber oder beherrsche den Betrieb zumindest.[814] Wirbt der Inhaber einer privaten Jagdfortbildungsstätte unter der Bezeichnung **„Jagdschule Saarland"** bzw. **„Jagdschule Mecklenburg"**, soll nach Auffassung des OLG Saarbrücken eine Irreführung vorliegen, da der Begriff Jagdschule in Verbindung mit dem geografischen Zusatz den Eindruck einer amtlichen

---

[802] Vgl. OLG Bremen NJW 1972, 164.
[803] LG Frankfurt NJWE-WettbR 1998, 244.
[804] OLG Düsseldorf, Urt. v. 9.7.2002, Az. I-20 U 154/01.
[805] S. näher *Heermann,* GRUR 2006, 359 ff.
[806] Vgl. BGH Urt. v. 12.11.2009, Az. I ZR 183/07, Tz. 47 – *WM-Marken* (Irreführung im konkreten Fall verneint; *Heermann,* GRUR 2006, 359 ff.
[807] OLG Karlsruhe, Urt. v. 19.11.2008, Az. 6 U 111/08.
[808] BGH WRP 2007, 1346 – *Bundesdruckerei.*
[809] Vgl. RG MuW 33, 122.
[810] Vgl. BGH GRUR 1980, 794; OLG Köln WRP 1979, 73.
[811] OLG Karlsruhe Magazindienst 2000, 448.
[812] OLG Düsseldorf, NJOZ 2011, 1481.
[813] LG Düsseldorf EzB-VjA UWG §§ 1 ff. Nr. 23.
[814] Vgl. RG MuW 33, 122.

Einrichtung erwecke.[815] Die Verwendung des Titels **„Oberpfälzer Bierkönigin"** durch und für eine von mehreren ortsansässigen Brauereien wurde hingegen nicht beanstandet.[816] Zur Irreführung durch **geografische Angaben** s. **§ 5 Abschn. C Rdn. 177 ff.**

Grüner Punkt. Der Aufdruck des „Grünen Punktes" auf **Verpackungen** kann den Eindruck einer Wiederverwertbarkeit durch das Duale System Deutschland erwecken.[817] 326

„Haus der Anwälte". Die Bezeichnung **„Haus der Anwälte"** deutet zwar auf mehrere Anwaltskanzleien bzw. Anwälte hin, erweckt aber entgegen LG Osnabrück[818] nicht die Vorstellung, dass die in dem so bezeichneten Gebäude ansässigen Rechtsanwaltskanzleien in bestimmter Weise kooperieren. 327

„Institut". Der Begriff kann auf besondere Beziehungen des Unternehmers zu staatlichen Organisationen hindeuten, s. § 5 Abschn. E Rdn. 405 unter „Institut". 328

Kennzeichen. Die Benutzung eines Namens, einer Firma oder von Kennzeichen eines anderen kann den Eindruck vertraglicher oder sonstiger Beziehungen der Unternehmen erwecken. Wer damit wirbt, sich **auf Opel-Fahrzeuge spezialisiert** zu haben, suggeriert seine Eigenschaft als **Vertragshändler** oder **Vertragswerkstatt.**[819] Es bedarf daher regelmäßig des Vorliegens zusätzlicher Hinweise, wenn festgestellt werden soll, dass das Publikum einen Opel-Spezialisten nicht als Vertragshändler ansieht.[820] Dieser Grundsatz gilt auch fort, nachdem auf den durchschnittlich informierten, aufmerksamen und verständigen Umworbenen in der jeweiligen Situation der Werbung abzustellen ist. Wer mit dem Begriff **„Opel-Kunden"** und **„Abt. Opel"** wirbt, kann dadurch den irrigen Eindruck hervorrufen, ein Opel-Händler oder eine autorisierte Opel-Werkstatt zu sein.[821] Die Bezeichnung als **„Ford-Vertragspartner"** kann eine relevante Irreführung begründen, wenn aufgrund der konkreten Umstände der unzutreffende Eindruck entsteht, der Werbende sei „Vertragshändler" des Automobilherstellers."[822] Immer kommt es aber auf die Umstände der jeweiligen Werbesituation an.[823] Während das OLG Hamm die Werbung **„Kfz-Meisterbetrieb speziell für Mercedes-Benz"** als zulässig angesehen hat, weil einer spezialisierten Werkstatt nicht schlechthin verboten werden könne, mit der Spezialisierung zu werben,[824] wurde die Bezeichnung **„Porsche-Spezial-Werkstatt"** einer freien Werkstatt vom KG als irreführend angesehen, weil der Verkehr nicht hinreichend zwischen „Vertragswerkstätten" und „Spezialwerkstätten" für Porsche-Fahrzeuge unterscheide.[825] Bei Hausgeräten wird der Kundendienst im Allgemeinen von den Herstellern organisiert, die dafür sorgen, dass entweder eine eigene Werkstatt und/oder eine Vertragswerkstatt die Gewährleistungs- und/oder Garantiearbeiten, aber auch andere Reparaturen durchführen.[826] Wer mit dem Hinweis wirbt, er führe an Hausgeräten allein oder unter anderem der **Marke/Firma Bosch den „Kundendienst"** durch, kann deshalb dadurch den Eindruck erwecken, dass es sich um den vom Hersteller organisierten Kundendienst handelt.[827] Beim Verkehr kann der Eindruck entstehen, die sich in ihrer Werbung als „Bettenhaus" bezeichnende Bettfedernreinigung sei die **Zweigstelle** eines großen Bettengeschäfts, das unter der gleichen Bezeichnung bekannt ist.[828] Der **Zusatz „sen."** in der 1953 gegründeten Firma „Hubert Gottfried Underberg" verstößt gegen das Irreführungsverbot, weil dadurch der unrichtige Eindruck entsteht, es handle sich um das Stammunternehmen der altbekannten Underberg-Produktion.[829] Schon das RG ging davon aus, dass die Firmierung **Vereinigung Deutscher Pumpenfabriken Borsig-Hall** durch den Verlust der **Beziehung** zu Borsig unzulässig wurde.[830] Die Verwendung der Bezeichnung und der Domain **„Deutsches-Handwerk.de"** für ein Internetportal, auf dem Handwerksbetrieben die Möglichkeit der Eintragung von Daten gegen Entgelt angeboten wird, kann den unrichtigen Eindruck erwecken, es handele sich um den Internetauftritt einer offiziellen und berufsständischen Organisation 329

[815] OLG Saarbrücken OLG Saarbrücken 2001, 207.
[816] OLG Nürnberg NJW-RR 2011, 1186.
[817] BGH GRUR 2004, 613 – *Schlauchbeutel.*
[818] LG Osnabrück GRUR-RR 2011, 222.
[819] BGH GRUR 1970, 467, 469 – *Vertragswerkstatt;* OLG Hamm GRUR 1989, 285.
[820] BGH GRUR 1970, 467, 469 – *Vertragswerkstatt.*
[821] BGH GRUR 1970, 467 ff. – *Vertragswerkstatt.*
[822] BGH Urt. v. 17.3.2011, Az. I ZR 170/08 – *Ford-Vertragspartner.*
[823] OLG Hamm GRUR 1989, 285.
[824] OLG Hamm GRUR 1989, 285.
[825] KG WRP 1978, 54.
[826] OLG Hamburg GRUR 1993, 488.
[827] OLG Hamburg GRUR 1993, 488.
[828] OLG Karlsruhe WRP 1955, 19.
[829] BGH GRUR 1957, 342 – *Underberg.*
[830] RG GRUR 1935, 982.

des deutschen Handwerks.[831] Werden Tanzdarbietungen eines Balletts, das nicht das original Bolshoi Ballett ist, auf Werbeplakaten mit **„Bolshoi Balett Gala"** und Ankündigungen wie „das große russische Festivalballett" präsentiere die „Bolshoi Ballett Gala" beworben, so ist diese Werbung irreführend i. S. d. § 5, weil sie den Eindruck erweckt, es trete entweder das weltberühmte Staatliche Ballett des Bolshoi Theaters in Moskau auf oder jedenfalls ein Ballett, das künstlerische, organisatorische oder wirtschaftliche Beziehungen zu dem original Bolshoi Ballett unterhält und deshalb Ballettdarbietungen auf höchstem künstlerischen Niveau biete.[832]

330 **Öffentlich-rechtliche Befugnisse.** Es darf nicht der unrichtige Eindruck erweckt werden, das Unternehmen verfüge infolge entsprechender Beziehungen über öffentlich-rechtliche Befugnisse. Die werbende Herausstellung der Rechtsnachfolge eines eingetragenen Vereins ist irreführend, wenn sie zur Täuschung des Verkehrs über das Fortbestehen tatsächlich jedoch erloschener öffentlich-rechtlicher Befugnisse geeignet ist.[833] Ein an kaufmännische Adressaten gerichtetes Erinnerungsschreiben betreffend die Verlängerung einer registrierten Marke durch einen privaten Dienstleister, das sich nach seinem Gesamteindruck an das Anmeldeformular des DPMA anlehnt und eine objektiv nicht vorhandene Bezeichnung des Dienstleisters zur offiziellen registerführenden Stelle suggeriert, ist auch dann in wettbewerblich relevanter Weise zur Irreführung geeignet, wenn nur ein kleiner Teil der Angesprochenen den wahren Inhalt des Schreibens verkennt.[834]

331 **„Original".** Bezeichnungen, die für sich genommen nicht an Beziehungen oder Mitgliedschaften des Unternehmers denken lassen, können durch den Zusatz „Original" eine andere Bedeutung erhalten. Der Begriff **„Original Patienten-Aufklärungsbögen von Dr. S."** suggeriert, dass es sich in Abgrenzung zu anderen, nicht authentischen Produkten um diejenigen Aufklärungsbögen handelt, die unter Wahrung einer von Dr. S. begründeten Unternehmenstradition hergestellt werden.[835]

332 **„Polizei".** Der Begriff weist auf eine Zugehörigkeit zur Polizei hin. Der Zeitschriftentitel einer privaten Publikation mit Abbildung des Polizeisterns auf dem Titelblatt wurde daher als irreführend angesehen, weil der Eindruck entstehe, es handele sich um ein offizielles Organ der Polizei.[836]

332a **Rabatt-Coupons.** Die Werbung einer Drogeriemarktkette, dass in ihren Filialen Kunden 10%-Rabatt-Coupons von anderen Drogeriemärkten vorlegen und einen entsprechenden Rabatt auf den Einkauf erhalten können, impliziert nicht, dass es sich um eine gemeinsame Werbemaßnahme mehrerer Unternehmen handelt, und ist nicht irreführend.[837]

333 **Rechtsanwalt.** Auch wenn Rechtsanwälten mittlerweile zahlreiche Rechtsformen für die gemeinschaftliche Berufsausübung zur Verfügung stehen, hat der Verkehr die berechtigte Erwartung, dass sich die **unter einer einheitlichen Kurzbezeichnung auftretenden Berufsträger** unter Aufgabe ihrer beruflichen und unternehmerischen Selbständigkeit zu gemeinschaftlicher Berufsausübung in einer haftungsrechtlichen Einheit verbunden haben.[838] Eine **Bürogemeinschaft** oder **Kooperation** unternehmerisch eigenständiger Berufsträger wird der Verkehr unter einer einheitlichen Kurzbezeichnung nur bei hinreichend deutlichen Hinweisen erkennen.[839] Werden in der Kopfleiste des Briefbogens einer Anwaltskanzlei blickfangmäßig die Namen oder eine Kurzbezeichnung der Sozietätsmitglieder zusammen mit den Berufsbezeichnungen Rechtsanwälte, **Steuerberater** und **Patentanwalt** bzw. **Wirtschaftsprüfer** herausgestellt, ist dies irreführend, wenn nicht zumindest ein Sozietätsmitglied, sondern nur ein Kooperationspartner über diese Zusatzqualifikation (Steuerberater und Patentanwalt bzw. Wirtschaftsprüfer) verfügt, und wird die Gefahr der Irreführung nicht dadurch ausgeräumt, dass die Berufsbezeichnungen Steuerberater und Patentanwalt bzw. Wirtschaftsprüfer am rechten Rand des Briefkopfes durch Namensnennung der Kooperationspartner unter Hinzufügung ihrer beruflichen Stellung erläutert werden.[840] Der mit der Kurzbezeichnung **„K-Associates"** in Kanzleibriefbögen verbundenen Vorstellung einer gewissen Internationalität der Kanzlei ist nach einer Entscheidung des BGH ausreichend dadurch Rechnung

---

[831] OLG Hamburg GRUR-RR 2007, 93 – *Deutsches-Handwerk.de.*

[832] OLG Hamm ZUM 2005, 661.

[833] BGH GRUR 1984, 457, 459 – *Deutsche Heilpraktikerschaft.*

[834] OLG Köln GRUR-RR 2011, 274.

[835] OLG Hamburg OLGR Hamburg 2005, 794.

[836] LG Frankfurt WRP 1977, 519. – Krit. Köhler/*Bornkamm,* 34. Aufl. 2016, § 5 Rdn. 5.92, da der Zeitschrift gestattet sein müsse, schon im Titel darauf hinzuweisen, dass sie sich an Polizisten richte.

[837] BGH, Urt. v. 23.6.2016, I ZR 137/15; ebenso die Vorinstanzen OLG Stuttgart, WRP 2015, 1128; LG Ulm, WRP 2015, 491.

[838] BGH GRUR 2014, 496 – *Kooperation mit Wirtschaftsprüfer;* vgl. BGH NJW 2003, 345.

[839] BGH GRUR 2014, 496 – *Kooperation mit Wirtschaftsprüfer;* vgl. BGH NJW 2003, 345.

[840] BGH NJW 2003, 345; vgl. BGH GRUR 2014, 496, 497 Rdn. 10 ff. – *Kooperation mit Wirtschaftsprüfer.*

getragen, dass einer der Anwälte in New York tätig ist und dort seinen Sitz hat.[841] Demgegenüber wurde die Verwendung der Bezeichnung **„Internationale Sozietät von Rechtsanwälten und Attorneys-at-Law“** auf dem Briefkopf einer aus sechs Rechtsanwälten bestehenden inländischen Kanzlei als irreführend angesehen, wenn der US-amerikanischen anwaltlichen „Partnership“, mit denen die Kanzlei zusammenarbeitet, nur einer dieser Rechtsanwälte angehörte.[842]

„Staatlich“. Staatliche Trägerschaft oder Förderung eines Unternehmens werden im Verkehr als Zeichen besonderer Autorität und Seriosität angesehen weshalb diesbezügliche Angaben, mit denen die wahren geschäftlichen Verhältnisse verschleiert werden, unabhängig von der handelsrechtlichen (Fort-)Führung einer Firma regelmäßig irreführend sind.[843] Der Begriff „staatlich“ wird, insbes. wenn er im Gegensatz zu „privat“ verwandt wird, als Hinweis auf eine fiskalische Zugehörigkeit und nicht bloß im Sinne einer staatlichen Überwachung verstanden.[844] **„Staatl. Selters“** darf ein Mineralwasser daher dann nicht genannt werden, wenn nur 5 % des Stammkapitals des Unternehmens vom Staat gehalten werden.[845] Die Bezeichnung eines Vereins als **„Standesorganisation der staatlichen Lotterieteilnehmer“** ist irreführend, wenn es sich um eine reine Interessenvertretung ohne öffentliche Funktion handelt.[846] Ein an kaufmännische Adressaten gerichtetes Erinnerungsschreiben über die Verlängerung einer registrierten Marke durch einen privaten Dienstleister, das sich nach seinem Gesamteindruck an das Anmeldeformular des **DPMA** anlehnt und eine objektiv nicht vorhandene Beziehung des Dienstleisters zur offiziellen registerführenden Stelle suggeriert, ist nach einer Entscheidung des OLG Köln auch dann in wettbewerblich relevanter Weise zur Irreführung geeignet, wenn nur ein kleiner Teil der Angesprochenen den wahren Inhalt des Schreibens verkennt.[847]

„Stadt“ bzw. „städtisch“. Ein solcher Zusatz deutet eine Inhaberschaft oder zumindest Bezie- 334
hung zur Stadt an („Städtische Werke“, „Stadtreiniger“, „Stadtwerke“[848]). Aber auch auf andere Weise kann der unrichtige Eindruck einer solchen Beziehung erweckt werden. So wurde z. B. die Verwendung einer Abkürzung in der Firmierung eines ehemals kommunalen, jetzt privaten Energieversorgungsunternehmens „swb“ (Assoziation: Stadtwerke Bremen) als unlauter angesehen.[849] Weite Teile der Bevölkerung assoziieren mit einem kommunalen Unternehmen die Vorstellung besonderer Verlässlichkeit, Seriosität und Bonität, woraus sich i. d. R. die **Relevanz** der Irreführung ergibt.[850]

„Unfallversorgung Deutscher Ärzte und Zahnärzte-Versicherungsgesellschaft-mbH“. 335
Diese Firma versteht der Verkehr so, dass es sich bei dem Unternehmen um eine berufsständische, jedenfalls aber von berufsständischen Organisationen getragene oder unter deren Einfluss stehende Versorgungseinrichtung handelt.[851]

„Unabhängig“. Die Werbung mit der „Unabhängigkeit“ eines Finanzdienstleistungen vermit- 336
telnden Unternehmens ist irreführend, wenn 97 % der Aktien dieses Finanzvermittlers von einem Unternehmen gehalten werden, dessen Finanzprodukte vermittelt werden.[852]

„Universität“. Der Zusatz weist auf Beziehungen zur Universität hin. Welcher Art diese sind, 337
kommt auf die konkrete Verwendung des Begriffs an. So erwartet der Verkehr von einer „Universitätsbuchhandlung“ nur, dass diese sich in der Nähe der Universität befindet und Studienliteratur anbietet. Dass eine „Universitätscafeteria“ sich in der Hand der Universität befindet, wird nicht erwartet, wohl aber, dass durch Vereinbarungen für auf die Bedürfnisse der Universitätsangehörigen und Studenten abgestimmte Angebote, Öffnungszeiten und Preise gesorgt wird.

Vergleichende Werbung. Die Benutzung fremder Kennzeichen darf keinen falschen Eindruck 338
über die Beziehungen zwischen dem Werbenden und dem Zeicheninhaber erwecken.[853]

---

[841] BGH NJW 2005, 1770 – *Associates.*

[842] BGH GRUR 1996, 917 – *Internationale Sozietät.*

[843] Köhler/*Bornkamm,* 34. Auf. 2016, § 5 Rdn. 5.91 ff.; Götting/*A. Nordemann,* § 5 Rdn. 3.4; OLG Köln GRUR-RR 2011, 274; vgl. BGH GRUR 2003, 448 – *Gemeinnützige Wohnungsgesellschaft;* GRUR 2007, 1079 – *Bundesdruckerei.*

[844] BGH GRUR 1986, 316, 318 – *Urselters.*

[845] BGH GRUR 1986, 316, 318 – *Urselters.*

[846] OLG Frankfurt WRP 1982, 97.

[847] OLG Köln GRUR-RR 2011, 274.

[848] BGH Urt. v. 13.6.2012, Az. I ZR 228/10, GRUR 2012, 1273 – *Stadtwerke Wolfsburg;* OLG Hamm Urt. v. 8.12.2009, Az. 4 U 128/09; OLG Frankfurt, Urt. v. 24.11.2011, Az. 6 U 277/10.

[849] Vgl. OLG Bremen OLGR Bremen 2009, 907, 908; OLG Hamburg Urt. v. 9.4.2010, Az. 2 U 7/10. – Anders im Ergebnis aufgrund besonderer Umstände des Einzelfalls OLG Frankfurt Beschluss v. 24.6.2010, Az. 6 U 65/10, und Urt. v. 24.11.2011 Az. 6 U 277/10.

[850] BGH Urt. v. 13.6.2012, Az I ZR 228/10, GRUR 2012, 1273, 1274 – *Stadtwerke Wolfsburg;* vgl. OLG Bremen OLGR Bremen 2009, 907, 908.

[851] BGH GRUR 1968, 431, 432 – *Unfallversorgung.*

[852] OLG Frankfurt GRUR-RR 2011, 220.

[853] EuGH GRUR 2002, 354, 356 – *Toshiba;* GRUR 2006, 345, 346 – *Siemens/VIPA.*

339 **Versicherungsvertreter.** Lässt sich ein Versicherungsvertreter, der seine Agenturbindung gegenüber dem Versicherungsnehmer offenlegt, für die Beratung und die Vermittlung einer Netto-Police vom Versicherungsnehmer eine eigenständige Vergütung versprechen, ist mit einer solchen Vereinbarung nicht ohne weiteres eine Irreführung über den Status des Versicherungsvertreters (**Makler** statt Versicherungsvertreter) und den damit verbundenen Pflichtenkreis verbunden.[854] Fehlende **Pflichtangaben** gem. Art. 12 und 13 der Richtlinie 2002/92/EG über Versicherungsvermittlung, u. a. darüber, ob der Versicherungsvertreter vertraglich verpflichtet ist, Versicherungsgeschäfte ausschließlich mit einem oder mehreren Versicherungsunternehmen zu tätigen, können gem. § 5a Abs. 4 eine Irreführung durch Unterlassen begründen.

340 **Vertragspartner.** Die Bezeichnung als **„Ford-Vertragspartner"** kann eine relevante Irreführung begründen, wenn aufgrund der konkreten Umstände der unzutreffende Eindruck entsteht, der Werbende sei **„Vertragshändler"** des Automobilherstellers und diesem nicht nur als Servicepartner verbunden."[855]

341 **Zusammenschluss.** Die unwahre Behauptung in Verkaufsgesprächen, das betreffende Stromversorgungsunternehmen habe sich mit einem anderen Stromversorger zusammengeschlossen, so dass nunmehr alle Stromverbraucher mit dem erstgenannten Unternehmen kontrahieren müssten, begründet eine Irreführung i. S. d. § 5.[856] Gleiches gilt für die Angabe von Kundenwerbern eines Stromversorgungsunternehmens, dieses habe das Stromnetz eines anderen Stromlieferanten übernommen.[857]

VIII. Auszeichnungen oder Ehrungen

1. Bedeutung und Abgrenzung

342 Bereits § 3 UWG a. F. erwähnte als Anwendungsfall irreführende Angaben über den Besitz von Auszeichnungen. Der Begriff ist **weit zu verstehen.** Eine Auszeichnung ist **alles, was das ausgezeichnete Objekt für das Publikum als etwas Besonderes darstellt.** Nunmehr ist in § 5 Abs. 1 S. 2 Nr. 3 UWG auch von „Ehrungen" die Rede. Ehrungen sind **äußere Zeichen des Geehrtwerdens, der Hochachtung.** Jede Ehrung ist auch eine Auszeichnung, während nicht jede Auszeichnung etwas Ehrenhaftes haben muss. Ausgezeichnetes bzw. geehrtes Objekt können dabei sowohl das werbende Unternehmen als auch seine Ware oder Dienstleistungen sein. Aus diesem Grund ist es unglücklich, wenn § 5 Abs. 1 S. 2 Nr. 3 UWG Auszeichnungen und Ehrungen nur mit Bezug auf den Unternehmer erwähnt. Die Fallgruppe hat für Waren und Dienstleistungen dieselbe praktische Bedeutung. Die Maßstäbe zur Beurteilung sind dieselben.

343 Der Werbung mit Ehrungen gleichzustellen sind **Empfehlungen Dritter** (nachfolgend unter Rdn. 356). Zwar sind solche Empfehlungen keine förmlichen Auszeichnungen; auch hierbei handelt es sich aber um positive Äußerungen Dritter, denen der Verkehr wegen ihrer vermeintlichen Objektivität oder gar Fachkunde eine besondere Bedeutung beimisst. Sie werden zwar weder in Art. 6 der UGP-Richtlinie noch in § 5 UWG ausdrücklich erwähnt, sind aufgrund der offenen Formulierungen („wie") bei den produkt- und unternehmerbezogenen Eigenschaften aber dennoch zu berücksichtigen.

344 Aufgrund des weiten Verständnisses von „Auszeichnungen" sind **Überschneidungen** mit anderen Fallgruppen unvermeidlich. So haben Auszeichnungen mit **Prüfzeichen und Gütezeichen** (hierzu § 5 Abschn. C. Rdn. 277 ff.) gemeinsam, dass der Verkehr ihnen eine positive Äußerung durch einen Dritten entnimmt, der er eine besondere Bedeutung beimisst, sei es weil er von dem Dritten eine besondere Sachkunde oder Erfahrung und/oder auch nur ein neutrales Urteilsvermögen erwartet. Die Vergabe eines Gütezeichens wird vom Verkehr im Regelfall auch als Auszeichnung verstanden.[858]

345 In jedem Fall **vorrangig** zu prüfen sind die Tatbestände in **Nr. 2 und Nr. 4 im Anhang zu § 3 Abs. 3 UWG.** Nr. 2 verbietet die Verwendung von Gütezeichen, Qualitätskennzeichen oder Ähnlichem ohne die erforderliche Genehmigung, Nr. 4 die unwahre Angabe, ein Unternehmer oder ein Produkt sei von einer öffentlichen oder privaten Stelle bestätigt, gebilligt oder genehmigt worden.

---

[854] BGH NJW-RR 2014, 669, 672 Rdn. 32 – *Vermittlung von Netto-Policen.*
[855] BGH Urt. v. 17.3.2011, Az. I ZR 170/08 – *Ford-Vertragspartner.*
[856] OLG Karlsruhe, Urt. v. 12.11.2008, Az. 6 U 111/08.
[857] OLG Hamm, Urt. v. 23.11.2010, Az. 4 U 138/10.
[858] Vgl. BGH GRUR 1991, 550, 551 – *Zaunlasur* („Ausgezeichnet mit dem blauen Engel").

Auszeichnungen gehen im Regelfall auch **Untersuchungen** oder **Tests** voraus, so dass Überschneidungen zu dieser Fallgruppe in § 5 Abs. 1 S. 2 Nr. 1 UWG bestehen.[859] Soweit mit Testergebnissen auch eine Art Auszeichnung verbunden ist (z.B. als „Testsieger") ist die Regelung zur Werbung mit Testergebnissen einschließlich der dort möglichen Privilegierung vorrangig zu beachten (§ 5 Abschn. C. Rdn. 248ff.). Häufig ist mit Angaben zu Auszeichnungen auch eine Aussage über die Beschaffenheit einer Ware (hierzu § 5 Abschn. C. Rdn. 28ff.) oder die Qualifikation des Werbungstreibenden (hierzu Rdn. 115ff.) verbunden. 346

Besonders strenge Maßstäbe gelten bei der Werbung mit Äußerungen Dritter, insbesondere mit **Dank-, Anerkennungs- oder Empfehlungsschreiben** oder mit Hinweisen auf solche Äußerungen für **Heilmittel.** Das betrifft insbesondere auch sog. **Patientengeschichten** über die Erfolge von bestimmten Heilmitteln (während die allgemeine Imagewerbung eines Unternehmens oder einer Branche[860] vom HWG nicht erfasst wird). Außerhalb der Fachkreise sind solche Äußerungen gemäß § 11 Abs. 1 S. 1 Nr. 11 HWG untersagt, sofern diese in missbräuchlicher, abstoßender oder irreführender Weise erfolgen. Erfasst wird von diesem Verbot auch die Werbung mit inneren Tatsachen, die der Unternehmer nur von einem Dritten erfahren haben kann, so dass dies einer Äußerung eines Dritten gleichsteht. 347

2. Beurteilungsmaßstab

Für die Werbung mit Auszeichnungen oder Ehrungen gelten grundsätzlich dieselben Maßstäbe. Ein Unterschied besteht nur insoweit, als einer **Ehrung** häufig ein **subjektiveres Element** anhängt als einer Auszeichnung. Die nachfolgenden Ausführungen gelten daher für die Werbung mit Ehrungen entsprechend, soweit nicht ausdrücklich etwas anderes ausgeführt wird. Maßstab für die Beurteilung ist **nicht der interne Sprachgebrauch des Auszeichnenden oder des Ausgezeichneten,** sondern das Verständnis des angesprochenen, durchschnittlich informierten und verständigen Verbrauchers auf Grund der Gesamtumstände der Werbung. Maßgeblich für den tatsächlichen Umfang der Werbung sind der Wortlaut und der Sinn der Auszeichnung bzw., soweit gegeben, einer etwaigen Verleihungsurkunde.[861] 348

3. Einzelfragen

Irreführend ist es insbesondere, über den Bestand (das Ob) einer Auszeichnung zu täuschen, über das ausgezeichnete Objekt, über die auszeichnende Stelle, über Anlass, Auszeichnungskriterien und -verfahren, über den Zeitpunkt und die Aktualität einer Auszeichnung oder über die Bedeutung einer Auszeichnung. 349

a) Bestand. Typische Symbole für Auszeichnungen sind **Urkunden, Medaillen, Münzen, Zertifikate**[862] und je nach Gestaltung auch **Siegel,**[863] bei Hotels aber auch **Sterne,**[864] bei Restaurants **Kochmützen,** nicht aber Bewertungen von Privatpersonen auf Internetportalen.[865] Ob der Verkehr eine Angabe überhaupt als Behauptung einer Auszeichnung versteht, beurteilt sich nach den Umständen des Einzelfalls. Wer mit einer Auszeichnung wirbt, die er nicht erhalten hat, deren Zertifizierungszeitraum **bereits abgelaufen ist** oder die es gar **nicht gibt,** verstößt gegen § 5 UWG, es sei denn die behauptete Auszeichnung ist so offensichtlich erdichtet, dass sie bereits keine Angabe im Sinne von § 5 UWG ist. Aus welchem Grund die behauptete Auszeichnung nicht erfolgte, ist egal. Ebenso kommt es nicht darauf an, ob eine bestimmte Auszeichnung hätte erteilt werden müssen. Umgekehrt kommt es für die Beurteilung einer Irreführung nach § 5 Abs. 1 S. 2 UWG aber auch nicht darauf an, ob eine tatsächlich verliehene Auszeichnung **zu Recht vergeben** wurde.[866] Sofern die Auszeichnung nicht erschlichen und in einem seriösen Verfahren durch einen seriösen Auszeichnenden vergeben wurde, muss der Ausgezeichnete keinen eigenen Qualitätsnach- 350

---

[859] Wobei § 5 Abs. 1 S. 2 Nr. 1 nur, „Tests" erwähnt, Art. 6 Abs. 1 lit. b) hingegen auch „Untersuchungen", was im Wege richtlinienkonformer Auslegung zu berücksichtigen ist.

[860] Wie z.B. „die forschenden Pharmaunternehmen".

[861] BGH GRUR 1961, 193, 196 – *Medaillenwerbung.*

[862] KG WRP 2012, 992 Tz. 67f. – *Deutsches Hygienezertifikat* (Zertifikat in Form eines Siegels).

[863] Vgl. LG Berlin WRP 2014, 487 Tz. 21 – *Deutscher Anbieter* zu einem in den Farben Schwarz Rot Gold gestalteten Siegel.

[864] Vgl. OLG Celle WRP 2014, 1216f. LG Koblenz BeckRS 2013, 16530. Zur Werbung mit Hotel Sternen siehe auch *Stenzel,* GRUR-Prax 2015, 291.

[865] *Schulte-Franzheim/Tyra,* FS für Bornkamm, 2014, S. 489, 490.

[866] Es ist aber (sogar vorrangig) zu prüfen, ob nicht ohnehin ein Fall der Nr. 4 des Anhangs zu § 3 Abs. 3 UWG vorliegt.

weis führen.[867] Insoweit gelten dieselben Maßstäbe wie bei der Werbung mit Testergebnissen (§ 5 Abschn. C. Rdn. 248ff.).

351 **b) Ausgezeichnetes Objekt.** Die Auszeichnung muss dem Objekt erteilt worden sein, dem der durchschnittlich verständige und informierte Verbraucher es auf Grund der Gesamtumstände der Werbung zuschreibt. Die Auszeichnung kann einem **Unternehmen** als solchem, dem **Unternehmensinhaber** persönlich, einer konkreten **Ware oder Dienstleistung** oder einer ganzen **Produktgruppe** erteilt worden sein; sie kann sich beziehen auf unternehmensbezogene Tätigkeiten oder auf persönliche Aktivitäten des Ausgezeichneten. Irreführend ist es, mit einer Auszeichnung zu werben, die nicht dem Objekt erteilt wurde, dem der durchschnittlich informierte und verständige Verbraucher die Auszeichnung zuschreibt.[868] Wird eine Auszeichnung auf einer Ware (z.B. einer Weinflasche) angebracht, geht der Verkehr zunächst davon aus, dass auch diese konkrete Ware (der konkrete Wein dieses Jahrgangs) ausgezeichnet wurde.[869] Ist das nicht der Fall, weil z.B. das Weingut ausgezeichnet wurde, ist das deutlich zu machen. Wurde die Auszeichnung einem Unternehmen als solchem erteilt (wie z.B. *„Fondsgesellschaft des Jahres"*, *„Bester Internet-Provider"*), nicht aber einem bestimmten Produkt (z.B. einem DSL-Internet-Zugangstarif), darf dieses Produkt nicht als *„Produkt des Jahres"* beworben werden.[870] Ein neuer Unternehmensinhaber kann in der Regel mit der Auszeichnung des Unternehmens werben, es sei denn, die Auszeichnung wurde dem Inhaber persönlich erteilt. Wurde die Auszeichnung einem konkreten Produkt erteilt, darf auch ein **Lizenznehmer,** der dieses Produkt vertreibt, damit werben. Jedoch darf die Auszeichnung nicht auf andere Produkte bezogen werden. Das gilt auch für Nachfolgermodelle; allerdings ist hier die Relevanz einer etwaigen Irreführung sorgfältig zu prüfen (Rdn. 192).

352 **c) Person des Auszeichnenden.** Irreführend ist auch die Täuschung über die Person des Auszeichnenden. Wird mit einer Auszeichnung geworben, erwartet der Verkehr bei Fehlen anderslautender Angaben, dass die Auszeichnung von einer **kompetenten und neutralen Stelle** nach einem **objektiven und sachbezogenen Prüfverfahren** vergeben wurde.[871] Irreführend ist es aber auch, den Anschein zu erwecken, dass eine Auszeichnung von einer *amtlichen Stelle* vergeben wurde, während es sich tatsächlich um eine *Privatperson* handelt oder umgekehrt. Das bedeutet jedoch nicht, dass Auszeichnungen nur von staatlichen Stellen vergeben werden dürfen. Auch private Vereinigungen, die sachlich hinreichend qualifiziert, unabhängig und objektiv sind, kommen als Auszeichnende in Betracht.[872] Auch dann darf aber nicht über die (fehlende) staatliche Anerkennung einer Auszeichnung getäuscht werden. Irreführen kann ebenso, wer eine Auszeichnung durch eine größere Organisation vortäuscht, während sie tatsächlich durch eine Einzelperson erfolgte. Auch hier ist allerdings die Relevanz sorgfältig zu prüfen. Dasselbe gilt in Fällen, in denen eine Auszeichnung durch eine inländische Stelle vorgetäuscht wird im Gegensatz zu einer ausländischen Vergabestelle und umgekehrt.[873]

353 **d) Anlass, Auszeichnungskriterien, Verfahren.** § 5 UWG verbietet auch die Irreführung über den **Anlass** für die Auszeichnung, über die **Kriterien,** nach denen eine Auszeichnung vergeben wurde, über das **Verfahren der Vergabe** und den **Zweck** der Nutzung. Wirbt ein Unternehmen ohne weitere Angaben damit, von einem Berufsverband ausgezeichnet worden zu sein, so erwartet der Verbraucher, dass die Auszeichnung wegen der Fachkompetenz des Unternehmens erfolgte und nicht nur wegen eines Jubiläums (z.B. 100-jähriges Bestehen).[874] Soweit sich aus der Werbung nichts anderes ergibt, erwartet der durchschnittlich informierte und verständige Verbraucher zudem, dass die Auszeichnung nicht nur zum Schein oder aus Gefälligkeit oder aufgrund rein subjektiver Kriterien (wie z.B. Meinungen von Nutzern), sondern **nach Durchführung eines neutralen, sachbezogenen Prüfungsverfahrens** vergeben wurde. Die Werbung mit einer Auszeichnung, die ohne sachliche Prüfung **erkauft** wurde, ist daher verboten.[875] Die Zahlung einer

---

[867] BGH GRUR 2003, 800, 802 – *Schachcomputerkatalog; Helm* in: Gloy/Loschelder/Erdmann, HdbWettbR, § 59 Rdn. 206.

[868] BGH GRUR 1961, 193, 196 – *Medaillenwerbung;* OLG München GRUR 1983, 339, 340 – *Eder-Alt;* OLG München GRUR 1989, 123, 124 – *Premium Pils.*

[869] BGH GRUR 1961, 193, 196 – *Medaillenwerbung.*

[870] OLG Hamburg MD 2006, 179, 182 – *Produkt des Jahres.*

[871] KG WRP 2012, 992 Tz. 65, 69 – *Deutsches Hygienezertifikat.*

[872] BGH GRUR 1984, 740, 741 – *Anerkannter Kfz-Sachverständiger.*

[873] Vgl. BGH GRUR 1992, 525, 526 – *Professorenbezeichnung in der Arztwerbung II* (zum Titel einer Universität im Ausland).

[874] OLG Köln GRUR-RR 2006, 287, 289 – *Mitglied im Berufsverband.*

[875] BGH GRUR 1991, 552, 554 – *TÜV-Prüfzeichen;* OLG Düsseldorf WRP 2007, 357, 358 – *Auszeichnung zum „1a Augenoptiker".*

angemessenen Gebühr für die Durchführung einer sachlichen Prüfung und die Verleihung einer Auszeichnung steht der rechtmäßigen Werbung jedoch nicht entgegen.[876] Irreführend ist auch die Klassifizierung von Schiffen mit (Hotel-)Sternen ohne dass dem ein eigenes Bewertungssystem zugrunde liegt[877] oder die Werbung mit Sternen auf einer Plakette an der Außenfassade eines Hotelbetriebs, ohne Hinweis darauf, dass es sich nicht um die offizielle DEHOGA-Sterne-Klassifizierung handelt.[878] Zwar darf nicht allein die DEHOGA Klassifizierungen mit Sternen vornehmen, jedoch wird der Verkehr mangels anderslautender Angaben bei Angaben von Sternen auf einer Plakette am Eingang eines Hotels im Regelfall von einer DEHOGA Klassifizierung ausgehen. Bei der Vergabe von Sternen auf Internet-Reise- oder Hotel-Portalen besteht dieses Verständnis hingegen nicht.

e) Zeitpunkt und Aktualität. Es darf auch nicht über den Zeitpunkt der Auszeichnung und deren Aktualität getäuscht werden. Die Werbung mit einer Auszeichnung wie *„Unternehmen/Produkt des Jahres"* muss sich dabei jedoch nicht auf das Kalenderjahr beschränken, in dem die Vergabe erfolgte. Solange ein Nachfolger nicht bestimmt wurde bzw. turnusmäßig hätte bestimmt werden müssen, ist die Werbung allein wegen des Jahreswechsels nicht irreführend.[879] Das gilt erst recht, wenn die Werbung in den ersten Tagen des neuen Jahres geschaltet wird, in denen der Verkehr noch keine Neuwahl eines Nachfolgers erwartet oder wenn das Jahr der Verleihung ausdrücklich angegeben wird. Wird umgekehrt auf dem Etikett einer Ware mit lange zurückliegenden Auszeichnungen geworben, geht der Verkehr davon aus, dass es sich um ein altbewährtes Produkt handelt, dass seit langem vertrieben wird; für ein neues Produkt ist diese Werbung daher irreführend.[880] Der Verkehr erwartet wegen der sich regelmäßig ändernden Rahmenbedingungen nicht, dass eine **in der Vergangenheit vergebene Auszeichnung** heute noch einmal so vergeben würde. 354

f) Sonstiges. Der Verkehr erwartet, dass das ausgezeichnete Produkt/Unternehmen **die für die Auszeichnung relevanten Eigenschaften weiterhin aufweist.** Ob der Verkehr bei einer Werbung mit einer Auszeichnung davon ausgeht, dass die beworbene Ware/der Unternehmer besser sei als alle anderen ohne diese Auszeichnung, hängt vom Einzelfall ab. Wenn etwa ein Juwelier mit der Aussage *„geprüfter Diamantfachmann"* oder *„Gemmologe DGemG"* wirbt, dann erwartet der Verkehr ein durch staatliche oder staatlich anerkannte Prüfung nachgewiesenes Fachwissen, das den Standard anderer Juweliere deutlich überragt.[881] Entsprechendes gilt, wenn ein Kfz-Sachverständiger wirbt mit der Aussage *„anerkannt von der FIEA und dem BVSK"*.[882] Auch die Werbung eines Rechtsanwalts mit einem DEKRA-Prüfsiegel zur Zertifizierung seiner Büroorganisation kann irreführend sein, wenn hierdurch der Eindruck erweckt wird, auch die Qualität der anwaltlichen Beratung sei zertifiziert worden.[883] Wird eine Auszeichnung hingegen für persönliches Engagement verliehen und wird dies nach außen deutlich, erwartet der Verkehr keine überragende Kompetenz. 355

4. Empfehlungen

Wird mit Danksagungen oder Empfehlungen geworben, geht der Verkehr davon aus, dass diese Äußerungen von einem **neutralen Dritten** und primär aus den Gründen gemacht wurden, die in der Empfehlung erwähnt werden. Irreführend ist die Werbung daher, wenn solche Äußerungen allein aus Freundschaft erfolgten, oder wenn sie erkauft[884] oder sonst wie vom Unternehmer in Auftrag gegeben wurden oder wenn sie Voraussetzung für eine Teilnahme an einem Gewinnspiel sind[885] und das in der Werbung nicht hinreichend deutlich zum Ausdruck kommt. Wird mit der Empfehlung einer **bekannten Person,** eines **renommierten Verbandes** oder einer sonstigen Organisation geworben, von welcher der Verkehr eine besondere Kompetenz zur Beurteilung des beworbenen Produkts erwartet, so versteht er die Empfehlung im Regelfall als **Qualitätshinweis.** Er geht deshalb davon aus, dass die Empfehlung nicht bloß gekauft wurde, sondern aus sachlichen 356

[876] BGH GRUR 1991, 550, 551 – *Zaunlasur;* GRUR 1991, 552, 554 – *TÜV-Prüfzeichen.*
[877] KG WRP 2012, 480, 481.
[878] LG Koblenz WRP 2014, 364; LG Aurich BeckRS 2014, 03937. A. A. OLG Celle WRP 2014, 1216. Offen gelassen von *Stenzel,* GRUR-Prax 2015, 291, 292.
[879] OLG Hamburg MD 2003, 143, 144 – *Webhoster des Jahres.*
[880] BGH GRUR 1961, 193, 196 – *Medaillenwerbung.*
[881] BGH GRUR 1978, 368, 369 – *Gemmologe DGemG.*
[882] BGH GRUR 1984, 740 – *Anerkannter Kfz-Sachverständiger.*
[883] OLG Hamm GRUR-RR 2012, 285, 286 – *Wir sind zertifiziert.*
[884] Zu erkauften Käuferbewertungen in Meinungsportalen OLG Hamm GRUR-RR 2011, 473.
[885] A. A. LG Hamburg WRP 2013, 679 Tz. 21.

Erwägungen ausgesprochen wurde, nachdem man sich von der Qualität des Produkts überzeugt hat.[886] Dass der Experte für die Verwendung seines Namens zusätzlich ein **Entgelt** erhält, ist dem Verkehr bekannt; dieser Umstand steht der Werbung mit einer Empfehlung daher nicht entgegen. Entsprechendes muss aber auch für andere Organisationen gelten, deren guter Ruf sich vermarkten lässt, z.B. Sportverbände oder -vereine.[887] Allerdings bedeutet das umgekehrt nicht, dass in jeder Werbung eines Prominenten zugleich eine Empfehlung für das jeweilige Produkt liegt, und zwar insbesondere dann nicht, wenn das Produkt keinen Bezug hat zur Expertise des Prominenten. Ebenso wenig liegt in einer bloßen Nutzung bereits eine Empfehlung.[888] Selbstverständlich muss sich die Werbung auf das Produkt beziehen, für das eine Empfehlung konkret ausgesprochen wurde. Irreführend ist daher die Werbung für ein konkretes Erzeugnis mit einer Empfehlung eines Dritten, wenn sich die Empfehlung nur allgemein auf Produkte des Unternehmers bezogen hat.[889] Einer **„Gefällt-mir"-Angabe** bei Facebook kommt hingegen angesichts der vielfältigen Möglichkeiten, warum etwas gefällt, nicht die Funktion einer Empfehlung zu. Es handelt sich vielmehr um eine rein unverbindliche Gefallensäußerung, nicht um eine auf eigenen Erfahrungen beruhende Äußerung der besonderen Wertschätzung eines Unternehmensangebotes.[890] Wohl aber erwartet der Verkehr, dass diese Angabe von einem Facebook User aus Überzeugung gemacht wurde und nicht, um nur an einem Gewinnspiel teilnehmen zu können.[891] Eine bloße **Trikotwerbung** versteht der Verkehr ohne weitere Angaben ebenfalls nicht als Empfehlung. Wird allerdings für einen speziellen Fußballschuh mit der Abbildung zahlreicher bekannter Fußballprofis geworben, so geht der Verkehr davon aus, dass alle abgebildeten Spieler Schuhe der beworbenen Marke nutzen.[892]

357 Wird mit einem **Sachverständigengutachten** geworben, dem ein **Auftrag** des Unternehmers zugrunde liegt, muss das ebenfalls erwähnt werden.[893]

358 Bei der Werbung mit **Referenzlisten** erwartet der Verkehr, dass die genannten Unternehmen Kunden des Unternehmers sind oder es zumindest vor nicht allzu langer Zeit waren. Wie lange der Zeitraum der letzten Kundenbeziehung her sein kann, hängt von den Umständen des Einzelfalls ab, insbesondere von der Art der Kundenbeziehung, der erbrachten Leistungen und der gelieferten Waren. Bei langlebigen Gütern sind längere Zeiträume gerechtfertigt als bei Waren, die schnell ersetzt werden.

359 Bei der Werbung mit Empfehlungen für **Heilmittel** sind die speziellen Verbote in § 11 Abs. 1 S. 1 Nr. 11 HWG zu beachten.

5. Relevanz

360 Insbesondere bei der Werbung mit **Auszeichnungen, die Vorgängermodellen verliehen wurden,** ist die Relevanz einer etwaigen Irreführung sorgfältig zu prüfen. Wird für ein Produkt mit Auszeichnungen geworben, geht der Verkehr beim Fehlen anderslautender Angaben im Regelfall davon aus, dass die Auszeichnung dem aktuell beworbenen Produkt verliehen wurde. Wurde die Auszeichnung einem Vorgängermodell verliehen, so bewirkt das daher zunächst eine Irreführung. Allerdings kann es an der erforderlichen Relevanz fehlen, wenn das aktuelle Modell in seiner Leistungsfähigkeit und in den Kriterien, die für die Auszeichnung maßgeblich waren, nicht hinter der Vorgängerversion zurückbleibt.[894]

IX. Beweggründe für die geschäftliche Handlung

1. Herkunft und Abgrenzung

361 Die Fallgruppe der Irreführung über die Beweggründe des Unternehmers für die geschäftliche Handlung wurde im Hinblick auf eine entsprechende Vorgabe in **Art. 6 Abs. 1 lit. c) der UGP-Richtlinie** ergänzt. Diese Fallgruppe wurde in der Richtlinie selbst erst relativ spät ergänzt, näm-

[886] OLG Hamburg WRP 1985, 649, 650 – *„Vom DFB empfohlen"*.
[887] A. A. OLG Hamburg WRP 1985, 649, 650 – *„Vom DFB empfohlen"*; KG ZLR 1990, 651, 653.
[888] OLG Frankfurt WRP 2013, 385 Tz. 7.
[889] OLG Hamburg WRP 1985, 649 – *„Vom DFB empfohlen"*.
[890] LG Hamburg WRP 2013, 679 Tz. 20 (nicht rechtskräftig; Berufung wird beim OLG Hamburg unter dem Az. 5 U 36/13 geführt).
[891] A. A. LG Hamburg WRP 2013, 679 Tz. 21.
[892] OLG Hamburg GRUR-RR 2015, 250 Tz. 56 – *Bist du bereit für die Elite?*
[893] BGH GRUR 1961, 189, 191 – *Rippenstreckmetall;* GRUR 1962, 45, 49 – *Betonzusatzmittel.*
[894] BGH GRUR 2003, 800, 803 – *Schachcomputerkatalog;* a. A. OLG Koblenz WRP 2013, 922 Tz. 8.

lich durch den vom Rat festgelegten Gemeinsamen Standpunkt.[895] Neue Fälle, die zuvor nicht bereits durch das Verbot in § 5 UWG erfasst waren, wurden dadurch allerdings nicht geschaffen. Nach der Begründung des Gesetzentwurfes der Bundesregierung erfolgte die Übernahme aus Gründen der „Klarstellung".[896] Durch welches frühere Tatbestandsmerkmal des § 5 Abs. 1 S. 2 Nr. 3 UWG diese Gruppe bereits erfasst sein sollte, blieb dabei allerdings offen.

Grundsätzlich kann es dem Kunden egal sein, aus welchen Gründen ein Unternehmer eine geschäftliche Handlung vornimmt. Das geht den Kunden grundsätzlich auch nichts an. Allerdings können sich aus der Kundgabe seiner Beweggründe durch den Unternehmer auf Seiten des Kunden **Erwartungen** ableiten, die möglicherweise irreführend sind. Dem soll die Regelung entgegenwirken. Ein prägnantes Beispiel ist die Ankündigung eines **Schein-Räumungsverkaufs** wegen Geschäftsaufgabe. Einer solchen Ankündigung entnimmt der Verbraucher, dass der Unternehmer sein Geschäft aufgeben will und erwartet daher Preise, die günstiger sind als bei normalem Geschäftsbetrieb. Ein anderes Beispiel wäre der als solcher angekündigte **Lager-Räumungsverkauf.** Ein anderes Beispiel könnten **mildtätige Zwecke** des Unternehmers sein. Dabei hängt der „Beweggrund" häufig eng zusammen mit einem bestimmten „Anlass". Anlass ist ein objektives Ereignis, der Beweggrund hingegen eine subjektive Motivation, die sich allerdings häufig aus einem bestimmten objektiven Ereignis ableiten lässt. Es hätte daher nahe gelegen, die Fälle, die in den Vorgängerfassungen des UWG noch unter der Fallgruppe **„Anlass des Verkaufs"** gefasst waren, nunmehr unter der Gruppe „Beweggründe für die geschäftliche Handlung" zu subsumieren. Denn Art. 6 der UGP-Richtlinie kennt eine Fallgruppe „Anlass des Verkaufs" nicht, wohl aber „Beweggründe für die Geschäftspraxis". Diesen Weg ist der deutsche Gesetzgeber aber leider nicht gegangen. Stattdessen erwähnt er „Anlass des Verkaufs" im Zusammenhang mit der Irreführung über das Vorhandensein eines bestimmten Preisvorteils in § 5 Abs. 1 S. 2 Nr. 2 UWG[897] und die „Beweggründe des Unternehmers" in § 5 Abs. 1 S. 2 Nr. 3 UWG. Beide Fallgruppen sollen daher auch gesondert kommentiert werden. 362

Dabei beschränken sich die Beweggründe nicht nur auf den Anlass eines Verkaufs, sondern beziehen sich auf die **„geschäftliche Handlung".** Nach der Definition in § 2 Abs. 1 Nr. 1 UWG erfasst der Begriff der „geschäftlichen Handlung" jedes Verhalten, das unmittelbar mit der Förderung des Absatzes oder der Lieferung von Waren oder Erbringung von Dienstleistungen zusammenhängt. Unter das Verbot fällt daher insbesondere auch die Irreführung über eine beabsichtigte Geschäftsanbahnung (nachfolgend unter Punkt 3), die Verwendung rechnungsähnlicher Formulare (nachfolgend Punkt 4) oder die Irreführung über den gewerblichen Charakter eines Angebots (s. u. Punkt 5). 363

Zumindest im Geschäftsverkehr mit Verbrauchern **vorrangig zu prüfende Sonderregelungen** zur Irreführung über die Beweggründe des Unternehmers für die geschäftliche Handlung finden sich in Nr. 6, Nr. 15, Nr. 22 und Nr. 23 der Schwarzen Liste im Anhang zu § 3 Abs. 3 UWG. **Nr. 6** regelt den Fall, dass statt der angebotenen Ware/Dienstleistung **eine andere Ware/Dienstleistung** abgesetzt werden soll. **Nr. 15** verbietet die unwahre Angabe, dass der Unternehmer demnächst sein **Geschäft aufgeben** oder seine Geschäftsräume verlegen will, bei **Nr. 22** geht es um die **Übermittlung rechnungsähnlicher Werbung** und bei **Nr. 23** um die **Verschleierung der Identität des Gewerbetreibenden.** Da die Regelungen im Anhang zu § 3 Abs. 3 UWG in jedem Fall unlauter sind, müssen diese vorrangig geprüft werden. Ist ihr Tatbestand nicht erfüllt, kann allerdings auf die Regelungen in § 5 UWG zurückgegriffen werden. 364

Zur Irreführung durch Aussagen im Zusammenhang mit Sponsoring siehe § 5 Abs. 1 S. 2 Nr. 4 UWG. Zur Irreführung über die Art des Vertriebs als solche siehe § 5 E. Rdn. 376ff. 365

Im **UWG a. F.** gab es außerdem noch zahlreiche **Sonderregelungen** zu besonderen Verkaufsveranstaltungen, nämlich in § 6 (Konkurswarenverkauf), § 7 (Sonderveranstaltungen) und § 8 (Räumungsverkäufe). Das Verbot irreführender Werbung war jedoch stets von der Existenz dieser Sonderregelungen unabhängig, so dass der **Wegfall der** entsprechenden **Spezialgesetze** auch das Verbot irreführender Werbung über den Anlass des Verkaufs **unberührt** ließ. Entsprechendes gilt heute für die Irreführung über die Beweggründe des Unternehmers. Allerdings wirken sich der Wegfall der Sonderregelungen und die dadurch bewirkte Möglichkeit, z. B. häufiger mit Sonderveranstaltungen zu werben, immer mehr auf das Verständnis des durchschnittlich informierten und verständigen Verbrauchers aus. So war der Durchschnittsverbraucher in Zeiten der gesetzlich regulierten Sommer- und Winterschlussverkäufe, z. B. an die Ankündigung vollmundiger Preissenkun- 366

[895] Gemeinsamer Standpunkt (EG) Nr. 6/2005 vom Rat festgelegt am 15. November 2004, ABl. Nr. C 38 E/1.
[896] Amtl. Begründung des Gesetzentwurfes der Bundesregierung, BR-Drs. 345/08, S. 47.
[897] Zu rechtssystematischen Bedenken siehe § 5 Abschn. D Rdn. 2, 7; Anh. zu § 3 Abs. 3 Nr. 15 Rdn. 3, 11.

gen gewöhnt, so dass er während dieses Zeitraums die Werbung mit „Tiefstpreisen" anders verstand als außerhalb der Schlussverkaufsphasen.[898] Das fällt heute weitgehend weg.

2. Bedeutung des Verbots; Unternehmerbezogenheit

367 Das Verbot verknüpft **ein subjektives Element** (Beweggründe des Unternehmers) mit **zwei objektiven Elementen** (geschäftliche Handlung und Art des Vertriebsverfahrens). Die Bedeutung von Angaben über die Beweggründe für die geschäftliche Handlung oder die Art des Vertriebsverfahrens liegt darin, dass der Durchschnittsverbraucher bei Angabe eines besonderen Anlasses im Regelfall von einer **besonders preisgünstigen Einkaufsgelegenheit** ausgeht.[899] Aus diesem Grund wurde die Fallgruppe „Anlass des Verkaufs" vom deutschen Gesetzgeber auch mit dem Punkt „Vorhandensein eines besonderen Preisvorteils" verknüpft. Allerdings ist das nicht alles. Denn Beweggrund kann z. B. auch sein, dass der Unternehmer bestimmte Organisationen durch Spenden fördern will. Dann erwartet auch der Verbraucher keine besonders günstigen Preise, denn je geringer der Gewinn des Unternehmers, desto geringer wird im Regelfall seine Spendenbereitschaft sein. Dennoch ist die Irreführung über eine solche Motivation verboten. Für das Verbot irreführender oder unwahrer Angaben über den Beweggrund des Unternehmers kommt es somit **nicht darauf an, ob** im Einzelfall auch **tatsächlich günstige Preise** oder andere besondere Preisvorteile geboten werden (wenn sich der Beweggrund auf ein anderes Motiv bezieht).

368 In jedem Fall kommt es aber immer nur auf die Beweggründe des **Unternehmers** an bzw. über die Aussagen hierzu gegenüber dem Werbeadressaten. Die Beweggründe des Werbeadressaten oder anderer Personen, die nicht dem Unternehmer zuzurechnen sind, sind daher unerheblich. Auch muss es sich bei den relevanten Beweggründen **nicht um die einzigen Beweggründe** handeln, sie dürfen allerdings auch **nicht nur eine untergeordnete Bedeutung** haben.

3. Irreführung über Geschäftsanbahnung/-fortsetzung

369 Wer ein Geschäft anbahnen will, dies aber gegenüber dem Kunden verschleiert, täuscht ebenfalls über die Beweggründe für seine geschäftliche Handlung und verstößt damit gegen § 5 Abs. 1 S. 2 Nr. 3 UWG (zur Verwendung rechnungsähnlicher Formulare siehe Rdn. 370 f.). **Vorrangig** ist allerdings **Nr. 23 im Anhang zu § 3 Abs. 3 UWG** zu prüfen. Danach ist es in jedem Fall unlauter, gegenüber einem Verbraucher unwahr zu behaupten oder auch nur den Eindruck zu erwecken, dass der Unternehmer nicht für Zwecke seines Geschäfts, Handels, Gewerbes oder Berufs handele. Das schließt allerdings die Anwendung des § 5 Abs. 1 UWG **gegenüber Unternehmern** nicht aus. Hier soll es nach der jüngeren Rechtsprechung des BGH sogar bereits genügen, dass das äußere Erscheinungsbild eines Schreibens so gestaltet ist, dass die Angesprochenen **den geschäftlichen Charakter nicht klar und eindeutig erkennen können,** indem z. B. der unzutreffende Eindruck erweckt wird, die beworbene Ware oder Dienstleistung sei bereits bestellt.[900] Dabei kann es sogar genügen, dass dieser Eindruck **bei nur flüchtiger Wahrnehmung** entsteht, wenn das Schreiben gerade auf eine solche flüchtige Wahrnehmung abzielt. Daneben kam ein Verstoß gegen **§ 4 Nr. 3 UWG a. F.** wegen Verschleierung des Werbecharakters in Betracht. Außerdem kann ein Verstoß gegen **§ 312c i. V. m. 312a Abs. 1 BGB** vorliegen, wonach im Fernabsatz gegenüber Verbrauchern der geschäftliche Zweck eines Vertrags bzw. eines Telefonanrufs anzugeben ist. Irreführend ist es daher, durch **Einwurf einer Benachrichtigungskarte** beim Adressaten den Eindruck zu erwecken, ein Paket habe ihm nicht zugestellt werden können und ihn zur Kontaktaufnahme aufzufordern, während mit dem so bezweckten Anruf tatsächlich ein Gespräch über den Kauf oder Verkauf von Immobilien angebahnt werden soll.[901] Bei **Ausflugsfahrten,** die auch dem Verkauf von Waren dienen sollen, muss auf den Verkaufscharakter eindeutig und unmissverständlich hingewiesen werden. Die Bezeichnung als **„Werbefahrt"** allein genügt nicht.[902] Umgekehrt darf dem Kunden allerdings auch nicht eine Verkaufsmöglichkeit vorgespiegelt werden, die tatsächlich nicht besteht. Wird z. B. ein Verkaufslokal während der gesetzlichen Ladenschlusszeiten ausschließlich zur Besichtigung der Ware und nicht zu Beratung oder Verkauf offen gehalten, muss hierauf in

---

[898] OLG Köln WRP 1990, 131 – *Tiefstpreise.*

[899] BGH GRUR 2000, 239, 241 – *Last-Minute-Reise;* GRUR 1979, 406, 408 – *Mords-Preis-; audi;* 1979, 474, 475 – *10-Jahres-Jubiläum.*

[900] BGH GRUR 2012, 184 Tz. 18 – *Branchenbuch Berg.*

[901] OLG Hamm, Urt. v. 19.8.2010, 4 U 66/10.

[902] BGH GRUR 1986, 318, 320 – *Verkaufsfahrten I;* 1988, 829, 830 – *Verkaufsfahrten II;* 1988, 130, 132 – *Verkaufsreisen.*

der Werbung deutlich hingewiesen werden.[903] Ebenso ist darauf hinzuweisen, falls angebotene Waren nicht sofort und direkt erworben werden können, sondern die Käufer in einer vorherigen **Verkaufsverlosung** erst ermittelt werden.[904]

4. Verwendung rechnungsähnlicher Formulare

370 **Rechnungsähnliche Formulare,** mit denen eine bislang nicht bestellte Leistung in Auftrag gegeben werden soll, die beim Adressaten aber den Eindruck einer bestehenden Zahlungspflicht für bereits erbrachte Leistungen (z. B. Eintragung in bestimmten Registern) hervorrufen, sind ebenfalls **irreführend.**[905] Auch hier kam zugleich ein Verstoß gegen **§ 4 Nr. 3 UWG a. F.** wegen Verschleierung des Werbecharakters in Betracht.[906] Darüber hinaus kann auch die Geltendmachung von Forderungen aus **(Folge-)Verträgen,** die durch entsprechende Formulare zustande kommen, **wettbewerbswidrig** sein.[907] Früher war fraglich, ob solche Fälle unter § 5 UWG subsumiert werden konnten, da es nicht um den Anlass eines Verkaufs ging, sondern um die Verschleierung, dass überhaupt erst ein Vertrag zustande kommen soll. Die Rechtsprechung leitete die Rechtswidrigkeit in der Vergangenheit daher vor allem aus § 1 UWG a. F. (heute § 3 UWG) ab.[908] Heute kommt auch eine Anwendung von § 5 Abs. 1 S. 2 Nr. 3 UWG in Betracht. Dabei geht der BGH sogar so weit, dass er trotz grundsätzlicher Geltung des Leitbilds des verständigen Durchschnittsverbrauchers die **flüchtige Wahrnehmung** des Empfängers für maßgeblich hält (bzw. entsprechende Feststellungen der Vorinstanz akzeptiert), wenn das Schreiben gerade **darauf ausgerichtet** ist, den bei flüchtiger Betrachtung entstehenden Eindruck, die Ware oder Leistung sei bereits bestellt, auszunutzen.[909] Das mag bei Gewerbetreibenden und deren Mitarbeitern angesichts des heutigen Zeitdrucks im Geschäftsleben häufig sogar noch eher der Fall sein als bei Verbrauchern. Allerdings ist bei Verbrauchern ohnehin **vorrangig** die Regelung in **Nr. 22 im Anhang zu § 3 Abs. 3 UWG** zu berücksichtigen, der die Übermittlung einer Zahlungsaufforderung an Verbraucher verbietet, wenn damit der unrichtige Eindruck vermittelt wird, die beworbene Ware oder Dienstleistung sei bereits bestellt. Das bedeutet allerdings nicht, dass eine Irreführung nur dann vorliegen kann, wenn dem Anschreiben eine Rechnung oder eine andere Zahlungsaufforderung beiliegt.[910] Selbst das Erfordernis einer Unterschrift unter den Auftrag steht einer Irreführung nicht zwingend entgegen.[911]

371 Erfasst werden somit Schreiben, die zur Prüfung von Angaben für den Eintrag in einem **Branchenbuch** und zur schriftlichen **Bestätigung** der Angaben – und damit zugleich zur Auftragserteilung – auffordern[912] und Schreiben, mit denen für einen durchschnittlich informierten und verständigen Verbraucher der Eindruck erweckt wird, es solle ein **Beitrag für eine bereits bestehende Versicherung** gezahlt werden, während tatsächlich mit der Zahlung eine Höherversicherung abgeschlossen werden soll.[913] Das gleiche gilt für Formulare, mit denen eine kostenlose und eine kostenpflichtige Dienstleistung angeboten werden (z. B. ein Insertionsauftrag), der Adressat zu einer **Korrektur seiner Daten** aufgefordert wird, er die versprochene kostenlose Leistung aber nur erhält, wenn das Formular unterschrieben wird, während die Unterschrift mit der Beauftragung einer kostenpflichtigen Leistung einhergeht.[914] Das gleiche kann für Schreiben gelten, mit denen angeblich ein **Werbegeschenk angefordert** werden kann und darauf im Blickfang hingewiesen wird, während zugleich eine Mitgliedschaft in einem Buchclub begründet werden soll.[915]

---

[903] OLG Köln WRP 1982, 166, 168; OLG Hamburg GRUR 1984, 678; WRP 1992, 572; OLG Düsseldorf WRP 1985, 345, 346; *Zirpel* WRP 1987, 236; *Scholtissek* WRP 1992, 11, 14; a. A. OLG Oldenburg WRP 1976, 498; KG WRP 1983, 493; OLG Stuttgart WRP 1984, 357, 358.

[904] OLG Frankfurt MD 2005, 630, 634 – *Verkaufsverlosung.*

[905] BGH GRUR 1994, 126, 127; 1995, 358, 360 – *Folgeverträge I, II;* 1998, 415, 416 – *Wirtschaftsregister;* OLG Düsseldorf WRP 1987, 417; OLG Hamburg WRP 1992, 656, 657; OLG Köln GRUR-RR 2011, 274 – *Nationales Markenregister AG;* WRP 1996, 226, 229; vgl. auch BGH GRUR 1992, 450, 452 – *Beitragsrechnung;* WRP 2001, 1073, 1075 – *Gewinn-Zertifikat;* zur Beurteilung als Betrug: BGH DB 2001, 1611; dazu *Solf* WRP 2000, 325; *v. Ungern-Sternberg* WRP 2000, 1057.

[906] BGH GRUR 2012, 184 Tz. 18 – *Branchenbuch Berg.*

[907] BGH WRP 2001, 1073, 1075 – *Gewinnzertifikat.*

[908] Z. B. OLG Frankfurt MMR 2009, 553.

[909] BGH GRUR 2012, 184 Tz. 28 – *Branchenbuch Berg.*

[910] BGH GRUR 2012, 184 Tz. 29 – *Branchenbuch Berg.*

[911] BGH GRUR 2012, 184 Tz. 22 – *Branchenbuch Berg.*

[912] BGH GRUR 2012, 184 – *Branchenbuch Berg.*

[913] Vgl. BGH GRUR 1992, 450, 452 – *Beitragsrechnung.* Auch in dieser Entscheidung wurde (wie damals üblich) noch auf den flüchtigen Verbraucher abgestellt.

[914] OLG Hamburg GRUR-RR 2006, 105, 106 f. – *Insertionsauftrag;* OLG Frankfurt MMR 2009, 553.

[915] BGH GRUR 1990, 282, 286 – *Wettbewerbsverein IV;* allerdings erging diese Entscheidung noch unter dem alten Verbraucherleitbild.

5. Irreführung über den gewerblichen Charakter eines Angebots

372 **Nr. 23 im Anhang zu § 3 Abs. 3 UWG** verbietet es, gegenüber Verbrauchern den geschäftlichen Charakter des Handelns zu verschleiern oder den (unwahren) Eindruck zu erwecken, der Werbungstreibende sei Verbraucher. Diese Norm ist im Geschäftsverkehr mit Verbrauchern **vorrangig zu prüfen.**

373 Darüber hinaus ist es aber auch im Geschäftsverkehr **zwischen Unternehmen** irreführend, den gewerblichen Charakter eines Angebots zu verschleiern, da der Interessent bei Privatangeboten häufig mit besseren Konditionen rechnet als bei geschäftlichen Angeboten.[916] Beschränkt sich diese Erwartung allerdings allein auf den Preis, so könnte eine etwaige Irreführungsgefahr angesichts fehlender Vorsteuerabzugsmöglichkeit beim Kauf vom Privatmann nicht relevant sein. Ebenso ist es irreführend, wenn Immobilienanzeigen nicht erkennen lassen, dass sie von einem Makler stammen und daher bei Vertragsschluss eine Maklerprovision zu zahlen ist. Das gilt selbst dann, wenn erkennbar ist, dass es sich um ein gewerbliches Angebot handelt. Ob die Angabe „RDM" (Ring Deutscher Makler) zum Ausschluss einer Irreführungsgefahr ausreicht, ist dabei fraglich.[917] Etwas anderes (d.h. keine Irreführungsgefahr) gilt allerdings, wenn Makler ihr eigenes Eigentum provisionsfrei anbieten.[918]

374 Zur Irreführung über **Sponsoring** siehe § 5 Abschn. F. Rdn. 8.

6. Irreführung über Beweggründe des Unternehmers für die Art des Vertriebs?

375 Sowohl die Richtlinie als auch das UWG verbieten ihrem Wortlaut nach scheinbar nicht nur die Irreführung über die Beweggründe für die geschäftliche Handlung, sondern auch über die **Beweggründe für „die Art des Vertriebs".**[919] Zu einem solchen Verständnis könnte man gelangen aufgrund des systematischen Zusammenhangs – Erwähnung in § 5 Abs. 1 S. 2 **Nr. 3** UWG, der sich mit Eigenschaften des *Unternehmers* befasst – und des Satzbaus in der Richtlinie – Erwähnung von geschäftlicher Handlung und Vertriebsverfahren in einem Halbsatz, getrennt von den anderen Fallgruppen durch Kommata. Allerdings ist **unklar,** was mit Beweggründen für die Art des Vertriebs gemeint sein soll. Konkrete Beispiele lassen sich weder den Dokumenten zur Richtlinie noch der deutschen Gesetzesbegründung entnehmen. Eine Erklärung könnte sein, dass der europäische Gesetzgeber damit die Fälle des Schein-Insolvenzverkaufs oder der Schein-Räumungsverkäufe erfassen wollte, die er möglicherweise als besondere Vertriebsverfahren ansah. Dafür spricht auch, dass eine etwaige Irreführung über den „Anlass des Verkaufs" in der Richtlinie nicht ausdrücklich erwähnt wird. Dieses Verständnis trägt für das deutsche Recht allerdings nicht, denn dort sind sowohl die Beweggründe als auch der Anlass als **eigenständige Irreführungstatbestände** geregelt. Hinzu kommt, dass „geschäftliche Handlung" bereits sehr weit definiert ist und daher mit den Beweggründen über die geschäftliche Handlung auch die Beweggründe über die Vertriebsart erfasst sind. **Eine eigenständige Bedeutung** kommt der Fallgruppe „Irreführung über die Beweggründe für die Art des Vertriebs" daher **nicht** zu. Zur Irreführung über die Art des Vertriebs als solche siehe unmittelbar nachfolgend *Dreyer,* § 5 Abschn. E. Rdn. 376ff.

X. Art des Vertriebs

Schrifttum: *Bleutge,* Die öffentliche Bestellung in der Rechtsprechung – Eine Übersicht der letzten 17 Jahre, GewArch 2008, 9; *ders.,* Rundstempel-Verbot für selbsternannte Sachverständige, WRP 1979, 777; *Gröner/Köhler,* Der SB-Großhandel zwischen Rechtszwang und Wettbewerb, 1986; *Herb,* Spezialisierungshinweise und irreführende Werbung nicht markenbezogener Reparaturwerkstätten, WRP 1991, 699; *Hereth,* Spezialisierungshinweise und irreführende Werbung nicht markenbezogener Reparaturwerkstätten, WRP 1991, 699; *Lindemann/Bauer,* Fabrikverkauf, Lagerverkauf, Hersteller-Direkt-Verkauf und Factory Outlet – Werbung am Rande der Legalität –, WRP 2004, 45; *Müller,* Zur Führung des Firmenzusatzes „Deutsch", GRUR 1971, 141; *Nassall,* Anm. zu BGH Urt. v. 20.1.2005, I ZR 96/02 – Direkt ab Werk, jurisPR-BGHZivilR16/2005 Anm. 2; *ders.,* Irreführung im Kfz-Handel („Ford-Vertragspartner"), jurisPR-BGHZivilR 20/2011 Anm. 2; *Niebling,* Werkstätten als Vertragspartner oder scheinbare Vertragshändler, WRP 2011,1416; *Okonek,* Factory Outlet Center: Eine neue Chance durch E-Commerce?, K & R 2001, 91; *v. Olenhusen,* Das „Institut" im Wettbewerbs-, Firmen-, Standes-, Namens- und Markenrecht, WRP 1996, 1079; *Schartel,* Der wettbewerbsrechtliche Schutz vor qualitativ geringwertigen Ersatz- und Nachbauteilen, WRP 1995, 901; *Schmitz-Temming,* Wettbewerbsrecht

[916] Vgl. BGH GRUR 1987, 748, 749 – *Getarnte Werbung II.*
[917] Offen gelassen in BGH GRUR 1990, 377 – *RDM.*
[918] BGH GRUR 1993, 760 – *Provisionsfreies Maklerangebot.*
[919] Im deutschen Text der Richtlinie ist von „Art des Vertriebsverfahrens" die Rede, in der englischen Fassung von „nature of the sales process" und in der französichen von „nature de processus de vente".

contra Factory Outlet Center – Fangschuss oder untauglicher Versuch?, WRP 1998, 680; *Schricker*, Funktionstreue des Großhandels – Ein Rechtswert?, GRUR 1990, 567; *Tietgen*, Die Unterschiede zwischen Fabrik- und Händlermarken in warenzeichen- und wettbewerblicher Sicht, 1975; *Weyhenmeyer*, Fachgeschäft und Fachhandel als Begriffe des Wettbewerbsrechts, WRP 1982, 443.

1. Abgrenzung

Anders als die übrigen in § 5 Abs. 1 S. 2 Nr. 3 geregelten Bezugspunkte entstammt die Irreführung über das **Vertriebsverfahren** nicht Art. 6 Abs. 1 lit. f) UGP-Richtlinie, sondern deren lit. c). Das ist v. a. im Hinblick auf die abschließende Natur der dort enthaltenen Liste von Bezugspunkten wichtig. Zugleich macht die Systematik des Art. 6 Abs. 1 UGP-Richtlinie deutlich, dass es nicht um einen Irrtum über den Unternehmer geht, sondern um Umstände im Zusammenhang mit der konkreten geschäftlichen Handlung. 376

Art. 6 Abs. 1 lit. c) spricht von der „Art des Vertriebsverfahrens"; in der **engl.** bzw. **franz.** Richtlinienfassung ist von „the nature of the sales process" bzw. „la nature du processus de vente" die Rede. Gemeint ist folglich die Natur des Absatzverfahrens, also der Weg, auf dem der Unternehmer die Ware vertreibt bzw. der Kunde sie bezieht, etwa „direkt vom Hersteller" oder „von privat". Damit deckt sich die Fallgruppe im Wesentlichen mit der bislang häufig als Irrtum über die **Bezugsart** Bezeichneten. 377

Der Irrtum über die Vertriebsart fällt häufig mit der Irreführung über den Status des Unternehmers im Herstellungs- bzw. Vertriebsverfahren (§ 5 Abschn. E. Rdn. 248) zusammen. Bezeichnet sich z. B. ein Einzelhändler als „Großhändler", wird der Verkehr nicht nur über den Status des Unternehmers (Einzelhändler bzw. Großhändler) getäuscht, sondern auch über die Art des Vertriebsverfahrens (Großhandel statt Einzelhandel). Beide Bezugspunkte werden hier deshalb zusammen kommentiert. 378

Anders als der Irrtum über das **Herstellungs- bzw. Erbringungsverfahren** ist der Irrtum über die Art des Vertriebs bzw. den Status des Unternehmers im Herstellungs- oder Vertriebsverfahren kein Irrtum über die Ware bzw. Dienstleistung, sondern über das Unternehmen: Wer meint, ein Unternehmen sei Großhändler statt Einzelhändler, hat falsche Vorstellungen über den Betrieb. Wer der Auffassung ist, eine beworbene Ware sei handgefertigt, während sie aus der Massenfabrikation stammt, irrt über das Herstellungsverfahren. 379

Eine Irreführung über das Unternehmen kann auch durch unrichtige oder irreführende Angaben über den Ort bzw. das Gebiet bewirkt werden, in dem das Unternehmen seinen Sitz hat oder tätig wird. In diesem Zusammenhang kann auch eine Irreführung über die Größe oder Bedeutung des Unternehmens vorliegen, s. dazu § 5 E. Rdn. 211. Unwahre oder täuschende Angaben über die **betriebliche und die geografische Herkunft** der Ware oder Dienstleistung behandeln § 5 Abs. 1 S. 2 Nr. 1 sowie Nr. 13 des Anhangs zu § 3 Abs. 3; s. die dortige Kommentierung. Zu den geschäftlichen Handlungen nach § 3 Abs. 3, die **gegenüber Verbrauchern stets unzulässig** sind, gehören **nach Nr. 19 des Anhangs zu § 3 Abs. 3 unwahre Angaben über die Bezugsquellen** (die RLuG spricht allerdings von den „Möglichkeiten, das Produkt zu finden"), um den Verbraucher zu bewegen, eine Ware oder Dienstleistung zu weniger günstigen Bedingungen als den allgemeinen Marktbedingungen abzunehmen oder in Anspruch zu nehmen, und **nach Nr. 23 fälschliche Behauptungen oder das Erwecken des Eindrucks eines Bezugs „von privat"**. Das relevante Nichtkenntlichmachen des **kommerziellen Zwecks** einer geschäftlichen Handlung begründet gem. **§ 5a Abs. 6** eine Irreführung durch Unterlassen, s. die dortige Kommentierung. 380

2. Einzelheiten

Über die Vertriebsart bzw. den Status des Unternehmers im Herstellungs- bzw. Vertriebsverfahren kann auf unterschiedlichste Weise getäuscht werden. Meistens sind **Unternehmensbezeichnungen** der Grund der Irreführungsgefahr. Aber auch **beschreibende Angaben** wie „Agentur" oder „Akademie" können zur Täuschung geeignet sein.[920] 381

Nicht jeder Irrtum über die Vertriebsart bzw. den Status des Unternehmers im Herstellungs- und Vertriebsverfahren ist wettbewerbsrechtlich **relevant.** So hat der BGH die wettbewerbsrechtliche Relevanz eines Irrtums der Kunden darüber, dass die Anzeige vom Hersteller stamme und der gesamte Geschäftsvorgang ohne Einschaltung eines anderen Gewerbetreibenden abgewickelt werde, während tatsächlich der Handelsvertreter inseriert und am Geschäft mitgewirkt hatte, verneint.[921] Die Annahme der mangelnden Mitwirkung Dritter sei nicht wettbewerbsrechtlich relevant, weil der 382

---

[920] Ebenso zum früheren Recht KG WRP 1978, 133.
[921] BGH GRUR 1976, 596, 597 – *Aluminiumrollläden.*

Vertrag unmittelbar mit dem Hersteller geschlossen werde, alle erwarteten Vorteile in Bezug auf Qualität der Ware, Sorgfalt der Auftragsausführung und Gewährleistung biete und sich etwaige Gewährleistungsansprüche unmittelbar gegen den Hersteller richteten.[922]

3. Beispiele

383 **„Agentur".** Der Begriff kann als Hinweis auf eine Vermittlungstätigkeit dienen (**„Versicherungsagentur", „Partnervermittlungsagentur", „Werbeagentur"**), steht aber häufig auch an der Stelle von „Amt", „Anstalt" oder „Behörde" (**„Bundesagentur für Arbeit", „Bundesnetzagentur", „Europäische Umweltagentur"**). Die Werbung mit **„SEGURA BARGELDAGT"** wurde als irreführend angesehen, weil auch der durchschnittlich informierte, aufmerksame und verständige Umworbene bei dieser Schreibweise den Zusatz **„AGT"** als Abkürzung für „Agentur" nicht erkennt.[923] Zusätze sind zu beachten, so weckt der Begriff **„autorisierte Goldverwertungsagentur"** die Vorstellung, dass das beworbene Unternehmen gewisse Standards in Bezug auf Qualität, Kontrolle und Ausbildung einhält und insofern einer Kontrolle der autorisierenden Stelle unterliegt.[924]

384 **„Akademie".** S. § 5 Abschn. E. Rdn. 20 unter „Akademie".

385 **„Anwalts- und Steuerkanzlei".** S. § 5 Abschn. E Rdn. 413 unter „Rechtsanwälte, Steuerberater".

386 **„Ärztehaus".** Der Begriff soll nach früheren Entscheidungen die Fehlvorstellung hervorrufen können, dass bessere Leistungen angeboten werden als anderswo, etwa weil die dort praktizierenden Ärzte verschiedener Fachrichtungen im Sinne einer Gemeinschaftspraxis bei Diagnose und Therapie zusammen arbeiteten, den Einsatz medizinisch-technischer Geräte optimieren könnten usw.[925] Heute werden demgegenüber nicht nur Ärzte und Kapitalanleger als Adressaten des Prospekts einer Bauträgergesellschaft,[926] sondern auch Verbraucher den Begriff so verstehen, dass in dem Gebäude ausschließlich oder vornehmlich und in größerer Zahl Ärzte unterschiedlicher Fachrichtungen praktizieren, so dass Beschwerden unterschiedlichster Art ohne die Notwendigkeit eines Ortswechsels dort behandelt werden können; von einer Zusammenarbeit dieser Ärzte geht man heute nicht mehr aus. Zum Begriff **„Brustzentrum"** s. § 5 E. Rdn. 247 unter „Zentrum".

387 **„Bank", „Bankier", „Sparkasse", „Bausparkasse", „Spar- und Darlehenskasse", „Volksbank".** Wer unter diesen Bezeichnungen andere Tätigkeiten als Kreditgeschäfte betreibt, die den Anschein von Bankgeschäften erwecken, täuscht den Verkehr; denn diese Bezeichnungen dürfen nach §§ 39–41 KWG abgesehen von bestimmtem Ausnahmen für Altfälle nur Unternehmen führen, die Bankgeschäfte gewerbsmäßig oder in einem einen kaufmännischen Geschäftsbetrieb erfordernden Umfang betreiben, wobei für die Verwendung der Bezeichnungen „Bank", „Bankier" sowie „Sparkasse" eine Ausnahme gilt, wenn der Anschein eines Bankgeschäfts ausgeschlossen ist.

388 **„Buchhaltung", „Buchungsservice".** Damit darf nur werben, wer die nach § 6 Nr. 4 StBerG erforderliche Qualifikation besitzt,[927] s. näher § 5 Abschn. E. Rdn. 289 unter „Buchhaltung".

389 **„Discount".** Unter einem „Discount(er)" stellt sich der Verkehr ein Unternehmen des Einzelhandels vor, das Konsumgüter des täglichen Bedarfs vertreibt und sich durch eine kostenreduzierende Warenpräsentation und geringe Auswahl innerhalb der einzelnen Warengruppen auszeichnet.[928] Von einem „Discounter" erwartet der Verkehr dauerhaft günstige Preise.[929] Das schließt nicht aus, dass in Discount-Geschäften auch Markenartikel geführt und diese nicht verbilligt verkauft werden.[930] Als unzulässig wurde die Werbung einer Apotheke mit **„Discountapotheke"** angesehen, da angesichts der Preisbindung für verschreibungspflichtige Medikamente ein großer Teil des Sortiments nicht günstiger als bei anderen Anbietern war.[931]

390 **„Doktor".** Der Begriff ist mehrdeutig, so dass es in besonderem Maße auf die Art seiner Verwendung ankommt. Die Werbung eines Autolackierers mit der Bezeichnung **„Lackdoktor"** ist nicht irreführend.[932]

---

[922] BGH GRUR 1976, 596, 597 – *Aluminiumrollläden.*
[923] Ebenso zum früheren Recht KG WRP 1978, 133.
[924] OLG Brandenburg, Urt. v. 13.7.2010, Az. 6 U 58/09.
[925] BGH GRUR 1988, 458 m. w. N. – *Ärztehaus.*
[926] Vgl. BGH GRUR 1988, 458 – *Ärztehaus.*
[927] Vgl. hierzu Brandenburgisches Oberlandesgericht, NJW-RR 2005, 1657.
[928] OLG Hamburg OLGR Hamburg 2007, 71 ff.
[929] BGH NJW 1971, 378 – *Dauertiefpreise;* OLG Dresden Urt. v. 30.8.2011, Az. 14 U 651/11, WRP 2012, 230; vgl. *Haberkorn* WRP 1966, 393.
[930] Vgl. *Haberkorn* WRP 1966, 393.
[931] OLG Dresden Urt. v. 30.8.2011, Az. 14 U 651/11, WRP 2012, 230.
[932] OLG Jena GRUR-RR 2005, 354.

„Drogerie“ darf der Unternehmer sein Geschäft in der Werbung nur nennen, wenn dort die typischen Drogeriewaren (Körperpflegeartikel pp.) sowie die üblicherweise in Drogerien ebenfalls erhältlichen verwandten Waren (Fotoartikel, Süßwaren pp.) angeboten werden. Den Charakter einer Drogerie verliert das Geschäft, wenn das Angebot durch **drogerieuntypische** Waren (Wurstwaren, Kleidung und Schuhe o. Ä.) maßgeblich verwässert wird.[933] Wer einen Internet-Schuhversand betreibt, darf Kunden auch dann nicht durch Schlagworte wie „Meiers Drogerie“ auf seine Website locken, wenn er ergänzend auch einige Körperpflegeartikel anbietet. Demgegenüber gehören Naturkostpräparate, Kosmetik, Pflanzenschutzmittel, Haushaltswaren, Chemieartikel, Fotos und freiverkäufliche Arzneimittel heute zum typischen Sortiment einer „Drogerie“.[934] Nicht irreführend ist es, von einer **„Drogerieabteilung“** zu sprechen, wenn sich die typischen Drogeriewaren in einem räumlich abgegrenzten Bereich befinden und dort von einer fachkundigen Person **(„Drogisten“)** verkauft werden. 391

Ersatzteile und Zubehör. Die **Benutzung von Kennzeichen des Herstellers** als Hinweis auf die Bestimmung von Zubehör und Ersatzteilen ist unter den durch die RL 2008/95/EG zur Angleichung der Rechtsvorschriften über Marken geregelten Voraussetzungen zeichenrechtlich zulässig.[935] Eine zeichenrechtlich zulässige Benutzung der Marke stellt keine unzulässige vergleichende Werbung dar, wenn sie unter Beachtung der in der Irreführungsrichtlinie niedergelegten Grundsätze erfolgt und nur eine Unterscheidung der Erzeugnisse und Dienstleistungen des Werbenden von denjenigen seines Mitbewerbers bezweckt, durch die Unterschiede objektiv herausgestellt werden sollen.[936] Die Schranken der Rechte aus der Marke regelt die RL 2008/95/EG abschließend; auch Art. 14 der RL 98/71/EG und Art. 110 VO (EG) Nr. 6/2002 über das Gemeinschaftsgeschmacksmuster berechtigten den Hersteller von Kraftfahrzeugersatzteilen und -zubehör nicht, auf seinen Waren ein Zeichen, das mit einer von einem Kraftfahrzeughersteller u. a. für solche Waren eingetragenen Marke identisch ist, ohne dessen Zustimmung mit der Begründung anzubringen, dass die damit vorgenommene Benutzung der Marke die einzige Möglichkeit darstelle, das betr. Fahrzeug zu reparieren und ihm als komplexes Erzeugnis wieder sein ursprüngliches Erscheinungsbild zu verleihen.[937] Das Irreführungsverbot findet unbeschadet der zeichenrechtlichen Grundsätze Anwendung.[938] Deshalb dürfen weder der Zubehör- oder Ersatzteilhersteller noch der Hersteller der Hauptware durch die Kennzeichnung der Ware mit fremden Kennzeichen beim Verkehr einen Irrtum über die betriebliche Herkunft oder die Art des Vertriebs erwecken. In vielen Branchen ist eine Verlagerung von Teilen des Produktionsvorgangs in **Zuliefer- und Spezialbetriebe** heutzutage jedoch die Regel. Deshalb kann z. B. von einem angemessen aufmerksamen, verständigen und informierten Kfz-Besitzer im Allgemeinen erwartet werden, dass er weiß, dass einzelne in der Fertigung eingesetzten Teile von Zulieferern oder Spezialwerkstätten hergestellt werden. Hier setzt der Kunde auch bei als **„Original-Ersatzteil“** bzw. „Original-Zubehör“ nachträglich geliefertem Zubehör oder Ersatzteilen nur voraus, dass diese aus derselben Fertigung wie bei der Erstlieferung stammen und der Hersteller des Kfz für sie in ähnlicher Weise wie für die bei der Erstausstattung eingebauten Teile mit seinem Namen und Ruf einstehen wird.[939] S. auch unter „Hersteller“. 392

„Fabrik“. Kennzeichnend für eine „Fabrik“ ist die Neuherstellung von Produkten unter weitgehender Arbeitsteilung und Einsatz von Maschinen. Mit einer „Fabrik“ kann der Verkehr auch die Vorstellung einer gewissen Betriebsgröße verbinden. Wird der Begriff im Zusammenhang mit Warenangeboten verwandt („ab Fabrik“, „Fabrikverkauf“, „Verkauf direkt ab Fabrik“, „vom Fabrikanten direkt zum Verbraucher“), versteht der Verkehr das i. d. R. im Sinne einer eigenen Herstellung der beworbenen Ware durch den Werbenden und ihren Vertrieb ohne Einschaltung des Handels;[940] es gelten die Ausführungen zum Stichwort „Hersteller“ entsprechend. 393

„Fach-“, Fachunternehmen“ bzw. „Fachgeschäft“. So darf sich nur ein auf ein oder mehrere bestimmte Warengruppen spezialisiertes Geschäft nennen,[941] wobei zusätzlich zu fordern ist, dass es sich durch eine große Auswahl, fachkundige Beratung und Bedienung sowie den üblichen 394

---

933 OLG Bamberg BB 1958, 890. – A. A. Köhler/*Bornkamm,* 34. Aufl. 2016, § 5 Rdn. 5.10.

934 Vgl. OLG Frankfurt WRP 2002, 1452, 1457.

935 EuGH, Beschl. v. 6.10.2015, C-500/14, Ford Motor Company, EU:C:2015:680, Rdn. 44.

936 Vgl. EuGH GRUR 2002, 354 – *Toshiba;* GRUR 2006, 345, 346 – *Siemens/VIPA,* BGH GRUR 2003, 444, 445 – *Ersetzt.*

937 EuGH, Beschl. v. 6.10.2015, C-500/14, Ford Motor Company, EU:C:2015:680, Rdn. 44.

938 Vgl. EuGH GRUR 2002, 354 – *Toshiba;* GRUR 2006, 345, 346 – *Siemens/VIPA;* näher § 5 J Rdn. 2 ff.

939 Vgl. BGH GRUR 1963, 142, 146 – *Original-Ersatzteil;* GRUR 1966, 211, 212 – *Ölfilter;* Köhler/*Bornkamm,* 34. Aufl. 2016, § 5 Rdn. 6.26.

940 Vgl. OLG München GRUR 1979, 159; Köhler/*Bornkamm,* 34. Aufl. 2016, § 5 Rdn. 6.21.

941 Vgl. OLG München WRP 1979, 156.

Service auszeichnet,[942] also durch eine gewisse Befähigung des Inhabers bzw. seiner Mitarbeiter. Auf ein „Fachgeschäft“ bzw. besondere Fachkunde lassen nicht nur entspr. Bezeichnungen schließen, sondern z. B. auch eine besonders herausgestellte Spezialisierung des Unternehmens („Sanitätshaus X“, „Kassel-Huskys-Fanartikel-Shop“). Eine Berühmung als Fachgeschäft kann auch darin liegen, dass der Inhaber seinen Namen mit der Branche verbindet („Leder-Schulze“).[943] Als irreführend wurde die Bezeichnung „größtes Teppichboden- und **Gardinenfachgeschäft** Südostbayerns“ für ein Abhollager angesehen, ohne dass es auf die Frage der Zulässigkeit der darin liegenden Alleinstellungswerbung noch ankam.[944] In der eigenen Bezeichnung als **„Fachwerkstatt“** eines international bekannten Autoherstellers liegt im Allgemeinen die Behauptung einer vertraglichen Beziehung. Besteht diese nicht, ist die Werbung i. d. R. unwahr und täuschend.[945] Eine Klinik darf sich nicht als **„Fachklinik“** bezeichnen, wenn nur ein allgemeines umfassendes Angebot an Krankenbehandlungen besteht.[946] Die Verwendung der Bezeichnung **„Fachschule“** soll in Nordrhein-Westfalen nicht den Eindruck erwecken, es handele sich um eine staatliche Schule.[947] Außerdem kann ein Irrtum über die **Befähigung** erweckt werden (§ 5 Abschn. E. Rdn. 115 ff.).

395 **„Factory Outlet“ bzw. „Outlet“.** Letztere Bezeichnung fasst der Verkehr als Kurzform der ersteren und beide als synonymes Begriffspaar im Sinne eines Fabrikverkaufs auf.[948] Er erwartet dort aus der Produktion des Anbieters stammende Waren, die unter Ausschaltung des Groß- und Zwischenhandels besonders preiswert angeboten werden.[949] Wird ein Geschäft als „Factory Outlet“ oder „Outlet“ bezeichnet, müssen zwei Bedingungen erfüllt sein, nämlich die Waren sowohl aus eigener Produktion stammen als auch die Preise unter denen des Einzelhandels liegen.[950] Die Bezeichnung ist deshalb irreführend, wenn die Ware im Fachhandel, von dem die Bezeichnung abgrenzen will, nicht erhältlich ist, sodass es keinen Vergleichspreis des Einzelhandels gibt.[951] Auch die Abgabe von Ware lediglich zu reduzierten Preisen reicht nicht, wenn diese nicht unmittelbar vom Hersteller stammt, sondern von einem normalen, Restposten anbietenden Handelsunternehmen.[952] Die erforderliche „Herstellereigenschaft“ des Anbieters erfordert jedoch nicht, dass er sämtliche Fertigungsschritte in seinem Unternehmen vollzieht. Vor allem bei serienmäßig hergestellten Massenwaren steht ihr nicht entgegen, dass die angebotenen Waren teilweise in fremden Betrieben gefertigt oder zugekauft werden.[953] Als irreführend wurden bspw. angesehen: Die Bezeichnung eines Augenoptikergeschäfts mit umfassendem Angebot als „factory outlet“;[954] die Werbung eines Handelsunternehmens mit „Designer Outlet“;[955] die Werbung eines Onlinehändlers, der zahlreiche Markenartikel als reine Händlerin vertrieb, ohne insofern mit dem jeweiligen Hersteller verbunden zu sein, mit dem Begriff „Outlet“.[956]

396 **„Finanz“, „Kredit“.** Die Begriffe suggerieren eine Tätigkeit auf dem Gebiet der Bankgeschäfte.[957] Der Verkehr schließt außerdem auf das Vorliegen einer etwa erforderlichen **Zulassung, s. § 5 Abschn. E. Rdn. 273 ff.** Bestimmte in § 1 Abs. 3 KWG als „Finanzunternehmen“ bezeichneten Unternehmen (Anlageberater, Geldmakler usw.) benötigen für ihre im Zusammenhang mit finanziellen Transaktionen stehende Tätigkeit u. U. (vgl. § 2 Abs. 6 Nr. 8 KWG) keine Erlaubnis nach § 32 KWG; sie dürfen aber gleichwohl keinen falschen Eindruck über Art oder Umfang ihrer Geschäftstätigkeit erwecken. Durch den Gebrauch des Wortes „Finanz“ in der Geschäftsbezeichnung eines Finanzmaklers **„Wall-Finanz H. + Partner“** wird nicht der Eindruck erweckt, der so Wer-

[942] BGH GRUR 1997, 141 – *Kompetenter Fachhändler;* OLG Koblenz WRP 1982, 45; *Weyhenmeyer* WRP 1982, 443 ff.
[943] Köhler/*Bornkamm,* 34. Aufl. 2016, § 5 Rdn. 5.15.
[944] Vgl. OLG München WRP 1979, 156.
[945] OLG Hamm WRP 1983, 169.
[946] BGH GRUR 1988, 841 – *Fachkrankenhaus.*
[947] LG Düsseldorf EzB-VjA UWG §§ 1 ff. Nr. 23.
[948] BGH GRUR 2013, 1254, 1256 – *Matratzen Factory Outlet;* OLG Stuttgart, v. 24.7.2014, – 2 U 34/14, juris-Tz. 27.
[949] BGH GRUR 2013, 1254, 1256 – *Matratzen Factory Outlet.*
[950] Köhler/*Bornkamm,* 34. Aufl. 2016, § 5 Rdn. 5.14; OLG Stuttgart, v. 24.7.2014, – 2 U 34/14, juris-Tz. 31.
[951] BGH GRUR 2013, 1254, 1256, Rdn. 30 – *Matratzen Factory Outlet.*
[952] OLG Stuttgart, v. 24.7.2014, – 2 U 34/14, juris-Tz. 35; OLG Hamburg GRUR-RR 2001, 42; OLG Nürnberg MDR 2002, 286.
[953] BGH GRUR 2013, 1254, 1256, Rdn. 21 – *Matratzen Factory Outlet.*
[954] OLG Nürnberg MDR 2002, 286.
[955] OLG Hamburg GRUR-RR 2001, 42.
[956] OLG Stuttgart, v. 24.7.2014, – 2 U 34/14, juris-Tz. 14; vgl. auch LG Stuttgart, v. 31.3.2015, – 43 O 1/15 KfH.
[957] OLG Köln WRP 1980, 439; AG Oldenburg BB 1968, 312.

bende sei selbst Kreditgeber und nicht lediglich Kreditvermittler.[958] Demgegenüber hat das OLG Stuttgart die Bezeichnung **„Finanz-Agentur"** als Hinweis darauf angesehen, dass der Unternehmer selbst Kredite vergebe.[959]

„Gesundheitsforschung". Eine Irreführung durch die Verwendung der Bezeichnung hat der BGH im konkreten Einzelfall verneint.[960] 397

„Geografische Angaben". Sie können, v. a. wenn sie in der Firma oder in Kennzeichen auftauchen, zur Täuschung des Verkehrs über den Sitz oder das Tätigkeitsgebiet des Unternehmens geeignet sein. Entscheidend für die Täuschungseignung ist die Sicht eines durchschnittlich aufmerksamen, verständigen und informierten Mitglieds des Verkehrskreises, an den sich die geschäftliche Handlung richtet. Ob eine solche Person einer geschäftlichen Handlung Orts- oder Gebietsangaben entnimmt und eine unrichtige Verbindung zwischen ihnen und dem Unternehmen herstellt, hängt von den Umständen des Einzelfalls ab. So sind im Hotel- und Restaurantbereich geografische Bezeichnungen weit verbreitet **(„Eisdiele Venedig"; „Pizzeria Italiana", „Frankfurter Hof").** Eine Irreführung über die geografische Herkunft des Unternehmens oder dessen Tätigkeitsgebiet liegt hier fern.[961] Demgegenüber erwartet der Verbraucher, dass eine **„Meiers Frankfurter Finanzvermittlung"** in Deutschland und nicht auf den Bahamas ansässig ist, und dass eine **„Hamburger Versandunternehmen GmbH"** in Deutschland tätig ist und die Ware nicht erst aus Überland verschickt werden muss. Die **Relevanz** derartiger Irrtümer über die geografische Herkunft bzw. das Tätigkeitsgebiet des Unternehmens ergibt sich dann daraus, dass der Verbraucher mit der geografischen Herkunft des Unternehmens bzw. dessen räumlichen Tätigkeitsgebiet Erwartungen wie die schnelle(re) Belieferung, niedrige(re) Versandpreise, vereinfachter(e) Durchsetzung von Verbraucherrechten, großer (größere) Seriosität und Zuverlässigkeit bzw. hoher (höhere) wirtschaftliche Leistungsfähigkeit verbindet. Bei einem Umzugsunternehmen wurde die Vorstellung des Verbrauchers, dieses habe an einem bestimmten Ort seinen Sitz oder eine Niederlassung, als relevant angesehen, weil die Verbraucher ein ortsansässiges Unternehmen wegen einer optimalen Betreuung „vor Ort" bevorzugten.[962] Unabhängig von der Irreführung über die geografische Herkunft des Unternehmers kann die Angabe auch zur Täuschung über die Größe und Bedeutung des Unternehmens geeignet sein (s. § 5 Abschn. E. Rdn. 211 f.) oder sogar eine Allein- oder Spitzenstellung erwarten lassen (s. § 5 Abschn. E. Rdn. 171 ff.). 398

„Großhandel", „Großhändler", „direkt vom Großhändler" u. ä. Mit dem Begriff des „Großhändlers" verbindet der Verkehr i. d. R. ein Unternehmen, das ausschließlich oder überwiegend an Wiederverkäufer liefert und entsprechend auch über einen hierauf zugeschnittenen Geschäftsbetrieb verfügt.[963] Ein Unternehmen, das in großem Umfang an Endverbraucher verkauft, führt den Verkehr deshalb im Allgemeinen irre, wenn es sich „Großhändler" nennt, ohne darauf hinzuweisen, dass es auch den Einzelhandel betreibt.[964] Da der Begriff des „Großhandels" dessen Funktion im Verteilungsnetz kennzeichnet, ist nicht erforderlich, dass das Unternehmen eine besondere Größe aufweist. Ein Betrieb, der kaum etwas umsetzt, der keine Geschäftsbeziehungen zu in- und ggf. auch ausländischen Herstellern und Großabnehmern besitzt und den für den Großhandel erforderlichen finanziellen Hintergrund nicht hat, ist aus der Sicht des Durchschnittsverbrauchers aber kein „Großhändler", selbst wenn er ausschließlich an Wiederverkäufer liefert. Die Bewerbung von Waren unter dem Hinweis auf eine (auch angebliche) Stellung des Werbenden als „Großhändler" oder **„Großimporteur"** kann den Eindruck erwecken, die Ware besonders günstig, nämlich ohne Abzug der auf die Zwischenhändler entfallenden Gewinne, oder aus einem besonders umfassenden Sortiment zu erhalten.[965] Die Täuschung ist i. d. R. wettbewerbsrechtlich relevant, weil für den Fachhandel das Angebot eines Großhändlers, der in bedeutendem Umfang unmittelbar an Letztverbraucher zu demselben Preis wie an den Fachhandel liefert, nicht dasselbe Interesse haben wird wie eine alleinige Belieferung des Fachhandels;[966] denn er wird die bezogene Ware durch die ihm vom „Großhändler" gemachte Konkurrenz kaum zu einem seinem Interesse genügenden Zwischenpreis absetzen können.[967] Mit den Begriffen des „Großhändlers" bzw. „Großimporteurs" kann im Übrigen auch die Erwartung einer bestimmten Größe des Unternehmens einhergehen. 399

---

[958] OLG Bremen WRP 1977, 267.
[959] OLG Stuttgart ZIP 1993, 1494. – Dagegen Köhler/*Bornkamm,* 34. Auf. 2016, § 5 Rdn. 5.18.
[960] BGH GRUR 2000, 616 – *Auslaufmodell III.*
[961] Köhler/*Bornkamm,* 34. Aufl. 2016, § 5 Rdn. 5.98.
[962] OLG Koblenz K& R 2008, 383.
[963] Vgl. BGH GRUR 1968, 595, 598 – *Wiederverkäufer.*
[964] Vgl. BGH GRUR 1968, 595, 598 – *Wiederverkäufer.*
[965] Vgl. BGH WRP 1996, 1102, 1104 – *Großimporteur.*
[966] BGH GRUR 1968, 595, 599 – *Wiederverkäufer.*
[967] BGH GRUR 1968, 595, 599 – *Wiederverkäufer.*

400 **Gutachter.** Unlauter handelt, wer den Eindruck erweckt, **Gutachten** für jedwede Dritte erstellen zu können, während seine Bestallung tatsächlich auf die Erstellung von Gutachten für eine bestimmte Gesellschaft, z. B. die Gesellschaft der Havariekommissare mbH, beschränkt ist.[968] S. zum „Sachverständigen" auch unter diesem Stichwort.

401 **„Händler"** ist, wer im eigenen Namen und für eigene Rechnung tätig wird. Die Unterscheidung zwischen dem Händler und dem Vermittler, dem Handelsvertreter oder dem Kommissionär ist für den Verkehr i. d. R. von Bedeutung, weil wesentliche Elemente des Vertrags (Person bzw. Liquidität des Vertragspartners) betroffen sind.

402 **Handwerk.** Unter einem **„Handwerksbetrieb"** versteht man einen Betrieb, der in der Herstellung tätig und handwerksmäßig organisiert ist. Typisch für einen Handwerksbetrieb sind die tätige Mitarbeit des Inhabers und die Verwendung gelernter Hilfskräfte.[969]

403 **„Hersteller", „Produzent", „Fabrikant" u. ä.** Diese Begriffe bezeichnen Unternehmen, welche die angebotenen Waren im Wesentlichen selbst herstellen. Werden derartige Begriffe im Zusammenhang mit dem Absatz von Waren verwandt, z. B. bei der Werbung mit **„aus eigener Produktion", „aus eigener Fabrikation"** oder **„direkt vom Hersteller"**, versteht der Verkehr darunter i. d. R. den Verkauf direkt vom Hersteller ohne Zwischenschaltung des Handels, desgleichen bei Begriffen wie **„Factory Outlet"**[970] oder **„Designer Outlet".**[971] Der gleiche Eindruck kann entstehen, wenn beim Verkauf **Marken** des Herstellers zum Einsatz kommen; allerdings werden heutzutage Marken nicht ohne weiteres als Herstellermarke aufgefasst.[972] Die Behauptung einer Eigenproduktion kann auch **konkludent** erfolgen. So wurde die Bezeichnung **„Weingut"** als irreführend angesehen, wenn mehr als 20% der jährlichen Gesamtproduktion aus fremderzeugten Weintrauben oder aus Erzeugnissen aus solchen hergestellt wurden;[973] allerdings sind hier bei der Auslegung § 25 WeinG, die VO (EG) Nr. 607/2009 und die VO (EG) Nr. 1308/2013 zu beachten; s. § 5 Abschn. A Rdn. 68. Verbindet der Verkehr mit der Bezeichnung einen Bezug direkt vom Hersteller, darf dieser nicht tatsächlich in großem Umfang Fremdprodukte absetzen. **Stückware,** die mit „aus eigener Herstellung" beworben wird, darf überhaupt nicht zugekauft sein. In welchem Umfang es sich beim **Gattungskauf** (Mischware) um eigene Produktion handeln muss, damit der Begriff noch verwandt werden darf, hängt von der angebotenen Ware und den Umständen der geschäftlichen Handlung ab. So erwartet der Verbraucher bei Eiern, Fleisch oder Getreide „aus eigener Produktion" i. d. R., dass der gesamte Inhalt der Verpackung aus dem landwirtschaftlichen Betrieb des Anbieters stammt.[974] Demgegenüber ist bei Bekleidung meist selbstverständlich, dass die Stoffe zugekauft wurden; anders ggf., wenn der Verkauf durch einen Naturladen oder einen landwirtschaftlichen Betrieb erfolgt. Wer allerdings ein Drittel des Sortiments zukauft, soll sich nach Auffassung des BGH nicht **„Bekleidungswerk"** nennen dürfen.[975] Hinsichtlich des für die Anfertigung der Produkte erforderlichen **Materials,** von **Teilen** oder **Zubehör** kommt es auf den Branche an. Der Verbraucher weiß z. B., dass serienmäßig hergestellte Möbel oder Bekleidung meist aus zugekauftem Material hergestellt werden. Ihm ist auch bekannt, dass der Pkw-Hersteller seine **„Original-Ersatzteile"** u. U. in Spezialwerkstätten oder von Zulieferern herstellen lässt, und erwartet nur, dass der Hersteller mit seinem Namen und Ruf für die Qualität und Güte derartiger Ersatzteile einsteht,[976] s. näher unter „Ersatzteile". Ob die **Auslagerung von Produktionsbereichen** die Werbung mit der Hersteller-/Produzenteneigenschaft ausschließt, hängt von den Umständen des Einzelfalls ab. Von Bedeutung sind insbes. die Bedeutung der ausgelagerten Produktionsbereiche und das Maß der Kontrollmöglichkeiten des Unternehmers. So soll ein kosmetisches **„Produktionsunternehmen"** nach Auffassung des OLG Köln noch gegeben sein, wenn Anrühren und Abfüllen der Kosmetika ausgelagert sind, sofern die Entwicklung der Rezepturen, die Bestimmung der Rohstoffe und die Durchführung der Endkontrolle selbst vorgenommen werden.[977] Die **Relevanz** der Täuschung über den Direktbezug kann sich aus der Erwartung von Preisvorteilen, aber auch von hoher Qualität, von Kulanz, Bonität, Durchsetzbarkeit von Gewährleistungsansprüchen oder von der Möglichkeit vereinfachten Bezugs von Zubehör und Ersatzteilen ergeben.

---

[968] OLG Dresden WRP 1996, 1168, 1171.
[969] Köhler/*Bornkamm,* 34. Aufl. 2016, § 5 Rdn. 5.12.
[970] OLG Nürnberg MDR 2002, 286.
[971] OLG Hamburg GRUR-RR 2001, 42.
[972] Köhler/*Bornkamm,* 34. Aufl. 2016, § 5 Rdn. 6.24; strenger noch BGH GRUR 1957, 438 – *Klasen-Möbel.*
[973] Bayerisches Oberstes Landesgericht WRP 1977, 524.
[974] Vgl. RG GRUR 1940, 585 – *Trockengemüse.*
[975] Vgl. BGH GRUR 1986, 676 – *Bekleidungswerk.*
[976] BGH GRUR 1963, 142, 146 – *Original-Ersatzteile;* GRUR 1966, 211 f. – *Ölfilter;* Köhler/*Bornkamm,* 34. Aufl. 2016, § 5 Rdn. 6.26.
[977] OLG Köln GRUR-RR 2006, 237.

Entscheidend sind immer die Umstände des Einzelfalls. So sollen die Angaben „Fabrikverkauf" und „Matratzenfabrik" nicht schon deshalb irreführend sein, weil die Preise nicht den Wiederverkäuferpreisen entsprechen.[978]

„Importeur". Darunter versteht man einen Händler, der selbst im Import-Geschäft tätig ist. 404
Die Angabe ist daher unzutreffend und täuschend, wenn der Unternehmer tatsächlich aus zweiter Hand bezieht.[979]

„Institut". In bestimmten Zusammenhängen deutet der Begriff auf einen wissenschaftlichen Tä- 405
tigkeitsbereich oder auf eine besondere Verbindung bzw. Überwachung durch staatliche Stellen hin. Die Bezeichnung **„Institut für physikalische Therapie"** für einen von zwei Masseuren und medizinischen Bademeistern geführten Betrieb hat das OLG Düsseldorf als irreführend angesehen, da der Begriff „Institut" auf eine öffentliche oder unter öffentlicher Aufsicht stehende wissenschaftliche Einrichtung hindeute, wenn ihm eine Tätigkeitsangabe hinzugefügt werde, die normalerweise Gegenstand wissenschaftlicher Forschung oder Behandlung sei.[980] Ebenso für unzulässig angesehen wurde die Bezeichnung **„Institut für Zelltherapie Düsseldorf"** bzw. **„Frischzelleninstitut Düsseldorf"** für ein Unternehmen, in dem sich Interessierte einer Zellenimplantation unterziehen konnten, ohne dass hierfür eine behördliche Genehmigung erwirkt worden war.[981] Wird dem Begriff eine Tätigkeitsangabe hinzugefügt, die auf eine gewerbliche Tätigkeit hinweist, erkennt der Verkehr, dass er eine private Einrichtung vor sich hat, so z. B. bei **„Beerdigungsinstitut"**,[982] **„Kreditinstitut"**,[983] **„Institut für Schönheitspflege"**,[984] **„Ehevermittlungsinstitut"**,[985] **„Bewachungsinstitut"**,[986] **„Fremdspracheninstitut"**[987] oder **„regioplan Institut für Strukturanalyse"**.[988] Immer sind die Besonderheiten der jeweiligen Werbesituation zu beachten. So kann in Universitätsstätten oder Städten mit großem Klinikbetrieb der Schluss auf ein wissenschaftliches Tätigkeitsgebiet des „Instituts" näher liegen als in ländlichen Gebieten.[989]

„Klinik", „Krankenhaus". Nach § 2 Nr. 1 KHG sind „Krankenhäuser" Einrichtungen, in de- 406
nen durch ärztliche und pflegerische Hilfeleistung Krankheiten, Leiden oder Körperschäden festgestellt, geheilt oder gelindert werden sollen oder Geburtshilfe geleistet wird und in denen die zu versorgenden Personen untergebracht und verpflegt werden können. Ob der Verkehr eine Einrichtung als „Klinik" bzw. „Krankenhaus" einordnet, hängt neben der konkreten Situation der geschäftlichen Handlung und dem angesprochenen Verkehrskreis vom Zusammenspiel mehrerer Faktoren ab, so vom zahlenmäßige Verhältnis der stationären und der ambulanten Behandlungen, deren Art und Umfang, der personellen Ausstattung mit Ärzten und Pflegepersonal sowie der apparativen und sonstigen sächliche Ausstattung, von Art und Umfang der Möglichkeiten zur stationären Aufnahme und Durchführung von Behandlungen auch zur Nachtzeit und in Notfällen. Da ambulante Behandlungen i. d. R. in relativ kurzer Zeit ausgeführt werden, stationäre Behandlungen dagegen häufig einer wesentlich zeitaufwändigeren und intensiveren ärztlichen Behandlung, Nachbehandlung und pflegerischen Betreuung bedürfen, können letztere das Erscheinungsbild auch dann bestimmen, wenn die ambulanten Behandlungen der Zahl nach zwar weit überwiegen, aber für den Verkehr in ihrer medizinischen Bedeutung hinter der stationärer Behandlungen zurücktreten.[990] Ein Verständnis des Begriffs „Klinik" dahingehend, dass eine Klinik wie ein Krankenhaus vorrangig dafür geschaffen sei, besonders schwere Erkrankungen zu heilen und insbesondere aufwändige operative Eingriffe durchzuführen, ist zu eng.[991] Besteht der Eindruck eines **anstaltsmäßig** organisierten Krankenhauses, dürfen die ärztlichen Leistungen nicht im Wesentlichen von **Belegärzten** erbracht werden,[992] außer wenn dies für den Verkehr deutlich wird.[993] Je nach Gebrauch können die Begriffe eine andere oder eingeschränkte Bedeutung erhalten. So erwartet der Verkehr von einer **„Tages-**

---

[978] OLG München GRUR-RR 2004, 81.
[979] Vgl. OLG Hamburg GRUR 1939, 81; Köhler/*Bornkamm,* 34. Aufl. 2016, § 5 Rdn. 5.90.
[980] OLG Düsseldorf WRP 1977, 796 f.; siehe auch OLG Düsseldorf WRP 1976, 317.
[981] OLG Düsseldorf WRP 1976, 317 ff.
[982] OLG Düsseldorf WRP 1976, 317, 318.
[983] OLG Düsseldorf WRP 1976, 317, 318.
[984] OLG Düsseldorf WRP 1976, 317, 318.
[985] *Olenhusen* WRP 1996, 1079, 1081.
[986] *Olenhusen* WRP 1996, 1079, 1081.
[987] *Olenhusen* WRP 1996, 1079, 1080.
[988] LG Berlin BB 1968, 312 m. Anm. *George* BB 1968, 313.
[989] Vgl. *Olenhusen* WRP 1996, 1079, 1082 m. w. N.
[990] Vgl. BGH GRUR 1996, 802, 803 – *Klinik.*
[991] Vgl. BGH GRUR 1996, 802, 804 – *Klinik.*
[992] BGH GRUR 1990, 606, 607 – *Belegkrankenhaus;* OLG Nürnberg NJW-RR 1998, 113.
[993] Vgl. den Sachverhalt bei BGH GRUR 2003, 353 – *Klinik mit Belegärzten.*

klinik" nur eine ambulante bis teilstationäre Versorgung, während von einem **„Akutkrankenhaus"** eine Tag- und Nach-Aufnahmebereitschaft für Akutfälle und ein breites Spektrum akuter Behandlungsfälle erwartet wird. Zum Begriff „Ärztehaus" s. dort.

407 **„Kundendienst".** Unter einem Kundendienst ist ein vom Hersteller unterhaltenes Netz von Reparatur- und Wartungsbetrieben zu verstehen, die für die Abwicklung von Garantiefällen, für Reparaturen und für die Beschaffung von Ersatz- und Zubehörteilen zuständig sind.[994] Ist es nicht vorhanden oder entspr. es nicht diesen Voraussetzungen, darf nicht mit dem Begriff geworben werden. Zur Irreführung über die Sprache, in welcher der Kundendienst erbracht wird, s. **Nr. 8 des Anhangs zu § 3 Abs. 3.**

408 **„Lohnsteuerhilfeverein".** Zur Werbung von Lohnsteuerhilfevereinen s. o. § 5 Abschn. E Rdn. 236 unter „Mitgliedschaft".

Makler. Der Verbraucher rechnet i. d. R. nicht damit, dass zu dem Preis noch eine Maklerprovision hinzukommt. Es muss deshalb darauf hingewiesen werden, dass es sich um das Angebot eines Maklers handelt bzw. dass bei Vertragsschluss eine Maklerprovision anfällt.[995] Hingegen braucht ein (als solcher auftretender) Makler nicht darauf hinzuweisen, dass eine Provision verlangt wird,[996] weil dies der Regelfall ist. Daran ändert auch § 5a Abs. 6 nichts. Bietet ein Immobilienverwalter in Zeitungsinseraten Wohnungen mit dem herausgestellten Hinweis „Ohne Maklergebühr" an, war dies bislang keine irreführende Werbung mit Selbstverständlichkeiten;[997] aufgrund des zum 1.6.2015 in Kraft getretenen Bestellerprinzips dürfte dies bei Mietwohnungen nunmehr anders zu bewerten sein.

409 **„Manufaktur".** Der Begriff weist in erster Linie auf die Herstellungsstätte hin und kann die Vorstellung traditioneller Handfertigung erwecken,[998] so z. B. die Bezeichnung **Porzellan-Manufaktur.**[999]

410 **Marke.** Der Eindruck eines Bezugs vom Hersteller kann entstehen, wenn beim Verkauf **Marken** des Herstellers zum Einsatz kommen. Umgekehrt kann auch die Benutzung einer **Händlermarke** durch den Hersteller einen Irrtum über die Bezugsart bzw. -quelle bewirken. Allerdings kann von einem angemessen aufmerksamen, verständigen und informierten Durchschnittsverbraucher im Allgemeinen die Kenntnis erwartet werden, dass in vielen Bereichen sowohl Hersteller- als auch Händlermarken verwandt werden, so dass ein solcher Verbraucher stärker auf die Umstände des Einzelfalls achten oder u. U. sogar überhaupt keine Verbindung zur Bezugsquelle herstellen wird.[1000]

411 **„Privat", „Von Privat", „private …", „aus Privathand" u. ä.** Im Verkehr gegenüber Verbrauchern sind die unwahren Angaben oder das Erwecken des unzutreffenden Eindrucks, der Unternehmer sei Verbraucher oder nicht für Zwecke seines Geschäfts, Handels oder Berufs tätig, nach **Nr. 23 des Anhangs zu § 3 Abs. 3 unzulässig.** Der **kommerzielle Zweck** gilt zudem nach **§ 5a Abs. 6** als wesentliche Information, deren Nichtkenntlichmachen eine Irreführung durch Unterlassen begründen kann. Der Verkehr versteht Begriffe wie „Privat", „von Privat", „private …", „aus Privathand" in der kommerziellen Kommunikation in aller Regel im Sinne einer Nichtgewerblichkeit des Angebots. Auch aus den Umständen einer geschäftlichen Handlung (Gestaltung, Ort, Medium) kann sich der Eindruck ergeben, es handele sich um das Angebot eines Privaten, z. B. wenn eine Werbeanzeige unter der Rubrik „von privat" geschaltet wird. Handelt es sich tatsächlich um ein gewerbliches Angebot, und wird dies nicht durch Hinweise oder Zusätze ausreichend kenntlich gemacht, ist die Angabe unwahr und darüber hinaus u. U. auch zur Täuschung geeignet.[1001] Die Gewerblichkeit des Angebots entfällt nicht schon deshalb, weil der Anbieter nicht über einen in kaufmännischer Weise eingerichteten Gewerbebetrieb verfügt, sofern er nur planmäßig und dauerhaft am Markt Leistungen gegen Entgelt anbietet.[1002] Von einer gewerblichen Tätigkeit eines **Power-Sellers** bei **eBay** ist deshalb auszugehen, wenn die betr. Person während der vier Jahre seit ihrer Registrierung 3767 Bewertungen erhalten hat und selbst mit dem Hinweis wirbt, wöchentlich neue Waren aus Nachlässen und Haushaltsauflösungen zu erhalten.[1003] Entscheidend ist, in welcher Weise die betr. Person im konkreten Fall auftritt. Deshalb wird der Verkauf eines

---

[994] Köhler/*Bornkamm,* 34. Aufl. 2016, § 5 Rdn. 6.36; vgl. OLG Hamburg GRUR 1993, 488.
[995] Vgl. BGH GRUR 1991, 324 – *Finanz- und Vermögensberater.*
[996] OLG Celle WRP 1996, 910.
[997] OLG Hamburg GRUR-RR 2001, 170; Köhler/*Bornkamm,* 34. Aufl. 2016, § 5 Rdn. 6.41.
[998] Köhler/*Bornkamm,* 34. Aufl. 2016, § 5 Rdn. 5.12.
[999] Vgl. KG GRUR 1976, 640; Köhler/*Bornkamm,* 34. Aufl. 2016, § 5 Rdn. 5.12.
[1000] Vgl. Köhler/*Bornkamm,* 34. Aufl. 2016, § 5 Rdn. 6.24; strenger noch BGH GRUR 1957, 438 – *Klasen-Möbel.*
[1001] Vgl. BGH GRUR 1987, 748, 749 – *Getarnte Werbung II.*
[1002] OLG Frankfurt GRUR 2004, 1043, 1044; GRUR-RR 2005, 310, 320.
[1003] OLG Frankfurt GRUR-RR 2005, 319, 320.

Grundstücks, das im Privateigentum steht und außerhalb der gewerblichen Tätigkeit verkauft wird, nicht dadurch zum gewerblichen Verkauf, dass der Grundstückseigentümer zufällig auch Makler ist.[1004] Eine Täuschungseignung der Angaben kann durch geeignete **Hinweise** vermieden werden, z. B. durch „kostenlose Info Tel.: ... **Geb. n. V.**" in einer Kleinanzeige.[1005] Bei Kontaktanzeigen nach Art von „Asia-Thong, Neu" oder „Sabine, sexy & gut" unter Angabe einer Telefonnummer bestehen keine konkreten Anhaltspunkte dafür, dass der Verkehr davon ausgeht, die Anzeigen stammten in jedem Fall von privat werbenden Prostituierten.[1006] Für Partnervermittlungsanzeigen hat das *OLG München* einen eindeutigen Hinweis auf den gewerblichen Charakter des Angebots für erforderlich angesehen; der Zusatz „AG. L. u. P." genüge dem nicht.[1007] Die **Relevanz** ergibt sich bei an Verbraucher gerichteten „Privatverkäufen" aus der Annahme des Durchschnittsverbrauchers, bei einem Verkauf von privat entfalle die Händlerspanne.[1008] Diese Grundsätze sollen nach *Bornkamm* für Werbung gegenüber Unternehmern nicht eingreifen, weil es diesen i. d. R. gleichgültig sei, ob die Anzeige von Privaten oder Gewerbetreibenden ausgehe.[1009]

Produktion. S. Stichwort „Hersteller" (oben Rdn. 403). 412

Rechtsanwälte, Steuerberater. Die für eine Unternehmensgruppe von Rechtsanwälten, Steuerberatern pp. geschaltete Anzeige darf unabhängig von der Frage der Qualifikation der einzelnen Unternehmen nicht den falschen Anschein erwecken, dass jedes Unternehmen der Gruppe alle in der Anzeige genannten Dienstleistungen, also auch Rechtsberatung, anbietet, weil dadurch über das Tätigkeitsgebiet der Unternehmen getäuscht wird.[1010] 413

„Sachverständiger". Der Beruf des „Sachverständigen" bezeichnet keinen geschützten Beruf. Nach Auffassung des OLG Sachsen-Anhalt ist es einem Kfz-Unternehmer, der Gutachtenerstellungen anbietet, deshalb nicht untersagt, mit **„Kfz-Sachverständigenbüro"** zu werben.[1011] Es ist auch nicht ohne weiteres irreführend, wenn Sachverständige mit einer **Anerkennung** werben, die sie von privaten Verbänden und nicht von der IHK erhalten haben.[1012] Es darf aber nicht der Eindruck entstehen, es liege eine öffentliche Bestellung vor. Wer nicht (mehr) von der IHK öffentlich bestellt und vereidigt ist, darf nicht mit der Bezeichnung **„öffentlich bestellter und vereidigter Sachverständiger"** werben.[1013] 414

„Selbstbedienungsgeschäft" versteht der Verkehr in dem Sinne, dass bis auf das Kassieren keine Bedienung stattfindet. Irreführend ist die Werbung mit diesem Begriff, wenn eine Selbstbedienung nicht möglich ist, weil die Waren nicht entsprechend entnommen werden können oder nicht mit Preisen ausgezeichnet sind.[1014] Eine Irreführungsgefahr wird auch bewirkt, wenn potenziellen Kunden in „Selbstbedienungsgeschäften" eine Beratung aufgedrängt wird.[1015] 415

„Spezialgeschäft" wird vom Verkehr als Synonym für „Fachgeschäft" verstanden, daher genügt nicht die Beschränkung auf bestimmte Ware oder Warengruppen, sondern erwartet der Verkehr darüber hinaus eine besondere Fachkunde und eine fachkundige Beratung.[1016] Zu der Bezeichnung als **„Spezialist" s. näher § 5 Abschn. E Rdn. 161.** 416

Sprache. An die in der geschäftlichen Handlung verwandte Sprache können sich Erwartungen eines bestimmten **geografischen Sitzes bzw. Tätigkeitsgebiets** des Unternehmens knüpfen. **Werbung in deutscher Sprache** erweckt zwar meist nicht die Vorstellung von einem Unternehmenssitz in Deutschland, wohl aber, dass die Belieferung auf deutschem Gebiet unproblematisch erfolgen kann. Die Erbringung von **Kundendienstleistungen** ohne entspr. Hinweis vor Vertragsschluss an Verbraucher in einer anderen Sprache als derjenigen, in der die Vertragsverhandlungen geführt worden sind, ist gemäß **§ 3 Abs. 3 UWG i. V. m. Nr. 8 der Anlage** stets unzulässig, 417

[1004] Vgl. BGH GRUR 1993, 760 – *Provisionsfreies Maklerangebot;* GRUR 1993, 761 – *Makler-Privatangebot.*

[1005] OLG Frankfurt OLGR Frankfurt 2006, 81.

[1006] Vgl. BGH GRUR 2006, 1042, 1044 – *Kontaktanzeigen.*

[1007] *OLG München* Magazindienst 2007, 973.

[1008] Vgl. OLG München WRP 1977, 278; Köhler/*Bornkamm,* 34. Aufl. 2016, § 5 Rdn. 6.38; GK/*Lindacher,* 2. Aufl. 2013, § 5 Rdn. 777.

[1009] Köhler/*Bornkamm,* 34. Aufl. 2016, § 5 Rdn. 6.39.

[1010] Vgl. BGH GRUR 2003, 540, 541 – *Stellenanzeigen.*

[1011] OLG Sachsen-Anhalt OLGR Naumburg 2006, 1035.

[1012] Ohly/Sosnitza, 6. Aufl. 2014, § 5 Rdn. 591, 597.

[1013] OLG Dresden WRP 1996, 1170 f.; VG Oldenburg WRP 1979, 166; zu weiteren Entscheidungen s. Bleutge, GewArch 2008, 9, unter Punkt 10.

[1014] BGH GRUR 1970, 515 – *Selbstbedienung.*

[1015] BGH GRUR 1970, 515 – *Selbstbedienung.*

[1016] Gloy/Loschelder/Erdmann/*Helm,* Handbuch WettbR, § 59 Rdn. 429; GK/*Lindacher,* 2. Aufl. 2013, § 5 Rdn. 946; Köhler/*Bornkamm,* 34. Aufl. 2016, § 5 Rdn. 5.15. – **A. A.** Baumbach/*Hefermehl,* 22. Auflage, § 3 Rdn. 377; OLG Hamm WRP 1992, 250.

wenn die ursprünglich verwandte Sprache nicht Amtssprache des Mitgliedsstaates ist, in dem der Unternehmer niedergelassen ist.

418 **„Supermarkt".** Bezeichnet sich ein Unternehmen als „Supermarkt", erwartet der Verkehr zusätzlich zu einer gewissen Größe und einem bestimmten Umsatz des Unternehmens sowie einem speziellen Organisations- und Vertriebssystem mit großem Warenangebot auch noch Preisvorteile.[1017]

419 **Tätigkeitsbereich.** Es darf nicht der unrichtige Eindruck erweckt werden, das Unternehmen werde auf einem Gebiet tätig, auf dem es in Wahrheit nicht in Erscheinung tritt. Der Bestandteil „Rettungsflug" im Namen eines Vereins kann daher irreführend sein, wenn Rettungsflüge zu den Kernleistungen des Vereins nicht gehören und dieser nicht selbst über Rettungsgerätschaften mit einer fachlich ausgebildeten Begleitmannschaft verfügt.[1018]

420 **„Vertragshändler", „Vertragswerkstatt".** Zu diesen Begriffen s. o. § 5 Abschn. E Rdn. 329 unter „Kennzeichen".329

421 **„Weingut".** Die Bezeichnung eines Unternehmens als „Weingut" ist irreführend, wenn mehr als 20% der jährlichen Gesamtproduktion aus fremderzeugten Weintrauben oder aus Erzeugnissen aus solchen hergestellt werden.[1019]

422 **„Werk".** Die Werbung mit **„Direkt ab Werk! Kein Zwischenhandel!"** lässt sich je nach den Umständen sowohl als Direktverkauf des Herstellers als auch bloß als Ausschluss des Zwischenhandels zwischen Hersteller und Einzelhändler verstehen;[1020] s. auch unter „Hersteller".

F. § 5 Abs. 1 S. 2 Nr. 4 (Aussagen im Zusammenhang mit Sponsoring)

Eine geschäftliche Handlung ist irreführend, wenn sie unwahre Angaben enthält oder sonstige zur Täuschung geeignete Angaben über folgende Umstände enthält:

4. Aussagen oder Symbole, die im Zusammenhang mit direktem oder indirektem Sponsoring stehen oder sich auf eine Zulassung des Unternehmers oder der Waren oder Dienstleistungen beziehen;

Inhaltsübersicht

	Rdn.
I. Herkunft, Abgrenzung und Bedeutung	1
II. Abgrenzung des Begriffs „Sponsoring"	3
III. Abgrenzung der „Zulassung"	5
IV. Aussagen oder Symbole	6
V. Im Zusammenhang mit direktem oder indirektem Sponsoring	7
VI. Zulassung des Unternehmers oder der Waren oder Dienstleistungen	9
VII. Darlegungs- und Beweislast	12

Schrifttum: *Federhoff-Rink,* Social Sponsoring in der Werbung – Zur rechtlichen Akzessorietät der Werbung mit Umweltsponsoring, GRUR 1992, 643; *Hartwig,* Meinungsfreiheit und lauterer Wettbewerb, RUR 2003, 924; *Heermann,* Ambush Marketing durch Gewinnspiele, WRP 2012, 1035; *ders.,* Wann verstößt die Verwendung olympischer Bezeichnungen gegen § 3 II OlympSchG?, GRUR 2014, 233; *Kollmann,* Technische Normen und Prüfzeichen im Wettbewerbsrecht, GRUR 2004, 6; *Knickenberg,* Programmfreiheit contra Sponsoring; *Lindacher,* Gefühlsbetonte Werbung nach BVerfG GRUR 2002, 455 – Tier- und Artenschutz, in FS Tilmann, 2003, 195; *Nordemann/Dustmann,* Gefühlsbetonte Werbung – Quo Vadis?, in: FS Tilmann, 2003, 207.

I. Herkunft, Abgrenzung und Bedeutung

1 § 5 Abs. 1 S. 2 Nr. 4 UWG wurde zur Umsetzung von **Art. 6 Abs. 1 lit. c)** der UGP-Richtlinie in das UWG eingefügt. Hiernach gilt eine Geschäftspraxis als irreführend, wenn sie

„in irgendeiner Weise, einschließlich sämtlicher Umstände ihrer Präsentation, selbst mit sachlich richtigen Angaben den Durchschnittsverbraucher in Bezug auf einen oder mehrere der nachstehend aufgeführten Punkte täuscht oder ihn zu täuschen geeignet ist: den Umfang der Verpflichtungen des Gewerbetreibenden, die Beweggründe für die Geschäftspraxis und die Art

---

[1017] *Haberkorn* WRP 1967, 204 f.

[1018] OLG Stuttgart ZIP 2006, 798.

[1019] Bayerisches Oberstes Landesgericht WRP 1977, 524 f.

[1020] Köhler/*Bornkamm,* 34. Aufl. 2016, § 5 Rdn. 6.22; offengelassen bei BGH GRUR 2005, 442 – Direkt ab Werk.

des Vertriebsverfahrens, die Aussagen oder Symbole jeder Art, die im Zusammenhang mit direktem oder indirektem Sponsoring stehen oder sich auf eine Zulassung des Gewerbetreibenden oder des Produkts beziehen."

Die Richtlinie enthält in Art. 6 Abs. 1 lit. c) somit zahlreiche Fallgruppen (Umfang der Verpflichtungen, Beweggründe, Art des Verfahrens). Umso erstaunlicher ist es, dass diese im UWG **nicht entsprechend einheitlich umgesetzt** wurden. So sind die Verpflichtungen des Unternehmers, seine Zulassung, die Beweggründe für die geschäftliche Handlung und die Art des Vertriebs in § 5 Abs. 1 S. 2 Nr. 3 UWG geregelt, Sponsoring und Zulassung hingegen in § 5 Abs. 1 S. 2 Nr. 4 UWG. Was dabei Sponsoring einerseits und Zulassung andererseits miteinander zu tun haben sollen und warum die Trennung von den anderen Fallgruppen erfolgte, bleibt ungewiss. Der Gesetzentwurf der Bundesregierung zum UWG 2008 enthält keine Begründung. Sponsoring und Beweggründe des Unternehmers stehen zumindest noch insoweit in einem Zusammenhang, als es in beiden Fällen um Motive gehen kann – die des Kunden bzw. die des Handelnden. Man kann auch nicht sagen, dass es bei der einen Gruppe (Nr. 3) um Eigenschaften des Unternehmers geht, während die andere Gruppe auch Waren betreffen kann (Nr. 4), denn die Art des Vertriebs ist auch nicht unternehmerbezogen, wird aber dennoch in Nr. 3 erwähnt. 2

II. Abgrenzung des Begriffs „Sponsoring"

Sponsoring ist kein modernes Phänomen. Das Mäzenatentum ist schon seit der Antike bekannt. Aber angesichts des zunehmenden Rückzugs staatlicher Institutionen sind heute immer mehr Veranstaltungen auf private „Sponsoren" angewiesen, von Sportveranstaltungen, Kunstausstellungen, Musikkonzerten, etc. bis hin zu Schulfesten, Kindergartenveranstaltungen etc., die häufig auch gern auf ihr Engagement hinweisen, unter dem Motto „tue Gutes und rede darüber". „Sponsoring" ist nach der weithin akzeptierten Definition in den **ICC-Verhaltensregeln zum Sponsoring** vom 6.10.2003[1] jede Form der Kommunikation, bei der ein Sponsor eine vertraglich vereinbarte finanzielle oder sonstige Unterstützung leistet, um einen positiven Zusammenhang zwischen seinem Erscheinungsbild, seinem Namen, seiner Marke, seinen Waren oder Dienstleistungen und der geförderten Veranstaltung, Aktion, Organisation oder Einzelperson herzustellen. **Art. 2 lit. c) der Richtlinie 2003/33/EG**[2] definiert „Sponsoring" im Zusammenhang mit Tabakerzeugnissen als jede Art von öffentlichem oder privatem Beitrag zu einer Veranstaltung oder Aktivität oder jede Art von Unterstützung von Einzelpersonen mit dem Ziel oder der direkten oder indirekten Wirkung, den Verkauf eines Tabakerzeugnisses zu fördern. 3

Sonderregelungen zum Sponsoring im Bereich des Rundfunks (Hörfunk und Fernsehen) und des Fernsehtexts finden sich in **§§ 8, 58 Abs. 2 RStV** (Rundfunkstaatsvertrag): Danach dürfen Nachrichtensendungen und Sendungen zum politischen Zeitgeschehen nicht gesponsert werden. Bei gesponserten Sendungen muss zu Beginn oder am Ende auf die Finanzierung durch den Sponsor in vertretbarer Kürze deutlich hingewiesen werden. Inhalt und Programmplatz einer gesponserten Sendung dürfen vom Sponsor nicht in der Weise beeinflusst werden, dass die Verantwortung und die redaktionelle Unabhängigkeit des Rundfunkveranstalters beeinträchtigt werden und gesponserte Sendungen dürfen nicht zum Verkauf, zum Kauf oder zur Miete oder Pacht von Erzeugnissen oder Dienstleistungen des Sponsors oder eines Dritten, vor allem durch entsprechende besondere Hinweise, anregen. Ein Sponsoring für Arzneimittel ist nicht erlaubt. Eine entsprechende, verweisende Regelung fand sich für Mediendienste in **§ 13 Abs. 3 MDStV,** der im Februar 2007 allerdings aufgehoben und durch das TMG ersetzt wurde. Dort ist Sponsoring nicht mehr ausdrücklich geregelt; zu beachten ist aber insbesondere **§ 6 Abs. 1 Nr. 1 TMG.** Zugunsten von Tabakerzeugnissen ist jegliches Sponsoring verboten, **Art. 5 Abs. 1 Richtlinie 2003/33/EG, § 21a Abs. 5, 6 VTabakG.** Zur Werbung für Rechtsanwälte durch Sponsoring siehe BVerfG, Beschluss vom 17.4.2000 – 1 BvR 721/99.[3] In wettbewerbsrechtlicher Hinsicht stellen sich neben einem möglichen Verstoß gegen § 3a UWG (vormals § 4 Nr. 11 UWG a. F.) i. V. m. den vorgenannten Sonderregelungen vor allem die Fragen, ob Sponsoring zu einer unangemessenen unsachlichen Einflussnahme auf Marktteilnehmer führt – was nach § 4 Nr. 1 UWG zu beurteilen ist – und in welchem Umfang den Unternehmer eine Aufklärungspflicht trifft – was am Maßstab des § 5a UWG zu messen ist. 4

---

[1] Eine ähnliche Definition findet sich in § 2 Abs. 2 Nr. 9 RStV.

[2] Richtlinie 2003/33/EG des Europäischen Parlaments und des Rates vom 26. Mai 2003 zur Angleichung der Rechts- und Verwaltungsvorschriften der Mitgliedstaaten über Werbung und Sponsoring zugunsten von Tabakerzeugnissen, ABl. Nr. L 152 S. 16.

[3] BVerfG NJW 2000, 3195.

III. Abgrenzung der „Zulassung"

5 Bei den Hinweisen auf **Zulassungen** bestehen Überschneidungen zu den Tatbeständen im **Anhang zu § 3 Abs. 3 UWG,** insbesondere zu **Nr. 4,** der die unwahre Aussage verbietet, ein Unternehmer oder seine Waren oder Dienstleistungen seien gebilligt oder genehmigt und der **Nr. 9,** der die unwahre Angabe verbietet, eine Ware oder Dienstleistung sei verkehrsfähig. Diese Regelungen sind entsprechend dem allgemeinen Rangverhältnis zwischen § 5 und dem Anhang zu § 3 Abs. 3 UWG **vorrangig** zu prüfen. Da eine Zulassung in der Regel eine Genehmigung durch einen Dritten erfordert, ist die Bedeutung des Verbots in § 5 Abs. 1 S. 2 Nr. 4 UWG deutlich eingeschränkt. Im Wesentlichen kommt eine Anwendung in Betracht außerhalb des Verkehrs mit Verbrauchern, wenn über die Zulassung nicht durch eine ausdrückliche, unwahre Angabe (siehe Anhang zu § 3 Abs. 3 Nr. 4) getäuscht wird, sondern auf *irgendeine* andere Weise, einschließlich der Präsentation, sowie in Fällen, bei denen nicht das Ob oder der Umfang einer Erlaubnis in Frage stehen. Soweit die Zulassung den Unternehmer als solchen trifft, findet sich eine überflüssige doppelte Regelung in **§ 5 Abs. 1 S. 2 Nr. 3 UWG** (hierzu *Dreyer* § 5 Abschn. E. Rdn. 1 ff.), die auf die ebenfalls doppelte Regelungen in Art. 6 Abs. 1 lit. f) der UGP-Richtlinie zurückgeht. Die Zulassung ist dort neben der Befähigung geregelt, was auch sinnvoll ist, weil vielfach die Zulassung des Unternehmers zu einem bestimmten Beruf auch den Nachweis einer bestimmten Qualifikation voraussetzt. Allerdings bezieht sich die Regelung dort „nur" (aber immerhin) auf die Zulassung des Unternehmers, während es bei der Nr. 4 auch um die Zulassung der Waren und Dienstleistungen geht. Daneben kann es zu Überschneidungen mit **§ 3a UWG** (vormals § 4 Nr. 11 UWG a. F.) kommen, wenn durch die Tätigkeit ohne eine erforderliche Zulassung gegen ein gesetzliches Verbot verstoßen wird (zu *berufsspezifischen Besonderheiten* siehe auch *v. Jagow,* Einl. J). Art. 3 Abs. 8 der UGP-Richtlinie sieht ausdrücklich vor, dass alle Niederlassungs- und Genehmigungsbedingungen, berufsständische Verhaltenskodizes oder andere spezifische **Regeln für reglementierte Berufe**[4] **unberührt** bleiben sollen, so dass insoweit auch strengere nationale Regelungen möglich sind. Sofern die Zulassung an eine bestimmte Qualifikation anknüpft oder bestimmte Tests voraussetzt, kann eine entsprechende Tätigkeit auch zu einer Irreführung über diese Qualifikation bzw. Tests führen (siehe § 5 Abschn. C. Rdn. 248 ff.).

IV. Aussagen oder Symbole

6 Die ausdrückliche Erwähnung von „Aussagen oder Symbolen" zeigt, dass die Begriffe **weit zu verstehen** sind. Eigentlich wäre dies nicht erforderlich gewesen – es ist sogar sprachlich verfehlt – denn bereits im Obersatz von § 5 Abs. 1 UWG ist die Rede von „Angaben", was sowohl Aussagen als auch Symbole erfasst. Die Richtlinie geht sogar noch einen Schritt weiter und erwähnt Aussagen oder Symbole „jeder Art". Erfasst werden daher sowohl **direkte** als auch **indirekte** Aussagen oder Hinweise auf ein Sponsoring oder eine Zulassung, sowie die Verwendung von Symbolen aller Art, seien es Logos, Abzeichen, Marken etc. Nicht ausreichend ist demgegenüber allein die Benennung eines Dritten bzw. seiner Waren oder Dienstleistungen, ohne dass diese werblich herausgestellt werden.[5]

V. Im Zusammenhang mit direktem oder indirektem Sponsoring

7 Auch hier zeigt die Wortwahl, dass die Regelung weit auszulegen ist. Es genügt **jede Aussage, die in irgendeinem Zusammenhang mit Sponsoring steht.** Daher kommt es nicht darauf an, worauf sich das Sponsoring bezieht, sei es soziales, kulturelles, religiöses, sportliches, ökologisches oder sonstiges Engagement. Erfasst werden somit sowohl unwahre Aussagen über das **eigene Engagement** des Unternehmers – also die Behauptung oder das Erwecken des Eindrucks, dass ein Unternehmer Sponsor einer bestimmten Veranstaltung/Person/Verein ist, obwohl er nicht, nicht mehr oder noch nicht Sponsor ist – und irreführende Aussagen über die **Art** oder den **Umfang** des

---

[4] Darunter sind nach der Legaldefinition des Art. 2 lit. l) berufliche Tätigkeiten zu verstehen, deren Aufnahme oder Ausübung direkt oder indirekt durch Rechts- oder Verwaltungsvorschriften an das Vorhandensein bestimmter Berufsqualifikationen gebunden ist.

[5] OLG Frankfurt WRP 2014, 215; LG Stuttgart WRP 2012, 1154, 1156 f. – *Tickets EURO 2012;* in diese Richtung auch BGH GRUR 2014, 1215, 1219 – *Olympia-Rabatt.*

Engagements. Erfasst sein kann auch das sog. **Ambush-Marketing,** bei dem Nicht-Sponsoren durch mehr oder weniger subtile Anlehnung an ein Ereignis (oftmals sind Sportgroßereignisse wie etwa die Fußballweltmeisterschaft betroffen) Aufmerksamkeit und Image des Ereignisses auf sich übertragen wollen. Teilweise ist das mittlerweile in Spezialgesetzen geregelt, wie z. B. dem OlympSchG, wobei es vor allem um die Vermeidung eine Verwechslungsgefahr geht. Ob bei der Erwähnung von Großereignissen eine Irreführung vorliegt, ist nach dem Grad der Anlehnung und dem hierdurch bei den angesprochenen Verkehrskreisen hervorgerufenen Eindruck zu entscheiden,[6] womit auch klar ist, dass nicht jede Erwähnung eines solchen Großereignisses in der Werbung sofort irreführend ist. Allein wegen der Werbung mit *„Olympischen Preisen"* oder *„**Olympia**-Rabatten"* wird der Verbraucher z. B. nicht ohne weiteres Rückschlüsse auf ein Sponsoring der Olympischen Spiele ziehen und dies stellt als solches auch keine unlautere Ausnutzung der Wertschätzung dar.[7] Ebenso, wenn ein Unternehmen in einem Gewinnspiel Tickets für eine bestimmte Veranstaltung verspricht. Allerdings ist hier genau auf die Umstände des Einzelfalls zu achten: Erfolgt eine solche Werbung im großen Stil und in einem Umfang, der vermuten lässt, dass die Tickets nicht auf normalem Weg erworben wurden oder verspricht man besondere Vorteile, wie z. B. eine *„VIP-Behandlung"*, so *kann* das für ein Sponsoring sprechen.[8] Ebenso, wenn Tickets bereits zu einem Zeitpunkt angeboten werden, zu dem der normale Verkauf noch nicht begonnen hat: auch das kann, muss aber nicht zwingend auf eine besondere Beziehung zwischen Anbieter und Veranstalter schließen lassen. Wird eine Vielzahl von Fußballprofis im Kontext einer Werbung für einen bestimmten Fußballschuh abgebildet und als elitär dargestellt („Bist du bereit für die Elite?"), geht der Verkehr davon aus, dass jeder dieser Spieler einen Sponsoring-Vertrag mit dem werbenden Sportartikelhersteller besitzt.[9]

Erfasst werden aber auch irreführende Angaben bei einer **Verknüpfung von Absatzgeschäften** 7a
mit einem weiteren Engagement, z. B. darüber, was der Kunde mit seinem Kauf bewirken kann und zu welchen Zwecken oder in welchem Umfang Gelder aus dem beworbenen Geschäft verwendet werden sollen.

Grundsätzlich gilt nach der Rechtsprechung, dass zwischen dem Absatzgeschäft und dem Spon- 8
soring **kein sachlicher Zusammenhang** bestehen muss.[10] Außerdem gibt es im UWG weiterhin **kein allgemeines Transparenzgebot** und nach der bisherigen Rechtsprechung des BGH dementsprechend auch **keine Pflicht zu einer umfassenden allgemeinen Aufklärung über die Art und Weise der Unterstützung,** die ergriffenen Maßnahmen oder die Höhe bzw. den Wert einer Zuwendung. Erst wenn die Werbung konkrete, für die Kaufentscheidung relevante irrige Vorstellungen hervorruft, besteht nach der bisherigen Rechtsprechung eine Verpflichtung des werbenden Unternehmers zu aufklärenden Hinweisen.[11] Man könnte daher denken, je allgemeiner die Angaben zu dem jeweiligen Sponsoring sind, desto weniger kritisch seien sie im Hinblick auf eine etwaige Irreführungsgefahr. Das stimmt allerdings nicht. Denn **maßgeblich** muss immer sein, **wie der Adressat die Werbung jeweils versteht und welche Erwartung er damit konkret verbindet.** Und insoweit können ungenaue Angaben zu Fehlvorstellungen führen. Hat der Unternehmer jedoch erkennbar keine nach Art oder Umfang näher bestimmte Leistung versprochen (und versteht der durchschnittlich verständige Verbraucher die Werbung auch so), dann ist nur erforderlich, dass der Unternehmer zeitnah überhaupt eine nennenswerte Unterstützungsleistung erbringt.[12] Die Angabe eines konkreten Betrages ist daher nicht zwingend erforderlich. Rechtmäßig ist es daher z. B. für jeden eingehenden Auftrag bei einem Elektronikhändler die Überweisung eines festen (nicht genannten) Betrags an UNICEF[13] oder für jede gesammelte Druckerpatrone die Unterstützung von WWF-Deutschland mit einem (nicht genannten) Betrag anzukündigen und dies jeweils auch entsprechend umzusetzen.[14] Wirbt ein Unternehmer dagegen damit, dass mit dem Kauf eines bestimmten Produktes ein Quadratmeter Regenwald in einer bestimmten Region geschützt werde bzw. versteht der durchschnittlich verständige Verbraucher die Werbung so, dann kann es irreführ-

---

[6] Vgl. hierzu *Heermann,* WRP 2012, 1035, 1041 f.

[7] BGH GRUR 2014, 1215, 1219 – *Olympia-Rabatt;* für eine Zusammenfassung der Rechtsprechung siehe auch *Heermann,* GRUR 2014, 233, 234 ff.

[8] Vgl. OLG Frankfurt WRP 2014, 215 Tz. 5; LG Stuttgart WRP 2012, 1154, 1156 f. – *Tickets EURO 2012.*

[9] OLG Hamburg GRUR 2015, 250 Tz. 56 – *Bist du bereit für die Elite?.*

[10] Siehe Rdn. 7.

[11] BGH GRUR 2007, 247, 250 – *Regenwaldprojekt I;* 2007, 251, 253 – *Regenwaldprojekt II.*

[12] BGH GRUR 2007, 247, 250 – *Regenwaldprojekt I;* 2007, 251, 253 – *Regenwaldprojekt II;* OLG Hamburg GRUR-RR 2003, 51, 52 – *Bringt die Kinder durch den Winter.*

[13] OLG Hamburg GRUR-RR 2003, 51, 52 – *Bringt die Kinder durch den Winter.*

[14] OLG Köln NJW-RR 2002, 336.

rend sein, wenn der entsprechende Betrag „nur" an eine Organisation gespendet wird, die sich u. a. für den Schutz des Regenwaldes einsetzt.[15]

VI. Zulassung des Unternehmers oder der Waren oder Dienstleistungen

9 Zur mehrfachen Regelung der Zulassung in § 5 UWG bzw. Art. 6 UGP-Richtlinie siehe Rdn. 2.

10 Bestimmte Waren sind aus Gründen der Verkehrssicherheit nur verkehrsfähig, wenn sie zuvor geprüft und zugelassen wurden, wie z. B. Autos. Auch bedürfen bestimmte Dienstleistungen, wie z. B. ärztliche Leistungen oder Rechtsberatung der Zulassung. Wer eine entsprechende Ware vertreibt oder einen entsprechenden Beruf ausübt, suggeriert damit zugleich, dass die dafür erforderliche Zulassung vorliegt. Dies allein verwirklicht aber noch nicht den Tatbestand des § 5 Abs. 1 S. 2 Nr. 4 UWG. Die Frage, ob eine Aufklärung über eine fehlende Zulassung erforderlich ist, beurteilt sich vielmehr nach **§ 5a UWG,** zumal die fehlende Zulassung auch ein wesentliches Merkmal der Ware im Sinne von § 5a Abs. 3 Nr. 1 UWG ist. Man muss § 5 Abs. 1 S. 2 Nr. 4 UWG somit so auslegen, dass es um die Verwendung von Aussagen oder Symbolen geht, die **aktiv**[16] eine Zulassung suggerieren. Wer etwa in einem Angebot zur Finanz- und Wirtschaftsberatung mit *„Entschuldungsmöglichkeiten"* wirbt, ohne eine zugelassene Stelle für Verbraucherinsolvenzen nach § 305 Abs. 1 Nr. 1 InsO zu sein und keine Erlaubnis nach dem Rechtsberatungsgesetz besitzt, handelt irreführend i. S. v. § 5 Abs. 1 S. 2 Nr. 4 UWG. Denn bei einer Entschuldung erwartet der Verbraucher auch eine rechtliche Beratung und deren Umsetzung im Außenverhältnis zu den Gläubigern.[17] Etwas anderes gilt, wenn zugleich in unmittelbarer räumlicher Nähe darüber aufgeklärt wird, dass das Angebot allein die Vermittlung günstiger Anschlussfinanzierungen betrifft.[18] Ebenso kann eine Zulassung suggerieren, wer als Sachverständiger mit der Aussage *„öffentlich bestellt und vereidigt"* wirbt.[19] Der irreführende Eindruck eines öffentlich bestellten und vereidigten Sachverständigen kann auch dadurch erweckt werden, dass man Stempel verwendet, die mit den üblichen **Rundstempeln** öffentlich bestellter und vereidigter Sachverständiger verwechselt werden können.[20] Die bloße Verwendung eines Stempels in runder Form genügt dafür allerdings nicht, wenn eine Verwechslung durch zusätzliche Angaben oder Gestaltungen vermieden wird.[21]

11 Die praktische Bedeutung der Regelung wird aber – zumindest im Geschäftsverkehr mit Verbrauchern – gering sein. Denn **vorrangig** ist **Nr. 4 im Anhang zu § 3 Abs. 3 UWG** zu prüfen. Nr. 4 verbietet die unwahre Behauptung ein Produkt oder der Unternehmer sei genehmigt, wenn dies nicht der Fall ist oder wenn den Bedingungen für die Genehmigung nicht entsprochen wird.

VII. Darlegungs- und Beweislast

12 Die Darlegungs- und Beweislast für das Vorliegen einer Irreführungsgefahr liegt grundsätzlich beim **Kläger.** Hat er allerdings über bloße Verdachtsmomente hinaus Tatsachen vorgetragen und unter Beweis gestellt, die für eine Irreführungsgefahr sprechen, so kann den Unternehmer nach **§ 242 BGB** eine **prozessuale Erklärungspflicht** (sekundäre Darlegungs- und Beweispflicht) treffen. Der Unternehmer hat dann beispielsweise darzulegen, welche Sponsoringleistungen er konkret erbracht hat, d. h. welche Beträge an wen wann abgeführt wurden.[22]

---

[15] BGH GRUR 2007, 247, 250 – *Regenwaldprojekt I;* 2007, 251, 253 – *Regenwaldprojekt II;* OLG Hamburg GRUR-RR 2003, 51, 52 – *Bringt die Kinder durch den Winter.*

[16] Was nicht gleichzusetzen ist mit ausdrücklich.

[17] OLG Oldenburg GRUR 2006, 605, 606 – *Entschuldungsmöglichkeiten.*

[18] OLG Hamburg MD 2007, 471, 474.

[19] BGH GRUR 1985, 56, 57 – *Bestellter Kfz-Sachverständiger;* OLG Hamm GRUR 1983, 673; OLG Stuttgart WRP 2008, 151, 153 – *Bausachverständiger.*

[20] OLG Köln MD 1999, 66, 68; OLG Naumburg GewA 1998, 421; *Helm* in: Gloy/Loschelder/Erdmann, HdbWettbR, § 59 Rdn. 455; Piper/Ohly/*Sosnitza,* UWG, § 5 Rdn. 582; vgl. auch OLG Frankfurt NJW-RR 1988, 103 – irreführend, sofern der unzutreffende Eindruck eines Gütesiegels hervorgerufen wird. Zur Werbung mit Gütesiegeln siehe § 5 Abschn. C. Rdn. 277 ff.

[21] OLG Stuttgart NJW-RR 1987, 619, 620; OLG Hamm GRUR 1987, 57, 59.

[22] BGH GRUR 2007, 247, 251 – *Regenwaldprojekt I;* 2007, 251, 253 – *Regenwaldprojekt II;* OLG Hamburg GRUR-RR 2003, 51, 52 – *Bringt die Kinder durch den Winter.*

G. § 5 Abs. 1 S. 2 Nr. 5 (Die Notwendigkeit einer Leistung)

Eine geschäftliche Handlung ist irreführend, wenn sie unwahre Angaben enthält oder sonstige zur Täuschung geeignete Angaben über folgende Umstände enthält:

5. die Notwendigkeit einer Leistung, eines Ersatzteils, eines Austauschs oder einer Reparatur;

Inhaltsübersicht

	Rdn.
I. Herkunft, Abgrenzung	1
II. Inhalt der Regelung	3

I. Herkunft, Abgrenzung

Die Regelung entspricht wörtlich **Art. 6 Abs. 1 lit. e) der UGP-Richtlinie.** Sie verbietet die Irreführung über die Notwendigkeit bestimmter Leistungen oder Waren. Damit soll vor allem einer Ausnutzung der geschäftlichen Unerfahrenheit von Verbrauchern entgegengewirkt und diese vor unnötigen oder überteuerten Anschaffungen geschützt werden. Insoweit entspricht der Schutzzweck auch der Regelung in **§ 4 Nr. 2 UWG** a. F., ohne sich jedoch wie diese Bestimmung auf den Schutz besonders schutzwürdiger Verbraucher (Minderjähriger etc.) zu beschränken.[1] Nicht erfasst, sondern nach § 5 Abs. 1 S. 2 Nr. 1 UWG bzw. nach der Schwarzen Liste im Anhang zu § 3 Abs. 3 UWG zu beurteilen sind irreführende Angaben über die Zusammensetzung oder die Qualität von Ersatzteilen. 1

Die Regelung zielt somit vor allem auf eine **Irreführung durch aktives Tun** in Form falscher Aussagen ab. Daneben kommt auch eine **Irreführung durch Unterlassen** in Betracht, indem die Fehlvorstellung eines Kunden, der glaubt, dass ein Austausch, eine Reparatur etc. erforderlich seien, nicht aufgeklärt wird. Dabei muss jedoch sorgsam geprüft werden, ob eine solche Aufklärungspflicht besteht. Das beurteilt sich nunmehr nach **§ 5a UWG.** Eine Irreführung durch Verschweigen kommt ferner in Betracht, wenn reparaturbedürftige Ware ohne Hinweis auf diese Notwendigkeit einer Reparatur verkauft wird. Und schließlich sind auch noch die Fälle denkbar, dass einem Dienstleistungskunden die Notwendigkeit einer Reparatur oder eines Austausches verschwiegen wird. 2

II. Inhalt der Regelung

Eine Irreführung kommt vor allem in Betracht, indem dem Kunden suggeriert wird, er benötige die beworbene Leistung, ein bestimmtes Ersatzteil etc., obwohl dies tatsächlich nicht der Fall ist. Das Verbot erfasst aber nicht nur das **Ob,** sondern auch irreführende Aussage über das **Wann** und das **Wie,** sowie über den **Umfang** und die **Person,** die solche Leistungen erbringen muss. Verboten sind daher irreführende Aussagen, dass eine Reparatur in Kürze erfolgen muss, während es tatsächlich nicht eilt; dass Reparaturen in einem bestimmten Umfang oder auf eine bestimmte Art und Weise erbracht werden müssen, während es tatsächlich auch anders geht; dass bestimmte Ersatzteile oder Ersatzteile bei einem bestimmten Unternehmer gekauft werden müssen, obwohl gleichwertige Teile auch von anderen angeboten werden etc. 3

Versteht man die Regelung der Nr. 7 wörtlich, so könnte sie zu einem Anwendungsbereich führen, der über das hinausgeht, was zum Verbraucherschutz erforderlich ist. Denn da es für den Unterlassungsanspruch nicht auf ein Verschulden ankommt, könnte jede objektiv falsche Aussage über eine etwaige Notwendigkeit einer Reparatur zu Unterlassungsansprüchen führen. Das ist bedenklich, wenn man berücksichtigt, dass Fehler häufig nur schwer zu diagnostizieren sind und selbst der Fachmann daher nicht immer im Voraus weiß, ob ein Teil wirklich ersetzt werden muss. Im Laufe des Gesetzgebungsverfahrens zur Richtlinie war daher vorgesehen einen Halbsatz zu ergänzen, der auf die berufliche Sorgfalt i. S. v. Art. 2 lit. h) der UGP-Richtlinie abstellt.[2] Dieser Vorschlag hat sich aber nicht durchgesetzt. Wenn der Unternehmer daher eine Irreführungsgefahr vermeiden will, muss er etwaige Zweifel an der Notwendigkeit einer Reparatur oder des Austausches eines bestimmten Teils offenlegen. 4

---

[1] So auch die amtl. Begr. des Gesetzentwurfes der Bundesregierung vom 23.5.2008, BR-Drs. 345/08, S. 48.
[2] 1. Bericht an das Europäische Parlament, Dok. Endg. A5–0188/2004.

5 Aus der Regelung ergibt sich **keine Verpflichtung** des Werbenden, entsprechende Leistungen oder Reparaturen **selbst anzubieten** oder zu erbringen oder bestimmte Ersatzteile vorzuhalten. Auch ist es nicht verboten, die Vorteile des eigenen Produkts im Vergleich zu anderen anzupreisen, so z. B. durch Werbung für Original-Ersatzteile im Vergleich zu anderen, nachgebauten Ersatzteilen. Existieren gleichwertige Alternativen, so müssen diese nicht mitbeworben werden. Es darf dann aber auch nicht der Eindruck entstehen, dass nur und allein die beworbenen Teile in Betracht kommen.

H. § 5 Abs. 1 S. 2 Nr. 6 (Die Einhaltung eines Verhaltenskodex)

Eine geschäftliche Handlung ist irreführend, wenn sie unwahre Angaben enthält oder sonstige zur Täuschung geeignete Angaben über folgende Umstände enthält:

6. die Einhaltung eines Verhaltenskodexes, auf den sich der Unternehmer verbindlich verpflichtet hat, wenn er auf diese Bindung hinweist.

Art. 6 Abs. 2 lit. b Richtlinie unlautere Geschäftspraktiken:

„Eine Geschäftspraxis gilt ferner als irreführend, wenn sie im konkreten Fall unter Berücksichtigung aller tatsächlichen Umstände einen Durchschnittsverbraucher zu einer geschäftlichen Entscheidung veranlasst oder zu veranlassen geeignet ist, die er ansonsten nicht getroffen hätte, und Folgendes beinhaltet: ...

b) die Nichteinhaltung von Verpflichtungen, die der Gewerbetreibende im Rahmen von Verhaltenskodizes, auf die er sich verpflichtet hat, eingegangen ist, sofern

i) es sich nicht um eine Absichtserklärung, sondern um eine eindeutige Verpflichtung handelt, deren Einhaltung nachprüfbar ist, und

ii) der Gewerbetreibende im Rahmen einer Geschäftspraxis darauf hinweist, dass er durch den Kodex gebunden ist."

Inhaltsübersicht

	Rdn.
I. Europäischer und nationaler Kontext	1
II. Gesetzeszweck und Systematik	2
III. Einzelheiten	3
1. Verhaltenskodex	3
2. Auf den sich der Unternehmer verbindlich verpflichtet hat	4
3. (Nicht-)Einhaltung des Verhaltenskodex trotz Hinweises auf die Bindung	5
4. Relevanz	8

Schrifttum: *Alexander,* Verhaltenskodizes im europäischen und deutschen Lauterkeitsrecht, GRUR Int. 2012, 965; *Balitzki,* Werbung mit ökologischen Selbstverpflichtungen, GRUR 2013, 670; *Birk,* Corporate Responsibility, unternehmerische Selbstverpflichtungen und unlauterer Wettbewerb, GRUR 2011, 196; *Busch,* DIN-Normen für Dienstleistungen - Das Europäische Normkomitee produziert Musterverträge; NJW 2010, 3061; *Dreyer,* Verhaltenskodizes im Referentenentwurf eines Ersten Gesetzes zur Änderung des Gesetzes gegen unlauteren Wettbewerb – Wird das Wettbewerbsrecht zum Motor für die Durchsetzung vertraglicher Verpflichtungen?, WRP 2007, 1294; *Henning-Bodewig,* Der „ehrbare Kaufmann", Corporate Social Responsability und das Lauterkeitsrecht, WRP 2011, 1014; *Hoeren,* Das neue UWG und dessen Auswirkungen auf den B2B-Bereich, WRP 2009, 789; *Jergolla,* Die britische Werbeselbstkontrolle anhand des Advertising Code – eine Gegenüberstellung mit der Rechtslage in Deutschland, WRP 2003, 431; *Kocher,* Unternehmerische Selbstverpflichtungen im Wettbewerb, GRUR 2005, 647; *Köhler,* Die „Wettbewerbsrichtlinien der Versicherungswirtschaft" – heute noch zeitgemäß?, FS für Egon Lorenz, 2014, S. 831; *Koppe/Zagouras,* Rechtsprobleme der Testwerbung, WRP 2008, 1035; *Lamberti/Wendel,* Verkäufe außerhalb von Vertriebsbindungssystemen, WRP 2009, 1479; *A. Lehmann,* Werbeselbstkontrolle in Italien und Deutschland – Vor- und Nachteile der Systeme freiwilliger Selbstregulierung im Vergleich, GRUR Int. 2006, 123; *Mees,* Normwidrigkeit und § 1 UWG, WRP 1985, 373; *Meessen,* Internationale Verhaltenskodizes und Sittenwidrigkeitsklauseln, NJW 1981, 1131; *Schmidhuber,* Verhaltenskodizes im neuen UWG, WRP 2010, 593; *Skaupy,* Zu den Begriffen „Franchise", „Franchisevereinbarungen" und „Franchising", NJW 1992, 1785; *Vander,* Verhaltenskodizes im elektronischen Geschäftsverkehr, K&R 2003, 339.

I. Europäischer und nationaler Kontext

1 Die Vorschrift beruht auf Art. 6 Abs. 2 lit. b UGP-Richtlinie und ist demgemäß **richtlinienkonform auszulegen.** Mit § 5 Abs. 1 S. 2 Nr. 6 hat der deutsche Gesetzgeber **Neuland** betreten.

Vergleichbare Regelungen fehlten bis dahin im UWG a. F. Nach std. Rechtsprechung stellt ein Verhalten, das gegen einen Verhaltenskodex eines Unternehmensverbandes verstößt, nicht bereits deshalb eine unlautere Handlung dar.[1] Ein Verhaltenskodex kann bei der Beurteilung der Lauterkeit bzw. Unlauterkeit von geschäftlichen Handlungen nur einen Anhaltspunkt dafür geben, wie die Wettbewerber selbst bestimmte Verhaltensweisen werten,[2] etwa durch Festsetzung von Durchschnittswerten für Nikotin und Trockenkondensat für die Bewerbung einer Zigarette als „mild"[3] oder durch Preishöchstgrenzen bei Abgabe an Minderjährige.[4] Eine indizielle Bedeutung des Verstoßes gegen die Selbstverpflichtung kommt überdies auch nur in Betracht, wenn sich der verklagte Unternehmer der Selbstverpflichtung selbst unterworfen hat,[5] und wenn sich die aus dem festgestellten Kodexverstoß abgeleitete Regelwidrigkeit des betreffenden Verhaltens gerade auch als eine wettbewerbsbezogene, d. h. von den Schutzzwecken des UWG erfasste Unzulässigkeit erweist.[6] Das gilt auch nach Umsetzung der UGP-Richtlinie, die nämlich ebenfalls nicht den Schluss zieht, dass Verstöße gegen Verhaltenskodizes bereits als solche unlauter sind, sondern lediglich fallbezogen (in Art. 6 Ab. 2 lit. b UGP-Richtlinie/§ 5 Abs. 1 S. 2 Nr. 6 UWG, Nr. 1 und 3 der „Schwarzen Liste"/§ 3 Abs. 3 Anh. Nr. 1 und 3) bestimmte Regelungen trifft.[7]

II. Gesetzeszweck und Systematik

2 Art. 6 Abs. 2 lit. b UGP-Richtlinie, auf dem § 5 Abs. 1 S. 2 Nr. 6 UWG beruht, ist ebenso wie Nr. 1 und 3 des Anhangs I zur Richtlinie, den **Nr. 1 und Nr. 3 des Anhangs zu § 3 Abs. 3** umsetzen, das **Relikt** einer ursprünglich geplanten umfassenderen Regelung. Im Grünbuch der Europäischen Kommission zum Verbraucherschutz in der Europäischen Union war noch vorgeschlagen worden, im Interesse einer EU-weiten Selbstregulierung jede Nichterfüllung freiwilliger Selbstverpflichtungen als unlautere Handlung anzusehen.[8] Nach Anhörung der beteiligten Kreise war die Kommission von diesen Vorstellungen abgerückt. Schon in der Mitteilung zu Folgemaßnahmen zum Grünbuch hatte man sich auf die Forderung beschränkt, sicherzustellen, dass in Verhaltenskodizes eingegangene Verpflichtungen eingehalten werden.[9] Diesem Zweck dient § 5 Abs. 1 S. 2 Nr. 6. **Er schützt das Vertrauen des Verkehrs in die Einhaltung der Verpflichtungen aus Verhaltenskodizes,** auf die der Unternehmer hingewiesen hat.

III. Einzelheiten

1. Verhaltenskodex

3 Eine im Verhältnis zu § 2 Nr. 5 UWG noch genauere Legaldefinition des „Verhaltenskodex" (engl.: Code of Conduct) enthält Art. 2 lit. f UGP-Richtlinie, der im Wege richtlinienkonformer Auslegung heranzuziehen ist. Danach ist unter einem Verhaltenskodex eine Vereinbarung oder ein Vorschriftenkatalog zu verstehen, die bzw. der nicht durch die Rechts- oder Verwaltungsvorschriften eines Mitgliedstaats vorgeschrieben ist und das Verhalten der Gewerbetreibenden definiert, die sich in Bezug auf eine oder mehrere spezielle Geschäftspraktiken oder Wirtschaftszweige auf diesen Kodex verpflichtet haben. Ungeschriebene Voraussetzung ist, dass es um die **Definition des lauteren Verhaltens der Unternehmen im Wettbewerb** geht.[10] Dies ergibt sich aus dem **20. Erwägungsgrund** der Richtlinie, nach dem die Möglichkeit von Verhaltenskodizes es Gewerbetreibenden ermöglichen soll, die Grundsätze der Richtlinie in spezifischen Wirtschaftsbranchen wirksam anzuwenden.[11] Verhaltenskodizes in diesem Sinne sind z. B. der Pressekodex des deutschen Presse-

---

[1] BGH 2006, 772 – *Probeabonnement;* GRUR 2006, 053, 954 – *Warnhinweise II;* GRUR 2011, 431 – *FSA-Kodex* (zu § 3 n. F.).

[2] BGH 1977, 257, 259 – *Schaufensteraktion;* GRUR 1977, 619, 621 – *Eintrittsgeld;* GRUR 2006, 953, 954 – *Warnhinweise II;* GRUR 2006, 773, 775 – *Probeabonnement;* GRUR 2011, 431, 432 – *FSA-Kodex, OLG Hamburg* Hamburg 2000, 362, 363; GRUR-RR 2003, 317, 318.

[3] Vgl. BGH NJW-RR 1993, 617 – *Mild-Abkommen.*

[4] OLG Hamburg GRUR-RR 2003, 317a.

[5] BGHGRUR 2006, 953, 954 – *Warnhinweise II.*

[6] BGH GRUR 2011, 431, 432 – *FSA-Kodex.*

[7] BGH GRUR 2011, 431, 432 – *FSA-Kodex;* OLG München WRP 2012, 347, 349 – *Arzt-Seminare.*

[8] Vgl. Grünbuch zum Verbraucherschutz in der Europäischen Union, KOM/2001/0531 endg., unter Ziff. 4.4.

[9] Ziff. III.28 der Mitteilung der Kommission zu den Folgemaßnahmen zum Grünbuch über den Verbraucherschutz in der EU, KOM/2002/0289endg.

[10] *Dreyer* WRP 2007, 1294, 1296; *Birk* GRUR 2011, 196, 199 f.

[11] *Dreyer* WRP 2007, 1294, 1296.

rats, die Verhaltensregeln des Deutschen Werberats (ZAW), Wettbewerbsrichtlinien der Versicherungswirtschaft,[12] der Verhaltenskodex der Anbieter von Telefonmehrwertdienstleistungen (FST), der Freiwilligen Selbstkontrolle für die Arzneimittelindustrie (FSA),[13] der Freiwilligen Selbstkontrolle Film (FSK), Fernsehen (FSF) und der Multimedia-Diensteanbieter (FSM),[14] **nicht** aber DIN-Normen[15] oder die „Allgemeinen Vertragsbedingungen" des „Logo-Lizenzvertrags" zur Werbung mit Testergebnissen der „Stiftung Warentest".[16] Stark umstritten ist, ob über die Fälle der Wettbewerbsregeln nach **§ 24 GWB** und der von Branchenverbänden erarbeiteten Regelwerke hinaus weitere Fälle erfasst werden.[17]

2. Auf den sich der Unternehmer verbindlich verpflichtet hat

4 Erforderlich ist eine verbindliche Verpflichtung des Unternehmers auf den Verhaltenskodex. Verhaltenskodizes, die nur dazu verpflichten, sich um bestimmte gemeinsame Wertvorstellungen zu bemühen (sog. **Absichtserklärungen**), werden zwar von Nr. 1 und 3 des Anhangs zu § 3 Abs. 3 erfasst, fallen aber nicht unter § 5 Abs. 1 S. 2 Nr. 6.[18] Das folgt im Wege der richtlinienkonformen Auslegung aus Art. 6 Abs. 2 lit. b i) UGP-Richtlinie, der zwischen Absichtserklärungen und eindeutigen, nachprüfbaren Verpflichtungen unterscheidet und erstere aus dem Anwendungsbereich der Vorschrift ausschließt. Die für die Werbung mit Warentests von der **„Stiftung Warentest"** aufgestellten Bedingungen sind daher keine Verhaltenskodizes i. S. d. § 5 Abs. 1 S. 2 Nr. 6.[19]

3. (Nicht-)Einhaltung des Verhaltenskodex trotz Hinweises auf die Bindung

5 Anknüpfungspunkt des Irreführungsverbots ist die Erwartung des Verkehrs, dass der Unternehmer sich entsprechend seiner Ankündigung an den Verhaltenskodex halten wird.[20] Das setzt voraus, dass der Unternehmer auf seine Bindung an den Kodex **hingewiesen** hat. Ob dies zu Zwecken der Werbung oder in Erfüllung einer gesetzlich vorgeschriebenen oder freiwillig übernommenen Informationspflicht geschieht, ist ohne Belang. Eine **Verpflichtung** des Unternehmers, den Kunden über Verhaltenskodizes zu informieren, denen sich der Unternehmer unterworfen hat, ergibt sich z. B. bei Verträgen im elektronischen Geschäftsverkehr aus **Art. 246c Nr. 5 EGBGB.**

6 **Die Bindung** des Unternehmers an den Verhaltenskodex **muss tatsächlich bestehen.**[21] Dafür spricht neben dem Wortlaut des Art. 6 Abs. 2 lit. b) UGP-Richtlinie (Text vor Rdn. 1), der eine „eindeutige Verpflichtung" fordert, auch der Sinn und Zweck der Vorschrift, das Vertrauen in die Einhaltung von Verhaltenskodizes zu stärken; denn das Vertrauen des Verkehrs in die Einhaltung des Verhaltenskodex ist nur berechtigt, wenn eine Bindung des Unternehmers an einen Verhaltenskodex tatsächlich besteht. Ist der Verhaltenskodex etwa wegen Gesetzesverstoßes oder Sittenwidrigkeit nichtig, kann weder der Verkehr ein schützenswertes Interesse an dessen Einhaltung haben noch dem Unternehmer aus seiner Nichteinhaltung ein Vorwurf gemacht werden.

7 Die erforderliche Bindung des Unternehmers an den Kodex besteht nur, wenn sowohl der Verhaltenskodex als auch die Verpflichtung des Unternehmers auf diesen wirksam sind. Die **unwahre Angabe, an einen Verhaltenskodex gebunden zu sein,** der tatsächlich nicht existiert oder der unwirksam ist, wird ebenso wenig erfasst wie das Vortäuschen einer tatsächlich nicht bestehenden Bindung an einen wirksamen Verhaltenskodex. Hier können aber unter den Voraussetzungen der **Nr. 1 des Anhangs zu § 3 Abs. 3** oder unter dem Gesichtspunkt einer Irreführung i. S. d. **§ 5 Abs. 1 S. 2 Nr. 1–5, 7** Ansprüche bestehen. Auch die **Täuschung über den Inhalt eines wirksamen Kodex,** an den der Unternehmer gebunden ist, fällt nicht unter § 5 Abs. 1 S. 2 Nr. 6.

---

[12] Instruktiv *Köhler,* FS Egon Lorenz, S. 831.

[13] Vgl. BGH GRUR 2011, 631 – *FSA-Kodex I;* OLG München WRP 2012, 347 Rdn. 26 ff.; *Köhler*/Bornkamm, 34. Aufl. 2016, § 2 Rdn. 113.

[14] *Birk* GRUR 2011, 196, 198; *Dreyer* WRP 2007, 1294, 1295; *Köhler*/Bornkamm, 34. Aufl. 2016, § 2 Rdn. 113.

[15] Ohly/*Sosnitza,* 6. Aufl. 2014, § 2 Rdn. 84; *Köhler*/Bornkamm, 34. Aufl. 2016, § 2 Rdn. 113; **a. A.** *Busch,* NJW 1010, 3061, 3065.

[16] *Köhler*/Bornkamm, 34. Aufl. 2016, § 6 Rdn. 213; vgl. *Koppe/Zagouras* WRP 2008, 1035, 1044 f.

[17] S. dazu die Kommentierung zu § 2 Nr. 5 sowie *Birk* GRUR 2011, 196 ff.; *Dreyer* WRP 2007, 1294 ff.

[18] Näher *Dreyer* WRP 2007, 1294, 1297 f., 1300; ebenso *Birk,* GRUR 2011, 196, 198. Ende 2011 hat die Europäische Kommission beanstandet, dass diese Abgrenzung nicht ausdrücklich im Wortlaut des § 5 Abs. 1 Nr. 6 nachvollzogen wurde.

[19] Vgl. *Koppe/Zagouras* WRP 2008, 1035, 1045.

[20] *Dreyer* WRP 2007, 1294, 1300.

[21] *Dreyer* WRP 2007, 1294, 1301; vgl. ausf. Amtl. Begr., BT-Drucks. 16/10145, S. 24.

4. Relevanz

Der Unlauterkeitsvorwurf stützt sich bei § 5 Abs. 1 S. 2 Nr. 6 auf das enttäuschte Vertrauen des Verkehrs in die Einhaltung des Verhaltenskodex. Hierauf muss sich auch das Relevanzerfordernis beziehen. Dementsprechend liegt ein relevanter Irrtum vor, wenn die Fehlvorstellung des Verkehrs, der Unternehmer werde der herausgestellten Bindung an den Verhaltenskodex nachkommen, geeignet ist, seine geschäftliche Entscheidung zu beeinflussen oder aus diesem Grund einen Mitbewerber zu schädigen (s. schon näher § 5 Abschn. B Rdn. 196ff.). Das liegt bei geschäftlichen Handlungen gegenüber Verbrauchern auf der Hand, wenn der Verhaltenskodex, auf den hingewiesen wurde, Regelungen enthält, die eine besondere **Qualität oder Güte** der Produkte gewährleisten. Je nach den Umständen der geschäftlichen Handlung kann sich die Relevanz aber auch daraus ergeben, dass der Verhaltenskodex Bestimmungen zum **Schutz besonderer Personengruppen** enthält. So kann für den zwischen mehreren Anbietern von Telefonmehrdienstleistungen auswählenden Familienvater durchaus von Bedeutung sein, ob der Anbieter an den Verhaltenskodex der Anbieter von Telefonmehrwertdienstleistungen gebunden ist, der z.B. bei Mehrwertdiensten, die Kinder und Jugendliche sittlich schwer gefährden oder in ihrem Wohl beeinträchtigen können, zu bestimmten Zugangskontrollen verpflichtet.[22] Die **Art der Werbung** mit der Bindung an die Selbstverpflichtung kann dabei Hinweise auf die Bedeutung geben, die der Verkehr der Selbstverpflichtung beimisst. 8

I. § 5 Abs. 1 S. 2 Nr. 7 (Rechte des Verbrauchers)

Eine geschäftliche Handlung ist irreführend, wenn sie unwahre Angaben enthält oder sonstige zur Täuschung geeignete Angaben über folgende Umstände enthält:

7. Rechte des Verbrauchers, insbesondere solche auf Grund von Garantieversprechen oder Gewährleistungsrechte bei Leistungsstörungen.

Inhaltsübersicht

	Rdn.
I. Herkunft, Abgrenzung und Bedeutung	1
II. Angaben, gegenüber einem konkreten Verbraucher	10
III. Zeitpunkt	14
IV. Rechte des Verbrauchers	15
1. Garantien	17
2. Widerrufs- und Rückgaberechte	23
V. Risiken	25
VI. Rechtsfolgen, Konkurrenzen	27

I. Herkunft, Abgrenzung und Bedeutung

Die Regelung des § 5 Abs. 1 S. 2 Nr. 7 UWG wurde zur Umsetzung von **Art. 6 Abs. 1 lit g) der UGP-Richtlinie** in das UWG eingefügt. Die Richtlinie verbietet irreführende Angaben über die Rechte des Verbrauchers einschließlich des Rechts auf Ersatzlieferung oder Erstattung gemäß der Richtlinie 1999/44/EG. 1

Diese Regelungen zeigen deutlich die **verbraucherschützende Zielsetzung der EU-Richtlinie.** Sie sind zugleich Ausdruck dafür, dass sowohl der nationale Gesetzgeber als auch der Gesetzgeber auf der Ebene des Gemeinschaftsrechts den **Informationspflichten** des Unternehmers gegenüber Verbrauchern **zunehmend größere Bedeutung** beimessen. Entsprechende Informationspflichten haben in den letzten Jahren stark zugenommen.[1] 2

In früheren Entwurfs-Fassungen der Richtlinie wurde zunächst auch nur von den „Rechten des Verbrauchers" gesprochen. Der Hinweis auf die Richtlinie 1999/44/EG wurde erst später ergänzt, um „in diesem spezifischen Zusammenhang das Recht des Verbrauchers auf eine auf Information beruhende Auswahl" zu bekräftigen.[2] Es ist daher zu erwarten, dass zukünftig Streitigkeiten über 3

[22] Der Verhaltenskodex ist abrufbar auf der Website der FST Freie Selbstkontrolle Telefonmehrwertdienste e. V., http://www.fst-ev. org.

[1] Für das deutsche Recht siehe z.B. § 312 BGB, § 312c BGB, § 312g BGB, jeweils i. V. m. §§ 5, 6 TMG.

[2] Änderungsantrag 7 in der Empfehlung für die zweite Lesung des Europäischen Parlaments vom 7.2.2005, Dok. Nr. PE 350.077 v. 03-00; AS-0027/2005.

Allgemeine Geschäftsbedingungen nicht nur nach dem UKlaG oder über § 3a UWG n. F. (str.),[3] sondern auch nach § 5 Abs. 1 S. 2 Nr. 7 UWG ausgetragen werden, soweit es um Rechte des Verbrauchers geht. Leider finden sich jedoch jetzt an zahlreichen Stellen Regelungen über die Rechte von Kunden, so dass die Systematik des Gesetzes nur schwer zu überblicken ist.

4 **Abzugrenzen** sind die Angaben über die Rechte des Verbrauchers im Sinne von § 5 Abs. 1 S. 2 Nr. 7 UWG von Angaben über Kundendienst und Beschwerdeverfahren, die in **§ 5 Abs. 1 S. 2 Nr. 1 UWG** geregelt sind und die sich auf alle nachvertraglichen Serviceleistungen[4] beziehen, wie den „klassischen" Kundendienst – z. B. Vorortservice – oder einen Hotlineservice. Dabei geht es allerdings nur um die Existenz und Ausgestaltung dieser Verfahren, nicht über die rechtlichen Voraussetzungen.

5 **§ 5a Abs. 3 Nr. 4 UWG** regelt das Unterlassen der Aufklärung des Verbrauchers über ein Abweichen der Zahlungs- oder Leistungsbedingungen von wesentlichen Grundgedanken der gesetzlichen Regelung.

6 Die Irreführung über den Umfang der Verpflichtungen des Unternehmers ist in **§ 5 Abs. 1 S. 2 Nr. 3 UWG** geregelt, wobei es zu Überschneidungen kommen kann soweit Pflichten des Unternehmers einhergehen mit Rechten des Verbrauchers; das wird häufig der Fall sein, ist aber nicht zwangsläufig so, z. B. bei Gestaltungsrechten (Widerruf, Anfechtung, Gewährleistungsrechte), die keine Verpflichtungen des Gegenüber begründen, solange sie nicht ausgeübt wurden. Die genaue Zuordnung zu einer Fallgruppe kann daher schwierig sein, ist letzten Endes aber auch nicht erforderlich.

Nr. 10 im Anhang zu § 3 Abs. 3 UWG verbietet es, gesetzlich bestehende Rechte als Besonderheit herauszustellen.

7 **§ 5 Abs. 1 S. 2 Nr. 2 UWG** schließlich regelt die Irreführung bei den Bedingungen, unter denen die Ware geliefert oder eine Dienstleistung erbracht wird. Die Regelung wurde zur Umsetzung der Richtlinie 84/450/EWG[5] geschaffen, deren Anwendungsbereich sich nach Art. 14 der UGP-Richtlinie nunmehr auf den Verkehr zwischen Unternehmern beschränken soll, so dass auch diese Regelung im deutschen UWG sich vor allem auf Liefer- und Leistungsbedingungen im unternehmerischen Verkehr bezieht.

8 Abzugrenzen sind irreführende Angaben über Rechte – insbesondere in Form von „Garantien" – auch vom irreführenden Versprechen eines Leistungserfolgs, den man *tatsächlich* nicht leisten kann (*„schlank in 3 Tagen"*), was § 5 Abs. 1 S. 2 Nr. 1 UWG unterfällt und dem *Verschweigen* des Nicht-Bestehens von Garantien, die der Verbraucher erwartet.

Zur Werbung mit „Preisgarantien" siehe oben § 5 Abschn. D Rdn. 89.

9 Falsche Angaben über Rechte von Verbrauchern können darüber hinaus auch einen Verstoß gegen **§ 3a UWG** n. F. begründen (str.)[6] oder i. S. v. **§ 4a Abs. 2 S. 1 Nr. 3, S. 2 UWG** unlauter sein, z. B. in Fällen, in denen der Unternehmer einen Verbraucher falsch über dessen Widerrufsrechte informiert.

II. Angaben, gegenüber einem konkreten Verbraucher

10 Gegenstand des Verbots sind irreführende **Angaben** über Rechte, **nicht** aber die Gewährung der **Rechte als solche.** Langjährige oder umfangreiche Garantienversprechen sind als solche wettbewerbsrechtlich grundsätzlich nicht zu beanstanden, solange die Garantie nicht für einen Zeitraum versprochen wird, der die Lebenserwartung der Ware bei normaler Verwendung übersteigt und bei denen der durchschnittlich informierte und verständige Verbraucher über die Lang-/Kurzlebigkeit der Ware und somit über wesentliche Merkmale der Ware i. S. v. § 5 Abs. 1 S. 2 Nr. 1 UWG getäuscht wird. Eine „Angabe" in diesem Sinn kann allerdings auch darin liegen, dass der Unternehmer eine ihm nachteilige **Gerichtsentscheidung** unrichtig wiedergibt oder negiert.[7]

11 Angaben können auch **Allgemeine Geschäftsbedingungen** sein, die gegenüber einem Verbraucher verwendet werden und in denen unwirksam Rechte des Verbrauchers beschränkt werden.

---

[3] Jeweils mit Bezug auf § 4 Nr. 11 UWG a. F. Dafür KG MMR 2005, 284; dagegen OLG Köln WRP 2007, 1111 ff. (wobei die konkrete Begründung nach der Erweiterung des Begriffs der „geschäftlichen Handlung" auf nachvertragliches Verhalten teilweise nicht mehr passt); *Ullmann* GRUR 2003, 817, 823; siehe auch Rdn. 11.

[4] Im englischen Text der Richtlinie ist von „after sale customer assistance" die Rede.

[5] Die Richtlinie 84/450/EWG wurde durch die Richtlinie 2006/114/EG (ABl. L 376 S. 21) ersetzt, Verweisungen auf die aufgehobene Richtlinie gelten jedoch gem. Art. 10 Abs. 2 als Verweisungen auf die neue Richtlinie.

[6] Siehe Fn. 3.

[7] OLG Frankfurt GRUR-RR 2012, 161; *Köhler/Bornkamm,* § 5 UWG Rdn. 2.13.

Das ergibt sich aus der Definition von „Geschäftspraktiken“ in Art. 2 lit. d) der UGP-Richtlinie bzw. „geschäftliche Handlung“ in § 2 Abs. 1 Nr. 1 UWG, die jede Erklärung im unmittelbaren Zusammenhang mit dem Verkauf an Verbraucher erfassen sowie aus der Definition von „geschäftliche Entscheidung“ in Art. 2 lit. k), die jede Entscheidung eines Verbrauchers darüber erfasst, ob und unter welchen Bedingungen er einen Kauf tätigen oder ein vertragliches Recht im Zusammenhang mit dem Produkt ausüben will. Da sich der Verwender von Allgemeinen Geschäftsbedingungen nicht zu seinem Vorteil auf die Unwirksamkeit von rechtswidrigen Klauseln berufen kann,[8] sind unwirksame Klauseln vor allem im Hinblick auf die Geltendmachung von Rechten *nach* Vertragsschluss relevant. Denn eine Klausel, die rechtswidrig Rechte des Kunden beschränkt, ist zunächst nicht geeignet, dessen Kaufentscheidung positiv zu beeinflussen, wohl aber kann sie den Kunden später von der Geltendmachung von Rechten abhalten.

Verboten sind unwahre oder zur Irreführung geeignete Angaben über die Rechte des Verbrauchers. Erfasst werden daher nur Angaben gegenüber **einem Verbraucher,** an den sich ein **bestimmtes Angebot richtet** oder dem berechtigte Ansprüche zustehen. Unwahre Angaben über die Rechte von Verbrauchern im Allgemeinen werden daher nicht erfasst. Was aber nicht ausschließt, dass allgemeine Aussagen, z. B. in Allgemeinen Geschäftsbedingungen, sich jeweils auf ein bestimmtes Angebot/Geschäft und damit auch auf einen einzelnen Verbraucher beziehen können. 12

Gegenüber Unternehmern ergibt sich das Verbot irreführender Angaben über die Vertragsbedingungen aus § 5 Abs. 1 S. 2 Nr. 2 UWG. 13

III. Zeitpunkt

Die UGP-Richtlinie bezieht sich auf wettbewerbsrelevantes Verhalten sowohl **vor** als auch **nach** Vertragsschluss, so dass zukünftig auch die wahrheitswidrige Beantwortung einer Anfrage des Verbrauchers nach dem Umfang seiner Rechte nach Erwerb der Ware relevant sein kann. Erfasst wird somit nicht nur ein **im Vorfeld** eines Vertragsschlusses **abgegebenes Versprechen,** das den Verbraucher in den Glauben versetzt, er habe weitergehende als die tatsächlich gegebenen Rechte. Abgedeckt wird ebenso das **„Kleinreden“ tatsächlich bestehender Rechte,** aufgrund dessen der Verbraucher möglicherweise Rechte, die ihm zustehen, nicht geltend macht. 14

IV. Rechte des Verbrauchers

Die Regelung erfasst dem Wortlaut nach **sämtliche Rechte** des Verbrauchers. Garantieversprechen und Gewährleistungsrechte werden nur exemplarisch („insbesondere“) genannt. Art. 6 Abs. 1 lit. g) der UGP-Richtlinie erwähnt ausdrücklich noch das Recht auf **Ersatzlieferung** oder **Erstattung** gemäß der Richtlinie 1999/44/EG zum Verbrauchsgüterkauf,[9] allerdings ist auch dies nur beispielhaft („einschließlich“). Erfasst werden von der Regelung daher auch Angaben über **Lieferansprüche, Widerrufsrechte** (vgl. auch § 5a Abs. 3 Nr. 5 UWG), **Kündigungsrechte** (z. B. bei Darlehen), Ansprüche auf **Schadensersatz, Aufwendungsersatz oder Ersatzvornahme** u. Ä.[10] Eine Beschränkung der Norm nur auf Gewährleistungsrechte (oder gar nur auf Gewährleistungsrechte beim Verbrauchsgüterkauf) wäre nicht sachgerecht, weil erstens andere Rechte für den Verbraucher genauso wichtig sein können und zweitens es nicht zu verstehen wäre, dass gegenüber Unternehmern solche irreführenden Angaben verboten wären (vgl. § 5 Abs. 1 S. 2 Nr. 2 UWG „Bedingungen, unter denen die Ware geliefert oder die Dienstleistung erbracht wird“), gegenüber Verbrauchern hingegen nicht. In der Praxis werden Garantien und Gewährleistungsrechte allerdings am wichtigsten sein. 15

Erfasst werden außerdem nicht nur irreführende Angaben über die **Existenz** bestimmter Rechte, sondern auch über deren **Inhalt, Umfang** und **Dauer** sowie etwaige **Voraussetzungen für die Geltendmachung.** 16

1. Garantien

Garantieversprechen können irreführend sein, wenn sie entweder **inhaltlich unzutreffend,** für den Kunden **praktisch wertlos** oder **rechtlich nicht durchsetzbar** sind oder der Unternehmer eine angekündigte Garantie auf Wunsch des Kunden **nicht verbindlich vereinbaren** oder 17

---

[8] BGH NJW-RR 1998, 594.
[9] ABl. Nr. L 171 vom 7.7.1999, S. 12.
[10] Siehe OLG Frankfurt GRUR-RR 2012, 161 f. – Fluggastrechte bei verspätetem Flug.

(ohne Vereinbarung) zumindest **im Kulanzwege erfüllen** will.[11] Irreführend ist daher die Werbung mit einer langjährigen Garantie, wenn sich die Voraussetzungen für den Garantiefall mit zunehmendem Alter der betroffenen Ware kaum noch belegen lassen oder wenn die Realisierung einer Garantie vorhersehbar mit erheblichen Schwierigkeiten verbunden ist.[12] Erlaubt ist hingegen eine langjährige Garantieübernahme, wenn sich die Gewährleistung auf die Haltbarkeit eines Materials oder Werks bezieht, das bei normaler Abnutzung eine entsprechend lange Lebensdauer besitzt und die Garantiezusage für den Besteller nicht **praktisch bedeutungslos** ist.[13] Praktisch wertlos und damit irreführend ist eine Garantie eines **Gebrauchtwagenhändlers,** die jegliche Art von **Verschleißschäden** ausschließt und damit noch hinter den gesetzlichen Gewährleistungsrechten zurück bleibt.[14] Irreführend ist auch die Werbung mit einer **über 30 Jahre** hinausreichenden Garantiezusage eines *Händlers,* weil eine solche Verpflichtung gegen das Verbot des rechtsgeschäftlichen Ausschlusses der Verjährung verstößt (§ 202 Abs. 2 BGB) und daher unwirksam ist.[15] Bezieht sich die Verjährung hingegen auf eine von den gesetzlichen Gewährleistungsansprüchen unabhängige, selbständige Garantie eines *Herstellers* zur Haltbarkeit eines bestimmten Materials, so ist dies wettbewerbsrechtlich nicht zu beanstanden, sofern dieses Material bei normaler Abnutzung eine entsprechend lange Lebensdauer besitzt. Denn ein selbständiger Garantievertrag ist als solcher unverjährbar. Nicht verboten wurde daher vom BGH die Werbung eines Herstellers von Aluminiumdächern mit einer Haltbarkeitsgarantie von 40 Jahren.[16] Irreführend ist es aber, über den **Umfang** der Garantieleistungen zu täuschen, wobei allerdings grundsätzlich davon auszugehen ist, dass der durchschnittlich informierte und verständige Verbraucher auch das Kleingedruckte liest; das gilt insbesondere dann, wenn das herausgestellte Garantieversprechen als solches substanzarm ist, z. B. weil eine **„Gefällt-Nicht-Garantie"** versprochen wird.[17] Auch eine **„Geld-zurück-Garantie"** ist per se nicht unlauter. Etwas anderes gilt jedoch, wenn die Garantie für billigere Konkurrenzangebote ausgesprochen wird, es solche Angebote aufgrund des Exklusivvertriebs des Unternehmers aber nicht gibt.[18] Für eine reine Reparaturkosten-Versicherung bei einem Dritten darf ein Händler hingegen nicht mit dem Begriff „Garantie" werben.[19] Wird eine Tiefstpreisgarantie an **schwerwiegende bürokratische Hindernisse** geknüpft und auf wenige Vergleichsangebote begrenzt und so praktisch in ihr Gegenteil verkehrt, kann das ebenfalls irreführend sein.[20] Wird allerdings im unmittelbaren Zusammenhang mit der Werbung „Wir garantieren den niedrigsten Preis" auf Einschränkungen **hingewiesen**, so kann eine Irreführung vermieden werden. Insbesondere eine Beschränkung auf Vergleichsangebote **„autorisierter Händler"** ist zulässig.[21]

18 Selbst der angemessen gut unterrichtete, aufmerksame und kritische Verbraucher wird nicht jede „Garantie" im Sinne eines Garantieversprechens nach § 443 BGB verstehen. Vielmehr ist er daran gewöhnt, dass heute häufig von „Garantie" gesprochen wird, obwohl **„Gewährleistung/Mängelansprüche"** gemeint sind. Er wird daher die Aussage „2 Jahre Garantie" als solche nicht so verstehen, dass über die Mängelansprüche hinaus eine Garantie i. S. v. § 443 BGB gegeben wird. Irreführend ist es jedoch, wenn durch solche Aussagen der falsche Eindruck erweckt wird, als gebe es neben der Verpflichtung des Händlers zusätzlich noch eine Herstellergarantie, obwohl diese tatsächlich nicht besteht.

19 Irreführend ist es auch, den Anschein einer **Herstellergarantie** zu erwecken, wenn tatsächlich nur eine Händlergewährleistung oder -garantie gewährt werden soll. Der Ausdruck **„Vollgarantie"** genügt dafür allein nicht,[22] der Hinweis **„mit Garantiekarte"** beim Gebrauchtwagenkauf hingegen schon.[23] Die Werbung eines KfZ-Händlers mit einer **„Herstellergarantie"** kann zudem unlauter sein, wenn sich diese Garantie auf eine Nachbesserung beschränkt und daher bei irreparablen

---

[11] BGH GRUR 2000, 1106, 1108 – *Möbel-Umtauschrecht.*

[12] KG WRP 1997, 31 für „bankgarantierte Rückzahlung einer Einlage", die nur innerhalb eines sehr kurzen Zeitraumes und unter erschwerten Bedingungen geltend gemacht werden konnte.

[13] BGH GRUR 1958, 455, 457 – *Federkernmatratzen:* 25 Jahre für die Haltbarkeit von Federkernmatratzen; BGH GRUR 1976, 146, 147 – *Kaminisolierung* – 15 Jahre für die Innenbearbeitung gebrauchter Hausschornsteine.

[14] OLG Saarbrücken NJW-RR 1996, 1325, 1326.

[15] BGH GRUR 1994, 830 – *Zielfernrohr.*

[16] BGH WRP 2008, 1326, 1327 – *40 Jahre Garantie.*

[17] BGH GRUR 2000, 1106, 1108 – *Möbel-Umtauschrecht.*

[18] BGH GRUR 1994, 57, 58 – *Geld-zurück-Garantie.*

[19] OLG Frankfurt NJW-RR 1996, 1386.

[20] OLG Köln GRUR-RR 2010, 293, 294.

[21] OLG Hamm K&R 2011, 805, Tz. 27 ff.

[22] KG WRP 1981, 99; a. A. OLG Düsseldorf WRP 1977, 193, 194.

[23] OLG Köln WRP 1979, 887; Köhler/*Bornkamm,* § 5 Rdn. 7.146.

Mängeln leer läuft. Allerdings wird es angesichts der bestehenden Händlergewährleistung an der erforderlichen Relevanz fehlen.[24] Häufig erwartet der Verkehr auch ohne weitere Angaben eine Herstellergarantie, so z.B. beim Kauf eines „EU-Neuwagens".[25] Fraglich ist, ob dann das **Verschweigen,** dass keine Herstellergarantie besteht, irreführend ist. Ein Recht auf eine Herstellergarantie gibt es nicht. Nach bisherigem Recht war es dennoch irreführend, wenn eine solche Garantie nicht gewährt wurde und der Händler dies verschwieg. Ebenso konnte es irreführend sein, wenn ein nicht unerheblicher Zeitraum der Garantie bereits verstrichen war. Bei reimportierten Kraftfahrzeugen war deshalb darauf hinzuweisen, wenn diese im Ausland bereits zugelassen wurden und sich dadurch die Herstellergarantie nicht unerheblich verkürzt hatte.[26] Das galt unabhängig von einer daneben bestehenden Händlergarantie. Ein Zeitraum von nur wenigen Tagen oder Wochen genügte dabei allerdings noch nicht.[27] Auch eine Tageszulassung durch einen deutschen Händler stand der Werbung als Neufahrzeug nicht entgegen, sofern die Tageszulassung nur wenige Tage dauerte und das Fahrzeug nicht im Straßenverkehr genutzt wurde.[28]

In Zukunft beurteilen sich solche Aufklärungspflichten bzw. eine etwaige Irreführung durch Unterlassung grundsätzlich nach § 5a UWG. In **§ 5a Abs. 3 Nr. 4 UWG** werden Garantien allerdings nicht mehr ausdrücklich erwähnt. Erwähnt wird nur das Abweichen von wesentlichen Grundgedanken der gesetzlichen Regelung zu Liefer- und Leistungsbedingungen. Dazu gehört eine Herstellergarantie beim Neuwagenkauf jedoch nicht, da sie gesetzlich nicht vorgeschrieben ist. Auf der anderen Seite ist die Auflistung in § 5a Abs. 3 UWG nicht abschließend, so dass es auch insoweit zu keiner Änderung kommt. 20

Irreführend sind auch „Garantien" im Sinne eines **Erfolgs,** den man verspricht oder als sicher hinstellt, den der Unternehmer tatsächlich aber **nicht leisten kann,** wie z.B. der Eintritt eines bestimmten Erfolgs bei einer Schlankheitskur innerhalb kurzer Fristen *(„bis zu 20 Pfund schlanker in nur 23 Tagen")*[29] oder die Werbung mit einer *„Geld-zurück-Garantie"* für Nachhilfeunterricht, bei dem ein bestimmter Erfolg nicht garantiert werden kann.[30] Dass der Nachhilfeschüler sich bei einem solchen Angebot wirtschaftlich möglicherweise nicht schlechter stellt, ist nicht entscheidend. Maßgeblich ist allein, dass er sich einen bestimmten Erfolg erhofft und sich daher eher den Instituten zuwendet, die einen solchen Erfolg als sicher hinstellen ohne dies mehr garantieren zu können als andere.[31] Ob man diese Fälle unter § 5 Abs. 1 S. 2 Nr. 7 UWG subsumiert oder als Irreführung über die Wirkung eines Produkts („von der Verwendung zu erwartende Ergebnisse) i.S.v. § 5 Abs. 1 S. 2 Nr. 1 UWG, ist unerheblich. 21

In dem Angebot, den beworbenen Gegenstand für ein paar Tage zur **Probe zu überlassen,** kann heutzutage hingegen keine Behauptung mehr gesehen werden, die einen bestimmten Erfolg als sicher hinstellt und damit „garantiert".[32] Denn der Verkehr ist mittlerweile, nicht zuletzt auch aufgrund der Widerrufsrechte beim Fernabsatz von Produkten, daran gewöhnt, dass er häufig Waren innerhalb kurzer Frist wieder zurückschicken kann. 22

2. Widerrufs- und Rückgaberechte

Auch über das Bestehen von **Widerrufs- oder Rückgaberechten** (z.B. nach §§ 312, 312d, 495 BGB) und deren Ausübung, einschließlich der Bedingungen, zu denen die gelieferte Ware zurückgesendet werden kann, muss zutreffend aufgeklärt werden.[33] Wird überhaupt nicht aufgeklärt, so gilt § 5a Abs. 3 Nr. 5 UWG. Nach Art. 7 Abs. 2 der UGP-Richtlinie soll das Bereitstellen der Information auf unklare, unverständliche, zweideutige Weise ebenfalls als irreführende Unterlassung gelten. Wird (objektiv) falsch aufgeklärt, so gilt hingegen § 5 Abs. 1 S. 2 Nr. 7 UWG.[34] 23

---

[24] BGH GRUR 1997, 929 – *Herstellergarantie.*

[25] BGH GRUR 1999, 1122, 1123 – *EG-Neuwagen I.* Zur Neuheitswerbung für Kfz siehe § 5 Abschn. C Rdn. 113ff.

[26] Offen gelassen in BGH GRUR 1986, 615, 618 – *Reimportierte Kraftfahrzeuge;* GRUR 1983, 661, 663 – *Sie sparen 4000,– DM.*

[27] BGH GRUR 1999, 1122, 1123f. – *EG-Neuwagen I;* GRUR 1999, 1125, 1126 – *EG-Neuwagen II;* GRUR 2000, 724, 727 – *Außenseiteranspruch II.*

[28] BGH GRUR 2000, 914 – *Tageszulassung II.*

[29] OLG Hamm GRUR 1984, 140, 141.

[30] BGH GRUR 1983, 255 – *Nachhilfeunterricht.*

[31] A. A. Köhler/*Bornkamm,* UWG, § 5 Rdn. 7.147.

[32] A. A. noch BGH GRUR 1972, 663, 664 – *Vibrations-Massagekissen.*

[33] Vgl. §§ 355, 357 Abs. 2 BGB.

[34] LG Kiel K&R 2011, 136; LG Dortmund GWF/Recht und Steuern 2010, 39.

24 Falsche oder ungenügende Belehrungen über Widerrufsrechte sind geeignet, den Verbraucher über sein Widerrufsrecht irrezuführen.[35] Dabei kann eine falsche Erklärung in diesem Sinn auch eine an sich richtige Erklärung sein, die der Verbraucher jedoch falsch versteht, wie z. B. die an sich zutreffende Aussage, dass es bei Versteigerungen kein Rückgaberecht gibt, die jedoch im Zusammenhang mit **eBay „Auktionen"** falsch verstanden wird, weil der durchschnittlich informierte und verständige Verbraucher hier meint, eine eBay Auktion sei eine „Versteigerung" im Rechtssinn. Irreführend ist es auch, wenn widerrufswilligen Kunden planmäßig erzählt wird, ihnen stünde ein solches Recht nicht zu.[36] Wird allerdings nur im Einzelfall bei zweifelhafter Rechtslage eine falsche Beurteilung abgegeben, ohne dass dies wider besseren Wissens geschieht, so ist fraglich, ob dies überhaupt eine relevante geschäftliche Handlung darstellt. Nach altem Recht fehlte es jedenfalls an der erforderlichen Wettbewerbsabsicht, die nach der UGP-Richtlinie und der dortigen Definition von „Geschäftspraktiken" allerdings nicht mehr erforderlich ist.[37] Zugleich muss es einem Unternehmen aber auch möglich sein, bei unklarer Rechtslage eine ihm günstige Meinung zu vertreten.

V. Risiken

25 Art. 6 Abs. 1 lit. g) der UGP-Richtlinie erwähnt neben den Rechten auch noch „die **Risiken,** denen er (der Verbraucher) sich möglicherweise aussetzt". § 5 Abs. 1 S. 2 Nr. 7 UWG übernimmt diese Formulierung nicht. Stattdessen werden die „Risiken" in § 5 Abs. 1 S. 2 Nr. 1 ausdrücklich aufgeführt. Was mit dieser Regelung in der Richtlinie gemeint ist, ist unklar. Denn die Kategorie „Risiko" passt dem Wortsinn nach nicht zu „Rechten". Risiken bestehen mehr auf der tatsächlichen Ebene, Rechte hingegen auf rechtlicher Ebene. Ein Verschweigen von Risiken kann nicht gemeint sein, denn diese wären in Art. 7 der Richtlinie bzw. § 5a UWG zu regeln.

26 Gemeint sein kann somit zum einen die **Verharmlosung von Risiken.** Zu denken ist beispielsweise an Risiken eines finanziellen Verlusts bei der Anlage in bestimmte Wertpapiere. Wobei es nicht darauf ankommt, ob das jeweilige Risiko tatsächlich besteht oder sich verwirklicht. Es genügt bereits, dass es **„möglicherweise"** besteht. Das kann jedoch nicht bedeuten, dass jedes noch so unbedeutende Risiko erwähnt werden muss. Maßgeblich ist auch hier die **Eignung, das Verhalten des Durchschnittsverbrauchers wesentlich zu beeinflussen.**

VI. Rechtsfolgen, Konkurrenzen

27 Berücksichtigt man den weiten Umfang des Begriffs „geschäftliche Handlung", der nunmehr auch nachvertragliches Verhalten erfasst, und die Reichweite des Begriffs „Rechte" (von den möglichen „Risiken" ganz zu schweigen), so ergibt sich hieraus für Unternehmen ein erhebliches Gefahrenpotenzial, könnte doch jede falsche Angabe eines Mitarbeiters gegenüber einem Verbraucherkunden über etwaige Rechte des Kunden zu Unterlassungsansprüchen von Wettbewerbern führen. Das Problem verschärft sich, wenn man bedenkt, dass in bestimmten verbraucherschützenden Bereichen selbst die normativen Vorgaben bedenklich sind, wie der Streit über die Rechtmäßigkeit einer früheren Version der Musterbelehrung über die Widerrufsrechte beim Fernabsatz gezeigt hat.[38]

28 Soweit Rechte in Allgemeinen Geschäftsbedingungen irreführend dargestellt werden, kommen auch Unterlassungsansprüche nach **UKlaG** in Betracht. Die Regelungen des UKlaG bzw. der Richtlinie 2009/22/EG über Unterlassungsklagen zum Schutz der Verbraucherinteressen[39] haben sogar grundsätzlich **Vorrang,** Art. 3 Abs. 4 der Richtlinie. Das bedeutet allerdings nicht, dass Unterlassungsansprüche nur durch die im UKlaG genannten qualifizierten Einrichtungen geltend ge-

---

[35] BGH GRUR 1986, 816, 818 – *Widerrufsbelehrung bei Teilzahlungskauf;* 1986, 819, 820 – *Zeitungsbestellkarte;* 1990, 46, 47 – *Heizgeräte-Vertrieb;* 1990, 534 – *Abruf-Coupon;* 1990, 1015, – *Order-Karte;* 1990, 1016 – *Sprachkurs;* 1990, 1020 – *Freizeitveranstaltung;* WRP 1991, 97, 99; WM 1993, 589; WRP 1993, 747, 749 – *Empfangsbestätigung;* GRUR 1995, 68, 70 – *Schlüssel-Funddienst;* WRP 1996, 202, 203 – *Widerrufsbelehrung II;* 1996, 204, 205 – *Widerrufsbelehrung III; Kruse* WRP 2001, 1132.

[36] BGH GRUR 1977, 498, 500 – *Aussteuersortimente;* GRUR 1986, 816, 818 – *Widerrufsbelehrung bei Teilzahlungskauf.*

[37] Vgl. z. B. *Köhler*/Bornkamm, § 2 Rdn. 26.

[38] Für Nichtigkeit der früheren Musterbelehrung nach Anlage 2 zu § 14 Abs. 1 BGB-InfoV, jedenfalls soweit sie hinter den Anforderungen des BGB zurückblieb, z. B. OLG Schleswig OLGR 2007, 929, 931; LG Koblenz ZIP 2007, 638; LG Halle BB 2006, 1818.

[39] Vom 23.4.2009, ABl. L 110 S. 30.

macht werden können. Denn die Richtlinie 2009/22/EG erfasst auch irreführende Werbung i. S. d. Richtlinie 2006/114/EG, ohne dass dadurch die Klagebefugnis der Mitbewerber in Frage gestellt wurde. Andernfalls wäre auch Art. 11 Abs. 1 der UGP-Richtlinie sinnlos, der ausdrücklich eine Klagebefugnis von Mitbewerbern vorsieht. Daneben kommen bei unwirksamen Klauseln in Allgemeinen Geschäftsbedingungen auch Ansprüche nach § 3a UWG a. F. in Betracht (str., siehe Rdn. 3).

J. § 5 Abs. 2 (Irreführung durch Herbeiführung einer Verwechslungsgefahr)

(2) **Eine geschäftliche Handlung ist auch irreführend, wenn sie im Zusammenhang mit der Vermarktung von Waren oder Dienstleistungen einschließlich vergleichender Werbung eine Verwechslungsgefahr mit einer anderen Ware oder Dienstleistung oder mit der Marke oder einem anderen Kennzeichen eines Mitbewerbers hervorruft.**

Art. 6 Abs. 2 UGP-Richtlinie:

(2) **Eine Geschäftspraxis gilt ferner als irreführend, wenn sie im konkreten Fall unter Berücksichtigung aller tatsächlichen Umstände einen Durchschnittsverbraucher zu einer geschäftlichen Entscheidung veranlasst oder zu veranlassen geeignet ist, die er ansonsten nicht getroffen hätte, und Folgendes beinhaltet:**

a) jegliche Art der Vermarktung eines Produkts, einschließlich vergleichender Werbung, die eine Verwechslungsgefahr mit einem anderen Produkt, Warenzeichen, Warennamen oder anderen Kennzeichen eines Mitbewerbers begründet.

...

Inhaltsübersicht

	Rdn.
I. Überblick	1
II. Anwendungsbereich und Konkurrenzen	2
1. Verhältnis zum Kennzeichenrecht	2
2. Verhältnis zu § 6 Abs. 2 Nr. 3	17
3. Verhältnis zu § 4 Nr. 3a (§ 4 Nr. 9a a. F.)	24
III. Begründung einer Verwechslungsgefahr durch Produktvermarktung i. E.	29
1. Allgemein	29
2. Geschäftliche Handlung im Zusammenhang mit der Vermarktung	30
3. Verwechslungsgefahr mit einem anderen Produkt, einer Marke oder einem Kennzeichen eines Mitbewerbers	34
4. Relevanz	43
5. Beispiele	44

Schrifttum: *Alexander,* Der Verwechslungsschutz gem. § 5 Abs. 2 UWG, in: FS Köhler, 2014, S. 23; *Bärenfänger,* Symbiotische Theorie zum Kennzeichen- und Lauterkeitsrecht, WRP 2011, 160; *Becker, M.,* Der Schutz von Veranstaltungszeichen über § 5 Abs. 1 S. 2 Nr. 4 UWG, WRP 2015, 139; *Berlit,* Das neue Gesetz gegen den unlauteren Wettbewerb: Von den guten Sitten zum unlauteren Verfälschen, WRP 2003, 563; *Bornkamm,* Das Wettbewerbsverhältnis und die Sachbefugnis des Mitbewerbers, GRUR 1996, 527; *ders.,* Die Schnittstellen zwischen gewerblichem Rechtsschutz und UWG – Grenzen lauterkeitsrechtlichen Verwechslungsschutzes, GRUR 2011, 1; *ders.,* Kennzeichenrecht und Irreführungsverbot – Zur wettbewerbsrechtlichen Beurteilung der irreführenden Kennzeichenbenutzung, in: FS Mühlendahl, 2005, S. 9; *ders.,* Markenrecht und wettbewerbsrechtlicher Kennzeichenschutz – Zur Vorrangthese der Rechtsprechung, GRUR 2005, 97; *Bornkamm/Kochendörfer,* Verwechslungsgefahr und Irreführungsgefahr – Konvergenz der Begriffe?, FS 50 Jahre Bundespatentgericht, 2011, S. 533; *Böttcher/Siebert,* Abgrenzung zum Markenrecht und ergänzendem Leistungsschutz. Eine kritische Beschäftigung mit der aktuellen BGH-Rechtsprechung, in: FG Säcker, 2006, S. 233; *Brandner,* Bedeutungsgehalt und Bedeutungswandel bei Bezeichnungen im geschäftlichen Wettbewerb, FS Piper, 1996, S. 95; *Büscher,* Neuere Entwicklung der Rechtsprechung des Europäischen Gerichtshofs und des Bundesgerichtshofs zu den geografischen Herkunftsangaben, GRUR Int. 2005, 801; *ders.,* Schnittstellen zwischen Markenrecht und Wettbewerbsrecht, GRUR 2009, 230; *Deutsch A.,* Barcode-Label hat neben Marke keine Herkunftsfunktionen, GRUR-Prax 2015, 186; *Deutsch V.,* Anspruchskonkurrenzen im Marken- und Kennzeichenrecht, WRP 2000, 854; *Dorndorf,* Schutz vor Herkunftstäuschung und Rufausbeutung – Zugleich zum Anwendungsbereich des ergänzenden wettbewerbsrechtlichen Leistungsschutzes in Anbetracht des markenrechtlichen Schutzes, 2005; *Eckel,* Markenrechtliche Zulässigkeit vergleichender Werbung in Deutschland und Großbritannien, GRUR Int. 2015, 438; *Ekey/Klippel/Bender,* Markenrecht, Bd. 1, 2. Auflage 2009; *Engeländer,* Der ergänzende Schutz von Marken durch das Wettbewerbsrecht, 2005; *Fachausschuss für Wettbewerbs- und Markenrecht,* Protokoll der Sitzung vom 29.9.2005, GRUR 2005, 1017; *Fassbender/Herbrich,* Geografische Herkunftsangaben im Spannungsfeld von nationalem und europäischem Recht, GRUR Int. 2014, 765; *Fezer,* Imitationsmarketing als irreführende Produktvermarktung, GRUR 2009, 451; *ders.,* Kumulative Normenkonkurrenz im Kennzeichenrecht. Ein Beitrag zur autonomen Anwendung des MarkenG, des UWG und des BGH nach § 2 MarkenG, WRP 2000, 863; *ders.,* Markenrecht, 4. Aufl. 2009; *ders.,* Normenkonkurrenz zwischen Kennzeichenrecht und Lauterkeitsrecht: Ein Beitrag zur kumulativen und subsidiären Normenkonkurrenz im Immaterialgüterrecht – Kritik der Vorrangthese des BGH zum MarkenG, WRP 2008, 1; *ders.,* Kumulative Normenkonkurrenz zwischen Markenrecht und Lauterkeitsrecht – Schutzzweckkompatibilität zwischen Immaterialgüterrecht als Funktionseigentum und Wettbewerbsrecht, GRUR 2010, 953; *ders.,* der Funktionalität der Immaterialgüterrechte als geistiges Eigentum – Zugleich eine rechtstheoretische Grundlegung zum Vorabentscheidungsverfahren „Ford/Wheeltrims", GRUR 2016, 30; *Glöckner,* Der Schutz vor Verwechslungsgefahr im Spannungsfeld von Kennzeichenrecht und verbraucherschützendem Lauterkeitsrecht, in: Geistiges Eigentum und Gemeinfreiheit, Ansgar Ohly, Diethelm Klippel (Hrsg.), 2007, S. 145; *Glöckner/Kur,* Herausforderungen für das Marken- und Lauterkeitsrecht, GRUR-Beilage 2014, 29; *Goldmann,* Lauterkeitsrechtlicher Schutz gegen mittelbare Verwechslungsgefahr?, GRUR 2012, 857; *Harte-Bavendamm,* Wettbewerbsrechtlicher Verbraucherschutz in der Welt der „look-alikes", FS Loschelder 2010, 111; *Henning-Bodewig,* Relevanz der Irreführung, UWG-Nachahmungsschutz und die Abgrenzung Lauterkeitsrecht/IP-Rechte, GRUR Int. 2007, 986; *Ingerl,* Der wettbewerbsrechtliche Kennzeichenschutz und sein Verhältnis zum MarkenG in der neueren Rechtsprechung des BGH und in der UWG-Reform, WRP 2004, 809; *Ingerl/Rohnke,* MarkenG, 3. Aufl. 2010; *Jänich,* Zur Herkunftstäuschung bei Handtuchklemmen – Ergänzender wettbewerbsrechtlicher Leistungsschutz nur bei gewissem Bekanntheitsgrad, LMK 2005, II, 47; *Jonas/Hamacher,* „Mac Dog" und „shell" ade?, WRP 2009, 535; *Kianfar,* Anm. zu BGH, Urt. v. 30.4.2014, – I ZR 224/12 -, GRUR 2014, 785, GRUR 2014, 790; *Kiethe/Groeschke,* Erweiterung des Markenschutzes vor Verwechslungen durch das neue Lauterkeitsrecht, WRP 2009, 1343; *Knaak,* Störungen kennzeichenrechtlicher Gleichgewichtslagen: Was ist hinzunehmen?, GRUR-Prax 2013, 171; *Köhler,* Das Verhältnis des Wettbewerbsrechts zum Recht des geistigen Eigentums – Zur Notwendigkeit einer Neubestimmung auf Grund der Richtlinie über unlautere Geschäftspraktiken, GRUR 2007, 548; *ders.,* Der Schutz vor Produktnachahmungen im Markenrecht, Geschmacksmusterrecht und neuen Lauterkeitsrecht, GRUR 2009, 445; *ders.,* Irreführende vergleichende Werbung, GRUR 2013, 761; *Körner,* Das allgemeine Wettbewerbsrecht des UWG als Auffangtatbestand für fehlgeschlagenen oder abgelaufenen Sonderrechtsschutz, in: FS Ullmann, 2006, 701; *Kur,* Die gemeinschaftliche Markenbenutzung – Markenlizenzen und verwandte Tatbestände, GRUR Int. 1990, 1; *dies.,* Die Schnittstellen zwischen Marken- und Wettbewerbsrecht bei nationalen und Gemeinschaftsmarken, MarkenR 2001, 137; *dies.,* Verwechslungsgefahr und Irreführung – zum Verhältnis von Markenrecht und § 3 UWG, GRUR 1989, 240; *Lindacher,* Geografische Herkunftsangaben im Kennzeichen- und Lauterkeitsrecht. Gedanken zur Neujustierung des einschlägigen Koordinatensystems, in: Festschrift Müller-Graff, 2015, S. 649; *Loschelder/Dörre,* Das Verhältnis des wettbewerbsrechtlichen zum kennzeichenrechtlichen Schutz vor Verwechslungen, KSzW 2010, 242; *Lubberger,* Alter Wein in neuen Schläuchen – Gedankenspiele zum Nachahmungsschutz, WRP 2007, 873; *A. Nordemann,* Ergänzender wettbewerbsrechtlicher Leistungsschutz im Spannungsfeld zwischen geistigem Eigentum und Irreführung durch Produktverwechslung, FS Stauder, 2011, S. 173; *Nussbaum/Ruess,* Irreführung durch Marken – Die Neuregelung der Imitationswerbung in § 5 Abs. 2 n. F., MarkenR 2009, 233; *Ohly,* Geistiges Eigentum und Wettbewerbsrecht – Konflikt oder Symbiose?, in: Oberender (Hrsg.), Wettbewerb und geistiges Eigentum, 2007, 47; *ders.,* Hartplatzhelden.de oder: Wohin mit dem unmittelbaren Leistungsschutz?, GRUR 2010 487; *ders.,* Urheberrecht und UWG, GRUR Int. 2015, 693; *Peukert,* hartplatzhelden.de – Eine Nagelprobe für den wettbewerbsrechtlichen Leistungsschutz, WRP 2010, 316; *Sack,* Die Verletzung abstrakter Farbmarken, WRP 2001, 1022; *ders.,* Die Verwechslungsgefahr im Marken- und Wettbewerbsrecht – einheitliche Auslegung?, WRP 2013, 8; *ders.,* Schranken des Irreführungsverbots, FS Köhler, 2014, S. 555; *ders.,* Markenrechtliche Probleme vergleichender Werbung, GRUR 2008, 201; *ders.,* Markenschutz und UWG, WRP 2004, 1405; *ders.,* Produktnachahmung und betriebliche Herkunftstäuschung nach § 4 Nr. 9 Buchst. a UWG, GRUR 2015, 442; *Sambuc,* Was heißt „Verwechslungsgefahr mit einer anderen Ware oder Dienstleistung" in § 5 Abs. 2 UWG?, Festschrift Köhler zum 70. Geburtstag, 2014, S. 577; *Scherer,* Das Verhältnis des lauterkeitsrechtlichen Nachahmungsschutzes nach § 4 Nr. 9 UWG zur europarechtlichen Vollharmonisierung der irreführenden oder vergleichenden Werbung, WRP 2009, 1446; *M. Schmidt,* Verschiebung markenrechtlicher Grenzen lauterkeitsrechtlicher Ansprüche nach Umsetzung der UGP-Richtlinie, GRUR-Prax 2011, 159; *Schmidt-Gaedke/Arz,* Das Recht der Gleichnamigen und seine Grenzen, GRUR 2012, 565; *Schmidtchen,* Die Beziehung zwischen dem Wettbewerbsrecht und dem Recht des geistigen Eigentums – Konflikt, Harmonie oder Arbeitsteilung?, in: Oberender (Hrsg.), Wettbewerb und geistiges Eigentum, 2007, S. 9; *Schork,* 2011; *Schreiber,* Wettbewerbsrechtliche Kennzeichenrechte?, GRUR 2009, 113; *Schricker,* Schutz des Allgemeininteresses im Markenrecht und Koexistenz verwechselbarer Marken verschiedener Inhaber, GRUR 1967, 634; *Schork,* Imitationsmarketing, 2011; *Sosnitza,* „Apple Store", 3-D-Marken und materielle Vorrangthese, MarkenR 2015, 1; *ders.,* Das Internet als Rahmenbedingung und neue Handlungsform im Marken- und Lauterkeitsrecht, GRUR-Beilage 2014, 93; *ders.,* Die Richtlinie über unlautere Geschäftspraktiken – Voll- oder Teilharmonisierung?, WRP 2003, 1186; *ders.,* Fake-Werbung, GRUR 2010, 106; *ders.,* Markenrecht und Verbraucherschutz – Verbraucherschutz im Markenrecht, ZGE/IPJ Bd. 5, 176 (2013); *Starck,* Bemerkungen zum Regelungsumfang von § 2 MarkenG, in: FS Erdmann, 2002, S. 485; *Steinbeck,* Richtlinie über unlautere Geschäftspraktiken: Irreführende Geschäftspraktiken – Umsetzung in das deutsche Recht, WRP 2006, 632; *dies.,* Zur These vom Vorrang des Markenrechts, in: FS Ullmann, 2006, 409; *Stieper,* Das Verhältnis von Immaterialgüterrechtsschutz und Nachahmungsschutz nach neuem UWG, WRP 2006, 291; *Strepp,* Irreführung und Verwechslungsgefahr. Einige dogmatische Aspekte des Verhältnisses von Wettbewerbs- und Markenrecht, 2000; *Teplitzky,* Die markenrechtliche Verwechslungsgefahr in der Rechtsprechung des BGH und des EuGH, WRP 2003, 415; *Thress,* die irreführrende Produktvermarktung: zur Auslegung des Art. 6 Abs. 2 lit. a der Richtlinie 2005/29/EG über unlautere Geschäftspraktiken und des § 5 Abs. 2 UWG, 2011; *Ullmann,* Das Koordinatensystem des Rechts des unlauteren Wettbewerbs im Spannungsfeld von Europa und Deutschland, GRUR 2003, 817; *Weis,* Betriebliche Herkunftstäuschung und ergänzender Schutz nach § 1 UWG, 1981.

S. darüber hinaus die Schrifttumsnachweise zu § 5 Abschn. A.

I. Überblick

Der im Zuge der Gesetzesreform zur Umsetzung der UGP-Richtlinie neu eingefügte § 5 Abs. 2 regelt, dass eine geschäftliche Handlung auch irreführend ist, wenn sie im Zusammenhang mit der Vermarktung von Waren oder Dienstleistungen einschließlich vergleichender Werbung eine Verwechslungsgefahr mit einer anderen Ware oder Dienstleistung oder mit der Marke oder einem anderen Kennzeichen eines Mitbewerbers hervorruft. **Die Vorschrift setzt Art. 6 Abs. 2 lit. a UGP-Richtlinie um.** Sie betrifft sowohl das umstrittene Verhältnis zwischen kennzeichenrechtlichen und lauterkeitsrechtlichen Ansprüchen als auch das Verhältnis zwischen § 4 Nr. 3 und § 5 Abs. 1 S. 2 Nr. 1 und 3, § 5 a. Der Gesetzgeber ist davon ausgegangen, dass der Anwendungsbereich des 4 Nr. 9 a. F. (§ 4 Nr. 3) im Hinblick auf seinen leistungsschutzrechtlichen Charakter durch Art. 6 Abs. 2 lit. a UGP-Richtlinie unberührt bleibt. Die Klärung der Frage nach einem Vorrang des Markenrechts nach Umsetzung des Art. 6 Abs. 2 lit. a UGP-Richtlinie sollte der Rechtsprechung vorbehalten bleiben.[1] 1

II. Anwendungsbereich und Konkurrenzen

1. Verhältnis zum Kennzeichenrecht

Der individualrechtliche Schutz aus dem Markenrecht und der lauterkeitsrechtliche Irreführungsschutz stehen seit Umsetzung der UGP-Richtlinie nebeneinander.[2] 2

Der **BGH** hat die zuvor in std. Rspr., die in weiten Teilen der Literatur auf Zustimmung gestoßen war,[3] vertretene **Vorrangthese** zwischenzeitlich in der „Hard Rock Café"-Entscheidung vom 15.8.2013[4] aufgrund der ins deutsche Recht umgesetzten Bestimmung des Art. 6 Abs. 2 lit. a UGP-Richtlinie **jedenfalls für § 5 Abs. 1 S. 2 Nr. 1 aufgegeben.** Sie besagte, dass mit dem Inkrafttreten des Markengesetzes am 1.1.1995 an die Stelle verschiedener kennzeichenrechtlicher Regelungen eine umfassende, in sich geschlossene kennzeichenrechtliche Regelung getreten sei, die im Allgemeinen den aus den Generalklauseln hergeleiteten Schutz verdränge.[5] Die „Hard Rock Café"-Entscheidung befasst sich zwar ausdrücklich lediglich mit der Herkunftstäuschung nach § 5 Abs. 1 Satz 2 Nr. 1, die Ausführungen des BGH sind jedoch allgemein formuliert und gelten ebenso auch für § 5 Abs. 2 UWG; teilweise werden sie generell als Aufgabe der Vorrangthese verstanden.[6] 3

Auch in den Bereichen außerhalb von § 5 Abs. 1 Satz 2 Nr. 1, Abs. 2 sowie Nr. 13 des Anhangs zu § 3 Nr. 3 kann die Vorrangthese **nicht** aufrechterhalten bleiben.[7] Auf Unionsebene handelt es sich bei dem lauterkeitsrechtlichen Irreführungsschutz und dem individualrechtlichen Zeichenschutz um **autonome Schutzsysteme, die unterschiedliche Aspekte regeln und sich wechselseitig ergänzen und tolerieren.** Dies folgt aus **Art. 6 Abs. 1 lit. b, Abs. 2 lit. a** und **Nr. 13** 4

---

[1] Amtl. Begr. zum RegE, BT-Drucks. 16/10 145, S. 24.

[2] BGH GRUR 2013, 1161, 1165 Rdn. 60 – *Hard Rock Café;* OLG Düsseldorf Urt. v. 5.9.2011, I-20 U 98/10, Tz. 61, zitiert nach juris; *Bornkamm,* GRUR 2011, 1 ff. und *ders.* in Köhler/*Bornkamm,* 34. Aufl. 2016, § 5 Rdn. 4.212 und 4.223; *Büscher* GRUR 2009, 230, 236; Fezer/*Fezer* Einl. E Rdn. 96; *ders.* WRP 2006, 781, 789 ff.; GRUR 2010, 953 ff., 962; GK/*Lindacher,* Bd. 2, 2. Aufl. 2013, § 5 Rdn. 564; Götting/Nordemann/*A. Nordemann,* § 5 Rdn. 8.10; *Goldmann* GRUR 2012, 857, 859; *Harte-Bavendamm,* FS Lohschelder, S. 111, 118; *Ingerl/Rohnke,* § 2 Rdn. 8 und Vor §§ 128 ff. Rdn. 9; *Köhler* GRUR 2007, 548 ff. und *ders.* in *Köhler*/Bornkamm, 34. Aufl. 2016, § 4 Rdn. 3.9 ff.; Loschelder/*Dörre,* KSzW 2010, 242, 246. – A. A. Ohly/*Sosnitza,* 6. Aufl. 2014 § 5 Rdn. 709. Vgl. auch *Glöckner,* Einl. B.

[3] S. nur Ströbele/*Hacker,* § 2 Rdn. 16, 18; *Ingerl* WRP 2004, 809, 815 f.; *Ingerl/Rohnke,* 2. Auflage, § 2 Rdn. 2 ff. (zum alten Recht, anders jetzt im Hinblick auf die Umsetzung der UGP-RL dies. 3. Auflage 2010 § 2 Rdn. 2); *Sack* WRP 2001, 1022, 1033; *Sambuc* in: FS Hertin, S. 439, 444; *Sosnitza* WRP 2003, 1186, 1187; *Starck* in: FS Erdmann, S. 485, 489 f.; *Teplitzky* WRP 2003, 415, 416.

[4] BGH GRUR 2013, 1161, 1165 Rdn. 60 – *Hard Rock Café.*

[5] BGH GRUR 2002, 622, 623 – *Shell.de;* GRUR 2002, 703, 705 – *VOSSIUS & PARTNER;* GRUR 2008, 160, 163 – CORDARONE; WRP 2008, 1196, Tz. 26 f. – *Rillenkoffer.* Ausführlich dazu und zur Kritik an der Vorrangthese Vorauflage § 5 J Rdn. 1 ff.

[6] Vgl. z. B. OLG Düsseldorf, WRP 2015, 365, 369; *Deutsch,* GRUR-Prax 2015, 186; s. jetzt auch BGH, Urt. v. 23.6.2016, Baumann II, I ZR 241/14, DE:BGH:2016:230616UIZR241.14.0, Rdn. 20.

[7] OLG Düsseldorf GRUR 2015, 158, 162; *Ohly* GRUR Int. 2015, 693, 699; *Fassbender/Herbrich* GRUR Int. 2014, 765, 772; *Lindacher,* FS Müller-Graff, S. 649, 652 ff.

des Anhangs I sowie **Erwägungsgrund 9** der UGP-Richtlinie sowie aus Erwägungsgrund 13–15 der Werberichtlinie 2006/114/EG, die sich nicht lediglich als punktuelle Bewertung bestimmter Einzelfallkonflikte verstehen lassen. Auf Grundlage eines solchen konzeptionellen Verständnisses besteht zwischen dem lauterkeitsrechtlichen und dem kennzeichenrechtlichen Schutz grundsätzlich **Gesetzeskonkurrenz.** Beide Schutzsysteme kommen kumulativ und unabhängig voneinander zur Anwendung, wenn ihre jeweiligen tatbestandlichen Voraussetzungen vorliegen.[8]

5 Denkbare Konflikte sind nicht im Sinne einer externen Begrenzung der Anwendungsbereiche, sondern im Wege einer **Auslegung** zu lösen, die darauf zu achten hat, dass die verschiedenen durch die Unionsrechtsordnung geschützten Grundrechte und berechtigten Ziele von allgemeinem Interesse, insbes. der Schutz des **Geistigen Eigentums** und das hohe **Verbraucherschutzniveau,** miteinander in Einklang gebracht werden und zwischen ihnen ein **angemessenes Gleichgewicht** besteht, s. dazu **§ 5 Abschn. A Rdn. 23 f.**

6 Danach bildet das Kennzeichenrecht keine externe Schranke des Anwendungsbereichs des wettbewerblichen Irreführungsverbots, weil die **Zeichenbenutzung nur in den durch die Irreführungsrichtlinie bzw. Richtlinie unlautere Geschäftspraktiken, die ihrerseits zeichenrechtsfreundlich auszulegen sind, gezogenen Grenzen zulässig ist.**

7 Eine **nicht vermeidbare Herkunftstäuschung** kann folglich nicht i. S. d. §§ 3, 5 unlauter sein, weil sie keinen Verstoß gegen die berufliche Sorgfalt begründet.[9]

8 Bei der Anwendung der wettbewerbsrechtlichen Irreführungsvorschriften sind nach der Rspr. des **BGH** die **Wertungen zu respektieren,** die der Gesetzgeber in anderen Bestimmungen getroffen hat.[10] Um einen Wertungswiderspruch zum Markenrecht zu vermeiden, hält der BGH jedenfalls für die neue Fallgruppe der Irreführung über die betriebliche Herkunft gem. § 5 Abs. 1 S. 2 Nr. 1 UWG eine **Übertragung des Instituts der Verwirkung** für geboten,[11] wobei die dafür maßgeblichen Aspekte auch bei der **Verhältnismäßigkeit** zu berücksichtigen sind[12] (s. dazu näher **§ 5 Abschn. B Rdn. 255 f.**). Scheidet aufgrund des **Prioritätsgrundsatzes** ein zeichenrechtlicher Anspruch wegen Verwechslungsgefahr aus, kann sich weiterhin der Inhaber des prioritätsjüngeren Kennzeichenrechts grundsätzlich nicht mit Erfolg auf den lauterkeitsrechtlichen Schutz vor Irreführung über die betriebliche Herkunft stützen.[13]

9 Vorgeschlagen wurde inzwischen, darüber hinaus bei (bloß) **beschreibender Benutzung** (§ 23 Nr. 2 MarkenG),[14] **Erschöpfung** (§ 24 Nr. 1 MarkenG),[15] **mangelnder Benutzung** (§ 25 Abs. 1 MarkenG)[16] und **ausgelaufenen, verfallenen oder sonst löschungsreifen Marken**[17] die kennzeichenrechtlichen Schutzschranken in die Auslegung des § 5 Abs. 1 Satz 2 Nr. 1 und Abs. 2 dergestalt einzubeziehen, dass sie auch die wettbewerbsrechtliche Vorschrift einschränken.

10 Bei der Auslegung des § 5 Abs. 2 ist ein angemessenes Gleichgewicht zwischen dem Verbraucherschutzniveau und den individualrechtlichen Schutz des Kennzeicheninhabers herzustellen. Eine 1:1-Übertragung der Schutzschranken des Markenrechts auf das Lauterkeitsrecht ist jedoch abzulehnen. Dies liefe im Ergebnis doch wieder auf einen – nunmehr auf Teilbereiche beschränkten – Vorrang des Markenrechts hinaus, der aus den o. g. Gründen nicht besteht. Der Problematik der Durchsetzung individualrechtlicher Ansprüche von Zeicheninhabern auf dem Wege des verbrau-

---

[8] Vgl. EuGH, Urt. v. 8.5.2014, *ASSICA* und *Krafts Foods Italia,* C-35/13, EU:C:2014:306, Rdn. 37 (zu geographischen Angaben und Ursprungsbezeichnungen); EuGH GRUR 2006, 345 f. – *Siemens/VIPA* GRUR 2010, 1008, 1010 – *Roter Lego-Stein.* EuGH GRUR 2002, 354 – *Toshiba;* GRUR 2006, 345 f. – *Siemens/VIPA;* GRUR 2008, 698, 709 – *O2;* GRUR 2009, 756, 761 f. – *L'Oréal SA./Bellure NV.*

[9] Vgl. *Steinbeck* WRP 2006, 632, 639; s. ferner § 5 Abschn. J Rdn. 40.

[10] BGH GRUR 2013, 1161, 1165 Rdn. 64 – *Hard Rock Café;* Urt. v. 25.6.2015, Az. I ZR 145/14, WRP 2015, 1102, 1104, Rdn. 23 – *Mobiler Buchhaltungsservice;* vgl. BGH GRUR 2008, 1114, 1115 Rdn. 14 – *Räumungsfinale;* GRUR 2011, 535, 537 – *Lohnsteuerhilfeverein Preußen;* GK/*Lindacher,* Bd. 2, 2. Aufl. 2013, § 5 Rdn. 565.

[11] BGH GRUR 2013, 1161, 1165 Rdn. 64 – *Hard Rock Café;* vgl. *Eckel* GRUR Int. 2015, 438, 439.

[12] BGH GRUR 2013, 1161, 1167 Rdn. 79 – *Hard Rock Café.*

[13] BGH, Urt. v. 23.6.2016, *Baumann II,* I ZR 241/14, DE:BGH:2016:230616UIZR24.1.14.0, LS 2.

[14] *Bornkamm,* GRUR 2011, 1, 6 *Büscher,* GRUR 2009, 230, 236; *Loschelder/Dörre* KSzW 2010, 242, 246. Der BGH hat diese Frage in der „AMARULA/Marulablu"-Entscheidung (GRUR 2013, 631, 637 f. Rdn. 73) zwar angesprochen, aber offen lassen können.

[15] *Bornkamm,* GRUR 2011, 1, 5 ff.; *Loschelder/Dörre,* KSzW 2010, 242, 246. Vgl. auch Köhler/*Bornkamm,* 34. Aufl. 2016, § 5 Rdn. 4.251: Bei der Schutzschranke des § 24 MarkenG sei ein Konflikt bereits ausgeschlossen, weil in den Fällen der Benutzung eines erschöpften Kennzeichens nicht über die betriebliche Herkunft getäuscht werde. Dies erscheint mir zweifelhaft, weil der Verkehr über die markenrechtlich relevante Sach- und Rechtslage keine (zutreffende) Kenntnis haben muss und daher ungeachtet der markenrechtlich eingetretenen Erschöpfung einem Irrtum über die betriebliche Herkunft unterliegen kann, s. § 5 Rdn. J. 38.

[16] *Bornkamm,* GRUR 2011, 1, 5 ff.; *Loschelder/Dörre,* KSzW 2010, 242, 246.

[17] *Bornkamm,* GRUR 2011, 1, 5 ff.

cherschützenden Lauterkeitsrechts darf nicht durch eine Einschränkung des lauterkeitsrechtlichen Verbraucherschutzrechts Rechnung getragen werden – dies wäre unionsrechtswidrig; vielmehr bietet sich hier die Möglichkeit von Beschränkungen der Aktivlegitimation an. Bei der Ausgestaltung des Sanktionensystems belässt das Unionsrecht den Mitgliedstaaten entsprechenden Gestaltungsspielraum. Das europäische Recht geht nicht von einem wie auch immer gearteten Vorrang des Markenrechts aus, sondern wählt den Weg über eine zeichenrechtsfreundliche Auslegung des Irreführungsrechts. Diese lässt sich über den hier vertretenen normativen Irreführungsbegriff verwirklichen: **Vorzugswürdig im Verhältnis zu einer Übertragung der starren Schutzschranken des Markenrechts, die das Markenrecht als absolutes Recht erfordert, die aber schlecht zu dem flexiblen Lauterkeitsrecht passen, erscheint es, normativ unter Berücksichtigung der möglichen und zumutbaren Maßnahmen zur Vermeidung einer Irreführung (aufklärende Hinweise, Kennzeichnung u. ä.) abwägend festzustellen, ob eine Irreführung vorliegt** (vgl. dazu auch *Glöckner,* Einl. B, *Ahrens,* Einl. G und *Sambuc* § 4 Nr. 3).

Erst diese Sichtweise führt zu interessengerechten Lösungen. Entscheidet sich der Verbraucher im 11
Supermarkt für ein Produkt, das mit der Marke oder dem Unternehmenskennzeichen des ihm bekannten Herstellers X gekennzeichnet ist, weil er annimmt, das Produkt stamme aus dessen Betrieb, während es tatsächlich von einem anderen Unternehmen Y produziert und vertrieben wurde, spielt es für den Verbraucher keine Rolle, ob Letzterer im Verhältnis zu X befugt war, das Kennzeichen zu benutzen. Ebenso wie **vertragliche** Ansprüche des Verbrauchers gegen den Supermarktinhaber, der auf seine Nachfrage die Herkunft von X „bestätigt" hat, nicht dadurch entfallen, dass das fragliche Zeichen kennzeichenrechtlich schutzfähig ist, wird auch der wettbewerbliche **Verbraucherschutz** und **Mitbewerberschutz** dadurch nicht entbehrlich. Schutzwürdige Interessen des Kennzeicheninhabers oder der anderen stehen nicht entgegen. Ein schutzwürdiges Interesse des Unternehmers, ein Zeichen in irreführender Weise zu verwenden, kann sich aus dem Kennzeichenrecht jedenfalls dann nicht ergeben, wenn das verwandte Zeichen kennzeichenrechtlich nicht geschützt ist. Selbst wenn aber ein Kennzeichenrechtsschutz besteht, fließt aus ihm **nicht die Befugnis, ein kennzeichenrechtsverletzendes Verhalten mit Wirkung für andere zu dulden.** Die Vorrangthese lässt sich dann auch nicht mit dem Argument rechtfertigen, das Wettbewerbsrecht dürfe dem Unternehmer, der es versäumt habe, die kennzeichenrechtlichen Schutzvoraussetzungen zu schaffen, nicht als Notanker dienen. Der wettbewerbliche **Irreführungsschutz ist kein „kleiner Kennzeichenrechtsschutz".** Er schafft keine Ausschließlichkeitsrechte, sondern ermöglicht es nur, gegen geschäftliche Handlungen vorzugehen, die sich im konkreten Fall als irreführend erweisen. Er gewährt den getäuschten Verbrauchern keinen Individualrechtsschutz und untersteht zudem dem Relevanzerfordernis.[18] Es bleibt damit als Argument für einen Vorrang des Kennzeichenrechts nur das Interesse an einer möglichst uneingeschränkten **Handelbarkeit** der Zeichenrechte. Dieses Interesse rechtfertigt es aber nicht, den Verbraucherschutz im Sinne eines generellen Vorrangs des Kennzeichenrechts den Schutzinteressen der Kennzeichenberechtigten hintanzustellen oder in deren Hand zu legen. Nicht in jeder Benutzung des Zeichens durch einen Lizenznehmer liegt auch eine Täuschung über die betriebliche Herkunft, denn wer über den Hersteller irrt, unterliegt nicht notwendig auch einem Irrtum über die betriebliche Herkunft.[19] Im Übrigen kann es dem Zeichenbenutzer nach dem **labelling approach** des EuGH[20] zumutbar sein, relevante Irrtümer durch zumutbare Hinweise oder andere zumutbare Maßnahmen auszuräumen.

§§ 5, 5a sind deshalb richtlinienkonform dahingehend auszulegen, dass ungeachtet etwaiger 12
kennzeichenrechtlicher Ansprüche jede in relevanter Weise irreführende Kennzeichenbenutzung eine Irreführung begründen kann, außer wenn diese Irreführungsgefahr nicht durch **zumutbare Maßnahmen** ausgeräumt werden kann und daher die Zeichenbenutzung bei zeichenrechtsfreundlicher Auslegung schon keine irreführende Geschäftspraxis darstellt.

Auch die Regelungen zum Schutz **geografischer Herkunftsangaben und Ursprungsbe-** 13
zeichnungen (s. i. E. **§ 5 Abschn. C Rdn. 177 ff.**) gehen dem wettbewerblichen Irreführungsschutz nicht vor.[21] Geografische Herkunftsangaben zählen auf europäischer Ebene zum gewerbli-

---

[18] Näher *Glöckner* in: Europäisches Lauterkeitsrecht, S. 145 ff.; *Steinbeck* WRP 2006, 632, 637.

[19] Vgl. EuGH GRUR 2006, 416, 418 – *Emanuel;* näher § 5 Abschn. C. Rdn. 214.

[20] Näher § 5 Abschn. B. Rdn. 42.

[21] *Fezer,* Markenrecht, 4. Aufl. 2009, § 126 Rd. 3; *Lindacher,* FS Müller-Graff, S. 649, 653; GK/*Lindacher,* 2. Aufl. 2014, § 5 Rdn. 539; s. auch Ströbele/*Hacker,* MarkenG, § 126 Rdn. 9; *Ingerl/Rohnke,* MarkenG, 3. Auflage 2010, § 2 Rdn. 8 und Vor §§ 126 ff. Rdn. 9. S. auch Köhler/*Bornkamm,* 34. Aufl. 2016, § 5 Rdn. 1.79, 4.203 a: Das Konkurrenzverhältnis zu §§ 126 ff. MarkenG sei eher nicht eines der Spezialität, sondern der Subsidiarität; da sich der Anspruch in den meisten Fällen bereits aus §§ 126 ff. ergebe, komme es hierauf jedoch zumeist nicht entscheidend an. – **A. A.** OLG Hamm GRUR-RR 2011, 72, 73: §§ 126 ff. MarkenG lex specialis.

chen und kommerziellen Eigentum,[22] so dass im Grundsatz nichts anderes gelten kann als für das Verhältnis zwischen Wettbewerbs- und Zeichenrecht. Bei dem Schutz nach der **VO (EG) Nr. 1151/12** und dem Irreführungsschutz der Werberichtlinie bzw. UGP-Richtlinie handelt es sich auf Unionsebene um zwei verschiedene Schutzsysteme, die unterschiedliche Ansätze verfolgen und nebeneinander anwendbar sind. Ein Vorrang des Schutzes nach der VO (EU) Nr. 1151/12 besteht daher auch nach einer Anmeldung und für in das bei der Kommission geführte Register eingetragene **g. g. A.** bzw. **g. U.**[23]

14 Ansprüche aus §§ 14, 15 MarkenG wegen kennzeichenrechtlicher Verwechslungsgefahr und Ansprüche auf Grund eines Verstoßes gegen das Irreführungsverbot nach § 5 Abs. 2 UWG im Hinblick auf eine Verwechslungsgefahr mit einem Kennzeichen eines Mitbewerbers bilden **unterschiedliche Streitgegenstände** (s. **§ 5 Abschn. M Rdn. 4**).

15 **Klagebefugt** und aktivlegitimiert sind bei § 5 Abs. 2 alle in § 8 Abs. 3 Nr. 1–4 genannten Unternehmen und Verbände. Damit sind die Eingriffsmöglichkeiten gegenüber dem Kennzeichenrecht deutlich erweitert.[24]

16 Zu beachten sind die im Verhältnis zum wettbewerbsrechtlichen Leistungsschutz (§ 4 Nr. 3) und dem Markenrecht unterschiedlichen **Rechtsfolgen.** § 5 Abs. 1 Satz 2 Nr. 1, Abs. 2 gewähren nicht die Möglichkeit, den Schaden nach den Grundsätzen der dreifachen Schadensberechnung zu berechnen.[25]

2. Verhältnis zu § 6 Abs. 2 Nr. 3

17 Nach **Art. 4 lit. a) der Werberichtlinie** 2006/114/EG, den § 5 Abs. 3 UWG gestrafft umsetzt (s. dazu **§ 5 Rdn. K. 1),** darf vergleichende Werbung nicht irreführend im Sinne des Art. 2 lit. b), Art. 3 und Art. 8 Abs. 1 der Werberichtlinie *oder* im Sinne der Art. 6 und Art. 7 der UGP-Richtlinie sein. **Art. 6 Abs. 2 lit. a) UGP-Richtlinie** stellt im 2. HS klar, dass der dortige Schutz der Verbraucher vor Herbeiführung einer Verwechslungsgefahr auch für die vergleichende Werbung gilt.

18 Gemäß **Art. 4 lit. h) Werberichtlinie** darf vergleichende Werbung zudem keine Verwechslungsgefahr bei den Gewerbetreibenden zwischen dem Werbenden und einem Mitbewerber oder zwischen den Warenzeichen, Warennamen, sonstigen Kennzeichen, Waren oder Dienstleistungen des Werbenden begründen.

19 Die Anforderungen der Werberichtlinie an zulässige irreführende und an zulässige vergleichende Werbung sind unabhängig voneinander zu beachten,[26] sodass die Vorgaben aus Art. 6 Abs. 2 lit. a) UGP-Richtlinie und Art. 4 Werberichtlinie unabhängig voneinander und **kumulativ** einzuhalten sind. Auf **europäischer** Ebene besteht daher kein Konkurrenzproblem.

20 Für das Konkurrenzverhältnis auf **nationaler** Ebene werden unterschiedliche Ansätze vertreten. Eine Auffassung nimmt an, dass § 5 Abs. 2 für **vergleichende Werbung gegenüber Verbrauchern** die speziellere Regelung darstellt, während bei **Verwechslungsgefahr im B2B-Bereich** nur § 6 Abs. 2 Nr. 3 anwendbar ist.[27] Die Gegenauffassung geht von einer parallelen Anwendbarkeit beider Vorschriften aus.[28]

21 § 5 Abs. 2 setzt Art. 6 Abs. 2 lit. a) UGP-Richtlinie und § 6 UWG setzt Art. 4 Werberichtlinie um, sodass § 5 Abs. 2 unproblematisch jedenfalls auf das Verhältnis B2C zur Anwendung kommt und § 6 Abs. 2 Nr. 3 auf das Verhältnis B2C. Fest steht auch, dass § 5 seit der UWG-Reform 2015 nicht mehr die Irreführung *von* Mitbewerbern erfasst **(§ 5 Abschn. B Rdn. 8),** sodass das Begründen einer Verwechslungsgefahr bei Mitbewerbern seit dem 10.12.2015 nur noch nach § 6 Abs. 2 Nr. 3 und nicht mehr über § 5 Abs. 2 verfolgt werden kann. Potentielle Überschneidungsbereiche verbleiben jedoch auch nach der Reform 2015 weiterhin: Erstens nämlich im Verhältnis B2C, sofern man § 6 Abs. 2 Nr. 3 auch auf das Herbeiführen einer Verwechslungsgefahr bei Verbrauchern anwenden will. Zweitens auch bei der Begründung einer Verwechslungsgefahr bei sons-

---

[22] Näher § 5 Abschn. C. Rdn. 177.

[23] Überzeugend *Lindacher,* FS Müller-Graff, S. 649, 654 ff.; enger aber *Fassbender/Herbrich,* GRUR Int. 2014, 765, 772 f., der für den Fall einer Eintragung den lauterkeitsrechtlichen Irreführungsschutz für entbehrlich hält und von einem Vorrang der VO (EU) Nr. 1151/2012 ausgeht. S. dazu näher § 5 Abschn. C Rdn. 177 ff.

[24] *Harte-Bavendamm,* FS Loschelder, S. 120/121; Ohly/*Sosnitza,* 6. Aufl. 2014, § 5 Rdn. 714.

[25] *Sosnitza,* ZGE 2013, 176, 189; offengelassen in BGH, Urt. v. 19.11.2015, *Pippi-Langstrumpf-Kostüm II,* I ZR 149/14, DE:BGH:2015:191115UIZR149.14.0, Rdn. 31. Vgl. dazu auch *Goldmann,* § 9 Rdn. 149.

[26] Vgl. EuGH, Urt. v. 13.3.2014, *Posteshop,* C-52/13, EU:C:2014:150, Rdn. 28 f.

[27] *Köhler,* GRUR 2013, 761, 766; WRP 2008, 109, 115; GRUR 2009, 445, 448 f.; *Köhler*/Bornkamm, 34. Aufl. 2016, § 6 Rdn. 28 und 142; Harte/Henning/*Sack,* § 6 Rd. 258; *Schork,* S. 116 f.

[28] MüKo-UWG/*Menke,* § 6 Rdn. 226; jurisPK-UWG/*Müller-Bidinger,* 3. Aufl. 2013, § 6 Rdn. 37; *Glöckner* in: Teplitzky/Peifer/Leistner, 2. Aufl. 2013, § 6 Rdn. 432.

tigen Marktteilnehmern, wenn man § 5 Abs. 2 über Art. 6 Abs. 2 lit. a) UGP-Richtlinie hinaus (aufgrund Art. 3, 4 lit. a Werberichtlinie) auch auf sonstige Marktteilnehmer erstrecken will.

22 Das **UWG (2015)** zielt auf eine stärkere Trennung der lauterkeitsrechtlichen Erfassung geschäftlicher Handlungen im Verhältnis B2B und B2C. Vorzugswürdig erscheint daher jedenfalls für den Zeitraum nach dem 10.12.2015 eine Auslegung, nach welcher der Regelungsbereich des § 6 Abs. 2 Nr. 3 dem Anwendungsbereich des Art. 4 lit. h) Werberichtlinie entspricht, somit nur im Verhältnis B2B eröffnet ist. Dies führt § 6 Abs. 2 Nr. 3 auf seinen eigentlichen Anwendungsbereich, die Umsetzung von Art. 4 lit. h) Werberichtlinie, zurück, und vereinfacht so erheblich die Abgrenzung, weil hierfür auf das Verhältnis der Werberichtlinie zur UGP-Richtlinie zurückgegriffen werden kann. **Das Herbeiführen einer Verwechslungsgefahr bei Verbrauchern (B2C) wird daher seit dem 10.12.2015 nur noch von § 5 Abs. 2 und nicht mehr von § 6 Abs. 2 Nr. 3 erfasst.**

23 Für das Bewirken einer Verwechslungsgefahr gegenüber sonstigen Marktteilnehmern liegt aus den gleichen Erwägungen heraus nahe, § 5 Abs. 2 auf den Anwendungsbereich des Art. 6 Abs. 2 lit. a) UGP-Richtline zu beschränken, somit das Bewirken einer Verwechslungsgefahr sonstiger Marktteilnehmer auszuklammern. Dies entspräche der auf Unionsebene getroffenen Abgrenzung und führte zu einer konsistenten und einfach zu handhabenden Grenzziehung. Der Gesetzgeber hat diese klare Trennung jedoch bei der **Reform 2015** für die übrigen Anwendungsbereiche des § 5 ausdrücklich nicht vollzogen, sondern sich aufgrund der vergleichbaren Interessenlage im Gegenteil für die Einbeziehung sonstiger Marktteilnehmer in § 5 entschieden (vgl. § 5 Abs. 1 S. 2: „...die geeignet ist, den Verbraucher oder sonstigen Marktteilnehmer ...").[29] **Diese legislative Intention ist zu respektieren, sodass § 5 Abs. 2 (2015) insgesamt (auch für vergleichende Werbung) auf das Verhältnis zu sonstigen Marktteilnehmern anzuwenden ist; soweit dies zu einer Überschreitung des durch Art. 4 Werberichtlinie vorgegebenen Schutzmaßes führen würde, ist dies durch unionskonforme Auslegung des § 5 Abs. 2 zu korrigieren.** Die im Bereich der vergleichenden Werbung erreichte Vollharmonisierung[30] **verpflichtet nicht zu einer restriktiven Auslegung des § 5 Abs. 2, weil innerhalb des durch Art. 4** lit. h) Werberichtlinie 2006/114/EG abgedeckten Bereichs der Irreführungsschutz des § 5 Abs. 2 aufgrund des den nationalen Mitgliedstaaten bei der Festlegung der Sanktionen eingeräumten Spielraums auf das Verhältnis Unternehmer-sonstiger Marktteilnehmer in Umsetzung des Art. 4 lit. h) erstreckt werden kann.[31] **§ 6 Abs. 2 Nr. 3 bleibt in diesem (über Art. 6 Abs. 2 lit. a) UGP-Richtlinie hinausgehenden) Bereich neben § 5 Abs. 2 anwendbar,** sodass es zu einer Unterschreitung des Schutzniveaus des Art. 4 Werberichtlinie nicht kommen kann. Soweit die Einbeziehung sonstiger Marktteilnehmer im konkreten Fall zu einer Überschreitung des durch Art. 4 Werberichtlinie vorgegebenen Schutzniveaus führen würde, ist § 5 Abs. 2 durch richtlinienkonforme Auslegung auf das durch Art. 4 lit. h) der Werberichtlinie 2006/114/EG vorgegebene Schutzmaß zurückführen.[32]

3. Verhältnis zu § 4 Nr. 3a (§ 4 Nr. 9 a. F.)

24 Ansprüche aus § 5 und § 4 Nr. 3a (§ 4 Nr. 9a a. F.) stellen bei einer gegen die konkrete Verletzungsform gerichteten Unterlassungsklage einen einheitlichen **Streitgegenstand** dar.[33]

25 Hinsichtlich des **Konkurrenzverhältnisses** von § 5 und § 4 Nr. 9a a. F. wurde bis zur Reform 2008 unter dem Einfluss der Vorrangthese mit unterschiedlicher Begründung überwiegend davon ausgegangen, dass zumindest die Verneinung des Anspruchs aus **§ 4 Nr. 9a a. F.** zur Unanwendbarkeit des § 5 führt.[34] Daran war für das UWG (2008) jedenfalls **soweit der Schutz des Verbrauchers betroffen** war, nicht mehr festzuhalten, weil nach der Intention des Gesetzgebers der von der UGP-Richtlinie vorgesehene Irreführungsschutz des Verbrauchers, insbesondere Art. 6 Abs. 2 UGP-Richtlinie (§ 5 Abs. 2 UWG) nur durch §§ 5, 5a umgesetzt werden sollte, sodass **§ 4 Nr. 9a a. F. nach den Vorstellungen des Gesetzgebers außerhalb des Anwendungsbereichs der Richtlinie lag.**[35]

---

[29] Amtl. Begr., BT-Drucks. 18/6571, S. 13.

[30] EuGH, Urt. v. 8.4.2003, *Pippig Augenoptik,* C-44/01, EU:C:2003:205, Rdn. 44; näher § 5 Abschn. A Rdn. 28.

[31] Vgl. *Glöckner* in: Teplitzky/Peifer/Leistner, 2. Aufl. 2013, § 6 Rdn. 431.

[32] Vgl. *Ohly*/Sosnitza, 6. Aufl. 2014, § 6 Rdn. 57.

[33] *Kianfar,* GRUR 2014, 790.

[34] Hefermehl/Köhler/*Bornkamm,* UWG, 26. Auflage 2008, § 5 Rdn. 1.72; *Piper*/Ohly/Sosnitza, 5. Aufl. 2010, § 5 Rdn. 410.

[35] Amtl. Begr. zum RegE, BT-Drucks. 16/10145, S. 17; ebenso die h. M., vgl. BGH WRP 2010, 94 – *LIKEaBIKE;* BGH GRUR 2012, 1155 – *Sandmalkasten;* GRUR 2013, 951, 953 Rdn. 13 – *Regalsystem; Alexander,* WRP 2013, 425; MüKo-UWG/*Busche,* 2. Aufl. 2014, § 5 Rdn. 674; *Köhler,* WRP 2014, 1410; Götting/Nordemann/*A. Nordemann,* 2. Aufl., § 4 Nr. 9 Rdn. 9.10; Ohly/*Sosnitza,* 6. Aufl. 2014, § 5 Rdn. 706;

26 Das am **10.12.2015** in Kraft getretene Zweite Änderungsgesetz hat diese Konzeption trotz der bekannten Problematik und anhaltend geführten Kontroverse letztlich unverändert übernommen. Das UWG (2015) enthält unverändert nebeneinander tretende Regelungen für den Schutz der Mitbewerber vor unlauterer Nachahmung (§ 4 Nr. 3a n. F. bzw. § 4 Nr. 9a a. F.) und den Schutz von Verbrauchern bzw. sonstigen Marktteilnehmern vor Irreführung bzw. Verwechslung (§§ 5 Abs. 1 S. 2 Nr. 1, Abs. 2 sowie Nr. 13 des Anh. zu § 3 Abs. 3). Ausgeklammert wurde lediglich aus §§ 5, 5a die **Irreführung *von*** Mitbewerbern; der mitbewerberschützende Schutzzweck der §§ 5, 5a blieb jedoch ebenso wie die Aufspaltung der betrieblichen Herkunftstäuschung auf unterschiedliche Normenkomplexe unberührt (s. dazu **§ 5 Abschn. B Rdn. 8 f.**).

27 Die darin zum Ausdruck kommende **legislatorische Grundsatzentscheidung** des Gesetzgebers, den Schutz der Mitbewerber vor unlauterer Nachahmung in einer eigenen (nationale) Vorschrift (§ 4 Nr. 3) unabhängig vom Eingreifen der § 5 Abs. 1 S. 2 Nr. 1, Abs. 2 sowie Nr. 13 des Anh. zu § 3 Nr. 3 zu gewährleisten, ist zu respektieren. Auf **nationaler Ebene** besteht hiernach im Anwendungsbereich des UWG (2015) bei Vorliegen der tatbestandlichen Voraussetzungen beider Normen zwischen § 4 Nr. 3a und § 5 Abs. 1 S. 2 Nr. 1, Abs. 2 und Nr. 13 des Anh. zu § 3 Nr. 3 grundsätzlich **Gesetzeskonkurrenz.**

28 Auf **Unionsebene** ist der Verbraucherschutz vor betrieblicher Herkunftstäuschung durch die UGP-Richtlinie vollharmonisiert, sodass § 5 Abs: 2 unionskonform anhand Art. 6 Abs. 2 lit. a UGP-Richtlinie auszulegen ist.

III. Begründung einer Verwechslungsgefahr durch Produktvermarktung i. E.

1. Allgemein

29 Nach § 5 Abs. 2 ist eine geschäftliche Handlung auch irreführend, wenn sie im Zusammenhang mit der **Vermarktung** von Waren oder Dienstleistungen einschließlich vergleichender Werbung eine **Verwechslungsgefahr** mit einer anderen Ware oder Dienstleistung oder mit der Marke oder einem anderen Kennzeichen eines **Mitbewerbers** hervorruft. Eine solche geschäftliche Handlung ist gemäß § 5 Abs. 1 S. 1 unlauter; unzulässig ist sie nach allgemeinen Grundsätzen (§ 5 Abschn. B Rdn. 155 ff.) nur im Falle der **Relevanz** bzw. Erheblichkeit der Irreführung. Gegenüber Verbrauchern stets, also unabhängig von ihrer Relevanz, unzulässig ist aber nach **Nr. 13 des Anhangs zu § 3 Abs. 3** die Werbung für ein Produkt, das dem eines „Mitbewerbers" ähnlich ist, in der Absicht, über seine betriebliche Herkunft zu täuschen, s. näher die dortige Kommentierung. Neben § 5 Abs. 2 kann **§ 5 Abs. 1** eingreifen. Häufig wird die Vorschrift mit der Irreführung über die **Identität des Unternehmers** oder über die **betriebliche Herkunft** des Produkts zusammentreffen.

2. Geschäftliche Handlung im Zusammenhang mit der Vermarktung

30 § 5 Abs. 2 setzt eine geschäftliche Handlung im Zusammenhang mit der Vermarktung von Waren oder Dienstleistung voraus. Das kann jegliche Art der Vermarktung eines Produkts sein (Art. 6 Abs. 2 lit. a UGP-Richtlinie, Text Vor Rdn. 1), etwa die **Produktbeschreibung,** die **Werbung** oder die **Produktgestaltung.**[36]

31 Vergleichende Werbung ist auch „Vermarktung" des Produkts bzw. der Dienstleistung.

32 Eine Maßnahme **im Anschluss an den Geschäftsabschluss** steht zumeist nicht mehr im Anschluss mit der Produktvermarktung, außer wenn sie dem Absatz weiterer Produkte dient.[37]

33 § 5 Abs. 2 gilt sowohl für geschäftliche Handlungen, die sich an **Verbraucher** richten, als auch für geschäftliche Handlungen gegenüber **sonstigen Marktteilnehmern,** s. o. Rdn. 23.

3. Verwechslungsgefahr mit einem anderen Produkt, einer Marke oder einem Kennzeichen eines Mitbewerbers

34 Entscheidend ist, ob die geschäftliche Handlung die **Gefahr einer Verwechslung** hervorruft. Zu einer nachgewiesenen Täuschung muss es nicht kommen. Dies war für § 6 Abs. 2 Nr. 3, der die Unzulässigkeit vergleichender Werbung regelt, bislang umstritten, ist inzwischen aber durch eine entsprechende Gesetzesänderung des § 6 Abs. 2 Nr. 3 für die vergleichende Werbung klargestellt

---

jurisPK-UWG/*Ullmann,* 3. Aufl. 2013, § 4 Nr. 9 Rdn. 3, 45. – A. A. *Henning-Bodewig,* GRUR Int. 2007, 986, 988; *Köhler,* GRUR 2007, 548, 554; GK/*Leistner,* Bd. 2, 2. Aufl. 2013, § 4 Nr. 9 Rdn. 9; *Sack,* GRUR 2015, 442/443; *Scherer,* WRP 2009, 1446, 1448; zweifelnd im Vorfeld der UWG-Reform 2015 *Ohly* GRUR Int. 2015 693, 697. Ausführlich hierzu *Sambuc,* Kommentierung zu § 4 Nr. 3 UWG.

[36] *Schork,* S. 150.

[37] Ebenso *Alexander,* FS Köhler, S. 23 ff.

worden und ergibt sich unmittelbar aus dem Wortlaut des § 5 Abs. 2 UWG/Art. 6 Abs. 2 lit. a UGP-Richtlinie.

Der Begriff der Verwechslungsgefahr ist **im Marken- und im Wettbewerbsrecht einheitlich** zu bestimmen.[38] Entscheidend ist bei § 5 Abs. 2 UWG, Art. 6 Abs. 2 lit. a UGP-Richtlinie allerdings der konkrete Fall unter Berücksichtigung aller tatsächlichen Umstände (Art. 6 Abs. 2 lit. a UGP-Richtlinie). Eine Verwechslungsgefahr liegt vor, wenn im konkreten Kontext der Benutzung der Vermarktung die Gefahr besteht, dass der angesprochene Verkehr die Waren oder Dienstleistungen, die Marken oder andere Kennzeichen der Mitbewerber verwechselt bzw. annimmt, dass sie aus wirtschaftlich verbundenen Unternehmen stammen.[39] Dafür reicht aus, dass der Verkehr aufgrund der Verwendung von Kennzeichen des Mitbewerbers des Werbenden zu der Annahme gelangen kann, dass dieser dem Werbenden eine **Lizenz** erteilt habe oder mit dieser **kooperiere** oder deren Produkte **autorisiert** habe.[40] Eine **Nachahmung oder Bekanntheit des Originals setzt § 5 Abs. 2 nicht voraus.**[41] 35

Eine wichtige Bedeutung kommt **aufklärenden Hinweisen** zu, durch die eine Verwechslungsgefahr ausgeschlossen werden kann. Die Anforderungen dürfen nicht überdehnt werden. Ausreichend, aber auch erforderlich ist, dass der in Rede stehende Hinweis geeignet ist, Fehlvorstellungen der Verbraucher im vorgenannten Sinne entgegen zu wirken.[42] 36

Es entscheidet die Sicht des Durchschnittsverbrauchers. Ein **„gespaltenes Verkehrsverständnis"** kommt nur ausnahmsweise unter den in § 5 Abschn. B Rdn. 16 ff. näher dargestellten Voraussetzungen in Betracht.[43] Nur die Gefahr der Verwechslung mit dem Produkt oder dem Kennzeichen eines **Mitbewerbers** macht die geschäftliche Handlung i. S. d. § 5 Abs. 2 unlauter. Zum Begriff des Mitbewerbers näher die Kommentierung zu § 2 Abs. Nr. 3. 37

Die Verwechslungsgefahr kann **Waren oder Dienstleistungen, Marken** oder sonstige Kennzeichen betreffen. Der Begriff des **„Kennzeichens"** ist **weit auszulegen.** Er umfasst nicht nur Marken, Warennamen,[44] geschäftliche Bezeichnungen und geografische Herkunftsangaben, sondern auch markenrechtlich nicht geschützte Zeichen, die der Verkehr dahingehend versteht, dass die damit gekennzeichneten Produkte von einem bestimmten Unternehmen stammen.[45] Der Umstand, dass es sich bei der beanstandeten Bezeichnung um ein markenrechtlich geschütztes Kennzeichen handelt, spielt für die wettbewerbsrechtliche Beurteilung keine Rolle und ist insbesondere kein Indiz dafür, dass es unter den konkreten Umständen nicht irreführend benutzt worden ist.[46] 38

Eine **wettbewerbliche Eigenart** des Produkts ist, anders als nach h. M.[47] bei § 4 Nr. 3, für § 5 Abs. 2 nicht erforderlich.[48] Die Verwechslungsgefahr kann sich auch aus anderen Umständen erge- 39

---

[38] Vgl. EuGH GRUR 2008, 698, 700 – *O2,* BGH WRP 2013, 778, 785 Rdn. 72 ff. – *Amarula/Marulablu;* GRUR-RR 2014, 201, 2015 Rdn. 47 ff. – *Peek & Cloppenburg IV;* zur Tendenz des EuGH, für den Begriff der Verwechslungsgefahr auf Kategorien zurückzugreifen, die für den Begriff der Irreführung entwickelt worden sind, *Ohly* GRUR 2010, 776, 780. Wie hier *Büscher* GRUR 2009, 230, 236; Götting/Nordemann/*A. Nordemann,* § 5 Rdn. 8.17; *Köhler* GRUR 2009, 445, 450; *Lehmler* in: Büscher/Dittmer/Schiwy, § 5 UWG Rdn. 289; *Sack,* GRUR 2015, 445 f. – **A. A.** OLG Frankfurt, Urt. v. 10.6.2010, Az. 6 U 53/10, juris-Tz. 7; *Goldmann* GRUR 2012, 857, 861; s. auch Köhler/*Bornkamm,* 34. Aufl. 2016, § 5 Rdn. 4.238, der insbesondere daran festhält, dass es sich bei dem lauterkeitsrechtlichen anders als bei dem markenrechtlichen Begriff der Verwechslungsgefahr nicht um einen Rechtsbegriff handele.

[39] Vgl. EuGH GRUR 2008, 698, 700 – *O2.* Ebenso Götting/Nordemann/*A. Nordemann,* § 5 Rdn. 8.17.

[40] BGH Urt. v. 28.9.2011, Tz. 25 – *Teddybär.*

[41] *Ohly,* GRUR Int. 2015, 693, 793.

[42] Vgl. BGH GRUR 2013, 397 – *Peek & Cloppenburg III;* WRP 2013, 778, 785, Rdn. 72 – *AMARULA/Marulablu;* GRUR-RR 2014, 201, 2015 Rdn. 51 – *Peek & Cloppenburg IV;* WRP 2015, 1336, Rdn. 22–24 – *Staubsaugerbeutel im Internet;* näher *Alexander,* FS Köhler, S. 23 ff.

[43] Vgl. BGH WRP 2013, 778, 784 f., Rdn. 64, 73 – AMARULA/Marulablu.

[44] Die Europäische Kommission hat mit Schreiben vom 12.12.2011 die Umsetzung des Art. 6 Abs. 2a UGP-RL u. a. deshalb als problematisch angesehen, weil in § 5 Abs. 2 UWG der Warenname eines Mitbewerbers nicht (ausdrücklich) genannt werde.

[45] Vgl. EuGH GRUR 2002, 354, 356 – *Toshiba; Harte-Bavendamm,* FS Loschelder, S. 114.

[46] BGH GRUR 1955, 251 – *Silberal;* GRUR 1984, 737, 738 – *Ziegelfertigstütze;* GRUR 2011, 85, 86 – *Praxis aktuell.*

[47] H. M., vgl. BGH GRUR 2002, 86, 89 f. – *Laubhefter;* GRUR 2002, 275, 276 – *Noppenbahnen;* GRUR 2005, 600, 602 – *Handtuchklemmen;* GRUR 2010, 80, 82 Rdn. 22 ff. – *LIKEaBIKE;* GRUR 2012, 58, 63 Rdn. 43 – *Seilzirkus;* GRUR 2012, 1155 Rdn. 19 – *Sandmalkasten;* GRUR 2013, 951, 953 Rdn. 19 – *Regalsystem;* GRUR 2013, 1052, 1053 Rdn. 18 – *Einkaufswagen III;* Fezer/*Götting,* 2. Aufl. 2010, § 4–9 Rdn. 53. Kritisch aber *Ohly*/Sosnitza, 6. Aufl. 2014, § 4.9 Rdn. 9/33; *Sack,* GRUR 2015, 442, 447 ff.

[48] *Köhler* GRUR 2009, 445. 450; *Köhler*/Bornkamm, 34. Aufl. 2016, Anh. zu § 3 Abs. 3 Rdn. 13.2; jurisPK/*Link,* § 5 Rdn. 25; *Ohly,* GRUR Int. 2015, 693, 793; *Sack,* FS Köhler, 2014, S. 55, 562 f.; GRUR 2015, 442, 446 f., 451. – **A. A.** OLG Frankfurt Urt. v. 10.6.2010, Az. 6 U 53/10, juris-Tz. 7: Erforderlich sei

ben, z. B. daraus, dass die Werber des Unternehmers versichern, es handele sich bei dem in keiner Weise mit dem Originalprodukt ähnlichen Produkt um eben dieses.

40 Eine **nicht vermeidbare Herkunftstäuschung** kann nicht i. S. d. §§ 3, 5 unlauter sein, weil sie keinen Verstoß gegen die unternehmerische Sorgfalt begründet.[49] Die Vermeidbarkeit einer Herkunftstäuschung bemisst sich nach den zu § 4 Nr. 9 a. F. entwickelten Kriterien. Eine Herkunftstäuschung ist vermeidbar, wenn sie durch geeignete und zumutbare Maßnahmen verhindert werden kann. Ob und welche Maßnahmen Wettbewerbern zur Verhinderung einer Herkunftstäuschung zugemutet werden können, ist anhand einer umfassenden Interessenabwägung zu beurteilen. Bei dieser Abwägung sind u. a. das Interesse des Herstellers des Originalerzeugnisses an der Vermeidung einer Herkunftstäuschung, das Interesse der Wettbewerber an der Nutzung nicht unter Sonderrechtsschutz stehender Gestaltungselemente sowie das Interesse der Abnehmer an einem Preis- und Leistungswettbewerb zwischen unterschiedlichen Anbietern zu berücksichtigen.[50] Hinsichtlich **ästhetischer Gestaltungselemente** des Originalerzeugnisses, mit denen die angesprochenen Verkehrskreise Herkunftsvorstellungen verbinden, ist ein Ausweichen auf andere Gestaltungsformen im Allgemeinen zumutbar.[51] Dagegen kann die Übernahme von Merkmalen, die mangels Sonderrechtsschutzes dem **freizuhaltenden Stand der Technik** angehören und unter Berücksichtigung des Gebrauchszwecks, der Verkäuflichkeit der Ware sowie der Verbrauchererwartung der angemessenen Lösung einer technischen Aufgabe dienen, grundsätzlich zwar nicht als wettbewerbsrechtlich unlauter angesehen werden,[52] dem Wettbewerber kann es aber zuzumuten sein, dieser Gefahr durch eine **(unterscheidende) Kennzeichnung seines Produkts** entgegenzuwirken.[53]

41 Auch Fehlvorstellungen des Verkehrs, die sich in einer **Übergangszeit** nach einer Gesetzesänderung bilden, müssen ggf. hingenommen werden, weil andernfalls die alte Rechtslage mittels des Irreführungsverbots perpetuiert würde,[54] ebenso Fehlvorstellungen, die darauf beruhen, dass der Verkehr noch nicht daran gewöhnt ist, dass eine Dienstleistung außer von dem früheren Monopolunternehmen auch von Wettbewerbern angeboten wird;[55] auch insoweit wird es dem Unternehmer in aller Regel aber zuzumuten sein, dem durch geeignete Hinweise oder Kennzeichnungen soweit als möglich entgegenzutreten.

42 Die Wertungen des **Rechts der Gleichnamigen** sind zu berücksichtigen, wenn sich die Frage stellt, ob die Gefahr der Verwechslung mit dem Kennzeichen eines Mitbewerbers zu einer unlauteren Handlung i. S. d. § 5 Abs. 2 führt.[56] Die Grundsätze des Gleichnamigenrechts wurden ursprünglich für Sachverhalte entwickelt, in denen ein aus einem bürgerlichen **Namen** gebildete prioritätsjüngere Firma mit einem älteren Kennzeichen kollidiert. Der BGH wendet die Grundsätze des Rechts der Gleichnamigen jedoch auch in anderen Gleichgewichtslagen an, in denen die Rechte an verwechslungsfähigen Unternehmensbezeichnungen jahrelang unbeanstandet nebeneinander bestanden haben.[57] Die Verwendung eines Eigennamens ist hierbei nicht Voraussetzung, auch bei Kennzeichen, die aus Phantasiebezeichnungen oder aus beschreibenden Angaben entstehen, kann eine Gleichgewichtslage bestehen.[58] Ist der Anwendungsbereich der Grundsätze des Rechts der Gleichnamigen eröffnet, kann der Inhaber des prioritätsälteren Kennzeichenrechts dem Inhaber des prioritätsjüngeren Kennzeichenrechts die Nutzung des Zeichens nicht allein unter Berufung auf

---

abweichend vom Markenrecht eine tatsächlich bestehende Verwechslungsgefahr, die nur gegeben sein könne, wenn das betroffene Kennzeichen eine gewisse Bekanntheit genieße.

[49] Vgl. *Bornkamm,* FS Loschelder, S. 31, 45; Ohly/*Sosnitza,* 6. Aufl. 2014, § 5 Rdn. 706; *Steinbeck* WRP 2006, 632, 639; *Sambuc,* § 4a Rdn. 75. – A. A. *A. Nordemann,* FS Stauder, S. 173, 173.

[50] BGH GRUR 2013, 951, 955 – *Regalsystem;* Urt. v. 22.1.2015, Az. I ZR 107/13, Rdn. 33 – *Exzenterzähne* (jeweils zu § 4 Nr. 9).

[51] BGH GRUR 2013, 951, 955 – *Regalsystem;* Urt. v. 22.1.2015, Az. I ZR 107/13, Rdn. 34 – *Exzenterzähne* (jeweils zu § 4 Nr. 9 a. F.).

[52] BGH Urt. v. 22.1.2015, Az. I ZR 107/13, Rdn. 34 – *Exzenterzähne* (jeweils zu § 4 Nr. 9 a. F.).

[53] BGH GRUR 2012, 58, 63 Rdn. 46 – *Seilzirkus;* Urt. v. 22.1.2015, Az. I ZR 107/13, Rdn. 35 – *Exzenterzähne* (jeweils zu § 4 Nr. 9 a. F.).

[54] BGH GRUR 2008, 1114, 1115 – *Räumungsfinale;* GRUR 2011, 166, 168 – *Rote Briefkästen;* näher § 5 Abschn. B Rdn. 113.

[55] BGH GRUR 2011, 166, 168 – *Rote Briefkästen;* vgl. (zu § 4 Nr. 9 a. F.), BGH GRUR 2005, 166, 168 – *Puppenausstattung.*

[56] BGH GRUR 2013, 397, 400 Rdn. 44 und LS – *Peek & Cloppenburg III;* GRUR-RR 2014, 201, 205 Rdn. 51 – *Peek & Cloppenburg IV;* vgl. *Bornkamm,* FS Loschelder, S. 31, 37.

[57] Vgl. BGH GRUR 1991, 475, 478 – *Caren Pfleger;* GRUR 2010, 738, 742 f. Rdn. 19 – *Peek & Cloppenburg I;* GRUR 2011, 623, 626 Rdn. 36 – *Peek & Cloppenburg II;* vgl. zu den Grundsätzen des Rechts der Gleichnamigen näher *Fezer,* Markenrecht, 4. Aufl. 2009, § 15 Rdn. 142 ff.; *Ingerl/Rohnke,* MarkenG, 3. Aufl. 2010, § 23 Rdn. 26 ff.; *Knaak,* GRUR-Prax 2013, 171; *Schmitt-Gaedke/Arz,* GRUR 2012, 565 ff.

[58] *Knaak,* GRUR-Prax 2013, 171; *Schmitt-Gaedke/Arz,* GRUR 2012, 565 jeweils m. w. N.

seinen zeitlichen Vorrang untersagen und damit in dessen redlich erworbenen Besitzstand eingreifen, sondern muss die Nutzung des Zeichens durch den Inhaber des prioritätsjüngeren Kennzeichenrechts trotz bestehender Verwechslungsgefahr grundsätzlich dulden. Der Inhaber eines Kennzeichenrechts muss es allerdings in aller Regel nur dann hinnehmen, dass der Inhaber eines anderen Kennzeichenrechts die Verwechslungsgefahr erhöht und damit die **Gleichgewichtslage stört,** wenn dieser ein **schutzwürdiges Interesse** an der Benutzung hat und **alles Erforderliche und Zumutbare** tut, um einer Erhöhung der Verwechslungsgefahr weitestgehend entgegenzuwirken.[59] Danach sind nicht nur im Marken-, sondern auch im Lauterkeitsrecht **gering ins Gewicht fallende Fehlvorstellungen** des Verkehrs im Hinblick auf eine langjährige redliche Koexistenz der Unternehmenskennzeichen (z.B. aufgrund getroffener Abgrenzungsvereinbarungen) hinzunehmen, wenn der Verwechslungsgefahr ausreichend durch **aufklärende Hinweise** entgegengewirkt wurde.[60] Der BGH hat sich mit der Frage, welche Maßnahmen erforderlich und zumutbar sind, insbesondere in mehreren Entscheidungen zu bundesweiter Werbung der beiden Unternehmen „Peek & Cloppenburg" befasst.[61]

4. Relevanz

43 Das Relevanzerfordernis gilt auch im Bereich des § 5 Abs. 2. Dies ergibt sich eindeutig aus **Art. 6 Abs. 2 lit. a UGP-Richtlinie,** der formuliert, dass die Geschäftspraxis (nur) als irreführend gilt, wenn sie „im konkreten Fall unter Berücksichtigung aller tatsächlichen Umstände einen Durchschnittsverbraucher **zu einer geschäftlichen Entscheidung veranlasst oder zu veranlassen geeignet ist, die er ansonsten nicht getroffen hätte".** Das setzt voraus, dass die Herkunft der Ware oder Dienstleistung, die Marke oder das Kennzeichen für die geschäftliche Entscheidung des Durchschnittsverbrauchers in der konkreten Situation der geschäftlichen Handlung eine Bedeutung besitzt. Diese Bedeutung kann sich daraus ergeben, dass er mit ihr eine besondere **Qualität** oder **Güte** des Produkts verbindet. Die Annahme, es handele sich um das Produkt, die Marke oder ein anderes Kennzeichen eines Mitbewerbers, kann die geschäftliche Entscheidung des Verkehrs aber auch dadurch beeinflussen, dass der Verkehr mit diesen Produkten bzw. Kennzeichen des **Mitbewerbers** besondere **vertragliche Rechte** (z.B. **Garantie**) verbindet. Schließlich können auch andere Umstände die Relevanz begründen, so z.B. **Prestigevorstellungen,** die der Verkehr mit einem bestimmten Kennzeichen verbindet.

5. Beispiele

44 **Abteilung.** Ein selbstständiger Frisiersalon verstößt gegen das Irreführungsverbot, wenn er seine Werbung so mit der Marke bzw. dem Namen des Mitbewerbers ausstattet, dass für den Durchschnittsbetrachter der Eindruck einer unselbständigen, zum Mitbewerber gehörenden Abteilung entsteht.[62]

Ad Words. Inzwischen ist – nach Vorlage an den EuGH[63] wegen der kennzeichenrechtlichen Problematik – höchstrichterlich geklärt, dass die Benutzung von fremden Kennzeichen als Schlüsselwörtern dann, wenn beim Erscheinen der Werbung in einem mit „Anzeigen" überschriebenen gesonderten Bereich nach Eingabe des dem Schlüsselworts entsprechenden Suchworts der Suchbegriff in der Suchzeile sichtbar bleibt, weder eine Irreführung nach § 5 UWG noch (insoweit anders als Meta-Tags) eine Kennzeichenrechtsverletzung bewirkt.[64]

45 **Anschrift, E-Mail-Adresse, Telefonnummer, Faxnummer** und ähnliche Kontaktdaten. Schließt der Verkehr aus diesen Zeichen auf einen bestimmten (anderen) Unternehmer, kann § 5 Abs. 2 erfüllt sein. Irreführend kann es z.B. sein, unter der E-Mail-Adresse eines Mitbewerbers eigene Produkte abzusetzen.

---

[59] BGH GRUR 2010, 738, 742f. Rdn. 19 – *Peek & Cloppenburg I;* GRUR 2011, 623, 626 Rdn. 36 – *Peek & Cloppenburg II.*

[60] BGH GRUR 2013, 397, 400 Rdn. 44 und LS – *Peek & Cloppenburg III;* GRUR-RR 2014, 201, 205 Rdn. 51 – *Peek & Cloppenburg IV;* vgl. ferner (zum Markenrecht) BGH GRUR 1984, 738 – *Hotel Krone;* GRUR 1987, 182, 183 – *Stoll;* GRUR 1991, 780, 872 – *TRANSATLANTISCHE;* GRUR 1995, 754 – *Altenburger Spielkartenfabrik;* GRUR 2010, 738, 742f. Rdn. 19 – *Peek & Cloppenburg I;* GRUR 2011, 623, 626 Rdn. 36 – *Peek & Cloppenburg II.*

[61] BGH GRUR 2013, 397, 400 Rdn. 44 und LS – *Peek & Cloppenburg III;* GRUR-RR 2014, 201, 205 Rdn. 51 – *Peek & Cloppenburg IV;* s. (zum Markenrecht) auch BGH GRUR 2010, 738 – *Peek & Cloppenburg I;* GRUR 2011, 623 – *Peek & Cloppenburg II.*

[62] Vgl. BGH GRUR 1989, 211 – *Shop in the Shop II.*

[63] EuGH GRUR 2010, 641 – *Eis.de* auf Vorlage des BGH GRUR 2009, 498 – *Bananabay I.*

[64] BGH GRUR 2011, 828 – *Bananabay II.*

46 **Artikelnummer.** Durch die Verwendung fremder Artikelnummern, die der Verkehr als Unterscheidungszeichen für die von einem Mitbewerber hergestellten Produkte erkennt, kann eine Verwechslungsgefahr bewirkt werden.[65]

47 **Bestellnummern.** Werden in einem Produktkatalog die eigenen Bestellnummern den vergleichbaren des namentlich benannten Herstellers gegenüber gestellt und schließt der Verkehr aus der Namensnennung irrig darauf, dass es sich beim Werbenden um den namentlich bekannten Originalhersteller handele, kann dadurch eine Verwechslungsgefahr bezüglich der Kennzeichen der Unternehmen hervorgerufen werden.[66]

48 **Bild, Fotografie.** Abbildungen wie das **Bildnis** des Unternehmers oder eine Fotografie des **Unternehmensgebäudes** können Kennzeichen des Unternehmens sein.

49 **Briefkopf.** Irreführend ist die Verwendung einer falschen Firma im Briefkopf.

50 **Domain. S. auch § 5 Abschn. A Rdn 76.** Auch durch die Verwendung von Internetadressen und E-Mail-Adressen kann eine Verwechslungsgefahr begründet werden.[67] Ist der Anwendungsbereich des Rechts der Gleichnamigen eröffnet (s. näher **oben Rdn. 42**), kann die durch eine **Internetadresse** bewirkte Irreführungsgefahr dadurch ausgeräumt werden, dass auf der ersten sich öffenden Website ein aufklärender Hinweis erfolgt, der das werbende Unternehmen klar und eindeutig von dem Gleichnamigen abgrenzt und so eine Verwechslungsgefahr mit diesem weitgehend ausschließt;[68] gleiches gilt bei Gattungsbezeichnungen. Für andere Fälle irreführender Domains gilt dieses Privileg nicht.[69] Wird die gleichnamige Unternehmensbezeichnung in **über die Website ausdruckbaren Werbebeilagen** verwendet, die selbständig verbreitet werden können, müssen ebenfalls aufklärende Hinweise angebracht werden.[70] Werden unter einer aus dem bekannten Namen eines großen Unternehmens gebildeten Domain Waren oder Dienstleistungen von einem Mitbewerber abgesetzt, kann dies eine Verwechslungsgefahr zwischen den Waren oder Dienstleistungen der Unternehmen begründen. Als irreführend wurde die Verwendung der Domainnamen „bayerischespielbank.de", „bayerischespielbanken.de" und „bayerische-spielbank.de" angesehen, da der Verkehr diese dahingehend verstehen, dass die den Domainnamen zugehörigen Webseiten – was nicht der Fall war – von dem Betreiber der Spielbanken in Bayern und damit von Staatsbetrieben unterhalten werden.[71] Keine Verwechslungsgefahr besteht bei Verwendung beschreibender Domains wie „mitwohnzentrale.de", „sauna.de" oder „rechtsanwaelte.de", wenn der Domaininhaber Waren oder Dienstleistungen aus eben diesem Bereich anbietet. Die Domainbenutzung kann im Einzelfall auch als irreführende Spitzen- oder Alleinstellungswerbung unlauter sein.[72]

51 **Farben, Slogans, Zeichen.** Sie können Kennzeichen eines Unternehmens sein. Ausgehend von der Vorrangthese hat der BGH einen wettbewerbsrechtlichen Irreführungsschutz für die **Farbgestaltung** grau/magenta verneint, weil dessen kennzeichenrechtliche Schutzfähigkeit nicht feststand; es wurde aber ausnahmsweise ein Anspruch aus § 1 a. F. (§ 4 Nr. 4 n. F.) bejaht.[73] Die Vorrangthese ist jedoch aufzugeben, s. o. § 5 Abschn. J Rdn. 2ff.

52 **Firma, Name.** Die Verwendung einer mit der Firma eines anderen Unternehmens identischen oder ähnlichen Firma oder Bezeichnung, etwa in der Internetadresse,[74] auf der Website[75] oder in der Werbung,[76] kann eine Verwechslungsgefahr im Sinne des § 5 Abs. 2 begründen. Eine als solche nicht ohne weiteres erkennbare Anzeige eines Mietwagenunternehmens, die in einem **Telefonbuch** unter dem Buchstaben „T", aber nicht unmittelbar unter der Rubrikenüberschrift „Taxi" platziert ist, bewirkt aber noch keine Verwechslung mit dem Taxenverkehr und verstößt daher nicht gegen § 5 Abs. 1 S. 2 Nr. 3 oder Abs. 2.[77] Kann sich der Werbende auf ein Recht am bürgerlichen

---

[65] Vgl. EuGH GRUR 2002, 354, 355f. – *Toshiba;* GRUR 2006, 345, 346 – *Siemens/VIPA;* BGH GRUR 2003, 444, 445 – *Ersetzt.*

[66] EuGH GRUR 2002, 354, 356 – *Toshiba;* GRUR 2006, 345, 346 – *Siemens/VIPA;* BGH GRUR 2003, 444, 445 – *Ersetzt.*

[67] Vgl. BGH GRUR 2010, 738, 743 Rdn. 29 – *Peek & Cloppenburg I; Knaak,* GRUR-Prax 2013, 171, 174f.

[68] Vgl. BGH GRUR 2002, 706, 708 – *vossius.de;* GRUR 2010, 738, 743 Rdn. 37 – *Peek & Cloppenburg I; Knaak,* GRUR-Prax 2013, 171, 173f.

[69] OLG München, MMR 2011, 243, 244; Köhler/*Bornkamm,* 34. Aufl. 2016, § 5 Rdn. 4.110.

[70] Vgl. BGH GRUR 2010, 738, 743 Rdn. 37 – *Peek & Cloppenburg I; Knaak,* GRUR-Prax 2013, 171, 172f.

[71] OLG München MMR 2011, 243.

[72] BGH GRUR 2001, 1061ff. – *Mitwohnzentrale.de.*

[73] BGH GRUR 1997, 754ff. – *grau/magenta.*

[74] Vgl. (zum Markenrecht) BGH GRUR 2010, 738 – *Peek & Cloppenburg I.*

[75] Vgl. (zum Markenrecht) BGH GRUR 2010, 738 – *Peek & Cloppenburg I.*

[76] BGH GRUR 2013, 397, 400 Rdn. 44 und LS – *Peek & Cloppenburg III;* GRUR-RR 2014, 201, 205 Rdn. 51 – *Peek & Cloppenburg IV;* vgl. ferner (zum Markenrecht) BGH GRUR 2010, 738, 742f. Rdn. 19 – *Peek & Cloppenburg I;* GRUR 2011, 623, 626 Rdn. 36 – *Peek & Cloppenburg II.*

[77] BGH WRP 2012, 817, 819, Rdn. 15 – *Mietwagenwerbung.*

Namen berufen oder besteht zwischen den betroffenen Unternehmen eine langjährige redliche Koexistenz, sind die Wertungen des **Rechts der Gleichnamigen** zu berücksichtigen, sodass gering ins Gewicht fallende Fehlvorstellungen des Verkehrs im Hinblick auf eine langjährige redliche Koexistenz der Unternehmenskennzeichen auch lauterkeitsrechtlich hinzunehmen sein können, wenn der Verwechslungsgefahr ausreichend durch **aufklärende Hinweise** entgegengewirkt wurde,[78] s. näher oben **Rdn. 42.** Der BGH hat sich mit dieser Frage in mehreren Entscheidungen zu bundesweiter Werbung der beiden Unternehmen „Peek & Cloppenburg" befasst.[79]

Form. In bestimmten Fällen (Coca-Cola-Flasche, Ferrero-Rocher-Bällchen usw.) schließt der Verkehr aus der Warenform auf die betriebliche Herkunft. Bislang musste ein wettbewerbsrechtliches Irreführungsverbot meist an der Vorrangthese scheitern. Allerdings ließ die Rechtsprechung den Rückgriff auf § 4 Nr. 3a unabhängig von der Eintragung einer Formmarke zu. Die Frage nach dem Vorrang des Kennzeichenrechts war bei § 4 Nr. 3 bislang offen gelassen worden.[80] Demgegenüber handelt es sich nach der hier vertretenen Auffassung (näher § 5 Abschn. J Rdn. 10 ff.) beim wettbewerblichen Irreführungsschutz des § 5 um einen eigenständigen und vom Kennzeichenrecht losgelösten Schutz, so dass Formen unabhängig von ihrer kennzeichenrechtlichen Schutzfähigkeit grundsätzlich eine Verwechslungsgefahr hinsichtlich der Produkte oder der Kennzeichen begründen können, wenn der Verkehr sie als Herkunftshinweis ansieht. Der Schutz kann auch bei einer Produktnachahmung greifen. Je **wichtiger** die betriebliche Herkunft für den Verkehr ist, um so eher wird er auch die Form der Ware daraufhin untersuchen, ob sie Rückschlüsse auf den Herstellerbetrieb zulässt. Kommt es dem Verbraucher, wie beim Erwerb von **Luxusgütern,** gerade darauf an, Ware eines bestimmten Herstellers zu kaufen, wird er auf **Details** wie eingenähte Schildchen oder Aufdrucke auf dem T-Shirt, die Herstellerangabe auf der Verpackung, die Gravur auf der Uhr oder die genaue Form der Handtasche[81] achten, anhand derer sich die betriebliche Herkunft feststellen lässt. Das gilt insbesondere in Fällen bereits **bekannter Produktnachahmungen.**[82] Oftmals wird allerdings in der konkreten Situation „echte" Ware als Vergleich fehlen. Der Verkehr ist dann auf sein **Erinnerungsbild** angewiesen. Eine in der konkreten Situation eintretende betriebliche Herkunftstäuschung, der **durch zumutbare Maßnahmen nicht begegnet werden kann,** stellt allerdings keine unlautere Wettbewerbshandlung dar und ist daher auch nicht geeignet, eine Irreführung i. S. v. § 5 zu begründen, s. ausführlich **§ 5 Abschn. J Rdn. 11.** 53

Hyperlinks. S. § 5 Abschn. B Rdn. 73, 157. 54

Kennzeichen. Die Verwendung fremder Kennzeichen kann eine Verwechslungsgefahr i. S. d. § 5 Abs. 2 begründen.[83] Der Umstand, dass es sich bei der beanstandeten Bezeichnung um markenrechtlich geschützte Kennzeichen handelt, spielt für die wettbewerbsrechtliche Beurteilung keine Rolle und ist insbesondere kein Indiz dafür, dass das Kennzeichen unter den konkreten Umständen nicht irreführend benutzt worden ist.[84] Für Zeichen mit großer Bekanntheit wie das **AEG-Zeichen,**[85] den Namen **„Liebig"**[86] oder die Bezeichnung **„White Horse"** für Whisky[87] hatte die Rechtsprechung schon nach bisherigem Recht einen wettbewerblichen Schutz bejaht. Da die Vorrangthese der Rechtsprechung bei richtlinienkonformer Auslegung für § 5 n. F. keine Geltung mehr hat, kann eine Irreführung aber auch durch Verwendung anderer identischer oder verwechslungsfähiger Kennzeichen eines Mitbewerbers bewirkt werden. Voraussetzung ist, dass der Verkehr durch die Verwendung des Zeichens über die Produkte, die Marken oder die Kennzeichen getäuscht wird, 55

---

78 BGH GRUR 2013, 397, 400 Rdn. 44 und LS – *Peek & Cloppenburg III;* GRUR-RR 2014, 201, 205 Rdn. 51 – *Peek & Cloppenburg IV;* vgl. ferner (zum Markenrecht) BGH GRUR 1984, 738 – *Hotel Krone;* GRUR 1987, 182, 183 – *Stoll;* GRUR 1991, 780, 872 – *TRANSATLANTISCHE;* GRUR 1995, 754 – *Altenburger Spielkartenfabrik;* GRUR 2010, 738, 742 f. Rdn. 19 – *Peek & Cloppenburg I;* GRUR 2011, 623, 626 Rdn. 36 – *Peek & Cloppenburg II.*

79 BGH GRUR 2013, 397, 400 Rdn. 44 und LS – *Peek & Cloppenburg III;* GRUR-RR 2014, 201, 205 Rdn. 51 – *Peek & Cloppenburg IV;* s. (zum Markenrecht) auch BGH GRUR 2010, 738 – *Peek & Cloppenburg I;* GRUR 2011, 623 – *Peek & Cloppenburg II.*

80 Vgl. BGH GRUR 2007, 795 – *Handtaschen.*

81 Vgl. BGH GRUR 2007, 795 – *Handtaschen.*

82 Vgl. BGH GRUR 2007, 795 – *Handtaschen.*

83 Vgl. EuGH GRUR 2002, 354, 356 – *Toshiba;* GRUR 2006, 345 – *Siemens/VIPA;* BGH WRP 2013, 1465, 1470 Rdn. 60 ff. – *Hard Rock Cafe;* GRUR-RR 2014, 201 – *Peek & Cloppenburg IV.* OLG Hamburg Urt. v. 24.2.2011, Az. 3 U 63/10, juris-Tz. 49.

84 Zur Marke: BGH GRUR 1955, 251 – *Silberal;* GRUR 1984, 737, 738 – *Ziegelfertigstütze;* GRUR 2011, 85, 86 – *Praxis aktuell.*

85 RG GRUR 1939, 806, 808 – *AEG;* BGH GRUR 1966, 267, 270 – *White Horse.*

86 RG GRUR 1942, 432, 435 f. – *Liebig;* BGH GRUR 1966, 267, 270 – *White Horse.*

87 BGH GRUR 1966, 267, 270 – *White Horse.*

und dass die Fehlvorstellung geeignet ist, seine geschäftliche Entscheidung zu beeinflussen. § 5 Abs. 2 liegt auch vor, wenn der Verkehr aufgrund der Verwendung von Kennzeichen des Mitbewerbers des Werbenden zu der Annahme gelangen kann, dass dieser dem Werbenden eine **Lizenz** erteilt habe oder mit dieser **kooperiere** oder deren Produkte **autorisiert** habe.[88] Eine Verwechslungsgefahr ist bei dem Aufdruck von Kfz-Marken oder -Logos auf originalgetreu nachgebauten Fahrzeugen i. d. R. nicht anzunehmen, der Käufer und Sammler derartiger **Modelle** versteht derartige Kennzeichen insbesondere nicht dahingehend, dass Hersteller der Modellautos der Marken- bzw. Logoinhaber ist.[89] Die Wertungen des Rechts der **Gleichnamigen** aus dem Kennzeichenrecht sind zu berücksichtigen, s. dazu oben **Rdn. 42.** Auch bei einer **Printwerbung** kann ein schutzwürdiges Interesse eines in mehreren Bundesländern tätigen Handelsunternehmens an Werbemaßnahmen in bundesweit vertriebenen Medien in aller Regel nicht verneint werden.[90] Der Unternehmer ist jedoch verpflichtet, eine Verwechslungsgefahr durch einen geeigneten Hinweis, der deutlich macht, welchem Unternehmen die Werbung zuzuordnen ist, möglichst zu begrenzen. Der Hinweis muss leicht erkennbar, deutlich lesbar und inhaltlich zutreffend, seinen Sinn nach ohne weiteres erfassbar und geeignet sein, dem unzutreffenden Verkehrsverständnis in ausreichendem Maße zu begegnen.[91] Nach der vom BGH insoweit bestätigten[92] Entscheidung des OLG Düsseldorf kann im Hinblick auf die sonst auftretenden Wertungswidersprüche zum Markenrecht der im Sinne des **§ 23 Nr. 2 MarkenG** lediglich beschreibende (Bezugnahme auf die auf dem Etikett mit dem Zusatz „Marula Geschmack“ abgebildete Marula-Frucht) Zeichenbestandteil „Marula“ bei der Vermarktung eines Likörs unter der Bezeichnung „Marulablu“ keine Verwechslungsgefahr im Sinne von § 5 Abs. 2 UWG zu den durch u. a. für Liköre eingetragenen Marken „Amarula begründen.[93] Nach einer Entscheidung des BGH soll ein selbstständiger Frisiersalon gegen das Irreführungsverbot verstoßen, wenn er seine Werbung mit dem Namen bzw. der Marke des Kaufhauses, in dem er seinen **„Shop in the Shop“** hat, so gestaltet, dass der Eindruck entsteht, es handele sich bei ihm um eine zum Kaufhaus gehörende Abteilung.[94]

56 **Marke.** Zu bejahen sein kann eine Irreführung über die betriebliche Herkunft, wenn durch die Verwendung von Marken eines Mitbewerbers der Eindruck entsteht, das Produkt stamme aus dem Betrieb des Markeninhabers, s. näher unter „Kennzeichen“. Der Umstand, dass es sich bei der beanstandeten Bezeichnung um eine eingetragene Marke handelt, spielt für die wettbewerbsrechtliche Beurteilung keine Rolle und ist insbesondere kein Indiz dafür, dass die Marke unter den konkreten Umständen nicht irreführend benutzt worden ist.[95]

57 Zur Werbung mit den Begriffen **„Markenware“ bzw. „Markenqualität“ siehe § 5 Abschn. C Rdn. 55 ff., 58 ff.**

58 **Meta-Tags.** Sie und vergleichbare Zeichenverwendungsformen beeinflussen den durch Eingabe des Suchworts ausgelösten Suchvorgang in der Weise, dass das Angebot des Verwenders in der Liste der Suchergebnisse erscheint. Die Rechtsprechung sieht in der Verwendung eines fremden Kennzeichens als Meta-Tag eine **Kennzeichenverletzung.**[96] Eine Irreführung i. S. v. § 5 UWG wird i. d. R. ausscheiden, weil der verständige Internetnutzer um die Problematik der Meta-Tags weiß, näher oben **§ 5 Abschn. B Rdn. 165.**

59 **Name.** S. dazu oben unter **„Firma“.**

60 **„Shop in the Shop“.** Zum alten Recht hat der BGH entschieden, ein selbstständiger Frisiersalon verstoße gegen das Irreführungsverbot, wenn er seine Werbung mit dem Namen bzw. der Marke des Kaufhauses, in dem er seinen „Shop in the Shop“ hat, so gestaltet, dass der Eindruck entsteht, es handele sich bei ihm um eine zum Kaufhaus gehörende Abteilung.[97] Für § 5 Abs. 2 wird es allerdings häufig an der Mitbewerbereigenschaft fehlen.

---

[88] BGH Urt. v. 28.9.2011, I ZR 48/10, WRP 2012, 318, Tz. 25 – *Teddybär.*

[89] Vgl. EuGH GRUR 2007, 318 – *Opel-Logo;* BGH GRUR 1996, 57 – *Spielzeugautos.*

[90] BGH GRUR 2013, 397, 399 Rdn. 22 – *Peek & Cloppenburg.*

[91] BGH GRUR 2013, 397, 399 Rdn. 22 – *Peek & Cloppenburg.*

[92] BGH GRUR 2013, 631, 637 Rdn. 69 ff. – *Amarula/Marulablu.*

[93] OLG Düsseldorf GRUR-RR 2011, 317. Vgl. in diesem Zusammenhang auch BGH GRUR 2015, 603 – *Keksstangen* zum Ausschluss einer Herkunftstäuschung nach § 4 Nr. 9a durch deutlich unterschiedliche Herkunftshinweise auf den Verpackungen des Originalprodukts und eines nahezu identischen Nachahmungsprodukts bei in Verpackungen vertriebenen Produkten.

[94] BGH GRUR 1989, 211 – *Shop in the Shop II.*

[95] BGH GRUR 1955, 251 – *Silberal;* GRUR 1984, 737, 738 – *Ziegelfertigstütze;* GRUR 2011, 85, 86 – *Praxis aktuell;* OLG Hamburg, Urt. v 24.2.2011, Az. 3 U 63/10, juris-Tz. 49.

[96] BGH GRUR 2007, 65 – *Impuls;* NJW-RR 2010, 465 – *Partnerprogramm;* NJW-RR 2010, 1273 – *POWER BALL;* GRUR 2011, 828, 830 – *Bananabay.*

[97] BGH GRUR 1989, 211 – *Shop in the Shop II.*

61 **Vergleichende Werbung.** Die Bezugnahme auf einen Mitbewerber, dessen Produkte oder Unterscheidungszeichen im Rahmen vergleichender Werbung darf keinen falschen Eindruck über die betriebliche Herkunft der Produkte erwecken.[98] In der Vorlageentscheidung O2 Holdings Lt. vs. Hutchison 3G,[99] in der es um die Verwendung der für **O2** als Marke geschützten Abbildung einer Blase in einem vergleichenden Werbespot eines Konkurrenten ging, führte der EuGH aus, ein genereller Vorrang der MarkenRL bzw. der IrreführungsRL im Bereich der vergleichenden Werbung bestehe nicht. Weise der Mitbewerber eine Verwechslungsgefahr mit seinem geschützten Zeichen nicht nach, sei er nicht berechtigt, die Benutzung in einer vergleichenden Werbung auf der Grundlage des Art. 5 Abs. 1 und 2 MarkenRL zu verbieten. Weise er das Bestehen einer Verwechslungsgefahr nach, könne der Werbende einem Verbot in Anwendung von Art. 3a Abs. 1 IrreführungsRL nichts entgegen halten, da die in Rede stehende Werbung nicht alle dort genannten Voraussetzungen erfülle.

62 **Verzeichnis.** Die in einem Telefonverzeichnis unter dem Buchstaben „T" veröffentlichte Anzeige eines Mietwagenunternehmens führt jedenfalls dann nicht zu einer Verwechslungsgefahr im Sinne von § 5 mit dem **Taxenverkehr,** wenn in der Anzeige ein deutlicher Hinweis erfolgt.[100]

K. § 5 Abs. 3 (Angaben im Rahmen vergleichender Werbung, bildliche Darstellungen und sonstige Veranstaltungen)

„Angaben im Sinne von Absatz 1 Satz 2 sind auch Angaben im Rahmen vergleichender Werbung sowie bildliche Darstellungen und sonstige Veranstaltungen, die darauf zielen und geeignet sind, solche Angaben zu ersetzen."

Inhaltsübersicht

	Rdn.
I. Vergleichende Werbung	1
1. Europäischer Kontext	1
2. Begriff	7
3. Unwahre oder zur Täuschung geeignete Angaben in vergleichender Werbung	8
4. Waren- und Preistests	17
a) Begriff und Bedeutung	17
b) Selbst veranstaltete Waren- und Preistests	18
c) Werbung von Unternehmen mit Waren- und Preistests neutraler Dritter	19
d) Testveröffentlichung durch den Testveranstalter	27
5. Allgemein gehaltener Vergleich	33
II. Bildliche Darstellungen und sonstige Veranstaltungen	35

I. Vergleichende Werbung

Schrifttum: *H.-J. Ahrens,* Die Veröffentlichung vergleichender Werbeträgeranalysen, 1974; *ders.,* Wettbewerbshandlungen von Testinstituten – Irreführungsgefahr und maßgebliche Verkehrsauffassung, WRP 1977, 14; *ders.,* Vergleichende Bewertung von Universitätsdienstleistungen, FS Ullmann, 2006, S. 565; *Andresen,* Warentest und Pressefreiheit, Tübingen 1973; *Assmann/Kübler,* Testhaftung und Testwerbung, ZHR 142 (1978), 413; *Berlit,* Der irreführende Werbevergleich, WRP 2010, 1105; *Borck,* Der vergleichende Warentest in der Werbung, WRP 1963, 149; *ders.,* Die Interessenabwägung bei irreführender Werbung, WRP 1985, 63; *Bullinger/Emmerich,* Irreführungsgefahr durch selektive Produktauswahl bei Preisvergleichen, WRP 2002, 608; *Droste,* Warentest in Zukunft, GRUR 1965, 219; *Eck/Ikas,* Neue Grenzen Vergleichender Werbung, WRP 1999, 251; *Fezer,* Testwerbung, GRUR 1976, 472; *Franz,* 50 Jahre Stiftung Warentest, GRUR 2014, 1051; *Franz,* Werbung mit Testergebnissen, WRP 2016, 439; *Fröndhoff,* Irreführung durch vergleichende Werbung – Deutsche Rspr. auf dem Telekommunikationsmarkt nach „Pippig Augenoptik/Hartlauer", ZUM 2004, 451; *Funke,* Lieber Angleichen als Zersplittern – Zum Richtlinienvorschlag über vergleichende Werbung, WM 1997, 1472; *Gloy/Bruhn,* Die Zulässigkeit von Preisvergleichen nach der Richtlinie 97/55/EG – Kehrtwende oder Kontinuität?, GRUR 1998, 226; *Hart,* Warentest, Preisvergleich und Testwerbung – Zur neueren delikts- und wettbewerbsrechtlichen Entwicklung in der Rechtsprechung, WRP 1986, 515; *Hart/Silberer,* Werbung mit Testergebnissen der Stiftung Warentest, GRUR 1983, 691; *Hefermehl,* Der Warentest in rechtlicher Sicht, GRUR 1962, 611; *Himmelsbach,*

[98] EuGH GRUR 2002, 354, 356 – *Toshiba;* GRUR 2006, 345, 346 – *Siemens/VIPA;* GRUR 2008, 698, 700 – *O2;* BGH Urt. v. 28.9.2011, I ZR 48/10, WRP 2012, 318 Tz. 25 – *Teddybär.*

[99] EuGH GRUR 2008, 698 ff. – *O2 Holdings Limited vs. Hutchison 3G.*

[100] BGH WRP 2012, 817, 819, Rdn. 15 – *Mietwagenwerbung;* OLG Frankfurt GRUR-RR 2011, 140.

Die neuen Werbe-Bedingungen der Stiftung Warentest, K&R 2008, 335; *Huber*, Vergleichender Warentest und unlauterer Wettbewerb, 1970; *Huff*, Zur Wettbewerbswidrigkeit einer Steuerberaterrangliste, EWiR 2008, 61; *Keßler/Müller*, Testwerbung und Markttransparenz zur Werbung mit Veröffentlichungen der Stiftung Warentest, WRP 1981, 495; *Klette*, Verbraucherinformation und vergleichender Warentest, WRP 1987, 604; *Köhler*, Irreführende vergleichende Werbung, GRUR 2013, 761; *ders.*, Ranking als Rechtsproblem, FS Sonnenberger, 2004, S. 249; *Köhler/Bornkamm/Henning-Bodewig*, Vorschlag für eine Richtlinie zum Lauterkeitsrecht und eine UWG-Reform, WRP 2002, 1317; *Koppe/Zagouras*, Haftung für Produktkritik, GRUR 2005, 1011; *dies.*, Rechtsprobleme der Testwerbung, WRP 2008, 1035; *Kotthoff*, Neue Maßstäbe für vergleichende Werbung, BB 1998, 2217; *Kühhorn*, Zur Irreführung bei Werbung mit älteren Testergebnissen, VuR 2010, 235; *Leible/Sosnitza*, Richtlinienkonforme Auslegung vor Ablauf der Umsetzungsfrist und vergleichende Werbung, NJW 1998, 2507; *Menke*, Die vergleichende Werbung in Deutschland nach der Richtlinie 97/55/EG und der BGH-Entscheidung „Testpreis-Angebot", WRP 1998, 811; *Messer*, Der unvollständige Testbericht, GRUR 1996, 647; *Ohly*, Irreführende vergleichende Werbung – Anmerkungen zu EuGH „Pippig Augenoptik/Hartlauer", GRUR 2003, 641; *Paschke*, Verbraucherinformation in der Marktwirtschaft – Rechtliche Grenzen der Publikationstätigkeit der Stiftung Warentest im Spannungsfeld zwischen Verbraucheraufklärung und Pressemarktschutz, AfP 1991, 683; *Plaß*, Die gesetzliche Neuregelung der vergleichenden Werbung, NJW 2000, 3161; *Plassmann*, Vergleichende Werbung im Gemeinsamen Markt, GRUR 1996, 377; *Sack*, Die Bedeutung der EG-Richtlinien 84/450/EWG und 97/55/EG über irreführende und vergleichende Werbung für das deutsche Wettbewerbsrecht, GRUR Int. 1998, 263; *ders.*, Die Berücksichtigung der Richtlinie 97/55/EG über irreführende und vergleichende Werbung bei der Anwendung der §§ 1 und 3 UWG, WRP 1998, 241; *ders.*, Die Toshiba-Entscheidung des EuGH zur vergleichenden Werbung, WRP 2002, 363; *ders.*, Irreführende vergleichende Werbung, GRUR 2004, 89; *ders.*, Irreführende Werbung mit wahren Angaben, GRUR 1996, 461; *ders.*, Markenrechtliche Probleme vergleichender Werbung, GRUR 2008, 201; *Scherer*, Partielle Verschlechterung der Verbrauchersituation durch die europäische Rechtsvereinheitlichung bei vergleichender Werbung?, WRP 2001, 89; *Tilmann*, Richtlinie vergleichende Werbung, GRUR 1997, 790; *ders.*, Anwendungsbereich und Bindungswirkung der Richtlinie vergleichende Werbung, GRUR 1999, 546; *Voigt*, Händler-Haftung für fehlerhafte Angaben in Preissuchmaschinen, K&R 2010, 793; *Wieddekind*, Praktische Hinweise zur Werbung mit Testergebnissen, GRUR-Prax 2013, 440.

Siehe zudem die Nachweise in der Kommentierung zu § 6.

1. Europäischer Kontext

1 § 5 Abs. 3 Alt. 1 setzt **Art. 4 lit. a) der Werberichtlinie** 2006/114/EG um,[1] der regelt, dass vergleichende Werbung nicht irreführend im Sinne des Art. 2 lit. b), Art. 3 und Art. 8 Abs. 1 der Werberichtlinie *oder* im Sinne der Art. 6 und Art. 7 der UGP-Richtlinie sein darf. Dem Wortlaut nach bleibt § 5 Abs. 3 hinter diesen Vorgaben zurück, fehlt doch der in Art. 4 lit. a) Werberichtlinie enthaltene ausdrückliche Verweis auf die Irreführung durch Unterlassen (Art. 7 UGP-Richtlinie/**§ 5a UWG**) und eine Differenzierung zwischen dem Verhältnis B2B und B2C.[2] Diese Abweichungen, deren praktische Bedeutung unterschiedlich gesehen wird,[3] sind im Wege der unionskonformen Auslegung der §§ 5, 5a anzugleichen,[4] nachdem eine sprachliche Anpassung an Art. 4 lit. a Werberichtlinie auch im Zuge der Reform 2015 nicht erfolgt ist; § 5 Abs. 3 war von ihr nur insoweit betroffen, als generell die Irreführung von Mitbewerbern aus § 5 ausgeklammert worden ist.

2 Das Erfordernis der unionskonformen Auslegung der §§ 5, 5a gilt auch und insbesondere im Bereich der vergleichende Werbung, wobei zu beachten ist, dass aufgrund der für die vergleichende Werbung erreichten **Vollharmonisierung** hier ein strengerer Schutz als unionsrechtlich vorgegeben auch im Verhältnis B2B nicht zulässig ist (vgl. Erwägungsgrund 8 Abs. 1 Unterabs. 2 Werberichtlinie, näher **§ 5 Abschn. A Rdn. 28 ff.**).[5] Bei der Auslegung ist zu berücksichtigen, dass die in Art. 4 lit. a) bis h) Werberichtlinie aufgeführten Bedingungen **kumulativ** gelten[6] und es sich bei der irreführenden und der unzulässigen vergleichenden Werbung um zwei unterschiedliche Zuwiderhandlungen handelt.[7] Eine vergleichende Werbung gilt daher als unzulässig, wenn sie irreführend

---

[1] BGH GRUR 2013, 1058, 1059 Rdn. 16 – *Kostenvergleich bei Honorarfactoring.*

[2] Grundlegend dazu *Köhler*, GRUR 2013, 761 ff.

[3] Vgl. *Köhler*, GRUR 2013, 761 ff.; *ders.* in: Köhler/Bornkamm, 34. Aufl. 2016, § 6 Rdn. 23, 27: andere Maßstäbe; *Ohly*, in Ohly/Sosnitza, § 6 Rdn. 11: minimale Abweichungen. Nach Ansicht des BGH (GRUR 2013, 1058, 1059 Rdn. 16 – *Kostenvergleich bei Honorarfactoring*) steht § 5 Abs. 3 als solches in Einklang mit dem Unionsrecht, zur Frage der Unvollständigkeit liegt noch keine höchstrichterliche Entscheidung vor.

[4] *Köhler*, GRUR 2013, 761, 763; GK/*Glöckner*, 2. Aufl. 2013, § 6 Rdn. 72 ff.; *Ohly*/Sosnitza, UWG, 6. Aufl. 2014, § 6 Rdn. 11.

[5] EuGH, Urt. v. 8.4.2003, Pippig Augenoptik, C-44/01, EU:C:2003:205, Rdn. 44; Urt. v. 18.11.2010, Lidl, C-159/09, C:2010:696, Rdn. 22; BGH, Urt. v. 2.4.2015, Az. I ZR 167/13 Rdn. 18 – *Staubsaugerbeutel im Internet; Köhler*, GRUR 2013, 761, 763; *Ohly*/Sosnitza, 6. Aufl. 2014, § 6 Rdn. 8.

[6] EuGH, Urt. v. 18.6.2009, *L'Oréal u. a.*, C-487/07, EU:C:2009:378, Rdn. 67; Urt. v. 18.11.2010, *Lidl*, C-159/09, C:2010:696, Rdn. 16; Urt. v. 13.3.2014, *Posteshop*, C-52/13, EU:C:2014:150, Rdn. 25.

[7] EuGH, Urt. v. 13.3.2014, *Posteshop*, C-52/13, EU:C:2014:150, Rdn. 28 f.

im Sinne der Werberichtlinie oder der UGP-Richtlinie ist, ohne dass zugleich der Tatbestand des § 6 ganz oder teilweise erfüllt sein muss.

Neben dem allgemeinen Irreführungsschutz der Art. 6, Abs. 7 UGP-Richtlinie und des Art. 2 lit. b), 3, 8 Abs. 1 Werberichtlinie sowie den Voraussetzungen zulässiger vergleichender Werbung in Art. 4 Werberichtlinie gelten für vergleichende Werbung teilweise **unionsrechtliche Sondervorschriften** (s. **§ 5 Abschn. A Rdn. 62 ff.**), so werden die Anforderungen an zulässige **vergleichende Werbung** (Art. 4 Werberichtlinie/§ 6 UWG) durch **Art. 9 HCVO** im **Lebensmittelbereich verschärft.** 3

§ 5 Abs. 3 verweist vollumfänglich auf § 5 Abs. 1 S. 2. Die Differenzierung des Art. 4 lit. a Werberichtlinie zwischen dem Verhältnis B2B (Art. 2 lit. b), Art. 3 UGP-Richtlinie) und B2C (Art. 6, Art. 7 UGP-Richtlinie) wurde nicht eigens übernommen. Hieraus ergeben sich in **zweierlei Hinsicht Bedenken,** die bei der unionskonformen Auslegung zu berücksichtigen sind: 4

Zum einen darf durch die Übernahme des abschließenden Katalogs von **Bezugskriterien** auf das Verhältnis B2B der **Mindestschutzstandard** der Irreführungsrichtlinie **nicht unterschritten** werden,[8] s. ausführlich **§ 5 Abschn. B Rdn. 121 f.** 5

Zum anderen bildet der Mindestschutzstandard der Irreführungsrichtlinie im Bereich der vergleichenden Werbung zugleich die **Obergrenze des Schutzes** der Gewerbetreibenden, so dass der **Schutzstandard** der Irreführungsrichtlinie insoweit auch nicht überschritten werden darf,[9] s. näher **§ 5 Abschn. A Rdn. A Rdn. 62 ff. und Abschn. B Rdn. 121.** Zu den Folgen für das Verhältnis zu **§ 6 Abs. 2 Nr. 3 s. § 5 J Rdn. 17 ff.** In der Erstreckung des Irreführungsschutzes auf geschäftliche Handlungen, die keine „Werbung“ sind, liegt für vergleichende Werbung freilich keine derartige Überschreitung, da der Begriff der vergleichenden Werbung zugleich auch den Geltungsbereich der Richtlinie beschränkt. 6

2. Begriff

Nach § 5 Abs. 3 gilt das Irreführungsverbot auch für vergleichende Werbung.[10] Was „vergleichende Werbung“ ist, bestimmt § 6 Abs. 1, s. hierzu die ausführliche Kommentierung bei *Sack,* § 6 Rdn. 35 ff. Nach der Rechtsprechung des BGH setzt vergleichende Werbung nicht nur voraus, dass ein Mitbewerber oder die von ihm angebotenen Produkte erkennbar gemacht werden, sondern muss sich darüber hinaus aus der Werbung ergeben, dass sich unterschiedliche, aber hinreichend austauschbare Produkte des Werbenden und des Mitbewerbers gegenüberstehen.[11] Da das Irreführungsverbot sowohl für vergleichende Werbung als auch für andere geschäftliche Handlungen gilt, hat die Unterscheidung für § 5 keine praktische Relevanz (s. oben Rdn. 2). 7

3. Unwahre oder zur Täuschung geeignete Angaben in vergleichender Werbung

Unwahre oder zur Täuschung geeignete Angaben in vergleichender Werbung sind irreführend, wenn sie geeignet sind, die geschäftliche Entscheidung des Verkehrs zu beeinflussen oder aus diesen Gründen einen Mitbewerber zu schädigen. Neben dem Irreführungsverbot sind zusätzlich die Anforderungen des § 6 zu beachten.[12] Vergleichende Werbung unterliegt insbesondere bereits nach § 6 Abs. 2 Nr. 2 einem Objektivitätserfordernis.[13] Aber auch ein sachlich zutreffender Vergleich kann irreführend sein, beispielsweise wenn er auf Grund einseitiger Auswahl der verglichenen Eigenschaften bei den Adressaten einen unzutreffenden Eindruck erweckt.[14] 8

Die Beurteilung, ob eine vergleichende Werbung irreführend ist, ist nach den auch für andere Werbeformen geltenden Grundsätzen vorzunehmen (zu diesen **näher § 5 Abschn. B Rdn. 97**), insbesondere gilt ebenfalls das **europäische Verbraucherleitbild**[15] und ist auf den Gesamtein- 9

---

[8] Ebenso GK/*Glöckner,* 2. Aufl. 2013, § 6 Rdn. 77; vgl. *Köhler,* GRUR 2013, 761, 765.

[9] EuGH, Urt. v. 8.4.2003, *Pippig Augenoptik,* C-44/01, EU:C:2003:205, Rdn. 44; BGH, Urt. v. 2.4.2015, Az. I ZR 167/13 Rdn. 18 – *Staubsaugerbeutel im Internet;* vgl. BGH GRUR 2011, 1158 Rdn. 21, 26 – *Teddybär.*

[10] BGH GRUR 2013, 1058, 1059 Rdn. 16 – *Kostenvergleich bei Honorarfactoring.*

[11] BGH WRP 2012, 82 – *Coaching-Newsletter.*

[12] Vgl. EuGH, Urt. v. 13.3.2014, *Posteshop,* C-52/13, EU:C:2014:150, Rdn. 28 f.; BGH GRUR 2013, 1058, 1059 Rdn. 15 f. – *Kostenvergleich bei Honorarfactoring;* BGH, Urt. v. 2.4.2015, Az. I ZR 167/13 Rdn. 18 – *Staubsaugerbeutel im Internet.*

[13] BGH GRUR 2013, 1058, 1059 Rdn. 15 f. – *Kostenvergleich bei Honorarfactoring;* Urt. v. 2.4.2015, Az. I ZR 167/13 Rdn. 21 – *Staubsaugerbeutel im Internet.*

[14] BGH GRUR 2013, 1058, 1059 Rdn. 16 – *Kostenvergleich bei Honorarfactoring.*

[15] Vgl. EuGH, Urt. v. 8.4.2003, *Pippig Augenoptik,* C-44/01, EU:C:2003:205, Rdn. 55; Urt. v. 19.9.2006, *Lidl Belgium,* C-356/04, EU:C:2006:585, Rdn. 78; Urt. v. 18.11.2010, *Lidl,* C-159/09, EU:C:2010:696, Rdn. 48; BGH GRUR 2005, 172, 175 – *Stresstest;* GRUR 2015, 906, 907 Rdn. 22 – *TIP der Woche.*

druck der Werbung abzustellen.[16] Für die **Unwahrheit** von Angaben ist deren objektive Unrichtigkeit maßgeblich. S. i. E. **§ 5 Abschn. B Rdn. 97.**

10 Der Unlauterkeitsvorwurf knüpft an die Unwahrheit bzw. Täuschungseignung an. Die Irreführungseignung kann deshalb nicht darauf gestützt werden, dass für einen Vergleich der Produkte ein **sachlich gerechtfertigter Anlass gefehlt** habe.[17] Damit trägt das Gesetz dem Umstand Rechnung, dass vergleichende Werbung nach den Vorgaben der für sie geltenden Richtlinie[18] grundsätzlich zulässig ist.[19] Die Möglichkeit des Werbevergleichs soll dazu beitragen, die Vorteile der verschiedenen vergleichbaren Erzeugnisse objektiv herauszustellen und so den Wettbewerb zwischen den Anbietern von Waren und Dienstleistungen im Interesse der Verbraucher zu fördern.[20] Wegen der **Einzelheiten** der Irreführung durch unwahre oder täuschungsgeeignete Angaben wird auf die Kommentierung in § 5 Abschn. B verwiesen. Das **Relevanzerfordernis** gilt auch für unwahre bzw. täuschungsgeeignete Angaben im Rahmen vergleichender Werbung.

11 Irreführend kann eine vergleichende Werbung auch sein, wenn **Informationen verschwiegen** werden.[21] Allerdings ist dem Durchschnittsverbraucher klar, dass vergleichende Werbung regelmäßig dazu dient, die Vorteile der Erzeugnisse des Werbenden herauszustellen. Er geht deshalb nicht davon aus, dass ein von einem Wettbewerber angestellter Werbevergleich ebenso wie ein von einem unabhängigen Testveranstalter vorgenommener Waren- oder Dienstleistungsvergleich auf einer **neutral** durchgeführten Untersuchung beruht. Deshalb begegnet es unter dem Gesichtspunkt des Irreführungsverbots grundsätzlich keinen Bedenken, wenn ein Werbevergleich sich nur auf bestimmte Gesichtspunkte bezieht, ohne andere Eigenschaften der miteinander verglichenen Produkte anzusprechen.[22] Die Grenze zur Irreführung ist jedoch überschritten, wenn ein Werbevergleich den **falschen Eindruck vermittelt, es seien im Wesentlichen alle relevanten Eigenschaften in den Vergleich einbezogen** worden.[23] Dementsprechend ist ein im Rahmen einer vergleichenden Werbung vorgenommene **Preisvergleich** als irreführend zu beurteilen, wenn sich die für den Preis maßgeblichen Konditionen der Wettbewerber nicht unwesentlich unterscheiden und der Wettbewerber auf diese Unterschiede nicht deutlich und unmissverständlich hinweist,[24] oder wenn ein falscher Eindruck über das **allgemeine Preisniveau** entsteht.[25] Bei einer Werbung für Waren in **Preisvergleichslisten** einer Preissuchmaschine dürfen die zum Kaufpreis hinzukommenden Versandkosten nicht erst auf der eigenen Internetseite des Werbenden genannt werden, die mit dem Anklicken der Warenabbildung oder des Produktnamens erreicht werden kann.[26]

12 Auch kann unter besonderen Umständen, die von den nationalen Gerichten zu prüfen sind und die durch die Bedeutung der Marke für die Entscheidung des Käufers und durch den deutlichen Unterschied zwischen den jeweiligen Marken der verglichenen Produkte hinsichtlich ihrer Bekanntheit gekennzeichnet sind, nach der Rechtsprechung des EuGH die **Nichtangabe einer fremden Marke** irreführend sein.[27] Auch das Verschweigen anderer wesentlicher Umstände der miteinander verglichenen Leistungen kann irreführen, wenn hierdurch beim Verbraucher ein **„schiefes Bild“** entsteht.[28] Gerade bei einem Vergleichstest unter **extremen Bedingungen** liegt die Gefahr einer Irreführung über die Eigenschaften der verglichenen Produkte im Normalbetrieb nicht fern.[29]

13 **Bezugspunkt** der unwahren oder täuschenden Angabe können alle in § 5 Abs. 1 Satz 2 genannten Umstände sein; zur Frage der Irreführung über nicht in der Liste genannte Bezugspunkte s. § 5 Abschn. B Rdn. 256 ff. So darf z. B. die Verwendung von Zeichen, die mit **Unterscheidungszeichen** eines Mitbewerbers identisch oder verwechslungsfähig sind, in vergleichender Werbung keinen unzutreffenden Eindruck über die **Identität** des Werbenden, über die **Beziehungen** zwischen

[16] Vgl. BGH GRUR 2013, 1058, 1059 Rdn. 18 – *Kostenvergleich bei Honorarfactoring.*
[17] BGH GRUR 2003, 444, 445 – *„Ersetzt“.*
[18] Richtlinie 2006/114/EG des Europäischen Parlaments und des Rates vom 12.12.2006 über irreführende und vergleichende Werbung (kodifizierte Fassung), ABl. EG Nr. L 376 v. 27.12.2006, S. 21.
[19] BGH GRUR 2003, 444, 445 – *„Ersetzt“.*
[20] BGH GRUR 2003, 444, 445 – *„Ersetzt“.*
[21] EuGH GRUR 2003, 533, 536 – *Pippig Augenoptik.*
[22] BGH GRUR 2010, 658, 660 – *Paketpreisvergleich.*
[23] EuGH GRUR 2003, 533 – *Pippig Augenoptik;* GRUR 2011, 159, 161 – *Lidl/Vierzon Distribution;* BGH GRUR 2010, 658, 660 – *Paketpreisvergleich.*
[24] EuGH GRUR 2003, 533 – *Pippig Augenoptik;* GRUR 2011, 159, 161 – *Lidl/Vierzon Distribution;* BGH GRUR 2010, 658, 660 – *Paketpreisvergleich;* GRUR 2011, 742, 746 – *Leistungspakete im Preisvergleich.*
[25] EuGH GRUR 2011, 159 – *Lidl/Vierzon Distribution.*
[26] BGH GRUR 2010, 251 – *Versandkosten bei Froogle I.*
[27] EuGH GRUR 2003, 533, 536 – *Pippig Augenoptik.*
[28] OLG Hamburg Magazindienst 2006, 183.
[29] BGH GRUR 2005, 172, 175 – *Stresstest.*

ihm und dem Mitbewerber oder über die **betriebliche Herkunft** der Produkte erwecken.[30] Irreführend kann unter besonderen Voraussetzungen auch das Verschweigen der betrieblichen Herkunft des Produkts oder von Produktteilen sein.[31] Ein Irrtum des angesprochenen Verkehrs über die **Vertriebswege,** auf denen die beworbene Ware beschafft wurde, begründet für sich genommen keine Irreführung im Sinne von § 5, denn die „Vertriebswege" sind in Art. 4 Irreführungsrichtlinie nicht aufgeführt, und eine Verpflichtung zur Kenntlichmachung der Vertriebswege liefe auch den Zielen sowohl des Binnenmarkts als auch der Irreführungsrichtlinie zuwider.[32] **Allein- oder Spitzenstellungsbehauptungen** in vergleichender Werbung können nach allgemeinen Grundsätzen irreführend sein.[33]

14 Irreführend kann ein **Preisvergleich** z. B. dann sein, wenn er beim Verkehr den unrichtigen Eindruck erweckt, dass alle Produkte des Werbenden berücksichtigt worden seien, um das in der Werbung herausgehobene allgemeine Preisniveau und die dort herausgestrichene Ersparnis zu berechnen.[34] Eine Werbung, die bei einem aus mehreren Preisbestandteilen bestehenden Angebot mit der besonderen Preiswürdigkeit eines Preisbestandteils wirbt und die übrigen Preisbestandteile **verschweigt** oder in der Darstellung untergehen lässt, enthält zur Täuschung geeignete Angaben über den Preis, weil sie einen unzutreffenden Eindruck von der Preiswürdigkeit des Angebots vermittelt.[35] Ist eine besondere Preiswürdigkeit eines Preisbestandteils **blickfangmäßig** herausgestellt, kann eine irrtumsausschließende Aufklärung nach höchstrichterlicher Rechtsprechung nur durch einen klaren und unmissverständlichen Hinweis auf die anderen Preisbestandteile erfolgen, der am Blickfang teilhat und dadurch eine Zuordnung der übrigen Preisbestandteile zu den herausgestellten Preisangaben wahrt.[36] Wird ein Teil eines **gekoppelten** Angebots in der Werbung blickfangmäßig oder in anderer Weise als besonders preisgünstig herausgestellt, ist es daher wettbewerbswidrig, wenn Hinweise auf Belastungen, die den herausgestellten günstigen Preis unmittelbar relativieren, weder am Blickfang teilnehmen noch sonst hervorgehoben dargestellt sind.[37] Bei einer Blickfangwerbung mit einem Sternchenhinweis braucht der aufklärende Hinweis allerdings nicht zwingend in der Fußzeile der Werbung enthalten zu sein, wenn das Sternchen – und das ist erforderlich – am Blickfang teilhat;[38] s. näher § 5 Abschn. B Rdn. 127 ff. Irreführend ist z. B. ein **Paketpreisvergleich** ohne Hinweis auf eine teilweise fehlende Maßbeschränkung des Tarifsystems, die zur Folge hat, dass die Paketbeförderung des klagenden Mitbewerbers zwar bei kleineren, aber schwereren Paketen regelmäßig teurer, bei größeren, aber leichteren Paketen und Päckchen aber billiger ist als bei dem verklagten Paketbeförderungsdienst.[39] Bei einer Werbung für Waren in Preisvergleichslisten einer Preissuchmaschine dürfen die zum Kaufpreis hinzukommenden Versandkosten nicht erst auf der eigenen Internetseite des Werbenden genannt werden, die mit dem Anklicken der Warenabbildung oder des Produktnamens erreicht werden kann.[40]

15 Bei **Preisvergleichen von Unternehmern** gilt ein **Aktualitätserfordernis.**[41] Werden in einem Werbevergleich Preise gegenüber gestellt, die bereits **nicht oder nicht mehr aktuell** sind, ist dies auch dann irreführend im Sinne von § 5 Abs. 3, wenn auf einen bestimmten Vergleichszeitpunkt hingewiesen wird.[42] Wirbt der Unternehmer mit **Preisersparnissen,** müssen diese zutreffen und darf nicht der unzutreffende Eindruck erweckt werden, der Verkehr könne die in der Werbung angegebene Ersparnis unabhängig von Art und Menge der beim Werbenden bezogenen Produkte erzielen, der Werbende sei stets und ausnahmslos billiger als seine Mitbewerber.[43]

16 Vergleichende Werbung darf nicht über die **Beschaffenheit** der verglichenen Produkte irreführen. Irreführend ist eine vergleichende Werbung, wenn die dafür ausgewählten Nahrungsmittel in

---

[30] EuGH GRUR 2002, 354, 356 – *Toshiba;* GRUR 2006, 345, 346 – *Siemens/VIPA.*

[31] Vgl. EuGH GRUR 2003, 533, 536 – *Pippig Augenoptik.* Zur Irreführung über die Art des Vertriebs s. § 5 Abschn. E. Rdn. 376 ff.

[32] EuGH GRUR 2003, 533, 537 – *Pippig Augenoptik.*

[33] OLG Hamburg GRUR-RR 2005, 286; OLG Köln GRUR-RR 2005, 324.

[34] EuGH WRP 2006, 1351, 1356 – *Lidl Belgium.*

[35] BGH GRUR 2011, 742, 746 – *Leistungspaket im Preisvergleich.*

[36] BGH GRUR 2011, 742, 746 – *Leistungspaket im Preisvergleich;* vgl. BGH WRP 2012, 133 – *Bester Preis der Stadt.*

[37] BGH GRUR 2011, 742, 746 – *Leistungspaket im Preisvergleich;* vgl. BGH GRUR 2010, 744, 748 – *Sondernewsletter.*

[38] BGH WRP 2012, 1233 – *Bester Preis der Stadt.*

[39] BGH GRUR 2010, 658, 660 – *Paketpreisvergleich.*

[40] BGH GRUR 2010, 251 – *Versandkosten bei Froogle I.*

[41] Zur Werbung mit älteren Testergebnissen der Stiftung Warentest s. unten § 5 Abschn. K Rdn. 23/24.

[42] BGH GRUR 2011, 742, 746 – *Leistungspakete im Preisvergleich* m. Anm. *v. d. Decken/Heim;* GRUR 2010, 1110, 1112 – *Versandkosten bei Froogle II.*

[43] EuGH WRP 2006, 1351, 1356 – *Lidl Belgium.*

Wirklichkeit **objektive Unterschiede** aufweisen, die die Entscheidung des Käufers spürbar beeinflussen können, ohne dass diese Unterschiede aus der Werbung hervorgehen.[44] Gleiches gilt, wenn die Werbung einen unrichtigen Eindruck über das **allgemeine Preisniveau** im Verhältnis zum Mitbewerber erweckt.[45] Irreführend ist die Werbung mit Testergebnissen, wenn sie bei dem angesprochenen Verkehr den **Eindruck einer umfassenden Überprüfung erweckt,** während es bei dem Test tatsächlich nur um die ökologische und gesundheitliche Unbedenklichkeit der Produkte ging.[46] Behauptet ein Anbieter von Saugeinlagen für die Verpackung von frischem Fleisch, Fisch und Geflügel in einem Schreiben an eine Abnehmerin seines Mitbewerbers mit Blick auf dessen Waren, es mache „keinen Sinn, weitgehend unbelastetes Fleisch vom Erzeuger zu verlangen, um es dann mit der Verpackung zu kontaminieren“, liegt darin ein Verstoß gegen das Irreführungsverbot, wenn die Saugeinlagen tatsächlich nicht gegen lebensmittelrechtliche Vorschriften verstoßen und gesundheitlich unbedenklich sind.[47]

4. Waren- und Preistests

17 **a) Begriff und Bedeutung.** Waren- und Preistests können sowohl von den Herstellern bzw. Anbietern selbst („eigene Waren- und Preistests“) als auch von Dritten stammen („Waren- und Preistests Dritter“). Am bekanntesten sind die von der **„Stiftung Warentest“,** einer von der Bundesrepublik errichteten Stiftung bürgerlichen Rechts, durchgeführten und in den Zeitschriften „test“ bzw. „FINANZtest“ veröffentlichten Tests. Die Werbung mit Testergebnissen wickelt seit Juli 2013 die **RAL gGmbH** über ein **„Logo Lizenzsystem“** ab.

18 **b) Selbst veranstaltete Waren- und Preistests.** Vergleichen die **Unternehmer** ihre Produkte oder deren Preise selbst mit denen von **Mitbewerbern,** liegt darin eine geschäftliche Handlung und, wenn die Mitbewerber erkennbar werden, darüber hinaus vergleichende Werbung.[48] Fehlt den Unternehmern, die verglichen werden, die **Mitbewerber**eigenschaft, liegt demgegenüber zwar keine vergleichende Werbung vor. Die geschäftliche Handlung darf aber trotzdem nicht irreführend sein, denn § 5 gilt für irreführende geschäftliche Handlungen jeder Art. Wirbt der Unternehmer mit dem Ergebnis „sehr gut“ eines selbst veranstalteten **Konsumententests,** ist dies irreführend, wenn die befragten Kunden überhaupt keine Möglichkeit hatten, differenzierte Noten als „sehr gut“ zu vergeben, sondern **suggestiv** nur vor die Wahl zwischen einem positivem und einem negativen Urteil gestellt wurden, was Gefälligkeitsantworten provozieren musste.[49] Wer im Internet bei einer Werbung mit einer Kundenbewertung mit **„garantiert echten Meinungen“** wirbt, erweckte beim Kunden den Eindruck, dass positive wie negative Meinungen grundsätzlich ungefiltert veröffentlicht werden und in die Ermittlung der durchschnittlichen **Kundenbewertung** eingehen. Ist diese Kundenerwartung unbegründet, weil die Möglichkeit eines Schlichtungsverfahrens zu einer die Berücksichtigung negativer und neutraler Anbieterbewertung einschränkenden Filterung führen kann, muss zur Vermeidung einer Irreführung deutlich über das **Schlichtungsverfahren** aufgeklärt werden.[50] Wird mit **Kundenempfehlungen oder Referenzschreiben** geworben, darf das Urteil des Kunden nicht **erkauft** sein.[51] Die Verwendung bezahlter Zuschriften ist unzulässig, wenn auf die Bezahlung nicht ausdrücklich hingewiesen wird.[52] Zur Werbung mit **Danksagungen** und **Empfehlungen** s. näher § 5 Abschn. E Rdn. 356ff. Irreführend ist es, wenn ein pharmazeutisches Unternehmen sein verschreibungspflichtiges Hormonpräparat für Frauen in und nach der Menopause unter Bezugnahme auf eine den **wissenschaftlichen Anforderungen nicht genügende** Vergleichsstudie bewirbt, in der das Ergebnis einer Testreihe betr. Präparate mit den jeweiligen Zusammensetzungen und Wirkstoffen wie die Produkte der Parteien geschildert wird.[53] Es darf nicht

---

[44] EuGH GRUR 2011, 159 – *Lidl/Vierzon Distribution.*

[45] EuGH GRUR 2011, 159 – *Lidl/Vierzon Distribution.*

[46] Vgl. OLG Frankfurt OLGR Frankfurt 2006, 1047.

[47] BGH GRUR 2008, 443, 445f. – *Saugeinlagen.*

[48] Vgl. BGH GRUR 2005, 172 – *Stresstest;* GRUR 2011, 742, 746 – *Leistungspakete im Preisvergleich* m. Anm. *v. d. Decken/Heim;* OLG Hamburg GRUR 2000, 530, 532; OLG München Urt. v. 8.2.2007, Az. 29 U 4430/06.

[49] OLG Köln GRUR 1988, 556; Urt. v. 11.7.2003, Az. 6 U 209/02; Magazindienst 2011, 640ff.

[50] BGH, Urt. v. 21.1.2016, Kundenbewertung im Internet, I ZR 252/14, DE:BGH:2016:210116UIZR252.14.0, Rdn. 37f., LS.

[51] OLG Hamm GRUR-RR 2011, 473; Köhler/*Bornkamm,* 34. Aufl. 2016, § 5 Rdn. 2.164.

[52] OLG Hamburg GRUR 1979, 246, 248. Es stellt aber keine „Werbung mit Testergebnissen“ dar, wenn ein Unternehmen in einer Werbeanzeige ohne Fundstellenangabe auf eigene, offenkundig von ihr selbst bezahlte Umfragen zu eigenen Produkten hinweist, OLG Bremden GRUR-RR 2011, 147.

[53] BGH GRUR 2002, 633 – *Hormonersatztherapie.*

verschwiegen werden (sonst § 5a), dass als Basis des im Blickfang mitgeteilten **Prozentsatzes** nicht die Zahl der in einer Vorbefragung ermittelten Teilnehmer, denen das Produkt gratis zu Testzwecken mitgeteilt wurde, sondern nur die Zahl der zurückgeschickten Fragebögen genommen wurde.[54]

c) Werbung von Unternehmen mit Waren- und Preistests neutraler Dritter. Beziehen sich Unternehmer zu Absatzförderungszwecken auf Waren- oder Preistests neutraler Dritter, etwa der **Stiftung Warentest,** in denen ihre Produkte mit denen (erkennbarer) Mitbewerber verglichen werden, machen sie sich diese **zu Eigen.** Handelt es sich um vergleichende Werbung, sind die Anforderungen des **§ 6** zusätzlich zu beachten.[55] Zur Frage, ob **Nr. 2 des Anhangs zu § 3 Abs. 3** einschlägig ist, s. dort Rdn. 3. Nach **§ 5 Abs. 1 S. 2 Nr. 1** kann Bezugspunkt der Irreführung auch das Ergebnis oder ein wesentlicher Bestandteil von Tests sein, s. näher **§ 5 Abschn. C. Rdn. 272 ff.** 19

Unzulässig ist die Werbung mit Testergebnissen Dritter, wenn keine **Fundstelle** für den Test angegeben[56] oder eine Fundstelle zwar genannt wird, diese aber für den Verbraucher **nicht leicht auffindbar**[57] oder **nicht hinreichend lesbar** ist;[58] **siehe näher § 5a Rdn. 91.** 20

Irreführend kann die Werbung mit Testergebnissen Dritter sein, wenn die Werbung aufgrund der **Art der Darstellung** einen falschen Eindruck über die Reichweite oder Aussagekraft des Testergebnisses erweckt,[59] so wenn der Verbraucher aufgrund der konkreten Anordnung des Logos der **„Stiftung Warentest“** in der Werbung dieses auch auf nicht getestete Produkte bezieht.[60] Irreführend ist es auch, für eine einzelne Beratungsstelle mit einer **Testnote** zu werben, die unter Berücksichtigung aller Beratungsstellen der Organisation vergeben wurde und für die betroffene Stelle daher nur **beschränkte Aussagekraft** hat.[61] Nach der Rspr. des OLG Frankfurt impliziert die Angabe **„ÖKO-Test Gesamturteil“,** dass eine umfassende Prüfung unter mehreren Kriterien stattgefunden hat, sodass die Werbung mit dieser Angabe irreführend sein kann, wenn nur die ökologische und gesundheitliche Unbedenklichkeit und nicht auch die Wirksamkeit eines getesteten Shampoos oder Arzneimittels überprüft wurde.[62] 21

Irregeführt werden kann auch über die **Umstände des Zustandekommens des Tests.**[63] Der Verkehr erwartet, dass die Bewertung in dem Bemühen um ein richtiges Testergebnis **neutral, objektiv, sachkundig** und mit **vertretbarem Ergebnis** durchgeführt und der Rang **nicht erschlichen** wurde;[64] sind diese Voraussetzungen nicht erfüllt, kann die Werbung irreführend sein. Hingegen liegt eine relevante Irreführung in aller Regel nicht schon deshalb vor, weil sich ein in einem seriösen Verfahren vergebener und nicht erschlichener Rang als **objektiv unrichtig** erweist.[65] Die Werbung mit Testergebnissen der **„Stiftung Warentest“** und ähnlicher Organisationen versteht der Verkehr nämlich in aller Regel nicht im Sinne einer objektiven Richtigkeit, sondern dahin, dass der Rang in einem neutralen, objektiven und sachkundigen Verfahren verliehen und nicht erschlichen wurde. Es darf aber nicht der Eindruck erweckt werden, dass es sich bei dem Testveranstalter um ein unabhängiges Testinstitut handelt, z. B. eine öffentliche oder unter öffentlicher Aufsicht stehende Einrichtung, wenn das nicht zutrifft.[66] Spiegelt der Test nur die **subjektive** Einschätzung der Verbraucher wider, muss zum einen das subjektive Element des Tests in der Werbung deutlich 22

---

[54] OLG Köln Magazindienst 2011, 640 ff.

[55] Vgl. EuGH, Urt. v. 13.3.2014, *Posteshop,* C-52/13, EU:C:2014:150, Rdn. 28 f. Zum Verhältnis irreführender und vergleichender Werbung s. auch oben Rdn. 4 und § 5 Abschn. A Rdn. 35, Abschn. B Rdn. 121.

[56] BGH GRUR 1991, 679 – *Fundstellenangabe;* GRUR 2010, 248, 251 Rdn. 30/31 – *Kamerakauf im Internet;* OLG Karlsruhe Urt. v. 13.10.2011, Az. 4 U 141/11; KG GRUR-RR 2011, 278, 279; krit. dazu *Franz,* WRP 2016, 439, 445.

[57] BGH GRUR 2010, 248, 251 Rdn. 30 – *Kamerakauf im Internet* (zu § 5a Abs. 2); OLG Oldenburg Magazindienst 2015, 1049, juris-Rdn. 28. – Ebenso bereits zum alten Recht BGH GRUR 1982, 437, 438 – *Test Gut;* GRUR 1991, 679 – *Fundstellenangabe.*

[58] KG Berlin Magazindienst 1993, 198; Magazindienst 2011, 342; OLG Celle GRUR-RR 2011, 278; OLG Stuttgart Magazindienst 2011, 436; OLG Oldenburg Magazindienst 2015, 1049, juris-Rdn. 31.

[59] Vgl. BGH GRUR 2005, 877, 879 – *Lohnsteuerhilfeverein;* GRUR 2015, 906, 907 Rdn. 18 – *TIP der Woche.*

[60] BGH GRUR 1991, 679 – *Fundstellenangabe;* GRUR 2010, 248, 251 Rdn. 30/31 – *Kamerakauf im Internet;* OLG Karlsruhe Urt. v. 13.10.2011, Az. 4 U 141/11; KG GRUR-RR 2011, 278, 279.

[61] BGH WRP 2005, 1242, 1245 ff. – *Werbung mit Testergebnis.*

[62] OLG Frankfurt OLGR Frankfurt 2006, 1047; GRUR-RR 2014, 410.

[63] GK/*Glöckner,* 2. Aufl. 2013, § 6 Rdn. 637; *Ohly*/Sosnitza, 6. Aufl. 2014, § 6 Rdn. 79.

[64] BGH GRUR 1961, 189, 190 – *Rippenstreckmetall;* GRUR

[65] BGH GRUR 2003, 800, 802 – *Schachcomputerkatalog;* OLG Frankfurt GRUR 2003, 85; OLG Köln GRUR-RR 2011, 275 277; *Köhler*/Bornkamm, 34. Aufl. 2016, § 6 Rdn. 199.

[66] OLG Brandenburg WRP 2012, 1123; GK/*Glöckner,* 2. Aufl. 2013, § 6 Rdn. 636; Gloy/Loschelder/Erdmann/*Hasselblatt,* § 60 Rdn. 93.

gemacht werden und zum anderen die Bewertung der Verbraucher ausschließlich auf Eigenschaften des Produkts beruhen und von äußeren Umständen unbeeinflusst sein.[67]

23 Wer seine Ware mit dem Aufdruck **„Stiftung Warentest: gut"** versieht, suggeriert ein zumindest überdurchschnittliches Abschneiden seines Produkts; die Werbung ist daher irreführend, wenn alle anderen getesteten Produkte mit „sehr gut" benotet wurden,[68] oder wenn das Erzeugnis mit dieser Note unter dem Noten-Durchschnitt der getesteten Waren geblieben ist und der Werbende die Zahl und die Noten der besser beurteilten Erzeugnisse nicht angibt.[69] **„Sieger der Stiftung Warentest"** darf sich nur nennen, wer unter Berücksichtigung sämtlicher Beurteilungskritierien insgesamt am besten abgeschnitten hat.[70] Die Verbrauchererwartung geht dahin, dass jeweils das Ergebnis des jüngsten Tests angegeben wird, so dass irreführend wirbt, wer einen älteren **(„veralteten") Test** verwendet, in dem sein Produkt besser abgeschnitten hat, ohne dies für den durchschnittlich informierten, verständigen und aufmerksamen Umworbenen deutlich zu machen.[71] Für ein technisch fortentwickeltes Produkt darf nicht mit einem Test geworben werden, der sich auf das **Vorgängermodell** bezieht.[72] Die wettbewerbsrechtliche Relevanz der Irreführung entfällt auch nicht dadurch, dass das aktuelle Produkt dem früheren überlegen ist,[73] wohl aber möglicherweise, wenn es nur darum geht, dass das Produkt in einer anderen, über schlechtere Umwelteigenschaften verfügenden Verpackung getestet wurde.[74]

24 Hingegen ist die Werbung mit Testergebnissen der Stiftung Warentest nicht deshalb irreführend, weil der Zeitpunkt der Testveröffentlichung schon längere Zeit zurückliegt, wenn **noch kein jüngeres Testergebnis** vorliegt. Dem Verbraucher ist klar, dass Tests der Stiftung Warentests in größeren zeitlichen Abständen durchgeführt werden. Die Werbung mit **älteren Testergebnissen der Stiftung Warentest** ist grundsätzlich unbedenklich, wenn der Zeitpunkt ihrer Veröffentlichung erkennbar gemacht wird, für die Produkte keine neueren Prüfungsergebnisse vorliegen und die angebotenen Produkte mit den seinerzeit geprüften gleich und auch nicht durch neuere Entwicklungen überholt sind.[75]

25 Die Werbung mit dem Testergebnis der Stiftung Warentest ist auch nicht bereits deshalb irreführend, weil das Unternehmen ohne eine **„RAL Logo Lizenz"** oder unter Verstoß gegen die Allgemeinen Vertragsbedingungen im **„Logo-Lizenzvertrag"** der RAL gGmbH zur Werbung mit Testergebnissen der Stiftung Warentest wirbt.[76] Insbesondere ergibt sich dies nicht daraus, dass die Werbung nur das **Testergebnis eines Einzelmerkmals** angibt, nicht aber das Gesamturteil,[77] sofern hierdurch kein unrichtiger oder verzerrender Eindruck entsteht. Der BGH war früher zwar davon ausgegangen, dass die **Empfehlungen der Stiftung Warentest** zur „Werbung mit Testergebnissen" zu berücksichtigen sind.[78] Diese Rechtsprechung ist inzwischen im Hinblick auf die Notwendigkeit richtlinienkonformer Auslegung der §§ 5, 5a, 6 UWG überholt. Etwas anderes ergibt sich auch nicht aus dem 10. Erwägungsgrund der Richtlinie 2006/114/EG,[79] nach dem die innerstaatlichen Bestimmungen über vertragliche und außervertragliche Haftung unberührt bleiben, denn dabei geht es nur um das Verhältnis zwischen Vertragsrecht und Recht des unlauteren Wettbewerbs. Das Bemühen des europäischen Gesetzgebers um europaweite Einheitlichkeit des Schutzes (vor) vergleichender Werbung würde durchkreuzt, wenn nationale Institutionen und Verbände über ihre Empfehlungen für die Werbewirtschaft einen – regional begrenzten – Einfluss auf den Schutzstandard nehmen könnten.

26 Das UWG entbindet nicht von **urheberrechtlichen bzw. vertraglichen Verpflichtungen.** Wer einen fremden Test in einer das Urheberrecht des Testveranstalters berührenden Weise benut-

[67] OLG Köln WRP 2011, 362.
[68] BGH GRUR 1991, 679 – *Fundstellenangabe.*
[69] BGH GRUR 1982, 437 – *Test Gut.*
[70] LG Bielefeld, Urt. v. 14.4.2011, Az. 12 O 16/11.
[71] BGH GRUR 1985, 932 – *Veralteter Test.*
[72] BGH GRUR 1985, 932 – *Veralteter Test.*
[73] Näher zur Relevanz § 5 B Rdn. 155 ff.
[74] OLG Köln GRUR-RR 2011, 275.
[75] BGH GRUR 1985, 932 – *Veralteter Test;* Urt. v. 15.8.2013, I ZR 197/12, WRP 2014, 67, juris-Tz. 8. Demgegenüber gilt bei Preisvergleichen von Unternehmern ein Aktualitätserfordernis, s. BGH GRUR 2011, 742, 746 – *Leistungspakete im Preisvergleich* m. Anm. *v. d. Decken/Heim;* GRUR 2010, 1110, 1112 – *Versandkosten bei Froogle II.*
[76] *Köhler*/Bornkamm, 34. Aufl. 2016, § 6 Rdn. 210.
[77] OLG Celle GRUR-RR 2005, 286; *Köhler*/Bornkamm, 34. Aufl. 2016, 6 Rdn. 210.
[78] BGH GRUR 1991, 679 – *Fundstellenangabe.*
[79] So aber *Köhler*/Bornkamm, 34. Aufl. 2016, § 6 Rdn. 210, der allerdings im Einklang mit der hier vertretenen Auffassung eine Verpflichtung zur Angabe des Gesamt-Testergebnisses verneint.

zen will, muss daher die Zustimmung des Urhebers einholen, wenn die Verwertung nicht durch eine der Schranken des UrhG gedeckt ist.[80]

d) Testveröffentlichung durch den Testveranstalter. Werden Waren- oder Preistests von neutralen Dritten wie der „Stiftung Warentest", von Verbraucherverbänden, von Wissenschaftlern oder von den Medien. durchgeführt und veröffentlicht, **werben die Testveranstalter dadurch i. d. R. nicht selbst vergleichend** i. S. d. §§ 5 Abs. 3, 6 UWG, weil ihre Tätigkeit nicht darauf zielt, den Absatz der Produkte eines der am Test beteiligten Mitbewerber zu fördern, sondern wettbewerbsfremde Ziele im Vordergrund stehen. 27

Gleiches gilt für die Veröffentlichung von **Ranking-Listen** durch Verlage, in denen gegliedert nach Reputation, Kompetenz o. ä. Unternehmer bestimmter Branchen aufgeführt werden. Wie der BGH in seiner das JUVE-Handbuch betreffenden Entscheidung aus dem Jahre 2006 entschieden hat, stellt die Veröffentlichung von Ranglisten, in denen Rechtsanwälte nach Recherchen des **Verlags** in einer Reihenfolge auf Grund der subjektiven Einschätzung ihrer Reputation aufgeführt werden, **i. d. R. keine vergleichende Werbung** dar.[81] In der Durchführung bzw. Veröffentlichung derartiger Tests durch **neutrale** Dritte liegt, selbst wenn die Veröffentlichung in eigenen Blättern geeignet ist, deren Absatz zu fördern, im Allgemeinen auch **keine geschäftliche Handlung,** s. näher die Kommentierung zu § 2, so dass wettbewerbsrechtliche Ansprüche wegen Veröffentlichung des Tests gegen den Testveranstalter zumeist nicht gegeben sind.[82] 28

Eine einseitige oder verzerrende **Darstellung der Testergebnisse** kann allerdings ein Indiz dafür sein, dass es dem Verlag oder sonstigen Dritten in Wahrheit darum geht, den Absatz bzw. Wettbewerb eines anderen zu fördern.[83] Auch eine personelle oder wirtschaftliche Verflechtung mit dem für die Erstellung der Studie verantwortlich zeichnenden Institutsleiter kann Anlass für diese Annahme geben.[84] Auch wenn die Veröffentlichung des Tests keine geschäftliche Handlung ist, ist denkbar, dass der Testveranstalter im Zusammenhang mit der **Vermarktung des Tests** im Sinne des § 2 Nr. 1 handelt. Schließt der Testveranstalter z. B. über die Benutzung der Tests zur Werbung **Gestattungsverträge,** kann darin eine geschäftliche Handlung zu sehen sein. Das OLG Frankfurt hat den Testveranstalter, der mittels Gestattungsverträgen die Verwendung seiner Labels ermöglicht hat, zum Hinweis darauf verpflichtet gesehen, dass der Test „nur" die ökologische und gesundheitliche Unbedenklichkeit, nicht aber eine umfassende Überprüfung zum Gegenstand gehabt habe.[85] 29

Gegen die Veröffentlichung durch den Testveranstalter kann, wenn es an einer geschäftlichen Handlung fehlt, nur nach **§§ 823, 824, 826, 1004 BGB** vorgegangen werden.[86] Nach ständiger Rechtsprechung ist die Veröffentlichung von Waren- und Preistests in diesem Fall zulässig, wenn die dem Bericht zugrunde liegenden Untersuchungen **neutral, sachkundig und objektiv** – letzteres im Sinne des Bemühens um objektive Richtigkeit[87] – durchgeführt worden sind und **sowohl die Art des Vorgehens bei der Prüfung als auch die aus den Untersuchungen gezogenen Schlüsse vertretbar, d. h. diskutabel,** erscheinen.[88] Die erforderliche Neutralität der Untersuchung ist nicht gewährleistet, wenn zur Durchführung Mitarbeiter[89] oder Geräte[90] von Herstellern oder Anbietern der geprüften Produkte eingesetzt werden. An der Objektivität des Tests fehlt es, wenn die Darstellung missverständlich ist.[91] Um eine sachkundige Durchführung der Untersuchung 30

---

[80] Der zehnte Erwägungsgrund der Richtlinie 2006/114/EG über irreführende und vergleichende Werbung hält ausdrücklich fest: „Werden in der vergleichenden Werbung die Ergebnisse der von Dritten durchgeführten vergleichenden Tests angeführt oder wiedergegeben, so gelten die internationalen Vereinbarungen zum Urheberrecht und die innerstaatlichen Bedingungen über vertragliche und außervertragliche Haftung."

[81] BGH GRUR 2006, 875, 876 – *Anwaltsranking.*

[82] Vgl. BGH GRUR 1997, 942 ff. – *Druckertest;* GRUR 1998, 167 – *Restaurantführer;* OLG München GRUR-RR 2006, 208.

[83] OLG Frankfurt, Magazindienst 2006, 1000, Tz. 53 ff.; LG München, Urt. v. 24.10.2007, Az. 1 HK O 17240/07 mit Anm. *Huff* EWiR 2008, 61; vgl. BGH GRUR 2006, 875, 877 – *Anwaltsranking; Ahrens* in: FS Ullmann, S. 565, 773.

[84] LG München, Urt. v. 24.10.2007, Az. 1 HK O 17240/07 mit Anm. *Huff* EWiR 2008, 61.

[85] OLG Frankfurt, Magazindienst 2006, 1000.

[86] BGH GRUR 1976, 268, 269 – *Warentest II;* GRUR 1999, 69, 70 – *Preisvergleichsliste II;* vgl. OLG Hamburg WRP 2012, 484, 389: Vorgehen eines Hotelbetreibers gegen Bewertungen auf einem Hotelbewertungsportal.

[87] BGH GRUR 1987, 468, 469 – *Warentest IV.*

[88] BGHZ 65, 325, 328, 334 f.; BGH VersR 1987, 783 f.; VersR 1989, 521 f.; GRUR 1997, 942 ff. – *Druckertest;* OLG München GRUR-RR 2006, 208.

[89] OLG Frankfurt GRUR 2003, 85.

[90] OLG München NJW-RR 1997, 1330.

[91] OLG Karlsruhe NJW-RR 2003, 177.

zu gewährleisten, müssen qualifizierte, erfahrene und unparteiliche Prüfer eingesetzt werden, die mit der entsprechenden Sorgfalt vorgehen.[92]

31 Genügt der Test den genannten Anforderungen, ist dem Testveranstalter im Hinblick auf die Grundrechte der Meinungs- und Pressefreiheit[93] für die Darstellung seiner Ergebnisse ein erheblicher **Ermessensfreiraum** einzuräumen.[94] Nicht mehr hinzunehmen ist die Veröffentlichung eines Testberichts erst, wenn in ihm unter Verstoß gegen § 824 Abs. 1 BGB **unwahre** Tatsachen behauptet werden,[95] die Darstellung auf **Schmähkritik** hinausläuft[96] oder wenn durch eine als Werturteil anzusehende Testaussage rechtswidrig in den nach § 823 Abs. 1 BGB geschützten eingerichteten und ausgeübten Gewerbebetrieb des betroffenen Unternehmers eingegriffen wird.[97] An der für § 823 Abs. 1 BGB erforderlichen **Betriebsbezogenheit** des Eingriffs fehlt es dabei i. d. R., wenn Konkurrenzprodukte zu gut bewertet oder schlechtere Produkte nicht erwähnt werden, denn dies berührt die Bewertung des betroffenen Produkts nur am Rande.[98]

32 Zur Irreführung durch Verwendung von **Prüf- und Gütezeichen** näher § 5 Abschn. C Rdn. 277 ff. sowie Nr. 2 und 4 des Anh. zu § 3 Abs. 3.

Zur Irreführung durch **zu Eigen machen fremder Angaben** s. **§ 5 Abschn. B Rdn. 98 ff.**, zu **Angaben zugunsten Dritter** und **Angaben über Dritte § 5 Abschn. B Rdn. 100 ff.**

5. Allgemein gehaltener Vergleich

33 Ein Vergleich, der Systeme, Warenarten u. ä. vergleicht, die Anbieter dieser Produkte oder Dienstleistungen aber nicht erkennen lässt, ist keine „vergleichende Werbung". Ebenso wenig werden vom Begriff der vergleichenden Werbung Waren- und Preistests erfasst, die lediglich allgemein einen Überblick über die Marktstruktur geben, ohne einzelne Mitbewerber erkennbar zu machen. Solche allgemein gehaltenen Vergleiche fallen nicht unter §§ 5 Abs. 3, 6 UWG; ihre Zulässigkeit bemisst sich nach den allgemeinen Grundsätzen.[99] Nach Sinn und Zweck der Richtlinie vergleichende Werbung, die Anforderungen an vergleichende Werbung zu liberalisieren, dürfen an den allgemein gehaltenen Vergleich aber **keine strengeren Anforderungen als an die vergleichende Werbung** gestellt werden.[100]

34 Allgemeine Vergleiche dienen der Information der Verbraucher und fördern die Markttransparenz.[101] Ein schützenswertes Interesse an ihrer Durchführung besteht aber nur, wenn der Vergleich **wahr** ist und beim Umworbenen **keinen unzutreffenden Eindruck** über die verglichenen Produkte oder Dienstleistungen erweckt. Besteht die Gefahr, dass der Durchschnittsverbraucher, der der Werbung situationsangemessen aufmerksam gegenüber tritt, durch die Werbung mit einem allgemein gehaltenen Vergleich irregeführt wird, verstößt diese gegen § 5 UWG.[102] Es dürfen nicht **einseitig** bestimmte Eigenschaften der Waren bzw. Dienstleistungen herausgestellt werden, wenn dadurch das Gesamtbild verzerrt und ein insgesamt falscher Eindruck hervorgerufen wird.[103] Der Vergleich muss außerdem **sachlich** gehalten und **nachprüfbar** sein und darf die Konkurrenzerzeugnisse oder Wettbewerber nicht pauschal abwerten.[104] Die Werbung mit einem Preistest, in dem die Preise sechs verschiedener, für den Verbraucher nicht identifizierbarer Verbrauchermärkte miteinander verglichen wurden mit dem Ergebnis, dass die Wettbewerber des Werbenden „um 2,56 bis 6,37% teurer" seien, hat der BGH deshalb als unlauter angesehen.[105] Die hiergegen gerichtete Verfassungsbeschwerde hat das BVerfG nicht zur Entscheidung angenommen.[106]

---

[92] BGH GRUR 1997, 942, 944 – *Druckertest.*

[93] Siehe BVerfG WRP 2003, 69 ff. – *Anwalts-Ranglisten;* so auch schon nach altem Recht BGH WRP 1998, 1065, 1067 – *Preisvergleichsliste II.*

[94] BGH GRUR 1997, 942 – *Druckertest;* OLG München GRUR-RR 2006, 208.

[95] BGHZ 65, 325, 328 f.; BGH VersR 1986, 368 f.; VersR 1989, 521 f.; GRUR 1997, 942 ff. – *Druckertest;* GRUR 1998, 167 – *Restaurantführer.*

[96] Vgl. BGH GRUR 1986, 812, 814 – *Gastrokritiker;* GRUR 1998, 167 – *Restaurantführer;* s. auch BVerfG GRUR 2008, 81 ff. – *Pharmakartell* (zur vergleichenden Werbung).

[97] BGHZ 65, 325, 328 ff.; BGH VersR 1987, 785; GRUR 1997, 942 ff. – *Druckertest.*

[98] BGH GRUR 1987, 468, 469 – *Warentest IV.*

[99] So zum alten Recht BGH WRP 1999, 1141, 1144 – *Generika-Werbung;* Piper/*Ohly*/Sosnitza, § 6 Rdn. 79 m. w. N.

[100] *Plaß* in: HK-WettbR, § 1 Rdn. 522.

[101] *Plaß* in: HK-WettbR, § 1 Rdn. 522.

[102] BGH NJW 1986, 319 – *Großer Werbeaufwand.*

[103] OLG München WRP 2015, 104, 111; *Köhler*/Bornkamm, 34. Aufl. 2016, § 6 Rdn. 199.

[104] BGH NJW 1986, 319 – *Großer Werbeaufwand;* WRP 1988, 525, 526 – *Krankenkassen-Fragebogen;* NJW 1996, 3153 – *Preistest;* WRP 1999, 1141, 1144 – *Generika-Werbung; Plaß* in: HK-WettbR, § 1 Rdn. 522.

[105] BGH NJW 1996, 3153 – *Preistest.*

[106] BVerfG GRUR 2003, 349 – *Preistest.*

II. Bildliche Darstellungen und sonstige Veranstaltungen

Auch eine bildliche Darstellung kann irreführende geschäftliche Handlung und sogar „Aufforderung zum Kauf" i. S. d. Art. 2 lit. i) UGP-Richtlinie (vgl. § 5a Abs. 3 UWG) sein.[107] § 5 Abs. 3 hat letztlich nur klarstellenden Charakter. 35

Eine Angabe in Form einer **bildlichen Darstellung** enthalten beispielsweise die Abbildung eines hochpreisigen Geräts nebst Preisangabe[108] wie auch die bildliche Darstellung eines Snacks „zum Probierpreis von nur 1,99 €".[109] Ebenso genügt die Angabe einer aus Zeichen oder Zahlen bestehenden Internetadresse.[110] Der Aufdruck des „Grünen Punktes" auf Verpackungen kann den Eindruck einer Wiederverwertbarkeit durch das Duale System Deutschland erwecken.[111] 36

Eine Angabe in Form einer **„sonstigen Veranstaltung"** kann das **Hühnergegackere** in der Werbung für Pasta sein,[112] oder das Abspielen des **Hochzeitsmarsches** als Hinweis auf die Verwendbarkeit des Kleides als Hochzeitskleid. Es können **Formen der Ware oder Verpackung** sein, z. B. die Mengenangabe durch Überdimensionierung der Verpackung oder die eine bestimmte Herkunft aus einem lokalen Gebiet symbolisierende Form der Weinflasche. Denkbar sind auch **Farben,** etwa die Abbildung der Flagge als Hinweis auf die geographische Herkunft der Ware,[113] die zugleich bildliche Darstellung ist. **Gerüche,** z. B. der künstlich erzeugte Frischegeruch als Hinweis auf die besondere Frische des beworbenen Gemüses, und **Gefühlseindrücke** wie die Weiche des Testhandtuchs, die dem potentiellen Kunden einen Eindruck davon verschaffen soll, wie weich das beworbene Waschmittel angeblich wäscht, sind ebenfalls „sonstige Veranstaltungen". 37

L. § 5 Abs. 4 (Irreführende Werbung mit Preisherabsetzungen)

„Es wird vermutet, dass es irreführend ist, mit der Herabsetzung eines Preises zu werben, sofern der Preis nur für eine unangemessen kurze Zeit gefordert worden ist. Ist streitig, ob und in welchem Zeitraum der Preis gefordert worden ist, so trifft die Beweislast denjenigen, der mit der Preisherabsetzung geworben hat."

Inhaltsübersicht

Rdn.
I. Einführung ... 1
II. Rechtsprechungsgrundsätze für Preissenkungswerbung ... 2
III. Vermutung der Irreführung (§ 5 Abs. 4 Satz 1 UWG) ... 6
IV. Beweislastregelung (§ 5 Abs. 4 Satz 2 UWG) ... 8

I. Einführung

§ 5 Abs. 4 UWG enthält eine Sonderregelung für die **Preissenkungswerbung.** Zu den verschiedenen Arten der Werbung mit Preissenkungen siehe § 5 Kap. D Rdn. 36 ff. Die mit deutlichem Abstand **beliebteste Form des Preisvergleichs** – und damit auch die wichtigste Variante der Eigenpreisvergleiche – ist die Werbung mit Preisherabsetzungen. Bekanntlich übt die Vorstellung, eine Ware oder Dienstleistung von einem Anbieter günstiger als bisher erhalten zu können, auf das Publikum eine starke Anlockwirkung aus. Eine solche Werbung mit Preisherabsetzungen – sei es in Form der Gegenüberstellung der eigenen Alt- und Neupreise oder in sonstiger Weise (z. B. durch Prozentangaben) – ist wettbewerbsrechtlich grundsätzlich zulässig; sie darf den Verkehr allerdings nicht über die herausgestellte Sparwirkung und die besondere Preisgünstigkeit, die ihn zum Kauf veranlassen soll, irreführen.[1] Ferner handelt es sich bei Preisnachlässen um Verkaufsförderungsmaßnahmen i. S. v. § 4 Nr. 4 UWG a. F., weshalb die Bedingungen für die Inanspruchnahme 1

[107] EuGH, Urt. v. 12.5.2011, *Ving Sverige,* C-122/10, EU:C:2011:299, Rdn. 42 ff., 49.
[108] BGH GRUR 2002, 715 ff. – *Scanner-Werbung.*
[109] OLG Hamm, GRUR-RR 2014, 404 ff.
[110] Vgl. BGH GRUR 2001, 1061, 1064 – *Mitwohnzentrale.de.*
[111] BGH GRUR 2004, 613 – *Schlauchbeutel.*
[112] Vgl. BGH GRUR 1961, 544 – *Hühnergegacker.*
[113] Vgl. BGH GRUR 1982, 685 – *Ungarische Salami II;* OLG Köln GRUR-RR 2006, 286.
[1] BGH GRUR 2000, 337, 338 – *Preisknaller.*

des Preisnachlasses im Sinne dieser Vorschrift klar und eindeutig angegeben werden mussten. Mit der UWG Reform 2015 ist § 4 Nr. 4 zwar weggefallen, der Gesetzgeber ging dabei aber davon aus, dass sich eine entsprechende Informationspflicht aus §§ 5, 5a UWG ergibt, so dass es in der Sache im Ergebnis keine Änderungen geben soll.

1a Die Rechtsprechung zu § 3 UWG a. F. hatte bereits differenzierte Grundsätze für die Beurteilung der Preissenkungswerbung entwickelt, die auch im Grundsatz fortgelten.[2] Die tatsächliche Vermutung in Abs. 4 Satz 1 und die Beweislastregel in Abs. 4 Satz 2 sind für diesen Bereich keine abschließende Spezialregelung zum allgemeinen Irreführungsverbot. Vielmehr sind sie als **flankierende Bestimmungen** ergänzend zu berücksichtigen. Ziel dieser ergänzenden Regelung ist es vor allem, dem im Zusammenhang mit dem Wegfall des früheren Verbots für Sonderveranstaltungen befürchteten gesteigerten Irreführungspotenzial bei der Preissenkungswerbung entgegenzuwirken.

II. Rechtsprechungsgrundsätze für Preissenkungswerbung

2 Die Werbung mit Preisherabsetzungen verstößt gegen § 5 UWG, wenn der **frühere Preis vorher entweder überhaupt nicht, nicht in letzter Zeit oder jedenfalls nicht ernsthaft gefordert wurde,** wenn **überhöhte Preise** angesetzt worden waren, um eine Preissenkung vortäuschen zu können, oder wenn sonst über das **Ausmaß der Preissenkung irregeführt** wurde.[3] Die Darlegungs- und Beweispflicht für die frühere Preisgestaltung traf bereits nach bisheriger Rechtsprechung den Werbenden.[4] Der frühere Preis muss für die konkret angebotenen Waren – bei nach Gattung beworbener Ware bzw. vertretbaren Sachen zumindest für andere Waren derselben Gattung, Art und Güte[5] verlangt worden sein. Ob der frühere Preis ernsthaft gefordert wurde, ist nach den Umständen des Einzelfalls zu beurteilen, wobei u. a. die Art der Ware/Leistung und die Wettbewerbssituation (auch das allgemeine Preisniveau) eine Rolle spielen können.[6] Besonders wesentlich, wenn auch per se nicht immer ausschlaggebend, ist der **Zeitraum, in dem der alte Preis verlangt wurde,** als Indiz für die Ernsthaftigkeit der Preisstellung. Es gibt keinen einheitlichen Mindestzeitraum, der stets Ernsthaftigkeit indizierte.[7] Bei Markenspirituosen im Einzelhandel sah der BGH **zwei Monate** als ausreichend an;[8] dies wird man bei Konsumgütern mit vergleichbaren Preisen und Vertriebsformen als grobe Richtschnur für den Mindestzeitraum zugrunde legen können. Drei Wochen sind in der Regel zu kurz,[9] eine Woche ohnehin.[10] Bei höherwertigen Gütern wird der Mindestzeitraum eher länger anzusetzen sein. In der **Teppichbranche** kann auch die Höhe der Preisherabsetzung ein Indiz gegen die Ernsthaftigkeit des behaupteten früheren Preises sein.[11] In seiner Entscheidung *Teppichpreiswerbung*[12] stellte der BGH jedoch klar, dass es auch bei höherwertigen Gütern übertrieben wäre, eine Geltung des bisherigen Preises für einen Zeitraum von 6 Monaten zu verlangen;[13] nach der erwähnten Entscheidung steht es einer zulässigen Preissenkungswerbung auch nicht unbedingt entgegen, dass der herabgesetzte Preis in dem halben Jahr vor der Werbung bereits schon einmal für die betreffende Ware (mit anschließender Preiserhöhung) verlangt wurde.[14]

3 Dieser früheren Rechtsprechung entspricht im Wesentlichen die Sonderreglung in Abs. 4 Satz 1, wonach **vermutet** wird, dass es irreführend ist, mit der Herabsetzung eines Preises zu werben, wenn dieser Preis nur für eine **unangemessen kurze Zeit** gefordert worden ist.[15] An der Geltung

---

[2] Unten Rdn. 2 ff.

[3] Z. B. BGH GRUR 2000, 337, 338 – *Preisknaller;* GRUR 1999, 507, 508 – *Teppichpreiswerbung;* BGH GRUR 1975, 78 f. – *Preisgegenüberstellung I;* GRUR 1995, 165, 166 – *Kosmetikset;* BGH GRUR 1996, 796 ff. – *Setpreis;* OLG Bremen WRP 1994, 212; LG Frankfurt/Oder MD 2001, 94, 96.

[4] BGH a. a. O. – *Preisgegenüberstellung I;* allerdings kein Auskunftsanspruch für Mitbewerber und Verbände, BGH GRUR 1978, 54 f. – *Preisauskunft;* vgl. nunmehr § 5 Abs. 4 Satz 2 u. Rdn. 8.

[5] Vgl. BGH GRUR 1999, 507, 508 – *Teppichpreiswerbung;* OLG Karlsruhe WRP 1979, 225 f.

[6] Vgl. BGH a. a. O. – *Preisgegenüberstellung I.*

[7] BGH GRUR 1999, 507, 508 – *Teppichpreiswerbung;* Beispiele bei *Schramm/Schrade* WRP 1970, 204, 206.

[8] GRUR 1978, 652, 654 – *mini-Preis;* OLG Hamburg MD 1998, 626, 629 lässt auch sechs Wochen ausreichen.

[9] Vgl. OLG Hamm WRP 1977, 814 f. zu rasch geänderten „Testpreisen" bei schwer absetzbaren Waren; großzügiger OLG Düsseldorf WRP 1987, 250 ff. bei Kaffeepreisen.

[10] OLG Stuttgart WRP 1996, 791, 796.

[11] Vgl. LG München I WRP 2000, 248 f.

[12] BGH GRUR 1999, 507 ff.

[13] BGH, a. a. O. S. 508 f.

[14] Anders für den Bereich der Unterhaltungselektronik noch KG GRUR 1999, 769.

[15] Näher unten Rdn. 6.

der soeben dargestellten Rechtsprechungsgrundsätze ändert dies im Prinzip nichts Wesentliches. Wenn der alte Preis „unangemessen kurze Zeit“ gefordert wurde, war dies bereits vor der UWG Reform 2008 ein Indiz für die fehlende Ernsthaftigkeit der Preisstellung. Auch wenn der alte Preis nicht für eine „unangemessen kurze Zeit“ gefordert wurde, können unter besonderen Umständen (wenn auch in der Praxis wohl eher selten) noch andere Gesichtspunkte dafür sprechen, dass er nicht ernsthaft gefordert wurde (und die Preissenkungswerbung daher dennoch irreführend ist).

Der frühere höhere Preis muss grundsätzlich vom mit der Preissenkung werbenden Unterneh- **3a** men bzw. **in der beworbenen Verkaufsstelle** gefordert worden sein. Wird allerdings in einer neuen Filiale mit einer Preissenkung im Vergleich zu alten Preisen der bereits vorhandenen Filialen geworben, verstößt dies nicht gegen § 5 UWG, wenn die alten Preise dort ernsthaft gefordert und nunmehr generell herabgesetzt wurden.[16]

Bei einer auf Prozentbasis beworbenen (und damit zu berechnenden) Preissenkung ist grundsätz- **3b** lich der unmittelbar vor Wirksamwerden der Preissenkung geltende Preis als Berechnungsgrundlage zugrunde zu legen. Wird tatsächlich ein (angeblich) höherer Altpreis als Berechnungsbasis benutzt, ist dies selbstverständlich irreführend und nach Lage des Falls auch das Vortäuschen eines „besonderen Preisvorteils“ i. S. v. § 5 Abs. 1 S. 2 Nr. 2; Abs. 4 ist in solchen Fällen nicht einschlägig.[17] Wenn daher mit dem Slogan **„20 % auf alles“** geworben wird, dann bezieht der Verkehr dies dem Wortsinn entsprechend auf alle zuvor verlangten Preise, es sei denn ein zuvor angekündigter Sonderpreis wurde erkennbar nur für einen bestimmten Zeitraum vor Beginn der Rabattaktion gewährt.[18]

Preissenkungswerbung ist **Neuheitswerbung,** bei der **Aktualität** der Änderung erwartet wird.[19] **4** Welche Aktualität der Preissenkung erwartet wird bzw. wie lange ein Hinweis auf sie zulässig ist, hängt von den Umständen, namentlich der Art der Waren/Leistungen, der Wettbewerbssituation, den Verhältnissen des Betriebs und der Art der Ankündigung ab.[20] Soweit Preisänderungen für die betreffende Ware/Leistung allgemein oder jedenfalls bei dem anbietenden Unternehmen häufig sind, wird die Zeitspanne zulässiger Preissenkungswerbung kurz sein;[21] ebenso sind Ankündigungen einer soeben erfolgten Preissenkung (z. B. ***„ab sofort im Preis reduziert“***) irreführend, wenn die Preissenkung bereits vor Erscheinen der Werbung erfolgte.[22] Auch die beliebte Werbung mit ***„Jetzt … (reduziert usw.)“*** suggeriert eine besondere Aktualität, allerdings nicht in demselben Maß wie *„ab sofort“*,[23] man wird sie daher für einige Tage zulassen können. Dagegen erweckt die bloße Bezugnahme auf einen *„ehemaligen Preis“* in einer Anzeige nicht notwendig die Verkehrserwartung, dass die Preissenkung exakt zum Zeitpunkt des Erscheinens dieser Anzeige erfolgt ist.[24] Der Umstand, dass für die Ware schon einmal mit dem neuen Preis geworben worden ist (auch wenn dies ohne Hinweis auf die Preisherabsetzung geschah), schließt nicht für sich genommen die Zulässigkeit der Werbung mit der Preisherabsetzung aus;[25] der Verkehr hat sich an die zeitlich gestaffelte, **mehrfache Bewerbung** aus Anlass eines aktuellen Ereignisses gewöhnt.[26] Auch die **Art der Ware** spielt eine Rolle. Für langlebige Wirtschaftsgüter wie Möbel oder Teppiche gilt etwas anderes als für Waren des täglichen Bedarfs und insbesondere leicht verderbliche Lebensmittel.[27] Bei einer Preissenkung nach **lange gleich bleibendem Preis** und bei **Luxusartikeln,** bei denen nicht gleich nach der ersten Ankündigung der Preissenkung mit einem Verkauf zu rechnen ist, können **längere Perioden** zulässig sein (z. B. bei Pelzwaren). Bei **kurzlebigen Verbrauchsgütern** des täglichen Bedarfs wird die zulässige Zeitspanne in der Regel kürzer anzusetzen sein.[28] Auch kommt es nicht auf die Vertriebsform an. Die vorstehenden Grundsätze gelten daher genauso für den stationären Handel wie für den Internethandel.[29]

---

[16] Vgl. OLG Hamm WRP 1977, 348 f.

[17] Im Ergebnis wie hier: OLG Karlsruhe WRP 2007, 819 ff.

[18] BGH GRUR 2009, 788 Tz. 22 – *20 % auf alles; Usselmann/Seichter* WRP 2007, 1291.

[19] Vgl. allg. BGH GRUR 1968, 433, 437 – *Westfalenblatt II.*

[20] Vgl. BGH GRUR 1999, 507, 508 – *Teppichpreiswerbung;* BGH GRUR 2000, 337, 338 – *Preisknaller;* OLG Hamburg MD 1999, 559, 560 f.

[21] Vgl. OLG Hamm MA 1990, 556 für Frischerzeugnisse.

[22] OLG Nürnberg GRUR 1979, 558.

[23] OLG Nürnberg a. a. O.; GK-*Lindacher* § 5 Rdn. 667; vgl. auch BGH GRUR 2000, 337, 338 r. Sp. – *Preisknaller.*

[24] A. A. LG Berlin MD 1998, 561, 562.

[25] BGH GRUR 2000, 337, 338 – *Preisknaller.*

[26] A. A. LG Berlin MD 1998, 561, 562.

[27] BGH GRUR 2000, 337, 338 – *Preisknaller.*

[28] Vgl. GK-*Lindacher* § 5 Rdn. 667: maximal ein Monat; OLG Frankfurt NJW-RR 1996, 945: Vier Wochen bei Lebensmitteln und drei Monate bei sonstigen Waren; gegen starre Fristen Köhler/*Bornkamm* § 5 Rdn. 7.83.

[29] Vgl. BGH GRUR 2016, 521 – *Durchgestrichener Preis II.*

5 Beruht die Preissenkung auf **besonderen,** für die Kaufentscheidung relevanten **Umständen** (z. B. beschädigte oder unmodische Ware, Auslaufmodelle etc.), muss dies nach allg. Meinung zur Vermeidung einer Irreführung durch Unterlassen in der Preissenkungswerbung **verdeutlicht** werden.[30]

5a Bei einer allgemein gehaltenen bzw. **sortimentsbezogenen** Preissenkungswerbung muss klar erkennbar sein, auf welche konkreten Waren bzw. welche Teile des Sortiments sich die angekündigte Preissenkung bezieht. Allerdings ist bei einer auf einen Tag beschränkten „Rabattaktion" kein ausdrücklicher Hinweis erforderlich, dass der Preisnachlass nur auf die am Tag der Aktion vorrätige Waren gewährt wird.[31]

III. Vermutung der Irreführung (§ 5 Abs. 4 Satz 1 UWG)

6 § 5 Abs. 4 Satz 1 enthält eine **tatsächliche Vermutung** für das Vorliegen einer Irreführung bei einer Preissenkungswerbung, wenn der alte Preis nur für eine **unangemessen kurze Zeit** gefordert worden ist. Diese Regelung ist nicht etwa so misszuverstehen, dass nur in diesem Fall eine Irreführung durch eine Werbung mit Preisherabsetzungen in Betracht kommt. Vielmehr werden die oben in II dargestellten Rechtsprechungsgrundsätze durch diese Vermutungsregelung lediglich ergänzt und flankiert.

6a Wann der Zeitraum, in welchem der alte Preis gefordert wurde, als **unangemessen kurz** angesehen werden muss, ist eine nach den **Umständen des Einzelfalls** zu entscheidende Wertungsfrage. Dabei sind z. B. die Art der Werbung, die betreffende Branche und ihre Usancen, die Art der Ware und deren Preis usw. zu berücksichtigen. Den Ausgangspunkt können dabei die bisherigen Kriterien aus der Rechtsprechung zu der Frage bilden, unter welchen Voraussetzungen der Zeitraum des bislang geforderten Preises dessen Ernsthaftigkeit indizierte.[32] Insbesondere besteht kein sachlicher Anlass, zu dieser Frage nunmehr strengere Maßstäbe anzulegen als in der Vergangenheit (also insbesondere längere Zeiträume zu fordern als bisher).

6b Umgekehrt ist eine Preissenkungswerbung nicht allein schon deshalb in jedem Fall zulässig und nicht irreführend, wenn der Zeitraum, in welchem der alte Preis gefordert wurde, nicht im Sinne dieser Bestimmung „unangemessen kurz" ist. Entscheidend ist vielmehr, ob die Werbung nach den Gesamtumständen den oben dargestellten[33] Grundsätzen genügt.

7 Wie jede Vermutung ist auch die in Abs. 4 Satz 1 **widerleglich.** In der Praxis dürfte dies dem beklagten Unternehmen jedoch selten gelingen, wenn der alte Preis tatsächlich nur für einen „unangemessen kurzen" Zeitraum gefordert wurde (weil es dann in aller Regel auch an der Ernsthaftigkeit der früheren Preisstellung im Sinne der oben in Abs. 2 dargestellten Rechtsprechung fehlen wird). Praktisch könnte die Vermutung wohl am ehesten in der Form widerlegt werden, dass durch ein demoskopisches Gutachten (Verkehrsbefragung) nachgewiesen wird, dass bei den angesprochenen Verkehrskreisen durch die relativ kurze Forderung des alten Preises keine Fehlvorstellungen über dessen Ernsthaftigkeit entstanden sind (was z. B. dann in Betracht käme, wenn im Rahmen der Preissenkungswerbung auch die Geltungsdauer des alten Preises ausdrücklich erwähnt wäre).

IV. Beweislastregelung (§ 5 Abs. 4 Satz 2 UWG)

8 Für einen Angreifer (z. B. Mitbewerber), der eine Werbung mit Preisherabsetzungen als irreführend beanstandet, ist häufig nicht leicht feststellbar, ob und gegebenenfalls wie lange und wann der vom Werbenden behauptete frühere Preis von diesem tatsächlich verlangt wurde. Demgegenüber sind diese Tatsachen dem werbenden Unternehmen selbstverständlich in aller Regel bekannt; es kann in einem Konflikt leicht die erforderlichen Aufklärungen zu diesen Fragen geben. Daher bejahte der BGH bereits früher eine **Darlegungs- und Beweispflicht des werbenden Unternehmens** dafür, dass dieses seine herabgesetzten Preise vorher überhaupt und ernsthaft gefordert hat.[34] Diese Beweislastregel ist nunmehr ausdrücklich in Abs. 4 Satz 2 enthalten. Ist zwischen den Parteien also streitig, ob der beworbene herabgesetzte Preis überhaupt gefordert wurde, wann er gefordert wurde oder wie lange er gefordert wurde (das Tatbestandsmerkmal des „Zeitraums" er-

---

[30] Z. B. BGH GRUR 1987, 45, 47 – *Sommerpreiswerbung;* OLG München MD 1995, 218; OLG Düsseldorf WRP 2010, 1551 f.; Köhler/*Bornkamm,* § 5 Rdn. 7.86.

[31] OLG Karlsruhe GRUR-RR 2007, 363; a. A. OLG Stuttgart GRUR-RR 2007, 361.

[32] Oben Rdn. 2.

[33] Oben Rdn. 2.

[34] BGH GRUR 1975, 78, 79 – *Preisgegenüberstellung I.*

fasst beide Aspekte), trifft das beklagte werbende Unternehmen die Beweislast für die von ihm behauptete Sachverhaltsversion. Allerdings besteht nach wie vor **kein Anspruch** von Verbänden oder Mitbewerbern gegen das werbende Unternehmen, darüber **Auskunft** zu erteilen, wann bzw. bis zu welchem Zeitpunkt oder in welchem Zeitraum die beworbenen alten Preise gefordert wurden.[35] Auch künftig verbleibt daher bei einem Angreifer, der den relevanten Sachverhalt nicht vollständig kennt, ein gewisses Prozessrisiko. In der Praxis empfiehlt sich in solchen Fällen auch aus diesem Grund eine vorprozessuale Abmahnung, um die Sachverhaltsdarstellung des werbenden Unternehmens möglichst frühzeitig zu erfahren (und gegebenenfalls einen unnötigen Prozess bzw. dessen Verlust zu vermeiden). Für eine erweiternde Auslegung der Vorschrift in dem Sinne, dass sie auch die Darlegungslast (zu Lasten des beklagten Unternehmen) regelt,[36] besteht hingegen kein Anlass: jeder Marktteilnehmer hat die Möglichkeit, durch Markt- und Konkurrenzbeobachtung den relevanten Sachverhalt vor einem Angriff mit hinreichender Sicherheit zu klären; wer meint, bereits „auf Verdacht" klagen zu müssen, soll das damit verbundene Risiko tragen.

M. Prozessuales

Inhaltsübersicht

	Rdn.
I. Antrag, Streitgegenstand	1
1. Klageantrag	1
a) Konkrete Verletzungsform	1
b) Verallgemeinert abstrakt gefasstes Verbot	2
c) Fehlende Pflichtangaben	3
2. Streitgegenstand	4
II. Darlegungs- und Beweislast	5
1. Grundsatz	5
2. Ausnahmen	9
a) § 5 Abs. 4	10
b) § 5a Abs. 3 und 4, Abs. 6	11
c) Sekundäre Darlegungslast bei mangelnder eigener Aufklärungsmöglichkeit	12
d) Vergleichende Werbung	15
e) Negative Tatsachen	16
f) Spitzenstellungsbehauptungen	17
g) Ungesicherte Angaben	18
h) Nährwert- und gesundheitsbezogene Angaben, Kosmetika	19
i) Befristete Aktion	21
j) Relevanz	22
k) Schaden	23
III. Ermittlung der Verkehrsauffassung für die Irreführungsgefahr	24
1. Empirisches oder normatives Verständnis als Ausgangspunkt	24
a) Die Rspr. des EuGH	24
b) Die Rspr. des BGH	25
c) Eigene Auffassung	30
2. Keine unterschiedlichen Anforderungen bei Bejahung bzw. Verneinung der Irreführungsgefahr	32
3. Maßgeblicher Zeitpunkt für die tatsächlichen Feststellungen	34
4. Revisibilität	35
a) Die Rspr. des BGH	35
b) Eigene Auffassung	39
IV. Feststellung der wettbewerbsrechtlichen Relevanz	42
1. Darlegungs- und Beweislast	42
2. Einzelheiten der Feststellung der Relevanz	46

Schrifttum: *Ahrens,* Beweis im Zivilprozess, 2015; *Alexander,* Die Sanktions- und Verfahrensvorschriften der Richtlinie 2005/29/EG über unlautere Geschäftspraktiken im Binnenmarkt – Umsetzungsbedarf in Deutschland?, GRUR Int. 2005, 809; *Beutel,* Wahrnehmungsbezogene richterliche Erfahrungssätze im Marken- und Lauterkeitsrecht, Diss Jena 2011; *Böhm,* Die Beweiswürdigung demoskopischer Gutachten im Rahmen von § 3 UWG, GRUR 1986, 290; *Borck,* Irreführende Werbung und Umkehr der Beweislast, GRUR 1982, 657; *ders.,* Das Prokrustesbett „Konkrete Verletzungsform", GRUR 1996, 522; *Bornkamm,* Das Wettbewerbsverhältnis und

[35] BGH GRUR 1978, 54 f. – *Preisauskunft.*
[36] So Köhler/*Bornkamm,* UWG, § 5 Rdn. 7.780.

die Sachbefugnis des Mitbewerbers, GRUR 1996, 527; *ders.*, Die Feststellung der Verkehrsauffassung im Wettbewerbsprozess, WRP 2000, 830; *Eichmann*, Gegenwart und Zukunft der Rechtsdemoskopie, GRUR 1999, 939; *Esser*, Beweislastverteilung und Beweiswürdigung in der Alleinstellungswerbung, WRP 1963, 43; *Fricke*, Verbraucherschutz – Klagerechte des Verbrauchers und der Verbraucherverbände aus UWG und BGB, GRUR 1976, 680; *Fritze*, Die Umkehr der Beweislast, GRUR 1975, 61; *Gloy*, Verkehrsauffassung – Rechts- oder Tatfrage, FS Erdmann, 2002, 811; *Gottwald*, Die Rückkehr zum klassischen Streitgegenstandsbegriff – dank „Biomineralwasser", FS Köhler, 2014, S. 173; *Kemper*, Beweisprobleme im Wettbewerbsrecht, 1992; *Köhler*, Die Auswirkungen der Unternehmensveräußerung auf gesetzliche und vertragliche Unterlassungsansprüche, WRP 2000, 921; *ders.*, UWG-Reform und Verbraucherschutz, GRUR 2003, 265; *ders.*, Zur „geschäftlichen Relevanz" unlauterer geschäftlicher Handlungen gegenüber Verbrauchern, WRP 2014, 259; *Kur*, Beweislast und Beweisführung im Wettbewerbsprozess, 1981; *dies.*, Irreführende Werbung und Umkehr der Beweislast, GRUR 1982, 663; *Leisse/Traub*, Schadensschätzung im unlauteren Wettbewerb, GRUR 1980, 1; *Lindacher*, Beweisrisiko und Aufklärungslast der nicht risikobelasteten Partei in Wettbewerbssachen, WRP 2000, 950; *Musielak*, Die Beweislastverteilung nach Gefahrbereichen, AcP 176 (1976), 465; *Nassal*, Beweislastverteilung bei Alleinstellungsbehauptung („Hier spiegelt sich Erfahrung"), jurisPR-BGHZivilR 8/2010, Anm. 2; *Nirk/Kurtze*, Verletzungshandlung und Verletzungsform bei Wettbewerbsverstößen, GRUR 1980, 645; *Pflüger*, Rechtsforschung in der Praxis: Der demoskopische Nachweis von Verkehrsgeltung und Verkehrsdurchsetzung – Teil I, GRUR 2004, 652; *Risthaus*, Erfahrungssätze im Kennzeichenrecht, 2007; *Sack*, Deliktsrechtlicher Verbraucherschutz gegen unlauteren Wettbewerb, NJW 1975, 1303; *Schricker*, Schadenersatzansprüche wegen täuschender Werbung, GRUR 1975, 111; *Schröler*, Wettbewerbsrechtliche Fragestellungen bei der Verlängerung und dem Abbruch von zeitlich befristeten Rabattaktionen, GRUR 2013, 564; *Seichter*, Anm. zu BGH Urt. v. 13.7.2006 – I ZR 222/093, jurisPR-WettbR 1/07 Anm. 2; *Staudinger*, BGB, Bd. 1, 13. Auflage, Neubearbeitung 2011; *Stieper*, Klagehäufung im Gewerblichen Rechtsschutz – alternativ, kumulativ, eventuell?, GRUR 2012, 5; *Teplitzky*, Zu Anforderungen an Meinungsforschungsgutachten, WRP 1990, 145; *ders.*, Wie weit führt der erste Schritt? Anmerkungen zur Streitgegenstandserweiterung im BGH-Urteil „Branchenbuch Berg", WRP 2012, 261; *Tilmann*, Die Verkehrsauffassung im Wettbewerbs- und Warenzeichenrecht – Möglichkeiten und Grenzen der demoskopischen Wahrheitsfindung im Prozess, GRUR 1984, 716; *Tilmann/Ohde*, Die Mindestirreführungsquote im Wettbewerbsrecht und im Gesundheitsrecht – Teil 1 und 2, GRUR 1989, 229 und 301; *Ulrich*, Beweisführung und Beweislast im Wettbewerbsprozess, WRP 1986, 589; *Westermann*, Bekämpfung irreführender Werbung ohne demoskopische Gutachten, GRUR 2002, 403; *Wieser*, Empirische und normative Auslegung, JZ 1985, 407.

S. auch die Schrifttumshinweise zu § 5 Abschn. B.

Siehe ausführlich die Kommentierung von Brüning Vor § 12.

I. Antrag, Streitgegenstand

1. Klageantrag

1 **a) Konkrete Verletzungsform.** Der auf die konkrete Verletzungsform abstellende Unterlassungsantrag muss nicht unter die Bedingung des Fehlens (ausreichender) Hinweise gestellt werden.[1] Es ist vielmehr Sache des Beklagten, Wege zu finden, die aus dem Verbot herausführen.[2] Eine diesen Grundsatz nicht beachtende **Überbestimmung,** insbesondere in Form **erläuternder Hinweise,** die den gesetzlichen Verbotstatbestand direkt oder in geringfügig abgewandelter Form im Klageantrag wiedergeben, ist allerdings unschädlich und führt nicht dazu, dass der Klageantrag als unbestimmt anzusehen ist.[3] Die Bejahung der Bestimmtheit setzt in solchen Fällen allerdings grundsätzlich voraus, dass zwischen den Parteien kein Streit darüber besteht dass das beanstandete Verhalten das fragliche Tatbestandsmerkmal erfüllt. Eine auslegungsbedürftige Antragsformulierung kann jedoch dann hinzunehmen sein, wenn dies zur Gewährung des Rechtsschutzes im Hinblick auf eine bestimmte Methode erforderlich erscheint.[4]

2 **b) Verallgemeinert abstrakt gefasstes Verbot.** Ein **von der konkreten Verletzungsform losgelöstes** generelles Verbot darf nicht auch erlaubte Sachverhalte erfassen.[5] Ist der Antrag über die konkrete Verletzungsform hinaus verallgemeinert abstrakt gefasst, müssen daher entsprechende

---

[1] BGH GRUR 2011, 340, 342 – *Irische Butter.*

[2] BGH GRUR 2010, 749, 751 Rdn. 25 – *Erinnerungswerbung im Internet;* GRUR 2011, 340, 342 Rdn. 27 – *Irische Butter;* GRUR 2012, 945 Rdn. 24 – *Tribenuronmethyl;* Urt. v. 25.6.2015, Az. I ZR 145/14, WRP 2015, 1102, 1103, Rdn. 12 – *Mobiler Buchhaltungsservice.*

[3] Vgl. BGH GRUR 2011, 433, 434 Rdn. 10 – *Verbotsantrag bei Telefonwerbung;* GRUR 2012, 407, 408 Rdn. 15 – *Delan;* GRUR 2012, 945, 948 Rdn. 24 – *Tribenuronmethyl;* GRUR 2015, 403, 408 Rdn. 42 – *Monsterbacke II;* Urt. v. 25.6.2015, Az. I ZR 145/14, WRP 2015, 1102, 1103, Rdn. 12 – *Mobiler Buchhaltungsservice.*

[4] Vgl. BGH GRUR 2011, 433, 434 Rdn. 10 – *Verbotsantrag bei Telefonwerbung;* GRUR 2012, 407, 408 Rdn. 15 – *Delan.*

[5] BGH GRUR 2014, 393, 395 Rdn. 24 – *wetteronline.de.*

Einschränkungen in den Tenor aufgenommen werden; denn das Verbot erfasste andernfalls auch erlaubte Verhaltensweisen.[6] Dementsprechend müssen, wenn der Klageantrag nicht auf die konkrete Verletzungsform beschränkt ist, die Umstände, die nach Auffassung des Klägers für die Erfüllung des Ausnahmetatbestandes sprechen, so genau umschrieben werden, dass im Vollstreckungsverfahren erkennbar ist, welche konkreten Handlungen von dem Verbot ausgenommen sind.[7] Bei einem **zu weit gefassten Klageantrag** ist im Allgemeinen anzunehmen, dass jedenfalls die mit der Klage konkret beanstandeten Verletzungshandlungen untersagt werden sollen.[8] Verfehlt der Klageantrag auf Grund seiner zu weiten Fassung jedoch auch die vom Kläger geltend gemachte konkrete Verletzungsform, weil er auch erlaubte Verhaltensweisen erfasst, ist er unbegründet.[9] Darauf ist der Kläger hinzuweisen und ihm ist Gelegenheit zu geben, den insoweit bestehenden Bedenken durch eine angepasste Antragsfassung Rechnung zu tragen.[10]

c) Fehlende Pflichtangaben. Ist die angegriffene Werbung nicht generell unzulässig, sondern **fehlen „nur" Pflichtangaben** (z.B. nach § 2 Nr. 5 und 6 Pkw-EnVKV[11] oder Art. 10 Abs. 2 HCVO[12]), wird der Kläger den Antrag darauf richten, es zu unterlassen, in der beanstandeten Form zu werben, ohne in dieser Werbung die entsprechenden Angaben bzw. Informationen zu machen. Dieser Antrag kann kein Verbot wegen irreführender Angaben (z.B. zur Pkw-Laufleistung oder im Zutatenverzeichnis) rechtfertigen, weil er an das Fehlen der Pflichtangaben anknüpft.[13] Wird die Klage im Verlaufe des Rechtsstreits auf Letzteres gestützt, ist der Kläger darauf gemäß § 139 ZPO hinzuweisen und ist ihm Gelegenheit zu geben, den Antrag entsprechend anzupassen bzw. einen Hilfsantrag zu stellen.[14] 3

2. Streitgegenstand

Nach zwischenzeitlich geänderter Rspr. bildet bei der wettbewerbsrechtlichen Unterlassungsklage die **konkrete Verletzungsform** grundsätzlich den Streitgegenstand, wenn mit der Klage ein entsprechendes Unterlassungsbegehren verfolgt wird.[15] Darauf, dass Unlauterkeitstatbestände einen unterschiedlichen Tatsachenvortrag erfordern, kommt es nicht an.[16] Geht der Kläger sowohl aus einem **Schutzrecht,** z.B. am Unternehmenskennzeichen, als auch gestützt auf §§ 3, 5 Abs. 2 UWG vor, liegen unterschiedliche Streitgegenstände vor;[17] der Kläger muss in diesem Fall bei einem einheitlichen Klagebegehren zur Herbeiführung der gem. § 253 Abs. 2 Nr. 2 ZPO erforderlichen Bestimmtheit der Klage eine Reihenfolge angeben, in der er seine Ansprüche auf die verschiedenen Streitgegenstände stützt.[18] 4

II. Darlegungs- und Beweislast

1. Grundsatz

Die Darlegungs- und Beweislast für die anspruchsbegründenden Tatsachen trägt bei irreführenden geschäftlichen Handlungen nach allgemeinen, jedoch **durch eine Vielzahl von Ausnahmen** 5

---

[6] BGH GRUR 2004, 605, 607 – *Dauertiefpreise;* GRUR 2010, 749, 751 – *Erinnerungswerbung im Internet.*

[7] GRUR 2010, 749, 751 – *Erinnerungswerbung im Internet.*

[8] BGH GRUR 2007, 987, 989 – *Änderung der Voreinstellung I;* vgl. BGH, Urt. v. 05.11.2015, ConText, I ZR 50/14, DE:BGH:2015:051115UIZR50.14.0, Rdn. 13.

[9] BGH GRUR 2007, 987, 988 Rdn. 19 – *Änderung der Voreinstellung I;* GRUR 2013, 409 Rdn. 21 – *Steuerbüro;* GRUR 2013, 1161, 1165 Rdn. 53 – *Hard Rock Café;* GRUR 2014, 393, 395 Rdn. 47 – *wetteronline.de.*

[10] GRUR 2014, 393, 396 Rdn. 49 – *wetteronline.de;* GRUR 2015, 403, 408 Rdn. 41 – *Monsterbacke II.*

[11] BGH, Urt. v. 5.3.2015, Az. I ZR 164/13, WRP 2015, 1087, Rdn. 3, 16 – *Neue Personenkraftwagen II.*

[12] Vgl. dazu BGH GRUR 2015, 403, 407 Rdn. 38 ff. – *Monsterbacke II.*

[13] Vgl. BGH, Urt. v. 5.3.2015, Az. I ZR 164/13, WRP 2015, 1087, Rdn. 3, 16 – *Neue Personenkraftwagen II;* GRUR 2015, 403, 407 Rdn. 38 – *Monsterbacke II.*

[14] Vgl. BGH GRUR 2015, 403, 407 Rdn. 41 – *Monsterbacke II.*

[15] BGHZ 194, 314, Rdn. 24 – *Biomineralwasser;* GRUR-RR 2014, 201, 202, Rdn. 13 – *Peek & Cloppenburg IV;* s. näher *Brüning,* **Vorb. zu § 12 Rdn. 18 ff., 25 ff.**

[16] BGHZ 194, 314, Rdn. 24 – *Biomineralwasser;* GRUR-RR 2014, 201, 202, Rdn. 13 – *Peek & Cloppenburg IV.*

[17] BGH GRUR 2013, 397, 398 Rdn. 14 – *Peek & Cloppenburg III;* GRUR-RR 2014, 201, 202, Rdn. 13 – *Peek & Cloppenburg IV;* vgl. BGH GRUR 2014, 393, 394 Rdn. 14 – *wetteronline.de;* WRP 2015, 1487, 1492 Rdn. 38 – *Sparkassen-Rot/Santander-Rot; Köhler*/Bornkamm, 34. Aufl. 2016, § 12 Rdn. 2.23 L.

[18] Vgl. BGH GRUR 2013, 397, 398 Rdn. 12 ff. – *Peek & Cloppenburg III;* BGH GRUR-RR 2014, 201, 202, Rdn. 13 – *Peek & Cloppenburg IV;* WRP 2015, 1487, 1492 Rdn. 38 – *Sparkassen-Rot/Santander-Rot;* s. näher *Brüning,* **Vorb. zu § 12 Rdn. 18 ff., 25 ff.**

durchbrochenen (s. dazu unten § 5 Abschn. M Rdn. 9 ff.) Grundsätzen der Kläger.[19] Um seiner primären Darlegungslast zu genügen, muss er grundsätzlich **greifbare Anhaltspunkte** für die Irreführung behaupten und diese im Bestreitensfalle auch beweisen.[20]

6 Diese Darlegungs- und Beweislastverteilung gilt grundsätzlich auch bei **negativen** Tatsachen,[21] für nicht ausreichende bzw. **fehlende Hinweise**[22] sowie bei irreführender **vergleichender Werbung.**[23] Den Prozessgegner kann jedoch eine **sekundäre Darlegungslast** treffen, s. dazu unten **Rdn. 12.**

7 **§ 5 Abs. 4** trifft für die Werbung mit eigenen früheren Preisen eine Sonderregelung, setzt diesen allgemeinen Grundsatz, dass der Kläger als Verletzer die rechtsbegründenden Tatsachen darzulegen hat, jedoch ebenfalls voraus,[24] s. näher **§ 5 Abschn. L Rdn. 8.**

8 Mit **Art. 7 lit. a Werberichtlinie 2006/114/EG** und **Art. 12 UGP-Richtlinie** ist diese Darlegungs- und Beweislastverteilung vereinbar. Diese sehen zwar vor, dass die Mitgliedstaaten den Gerichten Befugnisse übertragen, die sie ermächtigen, vom Gewerbetreibenden den Beweis der Richtigkeit von Tatsachenbehauptungen im Zusammenhang mit einer Geschäftspraxis zu verlangen. Dies gilt jedoch nur, wenn ein solches Verlangen unter Berücksichtigung der berechtigten Interessen des Gewerbetreibenden und anderer Verfahrensbeteiligter im Hinblick auf die Umstände des Einzelfalls angemessen erscheint. Art. 7 Irreführungsrichtlinie, Art. 12 UGP-Richtlinie ist daher hinreichend Rechnung getragen, wenn in bestimmten Fällen **Ausnahmen** von der Darlegungs- und Beweislastverteilung gelten.[25]

2. Ausnahmen

9 Die dargestellte Darlegungs- und Beweislastverteilung ist durch **vielfältige Ausnahmen** durchbrochen. Die wohl wichtigsten sind:

10 **a) § 5 Abs. 4** enthält eine Vermutung und Beweislastregelung im Zusammenhang mit der Werbung mit **Preisen,** s. dazu *Weidert* **§ 5 Abschn. L. Rdn. 6 ff.**

11 **b) § 5 Abs. 3 und 4, Abs. 6:** Im Zusammenhang mit einer **Irreführung durch Unterlassen** gelten nach **§ 5a Abs. 3 und 4, Abs. 6** in an Verbraucher gerichteten geschäftlichen Handlungen bestimmte Informationen als wesentlich im Sinne von § 5a Abs. 1, s. dazu **§ 5a Rdn. 118 ff.**

12 **c) Sekundäre Darlegungslast bei mangelnder eigener Aufklärungsmöglichkeit.** Geht es um die Aufklärung von Tatsachen, die in den **Verantwortungsbereich** des Anspruchsgegners fallen und über die der Anspruchsteller keine hinreichenden Kenntnisse besitzt oder hinsichtlich derer ihm die Beweismittel (Urkunden, Namen von Mitarbeitern etc.) fehlen, können dem Anspruchsteller im Einklang mit Art. 7 lit. a) der Werberichtlinie 2006/114/EG Darlegungs- und Beweiserleichterungen zu Gute kommen.[26]

13 Wenn der Anspruchsteller bezüglich bestimmter Umstände wie insbes. **innerbetriebliche Vorgänge** über keine genaue Kenntnis verfügt und es ihm auch nicht möglich ist, den Sachverhalt aufzuklären, während der Anspruchsgegner über diese Kenntnis verfügt und die Aufklärung ohne Weiteres leisten könnte, bedarf der Grundsatz der vollen Darlegungslast des Anspruchsstellers eine

---

[19] BGH GRUR 1963, 270, 271 – *Bärenfang;* GRUR 1991, 848, 849 – *Rheumalind II;* WRP 1996, 1102, 1104 – *Großimporteur;* GRUR 1997, 229, 230 – *Beratungskompetenz;* WRP 2003, 509, 510 – *Preisempfehlung für Sondermodelle;* GRUR 2004, 246, 247 – *Mondpreise;* GRUR 2007, 247, 251 – *Regenwaldprojekt I;* GRUR 2006, 251, 253 – *Regenwaldprojekt II;* GRUR 2010, 248, 249 – *Kamerakauf im Internet;* GRUR 2013, 1058, 1060 Rdn. 22 – *Kostenvergleich bei Honorarfactoring;* GRUR 2014, 578, 579 Rdn. 13 ff. – *Umweltengel für Tragetaschen.*

[20] BGH GRUR 2014, 578, 579 Rdn. 16 – *Umweltengel für Tragetaschen;* vgl. BGH GRUR 1997, 229, 230 – *Beratungskompetenz;* GRUR 2000, 820, 822 – *Space Fidelity Peep-Show;* GRUR 2007, 251, 253 – *Regenwaldprojekt II;* Köhler/*Bornkamm,* 34. Aufl. 2016, § 5 Rdn. 3.19a.

[21] Vgl. zur Novel-Food-Verordnung: BGH GRUR 2008, 627 – *Fruchtextrakt;* Urt. v. 16.4.2015, Az. I ZR 27/14, WRP 2015, 1332, 1334 f., Rdn. 22 – *Bohnengewächsextrakt.*

[22] Vgl. BGH GRUR 2010, 248, 249 – *Kamerakauf im Internet.*

[23] BGH GRUR 2007, 605, 607 Rdn. 33 – *Umsatzzuwachs;* GRUR 2008, 443, 445 f. – *Saugeinlagen;* GRUR 2013, 1058, 1060 Rdn. 22 – *Kostenvergleich bei Honorarfactoring.*

[24] BGH GRUR 1997, 229, 230 – *Beratungskompetenz;* GRUR 2004, 246, 247 – *Mondpreise?;* Köhler/*Bornkamm,* 34. Aufl. 2016, § 5 Rdn. 3.19; iE str. für eine weite Auslegung dahin, dass § 5 Abs. 4 S. 2 auch als Umkehr der Darlegungslast verstanden wird, Köhler/*Bornkamm,* a. a. O., § 5 Rdn. 7.79 f.; Ohly/*Sosnika,* 6. Aufl. 2014, § 5 Rdn. 467. Näher dazu *Weidert,* § 5 Abschn. L Rdn. 6 ff.

[25] Vgl. BGH GRUR 2013, 1058, 1060 Rdn. 22 – *Kostenvergleich bei Honorarfactoring; Alexander* GRUR Int. 2005, 809, 814; Köhler/*Bornkamm,* 34. Aufl. 2016, § 5 Rdn. 3.22.

[26] BGH GRUR 2013, 1058, 1060 Rdn. 23 – *Kostenvergleich bei Honorarfactoring;* GRUR 2014, 578, 579 Rdn. 13 ff. – *Umweltengel für Tragetaschen.*

Einschränkung und trifft den Anspruchsgegner eine **sekundäre Darlegungslast.**[27] Kommt er dieser nicht nach, kann die Behauptung gemäß § 138 Abs. 3 ZPO als zugestanden angesehen[28] oder es kann auch im Wege der freien Beweiswürdigung auf eine Irreführung geschlossen werden.[29] Die sekundäre Darlegungslast führt in aller Regel **nicht zu einer Umkehr der Darlegungs- und Beweislast,** sondern schränkt die volle Darlegungs- und Beweislast des Klägers nur ein.[30] Die sekundäre Darlegungslast greift daher erst ein, wenn der Kläger seine **primäre Darlegungslast** erfüllt hat. Dazu muss der **Kläger greifbare Anhaltspunkte** für die geltend gemachte Irreführung, soweit ihm dies möglich ist, nicht nur **darlegen,** sondern bei Bestreiten durch die Beklagte die **Tatsachen, denen Indizwirkung zukommen soll, als auch die Indizwirkung selbst beweisen.**[31]

Eine sekundäre Darlegungslast besteht nur im Rahmen des Zumutbaren, weshalb **Betriebsgeheimnisse** grundsätzlich nicht offengelegt zu werden brauchen.[32] Aus einem **Geheimhaltungsinteresse** kann der Anspruchsgegner aber jedenfalls insoweit **keine** Einschränkung seiner prozessualen Erklärungspflichten herleiten, als es gerade um die Richtigkeit von Werbebehauptungen geht, die er in der Öffentlichkeit **selbst preisgegeben** hat.[33] Ein verständliches und verständiges einschlägiges Interesse kann dazu führen, dass er den Vortrag ohne detaillierte Angaben bestreiten kann und die Informationen im Rahmen der Beweisaufnahme unter **Zwischenschaltung eines zur Verschwiegenheit verpflichteten Sachverständigen** zu leisten hat.[34] Ist im Rahmen der **Beweisaufnahme** ein **Betriebsversuch** beim Beklagten erforderlich und widerspricht der Beklagte zum Schutze von Betriebsgeheimnissen der Anwesenheit des Klägers, so kann dieser sich beim Betriebsversuch durch einen öffentlich bestellten und vereidigten Sachverständigen vertreten lassen, der vom Gericht ausdrücklich zur Verschwiegenheit auch gegenüber der eigenen Partei verpflichtet worden ist.[35] 14

d) Vergleichende Werbung. Den vergleichend Werbenden kann dann, **wenn** der Anspruchsteller keine genaue Kenntnis besitzen kann, ob die Angaben in der Werbung richtig sind, während der Werbende über diese Kenntnis verfügt und die Aufklärung ohne Weiteres leisten kann, eine Verpflichtung treffen, im Prozess die entsprechenden Tatsachen aufzudecken;[36] denn der Werbende muss die durch die Werbung angesprochenen Verkehrskreise darüber informieren, auf welche Art sie die Bestandteile des Werbevergleichs leicht in Erfahrung bringen können, um die **Richtigkeit des Werbevergleichs** nachprüfen zu können, und er muss in der Lage sein, die Richtigkeit seiner Werbung in einem Prozess kurzfristig nachzuweisen.[37] Das wurde z. B. angenommen für die Frage, ob das vom Verkehr hinsichtlich **Art und Umfang des Engagements** einer mit Unterstützungsleistungen für den Schutz des Regenwalds werbenden Brauerei angenommene Engagement mit den Leistungen übereinstimmte, die tatsächlich erbracht wurden.[38] 15

e) Negative Tatsache. An den Beweis **negativer Tatsachen** dürfen keine unerfüllbaren Anforderungen gestellt werden.[39] Auch daraus kann sich eine sekundäre Darlegungslast des Anspruchsgegners ergeben.[40] 16

---

[27] BGH GRUR 1978, 249, 250 – *Kreditvermittlung;* GRUR 2007, 247, 251 – *Regenwaldprojekt I;* GRUR 2007, 251, 253 – *Regenwaldprojekt II;* GRUR 2007, 605, 606 – *Umsatzzuwachs;* GRUR 2013, 1058, 1060 Rdn. 23 – *Kostenvergleich bei Honorarfactoring;* GRUR 2014, 578, 579 Rdn. 14 – *Umweltengel für Tragetaschen.*

[28] BGH GRUR 1961, 85, 90 – *Pfiffikus-Dose;* GRUR 1978, 249, 250 – *Kreditvermittlung;* zum Markenrecht: BGH GRUR 2012, 626, 629 Rdn. 28 – *Converse I.*

[29] BGH GRUR 1970, 461, 463 – *Euro-Spirituosen;* GRUR 1978, 249, 250 – *Kreditvermittler.*

[30] BGH NJW 1997, 357; WRP 2014, 851, 853 Rdn. 18 – *BearShare;* WRP 2016, 73, 76 f. Rdn. 37 – *Tauschbörse III; Ahrens,* Der Beweis im Zivilprozess, 11. Kap. Rdn 38.

[31] BGH GRUR 2014, 578, 579 Rdn. 16 – *Umweltengel für Tragetaschen;* vgl. BGH GRUR 1997, 229, 230 – *Beratungskompetenz;* GRUR 2000, 820, 822 – *Space Fidelity Peep-Show;* GRUR 2007, 251, 253 – *Regenwaldprojekt II.*

[32] BGH GRUR 2013, 1058, 1060 Rdn. 31 – *Kostenvergleich bei Honorarfactoring;* vgl. BGH GRUR 2012, 626, 629 Rdn. 28 – *Converse I* (zum Markenrecht).

[33] Vgl. BGH GRUR 2013, 1058, 1060 Rdn. 31 – *Kostenvergleich bei Honorarfactoring;* Köhler/*Bornkamm,* 34. Aufl. 2016, § 5 Rdn. 3.24; vgl. OLG München NJWE-WettbR 1997, 152.

[34] Vgl. BGH GRUR 2005, 1059, 1061 – *Quersubventionierung von Laborgemeinschaften;* GK/*Lindacher,* 2. Aufl. 2013, § 5 Rdn. 1113; *ders.* WRP 2000, 950, 953; MüKo-UWG/*Ehricke,* v. § 12 Rdn. 113.

[35] BGH GRUR 2014, 578, 580 Rdn. 26 ff. – *Umweltengel für Tragetaschen;* OLG München NJWE-WettbR 1997, 152.

[36] BGH GRUR 2013, 1058, 1059 Rdn. 23 – *Kostenvergleich bei Honorarfactoring;* vgl. BGH GRUR 2007, 605, 606 – *Umsatzzuwachs.*

[37] EuGH GRUR 2007, 69, 75 – *Lidl Belgium/Colruyt;* BGH GRUR 2007, 605, 606 – *Umsatzzuwachs.*

[38] BGH GRUR 2007, 247, 251 – *Regenwaldprojekt I;* GRUR 2006, 251, 253 – *Regenwaldprojekt II.*

[39] BGH GRUR 2008, 625, 627 – *Fruchtextrakt.*

[40] BGH GRUR 2008, 625, 627 – *Fruchtextrakt;* WRP 2015, 1332, 1334 f., Rdn. 22; vgl. EuGH WRP 2005, 863, Rdn. 88 – *HLH Warenvertrieb und Orthica.*

17 **f) Spitzenstellungsbehauptungen.** Auch bei der Spitzenstellungs- oder Alleinstellungswerbung trifft die Darlegungs- und Beweislast für die Irreführung grundsätzlich denjenigen, der die Werbung angreift.[41] Er muss darlegen, wie der Verkehr die Aussage versteht und muss beweisen, dass dieser Aussageinhalt falsch ist. Jedoch besteht hier grundsätzlich eine **prozessuale Aufklärungspflicht** des Werbenden hinsichtlich der Richtigkeit der von ihm aufgestellten Alleinstellungsbehauptung, wenn der Kläger auf die Beweiserleichterung angewiesen ist.[42] **Der Werbende muss daher darlegen und erforderlichenfalls beweisen,** wie es sich mit seiner Vorrangstellung verhält, wenn der Prozessgegner nicht oder nur mit erheblichen Schwierigkeiten klären kann, wie groß die Wettbewerber nach Art und Umfang des Geschäftsbetriebs sind.[43] Dies gilt dann nicht, wenn der Kläger selbst über die erforderlichen Kenntnisse verfügt, um die Richtigkeit der beanstandeten Behauptung beurteilen zu können, etwa weil die als erfahren beworbenen Mitarbeiter der Beklagten zuvor bei der Klägerin beschäftigt waren.[44] Die Darlegungs- und Beweislastverteilung gilt nicht nur für die Vorrangstellung des Werbenden, sondern auch für **produktbezogene Spitzenstellungsbehauptungen.**[45]

18 **g) Ungesicherte Angaben.** Wird – was zunächst der Kläger darlegen und beweisen muss[46] – mit einer **fachlich umstrittenen** Meinung geworben, ohne die Gegenmeinung zu erwähnen, kommt es sogar zu einer echten **Umkehr der Beweislast** und muss der Beklagte die objektive Richtigkeit beweisen.[47] Gleiches gilt, wenn der Kläger darlegt und erforderlichenfalls beweist, dass nach der wissenschaftlichen Diskussion die vom Werbenden zur Stützung seiner Aussage herangezogenen **Grundlagen die Aussage nicht rechtfertigen**[48] oder sogar jede tragfähige wissenschaftliche Grundlage für die Behauptung fehlt.[49] Diese Rechtsprechung wurde zwar in erster Linie für Werbeangaben auf dem Gebiet des Gesundheitswesens entwickelt, beanspruchen jedoch auch für andere fachlich umstritten, wissenschaftlich nicht abgesicherte Behauptungen Geltung.[50] Die Irreführung liegt hier bereits darin begründet, dass der Verkehr die Aussage dahin verstehen wird, dass niemand sie ohne qualifizierte Grundlage aufstellen wird, die Aussage mithin **wissenschaftlich abgesichert** ist, und in der streitgegenständlichen Werbung nicht richtig über den fehlenden wissenschaftlichen Nachweis informiert wird.[51] Dann **muss** die **gesicherte wissenschaftliche Erkenntnis** für die Werbeaussage **bereits in dem Zeitpunkt vorliegen, in dem sie aufgestellt** wird; der erst im Prozess angebotene Beweis, dazu ein **Sachverständigengutachten** einzuholen, das den Nachweis der behaupteten Wirkungsweise überhaupt erst ergeben soll, genügt nicht und ist nicht zu erheben.[52]

---

[41] BGH GRUR 1973, 594, 596 – *Ski-Sicherheitsbindung;* GRUR 1985, 140, 142 – *Größtes Teppichhaus;* GRUR 1963, 270, 271 – *Bärenfang;* GRUR 2010, 352 – *Hier spiegelt sich Erfahrung.*

[42] BGH GRUR 2010, 352 – *Hier spiegelt sich Erfahrung.*

[43] BGH GRUR 1983, 779, 780 f. – *Schuhmarkt;* GRUR 2009, 744, 749 – *Sondernewsletter.*

[44] BGH GRUR 2010, 352 – *Hier spiegelt sich Erfahrung;* WRP 2012, 1233, 1234 – *Bester Preis der Stadt.*

[45] Vgl. BGH GRUR 2010, 744, 749 – *Sondernewsletter;* OLG Hamburg, Urt. v. 24.1.2007, Az. 5 U 204/05; OLG Düsseldorf, Urt. v. 17.3.2016, Az. I-15 U 38/15, Rdn. 101 f.; zu einem ähnlichen Fall OLG Köln GRUR-RR 2006, 203.

[46] BGH GRUR 2013, 649, 653 Rdn. 32 – *Basisinsulin mit Gewichtsvorteil;* OLG Hamburg, GRUR-RR 2004, 88, 89; OLG Düsseldorf, MDR 2015, 848, 849.

[47] BGH GRUR 1958, 485, 486 – *Odol;* GRUR 1965, 368, 372 – *Kaffee C;* GRUR 1971, 153, 155 – *Tampax;* 1991, 848, 849 – *Rheumalind II;* GRUR 2013, 649, 653 Rdn. 32 – *Basisinsulin mit Gewichtsvorteil;* GRUR 2013; Beschl. v. 8.5.2013, Az. I ZR 94/09, Rdn. 3 – *Elektromagnetisches Wechselfeld;* OLG Frankfurt GRUR-RR 2005, 394; OLG Oldenburg Magazindienst 2005, 1410; OLG Saarbrücken Magazindienst 2006, 935; OLG Düsseldorf, MDR 2015, 848, 849: Werbung für Augenspray; OLG München, Urt. v. 14.1.2016, Az. 29 U 2609/15, juris-Rdn. 35: Werbung für Kryolipolyse-Verfahren; Köhler/*Bornkamm,* 34. Aufl. 2016, § 5 Rdn. 3.26; GK/*Lindacher,* 2. Aufl., § 5 Rdn. 1115.

[48] BGH GRUR 2013, 649, 653 Rdn. 32 – *Basisinsulin mit Gewichtsvorteil;* OLG Hamburg GRUR-RR 2004, 88, 89.

[49] BGH GRUR 2013, 649, 653 Rdn. 32 – *Basisinsulin mit Gewichtsvorteil;* OLG Düsseldorf MD 2008, 49, 52 f.; OLG Hamburg PharmR 2011, 99, 102.

[50] OLG Dresden Magazindienst 2011, 905 ff.; OLG Naumburg, Urt. v. 29.5.2009, Az.: 10 U 56/08; LG Stuttgart Magazindienst 2012, 469, 472; Köhler/*Bornkamm,* 34. Aufl. 2016, § 5 Rdn. 3.26; GK/*Lindacher,* 2. Aufl., § 5 Rdn. 1115.

[51] Vgl. BGH, Beschl. v. 8.5.2013, Az. I ZR 94/09 Rdn. 4 – *Elektromagnetisches Wechselfeld;* Urt. v. 28.1.2016, Feuchtigkeitsspendendes Gel-Reservoir, I ZR 36/14, DE:BGH:2016:280116UIZR36.14.0, Rdn. 16; OLG Dresden Magazindienst 2011, 905 ff.; OLG Naumburg, Urt. v. 29.5.2009, Az.: 10 U 56/08; OLG Oldenburg GRUR-RR 2006, 243; OLG Hamburg, GRUR-RR 2004, 88; GK/*Lindacher,* 2. Aufl., § 5 Rdn. 1115; vgl. auch Fezer/*Peifer,* § 5 Rdn. 484.

[52] BGH Beschl. v. 8.5.2013, Az. I ZR 94/09 Rdn. 4 – *Elektromagnetisches Wechselfeld;* OLG Hamburg, Urt. v. 21.6.2012, Az. 3 U 97/11, juris-Rdn. 74; KG, Beschl. v. 2.11.2010, Az. 5 U 83/09, juris-Rdn. 15; OLG Düsseldorf, Urt. v. 22.3.2011, Az. 20 U 85/10, juris-Rdn. 208; OLG Düsseldorf, MDR 2015, 848; Köhler/

h) Nährwert- und gesundheitsbezogene Angaben, Kosmetika. Die meisten nährwert- und gesundheitsbezogenen Angaben sind inzwischen nach der **Health-Claims-Verordnung** in der Werbung nur noch zulässig, wenn sie durch wissenschaftliche Nachweise abgesichert ausdrücklich zugelassen sind;[53] s. zur HCVO näher Jagow, Einl. I Rdn. 15 ff. und § 5 Abschn. A Rdn. 63 f. Diesen Wirksamkeitsnachweis hat gem. Art. 5 Abs. 1, **6 Abs. 1 HCVO** der Verwender zu führen, wobei die behauptete positive Wirkung der jeweiligen Substanz auch hier bereits zu dem Zeitpunkt anhand anerkannter wissenschaftlicher Erkenntnisse nachgewiesen gewesen sein muss, zu dem die Angabe gemacht wird.[54] Der Verwender einer gesundheitsbezogenen Angabe gem. Art. 2 Abs. Nr. 5 HCVO ist in einem Prozess über ihre Zulässigkeit nicht erst dann gehalten, ihre Richtigkeit zu belegen, wenn der Kläger diese substantiiert in Frage stellt.[55] Der Unionsgesetzgeber hat die Verwendung nährwert- und gesundheitsbezogener Angaben in der VO (EG) Nr. 1924/2006 einem grundsätzlichen Verbot unterworfen. Das Vorliegen der Voraussetzungen für die Zulässigkeit von auf spezifische Vorteile bezogenen gesundheitsbezogenen Angaben, die in **Art. 10 Abs. 1 HCVO** genannt sind, muss deshalb von dem Verwender dargelegt und bewiesen werden.[56] Er trägt auch die Darlegungs- und Beweislast, dass Informationen nach **Art. 10 Abs. 2 HCVO** im Einzelfall verzichtbar sind.[57] 19

Die Darlegungs- und Beweislast für **Kosmetika** ist nach Maßgabe der **VO (EG) Nr. 1223/2009** über **kosmetische Mittel**[58] und der **VO (EU) Nr. 655/2013 (Kosmetik-Claims-VO)** zu bemessen, die besondere Aspekte unlauterer Geschäftspraktiken regeln und Art. 6 UGP-Richtlinie daher vorgehen.[59] Die maßgeblichen Grundsätze sind durch die „Feuchtigkeitsspendendes Gel-Reservoir"-Entscheidung[60] des BGH geklärt. 20

i) Befristete Aktionen. Beruft sich der Unternehmer darauf, die Verlängerung der in der Ankündigung von Rabatten oder Sonderaktionen angegebenen zeitliche Grenzen sei aus Umständen erfolgt, die bei der Planung der befristeten Aktion und der Gestaltung der Werbung nicht vorhersehbar gewesen seien **(s. dazu § 5 Abschn. B Rdn. 146 ff.),** ist es Sache des Unternehmers die Umstände darzulegen, die für die Unvorhersehbarkeit der Verlängerungsgründe und für die Einhaltung der fachlichen Sorgfalt sprechen.[61] 21

j) Relevanz. Gesondert behandelt unter **5 Rdn. M. 42 ff.** 22

k) Schaden. I. d. R. besteht **keine** Vermutung dergestalt, dass eine irreführende Werbung auch zu einem Schaden führt.[62] Geht von der Werbung aber eine **starke preisliche Anlockwirkung** aus, macht das einen Schaden zumindest bei einem Konkurrenten, der im selben Markt größere Mengen der gleichen Warenart absetzt, jedoch wahrscheinlich.[63] 23

Bornkamm, 34. Aufl. 2016, § 5 Rdn. 3.26; vgl. auch BGH, Urt. v. 28.1.2016, Feuchtigkeitsspendendes Gel-Reservoir, I ZR 36/14, DE:BGH:2016:280116UIZR36.140, Rdn. 29.

53 Das Vorliegen der Voraussetzungen für die Zulässigkeit von auf spezifische Vorteile bezogenen gesundheitsbezogenen Angaben, die in der insoweit zentralen Bestimmung des Art. 10 I VO (EG) Nr. 1924/2006 genannt sind, muss vom Verwender dargelegt und im Bestreitensfall auch bewiesen werden (BGH GRUR 2013, 958, 960 Rdn. 18 – *Vitalpilze*). Soweit diese Voraussetzungen gem. den Übergangsregelungen in Art. 28 Verordnung (EG) Nr. 1924/2006 ganz (vgl. BGH, GRUR 2013, 189 Rdn. 11 – *Monsterbacke I*) oder immerhin teilweise (vgl. dazu BGH, GRUR 2013, 189 Rdn. 11 ff. – *Monsterbacke I;* BGH GRUR 2013, 958, 960 Rdn. 15 – *Vitalpilze*) zunächst noch nicht zu erfüllen sind oder waren, bleibt die beschriebene Verteilung der Darlegungs- und Beweislast davon unberührt.

54 BGH GRUR 2013, 958, 960 Rdn. 20/21 – *Vitalpilze.*

55 Vgl. BGH GRUR 2013, 958 Rdn. 18 – *Vitalpilze.*

56 BGH GRUR 2013, 958 Rdn. 18 – *Vitalpilze.*

57 BGH GRUR 2015, 403, 408 Rdn. 45 – *Monsterbacke II.*

58 ABl.EG L 342 vom 22.12.2009, S. 59, zuletzt geändert durch die Verordnung (EU) Nr. 358/2014 vom 9.4.2014, ABl. EG L 107 vom 10.4.2014, S. 5.

59 BGH, Urt. v. 28.1.2016, *Feuchtigkeitsspendendes Gel-Reservoir,* DE:BGH:2016:280116UIZR36.14.0, Rdn. 12.

60 BGH, Urt. v. 28.1.2016, *Feuchtigkeitsspendendes Gel-Reservoir,* DE:BGH:2016:280116UIZR36.14.0.

61 BGH WRP 2012, 316, 317 – *Frühlings-Special; Schröler,* GRUR 2013, 564, 567.

62 BGH GRUR 2002, 715, 717 – *Scanner-Werbung.*

63 BGH GRUR 2002, 715, 717 – *Scanner-Werbung.*

III. Ermittlung der Verkehrsauffassung für die Irreführungsgefahr

1. Empirisches oder normatives Verständnis als Ausgangspunkt

24 **a) Die Rechtsprechung des EuGH.** Nach der Rspr. des **EuGH** ist es Sache der nationalen Gerichte, das Verkehrsverständnis zu beurteilen.[64] Der EuGH hat den nationalen Gerichten hierzu keine näheren Vorgaben gemacht. Er geht davon aus, dass die **Gerichte die Verkehrsauffassung i. d. R. ohne Beweisaufnahme feststellen könnten,** hält die Einholung eines Sachverständigengutachtens oder einer Verbraucherumfrage aber zumindest bei Vorliegen besonderer Umstände für möglich.[65] Allerdings entspricht es dem üblichen Vorgehen des EuGH, das Vorliegen einer Irreführungsgefahr selbst zu beurteilen.[66]

25 **b) Die Rechtsprechung des BGH.** Unter dem **Einfluss der Rechtsprechung des EuGH** wurden die früheren Grundsätze des BGH zur Notwendigkeit der Beweisaufnahme über das Verkehrsverständnis zunehmend aufgeweicht. **Der BGH geht inzwischen** unter Aufgabe seiner früheren Rechtsprechung, nach der das Verkehrsverständnis traditionell als eine dem Beweis zugängliche Tatsache verstanden wurde,[67] **davon aus, dass die Ermittlung des Verkehrsverständnisses keine Tatsachenfeststellung, sondern Anwendung eines speziellen Erfahrungswissens** sei.[68] Dieses Erfahrungswissen könne das Gericht grundsätzlich auch dann haben, wenn die entscheidenden Richter nicht zu den angesprochenen Verkehrskreisen zählten.[69] Die Frage, wie die angesprochenen Verkehrskreise eine bestimmte Werbung verstehen, könne hingegen **nicht i. S. v. § 291 ZPO offenkundig** sein, weil § 291 ZPO nur Tatsachen und nicht Erfahrungssätze betreffe.[70]

26 Dementsprechend kommt zur Klärung der Verkehrsauffassung nach Auffassung des BGH als Beweismittel i. d. R. nur ein **Sachverständigengutachten** in Betracht. Mittels **Zeugenbeweises** hingegen könnte nur geklärt werden, wie Personen eine Angabe verstanden haben, nicht hingegen, wie sie diese Angabe voraussichtlich verstehen werden.[71] Aus den gleichen Gründen reicht ein **Meinungsforschungsgutachten** für sich genommen nicht aus. **Auskünften** von Kammern und Verbänden, die der Klärung des Verständnisses von Fachkreisen dienen und nach § 377 Abs. 3 ZPO ins Verfahren eingeführt werden können, steht die Rechtsprechung traditionell skeptisch gegenüber.[72]

27 Ob der Richter das **Verständnis des Verkehrs ohne sachverständige Hilfe ermitteln** dürfe, soll sich nach Auffassung des BGH auf der Grundlage der allgemeinen Regeln danach richten, ob er selbst **aufgrund eigenen Erfahrungswissens ausreichend sachkundig** ist.[73] Es lasse sich kein Rechtssatz des Inhalts aufstellen, dass eine beantragte Beweiserhebung stets geboten sei, wenn die **Richter von der Werbung nicht angesprochen** seien.[74] Zur Beurteilung der Sichtweise des normal informierten, angemessen aufmerksamen und verständigen Durchschnittsverbrauchers bedarf es nach neuerer Rspr. des BGH **im Regelfall keines Gutachtens.**[75] Eine Beurteilung durch das Tatsachengericht ohne Beweisaufnahme ist nach dieser Rspr. auch wenn kein Mitglied des Gerichts zu den angesprochenen Verkehrskreisen gehört jedenfalls dann möglich, wenn sich das Gericht auf die **allgemeine Lebenserfahrung** stützen kann und **nicht** ersichtlich ist, dass die mit der Werbung angesprochenen Verkehrskreise regelmäßig über **besondere Kenntnisse** und Erfahrun-

---

[64] EuGH, Urt. v. 18.10.2012, *Purely Creative u. a.,* C-428/11, EU:C:2012:651, Rdn. 57.

[65] EuGH GRUR Int. 1998, 795, 798 – *Gut Springenheide;* vgl. EuGH GRUR Int. 2000, 354, 356 – *Lifting.*

[66] Vgl. EuGH GRUR 1994, 303 – *Clinique;* GRURInt. 2000, 756 – *naturrein;* Urt. v. 18.10.2012, *Purely Creative u. a.,* C-428/11, EU:C:2012:651, Rdn. 53 und 57.

[67] BGH GRUR 1957, 123, 124 – *Lowitz;* GRUR 1967, 600, 603 – *Rhenodur;* GK/*Lindacher,* § 3 Rdn. 984; Gloy/Loschelder/Erdmann/*Helm,* Handbuch WettbewerbsR, § 59 Rdn. 91.

[68] BGHZ 156, 250, 254 – *Marktführerschaft;* GRUR 2010, 1125, 1129 Rdn. 50 – *Femur-Teil;* GRUR 2014, 1211, 1212 Rdn. 19 – *Runes of Magic II.*

[69] BGH WRP 2007, 1346, 1350 – *Bundesdruckerei;* GRUR 2004, 244, 245 – *Marktführerschaft;* GRUR 2012, 942/943 Rdn. 12 und 18 – *Neurologisch/Vaskuläres Zentrum;* GRUR 2014, 1211, 1212 Rdn. 20 – *Runes of Magic II.*

[70] BGH GRUR 2004, 244, 245 – *Marktführerschaft.*

[71] Vgl. auch Köhler/*Bornkamm,* 34. Aufl. 2016, § 5 Rdn. 3.10.

[72] Vgl. BGH GRUR 1957, 553, 556 – *Tintenkuli;* GRUR 1997, 669, 670 – *Euromint;* Köhler/*Bornkamm,* 34. Aufl. 2016, § 5 Rdn. 3.17.

[73] BGH GRUR 2004, 244, 245 – *Marktführerschaft;* GRUR 2014, 1211, 1212 Rdn. 21 – *Runes of Magic II.*

[74] BGH GRUR 2004, 244, 245 – *Marktführerschaft;* WRP 2007, 1346, 1350 – *Bundesdruckerei;* GRUR 2014, 1211, 1212 Rdn. 21 – *Runes of Magic II.*

[75] BGH GRUR-RR 2014, 201, 205 Rdn. 49 – *Peek & Clopenburg IV.*

gen verfügen, die eine von der Werbung ausgehende Irreführungsgefahr ausschließen können. Dabei ist zu berücksichtigen, dass das allgemeine Sprachverständnis ein grundsätzlich für das allgemeine Publikum und für Fachkreise gleichermaßen gültiger Maßstab ist, wenn kein abweichendes Verständnis dargetan ist.[76] Erst recht soll eine Beurteilung durch das Tatsachengericht möglich sein, wenn zu dem angesprochenen Verkehrskreis in nicht unerheblichem Umfang Personen gehören, bei denen **keine nähere Sachkunde erwartet** werden kann, wie insbesondere Kleingewerbetreibende und Existenzgründer.[77] Zuweilen lasse sich die Frage der Irreführung – beispielsweise der Irreführung über den geforderten Preis eines Konsumartikels – auch von Personen beurteilen, welche den in Rede stehenden Artikel im Allgemeinen nicht nachfragten.[78] Schließlich könnten **Gerichte, die ständig mit Wettbewerbssachen befasst seien,** auf Grund ihrer besonderen Erfahrung selbst in der Lage sein, eigenständig zu beurteilen, wie bestimmte Verkehrskreise, z.B. Fachkreise oder Kinder, eine bestimmte Werbeaussage verstünden.[79] Schließlich sollen auch **Privatgutachten** die Sachkunde des Gerichts u.U. so erhöhen können, dass dieses sich ohne die Hilfe eines Gerichtssachverständigen ein Urteil bilden könne.[80]

Wird ein erforderliches Gutachten nicht eingeholt, begründet dies nach der Rechtsprechung einen mit der Revision angreifbaren **Verfahrensfehler.**[81] Deshalb **muss das Gericht darlegen,** weshalb es meint, über die zur Beurteilung des Verkehrsverständnisses erforderliche Sachkunde zu verfügen. Ein Begründungserfordernis besteht insbesondere, wenn die von dem Gericht angenommene Verkehrsauffassung nicht in Einklang mit der Verkehrsauffassung steht, wie sie Entscheidungen anderer Gerichte zugrunde liegt, weil das Gericht zu einer Verkehrsgewöhnung gelangt.[82] Eine Beweisaufnahme soll, so der BGH, erforderlich sein, wenn sich trotz eigener Sachkunde Zweifel am Ergebnis aufdrängen.[83] 28

Die Rspr. hat danach zwar den Wandel von einem empirischen Verkehrsverständnis hin zu einem normativen nicht vollständig vollzogen, sondern geht von einem Verkehrsverständnis aus, das auf Grund aufgrund eigenen Erfahrungswissens der Gerichte beurteilt werden kann und in das wertende Elemente einfließen können. Aufgrund einer insbesondere in den letzten Jahren zu beobachtenden extensiven Ausdehnung der den ständig mit Wettbewerbssachen befassten Gerichten zuerkannten Kompetenzen, dieses Verkehrsverständnis anhand ihrer Erfahrungen selbst zu beurteilen, ergeben sich inzwischen jedoch kaum noch Unterschiede zu einem normativen Verkehrsverständnis. Einen weiteren Schritt auf diesem Weg stellt die in eng umgrenzten Einzelfällen anerkannte **Kompetenz des Revisionsgerichts zur eigenen primären Beurteilung der Verkehrsauffassung** auf Grundlage des unstreitigen oder festgestellten Sachverhaltes dar,[84] s. dazu **§ 5 Abschn. M Rdn. 36f.** 29

c) Eigene Auffassung. Nach hier vertretener Auffassung ist das Verkehrsverständnis ein normatives und handelt es sich bei der Sicht eines Durchschnittsverbrauchers um eine **Rechtsfrage (s. ausführlich dazu § 5 Abschn. B Rdn. 18ff.).** Die Rechtsprechung des BGH zur Feststellung der Verkehrsauffassung weist Parallelen zur Auslegung von Individualvereinbarungen auf, für die ebenfalls sowohl empirische als auch normative Faktoren eine Rolle spielen.[85] **Anders als bei der Auslegung von Willenserklärungen** geht es bei der Feststellung der Verkehrsauffassung aber nicht darum, das wirkliche Verständnis der Verbraucher festzustellen und ggf. normativ zu korrigieren, sondern einen **Verstoß gegen die „beruflichen Sorgfaltspflichten"** festzustellen, welche die Marktbeteiligten nach Art. 5–7 UGP-Richtlinie bei ihren Geschäftspraktiken einhalten müssen. Normative Korrekturen bei der Auslegung individueller Willenserklärungen mögen deshalb eine Grenze in einem festgestellten einvernehmlichen Verständnis der Vertragsparteien finden;[86] hingegen spielt es für den in Art. 5, 6 UGP-Richtlinie aufgestellten Sorgfaltsmaßstab keine Rolle, ob der 30

---

[76] BGH GRUR 2012, 647, 648 – *INJECTIO.*

[77] BGH GRUR 2002, 77, 79 – *Rechenzentrum;* GRUR 2004, 244, 245 – *Marktführerschaft.*

[78] BGH GRUR 2004, 244, 245 – *Marktführerschaft.*

[79] BGH GRUR 2004, 244, 245 – *Marktführerschaft;* GRUR 2012, 942/943 Rdn. 12 und 18 – *Neurologisch/Vaskuläres Zentrum;* GRUR 2014, 1211, 1212 Rdn. 20 – *Runes of Magic II.*

[80] BGH GRUR 2004, 244, 245 – *Elternbriefe;* OLG Saarbrücken, Urt. v. 18.10.2006, Az. 1 U 670/05, Tz. 21.

[81] BGH GRUR 2004, 244, 245 – *Marktführerschaft;* vgl. BGH GRUR 2001, 420, 421f. – *SPA.*

[82] BGH GRUR 2015, 698, 699 Rdn. 14 – *Schlafzimmer komplett.*

[83] BGH GRUR 2002, 550, 552 – *Elternbriefe;* GRUR 2004, 244, 245 – *Marktführerschaft.*

[84] Vgl. BGH GRUR 2013, 397, 400 Rdn. 42f. – *Peek & Cloppenburg;* GRUR 2014, 686, 688 Rdn. 34 – *Goldbärchenbarren;* GRUR 2014, 1211, 1213 Rdn. 21 – *Runes of Magic.*

[85] Vgl. nur BGH NJW 2004, 2751, 2753.

[86] So die h.M., vgl. BGH WM 1972, 1422, 1424; NJW 1978, 1050; NJW 2004, 2751, 2753; MüKo-BGB/*Busche,* § 157 Rdn. 2; Staudinger/*Singer,* § 133 Rdn. 6; *Wieser* JZ 1985, 407.

angesprochene Verkehr in der konkreten Situation den Schutz benötigt oder die geschäftliche Handlung „richtig" versteht, denn es geht insoweit nicht um Individualschutz, sondern um Funktionenschutz (Art. 1 UGP-Richtlinie). Im **Erwägungsgrund 18** UGP-Richtlinie heißt es insoweit unmissverständlich: „Der Begriff des Durchschnittsverbrauchers beruht dabei nicht auf einer statistischen Grundlage. **Die nationalen Gerichte** und Verwaltungsbehörden **müssen sich bei der Beurteilung** der Frage, wie der Durchschnittsverbraucher in einem gegebenen Fall typischerweise reagieren würde, **auf ihre eigene Urteilsfähigkeit unter Berücksichtigung der Rechtsprechung des Gerichtshofs verlassen.**" Der 7. Erwägungsgrund UGP-Richtlinie macht deutlich, dass dabei alle Umstände des Einzelfalls umfassend gewürdigt werden müssen, so dass insbes. auch die **Auswirkungen auf die Marktverhältnisse** und die **Möglichkeit irrtumsausschließender Hinweise** zu berücksichtigen sind. Die Schutzbedürftigkeit einzelner Marktteilnehmer kann allenfalls i. R. d. Anspruchsdurchsetzung Bedeutung gewinnen.

31 Aus der Situationsbezogenheit des Verkehrsverständnisses folgt, dass dieser Begriff als **unbestimmter Rechtsbegriff** in der Anwendung auf den konkreten Fall der **Ausfüllung** bedarf. Das Tatsachengericht hat tatsächliche Feststellungen zu treffen, wenn es diese für seine Wertung benötigt, wie ein Durchschnittsverbraucher in der konkreten Situation der geschäftlichen Handlung diese verstehen würde. **Tatsächliche Feststellungen** sind insbesondere im Hinblick auf den angesprochenen **Verkehrskreis** und die **Situation** der geschäftlichen Handlung erforderlich. Darüber hinaus muss das Tatsachengericht die Umstände klären, auf deren Grundlage es beurteilen kann, welche **Eigenschaften** der Unternehmer in der betreffenden Situation angemessener Weise beim angesprochenen Verkehrskreis voraussetzen darf. Eine Beweisaufnahme kann danach z. B. erforderlich sein um zu klären, welches **Fachwissen** in einem bestimmten Studiengang vermittelt wird und der Unternehmer demgemäß bei an entsprechende Fachkreise gerichteten geschäftlichen Handlungen i. d. R. auch voraussetzen darf. Da der Durchschnittsverbraucher den **Wortsinn** einer Angabe berücksichtigen wird, d. h. den allgemeinen Sprachgebrauch und das allgemeine Sprachverständnis,[87] können auch insoweit tatsächliche Feststellungen erforderlich sein. Eine Beweisaufnahme darüber, wie eine geschäftliche Handlung vom angesprochenen Verkehr **tatsächlich verstanden** wird, kommt nach der hier vertretenen Auffassung hingegen nur **ausnahmsweise** in Betracht, da es unmittelbar keinen Rückschluss darauf zulässt, welches Verständnis des angesprochenen Verkehrs der Unternehmer voraussetzen ***darf.*** Auch in den **meisten anderen europäischen Mitgliedsstaaten** wird das Vorliegen einer Irreführungsgefahr von den Gerichten überwiegend ohne Einholung eines Sachverständigengutachtens oder einer Verkehrsumfrage beurteilt.[88]

2. Keine unterschiedlichen Anforderungen bei Bejahung bzw. Verneinung der Irreführungsgefahr

32 Ursprünglich hatte der BGH zwischen der Bejahung und der Verneinung der Irreführungsgefahr unterschieden. Er war nach der sog. **Bärenfang-Doktrin** davon ausgegangen, dass eine Feststellung auf Grund eigener Sachkunde und Lebenserfahrung im Hinblick auf die Zugehörigkeit zu dem angesprochenen Verkehrskreis eher möglich sei, wenn es um die Bejahung einer Irreführungsgefahr gehe, als dann, wenn diese verneint werden solle.[89] Entsprechend kam nach früherer Rechtsprechung des BGH die auf die eigene Sachkunde gestützte Feststellung, dass kein rechtlich relevanter Teil des Verkehrs getäuscht werden kann, jedenfalls dann nicht in Betracht, wenn Umstände vorlagen, die eine solche Feststellung als bedenklich erscheinen ließen.[90]

33 Diese Rechtsprechung hat der BGH zu Recht **aufgegeben.**[91] Da inzwischen für das Verkehrsverständnis die Vorstellung eines situationsadäquat aufmerksamen Durchschnittsverbrauchers maßgeblich ist und es folglich auf möglicherweise abweichende Anschauungen einer Minderheit von Verbrauchern nicht ankommt, **macht es keinen Unterschied, ob der Tatrichter seine Sachkunde und Lebenserfahrung zur Bejahung oder zur Verneinung einer Irreführungsgefahr einsetzen möchte.**[92]

---

[87] BGH GRUR 2003, 247, 248 – *THERMAL BAD;* GRUR 2012, 647, 648 – *INJECTIO;* vgl. OLG Hamburg OLGR Hamburg 2006, 332; Magazindienst 2006, 734 = WRP 2006, 771 (LS).
[88] *Ulbrich* WRP 2005, 940, 943 m. w. N.; s. auch die Länderberichte in der Einl. Abschn. F.
[89] BGH GRUR 1963, 270, 273 – *Bärenfang;* GRUR 1987, 45, 47 – *Sommerpreiswerbung;* GRUR 1992, 406, 407 – *Beschädigte Verpackung I.*
[90] BGH GRUR 1992, 406, 407 – *Beschädigte Verpackung I.*
[91] BGH GRUR 2002, 550, LS – *Elternbriefe.*
[92] BGH GRUR 2002, 550, 552 – *Elternbriefe;* GRUR 2003, 247, 248 – *THERMAL BAD;* GRUR 2004, 244, 245 – *Marktführerschaft.*

3. Maßgeblicher Zeitpunkt für die tatsächlichen Feststellungen

Soweit es um tatsächliche Feststellungen geht, ist maßgeblicher Zeitpunkt die **letzte mündliche Verhandlung der Tatsacheninstanz.** Dies gilt insbesondere für die Umstände, unter denen die geschäftliche Handlung stattgefunden hat und die wegen der Situationsgebundenheit des Verkehrsverständnisses (näher § 5 Abschn. B Rdn. 40f.) klärungsbedürftig sind. Das Verständnis eines durchschnittlich informierten, verständigen und aufmerksamen Verbrauchers ist **wandelbar.** Z.B. kann das Maß an Informiertheit, das der Unternehmer angemessener Weise bei einer durchschnittlichen Zielperson erwarten darf, durch Berichterstattungen zunehmen. Medienwirksame Prozesse über die fragwürdige geschäftliche Handlung können das Problembewusstsein des Verbrauchers schärfen und seine Aufmerksamkeit bei diesen oder ähnlichen geschäftlichen Handlungen steigern. Deshalb kann auf frühere Entscheidungen in ähnlichen Fällen nicht ohne weiteres zurückgegriffen werden. Abgesehen davon ist zu beachten, dass derartigen Entscheidungen u.a. noch ein anderes Verkehrsverständnis zugrunde lag (näher § 5 Abschn. B Rdn. 18ff.). 34

4. Revisibilität

a) Die Rechtsprechung des BGH. Die Beurteilung der Verkehrsauffassung liegt nach der Rspr. des BGH im Wesentlichen auf tatrichterlichem Gebiet und ist im Revisionsverfahren nur daraufhin zu überprüfen, **ob das Berufungsgericht einen unzutreffenden rechtlichen Maßstab zu Grunde gelegt, bei seiner Würdigung gegen Denkgesetze oder Erfahrungssätze verstoßen oder wesentliche Umstände unberücksichtigt** gelassen hat.[93] 35

Vereinzelt hat sich der BGH in neueren Entscheidungen nicht darauf beschränkt zu prüfen, ob die Bewertung des Verkehrsverständnisses durch das Berufungsgericht erfahrungswidrig ist, sondern diese **Bewertung selbst vorgenommen.**[94] Die „Runes of Magic II"-Entscheidung verweist dazu auf Erwägungsgrund 18 S. 6 der UGP-Richtlinie, wonach die Gerichte sich bei der Beurteilung der Frage, wie der Durchschnittsverbraucher typischerweise reagieren würde, auf ihre eigene Urteilsfähigkeit unter Berücksichtigung der Rspr. des EuGH verlassen müssen, und das Vorgehen des EuGH, der bei der Beurteilung der Irreführung regelmäßig auf die mutmaßliche Erwartung eines Durchschnittsverbrauchers abstelle, ohne Beweis zu erheben.[95] Der BGH urteilt, dass die nationalen Gerichte in der Regel in gleicher Weise verfahren könnten.[96] Dies gelte auch für die Beurteilung des Verkehrsverständnisses durch das Revisionsgericht sowohl in dem Fall, dass es rechtsfehlerhafte Feststellungen des Berufungsgerichts zur Auffassung eines durchschnittlichen Angehörigen einer Verbrauchergruppe auf Grund eigener Sachkunde ersetze[97] als **auch in dem Falle, dass es die Verkehrsauffassung aufgrund eigenen Erfahrungswissens auf Grundlage des unstreitigen oder festgestellten Sachverhalts erstmals beurteile,** ohne dass insoweit Feststellungen des Berufungsgerichts ersetzt würden.[98] 36

Grundsätzlich dürfte es sich bei der zuletzt angeführten Möglichkeit des Revisionsgerichts, das Verkehrsverständnis erstmals zu bewerten, allerdings um **eng umgrenzte Ausnahmen** handeln, die wie im Markenrecht[99] (näher unten Rdn. 41) **voraussetzen, dass der für die Beurteilung des Verkehrsverständnisses erforderliche Sachverhalt feststeht und weiterer Sachvortrag der Parteien nicht zu erwarten** ist. Eine grundsätzliche Erweiterung des o.g Prüfungsmaßstabs auch für den Fall, dass diese Voraussetzungen nicht vorliegen, ergibt sich daraus nicht. Spätere Entscheidungen betonen erneut den eingeschränkten Prüfungsmaßstab im Revisionsverfahren und 37

---

[93] BGH GRUR 1999, 1097, 1099 – *Preissturz ohne Ende;* GRUR 2003, 361, 362 – *Sparvorwahl;* GRUR 2012, 215 Rdn. 13 – *Zertifizierter Testamentsvollstrecker;* GRUR 2013, 401 – *Biomineralwasser;* GRUR 2013, 1254/1255 Rdn. 16 – Matratzen-Factory Outlet; GRUR 2014, 88, 91 Rdn. 31 – *Vermittlung von Netto-Policen;* GRUR 2015, 906, 907 Rdn. 19 – *TIP der Woche.*

[94] BGH GRUR 2013, 397, 400 Rdn. 42f. – *Peek & Cloppenburg III;* GRUR-RR 2014, 201, 205 Rdn. 47 – *Peek & Cloppenburg IV;* GRUR 2014, 686, 688 Rdn. 34 – *Goldbärchenbarren;* GRUR 2014, 1211, 1212 Rdn. 21 – *Runes of Magic II.*

[95] BGH GRUR 2014, 1211, 1213 Rdn. 21 – *Runes of Magic II.*

[96] BGH GRUR 2014, 1211, 1213 Rdn. 21 – *Runes of Magic II.*

[97] BGH GRUR 2012, 942/943 Rdn. 12 und 18 – *Neurologisch/Vaskuläres Zentrum;* GRUR 2013, 644, 446/647 Rdn. 20 und 23 – *Preisrätselgewinnauslobung;* GRUR 2014, 1211, 1213 Rdn. 21 – *Runes of Magic II.*

[98] BGH GRUR 2013, 397, 400 Rdn. 42f. – *Peek & Cloppenburg III;* GRUR 2014, 686, 688 Rdn. 34 – *Goldbärchenbarren;* GRUR 2014, 1211, 1212 Rdn. 21 – *Runes of Magic II;* BGH GRUR-RR 2014, 201, 205 Rdn. 46 – *Peek & Cloppenburg IV.*

[99] Vgl. BGH GRUR 2009, 1055 1058 Rdn. 62 – *airdls;* Urt. v. 5.3.2015, Az. I ZR 161/13, WRP 2015, 1219, 1223 Rdn. 59 – *IPS/ISP.*

kommen auf die erweiternde Formulierung der „Runes of Magic II“-Entscheidung nicht mehr zurück.[100]

38 Nach Maßgabe der vorstehenden Grundsätze der Rspr. des BGH kann mit der Revision grundsätzlich nur angegriffen werden, dass die **Nichteinholung eines Sachverständigengutachtens** ermessensfehlerhaft war oder dass zumindest nicht hinreichend dargelegt wurde, weshalb ein Sachverständigengutachten im Hinblick auf seine eigene Sachkunde entbehrlich war, oder dass die vom Gericht angenommene Verkehrsauffassung **gegen Erfahrungssätze verstoße.**[101] Erfahrungssätze sind bislang z. B. aus dem Kennzeichenrecht bekannt.[102] Sie betreffen dort z. B. den Grundsatz, dass der Durchschnittsverbraucher eine Marke als Ganzes wahrnehme und beurteile[103] und dass er sich bei einer kombinierten Wort-Bild-Marke regelmäßig am Wort orientiere.[104] Verfahrensrechtlich werden sie § 293 ZPO zugeordnet und sind von Amts wegen heranzuziehen.[105] Demgegenüber entwickelt die Rechtsprechung für die Feststellung der Irreführungsgefahr im Wettbewerbsrecht erst in jüngerer Zeit Erfahrungssätze.[106] So hat der BGH es als erfahrungswidrig angesehen, dass der Verbraucher bei einer Werbung für Schlafzimmereinrichtungen mit den hervorgehobenen Angaben „**KOMPLETT** …“ und der Abbildung eines funktionsgerecht ausgestatteten Bettes auch ohne einen aufklärenden Hinweis annehmen werde, das Angebot umfasse nicht den Lattenrost und die Matratze.[107] In der „Bundesdruckerei“-Entscheidung hat der BGH einen Erfahrungssatz dergestalt angenommen, dass der Verkehr bei Firmenbezeichnungen, die den **Bestandteil „Bundes“** enthalten, i. d. R. annehmen wird, die Bundesrepublik Deutschland sei zumindest Mehrheitsgesellschafter.[108] Hinsichtlich der Gestaltung eines **Kontoauszuges** wurde angenommen, es entspreche der Lebenserfahrung, dass zumindest ein erheblicher Teil der verständigen Bankkunden nicht erkenne, dass sie zur Ermittlung des Betrags, über den sie zinsfrei verfügen können, eine Rechenoperation vornehmen müssen.[109] Zu den anerkannten Erfahrungssätzen gehört auch, dass für die Feststellung der Irreführungsgefahr auf den **Gesamteindruck** abzustellen ist (näher § 5 Abschn. B Rdn. 106). Auch für die Blickfangwerbung hat der BGH bestimmte Grundsätze herausgearbeitet (näher § 5 Abschn. B Rdn. 127 ff.).[110] Bzgl. der Abkürzung **„UVP“** für „Unverbindliche Preisangabe“ hat es der BGH als erfahrungswidrig angesehen, dass der Verkehr die darin liegende Preisempfehlung nicht dem Hersteller, sondern einem anderen Unternehmen zuordne, und in der **verbreiteten und ständigen Verwendung dieser Abkürzung in der Werbung** anderer Unternehmer einen hinreichenden Nachweis dafür gesehen, dass dem Verkehr die Bedeutung der Abkürzung entgegen der Auffassung des Berufungsgerichts bekannt sei.[111] Auch für die **Händlerwerbung für besonders herausgestellte einzelne Angebote** gelten Erfahrungssätze hinsichtlich der Liefermöglichkeit und Lieferbereitschaft.[112] **Verneint** wurde ein Erfahrungssatz, dass Verbraucher immer alles generalisierend verstehen würden.[113] Auch gibt es keinen allgemeinen Erfahrungssatz dahingehend, dass der Verkehr hinter einer allgemeinen Redewendung grundsätzlich schon dann eine ernstlich gemeinte Aussage über bestimmte geschäftliche Verhältnisse vermutet, wenn sie in der Werbung eines besonders bekannten und geachteten Unternehmens verwendet werden.[114] Für erfahrungswidrig hat es das OLG Hamburg erachtet, dass der Verkehr im Zusammenhang mit Geräten zur Anreicherung von Trinkwasser mit Kohlensäure feinsinnige Unterscheidungen zwischen „Wassersprudlern“, „Sprudelautomaten“ u. ä. vornehme.[115]

39 **b) Eigene Auffassung.** Ein empirisches Verkehrsverständnis wird den Bedürfnissen der Rechtspraxis auch im Hinblick auf die damit verbundene, weitgehende Aberkennung der Revisibilität

---

[100] BGH GRUR 2015, 906, 907 Rdn. 19, 23 – *TIP der Woche;* GRUR 2015, 403, 405 Rdn. 21 – *Monsterbacke II.*
[101] Vgl. BGH GRUR 1999, 264 – *Handy für 0,00 DM.*
[102] Näher *Beutel,* Wahrnehmungsbezogene richterliche Erfahrungssätze im Marken- und Lauterkeitsrecht, 2011; *Risthaus,* Erfahrungssätze, 2007.
[103] Vgl. EuGH GRUR Int. 1998, 56 ff., Tz. 23.
[104] Vgl. BGH GRUR 2001, 1158, 1160 – *Dorf-Münsterland;* GRUR 2006, 60 – *coccodrillo.*
[105] Näher hierzu *Omsels* GRUR 2005, 548, 555 ff.
[106] Vgl. noch *Omsels* GRUR 2005, 548, 555 ff.: keine ausreichende Zahl von Erfahrungssätzen.
[107] BGH GRUR 2015, 698, 699 Rdn. 13 – *Schlafzimmer komplett.*
[108] BGH WRP 2007, 1346, 1350 – *Bundesdruckerei.*
[109] BGH GRUR 2007, 805, 897 – *Irreführender Kontoauszug.*
[110] Vgl. *Omsels* GRUR 2005, 548, 555.
[111] BGH GRUR 2007, 603, 605 – *Unverbindliche Preisempfehlung.*
[112] Vgl. BGH WRP 2007, 1351, 1353 – *Weltreiterspiele.*
[113] OLG Hamburg ZUM-RD 2005, 440; Urt. v. 17.11.2005, Az. 3 U 88/05, Tz. 61.
[114] BGH GRUR 1965, 365, 367 – *Lavamat II.*
[115] OLG Hamburg OLGR Hamburg 2006, 450.

nicht gerecht. Das bestehende **Bedürfnis nach einer stärkeren Vereinheitlichung der Rechtsprechung** durch umfassendere Überprüfung der Verkehrsauffassung zeigt sich daran, dass die Rechtsprechung zunehmend Erfahrungssätze anerkennt, die für die Beurteilung der Irreführung gelten sollen. Da bei der Arbeit mit Erfahrungssätzen häufig nicht maßgeblich ist, wie der Verkehr eine Angabe tatsächlich versteht, sondern wie er sie nach höchstrichterlicher Rechtsprechung verstehen darf,[116] verschafft sich der BGH über das **Einfalltor der Erfahrungssätze** die Möglichkeit einer wertenden Abgrenzung des Irreführungsbegriffs. Zugleich kann so verhindert werden, dass eine geschäftliche Handlung im Bezirk eines OLG als zulässig, im Nachbarbezirk hingegen als unzulässig angesehen wird.[117]

Ein **normatives** Verständnis der Verkehrsauffassung vermeidet diese Nachteile, zu denen ein empirisches oder normativ-empirisches Verkehrsverständnis führt. Es weist den Begriff des Verkehrsverständnisses bzw. der Irreführung **statt dem Bereich der Willenserklärungen dem der unbestimmten Rechtsbegriffe** zu und öffnet ihn so der notwendigen weitergehenden Überprüfung durch das Revisionsgericht darauf, ob der Tatrichter den unbestimmten Rechtsbegriff verkannt hat. Ergeben die Feststellungen des Tatsachengerichts zu den Anknüpfungstatsachen des unbestimmten Rechtsbegriffs ein **abgeschlossenes Tatsachenbild,** kann das Revisionsgericht die Beurteilung der Verkehrsauffassung bzw. Irreführung **selbst vornehmen;**[118] entsprechend ist der BGH zuletzt in einigen wenigen Fällen auch verfahren.[119] Die Feststellung der tatsächlichen Voraussetzungen des Rechtsbegriffs, etwa zum angesprochenen Verkehrskreis, ist als tatsächliche Würdigung mit der Revision hingegen nur eingeschränkt überprüfbar. Im Hinblick auf die **enge Verknüpfung von Rechtsfrage und Tatsachengrundlage,** auf welcher das Tatsachengericht die Bewertung vornimmt, und dem bei der Auslegung unbestimmter Rechtsbegriffe dem Tatsachengericht zu verbleibenden **Beurteilungsspielraum** kann das Revisionsgericht nur überprüfen, ob der Tatrichter den Rechtsbegriff verkannt hat und ob ihm im konkreten Fall mit der Revision gerügte Verfahrensfehler unterlaufen sind, es etwa bei der Tatsachenfeststellung wesentliche Umstände übersehen oder nicht vollständig gewürdigt oder Erfahrungssätze verletzt hat.[120] Dadurch bleibt auch bei einem normativen Verständnis der Verkehrsauffassung bzw. Irreführung gewährleistet, dass es Zweck und Aufgabe des Revisionsverfahrens bleibt, **Leitentscheidungen für künftige Fälle über den Einzelfall hinaus** zu treffen.[121] 40

Vergleichbare Maßstäbe gelten auch für die Beurteilung der **markenrechtlichen Verwechslungsgefahr** und haben sich dort als praktikabel erwiesen. Ein normatives Verständnis vermeidet daher zudem **Wertungswidersprüche,** die insbesondere dann auftreten können, wenn die Klage nicht nur auf lauterkeitsrechtliche Ansprüche wegen einer Verwechslungsgefahr gemäß § 5 Abs. 2 UWG gestützt wird, sondern der Kläger deswegen auch aus seinem Kennzeichenrecht vorgeht.[122] Ob eine Verwechslungsgefahr vorliegt, ist im Markenrecht eine **Rechtsfrage,** die grundsätzlich auch das Revisionsgericht beantworten kann,[123] wobei die Beurteilung des Gesamteindrucks der Zeichen zwar im Wesentlichen auf tatrichterlichem Gebiet liegt und im Revisionsverfahren daher nur eingeschränkt überprüft werden kann, das Revisionsgericht diese Beurteilung, wenn der dazu erforderliche Sachverhalt feststeht und weiterer Sachvortrag nicht zu erwarten ist, selbst wenn das Berufungsgericht dazu noch keine Ausführungen gemacht hat, auch selbst vornehmen kann.[124] 41

---

[116] Vgl. *Risthaus,* Rdn. 1210 ff.

[117] Vgl. Köhler/*Bornkamm,* 34. Aufl. 2016, § 5 Rdn. 3.15.

[118] BGH NJW 1993, 2178 (zum unbestimmten Rechtsbegriff „Verwirkung"); NJW 1991, 1415, 1417; NJW 1993, 316, 317; NJW 1994, 2093, 2094 (zur „groben Fahrlässigkeit"); GRUR 2012, 635, 637 Rdn. 35 – *METRO/ROLLER's Metro;* GRUR 2013, 833, 839 Rdn. 67 – *Culinaria/Villa Culinaria;* Urt. v. 5.3.2015, Az. I ZR 161/13, WRP 2015, 1219, 1223 Rdn. 58 – IPS/ISP (jeweils zur markenrechtlichen „Verwechslungsgefahr").

[119] BGH GRUR 2013, 397, 400 Rdn. 42 f. – *Peek & Cloppenburg III;* GRUR 2014, 686, 688 Rdn. 34 – *Goldbärchenbarren;* GRUR 2014, 1211, 1212 Rdn. 21 – *Runes of Magic II;* BGH GRUR-RR 2014, 201, 205 Rdn. 46 – *Peek & Cloppenburg IV.*

[120] Vgl. BGH NJW 1990, 2889, 2890; NJW 1994, 2093, 2094; WM 2006, 684; WM 2006, 1915; Musielak/*Ball,* § 546 Rdn. 12.

[121] Vgl. BGH NJW 2004, 2751, 2754; MüKo-ZPO/*Wenzel,* § 546 Rdn. 3.

[122] Beispiele bilden etwa BGH GRUR-RR 2014, 201, 205 Rdn. 46 – *Peek & Cloppenburg IV.*

[123] Vgl. BGH GRUR 2009, 1055, 1059 Rdn. 62 – *airdls;* Urt. v. 5.3.2015, Az. I ZR 161/13, WRP 2015, 1219, 1223, Rdn. 59 – *IPS/ISP.*

[124] Vgl. BGH GRUR 2000, 506 – *ATTACHÉ/TISSERAND;* GRUR 2004, 514, 516 – *Telekom;* GRUR 2009, 1055, 1059 Rdn. 62 – *airdls;* GRUR 2012, 635, 637 Rdn. 35 – *METRO/ROLLER's Metro;* GRUR 2013, 833, 839 Rdn. 67 – *Culinaria/Villa Culinaria;* Urt. v. 5.3.2015, Az. I ZR 161/13, WRP 2015, 1219, 1223, Rdn. 58 – *IPS/ISPGH.*

IV. Feststellung der wettbewerbsrechtlichen Relevanz

1. Darlegungs- und Beweislast

42 Im Zuge der Gesetzesreform 2015 ist das Relevanzerfordernis in **§ 5 Abs. 1 S. 1 a. E.** und **§ 5a Abs. 2 S. 1 Nr. 2** ausdrücklich geregelt worden. Die dortigen Formulierungen machen deutlich, dass es sich bei der Eignung zur nicht nur unerheblichen Beeinträchtigung des Wettbewerbs zum Nachteil der Mitbewerber, der Verbraucher oder der sonstigen Marktteilnehmer im deutschen Recht wie schon bislang auch weiterhin um eine **Anspruchsvoraussetzung** handelt. Auch nach europäischem Recht hängt die Annahme einer unlauteren Geschäftspraxis von zwei Voraussetzungen ab: dem Verstoß gegen die Erfordernisse der beruflichen Sorgfaltspflicht (hier: falsche oder täuschende Angabe), und der Relevanz des Verstoßes.

43 Die **Relevanz** der unwahren bzw. täuschenden Angabe für die geschäftliche Entscheidung **ist somit nach deutschem Recht im Grundsatz vom Anspruchsteller darzutun und zu beweisen.** Dies gilt insbesondere für die tatsächlichen Umstände, die das Gericht als Grundlage seiner normativen Feststellung benötigt. Auch **Art. 7 Werberichtlinie** und **Art. 12 UGP-Richtlinie** sehen keine generelle Beweislastumkehr vor, sondern lediglich die Befugnis der Gerichte, in bestimmten Einzelfällen, in denen sich dies im Hinblick auf die Umstände des Falles als angemessen erweist, Nachweise für die Richtigkeit der Tatsachenbehauptungen zu verlangen und bei unzureichend erachteten Beweisen diese Behauptungen als unrichtig anzusehen.

44 Nach der Rechtsprechung des BGH können sich allerdings **Beweiserleichterungen** ergeben. So soll insbesondere aus dem Hervorrufen einer Fehlvorstellung i. d. R. auf die wettbewerbsrechtliche Relevanz der Irreführung geschlossen werden können.[125] Eine Ausnahme komme in Betracht, wenn über Umstände getäuscht wurde, die für das Marktverhalten nur eine unwesentliche Bedeutung haben.[126] Ob an dieser Beweislastverteilung nach Umsetzung der Vorgaben der UGP-Richtlinie 2008 festgehalten werden kann, wird in der Literatur unterschiedlich beurteilt. Die wohl h. L. bejaht dies.[127] Nach der **Gegenmeinung** ist es mit der ausdrücklichen Regelung des Relevanzkriteriums zur Präzisierung der Generalklausel unvereinbar, die Relevanz der Irreführung bei Vorliegen von Fehlvorstellungen mehr oder minder automatisch zu bejahen.[128]

45 **Die Relevanz ist als eigenständige Anspruchsvoraussetzung einer irreführenden Handlung wie auch Unterlassung gesondert zu prüfen und festzustellen.** Die Annahme, dass die Feststellung einer unwahren bzw. täuschenden Angabe deren Relevanz für die geschäftliche Entscheidung der Verbraucher **indiziert,** ist mit **Art. 6, 7 UGP-Richtlinie** nicht vereinbar. Die bei richtlinienkonformer Auslegung nur erforderliche Feststellung, dass eine unwahre oder täuschende Angabe überhaupt geeignet ist, die geschäftliche Entscheidung des Verbrauchers zu beeinflussen, ist nach Art. 6, 7 UGP-Richtlinie positive und **eigenständige Anspruchsvoraussetzung** eines Wettbewerbsverbots. Sie kann daher nicht dadurch indiziert sein, dass überhaupt unwahre oder täuschende Angaben gegenüber dem Verbraucher gemacht werden. Nach Art. 6 und Art. 7 UGP-Richtlinie im Lichte der Rspr. des **EuGH** müssen stets die **konkreten Auswirkungen** der in Rede stehenden irreführenden Handlung oder Unterlassung auf das geschäftliche Verhalten des Verbrauchers **im Einzelfall geprüft** werden, bevor die betreffende Geschäftspraxis als „unlauter" eingestuft werden kann.[129] Das gilt auch für die Irreführung durch **Vorenthalten von Informationen** (Art. 7 UGP-Richtlinie, § 5a UWG).[130] Diese unionsrechtlichen Voraussetzungen wurden im Zuge der UWG-Novelle nunmehr auch sprachlich ausdrücklich übernommen (§ 5 Abs. 1 S. 2 a. E. und § 5a Abs. 2 S. 1 Nr. 2). **Die Feststellung des Vorliegens einer unwahren oder täuschenden Angabe vermag daher als solche keine Darlegungs- und Beweiserleichterun-**

---

[125] BGH, Urt. v. 30.07.2015, *Piadina-Rückruf,* I ZR 250/12, DE:BGH:2015:300715UIZR250.12.0, Rdn. 22; GRUR 2007, 247, 251 – *Regenwaldprojekt I;* GRUR 2006, 251, 253 f. – *Regenwaldprojekt II.* S. schon BGH GRUR 1991, 852, 855 – *Aquavit;* GRUR 1993, 920, 922 – *Emilio Adani II;* GRUR 2000, 239 – *Last-Minute-Reisen;* GRUR 2008, 443, 445 f. – *Saugeinlagen.*

[126] BGH GRUR 2007, 1079, 1081 – *Bundesdruckerei;* GRUR 2008, 443, 445 f. – *Saugeinlagen* (zum UWG 2004).

[127] Köhler WRP 2008, 10, 12; *ders.* WRP 2014, 261, 262; Köhler/*Bornkamm,* 34. Aufl. 2016, § 5 Rdn. 2.178a.

[128] Henning-Bodewig GRUR Int. 2007, 986, 989; GK/*Lindacher,* 2. Aufl. 2013, § 5 Rdn. 249; *Ohly,* GRUR 2016, 3, 5 f. (zu § 5a).

[129] Vgl. EuGH, Urt. v. 12.5.2011, *Ving Sverige,* C-122/10, EU:C:2011:299, Rdn. 68 und 69; Beschl. v. 8.9.2015, *Cdiscount,* C-13/15, EU:C:2015:560, Rdn. 39–41; *GA Mengozzi,* Schlussanträge vom 16.12.2015, C-476/14, Celex-Nr. 62014CC0476, Rdn. 76.

[130] *GA Mengozzi,* Schlussanträge vom 16.12.2015, C-476/14, Celex-Nr. 62014CC0476, Rdn. 76 m. w. N.

gen hinsichtlich ihrer Relevanz zu begründen. Hingegen kommen Darlegungs- und Beweiserleichterungen nach **allgemeinen Grundsätzen** in Betracht, etwa soweit Anknüpfungstatsachen, die das Gericht zur Feststellung der Relevanz benötigt, im Verantwortungsbereich des Anspruchsgegners liegen.

2. Einzelheiten der Feststellung der Relevanz

Entscheidend kommt es auf das Verhalten eines angemessen aufmerksamen, verständigen und informierten Durchschnittsverbrauchers in der konkreten Situation der geschäftlichen Handlung an. Daher handelt es sich nach der hier vertretenen Auffassung bei dem Begriff der Relevanz aus den gleichen Gründen wie bei der Irreführungsgefahr um eine **Rechtsfrage** (näher § 5 Abschn. M Rdn. 30). 46

§ 5a Irreführung durch Unterlassen

(1) **Bei der Beurteilung, ob das Verschweigen einer Tatsache irreführend ist, sind insbesondere deren Bedeutung für die geschäftliche Entscheidung nach der Verkehrsauffassung sowie die Eignung des Verschweigens zur Beeinflussung der Entscheidung zu berücksichtigen.**

(2) **Unlauter handelt, wer im konkreten Fall unter Berücksichtigung aller Umstände dem Verbraucher eine wesentliche Information vorenthält,**

1. die der Verbraucher je nach den Umständen benötigt, um eine informierte geschäftliche Entscheidung zu treffen, und
2. deren Vorenthalten geeignet ist, den Verbraucher zu einer geschäftlichen Entscheidung zu veranlassen, die er andernfalls nicht getroffen hätte.

Als Vorenthalten gilt auch

1. das Verheimlichen wesentlicher Informationen,
2. die Bereitstellung wesentlicher Informationen in unklarer, unverständlicher oder zweideutiger Weise,
3. die nicht rechtzeitige Bereitstellung wesentlicher Informationen.

(3) **Werden Waren oder Dienstleistungen unter Hinweis auf deren Merkmale und Preis in einer dem verwendeten Kommunikationsmittel angemessenen Weise so angeboten, dass ein durchschnittlicher Verbraucher das Geschäft abschließen kann, gelten folgende Informationen als wesentlich im Sinne des Absatzes 2, sofern sie sich nicht unmittelbar aus den Umständen ergeben:**

1. alle wesentlichen Merkmale der Ware oder Dienstleistung in dem dieser und dem verwendeten Kommunikationsmittel angemessenen Umfang;
2. die Identität und Anschrift des Unternehmers, gegebenenfalls die Identität und Anschrift des Unternehmers, für den er handelt;
3. der Gesamtpreis oder in den Fällen, in denen ein solcher Preis auf Grund der Beschaffenheit der Ware oder Dienstleistung nicht im Voraus berechnet werden kann, die Art der Preisberechnung sowie gegebenenfalls alle zusätzlichen Fracht-, Liefer- und Zustellkosten oder in den Fällen, in denen diese Kosten nicht im Voraus berechnet werden können, die Tatsache, dass solche zusätzlichen Kosten anfallen können;
4. Zahlungs-, Liefer- und Leistungsbedingungen sowie Verfahren zum Umgang mit Beschwerden, soweit sie von Erfordernissen der unternehmerischen Sorgfalt abweichen, und
5. das Bestehen eines Rechts zum Rücktritt oder Widerruf.

(4) **Als wesentlich im Sinne des Absatzes 2 gelten auch Informationen, die dem Verbraucher auf Grund unionsrechtlicher Verordnungen oder nach Rechtsvorschriften zur Umsetzung unionsrechtlicher Richtlinien für kommerzielle Kommunikation einschließlich Werbung und Marketing nicht vorenthalten werden dürfen.**

(5) **Bei der Beurteilung, ob Informationen vorenthalten wurden, sind zu berücksichtigen:**

1. räumliche oder zeitliche Beschränkungen durch das für die geschäftliche Handlung gewählte Kommunikationsmittel sowie

2. **alle Maßnahmen des Unternehmers, um dem Verbraucher die Informationen auf andere Weise als durch das Kommunikationsmittel nach Nummer 1 zur Verfügung zu stellen.**

(6) **Unlauter handelt auch, wer den kommerziellen Zweck einer geschäftlichen Handlung nicht kenntlich macht, sofern sich dieser nicht unmittelbar aus den Umständen ergibt, und das Nichtkenntlichmachen geeignet ist, den Verbraucher zu einer geschäftlichen Entscheidung zu veranlassen, die er andernfalls nicht getroffen hätte.**

Inhaltsübersicht

Rdn.
I. Europäischer und nationaler Kontext ... 1
1. Europäischer Kontext ... 1
2. Aufbau und Systematik des § 5a ... 4
3. Verhältnis zu anderen Normen ... 13
II. Geschichte und Gesetzeszweck ... 18
1. Geschichte ... 18
2. Gesetzeszweck ... 24
III. Informationspflichten in § 5a im Überblick und Grundsatz ... 26
1. Strukturelle Änderungen durch das UWG (2008) ... 26
2. Verletzung von Aufklärungspflichten als irreführendes Unterlassen (§ 5a Abs. 1) ... 27
3. Irreführung durch Verletzung echter Informationspflichten (§ 5a Abs. 2 bis 6) ... 29
a) Die Wesentlichkeitsvermutungen in § 5a Abs. 3 und 4 ... 30
b) Ausweitung des Irreführungsverbots in den Bereich der Verletzung echter Informationspflichten hinein durch § 5a Abs. 2 ... 33
IV. Abgrenzung zwischen irreführenden Angaben und irreführendem Unterlassen ... 39
V. Der Irreführungstatbestand des § 5a Abs. 1 ... 45
1. Anwendung auf Verbraucher und sonstige Marktteilnehmer ... 45
2. Einbeziehung vormals unter § 4 Nr. 3–5 UWG (2008) fallender Sachverhalte ... 49
3. Die tatbestandlichen Voraussetzungen des § 5a Abs. 1 ... 50
a) Die Voraussetzungen im Überblick ... 50
b) Aufklärungspflicht ... 51
c) Verkehrsauffassung ... 52
d) Relevanz ... 54
e) Interessenabwägung ... 55
f) Bezugspunkte ... 56
4. Kasuistik ... 57
a) Nichtkenntlichmachen des kommerziellen Zwecks ... 58
b) Weitere Sachverhalte ... 60
aa) Annahme einer Hinweispflicht ... 60
bb) Ablehnung einer Hinweispflicht ... 71
VI. Irreführung durch Vorenthalten wesentlicher Informationen, § 5a Abs. 2 ... 74
1. Überblick und Systematik ... 74
2. Verhältnis B2C ... 81
3. Information ... 82
4. Wesentlichkeit der Information, § 5a Abs. 2 ... 84
a) Notwendigkeit der Information für eine informierte geschäftliche Entscheidung ... 85
b) Europäisches Verbraucherleitbild ... 89
c) Situationsbezogene Betrachtung ... 90
5. Vorenthalten, § 5a Abs. 2 i. V. m. Abs. 5 ... 92
a) Allgemeines ... 92
b) Unterbleiben im erforderlichen Zusammenhang, § 5a Abs. 2 S. 1 Nr. 1 ... 93
c) Verheimlichen, Bereitstellen in unklarer, unverständlicher oder zweideutiger Weise, nicht rechtzeitige Bereitstellung, § 5a Abs. 2 S. 2 ... 94
d) Besonderheiten des Kommunikationsmittels und andererweitige Mitteilung, § 5a Abs. 5 ... 99
aa) Grundsätzliches ... 99
bb) Besonderheiten des Kommunikationsmittels ... 103
cc) Anderweitige Mitteilung ... 107
e) Interessenabwägung ... 109
6. Relevanz, § 5a Abs. 2 S. 1 Nr. 2 ... 113
VII. Vermutung der Wesentlichkeit bei Angeboten an Verbraucher, § 5a Abs. 3 ... 118
1. Allgemein ... 118

	Rdn.
2. Angebot von Waren oder Dienstleistungen an Verbraucher, § 5a Abs. 3 HS 1	121
a) Verbraucher	121
b) Angebot von Waren oder Dienstleistungen	123
c) Abgrenzung	135
3. Katalog der als wesentlich geltenden Umstände	137
a) Allgemeines	137
b) Wesentliche Produktmerkmale, § 5a Abs. 3 Nr. 1	139
c) Identität und Anschrift des Unternehmers und desjenigen Unternehmers, für den er handelt, § 5a Abs. 3 Nr. 2	143
d) Preis, Zusatzkosten, Preis- und Kostenberechnung, § 5a Abs. 3 Nr. 3	155
e) Zahlungs-, Liefer- und Leistungsbedingungen, Beschwerdeverfahren, § 5a Abs. 3 Nr. 4	171
f) Rücktritts- und Widerrufsrechte, § 5a Abs. 3 Nr. 5	176
VIII. Vermutung der Wesentlichkeit gemeinschaftsrechtlicher Informationsanforderungen (§ 5a Abs. 4)	180
1. Allgemein	180
2. Verhältnis B2C	182
3. Unionsrechtliche Informationsanforderung in Bezug auf kommerzielle Kommunikation einschließlich Werbung und Marketing	183
a) Informationsanforderung	183
b) Kommerzielle Kommunikation einschließlich Werbung und Marketing	184
c) Im Unionsrecht verankert	187
4. Unionsrechtliche Informationsanforderungen i. S. d. § 5a Abs. 4 im Einzelnen	189
a) Anhang II der UGP-Richtlinie	189
b) Sonstige	206
IX. Berücksichtigung von Beschränkungen des Kommunikationsmittels und „anderweitige" Mitteilung, § 5a Abs. 5	224
1. Kontext und Zweck	224
2. Berücksichtigung der Beschränkungen des Kommunikationsmittels, § 5a Abs. 5 Nr. 1	229
3. Maßnahmen zur Verfügungstellung in anderer Weise, § 5a Abs. 5 Nr. 2	233
X. Anträge und Beweislast	235
1. Anträge	235
2. Beweislast	236
XI. Nichtkenntlichmachung des kommerziellen Zwecks (§ 5a Abs. 6)	236
XII. Überblick	237
1. Normativer Hintergrund	237
2. Die Regelbeispiele der „schwarzen Liste"	242
3. Andere europäische Regelungen mit vergleichbaren Zielen	244
4. Sonstige Bestimmungen mit vergleichbaren Zielen	248
XIII. Zweck und Inhalt der Norm	252
1. Schutzzweck	252
2. Tatbestandliche Voraussetzungen	255
a) Geschäftliche Handlung	256
b) Kommerzieller Zweck	257
c) Unzureichende Kenntlichmachung	259
aa) Inhaltliche Anforderungen	259
bb) Relevante Perspektive	264
cc) Empirische oder normative Ermittlung	271
d) Eignung zur Beeinflussung einer anderenfalls nicht getroffenen Entscheidung	273
3. Prüfungsreihenfolge und Konkurrenzen	276
XIV. Besondere Erscheinungsformen der Verschleierung	277
1. Verschleierung im Bereich der Presse	277
a) Gebot der Trennung von redaktionellem Inhalt und Werbung	277
b) Redaktionelle Beiträge	279
aa) Grundsätze	279
bb) Übernahme vorgefertigter Texte oder Bilder	284
cc) Testberichte	289
dd) Rankings und Bestenlisten	292
ee) Anzeigenblätter und Kundenzeitschriften	293
ff) Preisrätsel	294
c) Redaktionell aufgemachte Anzeigen	298
d) Kopplung von Berichterstattung und Anzeigenschaltung	302

Rdn.
2. Verschleierung im Bereich des Rundfunks ... 303
a) Gebot der Trennung von redaktionellem Inhalt und Werbung ... 303
aa) Hörfunk ... 306
bb) Fernsehen ... 311
b) Sponsoring ... 318
c) Produktplatzierung ... 332
3. Verschleierung im Bereich des Films ... 339
4. Verschleierung im „Wissenschaftsjournalismus“ ... 342
5. Verschleierung im Zusammenhang mit Finanzdienstleistungen, Wertpapieren und im Bereich des Wirtschaftsjournalismus ... 344
6. Verschleierung im Bereich des Internet und der Telekommunikationsdienste 349
a) Besonderheiten ... 353
b) Werbebanner ... 356
c) Hyperlinks ... 359
d) Key Word Advertising ... 362
e) E-Mail ... 363
f) Redaktionelle Beiträge ... 364
g) Nutzergenerierte Inhalte/Social Media ... 365
7. Verschleierung bei Gutachten oder Meinungsumfragen ... 370
8. Besondere Werbeformen ... 374
a) Unangekündigte Verkaufsveranstaltungen ... 374
b) Werbeschreiben in Gestalt einer Rechnung oder eines Gebührenbescheids ... 375
c) Ratgeber Publikationen ... 377
d) Vortäuschen einer Kaufberechtigung ... 378
XV. Passivlegitimation ... 380
1. Verantwortlichkeit des unmittelbar kommunizierenden Unternehmens ... 380
2. Verantwortlichkeit der werbenden Unternehmen als Auftraggeber und als Presseinformant ... 383

Schrifttum: *Alexander,* Anmerkungen zum Referentenentwurf eines Zweiten Gesetzes zur Änderung des UWG, WRP 2014, 1384; *ders.,* Bedarf § 5a einer Korrektur?, WRP 2013, 716; *ders.,* Das Vorenthalten wesentlicher Informationen im Regelungssystem des UWG, in: Festschrift Bornkamm, 2014, S. 297; *ders.* Die Neufassung von § 5a UWG, WRP 2016, 139; *ders.,* Die „Aufforderung zum Kauf“ im Lauterkeitsrecht, WRP 2012, 125; *ders.,* Die Informationspflichten gemäß § 40 Abs. 1 und 2 EnWG und ihre Durchsetzung nach Energiewirtschafts-, Lauterkeits- und Vertragsrecht, WRP 2012, 660; *ders.,* Die Umsetzung von Art. 7 der Richtlinie 2005/29/EG über unlautere Geschäftspraktiken in Deutschland und Österreich, GRUR Int. 2012, 1; *ders.,* Vertragsrecht und Lauterkeitsrecht unter dem Einfluss der Richtlinie 2005/29/EG über unlautere Geschäftspraktiken, WRP 2012, 515; *Apostolopoulos,* Das europäische Irreführungsverbot: Liberalisierung des Marktgeschehens oder Einschränkung für die Anbieterseite?, GRUR Int. 2005, 292; *A. Bergmann,* Richtlinienkonforme Auslegung im Unlauterkeitsrecht am Beispiel der Irreführung durch Unterlassen nach § 5a UWG, FS Krämer 2009, 163; *Blasek,* Kostenfallen im Internet ein Dauerbrenner, GRUR 2010, 396; *Bornkamm,* Irrungen, Wirrungen – Der Tatbestand der Irreführung durch Unterlassen, WRP 2012, 1; *Buchmann,* Die Angabe von Grundpreisen im Internet, K&R 2012, 90; *Busch,* Informationspflichten im Wettbewerbs- und Vertragsrecht, 2008; *v. d. Decken/Heim,* Anm. zu BGH GRUR 2011, 742 – Leistungspakete im Preisvergleich; *Deutsch,* Preisangaben und „Opt-out“-Versicherungen bei Flugbuchungen im Internet, GRUR 2011, 187; *Dreher/Ballmeier,* Die Werbung mit der Rechtsform durch Versicherungsvereine auf Gegenseitigkeit, VersR 2011, 1087; *Emmerich,* Wettbewerbsrecht: Irreführung durch Unterlassen, JuS 2012, 651; *Ernst,* Noch mehr Informationspflichten – Die DL-InfoV, CR 2010, 481; *Evers,* VVG-Verstöße eines Vermittlers begründen Abmahnungsgefahr, VW 2012, 131; *Fezer,* Das Informationsgebot der Lauterkeitsrichtlinie als subjektives Verbraucherrecht, WRP 2007, 1021; *ders.,* Lebensmittelimitate, gentechnisch veränderte Produkte und CSR-Standards als Gegenstand des Informationsgebots im Sinne des Art. 7 UGP-RL, WRP 2010, 577; *ders.,* Plädoyer für eine offensive Umsetzung der Richtlinie über unlautere Geschäftspraktiken in das deutsche UWG, WRP 2006, 781; *Franz,* Werbung mit Testergebnissen, WRP 2016, 439; *Fritzsche,* Überlegungen zum Referentenentwurf eines Zweiten Gesetzes zur Änderung des UWG, WRP 2014, 1392; *Gamerith,* UWG-Novelle mit Konzept und Konsequenz, WRP 2014, 1399; *Glöckner,* Rechtsbruchtatbestand oder … The Saga Continues!, GRUR 2013, 568; *Glöckner/Henning-Bodewig,* EG-Richtlinie über unlautere Geschäftspraktiken, WRP 2005, 1311; *Glöckner/Kur,* Herausforderungen für das Marken- und Lauterkeitsrecht, GRUR-Beilage 2014, 29; *Große-Wilde/Fleuth,* Reform der Verbraucherrechte – Erweiterung der Informationspflichten für Rechtsanwälte, MDR 2014, 1425; *Heermann,* Aktuelle Anwendungsfragen und -probleme zu § 4 Nr. 4 UWG, WRP 2011, 688; *ders.,* Lauterkeitsrechtliche Informationspflichten bei Verkaufsförderungsmaßnahmen, WRP 2005, 141; *ders.,* Prämien, Preise, Provisionen – Zur lauterkeitsrechtlichen Beurteilung von Absatzförderungsmaßnahmen im Handel gegenüber Nichtverbrauchern, WRP 2006, 8; *Henning-Bodewig,* Richtlinienvorschlag über unlautere Geschäftspraktiken und UWG-Reform, GRUR Int. 2004, 183; *dies.,* Relevanz der Irreführung, UWG-Nachahmungsschutz und die Abgrenzung Lauterkeitsrecht/IP-Rechte, GRUR Int. 2007, 986; *Hetmank,* Im Korsett der UGP-Richtlinie, GRUR 2015, 323; *Hoeren,* Das neue UWG – der Regierungsentwurf im Überblick, BB 2008, 1182; *Jahn/Schäfer,* Digital is(s)t besser? Lebensmittelhandel 2.0 und das Dilemma der richtigen Verbraucherinformation, ZLR 2011, 593; *Keßler,* Lauterkeitsschutz und Wettbewerbsordnung – zur Umsetzung der Richtlinie 2005/29/EG über unlautere Geschäftspraktiken in Deutschland und Österreich, WRP 2007, 714; *ders.*, Vom Recht des unlauteren Wettbewerbs zum Recht der Marktkommunikation – Individualrechtliche und institutionelle Aspekte des deutschen und europäischen Lauterkeitsrechts, WRP 2005, 1203; *Kessler/Micklitz,* BB-Europareport: Der Richtlinienvorschlag über unlautere Praktiken im binnenmarktinternen Geschäftsverkehr, BB 2003, 2073; *Keyssner,* Täuschung durch Unterlassen – Informationspflichten in der Werbung, 1986; *Kiethe/Groeschke,* Die Mogelpackung – Lebensmittel- und wettbewerbsrechtliche Risiken der Produkteinführung – Rechtsschutzmöglichkeiten der Wettbewerber, WRP 2003, 962; *Kisseler,* Preiswahrheit und Preisklarheit in der Werbung, FS Traub, 1994, 163; *Koch,* Reform der Verbraucherrechte – Die neuen Informationspflichten für den Handel, MDR 2014, 1421; *Köhler,* Alternativentwurf (UWG-AE) zum Regierungsentwurf (UWG-E) eines 2. Gesetzes zur Änderung des Gesetzes gegen den unlauteren Wettbewerb, WRP 2015, 1311; *ders.*, Das neue UWG 2015: Was ändert sich für die Praxis? NJW 2016, 593; *ders.*, Die Regelungen zur Angabe des Effektiven Jahreszinses bei Immobilienkrediten: Mehr – oder weniger – Transparenz und Vergleichbarkeit von Kreditangeboten?, WM 2012, 149; *ders.*, Die Unlauterkeitstatbestände des § 4 und ihre Auslegung im Lichte der Richtlinie über unlautere Geschäftspraktiken, GRUR 2008, 841; *ders.* „Fachliche Sorgfalt" – Der weiße Fleck auf der Landkarte des UWG, WRP 2012, 22; *ders.*, Irreführende vergleichende Werbung, GRUR 2013, 761; *ders.*, Preisinformationspflichten, FS Loschelder, 2010, 127; *ders.*, Neujustierung des UWG am Beispiel der Verkaufsförderungsmaßnahmen, GRUR 2010, 767; *ders.*, Richtlinienkonforme Gesetzgebung statt richtlinienkonforme Auslegung, WRP 2012, 251; *ders.*, Stellungnahme zum Referentenentwurf eines Zweiten Gesetzes zur Änderung des UWG, WRP 2014, 1410; *ders.*, Verbraucherinformation im Spannungsfeld von Lebensmittelrecht und Lauterkeitsrecht, WRP 2014, 637; *ders.*, Zum Vorenthalten wesentlicher Informationen am Beispiel der Impressumsangaben, WRP 2013, 1419; *ders.*, Zur richtlinienkonformen Auslegung der Transparenzgebote des § 4 Nr. 4 und 5 UWG, WRP 2011, 1023; *Köhler/Lettl,* Das geltende europäische Lauterkeitsrecht, der Vorschlag für eine EG-Richtlinie über unlautere Geschäftspraktiken und die UWG-Reform, WRP 2003, 1019; *Körber/Heinlein* Informationspflichten und neues UWG, WRP 2009, 780; *Kolb,* Rechtsfolgen von Verstößen gegen Informationspflichten nach der Institutsvergütungsverordnung, WRP 2015, 31; *Laue,* „Like Button" von Facebook: Risiken und Handlungsempfehlungen, DSB 2011, Nr. 6, 11; *Leible,* Auswirkungen der UWG-Reform 2008 auf die Durchsetzung wettbewerbsrechtlicher Ansprüche im Gesundheitsbereich – Die Bedeutung der „black list", GRUR 2010, 183; *ders.*, Internet-Werbung (Online-Werbung), FS Köhler zum 70. Geburtstag, 2014, S. 403; *Leible/Schäfer,* Proaktive Informationspflichten aus Art. 7 UGP-RL – eine wettbewerbsrechtliche Allzweckwaffe?, WRP 2012, 32; *Lettl,* Das neue UWG, GRUR-RR 2009, 41; *ders.*, Die Zulässigkeit von Werbung mit der Einlagensicherung nach UWG und KWG, WM 2007, 1345; *ders.*, Irreführung durch Lock(vogel)angebote im derzeitigen und künftigen UWG, WRP 2008, 155; *Lichtnecker,* Ausgewählte Werbeformen im Internet unter Berücksichtigung der neuen Rechtsprechung, GRUR 2014, 523; *Lindacher,* Allgemeines Irreführungsverbot und konditioniertes Informationsgebot – Doppelgleisiger lauterkeitsrechtlicher Schutz materialer Privatautonomie, FS Spellenberg, 2010, S. 43; *ders.*, Lockvogel- und Sonderangebote, 1979; *Loewenheim,* Aufklärungspflichten in der Werbung, GRUR 1980, 14; *Lorenz,* Die Wettbewerbswidrigkeit einer mangelhaften Anbieterkennzeichnung, WRP 2010, 1224; *Metz,* Verbraucherschützende Informationspflichten in der Werbung – Eine Analyse rechtlicher und ökonomischer Rahmenbedingungen, 2007; *Metzger,* Die Entwicklung des Rechtsbruchtatbestands nach der Umsetzung der UGP-Richtlinie – ein Zwischenbericht, GRUR Int. 2015, 687; *Micklitz/Schirmbacher,* Distanzkommunikation im europäischen Lauterkeitsrecht, WRP 2006, 148; *Müller,* Abenteuer online: Informationspflicht des Anbieters nach § 5a Abs. 3 Nr. 2 UWG, GRURPrax 2011, 118; *Münker,* Stellungnahme der Wettbewerbszentrale zum Referentenentwurf eines Zweiten Gesetzes zur Änderung des Gesetzes gegen den unlauteren Wettbewerb, WRP 2014, 1434; *ders.*, Verbraucherschutz durch Informationspflichten – Angaben zur Anbieteridentität in der Printwerbung, NJW 2011, NJW-aktuell Nr. 27, 16; *Mulch,* Internet – Konkrete Anforderungen an Informationspflichten der Anbieter, MDR 2007, 309; *Nippe,* Werbung mit der unverbindlichen Preisempfehlung des Herstellers, WRP 2004, 1397; *v. Oelffen,* § 5a UWG – Irreführung durch Unterlassen – ein neuer Tatbestand im UWG, 2012; *Ohly,* Das neue UWG im Überblick, GRUR 2016, 3; *ders.*, Der Schutz der unternehmerischen Interessen im Lauterkeitsrecht, Gutachten im Auftrag des Bayerischen Industrie- und Handelskammertages e. V., 2015, abrufbar über die Website der IHK München und Oberbayern, www.muenchen.ihk.de (zuletzt besucht 22.5.2016; *ders.*, Nach der Reform ist vor der Reform – Anmerkungen zum Referentenentwurf eines Zweiten Gesetzes zur Änderung des UWG, GRUR 2014, 1137; *Peifer,* Aufräumen im UWG – Was bleibt nach der Kodifikation zum irreführenden Unterlassen für § 4 Nr. 1, 4, 5 und 6 UWG?, WRP 2010, 1432; *ders.*, Die Zukunft der irreführenden Geschäftspraktiken, WRP 2008, 556; *ders,* Lauterkeitsrechtliche Informationspflichten – Dogmatik und Verhältnis zu (lebensmittelrechtlichen) Kennzeichnungsgeboten, ZLR 2011, 161; *Rathke,* Die Auswirkungen der Richtlinie 2005/29/EG über unlautere Geschäftspraktiken und ihr Verhältnis zu bestehenden rechtlichen Vorgaben im Verkehr mit Erzeugnissen im Sinne des LFGB, ZLR 2006, 555; *Raue,* „Kostenpflichtig bestellen" – ohne Kostenfalle? Die neuen Informations- und Formpflichten im Internethandel, MMR 2012, 438; *Redeker/Pres,* UWG-Novelle 2015: Kursorische Betrachtung des Gesetzgebungsverfahrens, GRURPrax 2015, 99; *Rohnke,* Die Preisangabenverordnung und die Erwartungen des Internetnutzers – Plädoyer für eine lebensnahe Handhabung, GRUR 2007, 381; *Schabenberger/Amschewitz,* (Keine) Pflicht zur Angabe von Kraftstoffverbrauchs- und CO_2-Werten in Werbeschriften für Automarken und Baureihen, WRP 2012, 669; *Sack,* Anmerkungen zur geplanten Änderung des UWG, WRP 2014, 1418; *Schlingloff,* Keine Änderungen für die Rechtspraxis? Ein erster Blick auf den Referentenentwurf zur Änderung des UWG, WRP 2014, 1424; *Schünemann,* „Warentypische Eigenschaften" in Vertrags-, Produkthaftungs- und Wettbewerbsrecht, BB 1997, 2061; *Schulte/Schulte,* Informationspflichten im elektronischen Geschäftsverkehr – wettbewerbsrechtlich betrachtet,

NJW 2003, 2140; *Seichter,* Der Umsetzungsbedarf der Richtlinie über unlautere Geschäftspraktiken, WRP 2005, 1087; *Sosnitza,* Der Gesetzentwurf zur Umsetzung der Richtlinie über unlautere Geschäftspraktiken, WRP 2008, 1014; *ders.,* Der Regierungsentwurf zur Änderung des Gesetzes gegen den unlauteren Wettbewerb, GRUR 2015, 318; *Steinbeck,* Chaos beim Räumungsverkauf, Festschrift für Köhler zum 70. Geburtstag, 2014, S. 715; *dies.,* Irrwege bei der Irreführung durch Unterlassen, WRP 2011, 1221; *dies.,* Richtlinie über unlautere Geschäftspraktiken: Irreführende Geschäftspraktiken – Umsetzung in das deutsche Recht, WRP 2006, 632; *Steingass/Teworte,* Stellung und Reichweite des Transparenzgebots im neuen UWG, WRP 2005, 676; *Stenzel,* Informationspflichten der Reiseveranstalter bei Reiseangeboten im Internet, RRa 2011, 162, *Tilmann,* Irreführende Werbeangaben und täuschende Werbung, GRUR 1976, 544; *Torka,* Die Pkw-Energieverbrauchskennzeichnungsverordnung: Rechtsprechung und Reform, WRP 2012, 419; *v. Walter/Kluge,* Identitätsangaben nach § 5a Abs. 3 Nr. 2 UWG – Ein Plädoyer gegen das Impressumsdenken, WRP 2013, 866; *Würtenberger/Loschelder,* Stellungnahme der Deutschen Vereinigung für gewerblichen Rechtsschutz und Urheberrecht zum Entwurf eines Zweiten Gesetzes zur Änderung des Gesetzes gegen den unlauteren Wettbewerb, GRUR 2014, 1185; *Woitkewitsch/Pfitzer,* Einmonatiges Widerrufsrecht bei Versandgeschäften im Internet, MDR 2007, 61; *Würtenberger/Loschelder,* Stellungnahme der Deutschen Vereinigung für gewerblichen Rechtsschutz und Urheberrecht zum Entwurf eines Zweiten Gesetzes zur Änderung des Gesetzes gegen den unlauteren Wettbewerb, GRUR 2014, 1185; *Wunderle,* Verbraucherschutz im Europäischen Lauterkeitsrecht, 2010; *Wuttke,* Die Bedeutung der Schutzzwecke für ein liberales Wettbewerbsrecht (UWG), WRP 2007, 119; *Zecca-Jobst,* Informationspflichten im Lauterkeits- und Vertragsrecht, 2015.

Siehe auch die Schrifttumsnachweise zu § 5 A, B und J.

I. Europäischer und nationaler Kontext

1. Europäischer Kontext

1 Durch die UGP-Richtlinie wurde das Lauterkeitsrecht im Verhältnis B2C weitestgehend **vollharmonisiert** (vgl. hierzu **§ 5 Abschn. A Rdn. 29 ff.**). Die Richtlinie regelt die wettbewerbsrechtlichen Pflichten von Unternehmern gegenüber Verbraucher und insbesondere die diesen gegenüber bestehenden Informationspflichten in ihrem Anwendungsbereich abschließend.[1] Die Umsetzung von Art. 7 UGP-Richtlinie erfolgte durch den im Rahmen der UWG-Novelle 2008 neu in das UWG eingefügten § 5a. Durch das am **10.12.2015** in Kraft getretene Zweite Änderungsgesetz wurde § 5a sprachlich enger an Art. 7 UGP-Richtlinie angepasst. Es handelt sich lediglich um eine gesetzessystematische Klarstellung,[2] da § 5a schon bislang unionskonform anhand von Art. 7 UGP-Richtlinie auszulegen war.

2 **§ 4 Nr. 3 a. F.** ist im Zuge der Gesetzesreform 2015 entfallen, da der Regelungsgehalt sich nunmehr in § 5a und dort zum Schutz von Verbrauchern insbesondere in **§ 5a Abs. 6** findet.[3]

3 **§ 4 Nr. 4 und 5** a. F. wurden mit Wirkung zum 10.12.2015 gestrichen, da diese Fälle durch §§ 5, 5a erfasst sind.[4] Die zuvor in § 4 Nr. 4 und 5 geregelten Informationspflichten unterliegen der vollharmonisierenden Wirkung der UGP-Richtlinie. Im Online-Bereich basieren sie auf dem durch Art. 7 Abs. 5 UGP-Richtlinie (§ 5a Abs. 4) integrierten Art. 6 Abs. 1 lit. c) und lit. d) E-Commerce-Richtlinie. Für Offline-Sachverhalte greifen die allgemeinen Grundsätze nach Art. 7 UGP-Richtlinie (§ 5a Abs. 2–6 UWG) ein. S. dazu näher **§ 5a Rdn. 196.**

Art. 7 UGP-Richtlinie lautet:

„Artikel 7 Irreführende Unterlassungen

(1) Eine Geschäftspraxis gilt als irreführend, wenn sie im konkreten Fall unter Berücksichtigung aller tatsächlichen Umstände und der Beschränkungen des Kommunikationsmediums wesentliche Informationen vorenthält, die der durchschnittliche Verbraucher je nach den Umständen benötigt, um eine informierte geschäftliche Entscheidung zu treffen, und die somit einen Durchschnittsverbraucher zu einer geschäftlichen Entscheidung veranlasst oder zu veranlassen geeignet ist, die er sonst nicht getroffen hätte.

---

[1] Ausführlich dazu *Glöckner,* Einl. B. EuGH, Urt. v. 14.1.2010, Plus Warenhandelsgesellschaft, C-304/08, EU:C:2010:12, Rdn. 41; Beschl. v. 30.6.2011, Wamo, C-288/10, EU:C:2011:443, Rdn. 33; Urt. v. 9.11.2010, Mediaprint, C-540/08, EU:C:2010:660, Rdn. 30; Urt. v. 10.7.2014, Kommission/Belgien, C-421/12, EU:C:2014:2064, Rdn. 55; EuGH, Beschl. v. 8.9.2015, Cdiscount, C-13/15, ECLI:EU:C:2015:560 Rdn. 38 ff., 41; BGH GRUR 2011, 742, 745 – *Leistungspakete im Preisvergleich.*

[2] Vgl. Beschlussempfehlung des 6. Ausschusses, BT-Drucks. 18/6571, S. 1.

[3] Beschlussempfehlung und Bericht des Ausschusses für Recht und Verbraucherschutz zum Gesetzentwurf der Bundesregierung, BT-Drucks. 18/6571, S. 15. Vgl. dazu auch *Hetmank,* GRUR 2015, 323.

[4] Vgl. Beschlussempfehlung und Bericht des Ausschusses für Recht und Verbraucherschutz zum Gesetzentwurf der Bundesregierung, BT-Drucks. 18/6571, S. 15; vgl. bereits *Köhler,* WRP 2014, 1410, 1413; *Sack,* WRP 2014, 1418, 1421; *Würtenberger/Loschelder,* GRUR 2014, 1185, 1187.

(2) Als irreführende Unterlassung gilt es auch, wenn ein Gewerbetreibender wesentliche Informationen gemäß Absatz 1 unter Berücksichtigung der darin beschriebenen Einzelheiten verheimlicht oder auf unklare, unverständliche, zweideutige Weise oder nicht rechtzeitig bereitstellt oder wenn er den kommerziellen Zweck der Geschäftspraxis nicht kenntlich macht, sofern er sich nicht unmittelbar aus den Umständen ergibt, und dies jeweils einen Durchschnittsverbraucher zu einer geschäftlichen Entscheidung veranlasst oder zu veranlassen geeignet ist, die er ansonsten nicht getroffen hätte.

(3) Werden durch das für die Geschäftspraxis verwendete Kommunikationsmedium räumliche oder zeitliche Beschränkungen auferlegt, so werden diese Beschränkungen und alle Maßnahmen, die der Gewerbetreibende getroffen hat, um den Verbrauchern die Informationen anderweitig zur Verfügung zu stellen, bei der Entscheidung darüber, ob Informationen vorenthalten wurden, berücksichtigt.

(4) Im Falle der Aufforderung zum Kauf gelten folgende Informationen als wesentlich, sofern sie sich nicht unmittelbar aus den Umständen ergeben:

a) die wesentlichen Merkmale des Produkts in dem für das Medium und das Produkt angemessenen Umfang;
b) Anschrift und Identität des Gewerbetreibenden, wie sein Handelsname und gegebenenfalls Anschrift und Identität des Gewerbetreibenden, für den er handelt;
c) der Preis einschließlich aller Steuern und Abgaben oder in den Fällen, in denen der Preis aufgrund der Beschaffenheit des Produkts vernünftigerweise nicht im Voraus berechnet werden kann, die Art der Preisberechnung sowie gegebenenfalls alle zusätzlichen Fracht-, Liefer- oder Zustellkosten oder in den Fällen, in denen diese Kosten vernünftigerweise nicht im Voraus berechnet werden können, die Tatsache, dass solche zusätzlichen Kosten anfallen können;
d) die Zahlungs-, Liefer- und Leistungsbedingungen sowie das Verfahren zum Umfang mit Beschwerden, falls sie von den Erfordernissen der beruflichen Sorgfalt abweichen;
e) für Produkte und Rechtsgeschäfte, die ein Rücktritts- oder Widerrufsrecht beinhalten, das Bestehen eines solchen Rechts.

(5) Die im Gemeinschaftsrecht festgelegten Informationsanforderungen in Bezug auf kommerzielle Kommunikation einschließlich Werbung oder Marketing, auf die in der nicht erschöpfenden Liste des Anhangs II verwiesen wird, gelten als wesentlich."

2. Aufbau und Systematik des § 5a

§ 5a Abs. 1 gilt für Verbraucher und sonstige Marktteilnehmer,[5] s. dazu unten **Rdn. 45.** 4
Seit dem 10.12.2015 werden **Mitbewerber nicht** mehr erfasst, s. **§ 5 Rdn. B.8 und § 5a Rdn. 24.**

§ 5a Abs. 2 bis 6 setzen Art. 7 UGP-Richtlinie für das Verhältnis B2C in nationales Recht um. 5
Sie **gelten nur im Verhältnis zwischen Unternehmern und Verbrauchern (B2C);** für **Abs. 6** wird allerdings teilweise eine analoge Anwendung auf sonstige Marktteilnehmer erwogen.[6] Der Gesetzgeber ging demgegenüber davon aus, dass sich derartige Fälle über § 5a **Abs. 1** erfassen lassen.[7] Um den Geschäftsverkehr nicht übermäßig mit Informationspflichten zu belasten, wurde bereits bei der Reform 2008 davon abgesehen, den Anwendungsbereich von Abs. 2–5 auf das Verhältnis B2B zu erstrecken. Dieses Konzept hat der Gesetzgeber auch bei der Reform 2015 beibehalten wollen.[8]

§ 5a Abs. 2–6 ist daher insoweit **enger als § 5,** da er geschäftliche Handlungen gegenüber sons- 6
tigen Marktteilnehmern **(Vertikalverhältnis) nicht erfasst.** Relevant kann dies insbesondere für vormals unter **§ 4 Nr. 3, Nr. 4 und Nr. 5 UWG a. F.** fallende Sachverhalte sein, da die dortigen Informationspflichten auch gegenüber sonstigen Marktteilnehmern galten. Da der Anwendungsbereich der UGP-Richtlinie bei Verhalten gegenüber sonstigen Marktteilnehmern nicht eröffnet ist, lassen sich denkbare **Schutzlücken aber über § 5a Abs. 1 schließen,** s. dazu **Rdn. 46, 59;** teils

---

[5] H. M., vgl. Amtl. Begr. BT-Drucks. 16/10145, S. 25; BGH GRUR 2011, 846 Rdn. 14, 21 – *Kein Telekom-Anschluss nötig;* Fezer/*Peifer,* UWG, 2. Auflage, § 5a Rdn. 5; Köhler/*Bornkamm,* 33. Aufl. 2015, § 5a Rdn. 6 und 6a; jurisPK-UWG/*Seichter,* § 5a Rdn. 14; Ohly/*Sosnitza,* 6. Aufl. 2014, § 5a Rdn. 3; differenzierend Götting/Nordemann/*A. Nordemann,* UWG, 2. Auflage, § 5a Rdn. 16. Anders *Beater,* Unlauterer Wettbewerb, 2011, Rdn. 1443; MüKoUWG/*Alexander,* § 5a Rdn. 82, 103; *ders.* in FS Bornkamm 2014, S. 297, 301; GK-UWG/*Lindacher,* § 5a Rdn. 6, 13. Zur Kritik an dieser Regelungsstruktur s. näher *Alexander,* WRP 2013, 716, 718 ff.

[6] *Köhler,* NJW 2016, 593, 596 f.; *Köhler*/Bornkamm, 34. Aufl. 2016, § 5a Rdn. 7.9.

[7] Vgl. BT-Drucks. 18/6571, S. 15.

[8] Vgl. BT-Drucks. 18/6571, S. 15.

wird für das **Nichtkenntlichmachen des kommerziellen Zwecks** (§ 4 Nr. 3 a. F.) auch eine analoge Anwendung des § 5a Abs. 6 erwogen.[9]

7 Zentrale Vorschrift ist **§ 5a Abs. 2 S. 1.** Er basiert auf Art. 7 Abs. 1 UGP-Richtlinie, der die **allgemeinen Anspruchsvoraussetzungen** der Irreführung durch Vorenthalten von Informationen regelt. Die **speziellen** Regelungen in **§ 5a Abs. 2–5** setzen Art. 7 Abs. 2–5 UGP-Richtlinie um. Sie enthalten in unionskonformer Auslegung keine eigenständigen Irreführungsverbote, sondern konkretisieren und ergänzen § 5a Abs. 2 S. 1.

8 **§ 5a Abs. 2** spezifiziert die tatbestandlichen Voraussetzungen eines „Vorenthaltens" von Informationen.

9 **§ 5a Abs. 3 und 4** postulieren in Umsetzung von Art. 7 Abs. 4 und 5 UGP-Richtlinie bestimmte Wesentlichkeitsvermutungen. Im Falle einer Aufforderung zum Kauf und soweit das Unionsrecht Informationspflichten für kommerzielle Kommunikation an anderer Stelle festlegt, gelten danach verschärfte Informationspflichten. Die Wesentlichkeitsvermutungen in Art. 7 Abs. 4 und 5 UGP-Richtlinie sollen die Rechtsstellung der Verbraucher ausschließlich verbessern; sie verdrängen daher Art. 7 Abs. 1 und 2 UGP-Richtlinie nicht. Das Nichtvorliegen der Voraussetzungen der Art. 7 Abs. 3 und 4 UGP-Richtlinie (§ 5a Abs. 3 und 4 UWG) schließt folglich nicht aus, dass sich das Vorenthalten von Pflichtinformationen **im konkreten Fall** unter Berücksichtigung aller Umstände nach allgemeinen Grundsätzen **(Art. 7 Abs. 1 und 2 UGP-Richtlinie)** als irreführend erweist. **Ein Vorrang der § 5a Abs. 3 und 4 vor § 5a Abs. 2 oder Abs. 6 besteht nach alledem nicht,**[10] auch neben **Abs. 6** bleiben § 5a Abs. 3 und 4 anwendbar. Das Vorenthalten von Pflichtinformationen aus anderen Harmonisierungsmaßnahmen i. S. d. § 5a Abs. 4 kann, sofern die Sondervorschrift nichts Abweichendes regelt, **im konkreten Fall unter Berücksichtigung aller Umstände** auch nach Maßgabe des **Art. 7 Abs. 1 und 2 UGP-Richtlinie** (§ 5a Abs. 2, 5, 6 UWG) irreführend sein.[11] Auf diese Weise ist zugleich sichergestellt, dass im Bereich der vertraglichen oder nachvertraglichen Informationsanforderungen aus anderen Harmonisierungsmaßnahmen, die nicht kommerzielle Kommunikation betreffen und daher nicht unter die Wesentlichkeitsvermutung des Art. 7 Abs. 5 UGP-Richtlinie/§ 5a Abs. 4 fallen, in jedem Fall trotzdem noch der **Basisschutz** der Richtlinie gewährleistet ist und **keine Schutzlücke** entsteht.

10 Ferner werden die Informationsanforderungen des **§ 5a Abs. 3 durch § 5a Abs. 4 nicht verdrängt.**[12] Art. 7 UGP-Richtlinie/§ 5a UWG ist allerdings im Anwendungsbereich europäischer Sondervorschriften **unionskonform anhand dieser Sondervorschriften** auszulegen, so dass von Art. 7 Abs. 1 und 2 UGP-Richtlinie abweichende oder diese ausschließende Regelungsinhalte der europäischen Sondervorschriften (nicht: nationaler Vorschriften in überschießender Umsetzung einer Mindestklausel, s. **§ 5 Rdn. A.53**) vorrangig sind. Nach der Rspr des BGH enthalten z. B. die VO (EU) Nr. 1169/2011 (LMIV) und die zeitlich vorangehende RL 2000/13/EG abschließende Regelungen dazu, ob der Unternehmer den Verbraucher mit der Aufmachung eines Lebensmittels hinreichend über dessen Merkmale aufgeklärt hat und ist daher für eine ergänzende Anwendung des § 5a Abs. 3 Nr. 1 UWG/Art. 7 Abs. 4 UGP-Richtlinie hier kein Raum.[13]

Die fehlende Kenntlichmachung des kommerziellen Zwecks wurde auf Empfehlung des Rechtsausschusses in einem eigenen Absatz **(§ 5a Abs. 6)** geregelt, um klarzustellen, dass es sich insofern nicht um einen Unterfall des „Vorenthaltens" von Informationen handele.[14] Denn anders als beim Verheimlichen oder unklaren, unverständlichen, zweideutigen oder nicht rechtzeitigen Bereitstellen ist nach **Art. 7 Abs. 2 UPG-Richtlinie** beim Nichtkenntlichmachen des kommerziellen Zwecks die Voraussetzung der wesentlichen Information nicht zusätzlich zu prüfen.[15]

---

[9] Vgl. BT-Drucks. 18/6571, S. 15; *Köhler*/Bornkamm, 34. Aufl. 2016, § 5a Rdn. 7.9.

[10] BGH, Urt. v. 21.7.2016, *LGA tested*, I ZR 26/15, DE:BGH:2016:210716UIZR26, Rdn. 50 ff.

[11] Ebenso OLG Düsseldorf, GRUR-RR 2015, 158, 160; vgl. auch *Bergmann* in: FS Krämer, S. 163, 168 f.; *Körber/Heinlein*, WRP 2009, 780, 785; Ohly/*Sosnitza*, 6. Aufl. 2014, § 5a Rdn. 31. – A. A. *Köhler*, WRP 2009, 109, 116 rSp., der jedenfalls für den Fall der „Aufforderung zum Kauf" den Katalog der Informationsanforderungen in § 5a Abs. 3 als abschließend ansieht; wieder anders *Zecca-Jobst*, Informationspflichten im Lauterkeits- und Vertragsrecht, 2015, S. 53 f.: Sperrwirkung des Art. 7 Abs. 5 UGP-Richtlinie für überschießende Umsetzung von Mindestklauseln und Informationspflichten, die sich nicht auf kommerzielle Kommunikation beziehen.

[12] Vgl. BGH, Urt. v. 7.5.2015, Az. I ZR 158/14, Rdn. 29 f. – *Der Zauber des Nordens;* vgl. EuGH, Urt. v. 12.5.2011, *Ving Sverige*, C-122/10, EU:C:2011:299, Rdn. 60 ff.

[13] BGH, Urt. v. 2.12.2015, *Himbeer-Vanille-Abenteuer II*, I ZR 45/13, DE:BGH:2015:021215UIZR45.13.0, Rdn. 23.

[14] Beschlussempfehlung und Bericht des Ausschusses für Recht und Verbraucherschutz zum Gesetzentwurf der Bundesregierung, zu Nummer 7 (§ 5a UWG-E), BT-Drucks. 18/6571, S. 16; dies entspricht dem Vorschlag *Köhlers*, WRP 2015, 1311, 1317.

[15] *Köhler*, WRP 2014, 1410, 1412; *Ohly*, GRUR 2014, 1137, 1144.

Nach dem 10. Erwägungsgrund der UGP-Richtlinie gilt diese Richtlinie nur insoweit, als keine **spezifischen Vorschriften des Gemeinschaftsrechts** vorliegen, die spezielle Aspekte unlauterer Geschäftspraktiken regeln, wie etwa Informationsanforderungen oder Regeln darüber, wie dem Verbraucher Informationen zu vermitteln sind. Im Anwendungsbereich solcher europäischer Sondervorschriften ist **§ 5a deshalb ausschließlich nach Maßgabe der Sondervorschriften unionskonform auszulegen,**[16] s. dazu näher **§ 5 Abschn. A Rdn. 60.** Aufgrund der durch die UGP-Richtlinie bewirkten Vollharmonisierung müssen die Informationspflichten des deutschen Rechts jedoch seit Ablauf der Übergangsfrist am **12.6.2013** im Anwendungsbereich der UGP-Richtlinie genau dem europäischen Standard entsprechen.[17] Haben die Mitgliedstaaten auf der Grundlage von **Mindestklauseln** Informationsanforderungen eingeführt, die über das hinausgehen, was im Gemeinschaftsrecht geregelt ist **(überschießende Umsetzung),** so kommt das Vorenthalten dieser Informationen einem irreführenden Unterlassen nach der UGP-Richtlinie nicht gleich (vgl. Erwägungsgrund 15, S. 5 UGP-Richtlinie; näher **Rdn. A.187, § 5 Rdn. 53**). Dies gilt auch in Bereichen mit Bezug zum Vertragsrecht, hier können die Mitgliedstaaten seit dem 13.6.2013 ebenfalls kein anderes Verbraucherschutznivau mehr durch eine überschießende Umsetzung von Mindestklauseln einführen oder aufrechterhalten, sondern lediglich Regelung zur Stärkung der individuellen vertraglichen Rechte treffen (vgl. Erwägungsgrund 15 UGP-Richtlinie, Art. 4 Verbraucherrechterichtlinie), **näher § 5 Abschn. A Rdn. 53.** 11

Das Verschweigen der betr. Tatsachen kann jedoch im konkreten Fall unter Berücksichtigung aller Umstände nach den **allgemeinen Grundsätzen in Art. 7 Abs. 1 und 2 UGP-Richtlinie/** § 5a Abs. 1 und 2 UWG irreführend sein. 12

3. Verhältnis zu anderen Normen

§ 5a ist auch auf **vergleichende Werbung i. S. d. § 6** anwendbar. Bei der irreführenden Werbung und der unzulässigen vergleichenden Werbung handelt es sich um zwei unterschiedliche Zuwiderhandlungen.[18] § 5 Abs. 3 verweist anders als Art. 4 lit. a) Werberichtlinie zwar nicht ausdrücklich auf die Vorschriften über die Irreführung durch Unterlassen. Dies folgt jedoch aus einer unionskonformen Auslegung des § 5a,[19] s. **§ 5 Rdn. K. 1.** Für die Werberichtlinie ist seit langem anerkannt, dass eine vergleichende Werbung auch unter dem Gesichtspunkt der Unterlassung irreführend sein kann.[20] 13

Der **BGH** wendet **§ 3a** (§ 4 Nr. 11 a. F.) bei Verstößen gegen Informationspflichten gegen § 5a Abs. 3 und 4 gleichrangig neben § 5a Abs. 4 an und legt beide Anspruchsgrundlagen unionskonform aus;[21] durch die Gesetzesänderung ab dem 10.12.2015 hat sich nach seiner Rspr. für den Tatbestand des Rechtsbruchs nichts geändert.[22] Vorzugswürdig erscheint es, § 5a als vorrangig anzusehen. Erachtet man den Rückgriff auf **§ 3a** für zulässig, darf dies nicht dazu führen, dass die differenzierten Vorgaben unterlaufen werden, die Art. 7 UGP-Richtlinie für die Irreführung durch Unterlassung aufstellt,[23] **s. dazu näher § 5 A.103 ff.** 14

Zum Konkurrenzverhältnis und zur Frage der Durchsetzbarkeit von **Informationsanforderungen auf anderer Rechtsgrundlage s. näher § 5 Rdn. A.29 ff., A.50 ff. und für das Vertragsrecht § 5 Rdn. A.79 ff.** 15

Zur **Abgrenzung zwischen § 5 und § 5a** ausführlich unten **Rdn. 39 ff.** 16

---

[16] Vgl. EuGH, Urt. v. 23.1.2003, *Kommission/Österreich,* C-221/00, EU:C:2003:44; Urt. v. 8.11.2007, *Gintec,* C-374/05, EU:C:2007:654, Rdn. 38 f.; Urt. v. 16.7.2015, *Abcur,* C-544/13 und C-545/13, EU:C:2015:481, Rdn. 45 ff., 80 ff.; BGH GRUR 2002, 1091, 1092 – *Bodensee-Tafelwasser;* GRUR 2003, 628, 629 – *Klosterbrauerei;* GRUR 2008, 830, 831 – *L-Carnitin II;* GRUR 2010, 359, 361 – *Vorbeugen mit Coffein;* Urt. v. 2.12.2015, Himbeer-Vanille-Abenteuer II, I ZR 45/13, DE:BGH:2015:021215UIZR45.13.0, Rdn. 23.

[17] *Köhler,* WRP 2013, 723 ff.; *v. Oelffen,* Rdn. 790 f.; *Ohly*/Sosnitza, 6. Aufl. 2014, § 4.11 Rdn. 11/7a.

[18] EuGH, Urt. v. 13.3.2014, *Posteshop,* C-52/13, EU:C:2014:150, Rdn. 25.

[19] *Köhler,* GRUR 2013, 761, 763; GK/*Glöckner,* 2. Aufl. 2013, § 6 Rdn. 80; jurisPK-UWG/*Müller-Biding,* 3. Aufl. 2013, § 6 Rdn. 215; *Ohly*/Sosnitza, UWG, 6. Aufl. 2014, § 6 Rdn. 11.

[20] EuGH, Urt. v. 8.4.2003, *Pippig Augenoptik,* C-44/01, EU:C:2003:205, Rdn. 83.

[21] BGH, Urt. v. 14.1.2016, *Wir helfen im Trauerfall,* I ZR 61/14, DE:BGH:2016:140116UIZR61.14.0, Rdn 10 ff.; Urt. v. 2.12.2015, *Himbeer-Vanille-Abenteuer II,* I ZR 45/13, DE:BGH:2015:021215UIZR45.13.0, LS 3 und Rdn. 23; GRUR 2014, 576 Rdn. 15 – *2 Flaschen GRATIS* (zu § 5a); vgl. BGH GRUR 2010, 248, 250 Rdn. 16 f. – *Kamerakauf im Internet;* GRUR 2010, 251 – *Versandkosten bei Froogle I;* GRUR 2010, 1110 – *Versandkosten bei Froogle II;* GRUR 2012, 842, 843 Rdn. 17 – *Neue Personenkraftwagen;* OLG Bamberg, Urt. v. 25.5.2011, Az. 3 U 7/11; OLG Hamm, Urt. v. 26.7.2012, Az. I-4 U 16/12, BeckRS 2012, 23071; juris/PK-UWG/*Seichter,* § 5a Rdn. 2.3; *Köhler*/Bornkamm, 34. Aufl. 2016, § 3a Rdn. 1.19.

[22] BGH, Urt. v. 14.1.2016, *Wir helfen im Trauerfall,* I ZR 61/14, DE:BGH:2016:140116UIZR61.14.0, Rdn. 11.

[23] Kritisch z. B. *Steinbeck* WRP 2011, 1221 ff.; s. auch *v. d. Decken/Heim* GRUR 2011, 745, 746.

17 Zum nationalen und europäischen Kontext und zu weiteren **Abgrenzungsfragen s. näher § 5 Abschn. A 17 ff.**

II. Geschichte und Gesetzeszweck

1. Geschichte

18 Zur Historie des Irreführungsverbots allgemein s. die **Kommentierung zu § 5 Abschn. A Rdn. 4 ff.**

19 Die **Rechtsprechung** ging seit langem davon aus, dass Schweigen irreführend sein könne, wenn Umstände verschwiegen würden, über die der Werbende **aufklärungspflichtig** sei.[24] Eine Aufklärungspflicht bestehe jedoch nur, wenn das Publikum bei Unterbleiben des Hinweises in einem wesentlichen Punkt **getäuscht** werde, der den Kaufentschluss zu beeinflussen geeignet sei, und wenn dies zum Schutze des Verbrauchers auch unter Berücksichtigung der berechtigten Interessen des Werbenden **unerlässlich** sei.[25] In den Entscheidungen *„Haferschleim"*, *„Eis-Pralinen"* und *„Grobdesign"* wurde deshalb eine irreführende Unterlassung wegen des Fehlens gesetzlich vorgeschriebener Kennzeichnungen von einer dadurch bewirkten **Fehlvorstellung** des Verkehrs über die Eigenschaften oder die Herstellungsart der Ware abhängig gemacht.[26] In seiner Entscheidung *„Gesamtpreisangebot"* stellte der BGH klar, dass auch bei Koppelungsangeboten eine Irreführung nur angenommen werden könne, wenn der Verkehr über den Wert des Produkts getäuscht werde und eine allgemeine Verpflichtung zu aufklärenden Hinweisen nicht bestehe.[27]

20 An dieser Rechtsprechung hielt der BGH auch nach der **UWG-Reform 2004** fest. Aus § 5 Abs. 2 S. 2 a. F. ergebe sich keine Pflicht zu einer umfassenden Aufklärung; eine solche werde von einem verständigen Verbraucher auch nicht erwartet. Die Verpflichtung zu aufklärenden Angaben besteht vielmehr nur dann, wenn andernfalls die Gefahr drohe, dass der Verbraucher entweder durch unzureichende Information[28] oder durch Täuschung über den tatsächlichen Wert des Angebots, insbesondere über den Wert einer angebotenen Zusatzleistung, in unlauterer Weise beeinflusst werde.[29] Zur Begründung verwies der BGH darauf, dass Informationspflichten nur in den (vormaligen) § 4 Nr. 5 und Nr. 6 für bestimmte Verkaufsförderungsmaßnahmen normiert worden seien und der Gesetzgeber von der Einführung eines allgemeinen Transparenzgebots ausdrücklich abgesehen habe.[30]

21 **Durch die UWG-Reform 2008** ist die Irreführung durch Unterlassen für das Verhältnis B2C **grundlegend reformiert** worden. Abweichend von der früheren Rechtslage haben **Informationspflichten** gegenüber dem Verbraucher in das UWG Einzug gehalten (näher unten Rdn. 16 ff.). An die frühere Spruchpraxis kann nur noch angeknüpft werden, soweit es um den geschäftlichen Verkehr mit anderen Marktteilnehmern und Unternehmern geht.

22 **UWG-Reform 2015.** Aufgrund von Beanstandungen der Europäischen Kommission, die eine unzureichende Umsetzung der UGP-Richtlinie gerügt hatte, wurde der Wortlaut des § 5a in der Fassung der Bekanntmachung vom **3.3.2010** (BGBl. I S. 254), zuletzt geändert durch Art. 6 des Gesetzes vom **1.10.2013** (BGBl. I S. 3714), durch das zum 10.12.2015 in Kraft getretene Zweite Gesetz zur Änderung des Gesetzes stärker an die unionsrechtlichen Vorgaben angepasst. Hierbei wurden die Absätze 5 und 6 eingefügt und Abs. 2 umformuliert und ergänzt. **§ 4 Nr. 3** ist entfal-

---

[24] BGH GRUR 1985, 450, 451 – *Benzinverbrauch;* GRUR 1999, 1122, 1123 – *EG-Neuwagen I;* GRUR 1999, 1125, 1126 – *EG-Neuwagen II;* GRUR 2000, 616, 618 – *Auslaufmodelle III;* GRUR 2002, 182, 185 – *Das Beste jeden Morgen.*

[25] BGH GRUR 1999, 1122, 1123 – *EG-Neuwagen I;* GRUR 1999, 1017, 1018 – *Kontrollnummernbeseitigung;* GRUR 1999, 1125, 1126 – *EG-Neuwagen II;* GRUR 2000, 616, 618 – *Auslaufmodelle III;* GRUR 2002, 182, 185 – *Das Beste jeden Morgen;* GRUR 2003, 538, 539 – *Gesamtpreisangebot;* vgl. auch BGH GRUR 2008, 532, 534 – *Umsatzsteuerhinweis:* Keine allg. Aufklärungspflicht hinsichtlich Geltung und Inhalt der gesetzlichen Gewährleistungsvorschriften.

[26] BGH GRUR 1958, 32, 33 – *Haferschleim;* GRUR 1958, 492, 496 – *Eis-Pralinen;* GRUR 1964, 269, 271 – *Grobdesin.*

[27] BGH GRUR 2003, 538, 539 – *Gesamtpreisangebot.*

[28] BGH GRUR 2008, 729, 731 – *Werbung für Telefondienstleistungen;* vgl. BGH GRUR 2002, 976 – *Koppelungsangebot I.*

[29] BGH GRUR 2008, 729, 731 – *Werbung für Telefondienstleistungen;* vgl. BGH GRUR 2003, 538 – *Gesamtpreisangebot;* GRUR 2006, 161, 163 – *Zeitschrift mit Sonnenbrille.*

[30] *BGH* GRUR 2006, 161, 163 – *Zeitschrift mit Sonnenbrille;* GRUR 2007, 247, 250 – *Regenwaldprojekt I;* GRUR 2007, 251, 252 – *Regenwaldprojekt II.*

len, da der Regelungsgehalt sich nunmehr in § 5a und dort zum Schutz von Verbrauchern insbesondere in Abs. 6 findet.[31]

§ 4 Nr. 4 und 5 wurden gestrichen, da diese Fälle durch §§ 5, 5a geregelt seien.[32] Inhaltliche Veränderungen gehen mit der Novellierung für § 5a nicht einher, da die Vorschrift schon bislang unionskonform auszulegen war. 23

2. Gesetzeszweck

Wie § 5 **bezweckt** auch § 5a den Schutz der Verbraucher, der Mitbewerber und sonstiger Marktteilnehmer vor unlauterem Wettbewerb. Die Irreführung ***von* Mitbewerbern** wird allerdings aufgrund der Änderung des § 5 Abs. 1 durch Zweite Änderungsgesetz bei Sachverhalten nach dem 10.12.2015 von § 5 nicht mehr erfasst. Das gilt trotz fehlender ausdrücklicher Klarstellung im Wortlaut auch für § 5a Abs. 1, **s. § 5 Rdn. B.11.** Die **Irreführung *von* Mitbewerbern wird daher von § 5a Abs. 1 UWG (2015) nicht mehr erfasst.**[33] 24

Eine Verkürzung des durch das Verbot der Irreführung von Verbrauchern und sonstigen Marktteilnehmern ***mittelbar* mitbezweckten Schutzes der Mitbewerber ist mit der Gesetzesänderung hingegen nicht verbunden,**[34] s. **näher § 5 Rdn. B.9.** 25

III. Informationspflichten in § 5a im Überblick und Grundsatz

1. Strukturelle Änderungen durch das UWG (2008)

Durch das UWG (2008) wurde erstmals mit dem neu in das UWG eingefügten § 5a UWG eine eigenständige Regelung der „Irreführung durch Unterlassen" geschaffen. Bereits das UWG (2008) unterschied zwischen dem Verschweigen (§ 5a Abs. 1) und dem Vorenthalten (§ 5a Abs. 2 bis 4) von Informationen;[35] diese Differenzierung behält der im Zuge der Reform 2015 um zwei neue Absätze (Abs. 5 und 6) ergänzte § 5a UWG (2015) bei.[36] Als Irreführung durch **Verschweigen** (§ 5a Abs. 1) bezeichnet das Gesetz die früher in § 5 Abs. 2 S. 2 geregelten Fälle einer Aufklärungspflichtverletzung. Demgegenüber stellt die Art. 7 UGP-Richtlinie umsetzende Irreführung durch **Vorenthalten** von Informationen in § 5a Abs. 2 bis 6 ein Novum im deutschen Wettbewerbsrecht dar. Nach Umsetzung der UGP-Richtlinie stellt sich deshalb die Frage nach Informationspflichten im UWG neu, und zwar umso drängender, als in diesem Punkt schon hinsichtlich der Auslegung der Richtlinie selbst bislang kein Konsens erzielt werden konnte.[37] 26

2. Verletzung von Aufklärungspflichten als irreführendes Unterlassen (§ 5a Abs. 1)

Der sowohl im Verhältnis B2B als auch im Verhältnis gegenüber sonstigen Marktteilnehmern geltende § 5a Abs. 1[38] **knüpft an die alte Rechtslage an.** Echte Informationspflichten werden durch die Vorschrift nicht geschaffen.[39] Vielmehr ist wie zuvor nach § 5 Abs. 2 S. 2 UWG 2004 27

---

[31] Beschlussempfehlung und Bericht des Ausschusses für Recht und Verbraucherschutz zum Gesetzentwurf der Bundesregierung, BT-Drucks. 18/6571, S. 15.

[32] Beschlussempfehlung und Bericht des Ausschusses für Recht und Verbraucherschutz zum Gesetzentwurf der Bundesregierung, BT-Drucks. 18/6571, S. 15.

[33] Der Schutz **sonstiger Marktteilnehmer** bleibt durch die Gesetzesänderung unberührt. Sonstige Marktteilnehmer werden durch § 5a Abs. 1 UWG (2015) weiterhin geschützt. Hier liegt der zentrale Anwendungsbereich der Vorschrift, da Verbraucher durch § 5a Abs. 2–6 UWG (2015) geschützt sind.

[34] Auf das Erfordernis der strengen Differenzierung zwischen der Irreführung von Mitbewerbern und dem durch das Verbot der Irreführung von Verbrauchern und sonstigen Marktteilnehmern mitbezweckten Schutz der Mitbewerber weist *Köhler* in seiner Stellungnahme zum RefE bereits ausdrücklich hin (WRP 2014, 1410, 1416 Rdn. 57 Fn. 48).

[35] Köhler/*Bornkamm*, 33. Aufl. 2015, § 5a Rdn. 4; Götting/Nordemann/*Nordemann*, 2. Aufl. 2013, § 5a Rdn. 1ff. und 11ff.; Fezer/*Peifer*, 2. Aufl. 2010, § 5a Rdn. 5; MüKo-UWG/*Alexander*, 2. Aufl. 2014, § 5a Rdn. 43ff.; jurisPK-UWG/*Seichter*, 3. Aufl. 2013, § 5a Rdn. 15; Ohly/*Sosnitza*, 6. Aufl. 2014, § 5a Rdn. 1ff. – A. A. GK/*Lindacher*, 2. Aufl. 2013, § 5a Rdn. 3ff.: einheitliches Regelungskonzept.

[36] *Alexander*, WRP 2016, 139, 140.

[37] S. nur *Apostolopoulos* GRUR Int. 2005, 292, 296ff.; *Fezer* WRP 2006, 781, 787ff.; *Gamerith* WRP 2005, 391, 422; *Glöckner/Henning-Bodewig* WRP 2005, 1311, 1332ff.; *Keßler* WRP 2005, 1203, 1211f.; *ders.* WRP 2007, 714, 715ff.; *Seichter* WRP 2005, 1087, 1092ff.; *Steinbeck* WRP 2006, 632, 635f.

[38] BT-Drucks. 16/10145; bislang ganz h.M., vgl. BGH GRUR 2011, 846 Rdn. 14, 21 – *Kein Telekom-Anschluss nötig;* Köhler/*Bornkamm*, 33. Aufl. 2015, § 5a Rdn. 6 (jetzt aber anders *Köhler*/Bornkamm, 34. Aufl. 2016, § 5a Rdn. 2.1ff.); jurisPK-UWG/*Seichter*, § 5a Rdn. 14; Ohly/*Sosnitza*, 6. Aufl. 2014, § 5a Rdn. 3.

[39] Ebenso *Bornkamm* WRP 2012, 1, 2.

Schweigen auch nach § 5a Abs. 1 n.F. nur irreführend, wenn der Verkehr dadurch in einem **wesentlichen** Punkt, der die geschäftliche Entscheidung zu beeinflussen geeignet ist, **getäuscht** wird und die **Aufklärung** zum Schutze des Verkehrs auch unter Berücksichtigung der berechtigten Interessen des Unternehmers **unerlässlich** ist. Nach der Rechtsprechung des **BGH** ist es deshalb nicht erforderlich, im Anwendungsbereich des § 5a Abs. 1 UWG 2008 und § 5 UWG 2004 zwischen der vor und der nach dem 30.12.2008 geltenden Rechtslage zu unterscheiden.[40]

28 § 5a Abs. 1 ist jedoch in einer Hinsicht **weiter als § 5 Abs. 2 S. 2 2004.** Anders als dieser schützt er nicht nur vor irreführender Werbung, sondern vor irreführenden Geschäftspraktiken jeder Art. Dementsprechend ist für die Irreführungseignung von Schweigen insbesondere die Bedeutung der verschwiegenen Information für die „geschäftliche Entscheidung" des Verkehrs zu beachten. **„Geschäftliche Entscheidung"** ist dabei nach der Legaldefinition in Art. 2 lit. k UGP-Richtlinie nicht nur die Entscheidung darüber, ob ein Geschäft getätigt wird, sondern auch darüber, ob eine **Zahlung insgesamt oder teilweise geleistet, ein Produkt behalten oder abgegeben oder ein vertragliches Recht im Zusammenhang mit dem Produkt ausgeübt** wird oder nicht. Schweigen kann folglich auch irreführend sein, wenn Umstände verschwiegen werden, welche – wie Widerrufsrechte oder Vertragsbedingungen – die **Vertragsabwicklung** oder die **Beendigung des Vertrags** betreffen.

3. Irreführung durch Verletzung echter Informationspflichten (§ 5a Abs. 2 bis 6)

29 § 5a Abs. 2 bis 6 gelten nur im geschäftlichen Verkehr gegenüber Verbrauchern. Das Vorenthalten von Umständen konnte nach der bis 2008 geltenden Rechtslage eine Irreführung nur begründen, wenn Umstände „verschwiegen" wurden, also eine in der konkreten Situation erwartete Information unterlassen wurde und dies geeignet war, den **Verkehr zu täuschen,** s. Rdn. 19ff. Die „bloße" Nichterteilung von Informationen, deren Fehlen zu keiner Fehlvorstellung des Verkehrs führte, wurde nicht erfasst. Demgegenüber lässt § 5a Abs. 2 bis 4 für die Irreführung durch Unterlassen unter bestimmten Voraussetzungen schon ein „Vorenthalten" von Informationen ausreichen.[41]

30 **a) Die Wesentlichkeitsvermutungen in § 5a Abs. 3 und 4.** Zumindest § 5a Abs. 3 und 4 enthalten **abweichend vom bisherigen Recht echte Informationspflichten.**[42] Irreführend kann in ihrem Anwendungsbereich nicht mehr nur sog. **„sprechendes Schweigen"** sein, bei dem die fehlende Information eine konkrete Fehlvorstellung hervorruft (z.B. dass Zubehör nicht erforderlich ist, weil der Unternehmer auf diese Notwendigkeit nicht hingewiesen hat), sondern auch **„echtes Schweigen",** d.h. das bloße Fehlen von Informationen, über die sich der Verkehr überhaupt keine Gedanken macht, bzgl. derer er also auch keiner konkreten Fehlvorstellung unterliegt (z.B.: Hinweis auf ein bestehendes Widerrufsrecht fehlt).

31 Ganz deutlich wird dieses Verständnis bei dem auf Art. 7 Abs. 5 UGP-Richtlinie beruhenden § 5a Abs. 4, der postuliert, dass **die im Unionsrecht für kommerzielle Kommunikation geregelten Informationspflichten** bei geschäftlichen Handlungen gegenüber Verbrauchern als wesentlich gelten. Den dort geregelten Informationspflichten geht es nicht um das Ausräumen konkreter Fehlvorstellungen, sondern um eine Versorgung des Verbrauchers mit bestimmten **Mindestinformationen,** die er für eine informierte geschäftliche Entscheidung benötigt.

32 Aber auch der auf Art. 7 Abs. 4 beruhende § 5a Abs. 3 führt Informationspflichten in das Irreführungsverbot ein. Nach der dortigen Regelung wird, wie bei § 5a Abs. 4, die **Wesentlichkeit bestimmter Informationen vermutet,** ohne dass es darauf ankommt, ob ihr Fehlen beim Verbraucher eine Fehlvorstellung bewirkt.[43] Dabei erstreckt § 5a Abs. 3 Nr. 5 den Anwendungsbereich der Vermutung auch auf Informationen über Umstände, über die sich der Verbraucher beim Fehlen entsprechender Informationen, wie über **Rücktritts- und Widerrufsrechte,** i.d.R. gar keine Gedanken macht.

33 **b) Ausweitung des Irreführungsverbots in den Bereich der Verletzung echter Informationspflichten hinein durch § 5a Abs. 2.** Zweifelhaft ist, ob über den von § 5a Abs. 3 und 4 begründeten Umfang hinaus auch durch § 5a Abs. 2, der Art. 7 Abs. 1 bis 3 UGP-Richtlinie um-

---

[40] BGH GRUR 2011, 846 – *Kein Telekom-Anschluss nötig.*

[41] Ebenso *Köhler*/Bornkamm, 34. Aufl. 2016, § 5a Rdn. 3.23; *Zecca-Jobst,* Informationspflichten im Lauterkeits- und Vertragsrecht, 2015, S. 55.

[42] So auch die Amtl. Begr. zum RegE, BT-Drucks. 16/10145, S. 25; *Köhler*/Bornkamm, 34. Aufl. 2016, § 5a Rdn. 2.4, 3.23,

[43] BGH GRUR 2012, 943, 944 Rdn. 13 – *Call by Call; Lindacher,* FS Spellenberger, S. 43, 46f.; Ohly/*Sosnitza,* 6. Aufl. 2014, § 5a Rdn. 4.

setzt, „echte" Informationspflichten geschaffen werden. Während eine Auffassung dies bejaht,[44] bleibt es nach der Gegenmeinung hinsichtlich der allgemeinen Regelungen über die Irreführung durch Unterlassung bei der deutschen Praxis.[45]

Die Formulierung in Art. 7 Abs. 1 UGP-Richtlinie, eine Geschäftspraxis gelte als irreführend, wenn sie dem Verbraucher die Informationen vorenthalte, die er für eine **„informierte Entscheidung"** benötige, spricht bei der gebotenen richtlinienkonformen Auslegung für eine **Vorverlagerung des irreführenden Unterlassens** in den Bereich hinein, in dem im konkreten Fall **Fehlvorstellungen nicht entstehen, weil der Verbraucher nicht weiß, dass er eine Information benötigt.** Ein Beispiel: Die Teilnehmer einer Verkaufsfahrt machen sich über etwaige Widerrufsrechte gar keine Gedanken; sie unterliegen deshalb auch nicht dem Irrtum, derartige Widerrufsrechte bestünden nicht. Entscheidend ist dem Wortlaut des Art. 7 Abs. 1 UGP-Richtlinie nach nicht, ob der Verbraucher einer Fehlvorstellung unterliegt, sondern ob er über die für eine informierte geschäftliche Entscheidung erforderlichen Informationen verfügt, seine Entscheidung also auf einer tragfähigen Grundlage treffen kann. Dieser Gedanke kommt auch im **8. Erwägungsgrund** der UGP-RL zum Ausdruck, nach dem die Richtlinie **unmittelbar die wirtschaftlichen Interessen der Verbraucher schützt.** Wirtschaftliche Interessen der Verbraucher werden nicht nur verletzt, wenn der Verbraucher im Hinblick auf ihm für eine informierte geschäftliche Entscheidungen fehlende Informationen einer relevanten Fehlvorstellung unterliegt (z. B.: verspätete Ausübung des Widerrufsrechts, weil Widerrufsbelehrung fehlerhaft ist), sondern gleichermaßen auch dann, wenn der Verbraucher bestimmte Fakten bei dieser Entscheidung nicht berücksichtigen kann, weil er sich über sie weder selbst Gedanken macht noch auf sie hingewiesen wird (z. B.: unterlassene Ausübung des Widerrufsrechts, weil Widerrufsbelehrung ganz fehlt). Eine irreführende Unterlassung lässt sich dann auch nicht mit dem Argument verneinen, die Informationen, die der Durchschnittsverbraucher nicht erwarte, würden ihm nicht **„vorenthalten".** Das Vorenthalten einer Information setzt schon begrifflich anders als das Verschweigen von Umständen (§ 5a Abs. 1) gerade nicht voraus, dass sich der Durchschnittsverbraucher über diese konkrete Vorstellungen macht, sondern nur, dass das Maß an Information hinter dem zurückbleibt, was **erwartet werden darf.** 34

Ein solch weites Verständnis von Art. 7 Abs. 1 UGP-Richtlinie, § 5a Abs. 2 UWG steht nicht in Widerspruch zu der Eingliederung des Art. 7 Abs. 1 in den mit **„Irreführende Geschäftspraktiken"** überschriebenen Abschnitt 1 des Kap. 2. Die Annahme, es bedürfe für eine irreführende Geschäftspraxis einer Fehlvorstellung des Verkehrs über den betreffenden Umstand, ist typisch deutsch und wurzelt im überkommenen empirischen Verbraucherverständnis. Dieses setzt bei der **nachgewiesenen** Täuschung an und tut sich deshalb verständlicherweise schwer mit der Einordnung von Verhaltensweisen als „Irreführung", die zu keiner nachgewiesenen Fehlvorstellung des Verkehrs führen. Das europäische Recht wählt jedoch einen anderen Ansatz. Nach dem ihm zu Grunde liegenden normativen Verbraucherbegriff **liegt das Irreführungspotential einer geschäftlichen Handlung darin, dass der Verbraucher nicht die Information erhält, die er in der entsprechenden Situation erwarten darf.** Von diesem Standpunkt aus lässt sich ein Verständnis der „Irreführung durch Vorenthalten von Informationen", das auch die Nichterteilung von Informationen erfasst, die ein Durchschnittsverbraucher für eine informierte Entscheidung benötigt, **gerade weil er sich über den betr. Umstand selbst keine Gedanken macht,** ohne Weiteres mit dem Irreführungsverbot in Einklang bringen. Die Aufklärungspflichten, die hinsichtlich der für eine informierte geschäftliche Entscheidung erforderlichen Informationen bestehen, bilden dann gewissermaßen das **Pendant für die Absenkung des Schutzstandards,** der mit der Anknüpfung des Irreführungsbegriffs an die Sicht des angemessen verständigen, informierten und aufmerksamen „Durchschnittsverbrauchers" verbunden ist. 35

Hierdurch werden die in Art. 7 Abs. 4 und Abs. 5, § 5a Abs. 3 und 4 UWG enthaltenen Rechtsvermutungen nicht überflüssig. Dem europäischen Gesetzgeber ging es nach dem **14. Erwägungsgrund** der Richtlinie darum, durch sie eine bestimmte Anzahl von **Basisinformationen** festzulegen, die der Verbraucher benötigt, um eine informierte geschäftliche Entscheidung zu treffen. Die Anerkennung darüber hinausgehender Informationspflichten unter den in Art. 7 Abs. 1 geregelten Voraussetzungen wird dadurch nicht ausgeschlossen. Die noch im Richtlinienentwurf enthaltene Formulierung des Art. 7 Abs. 3, bei Geschäftspraktiken vor einer kommerziellen Transaktion könne 36

---

[44] In diesem Sinne *Apostolopoulos* GRUR Int. 2005, 292 ff., 299; *Fezer* WRP 2006, 781, 787; *ders.* WRP 2007, 1021, 1026 ff.; *Keßler* WRP 2005, 1212; MüKo-UWG/*Micklitz* Einl. F 200; *Peifer* WRP 2008, 556, 559. Auch verschiedene Entscheidungen lassen eine Tendenz zur Ausweitung der Informationspflichten erkennen, s. z. B. BGB GRUR 2010, 248, 251 – *Kamerakauf im Internet;* GRUR 2010, 251 – *Versandkosten bei Froogle I;* OLG München MMR 2009, 562; Urt. v. 31.3.2011, Az. 6 U 3517/10, WRP 2011, 1213.

[45] *Seichter* WRP 2005, 1087, 1093.

ein irreführendes Unterlassen nur auftreten, falls der Gewerbetreibende zur Abgabe eines Angebots auffordere,[46] findet sich in der endgültigen Fassung der UGP-Richtlinie nicht mehr. Auch birgt die Möglichkeit einer von konkreten Fehlvorstellungen losgelösten Auslegung des Irreführungsbegriffs nicht die Gefahr, dass die nach der Wertung des Gesetzgebers gegebene Beschränkung des § 5a Abs. 4 UWG, Art. 7 Abs. 5 UGP-Richtlinie auf die im *Gemeinschaftsrecht* vorgesehenen Informationsanforderungen entwertet wird.[47] Die Gefahr, dass die abschließende Liste gemeinschaftlicher Informationspflichten, die durch § 5a Abs. 4 UWG, Art. 7 Abs. 5 UGP-Richtlinie in das Irreführungsverbot einfließen, im nationalen Alleingang ausgeweitet und dadurch das Harmonisierungsziel gefährdet wird, besteht nicht, weil Art. 7 Abs. 1, § 5a Abs. 2 einerseits und Art. 7 Abs. 5, § 5a Abs. 4 andererseits einen unterschiedlichen Ansatz wählen: Während die im Gemeinschaftsrecht enthaltenen Informationsanforderungen in Bezug auf kommerzielle Kommunikation stets als wesentlich gelten, entscheidet nach Art. 7 Abs. 1, § 5a Abs. 2 eine **situationsbezogene Betrachtung** über die Wesentlichkeit der betr. Informationen. Nach Art. 7 Abs. 1, § 5a Abs. 2 bestehen Informationspflichten außerhalb der Wesentlichkeitsvermutungen immer nur im konkreten Einzelfall, wenn ein für die informierte Entscheidung des Verbrauchers im konkreten Einzelfall erforderlicher Umstand vorenthalten wird.

37 Wortlaut und Gesetzesgeschichte des § 5a Abs. 2 bis 4 machen deutlich, dass für Verbraucher mittels dieser Vorschrift eine einheitliche und umfassende Umsetzung von Art. 7 erfolgen sollte. Die nur vereinzelt an anderer Stelle (§ 4 Nr. 1–6) im UWG enthaltenen Informations- und Transparenzgebote wären ohnehin im Hinblick auf ihren durchweg begrenzten Anwendungsbereich nicht geeignet, Art. 7 Abs. 1 UGP-Richtlinie umfassend zur Wirksamkeit zu verhelfen. Daraus folgt die Notwendigkeit einer **richtlinienkonformen Auslegung des § 5a Abs. 2 bis 4** im genannten Sinne.

38 **Nach § 5a Abs. 2–4** kommt es für die Irreführung durch Unterlassen folglich **nicht** mehr auf eine **konkrete Fehlvorstellung** des Verbrauchers über den nicht offengelegten Umstand an,[48] sondern darauf, dass ein für die geschäftliche Entscheidung wesentlicher Umstand in relevanter Weise vorenthalten wird. **„Echtes Schweigen“,** also die unterlassene Information des Durchschnittsverbrauchers über Umstände, die für eine informierte geschäftliche Entscheidung zwar bedeutsam sind, über die sich der Durchschnittsverbraucher aber keine Gedanken macht, kann eine Irreführung durch Unterlassen i. S. v. § 5a Abs. 2 nicht nur begründen, wenn die Wesentlichkeit der vorenthaltenen Information nach Abs. 3 oder 4 vermutet wird, sondern auch dann, wenn andere i. S. d. § 5a Abs. 2 wesentliche Umstände nicht offenbart werden. Angesichts der umfassenden Regelungen in § 5a Abs. 3 und 4 und der Beschränkung des Anwendungsbereichs des § 5a Abs. 2 auf das Verhältnis B2C wird dem aber kaum große praktische Bedeutung zukommen.[49]

IV. Abgrenzung zwischen irreführenden Angaben und irreführendem Unterlassen

39 § 5 und § 5a haben eigenständige Anwendungsbereiche, so dass hinsichtlich ein und derselben Information, anders als wenn mehrere Angaben betroffen sind, immer nur entweder § 5 oder § 5a einschlägig ist.[50] Daraus folgt die Notwendigkeit der Abgrenzung beider Vorschriften.

40 **Bloßes Schweigen** im Sinne eines Nichtoffenbarens einer Information kann keine Angabe i. S. d. § 5 sein, weil ihm der Verkehr keine Information entnimmt. Hier kann nur § 5a einschlägig sein.

41 Entnimmt der Verkehr einer unterlassenen Information hingegen eine **„sprechende Bedeutung“,** kommt grundsätzlich sowohl § 5 als auch § 5a in Betracht. Art. 7 Abs. 2 UGP-Richtlinie

---

[46] Art. 7 Abs. 3 des Vorschlags für eine RLuG, KOM/2003/0356 endg. – COD 2003/0134.

[47] Nach dem 15. Erwägungsgrund der RL werden nur die nach dem Gemeinschaftsrecht vorgesehenen Informationsanforderungen nach Art. 7 Abs. 5 als wesentlich angesehen. Nationale Informationsanforderungen stehen ihnen nicht gleich.

[48] *Alexander,* WRP 2013, 716, 718; *v. Oelffen,* Irreführung durch Unterlassen – Ein neuer Tatbestand im UWG, 2012, Rdn. 64 ff. A. A. *Seichter,* WRP 2005, 1087, 1093.

[49] Ebenso *Zecca-Jobst,* Informationspflichten im Lauterkeits- und Vertragsrecht, 2015, S. 55; a. A. *Bornkamm,* WRP 2012, 1, 4.

[50] Ebenso *Blasek* GRUR 2010, 396, 400; *Emmerich* JuS 2012, 651, 652; *Steinbeck* WRP 2011, 1221, 1222; Gloy/Loschelder/Erdmann/*Helm,* HdbWettbR, § 59 Rdn. 122; wohl auch OLG Stuttgart Urt. v. 17.2.2011, Az.: 2 U 65/10, Tz. 116; **a. A.** *Bornkamm* WRP 2012, 1, 3; *Köhler*/Bornkamm, 34. Aufl. 2016, § 5a Rdn. 1.16, der die hier in Rdn. 28 vertretene Auffassung zur Abgrenzung zwar teilt (Rdn. 1.14), sich jedoch in Anbetracht der praktischen Abgrenzungsschwierigkeiten dafür ausspricht, §§ 5, 5a nebeneinander anzuwenden.; ähnlich auch BGH GRUR 2011, 82 – *Preiswerbung ohne Umsatzsteuer;* GRUR 2011, 846 – *Kein Telekom-Anschluss nötig.*

stellt klar, dass trotz des Ansatzes des Irreführungsverbots durch Unterlassen bei der Informationspflichtverletzung des Unternehmers auch durch erteilte Informationen i. S. d. Norm irregeführt werden kann, wenn die Informationen auf unklare, unverständliche oder zweideutige Weise bereitgestellt werden.[51] Für die Abgrenzung zwischen der Irreführung durch Handlung und durch Unterlassen ist entscheidend, ob der durchschnittlich (angemessen) aufmerksame, verständige und informierte Verbraucher in der konkreten Situation die Aussage des Unternehmers nur um die **Lücke schließt,** die eine vermeintlich fehlende Information lässt (dann § 5a), oder ob er aus den gegebenen Angaben falsche Schlüsse zieht (dann § 5, selbst wenn korrigierende bzw. aufklärende Hinweise die Täuschungseignung beseitigen könnten).[52] Zu fragen ist folglich: **Ergänzt der Verkehr die geschäftliche Handlung nur im negativen Sinne um scheinbar fehlende Bestandteile?** Dann liegt Verschweigen oder Vorenthalten von Informationen im Sinne des § 5a vor. **Oder ist die Fehlvorstellung durch die gemachten Angaben entstanden und besteht das „Unterlassen" nur darin, dass sie nicht ausgeräumt wird?** Dann ist § 5 einschlägig, denn die Irreführung ist auf positives Tun des Unternehmers zurückzuführen.[53]

Ein Beispiel: Verschweigt der Werbende, dass für die Verwendungsmöglichkeit der Ware Zubehörteile erforderlich sind, die gesondert erworben werden müssen, so führt er den Verkehr durch Unterlassen irre (§ 5a).[54] Bewirbt er das Produkt als „Komplettangebot" und versteht der Durchschnittsumworbene dies dahin, dass Zubehör im Preis enthalten ist, liegt ein Fall der Irreführung durch positive (konkludente) Angaben vor (§ 5). Der BGH hat eine Irreführung durch Unterlassen im Sinne von § 5a in einer an die Allgemeinheit gerichteten Werbung für auf einem Kabelanschluss basierende Telefondienstleistungen mit „Kein Telekom-Anschluss nötig" gesehen, wenn der Hinweis fehlt, dass bei einer Nutzung der beworbenen Telefondienstleistung keine Möglichkeit mehr besteht, *Call-by-Call*-Telefonate zu führen.[55] 42

Eine ausführliche Abgrenzung findet sich unter § 5 Abschn. B Rdn. 77 ff. 43

Wegen des Sachzusammenhangs werden einzelne Fallgruppen der Irreführung durch Unterlassen zusätzlich auch in § 5 erörtert; **auf die Kommentierung der einzelnen Bezugspunkte des § 5 wird verwiesen.** 44

V. Der Irreführungstatbestand des § 5a Abs. 1

1. Anwendbarkeit auf Verbraucher und sonstige Marktteilnehmer

Die bereits für § 5a Abs. 1 UWG (2008) teils angenommene oder geforderte klare Trennung der Bereiche B2B und B2C hat der Gesetzgeber auch bei der UWG-Novelle 2015 für § 5a Abs. 1 nicht vollzogen. 45

Allerdings wurde die Irreführung von **Mitbewerbern** im Zuge der Gesetzesreform 2015 **ausgeklammert** und fällt nicht mehr unter § 5a Abs. 1 UWG (2015), s. dazu **§ 5a Rdn. 24** und **§ 5 Rdn. B. 8.** 46

Der Anwendungsbereich des § 5a Abs. 1 ist jedoch nach der UWG-Novelle unverändert auch für die Irreführung von Verbrauchern eröffnet. Dies folgt aus dem Wortlaut, der unverändert blieb und im Gegensatz zu § 5a Abs. 2 nicht zwischen Verbrauchern und sonstigen Marktteilnehmern differenziert, und der deutlichen Positionierung der Gesetzesbegründung.[56] **§ 5a Abs. 1 gilt somit für Verbraucher und sonstige Marktteilnehmer.**[57] Im vollharmonisierten Bereich B2C ist 47

---

[51] BGH, Urt. v. 4.2.2016, *Fressnapf,* DE:BGH:2016:040216UIZR194.14.0, Rdn. 23 sowie LS.

[52] Ähnlich OLG Hamm GRUR-RR 2011, 189; Fezer/*Peifer,* § 5 Rdn. 246.

[53] Ebenso *Blasek* GRUR 2010, 396, 400. Ebenso auch *Köhler*/Bornkamm, 34. Aufl. 2016, § 5a Rdn. 1.14, der sich im Hinblick auf praktische Abgrenzungsschwierigkeiten jedoch dafür ausspricht, §§ 5, 5a nebeneinander anzuwenden (Rdn. 1.16).

[54] BGH GRUR 1999, 1011, 1013 – *Werbebeilage.*

[55] BGH GRUR 2011, 846 – *Kein Telekom-Anschluss nötig;* GRUR 2012, 943 – *Call-by-Call.*

[56] Amtl. Begr. BT-Drucks. 16/10145, S. 25. Die UWG-Novelle 2015 ist hiervon nicht abgerückt, so wird etwa die Streichung des § 4 Nr. 3 damit begründet, dass „der Regelungsgehalt sich nunmehr in § 5a und dort zum Schutz von Verbrauchern *insbesondere* in Absatz 6 findet", BT-Drucks. 18/6571, S. 15.

[57] H. M., vgl. Amtl. Begr. BT-Drucks. 16/10145, S. 25; BGH GRUR 2011, 846 Rdn. 14, 21 – *Kein Telekom-Anschluss nötig;* Fezer/*Peifer,* UWG, 2. Auflage, § 5a Rdn. 5; Köhler/*Bornkamm,* 33. Aufl. 2015, § 5a Rdn. 6 und 6a (anders aber jetzt *Köhler*/Bornkamm, 34. Aufl. 2016, § 5a Rdn. 2.1 ff.); jurisPK-UWG/*Seichter,* § 5a Rdn. 14; Ohly/*Sosnitza,* 6. Aufl. 2014, § 5a Rdn. 3; differenzierend Götting/Nordemann/*A. Nordemann,* UWG, 2. Auflage, § 5a Rdn. 16. – Anders *Beater,* Unlauterer Wettbewerb, 2011, Rdn. 1443; MüKoUWG/*Alexander,* § 5a Rdn. 82, 103; *ders.* in FS Bornkamm 2014, S. 297, 301; GK-UWG/*Lindacher,* § 5a Rdn. 6, 13. Zur Kritik an dieser Regelungsstruktur s. näher *Alexander,* WRP 2013, 716, 718 ff.

der Irreführungsschutz durch Art. 6, Art. 7 UGP-Richtlinie abschließend vorgegeben und Art. 7 UGP-Richtlinie inzwischen durch § 5a Abs. 2–6 korrekt umgesetzt, sodass sich über § 5a Abs. 1 kein anderes Ergebnis als nach § 5a Abs. 2–6 ergeben kann;[58] **praktische Bedeutung kommt dem unionskonform auszulegenden § 5a Abs. 1 im Verhältnis B2C aufgrund der inzwischen auch im Wortlaut vollständigen Umsetzung der Art. 6 und 7 UGP-Richtlinie durch §§ 5, 5a Abs. 2–6 daher nicht mehr zu.**

48 Die Rechtsprechung zu **§ 5 Abs. 2 S. 2 UWG 2004** kann m.E. wie schon bislang zu § 5a Abs. 1 a.F.[59] auch für § 5a Abs. 1 UWG (2015) weitgehend herangezogen werden. Allerdings ist das Erfordernis der unionskonformen Auslegung zu berücksichtigen. Im Bereich **B2B** gibt die Werberichtlinie jedoch nur einen Mindeststandard zu, sodass § 5a Abs. 1 auch über den Schutz der Werberichtlinie hinausgehen kann. Im Verhältnis **B2C** ist der Schutz der Verbraucher vor Irreführung zwar vollharmonisiert und abschließend durch Art. 6, Art. 7 UGP-Richtlinie vorgegeben. Dass sich vormals als Irreführung durch Unterlassen i.S.d. § 5 Abs. 2 S. 2 UWG (2004) qualifizierte geschäftliche Handlungen gegenüber Verbrauchern nicht auch als irreführend i.S.d. Art. 6, Art. 7 UGP-Richtlinie erweisen, erscheint in Anbetracht der erheblichen Ausweitung der Informationspflichten durch Art. 7 UGP-Richtlinie jedoch kaum denkbar, und den Rückgriff auf § 5a Abs. 2–6 schließt § 5a Abs. 1 auch im Falle seiner Verneinung nicht aus. Die Irreführung von **Mitbewerbern** wurde aus § 5a Abs. 1 UWG (2015) ausgeklammert und fällt nicht mehr unter § 5a Abs. 1, s. dazu **§ 5a Rdn. 24** und **§ 5 Rdn. B. 8.**

2. Einbeziehung vormals unter § 4 Nr. 3–5 UWG (2008) fallender Sachverhalte

49 Die zuvor in den Anwendungsbereich der **§ 4 Nr. 3, Nr. 4 und Nr. 5 UWG a.F.** einbezogenen geschäftlichen Handlungen gegenüber **sonstigen Marktteilnehmern** fallen nicht unter § 5a Abs. 2-Abs. 6, aber auch nicht in den vollharmonisierten Bereich und lassen sich daher über § 5a Abs. 1 erfassen, s. **§ 5a Rdn. 6, 46, 59.**

3. Tatbestandliche Voraussetzungen des § 5a Abs. 1

50 **a) Die Voraussetzungen im Überblick.** Ansatzpunkt des § 5a Abs. 1 ist eine **Aufklärungspflicht** des Wettbewerbers. Sie besteht, wenn der angesprochene Verkehr bei Unterbleiben der Aufklärung **in einem wesentlichen Punkt getäuscht wird, der seine geschäftliche Entscheidung zu beeinflussen geeignet ist, und eine Aufklärung unter Berücksichtigung der berechtigten Interessen des Wettbewerbers zumutbar** ist.[60]

51 **b) Aufklärungspflicht.** Notwendig ist also zunächst, dass der Verkehr überhaupt eine **Aufklärung erwarten** darf; eine **generelle** Aufklärungspflicht, alle – auch weniger vorteilhafte oder negative – Eigenschaften des eigenen Angebots offenzulegen, besteht auch im Rahmen von § 5a Abs. 1 nicht.[61] § 5a Abs. 1 ist auch nicht einschlägig, wenn der Verbraucher durch das Unterbleiben von Informationen nicht getäuscht wird, weil er sich über die entsprechenden Umstände gar keine Gedanken macht; hier kann nur § 5a Abs. 2 eingreifen, dessen Anwendungsbereich sich aber nur auf geschäftliche Handlungen gegenüber Verbrauchern bezieht.

52 **c) Verkehrsauffassung.** Die maßgebliche Verkehrsauffassung entspricht der des § 5, auf die Kommentierung in **§ 5 Abschn. B Rdn. 13 ff. wird Bezug genommen.** Der **EuGH** hat bereits entschieden, dass die nationalen Gerichte auch im Anwendungsbereich des Art. 7 UGP-Richtlinie auf die Wahrnehmung des normal informierten und angemessen aufmerksamen und verständigen Durchschnittsverbrauchers abstellen müssen.[62]

53 Je wichtiger die Information für den Verkehr ist, umso eher erwartet er diese auch. Hingegen besteht eher keine Aufklärungspflicht über Selbstverständlichkeiten und Umstände von untergeordne-

---

[58] Vgl. *Köhler*/Bornkamm, 34. Aufl. 2016, § 5a Rdn. 1.8 und 2.2.

[59] BGH GRUR 2011, 846 – *Kein Telekom-Anschluss nötig;* GRUR 2011, 85, 86 Rdn. 16 – *Praxis Aktuell; Köhler*/Bornkamm, 34. Aufl. 2016, § 5a Rdn. 2.17.

[60] So zu § 5a BGH Urt. v. 22.10.2009, I ZR 124/08, zitiert nach juris; ebenso bereits zum alten Recht BGH GRUR 1982, 374, 375 – *Ski-Auslaufmodelle;* GRUR 1999, 1122, 1123 – *EG-Neuwagen I;* GRUR 2000, 76 – *Shareware-Version* und std. Rspr.

[61] Gloy/Loschelder/Erdmann/*Helm,* HdbWettbR, § 59 Rdn. 123; GK/*Lindacher,* § 3 Rdn. 199 f.; Götting/Nordemann/*A. Nordemann,* § 5a Rdn. 81; *Köhler*/Bornkamm, 34. Aufl. 2016, § 5a Rdn. 2.7; Ohly/*Sosnitza,* 6. Aufl. 2014, § 5a Rdn. 10; BGH GRUR 2013, 945, 948 Rdn. 34 – *Standardisierte Mandatsbearbeitung;* vgl. bereits BGH GRUR 1996, 367 – *Umweltfreundliches Bauen;* GRUR 2007, 247, 250 – *Regenwaldprojekt I;* GRUR 2007, 250, 251 – *Regenwaldprojekt II.*

[62] EuGH, Urt. v. 12.5.2011, *Ving Sverige,* C-122/10, EU:C:2011:299, Rdn. 23.

ter Bedeutung.[63] Auch die Art der Werbung und des Kommunikationsmediums spielen eine Rolle. Dem Verkehr ist z. B. in der Regel bewusst, dass reine Aufmerksamkeitswerbung vor allem die Vorteile des Produkts herausstellt, zumal wenn wie in der Radio- oder Fernsehwerbung schon aus Platzgründen keine umfangreichen Hinweise möglich sind, während der Unternehmer umso eher auch über negative Eigenschaften aufklären muss, je näher eine mögliche geschäftliche Entscheidung bevorsteht.[64]

d) Relevanz. Erforderlich ist bei § 5a Abs. 1 weiter, dass ohne die Aufklärung die Gefahr einer **Täuschung** des Verkehrs in einem wesentlichen Punkt besteht.[65] 54

e) Interessenabwägung. Schließlich kommt es auf eine **Interessenabwägung** an. Das Interesse des Verkehrs an der Aufklärung ist abzuwägen mit dem Interesse des Unternehmers, der nicht nur auf das Herausstellen der positiven Eigenschaften seines Produkts Wert legt, sondern auch ein Interesse an einer einfachen, plakativen Werbeaussage haben kann.[66] Für den **B2B-Bereich** gelten die Wesentlichkeitsvermutungen nicht, so dass die Wesentlichkeit einer Information im Rahmen des § 5a Abs. 1 für den konkreten Fall festgestellt werden muss. Dabei besteht das gesetzgeberische Anliegen der Unterscheidung zwischen Verbrauchern und Unternehmer darin, den Geschäftsverkehr im B2B-Bereich nicht übermäßig mit Informationspflichten zu belasten.[67] Auch Kosteninteressen des Werbenden sind daher im Bereich B2B zu berücksichtigen.[68] 55

f) Bezugspunkte. § 5a Abs. 1 ist dem Wortlaut nach nicht auf die Irreführung über Umstände beschränkt, die in den Katalog der **Bezugspunkte** des § 5 Abs. 1 S. 2 fallen; eine dahingehende Auslegung ist jedoch nach Sinn und Zweck der Vorschrift geboten, s. näher unten **§ 5a Rdn. 57.** 56

4. Kasuistik

Die Praxis wird im Wesentlichen durch **Fallgruppen** bestimmt. Letztlich bedarf es jedoch jeweils einer Prüfung im Einzelfall, ob bestimmte Sachverhalte von § 5a Abs. 1 erfasst werden, wobei das Erfordernis der unionskonformen Auslegung zu beachten ist. 57

a) Nichtkenntlichmachen des kommerziellen Zwecks. S. dazu auch die Kommentierung zu § 5a Abs. 6, § 16 Abs. 1 und Anh. § 3 Nr. 22 und 23. 58

Eine **Verschleierung** liegt vor, wenn das äußere Erscheinungsbild einer geschäftlichen Handlung so gestaltet wird, dass die Marktteilnehmer den geschäftlichen Charakter nicht klar und eindeutig erkennen.[69] Die früher von **§ 4 Nr. 3 a. F.** erfasste Fallgruppe des „Nichtkenntlichmachen des kommerziellen Zwecks" wurde **für das Verhältnis B2C in § 5a Abs. 6** eingegliedert und wird dort kommentiert, **§ 5a Rdn. 236 ff.** 58a

Für die Irreführung gegenüber **sonstigen Marktteilnehmern** ist der Anwendungsbereich des § 5a Abs. 6 UWG (2015), der Art. 7 Abs. 2 UGW-Richtlinie umsetzt, nicht eröffnet, s. § 5a Rdn. 5. Hier kann jedoch auf § 5a Abs. 1 zurückgegriffen werden;[70] teils wird in Anbetracht der dort präziser formulierten Kriterien auch eine analoge Anwendung des § 5a Abs. 6 erwogen.[71] 59

b) Weitere Sachverhalte. *aa) **Eine Hinweispflicht wurde schon bislang u. a. in folgenden Fällen angenommen:*** Nach der **„Pippig"-Entscheidung** des EuGH kann unter besonderen Umständen, die von den nationalen Gerichten zu prüfen sind und die durch die Bedeutung der Marke für die Entscheidung des Käufers und durch den deutlichen Unterschied zwischen den jeweiligen Marken 60

---

[63] Vgl. jurisPK-UWG/*Seichter,* § 5a Rdn. 35; Götting/Nordemann/*A. Nordemann,* § 5a Rdn. 82, 84; vgl. auch BGH GRUR 2000, 239, 241 – *Last-Minute-Reise:* Umstände von maßgeblicher Bedeutung.

[64] Vgl. jurisPK-UWG/*Seichter,* § 5a Rdn. 35.

[65] Vgl. BGH GRUR 1982 374, 375 – *Ski-Auslaufmodelle;* GRUR 1987, 45, 47 – *Sommerpreiswerbung;* WRP 1993, 239 – *Sofortige Beziehbarkeit;* GRUR 2000, 76 – *Shareware-Version;* vgl. BGH GRUR 2013, 945, 948 Rdn. 34 – *Standardisierte Mandatsbearbeitung; Köhler*/Bornkamm, 34. Aufl. 2016, § 5a Rdn. 2.17; jurisPK-UWG/*Seichter,* § 5 Rdn. 36.

[66] BGH GRUR 1999, 1122, 1124 – *EG Neuwagen I;* GRUR 1999, 1125, 1126 ff. – *EG-Neuwagen II; Köhler,* WRP 2009, 109, 116; *Köhler*/Bornkamm, 34. Aufl. 2016, § 5a Rdn. 2.9.

[67] Amtl. Begr. zum RegE, BT-Drucks. 16/10 145, S. 25.

[68] Hingegen hat sich der europäische Gesetzgeber im Bereich B2C im Grundsatz für eine Belastung der Unternehmer mit (im Rahmen des Üblichen liegenden) Informationskosten entschieden, s. *Apostolopoulos* GRUR Int. 2005, 292, 299 sowie näher unten Rdn. 56, 77.

[69] BGH WRP 2011, 194, 197 Rdn. 18 – *Branchenbuch Berg;* LG Saarbrücken, WRP 2015, 1161, 1162 mit Anm. *Junker,* jurisPR-ITR 2/2016 Anm. 5.

[70] Vgl. BT-Drucks. 18/6571, S. 15: „§ 4 Nr. 3 entfällt, da der Regelungsgehalt sich nunmehr in § 5a und dort zum Schutz von Verbrauchern insbesondere in Absatz 6 findet."

[71] *Kohler,* NJW 2016, 593, 596 f.; *Köhler*/Bornkamm, 34. Aufl. 2016, § 5a Rdn. 7.9 und 7.95.

der verglichenen Produkte hinsichtlich ihrer Bekanntheit gekennzeichnet sind, die **Nichtangabe einer fremden Marke** in einem Werbevergleich irreführend sein.[72]

61 Wird in einer an die Allgemeinheit gerichteten Werbung für **Telefondienstleistungen,** die auf einem Kabelanschluss basieren, damit geworben, dass „Kein Telekom-Anschluss nötig" oder „Kein Telekom-Telefonanschluss mehr nötig!" sei, muss darauf hingewiesen werden, wenn bei einer Nutzung der beworbenen Telefondienstleistungen keine Möglichkeit besteht, *Call-by-Call*-Telefonate zu führen; diese Hinweispflicht stützte der BGH bislang auf § 5a Abs. 1,[73] inzwischen zieht er § 5a Abs. 2 heran.[74] Wirbt ein Rechtsanwalt für eine telefonische Rechtsberatung mit einem Minutenpreis, muss er darauf hinweisen, dass in die Preisberechnung auch Gesprächsunterbrechungen in Form von Recherchen und Rückfragen einfließen.[75] Verschweigt ein Unternehmer, dass sich die Übermittlung einer pro Minute der Übermittlung zu bezahlenden Information per Telefax mit **deutlich gegenüber der Üblichen verminderter** Geschwindigkeit vollzieht, liegt darin eine Täuschung über die Preisberechnung.[76] Auch auf erforderliches **Zubehör** muss u. U. hingewiesen werden. Wer einen neuartigen Mobilfunkdienst betreibt, kann gehalten sein darauf hinzuweisen, dass die Nutzung nur mit einem besonderen Handygerät möglich ist.[77] Die Werbung mit einem **Mobiltelefon,** das nichts oder fast nichts kosten soll, ist irreführend, wenn die für den Verbraucher mit dem Abschluss des Netzkartenvertrags **verbundenen Kosten** nicht deutlich kenntlich gemacht werden; häufig liegt positives Tun nach § 5 vor.[78] Um eine Irreführung der Verbraucher zu vermeiden, kann es erforderlich sein, darauf hinzuweisen, dass die beworbene **DSL**-Internetzugangs-Dienstleistung nur mit Hilfe eines Telefonanschlusses eines **bestimmten Anbieters** erbracht werden kann; der allgemeine Hinweis darauf, dass ein Telefonanschluss erforderlich sei, wurde als nicht ausreichend angesehen.[79]

62 Eine Irreführung durch ein Produktangebot ohne den nach Landesrecht erforderlichen Hinweis auf die **Giftigkeit** des Produkts wurde bejaht.[80]

63 **Lebensmittelrechtliche Kennzeichnungsvorschriften** prägen häufig die Verbrauchererwartung, so dass bei nicht ordnungsgemäßer oder ganz fehlender Kennzeichnung § 5a Abs. 1 einschlägig sein kann. Häufig werden § 5a Abs. 3 und 4 anwendbar sein. Ein gleichzeitig gegebener Verstoß gegen lebensmittelrechtliche Vorschriften schließt den Rückgriff auf § 5a nicht aus. Im Anwendungsbereich der zugrundeliegenden unionsrechtlichen Sondervorschriften sind §§ 5, 5a jedoch ausschließlich nach Maßgabe der Sondervorschriften **unionskonform** auszulegen,[81] s. **§ 5 Abschn. A Rdn. 49, 60.**

64 Die Bewerbung eines **Neuwagens** ohne Hinweis darauf, dass die einjährige **Herstellergarantie** schon zu wesentlichen Teilen abgelaufen ist, sah der BGH als irreführend an.[82] Bei Abweichungen in der Serienausstattung und einer nur geringfügigen Verkürzung der Garantiezeit wurde mit Blick auf Art. 34 AEUV eine Aufklärungspflicht verneint.[83] Der Verkäufer eines **nur im Ausland erstausgelieferten Kfz** muss den Käufer darauf hinweisen, dass die Erstauslieferung nicht im Inland erfolgte und infolgedessen inländische Vertragswerkstätten die vom Hersteller zugesagte Gratisinspektion nur gegen Berechnung ausführen.[84] Die Aufklärungspflichten des Parallelimporteurs über

---

[72] EuGH, Urt. v. 8.4.2003, *Pippig Augenoptik,* C-44/01, EU:C:2003:205, Rdn. 83.

[73] BGH GRUR 2011, 846 – *Kein Telekom-Anschluss nötig.* Hingegen muss bei der Bewerbung einer Telefon-Flatrate nicht über das Fehlen von Preselection-Optionen hingewiesen werden, BGH Urt. v. 22.10.2009, I ZR 124/08, zitiert nach juris.

[74] BGH GRUR 2012, 943, 944 f. – *Call-by-Call.*

[75] BGH GRUR 2005, 433, 435 – *Telekanzlei.*

[76] LG Frankfurt a. M. GRUR 2002, 269, 271 – *Werbefax ohne Pflichtangaben.*

[77] OLG Köln GRUR-RR 2003, 118.

[78] BGH NJOZ 2002, 972, 973 f. – *Für'n Apfel und n' Ei;* GRUR 2006, 164 – *Aktivierungskosten II;* GRUR 2009, 73 ff. – *Telefonieren für 0 Cent!;* GRUR 2010, 744 ff. – *Sondernewsletter;* Urt. v. 15.10.2015, I ZR 260/14 – *All Net Flat.*

[79] OLG Hamburg OLGR Hamburg 2006, 530; s. zur PAngV auch BGH GRUR 2009, 73 – *Telefonieren für 0 Cent.*

[80] BGH GRUR 1964, 269, 271 f. – *Grobdesign.*

[81] Vgl. EuGH, Urt. v. 23.1.2003, *Kommission/Österreich,* C-221/00, EU:C:2003:44; Urt. v. 8.11.2007, *Gintec,* C-374/05, EU:C:2007:654, Rdn. 38 f.; Urt. v. 16.7.2015, *Abcur,* C-544/13 und C-545/13, EU:C:2015:481, Rdn. 45 ff., 80 ff.; Urt. v. 16.7.2015, *Abcur,* C-544/13 und C-545/13, EU:C:2015:481, Rdn. 45 ff., 80 ff.; BGH GRUR 2002, 1091, 1092 – *Bodensee-Tafelwasser;* GRUR 2003, 628, 629 – *Klosterbrauerei;* GRUR 2008, 830, 831 – *L-Carnitin II;* GRUR 2010, 359, 361 – *Vorbeugen mit Coffein.*

[82] BGH GRUR 1999, 1122, 1124 – *EG-Neuwagen I.*

[83] BGH GRUR 1999, 1122, 1124 – *EG-Neuwagen I;* GRUR 1999, 1125, 1126 – *EG-Neuwagen II.* Götting/Nordemann/*A. Nordemann,* § 5a Rdn. 59 und Fn. 47 sehen im Hinblick auf § 5a die Notwendigkeit, diese Rechtsprechung nunmehr zu überdenken.

[84] KG WRP 1984, 406; Köhler/*Bornkamm* 33. Aufl. 2015, § 5a Rdn. 18.

nachteilige Eigenschaften seines Angebots können aber unter Berücksichtigung der Warenverkehrsfreiheit zurücktreten, wenn einerseits die beim Verbraucher hervorgerufenen, nicht als besonders gravierend erscheinenden Fehlvorstellungen regelmäßig vor der Kaufentscheidung ausgeräumt werden und andererseits ein Verbot die Tätigkeit von Parallelimporteuren nicht unerheblich beeinträchtigen würde.[85] Dem Werbenden ist eine Aufklärung über (negative) wesentliche Abweichungen eines Pkw von der **Serienausstattung** zumindest dann zuzumuten, wenn sich aus der Werbung nicht ergibt, dass es sich um einen sog. EG-Neuwagen handelt.[86] Wer im Internet Fahrzeuge als **Jahreswagen** mit nur einem Vorbesitzer anbietet, muss auf den Einsatz des Kfz als Mietwagen hinweisen.[87]

Über die Eigenschaft einer Ware als **Auslaufmodell,** also Gerät, welches der Hersteller nicht 65
mehr produziert und nicht mehr im Sortiment führt oder selbst als Auslaufmodell bezeichnet,[88] ist i. d. R. jedenfalls dann zu informieren, wenn es sich um ein langlebiges Gerät mit einem verhältnismäßig hohen Preis handelt und das Folgemodell wesentliche Änderungen aufweist.[89] Bei Elektrohaushaltsgroßgeräten wurde nach dem bis zur UWG-Reform 2008 geltenden Recht grundsätzlich eine Hinweispflicht des Handels bejaht,[90] ebenso bei hochwertigen Geräten der Unterhaltungselektronik.[91] So muss der Betreiber eines Fachmarktes für elektrische und elektronische Geräte, wenn er für eine hochwertiges Gerät der Unterhaltungselektronik (hier: für einen Mini DV Digital Camcorder) in einer Zeitungsbeilage wirbt, darauf hinweisen, wenn es sich um ein **Auslaufmodell** handelt.[92] Hat ein Händler ein Gerät aus der laufenden Produktion erworben, sollte der Hinweis auf die erfolgte Modelländerung nach bisheriger Rspr. allerdings so lange unterbleiben dürfen, bis das Nachfolgemodell im Handel ist oder, wenn es kein Nachfolgemodell gibt, bis die Ware im üblichen Warenumschlag abgesetzt ist.[93] Die Erklärung des Herstellers, dass es sich bei einem bestimmten Gerät um ein Auslaufmodell handelt, kann sich daraus ergeben, dass das entsprechende Gerät im aktuellen Katalog durch ein Nachfolgemodell ersetzt ist.[94] Beim Kauf von **modischer Kleidung** besteht i. d. R. ein schützenswertes Interesse des Verkehrs, darauf hingewiesen zu werden, dass es sich um **Vorjahresmodelle** handelt,[95] wenn sich nicht aus der Jahreszeit des Verkaufs schon ergibt, dass die Mode aus dem Vorjahr stammt.

Auf **wesentliche Nutzungseinschränkungen und Verwendungsbeschränkungen,** mit de- 66
nen der Verkehr nicht rechnet, muss i. d. R. hingewiesen werden. Stellt ein Unternehmer Interessierten z. B. eine Software zum Download zur Verfügung, die es ermöglicht, Musiktitel aus Drittquellen aufzufinden und in MP3-Dateien umzuwandeln, so muss er den Umworbenen darauf hinweisen, dass dieser damit noch keine **Nutzungsrechte** an den betreffenden Werken erlangt.[96] Gleiches gilt, wenn der Musiktitel dem Käufer nach seiner Auswahlentscheidung nur kurze Zeit tatsächlich zur Verfügung steht,[97] oder die Software nach 25-maligem Aufruf gesperrt wird.[98] Der Verkehr rechnet beim Erwerb eines gegen Entgelt angebotenen Datenträgers, auf dem sich neben einer Datenbank Anwendungsprogramme befinden, nicht ohne weiteres damit, dass diese im Preis enthaltenen Programme in einer in erster Linie Wettbewerbszwecken dienenden Fassung geliefert werden, die der Hersteller lediglich als eine Art **Demonstrations- oder Prüfversion** ansieht und die er daher den Interessenten im Allgemeinen kostenlos oder gegen ein ganz geringes Entgelt zur

---

[85] EuGH GRUR Int. 1993, 951 f. – *Nissan;* BGH GRUR 1999, 1122, 1124 – *EG-Neuwagen I.*

[86] BGH GRUR 1999, 1125, 1127 – *EG-Neuwagen II.*

[87] OLG Oldenburg MDR 2011, 250; OLG Hamm GRUR-RR 2011, 189.

[88] BGH NJW 1999, 2190, 2191 – *Auslaufmodell I;* NJW 1999, 2193 – *Auslaufmodelle II;* GRUR 2000, 616 – *Auslaufmodelle III;* siehe auch OLG München WRP 1979, 157.

[89] OLG Düsseldorf WRP 2010, 1551 (gestützt auf § 5a Abs. 2); Gloy/Loschelder/Erdmann/*Helm,* Handbuch WettbR, § 59 Rdn. 129; Köhler/*Bornkamm,* 33. Aufl. 2015, § 5a Rdn. 12 ff. So schon zum alten Recht: BGH GRUR 1982, 374, 375 f. – *Ski-Auslaufmodelle;* GRUR 1987, 45, 47 – *Sommerpreiswerbung;* GRUR 2000, 616, 618 – *Auslaufmodell III.*

[90] BGH GRUR 2000, 616 – *Auslaufmodelle III;* siehe auch OLG München WRP 1979, 157.

[91] OLG Düsseldorf WRP 2010, 1551 (für Mini DV Digital Camcorder und gestützt auf § 5a Abs. 2); so schon zum alten Recht BGH NJW 1999, 2190 – *Auslaufmodelle I;* NJW 1999, 2193, 2194 – *Auslaufmodelle II.*

[92] OLG Düsseldorf WRP 2010, 1551.

[93] BGH NJW 1999, 2190 – *Auslaufmodelle I;* NJW 1999, 2193 – *Auslaufmodelle II;* GRUR 2000, 616, 619 – *Auslaufmodelle III;* Köhler/*Bornkamm* 33. Aufl. 2015, § 5a Rdn. 14.

[94] BGH GRUR 2000, 616 – *Auslaufmodelle III.*

[95] OLG Hamm GRUR 1983, 593; *Loewenheim* GRUR 1980, 14, 17; Gloy/Loschelder/*Erdmann,* Handbuch WettbR, § 59 Rdn. 129; Köhler/*Bornkamm,* 33. Aufl. 2015, § 5a Rdn. 14.

[96] KG Berlin GRUR-RR 2011, 425, 426; OLG Düsseldorf WRP 2011, 789.

[97] Vgl. KG Berlin GRUR-RR 2011, 425, 427.

[98] OLG München GRUR 2001, 1184 (LS) – *Programmsperre;* Götting/Nordemann/*A. Nordemann,* § 5a Rdn. 91.

Verfügung stellt; eine Aufklärung darüber, dass es sich um funktionseingeschränkte **Shareware-Versionen** handelt, ist dem Verkäufer auch zumutbar.[99] Wird im Internet ein Tonträger angeboten, auf dem sich nach dem Inhalt des Angebots „Nr. 1 Hits" aus einer bestimmten Zeitperiode befinden, muss das Angebot erkennen lassen, dass einzelne Titel als sog. Re-Recordings zu einem anderen Zeitpunkt und zu einer anderen Zeit als der zum Zeitpunkt ihres großen Erfolges verbreiteten Version eingespielt worden sind.[100] Gibt es für die beworbenen Techniken bzw. Methoden (im konkreten Fall: Trockenlegung von Mauerdurchfeuchtungen mittels Elektroosmose) noch gar keinen wissenschaftlichen **Wirkungsnachweis,** muss der Unternehmer hierauf im Allgemeinen hinweisen.[101] Die Werbung für Fernmeldeanlagen, deren Betrieb im Inland verboten ist, ohne entspr. Hinweis ist irreführend.[102] Ist für den Verbraucher beim Erwerb von im normalen Sortiment angebotenen Lebensmitteln nicht erkennbar, dass die **Mindesthaltbarkeitsfrist** bereits abgelaufen ist, kann darin eine Irreführung liegen, selbst wenn das Produkt noch nicht qualitätsgemindert ist.[103] Ist das Produkt, etwa stark salmiakhaltiger Lakritz, im Hinblick auf seine Beschaffenheit in Deutschland nicht **verkehrsfähig** und darf nur aufgrund einer Ausnahmegenehmigung vertrieben werden, muss hierauf i. d. R. deutlich hingewiesen werden.[104]

67 Der Importeur muss einen **Öffnungshinweis** erteilen, wenn die äußere Verpackung des reimportierten **Arzneimittels** willkürlich geöffnet wurde, außer wenn die Öffnung im Hinblick auf den Vertrieb der Ware im Inland rechtlich geboten und im Umfang angemessen ist und nicht den Gebräuchen des redlichen Geschäftsverkehrs widerspricht.[105] Beim Verkauf an Wiederverkäufer oder wenn die **Herstellernummer** dem Verbraucher besondere Vorteile verschafft, etwa weil sie für die Garantie oder für Kundendienstleistungen wichtig ist, muss auf die Entfernung der **Kontrollnummern** hingewiesen werden.[106]

68 Über eine ganz ungewöhnlich kurze Dauer eines **Ausverkaufs** muss der Werbende aufklären.[107]

69 Häufig geht der Verbraucher davon aus, dass eine bestimmte **Leistung im angebotenen Preis** enthalten ist. Wird abweichend hiervon eine zusätzliche Vergütung verlangt, muss hierauf hingewiesen werden.[108] Im B2C-Bereich ergibt sich dies schon aus § 5a Abs. 3 Nr. 3.

70 **Siehe ferner die Beispiele in Rdn. 91.**

71 ***bb) Keine Hinweispflicht nach § 5a Abs. 1 besteht in folgenden Fällen:*** Der Insolvenzverwalter, der das Unternehmen des Gemeinschuldners fortführt, braucht in Werbeanzeigen für das laufende Geschäftsjahr i. d. R. nicht auf die **Insolvenzeröffnung** hinzuweisen, außer wenn dies besonders schutzwürdige Interessen der Verbraucher, etwa eine für sie mit der Insolvenz verbundene deutliche Erhöhung des Risikos aus Geschäftsabschlüssen, erforderlich machen.[109]

72 Das Anbieten von **Telefonendgeräten** und Telefonanschlussdienstleitungen wurde nicht deshalb als irreführend angesehen, weil in der Werbeanzeige der Wert der beim Erwerb des Telefonanschlusses versprochenen 50 kostenlosen SMS-Nachrichten nicht genannt wurde.[110] Nicht beanstandet wurde, dass bei der Bewerbung einer Telefon-Flatrate nicht über die fehlende Möglichkeit der Inanspruchnahme von **Preselection-Angeboten** aufgeklärt wurde, da für den Nutzer einer Telefon-Flatrate die Kombination mit einer Preselection-Schaltung wirtschaftlich nicht sinnvoll sei.[111]

73 **Siehe ferner die Beispiele in Rdn. 91.**

---

[99] Vgl. BGH GRUR 2000, 76, 77 – *Shareware-Version;* Köhler/*Bornkamm,* 33. Aufl. 2015, § 5a Rdn. 25.
[100] OLG Hamburg Urt. v. 12.7.2012, Az. 3 U 65/10.
[101] Vgl. OLG Naumburg Magazindienst 2009, 678.
[102] OLG München GRUR 1987, 181; s. **Nr. 9 UWG-Anh.**
[103] OLG Köln GRUR 1988, 920; OLG Hamm GRUR 1992, 714; OLG Hamburg WRP 2001, 423; GK/*Lindacher,* § 3 Rdn. 535; Gloy/Loschelder/Erdmann/*Helm,* Handbuch WettbR, § 59 Rdn. 127; Köhler/*Bornkamm,* 33. Aufl. 2015, § 5a Rdn. 24.
[104] BGH GRUR 2006, 82, 86 – *Betonstahl;* OLG Köln GRUR-RR 2005, 94.
[105] BGH GRUR 1982, 115, 118 – *Öffnungshinweis;* Köhler/*Bornkamm,* 33. Aufl. 2015, § 5a Rdn. 20.
[106] BGH GRUR 1988, 461 f. – *Radio-Recorder;* GRUR 1989, 110, 113 – *Synthesizer.*
[107] Vgl. BGH GRUR 2004, 605 – *Dauertiefpreise;* OLG Stuttgart MDR 2007, 1088, 1089 – *Totalausverkauf.* – **A. A.** OLG Oldenburg Urt. v. 15.3.2007, Az. 1 U 109/06, Tz. 45.
[108] OLG Hamburg WRP 2008, 149: Gepäcktransportkosten bei Billigflügen; OLG Karlsruhe WRP 2009, 107: Duschenbenutzung im Fitnessstudio; Köhler/*Bornkamm,* 33. Aufl. 2015, § 5a Rdn. 24a.
[109] BGH WRP 1989, 655 – *Konkursvermerk;* Köhler/*Bornkamm,* 33. Aufl. 2015, § 5a Rdn. 16; Gloy/Loschelder/Erdmann/*Helm,* Handbuch WettbR, § 59 Rdn. 127.
[110] BGH GRUR 2008, 729, 731 – *Werbung für Telefondienstleistungen.*
[111] BGH MMR 2012, 184; GRUR 2011, 846; GRUR 2012, 943, 945 – *Call-by-Call.*

VI. Irreführung durch Vorenthalten wesentlicher Informationen, § 5a Abs. 2

1. Überblick und Systematik

§ 5a Abs. 2 regelt die Irreführung durch das Vorenthalten von Informationen im geschäftlichen Verkehr mit **Verbrauchern.** Voraussetzung für einen Verstoß gegen das Irreführungsverbot sind die **Wesentlichkeit** der **Information,** deren **„Vorenthalten"** und die **Relevanz** dieses Umstandes für die geschäftliche Entscheidung des Verbrauchers. 74

Die Wesentlichkeit einer Information und die Feststellung, ob sie i. S. d. Gesetzes „vorenthalten" wird, stehen dabei in einem **Spannungsverhältnis** zueinander. Je bedeutsamer eine Information für den Verbraucher ist, umso größere Anstrengungen sind dem Unternehmer i. d. R. zuzumuten, um dem Verbraucher diese Information zu verschaffen. Zweifelhaft ist, ob eine Unterscheidung zwischen Wesentlichkeit und Vorenthalten der Information deshalb aufzugeben und über das Vorenthalten wesentlicher Informationen durch umfassende Interessenabwägung zu entscheiden ist. Diese Sichtweise scheint dem deutschen Recht zugrunde zu liegen, da nach § 5a Abs. 2 alles auf eine allgemeine Interessenabwägung anzukommen scheint. Das im Rahmen der gebotenen richtlinienkonformen Auslegung heranzuziehende Unionsrecht äußert sich demgegenüber differenzierter. Eine einzelfallbezogene Betrachtung unter Berücksichtigung der Beschränkungen des Kommunikationsmittels hat zwar auch nach Art. 7 Abs. 1 UGP-Richtlinie zu erfolgen. **Die Notwendigkeit der Unterscheidung zwischen der Wesentlichkeit und dem Vorenthalten einer Information wird durch sie jedoch nicht entbehrlich,** wie Art. 7 Abs. 2 und 3 UGP-Richtlinie deutlich machen. Die dort erfolgenden Konkretisierungen betreffen nämlich ausschließlich die Frage, ob eine Information „vorenthalten" wird. Dies ergibt sich für Art. 7 Abs. 2 daraus, dass die Wesentlichkeit der Information vorausgesetzt wird, damit die Bestimmung zum Tragen kommt („... wenn ein Gewerbetreibender wesentliche Informationen ..."), und folgt für Art. 7 Abs. 3 aus dem Wortlaut, der nur von der Beurteilung spricht, „ob Informationen vorenthalten wurden". Die Wesentlichkeit und das Vorenthalten einer Information sind folglich nach europäischem Recht zwei voneinander zu unterscheidende Fragen. 75

Wichtig ist diese Erkenntnis in zweierlei Hinsicht: 76

Zum einen spielt der Umstand, dass eine Information im Hinblick auf Einschränkungen des Kommunikationsmittels i. S. d. Art. 7 Abs. 3 UGP-Richtlinie **„anderweitig" mitgeteilt wird, für die Wesentlichkeit der Information keine Rolle.** Die Beschränkung der Konkretisierung des Art. 7 Abs. 3 UGP-RL (Text unter Rdn. 1) auf die Beurteilung, ob Informationen „vorenthalten" wurden, erklärt sich nur, wenn die anderweitige Bereitstellung von Informationen für die Beurteilung der Wesentlichkeit einer Information ohne Bedeutung ist. Der Art. 7 Abs. 1 UGP-RL zugrunde liegende Ansatz, nach dem über wesentliche Umstände im Grundsatz zu informieren ist, würde durch eine so weitgehende Verlagerung der die Wesentlichkeit ausmachenden Umstände in die Hand des Unternehmers gefährdet.

Zum anderen macht die in Art. 7 Abs. 1 bis 3 zum Ausdruck kommende **Unterscheidung zwischen der „Wesentlichkeit" und dem „Vorenthalten" von Informationen** sachliche **Grenzen der „Wesentlichkeitsvermutungen"** in § 5a Abs. 3 und 4 UWG, Art. 7 Abs. 4 und 5 UGP-Richtlinie deutlich: **Diese betreffen nur die Wesentlichkeit der Information, nicht hingegen die Frage, ob die betreffende Information auch „vorenthalten" wird.**[112] Auch wenn die Wesentlichkeit einer nicht erteilten Information nach § 5a Abs. 3 oder 4 von Rechts wegen vermutet wird, ist folglich stets noch zu prüfen, ob die Information dem Verbraucher auch i. S. d. Gesetzes „vorenthalten" wird; hierfür (nicht hingegen für die Wesentlichkeit) kommt es entscheidend darauf an, ob der Verbraucher die Information **an anderer Stelle auffinden** kann. 77

§ 5a Abs. 3, 4 und 6 normieren kein eigenständiges Irreführungsverbot, sondern regeln lediglich, unter welchen Voraussetzungen die nach § 5a Abs. 2 erforderliche Wesentlichkeit einer unterlassenen Information vermutet wird. Deshalb sind abgesehen von der Wesentlichkeit der Information alle anderen Voraussetzungen des § 5a Abs. 2, 5 auch im Anwendungsbereich der § 5a Abs. 3, 78

---

[112] Vgl. *Alexander,* WRP 2013, 716, 719 f.; MüKo-UWG/*Alexander,* 2. Aufl. 2014, § 5a Rdn. 196; *Köhler,* GRUR 2012, 1073, 1076 ff.; *ders.,* WRP 2014, 1410, 1412. Die noch im Regierungsentwurf der Bundesregierung zu einem Zweiten Änderungsgesetz vorgesehene Regelung, nach der eine auf die Wesentlichkeit bezogene Einzelfallprüfung vorzunehmen sei, stand mit diesen unionsrechtlichen Vorgaben nicht in Einklang, s. dazu die berechtigte Kritik *Köhlers,* WRP 2015, 1311, 1317, sie wurde in der Beschlussempfehlung des Rechtsausschusses wieder gestrichen.

4 und 6 zu prüfen, insbesondere auch die **Relevanz.** Für § 5a **Abs. 6** ergibt dies jedenfalls die unionskonforme Auslegung.[113]

79 Die **Wesentlichkeit** der Information (und nur diese) ist hingegen nicht mehr zu prüfen. Es handelt sich bei § 5a Abs. 3, 4 und 6 um **Rechtsvermutungen,** die nicht widerleglich sind („... gelten als ..."). Es kommt hier daher nur noch auf das Vorliegen der weiteren Voraussetzungen, insbesondere darauf an, ob die entsprechende Information auch **„vorenthalten"** wurde und dies im Sinne von § 5a Abs. 2, S. 1 Nr. 2 **relevant** (s. **Rdn. 113 ff.**) ist.

80 Die Rechtsvermutungen sollen die Rechtsstellung des Verbrauchers aber ausschließlich verbessern. Deshalb **können auch Umstände, die in § 5a Abs. 3 nicht genannt sind, „wesentlich" i. S. d. § 5a Abs. 2 sein.**[114] Für dieses Verständnis spricht auch der 14. Erwägungsgrund der UGP-Richtlinie, der von „Basisinformationen" spricht.[115] Unabhängig von dem Eingreifen einer Wesentlichkeitsvermutung bedarf es stets der Prüfung, ob das Unterbleiben der Information ein „Vorenthalten" bzw. „Verschweigen" i. S. d. Gesetzes ist.[116]

2. Verhältnis B2C

81 § 5a Abs. 2 bis 6 gelten nur für geschäftliche Handlungen gegenüber Verbrauchern.[117] Nach Teilen der Lit. erfassen § 5a Abs. 2, 6 (nicht aber Abs. 3, 4) aufgrund der weiteren Definition des § 2 Abs. 1 Nr. 1[118] auch geschäftliche Handlungen gegenüber Verbrauchern in ihrer Eigenschaft als **Anbieter.**[119] Von der unionsrechtlich grundsätzlich möglichen Einbeziehung des Verhältnisses B2B hat der Gesetzgeber abgesehen, um den **kaufmännischen Verkehr nicht mit Informationsanforderungen zu belasten, die in erster Linie dem Verbraucherschutz dienen.**[120] Im Zuge der Gesetzesreform 2008 wurde zwar der Unternehmerbegriff der UGP-Richtlinie übernommen (§ 2 Abs. 1 Nr. 6), an dem deutschen **Verbraucherbegriff** aber festgehalten (§ 2 Abs. 2 UWG i. V. m. § 13 BGB). Dieser ist im Verhältnis zu dem europäischen Verbraucherbegriff evtl. weiter. § 5a Abs. 2 schützt dann Verbraucher i. S. d. § 13 BGB, die nicht unter den Verbraucherbegriff der Richtlinie fallen. Zum Verbraucherleitbild s. u. **Rdn. 89 ff.** und **§ 5 Rdn. B.13 ff.**

3. Information

82 Nur das Vorenthalten von „Informationen" vermag eine Irreführung im lauterkeitsrechtlichen Sinne zu begründen. Als „Information" kommt jede **Tatsache,** also jeder dem Beweise zugängliche Umstand, in Betracht. Da **§ 5a nicht auf den abschließenden Katalog von Bezugspunkten in § 5 Abs. 1 S. 2 verweist,** könnte sich eine Irreführung prinzipiell auch aus Umständen ergeben, die dort nicht aufgeführt sind. Der Grund für den unterbliebenen Verweis liegt in der noch nicht abgeschlossenen Rechtsvereinheitlichung der auf europäischer Ebene bestehenden Informationspflichten. Nach § 5a Abs. 4 UWG/Art. 7 Abs. 5 UGP-Richtlinie gelten gemeinschaftsrechtliche Informationspflichten stets als wesentlich unabhängig davon, auf welche Bezugspunkte sie sich beziehen. Ein Verweis des § 5a, Art. 7 Abs. 1 auf die abschließende Liste der Bezugspunkte in § 5 Abs. 1 S. 2, Art. 6 Abs. 1 **hätte die widerspruchsfreie Einbeziehung derartiger Informationspflichten in das wettbewerbliche Irreführungsverbot gefährdet.**

83 Die Aufzählung der Umstände, die im Falle der Aufforderung zum Kauf nach § 5a Abs. 3 UWG, Art. 7 Abs. 4 UGP-Richtlinie als wesentlich vermutet werden, zeigt jedoch, dass der europäische Gesetzgeber grundsätzlich **um einen Gleichklang der Bezugspunkte bemüht** war, aus denen sich eine Irreführung herleiten lässt. Bei der Liste in § 5a handelt es sich um einen Ausschnitt der wichtigsten Umstände aus dem Katalog des § 5 Abs. 1 S. 2, Art. 7 Abs. 1. Die Nichtgeltung der

---

[113] *Alexander,* WRP 2016, 139, 145, Rdn. 64 ff., 67.

[114] Ebenso OLG Düsseldorf, GRUR-RR 2015, 158, 160; vgl. auch *Bergmann* in: FS Krämer, S. 163, 168 f.; *Körber/Heinlein,* WRP 2009, 780, 785; Ohly/*Sosnitza,* 6. Aufl. 2014, § 5a Rdn. 31. – A. A. *Köhler,* WRP 2009, 109, 116 rSp., der jedenfalls für den Fall der „Aufforderung zum Kauf" den Katalog der Informationsanforderungen in § 5a Abs. 3 als abschließend ansieht.

[115] OLG Düsseldorf, GRUR-RR 2015, 158, 161; vgl. Ohly/*Sosnitza,* 6. Aufl. 2014, § 5a Rdn. 31.

[116] Ebenso OLG Düsseldorf, GRUR-RR 2015, 158, 161.

[117] *Alexander,* WRP 2016, 139, 140; so bereits zum UWG (2008) ganz h. M. s. nur Götting/Nordemann/*A. Nordemann,* § 5a Rdn. 15; *Köhler*/Bornkamm, 34. Aufl. 2015, § 5a Rdn. 6a; Ohly/*Sosnitza* 6. Aufl. 2014, § 5a Rdn. 3.

[118] Vgl. BGH WRP 2014, 1058, 1059 f. Rdn. 13 – *GOOD NEWS II.*

[119] *Köhler*/Bornkamm, 34. Aufl. 2016, § 5a Rdn. 3.7; MüKoUWG/*Alexander,* 2. Aufl. 2014, § 5a Rdn. 81.

[120] Amtl. Begr. zum RegE, BT-Drucks. 16/10145, S. 25; s. in diesem Sinne auch schon OLG Hamburg, Urt. v. 3.4.2008, Az. 3 U 282/06, Tz. 92 ff. zur Information über die Verwendung eines falschen Namens im Verhältnis B2B.

Bezugspunkte für die Irreführung darf unter Berücksichtigung der darin zum Ausdruck kommenden gesetzgeberischen Wertung deshalb **nicht dazu führen, dass sich Unternehmer im Einzelfall bei einer bloß irrtümlich unterlassenen Information schlechter stehen als bei einer bewussten Fehlinformation.** Informationen, die in der Liste der Bezugspunkte in § 5 Abs. 1 S. 2, Art. 6 Abs. 1 nicht genannt sind, werden daher, soweit nicht § 5a Abs. 3 oder 4 einschlägig ist, auch nicht als „wesentlich" im Sinne von § 5a Abs. 2 angesehen werden können.

4. Wesentlichkeit der Information, § 5a Abs. 2

84 Die vorenthaltene Information muss „wesentlich" sein. Wesentlich sind Informationen, die **für die geschäftliche Entscheidung erhebliches Gewicht haben und deren Angabe unter Berücksichtigung der beiderseitigen Interessen vom Unternehmer erwartet werden kann.**[121] Die Beschränkung trägt dem Umstand Rechnung, dass ein **Übermaß an Informationen** genauso ein Problem darstellen kann wie unzureichende Angaben.[122]

85 **a) Notwendigkeit der Information für eine informierte geschäftliche Entscheidung.** Der Verbraucher (s. **Rdn. 89**) muss die Information „je nach den Umständen" (s. unten **Rdn. 90**) benötigen, um eine informierte geschäftliche Entscheidung zu treffen. Bereits nach § 5a UWG (2008) war die Wesentlichkeit einer Information danach zu bemessen, ob sie für eine informierte **„geschäftliche Entscheidung"** des Verbrauchers benötigt wurde.[123] Nicht benötigt werden Informationen z. B. dann, wenn der Verbraucher über sie aufgrund eines früheren Geschäftskontakts mit diesem Unternehmer bereits verfügt oder sie nach der Art des Geschäfts für seine geschäftliche Entscheidung bedeutungslos sind.[124] Bei **Aufmerksamkeitswerbung,** die zwar nicht unter § 5a Abs. 3 fällt, wohl aber von § 5a Abs. 2 erfasst wird, benötigt ein aufmerksamer, informierter und verständiger Durchschnittsverbraucher häufig noch keine präzisen Informationen; ein solcher Verbraucher erkennt, dass es dem Unternehmer nur darum geht, das Interesse von Verbrauchern zu erwecken, und wird deshalb weitere Informationen einholen, bevor er eine geschäftliche Entscheidung trifft. Anders kann es sich verhalten, wenn Aufmerksamkeitswerbung den **Anschein der Vollständigkeit der Informationen** erweckt, etwa weil im Rahmen eines **Werbevergleichs** scheinbar alle wichtigen Eigenschaften der Produkte der Mitbewerber gegenüber gestellt werden, ohne dabei wesentliche Unterschiede zu erwähnen. So kann unter besonderen Umständen, die von den nationalen Gerichten zu prüfen sind und die durch die Bedeutung der Marke für die Entscheidung des Käufers und durch den deutlichen Unterschied zwischen den jeweiligen Marken der verglichenen Produkte hinsichtlich ihrer Bekanntheit gekennzeichnet sind, nach der Rechtsprechung des EuGH die **Nichtangabe einer fremden Marke** irreführend sein.[125]

86 Nur Informationen, die für eine **„informierte"** geschäftliche Entscheidung benötigt werden, sind „wesentlich" i. S. d. Gesetzes. Dies sind alle Informationen, die der angesprochene Verkehr benötigt, **um das Für und Wider seiner geschäftlichen Entscheidung angemessen abwägen zu können.**

87 Die UGP-Richtlinie und – ihr folgend – das UWG schützen nicht etwa allein die wirtschaftlichen Interesse des Verbrauchers, sondern – wie sich aus Art. 2 lit. e der Richtlinie ergibt – ohne Beschränkung auf diesen Bereich schlechthin seine Fähigkeit geschäftliche Entscheidungen auf informierter Grundlage zu treffen. Dementsprechend kann die Unlauterkeit einer geschäftlichen Handlung nicht mit der Begründung verneint werden, diese Handlung beeinträchtige lediglich **ideelle Interessen** des Verbrauchers, etwa solche auf dem Gebiet des **Umweltschutzes.**[126]

88 Für den B2C-Bereich enthalten **§ 5a Abs. 3 und 4** eine (nicht abschließende) Aufzählung der Umstände, die in einer Aufforderung zum Kauf kraft Gesetzes als wesentlich gelten. Umstände, die der Verkehr bereits **kennt** oder denen der Verkehr für seine Entscheidung **keine signifikante Bedeutung** beimisst, sind nicht i. S. d. § 5a Abs. 2 „wesentlich". Offenbart z. B. der Betreiber eines Kaufhauses bei der Bewerbung von Kosmetika und Schreibwaren aus dem unteren Preissegment die ihm drohende Insolvenz nicht, wird kein wesentlicher Umstand vorenthalten, weil die drohende Insolvenz angesichts der konkreten Umstände des Einzelfalls (Bargeschäft, geringer Preis, Gewährleistungsfall unwahrscheinlich) die Entscheidung für bzw. gegen einen Kauf nicht beeinflusst.

89 **b) Europäisches Verbraucherleitbild.** Die Beurteilung der Wesentlichkeit der unterlassenen Information erfolgt auf der Grundlage des unionsrechtlich vorgegebenen Verbraucherleitbildes.

---

[121] BGH WRP 2013, 57 – *Zweigstellenbriefbogen.*
[122] Vgl. 65. Erwägungsgrund des Richtlinienvorschlags KOM/2003/0356 endg. – COD 2003/0134.
[123] Vgl. OLG Frankfurt Beschluss v. 13.1.2011, Az.: 6 W 177/10, GRURPrax 2011, 127 (Kurzwiedergabe).
[124] *Alexander,* WRP 2015, 139, 143 Rdn. 41.
[125] EuGH, Urt. v. 8.4.2003, *Pippig Augenoptik,* C-44/01, EU:C:2003:205, Rdn. 83.
[126] BGH GRUR 2010, 852, 854 – *Gallardo Spyder.*

Wegen der Einzelheiten des Verbraucherleitbildes wird auf § 5 Rdn. B.13ff. verwiesen. Nach hier vertretener Auffassung ist ein normatives Verkehrsverständnis vorzugswürdig (**§ 5 Rdn. B.21ff.,** anders aber *Frank* s. u. Rdn. 272). Maßgeblich ist nicht, ob bestimmte angesprochene Verbraucher tatsächlich auf die Information angewiesen sind, sondern ob ein durchschnittlich (angemessen) aufmerksamer, verständiger und informierter Verbraucher des Personenkreises, an den sich die geschäftliche Handlung richtet, die Information benötigt und sie deshalb **als notwendig ansehen** ***darf*** und der **Unternehmer ihre Bereitstellung als erforderlich ansehen** ***muss.*** Zu den dieses Verständnis bestimmenden **Eigenschaften eines Durchschnittsverbrauchers** ausführlich die Kommentierung zu § 5 Abschn. B Rdn. 28ff.

90 **c) Situationsbezogene Betrachtung.** Es entscheidet eine situationsbezogene Betrachtung. Je nach **Art und Gegenstand der geschäftlichen Entscheidung,** Eigenschaften des **angesprochenen Verkehrskreises** und den weiteren Umständen können unterschiedliche Informationen für eine informierte geschäftliche Entscheidung benötigt werden. Auch der Kenntnisstand, den der Unternehmer angemessener Weise beim angesprochenen Verkehr voraussetzen darf, spielt eine Rolle. Wendet sich der Unternehmer mit seiner Werbung für eine eigene Homepage an Personen, die über **keine oder nur marginale Kenntnisse** über das Internet verfügen, werden detailreichere Informationen benötigt als wenn „gewiefte" Internetnutzer angesprochen werden.[127] I. S. d. § 5a Abs. 2 „anderweitig mitgeteilte" Angaben spielen allerdings erst für Beurteilung eine Rolle, ob benötigte Informationen „vorenthalten" werden (Rdn. 75ff.). Bei **ungewöhnlichen** und vom **üblichen** abweichenden Konditionen oder Umständen bedarf der Verbraucher eher der Aufklärung.[128] Je nach **Bedeutung und Tragweite** der in Frage stehenden geschäftlichen Entscheidung benötigt der Verkehr für eine informierte Entscheidung mehr oder weniger Informationen. Je langfristiger sich der Verbraucher binden soll, je kostspieliger das Geschäft für ihn sein wird, je größer die daraus resultierenden Gefahren sein können, desto so umfassender und detailreicher müssen auch die Informationen sein, die er zur Vorbereitung seiner Entscheidung erhält. So kann nach der „Pippig"-Entscheidung des **EuGH** unter besonderen, von den nationalen Gerichten zu prüfenden Umständen die **Nichtangabe einer fremden Marke** irreführend sein.[129] Der Hinweis auf das Fehlen der **„Call-by-Call"**-Option stellt auch dann eine Information dar, die dem Verbraucher nicht vorenthalten werden darf, wenn ein Flatrate-Tarif angeboten wird, der sich auf Gespräche ins deutsche Festnetz bezieht.[130] Schließlich können, wie § 5a Abs. 3 und 4, Art. 7 Abs. 4 und 5 UGP-Richtlinie zeigen, auch an anderer Stelle **gesetzlich geregelte Informationspflichten** sowie das bereits in Bezug auf die betr. geschäftliche Entscheidung erreichte **Maß an „geschäftlicher Nähe"** zwischen Unternehmer und Verbraucher für die Wesentlichkeit einer Information von Bedeutung sein. Je unmittelbarer die geschäftliche Entscheidung bevorsteht, umso höhere Anforderungen sind an eine umfassende Verbraucherinformation zu stellen. Unterbreitet der Unternehmer dem Verkehr ein **Angebot,** das dieser nur noch annehmen muss, bleibt für eine anderweitige oder weitergehende Information im Allgemeinen kein Raum. Je **konkreter** der Unternehmer zum Abschluss des Geschäfts auffordert, desto genauere Informationen benötigt der Verkehr. Demgegenüber bestehen bei einer bloßen Aufmerksamkeitswerbung, soweit diese überhaupt als Grundlage für eine geschäftliche Entscheidung dienen kann (oben Rdn. 85), geringere Informationspflichten.[131] Auf dieser Linie liegt auch die zu § 4 Nr. 5 UWG (2008) ergangene Entscheidung des BGH „Urlaubsgewinnspiel", in der ausgeführt wird, der Verbraucher benötige dann, wenn er aufgrund einer Anzeigenwerbung noch nicht ohne weiteres, etwa mittels einer angegebenen Rufnummer oder einer beigefügten Teilnahmekarte, an dem Gewinnspiel teilnehmen könne, noch keine umfassenden Informationen über die Teilnahmebedingungen. Vielmehr reiche es aus, dem Verbraucher unter Berücksichtigung der räumlichen und zeitlichen Beschränkungen des verwendeten Werbemediums die Informationen zu geben, für die bei ihm nach den Umständen des Einzelfalls schon zum Zeitpunkt der Werbung ein aktuelles Aufklärungsbedürfnis bestehe.[132]

91 Irreführend ist die Werbung mit **Testergebnissen,** z.B. der Stiftung Warentest, wenn **keine Fundstelle** für den Test angegeben wird.[133] Für den Verbraucher ist wesentlich im Sinne von § 5a

---

[127] Vgl. OLG Hamburg Magazindienst 2006, 1361ff.

[128] Vgl. BGH GRUR 2011, 638, 639 – *Werbung mit Garantie;* GRUR 2004, 605 – *Dauertiefpreise;* OLG Hamm GRUR-RR 2010, 243f.; *Köhler* NJW 2008, 177, 179f.

[129] EuGH, Urt. v. 8.4.2003, *Pippig Augenoptik,* C-44/01, EU:C:2003:205, Rdn. 83.

[130] BGH GRUR 2012, 943, 945 – *Call-by-Call.*

[131] *Steinbeck* WRP 2006, 632, 635.

[132] BGH GRUR 2008, 724, 725 – *Urlaubsgewinnspiel.*

[133] BGH GRUR 1991, 679 – *Fundstellenangabe;* GRUR 2010, 248, 251 Rdn. 30/31 – *Kamerakauf im Internet;* OLG Karlsruhe Urt. v. 13.10.2011, Az. 4 U 141/11; KG GRUR-RR 2011, 278, 279.

Abs. 2, wie sich die Bewertung in das Umfeld der anderen Teilnehmer einfügt.[134] Fehlt es an der Angabe der Fundstelle, beeinträchtigt dies die Möglichkeit des Verbrauchers, die testbezogene Werbung zu prüfen und in den Gesamtzusammenhang des Tests einzuordnen. Dadurch wird die Möglichkeit des Verbrauchers, eine informierte geschäftliche Entscheidung zu treffen, spürbar beeinträchtigt.[135] Dem Fehlen der Fundstelle steht gleich, wenn eine Fundstelle zwar genannt wird, diese aber für den Verbraucher **nicht leicht auffindbar**[136] oder **nicht hinreichend lesbar** ist.[137] Irreführend ist es, wenn der Rang des Testergebnisses nicht mitgeteilt wird, selbst wenn das Testergebnis des beworbenen Erzeugnisses (gerade noch) überdurchschnittlich bewertet wurde.[138] Als gemäß § 5a Abs. 2 irreführend wurden auch die Werbung für ein Haarentfernungsgerät unter Hinweis auf die **Siegel „LGA tested** Quality" und „LGA tested safety" ohne Fundstellenangabe[139] und die Werbung einer Versandapotheke auf ihrer Werbsite mit der Aussage **„TÜV-geprüft" ohne Angabe der Fundstelle**[140] angesehen. **Siehe ferner § 5a Rdn. 106 und die Beispiele unter Rdn. 57 ff.**

5. Vorenthalten, § 5a Abs. 2 i. V. m. Abs. 5

a) Allgemeines. Nicht jedes Unterlassen wesentlicher Informationen in der geschäftlichen Handlung ist schon ein irreführendes **„Vorenthalten"** im Sinne des Gesetzes. Vielmehr muss die Entscheidung darüber, ob Informationen „vorenthalten" wurden, unter Berücksichtigung aller Umstände einschließlich der Beschränkungen des verwandten Kommunikationsmittels durch **Interessenabwägung** getroffen werden. Die **„Medienklausel"**[141] des Art. 7 Abs. 3 UGP-Richtlinie wird durch den neu eingefügten § 5a Abs. 5 (2015) nunmehr ausdrücklich umgesetzt und war schon bislang im Wege der unionskonformen Auslegung zu berücksichtigen. Die **Wesentlichkeitsvermutungen entbinden folglich nicht von der im Einzelfall erforderlichen Interessenabwägung, ob die Information i. S. v. § 5a Abs. 2 „vorenthalten" wird (Rdn. 77).** In diesem Sinne hat auch der **EuGH** entschieden, dass es nicht per se als irreführende Unterlassung angesehen werden kann, wenn wesentliche Informationen im Sinne des § 5a Abs. 3 lit. c UWG/Art. 7 IV lit. c UGP-Richtlinie fehlen, weil nur ein „ab"-Preis angegeben wird. Vielmehr habe das nationale Gericht zusätzlich die Beschränkungen des verwendeten Kommunikationsmediums, die Beschaffenheit und die Merkmale des Produkts sowie die übrigen Maßnahmen zu berücksichtigen, die der Gewerbetreibende tatsächlich getroffen habe, um dem Verbraucher die Informationen zur Verfügung zu stellen, und zu prüfen, ob die Auslassung der Einzelheiten der Berechnung des Endpreises den Verbraucher nicht daran hindere eine informierte geschäftliche Entscheidung zu treffen.[142] 92

b) Unterbleiben im erforderlichen Zusammenhang, § 5a Abs. 2 S. 1 Nr. 1. Das „Vorenthalten" einer Information setzt voraus, dass ein durchschnittlich aufmerksames, verständiges und informiertes Mitglied des Personenkreises, an den sich die geschäftliche Handlung richtet, die betr. Information **nicht oder nicht so erhält,** dass es sie bei seiner geschäftlichen Entscheidung berücksichtigen kann.[143] Ohne Bedeutung ist, ob die Information ganz unterbleibt oder nur an einer für den Durchschnittsverbraucher unerwarteten Stelle bzw. in einer für ihn überraschenden Art und Weise erteilt wird. S. auch **Rdn. 99.** 93

c) Verheimlichen, Bereitstellen in unklarer, unverständlicher oder zweideutiger Weise, nicht rechtzeitige Bereitstellung, § 5a Abs. 2 S. 2. Art. 7 Abs. 2 UGP-Richtlinie stellt klar, dass als Vorenthalten auch das **Verheimlichen** von Informationen, eine Darstellung in **unklarer,** 94

---

[134] BGH, Urt. v. 21.7.2016, LGA tested, I ZR 26/15, DE:BGH:2016:210716UIZR26; GRUR 2010, 248, 251 – *Kamerakauf im Internet;* OLG Frankfurt, Beschluss v. 13.1.2011, Az.: 6 W 177/10, GRUR-Prax 2011, 127 (Kurzwiedergabe); vgl. bereits BGH GRUR 1982, 727 – *Test gut.*

[135] BGH GRUR 2010, 248, 251 Rdn. 31 – *Kamerakauf im Internet;* OLG Oldenburg Magazindienst 2015, 1049, juris-Rdn. 31.

[136] BGH GRUR 2010, 248, 251 Rdn. 30 – *Kamerakauf im Internet* (zu § 5a Abs. 2); OLG Oldenburg Magazindienst 2015, 1049, juris-Rdn. 28. – Ebenso bereits zum alten Recht BGH GRUR 1982, 437, 438 – *Test Gut;* GRUR 1991, 679 – *Fundstellenangabe.*

[137] KG Berlin Magazindienst 1993, 198; Magazindienst 2011, 342; OLG Celle GRUR-RR 2011, 278; OLG Stuttgart Magazindienst 2011, 436; OLG Oldenburg Magazindienst 2015, 1049, juris-Rdn. 31.

[138] OLG Frankfurt, Beschluss v. 13.1.2011, Az.: 6 W 177/10, GRUR-Prax 2011, 127 (Kurzwiedergabe).

[139] BGH, Urt. v. 21.7.2016, LGA tested, I ZR 26/15, DE:BGH:2016:210716UIZR26; Vorinstanz: OLG Düsseldorf GRUR-RR 2015, 158.

[140] OLG Düsseldorf WRP 2015, 762; a. A. aber *Franz,* WRP 2016, 439, 445 f.

[141] Vgl. *Fezer* WRP 2006, 781, 787.

[142] EuGH, Urt. v. 12.5.2011, *Ving Sverige,* C-122/10, EU:C:2011:299, Rdn. 71; ebenso *GA Mengozzi,* Schlussanträge v. 16.12.2015, Rs. C-476/14, *Citroën Commerce GmbH,* Rdn. 74 ff.

[143] BGH, Urt. v. 21.7.2016, *LGA tested,* I ZR 26/15, DE:BGH:2016:210716UIZR26, Rdn. 27.

unverständlicher oder **zweideutiger** Weise sowie die **verspätete** Bereitstellung gelten, aufgrund derer der Durchschnittsverbraucher die Information nicht bzw. nicht rechtzeitig erlangen kann.[144] Durch die Gesetzesänderung zum 10.12.2015 wurde durch Einfügung des neuen § 5a Abs. 2 S. 2 der Wortlaut des § 5a stärker an Art. 7 UGP-Richtlinie angepasst, nachdem seitens der Kommission eine unzureichende Umsetzung beanstandet worden war.[145] Eine Änderung der Rechtslage ist damit nicht verbunden, weil schon bislang § 5a Abs. 2 a. F. dahin auszulegen war, dass wesentliche Informationen auch dann im Sinne dieser Bestimmung vorenthalten werden, wenn sie zwar bereitgestellt werden, dies aber auf unklare, unverständliche oder zweideutige Weise geschieht.[146] Das ebenfalls in Art. 7 Abs. 2 UGP-Richtlinie geregelte Nichtkenntlichmachen des kommerziellen Zwecks hat in § 5a Abs. 6 eine gesonderte Regelung gefunden, s. dazu näher **§ 5a Rdn. 236 ff.**

95 § 5a Abs. 2 S. 2 **konkretisiert** lediglich, dass wesentliche Informationen auch dann im Sinne des § 5a Abs. 2 vorenthalten werden, wenn sie zwar bereitgestellt werden, dies aber auf unklar, unverständliche oder zweideutige Weise geschieht.[147] Die **Prüfung der weiteren Tatbestandsvoraussetzungen des § 5a Abs. 2 wird dadurch nicht entbehrlich,**[148] wie sich aus Art. 7 Abs. 2 UGP-Richtlinie ergibt, der auf die konkreten Umstände abstellt und das Relevanzerfordernis betont. Auch in den Fällen des § 5a Abs. 2 S. 2 muss daher stets noch geprüft werden, ob sich das Verheimlichen der Information bzw. deren intransparente oder nicht rechtzeitige Bereitstellung **im konkreten Fall unter Berücksichtigung aller Umstände und der Beschränkungen des Kommunikationsmittels** als Vorenthalten wesentlicher Informationen darstellt und die **geschäftliche Relevanz besteht.**

96 Für die **Klarheit** kommt es auch auf die grafische Gestaltung des Hinweises und den Kontext an.[149] Deshalb werden dem Verbraucher wesentliche Informationen über den Preis auch dann vorenthalten, wenn bestimmte Preisangaben herausgestellt, die Angaben über die weiteren (nachteiligen) Preisbestandteile aber in derart kleiner Schrift dargestellt werden, dass der Hinweis in der Werbung untergeht.[150]

97 Ein Verheimlichen liegt auch vor, wenn Informationen so auf Unterseiten **versteckt** werden, dass sie nur mit großem Aufwand nach Durchklicken vieler Seiten und Untermenüs zu finden sind.[151] Bei der Werbung mit Testergebnissen steht eine nicht hinreichend lesbare Fundstellenangabe einer gänzlich fehlenden gleich,[152] ebenso eine nicht leicht und eindeutig auffindbare.[153] An einer hinreichend klaren und eindeutigen Erkennbarkeit fehlt es auch, wenn der Werbeadressat zur Annahme eines vom Unternehmer unterbreiteten Angebots verleitet werden soll, dessen Werbecharakter dadurch getarnt wird, dass der unzutreffende Eindruck vermittelt wird, das beworbene Produkt sei **bereits bestellt.**[154] Die Übermittlung von **Werbematerial unter Beifügung einer Zahlungsaufforderung,** mit welcher der unrichtige Eindruck vermittelt wird, die beworbene Ware oder Dienstleistung sei bereits bestellt, ist bereits nach **Nr. 22 Anh. zu § 3 Abs. 3** gegenüber Verbrauchern stets unlauter. Wichtige Fälle des Verschleierns finden sich nunmehr auch in **§ 5a Abs. 6** (§ 4 Nr. 3 a. F.); **auf die dortige Kommentierung (§ 5a Rdn. 236 ff.) wird verwiesen.**

98 Auch eine **nicht rechtzeitige** Bereitstellung kann eine Irreführung durch Unterlassen begründen. Ob ein Hinweis auf **weiterführende Informationen** ausreichend ist, muss **unter Berück-**

---

[144] *Sosnitza* WRP 2008, 1014, 1031; *Blasek* GRUR 2010, 396, 400; Götting/Nordemann/*A. Nordemann,* § 5a Rdn. 55.

[145] Die Europäische Kommission hat beanstandet, dass dieses Kriterium nicht ausdrücklich in den Wortlaut des § 5a UWG aufgenommen wurde, und Zweifel an der ordnungsgemäßen Umsetzung der UGP-RL geäußert. Die vorangegangene Mitteilung der deutschen Behörden vom 20.2.2009, dass der Begriff „vorenthalten" nach gängigem Rechtsverständnis Sachverhalte wie das Bereitstellen von Informationen „auf unklare, unverständliche, zweideutige Weise oder nicht rechtzeitig" mit einschließe, ließ die Kommission nicht gelten. Sie verwies darauf, dass die richtlinienkonforme Auslegung einer nationalen Rechtsvorschrift noch keine adäquate Umsetzung in nationales Recht bedeutet.

[146] BGH, Urt. v. 4.2.2016, *Fressnapf,* DE:BGH:2016:040216UIZR194.14.0 Rdn. 23; MüKo-UWG/*Alexander,* 2. Aufl., § 5a Rdn. 192; Fezer/*Peifer,* 2. Aufl., § 5a Rdn. 30; GK/*Lindacher,* 2. Aufl. 2013, § 5a Rdn. 34; jurisPK-UWG/*Seichter,* 3. Aufl., § 5a Rdn. 42; Ohly/*Sosnitza,* 6. Aufl. 2014, § 5a Rdn. 9.

[147] Vgl. BGH, Urt. v. 4.2.2016, *Fressnapf,* DE:BGH:2016:040216UIZR194.14.0, Rd. 23 und 29.

[148] *Köhler*/Bornkamm, UWG, 34. Aufl. 2016, § 5a Rdn. 3.26.

[149] BGH WRP 2009, 1229, 1234 – *Geld-Zurück-Garantie II.*

[150] BGH GRUR 2009, 1180, 1182 f. – *0,00 Grundgebühr.*

[151] *Alexander,* WRP 2016, 139, 144.

[152] KG Magazindienst 1993, 198; Magazindienst 2011, 342; OLG Celle GRUR-RR 2011, 278; OLG Stuttgart Magazindienst 2011, 543.

[153] Vgl. BGH GRUR 2010, 248, 251 – *Kamerakauf im Internet.*

[154] BGH WRP 2011, 194, 197 Rdn. 18 – *Branchenbuch Berg;* LG Saarbrücken, WRP 2015, 1161, 1162 mit Anm. *Junker,* jurisPR-ITR 2/2016 Anm. 5.

sichtigung des Einzelfalls entschieden werden.[155] Unerwartete Beschränkungen sowie sonstige überraschende Teilnahmebedingungen müssen in der Werbung stets unmittelbar offenbart werden.[156] So genügt es auch bei einer zentral organisierten Werbung für mehrere einem Franchisesystem angeschlossene selbständigen Märkte nicht, wenn sich der Verbraucher durch einen Telefonanruf bei den im Prospekt aufgeführten Märkten informieren kann, ob diese an der beworbenen Verkaufsaktion teilnehmen und die beworbenen Produkte zu den angegebenen Preisen anbieten, sondern ist dies bereits im Prospekt anzugeben.[157]

d) Besonderheiten des Kommunikationsmittels und anderweitige Mitteilung, § 5a Abs. 5. ***aa) Grundsätzliches.*** Bei der Beurteilung, ob das Unterbleiben der Information ein irreführendes „Vorenthalten" ist, sind die **Besonderheiten des Kommunikationsmittels** zu berücksichtigen, und ob die Information in einem solchen Fall **anderweitig mitgeteilt** wird. Das Erfordernis ergibt sich aus der **Medienklausel des Art. 7 Abs. 3 UGP-Richtlinie** (Text: Rdn. 3), die schon bislang im Wege der richtlinienkonformen Auslegung heranzuziehen war. Diese Tatbestandsvoraussetzungen wurden im Zuge der UWG-Reform 2015 nunmehr ausdrücklich in **§ 5a Abs. 5** geregelt und werden entsprechend dieser Systematik **dort kommentiert.** § 5a Abs. 5 stellt jedoch **nicht isoliert** zu sehende Voraussetzungen auf, sondern die Begrenzungen des Kommunikationsmittels und die Maßnahmen des Unternehmers, diese anderweitig zur Verfügung zu stellen, sind bei der Beurteilung, ob Informationen i. S. d. § 5a Abs. 2 vorenthalten wurden, zu berücksichtigen, sodass **§ 5a Abs. 2 und Abs. 5 im Zusammenhang zu prüfen** sind. 99

Die Kommentierung dieser Tatbestandsvoraussetzungen erfolgt der Systematik des neuen § 5a folgend nunmehr in Abs. 5. 100

Wegen der Einzelheiten wird auf die Kommentierung zu § 5a Abs. 5 verwiesen (Rdn. 224 ff.). 101

Die Formulierung in Art. 7 Abs. 3 UGP-Richtlinie, **„anderweitig zur Verfügung gestellte"** Informationen seien bei der Abwägung, ob eine Information vorenthalten werde, zu berücksichtigen, ist missverständlich. Eine Information, die dem Verkehr zwar nicht mitgeteilt wird, die einem durchschnittlich aufmerksamen, verständigen und informierten Verbraucher aber bekannt ist, kann schon nach allgemeinen Grundsätzen kein Verschweigen wesentlicher Informationen sein. Erkennt der Kaufinteressent z. B., dass er Informationen über die auf der Eingangsseite der **Internet**-Offerte präsentierte Ware erst auf Webseiten des Unternehmers erhält, zu denen er durch Verweise aufgrund einfacher elektronischer Verknüpfungen oder durch klare und unmissverständliche Hinweise geleitet wird, wird er diese Seiten auch aufrufen und die Informationen zur Kenntnis nehmen.[158] Selbst bei Pflichtangaben gem. § 4 HWG ist nicht zu verlangen, dass diese in einer Google-Adword-Anzeige selbst enthalten sind, sondern ist ein als solcher klar erkennbarer elektronischer Verweis in der Anzeige als ausreichend anzusehen, wenn dieser zu einer Internetseite führt, auf der die Pflichtangaben unmittelbar, d. h. ohne weitere Zwischenschritte leicht lesbar wahrgenommen werden können.[159] **S. näher zu den Anforderungen bei Verlinkung von Informationen § 5 Rdn. B.73.** Neues bringt die Medienklausel nur für den Fall, dass ein durchschnittlich aufmerksames, verständiges und informiertes Mitglied des angesprochenen Verkehrskreises eine benötigte Information **nicht in dem erforderlichen Zusammenhang erhält, um diese für eine informierte Entscheidung berücksichtigen zu können.** Hier liegt nach Art. 7 Abs. 3 abweichend von der Art. 7 Abs. 1 und 2 zu Grunde liegenden Risikoverteilung, die dem Unternehmer die Informationslast für „wesentliche" Informationen aufbürdet, kein irreführendes „Vorenthalten" im rechtlichen Sinne vor, wenn eine **Interessenabwägung** ergibt, dass die verkürzte Darstellung auf die Besonderheiten des verwandten Kommunikationsmediums zurückzuführen ist, und der Unternehmer ausreichende Maßnahmen ergriffen hat, um die Information anderweitig, also außerhalb des eigentlich zu fordernden Zusammenhangs mit der geschäftlichen Handlung, zur Verfügung zu stellen. 102

bb) Besonderheiten des Kommunikationsmittels. Unter dem für die geschäftliche Handlung verwandten **Kommunikationsmittel** ist das Medium zu verstehen, das zur Übermittlung der in der geschäftlichen Handlung enthaltenen Information verwandt wird, also z. B. das Internet, die Radio- oder Fernsehwerbung, die (papierne) Zeitung usw. 103

---

155 Vgl. BGH GRUR 2009, 1064, 1068 Rdn. 27 ff., 38 – *Geld-Zurück-Garantie II.*

156 BGH GRUR 2008, 724 Rdn. – *Urlaubsgewinnspiel;* GRUR 2009, 1064, 1068 Rdn. 27 ff., 39 – *Geld-Zurück-Garantie II.*

157 BGH, Urt. v. 4.2.2016, *Fressnapf,* DE:BGH:2016:040216UIZR194.14.0 Rdn. 24.

158 BGH GRUR 2003, 889, 890 – *Internet-Reservierungssystem;* GRUR 2005, 438 – *Epson-Tinte;* GRUR 2005, 690, 692 – *Internet-Versandhandel;* GRUR 2007, 159, 160 – *Anbieterkennzeichnung im Internet;* GRUR 2008, 84 ff. – *Versandkosten;* vgl. *Alexander,* WRP 2015, 139, 144 f.

159 BGH GRUR 2014, 94, 95 Rdn. 18 – *Pflichtangaben im Internet.*

104 Inwieweit Informationen infolge **räumlicher oder zeitlicher Beschränkungen des Kommunikationsmediums** dort nicht erteilt werden können, hängt zunächst von dem Medium selbst ab.[160] Wenig Raum für Information lassen z. B. die Internet-Domain, die Film- und Fernsehwerbung, SMS- und Telefonwerbung sowie Anzeigen in Zeitungen. Darüber hinaus spielen aber auch Art, Umfang und Zusammensetzung der Informationen eine Rolle. Ist infolge dieser Besonderheiten des Mediums kein Raum, alle wesentlichen Informationen darzustellen, muss der Unternehmer eine **Auswahl** treffen und im Übrigen im Sinne von Art. 7 Abs. 3 UGP-Richtlinie verweisen. Hier wird es v. a. auf die **Wesentlichkeit** der Informationen ankommen. Informationen, die auf der Skala der im konkreten Fall wesentlichen Informationen ganz oben stehen, sind i. d. R. unmittelbar im Kommunikationsmedium darzustellen, während weniger wesentliche Informationen zwar nicht vorenthalten werden dürfen, auf sie aber verwiesen werden kann.

105 Die erforderlichen Informationen müssen **rechtzeitig** und so zur Verfügung gestellt werden, dass der Verkehr sie **tatsächlich zur Kenntnis nehmen** kann. Das erfordert im **Internetvertrieb,** dass die nach § 5a Abs. 3 Nr. 3 erforderlichen Angaben zum Preis einschließlich Umsatzsteuer grundsätzlich vor Einlegen der Ware in den virtuellen Warenkorb gemacht werden.[161] Hinsichtlich der Liefer- und Versandkosten ist jedoch zu beachten, dass deren Höhe häufig vom Umfang der Gesamtbestellung des Kunden oder der Art der ausgewählten Ware abhängen wird. Es reicht deshalb aus, unmittelbar bei der Werbung für das einzelne Produkt den Hinweis „zzgl. Versandkosten" aufzunehmen, wenn sich bei Anklicken oder Ansteuern dieses Hinweises ein Fenster mit einer übersichtlichen und verständlichen Erläuterung der allgemeinen Berechnungsmodalitäten für die Versandkosten öffnet und außerdem die tatsächliche Höhe der für den Einkauf anfallenden Versandkosten jeweils bei Aufruf des virtuellen Warenkorbs in der Preisaufstellung gesondert ausgewiesen wird.[162] Bei einer Werbung für Waren in Preisvergleichslisten einer Preissuchmaschine dürfen die zum Kaufpreis hinzukommenden Versandkosten nicht erst auf der eigenen Internetseite des Werbenden genannt werden, die mit dem Anklicken der Warenabbildung oder des Produktnamens erreicht werden kann.[163] Für Preise in Preissuchmaschinen gelten hohe Aktualitätsanforderungen.[164]

106 Die Informationen müssen **lesbar** bzw. in angemessener anderer Art und Weise (z. B. akustisch) wahrnehmbar sein. Bei der Werbung für ein Produkt mit einem **Testergebnis** muss im Internet die Fundstelle entweder bereits deutlich auf der ersten Bildschirmseite dieser Werbung angegeben werden oder jedenfalls ein deutlicher Sternchenhinweis den Verbraucher ohne weiteres zu der Fundstellenangabe führen.[165] S. ferner Rdn. 91.

107 *cc) **Anderweitige Mitteilung.*** Wenn eine Information infolge der Besonderheiten des Mediums nicht im Zusammenhang mit der geschäftlichen Handlung selbst gegeben werden kann, liegt gleichwohl kein Vorenthalten von Informationen im Sinne des Gesetzes vor, wenn der Unternehmer alle zumutbaren und erforderlichen Maßnahmen getroffen hat, um dem Verkehr die Information zugänglich zu machen, Art. 7 Abs. 3 UGP-Richtlinie. Dabei handelt es sich um eine Weiterentwicklung der Grundsätze der **labelling doctrin** (§ 5 Abschn. B Rdn. 42), nach der eine trotz aufklärender Hinweise verbleibende Gefahr, dass Mitglieder des angesprochenen Verkehrs irregeführt werden können, hinzunehmen ist und keine i. S. d. Gesetzes beachtliche Irreführungsgefahr begründet.

108 Von einer „anderweitigen Mitteilung" kann nicht schon dann die Rede sein, wenn die Information nur überhaupt irgendwo auffindbar ist. Vielmehr muss die Bereitstellung der Informationen so geschehen, dass der **Verkehr sie mit dem ihm im konkreten Fall zumutbaren Aufwand auffinden kann.** Die entspr. Information muss also für ein durchschnittlich (angemessen) aufmerksames, verständiges und informiertes Mitglied des Verkehrskreises, an den sich die geschäftliche Handlung richtet, **zugänglich** sein. Wirbt der Unternehmer bspw. für die Inanspruchnahme eines Internet-Anschlusses, kann er nicht auf seine Informationsdatenbank im Internet verweisen. Darüber hinaus muss für eine solche Person **erkennbar** sein, wo die Informationen zu finden sind. Dies kann etwa dadurch gewährleistet werden, dass die „Fundstelle" ausführlicher Informationen in der verkürzten Darstellung genannt wird. Außerdem muss gewährleistet sein, dass der Verkehr die Informationen **rechtzeitig** erlangt.[166] Der Verkehr muss sich die Informationen auch mit **zumutbarem Aufwand beschaffen** können. Die Abrufbarkeit im Rahmen einer Hotline, für die mehr

---

[160] Vgl. Götting/Nordemann/*A. Nordemann,* 2. Aufl. 2013, § 5a Rdn. 60.
[161] BGH GRUR 2010, 248, 251 – *Kamerakauf im Internet.*
[162] BGH GRUR 2010, 248, 251 – *Kamerakauf im Internet.*
[163] BGH GRUR 2010, 251 – *Versandkosten bei Froogle I.*
[164] BGH GRUR 2010, 936 – *Espressomaschine;* GRUR 2010, 1110, 1112 – *Versandkosten bei Froogle II.*
[165] BGH GRUR 2010, 248, 251 – *Kamerakauf im Internet;* OLG Oldenburg, MMR 2016, 37, 39; jurisPK-VWG/*Müller-Bidinger,* 4. Aufl. 2016, § 6 Rdn. 273; kritisch aber *Franz,* WRP 2016, 439, 446 f.
[166] BGH GRUR 2010, 248, 251 – *Kamerakauf im Internet.*

als nur die üblichen Telefon- oder Internetkosten gezahlt werden müssen, dürfte daher nicht ausreichen.

e) Interessenabwägung. Ob die fragliche Information im konkreten Fall „vorenthalten" wurde, ist unter Berücksichtigung der genannten Kriterien durch Abwägung aller Umstände des Einzelfalls (vgl. Art. 7 Abs. 1 UGP-RL sowie deren 7. Erwägungsgrund) für die konkrete Situation der geschäftlichen Handlung zu beurteilen. **Ausgangspunkt der Abwägung ist das Interesse des Verkehrs, über wesentliche Umstände auch informiert zu werden.** Der europäische Gesetzgeber hat mit dem Art. 7 UGP-Richtlinie zu Grunde liegenden Modell eine wirtschaftspolitische Abwägung vorgenommen und sich **im Grundsatz für eine Belastung der Unternehmer mit den Informationskosten für „wesentliche" Informationen** entschieden;[167] Informationskosten können die Nichterteilung wesentlicher Informationen im Verhältnis B2C daher nur im Ausnahmefall rechtfertigen, z. B. wenn sie ungewöhnlich hoch sind (Rdn. 110). Machen nicht Besonderheiten des Kommunikationsmittels im konkreten Fall eine Einschränkung des Informationsinteresses des angesprochenen Verkehrs erforderlich, soll der Verkehr die für eine informierte Entscheidung erforderlichen Informationen im Interesse des Verbraucherschutzes erhalten. Soweit Besonderheiten des Kommunikationsmittels dem nicht entgegenstehen, wird daher im Rahmen der Interessenabwägung im Allgemeinen das Interesse des Verkehrs daran überwiegen, über Umstände informiert zu werden, die ein Durchschnittsverbraucher in der konkreten Situation der geschäftlichen Handlung für eine informierte geschäftliche Entscheidung benötigt.[168] 109

Besondere Umstände, die dem Interesse des Unternehmers Gewicht verleihen können, eine wesentliche Information nicht zu erteilen, die unter Berücksichtigung der Besonderheiten des Kommunikationsmediums erteilt werden könnte, können z. B. **ungewöhnlich hohe Informationskosten** sein, etwa im Hinblick auf eine erforderliche Übersetzung in eine wenig gebräuchliche Sprache, oder die eigene **Unkenntnis und fehlende Möglichkeit des Unternehmers, sich die Information zumutbar selbst zu beschaffen,** etwa wenn die Zahlungs-, Liefer- und Leistungsbedingungen erst noch ausgehandelt werden sollen. Auch ein **Geheimhaltungsinteresse** des Unternehmers kann zu berücksichtigen sein,[169] etwa wenn die Information über wesentliche Produkteigenschaften darauf hinausliefe, technisches Know-How preiszugeben, an dessen Schutz vor der Konkurrenz das Unternehmen ein berechtigtes Interesse hat. Zu berücksichtigen ist auch, ob die Werbung erforderlich ist, um einer **Marktabschottung** Vorschub zu leisten.[170] So hatte der BGH i. R. d. § 3 UWG a. F. berücksichtigt, dass die Werbende als außerhalb des Vertriebssystems des Herstellers stehende Parallelimporteurin durchweg darauf angewiesen war, Fahrzeuge anzubieten, die bereits eine „Tageszulassung" im Ausland aufweisen und bei denen daher die Werksgarantie – wenn auch nur um wenige Tage – verkürzt ist. In der Entscheidung *EG-Neuwagen II*[171] war darauf abgestellt worden, dass Parallel- und Reimporte innerhalb der EG einen gemeinschaftsrechtlichen Schutz genießen, weil sie der Abschottung der Märkte entgegen wirken. Dieser Aspekt sei unmittelbar bei der Frage der Irreführung zu berücksichtigen, so dass es keines Rückgriffs auf Art. 28 ff. EG a. F. bedürfe. 110

Ein gesteigertes Informationsinteresse kann demgegenüber z. B. im Hinblick auf die für den Unternehmer erkennbare und schützenswerte **Erwartung, vollständig informiert zu werden,** anzuerkennen sein. Je mehr Informationen aus der Werbung **ersichtlich** sind, desto eher glaubt der Kunde z. B., „vollständig informiert" zu sein.[172] Das gilt aber auch umgekehrt: Weist ein Lohnsteuerhilfeverein in einer Zeitungsanzeige nur auf sein Bestehen hin, erwartet der Verkehr keine Einzelheiten.[173] 111

Sind Hinweise auf eine bestimmte Eigenschaft im Wettbewerb **üblich,** deutet das auf eine entsprechende Verkehrserwartung hin,[174] was für ein schutzwürdiges Interesse des Werbenden und die Zumutbarkeit der Aufklärung zur Meidung eines entspr. Irrtums spricht. Gleiches gilt, wenn das Produkt **Besonderheiten** aufweist, mit denen der Verkehr nicht rechnet. Ist das Produkt, etwa 112

---

[167] *Apostolopoulos* GRUR Int. 2005, 292, 299.

[168] *Apostolopoulos* GRUR Int. 2005, 292, 299 spricht sogar von einem Entlastungsbeweis des Unternehmers.

[169] BGH, Urt. v. 21.7.2016, LGA tested, I ZR 26/15, DE:BGH:2016:210716UIZR26, Rdn. 33.

[170] Vgl. zu § 3 UWG a. F.: BGH GRUR 1999, 1017, 1019 – *Kontrollnummernbeseitigung.* So auch BGH GRUR 1999, 1122, 1124 – *EG-Neuwagen I.*

[171] BGH GRUR 1999, 1125, 1126 – *EG-Neuwagen II.*

[172] *Steinbeck* WRP 2006, 632, 635.

[173] BGH GRUR 2011, 535 – *Lohnsteuerhilfeverein Preußen.* Soweit in der Entscheidung GRUR 1990, 1024 – *Lohnsteuerhilfeverein IV* ein strengerer Maßstab angewandt worden sei, habe dem noch das inzwischen aufgegebene traditionelle Verbraucherleitbild zugrunde gelegen.

[174] BGH GRUR 2000, 76, 77 – *Shareware-Version.*

stark salmiakhaltiger Lakritz, im Hinblick auf seine Beschaffenheit in Deutschland nicht **verkehrsfähig** und darf nur aufgrund einer Ausnahmegenehmigung vertrieben werden, muss hierauf i. d. R. deutlich hingewiesen werden.[175] Ist der Verzehr bzw. der Gebrauch eines Produktes mit **gesundheitlichen Risiken** behaftet, ist der Verkehr in besonderem Maße auf die Information angewiesen und deshalb jedenfalls im Zusammenhang mit einem konkreten Angebot ein Hinweis erforderlich. Geht es um Waren, die einen verhältnismäßig hohen **Preis** und eine lange **Lebensdauer** haben, sind die Interessen des Verkehrs schützenswerter als bei billigen Verbrauchsartikeln.[176] Dem Werbenden ist hier eine Aufklärung auch eher zumutbar als bei Massenkleinartikeln. Wird die Kaufentscheidung erst nach Einholung von Informationen und einiger **Überlegung** getroffen, spricht das gleichfalls für eine Verpflichtung zur Aufklärung.[177] Das Bestehen **vertraglicher oder verbraucherschutzgesetzlicher Aufklärungspflichten** kann ebenso eine Rolle spielen wie eine durch **vorangegangenes Verhalten** des Unternehmers, etwa die werbende Herausstellung bestimmter Umstände, die sich dann jedoch geändert haben,[178] selbst geschaffene Erwartungshaltung.

5. Relevanz, § 5a Abs. 2 S. 1 Nr. 2

113 Das **Relevanzerfordernis ist zu beachten.**[179] Dies folgt für den Anwendungsbereich des **UWG (2015)** nunmehr **ausdrücklich aus der neu eingefügten „Relevanzklausel" des § 5a Abs. 2 S. 1 Nr. 2.**[180] Der **BGH** hat daher zwischenzeitlich in mehreren Entscheidungen für den Anwendungsbereich des UWG (2015) die Relevanz des Vorenthaltens von Pflichtinformationen nach § 5a Abs. 3 UWG (2015) wie auch anderer wesentlicher Informationen nach § 5a Abs. 2 UWG (2015) als Voraussetzung eines Verstoßes gegen § 5a UWG (2015) ausdrücklich geprüft.[181]

114 **Vor der UWG-Novelle 2015** war die Geltung eines Relevanzerfordernisses umstritten, was für nach **UWG (2008)** zu beurteilende **Altfälle** weiterhin von Bedeutung sein kann. Der **BGH** und die **h. L.** gingen bislang davon aus, dass ein Relevanzerfordernis bei § 5a Abs. 2 zwar grundsätzlich bestehe, eine Relevanzprüfung im Anwendungsbereich der „Wesentlichkeitsvermutungen" nach Abs. 3 und 4 jedoch entbehrlich sei; hier werde **unwiderleglich vermutet,** dass sich die Informationspflichtverletzung auf die geschäftliche Entscheidung des Kunden auswirken könne.[182] Der **BGH** erkennt das Relevanzerfordernis zwar im Anwendungsbereich des UWG (2015) ausdrücklich an, scheint für Altfälle aber an der früheren Rspr. festhalten zu wollen.[183]

115 Nach der von Teilen der Literatur und auch hier vertretenen **Gegenauffassung** setzt hingegen die Bewertung eines Verstoßes gegen § 5a UWG (2008) als unlautere geschäftliche Unterlassung aufgrund der notwendigen unionskonformen Auslegung am Maßstab des Art. 7 UGP-Richtlinie die **Relevanz stets** voraus.[184] Dies ergibt sich aus dem systematischen Zusammenhang zwischen

---

[175] OLG Köln GRUR-RR 2005, 94.

[176] Vgl. BGH GRUR 2000, 616, 618 – *Auslaufmodelle III;* Urt. v. 17.3.2011, Az. I ZR 170/08, Tz. 24 – *Ford-Vertragspartner.*

[177] Vgl. BGH GRUR 2000, 616, 618 – *Auslaufmodelle III.*

[178] BGH GRUR 1958, 30, 31 – *Außenleuchte.*

[179] *Alexander,* WRP 2016, 139, 143, 145; *Ohly,* GRUR 2016, 3, 5 f.; *Köhler*/Bornkamm, 34. Aufl. 2016, § 5a Rdn. 3.43 f.; ebenso bereits zu § 5a UWG (2008): KG WRP 2011, 497, 498 – *Lesbarkeit der Fundstellenangabe;* OLG München WRP 2010, 1557, 1560; OLG München, Urt. v. 5.2.2009, Az. 29 U 3255/08 Tz. 21; OLG Sachsen-Anhalt, Urt. v. 29.5.2009, Az. 10 U 56/08, Tz. 105; OLG Hamm WRP 2010, 797 – *Flyer einer Versicherung;* Vorauflage § 5a Rdn. 46; *Glöckner/Henning-Bodewig* WRP 2005, 1311, 1331; *Glöckner,* GRUR 2013, 568, 575; Gloy/Loschelder/Erdmann/*Helm,* HdbWettbR, § 59 Rdn. 121; *Köhler,* WRP 2014, 259 Rdn. 42 ff.; *Leible* WRP 2012, 32, 38; *Ohly,* Gutachten erstattet im Auftrag des Bayerischen Industrie- und Handelskammertages e. V., Rdn. 37; *ders.,* GRUR 2016, 3, 5 f., *Steinbeck* WRP 2006, 632, 636 und WRP 2011, 1221, 1223; *v. Oelffen* Rdn. 461.

[180] *Köhler*/Bornkamm, 34. Aufl. 2016, § 5a Rdn. 3.43 f.

[181] BGH, Urt. v. 4.2.2016, *Fressnapf,* DE:BGH:2016:040216UIZR194.14.0 Rdn. 31; v. 21.7.2016, LGA tested, IZR 26/15, DE:BGH:2016:210716UIZR26.15.0.

[182] Vgl. BGH GRUR 2010, 852, 854 Rdn. 20 – *Gallardo* Spyder; GRUR 2011, 82, 83 Rdn. 33 – *Preiswerbung ohne Umsatzsteuer;* GRUR 2012, 842, 844 Rdn. 25 – *Neue Personenkraftwagen I;* GRUR 2013, 1169, 1170 Rdn. 19 – *Brandneu von der IFA;* GRUR 2014, 584, 587 Rdn. 23 – *Typenbezeichnung;* ihm folgend OLG Bamberg Magazindienst 2011, 805; OLG Celle, Urt. v. 24.2.2011, Az. 13 U 172/10; OLG München Urt. v. 31.3.2011, Az. 6 U 3517/10, WRP 2011, 1213 ff.; ebenso Köhler/*Bornkamm,* 33. Aufl. 2015, § 5a Rdn. 56 f. (anders noch 27. Auflage Rdn. 37); *ders.* WRP 2012, 1 5; *Seichter* WRP 2005, 1087, 1093: bei § 5a keine Relevanzprüfung. Ähnlich auch OLG Düsseldorf, GRUR-RR 2015, 158, 164: geschäftliche Relevanz bei Verstoß gegen § 5a Abs. 2 außerhalb von § 5a Abs. 3 und 4 positiv festzustellen, aber regelmäßig bereits aufgrund der Wesentlichkeit der vorenthaltenen Information zu bejahen.

[183] BGH, Urt. v. 4.2.2016, *Fressnapf,* DE:BGH:2016:040216UIZR194.14.0 Rdn. 25.

[184] S. näher Vorlauflage, § 5a Rdn. 82 ff.; ebenso *Leible/Schäfer,* WRP 2012, 32, 38; *Steinbeck,* WRP 2011, 1221, 1223f; *Köhler*/Bornkamm, 34. Aufl. 2016, § 5a Rdn. 3.43 f.

Art. 7 Abs. 1 und Art. 7 Abs. 4 UGP-Richtlinie, der nur die „Wesentlichkeit" konkretisiert, nicht aber vom in Art. 7 Abs. 1 ausdrücklich aufgestellten Erfordernis der Relevanz entbindet, und hebt der **17. Erwägungsgrund** nochmals hervor.[185] Etwas anderes lässt sich auch dem 15. Erwägungsgrund der Richtlinie unlautere Geschäftspraktiken nicht entnehmen, denn er bezieht sich nur auf die Wesentlichkeit, lässt das Relevanzerfordernis also unberührt.[186] Nach Auffassung des **EuGH** ist Art. 7 IV lit. c UGP-RL (Art. 5a Abs. 3 Nr. 3 UWG) dahin auszulegen, dass es nicht per se als irreführende Unterlassung angesehen werden kann, wenn in einer Aufforderung zum Kauf nur ein „ab"-Preis angegeben wird. Vielmehr habe das nationale Gericht (neben der Frage des Vorenthaltens von Informationen, s dazu schon oben Rdn. 74 ff.) auch **zu prüfen, ob die Auslassung der Einzelheiten der Berechnung des Endpreises den Verbraucher nicht daran hindert, eine informierte geschäftliche Entscheidung zu treffen,** und ihn folglich nicht zu einer geschäftlichen Entscheidung veranlasst, die er sonst nicht getroffen hätte.[187] Dies hebt auch Generalanwalt Mengozzi in seinen Schlussanträgen im Vorabentscheidungsverfahren „Citroën Commerce" hervor.[188] Daher müssen stets die **konkreten Auswirkungen** der in Rede stehenden irreführenden Handlung oder Unterlassung auf das geschäftliche Verhalten des Verbrauchers **im Einzelfall geprüft** werden, bevor die betreffende Geschäftspraxis als „unlauter" im Sinne des Art. 7 UGP-Richtlinie eingestuft werden kann,[189] und zwar gerade auch bereits im Anwendungsbereich der „Wesentlichkeitsvermutungen" wie Art. 7 Abs. 4 (§ 5a Abs. 3).[190] Somit ist ein Relevanzerfordernis auch im Anwendungsbereich der **„Wesentlichkeitsvermutungen"** des 5a Abs. 3, Abs. 4 UWG (2008) und nicht erst für den Zeitraum nach der UWG-Reform 2015 (vgl. Rdn. 113) anzunehmen.[191]

Ungeachtet der kontrovers diskutierten Frage des Relevanzerfordernisses im Anwendungsbereich **116**
des UWG (2008) besteht Einigkeit, dass jedenfalls eine über das Relevanzerfordernis des Art. 7 UGP-Richtlinie hinausgehende *besondere* Spürbarkeit auch nach § 3 a. F. nicht erforderlich ist,[192] s. **näher § 5 B Rdn. 197 ff.**

Entscheidend für die Relevanz ist i. R. d. § 5a, ob das Unterlassen der Information geeignet **117**
ist, einen Durchschnittsverbraucher zu einer geschäftlichen Entscheidung zu veranlassen, die er

---

[185] Vgl. EUGH, Urt. v. 9.11.2010, *Mediaprint,* C-540/08, EU:C:2010:660, Rdn. 35; Beschl. v. 30.6.2011, *Wamo,* C-288/10, EU:C:2011:443, Rdn. 37.

[186] *Steinbeck* WRP 2006, 632, 636.

[187] EuGH, Urt. v. 12.5.2011, *Ving Sverige,* C-122/10, EU:C:2011:299, Rdn. 41; vgl. EuGH, Beschl. v. 8.9.2015, *Cdiscount,* C-13/15, ECLI:EU:C:2015:560 Rdn. 38 ff.: Aufgrund der außerhalb der „Schwarzen Liste" stets erforderlichen Einzelfallbeurteilung der Unlauterkeit anhand der Art. 5–9 UGP-Richtlinie sind verbraucherschützende nationale Vorschriften mit der UGP-Richtlinie nicht vereinbar, die Ankündigungen von Preisermäßigungen ohne Angabe eines näher definierten Referenzpreises allgemein, d. h. ohne eine solche Einzelfallprüfung, verbieten. S. auch *GA Mengozzi,* Schlussanträge v. 16.12.2015, Rs. C-476/14, Citroën Commerce, Rdn. 74–76: Unvereinbarkeit einer nationalen Bestimmung, die von Art. 7 Abs. 4 Nr. 3 UGP-Richtlinie abweichende Ausweisung des Preises absolut verbietet, mit der UGP-Richtlinie, da nach der Richtlinie die konkreten Auswirkungen dieser Unterlassung auf das geschäftliche Verhalten des Verbrauchers im Einzelfall geprüft werden müssen, bevor die betreffende Geschäftspraxis als „unlauter" eingestuft werden kann.

[188] *GA Mengozzi,* Schlussanträge v. 16.12.2015, C-476/14, Celex-Nr. 6204CC0476.

[189] Vgl. EuGH, Urt. v. 12.5.2011, *Ving Sverige,* C-122/10, EU:C:2011:299, Rdn. 68 und 69; Beschl. v. 8.9.2015, *Cdiscount,* C-13/15, EU:C:2015:560, Rdn. 39–41; *GA Mengozzi,* Schlussanträge vom 16.12.2015, C-476/14, Celex-Nr. 62014CC0476, Rdn. 76.

[190] Vgl. EuGH, Beschl. v. 8.9.2015, *Cdiscount,* C-13/15, EU:C:2015:560, Rdn. 39–41; *GA Mengozzi,* Schlussanträge vom 16.12.2015, C-476/14, Celex-Nr. 62014CC0476, Rdn. 76.

[191] KG WRP 2011, 497, 498 – Lesbarkeit der Fundstellenangabe, OLG München WRP 2010, 1557, 1560; OLG München, Urt. v. 5.2.2009, Az. 29 U 3255/08 Tz. 21; OLG Sachsen-Anhalt, Urt. v. 29.5.2009, Az. 10 U 56/08, Tz. 105; OLG Hamm WRP 2010, 797 – Flyer einer Versicherung; Vorauflage § 5a Rdn. 46; *Glöckner/Henning-Bodewig* WRP 2005, 1311, 1331; *Glöckner,* GRUR 2013, 568, 575; Gloy/Loschelder/Erdmann/*Helm,* HdbWettbR, § 59 Rdn. 121; *Köhler,* WRP 2014, 259 Rdn. 42 ff.; *Leible* WRP 2012, 32, 38; *Ohly,* Gutachten erstattet im Auftrag des Bayerischen Industrie- und Handelskammertages e. V., Rdn. 37; *ders.,* GRUR 2016, 3, 5 f., *Steinbeck* WRP 2006, 632, 636 und WRP 2011, 1221, 1223; *v. Oelffen* Rdn. 461; **a. A.** wohl jedoch **BGH,** Urt. v. 4.2.2016, Fressnapf, DE:BGH:2016:040216UIZR194.14.0 Rdn. 25.

[192] Vgl. Gloy/Loschelder/Erdmann/*Helm,* Hdb WettbR, § 59 Rdn. 141; *Köhler* WRP 2012, 22, 30; Köhler/*Bornkamm,* 33. Aufl. 2015, § 5a Rdn. 55; BGH GRUR 2010, 852, 854 Rdn. 20 – *Gallardo* Spyder; GRUR 2012, 842, 844 Rdn. 25 – *Neue Personenkraftwagen I;* GRUR 2013, 1169, 1170 Rdn. 19 – *Brandneu von der IFA;* GRUR 2014, 584, 587 Rdn. 23 – *Typenbezeichnung;* OLG München, WRP 2011, 1213; OLG Stuttgart, BeckRS 2013, 03425; OLG München, WRP 2012, 230; OLG Saarbrücken, NJOZ 2013, 1980; OLG Celle, BeckRS 2013, 21845; OLG Hamm, GRUR-RR 2013, 2013, 121; OLG Hamm, GRUR-RR 2014, 404; OLG Düsseldorf, GRUR-RR 2015, 347, 349.

sonst nicht getroffen hätte. Das ist jedenfalls dann der Fall, wenn die unzureichende Information den Verbraucher zu einer **falschen Vorstellung** und deshalb zu einer geschäftlichen Entscheidung veranlassen kann, die er bei richtiger Information nicht getroffen hätte.[193] Nach hier vertretener Auffassung ist aber auch ausreichend, dass aus anderen vom Schutzzweck der UGP-Richtlinie erfassten Gründen **die geschäftliche Entscheidung eines Durchschnittsverbrauchers anders ausgefallen wäre, wenn er die Information in der gebotenen Weise erhalten hätte. Rdn. 29 ff., 34, 38; § 5 B Rdn. 192 ff.** bei Art. 7 UGP-Richtlinie nicht notwendig.

VII. Vermutung der Wesentlichkeit bei Angeboten an Verbraucher, § 5a Abs. 3

1. Allgemein

118 Nach § 5a Abs. 2 ist das Vorenthalten eines Umstandes irreführend, wenn dieser Umstand für die geschäftliche Entscheidung wesentlich ist. Bei Angeboten an Verbraucher gelten die in § 5a Abs. 3 genannten Umstände von Rechts wegen als wesentlich **(Rechtsvermutung).** Die Wesentlichkeit eines Umstands für die informierte Entscheidung des Verbrauchers darf unter den Voraussetzungen des § 5a Abs. 3 selbst dann nicht verneint werden, wenn das Gericht die betr. Information im konkreten Fall nicht als wichtig erachtet.

119 Hingegen muss auch bei Bestehen der Rechtsvermutung jeweils für den Einzelfall geprüft werden, ob der Umstand **„vorenthalten"** wurde, und ob dies für die geschäftliche Entscheidung des Verbrauchers **relevant** ist. So sorgt insbes. die **Medienklausel** in Art. 7 Abs. 3 UGP-Richtlinie dafür, dass nicht jede in der geschäftlichen Handlung selbst unterlassene Information aus dem in § 5a Abs. 3 genannten Katalog schon ein irreführendes „Vorenthalten" ist, so inzwischen auch der **EuGH,** s. näher Rdn. 67.

120 Verschiedene europäische Richtlinien und Verordnungen enthalten spezielle Vorgaben zu Informationsanforderungen. Die Informationsanforderungen aus § 5a Abs. 3 werden **durch § 5a Abs. 4 nicht verdrängt.**[194] Im Anwendungsbereich europäischer Sondervorschriften ist **§ 5a Abs. 3 jedoch ausschließlich nach Maßgabe der Sondervorschriften unionskonform auszulegen,**[195] s. dazu näher **§ 5a Abschn. A Rdn. 56 ff., 60.** So lassen sich z. B. **bei Lebensmitteln aus Art. 7 Abs. 4 lit. a UGP-Richtlinie/§ 5a Abs. 3 Nr. 1 UWG keine** Informationspflichten ableiten, die über die Informationspflichten nach der VO (EU) Nr. 1169/2011 betreffend die Information der Verbraucher über Lebensmittel **(LMIV)** hinausgehen.[196]

2. Angebot von Waren oder Dienstleistungen an Verbraucher, § 5a Abs. 3 HS 1

121 **a) Verbraucher.** Die Rechtsvermutung betrifft nur Angebote von Waren oder Dienstleistungen an Verbraucher. Sie ist **unanwendbar auf an Unternehmer gerichtete geschäftliche Handlungen.** Die Gesetzesmaterialien betonen, dass es sich um eine Ausnahme von dem sonst geltenden Grundsatz der einheitlichen Anwendung des Gesetzes auf Mitbewerber, Verbraucher und sonstige Marktteilnehmer handele, die erforderlich gewesen sei, um den kaufmännischen Verkehr nicht mit Informationspflichten zu belasten, die – entsprechend der Wurzel dieser Pflichten in der Richtlinie unlautere Geschäftspraktiken – in erster Linie dem Verbraucherschutz dienten.[197]

122 Maßgeblich ist der **deutsche Verbraucherbegriff i. S. v. § 2 Abs. 2 UWG i. V. m. § 13 BGB.** Zwar ist dieser im Verhältnis zu dem der Richtlinie unlautere Geschäftspraktiken zu Grunde liegenden Verbraucherbegriff möglicherweise umfassender, s. näher die Kommentierung zu § 2 Abs. 2. Da der europäische Verbraucherbegriff jedoch zugleich den Anwendungsbereich der UGP-Richtlinie begrenzt und die im Übrigen einschlägige Irreführungsrichtlinie nur einen Mindest-, aber keinen Höchstschutz vorgibt, war der deutsche Gesetzgeber in der Beibehaltung des dem BGB entlehnten Verbraucherbegriffs frei; hiervon hat er Gebrauch gemacht.[198]

---

[193] BGH, Urt. v. 21.7.2016, *LGA tested,* I ZR 26/15, DE:BGH:2016:210716UIZR26.15.0, Rdn. 55.

[194] Vgl. BGH, Urt. v. 7.5.2015, Az. I ZR 158/14, Rdn. 29 f. – *Der Zauber des Nordens;* vgl. EuGH, Urt. v. 12.5.2011, Ving Sverige, C-122/10, EU:C:2011:299, Rdn. 60 ff.

[195] Vgl. EuGH, Urt. v. 23.1.2003, *Kommission/Österreich,* C-221/00, EU:C:2003:44; Urt. v. 8.11.2007, *Gintec,* C-374/05, EU:C:2007:654, Rdn. 38 f.; Urt. v. 16.7.2015, *Abcur,* C-544/13 und C-545/13, EU:C:2015:481, Rdn. 45 ff., 80 ff.; BGH GRUR 2002, 1091, 1092 – *Bodensee-Tafelwasser;* GRUR 2003, 628, 629 – *Klosterbrauerei;* GRUR 2008, 830, 831 – *L-Carnitin II;* GRUR 2010, 359, 361 – *Vorbeugen mit Coffein.*

[196] BGH, Urt. v. 2.12.2015, *Himbeer-Vanille-Abenteuer II,* I ZR 45/13, DE:BGH:2015:021215UIZR45.13.0, LS 3 und Rdn. 23.

[197] Amtl. Begr. zum RegE, BT-Drucks. 16/10145, S. 25.

[198] Vgl. Amtl. Begr. zum RegE, BT-Drucks. 16/10145, S. 12.

b) Angebot von Waren oder Dienstleistungen unter Hinweis auf deren Merkmale und Preis in einer dem verwendeten Kommunikationsmittel angemessenen Weise, sodass der Verbraucher das Geschäft abschließen kann. Die verstärkten Informationspflichten in Art. 7 Abs. 4 UGP-Richtlinie gelten nur bei der „Aufforderung zum Kauf", die nach der **Legaldefinition in Art. 2 lit. i UGP-Richtlinie** jede kommerzielle Kommunikation ist, die die Merkmale des Produkts und den Preis in einer Weise angibt, die den Mitteln der verwendeten kommerziellen Kommunikation angemessen ist und den Verbraucher dadurch in die Lage versetzt, einen Kauf zu tätigen.[199] Die Formulierung in § 5a Abs. 3 ersetzt den in Art. 7 Abs. 4 UGP-Richtlinie verwandten Begriff der „Aufforderung zum Kauf", ohne inhaltlich von ihr abzuweichen. 123

§ 5a Abs. 3 umfasst in richtlinienkonformer Auslegung „Angebote" für **Waren und Dienstleistungen**[200] **einschließlich Immobilien, Rechten und Verpflichtungen.**[201] 124

Hinsichtlich des Begriffs **„kommerzielle Kommunikation"** kann auf die Legaldefinition in Art. 2 lit. f der Richtlinie über den elektronischen Geschäftsverkehr[202] zurückgegriffen werden.[203] Erfasst werden jedoch nicht nur Äußerungen, sondern auch tatsächliche Verhaltensweisen.[204] Angaben, die direkten Zugang zur Tätigkeit des Unternehmens bzw. der Organisation oder Person ermöglichen, wie insbes. ein Domain-Name oder eine Adresse der elektronischen Post, und Angaben in Bezug auf Waren oder Dienstleistungen oder das Erscheinungsbild eines Unternehmens, einer Organisation oder Person, die unabhängig und insbes. ohne finanzielle Gegenleistung gemacht werden, stellen als solche keine Form der kommerziellen Kommunikation dar. 125

Ein **Angebot** im vorgenannten Sinne, d. h. „Aufforderung zum Kauf", ist die kommerzielle Kommunikation nur, wenn sie die **Merkmale des Produkts und den Preis in einer den Mitteln der verwendeten Kommunikation angemessenen Weise angibt, und den Verbraucher dadurch in die Lage versetzt, einen Kauf zu tätigen.** Das kann auch in Form einer bildlichen Darstellung geschehen,[205] z. B. durch eine Abbildung des offerierten Produkts mit Preisangabe.[206] 126

Der Begriff der „Aufforderung zum Kauf" darf nach der Rspr. des BGH nicht restriktiv ausgelegt werden.[207] Abweichend vom engen deutschen Verständnis geht es **nicht nur um Kaufverträge,** sondern werden alle über den Erwerb von Waren bzw. die Inanspruchnahme von Dienstleistungen geschlossen Verträge erfasst.[208] Ziel ist es, die unterschiedlichen Informationserfordernisse im Fall allgemeiner marken- oder produktbezogener Aufmerksamkeitswerbung von konkreten vorvertraglichen Aufklärungspflichten abzugrenzen.[209] 127

Die Formulierung ist auch nicht wörtlich in dem Sinne zu verstehen, dass von einem „Angebot zum Kauf" nur die Rede sein kann, wenn ein Angebot alle nach § 5a Abs. 3 erforderlichen Angaben enthält; diese Auslegung wäre sinnwidrig. Vielmehr setzt eine „Aufforderung zum Kauf" („Angebot") nur voraus, dass der **Verkehr hinreichend über das beworbene Produkt und dessen Preis informiert ist, um eine geschäftliche Entscheidung treffen zu können, ohne** dass die kommerzielle Kommunikation auch eine **tatsächliche Möglichkeit** bieten muss, das **Produkt zu kaufen** oder dass sie im Zusammenhang mit einer solchen Möglichkeit stehen muss.[210] Bei der 128

---

[199] Vgl. BGH, Urt. v. 14.1.2016, *Wir helfen im Trauerfall,* I ZR 61/14, DE:BGH:2016:140116UIZR61.14.0, Rdn. 28; Urt. v. 4.2.2016, *Fressnapf,* DE:BGH:2016:040216UIZR194.14.0, Rdn. 13.

[200] Vgl. BGH, Urt. v. 7.5.2015, Az. I ZR 158/14, Rdn. 20 – *Der Zauber des Nordens;* BGH, Urt. v. 14.1. 2016, *Wir helfen im Trauerfall,* I ZR 61/14, DE:BGH:2016:140116UIZR61.14.0, Rdn. 28.

[201] EuGH Urt. v. 12.5.2011, *Ving Sverige,* C-122/10, EU:C:2011:299, Rdn. 43.

[202] Richtlinie 2000/31/EG des Europäischen Parlaments und des Rates vom 8.6.2000 über bestimmte rechtliche Aspekte der Dienste der Informationsgesellschaft, insbes. des elektronischen Geschäftsverkehrs, im Binnenmarkt, ABl. EG Nr. L 178/1 v. 17.7.2000.

[203] Ebenso *Lettl* WRP 2008, 155, 157.

[204] *Köhler/Lettl* WRP 2003, 1019, 1034; *Lettl* WRP 2008, 155, 157.

[205] EuGH, Urt. v. 12.5.2011, *Ving Sverige,* C-122/10, EU:C:2011:299, Rdn. 42 ff., 49.

[206] OLG Hamm, GRUR-RR 2014, 404 ff.

[207] BGH, Urt. v. 14.1.2016, *Wir helfen im Trauerfall,* I ZR 61/14, DE:BGH:2016:140116UIZR61.14.0, Rdn. 28.

[208] Vgl. BGH, Urt. v. 14.1.2016, *Wir helfen im Trauerfall,* I ZR 61/14, DE:BGH:2016:140116UIZR61.14.0, Rdn. 28; OLG München, Urt. v. 15.5.2014, Az. 6 U 3188/13, BeckRS 2014, 18826; OLG Düsseldorf, GRUR-RR 2015, 347, 348 – 0 %-Finanzierung auf 48 Monate; Fezer/*Peifer,* § 5a Rn. 37; *Lindacher* in Teplitzky/Peifer/Leistner, § 5a Rn. 45.

[209] Zustimmend *Alexander,* WRP 2013, 716, 722; vgl. auch *Gamerith* WRP 2005, 391, 423; *Köhler/Lettl* WRP 2003, 1019, 1042.

[210] EuGH, Urt. v. 12.5.2011, *Ving Sverige,* C-122/10, EU:C:2011:299, Rdn. 33; BGH GRUR 2013, 1169 Rdn. 10 – *Brandneu von der IFA;* GRUR 2014, 403 Rdn. 8 – *Der Neue;* GRUR 2014, 584, 585 – *Typenbezeichnung;* Urt. v. 7.5.2015, Az. I ZR 158/14, Rdn. 37 – *Der Zauber des Nordens;* Urt. v. 14.1.2016, *Wir helfen im Trauerfall,* I ZR 61/14, DE:BGH:2016:140116UIZR61.14.0, Rdn. 28.

gebotenen Auslegung im Lichte des mit der UGP-Richtlinie verfolgten Ziels, ein hohes Verbraucherschutzniveau zu erreichen, handele es sich bei dem Merkmal „den Verbraucher dadurch in die Lage zu versetzen, einen Kauf zu tätigen", nämlich nicht um eine zusätzliche Voraussetzung für die Einstufung als Aufforderung zum Kauf, sondern als Hinweis auf den **Zweck** der Erfordernisse, die in Bezug auf die Merkmale und den Preis der Produkte festgelegt worden sind, **damit der Verbraucher über ausreichende Information verfügt, um in der Lage zu sein, einen Kauf zu tätigen.**[211]

129 Ein „Angebot" liegt jedenfalls dann vor, wenn ein durchschnittlicher Verbraucher das Geschäft abschließen kann, weil ihm die wesentlichen Vertragsbestandteile bekannt sind.[212] Unschädlich ist, dass die Bestellung nicht sofort getätigt werden kann, sondern der Kunde z. B. noch ein Geschäftslokal aufsuchen muss.[213] Der Qualifizierung als „Angebot" steht nicht entgegen, dass der Verbraucher die Auswahl anderer Ausführungen des Produkts noch nicht aufgegeben hat[214] oder der Werbende abweichend von der Werbung gar nicht an Letztverbraucher veräußern will.[215]

130 Ob der Verbraucher in diesem Sinne hinreichend über das beworbene Produkt und dessen Preis informiert ist, um eine geschäftliche Entscheidung treffen zu können, ist vom Gericht **anhand der Beschaffenheit und der Merkmale des Produkts sowie des verwendeten Mediums der kommerziellen Kommunikation zu prüfen.**[216]

131 Abzustellen ist auf die **konkret angebotene Leistung,** also bei der Werbung eines Anbieters von Geschenkgutscheinen nicht die Leistung, auf die sich der Gutschein bezieht, sondern deren Vermittlung.[217] Die für einen Gutschein bezeichnende Flexibilität des Kunden bei der Wahl, wann und bei welchem Anbieter er den Gutschein einlöst, steht der Annahme eines hinreichend bestimmten Angebots daher nicht entgegen.[218] Ferner sind auch nur im Hinblick auf dieses insoweit qualifizierte Geschäft (Gutscheinleistung) mit dem Vertragspartner die Identität und Anschrift nach § 5a Abs. 1 Nr. 1 anzugeben.[219]

132 Ein Angebot von Waren oder Dienstleistungen unter Hinweis auf deren **Merkmale und den Preis** setzt nicht zwangsläufig exakte Beschaffenheits- bzw. Preisangaben voraus.[220] Ein bindendes Angebot oder eine invitatio ad offerendum ist nicht erforderlich,[221] auch müssen nicht alle essentialia negotii vorliegen, um die Informationspflichten nach § 5a Abs. 3 auszulösen.[222] Ausreichend ist, dass der Verbraucher hinreichend über das beworbene Produkt und dessen Preis informiert ist, um einen Kaufentschluss fassen zu können. Je nach den Umständen des Einzelfalls kann daher bereits die **Bezugnahme auf das Produkt in Wort oder Bild ohne nähere Beschreibung** und die Angabe eines **„Ab"-Preises** ausreichend sein.[223] Das gilt selbst dann, wenn wie bei einer Anzeige für Flugreisen ein und dieselbe Bezugnahme in Wort oder Bild verwendet wird, um ein in **verschiedenen Ausführungen** angebotenes Produkt zu bezeichnen, sodass es das beworbene Produkt oder die beworbenen Produktgruppen zugleich auch in anderen Ausführungen oder mit anderen Merkmalen zu Preisen gibt, die nicht angegeben werden, sofern der Verbraucher im konkreten Fall trotzdem in der Lage ist, eine geschäftliche Entscheidung zu treffen.[224] Dahinter steht u. a. der Gedanke, dass sich der Gewerbetreibende nicht durch Angabe unscharfer Angaben den Informationserfordernissen des § 5a III/Art. 7 IV soll entziehen können.[225]

---

[211] EuGH, Urt. v. 12.5.2011, *Ving Sverige,* C-122/10, EU:C:2011:299, Rdn. 33.

[212] BGH GRUR 2011, 82, 85 – *Preiswerbung ohne Umsatzsteuer;* GRUR 2014, 580, 581 Rdn. 12 – *Alpenpanorama im Heißluftballon.*

[213] OLG Hamm, Magazindienst 2011, 809; OLG München Urt. v. 31.3.2011, Az. 6 U 3517/10, WRP 2011, 1213 ff.

[214] BGH GRUR 2014, 403 Rdn. 8 – *Der Neue.*

[215] BGH GRUR 2011, 82, 85 – *Preiswerbung ohne Umsatzsteuer.*

[216] EuGH Urt. v. 12.5.2011, *Ving Sverige,* C-122/10, EU:C:2011:299, Rdn. 45.

[217] BGH GRUR 2014, 580, 581 Rdn. 14 – *Alpenpanorama im Heißluftballon.*

[218] BGH GRUR 2014, 580, 581 Rdn. 14 – *Alpenpanorama im Heißluftballon.*

[219] BGH GRUR 2014, 580, 581 Rdn. 19 – *Alpenpanorama im Heißluftballon.*

[220] BGH WRP 2012, 450, 453 – *Treppenlift.*

[221] *BGH GRUR 2014,* 580, 581 Rdn. 12 – *Alpenpanorama im Heißluftballon.*

[222] OLG München WRP 2012, 736, 738; OLG Celle Becks 2013, 21845; OLG Dresden BeckRS 2014, 188825; OLG Nürnberg GRUR-RR 2015, 117; *Köhler*/Bornkamm, 34. Aufl. 2016, § 5a Rdn. 4.20a; *Alexander* WRP 2012, 125, 130.

[223] EuGH, Urt. v. 12.5.2011, *Ving Sverige,* C-122/10, EU:C:2011:299, Rdn. 40; BGH, Urt. v. 7.5.2015, Az. I ZR 158/4, Rdn. 37 – *Der Zauber des Nordens;* OLG München WRP 2012, 736, 738; *Alexander* WRP 2012, 125, 130.

[224] EuGH, Urt. v. 12.5.2011, *Ving Sverige,* C-122/10, EU:C:2011:299, Rdn. 41.

[225] Vgl. EuGH, Urt. v. 12.5.2011, *Ving Sverige,* C-122/10, EU:C:2011:299, Rdn. 45.

Nach inzwischen gefestigter Rspr. kann ein „Angebot zum Kauf" bereits in einer **Prospektwerbung,**[226] **Werbeanzeigen**[227] oder **Internetinseraten/angeboten**[228] liegen, wenn die Werbung die Kaufentscheidung ermöglicht. 133

Etwas anderes gilt aber dann, wenn eine **individuelle Einzelanfertigung** in Rede steht, bei der **vor** einem Vertragsabschluss in der Regel zuächst ein **Beratungsgespräch** erfolgen muss, bevor konkrete Einzelangebote abgegeben werden können.[229] Ist dem Verbraucher z. B. bekannt, dass vor Vertragsschluss noch ein Beratungsgespräch stattfinden muss, in dem der für den beworbenen individuell anzufertigenden Treppenlift zu zahlende Preis überhaupt erst festgelegt wird, ist die Angabe des Listenpreises eines Treppenliftes in einem Wertgutschein, der einen Preisvorteil von 500 EUR bei Kauf eines neuen Treppenlifts in Aussicht stellt, keine „wesentliche Angabe" im Sinne des § 5a Abs. 2, Abs. 3 Nr. 2, weil ein verlässlicher Preisvergleich überhaupt erst nach Einholung des **Einzelangebots** möglich ist.[230] Ebenso kann es bei Gemeinschafts-Werbeanzeigen von Kfz-Händlern für **neue Sondermodelle** liegen, wenn lediglich allgemein unter Hinweis auf die unverbindliche Preisempfehlung des Herstellers ohne Angabe individueller Einzelpreise inseriert wird.[231] 134

c) Abgrenzung. Damit werden insbesondere **folgende Bereiche nicht von § 5a Abs. 3 erfasst:** 135

- Angebote an **Unternehmer;**
- **Aufmerksamkeitswerbung** und Werbung gegenüber Verbrauchern, die nicht hinreichend konkret ist, um schon eine geschäftliche Entscheidung zuzulassen,[232] insbesondere Image- und Erinnerungswerbung;[233]
- geschäftliche Handlungen nach Abschluss des Geschäfts, also insbes. im Rahmen der **Vertragsdurchführung und Vertragsabwicklung;**[234]
- geschäftliche Handlungen, die den **nicht-vertraglichen Bereich** betreffen, z. B. das Zusenden von Scheinrechnungen ohne Mechanismen zum Vertragsschluss.

Soweit die Informationspflicht der unmittelbaren oder mittelbaren Förderung des Produktabsatzes oder des Erscheinungsbildes des Unternehmens dient, kann aber **§ 5a Abs. 4** eingreifen. So wird z. B. bei Wertpapierdienstleistungen vermutet, dass es sich bei bestimmten **Marketing-Mitteilungen** von Wertpapierfirmen für ihre Kunden oder potentiellen Kunden um einen wesentlichen Umstand handelt. 136

3. Katalog der als wesentlich geltenden Umstände

a) Allgemeines. Der in § 5a Abs. 3 enthaltene Katalog ist bei der gebotenen richtlinienkonformen Auslegung entgegen der Amtl. Begr. zum RegE[235] **abschließend,** weil Art. 7 Abs. 4 UGP-Richtlinie eine entsprechende Erweiterung nicht vorsieht. Eine nicht in § 5a Abs. 3 genannte Information **kann jedoch nach § 5a Abs. 2 wesentlich sein.** 137

§ 5a Abs. 3 Nr. 1–5 schließen sich untereinander nicht aus, sondern können auch nebeneinander eingreifen. So können Informationen über das Beschwerdeverfahren sowohl nach Nr. 1 als auch nach Nr. 4 wesentlich sein. 138

b) Wesentliche Produktmerkmale, § 5a Abs. 3 Nr. 1. Als wesentlich für die geschäftliche Entscheidung des Verbrauchers gelten in Angeboten über Waren oder Dienstleistungen alle wesentlichen Merkmale der Waren oder Dienstleistungen in dem für das Kommunikationsmittel und die Ware oder Dienstleistung angemessenen Umfang. Die zuletzt genannte Einschränkung („... in dem 139

---

226 BGH GRUR 2013 1169 – *Brandneu von der IFA;* OLG München WRP 2011, 1213 ff.; s. dazu *Münker,* NJW 2011, NJW-aktuell Nr. 27, 16.

227 BGH GRUR 2014, 584 – *Typenbezeichnung;* OLG Celle BeckRs 2013, 21845; OLG Dresden BeckRs 2014, 18825; OLG Nürnberg GRUR-RR 2015, 117; OLG Düsseldorf GRUR-RR 2015, 347.

228 BGH GRUR 2011, 18 – *Preiswerbung im Internet;* GRUR 2014, 580, 581 Rdn. 10 – *Alpenpanorama im Heißluftballon.*

229 BGH WRP 2012, 450, 453 – *Treppenlift;* Urt. v. 14.1.2016, Wir helfen im Trauerfall, I ZR 61/14, DE:BGH:2016:140116UIZR61.14.0, Rdn. 28.

230 BGH WRP 2012, 450, 453 – *Treppenlift.*

231 BGH GRUR 2014, 403, Rdn. 8 ff., 19 – *Der Neue.*

232 Vgl. z. B. BGH GRUR 2014, 403 Rdn. 8 ff., 19 – *Der Neue:* Gemeinschaftswerbung mehrerer Kfz-Händler für ein neues Sondermodell unter Hinweise lediglich auf die unverbindliche Preisempfehlung des Herstellers.

233 *Köhler*/Bornkamm, 34. Aufl. 2016, § 5a Rdn. 4.20.

234 **A. A.** *Alexander* WRP 2012, 125, 129.

235 BT-Drucks. 16/10145, S. 25.

… angemessenen Umfang …") wurde vor allem mit Blick auf **Produkte des täglichen Bedarfs** eingefügt, wo eine solche Information vom Verkehr allgemein nicht erwartet wird.[236]

140 Für die Beurteilung der Frage, welche Merkmale **„wesentlichen Merkmale der Ware oder Dienstleistung"** sind, ergeben sich Hinweise aus dem Katalog in **§ 5 Abs. 1 S. 2 Nr. 1.**[237] Zu den wesentlichen Merkmalen der Waren bzw. Dienstleistungen gehören daher: Verfügbarkeit, Art, Ausführung, Vorteile, Risiken, Zusammensetzung, Verfahren oder Zeitpunkt der Herstellung, Lieferung oder Erbringung, Zwecktauglichkeit, Verwendungsmöglichkeit,[238] Menge, Beschaffenheit,[239] Kundendienst und Beschwerdeverfahren, geografische oder betriebliche Herkunft, von der Verwendung zu erwartende Ergebnisse oder Ergebnisse oder wesentliche Bestandteile von Tests der Waren oder Dienstleistungen. Die Aufzählung ist **nicht abschließend** („wie").[240] Auch die **Typenbezeichnung** stellt eines Haushaltsgeräts stellt ein wesentliches Merkmal dar,[241] auch die Verkehrsfähigkeit[242] und die Notwendigkeit von Zubehör können wesentliche Merkmale des Produkts sein.[243]

141 Die wesentlichen Merkmale der Waren oder Dienstleistungen müssen jedoch nur in dem **für das Kommunikationsmittel und die Ware oder Dienstleistung angemessenen Umfang** angegeben werden. Diese Einschränkung ist in Verbindung mit Art. 7 Abs. 1 UGP-Richtlinie zu lesen, wonach die Geschäftspraxis unter Berücksichtigung aller tatsächlichen Umstände und der Beschränkungen des Kommunikationsmediums zu beurteilen ist,[244] und ist keine bloße Wiederholung der ohnehin zu beachtenden „Medienklausel" des Art. 7 Abs. 3 UGP-Richtlinie. Kann der Verbraucher eine Information im Hinblick auf das angebotene Produkt und das für das Angebot verwandte Kommunikationsmittel angemessener Weise nicht verlangen, greift die Wesentlichkeitsvermutung nicht. Lässt sich die Wesentlichkeit der Information auch nicht nach § 5a Abs. 2 durch Interessenabwägung feststellen, liegt schon aus diesem Grund kein irreführendes Unterlassen vor mit der Folge, dass es nicht darauf ankommt, ob der Unternehmer die Information verschweigt oder sie in einer den Anforderungen des Art. 7 Abs. 3 genügenden Weise „anderweitig" zur Verfügung stellt.

142 Welcher **Umfang von Informationen gemessen am Medium und am Produkt angemessen** ist, lässt sich nur einzelfallbezogen für die konkrete geschäftliche Handlung sagen.[245] Dabei ist der **Umfang der zu erteilenden Information anhand der Umstände der Aufforderung zum Kauf, der Beschaffenheit und der Merkmale des Produkts sowie des verwendeten Kommunikationsmittels zu beurteilen.**[246] Nach der Rechtsprechung des **EuGH** kann es ausreichen, nur bestimmte Produktmerkmale anzugeben, wenn der Gewerbetreibende im Übrigen auf seine **Website verweist,** sofern sich dort alle wesentliche Informationen über das Produkt, dessen Preis und die übrigen Erfordernisse gemäß Art. 7 befinden. Es obliegt dann den nationalen Gerichten, im Einzelfall unter Berücksichtigung der Umstände der Aufforderung zum Kauf, der Beschaffenheit und der Merkmale des Produkts sowie des verwendeten Kommunikationsmediums zu beurteilen, ob der Verbraucher in die Lage versetzt wird, eine informierte geschäftliche Entscheidung zu treffen, wenn nur einzelne das Produkt kennzeichnende Merkmale genannt werden.[247] Nach *Peifer* soll es etwa ausreichen, wenn in der Fernsehwerbung ein **leicht erreichbares Zusatzinformationsmedium** angegeben wird, oder wenn die Anschrift und Identität des Anbieters eines im Schaufenster zum Verkauf gestellten Kleides anhand der Frontbeschilderung und der Ortslage erkennbar sind.[248] Wer Ballonfahrten vermittelt, muss auch nicht schlechthin im Vorfeld schon vor

---

[236] *Seichter* WRP 2005, 1087, 1093.

[237] BGH GRUR 2014, 584, 585 Rdn. 12 – *Typenbezeichnung;* Götting/Nordemann/*A. Nordemann,* § 5a Rdn. 128.

[238] Vgl. z. B. KG Berlin GRUR-RR 2011, 425, 426: Wer eine Software zum Download zur Verfügung stellt, die es ermöglicht, Musik aus Drittquellen aufzufinden und in MP3-Dateien umzuwandeln, muss darauf hinweisen, dass damit keine Nutzungsrechte an den entsprechenden Werken verschafft werden. Gleiches gilt für die Dauer der Nutzungsmöglichkeit.

[239] Vgl. z. B. LG Oldenburg MDR 2011, 250: Hinweispflicht darauf, dass der als „Jahreswagen (1 Vorbesitzer)" angebotene Pkw ein Mietwagen ist; OLG Düsseldorf WRP 2010, 1551: Hinweis auf Auslaufmodell.

[240] BGH GRUR 2014, 584, 585 Rdn. 12 – *Typenbezeichnung.*

[241] BGH GRUR 2014, 584 LS – *Typenbezeichnung.*

[242] *Leible* GRUR 2010, 183, 185.

[243] Vgl. zu § 5 a. F.: OLG Köln GRUR-RR 2003, 118: Nutzung eines neuartigen Mobilfunkdienstes nur mit einem besonderen Handygerät möglich; OLG Hamburg OLGR Hamburg 2006, 530: beworbene DSL-Internetzugangs-Dienstleistung setzt Telefonanschluss bei der Deutschen Telekom AG voraus.

[244] EuGH, Urt. v. 12.5.2011, *Ving Sverige,* C-122/10, EU:C:2011:299, Rdn. 50 ff.

[245] BGH GRUR 2014, 584, 585, Rdn. 12 – *Typenbezeichnung.*

[246] EuGH, Urt. v. 12.5.2011, *Ving Sverige,* C-122/10, EU:C:2011:299, Rdn. 55; BGH GRUR 2014, 580, 583 Rdn. 28 – *Alpenpanorama im Heißluftballon.*

[247] EuGH, Urt. v. 12.5.2011, *Ving Sverige,* C-122/10, EU:C:2011:299, Rdn. 58.

[248] *Peifer* WRP 2008, 556, 560.

Einlösung des Gutscheins über die Identität und Anschrift auch derjenigen Unternehmer informieren, durch die die von ihm vermittelte Leistung erbracht werden soll.[249] Gleichermaßen besteht keine allgemeine Verpflichtung, stets auch über die Produktgarantie und die Bedingungen für den Kundendienst vollständig zu informieren.[250] Zur **TextilKennzVO** siehe zuletzt BGH, Urt. v. 24.3.2016, Textilkennzeichnung, I ZR 7/15, LS 3.

c) Identität und Anschrift des Unternehmers und desjenigen Unternehmers, für den er handelt, § 5a Abs. 3 Nr. 2. Ähnliche Informationspflichten wie in § 5a Abs. 3 Nr. 2 UWG „Impressumspflicht" finden sich u.a. in § 312c Abs. 1 und Abs. 2 BGB i.V.m. Art. 246 §§ 1, 2 EGBGB und in § 5 Nr. 1 TMG. 143

Zweck der **Informationspflicht** aus § 5a Abs. 3 Nr. 2 ist, dem Verbraucher in Angeboten auf klare und unmissverständliche Weise[251] Angaben darüber zu verschaffen, **mit wem er in geschäftlichen Kontakt tritt,** um mit ihm räumlich und brieflich in Kontakt treten oder ihn ggf. im Falle der Rechtsverfolgung erreichen zu können.[252] Zur Erfüllung der Informationspflicht aus § 5a Abs. 3 NR. 2 müssen die Angaben über die Identität und die Anschrift des Unternehmers und des Unternehmers, für den er handelt, daher in der Weise erteilt werden, dass der Verbraucher mit diesen Angaben in ihrem Gesamtkontext, in dem sie erteilt werden, zugleich auch die Information darüber erlangt, **welche(r) Unternehmer** das **Angebot zum Kauf unterbreitet.**[253] 144

Die Informationspflicht trifft den für das Angebot („Aufforderung zum Kauf") **verantwortlichen Unternehmer,**[254] also denjenigen, der die Werbung selbst geschaltet oder in Auftrag gegeben hat. 145

Über die Identität und die Anschrift dieses **verantwortlichen Unternehmers** ist in der Werbung zu informieren. 146

Darüber hinaus **erweitert** § 5a Abs. 3 Nr. 2 die Informationspflicht auf die Identität und die Anschrift desjenigen **Unternehmers, für den dieser handelt,** d.h. auf den Unternehmer, für den der für die Werbung verantwortliche Unternehmer tätig wird. Auf diese Weise wird sichergestellt, dass dem Verbraucher auch dann die Identität und die Anschrift seines Vertragspartners offenbart werden, wenn dieser bei dem Abschluss des Geschäfts nicht selbst in Erscheinung tritt, sondern **ein Dritter dem Verbraucher das Geschäft anbietet.**[255] 147

Tritt der Unternehmer in **offener Stellvertretung** für einen anderen auf, muss er deshalb neben der eigenen Identität und Anschrift auch die des Vertretenen nennen. 148

Durch die „Fressnapf"-Entscheidung[256] des BGH ist inzwischen geklärt, dass über die Fälle der offenen Vertretung hinaus aber auch anderen Fälle von § 5a Abs. 3 Nr. 2 erfasst werden, in denen der Werbende **aus Sicht der angesprochenen Verkehrskreise für einen (oder mehrere) anderen Unternehmer handelt.** Eine Verletzung der Informationspflicht aus § 5a Abs. 3 Nr. 2 liegt nach dieser Entscheidung bei einer **zentral organisierten Werbung** einer Franchisegeberin für mehrere dem **Franchisesystem** angeschlossene selbständige Märkte vor, in der auf der letzten Seite des Prospekts bei dem Hinweis „...-Märkte in deiner Nähe!" die örtlich nahegelegenen Märkte mit Anschrift und Telefonnummern genannt werden, unter denen sich **auch** die örtlich nahegelegenen Märkte befinden, die an der Verkaufsaktion teilnehmen, aber eine **klare, verständliche und eindeutige Information** fehlt, **welche** dieser in dem Prospekt **angegebenen** Märkte überhaupt an der Aktion teilnehmen und die beworbenen Produkte zu den beworbenen Preisen anbieten.[257] Nicht erforderlich ist, dass das Angebot bereits eine vertragliche Bindung an diesen Dritten vorsieht. Es muss auch kein Fall der offenen Stellvertretung oder eine vergleichbare Fallgestaltung gegeben sein. Nach dem Sinn und Zweck der Informationspflicht aus § 5a Abs. 3 Nr. 2, dem Verbraucher in Angeboten auf klare und unmissverständliche Weise[258] Angaben darüber zu verschaffen, **mit wem** 149

---

[249] BGH GRUR 2014, 580, 583 Rdn. 28ff. – *Alpenpanorama im Heißluftballon.*

[250] S. die entspr. Forderung im in erster Lesung am 20.4.2004 festgelegten Standpunkt des Europäischen Parlaments, P5_TC1-COD(2003)0134, der die endgültige Richtlinienfassung nicht folgt.

[251] BGH GRUR 2013, 1160, 1170 Rdn. 13 – *Brandneu von der IFA.*

[252] BGH GRUR 2014, 580, 582 Rdn. 21, 25 – *Alpenpanorama im Heißluftballon;* GRUR 2013, 1160, 1170 Rdn. 13 – *Brandneu von der IFA; Köhler*/Bornkamm, 34. Aufl. 2016, § 5a Rdn. 4.32. OLG Hamburg, Beschluss vom 20.10.2011, Az. 5 W 134/11, BeckRS 2012, 00656.

[253] Vgl. BGH, Urt. v. 4.2.2016, *Fressnapf,* I ZR 194/14, DE:BGH:2016:04021UIZR194.14.0, Rdn. 21ff. sowie Beschl. v. 28.4.2016 in vorbezeichneter Sache, Rdn. 5 (Zurückweisung der Anhörungsrüge).

[254] BGH, Vorlagebeschluss v. 28.1.2016, *MeinPaket.de,* I ZR 231/14, DE:BGH:2016:280116BIZR231.14.0, Rdn. 30.

[255] BGH GRUR 2014, 580, 582 Rdn. 21 – *Alpenpanorama im Heißluftballon;* BGH, Vorlagebeschluss v. 28.1. 2016, MeinPaket.de, I ZR 231/14, DE:BGH:2016:280116BIZR231.14.0, Rdn. 30; Fezer/*Peifer,* § 5a Rdn. 51.

[256] BGH, Urt. v. 4.2.2016, *Fressnapf,* DE:BGH:2016:040216UIZR194.14.0.

[257] BGH, Urt. v. 4.2.2016, *Fressnapf,* DE:BGH:2016:040216UIZR194.14.0.

[258] BGH GRUR 2013, 1160, 1170 Rdn. 13 – *Brandneu von der IFA.*

er in geschäftlichen Kontakt tritt, um mit ihm räumlich und brieflich in Kontakt treten oder ihn ggf. im Falle der Rechtsverfolgung erreichen zu können,[259] geht es bei der Informationspflicht darum, dass der Verbraucher die Anschrift und Identität **desjenigen Unternehmers** erhält, für dessen Waren oder Dienstleistungen er sich auf Grundlage des Angebots entscheiden kann.[260] Dies hängt nicht vom Bestehen eines Vertretungsverhältnisses oder einer vergleichbaren Konstellation ab. Deshalb muss der Werbende nicht nur dann neben der eigenen Person auch über Identität und Anschrift desjenigen Unternehmers informieren, auf dessen Waren oder Dienstleistungen sich das Angebot bezieht, wenn er diesen Unternehmer rechtsgeschäftlich vertritt oder eine vergleichbare Konstellation vorliegt. Auch ist nicht erforderlich, dass das Angebot selbst bereits eine vertragliche Bindung an den Dritten vorsieht. Vielmehr ist über Identität und Anschrift anderer Unternehmer, auf deren Produkte sich das Angebot bezieht, immer schon dann zu informieren, wenn der Werbende aus Sicht der angesprochenen Verkehrskreise für diese auftritt.[261] Unter welchen Voraussetzungen dies bei der Werbung von **Handelsketten, Franchiseketten** oder anderen **kooperierenden Vertriebssystemen** angenommen werden kann, ist noch nicht vollkommen geklärt. In der „Fressnapf"-Entscheidung ist der BGH davon ausgegangen, dass bei einer zentral organisierten Prospektwerbung, in der verschiedene dem Franchisesystem angeschlossene Märkte namentlich genannt werden, die werbende Franchisegeberin jedenfalls i. S. d. § 5a Abs. 3 Nr. 2 für diese namentlich genannten Franchisenehmer handelt.[262] Ob darüber hinaus eine Verpflichtung der Franchisegeberin bestand, die Identität und Anschrift **aller dem Vertriebssystem angeschlossenen Märkte** zu nennen, auch soweit diese in dem angegriffenen Werbeprospekt nicht namentlich aufgelistet worden waren, aber an der beworbenen Aktion teilnahmen, hat der BGH in der Entscheidung jedoch ausdrücklich offen gelassen.[263]

150 Kein Fall, in dem kumulative Angaben über den für die Werbung verantwortlichen Unternehmer und einen dritten Unternehmer gemacht werden müssen, liegt dann vor, wenn der werbende Unternehmer eine **eigene Leistung** (z. B. Gutschein für eine Ballonfahrt) bewirbt, die er lediglich zur Erfüllung seiner eigenen Vertragspflichten durch **Subunternehmer, Auftragnehmer oder andere Dritte** ausführen lassen will.

151 Bietet der für die Werbung verantwortliche Unternehmer eine eigene **Vermittlungsleistung** dergestalt an, dass der Kunde nach Buchung von ihm einen **Geschenkgutschein** erhält, der nach Buchung bei einem dieser Unternehmer eingelöst werden kann, ohne dass er diese Leistung selbst schuldet, sind Identität und Anschrift deshalb nur im Hinblick auf das insoweit qualifizierte Geschäft mit dem Vermittler als Vertragspartner anzugeben und nicht auch in Bezug auf die Unternehmer, bei denen der Gutschein eingelöst werden kann.[264] Das Interesse des Verbrauchers daran, die Eignung und Zuverlässigkeit des die vermittelte Ballonfahrt durchführenden Unternehmers zu überprüfen, ist durch § 5a Abs. 3 Nr. 2 nicht geschützt, sondern betrifft die Qualität der Dienstleistung, somit Merkmale der Ware i. S. d. § 5a Abs. 3 Nr. 1,[265] über die nur unter den Voraussetzungen der letztgenannten Vorschrift zu informieren ist. Eine generelle Verpflichtung zur Mitteilung von Identität und Anschrift dieses Unternehmers folgt jedoch auch aus § 5a Abs. 3 Nr. 1 nicht (s. **Rdn. 141 f.**).[266]

152 Die Pflicht zur Information besteht hinsichtlich **Anschrift** und **Identität.** Die Angaben müssen dem **Transparenzgebot** genügen, dürfen also nicht unklar, unverständlich oder zweideutig sein.[267] Sie müssen dem Verbraucher die Information verschaffen, **welcher Unternehmer** dieses Angebot zum Kauf unterbreitet, mit wem er also gegebenenfalls in geschäftlichen Kontakt tritt,[268] s. bereits

---

[259] BGH GRUR 2014, 580, 582 Rdn. 21, 25 – *Alpenpanorama im Heißluftballon;* GRUR 2013, 1160, 1170 Rdn. 13 – *Brandneu von der IFA; Köhler*/Bornkamm, 34. Aufl. 2016, § 5a Rdn. 4.32; OLG Hamburg, Beschluss vom 20.10.2011, Az. 5 W 134/11, BeckRS 2012, 00656.

[260] BGH, Urt. v. 4.2.2016, *Fressnapf,* DE:BGH:2016:040216UIZR194.14.0, Rdn. 18.

[261] BGH, Urt. v. 4.2.2016, *Fressnapf,* DE:BGH:2016:040216UIZR194.14.0, Rdn. 20 f.

[262] BGH, Urt. v. 4.2.2016, *Fressnapf,* I ZR 194/14, DE:BGH:2016:040216UIZR194.14.0, Rdn. 21 und 24; Beschluss v. 28.4.2016, I ZR 194/14, Rdn. 6.

[263] Die beklagte Franchisegeberin hatte gegen eine solche Verpflichtung u. a. vorgebracht, dass die Informationsverschaffung über die Teilnahme der Franchisenehmer an der Verkaufsaktion eine Abstimmung erfordere, die zu einer unzulässigen Preisbindung und damit zu einem Verstoß gegen kartellrechtliche Vorgaben führe, vgl. BGH, Beschl. v. 28.4.2016, I ZR 194/14, DE:BGH:2016:040216UIZR194.14.0, Rdn. 4.

[264] BGH GRUR 2014, 580, 582 Rdn. 22 ff. – *Alpenpanorama im Heißluftballon.*

[265] BGH GRUR 2014, 580, 582 Rdn. 25. – *Alpenpanorama im Heißluftballon.*

[266] BGH GRUR 2014, 580, 583 Rdn. 28 – *Alpenpanorama im Heißluftballon.*

[267] BGH, Urt. v. 4.2.2016, *Fressnapf,* I ZR 194/14, DE:BGH:2016:04021UIZR194.14.0, Rdn. 21 ff. sowie Beschl. v. 28.4.2016 in vorbezeichneter Sache, Rdn. 5.

[268] BGH, Urt. v. 4.2.2016, *Fressnapf,* I ZR 194/14, DE:BGH:2016:04021UIZR194.14.0, Rdn. 21 ff.

oben Rdn. 144. Anzugeben sind die Firma und **Rechtsform.**[269] Die erforderlichen Informationen müssen in Anbetracht ihres Zwecks **leicht erkennbar** sein.[270] Das scheitert bei Angeboten im **Internet** allerdings nicht zwangsläufig daran, dass sie nicht auf der Homepage enthalten sind. Die Kenntnis von den Möglichkeiten der Verlinkung können bei Internetnutzern als bekannt vorausgesetzt werden. I. d. R. reicht bei einer **Internetwerbung** daher aus, dass die Anbieterkennzeichnung über die Links „Kontakt" und „Impressum" erreichbar ist.[271] In der **Printwerbung** müssen die Angaben i. d. R. bereits in dieser enthalten sein.[272] Letzteres ist allerdings noch nicht vollkommen geklärt; der BGH hat dem EuGH hierzu zwischenzeitlich zwei Fragen zur Vorabentscheidung vorgelegt.[273] Probleme werfen insoweit insbes. die Fälle des Vertriebs über Filialen oder Zweigestellen auf. Nach OLG München müssen Lebensmittelhandelsketten in ihren Werbeprospekten über die Identität der Inhaber der einzelnen **Filialen** informieren; einen Verweis auf den Filial-Finder im Internet und Identitätsnachweise (erst) in der Filiale sah das OLG München als nicht ausreichend an.[274] Geht aus der Prospektwerbung nicht mit der gebotenen Transparenz hervor, welche der darin genannten Märkte an der Verkaufsaktion teilnehmen und die Produkte zu diesen Preisen anbieten, reicht jedenfalls nicht, dass der Verbraucher dies telefonisch bei dem jeweiligen Markt erfragen kann.[275]

Für **Rechtsanwälte** gilt § 37a Abs. 1 HGB nicht. Gegen fehlende Hinweise auf andere Kanzlei- 153
standorte kann nicht nach § 5a Abs. 2 vorgegangen werden.[276]

Die Angabe bezieht sich auf Identität und Anschrift des **Unternehmers *und*** desjenigen **Unter-** 154
nehmers, für den er handelt. Beide Angaben sind **kumulativ** geschuldet, sodass bei einem Auseinanderfallen dieser Personen unter den o. g. Voraussetzungen sowohl über das für die Werbung verantwortliche Unternehmen als auch das Unternehmen, auf dessen Produktangebot sich die Werbung bezieht, zu informieren ist.

d) Preis, Zusatzkosten, Preis- und Kostenberechnung, § 5a Abs. 3 Nr. 3. Ähnliche In- 155
formationsverpflichtungen finden sich auch in verschiedenen anderen nationalen Bestimmungen, u. a. in **§ 1 PAngV,** neben dem § 5a anwendbar bleibt (s. zum Verhältnis näher **unten Rdn. 193** sowie **§ 5 Rdn. A. 110 ff.**). Konkurrenzfragen sind auf Unionsebene im Wege richtlinienkonformer Auslegung zu lösen. Hier bestehen auf Grundlage verschiedener **europäischer Richtlinien und Verordnungen,** z. B. nach Art. 3 Abs. 4 Preisangabenrichtlinie 98/6/EG und Art. 23 **Abs. 1 VO (EG) Nr. 1008/2008** für Luftverkehrsdienste, **Preisinformationspflichten,** die § 5a Abs. 4 integriert. In aller Regel handelt es sich um Sonderregelungen, die besondere Aspekte unlauterer Geschäftspraktiken regeln und § 5a lediglich ergänzen. § 5a Abs. 3 Nr. 3 bleibt dann anwendbar, soweit seine Voraussetzungen vorliegen, ist im Anwendungsbereich der speziellen Informationsanforderungen jedoch **nach Maßgabe der Sondervorschriften richtlinienkonform auszulegen,**[277] s. dazu **§ 5 Abschn. A Rdn. 50 ff., 56, 59 f. und zur Preisangabenrichtlinie und Dienstleistungsrichtlinie § 5a Rdn. 156, 193.**

§ 5a Abs. 3 Nr. 3 ist richtlinienkonform anhand der UGP-Richtlinie auszulegen. 156

Im Warensektor ist die zusätzliche Informationspflicht des **Art. 3 Abs. 4 RL 98/6/EG** zu beachten und muss in dem Fall, dass in einer Werbung, die der Durchschnittsverbraucher als Angebot zum Kauf zu den in der Werbung genannten Konditionen versteht, ein Preis genannt wird, der aus

---

[269] BGH GRUR 2013, 1169 Rdn. 11 – *Brandneu von der IFA;* OLG Hamm, Beschluss vom 13.10.2011, Az.: I-4 W 84/11, BeckRS 2011, 25913; v. 11.8.2011, I-4 W 66/11, BeckRS 2011, 23813; OLG Hamburg, Beschluss v. 20.10.2011, Az. 5 W 134/11, BeckRS 2012, 00656; OLG München WRP 2012, 230; Fezer/*Peifer,* § 5a Rdn. 50.

[270] OLG Hamm Magazindienst 2011, 809; OLG München Urt. v. 31.3.2011, Az.: 6 U 3517/10, WRP 2011, 1213; vgl. BGH Urt. v. 4.2.2016, *Fressnapf,* I ZR 194/14, DE:BGH:2016:04021UIZR194.14.0, Rdn. 21 ff.

[271] Vgl. BGH GRUR 2007, 159 ff. – *Anbieterkennzeichnung im Internet.*

[272] Vgl. BGH GRUR 2013, 1169, 1170 Rdn. 19 – *Brandneu von der IFA;* Urt. v. 4.2.2016, Fressnapf, I ZR 194/14, DE:BGH:2016:04021UIZR194.14.0, Rdn. 24, tendenziell auch BGH, Vorlagebeschluss v. 28.1.2016, *MeinPaket.de,* I ZR 231/14, DE:BGH:2016:280116BIZR231.14.0, Rdn. 21 ff.

[273] BGH, Vorlagebeschluss v. 28.1.2016, *MeinPaket.de,* I ZR 231/14, DE:BGH:2016:280116BIZR231.14.0.

[274] OLG München Urt. v. 31.3.2011, Az. 6 U 3517/10, WRP 2011, 1213; s. hierzu *Münker* NJW 2011, NJW-aktuell Nr. 27, 16; offengelassen v. OLG München, Urt. v. 15.5.2014, Az. 6 U 3500/13, Rdn. 39, NZB zurückgewiesen BGH, Beschl. v. 2.4.2015, Az. I ZR 131/14. Zur Angabe des Mutterunternehmens s. OLG Hamm Urt. v. 2.2.2012, Az. I-4 U 168/11; LG Dortmund, Urt. v. 1.2.2012, Az. 10 O 92/11.

[275] BGH, Urt. v. 4.2.2016, Fressnapf, I ZR 194/14, DE:BGH:2016:040216UIZR194/14, Rdn. 24.

[276] BGH WRP 2013, 57, 59 – *Zweigstellenbriefbogen.*

[277] Vgl. EuGH, Urt. v. 16.7.2015, *Abcur,* C-544/13 und C-545/13, EU:C:2015:481, Rdn. 45 ff., 80 ff.; BGH GRUR 2002, 1091, 1092 – *Bodensee-Tafelwasser;* GRUR 2003, 628, 629 – *Klosterbrauerei;* GRUR 2008, 830, 831 – *L-Carnitin II;* GRUR 2010, 359, 361 – *Vorbeugen mit Coffein.*

der Sicht des Durchschnittsverbrauchers einem **„Verkaufspreis“ i. S. d. Art. 2 lit. a RL 98/6/ EG** gleichkommt, dieser Preis auch den Anforderungen der RL 98/6/EG genügen, sodass sich in diesem Fall nach der RL 98/6/EG und nicht nach Art. 7 Abs. 4 lit. c UGP-Richtlinie bemisst, welche Bestandteile ein solcher Preis enthalten muss.[278]

157 Es besteht nach § 5a Abs. 3 Nr. 3 eine abgestufte Informationsverpflichtung:

(1) Grundsätzlich ist in an Verbraucher gerichteten **Angeboten**[279] (näher **oben Rdn. 118 ff.**) der **Preis** anzugeben. Darunter ist der für die **Ware oder Dienstleistung**[280] zu zahlende **Endpreis einschließlich Steuer und Abgaben** zu verstehen, obligatorische **Überführungskosten für Kfz** sind einzupreisen.[281] Es muss der **aktuelle** Preis angegeben werden.[282] Eine Verpflichtung, über den Preis der unmittelbar beworbenen bzw. angebotenen Produkte hinaus auch die Preise von Produkten zu benennen, die **nicht angeboten** bzw. beworben wurden, aber im Falle der Verwendung der angebotenen Produkte benötigt werden, besteht wie nach § 1 PAngV nicht.[283] Der Preis ist einschließlich **Steuer** anzugeben. Wer in einer an die Allgemeinheit gerichteten Werbung **Gebrauchtfahrzeuge** anbietet, muss mithin den Preis einschließlich Umsatzsteuer angeben;[284] hingegen liegt bei **Gemeinschafts-Werbeanzeigen** mehrerer Kfz-Händler für **neue Fahrzeugmodelle** lediglich allgemein unter Hinweis auf eine unverbindliche Preisempfehlung **(UVP)** des Herstellers ohne Angabe individueller Endpreise der Händler u. U. noch gar kein „Angebot“ i. S. d. § 5a Abs. 3 vor.[285] Zum Preis gehören auch **nutzungsabhängige Preisbestandteile** der angebotenen Ware bzw. Dienstleistung, so bei DSL-Leistungspaketen die Kosten, die bei einer Überschreitung des angebotenen Paketvolumens anfallen,[286] und bei Telefondienstleistungen auch das Bereitstellungsentgelt und der monatliche **Grundpreis.**[287] Bei einer Ferienwohnung beinhaltet der Endpreis die Pauschale für Strom, Wasser, Bettwäsche u. Ä.[288] Auch die Kosten der Duschenbenutzung in einem Fitnessstudio sind nutzungsabhängige Preisbestandteile.[289] Werden mehrere Waren zu einem einheitlichen Preis abgegeben, ist dieser anzugeben. Die Angabe der **Einzelpreise** ersetzt die Angabe des Gesamtpreises nicht.[290]

158 **Fracht-, Liefer- und Zustellkosten** sind ebenfalls zu nennen,[291] müssen aber **anders als Überführungskosten** (dazu Rdn. 157) nicht in den Endpreis hinein gerechnet werden. Dies ergibt sich daraus, dass sie in Art. 7 Abs. 4 lit. c, § 5a Abs. 3 Nr. 3 gesondert aufgeführt werden und

---

[278] EuGH, Urt. v. 7.7.2016, *Citroën Commerce,* C-476/14, EU:C:2016:527, 30 f.

[279] Auch die Informationsverpflichtung nach § 5a Abs. 3 Nr. 3 besteht nur in „Angeboten“, s. o. Rdn. 88 ff. Ist dem Verbraucher bekannt, dass vor Vertragsschluss noch ein Beratungsgespräch stattfinden muss, in dem der für das individuell anzufertigende Produkt (Treppenlift) zu zahlende Preis überhaupt erst festgelegt wird, ist die Angabe des Listenpreises eines Treppenliftes in einem Wertgutschein, der einen Preisvorteil von 500 EUR bei Kauf eines neuen Treppenlifts in Aussicht stellt, daher keine „wesentliche Angabe“ im Sinne des § 5a Abs. 2, Abs. 3 Nr. 2, weil ein verlässlicher Preisvergleich überhaupt erst nach Einholung des Einzelangebots möglich ist, BGH WRP 2012, 450, 453 – *Treppenlift.* Auch im Falle einer Gemeinschafts-Werbeanzeige mehrerer Kfz-Händler für neue Pkw-Modelle unter Hinweis auf die UVP des Händlers ohne Angabe der individuellen Einzelpreise wurde eine Informationspflicht nach § 5a Abs. 3 Nr. 3 verneint, BGH GRUR 2014, 403/405 Rdn. 8 ff., 19 – *Der Neue;* vgl. bereits BGH GRUR 1983, 658 – *Hersteller-Preisempfehlung in Kfz-Händlerwerbung.*

[280] Art. 7 Abs. 4 lit c. UGP-Richtlinie, den § 5a Abs. 3 Nr. 3 UWG umsetzt, bezieht sich nach Art. 2 lit. c UGP-Richtlinie nicht nur auf Waren, sondern auch auf Dienstleistungen, BGH, Urt. v. 7.5.2015, Az. I ZR 158/14, Rdn. 20 – *Der Zauber des Nordens.*

[281] EuGH, Urt. v. 7.7.2016, *Citroën Commerce,* C-476/14, EU:2016:527, Rdn. 37.

[282] Vgl. BGH GRUR 2010, 1110, 1112 – *Versandkosten bei Froogle II* sowie GRUR 2010, 936 – *Espressomaschine:* Hohe Aktualitätsanforderungen bei Preisangaben in Suchmaschinenwerbung.

[283] Offengelassen von BGH GRUR 2009, 690, 692 – *XtraPac* mit Anm. *Peifer,* jurisPR-WettbR 7/2009 Anm. 3; hierzu näher sogleich.

[284] BGH GRUR 2011, 82, 84 – *Preiswerbung ohne Umsatzsteuer.*

[285] BGH GRUR 2014, 403/405 Rdn. 8 ff., 19 – *Der Neue;* vgl. zur PAngV bereits BGH GRUR 1983, 658 – *Hersteller-Preisempfehlung in der Kfz-Händlerwerbung.*

[286] Vgl. schon OLG Hamburg GRUR-RR 2007, 169.

[287] Vgl. BGH GRUR 2009, 73, 75 – *Telefonieren für 0 Cent!;* OLG Düsseldorf GRUR-RR 2005, 87; vgl. auch OLG Frankfurt GRUR-RR 2007, 165, 166. Zur Grundpreisangabe nach § 5a Abs. 4 s. OLG Hamm MMR 2012, 377 sowie unten **Rdn. 193.**

[288] BGH GRUR 1991, 845, 846 – *Nebenkosten.*

[289] Vgl. hierzu OLG Karlsruhe WRP 2009, 107. Im konkreten Fall war allerdings durch werbende Herausstellung eines monatlichen Beitrags der Eindruck erweckt worden, dass diese Kosten inbegriffen seien, sodass eine Irreführung durch positives Tun (§ 5) vorlag.

[290] Vgl. *Köhler*/Bornkamm, 33. Aufl. 2015, § 4 Rdn. 4.108.

[291] BGH GRUR 2010, 248, 250 – *Kamerakauf im Internet;* GRUR 2011, 1110, 1112 – *Versandkosten bei Froogle II;* GRUR 2010, 251, 252 – *Versandkosten bei Froogle I;* OLG München WRP 2012, 736, 739.

anders als bzgl. der Steuern und Abgaben die Einberechnung nicht angeordnet wird.[292] Bei einer Werbung für Waren in Preisvergleichslisten einer Preissuchmaschine dürfen die zum Kaufpreis hinzukommenden Versandkosten (daher) nicht erst auf der eigenen Internetseite des Werbenden genannt werden, die mit dem Anklicken der Warenabbildung oder des Produktnamens erreicht werden kann.[293] Für zulässig erachtet wurde es, beim Internetvertrieb unmittelbar bei der Werbung für das einzelne Produkt den Hinweis **„zzgl. Versandkosten"** aufzunehmen, wenn sich bei Anklicken oder Ansteuern dieses Hinweises ein Bildschirmfenster mit einer übersichtlichen und verständlichen Erläuterung der allgemeinen Berechnungsmodalitäten für die Versandkosten öffnet und außerdem die tatsächliche Höhe der für den Einkauf anfallenden Versandkosten jeweils bei Aufruf des virtuellen Warenkorbs in der Preisaufstellung gesondert ausgewiesen wird.[294]

Nicht zum Preis gehören **andere Zusatzkosten,** die im Zusammenhang mit dem Bezug der Ware bzw. Dienstleistung anfallen können, wie etwa für **Verbrauchsmaterialien, Zubehör- und Ersatzteile, Kundendienstleistungen** und Leistungen, die mittels der angebotenen oder beworbenen Produkte in Anspruch genommen werden können, für die Verwendung der angebotenen oder beworbenen Produkte erforderlich oder mit diesen kompatibel sind.[295] Auch **Notar- und Grundbuchkosten, Maklergebühren, Kurtaxe** und **Kfz-Zulassungskosten** sind nicht Bestandteil des Endpreises.[296] Das Nichtoffenbaren derartiger Kosten kann aber ungeachtet dessen, dass § 5a Abs. 3 nicht einschlägig ist, nach § 5a Abs. 2 irreführend sein, wenn es sich bei diesen Kosten um eine für den Verbraucher wesentliche Information handelt. **159**

Die Angabe hat so **rechtzeitig** zu erfolgen, dass der durchschnittliche Verbraucher eine informierte geschäftliche Entscheidung treffen kann; **s. dazu näher oben Rdn. 98, 105, 108 ff.** Für den Internetvertrieb hat der BGH entschieden, dass die Informationen schon vor Einlegen der Ware in den virtuellen Warenkorb zur Verfügung gestellt werden müssen, selbst wenn zur endgültigen Bestellung noch weitere Schritte zu vollziehen sind.[297] Hinsichtlich der Frachtkosten ist allerdings zu beachten, dass deren Höhe häufig vom Umfang der Gesamtbestellung abhängt, sodass gilt: **160**

(2) **Können die Fracht-, Liefer- bzw. Zustellkosten nicht im Voraus berechnet** werden, z.B. weil sie vom Wohnort des Käufers abhängen, ist der Endpreis einschließlich Steuern und Abgaben anzugeben und ist darauf hinzuweisen, dass zusätzliche Fracht-, Liefer- bzw. Zustellkosten anfallen. Es reicht in diesem Fall auch bei elektronischen Bestellungen aus, unmittelbar bei der Werbung für das einzelne Produkt den Hinweis „zzgl. Versandkosten" aufzunehmen, wenn sich bei Anklicken oder Ansteuern dieses Hinweises ein Fenster mit einer übersichtlichen und verständlichen Erläuterung der allgemeinen Berechnungsmodalitäten für die Versandkosten öffnet und außerdem die tatsächliche Höhe der für den Einkauf anfallenden Versandkosten jeweils bei Aufruf des virtuellen Warenkorbs in der Preisaufstellung gesondert ausgewiesen wird.[298] Die genaue Angabe der Fracht-, Liefer- bzw. Zustellkosten ist nur insoweit entbehrlich, als diese vernünftigerweise nicht im Voraus berechnet werden können.[299] Spalten sie sich in einen fixen und einen vom Wohnort des Verbrauchers abhängigen Bestandteil auf, ist ersterer deshalb anzugeben und darauf hinzuweisen, dass zusätzliche, noch nicht berechenbare Kosten hinzukommen. **161**

(3) **Wenn der Endpreis aufgrund der Beschaffenheit der Ware oder Dienstleistung vernünftigerweise nicht im Voraus berechnet werden kann,** z.B. weil diese Kosten zeit- oder verbrauchsabhängig sind,[300] tritt an seine Stelle die Angabe **der Art der Preisberechnung.** Der **162**

---

[292] OLG München WRP 2012, 736, 739; *GA Mengozzi,* Schlussantrag v. 16.12.2015, C-476/14, Rdn. 70 ff.; diese Entscheidung legt auch der BGH seinem Vorabentscheidungsersuchen „Preis zuzüglich Überführung" zugrunde, vgl. BGH GRUR 2014, 1208, 1210, Rdn. 16 – *Preis zuzüglich Überführung,* die Entscheidung des EuGH über das Vorabentscheidungsersuchen liegt noch nicht vor.

[293] BGH GRUR 2010, 251 – *Versandkosten bei Froogle I.*

[294] BGH GRUR 2010, 248 – *Kamerakauf im Internet.*

[295] So ständige Rspr. zu § 1 PAngV, s. nur BGH GRUR 2008, 729 – *Werbung für Telefondienstleistungen;* GRUR 2009, 690 ff. – *XtraPac* mit Anm. *Peifer* jurisPR-WettbR 7/2009 Anm. 3; für § 5a hat der BGH die Frage ausdrücklich offengelassen, s. BGH GRUR 2009, 690, 692 – *XtraPac.* Nach Köhler/*Bornkamm* 33. Aufl. 2015, § 5a Rdn. 34 kann jedoch zur Klärung des Umfangs der Informationspflichten nach § 5a Abs. 3 Nr. 3 auf die Rechtsprechung zur PAngV zurückgegriffen werden.

[296] BGH GRUR 1983, 665, 666 – *qm-Preisangaben;* KG Berlin WRP 1980, 414, 416; *Ernst* jurisPR-WettbR 7/2008 Anm. 5.

[297] BGH GRUR 2010, 248, 250 – *Kamerakauf im Internet.*

[298] BGH GRUR 2010, 248, 250 – *Kamerakauf im Internet.*

[299] Vgl. KG Urt. v. 26.1.2012, Az.: 23 W 2/12.

[300] Vgl. BGH, Urt. v. 14.1.2016, *Wir helfen im Trauerfall,* I ZR 61/14, DE:BGH:2016:140116UIZR61.14.0, Rdn. 34 (zur PAngV, jedoch in richtlinienkonformer Auslegung anhand von Art. 7 Abs. 4 lit. c UGP-Richtlinie).

Begriff „Art der Preisberechnung" entspricht dem in § 5 Abs. 1 S. 2 Nr. 2 UWG/Art. 6 Abs. 1 lit. d UGP-Richtlinie verwandten.

163 Anfallende **Fracht-, Liefer- und Zustellkosten** müssen auch in diesem Fall zusätzlich angegeben werden. Lassen sie sich vernünftiger Weise nicht im Voraus berechnen, ist wie unter (2) dargestellt ein Hinweis darauf zu erteilen, dass derartige Kosten anfallen werden.

164 Die Unmöglichkeit der Bildung eines Endpreises muss **auf der Beschaffenheit der Ware bzw. Dienstleistung beruhen.** Der Begriff der „Beschaffenheit" der Ware bzw. Dienstleistung deckt sich jedoch nicht mit dem des § 5 Abs. 1 S. 2 Nr. 1, wie der Vergleich der verschiedenen Richtlinienfassungen zeigt. Während in der deutschen Textfassung des Art. 7 Abs. 4 lit. c wie in Art. 6 Abs. 1 lit. b von „Beschaffenheit" des Produkts die Rede ist, sprechen die **englische und französische Richtlinienfassung** in Art. 6 Abs. 1 lit. b UGP-Richtlinie von „specification" bzw. „spécifications", in Art. 7 Abs. 4 lit. c hingegen wie in Art. 6 Abs. 1 lit. a von „nature" bzw. „nature" des Produkts. Nach Sinn und Zweck der Beschränkung geht es darum, dem Unternehmer den Einwand abzuschneiden, er könne den Endpreis infolge von Umständen nicht angeben, die mit dem konkreten Geschäft nichts zu tun haben. Der Begriff der Beschaffenheit der Ware bzw. Dienstleistung ist deshalb **weit auszulegen.** So kann die Verpflichtung zur Endpreisangabe bei Dienstleistungen entfallen, wenn dem Unternehmer eine Preisberechnung nicht möglich ist, weil sich sein Angebot an eine Vielzahl von Personen richtet, für die unterschiedliche Endpreise gelten. Mangelnde Buchhaltung, fehlende Computerprogramme, unzureichende Organisation o. Ä. haben mit dem Geschäft hingegen nichts zu tun und befreien den Unternehmer nicht von der Verpflichtung zur Endpreisangabe.

165 Enthält die Aufforderung zum Kauf nur einen **„Ab"-Preis, nicht aber die Einzelheiten der Berechnung des Endpreises** und ggf. die Zusatzkosten oder einen Hinweis darauf, dass solche zusätzlichen Kosten anfallen, kann dies nach der Rspr. des **EuGH** nicht per se als irreführende Unterlassung angesehen werden.[301] In den „ab"-Preis müssen jedoch alle obligatorisch anfallenden, der Höhe nach bereits berechenbaren (Teil-)Entgelte eingerechnet werden, zu denen bei der Werbung für eine Kreuzfahrt auch ein für jede beanstandungsfrei an Bord verlangtes Service-Entgelt zählt, welches in Höhe des nach der Gesamtreisezeit berechneten Betrags ohne Abschlag einzupreisen ist.[302]

166 Hingegen liegt bei einer gemeinsamen Werbeanzeige von Kfz-Händlern ohne konkrete Preise lediglich mit dem Hinweis auf die unverbindliche Preisempfehlung **(UVP)** des Herstellers u. U. noch kein „Angebot" i. S. d. § 5a Abs. 3 vor.[303]

167 Für **Verkaufsförderungsmaßnahmen** im **elektronischen Geschäftsverkehr** sind in **Art. 6 lit. c und d der E-Commerce-Richtlinie 2000/31/EG** spezielle Informationspflichten für Diensteanbieter geregelt, welche über § 5a Abs. 4 auch lauterkeitsrechtlich durchgesetzt werden können. Nach Art. 6 lit. c, d ECRL müssen **Angebote** zur Verkaufsförderung wie Preisnachlässe, Zugaben und Geschenke (lit. c) sowie Preisausschreiben und Gewinnspiele (lit. d) jeweils klar als solche erkennbar sein, und die Bedingungen für ihre Inanspruchnahme müssen leicht zugänglich sein sowie klar und unzweideutig angegeben werden.

168 Für **Offline-Verkaufsförderungsmaßnahmen** gelten die Informationspflichten aus Art. 5, 6 ECRL nach hier vertretener Auffassung nicht, sondern nur die allgemeinen Grundsätze aus Art. 7 Abs. 1–3 UGP-Richtlinie (§ 5a Abs. 1–3, 5–6). **s. näher § 5a Rdn. 196.**

169 Die Informationspflicht aus § 5a Abs. 3 Nr. 3 setzt auch bei Verkaufsförderungsmaßnahmen ein „Angebot zum Kauf" voraus. Bei einer Werbung dergestalt, dass an Verbraucher „Wertgutscheine" mittels Postwurfsendung verteilt werden, in denen allen Käufern eines neuen Treppenlifts ein Preisvorteil in Höhe von 500 EUR bei Vorlage des Wertgutscheins angezeigt wird, liegt ein solches noch nicht vor, sodass § 5a Abs. 3 Nr. 3 nicht greift.[304]

170 Eine generelle Verpflichtung, bei Gesamtpreisangeboten stets auch die **Einzelpreise,**[305] den **bisherigen Normalpreis**[306] **oder den Wert der Zugabe**[307] anzugeben, besteht bei Verkaufsförde-

---

[301] EuGH, Urt. v. 12.5.2011, *Ving Sverige,* C-122/10, EU:C:2011:299, Rdn. 69.

[302] BGH, Urt. v. 7.5.2015, Az. I ZR 158/14, Rdn. 41 – *Der Zauber des Nordens.*

[303] Vgl. BGH GRUR 2014, 403 Rdn. 8 ff., 19 – *Der Neue.*

[304] BGH GRUR 2012, 402, 404 Rdn. 32 – *Treppenlift.*

[305] *Köhler*/Bornkamm, 33. Aufl. 2015, § 4 Rdn. 4.103, Rdn. 4.108.

[306] MüKo-UWG/*Heermann,* § 4 Nr. 4 Rdn. 37; Ohly/*Sosnitza,* 6. Aufl. 2014, § 4 Rdn. 4.5.

[307] Fezer/*Steinbeck,* § 4–4 Rdn. 16; *dies.* WRP 2008, 1046; *Köhler*/Bornkamm, 33. Aufl. 2015, § 4 Rdn. 4.103, Rdn. 4.107; Ohly/*Sosnitza,* 6. Aufl. 2014, § 4 Rdn. 4.5. Vgl. BGH GRUR 2014, 576, 577 Rdn. 26 ff., 27 – *2 Flaschen GRATIS;* so schon zur Rechtslage vor der UWG-Reform 2008: BGH GRUR 2002, 976, 978 – *Koppelungsangebot I;* GRUR 2003, 77, 78 – *Fernwärme für Börnsen;* GRUR 2003, 976, 978 – *Gesamtpreisangebot;* GRUR 2008, 729, 731 – *Werbung für Telefondienstleistungen.*

rungsmaßnahmen nicht und ergibt sich auch nicht aus § 5a Abs. 3 Nr. 3. Das Fehlen dieser Angaben oder eine intransparente Darstellung kann aber eine Irreführung i. S. d. § 5 oder § 5a Abs. 2, 5, 6 begründen.[308] Dabei ist der gegenüber anderen Werbemaßnahmen in aller Regel gesteigerte Anlockeffekt von Verkaufsförderungsmaßahmen zu berücksichtigten, der dazu führen kann, dass anderweit zur Verfügung gestellte Informationen nicht mehr zur Kenntnis genommen werden. Nach der Rspr. des BGH zu § 4 Nr. 4 a. F., die bereits das Erfordernis der unionskonformen Auslegung anhand von Art. 7 UGP-Richtlinie berücksichtigt, müssen den Verbrauchern daher dann, wenn die Werbung zur Inanspruchnahme der Verkaufsförderungsmaßnahme auffordert, die Informationen über die **Bedingungen der Inanspruchnahme** einer Verkaufsförderungsmaßnahme grundsätzlich schon im Rahmen der Werbung zur Verfügung stehen.[309] Ob ein Hinweis auf **weiterführende Informationen** ausreichend ist, muss unter Berücksichtigung des Einzelfalls entschieden werden.[310] Unerwartete Beschränkungen sowie sonstige überraschende Teilnahmebedingungen müssen in der Werbung stets unmittelbar offenbart werden.[311] Ferner sind die Grundsätze der **Blickfangwerbung** zu beachten,[312] **s. dazu näher § 5 Rdn. B.127 ff.** So ist es bspw. unzulässig, im Angebot nur das Versprechen unentgeltlicher **Zugaben** oder **Teilleistungen** oder den günstigen Preis einer Teilleistung herauszustellen, den Preis des anderen Teils des Koppelungsangebots und damit die Gesamtbelastung aber zu verschweigen,[313] oder hinsichtlich der von der Rabattierung ausgenommenen Waren und der näheren Bedingungen in einer Fußnote auf die Website zu verweisen.[314]

e) Zahlungs-, Liefer- und Leistungsbedingungen, Beschwerdeverfahren, § 5a Abs. 3 Nr. 4. *aa)* In Angeboten an Verbraucher gelten nach § 5a Abs. 3 Nr. 4 als wesentlich auch die Zahlungs-, Lieferungs- und Leistungsbedingungen sowie das Verfahren zum Umgang mit Beschwerden, sofern sie von den Erfordernissen der fachlichen Sorgfalt abweichen. Die Bestimmung beruht auf Art. 7 Abs. 4 lit. d UGP-Richtlinie. Sie ist richtlinienkonform auszulegen und findet **unabhängig von der zivilrechtlichen Wirksamkeit und einem etwaigen Eingreifen von § 3a, § 5 Anwendung.** Die Informationspflicht des Unternehmers entfällt deshalb nicht dadurch, dass eine von ihm verwandte AGB wegen Verstoßes gegen §§ 305 ff. BGB unwirksam und ihr Gebrauch nach § 3a unlauter bzw. gemäß § 5 irreführend ist.[315] Dafür spricht neben dem Sinn und Zweck der Vorschrift, den Schutz der Verbraucher zu verstärken, dass die Wirksamkeit bzw. Unwirksamkeit einer Bedingung häufig nicht zweifelsfrei feststeht und erst aufwendig im Gerichtsverfahren geklärt werden müsste.[316] Streitig ist, ob der Unternehmer in diesem Fall auch darauf hinweisen muss, dass die betreffenden Geschäftsbedingungen gegen die Erfordernisse der fachlichen Sorgfalt verstoßen.[317] 171

bb) Der Begriff des **„Beschwerdeverfahrens"** entspricht dem des § 5 Abs. 1 S. 2 Nr. 1; auf die dortige Kommentierung wird Bezug genommen. 172

Der Begriff der **„Liefer- und Leistungsbedingungen"** entspricht inhaltlich dem in § 5 Abs. 1 S. 2 Nr. 1 enthaltenen mit der Maßgabe, dass die Bedingungen bei § 5a Abs. 3 Nr. 4 in an Verbraucher gerichteten Angeboten enthalten sein müssen. Zwar beruht die dortige Formulierung auf der Irreführungsrichtlinie, während § 5a Abs. 3 Nr. 4 UWG Art. 7 Abs. 4 lit. d UGP-RL umsetzt, die wiederum eine vergleichbare Formulierung in Art. 6 Abs. 1 nicht enthält. Bei den „Liefer- und 173

---

308 Ohly/*Sosnitza,* 6. Aufl. 2014, § 4 Rdn. 4.5.

309 BGH GRUR 2008, 724 Rdn. 9 – *Urlaubsgewinnspiel;* GRUR 2009, 1064, 1067 Rdn. 27 ff., 37 – *Geld-Zurück-Garantie II.*

310 BGH GRUR 2009, 1064, 1068 Rdn. 27 ff., 38 – *Geld-Zurück-Garantie II.*

311 BGH GRUR 2008, 724 Rdn. – *Urlaubsgewinnspiel;* GRUR 2009, 1064, 1068 Rdn. 27 ff., 39 – *Geld-Zurück-Garantie II.*

312 BGH GRUR 2009, 1064, 1067 Rdn. 27 ff., 38 – *Geld-Zurück-Garantie II.*

313 Vgl. schon bislang BGH GRUR 1999, 261, 264 – *Handy-Endpreis;* GRUR 2002, 979, 981 f. – *Koppelungsangebot II;* GRUR 2003, 890, 891 – *Buchclub-Koppelungsangebot;* GRUR 2006, 164, 166 *Aktivierungskosten II;* GRUR 2009, 73, 75 – *Telefonieren für 0 Cent!*

314 OLG Bamberg, NJW-RR 2015, 934; OLG Karlsruhe, Urt. v. 17.7.2015, Az. 4 U 49/15, BeckRS 2015, 16281.

315 Ebenso *Köhler* NJW 2008, 177, 181; WRP 2012, 22, 30; *Köhler*/Bornkamm, 34. Aufl. 2016, § 5a Rdn. 4.49; Fezer/*Peifer,* § 5a Rdn. 61 f.; s. auch EuGH, Urt. v. 15.3.2012, Pereničová und Perenič, C-453/10, EU:C:2012:144, Rdn 1 ff.; vgl. schon BGH GRUR 2008, 532 – *Umsatzsteuerhinweis.*

316 Ebenso *Köhler* NJW 2008, 177, 181.

317 Während Köhler/*Bornkamm,* 33. Aufl. 2015, § 5a Rdn. 35 eine Pflicht zur Aufklärung über die Unwirksamkeit verneint, soll der Unternehmer nach *Köhler* WRP 2012, 22, 30 dann verpflichtet sein, auf die Unwirksamkeit bestimmter Geschäftsbedingungen hinzuweisen, wenn von ihm billigerweise zu erwarten sei, dass er die Unwirksamkeit kenne, diese Kenntnis also zu den „Fachkenntnissen in seinem Tätigkeitsbereich" gehöre, sodass letztlich schon ein „Kennenmüssen" die Hinweispflicht auslöse. Für eine Hinweispflicht bei Verwendung missbräuchlicher Klauseln auch *Alexander* WRP 2012, 515, 521.

Leistungsbedingungen“ in § 5 Abs. 1 S. 2 Nr. 2 handelt es sich jedoch um einen Ausschnitt aus den „Verpflichtungen des Unternehmers“, die zusätzlich auch den nachvertraglichen Bereich abdecken, s. **§ 5 Abschn. E Rdn. 95 ff.** Gemeint sind in an Verbraucher gerichteten Angeboten enthaltene **Angaben über die vertraglichen Bedingungen, unter denen die Ware geliefert bzw. die Dienstleistung erbracht werden.** Dazu hören auch Garantieankündigungen nach § 477 BGB.[318] Wegen der Einzelheiten wird auf die Kommentierung unter **§ 5 Abschn. D Rdn. 95 ff.** verwiesen. Bedingungen über die **Vertragsabwicklung** gehören nicht dazu.

174 Darüber hinaus werden auch die **Zahlungsbedingungen** erfasst, also die Bedingungen, unter denen **Zahlung(en) zu leisten sind.**

175 *cc)* Angaben über die Zahlungs-, Liefer- und Leistungsbedingungen sowie das Beschwerdeverfahren **gelten nur als wesentlich, wenn sie von Erfordernissen der fachlichen Sorgfalt abweichen.** Die Beurteilung, ob Bedingungen bzw. das Beschwerdeverfahren im Sinne von § 5a Abs. 3 Nr. 4 „von Erfordernissen der fachlichen Sorgfalt abweichen“, richtet sich danach, welche Bedingungen bzw. welches Verfahren der angesprochene Verkehrskreis in der konkreten Situation der geschäftlichen Handlung **angemessener Weise erwarten darf.** Will der Unternehmer von diesem Standard abweichen, ist dies für die geschäftliche Entscheidung des Verkehrs wesentlich, so dass der Unternehmer über die Einzelheiten informieren muss. Laut **BGH** setzt eine Abweichung von den Erfordernissen der fachlichen Sorgfalt regelmäßig eine Abweichung vom Üblichen voraus, mit welcher der Verbraucher nicht ohne weiteres rechnet.[319] Daher wurde eine Internet-Werbung für Druckerpatronen und Kartuschen als Ersatz für Originalerzeugnisse von Markenherstellern nicht vor dem Hintergrund als irreführend angesehen, dass die Wirkungen und Bedingungen der in der Werbung herausgestellten dreijährigen Garantie auf der Internetseite nicht genannt wurden.[320]

176 **f) Rücktritts- und Widerrufsrechte, § 5a Abs. 3 Nr. 5.** Nach dieser Bestimmung gelten in Angeboten an Verbraucher Informationen über Widerrufs- und Rücktrittsrechte als wesentlich. Dabei kommt es anders als bei § 5a Abs. 3 Nr. 4 nicht darauf an, ob die vom Unternehmer angestrebte Regelung dieser Rechte von den Erfordernissen der fachlichen Sorgfalt abweicht.[321] Angaben über im Falle des Abschlusses des angebotenen Rechtsgeschäfts bestehende Rücktritts- oder Widerrufsrechte sind stets erforderlich; nach § 5a Abs. 3 Nr. 5 wird das Fehlen der entspr. Information daher von Rechts wegen als für die geschäftliche Entscheidung des Verbrauchers wesentlich vermutet. Gleiches gilt auch für das Fehlen der erforderlichen Belehrung darüber, dass *kein* Widerrufsrecht besteht.[322] Nach gefestigter Rechtsprechung ist das Fehlen der in § 355 BGB vorgesehenen Belehrung überdies unlauter im Sinne von § 4 Nr. 11 a. F. (§ 3a n. F.).[323]

177 Betroffen sind nur **Rücktritts- und Widerrufsrechte.** Dem Vorschlag, **Umtausch- und Kostenerstattungsrechte** mit aufzunehmen,[324] ist der europäische Gesetzgeber nicht gefolgt.

178 Eine Informationspflicht über Preise und Kosten kann sich, z. B. im **Fernabsatz** oder bei **Pauschalreisen,** auch aus § 5a Abs. 4 ergeben, s. Rdn. 134a, 134c.

179 Wegen der Einzelheiten bestehender Rücktritts- und Widerrufsrechte des Verbrauchers wird auf die Kommentierung bei ***Weidert,*** **§ 5 I. Rdn. 1 ff.** verwiesen.

VIII. Vermutung der Wesentlichkeit gemeinschaftsrechtlicher Informationsanforderungen (§ 5a Abs. 4)

1. Allgemein

180 Im Verkehr B2C gelten nach § 5a Abs. 4 als wesentlich im Sinne von § 5a Abs. 2 auch die Informationen, die dem Verbraucher auf Grund gemeinschaftsrechtlicher Verordnungen oder nach

---

[318] BGH GRUR 2011, 638, 639 – *Werbung mit Garantie.*

[319] BGH GRUR 2011, 638, 639 – *Werbung mit Garantie;* s. auch *Köhler* NJW 2008, 177, 179 f.

[320] BGH GRUR 2011, 638, 639 – *Werbung mit Garantie.* – A. A. gestützt auf § 4 Nr. 11 a. F. die Vorinstanz OLG Hamm MMR 2010, 28.

[321] Amtl. Begr. zum RegE, BT-Drucks. 16/10 145, S. 26; Köhler/*Bornkamm,* 33. Aufl. 2015, § 5a Rdn. 35; Fezer/*Peifer,* § 5a Rdn. 61 f.; *Köhler* NJW 2008, 177, 179 f.; Piper/Ohly/*Sosnitza,* § 5a Rdn. 31.

[322] So zu § 4 Nr. 11 a. F. BGH Urt. v. 9.6.2011, Az. I ZR 17/10, Tz. 40 – *Computer-Bild.*

[323] BGH Urt. v. 9.6.2011, Az. I ZR 17/10, Tz. 40 – *Computer-Bild;* BGHZ 121, 52, 57 – *Widerrufsbelehrung I;* GRUR 1986, 816, 818 – *Widerrufsbelehrung bei Teilzahlungskauf;* OLG Hamm GRUR-RR 2005, 285 – *Internet-Widerrufsbelehrung;* OLG Jena GRUR-RR 2006, 283 – *Pflichtbelehrung;* KG NJW 2006, 3215; OLG Karlsruhe WRP 2006, 1039, 1042; OLG Frankfurt GRUR 2007, 56, 57 – *Sprechender Link;* OLG Köln GRUR-RR 2008, 88 – *„Sofort-Kaufen“ Option.*

[324] Vgl. Art. 7 Abs. 3 lit. e des Vorschlags, Dokument P5_TC1-COD(2003)0134.

Rechtsvorschriften zur Umsetzung gemeinschaftsrechtlicher Richtlinien für kommerzielle Kommunikation einschließlich Werbung und Marketing nicht vorenthalten werden dürfen. Es handelt sich um eine **Rechtsvermutung.** Sie ist nicht widerleglich.

Vermutet wird nach § 5a Abs. 4 nur die „Wesentlichkeit" der Informationen, die nach Gemein- 181
schaftsrecht in Bezug auf kommerzielle Kommunikation zu geben sind. Hingegen entfällt nicht die Notwendigkeit, jeweils unter Beachtung der **Medienklausel** des Art. 7 Abs. 3 UGP-Richtlinie für den konkreten Fall zu prüfen, ob die Information auch tatsächlich **„vorenthalten"** wurde (oben **Rdn. 75 ff.**). Das **Relevanzerfordernis gilt auch für § 5a Abs. 4, s. Rdn. 113 ff.**

2. Verhältnis B2C

Wie schon § 5a Abs. 3 gilt auch die in § 5a Abs. 4 enthaltene Rechtsvermutung nur im geschäft- 182
lichen Verkehr gegenüber Verbrauchern.[325] Verbraucher als Anbieter werden hier nicht erfasst.[326] Maßgeblich ist der **deutsche Verbraucherbegriff i. S. v. § 2 Abs. 2 UWG i. V. m. § 13 BGB.** Zwar ist dieser im Verhältnis zu dem der UGP-Richtlinie zu Grunde liegenden Verbraucherbegriff möglicherweise umfassender, s. näher die Kommentierung zu § 2. Da der europäische Verbraucherbegriff jedoch zugleich den Anwendungsbereich der UGP-Richtlinie begrenzt und die im Übrigen einschlägige Irreführungsrichtlinie nur einen Mindest-, aber keinen Höchstschutz vorgibt, war der deutsche Gesetzgeber in der Beibehaltung des dem BGB entlehnten Verbraucherbegriffs frei; hiervon hat er Gebrauch gemacht.[327] Zum **Verbraucherleitbild s. § 5a Rdn. 89.**

3. Unionsrechtliche Informationsanforderungen in Bezug auf kommerzielle Kommunikation einschließlich Werbung und Marketing

a) Informationsanforderungen. Als wesentlich i. S. d. § 5a Abs. 2 gelten auch Informationen, 183
die dem **Verbraucher** auf Grund unionsrechtlicher Verordnungen oder nach Rechtsvorschriften zur Umsetzung unionsrechtlicher Richtlinie für kommerzielle Kommunikation einschließlich Werbung und Marketing nicht vorenthalten werden dürfen. Nur Informationsanforderungen in Bezug auf **kommerzielle Kommunikation** einschließlich **Werbung und Marketing** werden erfasst. Dies folgt aus dem Wortlaut des Art. 7 Abs. 5 sowie Erwägungsgrund 15 UGP-Richtlinie. Informationsanforderungen sind Bestimmungen, die den Unternehmen bestimmte **Informationspflichten** auferlegen. Unionsrechtliche Vorgaben, die eine Werbung oder andere geschäftliche Handlung ganz **verbieten,** stehen ihnen nicht gleich. Das gilt auch dann, wenn der Grund für das Verbot im Irreführungspotential derartiger geschäftlicher Handlungen liegt. Der entscheidende Unterschied zu „Informationsanforderungen" liegt darin, dass das verbotene Verhalten auch dann nicht erlaubt ist, wenn umfassende Informationen über etwaige Gefahren erteilt werden. Das in Art. 3 Abs. 1 der Richtlinie 2003/33/EG vorgesehene Verbot von Werbung für Tabakerzeugnissen in der Werbung für Endverbraucher fällt daher nicht unter § 5a Abs. 4.

b) Kommerzielle Kommunikation einschließlich Werbung und Marketing. Hinsichtlich 184
des Begriffs **„kommerzielle Kommunikation"** kann auf dort im Zusammenhang mit ähnlichen Pflichtangaben wie in Art. 7 Abs. 4 UGP-Richtlinie zur Anwendung kommende und in der Dienstleistungsrichtlinie 2006/123/EG erneut verwandte **Legaldefinition in Art. 2 lit. f Richtlinie 2001/31/EG über den elektronischen Geschäftsverkehr** zurückgegriffen werden.[328] Die Annahme, der Unionsgesetzgeber habe diesen für die Begriff in der UGP-Richtlinie abweichend und weiter verstehen wollen,[329] ohne diese neue Definition in den Katalog der Legaldefinitionen in Art. 2 UGP-Richtlinie aufzunehmen, überzeugt nicht. In Ermangelung präziser Anhaltspunkte für eine Neudefinition wäre der Anwendungsbereich des Art. 7 Abs. 5 nahezu beliebig ausweitbar.

Maßgeblich ist somit die gesetzliche Legaldefinition in Art. 2 lit. f der EC-Richtlinie. Danach 185
umfasst „kommerzielle Kommunikation" alle Formen der Kommunikation, die **der unmittelbaren oder mittelbaren Förderung des Absatzes** von Waren und Dienstleistungen oder des **Erscheinungsbilds eines Unternehmens,** einer Organisation oder einer natürlichen Person dienen, die eine Tätigkeit in Handel, Gewerbe oder Handwerk oder einen reglementierten Beruf ausübt.

---

325 Ganz hM, anstelle vieler nur Gloy/Loschelder/Erdmann/*Helm,* HdbWettbR, § 5a Rdn. 115; Köhler/*Bornkamm,* 34. Aufl. 2016, § 5a Rdn. 3.7.

326 *Köhler*/Bornkamm, 34. Aufl. 2016, § 5a Rdn. 3.7.

327 Amtl. Begr., BT-Drucks. 16/10 145, S. 12.

328 Ebenso GK/*Lindacher,* 2. Aufl., § 5a Rdn. 69; vgl. auch EuGH, Urt. v. 14.7.2016, InnovaVital, C-19/15, EU:C:2016:563, Rdn. 25 ff., 29.

329 So *Zecca-Jobst,* S. 71, die sich für einen von der Dienstleistungsrichtlinie und E-Commerce-Richtlinie abweichenden, weiteren Begriff der „kommerziellen Kommunikation" ausspricht (S. 67 ff.).

Angaben, die direkten Zugang zur Tätigkeit des Unternehmens bzw. der Organisation oder Person ermöglichen, wie insbes. ein Domain-Name oder eine Adresse der elektronischen Post, und Angaben in Bezug auf Waren oder Dienstleistungen oder das Erscheinungsbild eines Unternehmens, einer Organisation oder Person, die unabhängig und insbes. ohne finanzielle Gegenleistung gemacht werden, stellen als solche keine Form der kommerziellen Kommunikation dar. Erfasst werden jedoch nicht nur Äußerungen, sondern auch tatsächliche Verhaltensweisen.[330] **„Werbung“**, d. h. nach der Legaldefinition in Art. 2 lit. a der Irreführungsrichtlinie jede Äußerung bei der Ausübung eines Handels, Gewerbes, Handwerks oder freien Berufs mit dem Ziel, den Absatz von Waren oder die Erbringung von Dienstleistungen einschließlich unbeweglicher Sachen, Rechte und Verpflichtungen zu fördern, ist inbegriffen, ebenso **„Marketing“**, also jede Vermarktung von Produkten oder des Unternehmens.

186 Unter § 5a Abs. 4 fallen damit nur Informationspflichten in Zusammenhang mit der unmittelbaren oder mittelbaren Förderung des Produktabsatzes oder Erscheinungsbilds eines Unternehmens. **Informationspflichten, die zu anderen Zwecken oder erst im Zuge des Vertragsschlusses oder bei der Vertragsabwicklung zu erfüllen sind, gehören nicht zu ihnen.**[331] So wird die Wesentlichkeit der nach **Art. 246c EGBGB** bei Verträgen im elektronischen Geschäftsverkehr bestehenden Informationspflichten (Angabe der Schritte, die zum Vertragsschluss führen, zur Speicherung von Daten und zur Korrektur, zu den zur Verfügung stehenden Sprachen, über die Verhaltenskodizes, denen sich der Unternehmer unterworfen hat) **nicht** nach § 5a Abs. 4 vermutet, denn diese Pflichten sind nicht der Absatzförderung zuzurechnen. Dies folgt auch daraus, dass Art. 10 EC-Richtlinie, den Art. 246c EGBGB umsetzt, systematisch nicht Kap. 2 Abschnitt 2 der EC-Richtlinie zugeordnet ist, der die „Kommerzielle Kommunikation“ regelt, sondern dessen Abschnitt 3 „Abschluss von Verträgen“. S. dazu näher auch **Rdn. 190, 206 ff., § 5 A.30 ff.** sowie zum Rückgriff auf § 5a Abs. 2, 5 sogleich **Rdn. 188.**

187 **c) Im Unionsrecht verankert.** Nur Informationsanforderungen, die das Unionsrecht aufstellt oder die auf seiner Grundlage ergangen sind, lösen die Vermutung aus. **Nationale Informationsanforderungen stehen dem nicht gleich** (vgl. den 15. Erwägungsgrund). Das gilt jedenfalls seit dem Ablauf der Übergangsfrist am 12.6.2013 auch, wenn sie auf Grundlage von **Mindestanpassungsklauseln** aufgestellt worden sind; andernfalls wäre die Liste der Informationspflichten beliebig erweiterbar, so dass der abschließende Standard der Richtlinie unterlaufen würde, **s. dazu ausführlich § 5 A.30 ff.**

188 **Schutzlücken** entstehen dadurch **nicht,** denn Art. 7 Abs. 5 UGP-Richtlinie/§ 5a Abs. 4 soll die Rechtsstellung des Verbrauchers ausschließlich verbessern und **schließt den Rückgriff auf die allgemeinen Grundsätze in Art. 7 Abs. 1 und 2 UGP-Richtlinie/§ 5a Abs. 2 und 5 UWG nicht aus.** Das Vorenthalten von Pflichtangaben kann sich daher auch wenn es die Voraussetzungen des Art. 7 Abs. 5 UGP-Richtlinie/§ 5a Abs. 4 UWG nicht erfüllt, im konkreten Fall unter Berücksichtigung aller Umstände trotzdem noch nach allgemeinen Grundsätzen (Art. 7 Abs. 1 und 2 UGP-Richtlinie/**§ 5a Abs. 2 und 5 UWG**) als irreführende Unterlassung erweisen, sofern die Sonderregelung nicht ausnahmsweise ein abweichende (vorrangige) Sonderregelung trifft.[332] Auf diese Weise stellt die UGP-Richtlinie sicher, dass auch hinsichtlich der Pflichtangaben in **jedem Fall der Basisschutz** besteht, s. näher **§ 5 A.58.**

4. Unionsrechtliche Informationsanforderungen i. S. d. § 5a Abs. 4 im Einzelnen

189 **a) Anhang II der UGP-Richtlinie.** Der Anhang enthält eine **nicht abschließende**[333] **Liste** der betroffenen Informationsanforderungen. Soweit im Anhang genannte Richtlinien aufgehoben und ersetzt wurden, gelten die Verweise auf die aufgehobenen Richtlinien als solche auf die aufhebenden Richtlinien (so z. B. ausdrücklich Art. 31 der Verbraucherrechterichtlinie 2011/83/EU samt **Entsprechungstabelle** in deren Anh. II; Art. 18 der die RL 94/47/EG aufhebenden RL 2008/122/EG). Im Anhang sind genannt:

---

330 *Köhler/Lettl* WRP 2003, 1019, 1034; *Lettl* WRP 2008, 155, 157.

331 GK/*Lindacher,* 2. Aufl., § 5a Rdn. 70. A. A. *Zecca-Jobst,* S. 71, die sich für einen von der Dienstleistungsrichtlinie und E-Commerce-Richtlinie abweichenden, weiteren Begriff der „kommerziellen Kommunikation“ ausspricht (S. 67 ff.).

332 Ebenso OLG Düsseldorf, GRUR-RR 2015, 158, 160; vgl. auch *Bergmann* in: FS Krämer, S. 163, 168 f.; *Körber/Heinlein,* WRP 2009, 780, 785; Ohly/*Sosnitza,* 6. Aufl. 2014, § 5a Rdn. 31. – A. A. *Köhler,* WRP 2009, 109, 116 rSp., der jedenfalls für den Fall der „Aufforderung zum Kauf“ den Katalog der Informationsanforderungen in § 5a Abs. 3 als abschließend ansieht.

333 BGH GRUR 2011, 638, 639 – *Werbung mit Garantie;* Urt. v. 7.5.2015, Az. I ZR 158/14, GRUR 2015, 1240, Rdn. 23, 25 – *Der Zauber des Nordens;* OLG Köln, Urt. v. 19.6.2015, Az. 6 U 183/14, juris-Rdn. 20.

– Art. 4 und 5 der Richtlinie **97/7/EG** (Fernabsatzrichtlinie), aufgehoben und ersetzt durch die Richtlinie 2011/83/EG, und Art. 3 und 4 der Richtlinie **2002/65/EG** (Fernabsatzfinanzdienstleistungsrichtlinie) regeln jeweils Informationspflichten gegenüber Verbrauchern vor Abschluss eines Fernabsatzvertrags. Die Richtlinie 97/7/EG (Fernabsatzrichtlinie) wurde mit Wirkung zum 13.6.2014 aufgehoben und ersetzt durch die Richtlinie **2011/83/EU (Verbraucherrechterichtlinie),** auf deren Regelungen sich der Verweis gemäß **Art. 31** der Richtlinie 2011/83/EU nach Maßgabe der **Entsprechungstabelle im Anh. II der RL 2011/83/EU** stattdessen bezieht. In Umsetzung der Verbraucherrechterichtlinie gelten nach den mit Wirkung zum **13.6. 2014** geänderten **§§ 312 ff. BGB** für **Verbraucherverträge** erweiterte Informationspflichten.[334] Nach §§ 312 ff. BGB müssen Unternehmer vorbehaltlich bestimmter Ausnahmen grundsätzlich bei allen Verbraucherverträgen die Informationsanforderungen aus § 312a BGB i. V. m. Art. 246 EGBGB beachten. Für **außerhalb von Geschäftsräumen geschlossene Verträge** und **Fernabsatzverträge** gelten nach **§ 312d Abs. 1 BGB i. V. m. Art. 246a EGBGB** und für Fernabsatzverträge über **Finanzdienstleistungen** nach **§ 312d Abs. 2 BGB i. V. m. Art. 246b EGBGB** spezielle Informationsanforderungen. Für den **elektronischen Geschäftsverkehr** sind in Umsetzung der Richtlinie 2000/31/EG über den elektronischen Geschäftsverkehr in **§ 312i, 312j i. V. m. Art. 246a und Art. 246c EGBGB** weitere Informationsanforderungen geregelt, **s. u. Rdn. 196.** Soweit die in §§ 312 ff. BGB auf nationaler Ebene kodifizierten Informationsanforderungen, wie die Unterrichtungspflicht über die Speicherung und Zugänglichmachung des Vertragstextes in § 312i Abs. 1 Nr. 2 BGB i. V. m. Art. 246c Nr. 2 EGBGB, nicht auf unionsrechtlichen Vorgaben beruhen, auf die im Anh. II der UGP-Richtlinie ausdrücklich verwiesen wird, stellt sich die Frage, ob **weitere Informationspflichten mit Vertragsbezug** aus der Verbraucherrechterichtlinie und der Richtlinie über den elektronischen Geschäftsverkehr über § 5a Abs. 4 UWG/Art. 7 Abs. 5 UGP-Richtlinie integriert werden. Dies ist zu verneinen, da es sich nicht um Informationsanforderungen in Bezug auf Werbung, kommerzielle Kommunikation oder Marketing handelt, sodass diese Informationsanforderungen nur unter den Voraussetzungen des § 5a Abs. 2, 5 durchgesetzt werden können, s. dazu näher Rdn. **206.** 190

– Art. 3 der Richtlinie **90/314/EWG** über **Pauschalreisen.**[335] Nach Art. 3 Abs. 1 der Richtlinie dürfen Beschreibungen einer Pauschalreise durch Veranstalter oder Vermittler, die Preise und die übrigen Vertragsbedingungen keine irreführenden Angaben enthalten. Wird dem Verbraucher ein Prospekt zur Verfügung gestellt, muss dieser nach Art. 3 Abs. 2 deutlich lesbare, klare und genaue Angaben zum Preis und, sofern von Bedeutung, zum Bestimmungsort, zu Transportmitteln, ihren Merkmalen und Klassen, zu Art, Lage, Klasse, Kategorie oder Komfort und Hauptmerkmalen der Unterbringung sowie ihrer Zulassung und touristischen Einstufung, zu Mahlzeiten, Reiseroute, bestimmten Formalitäten, der Anzahlung und dem Zahlungsplan und zu einer etwaigen Mindestteilnehmerzahl enthalten. Die Umsetzung erfolgt durch **§ 4 BGB-InfoV.** 191

– Richtlinie **2008/122/EG** über den Schutz der Verbraucher im Hinblick auf bestimmte Aspekte von Teilzeitnutzungsverträgen[336] die an die Stelle der Teilzeitnutzungsrechterichtlinie 94/47/EWG[337] getreten ist. Danach ist in jeder Werbung für die betr. Immobilien anzugeben, dass ein **Schriftstück** mit einer kurzen Beschreibung der Immobilie und bestimmten weiteren Informationen **erhältlich** ist. Die Umsetzung ist in **§ 482 BGB** (Prospektpflicht bei Teilzeit-Wohnrechteverträgen) i. V. m. Art. 242 EGBGB erfolgt. 192

– Art. 3 Abs. 4 der Richtlinie **98/6/EG** über den Schutz der Verbraucher bei der Angabe der Preise der ihnen angebotenen Erzeugnisse **(Angabe des Preises je Maßeinheit);** die förmliche Umsetzung der **Preisangabenrichtlinie** ist durch **§ 2 PAngV** erfolgt. Abgesehen von Art. 3 Abs. 4 werden keine weiteren Informationsverpflichtungen aus der Richtlinie 98/6/EG in der Liste im Anhang II der UGP-Richtlinie genannt, die Preisangabenrichtlinie gilt zudem nur für Waren („Erzeugnisse"), während Preisinformationsanforderungen für Dienstleistungen u. a. in **Art. 22 der Richtlinie 2006/123/EG** über Dienstleistungen geregelt sind,[338] der in der Liste 193

---

[334] S. dazu *Koch,* MDR 2014, 1421 ff.; *Große-Wilde/Fleuth,* MDR 2014, 1425 ff.

[335] RL 90/314/EWG v. 13.6.1990 über Pauschalreisen, ABl. EG Nr. L 158/59 v. 23.6.1990.

[336] Richtlinie 2008/122/EG des Europäischen Parlaments und des Rates vom 14.1.2009 über den Schutz der Verbraucher im Hinblick auf bestimmte Aspekte von Teilzeitnutzungsverträgen, Verträgen über langfristige Urlaubsprodukte sowie Wiederverkaufs- und Tauschverträge, ABl. L 33 vom 3.2.2009, S. 10.

[337] Richtlinie 94/47/EG v. 26.10.1994 zum Schutze der Erwerber von Teilzeitnutzungsrechten an Immobilien, ABl. EG Nr. L 280/83 v. 29.10.1994.

[338] BGH, Urt. v. 7.5.2015, Az. I ZR 158/14, GRUR 2015, 1240 Rdn. 23, 25 – *Der Zauber des Nordens;* BGH, Urt. v. 14.1.2016, *Wir helfen im Trauerfall,* I ZR 61/14, DE:BGH:2016:140116UIZR61.14.0, Rdn. 18.

im Anhang II nicht aufgeführt ist. Da die Auflistung im Anh. II der UGP-Richtlinie nicht abschließend ist, stellt sich die Frage, ob über Art. 3 Abs. 4 der Richtlinie 98/6/EG hinaus auch andere Preisinformationsanforderungen aus der Richtlinie 98/6/EG über § 5a Abs. 4 und/oder Informationsanforderungen aus der Dienstleistungsrichtlinie 2006/123/EG über § 5a Abs. 4 in den Anwendungsbereich der Irreführung durch Unterlassen einbezogen werden können. Der EuGH hat diese Frage in der **„Citroën Commerce"**-Entscheidung entgegen dem ersten Anschein nicht bejaht, sondern im Gegenteil ausgeführt, dass Art. 3 Abs. 4 Preisangabenrichtlinie 98/6/EG **keine** allgemeine Verpflichtung zur Angabe des **Verkaufspreises** der Erzeugnisse vorsehe.[339] Nach Auffassung des EuGH muss allerdings dann, *wenn* der Unternehmer in Angebotswerbung einen Preis *nennt*, den der Verbraucher als „*Verkaufspreis*" i. S. d. Art. 2 lit. a RL 98/6/EG versteht, dieser Preis unter bestimmten Umständen auch den Anforderungen der RL 98/6/EG genügen,[340] m. a. W. den Erwartungen des Verbrauchers entsprechend auch „Verkaufspreis" i. S. d. RL 98/6/EG sein. Zur **Informationsverpflichtung** nach UGP-RL **s. näher auch oben Rdn. 155 ff. sowie § 5 Abschn. A Rdn. 116 ff.** Aufgrund der durch die Richtlinie eingeführten Vollharmonisierung gelten für Zwecke des Art. 7 Abs. 5 der Richtlinie nur die nach dem Unionsrecht **vorgeschriebenen** Informationen als wesentlich im Sinne des § 5a Abs. 4 UWG/Art. 7 Abs. 5 UGP-Richtlinie. Haben die Mitgliedstaaten auf der Grundlage von Mindestklauseln Informationsanforderungen eingeführt, die über das hinausgehen, was im Unionsrecht geregelt ist, kommt das Vorenthalten dieser Informationen jedenfalls seit Ablauf der Übergangsfrist am 12.6.2013 einem irreführenden Unterlassen nach § 5a Abs. 4 nicht gleich (vgl. Erwägungsgrund 15 Satz 5 der UGP-Richtlinie; **näher § 5a Rdn. 206 ff., 187, § 5 A.53**). Eine Integration zusätzlicher Informationsanforderungen aus der Richtlinie 98/6/EG scheitert somit ungeachtet der Frage der Sperrwirkung des Art. 7 Abs. 5 UGP-Richtlinie **(dazu § 5 A.50 ff.)** bereits an dem durch **Art. 10 der Richtlinie 98/6/EG** eröffneten Umsetzungsspielraum. Denn nach Art. 10 der Preisangabenrichtlinie hindert die Richtlinie die Mitgliedstaaten nicht, unbeschadet ihrer Verpflichtungen aus dem Vertrag für die Unterrichtung der Verbraucher und den Preisvergleich günstigere Bestimmungen zu erlassen oder beizubehalten. Auch **Art. 22 der RL 2006/123/EG** fällt nicht in den Anwendungsbereich des § 5a Abs. 4 UWG/Art. 7 Abs. 5 UGP-Richtlinie. Er enthält keine verpflichtenden Vorgaben zu Informationen in Bezug auf Werbung, kommerzielle Kommunikation oder Marketing, sondern verpflichtet die Mitgliedstaaten als Mindestklausel **(Art. 22 Abs. 5)** lediglich dazu, sicherzustellen, dass Dienstleistungserbringer rechtzeitig vor Vertragsschluss **(Art. 22 Abs. 4)** bestimmte Informationen zur Verfügung stellen. Allerdings bestehen in einigen Bereichen für Dienstleistungen Preisinformationsanforderungen aufgrund spezieller unionsrechtlicher Vorgaben, die durch § 5a Abs. 4 integriert werden, so z. B. **Art. 23 Abs. 1** der **VO (EG) Nr. 1008/2008** für Luftverkehrsdienste (s. unten **Rdn. 221**). Solche europäischen Verordnungen (und auch Richtlinien), die spezielle Aspekte unlauterer Geschäftspraktiken regeln, gehen als **Sonderregelungen** auch bei der unionskonformen Auslegung der §§ 5, 5a vor (s. dazu näher **§ 5 Abschn. A Rdn. 49**).[341] Darüber hinaus müssen (auch) Dienstleistungserbringer die Informationsanforderungen aus Art. 7 Abs. 4 lit. c) UGP-Richtlinie/**§ 5a Abs. 3 Nr. 3 beachten,** soweit sich aus Sonderregelungen wie Art. 23 Abs. 1 VO (EG) Nr. 1008/2008, die bei der richtlinienkonformen Auslegung vorrangig zu berücksichtigen sind, nichts anderes ergibt.[342]

194 Zu dem **Verhältnis zu § 5a Abs. 3 Nr. 3 und dem Verhältnis zwischen § 5a und der PAngV** s. **näher auch § 5 Abschn. A Rdn. 58 f., 110 ff.**

195 – Art. 86 bis 100 der Richtlinie **2001/83/EG** zur Schaffung eines Gemeinschaftskodexes für Humanarzneimittel. Sie enthalten ausführliche Regelung über **Herstellung, In-Verkehrbringen, Vertrieb und Einsatz von Humanarzneimitteln.** Die Umsetzung ist durch die Vorschriften des Heilmittelwerbegesetzes **(HWG)** erfolgt. Bei deren Auslegung ist zu berücksichtigen, dass die RL 2001/83 in ihrem Anwendungsbereich eine Vollharmonisierung bewirkt

---

[339] EuGH, Urt. v. 7.7.2016, *Citroën Commerce,* C-476/14, EU:C:2016:527, 30.

[340] EuGH, Urt. v. 7.7.2016, *Citroën Commerce,* C-476/14, EU:C:2016:527, 30.

[341] Vgl. EuGH, Urt. v. 23.1.2003, *Kommission/Österreich,* C-221/00, EU:C:2003:44; Urt. v. 8.11.2007, *Gintec,* C-374/05, EU:C:2007:654, Rdn. 38 f.; Urt. v. 16.7.2015, *Abcur,* C-544/13 und C-545/13, EU:C:2015:481, Rdn. 45 ff., 80 ff.
EuGH, Urt. v. 16.7.2015, *Abcur,* C-544/13 und C-545/13, EU:C:2015:481, Rdn. 45 ff., 80 ff.; BGH GRUR 2002, 1091, 1092 – *Bodensee-Tafelwasser;* GRUR 2003, 628, 629 – *Klosterbrauerei;* GRUR 2008, 830, 831 – *L-Carnitin II;* GRUR 2010, 359, 361 – *Vorbeugen mit Coffein.*

[342] BGH, Urt. v. 7.5.2015, Az. I ZR 158/14, Rdn. 29 f. – *Der Zauber des Nordens;* vgl. EuGH, Urt. v. 12.5.2011, *Ving Sverige,* C-122/10, EU:C:2011:299, Rdn. 60 ff.

hat.[343] Der EuGH versteht allerdings die in Art. 89 Abs. 1 lit. b der RL 2001/83/EG aufgeführten Pflichtangaben nicht als abschließend, sondern geht davon aus, dass er den Mitgliedstaaten Spielraum lässt, welche Angaben die Öffentlichkeitswerbung für ein Arzneimittel enthalten muss.[344] Zudem erlaubt es Art. 89 Abs. 2, von Abs. 1 abzuweichen, indem er bestimmt, dass die Mitgliedstaaten vorsehen können, dass die Öffentlichkeitswerbung für ein Arzneimittel nur den Namen des Arzneimittels oder ggf. seinen internationalen Freinamen oder das Warenzeichen enthalten muss, wenn ihr Zweck ausschließlich darin besteht, an diese zu erinnern.[345] Das deutsche Pflichtangabenkonzept dürfte danach gemeinschaftsrechtskonform sein.[346] Bei Google-AdWords-Anzeigen für Arzneimittel müssen die Pflichtangaben gem. § 4 HWG nicht in der Anzeige selbst enthalten sein, sondern ist ein elektronischer Verweis (Link) auf die Pflichtangaben in der Anzeige ausreichend, wenn dieser durch die Verwendung „Pflichtangaben" oder eine entsprechende eindeutige Formulierung als solcher klar erkennbar ist und zu einer Internetseite führt, auf der die Pflichtangaben ohne weitere Zwischenschritt leicht lesbar wahrgenommen werden können.[347]

– Art. 5 und 6 der Richtlinie **2000/31/EG** über den **elektronischen Geschäftsverkehr.** Art. 5 regelt allgemeine Informationspflichten der Diensteanbieter im elektronischen Geschäftsverkehr, Art. 6 besondere Informationspflichten für kommerzielle Kommunikationen. Die Umsetzung erfolgte in **§§ 5 und 6 TMG,** die über § 5a Abs. 4 auch lauterkeitsrechtlich durchsetzbar sind.[348] Nach Art. 6 lit. c ECRL/§ 6 Abs. 1 Nr. 3 TMG müssen **Angebote zur Verkaufsförderung** wie Preisnachlässe, Zugaben und Geschenke klar als solche erkennbar sein, und die Bedingungen für ihre Inanspruchnahme müssen leicht zugänglich sein sowie klar und unzweideutig angegeben werden. **Preisausschreiben oder Gewinnspiele mit Werbecharakter** müssen nach Art. 6 lit. d) RCRL/§ 6 Abs. 1 Nr. 4 TMG klar als solche erkennbar und die Teilnahmebedingungen leicht zugänglich sein sowie klar und unzweideutig angegeben werden.[349] Die Impressumspflicht nach § 5 TMG gilt auch für **ebay-Anbieter, Nutzer von Kleinanzeigenportalen.**[350] Auch **Nutzer von „Social Media"** wie **Facebook**-Accounts müssen eine eigene Anbieterkennung vorhalten, wenn der Account zu Marketingzwecken benutzt wird und nicht nur eine reine private Nutzung vorliegt.[351] 196

Offline-Werbung wird nicht von **Art. 6 ECRL** geregelt, jedoch ebenfalls von der UGP-Richtlinie erfasst[352] und ist daher am Maßstab des Art. 7 Abs. 1–3 UGP-Richtlinie zu messen.[353] Teilweise wird erwogen, insoweit die Kriterien des Art. 6 lit. c und d ECLR für Verkaufsförderungsmaßnahmen im Offline-Bereich entsprechend heranzuziehen, um unterschiedliche Bewertungsmaßstäbe zu vermeiden.[354] Für **Verkaufsförderungsmaßnahmen** lag zum Zeitpunkt des Erlasses der UGP-Richtlinie noch der Entwurf einer Verordnung über Verkaufsförderungsmaß-

---

[343] EuGH, Urt. v. 8.11.2007, *Gintec,* C-374/05, EU:C:2007:654, Rdn. 39; BGH GRUR 2012, 647, 649 – *INJECTIO;* BGH GRUR 2015, 705, 706 Rdn. 14 – *Weihrauch-Extrakt-Kapseln;* GRUR 2012, 647, 649 Rdn. 27 – *INJECTIO;* GRUR 2010, 749, 752 Rdn. 31 – *Erinnerungswerbung im Internet.*

[344] EuGH, Urt. v. 8.11.2007, Gintec, C-374/05, EU:C:2007:654, Rdn. 22; vgl. BGH GRUR 2010, 749, 752 Rdn. 31 – *Erinnerungswerbung im Internet.*

[345] EuGH, Urt. v. 8.11.2007, Gintec, C-374/05, EU:C:2007:654, Rdn. 22.

[346] Vgl. *Gröning,* jurisPR-WettbR 2/2008 Anm. 1; *Bülow/Ring,* Einf. Rdn. 3. – Anders noch *Gröning,* Heilmittelwerberecht, Art. 4 RL 92/28/EWG Rdn. 5f.

[347] BGH GRUR 2014, 94, 95 Rdn. 18 – *Pflichtangaben im Internet.*

[348] BGH, Urt. v. 25.2.2016, Mehrwertdienstenummer, I ZR 238/14, DE:BGH:2016:250216UIZR238.14.0, Rdn. 34; OLG Frankfurt, GRUR-RR 2015, 17; *Alexander,* FS Bornkamm, 2014, S. 297, 304ff.; *Köhler,* WRP 2014, 1410, 1413; Ohly/*Sositza,* 6. Aufl. 2014, § 5a Rdn. 48; vgl. auch OLG Düsseldorf, CR 2014, 264 (§ 4 Nr. 11 UWG a. F.)

[349] Vgl. zu den Anforderungen der Abrufbarkeit der nach § 6 TDG, § 10 Abs. 2 MDStV a. F. erforderlichen Informationen im Internet BGH GRUR 2007, 159 – *Anbieterkennzeichnung im Internet.* Vgl. ferner zum Inhalt der Informationspflicht die EuGH-Vorlage, BGH GRUR 2007, 723 – *Internet-Versicherung,* und Urt. v. 16.10.2008, *deutsche internet versicherung,* C-298/07, EU:C:2008,572 Rdn. 1ff.

[350] Vgl. *Glöckner/Kur,* GRUR-Beilage 2014, 29, 50.

[351] OLG Düsseldorf, CR 2014, 202; OLG München, Urt. v. 14.11.2013, Az. 6 U 1888/13; LG Aschaffenburg, WM 2011, 2340; *Lichtnecker,* GRUR 2014, 523, 524; vgl. auch OLG Düsseldorf, Urt. v. 18.1.2007, Az. I-20 U 17/07; LG Köln, Urt. v. 28.12.2010, Az. 28 O 402/10.

[352] Vgl. EuGH, Urt. v. 14.1.2010, *Plus Warenhandelsgesellschaft,* C-304/08, EU:C:2010:12, Rdn. 33; *Köhler,* WRP 2014, 1410, 1413; *ders.,* NJW 2016, 593, 597; *Peifer,* WRP 2010, 1432, 1436; *Steinbeck,* FS Köhler, 2014, 715, 718.

[353] Vgl. BGH GRUR 2009, 1064, 1066 Rdn. 18 – *Geld-zurück-Garantie II;* GRUR 2012, 402, 404 Rdn. 29ff. – *Treppenlift; Köhler,* WRP 2014, 1410, 1413; *Peifer,* WRP 2010, 1432, 1436; *Steinbeck,* FS Köhler, 2014, 715, 718.

[354] So *Köhler,* NJW 2016, 593, 597; *Köhler*/Bornkamm, 34. Aufl. 2016, § 5a Rdn. 5.29; vgl. auch *Heermann,* WRP 2011, 688, 689; Ohly/*Sosnitza,* 6. Aufl. 2014, § 4 Rdn. 4/1.

nahmen vor, die eine Liberalisierung des Rechts der Wertreklame verbunden mit der Einführung bestimmter Informationspflichten vorsah,[355] der erst am 27.9.2005 von der Kommission offiziell zurückgezogen wurde.[356] Für eine analoge Anwendung der Vorgaben der ECRL besteht angesichts der auf Unionsebene bewusst getrennten Regelungsbereiche m. E. kein Raum, zumal auch die Interessenlage nicht stets ohne weiteres vergleichbar ist. Interessengerechte Ergebnisse lassen sich im Offline-Bereich jedoch ohne weiteres auch auf Grundlage des allgemeinen Transparenzgebots des Art. 7 Abs. 2 UGP-Richtlinie (§ 5a Abs. 2 S. 2, Abs. 6) gewinnen, nach dem als Vorenthalten auch das Verheimlichen, auf unklare, unverständliche, zweideutige oder nicht rechtzeitige Bereitstellen von Informationen oder mangelnde Kenntlichmachen des kommerziellen Zwecks gilt, wobei. Der **BGH** legte das Tatbestandsmerkmal „Bedingung für die Inanspruchnahme" der Verkaufsförderungsmaßnahme in § 4 Nr. 4 und 5 a. F. im Einklang mit Art. 7 Abs. 1 UGP-Richtlinie in der Weise aus, dass es nur Bedingungen erfasst, die für die Entscheidung des Verbrauchers, ob er sich um den im Rahmen der Verkaufsförderungsmaßnahme ausgelobten Vorteil bemühen will, wesentlich sind.[357]

197 Weitere Informationspflichten im elektronischen Geschäftsverkehr ergeben sich aus **§ 312i BGB i. V. m. Art. 246c EGBGB,** der Art. 10 der Richtlinie 2000/31/EG umsetzt, der allerdings im Anh. der UGP-Richtlinie nicht aufgelistet ist. Da die Liste nicht abschließend ist (Erwägungsgrund 15 der UGP-Richtlinie), stellt sich die Frage, ob diese Informationspflichten trotz ihres **Vertragsbezugs** „wesentliche Informationspflichten" nach § 5a Abs. 4 darstellen können, s. **dazu näher Rdn. 190, § 5 A.79 ff.**

198 Zur Informationspflichten im **Fernabsatz** und bei **außerhalb von Geschäftsräumen** geschlossenen Verträgen **s. o. Rdn. 196.**

199 – Art. 1 lit. 2 der Richtlinie 98/7/EG zur Änderung der Richtlinie 87/102/EWG zur Angleichung der Verwaltungsvorschriften der Mitgliedstaaten über den Verbraucherkredit. Die Richtlinie wurde aufgehoben und ersetzt durch die Richtlinie 2008/48/EG. Die dort vorgeschriebenen Informationen betreffen u. a. die Angabe des **effektiven Jahreszinses bei Krediten bzw. Kreditvermittlungen.** Umsetzung: **§ 6a PAngV.**

200 – Art. 1 Nr. 9 der Richtlinie **2001/107/EG** zur Änderung der RLG 85/611/EWG, ersetzt durch Richtlinie **2009/65/EG** zur Koordinierung der Rechts- und Verwaltungsvorschriften betreffend bestimmte Organismen für gemeinsame Anlagen in **Wertpapieren (OGAW).** Danach müssen **Prospekte** bestimmte Angaben enthalten, die erforderlich sind, damit sich die Anleger über die ihnen vorgeschlagene Angabe und die damit verbundenen **Risiken** ein fundiertes Bild machen können. Die Vorgaben der RL 2001/107/EG wurden umgesetzt durch das **KAGB.**

201 – Art. 12 und 13 der Richtlinie **2002/92/EG** über **Versicherungsvermittlung.** Sie enthalten Regelungen über die vom Versicherungsvermittler zu erteilenden Auskünfte und die Einzelheiten der Auskunftserteilung. Danach hat der Versicherungsvermittler vor Abschluss jedes ersten Versicherungsvertrags und ggf. bei Änderung oder Erneuerung des Vertrags Angaben über seine **Identität,** Registrierung und **Beteiligung** zu machen, ferner ob er vertraglich verpflichtet ist, Versicherungsgeschäfte **ausschließlich mit einem oder mehreren Versicherungsunternehmen** zu tätigen. Außerdem sind bestimmte Angaben zur **Grundlage des Angebots** zu machen, so ob der Unternehmer den Rat auf eine ausgewogene Untersuchung stützt, sowie zu den Wünschen und Bedürfnissen des Kunden und den Gründen des Rates des Versicherungsvermittlers. Die Umsetzung der Informationspflichten ist in der **VVG-InfoV** erfolgt.

202 – Art. 36 der Richtlinie **2002/83/EG** über **Lebensversicherungen,** die mit Wirkung zum 1.11.2012 aufgehoben und ersetzt wird durch die RL **2009/138/EG** (dort Art. 185). Danach sind dem Versicherungsnehmer vor Abschluss des Versicherungsvertrags bestimmte Informationen mitzuteilen und ist er während der gesamten Vertragsdauer über bestimmte Angaben auf dem Laufenden zu halten.[358] Die Umsetzung ist durch die **VVG-InfoV** erfolgt. Auf den Vermittler sind die Informationspflichten aus § 1 VVG-InfoV nicht anwendbar.[359]

---

[355] Geänderter Vorschlag der Kommission für eine Verordnung des Europäischen Parlaments und des Rates über Verkaufsförderung im Binnenmarkt, KOM (2002) 585.

[356] KOM (2005), 462, S. 10; vgl. BGH GRUR 2009, 1064, 1066 Rdn. 18 – *Geld-zurück-Garantie II; Busch,* Informationspflichten im Wettbewerbs- und Vertragsrecht, S. 56; *Köhler,* GRUR 2008, 841, 844; *Wunderle,* Verbraucherschutz im Europäischen Lauterkeitsrecht, S. 104.

[357] BGH GRUR 2009, 1064, 1065 Rdn. 20 – *Geld-zurück-Garantie II;* GRUR 2012, 402, 404 Rdn. 32 – *Treppenlift.*

[358] Zur Vorgängervorschrift (Art. 31 Abs. 3 RL 92/96/EWG) s. EuGH, Urt. v. 29.4.2015, *Nationale-Nederlanden Levensverzekering Mij,* C-51/13, EU:C:2015:286.

[359] OLG Frankfurt, Urt. v. 24.9.2015, Az. 6 U 60/15, juris-Tz. 29.

– Art. 19 der Richtlinie **2004/39/EG** über Märkte für Finanzinstrumente. Die Umsetzung erfolgte in **§§ 34, 34a WpHG.** 203

– Art. 31 und 43 der Richtlinie **92/49/EWG** über **Direktversicherungen.** Danach sind dem Versicherungsnehmer vor Vertragsschluss bestimmte Informationen zur Verfügung zu stellen. Die Umsetzung ist in der **VVG-InfoVO** erfolgt. 204

– Art. 5, 7, 8 der Richtlinie **2003/71/EG** betreffend **Wertpapierprospekte.** Die dort geregelten Informationspflichten wurden durch **§§ 5 bis 8, 12 und 15 WpPG** umgesetzt. 205

b) Sonstige. Die im Anhang II der UGP-Richtlinie enthaltene Liste ist **nicht abschließend.**[360] Deshalb gelten auch andere Informationsanforderungen **in Bezug auf kommerzielle Kommunikation einschließlich Werbung oder Marketing** auf unionsrechtlicher Grundlage als wesentlich im Sinne des § 5a Abs. 4 UWG.[361] Im Sinne eines Pendants zu dem Leitbild des mündigen Verbrauchers sind auf Unionsebene die Informationspflichten stetig ausgeweitet und verstärkt worden, um die Voraussetzungen für eine informierte Entscheidung des Verbrauchers zu schaffen. Nicht alle Informationspflichten mit unionsrechtlicher Grundlage unterfallen allerdings § 5a Abs. 4. Einschränkungen ergeben sich vor allem in zweierlei Hinsicht: 206

Die Integration über § 5a Abs. 4 setzt *erstens* voraus, dass es sich um Informationsanforderungen in Bezug auf **Werbung, kommerzielle Kommunikation oder Marketing** handeln. Nur Informationspflichten in Zusammenhang mit der unmittelbaren oder mittelbaren Förderung des Produktabsatzes oder Erscheinungsbilds eines Unternehmens, **nicht** aber Informationspflichten, die zu anderen Zwecken oder erst im Zuge des Vertragsschlusses oder bei der **Vertragsabwicklung** zu erfüllen sind, stellen „wesentliche Informationen" nach § 5a Abs. 4 dar, s. näher bereits **Rdn. 184 ff., 186.** So werden z. B. Informationspflichten der **Richtlinie 2014/57/EU (Marktmissbrauchsrichtlinie)** und aus der **VO (EU) Nr. 596/2014** über den Marktmissbrauch **(Marktmissbrauchsverordnung),** die mit Wirkung ab dem 3.7.2016 gültig ist und die Richtlinien 2003/6/EG und weitere Richtlinien aufhebt und ersetzt, nicht über § 5a Abs. 4 UWG integriert. Gleiches gilt für die Informationspflichten aus der **Richtlinie 2013/36/EU,** umgesetzt durch die InstitutsVergV.[362] Der Rückgriff auf § 5a Abs. 2 und 3 UWG bleibt möglich, irreführende **ad-hoc-Meldungen** oder andere **Kapitalmarktinformationen** können auch nach § 5 UWG unlauter sein, s. § 5 Abschn. B Rdn. 86 und Abschnitt E Rdn. 86. 207

Zweitens **integriert § 5a Abs. 4 nur Informationsanforderungen des nationalen Rechts auf unionsrechtlicher Grundlage, die dem europäischen Standard exakt entsprechen.**[363] Die Mitgliedstaaten können zwar, sofern dies nach den gemeinschaftsrechtlichen Mindestklauseln zulässig ist, im Einklang mit dem Unionsrecht strengere Vorschriften aufrechterhalten oder einführen, um ein höheres Schutzniveau für die individuellen vertraglichen Rechte der Verbraucher zu gewährleisten (Erwägungsgrund 15, S. 6). Aufgrund der durch die UGP-Richtlinie eingeführten vollständigen Angleichung werden jedoch nur die nach dem Gemeinschaftsrecht **vorgeschriebenen** Informationen als wesentlich für die Zwecke des **Art. 7 Abs. 5** dieser Richtlinie betrachtet **(Erwägungsgrund 15, S. 4).** Haben die Mitgliedstaaten auf der Grundlage von Mindestklauseln Informationsanforderungen eingeführt, die über das hinausgehen, was im Unionsrecht geregelt ist, so kommt das Vorenthalten dieser Informationen einem irreführenden Unterlassen daher jedenfalls nach Ablauf der Übergangsfrist am 12.6.2013[364] **nicht** mehr gleich (vgl. **Erwägungsgrund 15 S. 5** UGP-Richtlinie, s. näher **§ 5 A.53**), und zwar auch nicht bei Informationsanforderungen in Bezug auf das Vertragsrecht, s. **§ 5 Abschn. A Rdn. 43, 79 ff.** Zwar gehen nach Art. 3 Abs. 4 UGP-Richtlinie speziellere Informationsanforderungen des Unionsrechts dieser Richtlinie vor. Art. 3 Abs. 5 UGP-Richtlinie ermöglichte die Aufrechterhaltung strengerer nationaler Vorschriften, die in Umsetzung von Mindestangleichungsklauseln erlassen wurden, jedoch nur für eine **Übergangsfrist bis 12.6.2013 (Art. 3 Abs. 5).** Diese Vorschrift liefe leer, wenn sich Richtlinien mit Mindestklauseln insgesamt gegenüber der UGP-Richtlinie durchsetzen. Daraus folgt, dass die Informationspflichten des deutschen Rechts, jedenfalls seit dem Ablauf der Übergangsfrist am 208

---

[360] BGH GRUR 2011, 638, 639 – *Werbung mit Garantie;* Urt. v. 7.5.2015, Az. I ZR 158/14, Rdn. 23, 25 – *Der Zauber des Nordens;* OLG Köln, Urt. v. 19.6.2015, Az. 6 U 183/14, juris-Rdn. 20.

[361] Vgl. BGH Urt. v. 7.5.2015, Az. I ZR 158/14, Rdn. 23, 25 – *Der Zauber des Nordens.*

[362] Vgl. dazu *Kolb,* WRP 2015, 31 ff.

[363] Vgl. *Köhler,* WRP 2013, 723 ff.; *v. Oelffen,* Rdn. 790 f.; *Ohly*/Sosnitza, 6. Aufl. 2014, § 4.11 Rdn. 11/7a; *Zecca-Jobst,* Informationspflichten im Vertrags- und Lauterkeitsrecht, S. 59.

[364] Für den Zeitraum bis zum Ablauf der Übergangsfrist wird von der wohl überwiegenden Meinung eine Durchsetzbarkeit auf Grundlage des § 4 Nr. 11 UWG a. F. bejaht, vgl. *Seichter* WRP 2005, 1087, 1094; *Köhler*/Bornkamm, 33. Aufl., 2015, § 4 Nr. 11 Rdn. 11.6c; *Zecca-Jobst,* Informationspflichten im Vertrags- und Lauterkeitsrecht, S. 59.

12.6.2013, im Anwendungsbereich der UGP-Richtlinie genau dem europäischen Standard entsprechen müssen.[365] Die Richtigkeit dieses Ergebnisses wird durch das weitere Argument bestätigt, dass die Integration von Informationspflichten auf Grundlage von Mindestklauseln auch praktisch kaum durchsetzbar wäre. Von der ihnen durch Mindestklauseln eingeräumten Kompetenz haben die Mitgliedstaaten in ganz unterschiedlicher Weise Gebrauch gemacht, überdies ist auch das Konkurrenzverhältnisses der Mindestklauseln zueinander vielfach zweifelhaft und ungeklärt, weshalb die Integration nationaler Pflichtangaben auf unionsrechtlicher Grundlage erhebliche Abweichungen des Schutzstandards in den einzelnen Mitgliedstaaten und bei ihrem Zusammentreffen im Unionsraum potentiell konfligierende Regelungen zur Folge hätte, was dem Ziel der Richtlinie zuwiderläuft.

209 **Zur Frage der Durchsetzbarkeit auf anderer Rechtsgrundlage** s. näher § 5 Abschn. A Rdn. 103 ff. und für das Vertragsrecht § 5 Abschn. A Rdn. 79 ff.

210 **Im Anhang II der UGP-Richtlinie nicht ausdrücklich genannte Informationsanforderungen mit unionsrechtlicher Grundlage sind z. B.:**

211 – **Pflichtangaben** bei der **Etikettierung** aufgrund der **VO (EU) Nr. 1169/2011 betreffend die Information der Verbraucher über Lebensmittel.** Nach der Rspr. des BGH enthalten z. B. die VO (EU) Nr. 1169/2011 (LMIV) und die zeitlich vorangehende RL 2000/13/EG abschließende Regelungen dazu, ob der Unternehmer den Verbraucher mit der Aufmachung eines Lebensmittels hinreichend über dessen Merkmale aufgeklärt hat und ist daher für eine ergänzende Anwendung des § 5a Abs. 3 Nr. 1 UWG/Art. 7 Abs. 4 UGP-Richtlinie hier kein Raum.[366] Die Durchsetzung der Pflichtangaben erfolgt jedoch mit den Mitteln des Art. 7 Abs. 5 UGP-Richtlinie/§ 5 Abs. 4 UWG.

212 – Die VO (EG) Nr. 1924/2006 (**Health-Claims-VO**/HCVO). Diese zielt auf ein ordnungsgemäßes Funktionieren des Binnenmarktes und ein hohes Verbraucherschutzniveau. In ihren Erwägungsgründen 1 und 9 heißt es hierzu, dass u. a. dem Verbraucher die für eine sachkundige Entscheidung **notwendigen Informationen** zu liefern sind.[367] Einschränkungen können sich aus unionsrechtlichen Sonderregelungen ergeben, so z. B. der Vorgaben für **nährwertbezogene** Angaben in Art. 8 Abs. 1 HCVO durch die Mineralwasserrichtlinie **2009/54/EG.**[368] Nach **Art. 10 Abs. 2** HCVO, der auch für gesundheitsbezogene Angaben in Form von Verweisen auf nichtspezifische Vorteile i. S. v. Art. 10 Abs. 3 der VO gilt,[369] dürfen gesundheitsbezogene **Angaben** i. S. d. Art. 2 Abs. 2 Nr. 5 HCVO[370] nur gemacht werden, wenn die Kennzeichnung oder, falls diese Kennzeichnung fehlt, die Aufmachung der Lebensmittel und die Lebensmittelwerbung die dort näher aufgeführten Hinweise enthält. Bei den Vorgaben des Art. 10 Abs. 2 HCVO handelt es sich um vorvertragliche Informationspflichten des Unternehmers gegenüber dem Verbraucher,[371] die somit bei Vorliegen der weiteren Voraussetzungen der Irreführung durch Unterlassen auf Grundlage des § 5a Abs. 2, 4 durchgesetzt werden können, s. zum Konkurrenzverhältnis auch **§ 5 Rdn. A.63.**

---

365 *Köhler,* GRUR 2008, 841, 844; *ders.,* WRP 2013, 723 ff.; *v. Oelffen,* Rdn. 790 f.; *Ohly*/Sosnitza, 6. Aufl. 2014, § 4.11 Rdn. 11/7a; *Zecca-Jobst,* Informationspflichten im Lauterkeits- und Vertragsrecht, 2015, S. 53 f.

366 BGH, Urt. v. 2.12.2015, *Himbeer-Vanille-Abenteuer II,* I ZR 45/13, DE:BGH:2015:021215UIZR45.13.0, Rdn. 23.

367 EuGH, Urt. v. 10.4.2014, *Ehrmann,* C-609/12, EU:C:2014:252, Rdn. 40; Urt. v. 17.12.2015, *Neptune Distribution,* C-157/14, EU:C:2015:823, Rdn. 49.

368 EuGH, Urt. v. 17.12.2015, *Neptune Distribution,* C-157/14, EU:C:2015:823, Rdn. 56.

369 Vgl. EuGH, Urt. v. 10.4.2014, *Ehrmann,* C-609/12, EU:C:2014:252, Rdn. 37; BGH GRUR 2015, 403, 407 Rdn. 37 – *Monsterbacke II.*

370 Nach Art. 2 Abs. 2 Nr. 5 VO (EG) Nr. 1924/2006 bezeichnet der Ausdruck „gesundheitsbezogene Angabe" jede Angabe, mit der erklärt, suggeriert oder auch nur mittelbar zum Ausdruck gebracht wird, dass ein Zusammenhang zwischen einer Lebensmittelkategorie, einem Lebensmittel oder einem seiner Bestandteile einerseits und der Gesundheit andererseits besteht. Der Begriff „Zusammenhang" ist dabei weit zu verstehen und umfasst jeden Zusammenhang, der eine Verbesserung des Gesundheitszustandes Dank des Verzehrs des Lebensmittels impliziert (EuGH, Urt. v. 6.9.2012, Deutsches Weintor, C-544/10, EU:C:2012:526, Rdn. 34; Urt. v. 18.7.2013, Green Swan, C-299/12, EU:C:2013:501, Rdn. 22; BGH GRUR 2014, 500, 501 Rdn. 16 – *Praebiotik;* GRUR 2014, 1013, 1016, Rdn. 23 – *Original Bach-Blüten;* GRUR 2015, 403, 407 Rdn. 33 – *Monsterbacke II*). Darüber hinaus wird jeder Zusammenhang erfasst, der impliziert, dass für die Gesundheit negative oder schädliche Auswirkungen, die in anderen Fällen mit einem solchen Verzehr einhergehen oder sich an ihn anschließen, fehlen oder geringer ausfallen (BGH GRUR 2014, 1013, 1016 Rdn. 23 – *Original Bach-Blüten*). Der Gesundheitsbegriff umfasst auch das seelische Gleichgewicht (BGH GRUR 2014, 1013, 1016 Rdn. 23 – *Original Bach-Blüten*).

371 EuGH, Urt. v. 10.4.2014, *Ehrmann,* C-609/12, EU:C:2014:252, Rdn. 42.

– Nach Anh. I B Nr. 8 Unterabs. 6 der **RL 98/79/EG über In-vitro-Diagnostika** müssen zur Eigenanwendung bestimmte In-vitro-Diagnostika eine Gebrauchsanweisung und eine Etikettierung in der/den Amtssprache(n) des Mitgliedstaates/der Mitgliedstaaten enthalten in dem/in denen der Endverbraucher das Produkt zur Eigenanwendung erhalten.[372] In-vitro-Diagnostika zur Eigenanwendung, die als **Medizinprodukte** nach dem MPG mit einer **CE-Kennzeichnung** versehen sein müssen, dürfen im Inland deshalb nur in den Verkehr gebracht werden, wenn sie eine **Gebrauchsanweisung** und eine **Etikettierung** in deutscher Sprache enthalten, die vorab in einem (erneuten oder ergänzenden) Konformitätsbewertungsverfahren nach dem MPG überprüft worden sind.[373] 213

Hingegen enthalten die **RL 90/396/EWG** und **2009/142/EG über Gasverbrauchseinrichtungen** keinen entsprechenden Vorbehalt für die Bedienungs- und Aufstellanleitung. **Gas-Heizkesseln,** die aus einem anderen Mitgliedstaat der EU nach Deutschland (re)importiert werden, fehlt daher nicht schon deshalb die erforderliche CE-Zulassung, weil sie nicht vom Hersteller mit deutschsprachigen Typenschildern und deutschsprachigen Bedienungs- und Aufstellanleitungen versehen worden sind.[374] Der Verstoß gegen § 7 S. 1 ElektroG kann nicht über § 5a Abs. 4, sondern nur über § 3a verfolgt werden, s. u. **Rdn. 220.** 214

– Informationspflichten aus **§§ 40 ff. EnWG** können aufgrund der Vollharmonisierung durch die UGP-Richtlinie keine „wesentliche Information" im Sinne des § 5a Abs. 4 darstellen, **soweit** sie über die Vorgaben des Unionsrechts hinausgehen,[375] s näher **§ 5a Rdn. 206.** Die Informationspflichten aus § 5a Abs. 3 bleiben unberührt,[376] **s. näher § 5a Rdn. 9.** 215

– **Wesentlich** im Sinne von § 5a Abs. 4 sind auch die Informationen, die nach Art. 6 i. V. m. Anl. IV der RL **1999/94/EG** und den die dortigen Vorgaben umsetzenden Bestimmungen der **§ 1 Abs. 1 und § 5 Abs. 1 i. V. m. Anl. 4 Pkw-EnVKV** über den offiziellen Kraftstoffverbrauch, die offiziellen spezifischen CO_2-Emissionen sowie den Stromverbrauch von neuen Fahrzeugen bzw. Elektrofahrzeugen zu machen sind.[377] Der BGH hat es als unerheblich angesehen, dass für Verbraucher, die sich für ein Luxusfahrzeug interessieren, der Kraftstoffverbrauch und die CO_2-Emissionen u. U. von allenfalls untergeordneter Bedeutung sind.[378] Bei der Auslegung, ob es sich um einen Neuwagen handelt, kann nicht auf die beispielsweise zum deutschen Gewährleistungsrecht herausgearbeiteten Kriterien abgestellt werden, sondern ist bei der gebotenen europäischen Auslegung die Motivlage des Händlers bei der Anschaffung des Fahrzeugs maßgeblich.[379] **„Neu"** ist das Fahrzeug, wenn es noch nicht zu einem anderen Zweck als dem des Weiterverkaufs oder der Auslieferung verkauft worden ist.[380] Dabei kommt es aber nicht auf die konkreten Vorstellun- 216

---

[372] BGH GRUR 2008, 922, 923 – *In-vitro-Diagnostika;* GRUR 2010, 756 – *One Touch Ultra;* GRUR 2010, 1122, 1124 – *Gas-Heizkessel.*

[373] BGH GRUR 2010, 756 – *One Touch Ultra.* In einem Rechtsstreit, der Teststreifen zur Blutzuckerselbstkontrolle zum Gegenstand hat, hat der BGH nunmehr durch Beschl. v. 30.4.2015, Az. I ZR 153/13 (GRUR Int. 2015, 729 – *Teststreifen zur Blutzuckerkontrolle*) dem **EuGH** die Frage zur Vorabentscheidung vorgelegt, ob ein Dritter ein In-vitro-Diagnostikum zur Eigenanwendung für die Blutzuckerbestimmung, das vom Hersteller in einem Mitgliedstaat einer Konformitätsbewertung nach Art. 9 der Richtlinie 98/79/EG unterzogen worden ist, das die CE-Kennzeichnung nach Art. 16 der Richtlinie trägt und das die grundlegenden Anforderungen gemäß Art. 3 und Anhang I der Richtlinie erfüllt, einer erneuten oder ergänzenden Konformitätsbewertung nach Art. 9 der Richtlinie unterziehen muss, bevor der das Produkt in einem anderen Mitgliedstaat in Verpackungen in Verkehr bringt, auf denen Hinweise in der von der Amtssprache des ersten Mitgliedsstaats abweichenden Amtssprache des zweiten Mitgliedsstaats angebracht sind und denen Gebrauchsanweisungen in der Amtssprache des zweiten Mitgliedsstaats statt des ersten Mitgliedsstaats angebracht sind.

[374] BGH GRUR 2010, 1122 – *Gas-Heizkessel.*

[375] Vgl. zu § 4 Nr. 11 OLG Frankfurt, Urt. v. 12.4.2011, Az. 11 U 5/11, NJOZ 2012, 647.

[376] S. hierzu und zu einem Verstoß gegen § 4 Nr. 11 ausf. *Alexander,* WRP 2012, 660 ff.

[377] BGH GRUR 2010, 852 – *Gallardo Spyder;* OLG Düsseldorf, WRP 2015, 1240; OLG Frankfurt Urt. v. 10.5.2012, Az. 6 U 81/11; Magazindienst 2010, 522; der BGH zieht häufig § 4 Nr. 11 heran und geht auf § 5a nur ergänzend ein, s. BGH, Urt. v. 24.7.2014, Az. I ZR 119/13, GRUR 2015, 339 – *Der neue SLK;* Urt. v. 5.3.2015, Az. I ZR 164/13, GRUR 2015, 1017 – *Neue Personenkraftwagen II;* LG Erfurt Urt. v. 3.6.2010, Az. 2 HK O 24/10; v. 13.1.2011, Az. 2 HK O 121/10, zitiert nach juris; s. bereits OLG Oldenburg GRUR-RR 2007, 83. Einen umfassenden Überblick über die Rspr. gibt *Torka,* WRP 2012, 419 ff. Zur Auslegung einer Vertragsstrafeerklärung s. OLG Hamm Urt. v. 31.8.2010, Az.: 4 U 58/10.

[378] BGH GRUR 2010, 852, 855 – *Gallardo Spyder;* OLG Frankfurt Magazindienst 2010, 522; LG Erfurt Urt. v. 3.6.2010, Az. 2 HK O 24/10; v. 13.1.2011, Az. 2 HK O 121/10, zitiert nach juris; s. bereits OLG Oldenburg GRUR-RR 2007, 83.

[379] BGH Urt. v. 23.12.2011, Az. I ZR 190/10, GRUR 2012, 842, 843 f. – *Neue Personenkraftwagen I;* Urt. v. 5.3.2015, Az. I ZR 164/13, Rdn. 15 – *Neue Personenkraftwagen II.*

[380] BGH, Urt. v. 5.3.2015, Az. I ZR 164/13, Rdn. 15 – *Neue Personenkraftwagen II;* OLG Stuttgart GRUR-RR 2009, 347, 348.

gen des Händlers an, sondern auf **objektivierbare Umstände,** aus denen sich ergibt, dass das Fahrzeug alsbald verkauft werden soll, ohne dass damit eine kurzfristige Zwischennutzung im Betrieb des Händlers, etwa als Vorführwagen, ausgeschlossen wäre.[381] Als objektiver Umstand eignet sich **in erster Linie die Kilometerleistung (bis 1000 km), in zweiter Linie die Dauer der (ununterbrochen andauernden) Zulassung (im konkreten Fall: 10 Monate).** Bietet ein Händler ein Fahrzeug mit einer geringen Kilometerleistung (bis 1000 km) an, ist im Allgemeinen davon auszugehen, dass er dieses Fahrzeug zum Zwecke des Weiterverkaufs erworben hat. Liegt die Kilometerleistung darüber, spricht dies dafür, dass der Händler das Fahrzeug auch zu einem anderen Zweck als dem des Weiterverkaufs, nämlich für eine nicht ganz unerhebliche Eigennutzung erworben hat.[382] Darauf, dass ein entsprechender Eindruck in der Werbung aufgrund der Laufleistung erweckt wird, kommt es nicht an.[383] Gleichermaßen ist auch der Fahrzeugzustand nicht maßgeblich.[384] Wird ein Personenkraftwagen vom Händler **erst längere Zeit nach der Erstzulassung** zum Verkauf angeboten, kann dies – sofern es sich nicht um eine Tageszulassung für einen oder wenige Tage, sondern um eine ununterbrochen andauernde Zulassung handelt[385] – den Schluss rechtfertigen, dass der Händler das Fahrzeug (auch) für eine nicht ganz unerhebliche Eigennutzung erworben hat und die Zwischennutzung im Betrieb des Händlers nicht nur ganz kurzfristiger Natur war.[386] Dies hat der BGH bei einer ununterbrochen andauernden Zulassung für **zehn Monate** bejaht.[387]

217 Zur Auslegung des Begriffs **„Modell"** hat der BGH in dem „Der neue SLK"-Urteil entschieden, dass „Modell i.S.d § 5 Abs. 1 Pkw-EnVKV nach § 2 Nr. 15 Pkw-EnVKV die Handelsbeizeichnung eines Fahrzeugs, bestehend aus **Fabrikmarke, Typ** sowie ggf. **Variante** und **Version** eines Pkw ist.[388] Eine Verpflichtung zur Angabe der gem. § 5 Abs. 1 und Abschn. I der Anl. 4 der Pkw-EnVKV zu machenden Angaben besteht nach dieser Rspr., wenn es von dem beworbenen Pkw (z.B. „Mercedes-Benz SLK") mehrere Varianten bzw. Versionen und damit auch mehrere Modelle gibt (z.B. „SLK 200", „SLK 250" und „SLK 350"), erst wenn ein bestimmtes Modell beworben wird (z.B. „Mercedes-Benz SLK 200"), und nicht bereits bei der Werbung allgemein nur für das Fahrzeug (nicht ausreichend daher: für „Mercedes-Benz SLK").[389]

218 Ist der **Klageantrag** nur darauf gerichtet, es zu unterlassen, zu werben ohne in der Werbung Angaben über den offiziellen Kraftstoffverbrauch und die CO2-Emission zu machen, kann der Klage nicht mit der Begründung stattgegeben werden, der Beklagte habe über die Laufleistung getäuscht und in irreführender Weise einen Gebrauchtwagen als Neuwagen beworben.[390]

219 – Gem. **§§ 3, 5 EnVKG bzw. EnVKV a.F.** bestehen für energieverbrauchsrelevante Produkte, Kraftfahrzeuge und Reifen beim Anbieten und Ausstellen sowie in der Werbung Kennzeichnungs- und Informationspflichten. Wettbewerbsverstöße wurden – gestützt allerdings auf § 4 Nr. 11 a.F. (§ 3a) – z.B. in der Werbung für Haushaltswaschmaschinen ohne die Pflichtangaben zur Schleuderwirkungsklasse[391] und der Ausstellung von Musterküchen ohne das vorgeschriebene Etikett mit der Angabe der Energieeffizienzklasse und des Stromverbrauchs gesehen.[392]

220 Hingegen bezweckt die Pflicht zur Angabe des Herstellers nach **§ 7 S. 1 ElektroG** weiterhin **nicht** den Schutz von Verbraucherinteressen, sondern schützt Mitbewerber vor einer Belastung

---

381 BGH, Urt. v. 5.3.2015, Az. I ZR 164/13, Rdn. 15 – *Neue Personenkraftwagen II.*

382 BGH GRUR 2012, 842, 843f. – *Neue Personenkraftwagen I;* BGH, Urt. v. 5.3.2015, Az. I ZR 164/13, Rdn. 15 – *Neue Personenkraftwagen II.*

383 BGH, Urt. v. 5.3.2015, Az. I ZR 164/13, Rdn. 16 – *Neue Personenkraftwagen II.*

384 Köhler/*Bornkamm,* 33. Aufl. 2015, § 4 Rdn. 11.131a.

385 BGH, Urt. v. 5.3.2015, Az. I ZR 164/13, Rdn. 19 – *Neue Personenkraftwagen II.*

386 BGH, Urt. v. 5.3.2015, Az. I ZR 164/13, Rdn. 19 und LS – *Neue Personenkraftwagen II.*

387 BGH, Urt. v. 5.3.2015, Az. I ZR 164/13, Rdn. 19 – *Neue Personenkraftwagen II.*

388 BGH, Urt. v. 24.7.2014, Az. I ZR 119/13, GRUR 2015, 339 – *Der neue SLK.*

389 BGH, Urt. v. 24.7.2014, Az. I ZR 119/13, GRUR 2015, 339, 394 Rdn. 16 – *Der neue SLK;* im Ergebnis ebenso, aber mit abweichender Begründung OLG Frankfurt, Urt. v. 10.5.2012, Az. 6 U 81/11, NJOZ 2013, 435, das die Grenzen einer richtlinienkonformen Auslegung erreicht sieht; vgl. dazu auch *Schabenberger/Amschewitz* WRP 2012, 669f. Der BGH ist (insoweit abweichend von der Auffassung des OLG Frankfurt, a.a.O., NJOZ 2013, 435 juris-Rdn. 13f.) hingegen davon ausgegangen, dass sich § 2 Nr. 6 Pkw-EnVKV i.V.m. Art. 2 Nr. 6 RL 1999/94/EG aufgrund von § 2 Nr. 16 Pkw-EnVKV i.V.m. Art. 2 Nr. 12 RL 1999/94/EG nur auf die RL 70/156/EWG zur Angleichung der Rechtsvorschriften der Mitgliedstaaten über die Betriebserlaubnis für Kraftfahrzeuge und Kraftfahrzeuganhänger bezieht, sodass sich von diesem Ansatz aus die Frage der Grenzen der richtlinienkonformen Auslegung nicht stellt.

390 BGH, Urt. v. 5.3.2015, Az. I ZR 164/13, Rdn. 16 – *Neue Personenkraftwagen II.*

391 OLG Hamm, Urt. v. 11.3.2008, Az. 4 U 193/07, BeckRS 2008, 09411.

392 OLG Hamm, Urt. v. 26.7.2012, Az. I-4 U 16/12, BeckRS 2012, 23071; krit. dazu *Ohly,* Gutachten im Auftrag des Bayerischen Industrie- und Handelskammertages e.V., Rdn. 37.

mit höheren Entsorgungskosten infolge nicht gekennzeichneter Elektrogeräte durch andere Hersteller;[393] Verstöße können jedoch über § 3a verfolgt werden.[394]

– Nach Art. 23 Abs. 1 S. 2 der **VO (EG) Nr. 1008/2008** über gemeinsame Vorschriften für die Durchführung von **Luftverkehrsdiensten** in der Gemeinschaft ist der zu zahlende Endpreis stets auszuweisen, ohne dass zwischen dem Zeitpunkt, zu dem dieser Preis erstmalig angezeigt wird, dem Zeitpunkt, zu dem der Kunde einen bestimmten Flug auswählt, oder dem Zeitpunkt des verbindlichen Vertragsschlusses unterschieden wird.[395] Der Endpreis ist bei jeder Angabe von Preisen für Flugdienste und damit auch bei ihrer erstmaligen Angabe vor Beginn des Buchungsvorgangs und in Angeboten für mehrere Flugdienste in tabellarischer Form auszuweisen.[396] Der Endpreis muss den anwendbaren Flugpreis bzw. die anwendbare Luftfrachtrate sowie alle anwendbaren Steuern und Gebühren, Zuschläge und Entgelte, die **unvermeidbar** und zum Zeitpunkt der Veröffentlichung **vorhersehbar** sind, einschließen; dazu gehören auch Gepäckgebühren, Kerosinzuschläge, eine Flughafengebühr und eine eventuelle **Servicecharge.**[397] Diese Posten sind außerdem gem. Art. 23 Abs. 1 S. 3 der VO zwingend stets neben dem Endpreis auszuweisen.[398] Art. 23 Abs. 1 S. 4 der VO betrifft allein **fakultative Zusatzkosten;** diese sind auf klare, transparente und eindeutige Art und Weise **am Beginn jedes Buchungsvorgangs mitzuteilen.**[399] Fakultative Zusatzkosten betreffen Dienste, die den Luftverkehrsdienst als solchen ergänzen, aber für die Beförderung des Fluggastes oder der Luftfracht weder obligatorisch noch unerlässlich sind und durch den Kunden auf „opt-in"-Basis angenommen werden können;[400] dazu gehören auch im Zusammenhang mit Flugreisen stehende Kosten von Leistungen wie einer **Reiserücktrittsversicherung,** die von einer anderen Person als dem Luftverkehrsunternehmen erbracht und von dem Vermittler dieser Reise in einem Gesamtpreis gemeinsam mit dem Flugpreis von dem Kunden erhoben werden.[401] Zu Art. 23 Abs. 1 S. 3 VO Nr. 1008/2008/EG ist ein Vorabentscheidungsersuchen anhängig.[402] 221

Außerhalb des Anwendungsbereichs der VO (EG) Nr. 1008/2008 gelten die allgemeinen Regelungen, sodass es auch insoweit beim Verbot irreführender Werbung (dann allerdings ohne § 5a Abs. 4) bleibt.[403] Unlauter ist es, dem Kunden im Wege des „opt-out"-Prinzips beim Buchungsvorgang eine Reiserücktrittsversicherung „unterzuschieben".[404] Dem „opt-in"-Erfordernis wird allerdings nach OLG Frankfurt grundsätzlich bereits dadurch genügt, dass der Kunde den eingeleiteten Buchungsvorgang nur fortsetzen kann, wenn er sich für oder gegen die Zusatzleistung entscheidet,[405] sofern nach der konkreten Ausgestaltung des Buchungsvorgangs dem Nutzer so- 222

---

393 BGH GRUR 2015, 1021, 1022 Rdn. 15 – *Kopfhörer-Kennzeichnung;* vgl. EuGH, Urt. v. 16.7.2015, *Sommer Antriebs- und Funktechnik,* C-369/14, ECLI:EU:C:2015:491 Rdn. 52.

394 Vgl. BGH GRUR 2015, 1021, 1022 – *Kopfhörer-Kennzeichnung;* OLG Celle, GRUR-RR 2014, 152; OLG Hamm, BeckRS 2014, 22054; OLG Hamm, GRUR-RR 2015, 60; *Metzger,* GRUR Int. 2015, 687, 692.

395 EuGH, Urt. v. 15.1.2015, *Air Berlin,* C-573/13, EU:C:2015:11, Rdn. 33; BGH, Urt. v. 30.7.2015, *Buchungssystem II,* I ZR 29/12, DE:BGH:2015:300715UIZR29.12.0, Rdn. 18.

396 EuGH, Urt. v. 15.1.2015, *Air Berlin,* C-573/13, EU:C:2015:11, Rdn. 39 und 45; BGH, Urt. v. 30.7. 2015, *Buchungssystem II,* I ZR 29/12, DE:BGH:2015:300715UIZR29.12.0, Rdn. 18.

397 BGH, Urt. v. 30.7.2015, *Buchungssystem II,* I ZR 29/12, DE:BGH:2015:300715UIZR29.12.0, Rdn. 19; OLG Frankfurt, GRUR-RR 2012, 392, 395; KG MMR 2012, 813, 814; OLG Dresden GRUR 2011, 248 – *Flugendpreis,* Nichtzulassungsbeschwerde zurückgewiesen durch BGH Beschluss v. 17.8.2011, Az.: I ZR 168/10; LG Düsseldorf, Urt. v. 3.2.2010, Az. 12 O 173/09, MMR 2010, 620; vgl. BGH, Urt. v. 7.5.2015, Az. I ZR 158/14, Rdn. 44 – *Der Zauber des Nordens* (zu Art. 7 Abs. 4 lit. c UGP-Richtlinie).

398 Vgl. EuGH, Urt. v. 15.1.2015, *Air Berlin,* C-573/13, EU:C:2015:11, Rdn. 44; OLG Dresden GRUR 2011, 248 – *Flugendpreis,* Nichtzulassungsbeschwerde zurückgewiesen durch BGH Beschluss v. 17.8.2011, Az.: I ZR 168/10; LG Düsseldorf Urt. v. 2.2.2010, Az.: 12 O 173/09; *Deutsch,* GRUR 2011, 187ff.; Gloy/Loschelder/Erdmann/*Helm,* Handbuch WettbR, § 59 Rdn. 147; Götting/Nordemann/*A. Nordemann,* § 5a Rdn. 102.

399 EuGH, Urt. v. 15.1.2015, *Air Berlin,* C-573/13, EU:C:2015:11, Rdn. 17; BGH, Urt. v. 30.7.2015, *Buchungssystem II,* I ZR 29/12, DE:BGH:2015:300715UIZR29.12.0, Rdn. 18.

400 EuGH, Urt. v. 19.7.2012, *ebookers.com Deutschland,* C-112/11, EU:C:2012:487, Rdn. 14.

401 EuGH, Urt. v. 19.7.2012, *ebookers.com Deutschland,* C-112/11, EU:C:2012:487, LS; BGH, Beschl. v. 25.10.2012, Az. I ZR 81/11, Rdn. 10 – „Opt-out"-Verfahren.

402 So Vorlagebeschluss BGH v. 21.4.2016, *Flugpreise,* DE:BGH:2016:210416BIZR220.14.0.

403 OLG Hamburg Magazindienst 2010, 1212.

404 OLG Thüringen Magazindienst 2011, 651ff. (gestützt auf § 5); die Revision wurde auf den Hinweisbeschluss des BGH v. 25.10.2012, Az. I ZR 81/11 zurückgenommen, ob das beanstandete Verhalten gegen §§ 5, 5a verstieß, hat der BGH im Hinblick auf den gegebenen Verstoß gegen §§ 3, 4 Nr. 11 UWG i.V.m. Art. 23 Abs. 1 S. 4 der VO offen gelassen.

405 OLG Frankfurt, Urt. v. 9.4.2015, Az. 6 U 33/14, WRP 2015, 888 (betr. Reiserücktrittsversicherung); MMR 2016, 112.

wohl die Möglichkeit, sich für die Zusatzleistung zu entscheiden, als auch die Möglichkeit, die Buchung ohne Inanspruchnahme der Zusatzleistung fortzusetzen, im Sinne einer klaren und gleichwertigen Entscheidungsalternative vor Augen geführt wird.[406]

223 Noch nicht vollständig geklärt, nach hier vertretener Ansicht aber jedenfalls nach Ablauf der Übergangsfrist am 12.6.2013 zu verneinen, ist die Frage, ob abgesehen von den Informationspflichten aus Art. 3 Abs. 4 der **Preisangabenrichtlinie 98/6/EG,** der im Anh. II ausdrücklich genannt wird, auch andere Preisinformationsverpflichtungen für Waren („Erzeugnisse") aus der Richtlinie 98/6/EG und für Dienstleistungen aus **Art. 22 der Richtlinie 2006/123/EG** über § 5a Abs. 4 integriert werden; **s. dazu näher Rdn. 196 ff.** Der BGH hat dies bislang mit der Begründung offengelassen, dass diese Informationsanforderungen die allgemeinen Informationspflichten aus § 5a Abs. 3 Nr 3 (Art. 7 Abs. 4 lit. c UGP-Richtlinie) jedenfalls nicht verdrängen, sodass Unterlassungsansprüche schon dann begründet sind, wenn die in Rede stehende Werbung – was jeweils der Fall war – gegen § 1 Abs. 1 S. 1 PAngV verstößt, soweit dieser der Umsetzung von Art. 7 Abs. 4 lit. c UGP-Richtlinie dient.[407]

IX. Berücksichtigung von Beschränkungen des Kommunikationsmittels und „anderweitige" Mitteilung, § 5a Abs. 5

1. Kontext und Zweck

224 Bei der Beurteilung, ob das Unterbleiben der Information ein irreführendes „Vorenthalten" ist, sind die **Besonderheiten des Kommunikationsmittels** zu berücksichtigen, und ob die Information in einem solchen Fall **anderweitig mitgeteilt** wird. § 5a Abs. 5 setzt die **Medienklausel des Art. 7 Abs. 3 UGP-Richtlinie** (Text: Rdn. 1) um, die schon bislang im Wege der unionskonformen Auslegung in § 5a Abs. 2 „hineinzulesen" war, und ist unionskonform auszulegen.

225 Die Vorgaben des Art. 7 Abs. 3 UGP-Richtlinie wurden im Zuge der UWG-Reform 2015 ausdrücklich in dem neugeschaffenen **§ 5a Abs. 5** geregelt. § 5a Abs. 5 (Art. 7 Abs. 3 UGP-Richtlinie) stellt jedoch keine isoliert zu betrachtenden Voraussetzungen auf, sondern ist **im Zusammenhang mit § 5a Abs. 2** (Art. 7 Abs. 1 UGP-Richtlinie) zu lesen, nach dem bei der Prüfung, ob eine wesentliche Information vorenthalten wurde, auf den konkreten Fall unter Berücksichtigung aller tatsächlichen Umstände und der Beschränkung des Kommunikationsmittels und die Maßnahmen des Unternehmers, diese anderweitig zur Verfügung zu stellen, abzustellen ist.[408] Die Begrenzungen des Kommunikationsmittels und die Maßnahmen des Unternehmers, diese anderweitig zur Verfügung zu stellen (§ 5a Abs. 5), sind daher bei der Beurteilung, ob Informationen i. S. d. § 5a Abs. 2 vorenthalten wurden, zu berücksichtigen, sodass **§ 5a Abs. 2 und Abs. 5 im Zusammenhang zu prüfen** sind.

226 **Wegen der Einzelheiten des § 5a Abs. 2 wird auf die dortige Kommentierung verwiesen (Rdn. 92 ff.).**

227 Die Formulierung in Art. 7 Abs. 3 UGP-Richtlinie, **„anderweitig zur Verfügung gestellte"** Informationen seien bei der Abwägung, ob eine Information vorenthalten werde, zu berücksichtigen, ist missverständlich. Eine Information, die dem Verkehr zwar nicht mitgeteilt wird, die einem durchschnittlich aufmerksamen, verständigen und informierten Verbraucher aber bekannt ist, kann schon nach allgemeinen Grundsätzen kein Verschweigen wesentlicher Informationen sein. Erkennt der Kaufinteressent z. B., dass er Informationen über die auf der Eingangsseite der **Internet**-Offerte präsentierte Ware erst auf Unterseiten des Unternehmers erhält, zu denen er durch Verweise aufgrund einfacher elektronischer Verknüpfungen oder durch klare und unmissverständliche Hinweise geleitet wird, wird er diese Seiten auch aufrufen und die Informationen zur Kenntnis nehmen.[409]

228 Gemeint ist vielmehr, dass zu prüfen ist, ob ein durchschnittlich aufmerksames, verständiges und informiertes Mitglied des angesprochenen Verkehrskreises eine benötigte Information **nicht in**

---

[406] OLG Frankfurt, Urt. v. 9.10.2014, Az. 6 U 148/13, GRUR 2015, 400 – Opt-In Buchung über Drop Down-Box (im konkreten Fall verneint); MMR 2016, 112.

[407] BGH, Urt. v. 7.5.2015, Az. I ZR 158/14, GRUR 2015, 1240 Rdn. 29 – *Der Zauber des Nordens;* Urt. v. 14.1.2016, *Wir helfen im Trauerfall,* I ZR 61/14, DE:BGH:2016:140116UIZR61.14.0, Rdn. 22 f., 25; vgl. EuGH, Urt. v. 12.5.2011, *Ving Sverige,* C-122/10, EU:C:2011:299, Rdn. 60 ff.

[408] *Köhler*/Bornkamm, 34. Aufl. 2016, § 5a Rdn. 6.2.

[409] BGH GRUR 2003, 889, 890 – *Internet-Reservierungssystem;* GRUR 2005, 438 – *Epson-Tinte;* GRUR 2005, 690, 692 – *Internet-Versandhandel;* GRUR 2007, 159, 160 – *Anbieterkennzeichnung im Internet;* GRUR 2008, 84 ff. – *Versandkosten;* vgl. *Alexander,* WRP 2015, 139, 144 f.

dem erforderlichen Zusammenhang erhält, um diese für eine informierte Entscheidung berücksichtigen zu können. Hier liegt nach Art. 7 Abs. 3 abweichend von der Art. 7 Abs. 1 und 2 zu Grunde liegenden Risikoverteilung, die dem Unternehmer die Informationslast für „wesentliche“ Informationen aufbürdet, kein irreführendes „Vorenthalten“ im rechtlichen Sinne vor, wenn eine **Interessenabwägung** ergibt, dass die verkürzte Darstellung auf die Besonderheiten des verwandten Kommunikationsmediums zurückzuführen ist, und der Unternehmer ausreichende Maßnahmen ergriffen hat, um die Information anderweitig, also außerhalb des eigentlich zu fordernden Zusammenhangs mit der geschäftlichen Handlung, zur Verfügung zu stellen.

2. Berücksichtigung der Beschränkungen des Kommunikationsmittels, § 5a Abs. 5 Nr. 1

Unter dem für die geschäftliche Handlung verwandten **Kommunikationsmittel** ist das Medium zu verstehen, das zur Übermittlung der in der geschäftlichen Handlung enthaltenen Information verwandt wird, also z. B. das Internet, die Radio- oder Fernsehwerbung, die (papierne) Zeitung usw. **229**

Inwieweit Informationen infolge **räumlicher oder zeitlicher Beschränkungen des Kommunikationsmediums** dort nicht erteilt werden können, hängt zunächst von dem Medium selbst ab.[410] Typischerweise wenig Raum für Information lassen z. B. die Internet-Domain, die Film- und Fernsehwerbung, SMS- und Telefonwerbung sowie Anzeigen in Zeitungen. Darüber hinaus spielen aber auch Art, Umfang und Zusammensetzung der Informationen eine Rolle. Ist infolge dieser Besonderheiten des Mediums kein Raum, alle wesentlichen Informationen darzustellen, muss der Unternehmer eine **Auswahl** treffen und im Übrigen im Sinne von Art. 7 Abs. 3 UGP-Richtlinie verweisen. Hier wird es v. a. auf die **Wesentlichkeit** der Informationen ankommen. Informationen, die auf der Skala der im konkreten Fall wesentlichen Informationen ganz oben stehen, sind i. d. R. unmittelbar im Kommunikationsmedium darzustellen, während weniger wesentliche Informationen zwar nicht vorenthalten werden dürfen, auf sie aber verwiesen werden kann. So ist selbst bei Pflichtangaben gem. § 4 HWG nicht zu verlangen, dass diese in einer Google-Adword-Anzeige selbst enthalten sind, sondern ist ein als solcher klar erkennbarer elektronischer Verweis in der Anzeige als ausreichend anzusehen, wenn dieser zu einer Internetseite führt, auf der die Pflichtangaben unmittelbar, d. h. ohne weitere Zwischenschritte leicht lesbar wahrgenommen werden können.[411] **S. näher zu den Anforderungen bei Verlinkung von Informationen § 5 Rdn. B.73.** **230**

Die erforderlichen Informationen müssen **rechtzeitig** und so zur Verfügung gestellt werden, dass der Verkehr sie **tatsächlich zur Kenntnis nehmen** kann. Das erfordert im **Internetvertrieb,** dass die nach § 5a Abs. 3 Nr. 3 erforderlichen Angaben zum Preis einschließlich Umsatzsteuer grundsätzlich vor Einlegen der Ware in den virtuellen Warenkorb gemacht werden.[412] Hinsichtlich der Liefer- und Versandkosten ist jedoch zu beachten, dass deren Höhe häufig vom Umfang der Gesamtbestellung des Kunden oder der Art der ausgewählten Ware abhängen wird. Es reicht deshalb aus, unmittelbar bei der Werbung für das einzelne Produkt den Hinweis „zzgl. Versandkosten“ aufzunehmen, wenn sich bei Anklicken oder Ansteuern dieses Hinweises ein Fenster mit einer übersichtlichen und verständlichen Erläuterung der allgemeinen Berechnungsmodalitäten für die Versandkosten öffnet und außerdem die tatsächliche Höhe der für den Einkauf anfallenden Versandkosten jeweils bei Aufruf des virtuellen Warenkorbs in der Preisaufstellung gesondert ausgewiesen wird. [413] Bei einer Werbung für Waren in Preisvergleichslisten einer Preissuchmaschine dürfen die zum Kaufpreis hinzukommenden Versandkosten nicht erst auf der eigenen Internetseite des Werbenden genannt werden, die mit dem Anklicken der Warenabbildung oder des Produktnamens erreicht werden kann.[414] Für Preise in Preissuchmaschinen gelten hohe Aktualitätsanforderungen.[415] **231**

Die Informationen müssen **lesbar** bzw. in angemessener anderer Art und Weise (z. B. akustisch) wahrnehmbar sein. Bei der Werbung für ein Produkt mit einem **Testergebnis** muss im Internet die Fundstelle entweder bereits deutlich auf der ersten Bildschirmseite dieser Werbung angegeben werden oder jedenfalls ein deutlicher Sternchenhinweis den Verbraucher ohne weiteres zu der Fundstellenangabe führen.[416] **232**

---

[410] Vgl. Götting/Nordemann/*A. Nordemann,* § 5a Rdn. 60.

[411] BGH GRUR 2014, 94, 95 Rdn. 18 – *Pflichtangaben im Internet.*

[412] BGH GRUR 2010, 248, 251 – *Kamerakauf im Internet.*

[413] BGH GRUR 2010, 248, 251 – *Kamerakauf im Internet.*

[414] BGH GRUR 2010, 251 – *Versandkosten bei Froogle I.*

[415] BGH GRUR 2010, 936 – *Espressomaschine;* GRUR 2010, 1110, 1112 – *Versandkosten bei Froogle II.*

[416] BGH GRUR 2010, 248, 251 – *Kamerakauf im Internet;* OLG Oldenburg, MMR 2016, 37, 398; jurisp-PK-UWG/*Müller-Bidinger,* 4. Aufl. 2016, § 6 Rdn. 273; kritisch aber *Franz,* WRP 2016, 439, 446 f.

3. Maßnahmen zur Verfügungstellung in anderer Weise, § 5a Abs. 5 Nr. 2

233 Wenn eine Information infolge der Besonderheiten des Mediums nicht im Zusammenhang mit der geschäftlichen Handlung selbst gegeben werden kann, liegt gleichwohl kein Vorenthalten von Informationen im Sinne des Gesetzes vor, wenn der Unternehmer alle zumutbaren und erforderlichen Maßnahmen getroffen hat, um dem Verkehr die Information zugänglich zu machen, Art. 7 Abs. 3 UGP-Richtlinie. Dabei handelt es sich um eine Weiterentwicklung der Grundsätze der **labelling doctrin** (§ 5 Abschn. B Rdn. 42), nach der eine trotz aufklärender Hinweise verbleibende Gefahr, dass Mitglieder des angesprochenen Verkehrs irregeführt werden können, hinzunehmen ist und keine i. S. d. Gesetzes beachtliche Irreführungsgefahr begründet.

234 Von einer „anderweitigen Mitteilung" kann nicht schon dann die Rede sein, wenn die Information nur überhaupt irgendwo auffindbar ist. Vielmehr muss die Bereitstellung der Informationen so geschehen, dass der **Verkehr sie mit dem ihm im konkreten Fall zumutbaren Aufwand auffinden kann.** Die entspr. Information muss also für ein durchschnittlich (angemessen) aufmerksames, verständiges und informiertes Mitglied des Verkehrskreises, an den sich die geschäftliche Handlung richtet, **zugänglich** sein. Wirbt der Unternehmer bspw. für die Inanspruchnahme eines Internet-Anschlusses, kann er nicht auf seine Informationsdatenbank im Internet verweisen. Darüber hinaus muss für eine solche Person **erkennbar** sein, wo die Informationen zu finden sind. Dies kann etwa dadurch gewährleistet werden, dass die „Fundstelle" ausführlicher Informationen in der verkürzten Darstellung genannt wird. Außerdem muss gewährleistet sein, dass der Verkehr die Informationen **rechtzeitig** erlangt.[417] Der Verkehr muss sich die Informationen auch mit **zumutbarem Aufwand beschaffen** können. Die Abrufbarkeit im Rahmen einer Hotline, für die mehr als nur die üblichen Telefon- oder Internetkosten gezahlt werden müssen, dürfte daher nicht ausreichen.

X. Anträge und Beweislast

235 **Siehe näher § 5 Abschn. M und ausführlich die Kommentierung von Brüning Vor § 12.**

1. Anträge

Ist die angegriffene Werbung nicht generell unzulässig, sondern **fehlen „nur" Pflichtangaben** (z. B. nach § 2 Nr. 5 und 6 Pkw-EnVKV[418] oder Art. 10 Abs. 3 HCVO[419]), wird der Kläger den Antrag darauf zu richten haben, es zu unterlassen, in der beanstandeten Form zu werben, ohne in dieser Werbung die entsprechenden Angaben bzw. Informationen zu machen. Ein solcher Antrag knüpft an das Fehlen der Pflichtangaben an und kann daher kein Verbot wegen irreführender Angaben (z. B. zur Pkw-Laufleistung oder im Zutatenverzeichnis) rechtfertigen.[420] Wird die Klage im Verlaufe des Rechtsstreits auf Letzteres gestützt, liegt eine Klageänderung vor und ist der Kläger ggf. gemäß § 139 ZPO darauf hinzuweisen, dass er den Antrag entsprechend anpassen bzw. einen Hilfsantrag stellen muss.[421] Eine unberechtigte Abmahnung verpflichtet nicht zur Aufklärung über den wirklichen Sachverhalt.[422] Dem Kläger steht daher auch kein materiell-rechtlicher Kostenerstattungsanspruch hinsichtlich der Mehrkosten zu, wenn er die Klage zunächst auf den „falschen" Sachverhalt stützt.

2. Beweislast

236 Die Darlegungs- und Beweislast für die anspruchsbegründenden Tatsachen trägt nach allgemeinen Grundsätzen auch bei einer Irreführung durch Unterlassen der Anspruchsteller. **§ 5a Abs. 3 und 4, Abs. 6:** Im Zusammenhang mit einer **Irreführung durch Unterlassen** gelten nach **§ 5a**

---

[417] BGH GRUR 2010, 248, 251 – *Kamerakauf im Internet.*

[418] BGH, Urt. v. 5.3.2015, Az. I ZR 164/13, Rdn. 3, 16 – *Neue Personenkraftwagen II.*

[419] Vgl. dazu BGH GRUR 2015, 403, 407 Rdn. 38 – *Monsterbacke II.*

[420] Vgl. BGH, Urt. v. 5.3.2015, Az. I ZR 164/13, Rdn. 3, 16 – *Neue Personenkraftwagen II;* GRUR 2015, 403, 407 Rdn. 38 – *Monsterbacke II.*

[421] Vgl. BGH GRUR 2015, 403, 407 Rdn. 41 – *Monsterbacke II.*

[422] BGH, Urt. v. 30.7.2015, Piadina-Rückruf, I ZR 250/12, DE:BGH:2015:300715UIZR250.12.0, Rdn. 43; GRUR 1995, 167, 168 – Kosten bei unbegründeter Abmahnung; OLG Hamburg, Beschl. v. 24.11.2008, – 5 W 117/08, BeckRS 2009, 04374.

Abs. 3 und 4, Abs. 6: In an Verbraucher gerichteten geschäftlichen Handlungen gelten nach diesen Vorschriften bestimmte Informationen als wesentlich im Sinne von § 5a Abs. 1, s. dazu **§ 5a Rdn. 118 ff.**

XI. Nichtkenntlichmachung des kommerziellen Zwecks (§ 5a Abs. 6)

Schrifttum zu § 5 Abs. 6: *Abeltshauser;* Redaktionelle Presseäußerungen im Lichte von § 1 UWG; WRP 1997, 1143; *Ahrens,* Redaktionelle Werbung – Korruption im Journalismus; GRUR 1995, 307; *Ahrens/Richter,* Fingierte Belobigungen im Internet; WRP 2011, 814; Asche; Product Placement im Kinospielfilm, 1996; *Baerns,* Schleichwerbung lohnt sich nicht! Plädoyer für eine klare Trennung von Redaktion und Werbung in den Medien, 1996; *Becker,* Anruf in Abwesenheit!? Der Ping-Anruf – Ein „Klassiker" neu aufgelegt, WRP 2011, 808; *Bente;* Product Placement und Wettbewerbsrecht – Zu den Grenzen „medialer" Fernsehwerbung, GRUR 1988, 264; *ders.,* Der Sponsorhinweis beim Ereignissponsoring, ZUM 1988, 322; *ders.,* Product Placement – Entscheidungsrelevante Aspekte in der Werbepolitik, 1990; *Benz,* Werbung vor Kindern unter Lauterkeitsgesichtpunkten, WRP 2003, 1160; *Bodewig,* Vorrang wirtschaftlicher Interessen im Medienrecht? Zur Auslegung der Fernsehrichtlinie durch den EuGH, JZ 2000, 659; *Boehme-Neßler,* Rechtsprobleme der Internet-Werbung; ZUM 2001, 547; *Borck,* Abschied von den ZAW-Richtlinien?, AfP 1986, 115; *ders.,* Werbung im Programm: Zur wettbewerbsrechtlichen Haftung der Fernsehanbieter für unzulässige Fernsehwerbung im Fernsehprogramm, 1988; *ders.,* Product Placement und Wettbewerbsrecht – Zu den Grenzen „medialer" Fernsehwerbung; GRUR 1988, 264; *Bosmann,* Rundfunkrechtliche Aspekte der Trennung von Werbung und Programm, ZUM 1990, 545; *Braun,* Redaktionelle Hinweise in Zeitungen und Zeitschriften, WRP 1983, 600; *Bruhn/Mehlinger,* Rechtliche Gestaltung des Sponsoring, 1992; *Bülow,* Product Placement und Freiheit der Kunst, WRP 1991, 9; *ders.,* Themen-Sponsoring im Fernsehen – Zulässigkeit einer innovativen Werbeform neben Spotwerbung und Product Placement, CR 1999, 105; *Busch,* Restriktion des rundfunkrechtlichen Trennungsgrundsatzes im Unterhaltungsbereich? MMR 2003, 714; *Castendyk,* Werbeintegration im TV-Programm – wann sind Themen Placements Schleichwerbung oder Sponsoring?, ZUM 2005, 857; *ders.,* Die Neuregelung der Produktplatzierung im Fernsehen – Definition, Systematik, Prinzipien und Probleme, ZUM 2010, 29; *von Danwitz,* Zur Regulierung von „Product Placement" bei der Novellierung der EU-Fernsehnrichtlinie, AfP 2005, 417; *Deutsch,* Virtuelle Werbung im U.S.-amerikanischen Recht, GRUR Int. 2001, 400; *Dörfler,* Product Placement im Fernsehen, 1993; *Dörr/Zorn,* Die Entwicklung des Medienrechts, NJW 2003, 3020; *Draheim/Lehmann,* Facebook & Co: Aktuelle rechtliche Entwicklungen im Bereich Social Media – Marken und Lauterkeitsrecht, GRUR-Prax 2014, 401; *Dreßler/Voigt,* Lauterkeitsrechtliche Offenlegungspflicht bei redaktioneller Berichtserstattung über verbundene Unternehmen?, AfP 2005, 154; *Duisberg,* Gezielt und preiswert – Die Soap im Internet; *Engel,* Reihen aus Kinofilmen – Die Regeln des Rundfunkstaatsvertrages über die Unterbrechung zur Ausstrahlung von Werbung, ZUM 2003, 85; *Eckert/Freudenberg;* Schleichwerbung mit Fantasieprodukten, GRUR 2012, 343; *Engels/Giebel;* Das neue Fernsehwerberecht; ZUM 2000, 265; *Engels/Semrau,* Aktuelle Fragen des Rundfunkwerberechts, ZUM 2014, 946; *Epping/Heimhalt/Spies,* Die Nutzung von Social Media durch die pharmazeutische Industrie, A&R 2012, 51; *Ernst/Seichter,* „Heimliche" Online Werbeformen, CR 2011, 62; *Fezer* (Hrsg.), Lauterkeitsrecht: UWG, 2. Auflage 2010; *Folkel,* Product Placement aus Sicht der Werbebranche und seine rechtliche Einordnung, ZUM 1992, 55; *Frank,* Neue U.S. Werberichtlinien für Empfehlungen und Testimonials, GRUR Int. 2012, 125; *Franz,* Digitales Fernsehen: Herausforderung für TV-Forschung und TV-Werbung, Media Perspektiven 2003, 463; *Fuchs,* Die wettbewerbsrechtliche Beurteilung redaktioneller Werbung in Presseerzeugnissen unter besonderer Berücksichtigung von entgeltlicher Anzeige und redaktioneller Berichterstattung; GRUR 1988, 736; *Glockzin,* „Product Placement" im Fernsehen – Abschied vom strikten Trennungsgebot zwischen redaktionellem Inhalt und Werbung, MMR 2010, 161; *Glöckner/Henning-Bodewig,* EG-Richtlinie über unlautere Geschäftspraktiken: Was wird aus dem „neuen" UWG?, WRP 2005, 1311; *Göres,* Transparenzgebote bei öffentlichen Auftritten von Wertpapieranalysten, ZBB 2004, 210; *Görlitz,* Tabakwerbung und Europa: Im zweiten Anlauf endlich am Ziel?; ZUM 2002, 97; *Götting/Nordemann,* UWG, 2. Aufl. 2013; *Gounalakis,* Werbung im Rundfunkprogramm – Zwischen Trennungsgrundsatz und Schleichwerbungsverbot, WRP 2005, 1476; *Gounalakis/Wege,* Product Placement und Schleichwerbungsverbot – Widersprüche im neuen Fernsehrichtlinien-Entwurf, K & R 2006, 97; *Greffenius/Fikentscher;* Werbeformen bei Sportübertragungen im Fernsehen und ihre wettbewerbsrechtliche Zulässigkeit, ZUM 1992, 526; *Grewenig,* Die Umsetzung der Werbebestimmungen der EU-Richtlinie über audiovisuelle Mediendienste in deutsches Recht aus Sicht des privaten Rundfunks, ZUM 2009, 703; *Gröning,* Hintertüren für redaktionelle Werbung?, WRP 1993, 685; *ders.,* Kostenlose Entgeltlichkeit? Wettbewerbskonforme Wettbewerbswidrigkeit? Werbende Nicht-Werbung – Anmerkung zum Urteil des BGH vom 7.7.1994 – I ZR 162/92 – Preisrätselgewinnauslobung II, WRP 1995, 181; *Gummig,* Rechtsfragen bei Werbung im Internet; ZUM 1996, 573; *Hackbarth,* Titelsponsoring im Fernsehen, ZUM 1998, 974; *Hahn/Vesting,* Beck'scher Kommentar zum Rundfunkrecht, 2. Auflage 2008; *ders.,* Werbung im Kinofilm, ZUM 1993, 592; *ders.,* Werbung im Kinofilm, ZUM 1996, 129; *ders,* Product Placement, ZUM Sonderheft 1996, 1033; *Hartstein/Ring/Kreile/Dörr/Stettner/Cole/Wagner,* Kommentar zum Rundfunkstaatsvertrag; Stand November 2015 (zitiert als Hartstein/Kreile/u.a.); *Hartwig,* Zur Zulässigkeit produktbezogener Sponsoring-Werbung; WRP 1999, 744; *Hauschka,* Product Placement und Wettbewerbsrecht – Ein Lösungsversuch; DB 1988, 165; *Heermann,* Manipulierte Produktbewertungen im Lichte des Lauterkeitsrechts, WRP 2014, 509; *Henning-Bodewig,* Das „Presseprivileg" in § 13 Abs. 2 Nr. 1 UWG; GRUR 1985, 258; *dies.;* Product Placement und andere Arten der „absatzfördernden" Kommunikation – Die neuen Formen der Schleichwerbung?; BB 1986, Beilage 18 zu Heft 33; *dies.*, Die Trennung von Werbung und Programm im deutschen und europäischen Rundfunk- und Wettbewerbsrecht; GRUR Int. 1987, 583; *dies.;* Product Placement im Kino; ZUM 1988, 263; *dies.*, Product Placement und Sponsoring; GRUR 1988, 867; *dies.*, Sponsoring, AfP 1991, 487; *dies.*, Die Tarnung von Werbung; GRURInt. 1991, 858; *dies.*, Werbung im Kinospielfilm – Die Situation nach „Feuer, Eis und Dynamit"; GRUR 1996, 321; *dies.*, Neuere Entwicklungen im Sponsoring, ZUM 1997, 633; *Henssler/Michel,* Anmerkung zu BVerfG, Beschl. V. 7.11.2002, 1 BvR 580/02, EWiR 2003, 995; *Herkströter,* Neue elektronische Werbeformen, Glaubwürdigkeit des Programms gefährdet?, Media Perspektiven 1998, 106; *Hetmank,* Im Korsett der UGP-Richtlinie, GRUR 2015, 323; *Heuking,* Werbung im Zusammenhang mit Kunst – Eine wettbewerbsrechtliche Untersuchung von Product Placement in Kunstwerken, 2003; *Himmelsbach,* Schleichwerbung in den Medien, GRUR-Prax 2013, 78; *Hoeren,* Werbung im WWW – aus der Sicht des neuen UWG, MMR 2004, 643; *Holzgraefe,* Werbeintegration in Fernsehsendungen und Videospielen. Product Placement und verwandte Formen im Spiegel des Medien- und Wettbewerbsrechts, 2010; *Holznagel/Stenner,* Die Zulässigkeit neuer Werbeformen – Von der Splitscreentechnik zu den neuen interaktiven Werbestrategien im Fernsehen, ZUM 2004, 617; *Hörle,* Werbung in redaktioneller Form aus rechtlicher Sicht, AfP 1973, 361; *Janal,* Lauterkeitsrechtliche Betrachtungen zum Affiliate-Marketing, CR 2009, 317; *Jarass,* Fernsehwerbung im deutschen und europäischen Recht, ZUM 1997, 769; *Johansen,* Product Placement in Film und Fernsehen, 2001; *John,* Das rundfunkrechtliche Trennungsgebot im Lauterkeitsrecht unter Geltung der UGP-Richtlinie, WRP 2011, 1357; *Kaufmann,* Click-Spamming – ein Fall für das reformierte UWG?, MMR 2005, Heft 2 S. XV; *Kiethe/Groschke,* Die Ubiquität des europäischen Verbraucherleitbildes – der europäische Pass des informierten und verständigen Verbrauchers, WRP 2001, 230; *Knickenberg,* Programmfreiheit contra Sponsoring, 1999; *Koch,* GOOD NEWS aus Luxemburg? Förderung fremden Wettbewerbs ist keine Geschäftspraktik, FS Köhler 2014, 359; *Kohl,* Wettbewerbsrechtliche Schranken für Presseberichterstattung und Pressekritik; AfP 1984, 201; *Köhler,* Redaktionelle Werbung, WRP 1988, 1; *ders.*, Ranking als Rechtsproblem, FS Sonnenberger, 2004, 429; *ders.*, Die „Bagatellklausel" in § 3 UWG, GRUR 2005; *Köhler/Lettl,* Das geltende europäische Lauterkeitsrecht, Der Vorschlag für eine EG-Richtlinie über unlautere Geschäftspraktiken und die UWG-Reform; WRP 2003, 1019; *Köndgen,* Die Ad hoc-Publizität als Prüfstein informationsrechtlicher Prinzipien, FS Druey, 2002, 791; *Körner/Lehment,* Allgemeines Wettbewerbsrecht; in: Hoeren/Sieber (Hrsg.), Multimedia Recht, Kapitel 11.1; *Kreile,* Die Neuregelung der Werbung im 4. Rundfunkänderungsstaatsvertrag, ZUM 2000, 194; *ders.*, Die Umsetzung der EU Richtlinie über audiovisuelle Mediendienste ins deutsche Recht aus Sicht der Produzenten; ZUM 2009, 709; *Kröner,* Rechtsfragen der Eigenwerbung von Printmedien, K & R 2005, 440; *ders.*, Verantwortung für Verstöße gegen das Rundfunkwerberecht – Die Haftung des Veranstalters und Dritter für Ordnungswidrigkeiten, ZUM 2001, 643; *Ladeur,* Neue Werbeformen und der Grundsatz der Trennung von Werbung und Programm; ZUM 1999, 672; *Leitgeb,* Virales Marketing – Rechtliches Umfeld für Werbefilme auf Internetportalen wie YouTube; ZUM 2009, 39; *Lettl,* Die wettbewerbswidrige Ad hoc-Mitteilung, ZGR 2003, 853; ders., Gemeinschaftsrecht und neues UWG, WRP 2004, 1079; *ders.*, Lauterkeitsrechtliche Haftung von Presseunternehmen für „Rankings"; GRUR 2007, 936; *Leupold,* „Push und Narrow Casting" im Lichte des Medien- und Urheberecht, ZUM 1998, 99; *Leupold/Bräutigam/Pfeiffer,* Von der Werbung zur kommerziellen Kommunikation: Die Vermarktung von Waren und Dienstleistungen im Internet; WRP 2000, 575; *Lichtnecker,* Die Werbung in sozialen Netzwerken und mögliche hierbei auftretende Probleme, GRUR 2013, 135; *ders.*, Ausgewählte Werbeformen im Internet unter Berücksichtigung der neueren Rechtsprechung, GRUR 2014, 523; *Lindacher,* Zur wettbewerbsrechtlichen Unterlassungshaftung der Presse im Anzeigengeschäft, WRP 1987, 585; *Lindloff/Fromm,* Ist gekennzeichnete redaktionelle Werbung auf Webseiten strafbar? Strafrechtliche Relevanz des Verschleierung von Werbehandlungen; MMR 2011, 359; Lober, Spielend Werben: Rechtliche Rahmenbedingungen des Ingame-Advertising; MMR 2006, 643; Löffler, Presserecht, 6. Auflage 2015; *Löwenheim,* Suggestivwerbung, unlauterer Wettbewerb, Wettbewerbsfreiheit und Verbraucherschutz, GRUR 1975, 99; *Lüdighausen,* Aktuelle Probleme der Werbung in Online-Games, K&R 2011, 458; *Lutz,* Redaktionell gestaltete Anzeigen und Schleichwerbung, AfP 1969, 832; *Mallick,* Product Placement in den Massenmedien. Rechtstatsachen und Rechtsgrundlagen, 2009; *Mann,* Werbung auf CD-ROM-Produkten mit redaktionellem Inhalt, NJW 1996, 1241; *Meier,* § 9 MDStV; in Roßnagel (Hrsg), Recht der Multimediadienste; *Meyer-Harport,* Neue Werbeformen im Fernsehen – Eine Untersuchung besonderer Werbeformen anhand deutschen und europäischen Rundfunk- und Medienrechts, 2000; *Ohly,* Keyword-Advertising auf dem Weg von Karlsruhe nach Luxemburg; *Paschke/Reuter,* Neues Werberecht für Kinospielfilme – Kritik der „Feuer, Eis und Dynamit I"-Entscheidung des BGH aus der Sicht des UWG und des europäischen Rechts, DZWiR 1996, 45; *F. Petersen,* Virtuelle Werbung und Split-Screening – Medien- und wettbewerbsrechtliche Probleme neuer Werbeformen im Fernsehen, 2002; *J. Petersen;* Fußball im Rundfunk- und Medienrecht, 2001; *Teplitzky/Peifer/Leistner,* UWG, 2. Aufl. 2013; *Pießkalla/Leitgeb,* Product Placement im Fernsehen – Schleichwerbung ohne Grenzen?, K & R 2005, 433; Piper, Zur wettbewerbsrechtlichen Beurteilung von Werbeanzeigen und redaktionellen Beiträgen werbenden Inhalts insbesondere in der Rechtsprechung des Bundesgerichtshofs, FS Vieregge 1995; *ders.*, Cross-Promotion in TV-Senderfamilien, MMR 2002, 21; *Platho,* Werbung nichts als Werbung – und wo bleibt der Trennungsgrundsatz?; ZUM 2000, 46; *ders.*, Die Systematik von Schleichwerbung und Produktplatzierung und ihre Verfehlung in der AVMD Richtlinie, MMR 2008, 582; *Pluskat,* Die Tücken von „Kaffeefahrten" – Zugleich Besprechung des Urteils des BGH vom 15.8.2002-3 StR 11/02, WRP 2003, 18; *Pöchhacker,* Suggestivwerbung und unlauterer Wettbewerb, 1990; *Potthast,* Die Umsetzung der EU Richtlinie über audiovisuelle Mediendienste aus Ländersicht; ZUM 2009, 698; *Puff,* Product Placement: Die rechtlichen Aspekte der Produktplatzierung, 2009; *Rath-Glawatz,* Rechtsfragen der Eigenwerbung von Printmedien, K & R

2005, 440; *Rodekamp,* Wettbewerbsrechtliche Beurteilung redaktioneller Werbehinweise, GRUR 1980, 271; *ders.,* Product Placement und Sponsorship – Neue Formen der Werbung im Rundfunk?; GRUR 1998, 873; *Ruhl/Bohner,* Vorsicht Anzeige! Als Information getarnte Werbung nach der UWG Reform 2008, WRP 2011, 375; *Sack,* Zur wettbewerbsrechtlichen Problematik des Product Placement im Fernsehen; ZUM Sonderheft 1987, 103; *ders.,* Wer erschoss Boro?; WRP 1990, 791; *ders.,* Neue Werbeformen im Fernsehen – Rundfunk und wettbewerbsrechtliche Grenzen, AfP 1991, 704; *ders.,* Die Durchsetzung unlauter zustande gebrachter Verträge als unlauterer Wettbewerb?, WRP 2002, 396; *Säcker,* Das UWG zwischen den Mühlsteinen europäischer Harmonisierung und grundrechtsgebotener Liberalisierung, WRP 2004, 1199; *Schaar,* Programmintegrierte Fernsehwerbung in Europa, 2001; *ders.,* Rechtliche Grenzen des „In-Game-Advertising", GRUR 2005, 912; *ders.,* In Game Advertising, CR 2006, 619; *B. Scherer,* „Product Placement" im Fernsehprogramm – Die werbewirksame Einblendung von Markenartikeln als wettbewerbswidriges Handeln der Rundfunkanstalten, 1990; *Scheuch,* Eigenproduktionen der Filmwirtschaft und Product Placement – Schranken wettbewerbsrechtlicher Kontrolle. Anmerkungen zu BGH I ZR 58/93 und I ZR 2/94 „Feuer, Eis & Dynamit", FS Piper, 1996, 439; *Scheuer,* EU: Kommission veröffentlicht Diskussionspapiere zur Revision der Fernseh-Richtlinie, MMR 2005, Heft 9 S. XXI; *Schröder,* Rechtliche Grenzen von Marketing, Öffentlichkeitsarbeit und Eigenwerbung der öffentlich-rechtlichen Rundfunkanstalten, ZUM 2000, 6; *Schulze,* Product Placement im Spielfilm – Grenzen zulässiger Produktabbildung im Rundfunkprogramm, 2001; *Schwarz,* Entgeltliches Product Placement in Kinofilmen: Umfang der Hinweispflicht für Produzenten, Verleiher und Kinotheaterbesitzer, AfP 1996, 31; *Sedelmeier,* Rechtsgutachten zu der Frage, wann die redaktionelle Berichtserstattung über Unternehmen und/oder deren Waren und gewerbliche Leistungen als unzulässige redaktionelle Werbung einzustufen ist und wie die Mitwirkung der Unternehmen, über die berichtet wird, rechtlich zu beurteilen ist, Pharma Recht 1992, 34; *Solf,* Adressbuchschwindel – Neue Entwicklungen zu einer alten Masche, WRP 2000, 325; *Spindler/Schuster,* Recht der elektronischen Medien, 3. Aufl. 2015; *v. Strobl-Albeg,* Versteckte redaktionelle Werbeäußerungen, in Burkhardt/Gamer/v. Strobl-Albeg: Das Recht der Wort- und Bilderstattung, 3. Auflage 2003, 298; Ullmann, Spenden – Sponsoren – Werben, FS Traub, 1994, S. 411; *v. Ungern-Sternberg,* Kundenfang durch rechnungsähnlich aufgemachte Angebotsschreiben, WRP 2000, 1057; *Völkel,* Product Placement aus der Sicht der Werbebranche und seine rechtliche Einordnung, ZUM 1992, 55; ders., Rechtsprobleme des Product Placement, MA 2005, 70; *Volpers/Herkströter/Schnier,* Die Trennung von Werbung und Programm – Programmliche und werbliche Entwicklungen im digitalen Zeitalter und ihre Rechtsfolgen, 1998; *Weng,* Rechtsprobleme der indirekten Werbung durch Sponsoring und Product Placement im Kinospielfilm, 1999; *Wieben,* Die Trennung von Werbung und redaktionellem Programm, 2001; *Wollemann,* Redaktionell gestaltete Anzeigen, WRP 1979, 679.

XII. Überblick

1. Normativer Hintergrund

237 § 5a Abs. 6 ist die Nachfolgeregelung zu § 4 Nr. 3 UWG 2004. Letzterer enthielt das Verbot der verdeckten Werbung als Beispielsfall der Generalklausel in § 3 des UWG 2004. Die Verschleierung des kommerziellen Zwecks von Wettbewerbshandlungen wurde zuvor als täuschender Kundenfang bzw. unlautere Kundenwerbung durch Irreführung iSv von § 1 UWG 1909 behandelt.[423] Ein Teil der Rechtsprechung und Literatur nahm seinerzeit darüber hinaus regelmäßig einen Verstoß gegen § 3 UWG 1909 an.[424] Das **Verbot der Verschleierung des Charakters einer Werbemaßnahme** wurde von der höchstrichterlichen Rechtsprechung seit Anfang der sechziger Jahre des vergangenen Jahrhunderts immer weiter konkretisiert.[425]

238 An dieser Rechtslage hat das UWG 2004 nichts geändert. Der Klarheit wegen wurde das Verbot der verdeckten Werbung in den Beispielkatalog unlauterer Werbung in § 4 UWG 2004 aufgenommen.[426] Der Gesetzesbegründung von 2004 zufolge sollte durch § 4 Nr. 3 das medienrechtliche

---

[423] Vgl. etwa Baumbach/*Hefermehl,* Fallgruppe Kundenfang/Täuschung/Tarnung von Werbemaßnahmen, § 1 UWG 1909, Rz. 27 ff.; *Köhler*/Piper, Fallgruppe Unlautere Kundenwerbung/Wettbewerbswidrige Irreführung/Schleichwerbung, § 1 UWG 1909, Rz 38 ff.; Fallgruppe Irreführung durch das Verschweigen wesentlicher Umstände, § 3 UWG 1909, Rz 163 ff.; v. Gamm, § 1 UWG (1909) Rz 188. Darüber hinaus kam auch eine Qualifikation als „Vorsprung durch Rechtsbruch" in Frage, sofern etwa gegen besondere Kennzeichnungsgesetze verstoßen wurde; vgl. etwa BGH GRUR 1990, 611, 615 – *Werbung im Programm; Henning-Bodewig,* GRUR 1991, 858, 863 m. w. N.

[424] Vgl. etwa die Nachweise bei *Köhler*/Piper, § 3 UWG 1909 Rz 165.

[425] Vgl. die ersten Entscheidungen des BGH GRUR 1962, 461, 464 – *Werbeveranstaltung mit Filmvorführung;* GRUR 1962, 315, 318 – *Deutsche Miederwoche;* GRUR 1961, 189 ff. – *Rippstreckenmetall.*

[426] Die zuvor unter verschiedenen Fallgruppen der §§ 1 und 3 UWG 1909 subsumierten Fallgestaltungen wurden in dieser Regelung konzentriert. In Rechtsprechung und Literatur wurde vor der Reform 2004 der Anwendungsbereich der beiden Normen in der Regel nicht genau abgegrenzt; vgl. etwa *Köhler*/Piper § 3 UWG 1909, Rz 13 ff., Baumbach/*Hefermehl* § 3 UWG 1909 Rz 4 und § 1 UWG 1909 Rz 3 a. E.

Trennungsgebot auf alle Formen der Werbung ausgedehnt werden.[427] Während der Anwendungsbereich der EU-Richtlinien auf den Schutz der Verbraucher zugeschnitten ist, fanden die Bestimmungen des deutschen UWG gerade auch **im Rechtsverkehr zwischen Unternehmen Anwendung.**[428]

239 § 5a Nr. 6 dient vornehmlich der Umsetzung der letzten Variante aus **Art. 7 Abs. 2 der Richtlinie 2005/29/EG über unlautere Geschäftspraktiken** (nachfolgend auch „UGP-Richtlinie" ausführlich dargestellt in Einl. B Rdn 220ff.). Die Reform 2015 schränkt den Anwendungsbereich von § 5a Abs. 6 nunmehr auf den **Verbraucherschutz** ein; vgl. hierzu im Einzelnen *Keller,* Einl. A Rdn. 27ff.

240 Das Verbot der Schleichwerbung wurde in die verbraucherschützenden Bestimmungen gegen Irreführung durch Unterlassen eingeordnet. Es war im ursprünglichen Gesetzesentwurf als Beispielsfall eines Vorenthaltens von Informationen in Abs. 2 S. 2 Nr. 4 enthalten.[429] Der Gesetzesbegründung zufolge sollte sich die Neufassung stärker an Art. 7 Abs. 2 UGP-Richtlinie orientieren, was weder sprachlich noch inhaltlich besonders geglückt erschien.[430] Voraussetzung der Unlauterkeit sollte ausdrücklich sein, dass die Tatbestandsmerkmale des dortigen Abs. 2 S. 1 Nr. 2 und 3 ebenfalls erfüllt sind, was von den Vorgaben in Art. 7 Abs. 2 UGP-Richtlinie abgewichen wäre.[431] Der Ausschuss für Recht und Verbraucherschutz hat im weiteren Gesetzgebungsverfahren dann vorgeschlagen, die fehlende Kenntlichmachung des kommerziellen Zwecks in einem eigenen Absatz zu regeln. Er wollte klarstellen, dass es sich insofern nicht um einen Unterfall des „Vorenthaltens von Informationen" handelt.[432] Im Zuge der erneuten Neuverortung und Umformulierung ist dann das Tatbestandsmerkmal aus dem jetzigen Abs. 2 S. 1 Nr. 2 als letzter Halbsatz aufgenommen worden. Systematisch ist die letzte Neuverortung eigen: Das eigentliche Ziel, die engeren Anbindung des Schleichwerbungsverbotes an Art. 7 Abs. 2 der UGP-Richtlinie, ist nicht durchgehalten worden: Dessen Umsetzung befindet sich nun zum Teil in § 5a Abs. 2 S. 1 Nr. 1–3 und eben auch im neuen Abs. 6. Art. 7 Abs. 2 listet Varianten unzureichender Informationen auf: Beim „Verheimlichen" fehlt die Information gänzlich („ob"), „unklar, unverständlich und zweideutig" beschreiben unzureichende Darstellungsarten („wie"), „nicht rechtzeitig" betrifft das „Wann" der Information und die unzureichende Kenntlichmachung des kommerziellen Zwecks das „Wieso" der Information. Die Notwendigkeit einer Abtrennung und eigenständigen Regelung allein des letzten Aspekts leuchtet nicht ein. Allerdings hat die Neufassung die **sprachliche und inhaltliche Klarheit der Regelung** im Vergleich zum Entwurf deutlich verbessert.

241 § 5a Abs. 6 erfasst jede unzureichende Kenntlichmachung des kommerziellen Zwecks einer geschäftlichen Handlung gegenüber Verbrauchern. **Mitbewerber** werden wettbewerbsrechtlich vor Schleichwerbung nunmehr nur über § 3a iVm mit einem Verstoß gegen eine andere gesetzliche Bestimmung mit einem ähnlichen Regelungsgehalt geschützt. Die Rechtsprechung zu den nach §§ 1 und 3 UWG 1909 und § 4 Nr. 3 UWG 2004 entschiedenen Konstellationen der Schleichwerbung kann dennoch weitgehend übernommen werden. Soweit sich die Entscheidungen auf Konstellationen bezieht, in denen nicht ein Verbraucher das Opfer einer Schleichwerbung gewesen ist, wird sich die Ratio der Begründung im Regelfall durch ein *argumentum a maiore ad minus* übertragen lassen.

2. Die Regelbeispiele der „schwarzen Liste"

242 Im Januar 2009 wurden die Vorgaben aus der Richtlinie im **Anhang zu § 3 Abs. 3** UWG umgesetzt. Sie enthalten stets unzulässige geschäftliche Handlungen und betreffen seit jeher nur das Auftreten gegenüber Verbrauchern. In der Begründung zum Regierungsentwurf wurde ein Umset-

---

[427] Vgl. BT-Drucksache 15/1487, 17. Dies entsprach bereits der zuvor geltenden Rechtsprechung, so dass hierdurch keine inhaltliche Änderung eingetreten ist; vgl. etwa BGH GRUR 1990, 611, 615 – *Werbung im Programm.*

[428] Dahinter stand der Gedanke, dass das UWG das Marktverhalten der Unternehmen im Interesse aller Marktteilnehmer – Mitbewerber und Verbraucher – und damit zugleich das Interesse der Allgemeinheit an einem unverfälschten Wettbewerb regeln soll.

[429] Gesetzesentwurf vom 1.4.2015, BT Drs 18/4535, S. 7: „Als Vorenthalten gilt auch … 4. die Bereitstellung wesentlicher Informationen in einer Weise, die den kommerziellen Zweck einer geschäftlichen Handlung nicht kenntlich macht, sofern sich dieser nicht unmittelbar aus den Umständen ergibt."

[430] „Als *Vorenthalten* gilt auch das *Bereitstellen* wesentlicher Informationen" baut auf einer Fiktion auf, die einem Nicht-Juristen kaum in den Sinn gekommen wäre. Art. 7 Abs. 2 4. Var. UGP-Richtlinie ist weniger um die Ecke gedacht formuliert („wenn er den kommerziellen Zeck der Geschäftspraxis nicht kenntlich macht") und stellt inhaltlich weder auf ein „Bereitstellung" noch auf „wesentliche Informationen" ab.

[431] Der Wortlaut von Art. 7 Abs. 2 UGP-Richtlinie hätte allein ein Abstellen auf Nr. 3 erfordert.

[432] Beschlussempfehlung und Bericht, BT Drs 18/6571 vom 4.11.2015, S. 15.

zungsbedarf bejaht, weil die im Anhang geleisteten Handlungen auch unlauter und damit unzulässig sind, wenn die Erheblichkeitsschwelle des § 3 Abs. 2 UWG 2004 nicht überschritten war.[433] Die Reform hat die Prüfungssystematik insoweit verändert, als dass § 5a Abs. 6 den Erheblichkeitstest durch das zweite Tatbestandsmerkmal (die Eignung, den Verbraucher zu einer anderenfalls nicht getroffenen geschäftlichen Entscheidung zu veranlassen) nunmehr inkorporiert hat. Im Übrigen hat die Aufnahme der „schwarzen Liste" im UWG-Anhang vor allem zu einer geänderten Prüfungsreihenfolge geführt (s. Rdn. 40).

Im Zusammenhang mit § 5a Abs. 6 sind vor allem die per se-Verbote aus Ziffer 11 **(„Advertorial")**, Ziffer 22 **(Werbung als Rechnung)** und Ziffer 23 **(„verdecktes Auftreten")** von Bedeutung, da sie verwandte Fallgestaltungen erfassen. § 5a Abs. 6 UWG ist aber etwa weitergehend als die Regelung zu Advertorials in Ziffer 11, da er auch Konstellationen erfasst, in denen die Schleichwerbung vom Gewerbetreibenden nicht bezahlt worden ist. 243

3. Andere europäische Regelungen mit vergleichbaren Zielen

Die systematische Einordnung in die Irreführungstatbestände des § 5a bedingt zudem, bei der Auslegung der Bestimmung auch die Vorgaben aus der **Richtlinie 2006/114/EG vom 12. Dezember 2006 über irreführende und vergleichende Werbung** zu berücksichtigen. Die tatsächliche Relevanz ist allerdings eher übersichtlich: Bedeutung kann aber etwa die Definition der irreführenden Werbung in Art. 2 lit. (b) Richtlinie 2006/114/EG bekommen. Zum Unionsrecht *Glöckner,* Einl. B. 244

Die Fassung von § 6 Abs. 1 Ziff. 1 TMG geht auf den insoweit wortgleichen Art. 6a der **E-Commerce Richtlinie** zurück.[434] Die **Richtlinie „Fernsehen ohne Grenzen" 89/352/EWG** wurde lange Zeit überarbeitet. Der Entwurf der **Richtlinie „Audivisuelle Mediendienste ohne Grenzen"** sah eine Liberalisierung der Bestimmungen zu Produktplatzierung vor und wurde in der Öffentlichkeit rege und kontrovers diskutiert. Die **Richtlinie 2007/65/EG** vom 11. Dezember 2007 hat die Fernsehrichtlinie entsprechend geändert. Sie wurde durch die **Richtlinie 2010/13/EU** vom 10.3.2010 zur Koordinierung bestimmter Rechts- und Verwaltungsvorschriften der Mitgliedstaaten über die **Bereitstellung audiovisueller Mediendienste** (nachfolgend auch „AVMD-Richtlinie") aus Gründen der Klarheit und Übersichtlichkeit aufgehoben und die bestehenden Vorschriften mit zusammengefassten Erwägungsgründen in durchgängiger Nummerierung neu kodifiziert. Das ist eine schlichte Neubekanntmachung, inhaltlich waren hiermit keine Änderungen verbunden. Die AVMD-Richtlinie enthält u. a. 245

- das Gebot der leichten Erkennbarkeit audiovisueller kommerzieller Kommunikation[435] in Art. 9 Abs. 1 lit. a S. 1;
- das Verbot von Schleichwerbung[436] in audiovisueller kommerzieller Kommunikation in Art. 9 Abs. 1 lit. a S. 2;
- das Verbot subliminaler Werbung (Art. 9 Abs. 1b) sowie
- Regeln für das Sponsoring audiovisueller Mediendienste (Art. 10).[437]

Trotz einer kontroversen Diskussion über eine Liberalisierung der Produktplatzierung ist dies grundsätzlich verboten, Art. 11 Abs. 2 AVMD-Richtlinie, und nur ausnahmsweise unter den in Art. 11 Abs. 3 genannten Voraussetzungen zulässig: Letztere stehen allerdings unter dem Vorbehalt, dass die Mitgliedsstaaten nichts anderes beschließen. In Deutschland sind die Bestimmungen im Rahmen des 13. Änderungsvertrages zum Rundfunkstaatsvertrag umgesetzt worden, welcher zum 1. April 2010 in Kraft getreten ist. 246

---

433 So der Referentenentwurf vom 20.8.2008, BT Drs. 16/10145, S. 27.

434 Richtlinie 2000/31/EG des Europäischen Parlaments und des Rates vom 8. Juni 2000 über bestimmte rechtliche Aspekte der Dienste der Informationsgesellschaft, insbesondere des elektronischen Geschäftsverkehrs, im Binnenmarkt („Richtlinie über den elektronischen Geschäftsverkehr"), Amtsblatt Nr. L 178 vom 17.7.2000 S. 0001–0016.

435 Definiert in Art. 1 Abs. 1 lit. h *„Bilder mit oder ohne Ton, die der unmittelbaren oder mittelbaren Förderung des Absatzes von Waren und Dienstleistungen oder des Erscheinungsbilds natürlicher oder juristischer Personen, die einer wirtschaftlichen Tätigkeit nachgehen, dienen. Diese Bilder sind einer Sendung gegen Entgelt oder eine ähnliche Gegenleistung oder als Eigenwerbung beigefügt oder darin enthalten. Zur audiovisuellen kommerziellen Kommunikation zählen unter anderem Fernsehwerbung, Sponsoring, Teleshopping und Produktplatzierung."*

436 Definiert in Art. 1 Abs. 1 lit. j als *„Erwähnung oder Darstellung von Waren, Dienstleistungen, dem Namen, der Marke oder den Tätigkeiten eines Herstellers von Waren oder eines Erbringers von Dienstleistungen in Sendungen, wenn sie vom Mediendiensteanbieter absichtlich zu Werbezwecken vorgesehen ist und die Allgemeinheit über ihren eigentlichen Zweck irreführen kann. Eine Erwähnung oder Darstellung gilt insbesondere dann als beabsichtigt, wenn sie gegen Entgelt oder eine ähnliche Gegenleistung erfolgt."*

437 Amtsblatt L 332 vom 18.12.2007, S. 27–45.

247 Nachdem der EuGH die **Tabakwerberichtlinie 98/43/EG** aufgehoben hatte,[438] wurde die Richtlinie 2003/33/EG vom 23. Mai 2003 zur Angleichung der Rechts und Verwaltungsvorschriften der Mitgliedsstaaten über Werbung und Sponsoring von Tabakerzeugnisse verabschiedet.[439] Diese verbietet es Tabakunternehmen, Rundfunkprogramme und Veranstaltungen mit grenzüberschreitender Wirkung zu sponsern, Art. 4 (2) und 5. Bedenken waren bereits gegen den entsprechenden Richtlinienvorschlag geäußert worden.[440]

4. Sonstige Bestimmungen mit vergleichbaren Zielen

248 Eine Tarnung von Werbung erfolgt häufig (aber nicht zwangsläufig) im Zusammenhang mit Medien. Insofern ist von Bedeutung, dass es für die wichtigsten Medien, insbesondere Presse, Rundfunk und Internet gleichfalls Bestimmungen gibt, die das Verhältnis von redaktionellen Inhalten einerseits und Werbung andererseits regeln.[441] Die verschiedenen **Landespressegesetze** verpflichten Verleger zur Kennzeichnung von Anzeigen.[442] § 7 Abs. 7 S. 1 des **Staatsvertrages für Rundfunk und Telemedien im vereinigten Deutschland (RStV)**[443] erklärt Schleichwerbung, Produkt- und Themenplatzierungen sowie entsprechende Praktiken vorbehaltlich der Regelungen im RStV für unzulässig. Für Telemedien gilt **§ 6 Abs. 1 Ziff. 1 Telemediengesetz** („TMG"), demzufolge kommerzielle Kommunikationen klar als solche erkennbar sein müssen. In Bezug auf E-Mails bestimmt § 6 Abs. 2 TMG, dass in der Kopf- und Betreffzeile weder der Absender noch der kommerzielle Charakter der Nachricht verschleiert oder verheimlicht werden darf. Ein Verschleiern oder Verheimlichen ist nach dessen S. 2 gegeben, wenn die Kopf- und Betreffzeile absichtlich so gestaltet sind, dass der Empfänger vor Einsichtnahme in den Inhalt der Kommunikation keine oder irreführende Informationen über die tatsächliche Identität des Absenders oder den kommerziellen Charakter der Nachricht erhält.

249 Das **Heilmittelwerbegesetz** erfasst Schleichwerbung unter dem Begriff der Irreführung. Nach § 3 Satz 2 Nr. 2 lit. c) HWG ist eine Irreführung gegeben, wenn fälschlich der Eindruck erweckt wird, dass die Werbung nicht zu Zwecken des Wettbewerbs veranstaltet wird. Zudem verbietet § 11 Abs. 1 Satz 1 Nr. 9 HWG, mit Veröffentlichungen, deren Werbezweck missverständlich oder nicht deutlich erkennbar ist, außerhalb der Fachkreise für Arzneimittel, Verfahren, Behandlungen, Gegenstände oder andere Mittel zu werben.[444]

250 Art. 9 des konsolidierten **Kodex der Internationalen Handelskammer** – Praxis der Werbe- und Marketingkommunikation enthält das Gebot, das alle Werbemaßnahmen unabhängig von Form und Werbeträger als solche klar erkennbar sein müssen.[445] Werden sie in Werbeträgern veröffentlicht, welche gleichzeitig Nachrichten und Meinungen publizieren, sollen sie so gestaltet oder gekennzeichnet werden, dass sie als Werbeeinschaltung erkannt werden können.

251 Werden diese Vorschriften missachtet, wird dies häufig ein **Indiz für einen Verstoß** gegen § 5a Abs. 6 sein. Die **Indizwirkung** umfasst allerdings **nur das Tatbestandsmerkmal der unzureichenden Kenntlichmachung.** Daher ist für einen Verstoß gegen § 5a Abs. 6 insbesondere anhand der Umstände des jeweiligen Einzelfalles gesondert festzustellen, ob die weiteren Tatbestandsmerkmale erfüllt sind. Gerade wenn ein offensichtlicher eklatanter Verstoß gegen das Trennungsgebot vorliegt, kann der kommerzielle Zweck aus den Umständen hervorspringen, wenn die Vermengung von Werbung und Inhalt leicht erkennbar ist. In derartigen Fällen scheidet ein Verstoß gegen § 5a Abs. 6 ggf. aus. Allerdings kann etwa ein Rechtsbruch iSv § 3a vorliegen, da es sich im Wesentlichen um das Marktverhalten regelnde Vorschriften handelt.[446] In vielen Fällen werden § 5a

---

[438] Urteil vom 5.10.2000, ZUM RD 2000, 523.

[439] Amtsblatt L 152 vom 20.6.2003, S. 16–19.

[440] Vgl. zu den Bedenken gegen den Entwurf bereits *Görlitz,* ZUM 2002, 97 ff.

[441] Vgl. *Frank* Einl. H Rdn. 69 ff.

[442] Vgl. etwa § 10 LPG Baden-Württemberg, Bayern, Berlin, Bremen, Hamburg, Niedersachsen, NRW, Rheinland-Pfalz, Schleswig-Holstein, Thüringen, § 8 LPG Hessen, § 9 Sachsen und Sachsen-Anhalt sowie § 11 LPG Brandenburg.

[443] In der Fassung des Fünfzehnten Staatsvertrages zur Änderung rundfunkrechtlicher Staatsverträge vom 15./21. Dezember 2010 (vgl. GVBl. Berlin 2011 S. 211), in Kraft getreten am 1.4.2013.

[444] Vgl. zu den Bestimmungen des HWG die Kommentierung in Dieners/Reese, Handbuch des Pharmarechts.

[445] Vgl. http://www.iccgermany.de/fileadmin/ICC_Dokumente/Marketing/ICC_Kodex_Marketing_Deutsch.pdf, abgerufen am m 27.12.2015.

[446] So hat der BGH den Verstoß gegen § 10 LPressG BW als Verstoß gegen § 4 Nr. 11 UWG 2004 gewertet; GRUR 2014, 879 – *GOOD NEWS II;* im Ergebnis a. A. *Peifer* in Teplitzky/Peifer/Leistner, 2. Aufl. 2013, § 4 Nr. 3 UWG 2004 Rz 32, der medienpluralistische Erwägungen nicht über das Lauterkeitsrecht durchsetzen möchte.

Abs. 6 und § 3a nebeneinander eingreifen. **Presserechtliche Kennzeichnungsbestimmungen** enthalten allerdings **strengere Verbote,** welche die unternehmerischen Freiheiten über den Verbraucherschutz hinaus einschränken.[447] Dies wirkt sich mittelbar auf die Verbraucher aus und beschränkt den Harmonisierungsgedanken der **UGP-Richtlinie** auf den einer **Mindestharmonisierung.**[448]

XIII. Zweck und Inhalt der Norm

1. Schutzzweck

Erfolgreiche Werbung kann verführen. Werbung tritt immer dann verstärkt irrational, emotional, prestigebeladen oder ganz allgemein übertrieben in Erscheinung, wenn Qualitäts- und Preisunterschiede konkurrierender Waren und Dienstleistungen abnehmen oder sich die Nachfrage weniger an objektiven Kriterien wie der Erfüllung eines bestimmten Gebrauchszwecks orientiert, sondern darüber hinausgehende ideelle Vorstellungen für die Entscheidung des Nachfragers an Bedeutung gewinnen. 252

Der Appell an das Irrationale zur Förderung des Absatzes steht im Rahmen der wirtschaftlichen Betätigungsfreiheit unter dem Schutz der Rechtsordnung. § 5a Abs. 6 verbietet allein Werbeformen, in denen über den werblichen Charakter einer geschäftlichen Handlung getäuscht wird. Der **Adressat soll Werbebotschaften als solche erkennen und sich die Subjektivität und die Absichten ihrer Aussagen bewusst machen** können, um so ihre Bedeutung für seine geschäftliche Entscheidung richtig einschätzen zu können. Bleibt der werbliche Charakter dagegen verborgen, glaubt der Adressat an eine Aussage eines objektiven Dritten und wird damit über ihr wahres Ziel getäuscht, den Absatz von Waren und den Bezug von Dienstleistungen zu fördern. Aussagen Dritter wird regelmäßig größeres Vertrauen geschenkt, weil sie vermeintlich kein unmittelbares eigenes Interesse an der Entscheidung des Adressaten haben und hierdurch keinen Vorteil erlangen. Wird der werbliche Charakter einer derartigen Aussage verschleiert, trifft der Adressat der Botschaft seine Entscheidung auf einer falschen Grundlage, da er die Subjektivität der an ihn gerichteten Botschaft nicht erkennen und hinterfragen konnte. § 5a Abs. 6 ist daher ein Unterfall der Täuschung und schützt die **Integrität der Entscheidungsgrundlage.** 253

§ 5a Abs. 6 UWG schützt nur unmittelbar nur **Verbraucher** vor Schleichwerbung. Ein wettbewerblicher Schutz für Unternehmen kann sich seit der Reform 2015 allenfalls aus dem Zusammenspiel eines Verstoßes gegen eine spezialgesetzliche Norm iVm § 3a ergeben.[449] 254

2. Tatbestandliche Voraussetzungen

Ansatzpunkt von § 5a Abs. 6 bleibt eine geschäftliche Handlung iSd § 2 Abs. 1 Nr. 1 (a), deren kommerzieller Zweck (b) unzureichend kenntlich gemacht wird (c). Zudem muss die unzureichen- 255

---

[447] BGH GRUR 2012, 1056, 1057 – *GOOD NEWS* dort Rz 13.

[448] Die Begründung des BGH in *GOOD NEWS* ist insofern brillant, da sie den Verstoß gegen das presserechtliche Kennzeichnungsgebot auf ein anderes Abstraktionsniveau zurückverlagert, das vom Anwendungsbereich der UGP-Richtlinie noch nicht erfasst ist/sein soll: Neben der Verhinderung der Irreführung der Verbraucher dienen die Bestimmungen der Erhaltung der Objektivität und Neutralität der Presse; und letzteren Aspekt regelt die UGP-Richtlinie eben nicht, GRUR 2012, 1056, 1057 – *GOOD NEWS,* dort Rz 10; vgl. hierzu auch Seichter in: Ullmann jurisPK-UWG, 3. Aufl. 2013, § 4 Nr. 3 Rz 26.1 – 26.3. Die Kongruenz späterer Ausführungen ist hingegen schwer erkennbar: Der EuGH führt in Rz 39 seines Urteils aus, es sei *„unstreitig, dass die betreffenden Veröffentlichungen – zwei Beiträge mit informativem und darstellendem redaktionellem Inhalt – nicht geeignet sind, das Produkt des Presseverlegers, im vorliegenden Fall ein kostenloses Anzeigenblatt, zu bewerben, sondern die Produkte und Dienstleistungen von Unternehmen, die nicht am Ausgangsverfahren beteiligt sind"*; GRUR 2013, 1245, 1246 – *GOOD NEWS.* Der BGH selber begründet das Vorliegen einer geschäftlichen Handlung allerdings damit, dass *„derjenige, der das Sponsoring in Anspruch nehme,* [gleichzeitig] *in der Absicht* [handle], *den eigenen Wettbewerb zu fördern, da das Sponsoring nicht oder allenfalls in nur geringem Maße der Information des Lesers diene. Das Sponsoring geschehe vorrangig im eigenen Interesse des Veröffentlichenden, da er sich den Sponsor gewogen mache und dadurch die eigene Wettbewerbslage verbessere"*; GRUR 2014, 879, 880f.- *GOOD NEWS II,* Rz 14 a. E. Die Aussagen des EuGH beruhen damit auf einer Tatsachenprämisse, die den Schluss „keine parallele Anwendbarkeit von Art. 7 Abs. 2 UGP-Richtlinie" trägt. Dem scheinen die Feststellungen des BGH zu widersprechen.

[449] In der E-Commerce Richtlinie (2000/31/EG) wird in Erwägungsgrund 29 S. 2 in diesem Zusammenhang bei der Begründung der Transparenzgebote für kommerzielle Kommunikation neben dem Verbraucherschutz auch auf die Lauterkeit des Geschäftsverkehrs abgestellt: *„Im Interesse des Verbraucherschutzes und der Lauterkeit des Geschäftsverkehrs müssen die verschiedenen Formen kommerzieller Kommunikation, darunter Preisnachlässe, Sonderangebote, Preisausschreiben und Gewinnspiele, bestimmten Transparenzerfordernissen genügen."*

de Kenntlichmachung geeignet sein, den Verbraucher zu einer anderenfalls nicht getroffenen geschäftlichen Entscheidung zu veranlassen (d).

256 **a) Geschäftliche Handlung.** Der Begriff der „geschäftlichen Handlung" ist definiert in § 2 Abs. 1 Nr. 1; vgl. hierzu zunächst *Keller,* § 2 Rdn. 8ff. **Für die Zwecke der Anwendung des § 5a Abs. 6** ist der Begriff der „geschäftliche Handlung" – wegen der gewollten Beschränkung auf den Verbraucherschutz – künftig nun richtlinienkonform iSd Art. 2 lit. (d) UGP-Richtlinie und damit **einschränkend iSd Geschäftspraktik auszulegen.** Nicht erfasst werden jedenfalls vorrangig anderen Zielen dienende geschäftliche Handlungen. Beispiel hierfür sind etwa Mitteilungen für Investoren in Jahresberichten und Unternehmensprospekten.[450]

257 **b) Kommerzieller Zweck.** Der Begriff des kommerziellen Zwecks ist der Logik der Rechtsentwicklung hin zur geschäftlichen Handlung als zentralem Begriff der UWG entsprechend weit auszulegen; vgl. hierzu zunächst *Keller,* § 2 Rdn. 4–6 und 27ff.[451]

258 Durch den Wegfall des Erfordernisses einer Wettbewerbsförderungsabsicht könnten Presseäußerungen „leichter" unter das Verbot der Schleichwerbung fallen. Vor dem Hintergrund des grundrechtlichen Schutzes der Medien in Art. 5 Abs. 1 S. 1 GG sind entsprechende Umstände bei Presseäußerungen die konkreten Umstände festzustellen, aus sich dieser objektive/unmittelbare Zusammenhang mit einer Absatzförderung ableiten lässt. In der Begründung zum Regierungsentwurf heißt es diesbezüglich, dass eine **geschäftliche Handlung nicht vorliegt,** wenn **redaktionelle Äußerungen** oder eine **Reichweitenforschung** (Forschung über Medienkontakte) nur der Information der Leserschaft oder der Anonymität der befragten Personen wahrenden Markt- und Meinungsforschung dienen.[452] Eine solche ist tendenziell hingegen anzunehmen, wenn etwa neben der publizistischen Aufgabe eine übermäßig werbende Darstellung erfolgt, die den Rahmen einer sachlich veranlassten Information deutlich überschreitet, ohne dass ein publizistischer Anlass hierfür ersichtlich ist. Sponsoring und Image-Werbung können dagegen nach wie vor in den Anwendungsbereich des UWG fallen. Ob dies in der Tat zutrifft, ist ausführlich in der Kommentierung zu § 2 Abs. 1 Nr. 1 UWG erörtert.[453]

259 **c) Unzureichende Kenntlichmachung.** *aa) Inhaltliche Anforderungen.* Die unzureichende Kenntlichmachung des kommerziellen Zwecks einer geschäftlichen Handlung enthält ein Element der Täuschung. Dem Beispiel der **UGP-Richtlinie** folgend ist der Tatbestand nun unter der (redaktionellen) Überschrift einer **Irreführung durch Unterlassen** eingeordnet; vgl. hierzu *Dreyer,* § 5a, Rdn. 27ff.[454] § 5a Abs. 6 enthält **kein Kennzeichnungsgebot im engeren Sinne.** Die Kenntlichmachung kann nämlich entfallen, wenn sich die geschäftliche Absicht des Gewerbetreibenden unmittelbar aus den Umständen ergibt. Das Regelungsbedürfnis entsteht damit durch das Ergebnis einer unzulänglichen Kommunikation, welche der Gewerbetreibende verursacht hat durch seine geschäftliche Handlung: Letztere umfasst „jedes Verhalten" nach § 2 Abs. 1 Nr. 1 – also positives Tun und Unterlassen. Infolgedessen hat der Verbraucher hat das gewerbliche Motiv nicht erkannt. Maßgeblich ist die **unzureichende Kenntlichmachung als Ergebnis,** wodurch ein Regelungsbedürfnis ausgelöst wird: Damit kann die Unterscheidung zwischen einer Einordnung als positives Tun oder als Unterlassen weiterhin dahinstehen.[455] Die Unterscheidung zwischen Handlungs- und Unterlassungsunrecht hat auch im Bereich der sonstigen Irreführung nicht überzeugen können.[456]

260 Die unzureichende Kenntlichmachung erfordert vor dem Hintergrund der Regelung in Art. 7 Abs. 2 UGP-Richtlinie allerdings **keine positive Fehlvorstellung der angesprochenen Verbraucher.** Art. 7 Abs. 2 enthält allein eine **widerlegliche Vermutung der Unlauterkeit einer unzureichenden Kenntlichmachung** *(„Als irreführende Unterlassung gilt es auch, wenn er den kommerziellen Zweck der Geschäftspraxis nicht kenntlich macht, sofern er sich nicht unmittelbar aus den Umständen ergibt.").* Folglich muss ein Anspruchsgläubiger allein die unzureichende Kenntlichmachung als solche darlegen. Die **Darlegungs- und Beweislast** für eine mögliche Erkennbarkeit aus den Umständen obliegt dem Anspruchsschuldner. Aus dem eher umgangssprachlich verwendeten Begriff

---

[450] UGP-Richtlinie, ErwG 7.
[451] OLG Karlsruhe, WRP 2011, 1335, 1336; *John,* WRP 2011, 1357, 1360.
[452] BT-Drs 16/10145 S. 21.
[453] Vgl. *Keller,* § 2 Rdn. 27f.
[454] Die vormalige Einordnung war bereits von *John,* WRP 2011, 1357 kritisiert worden.
[455] So MüKo/*Heermann,* 2. Aufl. 2014 zur entsprechenden Diskussion im Rahmen von § 4 Nr. 3 UWG a.F, dort Rz 7.
[456] Auch der BGH stützt Irreführungsfälle zum Teil sowohl auf § 5 als auch auf § 5a Abs. 2, GRUR 2011, 82 – *Preiswerbung ohne Umsatzsteuer.*

der „Schleichwerbung" folgt **keine Voraussetzung der Heimlichkeit.** Wenn der kommerzielle Zweck trotz fehlender Kennzeichnung leicht erkennbar ist, scheidet ein Verstoß gegen § 5a Abs. 6 aus. Eine relevante Täuschung liegt hingegen vor, wenn der Adressat entgegen seiner verobjektivierten Erwartung mit nicht vorhersehbarer Werbung konfrontiert wird, ohne dass der werbliche Charakter eindeutig zu erkennen ist.[457]

Die Frage der **Wesentlichkeit** stellt sich hierbei nicht: Der Begriff der „wesentlichen Informationen" in Art. 7 Abs. 2 Var. 1–3 UGP-Richtlinie bezieht sich auf das Verheimlichen, die irreführende oder zu späte Bereitstellung entsprechender Informationen, betrifft somit das „Ob", das „Wie" und das „Wann" entsprechender Angaben. § 5a Abs. 6 und Art. 7 Abs. 2 Var. 4 UGP-Richtlinie betreffen das „Wieso" der Geschäftspraxis; hier ist eine Unterscheidung zwischen „wesentlich" und „unwesentlich" weder möglich noch sinnvoll. 261

§ 5a Abs. 6 erfasst auch **subliminale Werbung,** die letztlich eine extreme Form der Verschleierung des kommerziellen Zwecks darstellt: Dem Zuschauer wird nicht nur der werbliche Charakter einer für ihn im Übrigen erkennbaren geschäftlichen Handlung verschleiert, er kann darüber hinaus die entsprechende Botschaft ist als solche nicht bewusst wahrnehmen, da sie in einem anderen Zusammenhang für derart kurze Zeit eingeblendet wird, dass sie in diesem eingebetteten Zusammenhang aufgeht.[458] 262

Eine unzureichende Kenntlichmachung iSv § 5a Abs. 6 setzt **keine zur Täuschung geeignete Angabe iSv § 5 Abs. 1 S. 2** voraus: Im Rahmen von § 5 ist eine Aussage erforderlich, die aus Sicht des maßgeblichen Adressatenkreises der geschäftlichen Handlung eine inhaltlich nachprüfbaren Tatsachenkern hat; vgl. hierzu *Dreyer,* Rdn. 49ff. **Reine Werturteile** fallen daher nicht unter den Begriff der Angaben iSv § 5 Abs. 2 Nr. 2. Es ist aber hingegen sehr wohl möglich, dass ein reines Werturteil eine unzureichenden Kenntlichmachung des kommerziellen Zwecks enthält: Ein Testbericht oder eine Rezension kann offen erkennbar als rein persönliches Werturteil verfasst sein, enthält damit keinen inhaltlich nachprüfbaren Tatsachenkern. War der Bericht oder die Rezension dennoch etwa ein bezahltes, inhaltlich von einem Dritten vorgegebenes oder zumindest entsprechend beeinflusstes Werk, liegt eine Verschleierung des kommerziellen Zwecks vor.[459] 263

bb) Relevante Perspektive. Ob der kommerzielle Zweck einer geschäftlichen Handlung verschleiert wurde, ist nach § 3 Abs. 4 S. 1 Var. 1 aus der Sicht des durchschnittlichen Verbrauchers zu beurteilen; vgl. hierzu zunächst *Glöckner,* Einl. B Rdn. 423ff., *Podszun,* § 3 Rdn. 101ff., *Dreyer,* § 5 Rdn. 28ff.[460] 264

Nicht überzeugend sind hingegen die Ausführungen des BGH in ***Preisrätselgewinnauslobung V:***[461] Die Aufhebung des Berufungsurteils wird damit begründet, dass es nicht allein darauf ankomme, „ob der durchschnittliche Leser erst nach einer – analysierenden – Lektüre des Beitrags die werbliche Wirkung des Beitrags erkenne". Dies schließe es nämlich nicht aus, „dass der Leser auf Grund der Zuordnung des Beitrags zum redaktionellen Teil einer Zeitschrift diesem überhaupt erst eine eingehendere Beachtung schenkt, weil er der irrigen Annahme unterliegt, es handele sich um eine unabhängige Äußerung der Redaktion. Aus diesem Grund muss für den Leser bereits **auf den ersten Blick und ohne jeden Zweifel erkennbar** sein, dass es sich der Sache nach um Werbung für den Hersteller des ausgelobten Produkts handelt. In diesem Zusammenhang genügt es nicht, dass der Verkehr die äußerst positive Beschreibung des Produkts erkennt. Er muss vielmehr sofort 265

---

457 VG Berlin, ZUM-RD 2009, 292 – *WOK WM; Platho,* MMR 2008, 582, 585.

458 Ob diese Form der Beeinflussung des Unterbewusstseins überhaupt möglich ist, ist empirisch umstritten. Sie geht zurück auf ein angebliches Experiment von James Vicery in einem Kino in den USA im Jahre 1957, der die Zuschauer durch die sehr kurz (1/3000 Sek.) eingeblendeten Botschaften „Trink Cola und iss Popcorn" beeinflusst haben will. Diese Frage wurde u. a. im US-Präsidentschaftswahlkampf 2000 relevant: in einem Wahlspot der Republikaner wurden die Demokraten als „bureaucrats" bezeichnet, der darin enthaltene Wortbestandteil „rats" (dt. = Ratten) wurde kurz nahezu bildfüllend aufgeblendet. Die Frage, ob eine erfolgreiche Beeinflussung des Unterbewusstseins überhaupt möglich ist, ist aus wettbewerbsrechtlicher Sicht irrelevant. Selbst wenn dies nicht der Fall sein sollte, liegt jedenfalls eine Verschleierung des Werbecharakters vor, so zutreffend bereits *Sack,* ZUM 1997, 103, 124.

459 Gegen die vorstehende Abgrenzung lässt einwenden, dass auch bei einer Rezension oder einem subjektiven Testbericht die stillschweigende Tatsachenbehauptung eines eigenen unbeeinflusst erstellten Beitrages erhoben wird. Stellt man sich auf diesen Standpunkt, wird die Differenzierung zwischen Werturteilen einerseits und Tatsachenbehauptungen andererseits allerdings im Ergebnis überflüssig.

460 Im Rahmen der UWG Reform 2008 war der Begriff des Durchschnittsverbrauchers in § 3 Abs. 2 S. 2 aufgenommen worden, um an das von EuGH und BGH entwickelte Verbraucherleitbild des informierten, verständigen und angemessen aufmerksamen Durchschnittsverbrauchers anzuknüpfen, so ausdrücklich die Begründung des Regierungsentwurfs, BT-Drs 16/10145 S. 22.

461 BGH GRUR 2013, 644 – *Preisrätselgewinnauslobung V.*

und zweifelsfrei erkennen, dass diese Beschreibung der Bewerbung des Produkts dient und nicht von der Redaktion verantwortet wird."[462]

266 Hier scheint er wieder durch, der unkritische, flüchtige Verbraucher, da der Maßstab „der erste Blick" und die Abwesenheit „jedes Zweifels" ist, die Erkennbarkeit „sofort, eindeutig und unmissverständlich" gegeben sein muss.[463] Dies ist vor allem deswegen überraschend, weil ja gerade bei Preisrätseln auch aus Sicht des BGH eher weniger strengere Maßstäbe gelten als bei redaktionellen Beiträgen im engeren Sinne, da diese häufig eine Eigenwerbung für den Verlag darstellen. Die Werbebotschaft in der konkreten Gestaltung aus Bild, Titel, dem abgedruckten Text und der wenig subtilen, auf die Wiederholung des Werbeclaims ausgerichteten Gewinnfrage schleicht nach diesseitiger Auffassung nicht, sondern weist eine ins Auge springende Anlehnung an klassische Werbeformen auf, die den angesprochenen Verbraucherkreisen (Erwachsenen) bei durchschnittlicher Aufmerksamkeit nicht entgehen kann.[464]

267 Richtet sich die geschäftliche Handlung an eine **bestimmte Verbrauchergruppe,** ist die Sicht eines durchschnittlichen Mitglieds dieser Gruppe relevant, § 3 Abs. 4 S. 1 Var. 2.[465] Richtet sich eine Werbung primär, aber nicht nur an Kinder, ist bei der Frage der hinreichenden Kenntlichmachung der kommerziellen Absicht auch die Sicht eines **durchschnittlichen Kindes** zu berücksichtigen, was im Ergebnis zu einem **strengeren Maßstab** führt. Überzeugend ist insofern, bei der Beurteilung eines für Kinder konzipierten Internetportals die altersbedingt vergleichsweise schwächere Aufmerksamkeits- und Lesekompetenz einerseits und den stärkeren Spieltrieb und seine Anfälligkeit für bewegte Bilder zu berücksichtigen.[466] Dies ist unabhängig von § 3 Abs. 4 S. 2 und Art. 5 Abs. 3 UGP-Richtlinie, die für die nachfolgend zu prüfende Eignung zur Entscheidungsbeeinflussung den jeweils konkretisierten Maßstab gesondert erwähnen.

268 Nachdem der Konsum von Medien und Internetinhalten in steigendem Maß auch bei Kindern zunimmt, die noch nicht lesen können, stellt sich in der Theorie die Frage, wie diesen gegenüber Werbung als solche gekennzeichnet werden soll. Graphische, inhaltliche und farbliche Gestaltungen unterstützen sicherlich die Unterscheidbarkeit von Inhalten, ohne dass hieraus allein aber der kommerzielle Zweck erkennbar werden muss.[467] Da nicht lesefähige Kinder aber kaum allein eigene geschäftliche Entscheidungen treffen, die durch die unzureichende Kenntlichmachung beeinflusst werden, ist die **praktische Relevanz aus Sicht von § 5a Abs. 6 UWG überschaubar.** Mittelbar spielt dies allerdings insofern eine Rolle, als dass der Wunsch eines Kindes nach einem bestimmten Produkt durchaus durch Werbung veranlasst worden sein kann, was die die geschäftlichen Entscheidung treffenden Eltern mangels Kenntnis der entsprechenden nicht an sie gerichteten Werbung ggf. nicht erkennen. Die Diskussion kann zudem in rein medienrechtlichen Konstellationen über § 3a in das Wettbewerbsrecht gelangen: § 7a Abs. 1 RStV verbietet es etwa, Sendungen für Kinder durch Werbung oder Teleshopping Spots zu unterbrechen. Da die rein medienrechtlichen Wertungen auf einer Berücksichtigung altersbedingter Reife beruhen, liegt es nahe, sie sinngemäß auf wettbewerbsrechtliche Konstellationen zu übertragen.

269 Eine besondere Bedeutung hat Schleichwerbung auch im Bereich des **Wirtschaftsjournalismus** (dazu noch gesondert Rdn. 106 ff.). Rein tatsächlich hat die Zahl von Anlagenempfehlungen in redaktionellen Beiträgen in den letzten Jahren deutlich zugenommen.[468] Unabhängig von der Frage, ob bzw. ab wann in entsprechenden Konstellationen auch gegen andere Bestimmungen, etwa das WpHG verstoßen wird, ist für die lauterkeitsrechtliche Prüfung jedenfalls ein strenger Maßstab

---

[462] BGH GRUR 2013, 644, Rz 21 – *Preisrätselgewinnauslobung V.*

[463] *Büscher,* GRUR 2013, 969, 972.

[464] Dem Preisrätsel vorangestellt war ein große Abbildung eines Epiliergeräts der (erkennbar wiedergegebenen) Marke Braun" neben dem Textfeld „Gewinnen Sie ein Epiliergerät von Braun". Der nachfolgende Text enthielt u. a. die Aussage: *„Der Silk-épil Xpressive Wet&Dry von Braun ist dafür ideal, denn er bietet die sanfteste und hautschonendste Epilation, die es je von Braun gab. Sein Geheimnis ist die Anwendung unter Wasser, denn warmes Wasser wirkt entspannend und beruhigend, das Gefühl auf der Haut wird besser und das Zupfempfinden nimmt merklich ab."* Ihm folgte die Gewinnfrage *„Was ist das Geheimnis des Silk-épil Xpressive WetDry?"*

[465] Diese Differenzierung findet sich in der UGP-Richtlinie unmittelbar nur in Art. 5 Abs. 2 lit. (b), ist dort aber für das ganze zweite Kapitel der „unlauteren Geschäftspraktiken" vor die Klammer gezogen worden.

[466] KG GRUR RR 2013, 223, 224.

[467] Vgl. OLG Köln, MMR 2014, 51, 52 f. zu entsprechenden (unzureichenden) Gestaltungsformen.

[468] Vgl. hierzu die Untersuchung „Wirtschaftsberichtserstattung in den Programmen von n-tv. N24 und Bloomberg TV" der Forschungskooperation Wirtschaftsberichtserstattung im Auftrag der Direktorenkonferenz der Landesmedienanstalten vom 14. Dezember 2006, abrufbar über www.alm.de, dort unter „Medienforschung/Publikationen", oder Berichte über entsprechende Schleichwerbung SAT 1, vgl. etwa Berichte der Süddeutschen Zeitung vom 14.10.2005, „20 000,00 Euro für einen Beitrag mit Experten-Auftritt" und vom 28.9.2005, „Die Tessin-Connection".

anzulegen. Gleiches gilt dann, wenn ein redaktioneller Beitrag explizit als neutraler Bericht gestaltet ist, wie etwa eine „Ratgebersendung" oder ein entsprechendes Buch.[469]

Großzügigere Maßstäbe können angelegt werden, wenn es sich beispielsweise eine ausschließlich an Erwachsene gerichtete Werbeaussage handelt, die etwa in einem redaktionellen Beitrag in einer Kundenzeitschrift enthalten ist und prestigebeladene Güter des täglichen Lebens betrifft; vgl. hierzu *Dreyer,* § 5 Rdn. 237ff. Auch die Besonderheiten des jeweiligen Mediums sind folglich zu berücksichtigen: Die Erwartung, mit Werbung konfrontiert zu werden, dürfte etwa in einem kostenlos verteilten Kundenmagazin, in welchem neben Prämien und neuen Kooperationspartnern diverse redaktionelle Beiträge über prestigebeladene Produkte Dritter einschließlich umfassender Herstellernachweise veröffentlicht werden, deutlich höher sein als bei großen überregionalen Tageszeitungen. 270

cc) Empirische oder normative Ermittlung. Von Bedeutung ist allerdings die Frage, ob die Verkehrsauffassung rein **normativ** ermitteln wird, also in rein richterlicher Wertung auf einen idealtypischen Verbraucher als Messlatte für eine mögliche Irreführung abgestellt wird, oder ob sie **empirisch,** also durch Verbraucherbefragungen und Sachverständigengutachten festzustellen ist; vgl. hierzu *Glöckner,* Einl. B Rdn. 462ff. 271

Gerade wenn es um die Verschleierung des kommerziellen Zwecks einer geschäftlichen Handlung geht, sollten die Grundlagen der Verkehrsauffassung aus diesseitiger Sicht **empirisch** festgestellt werden: Eine Täuschung oder Irreführung angesprochener Verkehrskreise findet in der Realität statt. Hierauf sollten Urteile gestützt werden, nicht auf hypothetische, vom Richter in freier Rechtsschöpfung erschaffene Sollvorstellungen eines nicht existierenden Idealmenschen.[470] Die empirische Feststellung der Verkehrsauffassung entbindet die Gerichte selbstverständlich nicht von einer rechtlichen Bewertung des Ergebnisses, in welche normative Gesichtspunkte immer einfließen werden und einfließen müssen. Dies betrifft u. a. den anzuwendenden Bewertungsmaßstab: 272

d) Eignung zur Beeinflussung einer anderenfalls nicht getroffenen Entscheidung. Die unzureichende Kenntlichmachung muss geeignet sein, den Verbraucher zu einer anderenfalls nicht getroffenen Entscheidung zu veranlassen, was gesondert festzustellen ist. Da im Rahmen vom § 5a Abs. 6 keine Wesentlichkeitsprüfung stattfindet, ist sie **nicht entbehrlich.** Anderenfalls würde die Grenze zu den unter allen Umständen als unlauter geltenden Geschäftspraktiken der „schwarzen Liste" aus dem Anhang zu § 3 Abs. 3 verwischt, welche in Nr. 11 einen Sonderfall der unzureichenden Kenntlichmachung von Werbung regeln. 273

Beurteilungsmaßstab ist gem. § 3 Abs. 4 S. 2 ggf. die **Sicht eines durchschnittlichen Mitglieds des jeweiligen Adressatenkreises** unter Einbeziehung einer ggf. bestehenden besonderen Schutzbedürftigkeit.[471] Beispiel hierfür sind geschäftliche Handlungen in einem gesundheitsbezogenem Kontext, wie etwa das Stimulieren und Ausnutzen von Ängsten vor Krankheiten oder Alterserscheinungen.[472] Gleiches gilt für geschäftliche Handlungen, die sich gezielt an Kinder und Jugendliche richten, da diesen regelmäßig aufgrund mangelnder Reife die nötige kritische Distanz zu potentiellen Werbeaussagen fehlt, so dass sie leichter verführbar und somit schutzbedürftig sind.[473] Dies ist auch der Grund für die Gegenausnahmen bei der Zulassung von Produktplatzierungen (siehe Rdn. 323). 274

Der Wortlaut von § 3 Abs. 4 S. 2 enthält dem gemeinschaftsrechtlichen Wortlaut folgend scheinbar eine Einschränkung („die für den Unternehmer *vorhersehbar* das wirtschaftliche Verhalten *nur einer eindeutig identifizierbaren* Gruppe von Verbrauchern *wesentlich* beeinflusst"). Eine praktische Relevanz ist allerdings nur schwer vorstellbar, da die bereits **Eignung zur Veranlassung** der Entscheidung ausreicht, den Tatbestand zu erfüllen.[474] Allerdings hat der EuGH ausdrücklich festgestellt, dass ein **nur mittelbarer Zusammenhang nicht geeignet** ist, das wirtschaftliche Verhalten des Verbrauchers bei seiner Entscheidung wesentlich zu beeinflussen, was seiner Systematik zufolge allerdings das Vorliegen einer Geschäftspraktik ausschließt.[475] 275

---

[469] Vgl. etwa den Bericht „Reiseapotheke: Das perfekte Drehbuch für Arzneien" in der Süddeutschen Zeitung vom 28.9.2005; LG München I BeckRS 2008, 07079.

[470] Vgl. insoweit auch die überzeugenden Ausführungen von *Glöckner,* Einl. B Rdn. 462ff.; a. A. *Dreyer,* § 5a Rdn. 89.

[471] Zur Rechtslage zuvor bereits BGH GRUR 1986, 318, 320 – *Verkaufsfahrten.*

[472] Vgl. hierzu auch die „Standards für Medizinjournalisten" des Verbands deutscher Medizinjournalisten in der Fassung vom 9.3.2006.

[473] Im Bereich des Rundfunks verbietet § 14 Abs. 1 RStV Sendungen für Kinder durch Werbung zu unterbrechen, vgl. zur Werbung vor Kindern *Benz,* WRP 2003, 1160ff.

[474] *Peifer* in Teplitzky/Peifer/Leistner, 2. Aufl. 2013 § 4 Nr. 3 UWG 2004, Rz 124 zufolge ist die die geschäftliche Relevanz einer Vorenthaltung und ihr Beeinflussungspotenzial stets zu vermuten.

[475] EuGH GRUR 2013, 1245, 1246 – *GOOD NEWS, dort* Rz 41.

3. Prüfungsreihenfolge und Konkurrenzen

276 Vor dem Hintergrund der unterschiedlichen Voraussetzungen bietet sich folgende Prüfungsreihenfolge an: Stets zu prüfen ist das Vorliegen einer „geschäftlichen Handlung" iSv § 2 Abs. 1 Nr. 1. Richtet sich der Vorwurf gegen ein Medienunternehmen oder einen anderen Adressaten eines strengeren Kennzeichnungsgebotes, ist ein Verstoß gegen diese spezialgesetzliche Regelung iVm § 3a zu prüfen. Anderenfalls/Anschließend ist zu untersuchen, ob eine geschäftliche Handlung iSd Anhangs zu § 3 Abs. 3 vorliegt, die unter allen Umständen als unlauter gilt. In Betracht kommen insb. Ziffer 11, 22, 23. Erst danach kommt in gesondert gelagertem Falle eine originäre Anwendung von § 5a Abs. 6 in Betracht, was die praktische Relevanz der Norm deutlich beschränkt.

XIV. Besondere Erscheinungsformen der Verschleierung

1. Verschleierung im Bereich der Presse

277 **a) Gebot der Trennung von redaktionellem Inhalt und Werbung.** Die **Landespressegesetze** verpflichten Verleger ausdrücklich, Veröffentlichungen, für welche sie einen Entgelt erhalten, fordern oder sich versprechen lassen, deutlich mit dem Wort „Anzeige" zu kennzeichnen, soweit diese nicht schon durch die Anordnung und Gestaltung allgemein als Anzeige erkennbar ist **(Kennzeichnungsgebot).**[476] Beispiel für letzteres kann etwa ein seitenausfüllendes Bild eines groß wiedergegebenen bestimmten Markenproduktes innerhalb eines sonst eher textlastigen Magazins sein. Vergleichbare Regelungen enthalten eine Reihe nicht gesetzlicher Kodizes wie etwa Ziffer 7 des vom **Deutschen Presserat** herausgegebenen Kodex oder Ziffern 1 – 3 der **ZAW-Richtlinien für redaktionell gestaltete Anzeigen.**[477] Die Bedeutung derartiger nichtgesetzlicher Normen liegt in erster Linie darin, eine Kodifizierung lauterer und unlauterer Geschäftspraktiken aus Sicht der entsprechenden beruflichen Vereinigungen darzustellen. Diese können – und werden regelmäßig – Anhaltspunkte für die entsprechende rechtliche Bewertung bieten können. Sie sind aber sicher weder abschließende standesbezogene Regelungen noch für das Gericht in irgendeiner Weise bindend. Neben diesen und anderen spezialgesetzlichen Regelungen des Trennungsgebotes wurde letzteres von der höchstrichterlichen Rechtsprechung auch unmittelbar aus § 1 UWG 1909 abgeleitet.[478]

278 Die freie Bildung der öffentlichen Meinung sowie die Freiheit der Presse sind wesentliche Voraussetzungen für eine freie Willensbildung des Volkes und als solche durch **Artikel 5 GG** geschützt (ausführlich dazu Ahrens Einl. F Rdn. 52ff.). Der grundgesetzliche Schutz der Pressefreiheit und die besondere Bedeutung der freien Berichterstattung für eine moderne Demokratie haben hohe Erwartungen an Objektivität und Neutralität der Berichterstattung geweckt. Schleichwerbung in der Presse ist letztlich eine Täuschung über den wahren Autor des Berichts und eine Ausnutzung des besonderen Vertrauens, welches die Presse auch aufgrund ihres grundgesetzlichen Auftrags in der Bevölkerung genießt. Die **Verschleierung** kann hierbei auf **zwei Ebenen** ansetzen: Erfolgt ein bestimmter Pressebericht deswegen, weil ein werbendes Unternehmen das Presseorgan hierfür etwa bezahlt hat, liegt eine Täuschung über die Veranlassung der Berichterstattung vor, unabhängig davon, wie diese dann im einzelnen ausfällt **(„Ob" der Berichterstattung).** Getragen von der Vorstellung der Unabhängigkeit der Presse geht der Leser davon aus, dass das Presseorgan eine selbständige Entscheidung über seine Veröffentlichungen trifft und nicht als verdeckte Presseabteilung eines Unternehmens agiert. Daneben kann die Verschleierung des kommerziellen Zwecks auch durch die Art und Weise der Berichterstattung begründet sein, wenn in dem Bericht Leistungen oder Produkte eines Unternehmens in werblicher Art gepriesen werden **(„Wie" der Berichterstattung).** Ein Verstoß gegen das Trennungsgebot eines entsprechenden Landespressegesetzes ist nicht automatisch unlauter iSv § 5a Abs. 6, hat aber eine entsprechende Indizwirkung vgl. hierzu bereits vorstehend RdNr. 251. Die **Erscheinungsformen** sind vielfältig und gehen häufig ineinander über. Ausgehend von dem oben skizzierten Trennungsgebot lassen sich vom jeweiligen Ausgangspunkt folgenden Fallgruppen unterscheiden:

279 **b) Redaktionelle Beiträge.** *aa) Grundsätze.* Kennzeichnend für redaktionelle Beiträge ist das **Verstecken von Werbebotschaften** in einem redaktionell aufgemachten, von einem Journalisten

---

[476] Vgl. etwa § 10 LPG Baden-Württemberg, Bayern, Berlin, Bremen, Hamburg, Niedersachsen, NRW, Rheinland-Pfalz, Schleswig-Holstein, Thüringen, § 8 LPG Hessen, § 9 Sachsen und Sachsen-Anhalt sowie § 11 LPG Brandenburg.

[477] In der Fassung vom 9. April 1964, neugefasst 2003, abgedruckt bei *Köhler*/Bornkamm, 33. Aufl. 2015, Anhang III Nr. 18.

[478] Vgl. etwa BGHZ 110, 278.

stammenden Artikel.[479] Durch die **Integration einer Werbebotschaft in dem angeblich redaktionellen Beitrag** oder dessen vollständige Ersetzung durch die Werbung soll der Leser über den werblichen Inhalt der entsprechenden Botschaft getäuscht werden. Dies war bereits unter Geltung des UWG 1909 aufgrund der hiermit verbundenen Täuschung des Adressaten nach übereinstimmender Auffassung in Rechtsprechung und Literatur als Verstoß gegen § 1 UWG 1909 wettbewerbswidrig.[480] Eine derartige Vermischung von Werbung und redaktionellen Inhalten stellt zweifelsohne eine Verschleierung des kommerziellen Zwecks iSv § 5a Abs. 6 dar.

So einfach sich dieser Grundsatz abstrakt formulieren lässt, so schwierig ist die Grenzziehung in der konkreten Fallanwendung. Als gesichertes Kriterium der Überschreitung der Grenze zur Schleichwerbung ist die **Bezahlung eines Entgelts** als Gegenleistung für die Veröffentlichung des redaktionellen Beitrags zu betrachten. Dies löst allerdings zugleich die vorrangige Anwendbarkeit der Ziffer 11 des Anhangs zu § 3 Abs. 3 aus. Der Nachweis einer derartigen Zahlung dürfte in der Praxis allerdings nur in extremen Ausnahmefällen gelingen. Ein Verstoß gegen das Verbot getarnter Werbung setzt aber nicht voraus, dass dem Verleger oder Autor hierfür tatsächlich ein Entgelt gezahlt oder versprochen worden ist.[481] Schleichwerbung ist **auch dann wettbewerbswidrig, wenn sie ohne eine entsprechende Gegenleistung** erfolgt. Das verfälschende Element ist darin begründet, dass der Leser einem – vermeintlich unabhängigen – im Gewand einer objektiven Information erscheinenden redaktionellen Beitrag eine wesentlich größere Bedeutung zumisst als einer als subjektive Werbung erkannten Werbeaussage.[482] 280

Bei der Beurteilung, ob die Grenze zur unzulässigen Schleichwerbung in einem redaktionellen Beitrag überschritten worden ist, wird es immer auf die Würdigung aller Umstände des konkreten Einzelfalls ankommen. Wenn ein **Eingriff in redaktionellen Entscheidungen** – und zwar sowohl hinsichtlich des Ob des Berichts als auch hinsichtlich der Art der Berichterstattung – erfolgt, liegt Schleichwerbung vor. Die in den jüngster Zeit enttarnten Fälle von Schleichwerbung belegen, dass die Initiative zu entsprechenden Vereinbarungen auch aus den Medien zu kommen scheint:[483] Neben den bekannten Fällen aus dem Fernsehbereich wirft auch eine Vielzahl **redaktioneller Sonderbeilagen** im Pressebereich die Frage auf, ob deren Konzeption nicht von vorn herein auf die Generierung und Einbindung redaktioneller Werbung ausgerichtet war.[484] Aus der Tatsache, dass in einer Sonderbeilage Anzeigen und redaktionelle Inhalte zueinander „passen", folgt aber nicht zwangsläufig ein Verstoß gegen das Schleichwerbungsverbot.[485] Wird in einer Sonderbeilage zu Ausbildungsmöglichkeiten, in der auch Stellenanzeigen abgedruckt sind, in den redaktionellen Teilen zu Ausbildungskapazitäten der regionalen Wirtschaft berichtet, ist allein die Erwähnung des Namens eines Unternehmens in der Überschrift der jeweils besprochenen Ausbildungsstätte kein Verstoß gegen das Trennungsgebot.[486] 281

In der Rechtsprechung wurde eine Reihe von **Indizien** herausgearbeitet, die in den jeweiligen Einzelfällen den Ausschlag für die Annahme einer unzulässigen Werbung gegeben haben.[487] Deren alleiniges Vorliegen muss in anderen Konstellationen jedoch nicht zu einem gleichen Ergebnis führen, da die Unlauterkeit sich aus der Gesamtschau verschiedener Elemente ergibt. Folgende Auflistung kann daher allein als Anhaltspunkt für eine genaue Betrachtung des jeweiligen Einzelfalles gelten, dessen Bewertung jedoch in keinem Fall ersetzen. Für die Annahme einer unzulässigen Schleichwerbung sprechen u. a. 282

---

[479] Vgl. Ohly/*Sosnitza,* 6. Aufl. 2014, § 4 Nr. 3 UWG 2004, Rz 3/8; *Köhler*/Bornkamm, 34. Aufl. 2016, § 5a UWG, Rz 7.41 ff.

[480] Vgl. etwa zuletzt BGH GRUR 1998, 489, 493 – *Unbestimmter Unterlassungsantrag III;* GRUR 1998, 471, 473, 475 – *Modenschau im Salvatorkeller;* GRUR 1997, 914, 915 – *Die Besten II;* GRUR 1997, 912, 913 – *Die Besten* I; GRUR 1997, 907, 909 – *Emil-Grünberg-Club;* GRUR 1997, 541, 543 – *Produktinterview;* GRUR 1997, 139, 140 – *Orangenhaut;* GRUR 1994, 819, 820 – *Produktinformation II;* GRUR 1993, 561, 562 – *Produktinformation I;* Baumbach/Hefermehl, § 1 Rz 30 ff., *Köhler*/Piper, § 1 Rz 40 ff., *v. Gamm,* Kapitel 29, Rz 5 ff., HdbWbR/Helm, § 49 Rz 49, *Henning-Bodewig,* GRUR Int. 1991, 858, 861 ff.

[481] So ausdrücklich zuletzt der EuGH WRP 2011, 1052 zur Auslegung von Art. 1 (d) Richtlinie 89/552/EWG.

[482] Vgl. etwa BGH GRUR 1993, 561, 562 – *Produktinformation I* – mit Nachweisen aus älterer Rechtsprechung; BGH GRUR 1994, 819, 820 – *Produktinformation II.*

[483] Vgl. u. a. OLG Naumburg, WRP 2010, 1561.

[484] Vgl. zu Sonderbeilagen auch Rn 282; im Fernsehbereich etwa Süddeutsche Zeitung, 28.9.2005 – „Die Tessin-Connection". Ein plakativer Fall etwa bei OLG Karlsruhe, WRP 2011, 1335, wo der Verleger das Publikationsformat, in welchem der beanstandete redaktionelle Beitrag veröffentlicht worden war, auf seiner Website selber als „Werbeform" bezeichnet hatte.

[485] OLG München, Magazindienst 1998, 967, 971.

[486] BGH NJW-RR 1998, 595, 597 – *Azubi' 94.*

[487] Entsprechende Feststellungen werden teilweise auch bei der Feststellung der Wettbewerbsabsicht des Presseunternehmens getroffen; rein systematisch wird hier häufig nicht klar unterschieden.

- die Beschreibung von Waren und Leistungen eines bestimmten Unternehmens in einer reklamehaften Sprache;[488] insbesondere wenn positive Schilderungen in keinem Zusammenhang mit weitergehenden Produktinformationen stehen, die eine entsprechende Bewertung rechtfertigen könnten;[489]
- die Übernahme von Bildmaterial im Rahmen von Geschenkempfehlungen verbunden mit der Nennung bestimmter Endverkäufer und der Beschreibung einer Ware in reklamehaftem Stil;[490]
- die Übernahme von Produkt- oder Markenslogans oder das Vorstellen vereinzelter Produkte oder Unternehmen im Rahmen eines angeblich vollständigen, tatsächlich aber selektiven Überblicks;
- die bewusste Verwendung falscher positiver Tatsachenbehauptungen in Bezug auf das Produkt; [491]
- wenn sich ein Redakteur in einem Interview darauf beschränkt, dem Interviewten allein geeignete Stichworte zu liefern, um dessen Unternehmen und die entsprechenden Aktivitäten lobend darzustellen; [492]
- der Bericht einen Kaufappell enthält;[493] oder
- die Angabe der Telefonnummer des Unternehmens, über das redaktionell berichtet wird, welche für vertriebliche Zwecke genutzt wird.[494]

283 In sprachlicher Hinsicht wird man häufig die Verwendung des Komparativs oder Superlativs sowie die auffällige Einfügung anpreisender, reklametypische Adjektive und Adverbien antreffen.[495] Hingegen reicht die Tatsache, dass eine Anzeige nicht nur inhaltlich, sondern überwiegend sogar wörtlich mit einem zuvor erschienenen redaktionellen Beitrag übereinstimmt, nicht aus, einen **Anscheinsbeweis** dafür zu begründen, dass bereits der redaktionelle Beitrag als getarnte Werbung in Auftrag gegeben worden sei.[496]

284 *bb) Übernahme vorgefertigter Texte oder Bilder.* Ein Teil der Unternehmen verfügt über gut ausgestattete Abteilungen für Pressearbeit und Öffentlichkeitsarbeit (Public Relations). Diese bereiten teilweise umfangreiche Informationsbroschüren für Presse, Funk und Fernsehen vor, die insbesondere komplette Problemstellungen aufbereiten, Informationen zu Sachfragen und Lösungen und Produkten ihres Unternehmens liefern. Die Darstellung in derartigen Pressemappen, die Auswahl und Vollständigkeit der Informationen erfolgt regelmäßig – einseitig – aus der Sicht des sie verteilenden Unternehmens, so dass die Übernahme derartiger Informationen in redaktionelle Beiträge wettbewerbsrechtlich bedenklich sein kann.

285 Die Übernahme von Textpassagen oder Bildern – auch aus zur Verfügung gestellten Pressemappen – reicht allein allerdings nicht aus, um eine Verschleierung des kommerziellen Zwecks anzunehmen: Hierdurch mag eine Täuschung über die Urheberschaft begründet sein. Dies ist jedoch für eine Beurteilung nach § 5a Abs. 6 irrelevant, wenn die übernommene Passage etwa reine Tatsachen aber eben *keine* werbliche Herausstellung des entsprechenden Produktes oder der entsprechenden Leistung enthält.[497] Genau dies, die **werbliche Herausstellung eines bestimmten Produktes über das für eine sachliche Information bedingte Maß** hinaus, ist aber nach der höchstrichterlichen Rechtsprechung **Indiz für eine Verletzung des Trennungsgebotes.**[498]

286 Wird ein von einem Unternehmen an die Redaktion übersandter druckfertiger Artikel als redaktioneller Beitrag übernommen, folgt hieraus allein kein Verstoß gegen § 5a Abs. 6, auch wenn eine

---

488 Vgl. etwa OLG Karlsruhe, NJWE-WettbR 1996, S. 6, 8 – *Cabriolet Fahrbericht nebst Verkaufsanzeige („Bildschön präsentiert sich das Audi Cabriolet. Im dezenten Brillantblau oder blickheischendem Laserrot...Mit fließenden Linien, die eine Audi-typische Frontpartie bzw. ein abgerundetes Heck beinhalten, kommt die sportliche Eleganz zum Ausdruck. Breitreifen unterstreichen die sportive Ausrichtung... Die bewährten Motoren sorgen für beachtliche Fahrleistung. Die Leichtmetallräder im 10-Speichen-Design mit 205/60-Bereifung sowie die vom Audi-Coupé her bekannte Sportabstimmung garantieren Spurstabilität und optimales Kurvenverhalten“;* Hans OLG, LMRR 2006, 16: *„klingt eher nach Märchen... wurde aber Realität... Wundermittel... mittlerweile für den europäischen Markt zugelassen“* oder OLG München, Magazindienst 1998, 967, 971 *„Ein Traumhaus, das bereits alternative Energiequellen nutzt“;* LG Hamburg, WRP 2015, 501.

489 LG Hamburg WRP 2015, 501.

490 Vgl. OLG München, NJWE-WettbR1996, 218, 219 – *Bezahlte Sammelwerbung in redaktionellem Tageszeitungsbeitrag – Geschenke in letzter Minute („Nicht nur Taucher stehen auf die „Scuba“ von Swatch und das „Tobian“ von Blancpain. Schlicht und zeitlos schön“, die „federleichte Casio“ und die Zipfelmütze mit vielen lustigen Bommeln“).*

491 BGH NJW-RR 1995, 42,43 – *Bio-Tabletten.*

492 OLG München, Magazindienst 1998, 967, 971.

493 HansOLG ZUM-RD 1999, 284/286f.

494 OLG München, Magazindienst 1998, 967, 972.

495 LG Ravensburg WRP 2015, 922: Das *„echte Wohlfühlprogramm auf der Haut“, edler Schimmer“, „wunderbar weich“, „göttliche Beine.“*

496 BGH GRUR 1997, 681/683 – *Produktwerbung.*

497 BGH WRP 1993, 478, 479 – *Faltenglätter;* BGHZ 81, 247, 251 – *getarnte Werbung.*

498 So der BGH in nahezu wortgleicher Passage, vgl. *Produktinformation I und II,* a. a. O. Rdn. 464; einen derartigen Fall abgelehnt hat das OLG Hamm in BeckRS 2012, 02582.

Täuschung über die Urheberschaft vorliegen mag. Es ist in derartigen Fällen sicherlich vorstellbar, dass sich das Unternehmen nicht allein auf die Zusendung eines druckfertigen Artikels beschränkt hat, um eine entsprechende Veröffentlichung zu erreichen. Nur müssen dann entsprechende Umstände, die eine Beeinflussung der Redaktion belegen, auch festgestellt werden, auch wenn dies in der Praxis im Einzelfall schwierig sein mag. Ein Verstoß gegen § 5a Abs. 6 kann etwa darauf gestützt werden, dass die **Schaltung von Anzeigen an die Veröffentlichung des übersandten Artikels gekoppelt** worden ist: In diesem Fall liegt dann eine Täuschung über das „Ob" der Berichterstattung vor. Die Zusendung eines druckfertigen Artikels allein stellt jedoch auch dann keine unzulässige Schleichwerbung dar, wenn dem entsprechenden Presseunternehmen auch Anzeigenaufträge erteilt werden, so lange es an einem Unlauterkeitsmoment der vorstehend skizzierten Art fehlt. Werden in einem vermeintlich redaktionellen Beitrag und in einer daneben als solche gekennzeichneten Anzeige nahezu identische Fotos verwendet, unterstützt dies den Eindruck eines Verstoßes gegen das Trennungsgebot.[499]

Die Übernahme entsprechender Texte oder Bilder kann ferner einen Verstoß gegen § 5a Abs. 6 darstellen, wenn die **inhaltliche Darstellung als solche unzutreffend** ist bzw. eine Schleichwerbung darstellt: Beispiel hierfür ist etwa die übertriebene Schilderung eines tatsächlich existierenden Problems zur Stimulation eines nicht existierenden Bedürfnisses, welches durch die unmittelbar folgende Beschreibung des problemlösenden Produktes des entsprechenden Unternehmens „lösbar" erscheint, die Übernahme reklamehafter Anpreisungen oder die Übernahme inhaltlich falscher Eigenschaftsbeschreibungen. Das Unlauterkeitselement liegt dann in der Art und Weise der Berichterstattung („wie") begründet. 287

Hinsichtlich der wettbewerbsrechtlichen Zulässigkeit von Firmenporträts ist die Rechtsprechung derzeit uneinheitlich: Einige Presseorgane bieten die Veröffentlichung von **Unternehmensportraits** an, die auf einem unabhängigen redaktionellen Bericht auf der Grundlage eines entsprechenden Interviews beruhen, wobei das porträtierte Unternehmen für die Veröffentlichung von Bildern im entsprechendem Beitrag allerdings an das Presseorgan ein Entgelt bezahlen muss. Das OLG Hamm lehnte einen Verstoß gegen den vormaligen § 4 Nr. 3 ab, das Porträt selber sei ein redaktioneller Beitrag, dessen Veröffentlichung nicht vom Abdruck zu bezahlender Bilder abhängig gemacht werde. Die Forderung der Bezahlung der Bilder sei ein Prinzip der Finanzierung der Zeitschrift, welches von Art. 5 GG gedeckt sei.[500] Zum selben Ergebnis kommt das OLG Hamm in Bezug auf die regelmäßige Veröffentlichung der Adresse und Telefonnummer eines bestimmten privaten Notdienstes, zu dem sich verschiedene Tierarztpraxen zusammengeschlossen haben, im Serviceteil eines Anzeigenblatts.[501] Demgegenüber sieht das OLG Düsseldorf in der gleichen Konstellation einen Verstoß gegen § 4 Nr. 3 UWG 2004 für gegeben: Das Presseorgan diene sich dem Unternehmen an, täusche somit über den publizierten Anlass der Veröffentlichung. Text und Bilder seien als einheitliche Veröffentlichung anzusehen, somit eine bezahlte redaktionelle Werbung.[502] 288

cc) Testberichte. Die Annahme eines Verstoßes gegen § 5a Abs. 6 ist zutreffend, wenn in einem redaktionellen Artikel suggeriert wird, einen informativen Überblick über einen bestimmten Produktbereich zu liefern, während tatsächlich aus einer Vielzahl vergleichbarer Produkte nur bestimmte Einzelprodukte oder ein einziges Erzeugnis besprochen werden. Die Täuschung liegt darin begründet, dass der **Anschein eines vollständigen Marktüberblicks** erweckt wird, während in Wahrheit nur ein einzelnes oder ausgewählte Produkt(e) wohlwollend herausgestellt werden.[503] 289

Deutlich schwieriger ist die Feststellung allerdings, wenn sich der redaktionelle Beitrag von vornherein nur mit einem einzigen Unternehmen oder einem einzigen Produkt beschäftigt. Dies ist insbesondere in Testberichten über einzelne Produkte wie etwa in Autotests, Restaurant- oder Hoteltests etc. häufig der Fall, kann aber auch auftreten, wenn im Rahmen eines redaktionellen Beitrags ein **einzelnes Unternehmen als „Beispiel"** herangezogen wird[504] Bei der Auslegung der 290

---

[499] LG Ravensburg, WRP 2015, 922, das sein Urteil zudem aber auf reklamehafte Wortpassagen gestützt hat.

[500] OLG Hamm, Urt. v. 1.8.2006, Az 4 U 19/06, veröffentlicht bei Juris.

[501] OLG Hamm, Urt. v. 18.12.2007, Az 4 U 140/07, BeckRS 2008, 24006.

[502] OLG Düsseldorf, ZUM-RD 2007, 119.

[503] Der BGH hat in NJW 1981, 2573 ff. – *Getarnte Werbung* einen Verstoß gegen § 1 UWG 1909 vor allem damit begründet, dass der dort verklagte Kaffeeröster einen druckfertigen Artikel mit getarnter Werbung an Kurzeitungen versandt hatte, welchen zugleich auch Anzeigenaufträge erteilt wurden. Hierdurch entstehe die Gefahr, dass der Redakteur die Entscheidung, ob der vorbereitete Artikel einschließlich des darin enthaltenen Werbehinweises veröffentlicht werden soll, gerade nicht unbeeinflusst in eigener allein durch seine redaktionellen Aufgaben bestimmter Verantwortlichkeit träfe, vgl. a. a. O., 2574.

[504] Zu letzterem OVG Berlin-Brandenburg, NVwZ-RR 2007, 681; BGH GRUR 1997, 541 – *Produkt-Interview* zu einer lediglich beispielhaften Erwähnung eines Produktes.

wettbewerbsrechtlichen Grenzen von § 5a Abs. 6 muss hierbei auch die grundgesetzlich verankerte Meinungsfreiheit der Presse berücksichtigt werden: Der Autor eines redaktionellen Beitrags muss nicht nur informieren, er darf auch eine subjektive Meinung vertreten. Im Bereich der politischen Berichterstattung sind die Leser daran gewöhnt, zwischen objektiver Berichterstattung und subjektiven Kommentaren zu unterscheiden. Dieser Erfahrungswert muss auch bei der wettbewerbsrechtlichen Beurteilung von redaktionellen Beiträgen berücksichtigt werden. Befasst sich etwa ein Artikel erkennbar nur mit einem einzigen Produkt, etwa im Rahmen eines entsprechenden Tests oder einer Glosse, wird für den Leser ein subjektiver Ansatz des Autors leicht erkennbar. Die **Pressefreiheit aus Art. 5 Abs. 1 S. 2 GG** umfasst vom Grundsatz her auch eine subjektiv gefärbte Berichterstattung über neue oder sich auf dem Markt befindliche Produkte.[505] Für das Vorliegen einer Täuschung über den kommerziellen Zweck müssen daher in derartigen Fällen strengere Maßstäbe angelegt werden als bei einem Bericht, der scheinbar eine objektiv vollständige Marktübersicht zu bieten scheint.

291 Ein Verstoß ist sicher anzunehmen, wenn der Autor für die Publikation ein Entgelt oder einen sonstigen geldwerten Vorteil entgegengenommen hat, da der Leser dann über das „Ob" der Berichterstattung getäuscht wird. § 5a Abs. 6 bietet aus diesseitiger Sicht jedoch keine Grundlage, etwa eine **erkennbar** subjektive Produktkritik daran zu messen, ob die Beurteilung „noch vertretbar" erscheint:[506] Eine Restaurantkritik darf auch verreißen oder loben, solange für den Leser erkennbar ist, dass es sich hierbei um die **subjektive Meinung** des Autors handelt. Die Grenze zur Verschleierung des kommerziellen Zwecks wird aber überschritten, wenn der Autor seine Beurteilung auf vermeintlich objektivierbare Anhaltspunkte stützt oder tatsächlich Geld oder geldwerte Leistungen gerade für die Konzentrierung auf ein bestimmtes Produkt, eine bestimmte Leistung oder für die Art und Weise der Darstellung genommen hat. Die kostenlose Überlassung eines Testexemplars wie etwa eines Rezensionsexemplars, das kostenlose Verleihen eines Testautos oder die kostenlose Bewirtung eines Restaurant- oder Hotelkritikers reicht allein allerdings regelmäßig nicht aus, um eine unlautere Beeinflussung des Artikels anzunehmen: Solange die Gewährung des entsprechenden Vorteils allein zur Ermöglichung des Tests erfolgt, ist die Unabhängigkeit des Autors in der Regel nicht über die Maßen strapaziert. Hierauf wird in der Praxis inzwischen am Ende des Artikels häufig ausdrücklich hingewiesen. Wird aber beispielsweise einem Hotelkritiker statt einer Wochenendübernachtung, über welche etwa im Rahmen einer Artikelserie berichtet werden soll, ein zweiwöchiger Gratisurlaub offeriert, fehlt es am angemessenen Verhältnis zwischen Vorteilsgewährung und Testzweck.

292 *dd) Rankings und Bestenlisten.* Die geringere Gefahr einer Täuschung durch als solche erkennbare Meinungsäußerungen ist auch bei der wettbewerbsrechtlichen Beurteilung der Veröffentlichung von **Rankings und Bestenlisten** zu berücksichtigen. Das Bundesverfassungsgericht hat durch das Urteil vom 7.11.2002[507] eine Entscheidung des OLG München aufgehoben, welche die Veröffentlichung eines Kanzleienrankings in einem Handbuch als eine sachlich nicht gerechtfertigte Herausstellung der genannten Kanzleien und Rechtsanwälte gesehen hatte.[508] Eine Einschränkung der Meinungsfreiheit wegen eines Verstoßes gegen das Verbot der Tarnung von Werbung setzt die konkrete Feststellung der Gefährdung des Leistungswettbewerbs durch sittenwidriges Verhalten voraus. Selbst wenn in der entsprechenden Publikation auch Anzeigen derjenigen Unternehmen veröffentlicht worden sind, welche Gegenstand der Erörterung im redaktionellen Teil sind, kann das allgemeine Interesse des Verlegers an der Akquisition von Anzeigenaufträgen nicht ausreichen, um einen Wettbewerbsverstoß zu begründen, da anzeigenfinanzierte Medien regelmäßig darauf angewiesen sind, zur Schaltung von Anzeigen zu motivieren.[509] Im nachfolgenden Verfahren haben das OLG München und der BGH eine „übermäßig anpreisende Darstellung abgelehnt, zumal der hiermit verbundene Werbeeffekt durch Erläuterungen und den ausdrücklichen Hinweis auf die Subjektivität der Einschätzung relativiert werde.[510] Vor dem Hintergrund der Entscheidung des Bundesverfassungsgerichts (dazu Ahrens Einl. F Rdn. 98ff.) lassen sich wohl auch die Entscheidungen des BGH *Die Besten I*[511] und *Die Besten II*[512] nicht mehr mit der dort gegebenen Begründung aufrechterhal-

---

[505] Vgl. LG München, AfP 2007, 61, 62f.

[506] So *Köhler,* WRP 1998, 349, 356.

[507] NJW 2003, 277ff.

[508] OLG München, NJW 2001, 1950ff., die dagegen eingelegte Revision war vom BGH nicht angenommen worden, Beschluss vom 21.2.2002, 1 ZR 155/01.

[509] Das OLG München hat in der nachfolgenden Entscheidung vom 27.3.2003, GRUR 2003, 719ff., einen Wettbewerbsverstoß abgelehnt, da die Veröffentlichung vom Recht auf freie Meinungsäußerung gedeckt sei.

[510] GRUR 2006, 875 – *Rechtsanwalts-Ranglisten.*

[511] GRUR 1997, 912ff.

[512] NJW 1997, 2681ff.

ten, da es an einer hinreichenden Auseinandersetzung mit der grundgesetzlich geschützten Meinungsfreiheit fehlt.

ee) Anzeigenblätter und Kundenzeitschriften. Der Grundsatz des Verbots der Verschleierung des kommerziellen Zwecks von Werbehandlungen gilt auch für **Anzeigenblätter und Kundenzeitschriften,** soweit diese einen entsprechenden redaktionellen Teil enthalten.[513] Die anzulegenden Maßstäbe mögen im konkreten Einzelfall großzügiger sein, da die Erwartung der Leser an die journalistische Neutralität derartiger, in der Regel rein werbefinanzierter und kostenlos abgegebener Publikationen deutlich geringer sind als etwa bei überregionalen Tageszeitungen.[514] Dies bedeutet aber sicher nicht, dass deswegen jedwede Werbung in redaktionellem Gewand allein aufgrund der Kostenlosigkeit der Publikation zulässig ist, weil keine entsprechende Lesererwartung bestehe.[515] 293

ff) Preisrätsel. Das Gebot der Trennung von redaktionellem Inhalt und Anzeige gilt grundsätzlich auch für die Auslobung von Preisrätselgewinnen.[516] Der BGH hatte in älteren Entscheidungen zutreffend darauf hingewiesen, dass hierbei jedoch **großzügigere Maßstäbe** anzulegen seien, da der Leser regelmäßig erkenne, dass ihm das Preisrätsel als Anreiz für den Kauf der Zeitschrift geboten wird, ihn damit auch als eine Form der Werbung für diese Zeitschrift entgegentrete. Diese Linie ist durch die Kriterien Entscheidung *Preisrätselgewinnauslobung V* in Frage gestellt, da dort ein deutlich strengerer Maßstab angelegt wird.[517] Nicht jede positive Vorstellung der ausgelobten Preise kann somit als verdeckte redaktionelle Werbung für den namentlich genannten Hersteller angesehen werden. Ein Verstoß gegen das Verschleierungsgebot ist jedoch gegeben, wenn durch eine besonders hervorgehobene Darstellung beim Leser der Eindruck erweckt wird, die Rätselredaktion habe in einem vermeintlich objektiven Auswahlverfahren ein **Erzeugnis ausgesucht, das vergleichbaren käuflichen Produkten deutlich überlegen sei.**[518] Ein Verstoß kann auch durch einen, das Preisrätsel „thematisch begleitendenden" redaktionellen Artikel begangenen werden.[519] 294

Das Fehlen der Angabe, dass die ausgelobten Preise unentgeltlich zur Verfügung gestellt worden sind von namentlich genannten oder in anderer Weise in der Auslobung zum Preisrätselgewinn erkennbaren Hersteller, stellt dagegen keinen Verstoß gegen das Verschleierungsverbot des kommerziellen Zwecks von geschäftlichen Handlungen dar:[520] Der Leser hat den werblichen Charakter der Preisrätselgewinnauslobung zutreffender Weise ja bereits erkannt, er wird ja durch die lobende Herausstellung des Preisrätselgewinns nicht mehr über den werblichen Charakter getäuscht. Eine Irreführung könnte allein dann anzunehmen sein, wenn aufgrund konkreter Angaben in der Auslobung der – unzutreffende – **Eindruck einer objektiven Auswahl und eines käuflichen Erwerbs des Preisrätselgewinns** erzeugt wird. 295

Auch die **inhaltliche Gestaltung** des Rätsels kann der Rechtsprechung zufolge getarnte Werbung darstellen, wenn etwa zur Beantwortung der Gewinnfrage die Lösung aus einem Werbetext herausgearbeitet werden muss, welcher die Waren oder Dienstleistungen des genannten Rätselsponsors in werbetypischer Weise anpreist.[521] Es wird in derartigen Konstellationen aber auf eine genaue Feststellung der jeweiligen Einzelumstände ankommen, welche insbesondere die Verschleierung begründen: es dürfte dem aufgeklärten Durchschnittsverbraucher nämlich durch die Vielzahl entsprechender Gewinnrätsel durchaus bekannt sein, dass die Rätselsponsoren die Gewinne in der Regel zumindest teilweise finanzieren, so dass die Intention naheliegt, den Absatz eigener Waren hierdurch zu fördern.[522] 296

---

[513] OLG Düsseldorf, NJW RR 1986, 1432f.; OLG Naumburg, WRP 2010, 1561, 1563; *Köhler*/Bornkamm, 34. Aufl. 2016, § 5a UWG, Rz 7.46.

[514] *Köhler*/Bornkamm, 34. Aufl. 2016, § 5a UWG, Rz 7.46; OLG Hamm, 27.9.2011, Az 4 U 102/11, abrufbar über Juris.

[515] Zutreffend LG Ravensburg, WRP 2015, 922.

[516] BGH GRUR 1994, 821 ff. – *Preisrätselgewinnauslobung I;* GRUR 1994, 823 ff. – *Preisrätselgewinnauslobung II.*

[517] BGH GRUR 2013, 644 – *Preisrätselgewinnauslobung V,* vorstehend Rz 265. Ähnlich streng nun OLG Karlsruhe, GRUR-RR 2013, 515- *Aufenthalt im Schloß.*

[518] BGH GRUR 1994, 821 822f. – *Preisrätselgewinnauslobung I.*

[519] OLG Hamburg, BeckRS 2014, 16138, wo die Verlosung von Sonnenbrillen von einem zusätzlichen redaktionellen Artikel begleitet wurde, in welchem ein vermeintlich objektiver Artikel über richtigen Sonnenschutz vor allem der Bewerbung des die Preisrätselgewinne stiftenden und im Artikel mehrfach erwähnten Optikers diente.

[520] So aber BGH GRUR 1994, 823, 824f. – *Preisrätselgewinnauslobung II,* zu § 1 UWG 1909.

[521] LG Freiburg, Urt. v. 17.1.2011, Az 12 O 78/10, veröffentlicht bei Juris, Rz 17.

[522] Insoweit kann die Begründung des vorgenannten Urteils des LG Freiburg nicht vollständig überzeugen, sie bleibt farblos.

297 Nach diesseitiger Sicht ist fraglich, ob tatsächlich eine allgemeine Auffassung existiert, derzufolge vermutet wird, dass Verlage Preisrätselgewinne immer objektiv aussuchen und käuflich erwerben.[523] Hierüber ist gegebenenfalls Beweis zu erheben.

298 **c) Redaktionell aufgemachte Anzeigen.** Anzeigen sind nach den Bestimmungen der **Landespressegesetze** zufolge deutlich mit dem Wort **„Anzeige"** zu kennzeichnen, soweit sie nicht schon durch die Anordnung und Gestaltung allgemein als Anzeige erkennbar sind.[524] Eine anderweitig gestaltete Kennzeichnung etwa als „PR-Anzeige", „Public Relations", „Werbereportage" oder der Hinweis „sponsored by" wird von der Rechtsprechung im Regelfall als unzureichend erachtet.[525]

299 Dieser den Leser aufklärende Hinweis kann durch eine redaktionelle Gestaltung der Werbung derart konterkariert werden, dass der Leser über den werblichen Charakter der Anzeige getäuscht wird. In diesen Konstellationen kommt auch ein Verstoß gegen Ziffer 11 des Anhangs zu § 3 Abs. 3 in Betracht.[526] Indiz für eine entsprechende Verschleierung kann u. a. sein, dass Autoren aus dem redaktionellen Teil der Publikation namentlich auch für Aussagen der Anzeige selber verantwortlich zeichnen, oder dass die graphische Gestaltung und Gliederung von den echten redaktionellen Beiträgen einerseits und den redaktionell aufgemachten Anzeigen andererseits erhebliche Übereinstimmungen aufweisen, sich zusätzlich aber gegenüber sonstiger Werbung in derselben Veröffentlichung wiederum abheben.[527] Gleiches gilt, wenn eine Anzeige in zwei gänzlich unterschiedlich gestaltete Hälften (Werbung einerseits, redaktionell erscheinender Teil andererseits) aufgeteilt wird, deren Zusammengehörigkeit nicht erkennbar ist.[528] Derartige Konstellationen treten häufig auch in stark redaktionell aufgemachten **„Sonderbeilagen"** etwa in Tageszeitungen auf, welche diesen im selben Format und im selben Druckbild wie ein entsprechender redaktioneller Teil beigelegt werden. Jedoch folgt allein aus der **Platzierung einer Anzeige in einem passenden redaktionellen Umfeld** einer Sonderbeilage kein Verstoß gegen das Trennungsgebot.[529]

300 Beim parallelen Abdruck von als solchen erkennbaren Anzeigen und solchen in redaktioneller Gestaltung ist es unzureichend, wenn lediglich die ganze Zeitungsseite mit dem Wort „Anzeige" oder „Anzeigen" gekennzeichnet wird, um deutlich zu machen, dass es sich auch bei dem redaktionell gestalteten Teil um eine bezahlte Anzeige handelt.[530]

301 An die Kennzeichnung redaktionell aufgemachter Anzeigen sind insofern eher **hohe Anforderungen** zu stellen:[531] Dies ist die Kehrseite zur Begrenzung der Kennzeichnungspflicht für offensichtlich als solche erkennbare Anzeigen, da durch die konkrete Gestaltung der Eindruck eines tatsächlich nicht gegebenen redaktionellen Inhaltes erweckt wird.[532] Beispiel hierfür ist der „Flappe" Fall: Die Wirtschaftswoche hatte einen zusätzlichen Umschlag auf dem Außencover einer Ausgabe angebracht, der ähnlich ihrem üblichen Titelblatt gestaltet war. Darunter befand sich der Text

---

[523] Das LG Freiburg hat in GRUR Prax 2011, 480 ein Preisrätsel mit der Begründung beanstandet, der Verleger habe sich als Veranstalter des Preisrätsels dargestellt, welches tatsächlich eine Werbung des kooperierenden Herstellers sei. Der Sachverhalt der Entscheidung ist nicht klar, hier stellt sich allerdings die Frage, ob nicht ein Verstoß gegen § 5 dem Kern des Falles näher kommt.

[524] Ein Beispiel für eine zu unauffällige Verwendung des Wortes Anzeige findet sich in LG Düsseldorf, BeckRS2014, 14843.

[525] Vgl. etwa BGH GRUR 1975, 75 – *Wirtschaftsanzeigen/Public Relations;* OLG München, NJW-RR 1996, 32, Baumbach/Hefermehl, § 1 a. F., Rz 31 mit Nachweisen zur älteren Rechtsprechung, BGH GRUR 2014, 879 – *GOOD NEWS II.*

[526] Vgl. hierzu im einzelnen *Frank* Anhang zu § 3 Abs. 3 Nr. 11.

[527] OLG Karlsruhe, Urteil vom 8.10.2009, Az 4 U 31/08, veröffentlicht bei Juris; vgl. auch LG Erfurt, Urteil vom 5.2.2010, Az 1 HK O 301/99, veröffentlicht bei Juris. Einen Verstoß abgelehnt hat das OLG Schleswig, BeckRS 00661, da sich der Werbecharakter aus der Bezeichnung als Anzeigen-Forum sowie überschwänglichen Formulierungen erkennen lasse. Die konkreten Umstände des Einzelfalles gehen aus der Entscheidung nicht hinreichend genug hervor; die angelegten Maßstäbe sind mit dem sonst üblichen strengen Maßstab für die Beurteilung redaktionell aufgemachten Anzeigen kaum zu vereinbaren.

[528] LG München I, WRP 2010, 431, 432f, nachfolgend OLG München, WRP 2010, 433f.

[529] OLG München, Magazindienst 1998, 967/971; vgl. auch vorstehend Rz 281.

[530] OLG Frankfurt, WRP 2007, 111f.; OLG Karlsruhe, WRP 2015, 898.

[531] Unzureichende Kennzeichnungen rügten u.a das OLG Düsseldorf, WRP 2009, 1155 und 1311; OLG Hamburg, WRP 2011, 268 und WRP 2012, 476, OLG München, WRP 2010, 161, LG Frankfurt, WRP 2010, 157; LG Düsseldorf, WRP 2011, 1665.; das OLG Schleswig beurteilte die dortige Kennzeichnung als hinreichend, GRUR Prax 2012, 96, im Ergebnis ebenso bereits OLG Jena, Magazindienst 2009, 808.

[532] OLG Stuttgart, 2007, 861/863; OLG München, WRP 2010, 431, 434; *Seichter* in Ullmann jurisPK-UWG, 3. Aufl. 2013, § 4 Nr. 3 UWG 2004, Rz 6049. Das OLG Hamburg hat eine Kennzeichnungspflicht in WRP 2011, 268 hingegen abgelehnt, da im dortigen Fall die Werbung in Farbgebung, Gestaltung und auch thematisch deutlich von dem darum gruppierten redaktionellen Inhalt abgewichen sei.

„Deutschlands Manager: Wir verplempern zu viel Zeit im Auto und an Flughäfen", im letzten Drittel in kleinerer Schrift der Text *„Das sehen Sie genauso? Dann drehen Sie die Zeitschrift um, Herr..."* wobei der Name des jeweiligen Abonnementen in den Abonnementausgaben eingefügt war.[533] Auf der Rückseite des Hefts war auf der Flappe eine als solche eindeutig erkennbare Werbung der deutschen Bahn mit einem Bild mit zwei im Zug sitzenden und mit Laptop und Mobiltelefon beschäftigten Männern angebracht. Während das LG Düsseldorf[534] durch die Aufmachung des vermeintlichen Titelblattes eine Irreführungsgefahr, gerade auch aus der Zusammenschau von Vorder- und Rückseite für gegeben sah, verneinten das OLG und der BGH einen Verstoß gegen § 4 Nr. 3 UWG 2004, da der durchschnittliche Leser Vorder- und Rückseite des Vorschaltblatts einheitlich als Werbemaßnahme wahrnehme, wenn er der Aufforderung auf der Vorderseite des Blattes nachkommt, die Zeitschrift umzudrehen. Da er die Zugehörigkeit des Textes der Vorderseite zur Werbung auf der Rückseite erkennt, erliegt er keinen Fehlvorstellungen über die Neutralität der dort vorhandenen Aussagen.[535]

d) Kopplung von Berichterstattung und Anzeigenschaltung. Die Verschleierung des kommerziellen Zwecks eines redaktionellen Beitrags kann sich auch aus einer Kopplung mit als solchen gekennzeichneten Anzeigen ergeben.[536] Dies ist etwa der Fall, wenn *wegen* der Schaltung einer bestimmten Werbeanzeige in einem Presseorgan eine entsprechend positive Darstellung des werbenden Unternehmens im Rahmen eines in der gleichen Ausgabe erscheinenden redaktionellen Beitrags erfolgt. Nachdem die Tatsache des **parallelen Erscheinens** eines redaktionellen Beitrags und einer Werbung allein nicht ausreicht, um eine wettbewerbswidrige Kopplung anzunehmen, wird es in derartigen Fällen stets auf eine genaue Untersuchung der Umstände des Einzelfalls ankommen. Indizien hierfür können etwa die Übernahme von reklamehafte Aussagen enthaltenden Textvorschläge des Anzeigenschalters, die Platzierung der Anzeige unmittelbar neben dem redaktionell gestalteten Beitrag oder die inhaltliche Angleichung der Aussagen der Werbeanzeige und des redaktionellen Beitrags sein.[537] 302

2. Verschleierung im Bereich des Rundfunks

a) Gebot der Trennung von redaktionellem Inhalt und Werbung. Das Gebot der Trennung von redaktionellem Inhalt und Werbung findet im Bereich von Hörfunk und Fernsehen seinen spezialgesetzlichen Niederschlag im **Rundfunkstaatsvertrag** (RStV)[538] in dem die Fernsehrichtlinie des Rates der Europäischen Union vom 3.10.1989 und die AVMD-Richtlinie[539] umgesetzt wurden. Zur Durchführung unter anderem der Bestimmungen des RStV über Werbung und Sponsoring wurde den in der ARD zusammengeschlossenen Landesrundfunkanstalten, dem ZDF und den Landesmedienanstalten eine Ermächtigung zum Erlass gemeinsamer Richtlinien eingeräumt.[540] Die hierzu erarbeiteten Richtlinien sind entsprechend den aus dem RStV folgenden Abstimmungspflichten inhaltlich weitgehend identisch,[541] die Richtlinien für ARD und ZDF sind 303

---

533 Mit Bildern abgedruckt in BGH ZUM-RD 2011, 69.

534 LG Düsseldorf, WRP 2009, 751.

535 BGH ZUM-RD 2011, 69; zuvor OLG Düsseldorf, AfP 2009, 607.

536 Vgl. hierzu zuletzt etwa BGH GRUR 2006, 875/877 – *Rechtsanwalts-Ranglisten;* wo allerdings betont wird, dass auch ein besonderes Interesse, bestimmte Unternehmen in Rankings aufzunehmen, um deren Bereitschaft zu erhöhen, Anzeigen zu schalten unzureichend ist, um hieraus eine Wettbewerbsabsicht zu folgern.

537 Vgl. hierzu etwa BGH GRUR 1994, 441, 442 – *Kosmetikstudio;* OLG Schleswig, OLG-R Schleswig 1997, 312, 313.

538 Zuletzt geändert durch den Sechzehnten Staatsvertrag, in Kraft getreten am 1.4.2015.

539 Umsetzung erfolgte durch den 13. Änderungsvertrag, der am 1.4.2010 in Kraft getreten ist. Der 14. Änderungsvertrag ist durch die Ablehnung des Landtags Nordrhein Westfalens nicht ratifiziert worden und damit nicht in Kraft getreten. Der 15. Änderungsvertrag ist am 21.12.2010 abgeschlossen worden und am 1.1.2013 in Kraft getreten, der 16. Änderungsvertrag vom 4.-17. Juli 2014 am 1.4.2015.

540 Vgl. § 16 und 46 RStV.

541 Alle Richtlinien sind zum Inkrafttreten des 13. Änderungsvertrages zum RfStV aktualisiert worden vgl. die ARD-Richtlinien für Werbung, Sponsoring, Gewinnspiele und Produktionshilfe in der Fassung vom 14.1.2016, abrufbar über http://www.ard.de/download/553234/ARD_Richtlinien_fuer_Werbung__Sponsoring__Gewinnspiele_und_Produktionshilfe_in_der_Fassung_vom_12_3_2010.pdf, die ZDF-Richtlinien für Werbung, Sponsoring, Gewinnspiele und Produktionshilfe in der Fassung vom 12.3.2010, abrufbar unter http://www.zdf-werbefernsehen.de, sowie die „Gemeinsamen Richtlinien der Landesmedienanstalten für die Werbung, zur Durchführung der Trennung von Werbung und Programm und für das Sponsoring sowie Teleshopping im Hörfunk (WerbeRL/Hörfunk)" i. d. F. vom 23.2.2010 bzw. die „Gemeinsamen Richtlinien der Landesmedienanstalten für die Werbung, zur Durchführung der Trennung von Werbung und Programm und für das Sponsoring sowie Teleshopping im Fernsehen (WerbeRL/Fernsehen) jeweils i. d. F. vom 18. September 2012 – exakte Links über Suchmaschinen jeweils problemlos auffindbar.

zum Teil detaillierter und strenger als die für den privaten Rundfunk erarbeiteten Richtlinien der Landesmedienanstalten. Der neue RStV hat bislang keine Änderung der maßgeblichen Bestimmungen mit sich gebracht.[542] Die Richtlinien sind nicht den einschlägigen gesetzlichen Bestimmungen im RStV gleichgestellt, konkretisieren diese jedoch in der Praxis.

304 Die Verletzung der **staatsvertraglichen Verbote** stellt nach herrschender Auffassungen Rechtsprechung und Literatur einen **Verstoß gegen § 3a** dar: Der Rundfunkstaatsvertrag und vergleichbare Bestimmungen wie etwa im TMG bezwecken, das Marktverhalten im Interesse der Marktteilnehmer zu regeln, so dass ein Verstoß hiergegen eine unlautere geschäftliche Handlung darstellt.[543] Ein Verstoß gegen Bestimmungen des Rundfunkstaatsvertrages kann zugleich eine unlautere geschäftliche Handlung iSv § 5a Abs. 6 darstellen, allerdings ist dies nicht zwingend. Ein Verstoß gegen eine rein medienrechtliche Bestimmung hat nicht auch zwingend einen Verstoß gegen § 5a Abs. 6 zur Folge. Verstößt etwa ein privater Rundfunksender gegen § 4 RStV, indem er in einen Fernsehfilm von weniger als 45 Minuten einen als solchen gekennzeichneten Werbeblock einfügt, liegt ein Verstoß gegen den RStV vor, der nicht zwingend auch einen Verstoß iSv § 5a Abs. 6 begründet, da dessen Zuschauern der werbliche Charakter des zu Unrecht eingeschobenen Werbeblocks ja nicht verschleiert wird. In den meisten Fällen, in denen gegen die Vorschriften des RStV verstoßen wird, kommt jedoch auch § 5a Abs. 6 in Betracht, denn diese Vorschriften zielen auch darauf ab, eine Täuschung der Zuschauer zu verhindern.

305 § 7 RStV enthält die Grundsätze zulässiger Werbung im Bereich des Rundfunk. Abs. 1 Nr. 3 enthält ein **allgemeines Irreführungsverbot für Werbung und Teleshopping,** Abs. 2 postuliert das Verbot der inhaltlichen und redaktionellen Beeinflussung **(Beeinflussungsverbot).** § 7 Abs. 3 RStV fordert eine leichte Erkennbarkeit von Werbung und Teleshopping als solche und ihre Unterscheidbarkeit von redaktionellen Inhalten. Er enthält zudem ein ausdrückliches Verbot unterschwelliger Beeinflussungstechniken und betont ferner, dass auch beim Einsatz neuer Werbetechniken von Werbung und Teleshopping gegenüber anderen Sendungsteilen erkennbar angesetzt sein müssen **(Trennungsgebot).** Hierdurch soll die Neutralität der Rundfunkanstalt gegenüber dem Wettbewerbsmarkt und die Unabhängigkeit der Programmgestaltung sichergestellt werden.[544] Die Bestimmungen dienen daher mittelbar auch dem Schutz der Presse- und Rundfunkfreiheit aus Art. 5 Abs. 1 Satz 2 GG.

306 *aa) Hörfunk.* § 7 Abs. 7 S. 1 RStV verbietet ausdrücklich **Schleichwerbung und entsprechende Praktiken.** Schleichwerbung ist in § 2 Abs. 2 Ziff. 8 S. 1 RStV definiert als die Erwähnung oder Darstellung von Waren, Dienstleistungen, Namen, Marken oder Tätigkeiten eines Herstellers von Waren oder des Erbringers von Dienstleistungen in Programmen, wenn sie vom Veranstalter absichtlich zu Werbezwecken vorgesehen ist und mangels Kennzeichnung die Allgemeinheit hinsichtlich des eigentlichen Zwecks dieser Erwähnung oder Darstellung irreführen kann.[545] Sollte die Erwähnung oder Darstellung gegen Zahlung eines Entgelts oder einer Gegenleistung erfolgen, gilt sie als zu Werbezwecken beabsichtigt, § 2 Abs. 2 Ziff. 8 S. 2 RStV.

307 Preist ein Radiomoderator am Anfang und am Ende des Interviews das Unternehmen werbemäßig an und fordert ausdrücklich zum Besuch des Unternehmens auf; ist die Grenze zur Schleichwerbung offensichtlich überschritten.[546]

308 Beispiel für eine unlautere Verschleierung des kommerziellen Zwecks im Fernseh- oder Hörfunkbereich ist etwa das **„Bezahlen“ von Ausstrahlungen** im Rahmen angeblich redaktionell ausgewählter Musiksendungen.[547] In den USA werden derartige Geschäftspraktiken, die Bestechung von Disc Jockeys oder entsprechenden Redakteuren, als **„Payola“** (Pay-for-Play) bezeichnet.[548] In

---

542 Hierzu mehr unter Rdn. 96.

543 Vgl. hierzu *v. Jagow,* § 3a Rdn. 113; *Köhler*/Bornkamm, 34. Aufl. 2016, § 5a UWG Rz. 7.68; *Lettl,* WRP 2004, 1079, 1105; *Ullmann/Seichter,* Rz. 26f.; vgl. zur Beurteilung nach § 1 UWG 1909 BGH GRUR 1990, 611, 615 – *Werbung im Programm.*

544 Vgl. BGH GRUR 1990, 611, 615 – *Werbung im Programm.*

545 Vgl. hierzu auch Ziff. 8 sowie Ziff. 9 der ARD bzw. ZDF-Richtlinien.

546 KG GRUR-RR 2005, 320/321.

547 So berichtete etwa der Spiegel im August 2003 über ein angebliches Geschäft zwischen dem Fernsehsender VIVA und dem Plattenlabel Universal: VIVA soll Musikvideos von Universal gegen Zahlung einer erheblichen Pauschalsumme pro Video zuzüglich einer Gewinnbeteiligung am verkauften Tonträger besondere Sendezeiten garantiert haben.

548 Begrifflich scheint dies eine Ableitung von „Pianola“, eigentlich der Markenbezeichnung der klavierbasierten Selbstspielapparat eines Herstellers zu sein, dessen große Bekanntheit ihm zu einem Synonym für entsprechende Produkte werden ließ, bzw. von „Victrola“, der Markenbezeichnung früherer Plattenspielgeräte. Durch die häufige Wiedergabe entsprechender Musikstücke oder Videoclips soll deren Popularität und damit der Absatz entsprechender Tonträger gesteigert werden. Diese angeblich seit den 20iger Jahren verbreitete Ge-

den Jahren 2005 und 2006 kam es nach entsprechenden Ermittlungen der Staatsanwaltschaft in New York zu Vergleichen u. a. mit verschiedenen großen Plattenlabels. Am 13. April 2007 hat die US *Federal Communications Commission* einen entsprechenden Vergleich mit vier großen Rundfunkunternehmen bekanntgegeben. Entsprechende Fälle in Deutschland sind zwar bislang nicht bekannt geworden. Im Bereich der Produktion von Musikvideos scheint es allerdings eine entsprechende Entwicklung zu geben, Rdn. 337.

Auch ein Verstoß gegen das Trennungsgebot aus § 7 Abs. 7 RStV ist nur dann unlauter iSv §§ 5a Abs. 6 UWG, wenn der kommerzielle Zweck verschleiert wurde. Werbung in redaktionellen Beiträgen, deren kommerzieller Zweck offensichtlich ist, stellt daher möglicherweise zwar einen Verstoß gegen das Trennungsgebot dar, ist aber mangels Verschleierung nicht unlauter iSv § 5a Abs. 6. 309

Für den Bereich des Hörfunks legt Ziffer 6 Abs. 1 der gemeinsamen Richtlinien der Landesmedienanstalten fest, dass Werbung von anderen Programmteilen durch **akustische Mittel** wie etwa ein Werbejingle oder eine Ansage getrennt werden muss. Die insoweit detaillierten Regelungen der Landesmedienanstalten bestimmen darüber hinaus, dass eine Kennzeichnung der Werbung am Ende oder zwischen einzelnen Spots grundsätzlich nicht erforderlich ist. Eine entsprechende Kennzeichnung am Ende eines Werbeblocks im Radio ist nur dann erforderlich, wenn sie andernfalls vom nachfolgenden Programm nicht eindeutig abgesetzt ist.[549] Die Trennung zwischen Werbung und sonstigen Programmteilen ist dort durch ein **optisches Mittel** wie etwa ein Werbelogo erforderlich, welches mindestens drei Sekunden auf dem gesamten Bildschirm erscheinen und den Schriftzug „Werbung" enthalten muss.[550] 310

aa) Fernsehen. Das Thema Schleichwerbung im Rundfunk hat in den vergangenen Jahren eine außerordentliche Aktualität gehabt; insbesondere im Bereich des Fernsehens wurden zahlreiche Fälle von Schleichwerbung aufgedeckt und zumindest medienrechtlich beanstandet.[551] Schwierigkeiten treten in der Praxis häufig im Zusammenhang mit der Frage auf, ob eine **Werbeabsicht iSd § 2 Abs. 2 Nr. 8 S. 2 RStV** vorgelegen hat, wenn die Zahlung eines Entgelts bzw. die Erbringung einer Gegenleistung nicht erfolgte bzw. nicht nachweisbar war.[552] Unter Berücksichtigung der Rundfunkfreiheit ist hier eine Einzelfallwertung vorzunehmen.[553] Gemäß Nr. 9 Abs. 1 S. 1 der gemeinsamen Richtlinie der Landesmedienanstalten für die Werbung, zur Durchführung der Trennung von Werbung und Programm und für das Sponsoring im Fernsehen („Fernseh-Werberichtlinie") ist die Darstellung von gewerblicher Ware oder deren Herstellern, von Dienstleistern oder deren Anbietern außerhalb von Werbesendungen keine Schleichwerbung, wenn sie aus **überwiegend programmlich-dramaturgischen Gründen sowie zur Wahrnehmung von Informationspflichten** erfolgt. Allerdings ist nach Nr. 9 Abs. 2 auch bei zulässiger Darstellung von Produkten und Dienstleistungen „nach Möglichkeit durch die redaktionelle Gestaltung die Forderung werblicher Interesse zu vermeiden". Maßstab bei der Beurteilung ist hierbei, ob das gewählte redaktionelle Konzept die konkrete Darstellung rechtfertigen kann, nicht, ob eine entsprechende Darstellung vermeidendes alternatives redaktionelles Konzept denkbar gewesen wäre.[554] Die Werbeabsicht soll nicht bereits zu bejahen sein, wenn die Indizien den Schluss darauf zulassen, dass der Rundfunkveranstalter eine objektive Werbewirkung erkannt habe bzw. diese schlicht in Kauf nehme; erforderlich ist die Feststellung einer Absicht im Sinne der zielgerichteten Herbeiführung des Werbeeffekts.[555] 311

§ 7 Abs. 3–6 enthalten Regelungen für besondere Erscheinungsformen der Werbung: So ist **subliminale Werbung** ist gem. § 7 Abs. 3 S. 2 RStV sowohl in der Werbung als auch im Teleshopping unzulässig. **Splitscreen-Werbung,** also die Aussendung von Werbung in einem Teil des 312

---

schäftspraxis ist in den USA spezialgesetzlich verboten, sofern der finanzielle Hintergrund der Ausstrahlung nicht offengelegt wird („sponsored airtime") und wurde 1959 in den USA Gegenstand entsprechender Ermittlungen und Anklagen.

549 Vgl. Ziffer 3 Abs. 1 WerbeRL ./. Hörfunk.

550 Vgl. Ziffer 3 Abs. 1 WerbeRL ./. Fernsehen.

551 Vgl. etwa den Bericht der ARD Clearingstelle „Schleichwerbung Aufklärung, Dokumentation und Konsequenzen" zu den Vorgängen um die Fälle von Schleichwerbung in der Sendung „Marienhof", „In aller Freundschaft" und „Tatort", am 25.9.2007 abrufbar über die „Presseservice" Seiten auf www.ard.de, in welchem detailliert über Produkte, Zahlungen und Art der Umsetzung in den entsprechenden Sendungen berichtet wird.

552 Kritisch zur Relevanz der Zahlung *Platho,* MMR 2008, 582, 585.

553 Etwa OVG Lüneburg, NJW 2000, 96 – *ADAC;* OVG Berlin-Brandenburg, NVwZ-RR 2007, 681.

554 OVG Berlin-Brandenburg, NVwZ-RR 2007, 681.

555 VG Düsseldorf, Urteil vom 28.4.2010, Az. 27 K 4657/08, veröffentlicht bei Juris; Hahn/Vesting/*Schulz* § 2 RStV Rz 99.

ausgestrahlten Bildes ist gem. § 7 Abs. 4 RStV zulässig, wenn sie vom übrigen Programm eindeutig optisch getrennt und als solche gekennzeichnet ist. **Dauerwerbesendungen** sind zulässig, wenn der kommerzielle Zweck erkennbar im Vordergrund steht, die Werbung wesentlicher Bestandteil der Sendung ist und sie als solche angekündigt und während ihres gesamten Verlaufs als solche gekennzeichnet werden, vgl. § 7 Abs. 5 RStV.

313 Gem. § 7 Abs. 6 S. 1 ist die Einfügung **virtueller Werbung** in Sendungen zulässig, wenn hierauf am Anfang und am Ende hingewiesen wird und durch sie eine am Ort der Übertragung bereits bestehende Werbung ersetzt wird. Letzteres scheint eine ergebnisorientierte Rechtfertigung der Überblendung von Bandenwerbung in Sportstadien zur Erweiterung einer heute nicht mehr haltbaren Begründung.

314 Die **unvermeidbare Wiedergabe von Werbung Dritter** in redaktionellen Beiträgen ist bislang nicht als Verstoß gegen das Trennungsgebot aufgefasst worden. Bekanntestes Beispiel hierfür war und ist die Bandenwerbung in Sportstadien, die etwa bei der Übertragung von Fußballspielen nahezu zwangsläufig Teil der redaktionellen Bildberichterstattung wird.[556] Die nunmehr bestehende – und bei Sportveranstaltungen von den Fernsehsendern auch genutzte – Möglichkeit, bei der Übertragung die Bandenwerbung durch virtuell eingefügte andere Werbung zu überblenden, hat die Regelung notwendig gemacht. Durch diese nunmehr bestehende technische Möglichkeit fällt eigentlich die bisherige Rechtfertigung für die Ausnahme zum Trennungsgebot („Unvermeidbarkeit") weg, dennoch ist ein Verstoß gegen das Trennungsgebot abzulehnen: Die jahrzehntelange Gewöhnung der Zuschauer an Bandenwerbung in Stadien schließt es aus, dass sich diese über die Herkunft der Bandenwerbung täuschen: Diese wird aufgrund der gefestigten Lebenserfahrung eindeutig dem werbenden Unternehmen, nicht aber dem berichtenden Fernsehsender zugeschrieben.

315 Vertragliche Gestaltungen, welche das Ziel haben, eine angeblich unvermeidliche Wiedergabe der Werbung Dritter zu konstruieren, haben die Verwaltungsgerichte bei der Beurteilung der rundfunkstaatsvertraglichen Zulässigkeit nicht akzeptiert und dem jeweiligen Fernsehsender das Verhalten der von ihm eingeschalteten Dritten und insbesondere dessen Werbeabsicht zugerechnet. Dies ist etwa dann der Fall, wenn eine eigentliche naheliegende Auftragsproduktion zwischen einem Fernsehsender und einem produzierenden Unternehmen zur Verdeckung redaktioneller Mitwirkungsrechte des auftraggebenden Fernsehsenders durch die Einschaltung vermeintlich unabhängiger Tochtergesellschaften und die künstliche Aufspaltung in Veranstaltung vor Ort einerseits und Fernsehübertragung andererseits aufgeteilt wird.[557]

316 Ein unabhängiges Sportereignis ist nicht anzunehmen, wenn das Sportereignis nicht unabhängig von einer möglichen Fernsehübertragung stattfindet, sondern von vornherein mit Blick auf die Übertragung im Programm eines Fernsehsenders konzipiert, geplant und ausgerichtet wird.[558]

317 Anhaltspunkte für eine Werbeabsicht gem. § 2 Abs. 2 Nr. 8 S. 2 RStV lassen sich ferner aus der Höhe der Zahlungen und dem Fluss von „Sponsorengeldern" ziehen.[559] Es wird in derartigen Fällen echter oder vermeintlicher Kaufproduktionen aber stets auf eine Abwägung aller Umstände des Einzelfalles ankommen.[560]

318 **b) Sponsoring.** Als Sponsoring wird gemäß § 2 Abs. 2 Nr. 9 RStV jeder Beitrag zur direkten oder indirekten Finanzierung einer Sendung verstanden, um den Namen, die Marke, das Erscheinungsbild der Person oder Personenvereinigung, ihre Tätigkeit oder ihre Leistungen zu fördern.[561] Die Norm erfasst daher nur das sog. **Sendesponsoring,** also die Finanzierung einer Sendung, nicht

---

[556] Vgl. etwa OLG München, WRP 1976, 393, 394 f. OLG Stuttgart, WRP 1975, 611, zum Ganzen zuletzt *Ladeur,* ZUM 1999, 672, 677 mwN.

[557] VG Berlin, ZUM-RD 2009, 292 – *WOK WM;* OVG Rheinland Pfalz, ZUM 2009, 507 – *Jetzt geht's um die Eier – Promi-Oster Show.*

[558] VG Berlin, ZUM-RD 2009, 292 – *WOK WM.*

[559] OVG Rheinland Pfalz, ZUM 2009, 507, 510 – *Jetzt geht's um die Eier – Promi-Oster Show:* Höhe des gezahlten Sponsoringvertrages; VG Berlin, ZUM-RD 2009, 292, 299 a. E. – *WOK WM:* Zahlung für das Sponsoring der am Wettkampf teilnehmenden Teams flossen nicht an diese, sondern den Veranstalter.

[560] Einen Verstoß gegen das Schleichwerbungsverbot abgelehnt hat das VG München, ZUM 2009, 690 – *Schleichwerbung in Kaufproduktionen:* Grund für die Beanstandung der Aufsichtsbehörde war die Einblendung des Schriftzugs des Ereignissponsor eines Pokerturniers, welche auf Werbeflächen ähnlich der Banden in Fußballstadien um die Pokertische herum angebracht waren. Auch wenn das Ergebnis des VG München im konkreten Fall überzeugt ist das Argument der Kammer, der Lizenzvertrag habe dem Sendeunternehmen die Bearbeitung und Unkenntlichmachung von Werbung (S. 694 a. E.) verboten, zumindest nicht verallgemeinerungsfähig. Der VGH München hat das Urteil in der Berufung bestätigt, Urteil vom 15.7.2010 Az 7 BV 09.1276, veröffentlicht bei Juris.

[561] Vgl. ähnliche Definitionen in Art. 1 lit. d der Fernsehrichtlinie, Art. 2 lit. g Europäisches Fernsehübereinkommen.

jedoch das sog. Ereignis oder Eventsponsoring, bei welchem der Sponsor nicht die Sendung, sondern das entsprechende Ereignis oder die entsprechende Veranstaltung finanziell unterstützt.[562]

Sponsoring wird als solches grundsätzlich von dem Trennungsgebot erfasst. Die Regelungen in § 8 RStV sind Ausnahmebestimmungen hierzu, die die Regeln für zulässiges Sendesponsoring festlegen. Ein Teil der Bestimmungen in § 8 RStV dient der Festlegung der Grenzen erlaubten Sponsorings vor dem Hintergrund des Trennungsgebotes, im Übrigen werden andere Regelungszwecke verfolgt.[563] Werden die Grenzen der erstgenannten Regelungen überschritten, liegt immer auch ein wettbewerbsrechtlich relevanter Verstoß gegen das Trennungsgebot und damit eine Verschleierung des kommerziellen Zwecks vor.[564] 319

Auf die Finanzierung durch den Sponsor muss gem. § 8 Abs. 1 S. 1 RStV zur Information der Zuschauer zu Beginn oder am Ende der Sendung **in vertretbarer Kürze hingewiesen** werden, um diesen über die finanzielle Unterstützung der Sendung aufzuklären. Der Hinweis kann nunmehr auch durch eine Animation, ein bewegtes Bild erfolgen (Sponsorenhinweis).[565] Gem. S. 2 kann dabei auch neben oder anstelle des Namens des Sponsors dessen Firmenemblem oder eine Marke eingeblendet werden.[566] Aus dem Wortlaut von § 8 Abs. 1 S. 1 RStV geht hervor, dass der Hinweis zu Beginn oder am Ende erfolgen muss, dies kann jedoch innerhalb der Sendung erfolgen, etwa im Rahmen einer An- oder Abmoderation. Die Verlagerung des Hinweises in einen eigenen Sponsorentrailer dient einer klareren Trennung von redaktionellem Inhalt und Sponsoring als Werbung, solange der Bezug zwischen Trailer und Sendung eindeutig ist.[567] Der Sponsor darf gem. § 8 Abs. 2 RStV Inhalt und Programmplatz einer gesponsorten Sendung nicht derart beeinflussen, dass die Verantwortung und die redaktionelle Unabhängigkeit des Rundfunkveranstalters beeinträchtigt werden. § 8 Abs. 3 RStV legt die Grenze zwischen Werbung und Sponsoring insoweit fest als, dass gesponsorte Sendungen nicht zum Verkauf, Kauf zur Miete oder Pacht von Erzeugnissen oder Dienstleistungen des Sponsor oder eines Dritten anregen dürfen. Nachrichtensendungen und Sendungen zum politischen Zeitgeschehen dürfen nicht gesponsort werden, § 8 Abs. 6 RStV. Weitere Regelungen sind in den Richtlinien für ARD und ZDF enthalten[568] (vgl. Rdn. 303 und 333). So ist ein Hinweis auf den Sponsor in Programmtrailern gesponsorter Sendungen untersagt,[569] das Sponsoring durch Pharmaunternehmen unterliegt besonderen Beschränkungen;[570] ferner existieren besondere Regelungen für die Übertragung gesponsorter Ereignisse, um die Unabhängigkeit der Programmgestaltung zu sichern.[571] 320

Titelsponsoring ist die „Unterstützung" einer Sendung u. a. durch das Überlassen eines Kennzeichnens zum Zweck der Integration in den Titel einer Sendung.[572] Nachdem hiermit in der Regel mit einer finanziellen „Unterstützung" der Sendung verbunden ist, ist Titelsponsoring insoweit unter den Voraussetzungen des § 8 RStV zulässig.[573] 321

Ereignissponsoring (dazu Einl. G. Rdn. 69 ff.) unterfällt dagegen den allgemeinen Regeln, da § 8 RStV insoweit unanwendbar ist.[574] Probleme werden hier insbesondere im Bereich der Bildberichterstattung auftauchen: Wird etwa über ein gesponsortes Sportereignis berichtet, welches auch noch den Namen des Sponsors in der Bezeichnung führt, ist die Grenze zwischen der unvermeid- 322

---

[562] Vgl. hierzu auch Ohly/*Sosnitza,* 6. Aufl. 2014, § 4 Nr. 3 UWG 2004, Rz 3/34.

[563] So etwas in § 8 Abs. 4 RStV: Verbot des Sponsoring durch Tabak und Zigarettenindustrie, Abs. 5: Einschränkung des Sponsoring durch Pharmaunternehmen.

[564] Soweit die Grenzen von § 8 Abs. 4 oder 5 RStV überschritten werden, mag ein Verstoß gegen § 3 UWG vorliegen, eine Verschleierung des kommerziellen Zwecks iSd § 5a Abs. 6 UWG ist jedenfalls nicht gegeben.

[565] Vgl. etwa das Spielfilmsponsoring oder das Wetterberichtsponsoring („Folgende Sendung wird mit freundlicher Unterstützung von X ausgestrahlt").

[566] Dies war vor der Neuregelung des Sponsoring in § 8 RStV noch als Verstoß gegen § 1 UWG 1909 beurteilt worden, vgl. insoweit OLG Frankfurt NJW-RR 1994, 365 ff. Die gemeinsamen Richtlinien der Landesmedienanstalten für die Trennung zur Durchführung von Werbung und Programm und für da Sponsoring in der Fassung von 10.2.2000 erlauben gem. Ziff. 12 Abs. 4 zudem, dass der Sponsorenhinweis einen eindeutigen Bezug zur gesponsorten Sendung herstellen muss und außer einem imageprägenden Slogans keine zusätzlichen werblichen Aussagen zu Sponsor, Produkten oder Marken beinhalten darf.

[567] Eine derartige Auslagerung ist vom Sinn und Zweck der Norm folglich sicher gedeckt, auch wenn die Subsumtion unter den Wortlaut Schwierigkeiten macht („zu Beginn oder am Ende", nicht aber „unmittelbar vor oder nach der Sendung").

[568] Jeweils Ziffer 12 -14 der Richtlinien.

[569] Vgl. Ziff. 12.4 Richtlinie ARD bzw. ZDF.

[570] Vgl. Ziff. 12.9 Richtlinien ARD bzw. ZDF.

[571] Vgl. Ziff. 13 Richtlinien ARD bzw. ZDF.

[572] Wie beispielsweise der *„Warsteiner Fußballstammtisch"* oder *„Doppelpass – die Krombacher Runde"*.

[573] Vgl. im Einzelnen auch *Engels/Giebel,* ZUM 2000, 265, 281.

[574] BGH GRUR 1992, 518, 521 – *Ereignissponsorwerbung.*

bare Wiedergabe am Ort der Berichterstattung vorhandener Werbung und der bewussten Integration werblicher Element in die Berichterstattung schwierig zu ziehen: Die Richtlinien von ARD und ZDF enthalten hierzu allgemein gehaltene Regeln, die Nennung des Sponsors im Vor- und Abspann wird ausdrücklich regelt.[575] Ein Verstoß gegen das Trennungsgebot wird etwa bei einer über die Übertragung und Kommentierung des Ereignisses hinausgehenden Bezugnahme auf den Sponsor und seine Produkte oder Leistungen anzunehmen sein, wie etwa durch werbende Bild- oder Wortberichterstattung.[576]

323 Die Praxis ist reich an Gestaltungen, die auf eine Umgehung der entsprechenden Bestimmungen abzustellen scheinen: Bei der Fernsehübertragung etwa eines **Sportereignisses** ließ sich es bis zum Aufkommen digitaler Technik bereits technisch kaum vermeiden, dass etwa Bandenwerbung mit im Bild gezeigt wurde. Dies ist wettbewerbsrechtlich auch nicht zu beanstanden, solange die entsprechende Veranstaltung unabhängig von der Fernsehübertragung stattfindet und die Übertragung selbst unbeeinflusst vom Vorhandensein der entsprechenden Werbung erfolgt.[577] Wird die Veranstaltung dagegen „nur zum Zweck der Sendung" durchgeführt, um dem „Ereignis-Sponsor einen Platz in der Fernsehübertragung zu sichern und ihn damit optisch zu präsentieren" liegt ein Verstoß gegen § 8 Abs. 3 S. 1 RStV und gegen § 5a Abs. 6 UWG vor. Ungeklärt ist, ob eine „aufgezwungene Berichterstattung" vorliegt, wenn das Sponsoring davon abhängig gemacht wird, dass der Sponsor in der Sendung in einer bestimmten Weise eingeblendet wird.[578]

324 Ereignisveranstalter werden ihre Werbeverträge häufig auch darauf ausrichten, dass die Werbung nicht nur den Besuchern der Veranstaltung, sondern auch den Fernsehzuschauern optimal präsentiert wird. Dies ist unproblematisch, solange der Ereignisveranstalter **keinen Einfluss auf die Gestaltung der Übertragung** hat. Bedenken aus Sicht von § 5a Abs. 6 können aber entstehen, wenn eine der beiden Parteien von der anderen beherrscht wird, da die Trennung von Werbung und redaktionelle Gestaltung dann über Zurechnungsnormen oder Kontrollmöglichkeiten durchbrochen sein kann.

325 Fraglich ist, ob die **Überlassung von Sachmitteln** für die Produktion ein Fall des Sponsorings darstellt. Der Definition in § 2 Abs. 2 Nr. 9 RStV zufolge könnte man derartige Programmbeistellungen durchaus als Beitrag zur indirekten Finanzierung verstehen, da der Sender ja entsprechende Ausgaben spart. Der RStV 1987 ordnete sie in seiner amtlichen Begründung auch ausdrücklich als finanzielle Förderung ein.[579] Die Diskussion hierüber ist aber überflüssig geworden, da Produktionshilfen mit dem 13. RStV nunmehr gesondert geregelt worden sind, vgl. §§ 15 und 44, jeweils S. 1 Ziffer 2. Die Förderungsabsicht bezieht sich auf den Namen, die Marke, das Erscheinungsbild, die Person oder Personenvereinigung sowie ihre Tätigkeit oder Leistungen. Ein Unternehmen, welches etwa Luxuslimousinen für einen reinen Fernsehfilm zur Verfügung stellt, will hiermit im Zweifel auch das Image der entsprechenden Marke fördern. Aufgrund der dezidierten Bestimmungen zu Produktplatzierungen und Produktionshilfen in den Richtlinien von 2010 liegen aber vorrangige Spezialregelungen vor, auf wenn eine Klarstellung der Einschränkung von Sponsoring auf finanzielle Beiträge unterblieben ist.

326 Die Richtlinie 2007/65/EG vom 11.12.2007 grenzt in Erwägungsgrund 61 Sponsoring von Produktplatzierung ab: Bei Produktplatzierungen werde der Hinweis auf ein Produkt in die Handlung der Sendung eingebaut, während Sponsorenhinweise während eines Sendung gezeigt werden, aber nicht Teil der Handlung seien.

327 Die normative Unsauberkeit zeigt sich letztlich auch an der Behandlung von **Ausstatterhinweisen:**[580] Sie sollen nicht unter das Sponsoring fallen, werden laut Ziff. 12 WerbeRL/Fernsehen am Ende von Sendungen für zulässig erklärt, so sie „wie Sponsorenhinweise" gestaltet sind.

328 Durch die Aufklärung verschiedener Vorfälle, etwa im Zusammenhang mit der ARD-Sendung „Marienhof", ist die Frage der Zulässigkeit von **Themen Sponsoring** bzw. **Themen-Placement** diskutiert worden.[581] Hierunter wird die beauftragte Einbettung eines bestimmten Themas bzw. einer allgemeinen Aussage zu einem Thema in einem redaktionellen Umfeld verstanden, ohne dass jedoch konkret auf ein bestimmtes Unternehmen, bestimmte Waren oder Leistungen hingewiesen

---

[575] Ziff. 12.3 der Richtlinien ARD/ZDF.

[576] Ziff. 12.6 der Richtlinien ARD/ZDF verbietet ausdrücklich besondere Hinweise oder Darstellungen, die zum Bezug von Waren oder Dienstleistungen des Sponsors anreizen.

[577] H. M., vgl. *Hartstein/Ring*/u. a., RStV, B 5 § 8 Rn. 20.

[578] Wohl zulässig nach *Hartstein/Ring*/u. a. RStV, B 5 § 8 Rn. 18f., wohl unzulässig nach BGH ZUM 1993, 93.

[579] Vgl. *Hartstein/Ring*/u. a., RStV, B5 § 8 Rz 22–24.

[580] Etwa der Hinweis, dass die Moderatoren vom Modehaus X ausgestattet wurden.

[581] Etwa *Castendyk,* ZUM 2005, 857; zuvor *Bülow,* CR 1999, 105.

wird. Die Begriffe Themensponsoring oder Themenplacement „verniedlichen" begrifflich den Kern des Anliegens in der Praxis: Es geht häufig nicht um die dramaturgische Einbettung eines beauftragten Themas abstrakt und im allgemeinen, sondern im Regelfall um eine bestimmte Aussage zu einem Thema – das Publikum soll ja in eine bestimmte Richtung gelenkt werden. *Castendyk* hält eine „Identifizierbarkeit einer Produkt- oder Dienstleistungsgattung" für erforderlich, um überhaupt ein „Generic Placement" annehmen zu können.[582] Dem ist im Ergebnis zuzustimmen, wobei sich das Abgrenzungskriterium aus diesseitiger Sicht eher aus der Förderungsabsicht ergibt. Anknüpfungspunkt für zulässiges Sponsoring ist die Förderung einer Sendung als solche, nicht dagegen die Platzierung einer gewünschten Aussage in redaktionellem Gewand. Zulässiges „Themensponsoring" kann daher nur dann vorliegen, wenn hiermit nicht die dramaturgische Einbettung einer konkreten Aussage zum gesponserten Thema oder sonstige inhaltliche Einflussnahme verbunden ist.

Nach Umsetzung der EU Richtlinie 2007/65/EG vom 11.12.2007 durch den 13. RStV enthält § 7 Abs. 7 S. 1 in Bezug auf **Themenplatzierung ein klares Verbot,** da sie „den Inhalt von Sendungen in der Weise beeinflussen, dass die redaktionelle Verantwortung und Unabhängigkeit des Mediendiensteanbieters beeinträchtigt wird.[583] Die Pauschalität dieses Verbotes kann aus diesseitiger Sicht aus den o. g. Gründen nicht überzeugen. **329**

Die Realität mit Fernsehen und die zunehmenden Beanstandungen der Landesmedienanstalten belegen das ungebrochene Interesse der Werbenden an der redaktionellen Integration von Werbung und das Interesse der Sender an zusätzlichen Finanzierungsmöglichkeiten. Bestimmte Sendeformate und Konzepte erwecken den Eindruck, von Beginn an auf die Integration von Werbung ausgerichtet und nicht erst auf Nachfrage von Werbenden entsprechend umgeschrieben worden zu sein. Mit zunehmender Offensichtlichkeit des kommerziellen Zwecks wird der aufgeklärte Verbraucher aber den werblichen Charakter erkennen, wie er im Printbereich eindeutige Werbeanzeigen als solche erkennt, auch wenn sie nicht mit dem Wort „Anzeige" gekennzeichnet sind. In derartigen Fällen kann ein Verstoß gegen § 5a Abs. 6 UWG ausscheiden; der Verstoß gegen Trennungsgebote des RStV kann aber einen Verstoß gegen § 3a UWG begründen. **330**

Die AMVD-Richtlinie definiert Sponsoring als Finanzierungsbeitrag von Unternehmen oder Personen, die nicht im Bereich der Bereitstellung von audiovisuellen Mediendiensten oder in der Produktion von audiovisuellen Werken tätig sind, mit dem Ziel, ihren Namen, ihre Marke, ihr Erscheinungsbild, ihre Tätigkeiten oder ihre Leistungen zu fördern.[584] Gesponsorte audiovisuelle Mediendienste oder Sendungen müssen die in Art. 3 lit. f) genannten drei Voraussetzungen erfüllen: Ihr Inhalt und der Programmplatz von dürfen keinesfalls „so" beeinflusst werden, dass die redaktionelle Verantwortung und Unabhängigkeit des Mediendiensteanbieters beeinträchtigt wird. Ferner dürfen sie nicht unmittelbar zum Kauf oder ähnlichen anregen. Zudem müssen die Zuschauer müssen eindeutig auf das Bestehen einer Sponsoring-Vereinbarung hingewiesen werden; die Sendungen sind in angemessener Weise zum Beginn, während und/oder zum Ende der Sendung eindeutig zu kennzeichnen.[585] **331**

c) Produktplatzierung. Unter Produktplatzierung wird nach der **Definition in § 2 Abs. 2 Ziffer 11 RStV** die gekennzeichnete Erwähnung oder Darstellung von Waren, Dienstleistungen, Namen, Marken, Tätigkeiten eines Herstellers von Waren oder eines Erbringers von Dienstleistungen in Sendungen gegen Entgelt oder eine ähnliche Gegenleistung mit dem Ziel der Absatzförderung. Die kostenlose Bereitstellung von Waren oder Dienstleitungen ist Produktplatzierung, sofern die betreffende Ware oder Dienstleistung von bedeutendem Wert ist. Produktplatzierungen sind seit dem 1. April 2010 unter den Voraussetzungen des § 7 Abs. 7 S. 2–5 iVm §§ 15 und 44 RStV zulässig: Die redaktionelle Verantwortung und Unabhängigkeit hinsichtlich Inhalt und Sendeplatz müssen unberührt bleiben; es dürfen keine unmittelbaren Aufforderungen zu Kauf, Miete oder Pacht von Waren oder Leistungen enthalten sein und das platzierte Produkt darf nicht zu stark herausge- **332**

[582] *Castendyk,* ZUM 2005, 857, 861.

[583] Erwägungsgrund 63.

[584] Art. 1 lit. (k) der Richtlinie 2010/13 EU vom 10. März 2010.

[585] Das Sponsoring durch Tabakunternehmen ist untersagt. Beim Sponsoring durch Pharma- oder Medizinunternehmen darf nur für den Namen oder das Erscheinungsbild des Unternehmens geworben werden, nicht aber für ein bestimmtes verschreibungspflichtiges Mittel oder eine entsprechenden medizinische Behandlung; Art. 3 lit f) Abs. 2 und 3 der Richtlinie 89/552/EWG nach der Änderung durch die Richtlinie 2007/65/EG vom 11.12.2007. Ferner dürfen Nachrichtensendungen und Sendungen zur politischen Bildung nicht gesponsort werden; hinsichtlich des Sponsoring von Kindersendungen, Dokumentarfilmen und religiösen Sendungen dürfen die Mitgliedsstaaten das Zeigen von Sponsorenlogos untersagen; Art. 3 lit f) Abs. 4 der Richtlinie 89/552/EWG nach der Änderung durch die Richtlinie 2007/65/EG vom 11.12.2007. Diese Einschränkungen des Sponsoring bringen inhaltlich nichts Neues, sie entsprechen im Wesentlichen bestehenden und vorstehend dargelegten Regelungen des RStV.

stellt werden.[586] Zudem muss auf Produktplatzierungen eindeutig hingewiesen werden; die Details der Kennzeichnungspflicht ist in den S. 2–6 geregelt. Neben diesen allgemeinen Voraussetzungen bestimmt § 15 RStV für den öffentlich rechtlichen Rundfunk eine **Zulässigkeit von Produktplatzierungen in fremdproduzierten** Kinofilmen, Filmen und Serien, Sportsendungen und Sendungen der leichten Unterhaltung mit Ausnahme von Kindersendungen. In Eigen- und Auftragsproduktionen sind dem öffentlich-rechtlichen Rundfunk Produktplatzierungen damit weiterhin nicht erlaubt. Alternativ sind Produktplatzierungen im Rahmen von Produktionshilfen zulässig, wenn kein Entgelt geleistet wird, wobei neben Kindersendungen auch Nachrichten, politische Sendungen, Verbraucher und Ratgebersendungen sowie Gottesdienstübertragungen ausgenommen sind. Die Regelungen für den **privaten Rundfunk** in § 44 RStV unterscheiden sich hiervon allein dadurch, dass deren Veranstalter **Sendungen mit Produktplatzierungen auch selber produzieren und in Auftrag geben dürfen.** Andere Verstöße gegen den RStV – auch solche, die das Trennungsgebot betreffen – führen demgegenüber nicht automatisch zu einem Verstoß gegen § 5a Abs. 6.

333 Die **Richtlinien von ARD und ZDF** enthalten hierzu in der Bestimmung über entgeltliche Produktplatzierungen und unentgeltliche Produktionshilfen gesonderte Regelungen. Entgeltliche Produktplatzierungen sind im Rahmen von Ziffer 9.2 S. 2 iVm Ziffer 9.2.1 zulässig, wobei die dortigen Regelungen sich sehr eng am Wortlaut des RStV orientieren. Ziffer 9.4 enthält Vorgaben zur entsprechenden Kennzeichnung. Produktionshilfen (die unentgeltliche Bereitstellung von Waren und Dienstleistungen) sind Produktplatzierungen, wenn sie erwähnt oder dargestellt werden und von bedeutendem Wert sind.[587] Für die Beschaffung derartiger Dienst- und Sachleistungen sowie von Rechten an Produktion sind angemessene Entgelte zu vereinbaren (vgl. Ziff. 9.3). Die Entgegennahme von Entgelten oder geldwerten Vorteilen für den Einsatz, die besondere Hervorhebung oder Nennung von Produkten ist unzulässig (vgl. Ziff. 9.4 letzter Satz). Ziffern 9.3 schützt zudem die redaktionelle Verantwortung und Unabhängigkeit. Die Bestimmung zählt auch Indizien für deren Einschränkung auf, wie dass die Initiative zum Bericht nicht von der Redaktion sondern dem Hersteller, Dienstleister oder deren Vermittler ausging, der Name oder Produkte des Produktionshelfers im Beitrag auftauchen, ohne dass dies aus redaktionellen Gründen zwingend erforderlich ist, das Konzept der Sendung ohne redaktionellen Grund auf die Präsentation eines Herstellers oder Dienstleisters zugeschnitten ist oder der Wert der Leistung eine Bedeutung hat, welche die redaktionelle Entscheidungsfreiheit nicht mehr gewährleistet.[588] Inhaltlich vergleichbare, an die liberaleren Bestimmungen für private Sender angepasste Regelungen enthält Ziffer 4 der **WerbeRL/Fernsehen.**[589]

334 Der BGH hat zudem zutreffend festgestellt, dass nicht jede werbliche Auswirkung einer Fernsehsendung das Trennungsgebot des Staatsvertrags verletzt, die **Grenze zur unzulässigen Schleichwerbung** insoweit **fließend** sei, so dass alle Umstände des Einzelfalls zu berücksichtigen sind. Nachdem Werbung Bestandteil der realen Umwelt ist, kann allein aus dem Trennungsgebot keine Pflicht zur künstlichen Aussparung von Werbung bei Berichten und Darstellungen aus der Realität gefolgert werden. Im Rahmen des Unvermeidbaren ist Werbung im Programm damit für zulässig zu erachten.[590]

335 Für § 5a Abs. 6 kommt es stets auf die Verschleierung an. Ob diese fehlt, wenn dramaturgisch vermeidbar **großflächig Markennamen und Produktbezeichnungen** eingeblendet oder eine **auffallend intensive und häufige bildlich Darstellung** der Produkte erfolgt, darf bezweifelt werden.[591] Das Vorstellungsbild der Zuschauer ist auch von dem Wissen darüber geprägt, dass im Programm Werbung möglichst vermieden werden soll. Die wiederholte bildliche Darstellung eines bestimmten Logos oder die Erwähnung eines Unternehmens führt nicht zwangsläufig zu einer Schleichwerbung, wenn schlicht die Lebenswirklichkeit eines bestimmten Themas anhand eines konkreten Beispiels dargestellt wird und weitere Indizien der Annahme einer Werbeabsicht entgegenstehen.[592]

---

[586] Vgl. hierzu die Entscheidungen zum *„Hasseröder Männer-Camp"* des OVG Rheinland-Pfalz, ZUM 2013, 980 einerseits und des BVerwG, ZUM 2015, 78 andererseits.

[587] Was der Fall ist, wenn sie 1 % der Programmaufwendungen und den Betrag von € 1000,-- überschreiten, Ziffer 9.1 S. 3 der Richtlinien ARD/ZDF, wobei im Handel nicht frei erhältlich Gegenstände und Immobilien nicht erfasst werden.

[588] Ziffer 9.3.2 S. 2 Richtlinien ARD/ZDF.

[589] Kritisch zur Umsetzung der Kennzeichnungsvorgaben *Holzgraefe,* MMR 2011, 221, 225.

[590] BGH GRUR 1990, 611, 614 – *Werbung im Programm.*

[591] Vgl. etwa OVG Lüneburg, ZUM 1999, 347 ff. – *Barbie Puppe,* OVG Lüneburg ZUM-RD 1999, 406 f. – *ADAC.*

[592] Vgl. die gut begründete Entscheidung des VG Düsseldorf, Urt. v. 28.4.2012, Az 27 K 4657/08 zu einem Fernsehbericht über die Herstellung von Tiefkühlspinat.

Die **Zahlung einer Vergütung** zum Zweck des Einsatzes einer bestimmten Requisite allein führt zwar nicht zwangsläufig zu einer übersteigerten werblichen Einbindung derselben in die dramaturgische Handlung: Die Regelung in § 2 Abs. 2 Ziff. 6 S. 2 RStV stellt jedoch klar, dass eine Erwähnung oder Darstellung gegen Bezahlung eine zu Werbezwecken erfolgte Schleichwerbung darstellt, da sie die Allgemeinheit hinsichtlich des eigentlichen Zwecks dieser Erwähnung oder Darstellung irreführen kann. Insoweit liegt auch ein Verstoß gegen § 5a Abs. 6 vor. Die Regelungen im RStV schließen es jedoch vom Wortlaut her nicht aus, Waren und Dienstleistungen über den Umweg des „Sach-Sponsoring" zur Verfügung zu stellen. Findet eine inhaltliche Einflussnahme iSv § 8 Abs. 2 RStV nicht statt, wird die Unterstützung bei den Requisiten entsprechend § 8 Abs. 1 RStV offengelegt und die Requisite nicht einer über das dramaturgisch Notwendige hinaus dargestellt, ist aus diesseitiger Sicht ein Verstoß gegen das Verschleierungsverbot des § 5a Abs. 6 nicht gegeben.[593] 336

Produktplatzierungen sind zudem in **elektronischen Spielen** (sog. **In-Game-Advertising**)[594] 337
und in **Musikvideoclips**[595] bekanntgeworden. Ob etwa die bezahlte Einbindung eines bestimmten Produktes in ein Computerspiel eine Täuschung darstellt, hängt von den konkreten Einzelfallumständen und der entsprechenden Erwartungshaltung der Adressaten ab. Es ist daher zweifelhaft, ob der Käufer eines Spieles davon ausgeht, dass die Investitionen für die Entwicklung, Marketing und den Vertrieb eines Spieles ausschließlich über die Verkaufserlöse und nicht zusätzlich über Werbeeinnahmen finanziert werden.[596] Hier wird nur eine konkrete empirische Untersuchung im Einzelfall weiterhelfen. Ob ein Durchschnittskonsument einer durch integrierte Werbung **gesteigerten „Spielauthentizität"** positiv gegenübersteht oder nicht, ist für die Beurteilung nach § 5a Abs. 6 irrelevant.[597] Bei elektronischen Spielen, die in erster Linie auf Kinder zugeschnitten werden, wird sicher ein strenger Maßstab anzuwenden sein.[598] Die Realität der zahlreichen **kostenlosen Browser und App Games** legt nahe, dass Produktplatzierungen und Schleichwerbung hier weit verbreitet sind. Es liegt aber nahe, dass dort integrierte Werbung unter den gleichen Umständen als solche erkannt wird wie in der Realität. Entsprechendes gilt auch für reine Unterhaltungsspiele: Wer eine Produktplatzierung in einem Spielfilm als solche erkennt, wird sie wohl auch in einem Computerspiel erkennen, es bedarf hierzu keiner besonderen Transferleistung, die den durchschnittlich informierten und verständigen Verbraucher überfordern würde.[599]

In **Kindersendungen** sind Produktplatzierungen allerdings nie zulässig, §§ 15 S. 1 Ziffer 1 letzter Halbsatz; 44 S. 1 Nr. 1 letzter Halbsatz. In **zeitlicher Sicht** gelten die Regelungen über Produktplatzierung allenfalls für Sendungen, die nach dem 19.12.2009 produziert werden. 338

3. Verschleierung im Bereich des Films

In der Entscheidung „Feuer Eis und Dynamit I" hat der BGH festgestellt, dass der wettbewerbsrechtliche Grundsatz des Verbots getarnter Werbung auch für Kinospielfilme gilt.[600] Die Trennung von Werbung und redaktionellem Teil gilt für alle Fallgestaltungen, bei denen Werbung als Äußerung eines scheinbar objektiven Dritten dargestellt und damit getarnt werde. Jedoch sei bei der Feststellung der Irreführungsgefahr die Erwartungshaltung des Verkehrs zu berücksichtigen. Hierzu gehört, dass das Publikum gegenüber privaten Spielfilmen wegen ihres bekanntermaßen meist kommerziellen Charakters eine andere Erwartungshaltung habe als gegenüber den primär auf Medien- und Meinungsbildung ausgerichteten Medien. Die Toleranzgrenze sei jedoch überschritten, wo über die Verquickung von Herstellern und Werbeinteressen hinaus Zahlungen oder andere geldwerte Leistungen von einigem Gewicht von Unternehmen dafür erbracht werden, dass diese selbst oder ihre Erzeugnisse in irgendeiner Weise im Film in Erscheinungen treten.[601] Das Publikum 339

[593] Ziff. 8.5 der Richtlinien ARD/ZDF verbieten ausdrücklich die Entgegennahme von Entgelten oder vergleichbarer Vorteile für den Einsatz, die besondere Hervorhebung oder Nennung von Produkten, was gem. Ziff. 8.6 auch beim Einsatz fremdproduzierten Beiträge zu beachten ist.

[594] Vgl. hierzu *Schaar,* GRUR 2005, 912; und *Lober,* MMR 2006, 643; *Seichter* in Ullmann juris-PK, 3. Aufl. 2013, § 4 Nr. 3 UWG 2004 Rz 74.

[595] Siehe etwa die Beispiele (subliminaler) Werbung in Videoclips, am 18.1.2008 abrufbar unter http://matdonline.free.fr/Product_placement_in_videoclips_subliminal_ads.html oder *Osusky* „Schleichwerbung in Musikvideos auf dem Vormarsch, pressetext austria 2.4.2007, am 18.1.2008 abrufbar unter http://pte.at/pte.mc?pte=070402034.

[596] So *Schaar,* GRUR 2005, 912, 914f.

[597] Zutreffend *Lober,* MMR, 2006, 643,645; anders *Schaar,* GRUR 2005, 912, 915, der aber das Bestehen einer Täuschungsgefahr bejaht.

[598] U.a. LG Frankfurt, WRP 2010, 157; LG Berlin, GRUR RR 2011, 332, 333.

[599] Die Frage wird letztlich durch empirische Untersuchungen zu klären sein.

[600] BGH GRUR 1995, 744ff. – *Feuer, Eis und Dynamit I.*

[601] BGH GRUR 1995, 744, 748 – *Feuer, Eis und Dynamit I.*

rechne regelmäßig weder mit solchen Konstellationen noch mit den damit verbundenen Manipulationsmöglichkeiten zum Vorteil der zahlenden Dritten und zum Nachteil der eigenen Erkenntnismöglichkeiten hinsichtlich des Vorliegens von Werbung und der damit verbundenen Entschließungsfreiheit.

340 Konsequenz einer Überschreitung der vom BGH skizzierten Grenzen ist jedoch nicht die Unzulässigkeit der Ausstrahlung eines entsprechenden Films. Der Wettbewerbsverstoß liegt allein im **Unterlassen der Aufklärung des Publikums vor der Vorführung des Films.**[602]

341 Diese Leitlinien sind auch nach der Gesetzesänderung grundsätzlich anwendbar. Allerdings dürfte die Differenzierung nach der Erwartungshaltung der Zuschauer gegenüber kommerziellen privaten Spielfilme einerseits und den primär auf Medien und Meinungsbildung ausgerichteten Medien andererseits mehr als 30 Jahre nach Einführung privater Fernsehsender in Deutschland nicht mehr in die erforderliche Trennschärfe bieten.[603] Wegen der **zunehmenden Konfrontation des Publikums mit Werbung** sind die Grundsätze der Feuer, Eis & Dynamit-Entscheidungen daher nicht starr zu übernehmen: Die insoweit maßgebliche **Erwartungshaltung des Publikums** hat sich weiterentwickelt und wird sich im Laufe der Zeit ständig verändern: So prägt beispielsweise die Berichterstattung der Presse um den Wettbewerb der Unternehmen, bestimmte Requisiten etwa für den jeweils neuesten James Bond Film zur Verfügung stellen zu können, Berichte über umfassende Merchandising- und Lizenzgeschäfte[604] die Erwartungshaltung der Zuschauer und Verbraucher. Den Kinovorführungen des James Bond Films „Spectre" Ende 2015 gingen Werbespots voraus, die die entsprechenden Filmsequenzen, in denen das Produkt zu sehen war, integriert hatten.[605] Bei der Feststellung der Verschleierung, Eignung zur Täuschung des Zuschauers ist daher erhebliche Sorgfalt anzuwenden.[606]

4. Verschleierung im „Wissenschaftsjournalismus"

342 **Strengere Maßstäbe** für die Verschleierung von Werbemaßnahmen sind dagegen insbesondere dann anzuwenden, wenn die Werbung für einen bestimmten Bereich einer besonderen Regulierung unterliegt, wie etwa der des Heilwesens (dazu Einl. H. Rdn. 79 ff.) Das Heilmittelwerbegesetz schränkt die Werbemöglichkeit der **Pharmaindustrie** u.a. deswegen ein, um eine sachgerechte Heilbehandlung zu gewährleisten und eine Ausnutzung der Ängste vor Krankheiten zu unterbinden. Redaktionelle Beiträge zu einem anspruchsvollen wissenschaftlichen Thema wie etwas aus dem Bereich Medizin oder Pharmazie erfordern häufig die vereinfachte Darstellung komplexer Sachverhalte. Die Versorgung der Journalisten mit Informationen von Unternehmen oder eine inhaltliche Zusammenarbeit kann daher schnell zu einer Schleichwerbung führen, die neben der allgemeinen Irreführung des Publikums vor allem deswegen als verwerflich zu betrachten ist, weil sie die **Sorge des Publikums um die eigene Gesundheit** in einer mit den Grundsätzen des Heilmittelwerbegesetzes in unvereinbarer Weise ausnutzen. Bei der Beurteilung derartiger Sachverhalte sind insofern strenge Maßstäbe anzulegen. Der Verband der Medizin- und Wissenschaftsjournalisten e.V. hat Standards veröffentlichet, die für PR Beiträge Kennzeichnungspflichten enthalten. Sie haben – wie vergleichbare interne Richtlinien – keinen Normcharakter und deswegen für die Beurteilung im Rahmen von § 5a Abs. 6 keine unmittelbare Bedeutung. Sie können im Rahmen der Auslegung aber als Indiz eine Bedeutung haben.[607] Der Verein zur Freiwilligen Selbstkontrolle für die Arzneimittelindustrie hat einen FSA Kodex Fachkreise veröffentlicht,[608] dessen § 8 ein Schleichwerbungsverbot enthält. Ein Verstoß gegen entsprechende Bestimmungen wird in der Regel auch einen Verstoß gegen § 5a Abs. 6 UWG zur Folge haben.[609]

---

[602] BGH GRUR 1959, 744, 749 – *Feuer, Eis und Dynamit I,* vgl. hierzu auch *Schwarz,* AfP 1996, 31, 32 ff.

[603] So zutreffend *Henning-Bodewig,* GRUR 1996, 321, 327.

[604] Vgl. etwa die James Bond bezogene Werbung für verschiedene Uhren der Marke Omega.

[605] Dem FAZ Online Artikel „Der längste Werbespot der Welt" vom 26.10.2015 zufolge ist zu vermuten, dass Produktplatzierungen 2/3 der Produktionskosten abdecken; abrufbar am 14.1.2016 unter http://www.faz.net/aktuell/wirtschaft/unternehmen/der-neue-james-bond-film-spectre-ist-der-laengste-werbespot-der-welt-13875557-p2.html?printPagedArticle=true#pageIndex_2.

[606] Vgl. auch die Pressebericht über das umfassende Produkt Placement Konzept des zweiten Austin Power Films in der Berliner Zeitung vom 13.11.1999 „Erfolg trotz schlechter Zähne."

[607] Am 14.1.2016 abrufbar unter http://www.vmwj.de/fileadmin/satzung/VMWJ_-_Standards.pdf, vgl. zudem – BGH GRUR 1989, 827, 828 – *Werbeverbot für Heilpraktiker.*

[608] Bundesanzeiger vom 22.4.2004, BAnz. Nr. 76, S. 8732; zuletzt geändert am 27. November 2009 (bekannt gemacht im Bundesanzeiger vom 10. Februar 2010, BAnz. Nr. 22, S. 499).

[609] Vgl. die Entscheidung der Schiedsstelle des FSA vom 3.11.2009, AZ.: 2009.6–264, PharmR 2010, 258.

5. Verschleierung im Zusammenhang mit Finanzdienstleistungen, Wertpapieren und im Bereich des Wirtschaftsjournalismus

Empirische Untersuchungen im Bereich des Wirtschaftsjournalismus legen den Verdacht nahe, 344
dass Schleichwerbung häufiger im Zusammenhang mit **Anlageempfehlungen in redaktionellen Beiträgen** vorkommt.[610]

§ 15 Abs. 2 S. 1 WpHG enthält ein **Verbot überflüssiger Veröffentlichungen als Ad-hoc** 345
Meldung, welches durch das 4. FFG ins Gesetz aufgenommen worden ist.[611] Hintergrund der Regelung war die Erkenntnis, dass Ad-hoc Meldungen zur Pflege der Beziehungen zu tatsächlichen und potenziellen Investoren populär geworden waren und somit unter dem Deckmantel einer gesetzlichen Veröffentlichungspflicht zu Zwecken der Werbung missbraucht worden waren. Verstöße gegen § 15 Abs. 2 S. 1 WpHG werden daher regelmäßig eine Unlauterkeit iSv § 5a Abs. 6 begründen.[612]

Im Bereich des Wirtschaftsjournalismus ist ferner das **Verbot der Marktmanipulation** gemäß 346
§ 20a WpHG bzw. die Reichweite der Ausnahmeregelung für Journalisten in dessen Abs. 6 von Bedeutung.[613] Reine Werbemaßnahmen oder die Beratung vom Kunden über Anlageentscheidungen werden von der Ausnahmeregelung nämlich nicht erfasst.[614]

Von besonderer Bedeutung sind in diesem Zusammenhang auch die Bestimmungen für Finanz- 347
analysten in § 34b WpHG: Diese finden nach Abs. 4 keine Anwendung auf Journalisten die im Rahmen ihrer beruflichen Tätigkeit eine Finanzanalyse erstellen oder bzw. einer vergleichbaren Selbstregulierung einschließlich wirksamer Kontrollmechanismen unterliegen.[615]

§ 34b Abs. 1 S. 2 Nr. 2 WpHG verpflichtet zur **Offenlegung** von Umständen die einen Interes- 348
senkonflikt begründen können, selbst **potenzielle Interessenkonflikte** müssen offengelegt werden.[616] Hierzu gehören nach § 5 Abs. 3 S. 1 FinAV die Offenlegung u. a. wesentlicher Beteiligungen, die Betreuung der analysierten Papiere oder ein finanzielles Eigeninteresse. Empirische Untersuchungen scheinen zu belegen, dass in der Praxis des Wirtschaftsjournalismus hiergegen häufig verstoßen wird. Derartige Berichte können zugleich unlauter sein, insbesondere wenn etwa unter dem Deckmantel einer objektiven Finanzanalyse ein Papier besprochen oder gar empfohlen wird, tatsächlich eine Werbung für Papiere des entsprechenden Unternehmens erfolgt. Gerichtsentscheidungen zu derartigen Konstellationen sind bislang nicht bekannt.

6. Verschleierung im Bereich des Internet und der Telekommunikationsdienste

Der Anteil **werbefinanzierter Inhalte** im Internet dürfte so **groß sein wie in keinem ande-** 349
ren Medium. Das Internet bietet Werbenden – rein technisch – Möglichkeiten, Nutzerverhalten zu analysieren und potentiellen Kunden hierauf zugeschnittene Angebote zukommen zu lassen.[617] Ähnliches bietet insbesondere die Mobilfunkkommunikation: Sie eröffnet zudem die Möglichkeit, auf den jeweiligen Aufenthaltsort des Nutzers örtlich zugeschnittene Angebote zu versenden und reduziert die im Internet bestehenden Authentifizierungsprobleme, da der Nutzer regelmäßig durch die SIM-Karte identifiziert werden kann. Beides erklärt die hohe Attraktivität der Werbung im Internet und im Mobilfunkbereich. Fälle von Schleichwerbung über das Telefon sind soweit ersichtlich gerichtlich bislang noch nicht entschieden worden. Mit der Zunahme von redaktionellen Angeboten insbesondere über Mobiltelefone und der Ausbreitung von Location Based Services scheint dies allerdings eher eine Frage der Zeit zu sein.

In der Praxis werden zum Teil **Kurznachrichten an Mobilfunknummern** versandt, die den 350
Eindruck einer Benachrichtigung über eine angeblich auf der eigenen Mailbox eingegangenen Nachricht enthalten. Die dort angegebene Rückrufnummer führt allerdings nicht zur eigenen Mailbox beim Telekommunikationsanbieter, sondern zu einem Drittanbieter, der Leistungen unter einer **Mehrwertdienstenummer** anbietet, also durch den Rückruf bereits eine Beteiligung an

---

[610] Vgl. hierzu etwa den Bericht „Wirtschaftsberichtserstattung in den Programmen von n-tv, N24 und Bloomberg TV" der Forschungskooperation Wirtschaftsberichterstattung vom 14.12.2006, S. 115, 132 ff.

[611] Vgl. im einzelnen Kölner Kommentar/*Verhegen,* WpHG, § 15 Rz. 255 ff.

[612] Es wird der unzutreffende Eindruck einer neuen Insiderinformation iSv § 13 WpHG, also einer nicht öffentlich bekannten konkreten Information mit Eignung zur erheblichen Börsen- oder Marktpreisbeeinflussung erweckt, die dem Gesetz nach zu veröffentlichen ist, während in Wahrheit eine reine Werbung vorliegt.

[613] Vgl. im einzelnen Kölner Kommentar/*Mock/Stoff/Eufinger,* WpHG, § 20a Rz. 396 ff.

[614] Vgl. *Spindler,* NGZ 2004, 1138, 1141; Assmann/Schneider/Vogel, WpHG, § 20a Rz. 107.

[615] Eine vollständige vergleichbare Selbstregulierung liegt bislang noch nicht vor, Journalisten unterliegen folglich vorerst der Kontrolle durch das BaFin, Kölner Kommentar/*Möllers,* WpHG, § 34b Rz. 227, 235.

[616] Kölner Kommentar/*Möllers,* WpHG, § 34b Rz. 154.

[617] Die rechtlichen Grenzen werden insbesondere durch datenschutzrechtliche Bestimmungen gezogen.

einer erhöhten Anrufgebühr erhält.[618] Da der durch die Verwendung der Mehrwertnummer unmittelbare kommerzielle Charakter der Rückrufaufforderung verschleiert wird, liegt ein Verstoß gegen § 5a Abs. 6 vor.

351 Im Bereich der Telefonwerbung werden zudem Werbeaktionen über Lockanrufe **(Ping-Anrufe)** durchgeführt. Privatpersonen werde auf ihrem Telefonanschluss angerufen, jedoch wird der Anruf meist Computer gesteuert sofort wieder abgebrochen, da allein beabsichtigt ist, eine Rückrufnummer auf dem Telefon des Angerufenen zu hinterlassen.[619] Der Angerufene soll zu einem Rückruf veranlasst werden, bei welchem er dann mit Werbung konfrontiert wird. Derartige Praktiken sind sicher unter verschiedenen Gesichtspunkten unlauter bzw. aus anderen Gründen rechtswidrig.[620] Aus diesseitiger Sicht liegt bei einem derartigen Ping-Anruf jedoch **kein Verstoß gegen § 5a Abs. 6 vor, wenn keine Mehrwertnummer** verwendet wird:[621] Der Vorwurf der Verschleierung setzt letztlich voraus, dass eine Kennzeichnungsmöglichkeit als Werbung besteht. Kommt das Gespräch beim ersten Anruf wie beabsichtigt nicht zustande, wird allein eine Telefonnummer hinterlassen. Diese allein kann man aber nicht in einer Weise kennzeichnen, dass sich ein werblicher von einem nicht-werblichen Anruf allein anhand der Nummer unterschieden lässt, will man nicht indirekt eine Pflicht zur Verwendung von Mehrwertnummern schaffen. Kommt das Gespräch (egal ob beim ersten Anruf oder beim Rückruf) zustande, ist eine Verschleierung des werblichen Charakters natürlich möglich.

352 Erhebliche praktische Bedeutung haben mit der gestiegenen Bedeutung von **Smartphones Apps** gewonnen, die in den jeweiligen App Stores kostenlos oder gegen in der Regel geringe Beträge auf die Geräte heruntergeladen werden. Diese stammen teilweise von offen werbenden Unternehmen, während andere, insbesondere viele Spiele, teilweise verdeckte Werbung oder Produktplatzierungen enthalten.

353 **a) Besonderheiten.** Für den Bereich des Internet und der Telekommunikationsdienste bestimmt § 6 Abs. 1 Nr. 1 TMG, dass **kommerzielle Kommunikationen klar als solche erkennbar sein müssen.** Ein Verstoß gegen die vorgenannte Bestimmung des TMG stellt zugleich eine Verschleierung des kommerziellen Zwecks iSv § 5a Abs. 6 dar.

354 Die Regelungen aus § 13 MDStV sind nach dessen Aufhebung in § 58 RStV übernommen worden und regeln in einem Sonderabschnitt für Telemedien nun Werbung und Sponsoring: Werbung muss gem. § 58 Abs. 1 S. 1 RStV als solche klar erkennbar und vom übrigen Inhalt der Angebote eindeutig abgetrennt sein: Verstöße hiergegen stellen zugleich einen Verstoß gegen § 5a Abs. 6 und gegen § 3a dar. **Subliminale Werbetechniken** sind nach § 58 Abs. 1 S. 2 RStV ausdrücklich **verboten.**

355 Die weitgehende Verbreitung werbefinanzierter Inhalte hat Einfluss auf die **Erwartungshaltung des Nutzers,** was bei der Feststellung eines Verschleierungstatbestandes zu berücksichtigen ist. Wenn auch das Trennungsgebot grundsätzlich für alle Werbeformen und Werbeträger gilt, sind medienspezifische Besonderheiten bei der konkreten Anwendung zu beachten.[622]

356 **b) Werbebanner.** Durch die weite Verbreitung und Bekanntheit von **Werbebannern** jedweder Art werden die Banner von den Nutzern regelmäßig allein durch ihre Anordnung und Gestaltung als Werbung erkannt. Die Verwendung von Werbebannern, welche sich aufgrund der graphischen Gestaltung und ihrer Anordnung deutlich vom sonstigen Inhalt der jeweiligen Website unterscheiden, stellt daher keine Verschleierung einer Werbemaßnahme dar.[623]

357 Das LG Berlin hat in einem **Browser Spiel** enthaltene Werbe **Interstitials** und Werbebanner beanstandet. Deren kommerzieller Zweck sei für die maßgebliche Zielgruppe (Kinder) nicht zu erkennen gewesen, die vorhandene Kennzeichnung zu unauffällig ausgestaltet gewesen.[624]

---

[618] Vgl. zum Hintergrund die Ausführungen in der Einleitung, Teil G Rdn. 79 ff.

[619] Die Bundesnetzagentur definiert den sog. Ping-Anruf als Telefonkontakt, bei welchem gezielt durch einen Anruf zu einem bestimmten Anschluss Rufzeichen übertragen werden, vgl. http://www.bundesnetzagentur.de/DE/Verbraucher/RufnummernmissbrauchSpamDialer/AktuelleHinweise/AktHinw2010/20100721Ping-Anrufe.html?nn=64836; *Steffen,* WRP 2011, 808.

[620] Ein Verstoß gegen die Bestimmungen des § 7 Abs. 2 Ziffer 2 liegt nahe; zudem kommt ein Verstoß gegen Bestimmungen des TKG und ggf. auch Betrug in Betracht.

[621] A. A. *Becker,* WRP 2011, 808, 810.

[622] BGH NJW 1995, 387 ff.

[623] So auch *Leupold,* ZUM 1998, 99, 105.

[624] GRUR RR 2011, 332, 333, mit kritischer Anmerkung *Rauda.* Die Begründung ist in Teilen wenig überzeugend, da anfangs unterstellt wird, dass lediglich 1 % der Nutzer unter 7 Jahre alt und 4 % unter 10 Jahre alt sind, dann aber das Urteil mit einem mangelnde Leseverständnis der Zielgruppe (überwiegend Kinder) begründet wird.

Ob die zunehmende Beliebtheit von Werbeblockerprogrammen als Reaktion auf die Belästigung empfundene Flut von Werbebannern künftig zu einer technisch möglichen Differenzierung zwischen insbesondere Pop-up oder Pop-under Werbebannern einerseits und redaktionellen Inhalten, welche sich der gleichen Technik bedienen andererseits führen wird, bleibt abzuwarten. 358

c) Hyperlinks. Der Verwendung von **Hyperlinks** zu Internetseiten mit werbenden Inhalten allein stellt kein Verstoß gegen das Trennungsgebot oder eine sonstige Verschleierung des kommerziellen Zwecks dar.[625] Wer innerhalb eines redaktionellen Textes eine Aussage über ein Unternehmen mit einem Hyperlink zu dessen Website unterlegt, verstößt nicht allein hierdurch gegen das Trennungsgebot, solange der Hyperlink eine Funktion erfüllt, die einer Fußnote gleichkommt. Dies gilt auch dann, wenn sich auf der verlinkten Startseite Werbung befinden sollte: Der Nutzer erkennt, dass er durch die von ihm verursachte Aktivierung des Links auf eine andere HTML-Seite weitergeleitet wird, die von einem anderen Verantwortlichen stammt. Er stellt sich damit auf einen von ihm neu zu beurteilenden Inhalt ein. 359

Etwas anderes kann für Konstellationen gelten, in denen das den Hyperlink enthaltende Bild- oder Text-Element selbst eine gegen das Trennungsgebot verstoßende Werbeaussage enthält, wie etwa eine redaktionelle Empfehlung, oder wenn diese Elemente in einer Weise gestaltet, die den auf der verlinkten Seite folgenden werbenden Inhalt verschleiert. Beispiel hierfür ist der Fall, der den Entscheidungen des LG Berlin vom 26.7.2005 [626] und dem KG Berlin vom 30.6.2006 [627] zu Grunde lag.[628] Der Verstoß gegen das Trennungsgebot lag nicht in der Verwendung eines Hyperlinks, der zu einem werblichen Inhalt führt, ohne dass hierauf auf der Ausgangsseite explizit hingewiesen wurde. Die Entscheidungen sind im Ergebnis zutreffend, weil im konkreten Fall auf der Ausgangsseite ein Teil der die Hyperlinks enthaltenen **Schaltflächen** den werblichen Inhalt der Folgeseite ausdrücklich offenbarte, während andere Schaltflächen, die ebenfalls zu werblichen Inhalte führten, nicht nur keine entsprechende Kennung als Anzeige aufwiesen, sondern durch den **textlichen „Anreißer"** der Eindruck eines rein redaktionellen Inhalts erzeugt. [629] Gestaltungselemente wie eine Anordnung am rechte Seitenrand, eine das Verlassen des redaktionellen Teils verdeutlichende Überschrift wie „Partnerangebote" oder „Promotion", Nennung der werbenden Unternehmen direkt über einer Themenüberschrift, die Einbettung in ein eindeutig Werbung enthaltenden Bereich einer Internetseite können in der Gesamtschau den kommerziellen Charakter hinreichend kenntlich machen.[630] 360

Bei der Verwendung von **Inline Links/Framing** wird für den Besucher der Seite nicht erkennbar, dass der verlinkte Inhalt nicht auf einer anderen Website öffentlich zugänglich gemacht worden ist, sondern nur mittels entsprechender Verlinkungstechniken in die Inhalte des Verlinkenden inkorporiert wird. *Hierdurch* wird kein Verstoß gegen § 5a Abs. 6 begründet, denn die Inkorporierung eines fremden Inhaltes ist lauterkeitsrechtlich zunächst einmal neutral. Wenn durch den inkorporierten Inhalt allerdings ein kommerzieller Zweck unzureichend kenntlich gemacht wird, kann *hierbei* gegen § 5a Abs. 6 verstoßen werden.[631] 361

d) Key Word Advertising. Der Betreiber einer Suchmaschine, welcher neben den zu einem Suchbegriff gefundenen redaktionellen Hyperlinks auch Werbeanzeigen auf der die Suchresultate anzeigenden Seite wiedergibt, welche etwa über **Keyword Advertising** Werbeanzeigen geschaltet werden, muss für den Nutzer erkennbar zwischen dem redaktionellen Teil (Suchmaschineneinträge) und dem Werbeanteil (Keyword-Anzeigen) trennen. Führt er letztere in einer eigenen, **graphisch anders gestalteten Rubrik** unter der Überschrift „Anzeige" oder einen vergleichbaren, den kommerziellen Hintergrund der Leistung offenbarenden Begriff[632] auf, ist eine Verschleierung des kommerziellen Zwecks im Regelfall ausgeschlossen.[633] Werden verkaufte Platzierungen hingegen 362

---

[625] Zutreffend *Boehme-Neßler,* WRP 2001, 547, 554 m. w. N; *Leupold,* ZUM 1998, 99, 105, anders *Hoeren,* UFITA-Schriftenreihe Bd 137, 51; *Körner/Lehment* in Hoeren/Sieber, Multimediarecht, Kap 11.1, Rz 173.

[626] MMR 2005, 778.

[627] MMR 2006, 680.

[628] Vgl. auch OLG München, WRP 2010, 671; Fezer/*Hoeren,* 2. Aufl. 2010, § 4 Nr. 3 UWG 2004, Rz 99.

[629] Im Ergebnis ebenso LG Düsseldorf, WRP 2011, 1665.

[630] Überzeugend OLG München, BeckRS 2014,16644.

[631] Wohl anders Fezer/*Hoeren,* 2. Aufl. 2010, § 4 Nr. 3 UWG 2004, Rz 100.

[632] Wie „Sponsoren-Links", „Sponsored Links", „gesponserte Suchoptionen", „Sponsor Results", „gesponserte Treffer".

[633] So auch *Hüsch,* MMR 2006, 357, 360; Gloy/*Loschelder,* Handbuch des Wettbewerbsrechts, § 66 Rz 11; *Ohly,* GRUR 2009, 709. Ob der Begriff „Partner-Link" einen kommerziellen Hintergrund hinreichend offenlegt, mag dahinstehen, er wird nach der Konzentration des Suchmaschinengeschäfts derzeit nicht mehr verwendet. Für die mangelnde Offenlegung jedenfalls *Hüsch,* MMR 2006, 357, 360 und *Rath,* WRP 2005, 831.

objektiv generierten Ergebnissen in derselben Aufmachung ohne eine gestalterische Trennung einer Ergebnisliste vorangestellt, wird der kommerzielle Hintergrund der bezahlten Annoncen nicht hinreichend kenntlich gemacht.[634]

Werden im Rahmen von Anstrengungen zur Verbesserung von Ergebnisses bei Suchmaschinen **(Suchmaschinenoptimierung)** gezielt Links auf die zu optimierende Seite gesetzt, liegt hierin kein Verstoß gegen die Pflicht zur Kennzeichnung kommerzieller Kommunikation: Der Nutzer einer Suchmaschine geht nicht davon aus, dass die ihm präsentierten Suchergebnisse tatsächlich in einer streng objektiven Kriterien folgenden Reihenfolge gelistet sind.[635]

363 **e) E-Mail.** Das Trennungsgebot gilt auch im Bereich der E-Mail-Werbung. Verstößt eine Werbe-E-Mail gegen § 6 Abs. 2 TMG, etwa indem in der Kopf- und Betreffzeile bzw. der Absenderkennung der kommerzielle Zweck der Nachricht verschleiert, liegt auch eine unzureichende Kenntlichmachung iSv § 5a Abs. 6 vor.[636] Werden etwa von Push-Diensten per E-Mail oder SMS **Newsletter** versandt, welche durch darin enthaltene Werbeanzeigen finanziert werden, sind die Werbeanzeigen vom redaktionellen Inhalt deutlich zu trennen und als solche zu kennzeichnen. Ein Verstoß gegen das Trennungsgebot ist jedenfalls dann nicht gegeben, wenn die Werbung vom sonstigen redaktionellen Inhalt graphisch abgegrenzt und mit dem Wort „Anzeige" überschrieben ist. Zur Frage der Zulässigkeit der Zusendung unverlangter E-Mails oder SMS vergleiche die Kommentierung zu § 7.

364 **f) Redaktionelle Beiträge.** Die Erscheinungsformen von Schleichwerbung im Bereich der Presse treten auch im Medium Internet in mehr oder weniger identischer Form auf. Wird etwa in einem redaktionellen Beitrag en détail über die versteckten Kosten von Billigfliegern aufgeklärt und hierbei der Eindruck eines Überblicks über den Markt in Deutschland gegeben, dann aber tatsächlich ein bedeutender Anbieter vergessen und handelt sich hierbei um einen Werbepartner für den entsprechenden redaktionellen Teil, der darüber hinaus auch noch Werbeanzeigen unmittelbar neben dem Bericht geschaltet hat, liegt der Verdacht der Schleichwerbung doch nahe.[637] In gleichem Maße wie in Fernsehsendungen kann Schleichwerbung in **Webisodes/Webseries** auftreten, also verfilmten Kurzgeschichten, die im Internet über entsprechende Portale zum Abruf bereitgehalten werden[638]

365 **g) Nutzergenerierte Inhalte/Social Media.** Besondere Erscheinungsformen der Schleichwerbung zeigen sich auch bei **nutzergenerierten Inhalten** („User Generated Content", vgl. hierzu auch die Einl. H. Rdn. 52). Eine verbindliche Definition für den Begriff gibt es bislang nicht, üblicherweise werden hierunter Inhalte verstanden, die über das Internet öffentlich zugänglich gemacht werden, ein bestimmtes Maß kreativer Leistungen erfordern und außerhalb professioneller Tätigkeit und Routinen geschaffen werden.[639] Nutzergenerierte Inhalte haben insbesondere mit dem Aufkommen von **Web 2.0-Angeboten** an Bedeutung gewonnen. Beispiel hierfür sind etwa das Online-Lexikon Wikipedia, Bilderdienste wie Flickr, Videoportale wie YouTube, Clipfish oder My Video, Webforen, Kommentar und Bewertungsfunktionen für Nutzer auf Seiten kommerzieller Anbieter wie Onlinehändlern oder Bewertungsportalen oder sogenannte **Weblogs** oder **Blogs**[640] oder **sozial Netzwerke** wie Facebook, Twitter, Xing, LinkedIn. Auf verschiedenen Videoportalen veröffentlichen Privatpersonen in ihren eigenen Kanälen Filme mit Produkttests, die von der Anmutung her Teleshopping Sendungen nahe kommen.

---

[634] LG München, WRP 2015, 781 mit überzeugender Begründung, wieso in der konkreten Konstellation auch der Hinweis „Premium Partner" nicht mehr für die erforderliche Klarheit sorgen konnte.

[635] Vgl. die Schlussanträge des Generalanwalts *Maduro* vom 22.9.2009, Rs. C-236/08, C-237/08 und C-238/08, Tz. 87 ff.; *Hösch,* CR 2004, 283; *Micklitz/Schirmbacher* in Spindler/Schuster, Recht der elektronischen Medien, 3. Auf. 2015, § 4 Nr. 3 UWG 2004, Rz 107.

[636] Ein Verschleiern oder Verheimlichen ist nach § 6 Abs. 2 S. 2 TMG gegeben, wenn die Kopf- und Betreffzeile absichtlich so gestaltet sind, dass der Empfänger vor Einsichtnahme in den Inhalt der Kommunikation keine oder irreführende Informationen über die tatsächliche Identität des Absenders oder den kommerziellen Charakter der Nachricht erhält.

[637] Vgl. hier etwa den Bericht über den in bild.de am 16.10.2006 erschienenen Artikel „Die versteckten Kosten der Billigflieger" in Bildblog, abrufbar am 15.1.2016 unter http://www.bildblog.de/1750/guenstiger-gehts-nicht/.

[638] Vgl. hierzu *Duisberg,* ZUM 2011, 141, 150.

[639] So die Definition in der OECD Studie „Participative Web: User Generated Content, am 4.4.2012 abrufbar unter http://www.oecd.org/dataoecd/57/14/38393115.pdf.

[640] Hierbei handelt es sich um ein im Internet geführtes und damit öffentlich einsehbares Tagebuch oder Forum, in welchem der entsprechende Herausgeber persönliche Gedanken veröffentlicht und im Rahmen des entsprechenden Forums von der Allgemeinheit Informationen, Gedanken und Erfahrungen ausgetauscht werden können.

Aufgrund der unmittelbaren Beteiligung der Internet-Nutzer und ihrer angeblich starken Rolle und der Gestaltung der Inhalte werden diesen Angeboten eine hohe Authentizität zugesprochen, durch den öffentlich angebotenen Meinungsaustausch wird der **Eindruck großen Vertrauens und Glaubwürdigkeit** erweckt. Vom Prinzip her gibt es in derartigen Internetforen keine vorgegebene redaktionelle Kontrolle: alle Nutzer können Inhalte dort mehr oder weniger ungefiltert veröffentlichen, unterliegen der Selbstkontrolle der Allgemeinheit. Die meisten Portale haben Nutzungsbedingungen, welche auch explizite Regeln über Werbung enthalten.[641] **366**

Nach einem Bericht der New York Times vom 7.3.2006 hat ein Warenhausunternehmen in den USA über eine PR-Agentur gezielt Schleichwerbung in entsprechenden Blogs platzieren lassen.[642] Derartige Praktiken werden auch als **Stealth Marketing** bezeichnet.[643] Die US *Federal Trade Commission* hat ihrer Presseerklärung vom 2.9.2015 zufolge ein Verfahren gegen Bezahlung von Bußgeldern eingestellt: Dem betroffenen Unternehmen wurde vorgeworfen, bekannte Blogger dafür zu bezahlen, private Videos auf Plattformen wie YouTube zu veröffentlichen, in denen eine neue Spielekonsole und entsprechende Spiele empfohlen wurden, ohne dass die entsprechen Bezahlung offengelegt wurde.[644] In Deutschland ist hierüber im Zusammenhang mit der Markteinführung eines Parfums,[645] eines E-Book Reader,[646] Fashion Blogs[647] und YouTube Kanälen[648] in der Presse und in Fachbeiträgen berichtet worden.[649] Es gibt Dienste, die Bloggern Bezahlung für Schleichwerbung in entsprechenden Beiträgen anbieten.[650] Anleitungen zur Unterwanderung von Blogs und zur Platzierung von Werbeaussagen befinden sich im Internet; die entsprechenden Anbieter reagieren bislang hierauf insbesondere durch Verbote im Rahmen der Nutzungsbedingungen der entsprechenden Internetangebote.[651] **367**

Derartige Praktiken stellen zweifelsohne verbotene Schleichwerbung dar.[652] Wer unter dem Deckmantel einer angeblich eigenständigen Aussage als Privatperson Werbebotschaften des ihn beauftragenden Unternehmens verbreiten lässt, betreibt Schleichwerbung im klassischen Sinn.[653] Insbesondere mit **privaten Blogs und Videokanälen** als Erscheinungsform des User Generated Content werden im Allgemeinen **Vorstellungen über eine hohe Authentizität** verbunden werden, da die Inhalte nicht von den vornehmlich ihre Interessen vertretenden Unternehmen stammen, sondern von der (vermeintlich) neutralen Privatperson. Gerade in diesem Bereich wird auch der aufgeklärte Verbraucher nicht davon ausgehen, dass Unternehmen Personen dafür bezahlen, dass diese unter dem Deckmantel ihrer entsprechenden (Web-)Identität statt persönlichen Meinungen **368**

---

[641] Vgl. die Werberichtlinien von Facebook https://de-de.facebook.com/policies/ads, Instagram Nutzungsbedingungen Ziffer 11 https://help.instagram.com/478745558852511, das Verbot von Bewertungen bei Interessenkonflikten der Bewertungsportale Yelp http://www.yelp.de/guidelines und Dooyoo (Ziff. 4.2 „Qualität und Authentizität) http://www.dooyoo.de/community/_page/dyocom/agb/. Zu Social Media Marketing zudem *Schirmbacher,* Online Marketing und Recht, *Auer-Reinsdorff,* ITRB 2011, 81.

[642] *Barbaro,* „Wal-Mart Enlists Bloggers in P.R. Campaign" New York Times, 7.3.2006, am 17.1.2008 abrufbar unter http://www.nytimes.com/2006/03/07/technology/07blog.html.

[643] *Klinger,* AnwZert ITR 19/2008, Anm. 4.; *Micklitz/Schirmbacher* in Spindler/Schuster, Recht der elektronischen Medien, 3. Auf. 2015, § 4 Nr. 3 UWG 2004, Rz 95.

[644] "*Xbox One Promoter Settles FTC Charges That it Deceived Consumers With Endorsement Videos Posted by Paid 'Influencers'*", am 14.1.2016 abrufbar unter https://www.ftc.gov/news-events/press-releases/2015/09/xbox-one-promoter-settles-ftc-charges-it-deceived-consumers.

[645] *Heinz,* „Der Duft der Blogger," Focus online vom 5.4.2007, am 14.1.2016 abrufbar unter http://www.focus.de/digital/internet/virales-marketing_aid_52781.html.

[646] Vgl. Meldung bei heise online zur Rezension des Tablet WeTab vom 4.10.2010 http://www.heise.de/newsticker/meldung/Ankershoffen-gesteht-WeTab-Rezension-unter-falschem-Namen-1101364.html.

[647] Sendung ZDF Frontal 21 vom 2.6.2015 „Schleichwerbung im Netz – gekaufte Blogger, manipulierte Kids", das Skript der Sendung ist am 13.1.2016 abrufbar gewesen http://www.zdf.de/ZDF/zdfportal/blob/38715120/1/data.pdf.

[648] Spiegel Online vom 26.3.2014, *Product Placement: YouTube-Stars Y-Titty unter Schleichwerbeverdacht.*

[649] *Klinger,* AnwZert ITR 19/2008, Anm. 4.; *Micklitz/Schirmbacher* in Spindler/Schuster, Recht der elektronischen Medien, 3. Auf. 2015, § 4 Nr. 3 UWG 2004, Rz 119.

[650] "Pay-per-Post", (http://payperpost.com) und vgl. hierzu *Rötzer,* „Ausverkauf der Blogger Seele" Teleopolis vom 3.7.2006, abrufbar am 17.1.2008 unter http://www.heise.de/tp/r4/artikel/23/23016/1.html; *Schirmbacher/Ihmor,* CR 2009, 245; *Janal,* CR 2009, 317.

[651] Vgl. hierzu etwa die Verbote der Nutzungsbedingungen von ciao.de, dort Ziffer II.4, abrufbar am 14.1.2016 unter http://www.ciao.de/faq/nutzungsbedingungen,14, oder Ziffer 7, 8 der Nutzungsbedingungen von myspace.com, am 14.1.2016 abrufbar unter https://myspace.com/pages/terms#8.

[652] Vgl. zum Inhalt eines derartigen Vertrages u.a. OLG Köln, MMR 2011, 377; *Lichtnecker,* GRUR 2014, 523, 526; *Micklitz/Schirmbacher* in Spindler/Schuster, Recht der elektronischen Medien, 3. Auf. 2015, § 4 Nr. 3 UWG 2004, Rz 95.

[653] OLG München, MMR 2012, 534 für einen entsprechend nicht gekennzeichneten Beitrag in Wikipedia.

oder Erfahrungen Werbebotschaften gegen Bezahlung platzieren. Wegen dieser Erwartungshaltung schleicht entsprechende Werbung hier besonders heimtückisch. Dies gilt etwa für **Bewertungen in entsprechenden Portalen**[654] oder **Kundenrezensionen,** blog-ähnlich aufgemachte Werbeseiten, die sich in satirisch überspitzter Form mit dem Konsumverhalten von Käufern konkurrierender Produkte auseinandersetzen,[655] **getarnte Werbung in Videoportalen,**[656] **entsprechend arrangierte Tweets** auf Twitter und einen **vergleichbaren Einsatz des „Like it" Buttons** von Facebook. Die US *Federal Trade Commission* ist bei der Überarbeitung der *„Guidelines concerning the use of endorsements and testimonials in advertising"* Ende 2009 sogar noch weitergegangen, da sie eine Offenbarungspflicht bereits im Vorfeld einer konkreten Werbeaussage verlangt: Es müssen bereits Verbindungen offengelegt werden, die letztlich eine Besorgnis der Neutralität entsprechender Aussagen begründen (vgl. hierzu auch Rdn. 367).[657] Über den kommerziellen Zweck der Inhalte **aufklärende Hinweise** sollen, sollten das Nutzungsverhalten des konkreten Mediums berücksichtigen: So überzeugt etwa das OLG Köln, demzufolge der deutlich erkennbare Hinweis „Anzeige" am linken oberen Bildschirmrand, der am Browserfenster fixiert ist und so beim Scrollen der Seite „mitwandert", den kommerziellen Zweck hinreichend kenntlich macht.[658]

369 **Virales Marketing** ist eine Werbeform, die vor allem soziale Netzwerke und Medien nutzt, um mit häufig unkonventionellen oder hintergründigen Nachricht auf ein Produkt, ein Unternehmen oder dessen Dienstleistungen aufmerksam zu machen. Der Begriff „viral" soll hierbei die Verbreitungsart und -geschwindigkeit umschreiben – von Mensch zu Mensch innerhalb sehr kurzer Zeit.[659] Werden etwa Werbefilme auf Portalen hinterlegt, ohne dass deren kommerzieller Zweck erkennbar ist (es ist beispielsweise absichtlich amateurhaft gefertigt oder der Spot setzt sich kritisch mit dem Produkt auseinander), bedarf es ggf. einer ausdrücklichen Kennzeichnung, sofern der Film nicht auf entsprechenden Unterseiten des Unternehmens hinterlegt ist, so dass die Herkunft leicht erkennbar ist.[660]

7. Verschleierung bei Gutachten oder Meinungsumfragen

370 Wer ein in seinem Auftrag erstelltes **wissenschaftliches Gutachten** in der Werbung so verwendet als sei es ein unabhängig von der Auftragserteilung zustande gekommenes Urteil eines Unbeteiligten, welcher von sich aus die Vorzüge einer bestimmten Ware festgestellt habe, und dessen Ansicht der Verbraucher sich daher umso unbedenklicher anschließen könne, verschleiert den kommerziellen Zweck des entsprechenden Gutachtens.[661] Dies gilt auch dann, wenn das Gutachten selbst objektiv richtig ist. Die unsachliche Beeinflussung liegt in diesem Fall in der **Täuschung über die Neutralität des Gutachters.**[662]

371 Die Verwendung von Gutachten kann auch unter anderen Gesichtspunkten wettbewerbswidrig sein: zum Beispiel, wenn über die Person oder den **wissenschaftlichen Ruf des Gutachters** unzutreffende Angaben gemacht werden oder dem **wissenschaftlichen Rang des Gutachtens** ein unzutreffendes Gewicht beigelegt wird, während tatsächlich etwa gewichtige Abweichungen der Ansichten unerörtert bleiben oder Umstände unberücksichtigt bleiben, die nach wissenschaftlichen Maßstäben in das Gutachten hätten einfließen müssen.[663]

372 Werbung kann auch durch eine entsprechend geschickte Gestaltung angeblicher **Meinungs- oder Verbraucherumfragen** getarnt werden. Werden etwa kostenlos Produktproben an Personen abgegeben, die sich an einer angeblichen Verbraucherumfrage beteiligen wollen, ist der beigefügte Umfragebogen aber in einer Art gestaltet, die nicht auf die Erforschung von Erkenntnissen oder Erfahrungen der Teilnehmer abzielt, sondern auf eine subtil geleitete Bestätigung vorgegebener Werbeaussagen, kann bei einer Gesamtbetrachtung eine getarnte Werbeaktion vorliegen[664] Lässt

---

[654] *Ahrens/Richter,* WRP 2011, 814, 816 f. zu fingierten Belobigungen in Hotelbewertungsportalen.
[655] OLG Köln, NJW 2014, 795.
[656] *Leitgeb,* ZUM 2009, 39, 45.
[657] *Frank,* GRUR Int 2010, 125.
[658] OLG Köln, NJW 2014, 795, 798.
[659] *Leitgeb,* ZUM 2009, 39, 45; Gloy/Loschelder/Erdmann/*Bruhn,* § 50 Rz 45; Ohly/*Sosnitza,* 6. Aufl. 2014, § 4 Nr. 3 UWG 2004, Rz 3/41; *Epping/Heimhalt/Spies,* A&R 2012, 51.
[660] So *Leitgeb,* ZUM 2009, 39, 45, *Micklitz/Schirmbacher* in Spindler/Schuster, Recht der elektronischen Medien, 3. Auf. 2015, Rz 121.
[661] BGH GRUR 1961, 189 ff. – *Rippenstreckmetall;* Ohly/*Sosnitza,* 6. Aufl. 2014, § 4 Nr. 3 UWG 2004 Rz 3/7.; *Köhler*/Bornkamm, 34. Aufl. 2016, § 5a UWG, Rz 7.34; MüKo Heermann, 2. Aufl. 2014, § 4 Nr. 3 UWG 2004, Rz 167 ff.
[662] So auch BGH GRUR 1962, 45, 49 – *Betonzusatzmittel.*
[663] So BGH GRUR 1961, 189, 191 – *Rippenstreckmetall;* BGH GRUR 2002, 633, 634 – *Hormonersatztherapie.*
[664] OLG München, GRUR-RR 2002, 141 ff.

sich beweisen, dass die Teilnehmer der Auffassung sind, eigene Erfahrungen auf der Grundlage eines von ihnen durchgeführten Produkttests zu protokollieren und nicht vom veranstaltenden Unternehmen vorgegebene Werbeaussagen zu bestätigen, liegt eine Verschleierung des kommerziellen Zwecks in einer mit § 5a Abs. 6 unvereinbaren Weise vor. Hierbei sind aber die konkreten Umstände des Einzelfalls genau zu untersuchen. Dem aufgeklärten Verbraucher ist spätestens seit den „Cola-Tests" der 80er Jahre das Werbeschema regelmäßig bekannt. Der Aufwand zur Verschleierung des kommerziellen Zwecks, der bei der Überlassung von Produktproben zunächst nahe liegt, muss daher nicht unerheblich sein, um eine Verschleierung desselben annehmen zu können.

Ein in der Praxis beliebtes Mittel zur Gewinnung von Adressdaten ist etwa die **Durchführung von Meinungsumfragen oder Preisausschreiben.** Die Gesetzesbegründung des UWG 2004 stellte ausdrücklich darauf ab, dass die Gewinnung von Adressen unter Verschweigen einer kommerziellen Absicht von § 4 Nr. 3 UWG 2004 erfasst wird, was zweifelsohne zutreffend ist.[665] Der hiermit vor allem verfolgte Zweck des Schutzes der Individualsphäre der Verbraucher lässt sich durch entsprechende datenschutzrechtliche Bestimmungen erreichen.[666] Deren tatsächliche Durchsetzung in der Praxis ist jedoch eher unbefriedigend. Kommt ein Unternehmen seiner Pflicht zur Unterrichtung über das Bestehen eines Widerspruchsrechts nach § 28 Abs. 4 S. 2 BDSG nicht nach, folgt hieraus allein jedoch nicht gleichzeitig ein Verstoß gegen § 5a Abs. 6, solange der Betroffene über den kommerziellen Zweck der Befragung zutreffend informiert worden ist. Erfolgt die Datenerhebung jedoch auf der Grundlage einer Einwilligung des Betroffenen nach § 4a BDSG, wird ein Unterlassen der Aufklärung des Betroffenen über den Zweck der Erhebung, Verarbeitung und Nutzung der Daten auch einen Verstoß gegen § 5a Abs. 6 darstellen. 373

8. Besondere Werbeformen

a) Unangekündigte Verkaufsveranstaltungen. Wird bei der Bewerbung von Reiseveranstaltungen verschwiegen, dass diese nicht nur touristischen Zwecken dienen, sondern ferner auch Verkaufsveranstaltungen integriert werden, liegt regelmäßig eine Täuschung über den werblichen Charakter der gesamten Veranstaltung vor. Beispiel hierfür sind etwa entsprechende Ausflugsreisen **unangekündigte Verkaufsveranstaltungen,** beispielsweise im Rahmen von Busreisen oder sonstigen Kaffeefahrten.[667] Entsprechendes gilt für Filmvorführungen, bei welchen der werbliche Charakter der gesamten Veranstaltung verschleiert wird.[668] Ein Fall getarnter Werbung liegt auch vor, wenn ein Lotterieanbieter Verbraucher durch Werbeschreiben zu einem Anruf wegen der Teilnahme an einem kostenlosen Gewinnspiel veranlasst, ohne zuvor offenzulegen, dass er Ihnen im Rahmen dieses Gespräches entgeltliche Glücksspiele anbieten will.[669] 374

b) Werbeschreiben in Gestalt einer Rechnung oder eines Gebührenbescheids. Ein Verstoß gegen § 5a Abs. 6 ist gegeben, wenn **Werbeschreiben** so gestaltet werden, das sie den Eindruck einer Rechnung zu einem bereits erfolgten Vertragsschluss bzw. eines behördlichen Schreibens mit einem entsprechenden Gebührenbescheid erwecken. Während tatsächlich allein eine Werbung bzw. ein Angebot für eine bestimmte Leistung vorliegt, wird beim Empfänger der Eindruck eines bereits zustande gekommenen Vertrages erweckt, auf dessen Grundlage er nun die Bezahlung des ausgewiesenen Betrages schuldet bzw. einer behördlichen Leistung, für welche die Bezahlung einer amtlichen Gebühr geschuldet ist. Dies stellt eine unlauter Verschleierung des werblichen Charakters des Schreibens dar, vgl. hierzu auch die Kommentierung zu Nr. 23 UWG Anhang zu § 3 Abs. 3.[670] Dies gilt auch für Schreiben, mit denen für Dienstleistungen im Zusammenhang mit der Verlängerung von Marken geworben wird, deren äußere (Briefkopf, Logo) und inhaltliche (Bezeichnung Werbenden lehnt sich an Amt an, behördlicher Anschein des Textes,[671] Zahlungsaufforderung mit Fristsetzung) Gestaltung den **Eindruck eines behördlichen Schreibens** erweckt;[672] für solche, mit denen gegenüber Arztpraxen unter der (unrichtigen) Behauptung 375

[665] Zu Meinungsumfragen vgl. BGH GRUR 1973, 268, 269 – *Verbraucher-Briefumfrage;* OLG Frankfurt, NJW RR 1989, 1315; LG Berlin, NJW RR 1997, 747.

[666] Vgl. etwa § 28 Abs. 4 BDSG.

[667] BGH GRUR 1986, 318, 3200 – *Verkaufsfahrten I;* GRUR 1988, 829, 830 – *Verkaufsfahrten II;* oder GRUR 1990, 1020, 1021 f. – *Freizeitveranstaltung.*

[668] BGH GRUR 1962, 461, 464 f. – *Werbeveranstaltung mit Filmvorführung.*

[669] OLG Hamburg, ZfWG 2009, 262; OLG Hamm, ZfWG 2009, 263.

[670] *v. Ungern-Sternberg,* WRP 2000, 1057.

[671] LG Braunschweig, WRP 2015, 786

[672] LG Kiel, MittdtschPatAnw 2011, 39, LG Berlin, MittdtschPatAnw 2011, 41 und 43; LG Berlin, WRP 2015, 652; LG Essen, BeckRS 2015, 09395, wo ein Verstoß gegen den seinerzeitigen § 4 Nr. 3 UWG 2004 durch ein Schreiben zu einer Firmeneintragung abgelehnt wurde, da die konkrete Gestaltung den Angebotscharakter hinreichend deutlich gemacht habe.

des Bestehens datenschutzrechtlicher Auskunfts- und Meldepflichten und des Drohens empfindlicher Bußgelder Leistungen als externer Datenschutzbeauftragter angeboten werden,[673] sowie für Schreiben, die den Eindruck erwecken, es werde lediglich innerhalb eines bereits bestehenden Vertragsverhältnisses eine Aktualisierung von Eintragungsdaten für ein Branchenverzeichnis vorgenommen, während tatsächlich ein neuer Vertrag über einen entsprechenden Eintrag abgeschlossen werden soll.[674] Die hierzu ergangenen Entscheidungen sind sehr einzelfallgeprägt: So wird etwa die Verwendung des Wortes „Offerte" teilweise als Begründung für eine hinreichende Kenntlichmachung eines Angebotes angeführt, anderen Urteilen zufolge reicht dies gerade eben nicht aus.[675] Das Ergebnis wird daher immer von der Bewertung aller Umstände des jeweiligen Einzelfalles abhängen. Ob nachfolgende Schreiben wie Mahnungen ebenfalls gegen § 5a Abs. 6 verstoßen, ist gesondert festzustellen.[676]

376 Die Versendung eines als solches erkennbares Werbeschreibens ohne Absenderangabe in einem Briefumschlag mit der Aufschrift „persönlich/vertraulich" mag gegen das Belästigungsverbot des § 7 UWG verstoßen. Es überzeugt aber nicht, allein wegen einer derartigen Gestaltung des Umschlags auch einen Verstoß gegen § 5a Abs. 6 UWG anzunehmen.[677] § 5a Abs. 6 UWG soll den Verbraucher **nicht davon schützen, dass Werbung an ihn gelangt, sondern** davor, dass er eine **scheinbar neutrale Äußerung nicht als Werbung erkennt.**[678] Folglich stellt auch die unaufgeforderte Zusendung einer bereits auf den Empfänger ausgestellten Kreditkarte keine getarnte Werbung dar.[679]

377 **c) Ratgeber Publikationen.** Wer unter Bezugnahme auf seine berufliche Expertise ein Sachbuch veröffentlicht, das als Gesundheitsratgeber aufgemacht ist, welches in erheblichen Teilen aber auch Werbung für ein bestimmtes, vom Autor mitentwickeltes Präparat enthält, verstößt gegen das Verschleierungsverbot, wenn dies nicht offengelegt wird: Das Vertrauen des Verbrauchers in einen **objektiven Ratgeber** unter Inanspruchnahme des Vertrauens in die besondere Sach- und Fachkunde des Autors wird ausgenutzt, um Bestellungen eines Präparates zu bewirken.[680] Gleiches gilt bei Vorliegen hinreichender Indizien auch für vergleichbare Zeitschriftenbeiträge.[681]

378 **d) Vortäuschen eine Kaufberechtigung.** Das **Vortäuschen einer Kaufberechtigung** wurde teilweise als Fall von § 4 Nr. 3 UWG 2004 subsumiert.[682] Es geht in derartigen Fällen um die Missachtung bzw. Umgehung von Verboten eines Vertriebsbindungssystems (Verbot des Verkaufs an Weiterverkäufer), welche insbesondere im Automobilsektor anzutreffen sind. Da der Schwerpunkt der Unlauterkeit in der gezielten Behinderung liegt, ist aus diesseitiger Sicht eine Subsumtion unter § 4a vorzuziehen.[683]

---

[673] OLG Frankfurt, WRP 2009, 238 (Leitsatz), vollständige Entscheidung bei Juris abrufbar; zuvor LG Kassel, WRP 2008 1396.

[674] BGH GRUR 2012, 184 – *Branchenbuch Berg;* in LG Saarbrücken, WRP 1161; LG Berlin, BeckRs 2013, 13111 und LG Berlin, WRP 2014, 1242 geht es um die Aufnahme in ein „Zentrales Ärzte-Register" bzw. „Zentrales Ärzteverzeichnis", in OLG München, Beck RS 2015 00134 um die Aufnahme in ein „Internet-Branchenbuch", in OLG Düsseldorf, Beck RS 2013, 21931 um die Aufnahmen in ein Branchenverzeichnis.

[675] LG EssenBeckRS2015, 09395, einerseits, LG Berlin, BeckRs 2013, 13111 andererseits.

[676] Das OLG Düsseldorf hat dies in BeckRS 2014, 21931 zwar für ein Werbeschreiben angenommen, das wie ein Gebührenbescheid einer Behörde zur Aufnahme in ein Register aufgemacht war, für die dort nachfolgenden Schreiben jedoch abgelehnt, da dort der Werbecharakter und die Notwendigkeit, einen eigenständigen Vertrag abzuschließen, hinreichend deutlich gemacht worden sei: Die ursprüngliche Täuschung sei nicht aufrechterhalten worden.

[677] So aber LG Berlin, MD 2008, 820. Es ging konkret um eine Briefwerbung für ein Potenzmittel. Dem werbenden Unternehmen zu gebieten, Werbung für ein der innersten Privatsphäre zuzuordnendes Präparat bereits auf dem Briefumschlag offenzulegen, dürfte derartige Werbung im Ergebnis kaum möglich machen.

[678] So zutreffend OLG Köln, BeckRS 2010, 04997, GRUR-RR 2010, 305 – *Unser goldenes Dankeschön.*

[679] BGH GRUR 2011, 747 – *Kreditkartenübersendung.*

[680] LG München I, MD 2008, 429; BeckRS 2008, 07079.

[681] OLG Düsseldorf, WRP 2011, 1085: Dort war in einem redaktionellen Beitrag zur neuen Behandlung bestimmter Gesundheitsbeschwerden allein ein bestimmtes Produkt genannt worden; der Beitrag wurde von der „begleitenden" Schaltung entsprechender Werbeanzeigen ergänzt und in zwei aufeinanderfolgenden Ausgaben abgedruckt, ohne im redaktionellen Inhaltsverzeichnis erwähnt zu sein. Interessant auch ArbG Köln, ZUM-RD 2011, 579 zur Kündigung eines Redakteurs, dem als Autor einer Fernsehdokumentation und eines Buches über ein Medikament ein Verstoß gegen die Programmgrundsätze vorgeworfen wurde, da er sich in die Marketing Aktivitäten um die Einführung des Medikaments habe einbinden lassen.

[682] *Köhler*/Bornkamm, 33. Aufl. 2015, § 4 Nr. 3 UWG 2004, Rz 3.51.

[683] So auch *Seichter* in: Ullmann jurisPK-UWG, 3. Aufl 2013, § 4 Nr. 3 Rz 59; *Pfeifer* in Teplitzky/Peifer/Leistner, 2. Aufl. 2013, § 4 Nr. 3 UWG 2004, Rz 69 hielt eine Subsumtion unter § 5 Abs. 1 S. 2 Nr. 3 UWG 2004 für sinnvoller; *Köhler*/Bornkamm ist nunmehr für eine analoge Anwendung von § 5a Abs. 1 UWG, 34. Aufl. 2016, § 5a, Rz 7.97; vgl. im Übrigen unten *v. Jagow.*

Schaltet eine gewerbliche Partnervermittlung Anzeigen in der Aufmachung einer **privaten Kontaktanzeige** der entsprechenden Rubrik einer Zeitung, wird der kommerzielle Zweck der Annonce nicht hinreichend kenntlich gemacht. Aus der Angabe einer Internetadresse und einer Telefonnummer lässt sich jedenfalls nicht unbedingt erkennen, dass es sich um die Annonce einer gewerblichen Partnervermittlung handelt.[684] 379

XV. Passivlegitimation

1. Verantwortlichkeit des unmittelbar kommunizierenden Unternehmens

Wird in einem **redaktionellen Beitrag** gegen das Trennungsgebot verstoßen, sind die presserechtlich Verantwortlichen die richtigen Beklagten eines entsprechenden Unterlassungsbegehrens, also insbesondere der Verleger der entsprechenden Zeitung oder Zeitschrift, der verantwortliche Redakteur, der eigenverantwortlich handelnde Anzeigen- und Abteilungsleiter oder die Verantwortlichen im Sinne des § 6 TMG.[685] Die Passivlegitimation ergibt sich aus der Verantwortlichkeit der betreffenden Personen für den jeweiligen redaktionellen Inhalt. 380

Grundsätzlich kann ein Presseunternehmen auch richtiger Beklagter für **redaktionell aufgemachte Anzeigen** sein. Um die tägliche Arbeit der Presse jedoch nicht über Gebühr zu erschweren und die Verantwortlichen nicht zu überfordern, lehnt die Rechtsprechung eine umfassende Prüfungspflicht zu Recht ab: Presseunternehmen haften für die Veröffentlichung wettbewerbswidriger Anzeigen nur im Falle grober, unschwer zu erkennender Verstöße.[686] Dieses Haftungsprivileg gilt nicht mehr, sobald dem Presseunternehmen eine Abmahnung vorliegt, in der die entsprechende Anzeige gerügt wird. Der Umfang der Prüfungspflicht ist an der Zumutbarkeit orientiert, er ist bei einer ganzseitigen Anzeige deutlich höher als bei einer Kleinanzeige.[687] Den Verantwortlichen der Presseorgane und den Mitarbeitern von Anzeigenredaktionen können hierbei keine detaillierten Kenntnisse wettbewerbsrechtlicher Vorschriften abverlangt werden: Die Gerichte haben zu Recht auf die besonderen Gegebenheiten des Anzeigengeschäfts, wie den bei Anzeigenaufträgen regelmäßig herrschenden Zeitdruck sowie die wirtschaftliche Bedeutung der einzelnen Anzeige hingewiesen und auf die Erkennbarkeit für die Anzeigenabteilung selber abgestellt.[688] Der Umfang der Prüfungspflicht kann auch nicht davon abhängen, ob das fragliche Presseunternehmen über eine eigene Rechtsabteilung verfügt oder nicht.[689] Bei der Beurteilung der Umstände des Einzelfalles ist auch die Funktion und Aufgabenstellung des als Störer in Anspruch Genommenen zu berücksichtigen sowie die Eigenverantwortung desjenigen, der die rechtswidrige Beeinträchtigung selbst unmittelbar vorgenommen hat oder vornimmt, zu berücksichtigen.[690] Mit Blick auf das Presseprivileg aus Art. 5 GG sind an die Presseorganen obliegende Prüfungspflicht keine zu strengen Anforderungen zu stellen.[691] 381

Ein Rundfunkveranstalter kann sich seiner Passivlegitimation nicht dadurch entziehen, indem das Szenario einer Auftragsproduktion durch die Einschaltung von Tochtergesellschaften und eine künstliche Aufspaltung in Veranstaltung vor Ort einerseits und Fernsehübertragung andererseits umgangen wird, um redaktionelle Mitspracherechte zu umgehen.[692] 382

---

[684] LG Frankenthal, MMR 2015, 527

[685] Vgl. BGHZ 39, 124, 129 – *Fernsehansagerin;* GRUR 1975, 208 – *Deutschland-Stiftung;* GRUR 1994, 441, 443 – *Kosmetikstudio;* GRUR 1998, 471, 472 – *Modenschau im Salvatorkeller;* OLG München GRUR 1994, 835, 836; Ohly/*Sosnitza,* 6. Aufl. 2014, § 4 Nr. 3 UWG 2004 Rz 3/49 ff.; *Köhler*/Bornkamm, 34. Aufl. 2016, § 5a UWG Rz 7.58.

[686] BGH GRUR 2001, 529, 531 – *Herz-Kreislauf-Studie;* GRUR 1995, 751, 752 – *Schlussverkaufswerbung* II; GRUR 1973, 203, 204 – *Badische Rundschau.*

[687] So zutreffend BGH GRUR 2001, 529, 531 – *Herz-Kreislauf-Studie;* BGH GRUR 1995, 751, 752 – *WSV-Werbung für Möbel.*

[688] BGH GRUR 1995, 751, 753 – *WSV-Werbung für Möbel;* BGH GRUR 1990, 1012 – *Pressehaftung I;* OLG München NJW-RR 2001, 1716, 1719.

[689] Vgl. OLG München a. a. O. Fn 672. Die Haftung eines Zeitungsverlegers wurde beispielsweise bejaht vom OLG Köln, GRUR-RR 2002, 117 ff. – *Konzernmarke T.*

[690] BGH GRUR 2006, 875/877 – *Rechtsanwalts-Ranglisten;* BGH GRUR 2004, 860 – *Internet-Versteigerung;* BGH GRUR 2004, 693 – *Schöner Wetten;* vgl. hierzu auch *Lettl,* GRUR 2007; 936.

[691] BGH GRUR 2006, 875/877 – *Rechtsanwalts-Ranglisten.*

[692] VG Berlin, ZUM RD 2009, 292 – *WOK WM;* OVG Rheinland Pfalz, ZUM 2009, 607 – *jetzt geht's um die Eier – die große Promi-Oster-Show.*

2. Verantwortlichkeit der werbenden Unternehmen als Auftraggeber und als Presseinformant

383 Das werbende Unternehmen ist richtiger Beklagter in Bezug auf **redaktionell gestaltete Anzeigen,** die es in Auftrag gegeben hat. Gleiches gilt im Fall bezahlter **redaktioneller Beiträge.**

384 Hat ein Unternehmen der Presse lediglich Informationen zur Verfügung gestellt, etwa in Form der Übersendung von Pressemappen oder im Rahmen eines Interviews, hängt die Verantwortlichkeit des dann allein als **Presseinformant** fungierenden Unternehmens zunächst einmal davon ab, ob die Informationen für sich betrachtet zutreffend sind. Wer **Informationen** weitergibt, die **täuschend oder inhaltlich falsch** sind, ist hierfür verantwortlich, wenn die Darstellung im Presseartikel auf diesen Angaben beruht.[693]

385 Sind die **Produktinformationen als solche sachlich zutreffend,** kommt eine Haftung des werbenden Unternehmens als Presseinformant nur ausnahmsweise in Betracht: Der Informant muss dem Presseunternehmen die Produktinformation gezielt zur Veröffentlichung oder in einer Weise zukommen lassen, die die Annahme nahe legen, dass über das Produkt in einem redaktionellen Beitrag berichtet wird.[694] Darüber hinaus ist erforderlich, dass der Informant nach den Umständen des konkreten Einzelfalls damit rechnen musste, dass seine zutreffenden Informationen verfälscht oder sonst irreführend oder in einer sonstigen wettbewerbsrechtlich unzulässigen Weise in dem Presseorgan erscheinen. Für diesen Fall trifft ihn die Pflicht, sich eine Überprüfung des Artikels, mit dessen Erscheinen er rechnen musste, vorzubehalten. Unterlässt der Presseinformant einen derartigen Vorbehalt oder kommt seiner Obliegenheit zur Überprüfung des Artikels nicht nach, ist er für die unsachgemäße Gestaltung des redaktionellen Beitrags wettbewerbsrechtlich mitverantwortlich.[695] Allein die Tatsache, dass aufgrund der übersandten Presseinformationen eine wörtliche Übernahme von Textbeitrag oder darin enthaltene Fotos in Frage kommen kann, reicht hierfür somit nicht aus.[696] Die höchstrichterliche Rechtsprechung hält zu Recht am Prinzip der Eigenverantwortung der Presseorgane für ihre Berichterstattung fest, auch um die Unabhängigkeit der Presse insoweit zu stärken.

386 Entsprechende Grundsätze gelten im Hinblick auf die **Haftung bei Interviews.**[697] Eine Kontrollpflicht des Unternehmens für gegebene Interviews ist nur dann anzunehmen, wenn nach Art und Inhalt des Interviews bzw. bei Benachrichtigungen, der Gegebenheiten auf Seite der Adressaten die Möglichkeit eines Berichts mit werbendem Charakter nicht ganz fernliegt.[698] Als Indizien hierfür wurde u. a. herangezogen, dass das Presseorgan die Umstände der Vermarktung durch das interviewte Unternehmen erfahren hat, der Bericht im zeitlichen Zusammenhang mit einer unmittelbar zuvor erteilten Zulassung erschien und die Information zu technischem Hintergrund und zur kommerziellen Anwendung vom Interviewten stammten.[699]

§ 6 Vergleichende Werbung

(1) **Vergleichende Werbung ist jede Werbung, die unmittelbar oder mittelbar einen Mitbewerber oder die von einem Mitbewerber angebotenen Waren oder Dienstleistungen erkennbar macht.**

(2) **Unlauter handelt, wer vergleichend wirbt, wenn der Vergleich**

1. **sich nicht auf Waren oder Dienstleistungen für den gleichen Bedarf oder dieselbe Zweckbestimmung bezieht,**
2. **nicht objektiv auf eine oder mehrere wesentliche, relevante, nachprüfbare und typische Eigenschaften oder den Preis dieser Waren oder Dienstleistungen bezogen ist,**

---

[693] Vgl. BGH, GRUR 1964, 392, 395 – *Weizenkeimöl;* GRUR 1967, 362, 365 – *Spezialsalz I;* GRUR 1993, 561, 563 – *Produktinformation I;* GRUR 1994, 819, 820 – *Produktinformation II;* GRUR 1996, 502, 506 – *Energiekosten-Preisvergleich I.*

[694] OLG Hamm, Beck RS 2012, 02852.

[695] BGH GRUR 1993, 561, 562 – *Produktinformation I;* GRUR 1964, 392, 393 – *Weizenkeimöl;* GRUR 1967, 362, 365 – *Spezialsalz;* GRUR 1994, 819, 821 – *Produktinformation II;* GRUR 1996, 71 ff. – *Produktinformation III.*

[696] So zutreffend BGH GRUR 1996, 71, 73 – *Produktinformation III;* GRUR 1997, 139, 140 – *Orangenhaut.*

[697] Vgl. Hans OLG AfP 2007, 211, 213 f.

[698] BGH GRUR 1987, 241, 243 – *Arztinterview;* BGH GRUR 1997, 541, 543 – *Produkt-Interview;* Hans OLG, AfP 2007, 211, 213 f.

[699] Hans OLG, AfP 2007, 211, 213 f.

3. im geschäftlichen Verkehr zu einer Gefahr von Verwechslungen zwischen dem Werbenden und einem Mitbewerber oder zwischen den von diesen angebotenen Waren oder Dienstleistungen oder den von ihnen verwendeten Kennzeichen führt,
4. den Ruf des von einem Mitbewerber verwendeten Kennzeichens in unlauterer Weise ausnutzt oder beeinträchtigt,
5. die Waren, Dienstleistungen, Tätigkeiten oder persönlichen oder geschäftlichen Verhältnisse eines Mitbewerbers herabsetzt oder verunglimpft oder
6. eine Ware oder Dienstleistung als Imitation oder Nachahmung einer unter einem geschützten Kennzeichen vertriebenen Ware oder Dienstleistung darstellt.

Inhaltsübersicht

Rdn.

A. Die Entwicklung der deutschen Rechtsprechung zur vergleichenden Werbung unter Einfluss des europäischen Rechts ... 1
B. Auswirkungen RL 2006/114/EG, früher RL 97/55/EG, auf die Auslegung des UWG ... 10
I. Das Gebot richtlinienkonformer Auslegung ... 10
II. Allgemeine Auslegungskriterien der RL ... 12
1. Der Grundsatz der Zulässigkeit vergleichender Werbung ... 12
2. Abschließende Regelung zulässiger Verbote ... 13
3. Weite Auslegung der Zulässigkeitsbedingungen ... 14
4. Vorteile vergleichender Werbung ... 15
5. Das Verbraucherleitbild ... 16
6. Kumulativ zu erfüllende Voraussetzungen ... 17
III. Art. 4 RL 2006/114/EG: Zulässigkeitskatalog oder auch Verbotskatalog? ... 18
1. Das Problem ... 18
2. Argumente contra Verbotskatalogtheorie ... 22
a) Der Wortlaut von Art. 4 RL 2006/114/EG ... 22
b) Die Entstehungsgeschichte von Art. 3a RL 97/55/EG und Art. 4 RL 2006/114/EG ... 24
c) Der Liberalisierungszweck von Art. 3a RL 97/55/EG und Art. 4 RL 2006/114/EG ... 25
3. Argumente pro Verbotskatalogtheorie ... 26
4. Die Rechtsprechung des EuGH ... 32
C. Die „Definition" der vergleichenden Werbung, § 6 Abs. 1 UWG, Art. 2 lit. c RL 2006/114/EG ... 35
I. Werbung; die Legaldefinition des Art. 2 lit. a Richtlinie 2006/114/EG ... 35
II. Das Erkennbarmachen von Mitbewerbern und ihren Waren oder Dienstleistungen ... 43
1. Der Mitbewerberbegriff des § 6 UWG ... 43
2. Waren und „Erzeugnisse" ... 54
3. Dienstleistungen ... 56
4. Die Bezugnahme auf Mitbewerber und ihre Leistungen; Abgrenzungen ... 57
a) Eigenvergleiche ... 57
b) Werbung für Ersatzteile und Zubehör ... 58
c) Werbevergleiche zur Förderung fremden Wettbewerbs ... 59
5. Die Voraussetzungen des „Erkennbarmachens" ... 63
a) Die Unterscheidung zwischen identifizierender und abstrakter Bezugnahme ... 63
b) Unmittelbares und mittelbares Erkennbarmachen des Mitbewerbers ... 68
c) Fehlende Erkennbarkeit konkreter Mitbewerber ... 74
d) Erkennbarmachen von Mitbewerbern in ihrer Eigenschaft als Mitbewerber ... 80
III. Vergleichende Werbung ohne Vergleich? ... 81
1. Probleme einer weiten Auslegung von § 6 Abs. 1 UWG bzw. Art. 2 lit. c RL ... 81
2. Die Rechtsprechung des EuGH ... 86
3. Die Rechtsprechung des BGH ... 95
4. Lösungsvorschläge des Schrifttums ... 101
5. Eigene Meinung ... 107
a) Das Erfordernis eines Vergleichs ... 108
b) Vergleich von Waren oder Dienstleistungen ... 117
c) Weite Auslegung des Begriffs der vergleichenden Werbung; implizite Vergleiche ... 118
d) Erkennbarmachen von Mitbewerbern in ihrer Eigenschaft als Mitbewerber ... 119

Rdn.

D. Die Unlauterkeitstatbestände des § 6 Abs. 2 UWG ... 120
I. § 6 Abs. 2 Nr. 1 UWG: gleicher Bedarf oder dieselbe Zweckbestimmung ... 121
1. Der Schutzzweck von § 6 Abs. 2 Nr. 1 UWG ... 122
2. Gleicher Bedarf oder dieselbe Zweckbestimmung ... 125
3. Teleologische Reduktionen des § 6 Abs. 2 Nr. 1 UWG ... 137
a) Ersatzteil- und Zubehörwerbung ... 137
b) Persönliche vergleichende Werbung ... 138
c) Unternehmensbezogene Werbung ... 139
II. § 6 Abs. 2 Nr. 2 UWG: die verglichenen Eigenschaften ... 140
1. Der Schutzzweck von § 6 Abs. 2 Nr. 2 UWG ... 141
2. Eigenschaften und Preise ... 143
3. Die Nachprüfbarkeit ... 147
4. Wesentliche, relevante und typische Eigenschaften ... 152
a) Wesentliche und relevante Angaben ... 154
b) Typische Eigenschaften ... 158
5. Objektivität des Vergleichs ... 161
6. Teleologische Reduktionen des § 6 Abs. 2 Nr. 2 UWG ... 165
III. § 6 Abs. 2 Nr. 3 UWG, Verwechslungsgefahr ... 166
1. Der Kennzeichenbegriff ... 166
2. Verwechslungsgefahr ... 175
IV. Die unlautere Ausnutzung oder Beeinträchtigung des Rufs von Kennzeichen, § 6 Abs. 2 Nr. 4 UWG ... 187
1. Der Kennzeichenbegriff ... 187
2. „Ruf" und „Wertschätzung" ... 188
3. Unlautere Ausnutzung des Rufs ... 191
a) Rufausnutzung ... 191
b) Grundsätzliche Zulässigkeit ... 192
c) Interessenabwägung ... 193
4. Unlautere Beeinträchtigung des Rufs ... 202
V. Verunglimpfung oder Herabsetzung, § 6 Abs. 2 Nr. 5 ... 205
1. Verunglimpfung ... 206
2. Herabsetzung ... 207
a) Das Erfordernis der Unlauterkeit ... 207
b) Interessenabwägung ... 209
VI. Imitationswerbung, § 6 Abs. 2 Nr. 6 UWG ... 224
1. Der Verbotsadressat ... 225
2. Geschützte Kennzeichen ... 226
3. Darstellung als Imitation oder Nachahmung ... 229
VII. Vergleichende Werbung mit Ursprungsbezeichnungen, Art. 4 lit. e RL 2006/114/EG ... 234
E. Die Unzulässigkeit unlauterer vergleichender Werbung und die Spürbarkeitsschwelle ... 237
F. Beweislast ... 250
G. Klagebefugnis bei vergleichender Werbung ... 252
H. Konkurrenzen ... 253
I. Das Verhältnis von § 6 zur Generalklausel des § 3 UWG ... 253
II. Das Irreführungsverbot des § 5 UWG ... 255
III. Verstöße gegen § 4 Nr. 1–4 ... 260
IV. Das Verhältnis von § 6 UWG zum Markenrecht ... 264
1. Wettbewerbsrechtlich zulässige vergleichende Werbung als Markenverletzung? ... 264
a) Der Grundsatz der markenrechtlichen Zulässigkeit vergleichender Werbung ... 264
b) Keine marken- bzw. kennzeichenmäßige Markenbenutzung? ... 267
c) Die Regelungen der vergleichenden Werbung durch die RL 2006/114/EG und § 6 UWG als leges speciales ... 273
d) Markenrechtliche Einreden ... 278
aa) § 23 MarkenG ... 278
bb) § 24 MarkenG ... 281
cc) Art. 4 RL 2006/114/EG als Erlaubnistatbestand ... 282
e) Keine Verletzung geschützter Markenfunktionen ... 283
2. Unzulässige vergleichende Werbung und Markenrecht ... 285
a) Das Problem ... 285
b) Kein Vorrang des Markenrechts ... 286
c) Keine kumulative Normen- und Anspruchskonkurrenz ... 290
d) Vorrang des § 6 Abs. 2 vor dem Markenrecht ... 291

Rdn.
V. Geschützte Unternehmenskennzeichen ... 292
VI. Gesundheitsbezogene vergleichende Werbung für Arznei- und Lebensmittel ... 293
1. HeilmittelwerbeG (HWG) ... 293
2. Lebensmittel- und Futtermittelgesetzbuch (LFGB) ... 294
3. Die Health Claims-VO Nr. 1924/2006/EG ... 295
4. Die Wertpapierdienstleistungs-Verhaltens- und organisationsVO ... 296

Schrifttum: *S. Ahrens,* Der Irreführungsbegriff im deutschen Wettbewerbsrecht. Zu den Auswirkungen des Urteils des Bundesgerichtshofs vom 5. Februar 1998 – „Testpreis-Angebot" und des Urteils des Gerichtshofs der Europäischen Gemeinschaften vom 16. Juli 1998 – „Gut Springenheide" auf die deutsche Rechtsprechung zur irreführenden Werbung, WRP 1999, 389; *Aigner,* Die Auswirkungen der Richtlinie zur vergleichenden Werbung auf das deutsche Wettbewerbsrecht, Diss. 2001; *Alexander,* Markenschutz und berechtigte Informationsinteressen bei Werbevergleichen, GRUR 2010, 482; *ders.,* Rechtsprechungsbericht: Unlautere Produktionsnachahmungen und verwandte Fälle, Teil 2, WRP 2013, 1553; *ders.,* Anmerkungen zum Referentenentwurfeines Zweiten Gesetzes zur Änderung des UWG, WRP 2014, 1384; *ders.,* Der Verwechslungsschutz gem. § 5 Abs. 2 UWG, in: FS Köhler, 2014, S. 23; *Amschewitz,* Die Nachprüfbarkeit der Werbung mit selbst durchgeführten Studien, WRP 2013, 571; *Augenhofer,* Pippig versus Hartlauer: EuGH klärt offene Fragen hinsichtlich vergleichender Werbung, RdW 2003, 682; *Bärenfänger,* Das Spannungsfeld von Lauterkeitsrecht und Markenrecht unter dem neuen UWG, 2010; *ders.,* Symbiotische Theorie zum Kennzeichen- und Lauterkeitsrecht, WRP 2011, 16 u. 160; *Bastian,* Comparative Advertising in Germany – Present Situation and Implementation of EC Directive, IIC 31 (2000), 151; *Bayreuther,* Anmerkung zum BGH-Urteil vom 5.2.1998 – Testpreis-Angebot, EuZW 1998, 478; *Beater,* Europäisches Recht gegen unlauteren Wettbewerb – Ansatzpunkte, Grundlagen, Entwicklung, Erforderlichkeit, ZEuP 2003, 11; *Berlit,* Vergleichende Werbung – erst jetzt zulässig?, BB 1998, 1; *ders.,* Gesetzentwurf der Bundesregierung zur vergleichenden Werbung und zur Änderung wettbewerbsrechtlicher Vorschriften, BB 2000, 1305; *ders.,* Vergleichende Werbung, 2002; *Blanken,* Wettbewerbsrechtliche und immaterialgüterrechtliche Probleme des Zubehör- und Ersatzteilgeschäftes, 2008; *Blankenburg,* Gespaltenes Verständnis des Mitbewerberbegriffs im UWG?, WRP 2008, 186; *ders.,* Neues zur vergleichenden Werbung, zur Verwechslungsgefahr und zur markenmäßigen Benutzung?, WRP 2008, 1294; *ders.,* Die Markennennung, 2009; *Borck,* Vermutungen über vergleichende Werbung, über Wertreklame und deren weitere Entwicklung, WRP 2001, 1124; *Bornkamm,* Entwicklungen der Rechtsprechung im Wettbewerbsrecht – Vergleichende Werbung, in: Schwarze (Hrsg.), Werbung und Werbeverbote im Lichte des europäischen Gemeinschaftsrechts, 1999, S. 134; *ders.,* Markenrecht und wettbewerbsrechtlicher Kennzeichenschutz, GRUR 2005, 97; *ders.,* Kennzeichenrecht und Irreführungsverbot, FS v. Mühlendahl, 2005, S. 9; *ders.,* Die Schnittstellen zwischen gewerblichem Rechtsschutz und UWG – Grenzen des lauterkeitsrechtlichen Verwechslungsschutzes, GRUR 2011, 1; *ders.,* Der lauterkeitsrechtliche Schutz vor Verwechslungen: Ein Kuckucksei im Nest des UWG?, in: FS Loschelder, 2010, S. 31; *Bornkamm/Kochendörfer,* Verwechslungsgefahr und Irreführungsgefahr – Konvergenz der Begriffe?, in: FS 50 Jahre BPatG, 2011, S. 533; *Bottenschein,* Markenrecht versus notwendige Bestimmungshinweise, GRUR 2006, 462; *Buck-Freytag,* Auswirkungen der Richtlinie 97/55/EG über irreführende und vergleichende Werbung auf das nationale Wettbewerbsrecht, Diss. 2002; *Bülow,* Vergleichende Werbung im Heilmittelwerberecht – Ein neuer § 11 Abs. 2 HWG, PharmR 2000, 138; *Büscher,* Schnittstellen zwischen Markenrecht und Wettbewerbsrecht, GRUR 2009, 230; *W. Bullinger/S. Emmerich,* Irreführungsgefahr durch selektive Produktauswahl bei Preisvergleichen, WRP 2002, 608; *Calboli,* Recent Developments in the Law of Comparative Advertising in Italy – Towards an Effective Enforcement of the Principles of Directive 97/55/EC Under the New Regime?, IIC 33 (2002), 415; *Danger,* Die rechtsverletzende Benutzungshandlung im Markenrecht – Abschied von der Herkunftsbezogenheit, 2007; *Dilly,* Das Irreführungsverbot in Art. 3a der Richtlinie über irreführende und vergleichende Werbung, 2001; *Dilly/Ulmar,* Vergleichende Werbung ohne Vergleich?, WRP 2005, 467; *Dittmer,* Rufausbeutung (nicht nur) durch Bestellnummernübernahme, WRP 2005, 955; *Doepner/Hufnagel,* German Courts Implement the EU Directive 97/55/EC – A Fundamental Shift in the Law of Comparative Advertising?, Trademark Reporter 88 (1998), 537; *Dorndorf,* Schutz vor Herkunftstäuschung und Rufausbeutung, 2005; *Dreyer* Konvergenz oder Divergenz – Der deutsche und der europäische Mitbewerberbegriff im Wettbewerbsrecht, GRUR 2008, 123; *Eckel,* Markenrechtliche Zulässigkeit vergleichender Werbung in Deutschland und Großbritannien, GRUR Int. 2015, 438; *Eichhammer,* Die markenmäßige Benutzung, 2008; *Eichholz,* Herabsetzung durch vergleichende Werbung, Eine Untersuchung zum europäischen, deutschen, englischen und österreichischen Recht, 2008; *Engeländer,* Der ergänzende Schutz von Marken durch Wettbewerbsrecht, 2005; *Engisch,* Harmonisierung des Wettbewerbsrechts in der Europäischen Gemeinschaft; Vorschlag für eine Richtlinie des Rates über vergleichende Werbung und zur Änderung der Richtlinie 84/450 EWG über irreführende Werbung, in: Henssler/Kolbeck (Hrsg.), Europäische Integration und globaler Wettbewerb, 1993, S. 215; *Erdogan,* Vergleichende Werbung nach § 6 UWG, 2008; *Faßbender,* Zum Erfordernis einer richtlinienkonformen Auslegung des Begriffs der vergleichenden Werbung, EuZW 2005, 42; *Fassbender/Herbrich,* Geografische Herkunftsangaben im Spannungsfeld von nationalem und europäischem Recht, GRUR Int. 2014, 765; *Fezer,* Imitationsmarketing als irreführende Produktvermarktung, GRUR 2009, 451; *ders.,* Markenschutzfähigkeit der Kommunikationszeichen (§§ 3 und 8 MarkenG) und der Kommunikationsschutz der Marken (§§ 14 und 23 MarkenG), WRP 2010, 165; *ders.,* Kumulative Normenkonkurrenz zwischen Markenrecht und Lauterkeitsrecht – Schutzzweckkompatibilität zwischen Immaterialgüterrecht als Funktionseigentum und Wettbewerbsrecht, GRUR 2010, 953; *Freund,* Vergleichende Werbung nach der Richtlinie 97/55/EG und der UWG-Novelle, 2001; *Freytag,* Möglichkeiten und Grenzen humorvoller Werbevergleiche – „Gib mal Zeitung!", GRUR-PRax 2009, 1;

Frisch, Das Freihaltebedürfnis im Markenrecht, 2007; *Fritzsche,* Überlegungen zum Referentenentwurf eines Zweiten Gesetzes zur Änderung des UWG, WRP 2014, 1392; *Fröndhoff,* Die Inhaltsbeschränkungen irreführender und vergleichender Werbung – England und Deutschland im Vergleich, 2002; *Funke,* Lieber Angleichen als Zersplittern – Zum Richtlinienvorschlag über vergleichende Werbung –, WM 1997, 1472; *Gabel,* Die Haftung für Hyperlinks im Lichte des neuen UWG, WRP 2005, 1102; *Gamerith,* Vergleichende Werbung. Auswirkungen der Richtlinie 97/55/EG auf das österreichische Wettbewerbsrecht, ÖBl. 1998, 115; *ders.,* Neue Herausforderungen für ein Europäisches Lauterkeitsrecht, 2. Aufl., 2003; *ders.,* Der Richtlinienvorschlag über unlautere Geschäftspraktiken, WRP 2005, 391; *ders.,* Anm. zu EuGH v. 17.3.2005, ÖBl. 2006, 92; *ders.,* Kommission plant Kodifizierung der RLVerglWerbung, ÖBl. 2006, 204; *ders.,* Wettbewerbsrechtlicher Kennzeichenschutz durch die RL-UGP, ÖBl. 2008, 174; *v. Gamm,* Vorschlag der EG-Kommission für eine Richtlinie des Rates über vergleichende Werbung und zur Änderung der Richtlinie 84/450/EWG über irreführende Werbung, WRP 1992, 143; *Gerschbacher,* Zulässigkeit vergleichender Werbung. Eine Darstellung der in der Praxis häufig auftretenden Rechtsfragen unter Berücksichtigung der Rechtsprechung des EuGH, 2012; *Glöckner,* Äquivalenzbehauptungen in der Werbung nach europäischem Marken- und Lauterkeitsrecht, European Law Reporter (ELR) 2001, 344; *ders.,* Europäisches Lauterkeitsrecht, 2006; *ders.,* Markenschutz durch Art. 3 lit. e UWG, sic! 2011, 273; *ders.,* The Regulatory Framework for Comparative Advertising in Europe – Time for a New Round of Harmonisation, IIC 43 (2012), 35; *Glöckner/Henning-Bodewig,* EG-Richtlinie über unlautere Geschäftspraktiken: Was wird aus dem „neuen" UWG?, WRP 2005, 1311; *Gloy/Bruhn,* Die Zulässigkeit von Preisvergleichen nach der Richtlinie 97/55/EG – Kehrtwende oder Kontinuität?, GRUR 1998, 226; *Goldmann,* Der Schutz des Unternehmenskennzeichens, 2. Aufl., 2005; *Gülbay,* Vergleichende Werbung, Subsidiarität und Europa: Die Richtlinie zur vergleichenden Werbung unter Beachtung des Subsidiaritätsprinzips im Recht der Europäischen Gemeinschaft, 1997; *Guizzardi,* Pubblicità comparativa e autodisciplina pubblicitaria: prospettive dopo la direttiva CEE, Giur. it. 1999, 1344; *Hacker,* Die Benutzung einer Marke „als Marke" als rechtliche Voraussetzung für den Erwerb, die Aufrechterhaltung und die Verletzung von Rechten, GRUR Int. 2002, 502; *Handig,* EuGH zur vergleichenden Werbung – „Pippig Augenoptik", ecolex 2003, 467; *Hartwich,* Wettbewerb und Recht und Freiheit. Eine Kritik des Rechts des unlauteren Wettbewerbs in Deutschland aus historischer, rechtsvergleichender und ökonomischer Sicht – zusammengeführt am Beispiel der vergleichenden Werbung, Diss. 2004; *F. U. D. Hasselblatt,* Die vergleichende Werbung in der Europäischen Gemeinschaft für die Zeit nach Maastricht und Amsterdam, 2002; *Heermann,* Anmerkung zum BGH-Urteil „Hormonersatztherapie" vom 17.1.2002, LMK 2002, 32; *ders.,* Die Erheblichkeitsschwelle i. S. des § 3 UWG-E, GRUR 2004, 94; *Heister,* Harmonisierung des Rechts der vergleichenden Werbung durch die Richtlinie 97/55/EG?, 2004; *Henn,* Markenschutz und UWG, 2009; *Henning-Bodewig,* Vergleichende Werbung – Liberalisierung des deutschen Rechts?, GRUR Int. 1999, 385; *dies.,* Vergleichende Werbung in Deutschland: die Situation nach der Richtlinie, BIE 1999, 198; *dies.,* Relevanz der Irreführung, UWG-Nachahmungsschutz und die Abgrenzung Lauterkeitsrecht/IP-Rechte, GRUR Int. 2007, 986; *dies.,* Nicht markenmäßiger Gebrauch und Art. 5 Abs. 5 Markenrichtlinie, GRUR 2008, 301; *dies.,* Der Schutzzweck des UWG und die Richtlinie über unlautere Geschäftspraktiken, GRUR 2013, 238; *Hohlweck,* Vom Pflügen mit fremdem Kalbe und anderen anstößigen Verhaltensweisen – Der Schutz bekannter Produkte durch § 4 Nr. 9 lit.b UWG, WRP 2015, 934; *Holtz,* Vergleichende Werbung in Deutschland. Die Zulässigkeit vergleichender Werbung nach der UWG-Novelle, 2008; *Hotz,* Die rechtsverletzende Markenbenutzung in der neueren Rechtsprechung des EuGH und BGH, GRUR 2003, 993; *Howel,* O2 v. Hutchison3G. Comparative Advertising: European Trademark law beyond compare? Communications Law 2008, 155; *Hucke,* Erforderlichkeit einer Harmonisierung des Wettbewerbsrechts in Europa, 2001; *Hünermund,* Analyse der Zulässigkeitsbedingungen für vergleichende Werbung gemäß der Richtlinie 97/55/EG, 2000; *Illing,* Die gesetzliche Neuregelung der vergleichenden Werbung unter Berücksichtigung ihrer Entstehung und ihrer Auswirkungen auf die Werbewirtschaft, 2001; *Ingerl,* Rechtsverletzende und rechtserhaltende Benutzung im Markenrecht, WRP 2002, 861; *ders.,* Der wettbewerbsrechtliche Kennzeichenschutz und sein Verhältnis zum MarkenG in der neueren Rechtsprechung des BGH und in der UWG-Reform, WRP 2004, 809; *Kebbedies,* Vergleichende Werbung. Die europäischen Harmonisierungsbemühungen im deutschen und englischen Lauterkeitsrecht, 2005; *Kießling/Kling,* Die Werbung mit Emotionen, WRP 2002, 615; *Knaak,* Metatags und Keywords als vergleichende Werbung – zum EuGH-Urteil Belgian Electronic Sorting Technology, GRUR Int. 2014, 209; *Köhler,* Ranking als Rechtsproblem, in: FS Sonnenberger, 2004, S. 249; *ders.,* Die „Bagatellklausel" in § 3 UWG, GRUR 2005, 1; *ders.,* Anm. zu BGH v. 30.9.2004 – Stresstest, LMK 2005, 77; *ders.,* Was ist „vergleichende Werbung"?, GRUR 2005, 273; *ders.,* Rechtsprechungsbericht zum Recht des unlauteren Wettbewerbs (Teil 3), GRUR-RR 2006, 73; *ders.,* Rechtsprechungsbericht zum Recht des unlauteren Wettbewerbs VII, GRUR-RR 2007, 129; *ders.,* Zur richtlinienkonformen Auslegung und Neuregelung der „Bagatellklausel" in § 3 UWG, WRP 2008, 10; *ders.,* Die Rechtsprechung des Europäischen Gerichtshofs zur vergleichenden Werbung: Analyse und Kritik, WRP 2008, 414; *ders.,* Die UWG-Novelle 2008, WRP 2009, 109; *ders.,* Der Schutz vor Produktnachahmung im Markenrecht, Geschmacksmusterrecht und neuen Lauterkeitsrecht, GRUR 2009, 445; *ders.,* Der „Mitbewerber", WRP 2009, 499; *ders.,* Was müssen Wertpapierdienstleistungsunternehmen bei der Werbung beachten, WM 2009, 385; *ders.,* „Gib mal Zeitung" – oder „Scherz und Ernst in der Jurisprudenz" von heute, WRP 2010, 571; *ders.,* Richtlinienkonforme Gesetzgebung statt richtlinienkonforme Auslegung: Plädoyer für eine weitere UWG-Novelle, WRP 2012, 251; *ders.,* Anm. zu BGH vom 19.5.2011 – I ZR 147/09 – *Coaching Newsletter,* WRP 2012, 82; *ders.,* Irreführende vergleichende Werbung, GRUR 2014, 761; *ders.,* Zur „geschäftlichen Relevanz" unlauterer geschäflicher Handlungen gegenüber Verbrauchern, WRP 2014, 259; *ders.,* Richtlinienumsetzung im UWG – eine unvollendete Aufgabe, WRP 2013, 403; *Köhler/Lettl,* Das geltende europäische Lauterkeitsrecht, der Vorschlag für eine EG-Richtlinie über unlautere Geschäftspraktiken und die UWG-Reform, WRP 2003, 1019; *Kohler,* Persönliche und sachliche Reklame in der Großindustrie, MuW XVI (1916/17) 127; *Koos,* Europäischer Lauterkeitsmaßstab und globale Integration, 1996; *ders.*, Vergleichende Werbung und die Fesseln der Harmonisierung, WRP 2005, 1096; *Koppe/Zagouras,* Rechtsprobleme der Testwerbung, WRP 2008, 1035; *Koppensteiner,* Markenbenutzung, in: FS Griss, 2011, S. 407; *Kotthoff,* Neue Maßstäbe für vergleichende Werbung, BB 1998, 2217; *Kresbach/Jergolla,* Jüngste OGH-Judikatur zur vergleichenden Werbung von Arzneimitteln, medien und recht 2007, 90; *Krieger,* Das Ersatzteil- und Zubehörgeschäft nach dem Marken- und Wettbewerbsrecht, WRP 2000, 927; *Krings/Dietlein,* Anlehnende bezugnehmende Werbung im Lichte des BVerfG-Urteils „Therapeutische Äquivalenz", in: FS H. Helm, 2002, S. 101; *Kur,* Die Harmonisierung der europäischen Markengesetze. Resultate – offene Fragen – Harmonisierungslücken, GRUR 1997, 241; *dies.,* Markenrecht, Verbraucherschutz und Wettbewerbsrecht, in: Schricker/Beier (Hrsg.), Die Neuordnung des Markenrechts in Europa, 1997, S. 190; *dies.,* Was macht ein Zeichen zur Marke?, MarkenR 2000, 1; *dies.,* Die Schnittstellen zwischen Marken- und Wettbewerbsrecht bei nationalen und bei Gemeinschaftsmarken, MarkenR 2001, 137; *Lehment,* Anm. zu BGH v. 15.10.1998 – „Vergleichen Sie", GRUR 1999, 503; *ders.,* Düfte im Vergleich. Anmerkung zum Urteil des BGH „Genealogie der Düfte", GRUR 2004, 657; *Leible/Sosnitza,* Richtlinienkonforme Auslegung vor Ablauf der Umsetzungsfrist und vergleichende Werbung, NJW 1998, 2507; *Lema Devesa,* Die „Duftvergleichslisten" im Lichte des Gemeinschaftsrechts, GRUR Int. 2009, 118; *Lettl,* Besprechung von W. Berlit, Vergleichende Werbung, 2002, GRUR 2004, 224; *ders.,* Gemeinschaftsrecht und neues UWG, WRP 2004, 1079; *ders.,* Der Schutz der Verbraucher nach der UWG-Reform, GRUR 2004, 449; *ders.,* Lauterkeitsrechtliche Haftung von Presseunternehmen für „Rankings", GRUR 2007, 936; *Levin,* Die lauterkeitsrechtlichen Möglichkeiten und Grenzen der humorvollen und stirischen vergleichenden Werbung, 2013; *Lindacher,* Kritisierende vergleichende Werbung, in: FS Brandner, 1996, S. 399; *v. Linstow,* Die Verwendung fremder Zeichen zur Bezeichnung fremder Waren, WRP 2000, 955; *Lobe,* Der Hinweis auf fremde gewerbliche Leistung als Mittel zur Reklame, MuW XVI (1916/17), 129; *Lolivier,* Vente à distance et publicité comparative: vers une harmonisation des législations européennes, Gaz. Pal. 1998, doctr. 621; *Lubberger,* Die Verwechslungsgefahr – Rechtsbegriff oder Tatfrage? Und wenn ja – was Dann?, FS 50 Jahre Bundespatentgericht, 2011, S. 687; *Lux,* Alleinstellungsberühmung als vergleichende Werbung?, GRUR 2002, 682; *Marx,* Vergleichende Werbung – wie weit reicht die Harmonisierung?, EWS 2001, 353; *Max-Planck-Institut* für ausländisches und internationales Patent-, Urheber- und Wettbewerbsrecht, Stellungnahme zum Referentenentwurf für ein Gesetz zur vergleichenden Werbung und zur Änderung wettbewerbsrechtlicher Vorschriften vom 5. November 1999, GRUR Int. 2000, 265; *Menke,* Die moderne, informationsökonomische Theorie der Werbung und ihre Bedeutung für das Wettbewerbsrecht, dargestellt am Beispiel der vergleichenden Werbung, GRUR 1993, 718; *ders.,* Recht und Ökonomie der kritisierenden vergleichenden Werbung, 1994; *ders.,* Die vergleichende Werbung in Deutschland nach der Richtlinie 97/55/EG und der BGH-Entscheidung „Testpreis-Angebot", WRP 1998, 811; *Möllers/Schmid,* Der EU-Richtlinienentwurf über irreführende und vergleichende Werbung – neue Chancen für Gesundheits- und Umweltschutz?, EWS 1997, 150; *Mühlberger,* Der Begriff der markenmäßigen Benutzung unter besonderer Berücksichtigung des Keyword Advertisings, 2008; *Münker,* Stellungnahme der Wettbewerbszentrale zum Referentenentwurf eines Zweiten Gesetzes zur Änderung des Gesetzes gegen den unlauteren Wettbewerb, WRP 2014, 1434; *Nägele,* Die rechtsverletzende Benutzung im Markenrecht, 1999; *ders.,* Die Benutzung fremder Marken im Rahmen von Werbevergleichen, MarkenR 1999, 177; *Neu,* Die vergleichende Werbung in Frankreich und Deutschland im Lichte der EG-Richtlinie 97/55, ZEuP 1999, 123; *Nordemann,* Irreführung und vergleichende Werbung in Europa, in: Schwarze (Hrsg.), Werbung und Werbeverbote im Lichte des europäischen Gemeinschaftsrechts, 1999, S. 148; *Nordemann,* Neuere Entwicklungen im Recht der vergleichenden Werbung, GRUR Int. 2002, 297; *Ohly,* Anmerkung zur BGH-Entscheidung vom 5.2.1998 – Testpreis-Angebot, GRUR 1998, 828; *ders.,* Irreführende vergleichende Werbung, GRUR 2003, 641; *ders.,* Das neue UWG – Mehr Freiheit für den Wettbewerb, GRUR 2004, 889; *ders.,* Vergleichende Werbung für Zubehör und Warensortimente, GRUR 2007, 3; *ders.,* Unlautere vergleichende Werbung als Markenverletzung?, in: FS Doepner, 2008, S. 51; *ders.,* Anmerkung zur EuGH-Entscheidung vom 12.6.2008 – O2 und O2, GRUR 2008, 701; *ders.,* Keyword-Advertising auf dem Weg von Karlsruhe nach Luxemburg, GRUR 2009, 709; *ders.,* Die Markenverletzung bei Doppelidentität nach L'Oréal: eine Kritik, in : FS Loschelder, 2010, S. 265; *ders.,* Anm. zu BGH vom 1.10.2009, GRUR 2010, 166; *ders.,* Blaue Kürbiskerne aus der Steiermark. Die Interessenabwägung beim Schutz bekannter Marken gegen die unlautere Ausnutzung von Ruf und Unterscheidungskraft, in: FS Irmgard Griss, 2011, S. 521; *ders.,* Anm. zu EuGH v. 22.9.2011, GRUR 2011, 1131; *ders.,* Nach der Reform ist vor der Reform. Anmerkungen zum Referentenentwurf eines Zweiten Gesetzes zur Änderung des UWG, GRUR 2014, 1137; *Ohly/Spence,* Vergleichende Werbung: Die Auslegung der Richtlinie 97/55/EG in Deutschland und Großbritannien, GRUR Int. 1999, 681; *dies.,* The Law of Comparative Advertising. Directive 97/55/EC in the United Kingdom and Germany, 2000; *Paech,* Der Einfluß der Richtlinie 84/450/EWG auf die Rechtsprechung zur irreführenden und vergleichenden Werbung, Diss. Bonn 2001; *Palanca,* The directive on comparative advertising, R. A. E. – L. E. A. 1998, 195; *Peifer,* Vergleichende Werbung und sonst nichts? Überbordender Schutzbereich der Vorschriften zur Vergleichenden Werbung?, WRP 2011, 1; *Plankert,* Marktführerschaft und vergleichende Werbung: Eine Erfolgsfaktorenforschung am Beispiel des deutschen Mobilfunkmarktes, 2008; *Plaß,* Die EG-Richtlinie Vergleichende Werbung, WRP 1999, 766; *dies.,* Die gesetzliche Neuregelung der vergleichenden Werbung, NJW 2000, 3161; *Plassmann,* Vergleichende Werbung im Gemeinsamen Markt – Die geplante EG-Richtlinie über vergleichende Werbung und ihre Auswirkungen auf das deutsche Wettbewerbsrecht, GRUR 1996, 377; *Preisendanz,* Der Humor in der vergleichenden Werbung, 2014; *Riedel,* Das Spannungsverhältnis zwischen markenmäßigem Gebrauch und vergleichender Werbung, 2004; *Rippert/Weimer,* Vergleichende Werbung – eine Gegenüberstellung der Regeln in Deutschland und den USA, K&R 2007, 302; *Ritscher/Beutler,* Vergleichende Werbung – die neue EU-Richtlinie im Vergleich mit dem schweizerischen Recht, sic! 1998, 261; *Römermann/Günther,* Der Werbevergleich – Humorvoll! Sarkastisch! Zulässig?, BB 2010, 137; *Rohnke,* Der eigenständige Anwendungsbereich des § 4 Nr. 9 lit. b UWG, in: FS Bornkamm, 2014, S. 443; *Sack,* Vergleichende und bezugnehmende Werbung, in: Amann/Jaspers, Rechtsfragen in Wettbewerb und Werbung (RWW) 3.2 Rdn. 580ff., 1984; *ders.,* Der Schutzzweck des UWG und die Klagebefugnis des „unmittelbar Verletzten", in: FS v. Gamm, 1990, S. 161; *ders.,* Die wettbewerbsrechtliche Klagebefugnis des „unmittelbar Verletzten" nach der Neufassung des § 13 Abs. 2 Nr. 1 UWG, BB 1995, 1; *ders.,* Sonderschutz bekannter Marken, GRUR 1995, 81; *ders.,* Staatliche Werbeschränkungen und die Art. 30 und 59 EG-Vertrag, WRP 1998, 103; *ders.,* Die Berücksichtigung der Richtlinie 97/55/EG über irreführende und vergleichende Werbung bei der Anwendung der §§ 1 und 3 UWG, WRP 1998, 241; *ders.,* Die Bedeutung der EG-Richtlinien 84/450/EWG und 97/55/EG über irreführende und vergleichende Werbung für das deutsche Wettbewerbsrecht, GRUR Int. 1998, 263; *ders.,* Probleme des Markenschutzes im Ähnlichkeitsbereich, WRP 1998, 1127; *ders.,* Die Präzisierung des Verbraucherleitbildes durch den EuGH, WRP 1999, 399; *ders.,* Vergleichende Werbung nach der UWG-Novelle, WRP 2001, 327; *ders.,* Die Verletzung abstrakter Farbmarken, WRP 2001, 1022; *ders.,* Die Toshiba-Entscheidung des EuGH zur vergleichenden Werbung, WRP 2002, 363; *ders.,* Auswirkungen des europäischen Verbraucherleitbilds auf das Markenrecht, Mitt. 2002, 494; *ders.,* Vergleichende Werbung und die Erheblichkeitsschwelle in § 3 des Regierungsentwurfs einer UWG-Novelle, WRP 2004, 30; *ders.,* Irreführende vergleichende Werbung, GRUR 2004, 89; *ders.,* Personen- und unternehmensbezogene Werbehinweise auf Mitbewerber als vergleichende Werbung nach § 6 UWG, WRP 2004, 817; *ders.,* Zur Anwendbarkeit von § 6 UWG auf Werbung für Ersatzteile und Zubehör, GRUR 2004, 720; *ders.,* Gesetzwidrige Wettbewerbshandlungen nach der UWG-Novelle, WRP 2004, 1307; *ders.,* Markenschutz und UWG, WRP 2004, 1405; *ders.,* Die lückenfüllende Funktion der Generalklausel des § 3 UWG, WRP 2005, 531; *ders.,* Die neue deutsche Formel des europäischen Verbraucherleitbilds, WRP 2005, 462; *ders.,* Das Recht am Gewerbebetrieb, 2007; *ders.,* Vergleichende Werbung ohne Vergleich?, WRP 2008, 170; *ders.,* Markenrechtliche Probleme vergleichender Werbung, GRUR 2008, 201; *ders.,* Ursprungsbezeichnungen in vergleichender Werbung, WRP 2008, 301; *ders.,* Der Mitbewerberbegriff des § 6 UWG, WRP 2008, 1141; *ders.,* Individualschutz gegen unlauteren Wettbewerb, WRP 2009, 1330; *ders.,* Vom Erfordernis der markenmäßigen Benutzung zu den Markenfunktionen bei der Haftung für Markenverletzungen, WRP 2010, 198; *ders.,* Die unlautere Ausnutzung des Rufs von Marken im Marken- und Wettbewerbsrecht, WRP 2011, 155; *ders.,* Unlautere vergleichende Werbung und Markenrecht, WRP 2011, 288; *ders.,*Neuere Entwicklungen der Individualklagebefugnis im Wett-bewerbsrecht, GRUR 2011, 953; *ders.,* Die abstrakte Verwechslungsgefahr im Markenrecht, GRUR 2013, 4; *ders.,* Die Verwechslungsgefahr im Marken- und Wettb ewerbsrecht – einheitliche Auslegung?, WRP 2013, 8; *ders.,* Anmerkungen zur geplanten Änderung des UWG, WRP 2014, 1418; *ders.,* Reformbedarf bei § 6 UWG, GRUR 2015, 130; *ders.,* Die Erheblichkeitsklauseln der UGP-RL 2005/29/EG und die UWG-Novelle, WRP 2015, 663; *Säcker,* Das UWG zwischen den Mühlsteinen europäischer Harmonisierung und grundrechtsgebotener Liberalisierung, WRP 2004, 1199; *Sambuc,* Was heißt „Verwechslungsgefahr mit einer anderen Ware oder Dienstleistung" in § 5 Abs. 2 UWG?, in: FS Köhler, 2014, S. 577; *Saßmann,* Das Binnenmarktrecht der vergleichenden Werbung, 2002; *Scherer,* Partielle Verschlechterung der Verbrauchersituation durch die europäische Rechtsvereinheitlichung bei vergleichender Werbung?, WRP 2001, 89; *dies.,* Das Verhältnis des lauterkeitsrechtlichen Nachahmungsschutzes nach § 4 Nr. 9 UWG zur europarechtlichen Vollharmonisierung der irreführenden oder vergleichenden Werbung, WRP 2009, 1446; *dies.,* Kehrtwende bei der vergleichenden Werbung, GRUR 2012, 545; *Schmidt,* Ein Jahrzehnt vergleichende Werbung in Österreich, WRP 2000, 998; *Schotthöfer,* Die vergleichende Werbung in den Mitgliedstaaten der EG, Österreich, Schweiz, RIW 1991, 973; *Schröter,* Der Schutz geographischer Herkunftsangaben nach Marken-, Wettbewerbs- und Registerrecht in Deutschland und der Schwaeiz, 2011; *Seichter,* Der Umsetzungsbedarf der Richtlinie über unlautere Geschäftspraktiken, WRP 2005, 1087; *Siems,* Die Umsetzung der EU-Richtlinie zu vergleichender Werbung in deutsches Recht, ZEuP 2001, 686; *Somariello,* Vergleichende Werbung in Italien und Deutschland, 2002; *dies.,* Vergleichende und irreführende Werbung in Italien nach Umsetzung der Richtlinie 97/55/EG, GRUR Int. 2003, 29; *Stadelmann,* Die Entwicklung der kritisierenden Werbung in Deutschland und in Frankreich unter Berücksichtigung der einschlägigen EG-Richtlinien, 2000; *Starck,* Markenmäßiger Gebrauch – Besondere Voraussetzung für die Annahme einer Markenverletzung?, GRUR 1996, 688; *Staudinger,* Zur richtlinienkonformen Auslegung der Zulässigkeit vergleichender Werbung, JR 1999, 198; *Stieper,* Das Verhältnis von Immaterialgüterrechtsschutz und Nachahmung nach dem neuen UWG, WRP 2006, 291; *Swennen,* Vergelijkende Werbung in de Wet Handelspraktijken, SEW 2000, 190; *Thress,* Die irreführende Produktvermarktung. Zur Auslegung des Art. 6 Abs. 2 lit. a der Richtlinie 2005/29/EG über unlautere Geschäftspraktiken und des § 5 Abs. 2 UWG, 2011; *Tilmann,* Grenzüberschreitende vergleichende Werbung, GRUR Int. 1993, 133; *ders.,* Richtlinie vergleichende Werbung, GRUR 1997, 790; *ders.,* Anwendungsbereich und Bindungswirkung der Richtlinie Vergleichende Werbung, GRUR 1999, 546; *Traub,* Herabsetzende vergleichende Werbung unter Geldinstituten, in: FS Kümpel, 2003, S. 561; *Traub/Sack,* Pro und contra Umsetzung der RL 97/55/EG über vergleichende Werbung durch den Gesetzgeber, GRUR 1999, 136; *Varlam,* Die Liberalisierung vergleichender Werbung in Deutschland. Erste empirische Befunde und wettbewerbspolitische Beurteilung, 2000; *Veyssiere,* Effet de la directive du 6 octobre 1997 sur le droit français en matière de publicité comparative, Gaz.Pal. 1998, doctr. 627; *Völker,* Die Neuregelung der vergleichenden Werbung, MDR 2000, 136; *Wambach,* Vergleichende Werbung nur durch Mitbewerber?, MDR 1999, 177; *Wamprechtshamer,* Die Neuordnung der vergleichenden Werbung, ÖBl. 2000, 147; *Wehlau,* Äpfel mit Birnen vergleichen. Der rechtliche Rahmen vergleichender Werbung für Lebensmittel, ZLR 1999, 393; *Will,* Der Markenschutz nach § 14 Markengesetz, 1996; *Wiltinger,* Vergleichende Werbung – Theoretischer Bezugsrahmen und empirische Untersuchung zur Werbewirkung, 2002;*Zeidler,* Marketing nach MiFiD, WM 2008, 238; *Ziervogel,* Rufausbeutung im Rahmen vergleichender Werbung, 2002.

Zur Rechtslage vor der RL 97/55/EG und der UWG-Novelle 2000 vgl. die Literaturangaben bei *Baumbach/Hefermehl,* Wettbewerbsrecht, 22. Aufl., 2001 § 1 UWG vor Rdn. 329ff.

A. Die Entwicklung der deutschen Rechtsprechung zur vergleichenden Werbung unter Einfluss des europäischen Rechts

1 Die wettbewerbsrechtliche Beurteilung vergleichender Werbung hat sich in den letzten 100 Jahren mehrfach grundlegend geändert.[1] Zu Beginn des letzten Jahrhunderts wurde sie als **grundsätzlich zulässig** angesehen. Nur bei Vorliegen besonderer Umstände, insbesondere bei Irreführungsgefahr, war sie wettbewerbswidrig. Diese Ansicht erfuhr jedoch sehr bald Kritik. Besondere Bedeutung erlangten dabei zwei im selben Jahr und in derselben Zeitschrift, nämlich 1916 in der MuW erschienene Aufsätze von *Lobe* und *J. Kohler. Lobe* hielt vergleichende Werbung für wettbewerbswidrig, da es unlauter sei, **„mit fremdem Kalbe zu pflügen“.** Er missbilligte vergleichende Werbung, weil es unlauter sei, das Ansehen eines Mitbewerbers zu dessen Nachteil auszubeuten.[2] *J. Kohler* hatte Bedenken gegen vergleichende Werbung, da man nicht **Richter in eigener Sache** sein könne.[3] Damit sprach er die besondere Irreführungsgefahr an, die von vergleichender Werbung ausgehen kann. Entgegen einer verbreiteten Deutung leitete er daraus allerdings nicht ab, dass vergleichende Werbung grundsätzlich wettbewerbswidrig sei, sondern nur, dass solche Werbevergleiche nur zulässig seien, wenn äußerste Sicherheit bestehe.[4] Er verlangte, bei vergleichender Werbung auf die Irreführungsgefahr ein besonderes Augenmerk zu richten.

2 Die Gesichtspunkte des **Schmarotzens** und der hohen **Irreführungsgefahr** veranlassten das RG zu einer grundlegenden Änderung seiner Rechtsprechung. In seiner *Hellegold*-Entscheidung von 1931 verkehrte es den ursprünglichen Grundsatz der Zulässigkeit vergleichender Werbung in sein Gegenteil. Nunmehr hielt es vergleichende Werbung für **grundsätzlich sittenwidrig.**[5] Es begründete dies wie folgt: „Die Mitbewerber, auch wenn ihre gewerbliche Leistungsfähigkeit tatsächlich geringer sein sollte, brauchen sich nicht gefallen zu lassen, in fremden Anpreisungen als **Mittel** zur Erhöhung der eigenen Leistungsfähigkeit des Anpreisenden verwendet zu werden“.[6] Außerdem falle ein durch solche Vergleichung angemaßtes Richteramt in eigener Sache aus dem Rahmen eines ordnungsmäßigen Wettbewerbs heraus.[7] Den Grundsatz der Sittenwidrigkeit beschränkte das RG allerdings auf die **identifizierende** vergleichende Werbung, die Mitbewerber oder ihre Waren und Dienstleistungen unmittelbar oder mittelbar erkennbar macht. Nur ausnahmsweise billigte es vergleichende Werbung, nämlich **Fortschritts- und Systemvergleiche,** die ohnehin meist nicht identifizierend sind und schon deshalb nicht vom grundsätzlichen Verbot (identifizierender) vergleichender Werbung erfasst wurden, sowie **Auskunftsvergleiche** aufgrund eines Auskunftsverlangens von Kunden und **Abwehrvergleiche.**

3 Diese Rechtsprechung führte der BGH zunächst fort.[8] Im Jahre 1961 erweiterte er jedoch den Katalog von Rechtfertigungsgründen um den des **„hinreichenden Anlasses“** bzw. **„hinreichend begründeten Anlasses“,** der angenommen wurde, wenn die vergleichende Werbung „in Wahrnehmung berechtigter Interessen“ erfolgte und sich nach Art und Maß im Rahmen des dafür Erforderlichen hielt.[9] Die Kritiker der strengen Beurteilung vergleichender Werbung erhofften sich davon einen grundsätzlichen Wandel in der Beurteilung vergleichender Werbung.[10] Denn vergleichende Werbung diene der Aufklärung der Kunden und ihr Aufklärungsinteresse sei ein berechtigter Grund

---

[1] Zur Entwicklung der Rechtsprechung vgl. *Sack* WRP 2001, 327f.; *ders.* in: Amann/Jaspers RWW 3.2 Rdn. 633ff. (Stand 1983); *Freund* S. 7ff.

[2] *Lobe* MuW XVI (1916/17), 129.

[3] *Kohler* MuW XVI (1916/17), 127, 128, 129; ebenso dann RGZ 116, 277, 281 – *Preisvergleich.*

[4] I. d. S. auch noch RGZ 116, 277, 281 – *Preisvergleich;* vgl. dazu *Sack* in: Amann/Jaspers RWW 3.2 Rdn. 648, 650.

[5] RG vom 6.10.1931, GRUR 1931, 1299, 1301 – *Hellegold;* gegenteiliger Ansicht war das RG noch in seiner Entscheidung vom 20.5.1931, GRUR 1931, 983, 984, 986 – *Deutsche Normen.*

[6] RG GRUR 1931, 1299, 1301 – *Hellegold.*

[7] RG GRUR 1931, 1299, 1301 – *Hellegold;* ausführlich zu diesem Argument *Sack* in: Amann/Jaspers RWW 3.2 Rdn. 646ff.

[8] Vgl. z. B. BGH GRUR 1952, 582 – *Sprechstunden;* aus neuerer Zeit vgl. noch BGH GRUR 1986, 618, 620 – *Vorsatz-Fensterflügel;* GRUR 1992, 625, 626 – *Therapeutische Äquivalenz;* GRUR 1996, 502, 506 (c) – *Energiekosten-Preisvergleich I;* GRUR 1997, 304, 305 (3.b.bb) – *Energiekosten-Preisvergleich II;* weitere Nachweise bei *Sack* in: Amann/Jaspers RWW 3.2 Rdn. 637 Fn. 184.

[9] BGH GRUR 1962, 45, 48 – *Betonzusatzmittel;* vgl. ferner BGH GRUR 1996, 502, 506 – *Energiekosten-Preisvergleich I.*

[10] Dazu *Sack* in: Amann/Jaspers RWW 3.2 Rdn. 641 mit ausführlichen Nachweisen.

für vergleichende Werbung. Diese Hoffnung auf einen Wandel der Rechtsprechung trog jedoch. Der BGH sah im **allgemeinen** Aufklärungsinteresse der Kunden keinen berechtigten Grund für vergleichende Werbung. Nur bei Vorliegen besonderer Umstände, insbesondere bei der Aufklärung über betrügerisches Verhalten oder über lebensgefährliche Produktinformationen eines Mitbewerbers, hielt er vergleichende Werbung unter dem Gesichtspunkt des Aufklärungsinteresses der Kunden für gerechtfertigt. So bewertete er z. B. Äußerungen gegenüber der Presse, dass die Motorjacht eines Mitbewerbers entgegen den Behauptungen nicht hochseetauglich sei oder dass die Persianer-Streifenmäntel eines Mitbewerbers aus Abfallpelzen hergestellt seien, als identifizierende vergleichende Werbung, die jedoch wegen des **besonderen** Aufklärungsinteresses der Allgemeinheit ausnahmsweise gerechtfertigt sei.[11] Nach Ansicht des BGH war also nicht das allgemeine Aufklärungsinteresse der Kunden, sondern nur ein besonders **qualifiziertes** Aufklärungsinteresse ein Rechtfertigungsgrund für identifizierende vergleichende Werbung.[12] An seiner Ansicht hielt der BGH trotz breiter Kritik fest, wenn man von gelegentlichen Irritationen absieht, die vereinzelte Urteile auslösten.[13]

4 Dieser Rechtsprechung des BGH setzte die **EG-Richtlinie 97/55/EG** vom 6.10.1997 ein Ende, die die Irreführungsrichtlinie 84/450/EWG um Regelungen der vergleichenden Werbung erweiterte. Nach Art. 3a Abs. 1 dieser RL galt vergleichende Werbung, die den Mitbewerber oder seine Leistungen erkennbar macht, soweit es den Vergleich anbelangt, **als zulässig,** wenn die in den Buchstaben a–h dieser Vorschrift genannten Voraussetzungen erfüllt sind. Damit erklärt die RL identifizierende vergleichende Werbung für **grundsätzlich zulässig.** Nur unter den besonderen Voraussetzungen, die in Buchst. a–h von Art. 3a Abs. 1 RL aufgeführt sind, dürfen die Mitgliedstaaten vergleichende Werbung untersagen.[14]

5 Mit geringfügiger Verspätung erfolgte die Umsetzung durch den deutschen **Gesetzgeber** zum 1.9.2000.[15] Der neu geschaffene § 2 UWG enthielt die meisten einschlägigen Regelungen der RL.[16] Außerdem wurde den §§ 3 und 4 Abs. 1 UWG a. F. jeweils der Satz angefügt: „Angaben über geschäftliche Verhältnisse im Sinne des Satzes 1 sind auch Angaben im Rahmen vergleichender Werbung."

6 Durch Art. 14 der **RL 2005/29/EG** des Europäischen Parlaments und des Rates über unlautere Geschäftspraktiken (sog. UGP-Richtlinie) vom 11.5.2005 wurde der Schutzbereich der RL 84/450/EWG i. d. F. durch die RL 97/55/EG geändert. Diese Vorschrift wurde unverändert in die RL 2006/114/EG vom 12. Dezember 2006 (ABl.EG 2006 L 376/21) übernommen, die eine sog. „kodifizierte Fassung" der RL 84/450/EWG i. d. F. durch die RL 97/55/EG und die UGP-Richtlinie 2005/29/EG enthält. Durch Art. 10 Abs. 1 RL 2006/114/EG wurde die RL 84/450/EWG aufgehoben. Verweisungen auf diese RL gelten nach Art. 10 Abs. 2 als Verweisungen auf die RL 2006/114/EG.[17]

7 Der neu gefasste Art. 1 dieser RL lautet jetzt: „Zweck dieser Richtlinie ist der Schutz der Gewerbetreibenden vor irreführender Werbung und deren unlauteren Auswirkungen sowie die Festlegung der Bedingungen für zulässige vergleichende Werbung".

8 Diese Regelung beschränkt nur den Schutzzweck der Vorschriften der RL 84/450/EWG über **irreführende** Werbung auf den Schutz von **Gewerbetreibenden;** den Schutz der **Verbraucher** vor irreführender Werbung und vor verwechslungsfähigen Kennzeichen regelt Art. 6 der UGP-Richtlinie 2005/29/EG. Bei den Regelungen der **vergleichenden** Werbung nimmt die RL 2006/114/EG hingegen – abgesehen von Art. 4 lit.a und lit.h – keine Beschränkung des Schutzes auf Gewerbetreibende vor.[18] Deutlich machen das neben dem Wortlaut von Art. 1 auch Art. 4 lit. a

---

[11] BGH GRUR 1971, 159, 160 – *Motorjacht;* BGHZ 50, 1, 5 – *Pelzversand.*

[12] Vgl. dazu *Sack* in: Amann/Jaspers RWW 3.2 Rdn. 640, 641.

[13] Vgl. BGH GRUR 1987, 49 – *Cola-Test* (mit Anmerkung *Sack*); in dieser Entscheidung verkehrte der BGH den bis dahin geltenden Grundsatz der Unzulässigkeit vergleichender Werbung vorübergehend in sein Gegenteil, kehrte jedoch anschließend wieder zum alten Grundsatz zurück und rechtfertigte diese Entscheidung damit, dass sie einen Sonderfall betroffen habe.

[14] Umfangreiche Kritik an den Regelungen übt *Glöckner,* The Regulatory Framework for Comparative Advertising in Europe – Time for a New Round of Harmonisation, IIC 43 (2012), 35 ff.

[15] BGBl. 2000 I 1374 f.; Materialien dazu: Begr. Reg.-Entw. BT-Drucks. 14/2959 = BR-Drucks. 128/00; Empfehlungen der Ausschüsse, BR-Drucks. 128/1/00 vom 24.3.2000; Stellungnahme des Bundesrats, BR-Drucks. 128/00 (Beschluss) vom 7.4.2000; Gegenäußerung der B.-Reg. BT-Drucks. 14/3433 vom 18.5.2000; Beschlussempfehlung und Bericht des Rechtsausschusses, BT-Drucks. 14/3418 vom 19.5.2000; zu den Folgen der verspäteten Umsetzung vgl. die 1. Auflage dieses Kommentars Rdn. 5 m. w. Nachw.

[16] Jedoch z. B. nicht lit. f von Art. 3a Abs. 1 RL 97/55/EG, jetzt Art. 4 lit. e RL 2006/114/EG.

[17] Zur RL über vergleichende Werbung s. auch *Glöckner* Einl. B Rdn. 118 ff.

[18] *Henning*-Bodewig GRUR 2013, 238, 240; a. A. Köhler GRUR 2013, 761, 763 (2.); *Münker* WRP 2014, 1434 Rdn. 37; *Ohly* GRUR 2007, 3, 6; ausführlich dazu in Bezug auf irreführende Werbung GroßKomm-UWG/*Glöckner* § 6 Rdn. 72 ff., 123.

und h, die bei den Regelungen der vergleichenden Werbung ausdrücklich das verbraucherschützende Irreführungsverbot der UGP-Richtlinie nennen bzw. den Schutz vor Verwechslungsgefahr auf Gewerbetreibende beschränken. Auch der Erwägungsgrund Nr. 6 der UGP-Richtlinie und der Erwägungsgrund Nr. 8 der RL 2006/114/EG gehen davon aus, dass die Regelungen der vergleichenden Werbung durch Art. 4 RL 2006/114/EG mit Ausnahme des Tatbestands der Verwechslungsgefahr nicht nur für den B2B-, sondern auch für den B2C-Bereich gelten. Denn nach Erwägungsgrund Nr. 6 der UGP-Richtlinie 2005/29/EG erfasst und berührt diese RL nicht die Bestimmungen der RL 84/450/EWG über vergleichende Werbung. Nach Erwägungsgrund Nr. 8 der RL 2006/114/EG ist vergleichende Werbung „ein zulässiges Mittel zur Unterrichtung der **Verbraucher** …". Weitere Änderungen der Regelungen über vergleichende Werbung waren die (unnötige) Änderung der Reihenfolge der Zulässigkeitsbedingungen für vergleichende Werbung, die Ersetzung des heftig umstrittenen Wortes „Verwechslung" durch das der „Verwechslungsgefahr" sowie die Streichung des Sonderangebotstatbestandes des Art. 3a Abs. 2 der RL 84/450/EWG.

In die UWG-Novelle 2004 wurde § 2 nahezu unverändert in § 6 UWG n. F. übernommen. 9
Durch diese UWG-Novelle sowie durch die UWG-Novelle von 2008 wurde § 6 UWG in drei Punkten geändert: In § 6 Abs. 2 Nr. 3 wurde das Tatbestandsmerkmal „Verwechslungen" durch das der **„Verwechslungsgefahr"** ersetzt, wie es der RL 2006/114/EG entspricht. In § 6 Abs. 2 Nr. 4 UWG wurde das Wort „Wertschätzung" durch das Wort **„Ruf"** ersetzt, um die Vorschrift der Terminologie der Richtlinien 97/55/EG, 2005/29/EG und 2006/114/EG anzupassen (dazu Rdn. 171). Die **Sonderangebotsregelung** des § 6 Abs. 3 UWG wurde in Übereinstimmung mit der Richtlinie 2006/114/EG ersatzlos gestrichen. Außerdem wurde der Begriff „gegen die guten Sitten" in § 2 a. F. ersetzt durch das Wort „unlauter" in § 6. Abweichend von der früheren Rechtslage waren **unlautere** geschäftliche Handlungen nicht mehr ohne weiteres, sondern nur noch dann **unzulässig,** wenn „sie geeignet sind, die Interessen von Mitbewerbern, Verbrauchern und sonstigen Marktbeteiligten **spürbar** zu beeinträchtigen". Diese sog. Spürbarkeitsschwelle kann die Verbote unlauterer vergleichender Werbung i. S. v. § 6 Abs. 2 einschränken; ob dies mit der RL 2006/114/EG vereinbar ist, ist umstritten (dazu unten E).

Die **UWG-Novelle 2015** hat § 3 Abs. 1 dahingehend geändert, dass unlautere geschäftliche Handlungen nicht mehr erst bei Spürbarkeit, sondern **ohne Weiteres unzulässig** sind. Danach ist auch unlautere vergleichende Werbung nach dem Wortlaut von § 3 Abs. 1 ohne Weiteres unzulässig. Problematisch ist jedoch, ob es Gründe dafür gibt, dass sie dennoch erst bei Spürbarkeit **unzulässig** ist (ausführlich dazu unten Rdn. 237 ff.).

B. Auswirkungen der RL 2006/114/EG, früher RL 97/55/EG, auf die Auslegung des UWG

I. Das Gebot richtlinienkonformer Auslegung

Seit der Umsetzung der RL 97/55/EG (jetzt RL 2006/114/EG) in nationales Recht sind die be- 10
treffenden gesetzlichen Regelungen in § 5 und § 6 UWG richtlinienkonform auszulegen. Diese Pflicht ergibt sich sowohl aus dem **nationalen** Recht, nämlich aus dem Zweck der betreffenden UWG-Vorschriften, die RL umzusetzen,[19] als auch aus der EU-rechtlichen Pflicht nach Art. 4 Abs. 3 EUV (früher Art. 10 Abs. 2 EG, zuvor Art. 5 Abs. 2 EGV) zu **EU-freundlichem Verhalten.**[20] In Zweifelsfällen ist nach Maßgabe von Art. 267 AEUV eine Vorabentscheidung des EuGH über die Auslegung der betreffenden Regelungen der RL einzuholen.

Die richtlinienkonforme Auslegung von § 6 UWG wird dadurch unnötig erschwert, dass der 11
deutsche Gesetzgeber dem Vorschlag, Art. 3a Abs. 1 lit. a–h der RL 97/55/EG wörtlich in deutsches Recht umzusetzen,[21] nicht gefolgt ist.

II. Allgemeine Auslegungskriterien der Richtlinie

1. Der Grundsatz der Zulässigkeit vergleichender Werbung

Nach Art. 4 RL 2006/114/EG ist vergleichende Werbung **zulässig,** wenn sie die in dieser Vor- 12
schrift genannten Bedingungen erfüllt. Sie darf von den Mitgliedstaaten grundsätzlich nicht verbo-

---

[19] Vgl. BGHZ 63, 261, 264 f.
[20] Vgl. vor allem EuGH Slg. 1984, 1891 Rdn. 26, 28 – *Colson und Kamann;* EuGH Slg. 1994, I-3325 Rdn. 26, 27 = NJW 1995, 2473 – *Faccini Dori.*
[21] Vgl. Bundesrat in BR-Drucks. 128/00 (Beschluss), S. 3; *Bornkamm,* Entwicklungen …, S. 138.

ten werden, wenn sie sich im Rahmen der Zulässigkeitsbedingungen des Art. 4 RL hält, d. h. sie muss grundsätzlich als zulässig bewertet werden.[22]

2. Abschließende Regelung zulässiger Verbote

13 Die Art. 4 und 8 RL enthalten außerdem nach ganz h. M. eine **abschließende** Regelung zulässiger Verbote vergleichender Werbung durch die Mitgliedstaaten[23] bzw. eine abschließende Regelung der Zulässigkeitsbedingungen vergleichender Werbung,[24] d. h. nur unter den in diesen Vorschriften genannten Voraussetzungen dürfen die Mitgliedstaaten vergleichende Werbung untersagen. Das ergibt sich mittelbar aus Art. 8 Abs. 1 Unterabs. 2 der RL 2006/114/EG. Ansonsten gilt der Grundsatz der Zulässigkeit vergleichender Werbung. Das bedeutet für das deutsche Recht, dass vergleichende Werbung nicht mit Hilfe der wettbewerbsrechtlichen Generalklausel über die in Art. 4 RL genannten Anforderungen hinaus verboten werden darf. Zwar würde dies der **Wortlaut** der deutschen Vorschriften erlauben. Denn die einschlägigen Regelungen in § 5 und § 6 UWG (früher § 2 und § 3 S. 2) bestimmen nur, wann identifizierende vergleichende Werbung wettbewerbswidrig ist. Ihr Wortlaut lässt hingegen die Frage offen, ob vergleichende Werbung bei Beachtung dieser Verbote immer zulässig ist, oder ob weitere Formen vergleichender Werbung über die in den Spezialregelungen genannten Verbote hinaus mit der Generalklausel untersagt werden dürfen. Nach dem **Wortlaut** der UWG-Regelungen könnte die Rechtsprechung sogar am herkömmlichen Grundsatz der Unzulässigkeit vergleichender Werbung festhalten;[25] § 5 Abs. 3 und § 6 UWG enthielten dann nur einen Beispielskatalog für wettbewerbswidrige vergleichende Werbung (ausführlich dazu Rdn. 14 ff.). Über Art. 4 u. 8 RL hinausgehende Verbote stünden jedoch in klarem Widerspruch zur RL über vergleichende Werbung, die, was den Vergleich anbelangt, vom **Grundsatz der Zulässigkeit** ausgeht und nur unter den in Art. 4 und 8 RL genannten Voraussetzungen Ausnahmen von diesem Grundsatz zulässt. Deshalb ist folgende richtlinienkonforme Auslegung des UWG geboten: Mit den Vorschriften des UWG darf vergleichende Werbung nur unter den in Art. 4 und 8 RL genannten Voraussetzungen untersagt werden.[26] Dabei ist es – unter dem Gesichtspunkt der richtlinienkonformen Auslegung – unerheblich, ob die Verbote auf die Spezialregelungen der §§ 6, 5 und 4 Nr. 8 UWG oder auf die Generalklausel des § 3 UWG gestützt werden; es müssen nur die durch Art. 4 und 2 RL gesetzten Grenzen für Verbote eingehalten werden. In Zweifelsfällen ist dies durch Vorlage beim EuGH nach Art. 267 AEUV durch Vorabentscheidung zu klären.

3. Weite Auslegung der Zulässigkeitsbedingungen

14 Die an vergleichende Werbung gestellten Anforderungen müssen in dem für sie **günstigsten Sinne** ausgelegt werden.[27] Im Zweifel muss daher zugunsten der Zulässigkeit vergleichender Werbung entschieden werden. Das folgt aus dem Zweck der RL, das Recht der vergleichenden Werbung zu liberalisieren. Anhand des weit auszulegenden Art. 4 RL 2006/114/EG sind dann § 6 und § 5 UWG richtlinienkonform auszulegen. So ist es z. B. mit dem Grundsatz der günstigsten Ausle-

---

[22] Vgl. öst.OGH GRUR Int. 2005, 161, 162 – *Dan aktuell; Bornkamm,* Entwicklungen …, S. 137; *Eck/Ikas* WRP 1999, 251, 255; *Freund* S. 64; *Henning-Bodewig* GRUR Int. 1999, 385, 386; *Kotthoff* BB 1998, 221; *Menke* WRP 1998, 811, 817; *Plassmann* GRUR 1996, 377, 381; *Sack* GRUR Int. 1998, 263, 270, 271; *ders.* WRP 2001, 327, 328 f.; *Tilmann* GRUR 1997, 790.

[23] EuGH GRUR 2013, 1049 Rdn. 38 – *BEST/Visys;* BGH GRUR 2011, 1158 Rdn. 21 – *Teddybär;* GRUR 2015, 1136 Rdn. 18, 38, 43 – *Staubsaugerbeutel im Internet;* ebenso *Jestaedt,* Wettbewerbsrecht, Rdn. 761; *Köhler*/Bornkamm § 6 Rdn. 19, 20; *Müller-Bidinger* in: Ullmann jurisPK-UWG § 6 Rdn. 12.

[24] EuGH Slg. 2003, I-3095 = GRUR 2003, 533 Rdn. 44 – *Pippig;* EuGH Slg. 2010, I-11761 = GRUR 2011 Rdn. 22 – *Lidl/Vierzon;* Begr. Reg.-Entw. BT-Drucks. 14/2959, S. 6; öst. OGH GRUR Int. 2005, 161, 162 – *Dan aktuell;* Gloy/Loschelder/Erdmann/*Hasselblatt,* HdbWettbR, § 60 Rdn. 23, 24; *Köhler*/Bornkamm § 6 Rdn. 3, 10; *Ph. Koehler* in: Götting/Nordemann § 6 Rdn. 60; *Lettl* WRP 2004, 1079, 1118.

[25] *Sack* WRP 2001, 327, 329; *Heister* S. 66.

[26] *Sack* WRP 2001, 327, 329.

[27] EuGH Slg. 2001, I-7945 = GRUR 2002, 354 Rdn. 36, 37 – *Toshiba Europe;* EuGH Slg. 2003, I-3095 = GRUR 2003, 533 Rdn. 42 – *Pippig;* EuGH Slg. 2006, I-8501 = GRUR 2007, 69 Rdn. 22, 32 – *Lidl Belgium;* EuGH Slg. 2007, I-3115 = GRUR 2007, 511 Rdn. 35, 63 – *De Landtsheer Emmanuel;* EuGH Slg. 2009 I-5185 = GRUR 2009, 756 Rdn. 69 – *L'Oréal/Bellure;* EuGH GRUR 2011, 159 Rdn. 21, 38 – *Lidl/Vierzon Distribution;* BGH GRUR 2005, 607, 611, 612 – *Genealogie der Düfte;* BGH GRUR 2015, 1136 Rdn. 37 – *Staubsaugerbeutel im Internet;* OLG Hamburg GRUR-RR 2005, 129, 131 – *Inlandsferngespräche;* OLG Köln MarkenR 2006, 33, 35 – *Duftvergleich mit Markenparfums;* OLG Hamburg GRUR-RR 2007, 244, 246 – *Neuwahlen;* ebenso öst.OGH GRUR Int. 2005, 161, 162 – *Dan aktuell;* ausführlich dazu in diesem Kommentar *Glöckner* Einl. B Rdn. 148 ff., 152 ff.

gung der Zulässigkeitsvoraussetzungen zu rechtfertigen, dass es für die Nachprüfbarkeit nach § 6 Abs. 2 Nr. 2 UWG genügt, wenn sie zwar nicht dem Verbraucher, jedoch einem Sachverständigen möglich ist.[28]

4. Vorteile vergleichender Werbung

Die bisherige Rechtsprechung des EuGH zeigt, dass er in der 2. Begründungserwägung der RL 97/55/EG (jetzt Begründungserwägung Nr. 6, S. 3 u. 4 der RL 2006/114/EG) einen zentralen Auslegungsbehelf sieht, wonach vergleichende Werbung dazu beitragen soll, „die **Vorteile** der verschiedenen vergleichbaren Erzeugnisse objektiv herauszustellen" und „den Wettbewerb zwischen den Anbietern von Waren und Dienstleistungen im Interesse der Verbraucher (zu) fördern".[29] Die Interessen der betroffenen Mitbewerber sollen allerdings nicht mehr beeinträchtigt werden, als dies im Interesse des Werbenden und der Kunden an sachlicher Aufklärung **erforderlich** ist.[30] 15

5. Das Verbraucherleitbild

Bei der Beurteilung vergleichender Werbung, die sich an Verbraucher richtet, ist das vom EuGH und EuG entwickelte europäische Verbraucherleitbild zu berücksichtigen.[31] Maßgeblich ist der normal informierte und angemessen aufmerksame und verständige Durchschnittsverbraucher.[32] 16

6. Kumulativ zu erfüllende Voraussetzungen

Die Zulässigkeitsvoraussetzungen des Art. 4 RL und dementsprechend des § 6 Abs. 2 UWG müssen **kumulativ** erfüllt sein.[33] Verstößt vergleichende Werbung auch nur gegen eine dieser Regelungen, **darf** sie von den Mitgliedstaaten verboten werden. Versteht man außerdem den Kriterienkatalog des Art. 4 RL nicht nur als Zuläsigkeits-, sondern auch als **Verbotskatalog** (dazu unten Rdn. 18 ff.), dann **muss** vergleichende Werbung, die gegen eines der Kriterien verstößt, von den Mitgliedstaaten verboten werden.[34] 17

III. Art. 4 RL 2006/114/EG: Zulässigkeitskatalog oder auch Verbotskatalog?

1. Das Problem

a) Nach Art. 4 RL ist vergleichende Werbung grundsätzlich „zulässig", wenn die in den Buchstaben a–h genannten Bedingungen erfüllt sind. Ausnahmen enthält Art. 8 RL. Nur unter den in diesen Vorschriften genannten Voraussetzungen dürfen die Mitgliedstaaten vergleichende Werbung untersagen; weiterreichende Verbote wären mit der RL unvereinbar. Die Art. 4 u. 8 RL enthalten also – verkürzt ausgedrückt – einen **Zulässigkeitskatalog.** Das ist unstreitig. 18

b) Umstritten ist hingegen, ob Art. 4 RL darüber hinaus auch einen **Verbotskatalog** enthält, wonach vergleichende Werbung, die die Voraussetzungen dieser Vorschrift **nicht** erfüllt, von den 19

---

[28] BGH GRUR 2004, 607, 612 – *Genealogie der Düfte.*

[29] EuGH Slg. 2003, I-3095 = GRUR 2003, 533 Rdn. 64 – *Pippig;* EuGH Slg. 2006, I-2147 = GRUR 2006, 345 Rdn. 22, 23 – *Siemens;* EuGH Slg. 2006, I-8501 = GRUR 2007, 69 Rdn. 22, 23, 33, 34, 35, 41, 49 – *Lidl Belgium;* EuGH Slg. 2007, I-3115 = GRUR 2007, 511 Rdn. 34, 62 – *De Landtsheer Emmanuel;* EuGH Slg. 2008, I-4231 = GRUR 2008, 698 Rdn. 38 – *O2 und O2;* EuGH Slg. 2009, I-5185 = GRUR 2009, 756 Rdn. 68 – *L'Oréal/Bellure;* EuGH GRUR 2011, 159 Rdn. 20, 43, 58 – *Lidl/Vierzon Distribution;* EuGH GRUR 2003, 1049 Rdn. 37 – *BEST/Visys;* EuGH GRUR 2014, 493 Rdn. 25 – *Posteshop/Autorità;* öst. OGH ÖBl. 2011, 228 (Leits. 1), 229 (1.1.) = GRUR Int. 2012, 180 – *Velux.*

[30] Begr. Reg.-Entw. BT-Drucks. 14/2959, S. 11 r. Sp. zu § 2 Abs. 2 Nr. 2 (jetzt § 6 Abs. 2 Nr. 2).

[31] Vgl. EuGH GRUR 2003, 533 Rdn. 33 – *Pippig;* EuGH GRUR 2004, 69 Rdn. 78 – *Lidl Belgium;* EuGH GRUR 2007, 511 Rdn. 23 – *De Landtsheer Emmanuel;* BGH GRUR 2002, 828, 829 – *Lottoschein;* BGH GRUR 2007, 605 Rdn. 18 – *Umsatzzuwachs;* öst.OGH MuR 2006, 27, 28 f. – *TikTak Privattarif;* vgl. auch *Sack* WRP 2001, 327, 333.

[32] EuGH GRUR Int. 2005, 44 Rdn. 24 – *SAT 1;* EuGH GRUR 2007, 69 Rdn. 78 – *Lidl Belgium;* EuGH GRUR 2007, 511 Rdn. 23 – *De Landtsheer Emmanuel;* EuGH MarkenR 2007, 210 Rdn. 62 – *Trivastan/Travatan;* EuG GRUR Int. 2004, 322 Rdn. 30 – *El Castillo;* im gleichen Sinne Erwägungsgrund Nr. 18 der UGP-RL 2005/29/EG; zu diesem Verbraucherleitbild *Sack* WRP 2005, 462 m. w. N.

[33] Begründungserwägung Nr. 11 der RL 2006/114/EG; EuGH GRUR 2003, 533 Rdn. 54 – *Pippig;* EuGH Slg. 2009, I-5185 = GRUR 2009, 756 Rdn. 67 – *L'Oréal*/Bellure; EuGH GRUR 2011, 159 Rdn. 16 – *Lidl/Vierzon Distribution; Glöckner* Einl. B Rdn. 124; Gloy/Loschelder/Erdmann/*Hasselblatt* § 60 Rdn. 48; *Köhler*/Bornkamm § 6 Rdn. 3; *Ph. Koehler* in: Götting/Nordemann § 6 Rdn. 60; *Koos* WRP 2005, 1096, 1097; *Lettl* WRP 2004, 1079, 1118.

[34] So EuGH GRUR 2003, 533 Rdn. 54 – *Pippig.*

Mitgliedstaaten verboten werden **muss.**[35] Der **Wortlaut** von Art. 4 RL lässt diese Frage offen; er regelt nur, unter welchen Voraussetzungen vergleichende Werbung zulässig ist, während er keine Aussage zu der Frage trifft, ob vergleichende Werbung, die die Zulässigkeitskriterien des Art. 4 RL nicht erfüllt, verboten werden muss.

20 Nach ganz überwiegender Meinung enthält Art. 3a Abs. 1 RL 97/55/EG (jetzt Art. 4 RL 2006/114/EG) nicht nur einen Zulässigkeits-, sondern auch einen Verbotskatalog.[36] Zur Aussagekraft der h. M. ist allerdings schon hier anzumerken, dass die Mehrzahl ihrer Anhänger auf die bestehenden Bedenken nicht einmal hinweist; z. T. berufen sie sich sogar auf den Wortlaut der RL,[37] was zweifellos unzutreffend ist.

21 Die Streitfrage ist auch nach der Umsetzung der RL in deutsches Recht in Form eines Verbotskatalogs in § 6 UWG (vor 2004 § 2 UWG) relevant geblieben. Denn wenn Art. 4 RL nur einen **Zulässigkeitskatalog** enthielte, müsste nur bei **Verboten** vergleichender Werbung die RL-Konformität beachtet werden. Enthielte Art. 4 RL hingegen auch einen **Verbotskatalog,** dann könnte auch die **Verneinung** eines Verstoßes gegen § 6 UWG im Einzelfall mit der RL unvereinbar sein. Relevant ist die Streitfrage vor allem für

– Auskunftsvergleiche, wenn das Auskunftsverlangen persönliche oder unternehmensbezogene Umstände oder untypische Eigenschaften von Waren oder Dienstleistungen betrifft;
– Abwehrvergleiche;
– die Werbung für Ersatzteile, Zubehör und Verbrauchsmaterialien, sofern kein Vergleich mit den entsprechenden Waren des Mitbewerbers vorgenommen wird;
– die persönliche und unternehmensbezogene Werbung, soweit sie nach herkömmlichem deutschen Recht ausnahmsweise zulässig war;
– die Handhabung der sog. Champagnerklausel des Art. 4 lit. e RL.

2. Argumente *contra* Verbotskatalogtheorie

22 **a) Der Wortlaut von Art. 4 RL 2006/114/EG.** Die RL 2006/114/EG (ebenso zuvor RL 97/55/EG) enthält keine Regelung der Rechtsfolgen vergleichender Werbung, die die Zulässigkeitsvoraussetzungen des Art. 4 **nicht** erfüllt. Diese Vorschrift bestimmt zwar, dass vergleichende Werbung unter den in dieser Vorschrift genannten Voraussetzungen **zulässig** ist und deshalb von den Mitgliedstaaten nicht verboten werden darf, wenn sie die dort geregelten Voraussetzungen erfüllt. Daraus folgt jedoch nicht ohne weiteres im Umkehrschluss die Unzulässigkeit vergleichender Werbung, die die Voraussetzungen dieser Vorschrift nicht erfüllt. Vielmehr lässt der **Wortlaut** von Art. 4 RL die Frage der Voraussetzungen der **Unzulässigkeit** vergleichender Werbung **offen,** die die Zulässigkeitsvoraussetzungen nicht erfüllt.[38] Hätten die Verf. der RL 97/55/EG und der RL

---

[35] Hierzu auch *Glöckner* Einl. B Rdn. 147 ff.

[36] So zu Art. 3a RL 97/55/EG Begr. Reg.-Entw. BT-Drucks. 14/2959, S. 6; EuGH Slg. 2003, I-3095 = GRUR 2003, 533 Rdn. 54, 70 – *Pippig;* EuGH Slg. 2009, I-5185 = GRUR 2009, 756 Rdn. 9, 67 – *L'Oréal/Bellure; Aigner* S. 72 f.; *Bornkamm,* Entwicklungen …, S. 134, 139 f.; *Buck-Freytag* S. 123; *Eck/Ikas* WRP 1999, 251, 255 f.; *dies.* WRP 1999, 772; Fezer/*Koos* § 6 Rdn. 6, 14, 15; *Fröndhoff* S. 108; *Gloy/Bruhn* GRUR 1998, 226, 239; *Henning-Bodewig* GRUR Int. 1999, 385, 386; *dies.* BIE 1999, 198, 199, 202; *Jestaedt,* Wettbewerbsrecht, Rdn. 761; *Kebbedies* S. 144 ff.; *Köhler* WRP 2012, 251, 257 (IV. 1); *Köhler*/Bornkamm § 6 Rdn. 3, 10; *Ph. Koehler* in: Götting/Nordemann § 6 Rdn. 9; *Koos* WRP 2005, 1096, 1098; *Lehmler* § 6 Rdn. 8; *Lettl,* Wettbewerbsrecht, S. 320, 321; *Lolivier* Gaz. Pal. 1998 doctr. 621, 625; MünchKommUWG/*Menke* § 6 Rdn. 20; *Müller-Bidinger* in: Ullmann jurisPK-UWG § 6 Rdn. 12; *Nordemann,* Wettbewerbs- und Markenrecht, Rdn. 1111; *Nordmann,* GRUR Int. 2002, 297, 299; *Ohly* GRUR 1998, 828, 830; *ders.* GRUR 2003, 641, 642; *Ohly*/Sosnitza § 6 Rdn. 8; *Plaß* WRP 1999, 766, 767; *dies.* NJW 2000, 3161, 3163; *dies.* in: HK-WettbR § 6 Rdn. 9; *Plassmann* GRUR 1996, 377, 381; *Riedel* S. 170 f.; *Saßmann* S. 113 ff., 149 f.; *Scherer* WRP 2001, 89, 90; *Schnorbus* ZgVersWiss 1999, 375, 417; *Siems* ZEuP 2001, 686, 692 f.; *Somariello* S. 95; *Stadelmann* S. 176; *Tilmann* GRUR 1997, 790 mit Fn. 9, 795; *ders.* GRUR 1999, 546, 549; *Ziervogel* S. 93 ff.; ebenso im Ergebnis *Alexander* GRUR 2010, 482, 484 a. E.; vgl. auch *Gamerith,* Neue Herausforderungen für ein Europäisches Lauterkeitsrecht, 2. Aufl., 2003, S. 13; **a. A.** *Baumbach/Hefermehl* § 2 UWG Rdn. 17; *Borck* WRP 2001, 1124, 1128; *Sack* GRUR Int. 1998, 263, 270 f.; *ders.* WRP 2001, 327, 329 ff., 333; *ders.* WRP 2002, 363, 365 f.; a. A. wohl auch *Kießling/Kling* WRP 2002, 615, 625; widersprüchlich Begr. Reg.-Entw. BT-Drucks. 14/2959, wo einerseits auf S. 6 betont wird, dass die RL eine abschließende Regelung enthalte, während auf S. 10 angenommen wird, dass der RL-Text die Zulässigkeit unternehmensbezogener Werbung offen lasse; vgl. den zutreffenden Hinweis auf diesen Widerspruch bei *Kießling/Kling* WRP 2002, 615, 625.

[37] Vgl. Begr. Reg.-Entw. BT-Drucks. 14/2959, S. 6 (I.); *F. U. D. Hasselblatt* S. 318, 319.

[38] Vgl. *Aigner* S. 71; *Bornkamm,* Entwicklungen …, S. 139; *Eck/Ikas* WRP 1999, 251, 255; *Freund* S. 64, 67; *Götting,* Wettbewerbsrecht, S. 171 Rdn. 65; *Heister* S. 21; *Kebbedies* S. 136; MünchKommUWG/*Menke* § 6 Rdn. 20; *Ohly/Spence* GRUR Int. 1999, 681, 687; *Sack* GRUR Int. 1998, 263, 270; *Schnorbus* ZgVersWiss 1999, 375, 415.

2006/114/EG vergleichende Werbung, die die Zulässigkeitsvoraussetzungen des Art. 3a Abs. 1 bzw. des Art. 4 nicht erfüllt, verbieten wollen, dann hätten sie dies ohne weiteres klarstellen können, z. B. durch die Einfügung des Wörtchens „nur", wie sie es in einem früheren RL-Entwurf schon getan hatten, oder durch einen ergänzenden Satz des Inhalts, dass vergleichende Werbung von den Mitgliedstaaten verboten werden muss, wenn sie die Zulässigkeitskriterien von Art. 4 RL 2006/114/EG nicht erfüllt.

Obwohl das Problem hinreichend bekannt war, regelte auch Art. 14 der UGP-Richtlinie 2005/29/EG, der nun in Art. 4 der RL 2006/114/EG fortgeführt wird, nur die Voraussetzungen der **Zulässigkeit** vergleichender Werbung, während die Frage der Voraussetzungen der **Unzulässigkeit** weiterhin offen gelassen worden ist. Dies ist ein starkes Indiz gegen die Ansicht, dass die Verf. der betreffenden Richtlinien vergleichende Werbung untersagen wollten, die die in Art. 4 RL 2006/114/EG genannten Voraussetzungen der Zulässigkeit nicht erfüllt. 23

b) Die Entstehungsgeschichte von Art. 3a RL 97/55/EG und Art. 4 RL 2006/114/EG. 24
Gegen die Ansicht, dass die genannten Vorschriften einen Verbotskatalog enthalten, spricht vor allem die Entstehungsgeschichte des Art. 3a RL 97/55/EG.[39] Im ersten RL-Vorschlag der Kommission von 1991 hieß es noch: „Vergleichende Werbung ist zulässig, sofern …".[40] Im zweiten RL-Vorschlag der Kommission[41] sowie in dem zuvor vom Europäischen Parlament geänderten Vorschlag von 1992[42] lautete Art. 3a Abs. 1 RL 97/55/EG: „Vergleichende Werbung ist **nur** zulässig, sofern folgende Bedingungen erfüllt sind." Nach dieser Formulierung war der Klauselkatalog zweifellos (auch) ein Verbotskatalog. Das Wörtchen „nur" ist jedoch dann im gemeinsamen Standpunkt[43] und in der endgültigen Fassung der RL wieder gestrichen worden. Wenn dies einen Sinn hatte, dann wohl nur den, dass der Klauselkatalog des Art. 3a Abs. 1 RL 97/55/EG nicht mehr als Verbotskatalog verstanden werden sollte.[44]

c) Der Liberalisierungszweck von Art. 3a RL 97/55/EG und Art. 4 RL 2006/114/EG. 25
Die Anhänger der Ansicht, dass Art. 3a RL 97/55/EG bzw. Art. 4 RL 2006/114/EG keinen Verbotskatalog enthalten, berufen sich auf den **Liberalisierungszweck** dieser Richtlinien. Ihr Zweck war es zweifellos, die wettbewerbsrechtliche Beurteilung vergleichender Werbung in den Mitgliedstaaten zu liberalisieren.[45] Würde man hingegen den Klauselkatalog des Art. 4 RL 2006/114/EG auch als **Verbotskatalog** interpretieren, dann wären manche Formen vergleichender Werbung, die zuvor wohl in (fast) allen Mitgliedstaaten zulässig waren, nunmehr wegen der RL zu untersagen.[46] Das gilt vor allem für den Bereich der nach deutschem Recht bisher zulässigen Auskunfts- und Abwehrvergleiche, aber auch für vergleichende Werbung i. S. d. sog. Champagnerklausel des Art. 4 lit. e und der sog. Parfumklausel des Art. 4 lit. g der RL. Deren Beschränkung stünde im Widerspruch zum Liberalisierungszweck der RL.

3. Argumente *pro* Verbotskatalogtheorie

Die Gegenansicht, die im Klauselkatalog von Art. 3a RL 97/55/EG bzw. Art. 4 RL 2006/114/EG auch einen Verbotskatalog sieht, rechtfertigt diese Ansicht mit einem Umkehrschluss[47] und beruft sich darauf, dass die RL neben dem Liberalisierungszweck auch einen **Harmonisierungszweck** verfolge.[48] Das Anliegen der Liberalisierung sei hingegen im Laufe der Entstehungsgeschichte der RL in den Hintergrund getreten.[49] 26

Der Harmonisierungszweck der RL ist unstreitig. Die Verbotskatalogtheorie ließe sich darauf jedoch nur stützen, wenn die RL eine **Vollharmonisierung** bezweckte. Dies wird von einem Teil 27

---

[39] *Freund* S. 67; *Sack* WRP 2001, 327, 330; *Schnorbus* ZgVersWiss 1999, 375, 417.

[40] ABl. EG 1991 C 180, S. 14, 15 = GRUR Int. 1991, 634, 635.

[41] ABl. EG 1994 C 136, S. 4, 7.

[42] ABl. EG 1992 C 337, S. 137, 139.

[43] ABl. EG 1996 C 219, S. 14, 16.

[44] Vgl. *Freund* S. 67; *Sack* GRUR Int. 1998, 263, 270; a. A. *Aigner* S. 77 f.

[45] *Baumbach/Hefermehl* § 2 UWG Rdn. 17; *Sack* GRUR Int. 1998, 263, 270; *ders.* WRP 2001, 327, 330; vgl. auch *Eck/Ikas* WRP 1999, 251, 255; *Kießling/Kling* WRP 2002, 615, 625; *Marx* EWS 2001, 353, 354; *Menke* WRP 1998, 811, 817.

[46] Vgl. *Sack* GRUR Int. 1998, 263, 271; *ders.* WRP 2001, 327, 330; *Baumbach/Hefermehl* § 2 UWG Rdn. 17; *Glöckner* ELR 2001, 344, 346; *Ohly/Spence* GRUR Int. 1999, 681, 693, 697.

[47] *Köhler* WRP 2012, 251, 257.

[48] So die Begr. Reg.-Entw. BT-Drucks. 14/2959, S. 6; *Beater* ZEuP 1996, 200, 228 f.; *Heister* S. 21; *Kebbedies* S. 137 ff.; *Köhler*/Bornkamm § 6 Rdn. 3; *Ph. Koehler* in: Götting/Nordemann § 6 Rdn. 9; *Menke* WRP 1998, 811, 818; *Plaß* NJW 2000, 3161, 3163; *Schnorbus* ZgVersWiss 1999, 375, 417; *Ziervogel* S. 94 f.

[49] So die Begr. Reg.-Entw. BT-Drucks. 14/2959, S. 6; *Menke* WRP 1998, 811, 817.

der Anhänger der Verbotskatalogtheorie gesehen, die einen Vollharmonisierungszweck der RL bejahen[50] bzw. in der RL eine **abschließende** Regelung der vergleichenden Werbung sehen[51] und damit die Verbotskatalogtheorie rechtfertigen.[52]

28 Für die Ansicht, dass die RL 97/55/EG eine Harmonisierung bzw. Vollharmonisierung des Rechts der vergleichenden Werbung bezwecke, beruft man sich auf eine große Anzahl von **Erwägungsgründen,** wobei allerdings auffällt, dass von den verschiedenen Autoren jeweils verschiedene Erwägungsgründe genannt werden. Es sind die Erwägungsgründe 2, 3, 7, 8, 9, 11, 15, 16, 18 der RL 97/55/EG. Aus den meisten der genannten Erwägungsgründe lässt sich allerdings nichts für die Absicht einer Vollharmonisierung ableiten; dazu ausführlich die 1. Auflage dieses Kommentars Rdn. 28 ff. Auf die Absicht einer Vollharmonisierung deuten allenfalls die Erwägungsgründe 7, 9, 11 u. 16 RL 97/55/EG. Davon sind die Erwägungsgründe 9 u. 16 nicht in die jetzt maßgebliche RL 2006/114/EG übernommen worden. Nur die Erwägungsgründe 7 u. 11 RL 97/55/EG finden sich als Erwägungsgründe 9 S. 2 und 11 in der RL 2006/114/EG wieder.

29 Nach **Erwägungsgrund 9 S. 2** soll mit den Bedingungen für zulässige vergleichende Werbung in Art. 4 RL 2006/114/EG festgelegt werden, welche Praktiken der vergleichenden Werbung den Wettbewerb verzerren, die Mitbewerber schädigen und die Entscheidung der Verbraucher negativ beeinflussen können.[53] Dieser Erwägungsgrund geht offenbar davon aus, dass vergleichende Werbung, die die Bedingungen des Art. 4 RL nicht erfüllt, die genannten negativen Auswirkungen hat und deshalb wohl als wettbewerbswidrig zu bewerten ist.

30 In **Erwägungsgrund Nr. 11,** der nahezu unverändert aus der RL 97/55/EG in die RL 2006/114/EG übernommen worden ist, wird ausgeführt, dass „die Bedingungen für vergleichende Werbung … kumulativ sein und uneingeschränkt eingehalten werden" sollten. Diesen Erwägungsgrund kann man zwar so interpretieren, dass vergleichende Werbung, die die Zulässigkeitskriterien nicht erfüllt, verboten werden soll. Man kann ihn jedoch auch so verstehen, dass immer dann, wenn alle Zulässigkeitskriterien kumulativ erfüllt sind, vergleichende Werbung von den Mitgliedstaaten nicht verboten werden darf.

31 Auch wenn die vagen Andeutungen der Erwägungsgründe im Sinne der Verbotskatalogtheorie zu deuten sein sollten, so bleibt dennoch festzuhalten, dass dieser aus den Erwägungsgründen angeblich ableitbare Zweck in den Vorschriften der RL keinen Niederschlag gefunden hat. Würde man der Verbotskatalogtheorie folgen, dann wäre eine in der RL **nicht vorhandene Vorschrift** von den Mitgliedstaaten in nationales Recht umzusetzen – ein interessantes Novum der Reichweite der Pflicht von Mitgliedstaaten, Richtlinien in nationales Recht umzusetzen.

4. Die Rechtsprechung des EuGH

32 Der EuGH hat zu der Streitfrage bisher soweit ersichtlich nur in seiner *Pippig*-Entscheidung vom 8.4.2003 Stellung genommen,[54] ohne allerdings auch nur andeutungsweise auf die Argumente einzugehen. In Rdn. 54 stellte er fest, dass die Anforderungen des Art. 3a Abs. 1 RL 97/55/EG kumulativ erfüllt sein müssen, so dass vergleichende Werbung, die gegen eine dieser Anforderungen verstoße, **„gemeinschaftsrechtlich verboten"** sei. Das ist zwar ungenau, da Richtlinien grundsätzlich nicht unmittelbar wirken, sondern von den Mitgliedstaaten in nationales Recht umgesetzt werden müssen. Gemeint ist jedoch, dass die Mitgliedstaaten vergleichende Werbung, die eine der in Art. 3a Abs. 1 RL 97/55/EG genannten Bedingungen nicht erfüllt, verbieten **müssen.** Das ist jedoch nur auf der Basis der Verbotskatalogtheorie zutreffend, d. h. der EuGH hat implizit diese Theorie angewendet.

33 Ebenso ist auch die Rdn. 70 der *Pippig*-Entscheidung zu deuten,[55] wenn es dort heißt: „Da die Richtlinie 84/450/EWG den vom Werbenden bei einem Mitbewerber durchgeführten Testkauf für sich genommen nicht verbietet, ist die Werbeaussage, mit der das Angebot des Werbenden mit dem Angebot des betreffenden Mitbewerbers verglichen wird, **nur dann unzulässig, wenn sie eine der Bedingungen des Art. 3a I dieser Richtlinie nicht erfüllt;** …"

---

[50] *Köhler* WRP 2013, Rdn. 47; *Köhler*/Bornkamm § 6 Rdn. 19; *Lettl* WRP 2004, 1079, 1118 Rdn. 163, 1119 Rdn. 171, 173; MünchKommUWG/*Menke* § 6 Rdn. 7, 20; in diesem Kommentar *Glöckner* Einl. B Rdn. 120 f., 149.

[51] Begr. Reg.-Entw. BT-Drucks. 14/2959, S. 6.

[52] Begr. Reg.-Entw. BT-Drucks. 14/2959, S. 6 (anders S. 10); MünchKommUWG/*Menke* § 6 Rdn. 20; *Plaß* in: HK-WettbR § 6 Rdn. 9; vgl. auch *Lettl* WRP 2004, 1079, 1118 (163).

[53] Auf diese Erwägungsgründe berufen sich die Begr. Reg.-Entw. BT-Drucks. 14/2959, S. 6; *Aigner* S. 80; *Bornkamm,* Entwicklungen …, S. 140; *Fröndhoff* S. 108 Fn. 80; *Ohly/Spence* GRUR Int. 1999, 681, 687; *Saßmann* S. 113; *Scherer* WRP 2001, 89, 90; *Tilmann* GRUR 1997, 790 Fn. 9.

[54] EuGH Slg. 2003, I-3095 = GRUR 2003, 533 – *Pippig.*

[55] Vgl. *Kebbedies* S. 143.

34 Im Schrifttum wird auch noch Rdn. 44 der *Pippig*-Entscheidung als Beleg für die Ansicht des EuGH genannt, dass die RL auch einen Verbotskatalog enthalte.[56] Dort heißt es: „Mit der Richtlinie 84/450/EWG ist somit eine **abschließende** Harmonisierung der Bedingungen vorgenommen worden, unter denen vergleichende Werbung in den Mitgliedstaaten **zulässig** ist ..." Diese Äußerung des EuGH lässt jedoch die entscheidende Frage offen, ob auch die Voraussetzungen der **Unzulässigkeit** abschließend harmonisiert werden sollten. Der EuGH folgerte in Rdn. 44 aus dem oben wörtlich zitierten Obersatz nur, dass „strengere nationale Vorschriften zum Schutze gegen irreführende Werbung nicht auf vergleichende Werbung hinsichtlich der Form und des Inhalts des Vergleichs angewendet werden" dürfen. D. h. nationales Recht darf **nicht strenger** sein als es die Richtlinie vorsieht. Bei der Verbotskatalogtheorie geht es jedoch um die umgekehrte Frage, ob nationales Recht **großzügiger** sein darf als die Zulässigkeitskriterien der RL. Dasselbe gilt für Rdn. 22 der EuGH-Entscheidung „Lidl/Vierzon". Auch dort hat er unter Hinweis auf die Pippig-Entscheidung seine Feststellung, dass die RL eine abschließende Harmonisierung vorgenommen habe, nur auf die Bedingungen bezogen, unter denen vergleichende Werbung **zulässig** ist.[57]

C. Die „Definition" der vergleichenden Werbung, § 6 Abs. 1 UWG, Art. 2 lit. c RL 2006/114/EG

I. Werbung: die Legaldefinition des Art. 2 lit. a RL 2006/114/EG

35 **Vergleichende Werbung** ist nach Art. 6 Abs. 1 UWG und Art. 2 lit. c RL 2006/114/EG (früher Art. 2 Nr. 2a RL 84/450/EWG) jede **Werbung,** die unmittelbar oder mittelbar einen Mitbewerber oder die von einem Mitbewerber angebotenen Waren oder Dienstleistungen erkennbar macht. **Werbung** ist nach der Legaldefinition des Art. 2 lit. a RL 2006/114/EG (früher Art. 2 Nr. 1 der RL 84/450/EWG), die auch für die Auslegung von Art. 2 lit. c RL maßgeblich ist, „jede Äußerung bei der Ausübung eines Handels, Gewerbes, Handwerks oder freien Berufs **mit dem Ziel,** den Absatz von Waren oder die Erbringung von Dienstleistungen, einschließlich unbeweglicher Sachen, Rechte und Verpflichtungen, **zu fördern**".[58] Die Begriffe „Werbung" und „vergleichende Werbung" in § 6 sind übereinstimmend mit diesen Begriffen in Art. 2 lit.a und c RL 2006/114/EG auszulegen, da es der gesetzgeberische Zweck des § 6 war, die entsprechenden Regelungen der RL in deutsches Recht umzusetzen. Der Begriff „Werbung" umfasst auch die Nutzung eines Domain-Namens sowie die Nutzung von Metatags in den Metadaten einer Website, nicht hingegen die Eintragung eines Domain-Namens als solche als rein formaler Akt.[59]

36 Der Begriff der vergleichenden Werbung in Art. 2 lit. c RL 2006/114/EG sowie in § 6 UWG ist in einem **weiten** Sinne zu verstehen, so dass alle Arten vergleichender Werbung abgedeckt sind.[60] Dabei ist es ohne Belang, **welche Form** die betreffende Äußerung aufweist[61] und in welchem Medium sie erfolgt. Auch die Werbung mit Testergebnissen ist Werbung im Sinne von § 6. Unerheblich ist, ob die Werbung sich an Endverbraucher oder an Unternehmen richtet.[62] Auch Äußerungen, die auf die Förderung **fremden** Wettbewerbs zielen, sind Werbung.[63] Ferner sind Produkt-

---

[56] Vgl. *Kebbedies* S. 143; *Ohly* GRUR 2014, 1137, 1144; *Ohly*/Sosnitza § 6 Rdn. 8.

[57] EuGH Slg. 2010, I-11761 Rdn. 22 = GRUR 2011, 159 – *Lidl/Vierzon.*

[58] Diese Legaldefinition des Begriffs der „Werbung" verkennen die Ausführungen von *Beater* S. 555 f. Rdn. 1497 f., nach dessen Ansicht der Werbungsbegriff keine Wettbewerbsförderungsabsicht voraussetzt.

[59] EuGH GRUR 2015, 1049 Leits. u. Rdn. 42 ff., 46, 48, 54 ff. – *Belgian Electronic Sorting Technology (BEST)/Bert Peelaers u. a.,* mit zust. Anm. von *Rauer/Pfuhl* WRP 2013, 1165; ebenso in Bezug auf Keyword-Advertising und Metata-Advertising *Knaak* GRUR Int. 2014, 209, 214.

[60] Erwägungsgrund Nr. 8 der RL 2006/114/EG („breit gefasst", „broad concept", „concept général"); EuGH Slg. 2001, I-7945 = GRUR 2002, 354 Rdn. 30, 31 – *Toshiba Europe;* EuGH GRUR 2003, 533 Rdn. 35 – *Pippig;* EuGH GRUR 2007, 511 Rdn. 16, 21 – *De Landtsheer Emmanuel;* EuGH GRUR 2008, 698 Rdn. 42 – *O2 und O2;* BGH GRUR 1999, 1100, 1101 – *Generika-Werbung;* BGH GRUR 2004, 607, 611 (II.2.) – *Genealogie der Düfte;* BGH GRUR 348 (II.2.) – *Bestellnummernübernahme;* BGH GRUR 2008, 448 Rdn. 15 – *Saugeinlagen.*

[61] EuGH Slg. 2001, I-7945 = GRUR 2002, 354 Rdn. 31 – *Toshiba Europe;* BGH GRUR 2004, 607, 611 – *Genealogie der Düfte;* GRUR 2005, 348 – *Bestellnummernübernahme.*

[62] BGH GRUR 1999, 501, 502 – *„Vergleichen Sie";* GRUR 2004, 607, 611 – *Genealogie der Düfte;* GRUR 2006, 345 (II.2.) – *Bestellnummernübernahme;* GRUR 2008, 448 Rdn. 15 – *Saugeinlagen.*

[63] BGH GRUR 2006, 875 Rdn. 22 ff. – *Rechtsanwalts-Ranglisten;* GRUR 1997, 912, 913 – *Die Besten I;* GRUR 1997, 914, 915 – *Die Besten II.*

bezeichnungen und Marken Werbung; § 6 Abs. 1 UWG verlangt nicht, dass die Werbung zum Produkt und seiner Aufmachung hinzutritt.[64]

37 Nach der Legaldefinition des Art. 2 lit. a RL ist nicht erforderlich, dass „Werbung" zumindest Angaben über den Werbenden oder die von ihm angebotenen Waren oder Dienstleistungen enthalten muss.[65] Auch Äußerungen eines Unternehmens, die sich auf negative Angaben über einen Mitbewerber beschränken, können im Sinne der Legaldefinition geeignet sein, „den Absatz von Waren oder die Erbringung von Dienstleistungen … zu fördern". Solche Äußerungen enthalten jedoch keinen ausdrücklichen und häufig auch keinen impliziten **Vergleich.**[66]

38 **Keine Werbung** i. S. v. § 6 UWG sind rein private sowie hoheitliche Äußerungen, denen der Zweck fehlt, eigenen oder fremden Absatz zu fördern.[67]

39 § 6 ist auf vergleichende Werbung eines **Nachfragers** zur Förderung des Bezugs von Waren oder Dienstleistungen nicht unmittelbar anwendbar.[68] Denn mit dieser Regelung will der deutsche Gesetzgeber Art. 4 i. V. m. den Legaldefinitionen der „Werbung" und der „vergleichenden Werbung" in Art. 2 lit.a und b RL 2006/114/EG in deutsches Recht umsetzen. Art. 4 RL 2006/114/EG erfasst nach der Legaldefinition der „Werbung" in Art. 2 lit.a nur die Werbung für „den **Absatz** von Waren oder die **Erbringung** von Dienstleistungen, betrifft also nur absatzbezogene Werbung. Dies bestätigt auch der Erwägungsgrund Nr. 6 dieser RL.[69] Dementsprechend verlangt § 6 Abs. 1 Werbung, die die von Mitbewerbern „angebotenen" Waren oder Dienstleistungen erkennbar macht. Nachfrager machen mit ihren Preis- und Lieferbedingungen kein Angebot von Waren oder Dienstleistungen. Vergleichende Bezugnahmen auf **Angebote** von Nachfragern liegen also außerhalb des Wortlauts von § 6 Abs. 1.[70] Nur das Erkennbarmachen von „Mitbewerbern" ist nach dem Wortlaut von § 6 nicht auf die Anbieterseite beschränkt. Dies ist zwar nach dem Wortlaut von § 6 nicht auf die Anbieterseite beschränkt. Insoweit wäre eine Regelung vergleichender Werbung, die Nachfrager erkennbar macht, zumindest vom Wortlaut des § 6 gedeckt. Das wäre auch mit der RL 2006/114/EG vereinbar, da eine Regelung vergleichender Werbung, die vergleichende Werbung zwischen Nachfragern erfasst, insoweit außerhalb des Regelungsbereichs dieser RL läge.[71] Eine solche Überschreitung des Anwendungsbereichs von Art. 4 RL 2006/114/EG hat der deutsche Gesetzgeber jedoch mit § 6 nicht beabsichtigt, Es gibt keinerlei Anhaltspunkte dafür, dass der deutsche Gesetzgeber über die Umsetzung von Art. 4 i. V. m. Art. 2 lit. a und b RL2006/114/EG hinaus auch vergleichende Werbung zwischen Nachfragern in § 6 einbeziehen wollte. Auch besteht kein Anlass für die Annahme, dass die europäische Regelung und dementsprechend auch § 6 in Bezug auf vergleichende Werbung zwischen Nachfragern eine planwidrige Lücke enthält, die mit einer analogen Anwendung von § 6 zu schließen wäre.[72] Gegen wettbewerbsverzerrende vergleichende Werbung zwischen Nachfragern sind die betroffenen Mitbewerber de lege lata ausreichend geschützt durch das Irreführungsverbot, durch § 4 Nr. 1–4 sowie durch die Generalklausel des § 3, bei deren Auslegung auch die zu § 6 Abs. 2 entwickelten Kriterien zu berücksichtigen sind.[73] De lege ferenda sollte jedoch § 6 Abs. 1 so formuliert werden, dass er auch vergleichende Werbung zwischen Nachfragern erfasst. Die RL 2006/114/EG steht dem nicht entgegen, weil eine Regelung vergleichender Werbung zwischen Nachfragern außerhalb ihres Anwendungsbereichs liegt.

40 Zur Werbung i. S. v. § 6 Abs. 1 UWG gehört zweifellos die **öffentliche** Werbung in den Medien, auf Litfasssäulen, in Wartehäuschen, auf Verkehrsmitteln sowie in Verkaufsräumen und Verkaufsanlagen.

---

[64] BGH GRUR 2008, 628 Rdn. 18 – *Imitationswerbung;* GRUR 2008, 726 Rdn. 15 – *Duftvergleich mit Markenparfum;* GroßKommUWG/*Glöckner* § 6 Rdn. 183; a. A. OLG Köln MarkenR 2006, 33, 35 – *Duftvergleich mit Markenparfum.*

[65] So jedoch in einem Umkehrschluss aus der o. g. Legaldefinition *Köhler* GRUR 2005, 273, 276 f.

[66] BGH GRUR 2002, 75, 76 (II.2.a) – *„Soooo … Billig!"?*

[67] GroßKommUWG/*Glöckner* § 6 Rdn. 187; MünchKommUWG/*Menke* § 6 Rdn. 61.

[68] Fezer/*Koos* § 6 Rdn. 54, 101; *Köhler*/Bornkamm, § 6 Rdn. 63; *Ph. Koehler* in: Götting/Nordemann § 6 Rdn. 21; *Müller-Bidinger* in: Ullmann jurisPK-UWG § 6 Rdn. 59; zu den Gegnern einer unmittelbaren Anwendung von § 6 zählen auch diejenigen Autoren, die eine analoge Anwendung für geboten halten, vgl. *Köhler*/Bornkamm § 6 Rdn. 63.

[69] Fezer/*Koos* § 6 Rdn. 54; *Müller-Bidinger* in:Ullmann jurisPK-UWG § 6 Rdn. 61 mit Fn. 141.

[70] Fezer/*Koos* § 6 Rdn. 54; *Ph. Koehler* in: Götting/Nordemann § 6 Rdn. 21; a. A. GroßKommUWG/*Glöckner* § 6 Rdn. 211 ff., 214 f.

[71] Vgl. GroßKommUWG/*Glöckner* § 6 Rdn. 173 a. E., 214.

[72] *Ph. Koehler* in: Götting/Nordemann § 6 Rdn. 21; a.A. jedoch *Köhler*/Bornkamm § 6 Rdn. 63; *Ohly*/Sosnitza § 6 Rdn. 23 a. E.

[73] Fezer/*Koos* § 6 Rdn. 54; *Ph. Koehler* in: Götting/Nordemann § 6 Rdn. 21; *Müller-Bidinger* in: Ullmann jurisPK-UWG § 6 Rdn. 61.

41 Streitig ist hingegen, ob auch das Bemühen um Geschäftsabschlüsse bei der **individuellen Verkaufskommunikation** (Verkaufsgespräche; Telefonate; Briefwechsel) zur „Werbung" i. S. d. RL und des § 6 Abs. 1 UWG gehört, oder ob eine Beschränkung auf öffentliche Werbung geboten und gerechtfertigt ist.[74] Problematisch ist vor allem, ob Auskünfte eines Wettbewerbsteilnehmers über Konkurrenzprodukte aufgrund eines **Auskunftsverlangens** von Kunden im persönlichen Gespräch mit diesen vergleichende Werbung im Sinne der Richtlinie und des § 6 Abs. 1 UWG sind. Die Delegation der Bundesrepublik hat dazu folgende **Protokollerklärung** abgegeben: „Die deutsche Delegation erklärt, sie gehe davon aus, dass auf Wunsch der Verbraucher andere Merkmale als die in Art. 3a Abs. 1 Buchstabe c) aufgeführten verglichen werden können, da die Begriffsbestimmung in Art. 2 Nr. 1 der Richtlinie 84/450/EWG Verkaufsgespräche nicht betrifft".[75] Andere Mitgliedstaaten verstehen unter „advertising" bzw. „publicité" ohnehin nur die **öffentliche Werbung,** d. h. die Werbung in den Medien und in den Verkaufsauslagen.[76] Deshalb ist vorgeschlagen worden, den Begriff der „Werbung" in Art. 2 Nr. 1 RL 84/450/EWG (jetzt Art. 2 lit. a RL 2006/114/EG) in diesem engeren Sinne zu interpretieren.[77] Im gleichen engen Sinne wäre dann auch § 6 Abs. 1 UWG zu interpretieren, da er Art. 2 lit. c RL 2006/114/EG in nationales Recht umsetzen soll.

42 Bedenken dagegen ergeben sich jedoch aus der Definition der **„Werbung"** durch Art. 2 Nr. 1 RL 84/450/EWG = Art. 2 lit. a RL 2006/114/EG, auf der die Regelung des Art. 2 Nr. 2a RL 97/55/EG = Art. 2 lit. c RL 2006/114/EG und deshalb auch die des § 6 Abs. 1 UWG aufbaut.[78] Danach ist „Werbung" **jede Äußerung** bei der Ausübung eines Handels, Gewerbes, Handwerks oder freien Berufs mit dem Ziel, den Absatz von Waren oder die Erbringung von Dienstleistungen ... zu fördern". Da individuelle Verkaufsberatung auf einen Geschäftsabschluss zielt, ist sie Werbung i. S. v. Art. 2 lit. a RL. Deshalb gehört auch die individuelle Verkaufskommunikation einschließlich der **Auskunftsvergleiche** zur vergleichenden Werbung i. S. v. Art. 2 Nr. 1 i. V. m. Art. 2 Nr. 2a RL 97/55/EG = Art. 2 lit. a i. V. m. lit. c RL 2006/114/EG und § 6 Abs. 1 UWG.[79] Dem stehen weder die abweichende Praxis in einigen Mitgliedstaaten noch die o. g. Protokollerklärung der Bundesrepublik entgegen.[80] Das hätte allerdings zur Folge, dass viele Auskunftsvergleiche, insbesondere wenn sie objektiv keine typischen, wesentlichen oder nachprüfbaren Eigenschaften gegenüberstellen, nach § 6 Abs. 2 UWG unlauter sind. Dieses unerwünschte Ergebnis ließe sich nur vermeiden, wenn man Auskunftsvergleiche aus dem Anwendungsbereich des § 6 Abs. 2 UWG herausnähme. Das wäre allerdings nur möglich, wenn entweder Art. 4 RL 2006/114/EG nur einen Zulässigkeitskatalog und nicht auch einen Verbotskatalog enthielte, oder wenn man einer Literaturmeinung folgt, nach der der Richtliniengeber das Problem nicht gesehen habe, was eine entsprechende **teleologische Reduktion** von Art. 4 lit. b, c, e, g rechtfertige.[81] Dieser Ansicht ist zu folgen, wenn man der herrschenden Verbotskatalogtheorie zustimmt.

II. Das Erkennbarmachen von Mitbewerbern und ihren Waren oder Dienstleistungen

1. Der Mitbewerberbegriff des § 6 UWG

43 Vergleichende Werbung i. S. v. § 6 setzt eine Bezugnahme auf **Mitbewerber** voraus. Der Werbende muss in seiner Werbung Mitbewerber oder die Erzeugnisse oder Dienstleistungen von Mit-

---

[74] Letzteres verneinend BGH GRUR 2004, 607, 612 – *Genealogie der Düfte; Eck/Ikas* WRP 1999, 251, 252 f., 265 f.; Fezer/*Koos* § 6 Rdn. 55; *Freund* S. 42 f.; *Köhler*/Bornkamm § 6 Rdn. 71; *Plaß in:* HK-WettbR § 6 Rdn. 26; *Kebbedies* S. 159; *Müller-Bidinger* in: Ullmann jurisPK-UWG § 6 Rdn. 59; *Ohly/Spence* GRUR Int. 1999, 681, 685; *Ohly*/Sosnitza § 6 Rdn. 24; *Sack* WRP 2001, 327, 336; *Scherer* WRP 2001, 89, 92; *Wehlau* ZLR 1999, 393, 395; *Ziervogel* S. 96 f.; bejahend *Bornkamm,* Entwicklungen ..., S. 141 unter Hinweis auf eine Protokollerklärung der Bundesreg. zum Auskunftsvergleich; kritisch auch *Ohly/Spence* GRUR Int. 1999, 681, 684 f.

[75] Vgl. *Eck/Ikas* WRP 1999, 251, 265; vgl. auch *Bornkamm,* Entwicklungen ..., S. 134, 141.

[76] Vgl. z. B. für Italien *Somariello* S. 27, 109, 153; *dies.* GRUR Int. 2003, 29, 30 (II.1.a), 36 (VI.1.) m. w. N.; vgl. auch die Länderberichte oben Einl. F.

[77] *Bornkamm,* Entwicklungen ..., S. 141; a. A. *Scherer* WRP 2001, 89, 92.

[78] *Eck/Ikas* WRP 1999, 251, 252 f. mit Fn. 27, die daraus ableiten, dass man der Protokollerklärung der deutschen Delegation nicht folgen könne.

[79] BGH GRUR 2004, 607, 612 – *Genealogie der Düfte; Eck/Ikas* WRP 1999, 251, 265; *Sack* WRP 2001, 327, 336; *Scherer* WRP 2001, 89, 92; *Ziervogel* S. 175 f.; sehr einschränkend GroßKommUWG/*Glöckner* § 6 Rdn. 191 ff., 196 f., 352.

[80] Zutreffend gegen die Relevanz solcher Protokollerklärungen *Eck/Ikas* WRP 1999, 251, 253 Fn. 27; *Aigner* S. 168 f.

[81] Vgl. *Aigner* S. 170 ff., 177; ebenso im Ergebnis GroßKommUWG/*Glöckner* § 6 Rdn. 191 ff., 196 mit Ausnahme in Rdn. 197.

bewerbern erkennbar machen. Die Auslegung des Mitbewerberbegriffs ist problematisch. Der EuGH hat in seiner Entscheidung „*De Landtsheer Emmanuel*" vom 19.4.2007 festgestellt, dass die Einstufung von Unternehmen als „Mitbewerber" im Sinne von Art. 2 Nr. 2a der RL 97/55/EG (jetzt Art. 2 lit. c der RL 2006/114/EG) über vergleichende Werbung ein **Wettbewerbsverhältnis** zwischen den betreffenden Unternehmen voraussetze, das in sachlicher Hinsicht bestehe, wenn die von ihnen angebotenen Waren **substituierbar** seien.[82] Darauf beruhe Art. 3a Abs. 1 lit. b RL 97/55/EG (jetzt Art. 4 lit. b RL 2006/114/EG), wonach es Zulässigkeitsvoraussetzung vergleichender Werbung sei, dass Waren oder Dienstleistungen für den gleichen Bedarf oder dieselbe Zweckbestimmung miteinander verglichen werden.[83]

44 Im gleichen Sinne hatte bereits der BGH in seinem *Lottoschein*-Urteil von 2002 zu § 2 UWG a. F. (jetzt § 6 UWG) entschieden. Dort hat er ausgeführt, dass als „Mitbewerber" anzusehen sei, wer in einem tatsächlichen oder doch potentiellen Wettbewerbsverhältnis zum Werbenden stehe. Es komme darauf an, ob aus der Sicht der angesprochenen Verkehrskreise die angebotenen Waren oder Dienstleistungen **austauschbar** seien. Entscheidend sei, ob ein durchschnittlich informierter, verständiger und aufmerksamer Durchschnittsverbraucher eine **Substitution** ernsthaft in Betracht ziehe.[84]

45 Unklare Verhältnisse schuf der deutsche Gesetzgeber mit der Mitbewerberdefinition des § 2 Abs. 1 Nr. 3 in der UWG-Novelle von 2004. Denn nach der Legaldefinition dieser Vorschrift ist „Mitbewerber" jeder Unternehmer, der mit einem oder mehreren Unternehmern als Anbieter oder Nachfrager von Waren oder Dienstleistungen in einem **konkreten Wettbewerbsverhältnis** steht. Der Begrifff „konkretes Wettbewerbsverhältnis" ist jedoch wesentlich unbestimmter als der zu definierende Mitbewerberbegriff. Früher bestimmte man mit dem Begriff „konkretes Wettbewerbsverhältnis" auch nicht die Mitbewerbereigenschaft von Unternehmen, sondern ob sie „unmittelbar Verletzte" sind und als solche nach dem UWG klagebefugt sind.[85]

46 Die Rechtsprechung des BGH zu den Voraussetzungen eines konkreten Wettbewerbsverhältnisses ist durch einen Zick-Zack-Kurs gekennzeichnet. (1) Ursprünglich verlangte die Rechtsprechung für ein Wettbewerbsverhältnis, dass die Parteien **miteinander in Wettbewerb stehen.**[86] Das setzte voraus, dass sich die Parteien mit gleichen oder substituierbaren Gütern darum bemühen, **an Stelle** bzw. **auf Kosten** eines anderen Unternehmens mit dessen potenziellen Geschäftspartnern zu Geschäftsabschlüssen zu gelangen.[87]

47 (2) In seiner *Dimple*-Entscheidung von 1984 hat der BGH den Begriff des konkreten Wettbewerbsverhältnisses und damit auch die Klagebefugnis des „unmittelbar Verletzten" ganz erheblich erweitert.[88] Er hat hier „im Interesse eines wirksamen wettbewerbsrechtlichen Individualschutzes keine hohen Anforderungen an das Bestehen eines Wettbewerbsverhältnisses gestellt" und erklärt, es genüge, dass sich der Verletzer durch seine Verletzungshandlung im konkreten Fall in irgendeiner Weise in Wettbewerb zu dem Betroffenen stelle, was auch dadurch geschehen könne, dass der Verletzer sich durch eine ausdrückliche oder bildliche Gleichstellungsbehauptung an Ruf und Ansehen der fremden Ware anhänge und dieses für den Absatz seiner ungleichartigen und **nicht-konkurrierenden** Waren auszunutzen suche.[89] Mit dieser Begründung bejahte der BGH ein Wettbewerbsverhältnis zwischen dem Inhaber der bekannten Whisky-Marke „*Dimple*" und einem Unternehmen, das unter dieser Marke u. a. Wasch- und Bleichmittel, Parfümerien sowie Mittel zur Körper- und Schönheitspflege herstellen und vertreiben wollte und für diesen Zweck diese Marke hatte eintragen lassen.

In gleicher Weise gewährte der BGH in weiteren Fällen Unternehmen UWG-Ansprüche gegen andere Unternehmen, die sich nicht mit gleichartigen oder zumindest substituierbaren Gütern darum bemühten, an Stelle bzw. auf Kosten des Verletzten zu Geschäftsabschlüssen zu gelangen.[90]

---

[82] EuGH Slg. 2007, I-3115 = GRUR 2007, 511 Rdn. 28, 32 ff., 47 – *De Landtsheer Emmanuel;* kritisch *Beater* S. 557 Rdn. 1501.

[83] EuGH Slg. 2007, I-3115 = GRUR 2007, 511 Rdn. 29 – *De Landtsheer Emmanuel.*

[84] BGH GRUR 2002, 828, 829 (II.1.b) – *Lottoschein;* ebenso zu § 2 UWG a. F. *Freund* S. 43 f.; *Riedel* S. 167.

[85] Ausführlich dazu *Sack* FS v. Gamm, 1990, S. 161; *ders.* GRUR 2011, 953, 954 f.

[86] Besonders deutlich BGH GRUR 1978,367 – *Golfrasenmäher;* im gleichen Sinne schon GRUR 1959, 182, 186 – *Quick;* GRUR 1967, 138, 141 – *Streckenwerbung;* ebenso GRUR 1984, 470 – *Frischzellenkosmetik.*

[87] BGH GRUR 1967, 138, 141 (B.I.3.) – *Streckenwerbung.*

[88] BGH GRUR 1985, 550, 552 (II.2.a,aa und 552 a. E.) – *Dimple.*

[89] BGH GRUR 1985, 550, 552 (II.2.a,aa) – *Dimple.*

[90] BGH GRUR 1988, 453, 454 – *Ein Champagner unter den Mineralwässern,* GRUR 1990, 375, 376 (II.2.b) – *Steuersparmodell;* GRUR 1991, 465 (II.1.) – *Salomon;* GRUR 1994, 732, 733 (A.1.) – *McLaren;* GRUR 1994, 808, 810 (3.a) – *Markenverunglimpfung;* GRUR 2004, 877, 878 f. – *Werbeblocker.*

Von diesem **weiten** Begriff des Wettbewerbsverhältnisses ist auch die Begr. Reg.-Entw. der UWG-Novelle von 2004 bei der Mitbewerberdefinition des § 2 Abs. 1 Nr. 3 noch ausgegangen.[91] Der BGH ist dem bei der Auslegung der Mitbewerber-Definition von § 2 Abs. 1 Nr. 3 zunächst gefolgt.[92]

(3) In seiner Entscheidung *„E-Mail-Werbung II"* vom 20.5.2009 ist der BGH dann jedoch auf eine **besonders enge** Auslegung des Begriffs des konkreten Wettbewerbsverhältnisses umgeschwenkt. Ein besonderes Wettbewerbsverhältnis im Sinne von § 2 Abs. 1 S. 3 hielt er nur für gegeben, wenn beide Parteien Waren oder Dienstleistungen innerhalb desselben Endverbraucherkreises abzusetzen versuchen, mit der Folge, dass das konkret beanstandete Wettbewerbsverhalten des einen Wettbewerbers den anderen beeinträchtigen, d.h. im Absatz behindern oder stören könne. Er verneinte deshalb ein konkretes Wettbewerbsverhältnis zwischen einer GbR, die eine Rechtsanwaltskanzlei betrieben hat, und einer GmbH und ihrem Geschäftsführer, die per E-Mail für Kapitalanlagen geworben hatten.[93] Diese enge Interpretation bestätigte der BGH in seiner Entscheidung „Werbung für Fremdprodukte" vom 17.10.2013, in der er für ein konkretes Wettbewerbsverhältnis verlangte, dass sich die Parteien „auf **demselben sachlich,** räumlich und zeitlich relevanten Markt betätigen, ohne dass sich der Kundenkreis und das Angebot von Waren oder Dienstleistungen vollständig decken müssen".[94] 48

(4) In seiner Entscheidung *„nickelfrei"* vom 10.04.2014 scheint der BGH nun wieder zum **weiten** Begriff des (konkreten) Wettbewerbsverhältnisses zurückgekehrt zu sein.[95] Ein Wettbewerbsverhältnis bestehe nicht nur dann, wenn zwei Parteien gleichartige Waren oder Dienstleistungen innerhalb desselben Endverbraucherkreises abzusetzen versuchen, sondern auch dann, „wenn zwischen den Vorteilen, die die eine Partei durch eine Maßnahme für ihr Unternehmen oder das eines Dritten zu erreichen sucht, und den Nachteilen, die die andere Partei dadurch erleidet, eine **Wechselwirkung** in dem Sinne besteht, dass der eigene Wettbewerb gefördert und der fremde Wettbewerb beeinträchtigt werden kann". Für diese Ansicht, wonach der weite Begriff des Wettbewerbsverhältnisses maßgeblich ist, bezog sich der BGH auf die Begr. Reg.-Entw. der UWG-Novelle 2004 und ausdrücklich auch auf seine damals grundlegende Dimple-Entscheidung von 1984.[96] 49

Soweit die Auslegung des Mitbewerberbegriffs des § 2 Abs. 1 Nr. 3 **weiter** ist als die Auslegung des Mitbewerberbegriffs der RL 2006/114/EG, ist sie mit dieser durchaus **vereinbar.** Denn eine gesetzliche Regelung der vergleichenden Werbung für „Mitbewerber", die nicht unter den Mitbewerberbegriff der RL fällt, liegt außerhalb des Anwendungsbereichs dieser RL.[97] 50

Allerdings kollidieren zwei Normzwecke des UWG, wenn der Mitbewerberbegriff des § 2 Abs. 1 Nr. 3 über den der RL 2006/114/EG hinausgeht. Denn zum eine wollte der deutsche Gesetzgeber mit § 2 Abs. 1 Nr. 3 für das gesamte UWG einen einheitlichen Mitbewerberbegriff schaffen. Andererseits wollte er speziell mit § 6 die Bestimmungen der RL 2006/114/EG über vergleichende Werbung in deutsches Recht umsetzen. Einen darüber hinausgehenden Zweck verfolgte der deutsche Gesetzgeber mit der Regelung des § 6 nicht.[98] Der zuletzt genannte Zweck hat aus Gründen der Spezialität Vorrang vor dem allgemeinen Zweck des § 2 Abs. 1 Nr. 3, einen einheitlichen Mitbewerberbegriff für das UWG zu schaffen. Deshalb ist der Mitbewerberbegriff des § 6 übereinstimmend mit dem des Art. 4 RL 2006/114/EG auszulegen.[99] Der Vorteil einer einheitlichen Auslegung besteht auch darin, dass die vom EuGH gewählte Auslegung sich mit dem **sprachlichen Inhalt** des Mitbewerberbegriffs deckt. Das führt allerdings im Ergebnis zu einem **gespaltenen** Mitbewerberbegriff im UWG.[100] 51

---

[91] Begr. Reg.-Entw. zur UWG-Novelle 2004, BT-Drucks. 15/1487/, S. 16 (zu § 2 Abs. 1 Nr. 3).

[92] Vgl. BGH GRUR 2009, 685 Rdn. 40 – *ahd.de;* GRUR 2009, 845 Rdn. 40 – *Internet-Videorecorder.*

[93] BGH GRUR 2009, 980 Rdn. 9 – *E-Mail-Werbung II;* kritisch dazu *Sack* WRP 2009, 1330ff.; *ders.* GRUR 2011, 953, 956ff.; der BGH gewährte jedoch Ansprüche aus § 823 Abs. 1 BGB unter dem Gesichtspunkt eines Eingriffs in das Recht am Gewerbebetrieb; ebenso BGH WRP 2013, 1579 Rdn. 20 – *Empfehlungs-E-Mail.*

[94] BGH GRUR 2014, 573 Rdn. 15 – *Werbung für Fremdprodukte.*

[95] BGH WRP 2014, 1307 Leits. u. Rdn. 32f. – *nickelfrei;* ebenso GRUR 2015, 1129 Rdn. 19f. – *Hotelbewertungsportal.*

[96] Begr. Reg.-Entw. zur UWG-Novelle 2004 BT-Drucks. 15/1487, S. 16 (zu § 2 Abs. 1 Nr. 3); BGH GRUR 1985, 550, 552 – *Dimple.*

[97] GroßKommUWG/*Glöckner* § 6 Rdn. 236; a.A. *Blankenburg* WRP 2008, 186, 191; *Dreyer* GRUR 2008, 123, 128.

[98] *Sack* WRP 2008, 1141, 1146.

[99] *Sack* WRP 2008, 1141, 1146; *Blanken* S. 192f.; *Köhler*/Bornkamm § 6 Rdn. 73.

[100] *Sack* GRUR 2011, 953, 958; *Blankenburg* WRP 2008, 186, 191, 192 („divergierende" Auslegung des Mitbewerberbegriffs).

52 Deshalb sind Unternehmen dann Mitbewerber im Sinne des § 6, wenn sie sich „auf demselben sachlich, räumlich oder zeitlich relevanten Markt betätigen".[101] In sachlicher Hinsicht müssen die betreffenden Waren oder Dienstleistungen von einem angemessen gut unterrichteten und angemessen aufmerksamen und kritischen Durchschnittsverbraucher im konkreten Einzelfall für gleich oderzumindest austauschbar bzw. **substituierbar** gehalten werden.[102] Substituierbar können in seltenen Fällen auch **ungleichartige** Waren oder Dienstleistungen sein, wenn sie z. B. in entsprechender Werbung als austauschbar oder substituierbar angepriesen werden,[103] wie in dem bekannten BGH-Fall *„Statt Blumen ONKO-Kaffee"*.[104] Dieser Mitbewerberbegriff erfasst in gleicher Weise den Wettbewerb um denselben Endverbraucherkreis und den Wettbewerb um Geschäftsabschlüsse mit gewerblichen Abnehmern. Er erfasst auch in gleicher Weise den sog. **Stufenwettbewerb** zwischen Unternehmen verschiedener Wirtschaftsstufen. Der **Nachfragewettbewerb** fällt hingegen nicht in den Anwendungsbereich von § 6 (oben Rdn. 39).

53 Bei der Feststellung, ob Unternehmen Mitbewerber sind, ist nicht nur auf den augenblicklichen Zustand des Marktes, sondern auch auf die im Rahmen des freien Warenverkehrs auf der Gemeinschaftsebene gegebenen **Entwicklungsmöglichkeiten** und auf neue Anreize für die Substitution von Erzeugnissen, die sich aus einem verstärkten Handel ergeben können, abzustellen.[105]

2. Waren und „Erzeugnisse"

54 Nach § 6 UWG muss die Werbung einen Mitbewerber oder die von einem Mitbewerber angebotenen Waren oder Dienstleistungen erkennbar machen. Statt des Wortes **„Waren"** verwendet die RL in Art. 2 lit. c den Begriff **„Erzeugnisse"**; in diesem Sinne ist wegen des Gebots der richtlinienkonformen Auslegung der Begriff „Waren" in § 6 Abs. 1 UWG auszulegen.

55 Zu den Waren bzw. Erzeugnissen gehören alle Güter, die Gegenstand des geschäftlichen Verkehrs, insbesondere von Kaufverträgen, Miet- und Leasingverträgen, Werkverträgen und Lizenzverträgen sein können. Das sind nicht nur bewegliche, sondern nach Art. 2 lit. a RL auch unbewegliche Sachen. Dazu gehören ferner nach Art. 2 lit. c in Verb. mit Art. 2 lit. a RL auch **Rechte,** insbesondere gewerbliche Schutzrechte, Nutzungsrechte, Miteigentumsrechte oder gesellschaftsrechtliche Rechte, sowie **Verpflichtungen.** Zu den „Erzeugnissen" gehören außerdem vermögenswerte Immaterialgüter, z. B. Know-how, Goodwill, Werbeideen und Nachrichten; in diesem Sinne ist wegen des Gebots der richtlinienkonformen Auslegung auch der Begriff „Waren" in § 6 Abs. 1 UWG zu verstehen.

3. Dienstleistungen

56 Dienstleistungen sind **alle dienst- und werkvertraglichen Tätigkeiten** von Unternehmen und Freiberuflern. Auch Dienstleistungen der öffentlichen Hand im erwerbswirtschaftlichen Bereich werden von § 6 Abs. 1 UWG erfasst.

4. Die Bezugnahme auf Mitbewerber und ihre Leistungen; Abgrenzungen

57 **a) Eigenvergleiche.** Das Erkennbarmachen von Mitbewerbern und ihren Leistungen erfordert eine Bezugnahme auf diese. Deshalb gehören mangels Mitbewerberbezugs nicht zur vergleichenden Werbung i. S. v. § 6 Abs. 1 UWG sog. **Eigenvergleiche,** insbesondere Eigenpreisvergleiche, in denen ein Unternehmen seine früheren Preise den jetzigen gegenüberstellt,[106] oder Vergleiche eigener Preise mit Herstellerpreisempfehlungen, Listenpreisen, Katalogpreisen, Normalpreisen u. ä.[107] Bei

---

[101] In diesem Sinne zu § 2 Abs. 1 Nr. 3 BGH GRUR 2014, 573 Rdn. 15 – *Werbung für Fremdprodukte.*

[102] EuGH Slg. 2007, I-3115 Rdn. 28, 32 ff., 47 = GRUR 2007, 511 – *De Landtsheer Emmanuel;* BGH GRUR 2002, 828, 829 (II.1.b) – *Lottoschein;* BGH GRUR 2014, 573 Rdn. 15 – *Werbung für Fremdprodukte; Blanken* S. 193; *Blankenburg* WRP 2008, 186, 192; GroßKommUWG/*Glöckner* § 6 Rdn. 238; *ders.* Einl. B Rdn. 130 ff.; Gloy/Loschelder/Erdmann/*Hasselblatt,* HdbWettbR, § 60 Rdn. 31; *Henn* Markenschutz und UWG S. 83; *Köhler*/Bornkamm § 6 Rdn. 74 ff.; MünchKommUWG/*Menke* § 6 Rdn. 80; *Plaß* GRUR 2008, 123, 124, 128 f.; *Römermann/Günther* BB 2010, 137; *Sack* GRUR 2004, 720 ff.; *ders.* WRP 2008, 1141, 1147 (VI.1.); *ders.* GRUR 2011, 953, 958.

[103] *Sack* GRUR 2011, 953, 957 f.

[104] BGH GRUR 1972, 553 – *Statt Blumen ONKO-Kaffee;* diese Entscheidung betraf allerdings keine vergleichende Werbung i. S. v. § 6, da keine konkreten Mitbewerber erkennbar gemacht worden sind.

[105] EuGH Slg. 2007, I-3115 = GRUR 2007, 511 Rdn. 36–42 – *De Landtsheer Emmanuel.*

[106] *Emmerich,* Unlauterer Wettbewerb, § 7 Rdn. 20; Fezer/*Koos* § 6 Rdn. 69; *Gloy/Bruhn* GRUR 1998, 226, 229; *Köhler*/Bornkamm § 6 Rdn. 58, 78; *Ph. Koehler* in: Götting/Nordemann § 6 Rdn. 51; *Nordmann* GRUR Int. 2002, 297, 298; a. A. *Faßbender* EuZW 2005, 42, 44 f.; MünchKommUWG/*Micklitz* EG F Rdn. 285; zu Eigenpreisvergleichen vgl. auch *Sack* BB 1994, 225; *ders.* in: Amann/Jaspers RWW 3.2 Rdn. 500 ff.

[107] A. A. *Faßbender* EuZW 2005, 42, 45; vgl. dazu auch *Sack* in: Amann/Jaspers RWW 3.2 Rdn. 518 ff.

Vergleichen eines Händlers zwischen den Preisen für Waren mit Eigenmarken und den von ihm verlangten Preisen für konkurrierende Produkte besteht hingegen der erforderliche Mitbewerberbezug.[108]

b) Werbung für Ersatzteile und Zubehör. Bei Werbung für Ersatzteile, Zubehör und Verbrauchsmaterialien, die zu einem bestimmten Hauptprodukt passen, ist zwischen drei **Fallgestaltungen** zu unterscheiden.[109] (1) Bietet das Unternehmen, auf dessen Hauptprodukt sich die Werbung bezieht, seinerseits **keine** entsprechenden Ersatzteile, Zubehör oder Verbrauchsmaterialien an, dann fehlt der für vergleichende Werbung i. S. v. § 6 Abs. 1 UWG erforderliche Mitbewerberbezug. (2) Bietet der Hersteller des Hauptprodukts hingegen neben diesem auch Ersatzteile und Zubehör auf dem Markt an und nimmt ein konkurrierender Anbieter von Ersatzteilen und Zubehör in seiner Werbung auf die Artikelnummern **(„OEM-Nummern")** und Artikelbezeichnungen des Anbieters des Hauptprodukts Bezug, dann ist dies vergleichende Werbung i. S. v. § 6 Abs. 1 UWG bzw. Art. 2 lit. c RL.[110] (3) Problematisch ist die Anwendbarkeit von § 6 Abs. 1 UWG auf eine dritte, sehr häufige Fallgestaltung: Ein Unternehmen wirbt für Zubehör, Ersatzteile und Verbrauchsmaterialien, die zum Hauptprodukt eines anderen Unternehmens passen. Der Anbieter des Hauptprodukts bietet seinerseits entsprechendes Zubehör, Ersatzteile und Verbrauchsmaterialien auf dem Markt an. Insoweit steht er mit dem Werbenden in Wettbewerb. Dieser benennt jedoch in seiner Werbung **nur** das Hauptprodukt („passend für XY"). Damit macht er zwar in seiner Werbung einen Mitbewerber erkennbar, jedoch **nicht in dessen Eigenschaft als Mitbewerber** auf dem Ersatzteil- und Zubehörmarkt. Das erfüllt m. E. nicht die Voraussetzungen des § 6 Abs. 1 UWG (dazu auch Rdn. 80, 119). 58

c) Werbevergleiche zur Förderung fremden Wettbewerbs. Problematisch ist, ob § 6 UWG nur anwendbar ist, wenn der Werbende auf **seine** Mitbewerber und ihre Leistungen Bezug nimmt, oder ob es genügt, dass er andere Unternehmen und ihre Leistungen miteinander vergleicht, die nicht mit ihm in Wettbewerb stehen. Letzteres wäre z. B. der Fall, wenn ein Händler auf Wunsch von Kunden die Waren seiner Lieferanten miteinander vergleicht. Der Wortlaut von § 6 Abs. 1 UWG scheint zunächst dafür zu sprechen, dass diese Vorschrift nur bei Bezugnahmen auf „Mitbewerber" des Werbenden anwendbar ist. Diese enge Auslegung von § 6 Abs. 1 UWG hätte allerdings zur Folge, dass nicht nur der oben genannte Fall der Händlerberatung von Kunden, sondern auch die gezielte Förderung **fremden** Wettbewerbs durch Vergleich der Leistungen des Geförderten und seiner Mitbewerber, z. B. durch eine Werbeagentur, nicht in den Anwendungsbereich dieser Vorschrift fiele. Für diese Ungleichbehandlung der Förderung **eigenen** und **fremden** Wettbewerbs durch Werbevergleiche gibt es keinen überzeugenden Grund. 59

Eine genaue Analyse von § 6 Abs. 1 UWG zeigt, dass sich auch die Förderung fremden Wettbewerbs durch vergleichende Werbung in den Wortlautgrenzen dieser Vorschrift befindet: Die gezielte Förderung fremden Wettbewerbs durch vergleichende Äußerungen ist „Werbung", welche „Mitbewerber" – nämlich die durch den Werbevergleich Geförderten und deren Mitbewerber – erkennbar macht. Deshalb hängt es vom **Sinn und Zweck** des § 6 Abs. 1 UWG ab, ob der weiten oder der engen Auslegung zu folgen ist. Die Tatsache, dass es keinen gerechtfertigten Grund gibt, zwischen Werbevergleichen zur Förderung eigenen und fremden Wettbewerbs zu unterscheiden, spricht für die weite Auslegung von § 6 Abs. 1 UWG. Außerdem ist der Begriff der vergleichenden Werbung nach Erwägungsgrund Nr. 8 RL 2006/114/EG in einem **weiten** Sinne zu verstehen, so dass alle Arten vergleichender Werbung abgedeckt werden (Erw.-Grd. Nr. 8). Gegen die weite Auslegung könnte jedoch eingewendet werden, dass § 6 Abs. 1 UWG nicht für die Fälle der **individuellen Verkaufsberatung** durch Händler, die fremde Waren miteinander vergleichen, gedacht war. Diesem Einwand ist entgegenzuhalten, dass nach Art. 2 lit. a RL 2006/114/EG „Werbung" und folglich auch vergleichende Werbung im Sinne dieser RL nur vorliegt, wenn die betreffende Äußerung das **Ziel** hat, den Absatz bestimmter Waren oder die Erbringung bestimmter Dienstleistungen zu fördern. Deshalb sind z. B. Vergleiche im Rahmen individueller Verkaufsberatung keine „vergleichende Werbung" i. S. von § 6, wenn die Verkaufsberatung beim Vergleichen nicht die Förderung des Absatzes bestimmter Waren **bezweckt.**[111] Zielen Werbevergleiche hingegen auf die Förderung fremden Wettbewerbs, dann sind sie verglei- 60

---

[108] BGH GRUR 2007, 896 Rdn. 16, 17 – *Eigenpreisvergleich; Beater* S. 557 Rdn. 1502; *Köhler*/Bornkamm § 6 Rdn. 58; *Ph. Koehler* in: Götting/Nordemann § 6 Rdn. 51 a. E.; MünchKommUWG/*Menke* § 6 Rdn. 79.

[109] Ausführlich dazu *Sack* GRUR 2004, 720; ebenso *Ohly* GRUR 2007, 3, 4 a. E.

[110] EuGH Slg. 2001, I-7945 Rdn. 39, 40, 56 – *Toshiba Europe;* BGH GRUR 2003, 444 – *„Ersetzt"*.

[111] GroßKommUWG/*Glöckner* § 6 Rdn. 196 f.; a. A. *Ohly/Spence* GRUR Int. 1999, 681, 685; *Scherer* WRP 2001, 89, 91 f.

chende Werbung i.S. von § 6.[112] Bei ihnen muss nicht der Werbende, sondern der dadurch Geförderte ein Mitbewerber des in den Vergleich einbezogenen Unternehmens sein.

61 Vergleichende Werbung i.S.v. § 6 Abs. 1 UWG sind danach Werbevergleiche, die von **Werbeagenturen** für ihre Auftraggeber vorgenommen werden.[113] Auch die **individuelle Verkaufsberatung** durch Handelsunternehmen und ihre Angestellten ist vergleichende Werbung i.S.v. § 6 Abs. 1 UWG, wenn sie auf die Förderung des Absatzes eines bestimmten Produkts zielt, z.B. weil der betreffende Lieferant dafür „Sonderprovisionen" zahlt.[114] Vergleichende Werbung liegt auch vor, wenn ein Händler im individuellen Verkaufsgespräch Waren, die er als Hersteller oder unter seiner eigenen Handelsmarke anbietet, mit fremden Waren vergleicht.[115] Bemüht sich das Handelsunternehmen hingegen durch Vergleiche der von ihm angebotenen fremden Waren um eine sachliche Information der Kunden, dann sind die Voraussetzungen des § 6 Abs. 1 UWG wegen der gebotenen teleologischen Reduktion nicht erfüllt.[116] Auch Äußerungen von Wirtschaftsverbänden können Werbung für ihre Mitglieder sein.[117]

62 Auch vergleichende **Warentests** und **Dienstleistungstests** sind differenzierend zu beurteilen. Sie sind in hohem Maße geeignet, den Absatz der getesteten Leistungen positiv bzw. negativ zu beeinflussen. Wenn jedoch die Tests neutral und sachkundig sind, sich um objektive Richtigkeit bemühen und bezüglich der Prüfungsmethoden, der Auswahl der Objekte und der Schlussfolgerungen vertretbar („diskutabel") erscheinen, dann dienen sie grundsätzlich nicht Wettbewerbs- und Werbezwecken,[118] so dass § 6 UWG schon aus diesem Grunde nicht anwendbar ist. Bezweckt hingegen ein Warentest die Förderung eines bestimmten Unternehmens bzw. des Absatzes bestimmter getesteter Produkte, dann ist § 6 UWG anwendbar. Vergleichende Werbung ist es auch, wenn sich ein in einem Warentest gut beurteiltes Unternehmen diesen zu eigen macht, indem es in der Werbung auf ihn hinweist oder Kopien bzw. Sonderdrucke davon verbreitet.[119] Dieselben Kriterien wie für Warentests gelten auch für **Preisvergleichslisten.**[120] Wer durch die Veröffentlichung von **Ranglisten** und **Rankings** fremden Wettbewerb fördert, betreibt nur dann vergleichende Werbung i.S. von § 6, wenn er damit nicht nur informieren, sondern **gezielt** den Wettbewerb bestimmter Unternehmen fördern will.[121] Bei der Veröffentlichung im redaktionellen Teil von Zeitschriften und anderen Medien muss die Förderungsabsicht anhand besonderer Umstände nachgewiesen werden. Die Tatsache, dass sich der veröffentlichende Journalist oder Verlag der Förderungswirkung **bewusst** gewesen ist, begründet keine Vermutung einer Förderungsabsicht.[122] In seiner Entscheidung *„Rechtsanwalts-Ranglisten"* von 2006 hatte der BGH zutreffend eine Förderungsabsicht des Verlags, der die Ranglisten veröffentlicht hatte, verneint und deshalb Ansprüche aus § 2 UWG a.F. abgelehnt.[123] Demgegenüber hatte der BGH 1997, d.h. vor der Sonderregelung vergleichender Werbung in § 2 UWG a.F., in den beiden Entscheidungen *„Die Besten I"* und *„Die Besten II"* bei den in der Zeitschrift FOCUS erschienenen Berichten „Die besten Ärzte Deutsch-

---

[112] Vgl. KG WRP 2000, 103, 106; ebenso die einhellige Meinung im Schrifttum; a.A. jedoch OLG München NJW 2003, 1534, 1535 = GRUR 2003, 719 – *Juve Handbuch;* soweit aus meinen Ausführungen in WRP 2001, 327, 334f. etwas anderes abgeleitet wurde (*Jestaedt* Rdn. 770 mit Fn. 30; *Ph. Koehler* in: Götting/Nordemann, § 6 Rdn. 22 mit Fn. 59), entsprach und entspricht dies nicht meiner Ansicht.

[113] GroßKommUWG/*Glöckner* § 6 Rdn. 224.

[114] GroßKommUWG/*Glöckner* § 6 Rdn. 197; auch ohne konkrete Wettbewerbsförderungsabsicht wird individuelle Verkaufsberatung hingegen als vergleichende Werbung bewertet von *Ohly/Spence* GRUR Int. 1999, 681, 685; *Scherer* WRP 2001, 89, 91f.; das hätte allerdings zur Folge, dass die Empfehlung einer konkreten Ware als „besser" oder „schöner" usw. immer nach § 6 Abs. 2 Nr. 2 unlauter wäre; so *Ohly/Spence* und *Scherer* a.a.O.

[115] OLG Stuttgart v. 24.7.2003 Az. 2 U 205/02; *Lehmler* § 6 Rdn. 22.

[116] *Sack* WRP 2001, 327, 335; Gloy/Loschelder/Erdmann/*Hasselblatt,* HandbWettbR, § 60 Rdn. 29; a.A. *Ohly/Spence* GRUR Int. 1999, 681, 685; *Scherer* WRP 2001, 89, 91f. (IV.).

[117] Umfassend dazu *Peter Kurz,* Verbandsäußerungen und Wettbewerbsrecht, 1996.

[118] Grundlegend BGHZ 65, 325, 333f. = GRUR 1976, 268, 271 (2.b.dd; 3.a) – *Warentest II;* ebenso BGH NJW 1987, 2222, 2223, 2224 – *Warentest IV („test Kompass");* BGH GRUR 1989, 539 – *Warentest V;* BGH GRUR 1997, 942, 943 – *Druckertest (PC-Drucker);* BGH NJW 1997, 2593, 2594; vgl. auch BGH GRUR 1999, 69, 70 – *Preisvergleichsliste II;* ferner *Sack,* Das Recht am Gewerbebetrieb, 2007, S. 230.

[119] BGH GRUR 2002, 633, 635 – *Hormonersatztherapie.*

[120] Vgl. BGH GRUR 1999, 69 – *Preisvergleichsliste II;* dazu *Gloy* LM Nr. 777 zu § 1 UWG; *Wambach* MDR 1999, 177.

[121] BGH GRUR 2006, 875, 876 Rdn. 22 – *Rechtsanwalts-Ranglisten.*

[122] Vgl. *Köhler* FS Sonnenberger, 2004, S. 249, 250f.

[123] BGH GRUR 2006, 875, 876 Rdn. 22ff. – *Rechtsanwalts-Ranglisten;* ebenso im Ergebnis als Vorinstanz das OLG München NJW 2003, 1534, 1535 – *Juve-Handbuch,* jedoch mit der unzutreffenden Begründung, dass der bekl. Verlag, der Rangfolgetabellen von Anwaltskanzleien veröffentlicht hatte, nicht in Wettbewerb zu den in den Rangfolgetabellen herausgehobenen Anwaltskanzleien stand.

lands" die Absicht einer Förderung fremden Wettbewerbs bejaht und die Veröffentlichungen nach den Grundsätzen der getarnten Werbung als sittenwidrig nach § 1 UWG a. F. bewertet.[124]

5. Die Voraussetzungen des „Erkennbarmachens"

63 **a) Die Unterscheidung zwischen identifizierender und abstrakter Bezugnahme.** Vergleichende Werbung i. S. v. § 6 Abs. 1 UWG und Art. 2 lit. c RL ist jede Werbung, die unmittelbar oder mittelbar einen Mitbewerber oder die von einem Mitbewerber angebotenen Waren oder Dienstleistungen **erkennbar** macht. In Anlehnung an fremdsprachige Formulierungen der RL kann man sie als **identifizierende** vergleichende Werbung bezeichnen.[125] Danach erfasst § 6 Abs. 1 UWG sowohl die **anlehnende** als auch die **kritisierende** vergleichende Werbung, soweit sie einen Mitbewerber oder dessen Waren oder Dienstleistungen erkennbar macht.

64 Das Gegenstück zur identifizierenden vergleichenden Werbung ist die von der RL und § 6 UWG nicht geregelte **abstrakte** vergleichende Werbung, die den konkreten Mitbewerber oder seine Leistungen nicht erkennbar macht; man bezeichnet sie zum Teil auch als **kollektive** vergleichende Werbung. Dazu gehören z. B. die **Alleinstellungs-** und **Spitzengruppenwerbung,** wenn sich nicht aus besonderen Umständen ein Bezug auf einzelne, konkrete Mitbewerber ergibt,[126] **System-** und **Fortschrittsvergleiche** sowie **Warenartenvergleiche,** soweit bei ihnen keine konkreten Mitbewerber erkennbar gemacht werden,[127] eine allgemein gehaltene Kritik an bestimmten Werbemethoden[128] oder die **Aufforderung zum Selbstvergleich,** wenn die betreffenden Waren oder Dienstleistungen bestimmter Mitbewerber nicht ausdrücklich oder implizit erkennbar gemacht werden.[129] Die Werbung „Statt Blumen ONKO-Kaffee"[130] begründet zwar ad hoc ein Mitbewerberverhältnis, macht aber keinen konkreten, einzelnen Blumenhändler erkennbar.

65 Angemerkt sei noch, dass die erste Entscheidung, in der der BGH erklärte, die RL 97/55/EG bei der Auslegung von § 1 UWG umsetzen zu wollen, entgegen seiner Annahme wohl keine identifizierende vergleichende Werbung i. S. v. Art. 2 Nr. 2a RL 97/55/EG betraf, sondern nicht-identifizierende, die nicht in den Regelungsbereich der RL fällt. Denn geworben wurde von einer Sportartikelherstellerin mit dem Hinweis auf die eigenen Leistungen durch den Spruch: „Billige Composite Rackets (Graphite-Fiberglas) muten wir Ihnen nicht zu"; ein konkreter Mitbewerber wurde damit wohl weder ausdrücklich noch implizit erkennbar gemacht. Die Entscheidung nennt auch keine besonderen Umstände, die auf ein mittelbares Erkennbarmachen konkreter Mitbewerber deuten.[131]

66 Die Unterscheidung zwischen identifizierender und nicht-identifizierender Werbung lag schon bisher der deutschen Rechtsprechung zugrunde. Sie hielt nur die identifizierende vergleichende Werbung für grundsätzlich wettbewerbswidrig, abstrakte vergleichende Werbung hingegen für grundsätzlich zulässig.[132] Die Bewertung **abstrakter** vergleichender Werbung unterliegt nicht den Maßstäben der RL 2006/114/EG, sondern nach wie vor rein nationalem Recht, insbesondere § 4 Nr. 1, 2 und § 5 UWG.[133] Zur Vermeidung von **Wertungswidersprüchen** darf sie jedoch nicht strenger beurteilt werden als identifizierende vergleichende Werbung.[134]

---

[124] BGH GRUR 1997, 912, 913 – *Die Besten I;* BGH GRUR 1997, 914, 915 – *Die Besten II;* dazu *Köhler* FS Sonnenberger, 2004, S. 249, 251 ff.

[125] Vgl. die englische und französische Fassung der RL 97/55/EG: „Comparative advertising means any advertising which ... identifies a competitor ..."; „Publicité comparative: tout publicité qui ... identifie un concurrent ..."; zur Unterscheidung von „identifizierender" und abstrakter vergleichender Werbung vgl. auch schon *Sack* GRUR 1987, 51; *ders.* in: Amann/Jaspers RWW 3.2 Rdn. 580 f.; vgl. auch *Freund* S. 4 ff.; *Alexander* GRUR 2010, 482, 484.

[126] Begr. Reg.-Entw. BT-Drucks. 14/2959, S. 10; *Baumbach/Hefermehl* § 2 UWG Rdn. 17 a. E.; *Berlit* Rdn. 30, 55, 56, 58, 59, 284, 285, 286; *Eck/Ikas* WRP 1999, 251, 254; *Sack* in: Amann/Jaspers RWW 3.2 Rdn. 581, 668; *Tilmann* GRUR 1997, 790, 795; a. A. *Lux* GRUR 2002, 682, 683 mit der unzutreffenden Annahme, dass die h. M. nicht zwischen dem Tatbestandserfordernis eines Vergleichs und seiner Bewertung unterscheide.

[127] Begr. Reg.-Entw. BT-Drucks. 14/2959, S. 10; BGH GRUR 1986, 548 – *Dachsteinwerbung;* GRUR 1998, 824, 827 – *Testpreis-Angebot; Berlit* Rdn. 30, 55 ff., 262 ff.; *Bayreuther* EuZW 1998, 478; *Eck/Ikas* WRP 1999, 251, 254; Glöckner Einl. B Rdn. 133 f.; *Henning-Bodewig* GRUR Int. 1999, 385, 390 f.

[128] BGH GRUR 2002, 75 – *„Soooo ... billig!"?*

[129] BGH GRUR 1999, 501, 502 (II.2.) – *„Vergleichen Sie".*

[130] BGH GRUR 1972, 553 – *„Statt Blumen ONKO-Kaffee".*

[131] BGH GRUR 1998, 824, 826 ff. – *Testpreis-Angebot.*

[132] Vgl. z. B. BGH GRUR 1972, 553, 554 (II.3.) – *„Statt Blumen ONKO-Kaffee".*

[133] EuGH Slg. 2007, I-3115 = GRUR 2007, 511 Rdn. 53 ff. – *De Landtsheer Emmanuel;* ebenso zum UWG Begr. Reg.-Entw. BT-Drucks. 14/2959, S. 10; BGH GRUR 1999, 1100, 1102 – *Generika-Werbung;* GRUR 2001, 752, 753 – *Eröffnungswerbung;* GRUR 2002, 75, 77 – *„Soooo ... billig!"?*

[134] *Berlit* Rdn. 278; *Plaß* WRP 1999, 766, 771.

67 Eine ganz andere, **rechtspolitische** Frage ist es, ob die Unterscheidung zwischen **identifizierender** und **nicht-identifizierender** vergleichender Werbung noch gerechtfertigt ist. Sie war notwendig, solange für beide Formen vergleichender Werbung unterschiedliche Grundsätze galten: identifizierende vergleichende Werbung war grundsätzlich unlauter, nicht-identifizierende hingegen grundsätzlich zulässig. Die Notwendigkeit einer Unterscheidung beider Formen vergleichender Werbung ist entfallen, nachdem für beide der Grundsatz der Zulässigkeit gilt.[135] Die Notwendigkeit einer Abgrenzung und die damit verbundenen Abgrenzungsschwierigkeiten beruhen heute nicht mehr auf der Natur der Sache, sondern auf einer insoweit missglückten RL und ihrer gesetzlichen Umsetzung in deutsches Recht.

68 **b) Unmittelbares und mittelbares Erkennbarmachen des Mitbewerbers.** Die Definition der vergleichenden Werbung durch Art. 2 lit. c RL 2006/114/EG und § 6 Abs. 1 UWG ist **weit** zu interpretieren.[136] Zur vergleichenden Werbung gehören alle **Bestandteile** des Vergleichs, d. h. die Angaben über das Angebot des Werbenden, die Angaben über das Angebot des Mitbewerbers sowie Aussagen über das Verhältnis der beiden Angebote zueinander.[137]

69 § 6 Abs. 1 UWG erfasst nach seinem Wortlaut nicht nur die unmittelbare Bezugnahme auf Mitbewerber oder ihre Kennzeichen; es genügt auch ein **mittelbares** Erkennbarmachen von Mitbewerbern.[138] Das ist dann der Fall, wenn sie aus der Masse der Mitbewerber bzw. der konkurrierenden Leistungen in einer Weise **herausgehoben** werden, dass eine Individualisierung möglich ist.[139] Dabei ist zu berücksichtigen, dass der Begriff der vergleichenden Werbung nach dem Erwägungsgrund Nr. 8 der RL 2006/114/EG „**breit** gefasst" werden soll. Entscheidend dafür ist das Verständnis der angesprochenen Verkehrskreise. Bei verbraucherbezogener vergleichender Werbung hängt es vom **Verbraucherleitbild** ab, ob der maßgebliche Verbrauchertyp eine Werbung als Bezugnahme auf einen oder mehrere konkret erkennbare Mitbewerber versteht,[140] d. h. entscheidend ist die mutmaßliche Wahrnehmung des normal informierten und angemessen aufmerksamen und verständigen Durchschnittsverbrauchers.[141]

70 Die Erkennbarkeit muss ausreichend **deutlich** sein.[142] Einem **nicht ganz unerheblichen Teil** der angesprochenen Verkehrskreise muss sich nach Ansicht des BGH eine Bezugnahme auf **konkrete** Mitbewerber oder auf **konkrete** Konkurrenzprodukte geradezu „aufdrängen".[143]

71 Demgegenüber liegt Erkennbarkeit i. S. v. § 6 Abs. 1 UWG nicht schon vor, wenn die beanstandete Werbeaussage so allgemein gehalten ist, dass sich den angesprochenen Verkehrskreisen eine Bezugnahme auf **bestimmte** Mitbewerber nicht aufdrängt, sondern diese sich nur **reflexar-**

---

[135] Vgl. *Sack* in: Amann/Jaspers RWW 3.2 Rdn. 587, 642 ff., 666 ff.; *Lux* GRUR 2002, 682, 683.

[136] EuGH Slg. 2001, I-7945 Rdn. 30, 31 = GRUR 2002, 354 – *Toshiba Europe;* EuGH Slg. 2003, I-3095 = GRUR 2003, 533, 535 Rdn. 35 – *Pippig;* EuGH Slg. 2007, I-3115 = GRUR 2007, 511 – *De Landtsheer Emmanuel;* BGH GRUR 1999, 1100, 1101 – *Generika-Werbung;* GRUR 2004, 607, 611 – *Genealogie der Düfte;* GRUR 2005, 348 (II.2.) – *Bestellnummernübernahme;* GRUR 2008, 448 Rdn. 15 – *Saugeinlagen;* GRUR 2008, 628 Rdn. 20 – *Imitationswerbung;* GRUR 2010, 161 Rdn. 12 – *Gib mal Zeitung;* GRUR 2010, 343 Rdn. 28 – *Oracle;* vgl. auch *Sack* WRP 2001, 327, 333.

[137] EuGH Slg. 2003, I-3095 = GRUR 2003, 533 Rdn. 36, 37 – *Pippig.*

[138] EuGH Slg. 2001, I-7945 Rdn. 30, 31, 39, 40 = GRUR 2002, 354 – *Toshiba Europe;* EuGH Slg. 2003, I-3095 = GRUR 2003, 533 Rdn. 35 – *Pippig;* EuGH Slg. 2006, I-8501 = GRUR 2007, 69 Rdn. 48 – *Lidl Belgium;* EuGH Slg. 2007, I-3115 = GRUR 2007, 511 Rdn. 16 – *De Landtsheer Emmanuel;* BGH GRUR 1999, 1100, 1102 – *Generika-Werbung;* GRUR 2001, 752, 753 – *Eröffnungswerbung;* GRUR 2002, 75, 76 – *„Soooo … billig!"?;* GRUR 2002, 982, 983 – *Die „Steinzeit" ist vorbei;* GRUR 2003, 444 – *„Ersetzt";* GRUR 2008, 448 Rdn. 15 – *Saugeinlagen;* GRUR 2008, 628 Rdn. 19 ff. – *Imitationswerbung;* OLG Frankfurt a. M. GRUR-RR 2005, 137 – *Vergleich mit Stachelschwein;* OLG Hamburg GRUR-RR 2003, 251 – *Müsli-Riegel;* OLG Hamburg GRUR-RR 2007, 244, 246 – *Neuwahlen; Baumbach/Hefermehl,* Wettbewerbsrecht, § 2 UWG Rdn. 2; *Eck/Ikas* WRP 1999, 251, 253; *Ph. Koehler* in: Götting/Nordemann § 6 Rdn. 30 ff.; *Lettl,* Wettbewerbsrecht, S. 321, 336 ff. Rdn. 38, 40 ff.; *Sack* WRP 2001, 327, 335.

[139] OLG Hamburg GRUR-RR 2007, 244, 246 – *Neuwahlen; Baumbach/Hefermehl* § 2 UWG Rdn. 2; *Eck/Ikas* WRP 1999, 251, 253; *dies.* ZLR 2000, 956, 958.

[140] EuGH Slg. 2007, I-3115 = GRUR 2007, 511 Rdn. 23 – *De Landtsheer Emmanuel; Eck/Ikas* WRP 1999, 251, 253; *Sack* WRP 2001, 327, 333.

[141] EuGH Slg. 2007, I-3115 = GRUR 2007, 511 Rdn. 23 – *De Landtsheer Emmanuel;* zu diesem Verbraucherleitbild vgl. auch EuGH Slg. 2006, I-8501 = GRUR 2007, 69 Rdn. 78 – *Lidl Belgium;* ferner *Sack* WRP 2005, 462.

[142] BGH GRUR 1999, 1100, 1101 – *Generika-Werbung;* GRUR 2001, 752, 753 – *Eröffnungswerbung;* GRUR 2002, 982, 983 – *Die „Steinzeit" ist vorbei; Sack* WRP 2001, 327, 333 a. E.

[143] BGH GRUR 2001, 752, 753 – *Eröffnungswerbung;* GRUR 2002, 75, 76 – *„Soooo … billig!"?;* GRUR 2002, 982, 983 – *Die „Steinzeit" ist vorbei;* vgl. auch GRUR 1999, 1100, 1101, 1104 – *Generika-Werbung;* NJW-RR 1997, 424, 425 – *Energiekosten-Preisvergleich II;* GRUR 1997, 539, 540 – *Kfz-Waschanlagen.*

tig daraus ergibt, dass mit jeder Hervorhebung der eigenen Vorzüge in der Regel unausgesprochen zum Ausdruck gebracht wird, dass nicht alle Mitbewerber die gleichen Vorteile zu bieten haben.[144] Es genügt nicht jede noch so fernliegende „nur um zehn Ecken herum gedachte" Bezugnahme.[145] Je größer der Kreis der in den Vergleich einbezogenen Mitbewerber ist, desto geringer wird die Neigung des Publikums sein, die Werbung auf konkrete einzelne Mitbewerber zu beziehen.[146]

Eine ausreichende **mittelbare** Erkennbarkeit kann beruhen[147] auf der Erwähnung der Initialen 72 eines Mitbewerbers,[148] auf einem engen **zeitlichen** Zusammenhang einer Werbemaßnahme mit anderer Werbung oder bestimmten konkreten Ereignissen,[149] auf den besonderen **örtlichen** Verhältnissen,[150] z. B. bei Hinweisen auf die Preise von Anbietern leitungsgebundener Energien mit örtlicher Monopolstellung,[151] oder auf den besonderen **Marktverhältnissen,** insbesondere auf der (geringen) Anzahl der Mitbewerber.[152] Diese Konstellationen zeigen, dass die erforderliche Erkennbarkeit nicht schon dann fehlt, wenn die angesprochenen Verkehrskreise den Bezug zwischen dem beworbenen Produkt und dem Produkt des Mitbewerbers allein aufgrund von Umständen herstellen, die **außerhalb der angegriffenen Werbung** liegen.[153] Der Werbespruch „C. – Entfernt signifikant mehr Plaque als jede andere führende Handzahnbürste!" ist vergleichende Werbung i. S. v. § 6 Abs. 1 UWG, wenn erkennbar ist, welcher konkrete Mitbewerber mit dem Begriff „führende Handzahnbürste" angesprochen ist.[154] Wirbt ein Unternehmen damit, dass es in Bayern das **größte** Unternehmen seiner Branche sei, dann ist dies isoliert betrachtet zwar keine identifizierende Bezugnahme auf Mitbewerber. Wenn jedoch von dieser Werbung aufgrund der besonderen Umstände für die Werbeadressaten erkennbar nur ein einziger Mitbewerber betroffen ist, weil der Werbende in Bayern nur einen Mitbewerber hat, dann liegt eine erkennbare Bezugnahme auf einen konkreten Mitbewerber vor; so der BGH zutreffend in seiner *Pfiffikus-Dose*-Entscheidung von 1960.[155] Im Fall *„Cola-Test"* bezog sich die Werbung von Pepsi-Cola auch ohne ausdrückliche Nennung eindeutig

---

[144] BGH GRUR 1999, 1100, 1101 – *Generika-Werbung;* GRUR 2002, 75, 76 – *„Soooo ... billig!"?;* MünchKommUWG/*Menke* § 6 Rdn. 96, 98.

[145] Diese von der h. M. übernommene griffige Formulierung stammt von *Henning-Bodewig* GRUR Int. 1999, 381, 391; ebenso BGH GRUR 1999, 1100, 1101 – *Generika-Werbung;* GRUR 2002, 75, 76 – *„Soooo ... billig!"?;* GRUR 2002, 982, 983 – *Die „Steinzeit" ist vorbei;* GRUR 2008, 628 Rdn. 29 – *Imitationswerbung;* OLG Hamburg GRUR-RR 2003, 251 – *Müsli-Riegel;* OLG Frankfurt a. M. GRUR-RR 2005, 137 – *Vergleich mit Stachelschwein; Freund* S. 49 f.; *Lux* GRUR 2002, 682, 683; MünchKommUWG/*Menke* § 6 Rdn. 96; *Plaß* NJW 2000, 3161, 3163; *Sack* WRP 2001, 327, 333 a. E.

[146] BGH GRUR 2001, 752, 753 – *Eröffnungswerbung;* GRUR 2002, 982, 983 – *Die „Steinzeit" ist vorbei;* OLG Hamburg GRUR-RR 2003, 251, 252 – *Müsli-Riegel;* OLG Frankfurt a. M. GRUR-RR 2005, 137 – *Vergleich mit Stachelschwein.*

[147] Vgl. die Beispiele bei *Freund* S. 48 ff.; *Köhler*/Bornkamm § 6 Rdn. 86 ff.; *Sack* in: Amann/Jaspers RWW 3.2 Rdn. 580 mit ausführlichen Nachweisen in Fn. 2.

[148] BGH GRUR 1999, 501, 502 – *„Vergleichen Sie"; Freund* S. 60 f.; *Sack* WRP 2001, 327, 333 f.

[149] Vgl. BGH GRUR 1952, 582, 584 – *Sprechstunden;* OLG Frankfurt a. M. GRUR 1968, 320; *Freund* S. 48; *Ph. Koehler* in: Götting/Nordemann § 6 Rdn. 35; *Lindacher* FS Brandner, S. 399, 413 a. E.; *Lux* GRUR 2002, 682, 683; *Sack* WRP 2001, 327, 334.

[150] Vgl. RGZ 131, 75 = GRUR 1931, 165, 166 – *Chlorodont;* BGH GRUR 1997, 304, 305 – *Energiekosten-Preisvergleich II;* GRUR 1996, 502, 506 – *Energiekosten-Preisvergleich I; Freund* S. 48; *Lindacher* FS Brandner, S. 399, 413 a. E.; *Sack* WRP 2001, 327, 334; vgl. auch das Vorbringen der Kl. im BGH-Fall *„Soooo ... billig!"?,* GRUR 2002, 75.

[151] BGH GRUR 1996, 502, 506 – *Energiekosten-Preisvergleich I;* GRUR 1997, 304, 305 – *Energiekosten-Preisvergleich II.*

[152] BGH GRUR 1961, 81, 90 – *Pfiffikus-Dose;* GRUR 1987, 49 – *Cola-Test* (mit Anmerkung *Sack*); GRUR 1992, 625, 626 (2. a) – *Therapeutische Äquivalenz;* GRUR 2001, 752, 753 – *Eröffnungswerbung;* GRUR 2002, 982, 983 (II.1.b) – *Die „Steinzeit" ist vorbei;* OLG Frankfurt a. M. GRUR-RR 2005, 137 – *Vergleich mit* Stachelschwein; OLG Hamburg MDR 2001, 331; OLG Hamm GRUR 1977, 38 – *Möbelhaus; Dilly/Ulmar* WRP 2005, 469, 472; *Eck/Ikas* WRP 1999, 251, 253; *Freund* S. 48; Gloy/Loschelder/Erdmann/*Hasselblatt,* HdbWettbR, § 60 Rdn. 42; *Henning-Bodewig* GRUR Int. 1999, 385, 391; *Hudelmaier,* Die neuere Praxis zur vergleichenden Werbung in Deutschland, Belgien, Frankreich, Großbritannien und USA, 1991, S. 11; *H. Köhler* GRUR 2005, 275, 278; *Lindacher* FS Brandner, S. 399, 414; *Rippert/Weimer* K&R 2007, 302, 303; *Sack* WRP 2001, 327, 334; i. d. S. wohl auch GRUR 1998, 824 – *Testpreis-Angebot;* OLG Frankfurt WRP 1971, 31 – *„Es gibt keinen vornehmeren Sekt";* vgl. dazu *Aigner* S. 26, 66; *Kilian* S. 11 f.

[153] So jedoch BGH GRUR 2008, 628 Rdn. 20 – *Imitationswerbung; Beater* S. 558 Rdn. 1503; *Ph. Koehler* in: Götting/Nordemann § 6 Rdn. 40.

[154] Dies bejahend OLG Hamburg MDR 2001, 331; *Berlit* Rdn. 40.

[155] BGH GRUR 1961, 81 (B.) – *Pfiffikus-Dose;* vgl. auch *Sack* WRP 2001, 327, 334; *ders.* in: Amann/Jaspers RWW 3.2 Rdn. 580; GroßKommUWG/*Glöckner* § 6 Rdn. 250; ein weiteres Beispiel aus der englischen Rechtsprechung nennen *Ohly/Spence* GRUR Int. 1999, 681, 685.

auf Coca-Cola.[156] Versendet ein Pharmaunternehmen zu Werbezwecken Sonderdrucke einer wissenschaftlichen Studie, in der Medikamente in der Weise miteinander verglichen werden, dass nur die Wirkstoffzusammensetzung genannt wird, liegt (identifizierende) vergleichende Werbung vor, wenn dadurch für die angesprochenen Fachkreise die Namen der Hersteller erkennbar werden.[157] Der Werbespruch „Stärken ist besser" wurde vom BGH als Vergleich mit dem „Steifen" von Wäsche mit Hilfe synthetischer Wäschesteifemittel verstanden, der sich für einen nicht unerheblichen Teil der Verkehrskreise auf Evidur-Wäschesteife bezog;[158] heute wäre es vergleichende Werbung i. S. d. Definition des § 6 Abs. 1 UWG. Bei einem Preisvergleich von Telekommunikationsdienstleistungen macht der Hinweis auf den „Kaffeeröster-Tarif" die Fa. Tchibo erkennbar;[159] hinter dem Begriff „Volkstarif" erkennen die Verkehrskreise nach Ansicht des OLG Hamburg das gleichnamige Angebot des Anbieters Payback.[160] Die bloße Tatsache, dass der Kreis der Konkurrenten begrenzt ist, z. B. der privaten Fernsehsender, genügt jedoch noch nicht ohne weiteres den Voraussetzungen der „Erkennbarkeit" eines konkreten Mitbewerbers i. S. v. § 6 Abs. 1 UWG.[161]

73 Mittelbar erkennbar kann ein konkreter Mitbewerber im Einzelfall bei Vorliegen besonderer Umstände durch Kritik an ihm oder seinen Leistungen, durch Rufausbeutung oder durch die Aufforderung von Kunden zum Vergleich gemacht werden.

74 **c) Fehlende Erkennbarkeit konkreter Mitbewerber.** Für die „Erkennbarkeit" i. S. v. § 6 Abs. 1 UWG reicht es **nicht** aus, dass sich Werbung „unmissverständlich auf **alle**" (deutschen) Mitbewerber bezieht und sie auf diese Weise erkennbar macht.[162] Nach dem Richtlinien- und Gesetzeswortlaut genügt es nicht, dass „die" Mitbewerber erkennbar gemacht werden;[163] es muss „ein" Mitbewerber bzw. eine kleine, aus den Mitbewerbern herausgehobene Gruppe von Mitbewerbern sein. Man spricht deshalb zutreffend von „individualisierender" Erkennbarmachung,[164] im Gegensatz zu einer pauschalen Bezugnahme auf Mitbewerber.[165] Deshalb begründet z. B. die bloße Anpreisung eigener Waren oder Dienstleistungen nicht ohne Weiteres eine identifizierende Bezugnahme auf Mitbewerber.[166]

75 Auch die bloße **Kritik** an Waren, Dienstleistungen oder Werbemethoden von Mitbewerbern enthält nach zutreffender Ansicht des BGH nicht ohne Weiteres einen Vergleich.[167] In dem vom BGH entschiedenen Fall *„Soooo ... billig!"?* wurden in der Werbung keine Namen oder Marken von Mitbewerbern genannt; vielmehr bezog sich die Werbung ganz allgemein auf (alle) Mitbewerber und deren Waren, so dass es am Erfordernis der Erkennbarkeit fehlte.[168]

76 Für die Erkennbarkeit i. S. v. § 6 Abs. 1 UWG reicht es auch nicht generell, dass die Mitbewerber **produktmäßig** definiert werden.[169] Deshalb fallen **Fortschritts- und Systemvergleiche** sowie

---

[156] BGH GRUR 1987, 49 f. – *Cola-Test* (mit Anmerkung *Sack*); *Eck/Ikas* WRP 1999, 251, 253; *Freund* S. 48 f.; GK/*Glöckner* § 6 Rdn. 250; *Ohly* GRUR 1998, 828, 829 (Anm.); *Tilmann* GRUR 1999, 546, 547 a. E., 548.

[157] BGH GRUR 2002, 633, 635 – *Hormonersatztherapie.*

[158] BGH GRUR 1963, 371, 374 – *Wäschestärkemittel.*

[159] OLG Hamburg GRUR-RR 2007, 244, 246 – *Neuwahlen.*

[160] OLG Hamburg GRUR-RR 2007, 244, 246 – *Neuwahlen.*

[161] A. A. OLG Frankfurt WRP 1996, 25; *Berlit* Rdn. 41, 42, 44, 45, 267.

[162] OLG Hamburg GRUR-RR 2006, 170, 172 (2.) – *Europas größtes People-Magazin; Eck/Ikas* ZLR 2000, 956, 957, 958; *dies.* WRP 1999, 251, 254; *Freund* S. 55 f.; *Plaß* WRP 1999, 766, 767; *Sack* GRUR Int. 1998, 263, 270; *ders.* WRP 2001, 327, 334; *Tilmann* GRUR 1997, 790, 795; *ders.* GRUR 1999, 546, 547 f.; *Wamprechtshamer* ÖBl. 2000, 147, 154; ebenso wohl BGH GRUR 1999, 1100, 1101 – *Generika-Werbung;* a. A. OLG München ZLR 2000, 949, 954 – *Münchner Trinkwasser; Lux* GRUR 2002, 682, 683 f.; *Plassmann* GRUR 1996, 377, 378, 382; a. A. wohl auch noch BGH GRUR 1998, 824, 828 (3.a) – *Testpreis-Angebot;* OLG Hamburg GRUR-RR 2001, 84, 85 (2.a, b) – *Handzahnbürste.*

[163] A. A. *Lux* GRUR 2002, 682, 684.

[164] *Baumbach/Hefermehl* § 2 UWG Rdn. 2.

[165] *Lux* GRUR 2002, 682, 683 hält dies unzutreffend für eine sprachliche Tautologie, wie seine eigene Interpretation des Begriffs „erkennbar machen" deutlich zeigt.

[166] BGH GRUR 1999, 1100, 1101 – *Generika-Werbung;* GRUR 2002, 75, 76 – *„Soooo ... billig!"?;* GRUR 2002, 982, 983 – *Die „Steinzeit" ist vorbei; Nordmann* GRUR Int. 2002, 297, 298; *Sack* WRP 2001, 327, 334; vgl. auch GRUR 1997, 539, 541 – *Kfz-Waschanlage; Lindacher* FS Brandner, S. 399, 413 f.

[167] BGH GRUR 2002, 75, 76 – *„Soooo ... billig!"?;* a. A. wohl noch GRUR 1998, 824, 828 – *Testpreis-Angebot.*

[168] Zutreffend BGH GRUR 2002, 75, 76 – *„Soooo ... billig!"?;* a. A. wohl noch GRUR 1998, 824, 828 – *Testpreis-Angebot.*

[169] EuGH Slg. 2007, I-3115 = GRUR 2007, 511 Rdn. 18, 19 – *De Landtsheer Emmanuel;* OLG Hamburg GRUR-RR 2006, 170, 172 (2.) – *Europas größtes People-Magazin; Sack* WRP 2001, 327, 334; a. A. *Tilmann* GRUR 1999, 546, 548; *Faßbender* EuZW 2005, 42, 43 f.; Fezer/*Koos* § 6 Rdn. 111.

Warenartenvergleiche nur dann unter die RL und § 6 UWG, wenn sie einen konkreten Mitbewerber oder seine Leistungen ausreichend erkennbar in den Vergleich einbeziehen; dies hängt vom Einzelfall ab.[170] So ist z. B. die Werbeaussage „billige Composite Rackets (Graphite-Fiberglas) muten wir ihnen nicht zu" **nicht ohne weiteres** vergleichende Werbung, es sei denn, sie bezog sich aufgrund der besonderen Tatumstände erkennbar auf einen oder sehr wenige spezielle Mitbewerber.[171] Eine Werbeaussage, die lediglich auf eine **Warengattung,** nicht aber auf ein bestimmtes Unternehmen oder Produkt Bezug nimmt, kann vergleichende Werbung sein, wenn aus ihr ein Mitbewerber oder die von ihm angebotenen Produkte „als die erkennbar werden, auf die die Werbeaussage – auch nur mittelbar – konkret Bezug nimmt".[172] Dabei ist es unerheblich, ob die Bezugnahme nach den Umständen des Einzelfalles und insbesondere der Struktur des betreffenden Marktes **mehrere** konkrete Mitbewerber oder die von ihnen angebotenen Waren oder Dienstleistungen erkennbar macht. Eine Beschränkung des § 6 UWG auf das Erkennbarmachen eines **einzigen** Mitbewerbers wäre mit der weit zu verstehenden Definition der vergleichenden Werbung unvereinbar.[173]

Grundsätzlich keine vergleichende Werbung i. S. v. § 6 und § 5 Abs. 3 UWG sind **Alleinstellungs- und Spitzengruppenwerbung**[174] oder die pauschale Aufforderung an Verbraucher, selbst zu vergleichen, wenn damit noch kein konkreter Mitbewerber unmittelbar oder mittelbar erkennbar gemacht wird.[175] Auch **pauschale Kritik** an namentlich nicht genannten Mitbewerbern, ihren Produkten oder Werbemethoden macht diese in der Regel nicht erkennbar i. S. v. § 6 Abs. 1 UWG.[176] Diese Formen der Werbung werden auch nicht dadurch zur identifizierenden vergleichenden Werbung i. S. v. § 6 Abs. 1 UWG, dass sie letztlich behaupten, der Werbende bzw. seine Leistungen seien **jedem** einzelnen feststellbaren Mitbewerber bzw. Konkurrenzprodukt überlegen.[177] Entgegen dem OLG München ist der von den Stadtwerken München zur Werbung für ihr Trinkwasser benutzte Werbespruch „Hängen Sie noch an der Flasche?" keine vergleichende Werbung i. S. d. RL und des § 6 Abs. 1 UWG. Dafür genügt nicht, dass sich der Werbevergleich „unmissverständlich auf alle Anbieter von in Flaschen abgefülltem Mineralwasser" bezieht.[178] 77

Erkennbarkeit i. S. v. § 6 Abs. 1 UWG besteht auch nicht schon dann ohne weiteres, wenn sich vergleichende Werbung auf eine **überschaubare** Gruppe von Mitbewerbern bezieht.[179] Dies gilt 78

---

[170] EuGH Slg. 2007, I-3115 = GRUR 2007, 511 Rdn. 18, 19 – *De Landtsheer Emmanuel;* Begr. Reg.-Entw. BT-Drucks. 14/2959, S. 10; BGH GRUR 2002, 982 – *Die „Steinzeit" ist vorbei;* OLG Hamburg GRUR-RR 2003, 251; *Dilly/Ulmar* WRP 2005, 467, 472; *Freund* S. 57 f.; *Gamerith* ÖBl. 1998, 115, 119; *Plaß* WRP 1999, 766, 767; *dies.* in: HK-WettbR § 6 Rdn. 37–39; *Sack* GRUR Int. 1998, 263, 270; *Tilmann* GRUR 1999, 546, 547; *Ziervogel* S. 98; vgl. auch BGH GRUR 1996, 721 – *Energiekosten-Preisvergleich I;* BGH GRUR 1997, 304 – *Energiekosten-Preisvergleich II.*

[171] Zutreffend *Eck/Ikas* WRP 1999, 251, 254; *Kotthoff* BB 1998, 2217; *Sack* WRP 2001, 327, 334; a. A., da produktmäßig definierte Mitbewerber, *Tilmann* GRUR 1999, 546, 548; vgl. auch *Faßbender* EuZW 2005, 42, 43 f.; mangels näherer Angaben zur Marktstruktur bedenklich BGH GRUR 1998, 824, 827 f. (3.a) – *Testpreis-Angebot,* wo diese Werbung als vergleichende Werbung bezeichnet wurde, allerdings ohne eindeutige Festlegung, ob sie als (identifizierende) „vergleichende Werbung" i. S. d. RL oder abstrakte vergleichende Werbung verstanden wurde; dies war im praktischen Ergebnis unbedenklich, da sie unnötig herabsetzend und deshalb sowohl als identifizierende als auch als abstrakte vergleichende Werbung wettbewerbswidrig war.

[172] So EuGH Slg. 2007, I-3115 = GRUR 2007, 511 Rdn. 19, 24, 50 ff. – *De Landtsheer Emmanuel.*

[173] EuGH Slg. 2007, I-3115 = GRUR 2007, 511 Rdn. 20, 21, 24 – *De Landtsheer Emmanuel.*

[174] OLG Hamburg GRUR-RR 2006, 170, 172 (2.) – *Europas größtes People-Magazin; Berlit* BB 2000, 1305, 1306; *Dilly/Ulmar* WRP 2005, 467, 472 (8.3.); *Eck/Ikas* WRP 1999, 251, 254; *Fröndhoff* S. 104 f.; *Gamerith* ÖBl. 1998, 115, 119; GK/*Glöckner* § 6 Rdn. 247; *Köhler*/Bornkamm § 6 Rdn. 18; *Marx* EWS 2001, 353, 354 f.; *Nordmann* GRUR Int. 2002, 297, 299; *Sack* GRUR Int. 1998, 263, 270; *Tilmann* GRUR 1997, 790, 795; *Ziervogel* S. 98; a. A. *Faßbender* EuZW 2005, 42, 44.

[175] BGH GRUR 1999, 501, 502 – *„Vergleichen Sie"; Bornkamm,* Entwicklungen …, S. 134, 141 f.; *Dilly/Ulmar* WRP 2005, 467, 473; *Gabel* WRP 2005, 1102, 1114; Gloy/Loschelder/Erdmann/*Hasselblatt* § 60 Rdn. 47; *Nordmann* GRUR Int. 2002, 297, 299; ebenso auch schon vor der RL 97/55/EG BGH GRUR 1961, 237, 240 – *TOK-Band;* BGH GRUR 1974, 280, 281 – *Divi;* GRUR 1987, 49, 50 – *Cola-Test.*

[176] BGH GRUR 2002, 75 – *„Soooo … billig!"?*

[177] Vgl. BGH 1978, 249, 251 (III.) – *Kreditvermittlung; Sack* in: Amann/Jaspers RWW 3.2 Rdn. 581.

[178] *Sack* WRP 2001, 327, 334; *Köhler*/Bornkamm § 6 Rdn. 91; *Ph. Koehler* in: Götting/Nordemann § 6 Rdn. 32; *Eck/Ikas* ZLR 2000, 956, 957 in ihrer insoweit ablehnenden Anmerkung zum OLG München ZLR 2000, 949, 954.

[179] So schon zur alten Rechtslage BGH GRUR 1969, 415, 416 – *Kaffeerösterei;* GRUR 1965, 365 – *Lavamat II;* OLG Düsseldorf BB 1963, 164 – *Lavamat;* OLG Düsseldorf GRUR 1960, 439; *Sack* in: Amann/Jaspers RWW 3.2. Rdn. 580; anders hingegen BGH GRUR 1964, 208 – *Fernsehinterview;* OLG Celle GRUR 1962, 101 f.

auch bei „produktmäßig definierten Mitbewerbern".[180] Deshalb ist z. B. die Werbebehauptung „Es gibt keinen vornehmeren Sekt in der Konkurrenz" nicht schon deshalb identifizierende vergleichende Werbung i. S. v. § 6 Abs. 1 UWG, weil sie sich „erkennbar auf die übersehbare Gruppe der Hersteller vornehmer Sekte bezieht".[181]

79 Aus dem Gesagten folgt, dass auch Werbehinweise auf die Qualität oder den Preis der **eigenen** Produkte nicht ohne Weiteres eine mittelbar erkennbare Bezugnahme auf Mitbewerber enthalten.[182] Auch die an Kunden gerichtete Aufforderung, Angebote zu vergleichen ist keine vergleichende Werbung i. S. v. § 6, wenn keine konkreten Produkte von Mitbewerbern genannt werden.[183]

80 **d) Erkennbarmachen von Mitbewerbern in ihrer Eigenschaft als Mitbewerber.** Ein „Erkennbarmachen von Mitbewerbern" i. S. v. § 6 UWG ist nur gegeben, wenn in vergleichender Werbung Mitbewerber **in ihrer Eigenschaft als Mitbewerber** erkennbar gemacht werden.[184] Der Wortlaut von § 6 Abs. 1 UWG steht dieser einschränkenden Auslegung nicht entgegen; der Zweck dieser Vorschrift spricht für diese Auslegung,[185] vor allem, wenn man die Anwendbarkeit nicht von einem Vergleich abhängig macht. Ob Werbung einen konkreten Mitbewerber und diesen in seiner Eigenschaft als Mitbewerber erkennbar macht, hängt von der mutmaßlichen Wahrnehmung des normal informierten und angemessen aufmerksamen und verständigen Durchschnittsadressaten der Werbung ab.[186] Von praktischer Bedeutung ist diese Auslegung des Begriffs „Erkennbarmachen von Mitbewerbern" bei der Werbung für **Zubehör, Ersatzteile** und **Verbrauchsmaterialien,** wenn der Werbende zwar das Hauptprodukt nennt, zu dem seine Waren passen („passend für XY"), jedoch weder unmittelbar noch mittelbar darauf hinweist, dass der Anbieter des Hauptprodukts seinerseits entsprechendes Zubehör, Ersatzteile und Verbrauchsmaterialien anbietet (dazu auch Rdn. 58, 118).[187]

III. Vergleichende Werbung ohne Vergleich?

1. Probleme einer weiten Auslegung von § 6 Abs. 1 UWG bzw. Art. 2 lit. c RL

81 Nach dem **Wortlaut** von § 6 Abs. 1 UWG gehören zur vergleichenden Werbung nicht nur **Vergleiche,** sondern auch identifizierende Bezugnahmen auf Mitbewerber, ihre Leistungen oder ihre Werbemethoden **ohne Vergleich,** d. h. ohne Gegenüberstellung von Waren, Dienstleistungen oder sonstigen Umständen.[188] Das Erkennbarmachen von Mitbewerbern und Ihren Produkten impliziert nicht ohne weiteres einen Vergleich.[189] „Vergleichende" Werbung i. S. v. § 6 Abs. 1 UWG wären nach dem Wortlaut von § 6 Abs. 1 auch

– die sog. **persönliche** Werbung,[190] d. h. Hinweise auf persönliche Umstände eines Mitbewerbers, z. B. auf seine Religion, Staatsangehörigkeit, Rasse, Parteizugehörigkeit, Familienstand, aber auch auf Vorstrafen, Krankheiten, familiäre und finanzielle Probleme;

---

180 A. A. *Tilmann* GRUR 1999, 546, 548.

181 Vgl. jedoch OLG Frankfurt WRP 1971, 33 f., das diese Werbebehauptung deshalb nach der alten Rechtslage als grundsätzlich sittenwidrig bewertete; kritisch dazu *Sack* in: Amann/Jaspers RWW 3.2 Rdn. 580 zu Fn. 8; *ders.* WRP 2001, 327, 334; *Henning-Bodewig* GRUR Int. 1999, 385, 392.

182 BGH GRUR 1999, 1100, 1101 – *Generika-Werbung;* GRUR 1997, 539, 541 – *Kfz-Waschanlage; Borck* WRP 1986, 365, 367; *Lindacher* FS Brandner, S. 399, 413 f.; *Sack* WRP 2001, 327, 334.

183 BGH GRUR 1999, 501, 502 (II.2.); *Köhler*/Bornkamm § 6 Rdn. 56; *Sack* WRP 2008, 170, 176 (vor 4.)

184 *Sack* GRUR 2004, 720, 723; *ders.* WRP 2008, 170, 176; *Köhler* GRUR 2005, 273, 277, 280 (4.); *Köhler*/Bornkamm § 6 Rdn. 79; a. A. *Blanken* S. 194 f.; MünchKommUWG/*Menke* § 6 Rdn. 81.

185 A. A. HK-WettbR/*Plaß* § 6 Rdn. 33.

186 *Köhler* GRUR 2005, 273, 278; zur Anwendung dieses sog. Verbraucherleitbilds auf vergleichende Werbung EuGH Slg. 2006, I-8501 = GRUR 2007, 69 Rdn. 78 – *Lidl Belgium;* EuGH GRUR 2007, 511 Rdn. 23 – *De Landtsheer Emmanuel.*

187 Vgl. als Beispiel aus der neueren Rechtsprechung BGH GRUR 2005, 163, 165 – *Aluminiumräder;* vgl. auch *Sack* GRUR 2004, 720, 723.

188 Vgl. EuGH Slg. 2001, I-7945 Rdn. 31 – *Toshiba Europe; Alexander* GRUR 2010, 482, 484; *Gamerith* ÖBl. 1998, 115, 119 f.; GroßKommUWG/*Glöckner* § 6 Rdn. 255; *Plassmann* GRUR 1996, 397, 398; *Sack* GRUR Int. 1998, 263, 270; *ders.* WRP 2001, 327, 335; *Saßmann* S. 107, 162.

189 Vgl. BGH GRUR 2002, 75, 76 – *„Soooo ... billig!"?; Alexander* GRUR 2010, 482, 484; *Sack* GRUR Int. 1998, 263, 270; *ders.* WRP 2001, 327, 335; a. A. *Köhler*/Bornkamm § 6 Rdn. 50.

190 Begr. Reg.-Entw. BT-Drucks. 14/2959, S. 10; BGH GRUR 1999, 1100, 1101 – *Generika-Werbung;* GRUR 2002, 75, 76 – *„Soooo ... billig!"?; Baumbach/Hefermehl* § 2 UWG Rdn. 2; *Berlit* Rdn. 11, 29; *Emmerich,* Unlauterer Wettbewerb, § 7 Rdn. 23 f.; *Marx* EWS 2001, 353, 354, 355 f.; *Plassmann* GRUR 1996, 377, 378; *Sack* GRUR Int. 1998, 263, 270; *Saßmann* S. 192; *Tilmann* GRUR 1997, 790, 795; *ders.* GRUR 1999, 546, 547; *Ziervogel* S. 101.

– die **unternehmensbezogene** Werbung,[191] z. B. auf Mitbewerber bezogene Hinweise auf geschäftliche Misserfolge, „Gewinnwarnungen", Liquiditätsprobleme oder drohende Insolvenz, Hinweise auf Testergebnisse oder Rankings, Hinweise auf das Unternehmensalter, die Anzahl der Beschäftigten, auf Schwarzarbeiter, auf die Ausgaben für Forschung, Eigenschaften des Vertriebs, Auszeichnungen u. s. w.;
– Werbehinweise auf fragwürdige **Geschäfts- und Werbemethoden** eines Mitbewerbers;[192]
– die Werbung für **Ersatzteile, Zubehör und Verbrauchsmaterialien,** z. B. „passend für das Gerät XY";[193] vgl. die Differenzierungen oben in Rdn. 58;
– nach einer Mindermeinung auch (fast) alle Produktnachahmungen i. S. von Art. 4 Nr. 9 UWG.[194]

Gegen diese weite Auslegung von § 6 Abs. 1 UWG wurden erhebliche Bedenken vorgebracht. 82
Sie ergeben sich zum einen aus dem in § 6 Abs. 1 UWG definierten **Begriff** „vergleichende Werbung", der auf das Erfordernis eines Vergleichs deutet. Auch nach dem **Zweck** des § 6 UWG und der RL 2006/114/EG sollten an sich nur **vergleichende** Bezugnahmen auf Mitbewerber und ihre Leistungen erfasst werden. Außerdem erscheint es – zumindest auf den ersten Blick – wenig sinnvoll, mit der Legaldefinition des § 6 Abs. 1 UWG bzw. des Art. 2 lit. c RL 2006/114/EG auch identifizierende Bezugnahmen **ohne** Vergleich von Waren oder Dienstleistungen zu erfassen, um sie anschließend generell nach § 6 Abs. 2 Nr. 1 und 2 UWG zu untersagen, weil sie keine Waren oder Dienstleistungen miteinander vergleichen.[195] Ferner gelangt man bei dieser weiten Auslegung von § 6 Abs. 1 UWG, wenn man nicht bei § 6 Abs. 2 Nr. 1 und 2 UWG nachkorrigiert, teilweise zu strengeren Ergebnissen als vor der Neuregelung der vergleichenden Werbung, was in Anbetracht des Liberalisierungszwecks der RL 2006/114/EG auf Bedenken stößt. Deshalb wurde angenommen, die weite Fassung von Art. 2 lit. c RL, der durch § 6 Abs. 1 UWG in deutsches Recht umgesetzt wird, beruhe auf einem Redaktionsversehen.[196]

Speziell bei der Werbung für **Ersatzteile, Zubehör, Verbrauchsmaterialien** u. ä. kann es 83
m. E. keine berechtigten Zweifel geben, dass sie mit dem Hinweis „passend für XY", „OEM-kompatibel" o. ä. grundsätzlich zulässig ist, mit welcher Begründung auch immer.[197] Nach dem Wortlaut von § 6 UWG wäre sie jedoch grundsätzlich unzulässig, wenn – was sehr häufig ist – der Hersteller des Hauptprodukts mit dem Werbenden bei Ersatzteilen, Zubehör oder Verbrauchsmaterialien in Wettbewerb steht. Denn wegen der Bezugnahme auf ein namentlich benanntes Hauptprodukt ist solche Werbung ein Erkennbarmachen eines Mitbewerbers und damit nach dem Wortlaut von § 6 Abs. 1 UWG vergleichende Werbung. Der bloße Hinweis „passend für XY" enthält jedoch **keinen Vergleich,** auch keinen impliziten Vergleich von Waren, und wäre daher nach dem Wortlaut von § 6 Abs. 2 Nr. 1 und 2 UWG unlauter, es sei denn, man folgt der oben zu Rdn. 80, 108 ff. vorgeschlagenen einschränkenden Auslegung von § 6 Abs. 1 UWG, wonach der Mitbewerber in seiner Eigenschaft als Mitbewerber erkennbar gemacht werden muss.

Persönliche und **unternehmensbezogene** vergleichende Werbung war vor der Neuregelung im Jahre 2000 nur grundsätzlich wettbewerbswidrig;[198] Hinweise auf die Parteizugehörigkeit,[199] auf die ethnische Zugehörigkeit,[200] auf Vorstrafen,[201] auf angebliche Schutzrechtsverletzun- 84

---

[191] So Begr. Reg.-Entw. BT-Drucks. 14/2959, S. 10; *Berlit* Rdn. 48, 49; *Emmerich,* Unlauterer Wettbewerb, § 7 Rdn. 23 f.; *Freund* S. 52, 54; *Gamerith* ÖBl. 1998, 115, 119 f.; *Gloy/Bruhn* GRUR 1998, 226, 233; *Henning-Bodewig* GRUR Int. 1999, 385, 386, 392; *Marx* EWS 2001, 353, 356, 357; *Sack* GRUR Int. 1998, 263, 270; *ders.* WRP 2001, 327, 336.

[192] Vgl. BGH GRUR 2002, 75 – *„Soooo … billig!"?*

[193] GA *Léger* in den Schlussanträgen zu *Toshiba Europe,* Slg. 2001, I-7945, 7956 Nr. 38.

[194] *Scherer* WRP 2009, 1446, 1451, 1453.

[195] Gegen dieses Ergebnis Begr. Reg.-Entw. BT-Drucks. 14/2959, S. 10; *Tilmann* GRUR 1999, 546, 547.

[196] Stellungnahme des MPI GRUR Int. 2000, 265 (3).

[197] Vgl. aus der früheren Rechtsprechung BGH GRUR 1958, 343, 344 ff. – *Bohnergerät;* GRUR 1968, 49, 51 – *Zentralschlossanlagen;* GRUR 1996, 781, 782, 785 f. – *Verbrauchsmaterialien;* vgl. ferner *Sack* in: Amann/Jaspers RWW 3.2 Rdn. 907 ff.

[198] Vgl. *Sack* GRUR Int. 1998, 263, 270; *ders.* in: Amann/Jaspers RWW 3.2 Rdn. 680, 921 ff.; *Baumbach/Hefermehl* § 1 UWG Rdn. 432 ff.; *Freund* S. 99; *Funke* WM 1997, 1472, 1473; *Schnorbus* ZgVersWiss 1999, 375, 408.

[199] *Baumbach/Hefermehl* § 1 UWG Rdn. 432; *Sack* in: Amann/Jaspers RWW 3.2 Rdn. 923; *Ulmer/Reimer,* Unlauterer Wettbewerb, III Rdn. 429, S. 294; OLG Wien GRUR 1928, 368.

[200] RGZ 163, 164, 171 = GRUR 1940, 301, 304 – *Coramin;* OLG Köln GRUR 1934, 202; *Baumbach/Hefermehl* § 1 UWG Rdn. 433; *Sack* in: Amann/Jaspers RWW 3.2 Rdn. 926.

[201] RGZ 115, 416; RG JW 1928, 1211; RG GRUR 1933, 504, 505 f. – *Opernumbau;* RG GRUR 1938, 923, 924 – *Devisenvergehen; Baumbach/Hefermehl* § 1 UWG Rdn. 434; *Sack* in: Amann/Jaspers RWW 3.2 Rdn. 924.

gen[202] oder auf einen bevorstehenden Konkurs werden häufig nicht leistungsbezogen und deshalb wettbewerbswidrig sein.[203] Ausnahmsweise waren sie jedoch gerechtfertigt, wenn ein hinreichender Anlass dafür besteht.[204] Ein hinreichender Anlass, der unternehmensbezogene Werbung rechtfertigt, wurde z. B. bejaht, wenn ein Unternehmen Kunden in sachlicher Form über den Stand und Ausgang eines mit einem Mitbewerber geführten Rechtsstreites informiert.[205] Nach dem Wortlaut von § 6 UWG wäre jedoch persönliche und unternehmensbezogene Werbung mangels Vergleichs von Waren oder Dienstleistungen ausnahmslos unzulässig.[206]

85 Ferner wäre ein Werbehinweis auf fragwürdige **Werbemethoden** eines konkreten Mitbewerbers unlauter; denn dies wäre vergleichende Werbung i. S. v. § 6 Abs. 1 UWG, da ein Mitbewerber erkennbar gemacht wird. Da jedoch keine Waren oder Dienstleistungen miteinander verglichen werden, ja nicht einmal eine Bezugnahme auf Waren oder Dienstleistungen eines Mitbewerbers vorliegt, wäre die werbemäßige Kritik an den Werbemethoden eines Mitbewerbers nach dem Wortlaut von § 6 Abs. 2 Nr. 1 und 2 UWG verboten.[207] Demgegenüber wurde es im Ergebnis zutreffend für zulässig gehalten, wenn ein Unternehmen wettbewerbswidrige Werbung eines Mitbewerbers unter Nennung seines Namens richtig stellt.[208]

2. Die Rechtsprechung des EuGH

86 Der deutsche Gesetzgeber wollte mit der Vorschrift des § 6 UWG die entsprechende Regelung des Art. 2 Nr. 2a RL 84/450/EWG (jetzt Art. 2 lit. c RL 2006/114/EG) in deutsches Recht umsetzen. Deshalb ist § 6 UWG richtlinienkonform auszulegen, so dass **in erster Linie die Rechtsprechung des EuGH** zur Auslegung dieser Richtlinien über die Auslegung von § 6 UWG **entscheidet.**[209]

87 **a)** In seiner Entscheidung *„Toshiba Europe"* vom 25.10.2001 hat der EuGH erstmals zur Anwendbarkeit der RL 84/450/EWG i. d. F. durch die RL 97/55/EG auf die Werbung für Ersatzteile und Verbrauchsmaterialien Stellung genommen.[210] Der Vorlagebeschluss des LG Düsseldorf betraf entgegen einer im Schrifttum verbreiteten Behauptung nicht die Zulässigkeit eines Werbehinweises auf die Marke des Herstellers der Hauptprodukte, d. h. der Kopiergeräte von Toshiba; darauf hat der EuGH in Rdn. 33 ausdrücklich hingewiesen. Vielmehr wendete sich Toshiba dagegen, dass der Werbende in seinem Werbekatalog die Artikelnummern des Originalherstellers (sog. OEM-Nummern) zur Kennzeichnung seiner konkurrierenden Ersatzteile und Verbrauchsmaterialien benutzte (Rdn. 21), ohne einen ausdrücklichen Vergleich vorzunehmen. Dazu führte der EuGH zunächst in Rdn. 31 aus, dass es nach Art. 2 Nr. 2a RL 84/450/EWG (jetzt Art. 2 lit. c RL 2006/114/EG) „ohne Belang (sei), ob ein **Vergleich** zwischen den vom Werbenden angebotenen Erzeugnissen oder Dienstleistungen und denjenigen des Mitbewerbers vorliegt". Dann stellte er jedoch in Rdn. 33 fest, dass sich aus der Gegenüberstellung von Art. 2 Nr. 2a der RL 84/450/EWG und Art. 3a dieser RL (jetzt Art. 2 lit. c und Art. 4 RL 2006/114/EG) „bei **wörtlicher** Auslegung" ergebe, dass „**jede** Angabe in einer Äußerung, die **einerseits** die Identifizierung eines Mitbewerbers oder der Erzeugnisse oder Dienstleistungen, die er anbietet, ermöglicht, **andererseits** aber keinen Vergleich im Sinne des Art 3a RL 84/450/EWG enthält, unzulässig wäre." Das gelte vor allem, wenn nur die Marke des Herstellers des Originalmodells genannt werde, was aber im Aus-

---

202 RG GRUR 1943, 292, 294 f. – *Luftförderanlagen;* BGH GRUR 1962, 34, 35 – *Torsana;* BGH GRUR 1967, 596, 597 – *Kuppelmuffenverbindung;* OLG Koblenz GRUR 1953, 534, 536; *Baumbach/Hefermehl* § 1 UWG Rdn. 434; *Sack* in: Amann/Jaspers RWW 3.2 Rdn. 924.

203 Weitere Beispiele bei *Sack* in: Amann/Jaspers RWW 3.2 Rdn. 924 ff.; *Freund* S. 107.

204 Begr. Reg.-Entw. BT-Drucks. 14/2959, S. 10; *Baumbach/Hefermehl* § 1 UWG Rdn. 431, 436; *Henning-Bodewig* GRUR Int. 1999, 385, 392; *Tilmann* GRUR 1999, 546, 547; OLG Saarbrücken NJW-WettbR 1998, 30, 31.

205 OLG Saarbrücken NJW-WettbR 1998, 30, 31; *Baumbach/Hefermehl* § 1 UWG Rdn. 436; öOGH WBl. 2003, 144 – *Schirmbar.*

206 *Freund* S. 99; *Funke* WM 1997, 1472, 1473; vgl. auch *Gloy/Bruhn* GRUR 1998, 226, 233, 237; *Menke* WRP 1998, 811, 825; *Plassmann* GRUR 1996, 377, 379; *Sack* GRUR Int. 1998, 263, 270; *Scherer* GRUR 2012, 545, 548 f.; *Schnorbus* ZgVersWiss 1999, 375, 408; *Tilmann* GRUR 1997, 790, 795; *ders.* GRUR 1999, 546, 547; vgl. auch *Peifer* WRP 2011, 1, 5 f.; *Glöckner* Einl. B Rdn. 154 f.

207 Zur Fallgestaltung vgl. BGH GRUR 2002, 75, 76 f. – *„Soooo . . . billig!"?*

208 Vgl. OLG München WRP 1996, 236, 237; *Baumbach/Hefermehl* § 1 UWG Rdn. 436.

209 Siehe oben Rdn. 10; der deutsche Gesetzgeber wäre allerdings durch die RL und das europarechtliche Gebot der RL-konformen Auslegung nicht gehindert gewesen, den Anwendungsbereich des § 6 UWG weiter zu fassen als den Anwendungsbereich der RL.

210 EuGH Slg. 2001, I-7945 = GRUR 2004, 354 – *Toshiba Europe;* vgl. hierzu auch *Glöckner* Einl. B Rdn. 136 ff.

gangsverfahren nicht beanstandet werde. Anschließend stellte er in Rdn. 34 fest, dass solche Werbehinweise durch Art. 6 Abs. 1 lit. c der MarkenRL 89/104/EWG (entspr. § 23 Nr. 3 MarkenG) **erlaubt** seien, wenn sie zur Information des Verkehrs erforderlich seien. Daraus folgerte der EuGH in Rdn. 35: „Eine **wörtliche** Auslegung der RL 84/450 hätte also einen Widerspruch zur RL 89/104 zur Folge; sie ist deshalb **abzulehnen.**“[211]

Die in Rdn. 35 gewählte Formulierung „Eine wörtliche Auslegung der RL 84/450 ...“ lässt die Frage offen, ob die Korrektur der wörtlichen Auslegung beim Begriff der vergleichenden Werbung in § 6 Abs. 1 oder bei den Zulässigkeitsbedingungen in § 6 Abs. 2 vorzunehmen ist.[212] Im konkreten Anwendungsfall konnte der EuGH einer generellen Entscheidung dieser Fragen ausweichen, weil er in der Benutzung der OEM-Nummern der Kl. Toshiba durch die Bekl. Katun die „Behauptung einer Gleichwertigkeit hinsichtlich der technischen Eigenschaften der beiden Erzeugnisse ..., d.h. einen **Vergleich** wesentlicher, relevanter, nachprüfbarer und typischer Eigenschaften der Erzeugnisse im Sinne des Art. 3a Abs. 1 Buchst. c der RL 84/450“ sah. Es lag also nach seiner Ansicht eine bezugnehmende Werbung **mit Vergleich** i.S.v. Art. 2 Nr. 2a RL 84/450 vor, die den Zulässigkeitsbedingungen des Art. 3a Abs. 1 Buchst. c RL 84/450/EWG entsprach. Offen blieb die Frage der Anwendbarkeit der RL auf die vom EuGH nicht zu entscheidende, jedoch ausdrücklich von ihm in Rdn. 33 erwähnte Fallgestaltung der Bezugnahme nur auf die Marke des Hauptprodukts bzw. auf die Geschäftsbezeichnung seines Herstellers. 88

Da die These des EuGH, eine wörtliche Auslegung der RL 84/450 sei wegen des von ihm genannten Widerspruchs zur MarkenRL 89/104 abzulehnen, nicht nur die Zulässigkeitsbedingungen in Art. 3a Abs. 1 betrifft, sondern auch die Regelung ihres Anwendungsbereichs in Art. 2 Nr. 2a umfasst, ist auch die **wörtliche** Auslegung dieser Regelung, wonach ein Vergleich nicht erforderlich sei, in der *Toshiba Europe*-Entscheidung des EuGH zwar in Frage gestellt, dort jedoch nicht beantwortet, weil es nicht darauf ankam. Der EuGH hat also in der *Toshiba Europe*-Entscheidung die hier zu erörternde Frage, ob vergleichende Werbung i.S. der RL einen Vergleich erfordert, unbeantwortet gelassen.[213] Bemerkenswert ist, dass der EuGH zur Anwendbarkeit der RL 84/450/EWG auf bezugnehmende Werbung **ohne Vergleich** und zu ihrer Kollision mit der MarkenRL Stellung nahm, um anschließend eine wörtliche Auslegung jener RL abzulehnen. Denn dazu bestand kein Anlass, nachdem er im *Toshiba*-Fall eine vergleichende Werbung für gegeben hielt, die die Zulässigkeitsbedingungen des Art. 3a Abs. 1 der RL 84/450/EWG erfüllte. Seine hier erwähnten Ausführungen sind daher nicht entscheidungserhebliche obiter dicta, deren Sinn wohl darin zu sehen ist, für zukünftige Fälle „vergleichender Werbung“ die Weichen dahingehend zu stellen, dass eine **wörtliche** Auslegung der RL 84/450/EWG (jetzt RL 2006/114/EG) nicht geboten ist. 89

b) In seiner Entscheidung *„Pippig Augenoptik/Hartlauer“* vom 8.4.2003[214] hat der EuGH in Rdn. 36 ausgeführt: „**Jede** vergleichende Werbung soll die Vorteile der vom Werbenden angebotenen Waren oder Dienstleistungen gegenüber denjenigen eines Mitbewerbers herausstellen. Um dies zu erreichen, muss die Aussage **notgedrungen die Unterschiede zwischen den verglichenen Waren oder Dienstleistungen** hervorheben, indem sie ihre Haupteigenschaften beschreibt.“ 90

Diese Ausführungen des EuGH bereiteten zwar seine Auslegung von Art. 7 Abs. 2 RL 84/450/EWG (jetzt Art. 8 Abs. 1 S. 2 RL 2006/114/EG) vor, knüpften jedoch in Rdn. 34 an die „Definition“ der vergleichenden Werbung in Art. 2 Nr. 2a RL 84/450/EWG an. Man wird deshalb davon auszugehen haben, dass der EuGH in der *Pippig*-Entscheidung für vergleichende Werbung i.S.d. RL 84/450/EWG einen – unmittelbaren oder zumindest mittelbaren – Vergleich für erforderlich gehalten hat.[215] Dieser Deutung der *Pippig*-Entscheidung steht nicht entgegen, dass die Ausführungen des EuGH die Regelung des Art. 7 Abs. 2 RL 84/450/EWG (jetzt Art. 8 Abs. 1 S. 2 RL 2006/114/EG) betrafen, die einen „Vergleich“ erfordert.[216] Denn auch Art. 3a Abs. 1 RL 840/450/EWG (jetzt Art. 4 RL 2006/114/EG, der an Art. 2 lit. c anknüpft), verlangt einen „Vergleich“. 91

---

[211] Dies übersehen Autoren, die sich nur auf Rdn. 31 berufen, so z.B. *Faßbender* EuZW 2005, 42, 43; gegen die Ansicht des EuGH, dass bei wörtlicher Auslegung der RL 84/450/EWG ein Widerspruch zur MarkenRL vorliege, Fezer/*Koos* § 6 Rdn. 90.

[212] A.A. Fezer/*Koos* § 6 Rdn. 84; *Ph. Koehler* in: Götting/Nordemann § 6 Rdn. 38; *Scherer* GRUR 2012, 545, 546 (2.).

[213] Zutreffend GroßKommUWG/*Glöckner* § 6 Rdn. 277, 269; *Ohly* GRUR 2007, 3, 5.

[214] EuGH Slg. 2003,I-3095 = GRUR 2003, 533 Rdn. 36 – *Pippig.*

[215] *Sack* WRP 2008, 170, 171; *Scherer* GRUR 2012, 545, 546 (2.); a.A. *Köhler* GRUR 2005, 273, 274f.; *Müller-Bidinger* in: Ullmann jurisPK-UWG § 6 Rdn. 101 a.E..; *Plaß* in: HK-WettbR § 6 Rdn. 44.

[216] Vgl. jedoch *Dilly/Ulmar* WRP 2005, 467, 469.

92 **c)** Die EuGH-Entscheidung *„Gillette Company/LA-Laboratories"* vom 17.3.2005 betraf die Zulässigkeit der Werbung für Zubehör (Rasierklingen) unter Nennung der Marke des Hauptprodukts, dessen Hersteller sowohl in Bezug auf das Zubehör als auch in Bezug auf das Hauptprodukt Mitbewerber des Werbenden war.[217] Obwohl in diesem Fall der Werbende die Marke der Waren eines Mitbewerbers zweifellos „erkennbar" gemacht hat, prüfte der EuGH die Zulässigkeit dieser Werbung ausschließlich am Maßstab des Art. 6 Abs. 1 lit. c **MarkenRL** 89/104/EWG, während er die Frage der Anwendbarkeit der RL 84/450/EWG über vergleichende Werbung und ihres Verhältnisses zur MarkenRL mit keinem Wort erwähnte. Dies legt nahe, dass der EuGH in dem bloßen Erkennbarmachen der Marke des Hauptprodukts eines Mitbewerbers **ohne Vergleich** keine vergleichende Werbung i. S. d. RL 84/450/EWG gesehen hat. Dem steht nicht entgegen, dass der EuGH bei der Konkretisierung des Begriffs der „anständigen Gepflogenheiten" i. S. v. Art. 6 MarkenRL in den Rdn. 42–45 Kriterien erwähnte, die sich auch in der RL über vergleichende Werbung finden, ohne freilich auf diese hinzuweisen.[218] Nicht zu entscheiden hatte der EuGH über die Frage, ob die beanstandete Werbung die Behauptung der Gleichwertigkeit der beworbenen Produkte mit denen des Klägers enthielt; dies zu klären überließ der EuGH ausdrücklich dem vorlegenden Gericht.[219]

93 **d)** In der Entscheidung *„De Landtsheer Emmanuel"* vom 19.4.2007 heißt es, dass die in Art. 3a Abs. 1 RL 97/55/EG (jetzt Art. 4 RL 2006/114/EG) genannten Zulässigkeitsvoraussetzungen vergleichender Werbung ausschließlich auf Werbeaussagen anwendbar seien, „die vergleichenden Charakter tragen".[220] Diese Feststellung ist jedoch in Bezug auf das hier zu erörternde Problem, ob vergleichende Werbung i. S. v. § 6 UWG einen Vergleich in Form einer Gegenüberstellung erfordert, wenig aussagekräftig. Denn der EuGH stützt seine Ansicht auf das Tatbestandsmerkmal des Erkennbarmachens von Mitbewerbern und ihren Leistungen, d. h. auf den Wortlaut der Definition der vergleichenden Werbung, die gerade der Anlass für die vorliegende Streitfrage ist, und bezweckt mit seiner Aussage nur die Abgrenzung zur **abstrakten** vergleichenden Werbung, in der auf Warengattungen Bezug genommen wird, jedoch ohne Nennung konkreter Mitbewerber oder ihrer Leistungen.[221]

94 **e) Zwischenergebnis:** Die Rechtsprechung des EuGH, insbesondere seine Entscheidung *„Pippig Augenoptik/Hartlauer"*, lässt den Schluss zu, dass er für vergleichende Werbung i. S. v. Art. 2 Nr. 2a RL 84/450/EWG (jetzt Art. 2 lit. c RL 2006/114/EG) einen **Vergleich** für **erforderlich** hält.[222]

3. Die Rechtsprechung des BGH

95 Die Rechtsprechung des BGH zum Begriff der vergleichenden Werbung ist durch einen **mehrfachen Wechsel der Ansichten** gekennzeichnet. Dabei fällt auf, dass er seine divergierenden Entscheidungen meist jeweils mit eigenen Entscheidungen, die Entscheidung *Bestellnummernübernahme* außerdem mit EuGH-Entscheidungen belegte.

96 1. In seinen Entscheidungen *„SOOOO … BILLIG !"?* vom 21.6.2001 und *„Die Steinzeit ist vorbei"* vom 5.4.2002 verneinte er vergleichende Werbung i. S. v. § 2 Abs. 1 UWG (jetzt § 6 Abs. 1 UWG), weil es an einem „Vergleich" bzw. einer „Gegenüberstellung" fehle.[223]

97 2. Den gegenteiligen Standpunkt vertrat dann der BGH in seiner Entscheidung *„Genealogie der Düfte"* vom 5.2.2004; dort heißt es, dass der Begriff der vergleichenden Werbung in § 2 Abs. 1 UWG (jetzt § 6 Abs. 1 UWG) in einem weiten Sinne zu verstehen sei und es dabei u. a. ohne Belang sei, ob ein Vergleich zwischen den vom Werbenden angebotenen Waren und Dienstleistungen und denen des Mitbewerbers vorliege.[224]

98 3. Zum Erfordernis eines Vergleichs kehrte der BGH in seiner *Aluminiumräder*-Entscheidung vom 15.7.2004 zurück.[225] Der I. ZS habe „wiederholt entschieden, dass die Bezugnahme auf einen Mit-

---

[217] EuGH Slg. 2005, I- 2337 = GRUR 2005, 509 – *Gillette Company/LA-Laboratories.*

[218] Vgl. jedoch *Gamerith* ÖBl. 2006, 92.

[219] EuGH Slg. 2005, I-2337 = GRUR 2005, 509 Rdn. 45, 49 – *Gillette Company/LA-Laboratories.*

[220] EuGH Slg. 2007, I-3115 = GRUR 2007, 511 Rdn. 52 – *De Landtsheer Emmanuel.*

[221] EuGH GRUR 2007, 511 Rdn. 51, 52 u. 53 – *De Landtsheer Emmanuel.*

[222] *Scherer* GRUR 2012, 545, 546 (2.); a. A. *Köhler* GRUR 2005, 273, 275; *Peifer* WRP 2011, 1, 3; *Rippert/Weimer* K&R 2007, 302, 303; nach GK/*Glöckner* § 6 Rdn. 269 schreibt die RL 2006/114/EG den Verzicht auf das Vergleichserfordernis nicht zwingend vor.

[223] BGH GRUR 2002, 75, 76 (II. 2. a) – *„SOOOO … BILLIG!"?;* GRUR 2002, 982, 983 (II. 1. a) – *Die „Steinzeit" ist vorbei;* ebenso wohl auch schon GRUR 1999, 1100, 1101 – *Generika-Werbung.*

[224] BGH GRUR 2004, 607, 611 (2.) – *Genealogie der Düfte,* unter unzutreffender Berufung auf die EuGH-Entscheidung „Toshiba Europe".

[225] BGH GRUR 2005, 163, 165 – *Aluminiumräder.*

bewerber, die zwar alle Merkmale des § 2 I UWG a. F. (= § 6 I UWG n. F.), nicht aber die eines Vergleichs erfüllt, keine vergleichende Werbung darstellt (BGH, GRUR 1999, 1100, 1101 – *Generika-Werbung;* GRUR 2002, 75, 76 – *„SOOOO … BILLIG!"?*)". Dementsprechend liege in der bloßen Bezugnahme auf die Waren eines Mitbewerbers, auch wenn sie mit dem Ziel einer Anlehnung an den guten Ruf erfolge, **keine vergleichende Werbung,** weil keine Kaufalternativen gegenübergestellt werden.

4. Nur wenige Monate später, am 2.12.2004, vertrat der I. ZS in seiner *Bestellnummernübernahme-* 99
Entscheidung unter unzutreffender Bezugnahme auf die Rechtsprechung des EuGH wieder den gegenteiligen Standpunkt.[226] Vergleichende Werbung i. S. v. § 6 Abs. 1 UWG liege „immer dann vor, wenn eine Äußerung – auch nur mittelbar – auf einen Mitbewerber oder die von ihm angebotenen Waren oder Dienstleistungen Bezug nimmt (vgl. EuGH, Slg. 2001, I-7945 Rdn. 30 f. = GRUR 2002, 354 – *Toshiba/Katun;* Slg. 2003, I-3095 Rdn. 35 = GRUR 2003, 533 – *Pippig Augenoptik/Hartlauer;* BGHZ 158, 26, 32 = GRUR 2004, 607 – *Genealogie der Düfte*)". Dabei sei ohne Belang, welche Form die Äußerung aufweise und **ob ein Vergleich** zwischen den vom Werbenden angebotenen Waren oder Dienstleistungen und denen des Mitbewerbers vorliege.

5. In seiner Entscheidung *„Coaching Newsletter"* vom 19.5.2011 ist der BGH wieder zu der An- 100
sicht zurückgekehrt, dass vergleichende Werbung i. S. von § 6 „**neben** dem Erkennbarmachen konkreter Wettbewerber **zwingend einen Vergleich** der von diesen angebotenen, hinreichend austauschbaren Produkte" voraussetze.[227] Soweit er in früheren Entscheidungen anders entschieden habe, halte er daran nicht fest.

4. Lösungsvorschläge des Schrifttums

1. Nach einer verbreiteten Ansicht im Schrifttum regeln § 6 UWG bzw. Art. 2 Nr. 2a RL 84/ 101
450/EWG (jetzt Art. 2 lit. c RL 2006/114/EG) **nur** bezugnehmende Werbung **mit Vergleich,** d. h. mit der Gegenüberstellung der eigenen Leistungen und der von Mitbewerbern.[228] Gegen diese Ansicht spricht – zunächst – vor allem, dass sie mit dem Wortlaut von § 6 Abs. 1 UWG unvereinbar zu sein scheint. Denn der Wortlaut von § 6 UWG erfasst auch bezugnehmende Werbung ohne Vergleich.

2. Eine noch weiter reichende Ansicht will vor allem wegen § 6 Abs. 2 Nr. 1 u. 2 UWG den 102
Anwendungsbereich von § 6 Abs. 1 UWG auf Vergleiche von **Waren und Dienstleistungen** beschränken.[229] Gegen diese Ansicht spricht jedoch wiederum – zunächst – der Wortlaut von § 6 Abs. 1 UWG, wenn dieser als umfassende Legaldefinition der vergleichenden Werbung zu verstehen wäre. Außerdem ergibt sich aus § 6 Abs. 2 Nr. 5 UWG und der entsprechenden Vorschrift des Art. 4 lit. c RL 2006/114/EG, dass die Regelung vergleichender Werbung außer Bezugnahmen auf Waren und Dienstleistungen auch Bezugnahmen auf Tätigkeiten und (geschäftliche oder persönliche) Verhältnisse eines Mitbewerbers erfassen soll. Ferner nennt § 6 Abs. 1 UWG neben Bezugnahmen auf Waren oder Dienstleistungen **ausdrücklich** auch Bezugnahmen auf Mitbewerber.[230]

3. Es wird ferner die Ansicht vertreten, dass ein Erkennbarmachen von Mitbewerbern i. S. v. § 6 103
Abs. 1 UWG nur vorliege, wenn diese **in ihrer Eigenschaft als Mitbewerber** erkennbar gemacht werden.[231] An dieser Auslegung von § 6 Abs. 1 UWG scheitert ein erheblicher Teil der Bezugnah-

---

[226] BGH GRUR 2005, 348 (II.2.) – *Bestellnummernübernahme.*

[227] BGH GRUR 2012, 74 Rdn. 18 – *Coaching Newsletter.*

[228] Begr. Reg.-Entw. BT-Drucks. 14/2959 S. 10 f. = WRP 2000, 555, 560; *Bärenfänger* WRP 2011, 160, 166; *Beater* S. 559 Rdn. 1507; *Bottenschein* GRUR 2006, 462, 465, 466; *Emmerich,* Unlauterer Wettbewerb, § 7 Rdn. 19; *Fröndhoff* S. 101; *Gabel* WRP 2005, 1102, 1114; *Gamerith* ÖBl. 1998, 115, 119 (c); Gloy/Loschelder/ Erdmann/*Hasselblatt,* HdbWettbR § 60 Rdn. 30, 33; *Götting,* Wettbewerbsrecht, 2005, S. 172 Rdn. 66; *Henn,* Markenschutz und UWG, S. 82; *Kebbedies* S. 172 ff.; *Köhler*/Bornkamm § 6 Rdn. 50 f.; *Köhler* GRUR 2005, 273, 278 f., 280 (5.); *ders.* GRUR-RR 2006, 73, 74; *ders.,* WRP 2008, 414, 415 ff.; *ders.* WRP 2012, 82, 83; *Ph. Koehler* in: Götting/Nordemann § 6 Rdn. 38 ff.; *Lehmler* § 6 Rdn. 23, 25; *Ohly*/Sosnitza § 6 Rdn. 36; *Ohly* GRUR 2007, 3, 5, 10 (IV.1.); *Ohly/Spence* GRUR Int. 1999, 681, 686; *Peifer* WRP 2011, 1, 3; *Plaß* NJW 2000, 3161, 3162; *Riedel* S. 165 f., 188 (3.); *Scherer* GRUR 2012, 545, 546; *Tilmann* GRUR 1999, 546; ebenso OLG Frankfurt a. M. WRP 2015, 122 Rdn. 15 – *Sprayender Waschbär;* ebenso im Ergebnis die Stellungnahme des MPI GRUR Int. 2000, 265; **a. A.** OLG Köln MarkenR 2006, 33, 35 – *Duftvergleich mit Markenparfum;* OLG Hamburg GRUR-RR 2007, 244, 246 – *Neuwahlen; Alexander* GRUR 2010, 482, 485; *Borck* WRP 2001, 1124, 1126 f.; *Faßbender* EuZW 2005, 42, 44; *Freund,* S. 53; MünchKommUWG/*Menke* § 6 Rdn. 20, 23, 33, 88, 90, 97, 99; *Müller-Bidinger* in: Ullmann jurisPK-UWG § 6 Rdn. 104; *Plaß* in: HK-WettbR § 6 Rdn. 9; a. A. früher auch *Sack* WRP 2001, 327, 335.

[229] Dagegen *Marx* EWS 2001, 353, 355; *Sack* WRP 2001, 327, 336; *ders.* WRP 2002, 363, 367.

[230] *Sack* WRP 2004, 817, 818 a. E.

[231] *Sack* GRUR 2004, 720, 723; *ders.* in diesem Kommentar § 6 Rdn. 58, 80, 119; *Köhler* GRUR 2005, 273, 277, 280.

men auf Mitbewerber ohne Vergleich. Allerdings filtert diese Auslegung von § 6 Abs. 1 UWG nicht alle Bezugnahmen ohne Vergleich aus dem Anwendungsbereich von § 6 UWG heraus. Fordert man hingegen über den Wortlaut von § 6 UWG hinaus generell einen Vergleich im Sinne einer Gegenüberstellung, dann trifft die Feststellung, ob ein Mitbewerber in seiner Eigenschaft als Mitbewerber erkennbar gemacht worden ist, zwar den Zweck des § 6 Abs. 1 UWG, hat jedoch neben dem Erfordernis eines Vergleichs soweit ersichtlich keine weiteren Auswirkungen.

104 4. Eine weitere Ansicht leitet aus den Worten „wer vergleichend wirbt" in § 6 Abs. 2 UWG ab, dass diese Vorschrift – d. h. § 6 Abs. 2 UWG – nur auf Vergleiche im eigentlichen Sinne, d. h. auf Gegenüberstellungen, anzuwenden sei.[232] Diese Ansicht steht und fällt jedoch mit der Auslegung von § 6 Abs. 1 UWG. Erfasst man mit dem Begriff der „vergleichenden Werbung" in § 6 Abs. 1 UWG auch identifizierende Bezugnahmen auf Mitbewerber **ohne Vergleich,** d. h. ohne Gegenüberstellung von Leistungen und sonstigen unternehmensbezogenen oder persönlichen Umständen, dann müssen auch in § 6 Abs. 2 UWG die Worte „vergleichend wirbt" und „Vergleich" in diesem weiten Sinne interpretiert werden. Begrifflich und systematisch verfehlt wäre es, den Begriff der vergleichenden Werbung in § 6 Abs. 1 anders als in § 6 Abs. 2 zu interpretieren, d. h. in § 6 Abs. 1 UWG auf einen (echten) Vergleich zu verzichten, jedoch einen solchen bei § 6 Abs. 2 UWG zu fordern.

105 5. Erfasst man mit § 6 Abs. 1 UWG auch bezugnehmende Werbung ohne Vergleich, würde dies zu den unbefriedigenden Ergebnissen führen, dass Ersatzteil- und Zubehörwerbung sowie persönliche und unternehmensbezogene Werbung, soweit kein Vergleich vorgenommen wird, bei wörtlicher Auslegung dieser Vorschrift **generell** gegen § 6 Abs. 2 Nr. 1 u. 2 UWG verstößt. Diesem Ergebnis kann man allerdings durch eine restriktive Auslegung bzw. teleologische Reduktion dieser Regelungen begegnen, indem man ihren Anwendungsbereich auf Vergleiche von Waren und Dienstleistungen beschränkt.[233]

106 6. Nach *Köhler* ist die Frage ob es eine „vergleichende Werbung ohne Vergleich" gibt, ein „Scheinproblem".[234] Denn das Erfordernis eines Vergleichs ergebe sich bereits aus der Definition des Begriffs „Werbung" durch Art. 2 lit. a RL 2006/114/EG, die einen Bezug zum Angebot des Werbenden haben müsse. Darüber hinaus müsse vergleichende Werbung einen Mitbewerber oder die von ihm angebotenen Waren oder Dienstleistungen erkennbar machen. Im letzteren Fall sei **ohne Weiteres** ein Vergleich, nämlich eine Gegenüberstellung der beiden Angebote gegeben.[235] Diese Ansicht wird jedoch weder dem Wortlaut der Definition des Begriffs „Werbung" in Art. 2 lit. a RL 2006/114/EG gerecht, noch ist die Schlussfolgerung zutreffend, dass Werbung, die Mitbewerber und ihre Leistungen erkennbar macht, ohne Weiteres einen Vergleich enthalte. Das zeigen vor allem die oben genannten Beispiele der persönlichen und unternehmensbezogenen Werbung,[236] der Werbung für Ersatzteile und Zubehör sowie der Werbehinweise auf fragwürdige Werbe- und Geschäftsmethoden eines Mitbewerbers (oben Rdn. 83 ff.). Das Erkennbarmachen von Mitbewerbern als Mitbewerber wird zwar häufig, aber nicht immer einen Vergleich implizieren (oben Rdn. 80, 103, 118).

5. Eigene Meinung

107 Die vorangegangenen Ausführungen haben gezeigt, dass eine **wörtliche** Auslegung der RL 2006/114/EG bzw. des § 6 UWG zu keinen sachgerechten Ergebnissen führt. Mit Recht hat daher der EuGH in seiner *Toshiba*-Entscheidung in Rdn. 35 eine wörtliche Auslegung ausdrücklich abgelehnt. Leider hat man es bei der Neufassung der Regelung der vergleichenden Werbung in der UGP-Richtlinie 2005/29/EG und der „kodifizierten" Fassung in der RL 2006/114/EG versäumt, dem Rechnung zu tragen. In früheren Veröffentlichungen habe ich mich noch für eine möglichst **wortlautgetreue** Auslegung ausgesprochen und mich auf schutzzweckbezogene Korrekturen an § 6 Abs. 2 Nr. 1 u. 2 UWG beschränkt, um zu sachgerechten Ergebnissen zu gelangen. Daran halte ich nicht mehr fest.

108 **a) Das Erfordernis eines Vergleichs.** Vergleichende Werbung i. S. v. § 6 und § 5 Abs. 3 UWG erfordert neben dem Erkennbarmachen von konkreten Mitbewerbern und ihren Leistungen aus

---

232 *Kebbedies* S. 172 f.; *Ph. Koehler* in: Gütting/Nordemann § 6 Rdn. 38; *Ohly*/Sosnitza § 6 Rdn. 36.

233 Vgl. *Marx* EWS 2001, 353, 355; *Sack* WRP 2001, 327, 336; *ders.* WRP 2002, 363, 367; ob dies noch als restriktive Auslegung oder schon als teleologische Reduktion zu bewerten wäre, kann hier offen bleiben, da es im praktischen Ergebnis unerheblich ist.

234 *Köhler*/Bornkamm § 6 Rdn. 48; kritisch dazu GroßKommUWG/*Glöckner* § 6 Rdn. 275 f.

235 *Köhler*/Bornkamm § 6 Rdn. 50.

236 *Scherer* GRUR 2012, 545, 548 (IV.2.a).

folgenden Gründen auch einen **Vergleich** der betreffenden Waren, Dienstleistungen oder sonstigen Umstände:

aa) Sowohl nach dem normalen **Wortsinn**[237] als auch nach der herkömmlichen wettbewerbsrechtlichen Terminologie der Mitgliedstaaten der EG ist vergleichende Werbung durch einen **Vergleich** gekennzeichnet, bei dem Waren, Dienstleistungen oder sonstige Umstände des Werbenden und eines Mitbewerbers einander gegenübergestellt werden. 109

bb) **Zweck** der RL 97/55/EG (jetzt RL 2006/114/EG) war die Regelung der vergleichenden Werbung in diesem wettbewerbsrechtlichen Sinne. Nicht feststellbar ist, warum der Wortlaut von Art. 2 Nr. 2a RL 97/55/EG (jetzt Art. 2 lit. c RL 2006/114/EG) über diesen Zweck hinausreicht, indem er auch identifizierende Bezugnahmen auf Mitbewerber ohne einen Vergleich im eigentlichen Wortsinne, d. h. ohne vergleichende Gegenüberstellung, erfasst. Wahrscheinlich hatte diese Vorschrift nur den Zweck klarzustellen, dass die RL und ihre Zulässigkeitsbedingungen nur auf **identifizierende** Bezugnahmen anwendbar sein sollen, während **abstrakte** Vergleiche, z. B. Alleinstellungswerbung oder die Benennung konkurrierender Warengattungen, außerhalb ihres Anwendungsbereichs liegen. Wenn diese Deutung zutrifft, enthalten § 6 Abs. 1 UWG und Art. 2 lit. c RL 2006/114/EG keine umfassende Legaldefinition, sondern nur eine Klarstellung und Beschränkung des Anwendungsbereichs der Regelungen auf **identifizierende** Bezugnahmen auf Mitbewerber und ihre Leistungen. 110

cc) **Erwägungsgrund** 6 der RL 2006/114/EG bzw. früher Erwägungsgrund 2 der RL 97/55/EG nennt als Zweck der Harmonisierung des Rechts der vergleichenden Werbung, „die **Vorteile** der verschiedenen vergleichbaren Ergebnisse objektiv herauszustellen".[238] Bloße Bezugnahmen auf konkrete Mitbewerber und ihre Leistungen reichen hierfür nicht aus. 111

dd) Der eben genannte **Zweck der RL** hat in ihrer Überschrift und in der häufigen Verwendung des Wortes „vergleichend" in den Regelungen der RL, insbesondere in Art. 3a Abs. 1 RL 84/450/EWG (jetzt Art. 4 RL 2006/114/EG), aber auch in Art. 7 Abs. 2 bzw. Art. 8 Abs. 1 S. 2 dieser Richtlinien seinen deutlichen Ausdruck gefunden. Kein ausreichendes Argument für das Erfordernis eines Vergleichs ist hingegen die Annahme, dass die Satzteile „wer vergleichend wirbt, wenn der Vergleich" in § 6 Abs. 2 UWG und „was den Vergleich anbelangt" in Art. 4 RL 2006/114/EG sowie die entsprechende Formulierung in Erwägungsgrund 9 RL 2006/114/EG (früher Erwägungsgrund 7 RL 84/450/EWG) überflüssig würden, wenn man für vergleichende Werbung keinen Vergleich im eigentlichen Wortsinne für erforderlich hielte.[239] Denn wenn der Begriff der vergleichenden Werbung nach § 6 Abs. 1 UWG und Art. 2 lit. c RL 2006/114/EG alle identifizierenden Bezugnahmen auf Mitbewerber und ihre Leistungen – auch ohne Vergleich im Wortsinne des allgemeinen Sprachgebrauchs – umfasste, dann wäre der Begriff des Vergleichs ebenso in § 6 Abs. 2 UWG bzw. in Art. 4 RL 2006/114/EG auszulegen. 112

ee) Wenn man für vergleichende Werbung nach § 6 UWG keinen Vergleich im Sinne einer Gegenüberstellung verlangt und auch nicht bei den Verbotstatbeständen des § 6 Abs. 2 UWG nachkorrigiert, dann gelangt man teilweise zu **strengeren Ergebnissen** als das vor der Neuregelung als zu streng angesehene deutsche Recht. Das stößt in Anbetracht des Liberalisierungszwecks der RL 97/55/EG auf Bedenken. 113

ff) Einige Zulässigkeitskriterien des Art. 4 RL 2006/114/EG bzw. des § 6 Abs. 2 UWG setzen Vergleiche im eigentlichen Wortsinne voraus.[240] Das gilt insbesondere für § 6 Abs. 2 Nr. 1 u. 2 UWG. Daraus folgt allerdings nicht zwingend, dass alle Regelungen des § 6 UWG einen Vergleich erfordern. 114

gg) Für eine Beschränkung des Anwendungsbereichs der RL auf echte Vergleiche sprechen auch Probleme der Abgrenzung zum europäischen **Markenrecht,** auf die der EuGH in seiner *Toshiba*-Entscheidung vom 25.10.2001 hingewiesen hat. Denn die Vorschriften über vergleichende Werbung und das Markenrecht überschneiden sich zwar ganz erheblich, regeln jedoch die betreffenden Sachverhalte nicht übereinstimmend. Dabei reichen die markenrechtlichen Verbote des § 14 Abs. 2 MarkenG wesentlich weiter als die Verbote des § 6 UWG. Das gilt vor allem für den Tatbestand der 115

---

[237] Vgl. *Dilly/Ulmar* WRP 2005, 467, 471; *Riedel* S. 166.

[238] Vgl. *Dilly/Ulmar* WRP 2005, 467, 471.

[239] So jedoch *Kebbedies* S. 172 f.; gegen eine Rückschluss von den Zulässigkeitsvoraussetzungen des § 6 Abs. 2 bzw. des Art. 4 RL 2006/114/EG auf den Anwendungsbereich des § 6 Abs. 1 bzw. Art. 2 lit. c RL 2006/114/EG GroßKommUWG/*Glöckner* § 6 Rdn. 279 f.

[240] Begr. Reg.-Entw. BT-Drucks. 14/2959 S. 10 f.; *Dilly/Ulmar* WRP 2005, 467, 471 f.; *Ohly* GRUR 2007, 3, 5; *Riedel* S. 166.

„Doppelidentität" des § 14 Abs. 2 Nr. 1 MarkenG: Vergleichende Werbung mit echtem Vergleich wäre nach dieser Vorschrift fast immer ohne weiteres verboten, wenn nicht die §§ 23, 24 MarkenG eingreifen; § 6 UWG kennt keine entsprechenden Regelungen. Auch das Verbot des § 14 Abs. 2 Nr. 3 MarkenG, die **Unterscheidungskraft** bekannter Marken zu beeinträchtigen **(„Verwässerungsgefahr"),** findet in § 6 UWG keine Entsprechung. Andererseits reichen die Verbote des § 6 Abs. 2 UWG weiter, nämlich die Nrn. 1 u. 2 und die sog. **Parfumklausel** in Nr. 6 sowie die vom deutschen Gesetzgeber nicht umgesetzte sog. **Champagnerklausel** der RL 97/55/EG Art. 3a Abs. 1 lit. f (jetzt Art. 4 lit. e RL 2006/114/EG). Das betrifft vor allem auch die Ersatzteil- und Zubehörwerbung; für sie enthält § 6 Abs. 2 UWG keine dem § 23 Nr. 3 MarkenG bzw. Art. 6 Abs. 1 lit. c MarkenRL 89/104/EWG entsprechende Regelung, was den EuGH zu der Feststellung veranlasst hat, dass bei wörtlicher Auslegung von Art. 2 Nr. 2a RL 84/450/EWG, d. h. bei Einbeziehung von Bezugnahmen ohne Vergleich in den Begriff der vergleichenden Werbung, die RL 84/450/EWG im Widerspruch zur MarkenRL 89/104/EWG stünde.[241] Nach dem Zweck der RL 84/450/EWG bzw. des § 6 UWG, vergleichende Werbung zu erlauben, die die Voraussetzungen des § 6 Abs. 2 UWG erfüllt, liegt es nahe, in den deutschen und europäischen Vorschriften über vergleichende Werbung **Spezialregelungen** zu sehen, die jedenfalls für den Bereich **zulässiger** vergleichender Werbung das Markenrecht verdrängen.[242] Damit würde jedoch der Anwendungsbereich des Markenrechts – auch in Kernbereichen der Fallgruppe „Doppelidentität" – ganz erheblich eingeschränkt. Doch auch im Bereich des § 6 UWG müsste nachgebessert werden.[243] Ebenso unbefriedigend wäre es aber auch, das Konkurrenzproblem mit Hilfe der sog. **Vorrangthese** zum Markenrecht zu lösen, wonach das Markenrecht in seinem Anwendungsbereich Vorrang vor dem Wettbewerbs- und Deliktsrecht genießt. Denn dann würde bezugnehmende Werbung **mit Vergleich** in der Regel gegen den Tatbestand der Doppelidentität des § 14 Abs. 2 Nr. 1 MarkenG verstoßen. Das wäre das genaue Gegenteil von dem, was der Gesetzgeber mit der Liberalisierung des Rechts der vergleichenden Werbung durch die RL 97/55/EG (jetzt RL 2006/114/EG) bezweckt hat. Einen praktikablen Ausweg bietet die Beschränkung des § 6 UWG auf bezugnehmende Werbung **mit Vergleich.** Dann stünde es auch im Einklang mit dem Zweck der europäischen und deutschen Regelungen vergleichender Werbung (mit Vergleich), diese als **leges speciales** gegenüber dem Markenrecht zu bewerten, d. h. insoweit eine weitere Ausnahme von der markenrechtlichen Vorrangthese zu machen.[244]

116 *hh)* **Folgerungen.** In der Regel liegt keine vergleichende Werbung i. S. v. § 6 Abs. 1 vor in den in Rdn. 83 genannten Fällen der **persönlichen** und **unternehmensbezogenen** Werbung, in Werbehinweisen auf fragwürdige Geschäfts- und Werbemethoden eines Mitbewerbers sowie in der Werbung für **Ersatzteile, Zubehör** und **Verbrauchsmaterialien,** wenn kein Vergleich mit den entsprechenden Waren des Herstellers des Hauptprodukts vorgenommen wird. Auch die bloße Kritik an Waren oder Dienstleistungen eines Mitbewerbers oder die Ausnutzung des guten Rufs eines Konkurrenzprodukts beinhaltet nicht notwendig einen (impliziten) Vergleich.

117 **b) Vergleich von Waren oder Dienstleistungen.** § 6 Abs. 1 erfasst nach seinem Wortlaut nicht nur Bezugnahmen auf Waren oder Dienstleistungen, sondern auch auf persönliche und geschäftliche Verhältnisse von Mitbewerbern. Letztere wären nach dem Wortlaut von § 6 Abs. 2 Nr. 1 u. 2 UWG generell unlauter, da sie keine Waren oder Dienstleistungen im Sinne dieser Regelungen vergleichen.[245] Ein generelles Verbot persönlicher und unternehmensbezogener Werbung ist jedoch abzulehnen.[246] Denn es gibt Fälle, in denen unternehmensbezogene und persönliche vergleichende Werbung gerechtfertigt sein kann,[247] z. B. bei Abwehr- und Auskunftsvergleichen,[248] bei Informa-

---

[241] EuGH Slg. 2001, I-7945 Rdn. 33–35 – *Toshiba Europe.*

[242] *Sack* WRP 2004, 1405, 1418; ausführlicher unten Rdn. 264 f.

[243] Vgl. EuGH Slg. 2001, I-7945 Rdn. 35 – *Toshiba Europe.*

[244] Der BGH hat seine Vorrangthese inzwischen ausdrücklich aufgegeben, GRUR 2013, 1161 Rdn. 60 – *Hard Rock Cafe;* Ausnahmen von der Vorrangthese hatte der BGH bereits bei der bösgläubigen Markenanmeldung und – im praktischen Ergebnis – auch beim Schutz von Vertriebsbindungen gegen Außenseiter anerkannt, vgl. *Sack* WRP 2004, 1405, 1423 ff.

[245] Vgl. *Tilmann* GRUR 1997, 790, 795; MünchKommUWG/*Menke* § 6 Rdn. 145; a. A. Fezer/*Koos* § 6 Rdn. 114, wo angenommen wird, dass ein persönlicher oder unternehmensbezogener Vergleich regelmäßig auch Waren oder Dienstleistungen miteinander vergleiche; vgl. auch *Ohly/Spence* GRUR Int. 1999, 681, 686, nach denen mitbewerberbezogene Werbung als Bezugnahme auf Dienstleistungen zu verstehen sei.

[246] Begr. Reg.-Entw. BT-Drucks. 14/2959 S. 10; MünchKommUWG/*Menke* § 6 Rdn. 145, 146; *Ohly/*Sosnitza § 6 Rdn. 38, 41; *Sack* WRP 2001, 327, 332, 336, 344; *ders.* WRP 2002, 363, 364, 367; *Tilmann* GRUR 1997, 790, 796; a. A. *Köhler*/Bornkamm § 6 Rdn. 180 (Unzulässigkeit nach § 6 Abs. 2 Nr. 1).

[247] Vgl. *Sack* WRP 2004, 817, 820; *Ohly/Spence* GRUR Int. 1999, 681, 686.

[248] Vgl. *Sack* WRP 2004, 817, 820.

tionen über den Ausgang eines Rechtsstreits, der auch Kundeninteressen berührt,[249] oder wenn ein Unternehmen wettbewerbswidrige Werbung eines Mitbewerbers unter Nennung seines Namens kritisiert oder richtig stellt.[250] Außerdem wären § 6 Abs. 2 Nr. 5 UWG und die entsprechende Regelung des Art. 4 lit. d RL 2006/114/EG überflüssig, soweit sie die **Herabsetzung** oder **Verunglimpfung** von „Tätigkeiten oder (persönlichen oder geschäftlichen) Verhältnissen" von Mitbewerbern betreffen.[251] Diese Vorschriften setzen jedoch voraus, dass auch (vergleichende) Bezugnahmen auf persönliche oder geschäftliche Verhältnisse von Mitbewerbern in den Anwendungsbereich des § 6 Abs. 1 UWG fallen. Deshalb wäre es mit § 6 Abs. 2 Nr. 5 UWG und Art. 4 lit. c RL 2006/114/EG unvereinbar, den Anwendungsbereich von § 6 Abs. 1 UWG auf Vergleiche von **Waren oder Dienstleistungen** zu beschränken.[252] Gegen eine solche Beschränkung spricht ferner, dass § 6 UWG neben Bezugnahmen auf Waren oder Dienstleistungen ausdrücklich auch Bezugnahmen auf Mitbewerber nennt.[253] Die notwendige Korrektur ist bei § 6 Abs. 2 Nr. 1 u. 2 UWG vorzunehmen. Der Anwendungsbereich dieser Regelungen ist aus den genannten Gründen auf **Vergleiche von Waren oder Dienstleistungen** zu beschränken. Gegen persönliche und unternehmensbezogene vergleichende Werbung bieten die Verbote der Irreführung und der unlauteren Herabsetzung und Rufausnutzung ausreichenden Schutz.[254]

c) Weite Auslegung des Begriffs der vergleichenden Werbung; implizite Vergleiche. 118
Gegen die hier vertretene Ansicht spricht nicht, dass nach Erwägungsgrund 6 der RL 97/55/EG (jetzt Erwägungsgrund 8 der RL 2006/114/EG) der Begriff der vergleichenden Werbung „breit gefasst werden (sollte), so dass alle Arten der vergleichenden Werbung abgedeckt" werden.[255] Denn das Gebot einer breiten Auslegung kann sich ebenso auch auf vergleichende Werbung **mit Vergleich** beziehen. Das bedeutet vor allem, dass nicht nur ausdrückliche Vergleiche, sondern auch **mittelbare (implizite) Vergleiche** von § 6 UWG erfasst werden.[256] So enthält z. B. die Werbung für **Zubehör, Ersatzteile** und **Verbrauchsmaterialien** unter Benutzung der **OEM-Nummern** des konkurrierenden Herstellers der Hauptware nicht nur eine **Kompatibilitätsaussage,** sondern auch eine **Äquivalenzbehauptung,**d. h. die implizite Behauptung der **funktionalen Gleichwertigkeit** der Produkte des Werbenden mit denen des Herstellers des Hauptprodukts, also einen Vergleich.[257] Kein Vergleich, auch nicht in Form einer Gleichwertigkeitsbehauptung, liegt hingegen vor, wenn in einem Briefmarkenkatalog auf die Briefmarken-Klassifizierungsnummern eines konkurrierenden (führenden) Briefmarkenkatalogs hingewiesen wird.[258] Die Anpreisung eigener Leistungen ist ebenfalls nicht ohne weiteres zugleich auch ein Vergleich mit den Leistungen von Mitbewerbern.[259] Auch ein kritischer Hinweis auf Mitbewerber oder ihre Leistungen ist nicht ohne weiteres ein mittelbarer Vergleich mit entsprechenden Eigenschaften der Leistungen des Werbenden. Es genügt nicht, dass Kritik an Mitbewerbern in aller Regel die Behauptung impliziert, bei den eigenen Leistungen und sonstigen Umständen bestehe kein Anlass für diese Kritik.[260] Bei kriti-

---

[249] OLG Saarbrücken NJW-WettbR 1998, 30, 31; öst. OGH WBl. 2003, 144 – *Schirmbar; Baumbach/Hefermehl* § 1 UWG Rdn. 436; *Sack* WRP 2004, 817, 820.

[250] Vgl. OLG München WRP 1996, 236, 237; *Baumbach/Hefermehl* § 1 UWG Rdn. 436; *Sack* WRP 2004, 817, 820.

[251] Vgl. *Sack* WRP 2002, 363, 364, 367 (b); *Ohly*/Sosnitza § 6 Rdn. 38; gegen das Argument aus dem Herabsetzungstatbestand des Art. 4 lit. d jedoch *Glöckner* Einl. B Rdn. 155.

[252] Vgl. *Sack* WRP 2002, 363, 367; *ders.* WRP 2004, 817, 818; *Ohly*/Sosnitza § 6 Rdn. 38.

[253] Vgl. *Marx* EWS 2001, 353, 356; *Sack* WRP 2004, 817, 818 a. E.

[254] Zurückhaltender *Köhler* GRUR 2005, 273, 279, 280 (6.), der zwar nicht § 6 Abs. 2 Nr. 1 UWG, jedoch Nr. 2 analog anwenden will; ähnlich *Ohly*/Sosnitza § 6 Rdn. 38, 41; a. A. *Faßbender* EuZW 2005, 42, 44.

[255] *Dilly/Ulmar* WRP 2005, 467, 471.

[256] EuGH Slg. 2001, I-7945 = GRUR 2002, 345 Rdn. 38, 39 – *Toshiba Europe;* EuGH Slg. 2006, I-2147 = GRUR 2006, 345 Rdn. 17 – *Siemens;* BGH GRUR 2004, 607, 611 (II.2.) – *Genealogie der Düfte;* BGH GRUR 2005, 348 (II.2.) – *Bestellnummernübernahme; Dilly/Ulmar* WRP 2005, 467, 472; Gloy/Loschelder/Erdmann/*Hasselblatt,* HdbWettbR § 60 Rdn. 32; *Kebbedies* S. 166 ff.; *Ohly* GRUR 2007, 3, 6; *Sack* WRP 2004, 817, 818 (II.1.).

[257] EuGH Slg. 2001, I-7945 = GRUR 2002, 354 Rdn. 38–40 – *Toshiba Europe;* EuGH Slg. 2006, I-2147 = GRUR 2006, 345 – *Siemens; Bottenschein* GRUR 2006, 462, 465; *Dilly/Ulmar* WRP 2005, 469, 473; *Lettl* WRP 2004, 1079, 1118; diese Werbung ist hingegen nicht ohne weiteres als Behauptung der *qualitativen* Gleichwertigkeit zu verstehen, vgl. EuGH Slg. 2005, I-2337 = GRUR 2005, 509 Leits. 2 – *Gillette Company/LA Laboratories;* BGH GRUR 2003, 444, 445 (I.1.a) – *Ersetzt;* BGH GRUR 2005, 172, 175 – *Stresstest;* BGH GRUR 2005, 348 (II.2.) – *Bestellnummernübernahme;* Fezer/*Koos* § 6 Rdn. 87; *Ohly* GRUR 2007, 3, 5; *Sack* GRUR 2004, 720, 721 (III.); *Scherer* GRUR 2012, 545, 547.

[258] BGH WRP 2011, 51 Rdn. 33 – *Markenheftchen.*

[259] BGH GRUR 1999, 1100, 1101 – *Generika-Werbung.*

[260] BGH GRUR 2002, 75, 76 – *„SOOOO … BILLIG!"?*

schen Bezugnahmen auf Mitbewerber ist deshalb ein Werbevergleich – so der BGH – „grundsätzlich zu verneinen, wenn eine Werbeaussage so allgemein gehalten ist, dass sich den angesprochenen Verkehrskreisen eine Bezugnahme auf den Werbenden **nicht aufdrängt,** sondern diese sich nur **reflexartig** daraus ergibt, dass mit jeder Kritik an Mitbewerbern in der Regel unausgesprochen zum Ausdruck gebracht wird, dass diese Kritik den Werbenden selbst nicht betrifft".[261] Ebenso wie die Kritik an Mitbewerbern ist auch die Anlehnung an den Ruf von Mitbewerbern nicht ohne weiteres ein impliziter Vergleich. Ferner ist die bloße **Aufforderung zum Vergleich** noch nicht ohne weiteres ein Vergleich.[262]

119 **d) Erkennbarmachen von Mitbewerbern in ihrer Eigenschaft als Mitbewerber.** Fordert man mit der hier vertretenen Ansicht über den Wortlaut des § 6 Abs. 1 UWG hinaus außer einem Erkennbarmachen von Mitbewerbern und ihren Leistungen einen **Vergleich** im Sinne einer Gegenüberstellung, dann verliert das Erfordernis eines Erkennbarmachens von Mitbewerbern in ihrer Eigenschaft als Mitbewerber an praktischer Bedeutung, vgl. oben Rdn. 80, 103. Es ist dann eher eine methodische Frage, welches der beiden Tatbestandsmerkmale man vorrangig prüft: das Erfordernis eines Vergleichs über den Wortlaut von § 6 Abs. 1 UWG hinaus oder das durch Auslegung gewonnene Erfordernis des Erkennbarmachens eines Mitbewerbers in seiner Eigenschaft als Mitbewerber.

D. Die Unlauterkeitstatbestände des § 6 Abs. 2 UWG

120 § 6 Abs. 2 UWG regelt, unter welchen Voraussetzungen vergleichende Werbung „unlauter" ist. Die Unlauterkeitstatbestände des § 6 Abs. 2 UWG setzen – mit Ausnahme der verbraucherbezogenen Irreführungs- und Verwechslungsgefahr i. S. v. Art. 6 der UGP-Richtlinie 2005/29/EG – Art. 4 RL 2006/114/EG in deutsches Recht um.

I. § 6 Abs. 2 Nr. 1: gleicher Bedarf oder dieselbe Zweckbestimmung

121 Nach § 6 Abs. 2 Nr. 1 UWG ist vergleichende Werbung unlauter, wenn sie sich nicht auf Waren oder Dienstleistungen für den gleichen Bedarf oder dieselbe Zweckbestimmung bezieht. Diese Vorschrift setzt die entsprechende Regelung des Art. 4 lit. b RL 2006/114/EG in deutsches Recht um. Trotz der inhaltlichen Ähnlichkeit der Kriterien haben diese eine andere Funktion als die Definition der vergleichenden Werbung in § 6 Abs. 1 UWG bzw. in Art. 2 lit. c RL 2006/114/EG. Die Kriterien für die Feststellung, ob die verglichenen Waren oder Dienstleistungen „den gleichen Bedarf" decken sollen oder „dieselbe Zweckbestimmung" haben, sind nicht identisch mit den Kriterien eines Mitbewerberverhältnisses zwischen den Parteien, auch wenn sie sehr ähnlich sind.[263] Während die Definition der vergleichenden Werbung erfordert, dass die verglichenen Waren oder Dienstleistungen **in allgemeiner Weise** einen gewissen Grad an Substituierbarkeit aufweisen, erfordert § 6 Abs. 2 Nr. 1 UWG bzw. Art. 4 lit. b RL 2006/114/EG eine **individuelle und konkrete** Beurteilung der speziellen Waren oder Dienstleistungen, um festzustellen, ob sie wirklich untereinander substituierbar sind.[264] Andernfalls, d. h. bei Identität der genannten Kriterien, verlören § 6 Abs. 2 Nr. 1 UWG und Art. 4 lit. b RL jede praktische Wirksamkeit, da Werbung, die als vergleichende Werbung zu bewerten wäre, nicht gegen diese Vorschriften verstoßen könnte.[265] Für die individuelle und konkrete Prüfung der Austauschbarkeit sind die nationalen Gerichte zuständig.[266]

---

[261] BGH GRUR 2002, 75 (Leits. a), 76 (2.a) – *„SOOOO … BILLIG!"?;* ebenso GRUR 2012, 74 Rdn. 19 – *Coaching Newsletter;* a. A. Fezer/*Koos* § 6 Rdn. 91.

[262] BGH GRUR 1999, 501, 502 (II.2.) – *Vergleichen Sie;* ebenso schon vor der RL 97/55/EG BGH GRUR, 1961, 237, 240 – *TOK-Band;* GRUR 1974, 280, 281 – *Divi;* GRUR 1987, 49, 50 – *Cola-Test* (mit Anm. *Sack*); *Sack* WRP 2008, 170, 176; *Köhler*/Bornkamm § 6 Rdn. 56.

[263] EuGH Slg. 2007, I-3115 = GRUR 2007, 511 Rdn. 46 – *De Landtsheer Emmanuel;* EuGH GRUR 2011, 159 Rdn. 31 – *Lidl/Vierzon Distribution.*

[264] EuGH Slg. 2007, I-3115 = GRUR 2007, 511 Rdn. 43 ff., 47 – *De Landtsheer Emmanuel;* EuGH GRUR 2011, 159 Rdn. 33 – *Lidl/Vierzon Distribution.*

[265] EuGH Slg. 2007, I-3115 = GRUR 2007, 511 Rdn. 45 – *De Landtsheer Emmanuel;* EuGH GRUR 2011, 159 Rdn. 36 ff. – *Lidl/Vierzon Distribution.*

[266] EuGH GRUR 2011, 159 Rdn. 33, 40 – *Lidl/Vierzon Distribution.*

1. Der Schutzzweck von § 6 Abs. 2 Nr. 1 UWG

Zum Schutzzweck dieser Regelung bieten weder die Begründung zum Regierungsentwurf noch die Begründungserwägungen zur Präambel der RL verwertbare Hinweise. Sie dürften sich jedoch trotz unterschiedlicher gesetzlicher Ausgestaltung im Wesentlichen mit denjenigen von § 6 Abs. 2 Nr. 2 UWG decken, zu denen die amtlichen Begründungen Anhaltspunkte enthalten. Danach verfolgt § 6 Abs. 2 Nr. 1 UWG **mehrere Schutzzwecke,** die einander überschneiden und ergänzen. 122

Dies ist zum einen der **Irreführungsschutz;** es soll verhindert werden, dass die vergleichende Werbung einen verzerrten Gesamteindruck erweckt.[267] Außerdem verfolgt § 6 Abs. 2 Nr. 1 UWG – unabhängig vom Irreführungsschutz – einen **Informationszweck.**[268] Die Verbraucherinformation zählt aufgrund mehrerer EG-Programme sowie in der Rechtsprechung des EuGH zu den fundamentalen gemeinschaftsrechtlichen Verbraucherrechten.[269] Rationale Verbraucherentscheidungen, die ausreichende Informationen erfordern, sind Voraussetzung eines funktionsfähigen Wettbewerbs. Ein dritter Schutzzweck des § 6 Abs. 2 Nr. 1 UWG ist der **Sachlichkeitsgrundsatz.**[270] Ferner beruht § 6 Abs. 2 Nr. 1 UWG noch auf dem **Verhältnismäßigkeitsprinzip;**[271] die Interessen des durch vergleichende Werbung erkennbar gemachten Mitbewerbers sollen nicht mehr beeinträchtigt werden, als dies im Interesses des Werbenden und der angesprochenen Verbraucher an sachlicher Aufklärung erforderlich ist.[272] Schließlich ist § 6 Abs. 2 Nr. 1 UWG nach seinem Schutzzweck nur auf Vergleiche von Waren oder Dienstleistungen anwendbar. 123

Diese Schutzzwecke können **Ausnahmen** vom Verbot des § 6 Abs. 2 Nr. 1 UWG rechtfertigen, wenn eine bestimmte Form vergleichender Werbung zwar im Widerspruch zum Wortlaut dieser Vorschrift steht, jedoch mit den genannten Schutzzwecken vereinbar ist. Außerdem regelt § 6 Abs. 2 Nr. 1 UWG nach seinem **Schutzzweck** nur Vergleiche von Waren oder Dienstleistungen (oben Rdn. 117, 123). Insoweit ist dieser Unlauterkeitstatbestand teleologisch zu reduzieren. Deshalb erfasst er nicht die **persönliche und unternehmensbezogene** vergleichende Werbung, z.B. einen Vergleich der Ladenöffnungszeiten oder der Dichte des Händlernetzes[273] oder einen Vergleich von Werbemethoden.[274] Ferner stünde ein **generelles** Verbot dieser Formen vergleichender Werbung im Widerspruch zu den anderen oben genannten Schutzzwecken. 124

2. Gleicher Bedarf oder dieselbe Zweckbestimmung

Die Begriffe **„gleicher Bedarf"** und **„dieselbe Zweckbestimmung"** sind **weit auszulegen,**[275] damit die Möglichkeiten vergleichender Werbung nicht zu sehr eingeschränkt werden. Ein **enges** Verständnis ist nicht wegen der Interessen der Mitbewerber geboten, denn ihren Belangen wird durch die weiteren Zulässigkeitserfordernisse der vergleichenden Werbung hinreichend Rechnung getragen.[276] Notwendig und ausreichend ist, dass die angebotenen Waren oder Dienstleistungen „vergleichbar" sind[277] und einen hinreichenden Grad an Austauschbarkeit aufweisen.[278] Das sind letztlich nur Waren oder Dienstleistungen, mit denen ein Wettbewerbsteilnehmer im Wettbewerb mit dem Mitbewerber steht, auf den sich der Vergleich bezieht.[279] 125

---

[267] So zu § 2 Abs. 2 Nr. 2 UWG Begr. Reg.-Entw. BT-Drucks. 14/2959, S. 11.

[268] So zu Art. 3a Abs. 1 lit. c RL = § 2 Abs. 2 Nr. 2 UWG die Begründungserwägung Nr. 5 der RL; vgl. auch BGH GRUR 1999, 501, 502 (II.3.b) – *„Vergleichen Sie"; Ziervogel* S. 90f., 125f.

[269] Vgl. EuGH Slg. 1990, I-667 Rdn. 14–18 – *GB-Inno-BM;* EuGH Slg. 1993, I-2361 Rdn. 17 = GRUR 1993, 747 – *Yves Rocher;* ausführlicher dazu *Sack* BB 1994, 225, 232ff.

[270] So zu § 2 Abs. 2 Nr. 2 UWG a.F. Begr. Reg.-Entw. BT-Drucks. 14/2959, S. 11.

[271] So zu § 2 Abs. 2 Nr. 2 UWG a.F. Begr. Reg.-Entw. BT-Drucks. 14/2959, S. 11; ebenso GK/*Glöckner* § 6 Rdn. 342f.

[272] So zu § 2 Abs. 2 Nr. 2 UWG a.F. Begr. Reg.-Entw. BT-Drucks. 14/2959, S. 11.

[273] Vgl. *Köhler*/Bornkamm § 6 Rdn. 17 a.E., 96.

[274] Offen gelassen vom BGH GRUR 2002, 75, 76 – *„Soooo ... billig!"?*

[275] BGH GRUR 1999, 501, 502 – *„Vergleichen Sie";* GRUR 2005, 172, 175 – *Stresstest;* OLG Frankfurt a.M. AfP 2006, 166f.; OLG Hamburg GRUR-RR 2003, 219 – *Frankfurt-Hahn; F.U.D. Hasselblatt* S. 326ff., 329; MünchKommUWG/*Menke* § 6 Rdn. 168 a.E.

[276] BGH GRUR 1999, 501, 502 – *„Vergleichen Sie";* GRUR 2005, 172, 175 – *Stresstest.*

[277] Begründungserwägung Nr. 2 der RL; Begr. Reg.-Entw. BT-Drucks. 14/2959, S. 7.

[278] EuGH Slg. 2006, I-8501 = GRUR 2007, 69 Rdn. 26 – *Lidl Belgium;* EuGH Slg. 2007, I-3115 = GRUR 2007, 511 Rdn. 44 – *De Landtsheer Emmanuel;* EuGH GRUR 2011, 159 Rdn. 25, 28, 32, 39, 40 – *Lidl/Vierzon Distribution; Jestaedt,* Wettbewerbsrecht, Rdn. 777.

[279] Begr. Reg.-Entw. BT-Drucks. 14/2959, S. 7.

126 Eine völlige Identität der verglichenen Waren oder Dienstleistungen ist deshalb nicht erforderlich.[280] Es können auch Produkte sein, die (nur) **funktionsidentisch** sind[281] beziehungsweise die aus der Sicht der Verbraucher als **Substitutionsprodukte** ernsthaft in Betracht kommen;[282] zur nur teilweisen Funktionsidentität bzw. Substituierbarkeit vgl. Rdn. 131 ff. Für ein weites Verständnis i. S. v. Vergleichbarkeit, die einen Werbevergleich grundsätzlich auch bei nichtidentischen Produkten zulässt, wenn sie funktionsidentisch sind oder aus der Sicht der Verbraucher als Substitutionsprodukte in Betracht kommen, sprechen sowohl der Wortlaut von § 6 Abs. 2 Nr. 1 UWG, wonach es nur auf den gleichen Bedarf oder dieselbe Zweckbestimmung ankommt, sowie das **Informationsinteresse** der Abnehmer.[283] Das Substitutionsverhältnis kann auch durch die Art der Werbung begründet werden, die dazu auffordert, für einen bestimmten Zweck statt der Warengattung A der Marke X die Warengattung B der Marke Y zu kaufen.[284]

127 **Funktionsidentisch** sind z. B. Modeschmuck und echter Schmuck,[285] Markenartikel, No-Name-Produkte und Waren mit Hausmarken, wenn sie in sachlicher Hinsicht funktionsgleich sind,[286] unterschiedliche Gebindegrößen einer Ware,[287] Wasser und Mineralwasser,[288] Müsli- und Schokoriegel[289] oder eine Wochenzeitung (ZEIT) und eine Tageszeitung (FAZ), soweit es die Reichweite ihrer Anzeigenwerbung betrifft.[290] Dem gleichen Bedarf und derselben Zweckbestimmung dienen auch Nahrungsmittel der gleichen Gattung, auch wenn sie sich hinsichtlich der Essbarkeit und des Genusses, den sie dem Verbraucher bereiten, je nach den Bedingungen und dem Ort ihrer Herstellung, den enthaltenen Zutaten und der Identität ihres Herstellers voneinander unterscheiden.[291] Eine andere Frage ist, ob Vergleiche, die nicht auf Qualitätsunterschiede der verglichenen Waren hinweisen, **irreführend** sind.[292]

---

280 Begr. Reg.-Entw. BT-Drucks. 14/2959, S. 11; EuGH GRUR 2011, 159 Rdn. 25, 28, 32, 39 – *Lidl/Vierzon Distribution;* BGH GRUR 1999, 501, 502 (II.3.b) – *„Vergleichen Sie";* GRUR 2012, 75 Rdn. 18 – *Coaching Newsletter;* OLG Frankfurt a. M. GRUR-RR 2001, 89 – *Komfortanschluss;* OLG München MMR 2003, 533, 534 = GRUR-RR 2003, 373 – *Branchentelefonbuch; Eck/Ikas* WRP 1999, 772, 773; *Plassmann* GRUR 1996, 377, 379.

281 Begr. Reg.-Entw. BT-Drucks. 14/2959, S. 11; BGH GRUR 1999, 501, 502 – *„Vergleichen Sie";* GRUR 2005, 172, 175 – *Stresstest;* OLG Frankfurt GRUR-RR 2001, 89 – *Komfortanschluss;* OLG Frankfurt a. M. AfP 2006, 166, 167; OLG München MMR 2003, 533, 534; LG Bochum WRP 2000, 230, 231; *Berlit* Rdn. 67, 70; *Beater* S. 563 Rdn. 1515; *Bornkamm,* Entwicklungen ..., S. 145; Gloy/Loschelder/Erdmann/*Hasselblatt,* HdbWettbR § 60 Rdn. 50; *H. Köhler* GRUR-RR 2006, 73, 75; *Menke* WRP 1998, 811, 822; *Sack* WRP 2001, 327, 341; ausführlicher dazu *Eck/Ikas* WRP 1999, 772, 773 f.

282 EuGH Slg. 2006, I-8501 = GRUR 2007, 69 Rdn. 26 – *Lidl Belgium;* EuGH Slg. 2007, I-3115 = GRUR 2007, 511 Rdn. 44 – *De Landtsheer Emmanuel;* EuGH GRUR 2011, 159 Rdn. 25, 28, 32, 39, 40 – *Lidl/Vierzon Distribution;* BGH GRUR 1999, 501, 502 – *„Vergleichen Sie";* GRUR 2002, 828 – *Lottoschein;* GRUR 2005, 172, 175 – *Stresstest;* OLG Düsseldorf NJOZ 2003, 2954, 2956; OLG Frankfurt GRUR-RR 2001, 89 – *Komfortanschluss;* OLG Hamburg GRUR-RR 2003, 219 – *Frankfurt-Hahn;* OLG München GRUR-RR 2003, 373 – *Branchentelefonbuch; Baumbach/Hefermehl* § 2 UWG Rdn. 4; *Beater* S. 563 Rdn. 1515; *Emmerich,* Unlauterer Wettbewerb, § 7 Rdn. 31 f.; *Fröndhoff* S. 109; *Gamerith* ÖBl. 1998, 115, 117, 120 a. E.; *Gloy/Bruhn* GRUR 1998, 226, 235; *Henning-Bodewig* GRUR Int. 1999, 385, 387; *Jestaedt,* Wettbewerbsrecht, Rdn. 777; *Kotthoff* BB 1998, 2217, 2218; *Menke* WRP 1998, 811, 822; *Ohly* GRUR 2007, 3, 6; *Ohly/Spence* GRUR Int. 1999, 681, 691 a. E.; *Ohly*/Sosnitza § 6 Rdn. 43; *Plaß* WRP 1999, 766, 768; *dies.* NJW 2000, 3161, 3164; *dies.* in: HK-WettbR § 6 Rdn. 64; *Sack* WRP 2001, 327, 341; *Saßmann* 129; *Scherer* WRP 2001, 89, 91; *Schnorbus* ZgVersWiss 1999, 375, 407; *Somariello* S. 74 ff.; *Ziervogel* S. 125 f.

283 BGH GRUR 1999, 501, 502 – *„Vergleichen Sie"; Menke* WRP 1998, 811, 822; *Plassmann* GRUR 1996, 377, 379.

284 *Baumbach/Hefermehl* § 2 UWG Rdn. 4; *Eck/Ikas* WRP 1999, 251, 261; *Sack* WRP 2001, 327, 341; a. A. *Fröndhoff* S. 109 f.; nicht hierher gehört allerdings der oft in diesem Zusammenhang erwähnte BGH-Fall *„Statt Blumen ONKO-Kaffee",* BGH GRUR 1972, 553, da ONKO keine konkreten Mitbewerber unter den Blumenfilialisten erkennbar gemacht hat, wie es § 6 Abs. 1 UWG verlangt.

285 LG Bochum WRP 2000, 230, 231 – *„Die Zeit des Modeschmucks ist vorbei!".*

286 Vgl. OLG Stuttgart AfP 1999, 168, 170 = NJW-WettbR 1999, 98; Fezer/*Koos* § 6 Rdn. 130; *Saßmann* S. 129; vgl. auch KG GRUR 1985, 228, 229 f.

287 Vgl. OLG Frankfurt GRUR 2001, 358.

288 OLG München NJWE-WettbR 2000, 177 = ZLR 2000, 949 – *„Hängen Sie noch an der Flasche?".*

289 OLG Hamburg GRUR-RR 2003, 251, 252.

290 OLG Frankfurt a. M. AfP 2006, 166, 167.

291 EuGH GRUR 2011, 159 Rdn. 39 – *Lidl/Vierzon Distribution.*

292 Ausführlich dazu EuGH GRUR 2011, 159 Rdn. 41 ff. – *Lidl/Vierzon Distribution;* vgl. auch EuGH Slg. 2003, I-3095 = GRUR 2003, 533 Rdn. 52 f., 55 – *Pippig.*

Auch dürfen im Verkehr angebotene Kombinationen von **Waren** und **Dienstleistungen** miteinander verglichen werden; dem steht nicht entgegen, dass § 6 Abs. 2 Nr. 1 einen Vergleich von Waren **oder** Dienstleistungen fordert.[293] 128

Vergleichende Werbung muss zwar letztlich auf dem **Vergleich von Produktpaaren** beruhen, die dem Erfordernis der Austauschbarkeit untereinander genügen. Das schließt jedoch nicht aus, dass auch konkurrierende **Gesamtsortimente,** insbesondere ihre Preise, miteinander verglichen werden, soweit diese Sortimente beiderseits aus einzelnen Produkten bestehen, die sich **paarweise betrachtet** auf den gleichen Bedarf oder dieselbe Zweckbestimmung i. S. v. § 6 Abs. 2 Nr. 1 UWG bzw. Art. 4 lit. b RL 2006/114/EG beziehen.[294] Der Wortlaut dieser Bestimmungen erlaubt diese Auslegung. Er ist in dem für vergleichende Werbung günstigsten Sinne auszulegen. Auch Vergleiche von Gesamtsortimenten, insbesondere Preisvergleiche, bieten den Verbrauchern nützliche Informationen.[295] 129

Nach § 6 Abs. 2 Nr. 1 UWG müssen nicht nur **Waren mit Waren** oder Dienstleistungen mit Dienstleistungen verglichen werden. Es kann auch genügen, dass **Waren mit Dienstleistungen** verglichen werden, wenn sie denselben Bedarf decken sollen, z. B. Medikamente und Heilbehandlungen. Unerheblich ist auch, ob die verglichenen Waren derselben Produktgattung angehören (z. B. Öl, Gas und Strom als Energiequellen) oder ob sie über dieselben Vertriebswege angeboten werden (Fachgeschäfte/Discountläden; Vertragshändler/Außenseiter). 130

Problematisch ist, ob ein Vergleich nach § 6 Abs. 2 Nr. 1 UWG verboten ist, wenn nur eine **teilweise** Funktionsidentität besteht, insbesondere zwischen Luxusartikeln und Billigwaren, z. B. zwischen Luxusuhren und Billiguhren. Der gemeinsame **Grundnutzen** ist hier die Zeitangabe; bei Luxusuhren kommt jedoch als erheblicher **Zweitnutzen** die „Aura von Luxus" hinzu. Der Wortlaut von § 6 Abs. 2 Nr. 1 UWG ist insoweit nicht eindeutig. Denn einerseits besteht bei den übereinstimmenden Funktionen „der gleiche Bedarf oder dieselbe Zweckbestimmung"; bezüglich der nicht übereinstimmenden Funktionen fehlt es hingegen daran. Letzteres rechtfertigt jedoch m. E. kein Verbot nach § 6 Abs. 2 Nr. 1 UWG. Denn anderenfalls wäre vergleichende Werbung immer dann unzulässig, wenn vergleichende Hinweise auf unterschiedliche Funktionen für den Verbraucher besonders wertvoll sind. Deshalb bezieht sich vergleichende Werbung auch dann auf Waren für den „gleichen Bedarf oder dieselbe Zweckbestimmung" i. S. v. § 6 Abs. 2 Nr. 1 UWG, wenn nur ein übereinstimmender Grundnutzen besteht, z. B. zwischen Luxusartikeln und entsprechenden Billigwaren.[296] Der BGH hat daher mit Recht den Vergleich von billigem Modeschmuck und teurem Designerschmuck für zulässig nach § 6 Abs. 2 Nr. 1 UWG gehalten.[297] Mit § 6 Abs. 2 Nr. 1 UWG vereinbar ist ferner der Vergleich von zwei unterschiedlichen ISDN-Komfortanschlüssen, von denen der eine zusätzlich einen Anrufbeantworter im Netz enthält,[298] oder der Vergleich einer Internetstandleitung mit einem ISDN-Anschluss, der auch Faxversand und Sprachtelefon anbietet.[299] 131

Ein gleicher Bedarf kann auch bei **unterschiedlichen Hauptfunktionen** bestehen, wenn Nebenfunktionen zu Werbezwecken ins Zentrum des Vergleichs gerückt werden,[300] wie z. B. in dem – allerdings einen abstrakten, nicht von § 6 Abs. 1 UWG erfassten Vergleich betreffenden – Fall „Statt Blumen ONKO-Kaffee" der Geschenkzweck.[301] 132

Bei **nur teilweiser Identität** genügt es, eventuellen Fehlvorstellungen der Kunden durch entsprechende Hinweise entgegenzuwirken.[302] Auf Waren für den gleichen Bedarf bezieht sich ein Preisvergleich trotz unterschiedlicher Größen, auch wenn mit diesen Gebrauchsvorteile und -nachteile verbunden sind (Gebindegrößen für Energie-Drinks).[303] 133

---

293 GroßKommUWG/*Glöckner* § 6 Rdn. 344; Gloy/Loschelder/Erdmann/*Hasselblatt* § 60 Rdn. 50; *Köhler*/Bornkamm § 6 Rdn. 97; *Ohly*/Sosnitza § 6 Rdn. 42.

294 EuGH Slg. 2006, I-8501 = GRUR 2007, 69 Leits. 1 u. Rdn. 27 ff., 39 – *Lidl Belgium; Beater* S. 562 Rdn. 1513.

295 EuGH Slg. 2006, I-8501 = GRUR 2007, 69 Rdn. 32 ff. – *Lidl Belgium*.

296 BGH GRUR 1999, 501, 502 – *„Vergleichen Sie"; Aigner* S. 96 ff.; *Beater* S. 563 Rdn. 1515; Fezer/*Koos* § 6 Rdn. 129; *Freund* S. 104; *F. U. D. Hasselblatt* S. 328 f.; *Menke* WRP 1998, 811, 822; *ders.* in: MünchKommUWG § 6 Rdn. 117; *Plaß* NJW 2000, 3161, 3164; *Sack* WRP 2001, 327, 341; *Scherer* WRP 2001, 89, 91; a. A. *Eck/Ikas* WRP 1999, 251, 262; *Saßmann* S. 129; differenzierend *Kebbedies* S. 186.

297 BGH GRUR 1999, 501, 502 – *„Vergleichen Sie"*.

298 OLG Frankfurt GRUR-RR 2001, 89; *Berlit* Rdn. 69.

299 *Berlit* Rdn. 68.

300 *Eck/Ikas* WRP 1999, 772, 773; *Sack* WRP 2001, 327, 341.

301 BGH GRUR 1972, 553 – *Statt Blumen ONKO-Kaffee; Ph. Koehler* in: Götting/Nordemann § 6 Rdn. 62; *Sack* WRP 2001, 327, 341 a. E.; vgl. auch *Ohly/Spence* GRUR Int. 1999, 681, 692; a. A. *Aigner* S. 100 f.

302 Vgl. OLG Hamburg GRUR-RR 2002, 169, 171 f. – *Speedw@y;* OLG Frankfurt GRUR-RR 2001, 89 f.

303 OLG Frankfurt GRUR 2001, 358 – *Preisvergleich*.

134 Nach § 6 Abs. 2 Nr. 1 UWG ist es **nicht** erforderlich, dass sich der Vergleich **auf einzelne konkrete Waren** bezieht. Es genügt auch ein Vergleich zwischen Warengattungen.[304] Mit § 6 Abs. 2 Nr. 1 UWG vereinbar sind ferner Preisvergleiche zwischen ganzen Warensortimenten von Supermärkten, soweit diese Sortimente beiderseits aus einzelnen Produkten bestehen, die paarweise betrachtet jeweils dem in dieser Bestimmung aufgestellten Erfordernis der Vergleichbarkeit genügen (oben Rdn. 129).[305]

135 Weder funktionsidentisch noch substituierbar sind ein Lottoschein und eine Wirtschaftszeitschrift, auch wenn sie beide der Geldvermehrung dienen können.[306]

136 Betreffen verglichene Waren **nicht** denselben Bedarf oder dieselbe Zweckbestimmung, dann ist der Vergleich nicht ohne weiteres nach § 6 Abs. 2 Nr. 1 UWG unlauter. Denn in solchen Fällen stellt sich natürlich immer **zuvor** die Frage, ob überhaupt vergleichende Werbung i. S. v. § 6 Abs. 1 UWG vorliegt, d. h. ob die betreffende Werbung **Mitbewerber** oder die von Mitbewerbern angebotenen Waren oder Dienstleistungen erkennbar macht. Fehlt ein solcher Mitbewerberbezug i. S. v. § 6 Abs. 1 UWG, dann liegt schon keine vergleichende Werbung i. S. v. § 6 UWG vor, so dass § 6 Abs. 2 Nr. 1 UWG aus diesem Grunde nicht anwendbar ist. Es gelten die allgemeinen Grundsätze des Wettbewerbsrechts.

3. Teleologische Reduktionen des § 6 Abs. 2 Nr. 1 UWG

137 **a) Ersatzteil- und Zubehörwerbung.** Für die Anwendbarkeit von § 6 Abs. 2 Nr. 1 UWG auf die Werbung für Zubehör und Ersatzteile sind, wie bereits oben (Rdn. 58) erwähnt, drei Fallgestaltungen voneinander zu unterscheiden:[307] (1) Ein Unternehmen, das Zubehör und Ersatzteile anbietet, nimmt auf das Hauptprodukt Bezug („passend für XY"), dessen Hersteller **keine** entsprechenden Ersatzteile und Zubehör im Sortiment führt. In diesem Fall macht die Ersatzteil- und Zubehörwerbung keinen Mitbewerber erkennbar, so dass die Bezugnahme keine vergleichende Werbung i. S. v. § 6 Abs. 1 UWG darstellt und deshalb auch § 6 Abs. 2 Nr. 1 UWG nicht anzuwenden ist. (2) Der Hersteller des Hauptprodukts bietet auch die betreffenden Zubehör- und Ersatzteile an. Der Werbende behauptet ausdrücklich oder implizit, dass seine Zubehör- oder Ersatzteile denen des Mitbewerbers funktional gleichwertig sind.[308] Das ist vergleichende Werbung i. S. v. § 6 Abs. 1 UWG, die die Voraussetzungen des § 6 Abs. 2 Nr. 1 UWG erfüllt. (3) Besondere Probleme bereitet die dritte Fallgruppe: Ein Anbieter von Ersatzteilen und Zubehör nimmt in seiner Werbung Bezug auf ein Hauptprodukt, nicht jedoch darauf, dass der Anbieter des Hauptprodukts ebenfalls funktional gleichwertige Zubehör- und Ersatzteile anbietet. Nach der hier vertretenen Ansicht liegt keine vergleichende Werbung i. S. d. § 6 Abs. 1 UWG vor. Zwar sind beide Parteien **Mitbewerber** auf dem Zubehör- bzw. Ersatzteilmarkt. **In dieser Eigenschaft** wird jedoch der Mitbewerber nicht erkennbar gemacht (dazu oben Rdn. 58, 80, 119); außerdem nimmt der Werbende **keinen Vergleich** im Sinne einer Gegenüberstellung vor (dazu oben Rdn. 81 ff., 107 ff.). Verzichtet man hingegen auf diese beiden Einschränkungen des Anwendungsbereichs von § 6 Abs. 1 UWG, dann ist diese dritte Fallgestaltung vergleichende Werbung. Da bei wörtlicher Anwendung die Voraussetzungen des § 6 Abs. 2 Nr. 1 UWG nicht erfüllt sind, wäre diese Werbung unlauter. Dieses Ergebnis ist zweifellos nicht hinnehmbar. Denn es werden – wenn keine besonderen Umstände hinzutreten – keine schützenswerten Interessen verletzt. Mit dem Schutzzweck des § 6 Abs. 2 Nr. 1 UWG ist diese Form der Ersatzteil- und Zubehörwerbung vereinbar. Ein Verbot würde auch dem Zweck der Liberalisierung des Rechts der vergleichenden Werbung zuwiderlaufen, den Verbraucher besser zu informieren und die Regelungen der vergleichenden Werbung in dem für den Verbraucher günstigsten Sinne auszulegen. Deshalb ist, wenn man bei dieser Fallgestaltung vergleichende Werbung i. S. v. § 6 Abs. 1 UWG für gegeben hält, § 6 Abs. 2 Nr. 1 UWG dahingehend **teleologisch zu reduzieren,** dass er wegen seines Schutzzwecks auf diese Fallgestaltung der Ersatzteil- und Zubehörwerbung nicht anwendbar ist,[309] sofern man nicht bereits – wie hier vertreten – vergleichende Werbung i. S. v. § 6 Abs. 1 UWG verneint.

---

[304] BGH GRUR 1999, 501, 502 f. (II.2.b, c) – *„Vergleichen Sie"; Berlit* Rdn. 68; *Nordmann* GRUR Int. 2002, 297, 300.

[305] EuGH GRUR 2007, 69 Leits. 1 u. Rdn. 27 ff., 39 – *Lidl Belgium.*

[306] *Berlit* Rdn. 70, 71, 78; a. A. OLG Hamburg GRUR 2000, 243.

[307] Ausführlich dazu *Sack* GRUR 2004, 720, 721 f.; *Ohly* GRUR 2007, 3, 4 a. E.

[308] Vgl. EuGH Slg. 2001, I-7945 = GRUR 2002, 354 – *Toshiba Europe;* EuGH Slg. 2006, I-2147 = GRUR 2006, 345 – *Siemens;* BGH GRUR 2005, 348 – *Bestellnummernübernahme.*

[309] Nach *Blanken,* Wettbewerbsrechtliche und immaterialgüterrechtliche Probleme des Zubehör- und Ersatzteilgeschäftes, 2008, S. 209, 225 ergibt sich die Rechtfertigung der Einschränkung von § 6 aus einer Analogie zu § 23 Nr. 3 MarkenG. Die Analogie von § 23 Nr. 3 MarkenG als Schrankenregelung für § 6 UWG mache eine Auslegung der RL 2006/114/EG entgegen ihrem Wortlaut entbehrlich.

b) Persönliche vergleichende Werbung. Werbung mit Hinweisen auf die Religion, Konfession, Nationalität, Rasse, Parteizugehörigkeit, aber auch auf Vorstrafen, ungenügende berufliche Qualifikation, Krankheiten, problematische Familienverhältnisse usw. eines Mitbewerbers stellt nicht ohne weiteres vergleichende Werbung dar. Soweit jedoch der Werbende ausdrücklich oder implizit (dazu oben Rdn. 118) einen Vergleich dahingehend vornimmt, dass die betreffenden Umstände bei ihm nicht vorliegen, erfüllt er bei wörtlicher Auslegung die Tatbestandsvoraussetzungen des § 6 Abs. 2 Nr. 1 UWG. Denn er vergleicht keine **Waren oder Dienstleistungen.** Persönliche vergleichende Werbung kann jedoch ausnahmsweise durchaus **gerechtfertigt** sein,[310] z. B. als Abwehrvergleich oder als Auskunftsvergleich aufgrund des Auskunftsverlangens eines Kunden, soweit es sich dabei um „Werbung" handelt. Dem kann man nur durch eine **teleologische Reduktion** des § 6 Abs. 2 Nr. 1 UWG Rechnung tragen.[311] Zum gleichen Ergebnis gelangt eine andere Ansicht bei Abwehrvergleichen unter dem Gesichtspunkt der Notwehr.[312] Diese Vorschrift erfasst nach ihrem Schutzzweck nur Vergleiche von **Waren oder Dienstleistungen** und ist deshalb auf solche Vergleiche zu beschränken (vgl. oben Rdn. 117 a. E., 123 a. E.). Dem rechtspolitischen Bedürfnis, persönliche vergleichende Werbung grundsätzlich zu untersagen,[313] kann mit dem Irreführungsverbot sowie dem Verbot der unlauteren Herabsetzung nach § 6 Abs. 2 Nr. 5 UWG ausreichend Rechnung getragen werden. 138

c) Unternehmensbezogene Werbung. Sie weist auf Unternehmensdaten und Unternehmensbeziehungen hin. Soweit sie sich auf Mitbewerber bezieht, jedoch weder ausdrücklich noch implizit einen **Vergleich** enthält, ist sie nach der hier vertretenen Ansicht schon keine vergleichende Werbung i. S. v. § 6 Abs. 1 UWG, so dass auch § 6 Abs. 2 Nr. 1 UWG nicht anwendbar ist. Der bloße Hinweis auf Unternehmensverhältnisse eines Mitbewerbers impliziert nicht ohne weiteres einen Vergleich mit den eigenen Unternehmensverhältnissen des Werbenden. Wenn unternehmensbezogene Werbung hingegen ausdrücklich oder implizit einen Vergleich enthält, ist sie bei wörtlicher Anwendung des § 6 Abs. 2 Nr. 1 UWG unlauter, wenn nicht implizit **Waren oder Dienstleistungen** miteinander verglichen werden.[314] Dasselbe gilt, wenn man für vergleichende Werbung i. S. v. § 6 Abs. 1 UWG nur einen **Bezug** auf konkrete Mitbewerber, jedoch keinen **Vergleich** verlangt. In den beiden zuletzt genannten Alternativen ist jedoch ein **generelles** Verbot nicht gerechtfertigt. Das gilt insbesondere bei Abwehr- und Auskunftsvergleichen. Der Sache nach wettbewerbsrechtlich unbedenklich ist es grundsätzlich auch, wenn ein Unternehmen Kunden in sachlicher Form über den Stand und Ausgang eines mit einem Mitbewerber geführten Rechtsstreits informiert[315] oder wenn ein Unternehmen wettbewerbswidrige Werbung eines Mitbewerbers unter Nennung seines Namens kritisiert oder richtigstellt.[316] In diesen Fällen wäre ein generelles wettbewerbsrechtliches Verbot nicht mit dem Zweck der Neuregelung des Rechts der vergleichenden Werbung durch die RL 97/55/EG (jetzt RL 2006/114/EG) vereinbar, die Transparenz der Märkte und die Information der Verbraucher zu verbessern. Ein generelles Verbot wäre auch mit dem Schutzzweck speziell des § 6 Abs. 2 Nr. 1 UWG unvereinbar. Danach ist § 6 Abs. 2 Nr. 1 nur auf **Vergleiche von Waren oder Dienstleistungen** anwendbar.[317] Deshalb ist diese Vorschrift **teleologisch zu reduzieren.**[318] Unternehmensbezogene Werbung, die keine Waren oder Dienstleistungen vergleicht, liegt außerhalb des Regelungsbereichs dieser Vorschrift. 139

---

310 Vgl. Begr. Reg.-Entw. BT-Drucks. 14/2959, S. 10; OLG Saarbrücken NJW-WettbR 1998, 30, 31; *Baumbach/Hefermehl* § 1 UWG Rdn. 431, 436; *Henning-Bodewig* GRUR Int. 1999, 385, 392; *Ohly/Spence* GRUR Int. 1999, 681, 686; *Sack* WRP 2004, 817, 819 f.; *Tilmann* GRUR 1999, 546, 547; a. A. *Jestaedt,* Wettbewerbsrecht, Rdn. 776; *Kebbedies* S. 179.

311 Vgl. *Sack* WRP 2004, 817, 820; gegen eine teleologische Reduktion, jedoch im Ergebnis ebenso bei Abwehrvergleichen unter dem Gesichtspunkt der Notwehr GroßKommUWG/*Glöckner* § 6 Rdn. 352 a. E.

312 So GroßKommUWG/*Glöckner* § 6 Rdn. 352 a. E.

313 Vgl. *Baumbach/Hefermehl* § 1 UWG Rdn. 432 ff.; *Freund* S. 99; *Funke* WM 1997, 1472; *Sack* GRUR Int. 1998, 263, 270; *ders.* in: Amann/Jaspers RWW 3.2 Rdn. 680 ff., 921 ff.; *Schnorbus* ZgVersWiss 1999, 375, 408; *Ulmer/Reimer,* Unlauterer Wettbewerb III, S. 294.

314 *Köhler*/Bornkamm § 6 Rdn. 97.

315 Vgl. OLG Saarbrücken NJW-WettbR 1998, 30, 31; *Baumbach/Hefermehl* § 1 UWG Rdn. 436; *Sack* WRP 2004, 817, 820.

316 OLG München WRP 1996, 236, 237; *Baumbach/Hefermehl* § 1 UWG Rdn. 436; *Sack* WRP 2004, 817, 820.

317 Vgl. *Ph. Koehler* in: Götting/Nordemann § 6 Rdn. 42, 61; ebenso im Ergebnis *Beater* S. 562 Rdn. 1514.

318 *Ohly*/Sosnitza § 6 Rdn. 38, 41; *Sack* WRP 2004, 817, 820; gegen eine teleologische Reduktion, jedoch im Ergebnis ebenso mit Hilfe einer Auslegung im Sinne des Günstigkeitsprinzips GK/*Glöckner* § 6 Rdn. 354.

II. § 6 Abs. 2 Nr. 2 UWG: die verglichenen Eigenschaften

140 Nach § 6 Abs. 2 Nr. 2 UWG ist vergleichende Werbung unlauter, wenn sie sich nicht objektiv auf eine oder mehrere wesentliche, relevante, nachprüfbare und typische Eigenschaften oder den Preis dieser Waren oder Dienstleistungen bezieht. Diese Kriterien müssen **kumulativ** erfüllt sein,[319] d.h. wenn vergleichende Werbung gegen eines dieser Kriterien verstößt, ist sie unlauter. Ob die Kriterien erfüllt sind, ist aus der Sicht der angesprochenen Verkehrskreise zu beurteilen. § 6 Abs. 2 Nr. 2 UWG setzt Art. 4 lit. c RL 2006/114/EG (früher Art. 3a Abs. 1 lit. c RL 97/55/EG) in deutsches Recht um.

1. Der Schutzzweck von § 6 Abs. 2 Nr. 2 UWG

141 Die Vorschrift des § 6 Abs. 2 Nr. 2 UWG verfolgt verschiedene Schutzzwecke, die sich überschneiden und ergänzen. Sie bezweckt in erster Linie einen typisierten **Irreführungsschutz.**[320] Sie will verhindern, dass durch den Vergleich unwesentlicher, irrelevanter, untypischer und nicht nachprüfbarer Eigenschaften ein **unrichtiger Gesamteindruck** entsteht.[321] Außerdem verfolgt § 6 Abs. 2 Nr. 2 UWG einen **Informationszweck,** d.h. eine Verbesserung der Verbraucherinformation durch Erhöhung der Markttransparenz;[322] es sollen im Interesse der Funktionsfähigkeit des Wettbewerbs rationale Verbraucherentscheidungen ermöglicht werden. Ferner ist § 6 Abs. 2 Nr. 2 Ausdruck des **Sachlichkeitsgrundsatzes;**[323] unsachliche Vergleiche verfälschen den Leistungswettbewerb.[324] Vor allem das Tatbestandsmerkmal „objektiv" ist Ausdruck dieses Grundsatzes.[325] Ferner beruht § 6 Abs. 2 Nr. 2 UWG auf dem **Verhältnismäßigkeitsgrundsatz;**[326] die Interessen des in Bezug genommenen Mitbewerbers sollen nicht stärker beeinträchtigt werden, als dies im Interesse des Werbenden und der mit der Werbung angesprochenen Verkehrskreise an sachlicher Aufklärung geboten ist.[327] Ferner ist § 6 Abs. 2 Nr. 2 UWG nach seinem Schutzzweck – ebenso wie § 6 Abs. 2 Nr. 1 UWG – nur auf Vergleiche von **Waren oder Dienstleistungen** anwendbar (oben Rdn. 107, 113, 114).

142 Auch für § 6 Abs. 2 Nr. 2 UWG gilt – wie schon für § 6 Abs. 2 Nr. 1 UWG –, dass aufgrund der genannten Schutzzwecke im Einzelfall Ausnahmen vom Verbot dieser Vorschrift gerechtfertigt sein können, wenn eine bestimmte Form vergleichender Werbung zwar mit dem Wortlaut unvereinbar ist, jedoch in Übereinstimmung mit den genannten Schutzzwecken steht. So stünde z.B. ein generelles Verbot **persönlicher** und **unternehmensbezogener** vergleichender Werbung, wie es dem Wortlaut des § 6 Abs. 2 Nr. 2 UWG entspräche, im Widerspruch zu den Schutzzwecken dieser Vorschrift. Denn solche Werbung kann im Einzelfall gerechtfertigt sein (vgl. unten Rdn. 165).

2. Eigenschaften und Preise

143 Nach § 6 Abs. 2 Nr. 2 UWG muss der Vergleich auf bestimmte Eigenschaften oder auf Preise von Waren oder Dienstleistungen bezogen sein. Damit weicht der Wortlaut dieser Vorschrift von

---

[319] EuGH Slg. 2006, I-8501 = GRUR 2007, 69 Rdn. 44 – *Lidl Belgium;* BGH GRUR 2004, 607, 611 (4.) – *Genealogie der Düfte.*

[320] Begr. Reg.-Entw. BT-Drucks. 14/2959, S. 11, *Baumbach/Hefermehl* § 2 UWG Rdn. 5; *Koos* WRP 2005, 1096, 1097; *Lettl,* Wettbewerbsrecht, S. 343 Rdn. 56; *Sack* WRP 2001, 327, 342; *Tilmann* GRUR 1999, 546, 549; a.A. *Köhler*/Bornkamm § 6 Rdn. 102.

[321] Begr. Reg.-Entw. BT-Drucks. 14/2959, S. 11; *Beater* S. 566 Rdn. 1526; *Freund* S. 114; *Gamerith* ÖBl 1998, 115, 121, 126; *Gloy/Bruhn* GRUR 1998, 226, 236; *Menke* WRP 1998, 811, 823; *Sack* WRP 2001, 327, 342, 343; a.A. *Eck/Ikas* WRP 1999, 251, 264, weil der Irreführungsschutz durch Art. 3a Abs. 1 lit. a RL 97/55/EG vollständig abgedeckt werde.

[322] Begr.Erw. Nr. 5 der RL; *Köhler*/Bornkamm § 6 Rdn. 102; *Ziervogel* S. 90f., 126, 128f.

[323] Vgl. Begr. Reg.-Entw. BT-Drucks. 14/2959, S. 11; BGH GRUR 1999, 69, 71 – *Preisvergleichsliste II;* KG NJW-RR 2001, 408, 410; OLG Hamburg GRUR-RR 2001, 84, 85 – *Handzahnbürste;* OLG Hamburg GRUR-RR 2003, 219 – *Frankfurt-Hahn;* OLG Hamburg VersR 2002, 1120, 1121 – *Versicherungen;* OLG Hamburg GRUR-RR 2002, 398 (Ls); OLG Saarbrücken NJW-RR 1999, 1424; *Berlit* Rdn. 79ff.; *Bullinger/Emmerich* WRP 2002, 608, 610; *Fröndhoff* S. 111; *Gloy/Bruhn* GRUR 1998, 226, 237; *F. U. D. Hasselblatt* S. 330; *Henning-Bodewig* GRUR Int. 1999, 385, 387; *Koos* WRP 2005, 1096, 1097; *Menke* WRP 1998, 811, 823f.; MünchKommUWG/*Menke* § 6 Rdn. 187; *Plaß* NJW 2000, 3161, 3164; *Plassmann* GRUR 1996, 377, 379f.; *Saßmann* S. 131; *Somariello* S. 82, 83; *Ziervogel* S. 129; a.A. GroßKommUWG/*Glöckner* § 6 Rdn. 384ff.

[324] Öst. OGH WBl. 2003, 394, 395 – *Tausend-Auflage-Preis.*

[325] BGH GRUR 1999, 69, 71 – *Preisvergleichsliste II; Somariello* S. 83.

[326] Begr. Reg.-Entw. BT-Drucks. 14/2959, S. 11; *Koos* WRP 2005, 1096, 1097; MünchKommUWG/*Menke* § 6 Rdn. 198; *Ohly*/Sosnitza § 6 Rdn. 46.

[327] Begr. Reg.-Entw. BT-Drucks. 14/2959, S. 11.

dem der RL ab, die den Preis ausdrücklich als einen **Unterfall** der Eigenschaften nennt. Diese Abweichung des UWG von der RL ist eine Konzession an die Begrifflichkeit der BGB-Dogmatik, die z. B. in § 119 Abs. 2 BGB klar zwischen dem Wert und den wertbildenden Faktoren unterscheidet und nur Letztere den Eigenschaften zurechnet.[328] Weiter sollte allerdings die Verknüpfung mit der Begrifflichkeit des BGB nicht gehen. Der Eigenschaftsbegriff des § 6 UWG und der RL ist nicht mit dem des BGB identisch. Er ist ein **autonom europarechtlich** i. S. d. RL auszulegender Begriff.[329] Die Auslegung des Begriffspaars „Preise/Eigenschaften" in § 6 Abs. 2 Nr. 2 muss sich daher wegen des Gebots der richtlinienkonformen Auslegung an der Auslegung des Begriffs „Eigenschaften" in Art. 4 lit. c RL orientieren.

Der Begriff **„Eigenschaften"** in § 6 Abs. 2 Nr. 2 UWG ist **weit** auszulegen.[330] Er umfasst alle **144**
Informationen, die geeignet sein können, die Entscheidung der angesprochenen Verkehrskreise über einen Vertragsabschluss zu beeinflussen.[331] Zu den Eigenschaften i. S. v. § 6 Abs. 2 Nr. 2 UWG gehören nicht nur die physischen Beschaffenheitsmerkmale von Waren, sondern auch sonstige **wertbildende Faktoren** von Waren oder Dienstleistungen, d. h. ihre tatsächlichen, wirtschaftlichen, sozialen oder rechtlichen Beziehungen zur Umwelt, soweit diese nach der **Verkehrsauffassung** für deren Brauchbarkeit und deren Wert von Bedeutung sind,[332] z. B. das Herstellungsjahr, die geografische Herkunft, ferner ob sie im Inland oder Ausland hergestellt worden sind,[333] bestehende Schutzrechte an einer Ware, außerdem wie sich die verglichenen Waren auf die Umwelt oder auf die Gesundheit auswirken,[334] ob und wie schnell die betreffenden Waren geliefert werden können[335] u. s. w.

Außer den physischen Eigenschaften und sonstigen wertbildenden Faktoren können auch sons- **145**
tige Umstände „Eigenschaften" i. S. v. § 6 Abs. 2 Nr. 2 UWG sein. Da der Eigenschaftsbegriff des § 6 Abs. 2 S. 2 UWG in Übereinstimmung mit Art. 4 lit. c RL **weit** auszulegen ist, umfasst er m. E. auch **sonstige Umstände,** die aus der Sicht der Abnehmer bei der Auswahl von Waren oder Dienstleistungen von Bedeutung sein können.[336] Ein Argument für diese weite Auslegung des Eigenschaftsbegriffs der RL liefert wiederum die Tatsache, dass sie in Art. 4 lit. c ausdrücklich auch den **Preis** einer Ware oder Dienstleistung zu den Eigenschaften zählt.

Eigenschaften können danach auch sein: Verkaufszahlen von Waren bzw. Zahlen der Neuzulas- **146**
sungen von Kraftfahrzeugen,[337] Leserzahlen einer Zeitung oder Zeitschrift,[338] die Struktur der Leserschaft einer Zeitung,[339] Umsatzzahlen und Umsatzzuwächse von Waren,[340] der Bekanntheitsgrad und Markenwert einer Marke,[341] Meinungsumfragen,[342] die Umweltverträglichkeit,[343] positive bzw. negative gesundheitliche Auswirkungen eines Produkts,[344] ferner subjektive Bewertungen,[345] z. B.

---

[328] Begr. Reg.-Entw. BT-Drucks. 14/2959, S. 11; vgl. auch *Sack* WRP 2001, 327, 342.

[329] *Freund* S. 110; Fezer/*Koos* § 6 Rdn. 138; GK/*Glöckner* § 6 Rdn. 394; *Plaß* in: HK-WettbR § 6 Rdn. 74; *Sack* WRP 2001, 327, 342; *Ziervogel* S. 127.

[330] BGH GRUR 2004, 607, 611 (II.2.a, aa) – *Genealogie der Düfte;* BGH GRUR 2005, 172, 174 (2.a) – *Stresstest;* BGH GRUR 2007, 605 Rdn. 30 – *Umsatzzuwachs;* BGH GRUR 2010, 161 Rdn. 27 – *Gib mal Zeitung;* OLG München GRUR-RR 2003, 373 – *Branchentelefonbuch; Beater* S. 564 Rdn. 1521; *Köhler*/Bornkamm § 6 Rdn. 104.

[331] Vgl. BGH GRUR 2004, 607, 611 – *Genealogie der Düfte;* BGH GRUR 2005, 172, 174 – *Stresstest;* BGH GRUR 2007, 605 Rdn. 30 – *Umsatzzuwachs;* BGH GRUR 2010, 161 Rdn. 27 – *Gib mal Zeitung; Beater* S. 564 Rdn. 1521; *Köhler*/Bornkamm § 6 Rdn. 104.

[332] BGH GRUR 2004, 607, 611 (II.2.a, aa) – *Genealogie der Düfte;* BGH GRUR 2005, 172, 174 (2.a) – *Stresstest;* BGH GRUR 2007, 605 – *Umsatzzuwachs;* OLG München WRP 1999, 692, 694 – *Satte Mehrheit;* OLG München GRUR-RR 2003, 373 – *Branchentelefonbuch;* OLG Hamburg AfP 2004, 549, 550 – *Männerzeitschriften;* GroßKommUWG/*Glöckner* § 6 Rdn. 394; *Ohly*/Sosnitza § 6 Rdn. 48; *Nordmann* GRUR Int. 2002, 297, 300; *Saßmann* S. 130; *Somariello* S. 78.

[333] *Köhler*/Bornkamm § 6 Rdn. 105.

[334] *Köhler*/Bornkamm § 6 Rdn. 105.

[335] *Köhler*/Bornkamm § 6 Rdn. 105.

[336] BGH GRUR 2004, 607, 611 – *Genealogie der Düfte;* BGH GRUR 2005, 172, 174 – *Stresstest.*

[337] BGH GRUR 2007, 605 Rdn. 30 – *Umsatzzuwachs; Wehlau* ZLR 1999, 393, 405; a. A. *Saßmann* S. 131.

[338] OLG Hamburg GRUR-RR 2004, 259, 260; a. A. *Saßmann* S. 130.

[339] BGH GRUR 2010, 161 Rdn. 27 – *Gib mal Zeitung.*

[340] BGH GRUR 2007, 605 Rdn. 30 – *Umsatzzuwachs.*

[341] Öst. OGH GRUR Int. 2005, 161, 162 – *Dan aktuell; Ohly*/Sosnitza § 6 Rdn. 48.

[342] *Wehlau* ZLR 1999, 393, 404; a. A. OLG München WRP 1999, 692, 693 f. – *Satte Mehrheit; Eck/Ikas* WRP 1999, 251, 263; *Somariello* S. 78; offen gelassen vom öst.OGH GRUR Int. 2005, 161, 162 – *Dan aktuell.*

[343] A. A. *Aigner* S. 119.

[344] A. A. *Aigner* S. 119.

[345] A. A. KG NJW-RR 2001, 409, 410; OLG München WRP 1999, 692, 693 f. – *Satte Mehrheit;* OLG München MMR 2003, 533 f.; *Aigner* S. 106 ff.; Gloy/Loschelder/Erdmann/*Hasselblatt,* HdbWettbR, § 60 Rdn. 52.

Schlussfolgerungen aus einem Vergleich,[346] oder **geschmacksabhängige** Aussagen über ein Produkt;[347] solche Aussagen werden jedoch in der Regel am weiteren Tatbestandsmerkmal der Nachprüfbarkeit scheitern,[348] wonach Wertungen nur nachprüfbar sind, wenn sie einen hinreichenden Tatsachenkern aufweisen. Auch prozentuale Umfrageergebnisse eines Geschmacksvergleichs zwischen Lebensmitteln – Big Mäc im Vergleich mit Whopper – nennen Eigenschaften.[349] Wären solche Daten keine Eigenschaften, dann wären identifizierende Hinweise auf sie nach § 6 Abs. 2 Nr. 2 UWG immer unlauter. Schon dieses Ergebnis rechtfertigt Zweifel an der abweichenden, engen Auslegung des Eigenschaftsbegriffs durch die herrschende Meinung.

3. Die Nachprüfbarkeit

147 Das Erfordernis der Nachprüfbarkeit bezweckt die Überprüfbarkeit des Vergleichs auf seine sachliche Berechtigung.[350] Es grenzt die Tatsachenbehauptungen von den Werturteilen und von sonstigen Meinungsäußerungen ab.[351] Zu den nachprüfbaren Eigenschaften i. S. v. Art. 4 lit. c RL 2006/114/EG gehören auch Preise einschließlich des Gesamtpreisniveaus von Gesamtsortimenten.[352] Bei Preisvergleichen eines Gesamtsortiments setzt die Nachprüfbarkeit voraus, dass die verglichenen Waren hinreichend genau erkennbar gemacht werden.[353] **„Nachprüfbar"** ist ein Werbevergleich nur, wenn er sich auf Tatsachen beschränkt, die **beweisbar** sind.[354] Erforderlich ist allerdings nicht, dass die Nachprüfung dem Werbeadressaten, insbesondere dem **Verbraucher,** oder dem in den Vergleich einbezogenen **Mitbewerber** ohne weiteres und ohne Aufwand möglich ist[355] oder von ihm mit zumutbarem Aufwand durchgeführt werden kann.[356] Es genügt, dass die Behauptung „dem Nachweis zugänglich, nachweisbar, beweisbar",[357] d. h. einer kompetenten Instanz, z. B. Sachverständigen oder Behörden, möglich ist.[358] Gerade auf technischem Gebiet wird dem Verbraucher

---

[346] A. A. KG NJW-RR 2001, 409, 410; *Aigner* S. 109.

[347] A. A. OLG München WRP 1999, 692, 693 f. – *Satte Mehrheit;* OLG München MMR 2003, 533 f.; *Saßmann* S. 130.

[348] Vgl. *Nordmann* GRUR Int. 2002, 297, 300; Fezer/*Koos* § 6 Rdn. 140; Gloy/Loschelder/Erdmann/*Hasselblatt,* HdbWettbR, § 60 Rdn. 52; *Ohly*/Sosnitza § 6 Rdn. 48.

[349] A. A. OLG München WRP 1999, 692, 693 f. – *Satte Mehrheit; Lettl* GRUR 2007, 936, 942 f.; *Müller-Bidinger* in: Ullmann jurisPK-UWG § 6 Rdn. 134.

[350] BGH GRUR 1999, 69, 71 – *Preisvergleichsliste II;* BGH GRUR 1999, 501 – *„Vergleichen Sie";* BGH GRUR 2005, 172, 175 – *Stresstest:*

[351] Begr. Reg.-Entw. BT-Drucks. 14/2959, S. 11; BGH GRUR 1999, 69, 71 – *Preisvergleichsliste II;* KG NJW-RR 2001, 409, 410; OLG Hamburg GRUR-RR 2001, 84, 85 f. – *Handzahnbürste;* OLG München GRUR-RR 2003, 373 – *Branchentelefonbuch;* Fezer/*Koos* § 6 Rdn. 182, 186; *Gloy/Bruhn* GRUR 1998, 226, 236; *Ohly*/Sosnitza § 6 Rdn. 55; *Plassmann* GRUR 1996, 377, 379; *Sack* WRP 2001, 327, 342; *Ziervogel* S. 129.

[352] EuGH Slg. 2006, I-8501 = GRUR 2007, 69 Rdn. 55 ff. – *Lidl Belgium;* EuGH GRUR 2011, 159 Rdn. 59 ff. – *Lidl/Vierzon Distribution.*

[353] EuGH Slg. 2006, I- 8501 = GRUR 2007, 69 Rdn. 61 – *Lidl Belgium;* EuGH GRUR 2011, 159 Rdn. 60, 62 – *Lidl/Vierzon Distribution.*

[354] Begr. Reg.-Entw. BT-Drucks. 14/2959, S. 11; BGH GRUR 1999, 69, 71 – *Preisvergleichsliste II;* BGH WRP 1997, 549, 551 – *Dauertiefpreise;* OLG Saarbrücken EuZW 1999, 575 f., 576 *Eck/Ikas* WRP 1999, 251, 266; *dies.* WRP 1999, 772, 774; *Henning-Bodewig* GRUR Int. 1999, 385, 387; *Menke* WRP 1998, 811, 824; *Nordmann* GRUR Int. 2002, 297, 300; *Ohly*/Sosnitza § 6 Rdn. 55; *Sack* WRP 2001, 327, 342; *Tilmann* GRUR 1997, 790, 796; *ders.* GRUR 1999, 546, 549 a. E.

[355] EuGH Slg. 2006, I-8501 = GRUR 2007, 67 Rdn. 63 ff., 70, 73, 74 – *Lidl* Belgium; Begr. Reg.Entw. BT-Drucks. 14/2959, S. 11; GRUR 1998, 69, 71 – *Preisvergleichsliste II;* BGH GRUR 1999, 501, 503 – *„Vergleichen Sie";* GRUR 2004, 607, 612 – *Genealogie der Düfte;* GRUR 2007, 605 – *Umsatzzuwachs;* GRUR 2010, 161 Rdn. 28 – *Gib mal Zeitung;* KG NJW-RR 2001, 409, 410; OLG Hamburg GRUR-RR 2001, 84, 86 – *Handzahnbürste";* OLG München GRUR-RR 2003, 373 – *Branchentelefonbuch;* OLG Saarbrücken NJW-RR 1999, 1424; OLG Hamburg AfP 2004, 549, 550; *Aigner* S. 120; *Emmerich,* Unlauterer Wettbewerb, § 7 Rdn. 36; *Fröndhoff* S. 112; *Henning-Bodewig* GRUR Int. 1999, 385, 387; *Kotthoff* BB 1998, 2217, 2219; *Ohly/Spence* GRUR Int. 1999, 681, 683; *Sack* WRP 2001, 327, 342; *Saßmann* S. 133 f.; *Tilmann* GRUR 1997, 790, 796; *ders.* GRUR 1999, 546, 549 ff.

[356] BGH GRUR 2004, 607, 612 – *Genealogie der Düfte;* ebenso im Ergebnis auch GRUR 2003, 444, 445 – *Ersetzt;* EuGH Slg. 2001, I-7945 = GRUR 2002, 354 Rdn. 39 – *Toshiba Europe;* a. A. früher BGH GRUR 1999, 501, 503 (2. c) – *Vergleichen Sie.*

[357] Begr. Reg.-Entw. BT-Drucks. 14/2959, S. 11; *Baumbach/Hefermehl* § 2 UWG Rdn. 10; *Berlit* Rdn. 112; *Fröndhoff* S. 112 f.; *Sack* WRP 2001, 327, 342; *Saßmann* S. 133 f.; a. A. *Plaß* in: HK-WettbR § 6 Rdn. 86.

[358] EuGH Slg. 2006, I-8501 = GRUR 2005, 69 Rdn. 73 – *Lidl Belgium;* BGH GRUR 2004, 607, 612 – *Genealogie der Düfte;* GRUR 2005, 172, 175 – *Stresstest;* GRUR 2010, 161 Rdn. 28 – *Gib mal Zeitung; Beater* S. 570 Rdn. 1541; GK/*Glöckner* § 6 Rdn. 411; *Köhler*/Bornkamm § 6 Rdn. 135; *Köhler* WRP 2008, 414, 419; *Sack* WRP 2001, 327, 342; *Tilmann* GRUR 1997, 790, 796; vgl. auch MünchKommUWG/*Menke,* § 6

häufig die Sachkunde für eine Überprüfung von Werbeangaben fehlen. Dennoch soll gerade auch hier vergleichende Werbung möglich sein.[359] Für die Richtigkeit trägt allerdings der Werbende die **Beweislast.**[360] Dies deckt sich im praktischen Ergebnis mit der Ansicht des BGH, der zwar dem Kl. zunächst die Darlegungspflicht auferlegt, jedoch schließlich dem Bekl. die „sekundäre Darlegungslast" aufbürdet, wenn der Kl. über keine genaueren Kenntnisse darüber verfügt, ob die Angaben in der Werbung nachprüfbar sind, und er auch keine Möglichkeit hat, den Sachverhalt aufzuklären, während der Bekl. über diese Kenntnis verfügt und die Aufklärung ohne Weiteres leisten kann.[361] Nach Art. 6 lit. a RL sind die Beweise **kurzfristig** vorzulegen.[362] Gelingt dies nicht, ist die Werbung mangels kurzfristiger Nachprüfbarkeit nach § 6 Abs. 2 Nr. 2 UWG unlauter. Darüber hinaus ist nach Ansicht des EuGH dem Erfordernis der Nachprüfbarkeit nur dann genügt, wenn der Werbende insbesondere für die Adressaten der Werbeaussage angibt, wo und wie sie die Bestandteile eines Werbevergleichs „leicht in Erfahrung bringen können, um deren Richtigkeit und die der betreffenden Eigenschaften nachzuprüfen, oder, falls sie nicht über die dafür erforderliche Sachkenntnis verfügen, nachprüfen zu lassen".[363]

Genügen kann auch der Verweis auf eine zugängliche Quelle, die die Nachprüfung mit zumutbarem Aufwand ermöglicht, z. B. „Vergleichen Sie einmal mit dem Katalog von P. L.".[364] 148

Nachprüfbar ist z. B. bei der Übernahme fremder Bestellnummernsysteme in der Werbung für Ersatzteile und Zubehör die damit verbundene implizite Behauptung der funktionalen Gleichwertigkeit der konkurrierenden Waren.[365] Nicht nachprüfbar sind Vergleiche, die rein **subjektive Wertungen** zum Gegenstand haben.[366] Das gilt grundsätzlich für **Werturteile** im Gegensatz zu Tatsachenbehauptungen.[367] Bei Werturteilen ist allerdings zu berücksichtigen, dass sie einen nachprüfbaren **Tatsachenkern** haben können.[368] Ist das Werturteil die normale Folge aus zugrunde gelegten Tatsachen, dann ist auch dieses nachprüfbar, d. h. auch die aus Tatsachenbehauptungen abgeleiteten Werturteile sind nachprüfbar i. S. v. § 6 Abs. 2 Nr. 2 UWG;[369] ihnen setzt allerdings das Erfordernis der Objektivität Grenzen.[370] 149

Nicht nachprüfbar und deshalb unlauter sind **pauschale** Gleichstellungen bzw. Gleichwertigkeitsbehauptungen,[371] z. B. „ebenso gut wie" oder „Ersatz für ...".[372] Meist werden solche pauschalen Vergleiche Werturteile ohne Tatsachenkern sein. Ein Vergleich der Preise eigener und fremder Waren enthält nicht ohne Weiteres die Behauptung **qualitativer** Gleichwertigkeit.[373] 150

Rdn. 217 a. E., 218; BGH GRUR 2007, 605 Rdn. 31 – *Umsatzzuwachs;* etwas strenger noch BGH GRUR 1996, 983, 984 – *Preisvergleichsliste I;* BGH WRP 1996, 1097, 1098 – *Preistest;* WRP 1997, 549, 551 – *Dauertiefpreise;* BGH GRUR 1999, 501, 503 – *„Vergleichen Sie";* OLG Frankfurt a. M. AfP 2006, 166, 167.

[359] OLG Hamburg GRUR-RR 2001, 84, 86 – *Handzahnbürste; Aigner* S. 120; *Eck/Ikas* WRP 1999, 251, 266; *Freund* S. 119 f.; *Menke* WRP 1998, 811, 820; *Sack* WRP 2001, 327, 342; *Schnorbus* ZgVersWiss 1999, 375, 410 f.

[360] EuGH Slg. 2006, I-8501 Rdn. 70 = GRUR 2007, 69 – *Lidl/Colruyt; Sack* WRP 2001, 327, 342; vgl. auch *Tilmann* GRUR 1997, 790, 796.

[361] BGH GRUR 2007, 605 – *Umsatzzuwachs.*

[362] EuGH Slg. 2006, I-8501 = GRUR 2007, 69 Rdn. 70 – *Lidl Belgium;* BGH GRUR 2007, 605 Rdn. 34 – *Umsatzzuwachs; Kotthoff* BB 1998, 2217, 2219; *Sack* WRP 2001, 327, 342.

[363] EuGH Slg. 2006, I-8501 = GRUR 2007, 69 Rdn. 74 – *Lidl Belgium.*

[364] BGH GRUR 1999, 501 – *„Vergleichen Sie";* vgl. auch OLG Hamburg AfP 2004, 549, 550; *Nordmann* GRUR Int. 2002, 297, 300.

[365] EuGH Slg. 2006, I-2147 = GRUR 2006, 345 Rdn. 17 – *Siemens.*

[366] KG NJW-RR 2001, 409, 410; *Baumbach/Hefermehl* § 2 UWG Rdn. 11; *Beater* S. 570 Rdn. 1538; *Emmerich,* Unlauterer Wettbewerb, § 7 Rdn. 35; *Sack* WRP 2001, 327, 342; *Somariello* S. 82; kritisch *Glöckner* Einl. B Rdn. 157 f.

[367] BGH GRUR 1999, 69, 71 – *Preisvergleichsliste II;* GRUR 2010, 161 Rdn. 28 – *Gib mal Zeitung; Sack* WRP 2001, 327, 342.

[368] BGH GRUR 1999, 69, 71 – *Preisvergleichsliste II;* GRUR 2004, 607, 612 – *Genealogie der Düfte;* GRUR 2005, 172, 175 – *Stresstest;* GRUR 2010, 161 Rdn. 28 – *Gib mal* Zeitung; KG NJW-RR 2001, 409, 410; OLG München GRUR-RR 2003, 373 – *Branchentelefonbuch;* OLG Saarbrücken EuZW 1999, 575, 576; OLG Hamburg AfP 2004, 549, 550 – *Männerzeitschriften;* OLG Frankfurt a. M. AfP 2006, 166, 167; *Eck/Ikas* WRP 1999, 772, 774; *Gamerith* ÖBl. 1998, 115, 121; *Henning-Bodewig* GRUR Int. 1999, 385, 387, 391; *Köhler*/Bornkamm § 6 Rdn. 133; *Lettl,* Wettbewerbsrecht, S. 344 Rdn. 60; *Ohly*/Sosnitza § 6 Rdn. 48; *Sack* WRP 2001, 327, 342; *Wamprechtshamer* ÖBl. 2000, 147, 151.

[369] *Sack* WRP 2001, 327, 342; *Menke* in: MünchKommUWG § 6 Rdn. 149.

[370] KG WRP 2000, 103, 106.

[371] *Fröndhoff* S. 112; *Gloy/Bruhn* GRUR 1998, 226, 236; *Kotthoff* BB 1998, 2217, 2219; *Plassmann* GRUR 1996, 377, 379; *Somariello* S. 82; *Tilmann* GRUR 1997, 790, 795; *Ziervogel* S. 130 f., 160 ff.

[372] RGZ 86, 123 ff. – *Garlock-Ersatz.*

[373] BGH GRUR 2007, 896 Rdn. 22 – *Eigenpreisvergleich.*

151 Nicht nachprüfbar und deshalb unlauter sind auch reine **Geschmacksvergleiche,**[374] z. B. „unser Bier X schmeckt besser als das Bier Y".[375] Nachprüfbar sind hingegen Vergleiche zwischen Duftnoten eines Produkts in **Duftvergleichslisten.**[376]

4. Wesentliche, relevante und typische Eigenschaften

152 Der Vergleich muss sich nach § 6 Abs. 2 Nr. 2 UWG auch auf wesentliche, relevante und typische Eigenschaften beziehen.

153 Diese Tatbestandsmerkmale erfordern nicht, dass der Werbende sämtliche Eigenschaften der verglichenen Angebote in seine Werbung aufnimmt.[377] Er darf vielmehr eine gewisse **Auswahl** treffen,[378] sofern die übrigen Voraussetzungen des § 6 Abs. 2 Nr. 2 UWG erfüllt sind und die Auswahl der in der Werbung genannten Eigenschaften keine Irreführungsgefahr begründet.[379] So darf sich z. B. bei der Werbung für ein Hormonpräparat für Frauen der Werbende darauf beschränken, die Auswirkungen auf die Mammographiediagnostik darzustellen.[380]

154 **a) Wesentliche und relevante Angaben.** Die Begriffe „wesentlich" und „relevant" sind **weit** auszulegen.[381] Sie haben einen großen Überlappungsbereich.[382] Außerhalb dieses Überlappungsbereichs haben diese Begriffe jedoch eine selbständige Bedeutung.[383] Der Unterschied zwischen wesentlichen und relevanten Eigenschaften dürfte allerdings sehr gering sein. Eine beworbene Eigenschaft ist **wesentlich,** wenn ihre Bedeutung aus der Sicht des jeweils angesprochenen Adressatenkreises im Hinblick auf die vorgesehene Verwendung des Produkts **nicht völlig unerheblich** ist.[384] Das Kriterium der **Wesentlichkeit** soll verhindern, dass durch den Vergleich unwesentlicher oder irrelevanter Eigenschaften ein unzutreffender Gesamteindruck erweckt wird.[385] Wesentlich ist eine Eigenschaft, wenn sie die Verwendbarkeit, Zweckbestimmung, Brauchbarkeit oder Wertschätzung einer Ware oder Dienstleistung bestimmt.[386] Dazu gehören nicht nur Eigenschaften, die objektiv Hauptmerkmale eines Produkts sind;[387] vielmehr entscheidet die mutmaßliche Sicht der angesprochenen Verkehrskreise, welche Eigenschaften als wesentlich erscheinen.[388] „Wesentlich" ist z. B. die Behauptung funktionaler Gleichwertigkeit in der vergleichenden Werbung für Ersatzteile und Zubehör.[389] Wenn die Sache mehrere **wesentliche** Eigenschaften hat, kann sich der Werbende auf **eine** der Eigenschaften beschränken.[390]

---

[374] OLG München WRP 1999, 692 – *Satte Mehrheit;* WRP 2001, 820 – *Duft-Vergleichslisten;* GRUR-RR 2003, 373 – *Branchentelefonbuch;* einhellige Meinung im Schrifttum; vgl. auch öst. OGH ÖBl. 1981, 119 – *Österreichs bestes Bier.*

[375] Streitig ist hier, ob Geschmacksvergleiche auch wegen Irreführungsgefahr wettbewerbswidrig sind; bejahend OLG Hamburg WRP 1977, 811, 813 f.; verneinend OLG Köln WRP 1983, 174.

[376] BGH GRUR 2004, 607, 611 f. – *Genealogie der Düfte.*

[377] *Aigner* S. 114; Fezer/*Koos* § 6 Rdn. 147; *Henning-Bodewig* GRUR Int. 1999, 385, 387; *Kotthoff* BB 1998, 2217, 2218; *Menke* WRP 1998, 811, 824.

[378] BGH GRUR 2002, 633, 635 – *Hormonersatztherapie;* OLG Hamburg GRUR-RR 2003, 219 f. – *Frankfurt-Hahn.*

[379] Fezer/*Koos,* § 6 Rdn. 147; *Saßmann* S. 132; zur irreführenden Werbung mit wahren Angaben ausführlich *Sack* GRUR 1996, 461 ff.

[380] BGH GRUR 2002, 633, 635 – *Hormonersatztherapie.*

[381] Vgl. öst. OGH WBl. 2003, 394, 395 – *Tausend-Auflage-Preis.*

[382] Begr. Reg.-Entw. BT-Drucks 14/2959, S. 11; OLG München GRUR-RR 2003, 373 – *Branchentelefonbuch; Beater* S. 568 Rdn. 1532; *Freund* S. 113; *Köhler*/Bornkamm § 6 Rdn. 131; nach *Siems* ZEuP 2001, 686, 690 f. hätte es genügt, die vier Begriffe wesentlich, relevant, typisch und nachprüfbar mit dem Wort „erheblich" wiederzugeben.

[383] *Freund* S. 113; *Köhler*/Bornkamm § 6 Rdn. 126; *Ph. Koehler* in: Götting/Nordemann § 6 Rdn. 68, 71; *Plaß* WRP 1999, 760, 769; *Somariello* S. 80; a. A. *Aigner* S. 112 f.; *Gloy/Bruhn* GRUR 1998, 226, 236; *Kotthoff* BB 1998, 2217, 2218; *Menke* WRP 1998, 811, 824; zweifelnd auch MünchKommUWG/*Menke* § 6 Rdn. 198 ff., 207.

[384] BGH GRUR 2004, 607, 612 – *Genealogie der Düfte;* GRUR 2005, 172, 175 – *Stresstest;* GRUR 2010, 161 Rdn. 29 – *Gib mal Zeitung.*

[385] OLG Hamburg GRUR-RR 2003, 219; *Plassmann* GRUR 1996, 377, 379; *Saßmann* S. 132; *Schnorbus* ZgVersWiss 1999, 375, 408.

[386] *Tilmann* GRUR 1997, 790, 796; *Saßmann* S. 132.

[387] So jedoch *Nordmann* GRUR Int. 2002, 297, 300.

[388] BGH GRUR 2004, 607, 612 – *Genealogie der Düfte;* OLG München MMR 2003, 533, 534; öst. OGH WBl 2003, 394, 395 – *Tausend-Auflage-Preis; Baumbach/Hefermehl* § 2 UWG Rdn. 7; *Beater* S. 800 Rdn. 2190; *Ph. Koehler* in: Götting/Nordemann § 6 Rdn. 68, 71; *Sack* WRP 2001, 327, 343.

[389] EuGH Slg. 2006, I-2147 = GRUR 2006, 345 Rdn. 17 – *Siemens.*

[390] BGH GRUR 2002, 633, 635 – *Hormonersatztherapie.*

Relevanz besteht nach der Rechtsprechung des BGH, wenn die Eigenschaft geeignet ist, die wirtschaftliche Entscheidung eines nicht völlig unerheblichen Teils der angesprochenen Verkehrskreise zu beeinflussen.[391] Jedoch kommt es bei vergleichender Werbung, die sich an **Verbraucher** wendet, nicht darauf an, ob sie die wirtschaftliche Entscheidung eines nicht unerheblichen Teils der angesprochenen Verbraucher beeinflussen kann,[392] sondern darauf, ob die betreffende Eigenschaft geeignet ist, die wirtschaftliche Entscheidung des angemessen gut unterrichteten und angemessen aufmerksamen und kritischen Durchschnittsverbrauchers zu beeinflussen.[393] Ist eine verglichene Eigenschaft wesentlich, so wird sie allerdings in der Regel auch für die Kunden relevant sein.[394] 155

Eigenschaften einer Sache, die sich bei Tests außerhalb der regelmäßigen oder der empfohlenen Betriebsbedingungen zeigen, sind relevant i. S. v. § 6 Abs. 2 Nr. 2 UWG, soweit es für den angesprochenen Verkehr von Bedeutung ist zu wissen, inwieweit die Sache auch außerhalb der regelmäßigen oder der empfohlenen Betriebsbedingungen verwendet werden kann, oder soweit der Verkehr hieraus Rückschlüsse auf die Tauglichkeit der Sache unter normalen oder empfohlenen Betriebsbedingungen ziehen kann.[395] Unwesentlich und nicht relevant sind Hinweise auf Umstände, die nicht geeignet sind, zur Information der angesprochenen Verkehrskreise über einen für ihr Marktverhalten wesentlichen Umstand beizutragen,[396] z. B. ein an der Auflagenhöhe von Zeitungen orientierter Vergleich der Insertionskosten in einer Gratiszeitung und in einer Kaufzeitung, wenn die Auflagenhöhe bei diesen beiden Typen von Zeitungen für die maßgebliche Leserzahl nicht aussagekräftig ist.[397] Unzulässig ist auch eine **pauschal** gleichstellende oder abwertende Werbung, z. B. dass die angebotene Ware A ebenso gut sei wie die Konkurrenzware B.[398] Anders ist es, wenn zutreffend darauf hingewiesen wird, dass die angepriesene Ware identisch sei mit einer unter einer anderen Marke angepriesenen, z. B. umgepackte und mit anderer Marke versehene Medikamente; die **Behauptung der Identität** bezieht sich auf wesentliche, relevante, typische und nachprüfbare Eigenschaften.[399] Auch die Behauptung **funktionaler Gleichwertigkeit** in der vergleichenden Werbung für Ersatzteile und Zubehör vergleicht relevante sowie wesentliche, typische und nachprüfbare Eigenschaften.[400] 156

Soweit man auch den **Auskunfts- und Nachfragevergleich** als vergleichende Werbung i. S. v. § 6 Abs. 1 UWG bewertet (dazu oben Rdn. 41 f.), bestimmt der Kunde, welche Eigenschaften für ihn wesentlich und relevant sind.[401] Dies kann im Einzelfall von den allgemeinen Verkehrserwartungen abweichen.[402] 157

b) Typische Eigenschaften. Während zwischen „wesentlichen" und „relevanten" Eigenschaften kaum ein Unterschied besteht, können sich diese im Einzellfall erheblich von **„typischen"** Eigenschaften unterscheiden.[403] Dieses Tatbestandsmerkmal bezieht sich auf **charakteristische** 158

---

[391] BGH GRUR 2004, 607, 612 (2.a, cc) – *Genealogie der Düfte;* GRUR 2005, 172, 174 – *Stresstest;* GRUR 2010, 161 Rdn. 29 – *Gib mal Zeitung; Ph. Koehler* in: Götting/Nordemann § 6 Rdn. 71; *Nordmann* GRUR Int. 2002, 297, 300; *Plaß* in: HK-WettbR § 6 Rdn. 81; *Tilmann* GRUR 1997, 790, 796; enger *Berlit* Rdn. 103.

[392] BGH GRUR 2004, 607, 612 – *Genealogie der Düfte; Gamerith* ÖBl 1998, 115, 121; MünchKommUWG/*Menke,* § 6 Rdn. 140; *Ohly*/Sosnitza § 6 Rdn. 53; *Ohly/Spence* GRUR Int. 1999, 681, 692.

[393] *Köhler*/Bornkamm § 6 Rdn. 131.

[394] Öst. OGH WBl. 2003, 394, 395 – *Tausend-Auflage-Preis; Baumbach/Hefermehl* § 2 UWG Rdn. 8; *Nordmann* GRUR Int. 2002, 297, 300.

[395] So BGH GRUR 2005, 172 (Leits. 1) – *Stresstest.*

[396] Öst. OGH WBl. 2003, 394, 395 – *Tausend-Auflage-Preis.*

[397] Öst. OGH WBl. 2003, 394 – *Tausend-Auflage-Preis;* zustimmend *Kern* Anm. in Medien und Recht 2003, 176 f.

[398] *Tilmann* GRUR 1997, 790, 795; *Sack* WRP 2001, 327, 343, *Plaß* in: HK-WettbR § 6 Rdn. 70; *Wamprechtshamer* ÖBl. 2000, 147, 150; vgl. auch KG WRP 1999, 339, 340 („Die beste Werbung für S. sind die Angebote der Konkurrenz").

[399] OLG Frankfurt a. M. GRUR Int. 2002, 397, 398 – *Tiapridex.*

[400] EuGH Slg. 2006, I-2147 = GRUR 2006, 345 Rdn. 17 – *Siemens.*

[401] Begr. Reg.-Entw. BT-Drucks. 14/2959, S. 11; *Beater* S. 574 Rdn. 1557; *Eck/Ikas* WRP 1999, 251, 264; *Köhler*/Bornkamm § 6 Rdn. 129 a. E.; *Lehmler* § 6 Rdn. 49, 51; *Lettl,* Wettbewerbsrecht, S. 344 Rdn. 58; MünchKommUWG/*Menke* § 6 Rdn. 208; *Ohly/Spence* GRUR Int. 1999, 681, 692; *Ohly*/Sosnitza § 6 Rdn. 53; *Sack* WRP 2001, 327, 343; *Scherer* WRP 2001, 89, 93; *Tilmann* GRUR 1999, 546, 549; ebenso im Ergebnis mittels teleologischer Reduktion Fezer/*Koos* § 6 Rdn. 163; a. A. *Freund* S. 117; *Plaß* NJW 2000, 3161, 3164 f.; *dies.* WRP 1999, 766, 768.

[402] Begr. Reg.-Entw. BT-Drucks. 14/2959, S. 11.

[403] *Sack* WRP 2001, 327, 343; *Plaß* in: HK-WettbR § 6 Rdn. 90; a. A. *Aigner* S. 117; *Menke* WRP 1998, 811, 824.

Merkmale der Gattung, der die beworbenen Waren oder Dienstleistungen angehören.[404] Typisch für ein Produkt sind Eigenschaften, die seine **Eigenart prägen** und damit für dessen Wert als Ganzes repräsentativ und aussagekräftig sind.[405] Die Behauptung funktionaler Gleichwertigkeit von konkurrierenden Ersatzteilen und Zubehör in vergleichender Werbung vergleicht typische sowie relevante, wesentliche und nachprüfbare Eigenschaften.[406] Kein Vergleich typischer Eigenschaften liegt hingegen z. B. vor, wenn das eigene Produkt mit einem fehlerhaften Konkurrenzprodukt verglichen wird, dessen Mangel auf einem „Ausreißer" beruht.[407]

159 Das Erfordernis eines Vergleichs typischer Eigenschaften dürfte die vergleichende Werbung mehr behindern, als dies von den Verfassern der RL beabsichtigt war. Denn **wesentliche Innovationen,** die von den im Zeitpunkt der Werbung typischen Gattungsmerkmalen einer Ware oder Dienstleistung abweichen, dürften nach § 6 Abs. 2 Nr. 2 UWG nicht durch identifizierende vergleichende Werbung bekannt gemacht werden. Sie wären, wenn sie (noch) untypische Eigenschaften betreffen, nach dem Wortlaut von § 6 UWG unlauter. Dennoch kann kein vernünftiger Zweifel daran bestehen, dass im praktischen Ergebnis ein **Fortschrittsvergleich** mit (noch) untypischen Eigenschaften einer Produktgattung zulässig sein muss.[408] Begriffliche Bedenken bestehen jedoch, dieses Ergebnis durch eine weite Auslegung des Begriffs „typisch" zu begründen,[409] oder die Erwartung, dass die betreffenden Eigenschaften in Zukunft typisch sein können, genügen zu lassen.[410]

160 Auch bei **Auskunftsvergleichen** wäre die Beantwortung einer Verbraucherfrage nach untypischen Eigenschaften nach § 6 Abs. 2 Nr. 2 UWG an sich unlauter, selbst wenn die Antwort inhaltlich völlig korrekt ist.[411] Auch in diesen Fällen können im Ergebnis keine ernsthaften Zweifel bestehen, dass solche Vergleiche zulässig sein müssen;[412] ihre Begründung – z. B. mit dem Argument, dass der Begriff „typisch" weit auszulegen sei oder dass die Sicht des einzelnen Kunden für die Typizität maßgeblich sei[413] – bereitet jedoch erhebliche begriffliche Schwierigkeiten. Nach Ansicht der EG-Kommission und der Bundesregierung ist es „selbstverständlich", den **Nachfragevergleich** (Vergleich auf Auskunftsverlangen) nicht auf objektiv typische Eigenschaften zu beschränken. Deshalb sei es zulässig, auf Nachfrage des Verbrauchers auch andere als „typische" Eigenschaften zu vergleichen.[414] Diese Auffassung wäre unbedenklich, wenn der Kriterienkatalog des Art. 4 RL ein **Zulässigkeitskatalog** wäre. Denn dann wäre jede Entscheidung mit der RL vereinbar, die vergleichende Werbung für zulässig erklärt.[415] Nach ganz h. M. ist jedoch Art. 4 RL auch ein **Verbotskatalog,** der in lit. c Vergleiche untypischer Eigenschaften verbietet. Nur eine **teleologische Reduktion** von § 6 Abs. 2 Nr. 2 UWG bzw. Art. 4 lit. c RL führt zu einem brauchbaren Ergebnis; denn solche Auskunftsvergleiche verstoßen gegen keinen der Schutzzwecke des § 6 Abs. 2 Nr. 2 UWG bzw. des Art. 4 lit. c RL. M. E. macht die Sicht des einzelnen Kunden beim Auskunftsvergleich aus einer Eigenschaft, die von den Verkehrskreisen als untypisch angesehen wird, noch keine typische i. S. v. § 6 Abs. 2 Nr. 2 UWG.[416]

5. Objektivität des Vergleichs

161 Nach § 6 Abs. 2 Nr. 2 UWG müssen Eigenschaften, die den vier Kriterien „wesentlich", „relevant", „typisch" und „nachprüfbar" genügen, **objektiv** verglichen werden.[417] In seiner Entschei-

---

[404] *Kotthoff* BB 1998, 2217, 2219; *Plaß* WRP 1999, 766, 769; *dies.* NJW 2000, 3161, 3165; *Sack* WRP 2001, 327, 343; *Scherer* WRP 2001, 89, 93; *Tilmann* GRUR 1997, 790, 796.

[405] BGH GRUR 2004, 607, 612 – *Genealogie der Düfte;* GRUR 2005, 172, 175 – *Stresstest;* GRUR 2010, 161 Rdn. 29 – *Gib mal* Zeitung; OLG München MMR 2003, 533, 534; *Berlit* BB 2000, 1305, 1307; GK/*Glöckner* § 6 Rdn. 412; *Tilmann* GRUR 1997, 790, 796.

[406] EuGH Slg. 2006, I-2147 = GRUR 2006, 345 Rdn. 17 – *Siemens.*

[407] *Nordmann* GRUR Int. 2002, 297, 300; a. A. GroßKommUWG/*Glöckner* § 6 Rdn. 415 f., der jedoch einen solchen Vergleich für irreführend hält.

[408] Fezer/*Koos* § 6 Rdn. 179; *Sack* WRP 2001, 327, 343; vgl. auch *Fröndhoff* S. 115; *Heister* S. 77.

[409] Vgl. *Plaß* WRP 1999, 766, 769 (3.f); *Sack* WRP 2001, 327, 343; *Völker* MDR 2000, 1360, 1361.

[410] Vgl. *Eck/Ikas* WRP 1999, 251, 265; *F. U. D. Hasselblatt* S. 332; *Köhler*/Bornkamm § 6 Rdn. 140; *Müller-Bidinger* in: Ullmann jurisPK-UWG § 6 Rdn. 143.

[411] *Scherer* WRP 2001, 89, 93 f.; a. A. *Berlit* BB 2000, 1305, 1307.

[412] Vgl. Begr. Reg.-Entw. BT-Drucks. 14/2959, S. 11; *Baumbach/Hefermehl* § 2 UWG Rdn. 8; *Berlit* S. 108; *ders.* BB 2000, 1305, 1307; *Eck/Ikas* WRP 1999, 251, 265; *Ohly*/Sosnitza § 6 Rdn. 56; *Scherer* WRP 2001, 89, 93 f.; *Somariello* S. 81.

[413] *Köhler*/Bornkamm § 6 Rdn. 139; *Tilmann* GRUR 1997, 790, 796.

[414] Begr. Reg.-Entw. BT-Drucks. 14/2959, S. 11.

[415] Vgl. *Sack* WRP 2001, 327, 343.

[416] So jedoch MünchKommUWG/*Menke* § 6 Rdn. 208.

[417] EuGH GRUR 2007, 69 Rdn. 45 – *Lidl Belgium.*

dung *„Lidl Belgium"* vom 19. 9 2006 hat der EuGH die Ansicht vertreten, dass das Erfordernis der **Objektivität** Vergleiche ausschließen soll, die sich aus einer **subjektiven Wertung** des Werbenden und nicht aus einer objektiven Feststellung ergeben.[418] Diese Ansicht wäre abzulehnen, wenn sie dahingehend zu verstehen wäre, dass alle Werbevergleiche am Erfordernis der Objektivität scheitern, die auf subjektiven Wertungen des Werbenden beruhen. Denn so verstanden wäre das Kriterium der **Objektivität** neben dem der **Nachprüfbarkeit** überflüssig, da subjektive Wertungen des Werbenden schon nicht als nachprüfbar i. S. von Art. 4 lit. c RL 2006/114/EG bzw. § 6 Abs. 2 Nr. 2 UWG gelten.[419] Außerdem enthalten viele Fälle vergleichender Werbung, die nach Ansicht des EuGH als zulässig gelten, durchaus subjektive Wertungen.[420] So erfordert z. B. die Auswahl der **Eigenschaften** der verglichenen Produkte zwangsläufig subjektiv wertende Entscheidungen. Bei einem Sortimentsvergleich ist die Auswahl der verglichenen **Produkte** ebenfalls eine subjektiv wertende Entscheidung. Dennoch hatte der EuGH in seiner oben genannten Entscheidung *„Lidl Belgium"*[421] offenbar keine Bedenken gegen die Zulässigkeit eines Vergleichs der Preise eines Warensortiments, das auf einer vom Werbenden (subjektiv) getroffenen **Auswahl** der miteinander verglichenen Waren beruhte. Es ist also unklar, was der EuGH genau unter „subjektiven Wertungen" versteht, die nach seiner Ansicht gegen das Objektivitätserfordernis des Art. 4 lit. c RL 2006/114/EG verstoßen. Auch vergleichende **Schlussfolgerungen** (die Vergleichsaussage als solche), die aus mitgeteilten Tatsachen gezogen werden, z. B. die Behauptung der **Gleichwertigkeit,** enthält häufig subjektive Wertungen.[422] Deshalb ist vorgeschlagen worden, bei der Beurteilung von Gleichwerigkeitsbehauptungen das Objektivitätskriterium **restriktiv** auszulegen.[423] Die Äußerungen des EuGH in seiner Entscheidung *„Lidl Belgium"* sind so **ungenau**[424] und wohl auch in sich **widersprüchlich,**[425] dass bis zu einer weiteren Klärung durch den EuGH nach wie vor davon ausgegangen werden sollte, dass eine Bezugnahme auf Mitbewerber und ihre Leistungen nur dann „objektiv" ist, wenn sie sich auf **sachliche** Informationen beschränkt (sog. **Sachlichkeitsgebot**)[426] und durch das **Bemühen um Richtigkeit** gekennzeichnet ist. Objektive Richtigkeit ist hingegen nicht erforderlich.[427] Nach dem Sachlichkeitsgebot sind rein subjektive Wertungen unzulässig.[428] Danach wird die Werbebehauptung, das angepriesene Produkt sei **billiger** als das Konkurrenzprodukt, dem Objektivitätserfordernis ebenso gerecht[429] wie die Behauptung, es sei mit dem Konkurrenzprodukt **gleichwertig.**[430]

Objektivität setzt also nicht voraus, dass **alle** wesentlichen, relevanten und typischen Eigenschaf- 162
ten der verglichenen Produkte genannt werden; vielmehr darf sich der Werbende auch auf den **Ver-**

[418] EuGH Slg. 2006, I-8501 = GRUR 2007, 69 Rdn. 46 – *Lidl Belgium;* ebenso BGH GRUR 2007, 896 Rdn. 17 – *Eigenpreisvergleich;* OLG Karlsruhe WRP 2013, 1386 Rdn. 16; *Beater* S. 571 Rdn. 1542; *Köhler* WRP 2008, 414, 419, 420 a. E.; *Ph. Koehler* in: Götting/Nordemann § 6 Rdn. 80; *Lettl,* Wettbewerbsrecht, S. 326; *Ohly*/Sosnitza § 6 Rdn. 50; vgl. auch BGH GRUR 2010, 658 Rdn. 12 – *Paketpreisvergleich.*

[419] Deshalb soll nach *Köhler*/Bornkamm § 6 Rdn. 118 das Objektivitätserfordernis nicht für die Angaben über die jeweiligen Produkte, sondern nur für die Vergleichsaussage als solche gelten.

[420] *Beater* S. 571 Rdn. 1544.

[421] EuGH Slg. 2006, I-8501 = GRUR 2007, 69 – *Lidl Belgium.*

[422] Vgl. *Beater* S. 571 Rdn. 1544; *Köhler*/Bornkamm § 6 Rdn. 118.

[423] Gloy/Loschelder/Erdmann/*Hasselblatt,* HdbWettbR, § 60 Rdn. 76.

[424] Betrifft das Objektivitätserfordernis den gesamten Vergleich einschließlich der dazu mitgeteilten Tatsachen oder nur die Schlussfolgerungen daraus? Wendet es sich nur gegen rein subjektive Wertungen, die nicht nachprüfbar sind?

[425] Der Werbende darf bei Sortimentsvergleichen nach Ansicht des EuGH eine Produktauswahl treffen, obwohl diese Auswahl zwangsläufig subjektiv ist.

[426] So Begr. Reg.-Entw. zur UWG-Novelle 2000, BT-Drucks. 14/2959, S. 11 = WRP 2000, 555, 560; BGH GRUR 1999, 69, 71 – *Preisvergleichsliste II;* BGH GRUR 2010, 658 Rdn. 12 – *Paketpreisvergleich; Beater* S. 573 Rdn. 1551; *Gloy/Bruhn* GRUR 1998, 226, 237; **a. A.** *Köhler*/Bornkamm § 6 Rdn. 117, 119; *Ph. Koehler* in: Götting/Nordemann § 6 Rdn. 81; *Ohly* GRUR 2010, 166 (3.); *Ohly*/Sosnitza § 6 Rdn. 50. Nach *Müller-Bidinger* in: Ullmann jurisPK-UWG § 6 Rdn. 151 ist das Objektivitätserfordernis zwar im Sinne des Sachlichkeitsgebots zu verstehen; es dürfe aber nicht mehr wir früher im Sinne eines Bemühens um Sachlichkeit und Richtigkeit bei der Auswahl der zu vergleichenden Eigenschaften und Informationen interpretiert werden. Nach *Köhler*/Bornkamm § 6 Rdn. 118 ist maßgebend, ob die Schlussfolgerungen von den zugrundeliegenden Tatsachenbehauptungen gedeckt sind. Nach *Ohly*/Sosnitza § 6 Rdn. 50 sind Vergleiche unzulässig, die sich auf objektiv nicht begründbare Wertungen, sondern auf subjektive Präferenzen wie Geschmack oder Stilgefühl stützen.

[427] *Beater* S. 572 Rdn. 1548; *Lehmler* § 6 Rdn. 43; *Ohly* GRUR 2007, 3, 7.

[428] BGH GRUR 2010, 658 Rdn. 12 – *Paketpreisvergleich.*

[429] So Generalanwalt *Tizzano* zu den Erfordernissen „objektiv" und „nachprüfbar" in Nr. 45 seiner Schlussanträge im Verfahren *Lidl Belgium,* Slg. 2006, I-8501; ebenso *Köhler*/Bornkamm § 6 Rdn. 118.

[430] Gloy/Loschelder/Erdmann/*Hasselblatt,* HdbWettbR, § 60 Rdn. 76; *Köhler*/Bornkamm § 6 Rdn. 118.

gleich einzelner Eigenschaften beschränken.[431] Die **Unvollständigkeit** oder **Einseitigkeit** eines Preisvergleichs berührt nicht ohne weiteres dessen Objektivität i. S. von § 6 Abs. 2 Nr. 2 UWG.[432] Eine unvollständig oder einseitige Auswahl der Tatsachen, auf die ein Vergleich gestützt wird, nimmt diesem also nicht ohne weiteres die nach § 6 Abs. 2 Nr. 2 erforderliche Objektivität.[433] Bei **Preisvergleichen** mangelt es nicht schon dann an der erforderlichen Objektivität, wenn diese **lückenhaft** sind und preisgünstigere Anbieter nicht benannt werden[434] Die Auswahl nur eines bestimmten Angebots für den Preisvergleich verletzt nicht das Objektivitätserfordernis.[435] Beim Vergleich der Preise von Supermarktketten fehlt es nicht an der notwendigen Objektivität, wenn nur die Gesamtpreise miteinander verglichen werden, während die einzelnen in den Vergleich einbezogenen Produkte und Preise nicht ausdrücklich genannt werden.[436] Denn **Preise** können nicht Gegenstand einer subjektiven Wertung sein, und die fehlende **Benennung** der verglichenen Produkte und Preise kann keinen Einfluss auf die Objektivität oder Subjektivität des Vergleichs haben.[437] Außerdem würde die **Praktikabilität** solcher vergleichender Werbung beeinträchtigt, wenn in der Werbung alle verglichenen Produkte und Preise genannt werden müssten, was mit den Zielen der Regelung der vergleichenden Werbung in Widerspruch stünde.[438] Bei solchen Vergleichen genügen die Nachprüfbarkeit und das Irreführungsverbot den Interessen der Verbraucher und Mitbewerber. Objektiv i. S. v. § 6 Abs. 2 Nr. 2 UWG sind auch Vergleiche zwischen Preisen, die ein Händler für Hausmarken und für fremde Markenartikel verlangt; die Tatsache, dass er für beide Warengruppen die Preise nach eigenem Gutdünken selbst festlegt, macht sie nicht zu „Werturteilen", die nach § 6 Abs. 2 UWG unzulässig wären.[439] Die erforderliche Objektivität des Vergleichs ist ferner nicht ausgeschlossen, wenn die verglichenen Leistungen erhebliche Qualitätsunterschiede aufweisen.[440] Grenzen setzt jedoch in diesen Fällen das Verbot **irreführender Werbung,**[441] vor allem in Form der Irreführung mit wahren Angaben.[442] Wenn in einem Vergleich von Flugpreisen ohne näheren Hinweis Angebote vom Flughafen Frankfurt-Hahn und vom Rhein-Main-Flughafen Frankfurt gegenübergestellt werden, verstößt dies trotz der für den Kunden erheblichen Leistungsunterschiede nicht gegen das Tatbestandsmerkmal der Objektivität,[443] sondern allenfalls gegen das Irreführungsverbot.[444]

163 An der erforderlichen Objektivität fehlt es jedoch bei **bewussten Fehlurteilen** und **bewussten Verzerrungen,** insbesondere wenn die gezogenen Schlüsse als sachlich nicht mehr vertretbar erscheinen.[445] Gegen das Objektivitätserfordernis verstoßen auch **rein subjektive** Werbebehauptungen, die für jedermann unterschiedlich ausfallen können, z. B. die Behauptung, das beworbene Produkt sei **schöner und eleganter** als das Konkurrenzprodukt;[446] sie scheitern allerdings auch schon am Erfordernis der **Nachprüfbarkeit** (oben Rdn. 147). Auch vergleichende Werbung mit Humor oder Ironie kann gegen das Erfordernis der Objektivität verstoßen.[447] Sehr

---

[431] EuGH Slg. 2006, I-8501 = GRUR 2007, 69 Rdn. 47 – *Lidl Belgium;* OLG Hamburg NJWE-WettbR 1999, 278; *Beater* S. 572 Rdn. 1546; *Heister* S. 73; *Köhler*/Bornkamm § 6 Rdn. 119; *Ohly*/Sosnitza § 6 Rdn. 50.

[432] BGH GRUR 2010, 658 Rdn. 12 – *Paketpreisvergleich.*

[433] BGH GRUR 2010, 658 Rdn. 12, 13, 15 – *Paketpreisvergleich; Köhler*/Bornkamm § 6 Rdn. 119.

[434] Vgl. BGH GRUR 2010, 658 Rdn. 12 – *Paketpreisvergleich* (in dieser Entscheidung werde ich unzutreffend für die gegenteilige Ansicht zitiert); *Bullinger/Emmerich,* WRP 2002, 608, 610; Fezer/*Koos* § 6 Rdn. 155; *Ohly*/Sosnitza § 6 Rdn. 50.

[435] BGH GRUR 2013, 1058 Rdn. 15 – *Kostenvergleich beim Honorarfactoring;* vgl. auch EuGH Slg. 2003, I-3095 Rdn. 81 f. = GRUR 2003, 533 – *Pippig Augenoptik.*

[436] EuGH Slg. 2006, I-8501 = GRUR 2007, 69 Rdn. 24 ff., 47, 54 – *Lidl Belgium.*

[437] EuGH Slg. 2006, I-8501 = GRUR 2007, 69 Rdn. 47 – *Lidl Belgium;* BGH GRUR 2007, 896 Rdn. 17 – *Eigenpreisvergleich.*

[438] EuGH Slg. 2006, I-8501 = GRUR 2007, 69 Rdn. 49 – *Lidl Belgium.*

[439] BGH GRUR 2007, 896 Rdn. 17 – *Eigenpreisvergleich.*

[440] A. A. OLG Hamburg GRUR-RR 2003, 219, 220 – *Frankfurt-Hahn.*

[441] Vgl. EuGH Slg. 2006, I-8501 = GRUR 2007, 69 Rdn. 75 ff. – *Lidl Belgium;* Generalanwalt *Tizzano* in Nr. 65 ff. seiner Schlussanträge im Verfahren *Lidl Belgium,* Slg. 2006, I-8501; BGH GRUR 2010, 658 Rdn. 13 – *Paketpreisvergleich; Köhler*/Bornkamm § 6 Rdn. 119 ff.; *Ohly*/Sosnitza § 6 Rdn. 51.

[442] Vgl. dazu *Sack* GRUR 1996, 461 ff.

[443] A. A. OLG Hamburg GRUR-RR 2003, 219, 220 – *Frankfurt-Hahn.*

[444] Vgl. OLG Hamburg GRUR-RR 2003, 219, 220 – *Frankfurt-Hahn;* dazu einschränkend EGMR ÖJZ 2004, 397, 399 – *Krone Verlag.*

[445] OLG Frankfurt GRUR 2003, 85, 86 – *Finanztest;* a. A. offenbar BGH GRUR 2010, 658 Rdn. 12 – *Paketpreisvergleich.*

[446] Vgl. Generalanwalt *Tizzano* zu den Erfordernissen „objektiv" und „nachprüfbar" in Nr. 45 seiner Schlussanträge im Verfahren *Lidl Belgium,* Slg. 2006, I-8501; ebenso *Köhler*/Bornkamm § 6 Rdn. 118.

[447] Nach *Peifer* WRP 2011, 1, 6 scheitert humorvolle Kritik oft am Objektivitätserfordernis; sehr zurückhaltend hingegen *Ohly* GRUR 2010, 166 (3.).

zweifelhaft ist z.B., ob der Werbespot „Gib mal Zeitung" den Anforderungen des § 6 Abs. 2 Nr. 2 entspricht.[448]

Es wird die Ansicht vertreten, zwischen den Tatbestandsmerkmalen „objektiv" und „nachprüf- **164**
bar" bestehe ein enger Zusammenhang.[449] Fehle es an objektiven nachprüfbaren Kriterien, z.B. bei Geruchsvergleichen zwischen Parfums, sei ein objektiver Vergleich nicht möglich.[450] Dem entspricht die Ansicht, dass für die Prüfung des Objektivitätskriteriums – ebenso wie für das Kriterium der Nachprüfbarkeit – die Abgrenzung zwischen Werturteilen und Tatsachenbehauptungen maßgeblich sei.[451]

6. Teleologische Reduktionen des § 6 Abs. 2 Nr. 2 UWG

In bestimmten Fällen sind bei § 6 Abs. 2 Nr. 2 UWG teleologische Reduktionen vorzunehmen. **165**
Das gilt z.B., wie bereits erwähnt, bei **Auskunftsvergleichen,** wenn sich das Auskunftsverlangen des Kunden auf untypische oder unwesentliche Eigenschaften bezog;[452] vgl. oben Rdn. 160. In Werbevergleichen darf auch auf – **noch** – **untypische Produktinnovationen** hingewiesen werden, vgl. oben Rdn. 159. Bei persönlicher und unternehmensbezogener vergleichender Werbung ist eine analoge Anwendung von § 6 Abs. 2 Nr. 2 UWG, wie es im Schrifttum vorgeschlagen worden ist,[453] abzulehnen; denn **persönliche Bezugnahmen auf einen Mitbewerber** fallen nach der hier vertretenen Ansicht schon nicht in den Anwendungsbereich des § 6 Abs. 2 Nr. 2 UWG, da sie keine **Waren** oder **Dienstleistungen** miteinander **vergleichen** (oben Rdn. 141). Lehnt man diese Einschränkung des § 6 Abs. 2 Nr. 2 UWG ab, dann können persönliche Bezugnahmen als Auskunfts- oder Abwehrvergleiche zulässig sein, soweit sie außerhalb der in Rdn. 141 genannten Schutzzwecke liegen. Dasselbe wie für persönliche vergleichende Werbung gilt für **unternehmensbezogene** vergleichende Werbung;[454] es fehlt an einem Vergleich von **Waren oder Dienstleistungen,** wie er nach der hier vertretenen Ansicht nach § 6 Abs. 2 Nr. 2 UWG erforderlich ist. Bei **Ersatzteil- und Zubehörwerbung,** die nur auf das Hauptprodukt verweist („passend für XY"), nicht jedoch auf die vom Anbieter des Hauptprodukts ebenfalls angebotenen Zubehör- und Ersatzteile, liegt nach der hier vertretenen Ansicht schon keine vergleichende Werbung i.S.v. § 6 Abs. 1 UWG vor, da weder der Anbieter des Hauptprodukts **in seiner Eigenschaft als Mitbewerber** auf dem Zubehör- und Ersatzteilmarkt genannt noch ein **Vergleich** vorgenommen wird. Bejaht man hingegen in diesem Fall entgegen der hier vertretenen Ansicht vergleichende Werbung i.S.v. § 6 Abs. 1 UWG, fehlt zwar ein Vergleich zwischen Waren und Dienstleistungen, wie ihn der **Wortlaut** von § 6 Abs. 2 Nr. 2 UWG fordert; da jedoch die genannte Fallgruppe der Ersatzteil- und Zubehörwerbung ohne Hinzutreten besonderer Umstände nicht gegen die Schutzzwecke des § 6 Abs. 2 Nr. 2 UWG verstößt, ist diese Vorschrift entsprechend teleologisch zu reduzieren. Sie ist nur bei Vergleichen zwischen Waren und Dienstleistungen anwendbar. Nach *Glöckner* ist § 6 Abs. 2 Nr. 2 de lege lata nur anzuwenden, wenn eine konkrete Gefahr einer Wettbewerbsverfälschung oder Herabsetzung besteht.[455]

III. § 6 Abs. 2 Nr. 3 UWG, Verwechslungsgefahr

1. Der Kennzeichenbegriff

Nach § 6 Abs. 2 Nr. 3 UWG ist vergleichende Werbung unlauter, wenn sie im geschäftlichen **166**
Verkehr zu einer Verwechslungsgefahr zwischen dem Werbenden und einem Mitbewerber oder zwischen den von diesen angebotenen Waren oder Dienstleistungen oder den von ihnen verwendeten **Kennzeichen**[456] führt. Diese Regelung entspricht Art. 4 lit. h RL 2006/114/EG und Art. 6 Abs. 2 lit. a der UGP-Richtlinie 2005/29/EG.

---

[448] Bejaht wurde dies vom BGH GRUR 2010, 161 Rdn. 26 – *Gib mal Zeitung;* zustimmend *Ohly* GRUR 2010, 166 (3.); kritisch hingegen *Köhler* WRP 2010, 571, 574 („höchst subjektive Einschätzung" der Leserschaft der BILD-Zeitung in dem beanstandeten Werbespot).

[449] Begr. Reg.-Entw. BT-Drucks. 14/2959, S. 11; BGH GRUR 1999, 69, 71 – *Preisvergleichsliste II;* KG NJW-RR 2001, 409, 410; OLG München WRP 2001, 820, 828 – *Duft-Vergleichslisten.*

[450] OLG München WRP 2001, 820, 828 – *Duft-Vergleichslisten.*

[451] Fezer/*Koos* § 6 Rdn. 150ff.

[452] Vgl. *Tilmann* GRUR 1999, 946, 949.

[453] *Köhler* GRUR 2005, 273, 279.

[454] A.A., d.h. in Bezug auf unternehmensbezogene Vergleiche Unlauterkeit bejahend, *Köhler*/Bornkamm § 6 Rdn. 103; *Lettl,* Wettbewerbsrecht, S. 340 Rdn. 47; vgl. dazu auch *Scherer* GRUR 2012, 545, 550.

[455] GroßKommUWG/*Glöckner* § 6 Rdn. 392.

[456] Zum Verhältnis zum Markenrecht vgl. unten Rdn. 264ff.

167 Zu den Kennzeichen i. S. v. § 6 Abs. 2 Nr. 3 UWG gehören in erster Linie **Marken und Handelsnamen.** Der Begriff des Kennzeichens umfasst jedoch auch **„andere Unterscheidungszeichen“.** Denn der deutsche Gesetzgeber wollte mit dem Begriff des Kennzeichens in § 6 Abs. 2 Nr. 3, 4 UWG das Tatbestandsmerkmal „Marken, Handelsnamen oder andere Unterscheidungszeichen“ in Art. 3a Abs. 1 lit. d, e, g RL 97/55/EG (jetzt Art. 4 lit. d, f, g RL 2006/114/EG) in deutsches Recht umsetzen. Ein von einem Unternehmen verwendetes Zeichen ist ein „Unterscheidungszeichen“ i. S. d. RL und folglich auch ein Kennzeichen i. S. v. § 6 Abs. 2 Nr. 3, 4, „wenn es vom Verkehr **als von einem bestimmten Unternehmen** stammend identifiziert wird“.[457] Der Verbraucher muss die Zeichen auch bei **isolierter** Betrachtung ohne Angabe der Marke des Herstellers oder des Produkts, für die sie bestimmt sind, als Bezeichnung eines von einem bestimmten Unternehmen stammenden Erzeugnisses erkennen.[458] Ob ein Zeichen als von einem bestimmten Unternehmen stammend identifiziert wird, hängt auch davon ab, an welche Verkehrskreise sich die Werbung richtet, z. B. an Verbraucher oder an Fachhändler.[459] Bei Werbung, die sich an die Allgemeinheit wendet, ist auf normal informierte und angemessen aufmerksame und verständige Durchschnittsverbraucher abzustellen;[460] es ist das sog. europäische Verbraucherleitbild maßgeblich.[461] „Andere Unterscheidungszeichen“ i. S. d. RL und folglich auch Kennzeichen i. S. d. § 6 Abs. 2 Nr. 3 UWG sind u. a. immaterialgüterrechtlich nicht geschützte Unterscheidungszeichen, die bisher zum Teil jedoch mit § 1 UWG a. F. geschützt worden sind, z. B. nicht eingetragene Marken ohne Verkehrsgeltung **(„Ausstattungsanwartschaften“).**[462] Als Kennzeichen können von den maßgeblichen Verkehrskreisen auch verstanden werden unternehmenstypische **Farb- und Formgestaltungen**[463] oder bestimmte **Farbangaben.**[464] Kennzeichen können auch **Bildmotive** sein, die auf Waren aufgebracht werden.[465] Sie können auch dann herkunftshinweisend sein, wenn es sich um Allerweltsmotive (Teddybär, Sonnenschirm, Badeentchen) in einer einfachen und neutralen Grundform handelt.[466]

168 Ob zu diesen Unterscheidungszeichen mit Herkunftsfunktion auch **Artikel-Nummern (Typenbezeichnungen; OEM-Nummern)** eines Herstellers gehören, hängt von den Umständen des Einzelfalles ab.[467] Ihre primäre Funktion ist es zwar, verschiedene Erzeugnisse desselben Anbieters voneinander zu unterscheiden. In dieser Funktion sind sie (noch) keine Unterscheidungszeichen i. S. v. Art. 4 lit. d u. f RL[468] und damit auch keine Kennzeichen i. S. v. § 6 Abs. 2 Nr. 3, 4 UWG. Denn es handelt sich um Folgen von Zahlen oder von Buchstaben und Zahlen, die nicht sicher als Artikelnummern eines **bestimmten** Geräteherstellers erkannt würden, wenn sie nicht in Verbindung mit anderen Unterscheidungszeichen des Geräteherstellers verwendet werden. Zu Unterscheidungszeichen i. S. d. RL bzw. zu Kennzeichen i. S. v. § 6 Abs. 2 UWG werden sie jedoch, wenn sie von durchschnittlich informierten und angemessen aufmerksamen und verständigen Personen, für deren Orientierung die Artikelnummern bestimmt sind, zugleich auch **als betrieblicher Herkunftshinweis** verstanden werden.[469] Ob letzteres zutrifft, ist von den **nationalen** Gerichten zu prüfen.[470] Als Unterscheidungszeichen sind Artikelnummern bzw. OEM-Nummern eines Mit-

---

[457] So EuGH Slg. 2001, I-7945 = GRUR 2002, 354 Rdn. 49, 50, 52 – *Toshiba Europe;* BGH GRUR 2005, 348, 349 – *Bestellnummernübernahme;* BGH GRUR 2011, 1158 Rdn. 13, 15 – *Teddybär.*

[458] EuGH Slg. 2001, I-7945 = GRUR 2002, 354 Rdn. 50 – *Toshiba Europe;* BGH GRUR 2011, 1158 Rdn. 15, 16, 17 – *Teddybär.*

[459] EuGH Slg. 2001, I-7945 = GRUR 2002, 354 Rdn. 52, 57 – *Toshiba Europe.*

[460] Vgl. EuGH Slg. 2001, I-7945 Rdn. 52 – *Toshiba Europe,* wo allerdings das europäische Verbraucherleitbild nicht ganz zutreffend referiert wird.

[461] Ausführlich dazu *Sack* Mitt. 2002, 494 ff.; *ders.* WRP 1999, 399 ff.; *ders.* WRP 2004, 521, 522 ff.

[462] *Aigner* S. 131 f.; *Berlit* Rdn. 150 f.; Fezer/*Koos* § 6 Rdn. 201; *Sack* WRP 2001, 327, 345; *ders.* WRP 2002, 363; a. A. *Plaß* WRP 1999, 766, 770.

[463] BGH GRUR 1988, 385, 386 – *Wäsche-Kennzeichnungsbänder; Berlit* Rdn. 150; *Eck/Ikas* WRP 1999, 251, 268; GroßKommUWG/*Glöckner* § 6 Rdn. 444; *Sack* WRP 2001, 327, 345; GA Léger im Fall *Toshiba Europe,* Slg. 2001, I-7945 Nr. 70.

[464] BGH GRUR 1985, 445, 446 – *Amazonas („Farbtonserie“); Berlit* Rdn. 150; *Eck/Ikas* WRP 1999, 251, 268; *Sack* WRP 2001, 327, 345.

[465] BGH GRUR 2011, 1158 Rdn. 16 – *Teddybär.*

[466] BGH GRUR 2011, 1158 Rdn. 16 – *Teddybär.*

[467] EuGH Slg. 2001, I-7945 = GRUR 2002, 354 Rdn. 50, 52 – *Toshiba Europe;* EuGH Slg. 2006, I-2147 = GRUR 2006, 345 Rdn. 12 ff. – *Siemens;* BGH GRUR 2005, 348, 349 (III.3.a) – *Bestellnummernübernahme.*

[468] EuGH Slg. 2001, I-7945 Rdn. 49, 50 – *Toshiba Europe.*

[469] EuGH Slg. 2001, I-7945 Rdn. 49, 50, 52 – *Toshiba Europe;* BGH GRUR 2005, 348, 349 – *Bestellnummernübernahme; Ohly* GRUR 2007, 3, 8.

[470] EuGH Slg. 2001, I-7945 Rdn. 52 – *Toshiba Europe.*

bewerbers anzusehen, wenn sie im Zusammenhang mit seinen Marken, Handelsnamen oder sonstigen herkunftshinweisenden Unterscheidungszeichen genannt werden.[471]

Streitig ist, ob zu den „Kennzeichen" i. S. v. § 6 Abs. 2 Nr. 3 UWG außer den oben genannten Marken, Unternehmenskennzeichen und sonstigen „Unterscheidungszeichen auch **Ursprungsbezeichnungen bzw. geografische Angaben** gehören. Das Problem beruht vor allem darauf, dass der deutsche Gesetzgeber in Nr. 3, 4 und 6 des § 6 Abs. 2 den Begriff „Kennzeichen" einheitlich verwendet, während die entsprechenden Regelungen in Art. 4 lit. d, f, g und h der RL 2006/114/EG zwischen verschiedenen Arten von Kennzeichen differenzieren. Diese Regelungen unterscheiden sich vor allem darin, dass nur ein Teil von ihnen auch **Ursprungsbezeichnungen** erfasst. 169

a) Weite Auslegung des Kennzeichenbegriffs. Der Begriff „Kennzeichen" in den genannten Regelungen des § 6 Abs. 2 ist nach einer Ansicht in der Weise weit auszulegen, dass er außer Marken und geschäftlichen Bezeichnungen auch Ursprungsbezeichnungen bzw. geografische Angaben umfasst.[472] Diese Ansicht stützt sich vor allem auf die Definition des § 1 MarkenG.[473] Diese weite Auslegung des Kennzeichenbegriffs führt jedoch zu Ergebnissen, die mit einem Teil der Regelungen des Art. 4 der RL 2006/114/EG unvereinbar sind.[474] Denn die RL unterscheidet klar zwischen Marken, Handelsnamen und anderen Unterscheidungszeichen einerseits und Ursprungsbezeichnungen andererseits. Das zeigt vor allem Art. 4 lit.f RL 2006/114/EG deutlich. Wenn es, wie hier vertreten, zutrifft, dass Ursprungsbezeichnungen nicht zu den „anderen Unterscheidungszeichen" im Sinne von Art. 4 RL 2006/114/EG gehören, dann verstoßen § 6 Abs. 2 Nr. 3, der Beeinträchtigungstatbestand des § 6 Abs. 2 Nr. 4 (nicht der Ausnutzungstatbestand!) sowie § 6 Abs. 2 Nr. 6 mit einem weiten Kennzeichenbegriff gegen diese RL, weil diese keine entsprechend weiten Verbote kennt. Denn in der RL 2006/114/EG betrifft die Regelung der Verwechslungsgefahr in Art. 4 lit.h nur Marken, Unternehmenskennzeichen und sonstige Unterscheidungszeichen.[475] Dasselbe gilt für das Verbot der Rufbeeinträchtigung in Art. 4 lit. d (anders jedoch ausdrücklich der Tatbestand der Rufausnutzung in Art. 4 lit.f). Die Regelung des Art. 4 lit.g betrifft sogar nur geschützte Marken und Handelsnamen.[476] 170

Wenn man den weiten Kennzeichenbegriff für zutreffend hielte, wäre eine richtlinienkonforme Reduktion des § 6 Abs. 2 Nr. 3, des Beeinträchtigungstatbestandes des § 6 Abs. 2 Nr. 4 sowie des § 6 Abs. 2 Nr. 6 geboten.[477] Dies wäre jedoch kaum mit der Rechtsprechung des EuGH zu den Grenzen richtlinienkonformer Auslegung vereinbar.[478] Außerdem überzeugt es nicht, den Kennzeichenbegriff zunächst weit auszulegen, um anschließend bei drei der vier einschlägigen Regelungen mit Hilfe einer richtlinienkonformen Reduktion die Usprungsbezeichnungen auszuklammern.[479] 171

b) Enge Auslegung des Kennzeichenbegriffs. Legt man hingegen den Kennzeichenbegriff des § 6 Abs. 2 in der Weise **eng** aus, dass er Ursprungsbezeichnungen bzw. geografische Herkunftsangaben nicht umfasst,[480] dann fehlt insoweit eine ausreichende Umsetzung des **Ausnutzungstatbestands** des Art 4 lit.f RL 2006/114/EG in deutsches Recht. Denn diese Regelung schützt ausdrücklich auch gegen die unlautere Ausnutzung des Rufs der **Ursprungsbezeichnungen** von 172

---

[471] EuGH Slg. 2001, I-7945 Rdn. 52 ff. – *Toshiba Europe; Berlit* Rdn. 150; *Eck/Ikas* WRP 1999, 251, 268.

[472] Begr. Reg.-Entw. eines Gesetzes zur vergleichenden Werbung, BT-Drucks. 14/2959, S. 11 zu § 2 Abs. 2 Nr. 3 (jetzt § 6 Abs. 2 Nr. 3) = WRP 2000, 555, 560; *Köhler*/Bornkamm § 6 Rdn. 146; *Ph. Koehler* in: Götting/Nordemann § 6 Rdn. 91; Fezer/*Koos* § 6 Rdn. 200, 207, 267; MünchKommUWG/*Menke* § 6 Rdn. 166, 234 f., 241, 305; *Müller-Bidinger* in: Ullmann jurisPK-UWG § 6 Rdn. 168, 174; *Ohly*/Sosnitza § 6 Rdn. 58.

[473] Begr. Reg.-Entw zum Gesetz über vergleichende Werbung BT-Drucks. 14/2959, S. 11 = WRP 2000, 555, 560; *Köhler*/Bornkamm § 6 Rdn. 146; *Ph. Koehler* in: Götting/Nordemann, § 6 Rdn. 91; Fezer/*Koos* § 5 Rdn. 200; *Lehmler* UWG § 6 Rdn. 64.

[474] Vgl. *Sack* GRUR 2015, 130, 132; GroßKommUWG/*Glöckner* § 6 Rdn. 445.

[475] Die Formulierung „Warenzeichen, Warennamen, sonstige Kennzeichen in der deutschen Fassung von Art. 4 lit.g beruht auf einer missglückten Übersetzung der englischen Worte „trade marks, trade names, other distinguishing Marks" bzw. der französischen Worte „marques commerciaux, noms commerciaux, autres signes distincives; so zutreffend schon *Gamerith* WRP 2005, 391, 425; *ders.* ÖBl. 2006, 204, 205 f. mit Fn. 12; *ders.* ÖBl. 2008. 174, 177; ebenso *Sack* WRP 2008, 301, 304 mit Fn. 34; *ders.* GRUR 2015, 130, 132 Fn. 19; GroßKommUWG/*Glöckner* § 6 Rdn. 440 f., 443.

[476] Ausführlicher dazu *Sack* GRUR 2015, 130, 132 f.

[477] So zu § 6 Abs. 2 Fezer/*Koos* § 6 Rdn. 200; MünchKommUWG/*Menke* § 6 Rdn. 235, 241; so zu § 6 Abs. 2 Nr. 6 *Fassbender/Herbrich* GRUR Int. 2014, 765, 774; Fezer/*Koos* § 6 Rdn. 200, 267; MünchKommUWG/*Menke* § 6; *Müller-Bidinger* in: Ullmann jurisPK-UWG § 6 Rdn. 2005; *Ohly*/Sosnitza § 6 Rdn. 69.

[478] EuGH Slg. 2001, I-3541 Rdn. 21 – *Komm./Niederlande;* EuGH GRUR Int 2014, 964 Rdn. 46 – *Komm./Belgien.*

[479] Vgl. *Sack* WRP 2008, 301, 305 (vor 2.); *ders.* GRUR 2015, 130, 133.

[480] So GroßKommUWG/*Glöckner* § 6 Rdn. 447 f.; *Sack* WRP 2008, 301, 304; *ders.* GRUR 2015, 130, 133.

Konkurrenzerzeugnissen.[481] Diese Lücke könnte durch eine entsprechende Auslegung von § 127 Abs. 3 MarkenG[482] und/oder durch eine richtlinienkonforme Auslegung der Generalklausel des § 3 geschlossen werden.[483] Es ist allerdings nach der Rechtsprechung des EuGH zu den Grenzen richtlinienkonformer Auslegung fraglich, ob dies eine ausreichende Umsetzung der RL 2006/114/EG in deutsches Recht wäre. Denn nach Ansicht des EuGH kann „eine etwaige nationale Rechtsprechung, die innerstaatliche Rechtsvorschriften in einem Sinne auslegt, der als den Anforderungen einer Richtlinie entsprechend angesehen wird, nicht die Klarheit und Bestimmtheit aufweisen, um dem Erfordernis der Rechtssicherheit zu genügen".[484] Gegen diese Ansicht bestehen allerdings erhebliche Bedenken.[485]

173 **c) Differenzierende Auslegung des Kennzeichenbegriffs.** Um die oben genannten Verstöße gegen die RL 2006/114/EG zu vermeiden, könnte man noch erwägen, den Kennzeichenbegriff in den verschiedenen Regelungen des § 6 Abs. 2 nach den Vorgaben der Richtlinie **unterschiedlich auszulegen,** nämlich **weit** im Rufausnutzungstatbestand des § 6 Abs. 2 Nr. 4, **eng** hingegen im Verwechslungstatbestand des § 6 Abs. 2 Nr. 3, im Beeinträchtigungstatbestand des § 6 Abs. 2 Nr. 4 und im Nachahmungstatbestand des § 6 Abs. 2 Nr. 6. Zu den differenzierenden Theorien gehört im praktischen Ergebnis auch die Ansicht, welche in § 6 Abs. 2 Nr. 6, im Beeinträchtigungstatbestand des § 6 Abs. 2 Nr. 4 sowie in § 6 Ab s. 2 Nr. 6 die **Ursprungsbezeichnungen** mit Hilfe einer **richtlinienkonformen Reduktion** ausklammert. Eine unterschiedliche Auslegung ein und desselben Rechtsbegriffs in verschiedenen Vorschriften ist zwar nichts Ungewöhnliches. Man denke an den Begriff „Eigentum" in Art. 14 GG und in § 823 Abs. 1 BGB oder an den Begriff „Sache" in § 90, 119 Abs. 2 und § 433 Abs. 1 BGB. In ein und derselben Vorschrift, wie hier in § 6 Abs. 2 Nr. 4, ist eine unterschiedliche Auslegung ein und desselben Tatbestandsmerkmals „Kennzeichen" jedoch zweifelhaft, auch wenn der Gesetzgeber an dieses eine Tatbestandsmerkmal zwei unterschiedliche Regelungen – das Beeinträchtigungs- und das Ausnutzungsverbot – anknüpft. Eine solche differenzierende Auslegung stünde auch im Widerspruch zum Willen des deutschen Gesetzgebers, der in § 6 Abs. 2 Nr. 4 einen einheitlichen Kennzeichenbegriff wollte. Es ist deshalb auf jeden Fall abzulehnen, in § 6 Abs. 2 Nr. 4 ein und dasselbe Tatbestandsmerkmal „Kennzeichen" beim Ausnutzungstatbestand anders auszulegen als beim Beeinträchtigungstatbestand.[486]

174 **d) Zwischenergebnis.** Die vorangegangenen Ausführunge haben gezeigt, dass gegen alle drei dort genannten Lösungsansätze Bedenken bestehen. Eine völlig unbedenkliche Lösung des vom deutschen Gesetzgeber unnötig verursachten Problems ist bisher nicht ersichtlich. **De lege lata** ist trotz der oben genannten Rechtsprechung des EuGH zu den Grenzen richtlinienkonformer Auslegung, die erheblichen Zweifeln begegnet, der **engen Auslegung** des Kennzeichenbegriffs in § 6 Abs. 2 Nr. 3, 4 und 6, der keine Ursprungsbezeichnungen bzw. geografische Herkunftsangaben umfasst, der Vorzug zu geben. **De lege ferenda** sollte jedoch in den genannten Vorschriften der Begriff „Kennzeichen" durch die entsprechenden Begriffe des Art. 4 lit.d, f, g und h der RL 2006/114/EG ersetzt werden.[487]

2. Verwechslungsgefahr

175 Nach Art. 3a Abs. 1 lit. d RL 97/55/EG gehörte zu den Zulässigkeitsbedingungen vergleichender Werbung, dass sie auf dem Markt keine **„Verwechslungen"** verursacht. Dementsprechend erklärte § 2 Abs. 2 Nr. 3 UWG a.F. und nach der UWG-Novelle 2004 § 6 Abs. 2 Nr. 3 vergleichende Werbung für unlauter, wenn sie zu „Verwechslungen" führt. Diese Formulierung löste die Streitfrage aus, ob wirklich Verwechslungen erforderlich seien oder ob die **Gefahr** von Verwechslungen genügt (vgl. in der 1. Aufl. dieses Kommentars Rdn. 125 f.). Diese Streitfrage hat sich erledigt, nachdem zunächst Art. 14 der RL 2005/29/EG und jetzt die RL 2006/114/EG in Art. 4 lit. h für vergleichende Werbung im B2B-Bereich und Art. 6 Abs. 2 lit. a RL 2005/29/EG für den B2C-Bereich eine **Verwechslungsgefahr** genügen lassen und § 6 Abs. 2 Nr. 3 durch die UWG-Novelle entsprechend geändert worden ist (BT-Drucks. 16/10145, S. 19, 28). Auffallend ist allerdings, dass in der englischen und französischen Version der Richtlinien 2005/29/EG und

---

481 Vgl. *Sack* WRP 2008, 301, 304; *ders.* GRUR 2015, 130, 133.
482 Vgl. *Sack* WRP 2008, 301, 305; *ders.* GRUR 2015, 130, 133.
483 Vgl. *Sack* WRP 208, 301, 304; *ders.* GRUR 2015, 130, 133.
484 EuGH Slg. 2001, I-3541 Rdn. 21 – *Komm./Niederlande;* EuGH GRUR Int. 2014, 964 Rdn. 46 – *Komm./Belgien.*
485 Vgl. *Siems* ZEuP 2002, 750.
486 *Sack* WRP 2008, 301, 304; *ders.* GRUR 2015, 130, 133.
487 *Sack* GRUR 2015, 130, 133.

2006/114/EG keine entsprechenden Änderungen vorgenommen worden sind. Dort heißt es, wie schon in der RL 97/55/EG: „... it does not create confusion ...“ bzw. „... elle n'est pas source de confusion ...“, während in der MarkenRL und in der GMV dem deutschen Begriff der Verwechslungsgefahr die Formulierungen „liklihood of confusion“ und „risque de confusion“ entsprechen.

Eine Verwechslungsgefahr kann nach § 6 Abs. 2 Nr. 3 bestehen 176
- zwischen dem Werbenden und einem Mitbewerber,
- zwischen den von diesen angebotenen Waren oder Dienstleistungen
- oder zwischen den von ihnen verwendeten „Kennzeichen“, zu denen Marken, Handelsnamen und sonstige Unterscheidungszeichen gehören.

a) Eine Verwechslungsgefahr besteht, wenn die angesprochenen Verkehrskreise glauben könnten, dass die in Frage stehenden Waren oder Dienstleistungen aus demselben Unternehmen oder gegebenenfalls aus wirtschaftlich miteinander verbundenen Unternehmen stammen. Dies entspricht der Rechtsprechung des EuGH. Diese Formel ist für den Anwendungsbereich des § 6 Abs. 2 Nr. 3 dahingehend zu präzisieren, dass die Gefahr der Herkunftstäuschung bei den von der vergleichenden Werbung angesprochenen **Gewerbetreibenden** verursacht wird. Unerheblich für § 6 Abs. 2 Nr. 3 ist hingegen, ob auch bei **Verbrauchern** eine Verwechslungsgefahr begründet wird. Denn aus dem Verhältnis von § 6 Abs. 2 Nr. 3 zu § 5 Abs. 2 (dazu unten Rdn. 256ff.) ergibt sich, dass § 6 Abs. 2 Nr. 3 in Übereinstimmung mit Art. 4 lit. h RL 2006/114/EG nur den B2B-Bereich regelt, während die Herkunftstäuschung von Verbrauchern durch vergleichende Werbung (nur) von § 5 Abs. 2 geregelt wird, der Art. 6 Abs. 2 lit. a der UGP-RL 2005/29/EG in deutsches Recht umsetzt. Begründet vergleichende Werbung sowohl bei Gewerbetreibenden als auch bei Verbrauchern eine Verwechslungsgefahr, dann sind § 6 Abs. 2 Nr. 3 und § 5 Abs. 2 nebeneinander anwendbar. Hält man hingegen – abweichend von der hier vertretenen Meinung – § 6 Abs. 2 Nr. 3 auch für anwendbar, wenn vergleichende Werbung bei **Verbrauchern** eine Verwechslungsgefahr verursacht, dann ist bei der Anwendung dieser Vorschrift entsprechend dem europäischen Verbraucherleitbild der normal informierte und angemessen aufmerksame und verständige Verbraucher maßgeblich. 177

Die vom EuGH ursprünglich **zum Markenrecht** entwickelte Definition, wonach eine Verwechslungsgefahr dann besteht, wenn die betreffenden Verkehrskreise glauben oder glauben könnten, dass die in Frage stehenden Waren oder Dienstleistungen aus demselben Unternehmen (Verwechslungsgefahr im **engeren** Sinne) oder aus wirtschaftlich miteinander verbundenen Unternehmen (Verwechslungsgefahr im **weiteren** Sinne) stammen,[488] gilt nach seiner Entscheidung „O2 und O2“ vom 12.6.2008 **übereinstimmend** auch für den **lauterkeitsrechtlichen** Begriff der Verwechslungsgefahr bei vergleichender Werbung nach Art. 3a Abs. 1 lit. d der RL 84/450/EWG (jetzt Art. 6 Abs. 2 lit. a UGP-RL 2005/29/EG für den B2C-Bereich und Art. 4 lit. h RL 2006/114/EG für den B2B-Bereich).[489] Der EuGH hat seine Ansicht, dass der Begriff der „Verwechslung“ im Verletzungstatbestand des Markenrechts und im Recht der vergleichenden Werbung **einheitlich** auszulegen sei, aus den Erwägungsgründen 13–15 der RL 97/55/EG (jetzt Erwägungsgründe 13–15 der RL 2006/114/EG) abgeleitet, vor allem aus Erwägungsgrund 15, wonach vergleichende Werbung, die die in der RL 97/55/EG aufgestellten Zulässigkeitsbedingungen erfüllt, keine Ausschließlichkeitsrechte Dritter an Marken, Handelsnamen und anderen Unterscheidungszeichen des Mitbewerbers verletzt. Offenbar sieht der EuGH kein Hindernis für eine einheitliche Auslegung darin, dass der Verwechslungstatbestand des Art. 3a Abs. 1 lit. d der RL 84/450/EWG den Schutz des **Kunden** bezweckt, an den sich die Werbung richtet, während der markenrechtliche Verwechslungstatbestand des Art. 5 Abs. 1 lit. b der RL 89/1004/EWG auf den Schutz des **Markeninhabers** zielt. 178

Diese Ansicht weicht allerdings von der bisher in Deutschland herrschenden Meinung ab. Nachdem der EuGH zu Art. 4 Abs. 1 lit.b MarkenRL entschieden hat, dass das **gedankliche Inverbindungbringen** in dieser Vorschrift keine Alternative zur Verwechslungsgefahr ist, sondern den 179

---

488 EuGH Slg. 1998, I-5507 Rdn. 29 = GRUR Int. 1998, 875 – *Canon;* EuGH Slg. 1999, I-3819 Rdn. 17 = GRUR Int. 1999, 734 – *Lloyd;* EuGH Slg. 2005, I-8551 = GRUR 2005, 1042 Rdn. 26 – *Thomson Life (Medion);* EuGH Slg. 2007, I-7333 = GRUR Int. 2007, 1009 Rdn. 63 – *Il Ponte Finanziaria;* EuGH Slg. 2008, I-4231 = GRUR 2008, 698 Rdn. 59 – *O2 und O2;* EuGH Slg. 2008, 8823 = GRUR 2009, 56 Rdn. 57 – *Intel Corporation;* EuGH GRUR 2011, 915 Rdn. 53 – *UNI;* BGH GRUR 2012, 64 Rdn. 26 – *Maalox/Melox-GRY.*

489 EuGH Slg. 2008, I-4231 = GRUR 2008, 698 Rdn. 49 i.V.m. Rdn. 59 – *O2 und O2;* ebenso öst. OGH ÖBl. 2011, 173, 175 – *Jungle Man;* ebenso im Schrifttum *Alexander* WRP 2013, 1553 Rdn. 5; *ders.* FS Köhler, 2014, S. 23, 28; *Köhler/*Bornkamm § 6 Rdn. 143 a.E.; *Sack* WRP 2013, 8 Rdn. 12ff., 61; a.A. *Bornkamm* FS Loschelder, 2010, S. 31, 35; *ders.* in: Köhler/*Bornkamm* § 5 Rdn. 4.238; *Steinbeck* WRP 2006, 632, 637; *dies.* FS Ullmann, 2006, S. 409, 417.

Umfang der Verwechslungsgefahr genauer bestimmten soll,[490] umfasst auch der Begriff der Verwechslungsgefahr in § 6 Abs. 2 Nr. 3 bei einer einheitlichen Auslegung dieses Begriffs im Marken- und Lauterkeitsrecht das gedankliche Inverbindungbringen i. S. v. § 14 Abs. 2 Nr. 2 MarkenG und Art. 5 Abs. 1 S. 2 Lit.b MarkenRL. An der Unterscheidung zwischen abstrakter Verwechslungsgefahr im Markenrecht und konkreter Verwechslungsgefahr im Lauterkeitesrecht kann nach der Rechtsprechung des EuGH nicht mehr festgehalten werden.[491] Außerdem berücksichtigte die deutsche Dogmatik bei der Auslegung des **markenrechtlichen** Begriffs der Verwechslungsgefahr außer der Gefahr einer Herkunftstäuschung auch das sonstige **Schutzbedürfnis des Markeninhabers,** insbesondere bei den empirisch fragwürdigen Ansichten,[492] dass die Verwechslungsgefahr generell umso größer sei, je **bekannter** die angeblich verletzte Marke ist[493] und je **länger** sie benutzt worden ist. Wegen des Gebots der **einheitlichen** Auslegung des Begriffs der Verwechslungsgefahr im Markenrecht und im Recht der vergleichenden Werbung stellt sich die Frage, ob die bisherigen markenrechtlichen Kriterien der Verwechslungsgefahr fortgelten. Vorzuziehen ist m. E. die Ansicht, dass (nur) die Gefahr einer **Herkunftstäuschung** vorliegen muss und ein darüber hinausgehendes Schutzbedürfnis des Markeninhabers bei der Feststellung einer Verwechslungsgefahr nicht zu berücksichtigen ist. Diese Ansicht entspricht dem Begriff der Verwechslungsgefahr, die eine Herkunftstäuschung voraussetzt; ein darüber hinausgehendes Schutzbedürfnis des Markeninhabers liegt außerhalb der – auch im Markenrecht – anerkannten Definition der Verwechslungsgefahr; außerdem wird es ausreichend durch § 14 Abs. 2 Nr. 3 MarkenG bzw. Art. 9 Abs. 1 lit. c GMV befriedigt. Auch dem Tatbestand des Art. 6 Abs. 2 lit. a UGP-RL 2005/29/EG entspricht ein **konkreter** Irreführungsschutz gegen Herkunftstäuschungen besser als eine zusätzliche Berücksichtigung von Schutzinteressen des Markeninhabers. Außerdem regelt § 6 Abs. 2 Nr. 3 auch die Verwechslungsgefahr außerhalb von Kennzeichenkonflikten; hierbei geht es unstreitig um eine **konkrete** Irreführungsgefahr. Mit einer **einheitlichen** Auslegung des Begriffs der Verwechslungsgefahr wird allerdings das aus dem Erwägungsgrund 15 abgeleitete Ziel einer deckungsgleichen Anwendung von § 6 Abs. 2 Nr. 3 UWG und des Verwechslungstatbestandes des Art. 5 Abs. 1 Markenrechtsrichtlinie nicht vollständig erreicht. Denn § 6 Abs. 2 Nr. 3 UWG ist jedenfalls im B2C-Bereich wegen Art. 6 Abs. 2 lit. a Richtlinie 2005/29/EG **enger** als die markenrechtlichen Verletzungstatbestände, weil er – wie auch die anderen Irreführungstatbestände – nur eingreift, wenn die Verwechslungsgefahr geeignet ist bzw. war, die geschäftliche Entscheidung der Verbraucher zu beeinflussen,[494] während das Markenrecht eine solche Einschränkung nicht kennt. Außerdem ist der Anwendungsbereich von § 6 Abs. 2 Nr. 3 im praktischen Ergebnis auch dann **enger,** wenn man auch nach der UWG-Novelle von 2015 noch – entgegen der hier vertretenen Ansicht (unten Rdn. 237 ff.) – annimmt, dass die Verursachung einer Verwechslungsgefahr im Sinne dieser Vorschrift nur verboten ist, wenn sie die Interessen der Marktbeteiligten **spürbar** beeinträchtigt, während die markenrechtlichen Verwechslungstatbestände grundsätzlich[495] keine Spürbarkeitsschwelle kennen.

180 Ebenso wie im Markenrecht ist auch bei § 6 Abs. 2 Nr. 3 zwischen der Verwechslungsgefahr im **engeren** Sinne und der Verwechslungsgefahr im **weiteren** Sinne zu unterscheiden, der in der Rechtsprechung des EuGH die Unterscheidung zwischen unmittelbarer und mittelbarer Verwechslungsgefahr entspricht (oben Rdn. 178). Eine **Verwechslungsgefahr i. e. S.** liegt vor, wenn aufgrund der Identität oder Ähnlichkeit der kollidierenden Zeichen der Eindruck erweckt wird, die betreffenden Waren oder Dienstleistungen stammten aus dem Unternehmen des Markeninhabers. Diese Form von Verwechslungsgefahr wird bei vergleichender Werbung allerdings sehr selten sein. Denn der Werbende wird sich mit vergleichender Werbung von seinem Mitbewerber abzugrenzen versuchen.[496] Eher besteht die Gefahr, dass durch vergleichende Werbung im Einzelfall eine **Verwechslungsgefahr i. w. S.,** d. h. der unzutreffende Eindruck rechtlicher, wirtschaftlicher oder organisatorischer Verbindungen zum Mitbewerber erweckt wird.

181 Der Markenschutz nach § 6 Abs. 2 Nr. 3 erfordert nach *Bornkamm* eine **bestandskräftige** Marke. Er ist ausgeschlossen, wenn die Markenrechte **erschöpft** sind oder wenn sie wegen **mangeln-**

---

[490] EuGH Slg. 1997, I-6191 Rdn. 18 – *Sabel/Puma.*

[491] Ausführlich dazu *Sack* WRP 2013, 8 Rdn. 41 ff.; *ders.* GRUR 2013, 4 ff.

[492] Ausführlicher dazu *Sack* GRUR 1995, 81, 87; *ders.* WRP 1998, 1127, 1132 f., 1133 f.; *ders.* WRP 2001, 1022, 1028, 1029.

[493] Ebenso für das europäische Recht der Erwägungsgrund Nr. 11 der Markenrechtsrichtlinie 2008/95/EG und Erwägungsgrund Nr. 8 der GMV Nr. 207/2009/EG.

[494] Vgl. BGH GRUR 2007, 247 Rdn. 34 – *Regenwaldprojekt I;* BGH GRUR 2008, 448 Rdn. 29 – *Saugeinlagen; Sack* WRP 2005, 521.

[495] Ausnahmen u. U. bei Internetwerbung, vgl. BGH GRUR 2005, 431, 432 f. – *Hotel Maritime.*

[496] *Eck/Ikas* WRP 1999, 251, 268; *Lange,* Marken- und Kennzeichenrecht, Rdn. 3475; vgl. auch OLG Frankfurt a. M. GRUR 2000, 621, 622 – *Magentafarbener Pfeil.*

der Benutzung der betreffenden Marke nicht geltend gemacht werden können.[497] Außerdem greift er nach *Bornkamm* und *Hacker* nicht ein, wenn eine Marke lediglich registriert, aber noch nicht benutzt worden ist; die Marke müsse auch eine gewisse Bekanntheit erreicht haben.[498]

b) Neben Herkunftstäuschungen, die durch die Ähnlichkeit der von den Parteien in vergleichender Werbung benutzten **Kennzeichen** verursacht werden, erfasst § 6 Abs. 2 Nr. 3 auch die Gefahr von Verwechslungen wegen der **Produktgestaltung**[499] oder **Warenverwechslungen.**[500] Für diese Form der Verwechslungsgefahr genügt nicht schon eine starke Ähnlichkeit der Produkte, die bei konkurrierenden Produkten sehr häufig bestehen wird. Vielmehr erfordert eine Verwechslungsgefahr im Vergleich zu Konkurrenzprodukten eine wettbewerbliche Eigenart und eine gewisse Bekanntheit der betreffenden Produkte. Die Gefahr einer Verwechslung von Waren und Dienstleistungen infolge vergleichender Werbung lässt sich durch ausreichend deutliche Marken oder Unternehmenskennzeichen einschränken. 182

c) Eine Verwechslungsgefahr besteht z. B., wenn in vergleichender Werbung **Ersatzteile** oder **Zubehör** preisgünstig angeboten werden und dabei der unzutreffende Eindruck erweckt wird, es handle sich um Originalersatzteile des Herstellers des Hauptprodukts oder um von ihm autorisierte Teile.[501] 183

d) Eine Verwechslungsgefahr i. S. v. § 6 Abs. 2 Nr. 3 UWG besteht grundsätzlich **nicht,** 184
– wenn in einem Lampenkatalog neben den OEM-Nummern des Mitbewerbers die eigenen Bestellnummern des Werbenden genannt werden,[502]
– wenn der Werbende in seiner Werbung für Modeschmuck die Werbeadressaten auffordert, sie sollten einmal einen Vergleich mit dem Katalog seines Konkurrenten P. L. vornehmen,[503]
– wenn in Duft-Vergleichslisten die Parfums des Werbenden denen von Mitbewerbern gegenübergestellt werden.[504]

Bei der Anwendung von § 6 Abs. 2 Nr. 3 auf vergleichende Werbung, die durch den Hinweis auf Kennzeichen eines Mitbewerbers eine Verwechslungsgefahr begründet, sind bestimmte zeichenrechtliche Maßstäbe zu berücksichtigen. So ist z. B. § 6 Abs. 2 Nr. 3 nicht anwendbar, wenn das Kennzeichen des Werbenden **prioritätsälter** ist als das des betroffenen Mitbewerbers.[505] Bei der Kollision von Kennzeichen **Gleichnamiger** gelten die im Gleichnamigenrecht entwickelten Maßstäbe.[506] 185

In besonders gelagerten Fällen kann eine Herkunftstäuschung **unvermeidbar** sein. In diesen Fällen besteht kein Verwechslungsschutz.[507] Bei **verbraucherbezogener** Verwechslungsgefahr i. S. v. § 5 Abs. 2 lässt sich dies damit rechtfertigen, dass kein Verstoß gegen die berufliche Sorgfalt i. S. v. Art. 5 Abs. 2 lit. a RL 2005/29/EG vorliegt.[508] Aber auch bei der Gefahr einer Herkunftstäuschung von **Gewerbetreibenden** begründet deren Unvermeidbarkeit eine immanente Schranke des Verwechslungsschutzes nach § 6 Abs. 2 Nr. 3. 186

IV. Die unlautere Ausnutzung oder Beeinträchtigung des Rufs von Kennzeichen, § 6 Abs. 2 Nr. 4 UWG

1. Der Kennzeichenbegriff

Der Begriff des Kennzeichens in § 6 Abs. 2 Nr. 4 UWG deckt sich mit dem des Kennzeichens in § 6 Abs. 2 Nr. 3 UWG (oben Rdn. 166 ff.). Zu den Kennzeichen i. S. v. § 6 Abs. 2 Nr. 4 UWG 187

[497] *Bornkamm* GRUR 2011, 1, 5 f.
[498] Köhler/*Bornkamm* § 5 Rdn. 4.238; Ströbele/*Hacker* MarkenG § 2 Rdn. 33.
[499] Begr. Reg.-Entw. BT-Drucks. 14/2959, S. 11.
[500] Ausführlich dazu *Sambuc* FS Köhler, 2014, S. 577 ff.
[501] Vgl. Fezer/*Koos* § 6 Rdn. 199, 202.
[502] EuGH Slg. 2001, I-7945 – *Toshiba Europe;* BGH GRUR 2001, 350 – *OP-Lampen; Sack* WRP 2002, 363.
[503] BGH GRUR 1999, 501 – *„Vergleichen Sie".*
[504] OLG München WRP 2001, 820 – *Duft-Vergleichslisten; Berlit* Rdn. 144.
[505] *Bornkamm* FS Loschelder, 2010, S. 31, 37; *ders.* GRUR 2011, 1, 4; *ders.* in: Köhler/*Bornkamm* § 5 Rdn. 4.242.
[506] *Bornkamm* FS Loschelder, 2010, S. 31, 37; *ders.* GRUR 2011, 1, 4; *ders.* in: Köhler/*Bornkamm* § 5 Rdn. 4.244.
[507] So zu § 5 Abs. 2 *Bornkamm* FS v. Mühlendahl, 2005, S. 31, 45, 46; *Dreyer* in: Harte/Henning § 5 J Rdn. 11; *Sack* WRP 2014, 1130 Rdn. 36; *Steinbeck* WRP 2006, 632, 639; vgl. auch BGH GRUR 2011, 167 Rdn. 23 – *Rote Briefkästen.*
[508] *Dreyer* in: Harte/Henning § 5 J Rdn. 11; *Steinbeck* WRP 2006, 632, 639.

gehören außer geschützten Marken und geschäftlichen Bezeichnungen i. S. d. §§ 4, 5 MarkenG auch sonstige Unterscheidungszeichen, d. h. Marken, die mangels Verkehrsgeltung noch nicht geschützt sind, nicht jedoch Ursprungsbezeichnungen (vgl. Rdn. 169 ff.; anders noch die 1. Auflage dieses Kommentars in Rdn. 130).

2. „Ruf" und „Wertschätzung"

188 § 6 Abs. 2 Nr. 4 UWG ist durch die UWG-Novelle 2008 geändert worden. In seiner früheren Fassung schützte er die „Wertschätzung" von Kennzeichen gegen unlautere Ausnutzung und Beeinträchtigung. Mit dem Begriff der **„Wertschätzung"** wich das UWG von der Terminologie der RL ab, die den **„Ruf"** fremder Kennzeichen schützt; stattdessen übernahm § 6 UWG die zeichenrechtliche Terminologie aus § 14 Abs. 2 Nr. 3 und § 15 Abs. 3 MarkenG. Der **europäische Gesetzgeber** unterscheidet jedoch begrifflich zwischen dem „Ruf" und der „Wertschätzung" nicht nur in der deutschen, sondern auch in den entsprechenden englischen und französischen Formulierungen. Dem Begriff „Ruf" in der RL über vergleichende Werbung entsprechen im Englischen und Französischen die Begriffe „reputation" und „notoriété"; dem Begriff „Wertschätzung" in der MarkenRL (und in der GMV) entsprechen hingegen die englischen und französischen Begriffe „repute" und „renommée". Deswegen äußerte der Bundesrat mit Recht Zweifel, ob die Verwendung des Begriffs „Wertschätzung" in § 2 Abs. 2 Nr. 4 (jetzt § 6 Abs. 2 Nr. 4) den Vorgaben der RL 97/55 entsprach, die stattdessen den Begriff „Ruf" verwendet. Die Gegenäußerung der Bundesregierung zur Stellungnahme des Bundesrats, dass sich die Regelung des § 2 Abs. 2 Nr. 4 (jetzt § 6 Abs. 2 Nr. 4) durch Anlehnung an die im MarkenG verwendete Terminologie in das System des gewerblichen Rechtsschutzes einpasse und dass die Rechtspraxis den im MarkenG verwendeten Begriff der „Wertschätzung" mit dem in der RL 97/55 verwendeten Begriff des „Rufs" gleichsetze,[509] ist in Anbetracht der begrifflichen Differenzierung durch den europäischen Gesetzgeber nicht überzeugend. Deshalb hat der Gesetzgeber mit der UWG-Novelle 2008 den Begriff „Wertschätzung" durch den Begriff „Ruf" ersetzt. Dieser ist inhaltlich **nicht identisch** mit dem kennzeichenrechtlichen Begriff der „Wertschätzung".[510]

189 Im Gegensatz zur „Wertschätzung" erfordert der „Ruf" i. S. v. Art. 4 lit. f RL keine **Gütevorstellungen.**[511] Deshalb ist § 6 Abs. 2 Nr. 4 UWG richtlinienkonform dahingehend auszulegen, dass auch die Ausnutzung der **Aufmerksamkeitsvorstellungen** des Publikums genügt.[512]

190 In seiner Entscheidung *„L'Oréal/Bellure"* vom 18. 6 2009 hat der EuGH die Ansicht vertreten, dass der Begriff **„unlauteres Ausnutzen"** des Rufs sowohl in Art. 3a Abs. 1 lit. g der RL 84/450/EWG (jetzt Art. 4 lit. f der RL 2006/114/EG) als auch in Art. 5 Abs. 2 der MarkenRL 89/1004/EWG (jetzt Art. 5 Abs. der kodifizierten Fassung der MarkenRL 2008/95/EG) im Lichte der Erwägungsgründe 13–15 der RL 97/55/EG **grundsätzlich einheitlich** auszulegen ist.[513] Dies steht nicht im Widerspruch zu der hier vertretenen Ansicht, dass die Begriffe „Ruf" und „Wertschätzung" unterschiedlich auszulegen seien. Denn der EuGH hat keine einheitliche Auslegung dieser beiden Begriffe gefordert, sondern eine einheitliche Auslegung des Begriffs **„unlauteres Ausnutzen"** des Rufs in den beiden genannten Vorschriften des Markenrechts und des Rechts der vergleichenden Werbung.[514] Den Begriff „unlauteres Ausnutzen" des Rufs kennt allerdings Art. 5 Abs. 2 MarkenRL nicht, sondern nur das Recht der vergleichenden Werbung in Art. 4 lit. f RL 2006/114/EG (entspr. § 6 Abs. 2 Nr. 4 UWG). Beide Vorschriften enthalten jedoch gemeinsam den Begriff „unlauteres Ausnutzen". Der EuGH hat diesen Begriff in Anführungszeichen gesetzt, was darauf schließen lässt, dass sich die von ihm geforderte einheitliche Auslegung unmittelbar nur auf diese Worte beziehen sollte. Die unklare Formulierung des EuGH lässt jedoch darüber hinaus vermuten, dass sich der einheitlich auszulegende Begriff „unlauteres Ausnutzen" auf den **Ruf** einer Marke beziehen sollte. Seine Ausführungen sind nur dann folgerichtig, wenn man den Begriff „Ruf" in Art. 4 lit. f RL 2006/114/EG (entspr. § 6 Abs. Nr. 4 UWG) und das Begriffspaar „Unter-

---

509 Gegenäußerung der BReg. BT-Drucks. 14/3433, S. 7.

510 *Sack* WRP 2001, 327, 345; *ders.* WRP 2011, 155, 156 f.; vgl. auch Begr. Reg.-Entw. BT-Drucks. 16/10145, S. 28; a. A. *Köhler*/Bornkamm § 6 Rdn. 40 a. E. (etwas anders Rdn. 150: Unterschiede sind marginal); MünchKommUWG/*Menke* § 6 Rdn. 246; *Riedel* S. 177.

511 *Aigner* S. 155 f.; *Freund* S. 149 f., 155; *Kebbedies* S. 224; *Sack* WRP 2001, 327, 345; zweifelnd *Plassmann* GRUR 1996, 377, 380; a. A. *Köhler*/Bornkamm § 6 Rdn. 152; *Plaß* NJW 2000, 3161, 3166.

512 *Bärenfänger* WRP 2011, 160, 166; Fezer/*Koos* § 6 Rdn. 211; *Lehmler* § 6 Rdn. 66; vgl. auch *Büscher* GRUR 2009, 230, 235; a. A. *Ohly* FS Griss, 2011, S. 521, 532.

513 EuGH Slg. 2009, I-5185 = GRUR 2009, 756 Rdn. 77 – *L'Oréal/Bellure;* ebenso *Alexander* GRUR 2010, 482, 486.

514 *Sack* WRP 2011, 155, 156.

scheidungskraft und Wertschätzung" übereinstimmend auslegt.[515] Nur dann ist eine einheitliche Auslegung gerechtfertigt. Denn beide Vorschriften bezwecken den Schutz der berechtigten Interessen des Markeninhabers. Darin liegt ihre Gemeinsamkeit.[516] Ein Unterschied bleibt jedoch: das Erfordernis der **Bekanntheit** in den betreffenden markenrechtlichen Vorschriften. Art. 4 lit. f RL 2006/114/EG bzw. § 6 Abs. 2 Nr. 4 UWG verlangen rechtlich keine Bekanntheit der geschützten Marke i. S. der zeichenrechtlichen Vorschriften der §§ 9 Abs. 1 Nr. 3, 14 Abs. 2 Nr. 3, 15 Abs. 3 MarkenG bzw. des Art. 9 Abs. 1 lit. c GMV.[517] Freilich wird eine Ausnutzung des Rufs eines Kennzeichens rein tatsächlich eine gewisse Bekanntheit voraussetzen.[518]

3. Unlautere Ausnutzung des Rufs

a) Rufausnutzung. Die Benutzung von Kennzeichen eines Mitbewerbers in anlehnender vergleichender Werbung ist eine **Ausnutzung** des Rufs dieser Kennzeichen, wenn über eine bloße Assoziation hinaus ihr Ruf auf die Erzeugnisse des Werbenden übertragen wird.[519] Ob vergleichende Werbung, die Kennzeichen eines Mitbewerbers erkennbar macht, eine Ausnutzung des Rufs dieser Kennzeichen darstellt, hängt u. a. davon ab, an welche Verkehrskreise sie sich wendet.[520] Richtet sie sich an jedermann, dann ist der normal informierte und angemessen aufmerksame und verständige **Durchschnittsverbraucher** i. S. d. europäischen Verbraucherleitbilds maßgeblich (oben Rdn. 16). Bei vergleichender Werbung, die sich an Fachhändler wendet, ist eine Assoziation zwischen dem Ruf der Erzeugnisse des Werbenden und dem der Konkurrenzerzeugnisse wesentlich weniger wahrscheinlich als bei Werbung für Endverbraucher.[521] 191

b) Grundsätzliche Zulässigkeit. Nach der bereits oben (Rdn. 190) erwähnten Ansicht des EuGH ist der Begriff „unlauteres Ausnutzen" in Art. 4 lit. f RL 2006/114/EG und in Art. 5 Abs. 2 MarkenRL grundsätzlich **einheitlich** auszulegen. Der Wortlaut dieser Vorschriften unterscheidet sich jedoch insoweit: Art. 4 lit. f verlangt ein Ausnutzen des Rufs **„in unlauterer Weise"**, während nach Art. 5 Abs. 2 MarkenRL die Unterscheidungskraft oder die Wertschätzung der betreffenden Marke **„ohne rechtfertigenden Grund in unlauterer Weise"** ausgenutzt werden muss. Im Markenrecht wurde aus der Formulierung „ohne rechtfertigenden Grund in unlauterer Weise" gefolgert, dass die Ausnutzung des Rufs einer Marke grundsätzlich unlauter ist, wenn nicht Rechtfertigungsgründe vorliegen.[522] Auch der EuGH scheint in seiner Entscheidung *„L'Oréal/Bellure"* vom 18.6.2009 davon ausgegangen zu sein, dass das Ausnutzen der Unterscheidungskraft oder der Wertschätzung einer bekannten Marke **ohne Weiteres unlauter sei.**[523] Daraus folgt jedoch trotz der vom EuGH geforderten einheitlichen Auslegung des Begriffs „unlauteres Ausnutzen" nicht, dass auch das Ausnutzen des Rufs einer Marke in vergleichender Werbung ohne Weiteres unlauter ist. Denn vergleichende Werbung ist nach dem Zweck der RL 2006/114/EG **grundsätzlich gerechtfertigt.**[524] Nach den Begründungserwägungen Nr. 6 und 8 der RL 2006/114/EG sollen die Regelungen über vergleichende Werbung dazu beitragen, dass Mitbewerber die Verbraucher über die Vorteile der verschiedenen Waren oder Dienstleistungen unterrichten können. Außerdem kann vergleichende Werbung den Wettbewerb zwischen den Anbietern von Waren oder Dienstleistungen im Interesse der Verbraucher fördern.[525] Nach den Begründungserwägungen Nr. 14 und 15 kann es 192

---

[515] Ausführlicher dazu *Sack* WRP 2011, 155, 156 f.

[516] Dazu *Sack* WRP 2011, 155, 156 (3.).

[517] Begr. Reg.-Entw. BT-Drucks. 14/2959, S. 8; *Bornkamm* GRUR 2005, 97, 101; *Köhler*/Bornkamm § 6 Rdn. 151; *Sack* WRP 2001, 327, 345; *ders.* WRP 2004, 1405, 1417; a. A. *Plaß* WRP 1999, 766, 770; *dies.* NJW 2000, 3161, 3166.

[518] *Freund* S. 150; *Eck/Ikas* WRP 1999, 251, 271; MünchKommUWG/*Menke* § 6 Rdn. 245; *Ohly*/Sosnitza § 6 Rdn. 61.

[519] Vgl. EuGH Slg. 2001, I-7945 = GRUR 2002, 354 Rdn. 54; 57 – *Toshiba Europe;* EuGH Slg. 2003, I-3095 = GRUR 2003, 533 Rdn. 49 – *Pippig;* BGH GRUR 2005, 348, 349 – *Bestellnummernübernahme;* vgl. auch BGH GRUR 1996, 781, 782 f. – *Verbrauchsmaterialien;* OLG Frankfurt GRUR-RR 2002, 397, 398 – *Tiapridex; Sack* GRUR Int. 1998, 263, 272; *Ziervogel* S. 64 ff.

[520] EuGH Slg. 2001, I-7945 = GRUR 2002, 354 Rdn. 52, 57, 58, 60 – *Toshiba Europe.*

[521] EuGH Slg. 2001, I-7945 = GRUR 2002, 354 Rdn. 52, 57 – *Toshiba Europe;* EuGH Slg. 2006, I-2147 = GRUR 2006, 345 Rdn. 17 – *Siemens;* BGH GRUR 2004, 607, 611 – *Genealogie der Düfte.*

[522] Vgl. *Sack* GRUR 1995, 81, 82 (II.1.a); *ders.* WRP 2010, 1000, 1002 (3.); *ders* WRP 2011, 155, 157 mit ausführlichen Nachw. in den Fußn. 11 ff.; nach a. A. ist eine umfassende Interessenabwägung erforderlich, vgl. *Fezer* Markenrecht, MarkenG § 14 Rdn. 810, 811; Ströbele/*Hacker,* MarkenG, § 14 Rdn. 319, 323; *Ohly* FS Griss, 2011, S. 521, 529 ff., 533, 540.

[523] EuGH Slg. 2009, I-5185 = GRUR 2009, 756 Rdn. 49, 50 – *L'Oréal/Bellure.*

[524] *Sack* WRP 2011, 155, 159.

[525] Früher Begründungserwägung Nr. 2 der RL 97/55/EG.

für eine wirksame vergleichende Werbung unerlässlich sein, die Leistungen eines Mitbewerbers durch Bezugnahme auf seine Marke, seinen Handelsnamen oder andere Unternehmenskennzeichen erkennbar zu machen. Eine solche Benutzung von Marken, Handelsnamen oder anderen Unterscheidungszeichen verletze – so die Begründungserwägungen der RL – nicht die Ausschließlichkeitsrechte eines Mitbewerbers, wenn sie unter Beachtung der in dieser RL ausgestellten Bedingungen erfolge und nur eine Unterscheidung bezwecke, durch die Unterschiede objektiv herausgestellt werden sollen. Daraus folgt, dass vergleichende Werbung, die den Ruf einer Marke oder eines sonstigen Unterscheidungszeichens ausnutzt, **grundsätzlich zulässig** ist, wenn der Hinweis auf solche Zeichen Voraussetzung für einen wirksamen Wettbewerb auf dem in Rede stehenden Markt ist.[526] Deshalb ist vergleichende Werbung, die den Ruf einer Marke oder eines anderen Unterscheidungszeichens ausnutzt, nur unlauter, wenn **besondere Umstände** hinzutreten.[527] Dies ist nicht schon der Fall, wenn für die Rufausnutzung keine Rechtfertigungsgründe vorliegen;[528] denn sonst wäre anlehnende vergleichende Werbung letztlich doch grundsätzlich unlauter. Durch den Grundsatz der Zulässigkeit vergleichender Werbung mit rufausnutzender Wirkung wird der **herkömmliche** Grundsatz der Wettbewerbswidrigkeit rufausnutzender vergleichender Werbung[529] ganz erheblich eingeschränkt.

193 **c) Interessenabwägung.** Ob hinzutretende besondere Umstände eine Rufausnutzung unlauter machen, ist durch eine **Interessenabwägung** festzustellen.[530] Bei der Interessenabwägung stehen sich gegenüber die Interessen des Werbenden, einen Vergleich vorzunehmen und dabei die Leistungen des Mitbewerbers zu benennen, und das Interesse des Mitbewerbers, nicht als Mittel der Anpreisung von Konkurrenzprodukten benutzt zu werden.[531] Maßgebliches Kriterium der Abwägung ist der in der Begründungserwägung Nr. 2 genannte Zweck der RL, dem Verbraucher den Binnenmarkt durch vergleichende Werbung besser zu erschließen und den Wettbewerb zwischen Anbietern von Waren und Dienstleistungen im Interesse der Verbraucher zu fördern. Hinweise auf Kennzeichen eines Mitbewerbers, die Voraussetzung für einen wirksamen Wettbewerb auf dem relevanten Markt sind, sind nicht per se unlauter.[532] Der Hinweis auf Kennzeichen eines Mitbewerbers muss aber für den Werbevergleich **geeignet** und **erforderlich** sein.[533] Unlauter ist daher rufausbeutende vergleichende Werbung, wenn sie über das zur Darstellung der Vorteile des eigenen

---

[526] EuGH Slg. 2001, I-7945 = GRUR 2002, 354 Rdn. 54 – *Toshiba Eirope;* EuGH Slg. 2006, I-2147 = GRUR 2006, 345 Rdn. 15 – *Siemens;* BGH GRUR 2015, 1136 Leits. u. Rdn. 18 – *Staubsaugerbeutel im Internet.*

[527] EuGH Slg. 2001, I-7945 = GRUR 2002, 354 Rdn. 54 – *Toshiba Europe;* EuGH Slg. 2003, I-3095 = GRUR 2003, 533 Rdn. 49 – *Pippig;* EuGH Slg. 2009, I-5185 = GRUR 2009, 756 Rdn. 44 – 50 – *L'Oréal/Bellure;* GA Léger zum *Toshiba-Fall,* Slg. 2001, I-7945, 7962, Nrn. 76 ff., 79; BGH GRUR 1999, 501, 503 (e) – *„Vergleichen Sie";* GRUR 2002, 828, 830 (3.) – *Lottoschein;* GRUR 2003, 444, 445 – *„Ersetzt";* GRUR 2004, 607, 611 (II.3.) – *Genealogie der Düfte;* GRUR 2007, 896 Rdn. 24 – *Eigenpreisvergleich;* GRUR 2010, 161 Rdn. 32 – *Gib mal Zeitung;* GRUR 2011, 1158 Rdn. 22 – *Teddybär;* GRUR 2015, 1136 Rdn. 26 f. – *Staubsaugerbeutel* im Internet; OLG Frankfurt GRUR-RR 2002, 397, 398 – *Tiapridex;* KG MarkenR 2006, 122 – *eye-catcher;* öst. OGH ÖBl. 2011, 313, 316 (1.3.) – *Relax/Relaxx; Blanken* S. 206, 213 f.; *Gabel* WRP 2005, 1102, 1114; *F. U. D. Hasselblatt* S. 339; *Henning-Bodewig* GRUR Int. 1999, 385, 388, 393; *Menke* WRP 1998, 811, 825; *Ohly* GRUR 2007, 3, 9; *Plaß* in: HK-WettbR § 6 Rdn. 112; *Rippert/Weimer* K&R 2007, 302, 304; *Sack* GRUR Int. 1998, 263, 272; *ders.* WRP 2001, 327, 345; *ders.* WRP 2004, 1405, 1417; *Saßmann* S. 139 f.; *Ziervogel* S. 115 f., 120 f.; vgl. auch schon vorübergehend BGH GRUR 1987, 49 f., 50 – *Cola-Test* (mit Anm. *Sack*); unklar BGH GRUR 2005, 348, 349 (II.3.b) – *Bestellnummernübernahme;* a. A. noch vor der Neuregelung der vergleichenden Werbung BGH GRUR 1996, 781, 783 – *Verbrauchsmaterialien.*

[528] So zu Art. 5 Abs. 2 MarkenRL und Art. 9 Abs. 1 S. 2 lit. c GMV der EuGH GRUR 2011, 1124 Rdn. 89 – *Interflora;* a. A. *Wamprechtshamer* ÖBl. 2000, 147, 150.

[529] Dazu ausführlich *Thomasberger,* Rufausbeutung im Wettbewerbsrecht, 1993; *Ziervogel,* Rufausbeutung im Rahmen vergleichender Werbung, 2002, S. 27 ff., 51 ff.

[530] EuGH Slg. 2009 I-5185 = GRUR 2009, 756 Rdn. 44, 45, 48 – *L'Oréal*/Bellure; EGMR ÖJZ 2004, 397, 399 – *Krone Verlag;* BGH GRUR 2011, 1158 Rdn. 23 – *Teddybär;* BGH GRUR 2015, 1136 Rdn. 28 – *Staubsaugerbeutel im Internet; Aigner* S. 157; *Eck/Ikas* WRP 1999, 251, 271; Fezer/*Koos* § 6 Rdn. 218; *Fröndhoff* S. 120; *Henning-Bodewig* GRUR Int. 1999, 385, 393 f.; *Köhler*/Bornkamm § 6 Rdn. 157; *Sack* WRP 2001, 327, 345; *ders.* WRP 2004, 1405, 1417; *Somariello* S. 89; *Ziervogel* S. 121 f., 150 f.; zu den relevanten Kriterien ausführlicher *Keller,* Der Schutz eingetragener Marken gegen Rufausbeutung nach deutschem und europäischem Recht, 1994; *Mayrhofer,* Rufausbeutung im Recht des unlauteren Wettbewerbs, 1994; *Thomasberger,* Rufausbeutung im Wettbewerbsrecht, 1993, S. 199 ff.

[531] *Aigner* S. 157.

[532] EuGH Slg. 2001, I-7945 = GRUR 2002, 354 Rdn. 54 – *Toshiba Europe;* EuGH Slg. 2006, I-2147 = GRUR 2006, 345 Rdn. 15 – *Siemens; Sack* WRP 2004, 1405, 1417.

[533] Vgl. öst. OGH ÖBl. 2011, 228 (Leits. 4), 230 (2.2.) = GRUR Int. 2012, 180 – *Velux; Sack* WRP 2011, 155, 159.

Angebots gegenüber dem konkurrierenden Angebot erforderliche Maß hinausgeht.[534] Denn die Interessen der betroffenen Mitbewerber sollen nicht stärker beeinträchtigt werden, als dies im Interesse des Werbenden und der Kunden an sachlicher Aufklärung erforderlich ist.[535] Dabei ist jedoch zu berücksichtigen, dass die an vergleichende Werbung gestellten Anforderungen in dem für sie **günstigsten** Sinne ausgelegt werden müssen (oben Rdn. 14), d. h. im Zweifel ist zugunsten der Zulässigkeit vergleichender Werbung zu entscheiden.[536] Dementsprechend ist der EuGH in seiner Entscheidung *„Siemens"* vom 23.2.2006 verfahren, in der er die Bezugnahme auf Bestellnummern eines Mitbewerbers in vergleichender Werbung als lauter bewertet hat, wenn sie den Vergleich erleichtert,[537] während sie der BGH in diesem Verfahren in seinem Vorlagebeschluss noch als „zwar nützlich, aber nicht erforderlich" bezeichnet hatte.[538]

Außerdem muss ein **angemessenes** Verhältnis zwischen dem Nutzen der Abnehmer und dem Nachteil der betroffenen Mitbewerber bestehen.[539] Auch bei der Feststellung der Angemessenheit sind die Anforderungen im günstigsten Sinne zugunsten der Zulässigkeit vergleichender Werbung auszulegen. 194

Unlauterkeit der Rufausbeutung erfordert weder eine **Verwechslungsgefahr** noch eine **Beeinträchtigung** des betreffenden Kennzeichens.[540] Das schließt allerdings nicht aus, dass bei der umfassenden Interessenabwägung zur Feststellung der Unlauterkeit der Ausnutzung des Rufs auch berücksichtigt werden kann, ob die Gefahr einer Verwechslung, einer Verwässerung oder der Beeinträchtigung des Rufs der betreffenden Marke besteht.[541] 195

aa) Deshalb ist Rufausnutzung durch vergleichende Werbung **zulässig,** wenn der Hinweis auf das fremde Kennzeichen ausschließlich dazu dient, Unterschiede bzw. Gemeinsamkeiten der Konkurrenzprodukte im Interesse eines wirksamen Wettbewerbs deutlich zu machen.[542] Die für einen Vergleich **sachlich gebotene** Bezugnahme ist auch dann hinzunehmen, wenn sie zwangsläufig mit einer Anlehnung an den Ruf und Verkaufserfolg der fremden Ware verbunden ist.[543] Daher darf z. B. in der Werbung für **Ersatzteile** und **Zubehör** auf die Hauptware Bezug genommen werden, wenn dies zur Aufklärung der angesprochenen Verkehrskreise über die bestimmungsgemäße Verwendung der angebotenen Waren **sachlich geboten** ist.[544] Dies gilt unabhängig davon, ob es sich bei der Bezugnahme um vergleichende Werbung handelt. Das Unterscheidungskriterium der sachlichen Gebotenheit ist unabhängig vom Bekanntheitsgrad des Unterscheidungszeichens des Mitbewerbers. Ein hoher Bekanntheitsgrad des Unterscheidungszeichens des Mitbewerbers ist deshalb kein Indiz für eine unlautere Rufausnutzung.[545] Versucht jedoch eine Dritter, sich durch die Verwendung einer fremden Marke in den Bereich ihrer **Sogwirkung** zu begeben, um von ihrer Anziehungskraft, ihrem Ruf und ihrem Ansehen zu profitieren, und ohne jede finanzielle Gegenleistung und ohne dafür eigene Anstrengungen machen zu müsse, die wirtschaftlichen Anstrengungen des Markeninhabers zur Schaffung und Aufrechterhaltung des Images dieser Marke auszunutzen, ist der sich aus dieser Verwendung ergebende Vorteil als **unlautere Ausnutzung** des Rufs der Marke 196

---

[534] EuGH Slg. 2001, I-7945 = GRUR 2002, 354 Rdn. 34 – *Toshiba Europe;* EuGH Slg. 2003, I-3095 = GRUR 2003, 533 Rdn. 50 – *Pippig;* EuGH Slg. 2006, I-2147 = GRUR 2006, 345 Rdn. 15 – *Siemens;* BGH GRUR 2005, 348, 349 – *Bestellnummernübernahme; Eck/Ikas* WRP 1999, 251, 271; *Ohly* GRUR 2007, 3, 9 f.; *Sack* WRP 2011, 155, 159; *Steinbeck* FS Ullmann, 2006, S. 409, 418 a. E.

[535] Begr. Reg.-Entw zum Gesetz über vergleichende Werbung, BT-Drucks. 14/2959, S. 11 r. Sp.; *Sack* WRP 2011, 155, 159 f.

[536] Vgl. *Sack* WRP 2011, 155, 159 f.; GroßKommUWG/*Glöckner* § 6 Rdn. 485.

[537] EuGH Slg. 2006, I-2147 = GRUR 2006, 345 Rdn. 22 ff., 26, 27 – *Siemens.*

[538] BGH GRUR 2005, 348, 349 – *Bestellnummernübernahme.*

[539] BGH GRUR 2011, 1158 Rdn. 23 – *Teddybär; Köhler*/Bornkamm § 6 Rdn. 157; *Müller-Bidinger* in: Ullmann jurisPK-UWG § 6 Rdn. 179; *Ohly* GRUR 2007, 3, 9; *Sack* WRP 2011, 155, 159; andeutungsweise auch EuGH Slg. 2006, I-2147 = GRUR 2006, 345 Rdn. 24 – *Siemens.*

[540] EuGH Slg. 2009, I-5185 = GRUR 2009, 756 Rdn. 43, 50 – *L'Oréal/Bellure* (eine insoweit untreffende Übersetzung enthält Rdn. 41, wie die englische und französische Sprachfassung zeigen; dazu *Sack* WRP 2011, 155, 158 (vor 2.); vgl. auch EuGH GRUR 2011, 1124 Rdn. 74 – *Interflora.*

[541] So zum Markenrecht EuGH Slg. 2009, I-5185 = GRUR 2009, 756 Rdn. 45 – *L'Oréal/Bellure;* BGH GRUR 2015, 1136 Rdn. 28 – *Staubsaugerbeutel im Internet.*

[542] RL 97/55/EG, 15. Begr.-Erw.; GA *Léger* zum *Toshiba*-Fall, Slg. 2001, I-7945 Nr. 81; BGH GRUR 1996, 781, 782 f. – *Verbrauchsmaterialien;* BGH GRUR 2011, 1158 Rdn. 22 – *Teddybär.*

[543] EuGH Slg. 2001, I-7945 = GRUR 2002, 354 Rdn. 53, 54 – *Toshiba Europe;* EuGH Slg. 2006, I-2147 = GRUR 2006, 345 Rdn. 15 – *Siemens;* BGH GRUR 2010, 161 Rdn. 32 – *Gib mal Zeitung.*

[544] BGH GRUR 2005, 163, 165 – *Aluminiumräder;* BGH GRUR 2011, 1158 Rdn. 22 – *Teddybär.*

[545] Gloy/Loschelder/Erdmann/*Hasselblatt,* HdbWettbR, § 60 Rdn. 69.

anzusehen.[546] Unlauter ist es, den Ruf der Erzeugnisse eines Mitbewerbers durch vergleichende Werbung auf die eigenen Erzeugnisse zu **übertragen („Imagetransfer").**[547] Jedoch setzt eine unlautere Rufausnutzung einen Imagetransfer nicht in jedem Fall voraus,[548] d. h. ein Imagetransfer ist zwar eine hinreichende, jedoch keine notwendige Voraussetzung für eine unlautere Rufausnutzung. Unklar ist allerdings, ob der Begriff „Imagetransfer" von den Vertreten der konträren Meinungen in derselben Bedeutung verwendet wird.

197 Der Werbehinweis auf **Artikelnummern, OEM-Nummern und OEM-Bezeichnungen** eines Mitbewerbers ist, auch sofern diese von den angesprochenen Verkehrskreisen als Unterscheidungszeichen verstanden werden und der Ruf der mit ihnen gekennzeichneten Waren ausgenutzt wird, nicht ohne weiteres unlauter.[549] Auch wenn der Werbende nicht nur auf Bestellnummern eines Mitbewerbers Bezug nimmt, sondern maßgebliche Teile der fremden Bestellnummern („Bestellnummernkerne") seinen eigenen einverleibt, ist dies noch keine unlautere Rufausnutzung.[550] Denn dies erspart es dem Verbraucher, anhand von Vergleichslisten die entsprechenden Produkte des Mitbewerbers des Werbenden herauszusuchen.[551] Auch wenn mit einem Werbehinweis auf OEM-Nummern eines Mitbewerbers implizit die funktionale **Gleichwertigkeit** der Konkurrenzprodukte behauptet wird,[552] ist der Hinweis nicht schon aus diesem Grunde ohne weiteres unlauter. Ferner ist eine unlautere Rufausnutzung nicht schon dann anzunehmen, wenn ein namenloses oder unbekanntes Produkt mit einem bekannten Markenartikel verglichen wird, solange zum Vergleich keine weiteren besonderen Umstände hinzutreten.[553]

198 *bb)* Eine **unlautere** Rufausnutzung liegt hingegen vor, wenn ein Werbevergleich **sachlich nicht notwendig** ist, um den Inhalt und die Vorteile des eigenen Angebots gegenüber den konkurrierenden Angeboten ausreichend deutlich zu machen, d. h. wenn er über das dazu erforderliche Maß hinausgeht[554] bzw. wenn der Vergleich keine ausreichende Verbraucherinformation enthält, so dass sich sein Zweck im Wesentlichen auf die Rufausnutzung reduziert.[555] Die Benutzung von Marken und anderen Unterscheidungszeichen eines Mitbewerbers kann nicht geduldet werden, solange nicht feststeht, dass für den so Werbenden keine andere praktikable Möglichkeit besteht, die Eigenschaften und den Verwendungszweck seines Produkts im Wirtschaftsverkehr ausreichend deutlich zu machen.[556]

---

[546] So EuGH Slg. 2009, I-5185 = GRUR 2009, 756 Rdn. 49, 50 – *L'Oréal/Bellure;* BGH GRUR 2011, 1158 Rdn. 23 – *Teddybär;* BGH GRUR 2015, 1136 Rdn. 28 – *Staubsaugerbeutel im Internet; Alexander* GRUR 2010, 484, 486; *Köhler*/Bornkamm § 6 Rdn. 156.

[547] EuGH Slg. 2001, I-7945 = GRUR 2002, 354 Rdn. 57 – *Toshiba Europe;* BGH GRUR 2004, 607, 611 (3.) – *Genealogie der Düfte;* GRUR 2005, 348, 349 – *Bestellnummernübernahme;* GRUR 2010, 161 Rdn. 33 – *Gib mal Zeitung; Lettl,* Wettbewerbsrecht, S. 346 Rdn. 66; *Rippert/Weimer* K&R 2007, 302, 304; *Ohly* GRUR 2010, 166, 167 (4.).

[548] A. A. *Lettl,* Wettbewerbsrecht, S. 346 Rdn. 66; *Ohly* GRUR 2010, 166, 167 (4.); *Rippert/Weimer* K&R 2007, 302, 304; a. A. wohl auch EuGH Slg. 2001, I-7945 = GRUR 2002, 354 Rdn. 57 – *Toshiba Europe;* BGH GRUR 2010, 161 Rdn. 33 – *Gib mal Zeitung.*

[549] EuGH Slg. 2001, I-7945 Rdn. 60 – *Toshiba Europe;* EuGH Slg. 2006, I-2147 = GRUR 2006, 345 Rdn. 26 – *Siemens/VIPA;* BGH GRUR 2015, 1136 Rdn. 29, 32 – *Staubsaugerbeutel im Internet;* GRUR 2003, 444, 445 – *„Ersetzt";* GRUR 2005, 348, 349 – *Bestellnummernübernahme;* GRUR 2011, 1158 Rdn. 24 – *Teddybär;* a. A. noch vor der RL 97/55/EG BGH GRUR 1996, 781, 783, 784 – *Verbrauchsmaterialien.*

[550] EuGH Slg. 2006, I-2147 = GRUR 2006, 345 Rdn. 21 ff., 27 – *Siemens* (a. A. im selben Fall die Vorlageentscheidung des BGH GRUR 2005, 348, 349 – *Bestellnummernübernahme*); ebenso wie der EuGH GK/*Glöckner* § 6 Rdn. 501.

[551] EuGH Slg. 2006, I-2147 = GRUR 2006, 345 Rdn. 26 – *Siemens;* BGH GRUR 2011, 1158 Rdn. 24 – *Teddybär;* a. A. noch BGH GRUR 2005, 348, 349 – *Bestellnummernübernahme:* die Übernahme der Bestellnummernkerne eines Mitbewerbers sei für den Werbenden zwar nützlich, aber nicht erforderlich.

[552] Vgl. EuGH Slg. 2001, I-7945 = GRUR 2002, 354 Rdn. 39, 40, 56 – *Toshiba Europe;* EuGH Slg. 2006, I-2147 = GRUR 2006, 345 Rdn. 17, 27 – *Siemens.*

[553] *Aigner* S. 160 ff.; vgl. jedoch auch *Ohly/Spence* GRUR Int. 1999, 681, 694; *Tilmann* GRUR 1997, 790, 797.

[554] Vgl. EuGH Slg. 2001, I-7945 = GRUR 2002, 354 Rdn. 54 – *Toshiba Europe;* EuGH Slg. 2006, I-2147 = GRUR 2006, 345 Rdn. 15 – *Siemens;* BGH GRUR 2005, 348, 349 – *Bestellnummernübernahme;* KG MarkenR 2006, 122 – *eye-catcher; Aigner* S. 157, 160; *Eck/Ikas* WRP 1999, 251, 271; *Gabel* WRP 2005, 1102, 1114; *Kebbedies* S. 227; *Menke* WRP 1998, 811, 825; *Ohly* GRUR 2007, 3, 9 f.; *Plaß* WRP 1999, 766, 770; *Wehlau* ZLR 1999, 393, 412; *Ziervogel* S. 150; GA *Léger* im EuGH-Fall *Toshiba Europe,* Slg. 2001, I-7945 Nrn. 85, 87, 93, 94, 99, 101, 102, 105, 110; so schon früher die Rechtsprechung des RG und BGH zur Ersatzteil- und Zubehörwerbung, vgl. BGH GRUR 1958, 343, 344 ff. – *Bohnergerät;* GRUR 1968, 698, 700 – *Rekordspritzen;* GRUR 1996, 781, 782 f., 784 (3.) – *Verbrauchsmaterialien;* RG GRUR 1928, 394, 396 – *Alpha-Separatoren.*

[555] *Ziervogel* S. 151.

[556] GA *Léger* im EuGH-Fall *Toshiba Europe* Slg. 2001, I-7945 Nrn. 101, 102, 105.

Eine unlautere Rufausnutzung ist es auch, wenn der Herausgeber eines Telefonverzeichnisses dieses mit den Farben „grau/magenta" und „grau/weiß/magenta" versieht. Durch diese **Farben** wird der Mitbewerber Telekom mittelbar erkennbar gemacht, so dass vergleichende Werbung i. S. v. § 6 Abs. 1 UWG vorliegt. Wenn der Werbende diese Farben nur verwendet, um den Ruf von Telekom zu nutzen, dann ist dies unlauter.[557] Unlautere Rufausnutzung liegt auch vor, wenn das Unterscheidungszeichen eines Mitbewerbers als sog. **eye-catcher,** z. B. in der für die Suchfunktion der Internet-Interessenten wesentlichen Artikelbezeichnung, verwendet wird, dessen Zweck es in erster Linie ist, die Aufmerksamkeit der Verbraucher auf den Werbenden zu lenken, hinter dem der Informationszweck in den Hintergrund tritt.[558] Das OLG Frankfurt a. M. bewertete die Werbung für ein Schmuckstück mit dem Hinweis „Cartier-Stil" als unlautere Rufausbeutung.[559] 199

Eine unlautere Ausnutzung des Rufs einer Marke ist auch gegeben, wenn beim Verkehr ein **falscher Eindruck** über die Beziehungen zwischen dem Werbenden und dem Markeninhaber erweckt wird.[560] Unlauterkeit erfordert jedoch nicht generell eine **Verwechslungsgefahr.**[561] Denn das Vorliegen einer Verwechslungsgefahr wird bereits in Art. 4 lit. h RL 2006/114/EG bzw. § 6 Abs. 2 Nr. 3 UWG erfasst; wäre Verwechslungsgefahr erforderlich, dann wäre der Tatbestand der Rufausnutzung überflüssig. 200

Art. 4 lit. f RL rechnet zu den Zulässigkeitsbedingungen vergleichender Werbung auch, dass der Ruf von **Ursprungsbezeichnungen** nicht unlauter ausgenutzt wird. Wenn man mit der Begründung zum Reg.-Entw. annimmt, dass der Begriff des **Kennzeichens in § 6 Abs. 2** auch Ursprungsbezeichnungen umfasst, dann ist Art. 4 lit. f RL durch § 6 Abs. 2 Nr. 4 in deutsches Recht umgesetzt. Folgt man hingegen der oben ausführlich begründeten Ansicht (Rdn. 166 ff.), dass Ursprungsbezeichnungen nicht zu den Kennzeichen i. S. v. § 6 Abs. 2 gehören, und folgt man außerdem der Verbotskatalogtheorie zu Art. 4 RL, wonach die Zulässigkeitsbedingungen der RL von den nationalen Gesetzgebern als Verbote umgesetzt werden **müssen** (Rdn. 19 ff.), dann fehlt in Bezug auf Ursprungsbezeichnungen eine ausdrückliche Umsetzung des Art. 4 lit. f RL in deutsches Recht, so dass eine entsprechende richtlinienkonforme Auslegung der §§ 126 ff. MarkenG und der Generalklausel des § 3 geboten ist. 201

4. Unlautere Beeinträchtigung des Rufs

Das Verbot der **unlauteren Beeinträchtigung** des Rufs von Kennzeichen eines Mitbewerbers nach § 6 Abs. 2 Nr. 4 UWG entspricht der Regelung des Art. 4 lit. d RL, der zu den Zulässigkeitsbedingungen vergleichender Werbung u. a. zählt, dass durch sie keine fremden Kennzeichen **herabgesetzt oder verunglimpft** werden. Diese Regelungen unterscheiden sich jedoch begrifflich. § 6 Abs. 2 Nr. 4 erfordert eine Beeinträchtigung des Rufs von Kennzeichen, während Art. 4 lit. d RL von deren Herabsetzung oder Verunglimpfung spricht. Die richtlinienkonforme Auslegung von § 6 Abs. 2 Nr. 4 UWG gebietet es, dass nur Beeinträchtigungen des Rufs von Kennzeichen **durch Herabsetzung oder Verunglimpfung** untersagt werden dürfen, während ein weiterreichendes Beeinträchtigungsverbot, z. B das Verbot einer Beeinträchtigung der Unterscheidungskraft („Verwässerung"), die vergleichende Werbung mehr einschränken würde, als dies die RL zulässt.[562] Insoweit ist eine richtlinienkonforme Auslegung von § 6 Abs. 2 Nr. 4 UWG durch die Gerichte möglich und geboten. Im Bereich der „vergleichenden Werbung" i. S. v. § 6 Abs. 1 UWG verdrängt die Regelung des § 6 Abs. 2 Nr. 4 UWG als **lex specialis** die Regelung des § 4 Nr. 1 UWG, soweit die Regelungsbereiche sich decken (unten Rdn. 260). 202

§ 6 Abs. 2 Nr. 4 UWG untersagt nicht jede Beeinträchtigung des Rufs eines Kennzeichens eines Mitbewerbers, sondern nur die Beeinträchtigung **„in unlauterer Weise".** Der Wortlaut der RL enthält demgegenüber in der entsprechenden Regelung des Art. 4 lit. d keine derartige Einschränkung, sondern untersagt die Herabsetzung oder Verunglimpfung. Die vom deutschen Gesetzgeber 203

---

[557] BGH WRP 1997, 748, 750 (b) – *grau/magenta.*

[558] KG MarkenR 2006, 122 – *„eye-catcher";* a. A. *Köhler*/Bornkamm § 6 Rdn. 159.

[559] OLG Frankfurt a. M GRUR 2004, 1043 – *Cartier-Stil.*

[560] EuGH Slg. 2001, I-7945 = GRUR 2002, 354 Rdn. 55, 59 – *Toshiba Europe;* EuGH Slg. 2006, I-2147 = GRUR 2006, 345 Rdn. 20 – *Siemens;* vgl. auch EuGH Slg. 1999, I-905 Rdn. 40, 64 – *BMW/Deenik;* kritisch zur Verortung in § 6 Abs. 2 Nr. 4 GroßKommUWG/*Glöckner* § 6 Rdn. 495.

[561] BGH GRUR 2005, 348, 349 (II.3.b) – *Bestellnummernübernahme.*

[562] Empfehlungen der Ausschüsse, BR-Drucks. 128/1/00 v. 24.3.2000, S. 3; Stellungnahme des Bundesrats BR-Drucks. 128/00 (Beschluss) v. 7.4.2000, S. 2; BGH GRUR 2011, 1158 Rdn. 21 – *Teddybär;* GRUR 2015, 1136 Rdn. 38 – *Staubsaugerbeutel im Internet; Sack* WRP 2001, 327, 345 f.; *Kebbedies* S. 213; für eine Streichung des Tatbestandes der unlauteren Rufbeeinträchtigung in § 6 Abs. 2 Nr. 4 *Köhler* WRP 2012, 251, 258; vgl. unten auch Rdn. 265.

vorgenommene Beschränkung des Beeinträchtigungstatbestandes auf Beeinträchtigungen „in unlauterer Weise" ist jedoch gerechtfertigt und sachlich geboten und entspricht dem Verbot der Herabsetzung oder Verunglimpfung i. S. v. Art. 4 lit. d RL.[563] Denn anderenfalls wäre letztlich jede **kritisierende vergleichende** Werbung verboten. Dies entspräche jedoch nicht dem Zweck der RL.[564] Deshalb hat auch die deutsche Rechtsprechung im Hinblick auf den Zweck der RL in der parallelen Regelung des § 6 Abs. 2 Nr. 5 UWG, die ebenfalls auf Art. 3a Abs. 1 lit. e RL 97/55/EG (jetzt Art. 4 lit. d RL 2006/114/EG) zurückgeht, nicht die Herabsetzung genügen lassen, sondern eine **unlautere** Herabsetzung gefordert (unten Rdn. 207 f.).

204 Eine **unlautere** Beeinträchtigung des Rufs fremder Kennzeichen liegt deshalb (vgl. Rdn. 203) nicht schon ohne weiteres darin, dass auf sie in vergleichender Werbung Bezug genommen wird, da anderenfalls jede **kritisierende** vergleichende Werbung verboten wäre, was dem Zweck der RL 2006/114/EG widerspräche.[565] Die Unlauterkeit der Beeinträchtigung ist durch eine **Interessenabwägung** festzustellen.[566] Die Gefahr einer unlauteren Beeinträchtigung kann sich insbesondere daraus ergeben, dass die von Dritten angebotenen Waren oder Dienstleistungen Merkmale oder Eigenschaften aufweisen, die sich negativ auf das Bild einer bekannten älteren Marke auswirken können.[567]

V. Verunglimpfung oder Herabsetzung, § 6 Abs. 2 Nr. 5

205 Vergleichende Werbung ist nach § 6 Abs. 2 Nr. 5 außerdem unlauter, wenn der Vergleich die Waren, Dienstleistungen, Tätigkeiten oder die persönlichen oder geschäftlichen Verhältnisse eines Mitbewerbers **herabsetzt** oder **verunglimpft.** Diese Regelung beruht auf Art. 3a Abs. 1 lit. e RL 97/55/EG (jetzt Art. 4 lit. d RL 2006/114/EG). § 6 Abs. 2 Nr. 5 UWG ist im Bereich der „vergleichenden Werbung" i. S. v. § 6 Abs. 1 UWG **lex specialis** gegenüber § 4 Nr. 1 UWG (unten Rdn. 260).

1. Verunglimpfung

206 Verunglimpfung ist eine **gesteigerte Form der Herabsetzung.** Dazu gehört vor allem das Verächtlich- und Lächerlichmachen von Mitbewerbern und ihren Leistungen.[568] Eine Verunglimpfung von Mitbewerbern und ihren Marken liegt auch vor, wenn sie in einen anstößigen oder geschmacklosen Zusammenhang gestellt werden.[569]

2. Herabsetzung

207 **a) Das Erfordernis der Unlauterkeit.** Nach dem Wortlaut von § 6 Abs. 2 Nr. 5 UWG ist ein Werbevergleich auch dann wettbewerbswidrig, wenn er **herabsetzend** ist.[570] Unter einer Herabsetzung ist die Verringerung der Wertschätzung eines Mitbewerbers, seiner Waren oder seiner Dienstleistungen zu verstehen.[571] Es genügt jedoch nach einhelliger Meinung nicht jede Herabsetzung.[572] Denn der **Grundsatz der Zulässigkeit** vergleichender Werbung, den die RL verbindlich vorschreibt, gilt auch für die sog. **kritisierende** vergleichende Werbung, die dadurch gekennzeichnet ist, dass ein Mitbewerber auf die Vorteile des eigenen Angebots gegenüber dem Konkurrenzangebot bzw. auf dessen Nachteile gegenüber dem eigenen Angebot hinweist.[573] Kritisierende vergleichende

---

[563] Vgl. Begr. Reg.-Entw. BT-Drucks. 14/2959, S. 12; *Freund* S. 150; *Sack* GRUR Int. 1998, 263, 271; *ders.* WRP 2001, 327, 346; *Ziervogel* S. 121; vgl. auch BGH GRUR 1999, 501, 503 – *„Vergleichen Sie"*.

[564] Begr. Reg.-Entw. BT-Drucks. 14/2959, S. 12; *Baumbach/Hefermehl* § 2 UWG Rdn. 13; *Sack* WRP 2001, 327, 346.

[565] Vgl. BGH GRUR 1999, 501, 503 – *„Vergleichen Sie"*; GRUR 2007, 896 Rdn. 25 – *Eigenpreisvergleich.*

[566] Fezer/*Koos* § 6 Rdn. 228; GK/*Glöckner* § 6 Rdn. 478.

[567] EuGH Slg. 2009, I-5185 = GRUR 2009, 756 Rdn. 40 – *L'Oréal/Bellure.*

[568] Vgl. Fezer/*Koos* § 6 Rdn. 240; *Köhler*/Bornkamm § 6 Rdn. 166; *Ph. Koehler* in: Götting/Nordemann § 6 Rdn. 101; *Müller-Bidinger* in: Ullmann jurisPK-UWG § 6 Rdn. 186.

[569] Vgl. BGH GRUR 1995, 57 – *Markenverunglimpfung II; Berlit* Rdn. 207.

[570] Für eine Gleichsetzung der Begriffe „verunglimpfen" und „herabsetzen" *Aigner* S. 142 f.

[571] Vgl. *Köhler*/Bornkamm § 6 Rdn. 166; *Ohly*/Sosnitza § 6 Rdn. 66.

[572] Vgl. BGH GRUR 1999, 501, 503 – *„Vergleichen Sie"*; OLG Saarbrücken EuZW 1999, 575, 576; *Aigner* S. 143; *Baumbach/Hefermehl* § 2 UWG Rdn. 14; *Eck/Ikas* WRP 1999, 251, 269 f.; *Nordmann* GRUR Int. 2002, 297, 302; *Plaß* in: HK-WettbR § 6 Rdn. 123; *Sack* GRUR Int. 1998, 263, 271 f.; *ders.* WRP 2001, 327, 346; *Saßmann* S. 135.

[573] BGH GRUR 2002, 72, 74 – *Preisgegenüberstellung im Schaufenster; Sack* Anm. in LM § 2 UWG Nr. 2.

Werbung enthält zwangsläufig und wesensimmanent eine Herabsetzung des Konkurrenzangebots.[574] Es widerspräche dem Grundsatz der Zulässigkeit vergleichender Werbung, der der RL zugrunde liegt, wenn alle Werbevergleiche, in denen ein anderes Unternehmen ungünstig abschneidet, d. h. herabgesetzt wird, schon deshalb wettbewerbswidrig wären (vgl. oben Rdn. 203).[575] Eine nach § 6 Abs. 2 Nr. 5 UWG und Art. 4 lit. d RL relevante Herabsetzung liegt daher nach einhelliger Meinung erst vor, wenn über die sachliche Kritik hinaus **besondere Umstände hinzukommen.**[576] Die Einschränkung des Herabsetzungsverbots wird auch damit gerechtfertigt, dass § 6 Abs. 2 Nr. 5 UWG und die RL die Herabsetzung und die Verunglimpfung nebeneinander nennen.[577]

Aus der Begründung zum Regierungsentwurf ist nicht zu ersehen, warum nur der auf Art. 3a Abs. 1 lit. e RL 97/55/EG (jetzt Art. 4 lit. d RL 2006/114/EG) beruhende Tatbestand des § 2 Abs. 2 Nr. 4 (jetzt § 6 Abs. 2 Nr. 4), nicht jedoch der ebenfalls auf Art. 3a Abs. 1 lit. e RL beruhende Tatbestand des § 2 Abs. 2 Nr. 5 (jetzt § 6 Abs. 2 Nr. 5) auf **unlautere** Herabsetzungen beschränkt worden ist. 208

b) Interessenabwägung. Ob herabsetzende vergleichende Werbung unlauter ist, muss durch eine **Interessenabwägung** festgestellt werden.[578] Dabei ist auch hier (vgl. oben Rdn. 193f.) einerseits das Interesse des Werbenden, einen Vergleich vorzunehmen, und andererseits das Interesse des Mitbewerbers, nicht unnötig herabgesetzt zu werden, zu berücksichtigen. 209

aa) Eine unlautere Herabsetzung liegt deshalb noch **nicht** vor, solange sich vergleichende Werbung **in den Grenzen einer sachlich gerechtfertigten Darstellung** hält.[579] Auch unwahre oder nicht erweislich wahre Tatsachenbehauptungen über einen Mitbewerber sind nicht ohne weiteres eine wettbewerbswidrige Herabsetzung i. S. v. § 6 Abs. 2 Nr. 5 UWG, z. B. unzutreffende Hinweise auf dessen Nationalität, Religion oder Parteizugehörigkeit; sie verstoßen allerdings gegen § 4 Nr. 2 UWG (früher § 4 Nr. 8, zuvor § 14 UWG).[580] 210

Mit Recht haben der EuGH und der BGH angenommen, dass ein **Preisvergleich** für sich genommen einen Mitbewerber, der höhere Preise verlangt, nicht ohne weiteres i. S. v. Art. 3a Abs. 1 lit. e RL 84/450/EWG (wettbewerbswidrig) herabsetzt oder verunglimpft.[581] Es ist auch nicht schon unlauter herabsetzend, wenn der Werbende in seinem Preisvergleich die Waren so auswählt, dass der Preisunterschied bei diesen Waren über dem durchschnittlichen Preisunterschied der Mitbewerber liegt.[582] Es besteht keine Verpflichtung, jeden Preisvergleich auf die Durchschnittspreise des Werbenden und seines Mitbewerbers zu beschränken.[583] Auch der Preisvergleich von Markenwaren und Handelsmarken bzw. No-name-Produkten ist nicht ohne weiteres (unlauter) herabsetzend.[584] 211

Die Werbung eines Pharmaunternehmens mit einer wissenschaftlichen Studie, in der konkurrierende Medikamente miteinander verglichen werden, ist nicht schon deshalb wettbewerbswidrig, wenn dabei das Konkurrenzprodukt ungünstiger abschneidet.[585] Sie wird auch nicht da- 212

---

574 EuGH Slg. 2003, I-3095 = GRUR 2003, 533 Rdn. 80 – *Pippig;* BGH GRUR 1999, 501, 503 – *„Vergleichen Sie“;* GRUR 2002, 72, 73 – *Preisgegenüberstellung im Schaufenster;* GRUR 2002, 633, 635 – *Hormonersatztherapie.*

575 BGH GRUR 2010, 161 Rdn. 16 – *Gib mal* Zeitung; *Sack* WRP 2001, 327, 346; *ders.* Anm. in LM § 2 UWG Nr. 2; *Müller-Bidinger* in: Ullmann jurisPK-UWG § 6 Rdn. 187.

576 EuGH Slg. 2003, I-3095 = GRUR 2003, 533 Rdn. 80 – *Pippig;* BGH GRUR 1998, 824, 828 (3.b) – *Testpreis-Angebot;* GRUR 1999, 501, 503 – *„Vergleichen Sie“;* GRUR 2002, 72, 73 – *Preisgegenüberstellung im Schaufenster;* GRUR 2002, 633, 635 – *Hormonersatztherapie;* GRUR 2008, 448 Rdn. 18 – *Saugeinlagen;* GRUR 2010, 161 Rdn. 16 – *Gib mal Zeitung;* OLG Frankfurt a. M. GRUR-RR 2005, 137, 138 – *Vergleich mit Stachelschwein;* einhellige Meinung im Schrifttum, vgl. statt vieler *Baumbach/Hefermehl* § 2 UWG Rdn. 14; *Freund* S. 135; *Gamerith* ÖBl. 1998, 115, 122; *Henning-Bodewig* GRUR Int. 1999, 385, 388, 392; *Sack* WRP 2001, 327, 346; *Tilmann* GRUR 1997, 790, 797.

577 BGH GRUR 2002, 72, 73 (III.2.b) – *Preisgegenüberstellung im Schaufenster;* GRUR 1999, 501, 503 (d) – *„Vergleichen Sie“.*

578 GroßKommUWG/*Glöckner* § 6 Rdn. 519, 522ff.

579 BGH GRUR 2002, 633, 635 – *Hormonersatztherapie;* GRUR 2008, 448 Rdn. 18 – *Saugeinlagen;* OLG Frankfurt a. M. GRUR-RR 2005, 137, 138 – *Vergleich mit Stachelschwein.*

580 Vgl. BGH GRUR 2002, 633, 635 (2.b) – *Hormonersatztherapie; Sack* WRP 2001, 327, 336, 346.

581 EuGH Slg. 2003, I-3095 = GRUR 2003, 533 Rdn. 80, 84 – *Pippig;* BGH GRUR 2002, 72, 73 – *Preisgegenüberstellung im Schaufenster;* vgl. auch EGMR ÖJZ 2004, 397, 399 – *Krone-Verlag.*

582 EuGH Slg. 2003, I-3095 = GRUR 2003, 533 Rdn. 81, 82 – *Pippig;* solche Preisvergleiche sind nach Ansicht des EuGH auch nicht ohne Weiteres irreführend.

583 EuGH Slg. 2003, I-3095 = GRUR 2003, 533 Rdn. 81, 82 – *Pippig.*

584 BGH GRUR 1999, 501, 502 – *„Vergleichen Sie“; Sack* GRUR Int. 1998, 263, 272.

585 BGH GRUR 2002, 633, 635 – *Hormonersatztherapie.*

durch zur wettbewerbswidrigen Herabsetzung, dass nicht alle, sondern nur einige ausgewählte typische und wesentliche Eigenschaften der betreffenden Medikamente miteinander verglichen werden.[586]

213 An einer unlauteren Herabsetzung fehlt es bei einem **Abwehrvergleich,** der sich in den Grenzen der Verhältnismäßigkeit hält, d. h. gegen rechtswidrige Angriff eines Mitbewerbers kann sich der vergleichend Werbende mit etwas deutlicheren Worten wehren als ohne solche Angriffe.[587] Die Gegenansicht, die in einer Abwehrlage keine Rechtfertigung für eine Herabsetzung oder für deren mildere Beurteilung sieht,[588] beruft sich darauf, dass § 6 Abs. 2 eine abschließende Regelung enthalte und § 6 Abs. 2 Nr. 5 keinen derartigen Beurteilungsspielraum vorsehe. Dem ist entgegenzuhalten, dass – wie bereits in Rdn. 209 ausgeführt – die Unlauterkeit einer Herabsetzung durch eine **Interessenabwägung** festzustellen ist. Dabei kann auch eine Abwehrlage berücksichtigt werden. Diese Ansicht hält sich innerhalb des Beurteilungsspielraums des § 6 Abs. 2 Nr. 5 und innerhalb der abschließenden Regelung der vergleichenden Werbung durch die RL 2006/114/EG und die RL 2005/29/EG bzw. von § 5 Abs. 2 und § 6 Abs. 2 UWG.

214 *bb)* **Unlauter** ist vergleichende Werbung, wenn sie über das zur sachlichen Information der Kunden erforderliche Maß hinausgeht.[589] Herabsetzende Hinweise, die für eine sachliche Kaufentscheidung des Kunden irrelevant sind, sind unnötig herabsetzend; sie werden außerdem i. d. R. auch gegen § 6 Abs. 2 Nr. 2 UWG verstoßen.

215 Demgegenüber meint der BGH, Unlauterkeit liege nicht schon dann ohne Weiteres vor, wenn das Konkurrenzprodukt **unnötig,** d. h. mehr als zur sachlichen Information über dessen Nachteile bzw. über Vorteile des eigenen Produkts erforderlich, herabgesetzt wird.[590] Allerdings sei das Kriterium der Erforderlichkeit auch nicht völlig irrelevant. Es sei vielmehr im Rahmen der Abwägung zur Feststellung, ob eine Herabsetzung unlauter ist, zu berücksichtigen.[591]

216 Zutreffend hat der BGH angenommen, dass eine Herabsetzung i. S. v. § 6 Abs. 2 Nr. 5 UWG unlauter sei, wenn kritisierende vergleichende Werbung über die mit der Vergleichung notwendig verbundene Herabsetzung von Konkurrenzprodukten hinaus in unangemessener Weise **abfällig, abwertend oder unsachlich** erscheint.[592] Dies ist nicht nur anhand einer isolierten Betrachtung einzelner Erklärungen, sondern aufgrund des **Gesamtzusammenhangs** der Angaben zu beurteilen.[593] Zu eng erscheint hingegen die Annahme, nur „grob und unverhältnismäßig abwertende Ausdrucksformen" seien unlauter.[594]

217 Unlauter herabsetzend sind Werbevergleiche, z. B. wenn bestimmte Konkurrenzprodukte als **rückständig** oder als **minderwertig** bezeichnet werden bzw. wenn ein solcher Eindruck vermittelt wird.[595] Unlauter herabsetzend ist z. B. die Bezeichnung von Konkurrenzprodukten als „Mist",[596] als „Schwindelmittel"[597] oder als **Nachahmung,** wenn dies nicht zutrifft.

---

[586] BGH GRUR 2002, 633, 635 – *Hormonersatztherapie.*

[587] *Eck/Ikas* WRP 1999, 251, 270.

[588] Vgl. *Köhler*/Bornkamm § 6 Rdn. 176; *Nordmann* GRUR Int. 2002, 297, 302; *Plaß* NJW 2000, 3161, 3167; *dies.* WRP 1999, 766, 770; einschränkend auch *Scherer* WRP 2001, 89, 96.

[589] Vgl. BGH GRUR 1999, 1100, 1102 – *Generika-Werbung; Plaß* in: HK-WettbR § 6 Rdn. 123, 126; *Sack* WRP 2001, 327, 346; ebenso schon BGH GRUR 1970, 465, 466; *Sack* in: Amann/Jaspers RWW 3.2 Rdn. 677.

[590] BGH GRUR 2002, 72, 74 – *Peisgegenüberstellung im Schaufenster;* OLG Jena GRUR-RR 2003, 254.

[591] BGH GRUR 2002, 72, 75 – *Preisgegenüberstellung im Schaufenster.*

[592] BGH GRUR 1999, 501, 503 – *„Vergleichen Sie";* GRUR 1999, 1100, 1102 – *Generika-Werbung;* GRUR 2001, 752, 753 – *Eröffnungswerbung;* GRUR 2002, 72, 73 – *Preisgegenüberstellung im Schaufenster;* GRUR 2002, 75, 77 – *„Soooo … billig!"?;* GRUR 2002, 633, 635 – *Hormonersatztherapie;* GRUR 2008, 448 Rdn. 18 – *Saugeinlagen;* GRUR 2010, 161 Rdn. 16 – *Gib mal Zeitung;* OLG Frankfurt GRUR-RR 2001, 89, 90 – *Komfortanschluss;* OLG Hamburg AfP 1999, 502, 504; OLG Hamburg GRUR-RR 2002, 112 – *Verlierer;* OLG München GRUR-RR 2003, 189, 190 – *Reichweitenzahlen;* OLG Jena GRUR-RR 2003, 254; *Köhler*/Bornkamm § 6 Rdn. 170; *Menke* WRP 1998, 811, 816; *Plaß* WRP 1999, 766, 770; *Plassmann* GRUR 1996, 377, 380; *Römermann/Günther* BB 2010, 137, 139; *Sack* GRUR Int. 1998, 263, 267, 271 f.; *ders.* WRP 2001, 327, 345; *ders.* Anm. in: LM § 2 UWG Nr. 2.

[593] BGH GRUR 2008, 448 Ls. 1 u. Rdn. 18 – *Saugeinlagen.*

[594] *Eck/Ikas* WRP 1999, 251, 269 f.; MünchKommUWG/*Menke* § 6 Rdn. 288; a. A. OLG Stuttgart NJW-RR 1999, 266, 267; *Plassmann* GRUR 1996, 377, 380.

[595] BGH GRUR 1998, 824, 828 (3.b) – *Testpreis-Angebot;* OLG Frankfurt GRUR-RR 2001, 89, 90 – *Komfortanschluss;* OLG Jena GRUR-RR 2003, 254 – *Fremdgehen;* öst. OGH GRUR Int. 1982, 204, 205 – *Ketchup-Flaschen;* OGH ÖBl. 1981, 119 – *Österreichs bestes Bier; Römermann/Günther* BB 2010, 137, 139; *Sack* WRP 2001, 327, 346; a. A. *Ohly*/Sosnitza § 6 Rdn. 68.

[596] OLG Köln WRP 1985, 233.

[597] BGH GRUR 1964, 392, 394 – *Weizenkeimöl.*

Unlauter können **Preisvergleiche** sein, wenn die Preise des Mitbewerbers als nicht mehr akzeptabel, überhöht oder **überteuert** bezeichnet werden.[598] Dies geschieht allerdings nicht schon **implizit** mit dem Hinweis auf die eigenen günstigeren Preise.[599] Deshalb ist die Werbung mit dem Hinweis, dass der Sonderpreis eines bestimmten Mitbewerbers höher sei als der eigene Normalpreis, noch nicht ohne Weiteres unlauter herabsetzend.[600] Als unlauter herabsetzend bewertete hingegen das KG mit Recht einen Preisvergleich in folgender Form: „Die beste Werbung für S. sind die Angebote der Konkurrenz".[601] 218

Ferner sind Werbevergleiche, die Leistungen von Mitbewerbern **pauschal abwerten** oder **Schmähkritik** enthalten, unlauter herabsetzend,[602] z. B. in einem Vergleich mit einem konkurrierenden Versicherungsunternehmen, dessen Beratung sei oft einseitig und nicht auf die persönliche Situation der Kunden abgestimmt.[603] In seiner Entscheidung *„Gib mal Zeitung"* vom 1.10.2009 verneinte der BGH den Vorwurf des Kl. (Verleger der TAZ), dass die beanstandete Werbung die gesamte Leserschaft der BILD-Zeitung pauschal als primitiv und dumm abstemple und damit diese Zeitung unlauter herabsetze.[604] Damit wich der BGH von der Beurteilung beider Vorinstanzen ab. 219

Unlauter herabsetzend sind auch Werbevergleiche, die Konkurrenzprodukte **lächerlich** machen.[605] Dies gilt auch dann, wenn hierfür das Stilmittel der **Ironie** eingesetzt wird.[606] Ein anschauliches Beispiel hierfür bietet die *Büffelgras*-Entscheidung des OLG Köln von 1980.[607] Die Antragstellerin vertrieb polnischen Büffelgraswodka mit einem Büffelgrashalm, der diesem Wodka ein besonderes Aroma verlieh, und sie warb mit dem Slogan: „Der Wodka mit dem echten Büffel-Grashalm aus den Urwäldern Polens". Die Antragsgegnerin vertrieb russischen Büffelgraswodka, jedoch ohne Grashalm; das dem Büffelgras entzogene Aroma war bereits mit dem Wodka vermischt. Sie warb mit dem Spruch: „Echt russischer Büffelgras-Wodka, bei dem Sie Büffelgras schmecken, ohne es kauen zu müssen". Das OLG Köln untersagte diesen Werbespruch mit einer Begründung, die auch nach der Neuregelung der vergleichenden Werbung noch zutreffend ist. Die ersichtlich ironische Form des Produktvergleichs mache diese Werbung nicht zulässig. Das Stilmittel der Ironie, dem u. U. sogar eine größere Werbewirkung zukommen könne als unrichtigen, herabsetzenden Sachaussagen, werde hier dazu verwendet, einen charakteristischen Teil der Aufmachung des Produkts in bewusster Verkehrung seiner Zweckbestimmung und damit zugleich das Produkt der Antragstellerin selbst **ins Lächerliche zu ziehen,** um auf diese Weise das eigene Produkt als das empfehlenswertere herauszustellen. 220

---

[598] BGH GRUR 1999, 501, 503 – *„Vergleichen Sie"*; OLG Hamburg GRUR 1992, 531.

[599] BGH GRUR 1999, 501, 503 – *„Vergleichen Sie"*.

[600] BGH GRUR 2002, 72, 73 – *Preisgegenüberstellung im Schaufenster; GK/Glöckner* § 6 Rdn. 535.

[601] KG WRP 1999, 339, 340; a. A. *Ohly*/Sosnitza § 6 Rdn. 68.

[602] BGH GRUR 1998, 824, 828 (3.b) – *Testpreis-Angebot;* GRUR 1999, 501, 503 – *„Vergleichen Sie";* GRUR 1999, 1100, 1102 – *Generika-Werbung;* GRUR 2002, 72, 73 – *Preisgegenüberstellung im Schaufenster;* GRUR 2002, 633, 635 – *Hormonersatztherapie;* GRUR 2008, 448 Rdn. 18 – *Saugeinlagen;* GRUR 2010, 161 Rdn. 16 – *Gib mal Zeitung;* OLG Hamburg GRUR-RR 2002, 112 – *Verlierer;* OLG Hamburg VersR 2002, 1120, 1121 – *Versicherungen;* OLG Frankfurt a. M. GRUR-RR 2005, 137, 138 – *Vergleich mit Stachelschwein;* OLG Jena GRUR-RR 2003, 254, 255 – *Fremdgehen;* OLG Koblenz WRP 1983, 289, 290 *(„Bei uns hat Qualität auch Stil");* öst. OGH ÖBl. 1981, 119 – *Österreichs bestes Bier; Freund* S. 135 f.; *Eck/Ikas* WRP 1999, 772, 775; *Sack* GRUR Int. 1998, 263, 271 f.; *ders.* WRP 2001, 327, 346; *ders.* Anm. in LM § 2 UWG Nr. 2; *ders.* in: Amann/Jaspers RWW 3.2 Rdn. 676 ff., 678; ebenso zu nicht-identifizierenden Werbevergleichen BGH GRUR 1999, 1100, 1102 – *Generika-Werbung;* GRUR 2001, 752, 753 – *„Soooo ... billig!"?;* GRUR 2002, 982 – *Die „Steinzeit" ist vorbei;* OLG Hamburg GRUR-RR 2003, 50 f. – *Tiefpreisgarantie;* OLG Hamburg GRUR-RR 2003, 251, 252 – *Müsli-Riegel.*

[603] OLG Frankfurt a. M. VersR 2002, 1120, 1121 – *Versicherungen.*

[604] BGH GRUR 2010, 161 Rdn. 21 – *Gib mal Zeitung;* zustimmend *Ohly* GRUR 2010, 166; ebenso im Ergebnis *Köhler* WRP 2010, 571, 572, 576; kritisch *Römermann/Günther* BB 2010, 137, 139 f.; das LG und OLG Hamburg, AfP 2008, 387 waren m. E. mit gutem Grund gegenteiliger Ansicht; nach *Köhler* WRP 2010, 571, 572 f. sind allerdings die Parteien schon keine „Mitbewerber" i. S. von § 6 Abs. 1, sondern nur solche i. S. von § 4 Nr. 7 (jetzt § 4 Nr. 1); damit seien auch Bedenken gegen die Ansicht des BGH unbegründet, dass der betr. Werbevergleich „objektiv" i. S. von § 6 Abs. 2 Nr. 2 gewesen sei.

[605] Vgl. BGH GRUR 2010, 161 Rdn. 20 – *Gib mal Zeitung;* OLG Köln WRP 1980, 715 – *Büffelgras;* OLG Frankfurt a. M. WRP 1972, 91, 92; *Ohly GRUR* 2010, 166 (2.); *Sack* WRP 2001, 327, 346; *ders.* in: Amann/Jaspers RWW 3.2 Rdn. 678; *ders.* Anm. in: LM § 2 UWG Nr. 2; vgl. auch öst. OGH GRUR Int. 1982, 204 – *Ketchup-Flaschen;* OGH WBl. 2003, 144 – *Schirmbar; Gamerith* ÖBl. 1998, 115, 122; gute Differenzierungen bei *Freund* S. 139 f.

[606] OLG Köln WRP 1980, 715 – *Büffelgras; Sack* WRP 2001, 327, 346 mit Fn. 211; *ders.* in: Amann/Jaspers RWW 3.2 Rdn. 678; *Freund* S. 139 f.; öst. OGH WBl. 2003, 144 – *Schirmbar.*

[607] OLG Köln WRP 1980, 715 – *Büffelgras;* vgl. auch *Sack* in: Amann/Jaspers RWW 3.2 Rdn. 678; *Lindacher* FS Brandner S. 399, 411.

221 Allerdings ist zu berücksichtigen, dass **Werbung auch von Humor und Ironie lebt.** Solange mit ironischen Anklängen nur Aufmerksamkeit und Schmunzeln erzielt werden, ohne dass damit eine Abwertung des Konkurrenzprodukts verbunden ist, liegt keine unlautere Herabsetzung vor.[608] Es fehlt dann bereits an einer **Herabsetzung.**[609] Sobald jedoch Humor und Ironie dazu eingesetzt werden, Konkurrenzprodukte abfällig abzuwerten oder lächerlich zu machen, liegt eine unlautere Herabsetzung vor.[610] Außerdem kann vergleichende Werbung mit Humor oder Ironie am Objektivitätserfordernis des § 6 Abs. 2 Nr. 2 scheitern (vgl. Rdn. 161 ff.).[611] Bei der Interessenabwägung ist auch zu berücksichtigen, dass mit dem Stilmittel der Ironie manchmal eine größere Werbewirkung erzielt werden kann, als mit unrichtigen herabsetzenden Sachaussagen.[612] Unlauter herabsetzend ist ein Bildmotiv, das einen Waschbär beim Übersprühen einer farbigen Fläche, die einem bestimmten Telekommunikationsunternehmen allgemein zugerechnet wird, mit einer vom Werbenden benutzten Farbe zeigt.[613]

222 Verunglimpfend und unlauter herabsetzend können auch Hinweise auf **persönliche** Umstände von Mitbewerbern sein, auch wenn sie der Wahrheit entsprechen, z. B. Hinweise auf Vorstrafen, Krankheiten oder familiäre Probleme, wenn diese ohne Relevanz für den Leistungsvergleich sind.

223 Soweit die Herabsetzung auf der Behauptung oder Verbreitung unwahrer oder nicht erweislich wahrer Tatsachen über einen Mitbewerber, sein Unternehmen oder seine Leistungen beruht, ist auch § 4 Nr. 2 UWG anwendbar (vgl. auch Rdn. 261).[614]

VI. Imitationswerbung, § 6 Abs. 2 Nr. 6 UWG

224 Schließlich untersagt § 6 Abs. 2 Nr. 6 UWG vergleichende Werbung, wenn der Vergleich eine Ware oder Dienstleistung **als Imitation oder Nachahmung** einer fremden Ware oder Dienstleistung darstellt, die unter einem geschützten **Kennzeichen** vertrieben wird. § 6 Abs. 2 Nr. 6 UWG entspricht Art. 4 lit. g RL, der als geschützte Kennzeichen allerdings nur geschützte Marken und geschützte Handelsnamen nennt. Diese vielfach als **„Parfumklausel"** bezeichnete Regelung ist erst im Europäischen Parlament auf Drängen Frankreichs zum Schutze seiner Parfumindustrie in die RL aufgenommen worden.[615]

1. Der Verbotsadressat

225 Der Wortlaut dieser Regelung ist mehrdeutig: Untersagt sie dem **Originalanbieter,** ein Konkurrenzprodukt als Imitation oder Nachahmung zu bezeichnen,[616] oder untersagt sie – genau umgekehrt – einem **Nachahmer,** sein Produkt als Nachahmung oder Imitation des Originalprodukts anzupreisen?[617] Aus der Entstehungsgeschichte dieser sog. Parfumklausel und dem mit ihr konkret

---

[608] So BGH GRUR 2002, 828, 830 – *Lottoschein;* GRUR 2002, 72, 74 a. E. – *Preisgegenüberstellung im Schaufenster;* GRUR 2002, 982, 984 – *Die „Steinzeit" ist vorbei;* GRUR 2010, 161 Rdn. 17, 25 – *Gib mal Zeitung;* OLG Frankfurt a. M. GRUR-RR 2005, 137, 138 – *Vergleich mit Stachelschwein;* OLG Frankfurt a. M. GRUR-RR 2005, 355, 356 – *„Na … auch T-Aktionär?";* OLG Frankfurt a. M. WRP 2015, 122 Rdn. 20 – *Sprayender Waschbär,* OLG Hamburg GRUR-RR 2003, 251, 253 – *Müsli-Riegel;* OLG München GRUR-RR 2003, 189, 190 – *Reichweitenzahlen;* Fezer/*Koos* § 6 Rdn. 32, 247; *Köhler* WRP 2010, 571, 575; *Ohly* GRUR 2010, 166; *Ohly*/Sosnitza § 6 Rdn. 66; *Tilmann* GRUR 1997, 790, 797; zu humorvollen Werbevergleichen vgl. auch *Freytag* GRUR-Prax 2009, 1 ff.

[609] OLG Frankfurt a. M. GRUR-RR 2005, 355, 356 – *„Na … auch T-Aktionär?".*

[610] BGH GRUR 2010, 161 Rdn. 20 – *Gib mal Zeitung;* OLG Köln WRP 1980, 715 – *Büffelgras;* OLG Frankfurt a. M. WRP 2015, 122 Rdn. 20 – *Sprayender Waschbär,* MünchKommUWG/*Menke* § 6 Rdn. 289; *Römermann/Weimer* BB 2010, 137, 139 f.

[611] Vgl. *Peifer* WRP 2011, 1, 6.

[612] So zutreffend OLG Köln WRP 1980, 715 – *Büffelgras;* OLG Jena GRUR-RR 2003, 254, 255; *Sack* Anm. in LM § 2 UWG Nr. 2; bedenklich OLG Hamburg GRUR-RR 2003, 249 – *„orgelndes" Auto.*

[613] OLG Frankfurt a. M. WRP 2015, 122 Rdn. 20 f. – *Sprayender Waschbär.*

[614] *Sack* WRP 2001, 327, 346.

[615] Vgl. *Gamerith* ÖBl. 1998, 115, 123, der zugleich die zu weite Fassung dieser Regelung mit Recht kritisiert; Fezer/*Koos* § 6 Rdn. 266; GK/*Glöckner* § 6 Rdn. 555, 583; *Köhler*/Bornkamm § 6 Rdn. 182; MünchKommUWG/*Menke* § 6 Rdn. 301; *Ohly*/Sosnitza § 6 Rdn. 69; *Tilmann* GRUR 1997, 790, 795; zu den Duftvergleichslisten vgl. auch *Lehment* GRUR 2004, 657 ff.; zu den markenrechtlichen Problemen ausführlich *Lema Devesa* GRUR Int. 2009, 118 ff.

[616] So *Gloy/Bruhn* GRUR 1998, 226, 238 (h); *Kotthoff* BB 1998, 2217, 2220.

[617] EuGH Slg. 2009, I-5185 = GRUR 2009, 756 Rdn. 75 – *L'Oréal/Bellure;* Begr. Reg.-Entw. BT-Drucks. 14/2959, S. 12; BGH GRUR 2008, 628 Rdn. 22 – *Imitationswerbung; Aigner* S. 163, 166; *Baumbach/Hefermehl* § 2 UWG Rdn. 15; *Berlit* BB 2000, 1305, 1308; *Blanken* S. 217; *Eck/Ikas* WRP 1999, 251, 273; *Emmerich,* Unlauterer Wettbewerb, § 7 Rdn. 44; Fezer/*Koos* § 6 Rdn. 261, 268 ff., 274; *Freund* S. 158 f.; *Gamerith* ÖBl. 1998, 115, 123; *Jestaedt,* Wettbewerbsrecht, Rdn. 796; *Kebbedies* S. 229 f.; *Köhler*/Bornkamm § 6 Rdn. 183;

von Frankreich verfolgten Zweck, eine Handhabe gegen Parfum-Konkordanzlisten zu schaffen,[618] folgt, dass sie den Schutz des Originalanbieters bezweckt und Adressat dieses Verbots der **Nachahmer** ist. Wird hingegen das Produkt eines **Mitbewerbers** als Nachahmung bezeichnet, kann eine unlautere Herabsetzung nach § 6 Abs. 2 Nr. 5 vorliegen.[619]

2. Geschützte Kennzeichen

§ 6 Abs. 2 Nr. 6 UWG schützt nur gegen Werbehinweise auf die Nachahmung von Waren mit einem geschützten **Kennzeichen,** d.h. – so Art. 4 lit. g RL – mit einer geschützten Marke oder einem geschützten Handelsnamen. Geschützte Marken i.S.v. § 6 Abs. 2 Nr. 6 UWG und Art. 4 lit. g RL sind nicht nur eingetragene Marken i.S.d. MarkenRL und GMV, sondern auch sog. **Benutzungsmarken** (früher „Ausstattungen") i.S.v. § 4 Nr. 2 und notorisch bekannte Marken i.S.v. § 4 Nr. 3 MarkenG.[620] Dem steht nicht entgegen, dass das europäische Markenrecht, d.h. die GMV und die MarkenRL, nur den Schutz **eingetragener** Marken regelt. Denn die MarkenRL eröffnet ausdrücklich die Möglichkeit des nationalen Schutzes nicht eingetragener Marken, nämlich von Benutzungsmarken mit Verkehrsgeltung und notorisch bekannten Marken; der deutsche Gesetzgeber hat hiervon in § 4 Nr. 2 und 3 MarkenG Gebrauch gemacht. Freilich beschränkt dies wegen der nationalen Unterschiede des Markenschutzes das angebliche Anliegen einer **Voll**harmonisierung des Rechts der vergleichenden Werbung. 226

Mit dem geschützten Kennzeichen, auf das in einem Werbehinweis Bezug genommen wird, muss das im Vergleich genannte Produkt versehen gewesen sein. Danach genügt es bei einem Vergleich von **Zubehör** und **Ersatzteilen** nach § 6 Abs. 2 Nr. 6 UWG nicht, wenn nicht diese, sondern nur die dazugehörende Hauptware unter einem geschützten Kennzeichen vertrieben wird.[621] 227

Abweichend von Art. 4 lit. g RL untersagt § 6 Abs. 2 Nr. 6 UWG, wenn mit der Begr. Reg.-Entw. der Kennzeichenbegriff des § 6 UWG dem des § 1 MarkenG entspricht, nicht nur die Imitationswerbung mit geschützten **Marken** und **Handelsnamen,** sondern z.B. auch mit **geographischen Herkunftsangaben.** Ein solches Verbot vergleichender Werbung würde jedoch weiter reichen, als es die RL zulässt.[622] Das Gebot richtlinienkonformer Auslegung von § 6 Abs. 2 Nr. 6 UWG rechtfertigt es deshalb, zu den „Kennzeichen" in dieser Vorschrift nur **nicht geographische Herkunftsangaben** zu rechnen. 228

3. Darstellung als Imitation oder Nachahmung

Eine Imitations- oder Nachahmungswerbung liegt vor, wenn in irgendeiner Weise erkennbar gemacht wird, dass das in den Vergleich einbezogene Produkt **als Vorlage** gedient hat.[623] § 6 Abs. 2 Nr. 6 gilt nicht nur für gefälschte Waren, sondern für alle Imitationen und Nachahmungen.[624] Unerheblich für die Anwendung des Verbots des § 6 Abs. 2 Nr. 6 UWG ist, ob die nachgeahmte Ware immaterialgüterrechtlichen oder ergänzenden wettbewerbsrechtlichen Leistungsschutz genießt. Auch nach dem Ablauf immaterialgüterrechtlicher Schutzfristen darf eine an sich nun zulässige **Nachahmung** nach § 6 Abs. 2 Nr. 6 UWG nicht in vergleichender **Werbung** als Nachahmung der Originalware angepriesen werden. Unerheblich ist, ob es sich nach der Werbebotschaft um eine umfassende Imitation der Ware mit geschützter Marke handelt oder nur um die Imitation eines **wesentlichen Merkmals** der Ware, z.B. bei Parfums des Geruchs.[625] Unerheblich ist auch, 229

Müller-Bidinger in: Ullmann jurisPK-UWG § 6 Rdn. 201; MünchKommUWG/*Menke* § 6 Rdn. 303; *Ohly*/Sosnitza § 6 Rdn. 69; *Plaß* WRP 1999, 766, 771; *dies.* NJW 2000, 3161, 3167; *dies.* in: HK-WettbR § 6 Rdn. 132; *Sack* WRP 2001, 327, 347; *Saßmann* S. 140; *Somariello* S. 90; *Wamprechtshamer* ÖBl. 2000, 147, 153; *Wehlau* ZLR 1999, 393, 414; *Ziervogel* S. 139 mit Fn. 428.

618 Vgl. *Berlit* Rdn. 235, 238; *Gamerith* ÖBl. 1998, 115, 123; *Plaß* in: HK-WettbR § 6 Rdn. 132; *Sack* WRP 2001, 327, 347; *Tilmann* GRUR 1997, 790, 795; *Wamprechtshamer* ÖBl. 2000, 147, 153.

619 *Köhler*/Bornkamm § 6 Rdn. 183.

620 *Freund* S. 157; *Sack* WRP 2001, 327, 347; MünchKommUWG/*Menke* § 6 Rdn. 306 (unter ausdrücklicher Aufgabe der in Rdn. 219 der 1. Aufl. vertretenen Gegenansicht) a.A. *Kebbedies* S. 234; *Plaß* NJW 2000, 3161, 3168.

621 *Sack* WRP 2001, 327, 347; *Blanken,* Wettbewerbsrechtliche und immaterialgüterrechtliche Probleme des Zubehör- und Ersatzteilgeschäftes, 2008, S. 207.

622 *Freund* S. 160f.; *Müller-Bidinger* in: Ullmann jurisPK-UWG § 6 Rdn. 205; *Ohly*/Sosnitza § 6 Rdn. 69; *Plaß* NJW 2000, 3161, 3168; *Sack* WRP 2001, 327, 347.

623 *Sack* WRP 2001, 327, 347; enger *Eck/Ikas* WRP 1999, 251, 273; MünchKommUWG/*Menke* § 6 Rdn. 223.

624 EuGH Slg. 2009, I-5185 = GRUR 2009, 756 Rdn. 73 – *L'Oréal/Bellure.*

625 EuGH Slg. 2009, I-5185 = GRUR 2009, 756 Rdn. 76 – *L'Oréal/Bellure; Alexander* WRP 2013, 1553 Rdn. 23.

ob die angepriesene Ware oder Dienstleistung tatsächlich eine Nachahmung oder Imitation ist.[626] Die Anwendung von § 6 Abs. 2 Nr. 6 erfordert auch weder eine Irreführungs- noch eine Verwechslungsgefahr.[627] Nach Ansicht des EuGH ist der durch unlautere Imitationswerbung erzielte Vorteil das Ergebnis unlauteren Wettbewerbs und daher auch als **unlautere Ausnutzung des Rufs** i. S. von § 6 Abs. 2 Nr. 4 zu betrachten.[628]

230 **Keine** Anpreisung „als Imitation oder Nachahmung" liegt vor, wenn das angepriesene Produkt, vom selben Hersteller stammt wie das Originalprodukt, jedoch unter einer anderslautenden Handelsmarke vertrieben wird.[629]

231 § 6 Abs. 2 Nr. 6 UWG verbietet nur die sog. **offene Imitationswerbung.**[630] Sie liegt allerdings nach h. M. nicht nur vor, wenn **explizit** die Bezeichnungen „Imitation" oder „Nachahmung" verwendet werden, sondern auch, wenn in Anbetracht der Gesamtdarstellung und des wirtschaftliches Kontextes im konkreten Anwendungsfall die angebotene Ware oder Dienstleistung in der Werbung **implizit** als Imitation oder Nachahmung **erkennbar** gemacht wird.[631] Eine ausdrückliche Nennung der Konkurrenzmarke sei nicht erforderlich, wenn sich aus den Umständen des Einzelfalles ergibt, auf welches Konkurrenzprodukt sich die Imitationswerbung bezieht.[632] Diese Ansicht bedarf jedoch der Präzisierung und Einschränkung. § 6 Abs. 2 Nr. 6 untersagt nicht ohne Weiteres, das eigene Produkt als **gleichwertig** mit einem anderen Produkt darzustellen.[633] Denn sonst wäre **anlehnende** vergleichende Werbung, soweit sie Markenprodukte betrifft, entgegen dem Liberalisierungszweck der RL nahezu vollständig verboten.[634] Die Werbebehauptung, dass das eigene Produkt mit einem bestimmten Konkurrenzprodukt übereinstimme oder diesem gleichwertig sei, impliziert auch nicht ohne weiteres den Hinweis, dass eine Imitation oder Nachahmung vorliege.[635] Eine offene bzw. deutliche Imitationsbehauptung liegt grundsätzlich nicht schon vor, wenn die Verbraucher für die Feststellung, dass die Werbung eine Imitation anpreise, **andere** Erkenntnisquellen benötigen, die **außerhalb** der Gesamtdarstellung der beanstandeten Werbung, des wirtschaftlichen Kontextes und des präsenten Wissens der angesprochenen Verkehrskreise, die normal informiert und angemessen aufmerksam und verständig sind, liegen,[636] z. B. eine konkrete Unterrichtung bei der Akquisition oder die Verwendung von Vergleichslisten und Duftvergleichen.[637] Wenn sich die Werbung nicht nur an Endverbraucher richtet, sondern auch an Händler, ist nach Ansicht des BGH zu berücksichtigen, dass diese in der betreffenden Branche ein umfassenderes präsentes Wissen haben. Deshalb sei es möglich, dass Händler eine Gleichwertigkeitsbehauptung als implizite Imitationswerbung verstehen, während sie für Endverbraucher keine Imitationswerbung ist.[638] Richte sich die Werbung an **mehrere** Kundenkreise, genüge es für die Unlauterkeit nach § 6 Abs. 2 Nr. 6, wenn nur gegenüber einem dieser Kundenkreise eine Imitationswerbung vorliege.[639] Im Einzelfall

---

[626] *Köhler*/Bornkamm § 6 Rdn. 186.

[627] EuGH Slg. 2009, I-5185 = GRUR 2009, 756 Rdn. 65, 74 – *L'Oréal/Bellure.*

[628] EuGH Slg. 2009, I-5185 = GRUR 2009, 756 Rdn. 79, 80 – *L'Oréal/Bellure.*

[629] *Köhler*/Bornkamm § 6 Rdn. 185 a. E.

[630] BGH GRUR 2008, 628 Rdn. 10, 23, 26 – *Imitationswerbung;* BGH GRUR 2010, 343 Rdn. 36, 42 – *Oracle;* BGH GRUR 2011, 152 Rdn. 49 – *Kinderhochstühle im Internet;* BGH GRUR 2011, 1153 Rdn. 29, 31, 36, 50 – *Creation Lamis;* GK/*Glöckner* § 6 Rdn. 566.

[631] EuGH Slg. 2009, I-5185 = GRUR 2009, 756 Rdn. 75, 80 – *L'Oréal/Bellure;* BGH GRUR 2008, 628 Rdn. 26 – *Imitationswerbung;* BGH GRUR 2010, 343 Rdn. 29 – *Oracle;* BGH WRP 2010, 761 – *Darstellung als Imitation;* BGH GRUR 2011, 152 Rdn. 49 – *Kinderhochstühle im Internet;* BGH GRUR 2011, 1153 Rdn. 26, 27 – *Creation Lamis.*

[632] BGH GRUR 2008, 628 Rdn. 16 – *Imitationswerbung.*

[633] Begr. Reg.-Entw. BT-Drucks. 14/2959, S. 12; BGH GRUR 2008, 628 Rdn. 23, 25, 26 – *Imitationswerbung;* BGH GRUR 2010, 343 Rdn. 29 – *Oracle;* BGH GRUR 2011, 152 Rdn. 49 – *Kinderhochstühle im Internet;* BGH GRUR 2015, 1136 Rdn. 41 f. – *Staubsaugerbeutel im Internet; Baumbach/Hefermehl* § 2 UWG Rdn. 15; *Berlit* BB 2000, 1305, 1308; *Blanken* S. 217; *Köhler*/Bornkamm § 6 Rdn. 191; *Lehmler* § 6 Rdn. 210, 211; *Sack* WRP 2001, 327, 347; *Ziervogel* S. 139; a. A. *Scherer* WRP 2001, 89, 95; zu weitgehend OLG Hamburg MMR 2005, 326, das § 6 Abs. 2 Nr. 6 auf Parfumwerbung anwendete, in der gesagt wurde, dass das angepriesene Parfum für weniger als die Hälfte des Preises des Markenprodukts erhältlich sei.

[634] Begr. Reg.-Entw. BT-Drucks. 14/2959, S. 12; BGH GRUR 2008, 628 Rdn. 23 – *Imitationswerbung;* MünchKommUWG/*Menke* § 6 Rdn. 308; *Scherer* WRP 2001, 89, 95.

[635] BGH GRUR 2011, 1153 Rdn. 27 – *Creation Lamis.*

[636] BGH GRUR 2011, 1153 Leits. u. Rdn. 30, 31, 32, 36 – *Creation Lamis;* BGH GRUR 2010, 343 Rdn. 29 – *Oracle; Alexander* WRP 2013, 1553 Rdn. 25; *Köhler* GRUR 2009, 445, 449.

[637] BGH GRUR 2011, 1153 Rdn. 30 – *Creation Lamis.*

[638] BGH GRUR 2010, 343 Rdn. 30 ff., 35 – *Oracle;* BGH GRUR 2011, 1153 Rdn. 34 ff. – *Creation Lamis.*

[639] BGH GRUR 2010, 343 Rdn. 35 – *Oracle;* BGH GRUR 2011, 1153 Rdn. 34 ff., 38 – *Creation Lamis.*

kann auch die **Fortwirkung** früherer Imitationswerbung des Werbenden das präsente Wissen der angesprochenen Verkehrskreise so beeinflussen, dass sie die beanstandete Werbung als Imitationsbehauptung verstehen.[640] Häufig wird es sehr schwierig sein zu entscheiden, ob die Behauptung der Gleichwertigkeit zugleich eine nach § 6 Abs. 2 Nr. 6 UWG unzulässige implizite Behauptung der Nachahmung umfasst. Bei **Duftvergleichslisten** in der Parfumwerbung wird man von der Behauptung einer Nachahmung ausgehen müssen.[641]

Besondere Probleme bereitet die Ansicht, dass die Behauptung der **Gleichwertigkeit** in vergleichender Werbung implizit eine verbotene Identitäts- oder Nachahmungsbehauptung i. S. v. § 6 Abs. 2 Nr. 6 sein könne, bei der Werbung für Ersatzteile, Zubehör und Verbrauchsmaterialien sowie im Arzneimittelbereich bei der Werbung für Generika. In diesen Bereichen ist zu berücksichtigen, dass Art. 4 lit. g RL 2006/114/EG und der entsprechende § 6 Abs. 2 Nr. 6 speziell im Parfumbereich der Bekämpfung von Duftvergleichslisten dienen sollte. Gemessen an diesem Schutzzweck reicht die Formulierung von Art. 4 lit. g RL 2006/114/EG weiter als beachsichtigt.[642] Das gilt insbesondere für die Werbung für **Ersatzteile, Zubehör** und **Verbrauchsmaterialien** sowie im Arzneimittelbereich für **Generika.** Diese Vorschrift sollte jedoch nicht darüber hinaus nützliche Sachinformationen unterbinden.[643] § 6 Abs. 2 beschränkt den Liberalisierungszweck der Regelung der vergleichenden Werbung und den vom EuGH mehrfach hervorgehobenen Auslegungsgrundsatz, dass die Anforderungen an vergleichende Werbung in dem für sie **günstigsten Sinne** ausgelegt werden müssen (oben Rdn. 14). Deshalb ist die Regelung des § 6 Abs. 2 Nr. 6 **restriktiv** auszulegen.[644] 232

Vor allem in den oben genannten Fällen der vergleichenden Werbung für **Ersatzteile, Zubehör** und **Verbrauchsmaterialien** bzw. im Arzneimittelbereich für **Generika** lässt sich eine Beschränkung des Anwendungsvbereichs von Art. 4 lit. g RL 2006/114/EG und § 6 Abs. 2 Nr. 6 damit rechtfertigen, dass ein Verbot der **impliziten** Behauptung der Identität oder Nachahmung eines Konkurrenzprodukts mit diesen Vorschriften nicht bezweckt war. Aus dem in Rdn. 232 Gesagten folgt für den Bereich der Werbung für **Ersatzteile, Zubehör** und **Verbrauchsmaterialien,** dass sie, z. B. durch Hinweise auf **OEM-Nummern,** grundsätzlich als **gleichwertig** mit den entsprechenden Produkten des Herstellers des Hauptprodukts bezeichnet werden dürfen.[645] In den betreffenden Wirtschaftsbereichen ist es ohnehin kaum möglich, zwischen Werbehinweisen darauf, dass Originalprodukte als Vorlage gedient haben, und Hinweisen auf die Gleichwertigkeit der verglichenen Waren zu unterscheiden.[646] Auch im **Arzneimittelbereich** ist es nach dem oben in Rdn. 232 Gesagten innerhalb der Fachkreise zulässig, auf die Gleichwertigkeit oder **Bioäquivalenz** der verglichenen Arzneimittel[647] oder auf die Identität der Wirkstoffe der betreffenden Arzneimittel hinzuweisen.[648] Außerhalb der Fachkreise darf allerdings nach § 11 Abs. 2 HeilmittelwerbeG für Humanarzneimittel nicht mit Angaben geworben werden, die nahe legen, dass die Wirkung eines Arzneimittels einem anderen Arzneimittel oder einer anderen Behandlung entspricht oder überlegen ist.[649] 233

640 BGH GRUR 2011, 1153 Rdn. 15 ff. *Creation Lamis;* der BGH hat im konkreten Anwendungsfall eine Fortwirkung verneint.

641 EuGH Slg. 2009, I-5185 = GRUR 2009, 756 Rdn. 76 – *L'Oréal/Bellure; Alexander* WRP 2013, 1553 Rdn. 23; *Lehment* GRUR 2004, 657, 659.

642 *Gamerith* ÖBl. 1998, 115, 123; *Blanken* S. 217; GroßKommUWG/*Glöckner* § 6 Rdn. 584; MünchKommUWG/*Menke* § 6 Rdn. 301 („systemwidrige Überregulierung"), 320;

643 BGH GRUR 2008, 628 Rdn. 25 – *Imitationswerbung; Blanken* S. 218 f.; MünchKommUWG/*Menke* § 6 Rdn. 301 a. E., 308; *Ohly/Spence* GRUR Int. 1999, 681, 695; *Scherer* WRP 2001, 89, 95.

644 BGH GRUR 2008, 628 Rdn. 25 – *Imitationswerbung;* BGH GRUR 2015, 1136 Rdn. 42 – *Staubsaugerbeutel im Internet; Blanken* S. 218 f.; Fezer/*Koos* § 6 Rdn. 275; GroßKommUWG/*Glöckner* § 6 Rdn. 585; MünchKommUWG/*Menke* § 6 Rdn. 301, 308; *Ohly*/Sosnitza § 6 Rdn. 70 a. E.; *Ziervogel* S. 164.

645 EuGH Slg. 2001, I-7945 = GRUR 2002, 354 Rdn. 39 f., 56 ff., 60 – *Toshiba Europe;* Begr. Reg.-Entw. BT-Drucks. 14/2959, S. 12; *Blanken,* Wettbewerbsrechtliche und immaterialgüterrechtliche Probleme des Zubehör- und Ersatzteilgeschäftes, 2008, S. 217; *Kotthoff* BB 1998, 2217, 2221; MünchKommUWG/*Menke* § 6 Rdn. 319; *Scherer* WRP 2001, 89, 94;

646 *Blanken* S. 217 f.

647 Vgl. Fezer/*Koos* § 6 Rdn. 275; MünchKommUWG/*Menke* § 6 Rdn. 317, 318 a. E.; *Ohly*/Sosnitza § 6 Rdn. 70; *Ohly/Spence* GRUR Int. 1999, 681, 685; *Sack* WRP 2001, 327, 347; vgl. auch *Gamerith* ÖBl. 1998, 115, 123.

648 *Ohly*/Sosnitza § 6 Rdn. 71a.

649 Zur Vereinbarkeit des § 11 Abs. 2 HWG mit der RL 2006/114/EG vgl. unten Rdn. 293; vgl. außerdem MünchKommUWG/*Menke* § 6 Rdn. 330; *Ohly*/Sosnitza § 6 Rdn. 12.

VII. Vergleichende Werbung mit Ursprungsbezeichnungen, Art. 4 lit. e RL 2006/114/EG

234 Nach Art. 4 lit. e RL 2006/114/EG (früher Art. 3a Abs. 1 lit. f RL 84/450/EWG) gilt vergleichende Werbung als zulässig, wenn sie sich bei **Waren mit Ursprungsbezeichnung** auf Waren mit der gleichen Bezeichnung bezieht. Diese Vorschrift wurde nicht in deutsches Recht umgesetzt, weil – so die Begründung zum Regierungsentwurf[650] – die Kommission, der Juristische Dienst des Rates und die Mehrheit der Mitgliedstaaten bei der Verabschiedung des Gemeinsamen Standpunkts im Rat die Auffassung vertreten haben, dass diese Vorschrift nicht über die Regelung des Art. 13 VO (EWG) Nr. 2081/92 des Rates vom 14.7.1992 zum Schutz von geographischen Angaben und Ursprungsbezeichnungen für Agrarerzeugnisse und Lebensmittel (jetzt VO 1151/2012/EU) hinausgehe.[651] Art. 13 dieser VO sei ohnehin bereits unmittelbar geltendes Gemeinschaftsrecht. Deswegen habe Deutschland zusammen mit Dänemark, Finnland, den Niederlanden, Österreich und Schweden zur Klarstellung eine Protokollerklärung des Inhalts abgegeben, dass Buchstabe f von Art. 3a Abs. 1 RL 84/450/EWG neben dem bereits geltenden EG-Recht keine eigenständige Bedeutung habe.[652]

235 Diese Deutung von Art. 13 der VO 2081/92/EWG war nicht haltbar, da der Anwendungsbereich dieser Vorschrift wesentlich enger war als der des Art. 3a Abs. 1 lit. f RL 84/450/EWG.[653] Denn der sachliche Anwendungsbereich dieser VO war auf **Agrarerzeugnisse** und **bestimmte Lebensmittel** beschränkt, während Art. 3a Abs. 1 lit. f RL 84/450/EWG alle Arten von Waren erfasste. Diese Verordnung galt z. B. nach Art. 1 Abs. 1 nicht für Weinbauerzeugnisse und alkoholische Getränke mit Ausnahme von Bier.[654] Allerdings sind die Ursprungsbezeichnungen dieser Alkoholika in gewissem Umfang durch Art. 108m der VO 1234/2007 für Weinbauerzeugnisse und Art. 16 der VO 110/2008/EG geschützt.[655] Außerdem schützte Art. 13 VO 2081/92/EWG grundsätzlich nur **eingetragene** Ursprungsbezeichnungen, während Art. 3a Abs. 1 lit. f RL 84/450/EWG keine solche Einschränkung kannte.[656] Auch schützte Art. 13 VO 2081/92/EWG im Gegensatz zu Art. 3a Abs. 1 lit. f RL 84/450/EWG nur dann gegen die unbefugte Benutzung von Ursprungsbezeichnungen, wenn eine Irreführungs-, Ausbeutungs- oder Beeinträchtigungsgefahr bestand. Ferner erforderte Art. 13 VO eine ausdrückliche Bezugnahme auf die betreffende Ursprungsbezeichnung, während nach Art. 3a Abs. 1 lit. f RL 84/450/EWG die Bezugnahme auf eine Ware mit Ursprungsbezeichnung genügte; die Bezugnahme auf eine Ware mit Ursprungsbezeichnung konnte auch **ohne Benennung** der Ursprungsbezeichnung erfolgen.[657] **Dasselbe** gilt jetzt für das Verhältnis von Art. 4 lit. e RL 2006/114/EG zu Art. 13 VO 1151/2012/EU über Qualitätsregelungen für Agrarerzeugnisse und Lebensmittel. Der Begriff „Ursprungsbezeichnung" in Art. 4 lit. e RL 2006/114/EG hat dieselbe Bedeutung wie die der Legaldefinition des Art. 5 Abs. 2 VO 1151/2012/EU über Qualitätstregelungen für Agrarerzeugnisse und Lebensmittel.[658]

236 Damit reicht Art. 4 lit. e RL 2006/114/EG (früher Art. 3a Abs. 1 lit. f RL 84/450/EWG) erheblich über Art. 13 VO 510/2006/EG (früher VO 2081/92/EWG) hinaus. Die Regelung des Art. 3a Abs. 1 RL 84/450/EWG i. d. F. durch die RL 2005/29/EG ist nicht gemäß Art. 19 dieser RL ab dem 12.12.2007 unmittelbar anwendbar; denn die „kodifizierte" Fassung dieser Regelungen durch die RL 2006/114/EG als lex posterior enthält keine Vorschrift mehr, die eine automatische Geltung der RL ab dem 12.12.2007 vorsieht, wie sie noch Art. 19 für die gesamte RL 2005/29/EG, d. h. auch für ihre Regelungen der vergleichenden Werbung, vorgesehen hatte. Das **Umsetzungsdefizit** muss deshalb durch die Anwendung der **§§ 126 ff. MarkenG** und vor allem der Generalklausel des **§ 3 UWG** ausgeglichen werden.[659] In Bezug auf Vergleiche von Waren mit Ursprungsbezeichnung und Waren ohne Ursprungsbezeichnung hat der EuGH allerdings in seiner Entscheidung „De Landtsheer Emmanuel" festgestellt, dass ein Verbot nicht gerechtfertigt und ohne

---

[650] Begr. Reg.-Entw. BT-Drucks. 14/2959, S. 8.
[651] ABl. EG 1992 L 208, S. 1 ff. = GRUR Int. 1992, 750 ff.
[652] Vgl. Begr. Reg.-Entw. BT-Drucks. 14/2959, S. 8.
[653] *Sack* WRP 2001, 327, 347; *ders.* WRP 2008, 301, 303; *ders.* GRUR 2015, 130, 134.
[654] Vgl. *Sack* WRP 2001, 327, 332, 347; *Aigner* S. 146.
[655] Vgl. dazu GroßKommUWG/*Glöckner* § 6 Rdn. 321.
[656] A. A. GroßKommUWG/*Glöckner* § 6 Rdn. 317 f., 322 mit der Begründung, dass Art. 4 RL 2006/114/EG nur „geschützte" Ursprungsbezeichnungen erfasse.
[657] Vgl. *Sack* WRP 2001, 327, 347; *ders.* WRP 2008, 301, 303 (III.1.d); ebenso GroßKommUWG/*Glöckner* § 6 Rdn. 323 f., der jedenfalls insoweit ein Umsetzungsdefizit bejaht.
[658] Vgl. *Sack* WRP 2001, 327, 347; *ders.* WRP 2008, 301, 302 m. w. Nachw.
[659] *Sack* WRP 2001, 327, 348; *ders.* 2008, 301, 305; a. A. *Plaß* NJW 2000, 3161, 3169.

berechtigte Grundlage in Art. 3a Abs. 1 lit.f der RL 84/450/EWG (jetzt Art. 4 lit.e RL 2006/114/EG), wenn alle übrigen Zulässigkeitsvoraussetzungen für vergleichende Werbung eingehalten seien.[660] Konsequentwerweise müsste man bei Vergleichen von Waren, die beide Ursprungsbezeichnungen aufweisen, die identisch oder auch unterschiedlich sind, zum selben Ergebnis gelangen.[661] Dazu hat der EuGH keine Feststellungen getroffen.

E. Die Unzulässigkeit unlauterer vergleichender Werbung und die Spürbarkeitsschwelle

Unlautere vergleichende Werbung i. S. v. § 6 Abs. 2 war **vor** der UWG-Novelle von 2015 nach § 3 Abs. 1 nur dann **unzulässig,** wenn sie geeignet war, die Interessen von Mitbewerbern, Verbrauchern oder sonstigen Marktteilnehmern **spürbar** zu beeinträchtigen. Dieses Spürbarkeitserfordernis stand im Widerspruch zu Art. 4 RL 2006/114/EG,[662] wenn man der h. M. folgt, dass diese Vorschrift nicht nur einen Zulässigkeitskatalog, sondern über ihren Wortlaut hinaus auch einen Verbotskatalog enthält (ausführlich dazu Rdn. 18 ff.). Die h. M. hat jedoch das Spürbarkeitserfordernis damit zu rechtfertigen versucht, dass es durch den europarechtlichen Grundsatz der Verhältnismäßigkeit, durch Art. 5 Abs. 1 S. 2 RL 2006/114/EG, durch Art. Art. 5 Abs. 2 lit. b UGP-RL 2005/29/EG sowie durch den Erwägungsgrund Nr. 9 S. 1 der RL 2006/114/EG gerechtfertigt sei.[663] 237

Durch die UWG-Novelle von 2015 wurde das Spürbarkeitserfordernis u. a. für § 6 abgeschafft. Vergleichende Werbung, die gegen Unlauterkeitstatbestände des § 6 Abs. 2 verstößt, ist nach der Neuregelung des § 3 Abs. 1 **ohne Weiteres unzulässig.**[664] Dadurch erledigt sich jedoch nicht die Diskussion darüber, ob unlautere vergleichende Werbung nur bei Spürbarkeit unzulässig ist. Denn ein Teil der Argumente, mit denen das Spürbarkeitserfordernis vor der UWG-Novelle von 2015 gerechtfertigt worden ist, würde es – wenn sie zuträfen – auch nach dieser UWG-Novelle rechtfertigen, unlautere vergleichende Werbung nur bei Spürbarkeit für unzulässig zu erklären. 238

Das Erfordernis der Spürbarkeit für die Unzulässigkeit unlauterer vergleichender Werbung wurde vor allem mit dem **europarechtlichen Grundsatz der Verhältnismäßigkeit** gerechtfertigt.[665] Gegen diese Ansicht spricht jedoch, dass der europarechtliche Grundsatz der Verhältnismäßigkeit bereits bei **Erlass** europäischer Rechtsakte von den zuständigen **europäischen Organen** zu berücksichtigen ist.[666] Es besteht kein berechtigter Grund für die Annahme, dass dieser Grundsatz bei Erlass der RL 97/55/EG und erneut in der RL 2006/114/EG verletzt worden ist.[667] Die RL 2006/114/EG ist eine kodifizierte Fassung der u. a. bereits in Art. 14 der U/GP-RL 2005/29/EG geregelten vergleichenden Werbung. Die UGP-RL hat in anderen Regelungen sehr genau zwischen Unlauterkeitstatbeständen mit und ohne Erheblichkeits- bzw. Relevanzklauseln unterschieden. Selbst bei den Unlauterkeitstatbeständen mit Erheblichkeitsklauseln hat der europäische Gesetzgeber noch hinsichtlich der Anforderungen an die Erheblichkeit unterschieden.[668] Ein Verbot vergleichender Werbung, die die Zulässigkeitsvoraussetzungen des Art. 4 RL 2006/114/EG nicht erfüllt, hält sich auch ohne eine Einschränkung durch ein Spürbarkeits- oder Erheblichkeitserfordernis noch in den Grenzen des europäischen Verhältnismäßigkeitsgrundsatzes.[669] 239

---

[660] EuGH Slg. 2007, I-3115 Rdn. 70 = GRUR 2007, 511 – *De Landtsheer Emmanuel;* kritisch dazu GroßKommUWG/*Glöckner* § 6 Rdn. 333, 337; *Sack* WRP 2008, 301, 304; *ders.* GRUR 2015, 130, 134.

[661] Kritisch dazu jedoch GroßKommUWG/*Glöckner* § 6 Rdn. 334 ff.

[662] *Alexander* WRP 2014, 1384 Rdn. 65; *Fritzsche* WRP 2014, 1392 Rdn. 60; *Sack* GRUR 2015, 130, 132; ebenso die Vorauflage § 6 Rdn. 238 f.

[663] Gegen diese Argumente ausführlich *Sack* GRUR 2015, 130, 131 f.

[664] Begr. Reg.-Entw. zur UWG-Novelle 2016, BT-Drucks. 18/4535, S. 16 (zu Nr. 7, Änderung des § 6 Abs. 2); ebenso *Glöckner* Einl. B Rdn. 168 kritisch zum Wegfall des Spürbarkeitserfordernisses *Ohly* GRUR 2014, 1137, 1144; *HDE* WRP 2014, 1430 Rdn. 9 f.

[665] *Dilly/Ulmar* WRP 2005, 467, 468 Fn. 12; *Köhler* GRUR 2005, 1, 7 mit Fn. 69; *Köhler*/Bornkamm § 6 Rdn. 20 a. E.; *Ph. Koehler* in: Götting/Nordemann, § 6 Rdn. 53; *Koos* WRP 2005, 1096, 1101; *ders.* in: Fezer, UWG, § 6 Rdn. 13, 36, 310 a. E.; *Lettl* GRUR 2007, 936, 943; *Müller-Bidinger* in: Ullmann jurisPK-UWG, § 6 Rdn. 32; *Peifer* WRP 2011, 1, 6 (unter d); MünchKommUWG/*Sosnitza* § 3 Rdn. 89; a. A. GK/*Glöckner* § 6 Rdn. 59; *Ohly* GRUR 2004, 889, 895 f.; *Sack,* WRP 2004, 30, 31; *ders.* GRUR 2015, 130, 131 (I.2.).

[666] *Sack* GRUR 2015, 130, 131; GK/*Glöckner* § 6 Rdn. 590 (vgl. dort aber auch Rdn. 600).

[667] GroßKommUWG/*Glöckner* § 6 Rdn. 590; *Sack* GRUR 2015, 130, 131.

[668] Vgl. dazu *Sack* WRP 2015, 663 ff.

[669] *Sack* GRUR 2015, 130, 131.

240 Selbst der vor der RL 97/55/EG in Deutschland geltende Grundsatz der Unzulässigkeit vergleichender Werbung wurde nicht wegen Unverhältnismäßigkeit, sondern **aus wettbewerbspolitischen Gründen kritisiert.**

241 Auch die Unlauterkeit und Unzulässigkeit vergleichender Werbung nach § 2 UWG a. F., der insoweit die RL 97/55/EG in deutsches Recht umgesetzt hat, erforderte vor der UWG-Novelle von 2004 keine Spürbarkeit oder Erheblichkeit der betreffenden Werbevergleiche. Nur die **Klagebefugnis** nach § 13 Abs. 2 Nr. 1 – 3 UWG a. F. war auf „wesentliche" Beeinträchtigungen des Wettbewerbs bzw. der Verbraucherbelange beschränkt. Keine Wesentlichkeits- oder Erheblichkeitsschwelle gab es hingegen vor 2004 für UWG-Ansprüche der unmittelbar Verletzten[670] sowie der Industrie- und Handelskammern und der Handwerkskammern nach § 13 Abs. 2 Nr. 4 des damaligen UWG. Dies wurde soweit ersichtlich nicht als Verstoß gegen den Grundsatz der Verhältnismäßigkeit beanstandet. Die Vorschrift des § 2 UWG a. F. sollte durch den jetzigen § 6 **inhaltsgleich** fortgeführt werden.[671]

242 Die Beschränkung der Reichweite der Verletzungstatbestände des § 6 Abs. 2 durch ein Spürbarkeitserfordernis wird auch damit gerechtfertigt, dass eine Anwendung dieser Verletzungstatbestände auf wettbewerblich unerhebliche Verletzungen gegen die durch Art. 11 GR-Charta und Art. 10 EMRK geschützte **Meinungsfreiheit** verstoße.[672] Gegen diese Ansicht spricht, dass – ebenso wie beim oben schon erörterten europarechtlichen Grundsatz der Verhältnismäßigkeit – die europarechtlich geschützte Meinungsfreiheit bereits vom europäischen Gesetzgeber zu berücksichtigen war. Es besteht kein Grund für die Annahme, dass er das Grundrecht der Meinungsfreiheit bei Art. 4 RL 2006/114/EG übersehen oder missachtet hat, die eine kodifizierte Fassung u. a. der bereits in Art. 14 der UGP-RL 2005/29/EG geregelten vergleichenden Werbung darstellt. Die RL hat in den anderen Regelungen sehr genau zwischen Unlauterkeitstaqtbeständen mit und ohne Erheblichkeits- bzw. Relevanzklauseln unterschieden. Gegen eine Verletzung des europarechtlichen Grundrechts der Meinungsfreiheit spricht, dass dieses umso geringer wiegt, je mehr mit einer Meinungsäußerung eigennützige Geschäftsinteressen wirtschaftlicher Art verfolgt werden. Vergleichende Werbung dient ausschließlich den wirtschaftlichen Interessen des Werbenden.

243 Die Anwendung einer Spürbarkeits- bzw. Erheblichkeitsklausel auf alle Unlauterkeitstatbestände des § 6 Abs. 2 wurde auch mit Art. 5 Abs. 1 S. 2 RL 2006/114/EG (früher Art. 4 Abs. 1 S. 2 RL 97/55/EG) gerechtfertigt.[673] Nach dieser Vorschrift haben die Mitgliedstaaten den Personen oder Organisationen, die nach dem nationalen Recht ein „berechtigtes Interesse" an der Regelung vergleichender Werbung haben, **geeignete und wirksame Mittel** dafür zur Verfügung zu stellen. Dem ist entgegenzuhalten, dass diese Vorschrift nur den Zweck hat, eine wirksame Durchsetzung der Vorschriften der RL 2006/114/EG zu sichern. Wortlaut und Zweck dieser Vorschrift sind jedoch nicht geeignet, die Ausgangsnorm des S. 1 von Art. 5 Abs. 1 zu beschränken, wonach die Mitgliedstaaten die Einhaltung der Vorschriften über vergleichende Werbung **gewährleisten** müssen.[674]

244 Schließlich wird auch noch auf den Erwägungsgrund Nr. 9 S. 1 der RL 2006/114/EG verwiesen, um ein Spürbarkeitserfordernis gemeinschaftsrechtlich zu rechtfertigen. Nach diesem Erwägungsgrund sollen durch die RL 2006/114/EG „Bedingungen für zulässige vergleichende Werbung vorgesehen werden, …, mit denen festgelegt wird, welche Praktiken der vergleichenden Werbung den Wettbewerb verzerren, die Mitbewerber schädigen und die Entscheidung der Verbraucher negativ beeinflussen können". Daraus glaubt man ableiten zu können, dass vergleichende Werbung, die die Zulässigkeitsbedingungen des Art. 4 RL 2006/114/EG nicht erfüllt, nur dann unlauter und unzulässig sei, wenn sie die Mitbewerber schädigen oder die Entscheidung der Verbraucher negativ beeinflussen könne. Danach ergäbe sich das Spürbarkeitserfordernis unmittelbar aus Art. 4 RL 2006/114/EG. Dementsprechend sei § 6 Abs. 2 richtlinienkonform auszulegen.[675] Gegen diese Ansicht spricht jedoch, dass Art. 4 nur die Voraussetzungen der **Zulässigkeit** vergleichender Werbung regelt, so dass auch Erwägungsgrund Nr. 9 nur insoweit eine Aussage trifft. Erst aus dem (angeblichen) **Vollharmonisierungszweck** des Art. 4 wird gefolgert, dass vergleichende Werbung, die die Zulässigkeitsvoraussetzungen dieser Vorschrift nicht erfüllt, **unlauter und unzulässig** sei.

---

[670] BGH WRP 1998, 973, 974 f. – *Fotovergrößerungen;* BGH WRP 1999, 512, 516 – *Aktivierungskosten; Sack* BB 1995, 1,2.

[671] Begr. Reg.-Entw. zur UWG-Novelle 2004, BT-Drucks. 15/1487, S. 20; BGH GRUR 2005, 172, 174 – *Stresstest;* einhellige Meinung im Schrifttum.

[672] GroßKommUWG/*Glöckner* in diesem Kommentar Einl. B Rdn. 153, 169.

[673] *Köhler* GRUR 2005, 1, 7 Fn. 69; MünchKommUWG/*Menke* § 6 Rdn. 36.

[674] Vgl. GroßKommUWG/*Glöckner* § 6 Rdn. 590.

[675] *Köhler*/Bornkamm § 6 Rdn. 21, 152; *Köhler* WRP 2014, 259 Rdn. 57 f.; *Ohly*/Sosnitza § 6 Rdn. 40; vgl. auch *Ohly* GRUR 2014, 1137, 1144; a. A. GroßKommUWG/*Glöckner* § 6 Rdn. 592.

Für diesen Umkehrschluss trifft der Erwägungsgrund Nr. 9 jedoch keine Aussage. Auch hat die in diesem Erwägungsgrund genannte Erwägung im Wortlaut von Art. 4 oder in anderen für die Auslegung dieser Vorschrift relevanten Regelungen der RL 2006/114/EG keinen Niederschlag gefunden.

Von der zu verneinenden Frage, ob **alle** Verstöße gegen Tatbestände des § 6 Abs. 2 nur bei Spürbarkeit unlauter und unzulässig sind, muss die zu bejahende Frage unterschieden werden, ob Verstöße gegen **einzelne** Tatbestände des § 6 Abs. 2 nur bei Spürbarkeit bzw. Erheblichkeit unlauter und unzulässig sind. Dies trifft für § 6 Abs. 2 Nr. 4 u. 5 zu.[676] Mit der Realität in Widerspruch stünde hingegen die Unterstellung, **jeder** nach § 6 Abs. 2 unlautere Werbevergleich überschreite die Spürbarkeits- bzw. Erheblichkeitsschwelle.[677] **245**

Nach § 6 Abs. 2 Nr. 4 ist es unlauter, das von einem Mitbewerber verwendete Kennzeichen in vergleichender Werbung **in unlauterer Weise** auszunutzen oder zu beeinträchtigen. Die Unlauterkeit ist mit Hilfe einer **Interessenabwägung** festzustellen (oben Rdn. 193, 204). Dabei ist zu berücksichtigen, dass der Nutzen des betreffenden Werbevergleichs für die Abnehmer nicht außer Verhältnis für den betroffenen Mitbewerber des Werbenden stehen darf.[678] **246**

Für die Unlauterkeit nach § 6 Abs. 2 Nr. 5 genügt nach dem Wortlaut dieser Vorschrift die Herabsetzung oder Verunglimpfung. Man ist sich jedoch mit Recht einig, dass nicht jede Herabsetzung oder Verunglimpfung ohne Weiteres unlauter ist. Es müssen besondere Umstände hinzukommen, die die **Unlauterkeit** begründen. Diese ist durch eine **Interessenabwägung** festzustellen (oben Rdn. 209, 213). Dabei ist auch die Spürbarkeit bzw. Erheblichkeit der Herabsetzung oder Verunglimpfung für den betroffenen Mitbewerber zu berücksichtigen.[679] **247**

Verbraucherbezogene vergleichende Werbung, die eine Irreführungs- oder Verwechslungsgefahr begründet, ist nach Art. 6 Abs. 1 und Art. 6 Abs. 2 lit. a RL 2005/29/EG nur unlauter, wenn sie geeignet ist, einen Durchschnittsverbraucher spürbar zu einer geschäftlichen Entscheidung zu veranlassen, die er ansonsten nicht getroffen hätte. Auf diese Regelungen verweist Art. 4 lit. a RL 2006/114/EG.[680] Der hier zu erörternde § 6 Abs. 2 ist insoweit nicht einschlägig. **248**

Vorschlag **de lege ferenda:** Es sollte auf europäischer Ebene geprüft werden, ob es nicht angebracht wäre, in der RL 2006/114/EG die Unzulässigkeit **aller** Fälle der Unlauterkeit vergleichender Werbung von einer gewissen Spürbarkeit oder Erheblichkeit abhängig zu machen. **249**

F. Beweislast

Grundsätzlich gelten die **allgemeinen Beweislastregeln.** Danach trägt der Kläger gundsätzlich die Beweislast dafür, dass es sich bei der beanstandeten Werbung um vergleichende Werbung i. S. v. § 6 Abs. 1 handelt und dass die Voraussetzungen eines Verbotstatbestandes des § 6 Abs. 2 erfüllt sind.[681] Durch die RL 97/55/EG wurde die Beweislastregel des Art. 6 der RL 84/450/EWG jedoch um eine Spezialregelung für vergleichende Werbung erweitert,[682] jetzt Art. 7 RL 2006/114/EG. Nach Art. 7 lit. a RL 2006/114/EG dürfen Gerichte und Verwaltungsbehörden nunmehr „... vom Werbenden Beweise für die Richtigkeit von in der Werbung enthaltenen Tatsachenbehauptungen verlangen, wenn ein solches Verlangen unter Berücksichtigung der berechtigten Interessen des Werbenden und anderer Verfahrensbeteiligter im Hinblick auf die Umstände des Einzelfalls angemessen erscheint, und bei **vergleichender Werbung** vom Werbenden zu verlangen, die entsprechenden Beweise kurzfristig vorzulegen ...". **250**

Aus dem Vergleich der **allgemeinen** Beweislastregel und der **Sonderregel** für vergleichende Werbung in Art. 7 lit. a RL folgt, dass den **Werbenden** bei vergleichender Werbung die Beweislast für die Richtigkeit der in der Werbung enthaltenen Tatsachenbehauptungen auferlegt werden kann, während in allen anderen Fällen irreführender Werbung von den Mitgliedstaaten die Beweislast des Werbenden dahingehend **eingeschränkt** werden darf, dass sie nur besteht, wenn eine Interessenabwägung die Beweislast des Werbenden **angemessen** erscheinen lässt.[683] Auf Bedenken stößt die **251**

---

676 Vgl. *Ohly*/Sosnitza § 6 Rdn. 40; *Sack* GRUR 2015, 130, 132 (I.5.).

677 Gegen diesen Kunstgriff *Sack* WRP 2004, 30, 31.

678 *Ohly*/Sosnitza § 6 Rdn. 40; *Ohly* GRUR 2007, 3, 9.

679 *Ohly*/Sosnitza § 6 Rdn. 40; ähnlich *Koos* WRP 2005, 1096, 1099.

680 Vgl. EuGH Slg. 2003, I-3095 = GRUR 2003, 533 Rdn. 53 – *Pippig.*

681 Vgl. BGH GRUR 2007, 605 Rdn. 33 – *Umsatzzuwachs,* mit Hinweisen zur sekundären Darlegungslast in Rdn. 34, 35.

682 Vgl. dazu *Freund* S. 166 ff.; *Gamerith* ÖBl. 1998, 115, 124.

683 öOGH WBl. 2002, 584, 585 – *Emmi Vollmilch* = GRUR Int. 2004, 255, 257 – *Länger frische Vollmilch;* öOGH WBl. 2004, 592, 593 – *Nr. 1-Preise.*

Ansicht,[684] dass die Beweislastregelung des Art. 6 lit. a RL (jetzt Art. 7) nichts an der üblichen Beweislastverteilung ändere, so dass eine gesetzliche Umsetzung dieser Vorschrift in deutsches Recht nicht erforderlich erschien.[685]

G. Klagebefugnis bei vergleichender Werbung

252 Nach dem Wortlaut von Art. 8 Abs. 3 UWG sind Mitbewerber und bestimmte Verbände bei allen Zuwiderhandlungen gegen § 3 UWG klagebefugt. Verstöße gegen § 6 UWG sind unlauter und nach § 3 UWG unzulässig. Problematisch ist, ob eine Einschränkung der Klagebefugnis geboten ist, wenn die Unlauterkeit auf der Verletzung von **Individualinteressen** beruht, wie sie auch einige Regelungen des § 6 UWG schützen. Der BGH hat Mitbewerbern sowie branchengleichen Gewerbetreibenden i. S. v. § 13 Abs. 2 Nr. 1 UWG a. F. seit 1988 die Klagebefugnis versagt, wenn die verletzte Verhaltensnorm nur den Individualschutz **anderer** Personen bezweckt; so verneinte der BGH z. B. beim ergänzenden Leistungsschutz die Klagebefugnis eines Mitbewerbers, wenn nicht dessen Leistungen, sondern die eines anderen nachgeahmt worden waren.[686] Nach dieser Ansicht besteht bei Verstößen gegen § 6 Abs. 2 Nr. 4–6 UWG keine Klagebefugnis von **Verbänden** oder von Mitbewerbern, deren Interessen durch diese Art vergleichender Werbung nicht verletzt worden sind.[687] Diese Einschränkung der Klagebefugnis ist jedoch abzulehnen. Denn der unlauter Handelnde verletzt auch in diesen Fällen i. d. R. nicht nur Individualinteressen, sondern kann sich dadurch zugleich einen ungerechtfertigten Wettbewerbsvorsprung vor anderen Mitbewerbern verschaffen, Kundenentscheidungen negativ beeinflussen und den Wettbewerb verfälschen.[688] Deshalb ist es gerechtfertigt, auch bei Verstößen gegen § 6 Abs. 2 Nr. 4–6 UWG **allen** nach § 8 Abs. 3 UWG klagebefugten Mitbewerbern und Verbänden Ansprüche einzuräumen.[689] Auch bei Verstößen gegen § 6 Abs. 2 Nr. 3 und § 5 Abs. 2 durch vergleichende Werbung, die durch den Hinweis auf Kennzeichen eines Mitbewerbers eine **Verwechslungsgefahr** begründet, sind neben dem betroffenen Zeicheninhaber auch weitere Mitbewerber sowie die klagebefugten Verbände nach § 8 Abs. 3 klagebefugt.[690] Höchst umstritten ist, ob über die Regelung des § 8 Abs. 3 hinaus auch sonstige **unmittelbar Verletzte,** insbesondere auch Verbraucher und sonstige Endabnehmer, Ansprüche aus dem UWG haben oder ob § 823 Abs. 1 BGB unter dem Gesichtspunkt eines Eingriffs in das Recht am Gewerbebetrieb herangezogen werden kann.[691]

H. Konkurrenzen

I. Das Verhältnis von § 6 zur Generalklausel des § 3 UWG

253 Der Kriterienkatalog von Art. 4 RL 2006/114/EG ist durch § 6 und § 5 Abs. 3 UWG weitgehend in deutsches Recht umgesetzt worden. Es fehlt nur die sog. Champagner-Klausel des Art. 4

---

[684] Vgl. Begr. Reg.-Entw. BT-Drucks. 14/2959, S. 9 Nr. 7; Gegenäußerung der Bundesregierung BT-Drucks. 14/3433, S. 10; OLG Hamburg GRUR-RR 2002, 362, 363 – *Beweislast;* OLG Jena GRUR-RR 2006, 291, 292 – *Stromanbieterwechsel;* MünchKommUWG/*Menke* § 6 Rdn. 323, 324; zutreffend dagegen die Stellungnahme des Bundesrats BT-Drucks. 14/3433, S. 5.

[685] Vgl. jedoch Begr. Reg.-Entw. BT-Drucks. 14/2959. S. 9 (7.).

[686] BGH GRUR 1988, 620, 621 – *Vespa-Roller;* ebenso BGH GRUR 1991, 223, 225 – *Finnischer Schmuck;* GRUR 1994, 630, 634 – *Cartier-Armreif;* GRUR 1999, 325, 326 (IV. 1.) – *Elektronische Pressearchive;* GRUR 2004, 941, 943 (III.) – *Metallbett;* GRUR 2005, 519, 520 (IV.2.b) – *Vitamin-Zell-Komplex;* OLG Köln GRUR 1983, 133 f. – *Schallplatten;* OLG Hamm GRUR 1984, 539 f. – *Videokassetten; Bornkamm* GRUR 1996, 527, 529; *Ullmann* FS v. Gamm, 1990, S. 315, 322; a. A. im Ergebnis noch BGH GRUR 1985, 445, 446 f. – *Amazonas („Farbtonserie");* BGH GRUR 1985, 550, 553 (3.) – *Dimple.*

[687] *Lehmler* § 6 Rdn. 99; *Ohly*/Sosnitza § 6 Rdn. 73.

[688] EuGH GRUR 2009, 756 Rdn. 68 – *L'Orèal Bellure;* BGH GRUR 2011, 1153 Rdn. 51 – *Creation Lamis; Müller-Bidinger* in: Ullmann, jurisPK-UWG § 6 Rdn. 227; ähnlich schon *Sack* WRP 2001, 327, 348; *Freund* S. 165; a. A. *Beater* S. 576 Rdn. 1560, der annimmt, das Hervorrufen von Verwechslungsgefahren, das Ausnutzen oder die Beeinträchtigung des Rufs eines Kennzeichens oder die Herabsetzung oder Verunglimpfung von Konkurrenten verletze allein Individualinteressen des betreffenden Mitbewerbers.

[689] BGH GRUR 2011, 1153 Rdn. 51 – *Creation Lamis;* Sack WRP 2001, 327, 348; *Bärenfänger* WRP 2011, 160, 166; Fezer/*Koos* § 6 Rdn. 309; Köhler/*Bornkamm* § 5 Rdn. 4.241; *Köhler*/Bornkamm § 6 Rdn. 194; a. A. *Beater* S. 576 Rdn. 1560; *Ohly*/Sosnitza § 6 Rdn. 238.

[690] Vgl. öst. OGH 2011, 173, 175 – *Jungle Man; Bornkamm* FS Loschelder, 2010, S. 31, 36, 44 f.; *ders.* GRUR 2011, 1 a. E.; *ders.* in: Köhler/Bornkamm § 5 Rdn. 4.241.

[691] Ausführlich dazu *Sack* GRUR 2011, 953 ff.; *ders.* WRP 2001, 327, 349.

lit. e RL 2006/114/EG. Wegen des Gebots der richtlinienkonformen Auslegung darf vergleichende Werbung nur unter den in Art. 4 dieser Vorschrift genannten Voraussetzungen untersagt werden. **Weiterreichende Einschränkungen** mit Hilfe der Generalklausel des **§ 3 UWG** würden gegen die Richtlinie verstoßen und sind daher **unzulässig;**[692] ausführlicher dazu oben Rdn. 13.

Durch die UWG-Novelle 2015 ist das Erfordernis der Spürbarkeit für die Unzulässigkeit unlaute- 254
rer vergleichende Werbung weggefallen; ausführlicher dazu oben Rdn. 237 ff.

II. Das Irreführungsverbot des § 5 UWG

Die Regelungen des § 5 und des § 6 überschneiden sich teilweise. Sie stehen jedoch selbständig 255
nebeneinander, d. h. vergleichende Werbung muss die Voraussetzungen beider Vorschriften erfüllen. Zwischen Ansprüchen aus § 6 i. V. m. § 3 UWG und Ansprüchen aus § 5 i. V. m. § 3 UWG besteht (kumulative) Anspruchskonkurrenz.[693] Eine **Irreführung** über die Herkunft der angebotenen Produkte und eine **Rufanlehnung,** die begrifflich voraussetzt, dass der Verkehr die unterschiedliche Herkunft erkennt, kann gleichzeitig nur bestehen, wenn von einer **gespaltenen Verkehrsauffassung** ausgegangen wird.[694]

Völlig ungeklärt ist das Verhältnis von § 5 Abs. 2 zu § 6 Abs. 2 Nr. 3, die beide den Tatbestand der **Verwechslungsgefahr,** die von vergleichender Werbung ausgeht, regeln.

(1) Da der Anwendungsbereich von § 5 Abs. 2 weit über die vergleichende Werbung hinaus- 256
reicht und diese nur als einen der Anwendungsfälle nennt, könnte man in § 6 Abs. 2 Nr. 3 für vergleichende Werbung die **speziellere** Regelung sehen, die Vorrang vor § 5 Abs. 2 hat. Gegen diese Ansicht spricht jedoch, dass sie die ausdrückliche Einbeziehung von vergleichender Werbung in § 5 Abs. 2 überflüssig machen würde. Nach *A. Nordemann* ist bei vergleichender Werbung neben § 6 Abs. 2 Nr. 3 der Verwechslungsschutz nach § 5 Abs. 2 überflüssig, da er keinen eigenständigen Anwendungsbereich habe.[695]

(2) Außerdem wird vertreten, dass zwischen Ansprüchen aus diesen beiden Vorschriften **(kumu-** 257
lative) Anspruchskonkurrenz bestehe.[696]

(3) Eine weitere Ansicht lautet, § 5 Abs. 2 sei in seinem Anwendungsbereich für vergleichende 258
Werbung gegenüber **Verbrauchern die speziellere** Regelung. Diese Ansicht verdient Zustimmung. M. E. greift § 5 Abs. 2 bei vergleichender Werbung nur ein, wenn sie **bei Verbrauchern** eine Verwechslungsgefahr begründet, während bei Verwechslungsgefahr im **B2B-Bereich** nur § 6 Abs. 2 Nr. 3 anwendbar ist (oben Rdn. 177).[697] Im Gegensatz zu § 6 Abs. 2 Nr. 3 erfordert jedoch die Unlauterkeit nach § 5 Abs. 2 UWG i. V. m. Art. 6 Abs. 2 lit. a UGP-RL zusätzlich zur Verwechslungsgefahr auch die Eignung der Verwechslungsgefahr, den Durchschnittsverbraucher zu einer geschäftlichen Entscheidung zu veranlassen. Für die Ansicht, dass § 5 Abs. 2 nur im B2C-Bereich, während im B2B-Bereich nur § 6 Abs. 2 Nr. 3 anzuwenden ist, spricht, dass § 5 Abs. 2 die Vorschrift des Art. 6 Abs. 2 lit. a UGP-RL 2005/29/EG in deutsches Recht umsetzen soll, die nur den **Verbraucherschutz** regelt, während § 6 Abs. 2 Nr. 3 der Umsetzung von Art. 4 lit. h RL 2006/114/EG dient, der **ausdrücklich** nur die Verwechslungsgefahr bei **Gewerbetreibenden** regelt.[698] Bei den beiden genannten Vorschriften in den Richtlinien besteht kein Konkurrenzproblem, da sie klar abgegrenzte Anwendungsbereiche haben. Diese Einschränkung der Anwendungsbereiche wurde jedoch vom deutschen Gesetzgeber nicht in den Wortlaut von § 5 Abs. 2 und § 6 Abs. 2 Nr. 3 UWG übernommen. Wegen ihres **Zwecks,** die genannten Vorschriften der Richtlinien in deutsches Recht umzusetzen, ist ihr Anwendungsbereich entsprechend einzuschränken: in Bezug auf vergleichende Werbung regelt § 5 Abs. 2 nur den **B2C**-Bereich und § 6 Abs. 2 Nr. 3 nur den **B2B**-Bereich. Wenn man in diesem Sinne § 5 Abs. 2 und § 6 Abs. 2 Nr. 3 **teleologisch reduziert,** besteht **kein echtes Konkurrenzproblem.**

(4) **Vorschlag de lege ferenda:** Entweder sollte im Wortlaut von § 5 Abs. 2 und § 6 Abs. 2 259
Nr. 3 klargestellt werden, dass diese Vorschriften nur die Verbraucher bzw. nur die Gewerbetreibenden schützen, oder – besser, weil praktikabler – in § 5 Abs. 2 wird die Bezugnahme auf vergleichende Werbung gestrichen, so dass § 6 Abs. 2 Nr. 3 seinem jetzigen Wortlaut entsprechend – der

---

692 Fezer/*Koos* § 6 Rdn. 26.
693 *Ohly*/Sosnitza § 6 Rdn. 15.
694 BGH GRUR 2001, 350, 351 – *OP-Lampen;* vgl. auch *Fröndhoff* ZUM 2004, 451.
695 Götting/*A. Nordemann* § 5 Rdn. 8.37
696 *Fezer* GRUR 2009, 451, 455 (IV.1.); *Ph. Koehler* in: Götting/A. Nordemann § 6 Rdn. 86.
697 *Bärenfänger* WRP 2011, 160, 166; *Köhler* GRUR 2009, 445, 448 f.; *ders.* WRP 2012, 251, 258; *ders.* GRUR 2013, 761, 766; *Köhler*/Bornkamm § 6 Rdn. 142; a. A. *Alexander* FS Köhler, 2014, S. 22, 35;
698 Nach *Scherer* WRP 2009, 1446, 1448 schützen hingegen § 6 und § 5 Abs. 2 sowohl Verbraucher als auch Gewerbetreibende.

allerdings insoweit vom Wortlaut von Art. 4 lit. h der RL 2006/114/EG abweicht – umfassend vor Verwechslungsgefahr schützt.

III. Verstöße gegen § 4 Nr. 1–4 UWG (früher § 4 Nr. 7–10 UWG)

260 **§ 4 Nr. 1 UWG.** Art. 4 lit. d der RL 2006/114/EG stimmt, abgesehen von der Beschränkung auf vergleichende Werbung, inhaltlich mit § 4 Nr. 1 UWG überein. Diese Übereinstimmung ist nicht sofort erkennbar. Denn in der Spezialregelung des § 6 für vergleichende Werbung ist Art. 4 lit. d in § 6 Abs. 2 auf Nr. 4 und Nr. 5 aufgeteilt worden. Soweit sich § 4 Nr. 1 und § 6 Abs. 2 Nr. 4 und 5 überschneiden, verdrängen die Spezialregelungen der vergleichenden Werbung § 4 Nr. 1.[699] Dies gilt auch für den Fall, dass Rechtsprechung und Lehre mit § 4 Nr. 1 einen Schutz bieten, der bei vergleichender Werbung über § 4 lit. d RL 2006/114/EG hinausreichen würde. Denn insoweit wäre der Schutz nach § 4 Nr. 1 durch EG-Recht ausgeschlossen, weil vergleichende Werbung nur unter den in der RL 2006/114/EG und in der UGP-RL 2005/29/EG genannten Voraussetzungen untersagt werden darf.[700]

261 **§ 4 Nr. 2 UWG.** Nach Ansicht des BGH ist vergleichende Werbung, die gegen § 4 Nr. 2 verstößt, **stets irreführend.**[701] Ihr Verbot nach § 4 Nr. 2 i. V. m. §§ 3, 8 ff. ist nach dieser Ansicht durch die entsprechenden Regelungen irreführender vergleichender Werbung in RL 2005/29/EG und RL 2006/114/EG gedeckt.[702] Dem kann allerdings nur mit der Einschränkung gefolgt werden, dass Verstöße gegen § 4 Nr. 2 **nur in der Regel** irreführend im Sinne der genannten Richtlinien sind.[703] Soweit Verbote nach § 4 Nr. 2 über die Irreführungsverbote hinausgehen und auch nicht durch andere Regelungen der RL 2006/114/EG und 2005/29/EG gedeckt sind, ist die Anwendung von § 4 Nr. 2 auf vergleichende Werbung wegen des abschließenden Charakters der Sonderregelungen über vergleichende Werbung ausgeschlossen. Für das Verhältnis von § 4 Nr. 2 zum allgemeinen Irreführungsverbot des § 5 gilt Folgendes: Nimmt man mit dem BGH an, dass Verstöße gegen § 4 Nr. 2 **immer** irreführend sind, dann liegt es nahe, in § 4 Nr. 2 eine Spezialregelung gegenüber dem allgemeinen Irreführungsverbot des § 5 zu sehen.[704] Aber auch soweit man mit der hier vertretenen Ansicht annimmt, dass unwahre oder nicht erweislich wahre Tatsachenbehauptungen i. S. von § 4 Nr. 2 **nur in der Regel** irreführend sind, ist diese Vorschrift als Spezialregelung zu verstehen, die insoweit § 5 verdrängt. § 4 Nr. 2 ist hingegen zusätzlich zu den Regelungen des § 6 Abs. 2 anwendbar, da diese andere Schutzziele verfolgen.[705] Die Beweislastumkehr, die § 4 Nr. 2 vorsieht, ist durch Art. 7 RL 2006/114/EG (früher RL 84/450/EWG) gedeckt.[706]

262 **§ 4 Nr. 3 UWG.** Soweit das Angebot oder der Vertrieb eines nachgeahmten Produkts vergleichende Werbung ist,[707] die **laute**r ist, d. h. nicht gegen § 5 Abs. 2 oder § 6 Abs. 2 verstößt, kann sie wegen des Vorrangs dieser Vorschriften nicht nach den **§§ 3, 4 Nr. 3** untersagt werden.[708] Denn für die Voraussetzungen der Unzulässigkeit vergleichender Werbung enthalten § 5 Abs. 2 und § 6 Abs. 2 abschließende Regelungen. Auch bei Produktnachahmungen, die nach § 5 Abs. 2 oder § 6 Abs. 2 **unlauter** sind, sind diese Vorschriften **leges speciales,** die die §§ 3, 4 Nr. 3 verdrängen.[709]

---

[699] *Emmerich,* Unlauterer Wettbewerb, § 7 Rdn. 42; Fezer/*Koos* § 6 Rdn. 39; *Henn,* Markenschutz und UWG, S. 92; *Köhler*/Bornkamm § 6 Rdn. 165; *Ohly*/Sosnitza § 6 Rdn. 17.

[700] Fezer/*Koos* § 6 Rdn. 39.

[701] BGH GRUR 2002, 633, 635 (2.b.aa) – *Hormonersatztherapie;* ebenso *Köhler*/Bornkamm § 6 Rdn. 29; *Rippert/Weimer* K&R 2007, 302, 304.

[702] BGH GRUR 2002, 633, 634 (I.1.a) – *Hormonersatzthrapie.*

[703] *Sack* GRUR 2004, 89, 93 (V.3.b); MünchKommUWG/*Menke* § 6 Rdn. 39.

[704] A. A. *Köhler*/Bornkamm § 4 Rdn. 8.8.

[705] *Beater* S. 571 Rdn. 1542; *Köhler*/Bornkamm § 6 Rdn. 29; MünchKommUWG/*Menke* § 6 Rdn. 279; GroßKommUWG/*Glöckner* § 6 Rdn. 128; *Sack* WRP 2001, 327, 346; vgl. auch BGH GRUR 2002, 633, 635 (2.b,aa) – *Hormonersatztherapie.*

[706] BGH GRUR 2002, 633, 635 (2.a,bb) – *Hormonersatztherapie; Sack* GRUR 2004, 89, 93 (V.2.).

[707] Nach *Scherer* WRP 2009, 1446, 1454 ist das (fast) immer der Fall.

[708] BGH GRUR 2011, 1158 Rdn. 26 – *Teddybär; Bärenfänger* WRP 2011, 160, 167; *Emmerich,* Unlauterer Wettbewerb, § 11 Rdn. 25 (betr. das Verhältnis von § 6 Abs. 2 Nr. 4 zu § 4 Nr. 9b a. F.); *Hohlweg,* WRP 2015, 934 Rdn. 8; *Köhler*/Bornkamm § 4 Rdn. 9.5, 9.16, § 6 Rdn. 31; *Ph. Koehler* in: Götting/Nordemann § 6 Rdn. 58; MünchKommUWG/*Menke* § 6 Rdn. 40; MünchKommUWG/*Wiebe* § 4 Nr. 9 Rdn. 166; *Rohnke* FS Bornkamm, 2014, S. 443; *Scherer* WRP 2009, 1446, 1447, 1454.

[709] *Emmerich,* Unlauterer Wettbewerb, § 11 Rdn. 25 (betr. das Verh. von § 6 Abs. 2 Nr. 4 zu § 4 Nr. 9b); Fezer/*Koos* § 6 Rdn. 41; *Ph. Koehler* in: Götting/Nordemann § 6 Rdn. 58; *Menke* in: MünchKommUWG § 6 Rdn. 23; **a. A.** (kumulative Normenkonkurrenz) BGH GRUR 2010, 343 Rdn. 42 (zu § 4 Nr. 9b) – *Oracle;* BGH GRUR 2011, 1153 Rdn. 50 (zu § 4 Nr. 9b) – *Teddybär; Bärenfänger* WRP 2011, 160, 167; *Fiebig* WRP 2007, 1316, 1319 f.; *Köhler*/Bornkamm § 6 Rdn. 149; *Ohly*/Sosnitza § 6 Rdn. 18a; *Scherer* WRP 2009, 1446, 1447, 1454.

Unter den Voraussetzungen, unter denen nach § 4 Nr. 3 die **dreifache Schadensberechnungsmethode** anwendbar ist,[710] gilt sie auch bei Verstößen gegen § 6 Abs. 2.

263 **§ 4 Nr. 4 UWG.** Entsprechendes gilt für das Verhältnis von **§ 4 Nr. 4** zu § 5 Abs. 2 und § 6 Abs. 2. Nicht nur bei **lauterer** vergleichender Werbung, d. h. die nicht gegen § 5 Abs. 2 oder § 6 Abs. 2 verstößt, ist ein weiterreichender Schutz nach den §§ 3, 4 Nr. 4 ausgeschlossen.[711] Auch bei **unlauterer** vergleichender Werbung, die gegen § 5 Abs. 2 oder § 6 Abs. 2 verstößt, verdrängen diese Vorschriften als **leges speciales** die Vorschrift des § 4 Nr. 4.

IV. Das Verhältnis von § 6 UWG zum Markenrecht

1. Wettbewerbsrechtlich zulässige vergleichende Werbung als Markenverletzung?

264 **a) Der Grundsatz der markenrechtlichen Zulässigkeit vergleichender Werbung.** In vergleichender Werbung werden häufig geschützte Marken von Mitbewerbern genannt, auf deren Waren oder Dienstleistungen Bezug genommen wird. Das ist nach einhelliger Meinung **keine Markenverletzung,** wenn die vergleichende Werbung unter Beachtung der Zulässigkeitsbedingungen der Richtlinie über vergleichende Werbung bzw. des § 5 Abs. 3 und des § 6 Abs. 2 UWG vorgenommen worden ist, so

- die Begr. Reg.-Entw. zum MarkenG[712] und zum Gesetz zur vergleichenden Werbung,[713] „weil ... üblicherweise die Marke nicht für die eigenen Waren oder Dienstleistungen des Werbenden, sondern als Bezugnahme auf die des Konkurrenten (dem die Marke gehört) benutzt wird";
- die Gemeinsame Erklärung des Rates und der Kommission vom 21.12.1988 zur MarkenRL, wonach „durch das Verbot der Benutzung des Zeichens zu Werbezwecken einzelstaatliche Bestimmungen über die Möglichkeit der Verwendung einer Marke in vergleichender Werbung nicht berührt werden";[714]
- die Gemeinsame Erklärung des Rates und der Kommission vom 20.12.1993 zu Art. 9 GemeinschaftsmarkenVO, wonach „die Bezugnahme auf die Werbung in Absatz 2 Buchstabe d) nicht die Benutzung einer Gemeinschaftsmarke in der vergleichenden Werbung betrifft";[715]
- die Begründungserwägung Nr. 15 der RL 97/55/EG (jetzt Nr. 15 der RL 2006/114/EG), wonach die Benutzung von Marken in vergleichender Werbung nicht das Ausschließlichkeitsrecht Dritter verletzt, „wenn sie unter Beachtung der in dieser Richtlinie aufgestellten Bedingungen erfolgt und nur eine Unterscheidung bezweckt, durch die Unterschiede objektiv herausgestellt werden sollen"
- sowie der BGH und unter Hinweis auf die Begründungserwägung Nr. 15 der RL auch der EuGH.[716]

265 Auch Art. 4 lit. d, f, g RL 2006/114/EG und Art. 6 Abs. 2 lit. a der UGP-Richtlinie 2005/29/EG sowie § 6 Abs. 2 Nr. 3, 4 UWG implizieren die grundsätzliche Zulässigkeit der Bezugnahme auf Marken eines Mitbewerbers, die – abweichend vom Tatbestand der „Doppelidentität" des § 14 Abs. 2 Nr. 1 MarkenG – nach diesen Regelungen nicht ohne weiteres („absolut") geschützt sind, sondern nur bei Verwechslungsgefahr bzw. Irreführungsgefahr oder bei unlauterer Ausnutzung oder Beeinträchtigung ihres Rufs.[717] Bei **zulässiger** vergleichender Werbung sind markenrechtliche An-

---

[710] Darauf weisen Anhänger der Ansicht, dass kumulative Normenkonkurrenz bestehe, hin, vgl. *Scherer* WRP 2009, 1446, 1454; *Köhler*/Bornkamm § 6 Rdn. 149.

[711] BGH GRUR 2011, 1158 Rdn. 26 – *Teddybär.*

[712] BT-Drucks. 12/6581, S. 75.

[713] BT Drucks. 14/2959, S. 7 a. E.

[714] ABl. HABM 1996, 606; auch abgedruckt in *Ströbele/Hacker* Anhang 9 S. 2425 ff.; im Vorwort dieser Erklärung wird allerdings ausdrücklich darauf hingewiesen, dass sie nicht die Auslegung durch den EuGH präjudiziert; vgl. dazu auch EuGH Slg. 2004, I-6129 = GRUR 2004, 858, 859 Rdn. 17 – *Heidelberger Bauchemie;* EuGH Slg. 2004, I-10 989 = GRUR 2005, 153, 156 Rdn. 79 – *Anheuser-Busch/Budvar.*

[715] Abgedruckt in *Eisenführ/Schennen,* GMV, 3. Aufl. Anhang 5 sub. 7. zu Art. 9; vgl. auch GA *Jacobs* in seinen Schlussanträgen im Fall *„Hölterhoff"*, Slg. 2002, I-4187, 4208 Nr. 76.

[716] BGH GRUR 2015, 1136 Rdn. 16 – *Staubsaugerbeutel im Internet;* EuGH Slg. 2001, I-7945 Rdn. 53 = GRUR 2002, 354 – *Toshiba Europe;* EuGH Slg. 2003, I-3095 Rdn. 49, 83 = GRUR 2003, 533 – *Pippig;* EuGH Slg. 2006, I-2147 = GRUR 2006, 345 Rdn. 14 – *Siemens;* EuGH Slg. 2008, I-4231 = GRUR 2008, 698 Rdn. 45, 51 – *O2 und O2;* EuGH Slg. 2009, I-5185 = GRUR 2009, 756 Rdn. 54 – *L'Oréal/Bellure.*

[717] Vgl. *Sack* WRP 2004, 1405, 1418; ähnlich *Tizzano* in seinen Schlussanträgen im Fall *„Pippig"*, Slg. 2003, I-3095 Nr. 26, 27.

sprüche **ausgeschlossen.**[718] Bei vergleichender Werbung, die den Zulässigkeitsbedingungen des Art. 4 der RL 2006/114/EG und der RL 2005/29/EG entspricht bzw. nicht nach § 5 Abs. 2 oder § 6 Abs. 2 unlauter ist, ist § 14 Abs. 2 Nr. 3 auch nicht unter dem Gesichtspunkt der Gefahr der Beeinträchtigung der Unterscheidungskraft („Verwässerungsgefahr") anwendbar, obwohl die genannten wettbewerbsrechtlichen Vorschriften den Tatbestand der Verwässerungsgefahr nicht kennen.[719]

266 Über die Ansicht, dass vergleichende Werbung, die nicht gegen § 5 Abs. 2 oder § 6 Abs. 2 verstößt, auch markenrechtlich nicht untersagt werden kann, besteht Einigkeit. Die Begründung dafür ist jedoch noch nicht ausreichend geklärt.

267 **b) Keine marken- bzw. kennzeichenmäßige Markenbenutzung?** Ein Teil der h. M. nimmt an, dass die Bezugnahme auf Marken von Mitbewerbern in vergleichender Werbung die Verletzungstatbestände des Markenrechts tatbestandsmäßig nicht erfülle, weil sie keine marken- bzw. kennzeichenmäßige „Benutzung" dieser Marken darstelle, wie sie die markenrechtlichen Verletzungstatbestände verlangen.[720] Denn der Werbende benutze die fremde Marke nicht für seine **eigenen** Produkte, sondern zur Abgrenzung von den Produkten des Mitbewerbers. Davon sind wohl auch die Begr. Reg.-Entw. zum MarkenG sowie die Begr. Reg.-Entw. eines Gesetzes zur vergleichenden Werbung ausgegangen, wo eine Markenverletzung verneint wurde, weil – soweit vergleichende Werbung zulässig ist – „üblicherweise die Marke **nicht für die eigenen** Waren oder Dienstleistungen des Werbenden, sondern als Bezugnahme auf die des Konkurrenten (dem die Marke gehört) benutzt wird".[721]

268 An dieser Ansicht kann jedoch spätestens seit der EuGH-Entscheidung „O2 und O2" vom 12.6.2008 nicht mehr festgehalten werden, in der er die Verwendung einer fremden Marke in vergleichender Werbung zu dem Zweck, die vom Werbenden und von einem seiner Mitbewerber angebotenen Waren oder Dienstleistungen voneinander zu unterscheiden, als **markenrechtlich relevante „Benutzung" der fremden Marke** i. S. v. Art. 5 Abs. 1 u. 2 der Markenrechtsrichtlinie 89/114 bewertet hat.[722] Dieser Ansicht ist zuzustimmen.[723] Zweifelhaft ist allerdings die Ansicht des EuGH, dass

---

[718] Erwägungsgrund Nr. 15 der RL 2006/114/EG; EuGH Slg. 2001, I-7945 Rdn. 53 – *Toshiba Europe;* EuGH Slg. 2003, I-3095 Rdn. 83 = GRUR 2003, 533 – *Pippig;* EuGH GRUR 2006, 345 Rdn. 14 – *Siemens;* EuGH Slg. 2008, I-4231 = GRUR 2008, 698 Rdn. 45, 51 – *O2 und O2;* EuGH Slg. 2009, I-5185 = GRUR 2009, 756 Rdn. 54 – *L'Oréal/Bellure;* BGH GRUR 2004, 607, 612 – *Genealogie der Düfte;* GRUR 2008, 628 Rdn. 15 – *Imitationswerbung;* GRUR 2010, 161 Rdn. 35 – *Gib mal Zeitung;* GRUR 2015, 1136 Rdn. 16 f. – *Staubsaugerbeutel im Internet;* öst. OGH ÖBl. 2011, 228 (Leits. 3), 230 (1.5.) = GRUR Int. 2012, 180 – *Velux; Alexander* GRUR 2010, 482, 485; *Bärenfänger* WRP 2011, 160, 167; *Fezer* WRP 2010, 165, 177; *Fezer,* Markenrecht, MarkenG § 23 Rdn. 86; *Henn,* UWG und Markenschutz, S. 99, 100; *Hildebrandt,* Marken und andere Kennzeichen, 2. Aufl., 2010, § 26 Rdn. 23 a. E.; *Heister* S. 80; *Ingerl/Rohnke,* MarkenG § 2 Rdn. 12; MünchKommUWG/*Menke* § 6 Rdn. 51; *Ohly* GRUR 2008, 701; *ders.* GRUR 2010, 166, 167 (5.); *Sack* WRP 2004, 1405, 1418; *ders.* GRUR 2008, 201; *Stieper* WRP 2006, 291, 301; Ströbele/*Hacker* § 2 Rdn. 80; § 23 MarkenG Rdn. 38.

[719] Vgl. zum Fehlen eines Tatbestandes der Verwässerungsgefahr in § 6 Abs. 2 oben Rdn. 202 und BGH GRUR 2011, 1158 Rdn. 21 – *Teddybär.*

[720] Begr. Reg.-Entw. zum MarkenG, BT-Drucks. 12/6581, S. 75; Begr. Reg.-Entw. eines Gesetzes zur vergleichenden Werbung, BT-Drucks. 14/2959, S. 7 a. E.; OLG Frankfurt a. M. GRUR 2000, 84 (1.) – *Deutscher Aktienindex DAX;* OLG Frankfurt a. M. GRUR-RR 2002, 397 – *Tiapridex;* OLG Frankfurt a. M. GRUR 2004, 1043, 1044 – *Cartier-Stil;* OLG Hamburg GRUR 2000, 243, 247 – *Lottoschein;* OLG München WRP 2001, 820, 828 – *Duft-Vergleichslisten; Berlit* S. 131; *Eck/Ikas* WRP 1999, 251, 270; *Ingerl* WRP 2002, 861, 864; *ders.* WRP 2004, 809, 816; *Ingerl/Rohnke,* § 14 Rdn. 258, 329, 338 f.; *Koppensteiner* FS Griss, 2011, S. 407, 411; *Lehmler* § 6 Rdn. 60, 64; *Ohly* FS Doepner, 2008, S. 51, 59 ff., 61; *Plaß* NJW 2000, 3161, 3169; *Riedel* S. 186 ff., 189 (3.), 190, 194 (21.); *Steinbeck* FS Ullmann, 2006, S. 409, 416; vgl. auch *Knaak* GRUR Int. 2014, 209, 215; für einen unterschiedlichen Benutzungsbegriff in Art. 5 Abs. 1 und Abs. 2 bzw. in § 14 Abs. 2 Nr. 1 und 2 und § 14 Abs. Nr. 3, wonach Werbevergleiche nur unter den Voraussetzungen des § 14 Abs. 2 Nr. 3 relevante Benutzungshandlungen seien, *Ohly* FS Doepner, 2008, S. 51, 58 ff., 62; *Eichhammer,* Die markenmäßige Benutzung, 2008, S. 194, 214; ausführlich zum streitigen Tatbestandsmerkmal „benutzen" in den markenrechtlichen Verletzungstatbeständen *Sack* WRP 2010, 198 ff.

[721] Begr. Reg.-Entw. zum MarkenG, BT-Drucks. 12/6581, S. 75; Begr. Reg.-Entw. zum Gesetz über vergleichende Werbung, BT-Drucks. 14/2959, S. 7 a. E.; ebenso *Heister* S. 79; *Ingerl/Rohnke* § 14 Rdn. 338; *Riedel* S. 188, 190, 194 (21.); vgl. auch *Ingerl* WRP 2002, 861, 864 ff.; kritisch dazu *Kebbedies* S. 210 f.; *Ohly* GRUR 2007, 926, 927; *Ohly/Spence* GRUR Int. 1999, 681, 687 f.; ausdrücklich a. A. *Fezer* GRUR 2003, 457, 465 f.; *Kur* MarkenR 2001, 137, 142.

[722] EuGH Slg. 2008, I-4231 = GRUR 2008, 698 Rdn. 33, 36, 37 – *O2 und O2;* ebenso EuGH Slg. 2009, I-5185 = GRUR 2009, 756 Rdn. 53, 65 – *L'Oréal/Bellure.*

[723] Vgl. BGH GRUR 2015, 1136 Rdn. 14 f. – *Staubsaugerbeutel im Internet; Sack* WRP 2011, 288 (I.); *ders.* GRUR 2008, 201 ff. mit ausführlicher Darstellung des Standes der Meinungen; ebenso *Blankenburg* WRP 2008,

die Benutzung einer fremden Marke in vergleichender Werbung eine Benutzung i. S. von Art. 5 Abs. 1 und 2 MarkenRL für die **eigenen Waren oder Dienstleistungen des Werbenden** sei.[724] Vielmehr benutzt er die fremde Marke zur Abgrenzung der fremden Produkte von seinen.[725]

Von der Ansicht, dass der Hinweis auf eine fremde Marke in vergleichender Werbung eine „Benutzung" der betreffenden Marke im Sinne der markenrechtlichen Verletzungstatbestände sei, ist wohl auch schon der EuGH in seiner Entscheidung *„Toshiba Europe"* ausgegangen, wenn er in Rdn. 35 eine wörtliche Auslegung der RL 84/450/EWG mit der Begründung ablehnte, dass sie im Widerspruch zur MarkenRL 89/104/EWG stünde.[726] Denn der vom EuGH genannte Widerspruch zwischen beiden Richtlinien kann nur bestehen, wenn bezugnehmende Werbehinweise auf Marken von Mitbewerbern in vergleichender Werbung eine **„Benutzung"** dieser Marken i. S. der Verletzungstatbestände des Markenrechts darstellen.[727] Auch in der *Gillette*-Entscheidung vom 17.3.2005, die Werbung für Zubehör betraf, hat er die Verwendung einer fremden Marke zu dem Zweck, der Öffentlichkeit eine verständliche und vollständige Information über die Bestimmung der Waren des Werbenden zu geben, als „Benutzung" i. S. d. markenrechtlichen Verletzungstatbestände bewertet.[728] 269

Ferner spricht auch der in diesem Zusammenhang viel zitierte Erwägungsgrund Nr. 15 der RL 2006/114/EG (früher Erwägungsgrund Nr. 15 der RL 84/450/EWG) dafür, dass vergleichende Werbehinweise auf die Marke eines Mitbewerbers eine relevante „Benutzung" seiner Marke darstellen. Denn dort heißt es, dass die Benutzung von Marken, Handelsnamen und anderen Unterscheidungszeichen eines Mitbewerbers keine Ausschließlichkeitsrechte Dritter verletzt, „wenn sie unter Beachtung der in dieser Richtlinie aufgestellten Bedingungen erfolgt und nur eine Unterscheidung bezweckt, durch die Unterschiede objektiv herausgestellt werden sollen".[729] Dieser Beschränkung des Markenschutzes bei **zulässiger** vergleichender Werbung hätte es nicht bedurft, wenn die Nennung fremder Marken in vergleichender Werbung schon tatbestandsmäßig keine relevante „Benutzung" einer Marke ist.[730] 270

Der Ansicht, dass vergleichende Werbung eine **„Benutzung" der Marke des betreffenden Mitbewerbers** sei, steht Art. 5 Abs. 5 MarkenRL nicht entgegen, aus dessen Tatbestandsmerkmal „zu anderen Zwecken als der Unterscheidung von Waren oder Dienstleistungen" abgeleitet wird, dass die Verletzungstatbestände der MarkenRL und der nationalen Markengesetze in der EG sowie die der GMV eine markenmäßige Benutzung der geschützten Marke erfordern. Denn in vergleichender Werbung dient die Benutzung der Marke eines Mitbewerbers „der Unterscheidung von Waren oder Dienstleistungen" i. S. v. Art. 5 Abs. 5 MarkenRL. 271

Sieht man in vergleichender Werbung, die auf die Marke eines Mitbewerbers Bezug nimmt, entweder – wie hier vertreten – eine **„markenmäßige Benutzung"** i. S. v. § 14 Abs. 2 MarkenG oder verzichtet man mit einer verbreiteten Ansicht für markenrechtliche Verletzungsansprüche auf das Erfordernis einer „markenmäßigen" Benutzung,[731] dann erfüllen vergleichende Wer- 272

1294, 1295 f.; *Danger* Rdn. 507 ff., 525 ff., 537; *Eckel* GRUR Int. 2015, 438, 442 (V.1.); *Fezer,* Markenrecht, MarkenG § 14 Rdn. 116, 961, § 23 Rdn. 86; *ders.* WRP 2010, 165, 176; *Heister* S. 78 f.; Fezer/*Koos* § 6 Rdn. 191; *Henn,* Markenschutz und UWG, S. 95; *Heister* S. 78 f.; *Kur* JZ 1999, 838, 840 Fn. 14; *dies.* MarkenR 2001, 141 f., 144 (2.4); *v. Linstow* WRP 2000, 955, 957 Fn. 28–30; MünchKommUWG/*Menke* § 6 Rdn. 49, 51; ebenso wohl auch der BGH, der § 23 Nr. 3 MarkenG angewendet hat, was eine tatbestandsmäßige Verletzungshandlung voraussetzt, BGH GRUR 2004, 607, 612 (II. 5.) – *Genealogie der Düfte;* ebenso öst. OGH ÖBl. 2011, 228 (Leits. 2), 230 (1.4.) = GRUR Int. 2012, 180 – *Velux;* zurückhaltender *Köhler*/Bornkamm § 6 Rdn. 33, 143: vergleichende Werbung „kann" markenmäßige Benutzung sein.

[724] So jedoch EuGH Slg. 2008, I-4231 = GRUR 2008, 698 Rdn. 36 – *O2 und O2;* EuGH Slg. 2009, I-5185 = GRUR 2009, 756 Rdn. 53 – *L'Oréal/Bellure;* ebenso auch öst. OGH ÖBl. 2011, 228, 230 (1.4.) = GRUR Int. 2012, 180 – *Velux;* a. A. Begr. Reg.-Entw. zum MarkenG, BT-Drucks. 12/6581, S. 75; Begr. Reg.-Entw. zum Gesetz über vergleichende Werbung, BT-Drucks. 14/2959, S. 7 a. E.; *Eck/Ikas* WRP 1999, 251, 270; *Ingerl/Rohnke* § 14 Rdn. 338.

[725] Vgl. *Sack* GRUR 2008, 210 f.; *Alexander* GRUR 2010, 482, 483.

[726] EuGH Slg. 2001, I-7945 Rdn. 34, 35 = GRUR 2002, 354 – *Toshiba Europe.*

[727] Fezer/*Koos* § 6 Rdn. 90, 191, 194.

[728] EuGH Slg. 2005, I-2337 = GRUR 2005, 509 Rdn. 34 i. V. m. Rdn. 33 – *Gillette Company.*

[729] Im gleichen Sinne EuGH Slg. 2001, I-7945 Rdn. 53 – *Toshiba Europe;* EuGH Slg. 2003, I-3095 Rdn. 83 – *Pippig.*

[730] Vgl. *Sack* GRUR 1995, 81, 95.

[731] *Berlit* GRUR 1998, 423, 426; Fezer/*Koos* § 6 Rdn. 90, 191, 194; *A. Frisch,* Das Freihaltebedürfnis im Markenrecht, 2007, S. 238 ff., 242; *M. Helm* GRUR 2001, 291, 293; *Krüger* GRUR 1995, 527, 529; *Kur* CR 1996, 590, 591 f.; *v. Mühlendahl* WRP 1995, 377; *Nägele,* Die relevante Benutzung im Markenrecht, 1998, S. 53 ff., 183 ff.; *Schmieder* NJW 1994, 1241; *ders.* NJW 1997, 2908, 2914; *Will,* Markenschutz nach § 14 MarkenG, 1996, S. 183; *differenzierend* zwischen § 14 Abs. 2 Nr. 1 u. 2 und § 14 Abs. 2 Nr. 3 MarkenG; *Hacker*

behinweise auf die Marke eines Mitbewerbers in der Regel den Tatbestand der **Doppelidentität** i. S. v. § 14 Abs. 2 Nr. 1 MarkenG bzw. von Art. 9 Abs. 1 S. 2 lit. a GMV.[732] Nur in seltenen Fällen, wie im EuGH-Fall „O2 und O2", fehlt Doppelidentität, so dass markenrechtliche Ansprüche einen Verstoß gegen § 14 Abs. 2 oder 3 MarkenG bzw. Art. 9 Abs. 1 S. 2 lit. b oder c GMV erfordern.

273 **c) Die Regelungen der vergleichenden Werbung durch die RL 2006/114/EG und § 6 UWG als leges speciales.** Soweit man in vergleichender Werbung, die auf die Marke eines Mitbewerbers Bezug nimmt, eine tatbestandsmäßige Verletzungshandlung sieht, kann das Verhältnis von § 6 UWG zum Markenrecht auf der **Konkurrenzebene** gelöst werden.

274 Nach der sog. **Vorrangthese** genießt das Markenrecht in seinem Anwendungsbereich zwar grundsätzlich Vorrang vor dem Wettbewerbs- und Deliktsrecht.[733] Die Anwendung dieser Vorrangthese auf das Verhältnis von § 6 zum Markenrecht ist jedoch mit Wortlaut und Zweck der RL 2006/114/EG nicht vereinbar. Denn die **Verbote** des Markenrechts – insbesondere der Tatbestand der Doppelidentität nach § 14 Abs. 2 Nr. 1 MarkenG bzw. Art. 9 Abs. 1 S. 2 lit. a GMV – reichen über die Unlauterkeitstatbestände des § 6 Abs. 2 UWG hinaus. Soweit das der Fall ist, würde ihre Untersagung gegen die RL 2006/114/EG verstoßen, wonach vergleichende Werbung **zulässig** ist, wenn sie die Voraussetzungen des Art. 4 dieser RL erfüllt. Die oben in Rdn. 264 zitierten Materialien zum Markenrecht und zum Recht der vergleichenden Werbung zeigen unmissverständlich, dass vergleichende Werbung, die nach Art. 4 der RL 2006/114/EG **zulässig** ist, auch **markenrechtlich** nicht untersagt werden darf. Ebenso hat der EuGH zutreffend in Rdn. 45 seiner Entscheidung „O" und O"/H3G" von 2008 entschieden.[734] Seine in Rdn. 37 der Entscheidung geäußerte Ansicht, dass die Benutzung einer fremden Marke in vergleichender Werbung „gegebenenfalls gemäß diesen Bestimmungen (scil. des Markenrechts) verboten werden" könne, kann sich deshalb nur auf auf lauterkeitsrechtlich **unzulässige** vergleichende Werbung beziehen.

275 Auch die Ansicht, dass das Markenrecht und das Recht der vergleichenden Werbung **gleichrangig** und **nebeneinander** anzuwenden seien,[735] ist abzulehnen. Denn auch diese Ansicht hätte zur Folge, dass viele Fälle vergleichender Werbung wegen Doppelidentität markenrechtlich verboten wären, die die Zulässigkeitsvoraussetzungen von Art. 4 RL 2006/114/EG erfüllen und deshalb nach Erwägungsgrund Nr. 15 dieser RL nicht nur lauterkeitsrechtlich, sondern auch zeichenrechtlich zulässig sind.

276 Mit Art. 4 der RL 2006/114/EG vereinbar und m. E. vorzugswürdig ist die Ansicht, dass diese Vorschrift für **lautere** vergleichende Werbung als **lex specialis** die Anwendung des Markenrechts ausschließt.[736] Dies folgt vor allem aus dem Zweck dieser Vorschrift, die Zulässigkeitsbedingungen vergleichender Werbung **abschließend** zu regeln (oben Rdn. 13).

277 Dem Zweck der RL 2006/114/EG entspricht es, dass auch durch die **GMV** vergleichende Werbung nicht weiter eingeschränkt werden darf, als es Art. 4 dieser RL zulässt. Denn die Regelungen

---

GRUR Int. 2002, 502, 505 ff.; *Ohly* GRUR 2007, 926, 927; Ströbele/*Hacker* § 14 Rdn. 94 ff.; für eine einheitliche Auslegung des Benutzungsbegriffs jedoch EuGH GRUR 2007, 318 Rdn. 17, 29 – *Adam Opel/Autec; Nägele* S. 58 f.; *Riedel* S. 71.

[732] Vgl. EuGH Slg. 2008, I-4231 = GRUR 2008, 698 Rdn. 53 – *O2 und O2;* EuGH Slg. 2009, I-5185 = GRUR 2009, 756 Rdn. 56, 58 ff., 65 – *L'Oréal/Bellure;* BGH GRUR 2005, 163, 164 (II.2.) – *Aluminiumräder;* GRUR 2015, 1136 Rdn. 15 – *Staubsaugerbeutel im Internet; Blanken* S. 221; *Müller-Bidinger* in: Ullmann jurisPK-UWG § 6 Rdn. 22, 28; *Kur* MarkenR 2001, 137, 141 (2.2.), 142; *v. Linstow* WRP 2000, 955, 957; *Sack* WRP 2004, 1405, 1418; a. A., weil auch bei Doppelidentität nach § 14 Abs. 2 Nr. 1 MarkenG bzw. nach Art. 9 Abs. 1 S. 2 lit. a GMV eine Verwechslungsgefahr erforderlich sei, *Ohly* GRUR 2008, 701, 702.

[733] Vgl. BGH GRUR 1999, 161, 162 – *MAC Dog;* GRUR 1999, 992 – *BIG PACK;* GRUR 2002, 70, 73 – *Szene;* GRUR 2002, 167, 171 – *Bit/Bud;* GRUR 2002, 340, 342 – *Fabergé;* GRUR 2002, 622, 623 – *shell*.de; GRUR 2003, 332, 335 f. – *Abschlussstück;* GRUR 2003, 973, 974 – *Tupperwareparty;* GRUR 2004, 235 – *Davidoff II;* GRUR 2005, 163, 165 – *Aluminiumräder;* GRUR 2006, 329 Rdn. 36 – *Gewinnfahrzeug mit Fremdemblem;* GRUR 2007, 339 Rdn. 23 – *Stufenleitern;* einen Vorrang des Markenrechts gegenüber dem Recht der vergleichenden Werbung verneint hingegen neuerdings der BGH, vgl. BGH GRUR 2008, 628 Rdn. 16, 17 – *Imitationswerbung;* GRUR 2008, 726 Rdn. 15 a. E. – *Duftvergleich mit Markenparfüm;* seine Vorrangthese hat der BGH inzwischen ausdrücklich aufgegeben und sich für ein „Nebeneinander" dieser Rechtsgebiete ausgesprochen, BGH GRUR 2013, 1161 Rdn. 60 – *Hard Rock Cafe;* ebenso *Sack* GRUR 2008, 201, 203.

[734] EuGH Slg. 2008, I4231 Rdn. 45 = GRUR 2008, 698 – *O" und O"/H3G.*

[735] Nach *Büscher* GRUR 2009, 230, 234 (V.1.) sind die Regelungen nebeneinander anzuwenden und in Verhältnis zueinander in Einklang zu bringen.

[736] Vgl. *Blanken* S. 191 f., 209; *Blankenburg* WRP 2008, 1294, 1295; *Bottenschein* GRUR 2006, 462, 465; MünchKommUWG/*Micklitz* EG F Rdn. 272; *Sack* WRP 2004, 1405, 1418; *ders.* GRUR 2008, 201, 203; gegen Spezialität von § 6 UWG, jedoch für *Subsidiarität* von § 14 Abs. 2 MarkenG *Engeländer* S. 93 ff.

der GMV und der MarkenRL sind einheitlich auszulegen,[737] und gegenüber der MarkenRL hat die RL 2006/114/EG Vorrang.

278 **d) Markenrechtliche Einreden.** *aa) § 23 MarkenG.* Wenn man entgegen der hier vertretenen Ansicht den Regelungen über vergleichende Werbung keinen Vorrang vor dem Markenrecht einräumt und wenn man außerdem die Bezugnahme auf eine fremde Marke in vergleichender Werbung für eine „Benutzung" dieser Marke im Sinne der Verletzungstatbestände hält, dann scheitern markenrechtliche Ansprüche jedenfalls an markenrechtlichen Einreden. Hier sind vor allem die Einreden aus **§ 23 MarkenG** zu nennen.[738]

279 (1) In seiner Entscheidung *„Genealogie der Düfte"* hat der BGH festgestellt, dass die im Rahmen einer zulässigen vergleichenden Werbung erfolgende Markennennung nach § 23 Nr. 3 MarkenG ohne das Hinzutreten weiterer Umstände keine rechtsverletzende Markenbenutzung sei.[739]

280 (2) Soweit es nicht speziell Ersatzteil- und Zubehörwerbung i. S. v. § 23 Nr. 3 MarkenG betrifft,[740] ist § 23 Nr. 2 MarkenG anzuwenden,[741] dies natürlich nur, wenn man in § 6 UWG keine Spezialregelung gegenüber dem Markenrecht sieht. Gegen die guten Sitten i. S. v. § 23 MarkenG verstößt vergleichende Werbung nur unter den Voraussetzungen von Art. 4 RL 2006/114/EG bzw. § 6 Abs. 2 UWG.[742]

281 *bb) § 24 MarkenG.* Es wird auch die Ansicht vertreten, dass markenrechtlichen Ansprüchen gegen vergleichende Werbung grundsätzlich der markenrechtliche Erschöpfungsgrundsatz des § 24 MarkenG bzw. des Art. 13 GMV entgegenstehe.[743] Ein gewichtiger Einwand dagegen lautet allerdings,[744] dass nach der *Sebago*-Entscheidung des EuGH die Rechte aus der Marke **nur in Bezug auf diejenigen Exemplare** der Ware erschöpft sind, die vom Markeninhaber oder mit seiner Zustimmung im EWR in den Verkehr gebracht worden sind.[745]

282 *cc) Art. 4 RL 2006/114/EG als Erlaubnistatbestand.* Schließlich wird noch vertreten, Art. 4 der RL 2006/114/EG enthalte einen **Erlaubnistatbestand**[746] bzw. bilde eine ungeschriebene **Schranke** des Markenrechts.[747] Auch wird im Erwägungsgrund Nr. 15 der RL 97/55/EG (jetzt RL 2006/114/EG) von manchen ein selbstständiger markenrechtlicher **Freistellungstatbestand** gesehen.[748] Die RL 2006/114/EG begrenze den Anwendungsbereich der markenrechtlichen Verletzungstatbestände.[749]

283 **e) Keine Verletzung geschützter Markenfunktionen.** Nach ständiger Rechtsprechung des EuGH und des BGH ist der **Schutz des Markeninhabers auf Fälle beschränkt,** in denen die unbefugte Benutzung einer geschützten Marke durch einen Dritten eine markenrechtlich geschütz-

---

[737] Vgl. *Sack* GRUR 1995, 81, 82 (4.).

[738] Vgl. BGH GRUR 2004, 607, 612 (5.) – *Genealogie der Düfte;* GRUR 2005, 163, 164 (2.a) – *Aluminiumräder.*

[739] BGH GRUR 2004, 607, 612 (5.) – *Genealogie der Düfte;* ebenso GRUR 2005, 163, 164 – *Aluminiumräder;* OLG Frankfurt a. M. GRUR-RR 2004, 359 Rdn. 39; vgl. auch öst. OGH ÖBl. 2011, 228, 230 = GRUR Int. 2012, 180 – *Velux;* ebenso wohl auch EuGH Slg. 2001, I-7945 Rdn. 34 = GRUR 2002, 354 – *Toshiba Europe* (zu Art. 6 Abs. 1 lit. c MarkenRL).

[740] Vgl. BGH GRUR 2005, 163, 164 (2.a) – *Aluminiumräder.*

[741] Vgl. *Danger* S. 185; *Fezer,* Markenrecht, MarkenG § 14 Rdn. 961, § 23 Rdn. 86; *Sack* WRP 2004, 1405, 1418; *ders.* GRUR 1995, 81, 95; *ders.* GRUR 2008, 201, 204; vgl. auch *Kur* MarkenR 2001, 137, 142, 143 f.; *Bärenfänger* WRP 2011, 160, 167; **a. A.** *Blanken,* Wettbewerbsrechtliche und immaterialgüterrechtliche Probleme des Zubehör- und Ersatzteilgeschäftes, 2008, S. 222; *Blankenburg* WRP 2008, 1294, 1296; *Eichhammer* S. 154; *Frisch,* Das Feihaltebedürfnis im Markenrecht, 2007, S. 284, 296; *Hacker* GRUR Int. 2002, 502, 510; *Ingerl/Rohnke* § 23 Rdn. 76; *Riedel* S. 184; kritisch auch *Ohly* FS Doepner, 2008, S. 51, 57 f.

[742] *Fezer,* Markenrecht, MarkenG § 23 Rdn. 86; *Nägele* S. 177; *Sack* GRUR 1995, 81, 95; *ders.* WRP 2004, 1405, 1418; GA *Tizzano* Schlussanträge in der Rs. C-228/03 – *Gillette Company,* Slg. 2005, I-2337 Nr. 77.

[743] *Kur* GRUR 1997, 250 Fn. 109; *dies.* in: Schricker/Beier, Die Neuregelung des Markenrechts in Europa, 1997, S. 190 ff., 205; *dies.* MarkenR 2001, 137, 142 f.; Fezer/*Koos* § 6 Rdn. 49; *Henn,* Markenschutz und UWG, S. 108; *Plaß* in: HK-WettbR § 6 Rdn. 9 a. E.; früher auch *Sack* WRP 2004, 1405, 1418; **a. A.** *Blankenburg* WRP 2008, 1294, 1296; *Kebbedies* S. 210; *Riedel* S. 184 f.

[744] Vgl. *Kebbedies* S. 212; *Sack* GRUR 2008, 201, 204; vgl. auch *Ohly* FS Doepner, 2008, S. 51, 58.

[745] EuGH GRUR Int. 1999, 870, 872 Rdn. 19 f. – *Sebago;* ebenso BGH GRUR 2003, 878, 879 – *Vier Ringe über Audi;* BGH GRUR 2002, 1273 – *Aspirin.*

[746] *Alexander* GRUR 2010, 482, 486 f.; vgl. auch *Glöckner* sic! 2011, 273, 281 („Rechtfertigungsgrund").

[747] *Ohly* GRUR 2010, 166, 167; *Ohly*/Sosnitza § 6 Rdn. 196; *Eckel* GRUR Int. 2015, 438, 440 (V.1.).

[748] *Hacker* GRUR Int. 2002, 502, 510; Ströbele/*Hacker* § 2 Rdn. 80, 87; *Kebbedies* S. 212; kritisch *Ohly* FS Doepner, 2008, S. 51, 58 mit dem Hinweis, dass es problematisch sei anzunehmen, dass der Erwägungsgrund einer RL die materiellen Vorschriften einer anderen RL ändern könne; ähnlich *Blanken* S. 224.

[749] *Fezer* WRP 2010, 165, 177.

te **Funktion einer Marke** beeinträchtigt oder beeinträchtigen könnte.[750] Es ist jedoch davon auszugehen, dass vergleichende Werbung, die die Zulässigkeitsvoraussetzungen der RL 2006/114/EG und der RL 2005/29/EG erfüllt bzw. nicht gegen § 5 Abs. 2 oder § 6 Abs. 2 verstößt, keine rechtlich geschützten Markenfunktionen beeinträchtigt.

284 Das Erfordernis einer Beeinträchtigung geschützter Markenfunktionen ist ein selbständiges ungeschriebenes Tatbestandsmerkmal des Markenrechts neben den anderen Tatbestandsmerkmalen, z. B. dem der „Doppelidentität" oder dem der „Benutzung im geschäftlichen Verkehr für Waren oder Dienstleistungen".[751] Fehlt im konkreten Anwendungsfall die Gefahr einer Beeinträchtigung geschützter Markenfunktionen, scheitert daran nicht das Erfordernis der „Benutzung" der betreffenden Marke,[752] die bei rechtmäßigen vergleichenden Werbehinweisen auf fremde Marken auch dann vorliegt, wenn keine geschützten Markenfunktionen beeinträchtigt werden.

2. Wettberbsrechtlich unzulässige vergleichende Werbung und Markenrecht

285 **a) Das Problem.** Vergleichende Werbung, die auf die Marke eines Mitbewerbers Bezug nimmt, erfüllt in der Regel die Voraussetzungen einer Markenverletzung i. S. von § 14 MarkenG bzw. Art. 9 GMV. Denn sie ist, wie bereits ausgeführt (Rdn. 268, 272), eine „Benutzung" der fremden Marke im Sinne der markenrechtlichen Verletzungstatbestände, die in der Regel den Tatbestand der Doppelidentität i. S. von § 14 Abs. 2 Nr. 1 MarkenG bzw. Art. 9 Abs. 1 S. 2 lit. a GMV erfüllt. Wenn vergleichende Werbung gegen Verbotstatbestände des § 6 verstößt, stellt sich die Frage nach dem Verhältnis von Ansprüchen aus dem UWG und aus dem Markenrecht. Die Entscheidung dieser Frage ist von praktischer Bedeutung, da sich die Haftungsvoraussetzungen des UWG und des Markenrechts unterscheiden.[753] So sind z. B. die lauterkeitsrechtlichen **Verjährungsfristen** nach § 11 UWG kürzer als die markenrechtlichen nach § 20 MarkenG i. V. m. §§ 195, 198 BGB.[754] Verstöße gegen § 6 UWG halten manche nur bei Spürbarkeit für verboten.[755] Ein Unterschied besteht auch, wenn man die **dreifache Schadensberechnungsmethode** nur bei markenrechtlichen Ansprüchen anwendet.[756]

286 **b) Kein Vorrang des Markenrechts.** Nach der sog. **Vorrangthese** des BGH genießt das Markenrecht in seinem Anwendungsbereich grundsätzlich Vorrang vor dem UWG.[757] Der BGH hat die

---

[750] Insoweit grundlegend EuGH Slg. 2002, I-10 273 = GRUR 2003, 55 Rdn. 51, 54 – *Arsenal;* ebenso EuGH Slg. 2004, I-10 989 = GRUR 2005, 153 Rdn. 59, 71 – *Anheuser-Busch/Budvar;* EuGH Slg. 2007, I-1017 = GRUR 2007, 318 Rdn. 21, 22, 37 – *Opel/Autec;* EuGH Slg. 2007, I-7041 = GRUR 2007, 971 Rdn. 26 – *Céline;* EuGH Slg. 2009, I-1279 = GRUR 2009, 1156 Rdn. 42 – *UDV North America/Brandraders;* EuGH Slg. 2009, I-5185 = GRUR 2009, 756 Rdn. 58, 60, 63 – *L'Oréal/Bellure;* EuGH GRUR 2011, 1124 Rdn. 34 ff. – *Interflora;* BGH GRUR 2005, 419, 421 (II.1.a) – *Räucherkate;* GRUR 2005, 427, 428 (II.2.a.aa) – *Lila-Schokolade;* GRUR 2005, 1044, 1046 (3.a,aa) – *Dentale Abformmasse;* GRUR 2007, 780 Rdn. 22 – *Pralinenform;* GRUR 2008, 793 Rdn. 15 – *Rillenkoffer;* GRUR 2009, 485 Rdn. 60 – *Metrobus;* GRUR 2009, 498 Rdn. 11 – *Bananabay;* GRUR 2009, 502 Rdn. 22 – *pcb;* GRUR 2009, 871 Rdn. 20 – *Ohrclips;* ebenso öst. OGH GRUR Int. 2009, 446, 448 Nr. 5 – *Bergspechte;* ausführlich dazu *Sack* WRP 2010, 198, 206 ff.; kritisch zur markenrechtlichen Relevanz der Markenfunktionen *Glöckner* sic! 2011, 273, 281; *Hacker* GRUR 2009, 333, 337; *Lema Devesa* GRUR Int. 2009, 118, 121; *Ohly* FS Loschelder, 2010, S. 265, 272 ff.; *ders.* GRUR 2011, 1131 f.

[751] Vgl. EuGH Slg. 2010, I-2417 = GRUR 2010, 445 Rdn. 49 – *Google und Google France;* EuGH GRUR 2011, 1124 Rdn. 34 – *Interflora;* BGH GRUR 2011, 1135 Rdn. 14 – *Große Inspektion für alle; Lema Devesa* GRUR Int. 2009, 118, 121; anders noch EuGH Slg. 2009, I-5185 Rdn. 61 – *L'Oréal/Bellure;* BGH GRUR 2009, 871 Rdn. 20 – *Ohrclips.*

[752] So wohl BGH GRUR 2011, 1135 Rdn. 14 – *Große Inspektion für alle;* a. A. noch BGH GRUR 2009, 871 Rdn. 20 – *Ohrclips;* GRUR 2010, 445 Rdn. 49 – *Google und Google France;* GRUR 2011, 828 Rdn. 18 – *Bananabay II;* a. A. auch z. B. *Köhler*/Bornkamm § 6 Rdn. 33 a. E.

[753] Vgl. *Fezer,* Markenrecht, § 14 MarkenG Rdn. 961; *Henn* S. 101; MünchKommUWG/*Menke* § 6 Rdn. 52; *Ohly* FS Doepner, 2008, S. 51, 54, 57, 62.

[754] Vgl. OLG Frankfurt GRUR 2004, 1043, 1044 – *Cartier-Stil.*

[755] Kritisch zum Spürbarkeitserfordernis bei Verstößen gegen § 6 oben Rdn. 237 ff.

[756] Kritisch dazu *Sack* WRP 2011, 288, 291 mit Fußn. 38–40.

[757] BGH GRUR 2002, 622, 623 (II.1.a) – *shell.de;* GRUR 2002, 332, 335f – *Abschlussstück;* GRUR 2004, 235, 238 – *Davidoff II;* GRUR 2004, 1039, 1041 (3.a) – *SB-Beschriftung;* GRUR 2005, 163, 165 – *Aluminiumräder;* GRUR 2005, 583, 585 (II.2.c) – *Lila-Postkarte;* GRUR 2006, 329 Rdn. 36 – *Gewinnfahrzeug mit Fremdemblem;* GRUR 2007, 339 Rdn. 23 – *Stufenleitern;* GRUR 2008, 793 Rdn. 26 – *Rillenkoffer;* GRUR 2008, 628 Rdn. 13 ff. – *Imitationswerbung;* GRUR 2010, 642 Rdn. 40 – *WM-Marken;* ebenso im Schrifttum *Bornkamm* GRUR 2005, 97, 98 f.; *Büscher* GRUR 2009, 230, 231 (II.1.); *Henn,* Markenschutz und UWG, S. 74 ff., 78; *Ingerl* WRP 2004, 809, 810, 815, 816; Ohly/*Sosnitza* § 5 Rdn. 699 ff.

Vorrangthese allerdings inzwischen dahingehend präzisiert und eingeschränkt, dass **neben** markenrechtlichen Ansprüchen auch wettbewerbsrechtliche bestehen können, wenn sich das beanstandete Verhalten nicht in Umständen erschöpft, die eine markenrechtliche Verletzungshandlung begründen, sondern wenn ein von der markenrechtlichen Regelung nicht erfasster **zusätzlicher Unlauterkeitstatbestand** hinzutritt.[758] Ein Vorrang des Markenrechts bestehe auch dann nicht, wenn die wettbewerbsrechtliche Beurteilung zwar nicht an zusätzliche, über die Zeichenbenutzung hinausgehende Umstände anknüpfe, jedoch das betreffende Geschehen unter **anderen rechtlichen** Gesichtspunkten gewürdigt werde als bei der markenrechtlichen Beurteilung.[759]

Bei unlauterer vergleichender Werbung, die gegen § 6 Abs. 2 **Nr. 6** verstößt, hat der BGH einen Vorrang des Markenrechts mit der Begründung abgelehnt, dass die Bezugnahme auf die Marke oder ein anderes Kennzeichen des Mitbewerbers für vergleichende Werbung unerlässlich sein könne.[760] Außerdem habe § 6 Abs. 2 Nr. 6 einen anderen Regelungsgehalt als die markenrechtlichen Verletzungstatbestände. Denn das Unlauterkeitsurteil nach § 6 Abs. 2 Nr. 6 knüpfe nicht an die Benutzung des Zeichens als solches an, sondern an den **Vergleich der Produkte.** Diese Regelung verlange nicht, dass die Darstellung als Imitation (gerade) durch Bezugnahme oder Nennung des geschäftlichen Zeichens erfolge.[761] 287

Wenige Zeit später hat der BGH seine Ansicht, dass das Markenrecht keinen Vorrang habe, auf **Nr. 4** von § 6 Abs. 2 erstreckt[762] und sich für diese Ansicht auf seine Entscheidung *„Imitationswerbung"* sowie auf die EuGH-Entscheidung *„O2 und O2"* berufen.[763] Es ist allerdings fraglich, ob die vom BGH in seiner Entscheidung *„Imitationswerbung"* vorgenommenen Einschränkungen seiner Vorrangthese deren Unanwendbarkeit bei Verstößen gegen **Nr. 4** von § 6 Abs. 2 trägt. 288

Inzwischen scheint der BGH ganz allgemein, d. h. für alle Tatbestände des § 6 Abs. 2, davon auszugehen, dass dem markenrechtlichen Schutz gegenüber dem harmonisierten Recht der vergleichenden Werbung „grundsätzlich" kein Vorrang zukomme.[764] M. E. ist bei Verstößen gegen Tatbestände des § 6 Abs. 2 ein Vorrang des Markenrechts vor allem deshalb abzulehnen, weil diese Sonderregelungen für unlautere vergleichende Werbung andernfalls **fasst nie** anzuwenden wären. Denn unlautere vergleichende Werbung nennt fast immer die Marke von Mitbewerbern und erfüllt deshalb in der Regel den Tatbestand der Doppelidentität des § 14 Abs. 2 Nr. 1 MarkenG bzw. des Art. 9 Abs. 1 S. 2 lit. a GMV.[765] 289

c) Keine kumulative Normen- u. Anspruchskonkurrenz. Von einem Teil des Schrifttums wird die Ansicht vertreten, dass zwischen markenrechtlichen und wettbewerbsrechtlichen Ansprüchen **Anspruchskonkurrenz** bestehe.[766] Der BGH scheint jedenfalls für das Verhältnis von Markenrecht und § 6 Abs. 2 UWG kumulative Normenkonkurrenz anzunehmen.[767] Begründet wird diese Ansicht vor allem mit § 2 MarkenG, wonach der Schutz von Marken nach dem MarkenG die Anwendung anderer Vorschriften zum Schutze von Marken nicht ausschließt,[768] sowie mit dem 290

---

[758] BGH GRUR 2008, 628 Rdn. 14 – *Imitationswerbung.*

[759] BGH GRUR 2008, 628 Rdn. 14 – *Imitationswerbung.*

[760] BGH GRUR 2008, 628 Rdn. 15 – *Imitationswerbung;* ebenso im Ergebnis BGH GRUR 2010, 343 Rdn. 26 – *Oracle;* GRUR 2011, 1153 Rdn. 22, 40 – *Creation Lamis;* ebenso *Hildebrandt,* Marken und andere Kennzeichen, § 26 Rdn. 24.

[761] BGH GRUR 2008, 628 Rdn. 16 – *Imitationswerbung.*

[762] BGH GRUR 2009, 871 Rdn. 30 – *Oracle;* ebenso *Bornkamm* GRUR 2005, 97, 101.

[763] BGH GRUR 2008, 628 Rdn. 15 f. – *Imitationswerbung;* EuGH Slg. 2008, I-4231 = GRUR 2008, 298 – *O2 und O2.*

[764] BGH GRUR 2010, 343 Rdn. 26 – *Oracle;* ebenso *Büscher* GRUR 2009, 230, 234 (V.); *Sack* WRP 2004, 1405, 1415; Ströbele/*Hacker* § 2 Rdn. 83 a. E.

[765] *Sack* WRP 2011, 288, 289 f.

[766] *Alexander* GRUR 2010, 482, 485 f. (III.), 486 (IV.), 487 (IV.3.); *Deutsch* GRUR 2002, 308; *Eckel* GRUR Int. 2015, 438, 442; *Ekey* in: HK-Markenrecht I, § 14 MarkenG Rdn. 243; *Fezer* WRP 2008, 1 ff.; *ders.* GRUR 2010, 953, 957; *ders.,* Markenrecht, § 2 MarkenG Rdn. 3, 4, 22 f., 26 ff., 46 ff.; § 14 Rdn. 961; *Glöckner* IIC 43 (2012), 35, 64; *Henn,* Markenschutz und UWG, S. 101; *Ingerl/Rohnke* § 2 Rdn. 2; *Köhler*/Bornkamm § 6 Rdn. 143, 192; *Köhler,* GRUR 2007, 548, 550 (Nr. 14), 553 (Nr. 46); *ders.* GRUR 2009, 445, 446 f. (zum Verhältnis von Markenrecht und UWG bei Produktnachahmung); *ders.* in: Lange/Klippel/Ohly, Geistiges Eigentum und Wettbewerb, 2009, S. 89 ff.; MünchKommUWG/*Menke* § 6 Rdn. 52; *Ohly* GRUR 2008, 701; *Römermann/Günther* BB 2010, 137, 141; ebenso wohl auch *Bärenfänger* S. 129, 133, 185, 217 („Symbiose"); *ders.* WRP 2011, 16, 21 (2.a), 23 (cc) (Markenrecht und RL 2006/114/EG sind „gleichrangig" und „nebeneinander anwendbar"); *ders.* WRP 2011, 160, 167 („harmonische Auslegung"); vgl. ferner *Stieper* WRP 2006, 291, 302.

[767] BGH GRUR 2009, 871 Rdn. 19 ff., 29 ff. – *Ohrclips.*

[768] Vgl. *Ekey* in: HK-Markenrecht, § 14 MarkenG Rdn. 243; *Fezer* GRUR 2010, 953, 957; *ders.* Markenrecht, § 2 MarkenG Rdn. 3, 4, 16, 27, 46 f.

unterschiedlichen **Schutzzweck** des MarkenG und des UWG.[769] Dem ist entgegenzuhalten, dass § 2 MarkenG nur festlegt, dass das MarkenG keine abschließende Regelung des Markenschutzes enthält.[770] Auch der Hinweis auf die unterschiedlichen Schutzzwecke des MarkenG und des UWG führt nicht weiter, da auch die Unlauterkeitstatbestände des § 6 Abs. 2 unterschiedliche Schutzzwecke verfolgen. Gegen (kumulative) Anspruchskonkurrenz wettbewerbsrechtlicher und markenrechtlicher Ansprüche bei Verstößen gegen § 6 Abs. 2 spricht jedoch vor allem, dass **unlautere** Werbevergleiche **fast immer** auch gegen § 14 Abs. 2 Nr. 1 MarkenG bzw. Art. 9 Abs. 1 S. 2 Lit. a GMV verstoßen.[771] Dem kann nicht die EuGH-Entscheidung *„O2 und O2"* vom 12.6.2008 entgegengehalten werden, in der es in den Rdn. 36 und 37 heißt, dass die Benutzung einer Marke in vergleichender Werbung eine „Benutzung" im Sinne von Art. 5 Abs. 1 und 2 MarkenRL sei und „daher gegebenenfalls gemäß diesen Bestimmungen verboten werden" könne.[772] Aus dieser Äußerung hat ein Teil des Schrifttums gefolgert, dass sich der EuGH für **kumulative** Normen- und Anspruchskonkurrenz entschieden habe.[773] Eine genaue Analyse der Entscheidung *„O2 und O2"* zeigt jedoch, dass der EuGH zur Frage der Konkurrenz von marken- und wettbewerbsrechtlichen Ansprüchen nichts gesagt hat.[774]

291 **d) Vorrang des § 6 Abs. 2 vor dem Markenrecht.** Aus den oben genannten Gründen, die bei Verstößen gegen § 6 Abs. 2 gegen die markenrechtliche Vorrangthese und gegen die Annahme kumulativer Normen- und Anspruchskonkurrenz sprechen, folgt, dass diese Vorschrift gegenüber dem Markenrecht **lex specialis** ist.[775] Denn andernfalls wäre § 6 Abs. 2 nach der markenrechtlichen Vorrangthese **fast nie** und nach der Theorie der kumulativen Normen- und Anspruchskonkurrenz **fast immer** neben dem Markenrecht anwendbar. Gegen die Spezialität von § 6 Abs. 2 wird eingewendet, dass das Markenrecht und das Lauterkeitsrecht unterschiedliche Interessen schützen und unterschiedliche Sanktionen vorsehen.[776] Der Ausschluss markenrechtlicher Ansprüche bei unlauterer vergleichender Werbung führe zu einer sachlich nicht gerechtfertigten **Verkürzung des Rechtsschutzes** des Markeninhabers;[777] er privilegiere den unlauter vergleichend Werbenden ungerechtfertigt.[778] Denn im deutschen Recht hätten markenrechtliche Ansprüche Vorteile gegenüber lauterkeitsrechtlichen aus den §§ 3, 6 Abs. 2.[779] In anderen Ländern, wie z. B. in Großbritannien, die keine zivilrechtlichen Sanktionen gegen unlautere Werbevergleiche kennen, wäre der unlauter Betroffene sogar (zivilrechtlich) schutzlos.[780] Das ist jedoch kein tragfähiger Einwand. Denn die Annahme der Spezialität eines Gesetzes scheitert keineswegs schon dann ohne Weiteres, wenn die konkurrierenden Normen einen weiterreichenden Rechtsschutz bieten als das speziellere Gesetz.[781] Das zeigt z. B. ein Blick auf das Verhältnis des UWG zum allgemeinen Deliktsrecht.[782]

[769] *Ekey* in: HK-Markenrecht, § 14 Rdn. 243; *Fezer* WRP 2008, 1, 3 (II.); *Köhler* GRUR 2007, 548, 550 (Nr. 14); *ders.* GRUR 2009, 445, 446 (III.2.); *ders.* in: Geistiges Eigentum und Wettbewerbsrecht, 2009, S. 89 ff.; vgl. auch *Fezer* GRUR 2010, 953, 957.

[770] Vgl. *Büscher* GRUR 2009, 230, 231 (II.1.); *Sack* WRP 2011, 288, 290; *Steinbeck* FS Ullmann, 2006, S. 409, 410 f.

[771] *Sack* WRP 2011, 288, 290.

[772] EuGH Slg. 2008, I-4231 = GRUR 2008, 698 Rdn. 36, 37 – *O2 und O2.*

[773] Vgl. *Blankenburg* WRP 2008, 1284, 1296; *Fezer,* Markenrecht, MarkenG § 2 Rdn. 55, 101 ff.; § 14 Rdn. 100; *ders.* WRP 2010, 165, 177 (b.aa); *ders.* GRUR 2010, 953, 959 (3.); *Ohly* GRUR 2008, 701 (2.).

[774] Ausführlicher *Sack* WRP 2011, 288, 292.

[775] Vgl. *Mengozzi* in Rdn. 34 f. seiner Schlussanträge im Fall *„O2 und O2"* EuGH Slg. 2008, I-4231; *Blanken* S. 191 a. E., 209; *Sack* WRP 2004, 1405, 1418; *ders.* GRUR 2008, 201, 203 f.; *ders.* WRP 2011, 288, 290 f.; a. A. GK/*Glöckner* § 6Rdn. 88; nach *Ohly* FS Doepner, 2008, S. 51, 56 sind die Voraussetzungen der Spezialität hingegen aus rechtsmethodischen Gründen nicht erfüllt; es komme allenfalls ein Vorrang der RL 2006/114/EG kraft abschließender Regelung in Betracht.

[776] Vgl. *Alexander* GRUR 2010, 482, 487 (IV.3.).

[777] Vgl. *Alexander* GRUR 2010, 482, 487 (IV.3.); *Blankenburg* WRP 2008, 1294, 1296; *Fezer,* Markenrecht, MarkenG § 14 Rdn. 961; *Henn* S. 101; MünchKommUWG/*Menke* 3 6 Rdn. 52; *Müller-Bidinger* in: Ullmann jurisPK-UWG § 6 Rdn. 22 a. E.; *Ohly* GRUR 2008, 701; *ders.* FS Doepner, 2008, S. 51, 54, 57.

[778] *Ohly* FS Doepner, 2008, S. 51, 57, 62, der allerdings markenrechtliche Ansprüche nur unter den engen Voraussetzungen des § 14 Abs. 2 Nr. 3 MarkenG gewähren will, während er Ansprüche aus § 14 Abs. 2 Nr. 1 MarkenG generell ablehnt, da die Bezugnahme auf eine fremde Marke bei vergleichender Werbung keine markenmäßige „Benutzung" der Marke sei.

[779] *Ohly* GRUR 2008, 701.

[780] *Ohly* GRUR 2008, 701.

[781] *Sack* WRP 2011, 288, 291.

[782] Vgl. *Sack,* Das Recht am Gewerbebetrieb, 2007, S. 172 f.; *ders.* FS Ullmann, 2006, S. 825, 829 f.

V. Geschützte Unternehmenskennzeichen

Nach der Begründungserwägung Nr. 15 der RL 2006/114/EG verletzt vergleichende Werbung, die geschützte Handelsnamen oder sonstige Unternehmenskennzeichen eines Mitbewerbers erkennbar macht, diese nicht, wenn die in der RL genannten Zulässigkeitsvoraussetzungen für vergleichende Werbung beachtet werden.[783] Auch in diesen Fällen haben die Regelungen der RL 2006/114/EG bzw. der Vorschriften zu ihrer Umsetzung in nationales Recht als **leges speciales** Vorrang vor den nationalen Regelungen zum Schutze von Handelsnamen und sonstigen Unternehmenskennzeichen (§§ 5, 15 MarkenG). 292

VI. Gesundheitsbezogene vergleichende Werbung für Arznei- und Lebensmittel

1. HeilmittelwerbeG (HWG)

Vergleichende Werbung für Arzneimittel **außerhalb der Fachkreise** unterliegt den strengen Regelungen des § 11 Abs. 2 HWG, der es untersagt, außerhalb der Fachkreise für Arzneimittel zur Anwendung bei Menschen mit Angaben zu werben, die nahe legen, dass die Wirkung des Arzneimittels einem anderen Arzneimittel oder einer anderen Behandlung entspricht oder überlegen ist. Dieses Verbot betrifft auch und vor allem vergleichende Werbung. Insoweit geht es über die nach Art. 4 RL 2006/114/EG zulässigen Verbote vergleichender Werbung hinaus. Dies ist jedoch nach Art. 8 Abs. 2 RL 2006/114/EG zulässig.[784] Denn das Werbeverbot des § 11 Abs. 2 HWG beruht auf der Sonderregelung des Art. 5b der RL 92/28/EWG,[785] die inzwischen durch die mehrfach geänderte RL 2001/83/EG zur Schaffung eines Gemeinschaftskodexes für Humanarzneimittel abgelöst worden ist, der diese Art der Werbung in Art. 90 lit. b verbietet. Unklar ist allerdings die Bedeutung von Erwägungsgrund 42 der RL 2001/83/EG, wonach die Anwendung der aufgrund der RL 84/450/EWG über irreführende und vergleichende Werbung getroffenen Maßnahmen durch die RL 2001/83/EWG nicht berührt werden. Verstöße gegen § 11 Abs. 2 HWG sind nach § 4 Nr. 11 UWG unlauter.[786] Vergleichende Werbung für Arzneimittel muss also sowohl die Verbote der §§ 5 u. 6 UWG als auch das Verbot des § 11 HWG einhalten.[787] 293

2. Lebensmittel- und Futtermittelgesetzbuch (LFGB)

Nach §§ 11 u. 12 LFGB ist irreführende und **krankheitsbezogene** Werbung für Lebensmittel verboten. Das gilt auch für vergleichende Werbung. Das Verbot krankheitsbezogener Werbung durch § 12 LFGB in vergleichender Werbung geht über die nach Art. 4 RL 2006/114/EG zulässigen Verbote vergleichender Werbung hinaus. Das ist jedoch nach Art. 8 Abs. 2 RL 2006/114/EG zulässig. Denn das Verbot krankheitsbezogener Werbung ist gedeckt durch Art. 3, 4 VO 1169/2011.[788] 294

3. Die Health Claims-VO Nr. 1924/2006/EG

Die Health Claims-VO Nr. 1924/2006/EG vom 20. Dezember 2006 in der berichtigten Fassung (ABl. EG vom 18.1.2007 L 12/3), die am 19.1.2007 in Kraft getreten ist, enthält in Art. 9 Sonderregelungen über **nährwertbezogene vergleichende** Werbung für Lebensmittel, die zu den Vorschriften der RL 2006/114/EG hinzutreten. Diese Vorschrift schränkt die Voraussetzungen der Zulässigkeit vergleichender Werbung i. S. d. RL 84/450/EWG (jetzt Art. 4 der durch die RL 2006/114/EG kodifizierten Fassung) ein und hat insoweit in ihrem Anwendungsbereich Vorrang vor Art. 4 RL 2006/114/EG.[789] Die Health Claims-VO gilt nach Art. 29 seit dem 1. Juli 2007. Sie ergänzt nach Erwägungsgrund Nr. 3 die allgemeinen Grundsätze der Lebensmittel-Etikettierungs-RL 2000/13/EG und enthält spezielle Vorschriften für die Verwendung von nährwert- und ge- 295

---

[783] Ebenso unter Hinweis auf die 15. Begr.-Erw. EuGH GRUR 2003, 533, 538 Rdn. 83 – *Pippig.*
[784] *Ohly*/Sosnitza § 6 Rdn. 12.
[785] Vgl. Begr. Reg.-Entw. BT-Drucks. 14/2959, S. 9 (8. Art. 7d) u. S. 13 (zu Art. 2).
[786] Vgl. MünchKommUWG/*Schaffert* § 4 Nr. 11 Rdn. 230, 271.
[787] Vgl. Begr. Reg.-Entw. BT-Drucks. 14/2959, S. 13; *Bülow* PharmR 2000, 38; *Ohly*/Sosnitza § 6 Rdn. 12.
[788] ABl.EU 2011 L 304/18.
[789] Diese Vorschrift ist nicht geändert worden durch die Änderungsverordnungen Nr. 1169/2011 (ABl.EU 2011 L 304/18) und Nr. 1147 u. 1148/2012 (ABl.EU 2012 L 310/36 u. 38.

sundheitsbezogenen Angaben bei Lebensmitteln, die als solche an den Endverbraucher abgegeben werden.

4. Die Wertpapierdienstleistungs-Verhaltens- und OrganisationsVO

296 Nach § 4 Abs. 3 der VO zur Konkretisierung der Verhaltensregeln und Organisationsanforderungen für Wertpapierdienstleistungsunternehmen (Wertpaierdienstleistungs-Verhaltens- und OrganisationsVO),[790] der Art. 27 Abs. 3 der RL 2006/73/EG[791] in deutsches Recht umsetzt, muss bei einem Vergleich von Wertpaierdienstleistungen der Vergleich aussagekräftig und die Darstellung ausgewogen sein; die für den Vergleich herangezogenen Informationsquellen müssen die wesentlichen Fakten und Hypothesen angeben. Insoweit enthält diese Vorschrift strengere Anforderungen als § 6 Abs. 2.[792] Diese sind jedoch mit Art. 4 RL 2006/114/EG und § 6 Abs. 2 vereinbar.

§ 7 Unzumutbare Belästigungen

(1) [1]**Eine geschäftliche Handlung, durch die ein Marktteilnehmer in unzumutbarer Weise belästigt wird, ist unzulässig.** [2]**Dies gilt insbesondere für Werbung, obwohl erkennbar ist, dass der angesprochene Marktteilnehmer diese Werbung nicht wünscht.**

(2) **Eine unzumutbare Belästigung ist stets anzunehmen**

1. bei Werbung unter Verwendung eines in den Nummern 2 und 3 nicht aufgeführten, für den Fernabsatz geeigneten Mittels der kommerziellen Kommunikation, durch die ein Verbraucher hartnäckig angesprochen wird, obwohl er dies erkennbar nicht wünscht;

2. bei Werbung mit einem Telefonanruf gegenüber einem Verbraucher ohne dessen vorherige ausdrückliche Einwilligung oder gegenüber einem sonstigen Marktteilnehmer ohne dessen zumindest mutmaßliche Einwilligung;

3. bei Werbung unter Verwendung einer automatischen Anrufmaschine, eines Faxgerätes oder elektronischer Post, ohne dass eine vorherige ausdrückliche Einwilligung des Adressaten vorliegt, oder

4. bei Werbung mit einer Nachricht,

a) bei der die Identität des Absenders, in dessen Auftrag die Nachricht übermittelt wird, verschleiert oder verheimlicht wird, oder

b) bei der gegen § 6 Absatz 1 des Telemediengesetzes verstoßen wird oder in der der Empfänger aufgefordert wird, eine Website aufzurufen, die gegen diese Vorschrift verstößt, oder

c) bei der keine gültige Adresse vorhanden ist, an die der Empfänger eine Aufforderung zur Einstellung solcher Nachrichten richten kann, ohne dass hierfür andere als die Übermittlungskosten nach den Basistarifen entstehen.

(3) **Abweichend von Absatz 2 Nr. 3 ist eine unzumutbare Belästigung bei einer Werbung unter Verwendung elektronischer Post nicht anzunehmen, wenn**

1. ein Unternehmer im Zusammenhang mit dem Verkauf einer Ware oder Dienstleistung von dem Kunden dessen elektronische Postadresse erhalten hat,

2. der Unternehmer die Adresse zur Direktwerbung für eigene ähnliche Waren oder Dienstleistungen verwendet,

3. der Kunde der Verwendung nicht widersprochen hat und

4. der Kunde bei Erhebung der Adresse und bei jeder Verwendung klar und deutlich darauf hingewiesen wird, dass er der Verwendung jederzeit widersprechen kann, ohne dass hierfür andere als die Übermittlungskosten nach den Basistarifen entstehen.

Inhaltsübersicht

	Rdn.
A. Einleitung	1
I. Einfluss des europäischen Rechts	1
1. Primärrecht	1
2. Sekundärrecht	2

[790] BGBl. 2007 I 1432.
[791] ABl.EG 2006 L 241/26/EG.
[792] GroßKommUWG/*Glöckner* § 6 Rdn. 169; a. A. *Zeidler* WM 2008, 238, 241.

	Rdn.
II. Hintergrund der Norm	13
1. Systematik	13
2. Entwicklung	26
a) UWG 2004	27
b) UWG 2008	31
c) Gesetz zur Bekämpfung unerlaubter Telefonwerbung 2009	32
d) Gesetz gegen unseriöse Geschäftspraktiken 2013	33
e) Zweites Gesetz zur Änderung des Gesetzes gegen den unlauteren Wettbewerb	34
f) Weitere Entwicklungen	35
g) Kritik der Europäischen Kommission	36
III. Schutzbereich und widerstreitende Interessen	37
IV. Verfassungsrechtliche Vorgaben	41
B. Verbot unzumutbarer Belästigungen (Abs. 1)	42
I. Allgemeines	42
1. Geschäftliche Handlung	42
2. Belästigung	45
3. Unzumutbarkeit	47
4. Erkennbarkeit des entgegenstehenden Willens	53
II. Fallgruppen des Abs. 1	56
1. Übersicht	56
2. Ansprechen in der Öffentlichkeit	58
a) Beschreibung	58
b) Wettbewerbsrechtliche Beurteilung	60
aa) Vorbemerkung	60
bb) Individuelles Ansprechen	61
(1) Ursprünglicher Ansatz	61
(2) Neuere Rechtsentwicklung	62
(3) Stellungnahme	67
cc) Allgemeine Aufforderung	71
c) Einzelfälle	72
aa) Öffentliche und nicht öffentliche Straßen	72
bb) Bahnhöfe, Flughäfen und öffentliche Verkehrsmittel	73
cc) Auffordern zum Betreten von Verkaufsstellen	74
dd) Warenhäuser und Supermärkte	75
ee) Ladengeschäfte mit Bedienungspersonal	77
ff) Märkte und Messen	78
gg) Verteilen von Werbezetteln und geringwertigen Reklamegeschenken	79
hh) Scheibenwischerwerbung	81
ii) Meinungsumfragen	82
jj) Werbung am Unfallort	83
3. Haustürwerbung	85
a) Begriff und wirtschaftliche Bedeutung	85
b) Unionsrecht	86
c) Rechtliche Regelungen außerhalb des UWG	87
aa) Gewerberecht	87
bb) Bürgerliches Recht	88
d) Wettbewerbsrechtliche Beurteilung	90
aa) Bisherige Rechtsprechung	90
bb) Schrifttum	91
cc) Stellungnahme	92
e) Einzelfälle	95
aa) Ausdrücklicher Widerspruch	95
bb) Hausbesuch anlässlich eines Todesfalls	96
cc) Erschleichen des Vertreterbesuchs	97
dd) Irreführung über den Anlass des Hausbesuchs	99
ee) Besuchsankündigung	100
ff) Nachbearbeitung	101
gg) Ausnutzung von Freundschaft und Bekanntschaft	102
hh) Rechtsbruch	103
4. Zusendung unbestellter Waren	104
a) Bedeutung	104
b) Rechtliche Regelungen im Bürgerlichen Recht	105
c) Wettbewerbsrechtliche Beurteilung	109
d) Einzelfälle	115
aa) Zusendung der Ware nach Bestellung von Informationsmaterial	115

Rdn.
bb) Erforderlichkeit einer Reaktion zur Verhinderung einer Zusendung .. 116
cc) Zusendung von Ergänzungslieferungen nach Anforderung eines Überraschungspakets ... 117
dd) Beifügung von Umschlag und Rückporto ... 118
ee) Zusendung kostenloser Waren ... 119
ff) Unverbindlicher Zahlungsaufforderung ... 120
gg) Freistellung von der Zahlungs-, Rückgabe- und Aufbewahrungspflicht ... 121
hh) Anforderung von kostenlosen Probeheften mit anschließendem Abonnement ... 123
ii) Gutscheinübersendung nach Einholung eines Reparaturkostenvoranschlags ... 124
jj) Bereitstellung einer anderen als der bestellten Ware (Dienstleistung) ... 125
kk) Irrtum des Unternehmers ... 126
5. Werbung im Zusammenhang mit einem Todesfall ... 127
a) Allgemeines ... 127
b) Einzelfälle ... 128
aa) Hausbesuche ... 128
bb) Sonstige Werbemaßnahmen ... 130
6. Sonstige Belästigungen ... 131
a) Pop-up-Fenster ... 131
b) Metatags ... 132
c) Slamming ... 133
d) Ping-Anrufe ... 134
e) Übersendung vorbeugender Unterlassungserklärungen ... 135
C. Fallgruppen des Abs. 2 ... 136
I. Übersicht ... 136
II. Werbung mittels Fernabsatzkommunikation ... 140
1. Unionsrecht ... 140
a) Primärrecht ... 140
aa) Art. 34 AEUV ... 143
bb) Art. 56 AEUV ... 151
b) Sekundärrecht ... 155
aa) Datenschutzrichtlinie für elektronische Kommunikation 2002 ... 156
bb) Richtlinie über den Fernabsatz von Finanzdienstleistungen 2002 ... 164
cc) Richtlinie über unlautere Geschäftspraktiken 2005 ... 165
dd) E-Commerce-Richtlinie 2000 ... 167
ee) Verbraucherrechterichtlinie 2011 ... 172
2. Rechtliche Regelungen außerhalb des UWG ... 174
a) Bürgerliches Recht ... 174
b) Telemedienrecht ... 178
III. Tatbestände des Abs. 2 ... 180
1. Werbung mit sonstigen Fernkommunikationsmitteln (Abs. 2 Nr. 1) ... 180
a) Werbung ... 180
b) Fernkommunikationsmittel ... 181
c) Erkennbar entgegenstehender Wille ... 183
d) Hartnäckigkeit des Ansprechens ... 185
e) Adressat ... 186
f) Briefkastenwerbung ... 187
aa) Beschreibung ... 187
bb) Rechtliche Regelungen im Bürgerlichen Recht ... 188
cc) Wettbewerbsrechtliche Beurteilung ... 191
(1) Grundsatz ... 191
(2) Unzulässigkeit nach Abs. 1 ... 193
(3) Briefkastenwerbung gegenüber Unternehmen ... 196
dd) Einzelfälle ... 197
(1) Postwurfsendungen ... 197
(2) Anzeigenblätter ... 198
(3) Zeitungsbeilagen ... 199
(4) Werbesendungen im Anwaltsfach ... 200
(5) Briefkastenwerbung politischer Parteien ... 201
ee) Passivlegitimation ... 202
ff) Ausreißer ... 203
g) Briefwerbung ... 204
aa) Beschreibung ... 204
bb) Rechtliche Regelungen im Bürgerlichen Recht ... 206

Rdn.
cc) Wettbewerbsrechtliche Beurteilung 207
(1) Verhältnis zu Abs. 1 207
(2) Grundsatz 208
(3) Briefwerbung gegenüber Verbrauchern 209
(4) Briefwerbung gegenüber Unternehmern 212
dd) Einzelfälle 213
(1) Briefbeilagenwerbung 213
(2) Persönlich adressierte Werbebriefe 214
(3) Tarnung als Privatbrief 215
(4) Unaufgeforderte Übersendung einer Kreditkarte an Kunden 216
2. Telefonwerbung (Abs. 2 Nr. 2) 217
a) Beschreibung 217
b) Telefonanrufe gegenüber Verbrauchern 219
aa) Wettbewerbsrechtliche Beurteilung 219
(1) Grundlagen 222
(2) Vorherige Einwilligung 234
(3) Ausdrückliche Einwilligung 237
(4) Wirksamkeit der Einwilligung 244
(5) Beweislast 245
(6) Verhältnis zur datenschutzrechtlichen Einwilligung 247
bb) Einzelfälle 248
(1) Angabe der Telefonnummer auf Gewinnspielkarte 248
(2) Einholen der Einwilligung am Telefon 250
(3) Bitte des Kunden um Informationsmaterial 251
(4) Einwilligung in Allgemeinen Geschäftsbedingungen 252
(5) Schweigen auf schriftliche Ankündigung 255
(6) Vertragserweiterung und -ergänzung 256
cc) Geplante Verschärfung 258
c) Telefonanrufe gegenüber sonstigen Marktteilnehmern 259
aa) Wettbewerbsrechtliche Beurteilung 259
(1) Sonstige Marktteilnehmer 262
(2) Ausdrückliche oder konkludente Einwilligung 265
(3) Mutmaßliche Einwilligung 266
bb) Einzelfälle 273
(1) Headhunting 273
(2) Arbeitnehmerüberlassung 276
(3) Eintragung in den „Gelben Seiten" 277
(4) Hochgeschwindigkeitszugänge ins Internet 279
(5) Telefonwerbung nach Unternehmenswechsel 280
(6) Telefonwerbung für Krankenversicherungsverträge 281
d) Bestimmtheit des Unterlassungsantrags 282
e) Sonderfälle 283
aa) Werbefinanzierte Telefongespräche 283
bb) Umgekehrtes Telefonieren/Umgekehrte Telefonwerbung 285
3. Werbung mittels automatischer Anrufmaschinen, Faxgeräten und elektronischer Post (Abs. 2 Nr. 3) 286
a) Beschreibung 286
aa) Automatische Anrufmaschinen 286
bb) Telefax 287
cc) Elektronische Post 288
b) Werbung 295
c) Verwendung eines der genannten Fernkommunikationsmittel 297
d) Vorherige Einwilligung 298
e) Beweislast 306
f) Einzelfälle 310
aa) Automatische Anrufmaschinen 310
bb) Telefax 311
(1) Keine Einwilligung durch Bekanntgabe der Telefaxnummer 314
(2) Keine Einwilligung durch Schaltung von Werbeanzeigen 316
(3) Telefax-Umfrage 317
cc) E-Mail 318
(1) Öffentliche Angabe der E-Mail-Adresse 324
(2) Zusendung eines konkreten Leistungsangebots 325
(3) Anfrage bzgl. eines Newsletters 326
(4) Weitergabe der E-Mail-Adresse bei Werbetelefonat 327
(5) Einwilligung in Allgemeinen Geschäftsbedingungen 328

Rdn.
(6) E-Mail mit angehängtem Werbeslogan ... 329
(7) Einmaliges Zusenden einer E-Mail ... 330
(8) Die Double-opt-in Bestätigungsmail als Werbung ... 331
(9) Beschränkte Unterlassungserklärung ... 332
(10) Bereithalten von E-Mail-Funktionen auf Websites/"Tell-A-Friend"-Funktionen ... 334
(11) Werbung über Facebook ... 335
(12) Benutzung von E-Mail-Adressen durch Facebook zu Werbezwecken („Freundefinder") ... 336
dd) SMS und MMS ... 338
4. Aktivlegitimation bei Verstößen gegen § 7 Abs. 2 ... 340
5. Verbot anonymer Direktwerbung (Abs. 2 Nr. 4) ... 341
a) Beschreibung ... 341
b) Wettbewerbsrechtliche Beurteilung ... 342
D. Ausnahme zu Abs. 2 Nr. 3: Werbung im Rahmen bestehender Kundenbeziehung (Abs. 3) ... 350
E. Verhältnis zu anderen Tatbeständen ... 361
I. Generalklausel ... 361
II. Sonstige Tatbestände ... 362

Schrifttum: *Becker,* Anruf in Abwesenheit?! Der Ping-Anruf – Ein „Klassiker" neu aufgelegt, WRP 2011, 808; *Berger,* Der Ausschluss gesetzlicher Rückgewähransprüche bei der Erbringung unbestellter Leistungen nach § 241a BGB; *Bodendorf,* Die Verteilung von Anzeigenblättern gegen den Willen der Adressaten, AfP 1988, 322; *Böhm,* Unerlaubte Telefonwerbung im geschäftlichen Bereich, MMR 1999, 643; *Bösling,* Umsetzung der EuGH-Rechtsprechung zu „Google AdWords" gemahnt zur Vorsicht, GRUR-Prax 2011, 322953; *Brammsen/Leible,* Multi-Level-Marketing im System des deutschen Lauterkeitsrechts, BB 1997, Beilage 10, 1; *Brömmelmeyer,* E-Mail-Werbung nach der UWG-Reform, GRUR 2006, 285; *Buchner,* Facebook zwischen BDSG und UWG, FS Köhler 2014, 51; *Bunte,* Zusendung unbestellter Waren – Gedanken zu einem alten, neuen Thema, in: FS Gaedertz, 1992, S. 87; *Burmeister,* Belästigung als Wettbewerbsverstoß, 2006; *Busch,* Welche Folgen hat die Umsetzung der Lauterkeitsrichtlinie für das Vertragsrecht? Der Regierungsentwurf zur Umsetzung der Richtlinie 2005/29/EG aus der Perspektive des Gemeinschaftsprivatrechts, GPR 2008, 158; *Busche/Kraft,* Werbung per electronic mail: Eine neue Herausforderung für das Wettbewerbsrecht?, WRP 1998, 1142; *Decker,* Ähnlichkeit von Waren und Dienstleistungen im Rahmen der Privilegierung von E-Mail-Werbung nach § 7 III UWG, GRUR 2011, 774; *Deckers,* Zusendung unbestellter Ware, NJW 2001, 1474; *Draheim/Lehmann,* Facebook & Co.: Aktuelle rechtliche Entwicklungen im Bereich Social Media – Marken- und Lauterkeitsrecht, GRUR-Prax 2014, 401; *Eckhardt,* Datenschutzrichtlinie für elektronische Kommunikation – Auswirkungen auf Werbung mittels elektronischer Post, MMR 2003, 557; *Ehlers,* Der persönlichkeitsrechtliche Schutz des Verbrauchers vor Werbung, WRP 1983, 187; *Engels,* Europäische Liberalisierung des Direktmarketings gegenüber Verbrauchern, K&R 2006, 59; *Engels/Salomon,* Von Lauterkeitsrecht zum Verbraucherrecht: UWG-Reform 2003, WRP 2004, 32; *Engels/Brunn,* Ist § 7 II Nr. 2 UWG europarechtswidrig, GRUR 2010, 886; *dies.,* Wettbewerbsrechtliche Beurteilung von telefonischen Kundenzufriedenheitsbefragungen, WRP 2010, 687; *Ernst,* Suchmaschinenmarketing (Keyword-Advertising, Doorway pages u. ä.) im Wettbewerbs- und Markenrecht, WRP 2004, 278; *ders.,* Headhunting per E-Mail, GRUR 2010, 963; *ders.* Die Double-opt-in-Bestätigungsmail als Werbung, WRP 2013, 160; *Ernst/Seichter,* Werben mittels E-Cards – Rechtliche Beurteilung als Spamming? MMR 2006, 779; *Faber,* die Versendung unerwünschter E-Mail-Werbung – Widerruf und Privilegierung nach § 7 III UWG, GRUR 2014, 337; *Fezer,* Die Nichtigkeit der Folgeverträge unlauterer Telefonwerbung, WRP 2007, 855; *ders.,* Bestätigungslösung eines telefonischen Vertragsschlusses als Königsweg effektiven Verbraucherschutzes im Telefonmarketing, GRUR-Prax 2011, 321544; *Fikentscher/Möllers,* Die (negative) Informationsfreiheit als Grenze von Werbung und Kunstdarbietung, NJW 1998, 1337; *Freitag/Busemann,* Zur wettbewerbsrechtlichen Zulässigkeit von elektronischer Post als Mittel des Direktmarketings, AfP 1998, 475; *Funk,* Wettbewerbsrechtliche Grenzen von Werbung per E-mail, CR 1998, 411; *Gamerith,* Neue Herausforderungen für ein europäisches Lauterkeitsrecht – Studie für den Arbeitskreis „UWG" des Bundesministeriums für Wirtschaft und Arbeit, WRP 2003, 143; *Gilles,* Recht und Praxis des Telemarketing – Werbung und Vertrieb unter Einsatz teletechnischer Kommunikationsmittel und ihre Schranken im Privat- und insbesondere Wettbewerbsrecht, NJW 1988, 2424; *Glöckner,* Lauterkeitsrechtliche Behandlung des Telemarketing – Zur verbraucherschützenden Wirkweise des UWG, JKR 1998, 49; *ders.,* „Cold Calling" und europäische Richtlinie zum Fernabsatz – ein trojanisches Pferd im deutschen Lauterkeitsrecht, GRUR Int. 2000, 29; *ders.,* Über die Schwierigkeit, Proteus zu beschreiben – die Umsetzung der Richtlinie über unlautere Geschäftspraktiken in Deutschland, GRUR 2013, 224; *Gola/Klug,* Die Entwicklung des Datenschutzrechts in den Jahren 2010/2011, NJW 2011, 2484; *Gummig,* Rechtsfragen bei Werbung im Internet, ZUM 1996, 573; *Günther,* Erwünschte Regelung unerwünschter Werbung? – Zur Auslegung von Artikel 10 der Fernabsatzrichtlinie 97/7/EG, CR 1999, 172; *Habersack,* Haustürgeschäfterichtlinie und Realkreditverträge, WM 2000, 981; *Hanloser,* „opt-in" im Datenschutzrecht und Wettbewerbsrecht, CR 2008, 713; *Hartlage,* Progressive Kundenwerbung – immer wettbewerbswidrig?, WRP 1997, 1; *Hartwig/Ferschl,* Werbung per Telefon – Kostenlose Telefongespräche dank Werbung?, WRP 1999, 1083; *Hau,* Geschäftsführung ohne Verbraucherauftrag, NJW 2001, 2863; *Haug,* Stellen Anrufe zu Zwecken der Kundenzufriedenheitsermittlung oder der Werbezustellungskontrolle Telefonwerbung dar?, K&R 2010, 767; *Henning-Bodewig,* Das Europäische Wettbewerbsrecht: Eine Zwischenbilanz, GRUR Int. 2002, 389; *dies.*, Richtlinienvorschlag über unlautere Geschäftspraktiken und UWG-Reform, GRUR Int. 2004, 183; *dies.*, Die Richtlinie 2005/29/EG über unlautere Geschäftspraktiken, GRUR Int. 2005, 629; *Hoeren*, Cybermanners und Wettbewerbsrecht – Einige Überlegungen zum Lauterkeitsrecht im Internet, WRP 1997, 993; *ders.*, Traumjob Fotomodell? – Wie man sich gegen Faxwerbung für 0190-Abrufdienste zur Wehr setzen kann, NJW 2001, 2525; *Hornung/Hofmann*, Die Zulässigkeit der Markt- und Meinungsforschung nach Datenschutz- und Wettbewerbsrecht, WRP 2014, 910; *Isele*, Telefonwerbung: Was ist (noch) erlaubt, GRUR-Prax 2011, 323611; *Jahn/Gonzalez*, Wettbewerbsvorteil und Gewinnerzielungsinteresse contra personales Selbstbestimmungsrecht – Briefkastenwerbung durch Wurfsendungen vor Gericht, WRP 1991, 1; *Jankowski*, Nichts ist unmöglich! – Möglichkeiten der formularmäßigen Einwilligung in die Telefonwerbung, GRUR 2010, 495; *Klein/Insam*, Telefonische Abwerbung von Mitarbeitern am Arbeitsplatz und im Privatbereich, GRUR 2006, 379; *Köhler*, Wettbewerbsrechtliche Grenzen des Mitgliederwettbewerbs der gesetzlichen Krankenkassen, WRP 1997, 373; *ders.*, UWG-Reform und Verbraucherschutz, WRP 2003, 265; *ders.*, Vertragsrechtliche Sanktionen gegen unerwünschte Telefonwerbung?, WRP 2007, 866; *ders.*, Zur richtlinienkonformen Auslegung und Neuregelung der „Bagatellklausel" in § 3 UWG, BB 2008, 10; *ders.*, Neue Regelungen zum Verbraucherschutz bei Telefonwerbung und Fernabsatzverträgen, NJW 2009, 2567; *ders.*, Unzulässige geschäftliche Handlungen bei Abschluss und Durchführung eines Vertrags, WRP 2009, 898; *ders.*, Richtlinienkonforme Gesetzgebung statt richtlinienkonforme Auslegung: Plädoyer für eine weitere UWG-Novelle, WRP 2012, 251; *ders.*, Die Umsetzung der Richtlinie über unlautere Geschäftspraktiken in Deutschland – eine kritische Analyse, GRUR 2012, 1073; *ders.*, Ist die Regelung der Telefonwerbung im UWG richtlinienkonform?, WRP 2012, 1329; *ders.*, Unbestellte Waren und Dienstleistungen – neue Normen, neue Fragen. Zugleich Besprechung zu BGH, Urt. V. 17.8.2011 – I ZR 134/10 – Auftragsbestätigung, GRUR 2012, 217; *ders.*, Alternativentwurf (UWG-AE) zum Regierungsentwurf (UWG-E) eines 2. Gesetzes zur Änderung des Gesetzes gegen den unlauteren Wettbewerb, WRP 2015, 1311; *ders.*, UWG-Reform 2015: Im Regierungsentwurf nicht angesprochene Defizite bei der Umsetzung der UGP-RL, WRP 2015, 1037; *ders.*, Richtlinienumsetzung im UWG – eine unvollendete Aufgabe, WRP 2013, 403; *ders.*, Verbandsklagen gegen unerbetene Telefon-, Fax und E-Mail-Werbung: Was sagt das Unionsrecht?, WRP 2013, 567; *Köhler/Bornkamm/Henning-Bodewig*, Vorschlag für eine Richtlinie zum Lauterkeitsrecht und eine UWG-Reform, WRP 2002, 1317; *Köhler/Lettl*, Das geltende europäische Lauterkeitsrecht, der Vorschlag für eine Richtlinie über unlautere Geschäftspraktiken und die UWG-Reform, WRP 2003, 1019; *Krajewski*, Werbung über das Handy – Zur Zulässigkeit kommerzieller SMS-Nachrichten, MMR 2001, 86; *Kresse/Spinger*, Verbraucherausstellungen – Freizeitveranstaltungen im Sinne des Haustürwiderrufsgesetzes?, WRP 2000, 479; *Kulka*, Der Entwurf des „Ersten Gesetzes zur Änderung des Gesetzes gegen den unlauteren Wettbewerb", DB 2008, 1548; *Lange*, Neue Marketingstrategien im Internet – ökonomische und rechtliche Analyse, BB 2002, 561; *Leistner/Pothmann*, E-Mail-Direktmarketing im neuen europäischen Recht und in der UWG-Reform, WRP 2003, 815; *Lenz/Rabe*, Telefonwerbung – Eine Betrachtung aus der Praxis der Versicherungswirtschaft, VersR 2010, 1541; *Lettl*, Rechtsfragen des Direktmarketings per Telefon und e-mail, GRUR 2000, 977; *ders.*, Die AGB-rechtliche Relevanz einer Option in der formularmäßigen Einwilligungserklärung zur Telefonwerbung, NJW 2001, 42; *ders.*, Der Schutz der Verbraucher nach der UWG-Reform GRUR 2004, 449; *Leupold*, Die massenweise Versendung von Werbe- e-Mails: Innovatives Direktmarketing oder unzumutbare Belästigung des Empfängers?, WRP 1998, 270; *Leupold/Bräutigam/Pfeiffer*, Von der Werbung zur kommerziellen Kommunikation: Die Vermarktung von Waren und Dienstleistungen im Internet, WRP 2000, 575; *Lober*, Spielend werben: Rechtliche Rahmenbedingungen des Ingame-Advertising, MMR 2006, 643; *Mankowski*, Ist die Bagatellklausel des § 3 UWG bei belästigender Werbung (§ 7 UWG) zu beachten?, WRP 2008, 15; *ders.*, Scheibenwischerwerbung und andere belästigende Werbung an Auto und Fahrrad, GRUR 2010, 578; *ders.*, Postwurfsendungen nein danke!, WRP 2012, 269; *Meyer*, Europäischer Binnenmarkt und produktspezifisches Werberecht, GRUR Int. 1996, 697; *J. Meyer*, Briefkastenwerbung in Plastikfolie und Gratiszeitungen, WRP 2012, 788; *S. Meyer*, Facebook: Freundefinder und AGB rechtswidrig. Zugleich Kommentar zu LG Berlin, Urt. V. 8.3.2012 – 16 O 551/10, K&R 2012, 309; *Micklitz*, Umsetzung der EG-Fernabsatzrichtlinie, BB 1999, 2093; *Micklitz/Kessler*, Funktionswandel des UWG, WRP 2003, 919; *Möller*, Die Änderung der rechtlichen Rahmenbedingungen des Direktmarketings, WRP 2010, 321; *Nemeczek*, Neueste gesetzgeberische Bemühungen um die Bestätigungslösung bei unerlaubter Telefonwerbung, WRP 2011, 530; *Nippe*, Belästigende Wettbewerbshandlungen – Tatbestände, Rechtfertigungsgründe, Rechtsprechung, WRP 2007, 19; *ders.*, Belästigung zwischen Wettbewerbshandlung und Werbung, WRP 2006, 951; *Nordemann*, Telefonwerbung – bald ganz verboten?, AfP 1991, 484; *Ohlenburg*, Die neue EU-Datenschutzrichtlinie 2002/58/EG – Auswirkungen und Neuerungen für elektronische Kommunikation, MMR 2003, 82; *Ohly*, Gegen die Bestätigungslösung bei Folgeverträgen unzulässiger Telefonwerbung, GRUR-Prax 2011, 321515; *ders.*, Alternativentwurf („Große Lösung") zum Regierungsentwurf eines 2. Gesetzes zur Änderung des Gesetzes gegen den unlauteren Wettbewerb, WRP 2015, 1443; *ders.*, Nach der Reform ist vor der Reform – Anmerkungen zum Referentenentwurf eines Zweiten Gesetzes zur Änderung des UWG, GRUR 2014, 1137; *ders.*, Das neue UWG im Überblick, GRUR 2016, 3; *Paschke*, Zur Liberalisierung des Rechts des Telefonmarketing, WRP 2002, 1219; *Pauli*, Die Einwilligung in Telefonwerbung per AGB bei der Gewinnspielteilnahme – Trotz verschärfter Gesetze ein „Lichtblick" für werbende Unternehmen, WRP 2009, 1192; *ders.*, die Einwilligung in Werbung bei Gewinnspielen, WRP 2011, 1232; *Pauly/Jankowski*, Rechtliche Aspekte der Telefonwerbung im B-to-B-Bereich, GRUR 2007, 118; *Pfeifer*, Neue Regeln für die Datennutzung zu Werbezwecken, MMR 2010, 524; *Pflüger*, Deutschland – Beschluss eines Entwurfs zur Änderung des Gesetzes gegen unlauteren Wettbewerb (UWG), GRUR Int. 2008, 628; *Quiring*, Gedanken zur Mitarbeiteranwerbung per Telefon, WRP 2001, 470; *ders.*, Die Abwerbung von Mitarbeitern im Licht der UWG-Reform – und vice versa, WRP 2003, 1181; *Raeschke-Kessler/Schröder*, 25 Jahre Rechtsprechung zur Telefonwerbung – und kein Ende?, in: FS Piper, 1996,

S. 399; *Reich,* Die neue Richtlinie 97/7/EG über den Verbraucherschutz bei Vertragsabschlüssen im Fernabsatz, EuZW 1997, 581; *Reich,* Die wettbewerbsrechtliche Beurteilung der Haustürwerbung, GRUR 2011, 589; *Reichelsdorfer,* „e-Mails" zu Werbezwecken – ein Wettbewerbsverstoß?, GRUR 1997, 191; *Remmertz,* Werbebotschaften per Handy, MMR 2003, 314; *Scherer,* Privatrechtliche Grenzen der Verbraucherwerbung, 1996; *Schick,* Rechtliche Aspekte der Internet-Telefonie, NJW-CoR 1998, 486; *Schirmbacher/Schätzle,* Einzelheiten zulässiger Werbung per E-Mail, WRP 2014, 1143; *Schmid,* Freier Dienstleistungsverkehr und Recht des Wettbewerbs, dargestellt am Beispiel der Telefonwerbung, 2000; *Schmittmann,* Rechtliche Aspekte der Short-Message-Service-Werbung, MMR 1998, 346; *ders.,* Überblick über die rechtliche Zulässigkeit von SMS-Werbung, K&R 2004, 58; *Schmitz/Eckhardt,* AGB-Einwilligung in Werbung, CR 2006, 533; *Schöttle,* Website- und E-Mail-Marketing – ein Überblick, JurPC Web-Dok. 9/2007; *Schomburg,* Schwierige Beweisführung des Verbrauchers in der Praxis, NJW 1995, 111; *Schricker,* Hundert Jahre Gesetz gegen den unlauteren Wettbewerb – Licht und Schatten, GRUR Int. 1996, 473; *ders.,* Zur wettbewerbsrechtlichen Beurteilung der Telefonwerbung im geschäftlichen Bereich, GRUR 1998, 541; *Schricker/Henning-Bodewig,* Elemente einer Harmonisierung des Rechts des unlauteren Wettbewerbs in der Europäischen Union, WRP 2001, 1367; *Schütz,* Nachahmungsgefahr und Unlauterkeit, WRP 1993, 168; *Schwab,* Denn sie wissen nicht, was sie tun – notwendige wettbewerbsrechtliche Neubewertung des Anreißens bei unaufgefordertem Ansprechen von Passanten in der Öffentlichkeit, GRUR 2002, 579; *Schwarz,* § 241a BGB als Störfall für die Zivilrechtsdogmatik, NJW 2001, 1449; *Sieling/Lachenmann,* Werbung im sozialen Netzwerk Facebook (auch) bei Bring your own Device, ITRB 2012, 156; *Sosnitza,* Das Koordinatensystem des Rechts des unlauteren Wettbewerbs im Spannungsfeld zwischen Europa und Deutschland – Zum Regierungsentwurf zur Reform des UWG vom 9.5.2003, GRUR 2003, 739; *ders.,* Der Gesetzentwurf zur Umsetzung der Richtlinie über unlautere Geschäftspraktiken, WRP 2008, 1014, *Splittgerber/Zscherpe/Goldmann,* Werbe-E-Mails – Zulässigkeit und Verantwortlichkeit, WRP 2006, 178; *Steckler,* Die wettbewerbsrechtlichen Unlauterkeitskriterien bei Verwendung teletechnischer Kommunikationsmedien im Direktmarketing, GRUR 1993, 865; *Stuckel,* Zur Einwilligung in Telefon- und E-Mail-Werbung, Der Betrieb 2011, 2421; *Terhaag/Schwarz,* Quo vadis, Freundschaftsempfehlung – Mächtiges PR-Instrument oder wettbewerbswidrige Datenschleuder?, K&R 2012, 377; *Tonner/Reich,* Die Entwicklung der wettbewerbsrechtlichen Beurteilung der Telefonwerbung, VuR 2009, 95; *Ullmann,* Das Koordinatensystem des Rechts des unlauteren Wettbewerbs im Spannungsfeld von Europa und Deutschland, GRUR 2003, 817; *Ulmer,* Direktvertrieb und Haustürwiderrufsgesetz – Zivil- und wettbewerbsrechtliche Probleme, WRP 1986, 445; *Veelken,* Kundenfang gegenüber dem Verbraucher – Bemerkungen zum EG-Richtlinienentwurf; *van Raay/Meyer-van Raay,* Opt-in, Opt-out und (k)ein Ende der Diskussion, VuR 2009, 103; über unlautere Geschäftspraktiken, WRP 2004, 1; *Vehslage,* E-Mail-Werbung – Ein Überblick zum Stand der Rechtsprechung und Literatur mit weitergehenden Lösungsansätzen, DuD 1999, 22; *ders.,* Auswirkungen der Fernabsatzrichtlinie auf die Telefon- und E-Mail-Werbung, GRUR 1999, 656; *Wasse,* Endlich: Unzulässigkeit der Scheibenwischerwerbung nach dem UWG, WRP 2010, 191; *Wassermeyer,* Schockierende Werbung, GRUR 2002, 126; *Weber,* E-Mail-Werbung im geschäftlichen Verkehr, WRP 2010, 462; *Wegmann,* Anforderungen an die Einwilligung in Telefonwerbung nach dem UWG, WRP 2007, 1141; *Weichert,* Datenschutzrechtliche Probleme beim Adressenhandel, WRP 1996, 522; *Weiden,* Aktuelle Berichte – Juni 2011: Studie des BMJ zu unerlaubter Telefonwerbung, GRUR 2011, 505; *Weiler,* Spamming – Wandel des Europäischen Rechtsrahmens, MMR 2003, 223; *Weise,* Briefkastenwerbung als Persönlichkeitsverletzung?, GRUR 1989, 653; *Wendlandt,* Europäische, deutsche und amerikanische Regelungen von E-Mail-Werbung – Überlegungen zum Nutzen des „CAN-SPAM Act", MMR 2004, 365; *Widmann,* Werbliche Meinungsfreiheit in der Bestatterwerbung generell und bei einer Werbung in sakralen oder ähnlich geschützten Bereichen, WRP 2003, 335; *Wieczorek,* Facebook: „Freunde-Finder" und Teile der AGB rechtswidrig, WRP 2012, 539; *Witter/Wichmann,* Dürfen soziale Netzwerke auf die Adressbücher ihrer Nutzer zugreifen? ITRB 2012, 133; *Witzmann/Seichter,* Die Einwilligung in die Telefonwerbung, WRP 2007, 699; *Wolber/Eckhardt,* Zulässigkeit unaufgeforderter E-Mail-Werbung?, DB 2002, 2581; *Zech,* Durchsetzung von Datenschutz mittels Wettbewerbsrecht?, WRP 2012, 1434; *Zehentmeier,* Unaufgeforderte E-Mail-Werbung – Ein wettbewerbswidriger Boom im Internet?, BB 2000, 940; *Ziem,* Spamming – Zulässigkeit nach § 1 UWG, Fernabsatzrichtlinie und E-Commerce-Richtlinienentwurf, MMR 2000, 129; *Zöller,* Telefonwerbung ist nicht grundsätzlich unzulässig, GRUR 1992, 297.

A. Einleitung[1]

I. Einfluss des europäischen Rechts[2]

1. Primärrecht

1 Auf primärrechtlicher Ebene kommt im Bereich der unzumutbaren Belästigungen insbesondere den Regelungen der **Warenverkehrs- und Dienstleistungsfreiheit** (Art. 34, 56 AEUV) Bedeutung zu. Dies gilt sowohl unmittelbar für den noch nicht harmonisierten Bereich als auch mittelbar,

[1] Herausgeber, Verlag und Nachfolgerin danken Herrn Rechtsanwalt *Thomas Ubber* für die Kommentierung des § 7 in den beiden ersten Auflagen dieses Werkes.

[2] Umfassend hierzu oben Einl. B *(Glöckner)* und Einl. G Rdn. 1 bis 31 *(Ahrens).*

da auch das gemeinschaftsrechtliche Sekundärrecht im Lichte der primärrechtlichen Vorgaben auszulegen ist.

2. Sekundärrecht

Auf sekundärrechtlicher Ebene ist im Rahmen des § 7 die **Richtlinie 2002/58/EG zum Datenschutz in der elektronischen Kommunikation** (Datenschutzrichtlinie für elektronische Kommunikation 2002, EK-DSRL),[3] von besonderer Bedeutung. Sie dient dem Schutz der Privatsphäre im Bereich der Telekommunikation und hat die Richtlinie 97/66/EG über die Verarbeitung personenbezogener Daten und den Schutz der Privatsphäre im Bereich der Telekommunikation (TK-Datenschutzrichtlinie 1997, TK-DSRL)[4] ersetzt. Durch § 7 Abs. 2 Nr. 3 und 4 und Abs. 3 wird Art. 13 der EK-DSRL umgesetzt, welcher den Schutz vor unerbetenen Nachrichten und damit die Fälle belästigender Werbung durch Telekommunikationsmittel zum Gegenstand hat.[5] In Bezug auf Direktwerbung gegenüber natürlichen Personen mittels anderer elektronischer Kommunikationsmittel als automatischer Anrufmaschinen, Faxgeräte oder elektronischer Post sieht Art. 13 Abs. 3 der EK-DSRL ein nationales **Wahlrecht** zwischen einem **Verbot der Werbung ohne vorherige Einwilligung („Opt-in")** oder einer **Erlaubnis mit Widerspruchsvorbehalt („Opt-out")** vor. Nach Art. 13 Abs. 5 EK-DSRL war Deutschland auch berechtigt, die Telefonwerbung gegenüber „anderen Teilnehmern als natürlichen Personen", also insbesondere juristischen Personen, unter den Vorbehalt der Einwilligung zu stellen. Nach Auffassung von *Köhler* ist allerdings fraglich, ob die Unterscheidung in § 7 Abs. 2 Nr. 2 zwischen Verbrauchern („vorherige ausdrückliche Einwilligung") und sonstigen Marktteilnehmern („zumindest mutmaßliche Einwilligung") im Einklang mit Art. 13 Abs. 5 EK-DSRL steht, da auch „sonstige Marktteilnehmer" natürliche Personen i. S. d. Art. 13 Abs. 5 EK-DSRL sein könnten. In Bezug auf natürliche Personen genüge jedoch das Erfordernis einer nur mutmaßlichen Einwilligung nicht den Anforderungen an eine Einwilligung i. S. d. Art. 2 lit. e EK-DSRL.[6] 2

In Bezug auf die **E-Mail-Werbung** lässt Art. 13 Abs. 1 EK-DSRL eine an sich sachgerecht erscheinende Differenzierung zwischen Verbrauchern und Unternehmern nicht zu, da sie eine Einwilligung aller „natürlichen Personen" fordert, zu denen auch Unternehmer zählen können. Der Vorschlag von *Ohly,*[7] in § 7 insoweit „wenigstens" zwischen natürlichen Personen und juristischen Personen zu unterscheiden, wurde im UWG 2015 nicht umgesetzt.

Erheblichen Einfluss auf die Gestaltung des § 7 hatte schließlich auch die am 11. Mai 2005 in Kraft getretene Richtlinie 2005/29/EG über unlautere Geschäftspraktiken im binnenmarktinternen Geschäftsverkehr zwischen Unternehmern und Verbrauchern **(UGP-RL).**[8] Die UGP-RL steht ganz im Zeichen eines verstärkten Verbraucherschutzes. Sie zielt im Rahmen ihres Anwendungsbereichs im Verhältnis von Gewerbetreibenden zu Verbrauchern (B2C) auf eine Vollharmonisierung im Bereich der unlauteren Geschäftspraktiken ab.[9] 3

Das in Art. 5 Abs. 1 UGP-RL enthaltene generelle Verbot unlauterer Geschäftspraktiken wird in Art. 5 Abs. 4 lit. b UGP-RL dahingehend konkretisiert, dass insbesondere **aggressive Geschäftspraktiken** als unlauter gelten. Aggressiv ist eine Geschäftspraxis nach Art. 8 UGP-RL dann, wenn sie im konkreten Fall unter Berücksichtigung aller tatsächlichen Umstände die Entscheidungs- oder Verhaltensfreiheit des Durchschnittsverbrauchers in Bezug auf das Produkt durch Belästigung, Nötigung, einschließlich der Anwendung körperlicher Gewalt, oder durch unzulässige Beeinflussung tatsächlich oder voraussichtlich erheblich beeinträchtigt und dieser dadurch tatsächlich oder voraus- 4

---

[3] Richtlinie 2002/58/EG des Europäischen Parlaments und des Rates vom 12.7.2002 über die Verarbeitung personenbezogener Daten und den Schutz der Privatsphäre in der elektronischen Kommunikation (Datenschutzrichtlinie für elektronische Kommunikation), ABl. 2002 Nr. L 201/37.

[4] Richtlinie 97/66/EG des Europäischen Parlaments und des Rates vom 15.12.1997 über die Verarbeitung personenbezogener Daten und den Schutz der Privatsphäre im Bereich der Telekommunikation, ABl. 1998 Nr. L 24/1.

[5] Zum Verhältnis der EK-DSRL zu der lauterkeitsrechtlichen Regelung des § 7 UWG siehe auch *Glöckner,* oben Einl. B Rdn. 460ff.

[6] *Köhler* WRP 2012, 1329, 1333; *ders.* GRUR 2012, 1073, 1080ff; siehe auch *ders.,* WRP 2015, 1311, 1318; a. A. offenbar *Ohly* WRP 2015, 1443, 1446, der in der Regelung des § 7 Abs. 2 Nr. 2 eine „sachgerechten Unterscheidung zwischen Verbrauchern und Unternehmern" sieht.

[7] *Ohly* WRP 2015, 1443, 1446; siehe hierzu zustimmend auch *Köhler* WRP 2015, 1311, 1318.

[8] Richtlinie 2005/29/EG des Europäischen Parlaments und des Rates vom 11.5.2005 über unlautere Geschäftspraktiken im binnenmarktinternen Geschäftsverkehr zwischen Unternehmen und Verbrauchern, ABl. 2005 Nr. L 149/22 = GRUR Int. 2005, 569.

[9] Allg. Ansicht, vgl. etwa *Sosnitza* WRP 2008, 1014, 1015. Siehe die ausführlichen Kommentierungen von *Keller,* oben Einl. A. Rdn. 18ff. und von *Glöckner,* Einl. B. Rdn. 172ff.

sichtlich dazu veranlasst wird, eine geschäftliche Entscheidung zu treffen, die er andernfalls nicht getroffen hätte. Dem entspricht auch die Definition der aggressiven geschäftlichen Handlung in § 4a des Zweiten Gesetzes zur Änderung des Gesetzes gegen den unlauteren Wettbewerb vom 2. Dezember 2015 **(UWG 2015).**[10]

5 Zu beachten ist, dass die UGP-RL laut ihrem Erwägungsgrund Nr. 7 Geschäftspraktiken betrifft, die im **unmittelbaren Zusammenhang mit der Beeinflussung der geschäftlichen Entscheidung des Verbrauchers** in Bezug auf Produkte stehen. Hingegen setzt § 7 eine Beeinträchtigung der Entscheidungsfreiheit nicht voraus. Der Gemeinschaftsgesetzgeber hat es den Mitgliedstaaten jedoch freigestellt, auch solche Geschäftspraktiken zu untersagen, die – etwa aus **kulturellen Gründen** – in bestimmten Mitgliedsstaaten unabhängig von deren Einfluss auf die Entscheidungsfreiheit des Verbrauchers **als unlauter eingestuft** werden.[11] Dabei ist allerdings stets der Rahmen des gemeinschaftsrechtlich Zulässigen zu beachten.

6 Die UGP-RL enthält überdies in Anhang I eine Liste von 31 **per-se-Verboten,** die mit Ausnahme von Nr. 26 als Anhang zu § 3 Abs. 3 umgesetzt wurde (sog. **„Black List"**).[12] Hierbei handelt es sich um Verbote ohne Wertungsmöglichkeit. Die dort aufgeführten Handlungen sind unter allen Umständen als unlauter anzusehen. Aus systematischen Gründen findet **Nr. 26 des Anhangs I,** der das **Direktmarketing über Telefon, Fax, E-Mail** oder **sonstige für den Fernabsatz geeignete Medien** betrifft, seine Umsetzung nicht in § 3 Abs. 3, sondern – soweit der Gesetzgeber dies im Nachgang zu der UWG-Reform von 2004 noch für erforderlich erachtete – in § 7 Abs. 2.[13]

7 Im Zusammenhang mit dem in § 7 Abs. 1 normierten allgemeinen Verbot unzumutbarer Belästigungen stehen des Weiteren die Verbotstatbestände der **Nrn. 24, 25 und 29 des Anhangs I zur Richtlinie.** Nr. 24 enthält das Verbot, den Eindruck zu erwecken, der Verbraucher könne den Geschäftsraum erst nach Vertragsschluss verlassen. Nr. 25 behandelt die Aufforderung des Verbrauchers zum Verlassen seiner Wohnung sowie das Verbot der Wiederkehr in diese Wohnung. Nr. 29 erklärt schließlich die Aufforderung gegenüber dem Verbraucher, unbestellte Ware zu bezahlen, zurückzusenden oder zu verwahren, zur unerlaubten aggressiven Geschäftspraktik. Die genannten Verbotstatbestände wurden in den Nrn. 25, 26 und 29 des Anhangs zu § 3 Abs. 3 umgesetzt. Die dort aufgeführten Tatbestände sind als Verbote ohne Wertungsmöglichkeit **vorrangig zu § 7 Abs. 1** zu berücksichtigen.

8 Auch die UGP-RL betont, dass die Unlauterkeit eines Verhaltens sich unter Zugrundelegung des Verständnisses eines durchschnittlichen Verbrauchers oder, wenn sich die geschäftliche Handlung an eine bestimmte Gruppe von Verbrauchern wendet, anhand des Verständnisses eines durchschnittlichen Mitglieds dieser Gruppe richtet. Es gilt somit grundsätzlich das **Leitbild des Durchschnittsverbrauchers.**

9 Nach Art. 3 Abs. 4 UGP-RL gehen sämtliche Rechtsvorschriften der Gemeinschaft, „die besondere Aspekte unlauterer Geschäftspraktiken regeln", im Kollisionsfall vor. Damit gilt die UGP-RL nur **subsidiär** für Geschäftspraktiken, die bereits durch andere gemeinschaftsrechtliche Vorschriften erfasst werden, und schafft somit auch im Verhältnis zum Verbraucher keinen einheitlichen Regelungsrahmen.[14]

10 Die Richtlinie 97/7/EG über den Verbraucherschutz bei Vertragsabschlüssen im Fernabsatz **(Fernabsatzrichtlinie 1997, FARL),**[15] die in Artikel 10 Abs. 1 Werbung per Fax und mittels automatischer Telefonsysteme dem so genannten Opt-in-Prinzip unterstellte und die Mitgliedstaaten in Bezug auf die Werbung mit anderen Fernkommunikationsmitteln gemäß Art. 10 Abs. 2 nur verpflichtete, diese bei offenkundiger Ablehnung durch den Verbraucher zu verbieten, ihnen aber die Möglichkeit einer Opt-in-Regelung ließ, ist gemäß Art. 31 der Richtlinie 2011/83/EG[16] zum 13. Juni 2014 ersatzlos außer Kraft getreten; das Verbraucherschutzniveau der Regelung in Art. 13 der Datenschutzrichtlinie für elektronische Kommunikation (EK-DSRL 2002, Richtlinie 2002/58/EG) wird insoweit als ausreichend angesehen.[17]

---

[10] BGBl. I, Nr. 49, 2015 v. 9.12.2015, S. 2158 ff.

[11] Vgl. Erwägungsgrund 7 UGP-RL 2005.

[12] Diese Verbote ohne Wertungsvorbehalt sind im Anhang zu § 3 Abs. 3 UWG kommentiert.

[13] Kritisch hierzu *Köhler* GRUR 2012, 1073, 1079.

[14] Siehe hierzu auch *Glöckner,* oben Einl. B Rdn. 450.

[15] Richtlinie 97/7/EG des Europäischen Parlaments und des Rates vom 20.5.1997 über den Verbraucherschutz bei Vertragsabschlüssen im Fernabsatz, ABl. 1997 Nr. L 144/19.

[16] Richtlinie 2011/83/EU des Europäischen Parlaments und des Rates vom 25. Oktober 2011 über die Rechte der Verbraucher, zur Abänderung der Richtlinie 93/13/EWG des Rates und der Richtlinie 1999/44/EG des Europäischen Parlaments und des Rates sowie zur Aufhebung der Riichtlnie 85/577/EWG des Rates und der Richtlinie 97/7/EG des Europäischen Parlaments und des Rates, ABl. 2011 Nr. L 304/64.

[17] Vgl. Erwägungsgrund 61 der Richtlinie 2011/83/EU.

Artikel 10 der Richtlinie 2002/65/EG über den Fernabsatz von Finanzdienstleistungen 2002 **(FinDL-FARL 2002)**[18] enthält ebenfalls ein **Verbot der Werbung mittels automatischer Anrufmaschinen und Faxgeräte** ohne vorherige Einwilligung des Adressaten. Ein weitergehender Schutz vor unerbetenen Nachrichten durch andere gemeinschaftsrechtliche Regelungen bleibt unberührt. Das in Artikel 13 der EK-DSRL 2002 enthaltene Verbot unerbetener Werbung durch automatische Anrufmaschinen, Faxgeräte oder elektronische Post ohne vorherige Einwilligung geht daher vor.[19] 11

Weiterhin zu nennen ist die Richtlinie 2000/31/EG über bestimmte Aspekte der Dienste in der Informationsgesellschaft, insbesondere des elektronischen Geschäftsverkehrs, im Binnenmarkt **(E-Commerce-Richtlinie 2000, ECRL),**[20] die in Artikel 7 Abs. 2 die Mitgliedstaaten verpflichtet sicherzustellen, dass Unternehmen, die Werbung mittels nicht angeforderter kommerzieller Kommunikation betreiben, so genannte Robinson-Listen respektieren.[21] 12

II. Hintergrund der Norm

1. Systematik

Während unter dem Begriff der **belästigenden Werbung** bis 2004 eine Reihe von Fallgruppen des § 1 UWG a. F. zusammengefasst wurden, welche die Rechtsprechung herausgebildet hatte, regelt § 7 seit der **UWG-Reform 2004**[22] die Fälle unzumutbarer Belästigungen in einer eigenen Bestimmung. Mit dem **UWG 2008**[23] wurde der ausdrückliche Hinweis auf die Generalklausel des § 3 gestrichen. Dies geschah im Interesse einer Verdeutlichung, dass die Bagatellschwelle des § 3 UWG aF hier keine Anwendung findet.[24] Die Unzumutbarkeit in § 7 Abs. 1 S. 1 bildet eine eigenständige Bagatellschwelle, die – im Rahmen des § 7 Abs. 1 – zu beachten ist. Für die Unlauterkeitstatbestände des § 7 Abs. 2 gilt das Unzumutbarkeitskriterium dagegen nicht. 13

In inhaltlicher Hinsicht wurde der Stand der früheren Rechtsprechung zur belästigenden Werbung mit der UWG-Reform 2004 und der UWG-Reform 2008 im Wesentlichen fortgeschrieben. Bewusst **strengeren Regeln unterworfen** wurden jedoch die „für den Fernabsatz geeigneten Mittel der kommerziellen Kommunikation", also insbesondere die **Telefon-, Telefax- und E-Mail-Werbung.** Mit dem Gesetz zur Bekämpfung unerlaubter Telefonwerbung von 2009 sowie dem Gesetz gegen unseriöse Geschäftspraktiken von 2013[25] wurden die Regeln für die Werbung mittels Telefon nochmals verschärft. 14

Ein zentraler Begriff in § 7 Abs. 1 ist der der **„geschäftlichen Handlung",** der mit der UWG-Reform 2008 die „Wettbewerbshandlung" in § 2 Abs. 1 Nr. 1 als Anknüpfungspunkt abgelöst hat. Hierbei soll es sich jedoch um eine rein terminologische Anpassung handeln, wie der Gesetzgeber ausdrücklich betont hat.[26] Die unzumutbare Belästigung im Sinne des § 7 ist dabei dadurch gekennzeichnet, dass die geschäftliche Handlung – unabhängig von ihrem Inhalt – bereits wegen ihrer **Art und Weise** als Belästigung empfunden wird. 15

Mit der UWG-Reform 2008 hatte § 7 insbesondere in systematischer Hinsicht eine grundlegende Überarbeitung erfahren. Während Abs. 2 Nr. 1 eine Umsetzung der **Nr. 26 des Anhangs I zur UGP-RL** darstellt,[27] bildet Abs. 1 einen Auffangtatbestand für unzumutbare Belästigungen, die unabhängig von der Nutzung eines für den Fernabsatz geeigneten Mittels der kommerziellen Kommunikation erfolgen. Wie § 7 Abs. 1 S. 2 klarstellt, steht hier Werbung, die der angesprochene Marktteilnehmer erkennbar nicht wünscht, im Fokus. Zu den unter § 7 Abs. 1 fallenden Belästi- 16

---

[18] Richtlinie 2002/65/EG des Europäischen Parlaments und des Rates vom 23.9.2003 über den Fernabsatz von Finanzdienstleistungen an Verbraucher und zur Änderung der Richtlinie 90/619/EWG des Rates und der Richtlinien 97/7/EG und 98/27/EG, ABl. 2002 Nr. L 271/16.

[19] *Leistner/Pothmann* WRP 2003, 815; siehe auch *Hecker* WRP 2006, 640, 644; *Henning-Bodewig* GRUR Int. 2005, 629, 630; *Köhler/Lettl* WRP 2003, 1044; *Seichter* WRP 2005, 1087, 1094; vgl. unten Rdn. 156 ff.

[20] Richtlinie 2000/31/EG des Europäischen Parlaments und des Rates vom 8.6.2000 über bestimmte Aspekte der Dienste der Informationsgesellschaft, insbesondere des elektronischen Geschäftsverkehrs, im Binnenmarkt, ABl. 2000 Nr. L 178/1.

[21] Dazu unten Rdn. 54.

[22] Dazu unten Rdn. 27.

[23] Dazu unten Rdn. 31.

[24] Vgl. *Sosnitza* WRP 2008, 1014, 1019; *Kulka* DB 2008, 1548, 1556.

[25] BGBl. I, S. 3714.

[26] Regierungsentwurf eines Ersten Gesetzes zur Änderung des Gesetzes gegen den unlauteren Wettbewerb, BT-Drucks. 16/10 145 vom 20.8.2008 (RegE-UWG 2008), S. 18.

[27] Kritisch hierzu *Köhler* GRUR 2012, 1073, 1079.

gungen zählen insbesondere das **Ansprechen in der Öffentlichkeit** und die **Zusendung unbestellter Waren,** aber auch die **Haustürwerbung.**[28] Allerdings hat im Rahmen des § 7 Abs. 1 stets eine umfassende Würdigung des Einzelfalls zu erfolgen.[29]

17 Letztere entfällt bei den **Unlauterkeitstatbeständen des § 7 Abs. 2;** derartige unzumutbare Belästigungen sind **stets verboten.** Auch innerhalb des § 7 Abs. 2 werden bestimmte Belästigungen wiederum vor die Klammer gezogen und in einer allgemeinen Nr. 1 geregelt. Gegenstand dieser Nr. 1 sind alle für den Fernabsatz geeigneten Mittel der kommerziellen Kommunikation, die keine spezielle Regelung in den Nr. 2 bis 4 erfahren haben. § 7 Abs. 2 Nr. 1 erfasst daher im wesentlichen Katalogwerbung, Brief- und Postwurfwerbung. Werbung, die sich nicht an Verbraucher richtet, fällt nicht in den Anwendungsbereich des § 7 Abs. 2 Nr. 1.

18 Im Gegensatz zu 7 Abs. 2 Nr. 2 und 3 basiert der Unlauterkeitstatbestand der Nr. 1 auf dem so genannten Opt-out-Prinzip. Von einer unzumutbaren Belästigung ist nur auszugehen, wenn erkennbar ist, dass der Verbraucher die werbliche Ansprache nicht wünscht.

19 Die Telefon-, Telefax- und E-Mail-Werbung hatte schon mit der UWG-Reform 2004 eine spezielle Regelung in § 7 Abs. 2 Nr. 2 bis 4 erfahren. Für die Nrn. 2 **(Telefonwerbung)** und 3 **(Telefax, E-Mail, MMS, SMS)** gilt das Opt-in-Prinzip. Eine Einwilligung des Adressaten der Werbung muss vorliegen. § 7 Abs. 2 Nr. 2 differenziert hier nochmals zwischen Verbrauchern und sonstigen Marktteilnehmern.

20 Die Rechtsprechung zu § 1 UWG a. F. zur **Telefonwerbung** wurde mit der UWG-Reform 2004 durch § 7 Abs. 2 Nr. 2 zunächst im Wesentlichen fortgeschrieben. Schon 2004 hatte der Gesetzgeber im Bereich der an Verbraucher gerichteten Telefonwerbung den durch Art. 13 Abs. 3 EK-DSRL 2002[30] eingeräumten Ermessensspielraum restriktiv ausgenutzt und sich für eine Opt-in- und gegen eine Opt-out-Lösung entschieden. Die Einwilligung konnte danach jedoch auch konkludent erklärt werden. Seit Inkrafttreten des **Gesetzes zur Bekämpfung unerlaubter Telefonwerbung** und zur Verbesserung des Verbraucherschutzes bei besonderen Vertriebsformen am 4. August 2009[31] ist nunmehr **stets eine „vorherige ausdrückliche" Einwilligung erforderlich,** soweit sich die Ansprache an einen Verbraucher richtet. Eine konkludente Einwilligung genügt nicht mehr.[32] Die Telefonwerbung gegenüber einem sonstigen Marktteilnehmer ist nur dann unlauter, wenn eine Einwilligung nicht zumindest zu vermuten ist.

21 Hinsichtlich der **Telefax-, E-Mail-** und **MMS-** bzw. **SMS-Werbung** galt – in Anlehnung an den Wortlaut von Art. 13 Abs. 1 EK-DSRL 2002 – bereits seit 2004 das **Opt-in-Prinzip.** Ohne die ausdrücklich oder konkludent erklärte Einwilligung des Adressaten war die Werbung unter Verwendung von Faxgeräten oder elektronischer Post in der Regel unlauter, unabhängig davon, ob sie sich an einen Verbraucher oder sonstigen Marktteilnehmer richtete. Von der Möglichkeit einer diesbezüglichen Differenzierung hat der Gesetzgeber – trotz des durch Art. 13 Abs. 5 EK-DSRL 2002 eröffneten Freiraums – keinen Gebrauch gemacht.[33] Dies entspricht wiederum der früheren Rechtsprechung zur Faxwerbung.[34]

22 Mit der UWG-Reform 2008 entfiel die Möglichkeit, sich auf eine nur konkludent erklärte Einwilligung zu berufen. Der Gesetzestext fordert nunmehr auch hier – wie bei der Telefonwerbung – eine „vorherige ausdrückliche Einwilligung des Adressaten".[35]

23 § 7 Abs. 2 Nr. 3 nennt daneben die Werbung mittels **automatischer Anrufmaschinen.** Nach einer vom Bundesministerium der Justiz durchgeführten Umfrage zur Belästigung durch Werbeanrufe gingen bei der Bundesnetzagentur im Untersuchungszeitraum von September 2009 bis Juni 2010 rund 40.000 Beschwerden zu unerlaubter Telefonwerbung nach § 7 Abs. 2 Nr. 3 ein.[36] Etwa ein Drittel des Beschwerdeaufkommens betrifft danach Anrufe unter Verwendung automatischer Anrufmaschinen.[37] Diese Werbeform hat somit in den letzten Jahren auch in Deutschland signifikant an Bedeutung gewonnen. Dem trägt die Ergänzung und **Verschärfung der Bußgeldandro-**

[28] Dabei ist der Vorrang der *Black List* im Anhang zu § 3 Abs. 2 UWG zu beachten.

[29] Vgl. Erwägungsgrund 7 UGP-Richtlinie.

[30] Richtlinie 2002/58/EG, ABl. 2002 Nr. L 201/37.

[31] BGBl. I, S. 2413.

[32] Eine entsprechende Änderung, die bereits der RegE-UWG 2008 vorgesehen hatte, war damals bei Verabschiedung des Gesetzes aufgrund einer Beschlussempfehlung des Rechtsausschusses zunächst zurückgestellt worden, Beschlussempfehlung und Bericht des Rechtsausschusses vom 25.11.2008, BT-Drucks. 16/11070.

[33] Kritisch hierzu *Ohly* WRP 2015, 1443, 1446, siehe hierzu auch oben, Rdn. 2.

[34] Vgl. BGH GRUR 1996, 208 – *Telefaxwerbung.*

[35] RegE-UWG 2008, S. 60.

[36] RegE eines Gesetzes gegen unseriöse Geschäftspraktiken, BT-Drucks. 17/13075, S. 16; zur Studie des BMJ zu unerlaubter Telefonwerbung *Weiden* GRUR 2011, 505.

[37] RegE eines Gesetzes gegen unseriöse Geschäftspraktiken, BT-Drucks. 17/13075, S. 27.

hung in § 20 durch das am 9. Oktober 2013 in Kraft getretene Gesetz gegen unseriöse Geschäftspraktiken[38] Rechnung.

24 § 7 Abs. 2 Nr. 4 entstammt schließlich ebenfalls der UWG-Reform 2004. Die Regelung, die sich an den Wortlaut des Art. 13 Abs. 4 EK-DSRL 2002 anlehnt und 2008 keine Überarbeitung erfahren hatte, wurde durch das Gesetz gegen unseriöse Geschäftspraktiken von 2013 um § 7 Abs. 4 lit. b) ergänzt. Sie verbietet die **Werbung mit Nachrichten ohne Angabe des Absenders.** Der Begriff der Nachricht ist in § 2 Abs. 1 Nr. 4 definiert. Systematisch betrachtet konkretisiert § 7 Abs. 2 Nr. 4 die Lauterkeitsanforderungen an die **Telefax-, E-Mail-** und **MMS-** bzw. **SMS-Werbung** nach § 7 Abs. 2 Nr. 3. Das Transparenzgebot soll die Durchsetzung von Ansprüchen gegen den Werbenden erleichtern und dem Adressaten die Möglichkeit geben, die Einstellung der Nachrichten problemlos verlangen zu können; für die Aufforderung zur Einstellung solcher Nachrichten dürfen wiederum nur die Übermittlungskosten nach den Basistarifen entstehen.

25 **§ 7 Abs. 3** enthält einen **Ausnahmetatbestand zu § 7 Abs. 2 Nr. 3.** Dieser geht zurück auf Art. 13 Abs. 2 EK-DSRL 2002. Danach kann ein Unternehmer, wenn er von seinem Kunden im Zusammenhang mit dem Verkauf einer Ware oder einer Dienstleistung dessen elektronische Postadresse erhalten hat, diese zur Direktwerbung für eigene ähnliche Waren oder Dienstleistungen verwenden. Voraussetzung hierfür ist aber, dass der Kunde der Verwendung nicht widersprochen hat und dass er klar und deutlich die Möglichkeit erhält, einer solchen Verwendung bei deren Erhebung und bei jeder Übertragung problemlos zu widersprechen; für die Übermittlung einer solchen Erklärung dürfen nur die Kosten nach den Basistarifen anfallen.

2. Entwicklung

26 Ein kurzer Abriss der Entwicklung des deutschen Lauterkeitsrechts – beginnend mit dem Gesetz zur Bekämpfung des unlauteren Wettbewerbs vom 27. Mai 1896 bis hin zur UWG-Reform 2015 – findet sich bei *Keller.*[39] Die nachstehenden Ausführungen konzentrieren sich auf die **für § 7 relevanten Änderungen** durch die **Gesetzesnovellen von 2004, 2008, 2009, 2013 und 2015.**

27 **a) UWG 2004.** Mit der UWG-Reform von 2004 wurden die Fallgruppen unzumutbarer Belästigung erstmals in Gesetzesform gegossen. Die Novelle von 2004 ist für das Verständnis des § 7 damit von grundlegender Bedeutung. Der von Mitgliedern der **Arbeitsgruppe unlauterer Wettbewerb** beim Bundesministerium der Justiz zu Diskussionszwecken vorgelegte Gesetzgebungsvorschlag beschränkte sich noch darauf, die Belästigung von Verbrauchern oder sonstigen Marktteilnehmern in § 4 Nr. 3 des Entwurfes als unlauter zu bezeichnen.[40] Weitere Fragen, soweit diese nicht schon durch das Gemeinschaftsrecht beantwortet wurden, sollten der Klärung durch Gesetzgeber oder Rechtsprechung vorbehalten bleiben.[41]

28 Der **Referentenentwurf**[42] sah detailliertere Regelungen über unzumutbare Belästigungen als Beispiele unlauteren Wettbewerbs unter § 4 Nr. 3 vor. Bei den dort geregelten Fallgruppen beschränkte sich der RefE-UWG 2004 allerdings auf den Bereich der elektronischen Kommunikation, also auf die (teilweise) Umsetzung von Art. 13 EK-DSRL 2002. Im Bereich der Telefonwerbung sah § 4 Nr. 3a) RefE-UWG 2004 eine Opt-in-Lösung nur insoweit vor, als sich diese an Verbraucher richtet; insoweit wurde ein ausdrückliches oder stillschweigendes Einverständnis der Adressaten gefordert. Im gewerblichen Bereich stellte der RefE-UWG 2004 für die Telefonwerbung grundsätzlich auf eine Opt-out-Lösung ab. Jedenfalls sollte nach § 4 Nr. 3c) RefE-UWG 2004 dann von einer Unzulässigkeit auszugehen sein, wenn der sonstige Marktteilnehmer seinen entgegenstehenden Willen erklärt hatte. Bei der Werbung mittels automatischer Anrufmaschinen, Faxgeräte oder elektronischer Post wählte § 4 Nr. 3b) RefE-UWG 2004 ein Opt-in-Modell, wobei auch ein stillschweigendes Einverständnis des Adressaten ausreichen sollte.

29 Der **Bundesrat**[43] empfahl zu dem auf den RefE-UWG 2004 folgenden **Regierungsentwurf,**[44] der für die belästigende Werbung erstmals eine eigenständige Vorschrift in § 7 vorsah, eine Regelung, bei der von einer unzumutbaren Belästigung nur dann auszugehen sein sollte, wenn der Ver-

---

[38] BGBl. I, S. 3714

[39] Siehe *Keller,* Einl. A. Rdn. 1 ff.

[40] *Köhler/Bornkamm/Henning-Bodewig* WRP 2002, 1317, 1318.

[41] *Köhler/Bornkamm/Henning-Bodewig* WRP 2002, 1317, 1325.

[42] Referentenentwurf eines Gesetzes gegen den unlauteren Wettbewerb vom 23.1.2003 (RefE-UWG 2003) = GRUR 2003, 298.

[43] Stellungnahme des Bundesrates vom 20.6.2003, BT-Drucks. 15/1487 vom 22.8.2003, S. 29, 31.

[44] Regierungsentwurf eines Gesetzes gegen den unlauteren Wettbewerb, BT-Drucks. 15/1487 vom 22.8.2003 (= RegE-UWG 2003).

braucher oder Marktteilnehmer ausdrücklich einen entgegenstehenden Willen geäußert hatte. Nach Auffassung des Bundesrats führte die im Regierungsentwurf vorgesehene Opt-in-Regelung (Telefonwerbung nur im vorherigen Einverständnis mit dem Empfänger) zu Wettbewerbsnachteilen für deutsche Direktvermarkter, da in den meisten anderen EU-Staaten die liberalere und wirtschaftsfreundlichere Opt-out-Regelung gelte.[45]

30 Unter Hinweis darauf, dass Abs. 2 Nr. 2 RegE-UWG 2004 nur die Wertung der bisherigen Rechtsprechung übernommen habe und keine Verschärfung des bisherigen Rechts darstelle, hielt die **Bundesregierung** an dem Opt-in-Modell fest.[46] Der **Bundestag** verabschiedete den vom Rechtsausschuss nur geringfügig geänderten RegE-UWG 2004 am 1. April 2004.[47]

31 **b) UWG 2008.** Das UWG 2008 diente im Wesentlichen der (verspäteten) Umsetzung der **UGP-RL.**[48] Der **Referentenentwurf**[49] sah für § 7 lediglich eine redaktionelle Änderung vor. Eine Anpassung des § 7 Abs. 2 war zunächst nicht vorgesehen. Der RefE-UWG 2007 ging davon aus, dass die Umsetzung der **Nr. 26 des Anhangs I** (Direktmarketing über Telefon, Telefax, E-Mail oder sonstige für den Fernabsatz geeignete Medien) unter Beibehaltung des bisherigen Wortlauts der Norm erfolgen könne.[50] Hiervon wich der **Regierungsentwurf**[51] deutlich ab. Der Hinweis auf § 3 entfiel gänzlich und § 7 erhielt im Zuge der Umsetzung von **Nr. 26 des Anhangs I** insgesamt eine neue Systematik. Die Nr. 26 des Anhangs I zur UGP-RL wurde dabei als einziger Tatbestand nicht in die Black List im Anhang zu § 3 Abs. 3 UWG übernommen.[52] Als Begründung wurde die systematische Nähe zur in § 7 Abs. 2 Nr. 1 geregelten belästigenden Werbung angeführt. Da die per-se-Verbote des Anhangs I zur UGP-RL keinen Wertungsspielraum eröffneten, § 7 Abs. 2 Nr. 1 a. F. eine solche Wertung aber noch zuließ,[53] wurden die Fallgruppen, in denen eine Wertungsmöglichkeit weiterhin bestehen sollte, also unzumutbare Belästigungen außerhalb der Verwendung von für den Fernabsatz geeigneten Mittel der kommerziellen Kommunikation, vor die Klammer in den allgemeinen Tatbestand des § 7 Abs. 1 gezogen.[54] § 7 Abs. 2 Nr. 1 a. F. wurde zu § 7 Abs. 1 Satz 2. In § 7 Abs. 2 Nr. 2–4 und Abs. 3 wurde die Möglichkeit, sich als Werbender auf konkludente oder mutmaßliche Einwilligungen des Adressaten zu berufen, verkürzt.[55]

32 **c) Gesetz zur Bekämpfung unerlaubter Telefonwerbung 2009.** Durch das **Gesetz zur Bekämpfung unerlaubter Telefonwerbung** und zur **Verbesserung des Verbraucherschutzes bei besonderen Vertriebsformen**[56] wurde § 7 Abs. 2 Nr. 2 UWG dahingehend geändert, dass nunmehr nur noch die **„vorherige ausdrückliche"** Einwilligung des Verbrauchers in die Telefonwerbung die unzumutbare Belästigung des Telefonanrufs entfallen lässt. Darüber hinaus wurde in **§ 20** eine **Bußgeldvorschrift** unter ausdrücklicher Bezugnahme auf § 7 Abs. 1 i. V. m. Abs. 2 Nr. 2 UWG eingeführt; die unzulässige Telefonwerbung wird als Ordnungswidrigkeit geahndet. Außerdem wurden außerhalb des UWG das **Widerrufsrecht des Verbrauchers bei Fernabsatzgeschäften** erweitert (§ 312d BGB a. F., jetzt § 312g BGB) und ein bußgeldbewehrtes Verbot der **Unterdrückung der Rufnummer** bei Werbeanrufen eingeführt (§ 102 Abs. 2 TKG).

33 **d) Gesetz gegen unseriöse Geschäftspraktiken 2013.** Durch das am 9. Oktober 2013 in Kraft getretene Gesetz gegen unseriöse Geschäftspraktiken[57] wurde § 7 Abs. 2 Nummer 4 dahingehend ergänzt, dass eine unzumutbare Belästigung zusätzlich zu den genannten Fällen auch bei Werbung mit einer Nachricht anzunehmen ist, bei der gegen **§ 6 Absatz 1 des Telemediengesetzes** verstoßen wird oder in der der Empfänger aufgefordert wird, eine **Website aufzurufen,** die gegen

---

[45] Tatsächlich ist die Rechtslage in anderen EU-Staaten, mit Ausnahme von Österreich und Griechenland, weniger restriktiv, vgl. die Länderberichte in Einl. F; *Schricker/Henning-Bodewig* WRP 2001, 1367, 1390; *Paschke* WRP 2002, 1219; *Engels/Salomon* WRP 2004, 32, 40.

[46] Gegenäußerung der Bundesregierung, BT-Drucks. 15/1487 vom 22.8.2003, S. 40, 42.

[47] BT-Drucks. 15/2795 vom 1.4.2004. Das Gesetz trat am 9.7.2004 in Kraft (BGBl. I S. 1414).

[48] Richtlinie 2005/29/EG des Europäischen Parlaments und des Rates vom 11.5.2005, ABl. 2005 Nr. L 149/22.

[49] Referentenentwurf eines Ersten Gesetzes zur Änderung des Gesetzes gegen den unlauteren Wettbewerb vom 27.7.2007 (RefE-UWG 2007).

[50] Vgl. RefE-UWG 2007, S. 27.

[51] Vgl. RegE-UWG 2008, S. 7 f.

[52] Kritisch hierzu *Köhler,* WRP 2013, 403, 410.

[53] Vgl. RegE-UWG 2008, S. 58.

[54] Vgl. zur Systematik bereits oben Rdn. 13 ff.

[55] Vgl. RegE-UWG 2008, S. 59 f.

[56] BGBl. I, S. 2413; vgl. auch den Referentenentwurf vom 13. März 2008 und den Regierungsentwurf vom 31. Oktober 2008, BT-Drucks. 16/10734 vom 31.10.2008.

[57] BGBl. I, S. 3714

diese Vorschrift verstößt. Darüber hinaus wurde die Bußgeldregelung in § 20 ergänzt und verschärft.[58]

e) UWG 2015. Das Zweite Gesetzes zur Änderung des Gesetzes gegen den unlauteren Wettbewerb vom 9. Dezember 2015[59] (UWG 2015) hat auf die Regelung des § 7 keinen Einfluss genommen.[60] Die insbesondere von *Ohly*[61] und *Köhler*[62] geäußerten Kritikpunkte an der Umsetzung des Art. 13 EK-DSRL in § 7 bleiben damit weiter virulent. Neue Fragen wirft zudem das Verhältnis der Belästigung im Sinne des § 4a UWG 2015 zur unzumutbaren Belästigung nach § 7 auf.[63] 34

f) Weitere Entwicklungen. Da das Phänomen des **Cold Calling,** also der unerwünschten Telefonanrufe, immer mehr Raum greift,[64] wurde im Rahmen des Entwurfs eines **Gesetzes zur Fortentwicklung des Verbraucherschutzes bei unerlaubter Telefonwerbung**[65] erneut die Einführung der Bestätigungslösung durch einen neuen § 312 BGB erwogen, welche der Bundesrat schon bei den Beratungen zum Gesetz zur Bekämpfung unerlaubter Telefonwerbung von 2009 gefordert hatte.[66] Danach sollte die Wirksamkeit von Verträgen, die bei Gelegenheit unerwünschter Werbeanrufe zustande gekommen sind, von der ausdrücklichen **Bestätigung** des Verbrauchers abhängig sein.[67] Im Gesetzgebungsverfahren 2009 lehnte die Bundesregierung diesen Vorschlag unter anderem unter Verweis auf Wertungswidersprüche zur Systematik des Anfechtungsrechts und der Widerrufsvorschriften ab.[68] Auch der Bundestag lehnte den vom Bundesrat eingebrachten Entwurf am 27. Juni 2013 erneut ab.[69] 35

g) Kritik der Europäischen Kommission. Im Dezember 2011 hatte sich die Europäische Kommission an die Bundesregierung gewandt und eine in Teilen **unzureichende Umsetzung der UGP-RL** beanstandet. Im Hinblick auf § 7 vertrat die Kommission die Auffassung, dass § 7 Abs. 1 Satz 1 mit den Artikeln 8 und 9 der UGP-RL unvereinbar sei. Die Vorschrift gehe über die Bestimmungen der Richtlinie hinaus, da sie eine Art per-se-Verbot enthalte und nicht auf die Kausalität zwischen einer erheblichen Beeinträchtigung des Durchschnittsverbrauchers und einer geschäftlichen Entscheidung abgestellt werde.[70] Die Bundesregierung wies diese Kritik zurück. Die Vereinbarkeit des § 7 UWG mit den Anforderungen der UGP-RL einerseits und der EK-DSRL andererseits bleibt auch nach der Verabschiedung des UWG 2015 offen.[71] 36

III. Schutzbereich und widerstreitende Interessen

Der **Schutzzwecktrias** des § 1 entsprechend dient § 7 dem Schutz von Mitbewerbern, Verbrauchern und sonstigen Marktteilnehmern vor unlauteren geschäftlichen Handlungen und schützt damit zugleich das Interesse der Allgemeinheit an der Erhaltung eines unverfälschten und funktionsfähigen Wettbewerbs. Im Vordergrund steht hierbei der Schutz von Verbrauchern und anderen Marktteilnehmern, die als Adressaten belästigender Werbemaßnahmen und anderer Wettbewerbshandlungen in Betracht kommen. Die **Individualsphäre**[72] dieser Personenkreise soll geschützt werden, indem diese vor geschäftlichen Handlungen, deren Art und Weise als besonders aufdringlich anzusehen ist, bewahrt werden. 37

Zudem geht mit belästigenden Wettbewerbshandlungen häufig eine **Inanspruchnahme der Ressourcen** des Werbeadressaten einher. Zum zeitlichen Aufwand für Entgegennahme, Prü- 38

[58] Siehe hierzu *Schöler* unten § 20.

[59] BGBl. I, S. 2158.

[60] Zu den Vorschlägen einer Neufassung des § 7 UWG *Köhler* WRP 2014, 1410, und WRP 2015, 1311, 1317 f.

[61] *Ohly* WRP 2015, 1443, 1446.

[62] *Köhler* WRP 2012, 1329 ff., *ders.* WRP 2015, 1311, 1317 f.

[63] Hierzu *Ohly* GRUR 2016, 3, 5.

[64] Vgl. zur Studie des BMJ zu unerlaubter Telefonwerbung *Weiden* GRUR 2011, 505.

[65] Vgl. Bundesratsentwurf eines Gesetzes zur Fortentwicklung des Verbraucherschutzes bei unerlaubter Telefonwerbung, BT-Drucks. 17/6482 vom 6.7.2011.

[66] BT-Drucks. 16/10734 vom 31.10.2008, S. 19 ff.

[67] Siehe hierzu *Fezer* GRUR-Prax 2011, 321533; kritisch *Ohly,* GRUR-Prax 2011, 366.

[68] BT-Drucks. 16/10734; zustimmend *Ohly* GRUR-Prax 2011, 366; *Köhler* WRP 2007, 866.

[69] Dazu unten Rdn. 258.

[70] Siehe hierzu *Köhler* GRUR 2012, 1073, 1081 ff.; *ders.,* WRP 2013, 403, 409, wonach § 7 Abs. 1 im Wesentlichen von Erwägungsgrund 7 S. 3–5 UGP-RL gedeckt sei.

[71] Siehe hierzu *Köhler* WRP 2015, 1037, 1040.

[72] Vgl. ausführlich *Fikentscher/Möllers* NJW 1998, 1337, 1340; BGH GRUR 1970, 523, 524 – *Telefonwerbung I.*

fung und ggf. Beseitigung der Werbemaßnahme kommen häufig finanzielle Beeinträchtigungen hinzu.

39 Der **Schutz der Entscheidungsfreiheit** der Verbraucher ist von § 7 grundsätzlich nicht bezweckt; eine Ausnahme gilt für § 7 Abs. 2 Nr. 1, welche die Nr. 26 des Anhangs zur UGP-RL umsetzt und damit gemäß Art. 8 UGP-RL auch die Entscheidungsfreiheit des Verbrauchers bewahren soll.

40 Gerade bei als belästigend empfundenen Werbemaßnahmen besteht allerdings auch die Gefahr einer **unsachlichen Beeinflussung** des Adressaten. Es steht zu befürchten, dass ihm aufgrund des Eindringens in seine Individualsphäre die sachliche Prüfung der angebotenen Waren oder Dienstleistungen unmöglich gemacht oder erschwert wird. Er trifft womöglich eine Kaufentscheidung, um den Werbenden loszuwerden, oder weil er überrumpelt wurde. Dieser Aspekt ist jedoch nicht im Rahmen von § 7, sondern im Rahmen des § 4a UWG 2015 zu berücksichtigen.[73]

IV. Verfassungsrechtliche Vorgaben[74]

41 Das Interesse des Werbenden ist durch Art. 5 Abs. 1 GG sowie Art. 12 GG geschützt.[75] Dieser **Grundrechtsschutz** ist auch in Bezug auf einen Mitbewerber einschlägig, dem daran gelegen ist, seine eigene Werbung zur Geltung zu bringen. Der an dem Erhalt von Werbung interessierte Verbraucher kann sich auf Art. 5 Abs. 1 GG sowie auf Art. 2 Abs. 1 GG berufen. Der an Werbung desinteressierte Verbraucher wird durch Art. 2 Abs. 1 GG, Art. 14 GG sowie unter Umständen durch Art. 5 Abs. 1 GG (negative Informationsfreiheit) geschützt. Soweit ein Unternehmer als Werbeadressat betroffen ist, kommt des Weiteren noch Art. 12 GG in Betracht.

B. Verbot unzumutbarer Belästigungen (Abs. 1)

I. Allgemeines

1. Geschäftliche Handlung

42 Das Verbot unzumutbarer Belästigungen beschränkt sich nicht auf Werbemaßnahmen, sondern erfasst **jede Form der geschäftlichen Handlung.** Als „geschäftliche Handlung" gilt nach § 2 Abs. 1 Nr. 1 „jedes Verhalten einer Person zugunsten des eigenen oder eines fremden Unternehmens vor, während oder nach einem Geschäftsabschluss, das mit der Förderung des Absatzes oder des Bezugs von Waren oder Dienstleistungen oder mit dem Abschluss oder der Durchführung eines Vertrags über Waren oder Dienstleistungen objektiv zusammenhängt". Als Waren gelten auch Grundstücke, als Dienstleistungen auch Rechte und Verpflichtungen.

43 Dem Umstand, dass es sich bei geschäftlichen Handlungen, die zu einer unzumutbaren Belästigung führen, in der Regel um **Werbung** handelt, trägt § 7 Abs. 1 S. 2 klarstellend Rechnung. Allerdings werden auch andere Handlungen, etwa **Aufforderungen zur Abgabe von Meinungsäußerungen,** für die eine Mehrwertdienstnummer gewählt werden muss, von § 7 Abs. 1 erfasst.[76] Werden beispielsweise Marktteilnehmer per Telefax zu einer Stellungnahme zu einer gesellschaftspolitischen Frage aufgefordert und verursacht die Antwort Kosten, die höher sind als die Übermittlungskosten nach den Basistarifen, kann eine unlautere geschäftliche Handlung vorliegen. Die Aufforderung soll in diesem Fall den **Bezug von Dienstleistungen,** nämlich die Inanspruchnahme der Mehrwertdienstnummer, fördern.[77]

44 § 7 Abs. 1 S. 2 drückt dabei den Grundgedanken aus, auf dem das Verbot unzumutbarer Belästigungen fußt. Der angesprochene Marktteilnehmer soll vor geschäftlichen Handlungen geschützt werden, die er – erkennbar artikuliert – nicht wünscht.

2. Belästigung

45 Belästigungen können alle geschäftlichen Handlungen darstellen, die bereits wegen ihrer **Art und Weise** von den Adressaten als aufgedrängt empfunden werden.[78] Auf den Inhalt der Handlung kommt es hierbei nicht an.

---

[73] So ausdrücklich BGH GRUR-Prax 2016, 289 – *Lebenskost* für § 7 Abs. 2 Nr. 2.
[74] Umfassend hierzu *Ahrens* Einl. G Rdn. 50 ff.
[75] Vgl. BVerfGE 71, 162, 175.
[76] RegE-UWG 2003 S. 43 = BT-Drucks. 15/1487 S. 20.
[77] Vgl. *Sosnitza* GRUR 2003, 739, 744.
[78] RegE-UWG 2003 S. 42 = BT-Drucks. 15/1487 S. 20.

Belästigende Werbung zeichnet sich dadurch aus, dass es nicht der Entscheidung des Adressaten obliegt, ob er sich mit der Werbung auseinandersetzt, sondern dass er diese **ohne oder gegen seinen Willen** erhält. Der Adressat wird zeitlich belastet, indem er die Werbung entgegennehmen, sich mit ihr auseinandersetzen und sie gegebenenfalls beseitigen muss. In verschiedenen Konstellationen muss er zusätzliche Anstrengungen unternehmen, um zu verhindern, auch weiterhin mit ähnlichen Werbemaßnahmen konfrontiert zu werden. Häufig kommt zur **zeitlichen Belastung** noch eine **materielle Belastung** des Umworbenen hinzu. So können seine geschäftlichen Abläufe durch Werbemaßnahmen behindert werden. Die Inanspruchnahme des Papiers bei der Telefaxwerbung oder die Aufforderung zur Einstellung von Werbemaßnahmen kann für den Adressaten Kosten verursachen. Schließlich besteht bei belästigenden Werbemethoden in besonderer Weise die **Gefahr der unsachlichen Beeinflussung.** Der Umworbene fasst eine Entscheidung zum Vertragsschluss womöglich nicht nach gründlicher Überlegung, sondern ist nur deshalb zum Vertragsschluss bereit, weil er die Belästigung beenden möchte. Neue Fragen wirft in diesem Zusammenhang das Verhältnis der Belästigung im Sinne des § 4a Abs. 1 Nr. 1 UWG 2015 zur unzumutbaren Belästigung nach § 7 auf.[79] Die mit der Überrumpelungssituation einhergehende Beeinträchtigung der Entscheidungsfreiheit gehört aber nach jüngster Rechtsprechung des BGH nicht zu den Gefahren, die § 7 Abs. 2 Nr. 2 verhindern soll.[80] 46

3. Unzumutbarkeit

Durch das Tatbestandsmerkmal der Unzumutbarkeit wird klargestellt, dass **nicht jede geringfügige Belästigung** als unlauter anzusehen ist. Es handelt sich um eine **eigenständige Bagatellschwelle,** die allein bei der Bewertung von Belästigungen im Sinne des § 7 Abs. 1 zu berücksichtigen ist. Die allgemeine Spürbarkeitsschwelle des § 3 Abs. 1 UWG a. F., auf welche ein Rückgriff nach bisheriger Rechtslage ohnehin weder als erforderlich noch als zulässig angesehen wurde,[81] existiert im UWG 2015 nicht mehr. Der im Zuge der Einführung des § 7 Abs. 1 durch das UWG 2004 entbrannte Streit[82] um das Verhältnis zwischen der allgemeinen Bagatellklausel und dem Kriterium der Unzumutbarkeit in § 7 Abs. 1 ist damit endgültig obsolet geworden.[83] 47

Mit Blick auf die vielfältigen Erscheinungsformen von belästigenden geschäftlichen Handlungen ist die **Schwelle nicht zu hoch anzusetzen.**[84] Zur Beurteilung der Frage, ob eine belästigende geschäftliche Handlung als (noch) zumutbar oder als unzumutbar anzusehen ist, ist eine umfassende **Abwägung der Interessen** der betroffenen Marktteilnehmer vorzunehmen. Die Interessen der Werbetreibenden und der Werbeadressaten sind in angemessener Weise auszugleichen; auch die Interessen der Werbedienstleister, der Werbeadressaten, die an nützlicher Information interessiert sind, und der Mitbewerber müssen berücksichtigt werden.[85] 48

Auf Seiten der **Werbeadressaten** ist deren Interesse zu berücksichtigen, von Belästigungen und unsachlichen Beeinflussungen, die ein gewisses Maß überschreiten, verschont zu bleiben. Der **Grad der Belästigung und Beeinflussung** hängt davon ab, wie tief der Werbende in die **Individualsphäre** des Adressaten eindringt (zu Hause, am Arbeitsplatz, in der Öffentlichkeit), welche **Intensität** die Kontaktaufnahme hat (persönlicher Kontakt, Korrespondenz) und welche **Anstrengungen** der Adressat aufwenden muss, um der Werbung zu entgehen oder sich ihrer zu entledigen (Zeitaufwand, Kosten). Die persönliche Kontaktaufnahme in der Privatsphäre berührt die Interessen des Werbeadressaten in der Regel am stärksten. Auch aus den persönlichen Lebensumständen des Umworbenen kann auf einen hohen Grad der Belästigung geschlossen werden (Werbung im Zusammenhang mit Todesfällen oder am Unfallort). Ein geringeres Maß der Belästigung wird regelmäßig beim persönlichen Kontakt in der Öffentlichkeit erreicht (Ansprechen auf der Straße). Die Übermittlung von Werbekorrespondenz verursacht insbesondere Aufwand bei der Fernhaltung, Erkennung und Entsorgung des Werbematerials und damit verbundene Kosten. 49

---

[79] Hierzu *Ohly* GRUR 2016, 3, 5.

[80] BGH GRUR-Prax 2016, 289.

[81] RegE-UWG 2008, S. 57.

[82] Vgl. *Mankowski* WRP 2008, 15 ff.; bereits nach dem UWG 2004 die Anwendbarkeit des § 3 ablehnend BGH GRUR 2007, 607, 609 – *Telefonwerbung für „Individualverträge"*; a. A. damals OLG Frankfurt GRUR 2005, 964, 965 – *Telefonisches Versicherungsangebot;* OLG Hamm GRUR-RR 2006, 379, 380 – *Fahrzeugsuche.*

[83] So schon zur bisherigen Rechtslage BGH WRP 2013, 1579, 1581 Rdn. 22 – *Empfehlungs-E-Mail; Sosnitza,* WRP 2008, 1014, 1019; zum Verhältnis der allgemeinen Bagatellklausel des § 3aF zur UGP-Richtlinie vgl. *Köhler* WRP 2008, 10.

[84] RegE-UWG 2003, S. 43 = BT-Drucks. 15/1487 S. 20.

[85] Vgl. *Ohly*/Sosnitza § 7 Rdn. 25.

50 Bei der Beurteilung des Grades der Belästigung kommt es nicht auf das subjektive Empfinden des Umworbenen, sondern auf den **durchschnittlich informierten, aufmerksamen und verständigen Durchschnittsadressaten** an.[86]

51 Umstritten ist, ob im Zusammenhang mit der Zumutbarkeit eine etwaige **Nachahmungsgefahr** zu berücksichtigen ist. Die mit einer bestimmten Werbemethode verbundene Belästigung des Umworbenen mag nach ihrer Art und ihren Auswirkungen auf die Einzelperson noch hinnehmbar sein, aber den Keim zu einem immer weiteren Umsichgreifen in sich tragen, weil die Mitbewerber gezwungen werden, die Werbung nachzuahmen. Im Schrifttum wird die Berücksichtigung der Nachahmungsgefahr zum Teil beanstandet.[87] Es wird eingewandt, dass wettbewerbswidriges Verhalten seinen Unwertgehalt allein aus den konkreten Tatumständen beziehe. Sei das Verhalten des Werbenden aber (noch) wettbewerbskonform, so könne es seinen Unwertgehalt nicht erst dadurch gewinnen, dass sich auch andere derart verhielten.[88] Nach der Rechtsprechung sind die Gefahren einer massenweisen Verwendung der betreffenden Werbeart und die damit verbundene Verwilderung der Wettbewerbssitten im Rahmen der Gesamtabwägung zu berücksichtigen.[89] Die Auffassung der Rechtsprechung überzeugt, der Nachahmungseffekt sollte bei der lauterkeitsrechtlichen Beurteilung Berücksichtigung finden.[90] Dafür spricht schon die Zielrichtung des Lauterkeitsrechts, neben dem Schutz des Verbrauchers auch das allgemeine Wettbewerbsverhalten zu regulieren. Zudem hat sich gerade in jüngerer Zeit bei der Verwendung kostengünstiger, für den Fernabsatz geeigneter Mittel der kommerziellen Kommunikation gezeigt, dass deren Einsatz andere Mitbewerber zur Nachahmung veranlasst. Beispielhaft seien hier die ansteigende Zahl der Beschwerden wegen des Einsatzes automatischer Anrufmaschinen[91] oder der Einsatz so genannter Ping-Anrufe genannt.

52 Als Interesse der **Werbetreibenden** ist im Rahmen der Abwägung das Bedürfnis zu berücksichtigen, kostengünstig und effektiv zu werben.

4. Erkennbarkeit des entgegenstehenden Willens

53 Nach § 7 Abs. 1 S. 2 liegt insbesondere dann eine unzumutbare Belästigung vor, wenn die werbliche Ansprache erfolgt, obwohl **erkennbar** ist, **dass der angesprochene Marktteilnehmer diese Werbung nicht wünscht.** Maßgeblich ist dabei nicht der innere Wille des Angesprochenen, sondern der **für den Werbenden erkennbare Wille.** Dieser kann in jeder beliebigen Weise zum Ausdruck kommen und muss insbesondere nicht ausdrücklich kommuniziert werden. Es genügt auch die konkludent erklärte Ablehnung. Zudem liegt eine Erkennbarkeit des entgegenstehenden Willens in der Regel vor, wenn dem Empfänger das Werbematerial an dafür nicht vorgesehen Stellen förmlich aufgezwungen wird. Der Werbende muss – unter Anlegung der gebotenen Sorgfalt – den entgegenstehenden Willen erkennen können.[92] Es genügt nicht, dass der Marktteilnehmer seine Ablehnung irgendwann einmal gegenüber einem Dritten erklärt hat. Insoweit sind die für empfangsbedürftige Willenserklärungen geltenden Grundsätze heranzuziehen.[93]

54 Der entgegenstehende Wille kann auch durch den Eintrag in eine sog. **Robinson-Liste** dokumentiert werden. Entsprechende Listen werden von dem Deutschen Direktmarketing-Verband eV (Briefwerbung), und dem Interessenverband Deutsches Internet eV (E-Mail-, SMS-, MMS- und Telefonwerbung) geführt. Auch Nichtmitgliedern dieser Verbände steht es offen, sich in die jeweilige Liste einzutragen. Die **Einsichtnahme** in die Robinson-Listen wird – ebenfalls unabhängig von der Mitgliedschaft in dem jeweiligen Verband – als zumutbar angesehen.[94] Auch **Art. 7 Abs. 2 ECRL** sieht eine Konsultation der Robinson-Listen implizit vor.

---

[86] BGH GRUR 2011, 747 Rdn. 17 – *Kreditkartenübersendung;* OLG München GRUR-RR 2008, 355, 356; BGH GRUR 2004, 699, 700 – *Ansprechen in der Öffentlichkeit I; Ohly*/Sosnitza § 7 Rdn. 25.

[87] Ausführlich gegen eine Berücksichtigung von Folgewirkungen: Müko-UWG/*Leible,* § 7 Rdn. 53; *Schütz* WRP 1993, 168 ff.; *Hartlage* WRP 1997, 1, 4; *Brammsen/Leible* BB 1997 Beil. 10, 1, 14; differenzierend *Glöckner* JKR 1998, 51, 63.

[88] Müko-UWG/*Leible,* § 7 Rdn. 53; *Brammsen/Leible* BB 1997, Beil. 10, 1, 15; vgl. *Glöckner* JKR 1998, 51, 64.

[89] BGH GRUR 2004, 517, 518 – *E-Mail-Werbung;* BGH GRUR 2004, 699, 701 – *Ansprechen in der Öffentlichkeit I;* BGH GRUR 2005, 443, 445 – *Ansprechen in der Öffentlichkeit II;* BGHZ 19, 392, 396 f. – *Anzeigenblatt;* BGH GRUR 1959, 277, 279 – *Künstlerpostkarten;* BGH NJW 1960, 1294 – *Kfz-Nummernschilder;* BGH GRUR 1973, 210, 212 – *Telexwerbung.*

[90] *Ohly*/Sosnitza § 7 Rdn. 25.

[91] Siehe hierzu oben Rdn. 23.

[92] *Köhler*/Bornkamm § 7 Rdn. 37.

[93] *Ohly*/Sosnitza § 7 Rdn. 32.

[94] *Köhler*/Bornkamm § 7 Rdn. 115; *Weichert* WRP 1996, 522, 531.

Im Anwendungsbereich des § 7 Abs. 1 dürfte die Einsichtnahme in Robinson-Listen jedoch regelmäßig nicht in Betracht kommen, da sich diese Listen im Wesentlichen auf Werbeformen im Bereich des **Fernabsatzes** beziehen, auf welche vorrangig die Bestimmungen des **§ 7 Abs. 2** Anwendung finden. 55

II. Fallgruppen des Abs. 1

1. Übersicht

Bei **§ 7 Abs. 1 S. 1** handelt es sich um eine **kleine Generalklausel,** die selbständig neben § 3 UWG steht. Die allgemeine Regel des § 7 Abs. 1 S. 1 wird in S. 2 dahingehend konkretisiert, dass ein entgegenstehender Wille des angesprochenen Marktteilnehmers immer zur Unzulässigkeit führt. Während der Anwendungsbereich des § 7 Abs. 1 S. 2 auf Werbung begrenzt ist, enthält S. 1 diese Einschränkung nicht und erfasst damit auch geschäftliche Handlungen, die keine Werbung darstellen. Zu denken ist hier etwa an Handlungen nach Vertragsschluss. 56

Für § 7 Abs. 1 verbleibt als *lex generalis* insoweit nur ein **eingeschränkter Anwendungsbereich,** als die Werbung durch für den Fernabsatz geeignete Kommunikationsmittel vorrangig an Bestimmungen des § 7 Abs. 2 Nr. 1 bis 3 zu messen ist. In den Anwendungsbereich des Abs. 1 fallen somit neben den Fällen geschäftlicher Handlungen, die nicht als Werbung anzusehen sind, vorrangig das Ansprechen in der Öffentlichkeit, die Haustürwerbung oder die Zusendung unbestellter Waren. Aber auch die Scheibenwischerwerbung ist hier zu nennen.[95] 57

2. Ansprechen in der Öffentlichkeit

a) Beschreibung. Das Ansprechen in der Öffentlichkeit umfasst das **gezielte, individuelle Ansprechen einer einzelnen Person** ebenso wie das **Ansprechen einer Gruppe von Personen** in der Öffentlichkeit in der Absicht, diese als Kunden zu werben. Es kann sich auf Straßen und Plätzen, in öffentlich zugänglichen Gebäuden und Verkehrsmitteln, auf Messen und Märkten sowie in Ladengeschäften ereignen. 58

Je nach den Umständen des Einzelfalls, insbesondere des **individuellen Bezugs,** der **Intensität** und des **Ortes** der Ansprache, kann der Adressat in eine psychische Zwangslage versetzt werden, aus der er sich womöglich nur dadurch glaubt befreien zu können, dass er sich mit dem Werbenden und seinem Anliegen auseinandersetzt. Aber auch in Fallgestaltungen, in denen dies nicht der Fall ist, kann das Ansprechen aufgrund des Eingriffs in die Individualsphäre unlauter sein.[96] 59

b) Wettbewerbsrechtliche Beurteilung. *aa) Vorbemerkung.* Das Ansprechen von Personen in der Öffentlichkeit kann je nach den Umständen des Einzelfalls eine **unzumutbare Belästigung im Sinne des Abs. 1** darstellen. Von einer Erkennbarkeit im Sinne des Abs. 1 S. 2 wird nicht regelmäßig auszugehen sein. Der Werbende kann einen etwaigen Willen des sich in der Öffentlichkeit bewegenden Werbeadressaten, nicht angesprochen zu werden, nicht ohne weiteres erkennen. Anders ist es allerdings, wenn der Beworbene die Kontaktaufnahme erkennbar abgelehnt hat und der Werbende die Ansprache dennoch weiter fortsetzt. 60

bb) Individuelles Ansprechen. (1) Ursprünglicher Ansatz. Lange Zeit hielt die überwiegende Rechtsprechung und Literatur das gezielte, individuelle Ansprechen von Personen in der Öffentlichkeit **grundsätzlich für wettbewerbswidrig.**[97] Begründet wurde die Unlauterkeit vornehmlich mit der subjektiven Zwangslage, der Verstrickung und Überrumpelung des Verbrauchers.[98] 61

(2) Neuere Rechtsentwicklung. Im Zuge des **Wechsels des Verbraucherleitbildes** wird das Ansprechen in der Öffentlichkeit seit bereits geraumer Zeit **differenzierter** bewertet. Die Rechtsprechung stellt nunmehr maßgeblich darauf ab, dass das Ansprechen einen belästigenden **Eingriff in die Individualsphäre** des Umworbenen darstellt. Dieser habe das Recht, auch im öffentlichen Raum weitgehend ungestört zu bleiben. Der BGH geht nicht mehr davon aus, dass sich der durchschnittliche Passant allein durch die persönliche Ansprache in einer subjektiven Zwangslage wähnen könnte, aus der er sich nach eigenem Verständnis nur durch Annahme des beworbenen Angebots 62

---

[95] Vgl. RegE-UWG 2008, S. 59.

[96] BGH GRUR 1965, 315, 316 – *Werbewagen;* BGH GRUR 1960, 431, 433 – *Kfz-Nummernschilder.*

[97] BGH GRUR 1960, 431, 432 – *Kfz-Nummernschilder;* BGH GRUR 1965, 315, 316 – *Werbewagen;* OLG Düsseldorf NJW-RR 1986, 531; OLG Köln CR 2001, 313; OLG Köln GRUR 2002, 641 – *Direktmarketing bei Telefondienstleistungen.*

[98] BGH GRUR 1965, 315, 316 – *Werbewagen.*

befreien kann. Die Verkehrskreise seien vielmehr stärker als früher auf die Wahrung eigener Interessen bedacht.[99]

63 Jedenfalls zulässig soll das Ansprechen vor diesem Hintergrund dann sein, wenn der Passant durch sein Verhalten hinreichend deutlich erkennen lässt, dass er sich für das Angebot des Werbenden interessiert und gerade mit ihm in ein Gespräch eintreten will.[100] Die h. M. stellt also auf das Vorliegen einer **konkludenten Einwilligung** ab.[101] Aus dem bloßen Betrachten von Auslagen im Schaufenster oder dem Betreten von Warenhäusern und Einkaufszentren soll aber nach wie vor noch kein Interesse an einem Verkaufsgespräch abgeleitet werden können.[102] Auch das erkennbare Bestehen eines bestimmten Waren- und Dienstleistungsbedarfs reicht nicht aus, da hieraus nicht zu schließen ist, dass der Angesprochene gerade mit dem Werbenden in Kontakt treten will.[103]

64 In Fällen, in denen der Werbende sich von vornherein und eindeutig als solcher zu erkennen gibt, soll die gezielte Ansprache des Passanten auf öffentlichen Straßen und Plätzen – soweit keine anderweitigen Elemente hinzutreten, welche die Ansprache unlauter erscheinen lassen – nicht wettbewerbswidrig sein.[104] Die Rechtsprechung fordert hier allerdings eine eindeutige Erkennbarkeit der **werblichen Absichten.** Der Angesprochene muss „dem Werber gleichsam auf einen Blick ansehen können", dass dieser sich zu Werbezwecken an ihn wendet.[105] Wesentlich ist hierbei die **sofortige Erkennbarkeit.** Nur in diesem Fall hat der Passant die adäquate Möglichkeit, sich durch Nichtbeachtung des Werbenden oder eine kurze abweisende Bemerkung oder Geste ohne große Mühe einem Gespräch zu entziehen. An die Aufmerksamkeit des Passanten sind hierbei keine hohen Anforderungen zu stellen. Für eine eindeutige Erkennbarkeit genügt es danach beispielsweise nicht, dass der Werbende sich in der Nähe eines Werbestandes aufhält.[106]

65 Ist der **werbliche Zweck** der Ansprache für den Angesprochenen also **nicht oder nicht in adäquater Weise erkennbar,** so ist auch weiterhin von einer unzumutbaren Belästigung im Sinne des § 7 Abs. 1 S. 1 auszugehen.[107] Der Werbende soll sich nicht den Umstand zunutze machen können, dass es einem Gebot der Höflichkeit unter zivilisierten Menschen entspricht, einer fremden Person nicht von vornherein ablehnend gegenüberzutreten.[108] Die Frage, inwieweit dem Passanten zivilrechtlich ein Widerrufsrecht zusteht oder nicht, erachtet der BGH in diesem Zusammenhang als unerheblich.[109]

66 Eine unzumutbare Belästigung liegt aber auch dann vor, wenn die **Nichtbeachtung oder Abwehr** des Werbenden nach den gegebenen Verhältnissen (z. B. in einer engen Straße) **nicht möglich** ist oder wenn der Werbende einen erkennbar entgegenstehenden Willen des Angesprochenen missachtet, etwa indem er diesen am Weitergehen hindert oder ihm folgt.[110]

67 *(3) Stellungnahme.* Die vorstehend skizzierte Entwicklung in der Rechtsprechung ist – auch und insbesondere vor dem Hintergrund der UGP-RL – zu begrüßen.

68 Das werbliche Ansprechen von Personen in der Öffentlichkeit kann heute nicht per se als wettbewerbswidrig angesehen werden. Die **Verkehrsgewohnheiten** haben sich in den zurückliegenden Jahrzehnten **maßgeblich verändert.** Werbung durch individuelles Ansprechen von Passanten im öffentlichen Raum prägt inzwischen das Alltagsbild in den Geschäftszonen der Städte. Die Passanten sind mit derartigen Werbeformen vertraut. Hat der Passant die Möglichkeit, sich des Werbenden – wie im Alltag regelmäßig der Fall – ohne größeren Aufwand zu entledigen, so ist die Schwelle der unzumutbaren Belästigung im Sinne des § 7 Abs. 1 nicht überschritten. Eine adäquate Abwehr setzt allerdings voraus, dass der Passant den Werbenden unschwer bereits im Moment der Ansprache als solchen erkennen und so entsprechend reagieren kann. Treten zu einer offenkundigen Ansprache keine **weiteren Umstände** hinzu, welche die Gesamtsituation als eine dem Passanten nicht mehr

---

[99] BGH GRUR 2004, 699 – *Ansprechen in der Öffentlichkeit I.*

[100] *Köhler*/Bornkamm § 7 Rdn. 69; ähnlich: *Ohly*/Sosnitza § 7 Rdn. 76.

[101] Vgl. etwa *Ohly*/Sosnitza § 7 Rdn. 76.

[102] BGH GRUR 1965, 315, 316 – *Werbewagen; Köhler*/Bornkamm § 7 Rdn. 69.

[103] BGH GRUR 1960, 431, 432 – *Kfz-Nummernschilder.*

[104] BGH GRUR 2005, 443, 445 – *Ansprechen in der Öffentlichkeit II;* gegen eine generelle Wettbewerbswidrigkeit des Ansprechens in der Öffentlichkeit bereits OLG Frankfurt GRUR 2002, 639, 640 – *Direktmarketing bei Telefondienstleistungen;* a. A. noch OLG Köln GRUR 2002, 641, 641 f. – *Werbestand II.*

[105] OLG Frankfurt GRUR 2008, 353, 355 – *Ansprechen von Passanten.*

[106] OLG Frankfurt GRUR 2008, 353, 355 – *Ansprechen von Passanten.*

[107] BGH GRUR 2005, 443, 445 – *Ansprechen in der Öffentlichkeit II;* OLG Frankfurt GRUR 2008, 353, 355 – *Ansprechen von Passanten.*

[108] BGH GRUR 2004, 699 – *Ansprechen in der Öffentlichkeit I;* BGH GRUR 2005, 443 – *Ansprechen in der Öffentlichkeit II;* OLG Köln GRUR 2002, 641, 642 – *Werbestand II.*

[109] BGH GRUR 2005, 443, 445 – *Ansprechen in der Öffentlichkeit II.*

[110] BGH GRUR 2005, 443, 445 – *Ansprechen in der Öffentlichkeit II.*

zumutbare Belästigung erscheinen lassen, so begründet die Ansprache als solche keinen Verstoß gegen § 7 Abs. 1. Als derartige Umstände kommen die Intensität oder die Aufdringlichkeit der Ansprache, die Ansprache durch mehrere Werbende gleichzeitig oder die Ansprache an einem Ort, an dem der Passant nicht oder nur schwer ausweichen kann, in Betracht.[111]

Wäre das Ansprechen in der Öffentlichkeit grundsätzlich als unlauter anzusehen, so läge zudem ein **Wertungswiderspruch** zu anderen Belästigungsformen vor. So liegt die belästigende Wirkung eines solchen Ansprechens regelmäßig unterhalb der Belästigung, die etwa von Vertreterbesuchen an der Haustür ausgeht, welche die Rechtsprechung grundsätzlich als wettbewerbsrechtlich unbedenklich ansieht.[112] Hinzu kommt, dass die Gefahr einer Überrumpelung des Verbrauchers in einer (subjektiven) Zwangslage mit der Folge eines unüberlegten Vertragsschlusses wegen der unterschiedlichen Schutzrichtungen der UGP-RL (Schutz des Verbrauchers vor einer Beeinträchtigung der Entscheidungsfreiheit) einerseits und des § 7 Abs. 1 (Schutz des Verbrauchers vor einer unangemessenen Beeinträchtigung ihrer privaten oder geschäftlichen Sphäre) auch unabhängig von einer Beeinträchtigung der Entscheidungsfreiheit) andererseits inzwischen jedenfalls ganz vorrangig am Maßstab des § 4a UWG 2015 zu beurteilen wäre. 69

Der Gesetzgeber hat die Gefahren, die von gezielten und individuellen werblichen Ansprachen von Passanten ausgehen, erkannt und in **§§ 312b, 312g BGB** geregelt. Dem Verbraucher steht bei außerhalb von Geschäftsräumen geschlossenen Verträgen ein **Widerrufsrecht** zu. Grundsätzlich verboten wurden solche Werbeformen dagegen nicht.[113] Allerdings stehen die gesetzlichen Regelungen zur Widerrufbarkeit von außerhalb von Geschäftsräumen geschlossenen Verträgen der Annahme einer Wettbewerbswidrigkeit der in Rede stehenden Werbemethoden nicht generell entgegen.[114] 70

cc) Allgemeine Aufforderung. Grundsätzlich ist es nicht wettbewerbsrechtlich zu beanstanden, wenn Waren oder Dienstleistungen durch ein **an die Allgemeinheit gerichtetes Ausrufen in der Öffentlichkeit** angeboten werden.[115] Zwar mag auch das Ausrufen – etwa durch einen „Marktschreier" – mit gewissen Belästigungen verbunden sein. Als Teil einer anonymen Gruppe kann aber jeder Adressat das Angebot einfach ignorieren, ohne sich damit auseinandersetzen zu müssen. Er wird daher nicht in eine persönliche Zwangslage gebracht. Eine solche allgemeine Aufforderung liegt etwa bei marktschreierischen Angeboten auf Märkten und Messen oder bei Angeboten von Speisen und Getränken durch einen Kellner im Zug vor. 71

c) Einzelfälle. *aa) Öffentliche und nicht öffentliche Straßen.* Für die Beurteilung der Unzumutbarkeit macht es **keinen Unterschied,** ob ein Ansprechen **im öffentlichen oder privaten Verkehrsraum** erfolgt, soweit sie öffentlich zugänglich sind.[116] 72

bb) Bahnhöfe, Flughäfen und öffentliche Verkehrsmittel. Der Grad der Belästigung ist in diesen Bereichen nicht anders zu beurteilen als an anderen öffentlich zugänglichen Orten.[117] 73

cc) Auffordern zum Betreten von Verkaufsstellen. Nach früherem Verständnis galt es als unzulässig, Fußgänger **aufzufordern, ein Ladengeschäft oder einen Werbewagen zu betreten.**[118] Eine Ausnahme konnte bestehen, wenn der Angesprochene erkennbar an den Waren oder Dienstleistungen des Werbenden interessiert war, nicht aber bereits dann, wenn er lediglich vor dem Geschäft oder Werbewagen stehen blieb und die Auslagen betrachtete. Nach zutreffender jüngerer Ansicht wird die Zumutbarkeitsschwelle **erst bei gesteigerter Aufdringlichkeit** oder etwa im Falle eines „Hineinzerrens" überschritten.[119] 74

dd) Warenhäuser und Supermärkte. In **Warenhäusern und Supermärkten** rechnet der Kunde mit einer Ansprache. Auch wenn dort kein Bedienungspersonal tätig ist, ist der Kunde daran gewöhnt, 75

---

[111] BGH GRUR 2005, 443, 444 – *Ansprechen in der Öffentlichkeit II;* OLG Frankfurt WRP 2001, 554, 556 – *Direktmarketing bei Telefondienstleistungen;* ebenso *Schwab* GRUR 2002, 579, 582.

[112] Vgl. hierzu Rdn. 85f.; BGH GRUR 1994, 380, 381 – *Lexikothek.*

[113] OLG Frankfurt WRP 2001, 554, 556; – *Direktmarketing bei Telefondienstleistungen* vgl. BGH GRUR 2000, 235, 236 – *Werbung am Unfallort IV;* dagegen BGH GRUR 2004, 699 – *Ansprechen in der Öffentlichkeit I;* OLG Köln GRUR 2002, 641, 643 – *Direktmarketing bei Telefondienstleistungen.*

[114] BGH GRUR 2005, 443, 445 – *Ansprechen in der Öffentlichkeit II;* GRUR 2000, 235f. – *Werbung am Unfallort IV.*

[115] *Köhler*/Bornkamm § 7 Rdn. 70.

[116] BGH GRUR 2004, 699 – *Ansprechen in der Öffentlichkeit I;* BGH GRUR 2005, 443, 445 – *Ansprechen in der Öffentlichkeit II; Köhler*/Bornkamm § 7 Rdn. 63; *Ohly*/Sosnitza § 7 Rdn. 75.

[117] BGH GRUR 2004, 699 – *Ansprechen in der Öffentlichkeit I;* OLG Hamburg BB 1970, 1275.

[118] BGH GRUR 1965, 315, 316 – *Werbewagen;* OLG Düsseldorf NJW-RR 1986, 531.

[119] OLG Frankfurt WRP 2001, 554, 556 – *Direktmarketing bei Telefondienstleistungen.*

von Propagandisten angesprochen zu werden. Folglich **scheiden eine psychische Zwangslage und eine Überrumpelungsgefahr aus.**[120] Die Ausnutzung einer psychischen Zwangslage wäre zudem ohnehin nach § 4a UWG 2015 zu beurteilen.

76 In Übereinstimmung mit den jüngeren Entscheidungen des BGH ist eine unzumutbare Belästigung jedoch dann anzunehmen, wenn der **Werbende** sich **nicht als solcher zu erkennen** gibt.[121]

77 *ee) Ladengeschäfte mit Bedienungspersonal.* Ein potentieller Kunde, der einen **Laden mit Bedienungspersonal** betritt, erklärt seine **konkludente Einwilligung,** dort angesprochen zu werden.

78 *ff) Märkte und Messen.* Der **Besucher von Märkten und Messen** ist daran gewöhnt und darauf vorbereitet, an diesen Orten individuell angesprochen zu werden. Das gezielte Ansprechen ist daher grundsätzlich zulässig.[122] Die Grenze des Unzumutbaren wird überschritten, wenn der **Kunde am Weitergehen gehindert** wird, von dem Ansprechenden verfolgt oder über den wahren Gesprächszweck getäuscht wird.

79 *gg) Verteilen von Werbezetteln und geringwertigen Reklamegeschenken.* Das bloße **Verteilen von Werbematerial** ist **nicht zu beanstanden.**[123] Diese vom Verkehr akzeptierte Form der Werbung wird nicht als unzumutbar belästigend empfunden. Es steht dem Passanten frei, ob er das angebotene Werbematerial überhaupt entgegennimmt oder nach der Entgegennahme wegwirft, falls es ihn nicht interessiert. Eine Kommunikation mit dem Werbenden wird von dem Adressaten nicht erwartet.

80 Das Verteilen von Werbezetteln kann aber aus anderen Gründen unlauter sein, etwa wenn es **vor dem Geschäftslokal eines Mitbewerbers** mit dem Ziel geschieht, Kunden abzufangen.[124]

81 *hh) Scheibenwischerwerbung.* Die **Scheibenwischerwerbung** wurde in der Vergangenheit überwiegend als nicht unlauter angesehen. Die Rechtsprechung argumentierte, dass der Werbeadressat in seiner Anonymität verbleibt und das Lösen des Handzettels vom Scheibenwischer nur einen geringen Aufwand erfordert.[125] In jüngerer Zeit hat sich unter der Geltung von § 7 eine abweichende herrschende Meinung gebildet, nach der die Scheibenwischerwerbung als unzulässige belästigende Werbung anzusehen ist, da der Adressat sich der Werbung nicht entziehen kann, die Entsorgung des Werbezettels mit Mühen verbunden ist und sich der Zweckbestimmung des Autos ohne weiteres entnehmen lässt, dass die Werbung unerwünscht ist.[126]

82 *ii) Meinungsumfragen.* Werden Passanten im Rahmen einer **Meinungsumfrage** in der Öffentlichkeit zu bestimmten Themen befragt, ohne dass diese Befragung in Zusammenhang mit der Förderung des Absatzes oder Bezugs eines Produkts oder mit dem Abschluss oder der Durchführung eines Vertrags steht, so ist dies nicht zu beanstanden. Es fehlt bereits an einer geschäftlichen Handlung nach § 7 Abs. 1.[127] Geht es dem Fragenden darum, im Wege der Umfrage Informationen zur Akzeptanz seines Produkts oder zum Verbraucherverhalten zu erlangen, liegt zwar eine Wettbewerbshandlung vor. Die Befragung ist aber zulässig, da hierbei weder die Besorgnis besteht, dass der Befragte in eine unmittelbare Zwangslage gelangen könnte noch eine unzumutbare Belästigung vorliegt. Besondere Umstände können aber zur Unzumutbarkeit derartiger Befragungen führen, etwa dann, wenn **unter dem Deckmantel einer Meinungsumfrage Werbung betrieben** wird. In diesem Fall ist das Ansprechen der Passanten nicht nur nach § 7 Abs. 1, sondern auch nach § 5a Abs. 6 UWG 2015 unlauter.[128]

83 *jj) Werbung am Unfallort.* Das **Ansprechen eines Unfallbeteiligten** am Unfallort zum Zwecke eines Vertragsabschlusses (Reparaturauftrag, Kfz-Mietvertrag oder Abschleppauftrag) stellt eine unzumutbare Belästigung dar.[129] Im Gegensatz zu Passanten auf öffentlichen Straßen befinden sich

---

[120] Differenzierend OLG Köln GRUR 2002, 641, 644 – *Direktmarketing bei Telefondienstleistungen;* OLG Köln CR 2001, 313.

[121] Vgl. BGH GRUR 2005, 443 – *Ansprechen in der Öffentlichkeit II.*

[122] BGH GRUR 1965, 315, 317 – *Werbewagen; Ohly*/Sosnitza § 7 Rdn. 75; *Köhler*/Bornkamm § 7 Rdn. 71; Gloy/Loschelder/Erdmann/*Hasselblatt,* HdbWettbR, § 61 Rdn. 48.

[123] BGH GRUR 1994, 639, 640 – *Pinguin-Apotheke;* LG Kiel GRUR 2005, 446, 447.

[124] KG GRUR 1984, 601, 602; OLG Koblenz WRP 1974, 283, 285 – *Werbung mit Handzetteln.*

[125] OLG Hamm GRUR 1991, 229 zur Unlauterkeit nach § 1 UWG a. F., LG Limberg, Urteil vom 24.9.2007, Aktenzeichen 5 O 58/07.

[126] LG Hannover, Urteil vom 14.7.2008, Aktenzeichen 25 O 61/08; Fezer/*Mankowski* § 7 Rdn. 349, 350; *Ernst* WRP 2009, 1455; *Mankowski* GRUR 2010, 578; *Ohly*/Sosnitza § 7 Rdn. 78; *Wasse* WRP 2010, 191.

[127] Vgl. *Köhler*/Bornkamm § 7 Rdn. 74; *Ohly*/Sosnitza § 7 Rdn. 75

[128] *Ohly*/Sosnitza § 7 Rdn. 75.

[129] Unstr., vgl. BGH GRUR 1975, 264, 265 – *Werbung am Unfallort I;* BGH GRUR 1975, 266 – *Werbung am Unfallort II;* BGH GRUR 1980, 790, 791 – *Werbung am Unfallort III;* BGH GRUR 2000, 235, 236 – *Werbung am Unfallort IV.*

Unfallbeteiligte regelmäßig in einer **psychischen Ausnahmesituation.** Aufgrund des vorangegangenen Geschehens sind sie häufig verwirrt und nicht in der Lage, solche Angebote kritisch und distanziert zu beurteilen. Die Gefahr eines unüberlegten und übereilten Vertragsschlusses ist daher besonders groß. Die Werbung ist daher sowohl unter dem Gesichtspunkt der Belästigung nach § 7 als auch wegen Ausnutzung einer Zwangslage und der unzulässigen Beeinflussung nach § 4a UWG 2015 unzulässig.[130] Für die wettbewerbsrechtliche Beurteilung ist es unerheblich, dass dem Angesprochenen ein Widerrufsrecht nach § 312g BGB zusteht.[131]

Unbeachtlich ist es auch, dass unter Umständen ein **Bedarf des Unfallbeteiligten** an den angebotenen Dienstleistungen, etwa einem Reparaturauftrag für das beschädigte Auto,[132] einem Kfz-Mietvertrag[133] oder einem Abschleppauftrag[134] besteht. Auch wenn im letztgenannten Fall ein sofortiges Bedürfnis zum Vertragsschluss vorliegen kann, besteht die Gefahr der Überrumpelung. Ob es zulässig ist, in **ausreichender Distanz** zur Unfallstelle auf eine Kontaktaufnahme durch den Unfallbeteiligten zu warten,[135] erscheint angesichts der praktischen Abgrenzungsschwierigkeiten fraglich.[136] 84

3. Haustürwerbung

a) Begriff und wirtschaftliche Bedeutung. Die **Haustürwerbung** zeichnet sich dadurch aus, dass potenzielle Kunden – ohne vorherige Aufforderung – in ihrem häuslichen Bereich aufgesucht werden. Als Mittel des Direktvertriebs von Waren und Dienstleistungen hat die – traditionell verbreitete – Haustürwerbung **erheblich an Bedeutung verloren.** Zu Beginn des 20. Jahrhunderts war der ambulante Handel vor allem für die Bevölkerung in dünn besiedelten Gebieten nahezu lebensnotwendig.[137] Heute werden überwiegend höherwertige Produkte (z. B. Staubsauger, Kosmetika, Weine, Zeitschriftenabonnements) sowie Dienstleistungen (vor allem Versicherungen) in Form so genannter Vertreterbesuche vertrieben.[138] 85

b) Unionsrecht. Der EuGH hat vor geraumer Zeit entschieden, dass ein Verbot des Verkaufs von Unterrichtsmaterialien und des Abschlusses von Unterrichtsverträgen an der Haustür nicht gegen (jetzt) Art. 34 AEUV verstößt.[139] Dabei stellte der EuGH insbesondere darauf ab, dass die durch diese Werbung angesprochenen Kunden besonders schutzlos gegenüber den Verkäufern seien. Ein **generelles und vollständiges Verbot der Haustürwerbung** dürfte indes **mit Art. 34 AEUV** und mit **der UGP-RL unvereinbar** sein.[140] Auch ein **vollständiges Verbot der Haustürwerbung für bestimmte Produkte** wird nur unter engen Voraussetzungen, etwa dem Schutz bestimmter besonders schutzwürdiger Bevölkerungsgruppen, zulässig sein. Der EuGH weist darauf hin, dass es zur Abwehr der Gefahr unüberlegter Haustürgeschäfte in der Regel genüge, den Käufern ein **Rücktrittsrecht** zu gewähren.[141] Einen Sonderfall regelt Nr. 25 des Anhangs I zur UGP-RL, der seine Umsetzung in Nr. 26 des Anhangs zu § 3 Abs. 3 UWG gefunden hat. Danach ist es stets unlauter, bei persönlichen Besuchen in der Wohnung des Verbrauchers dessen Aufforderung, die Wohnung zu verlassen bzw. nicht zurückzukehren, zu missachten. Auf die Umstände des Einzelfalls kommt es in dieser Fallkonstellation nicht an. 86

c) Rechtliche Regelungen außerhalb des UWG. *aa) Gewerberecht.* Die **Gewerbeordnung** lässt das **Reisegewerbe** in weiten Bereichen zu. Ein Reisegewerbe betreibt nach § 55 Abs. 1 Nr. 1 GewO u. a., wer ohne vorhergehende Bestellung außerhalb der Räume seiner gewerblichen Niederlassung oder ohne eine solche zu haben, in eigener Person Waren oder Leistungen anbietet. Das Reisegewerbe bedarf grundsätzlich einer Erlaubnis (Reisegewerbekarte, § 55 GewO). Bestimmte 87

---

[130] *Köhler*/Bornkamm § 7 Rdn. 73; *Ohly*/Sosnitza § 7 Rdn. 78.

[131] BGH GRUR 2000, 235, 236 – *Werbung am Unfallort IV (zur Widerrufsmöglichkeit nach dem Haustürwiderrufsgesetz);* zum Widerrufsrecht s. Rdn. 88.

[132] BGH GRUR 1975, 264 – *Werbung am Unfallort I.*

[133] BGH GRUR 1975, 266 – *Werbung am Unfallort II.*

[134] BGH GRUR 1980, 719 – *Werbung am Unfallort III.*

[135] So *Köhler*/Bornkamm § 7 Rdn. 73.

[136] *Ohly*/Sosnitza § 7 Rdn. 78.

[137] So *Ulrich* in: FS Gaedertz, S. 577, 578.

[138] Vgl. *Völp* WRP 1973, 63.

[139] EuGH Slg. 1989, 1253 Rdn. 17 – *Buet;* siehe hierzu *Köhler*/Bornkamm § 7 Rdn. 39, wonach dieser Entscheidung nicht ohne weiteres im Umkehrschluss zu entnehmen sei, dass die Haustürwerbung in anderen Fällen zulässig sei.

[140] So auch EuGH, Urteil vom 10. Juli 2014, Rechtssache C-421/12 – *Kommission/Belgien,* Rdn. 68, 71 ff.

[141] EuGH Slg. 1989, 1253 Rdn. 12 – *Buet.*

Vertriebstätigkeiten sind im Reisegewerbe verboten (§ 56 GewO), andere von einer Erlaubnis freigestellt (§ 55a GewO).

88 *bb) Bürgerliches Recht.* Dem Verbraucher, der im Zuge der Haustürwerbung zum Vertragsschluss veranlasst wurde, steht ein **Widerrufsrecht nach §§ 312g, 312b, 312 Abs. 1, 355 BGB**[142] zu, sofern es sich um einen **Verbrauchervertrag** handelt (§ 312 Abs. 1 BGB). Nicht erfasst werden Verträge zwischen zwei Unternehmern. Der Vertrag muss sich auf eine entgeltliche Leistung beziehen und der Vertrag muss außerhalb der Geschäftsräume[143] geschlossen worden sein. [144]

89 Das Widerrufsrecht ist ein **Gestaltungsrecht,** mit dessen Ausübung ein anfangs wirksames Vertragsverhältnis in ein Abwicklungsverhältnis umgewandelt werden kann. Der Widerruf kann **in Textform** (§ 126b BGB) oder **durch Rücksendung der Sache erklärt** werden. Die Widerrufsfrist und die Folgen des Widerrufs das sind in §§ 355, 356, 357 BGB geregelt. Im Übrigen können Hausbesuche gegen den Willen des Besuchten eine **Eigentums- oder Besitzstörung** (§§ 1004, 858 BGB) darstellen und als **deliktisches Verhalten** geahndet werden (§§ 823 Abs. 1, 823 Abs. 2 BGB i. V. m. § 123 StGB).

90 **d) Wettbewerbsrechtliche Beurteilung.** *aa) Bisherige Rechtsprechung.* Die Rechtsprechung hat die Haustürwerbung in der Vergangenheit grundsätzlich auch ohne vorheriges Einverständnis als **wettbewerbsrechtlich zulässig** angesehen, sofern nicht wegen besonderer Umstände das Risiko einer untragbaren oder sonst unzulässigen Belästigung oder Störung der privaten Lebenssphäre gegeben war.[145] Begründet wurde dies damit, dass der Grad der Belästigung bei einer Haustürwerbung geringer sei als beispielsweise bei einer Telefonwerbung.[146] Während es hinsichtlich der Durchführung einer Telefonwerbung kaum zeitliche Begrenzungen gebe, fänden Hausbesuche normalerweise nur an Werktagen tagsüber statt. Außerdem werde ein Vertreter an der Haustür rasch als solcher erkannt. Das Erkennen könne bei einem Telefonat länger dauern, so dass der Angerufene unter Umständen sich zunächst auf ein Gespräch einlassen müsse. Auch sei wegen des unterschiedlichen Kostenaufwands eher mit einem wiederholten Telefonanruf als mit einem erneuten Besuch zu rechnen. Ferner wurde darauf hingewiesen, dass Besuche durch Vertreter an der Haustür traditionell zulässig seien und die Rechtsordnung auch an anderen Stellen (§§ 55 ff. GewO, § 312b BGB) von deren Zulässigkeit ausgehe.[147] Bei einer anderen Beurteilung läge ein Eingriff in die **Berufsausübungsfreiheit** nicht nur der werbenden Unternehmen, sondern auch der Vertreter vor. Ein solcher Eingriff ließe sich aber nach Art. 12 GG nur bei Vorliegen ausreichender Gründe des Gemeinwohls und Beachtung des Grundsatzes der Verhältnismäßigkeit rechtfertigen. Hierfür reiche die mit dem Hausbesuch notwendigerweise verbundene Störung aber nicht aus.[148] Auch in seiner jüngsten Rechtsprechung geht der BGH von der grundsätzlichen Zulässigkeit der Haustürwerbung aus.[149]

91 *bb) Schrifttum.* Während diese Auffassung von Teilen des Schrifttums geteilt wurde,[150] mehren sich die Stimmen, wonach unerbetene Hausbesuche als **unzulässige Belästigung** anzusehen sind.[151] Es sei geboten, die unerbetene Haustürwerbung ebenso zu unterbinden wie das gezielte Ansprechen in der Öffentlichkeit.[152] Der Angesprochene könne sich eines Vertreters in der Öffentlichkeit sogar durch schlichtes Weitergehen entledigen, während der an der Haustür angesprochene Wohnungsin-

[142] Die neuen Vorschriften zum Verbraucherrecht in §§ 312 ff. BGB wurden durch das am 20. September 2013 beschlossene und am 13. Juni 2014 in Kraft getretene Gesetz zur Umsetzung der Verbraucherrichtlinie und zur Änderung des Gesetzes zur Wohnungsvermittlung (VerbrRRL-UG) (BGBl. I, S. 3642) in das BGB aufgenommen.

[143] Hierzu Palandt-*Grüneberg* § 312b BGB.

[144] Vertiefend Palandt-*Grüneberg* §§ 312 ff. BGB.

[145] Vgl. BGH GRUR 1955, 541, 541 – *Bestattungswerbung;* BGH GRUR 1970, 523, 524 – *Telefonwerbung I;* BGH GRUR 1967, 430, 431 – *Grabsteinaufträge;* BGH GRUR 1971, 317, 318 – *Grabsteinwerbungen II;* BGH GRUR 1994, 380, 381 – *Lexikothek;* BGH GRUR 1994, 818, 819 – *Schriftliche Voranmeldung;* BGH GRUR 2005, 443, 445 – *Ansprechen in der Öffentlichkeit II;* OLG Hamburg WRP 1992, 728; *Ulmer* WRP 1986, 445; *Lehmann* GRUR 1974, 133; siehe auch BGH GRUR 2004, 699, 701 – *Ansprechen in der Öffentlichkeit I,* wonach Hausvertreterbesuche „seit jeher als zulässig erachtet worden" seien.

[146] Vgl. BGH GRUR 1994, 380, 381 – *Lexikothek.*

[147] BGH GRUR 1994, 380, 382 – *Lexikothek;* BGH GRUR 1994, 818, 819 – *Schriftliche Voranmeldung.*

[148] BGH GRUR 1994, 818, 819 – *Schriftliche Vorankündigung* – unter Hinweis auf BVerfGE 61, 291, 312.

[149] BGH GRUR 2014, 883, 885 Rdn. 29 – *Geschäftsführerhaftung.*

[150] *Lehmann* GRUR 1974, 133; *Ulmer* WRP 1986, 445; differenzierend jurisPK-UWG/*Koch,* § 7 Rdn. 65 ff.

[151] Fezer/*Mankowski* § 7 UWG Rdn. 311 ff.; *Ohly*/Sosnitza § 7 Rdn. 80 ff. m. w. N.; *Köhler*/Bornkamm § 7 Rdn. 46 ff.; *Köhler* Anm. zu BGH LM § 1 UWG Nr. 643; *von Hippel* BB 1983, 2024; *Ulrich* in: FS Vieregge, S. 901, 912; *Krüger-Nieland* GRUR 1974, 561; *Reich,* GRUR 2011, 589.

[152] *Völp* WRP 1993, 63, 64; *Ulrich* in: FS Vieregge, S. 901, 913.

haber diese Möglichkeit nicht habe.[153] Auch sei gegenüber der Haustürwerbung der gleiche wettbewerbsrechtliche Schutz einzuräumen, wie dies bei der Telefonwerbung geschehe.[154] Der Grad der Belästigung sei bei einem Vertreterbesuch mindestens ebenso hoch wie bei einem Telefonanruf. So müsse der Wohnungsinhaber zunächst feststellen, wer ihn sprechen wolle. Sobald der wahre Zweck des Besuches erkannt worden sei, müsse er den Vertreter abwimmeln.[155] Dieses bedürfe eines größeren Kraftaktes als das einfache Beenden eines Telefongespräches. Außerdem sei es dem Wohnungsinhaber nicht zumutbar, durch ein (verunzierend wirkendes) Schild seinen ablehnenden Willen kundzutun.[156] Die Regelung in den §§ 55ff. GewO und in §§ 312bff. BGB könnten die wettbewerbsrechtliche Beurteilung von Hausbesuchen nicht präjudizieren.[157] Auf schutzwürdige Besitzstände könnten sich nicht gesamte Branchen berufen, sondern allenfalls bestimmte Unternehmen. Insofern sei auch zu berücksichtigen, dass infolge der geänderten wirtschaftlichen und sozialen Verhältnisse nicht mehr die Versorgung der Bevölkerung bei einem Haustürvertrieb im Vordergrund stehe, sondern die Erlangung von Aufträgen. Mit dem Besitzstandsargument sei allenfalls eine Übergangsfrist zu rechtfertigen.[158]

cc) Stellungnahme. Der von weiten Teilen des Schrifttums geübten Kritik an der Rechtsprechung 92 ist zuzustimmen. Die mit unerbetenen Hausbesuchen einhergehende **Belästigung** ist entgegen der Auffassung des BGH[159] **höher als bei unerbetener Telefonwerbung.** Der Adressat sieht sich von Angesicht zu Angesicht mit dem Werbenden konfrontiert und ist durch seine Adresse und das Klingelschild persönlich identifiziert. In dieser Situation das Gespräch abzubrechen, ohne sich auf den persönlich anwesenden Werbenden einzulassen, ist ungleich schwerer als die Beendigung eines Telefonats mit einem anonym bleibenden Anrufer.[160] Hinzu kommt, dass der Wohnungsinhaber zunächst seine Tätigkeiten unterbrechen und sich zur Haustür oder Sprechanlage begeben muss, wo er den Werbenden unter Umständen nicht ohne weiteres sogleich als solchen erkennen wird. Vielmehr wird der Werbende oftmals zunächst versuchen, seinen Adressaten in ein Gespräch zu verwickeln, um auf diese Weise den Verkauf seiner Waren psychologisch vorzubereiten. In diesen Fällen besteht eine Vergleichbarkeit mit dem überraschenden Ansprechen in der Öffentlichkeit zu einem als solchen nicht erkennbaren werblichen Zweck, das von der Rechtsprechung zu Recht als unzumutbare Belästigung angesehen wird.[161] Die Haustürwerbung stellt indes einen noch intensiveren Eingriff in die Privatsphäre des Adressaten ein und begründet zugleich die Gefahr, dass der Adressat ein eigentlich ungewolltes Geschäft nur abschließt, um die höchst unangenehme Zwangssituation an der Haustür zu beenden. Auch ist es dem Einzelnen nicht zumutbar, Schilder an der Haustür anzubringen, wonach Vertreterbesuche untersagt sind.[162]

Haustürwerbung und Vertreterbesuche bei Privatpersonen sollten daher entgegen der bisherigen 93 Rechtsprechung nur nach **tatsächlicher oder mutmaßlicher Einwilligung** zulässig sein.[163] Die Höhe der Anforderungen an den Werbenden zum Nachweis von tatsächlichen Anhaltspunkten für das Bestehen einer nur mutmaßlichen Einwilligung sollte dabei unter Berücksichtigung des Einzelfalls und der jeweiligen konkreten Umstände bemessen werden. Die in der Literatur[164] hierzu angeführten Beispielfälle des in der betreffenden Region üblichen Direktvertriebs insbesondere land- oder forstwirtschaftlicher Erzeugnisse begegnen unter dem Gesichtspunkt des Vorliegens einer mutmaßlichen Einwilligung keinen Bedenken; sie dürften in der Praxis indes auch weniger Probleme aufwerfen. Hingegen werden in den Fällen des weit verbreiteten Direktvertriebs von Zeitschriftenabonnements, Büchern oder Versicherungen in aller Regel keine Umstände vorliegen, die auf eine mutmaßliche Einwilligung des Adressaten schließen lassen.

Der **unangekündigte Besuch** bei einem **Unternehmer** ist **grundsätzlich zulässig,** ebenso 94 wie bei Privaten ist aber ein erkennbar entgegenstehender Wille zu beachten.

---

[153] *Köhler*/Bornkamm § 7 Rdn. 47; *Ohly*/Sosnitza § 7 Rdn. 80.
[154] *Reich* GRUR 2011, 589; vgl. zur Zulässigkeit der Telefonwerbung unten Rdn. 217ff.
[155] *Köhler*/Bornkamm § 7 Rdn. 47.
[156] *Köhler*/Bornkamm § 7 Rdn. 47.
[157] *Ohly*/Sosnitza § 7 Rdn. 80; *Köhler*/Bornkamm § 7 Rdn. 49, 50; *Ulrich* in: FS Vieregge, S. 901, 915.
[158] Fezer/*Mankowski* UWG § 7 Rdn. 319; *Köhler*/Bornkamm § 7 Rdn. 48; *Paefgen* WRP 1994, 73, 76.
[159] BGH GRUR 1994, 380 – *Lexikothek.*
[160] *Ohly*/Sosnitza § 7 Rdn. 80; *Köhler*/Bornkamm § 7 Rdn. 47; vgl. auch *Reich* GRUR 2011, 589.
[161] Vgl. BGH GRUR 2005, 443 – *Ansprechen in der Öffentlichkeit II,* hierzu oben Rdn. 58.
[162] Siehe auch *Ohly*/Sosnitza § 7 Rdn. 80, der darauf hinweist, dass es dem Werbenden ohne weiteres möglich sei, mit Hilfe einer frankierten Antwortpostkarte die Einwilligung des Adressaten einzuholen.
[163] *Köhler*/Bornkamm § 7 Rdn. 51; Fezer/*Mankowski* § 7 Rdn. 316; MüKoUWG/*Leible* § 7 Rdn. 241; noch weitergehend *Reich* GRUR 2011, 589, die sich für das Erfordernis einer vorherigen ausdrücklichen Einwilligung ausspricht.
[164] Vgl. *Ohly*/Sosnitza § 7 Rdn. 80; *Köhler*/Bornkamm § 7 Rdn. 51.

e) Einzelfälle. In den nachfolgenden Einzelfällen geht auch die Rechtsprechung schon heute von der **Unzulässigkeit der unerbetenen Hausbesuche** aus:

95 *aa) Ausdrücklicher Widerspruch.* Hat der Wohnungsinhaber gegenüber dem Werbenden zu erkennen gegeben, dass er **keine Hausbesuche wünscht,** greift bereits Abs. 1 S. 2. Den entsprechenden Wunsch kann der Wohnungsinhaber entweder durch vorherige Mitteilung an den Werbetreibenden oder durch ein Schild an der Haustür („Keine Vertreter", „Betteln und Hausieren verboten") zum Ausdruck bringen.

96 *bb) Hausbesuch anlässlich eines Todesfalls.* Hausbesuche, die in **besonderen Ausnahmesituationen** erfolgen, wie im Zusammenhang mit einem Todesfall, sind als unzumutbare Belästigung nach Abs. 1 anzusehen.[165] In diesen Situationen besteht zudem eine erhöhte Gefahr, dass der Werbende sich die Ausnahmesituation zu Nutze macht und den trauernden Adressaten der Werbung, der aufgrund der besondere Umstände in seinem Urteilsvermögen beeinträchtigt ist, zu einer eigentlich ungewollten Entscheidung veranlasst.[166] Insoweit wird auch eine Unzulässigkeit der Werbung nach § 4a UWG 2015 anzunehmen sein. Dagegen soll Werbung anlässlich freudiger Ereignisse nach älterer Rechtsprechung zulässig sein.[167]

97 *cc) Erschleichen des Vertreterbesuchs.* Wird eine **Erklärung des Adressaten provoziert,** die sodann als **Vorwand** für einen Hausbesuch genutzt wird, so liegt eine unzumutbare Belästigung vor.[168]

98 Ein **erschlichener Hausbesuch** liegt auch vor, wenn der Interessent eine vorgedruckte Antwortkarte ausfüllt, um ein Angebot zugesandt zu bekommen,[169] der Werbende ihm aber daraufhin einen Vertreter nach Hause schickt. Ähnlich liegt der Fall, wenn Anforderungskarten missverständliche Sätze enthalten[170] und zumindest ein Teil der Antwortenden daraufhin von einem Vertreter aufgesucht wird, obwohl ein postalisches Angebot erwartet wurde. Gleiches gilt, wenn der Antwortende an einer Verlosung teilnimmt und zugleich mit der Teilnahmekarte eine Warenpräsentation anfordert, die zu einem Vertreterbesuch führt.[171]

99 *dd) Irreführung über den Anlass des Hausbesuchs.* Unzulässig ist es, den Kunden zunächst **über den wahren Besuchszweck irrezuführen** und nach erfolgtem Zutritt in die Wohnung den wahren Grund zu nennen.[172] Hier liegt außerdem ein Verstoß gegen § 5a Abs. 6 UWG 2015 vor.[173]

100 *ee) Besuchsankündigung.* Eine **telefonische Besuchsankündigung** ist nach Abs. 2 Nr. 2 unzulässig.[174] Kündigt der Vertreter seinen Besuch **schriftlich** an und bietet er dem Adressaten die Möglichkeit, den Besuch **mittels einer freigemachten Antwortkarte abzulehnen,** so soll der nachfolgende Hausbesuch nach der Rechtsprechung nicht zu einer unzumutbaren Belästigung der Adressaten führen, die – etwa aus Versehen – von einer Absage abgesehen haben. Zwar werde hier einerseits die Verhandlungsposition des Vertreters gestärkt, weil er dem Besuchten entgegenhalten könne, er habe ihn durch Untätigkeit zu einem vergeblichen Besuch veranlasst. Andererseits **vermindere sich aber das Überrumpelungsmoment,** da der Adressat aufgrund der Ankündigung auf den Hausbesuch vorbereitet sei.[175] Dieser Rechtsprechung ist nicht zuzustimmen. Kündigt der Werbende seinen Besuch ohne vorherige Aufforderung durch den Adresstaten schriftlich an, so ist der darauffolgende Besuch nur dann zulässig, wenn der Adressat schriftlich – etwa mittels einer frankierten Antwortkarte – sein Interesse an einem Besuch bestätigt hat. Dagegen kann die Unzu-

---

[165] BGH GRUR 1971, 317 – *Grabsteinwerbungen II;* siehe auch BGH GRUR 2010, 1113, 1114 Rdn. 21 – *Grabmalwerbung;* zur Rechtslage unter § 1 UWG 1909 vgl. schon BGH GRUR 1955, 541 – *Bestattungswerbung.*

[166] Vgl. *Köhler*/Bornkamm § 7 Rdn. 58, der zusätzlich darauf hinweist, dass es für den Werbenden andere Möglichkeiten der angemessenen Werbung im Trauerfall gibt; siehe hierzu auch *Ohly*/Sosnitza § 7 Rdn. 82. der allerdings eine generelle Beschränkung der Werbefreiheit des gesamten Bestattungsgewerbes mit überzeugenden Gründen ablehnt.

[167] KG WRP 1971, 132, 132 f. – *Hausbesuche von Hochzeitsfotografen.*

[168] *Köhler*/Bornkamm § 7 Rdn. 55; Gloy/Loschelder/Erdmann/*Hasselblatt,* HdbWettbR, § 61 Rdn. 328, der sich dafür ausspricht, einen durch einen unzulässigen Telefonanruf angekündigten Vertreterbesuch automatisch als seinerseits unzulässig anzusehen.

[169] Z. B. mit der Formulierung „Erbitte unverbindlich und kostenlos ihr Farbbildangebot", vgl. BGH GRUR 1968, 648, 648 – *Farbbildangebot; Köhler*/Bornkamm § 7 Rdn. 55.

[170] Z. B. „Bitte machen Sie mir ein kostenloses, unverbindliches und persönliches Angebot über ...", vgl. BGH GRUR 1971, 320, 320 – *Schlankheitskur.*

[171] BGH GRUR 1976, 32, 33 f. – *Präsentation;* BGH GRUR 1973, 81, 82 – *Gewinnübermittlung.*

[172] OLG Stuttgart WRP 1976, 400; *Ohly*/Sosnitza § 7 Rdn. 81; zur Haftung für Untervertriebspartner siehe OLG Hamm, Urteil vom 5.4.2011, BeckRS 2011, 09375.

[173] *Köhler*/Bornkamm § 7 Rdn. 60.

[174] Vgl. BGH GRUR 1994, 380, 381 – *Lexikothek.*

[175] BGH GRUR 1994, 818, 819 – *Schriftliche Voranmeldung.*

lässigkeit des Besuchs nicht davon abhängen, dass der Adressat dem angemeldeten Besuch schriftlich widerspricht. Dies würde den Verbraucher über die Maßen belasten.[176]

ff) Nachbearbeitung. Hat der Kunde von seinem Widerrufsrecht Gebrauch gemacht und wird er im Anschluss daran erneut **aufgesucht** und **nach den Gründen für seinen Widerruf gefragt,** so stellt dies eine unzumutbare Belästigung dar.[177] Durch eine solche Nachbearbeitung wird der Kunde unter einen den Widerrufsbestimmungen zuwiderlaufenden **Rechtfertigungsdruck** gesetzt, dem er womöglich nicht standhält. Anders ist die Situation zu beurteilen, wenn es bei dem Besuch ausschließlich darum geht, etwaige Mängel im Vertriebssystem aufzudecken.[178] 101

gg) Ausnutzung von Freundschaft und Bekanntschaft. Der Einsatz von Personen, zu denen der Besuchte **persönliche Beziehungen** unterhält, kann zur Wettbewerbswidrigkeit des Hausbesuchs führen. Zwar ist es nicht zu beanstanden, solche Personen einzuschalten, um mit dem Adressaten in Kontakt zu treten. Unzumutbar belästigend kann es aber sein, wenn Personen, zu denen der Umworbene eine enge Beziehung unterhält, im Rahmen eines Hausbesuchs Verkaufsaktivitäten entfalten. Hier wird der Adressat – je nach Freundschaftsgrad – unter **verstärkten psychologischen Druck** gesetzt. Er mag dem Werbenden einen Gefallen erweisen wollen oder bei Ablehnung eines Angebots eine Verschlechterung der persönlichen Beziehungen befürchten und sich deshalb auf ein Angebot einlassen, das er sonst nicht angenommen hätte.[179] 102

hh) Rechtsbruch. Verstößt der Hausbesuch gegen ein **gesetzliches Verbot und handelt es sich bei diesem Verbot** um eine zumindest auch das Marktverhalten regelnde Norm, wie z.B. § 17 FernUSG, liegt ein unlauteres Verhalten nach § 3a UWG 2015 vor. 103

4. Zusendung unbestellter Waren

a) Bedeutung. Der verstärkte Schutz des Verbrauchers durch Gesetzgebung und Rechtsprechung und die hohen Kosten haben dazu geführt, dass die **Zusendung unbestellter Waren als Form des Direktvertriebs** keine allzu große Rolle mehr spielt. Ob sich dies in Anbetracht der Erfassung detaillierter Verbraucherdaten, die eine gezielte Versendung von Büchern und ähnlicher Produkte ermöglichen, ändern wird,[180] bleibt abzuwarten, scheint aber nach den bisherigen Erfahrungen eher unwahrscheinlich. In der Rechtsprechung nehmen wettbewerbsrechtliche Entscheidungen zur Zusendung unbestellter Waren jedenfalls keinen großen Raum mehr ein.[181] 104

b) Rechtliche Regelungen im Bürgerlichen Recht. Nach **§ 241a Abs. 1 BGB** werden durch die Lieferung unbestellter Sachen oder durch die Erbringung unbestellter sonstiger Leistungen durch einen Unternehmer an einen **Verbraucher** keine Ansprüche begründet. Dies gilt sowohl für Erfüllungsansprüche als auch für Sekundäransprüche auf Herausgabe, Nutzungsersatz oder Schadensersatz. Durch § 241a BGB werden somit nicht nur vertragliche, sondern auch gesetzliche Ansprüche (§§ 812, 985 ff. BGB) ausgeschlossen.[182] 105

Der Verbraucher ist **berechtigt,** die **unbestellt zugesandte Ware zu benutzen und zu verbrauchen,** ohne dass hierin eine Annahme des Vertragsangebots des Versenders zu sehen wäre. Ein Vertrag kommt nur zustande, wenn der Verbraucher entweder die Ware bezahlt oder die Annahme eindeutig erklärt.[183] Ohne Vertragsschluss kann der Verbraucher nach Belieben mit der Sache verfahren.[184] 106

§ 241a BGB setzte ursprünglich **Art. 9 FARL 1997** um,[185] wonach die Mitgliedsstaaten erforderliche Maßnahmen zu ergreifen hatten, um auszuschließen, dass einem Verbraucher ohne vorherige Bestellung Waren geliefert oder Dienstleistungen erbracht werden, wenn mit der Warenlieferung oder Dienstleistungserbringung eine Zahlungsaufforderung verbunden ist. Art. 9 FARL wurde zum 13. Juni 2014 **durch Art. 27 VerbrRRL (RL 2011/83/EU) ersetzt.** § 241a Abs. 1 und 107

---

176 So auch *Köhler*/Bornkamm § 7 Rdn. 54.

177 A. A. BGH GRUR 1994, 380, 381 – *Lexikothek.*

178 OLG Karlsruhe WRP 1992, 125, 127.

179 Siehe auch Gloy/Loschelder/Erdmann/*Hasselblatt,* HdbWettbR, § 61 Rdn. 323, zu Verkaufsgesprächen anlässlich angeblich privater Veranstaltungen des Werbenden in dessen Privaträumen. Offen gelassen von BGH GRUR 1974, 341, 343 – *Campagne.*

180 So die Erwartung von *Bunte* in: FS Gaedertz, S. 87 f.

181 KG GRUR-RR 2001, 189 – *Kostenlose Zeitung;* OLG Köln NJW-RR 2002, 472; OLG Köln GRUR-RR 2002, 236 – *Sonderhefte.*

182 *Ohly*/Sosnitza § 7 Rdn. 84.

183 Palandt-*Grüneberg* § 241a Rdn. 6.

184 Palandt-*Grüneberg* § 241a Rdn. 6, 7.

185 Vgl. Gesetz über Fernabsatzverträge und andere Fragen des Verbraucherrechts sowie zur Umstellung von Vorschriften auf Euro vom 27.6.2000, BGBl. 2000 I S. 897, dort Art. 2 Abs. 1 Nr. 2.

Abs. 3 wurden mit Wirkung vom 13. Juni 2014 durch das VerbrRRL-UG[186] neu gefasst. Seither wird auch die unbestellte **Ersatzlieferung oder -leistung** von § 241a Abs. 1 erfasst.

108 Für unbestellte Lieferungen an einen **Unternehmer** gelten weiterhin die **allgemeinen Bestimmungen.** Die Zusendung stellt ein Angebot unter Verzicht auf Zugang der Annahmeerklärung dar (§ 151 BGB). Schweigt der Empfänger, so kommt kein Vertrag zustande. Der Unternehmer ist **zur Rücksendung** der Ware **nicht verpflichtet** (auch dann nicht, wenn er darum gebeten wird und Rückporto beigefügt ist). Allerdings muss er sie auf Verlangen an den Absender herausgeben. Im Fall der Verschlechterung oder des Untergangs haftet er gesetzlich nur für Vorsatz und grobe Fahrlässigkeit (§§ 989, 300 Abs. 1 BGB). Bei **geringwertiger Ware** darf der Unternehmer davon ausgehen, dass der Versender an der Abholung nicht interessiert ist.

109 **c) Wettbewerbsrechtliche Beurteilung.** Ob die Zusendung einer nicht bestellten Ware an einen Verbraucher oder einen Unternehmer erfolgt, ist wettbewerbsrechtlich grundsätzlich unbeachtlich; auch letztere ist dem Grunde nach unzulässig.[187] Nach **Anhang I Nr. 29 UGP-RL** handelt es sich jedoch bei der Aufforderung an einen **Verbraucher** zur sofortigen oder späteren Bezahlung oder zur Rücksendung oder Aufbewahrung von Waren oder Dienstleistungen, die der Gewerbetreibende geliefert, der Verbraucher aber nicht bestellt hat, regelmäßig um eine **aggressive Geschäftspraxis,** die *per se* unzulässig ist. Dieses Verbot wurde durch **Nr. 29 des Anhangs zu § 3 Abs. 3 UWG** umgesetzt, welche vorrangig vor § 7 Abs. 1 und § 4a UWG 2015 zu prüfen ist. Die spezielle Regelung in Nr. 29, Anhang zu § 3 Abs. 3 UWG verdrängt das generelle Verbot unzumutbarer Belästigungen aber nicht, sondern ergänzt dieses.[188]

110 **Eigenständige Bedeutung** kommt § 7 daher im Wesentlichen bei der Lieferung unbestellter Waren ohne Aufforderung zur Bezahlung, Rücksendung oder Verwahrung sowie bei der Zusendung unbestellter Waren an Unternehmer zu.[189]

111 Zwar begründet die Zusendung nach Einführung des **§ 241a BGB** im Bereich B2C **keinerlei Ansprüche gegen den Verbraucher.** Dieser kann die Waren ohne weitere Aufbewahrung sofort vernichten oder (als Nichtberechtigter) weiterveräußern oder verschenken, ohne sich schadensersatzpflichtig zu machen oder den Erlös herausgeben zu müssen. Dies ist einem Großteil der Verbraucher jedoch nach wie vor nicht oder jedenfalls nicht in dieser Absolutheit bekannt. Zum anderen sind mit der Zusendung **Unannehmlichkeiten für den Empfänger** verbunden. Er sieht der postalischen Sendung nicht ohne weiteres an, ob sie bestellt ist oder nicht. Hierzu muss er sie entgegennehmen, öffnen und sich mit dem Anliegen des Versenders auseinandersetzen. Will er die Ware zurücksenden, muss er sie wieder verpacken und bei der Post aufgeben. Hierin liegt regelmäßig eine unzumutbare Belästigung.[190] Zum anderen besteht die Gefahr der irrigen Annahme des Empfängers, dass er zur Rücksendung oder zumindest zur Aufbewahrung der Ware verpflichtet ist, wenn er sie schon nicht erwerben möchte. Behält er die Ware, sieht er sich womöglich aus rechtlichen oder moralischen Gründen zur Zahlung verpflichtet. Auch kann der Empfänger – gerade bei geringwertigen Waren – dazu geneigt sein, diese zu behalten und zu bezahlen, um sich die **Mühen der Rücksendung** zu ersparen. Der Empfänger kann also durch die unbestellte Zusendung in seiner freien Willensbildung dergestalt beeinflusst werden, dass er Waren nicht wegen ihrer Güte, sondern zumindest auch aufgrund der Belästigung erwirbt, der er sich entziehen möchte. In diesem Fall ergibt sich die Wettbewerbswidrigkeit bereits nach § 4a UWG 2015.

112 Die Wettbewerbswidrigkeit entfällt in der Regel dann, wenn sich der Empfänger mit der Zusendung entsprechender Waren ohne vorherige Bestellung und ohne Bestellpflicht **ausdrücklich oder stillschweigend einverstanden** erklärt hat. In diesem Falle wird die in der Zusendung liegende Belästigung von ihm in Kauf genommen.[191] Die erforderliche Einwilligung darf aber nicht in unlauterer Weise erlangt worden sein.

113 Auch eine **mutmaßliche Einwilligung** kann die Wettbewerbswidrigkeit ausschließen. Dies ist etwa dann der Fall, wenn eine **laufende Geschäftsbeziehung** besteht und der Versender davon

---

[186] BGBl I, 3642.

[187] BGH GRUR 1959, 277, 278 – *Künstlerpostkarten;* BGH GRUR 1960, 382, 383 – *Verbandsstoffe;* BGH GRUR 1966, 47, 48 – *Indicator;* BGH GRUR 1977, 157f. – *Filmzusendung;* Gloy/Loschelder/Erdmann/*Hasselblatt,* HdbWettbR, § 61 Rdn. 91.

[188] BGH GRUR 2012, 82, 84 – *Auftragsbestätigung; Köhler* GRUR 2012, 217, 223.

[189] Zur Fallkonstellation der bloßen Ankündigung der Zusendung einer angeblich bestellten Ware und der entsprechenden Rechnung siehe BGH GRUR 2012, 82 – *Auftragsbestätigung* sowie *Köhler* GRUR 2012, 217, 223.

[190] *Köhler*/Bornkamm § 7 Rdn. 84; *Ohly*/Sosnitza § 7 Rdn. 87.

[191] Offengelassen vom OLG Frankfurt WRP 1990, 765, 766 – *Spar-Coupons;* wie hier *Ohly*/Sosnitza § 7 Rdn. 92.

ausgehen kann, dass der Empfänger gerade diese Sendung wünscht.[192] Eine mutmaßliche Einwilligung kann jedoch nicht angenommen werden, wenn bei einem auf unbestimmte Zeit vorgesehenen Bezug einer insgesamt unbestimmten Menge von Rezeptkarten die Zahl der monatlich übersandten Exemplare verdreifacht wird.[193] Anders kann es in diesem Fall liegen, in dem eine bestimmte Anzahl an Rezeptkarten bestellt worden ist und deren monatliche Versandzahl erhöht wird, so dass der Kunde die komplette Sammlung schneller erhält.[194]

Die dargestellten Grundsätze gelten nach der Legaldefinition der geschäftlichen Handlung in § 2 Abs. 1 Nr. 1 auch bei der **unbestellten Erbringung von Dienstleistungen.**[195] Hier kann der psychische Druck, die Leistung zu bezahlen, sogar noch größer sein, da eine Rückgabe in natura zumeist nicht möglich ist.[196] **114**

d) Einzelfälle. *aa) Zusendung der Ware nach Bestellung von Informationsmaterial.* Die Zusendung einer Ware ist auch dann wettbewerbswidrig, wenn der Empfänger zuvor **Informationsmaterial** über sie angefordert hat und der Versender bei der Übersendung des Prospektes die Versendung der Ware per Nachnahme für den Fall ankündigt, dass der Empfänger nicht innerhalb einer bestimmten Frist widerspricht.[197] **115**

bb) Erforderlichkeit einer Reaktion zur Verhinderung einer Zusendung. Gleichfalls wettbewerbswidrig ist es, eine **bestimmte Reaktion des Kunden zu verlangen,** damit es nicht zu einer Zusendung kommt.[198] So ist es unzulässig, wenn ein Fotohändler seinen Versandtaschen einen roten Hinweiszettel beilegt, der vom Kunden bei der Übersendung eines belichteten Films zur Entwicklung beigefügt werden muss, weil er anderenfalls einen neuen Film gleicher Art erhalte.[199] **116**

cc) Zusendung von Ergänzungslieferungen nach Anforderung eines Überraschungspakets. Es ist wettbewerbswidrig, eine Werbeschrift für Sammelkarten mit einem Reservierungsticket für ein kostenloses Überraschungspaket auszugeben, wenn nach dessen Anforderung auch Ergänzungslieferungen von Sammelkarten **zur Ansicht zugesandt** werden und deren **Bezahlung oder Rückgabe innerhalb von zehn Tagen verlangt** wird. Dies gilt jedenfalls dann, wenn auf dem Reservierungsticket nicht – auch für den flüchtigen Leser deutlich erkennbar – auf den Versand der Ergänzungslieferungen hingewiesen wird.[200] **117**

dd) Beifügung von Umschlag und Rückporto. Die unbestellte Warenzusendung bleibt auch wettbewerbswidrig, wenn der Versender ihr zum Zwecke der erleichterten Rücksendung **Umschlag und Porto beigelegt** hat.[201] **118**

ee) Zusendung kostenloser Waren. Bei der unbestellten Ware oder Dienstleistung muss es sich um eine **entgeltliche Leistung** handeln. Die Übersendung kostenloser Gegenstände oder Werbegeschenke ist grundsätzlich zulässig. **119**

ff) Unverbindlicher Zahlungsaufforderung. Stellt es der Versender deutlich und ausdrücklich in das **Ermessen** des Empfängers, ob dieser für die zugesandten Waren eine Gegenleistung erbringen will, ist dies grundsätzlich wettbewerbsrechtlich nicht zu beanstanden.[202] Anders mag der Fall zu beurteilen sein, wenn die – unverbindliche – Aufforderung zur Zahlung mit der Übersendung eines **vorbereiteten Überweisungsträgers** verbunden wird.[203] **120**

gg) Freistellung von der Zahlungs-, Rückgabe- und Aufbewahrungspflicht. Weist der Versender den Empfänger ausdrücklich darauf hin, dass er weder zur Abnahme und Zahlung noch zur Rücksendung oder Aufbewahrung der zugesandten Ware verpflichtet ist, so liegt in der Regel keine Gefahr der Beeinträchtigung der Entscheidungsfreiheit und auch keine unzumutbare Belästigung vor.[204] **121**

---

192 Vgl. BGH GRUR 1960, 382, 384 – *Verbandsstoffe;* BGH GRUR 1966, 47, 49 – *Indicator.*

193 Vgl. KG WRP 1979, 790, 791.

194 KG WRP 1979, 790, 791.

195 Vgl. *Ohly*/Sosnitza § 7 Rdn. 89, der beispielhaft die Erbringung von Reparaturarbeiten an einem Auto ohne entsprechenden Auftrag anführt; siehe auch *Köhler*/Bornkamm § 7 Rdn. 85, wonach bei geringwertigen Dienstleistungen gegebenenfalls etwas anderes gelten soll.

196 *Köhler*/Bornkamm § 7 Rdn. 85; *Ohly*/Sosnitza § 7 Rdn. 89.

197 BGH GRUR 1966, 47, 48 ff. – *Indicator;* siehe auch BGH GRUR 2012, 82 – *Auftragsbestätigung.*

198 Vgl. *Ohly*/Sosnitza § 7 Rdn. 91; Gloy/Loschelder/Erdmann/*Hasselblatt,* HdbWettbR, § 61 Rdn. 92.

199 BGH GRUR 1977, 157, 157 f. – *Filmzusendung;* siehe auch BGH GRUR 2012, 82 – *Auftragsbestätigung.*

200 Vgl. OLG Stuttgart NJWE-WettbR 1996, 38, 38 f.

201 *Köhler*/Bornkamm § 7 Rdn. 84.

202 *Ohly*/Sosnitza § 7 Rdn. 90

203 Vgl. BGH GRUR 1960, 382, 383 – *Verbandsstoffe.*

204 BGH GRUR 1959, 277, 278 f. – *Künstlerpostkarten;* zu den Anforderungen an die Freistellung auch BGH GRUR 1960, 382, 384 – *Verbandsstoffe.*

Dass sich der Empfänger trotz einer **ausdrücklichen Freistellung von jeglicher Verpflichtung** moralisch zur Zahlung oder Rücksendung verpflichtet sehen könnte, liegt fern und wäre gegebenenfalls wettbewerbsrechtlich unbeachtlich.[205] Wird der Empfänger mit Zusendung der Ware **adäquat über** die Rechtsfolge des **§ 241a BGB aufgeklärt,** so ist daher in der Regel nicht von einer unzumutbaren Belästigung im Sinne des Abs. 1 auszugehen. Etwas anderes kann jedoch gelten, wenn es sich um hochpreisige Waren handelt[206] oder sich aus der übersandten Ware selbst ergibt, dass dem Verbraucher die Weiterveräußerung oder das einfache Entsorgen unzumutbar ist, wenn also **allein der Besitz eine Belästigung darstellt,** der sich der Empfänger nicht ohne Weiteres entziehen kann.

122 Wird zugleich mit der Übersendung der Ware ein **Vertreterbesuch angekündigt,** im Zuge dessen die Rückgabe der Sache ermöglicht werden soll, ist dies unzulässig, da dem Empfänger damit eine Aufbewahrungspflicht suggeriert wird und er sich gezwungen sieht, den Vertreter zu empfangen.[207]

123 *hh) Anforderung von kostenlosen Probeheften mit anschließendem Abonnement.* Die Zusendung einer Zeitschrift erfolgt nicht unbestellt, wenn deren Empfänger zwei **kostenfreie Probehefte anfordert** und diese Bestellung zugleich deutlich erkennbar den Abschluss eines Abonnements enthält, falls er nicht innerhalb von zwei Wochen nach Zugang des ersten Probeexemplars kündigt.[208]

124 *ii) Gutscheinübersendung nach Einholung eines Reparaturkostenvoranschlags.* Erbittet der Kunde unter Einsendung eines reparaturbedürftigen Produkts (z. B. einer Kamera) einen **Reparaturkostenvoranschlag** und wird ihm daraufhin – unter Hinweis auf die Unmöglichkeit der Reparatur – **ohne Rücksendung des Produkts** zusammen mit Werbeunterlagen ein **Gutschein über einen bestimmten Betrag für die Neubestellung** übersandt, so sollte dies nach früherem Recht wettbewerbsrechtlich unzulässig sein.[209] Der Kunde werde im Ergebnis ebenso belastet wie bei der Zusendung unbestellter Waren. Falls er seine reparaturbedürftige Ware doch zurückhaben wolle, müsse er den Auftragnehmer anschreiben und den Gutschein zurückschicken, was Mühen und Kosten verursache. Er werde sich womöglich in der Zwangslage sehen, von dem Angebot Gebrauch zu machen und ein neues Produkt zu erwerben. Richtigerweise ist diese Verfahrensweise allein unter dem Gesichtspunkt der aggressiven geschäftlichen Handlung nach § 4a UWG 2015 zu beurteilen und **nicht als unzumutbare Belästigung** anzusehen.[210]

125 *jj) Bereitstellung einer anderen als der bestellten Ware (Dienstleistung).* Wenn eine andere als die bestellte Ware oder Dienstleistung zur Verfügung gestellt wird, liegt hierin in der Regel keine wettbewerbswidrige Belästigung des Bestellers und dieser wird sich nicht zur Zahlung der Falschlieferung veranlasst sehen.[211] Seit der Neufassung des § 241a BGB durch das VerbrRRL-UG mit Wirkung vom 13. Juni 2014 ist auch die unbestellte **Ersatzlieferung oder -leistung** von § 241a Abs. 1 erfasst.

126 *kk) Irrtum des Unternehmers.* Geht der Unternehmer irrtümlich von einer Bestellung aus und hat dieser **Irrtum** seine **Ursache nicht im Verantwortungsbereich des Unternehmers,** so fällt die Zusendung der unbestellten Ware nicht unter Nr. 29 des Anhangs zu § 3 Abs. 3 und ist auch nicht nach § 7 Abs. 1 Satz 1 unlauter.[212]

5. Werbung im Zusammenhang mit einem Todesfall

127 **a) Allgemeines.** Die Werbung im Zusammenhang mit einem **Todesfall** unterliegt besonders strengen Voraussetzungen. Die Achtung vor den Gefühlen der Hinterbliebenen und der Würde des Todes gebieten es, dem Werbenden im Zusammenhang mit (bevorstehenden oder eingetretenen) Todesfällen eine **besondere Zurückhaltung** aufzuerlegen. In dieser seelischen Ausnahmesituation

---

205 BGH GRUR 1959, 277, 280 – *Künstlerpostkarten;* zustimmend *Bußmann* GRUR 1959, 280.

206 BGH GRUR 1960, 382, 384 – *Verbandsstoffe,* wonach ein nicht unerheblicher Wert der zugesandten Waren die Unzulässigkeit der Sendung trotz ausdrücklicher Freistellung von jeglicher Verpflichtung begründen soll, da der Empfänger sich in diesem Fall scheute, die Ware zu vernichten oder zu behalten.

207 Vgl. BGH GRUR 1959, 277 – *Künstlerpostkarten.*

208 OLG Düsseldorf DB 1979, 255, 255 f.; vgl. zur unbestellten Zusendung eines Sonderheftes bei Abonnement einer anderen Zeitschrift OLG Köln NJOZ 2001, 971.

209 BGH GRUR 1992, 855, 856 – *Gutscheinübersendung.*

210 *Ohly*/Sosnitza § 7 Rdn. 90, lehnt aufgrund der Liberalisierung der Wertreklame die Wettbewerbswidrigkeit ab.

211 Anders BGH GRUR 1965, 361, 362 – *Taxi-Bestellung,* für die Anfahrt eines Mietwagens statt des bestellten Taxis.

212 BGH GRUR 2012, 82 = WRP 2012, 198 – *Auftragsbestätigung;* siehe hierzu auch *Köhler* GRUR 2012, 217, 223 f. sowie differenzierend *Köhler*/Bornkamm § 7 Rdn. 95.

werden von den Angehörigen auch solche Werbemaßnahmen als in schwerer Weise belästigend empfunden, die ansonsten hinzunehmen sind. Wer durch den Tod einer ihm nahestehenden Person betroffen ist, ist gegen unangemeldete Verkaufsgespräche nicht gewappnet; dies darf vom Werbenden nicht ausgenutzt werden, um zum Vertragsschluss zu gelangen.[213] Dabei geht es nicht darum, die Werbemöglichkeiten bestimmter Branchen – etwa der Branche der Bestattungsunternehmer – grundsätzlich zu beschränken.[214] Dennoch sind die besonderen Umstände eines Todesfalls gerade bei der werblichen Ansprache zu berücksichtigen.

b) Einzelfälle. *aa) Hausbesuche.* Unerbetene Hausbesuche bei einer im Sterben befindlichen Person oder den Angehörigen eines Verstorbenen mit dem Ziel, einen **Bestattungsauftrag** zu erlangen, sind wettbewerbswidrig.[215] Nicht anders zu beurteilen ist es, wenn Vertreter einer Steinmetzfirma die Angehörigen unaufgefordert aufsuchen, um einen Auftrag für einen **Grabstein** zu erhalten. Während die Rechtsprechung hier zunächst nur Hausbesuche als wettbewerbswidrig angesehen hatte, die vor Ablauf einer vierwöchigen Wartefrist erfolgten,[216] hat sie später auch Vertreterbesuche nach Ablauf dieser Frist als unzulässig erachtet.[217] Es sei nämlich eine höchstpersönliche, auf Gefühlen und Pietät beruhende Entscheidung, ob ein Grabmal gesetzt werden solle oder nicht; diese kaufmännisch nicht rational zu erklärende Entscheidungsfindung solle nicht durch einen Dritten, der aus wirtschaftlichem Gewinnstreben handele, beeinflusst werden.[218] Erst nach Aufforderung durch die Angehörigen ist ein Vertreterbesuch zulässig. 128

Zulässig ist es dagegen, **nach Ablauf einer Wartezeit** von zwei Wochen mit Werbedrucksachen für den Verkauf oder die Bearbeitung von Grabsteinen zu werben.[219] Hierbei können auch Antwortkarten zur Anforderung eines Vertreterbesuchs verschickt werden.[220] Wird hingegen ein Hausbesuch in der Briefwerbung schriftlich angekündigt und muss der Adressat eine beigefügte Rückantwortkarte zurücksenden, wenn der Hausbesuch unerwünscht ist, liegt eine unzumutbare Belästigung vor.[221] 129

bb) Sonstige Werbemaßnahmen. Werbemaßnahmen im Zusammenhang mit einem Todesfall können darüber hinaus auch unter anderen rechtlichen Gesichtspunkten, insbesondere nach **§ 4a Abs. 1 Nr. 3 UWG 2015,** unlauter sein, da es unzulässig ist, die **beeinträchtigte Entscheidungsfreiheit der Trauernden auszunutzen.** In der Vergangenheit wurden – unter dem Gesichtspunkt der Geschmacks- und Pietätlosigkeit – etwa die Werbung für „Grabsteine zu Discount-Preisen"[222] und das Aufstellen eines Werbecontainers in unmittelbarer Nähe zur Grabstelle[223] als wettbewerbsrechtlich unzulässig angesehen. Nicht zu beanstanden ist die Werbung eines Bestattungsunternehmens neben Notrufnummern,[224] mit dem Hinweis „Vertragspartner der Stadt X",[225] in einem persönlich adressierten Werbebrief nach Ablauf einer Wartezeit von zwei Wochen,[226] in der Informationsbroschüre eines Krankenhauses[227] oder mit der Angabe eines „Komplettpreises" für eine Erdbestattung.[228] 130

6. Sonstige Belästigungen

a) Pop-Up-Fenster, Werbebanner, Werbefenster. Weit verbreitet ist die Werbung auf Internetseiten mittels eines sich beim Aufruf einer Website zusätzlich automatisch öffnenden Pop-Up- 131

---

[213] Vgl. *Ohly*/Sosnitza § 7 Rdn. 82; Gloy/Loschelder/Erdmann/*Hasselblatt,* HdbWettbR, § 71 Rdn. 36; zur ähnlichen Situation bei der Werbung am Unfallort s. o. Rdn. 83.

[214] *Ohly*/Sosnitza § 7 Rdn. 82.

[215] BGH GRUR 1955, 541 – *Bestattungswerbung;* OLG Hamburg GRUR 1988, 144; siehe hierzu Rdn. 96.

[216] BGH GRUR 1967, 430, 431 – *Grabsteinaufträge I.*

[217] BGH GRUR 1971, 317, 318 – *Grabsteinaufträge II;* bestätigt: BVerfG NJW 1972, 573, 574 – *Grabsteinwerbungen.*

[218] So BGH GRUR 1971, 317, 318 – *Grabsteinaufträge II.*

[219] BGH GRUR 2010, 1113 – *Grabmalwerbung;* LG Hamburg WRP 1982, 362, 363; ähnlich OLG Düsseldorf WRP 1982, 274, 275 für die Werbung eines Friedhofsgärtners.

[220] OLG Oldenburg GRUR 1987, 300 – *Discount-Grabsteine.*

[221] OLG Karlsruhe WRP 1973, 231 – *Grabsteinwerbung.*

[222] OLG Oldenburg GRUR 1987, 300 – *Discount-Grabsteine.*

[223] OLG München GRUR-RR 2003, 117, 118 – *Grabaushubcontainer.*

[224] OLG Stuttgart NJWE-WettbR 1996, 35.

[225] OLG Nürnberg NJWE-WettbR 1996, 35.

[226] BGH GRUR 2010, 1113 Rdn. 9 – *Grabmalwerbung;* siehe auch LG Hamburg WRP 1982, 362, 363; OLG Düsseldorf WRP 1982, 274, 275 für die Werbung eines Friedhofsgärtners.

[227] LG Hamburg NJW-RR 1989, 488.

[228] OLG Zweibrücken WRP 1996, 951, 956.

Fensters, Werbebanners oder Werbefensters **(Interstitials).**[229] Sofern der Nutzer dieses unmittelbar und ohne weiteres schließen kann und sich das Laden der gewünschten Webseite nicht erheblich verzögert, ist diese Form der Werbung nicht zu beanstanden. Sie mag zwar für den Nutzer lästig sein, ist aber vor dem Hintergrund des berechtigten Interesses an der Finanzierung der Webseite hinzunehmen.[230] Etwas anderes gilt, wenn sich die Werbeanzeige, das Werbebanner oder das Fenster nicht schließen lässt, wenn sich ein **Pop-Up-Fenster nach dem Schließen wiederum automatisch (unter Umständen mehrfach) öffnet** oder wenn der Nutzer durch das Öffnen immer weiterer Fenster am Verlassen der Webseite oder der beabsichtigten Nutzung des Internets gehindert wird.[231] Unzulässig nach Abs. 2 Nr. 1 ist es auch, wenn der Nutzer gegen seinen ausdrücklichen Willen gezwungen wird, den Kontakt zur besuchten Internetseite aufrecht zu erhalten, indem es ihm trotz Anklicken eines Buttons „Nein" verwehrt wird, die Internetseite zu verlassen **(Exit-Pop-Up-Fenster).**[232]

132 **b) Metatags.** Zur Erhöhung der **Suchmaschinen-Attraktivität** werden Websites nicht selten mit **Metatags** versehen, die keinen sachlichen Bezug zu den auf der Website angebotenen Inhalten aufweisen. Dies hat zur Folge, dass dem Nutzer, der einen bestimmten Suchbegriff in eine Suchmaschine eingibt, unerwünschte Treffer präsentiert werden. Eine unzumutbare Belästigung liegt hierin nicht, weil der Nutzer gerade nach einer Liste von Angeboten sucht und keine bestimmten Erwartungen an den Inhalt der Trefferliste hat.[233] Allerdings kann die Verwendung fremder Kennzeichen als Metatags unter dem Gesichtspunkt des Abfangens von Kunden (§ 4 Nr. 4 UWG 2015)oder der Irreführung (§ 5, § 5a Abs. 6 UWG 2015) wettbewerbswidrig sein, und sie kann im Einzelfall eine Kennzeichenverletzung darstellen.[234]

133 **c) Slamming.** Das so genannte Slamming, bei dem ein **Endkunden-Telefonanschluss** ohne Wissen oder Einverständnis des Kunden **auf einen neuen Betreiber umgestellt** wird, ist der Erbringung unbestellter Dienstleistungen vergleichbar und stellt eine unzumutbare Belästigung dar.[235] Es erfüllt darüber hinaus die Tatbestände der Irreführung (§ 5) und der unlauteren Behinderung (§ 4 Nr. 4 UWG 2015).[236]

134 **d) Ping-Anrufe.** So genannte Ping-Anrufe, bei welchen Privatpersonen auf ihrem Festnetz- oder Mobilanschluss kontaktiert werden und der eingehende Anruf nach einmaligem Klingeln abgebrochen wird, so dass der Empfänger veranlasst werden soll, den Anrufer zurückzurufen, stellen eine unzumutbare Belästigung dar.[237]

135 **e) Übersendung vorbeugender Unterlassungserklärungen.** Eine Sonderkonstellation betrifft eine Entscheidung des OLG Hamburg aus dem Jahr 2012, wonach eine unzumutbare Belästigung im Sinne des § 7 Abs. 1 Satz 1 UWG vorliegen soll, wenn ein Anwalt einem anderen Anwalt so genannte vorbeugende Unterlassungserklärungen zusendet, die sich auf urheberrechtlich geschützte Werke beziehen, hinsichtlich derer eine Mandatierung des Empfängers nicht besteht.[238]

---

[229] Siehe hierzu *Leupold/Bräutigam/Pfeiffer* WRP 2000, 575, 580, und *Frank* oben Einl. H Rdn. 34 ff.

[230] LG Berlin GRUR-RR 2011, 332; *Köhler*/Bornkamm § 7 Rdn. 93; *Ohly*/Sosnitza § 7 Rdn. 95; siehe hierzu auch *Leupold/Bräutigam/Pfeiffer* WRP 2000, 575, 591.

[231] LG Düsseldorf MMR 2003, 486 – *Exit-Pop-up-Fenster;* LG Berlin GRUR-RR 2011, 332, 334, wonach ein Interstitial, dem sich der Nutzer nach kurzer Zeit (fünf Sekunden) entziehen kann, keine unzumutbare Belästigung darstellt; differenzierend *Rauda* GRUR-RR 2011, 334, der auch ein vom Nutzer nicht zu schließendes Interstitial (Werbefenster), das sich erst nach 20 Sekunden selber schließt, anders als so genannte Exit Pop-up-Fenster, die den Nutzer zum Ausstieg über den Task-Manager zwingen, nicht als unzumutbare Belästigung ansieht.

[232] LG Düsseldorf MMR 2003, 486 – *Exit-Pop-up-Fenster;* LG Köln, 12.3.2004, Az. 31 O 145/04.

[233] OLG Düsseldorf MMR 2003, 407, 408 – *Verwendung sachfremder Metatags;* vgl. auch OLG Düsseldorf MMR 2004, 257; *Ernst* WRP 2004, 278, 281; differenzierend jurisPK-UWG/*Koch* § 7 Rdn. 126 f.

[234] OLG Frankfurt, BeckRS 2011, 05155; OLG Düsseldorf, NJW-RR 2011, 687 – *Hapimag-Aktien;* BGH MMR 20111, 590 – *Bananabay II;* EuGH GRUR 2010, 451 – *Bergspechte;* EuGH GRUR 2010, 445 – *Google und Google France.*

[235] LG Hamburg WRP 2008, 841; *Ohly*/Sosnitza § 7 Rdn. 93; differenzierend *Köhler*/Bornkamm § 7 Rdn. 95.

[236] Vgl. OLG Frankfurt WRP 2009, 348; LG Hamburg WRP 2008, 841; *Ohly*/Sosnitza § 7 Rdn. 93.

[237] *Becker* WRP 2011, 808, 813.

[238] OLG Hamburg MMR 2012, 460.

C. Fallgruppen des Abs. 2

I. Übersicht

§ 7 Abs. 2 regelt die Fälle der **stets unzumutbaren Belästigungen,** die mittels der heutigen Möglichkeiten der **Fernabsatzkommunikation** erfolgen. Die Bestimmung wurde im Rahmen des UWG 2008 in systematischer Hinsicht grundlegend geändert. Mit der Neufassung des Abs. 2 Nr. 1 wird im Wesentlichen **Nr. 26 des Anhangs I** der UGP-RL und damit das auf das Direktmarketing per Fernkommunikation abzielende **per se-Verbot** der sog. **„Black List"** umgesetzt.[239] Die genannten Verbotstatbestände stellen damit unzumutbare Belästigungen dar, ohne dass es einer besonderen Zumutbarkeitsabwägung bedarf. Es handelt sich um Verbote ohne Wertungsmöglichkeit. Daher findet insbesondere die Bagatellschwelle des Abs. 1 S. 1 keine Anwendung auf Abs. 2.[240] Mit Tatbestandsverwirklichung liegt automatisch eine unzulässige geschäftliche Handlung vor.[241] Vor diesem Hintergrund ist im Bereich des B2C, also der werblichen Ansprache von Verbrauchern, **stets zunächst § 7 Abs. 2 zu prüfen,** bevor der zu entscheidende Sachverhalt anhand des Maßstabs des Abs. 1 bewertet wird. 136

Abs. 2 stellt allerdings **keine wortgetreue Übernahme** der Nr. 26 des Anhangs I der UGP-RL dar. Dies gilt sowohl für Nr. 2 **(Telefonwerbung)** als auch für Nr. 3 **(automatische Anrufmaschinen, Faxgeräte** und **elektronische Post)** und Nr. 4 **(anonyme Direktwerbung).** Nach Abs. 2 Nr. 2 ist beispielsweise bereits der erste unerwünschte Telefonanruf zu Werbezwecken als unzumutbare Belästigung zu qualifizieren, während die Richtlinie von hartnäckigem und unerwünschtem Ansprechen über das Telefon spricht. Hierzu weist der **Regierungsentwurf zum UWG 2008**[242] darauf hin, dass der Anhang I zur UGP-RL zwar grundsätzlich abschließend und die Richtlinie auf Vollharmonisierung ausgerichtet sei. Diese Grundsätze werden jedoch nicht in absoluter Weise durchgehalten. Einzelne Verbotstatbestände weisen Öffnungs- bzw. Subsidiaritätsklauseln auf, die es den Mitgliedstaaten erlauben, in gemeinschaftskonformer Weise zusätzliche oder strengere Regelungen zu treffen. Nr. 26 Satz 2 des Anhangs I zur UGP-RL enthält eine solche Klausel. Die Regelung steht solchen nationalen Bestimmungen nicht entgegen, die der Umsetzung anderer Richtlinien und sonstigen gemeinschaftsrechtlichen Verpflichtungen in nationales Recht dienen.[243] Derselbe Gedanke findet sich auch in Erwägungsgrund 14 der UGP-RL wieder. Hier wird insbesondere auf Art. 13 Abs. 3 der EK-DSRL 2002 als gemeinschaftliches Sekundärrecht verwiesen, das von den Bestimmungen der UGP-RL unberührt bleibt.[244] 137

Soweit Abs. 2 Nr. 2 über die Bestimmung der Nr. 26 des Anhangs I der UGP-RL hinausgeht, geschieht dies in Umsetzung des **Art. 13 Abs. 3 der EK-DSRL 2002.**[245] Der überschießende Teil der Regelung in Abs. 2 Nr. 3 geht auf Art. 13 Abs. 1 EK-DSRL 2002 und Abs. 2 Nr. 4 auf Art. 13 Abs. 4 EK-DSRL 2002 zurück. Die Unterscheidung der EK-DSLR zwischen natürlichen und juristischen Personen entspricht allerdings nicht exakt der Unterscheidung zwischen Verbrauchern und sonstigen Marktteilnehmern in § 7 Abs. 2 Nr. 2.[246] 138

Aus systematischer Sicht findet Abs. 2 Nr. 1 als **Auffangtatbestand** auf all jene **Fernkommunikationsmittel** Anwendung, **welche nicht unter die Nrn. 2 und 3 fallen.** Hauptanwendungs- 139

---

[239] Vgl. RegE-UWG 2008, S. 57.

[240] Vgl. RegE-UWG 2008, S. 57. Vgl. hierzu auch *Sosnitza* WRP 2008, 1014, 1033; *Pflüger* GRUR Int. 2008, 628, 629.

[241] Zur Anwendung des Verhältnismäßigkeitsgrundsatzes im Rahmen der Black List *Henning-Bodewig,* Anhang zu § 3 Abs. 3 Vorb. Rdn. 18 ff.

[242] Vgl. RegE-UWG 2008, S. 7 f. *(Anhang II.).*

[243] BGH WRP 2011, 1153 = BeckRS 2011, 19244 – *Double-opt-in-Verfahren;* OLG Köln, MMR 2012, 535 – *Telefonanruf durch Meinungsforschungsinstitut;* a. A. *Engels/Brunn* GRUR 2010, 886, die der Formulierung „unbeschadet" in Nr. 26 S. 2 des Anhangs I entnehmen wollen, dass die UGP-RL den dort genannten Richtlinien vorgehe und die strengere Regelung in § 7 Abs. 2 Nr. 2 daher europarechtswidrig sei. Dass dieses Verständnis unzutreffend ist, ergibt sich indes bereits aus der vergleichbaren Verwendung dieser Formulierung etwa in Art. 7 Abs. 2 i. V. m. Erwägungsgrund 30 der Richtlinie 2000/31/EG über elektronischen Geschäftsverkehr. Der Sinn der Formulierung „unbeschadet" ist danach eindeutig im Sinne eines Vorrangs der jeweils nachfolgend genannten Richtlinien zu verstehen; siehe hierzu auch *Köhler* WRP 2012, 1329, 1331.

[244] Vgl. Erwägungsgrund 14 UGP-RL.

[245] Richtlinie 2002/58/EG des Europäischen Parlaments und des Rates vom 12.7.2002 über die Verarbeitung personenbezogener Daten und den Schutz der Privatsphäre in der elektronischen Kommunikation (Datenschutzrichtlinie für elektronische Kommunikation), ABl. 2002 Nr. L 201/37.

[246] Näher hierzu unten Rdn. 158

fall ist damit die Werbung per Brief, Werbeflyer, Prospekt oder Katalog. Telefonwerbung unterfällt Abs. 2 Nr. 2, die Ansprache über automatische Anrufmaschinen, Faxgeräte und E-Mail Abs. 2 Nr. 3. Das Verbot anonymer Direktwerbung findet sich schließlich in Abs. 2 Nr. 4.

II. Werbung mittels Fernabsatzkommunikation (Abs. 2)

1. Unionsrecht

140 **a) Primärrecht.** Die Einflüsse des Unionsrechts auf das nationale Lauterkeitsrecht werden von *Glöckner* oben in Einl. B. Rdn. 8ff. und 58ff. im Zusammenhang dargestellt. Nachfolgend werden lediglich die im Hinblick auf belästigende Werbung mittels Fernabsatzkommunikation wichtigsten Regelungen aufgegriffen.

141 Den grundlegenden Ansatz bildet hier das gemeinschaftliche Primärrecht, insbesondere die Grundfreiheiten. Eine herausragende Bedeutung kommt dabei der **Warenverkehrsfreiheit** zu, anhand derer der EuGH die heute für alle Grundfreiheiten geltenden Prinzipien vorrangig herausgearbeitet hat. Aber auch die **Dienstleistungsfreiheit** ist im Zusammenhang mit der Werbung mittels Fernabsatzkommunikation zu beachten.[247] Adressaten dieser primärrechtlichen Regelungen sind die Mitgliedstaaten und die Gemeinschaftsorgane.[248] Die **Auslegung des § 7** als hoheitliche Maßnahme muss somit **unter Berücksichtigung der Art. 34, 56 AEUV** erfolgen.

142 Welcher der beiden Grundfreiheiten eine Werbebeschränkung unterliegt, richtet sich dabei grundsätzlich nach dem **Produkt,** welches beworben wird.[249] Abgrenzungskriterium ist die Körperlichkeit der Leistung.[250] Darüber hinaus steht Art. 56 AEUV gemäß Art. 57 Abs. 1 AEUV in einem Subsidiaritätsverhältnis zu Art. 34 AEUV.

143 *aa) Art. 34 AEUV.* Nach der sog. ***Dassonville*-Rechtsprechung** des EuGH ist eine Maßnahme gleicher Wirkung i. S. d. Art. 34 AEUV jede Handelsregelung der Mitgliedstaaten, die geeignet ist, den innergemeinschaftlichen Handel unmittelbar oder mittelbar, tatsächlich oder potentiell zu behindern.[251] Art. 34 AEUV verkörpert somit sowohl ein Diskriminierungs- als auch ein Beschränkungsverbot.

144 Nach Art. 36 S. 1 AEUV sind Eingriffe in den grenzüberschreitenden Warenverkehr gerechtfertigt, sofern sie einem der dort genannten Schutzinteressen dienen und verhältnismäßig sind. Als Ausnahmevorschrift ist Art. 36 S. 1 AEUV eng auszulegen. Seit der Entscheidung ***„Cassis de Dijon"*** hat der EuGH aber tatbestandsimmanente Schranken der „Maßnahmen gleicher Wirkung" anerkannt.[252] Auch diese unterliegen dem Verhältnismäßigkeitsgrundsatz.

145 Infolge der sog. ***Keck*-Rechtsprechung** wird des Weiteren zwischen **produktbezogenen Regelungen** und **Verkaufsmodalitäten** unterschieden. Der EuGH hat in seiner Keck-Entscheidung ausgeführt, dass die Anwendung nationaler Bestimmungen, die bestimmte Verkaufsmodalitäten beschränken oder verbieten, in Bezug auf Erzeugnisse aus anderen Mitgliedstaaten nicht geeignet ist, den Handel zwischen den Mitgliedstaaten im Sinne des Urteils *Dassonville* unmittelbar oder mittelbar, tatsächlich oder potentiell zu behindern, sofern diese Bestimmungen für alle betroffenen Wirtschaftsteilnehmer gelten, die ihre Tätigkeit im Inland ausüben, und sofern sie den Absatz der inländischen Erzeugnisse und der Erzeugnisse aus anderen Mitgliedstaaten rechtlich wie tatsächlich in gleicher Weise berühren.[253]

146 Nach den Grundsätzen der *Keck*-Rechtsprechung ist eine allgemeine Beschränkung einer nicht unmittelbar mit der Ware verbundenen Werbung unabhängig davon, ob hierdurch Werbeformen verboten oder Werbemöglichkeiten begrenzt werden, keine Maßnahme gleicher Wirkung.[254] Ein solcher unmittelbarer Produktbezug fehlt bei der Werbung mittels elektronischer Kommunikation regelmäßig. Daher stellt eine **nationale Beschränkung** dieser Werbeformen im Falle ihrer diskri-

---

[247] Vgl. *Leistner/Pothmann* WRP 2003, 815, 819f., auch unter Hinweis auf die Vereinbarkeit einer Inländerdiskriminierung mit Art. 28ff. EG (jetzt Art. 34 VAEU); *Ayad* CR 2001, 533, 535; *Schmid,* Freier Dienstleistungsverkehr und Recht des unlauteren Wettbewerbs, dargestellt am Beispiel der Telefonwerbung, S. 105ff.

[248] von der Groeben/Schwarze/*Müller-Graff* Art. 28 Rdn. 15; Schwarze-*Becker* Art. 28 Rdn. 83f.

[249] von der Groeben/Schwarze/*Tiedje/Troberg* Art. 50 Rdn. 27f.

[250] Vgl. von der Groeben/Schwarze/*Müller-Graff* Art. 30 Rdn. 273f.

[251] EuGH GRUR Int. 1974, 467, 468 – *Dassonville.* Eingehend zur Entwicklung der EuGH-Rechtsprechung zur Warenverkehrsfreiheit *Glöckner* oben Einl. B Rdn. 4ff.

[252] Vgl. EuGH GRUR Int. 1979, 468, 471 Erw. 8 – *Cassis de Dijon.*

[253] EuGH GRUR Int. 1994, 56, 57 – *Keck und Mithouard.*

[254] Schwarze/*Becker* Art. 28 Rdn. 76.

minierungsfreien Ausgestaltung[255] eine **zulässige Verkaufsmodalität** i. S. d. Keck-Rechtsprechung dar.[256]

Zu differenzieren ist hingegen in den Fällen, in denen keine bloße Beschränkung, sondern ein **vollständiges Verbot einer bestimmten Werbeform** vorliegt.[257] Unter bestimmten Umständen berührt ein solches Verbot Importwaren in stärkerem Maße als Inlandswaren, etwa weil den ausländischen Anbietern keine anderen wirksamen Werbemöglichkeiten zur Verfügung stehen. In diesem Fall gilt der Anwendungsbereich des Art. 34 AEUV als betroffen und das nationale Verbot ist auf seine Verhältnismäßigkeit hin zu überprüfen. Die nationale Regelung muss daher zur Erreichung des angestrebten Ziels geeignet und erforderlich sein und das Ziel darf nicht mit Mitteln erreicht werden können, die weniger stark eingreifen. Außerdem muss die Regelung in einem angemessenen Verhältnis zu dem verfolgten Zweck stehen.[258] 147

Das **Verbot** einer unaufgeforderten Telefonwerbung ist – ebenso wie das Verbot anderer Formen des Direkt- oder Dialogmarketings[259] ohne vorherige Einwilligung – aus **zwingenden Gründen des Allgemeininteresses,** nämlich der Lauterkeit des Handelsverkehrs und des Verbraucherschutzes, gerechtfertigt.[260] Der Schutz der privaten wie auch der betriebsinternen Sphäre vor der Belästigung durch unerwünschte Werbekontakte dient dem Verbraucherschutz sowie der Lauterkeit des Handelsverkehrs. Ein adäquater Schutz ist auch nur durch ein Verbot unaufgeforderter Werbung zu erreichen. Ein milderes, ebenso effektives Mittel steht hier also nicht zur Verfügung. 148

Dies ist darin begründet, dass **keine anderweitige Regulierung erfolgversprechend** erscheint. Auch eine denkbare Eintragung von Sperrvermerken in eine von der Werbewirtschaft oder von den Netzbetreibern zu führende Liste würde nicht genügen. Einerseits ist es dem Anschlussinhaber nicht zumutbar, von sich aus die Initiative zu ergreifen. Andererseits ist zu bedenken, dass es immer eine gewisse Anzahl von Anschlussinhabern geben wird, die über derartige Möglichkeiten nicht informiert sein werden und insofern wohl zu einer tendenziell eher schutzbedürftigeren Kategorie von potentiellen Kunden gehören dürften. Anders könnte die Beurteilung lediglich dann ausfallen, wenn bei einer entsprechenden Weiterentwicklung der Kommunikationstechnik der Adressat vor der Entgegennahme der Werbebotschaft erkennen kann, dass es sich um eine solche handelt. 149

Werbebeschränkungen im Bereich der Telekommunikation sind somit regelmäßig als Verkaufsmodalitäten anzusehen und somit schon tatbestandlich nicht unter Art. 34 AEUV zu subsumieren. **Werbeverbote** hingegen können grundsätzlich Warenverkehrshindernisse darstellen, sind jedoch im Falle ihrer Verhältnismäßigkeit aus Gründen des Schutzes der Lauterkeit des Handelsverkehrs und des Verbraucherschutzes regelmäßig gerechtfertigt. 150

bb) Art. 56 AEUV. **Art. 56 AEUV** enthält die Legaldefinition der Dienstleistung. Es muss sich um eine **selbständige erwerbswirtschaftliche Tätigkeit** handeln, **die gegen Entgelt** erbracht wird.[261] Im Bereich der Werbung ist als Dienstleistung sowohl die Werbung für eine Dienstleistung als auch die Werbung als Dienstleistung anzusehen.[262] Nationale Regelungen, die derartige Leistungen betreffen, unterliegen ebenfalls einem Diskriminierungs- und Beschränkungsverbot.[263] Im Gegensatz zu Art. 34 AEUV hat der EuGH jedoch eine der Keck-Rechtsprechung entsprechende Einschränkung im Rahmen des Tatbestands der Dienstleistungsfreiheit noch nicht vorgenommen.[264] 151

---

[255] Gerade dies ziehen *Leistner/Pothmann* WRP 2003, 815, 819, in Zweifel. Sie erblicken in der Notwendigkeit, verschiedene nationale Rechtsordnungen „mosaikartig" bei der Entwicklung von Direktmarketing-Strategien berücksichtigen zu müssen, eine Diskriminierung international tätiger Wettbewerber.

[256] Vgl. *Ohly*/Sosnitza § 7 Rdn. 7.

[257] Siehe zum vollständigen Verbot einer Fernsehwerbung EuGH GRUR Int. 1997, 913, 917 Erw. 42f. – *De Agostini.*

[258] EuGH EuZW 1991, 183, 183 Erw. 12 – *Pall/Dahlhausen;* EuGH GRUR Int. 1995, 804, 805 Erw. 15 – *Mars;* EuGH EuZW 1997, 245, 247 Erw. 23 – *Graffione;* EuGH WRP 1997, 706, 707 Erw. 19 – *Familiapress.*

[259] Der Deutsche Dialogmarketing Verband e. V. (DDV) definiert diesen Begriff wie folgt: „Dialogmarketing ist der Oberbegriff für alle Marketingaktivitäten, bei denen Medien mit der Absicht eingesetzt werden, eine interaktive Beziehung zu Individuen herzustellen. Ziel ist es dabei, den Empfänger zu einer individuellen, messbaren Reaktion (Response) zu veranlassen", vgl. www.ddv.de.

[260] OLG Köln MMR 2012, 535 – *Telefonanruf durch Meinungsforschungsinstitut; Raeschke-Kessler/Schroeder* in: FS Piper, S. 399, 416ff.

[261] EuGH Slg. 1995, I-4165, 4195 Erw. 28 – *Gebhard;* EuGH Slg. 1984 I, 377, 403 Erw. 16 – *Luisi und Carbone;* EuGH GRUR Int. 1995, 900, 902 Erw. 21f. – *Alpine Investments;* Schwarze-*Holoubek,* Art. 49 Rdn. 44ff.

[262] *Ohly*/Sosnitza § 7 Rdn. 7.

[263] Vgl. EuGH Slg. 1974, 1299, 1309 Erw. 10/12 – *van Binsbergen;* EuGH EuZW 1991, 542, 543 Erw. 12 – *Säger;* EuGH GRUR Int. 1997, 913, 917 Erw. 48, 50 – *De Agostini.*

[264] Schwarze/*Holoubek* Art. 49 Rdn. 60 und insbesondere die Begründung des EuGH hierzu in EuGH GRUR Int. 1995, 900, 902 Erw. 33ff. – *Alpine Investments.*

152 Gemäß **Art. 62 AEUV i. V. m. Art. 52 Abs. 1 AEUV** ist eine Rechtfertigung diskriminierender mitgliedstaatlicher Maßnahmen möglich. Auch Art. 52 AEUV ist jedoch eng auszulegen und erfasst allein nicht wirtschaftliche Ziele.[265] Darüber hinaus kann aber wiederum eine Rechtfertigung durch „zwingende Gründe des Allgemeininteresses" erfolgen.[266] Dies ist nach EuGH jedoch nur bezüglich nicht diskriminierender mitgliedstaatlicher Maßnahmen möglich.[267] Als **zwingende Gründe des Allgemeininteresses** hat der EuGH ebenfalls u. a. den Verbraucherschutz und die Lauterkeit des Handelsverkehrs anerkannt.[268] Gerechtfertigt sind jedoch nur Regelungen, die auch **verhältnismäßig** sind, die also geeignet sind, die Verwirklichung des mit ihnen angestrebten Zieles zu gewährleisten, und die nicht über das zur Erreichung dieses Ziels Erforderliche hinausgehen.[269]

153 In der Entscheidung ***Alpine Investments*** hat sich der EuGH erstmals konkret mit dem **Verbot des „Cold Calling"**, also unerbetener Telefonwerbung, von einem Mitgliedstaat in einen anderen auseinandergesetzt. Der EuGH sah ein derartiges Verbot als eine Beschränkung des freien Dienstleistungsverkehrs an, die jedoch in dem konkreten Fall wegen der Komplexität der beworbenen Geschäfte aus zwingender Gründen des Allgemeininteresses, die auch in der Aufrechterhaltung des guten Rufes des nationalen Finanzsektors liegen können, gerechtfertigt sei.[270] Art. 56 AEUV stehe daher einem derartigen nationalen Verbot nicht entgegen.[271]

154 Da der EuGH in dieser Entscheidung nicht auf den **Schutz der Verbraucher** vor Überrumpelung, sondern auf **Aspekte des Konkurrentenschutzes** abgestellt hatte, wurde teilweise bestritten, dass ein generelles Verbot der Telefonwerbung ohne Einwilligung mit Art. 56 AEUV vereinbar sei.[272] Richtigerweise ist jedoch davon auszugehen, dass ein **nationales Verbot der Telefonwerbung ohne vorherige Einwilligung** als **primärrechtskonform** anzusehen ist. Eine mögliche Einschränkung der Dienstleistungs- und Warenverkehrsfreiheit ist aus zwingenden Gründen des Allgemeininteresses zum Schutze der Lauterkeit des Handelsverkehrs und aus Gründen des Verbraucherschutzes gerechtfertigt.[273]

155 **b) Sekundärrecht.** Der Gemeinschaftsgesetzgeber hat des Weiteren eine ganze Reihe von Sekundärrechtsakten erlassen, die in der einen oder anderen Form die Verwendung von Mitteln der Fernabsatzkommunikation zu Werbezwecken tangieren oder regulieren. Nachfolgend soll ein kursorischer **Überblick über die einschlägigen Sekundärrechtsnormen** die Grundlage für die weitere Kommentierung bilden.

156 *aa) Datenschutzrichtlinie für elektronische Kommunikation 2002.* Die **EK-DSRL 2002**[274] enthält eine **umfassende Regelung** zur Werbung mittels Telekommunikationsdiensten und dient primär dem Schutz der Privatsphäre im Bereich der Telekommunikation. Den Aspekt unerbetener Nachrichten regelt Art. 13 EK-DSRL 2002.

157 Die Regelung knüpft primär an **natürliche Personen als Adressaten** der Werbebotschaft an (Art. 13 Abs. 5 S. 1). Jedoch haben die Mitgliedstaaten nach Art. 13 Abs. 5 S. 2 auch dafür zu sorgen, dass die berechtigten Interessen anderer (Markt-)Teilnehmer ausreichend vor unerbetenen Nachrichten geschützt werden.[275]

---

[265] EuGH GRUR Int. 1989, 665, 667 Erw. 34 – *Bond van Adverteerders;* EuGH EuZW 1991, 699, 700 Erw. 11 – *Stiching Collectieve Antennenvoorziening Gouda;* EuGH EuZW 1992, 56, 57 Erw. 15 – *Kommission/Niederlande.*

[266] EuGH EuZW 1991, 542, 543 Erw. 15 – *Säger;* EuGH Slg. 1991, I-727, 740 Erw. 18 – *Kommission/Griechenland;* EuGH GRUR Int. 1995, 900, 902 Erw. 40 ff. – *Alpine Investments;* EuGH GRUR Int. 1997, 913, 917 Erw. 53 – *De Agostini.*

[267] EuGH EuZW 1991, 542, 543 Erw. 15 – *Säger;* EuGH Slg. 1991, I-727, 741 Erw. 18 – *Kommission/Griechenland.*

[268] EuGH EuZW 1991, 542, 543 Erw. 16 f. – *Säger;* EuGH GRUR Int. 1995, 900, 902 Erw. 41, 43 – *Alpine Investments;* EuGH GRUR Int. 1997, 913, 917 Erw. 53 – *De Agostini.*

[269] EuGH EuZW 1991, 699, 700 Erw. 15 – *Stiching Collectieve Antennenvoorziening Gouda;* EuGH EuZW 1992, 56, 57 Erw. 19 – *Kommission/Niederlande;* EuGH GRUR Int. 1995, 900, 903 Erw. 45 – *Alpine Investments;* EuGH DVBl 2000, 116, 118 Erw. 51 – *ARD/Pro Sieben.*

[270] EuGH GRUR Int. 1995, 900, 903 Erw. 44 – *Alpine Investments.*

[271] Vgl. EuGH GRUR Int. 1995, 900, 903 Erw. 56 – *Alpine Investments;* hierzu *Glöckner* JKR 1998, 49, 60.

[272] Dafür *Raeschke-Kessler/Schroeder* in: FS Piper, S. 399, 416 ff.; dagegen *Leible/Sosnitza* K&R 1998, 283 ff.

[273] So auch *Raeschke-Kessler/Schroeder* in: FS Piper, S. 399, 416 ff.; *Köhler*/Bornkamm § 7 Rdn. 120.

[274] Richtlinie 2002/58/EG vom 12. Juli 2002 über die Verarbeitung personenbezogener Daten und den Schutz der Privatsphäre in der elektronischen Kommunikation, zuletzt geändert durch die Richtlinie 2009/136/EG vom 25. November 2009; sie ersetzt die frühere Richtlinie 97/66/EG vom 15. Dezember 1997 über die Verarbeitung personenbezogener Daten und den Schutz der Privatsphäre im Bereich der Telekommunikation; Verweise auf die RL 97/66/EG gelten nunmehr als Verweise auf die RL 2002/58/EG.

[275] Zur Kritik an der Umsetzung in § 7 Abs. 2 Nr. 2 *Köhler* WRP 2012, 1329, 1333; siehe auch *Hornung/Hofmann* WRP 2014, 910, 912 sowie dazu oben Rdn. 2.

Nach Art. 13 Abs. 1 EK-DSRL 2002 bedarf die Verwendung automatischer Anrufmaschinen, Faxgeräten und elektronischer Post zum Zwecke der Direktwerbung der **vorherigen Einwilligung** der Adressaten. Eine unerbetene Kontaktaufnahme ist unzulässig. Die Richtlinie schreibt damit zwingend das **Opt-in-Modell** im Sinne einer Vollharmonisierung vor.[276] Der deutsche Gesetzgeber hat dieser Vorgabe mit der UWG-Reform von 2004 durch die Einführung des § 7 Abs. 2 Nr. 3 a.F. Rechnung getragen, ohne hierbei zwischen natürlichen und juristischen Personen als Adressaten zu unterscheiden. 158

Eine Ausnahme hiervon kommt im Rahmen einer **bestehenden Kundenbeziehung** in Betracht. Nach **Art. 13 Abs. 2 EK-DSRL 2002** kann eine natürliche oder juristische Person ihren Kunden Direktwerbung zusenden, wenn sie die elektronische Kontaktinformation für elektronische Post im Zusammenhang mit dem Verkauf eines Produkts oder einer Dienstleistung gemäß der Datenschutzrichtlinie 1995 (DSRL 1995)[277] erhalten hat. Außerdem müssen die Kunden klar und deutlich die Möglichkeit erhalten, eine solche Nutzung ihrer elektronischen Adresse bei deren Erhebung und bei jeder E-Mail-Werbung gebührenfrei und problemlos abzulehnen, falls sie dies nicht von vornherein abgelehnt haben. In jedem Falle darf die elektronische Adresse nur zur Direktwerbung für eigene ähnliche Produkte oder Dienstleistungen verwendet werden. Elektronische Post ist in Art. 2 S. 2 lit. h) EK-DSRL 2002 definiert als jede über ein öffentliches Kommunikationsnetz verschickte Text-, Sprach, Ton- oder Bildnachricht, die im Netz oder im Endgerät des Empfängers gespeichert werden kann, bis sie von diesem abgerufen wird. Die Umsetzung von Art. 13 Abs. 2 der Richtlinie in nationales Recht erfolgte im Rahmen der UWG-Reform 2004 durch Einführung der § 7 Abs. 3. Die Reformen von 2008 und 2015 haben Abs. 3 unberührt gelassen. 159

Nach **Art. 13 Abs. 3 EK-DSRL 2002** stellen die Mitgliedstaaten sicher, dass in anderen als den in Art. 13 Abs. 1, 2 genannten Fällen unerbetene Nachrichten zum Zweck der Direktwerbung, die entweder **ohne Einwilligung** der betreffenden Teilnehmer erfolgen oder an Teilnehmer gerichtet sind, die **keine Nachrichten erhalten möchten,** nicht gestattet sind. Dabei steht es den Mitgliedstaaten frei, welche der beiden Optionen sie wählen, ob sie sich also für das Opt-in-Modell oder das Opt-out-Modell entscheiden. Die Definition der Nachricht in Art. 2 S. 2 lit. d) EK-DSRL 2002 umfasst auch Informationen über das Telefonnetz. 160

Der deutsche Gesetzgeber hat bereits im Rahmen der UWG-Reform 2004 – im Einklang mit der bisherigen Rechtsprechung – für die **Telefonwerbung** in Abs. 2 Nr. 2 a.F. das **Opt-in-Modell** gesetzlich festgeschrieben. Durch das Gesetz zur Bekämpfung unerlaubter Telefonwerbung und zur Verbesserung des Verbraucherschutzes bei besonderen Vertriebsformen vom 29. Juli 2009[278] wurden die Anforderungen an das Vorliegen einer Einwilligung des Verbrauchers dahingehend **verschärft,** dass nunmehr eine **vorherige ausdrückliche Einwilligung erforderlich** ist, eine konkludente Einwilligung genügt also nicht mehr. 161

Art. 13 Abs. 4 EK-DSRL 2002 zufolge ist das Versenden elektronischer Nachrichten zu Zwecken der Direktwerbung verboten, wenn die Identität des Absenders, in dessen Auftrag die Nachricht übermittelt wird, verschleiert oder verheimlicht wird, oder keine gültige Adresse vorhanden ist, an die der Empfänger eine Aufforderung zur Einstellung solcher Nachrichten richten kann. Dieses spezielle **Transparenzgebot,** das sich nach der Definition der Nachricht in Art. 2 S. 2 lit d) der Richtlinie auf alle genannten Formen der elektronischen Kommunikation bezieht, wurde 2004 durch **Abs. 2 Nr. 4** in deutsches Recht umgesetzt. 162

Durch das **Gesetz gegen unseriöse Geschäftspraktiken von 2013**[279] wurde Abs. 2 Nr. 4 um lit. b) ergänzt und erfasst nunmehr auch Werbung unter Verstoß gegen § 6 Abs. 1 TMG sowie die Aufforderung zum Besuch einer Website, die gegen diese Vorschrift verstößt. Die Regelung des § 7 Abs. 2 Nr. 4 lit. b) dient der Umsetzung des Art. 13 Abs. 4 der EK-DSLR, in der durch die RL 2009/136/EG geänderten Fassung. 163

bb) Richtlinie über den Fernabsatz von Finanzdienstleistungen 2002. Die nur zwei Monate nach der EK-DSRL 2002 verabschiedete **FinDL-FARL 2002**[280] behandelt ebenfalls **unerwünschte Mit-** 164

---

[276] Vgl. Erw. 40 EK-DSRL 2002; *Leistner/Pothmann* WRP 2003, 815, 824; vgl. auch *Weiler* MMR 2003, 223, 228.

[277] Richtlinie 95/46/EG des Europäischen Parlaments und des Rates vom 24.10.1995 zum Schutz natürlicher Personen bei der Verarbeitung personenbezogener Daten und zum freien Datenverkehr, ABl. 1995 L 281/31.

[278] BGBl. I, S. 2413.

[279] BGBl. I, S. 3714

[280] Richtlinie 2002/65/EG des Europäischen Parlaments und des Rates vom 23.9.2003 über den Fernabsatz von Finanzdienstleistungen an Verbraucher und zur Änderung der Richtlinie 90/619/EWG des Rates und der Richtlinien 97/7/EG und 98/27/EG, ABl. 2002 Nr. L 271/16.

teilungen an Verbraucher im Wege der Telekommunikation. Nach Art. 10 Abs. 1 bedarf zwar die Verwendung von Anrufautomaten (Voice-Mail-System) und Telefax der vorherigen Einwilligung des Verbrauchers. Art. 10 Abs. 2 beinhaltet aber hinsichtlich des E-Mail-Verkehrs scheinbar einen Widerspruch zu Art. 13 Abs. 1 EK-DSRL 2002. Während diese Bestimmung zwingend ein vorheriges Einverständnis des Adressaten vorsieht, gewährt Art. 10 Abs. 2 FinDL-FARL 2002 den Mitgliedstaaten bei der Umsetzung ein Wahlrecht zwischen einer Opt-in- und einer Opt-out-Lösung. Dieser Widerspruch wird jedoch durch den Erwägungsgrund Nr. 26 der FinDL-FARL 2002 aufgelöst.[281] Von deren Regelungen bleiben nämlich solche **zusätzlichen Garantien,** die dem Verbraucher aufgrund gemeinschaftlicher Regelungen über den Schutz der Privatsphäre und personenbezogene Daten zustehen, **unberührt.** Eine solche Schutzregelung ist auch Art. 13 Abs. 1 EK-DSRL 2002.[282]

165 *cc) Richtlinie über unlautere Geschäftspraktiken 2005.*[283] Die **UGP-RL**[284] verbietet in **Art. 8 aggressive Geschäftspraktiken.** Als aggressiv gelten danach jedoch nur solche belästigende Geschäftspraktiken, die geeignet sind, im konkreten Fall die Entscheidungsfreiheit des Verbrauchers in Bezug auf das Produkt erheblich zu beeinträchtigen und den Verbraucher zu einer geschäftlichen Entscheidung zu veranlassen, die er andernfalls nicht getroffen hätte. Der Anhang I der UGP-RL verbietet darüber hinaus im Rahmen von per-se-Verboten die mit einer Zahlungsaufforderung verbundene unbestellte Zusendung von Waren (Nr. 29) und die Missachtung der Aufforderung des Verbrauchers, dessen Wohnung im Falle eines Hausbesuches zu verlassen (Nr. 25). Beide Tatbestände haben ihre Umsetzung im Rahmen der Black List im Anhang zu § 3 Abs. 3 UWG gefunden. Nr. 26 Satz 1 des Anhangs I der UGP-RL nennt als weiteres Beispiel einer unter allen Umständen unlauteren Geschäftspraxis den Fall, dass Verbraucher durch hartnäckiges und unerwünschtes Ansprechen über Telefon, Fax, E-Mail oder sonstige für den Fernabsatz geeignete Medien geworben werden. Das darüber hinaus gehende **Verbot der Telefonwerbung in § 7 Abs. 2 Nr. 2** ohne vorherige ausdrückliche Einwilligung, das auf das Erfordernis eines hartnäckigen, also wiederholten, Ansprechens des Verbrauchers verzichtet, steht **mit der UGP-RL sowie der EK-DSRL im Einklang.**[285]

166 Nach **Erwägungsgrund 7** sollen allerdings die Mitgliedstaaten berechtigt sein, in ihrem Hoheitsgebiet **Geschäftspraktiken aus Gründen der guten Sitten und des Anstands zu verbieten,** auch wenn diese die Entscheidungsfreiheit des Verbrauchers nicht beeinträchtigen. Als Beispiel nennt Erwägungsgrund 7 das Ansprechen von Personen auf der Straße zu Verkaufszwecken, da dieses in manchen Mitgliedstaaten „aus kulturellen Gründen unerwünscht" sein könne. Ob sich diesem Erwägungsgrund eine generelle Befugnis der Mitgliedstaaten zur Schaffung weiterer Verbotstatbestände im Bereich der belästigenden Werbung außerhalb der Definition der aggressiven Geschäftspraktiken in Art. 8 der UGP-RL entnehmen lässt, erscheint vor dem Hintergrund der angestrebten **Vollharmonisierung** und der in Erwägungsgrund Nr. 7 der UGP-RL enthaltenen Beschränkung auf **„aus kulturellen Gründen unerwünschte" Geschäftspraktiken zweifelhaft.** Richtigerweise wird es darauf ankommen, ob Handlungen, welche nicht geeignet sind, den Verbraucher erheblich zu beeinträchtigen und ihn zu andernfalls nicht getroffenen geschäftlichen Handlungen zu veranlassen, dem Schutz der „guten Sitten und des Anstands" im Sinne des Erwägungsgrunds 7 der UGP-RL dienen.[286]

167 *dd) E-Commerce-Richtlinie 2000.* Die ECRL 2000[287] enthält insbesondere Vorgaben zur **E-Mail-Werbung.** Die Richtlinie geht grundsätzlich davon aus, dass unaufgeforderte E-Mail-Werbung

---

[281] Vgl. *Leistner/Pothmann* WRP 2003, 815, 824; *Wendlandt* MMR 2004, 365, 367.

[282] Vgl. *Leistner/Pothmann* WRP 2003, 815, 824.

[283] Dazu siehe oben Rdn. 3 ff., 31 und allgemein *Glöckner,* oben Einl. B. Rdn. 172 ff.

[284] Richtlinie 2005/29/EG vom 11. Mai 2005, GRUR Int. 2005, 569.

[285] Vgl. BGH WRP 2011, 1153 – Double-opt-in-Verfahren; *Köhler*/Bornkamm, § 7 Rdn. 124; *Ohly*/Sosnitza § 7 Rdn. 10; a. A. *Engels/Brunn* GRUR 2010, 886; differenzierend *Köhler* WRP 2012, 1329, 1331 ff., wonach einerseits die Regelung für sonstige Marktteilnehmer und andererseits die verfahrensrechtliche Regelung zur Rechtsdurchsetzung der Ansprüche aus § 7 Abs. 2 Nr. 2 durch Mitbewerber und Verbände nach § 8 Abs. 3 UWG nicht mit Art. 13 der EK-DSRL vereinbar sei; siehe hierzu auch *Zech* WRP 2013, 1434 sowie oben Rdn. 2.

[286] So auch *Henning-Bodewig* GRUR Int. 2005, 629, 633; siehe hierzu auch *Glöckner* Einl. B Rdn. 380 ff. sowie *Köhler* GRUR 2012, 1073, 1081 ff. und WRP 2012, 251, 275, wonach das Verbot des § 7 „außerhalb des Anwendungsbereichs der UGP-Richtlinie" liege; siehe auch EuGH, Urteil v. 10. Juli 2014, Rechtssache C-421/12 – Kommission/Belgien, Rdn. 68, 71.

[287] Richtlinie 2000/31/EG des Europäischen Parlaments und des Rates vom 8. Juni 2000 über bestimmte rechtliche Aspekte der Dienste der Informationsgesellschaft, insbesondere des elektronischen Geschäftsverkehrs, im Binnenmarkt.

zulässig sein kann.[288] Nach Art. 7 Abs. 1 ECRL 2000 muss aber durch die Mitgliedstaaten, die unaufgeforderte E-Mail-Werbung erlauben, sichergestellt werden, dass diese **als solche klar und unzweideutig erkennbar** ist.

Am 1. März 2007 trat in Umsetzung der ECRL 2000 das **Gesetz zur Vereinheitlichung von Vorschriften über bestimmte elektronische Informations- und Kommunikationsdienste** in Kraft,[289] welches Bundes- und Landesrecht zu einem einheitlichen **Telemediengesetz (TMG)** zusammenfasst.[290] § 6 Abs. 2 TMG bestimmt, dass kommerzielle Kommunikation, die per elektronischer Post versandt wird, in der Kopf- und Betreffzeile weder den kommerziellen Charakter der Nachricht noch deren Absender absichtlich verschleiern oder verheimlichen darf. Die Versendung von E-Mail-Spam soll durch diese Regelung erschwert werden. Die Zuwiderhandlung stellt nach § 16 Abs. 1 TMG eine Ordnungswidrigkeit dar, die mit einem Bußgeld von bis zu € 50 000 geahndet werden kann. Gemäß § 6 Abs. 3 TMG bleiben die Vorschriften des UWG unberührt. 168

Art. 7 Abs. 2 ECRL 2000 sieht ergänzend vor, dass die Mitgliedstaaten sicherzustellen haben, dass Direkt-Marketing-Unternehmen, welche unaufgeforderte E-Mail-Werbung übermitteln, regelmäßig sog. **Robinson-Listen** konsultieren und beachten.[291] Art. 7 Abs. 2 ECRL geht von einem Opt-out-Prinzip aus, wonach unaufgeforderte E-Mail-Werbung zulässig ist, solange der Empfänger nicht widerspricht. 169

Es ist den Mitgliedstaaten jedoch **freigestellt, strengere Regelungen** – insbesondere ein **Opt-in-Modell** – vorzusehen.[292] Berücksichtigt man die einschlägigen Bestimmungen der EK-DSRL 2002, so wird deutlich, dass aus Art. 7 ECLR 2000 in keinem Falle eine grundsätzliche Zulässigkeit unaufgeforderter E-Mail-Werbung abgeleitet werden kann. Das in § 7 Abs. 2 Nr. 3 verankerte Erfordernis der Einwilligung der Adressaten steht also im Einklang mit der ECRL 2000. Bei der Beurteilung der Frage, ob eine Einwilligung nach Abs. 3 ausnahmsweise entbehrlich ist, sind allerdings die Vorgaben von Art. 7 ECRL 2000 zu berücksichtigen. 170

Hinzuweisen ist schließlich darauf, dass das **Herkunftslandprinzip** nicht für die Beurteilung der Zulässigkeit unaufgeforderter E-Mail-Werbung gilt (Art. 3 Abs. 3 i. V. m. dem Anhang zur ECRL 2000). Es bleibt bei der Geltung des Marktortprinzips.[293] 171

ee) Verbraucherrechterichtlinie 2011. Die **Verbraucherrechterichtline** vom 25. Oktober 2011 **(VRRL)** hat mit Wirkung zum 13. Juni 2014 die **FARL 1997**[294] abgelöst. Die VRRL enthält detaillierte Bestimmungen zu den formalen Anforderungen für außerhalb von Geschäftsräumen geschlossenen und Fernabsatzverträgen sowie zu Informations- und Widerrufsrechten der Verbraucher im Zusammenhang mit dieser Art von Verträgen. Die entsprechenden Bestimmungen wurden in den §§ 312 ff. BGB umgesetzt. Darüber hinaus enthält die VRRL in Art. 21 eine Vorschrift zur telefonischen Kontaktaufnahme des Verbrauchers durch den Unternehmer sowie in Art. 27 eine Bestimmung zur Lieferung unbestellter Waren und Dienstleistungen. 172

Während nach Art. 10 Abs. 1 FARL 1997 allein die Kommunikation mittels Voice-Mail-Systemen und per Telefax der **vorherigen Zustimmung des Verbrauchers** bedurfte, ist eine entsprechende Regelung in der VRRL nicht mehr enthalten. 173

2. Rechtliche Regelungen außerhalb des UWG

a) Bürgerliches Recht. Bei außerhalb von Geschäftsräumen geschlossenen Verträgen nach § 312b BGB und bei Fernabsatzverträgen nach § 312c BGB sind gegenüber Verbrauchern die **Informationspflichten nach § 312d BGB i. V. Art. 246a EGBGB** zu beachten. Dem Verbraucher steht nach § 312g BGB i. V. m. § 355 BGB ein Widerrufsrecht zu. Eine Verletzung der Hinweispflicht kann zudem zur Unlauterkeit wegen Gesetzesverstoßes nach § 3a UWG 2015 führen. Im **elektronischen Geschäftsverkehr** ist außerdem § 312i BGB sowie Art. 246c EGBGB zu berücksichtigen. 174

Ein **Verstoß gegen § 7 Abs. 2** führt **nicht** zu einer **automatischen Nichtigkeit des Vertrags** nach §§ 134, 138 BGB. Die zwischenzeitlich diskutierte Einführung einer schwebenden 175

---

[288] Vgl. *Ohly*/Sosnitza § 7 Rdn. 12.

[289] Elektronischer-Geschäftsverkehr-Vereinheitlichungsgesetz – ElGVG, BGBl I 2007, 179.

[290] Dabei handelt es sich im Wesentlichen um die wirtschaftsbezogenen Vorschriften für Telemedien aus Bundesregelungen und aus Landesregelungen (MDStV).

[291] *Weiler* MMR 2003, 223, 225; zu Robinson-Listen auch oben Rdn. 54 und unten Rdn. 210.

[292] Vgl. Erwägungsgrund 30 sowie Art. 7 Abs. 2 der Richtlinie 2000/31/EG; siehe auch *Ohly*/Sosnitza § 7 Rdn. 13 m. w. N.

[293] Dazu ausführlich oben Einl. C Rdn. 139 ff.

[294] Richtlinie 97/7/EG vom 20. Mai 1997.

Unwirksamkeit von Verträgen, die aufgrund unzulässiger Telefonwerbung zustande gekommen sind,[295] wurde nicht umgesetzt.[296]

176 Unerbetene Werbung mittels elektronischer Kommunikation kann gegenüber Verbrauchern einen **Eingriff in das allgemeine Persönlichkeitsrecht** darstellen und Unterlassungs- und Schadensersatzansprüche entsprechend §§ 823, 1004 BGB auslösen.[297] Bei der Telefaxwerbung sowie der Brief- und Briefkastenwerbung kommt auch ein Eingriff in Eigentum oder Besitz in Betracht.[298]

177 Gegenüber Unternehmern kann der Einsatz unerwünschter Telekommunikationsmittel nach der Rechtsprechung einen Eingriff in das **Recht am eingerichteten und ausgeübten Gewerbebetrieb** darstellen. Die erforderliche Betriebsbezogenheit des Eingriffs soll etwa bei unverlangt zugesandter E-Mail-Werbung vorliegen.[299]

178 **b) Telemedienrecht.** Das **Telemediengesetz (TMG)** hat mit Inkrafttreten am 1.3.2007 das Teledienste- und Teledienstedatenschutzgesetz (TDDSG) wie auch den Staatsvertrag über Mediendienste (MDStV) abgelöst. § 6 TMG enthält besondere **Informationspflichten** für die kommerzielle Kommunikation, welche im Rahmen der Erbringung von Telemediendiensten erfolgt. Hierzu zählt auch die Bewerbung von Telemediendiensten. Nach § 6 Abs. 1 TMG muss die **kommerzielle Kommunikation klar als solche zu erkennen sein** (Nr. 1), die natürliche oder juristische **Person,** in deren Auftrag kommerzielle Kommunikation erfolgt, muss **klar identifizierbar** sein (Nr. 2), **Angebote zur Verkaufsförderung** müssen klar als solche erkennbar und die **Bedingungen für ihre Inanspruchnahme leicht zugänglich, klar und unzweideutig sein** (Nr. 3) und auch **Preisausschreiben oder Gewinnspiele** mit Werbecharakter müssen klar als solche erkennbar und die **Teilnahmebedingungen leicht zugänglich, klar und unzweideutig** sein (Nr. 4). Soweit die kommerzielle Kommunikation per **elektronischer Post** versandt wird, darf gemäß § 6 Abs. 2 TMG in der Kopf- und Betreffzeile der E-Mail **weder der Absender noch der kommerzielle Charakter** der Nachricht **verschleiert oder verheimlicht** werden.[300] Nach § 6 Abs. 3 TMG bleiben die Regelungen des Lauterkeitsrechts unberührt.[301]

179 **c) Telekommunikationsgesetz.** Nach § 102 Abs. 2 TKG ist Diensteanbietern im Sinne des § 3 Nr. 6 TKG seit 2009 die **Rufnummernunterdrückung,** welche die Identifizierung des Anrufers und damit dessen rechtliche Verfolgung erschwert, untersagt.[302] Verstöße werden nach § 149 Abs. 1 Nr. 17c als Ordnungswidrigkeit mit einer Geldbuße bis zu 100 000 € (§ 149 Abs. 2 Nr. 3 TKG) geahndet.

III. Tatbestände des Abs. 2

1. Werbung mit sonstigen Fernkommunikationsmitteln (Abs. 2 Nr. 1)

180 **a) Werbung.** Als Werbung gilt jede Äußerung im Geschäftsverkehr mit dem Ziel, den Absatz von Waren oder die Erbringung von Dienstleistungen zu fördern (vgl. Art. 2 lit. a der Richtlinie über irreführende und vergleichende Werbung, RL 2006/114/EG).[303] Erfasst ist nach der Rechtsprechung jedoch nicht nur die **Absatzwerbung,** sondern auch die **Nachfragewerbung.**[304] Er-

---

295 Für die Einführung der so genannten Bestätigungslösung bei Folgeverträgen unzulässiger Telefonwerbung: *Fezer* GRUR-Prax 2011, 321 544, dagegen *Ohly* GRUR-Prax 2011, 321 515; *Nemeczek* WRP 2011, 530.

296 Siehe hierzu auch Rdn. 258.

297 BGH GRUR 1989, 225 – *Handzettel-Wurfsendung;* vgl. auch LG Hamburg GRUR-RR 2007, 61.

298 Zur Telefonwerbung: OLG Stuttgart NJW 1988, 2615; *Ohly*/Sosnitza § 7 Rdn. 18; zur Telefaxwerbung: OLG Hamm MDR 2008, 25; LG Berlin MMR 2002, 759; zur Werbung per E-Mail/SMS: LG Berlin NJWE-WettbR 2000, 91; siehe aber auch LG Bonn CR 2005, 198, 199; *Köhler*/Bornkamm § 7 Rdn. 119; *Fikentscher/Möllers* NJW 1998, 1137, 1342.

299 BGH WRP 2013, 1579, 1580 Rdn. 15 – *Empfehlungs-E-Mail;* OLG München GRUR-RR 2013, 226; zu Fax-Werbesendungen siehe LG München I GRUR-RR 2007, 59; siehe auch KG CR 2002, 759; LG Berlin MMR 2002, 631, 632; *Köhler*/Bornkamm § 7 Rdn. 119; jurisPK-UWG/*Koch,* § 7 Rdn. 153; a. A. *Böhm* MMR 1999, 643, 644; *Schricker* GRUR Int. 1998, 541, 547; s. auch *Schmittmann* MMR 1998, 346, 349; kritisch auch *Ohly*/Sosnitza § 7 Rdn. 19.

300 Spindler/Schuster/*Micklitz/Schirmbacher,* Recht der elektronischen Medien, § 6 TMG Rdn. 19 ff., Rdn. 88; kritisch zum TMG *Möller* WRP 2010, 321, 325.

301 Vgl. hierzu Spindler/Schuster/*Micklitz/Schirmbacher,* Recht der elektronischen Medien, § 6 TMG Rdn. 9 ff.

302 Siehe hierzu Spindler/Schuster/*Eckhardt,* Recht der elektronischen Medien, § 102 TKG Rdn. 1 ff.

303 BGH WRP 2013, 1579, 1581 Rdn. 17 – *Empfehlungs-E-Mail.*

304 Für die Telefaxwerbung: BGH GRUR 2008, 923 – *Faxanfrage im Autohandel;* für die E-Mail-Werbung: BGH GRUR 2008, 925 – *FC Troschenreuth; Ohly*/Sosnitza § 7 Rdn. 42; *Köhler*/Bornkamm § 7 Rdn. 99.

fasst sind auch Handlungen, die der Erweiterung der Vertragsbeziehung dienen.[305] Handlungen nach Vertragsschluss oder Äußerungen, die nicht zu Absatzzwecken erfolgen, sind dagegen nach herrschender Auffassung nicht erfasst.[306] Insoweit ist der Begriff der Werbung enger als der in Abs. 1 verwandte Begriff der geschäftlichen Handlung.[307] Nach Auffassung von *Köhler* erfasst Nr. 26 des Anhangs I zur UGP-RL, deren (Teil-)-Umsetzung § 7 Abs. 2 Nr. 1 dient, auch Verhaltensweisen bei und nach Geschäftsabschluss, wie etwa die Aufforderung an den Verbraucher, den vereinbarten Kaufpreis zu zahlen.[308]

b) Fernkommunikationsmittel. Abs. 2 Nr. 1 setzt den Einsatz eines für den Fernabsatz geeigneten Mittels der kommerziellen Kommunikation voraus. Der Begriff des Fernkommunikationsmittels ist in § 312c Abs. 2 BGB legaldefiniert. Danach sind Fernkommunikationsmittel solche Kommunikationsmittel, die **zur Anbahnung oder zum Abschluss eines Vertrags zwischen einem Verbraucher und einem Unternehmer ohne gleichzeitige körperliche Anwesenheit der Vertragsparteien** eingesetzt werden können, insbesondere Briefe, Kataloge, Telefonanrufe, Telekopien, E-Mails, über den Mobilfunkdienst versendete Nachrichten (SMS) sowie Rundfunk und Telemedien.[309] Diese Definition geht – wie die Regelungen der §§ 312bff. BGBaF insgesamt – ursprünglich auf die inzwischen durch die VRRL abgelöste **FARL 1997**[310] und die **FinDL-FARL 2002**[311] zurück. Die FARL 1997 sprach hier von der sog. „Fernkommunikationstechnik", meinte damit allerdings nichts anderes als Fernkommunikationsmittel. Denn definitionsgemäß bedeutet Fernkommunikationstechnik jedes Kommunikationsmittel, das zum Abschluss eines Vertrags zwischen einem Verbraucher und einem Lieferer ohne gleichzeitige körperliche Anwesenheit der Vertragsparteien eingesetzt werden kann.[312] Anhang I zur FARL 1997 enthält eine beispielhafte Auflistung der Fernkommunikationsmittel im Sinne des Art. 2 Nr. 4 FARL 1997.[313] 181

Abs. 2 Nr. 1 erfasst nur solche Fernkommunikationsmittel, die nicht durch Abs. 2 Nrn. 2 und 3 eine besondere Regelung erfahren haben. Da die Telefon-, Telefax- und E-Mail-Werbung in § 7 Abs. 2 Nr. 2 und 3 erfasst ist, verbleibt als **Anwendungsbereich für § 7 Abs. 2 Nr. 1** im Wesentlichen die **Brief- und Briefkastenwerbung.**[314] Während der Adressat bei der Briefwerbung mittels eines persönlich an ihn adressierten Briefes angesprochen wird, erfolgt die Briefkastenwerbung durch Einwurf von nicht adressierten Prospekten, Katalogen und Werbeblättern. 182

c) Erkennbar entgegenstehender Wille. Abs. 2 Nr. 1 ist nur dann einschlägig, wenn für den Werbenden erkennbar ist, dass der Adressat der werblichen Ansprache diese nicht wünscht. Im Gegensatz zu den Nrn. 2 und 3 des Abs. 2 beruht Nr. 1 somit auf dem sog. **Opt-out-Prinzip.** 183

Die Ablehnung muss nicht ausdrücklich erklärt werden. **Es genügt bereits die konkludent erklärte Ablehnung.** Der Werbende muss allerdings – unter Anlegung der gebotenen Sorgfalt – den **entgegenstehenden Willen erkennen** können.[315] Keine hinreichende Ablehnung im Sinne des Abs. 2 Nr. 1 liegt vor, wenn der Adressat seinen entsprechenden Willen irgendwann einmal gegenüber einem Dritten geäußert hat.[316] Hier sind die für empfangsbedürftige Willenserklärungen geltenden Grundsätze heranzuziehen. 184

---

305 OLG Frankfurt GRUR-RR 2013, 74, 75.

306 jurisPK-UWG/*Koch* § 7 Rdn. 140; *Ohly*/Sosnitza § 7 Rdn. 42.

307 Eingehend zum Begriff der Werbung in § 7 *Hornung/Hofmann* WRP 2014, 910.

308 *Köhler* GRUR 2012, 1073, 1078 unter anderem mit Verweis auf die abweichenden anderen Sprachfassungen der Nr. 26 des Anhangs I; siehe auch *Köhler*/Bornkamm § 7 Rdn. 129f.

309 Vgl. dazu Spindler/Schuster/*Micklitz/Schirmbacher,* Recht der elektronischen Medien, § 312b BGB Rdn. 42.

310 Richtlinie 97/7/EG des Europäischen Parlaments und des Rates vom 20.5.1997 über den Verbraucherschutz bei Vertragsabschlüssen im Fernabsatz, ABl. 1997 Nr. L 144/19.

311 Richtlinie 2002/65/EG des Europäischen Parlaments und des Rates vom 23.9.2003 über den Fernabsatz von Finanzdienstleistungen an Verbraucher und zur Änderung der Richtlinie 90/619/EWG des Rates und der Richtlinien 97/7/EG und 98/27/EG, ABl. 2002 Nr. L 271/16.

312 Siehe hierzu auch Erwägungsgrund 20 der VRRL sowie Art. 2 Nr. 7 VRRL.

313 Siehe hierzu *Köhler* WRP 2012, 939 sowie *Köhler*/Bornkamm § 7 Rdn. 101, wonach Anzeigenblätter im Gegensatz zu „Pressewerbung mit Bestellschein" nicht unter die Definition der Fernkommunikationsmittel fallen sollen. A. A. aber BGH WRP 2012, 938 Rdn. 6; OLG Hamm WRP 2012, 585 Rdn. 17; jurisPK-UWG/*Koch* § 7 Rdn. 185, Fn. 260.

314 Kritisch hierzu *Köhler*/Bornkamm § 7 Rdn. 101, der eine Beschränkung des § 7 Abs. 2 Nr. 1 auf die in Abs. 2 und 3 nicht genannten Fernkommunikationsmittel für mit der UGP-Richtlinie nicht vereinbar hält.

315 Anders *Köhler*/Bornkamm § 7 Rdn. 102b; *ders.* GRUR 2012, 1073, 1079, wonach gerade nicht erforderlich sei, dass das Ansprechen gegen den erkennbaren Willen des Verbrauchers erfolge, sondern es ausreiche, dass der Verbraucher das Ansprechen nicht erbeten oder verlangt habe. Maßgebend sei nicht der erkennbar entgegenstehende Wille, sondern die fehlende Zustimmung des Verbrauchers.

316 Vgl. bereits oben unter Rdn. 53.

185 **d) Hartnäckigkeit des Ansprechens.** Das per se-Verbot des Abs. 2 Nr. 1 greift nur ein, sofern die Ansprache in hartnäckiger Art und Weise erfolgt. Fehlt es an der Hartnäckigkeit, so ist die werbliche Ansprache nach Abs. 1 unter Berücksichtigung der Zumutbarkeitsschwelle und damit in **Abwägung der Gesamtumstände des Einzelfalls** zu bewerten.[317] Der Begriff der Hartnäckigkeit wurde aus Nr. 26 des Anhangs I zur UGP-Richtline übernommen. Von einem hartnäckigen Ansprechen wird man in der Regel nur dann ausgehen können, wenn die **Ansprache in wiederholter und insistierender Weise** erfolgt.[318] Dies folgt auch aus dem Wortlaut der italienischen und französischen Fassung, in der auf „ripetute sollecitazioni" bzw. „sollicitations répétées", also die wiederholte Ansprache, abgestellt wird. Das **erstmalige Zusenden** eines Werbebriefs oder das erstmalige Einwerfen eines Werbeflyers erreicht dagegen typischerweise nicht die Grenze der Hartnäckigkeit. Bereits die zweite Zusendung kann jedoch als hartnäckig im Sinne des Abs. 2 Nr. 1 zu bewerten sein. Dies ist insbesondere dann der Fall, wenn der Werbende – unmittelbar nachdem er erkannt hat oder zumindest erkennen konnte, dass der Adressat keine werbliche Ansprache wünscht – die nächste ihm sich bietende Gelegenheit nutzt, um sich erneut an den Adressaten zu wenden.[319] Nicht erforderlich ist eine besondere Intensität der Ansprache.[320]

186 **e) Adressat.** Abs. 2 Nr. 1 erfasst nur die werbliche Ansprache von **Verbrauchern** per Fernkommunikationsmittel. Die Ansprache **sonstiger Marktteilnehmer** bewertet sich – soweit nicht Abs. 2 Nr. 2 oder 3 einschlägig ist – nach den Maßstäben des Abs. 1 unter Berücksichtigung der Zumutbarkeitsschwelle.

187 **f) Briefkastenwerbung.** *aa) Beschreibung.* Briefkastenwerbung umfasst den Einwurf von **nicht adressiertem Werbematerial** in den Briefkasten des Empfängers. Darunter fallen **etwa** Handzettel, Werbeflyer, Prospekte, Kataloge, nicht adressierte Werbebriefe und Anzeigenblätter. Diese Werbe-Wurfsendungen werden entweder durch den Absender selbst sowie dessen Arbeitnehmer oder durch ein beauftragtes Vertriebsunternehmen, wie die Deutsche Post, verteilt.

188 *bb) Rechtliche Regelungen im Bürgerlichen Recht.* Die Briefkastenwerbung unterfällt – zumindest soweit sie auf das Zustandekommen eines Fernabsatzvertrages gerichtet ist – den Bestimmungen der §§ 312c ff. BGB. Denn wie § 312c Abs. 2 BGB zu entnehmen ist, stellen die klassischen Mittel der Briefkastenwerbung **Fernkommunikationstechniken** dar. § 312c Abs. 2 BGB nennt hier beispielhaft Briefe und Kataloge.

189 Aus bürgerlich-rechtlicher Sicht sind insbesondere die gegenüber Verbrauchern bestehenden Informationspflichten nach **§ 312d BGB i. V. m. Art. 246a des Einführungsgesetzes zum BGB** zu beachten.[321] Dem Verbraucher steht zudem ein **Widerrufsrecht nach § 312g BGB** zu.[322]

190 Die Nichtbeachtung seiner Willensäußerung stellt gegenüber dem **empfangenden Verbraucher** eine rechtswidrige Beeinträchtigung von Eigentum und/oder Besitz sowie eine Verletzung des allgemeinen Persönlichkeitsrechts dar (§§ 1004, 823 Abs. 1, 862, 903 BGB).[323] Er kann daher Unterlassungsansprüche gegen die Briefkastenwerbung geltend machen.[324]

191 *cc) Wettbewerbsrechtliche Beurteilung. (1) Grundsatz.* Die **Verbreitung von Briefkastenwerbung** ist **nicht per se als unzumutbare Belästigung** im Sinne des Abs. 1 zu qualifizieren. Zwar kann die Zusendung unerwünschten Werbematerials als belästigend empfunden werden; sie hat aber nur eine relativ geringe Beeinträchtigung des persönlichen Bereichs zur Folge. Der **werbende Inhalt ist bei derartigem Werbematerial sofort erkennbar,** weshalb der Adressat sich hiermit nicht inhaltlich auseinandersetzen muss. Auch entstehen ihm keine Kosten. Er muss lediglich die Werbung aus dem Briefkasten nehmen und bei Desinteresse entsorgen. Ein nicht geringer Teil der Empfänger ist an derartigen Informationen über das Leistungsangebot des werbenden Unternehmens interessiert.

[317] Ebenso etwa *Sosnitza* WRP 2008, 1014, 1034.

[318] OLG Hamm WRP 2012, 585; OLG München WRP 2014, 233 Rdn. 27.

[319] Mit diesem Ergebnis zum Begriff der Hartnäckigkeit etwa OLG Nürnberg, GRUR 1983, 399 – *Hartnäckiger Verstoß*.

[320] OLG München WRP 2014, 233; *Ohly*/Sosnitza § 7 Rdn. 37; *Köhler*/Bornkamm § 7 Rdn. 102a.

[321] Zum Verhältnis der UGP-Richtlinie zu den Informationspflichten, damals noch geregelt in der BGB-InfoV vgl. *Busch* GPR 2008, 158 ff.

[322] Einzelheiten hierzu unter Rdn. 88.

[323] S. BGH GRUR 1989, 225, 226 – *Handzettel-Wurfsendung;* BGH GRUR 1992, 617 – *Briefkastenwerbung;* OLG Karlsruhe NJW-RR 1990, 244, 244; OLG Frankfurt NJW-RR 1992, 39, 40; LG Lüneburg GRUR-Prax 2012, 327 634; *Weise* GRUR 1989, 653, 654 ff.

[324] LG Lüneburg GRUR-Prax 2012, 327 634; OLG Frankfurt NJW-RR 1992, 39, 40.

Außerdem ist das berechtigte Interesse der werbenden Unternehmen, insbesondere lokaler Gewerbetreibender, zu beachten.[325]

192 Abs. 2 Nr. 1 setzt daher voraus, dass ein **Verbraucher hartnäckig angesprochen** wird, was regelmäßig bei wiederholtem Einwurf der Fall sein wird. Richtet sich die Briefkastenwerbung dagegen an einen Unternehmer oder erfolgt die Ansprache nicht hartnäckig, so ist eine solche Werbung an § 7 Abs. 1 zu messen.[326]

193 *(2) Unzulässigkeit nach Abs. 1.* In Fallkonstellationen, in denen der **entgegenstehende Wunsch des Verbrauchers** für das werbende Unternehmen bzw. den Einwerfenden **nicht erkennbar** ist, dürfte indes auch eine Unzumutbarkeit nach Abs. 1 in der Regel kaum anzunehmen sein, denn ein generelles Verbot der Briefkastenwerbung besteht nach einhelliger Meinung gerade nicht.[327] Unzulässig im Sinne des Abs. 1 ist aber die zwar nicht hartnäckige, aber gleichwohl unzumutbare Briefkastenwerbung gegenüber einem Verbraucher, der hinreichend zu erkennen gegeben hat, dass er die Werbung nicht wünscht.[328] Hier wird man davon auszugehen müssen, dass allein die erkennbare Bekundung des entgegenstehenden Willens bereits zur Unzumutbarkeit führt. Das Selbstbestimmungsrecht des Empfängers setzt sich in solchen Fällen gegenüber dem Interesse des Unternehmens an der Werbung durch. Eine entsprechende **ablehnende Willensbekundung** war und ist – unabhängig von dem damit für das werbende Unternehmen verbundenen Arbeits- und Kostenaufwand – **zu beachten.**[329] Dies kann auch **unterhalb der Schwelle der hartnäckigen Ansprache gelten,**[330] **nicht aber bereits bei einmaliger Übersendung eines Werbebriefes.**[331] Ein Werbetreibender, der die Ablehnung nicht beachtet und die sonst anfallenden Überwachungs- und Kontrollkosten erspart, würde sich hierdurch einen Wettbewerbsvorsprung gegenüber rechtstreuen Wettbewerbern verschaffen.[332]

194 Seinen **entgegenstehenden Willen** kann der Empfänger entweder durch eine entsprechende **Nachricht an den Werbenden** oder durch einen **generellen Hinweis auf dem Briefkasten** (z.B. einen Aufkleber „Keine Werbung") äußern.[333] Hingegen kann § 7 Abs. 2 Nr. 1 nicht dahingehend ausgelegt werden, dass die Erkennbarkeit des entgegenstehenden Willens des Empfängers auf eine bestimmte Art und Weise, insbesondere durch eine entsprechende Kennzeichnung des Briefkastens, geäußert werden muss. Vielmehr ist das Merkmal der Erkennbarkeit richtlinienkonform einschränkend auszulegen.[334] Erklärt der Empfänger nach dem Erhalt an ihn adressierter Werbebriefe dem Absender, dass er diese Form der Werbung zukünftig nicht mehr wünsche, erfasst der insoweit geäußerte entgegenstehende Wille auch so genannte teiladressierte Werbeschreiben, die von demselben Absender zwar nicht individuell an den Empfänger adressiert, aber an „alle Bewohner des Hauses" gerichtet sind und ihn auf diese Weise erreichen.[335]

195 Die Briefkastenaufschrift **„Keine Werbung in Plastiktüten"** soll sich dabei nicht gegen Werbung als solche, sondern lediglich gegen deren spezielle Verpackung richten, so dass Ansprüche nach § 7 Abs. 2 ausscheiden. Da die Folie mit einem Handgriff vom – für sich genommen nicht als unerwünscht angesehenen – Inhalt getrennt werden können, sei eine solche Werbung auch nicht unzumutbar nach § 7 Abs. 1.[336]

196 *(3) Briefkastenwerbung gegenüber Unternehmen.* Die **an Unternehmer gerichtete Briefkastenwerbung** richtet sich nach Abs. 1. Es gelten insoweit die vorstehend genannten Erwägungen. Auch hier ist zu berücksichtigen, dass der Briefkastenwerbung per se ein nur relativ geringer Beeinträchti-

---

[325] BGH GRUR 1989, 225, 226 – *Handzettel-Wurfsendung;* BGH GRUR 1992, 617 – *Briefkastenwerbung;* OLG Frankfurt NJW-RR 1992, 39; OLG Karlsruhe GRUR 1991, 940.

[326] Siehe hierzu auch den Regierungsentwurf zum UWG 2008, in dem es zu § 7 Abs. 2 Nr. 1 heißt: „Soweit sich der bisherige Abs. 2 Nr. 1 UWG auf Sachverhalte bezog, die von dem neuen § 7 Abs. 2 Nr. 1 UWG-E nicht mehr erfasst werden, ist die Unzulässigkeit der geschäftlichen Handlung künftig nach § 7 Abs. 1 S. 2 UWG-E in Verbindung mit Satz 1 desselben Absatzes zu beurteilen", RegE-UWG 2008, S. 59.

[327] *Köhler*/Bornkamm § 7 Rdn. 104.

[328] Siehe hierzu auch *Köhler*/Bornkamm § 7 Rdn. 91a.

[329] BGH GRUR 1989, 225, 226 – *Handzettel-Wurfsendung;* BGH GRUR 1992, 617 – *Briefkastenwerbung.*

[330] A. A. *Köhler*/Bornkamm § 7 Rdn. 106, der auch im Rahmen des Abs. 1 stets ein hartnäckiges Ansprechen als Voraussetzung für die Unzumutbarkeit ansieht.

[331] OLG München WRP 2014, 233, 235 – *Teiladressierte Werbeschreiben.*

[332] OLG Karlsruhe NJW-RR 1990, 244.

[333] Begr RegE UWG 2004, BT-Drucks. 15/1487, S. 21; *Ohly*/Sosnitza § 7 Rdn. 39.

[334] OLG München WRP 2014, 233, 235 – *Teiladressierte Werbeschreiben.*

[335] OLG München WRP 2014, 233, 234 – *Teiladressierte Werbeschreiben;* zur unter dem Aspekt der Behinderung nach § 4 Nr. 4 UWG 2015 unzulässigen Verteilung von Aufklebern mit der Aufschrift „Bitte keine einzelnen Werbeprospekte oder kostenlose Zeitungen zustellen. Nur […]" siehe OLG Brandenburg GRUR-Prax 2015, 384.

[336] OLG Frankfurt WRP 2012, 844 – *Keine Werbung in Plastiktüten!;* a. A. *Meyer* WRP 2012, 788.

gungsgrad zukommt. Hat der Unternehmer jedoch zum Ausdruck gebracht, dass er die Briefkastenwerbung nicht wünscht, ist diese unzulässig.[337]

197 *dd) Einzelfälle. (1) Postwurfsendungen.* Ablehnende Hinweise des Briefkasteninhabers sind auch bei der **Zustellung von Postwurfsendungen** zu beachten.[338] Nach Ziffer 4.6 der Allgemeinen Geschäftsbedingungen der Deutschen Post BRIEF NATIONAL gelten Postwurfsendungen als unzustellbar und werden zum Absender zurückbefördert, wenn deren Annahme verweigert wurde. Als Annahmeverweigerung gilt auch ein Einwurfverbot. Der Hinweis **„Keine Werbung"** lässt dabei den Willen erkennen, keinerlei Werbung – **einschließlich Postwurfsendungen** – erhalten zu wollen.[339]

198 *(2) Anzeigenblätter.*[340] Bei kostenlos verteilten Zeitungen und Zeitschriften, die – neben Werbung – auch einen redaktionellen Teil enthalten, mag zweifelhaft erscheinen, ob der Empfänger deren Einwurf durch seinen Hinweis untersagen will oder nicht. Gibt der Empfänger (durch Aufkleber oder gegenüber dem Herausgeber) klar zu verstehen, dass er **„keine Anzeigenblätter"** wünscht, ist dies zu beachten.[341] Verbietet der Empfänger durch einen Aufkleber am Briefkasten den Einwurf von **„Werbebroschüren und Prospekten"**[342] oder generell von **„Werbung"**,[343] so ist hiervon **nicht auch der Einwurf von Gratisblättern** (Anzeigenblättern, **Gratiszeitschriften etc.**) umfasst.[344] Der Begriff „Werbung" hat keinen allgemein gültigen Erklärungsinhalt und lässt damit für den Werbenden nicht sicher erkennen, ob der Empfänger den Einwurf von Anzeigenblättern ausschließen will oder nicht. Fühlt sich der Empfänger hierdurch belästigt, so ist es ihm zuzumuten, einen deutlicheren Hinweis zu wählen oder sich direkt mit dem Herausgeber in Verbindung zu setzen.[345]

199 *(3) Zeitungsbeilagen.* Der Zeitungsbezieher kann weder von dem Zeitungsverleger, noch von dem Werbenden verlangen, dass die **Beilage von Werbematerialien in eine Zeitung** unterbleibt.[346] Denn im Gegensatz zu den vorstehenden Konstellationen besteht eine **vertragliche Beziehung** zwischen dem Abonnenten als Empfänger der Werbematerialien und dem Zeitungsverleger. Im Rahmen dieses Dauerschuldverhältnisses hat nur der Verleger zu entscheiden, in welcher Art und Weise er Werbung in sein Erzeugnis aufnimmt.[347] Hinzu kommt, dass die Belästigung für den Empfänger gering ist, da die Zeitung ohnehin eingeworfen wird und daher keine Verstopfung des Briefkastens droht.

200 *(4) Werbesendungen im Anwaltsfach.* Auch das **Einlegen von Werbematerial in Anwaltsfächer** stellt nur dann eine unzumutbare Belästigung dar, wenn es entweder vom Fachinhaber durch einen Hinweis am Fach oder vom Gerichtsvorstand durch einen allgemeinen Hinweis untersagt worden ist. Die Gefahr, dass wichtige Sendungen verloren gehen, besteht bei Anwaltsfächern nicht stärker als bei Hausbriefkästen.[348]

201 *(5) Briefkastenwerbung politischer Parteien.* Die Grundsätze zur Briefkastenwerbung sind auch auf den Einwurf von Prospekten politischer Parteien anwendbar.[349] Auch unter Berücksichtigung von **Art. 21** und **Art. 5 Abs. 1 GG** besteht aufgrund der widerstreitenden Grundrechte aus Art. 2 Abs. 1, 14 Abs. 1 GG **kein Anlass zu einer unterschiedlichen Behandlung von Konsumwerbung und politischer Werbung.**

---

[337] Vgl. OLG Karlsruhe NJW 1996, 3283 zu § 1 UWG a. F. (1909).

[338] Fezer/*Mankowski* UWG, § 7 Rdn. 344; vgl. *Ohly*/Sosnitza § 7 Rdn. 39.

[339] Vgl. OLG Frankfurt NJW 1996, 934, 934; siehe auch *Mankowski* WRP 2012, 269.

[340] Zur Frage, ob Anzeigenblätter unter die Definition der Fernkommunikationsmittel fallen siehe – bejahend – BGH WRP 2012, 938 Rdn. 6 sowie jurisPK-UWG/*Koch* § 7 Rdn. 185, Fn. 260 sowie – ablehnend – *Köhler* WRP 2012, 939.

[341] KG NJW 1990, 2824, 2825 ff.

[342] OLG Karlsruhe GRUR 1991, 940 – *Anzeigenblatt im Briefkasten.*

[343] OLG Stuttgart NJW-RR 1994, 502, 503 – *Anzeigenblatt mit redaktionellem Teil.*

[344] BGH WRP 2012, 938 Rdn. 6; OLG Hamm GRUR-RR 2011, 469, 470 f.

[345] BGH WRP 2012, 938 Rdn. 6 mit Anm. v. *Strauß* in GRUR-Prax 2012, 334355; OLG Hamm GRUR-RR 2011, 469 = WRP 2012, 585; OLG Stuttgart NJW-RR 1994, 502, 503 – *Anzeigenblatt mit redaktionellem Teil; Köhler*/Bornkamm, § 7 Rdn. 109, 110; a. A. OLG Karlsruhe GRUR 1991, 940 – *Anzeigenblatt im Briefkasten; Ohly*/Sosnitza § 7 Rdn. 39 mit dem Argument, dass es dem Empfänger im Zweifel darum gehe, jede Verstopfung seines Briefkastens zu vermeiden; *Mankowski* WRP 2012, 269 m. w. N.

[346] *Köhler*/Bornkamm § 7 Rdn. 110; *Ohly*/Sosnitza § 7 Rdn. 39.

[347] Vgl. OLG Karlsruhe NJW 1991, 2913, 2914; LG Bonn NJW 1992, 1112.

[348] OLG Karlsruhe NJW 1996, 3283 – *Werbesendungen im Anwaltsfach.*

[349] KG NJW 2002, 379, 380, bestätigt durch BVerfG NJW 2002, 2938, 2938 f.; ebenso bereits LG Bremen NJW 1990, 456; differenzierend OLG Bremen NJW 1990, 2140, 2141; jurisPK-UWG/*Koch* § 7 Rdn. 145, der die Zulässigkeit der Werbung politischer Parteien nicht nach § 7, sondern nach den §§ 1004, 903, 862, 823 BGB beurteilen will; a. A. *Löwisch* NJW 1990, 437.

ee) Passivlegitimation. Für die Missachtung ablehnender Hinweise hat einerseits das **verteilende Unternehmen einzustehen.**[350] Andererseits ist auch das **werbende Unternehmen als mittelbarer Störer** dafür verantwortlich.[351] Diesem ist es zumutbar, durch eine entsprechende Organisation seiner Werbeaktionen dafür zu sorgen, dass eine Ablehnung durch die Briefkasteninhaber beachtet wird.[352] Hierzu kann es entsprechende Regelungen in den Vertrag mit dem verteilenden Unternehmen aufnehmen.[353] Des Weiteren muss es das verteilende Unternehmen anweisen, die Verbreitung entsprechend zu organisieren und zu kontrollieren. Außerdem hat der Werbende Beanstandungen nachzuprüfen und unter Umständen Sanktionen gegenüber dem verteilenden Unternehmen durchzusetzen.[354] Der Werbende hat somit alle rechtlich und wirtschaftlich zumutbaren Maßnahmen zu ergreifen, um die Einhaltung ablehnender Hinweise sicherzustellen.[355] 202

ff) Ausreißer. Kommt es bei der **massenhaften Verteilung von Briefkastenwerbung** zu **vereinzelten Verstößen,** so sind diese hinzunehmen, wenn der Werbende den Verteilern die **ernsthafte Anweisung** gegeben hat, den Hinweis „keine Werbung" zu beachten. Von einer Ernsthaftigkeit der Anweisung ist auszugehen, wenn den Austrägern für den Fall der Zuwiderhandlung mit ihrer Entlassung gedroht wird. Ist das Bestreben des Werbenden darauf gerichtet, die Interessen des Einzelnen zu beachten, dann ist eine – relativ geringfügige – Belästigung im Einzelfall zu tolerieren.[356] Diese Problematik stellt sich indes nur im Rahmen des Abs. 1, da Abs. 2 Nr. 1 ein hartnäckiges Ansprechen, also eine wiederholte Missachtung des Sperrvermerks voraussetzt und einzelne Ausreißerfälle daher nicht erfasst.[357] 203

g) Briefwerbung. *aa) Beschreibung.* Bei der Briefwerbung ist das Werbematerial an den Empfänger **persönlich adressiert.** Dadurch unterscheidet sich die Briefwerbung von der Briefkastenwerbung, die den Einwurf nicht adressierter Werbemittel umfasst. Erscheinungsformen der Briefwerbung sind vor allem **Werbedrucksachen,** die mit der Anschrift des Empfängers versehen werden und **(computermäßig erstellte) individualisierte Werbeschreiben.** Ebenfalls zur Briefwerbung zählt die so genannte **Briefbeilagenwerbung,** bei der einem Geschäftsbrief (etwa einer Rechnung oder einer Kreditkartenabrechnung) ein Werbeblatt beigelegt ist. 204

Für kein anderes Direktwerbemedium wenden deutsche Unternehmen Mittel in vergleichbarer Höhe auf. Im Jahr 2014 betrugen die Aufwendungen der deutschen Wirtschaft für adressierte Werbesendungen 8,6 Mrd. Euro; 15,6% aller Unternehmen haben dieses Werbemittel eingesetzt.[358] 205

bb) Rechtliche Regelungen im Bürgerlichen Recht. Die Briefwerbung unterfällt ebenfalls den Bestimmungen der **§§ 312b ff. BGB.** Auch diese Werbeform zählt nach § 312c Abs. 2 BGB zu den Fernkommunikationsmitteln. Im Übrigen kann auf die vorstehenden Ausführungen zur Briefkastenwerbung verwiesen werden. 206

cc) Wettbewerbsrechtliche Beurteilung. (1) Verhältnis zu Abs. 1. Mit Blick auf die Briefwerbung stellen sich dieselben **Abgrenzungsfragen zwischen Abs. 1 und Abs. 2 Nr. 1** wie bei der Briefkastenwerbung.[359] Wiederum gilt, dass Abs. 1 insbesondere im Rahmen von an Unternehmer gerichteter Briefwerbung und bei an Verbraucher adressierter Werbung, welche den Grad der Hartnäckigkeit nicht erreicht, zum Tragen kommt. 207

(2) Grundsatz. Ähnlich wie die Briefkastenwerbung ist auch die Briefwerbung **nicht bereits ohne Hinzutreten weiterer Umstände wettbewerbswidrig.** Zwar mag der Grad der Belästigung bei gewissen Gestaltungsformen der Briefwerbung geringfügig höher zu veranschlagen sein als bei der Briefkastenwerbung. Ist der werbende Charakter des Briefs nicht schon dem Umschlag zu entnehmen, muss der Empfänger diesen zunächst nämlich öffnen und den Inhalt prüfen. Dieser Prüfungsaufwand ist aber regelmäßig nur gering und rechtfertigt es nicht, das Informationsinteresse vieler Umworbener und das Interesse der werbenden Wirtschaft zu vernachlässigen.[360] Eine Unzu- 208

---

[350] *Köhler*/Bornkamm § 7 Rdn. 107.

[351] Vgl. BGH GRUR 1989, 225, 226 – *Handzettel-Wurfsendung;* OLG Karlsruhe NJW-RR 1990, 244, 244; OLG Bremen NJW 1990, 2140, 214; *Köhler*/Bornkamm, § 7 Rdn. 107.

[352] BGH GRUR 1989, 225, 226 – *Handzettel-Wurfsendung;* BGH GRUR 1992, 617, 618 – *Briefkastenwerbung.*

[353] BGH GRUR 1989, 225, 226 – *Handzettel-Wurfsendung;* OLG Frankfurt NJW-RR 1992, 39, 40.

[354] BGH GRUR 1989, 225, 226 – *Handzettel-Wurfsendung.*

[355] BGH GRUR 1989, 225, 226 – *Handzettel-Wurfsendung;* OLG Bremen NJW 1990, 2140, 2141; OLG Frankfurt NJW-RR 1992, 39, 40; OLG Stuttgart NJW-RR 1994, 502, 502.

[356] So zu § 1 UWG a. F. BGH GRUR 1992, 617, 618 – *Briefkastenwerbung.*

[357] Ebenso *Köhler*/Bornkamm § 7 Rdn. 105.

[358] Studie 27 Dialogmarketing 2015 der Deutsche Post AG, abrufbar unter https://www.dialogmarketing-shop.de/studien-national/.

[359] Siehe Rdn. 193 ff.

[360] BGH GRUR 1973, 552, 553 – *Briefwerbung;* OLG Hamburg NJW-RR 1989, 873.

lässigkeit nach Abs. 1 kann im Einzelfall allerdings auch in diesem Fall vorliegen, etwa wenn die Briefwerbung als solche nicht erkennbar ist die Angabe des Absenders fehlt und weitere, eine Dringlichkeit vortäuschende Angaben auf dem Briefumschlag gemacht werden.[361]

209 *(3) Briefwerbung gegenüber Verbrauchern.* Ist die Briefwerbung hartnäckig und hat der Verbraucher erkennbar den Wunsch geäußert, keine Werbung zu erhalten, ist ein Fall des Abs. 2 Nr. 1 gegeben. Wird der **Grad der Hartnäckigkeit** nicht erreicht, so wird man zumindest dann eine unzumutbare Belästigung im Sinne des Abs. 1 annehmen müssen, wenn der Empfänger der Briefwerbung **zu erkennen gegeben hat, dass er die Werbung nicht wünscht.** Denn auch hier überwiegt das **Selbstbestimmungsrecht des Empfängers** das Interesse des Unternehmens an der Werbung. Entgegen der früheren Rechtsprechung kommt es dabei auch nicht darauf an, ob nach der Art der Ausgestaltung der Werbeaktion eine Beachtung der Ablehnung oder des Widerspruchs für den Werbenden mit Mühen und Kosten verbunden ist, die in keinem angemessenen Verhältnis zu der Verärgerung und Belästigung des Umworbenen stehen.[362]

210 Problematisch ist, in welchen Fällen der **entgegenstehende Wunsch des Verbrauchers** für den Werbetreibenden **erkennbar** ist. Zweifellos liegt eine erkennbare Willensbekundung vor, wenn der Empfänger dem **werbenden Unternehmen mitgeteilt** hat, dass er von diesem keine Werbebriefe mehr wünscht.[363] Auch bei einem Eintrag in die vom Deutschen Direktmarketing Verband e.V. (DDV) geführte **Robinson-Liste**[364] liegt ein erkennbarer Hinweis des Empfängers vor.[365] Die Robinson-Liste, die 1971 als freiwillige Einrichtung der Werbewirtschaft eingeführt wurde, ist zwar nur für Mitglieder des DDV nach dessen Satzung verbindlich, wird von diesem aber auch Nichtmitgliedern zum Abgleich angeboten. Die Kenntnisnahme und Beachtung ist daher allen Werbetreibenden möglich und zumutbar.[366]

211 Ein **Hinweis am Briefkasten** (Aufkleber: „Keine Werbung") ist für das werbende Unternehmen dagegen nicht erkennbar; der Verteiler wiederum kann zwar den Hinweis erkennen, weiß aber (je nach Gestaltung des Umschlages) nicht, ob der Brief Werbung beinhaltet oder nicht. Dementsprechend wird die Auffassung vertreten, der Hinweis am Briefkasten sei nur und immer dann beachtlich, wenn der Verteiler wisse, dass er einen Werbebrief zustelle. Nur in diesem Falle sei der Verteiler und – nach § 8 Abs. 2 – auch das Unternehmen selbst verantwortlich. Damit käme ein Wettbewerbsverstoß regelmäßig bei der Einschaltung von Zustellern in Betracht, die von dem werblichen Inhalt Kenntnis haben (also eigene Angestellte), bei der Beauftragung der Post hingegen nur und immer dann, wenn die Werbung äußerlich als solche erkennbar wäre. Um diesen Widerspruch aufzulösen, wird teilweise gefordert, der Werbende habe auch bei der Briefwerbung seine Werbemaßnahme so zu organisieren, dass der ablehnende Hinweis auf dem Briefkasten durch das verteilende Unternehmen beachtet werden könne. Er müsse hierzu ggf. dem Postbediensteten durch entsprechenden Aufdruck auf dem Umschlag deutlich machen, dass er einen Werbebrief austrägt.[367] Selbst wenn für den Postbediensteten der Hinweis am Briefkasten und der werbende Inhalt des Schreibens erkennbar sind, kann er aber nicht beurteilen, ob der Empfänger den Werbebrief wünscht oder nicht. Zum einen erscheint fraglich, ob der Hinweis „Keine Werbung" überhaupt individuell adressierte Werbesendungen erfassen soll; zum anderen ist dem Postbediensteten nicht bekannt, ob der Adressat die Werbesendung nicht womöglich ausdrücklich beim werbenden Unternehmen angefordert hat. Beim **Versand von Briefwerbung per Post reicht ein Hinweis am Briefkasten daher nicht aus,** um den entgegenstehenden Willen erkennbar zu machen.[368]

212 *(4) Briefwerbung gegenüber Unternehmern.* Werden **Werbebriefe an Unternehmer** gerichtet, findet **nur Abs. 1** Anwendung. Hier ist stets anhand der Umstände des Einzelfalls abzuwägen, ob die Briefwerbung eine unzumutbare Belästigung im Sinne des Abs. 1 darstellt. Ist der entgegenstehende Wille des Unternehmers für den Werbenden erkennbar, so ist dies regelmäßig der Fall.

213 *dd) Einzelfälle. (1) Briefbeilagenwerbung.* Es ist nach Abs. 2 Nr. 1 unzulässig, der geschäftlichen Korrespondenz (z.B. Abrechnungen, Rechnungen und Kontoauszügen) trotz des erkennbar entgegen-

---

[361] KG WRP 2015, 1534. Im konkreten Fall waren auf dem Briefumschlag die Hinweise „Vertraulicher Inhalt", „Nur vom Empfänger persönlich zu öffnen" sowie „Eilige Terminsache" enthalten.

[362] So noch BGH GRUR 1973, 552, 553 – *Briefwerbung;* OLG Hamburg NJW-RR 1989, 873; LG Nürnberg-Fürth NJW 1985, 1642, 1642f.; wie hier *Köhler*/Bornkamm § 7 Rdn. 115.

[363] *Ohly*/Sosnitza § 7 Rdn. 40.

[364] www.ddv.de; vergleichbare Listen werden etwa von der Interessengemeinschaft deutsches Internet e.V. für die Telefon-, SMS- und E-Mail-Werbung geführt (siehe www.robinsonliste. de).

[365] Vgl. dazu oben Rdn. 50.

[366] *Weichert* WRP 1996, 522, 531; *Ohly*/Sosnitza § 7 Rdn. 33; *Köhler*/Bornkamm § 7 Rdn. 115.

[367] So im Ergebnis *Freund* BB 1986, 409, 415; vgl. zur Briefkastenwerbung BGH 1989, 225, 226 – *Handzettel-Wurfsendung;* BGH GRUR 1992, 617, 618 – *Briefkastenwerbung;* s.o. Rdn. 66ff.

[368] Im Ergebnis ebenso *Ohly*/Sosnitza § 7 Rdn. 40.

stehenden Willens hartnäckig, das heißt wiederholt, **Werbeprospekte beizufügen.** Hat der Adressat gegenüber dem Werbenden mitgeteilt, dass er dies nicht wünscht oder hat er sich in die Robinson-Liste eintragen lassen, muss das werbende Unternehmen ihm gegenüber von der Briefbeilagenwerbung Abstand nehmen.

(2) Persönlich adressierte Werbebriefe. **Persönlich adressierte Werbebriefe,** die äußerlich **nicht als Werbung erkennbar** sind und im Rahmen eines bestehenden Vertragsverhältnisses verschickt werden, stellen eine unzumutbare Belästigung dar, wenn der Verbraucher dieser Form der Werbung widersprochen hat. Im Falle des hartnäckigen Ansprechens liegt ein Verstoß gegen § 7 Abs. 2 Nr. 1 vor. 214

(3) Tarnung als Privatbrief. Ist der Werbebrief **als Privatbrief getarnt** und muss der Empfänger sich erst näher mit ihr auseinandersetzen, um den werblichen Charakter zu erkennen, kann dies nach § 5a Abs. 6 UWG 2015 unlauter sein.[369] Der Versender erlangt durch eine solche Tarnung einen erhöhten Aufmerksamkeitsgrad. Auch wenn sich der Charakter als Werbesendung nicht bereits aus dem Briefumschlag ergeben muss, muss der Werbebrief so aufgemacht sein, dass er sofort nach dem Öffnen als solcher erkannt wird.[370] Unzulässig ist bereits der erste getarnte Werbebrief.[371] 215

(4) Unaufgeforderte Übersendung einer Kreditkarte an Kunden. Die einmalige unaufgeforderte **Übersendung einer bereits auf den Namen des Empfängers ausgestellten Kreditkarte** durch ein Bankunternehmen an seine Kunden stellt keine unzumutbare Belästigung nach § 7 Abs. 1 dar, wenn der Empfänger erkennen kann, dass er eine gesonderte Erklärung abgeben muss, um die Kreditkarte verwenden zu können und die Kreditkarte andernfalls entsorgen kann.[372] 216

2. Telefonwerbung (Abs. 2 Nr. 2)

a) Beschreibung. Unter dem Begriff der Telefonwerbung versteht man Anrufe eines Marktteilnehmers zu Werbezwecken. 217

Telefonwerbung gilt als die **effektivste Form des Direktmarketings.** Bei der Telefonwerbung kann der Werbende seine Kommunikation individuell auf den Angerufenen abstimmen. Gleichzeitig ist diese Werbemethode verhältnismäßig einfach durchführbar und dabei – auch aufgrund der geringen Telefonkosten – sehr günstig.[373] Des Weiteren können Call Center in strukturschwachen Gebieten mit niedrigen Lohnkosten unterhalten werden. Demgegenüber verursacht ein Hausbesuch verhältnismäßig hohe Kosten. Es besteht daher in besonderem Maße die Gefahr einer massenhaften Durchführung. Allerdings hat sich der Marktanteil des aktiven Telefonmarketings aufgrund der geringen Akzeptanz in der Bevölkerung seit dem Jahr 2007 halbiert und auf diesem Niveau stabilisiert.[374] 218

b) Telefonanrufe gegenüber Verbrauchern. *aa) Wettbewerbsrechtliche Beurteilung.* Mit dem UWG 2004 wurden in Abs. 2 Nr. 2 – in Umsetzung des Art. 13 Abs. 3 EK-DSRL 2002 – zunächst im Wesentlichen die von der Rechtsprechung entwickelten Prinzipien gesetzlich festgeschrieben. Die Werbung mit Telefonanrufen gegenüber Verbrauchern bedurfte damit auch nach dem Gesetzeswortlaut der Einwilligung des Verbrauchers, die jedoch auch konkludent erklärt werden konnte. Seit Inkrafttreten des Gesetzes zur Bekämpfung unerlaubter Telefonwerbung und zur Verbesserung des Verbraucherschutzes bei besonderen Vertriebsformen am 4. August 2009[375] kann, soweit sich die Ansprache an einen Verbraucher richtet, nur noch dessen **„vorherige ausdrückliche" Einwilligung** die unzumutbare Belästigung eines Telefonanrufs zu Werbezwecken entfallen lassen.[376] 219

Der Grund für die Wettbewerbswidrigkeit von Telefonwerbung wird darin gesehen, dass der **Schutz der Privatsphäre des Angerufenen gegenüber dem Interesse des Anrufers, für** 220

---

[369] BGH GRUR 1973, 552, 553 – *Briefwerbung; Köhler*/Bornkamm § 7 Rdn. 114; *Ohly*/Sosnitza § 7 Rdn. 15.

[370] Siehe hierzu auch BGH GRUR 2011, 747 Rdn. 9ff. – *Kreditkartenübersendung.*

[371] Fezer/*Mankowski* § 7 Rdn. 335; *Köhler*/Bornkamm § 7 Rdn. 114.

[372] BGH GRUR 2011, 747 Rdn. 11 – *Kreditkartenübersendung.*

[373] Siehe den Vergleich zwischen den Kosten eines Kundenbesuches und einer Telefonwerbung bei *Raeschke-Kessler/Schroeder* in: FS Piper, S. 399, 404.

[374] Hierzu sowie zu den vergleichsweise geringen Kosten des Telefonmarketings siehe die Studie 27 Dialogmarketing 2015 der Deutsche Post AG, abrufbar unter https://www.dialogmarketing-shop.de/studien-national/.

[375] BGBl. I, S. 2413; zu den positiven Auswirkungen des Gesetzes auf den Verbraucherschutz *Weiden* GRUR 2011, 505.

[376] Eine entsprechende Änderung, die bereits der RegE-UWG 2008 vorgesehen hatte, war damals bei Verabschiedung des Gesetzes aufgrund einer Beschlussempfehlung des Rechtsausschusses zunächst zurückgestellt worden, Beschlussempfehlung und Bericht des Rechtsausschusses vom 25.11.2008, BT-Drucks. 16/11070. Zur Verschärfung des Einwilligungserfordernisses siehe auch *Köhler* NJW 2009, 2567 sowie *Möller* WRP 2010, 321, 327.

seine Waren oder Dienstleistungen zu werben, vorrangig ist.[377] Durch den Anruf wird der Einzelne in seiner geschützten Privatsphäre (Art. 2 Abs. 1 GG; Art. 8 EMRK) gestört. Er weiß zunächst nicht, wer ihn anruft und welchen Zweck der Anrufer verfolgt; daher ist er gezwungen, den Anruf entgegenzunehmen. Sodann wird er sich – aus Gründen der Höflichkeit oder weil er den Zweck des Anrufs nicht erkennt – mit dem Anliegen des Anrufers auseinandersetzen. Ein sofortiger Abbruch des Gesprächs ist ihm häufig auch deshalb nicht möglich, weil er es mit einem psychologisch geschulten Telefonwerber zu tun hat. Dadurch wird nicht nur die Ruhe des Angerufenen gestört und dessen Zeit in Anspruch genommen, sondern auch sein Telefonanschluss für andere– ihn möglicherweise mehr interessierende – Anrufe blockiert. Da der Angerufene auf den Anruf nicht vorbereitet ist und der Werbende ihn individuell ansprechen und gezielt beeinflussen kann, besteht auch die **Gefahr unüberlegter Geschäftsabschlüsse.** Die ebenfalls geschützten Interessen des werbenden Unternehmens (Art. 5, 12 GG) müssen zurücktreten, da ihm auch vielfältige andere Werbemöglichkeiten zur Verfügung stehen, so dass es eines Eindringens in die Individualsphäre des Umworbenen nicht bedarf.[378]

221 Durch das Gesetz zur Bekämpfung unerlaubter Telefonwerbung von 2009 wurde neben der Verschärfung des Einwilligungserfordernisses der **Bußgeldtatbestand des § 20** eingeführt, die Rufnummernunterdrückung verboten (§ 102 Abs. 2 TKG) und das Widerrufsrecht des Verbrauchers erweitert.

Durch das **Gesetz gegen unseriöse Geschäftspraktiken von 2013** wurde der Bußgeldtatbestand des § 20 ergänzt und verschärft sowie die Vorschrift des § 7 Abs. 4 um lit. b) ergänzt.

222 *(1) Grundlagen.* **Telefonanruf** ist eine über einen öffentlich zugänglichen Telefondienst aufgebaute Verbindung, die eine zweiseitige Echtzeit-Kommunikation ermöglicht,[379] also die **fernmündliche Kontaktaufnahme einer Person mit einer anderen Person.** Nicht hierunter fallen Anrufe durch automatische Anrufmaschinen (Voice-Mail) sowie die Versendung von SMS- oder MMS-Nachrichten,[380] die von Abs. 2 Nr. 3 erfasst werden und also auch gegenüber Unternehmern nur im Falle der vorherigen ausdrücklichen Einwilligung zulässig sind. Anrufe, die vom Verbraucher ausgehen und vom Werbenden lediglich genutzt werden, um Werbung zu betreiben, fallen nicht unter § 7 Abs. 2 Nr. 2; dies gilt auch für die Warteschleifenwerbung.[381] Letztere kann unter Umständen nach Abs. 1 unzulässig sein, wenn die Grenze der Zumutbarkeit, etwa wegen einer künstlichen Verlängerung der Dauer der Wartezeit, überschritten ist.

223 **„Ping- oder Lockanrufe“,** bei denen die Verbindung unter Hinterlassung einer teuren Rückrufnummer **(Mehrwertdienstenummer)** nach einmaligem Klingeln unterbrochen wird, und die den Angerufenen zum Rückruf veranlassen sollen, werden in aller Regel von Abs. 2 Nr. 3 erfasst sein, weil dafür automatische Anrufmaschinen benutzt werden. Daneben kommen auch die Tatbestände des § 5a Abs. 6 UWG 2015 sowie des § 7 Abs. 1 in Betracht.[382]

224 **Werbung** ist jede Äußerung im Geschäftsverkehr mit dem Ziel, den Absatz von Waren oder die Erbringung von Dienstleistungen zu fördern.[383] Erfasst ist auch die **Nachfragewerbung,** wobei auch in diesem Fall eine konkludente Einwilligung nach der aktuellen Rechtslage nicht mehr ausreicht.[384] Handlungen nach Vertragsschluss oder Äußerungen, die nicht zu Absatzzwecken erfolgen, sind dagegen, anders als vom Begriff der geschäftlichen Handlung im Sinne von Abs. 1, nicht erfasst.

225 Werbung wird grundsätzlich dann per Telefonanruf betrieben, wenn der Angerufene **unmittelbar zu einem Geschäftsabschluss bestimmt oder wenn eine geschäftliche Verbindung angebahnt oder vorbereitet** werden soll.[385] Anrufe zur Fortsetzung oder Erweiterung bereits

---

[377] Vgl. schon BGH GRUR 1970, 523 – *Telefonwerbung I;* BGH GRUR 1989, 753 – *Telefonwerbung II;* BGH GRUR 1990, 280 – *Telefonwerbung III;* BGH GRUR 1995, 220, 220 – *Telefonwerbung V;* BGH GRUR 2002, 637, 638 – *Werbefinanzierte Telefongespräche.*

[378] Vgl. BGH GRUR 1995, 220, 220 – *Telefonwerbung V;* BGH NJW 1999, 1864, 1865; a. A. *Engels/Salomon* WRP 2004, 32, 39 unter Bezugnahme auf die Haustürwerbung.

[379] S. Art. 2 S. 2 lit. e) EK-DSRL 2002.

[380] Vgl. RegE-UWG 2008, S. 60.

[381] *Köhler*/Bornkamm § 7 Rdn. 128a; *Ohly*/Sosnitza § 7 Rdn. 45, 60, der die Warteschleifenwerbung zutreffend mit der ebenfalls hinzunehmenden Radio- und Rundfunkwerbung vergleicht.

[382] Siehe hierzu VG Köln NJW 2005, 2786; OLG Düsseldorf GRUR 2005, 523; LG München MMR 2004, 42; *Becker* WRP 2011, 808; wie hier *Köhler*/Bornkamm § 7 Rdn. 128b.

[383] Siehe hierzu auch oben Rdn. 180.

[384] Für die Telefaxwerbung: BGH GRUR 2008, 923 – *Faxanfrage im Autohandel;* für die E-Mail-Werbung: BGH GRUR 2008, 925 – *FC Troschenreuth; Ohly*/Sosnitza § 7 Rdn. 42, der als plastisches Beispiel etwa den Anruf eines Maklers bei einem Verbraucher anführt, der eine Immobilienanzeige aufgegeben hat; hierzu auch Rdn. 192, 211.

[385] LG Ulm BeckRS 2012, 05353.

bestehender Vertragsbeziehungen[386] fallen ebenso darunter wie die Ankündigung der Versendung von Broschüren oder eines Vertreterbesuchs.[387] Ein Anruf zu Werbezwecken liegt auch dann vor, wenn der Anruf zumindest **mittelbar den Absatz oder Bezug von Waren oder Dienstleistungen fördern** soll.[388] Erfasst sind daher auch Anrufe zum Zwecke der Erfragung der **Kundenzufriedenheit,**[389] zum Zwecke des Einholens der Beurteilung eines bestimmten Produkts oder zur **Erlangung der Einwilligung in Werbeanrufe oder Vertreterbesuche.**[390] Unerbetene Verbraucherumfragen stellen Werbung dar, wenn sie von Marktforschungsunternehmen im Auftrag eines Unternehmers durchgeführt werden und damit **mittelbar der Absatzförderung dienen.**[391] Dies ist insbesondere der Fall, wenn Verbrauchergewohnheiten im Zusammenhang mit den Produkten oder Dienstleistungen des Auftraggebers erfragt werden.

Ein **als Meinungsbefragung getarnter Telefonanruf,** durch den der Unternehmer erfahren will, wie der Angerufene eine diesem zuvor übersandte Printwerbung beurteilt, stellt eine unzulässige Belästigung dar. Es soll das Interesse des Angerufenen auf das Produkt gelenkt werden, so dass es tatsächlich nur um Werbung geht.[392] **226**

Dagegen fallen Anrufe neutraler **Marktforschungsinstitute,** die nicht, auch nicht mittelbar, der Förderung des Absatzes bestimmter Produkte oder Unternehmen dienen, nicht unter den Begriff der Werbeanrufe im Sinne von Abs. 2 Nr. 2. Eine Absatzförderungsabsicht kann aber bereits vorliegen, wenn Verbraucher konkret zu bestimmten Produkten befragt werden.[393] **227**

Dient der Anruf in erster Linie der Erfüllung **vertraglicher Informations- oder Aufklärungspflichten** und führt im Rahmen einer **„werblichen Nebenwirkung"** zu einer Vertragserweiterung, liegt keine Telefonwerbung vor.[394] Anders ist der Fall zu beurteilen, dass der Anrufer während des an sich zulässigen Anrufs zu einer vom Vertrag und vom Zweck des Anrufs unabhängigen Werbung übergeht.[395] **228**

Verbraucher ist nach § 2 Abs. 2 i. V. m. § 13 BGB jede **natürliche Person, die ein Rechtsgeschäft zu einem Zweck abschließt, der weder ihrer gewerblichen noch ihrer selbständigen beruflichen Tätigkeit zugerechnet werden kann.** Da die Werbung dem Vertragsabschluss vorgelagert ist, muss diese auf den Abschluss eines entsprechenden Rechtsgeschäfts gerichtet sein. Entscheidend ist also die Zweckbestimmung des anvisierten Geschäfts. Zum privaten Bereich gehören etwa Urlaub, Freizeit, Gesundheits- und Altersvorsorge[396] und die Vermögensanlage.[397] **229**

Keine Verbrauchergeschäfte im Sinne des § 7 Abs. 2 Nr. 2 sind Verträge zur Begründung, Änderung oder Aufhebung eines **Arbeitsverhältnisses,** auch wenn der Arbeitnehmer grundsätzlich unter den Begriff des Verbrauchers im Sinne des § 2 Abs. 2 i. V. m. § 13 BGB fällt.[398] Auch nach Art. 2 lit. a) der UGP-RL gilt als Verbraucher jede natürliche Person, die im Geschäftsverkehr zu Zwecken handelt, die nicht ihrer gewerblichen, handwerklichen oder beruflichen Tätigkeit zugerechnet werden können, wobei unter beruflicher Tätigkeit, anders als nach § 13 BGB, auch die unselbständige berufliche Tätigkeit zu verstehen ist. **230**

Handelt es sich bei den beworbenen Waren oder Dienstleistungen um solche, die sowohl zu beruflichen als auch zu privaten Zwecken eingesetzt werden können, dürfte maßgeblich sein, wo der **Schwerpunkt des angestrebten Geschäftes** liegt.[399] **231**

---

[386] BGH GRUR 1995, 220 – *Telefonwerbung V;* BGH GRUR 1994, 380, 382 – *Lexikothek;* BGH GRUR 2004, 520, 521 – *Telefonwerbung für Zusatzeintrag.*

[387] BGH GRUR 1989, 753, 754 – *Telefonwerbung II;* BGH GRUR 1994, 380, 381 – *Lexikothek;* BGH WRP 2000, 722, 723 – *Telefonwerbung VI;* BGH VersR 2001, 315, 316; OLG Frankfurt WRP 2004, 515, 516.

[388] OLG Köln MMR 2009, 267, 268; *Köhler*/Bornkamm § 7 Rdn. 131 mit Verweis auf die Definition der kommerziellen Kommunikation in Art. 2 lit. f der Richtlinie 2000/31/EG über den elektronischen Geschäftsverkehr.

[389] OLG Dresden GRUR-Prax 2016, 245; OLG Köln GRUR-RR 2014, 80; OLG Köln MMR 2012, 535; a. A. *Engels/Brunn* WRP 2010, 687; *Haug* K&R 2010, 767.

[390] OLG Köln MMR 2009, 267, 268; OLG Stuttgart GRUR 2002, 457, 458; *Ohly*/Sosnitza, § 7 Rdn. 44.

[391] OLG Köln GRUR-RR 2014, 80; OLG Stuttgart GRUR 2002, 457, 458; OLG Oldenburg WRP 2006, 492, 496; OLG Köln MMR 2009, 267; siehe auch OLG Köln MMR 2012, 535; ausführlich hierzu, zum Werbegriff in § 7 und zur Abgrenzung zu reinen Markt- und Meinungsforschungen *Hornung/Hofmann* WRP 2014, 910.

[392] OLG Stuttgart GRUR 2002, 457, 458.

[393] Vgl. LG Hamburg GRUR-RR 2007, 61; siehe hierzu *Hornung/Hofmann* WRP 2014, 910 sowie *Köhler/* Bornkamm, § 7 Rdn. 133, wonach in diesem Fall jedenfalls Aufmerksamkeitswerbung betrieben werde.

[394] Begründung zum Gesetz zur Bekämpfung unerlaubter Telefonwerbung und zur Verbesserung des Verbraucherschutzes bei besonderen Vertriebsformen, BT-Drucks. 16/10734, S. 13.

[395] Siehe hierzu OLG Braunschweig GRUR-RR 2009, 182; *Köhler*/Bornkamm § 7 Rdn. 134 f.

[396] LG Münster 2005, 639, 640.

[397] BGH NJW 2002, 368.

[398] *Ohly*/Sosnitza § 7 Rdn. 46 m. w. N.; *Köhler*/Bornkamm § 7 Rdn. 141.

[399] Vgl. *Ohly*/Sosnitza § 7 Rdn. 46.

232 Ist der **Angerufene auch als Unternehmer (§ 2 Abs. 1 Nr. 6) tätig,** wird er aber unter seiner privaten Rufnummer kontaktiert, so ist dies als Telefonanruf gegenüber einem Verbraucher zu werten. Denn Abs. 2 Nr. 2 stellt gerade deshalb strengere Anforderungen an die Telefonwerbung gegenüber Verbrauchern, weil die Privatsphäre geschützt werden soll.[400] Außerhalb seiner geschäftlichen Tätigkeit genießt auch der Unternehmer diesen Schutz.

233 Bei einer Telefonnummer, die vom Inhaber gleichermaßen zu gewerblichen/beruflichen und zu privaten Zwecken genutzt wird, wird es darauf ankommen, ob der Anruf **außerhalb oder während der üblichen Geschäftszeiten** erfolgt.[401]

234 *(2) Vorherige Einwilligung.* **Einwilligung** bedeutet das **vorherige Einverständnis** mit dem Anruf. Sie ist nicht mit der vorherigen Zustimmung zu einem Rechtsgeschäft im Sinne des § 183 Satz 1 BGB gleichzusetzen. Es handelt sich vielmehr um das Einverständnis mit dem durch den Anruf bewirkten tatsächlichen Eingriff in die Privatsphäre bzw. den Betrieb des Unternehmens.[402] Die Einwilligung kann im Rahmen eines Vertrags oder auch einseitig erteilt werden, wobei eine ausdrückliche Erklärung erforderlich ist. Die Einwilligung bedarf keiner besonderen Form, sie kann insbesondere auch fernmündlich erfolgen.[403] Die **Rechtsnatur** der Einwilligung ist umstritten. Während es sich nach einer Auffassung um eine geschäftsähnliche Handlung handelt,[404] liegt nach anderer Auffassung eine einseitige, empfangsbedürftige Willenserklärung vor.[405] Die Relevanz dieser Frage ist indes gering, da nach beiden Auffassungen die §§ 104 ff. BGB weitgehend analog anzuwenden sind.[406]

235 **Adressat der Einwilligung** muss gerade der Werbende (oder dessen Mitarbeiter) sein. Der konkrete Zweck und die Reichweite der Einwilligung sind durch Auslegung nach §§ 133, 157 BGB zu ermitteln.

236 Erforderlich ist die **vorherige** Einwilligung. Nicht ausreichend ist die nachträgliche Zustimmung,[407] eine Zustimmung während des Anrufs oder gar erst danach.[408] An der erforderlichen vorherigen Einwilligung fehlt es auch, wenn während des an sich zulässigen Gesprächs zu einer weiteren Werbung übergegangen wird, die nicht mehr von der Einwilligung gedeckt ist.[409]

237 *(3) Ausdrückliche Einwilligung.* Während nach älterer Rechtsprechung[410] eine **konkludente Einwilligung** des Verbrauchers in Anrufe zu Werbezwecken als ausreichend angesehen wurde, reicht eine konkludente Einwilligung nach dem nunmehr eindeutigen Wortlaut des Absatz 2 Nr. 2 nicht mehr aus.[411] Eine bloß **mutmaßliche Einwilligung** wurde im privaten Bereich stets als unzureichend erachtet.[412]

238 Das Vorliegen der nunmehr geforderten **vorherigen ausdrücklichen Einwilligung** und deren konkrete Reichweite muss jeweils im **Einzelfall** ermittelt werden. Der Begriff der Einwilligung ist richtlinienkonform zu bestimmen. Nach Art. 2 lit. h) der Richtlinie 95/46/EG zum Schutz natürli-

---

[400] OLG Köln GRUR-RR 2005, 138, 139; KG WM 1988, 1144, 1146; *Steckler* GRUR 1993, 865, 868.

[401] Ebenso *Köhler*/Bornkamm § 7 Rdn. 140.

[402] *Ohly*/Sosnitza § 7 Rdn. 48.

[403] OLG Köln GRUR-RR 2013, 219, 221.

[404] So *Köhler*/Bornkamm § 7 Rdn. 143 unter Verweis auf BGH WRP 2010, 916 Rdn. 35 – *Vorschaubilder;* a. A. *Nemeczek* WRP 2011, 530, 531.

[405] So *Ohly*/Sosnitza § 7 Rdn. 48.

[406] *Ohly*/Sosnitza § 7 Rdn. 48 mit Verweis auf BGHZ 29, 33, 36.

[407] RegE-UWG 2003 S. 44 = BT-Drucks. 15/1487 S. 21.

[408] Dies war auch in der Vergangenheit schon allgemein anerkannt, vgl. BGH GRUR 1994, 380, 381 – *Lexikothek;* OLG Köln NJW 2005, 2786, 1787; *Ohly*/Sosnitza § 7 Rdn. 51.

[409] *Köhler*/Bornkamm § 7 Rdn. 144; a. A. *Seichter/Witzmann* WRP 2007, 699, 703.

[410] Vgl. BGH GRUR 1970, 523, 524 – *Telefonwerbung I;* BGH GRUR 1989, 753, 754 – *Telefonwerbung II;* BGH GRUR 1990, 280, 281 – *Telefonwerbung III;* BGH GRUR 1991, 764, 765 – *Telefonwerbung IV;* BGH GRUR 1995, 220, 221 – *Telefonwerbung V;* BGH WRP 1999, 847, 851 – *Private Vorsorge bei Arbeitslosigkeit;* BGH WRP 2000, 722, 723 – *Telefonwerbung VI;* BGH VersR 2001, 315, 316; OLG Stuttgart GRUR 2002, 457, 457 – *Telefonische Kundenwerbung durch Meinungsforschungsunternehmen;* vgl. die Zusammenfassung der Rspr. bei *Schmid,* Freier Dienstleistungsverkehr und Recht des unlauteren Wettbewerbs, dargestellt am Beispiel der Telefonwerbung, S. 13 ff.

[411] Vgl. Begr RegE zum Gesetz zur Bekämpfung unerlaubter Telefonwerbung und zur Verbesserung des Verbraucherschutzes bei besonderen Vertriebsformen, BT-Drucks. 16/10 734 vom 31.10.2008, S. 8, A. II. 2., wonach Werbeanrufe nicht schon dann zulässig sein sollen, wenn sich eine Einwilligung des Verbrauchers schlüssig aus seinem oder ihrem Verhalten ergibt; zur Vereinbarkeit dieses Ausdrücklichkeitserfordernisses mit Art. 13 Abs. 3, Art. 2 lit. f) der EK-DSRL i. V. m. Art. Art. 2 lit. h) der Datenschutzrichtlinie 95/46/EG vom 24. Oktober 1995 siehe *Tonner/Reich* VuR 2009, 95, 101 ff.

[412] BGH GRUR 1991, 764, 765 – *Telefonwerbung IV;* BGH GRUR 1994, 380, 382 – *Lexikothek;* BGH GRUR 1995, 220, 221 – *Telefonwerbung V;* BGH WRP 2000, 722, 723 – *Telefonwerbung VI;* siehe auch *Ohly*/Sosnitza § 7 Rdn. 50.

cher Personen bei der Verarbeitung personenbezogener Daten und zum freien Datenverkehr, auf welchen in Art. 2 S. 2 lit. f) der EK-DSRL verwiesen wird, ist eine Einwilligung „jede Willensbekundung, die ohne Zwang, für den konkreten Fall und in Kenntnis der Sachlage erfolgt".[413]

Erforderlich ist, dass die Einwilligung **im Hinblick auf das konkret werbende Unternehmen** abgegeben wurde oder aber eine Erklärung enthält, wonach die Telefonwerbung auch durch **dritte Unternehmen** erfolgen darf.[414] Liegt eine wirksame Einwilligung vor, ist allerdings unerheblich, ob das Unternehmen selbst oder von ihm eingeschaltete Beauftragte den Werbeanruf ausführen.[415] 239

Die Einwilligung setzt ferner voraus, dass der Adressat konkret um einen Anruf zum Zweck der Werbung für entsprechende Produkte oder Dienstleistungen gebeten oder generell, etwa bei Aufnahme des Geschäftskontakts, erklärt hat, mit einer telefonischen Kontaktaufnahme durch dieses Unternehmen (auch) zu Werbezwecken für bestimmte Produkte einverstanden zu sein.[416] Die Einwilligung kann allerdings auch in der Beantwortung einer für den Durchschnittsverbraucher hinreichend klaren Frage bestehen.[417] Aus der Einwilligung muss im Einzelfall erkennbar sein, welches konkrete Unternehmen für welche konkreten Produkte oder Dienstleistungen telefonisch werben darf; **ausgeschlossen** sind **unbeschränkte Generaleinwilligungen**[418] ebenso wie **vorformulierte Einwilligungserklärungen für eine ganze Liste von Unternehmen,** bei welcher der Verbraucher für jedes Unternehmen, von welchem er keine Telefonwerbung wünscht, aktiv ein Häkchen setzen muss.[419] Ein gegenüber einem anderen Unternehmen der gleichen Branche erklärtes Einverständnis genügt nicht, dies gilt auch im Falle des Wechsels eines Mitarbeiters des Unternehmens zu einem anderen.[420] 240

Die bloße **Eintragung im Telefonbuch** genügt ebenso wenig wie das Bestehen einer **ständigen Geschäftsbeziehung** oder einer **Branchenüblichkeit** für die Annahme einer (auch nur mutmaßlichen) Einwilligung in Werbeanrufe.[421] 241

Die Einwilligung kann auch im Rahmen **allgemeiner Geschäftsbedingungen** erklärt werden, es liegt aber eine unangemessene Benachteiligung vor, wenn die Einwilligung auf weitere Unternehmen erstreckt wird, sofern diese in der Einwilligungserklärung nicht namentlich und unter Angabe ihrer Adresse aufgeführt sind.[422] 242

Eine erteilte Einwilligung ist **grundsätzlich unbefristet,** sofern sie vom Verbraucher nicht befristet erteilt wurde.[423] Ist seit der Erteilung der Einwilligung ein erheblicher Zeitraum vergangen, so ist im Wege der Auslegung zu ermitteln, ob die einmal erteilte Einwilligung ihre Gültigkeit behalten hat oder nicht. Dabei ist zu berücksichtigen, inwieweit auf Seiten des Verbrauchers noch von einem Interesse an einem Anruf auszugehen ist.[424] 243

(4) Wirksamkeit der Einwilligung. Die Erteilung der Einwilligung ist **wirksam,** wenn sie ohne Zwang, für den konkreten Fall und in Kenntnis der Sachlage erfolgt.[425] Andernfalls ist die Einwilligung nach Art. 2 Satz 2 lit. f) der EK-DSRL i. V. m. Art. 2 lit. h) der Richtlinie 95/46/EG[426] nich- 244

---

[413] Vgl. BGH GRUR 2013, 531, 533 – *Einwilligung in Werbeanrufe II.*

[414] LG Stuttgart WRP 2005, 1041.

[415] BGH GRUR 2013, 531, 533 – *Einwilligung in Werbeanrufe II.*

[416] BGH GRUR 2013, 531, 533 – *Einwilligung in Werbeanrufe II;* BGH GRUR 1989, 753, 754 – *Telefonwerbung II; Ohly*/Sosnitza § 7 Rdn. 50.

[417] OLG Köln GRUR-RR 2013, 719, 721.

[418] LG Berlin WRP 2012, 610; kritisch zum Erfordernis des konkreten Produkt- bzw. Dienstleistungsbezugs der Einwilligung *Hühner* GRUR-Prax 2013, 190; zur Einwilligung in Werbeanrufe in Bezug auf bestimmte Produkte „durch Hilfs- und Wohlfahrtsorganisationen" im Rahmen einer Meinungsumfrage siehe OLG Köln GRUR-RR 2013, 219 = GRUR-Prax 2013, 147 mit Anm. *Meneböcker.*

[419] OLG Koblenz WRP 2014, 876, 878 Rdn. 34; OLG Frankfurt, Urt. v. 17. Dezember 2015, 6 U 30/15.

[420] Vgl. BGH GRUR 1994, 380, 381 – *Lexikothek.*

[421] Vgl. BGH GRUR 1989, 753, 754 – *Telefonwerbung II.*

[422] BGH GRUR 2013, 531 – *Einwilligung in Werbeanrufe II;* OLG Koblenz WRP 2014, 876, 878 Rdn. 34; siehe auch OLG Frankfurt, Urt. v. 17. Dezember 2015, 6 U 30/15 zur Unwirksamkeit einer vorformulierten Einwilligungserklärung, die einen Link auf eine ganze Liste von Unternehmen enthält.

[423] OLG Köln WRP 2013, 659 Rdn. 15 = GRUR-RR 2013, 219, 221; OLG Stuttgart, MMR 2008, 136; siehe aber LG Berlin WRP 2012, 610, 611, wonach bei einem dazwischenliegenden Zeitraum von eineinhalb Jahren vom Erlöschen der Einwilligung auszugehen sei, da sich das Einverständnis nicht mehr auf den konkreten Fall beziehe.

[424] OLG Köln WRP 2013, 659 Rdn. 15 = GRUR-RR 2013, 719, 721; OLG Stuttgart, MMR 2008, 136; *Ohly*/Sosnitza § 7 Rdn. 51; *Köhler*/Bornkamm § 7 Rdn. 148.

[425] Zur Wirksamkeit der Einwilligung Minderjähriger siehe *Ohly*/Sosnitza § 7 Rdn. 52.

[426] Richtlinie vom 24. Oktober 1995 zum Schutz natürlicher Personen bei der Verarbeitung personenbezogener Daten und zum freien Datenverkehr.

tig. Für die Frage, ob die Einwilligung in Kenntnis der Sachlage erteilt wurde, ist auf die Sicht des verständigen Durchschnittsverbrauchers abzustellen, wobei ohnehin die Möglichkeit des jederzeitigen Widerrufs besteht. Formvorschriften bestehen nicht.

245 *(5) Beweislast.* Die **Darlegungs- und Beweislast** für das Vorliegen einer Einwilligung des konkret Angerufenen **trägt der Werbende.**[427] In der Praxis wird der Werbende oftmals Schwierigkeiten haben, das Vorliegen einer wirksamen Einwilligung zu beweisen, so dass er im Streitfall de facto auf eine **schriftliche Einwilligung** des Angerufenen angewiesen sein wird.[428]

246 Wird der Verbraucher durch den Werbenden aufgefordert, mittels eines **Online-Formulars** seinen Teilnahmewunsch an einem Gewinnspiel zu erklären, willigt zugleich durch Setzen eines gesonderten Häkchens in die Telefonwerbung ein und bestätigt er anschließend seinen Teilnahmewunsch per E-Mail auf Aufforderung, so ist dies für den **Nachweis** der tatsächlichen Einwilligung in die Telefonwerbung nicht geeignet. Es besteht kein notwendiger Zusammenhang zwischen der E-Mail-Adresse, unter welcher der Teilnahmeantrag abgesandt wurde, und der in diesem Antrag angegebenen Telefonnummer, da es zahlreiche Gründe gibt, aus denen eine falsche Telefonnummer in das Online-Teilnahmeformular eingetragen worden sein könnte, etwa gerade den Wunsch, sich selbst durch Angabe einer falschen (fremden) Nummer vor unerwünschten Werbeanrufen zu schützen.[429]

247 *(6) Verhältnis zur datenschutzrechtlichen Einwilligung.* Die Einwilligung in Anrufe zu Werbezwecken nach § 7 Abs. 2 ist zu unterscheiden von der **Einwilligung in die Datenverarbeitung** für Zwecke der Werbung nach § 28 Abs. 3 Satz 1 BDSG, für die grundsätzlich eine Opt-out-Erklärung genügt.[430]

248 *bb) Einzelfälle. (1) Angabe der Telefonnummer auf Gewinnspielkarte.* Wenn ein **Teilnehmer eines Gewinnspiels** auf der **Teilnehmerkarte** seine **(geschäftliche) Telefonnummer** angegeben hat, liegt darin noch nicht einmal eine konkludente Einwilligung in Werbeanrufe, weil er damit lediglich die Hoffnung verbindet, telefonisch von seinem Gewinn unterrichtet zu werden. Ebenso reicht es für eine ausdrückliche Einwilligung nicht aus, wenn ein auf der Teilnehmerkarte aufgedruckter Passus „Ich bin damit einverstanden, dass mir die X-AG weitere interessante Angebote macht (ggf. bitte streichen)" nicht gestrichen wurde.[431]

249 Die Einwilligung muss **gesondert** erklärt werden, darf also nicht in Textpassagen enthalten sein, die auch andere Hinweise enthalten.[432]

250 *(2) Einholen der Einwilligung am Telefon.* Ruft der Werbende den Verbraucher zu Werbezwecken an und bittet **erst im Zuge dieses Telefonats** um die Erklärung der Einwilligung, ist bereits dieser (Werbe-)-Anruf mangels vorheriger Einwilligung unzulässig.[433] Anders ist es, wenn der Verbraucher eine elektronische Einwilligung erklärt hat und der Anruf dem Zweck dient, diese Einwilligung nochmals zu bestätigen bzw. die Übereinstimmung von angegebener E-Mail-Adresse und Telefonnummer zu überprüfen.[434]

251 *(3) Bitte des Kunden um Informationsmaterial.* Die schriftliche **Bitte um Zusendung von Informationsmaterial** beinhaltet keine, auch **keine konkludente Einwilligung in Werbeanrufe;**

---

[427] BGH WRP 2011, 1153 Rdn. 31 – *Double-opt-in-Verfahren;* BGH GRUR 2000, 818, 819 – *Telefonwerbung IV.*

[428] *Köhler* NJW 2009, 2567, 2568; *van Raay/Meyer-van Raay* VuR 2009, 103, 106.

[429] BGH WRP 2011, 1153 Rdn. 39f. = MMR 2011, 662, 664 Rdn. 39 – *Double-opt-in-Verfahren;* siehe zu den Schwierigkeiten der Beweisführung in diesen Fällen auch LG Ulm BeckRS 2012, 05353; siehe aber zur Beweislast bei der E-Mailwerbung unten Rdn. 306.

[430] BGH GRUR 2008, 1010 Rdn. 20ff. – *Payback;* BGH NJW 2010, 864 Rdn. 20ff. – *Happy Digits;* zu den Anforderungen an die Einwilligung nach dem BDSG siehe *Pfeifer* MMR 2010, 524; zum Verhältnis der Einwilligung nach § 7 zur Einwilligung nach § 28 BDSG siehe *Lenz/Rabe* VersR 2010, 1541, 1543; eingehend auch *Buchner* FS Köhler 2014, 51ff.

[431] BGH WRP 2011, 863 = GRUR 2011, 629 – *Einwilligungserklärung für Werbeanrufe;* LG Hamburg MMR 2005, 630: damit würde die gesetzliche Regelung, die dem sog. Opt-in-Modell folgt, in eine Opt-out-Lösung umgekehrt; so auch LG Stuttgart WRP 2005, 1041; vgl. auch KG NJW 2011, 466; siehe auch *vzbv,* Gerichte schränken Telefonwerbung ein, MMR-Aktuell 2011, 322721.

[432] Vgl. BGH WRP 2011, 863 = GRUR 2011, 629 – *Einwilligungserklärung für Werbeanrufe;* ebenso für die Werbung unter Verwendung elektronischer Post: BGH MMR 2011, 248; a. A. *Pauli* WRP 2011, 1232, 1235.

[433] Zum Wettbewerbsverstoß durch Einholen einer Einwilligung siehe auch *Köhler*/Bornkamm § 7 Rdn. 155ff.

[434] Vgl. BGH WRP 2011, 1153 Rdn. 39f. – *Double-opt-in-Verfahren;* zur Zulässigkeit der Übersendung einer Aufforderung zur Bestätigung der Einwilligung per E-Mail im Rahmen des Double-opt-in-Verfahrens siehe OLG Celle WRP 2014, 1218, 1219; a. A. aber OLG München WRP 2013, 111 mit kritischer Anmerkung *Gramespacher* WRP 2013, 113; für die Zulässigkeit der Bestätigungsaufforderung in diesem Fall auch *Ohly*/Sosnitza § 7 Rdn. 54.

dies gilt natürlich erst Recht, wenn der Kunde auf der Karte das Feld für die Angabe der Telefonnummer sogar durchgestrichen hat.[435] Auch nach der Versendung des erbetenen Informationsmaterials darf der Unternehmer den Verbraucher nicht anrufen. Falls ein Verbraucher aber Informationsmaterial anfordert und dabei schriftlich um einen Rückruf bittet, wird von einer ausdrücklichen Einwilligung auszugehen sein.[436] Auch wenn der Kunde bei einem Unternehmen anruft, ist der Rückruf zulässig,[437] nicht jedoch zukünftige Folgeanrufe oder die Ausdehnung der Werbung während des Gesprächs auf weitere Produkte, zu denen der Kunde keine Information erbeten hatte.

(4) Einwilligung in Allgemeinen Geschäftsbedingungen. Erfolgt die Einholung der Einwilligung in einer vom Verwender formulierten einseitigen Erklärung, die **im Zusammenhang mit einem Vertragsverhältnis** steht, unterliegt die Einwilligungserklärung der **AGB-Kontrolle** nach §§ 305 ff. BGB, auch wenn es sich bei der Einwilligung um eine einseitige, vom zugrundeliegenden Vertrag zu unterscheidende Erklärung handelt, und nicht um eine Vertragsbedingung im Sinne der §§ 305 ff. BGB.[438] Ein Zusammenhang der Erklärung mit einem Vertragsverhältnis besteht etwa im Falle einer Teilnahme an einem Gewinnspiel. Dabei ist es nach der jüngsten Rechtsprechung des BGH unerheblich, ob der am Gewinnspiel interessierte Verbraucher den Eindruck gewinnt, ohne Einwilligung in die Telefonwerbung sei eine Spielteilnahme nicht möglich.[439] 252

Grundsätzlich ist die Einholung der Einwilligung eines Verbrauchers im Wege vorformulierter AGB am **Transparenzgebot** des § 307 Abs. 1 S. 2 BGB zu messen. Ferner darf die Einholung für den Verbraucher nicht **überraschend** im Sinne des § 305c Abs. 1 BGB sein.[440] Unklarheiten hinsichtlich des Inhalts oder der Reichweite der Einwilligung gehen nach § 305c Abs. 2 BGB zu Lasten des Verwenders.[441] 253

Im Rahmen der **Inhaltskontrolle** nach § 307 BGB ist zu differenzieren: Wird dem Verbraucher im Rahmen einer gesonderten, bereits vorformulierten Klausel die Wahl gelassen, ob er seine Einwilligung zu Werbeanrufen in konkret bezeichneten Fällen (etwa durch Ankreuzen eines Kästchens) erklären will **(„Opt-in")** und genügt die Klausel den Anforderungen an das **Transparenzgebot,** liegt keine unangemessene Benachteiligung vor.[442] Dagegen ist von einer unangemessenen Benachteiligung auszugehen, wenn die vorformulierte Klausel bereits die Erklärung des Einverständnisses vorsieht (etwa durch Verwendung eines bereits angekreuzten Kästchens „einverstanden") **(„Opt-out"),** wenn die Einwilligungserklärung in anderen Textpassagen enthalten ist, wenn sie nicht auf ein bestimmtes Unternehmen und bestimmte Produkte begrenzt ist oder Telefonwerbung betrifft, die über das bestehende Vertragsverhältnis hinausgeht, oder wenn sie in anderer Hinsicht unklar oder unbestimmt formuliert ist.[443] 254

(5) Schweigen auf schriftliche Ankündigung. Ein Telefonanruf bei einem Verbraucher ist auch dann wettbewerbswidrig, wenn er zuvor in einem Werbeschreiben angekündigt wurde und der Angeru- 255

---

[435] BGH GRUR 1990, 280, 281 – *Telefonwerbung III;* vgl. OLG Düsseldorf WRP 1997, 853, 854; jurisPK-UWG/*Koch* § 7 Rdn. 236.

[436] KG WM 1988, 1144, 1146.

[437] A. A. *Köhler*/Bornkamm § 7 Rdn. 146b, der einen Rückruf nur bei einer entsprechenden ausdrücklichen Bitte des Kunden für zulässig erachten will.

[438] BGH GRUR 2008, 1010 – *Payback;* BGH GRUR 2000, 818, 819 – *Telefonwerbung IV;* BGH WRP 1999, 660, 661 – *Einverständnis mit Telefonwerbung;* siehe hierzu auch *Jankowski* GRUR 2010, 495; kritisch *Lettl* NJW 2001, 42; zur grundsätzlichen Zulässigkeit der Einholung der Einwilligung im Rahmen vorformulierter Erklärungen BGH GRUR 2013, 531 – *Einwilligung in Werbeanrufe II.*

[439] BGH GRUR 2013, 531 Rdn. 20 – *Einwilligung in Werbeanrufe II;* so im Ergebnis auch *Köhler*/Bornkamm, § 7 Rdn. 152, der allerdings bereits in der Aufforderung, eine Einwilligungserklärung für Werbeanrufe abzugeben und in der nachfolgenden Abgabe einer solchen Erklärung einen Vertrag sieht, welcher die Anwendung der §§ 305 ff. BGB rechtfertige; a. A. KG NJW 2011, 466; siehe hierzu auch BGH MMR 2011, 531, 532 f., Tz. 25 = GRUR 2011, 629 – *Einwilligungserklärung für Werbeanrufe;* zustimmend *Pauli* WRP 2011, 1232, 1235 f.; vgl. auch *Isele* GRUR-Prax 2011, 323611.

[440] OLG Hamm WRP 2011, 941, 943.

[441] *Köhler*/Bornkamm § 7 Rdn. 153.

[442] BGH GRUR 2008, 1010 – *Payback;* vgl. auch *Ayad/Schafft* BB 2002, 1711 ff.; *Köhler*/Bornkamm, § 7 Rdn. 153c; *Ohly*/Sosnitza, § 7 Rdn. 53; siehe hierzu auch *Jankowski* GRUR 2010, 495; vgl. auch *Lettl* NJW 2001, 42, der das AGB-Recht auf diesen Fall gar nicht für anwendbar hält.

[443] OLG Frankfurt, Urt. v. 17. Dezember 2015, 6 U 30/15; BGH GRUR 2000, 818, 819 – *Telefonwerbung VI* („in Geldangelegenheiten"); BGH WRP 2011, 863 – *Einwilligungserklärung für Werbeanrufe* („interessante telefonische Angebote … aus dem Abonnementbereich"); OLG Köln WRP 2008, 1130 („Unternehmen des A-Konzerns"); siehe auch BGH GRUR 2008, 1010 – *Payback;* BGH WRP 1999, 660, 661 – *Einverständnis mit Telefonwerbung;* BGH WRP 1999, 847, 851 – *Private Vorsorge bei Arbeitslosigkeit;* LG Leipzig, Urteil vom 1. Juli 2011, BeckRS 2011, 21264; *Isele* GRUR-Prax 2011, 323611; *Seichter/Witzmann,* WRP 2007, 699, 705; *Pauli* WRP 2009, 1192, 1194.

fene auf dieses Schreiben hin nichts unternommen hat. Das **bloße Schweigen** auf eine solche Ankündigung stellt **keine Einwilligung** dar.[444]

256 *(6) Vertragserweiterung und -ergänzung.* Ein **Anruf bei einem privaten Versicherungsnehmer** zu dem Zweck, ihn zur Versicherung eines weiteren Risikos zu veranlassen, setzt seine vorherige Einwilligung voraus.[445] Durch die Angabe einer Telefonnummer in den Versicherungsunterlagen liegt nur die Einwilligung vor, **wegen des schon bestehenden Vertrages** und im Bereich seines Versicherungsschutzes einen Anruf zu erhalten. Es kann hierin keine Einwilligung dahingehend gesehen werden, auch wegen einer Erweiterung oder Ergänzung des Versicherungsschutzes angerufen zu werden. Insbesondere rechtfertigt die Möglichkeit, dass zusätzlicher Versicherungsbedarf gegeben sein könnte, keinen Anruf.[446] Generell erstreckt sich die Einwilligung bei Angabe einer Telefonnummer im Rahmen eines Vertragsverhältnisses nur auf Anrufe zum Zwecke der Abwicklung dieses Vertrags, nicht aber auf Anrufe zum Zwecke der Bewerbung einer Erweiterung des Vertrags oder anderer Produkte des Unternehmens.[447] **Vertragsakzessorische** Anrufe, die der Erfüllung vertraglicher Nebenpflichten dienen, gelten nicht als Werbeanrufe und unterliegen daher auch nicht dem Einwilligungserfordernis.[448]

257 *(7) Telefonische Kundenzufriedenheitsabfrage.* Im Auftrag eines Unternehmens durchgeführte telefonische Befragungen zur **Kundenzufriedenheit** sind Werbeanrufe im Sinne des § 7 Absatz 2 Nr. 2, da sie jedenfalls auch dazu dienen, Kunden zu halten und damit jedenfalls mittelbar dem Zweck der Absatzförderung dienen.[449]

258 *cc) Geplante Verschärfung.* Im Rahmen des Gesetzes zur Fortentwicklung des Verbraucherschutzes bei unerlaubter Telefonwerbung[450] war eine **Verschärfung des Abs. 2 Nr. 2** hinsichtlich der **Anforderungen an die Einwilligung des Verbrauchers** geplant. Nach dem Gesetzentwurf, den der Bundestag am 27. Juni 2013 abgelehnt hat, sollten in Abs. 2 Nr. 2 nach den Wörtern „ausdrückliche Einwilligung" die Wörter **„in Textform"** im Sinne von § 126b BGB eingefügt werden. Darüber hinaus war die Einführung der so genannten **Bestätigungslösung für Folgeverträge** unzulässiger Telefonwerbung vorgesehen. Danach sollte eine neue Vorschrift in das BGB aufgenommen werden, nach der eine telefonisch abgegebene Willenserklärung des Verbrauchers erst wirksam werden sollte, wenn dieser sie gegenüber dem Unternehmer binnen zweier Wochen in Textform bestätigt, sofern nicht der Unternehmer darlegen und beweisen kann, dass das Telefongespräch nicht von ihm veranlasst wurde oder dass der Verbraucher vorher in den Anruf eingewilligt hat.[451] Von der Aufnahme dieser so genannten Bestätigungslösung wurde abgesehen. In der Praxis hätte eine solche voraussichtlich zu nicht unerheblichen Schwierigkeiten und Unsicherheiten über die Wirksamkeit von Verträgen geführt, wenn – wie es häufig der Fall sein dürfte – zwischen Verbraucher und Unternehmer Uneinigkeit darüber bestanden hätte, ob eine vorherige Einwilligung des Verbrauchers in den Telefonanruf vorlag.[452]

259 **c) Telefonanrufe gegenüber sonstigen Marktteilnehmern.** *aa) Wettbewerbsrechtliche Beurteilung.* Mit Blick auf **Werbeanrufe gegenüber Unternehmern** haben weder die UWG-Reform von 2008 noch das Gesetz zur Bekämpfung unerlaubter Telefonwerbung und zur Verbesserung des Verbraucherschutzes bei besonderen Vertriebsformen noch die UWG-Reform von 2015 Veränderungen gebracht.

---

444 BGH GRUR 1989, 753, 754 – *Telefonwerbung II.*

445 BGH GRUR 1995, 220, 220 – *Telefonwerbung V;* ähnlich zur Bewerbung eines Spezialtarifs OLG Köln CR 2002, 196. Vgl. dazu auch OLG Frankfurt K&R 2005, 519 sowie OLG Frankfurt GRUR-RR 2013, 74, 75.

446 BGH GRUR 1995, 220, 221 – *Telefonwerbung V.*

447 BGH GRUR 1995, 220, 221 – *Telefonwerbung V;* OLG Frankfurt GRUR 2005, 964.

448 Begründung zum Gesetz zur Bekämpfung unerlaubter Telefonwerbung und zur Verbesserung des Verbraucherschutzes bei besonderen Vertriebsformen, BT-Drucks. 16/10734, S. 13; *Köhler*/Bornkamm § 7 Rdn. 134; zur Rechtlage vor der UWG-Reform 2008 *Seichter/Witzmann* WRP 2007, 699, 702 f.

449 OLG Köln GRUR-RR 2014, 80; OLG Köln MMR 2012, 535; OLG Köln MMR 2009, 267; ausführlich zur Abgrenzung zulässiger Markt- und Meinungsforschungen von unzulässiger Telefonwerbung *Hornung/Hofmann* WRP 2014, 910.

450 Vgl. Bundesratsentwurf eines Gesetzes zur Fortentwicklung des Verbraucherschutzes bei unerlaubter Telefonwerbung, BT-Drucks. 17/6482 vom 6.7.2011.

451 Zu dieser Bestätigungslösung siehe befürwortend *Fezer* GRUR-Prax 2011, 361 sowie ablehnend *Ohly,* GRUR-Prax 2011, 366, der insbesondere den Widerspruch zur Systematik des Schuld- und Lauterkeitsrechts rügt; ebenso *Nemeczek* WRP 2011, 530; *Köhler* NJW 2009, 2567, 2569; siehe aber AG Bremen GRUR-Prax 2014, 46, das entgegen der einhelligen Rechtsauffassung die Nichtigkeit eines im Rahmen eines unerbetenen und unzulässigen Telefonanrufs nach § 134 BGB angenommen hat.

452 Kritisch auch *Nemeczek* WRP 2011, 530.

Die Rechtsprechung[453] hält im Einklang mit der überwiegenden Auffassung der Literatur Telefonwerbung gegenüber einem Unternehmer grundsätzlich für wettbewerbswidrig, sofern dessen Einwilligung in die telefonische Ansprache nicht gegeben ist. 260

Zwar scheidet im B2B-Bereich das bei der Telefonwerbung gegenüber einem Verbraucher im Mittelpunkt stehende Eindringen in die Privatsphäre aus.[454] Die Gefahr der Überrumpelung besteht somit in weit geringerem Umfang. Auch stehen Unternehmer Anrufen durch ihnen bis dahin unbekannte Anrufer in der Regel aufgeschlossener gegenüber als Verbraucher,[455] denn sie **rechnen generell mit Telefonanrufen potenzieller Geschäftspartner und sonstiger Personen,** die mit ihnen im eigenen geschäftlichen Interesse Kontakt aufnehmen wollen.[456] Unternehmer unterhalten ihren Telefonanschluss aber in erster Linie im eigenen Interesse und nicht im Interesse anderer Werbetreibender. Telefonische Werbemaßnahmen können daher sehr wohl zu unzumutbaren Beeinträchtigungen des angerufenen Unternehmers führen, ihn insbesondere in der beruflichen Tätigkeit stören.[457] Außerdem wird während des Anrufes der Telefonanschluss belegt.[458] Es gilt daher auch im B2B-Bereich der Grundsatz, dass eine Einwilligung des Adressaten gegeben sein muss. Neben einer ausdrücklichen Einwilligung kann hier aber auch eine **konkludente** oder **mutmaßliche Einwilligung** zur **Zulässigkeit der Telefonwerbung** führen.[459] 261

(1) Sonstige Marktteilnehmer. **Sonstige Marktteilnehmer** sind alle Personen, die – mit Ausnahme von Verbrauchern – als Anbieter oder Nachfrager von Waren oder Dienstleistungen tätig sind (vgl. § 2 Abs. 1 Nr. 2). Hierunter fallen in erster Linie **Unternehmer** i. S. d. § 2 Abs. 1 Nr. 6, also natürliche oder juristische Personen, die geschäftliche Handlungen im Rahmen ihrer gewerblichen, handwerklichen oder beruflichen Tätigkeit vornehmen, sowie Personen, die im Namen oder Auftrag einer solchen Person handeln. Nach Auffassung von *Köhler* hätte der Gesetzgeber allerdings streng zwischen natürlichen und juristischen Personen unterscheiden müssen, da Art. 13 Abs. 3 und Abs. 5 bei natürlichen Personen nur die Wahl zwischen „Opt-in" und „Opt-out" vorsehe, nicht aber die Möglichkeit einer nur mutmaßlichen Einwilligung für den Fall, dass die natürliche Person kein Verbraucher ist.[460] 262

Der **Unternehmerbegriff** ist **weit auszulegen.** Auch Freiberufler, Handwerker, Landwirte und Kleingewerbetreibende sind Unternehmer. Ebenso fällt eine nebenberufliche Tätigkeit unter den Unternehmerbegriff.[461]

Unter den Begriff der sonstigen Marktteilnehmer fallen auch **Arbeitnehmer,** soweit sie im Zusammenhang mit dem Abschluss, der Änderung oder der Aufhebung eines Arbeitsvertrags, also insbesondere zum Zweck der **Abwerbung,** angesprochen werden. Weiter gelten als sonstige Marktteilnehmer auch alle juristischen Personen des Privatrechts und des öffentlichen Rechts, soweit sie nicht die Anforderungen des § 2 Nr. 6 erfüllen. 263

Maßgeblich ist jeweils die **Zweckbestimmung des beworbenen Geschäfts.** Um einen Telefonanruf gegenüber einem sonstigen Marktteilnehmer handelt es sich auch, wenn die in den aktuellen Telefonbüchern einem gewerblichen Unternehmer zugeschriebene Nummer angewählt, der Anruf aber ohne Kenntnis des Anrufers zu einem privaten Anschluss automatisch umgeleitet wird. In diesem Fall ist davon auszugehen, dass der Adressat ein unternehmerisches Interesse an einem Anruf unter seinem privaten Anschluss hat.[462] 264

(2) Ausdrückliche oder konkludente Einwilligung. Zulässig ist die Telefonwerbung gegenüber einem sonstigen Marktteilnehmer jedenfalls, wenn seine ausdrückliche oder konkludente Einwilligung vorliegt. Eine **konkludente Einwilligung** liegt vor, wenn der Wille des Adressaten, einen Anruf zu Werbezwecken zu akzeptieren, seinen Ausdruck zwar nicht explizit in einer Erklärung findet, er 265

---

453 BGH GRUR 1991, 764, 765 – *Telefonwerbung IV;* BGH WRP 2001, 1068, 1070 – *Telefonwerbung für Blindenwaren;* OLG Hamburg NJWE-WettbR 1997, 3, 4; OLG Köln CR 1999, 160, 160; OLG Köln GRUR-RR 2002, 237, 238 – *Auftragserweiterung;* OLG Frankfurt K&R 2002, 252, 253; OLG Frankfurt GRUR-RR 2003, 320 – *Telefonwerbung gegenüber Handwerksbetrieben;* BGH GRUR 2004, 520, 521 – *Telefonwerbung für Zusatzeintrag.*

454 BGH GRUR 1991, 764, 765 – *Telefonwerbung IV;* OLG Hamburg NJW-RR 1996, 365, 366; OLG Frankfurt K&R 2002, 252, 253.

455 BGH WRP 2001, 1068, 1071 – *Telefonwerbung für Blindenwaren.*

456 BGH GRUR 1991, 764, 765 – *Telefonwerbung IV;* BGH WRP 2001, 1068, 1071 – *Telefonwerbung für Blindenwaren;* OLG Hamburg NJW-RR 1996, 365, 366; BGH GRUR 2004, 520, 521 – *Telefonwerbung für Zusatzeintrag.*

457 BGH WRP 2010, 2010, 1249 Rdn. 20 – *Telefonwerbung nach Unternehmenswechsel.*

458 BGH GRUR 1991, 764, 765 – *Telefonwerbung IV;* BGH WRP 2001, 1068, 1070 – *Telefonwerbung für Blindenwaren.*

459 Vgl. RegE-UWG 2008, S. 60.

460 *Köhler* WRP 2012, 1329, 1333; siehe hierzu schon oben Rdn. 2.

461 Palandt/*Ellenberger* § 14 BGB Rdn. 2.

462 OLG Köln GRUR-RR 2005, 138 – *Weinwerbung gegenüber Blumenhandlung; Ohly*/Sosnitza § 7 Rdn. 55.

aber Handlungen vornimmt, die mittelbar darauf schließen lassen, dass er mit einem solchen Anruf einverstanden ist. Aus bloßem Schweigen des Adressaten kann eine konkludente Einwilligung nicht abgeleitet werden.[463] Entscheidend ist die objektive Erklärungsbedeutung seines Handelns, wobei für den Adressaten erkennbar sein muss, dass sein Verhalten als Einwilligung gedeutet werden könnte. Allein durch die Bekanntgabe seiner Telefonnummer in den Telefonverzeichnissen gibt der Anschlussinhaber nicht seine Bereitschaft zu verstehen, mit jedermann in Kontakt zu treten zu wollen.[464] Auch das Bestehen einer geschäftlichen Beziehung reicht als solches grundsätzlich nicht aus, um ohne weiteres von einer konkludenten Einwilligung in eine telefonische Ansprache beliebigen (werblichen) Inhalts auszugehen.[465]

266 *(3) Mutmaßliche Einwilligung.* Schließlich führt im B2B-Bereich auch die bloß **mutmaßliche Einwilligung** zum Entfallen einer unzumutbaren Belästigung.[466]

267 Bei der Feststellung, ob von einer mutmaßlichen Einwilligung auszugehen ist, ist auf die **Umstände vor dem Anruf** abzustellen. Hat der Adressat vor dem Anruf seine Ablehnung mit dieser Form der Werbung zum Ausdruck gebracht „kommt es grundsätzlich nicht darauf an, ob der Anruf zum Vertragsabschluss geführt hat.[467] In diesem Fall kann sich der Werbende nicht auf die mutmaßliche Einwilligung des Angerufenen berufen.

268 Eine mutmaßliche Einwilligung liegt vor, wenn aufgrund **konkreter tatsächlicher Umstände ein sachliches Interesse** des Anzurufenden vom Anrufer vermutet werden kann.[468] Eine allgemeine Sachbezogenheit zu dem Geschäftsbetrieb begründet für sich allein kein ausreichendes Interesse. Ansonsten würde dies eine nahezu unbeschränkte Zulässigkeit der Telefonwerbung gegenüber Unternehmern bedeuten.[469] Es muss ein konkreter Grund hinzutreten, der aus dem Interessenbereich des Gewerbetreibenden herzuleiten ist und der diese Art von Werbung rechtfertigen kann.[470] Hierbei kommt es nicht auf die subjektive Sicht des Anrufers an, sondern darauf, ob er bei verständiger Würdigung der Umstände davon ausgehen darf, dass der Angerufene gerade eine telefonische Kontaktaufnahme zu diesem Zweck billigt.[471] Der Werbende muss bei verständiger Würdigung des Einzelfalls annehmen dürfen, der Anzurufende erwarte einen Werbeanruf oder stehe ihm jedenfalls positiv gegenüber.[472] Maßgeblich ist das Empfinden des Durchschnittsmarkteilnehmers.[473] Der Werbende muss also von einem **gegenwärtigen Bedarf** des Unternehmers an der beworbenen Ware oder Dienstleistung ausgehen und des Weiteren annehmen dürfen, dass der Unternehmer außerdem vermutlich mit einer Telefonwerbung einverstanden sein wird. Dass der Werbende von einem aktuellen Bedarf an der angebotenen Ware oder Dienstleistung ausgehen darf, genügt allein nicht. Die mutmaßliche Einwilligung des anzurufenden Unternehmers muss sich nicht nur auf den **Inhalt,** sondern auch auf die **Art** der Werbung erstrecken. Der Unternehmer muss dementsprechend mutmaßlich (gerade) auch mit einer telefonischen Werbung einverstanden sein.[474] Das Risiko der Fehleinschätzung trägt der Anrufer.[475] Allerdings dürfen keine zu hohen Anforderungen gestellt werden.[476]

---

[463] Vgl. BGH GRUR 1989, 753, 754 – *Telefonwerbung II.*

[464] BGH GRUR 1970, 523, 524 – *Telefonwerbung I;* LG Münster WRP 2005, 639, 640.

[465] BGH GRUR 1989, 753, 754 – *Telefonwerbung II;* BGH GRUR 1990, 280, 281 – *Telefonwerbung III;* siehe auch BGH GRUR 2004, 520, 521 – *Telefonwerbung für Zusatzeintrag; Köhler*/Bornkamm § 7 Rdn. 162; a. A. OLG Hamburg WRP 1978, 553.

[466] Vgl. RegE-UWG 2008, S. 60.

[467] *Ohly*/Sosnitza § 7 Rdn. 56.

[468] Vgl. BGH GRUR 1991, 764, 765 – *Telefonwerbung IV;* BGH GRUR 1995, 220, 221 – *Telefonwerbung V;* BGH WRP 2001, 1068, 1070 – *Telefonwerbung für Blindenwaren;* BGH GRUR 2004, 520, 521 – *Telefonwerbung für Zusatzeintrag;* BGH GRUR 2008, 189, 190 – *Suchmaschineneintrag; Köhler*/Bornkamm § 7 Rdn. 164; *Ohly*/Sosnitza § 7 Rdn. 56.

[469] BGH GRUR 2007, 607 – *Telefonwerbung für Individualverträge;* BGH GRUR 1991, 764, 765 – *Telefonwerbung IV;* BGH WRP 2001, 1068, 1070 – *Telefonwerbung für Blindenwaren;* OLG Frankfurt WRP 2005, 140; OLG Hamburg NJWE-WettbR 1997, 3, 4; *Köhler*/Bornkamm § 7 Rdn. 165.

[470] Vgl. BGH GRUR 1991, 764, 765 – *Telefonwerbung IV;* BGH WRP 2001, 1068, 1070 – *Telefonwerbung für Blindenwaren.*

[471] *Köhler*/Bornkamm § 7 Rdn. 165.

[472] BGH GRUR 2010, 939, 940 – *Telefonwerbung nach Unternehmenswechsel;* BGH GRUR 2004, 520, 521 – *Telefonwerbung für Zusatzeintrag;* vgl. auch BGH GRUR 1991, 764, 765 – *Telefonwerbung IV;* BGH WRP 2001, 1068, 1071 – *Telefonwerbung für Blindenwaren;* OLG Frankfurt K & R 2002, 252, 253; OLG Köln GRUR-RR 2002, 237, 238 – *Auftragserweiterung.*

[473] BGH GRUR 2010, 939, 940 – *Telefonwerbung nach Unternehmenswechsel.*

[474] BGH GRUR 2008, 189, 190 – *Suchmaschineneintrag;* BGH GRUR 2004, 520 – *Telefonwerbung für Zusatzeintrag;* vgl. auch *Köhler*/Bornkamm § 7 Rdn. 166; siehe auch OLG München WRP 2011, 1216, 1217.

[475] Vgl. OLG München WRP 2011, 1216, 1217; OLG Frankfurt K&R 2002, 252, 253; *Köhler*/Bornkamm § 7 Rdn. 167.

[476] OLG Frankfurt K & R 2002, 252, 254.

Ein ausreichendes Interesse des anzurufenden Unternehmers, das die Annahme rechtfertigt, er werde mit dem Anruf einverstanden sein, kann insbesondere dann gegeben sein, wenn die telefonische Werbemaßnahme einen sachlichen Zusammenhang zu einer bereits **bestehenden Geschäftsverbindung** aufweist.[477] Dabei dürfte auch genügen, dass eine Geschäftsverbindung zumindest angebahnt wurde. Ergibt sich aus der Geschäftsbeziehung ein hinreichender Grund, der auf eine mutmaßliche Einwilligung schließen lässt, so stellt es für die wettbewerbsrechtliche Beurteilung keinen Unterschied dar, ob der Vertragspartner selbst oder ein Dritter in dessen Auftrag beim Unternehmer anruft.[478] Betrifft der Anruf den eigentlichen Geschäftsgegenstand des anzurufenden Unternehmers, so wird dies häufig für dessen mutmaßliche Einwilligung sprechen; entscheidend kommt es hierauf allerdings nicht an. Eine mutmaßliche Einwilligung kann etwa auch bei einer sinnvollen Erweiterung des bisherigen Vertragsverhältnisses vorliegen.[479] So ist es wettbewerbsrechtlich nicht zu beanstanden, wenn ein ehemaliger Mitarbeiter versucht, die Kunden seines früheren Arbeitgebers telefonisch für den neuen Arbeitgeber zu gewinnen, sofern diese Kontaktaufnahme auf persönlichen Kontakten beruht, welche der Anrufer im Rahmen seiner damaligen Tätigkeit geknüpft hat. Aufgrund des bestehenden persönlichen Kontakts kann in diesem Fall davon ausgegangen werden, dass die angesprochenen Kunden den Anrufen positiv gegenüberstanden.[480] Dabei ist allerdings stets im Einzelfall zu hinterfragen, inwieweit der Adressat Interesse an dem beworbenen Angebot und der konkreten Form der Werbung mittels eines Telefonanrufs hat. So kann eine mutmaßliche Einwilligung nicht angenommen werden, wenn es um die Werbung für einen Eintrag in eine von zahlreichen Internet-Suchmaschinen geht.[481] Ebenso wenig rechtfertigt die Werbung eines Anwalts im Internet einen Anruf zur Bewerbung eines Onlineportals zur Vermittlung von Terminsvertretungen.[482] Dagegen wird eine mutmaßliche Einwilligung in die Telefonwerbung für einen entgeltlichen Eintrag in das Standardwerk „Gelbe Seiten" eher anzunehmen sein.[483] Eine kategorisierende Sichtweise, wonach bei Anrufen, die den **eigentlichen Geschäftsbereich** eines Unternehmers betreffen, regelmäßig ein Interesse zu bejahen ist, während dies in der Regel bei Anrufen, die **bloße Hilfsmittel** der beruflichen Betätigung zum Gegenstand haben, nicht vorliegen soll, wird der Realität nicht gerecht.[484] Maßgebend kann **keine generalisierende Betrachtung** sein, die nicht ausreichend auf das Interesse des Anzurufenden an der jeweiligen Werbung abstellt.[485] Es ist jeweils konkret im Einzelfall zu bestimmen, ob ein rechtfertigender Grund gegeben ist, der aus dem Interessenbereich des Werbeadressaten herzuleiten ist.[486] Ein objektiv günstiges Angebot kann ein Indiz für eine zu vermutende Einwilligung sein.[487] Auch wenn die telefonische Werbemaßnahme gegenüber der schriftlichen Werbung keine Vorzüge aufweist oder ihr sogar einzelne Vorteile fehlen, kann diese im zu vermutenden Interesse des anzurufenden Gewerbetreibenden liegen.[488] 269

Als weitere Indizien für die Annahme einer mutmaßlichen Einwilligung des anzurufenden Unternehmers kommt nach Auffassung des BGH ein **sozial anerkennenswerter Zweck** der Ansprache in Betracht.[489] Allein der Umstand, dass eine Vielzahl von werbenden Unternehmen in einer bestimmten **Branche** vom Mittel der Telefonwerbung Gebrauch macht, sagt allerdings über die wettbewerbsrechtliche Zulässigkeit nichts aus.[490] Auch hier kommt es entscheidend auf die Um- 270

---

[477] BGH GRUR 2010, 939 Rdn. 27 – *Telefonwerbung nach Unternehmenswechsel;* BGH GRUR 2008, 189, 190 Rdn. 18 – *Suchmaschineneintrag;* BGH GRUR 2004, 520, 521 – *Telefonwerbung für Zusatzeintrag;* OLG Hamburg NJW-RR 1996, 365; OLG Düsseldorf MMR 2008, 781.

[478] BGH GRUR 2004, 520, 521 – *Telefonwerbung für Zusatzeintrag.*

[479] BGH GRUR 2004, 520 – *Telefonwerbung für Zusatzeintrag.*

[480] BGH GRUR 2010, 939 Rdn. 29 f. – *Telefonwerbung nach Unternehmenswechsel.*

[481] BGH GRUR 2008, 189 Rdn. 20 – *Suchmaschineneintrag.*

[482] LG Berlin WRP 2014, 888.

[483] BGH GRUR 2004, 520 – *Werbung für Zusatzeintrag.*

[484] Vgl. BGH GRUR 1991, 764, 765 – *Telefonwerbung IV.*

[485] S. BGH GRUR 1991, 764, 765 – *Telefonwerbung IV;* BGH WRP 2001, 1068, 1071 – *Telefonwerbung für Blindenwaren; Köhler*/Bornkamm § 7 Rdn. 165.

[486] BGH GRUR 1991, 764, 765 – *Telefonwerbung IV;* BGH WRP 2001, 1068, 1070 – *Telefonwerbung für Blindenwaren; Ohly*/Sosnitza § 7 Rdn. 57.

[487] BGH GRUR 2007, 607 Rdn. 21 – *Werbung für „Individualverträge";* OLG Frankfurt GRUR-RR 2003, 320, 321 – *Telefonwerbung gegenüber Handwerksbetrieben.*

[488] So zur Datenpflege BGH GRUR 2004, 520, 522 – *Telefonwerbung für Zusatzeintrag.*

[489] BGH WRP 2001, 1068, 1071 f. – *Telefonwerbung für Blindenwaren;* kritisch *Köhler*/Bornkamm § 7 Rdn. 174.

[490] BGH GRUR 2010, 939, 940 – *Telefonwerbung nach Unternehmenswechsel;* großzügiger allerdings BGH WRP 2001, 1068, 1071 f. – *Telefonwerbung für Blindenwaren;* siehe auch *Ohly*/Sosnitza § 7 Rdn. 57, wonach die häufige Annahme ähnlicher Angebote in vergleichbaren Situationen eine mutmaßliche Einwilligung nahelegen kann.

stände des Einzelfalls an. Eine pauschale Bewertung verbietet sich. So kann eine mutmaßliche Einwilligung etwa naheliegen, wenn die Telefonwerbung in dieser Branche aus Sicht der Durchschnittsmarktteilnehmer mit der Verkehrssitte im Einklang steht.[491]

271 Die bloße **Eilbedürftigkeit des Geschäfts** an sich kann die Telefonwerbung ohne Vorliegen weiter Umstände, insbesondere ohne Anhaltspunkte für ein mutmaßliches Interesse gerade des Angerufenen an diesem Geschäft, grundsätzlich nicht rechtfertigen.[492] Die eingangs skizzierten Belastungen des Unternehmers sind bei eilbedürftigen Telefonanrufen nicht geringer als sonst.

272 **Fehlt es an einer zumindest mutmaßlichen Einwilligung,** so ist eine unzumutbare Belästigung nach Abs. 2 Nr. 2 anzunehmen. Einer gesonderten Interessenabwägung bedarf es dann nicht mehr.

273 *bb) Einzelfälle. (1) Headhunting.* Wird eine Person von einem **Personalvermittler** unter der privaten Telefonnummer angerufen und auf die Möglichkeit eines Stellenwechsels angesprochen, richtet sich die Zulässigkeit nach 7 Abs. 2 Nr. 2 Alt. 2, da Verträge zur Begründung oder Aufhebung von Arbeitsverhältnissen keine Verbraucherverträge sind.[493] Es genügt also eine mutmaßliche Einwilligung, die in aller Regel vorliegen wird, da der Adressat an dem Angebot einer neuen Arbeitsstelle zu gegebenenfalls besseren Konditionen ein sachliches Interesse hat.[494]

274 Im Verhältnis zum Arbeitgeber beurteilte der BGH in der Vergangenheit die Zulässigkeit von Telefonanrufen bei einem Arbeitnehmer während der Arbeitszeit nach § 3 Abs. 1.[495] Vorzugswürdig wäre die Anwendung der §§ 4 Nr. 4 UWG 2015 sowie 7 Abs. 1 Nr. 1.[496]

275 Zulässig ist nach der Rechtsprechung eine **erste Kontaktaufnahme mittels Telefonanruf,** der sich auf die Abfrage des Interesses an einem **Wechsel der Stelle,** eine kurze Beschreibung der Stelle sowie das Angebot eines vertieften Kontakts außerhalb der Arbeitszeiten beschränkt und eine Dauer von etwa zwei Minuten nicht überschreitet.[497] Die hiermit verbundene geringfügige Beeinträchtigung des Arbeitgebers muss vor dem Hintergrund des erheblichen und schutzwürdigen Interesses des Arbeitnehmers an einer Verbesserung seiner beruflichen Situation (Art. 12 GG) hingenommen werden. Die Grenzen des Zulässigen werden jedoch überschritten, wenn das Telefongespräch während der Arbeitszeit über die erste Kontaktaufnahme hinaus ausgedehnt oder wiederholt wird,[498] bei fehlendem Interesse des Arbeitnehmers nicht unverzüglich abgebrochen wird oder wenn es der Ausforschung nach potenziellen Abwerbekandidaten dient.[499]

276 *(2) Arbeitnehmerüberlassung.* Der außerhalb einer bestehenden Geschäftsbeziehung geäußerten Bitte eines Unternehmers an ein **Arbeitnehmerverleihunternehmen,** ein schriftliches Angebot abzugeben, ist in der Regel nicht zu entnehmen, dass dieser mit einem Telefonanruf einverstanden sei. Maßgeblich ist, ob der Anrufer aufgrund der konkreten Umstände davon ausgehen konnte, dass sein Anruf wegen eines akuten Bedarfs erwünscht war. [500] Dies mag insbesondere bei großen Unternehmen mit eigener Personalabteilung der Fall sein, die einen ständigen Bedarf an Fremdpersonal haben. Das bloße Bedürfnis des Überlassers an einer raschen **Vermittlung der Leiharbeitnehmer** reicht nicht zur Rechtfertigung einer telefonischen Werbung aus.[501]

277 *(3) Eintragung in den „Gelben Seiten".* Der bloße Eintrag eines Gewerbetreibenden in den **„Gelben Seiten"** rechtfertigt nicht die Annahme, dieser sei mit Anrufen einverstanden, durch die er als „Partnerunternehmen" geworben werden soll.[502] Auch ein konkretes Interesse an einer telefoni-

---

[491] BGH NJW-RR 2002, 326 – *Telefonwerbung gegenüber Gewerbetreibenden;* so auch *Köhler*/Bornkamm, Wettbewerbsrecht, § 7 Rdn. 171.

[492] Ebenso *Köhler*/Bornkamm § 7 Rdn. 166; beispielhaft wird in diesem Zusammenhang der Kauf leicht verderblicher Ware genannt.

[493] Siehe hierzu oben Rdn. 263.

[494] OLG Karlsruhe GRUR 2002, 459 – *Ausspannen von Beschäftigten;* OLG Stuttgart GRUR 2000, 1096; OLG Jena GRUR-RR 2003, 158.

[495] BGH GRUR 2006, 426 Rdn. 16 – *Direktansprache am Arbeitsplatz II.*

[496] Vgl. *Köhler*/Bornkamm § 7 Rdn. 175; siehe auch *Ohly*/Sosnitza § 7 Rdn. 58, der allerdings neben § 4 Nr. 4 UWG 2015 (§ 4 Nr. 10aF) für eine Anwendung von 7 Abs. 2 Nr. 2 Alt. 2 plädiert.

[497] BGH GRUR 2004, 696 – *Direktansprache am Arbeitsplatz I;* BGH GRUR 2006, 426 Rdn. 16 – *Direktansprache am Arbeitsplatz II;* BGH GRUR 2008, 262 – *Direktansprache am Arbeitsplatz III;* hierzu auch *Ernst* GRUR 2010, 963 ff.

[498] BGH GRUR 2004, 696, 698 f. – *Direktansprache am Arbeitsplatz I;* vgl. auch OLG Stuttgart GRUR 2000, 1096 – *Headhunter.*

[499] Vgl. *Lindacher* in: FS Erdmann, 2002, 647, 655.

[500] *Köhler*/Bornkamm § 7 Rdn. 173; siehe auch *Schricker* GRUR Int. 1998, 541, 550.

[501] Vgl. OLG Düsseldorf WRP 1997, 853, 855 – *Telefonwerbung von Arbeitnehmerverleihern.*

[502] OLG Frankfurt GRUR-RR 2003, 320, 321 – *Telefonwerbung gegenüber Handwerksbetrieben.*

schen Kontaktaufnahme wegen einer Eintragung in einem **elektronischen Branchenbuch** ist hieraus nicht abzuleiten.[503]

Hingegen wird ein sachliches Interesse an einer Telefonwerbung wegen eines **Zusatzeintrages im Amtlichen Fernsprechbuch** im Rahmen des bestehenden Vertragsverhältnisses vermutet. Insofern ist eine Nachahmung durch Dritte auch nicht zu befürchten.[504] 278

(4) Hochgeschwindigkeitszugänge ins Internet. Unterhält ein Unternehmer eine Homepage im Internet und bietet er dort für seine Kunden Dateien zum Herunterladen an, kann nach der Rechtsprechung auch außerhalb einer bestehenden Geschäftsverbindung vermutet werden, dass er an Angeboten für **preisgünstige Hochgeschwindigkeitszugänge ins Internet** als Hilfsmittel der beruflichen Tätigkeit interessiert ist.[505] 279

(5) Telefonwerbung nach Unternehmenswechsel. Ruft ein **ehemaliger Mitarbeiter** nach seinem Wechsel zu einem anderen Unternehmen **Kunden seines ehemaligen Arbeitgebers** an, die ihm aus seiner früheren Tätigkeit bekannt sind, um sie über seinen Wechsel zu informieren und greift er hierbei auf Kenntnisse zurück, deren Nutzung ihm nicht untersagt werden kann, ist dies nicht zu beanstanden. Es ist von einer **mutmaßlichen Einwilligung der Kunden** auszugehen, da diese aufgrund der bereits bestehenden Geschäftsbeziehung ein natürliches Interesse daran haben zu erfahren, dass dieser Mitarbeiter nun nicht mehr bei dem bisherigen Unternehmen tätig ist.[506] 280

(6) Telefonwerbung für Krankenversicherungsverträge. Von einer mutmaßlichen Einwilligung in Telefonwerbung für **Krankenversicherungsverträge für Arbeitnehmer** kann nicht bereits aufgrund eines Eintrags der Telefonnummer in einem Branchenverzeichnis oder aufgrund der Möglichkeit von Kosteneinsparungen im Bereich der Lohnnebenkosten ausgegangen werden.[507] 281

d) Bestimmtheit des Unterlassungsantrags. Ein **Unterlassungsantrag,** der darauf gerichtet ist, es zu **untersagen, unaufgefordert Telefonwerbung zu betreiben,** ohne dass ein vorheriges Einverständnis des Adressaten besteht oder aber zumindest Umstände vorliegen, auf Grund derer das Einverständnis mit einer solchen Kontaktaufnahme vermutet werden kann, ist **hinreichend bestimmt im Sinne von § 253 Abs. 2 Nr. 2 ZPO,** wenn das Charakteristische der Verletzungshandlung in dem unverlangten Werbeanruf gegenüber einem Verbraucher besteht. Es kommt nicht auf den Gegenstand an, für den geworben wird, da Werbeanrufe häufig von **Callcentern** unternommen werden, bei denen der Gegenstand der Werbung beliebig austauschbar ist. Etwas anderes gilt nur für Gewerbetreibende im Rahmen ihres Geschäftsbetriebs für die von ihnen selbst angebotenen Waren oder Dienstleistungen. In diesem Fall reicht die Wiederholungsgefahr nicht über den Unternehmensgegenstand hinaus.[508] Das Verbot der Telefonwerbung muss sich also im Falle einer fehlenden wirksamen Einwilligung nicht auf die konkret beworbenen Produkte und – sofern es sich gegen das Callcenter selbst richtet, nicht einmal auf den Unternehmensgegenstand – des Unternehmens beschränken, das den Auftrag zur Telefonwerbung erteilt hat.[509] 282

e) Sonderfälle. *aa) Werbefinanzierte Telefongespräche.* Hierbei handelt es sich um Telefonverbindungen, die für den Nutzer regelmäßig kostenlos sind und die der Betreiber dadurch finanziert, dass das **Telefongespräch** in regelmäßigen Abständen **durch Werbung unterbrochen** wird. 283

Werbefinanzierte Telefongespräche (präziser: Werbeansagen während solcher Gespräche) stellen keine unzumutbare Belästigung dar.[510] Zwar hat der Angerufene hier zu der Telefonwerbung nicht bereits vor dem Anruf seine Einwilligung erklärt, was grundsätzlich erforderlich ist. Es besteht jedoch die Besonderheit, dass das Telefonat nicht ausschließlich Werbezwecken dient, sondern erst in seinem weiteren Verlauf durch Werbeeinschaltungen unterbrochen wird. Somit ist für den ersten (werbefreien) Gesprächsteil keine Einwilligung des Angerufenen erforderlich. Der Anrufer wird seinen Gesprächspartner regelmäßig gleich zu Beginn auf die folgende Unterbrechung hinweisen, 284

---

503 OLG Stuttgart NJW-RR 1998, 184, 186; OLG Köln CR 1999, 160; LG Münster WRP 2005, 639.

504 BGH GRUR 2004, 520, 522 – *Telefonwerbung für Zusatzeintrag;* a. A. die Vorinstanz OLG Köln GRUR-RR 2002, 237 – *Auftragserweiterung.*

505 Vgl. OLG Frankfurt K & R 2002, 252, 253 f.; zu Recht kritisch *Köhler*/Bornkamm § 7 Rdn. 172.

506 BGH GRUR 2010, 939 Rdn. 27 ff. – *Telefonwerbung nach Unternehmenswechsel.*

507 OLG München WRP 2011, 1216.

508 BGH GRUR 2011, 433 – *Verbotsantrag bei Telefonwerbung* m. w. N. sowie Anm. *Menebröcker* GRUR-Prax 2011, 316786; OLG Frankfurt GRUR-RR 2013, 74; siehe aber auch BGH GRUR 2007, 607 – *Telefonwerbung für „Individualverträge";* OLG Zweibrücken, BeckRS 2009, 9160; zu 7 Abs. 2 Nr. 3 vgl. BGH MMR 2010, 183.

509 BGH GRUR 2011, 433 – *Verbotsantrag bei Telefonwerbung;* OLG Frankfurt GRUR-RR 2013, 74; *Isele* GRUR-Prax 2011, 323611.

510 BGH GRUR 2002, 637, 638 f. – *Werbefinanzierte Telefongespräche;* jurisPK-UWG/*Koch,* UWG, § 7 Rdn. 212; *Köhler*/Bornkamm § 7 Rdn. 177; *Ohly*/Sosnitza § 7 Rdn. 59; a. A. LG Berlin WRP 1999, 1188, 1188 f.

um zu verhindern, dass er bei Einblendung der Werbung auflegt. Durch das **Fortführen des Gespräches und die Hinnahme der Werbeunterbrechung** bringt der Angerufene dann seine Einwilligung zum Ausdruck.[511] Auch nach den Grundsätzen der Laienwerbung sind werbefinanzierte Telefongespräche nicht zu beanstanden.[512]

285 *bb) Umgekehrtes Telefonieren/Umgekehrte Telefonwerbung.* Hierunter versteht man die – etwa im Fernsehen oder Zeitungsanzeigen verbreitete – **Aufforderung durch den Werbenden, bei ihm anzurufen.** Eine solche Aufforderung stellt keine unzumutbare Belästigung dar, da es dem Werbeadressaten **frei steht,** ob er der – in wettbewerbsrechtlich nicht zu beanstandender Weise – an ihn gerichteten Aufforderung Folge leistet oder nicht.[513] Anders kann die Situation aber zu beurteilen sein, wenn Kinder aufgefordert werden, eine gebührenpflichtige Hotline anzurufen. Insbesondere wegen der zu Lasten der Eltern anfallenden Telefongebühren wurde diese Werbung als wettbewerbswidrig angesehen.[514] Auch ist es irreführend, wenn der Anrufende nicht über die Gebührenpflichtigkeit oder die Höhe der anfallenden Telefongebühren informiert wird.

3. Werbung mittels automatischer Anrufmaschinen, Faxgeräten und elektronischer Post (Abs. 2 Nr. 3)

286 **a) Beschreibung.** *aa) Automatische Anrufmaschinen.*[515] Bei automatischen Anrufmaschinen handelt es sich um **Voice-Mail-Systeme,** die den Werbeadressaten in einem automatisierten Verfahren auf seinem Telefon anrufen. Nachdem der Adressat den Hörer abgenommen hat, wird er mit einem aufgezeichneten Werbespot konfrontiert. Auch hierunter fallen so genannten **Lock- oder Pinganrufe,** bei denen die Verbindung nach einmaligem Klingeln unterbrochen und der Angerufene zum Rückruf einer Mehrwertdienstnummer aufgefordert wird.

287 *bb) Telefax.* Die Telefax-Übertragung erlaubt eine **originalgetreue Wiedergabe von Printwerbung** durch das Empfangsgerät. Aufwand und Kosten sind für den Versender relativ gering. Dieser hat die Möglichkeit, die Werbung in einem automatisierten Verfahren an die in einer Datenbank gespeicherten Adressaten zu Zeiten zu übersenden, in denen die Übertragungskosten möglichst niedrig sind. Da Nachrichten, die per Telefax übertragen werden, noch immer eine stärkere Beachtung finden als andere Mitteilungen, kann er eine erhöhte Aufmerksamkeit erwarten. Die Empfänger der Telefax-Werbung werden jedoch mit Belastungen durch deren Versand konfrontiert. Einerseits haben sie – und nicht der Werbende – die Kosten für Strom, Toner, Papier und Wartung des Empfangsgerätes zu tragen. Andererseits ist das in ihrem Interesse vorgehaltene Telefaxgerät während des Empfangs der Werbemitteilung blockiert. Es können weder eigene Mitteilungen versandt, noch können andere, die Empfänger möglicherweise stärker interessierende Telefaxe empfangen werden. Außerdem muss sich der Empfänger der Telefaxwerbung die Mühe machen, diese auszusortieren. Hierbei ist insbesondere zu berücksichtigen, dass sich der werbliche Charakter – im Gegensatz zu anderen Werbematerialien wie z. B. Zeitungsbeilagen – nicht immer auf den ersten Blick erkennen lässt. Allerdings werden Telefaxsendungen zunehmend häufig auf einen PC geleitet und gar nicht mehr am Faxgerät ausgedruckt. Auf das Einwilligungserfordernis hat das aber keinen Einfluss.[516]

288 *cc) Elektronische Post.* Der Begriff der **elektronischen Post** ist richtlinienkonform im Einklang mit Art. 2 Abs. 2 lit. h) auszulegen und umfasst jede über ein öffentliches Kommunikationsnetz verschickte Text-, Sprach-, Ton- oder Bildnachricht, die im Netz oder im Endgerät des Empfängers gespeichert werden kann, bis sie von diesem abgerufen wird. Neben E-Mails fallen unter den Begriff der elektronischen Post auch SMS (short message service) und MMS (multimedia messaging service)[517] sowie elektronische Nachrichten innerhalb von sozialen Netzwerken.

289 Die elektronische Post hat sowohl im privaten als auch im geschäftlichen Kommunikationsverkehr eine **überragende Bedeutung** erlangt. Sie eignet sich insbesondere als **moderne Form des Direktmarketings,** mit der eine große Anzahl von Adressaten schnell, unmittelbar und ohne größeren Kostenaufwand erreicht werden kann. Da die elektronische Post den Empfänger direkt und individuell erreicht, ist ihr Werbepotential um einiges höher als eine allgemeine Publikumswer-

---

[511] BGH GRUR 2002, 637, 639 – *Werbefinanzierte Telefongespräche;* a. A. *Hartwig/Ferschl* WRP 1999, 1083.
[512] BGH GRUR 2002, 637, 639 – *Werbefinanzierte Telefongespräche;* vgl. auch *Hartwig/Ferschl* WRP 1999, 1083.
[513] jurisPK-UWG/*Koch* § 7 Rdn. 211; *Köhler*/Bornkamm § 7 Rdn. 176.
[514] OLG Frankfurt WRP 1994, 426, 427.
[515] Vgl. die Legaldefinition unter Art. 13 Abs. 1 EK-DSRL 2002.
[516] BGH GRUR 2007, 164 Rdn. 9 – *Telefax-Werbung II.*
[517] Vgl. Erwägungsgrund 40 der EK-DSRL.

bung.[518] Mittels elektronischer Post ist es möglich, in sehr effektiver Weise Produktinformationen einer großen Zahl von potentiellen Kunden zukommen zu lassen.

Aufgrund der geringen Kosten, der einfachen Handhabung und der großen Effektivität birgt die elektronische Post aber auch die Gefahr in sich, dass sie zur **massenweisen Kontaktaufnahme** mit potentiellen Kunden missbraucht wird.[519] Damit ist der Inhaber einer E-Mail-Adresse oder eines Smartphones der Gefahr ausgesetzt, dass ihn nicht nur vereinzelte Werbe-E-Mails erreichen, denen kein größeres Belästigungspotential zu attestieren ist, sondern eine wahre Flut von unerwünschten E-Mails bzw. SMS/MMS seine Mailbox oder seinen Handyspeicher überschwemmt. 290

Die massenhafte Versendung von Werbe-E-Mails (**sog. Spamming** oder Spam-Mails) ist insbesondere bei der online E-Mail-Verwaltung problematisch, da hier nur ein **begrenzter Speicherplatz** zur Verfügung steht. Unter Umständen blockieren die Werbe-E-Mails die Mailbox völlig, so dass andere Nachrichten ihren Adressaten nicht erreichen können.[520] Aber auch bei der offline Verwaltung **erhöhen sich die Download-Zeiten** und damit die Kosten des Empfängers.[521] Hinzu kommt der Zeitaufwand, den der Empfänger der Spam-Mails aufbringen muss, um die Werbe-E-Mails auszusondern.[522] 291

Zwar besteht die Möglichkeit, Filterprogramme (sog. Spam-Filter) zu installieren, um die eigene Mailbox vor Werbe-E-Mails zu schützen, doch ist zum einen nicht gewährleistet, dass ein solches Programm alle Formen der Werbe-E-Mails erfasst, und zum anderen kann nicht ausgeschlossen werden, dass nicht auch andere, wichtige E-Mails ausgesondert werden und somit unter Umständen verloren gehen.[523] Die Installation und der **Einsatz von Filterprogrammen** ist dem Adressaten von Werbe-E-Mails zudem **nicht zuzumuten.** Der Adressat kann nicht darauf verwiesen werden, sich auf seine Kosten vor der Zusendung unverlangter E-Mail-Werbung zu schützen.[524] 292

Mit der Werbung per SMS bzw. MMS kann der **Inhaber eines Mobiltelefons jederzeit und überall erreicht** werden. Insbesondere jüngere und kaufkräftige Personen, die überwiegend SMS nutzen, können mit diesem Medium gezielt umworben werden. Der Versand der SMS-Werbung ist sehr kostengünstig. Der Kreis der Empfänger kann nach speziellen Kriterien ausgesucht werden. Eine SMS erscheint **sofort auf dem Display des Mobiltelefons;** der Empfänger kann vorher nicht entscheiden, ob er sie abrufen möchte. In der Regel wird er zusätzlich durch einen **Signalton** über den Empfang einer SMS informiert. Er wird daher häufig seine momentane Tätigkeit unterbrechen. Aufgrund der persönlichen Benutzung des Mobiltelefons hat der Empfänger nicht die Möglichkeit, eine Selektion der Nachrichten durch Personal vornehmen zu lassen. Üblicherweise kann nur eine begrenzte Anzahl von SMS-Nachrichten gespeichert werden. 293

Die **MMS** ermöglicht neben dem Versand von reinen Textnachrichten die Übertragung von **Multimedia-Dateien** wie etwa Bildern, Musik oder Videos. 294

b) Werbung. Abs. 2 Nr. 3 erfasst in gemeinschaftskonformer Auslegung[525] in erster Linie die sog. **Absatzwerbung,** also das an den Adressaten gerichtete Waren- oder Dienstleistungsangebot. Inwieweit auch die sog. **Nachfragewerbung** unter Abs. 2 Nr. 3 fällt, war lange Zeit umstritten.[526] Diesem Streit hat der BGH ein Ende gesetzt, indem er entschieden hat, dass sich Abs. 2 Nr. 3 auch auf die Nachfragewerbung bezieht.[527] Der in Art. 13 Abs. 1 EK-DSRL 2002 gebrauchte Begriff der Direktwerbung umfasse gerade nicht nur die (unmittelbare) Absatzwerbung. Zwar verbinde der allgemeine Sprachgebrauch mit dem Begriff der Werbung in erster Linie Maßnahmen eines Unternehmens, die auf die Förderung des Absatzes seiner Produkte oder Dienstleistungen gerichtet sind. Sinn und Zweck des § 7 würden aber gebieten, dass auch Nachfragehandlungen nicht nur von der Generalklausel des § 7 Abs. 1, sondern ebenso von den konkretisierenden Fallgruppen in Abs. 2 erfasst werden. Denn § 7 bezwecke insgesamt, solche Handlungen als unzumutbare Belästigung zu 295

---

[518] So schon *Busche/Kraft* WRP 1998, 1142, 1142.

[519] Vgl. *Leistner/Pothmann* WRP 2003, 815, 816.

[520] Vgl. OLG Düsseldorf MMR 2006, 681; LG München I MMR 2003, 483, mit Verweis auf LG Berlin MMR 2003, 202.

[521] Vgl. LG Berlin NJW 1998, 3208, 3208 f.; LG Berlin MMR 2000, 704.

[522] Vgl. LG Traunstein NJW 1998, 1648, 1648; LG Berlin MMR 2003, 202; zum E-Mail-Marketing und zum Spamming auch *Frank,* oben Einl. H Rdn. 40 ff.

[523] Vgl. LG Traunstein NJW 1998, 1648, 1648. Grundsätzliche Zweifel an einem effektiven Selbstschutz vor Spam-Mails hegt schon *Leupold* WRP 1998, 270, 272.

[524] LG Dortmund WRP 2005, 1575, 1576; *Leupold* WRP 1998, 270, 272.

[525] Art. 13 Abs. 1 EK-DSRL 2002.

[526] OLG Naumburg NJOZ 2006, 2795; OLG Düsseldorf MMR 2006, 171, 172; *Klein/Insam* GRUR 2006, 379, 380.

[527] BGH GRUR 2008, 923, 924 – *Faxanfrage im Autohandel;* BGH GRUR 2008, 925, 926 – *FC Troschenreuth;* siehe hierzu auch *Möller* WRP 2010, 321, 325.

verbieten, die bereits wegen ihrer Art und Weise unabhängig von ihrem Inhalt als Belästigung empfunden werden. In diesem Zusammenhang sei es nicht ersichtlich, dass die für die Beurteilung der unverlangten Zusendung von E-Mails als wettbewerbswidrig maßgeblichen Gefahren bei Nachfragewerbung nicht zu erwarten sind.[528]

296 Den Ausführungen des BGH ist zuzustimmen. Die teleologische Auslegung des Abs. 2 Nr. 3 gebietet es, auch die Nachfragewerbung unter diesen Verbotstatbestand zu fassen.[529] Die Ansprache per Fernkommunikationsmittel ist unabhängig davon, ob es sich um Nachfrage- oder Absatzwerbung handelt, gleichermaßen belästigend. Maßnahmen der Aufmerksamkeitswerbung bzw. Imagewerbung durch Nachfrage stellen Mittel zum Zweck der **indirekten Absatzwerbung** dar. Diese Wertung qualifiziert die „einfache" Leistungsnachfrage auch nicht als generell verboten ab, denn die konkrete Nachfrage eines Produktes stellt keine Nachfragewerbung dar.

297 **c) Verwendung eines der genannten Fernkommunikationsmittel.** Unter **Verwendung** eines der in Abs. 2 Nr. 3 genannten Fernkommunikationsmittel erfolgt die Werbung auch dann, wenn die Werbung allein beim Empfänger als Fax, E-Mail, SMS oder MMS ankommt. Unerheblich ist es daher beispielsweise, ob der Absender ein Faxgerät verwendet oder ob er die Faxwerbung computergesteuert betreibt.[530]

298 **d) Vorherige Einwilligung.** Erforderlich ist in allen Fallvarianten, also bei Werbung unter Verwendung einer automatischen Anrufmaschine, eines Faxgeräts oder elektronischer Post, sowohl gegenüber einem Verbraucher als auch gegenüber einem sonstigen Marktteilnehmer grundsätzlich die **vorherige ausdrückliche Einwilligung** des Adressaten. Schon nach der UWG-Reform 2004 war allein die **vorherige Zustimmung** als hinreichende Einwilligung im Sinne des Abs. 2 Nr. 3 anzusehen.[531] Dies ergibt sich bereits zwingend aus dem Grundsatz der richtlinienkonformen Auslegung. 7 Abs. 2 Nr. 3 beruht auf **Art. 13 Abs. 1 der EK-DSRL,** der vorsieht, dass die Verwendung von automatischen Anrufmaschinen, Faxgeräten oder elektronischer Post für Zwecke der Direktwerbung nur bei vorheriger Einwilligung der Teilnehmer gestattet werden.

299 Mit der UWG-Reform 2004 wurde in Abs. 2 Nr. 3 zunächst im Wesentlichen Art. 13 Abs. 1 EK-DSRL 2002 umgesetzt. Die Werbung unter Verwendung von automatischen Anrufmaschinen, Faxgeräten oder elektronischer Post **ohne Einwilligung** des Adressaten stellte demnach „in der Regel" eine unzumutbare Belästigung sei.

300 In der Begründung des Regierungsentwurfs 2004 hieß es explizit, dass eine Abweichung von der bis dato ständigen Rechtsprechung nicht beabsichtigt sei.[532] In der Rechtsprechung[533] – wie im Übrigen auch in der Literatur[534] – wurde **vor der UWG-Reform 2008** neben einer ausdrücklichen Einwilligung auch eine **konkludente Einwilligung** als ausreichend erachtet. Es wurde regelmäßig die Parallele zur Telefonwerbung gezogen. Zudem wurde auf Erwägungsgrund Nr. 17 der EK-DSRL 2002 verwiesen, wonach die Einwilligung in jeder geeigneten Weise gegeben werden kann.

301 Eine **mutmaßliche Einwilligung** reichte hingegen schon vor der UWG-Reform 2004 nicht aus, um eine unzumutbare Belästigung entfallen zu lassen. Infolge des Fehlens einer Differenzierung zwischen Verbrauchern und Unternehmern stellte die UWG-Reform 2004 jedoch eine **Verschärfung** der Rechtslage gegenüber der bis dato geltenden Rechtsprechung zu Direktmarketingmaßnahmen gegenüber Unternehmern dar.[535]

302 Mit dem UWG 2008 ging eine weitere Verschärfung der bis dato geltenden Rechtslage zu Direktmarketingmaßnahmen einher. Zum einen entfiel die Möglichkeit der Interessenabwägung anhand des Zumutbarkeitskriteriums, die Zumutbarkeitsschwelle des § 7 Abs. 1 findet keine Anwendung auf Abs. 2. Zum anderen fordert Abs. 2 Nr. 3 in seiner jetzigen Fassung die vorherige **ausdrückliche Einwilligung** des Adressaten. Wiederum wird nicht zwischen Verbrauchern und sonstigen Marktteilnehmern differenziert. Das Erfordernis der ausdrücklichen Einwilligung gilt in

---

[528] BGH GRUR 2008, 923, 924 – *Faxanfrage im Autohandel;* BGH GRUR 2008, 925, 926 – *FC Troschenreuth.*

[529] Ebenso *Ohly*/Sosnitza § 7 Rdn. 62; *Köhler*/Bornkamm § 7 Rdn. 129.

[530] S. Art. 2 S. 2h) EK-DSRL 2002; zur Reichweite der Definition vgl. *Eckhardt* MMR 2003, 557; *Köhler/Lettl* WRP 2003, 1019, 1026; jurisPK-UWG/*Koch* § 7 Rdn. 330.

[531] Vgl. RegE-UWG 2003 S. 44 = BT-Drucks. 15/1487 S. 21; siehe auch Rdn. 19.

[532] RegE-UWG 2003 S. 45 = BT-Drucks. 15/1487 S. 21; RefE-UWG 2003 S. 32 = GRUR 2003, 298, 305.

[533] OLG Hamm GRUR-RR 2006, 379 – *Fahrzeugsuche;* OLG Sachsen-Anhalt MD 2006, 623. Zur alten Gesetzeslage auch noch BGH GRUR 2008, 925, 926 – *FC Troschenreuth.*

[534] Vgl. etwa *Brömmelmeyer* GRUR 2006, 285, 291; *Leistner/Pothmann* WRP 2003, 815, 827; *Köhler/Lettl* WRP 2003, 1019, 1025.

[535] Hierzu *Möller* WRP 2010, 321, 325 mit krit. Anmerkungen zu BGH GRUR 2007, 164, 165 – *Telefax-Werbung II.*

den Fällen des Abs. 2 Nr. 3 somit für die Werbung **gegenüber Verbrauchern und Unternehmern.**[536] Diese Verschärfung gegenüber der vorherigen Rechtslage und im **Vergleich zur Telefonwerbung** wird teilweise kritisiert.[537]

Nach der **Definition** in Art. 2 lit. f) der **Richtlinie 2002/58/EG (EK-DSLR)** i. V. m. Art. 2 lit. h) der allgemeinen **Datenschutzrichtlinie 95/46/EG**[538] ist die Einwilligung eine „Willensbekundung, die ohne Zwang, für den konkreten Fall und in Kenntnis der Sachlage erfolgt und mit der die betroffene Person akzeptiert, dass personenbezogene Daten, die sie betreffen, verarbeitet werden".[539] Wie bei der Telefonwerbung sind an das Vorliegen einer vorherigen ausdrücklichen Einwilligung strenge Anforderungen zu stellen. Insbesondere muss die Einwilligung stets für den konkreten Fall erteilt sein. 303

Die **nur mutmaßliche Einwilligung** gilt danach **nicht** als Einwilligung in diesem Sinne. Da Art. 13 Abs. 5 EK-DSRL bestimmt, dass Art. 13 Abs. 1 unmittelbar nur für natürliche Personen gilt, hätte es dem Gesetzgeber freigestanden, für juristische Personen auch die mutmaßliche Einwilligung als ausreichend zu erachten; er hat aber von dieser Möglichkeit keinen Gebrauch gemacht. Ebenso enthält die Richtlinie – anders als der Wortlaut des § 7 Abs. 2 Nr. 3 – keine Einschränkung auf eine ausdrückliche Einwilligung, sondern lässt nach dem Wortlaut des Art. 2 lit. h) der RL 95/46/EG auch die konkludente Einwilligung genügen. 304

Teilweise wird daher gefordert, den Begriff der **vorherigen ausdrücklichen Einwilligung** in § 7 Abs. 2 Nr. 3 ist – im B2C-Bereich – richtlinienkonform dahingehend auszulegen, dass auch die konkludente Einwilligung erfasst ist.[540] Es erscheint jedoch zweifelhaft, ob die EK-DSLR 2002 tatsächlich eine Vollharmonisierung der Vorschriften der Mitgliedstaaten beabsichtigt und keine strengeren nationalen Regelungen zulässt.[541] Vorzugswürdig erscheint es daher, an dem Erfordernis der Ausdrücklichkeit der Einwilligung festzuhalten, dies jedoch großzügig auszulegen.[542] 305

e) Beweislast. Der **Werbende** trägt grundsätzlich die **Darlegungs- und Beweislast** für das Vorliegen der Einwilligung des Adressaten nach Abs. 2 Nr. 3.[543] Er hat durch geeignete Maßnahmen sicherzustellen, dass es nicht zu fehlerhaften Zusendungen kommt.[544] Problematisch für den Werbenden ist, dass er zwar häufig beweisen kann, dass eine entsprechende Eintragung auf seiner Website vorgenommen wurde, er aber keinen Beweis dafür erbringen kann, dass diese auch vom Adressaten selbst (und nicht von einem Dritten ohne dessen Kenntnis) vorgenommen wurde. Ist die Einwilligung elektronisch übermittelt worden, muss der Werbende sie speichern und in der Lage sein, sie jederzeit auszudrucken.[545] 306

Wird der Verbraucher durch den Werbenden aufgefordert, mittels eines **Online-Formulars** seinen **Teilnahmewunsch an einem Gewinnspiel** zu erklären, willigt zugleich durch Setzen eines gesonderten Häkchens in die E-Mail-Werbung ein und bestätigt anschließend seinen Teilnahmewunsch per E-Mail auf Aufforderung, so ist grundsätzlich hinreichend dokumentiert, dass der Verbraucher in die E-Mail-Werbung an diese Adresse ausdrücklich eingewilligt hat. Der Werbende hat damit ausreichend sichergestellt, dass es nicht auf Grund von Falscheingaben im Online-Formular zu Fehlsendungen kommt. Dies schließt aber nicht aus, dass sich der Verbraucher auch nach der Bestätigung seiner Teilnahme über die angegebene E-Mail-Adresse noch darauf berufen kann, dass er die unter dieser Adresse abgeschickte Einwilligung in E-Mail-Werbung nicht abgegeben habe. Dafür trägt dann allerdings er – anders als im Falle der Telefonwerbung – die Darlegungslast.[546] Die 307

[536] Vgl. RegE-UWG 2008, S. 60; vgl. zur alten Rechtslage dagegen BGH GRUR 2004, 517, 518 f. – *E-Mail-Werbung;* BGH GRUR 1996, 208 – *Telefax-Werbung;* BGH GRUR 2007, 164 Rdn. 8 – *Telefax-Werbung II.*

[537] *Ohly*/Sosnitza § 7 Rdn. 61 m. w. N.

[538] Richtlinie vom 24. Oktober 1995 zum Schutz natürlicher Personen bei der Verarbeitung personenbezogener Daten und zum freien Datenverkehr.

[539] Vgl. hierzu oben Rdn. 234.

[540] Vgl. *Köhler*/Bornkamm § 7 Rdn. 185; *Ohly*/Sosnitza § 7 Rdn. 66.

[541] Vgl. *Tonner/Reich,* VuR 95, 102, wonach die Richtlinien 95/46/EG und 2002/58/EG nicht auf eine Vollharmonisierung abzielten und das nationale Recht daher grundsätzlich auch strengere Voraussetzungen normieren könne.

[542] Siehe auch *Köhler* GRUR 2008, 927, 928, wonach die Grenzen zwischen „ausdrücklich" und „konkludent" fließend seien und dieses Merkmal an Bedeutung verliere.

[543] BGH GRUR 2004, 517, 519 – *E-Mail-Werbung;* KG MMR 2002, 685, 685; LG Berlin CR 2002, 606, 608; LG Berlin MMR 2003, 202; KG CR 2003, 291, 292; LG Berlin MMR 2004, 44.

[544] BGH GRUR 2004, 517, 519 – *E-Mail-Werbung.*

[545] OLG München GRUR-RR 2013, 226, 227.

[546] BGH WRP 2011, 1153 = MMR 2011, 662. 664 Rdn. 37 f. – *Double-opt-in-Verfahren;* vgl. auch LG Berlin K&R 2007, 430, 431; LG Essen GRUR-RR 2009, 353; siehe hierzu auch *Leistner/Pothmann* WRP 2003, 815, 818.

Übersendung der Aufforderung zur Bestätigung stellt nach richtiger Auffassung keine nach § 7 Abs. 2 Nr. 3 unzulässige Werbung dar.[547]

308 Die Beweislast für das Vorliegen der Voraussetzungen der Ausnahmebestimmung des Abs. 3 trägt der werbende Unternehmer. Allerdings muss der Anspruchsteller einen etwaigen Widerspruch gegen die Verwendung der elektronischen Adresse beweisen.[548]

309 Nach dem Wortlaut des Abs. 2 Nr. 3 liegt bei der Verwirklichung des Verbotstatbestandes **„stets"** eine **unzumutbare Belästigung** vor, sofern nicht der Ausnahmetatbestand des § 7 Abs. 3 greift. Auf eine Würdigung der Umstände des Einzelfalls kommt es nicht an.

310 **f) Einzelfälle.** *aa) Automatische Anrufmaschinen.* Rechtsprechung zur Werbung unter Verwendung **automatischer Anrufmaschinen** ist bislang, soweit ersichtlich, nicht vorhanden. Bereits aus Art. 10 Abs. 1 der inzwischen außer Kraft getretenen FARL 1997 folgte jedoch, dass die Verwendung von Voice-Mail-Systemen bei Direktmarketingmaßnahmen gegenüber Verbrauchern nur nach vorheriger Einwilligung zulässig ist.

311 *bb) Telefax.* Die Zusendung von **Telefax-Werbung** an einen **Verbraucher** ohne dessen **vorherige Einwilligung** wurde überwiegend schon vor der Einführung des § 7 Abs. 2 Nr. 3 a. F. (UWG 2004) als unzulässig angesehen.[549] Zur Begründung der sich ergebenden unzumutbaren Belästigung wurde und wird insbesondere auf die Belastung beim Aussortieren der als wichtig erachteten Faxnachricht, die Blockade des Geräts während der Übertragung und die dem Empfänger entstehenden Kosten (Papier, Toner, Strom und Wartung) hingewiesen. Allerdings wurde neben der ausdrücklichen auch die **konkludente Einwilligung** als hinreichend erachtet. Die jetzige Formulierung des Abs. 2 Nr. 3 nimmt die konkludente und erst recht die stillschweigende Einwilligung aus.[550]

312 Telefax-Werbung gegenüber **sonstigen Marktteilnehmern,** also insbesondere Unternehmern, wurde ebenfalls seit jeher als grundsätzlich wettbewerbswidrig erachtet. Eine Ausnahme von diesem Grundsatz wurde allerdings nach alter Rechtslage dann angenommen, wenn der Unternehmer seine Einwilligung ausdrücklich oder konkludent erklärt hat oder aufgrund konkreter tatsächlicher Umstände dessen sachliches Interesse und damit dessen Einwilligung vom Versender **vermutet** werden kann.[551] Darüber hinaus ließ der BGH in Ausnahmefällen auch eine **mutmaßliche Einwilligung** des Unternehmers genügen.[552] Dabei betonte der BGH allerdings, dass auch in Zeiten des Computerfaxes und damit der Möglichkeit des papierlosen Faxverkehrs Faxwerbung zu einer erheblichen Belastung des Arbeitsablaufs führen kann. Das Computerfax habe das massenhafte Versenden von Telefaxsendungen nochmals erleichtert. Die belästigende Wirkung eines einzelnen Telefaxes sei zwar in der Regel gering. Auf die einzelne Zusendung komme es aber nicht an. Vielmehr sei auf das **Massenphänomen** abzustellen. Müssten beim Sichten eingegangener Telefaxsendungen, sei es am herkömmlichen Telefaxgerät oder am PC, die interessierenden Zusendungen erst einmal aus einer Fülle unaufgeforderter Werbezusendungen herausgefiltert werden, so könne dies eine erhebliche Belastung des Arbeitsablaufs bedeuten.[553]

313 Nunmehr ist auch bei der Telefax-Werbung gegenüber sonstigen Marktteilnehmern stets die **vorherige ausdrückliche Einwilligung** erforderlich, wobei auch hier eine großzügigere Auslegung erforderlich sein wird, die insbesondere auch die konkludente Einwilligung erfasst.

314 *(1) Keine Einwilligung durch Bekanntgabe der Telefaxnummer.* Durch die bloße Einrichtung eines Telefax-Anschlusses erklärt sich ein Unternehmer nicht damit einverstanden, jedwede Telefax-Werbung zu erhalten.[554] Auch wenn der Inhaber seine **Telefaxnummer öffentlich bekannt** gegeben hat – z.B. in Telefonverzeichnissen oder auf Briefköpfen – liegt hierin **keine Generaleinwilligung** in die Zusendung von Werbeunterlagen. Maßgeblich ist vielmehr, ob der Empfänger – etwa wegen besonderer Eilbedürftigkeit – ausdrücklich damit einverstanden ist, dass

---

[547] OLG Celle WRP 2014, 1218; *Ernst* WRP 2013, 160; *Köhler*/Bornkamm § 7 Rdn. 189; a. A. OLG München WRP 2013, 111.

[548] Ebenso *Eckhardt* MMR 2003, 557, 561.

[549] LG Frankfurt GRUR-RR 2002, 269, 270; *Unger/Sell* GRUR 1993, 24, 25; *Ebnet* NJW 1992, 2985, 2991.

[550] Vgl. RegE-UWG 2008, S. 60.

[551] BGH GRUR 1996, 208, 209 – *Telefax-Werbung I;* OLG Oldenburg NJW 1998, 3208; KG CR 1998, 9; KG WRP 1992, 652; OLG Zweibrücken BB 1997, 115; OLG Stuttgart WRP 1995, 254; OLG Hamm GRUR 1990, 689; LG Augsburg WRP 2002, 587; LG Bonn WRP 2001, 587; LG Hamburg NJW-RR 1989, 487; LG Frankfurt NJWE-WettbR 1996, 156.

[552] BGH GRUR 2007, 164, 165 – *Telefax-Werbung II.*

[553] BGH GRUR 2007, 164, 165 – *Telefax-Werbung II.*

[554] BGH GRUR 1996, 208, 209 – *Telefax-Werbung.*

ihm die Werbung gerade über Telefax statt mit normaler Post übersandt wird. Die Einwilligung des Empfängers muss sich daher insbesondere gerade auch auf die **Art der Übermittlung** beziehen.[555]

Gibt der Unternehmer im Internet oder in der geschäftlichen Korrespondenz seine Faxnummer an, muss dies allerdings als ausdrückliches und wirksames (freiwillig, in Kenntnis der Sachlage und für den konkreten Fall erklärtes) Einverständnis mit der Kontaktaufnahme durch Kunden verstanden werden, die auf diesem Wege Kaufanfragen im Sinne einer **Nachfragewerbung** unterbreiten.[556] 315

(2) Keine Einwilligung durch Schaltung von Werbeanzeigen. In der Schaltung von **Werbeanzeigen unter Angabe der Telefaxnummer** liegt keine Einwilligung in Werbung durch Dritte, da sich der Unternehmer hiermit nur an seine eigenen Kunden richtet.[557] 316

(3) Telefax-Umfrage. Telefax-Sendungen, die den Empfänger zur **Teilnahme an „Abstimmungen"** unter **Inanspruchnahme einer Mehrwertdienstnummer** auffordern, erfolgen zu Werbezwecken.[558] Dies gilt auch für die von einem Marktforschungsunternehmen im Auftrag eines Unternehmens übermittelten Faxschreiben, die den Adressaten zur **Teilnahme an einer Befragung** veranlassen sollen.[559] Dass der Werbezweck dem Adressaten des Faxschreibens möglicherweise verborgen bleibt, da er in dem verwendeten Faxschreiben nicht erläutert wurde und weder das Produkt noch das auftraggebende Unternehmen genannt wurden, steht einer generellen Einordnung als Werbung nicht entgegen, sondern ist vielmehr als zusätzlicher Umstand zu werten (§ 5a Abs. 6 UWG 2015), der das Vorgehen in diesen Fällen als unlauter erscheinen lässt. 317

cc) E-Mail. Ebenso wie die Telefax-Werbung wurde auch die **Werbung per E-Mail gegenüber Verbrauchern** bereits vor der Reform 2004 als **wettbewerbswidrig** angesehen, sofern keine vorherige Einwilligung des Adressaten gegeben ist[560] Allerdings wurde auch hier neben der ausdrücklichen die **konkludente Einwilligung** überwiegend als hinreichend angesehen, um den Vorwurf der Wettbewerbswidrigkeit entfallen zu lassen. Vereinzelt wurde auch ein vermutetes Einverständnis als ausreichend erachtet.[561] 318

Zwar sind die Gründe für das regelmäßige Verbot unerbetener Telefon- und Telefaxwerbung nicht ohne weiteres auf die Werbung per E-Mail übertragbar, da der E-Mail-Empfänger selbst bestimmen kann, wann er an ihn gerichtete E-Mails abrufen will.[562] Gleichwohl verwies die Rechtsprechung schon früh darauf, dass durch die Zusendung von E-Mails zu Werbezwecken eine Belästigung entstehen kann, deren Unzumutbarkeit vor allem in den entgeltpflichtigen Ladezeiten sowie in dem Arbeitsaufwand gesehen wird, der zum Sichten und Aussortieren unerbetener E-Mails erforderlich ist. Insbesondere aber wurde und wird auf den – wegen des geringen Kostenaufwands – zu befürchtenden **Nachahmungseffekt,** die **Überflutung der Anschlussinhaber** mit Werbe-Mails und die damit verbundene Verwilderung der Wettbewerbssitten verwiesen.[563] Filterprogramme, die Werbung automatisch aussondern, helfen nach wie vor nur sehr begrenzt, da sie umgangen 319

---

555 OLG Hamm NJOZ 2009, 4029; OLG Hamm MMR 2005, 316.

556 So schon zur alten Rechtslage BGH GRUR 2008, 923 Rdn. 17, 18 – *Faxanfrage im Autohandel;* BGH GRUR 2008, 925 Rdn. 22 – *FC Troschenreuth;* ebenso für die Annahme einer ausdrücklichen Einwilligung in diesem Fall *Köhler*/Bornkamm § 7 Rdn. 187; ähnlich für die Bekanntgabe der E-Mail-Adresse *Weber* WRP 2010, 462, 465; siehe auch *Ohly*/Sosnitza § 7 Rdn. 66, wonach die Angabe der Faxnummer oder der E-Mail-Adresse im Internet oder im Rahmen geschäftlicher Korrespondenz durch einen Unternehmer regelmäßig als Einwilligung zur Kontaktaufnahme für „übliche geschäftliche Angelegenheiten unter Nutzung der betreffenden Kommunikationsmittel" anzusehen sein soll; noch weitgehender *Möller* WRP 2010, 321, 326, nach dessen Auffassung die Gerichte nicht umhinkämen, das Merkmal „ausdrücklich geflissentlich zu ignorieren"; grundsätzlich zur Behandlung von Nachfragewerbung als Werbung siehe oben Rdn. 180.

557 BGH GRUR 1996, 208, 210 – *Telefax-Werbung.*

558 OLG Frankfurt GRUR 2003, 805 – *Unverlangte Telefaxsendung;* LG Wuppertal MMR 2003, 488; kritisch *Sosnitza* GRUR 2003, 739, 744 zum RegE-UWG 2003.

559 OLG Oldenburg WRP 2006, 492, 496.

560 BGH GRUR 2004, 517 – *E-Mail-Werbung;* LG Traunstein NJW 1998, 1648; LG Berlin NJW 1998, 3208; LG Hamburg WRP 1999, 250; LG Berlin NJWE-WettbR 2000, 91; LG Hannover WRP 2001, 1254; AG Essen MMR 2001, 261; KG MMR 2002, 685; *Ultsch* NJW 1997, 3007; *Hoeren* WRP 1997, 993, 994; *Fikentscher/Möllers* NJW 1998, 1337; *Ernst* NJW-CoR 1997, 494; *Schrick* MMR 2000, 399; *Ayad* CR 2001, 533; a. A. LG Braunschweig NJW-CoR 2000, 233, demzufolge aufgrund der RL 97/7/EG die E-Mail-Werbung nur dann unzulässig sei, wenn der Empfänger diese offenkundig abgelehnt hat; *Reichelsdörfer* GRUR 1997, 191, 197; *Busche/Kraft* WRP 1998, 1142; *Leupold* WRP 1998, 270, 277; differenzierend *Freitag/Busemann* AfP 1998, 475, 479; *Wolber/Eckhardt* DB 2002, 2582, 2585.

561 AG Rostock MMR 2003, 345, 346.

562 BGH GRUR 2004, 517, 518 – *E-Mail-Werbung.*

563 BGH GRUR 2004, 517, 518 f. – *E-Mail-Werbung.*

werden können; im Übrigen ist es dem Adressaten nicht zumutbar, auf eigene Kosten und Mühen einen derartigen Filter zu installieren.[564]

320 Die E-Mail-Werbung gegenüber **Unternehmern** wurde in der älteren Rechtsprechung weitergehend auch dann für zulässig erachtet, wenn eine **Einwilligung** aufgrund konkreter sachlicher Umstände **lediglich vermutet** werden konnte.[565] Aufgrund des – im Vergleich zur Telefon- und Telefaxwerbung – als weniger gravierend beurteilten Belästigungsgrades wurden hier teilweise geringere Anforderungen gestellt. Es wurde insbesondere für ausreichend erachtet, dass die E-Mail den gewerblichen Interessenbereich des Adressaten tangiert.[566]

321 Zum Teil wurde in der Literatur auch die Auffassung vertreten, eine unverlangte E-Mail-Werbung stelle ungeachtet der Frage einer (mutmaßlichen) Einwilligung dann keine unzumutbare Belästigung dar, wenn der Werbecharakter bereits aus der Betreffzeile **klar und unzweideutig** entnommen werden könne. Denn in diesem Fall sei der Aufwand, die E-Mail ungelesen zu löschen, noch hinnehmbar.[567] Dieser Ansicht hatte sich die Rechtsprechung jedoch zu Recht nicht angeschlossen.[568]

322 Nach dem **Wortlaut des § 7 Abs. 2 Nr. 3** muss nach heutiger Rechtslage jedoch auch bei der E-Mail-Werbung **gegenüber Unternehmern** grundsätzlich stets die **vorherige ausdrückliche Einwilligung** des Adressaten vorliegen.

323 Erforderlich ist eine **gesonderte Erklärung;** eine Einwilligung, die in einer auch andere Erklärungen oder Hinweise enthaltenden Textpassage enthalten ist, genügt nicht.[569]

324 *(1) Öffentliche Angabe der E-Mail-Adresse.* In der **öffentlichen Angabe** der **E-Mail-Adresse durch Verbraucher** liegt keine Einwilligung in die Nutzung dieser Adresse durch gewerbliche Anbieter zu Werbezwecken.[570]

325 *(2) Zusendung eines konkreten Leistungsangebots.* Auch bei einem **unverlangt zugesandten Angebot** auf Abschluss eines Vertrags kann es sich um Werbung im Sinne von Abs. 2 Nr. 3 handeln.[571]

326 *(3) Anfrage bzgl. eines E-Mail-Newsletters/Widerruf des Einverständnisses für die Zusendung eines E-Mail-Newsletters.* Die Anfrage an einen Adressaten, ob dieser am **Abonnement eines Newsletters** interessiert sei, stellt bereits Werbung dar.[572] Widerruft ein Empfänger eines E-Mail-Newsletters sein Einverständnis, hat eine weitere Zusendung unverzüglich zu unterbleiben.[573]

327 *(4) Weitergabe der E-Mail-Adresse bei Werbetelefonat.* Die **Weitergabe einer E-Mail-Adresse** im Rahmen eines Werbetelefonats könnte allenfalls als – nicht ausreichende – konkludente Einwilligung des Adressaten in die Übermittlung von Werbemails gewertet werden.[574]

328 *(5) Einwilligung in Allgemeinen Geschäftsbedingungen.* Aus den spezifischen Schutzzweckanforderungen und einer richtlinienkonformen Auslegung folgert der BGH, dass die Einwilligung durch zusätzliche Unterschrift oder Markieren eines entsprechenden Feldes abgegeben werden muss, und die Erklärung **nicht in Textpassagen** enthalten sein darf, die auch **andere Erklärungen oder Hinweise** enthalten.[575]

329 *(6) E-Mail mit angehängtem Werbeslogan.* E-Mail-Diensteanbieter, die diesen Service kostenlos anbieten, hängen häufig an die E-Mails ihrer Kunden einen kurzen Werbeslogan an. Der Kunde des Providers wird – mit seiner Zustimmung – als Vermittler der Werbebotschaft eingesetzt. Eine Übertragung der **Grundsätze zu den durch Werbung unterbrochenen, kostenlosen Telefongesprächen**[576] passt hier nicht.[577] Die Belästigung ist denkbar gering. Die Mitteilung selbst wird nicht

---

[564] LG Dortmund WRP 2005, 1575, 1576; *Leupold* WRP 1998, 270, 272.

[565] BGH GRUR 2004, 517, 518 – *E-Mail-Werbung.*

[566] LG Ellwangen MMR 1999, 675, 676; LG Berlin MDR 2001, 391, 391; LG Hannover WRP 2001, 1254; LG Berlin CR 2002, 606, 607; LG München I MMR 2003, 282, 282.

[567] *Busche/Kraft* WRP 1998, 1142, 1145; *Leupold* WRP 1998, 270, 276; *Lettl* GRUR 2000, 977, 981; *Zehentmeier* BB 2000, 940, 943.

[568] Vgl. etwa BGH GRUR 2004, 517, 519 – *E-Mail-Werbung.*

[569] BGH MMR 2011, 458 – *Anforderungen an die Einwilligung in Telefonwerbung.*

[570] LG Ulm, Urteil vom 30.4.2009, Az. 10 O 39/09 KfH; siehe hierzu auch *Weber* WRP 2010, 462, 465, der in der Angabe der E-Mail-Adresse durch Unternehmer eine ausdrückliche Einwilligung in Werbemails sieht, die einen allgemeinen Sachbezug zum Unternehmen des Empfängers aufweisen.

[571] Vgl. LG Kiel NJW-RR 2001, 412, 414; kritisch *Wolber/Eckhardt* DB 2002, 2582, 2584f.

[572] LG Berlin MMR 2003, 202; vgl. auch LG Berlin CR 2002, 219; OLG Koblenz MMR 2003, 590.

[573] LG Braunschweig WRP 2013, 537.

[574] AG Rostock CR 2002, 613.

[575] BGH MMR 2008, 731, 734 – *Payback;* kritisch dazu *Hanloser* CR 2008, 713, 717; ausführlich oben Rdn. 252.

[576] BGH GRUR 2002, 637, 638f. – *Werbefinanzierte Telefongespräche;* vgl. hierzu Rdn. 283.

[577] A. A. *Remmertz* WRP 2003, 413, 317; *Lange* WRP 2002, 786, 788; *ders.* BB 2002, 561, 567 zur angehängten SMS-Werbung.

einmal unterbrochen, da die Werbebotschaft am Ende angefügt ist. Der erste Teil ist für den Empfänger interessant, ob er den Rest noch liest, obliegt seiner Entscheidung. Insbesondere ist das Ende der privaten Nachricht sofort erkennbar, weshalb kein zusätzlicher Zeit- oder Kostenaufwand entsteht. Dennoch wird man nach dem Wegfall der Zumutbarkeitsschwelle auch hier von einer unzumutbaren Belästigung ausgehen müssen.[578]

(7) Einmaliges Zusenden einer E-Mail. Schon das **einmalige Versenden einer E-Mail** an einen 330 Adressaten, der seine Einwilligung nicht vorher erteilt hat, stellt eine unzulässige Belästigung dar.[579] Abs. 2 Nr. 3 verlangt keine mehrfache oder fortgesetzte Zusendung unverlangter E-Mails. In der Rechtsprechung wurde allerdings teilweise die Annahme eines Verfügungsgrundes bei nur einmaliger Zusendung abgelehnt.[580]

(8) Die Double-opt-in-Bestätigungsmail als Werbung. Strittig in der Instanzrechtsprechung ist die Fra- 331 ge der Zulässigkeit der so genannten **Double-opt-in-Bestätigungsmail,** mit welcher der Empfänger per E-Mail aufgefordert wird, seine zuvor abgegebene Einwilligung in die Werbung des Unternehmens zu bestätigen.[581] Im Ergebnis dürfte der Auffassung des OLG Celle sowie der ganz herrschenden Meinung im Schrifttum zu folgen und die Double-opt-in Bestätigungsmail als zulässig anzusehen sein.[582]

(9) Beschränkte Unterlassungserklärung. Eine **Unterlassungserklärung,** die auf die Zusendung von 332 unverlangter Werbung an die im konkreten Fall betroffene E-Mail-Adresse **beschränkt** ist, ist unzureichend. Sie kann regelmäßig nicht dahingehend ausgelegt werden, dass sie auch die Zusendung von Werbe-E-Mails an andere E-Mail-Adressen des Betroffenen erfasst. Kerngleiche Verletzungsformen sind daher von einer solchen beschränkten Unterlassungserklärung nicht erfasst.[583]

(10) Bereithalten von E-Mail-Funktionen auf Websites/„Tell-A-Friend"-Funktionen. Wer Dritten die 333 Möglichkeit bietet, mittels einer **E-Card-Funktion** auf seiner Website Werbung via E-Mail unverlangt an einen Empfänger zu senden, ist mittelbarer Störer und damit mitverantwortlich für die Werbe-E-Mail, weil er in der Lage ist, die von ihm gesetzte Ursache zu unterbinden.[584] Die Haftung entfällt nicht dadurch, dass die E-Mails als solche nicht vom Inhaber der Website versendet werden, sondern ein Dritter die Werbe-E-Mail von seiner Homepage aus verbreitet.[585] Bereits die willentliche und adäquat kausale Mitwirkung an der Herbeiführung der unzumutbaren Belästigung per E-Mail ist ausreichend, sofern die rechtliche Möglichkeit zur Verhinderung derselben besteht.[586]

Entsprechendes gilt für so genannten Empfehlungs-E-Mails, bei welchen ein Unternehmen auf 334 seiner Website für Nutzer die Möglichkeit schafft, Dritten unverlangt eine Empfehlung per E-Mail zu schicken, die auf den Internetauftritt des Unternehmens hinweist[587] oder bei denen etwa ein **Versandhandelshaus** auf seiner Internetseite einem Dritten, der ein bestimmtes Produkt ausgewählt hat, anbietet, dieses Produkt als Empfehlung per E-Mail direkt von der Internetseite aus an einen vom Dritten benannten Empfänger zu verschicken und diese E-Mail dann über die Kundenempfehlung hinaus weitere Werbung enthält.[588] Diese Art der Werbung ist eine unzulässige E-Mail-Werbung, denn sie hat die gleiche Wirkung, wie wenn der Werbende direkt gegenüber dem Empfänger wirbt, und stellt daher lediglich einen unzulässigen **Umgehungsversuch in Form getarnter persönlicher Empfehlungen** dar.[589]

(11) Werbung über Facebook. Besuchen Nutzer von **Facebook,** während sie dort angemeldet sind, 335 Webseiten von Unternehmen und betätigen sie dort den **„Gefällt-mir-Button" („Like-it"),**

---

[578] *Köhler*/Bornkamm § 7 Rdn. 201; *Schmittmann* K & R 2004, 58, 62 für SMS-Anhang; a. A. *Ohly*/Sosnitza § 7 Rdn. 68 für den Fall, dass E-Mail-Text und Werbung für den Empfänger klar unterscheidbar sind.

[579] OLG München MMR 2004, 324; LG Berlin MMR 2004, 44; OLG Düsseldorf MMR 2006, 681; a. A. AG Dachau NJW 2001, 3488, 3488; LG Berlin CR 2003, 219.

[580] OLG Koblenz MMR 2003, 590; LG Karlsruhe MMR 2002, 402; ebenso LG Düsseldorf, Beschl. vom 6.2.2003, Az. 13 O 39/03; a. A. KG CR 2003, 291, 292.

[581] Als unzulässige Werbung anzusehen laut OLG München WRP 2013,111; als zulässig anzusehen hingegen nach OLG Celle, WRP 2014, 1218; siehe hierzu auch *Ernst* WRP 2013, 160.

[582] Siehe statt aller *Ernst* WRP 2013, 160 sowie *Schirmbacher/Schätzle* WRP 2014, 1143, jeweils mit zahlreichen weiteren Nachweisen.

[583] OLG Celle WRP 2014, 1218.

[584] OLG München MMR 2004, 324; KG MMR 2004, 616; siehe auch OLG Nürnberg GRUR-RR 2006, 26, 27 – *Kunden-E.-Mail;* LG Nürnberg-Fürth CR 2004, 702; LG München I MMR 2003, 758; LG München I MMR 2003, 483, 483; vgl. auch LG München I MMR 2003, 282, 282; AG Rostock MMR 2003, 345, 346; *Köhler*/Bornkamm § 7 Rdn. 201.

[585] OLG München MMR 2004, 324; LG München I MMR 2003, 483, 484.

[586] Vgl. BGH GRUR 1997, 313, 315 – *Architektenwettbewerb;* jurisPK-UWG/*Koch* § 7 Rdn. 395.

[587] BGH WRP 2013, 1579 – Empfehlungs-E-Mail.

[588] OLG Nürnberg GRUR-RR 2006, 26.

[589] Siehe hierzu kritisch auch *Schirmbacher/Schätzle* WRP 2014, 1143, 1144.

stellt es keine unzumutbare Belästigung dar, wenn sie infolgedessen **weitere Werbung dieses Unternehmens** erhalten, da der Nutzer durch sein Verhalten gerade zu erkennen gibt, dass er an weiteren Nachrichten und Empfehlungen dieses Unternehmens interessiert ist.[590] Dagegen kann der bloße Umstand, dass der Nutzer die Webseite eines Unternehmens besucht, während er bei Facebook angemeldet ist, ohne dass er den „Like-it"-Button betätigt, nicht als konkludentes Einverständnis mit der Zusendung von Werbung durch dieses Unternehmen an die Facebook-Adresse gewertet werden.[591] Erst recht gilt dies, wenn der Benutzer lediglich die Facebook-Seite eines Unternehmens besucht, ohne hier wiederum den „Gefällt-mir-Button" zu betätigen. Auch das gezielte Einstellen von Werbung auf der Pinnwand eines anderen Nutzers stellt eine nach § 7 Abs. 2 Nr. 3 unzulässige Werbung dar.[592]

336 *(12) Benutzung von E-Mail-Adressen durch Facebook zu Werbezwecken („Freundefinder").* Die Versendung so genannter **Freundschaftsanfragen durch Facebook** an ihrerseits nicht bei Facebook registrierte Dritte ohne vorherige Einwilligung der kontaktierten Verbraucher verstößt gegen § 7 Abs. 2 Nr. 3.[593] Allein die Tatsache, dass der einladende Facebook-Nutzer die Empfänger anhand seiner Kontaktadressen ausgewählt hat, führt nicht zu der erforderlichen Einwilligung der Empfänger in die Zusendung dieser E-Mail. Bei den **Einladungs- und Erinnerungs-Mails** handelt es sich auch um Werbung, da sie der Vergrößerung der Nutzergemeinschaft von Facebook und damit jedenfalls auch der Förderung des Absatzes von Dienstleistungen von Facebook dienen. Bei der Versendung der Einladungs-Mail handeln der Nutzer und Facebook als Mittäter nach § 830 Abs. 1 Satz 1 BGB. Während die Nutzer die erforderlichen E-Mail-Adressen noch nicht bei Facebook registrierter Personen zur Verfügung stellen, übernimmt Facebook die Einstellung der E-Mails und deren Versand. Die Einladungs-E-Mails werden vom Empfänger nicht als private Mitteilung des Nutzers, sondern als Werbung von Facebook verstanden. Der Unlauterkeit steht dabei nicht entgegen, dass der soziale Charakter des „Freunde Findens", also das legitime Interesse des Nutzers an der Erweiterung seines „Freundeskreises" bei Facebook, durchaus erheblich erscheint. Im Rahmen des § 7 kommt es allein auf das Interesse des jeweiligen Empfängers der Werbung an. Erforderlich ist eine ausdrückliche Einwilligung dieses Empfängers.[594]

337 Hintergrund der Entscheidung ist der so genannte „Freundefinder" von Facebook, im Rahmen dessen einem bei Facebook registrierten Nutzer die Möglichkeit eingeräumt wird, durch Betätigen eines Textfeldes „Freunde finden" **eigene Kontaktdaten,** insbesondere E-Mail-Adressen, **in den Datenbestand bei Facebook zu importieren** und mit dem bereits bei Facebook registrierten Datenbestand abgleichen zu lassen. Anschließend hat der Nutzer die Möglichkeit, sämtliche oder einzelne seiner noch nicht bei Facebook registrierten Kontakte über Versendung von Einladungs-Mails zur Registrierung aufzufordern. Facebook hat den zugrundeliegenden Registrierungsprozess zwar zwischenzeitlich dahingehend geändert, dass bei Nutzung des „Freunde-Finders" die Kontakte vom Nutzer selbst aktiviert werden müssen und nicht mehr bereits als Voreinstellung angeklickt sind.[595] Eine etwaige Auswahl der Empfänger durch den Nutzer ändert aber nichts daran, dass Facebook für eine zulässige Übersendung der Werbe-Mails die Einwilligung des Empfängers benötigt.[596]

---

590 Vgl. KG Berlin GRUR-RR 2012, 19 zu § 13 Abs. 1 TMG; zu der datenschutzrechtlichen Zulässigkeit der Verwendung des „Like-it-Buttons" durch Dritte siehe *Draheim/Lehmann* GRUR-Prax 2014, 401, 403; zu weiteren rechtlichen Aspekten der Datenverarbeitung durch Facebook siehe *Buchner* in FS Köhler 2014, 51 ff.

591 Weitergehend offenbar KG Berlin GRUR-RR 2012, 19, wonach schon der Besuch des gleichzeitig bei Facebook angemeldeten Nutzers auf einer Unternehmenswebseite, auf welcher ein „Gefällt-mir-Button" installiert ist, den Wunsch und die Bereitschaft zu erkennen gebe, entsprechende Nachrichten und Empfehlungen von „Freunden" zu erhalten.

592 Siehe hierzu sowie zu weiteren Werbeformen in sozialen Netzwerken *Sieling/Lachenmann* ITRB 2012, 156.

593 BGH, Urteil vom 14. Januar 2016, Az. I ZR 65/14; KG Berlin, Urteil vom 24. Januar 2014, Az. 5 U 42/12, BeckRS 2014, 03648 = ZD 2014, 412; LG Berlin, Urteil vom 6. März 2012, Az. 16 O 551/10, VuR 2012, 366; siehe hierzu die Anmerkungen zum erstinstanzlichen Urteil von *Meyer,* K&R 2012, 309; *Wieczorek* WRP 2012, 539; *Terhaag/Schwarz* K&R 2012, 377 mit einer „Anleitung" für zulässige „Tell-A-Friend"-Funktionen sowie auch *Wittern/Wichmann* ITRB 2012, 133 mit einer rechtlichen Einschätzung der „Einladungs"-Funktion des Netzwerkes XING.

594 BGH, Urteil vom 14. Januar 2016, I ZR 65/14; KG Berlin, Urteil vom 24. Januar 2014, 5 U 42/12, BeckRS 2014, 03648; LG Berlin, Urteil vom 6. März 2012, Az. 16 O 551/10, VuR 2012, 366; siehe auch MMR-Aktuell 2012, 329, 977.

595 *Wittern/Wichmann* ITRB 2012, 133, 134.

596 Zutreffend *Meyer* K&R 2012, 309, 311.

dd) SMS und MMS. Die ältere instanzgerichtliche Rechtsprechung zur **SMS-Werbung** lehnte sich an die Grundsätze zur Telefonwerbung an.[597] Eine Werbe-SMS ist auch dann unzulässig, wenn dem Werbenden die Nummer des Anschlussinhabers ohne ausdrückliche vorherige Einwilligung des Anschlussinhabers von einem Familienangehörigen desselben mitgeteilt wurde und dieser Familienangehörige der Adressat der SMS ist.[598] 338

Zur Frage unzumutbarer Belästigungen durch den **Versand von MMS** liegt bislang noch keine (veröffentlichte) Rechtsprechung vor. Die Maßstäbe, an denen der MMS-Versand zu messen ist, dürften jedoch nicht nachhaltig von denen der SMS-Werbung abweichen. Zu berücksichtigen ist allerdings, dass MMS regelmäßig mehr Speicherplatz einnehmen als einfache SMS. Der Belästigungsgrad ist somit tendenziell höher einzustufen. 339

4. Aktivlegitimation bei Verstößen gegen § 7 Abs. 2

Während im Schrifttum umstritten ist,[599] ob **Mitbewerber und Verbände** im Falle von Verstößen gegen § 7 Abs. 2 aktivlegitimiert sein können, hat der BGH diese Frage bejaht.[600] Nach Auffassung des BGH sind die Bestimmungen des Art. 13 Abs. 6 Satz 1 und der Art. 15 und 15a der EK-DSRL in der durch die Richtlinie 2009/136 EG geänderten Fassung nicht abschließend und schließen die Aktivlegitimation von Mitbewerbern daher nicht aus. Zudem hindere auch die Richtlinie 2009/22/EG[601] (Richtlinie über Unterlassungsklagen zum Schutz der Verbraucherinteressen) nach ihrem Art. 7 die Mitgliedstaaten nicht daran, Bestimmungen zu erlassen oder beizubehalten, die den qualifizierten Einrichtungen sowie sonstigen betroffenen Personen auf nationaler Ebene weitergehende Rechte zur Klageerhebung einräumen.[602] 340

5. Verbot anonymer Direktwerbung (Abs. 2 Nr. 4)

a) Beschreibung. Adressaten von Telemarketingmaßnahmen haben häufig nicht die Möglichkeit, sich gegen Belästigungen zu wehren, weil ihnen weder der Werbende noch eine Kontaktadresse, unter der sie die Einstellung verlangen können, bekannt sind. **Mehrwertdienstnummern,** etwa 0190-Fax- und Telefonnummern, werden vereinzelt von Geschäftemachern als einzige Adresse angegeben, um wirtschaftliche Vorteile zu erlangen. Diese Formen der anonymen Direktwerbung gelten als unzulässige unzumutbare Belästigung nach § 7 Abs. 2 Nr. 4. 341

b) Wettbewerbsrechtliche Beurteilung. Auch wenn die erforderliche Einwilligung zur Telefonwerbung vorliegt (Abs. 2 Nr. 2) sowie wenn eine vorherige ausdrückliche Einwilligung zur Werbung mittels automatischer Anrufmaschinen, Faxgeräten oder elektronischer Post erteilt wurde (Abs. 2 Nr. 3) oder gesetzlich vermutet werden kann (Abs. 3), stellt die Direktwerbung bei **Verschleierung oder Verheimlichen der Identität des Absenders** regelmäßig eine unzumutbare Belästigung dar. Das **Transparenzgebot** des Abs. 2 Nr. 4 dient der Umsetzung von Art. 13 Abs. 4 EK-DSRL 2002. Dem Adressaten der Werbung soll ermöglicht werden, sich effektiv gegen unerbetene Werbung zur Wehr zu setzen und Ansprüche gegen den Werbenden durchzusetzen.[603] Die Regelung wurde durch das Gesetz gegen unseriöse Geschäftspraktiken von 2013[604] um § 7 Abs. 4 lit. b) ergänzt und erfasst nunmehr auch Werbung unter Verstoß gegen § 6 Abs. 1 TMG sowie die Aufforderung zum Aufruf einer Website, welche gegen diese Vorschrift verstößt. 342

Der Begriff der **Nachrichten** wird in § 2 Abs. 1 Nr. 4 legaldefiniert als „jede Information, die zwischen einer endlichen Zahl von Beteiligten über einen öffentlich zugänglichen elektronischen Kommunikationsdienst ausgetauscht oder weitergeleitet wird."[605] Unter elektronische Kommunikationsdienste im Sinne der Begriffsbestimmung sind insbesondere die Sprachtelefonie, Faxgeräte und 343

---

[597] LG Berlin CR 2003, 339; vgl. *Schmittmann* MMR 1998, 346; *ders.* K & R 2004, 58, 60; *Krajewski* MMR 2001, 86; *Ayad* CR 2001, 533, 544; *Lange* BB 2002, 561; *Remmertz* MMR 2003, 314.

[598] OLG Köln GRUR-RR 2011, 336 = BeckRS 2011, 16412; siehe auch OLG Köln GRUR-RR 2010, 219 zu der Fallkonstellation, dass vom Anschlussinhaber vorher eine Einwilligung zur Zusendung von Werbe-SMS erteilt wurde, unter dem Anschluss aber ein Dritter erreicht wird, der keine entsprechende Erklärung abgegeben hat.

[599] Verneinend *Köhler* WRP 2012, 1329, 1332 ff.; *ders.* WRP 2013, 567; *Zech* WRP 2013, 1434 Rdn. 18.

[600] BGH GRUR 2013, 1170 – *Telefonwerbung für DSL-Produkte,* siehe auch die zustimmende Anmerkung von *Menebröcker* GRUR-Prax 2013, 451.

[601] Richtlinie des Europäischen Parlaments und des Rates vom 23. April 2009 über Unterlassungsklagen zum Schutz der Verbraucherinteressen, ABl. EU 2009, L110/30.

[602] BGH GRUR 2013, 1170, 1172, Tz. 17 – *Telefonwerbung für DSL-Produkte;* ebenso OLG Köln GRUR-RR 2014, 80; OLG Köln GRUR-RR 2013, 219; zustimmend *Glöckner* GRUR 2013, 224, 237.

[603] Begr. RegE-UWG 2004, BT-Drucks 15/1487, S. 21.

[604] BGBl. I, S. 3714

[605] Vgl. auch Art. 2 S. 2d) EK-DSRL 2002.

die elektronische Post einschließlich SMS und MMS zu fassen.[606] Damit geht der Anwendungsbereich von Abs. 2 Nr. 4 über den des Art. 13 Abs. 4 EK-DSRL 2002 hinaus,[607] der sich ausschließlich auf E-Mail-Werbung beschränkt.[608]

344 Der Begriff der **Werbung** im Sinne des Abs. 2 Nr. 4 umfasst ebenfalls sowohl die Absatz- als auch die Nachfragewerbung.[609]

345 Die **Identität des Absenders,** also des Werbenden, in dessen Auftrag die Nachricht übermittelt wird, ist in der Werbung anzugeben. Hierzu ist es erforderlich, dass der **Name des werbenden Unternehmens** genannt wird. Angaben zur Identität des handelnden Auftragnehmers (z. B. Call-Center, Agentur) sind weder erforderlich noch ausreichend.

346 **Verheimlicht** wird diese Identität, wenn das werbende Unternehmen nicht genannt wird, sondern beispielsweise lediglich der Produktname in der Werbung Erwähnung findet. Die Identität wird **verschleiert,** wenn eine falsche Identität angegeben wird. Des Weiteren kann dies der Fall sein, wenn in der Werbung zwar Firmenbestandteile des Werbenden genannt werden, der Adressat aufgrund dieser Angabe aber nicht beurteilen kann, welches Unternehmen unter mehreren Gesellschaften einer Unternehmensgruppe oder unter mehreren voneinander unabhängigen Gesellschaften mit ähnlichen Firmenbezeichnungen für die Werbung verantwortlich zeichnet.

347 Trotz Angabe der Identität des Absenders liegt ein Verstoß gegen das Transparenzgebot vor, wenn im Zusammenhang mit der Werbung **keine gültige Adresse** vorgehalten wird, an die der Empfänger eine Aufforderung zur Einstellung solcher Nachrichten richten kann, ohne dass hierfür **andere als die Übermittlungskosten nach den Basistarifen** entstehen. Soweit Abs. 2 Nr. 4 die Gebührenfreiheit über die Übermittlungskosten nach den Basistarifen hinaus fordert, geht die Regelung über die Vorgaben des Art. 13 Abs. 4 EK-DSRL 2002 hinaus. Das Erfordernis der Gebührenfreiheit entspricht Art. 10 Abs. 3 FinDL-FARL 2002. Aus der Bezugnahme auf die Übermittlungskosten dürfte zu schließen sein, dass die Angabe einer E-Mail-Adresse, einer Telefaxnummer oder einer Telefonnummer ausreichend ist; die postalische Anschrift muss nicht zusätzlich erwähnt werden.[610]

348 Da Art. 13 Abs. 4 EK-DSRL 2002 für alle Teilnehmer gilt (Art. 13 Abs. 5), bleibt für eine **Interessenabwägung** kein Raum. Bei einem Verstoß gegen Abs. 2 Nr. 4 ist stets von einer unzumutbaren Belästigung auszugehen.

349 Durch das Gesetz zur Bekämpfung unerlaubter Telefonwerbung und zur Verbesserung des Verbraucherschutzes bei besonderen Vertriebsformen vom 4. August 2009[611] wurde in das Telekommunikationsgesetz (TKG) § 102 Abs. 2 eingeführt, wonach der Anrufer bei Werbeanrufen seine **Rufnummer nicht unterdrücken** darf, um seine Identität zu verschleiern.[612] Bei Verstößen gegen das Verbot der Rufnummernunterdrückung droht eine Geldbuße bis zu € 100.000.

D. Ausnahme zu Abs. 2 Nr. 3: Werbung im Rahmen bestehender Kundenbeziehung (Abs. 3)

350 In Umsetzung des **Art. 13 Abs. 2 EK-DSRL 2002** enthält Abs. 3 eine **Ausnahme** vom Erfordernis der vorherigen (ausdrücklichen) Einwilligung. Hat der Unternehmer die elektronische Postadresse im Rahmen einer bestehenden Kundenbeziehung erhalten und wahrt er die Hinweispflichten, ist eine Direktwerbung für ähnliche Waren und Dienstleistungen erlaubt, sofern der Kunde der weiteren Nutzung nicht widersprochen hat. In dogmatischer Hinsicht handelt es sich bei Abs. 3 um den abschließend normierten Fall einer **vermuteten Einwilligung.**[613] Diese führt dazu, dass eine unzumutbare Belästigung zu verneinen ist.[614]

---

[606] Ebenso bereits RefE-UWG 2003, S. 28 = GRUR 2003, 298, 305; vgl. zum Anwendungsbereich auch RefE-UWG 2003, S. 33 = GRUR 2003, 298, 305.

[607] A. A. *Eckhardt* MMR 2003, 557, 559.

[608] Art. 13 Abs. 4 EK-DSRL 2002 verwendet nämlich in der englischen Fassung den Begriff „electronic mail", der dem deutschen Begriff „elektronische Post" entspricht und in Art. 2 S. 2h) der Richtlinie definiert ist; dieser wurde wohl versehentlich ins Deutsche als „elektronische Nachrichten" übersetzt.

[609] Vgl. dazu oben Rdn. 295.

[610] Diese kann aber vor Abschluss eines Fernabsatzvertrags nach § 312d Abs. 1 i. V. m. Art. 246a des Einführungsgesetzes zum BGB rechtzeitig anzugeben sein.

[611] BGBl. I 2009, Nr. 49, S. 2413–2415.

[612] Kritisch zur Differenzierung zwischen dem Diensteanbieter in § 102 Abs. 1 Satz 1 TKG und dem Anrufenden in § 102 Abs. 2 TKG: *Möller* WRP 2010, 321, 330.

[613] Zutreffend *Leistner/Pothmann* WRP 2003, 815, 822, 827; *Stuckel* DB 2011, 2421; a. A. *Weiler* MMR 2993, 223, 227 (Soft-Opt-in"); *Ohlenburg* MMR 2003, 82, 84 („Abmilderung"); *Engels/Salomon* WRP 2004, 32, 39.

[614] Vgl. RegE-UWG 2008, S. 60.

Der **Anwendungsbereich** der Ausnahmeregelung erfasst nur die Werbung mittels elektronischer Post.[615] Die Bestimmung stellt daher eine Ausnahme allein für E-Mail-Werbung und SMS-/MMS-Werbung dar. Dementsprechend umfasst der Begriff **elektronische Postadresse** neben der E-Mail-Adresse die Telefonnummer, soweit deren Nutzung zum SMS- bzw. MMS-Versand in Frage steht. Hingegen bezieht sich die Ausnahmebestimmung nicht auf Telefaxwerbung[616] oder Telefonwerbung.[617] 351

Abs. 3 gilt nur für die Verwendung der elektronischen Postadresse durch **Unternehmer** i. S. d. § 2 Abs. 1 Nr. 6. 352

Die elektronische Postadresse muss im Zusammenhang mit dem **„Verkauf" einer Ware oder Dienstleistung** (Abs. 3 Nr. 1) erhalten worden sein. Der Ausnahmetatbestand stellt damit auf eine bereits **bestehende Kundenbeziehung** zwischen Versender und Adressat der E-Mail ab.[618] Der Vertragsabschluss muss tatsächlich zustande gekommen sein, bloße Verkaufsgespräche genügen für die Bejahung einer Kundenbeziehung nicht.[619] Erst recht nicht ausreichend ist ein vom Kunden geäußertes generelles Interesse an einem Produkt.[620] Aus dem Verweis in Art. 13 Abs. 2 EK-DSRL auf Art. 7 lit. b) RL 95/46/EG wird allerdings teilweise der Rückschluss gezogen, dass die Verwendung der E-Mail-Adresse zu Werbezwecken für ähnliche Waren oder Dienstleistungen durch den Unternehmer dann nicht unzulässig sein soll, wenn der Kunde dem Unternehmer diese im Vorfeld zu Zwecken vom Kunden selbst beantragter, bereits konkreter vorvertraglicher Maßnahmen in Bezug auf den Verkauf einer konkreten Ware oder Dienstleistung zur Verfügung gestellt hatte, wobei diese Anforderungen eng auszulegen seien.[621] 353

Von der Rechtsprechung soweit ersichtlich noch nicht beantwortet ist die Frage, inwieweit ein **Widerruf des zugrunde liegenden Kaufvertrags** die **Zulässigkeit der Versendung einer E-Mail zu Werbezwecken** für ähnliche Waren oder Dienstleistungen an den (widerrufenden) Käufer berührt.[622] Insoweit ist *Köhler* zuzustimmen, wonach in diesem Fall regelmäßig ein hinreichender sachlicher Zusammenhang mit dem Verkauf der zunächst erworbenen Ware oder Dienstleistung bestehen bleiben wird, sofern sich der Vertragsauflösung nicht ein konkludenter oder expliziter Widerspruch im Sine des § 7 Abs. 3 Nr. 3 entnehmen lässt.[623] 354

Davon zu unterscheiden ist der Fall, dass der Unternehmer die E-Mail-Adresse des Kunden erstmals überhaupt durch den Widerruf oder in Verbindung mit der Auflösung des Vertrags erhalten hat, etwa weil der Kunde den Vertrag mittels E-Mail widerrufen oder gekündigt hat; in diesem Fall ist die Verwendung der (allein) auf diese Weise erhaltenen E-Mail-Adresse zu Zwecken der Direktwerbung als unzulässig anzusehen. 355

Die Ausnahme dient dem Interesse des Unternehmers, die bestehende Verbindung zu einem Kunden in wirtschaftlicher Hinsicht wirtschaftlich zu nutzen.[624] Diesen Schutz kann nur derjenige Unternehmer in Anspruch nehmen, der die elektronische Adresse **unmittelbar vom Inhaber** oder von einem Dritten mit Zustimmung des Inhabers erhalten hat.[625] Nur in diesem Falle ist das Überlassen der Adresse dem Inhaber zurechenbar und steht damit im Einklang mit der **DSRL** 356

---

[615] Zu diesem Begriff s. Art. 13 Abs. 2 i. V. m. Art. 2 S. 2h) EK-DSRL 2002.

[616] So auch OLG Stuttgart WRP 2007, 854.

[617] Art. 2 S. 2h) EK-DSRL 2002 stellt darauf ab, dass die Nachricht im Netz oder im Endgerät des Empfängers gespeichert werden kann, was nur bei E-Mail und SMS/MMS durchgängig möglich ist; a. A. *Eckhardt* MMR 2003, 557, 561.

[618] Gemeinsamer Standpunkt des Rates im Hinblick auf den Erlass der Richtlinie des Europäischen Parlaments und des Rates über die Verarbeitung personenbezogener Daten und den Schutz der Privatsphäre in der elektronischen Kommunikation, ABlEG Nr. C 113 E v. 14.5.2002, Erw. 41; siehe auch Erw. 41 zur EK-DSRL 2002; *Leistner/Pothmann* WRP 2003, 815, 822.

[619] Mitteilung der Kommission an das Europäische Parlament gem. Art. 251 Abs. 2 Unterabs. 2 EG betreffend den Gemeinsamen Standpunkt des Rates im Hinblick auf den Erlass der Richtlinie des Europäischen Parlaments und des Rates über die Verarbeitung personenbezogener Daten und den Schutz der Privatsphäre in der elektronischen Kommunikation, v. 30.1.2002, SEK (2002) 124 endg., S. 8; *Ohly*/Sosnitza § 7 Rdn. 73; Fezer/*Mankowski* § 7 Rdn. 239; *Köhler/Lettl* WRP 2003, 1019, 1027; *Decker* GRUR 2011, 774, 775; a. A. *Leistner/Pohlmann* WRP 2003, 817, 822; *Ohlenburg* MMR 2003, 82, 84; *Brömmelmeyer* GRUR 2006, 285, 288; siehe auch *Faber* GRUR 2014, 337, 338.

[620] Insoweit zustimmend auch *Leistner/Pothmann* WRP 2003, 815, 822; *Ohly*/Sosnitza § 7 Rdn. 73.

[621] *Brömmelmeyer* GRUR 2006, 285, 288; noch weitgehender allerdings *Faber* GRUR 2014, 337, 338, der bereits jedes Stadium der Vertragsanbahnung für die Annahme eines Vertrags im Sinne des § 7 Abs. 3 ausreichen lassen will.

[622] Hierzu *Faber* GRUR 2014, 337.

[623] *Köhler*/Bornkamm § 7 Rdn. 204; im Ergebnis ebenso *Faber* GRUR 2014, 337, 339.

[624] *Weiler* MMR 2003, 223, 229.

[625] RegE-UWG 2003 S. 46 = BT-Drucks. 15/1487 S. 21.

1995.[626] Die Beachtung der Vorgaben dieser Richtlinie wird in Art. 13 Abs. 2 EK-DSRL 2002 und in der Gesetzesbegründung[627] ausdrücklich erwähnt.

357 Zwischen dem Abschluss des Vertrags und der Erlangung der elektronischen Adresse muss weiter auch ein gewisser **zeitlicher Zusammenhang** bestehen. Erlangt der Unternehmer erst erheblich nach dem Zeitpunkt des „Verkaufs", etwa im Zuge der Vertragsdurchführung, Kenntnis von der Adresse, ist der Unternehmer nicht berechtigt, diesen Umstand für eine Werbung für seine Produkte zu verwenden.[628]

358 Weitere Voraussetzung ist nach Abs. 3 Nr. 4, dass der Kunde bei der Erhebung der Adresse und bei jeder Verwendung klar und deutlich darauf **hingewiesen** wird, dass er der **Verwendung der elektronischen Adresse jederzeit widersprechen** kann. Dieser Hinweis muss also sowohl bei der Erhebung als auch bei jeder einzelnen Versendung von Werbenachrichten erfolgen. Es genügt daher nicht, den Kunden bei Erhebung der Adresse darüber zu belehren, er könne deren Nutzung zu Werbezwecken – etwa durch Klicken auf ein hierzu vorgesehenes Kästchen – untersagen. Vielmehr muss ihm bereits deutlich gemacht werden, dass er auch später jederzeit diese Möglichkeit hat. Der Hinweis muss ferner deutlich machen, dass für die Untersagung ausschließlich **Übermittlungskosten nach den Basistarifen** und keine Kosten für eine Mehrwertdienstrufnummer entstehen. Diese Regelung steht im Einklang mit Art. 13 Abs. 2 EK-DSRL 2002, auch wenn dort von „gebührenfreier" Übertragung die Rede ist; die Gebührenfreiheit umfasst nach Erwägungsgrund Nr. 41 nämlich nicht die Kosten der Übermittlung der Ablehnung.[629] Selbstverständlich genügt nicht der bloße Hinweis, sondern es dürfen auch tatsächlich nicht höhere Kosten erhoben werden.

359 Der Kunde darf der Verwendung seiner elektronischen Adresse **nicht widersprochen** haben (Abs. 3 Nr. 3). Ebenso wie die Erteilung einer Einwilligung ist die Untersagung nur ausdrücklich möglich. Als empfangsbedürftige Willenserklärung ist die Untersagung gegenüber dem Unternehmer erforderlich.

360 Die Werbe-E-Mail muss sich auf eine **ähnliche Ware oder Dienstleistung** beziehen (Abs. 2 Nr. 2). Zu deren Bestimmung wird auf das kartellrechtliche Kriterium der **Kreuzpreiselastizität** abgestellt.[630] Demnach sind sich zwei Produkte ähnlich, wenn preisliche Veränderungen hinsichtlich des einen Produkts auf die Preisentwicklung des anderen Produktes Einfluss ausüben.[631] Dies ist wiederum dann der Fall, wenn die Produkte aus Sicht des Verbrauchers austauschbar sind, also eine Funktions- und Bedarfsidentität aufweisen. Zubehör ist daher vom Ausnahmetatbestand des § 7 Abs. 3 nicht erfasst. Da Abs. 3 eine Fallgestaltung der vermuteten Einwilligung normiert, die im Falle der Substituierbarkeit am ehesten anzunehmen sein dürfte, erscheint dieses Kriterium passender als eine Anknüpfung an die Waren-/Dienstleistungsähnlichkeit im Sinne des § 14 MarkenG.

E. Verhältnis zu anderen Tatbeständen

I. Generalklausel

361 § 7 Abs. 1 enthält mit der Zumutbarkeitsgrenze eine eigene Bagatellschwelle.[632] § 7 Abs. 2 enthält in Umsetzung der **Nr. 26 der Black List** per se-Verbote ohne Wertungsmöglichkeit. Ist einer der Verbotstatbestände verwirklicht, liegt „stets" eine unzumutbare Belästigung vor, ohne dass es auf eine Abwägung anhand der Zumutbarkeitsschwelle ankommen könnte.[633]

II. Sonstige Tatbestände

362 Wettbewerbshandlungen, die unter § 7 zu würdigen sind, können auch nach anderen Tatbeständen unlauter sein. Bei § 7 steht die belästigende Art und Weise der Übermittlung im Vordergrund. Daneben sind entsprechende Verhaltensweise insbesondere unter den Gesichtspunkten der **aggressiven geschäftlichen Handlung** (§ 4a UWG 2015) und der **Behinderung** (§ 4 Nr. 4 UWG 2015) zu würdigen.

---

626 RL 95/46/EG.
627 RegE-UWG 2003 S. 46 = BT-Drucks. 15/1487 S. 21.
628 So auch *Köhler*/Bornkamm § 7 Rdn. 204.
629 Ebenso *Leistner/Pothmann* WRP 2003, 815, 822; *Eckardt* MMR 2003, 557, 558.
630 *Leistner/Pothmann* WRP 2003, 815, 822; *Decker* GRUR 2011, 774, 779; a. A. *Brömmelmeyer* GRUR 2006, 285, 289; *Köhler/Lettl* WRP 2003, 1019, 1028 und *Eckhardt* MMR 2003, 557, 559, die auf den Verwendungszweck abstellen und die Bewerbung von Zubehör und Ergänzungen gestatten.
631 Weiterführend *Mestmäcker/Immenga* EG-WbR Art. 2 FKVO Rdn. 54; vgl. Fezer/*Mankowski* § 7 Rdn. 137 f.
632 Vgl. RegE-UWG 2008, S. 57.
633 Vgl. RegE-UWG 2008, S. 57; vgl. auch *Sosnitza* WRP 2008, 1014, 1019.

Kapitel 2. Rechtsfolgen

Vorbemerkungen zu §§ 8 ff.

Inhaltsübersicht

	Rdn.
A. Wettbewerbsrechtliche Ansprüche	1
I. Einführung	1
1. Rechtsdurchsetzung durch zivilrechtliche Ansprüche	1
2. Einfluss Europäischen Rechts	4
II. Überblick über die spezialgesetzlich geregelten Ansprüche	8
1. Abwehransprüche	8
a) Begriff	8
b) Unterlassungsanspruch	9
c) Beseitigungsanspruch	10
2. Schadensersatzanspruch	11
3. Gewinnabschöpfungsanspruch	12
III. Nicht spezialgesetzlich geregelte Ansprüche	13
IV. Bereicherungsanspruch	14
1. Die Rolle des Bereicherungsanspruchs bei UWG-Verstößen	14
a) Bereicherungsausgleich bei Verletzung von Immaterialgüterrechten	14
b) Bereicherungsausgleich bei UWG-Verstößen	15
c) Verhältnis zu anderen Ansprüchen	16
d) Bedeutung	17
2. Schuldner und Gläubiger des Anspruchs	18
a) Schuldner	18
b) Gläubiger	20
3. Voraussetzungen	21
a) Etwas erlangt	21
b) Auf Kosten des Gläubigers	22
c) In sonstiger Weise	26
d) Ohne rechtlichen Grund	27
4. Umfang des Bereicherungsanspruchs	28
a) Das Erlangte	28
b) Wertersatz	29
c) Wegfall der Bereicherung?	30
d) Bedeutung des Verschuldens bzw. Mitverschuldens	32
5. Mehrheit von Verletzern	33
6. Verjährung	34
V. Ansprüche auf Auskunft und Rechnungslegung	35
1. Bedeutung und Terminologie	35
a) Bedeutung	35
b) Terminologie	38
c) Spezielle Regelungen	40
2. Anspruch auf Auskunft	41
a) Allgemeines zum Anspruch auf Auskunft	41
b) Anspruch auf Auskunft als Hilfsanspruch zum Schadenserzsatzanspruch	63
c) Anspruch auf Auskunft als Hilfsanspruch zum Bereicherungsanspruch	76
d) Anspruch auf Auskunft als Hilfsanspruch zum Gewinnabschöpfungsanspruch	80
e) Anspruch auf Auskunft als Hilfsanspruch zum Beseitigungsanspruch	84
f) Anspruch auf Auskunft als Hilfsanspruch zum Unterlassungsanspruch	87
g) Erfüllung des Anspruchs auf Auskunft	90
h) Verjährung	91
i) Mehrere Schuldner	92
j) Kosten	93
k) Prozessuales	94
3. Anspruch auf Drittauskunft	95
a) Zielrichtung	95
b) Rechtsgrundlage	97
c) Voraussetzungen	98
d) Inhalt und Umfang	99
e) Erfüllung etc.	99a

Rdn.

VI. Anspruchskonkurrenzen ... 100
1. Konkurrenzen einschlägiger UWG-Normen untereinander ... 100
2. Verhältnis zum GWB ... 101
3. Verhältnis zum MarkenG ... 102
a) Allgemeines ... 102
b) Erweiterter Schutz bekannter Zeichen ... 103
c) Ergänzender Schutz von nach MarkenG ungeschützten Zeichen? ... 104
d) Verhältnis MarkenG zu § 5 Abs. 2 UWG ... 105
e) Kein Schutz der Verkehrsgeltungsanswartschaft ... 106
f) Verhältnis zu § 4 Nr. 4 ... 107
g) Erweiterter Schutz nicht bekannter Zeichen? ... 109
h) Nachgelagerter wettbewerbsrechtlicher Schutz erloschener Zeichenrechte? ... 110
4. Verhältnis zum BGB ... 112
a) Allgemeines ... 112
b) Verhältnis zu § 826 BGB ... 113
c) Verhältns zu § 824 BGB ... 114
d) Verhältnis zum Recht am Gewerbebetrieb ... 115
e) Verhältnis zu § 823 Abs. 1 BGB im Übrigen ... 119
f) Verhältnis zu § 823 Abs. 2 BGB ... 120

B. Wettbewerbsrechtliche Einwendungen ... 121
I. Einleitung ... 121
II. Einwilligung ... 122
III. Üblichkeit ... 123
IV. Aufbrauchsfrist ... 124
V. Verwirkung ... 125
1. Allgemeines und heutige Bedeutung im UWG ... 125
a) Vom „Modeeinwand" zum „Grundbegriff" des Wettbewerbsrechts ... 125
b) Bedeutungsverlust im UWG ... 127
2. Grundlagen ... 130
a) Rechtsgrundlage ... 130
b) Gegenstand ... 131
c) Besonderheiten im Marken- und Kennzeichenrecht ... 137
3. Voraussetzungen der Verwirkung ... 138
a) Untätigbleiben über längere Zeit und Vertrauenstatbestand ... 138
b) Schutzwürdiger Besitzstand ... 150
c) Interessenabwägung ... 164
3. Grenzen der Verwirkung ... 165
a) Belange der Allgemeinheit ... 165
b) Subsidiarität der Verwirkung ... 168
4. Rechtsfolgen ... 171
a) Einwendung ... 171
b) Besonderheiten beim Unterlassungsanspruch ... 173
5. Prozessuales ... 187
a) Von Amts wegen zu prüfender Einwand ... 187
b) Maßgeblicher Zeitpunkt ... 188
c) Revisibilität ... 189
VI. Weitere, unter dem Aspekt des Rechtsmissbrauchs aus Treu und Glauben hergeleitete Einwendungen ... 190
1. Allgemeines ... 190
a) Treu und Glauben und UWG ... 190
b) Interessen Dritter und der Allgemeinheit ... 191
c) Interessen der Beteiligten ... 192
2. Missbrauch bei Vertragsstrafen ... 193
3. Uncelan hands ... 194
a) Begriff und praktische Bedeutung ... 194
b) Interessen Dritter und der Allgemeinheit ... 195
c) Interessen der Beteiligten ... 196
d) Kritik ... 198
e) Auswirkungen wechselseitiger Unlauterkeit auf die Schadensentstehung ... 199
4. Missbräuchliches Ausnutzen einer formalen Rechtsposition ... 200
a) Illegitime Sperrabsicht ... 200
b) dolo agit ... 202
5. Widersprüchliches Verhalten ... 203
VII. Rechtsmissbräuchliche Geltendmachung von Ansprüchen ... 204

Rdn.
VIII. Abwehreinwand ... 205
1. Begriff, Rechtsgrundlage und praktische Bedeutung der Abwehr ... 205
a) Begriff ... 205
b) Hintergrund ... 206
c) Rechtsgrundlage ... 207
d) Tatbestandsausschlus ... 208
e) Heutige Bedeutung ... 209
2. Voraussetzungen der Abwehr ... 212
a) Eingriff ausschließlich in individuelle Belange des betroffenen Mitbewerbers ... 212
b) Abwehrlage ... 215
c) Abwehrzweck ... 216
d) Verhältnismäßigkeit der Abwehrmaßnahme ... 217
e) Beurteilung aus objektiver Sicht ... 221
3. Rechtsfolgen ... 222
4. Prozessuales ... 223
IX. Wahrnehmung berechtigter Interessen ... 224
X. Privilegierung von Äußerungen in rechtsförmigen Verfahren ... 227
1. Fehlendes Rechtsschutzbedürfnis bei Verfahrensäußerungen ... 227
2. Grenzen der Privilegierung ... 229
a) Sachliche Grenzen ... 229
b) Personelle Grenzen ... 230
c) Zeitliche Grenzen ... 234
d) Mediale Grenzen ... 238

A. Wettbewerbsrechtliche Ansprüche

Schrifttum: *Ahrens* (Hrsg.), Der Wettbewerbsprozess, 7. Aufl. 2013; *Alexander,* Die Sanktions- und Verfahrensvorschriften der Richtlinie 2005/29/EG über unlautere Geschäftspraktiken im Binnenmarkt – Umsetzungsbedarf in Deutschland?, GRUR Int. 2005, 809; *Amschewitz,* Die Durchsetzungsrichtlinie und ihre Umsetzung im deutschen Recht, 2008; *Greipl,* Ansprache des Präsidenten der Wettbewerbszentrale, in: FS 100 Jahre Wettbewerbszentrale, 2012, S. 33; *Henning-Bodewig,* Enforcement im deutschen und europäischen Lauterkeitsrecht, WRP 2015, 667; *Köhler,* Die wettbewerbsrechtlichen Abwehransprüche (Unterlassung, Beseitigung, Widerruf), NJW 1992, 137; *Melullis,* Handbuch des Wettbewerbsprozesses, 3. Aufl. 2000; *Pastor,* Das wettbewerbsrechtliche Unterlassungs- und Schadensersatzrecht, 4. Aufl. des von *Reimer* begründeten Werks, 1971; *Teplitzky,* Wettbewerbsrechtliche Ansprüche und Verfahren (Hrsg. v. *Bacher*), 11. Aufl. 2016; *Wünsche,* Rechtsfolgen von Wettbewerbsverstößen: Prävention und Kompensation, 2013.

I. Einführung

1. Rechtsdurchsetzung durch zivilrechtliche Ansprüche

1 Es ist eines der kennzeichnenden Merkmale des deutschen Wettbewerbsrechts, dass die Einhaltung der Wettbewerbsregeln weitgehend mit zivilrechtlichen Sanktionen bewirkt werden soll. Der Gesetzgeber hatte sich schon bei Einführung des UWG 1896 für ein sehr liberales Ordnungssystem entschieden und die **Durchsetzung** fairen Wettbewerbs **in die Hände der Marktteilnehmer,** d. h. der Wettbewerber selbst und ihrer Verbände, **gelegt** und ihnen zu diesem Zweck zivilrechtliche Ansprüche eingeräumt.[1] Staatliche Eingriffe in den Wettbewerb waren vor dem Hintergrund der Gewerbefreiheit eher negativ bewertet worden.[2] Dieses System blieb unter Geltung des UWG 1909 unberührt, hat sich bewährt und wurde auch im Rahmen der UWG-Novellen von 2004, 2008 und 2015 beibehalten.

2 Die **Effektivität der Durchsetzung des Lauterkeitsrechts** in Deutschland beruht auf mehreren Faktoren, die ineinandergreifen und aus denen auf der Grundlage eines gut funktionierenden Zivilprozessrechts eine **vielschichtige und lebendige Rechtskultur** erwachsen ist. Hierzu zählen: der Unterlassungsanspruch, seine einfache Durchsetzbarkeit im Wege der einstweiligen Verfügung, das Rechtsinstitut der Abmahnung, spezialisierte Richter, sachkundige Anwälte, motivierte Mitbewerber und engagierte Verbände als Kläger sowie ein generell hohes sachliches Interesse am Lauterkeitsrecht und seiner Fortentwicklung bei allen Akteuren. Eine solche in über 100 Jahren

[1] *Greipl* in: FS 100 Jahre Wettbewerbszentrale, S. 33, 35 f.
[2] *Beater* Unlauterer Wettbewerb, Rdn. 52; *Greipl* in: FS 100 Jahre Wettbewerbszentrale, S. 33, 35.

gewachsene Rechtskultur ist mehr als die Summe ihrer einzelnen Bestandteile. Sie lässt sich einerseits nicht einfach durch Harmonisierung in andere Mitgliedstaaten der EU verpflanzen. Sie ist andererseits ein fein ausziseliertes, in sich stimmiges, wohltariertes und sich stets weiterentwickelndes System, das man seinerseits nur mit großer Vorsicht den Einflüssen einer Harmonisierung aussetzen darf, die es in seiner Komplexität wohl kaum je wird erfassen können.

3 Für Ansätze, das Lauterkeitsrecht wie in anderen Mitgliedstaaten der EU (zusätzlich) **durch Behörden durchzusetzen,** sah der Gesetzgeber zu Recht weder bei der Neuregelung von 2004[3] noch in den Jahren 2008 und 2015 einen Anlass. Eine Lauterkeitsbehörde wäre in der deutschen Rechtskultur ein Fremdkörper. Sie stünde auch in Widerspruch zum modernen wirtschaftspolitischen Ansatz, wonach der Staat im Wirtschaftsleben nur dann eingreifen sollte, wenn die Betroffenen hierzu nicht selbst in der Lage sind.[4] Im Bereich der Rechtsfolgen wird deshalb an der Durchsetzung des Lauterkeitsrechts mit Hilfe von **zivilrechtlichen Ansprüchen** festgehalten, die hinsichtlich der Aktivlegitimation und der Anspruchsgrundlagen im UWG grundsätzlich abschließend geregelt sind.[5]

2. Einfluss Europäischen Rechts

4 Durch die UGP-RL war eine Änderung dieses Systems nicht veranlasst. Art. 11 Abs. 1 der **UGP-RL** gibt den Mitgliedstaaten nur auf, **geeignete und wirksame Mittel zur Bekämpfung unlauterer Geschäftspraktiken** zur Verfügung zu stellen, und schreibt weiter vor, dass diese Mittel Rechtsvorschriften umfassen müssen, die interessierten Personen und Organisationen, einschließlich Mitbewerbern, ein Vorgehen gegen unlautere Geschäftspraktiken ermöglichen. Diesen Anforderungen genügt das deutsche Durchsetzungssystem dadurch, dass es für alle Genannten in § 8 Abs. 3 Nr. 1–4 die Aktivlegitimation und Klagebefugnis zur Geltendmachung der wettbewerbsrechtlichen Abwehransprüche vorsieht, so dass es insoweit keiner Umsetzungsmaßnahmen bedurfte. Insbesondere brauchten **keine** besonderen **individuellen Klagerechte für Verbraucher** geschaffen zu werden, da die Richtlinie nach ihrem 9. Erwägungsgrund individuelle Klagen von Personen, die durch eine unlautere Geschäftspraxis geschädigt wurden, nicht berührt.[6]

5 Art. 13 Abs. 1 der UGP-RL verpflichtet die Mitgliedstaaten, **Sanktionen** festzulegen, die bei Verstößen gegen die nationalen Vorschriften zur Umsetzung der Richtlinie anzuwenden sind, und alle geeigneten Maßnahmen, um ihre Durchsetzung sicherzustellen. Nach Art. 13 Abs. 1 der UGP-RL müssen die Sanktionen **wirksam, verhältnismäßig und abschreckend** sein. Diesen Anforderungen genügt das deutsche Sanktionensystem.[7]

6 Die **weitere Ausgestaltung der Mittel** zur Bekämpfung unlauterer Geschäftspraktiken bleibt **den Mitgliedstaaten überlassen,** insbesondere auch die Wahl zwischen zivilrechtlichen, vor den Zivilgerichten durchsetzbaren Ansprüchen und einem Verfahren vor Verwaltungsbehörden.[8]

7 Die wettbewerbsrechtlichen Abwehransprüche werden in Art. 11 Abs. 2 der UGP-RL ausdrücklich als geeignete und wirksame Mittel zur Bekämpfung unlauterer Geschäftspraktiken benannt. Auch mit dem Anspruch auf Schadensersatz und dem Gewinnabschöpfungsanspruch **genügt das deutsche Recht den Vorgaben der UGP-RL.** Die Art. 12–15 der E-Commerce-Richtlinie schränken die Providerhaftung ein. Diese Vorschriften sind durch §§ 7–10 TMG in nationales Recht umgesetzt.

II. Überblick über die spezialgesetzlich geregelten Ansprüche

1. Abwehransprüche

8 **a) Begriff.** § 8 Abs. 1 regelt nunmehr einheitlich die **wettbewerbsrechtlichen Abwehransprüche,** also den (gesetzlichen) Unterlassungs- und den Beseitigungsanspruch. Die wettbewerbsrechtlichen Abwehransprüche sind **verschuldensunabhängig;** sie setzten weder ein vorsätzliches noch ein fahrlässiges Verhalten voraus.[9] Es handelt sich um rein objektive Ansprüche. Diese Sonder-

---

[3] Vgl. BT-Drucks. 15/1487, S. 22; zu Behördensystemen anderswo, etwa in den USA und dem Vereinigten Königreich, vgl. *Beater* Unlauterer Wettbewerb, Rdn. 60 ff., 63 f., und mit kursorischem Überblick über die Mitgliedstaaten der EU *Henning-Bodewig* WRP 2015, 667 ff.

[4] *Henning-Bodewig* WRP 2015, 667, 672 Tz. 45.

[5] Begründung zum RegE zum UWG 2004, BT-Drucks. 15/1487, S. 22.

[6] *Alexander* GRUR Int. 2005, 809, 813.

[7] Begründung zum RegE zum UWG 2008, BT-Drucks. 16/10145, S. 18 f.; *Alexander* GRUR Int. 2005, 809, 812 ff.; Fezer/*Büscher* § 8 Rdn. 4.

[8] Zu unterschiedlichen Ansätzen in den Mitgliedstaaten *Henning-Bodewig* WRP 2015, 667, 670 ff. Tz. 19 ff.

[9] BGH GRUR 2016, 392, 393 Tz. 16 – *Buchungssystem II.*

stellung macht ihre **überragende Bedeutung** aus. Der Grundsatz, dass niemand für ein Tun oder Unterlassen einzustehen hat, wenn es nicht auf Verschulden beruht (§ 276 BGB), bringt in anderen Bereichen für den Gläubiger das Risiko mit sich, dass er das Verschulden nicht nachweisen oder der Schuldner eine gesetzliche Vermutung schuldhaften Handelns widerlegen kann. Diese Problematik fällt bei den wettbewerbsrechtlichen Abwehransprüchen weg.[10]

b) Unterlassungsanspruch. Im Vordergrund steht dabei der auf das Verbot künftiger Verletzungshandlungen gerichtete **Unterlassungsanspruch.** Der auf die Gefahr der Wiederholung einer bereits begangenen Zuwiderhandlung gestützte **Verletzungsunterlassungsanspruch** (§ 8 Abs. 1 Satz 1) dient ebenso wie der bei Gefahr einer erstmaligen Zuwiderhandlung gegebene **Unterlassungsanspruch wegen Erstbegehungsgefahr** (§ 8 Abs. 1 Satz 2; auch **sog. vorbeugender Unterlassungsanspruch**) der Vorbeugung. Die Details zum Unterlassungsanspruch sind in der Kommentierung zu § 8 dargestellt (Rdn. 1 ff.). Unterlassungsansprüche können sich ferner als **vertragliche Unterlassungsansprüche** auch aus einer Vereinbarung ergeben.[11] Eine nähere Darstellung der vertraglichen Unterlassungsansprüche findet sich in der Kommentierung zu § 12 (Rdn. 173 ff.). 9

c) Beseitigungsanspruch. Der gleichfalls in § 8 Abs. 1 Satz 1 geregelte **Beseitigungsanspruch** soll die Fortwirkung bereits eingetretener Beeinträchtigungen unterbinden (§ 8 Rdn. 148 ff.). Auf die Beseitigung eines fortwirkenden Störungszustandes ist auch der Anspruch auf die **Bekanntmachung von Urteilen** (§ 12 Abs. 3) gerichtet. 10

2. Schadensersatzanspruch

Zu den im UWG ebenfalls ausdrücklich geregelten Ansprüchen gehört weiter der **Schadensersatzanspruch** (§ 9). Er setzt Verschulden voraus. Fahrlässigkeit reicht aus. 11

3. Gewinnabschöpfungsanspruch

Durch das UWG 2004 neu eingeführt wurde der **Gewinnabschöpfungsanspruch** (§ 10). Er greift nur bei vorsätzlicher Begehung ein. 12

III. Nicht spezialgesetzlich geregelte Ansprüche

Dagegen sind die weiteren wettbewerbsrechtlichen Ansprüche, nämlich der **Bereicherungsanspruch** (§ 812 BGB hierzu unten IV.), der im Gegensatz zum Schadensersatzanspruch nicht verschuldensabhängig ist, sowie die **Ansprüche auf Auskunft und Rechnungslegung** (§ 242 BGB hierzu unten V.), nach wie vor im UWG nicht ausdrücklich geregelt. Es besteht allerdings Einigkeit, dass trotz des an sich abschließenden Charakters der Regelung der Rechtsfolgen im UWG[12] diese auf die allgemeinen zivilrechtlichen Normen gestützten Ansprüche auf Auskunft und Rechnungslegung[13] sowie auf Bereicherungsausgleich[14] weiterhin geltend gemacht werden können, wenn aufgrund eines Verstoßes gegen das UWG ihre Voraussetzungen gegeben sind. Diese Ansprüche werden nachfolgend dargestellt. 13

IV. Bereicherungsanspruch

Schrifttum: *Baumbach,* Das gesamte Wettbewerbsrecht, 2. Aufl. 1931; *Brandner,* Die Herausgabe von Verletzervorteilen im Patentrecht und im Recht gegen den unlauteren Wettbewerb, GRUR 1980, 359; *Bruchhausen,* Bereicherungsausgleich bei schuldloser Patentverletzung, in: FS Wilde, 1970, S. 23; *Büsching,* Der Anwendungsbereich der Eingriffskondiktion im Wettbewerbsrecht, 1992; *v. Caemmerer,* Bereicherung und unerlaubte Handlung, in: FS Rabel, 1954; *Delahaye,* Die Bereicherungshaftung bei Schutzrechtsverletzungen, GRUR 1985, 856; *Ellger,* Bereicherung durch Eingriff: Das Konzept des Zuweisungsgehalts im Spannungsfeld von Ausschließlichkeitsrecht und Wettbewerbsfreiheit, 2002; *Enzinger,* Die Eingriffskondiktion als Rechtsbehelf im gewerblichen Rechtsschutz, GRUR Int. 1997, 96; *Falk,* Zu Art und Umfang des Bereicherungsanspruchs bei Verletzung eines fremden Patents, GRUR 1983, 488; *Fournier,* Bereicherungsausgleich bei Verstößen gegen das UWG,

[10] *Pastor* Kap. 3 I 1.
[11] Hierzu unten § 12 Rdn. 120 ff.
[12] Begründung zum RegE zum UWG 2004, BT-Drucks. 15/1487, S. 22.
[13] Fezer/*Büscher* § 8 Rdn. 340 f.; MünchKommUWG/*Fritzsche* § 9 Rdn. 136 f.; Teplitzky/*Löffler* Kap. 39 Rdn. 1; *Ohly*/Sosnitza § 9 Rdn. 40; GroßKommUWG/*Paal* § 9 Rdn. 113 ff.
[14] Fezer/*Büscher* § 8 Rdn. 351 f.; MünchKommUWG/*Fritzsche* § 9 Rdn. 123.

1999; *Götz,* Schaden und Bereicherung in der Verletzerkette, GRUR 2001, 295; *Haines,* Bereicherungsansprüche bei Warenzeichenverletzungen und unlauterem Wettbewerb, 1970; *Holzapfel,* Zur Haftung einer Mehrheit von Verletzern GRUR 2012, 242; *Jestaedt,* Bereicherungsausgleich bei unwirksamen Lizenzverträgen, WRP 2000, 899; *Kaiser,* Die Eingriffskondiktion bei Immaterialgüterrechten, insbesondere Warenzeichenrechten, GRUR 1988, 501; *Kellmann,* Grundsätze der Gewinnhaftung, 1969; *Köhler,* Der Schadensersatz-, Bereicherungs- und Auskunftsanspruch im Wettbewerbsrecht, NJW 1992, 1477; *ders.,* Zur Bereicherungshaftung bei Wettbewerbsverstößen, in: 2. FS Lorenz, 2001, S. 167; *König,* Gewinnhaftung, in: FS v. Caemmerer, 1978, S. 179; *Kraßer,* Schadensersatz für Verletzungen von gewerblichen Schutzrechten und Urheberrechten nach deutschem Recht, GRUR Int. 1980, 259; *Loewenheim,* Bereicherungsansprüche im Wettbewerbsrecht, WRP 1997, 913; *Redant,* Bereicherungsansprüche und Schadensersatz bei Ausbeutung guten Rufs, 2000; *Sack,* Die Lizenzanalogie im System des Immaterialgüterrechts, in: FS Hubmann, 1985, S. 373; *Schrage,* der Schadensersatz im gewerblichen Rechtsschutz und Urheberrecht, 2011; *Ullmann,* Die Verschuldenshaftung und die Bereicherungshaftung des Verletzers im gewerblichen Rechtsschutz und Urheberrecht, GRUR 1978, 615.

1. Die Rolle des Bereicherungsanspruchs bei UWG-Verstößen

14 **a) Bereicherungsausgleich bei Verletzung von Immaterialgüterrechten.** Bei einem Eingriff in Immaterialgüterrechte wird ein Bereicherungsausgleich im Wege der **Eingriffs- bzw. Nichtleistungskondiktion** nach § 812 Abs. 1 Satz 1, Alt. 2 BGB gewährt.[15] Voraussetzung ist, dass in eine Rechtsposition eingegriffen wird, die dem Berechtigten zu dessen ausschließlicher Verfügung und Verwertung zugewiesen ist.[16]

15 **b) Bereicherungsausgleich bei UWG-Verstößen.** Seit jeher wird im Schrifttum vertreten, dass bei Verstößen gegen das UWG ein Bereicherungsanspruch gem. § 812 BGB möglich ist.[17] Es ist aber immer noch nicht abschließend höchstrichterlich geklärt, ob und in welchem Umfang im Lauterkeitsrecht ein Bereicherungsanspruch unter dem Gesichtspunkt der Eingriffskondiktion gegeben sein kann. Der BGH hat diese Frage bislang offen gelassen.[18] Nach den allgemeinen zivilrechtlichen Regeln kommt es darauf an, ob der Vermögensvorteil in der Hand des Schuldners auf Kosten des Gläubigers erlangt wurde. Die entscheidende Frage ist also die nach dem **wirtschaftlichen Zuweisungsgehalt** (hierzu unten Rdn. 22 ff.).[19]

16 **c) Verhältnis zu anderen Ansprüchen.** Der Bereicherungsanspruch steht **unabhängig neben** einem eventuellen **Schadensersatzanspruch** nach § 9. Er unterscheidet sich dadurch vom Schadensersatzanspruch, dass er nicht von einem Verschulden des Schuldners abhängt und nicht auf einen Ersatz von Nachteilen des Verletzten als solchen gerichtet ist.[20] Vielmehr geht es um die **Herausgabe des** vom Verletzer auf Kosten des Verletzten **rechtsgrundlos Erlangten,** gleichgültig, ob die Vermögensverschiebung schuldhaft geschah oder nicht.[21] Voraussetzung eines Bereicherungsanspruchs ist daher, dass nicht bloß eine Beeinträchtigung der geschützten Rechtsposition vorliegt, sondern der Schuldner in der Weise in diese eingegriffen hat, dass er z. B. durch Nutzung eines geschützten Leistungsergebnisses selbst etwas ohne rechtlichen Grund erlangt hat.[22] Vom Gewinnabschöpfungsanspruch gemäß § 10 unterscheidet sich der Bereicherungsanspruch dadurch, dass ein vorsätzliches Handeln nicht verlangt wird und der Anspruch nicht auf den Gewinn des Verletzers als solchen gerichtet ist.

---

[15] Grdl. BGH GRUR 1977, 250, 253 ff. – *Kunststoffhohlprofil I* sowie GRUR 1982, 301, 302 f. – *Kunststoffhohlprofil II* (Gebrauchsmusterrecht); GRUR 1987, 520, 523 – *Chanel No. 5 I* (Warenzeichenrecht); GRUR 1996, 271, 275 – *Gefärbte Jeans;* GRUR 2001, 1156, 1158 – *Der Grüne Punkt;* GRUR 2009, 515, 519 Tz. 41 – *Motorradreiniger* (Markenrecht); *Haines* S. 89 ff., 108 ff.; a. A. (abschließende Regelung der Rechtsfolgen in den Spezialgesetzen des gewerblichen Rechtsschutzes) z. B. noch RGZ 15, 121, 132 – *Drahtbügel für Flaschenverschlüsse* (Patentrecht); RGZ 121, 258, 261 ff. – *Frauenberufe* (Bereicherungsausgleich nur bei Verletzung des Urheberrechts, aber nicht von gewerblichen Schutzrechten).

[16] BGH GRUR 1977, 250, 253 – *Kunststoffhohlprofil I;* GRUR 1981, 846, 848 – *Carrera/Rennsportgemeinschaft;* GRUR 1982, 301 – *Kunststoffhohlprofil II,* m. Anm. *Pietzcker* GRUR 1982, 304; BGH GRUR 1987, 520 – *Chanel No. 5 (I);* GRUR 1990, 997, 1002 – *Ethofumesat;* GRUR 1990, 221 – *Forschungskosten;* GRUR 2000, 685, 686 – *Formunwirksamer Lizenzvertrag;* GRUR 2001, 1156, 1158 – *Der Grüne Punkt;* GRUR 2006, 143, 145 – *Catwalk;* GRUR 2009, 515, 519 Tz. 41 – *Motorradreiniger;* GRUR 2014, 73, 75 Tz. 23 f. – *Altenwohnanlage.*

[17] *Baumbach* S. 99; *Callmann* S. 123 f.; *Lobe* S. 359 ff.; *Rosenthal* S. 121.

[18] Vgl. BGH GRUR 1960, 554, 557 – *Handstrickverfahren;* GRUR 1991, 914, 917 – *Kastanienmuster;* GRUR 1999, 751, 754 – *Güllepumpen.*

[19] Ahrens/*Bacher* Kap. 70 Rdn. 2, 6; MünchKommUWG/*Fritzsche* § 9 Rdn. 126; jurisPK-*Koch* § 9 Rdn. 119; Fezer/*Koos* § 9 Rdn. 33 f.; GroßKommUWG/*Paal* § 9 Rdn. 88.

[20] BGH GRUR 1956, 427, 430 – *Paul Dahlke;* GRUR 1977, 250, 253 f. – *Kunststoffhohlprofil I;* GRUR 1981, 846, 848 – *Carrera/Rennsportgemeinschaft.*

[21] BGH GRUR 1977, 250, 253 ff. – *Kunststoffhohlprofil I;* GRUR 1978, 492, 495 – *Fahrradgepäckträger II.*

[22] Vgl. *Köhler*/Bornkamm § 9 Rdn. 3.2.

d) Bedeutung. Die praktische Bedeutung des Bereicherungsanspruchs bei UWG-Verstößen ist äußerst **gering.**[23] Soweit ersichtlich, gibt es keine veröffentlichten Entscheidungen, in denen ein Anspruch wegen eines UWG-Verstoßes ausschließlich auf § 812 Abs. 1 Satz 1, Alt. 2 BGB gestützt und vom Gericht zugebilligt worden wäre. Ganz im Vordergrund steht in der Praxis der Anspruch auf Schadensersatz gemäß § 9. Das hierfür erforderliche Verschulden wird in den meisten Fällen zu bejahen sein, da die Anforderungen an die im Verkehr erforderliche Sorgfalt äußerst streng sind (§ 9 Rdn. 56, 59ff.). In der Sache geht der Anspruch auf Schadensersatz weiter, da nicht nur eine angemessene Lizenzgebühr, sondern auch Herausgabe des Verletzergewinns verlangt werden kann (§ 9 Rdn. 166ff.). 17

2. Schuldner und Gläubiger des Anspruchs

a) Schuldner. Als Schuldner des Bereicherungsanspruchs passivlegitimiert ist, wer nach allgemeinen Grundsätzen in eigener Person als **Täter, Anstifter oder Gehilfe** den Wettbewerbsverstoß verwirklicht und dadurch etwas ohne Rechtsgrund erlangt.[24] Dies ist bei unlauterem Wettbewerb durch eine Gesellschaft, die sich das Verschulden ihrer Organe gemäß § 31 BGB zurechnen lassen muss, in aller Regel nur die Gesellschaft selbst. Das handelnde Organ, sofern es daneben als Verletzer auf Unterlassung (§ 8 Rdn. 530ff.) und bei Verschulden auch auf Schadensersatz in Anspruch genommen werden kann, hat nämlich selbst in aller Regel nichts erlangt und ist nicht bereichert.[25] 18

Kondiktionsschuldner ist auch der **Geschäftsherr,** der einen Verrichtungsgehilfen objektiv mangelhaft ausgewählt, angeleitet oder überwacht hat, falls dieser Verrichtungsgehilfe seinerseits rechtswidrig handelt (§ 831 BGB).[26] Kondiktionsschuldner ist schließlich, wer durch das Handeln eines Angestellten oder Beauftragten etwas erlangt und gemäß § 8 Abs. 2 für dieses Handeln einzustehen hat.[27] 19

b) Gläubiger. Aktivlegitimiert ist als Gläubiger des Bereicherungsanspruchs derjenige Mitbewerber, der **unmittelbar Verletzter** der unlauteren geschäftlichen Handlung ist und auf dessen Kosten der Schuldner gem. § 812 Abs. 1 Satz 1, Alt. 2 BGB etwas erlangt hat (hierzu sogleich Rdn. 21; zum Begriff des unmittelbar Verletzten vgl. § 8 Rdn. 274).[28] 20

3. Voraussetzungen

a) Etwas erlangt. Der Schuldner muss einen **Vermögensvorteil** erlangt haben.[29] Ein Vermögensvorteil besteht an sich schon mit jeder Steigerung der Gewinnchancen, die mit einer unlauteren geschäftlichen Handlung einhergeht. Allerdings besteht das Erlangte bei der Eingriffskondiktion wegen UWG-Verstößen nur im tatsächlichen Gebrauch der ihrem Inhaber ausschließlich zugewiesenen und durch das UWG geschützten Rechtsposition (näher unten Rdn. 28). 21

b) Auf Kosten des Gläubigers. Der Vermögensvorteil muss nach allgemeinen Regeln des Bereicherungsrechts gerade auf Kosten des Gläubigers erworben worden sein. Dies ist die entscheidende einschränkende Anspruchsvoraussetzung. Rechtlicher Anknüpfungspunkt für einen Bereicherungsanspruch nach § 812 Abs. 1 Satz 1, Alt. 2 BGB ist nämlich die Verletzung einer Rechtsposition, die nach der Rechtsordnung gerade dem Berechtigten zu dessen ausschließlicher Verfügung und Verwertung zugewiesen ist. Der erlangte Vermögensvorteil in der Hand des Schuldners muss dem **Zuweisungsgehalt** der verletzten Rechtsposition widersprechen. Dieser entspricht bei der Verletzung von Immaterialgüterrechten dem Verbotsanspruch des Rechtsinhabers, in dessen Macht es steht, die Nutzung des Rechtsguts einem sonst ausgeschlossenen Dritten zur wirtschaftlichen Verwertung zu überlassen. Der Eingriffskondiktion gem. § 812 Abs. 1 Satz 1, Alt. 2 BGB unterliegt demnach ein vermögensrechtlicher Vorteil, den der Erwerber nur unter Verletzung einer geschützten Rechtsposition und der alleinigen Verwertungsbefugnis des Rechtsinhabers erlangen konnte.[30] 22

Im Schrifttum wird ein Bereicherungsausgleich bei UWG-Verstößen zumindest für solche Rechtspositionen anerkannt, die für den Inhaber einen durch die Kombination von **Verbietungs-** 23

---

[23] jurisPK-*Koch* § 9 Rdn. 117.
[24] Vgl. BGH GRUR 2009, 515, 519 Tz. 45 – *Motorradreiniger; Haines* S. 61 m. w. N.
[25] BGH GRUR 2009, 515, 519 Tz. 46 – *Motorradreiniger.*
[26] *Haines* S. 62.
[27] *Haines* S. 63.
[28] *Haines* S. 65.
[29] BGH GRUR 2014, 73, 75 Tz. 23 – *Altenwohnanlage.*
[30] Vgl. BGH GRUR 1990, 221, 222 – *Forschungskosten;* GRUR 2012, 417, 420 Tz. 40 – *gewinn.de;* GRUR 2014, 73, 75 Tz. 23 – *Altenwohnanlage;* GroßKommUWG/*Paal* § 9 Rdn. 92; Teplitzky/*Schaub* Kap. 40 Rdn. 3.

recht und Verwertungsrecht geprägten **wirtschaftlichen Zuweisungsgehalt** haben. Dabei handelt es sich um diejenigen Rechtspositionen, die einem Immaterialgüterrecht angenähert sind, also insbesondere üblicherweise nur gegen Zahlung einer Lizenz übertragen werden, und bei denen die Rechtsprechung – wie im Sonderschutzrecht – die **Möglichkeit der dreifachen Schadensberechnung** gewährt. Neben den durch die **§§ 17, 18** geschützten Rechtsgüter des **Geheimnisschutzes**[31] sind dies die Schutzgegenstände des ergänzenden **wettbewerbsrechtlichen Leistungsschutzes (§ 4 Nr. 3).**[32]

24 **Bloß schuldrechtlich begründete Ansprüche** besitzen **keinen bereicherungsrechtlich relevanten Zuweisungsgehalt.** Sie geben dem Anspruchsinhaber im Verhältnis zu Dritten keine alleinige Verwertungsbefugnis. Die Nicht- oder Schlechterfüllung eines vertraglich begründeten Anspruchs kann Rechtsfolgen nach dem Recht der Leistungsstörungen nach sich ziehen; sie stellt aber – auch im Verhältnis der Vertragsparteien zueinander – keinen Eingriff in eine Rechtsposition des Anspruchsinhabers mit Zuweisungsgehalt dar.[33]

25 Auch die bloße **Beeinträchtigung von Erwerbs- und Gewinnchancen** – selbst wenn sie wie beim Recht am eingerichteten und ausgeübten Gewerbebetrieb mit einem deliktisch geschützten Rechtsgut verknüpft sind – hat eine bereicherungsrechtliche Ausgleichspflicht nicht zur Folge.[34] Ebenfalls ist ein Bereicherungsanspruch ausgeschlossen bei der Abwerbung von Arbeitskräften oder Kunden oder einer bloßen Behinderung von Mitbewerbern gemäß § 4 Nr. 4 UWG, weil es hier am wirtschaftlichen Zuweisungsgehalt fehlt.[35]

26 **c) In sonstiger Weise.** Die Nutzung der durch das UWG geschützten fremden Rechtsposition darf nicht aufgrund einer Leistung des Gläubigers erfolgt sein.[36] Es gilt der allgemeine Grundsatz des **Vorrangs der Leistungskondiktion** vor der Nichtleistungskondiktion.[37] Dieser Grundsatz, dessen besondere Bedeutung in Dreipersonenverhältnissen zum Tragen kommt, spielt im Zweipersonenverhältnis, das bei UWG-Verstößen typischerweise Grundlage der Beziehung zwischen Gläubiger und Schuldner ist, kaum eine praktische Rolle. Denn in aller Regel findet die Benutzungshandlung „in sonstiger Weise", nämlich im Wege eines Eingriffs durch die Benutzungshandlung des Verletzers statt.[38] Der Vorrang der Leistungskondiktion vor der Nichtleistungskondiktion wirkt sich jedoch in den seltenen Fällen aus, in denen zwischen den Parteien ein unwirksamer Lizenzvertrag vorliegt.[39] Allerdings erschöpft sich die Bedeutung des Vorrangs in der Wahl der Anspruchsgrundlage (§ 812 Abs. 1 Satz 1, Alt. 1 BGB statt § 812 Abs. 1 Satz 1, Alt. 2 BGB).[40] Materiell gelten dieselben Grundsätze wie bei der Eingriffskondiktion.[41]

27 **d) Ohne rechtlichen Grund.** Die Nutzung der durch das UWG geschützten fremden Rechtsposition muss ohne einen rechtlichen Grund erfolgt sein.[42] Dies ist typischerweise der Fall, wenn **keine Gestattung** durch den Inhaber vorliegt und auch sonst **kein Rechtfertigungsgrund** ihm gegenüber eingreift.[43] Die Nutzung aufgrund gesetzlicher Vorschriften oder durch (rechtmäßiges) Handeln Dritter, auch staatlicher Hoheitsträger, kann einen Rechtsgrund zwischen Gläubiger und Schuldner im Kondiktionsverhältnis nicht begründen.[44]

---

31 MünchKommUWG/*Fritzsche* § 9 Rdn. 125; jurisPK-*Koch* § 9 Rdn. 122; Fezer/*Koos* § 9 Rdn. 34; a. A. *Ellger* S. 842 ff., 850: kein bereicherungsrechtlich relevanter Zuweisungsgehalt beim Geheimnisschutz.

32 Ahrens/*Bacher* Kap. 70 Rdn. 7; jurisPK-*Koch* § 9 Rdn. 122; *Köhler*/Bornkamm § 9 Rdn. 3.2; Fezer/*Koos* § 9 Rdn. 34; *Sack* in: FS Hubmann, S. 373, 379 m. w. N.; krit. zur Einbeziehung des wettbewerbsrechtlichen Leistungsschutzes MünchKommUWG/*Fritzsche* § 9 Rdn. 126; GroßKommUWG/*Paal* § 9 Rdn. 92; differenzierend *Ellger* S. 829 ff., 850: Zuweisungsgehalt nur, wo es sich bei dem nachgeahmten Gegenstand um ein Gut handelt, das durch ein Immaterialgut geschützt werden könnte, eine Schutzerlangung durch Anmeldung und Eintragung aber unverschuldet unmöglich oder unzumutbar ist.

33 BGH GRUR 2014, 73, 75 Tz. 24 – *Altenwohnanlage.*

34 BGH GRUR 1990, 221, 222 – *Forschungskosten;* Teplitzky/*Schaub* Kap. 40 Rdn. 3.

35 *Ellger* S. 841; jurisPK-*Koch* § 9 Rdn. 122; Fezer/*Koos* § 9 Rdn. 34; GroßKommUWG/*Paal* § 9 Rdn. 92.

36 MünchKommUWG/*Fritzsche* § 9 Rdn. 129; GroßKommUWG/*Paal* § 9 Rdn. 93.

37 Vgl. BGHZ 40, 272, 278; 56, 228, 240 f.; 69, 186, 189; BGH NJW 1999, 1393, 1394; NJW 1999, 2899, 2892; NJW 2005, 60 f.

38 MünchKommUWG/*Fritzsche* § 9 Rdn. 129.

39 MünchKommUWG/*Fritzsche* § 9 Rdn. 129 unter Berufung auf BGH GRUR 2000, 685, 686 – *Formunwirksamer Lizenzvertrag.*

40 BGH GRUR 2000, 685, 685 f. – *Formunwirksamer Lizenzvertrag;* MünchKommUWG/*Fritzsche* § 9 Rdn. 131.

41 GroßKommUWG/*Paal* § 9 Rdn. 93 unter Hinweis auf BGH GRUR 2000, 685, 686 – *Formunwirksamer Lizenzvertrag.*

42 BGH GRUR 1990, 221 – *Forschungskosten.*

43 MünchKommUWG/*Fritzsche* § 9 Rdn. 131; GroßKommUWG/*Paal* § 9 Rdn. 94.

44 BGH GRUR 1990, 221 – *Forschungskosten;* MünchKommUWG/*Fritzsche* § 9 Rdn. 131.

4. Umfang des Bereicherungsanspruchs

a) Das Erlangte. Der Umfang des Bereicherungsanspruches bestimmt sich nach §§ 818ff. BGB. Zum Erlangten zählt nach h.M. in Rechtsprechung und Literatur bei Eingriffen in Immaterialgüterrechte nur der **tatsächliche Gebrauch** des immateriellen Schutzgegenstandes.[45] Nicht dazu gehören die Gebrauchsmöglichkeit als solche,[46] die Ersparnis von Aufwendungen (etwa Lizenzgebühren),[47] Marktchancen[48] oder der **Verletzergewinn.**[49] Diese Abgrenzung ist in gleicher Weise auch bei lauterkeitsrechtlichen Rechtspositionen mit Zuweisungsgehalt (§§ 4 Nr. 3, 17–18) vorzunehmen. Praktisch hat die fehlende Möglichkeit einer Gewinnabschöpfung im Wege des Bereicherungsausgleichs jedoch nur in den seltenen Fällen Bedeutung, in denen selbst ein fahrlässiges Verschulden des Verletzers nicht nachgewiesen und deshalb nicht der Verletzergewinn als Schadensersatz nach § 9 herausverlangt werden kann. 28

b) Wertersatz. Da die **Herausgabe des Erlangten** (§ 818 Abs. 1 BGB) wegen der Natur der hier in Rede stehenden Rechtspositionen wie auch sonst im gewerblichen Rechtsschutz regelmäßig ausscheiden wird, ist **Wertersatz** zu leisten (§ 818 Abs. 2 BGB).[50] Der nach § 818 Abs. 2 BGB zu ersetzende Wert ist **objektiv** zu **bestimmen.** Dies kann nur im Wege der Berechnung ersparter Lizenzgebühren erfolgen. Der Verletzer schuldet die für die Nutzung **übliche** bzw. **angemessene Lizenzgebühr**[51] zuzüglich ersparter Zinsen.[52] Für die Berechnung galten traditionell dieselben Grundsätze wie bei der dreifachen Schadensberechnung im Rahmen des Schadensersatzanspruches (Lizenzanalogie).[53] Hieran kann grundsätzlich festgehalten werden. Auf die Darstellung beim Schadensersatzanspruch wird verwiesen (§ 9 Rdn. 151ff.). 29

c) Wegfall der Bereicherung? Umstritten ist, ob und inwieweit der Schuldner eine **Entreicherung (§ 818 Abs. 3 BGB)** einwenden kann.[54] Er kann sich jedenfalls dann nicht auf einen Wegfall der Bereicherung berufen, wenn und soweit er nach § 818 Abs. 4, § 819 Abs. 1 BGB verschärft haftet.[55] Außerdem muss sich der Verletzer an der Sachlage, die er selbst geschaffen hat, festhalten lassen und kann daher nicht einwenden, er habe nichts erspart, weil er sich bei Kenntnis der Rechtslage anderweitig beholfen hätte[56] oder weil ihm keine Lizenz erteilt worden wäre.[57] Es kommt nur darauf an, ob der Verletzte ein Entgelt hätte beanspruchen können.[58] Denn der Berei- 30

---

[45] BGH GRUR 1982, 301, 303 – *Kunststoffhohlprofil II;* GRUR 1987, 520 – *Chanel No. 5 (I);* GRUR 2000, 685, 686 – *Formunwirksamer Lizenzvertrag;* GRUR 2001, 1156, 1158 – *Der Grüne Punkt.*

[46] MünchKommUWG/*Fritzsche* § 9 Rdn. 132; jurisPK-*Koch* § 9 Rdn. 123; *Köhler*/Bornkamm § 9 Rdn. 3.2.

[47] MünchKommUWG/*Fritzsche* § 9 Rdn. 132; jurisPK-*Koch* § 9 Rdn. 123; GroßKommUWG/*Paal* § 9 Rdn. 92; a.A. BGH GRUR 1981, 846, 848 – *Carrera/Rennsportgemeinschaft.*

[48] BGH GRUR 1982, 301, 303 – *Kunststoffhohlprofil II;* MünchKommUWG/*Fritzsche* § 9 Rdn. 132; jurisPK-*Koch* § 9 Rdn. 123; GroßKommUWG/*Paal* § 9 Rdn. 92; a.A. *Kraßer* GRUR Int. 1980, 259, 257.

[49] BGH GRUR 1982, 301, 303 – *Kunststoffhohlprofil II;* GRUR 1987, 520 – *Chanel No. 5 (I);* GRUR 2010, 237, 239 Tz. 22 – *Zoladex; Jestaedt* WRP 2000, 899, 901f.; Ahrens/*Bacher,* Kap. 70 Rdn. 11; *v. Caemmerer* in: FS Rabel, S. 333, 356ff.; *König* in: FS v. Caemmerer, S. 179, 206f.; *Sack* in: FS Hubmann, S. 373, 380ff. m.w.N. auch zur Gegenauffassung; Teplitzky/*Schaub* Kap. 40 Rdn. 9; *Schrage* S. 160ff.,163f.; a.A. (für Herausgabe des Verletzergewinns) etwa *Bruchhausen* in: FS Wilde, S. 23, 26; *Kaiser* GRUR 1988, 501, 503ff.

[50] BGH GRUR 1982, 301, 303 – *Kunststoffhohlprofil II;* GRUR 2000, 685, 686 – *Formunwirksamer Lizenzvertrag;* GRUR 2009, 515, 519 Tz. 41 – *Motorradreiniger;* GRUR 2010, 237, 239 Tz. 22 – *Zoladex;* Ahrens/*Bacher* Kap. 70 Rdn. 10; MünchKommUWG/*Fritzsche* § 9 Rdn. 133; *Ohly*/Sosnitza § 9 Rdn. 32.

[51] BGH GRUR 1981, 846, 848 – *Carrera/Rennsportgemeinschaft;* GRUR 1982, 301, 303 – *Kunststoffhohlprofil II;* GRUR 1987, 520, 523 – *Chanel No. 5 (I);* GRUR 1997, 781, 783 – *Sprengwirkungshemmende Bauteile;* GRUR 2000, 685, 686 – *Formunwirksamer Lizenzvertrag;* GRUR 2009, 515, 519 Tz. 41 – *Motorradreiniger;* GRUR 2010, 237, 239 Tz. 22 – *Zoladex;* Ahrens/*Bacher* Kap. 70 Rdn. 10; *Ohly*/Sosnitza § 9 Rdn. 31; *Enzinger* GRUR Int. 1997, 96, 101; *Jestaedt* WRP 2000, 899, 901; *Ullmann* GRUR 1978, 615, 620.

[52] BGH GRUR 1982, 286, 289 – *Fersenabstützungsvorrichtung;* GroßKommUWG/*Paal* § 9 Rdn. 97; Teplitzky/*Schaub* Kap. 40 Rdn. 10.

[53] BGH GRUR 1982, 286, 289 – *Fersenabstützvorrichtung;* GRUR 1987, 520, 523 – *Chanel No. 5 (II);* BGH NJW-RR 1992, 1078 – *Windsurfingausstattungen;* GRUR 1992, 599, 600 – *Teleskopzylinder;* GRUR 1997, 482 – *Magic Print;* GRUR 1997, 781, 783 – *Sprengwirkungshemmende Bauteile;* GRUR 1998, 838, 840 – *Lizenz- und Beratungsvertrag;* GRUR 2000, 685, 686ff. – *Formunwirksamer Lizenzvertrag; Jestaedt* WRP 2000, 899, 901; *Schrage* S. 105; *Ullmann* GRUR 1978, 615, 620.

[54] Vgl. Teplitzky/*Schaub* Kap. 40 Rdn. 11ff.; *Ullmann* GRUR 1978, 615, 620f.

[55] Teplitzky/*Schaub* Kap. 40 Rdn. 11; *Schrage* S. 108; *Wünsche* S. 257.

[56] RGZ 97, 310, 312 – *Zweiggleisanlage;* BGH GRUR 1956, 427, 430 – *Paul Dahlke; Falk* GRUR 1983, 488, 491; MünchKommUWG/*Fritzsche* § 9 Rdn. 134; GroßKommUWG/*Paal* § 9 Rdn. 99; *Schrage* S. 109.

[57] Ahrens/*Bacher* Kap. 70 Rdn. 12; *Brandner* GRUR 1980, 359, 360; MünchKommUWG/*Fritzsche* § 9 Rdn. 134; GroßKommUWG/*Paal* § 9 Rdn. 92; Teplitzky/*Schaub* Kap. 40 Rdn. 12; *Schrage* S. 108.

[58] BGH GRUR 1981, 846, 848 – *Carrera/Rennsportgemeinschaft.*

cherungsanspruch soll nicht eine Vermögensminderung auf Seiten des Verletzten, sondern den rechtsgrundlosen Vermögenszuwachs auf Seiten des Bereicherten ausgleichen. Der Verletzer kann deshalb einwenden, er hätte die Lizenz billiger als üblich erlangt, wenn er um sie nachgesucht hätte.[59] Nach einer im Schrifttum verbreiteten Auffassung soll ein Wegfall der Bereicherung vor allem dann in Betracht kommen, wenn der Verletzer nachweist, dass er keinen Gewinn erzielt und nicht einmal Kostendeckungsbeiträge für eine Lizenzgebühr erwirtschaftet hat.[60] Nach richtiger Ansicht ist dieser Umstand allerdings unbeachtlich, da er nichts daran ändert, dass der Schuldner jedenfalls tatsächlich die Lizenzgebühren erspart hat und insofern der Entreicherungseinwand faktisch ausscheidet.[61] Eine Entreicherung ist auch bei einer wirtschaftlich erfolglosen Verwertung der geschützten Rechtsposition nicht anzuerkennen, da das Erlangte – also gerade der Gebrauch der geschützten Rechtsposition – nachträglich nicht entfallen kann.[62]

31 Die **Darlegungs- und Beweislast** für den Wegfall der Bereicherung trüge der **Schuldner.**[63]

32 **d) Bedeutung des Verschuldens bzw. Mitverschuldens.** Auf ein **Verschulden** des Verletzers oder einen **Schaden** des Verletzten kommt es nicht an. § 254 BGB ist im Rahmen der Bereicherungshaftung nicht anwendbar; das schließt allerdings die Berücksichtigung eines schuldhaften Verhaltens des Verletzten bei der Bemessung des Bereicherungsausgleichs nach § 242 BGB nicht aus.[64]

5. Mehrheit von Verletzern

33 Bei einer **Mehrheit von Verletzern** haftet jeder nur auf das von ihm selbst Erlangte.[65] Die haftungsrechtlichen Grundsätze, nach denen mehrere für einen Schaden Verantwortliche gesamtschuldnerisch zum Ersatz verpflichtet sind, sind auf das Recht der ungerechtfertigten Bereicherung nicht zu übertragen. Mehrere an einer rechtsgrundlosen Vermögensverschiebung Beteiligte haben als Bereicherungsschuldner nicht für die gesamte Entreicherung des Gläubigers, sondern nur für dasjenige einzustehen, was sie selber auf Kosten des Entreicherten erlangt haben. Eine **gesamtschuldnerische Haftung** nach § 421 BGB kommt insoweit **nicht** in Betracht.[66]

6. Verjährung

34 Der auf § 812 BGB gestützte Bereicherungsanspruch **verjährt** gemäß §§ 195, 199 BGB nach drei bzw. zehn Jahren.[67] In den Fällen des § 852 BGB bzw. der auf ihn verweisenden Vorschriften verjährt der Anspruch nach zehn bzw. 30 Jahren.[68]

V. Ansprüche auf Auskunft und Rechnungslegung

Schrifttum: *Abel,* Gegenstand des Auskunftsanspruches im deutschen gewerblichen Rechtsschutz und Urheberrecht, in: FS Pagenberg, 2000, S. 221; *Amschewitz,* Selbständiger und akzessorischer Auskunftsanspruch nach Umsetzung der Durchsetzungsrichtlinie, WRP 2011, 301; *Asendorf,* Auskunftsansprüche nach dem Produktpirateriegesetz und ihre analoge Anwendung auf Wettbewerbsverstöße, in: FS Traub, 1994, S. 21; *Banzhoff,* Der Auskunftsanspruch, 1989; *Brändel,* Die Problematik eines Anspruchs auf ergänzende Rechnungslegung bei Schutzrechtsverletzungen, GRUR 1985, 616; *Büscher,* Aus der Rechtsprechung des EuGH und des BGH zum Wettbewerbsrecht seit Ende 2013, GRUR 2015, 5; *Eichmann,* Die Durchsetzung des Anspruchs auf Drittauskunft, GRUR 1990, 575; *Falk,* Zu Art und Umfang des Bereicherungsanspruchs bei Verletzung eines fremden Patents, GRUR 1983, 488; *v. Gamm,* Zur sog. Drittauskunft bei Wettbewerbsverletzungen, in: FS Vieregge, 1995, S. 261; *Gniadek,* Die Beweisermittlung im gewerblichen Rechtsschutz und Urheberrecht, 2011; *Gräfin v. Merveldt,* Der Auskunftsanspruch im gewerblichen Rechtsschutz, 2007; *Jestaedt,* Auskunfts- und Rechnungslegungsanspruch bei Sortenschutzverletzung, GRUR 1993, 219; *Knieper,* Mit Belegen gegen Produktpiraten, WRP 1999, 1116; *Köhler,* Die Begrenzung wettbewerbsrechtlicher Ansprüche durch den Grundsatz der Ver-

---

[59] *Kraßer* GRUR Int. 1980, 259, 268; Teplitzky/*Schaub* Kap. 40 Rdn. 12.

[60] Fezer/*Büscher* § 8 Rdn. 356; *Köhler*/Bornkamm, § 9 Rdn. 3.2; *Ohly*/Sosnitza § 9 Rdn. 32; *Wünsche* S. 257.

[61] MünchKommUWG/*Fritzsche* § 9 Rdn. 134 unter Berufung auf BGH GRUR 1971, 522, 534 – *Gasparone II* und GRUR 2012, 715, 718 Tz. 41 – *Bochumer Weihnachtsmarkt; Schrage* S. 108, der an die Möglichkeit des Rückgriffs auf §§§ 242 BGB zur Vermeidung von unbilligen Ergebnissen im Einzelfall erinnert.

[62] BGH GRUR 2012, 715, 718 Tz. 41 – *Bochumer Weihnachtsmarkt.*

[63] BGHZ 118, 383, 387 f.; Teplitzky/*Schaub* Kap. 40 Rdn. 15; *Schrage* S. 110.

[64] Vgl. BGHZ 57, 137, 152, m. w. N.; Teplitzky/*Schaub* Kap. 40 Rdn. 17.

[65] BGH GRUR 2009, 515, 519 Tz. 45 – *Motorradreiniger;* Teplitzky/*Schaub* Kap. 40 Rdn. 18.

[66] BGH GRUR 1979, 732, 734 – *Fußballtor;* GRUR 2009, 515, 519 Tz. 45 ff. – *Motorradreiniger; Holzapfel* GRUR 2012, 242, 243; GroßKommUWG/*Paal* § 9 Rdn. 101; Teplitzky/*Schaub* Kap. 40 Rdn. 18.

[67] *Köhler*/Bornkamm § 11 Rdn. 1.13; Fezer/*Büscher* § 11 Rdn. 18 m. w. N.

[68] Teplitzky/*Schaub* Kap. 40 Rdn. 19.

hältnismäßigkeit, GRUR 1996, 82; *Lorenz,* Auskunftsansprüche im Bürgerlichen Recht, JuS 1995, 569; *Lücke,* Der Informationsanspruch im Zivilrecht, JuS 1986, 2; *Nieder,* Zur Bekanntgabe von Abnehmern, Abnahmemengen, Lieferdaten und -preisen im Kennzeichenrecht, GRUR 1999, 654; *v. Olenhusen/Crone,* Der Anspruch auf Auskunft gegenüber Internet-Providern bei Rechtsverletzungen nach Urheber- bzw. Wettbewerbsrecht, WRP 2002, 164; *Oppermann,* Der Auskunftsanspruch im gewerblichen Rechtsschutz und Urheberrecht, 1997; *Osterloh-Konrad,* Der allgemeine vorbereitende Informationsanspruch, 2007; *Pietzner,* Auskunft, Rechnungslegung und Schadensersatz bei wettbewerbswidrigen Eingriffen in fremdes Firmenrecht, GRUR 1972, 151; *Stauder,* Umfang und Grenzen der Auskunftspflicht im gewerblichen Rechtsschutz; GRUR Int. 1982, 226; *Steinbeck,* „Windsor Estate" – Eine Anmerkung, GRUR 2008, 110; *Stjerna,* Pflicht des Schuldners zur Vorlage von Belegen im Rahmen der Auskunft und Rechnungslegung, GRUR 2011, 789; *Stürner,* Die Aufklärungspflicht der Parteien des Zivilprozesses, 1976; *Tilmann,* Der Auskunftsanspruch, GRUR 1987, 251; *ders.,* Zum Anspruch auf Auskunftserteilung wegen Warenzeichenverletzung II, GRUR 1990, 160; *v. Ungern-Sternberg,* Auskunftsanspruch bei Verwendbarkeit der Auskunft zur Begründung von Vertragsstrafeansprüchen oder Anträgen auf Verhängung von Ordnungsmitteln?, WRP 1984, 55; *Ulrich,* Die Geltendmachung von Ansprüchen auf Erteilung einer Auskunft im Verfahren der einstweiligen Verfügung, WRP 1997, 135.

1. Bedeutung und Terminologie

a) Bedeutung. Um bestehende Ansprüche gerichtlich durchsetzen zu können, muss der richtige Beklagte benannt, der richtige Antrag gestellt und der Anspruch substantiiert dargelegt und ggf. bewiesen werden. Das setzt allerdings ein Wissen voraus, das vielfach nur der Verletzer und nicht der Verletzte besitzt.[69] Hier hilft der **Anspruch auf Auskunftserteilung.** Man nennt ihn deshalb einen **Hilfsanspruch.** Er **bereitet** die Durchsetzung des **Hauptanspruchs vor** und zwingt den Auskunftspflichtigen zur Preisgabe der benötigten Informationen. 35

Hilfsansprüche auf Auskunft haben im Wettbewerbsrecht eine **sehr große Bedeutung.** Sie sind stets an das Vorliegen der Voraussetzungen des Hauptanspruchs gekoppelt. Als Hauptanspruch kommen folgende Ansprüche in Betracht: Schadensersatzanspruch, Gewinnabschöpfungsanspruch, Bereicherungsanspruch, Widerrufsanspruch und allgemeiner Beseitigungsanspruch. Auch der Unterlassungsanspruch kommt als Hauptanspruch in Betracht, wenn er im Ergebnis den gleichen Inhalt hat wie ein Beseitigungsanspruch (zu diesen Fällen § 8 Rdn. 22) oder wenn ein Unterlassungsanspruch gegen einen Dritten vorbereitet werden soll. 36

Die Geltendmachung von Ansprüchen auf Auskunft dient einem echten Informationsinteresse des Gläubigers. Allerdings ist nicht zu verkennen, dass die Auskunftserteilung für den Schuldner in vielen Fällen mit einem ganz erheblichen Aufwand verbunden ist. Der Anspruch auf Auskunft ist deshalb für den Gläubiger in der Praxis gleichzeitig auch ein **probates Druckmittel,** um den Verletzer von der Sinnhaftigkeit einer gütlichen Gesamteinigung zur Abwicklung eines Verletzungsfalls zu überzeugen. Hier wird dann häufig zugunsten einer nicht zu vernachlässigenden Pauschalzahlung oder auch nur um den Preis der endgültigen Anerkennung des Unterlassungsanspruchs auf die Geltendmachung des Anspruchs auf Auskunft verzichtet. 37

b) Terminologie. Herkömmlicherweise wird danach unterschieden, ob der Auskunftspflichtige der Schuldner des letztlich durchzusetzenden Hauptanspruchs ist oder ob der Auskunftsanspruch zur Vorbereitung des Vorgehens gegen einen Dritten dient. Der Anspruch, der sich auf die Erlangung von Informationen über Dritte richtet, wird heute allgemein als **Anspruch auf Drittauskunft** bezeichnet. Die treffende Bezeichnung wäre allerdings „Anspruch auf Namensnennung".[70] Denn er läuft regelmäßig auf die Offenbarung der Identität eines Dritten hinaus, nämlich der Lieferanten und gewerblichen Abnehmer.[71] Eine verschärfte und **erweiterte Variante des Auskunftsanspruchs** ist der Anspruch auf **Rechnungslegung.** 38

Der Auskunftsanspruch gegen den Schuldner des Hauptanspruchs als Auskunftsverpflichteten soll hier nur als **„Anspruch auf Auskunft"** bezeichnet werden. Vielfach bezeichnet man ihn durchaus zutreffend als **„akzessorischen"** Auskunftsanspruch, weil er als Hilfsanspruch an das Bestehen des Hauptanspruchs anknüpft. Soweit man ihn als **„unselbständigen"** und den Anspruch auf Drittauskunft als **„selbständigen"** Auskunftsanspruch bezeichnet, soll damit zum Zwecke der Kategorisierung ein Gegensatzpaar gebildet werden. Inhaltlich ist diese Unterscheidung nicht sinnvoll. Denn der Anspruch auf Auskunft ist als vorbereitender Hilfsanspruch zwar gegenüber dem Hauptanspruch – meist einem Schadensersatzanspruch – akzessorisch. Er dient ihm und ist kein Selbstzweck. Dennoch bleibt dieser vorbereitende Anspruch seinerseits ein in sich selbständiger und selbständig erfüllbarer Anspruch.[72] Die Erhebung einer auf Schadenersatz gerichteten Klage einerseits und einer 39

---

[69] *Beater* Rdn. 2798; *Köhler*/Bornkamm § 9 Rdn. 4.1.
[70] Vgl. *Pastor* Kap. 43.
[71] *v. Gamm* in: FS Vieregge, S. 261.
[72] OLG Dresden MuW XXXII, 423 – *„Bremsit" und „Autofren".*

Klage auf Auskunftserteilung oder Rechnungslegung bilden unterschiedliche Streitgegenstände.[73] Außerdem steht im UWG auch ein sog. „selbständiger" Auskunftsanspruch nicht für sich, sondern setzt wie jeder Auskunftsanspruch aus § 242 BGB das Bestehen eines Schuldverhältnisses zwischen den Parteien voraus.[74]

40 **c) Spezielle Regelungen.** Von einer gesetzlichen Regelung des Anspruchs auf Auskunft und des Anspruchs auf Drittauskunft hat der Gesetzgeber 2004 abgesehen. Auch im UWG 2015 ist weder der eine noch der andere Anspruch gesetzlich geregelt, so dass nach wie vor beide „akzessorisch" gegenüber dem Hauptanspruch und auf § 242 BGB gestützt sind. Das UWG 2015 enthält nämlich nur eine Auskunftsverpflichtung nach § 8 Abs. 5 i. V. m. § 13 UKlaG und einen in § 10 Abs. 4 geregelten Anspruch des Bundesamts für Justiz auf Auskunft über die Geltendmachung von Gewinnabschöpfungsansprüchen durch Verbraucherverbände. In die **Spezialgesetze** zum Schutze des geistigen Eigentums sind anders als im UWG durch das Produktpirateriegesetz vom 7. März 1990[75] echte „selbständige" Ansprüche auf Drittauskunft aufgenommen worden, die mittlerweile in Umsetzung der Durchsetzungsrichtlinie[76] beträchtlich erweitert worden sind (§§ 140b PatG; 24 GebrM; 19, 128 Abs. 1, 135 Abs. 1 MarkenG; 9 Abs. 2 HalblSchG; 101 UrhG; 46 DesignG; 37b SortSchG).[77] Eine unmittelbare oder analoge Anwendung der spezialgesetzlichen Auskunftsansprüche ist im Lauterkeitsrecht jedenfalls dann nicht geboten, wenn hier über § 242 BGB auch in ihrem Umfang – unter Beachtung der unterschiedlichen Schutzzwecke – gleichwertige Ansprüche auf Auskunftserteilung gewährt werden.[78] Allerdings wird eine Analogie oder eine Auslegung des § 242 BGB im Lichte der spezialgesetzlichen Regelungen beim Anspruch auf Auskunft dort in Betracht kommen, wo auch das Schadensersatzrecht demjenigen der gewerblichen Schutzrechte angenähert wurde, also im Falle der Produktnachahmung und des Geheimnisverrats. Insofern haben die spezialgesetzlichen Ausprägungen **mittelbaren Einfluss** auf die Ausgestaltung der wettbewerbsrechtlichen Auskunftsansprüche, zumal auch der UGP-RL das Gebot zu entnehmen ist, geeignete und wirksame Mittel zur Bekämpfung unlauterer Geschäftspraktiken zur Verfügung zu stellen (Art. 11 Abs. 1) und bei Verstößen wirksame, verhältnismäßige und abschreckende Sanktionen festzulegen (Art. 13). Zur wirksamen Durchsetzung der durch die UGP-RL geforderten Maßnahmen wird man auch hinreichende Ansprüche auf Auskunftserteilung einräumen müssen.

2. Anspruch auf Auskunft

41 **a) Allgemeines zum Anspruch auf Auskunft.** *aa) Rechtsgrundlage.* Das deutsche Recht kennt keine allgemeine Auskunftspflicht. Der **Anspruch auf Auskunft** wird als **Hilfsanspruch,** der die Durchsetzung eines gegen den Auskunftspflichtigen gerichteten Hauptanspruchs vorbereiten soll, gewohnheitsrechtlich aus dem **Grundsatz von Treu und Glauben** (§ 242 BGB) hergeleitet.[79] Er besteht grundsätzlich in jedem Rechtsverhältnis, in dem der Berechtigte in entschuldbarer Weise über Bestehen und Umfang seines Rechts im Ungewissen und der Verpflichtete unschwer zur Auskunftserteilung in der Lage ist.[80] Ursprünglich hatte die Rechtsprechung einen derartigen Anspruch nur bei Verletzung von Patent-, Gebrauchsmuster- oder Urheberrechten zugebilligt. Später dehnte sie ihn auf Warenzeichenverletzungen[81] und schließlich auch auf Wettbewerbsverstöße aus.[82]

42 *bb) Gläubiger und Schuldner.* **Aktivlegitimiert** für den Anspruch auf Auskunft als Hilfsanspruch ist derjenige, dem auch der Hauptanspruch zusteht.

---

73 OLG Düsseldorf, Urt. v. 20.12.2007, Az. 2 U 40/07 – *Calluna-Knospenblüher.*

74 Vgl. BGH GRUR 2010, 343, 346, 346 Tz. 35 – *Oracle.*

75 Gesetz zur Stärkung des Schutzes des geistigen Eigentums und zur Bekämpfung der Produktpiraterie v. 7.3.1990, BGBl. I S. 422.

76 Richtlinie 2004/48/EG des Europäischen Parlaments und des Rates vom 29.4.2004 zur Durchsetzung der Rechte des geistigen Eigentums, ABl. Nr. L 195, S. 16.

77 Hierzu *Amschewitz* S. 360 ff.

78 BGH GRUR 1994, 630, 632 – *Cartier-Armreif;* GRUR 1994, 635, 637 – *Pulloverbeschriftung;* GRUR 2008, 360, 361 Tz. 17 – *EURO und Schwarzgeld,* m. w. N.

79 BGH GRUR 1965, 313, 314 – *Umsatzauskunft;* GRUR 1980, 227, 232 – *Monumenta Germaniae Historica;* GRUR 1987, 647 f. – *Briefentwürfe;* GRUR 1992, 176, 178 – *Abmahnkostenverjährung;* GRUR 1994, 630, 632 – *Cartier-Armreif;* OLG Köln GRUR-RR 2015, 215 f. Tz. 15 f. – *Innovation Award Burgenland.*

80 St. Rspr., vgl. BGH GRUR 1992, 62, 64 – *Preisvergleichsliste;* GRUR 1999, 1025, 1029 – *Preisbindung durch Franchisegeber;* GRUR 2001, 841, 842 – *Entfernung der Herstellungsnummer II;* GRUR 2010, 623, 626 Tz. 43 – *Restwertbörse; Ohly*/Sosnitza § 9 Rdn. 35; Teplitzky/*Löffler* Kap. 38 Rdn. 8.

81 RGZ 108, 1, 5 ff. – *Dauerschmierung.*

82 RG MuW XXVI, 342, 343 – *Sanoskopgläser III;* GRUR 1931, 1299, 1302 – *Hellegold.*

Passivlegitimiert ist der Schuldner des Hauptanspruchs.[83] Der **Gesellschafter einer OHG** oder einer GbR haftet persönlich auf Auskunft wegen Verstößen der Gesellschaft unabhängig davon, ob er an der Verletzungshandlung selbst als Täter oder Teilnehmer beteiligt war.[84] Der gegen einen **Geschäftsführer** oder Vorstand persönlich bestehende Anspruch auf Auskunft erlischt nicht mit seinem **Ausscheiden** aus der Geschäftsleitung.[85] Eine Begrenzung des Anspruchs tritt lediglich insoweit ein, als das ausgeschiedene Organ nur nach seinen Kenntnissen zur Auskunft verpflichtet ist. Dieser Umstand berührt aber nicht den Anspruch dem Grunde nach, sondern nur den Umfang der zu erteilenden Auskunft.[86] Da die zu erteilende Auskunft nicht auf das präsente Wissen des Auskunftsverpflichteten beschränkt ist und ihm gewisse Nachforschungspflichten auferlegt werden,[87] muss sich der ausgeschiedene Geschäftsführer oder Vorstand – soweit für die Erteilung der Auskunft erforderlich – um Aufklärung bei der Gesellschaft bemühen, für die er tätig war.[88] 43

cc) Allgemeine Anspruchsvoraussetzungen. (1) Hauptanspruch als Sonderverbindung. Voraussetzung für den Anspruch auf Auskunft als Hilfsanspruch ist zunächst, dass zwischen dem Berechtigten und dem Verpflichteten eine **besondere rechtliche Beziehung (Sonderverbindung)** besteht, aus der sich der durch das Auskunftsverlangen vorzubereitende Hauptanspruch ergeben kann.[89] Die Rechtsbeziehung kann in einem Vertragsverhältnis bestehen, namentlich in einem Unterwerfungsvertrag.[90] In der Regel ergibt sich die Rechtsbeziehung schon aus dem **durch den Wettbewerbsverstoß begründeten gesetzlichen Schuldverhältnis.**[91] Der Anspruch kann dagegen nicht zu dem Zweck gewährt werden, durch die Auskunft erst festzustellen, ob der auf Auskunft in Anspruch Genommene einen Wettbewerbsverstoß begangen hat, aus dem gegen ihn Ansprüche erwachsen können.[92] Ebenso besteht kein Anspruch auf Auskunft darüber, ob ein Verletzer zusätzlich zu dem bereits festgestellten Wettbewerbsverstoß ähnliche Handlungen begangen hat, die weiter gehende Ansprüche rechtfertigen könnten.[93] 44

Der Hauptanspruch muss, wie aus der Akzessorietät des Anspruchs auf Auskunft folgt, **dem Grunde nach** bestehen. Das bedeutet insbesondere, dass die konkrete Verletzungshandlung, aus welcher der durch die Auskunft vorzubereitende Hauptanspruch hergeleitet wird, in ihren anspruchsbegründenden Tatbestandsmerkmalen bereits vorliegen muss. Auf deren Ermittlung kann sich das Auskunftsbegehren nicht richten. Die Einzelheiten sind bezogen auf die jeweiligen Hauptansprüche gesondert darzustellen (Rdn. 63 ff.). 45

(2) Unverschuldete Unkenntnis und Möglichkeit der Auskunfterteilung. **Weitere Voraussetzungen** für den Anspruch auf Auskunft sind die unverschuldete Unkenntnis des Gläubigers und die Möglichkeit des Schuldners, unschwer Auskunft zu erteilen. 46

Die Ungewissheit des **Gläubigers** ist **unverschuldet,** wenn es ihm **unmöglich oder unzumutbar** ist, eigene Auskünfte einzuholen. Der Gläubiger hat zunächst alle ihm zur Verfügung stehenden (rechtlich zulässigen) Mittel zu nutzen, die benötigten Informationen selbst zu beschaffen. Die eigene Kenntnisverschaffung kann für ihn unzumutbar sein, wenn der für ihn damit verbundene Aufwand unverhältnismäßig groß ist, während der Schuldner die Auskunft ohne weiteres erteilen kann. Auf eigene Informationsquellen, von denen verlässliche Auskünfte nicht zu erwarten sind, darf der Gläubiger gleichfalls nicht verwiesen werden. Ein Anspruch auf Auskunft besteht dagegen nicht, wenn der Gläubiger in schuldhafter Weise anderweitige, erfolgversprechende Informationsmöglichkeiten nicht genutzt hat.[94] 47

(3) Möglichkeit der Erteilung der Auskunft durch den Schuldner. Dem **Schuldner** muss die **Auskunftserteilung unschwer möglich** sein. Das bedeutet jedoch nicht, dass er sich auf Auskünfte beschränken darf, die er ohne weiteres aus seinem präsenten Wissen erteilen kann. Er muss vielmehr in zumutbarem Umfang Nachforschungen anstellen, um die begehrte Auskunft erteilen zu können. Dazu hat der Schuldner ggf. alle rechtlichen und tatsächlichen Möglichkeiten auszuschöp- 48

---

[83] Vgl. OLG Frankfurt GRUR-RR 2015, 408 – *Zwangsgeld gegen Geschäftsführer.*
[84] OLG Frankfurt WRP 2014, 1484, 1486 Tz. 21.
[85] BGH GRUR 2000, 605, 608 – *comtes/ComTel;* GRUR 2013, 638, 644 Tz. 69 – *Völkl.*
[86] BGH GRUR 2000, 605, 608 – *comtes/ComTel;* GRUR 2013, 638, 644 Tz. 69 – *Völkl.*
[87] BGH GRUR 2003, 433, 434 – *Cartier-Ring;* GRUR 2006, 504, 507 Tz. 50 – *Parfümtestkäufe;* GRUR 2013, 638, 644 Tz. 69 – *Völkl.*
[88] BGH GRUR 2013, 638, 644 Tz. 69 – *Völkl.*
[89] BGH GRUR 1978, 54, 55 – *Preisauskunft;* GRUR 1987, 647, 647 f. – *Briefentwürfe;* GRUR 2008, 360, 361 Tz. 17 – *EURO und Schwarzgeld;* Teplitzky/*Löffler* Kap. 38 Rdn. 7.
[90] Vgl. BGH GRUR 1992, 62, 64 – *Preisvergleichsliste.*
[91] BGH GRUR 1959, 31, 33 – *Feuerzeug als Werbegeschenk.*
[92] BGH GRUR 1978, 54, 55 – *Preisauskunft.*
[93] BGH GRUR 2006, 426, 428 Tz. 24 – *Direktansprache am Arbeitsplatz II,* m. w. N.
[94] BGH NJW 1980, 2463, 2464; *Ohly*/Sosnitza § 9 Rdn. 37.

fen, um seinerseits die nötigen Informationen von Dritten zu erhalten und diese zur Mitwirkung zu bewegen.[95]

49 Verfügt nicht die zur Auskunftserteilung verurteilte Konzerngesellschaft, sondern **ein anderes Konzernunternehmen** über die Kenntnisse, die zur Erteilung der geschuldeten Auskunft benötigt werden, so hat die verurteilte Konzerngesellschaft alles ihr Zumutbare zu tun, um sich diese Kenntnisse zu verschaffen, und muss notfalls ihrerseits den Rechtsweg beschreiten.[96]

50 Welcher Arbeits- und Zeitaufwand vom Auskunftsverpflichteten verlangt werden kann und wie weitreichend Auskunft erteilt werden muss, ist durch eine **Abwägung der beiderseitigen Interessen** zu bestimmen, bei der ggf. auch grundrechtliche Wertungen (insbesondere Art. 5 GG bei Presseunternehmen) zu beachten sind.[97] Diese Interessenabwägung ist unter Berücksichtigung der Umstände des Einzelfalles bei Beachtung des **Verhältnismäßigkeitsgrundsatzes** (vgl. auch § 19 Abs. 1 MarkenG; Art. 3 Abs. 2, Art. 8 Abs. 1 der Durchsetzungsrichtlinie) vorzunehmen, wobei Art und Schwere der Rechtsverletzung von Bedeutung sind.[98] Neben seinem **Arbeitsaufwand** können etwaige **Geheimhaltungsinteressen** des Schuldners zu beachten sein.

51 *dd) Allgemeines zu Inhalt und Umfang. (1) Wissenserklärung.* Inhalt des Anspruchs auf Auskunft ist die Mitteilung von **Tatsachen** in Form einer **Wissenserklärung.**[99] Die Auskunftserteilung ist als Wissenserklärung höchstpersönlicher Natur und als **nach § 888 ZPO zu vollstreckende unvertretbare Handlung** vom Verpflichteten in Person zu erfüllen.[100] Die erteilte Information muss vom Auskunftspflichtigen selbst stammen, der sich zur Erfüllung seiner Auskunftspflicht jedoch Hilfspersonen bedienen darf. Die Auskunft hat grundsätzlich **schriftlich** zu erfolgen.[101] Die Einhaltung der gesetzlichen Schriftform (§ 126 BGB) ist nicht erforderlich.

52 *(2) Mitzuteilende Tatsachen.* Die **mitzuteilenden Tatsachen richten sich nach dem Hauptanspruch.** Der Schuldner muss Auskunft nur über solche Tatsachen erteilen, deren Kenntnis zur Vorbereitung oder Durchsetzung des Hauptanspruches **geeignet** und **erforderlich** ist.[102] Die Einzelheiten sind bezogen auf die jeweiligen Ansprüche gesondert darzustellen (Rdn. 63 ff.).

53 *(3) Umfang des Anspruchs.* Die begehrte Auskunft muss dem Schuldner nach Treu und Glauben **zumutbar** sein.[103] Der **Umfang** des Anspruchs auf Auskunft einschließlich der Pflicht des Schuldners, **„Kontrolltatsachen"**[104] beizubringen, die eine Überprüfung der erteilten Auskünfte ermöglichen (vgl. § 259 Abs. 2 BGB), ist unter Berücksichtigung der Interessen des Gläubigers und des Schuldners sowie der Art und Schwere der Rechtsverletzung zu bestimmen.[105]

54 Der Schuldner hat in zumutbarem Umfang alle ihm zur Verfügung stehenden Informationsmöglichkeiten auszuschöpfen, insbesondere seine **Geschäftsunterlagen** durchzusehen und sich ggf. bei seinen Lieferanten oder Kunden um Aufklärung zu bemühen.[106] Er kann sogar zur **Heranziehung von Sachverständigen** verpflichtet sein, wenn er bestimmte Tatsachen, zu deren Mitteilung er verpflichtet ist, mangels Sachkunde nicht selbst ermitteln kann.[107] Die Beifügung von **Belegen** und Nachweisen soll – anders als beim Anspruch auf Rechnungslegung und beim Anspruch auf Drittauskunft, wo allgemein eine Verpflichtung zur Vorlage von Belegen besteht[108] – beim Anspruch auf Auskunft nach der Rechtsprechung **grundsätzlich nicht** erforderlich sein und eine Vorlagepflicht nur dann bestehen, wenn der Gläubiger die Belege benötigt, um die Verlässlichkeit der Auskunft überprüfen zu können.[109]

---

[95] Teplitzky/*Löffler* Kap. 38 Rdn. 8.

[96] BGH GRUR 2009, 794, 796 Tz. 21 – *Auskunft über Tintenpatronen.*

[97] BGH GRUR 1987, 647, 648 – *Briefentwürfe;* GRUR 1995, 427, 429 – *Schwarze Liste; Ohly*/Sosnitza § 9 Rdn. 38.

[98] BGH GRUR 1978, 52, 53 – *Fernschreibverzeichnisse;* GRUR 1994, 630, 633 – *Cartier-Armreif;* OLG Köln GRUR-RR 2015, 215 f. Tz. 16 – *Innovation Award Burgenland.*

[99] BGH GRUR 1994, 630, 632 – *Cartier-Armreif;* GRUR 2006, 504 Tz. 40 – *Parfümtestkäufe.*

[100] BGH GRUR 1994, 630, 633 – *Cartier-Armreif.*

[101] BGH GRUR 1994, 630, 632 – *Cartier-Armreif.*

[102] BGH GRUR 1973, 375, 377 f. – *Miss Petite;* GRUR 1991, 921, 924 – *Sahnesiphon;* GRUR 1995, 349, 352 – *Objektive Schadensberechnung;* GRUR 1999, 1025, 1030 f. – *Preisbindung durch Franchisegeber.*

[103] RG GRUR 1936, 747, 752 – *Waterproof;* BGH GRUR 1994, 630, 633 – *Cartier-Armreif;* GRUR 2001, 841, 843 – *Entfernung der Herstellungsnummer II.*

[104] Vgl. BGH GRUR 1958, 346, 348 – *Spitzenmuster; Köhler*/Bornkamm § 9 Rdn. 4.14.

[105] BGH GRUR 1978, 52, 53 – *Fernschreibverzeichnisse;* GRUR 1976, 367, 369 – *Ausschreibungsunterlagen;* GRUR 1994, 630, 633 – *Cartier-Armreif;* GRUR 2001, 841, 843 – *Entfernung der Herstellungsnummer II.*

[106] Vgl. BGH GRUR 2006, 504 Tz. 40 – *Parfümtestkäufe.*

[107] Vgl. BGH GRUR 1982, 723, 727 – *Dampffrisierstab I; Köhler*/Bornkamm § 9 Rdn. 4.17.

[108] BGH GRUR 2002, 709, 713 – *Entfernung der Herstellungsnummer III.*

[109] BGH GRUR 2001, 841, 845 – *Entfernung der Herstellungsnummer II.*

(4) Geheimhaltungsinteressen und Wirtschaftsprüfervorbehalt. Der Auskunftspflicht des Schuldners steht es nicht von vornherein entgegen, dass er sich selbst oder einen Dritten durch die Auskunft der Gefahr einer strafrechtlichen Verfolgung aussetzt.[110] Geschäftliche **Geheimhaltungsinteressen** des Schuldners können aber zu beachten sein, etwa das Interesse, Kundendaten nicht an einen unmittelbaren Wettbewerber gelangen zu lassen.[111] So kann bei der Erfüllung der Pflicht zur Vorlage von Belegen einem berechtigten Geheimhaltungsinteresse des Schuldners dadurch Rechnung getragen werden, dass – ggf. beglaubigte – Kopien vorgelegt werden dürfen, bei denen geheimhaltungsbedürftige Daten abgedeckt oder geschwärzt sind.[112] 55

Ein Vorrang etwaiger Geheimhaltungsinteressen des Schuldners kann ferner durch einen sog. **Wirtschaftsprüfervorbehalt** berücksichtigt werden. Er ermöglicht dem Schuldner, Angaben, deren Offenbarung gegenüber dem Gläubiger als seinem Mitbewerber ihm nicht zumutbar ist, nach seiner Wahl statt gegenüber dem Verletzten selbst gegenüber einer zur Verschwiegenheit verpflichteten Person, in der Regel einem Wirtschaftsprüfer, zu machen, der seinerseits ermächtigt ist, bestimmte Anfragen des Verletzten zu beantworten.[113] Ein solcher Wirtschaftsprüfervorbehalt, aufgrund dessen der Auskunftsberechtigte die zur Durchsetzung seines Anspruchs erforderlichen Angaben nicht selbst erhält und sie nur in einem beschränkten Umfange nachprüfen kann, kommt **nur ganz ausnahmsweise** in Betracht und setzt ein gegenüber dem Interesse des Gläubigers an der Durchsetzung seines Anspruchs deutlich überwiegendes Geheimhaltungsinteresse des Schuldners voraus.[114] In solchen Fällen ist er ggf. auch ohne Antrag von Amts wegen zu gewähren.[115] Die Umstände, die die höhergewichtigen Belange begründen, hat der **Schuldner** aber **darzulegen** und zu **beweisen.**[116] 56

Wird einem (unbeschränkt gestellten) **Auskunftsantrag nur mit einem Wirtschaftsprüfervorbehalt stattgegeben,** so liegt darin **keine Teilabweisung,** die zu einer Kostenbelastung des Klägers führt; es handelt sich insoweit nicht um ein Minus gegenüber dem normalen Auskunftsbegehren, sondern lediglich um eine nach § 242 BGB gebotene Modifizierung.[117] Nimmt der Kläger einen Wirtschaftsprüfervorbehalt ausdrücklich in seinen Klageantrag auf, kann die Auslegung ergeben, dass er nur einen Anspruch auf Auskunft und keinen Anspruch auf Drittauskunft geltend machen will, weil ein solcher Vorbehalt mit einem Anspruch auf Drittauskunft nicht vereinbar ist.[118] 57

ee) Rechnungslegung. Der Anspruch auf **Rechnungslegung** ist kein gesonderter Anspruch, sondern nur eine besondere, **gesteigerte Form** des **Anspruchs auf Auskunft.**[119] Ein Wesensunterschied besteht nicht.[120] Wie der Anspruch auf Auskunft wird der Anspruch auf Rechnungslegung bei Wettbewerbsverstößen auf **§ 242 BGB** gestützt.[121] 58

Rechnungslegung erfolgt durch eine den Anforderungen des § 259 BGB entsprechende Abrechnung, also durch eine **geordnete Zusammenstellung** der Einnahmen und Ausgaben. Unter einer geordneten Zusammenstellung ist eine zweckmäßige Aufgliederung in Abrechnungsposten zu verstehen, die sowohl hinsichtlich der Einzelangaben als auch hinsichtlich der Abrechnung insgesamt klar, übersichtlich und aus sich heraus verständlich ist.[122] Die Angaben müssen ferner eine **Nachprüfung ermöglichen.** Denn die Rechnungslegung dient nicht allein der Berechnung der Höhe des Anspruchs, sondern auch der Nachprüfung der Richtigkeit der erteilten Rechnung.[123] Es sind 59

---

[110] BGH GRUR 1994, 630, 633 – *Cartier-Armreif;* OLG Stuttgart, Urt. v. 8.10.2015, Az. 2 U 25/15; Teplitzky/*Löffler* Kap. 38 Rdn. 22f.

[111] BGH GRUR 1978, 52, 53 – *Fernschreibverzeichnisse.*

[112] BGH GRUR 2002, 709, 712 – *Entfernung der Herstellungsnummer III.*

[113] Vgl. BGH GRUR 1958, 346, 348 – *Spitzenmuster;* Urt. v. 25.3.1958, Az. I ZR 45/57 – *Tilona;* GRUR 1978, 52, 53 – *Fernschreibverzeichnisse;* GRUR 1981, 535 – *Wirtschaftsprüfervorbehalt;* Teplitzky/*Löffler* Kap. 38 Rdn. 28 m. w. N.

[114] BGH GRUR 1999, 1025, 1029 – *Preisbindung durch Franchisegeber;* OLG Bamberg, Urt. v. 12.10.2005, Az. 3 U 151/04; OLG Schleswig NJOZ 2015, 1515, 1521 Tz. 95 – *Pfand für SIM-Karten;* Teplitzky/*Löffler* Kap. 38 Rdn. 28 m. w. N.

[115] BGH GRUR 1978, 52, 53 – *Fernschreibverzeichnisse;* OLG Schleswig NJOZ 2015, 1515, 1521 Tz. 95 – *Pfand für SIM-Karten;* Teplitzky/*Löffler* Kap. 38 Rdn. 31 m. w. N.

[116] BGH GRUR 1981, 535 – *Wirtschaftsprüfervorbehalt;* OLG Schleswig NJOZ 2015, 1515, 1521 Tz. 95 – *Pfand für SIM-Karten.*

[117] BGH GRUR 1978, 52, 53 – *Fernschreibverzeichnisse; Teplitzky/Löffler* Kap. 38 Rdn. 31 m. w. N.

[118] Vgl. BGH GRUR 2002, 709, 713 – *Entfernung der Herstellungsnummer III.*

[119] RGZ 108, 1, 7 – *Dauerschmierung; Gräfin v. Merveldt* S. 94 (auch mit weiteren Umschreibungen); *Ohly/* Sosnitza § 9 Rdn. 40.

[120] OLG München GRUR 1995, 275, 277 – *Parka-Modell; Gräfin v. Merveldt* S. 94.

[121] BGH GRUR 1980, 227, 233 – *Monumenta Germaniae Historica.*

[122] Vgl. BGH NJW 1982, 573, 574.

[123] RG GRUR 1936, 943, 945 – *Triolith u. Thanalith;* BGH GRUR 1958, 346, 348 – *Spitzenmuster;* GRUR 1980, 227, 233 – *Monumenta Germaniae Historica.*

deshalb, ohne dass es eines besonderen Verlangens bedarf, auch **Belege** beizufügen, soweit solche erteilt zu werden pflegen (§ 259 Abs. 1 BGB).[124] Um dem Gläubiger die Nachprüfung der Rechnungslegung zu ermöglichen, ist der Schuldner zudem verpflichtet, die ihm bekannten **Namen** und Anschriften seiner **Abnehmer** anzugeben.[125]

60 Der Anspruch auf Auskunft ist in allen Fällen der **objektiven Schadensberechnung** (Lizenzanalogie und Herausgabe des Verletzergewinns) zum Anspruch auf Rechnungslegung gesteigert. Im Rahmen des UWG beschränkt sich seine Bedeutung deshalb auf Ansprüche wegen Verletzung von **Geschäfts- und Betriebsgeheimnissen** (§§ 17 ff.)[126] und auf den **wettbewerbsrechtlichen Nachahmungsschutz.**[127] Ist nur eine Schadensschätzung möglich, weil entgangener Gewinn beansprucht wird, besteht regelmäßig kein Anspruch auf Rechnungslegung, weil der Anspruch auf Auskunft als ausreichend angesehen wird.[128]

61 In Fällen des **Geheimnisschutzes** und des **Nachahmungsschutzes** ist Rechnungslegung auch im Rahmen eines Anspruchs auf Auskunft geschuldet, der zur Berechnung eines **Bereicherungsanspruchs** helfen soll.

62 Auch im Rahmen der Auskunft, die für die Berechnung bzw. Schätzung des **Gewinnabschöpfungsanspruchs** benötigt wird, ist Rechnungslegung geschuldet.[129]

63 **b) Anspruch auf Auskunft als Hilfsanspruch zum Schadensersatzanspruch.** *aa) Spezielle Zielrichtung.* Der Anspruch dient zur Vorbereitung der Bezifferung eines Schadensersatzanspruchs gem. § 9.[130] Der Anspruch auf Auskunft schließt die Rechnungslegung ein und soll dem Verletzten eine **Berechnung seines Schadens nach jeder der drei möglichen Berechnungsarten,** nämlich, konkrete Schadensberechnung, einschließlich des entgangenen Gewinns; entgangene angemessene Lizenzgebühr; Herausgabe des Verletzergewinns – und die Auswahl der für ihn günstigsten Berechnungsart – ermöglichen.[131] Der Verletzte braucht sich daher zunächst noch nicht für eine der drei möglichen Schadensberechnungsarten zu entscheiden; er kann vielmehr alle Angaben verlangen, die notwendig sind, um seinen Schaden nach jeder der drei Berechnungsarten zu errechnen bzw. schätzen zu lassen und darüber hinaus die Richtigkeit der Rechnung nachzuprüfen.[132] Eine Auskunftspflicht ist nicht gegeben, wenn der Gläubiger seinen (gegebenenfalls zu schätzenden Mindest-)Schaden auch bei Erteilung der gewünschten Auskunft nicht beziffern oder konkret schätzen könnte.[133] Der Anspruch auf Auskunft kann sogar vollständig entfallen, wenn nur ein sehr beschränkter Schadensersatz in Betracht kommt.[134]

64 Im Übrigen sind die Grundsätze anzuwenden, die auch für den Umfang eines aus einer konkreten Verletzungshandlung abgeleiteten Unterlassungsanspruchs gelten. Auskunft kann somit auch zur Geltendmachung von Schadensersatzansprüchen verlangt werden, die auf den Ersatz von Schadensfolgen durch **kerngleiche Handlungen** gerichtet sind.[135] Ein Anspruch auf Auskunftserteilung darüber, ob der Verletzer ähnliche Handlungen begangen hat, die neue Schadensersatzansprüche rechtfertigen könnten, besteht nicht.[136]

65 **Zeitlich** kann Auskunft sowohl hinsichtlich weiterer (kerngleicher) Handlungen nach der (ersten) nachgewiesenen Verletzungshandlung als auch hinsichtlich früher begangener Handlungen verlangt werden.[137]

---

[124] *Gräfin v. Merveldt* S. 94; *Köhler*/Bornkamm § 9 Rdn. 4.31; *Stjerna* GRUR 2011, 789, 793 f.

[125] BGH GRUR 1958, 288, 290 – *Dia-Rähmchen I;* GRUR 1958, 346, 348 – *Spitzenmuster;* GRUR 1963, 640, 642 – *Plastikkorb;* GRUR 1980, 227, 233 – *Monumenta Germaniae Historica.*

[126] BGH GRUR 1977, 539, 541 – *Prozeßrechner.*

[127] BGH GRUR 1973, 478, 480 – *Modeneuheit;* GRUR 1981, 517, 520 – *Rollhocker;* GRUR 1982, 305, 308 – *Büromöbelprogramm;* Teplitzky/*Löffler* Kap. 39 Rdn. 4.

[128] BGH GRUR 1969, 292, 294 – *Buntstreifensatin II;* GRUR 1978, 52, 53 – *Fernschreibverzeichnisse.*

[129] OLG Stuttgart GRUR 2007, 435 – *Veralteter Matratzentest;* OLG Naumburg, Urt. v. 27.6.2008, Az. 10 U 77/07 – *CONVENT-Kredit;* OLG Schleswig MMR 2013, 579, 584 – *Rücklastschriften;* OLG Schleswig NJOZ 2015, 1515, 1518 f. Tz. 70 – *Pfand für SIM-Karten.*

[130] Vgl. BGH GRUR 1959, 31, 33 – *Feuerzeug als Werbegeschenk.*

[131] BGH GRUR 1974, 53 – Nebelscheinwerfer; GRUR 1980, 227, 232 – *Monumenta Germaniae Historica.*

[132] BGH GRUR 1980, 227, 232 – *Monumenta Germaniae Historica.*

[133] *Köhler* GRUR 1996, 82, 88; Teplitzky/*Löffler* Kap. 38 Rdn. 11.

[134] BGH GRUR 1991, 921, 924 – *Sahnesiphon.*

[135] BGH GRUR 1996, 502, 507 – *Energiekosten-Preisvergleich;* GRUR 2000, 907, 910 – *Filialleiterfehler;* GRUR 2006, 504, 507 Tz. 34 – *Parfümtestkäufe.*

[136] BGH GRUR 1980, 1105, 1111 – *Das Medizinsyndikat III;* GRUR 2000, 907, 910 – *Filialleiterfehler.*

[137] BGH GRUR 2007, 877, 879 Tz. 24 – *Windsor Estate;* GRUR 2010, 623, 627 Tz. 54 – *Restwertbörse;* den gegenteiligen Standpunkt seiner *„Gaby"*-Entscheidung (GRUR 1988, 307, 308) hat der I. ZS des BGH in der zitierten Entscheidung *„Windsor Estate"* aufgegeben; hierzu *Steinbeck* GRUR 2008, 110.

bb) Spezielle Voraussetzungen. Der Schadensersatzanspruch muss, wie aus der Akzessorietät des Anspruchs auf Auskunft folgt, **dem Grunde nach** bestehen.[138] Das bedeutet insbesondere, dass die konkrete Verletzungshandlung, aus welcher der durch die Auskunft vorzubereitende Hauptanspruch hergeleitet wird, in ihren anspruchsbegründenden Tatbestandsmerkmalen bereits vorliegen muss.[139] Beim **Schadensersatzanspruch** setzt die Auskunftspflicht folglich ein Verschulden des auf Auskunft in Anspruch Genommenen voraus.[140] 66

An sich setzt ein Schadensersatzanspruch auch die Entstehung eines konkreten Schadens voraus, den der Geschädigte zu beweisen hat. Dieses Erfordernis muss zum Zwecke der Begründung und Durchsetzung eines Anspruchs auf Auskunft jedoch entfallen.[141] Denn der Anspruch auf Auskunft wird gem. § 242 BGB ja gerade deshalb gewährt, weil sich der Schaden ohne die Auskunft nicht konkretisieren lässt. Als Anspruchsvoraussetzung und zur Begründung eines Rechtsschutzinteresses an der Verfolgung des Anspruchs auf Auskunft wird lediglich gefordert, dass die **Wahrscheinlichkeit eines Schadenseintritts** dargelegt ist.[142] Diese Voraussetzung entspricht exakt den Anforderungen an das Interesse auf Feststellung der Schadensersatzpflicht gem. § 256 Abs. 1 ZPO (hierzu § 9 Rdn. 88ff.). Darauf wird verwiesen. 67

cc) Spezieller Inhalt. (1) Differenzierung zwischen Schadensberechnung und Schadensschätzung. Der Anspruch auf Auskunft ist aber in seinem Umfang auf diejenigen zur Anspruchsdurchsetzung **erforderlichen Informationen** begrenzt, die der Gläubiger selbst nicht anders erlangen kann und deren Erteilung dem Schuldner unschwer möglich und zumutbar ist.[143] Für den Inhalt und Umfang der Auskunft kommt es deshalb entscheidend darauf an, ob sie den Schaden **im Wege der objektiven Schadensberechnung bezifferbar** machen kann (vgl. § 9 Rdn. 143) oder ob sie lediglich **Grundlagen für eine Schätzung** des Marktverwirrungsschadens oder des entgangenen Gewinns nach §§ 252 Satz 2, 287 ZPO liefern soll (vgl. § 9 Rdn. 132ff.). Die **Bezifferung** eines Schadens setzt regelmäßig genauere und weitaus **detailliertere Angaben** über Berechnungsgrundlagen voraus als eine Schadensschätzung.[144] Dabei ist die zur Bezifferung führende **objektive Schadensberechnung** bei Wettbewerbsverstößen nicht die Regel, sondern eine auf wenige Fallgestaltungen beschränkte **Ausnahme,** die die Rechtsprechung bislang außer bei der Verletzung gewerblicher Ausschließlichkeitsrechte nur beim Nachahmungsschutz und bei der Verletzung von Betriebsgeheimnissen zugelassen hat (§ 9 Rdn. 149). Geringer sind die Regelanforderungen an die Auskunft bei einem Schadensersatzanspruch wegen solcher Wettbewerbsverletzungen, bei denen eine abstrakte Schadensberechnung überhaupt nicht zulässig und somit allein eine ganz allgemeine Schätzung des entstandenen Schadens möglich ist.[145] 68

(2) Objektive Schadensberechnung. Ist dem Verletzten der Weg zur objektiven Schadensberechnung eröffnet, so steht ihm bis zum Ende der letzten mündlichen Tatsachenverhandlung im Betragsverfahren die neben der (praktisch kaum je getroffenen) **Wahl** der Schätzung seines entgangenen Gewinns auch die Wahl zwischen den beiden objektiven Berechnungsalternativen Lizenzanalogie und Abschöpfung des Verletzergewinns offen (§ 9 Rdn. 182ff.). Deshalb kann der Verletzte grundsätzlich alle Informationen verlangen, die er entweder für die eine oder für die andere Berechnungsart benötigt.[146] Ausnahmsweise können nur die für eine Berechnungsart erforderlichen Informationen verlangt werden, wenn aufgrund der Umstände des Einzelfalls die jeweils andere Berechnungsart ausscheidet.[147] Anerkannt ist, dass mit der Möglichkeit der objektiven Schadensberechnung auch ein **Anspruch auf Rechnungslegung** (hierzu Rdn. 58ff.) einhergeht und damit alle Auskünfte in einem geordneten Verzeichnis zu erteilen sind,[148] das 69

---

[138] BGH GRUR 1954, 457, 459 – *Irus/Urus;* GRUR 1957, 219, 222 – *Bierbezugsvertrag;* GRUR 1959, 31, 33 – *Feuerzeug als Werbegeschenk.*

[139] BGH GRUR 1959, 31, 33 – *Feuerzeug als Werbegeschenk.*

[140] BGH GRUR 2006, 504, 507f. Tz. 45 – *Parfümtestkäufe;* GRUR 2010, 623, 627 Tz. 55 – *Restwertbörse.*

[141] RG GRUR 1931, 1299, 1302 – *Hellegold.*

[142] RG GRUR 1931, 1299, 1302 – *Hellegold;* BGH GRUR 1957, 219, 222 – *Bierbezugsvertrag;* GRUR 1954, 457, 459 – *Irus/Urus;* GRUR 1959, 31, 33 – *Feuerzeug als Werbegeschenk.*

[143] RGZ 108, 1, 7 – *Dauerschmierung;* BGH GRUR 1965, 313, 314 – *Umsatzauskunft;* GRUR 1972, 558, 560 – *Teerspritzmaschinen;* GRUR 1995, 349, 352 – *Objektive Schadensberechnung;* GRUR 1999, 1025, 1029 – *Preisbindung durch Franchisegeber;* GRUR 2000, 907, 910 – *Filialleiterfehler.*

[144] OLG Köln GRUR-RR 2015, 215, 216 Tz. 17 – *Innovation Award Burgenland;* Teplitzky/*Löffler* Kap. 38 Rdn. 12.

[145] OLG Köln GRUR-RR 2015, 215, 216 Tz. 17 – *Innovation Award Burgenland;* Teplitzky/*Löffler* Kap. 38 Rdn. 16.

[146] BGH GRUR 1995, 349, 350 – *Objektive Schadensberechnung.*

[147] BGH GRUR 1995, 349, 350 – *Objektive Schadensberechnung.*

[148] BGH GRUR 1981, 517, 520 – *Rollhocker;* OLG München GRUR 1995, 275, 277 – *Parka-Modell.*

grundsätzlich auch Namen und Anschriften der dem Verletzer bekannten Abnehmer enthalten muss.[149]

70 Für die Berechnung nach der **Lizenzanalogie** sind **im wettbewerbsrechtlichen Nachahmungsschutz** in aller Regel zumindest folgende Informationen erforderlich: Netto-Verkaufspreise, Menge der Produkte und Lieferzeiten (letzteres, damit der Schadensersatzanspruch auch zeitlich konkretisiert wird und die Möglichkeit der Nachprüfung der Richtigkeit gewährleistet ist).[150] Diese Informationen ergeben zusammengenommen den **Netto-Umsatz des Verletzers** in einem bestimmten Zeitraum. In aller Regel wird – wie es auch der vertraglichen Lizenzpraxis entspricht – eine **geordnete Aufstellung nach Monaten** (oder zumindest Kalendervierteljahren) verlangt werden können. **Seit neuestem** möchte der **BGH** dem Gläubiger auch **Auskunft über den Gewinn des Verletzers** zubilligen. Ausgangspunkt ist der vom BGH entwickelte Grundsatz, dass die Höhe des Lizenzsatzes durch die branchenübliche Umsatzrendite begrenzt ist.[151] Diese dürfte allerdings in der Regel auch dem Gläubiger bekannt sein. Der BGH verlangt nunmehr weit über das bisher Erforderliche hinaus für die Bestimmung der Lizenzhöhe durch das Gericht im Wege der Schätzung ausdrücklich Auskünfte über den Verletzergewinn.[152] Damit würde sich der Inhalt der Auskunft weitgehend mit derjenigen decken, die für die Berechnungsart der Abschöpfung des Verletzergewinns verlangt werden kann:

71 Für die Berechnung nach der **Abschöpfung des Verletzergewinns** kann eine nach Kalendermonaten aufgeschlüsselte Auskunft verlangt werden über den Zeitraum und Umfang der unlauteren Handlung, den damit erzielten Umsatz, Angaben über die Gestehungskosten (ggf. Einkaufspreise, Abgaben, Umsatzsteuer), die variablen Betriebskosten für den Zeitraum der unlauteren Handlung (Material-, Werbe-, Lohnkosten usw.), soweit sie nicht auch ohne die Zuwiderhandlung angefallen wären (Gemeinkosten). Zu den abzugsfähigen variablen Kosten vgl. im Einzelnen § 9 Rdn. 173af.

72 *(3) Schadensschätzung.* Wo eine objektive Schadensberechnung ausscheidet, soll der Anspruch auf Auskunft dem Verletzten die **Grundlage für eine Schätzung des Schadens** liefern, die er selbst vornimmt oder die das Gericht gem. § 287 ZPO durchführt. Eine vernünftige und sachgerechte Schadensschätzung wird nämlich vielfach erst durch die gegebenen Auskünfte ermöglicht.[153] Welche Informationen zur Schätzung des Schadens erforderlich sind, hängt in besonderem Maße von den jeweiligen Umständen des Einzelfalls ab.[154] Notwendig ist die Kenntnis von **Art und Umfang des** begangenen **Wettbewerbsverstoßes,** weil sich nur danach die Auswirkungen bestimmen lassen.[155] So kann es bei irreführenden Werbeaussagen wesentlich sein, wann, bei welchen Gelegenheiten, in welchem Umfang und auch wem gegenüber sie gemacht worden sind.[156] Bei Wettbewerbsverstößen wegen **irreführender Werbung** wird daher regelmäßig ein Anspruch auf **Auskunft über Art, Zeit und Umfang der Verletzungen** zugebilligt.[157] Geschuldet sind auch Angaben über die **Werbemedien** und deren Nutzung und Verbreitung, wozu bei Anzeigenwerbung in Zeitschriften Auflagenhöhe, Verbreitungsgebiet und angesprochene Verkehrskreise gehören.[158] Ist der Gläubiger ein nur lokal oder regional tätiger Einzelhändler, müssen in die Auskunft nur Werbemaßnahmen einbezogen werden, die in dessen Einzugsbereich wahrnehmbar waren.[159]

73 Geschäftsinterna müssen regelmäßig nicht offenbart werden.[160] In aller Regel kann die Nennung der **Namen von Adressaten oder Käufern nicht verlangt** werden.[161] Nur ausnahmsweise ist auch die Kenntnis der Adressaten einer irreführenden Werbung für die Schadensschätzung bedeut-

---

149 BGH GRUR 1963, 640, 642 – *Plastikkorb;* 1958, 346, 348 – *Spitzenmuster;* 1958, 288, 290 – *Dia-Rähmchen I;* GRUR 1980, 227, 233 – *Monumenta Germaniae Historica.*

150 BGH GRUR 1958, 346, 348 – *Spitzenmuster;* GRUR 1978, 52, 53 – *Fernschreibverzeichnisse;* GRUR 1980, 227, 232f. – *Monumenta Germaniae Historica.*

151 BGH GRUR 2009, 239, 243 Tz. 49 – *BTK.*

152 BGH ZUM 2013 406, 409 Tz. 30 – *Jürgen Möllemanns Sprung.*

153 RG MuW XXVI, 342, 343 – *Sanoskopgläser III;* BGH GRUR 1965, 313, 314 – *Umsatzauskunft.*

154 OLG Köln GRUR-RR 2015, 215, 216 Tz. 19 – *Innovation Award Burgenland;* Teplitzky/*Löffler* Kap. 38 Rdn. 16.

155 BGH GRUR 1965, 313, 314 – *Umsatzauskunft;* GRUR 1978, 52, 53 – *Fernschreibverzeichnisse;* OLG Köln GRUR-RR 2015, 215, 216 Tz. 17 – *Innovation Award Burgenland.*

156 BGH GRUR 1965, 313, 314 – *Umsatzauskunft;* OLG Köln GRUR-RR 2015, 215, 216 Tz. 18 – *Innovation Award Burgenland.*

157 BGH GRUR 1978, 52, 53 – *Fernschreibverzeichnisse;* OLG Köln GRUR-RR 2015, 215, 216 Tz. 19 – *Innovation Award Burgenland.*

158 BGH GRUR 1987, 647, 648 – *Briefentwürfe.*

159 BGH GRUR 2000, 907, 911 – *Filialleiterfehler.*

160 BGH GRUR 1987, 647, 648 – *Briefentwürfe.*

161 BGH GRUR 1987, 647, 648 – *Briefentwürfe.*

sam, so dass eine Offenlegung der Namen der Adressaten oder Käufer verlangt werden kann,[162] so z. B., wenn der Kreis der Abnehmer und/oder der Anbieter sehr klein ist und deshalb die Wahrscheinlichkeit gegeben ist, dass ohne irreführende Werbung der betroffene Mitbewerber das Geschäft gemacht oder jedenfalls Chancen darauf gehabt hätte. Die Angabe der Abnehmer bzw. der Empfänger des wettbewerbswidrigen Werbematerials kann auch erforderlich sein, um den Marktverwirrungsschaden einerseits einzuschätzen oder andererseits durch eine Gegenaufklärung möglichst gering zu halten.

Nicht erforderlich sind **meist Umsatzangaben des Verletzers,** da sie als Schätzungsgrundlage für den dem Verletzten entstandenen Schaden i. d. R. nicht hilfreich sind.[163] Ausnahmsweise kann allerdings der gestiegene Umsatz des Verletzers eine indizielle Bedeutung für entgangene Umsätze des Verletzten sein, nämlich dann, wenn es sich um einen sachlich und räumlich engen Markt mit nur wenigen Anbietern handelt (vgl. § 9 Rdn. 92a). Der **Gewinn des Verletzers** ist regelmäßig **kein Kriterium für die Schätzung des Schadens** des Verletzten. Herstellungskosten oder Einkaufspreise brauchen daher regelmäßig auch dann nicht genannt zu werden, wenn der Schaden aus wettbewerbswidrigen Verkäufen bestimmter Waren hergeleitet wird.[164] Nach der Rechtsprechung des BGH soll auch die **Angabe von Verkaufspreisen in aller Regel nicht erforderlich** sein, es sei denn, die Mitteilung ist ausnahmsweise für die zumindest schätzweise Ermittlung der Schadenshöhe notwendig oder jedenfalls zur Kontrolle der sonstigen Auskünfte sinnvoll und nützlich.[165] Die Angabe der Verkaufspreise des Verletzers ist etwa dann erforderlich, wenn damit für die Schadensschätzung Anhaltspunkte dafür gewonnen werden können, ob und inwieweit das Erzeugnis des Verletzers nach Güte und Preiswürdigkeit an sich (un)geeignet gewesen ist, Käufer vom Erwerb des Erzeugnisses des Verletzten abzuhalten.[166] 74

(4) Naturalrestitution. Angesichts der **geringen Bedeutung** der Naturalrestitution als Schadensersatz im UWG wird der Anspruch auf Auskunft mit Bezug auf sie weniger erörtert. Es bietet sich an, auf die Grundsätze zurückzugreifen, die für den Anspruch auf Auskunft im Zusammenhang mit dem Beseitigungsanspruch gelten (hierzu Rdn. 84 ff.). 75

c) Anspruch auf Auskunft als Hilfsanspruch zum Bereicherungsanspruch. *aa) Spezielle Zielrichtung.* Der Anspruch dient zur **Vorbereitung der Bezifferung** eines Bereicherungsanspruchs gem. § 812 BGB und soll dem Verletzten die Grundlage für eine Berechnung der angemessenen Lizenzgebühr ermöglichen. Ebenso wie beim Anspruch auf Auskunft als Hilfsanspruch für den Schadensersatzanspruch gilt: Auskunft kann auch im Zusammenhang mit **kerngleichen Handlungen** begehrt werden. Ein Anspruch auf Auskunftserteilung darüber, ob der Verletzer ähnliche Handlungen begangen hat, die neue Bereicherungsansprüche rechtfertigen könnten, besteht nicht. **Zeitlich** kann Auskunft sowohl hinsichtlich weiterer (kerngleicher) Handlungen nach der (ersten) nachgewiesenen Verletzungshandlung als auch hinsichtlich früher begangener Handlungen verlangt werden. 76

bb) Spezielle Voraussetzungen. Der Bereicherungsanspruch muss, wie aus der Akzessorietät des Anspruchs auf Auskunft folgt, **dem Grunde nach** bestehen. Das bedeutet insbesondere, dass die konkrete Verletzungshandlung, aus welcher der durch die Auskunft vorzubereitende Hauptanspruch hergeleitet wird, in ihren anspruchsbegründenden Tatbestandsmerkmalen bereits vorliegen muss. In Betracht kommen nur Fälle des wettbewerbsrechtlichen Leistungsschutzes und des Geheimnisschutzes (oben Rdn. 23). Beim **Bereicherungsanspruch** setzt die Auskunftspflicht **kein Verschulden** des auf Auskunft in Anspruch Genommenen voraus. 77

cc) Spezieller Inhalt. Inhalt des Bereicherungsanspruchs ist die **Zahlung einer angemessenen Lizenzgebühr** (oben Rdn. 29). Daher müssen diejenigen Informationen gegeben werden, die auch für die Berechnung des Schadensersatzes nach der Methode der Lizenzanalogie benötigt werden (oben Rdn. 70). 78

Ebenso wie bei der objektiven Schadensberechnung ist dem Gläubiger ein Anspruch auf **Rechnungslegung** zuzubilligen. 79

d) Anspruch auf Auskunft als Hilfsanspruch zum Gewinnabschöpfungsanspruch. *aa) Spezielle Zielrichtung.* Dient der Anspruch auf Auskunft zur Bezifferung eines Anspruchs auf Ge- 80

---

[162] BGH GRUR 1976, 367, 369 – *Ausschreibungsunterlagen;* GRUR 1987, 647, 648 – *Briefentwürfe.*

[163] BGH GRUR 1965, 313, 314 – *Umsatzauskunft;* OLG Köln GRUR-RR 2015, 215, 216 Tz. 19 – *Innovation Award Burgenland.*

[164] OLG Köln GRUR-RR 2015, 215, 216 Tz. 19 – *Innovation Award Burgenland.*

[165] BGH GRUR 2001, 84, 85 – *Neu in Bielefeld II.*

[166] BGH GRUR 1978, 52, 53 – *Fernschreibverzeichnisse;* a. A. wohl OLG Köln GRUR-RR 2015, 215, 216 Tz. 19 – *Innovation Award Burgenland.*

winnabschöpfung nach § 10, so soll er dem klagenden Verband eine Grundlage zur Berechnung jedenfalls des **Rohgewinns des Verletzers** bieten. Zusätzlich zielt er nach der herrschenden Auffassung, die den Gewinnabschöpfungsanspruch als einen Anspruch auf **Mehrerlösabschöpfung** begreift (hierzu § 10 Rdn. 112ff.), darauf ab, Tatsachen als Schätzgrundlagen dafür beizubringen, welcher Mehrerlös gerade auf der Unlauterkeit einer Werbeaktion beruht.[167] Weiter soll ermittelt werden, ob vom Schuldner Leistungen erbracht worden sind, die gem. § 10 Abs. 2 anzurechnen sind. All diese Tatsachen sind dem klagenden Verband regelmäßig schuldlos unbekannt, womit gem. § 242 BGB ein Anspruch auf Auskunft gegeben ist.[168]

81 Der Anspruch ist nicht auf den Zeitraum nach der Abmahnung beschränkt, sondern erfasst die **gesamte Zeit, in der der vorsätzliche Wettbewerbsverstoß,** der den Anspruch auf Gewinnabschöpfung begründet, **angedauert** hat.[169]

82 *bb) Spezielle Voraussetzungen.* Der Gewinnabschöpfungsanspruch muss, wie aus der Akzessorietät des Anspruchs auf Auskunft folgt, **dem Grunde nach** bestehen. Das bedeutet insbesondere, dass die konkrete Verletzungshandlung, aus welcher der durch die Auskunft vorzubereitende Hauptanspruch hergeleitet wird, in ihren anspruchsbegründenden Tatbestandsmerkmalen bereits vorliegen muss. Hierfür muss zum einen ein **vorsätzliches Handeln** feststehen.[170] Zum anderen muss zumindest wahrscheinlich sein, dass der in Anspruch Genommene einen Gewinn erwirtschaftet hat. Denn für den Anspruch auf Auskunft kann nicht verlangt werden, dass ein Gewinn bereits feststeht. Hier gelten ähnliche Erwägungen wie für den Anspruch auf Auskunft bei einem noch nicht feststehenden, aber wahrscheinlichen Schaden (oben Rdn. 67).

83 *cc) Spezieller Inhalt.* Der Anspruch auf Auskunft als Hilfsanspruch zur Realisierung des Gewinnabschöpfungsanspruchs ist zum Anspruch auf **Rechnungslegung** gesteigert.[171] Nach Kalendermonaten aufgeschlüsselte[172] Auskunft kann verlangt werden über den Zeitraum[173] und Umfang der unlauteren Werbung/Handlung,[174] die Anzahl der auf die konkrete unlautere Werbung/Handlung bezogenen Vertragsabschlüsse,[175] den damit erzielten Umsatz,[176] die Gestehungskosten (ggf. Einkaufspreise, Abgaben,[177] Umsatzsteuer),[178] die variablen Betriebskosten für den Zeitraum der unlauteren Werbung/Handlung (Material-, Werbe-, Lohnkosten usw.), soweit sie nicht auch ohne die Zuwiderhandlung angefallen wären (Gemeinkosten),[179] sowie diejenigen Leistungen, die auf Grund der Zuwiderhandlung an Dritte oder den Staat geleistet wurden.[180] Bei Verträgen, bei denen dem Schuldner der Vertragspartner regelmäßig namentlich bekannt ist (z.B. Mobilfunkverträge, Kreditverträge), wird – als Kontrolltatsache – auch ein Anspruch auf Nennung von Namen und Anschriften der Vertragspartner gewährt.[181]

84 **e) Anspruch auf Auskunft als Hilfsanspruch zum Beseitigungsanspruch.** *aa) Spezielle Zielrichtung.* Aus den gleichen Erwägungen, aus denen zur Vorbereitung eines Schadensersatzan-

---

167 LG München I GRUR-RR 2015, 255, 256 – *Zahnreinigung für 39 €.*

168 OLG Stuttgart GRUR 2007, 435 – *Veralteter Matratzentest;* OLG Naumburg, Urt. v. 27.6.2008, Az. 10 U 77/07 – *CONVENT-Kredit;* OLG Frankfurt GRUR-RR 2009, 265, 267 – *Abo-Fallen;* OLG Frankfurt GRUR-RR 2010, 482 – *heute gratis;* OLG Schleswig NJOZ 2015, 1515, 1518f. Tz. 70 – *Pfand für SIM-Karten.*

169 OLG Frankfurt GRUR-RR 2009, 265, 267 – *Abo-Fallen.*

170 Vgl. nur OLG Hamm GRUR-RR 2008, 435, 436 – *Zulassung in EU-Mitgliedstaat.*

171 OLG Stuttgart GRUR 2007, 435 – *Veralteter Matratzentest;* OLG Naumburg, Urt. v. 27.6.2008, Az. 10 U 77/07 – *CONVENT-Kredit;* OLG Schleswig MMR 2013, 579, 584 – *Rücklastschriften;* OLG Schleswig NJOZ 2015, 1515, 1518f. Tz. 70 – *Pfand für SIM-Karten.*

172 LG Hanau, Urt. v. 17.9.2008, Az. 1 O 569/08.

173 OLG Naumburg, Urt. v. 27.6.2008, Az. 10 U 77/07 – *CONVENT-Kredit.*

174 OLG Stuttgart, Urt. v. 2.11.2006, Az. 2 U 58/06 (insoweit nicht abgedruckt in GRUR 2007, 435 – *Veralteter Matratzentest*).

175 OLG Stuttgart, Urt. v. 2.11.2006, Az. 2 U 58/06 (insoweit nicht abgedruckt in GRUR 2007, 435 – *Veralteter Matratzentest*).

176 OLG Naumburg, Urt. v. 27.6.2008, Az. 10 U 77/07 – *CONVENT-Kredit;* LG Hanau, Urt. v. 17. September 2008, Az. 1 O 569/08; LG Darmstadt, Urt. v. 31.1.2009, Az. 16 O 366/07; LG Kiel, Urt. v. 14.5.2014, Az. 4 O 95/13 (insoweit nicht abgedruckt in MMR 2015, 43).

177 LG Kiel, Urt. v. 14.5.2014, Az. 4 O 95/13 (insoweit nicht abgedruckt in MMR 2015, 43).

178 LG Hanau, Urt. v. 17.9.2008, Az. 1 O 569/08; LG Darmstadt, Urt. v. 31.1.2009, Az. 16 O 366/07.

179 OLG Stuttgart, Urt. v. 2.11.2006, Az. 2 U 58/06 (insoweit nicht abgedruckt in GRUR 2007, 435 – *Veralteter Matratzentest*); OLG Naumburg, Urt. v. 27.5.2008, Az. 10 U 77/07 – *CONVENT-Kredit;* LG Hanau, Urt. v. 17.9.2008, Az. 1 O 569/08; LG Darmstadt, Urt. v. 31.1.2009, Az. 16 O 366/07.

180 OLG Stuttgart, Urt. v. 2.11.2006, Az. 2 U 58/06 (insoweit nicht abgedruckt in GRUR 2007, 435 – *Veralteter Matratzentest*); OLG Naumburg, Urt. v. 27.6.2008, Az. 10 U 77/07 – *CONVENT-Kredit;* LG Darmstadt, Urt. v. 31.1.2009, Az. 16 O 366/07.

181 OLG Naumburg, Urt. v. 27.6.2008, Az. 10 U 77/07 – *CONVENT-Kredit.*

spruchs eine Auskunftsverpflichtung des Verletzers anerkannt, ist auch zur **Vorbereitung und Durchsetzung eines Beseitigungsanspruchs** ein Anspruch auf Auskunft über den Umfang der Verletzungshandlungen zuzubilligen, wenn andernfalls die zu einer Beseitigung der fortwirkenden Störung erforderlichen Maßnahmen praktisch nicht verwirklicht werden können.[182]
Ebenso wie beim Anspruch auf Auskunft als Hilfsanspruch für den Schadensersatzanspruch kann Auskunft kann auch im Zusammenhang mit **kerngleichen Handlungen** begehrt werden, nicht aber über nur ähnliche oder andere bislang unbekannte Handlungen, die ihrerseits Beseitigungsansprüche gegen denselben Schuldner auslösen könnten.[183] **Zeitlich** kann Auskunft sowohl hinsichtlich weiterer (kerngleicher) Handlungen nach der (ersten) nachgewiesenen Verletzungshandlung als auch hinsichtlich früher begangener Handlungen verlangt werden.

bb) Spezielle Voraussetzungen. Der Beseitigungsanspruch muss **dem Grunde nach** bestehen. Die konkrete Verletzungshandlung muss in ihren anspruchsbegründenden Tatbestandsmerkmalen bereits vorliegen. Ein Verschulden braucht nicht vorzuliegen. 85

cc) Spezieller Inhalt. Welche Auskünfte zur Verwirklichung des Beseitigungsanspruches nötig sind, hängt in besonderem Maße von den jeweiligen Umständen des Einzelfalls ab. Der Anspruch auf Auskunft erstreckt sich auf **Art und Umfang der Verletzungshandlungen,** weil sich nur danach die Auswirkungen und damit das **Ausmaß und die Beschaffenheit des zu beseitigenden Störungszustandes** bestimmen lassen.[184] Zuzubilligen ist eine Auskunft über Art, Zeit und Umfang der Verletzungen. Besteht der Störungszustand in den Fortwirkungen von Äußerungen, sind auch Angaben über die Verbreitungsmedien und deren Nutzung und Verbreitung nötig, wozu bei Anzeigenwerbung in Zeitschriften Auflagenhöhe, Verbreitungsgebiet und angesprochene Verkehrskreise gehören. Sind individuelle Abnehmer oder Adressaten bekannt, müssen diese nur dann namentlich genannt werden, wenn andernfalls eine Wiederherstellung des früheren Zustandes nicht möglich ist.[185] Dies ist dann der Fall, wenn herabsetzende Äußerungen gegenüber einem bestimmten Adressatenkreis erfolgt sind, weil nur durch die Namhaftmachung der Adressaten bestimmbar wird, wem gegenüber ein Widerruf zu erfolgen hat.[186] Auch wenn ein Unternehmer im Rahmen der Klauselersetzung seinen Kunden missbräuchliche Klauseln zusendet und irreführende Angaben über Nachteile der vorzeitigen Vertragsbeendigung macht, muss er Namen und Anschrift der angeschriebenen Kunden nennen, so dass klar ist, wem gegenüber im Wege der Beseitigung die irreführenden Behauptungen zu berichtigen und die missbräuchlichen Klauseln zu korrigieren sind.[187] 86

f) Anspruch auf Auskunft als Hilfsanspruch zum Unterlassungsanspruch. *aa) Spezielle Zielrichtung.* Weniger erörtert wird, ob auch dem Unterlassungsanspruch ein Anspruch auf Auskunft als Hilfsanspruch zur Seite stehen kann. Dies ist für alle Fälle zu bejahen, in denen die Unterlassungspflicht **nur durch positive Handlungen erfüllt** werden kann und in denen deshalb der Inhalt des Unterlassungsanspruchs dem Beseitigungsanspruch entspricht (zu diesen Konstellationen § 8 Rdn. 21 f. m. w. N.). Auch hier gilt: Auskunft kann auch über kerngleiche Handlungen verlangt werden. 87

bb) Spezielle Voraussetzungen. Der Unterlassungsanspruch muss **dem Grunde nach** bestehen. Die konkrete Verletzungshandlung muss in ihren anspruchsbegründenden Tatbestandsmerkmalen bereits vorliegen. Da der Unterlassungsanspruch verschuldensunabhängig ist, braucht kein Verschulden vorzulegen. 88

cc) Spezieller Inhalt. Der Inhalt des Anspruchs auf Auskunft als Hilfsanspruch zum Unterlassungsanspruch ist identisch mit dem Inhalt des auf den Beseitigungsanspruch bezogenen Anspruchs auf Auskunft (hierzu Rdn. 86). 89

g) Erfüllung des Anspruchs auf Auskunft. Der Schuldner ist verpflichtet, die **Auskunft vollständig und richtig zu erteilen,** und zwar so, dass der Gläubiger durch die erteilten Informationen nicht irregeführt wird. Für Mängel der Auskunft haftet der Schuldner gem. § 280 Abs. 1 BGB auf Schadensersatz.[188] Wird die Pflicht zur korrekten und klaren Erteilung von Auskünften verletzt und wendet der Gläubiger daraufhin Rechtsverfolgungskosten nutzlos auf, liegen diese **nutzlosen** 90

---

[182] RG GRUR 1939,494, 500 – *Wegengagieren;* BGH GRUR 1972, 558, 560 – *Teerspritzmaschinen;* GRUR 1987, 647 f. – *Briefentwürfe.*
[183] BGH GRUR 1987, 647, 648 – *Briefentwürfe.*
[184] RG GRUR 1939, 494, 500 – *Wegengagieren;* BGH GRUR 1972, 558, 560 – *Teerspritzmaschinen.*
[185] BGH GRUR 1987, 647, 648 – *Briefentwürfe.*
[186] RG GRUR 1939, 494, 500 – *Wegengagieren.*
[187] LG Stuttgart, Urt. v. 7.8.2014, Az. 11 O 298/13.
[188] BGH GRUR 2016, 526, 527 Tz. 24 – *Irreführende Lieferantenangabe.*

Aufwendungen im Schutzbereich der verletzten Pflicht und sind als Schaden zu ersetzen.[189] Dies gilt auch für die Belastung mit Gerichtskosten und gerichtlichen oder außergerichtlichen Anwaltskosten eines Dritten, der aufgrund der fehlerhaft erteilten Auskunft vom Gläubiger zu Unrecht verfolgt wird. Durch Erteilung einer vollständigen Auskunft ist der Anspruch **erfüllt.** Wenn die Auskunft nicht von vornherein unglaubhaft oder nicht ernst gemeint und daher zur Erfüllung des Anspruchs auf Auskunft ungeeignet ist,[190] kann der Gläubiger, der die Auskunft des Schuldners für unrichtig hält, daher keine andere verlangen, sondern nur die Abgabe einer **eidesstattlichen Versicherung** der Richtigkeit (§ 259 Abs. 2 BGB).[191] Ob eine zum Zwecke der Auskunft abgegebene Erklärung zur Erfüllung des Anspruchs auf Auskunft genügt, richtet sich nach einem objektiven Maßstab. Es kommt nicht darauf an, ob der Anspruchsteller die erteilte Auskunft für wahr und vollständig erachtet. Auch eine **negative Erklärung** kann zu einer Erfüllung des Auskunftsbegehrens führen.[192] Ist die erteilte Auskunft unvollständig, kann der Gläubiger deren Ergänzung fordern.[193]

91 **h) Verjährung.** Die **Verjährung** des Anspruchs auf Auskunft richtet sich nach der Regelverjährungsfrist der §§ 195, 199 BGB.[194] Der akzessorische Charakter des Anspruchs auf Auskunft hat lediglich zur Folge, dass der Hilfsanspruch i. d. R. mangels Erforderlichkeit der Auskunftserteilung nicht mehr gegeben ist, sobald der Hauptanspruch verjährt ist. Da gem. § 215 BGB unter bestimmten Voraussetzungen die **Verjährung die Aufrechnung nicht ausschließt,** kann im Einzelfall jedoch auch bei Verjährung des Hauptanspruchs noch ein berechtigtes Interesse des Gläubigers an einer Auskunftserteilung bestehen.

92 **i) Mehrere Schuldner.** Mehrere Schuldner haften grundsätzlich **nicht als Gesamtschuldner.**[195] In Ausnahmefällen können aber die Voraussetzungen des § 420 BGB erfüllt sein.

93 **j) Kosten.** Die **Kosten** der Auskunft hat der Schuldner zu tragen,[196] auch die durch Einschaltung eines **Wirtschaftsprüfers** anfallenden Kosten.[197]

94 **k) Prozessuales.** Der Anspruch auf Auskunft wird durch **Auskunfts- oder Stufenklage** (§ 254 ZPO) durchgesetzt und **nach § 888 ZPO vollstreckt** (ausführlich hierzu Vor § 12 Rdn. 347 ff.).

3. Anspruch auf Drittauskunft

95 **a) Zielrichtung.** Der Anspruch auf Drittauskunft soll dem Anspruchsteller bei UWG-Verstößen die **Rechtsverfolgung gegenüber Dritten** ermöglichen. Zumeist zielt er auf die Nennung **gewerblicher Abnehmer,** um einen wettbewerbswidrigen Weitervertrieb der Waren durch die Abnehmer des auf Drittauskunft in Anspruch Genommenen zu unterbinden.[198] Der Anspruch auf Drittauskunft kann sich auch auf **Lieferanten** beziehen[199] oder der Ermittlung der Adressaten geschäftsschädigender Äußerungen dienen.[200] Aus einer unlauteren Handlung nach § 17 Abs. 2 Nr. 2 kann ein Anspruch auf Drittauskunft gegen den Schädiger erwachsen, mit dem auch Auskunft darüber verlangt werden kann, durch wen und auf welche Weise der Schädiger an die Geschäftsgeheimnisse gelangt ist.[201] Er ist auf die Durchsetzung eines Anspruchs gegen einen Dritten (gewerblicher Abnehmer, Lieferant, Geheimnisverräter, Adressaten geschäftsschädigender Äußerungen) gerichtet, dessen Namen und Adresse der Auskunftspflichtige angeben soll.[202] Seinen Anwendungs-

---

189 BGH GRUR 2016, 526, 529 Tz. 38 – *Irreführende Liferantenangabe.*

190 Vgl. BGH GRUR 1994, 630, 631 – *Cartier-Armreif;* GRUR 2001, 841, 844 – *Entfernung der Herstellungsnummer II.*

191 BGH GRUR 1994, 630, 632 – *Cartier-Armreif; Köhler*/Bornkamm § 9 Rdn. 4.36.

192 BGH GRUR 1958, 149, 150 – *Bleicherde;* GRUR 1994, 630, 632 – *Cartier-Armreif.*

193 BGH GRUR 1974, 53, 54 – *Nebelscheinwerfer;* GRUR 1994, 630, 632 – *Cartier-Armreif.*

194 Ebenso Ahrens/*Bornkamm* Kap. 34 Rdn. 20; Fezer/*Büscher* § 11 Rdn. 17; *Köhler*/Bornkamm § 9 Rdn. 4.42; Teplitzky/*Löffler* Kap. 38 Rdn. 37 m. w. N.; vgl. auch BGH GRUR 1988, 533, 536 – *Vorentwurf II;* a. A. BGH GRUR 1972, 558, 560 – *Teerspritzmaschinen;* GRUR 1974, 99, 101 – *Brünova.*

195 BGH GRUR 1981, 592, 595 – *Championne du Monde.*

196 BGHZ 84, 31, 32 f.; *Köhler*/Bornkamm § 9 Rdn. 4.34; Teplitzky/*Löffler* Kap. 38 Rdn. 36.

197 BGH GRUR 1957, 336 – *Rechnungslegung;* OLG Bamberg, Urt. v. 12.10.2005, Az. 3 U 151/04;

198 BGH GRUR 2010, 343, 344 Tz. 19 – *Oracle.*

199 BGH GRUR 1994, 630, 633 – *Cartier-Armreif;* GRUR 2001, 841, 842 – *Entfernung der Herstellungsnummer II.*

200 Vgl. BGH GRUR 1987, 647 – *Briefentwürfe.*

201 OLG Stuttgart, Urt. v. 8.10.2015, Az. 2 U 25/15.

202 OLG Frankfurt GRUR-RR 2015, 408 – *Zwangsgeld gegen Geschäftsführer.*

bereich findet er im UWG in erster Linie bei der Produktnachahmung,[203] dem Geheimnisschutz,[204] wettbewerbswidrige Äußerungen[205] und bei der Bekämpfung von Verletzungen geschützter Vertriebsbindungssysteme.[206]

Im Wege des Anspruchs auf Drittauskunft kann von einer juristischen Person bei jeder Art von Wettbewerbsverstoß auch verlangt werden, den Namen des für einen Wettbewerbsverstoß **ressortverantwortlichen Organs** zu nennen, wenn mehrere Organe vorhanden sind und deshalb nicht auf Anhieb klar ist, in wessen Verantwortungsbereich ein Wettbewerbsverstoß fällt.[207] 96

b) Rechtsgrundlage. Der Anspruch auf Drittauskunft hat ebenso wie der Anspruch auf Auskunft seine Grundlage im Grundsatz von **Treu und Glauben** (§ 242 BGB).[208] 97

c) Voraussetzungen. Die Voraussetzungen des Anspruchs auf Drittauskunft sind weitgehend denen des Anspruchs auf Auskunft (oben Rdn. 13 ff.) angeglichen.[209] Wie der Anspruch auf Auskunft besteht auch der Anspruch auf Drittauskunft, wenn der Gläubiger in entschuldbarer Weise über Bestehen und Umfang seines Rechts im Ungewissen und der Verpflichtete unschwer zur Auskunftserteilung in der Lage ist. Unter diesen Voraussetzungen ist ein Anspruch auf Auskunftserteilung auch dann gegeben, wenn gar nicht der in Anspruch Genommene, sondern nur ein Dritter Schuldner eines Hauptanspruchs ist, dessen Durchsetzung der Hilfsanspruch auf Auskunftserteilung ermöglichen soll.[210] 98

d) Inhalt und Umfang. Der Inhalt der Auskunft ist gerichtet auf die Nennung von Namen (Firma) und Adresse des Dritten. Zu den weiteren inhaltlichen Anforderungen wird auf die Darstellung zum Anspruch auf Auskunft verwiesen (Rdn. 51 ff.). Unterschiede bestehen gegenüber dem Anspruch auf Auskunft insoweit, als der Anspruch auf Drittauskunft grundsätzlich mit der Verpflichtung zur **Vorlage von Belegen** verbunden ist[211] und ein **Wirtschaftsprüfervorbehalt** (Rdn. 56) beim Anspruch auf Drittauskunft nicht gewährt wird.[212] Auch bei der Drittauskunft besteht grundsätzlich ein Anspruch auf Abgabe der eidesstattlichen Versicherung.[213] Um einen besonderen Fall der Drittauskunft handelt es sich bei **§ 8 Abs. 5.** 99

e) Erfüllung etc. Zu den Details der Anspruchserfüllung und weiteren Punkten vgl. oben Rdn. 90. 99a

VI. Anspruchskonkurrenzen

Schrifttum: *Alexander,* Der Verwechslungsschutz gem. § 5 Abs. 2 UWG, in: FS Köhler, 2014, S. 23; *Bärenfänger,* Symbiotische Theorie zum Kennzeichen- und Lauterkeitsrecht, WRP 2011, 160; *Böxler,* Der Vorrang des Markenrechts, ZGE 2009, 357; *Bokelmann,* Das Recht der Firmen und Geschäftsbezeichnungen, 5. Aufl. 2000; *Bornkamm,* Der lauterkeitsrechtliche Schutz vor Verwechslungen: Ein Kuckucksei im Nest des UWG?, in: FS Loschelder, 2010, S. 31; *ders.,* Die Schnittstellen zwischen gewerblichem Rechtsschutz und UWG – Grenzen des lauterkeitsrechtlichen Verwechslungsschutzes, GRUR 2011, 1; *Bunnenberg,* Das Markenrecht als abschließendes Regelungssystem?, MarkenR 2008, 148; *Büscher,* Schnittstellen zwischen Markenrecht und Wettbewerbsrecht, GRUR 2009, 230; *Deutsch,* Der Schutz von Marken und Firmen außerhalb des Wettbewerbsbereichs, in: FS Gaedertz, 1992, S. 99; *Fezer,* Kumulative Normenkonkurrenz im Kennzeichenrecht. Ein Beitrag zur autonomen Anwendung des MarkenG, des UWG und des BGB nach § 2 MarkenG, WRP 2000, 863; *Fikentscher,* Das Recht am Gewerbebetrieb (Unternehmen) als „sonstiges Recht" im Sinne des § 823 Abs. 1 BGB in der Rechtsprechung des Reichsgerichts und des Bundesgerichtshofs, in: FS Kronstein, 1967; *v. Gamm,* Rufausnutzung und Beeinträchtigung bekannter Marken und geschäftlicher Bezeichnungen, in: FS Piper, S. 537; *Goldmann,* Der Schutz von Geschäftsraum- und Produktgestaltungen als Unternehmenskennzeichen, MarkenR 2015, 8; *Gramsch,* Individualbehinderung (§ 4 Nr. 10 UWG) durch Kennzeichenrechte, 2010;

---

[203] BGH GRUR 1994, 630, 632 – *Cartier-Armreif.*

[204] OLG Stuttgart, Urt. v. 8.10.2015, Az. 2 U 25/15; vgl. auch BGH GRUR 2012, 1048, 1049 Tz. 27 – *MOVICOL-Zulassungsantrag* (dort gestützt auf § 249 BGB; vgl. hierzu § 9 Rdn. 106a).

[205] BGH GRUR 1987, 647 – *Briefentwürfe.*

[206] BGH GRUR 2001, 841, 842 – *Entfernung der Herstellungsnummer II.*

[207] *Büscher* GRUR 2015, 5, 17.

[208] BGH GRUR 1994, 630, 632 – *Cartier-Armreif;* GRUR 1994, 435, 437 – *Pulloverbeschriftung;* GRUR 1995, 427, 428 f. – *Schwarze Liste;* GRUR 2001, 841, 843 – *Entfernung der Herstellungsnummer II.*

[209] BGH GRUR 2001, 841, 842 – *Entfernung der Herstellungsnummer II.*

[210] BGH GRUR 2001, 841, 842 – *Entfernung der Herstellungsnummer II.*

[211] BGH GRUR 2002, 709, 713 – *Entfernung der Herstellungsnummer III.*

[212] BGH GRUR 2002, 709, 713 – *Entfernung der Herstellungsnummer III* (zu § 19 MarkenG); *Teplitzky/Löffler* Kap. 38 Rdn. 35b.

[213] BGH GRUR 1994, 630, 633 – *Cartier-Armreif.*

Hafenmayer, Der lauterkeitsrechtliche Schutz vor Verwechslungen im Konflikt mit den Wertungen des Kennzeichenrechts, 2014; *Harte-Bavendamm,* Wettbewerbsrechtlicher Verbraucherschutz in der Welt der „look-alikes", in: FS Loschelder, 2010, S. 111; *Henn,* Markenschutz und UWG, 2009; *Ingerl,* Der wettbewerbsrechtliche Kennzeichenschutz und sein Verhältnis zum MarkenG in der neueren Rechtsprechung des BGH in der UWG-Reform, WRP 2004, 809; *Konzal,* Die Vorbenutzung im deutschen, europäischen und internationalen Kennzeichenrecht, 2014; *Korsch,* Der Begriff des Unternehmens insbesondere im Wettbewerbsrecht, 1939; *Lehmann,* Entwicklungsleitlinien G. Schrickers: Wettbewerbs-, Marken- und Urheberrecht, in: FS Schricker, 2006, 77; *Sack,* Probleme des Markenschutzes im Ähnlichkeitsbereich, WRP 1998, 1127; *ders.,* Das Verhältnis des UWG zum allgemeinen Deliktsrecht, in: FS Ullmann, 2006, S. 825; *ders.,* Unbegründete Schutzrechtsverwarnungen, 2006; *ders.,* Das Recht am Gewerbebetrieb, 2007; *ders.,* Neuere Entwicklungen der Individualklagebefugnis im Wettbewerbsrecht, GRUR 2011, 953; *Sambuc,* Der UWG-Nachahmungsschutz, 1996; *Schneider,* Verwechslungsgefahr und Herkunftstäuschung, 2014; *Schork,* Imitationsmarketing. Die irreführende Produktvermarktung nach Art. 6 Abs. 2 lit. a UGP-RL, § 5 Abs. 2 UWG, 2011; *Thress,* Die irreführende Produktvermarktung, 2011; *Wrage,* UWG- Sanktionen bei GWB- Verstößen?, 1996; *Weber,* UWG- Sanktionen wegen EG-Kartellrechtsverstößen, 1999; *Woger,* Die Schnittstellen zwischen Marken- und Wettbewerbsrecht im Licht der neuen Markenfunktionen, 2015.

1. Konkurrenzen mehrerer einschlägiger UWG-Normen untereinander

100 Soweit ein Lebenssachverhalt die tatbestandlichen Voraussetzungen mehrerer Vorschriften des UWG (z. B. §§ 3a bis 6 i. V. m. § 3, § 7, §§ 17 ff.) erfüllt, sind diese **i. d. R. nebeneinander anwendbar.** Dies gilt auch für § 4 Nr. 3 einerseits und § 5 Abs. 2 andererseits.[214] Nebeneinander anwendbar sind auch UWG-Vorschriften und spezialgesetzliche Unlauterkeitsregelungen außerhalb des UWG, wie etwa des Lebensmittelrechts (vgl. dazu Einl. J. Rdn. 2 ff.). Die wettbewerbsrechtlichen Ansprüche können deshalb auf eine Anspruchsgrundlage wie § 8 Abs. 1 jeweils i. V. m. § 3 und unterschiedlichen Normen gestützt werden, aus denen sich die Unlauterkeit ergibt.

2. Verhältnis zum GWB[215]

101 Das **GWB** enthält in §§ 33, 34a eine grundsätzlich **abschließende Regelung** der zivilrechtlichen Ansprüche, die im Falle von Verstößen gegen **kartellrechtliche Verbote** geltend machen können. Dieses abgestufte Regelungssystem mit einer von § 8 Abs. 3 abweichenden Regelung der Aktivlegitimation darf durch lauterkeitsrechtliche Ansprüche gen. §§ 8 ff. nicht unterlaufen werden.[216] Auf §§ 8 ff. i. V. m. § 3 gestützte Ansprüche scheiden deshalb bei GWB-Verstößen i. d. R. aus.[217] Allerdings gilt dies nur für Fälle, in denen sich der Vorwurf der Unlauterkeit *allein* aus dem kartellrechtlichen Verstoß speist. Gründet sich die Unlauterkeit dagegen – wie etwa in Fällen des Boykotts – auf einen eigenständigen lauterkeitsrechtlichen Tatbestand (z. B. auf eine gezielte Behinderung nach § 4 Nr. 4), stehen die zivilrechtlichen Ansprüche, die sich aus dem Kartellrecht und aus dem Lauterkeitsrecht ergeben, gleichberechtigt nebeneinander.[218]

3. Verhältnis zum MarkenG

102 **a) Allgemeines.** Für das Verhältnis zum Markenrecht gilt: Soweit Vorschriften des MarkenG direkt oder analog eingreifen, sind daneben die individualschützenden Normen des UWG unanwendbar. Dies ergibt sich aus dem gesetzgeberischen Ziel, alle vor der Markenrechtsreform in unterschiedlichen Gesetzen verstreuten Anspruchsgrundlagen in einem Gesetz zu vereinen.[219] Die Öffnungsklausel des § 2 MarkenG stellt nur klar, dass im MarkenG ungeregelte Konflikte nach anderen Normen aufgelöst werden können, das MarkenG den Schutz also nicht abschließend regelt und außermarkenrechtlichen Schutz nicht generell abschneidet.[220] Mangels eines Schutzes durch das MarkenG bleibt das UWG theoretisch immer dann anwendbar, wenn entweder überhaupt kein Kennzeichenschutz nach §§ 4, 5 MarkenG besteht, keine bekannte Marke bzw. keine bekannte geschäftliche Bezeichnung vorliegt oder andere, nicht in §§ 14 Abs. 2 Nr. 3, 15 Abs. 3 MarkenG geregelte Behinderungsaspekte hinzutreten. Im Ergebnis kann ein Schutz dennoch nicht auf das UWG gestützt werden, da stets die **Wertungen des MarkenG zu berücksichtigen** sind. **Beson-**

---

214 Näher hierzu *Harte-Bavendamm* in: FS Loschelder, S. 111, 117 ff.

215 Hierzu eingehend *Ahrens* oben Einl. G Rdn. 108 ff.

216 BGH GRUR 2006, 773, 774 Tz. 13 f. – *Probeabonnement.*

217 BGH GRUR 2006, 773, 774 Tz. 11 ff. – *Probeabonnement;* a. A. für Verstöße gegen EU-Kartellrecht als Fall des Rechtsbruchs *Weber* S. 93 ff.

218 BGH GRUR 2006, 773, 774 Tz. 17 – *Probeabonnement.*

219 Begr. RegE, BT-Drucks. 12/6581, S. 55.

220 BGH GRUR 1999, 161, 162 – *MAC Dog;* GRUR 2001, 1050, 1051 – *Tagesschau;* GRUR 2001, 1054, 1055 – *Tagesreport;* GRUR 2000, 71, 73 – *SZENE.*

derheiten gelten freilich für **§ 5 Abs. 2 UWG,** der **nicht die Interessen des Kennzeicheninhabers,** sondern die Interessen der Verbraucher am Schutz vor Irreführung **schützt.** Hieraus ergibt sich folgendes:

b) Erweiterter Schutz bekannter Zeichen. §§ 14 Abs. 2 Nr. 3, 15 Abs. 3 MarkenG (ggf. analog bei fehlender markenmäßiger[221] bzw. kennzeichenmäßiger Benutzung[222]) sind hinsichtlich des **erweiterten Schutzes bekannter Marken** und geschäftlicher Bezeichnungen die speziellere Norm. Einen erweiterten Schutz für bekannte Marken und Kennzeichen, wie ihn die Rechtsprechung auf der Grundlage von § 1 UWG 1909 gewährt hatte,[223] kann es nicht mehr geben. Insoweit ist das MarkenG abschließend.[224] **103**

c) Ergänzender Schutz von nach MarkenG ungeschützten Zeichen? § 4 Nr. 3 bietet seinem Wortlaut nach eine Handhabe gegen die Nachahmung von Waren bzw. Dienstleistungen. Kennzeichen sind weder Waren noch Dienstleistungen. Damit kommt nach grammatikalischer Auslegung ein ergänzender wettbewerbsrechtlicher Zeichenschutz nicht in Betracht. Zu denken wäre allenfalls ein Rückgriff auf die früher anerkannte[225] und auch heute z. T. noch im Schrifttum erwähnte[226] Fallgruppe der Nachahmung von Werbemitteln. Zwar lassen sich auch Werbemittel nicht unmittelbar einem eng interpretierten Begriff von Waren oder Dienstleistungen zuordnen. Es ist aber eine weitherzige Auslegung geboten. Denn durch § 4 Nr. 3 werden im Grundsatz Leistungs- und Arbeitsergebnisse aller Art geschützt.[227] Allerdings ist höchst zweifelhaft, ob für einen – von der Rechtsprechung früher für möglich gehaltenen[228] – ergänzenden wettbewerbsrechtlichen Zeichenschutz nach § 4 Nr. 3 lit. a und b oder direkt nach § 3 Abs. 1 überhaupt Raum ist. Eine parallele Anwendung des MarkenG und des ergänzenden wettbewerbsrechtlichen Leistungsschutzes auf Zeichen aller Art birgt nämlich die Gefahr, dass die **Voraussetzungen der Schutzgewährung umgangen** werden.[229] Mit der gesetzlichen Festlegung von Schutzvoraussetzungen ist insoweit eine **Begrenzungsfunktion** verbunden.[230] Die gesetzgeberische Wertung, dass Zeichen nur durch Eintragung oder durch Verkehrsgeltung zugunsten eines einzelnen Wirtschaftsteilnehmers Schutz erlangen können, ist aber zu respektieren.[231] Das UWG kann nicht dazu dienen, gesetzlich nicht normierte individuelle Kennzeichenrechte zu schaffen.[232] Insoweit gilt – anders als für den verbraucherschützenden und uneingeschränkt neben dem MarkenG anwendbaren § 5 Abs. 2[233] – der **Vorrang des Markenrechts.**[234] Denn der durch das MarkenG gewährte Schutz verdrängt in seinem Anwendungsbereich grundsätzlich den lauterkeitsrechtlichen Schutz.[235] Lauterkeitsrechtliche Ansprüche können nur dann bestehen, wenn sie sich gegen ein wettbewerbswidriges Verhalten richten, das als solches nicht Gegenstand der markenrechtlichen Regelung ist.[236] Der Schutz vor Herkunftstäuschungen im geschäftlichen Verkehr durch Nachahmung fremder Zeichen ist – soweit es um das **104**

---

[221] Vgl. BGH GRUR 2015, 1201, 1210 Tz. 76 – *Sparkassen-Rot/Santander-Rot.*

[222] Vgl. *Goldmann* Der Schutz des Unternehmenskennzeichens, § 12 Rdn. 125.

[223] Vgl. BGH GRUR 1983, 247, 248 – *Rolls-Royce;* GRUR 1985, 550, 552 – *Dimple;* GRUR 1991, 465, 466 – *Salomon;* GRUR 1991, 465, 466 – *Salomon;* GRUR 1991 609, 611 f. – *SL;* GRUR 1994, 808, 810 f. – *Markenverunglimpfung I.*

[224] BGH GRUR 1999, 161, 162 – *MAC Dog;* GRUR 2000, 70, 73 – *SZENE;* GRUR 973, 974 – *Tupperwareparty.*

[225] RG GRUR 1940, 372, 374 – *Landkarte;* BGH GRUR 1961, 85, 89 – *Pfiffikus-Dose;* vgl. auch RG MuW XXXIX, 357, 358 – *Drei-Kerzen-Leuchter;* BGH GRUR 1977, 614, 615 f. – *Gebäudefassade* (jeweils ergänzender Zeichenschutz über § 1 UWG 1909 befürwortet); OLG Hamburg GRUR 1972, 430 – *Prospektblätter;* OLG Hamm GRUR 1981, 130, 132 – *Preislisten-Druckvorlage;* zum Ganzen *Sambuc* Rdn. 687 ff.

[226] *Köhler*/Bornkamm, § 4 Rdn. 9.22.

[227] BGH GRUR 2012, 1155, 1156 Tz. 19 – *Sandmalkasten;* Fezer/*Götting* § 4 Nr. 9 Rdn. 72.

[228] BGH GRUR 1977, 614, 615 – *Gebäudefassade;* GRUR 2001, 251, 253 – *Messerkennzeichnung;* GRUR 2003, 973, 975 – *Tupperwareparty;* OLG Hamm NJW-RR 1993, 940 f. – *Verwendung eines Firmenlogos.*

[229] *Büscher* GRUR 2009, 230, 234.

[230] *Büscher* GRUR 2009, 230, 231 f.; vgl. BGH GRUR 1999, 161, 163 – *MAC Dog* (zum Verhältnis von Bekanntheitsschutz gemäß §§ 14 Abs. 2 Nr. 3, 15 Abs. 3 MarkenG zum UWG).

[231] Fezer/*Götting* § 4 Nr. 9 Rdn. 47 ff., 80 ff.; *Köhler*/Bornkamm § 4 Rdn. 9.11; *Ohly*/Sosnitza § 4 Nr. 9 Rdn. 9/27; MünchKommUWG/*Wiebe* § 4 Nr. 9 Rdn. 40.

[232] BGH GRUR 1967, 315, 317 – *skai cubana;* GRUR 1969, 190, 191 – *halazon; Ströbele/Hacker* § 2 MarkenG Rdn. 46.

[233] BGH GRUR 2013, 1161, 1165 Tz. 60 – *Hard Rock Cafe;* OLG Düsseldorf, Urt. v. 5.9.2011, Az. I-20 U 98/10 – *Kamps;* Köhler/*Bornkamm* § 5 Rdn. 4.211 f.

[234] *Goldmann* MarkenR 2015, 8, 18 f.; *Ströbele/Hacker* § 2 MarkenG Rdn. 15, 53.

[235] BGH GRUR 2006, 328, 332 Tz. 36 – *Gewinnfahrzeug mit Fremdemblem.*

[236] BGH GRUR 2003, 332, 335 – *Abschlussstück;* LG Frankfurt, Urt. v. 11.6.2014, Az. 2-06 O 373/13 – *Twin Break.*

Verhältnis der Wettbewerber untereinander geht – gerade Gegenstand des Marken- und Kennzeichenrechts und setzt ein durch das MarkenG geschütztes Kennzeichen voraus.[237]

105 **d) Verhältnis MarkenG zu § 5 Abs. 2 UWG.** Uneingeschränkt neben den Regelungen des MarkenG anwendbar ist § 5 Abs. 2 UWG, der nicht dem Individualschutz des Zeicheninhabers dient, sondern dem Schutz der Verbraucher. Denn es gibt **keinen Vorrang des Markenrechts gegenüber dem verbraucherschützenden Lauterkeitsrecht.**[238] Allerdings sind nach der Rechtsprechung des BGH die Wertungen des Markenrechts – etwa das Recht der Gleichnamigen – auch im Bereich des § 5 Abs. 2 nachzuvollziehen.[239]

106 **e) Kein Schutz der Verkehrsgeltungsanwartschaft.** Die Rechtsprechung hat in der Vergangenheit einen wettbewerbsrechtlichen Schutz von nicht eingetragenen Zeichen ohne Verkehrsgeltung durchaus anerkannt.[240] Hierzu gehören Fälle von der Art der *„halazon"*-Entscheidung des BGH, in der ein Ausstattungsrecht gemäß § 25 WZG noch nicht begründet war, als ein Konkurrent später eine ähnliche Bezeichnung in Benutzung nahm.[241] Nach der Rspr. des BGH sollte das Verhalten des Konkurrenten jedenfalls gegen § 1 UWG 1909 verstoßen, wenn das noch nicht als Benutzungsmarke oder Geschäftsabzeichen geschützte Zeichen in den beteiligten Verkehrskreisen in gewissem Umfang bekannt geworden und seiner Natur nach geeignet war, als betriebliches Unterscheidungsmittel zu dienen und die Zeichenbenutzung durch den Konkurrenten in der Absicht erfolgte, Verwechslungen herbeizuführen oder den schon erworbenen Ruf zu beeinträchtigen oder auszunutzen.[242] Die Grenzen eines kraft Benutzung gewährten kennzeichenrechtlichen Schutzes, die im Interesse der Rechtssicherheit an einem bestimmten Ausmaß der errungenen Verkehrsbekanntheit, eben der Verkehrsgeltung i. S. d. §§ 4 Nr. 2; 5 Abs. 2 MarkenG, gezogen worden sind, sollen aber nicht ohne sorgfältige Beachtung aus wettbewerbsrechtlichen Erwägungen ausgedehnt werden.[243] Eine **faktische Vorverlagerung** des Rechtsschutzes im Sinne einer geschützten „Verkehrsgeltungsanwartschaft" stellt entgegen der Ansicht des BGH eine **unvertretbare Aushöhlung des Erfordernisses der Verkehrsgeltung** bzw. Verkehrsdurchsetzung dar und ist deshalb abzulehnen.[244]

107 **f) Verhältnis zu § 4 Nr. 4.** Ein Schutz nach § 4 Nr. 4 kommt weiterhin in Betracht, wenn sich ein Zeichenerwerb oder eine Zeichenverwendung als **gezielte Behinderung** darstellt.[245] Dies wird angenommen, wenn ein **nur im Ausland geschütztes Zeichen,** das dort eine hervorragende Bekanntheit genießt, an einer Ausdehnung im Inland gehindert wird, indem die mit einem entsprechenden neu eingetragenen oder in Benutzung genommenen Kennzeichen verbundene Sperrwirkung zweckfremd als Mittel des Wettbewerbskampfes benutzt wird.[246] Der Schutz des UWG bleibt auch für alle anderen Fälle des Behinderungswettbewerbs anwendbar, also z. B. für die verunglimpfende Werbung unter Namhaftmachung eines Konkurrenten mit dessen Unternehmenskennzeichen.

108 Als Fall der gezielten Behinderung kann sich auch die **Entfernung von Marken** und Unternehmenskennzeichen auf gebrauchten Produkten (etwa durch einen Reparaturbetrieb) darstellen, wenn dadurch dem Hersteller und Zeicheninhaber die Möglichkeit genommen wird, mit der Präsenz seiner Zeichen auf den Produkten im Verkehr bekannt zu werden, sich bei den interessierten Kreisen in Erinnerung zu halten und neue Absatzchancen zu eröffnen.[247]

---

[237] LG Frankfurt, Urt. v. 11.6.2014, Az. 2–06 O 373/13 – *Twin Break* (insoweit nicht beanstandet von OLG Frankfurt Urt. v. 17.9.2015, Az. 6 U 148/14 – *HAVE A BREAK*); *Goldmann* MarkenR 2015, 8, 19; *Ströbele/Hacker* § 2 MarkenG Rdn. 53.

[238] BGH GRUR 2013, 1161, 1165, 1167 Tz. 60, 84 – *Hard Rock Cafe;* vgl. auch BGH GRUR 2013, 397, 400 Tz. 41 – *Peek & Cloppenburg III;* OLG Koblenz NJOZ 2013, 1051, 1054 – *Stubbi; Alexander* in: FS Köhler, S. 21, 26 f.; *Bornkamm* in: FS Loschelder, S. 31, 33 f.; *Büscher* GRUR 2009, 230, 236; *Hafenmayer* S. 93 f.; *Schork* S. 293 ff.; *Schneider* S. 111; a. A. *Böxler* ZGE 2009, 357, 364 f.; differenzierend und für Einbeziehung markenrechtlicher Wertungen bei der Gewährung eines ergänzenden Zeichenschutzes *Woger* S. 301 ff.

[239] BGH GRUR 2013, 397, 400 Tz. 44 – *Peek & Cloppenburg III;* Köhler/*Bornkamm* § 5 Rdn. 4.244; *Bornkamm* in: FS Loschelder, S. 31, 37; *ders.* GRUR 2011, 1, 4.

[240] Vgl. z. B. RG MuW XXXII, 263, 264 – *Speedoil;* BGH GRUR 1969, 190, 191 – *halazon;* GRUR 1997, 754, 755 – *grau/magenta.*

[241] BGH GRUR 1969, 190 – *halazon.*

[242] BGH GRUR 1963, 423, 429 – *coffeinfrei;* GRUR 1969, 190, 191 – *halazon;* GRUR 1997, 754, 755 – *grau/magenta.*

[243] So auch BGH GRUR 1997, 754, 755 – *grau/magenta.*

[244] *Goldmann* Der Schutz des Unternehmenskennzeichens, § 16 Rdn. 27; *Ingerl* WRP 2004, 809, 814; *Konzal* S. 167.

[245] BGH GRUR 2008, 621, 623 Tz. 21 – *AKADEMIKS;* ausführlich *Gramsch* S. 71 ff.; *Konzal* S. 159 ff.

[246] Vgl. BGH GRUR 1980, 110, 111 – *TORCH;* GRUR 2008, 621, 623 Tz. 21 – *AKADEMIKS.*

[247] BGH GRUR 1972, 558, 559 – *Teerspritzmaschinen.*

g) Erweiterter Schutz nicht bekannter Zeichen? Auch ein nicht bekanntes **inländisches Kennzeichen** kann theoretisch nach Wettbewerbsrecht vor unlauteren Angriffen geschützt werden.[248] Bei der **Rufausbeutung** werden jedoch für die unlautere Rufübernahme strenge Vorgaben an Bekanntheit und Ruf gestellt, die jedenfalls nicht hinter den Anforderungen der §§ 14 Abs. 2 Nr. 3, 15 Abs. 3 MarkenG zurückbleiben. Eine Rufausbeutung ist deshalb ohne Bekanntheit nicht denkbar. Gleiches gilt für die **Verwässerungsgefahr.**[249] Ein Schutz über das UWG kommt damit im Ergebnis **nicht in Betracht.** Eine Beschränkung des Schutzes vor **Rufschädigung** auf bekannte Kennzeichen ist dagegen nicht sachgerecht.[250] Auch die Beeinträchtigung der Wertschätzung eines nicht bekannten Kennzeichens muss unter dem Aspekt des **Behinderungswettbewerbs** als unlauter gelten.[251] Der Gesetzgeber hat diesem Schutzbedürfnis durch § 4 Nr. 1 Rechnung getragen, der Kennzeichen gegen Verunglimpfung und Herabsetzung schützt.[252] 109

h) Nachgelagerter wettbewerbsrechtlicher Schutz erloschener Zeichenrechte? Es kommt häufig vor, dass Zeichen, auch bekannte, ihren Schutz verlieren, etwa weil im Zuge einer Fusion oder eines Rebranding die Zeichennutzung aufgegeben oder auch das Unternehmen selbst endgültig eingestellt wird. Marken werden nicht mehr verlängert und erlöschen; der Schutz des Unternehmenskennzeichens erlischt mit der Aufgabe der Benutzung. Deshalb ist an sich jedermann frei, solche nicht mehr geschützten Marken oder Unternehmenskennzeichen anzumelden bzw. in Gebrauch zu nehmen und so für sich selbst einen neuen Schutz mit neuem Zeitrang zu begründen.[253] Allerdings bleibt gerade bei gut eingeführten Marken und Unternehmenskennzeichen die **Erinnerung des Publikums** und damit ein wichtiger Bestandteil des Goodwill erhalten, auch wenn das Kennzeichen durch ein anderes ersetzt oder im Zuge einer Fusion zugunsten des Unternehmenskennzeichens der aufnehmenden Gesellschaft aufgegeben wird.[254] Nimmt ein Wettbewerber das freigewordene Kennzeichen in Benutzung, kann er deshalb den Ruf, der damit verbunden ist, auf sich überleiten. Damit stellt sich die Frage, ob der ehemalige Zeicheninhaber oder sein Rechtsnachfolger hiergegen unter dem Gesichtspunkt einer unlauteren Rufausbeutung vorgehen können. Das RG hat dies auf der Grundlage des § 1 UWG 1909 bejaht.[255] Dies steht im Widerspruch zu der grundlegenden kennzeichenrechtlichen Wertung, dass ein Schutz nur für eingetragene und ggf. verlängerte Marken und nur für benutzte Unternehmenskennzeichen gewährt wird. Ebensowenig wie ein Schutz der Verkehrsgeltungsanwartschaft an noch nicht geschützten Zeichen anzuerkennen ist, kann ein nachgelagerter wettbewerbsrechtlicher Schutz für gelöschte oder nicht mehr benutzte und deshalb nicht mehr geschützte Zeichen anerkannt werden. 110

Möglich bleiben allerdings **auf § 5 Abs. 2 gestützte Ansprüche:** Eine einmal aufgebaute Bekanntheit bleibt einer Marke oder einer geschäftlichen Bezeichnung erfahrungsgemäß lange Zeit erhalten und kann eine Fusion und selbst eine Insolvenz oder völlige Betriebseinstellung überdauern (z.B. PanAm, Swissair, Simca,[256] Borgward).[257] Irreführend bzw. eine Verwechslungsgefahr i.S.d. § 5 Abs. 2 hervorrufend kann es deshalb sein, ein **nicht mehr benutztes Unternehmenskennzeichen** oder eine erloschene Marke erneut in Gebrauch zu nehmen, **wenn** der Verkehr mit dem Zeichen noch immer eine ganz bestimmte Qualitätsvorstellung verbindet und in dieser Erwartung getäuscht wird, weil der **Eindruck** entsteht, es handele sich bei dem Unternehmen um eine **Fortführung** des altbekannten oder einer der alten Unternehmensinhaber habe der Verwendung des Kennzeichens zugestimmt.[258] Ein solcher Irrtum entspricht der Konstellation der Verwechslungsgefahr im weiteren Sinne. Er liegt insbesondere dann nahe, wenn das neue Unternehmenskennzeichen zeitnah auf das Erlöschen des alten Unternehmenskennzeichens folgt und das alte Unterneh- 111

---

[248] *v. Gamm* in: FS Piper, S. 537, 541 f.

[249] *Sack* WRP 1998, 1127, 1138.

[250] *Bunnenberg* MarkenR 2008, 148, 151; *Sack* WRP 1998, 1127, 1138.

[251] *Adler* in: FS 50 Jahre Reichspatentamt, S. 153, 173; *Deutsch* in: FS Gaedertz, S. 99, 109.

[252] *Bärenfänger* WRP 2011, 160, 167 f.; *Bunnenberg* MarkenR 2008, 148, 152; *Köhler*/Bornkamm § 4 Rdn. 7.9b ff.

[253] RG MuW XXX, 178, 179 – *Fittingswerke Gebr. Inden;* KG WRP 1990, 37, 39 – *Streichquartett;* OLG München ZUM 1999, 159, 160 – *Reblaus-Trio.*

[254] RG MuW XXX, 178, 179 – *Fittingswerke Gebr. Inden;* BPatG, Beschl. v. 7.12.2010, Az. 33 W (pat) 123/08 – *Oppenheim.*

[255] RG MuW XXX, 178, 179 – *Fittingswerke Gebr. Inden;* EuG GRUR Int. 2014, 1047, 1051 Tz. 49 ff. – *Simca.*

[256] Vgl. EuG GRUR Int. 2014, 1047, 1051 Tz. 49 ff. – *Simca.*

[257] Vgl. RG MuW XXX, 178, 179 – *Fittingswerke Gebr. Inden;* EuG GRUR Int. 2014, 1047, 1051 Tz. 49 ff. – *Simca;* BPatG, Beschl. v. 7.12.2010, Az. 33 W (pat) 123/08 – *Oppenheim.*

[258] OLG Celle, Urt. v. 24.8.1983, Az. 13 U 94/83 – *Physio-Medica* (zu § 3 UWG 1909); *Goldmann* Der Schutz des Unternehmenskennzeichens, § 7 Rdn. 100; *Lange* Rdn. 1631; ferner OLG Hamburg OLGZ 1987, 191, 192 f.; *Bokelmann,* Rdn. 98 f. (jeweils zu § 18 HGB).

menskennzeichen einen hohen Bekanntheitsgrad hatte. So kann die Verwendung des Zusatzes „HEIA – Polstermöbelfabrik" in der Öffentlichkeit den Eindruck erwecken, die gelöschte Firma „Heia – Polstermöbelwerkstätten" sei wieder aufgelebt.[259]

4. Verhältnis zum BGB[260]

112 **a) Allgemeines.** Im Verhältnis zu den §§ 823 ff., 1004 BGB haben die Vorschriften des UWG nur Vorrang, soweit sie im Vergleich zu den BGB-Vorschriften als die konkreteren, erschöpfenden und damit abschließenden Sonderregelungen anzusehen sind; ansonsten besteht Anspruchskonkurrenz.[261] Im Einzelnen gilt:

113 **b) Verhältnis zu § 826 BGB.** Zwischen § 826 BGB und den Ansprüchen aus §§ 8, 9, die einer wesentlich kürzeren Verjährungsfrist unterliegen, besteht vollständige Anspruchskonkurrenz.[262] Die Normen des UWG bilden gegenüber § 826 BGB keine abschließende Sonderregelung. **§ 826** BGB **steht** vielmehr **über allen Sondergesetzen.**[263] Wer einen Wettbewerber i. S. d. § 826 BGB sittenwidrig schädigt, kann nicht deshalb privilegiert werden, weil sein Verhalten zusätzlich noch den Tatbestand einer UWG-Verbotsnorm erfüllt.[264]

114 **c) Verhältnis zu § 824 BGB.** Vollständige Anspruchskonkurrenz besteht auch zwischen § 824 BGB und den Ansprüchen aus §§ 8, 9.[265]

115 **d) Verhältnis zum Recht am Gewerbebetrieb.** Die Haftung für Eingriffe in den Gewerbebetrieb dient als gegenüber den Normen des UWG nachrangiger, **subsidiärer Auffangtatbestand** zur Füllung von Schutzlücken.[266]

116 Das Recht am eingerichteten und ausgeübten Gewerbebetrieb wird von der Rechtsprechung in § 823 Abs. 1 BGB als sonstiges Recht verortet.[267] Der Schutz des § 823 Abs. 1 BGB wird gegen jede Beeinträchtigung des Rechts am eingerichteten und ausgeübten Gewerbebetrieb gewährt, wenn die Störung einen **unmittelbaren Eingriff in den gewerblichen Tätigkeitskreis** darstellt. Der Schutz soll das Unternehmen in seiner wirtschaftlichen Tätigkeit und in seinem Funktionieren vor widerrechtlichen Eingriffen bewahren. Die Verletzungshandlung muss sich gerade gegen den Betrieb und seine Organisation oder gegen die unternehmerische Entscheidungsfreiheit richten und über die bloße Belästigung oder eine sozial übliche Behinderung hinausgehen. Unmittelbare Eingriffe in das Recht am bestehenden Gewerbebetrieb, gegen die § 823 Abs. 1 BGB Schutz gewährt, sind nur diejenigen, die gegen den Betrieb als solchen gerichtet, also betriebsbezogen sind und nicht vom Gewerbebetrieb ohne weiteres ablösbare Rechte oder Rechtsgüter betreffen.[268]

117 Das Recht am Gewerbebetrieb stellt einen **offenen Tatbestand** dar, dessen Inhalt und Grenzen sich erst aus einer **Güter- und Interessenabwägung** mit den konkret kollidierenden Belangen anderer ergeben.[269] Es wurde zu einer Zeit entwickelt, als dem UWG noch eine Generalklausel fehlte und ein wirksamer Schutz gegen unlauteren Wettbewerb, insbesondere gegen die individuelle Behinderung von Mitbewerbern nicht gewährt wurde.[270]

118 Eine Fülle von Konstellationen, die traditionell dem Recht am Gewerbebetrieb zugeordnet wurden,[271] sind **in Wahrheit Fälle des unlauteren Wettbewerbs.**[272] Hierzu gehört insbesondere die

---

[259] OLG Hamm OLGZ 1967, 94, 95 – *HEIA – Polstermöbelfabrik.*

[260] Hierzu eingehend *Ahrens* oben Einl. G Rdn. 121 ff.

[261] BGH GRUR 1962, 310, 314 – *Gründerbildnis;* GRUR 1984, 820, 822 f. – *Intermarkt II;* GRUR 2002, 618, 619 – *Meißner Dekor;* GRUR 2011, 444, 449 Tz. 56 – *Flughafen Frankfurt-Hahn.*

[262] RGZ 74, 434, 435 f.; RGZ 109, 272, 279 – *Gerbereimaschinen;* BGH GRUR 1962, 310, 314 – *Gründerbildnis;* GRUR 1977, 539, 541 – *Prozeßrechner;* GRUR 1995, 693, 695 – *Indizienkette; Köhler*/Bornkamm Einl Rdn. 7.7; *Rosenthal/Leffmann* Rdn. 32, 36.

[263] RG JW 1926, 566; *Korsch* S. 143.

[264] RGZ 74, 434, 435 f.; BGH GRUR 1962, 310, 314 – *Gründerbildnis; Callmann* § 1 Rdn. 2.

[265] RGZ 74, 434, 435 f.; BGH GRUR 1962, 310, 314 – *Gründerbildnis; Ohly*/Sosnitza Einf. D Rdn. 63.

[266] BGH GRUR 1962, 310, 314 – *Gründerbildnis;* GRUR 1967, 138, 140 f. – *Streckenwerbung;* GRUR 1974, 99, 100 – *Brünova;* GRUR 1996, 693, 696 – *Höllenfeuer;* NJW 1977, 2264, 2265; NJW 2003, 1040, 1041 – *Eiskunstläufer.*

[267] St. Rspr. vgl. RGZ 58, 24, 28 f. – *Juteplüsch;* BGH NJW-RR 2005, 1175, 1177 – *Schlosshotel;* GRUR 2006, 219, 220 – *Detektionseinrichtung II;* GRUR 2014, 904, 905 Tz. 12 – *Aufruf zur Kontokündigung.*

[268] St. Rspr., vgl. BGH GRUR 2013, 917 Tz. 16 – *Vorbeugende Unterwerfungserklärung,* m. w. N.; GRUR 2014, 904, 905 Tz. 12 – *Aufruf zur Kontokündigung.*

[269] BGH GRUR 2013, 917 Tz. 18 – *Vorbeugende Unterwerfungserklärung,* m. w. N.

[270] Grdl. RGZ 58, 24, 29 – *Juteplüsch;* zum Ganzen *Sack* Das Recht am Gewerbebetrieb, S. 3 ff.

[271] Hierzu *Fikentscher* in: FS Kronstein, S. 261 ff.

[272] *Sack* Das Recht am Gewerbebetrieb, S. 98, 170 ff.; *Walther* S. 38.

unberechtigte Schutzrechtsverwarnung.[273] Sofern die Voraussetzungen der §§ 3 oder 7 vorliegen, treten deshalb Ansprüche aus § 823 Abs. 1 BGB wegen Verletzung des Rechts am eingerichteten und ausgeübten Gewerbebetrieb zurück.[274] Gleichwohl hat es der GZS des BGH im Jahr 2005 abgelehnt, die praktisch wichtige Fallgruppe der unberechtigten Schutzrechtsverwarnung als das zu bewerten, was sie ist, nämlich eine unlautere geschäftliche Handlung i. S. d. § 3 Abs. 2[275] bzw. eine unlautere Behinderung gem. § 4 Nr. 4,[276] sondern ohne Not und dogmatisch unrichtig weiterhin das subsidiäre Recht am Gewerbebetrieb angewendet.[277]

e) Verhältnis zu § 823 Abs. 1 BGB im Übrigen. Sofern eine unlautere geschäftliche Handlung ein anderes Recht oder Rechtsgut des § 823 Abs. 1 BGB verletzt, besteht Anspruchskonkurrenz, weil § 3 den Unwertgehalt der Handlung in diesem Fall nicht abschließend erfasst.[278] 119

f) Verhältnis zu § 823 Abs. 2 BGB. § 823 Abs. 2 BGB ist **neben § 3 anwendbar.** § 3 selbst stellt nach dem klaren Willen des Gesetzgebers, der die Rechtsfolgen von unlauteren geschäftlichen Handlungen abschließend in §§ 8 ff. geregelt wissen und den Verbrauchern keine Aktivlegitimation zugestehen wollte,[279] allerdings kein Schutzgesetz i. S. d. § 823 Abs. 2 BGB dar, so dass ein Rückgriff auf das allgemeine Deliktsrecht nicht möglich ist.[280] Das Gleiche gilt für § 7. Bedeutung kommt § 823 Abs. 2 BGB vor allem bei Straftaten zu. So stehen dem Betroffenen aufgrund von § 823 Abs. 2 BGB i. V. m. §§ 185–187 StGB Unterlassungs- und Schadensersatzansprüche wegen kreditgefährdender und zugleich ehrverletzender Äußerungen zu. Die Anwendung dieser Normen wird praktisch, wenn die §§ 824 BGB, §§ 3, 4 Nr. 2 UWG nicht anwendbar sind, weil keine Tatsachen behauptet, sondern Werturteile abgegeben werden.[281] Die wettbewerbsrechtlichen Straftatbestände der §§ 17 ff. sind demgegenüber zugunsten des Unternehmensinhabers Schutzgesetze i. S. d. § 823 Abs. 2 BGB.[282] 120

B. Wettbewerbsrechtliche Einwendungen

I. Einleitung

Unter einer Einwendung versteht man ein **Verteidigungsmittel,** mit dem der Schuldner Umstände geltend macht, bei deren Vorliegen ein ansonsten gegebener Anspruch nicht wirksam entstanden oder nachträglich beschränkt oder erloschen ist. Man unterscheidet zwischen sog. rechtshindernden, rechtsbeschränkenden (rechtshemmenden) und rechtsvernichtenden Einwendungen. Im Gegensatz zur Einrede (z. B. der Verjährung) sind im Prozess vorgetragene einwendungsbegründende Tatsachen **von Amts wegen zu berücksichtigen.** Es bedarf anders als bei der Einrede keiner besonderen Rechtsausübung durch den Schuldner. Für Einwendungen gegen wettbewerbsrechtliche Ansprüche gelten grundsätzlich die allgemeinen Regeln. Es sind allerdings einige Besonderheiten (z. B. bei der Verwirkung und beim Abwehreinwand) entwickelt worden. 121

II. Einwilligung

Die Einwilligung kann im Wettbewerbsrecht die Rechtswidrigkeit oder – wie z. B. in § 7 – sogar die Tatbestandsmäßigkeit dort ausschließen, wo der Einwilligende allein über die betroffene Rechtsposition verfügen kann und **keinerlei Interessen Dritter oder der Allgemeinheit berührt** werden.[283] 122

---

[273] *Sack* Unbegründete Schutzrechtsverwarnungen, S. 29.

[274] BGH GRUR 1962, 310, 314 – *Gründerbildnis;* GRUR 1972, 189, 191 – *Wandsteckdose II;* GRUR 1983, 467, 468 – *Photokina; Sack* Das Recht am Gewerbebetrieb, S. 170 ff.

[275] *Sack* Das Recht am Gewerbebetrieb, S. 260.

[276] *Köhler*/Bornkamm § 4 Rdn. 10.176a ff.

[277] BGH (GSZ) GRUR 2005, 882, 884 – *Unberechtigte Schutzrechtsverwarnung.*

[278] *Ohly*/Sosnitza Einf D Rdn. 61.

[279] RegBegr BT-Drucks 15/1487, S. 22.

[280] Ebenso *Köhler*/Bornkamm § 9 Rdn. 1.10; MünchKommUWG/*Fritzsche* § 9 Rdn. 48 f.; a. A. Fezer/*Koos* § 9 Rdn. 3; *Sack* in: FS Ullmann, S. 825, 841 ff.; *ders.* GRUR 2011, 953, 959 ff.

[281] *Korsch* S. 144.

[282] BGH NJW 2006, 830 LS. 7 – *Kirch/Deutsche Bank AG und Breuer.*

[283] Teplitzky/*Bacher* Kap. 19 Rdn. 20; MünchKommUWG/*Fritzsche* § 11 Rdn. 232 ff.; *Köhler*/Bornkamm § 11 Rdn. 2.2; Ahrens/*Jestaedt* Kap. 24 Rdn. 17; *Ohly*/Sosnitza § 8 Rdn. 168.

Zu beachten ist, dass eine unlautere geschäftliche Handlung meist Ansprüche mehrerer Gläubiger auslöst und die Einwilligung eines dieser Gläubiger nicht ausreicht.[284] Von Bedeutung ist die Einwilligung deshalb für den Ausschluss der Rechtswidrigkeit nur dort, wo **allein die rechtlich geschützten Interessen des betreffenden Gläubigers verletzt** sind, so in §§ 4 Nr. 1, Nr. 2, Nr. 3 lit. b und c, Nr. 4; 17–19. Es gelten dann die allgemeinen Regeln der §§ 182ff. BGB.[285]

III. Üblichkeit

123 Unlauter im Sinne des UWG sind alle Handlungen, die den **anständigen Gepflogenheiten** in Handel, Gewerbe, Handwerk oder selbständiger beruflicher Tätigkeit zuwiderlaufen.[286] Die Üblichkeit eines Verhaltens, die etwa in Wettbewerbsregeln eines Branchenverbands zum Ausdruck kommt, kann daher allenfalls ein Indiz für die wettbewerbsrechtliche Lauterkeit darstellen.[287] Läuft die Übung des Verkehrs den anständigen Gepflogenheiten zuwider, ist der Einwand, das beanstandete Verhalten sei üblich, dagegen unbeachtlich.[288]

IV. Aufbrauchsfrist

124 Gemäß § 242 BGB ist dem Unterlassungspflichtigen eine **Aufbrauchs- oder Umstellungsfrist** zu gewähren, wenn ihm für den Fall der sofortigen Befolgung des Unterlassungsgebots unverhältnismäßige Nachteile entstünden und die befristete Fortsetzung des angegriffenen Verhaltens **für den Verletzten keine unzumutbaren Beeinträchtigungen** mit sich bringt.[289] Es ist im Schrifttum umstritten, ob es sich bei diesem in Rechtsprechung und Lehre im Grundsatz anerkannten Institut um eine materiell-rechtliche Einschränkung des Unterlassungsanspruchs oder um eine vollstreckungsrechtliche Beschränkung des Unterlassungstitels handelt (näher dazu Vor § 12 Rdn. 236ff.). Zu den Voraussetzungen der Aufbrauchsfrist § 8 Rdn. 132ff.

V. Verwirkung

Schrifttum: *Alexander-Katz,* Moderne Fälle unlauteren Wettbewerbs, 2. Aufl. 1933; *Baumbach,* Das gesamte Wettbewerbsrecht, 2. Aufl. 1931; *Bornkamm,* Der lauterkeitsrechtliche Schutz vor Verwechslungen – Ein Kuckucksei im Nest des UWG?, in: FS Loschelder, 2010, S. 31; *Brauchbar,* Die Verwirkung im Kennzeichenrecht; unter Berücksichtigung der Regelung in der Europäischen Union, 2001; *Bußmann,* Name, Firma, Marke, 1937; *Cahn,* Verwirkung ohne Verwirrung im Wettbewerb und Zeichenschutz, MuW XXXII, 329; *Droste,* Die Verwirkung von Unterlassungsansprüchen im Warenzeichenrecht, GRUR 1950, 560; *Fikentscher,* Wettbewerb und gewerblicher Rechtsschutz, 1958; *Finger,* Benutzungszwang und Verwirkung, MuW XXXI, 298; *Fritzsche,* Unterlassungsanspruch und Unterlassungsklage, 2000; *Furler,* Besitz, Verkehrsgeltung, Verwirkung im Wettbewerbsrecht, 1932; *Hamburger,* Treu und Glauben im Verkehr, 1930; *Hammann,* Gegen die Normierung von Verwirkungstatbeständen, in: FS vom Stein, 1961, S. 52; *Harmsen,* Der Besitzstand im Wettbewerbs- und Warenzeichenrecht in seinen verschiedenen Erscheinungsformen und Anforderungen an den Bekanntheitsgrad, GRUR 1968, 503; *Herzog,* Der wettbewerbliche Besitzstand, 1934; *Heydt,* Grenzen der Verwirkung im gewerblichen Rechtsschutz und Urheberrecht, GRUR 1951, 182; *Hösl,* Interessenabwägung und rechtliche Erheblichkeit der Irreführung bei § 3 UWG, 1986; *Klaka,* Zur Verwirkung im gewerblichen Rechtsschutz, GRUR 1970, 265; *ders.,* Erschöpfung und Verwirkung im Licht des Markenrechtsreformgesetzes, GRUR 1994, 321; *Kleine,* Zum Einwand der Verwirkung, insbesondere im Wettbewerbs- und Urheberrecht, JZ 1951, 9; *Koch,* Muss der EuGH wegen § 21 IV MarkenG angerufen werden?, GRUR 2012, 1092; *Kochendörfer,* Die Verwirkung des Unterlassungsanspruchs im Markenrecht, 2000; *ders.,* Die Verwirkung des Unterlassungsanspruchs nach § 21 Markengesetz, WRP 2001, 1040; *ders.,* Die Rechtsprechung zur Verwirkung nach § 21 Markengesetz, WRP 2005, 157; *Neu,* Die neuere Rechtsprechung zur Verwirkung im Wettbewerbs- und Warenzeichenrecht, 1984; *ders.,* Die Verwirkung im Wettbewerbs- und Warenzeichenrecht, GRUR 1987, 681; *Oppenheim,* Die Verwirkung im gewerblichen Rechtsschutz, 1932; *Palzer/Preisendanz,* Neues zur Verwirkung im Kennzeichenrecht, EuZW 2012, 134; *Reimer,* Normenaufstellung aufgrund der Verwirkungsrechtsprechung des Reichsgerichts im Warenzeichen- und Wettbewerbsrecht, MuW XXXII, 277; *Ruge,* Die Verwirkung im Gebiete der gewerblichen Kennzeichen, 1934; *Salzmann,* Die zivilrechtliche Verwirkung durch Nichtausübung, 2015; *Schluep,* Das Mar-

---

284 MünchKommUWG/*Fritzsche* § 11 Rdn. 233.

285 Teplitzky/*Bacher* Kap. 19 Rdn. 20; Ahrens/*Jestaedt* Kap. 24 Rdn. 17.

286 BT-Drucks. 15/1487, S. 16.

287 BGH GRUR 2006, 773, 774f. Tz. 19 – *Probeabonnement;* GRUR 2006, 953, 954 Tz. 17 – *Warnhinweis II.*

288 BGH GRUR 1982, 242, 244 – *Anforderungsscheck für Barauszahlungen;* GRUR 1999, 515, 517 – *Bonusmeilen;* GRUR 2001, 256, 257 – *Gebührenvereinbarung;* GRUR 2006, 773, 774f. Tz. 19 – *Probeabonnement;* Teplitzky/*Bacher* Kap. 19 Rdn. 19; Ahrens/*Jestaedt* Kap. 24 Rdn. 18; *Ohly*/Sosnitza § 8 Rdn. 167.

289 BGH GRUR 1974, 474, 476 – *Großhandelshaus;* GRUR 1982, 425, 431 – *Brillen-Selbstabgabestellen.*

kenrecht als subjektives Recht, 1964; *Schütz,* Zur Verwirkung von Unterlassungsansprüchen aus § 3 UWG, GRUR 1982, 526; *Schwamberger,* Die Grenzen des Verwirkungseinwandes und der Einrede aus Vertrag im Wettbewerbsrecht, NJW 1958, 1469; *Jul. L. Seligsohn,* Einfluß der Zeit auf den gewerblichen Rechtsschutz, GRUR 1930, 93; *Siebert,* Verwirkung und Unzulässigkeit der Rechtsausübung. Ein rechtsvergleichender Beitrag zur Lehre von den Schranken der privaten Rechte und zur exceptio doli (§§ 226, 242, 826 BGB), unter besonderer Berücksichtigung des gewerblichen Rechtsschutzes (§ 1 UWG), 1934; *Stier,* Laches und equitable estoppel im U.S.-amerikanischen und Verwirkung im deutschen Patent- und Urheberrecht, 2006.

1. Allgemeines und heutige Bedeutung im UWG

a) Vom „Modeeinwand“ zum „Grundbegriff“ des Wettbewerbsrechts. Das Rechtsinstitut der Verwirkung verdankt sein Entstehen dem Umstand, dass die **Verjährung** von Ansprüchen im Marken-und Wettbewerbsrecht **weitgehend funktionslos** ist: Der gesetzlich geregelten Verjährung liegt der Gedanke zugrunde, dass es unbillig ist, weiter zurückliegende Vorgänge zum Gegenstand eines Rechtsstreits zu machen und aus ihnen Verpflichtungen herzuleiten, auf die der Schuldner wegen der inzwischen verstrichenen Zeitspanne nicht mehr eingerichtet zu sein braucht. Die Verjährungsfristen reichen aber trotz ihrer Kürze allein noch nicht aus, um alle Unbilligkeiten die sich aus dem späten Vorgehen des Anspruchsberechtigten ergeben können, zu verhindern. Denn die Verjährungsfristen beginnen nicht etwa einheitlich von dem Zeitpunkt an, in dem der Verletzte von der ersten Verletzungshandlung Kenntnis erhält. Vielmehr beginnt bei Dauerhandlungen die Verjährungsfrist erst mit deren Beendigung zu laufen. Bei wiederholten gleichartigen Handlungen laufen die Verjährungsfristen sogar ständig von neuem, sowie jeweils der Verletzte von dem sich wiederholenden Verletzungsakt erfährt. Das bedeutet, dass bei wiederholten gleichartigen Handlungen, die sich bis in die Gegenwart fortsetzen, der Unterlassungsanspruch im Ergebnis nicht verjähren kann. 125

Weil diese Fried- und Schutzlosigkeit eines gutgläubigen Verletzers mit wertvollem Besitzstand als unbillig empfunden wurde, wurde im Wettbewerbsrecht das Rechtsinstitut der Verwirkung geschaffen.[290] Der Verwirkungseinwand wurde einst wegen seiner häufigen Heranziehung kritisch als **„Modeeinwand“** des Wettbewerbsrechts bezeichnet.[291] Er konnte sich gleichwohl rasch zu einem jahrzehntelang anerkannten, von der Rechtsprechung klar konturierten Anwendungsfall des allgemeinen Rechtsmissbrauchseinwands aus **Treu und Glauben (§ 242 BGB)** entwickeln[292] und wurde „zu einem der wichtigsten Grundbegriffe des Wettbewerbsrechts“.[293] 126

b) Bedeutungsverlust im UWG. Allerdings ist der Verwirkungseinwand im UWG schon seit einiger Zeit **aus der Mode gekommen:** Denn der Hauptanwendungsfall der Verwirkung waren und sind Ansprüche, die aus Marken-und Kennzeichenrechten erhoben werden.[294] Seine besondere Bedeutung erlangte die Verwirkung im Rahmen der Praxis zum UWG deshalb in erster Linie dadurch, dass bis zum Inkrafttreten des MarkenG am 1. Januar 1995 Ansprüche wegen Verletzung von **Unternehmenskennzeichen** und Werktiteln (heute §§ 5, 15 MarkenG) auf § 16 UWG 1909 gestützt wurden.[295] Seit der Eingliederung des Schutzes der geschäftlichen Bezeichnungen in das MarkenG ist die praktische Bedeutung der Verwirkung als Einwand gegen Ansprüche, die auf das UWG gestützt werden, stark zurückgegangen. Von Bedeutung ist der Verwirkungseinwand noch für den wettbewerbsrechtlichen **Nachahmungsschutz** und für den **Geheimnisschutz.** 127

Für Tatbestände zum Schutz von **Allgemeininteressen** – etwa § 5 – kann der **Verwirkungseinwand** ohnehin **nicht herangezogen** werden (unten Rdn. 165 ff.). Damit ist er für das gesamte verbraucherschützende Lauterkeitsrecht des UWG, dass in Umsetzung der UGP-RL geschaffen wurde, bedeutungslos. Eine Verwirkung ist im Wettbewerbsrecht daher **nur ganz ausnahmsweise** möglich.[296] Denn die geschützten Verbraucherinteressen gehören zu den Allgemeininteressen. Wie heute noch behauptet werden kann, der Einwand der Verwirkung spiele in Wettbewerbssachen eine große Rolle,[297] erschließt sich nicht. In Wahrheit ist seine **Bedeutung im UWG** heute **marginal.**[298] 128

---

[290] *Reimer* Kap. 116 Rdn. 1.

[291] *Alexander-Katz* S. 22; *Baumbach* S. 107; noch schärfer *Cahn* MuW XXXII, 329, 332: *„Modekrankheit“.*

[292] Vgl. *Bußmann* S. 279; *Baumbach/Hefermehl* Einl. Rdn. 428; zur Entwicklung in der Rechtsprechung des RG und zur Fortsetzung durch den BGH vgl. *Neu* S. 16 ff.

[293] *Baumbach/Hefermehl* Einl. Rdn. 428.

[294] Teplitzky/*Bacher* Kap. 17 Rdn. 11; *Siebert* S. 191; vgl. hierzu etwa die Nachweise bei *Goldmann,* Der Schutz des Unternehmenskennzeichens, § 18 Rdn. 445; *Ruge* S. 16 ff.

[295] Vgl. MünchKommUWG/*Fritzsche* § 11 Rdn. 297, 302, 305; *ders.* S. 256; *Fikentscher* S. 9.

[296] So bereits zum früheren Recht *Fritzsche* S. 525.

[297] So Ahrens/*Jestaedt* Kap. 24 Rdn. 19.

[298] jurisPK-*Koch* § 8 Rdn. 218: *„sehr untergeordnete Rolle“.*

129 Ein **weiterer dramatischer Bedeutungsverlust** droht dem Verwirkungseinwand durch die neuere Rechtsprechung des BGH in den Fällen *„Honda-Grauimport"* und *„Hard Rock Cafe"*. Hiernach beginnt die für den Eintritt der Verwirkung des Unterlassungsanspruchs erforderliche Zeit bei in sich abgegrenzten Einzelhandlungen (z. B. das Anbieten eines nachgeahmten Produkts) **für jede einzelne Handlung von neuem** zu laufen.[299] Damit ist die Verwirkung des mit jeder einzelnen Handlung von neuem entstehenden und in die Zukunft gerichteten Unterlassungsanspruchs bis zur Unmöglichkeit erschwert. Sie kommt in der Praxis nur noch für Dauerhandlungen in Betracht (Rdn. 174 f.).[300] Die neuere Rechtsprechung des BGH verlässt den historisch gesicherten Boden der Verwirkungsdogmatik. Sie steht mit dem Wesen des Rechtsinstituts nicht in Einklang und verdient deshalb Kritik (hierzu Rdn. 177 ff.).

2. Grundlagen

130 **a) Rechtsgrundlage.** Die auf § 242 BGB gestützte Verwirkung ist ein Fall der **unzulässigen Rechtsausübung** in der Form eines *„venire contra factum proprium"*, also eines widersprüchlichen Verhaltens, bei dem der Verstoß gegen Treu und Glauben in der Illoyalität der verspäteten Rechtsausübung liegt.[301] Ein Recht ist verwirkt, wenn sich der Verpflichtete wegen der Untätigkeit des Berechtigten über einen gewissen Zeitraum hin **(Zeitmoment)** bei objektiver Beurteilung darauf einrichten durfte und auch eingerichtet hat, dieser werde sein Recht nicht (mehr) geltend machen, und deswegen die Geltendmachung gegen Treu und Glauben verstößt **(Umstandsmoment).**[302] Zeit- und Umstandsmoment stehen in einer **Wechselwirkung;** maßgeblich ist eine Gesamtbewertung aller zeitlichen und sonstigen Umstände.[303] Dies kann im Einzelfall zu äußerst komplexen Abwägungsvorgängen führen. Die Komplexität zeigt sich auch daran, dass die bestehenden systematischen Darstellungen und Kommentierungen zum UWG die Abwägungsfaktoren in ganz unterschiedlicher Abfolge und Schwerpunktbildung zu systematisieren versuchen.

131 **b) Gegenstand.** *aa) Abwehransprüche und sonstige Ansprüche.* Gegenstand der Verwirkung können grundsätzlich **alle subjektiven Rechte** sein, z. B. Gestaltungsrechte.[304] Insbesondere unterliegt das Recht, von einem anderen ein Tun oder Unterlassen zu verlangen, also der Anspruch (§ 194 Abs. 1 BGB), der Verwirkung. Nach der vor allem zum Kennzeichenrecht ergangenen Rechtsprechung des BGH ist für die Tatbestandsvoraussetzungen der Verwirkung zu unterscheiden zwischen den wettbewerbsrechtlichen **Abwehransprüchen** (Unterlassungs- und Beseitigungsanspruch) und den anderen Ansprüchen, insbesondere **Schadensersatz- und Bereicherungsansprüchen:**

132 *bb) Abwehransprüche.* Beim **Unterlassungsanspruch** und **Beseitigungsanspruch** kommt Verwirkung in Betracht, wenn der Gläubiger über einen längeren Zeitraum untätig geblieben ist, obwohl er den Verstoß gegen seine Rechte kannte oder bei der gebotenen Wahrung seiner Interessen kennen musste, so dass der Verletzer mit der Duldung seines Verhaltens durch etwaige Berechtigte rechnen durfte und sich daraufhin einen **wertvollen Besitzstand** geschaffen hat.[305] Selbst wenn die genannten Voraussetzungen des Verwirkungseinwandes gegeben sind, ist stets unter Abwägung aller Umstände des Einzelfalles zu prüfen, ob es dem Verletzer zugemutet werden kann, den Ansprüchen des Gläubigers gleichwohl nachzukommen.[306] Es ist daher denkbar, dass nach Lage

---

[299] BGH GRUR 2012, 928, 930 Tz. 22 f. – *Honda-Grauimport;* GRUR 2013, 1161, 1162 Tz. 21 – *Hard Rock Cafe;* BGH GRUR 2016, 705, 709 Tz. 50 – *ConText.*

[300] LG Düsseldorf, Urt. v. 6.11.2014, Az. 14c O 141/13 – *Candice Cooper.*

[301] St. Rspr., vgl. nur RG GRUR 1930, 975, 977 – *Johann Maria Farina;* RGZ 134, 38, 40 f. – *Hunyadi Janos;* BGH GRUR 1951, 159, 162 – *Störche;* GRUR 2001, 323, 324 – *Temperaturwächter;* GRUR 2002, 280, 282 – *Rücktrittsfrist;* GRUR 2012, 928, 930 Tz. 22 – *Honda-Grauimport;* Fezer/*Büscher* § 8 Rdn. 357; *Fritzsche* S. 515; Ahrens/*Jestaedt* Kap. 24 Rdn. 19; *Neu* S. 40 f.; *Schütz* GRUR 1982, 526, 527; anders nur noch *Nordemann* Rdn. 984: Rechtsverzicht durch konkludentes Handeln; zu neueren Theorien *Salzmann* S. 39 ff., der selbst die Verwirkung nicht als Unterfall des *venire contra factum proprium* einstuft, sondern als eine eigenständige Fallkonstellation im Rahmen des § 242 BGB (S. 60 ff.).

[302] St. Rspr., vgl. BGH GRUR 2001, 323, 325 – *Temperaturwächter;* NJW 2003, 824; *Fritzsche* S. 517 ff. m. w. N.; *Schütz* GRUR 1982, 526, 528 m. w. N.; *Stier* S. 243, 245, f., 250 f.

[303] RGZ 134, 38, 40 f. – *Hunyadi Janos;* BGH GRUR 1992, 45, 48 – *Cranpool;* GRUR 1993, 151, 154 – *Universitätsemblem;* NJW-RR 2006, 235, 236 Tz. 10 – *Lkw-Fuhrbetrieb;* Teplitzky/*Bacher* Kap. 17 Rdn. 4.

[304] BGH GRUR 2002, 280, 282 – *Rücktrittsfrist.*

[305] BGH GRUR 1958, 354, 358 – *Sherlock Holmes;* GRUR 1988, 776, 778 – *PPC;* GRUR 1989, 449, 451 – *Maritim;* GRUR 1990, 1042, 1046 – *Datacolor;* GRUR 1993, 913, 914 – *KOWOG;* GRUR 1998, 1034, 1037 – *Makalu;* GRUR 2004, 783, 785 – *NEURO-VIBOLEX/NEURO-FIBRAFLEX.*

[306] BGH GRUR 2001, 323, 325 – *Temperaturwächter.*

des Falles vom Verletzer wohl noch Unterlassung verlangt werden kann, nicht aber mehr ein für den Verletzer immer besonders unangenehmer Widerruf in Erfüllung eines Beseitigungsanspruchs.[307]

Für die praktische Anwendung ist von entscheidender Bedeutung, ob sich die Verwirkung auf den **individuellen Unterlassungsanspruch**[308] **oder** auf die zu Grunde liegende Rechtsposition, also das aus einem Schutzrecht oder einer wettbewerbsrechtlich geschützten Position ableitbare **Verbietungsrecht**[309] bezieht. Eine Auseinandersetzung soll im Zusammenhang mit der Kritik an den Urteilen *„Honda-Grauimport"* und *„Hard Rock Cafe"* erfolgen (Rdn. 177 ff.). **133**

cc) Schadensersatzanspruch. Auch dem **Schadensersatzanspruch** kann der Einwand der Verwirkung entgegenstehen.[310] Die Verwirkung des Schadensersatzanspruchs **setzt keinen schutzwürdigen Besitzstand voraus.** Beim Schadensersatzanspruch tritt die Verwirkung vielmehr dann ein, wenn der Schuldner auf Grund eines hinreichend lange dauernden Duldungsverhaltens des Gläubigers **darauf vertrauen durfte,** dieser werde **nicht mehr mit Schadensersatzansprüchen** wegen solcher Handlungen **an ihn herantreten,** die er auf Grund des geweckten Duldungsanscheins vorgenommen hat.[311] Statt eines Besitzstands im Sinne der sachlich-wirtschaftlichen Basis für die künftige wirtschaftliche Betätigung des Verletzers, wie er für die Verwirkung des in die Zukunft gerichteten Unterlassungsanspruchs entscheidend ist, genügt für die Verwirkung des Schadensersatzanspruchs, dass sich der Schuldner bei seinen wirtschaftlichen Dispositionen darauf eingerichtet hat und einrichten durfte, keine Zahlung an den Gläubiger (mehr) leisten zu müssen.[312] Andererseits können an die Schutzwürdigkeit des Vertrauens des Schuldners auf diese Leistungsfreiheit je nach den Gegebenheiten des Einzelfalles auch höhere Anforderungen zu stellen sein als an das Vorliegen eines schutzwürdigen Besitzstands beim Unterlassungsanspruch. **134**

So sind Fallkonstellationen vorstellbar, in denen es zwar nicht gerechtfertigt erscheint, den Verletzer für die Zukunft zur Unterlassung zu verpflichten, er aber gleichwohl **für die Vergangenheit** noch **zur Zahlung von Schadensersatz verpflichtet** sein kann.[313] Der umgekehrte Fall ist ebenfalls denkbar.[314] Auch mag nach Berechnungsmethoden zu differenzieren sein. Die Abschöpfung eines Verletzergewinns mag eher unzumutbar sein als die Zahlung einer angemessenen Lizenzgebühr, die auch als ungerechtfertigte Bereicherung herausgegeben werden müsste. Je nach Umständen des Einzelfalls kann aber auch die Zahlung einer angemessenen Lizenzgebühr für den Schuldner eine unbillige Belastung sein.[315] Darauf, ob Gewinne ausgeschüttet oder reinvestiert worden sind, kommt es dabei nicht entscheidend an. Ins Gewicht fällt aber, wenn mögliche Ansprüche bei der Preiskalkulation nicht berücksichtigt und keine Rückstellungen gebildet worden sind.[316] **135**

dd) Bereicherungsanspruch. Auch gegenüber dem **bereicherungsrechtlichen Anspruch** auf Herausgabe des durch eine Verletzungshandlung Erlangten ist der Einwand der Verwirkung nicht schlechthin oder regelmäßig ausgeschlossen.[317] Er setzt gleichfalls den Erwerb eines wertvollen Besitzstandes nicht voraus.[318] Maßgeblich ist auch hier, ob sich der Schuldner bei seinen wirtschaftlichen Dispositionen darauf eingerichtet hat und einrichten durfte, keine Zahlung an den Gläubiger (mehr) leisten zu müssen.[319] Da der Bereicherungsanspruch seinem Wesen nach von vornherein auf die noch vorliegende ungerechtfertigte Bereicherung beschränkt ist und neben der weitergehenden und schärferen Haftung auf Schadensersatz eine Art subsidiäre Billigkeitshaftung darstellt, sind die **sachlichen Voraussetzungen** für eine Verwirkung **streng zu handhaben.** Das Verlangen auf Herausgabe der bloßen ungerechtfertigten Bereicherung in Form einer angemessenen Lizenzgebühr **136**

---

[307] *Reimer* Kap. 116 Rdn. 25.
[308] So GroßKommUWG/*Paal* § 8 Rdn. 292.
[309] So *Baumbach/Hefermehl* Einl. Rdn. 442; *Bußmann* S. 279; *Callmann* § 1 Rdn. 46; MünchKommUWG/*Fritzsche* § 11 Rdn. 295.
[310] RG GRUR 1939, 385, 387 – *Pivako/Pavyco II;* GRUR 1939, 806, 809 – *AEG/AAG;* BGH GRUR 1958, 354, 358 – *Sherlock Holmes;* GRUR 1988, 776, 888 – *PCC;* GRUR 2001, 323, 325 – *Temperaturwächter.*
[311] RG GRUR 1939, 385, 387 – *Pivako/Pavyco II;* BGH GRUR 1958, 354, 358 – *Sherlock Holmes;* GRUR 1988, 776, 778 – *PPC;* GRUR 2004, 783, 785 – *NEURO-VIBOLEX/NEURO-FIBRAFLEX.*
[312] BGH GRUR 2001, 323, 325 – *Temperaturwächter.*
[313] BGH GRUR 2001, 323, 325 – *Temperaturwächter.*
[314] KG MuW XXXII, 248 f.; *Reimer* Kap. 116 Rdn. 25.
[315] BGH GRUR 2001, 323, 327 – *Temperaturwächter;* MünchKommUWG/*Fritzsche* § 11 Rdn. 344.
[316] BGH GRUR 2001, 323, 327 – *Temperaturwächter.*
[317] BGH GRUR 2001, 323, 325 – *Temperaturwächter.*
[318] *Ohly*/Sosnitza § 8 Rdn. 178; *Köhler*/Bornkamm § 11 Rdn. 2.16.
[319] BGH GRUR 2001, 323, 325 – *Temperaturwächter.*

wird deshalb nur selten als unbillig angesehen werden können.[320] Dennoch kommen solche Fälle durchaus vor.[321]

137 c) **Besonderheiten im Marken- und Kennzeichenrecht.** Besondere gesetzliche Verwirkungstatbestände enthalten für das Marken- und Kennzeichenrecht die **§§ 21 und 51 Abs. 2 MarkenG.** Für den Schutz der eingetragenen Marken ist bislang noch nicht ausreichend geklärt, inwieweit § 21 Abs. 1 und 2 MarkenG als Umsetzungsbestimmungen zu Art. 9 Abs. 1 und 2 MarkenRL abschließende Sonderregelungen enthalten, die gegenüber einem Anspruch aus § 14 MarkenG eine Anwendung der allgemeinen Grundsätze der Verwirkung gemäß § 242 BGB entgegen dem an sich klaren Wortlaut des § 21 Abs. 4 MarkenG ausschließen.[322] Der Schutz der geschäftlichen Bezeichnungen ist allerdings nicht harmonisiert, so dass es in diesem Bereich kein vorrangiges Richtlinienrecht gibt. Damit ist der im klaren Wortlaut von § 21 Abs. 4 MarkenG zum Ausdruck kommende Wille des Gesetzgebers zu respektieren, die allgemeinen Verwirkungsregeln jedenfalls gegenüber Ansprüchen aus § 15 MarkenG uneingeschränkt zur Anwendung kommen zu lassen.[323] Hiervon geht im Ergebnis auch der BGH aus.[324]

3. Voraussetzungen der Verwirkung

138 a) **Untätigbleiben über längere Zeit und Vertrauenstatbestand.** *aa) Untätigbleiben über längere Zeit.* Die Verwirkung erfordert zunächst, dass der Gläubiger über einen längeren Zeitraum hinweg untätig geblieben ist. Relevant ist freilich nur der Zeitraum, in dem der **Gläubiger den Verstoß kannte** oder bei der gebotenen Wahrung seiner Interessen **hätte kennen müssen.**[325] Allein aus dem **Zeitablauf,** während dessen der Berechtigte untätig bleibt, ergibt sich eine Verwirkung aber noch nicht;[326] selbst das Verstreichenlassen eines längeren Zeitraumes vermag allein die Verwirkung von Rechten nicht zu begründen.[327] Die Zeitspanne kann aber für den zusätzlich erforderlichen Duldungsanschein **(Vertrauenstatbestand)** von Bedeutung sein.[328] Je länger der Berechtigte untätig bleibt, obwohl eine Geltendmachung seiner Rechte zu erwarten gewesen wäre, desto mehr wird der Verpflichtete in seinem Vertrauen schutzwürdig, der Berechtigte werde ihn nicht mehr in Anspruch nehmen.[329] Welche Zeitspanne ausreicht, um die Annahme eines verwirkungsrelevanten Zuwartens des Berechtigten und einen sich daraus ergebenden Duldungsanschein zu rechtfertigen, richtet sich nach den **Umständen des Einzelfalles** und steht in Wechselwirkung mit den anderen für die Verwirkung maßgeblichen Faktoren.[330]

139 In aller Regel ist ein **mehrjähriger Zeitraum** zu verlangen.[331] Kürzere Zeiträume etwa von **anderthalb oder zwei Jahren** sind schon deshalb **kaum** geeignet, einen Duldungsanschein zu erwecken, weil dem Berechtigten eine angemessene Frist zur Beobachtung des Verletzerverhaltens, zur Bewertung der wirtschaftlichen Auswirkungen,[332] zur rechtlichen Überprüfung und zum Bedenken der Vor- und Nachteile einer gerichtlichen Auseinandersetzung zuzubilligen ist.[333] Im

---

[320] *v. Gamm* WZG, § 24 Rdn. 50.

[321] Vgl. BGH GRUR 2001, 323, 327 – *Temperaturwächter.*

[322] Vgl. OLG München GRUR-RR 2004, 14 – *Markbeobachtungslast; Brauchbar* S. 150; *Kochendörfer* WRP 2001, 1040, 1041; *Ingerl/Rohnke* § 21 MarkenG Rdn. 19 ff.; differenzierend *Lange* Rdn. 5291 ff.; *Palzer/Preisendanz* EuZW 2012, 134, 139; *Ströbele/Hacker* § 21 MarkenG Rdn. 70 ff.; zum Streitstand *Koch* GRUR 2012, 1092 ff.

[323] *Goldmann* Der Schutz des Unternehmenskennzeichens, § 19 Rdn. 444.

[324] BGH GRUR 2016, 705, 709 Tz. 49 – *ConText;* vgl. zuvor bereits implizit BGH GRUR 2000, 605, 607 – *comtes/ComTel;* GRUR 2001, 1161, 1163 – *CompuNet/ComNet;* GRUR 2008, 803, 805 Tz. 29 – *HEITEC;* GRUR 2008, 1104, 1107 Tz. 33 – *Haus & Grund II;* GRUR 2008, 1108, 1113 Tz. 58 – *Haus & Grund III.*

[325] BGH GRUR 2001, 323, 325 – *Temperaturwächter; Schwippert* in Gloy/Loschelder/Erdmann, HdbWettbR, § 83 Rdn. 53.

[326] RG GRUR 1930, 535, 537 – *Mitropa/Zentropa;* BGH GRUR 2001, 323, 327 – *Temperaturwächter; Callmann* § 1 Rdn. 43; *Finger* MuW XXXI, 298, 303.

[327] BGH GRUR 1993, 151, 153 – *Universitätsemblem;* NJW 2001, 2535, 2537; GRUR 2002, 280, 282 – *Rücktrittsfrist.*

[328] BGH GRUR 1993, 151, 153 – *Universitätsemblem;* Teplitzky/*Bacher* Kap. 17 Rdn. 5.

[329] BGH GRUR 2001, 323, 327 – *Temperaturwächter.*

[330] BGH GRUR 1993, 151, 153 – *Universitätsemblem;* BGH GRUR 2016, 705, 709 Tz. 50 – *ConText;* MünchKommUWG/*Fritzsche* § 11 Rdn. 328; GroßKommUWG/*Paal* § 8 Rdn. 308.

[331] Teplitzky/*Bacher* Kap. 17 Rdn. 5; *Köhler*/Bornkamm § 11 Rdn. 2.19; *Ohly*/Sosnitza § 8 Rdn. 175.

[332] RG MuW XXX, 128, 130 – *Fabisch.*

[333] BGH GRUR 1985, 389, 390 f. – *Familienname;* GRUR 1992, 329, 333 – *AjS-Schriftenreihe;* GRUR 1998, 1034, 1037 – *Makalu; Ohly*/Sosnitza § 8 Rdn. 175.

Rahmen der Gesamtwürdigung kann im Ergebnis aber schon ein Untätigbleiben über einen Zeitraum von etwa **drei Jahren** genügen, wenn der Rechtsverkehr erwartet, dass Ansprüche in angemessener Frist erhoben werden, und dem Gläubiger dies auch nach Treu und Glauben zugemutet werden kann.[334] Auch das RG hat einen Zeitraum von gut drei Jahren als unter gewöhnlichen Umständen ausreichend betrachtet.[335] Als Begründung dieses ungefähren und unverbindlichen Anhaltspunkts wird häufig angeführt, dass auch die regelmäßige Verjährungsfrist des § 195 BGB drei Jahre betrage,[336] weshalb kürzere Zeiträume bis zum Eintritt der Verwirkung nur ganz ausnahmsweise ausreichend seien.[337] Das überzeugt nicht. Zwar ist auch das Rechtsinstitut der Verjährung eine Konkretisierung der Maxime von Treu und Glauben.[338] Eine wesentliche Zielrichtung der Verjährung ist aber gerade auch, im Interesse des Beklagten den unbefriedigenden Zustand zu vermeiden, dass anspruchshindernde Tatsachen in einem erst nach langer Zeit geführten Rechtsstreit nur noch schwer bewiesen werden können.[339] Das Rechtsinstitut der Verwirkung soll den Schuldner demgegenüber **nicht vor Beweisnot schützen,** sondern die **Zerstörung eines schutzwürdigen Besitzstandes verhindern.** Die für dessen Aufbau und das Vertrauen in seinen ungestörten Fortbestand notwendige Zeitdauer ist aber völlig unabhängig von der Frage, nach welcher Zeitspanne Beweisschwierigkeiten auftreten können. Entsprechend ist in vielen Fällen auch eine Zeitspanne von drei Jahren gerade nicht als ausreichend angesehen worden.[340]

Bestimmte Umstände können dazu führen, dass der Vertrauenstatbestand schon nach einer **relativ kurzen Zeit** entsteht. Dabei ist die erforderliche Dauer um so kürzer, je schneller eine Durchsetzung des Anspruchs nach den **Umständen des Einzelfalles** zu erwarten ist. Eine berechtigte Erwartung, dass der Anspruchsteller alsbald tätig wird, besteht etwa dann, wenn nach Abmahnung und Klageandrohung die geltend gemachten Ansprüche bestritten werden[341] oder wenn Gläubiger und Schuldner durch eine enge oder **ständige Geschäftsbeziehung** verbunden sind.[342] Auch wenn die Parteien am selben Ort tätig sind und ihre Tätigkeiten auf dem Markt zahlreiche Berührungspunkte aufweisen, darf der Schuldner mit einer schnellen Geltendmachung von Unterlassungsansprüchen rechnen.[343] Ebenso darf der Schuldner davon ausgehen, dass der Gläubiger ihm zustehende Unterlassungsansprüche rasch geltend macht, wenn der Schuldner eine **massive Werbekampagne** veranstaltet.[344] 140

Starre Richtwerte lassen sich auch bei allem Bemühen um einfache Orientierung nicht geben. Dafür ist der Abwägungsprozess von zu vielen Faktoren abhängig und zu komplex. Schematische Lösungsvorschläge verbieten sich.[345] In der Praxis[346] erstreckt sich die als ausreichend angesehene **Spanne** von **acht Monaten**[347] bis hin zu **50 Jahren.**[348] Beim Rückgriff auf ältere Entscheidungen zur Bestimmung der angemessenen Zeitspanne ist Vorsicht geboten. Denn Entscheidungen aus der Zeit vor 2012 unterscheiden nicht zwischen Unterlassungsansprüchen wegen Dauerhandlungen einerseits und wiederholten, gleichartigen Handlungen andererseits. Sie gehen im Ergebnis davon aus, dass die Verwirkung den Unterlassungsanspruch schlechthin betrifft und die Folge der Verwirkung letztlich eine immerwährende Freilizenz ist. Wegen dieser für den Gläubiger besonders gravie- 141

---

[334] Vgl. BGH GRUR 1963, 478, 481 – *Bleiarbeiter;* OLG München NJWE-WettbR 1996, 180, 182 – *aliseo;* OLG Koblenz GRUR 2006, 184, 186 – *Rosenmondnacht.*

[335] RG GRUR 1933, 583, 586 – *Farina.*

[336] OLG Nürnberg, Urt. v. 17.3.2015, Az. 3 U 603/14 – *Gauff;* Teplitzky/*Bacher* Kap. 17 Rdn. 5; *Ingerl/Rohnke* § 21 MarkenG Rdn. 28.

[337] OLG Nürnberg, Urt. v. 17.3.2015, Az. 3 U 603/14 – *Gauff; Ingerl/Rohnke* § 21 MarkenG Rdn. 28.

[338] MünchKommBGB/*Grothe* Vor § 194 Rdn. 6 m. w. N.; *Reimer* Kap. 116 Rdn. 1.

[339] MünchKommBGB/*Grothe* Vor § 194 Rdn. 6 m. w. N.

[340] RG GRUR 1931, 397, 400 – *Gillette;* MuW XXXX, 24, 25 – *Kathreiner/Kathrein;* OLG Hamburg GRUR-RR 2008, 239, 242 – *ACRI;* OLG Nürnberg, Urt. v. 17.3.2015, Az. 3 U 603/14 – *Gauff;* LG Frankfurt, Urt. v. 16.2.2015, Az. 2–03 O 515/13 – *Nici/nicy.*

[341] RG MuW XXXI, 369, 370 – *Rheinblümchen;* BGH WM 1976, 620, 621 – *Globetrotter.*

[342] BGH GRUR 1970, 308, 310 – *Duraflex;* GRUR 1988, 776, 778 – *PPC;* GRUR 2000, 605, 607 – *comtes/ComTel;* OLG München NJWE-WettbR 1996, 180, 182 – *aliseo.*

[343] BGH GRUR 2001, 323, 325 – *Temperaturwächter.*

[344] BGH GRUR 1967, 490, 495 – *Pudelzeichen;* Teplitzky/*Bacher* Kap. 17 Rdn. 7; Fezer/*Büscher* § 8 Rdn. 359; *Ohly*/Sosnitza § 8 Rdn. 175.

[345] *Köhler*/Bornkamm § 11 Rdn. 2.29; GroßKommUWG/*Paal* § 8 Rdn. 297.

[346] Ausführliche Kasuistik zur Verwirkung im Marken- und Kennzeichenrecht bei *Goldmann* Der Schutz des Unternehmenskennzeichens, § 19 Rdn. 454.

[347] RGZ 114, 369, 364 – *Grammofox* (zur Einschränkung der Durchsetzbarkeit eines Defensivzeichens durch § 1 UWG a. F.); mit Recht krit. zu derart kurzen Zeiträumen *Grünebaum* MuW XXXII, 124f.; *Jul. L. Seligsohn* GRUR 1930, 93, 100f.

[348] RGZ 134, 38, 40f. – *Hunyadi Janos;* BGH GRUR 1991, 157, 158 – *Johanniter-Bier.*

renden und einschneidenden Rechtsfolge mussten die Anforderungen an den Verwirkungstatbestand hoch sein. Nach der neueren Rechtsprechung des BGH in den Fällen *„Honda-Grauimport"* und *„Hard Rock Cafe"* soll die **Verwirkung künftiger Unterlassungsansprüche** gegen gleichartige wiederholte Verletzungshandlungen – wie etwa das immer wieder erfolgende Anbieten nachgeahmter Produkte – **im Ergebnis nicht mehr möglich** sein.[349] Die praktischen Auswirkungen der Verwirkung sollen insoweit auf Ansprüche aus der Vergangenheit beschränkt sein.[350] Weil also nach dem Konzept des BGH der Besitzstand gar nicht derart groß sein kann, dass der Unterlassungsschuldner auch in Zukunft seine Verletzungshandlungen fortsetzen könnte, lassen sich in Fällen punktueller Verletzungshandlungen bis zum Eintritt der Verwirkung für Ansprüche aus der Vergangenheit kürzere Zeiträume durchaus rechtfertigen. Für Dauerhandlungen bleibt es bei den bisherigen Grundsätzen, so dass auch die ältere Rechtsprechung weiterhin Orientierung bietet.

142 *bb) Vertrauenstatbestand des Duldungsanscheins.* Das langandauernde Untätigbleiben des Gläubigers muss ein **schutzwürdiges Vertrauen** des Schuldners begründet haben, dass der Anspruch nicht (mehr) geltend gemacht werde, weil der Gläubiger damit einverstanden sei oder sich zumindest mit den bestehenden Verhältnissen **abgefunden** habe.[351] Ob ein solcher **Duldungsanschein** erweckt worden ist, bestimmt sich nach den Umständen des Einzelfalles. Eine beim Schuldner vorhandene optimistische Erwartungshaltung spielt keine Rolle; es ist auf eine objektive Betrachtungsweise abzustellen.[352]

143 Wenn der Gläubiger die Beeinträchtigung seiner Rechtsposition **kennt und** sie **tatenlos hinnimmt,** entsteht in aller Regel nach und nach der objektive Anschein, er dulde die Verletzung und wolle hiergegen nichts unternehmen.[353]

144 War dem Gläubiger ein **Einschreiten** rechtlich oder tatsächlich **nicht möglich** oder **nicht zumutbar** und ist dies **für den Schuldner zumindest erkennbar,** so hat der Schuldner keinen Anlass, aus dem Untätigbleiben des Gläubigers auf eine Duldung seines Verhaltens zu schließen. Solche Zeitspannen bleiben daher außer Betracht.[354] Rechtlich unmöglich ist dem Gläubiger ein Vorgehen beispielsweise bei einer durch ein zwischenstaatliches Abkommen zugebilligten Aufbrauchfrist.[355] In Zeiten wirtschaftlicher und/oder rechtlicher Unordnung können tatsächliche Hindernisse der Geltendmachung von Ansprüchen entgegenstehen. Sieht der Berechtigte unter dem Zwang solcher Verhältnisse von einem Vorgehen gegen ein Verhalten, das er sichtlich missbilligt, ab, wird ein Vertrauenstatbestand nicht begründet.[356]

145 Zwar ist die Verwirkung nicht grundsätzlich ausgeschlossen, wenn dem Berechtigten der ihm zustehende **Anspruch unbekannt** war.[357] Es fehlt jedoch an einem Duldungsanschein, wenn der Schuldner davon ausgehen muss, dass der Berechtigte von dem ihm zustehenden Anspruch nichts weiß,[358] etwa weil dieser seinen Sitz im Ausland hat, seine Überwachungsmöglichkeiten deshalb beschränkt sind und die Ware ohne die übliche Werbung ausschließlich in einer Ladenkette vertrieben wird.[359] Ein Vertrauenstatbestand ist ferner zu verneinen, wenn dem Berechtigten gerade wegen eines unredlichen und heimlichen Verhaltens des Verpflichteten der ihm deshalb zustehende Anspruch unbekannt geblieben ist.[360]

146 Beruht die längere Untätigkeit des Gläubigers auf seiner Unkenntnis, so kann die Geltendmachung des Anspruchs gleichwohl treuwidrig sein. Dies ist etwa dann der Fall, wenn sich dem Gläubiger die rechtswidrigen Handlungen des Schuldners hätten aufdrängen müssen und er sich somit einer offenkundigen Tatsache treuwidrig verschlossen hat.[361] Auf seiner Unkenntnis kann sich der Gläubiger auch nicht berufen, wenn der Schuldner nach der Art und Weise seines Marktauftritts

---

[349] BGH GRUR 2012, 928, 930 Tz. 22f. – *Honda-Grauimport;* GRUR 2013, 1161, 1162 Tz. 21 – *Hard Rock Cafe;* näher Rdn. 173ff.; zur Kritik Rdn. 177ff.

[350] BGH GRUR 2012, 928, 930 Tz. 23 – *Honda-Grauimport.*

[351] RGZ 134, 38, 41 – *Hunyadi Janos;* GRUR 1937, 461, 465 – *Osram;* BGH GRUR 1988, 776, 778 – *PPC;* GRUR 1989, 449, 452f. – *Maritim;* GRUR 1993, 151, 153 – *Universitätsemblem;* OLG München NJWE-WettbR 1996, 180, 182 – *aliseo;* OLG Köln GRUR-RR 2003, 71, 73 – *Fioccini.*

[352] *Schwippert* in Gloy/Loschelder/Erdmann, HdbWettbR, § 83 Rdn. 54.

[353] *Neu* S. 87.

[354] Vgl. Teplitzky/*Bacher* Kap. 17 Rdn. 6; *Ohly*/Sosnitza § 8 Rdn. 176.

[355] Vgl. BGH GRUR 1969, 615, 616 – *Champi-Krone.*

[356] Vgl. BGH GRUR 1951, 159, 163 – *Störche;* GRUR 1956, 558, 562 – *Regensburger Karmelitengeist;* GRUR 1960, 137, 141 – *Astra;* GRUR 1960, 183 – *Kosaken-Kaffee;* GRUR 1963, 430, 433 – *Erdener Treppchen.*

[357] RGZ 134, 38, 41 – *Hunyadi Janos;* BGH GRUR 2001, 1161, 1163 – *CompuNet/ComNet.*

[358] BGH GRUR 2000, 144, 146 – *Comic-Übersetzungen II;* GRUR 2003, 628, 630 – *Klosterbrauerei.*

[359] BGH GRUR 1951, 159, 163 – *Störche;* GRUR 1975, 434, 437 – *BOUCHET.*

[360] BGH GRUR 1963, 430, 433 – *Erdener Treppchen.*

[361] Vgl. BGH GRUR 2016, 705, 709 Tz. 45 – *Context* (zu § 21 Abs. 2 MarkenG).

damit rechnen durfte, seine Handlungen seien dem Gläubiger bekannt geworden[362] und wenn der Gläubiger bei einer zur Wahrung eigener Interessen gebotenen und zumutbaren Beobachtung des Marktes oder des „Umfeldes“[363] die Verletzungshandlungen hätte erkennen können.[364] Eine solche **Marktbeobachtungsobliegenheit**[365] besteht grundsätzlich in allen Bereichen, in denen der Berechtigte sein Recht durchsetzen will.[366]

Eine Marktbeobachtungsobliegenheit setzt jedoch in aller Regel eine **besondere Nähebeziehung** der Parteien voraus wie etwa eine frühere Zusammenarbeit[367] oder sachlich und örtlich nahe beieinander liegende Betätigungsbereiche,[368] auf Grund derer die Tätigkeit des jeweils anderen bei gehöriger Marktbeobachtung nicht verborgen bleiben konnte.[369] Von einer Verletzung der Marktbeobachtungsobliegenheit bzw. von einer positiven Kenntnis ist auszugehen, wenn die vom Gläubiger im Prozess beanstandeten Produkte oder Werbemaßnahmen auf einem eng benachbarten Markt weitesten Verkehrskreisen **seit langen Jahrzehnten** bekannt sind.[370] 147

Arbeiten zwei Unternehmen etwa durch einen gemeinsamen Vertrieb oder sonst zusammen und besteht deshalb während des Zeitraums der **Zusammenarbeit** kein Anlass des Berechtigten für ein Einschreiten, so ist es eine Frage des Einzelfalles, ob der Verletzte auch von einer Duldung für den Zeitraum nach Beendigung der Zusammenarbeit ausgehen durfte.[371] In aller Regel wird man im Hinblick auf die vorangegangene Duldung von dem Berechtigten erwarten dürfen, dass er seine Ansprüche alsbald nach Beendigung der Zusammenarbeit geltend macht.[372] Das Untätigbleiben in einem solchen kurzen Zeitraum nach Beendigung der Zusammenarbeit kann aber nur dann einen Vertrauenstatbestand begründen, wenn das beanstandete Verhalten in der Zwischenzeit in **Kenntnis des Berechtigten** fortgesetzt wurde.[373] 148

Mit der Geltendmachung seines Anspruchs durch **Abmahnung** bereitet der Gläubiger einem etwaigen Duldungsanschein zunächst ein Ende.[374] Nach der Abmahnung muss erst eine weitere angemessene Frist zur Überlegung und zur Vorbereitung der weiteren Rechtsverfolgung verstreichen, eher ein neuer verwirkungsrelevanter Zeitraum beginnen kann.[375] Geht der Gläubiger unmittelbar im Anschluss gerichtlich gegen den Schuldner vor, so kommt als für die Verwirkung relevante Zeitspanne nur die Zeit bis zur Abmahnung in Betracht. Bleibt der Gläubiger nach Ablauf dieser angemessenen Zeitspanne untätig, so fängt die für die Verwirkung relevante Zeit neu zu laufen an. Weil der Schuldner dann aber in aller Regel nicht mehr gutgläubig ist, verlängert sich in einer solchen Situation die Zeitspanne, innerhalb derer auf der Grundlage eines Duldungsanscheins erneut ein redlicher Besitzstand erworben werden kann (näher Rdn. 160f.). 149

b) Schutzwürdiger Besitzstand. Beim Unterlassungs- und beim Beseitigungsanspruch setzt die Verwirkung als weiteres Erfordernis einen schutzwürdigen Besitzstand des Verletzers voraus.[376] Auch wenn der Besitzstand eine besonders bedeutsame Voraussetzung der Verwirkung ist,[377] reicht ein wertvoller Besitzstand für sich genommen selbstverständlich nicht zur Begründung des Verwir- 150

---

362 Vgl. RG GRUR 1939, 385, 387 – *Pivako/Pavyco II.*

363 Vgl. BGH GRUR 1993, 151, 153 – *Universitätsemblem.*

364 RGZ 134, 38, 41 – *Hunyadi Janos;* BGH GRUR 1985, 72, 73 – *Consilia;* GRUR 1989, 449, 452 – *Maritim;* GRUR 1993, 913, 914f. – *KOWOG;* OLG München GRUR-RR 2004, 14 – *Marktbeobachtungslast;* OLG Jena GRUR-RR 2012, 113, 117 – *Musikveranstaltung;* OLG Düsseldorf GRUR-RR 2013, 21, 22 – *Charité; Wachinger* MarkenR 2011, 281, 286f.

365 Vgl. BGH GRUR 2016, 705, 709 Tz. 50 – *ConText:* „Marktbeobachtungspflicht“.

366 BGH GRUR 1989, 449, 452 – *Maritim.*

367 Vgl. BGH GRUR 1988, 776, 778 – *PPC.*

368 Vgl. BGH GRUR 1993, 913, 915 – *KOWOG;* OLG Jena GRUR-RR 2012, 113, 117 – *Musikveranstaltung.*

369 BGH GRUR 1993, 913, 915 – *KOWOG;* OLG Jena GRUR-RR 2012, 113, 117 – *Musikveranstaltung;* OLG Düsseldorf GRUR-RR 2013, 21, 22 – *Charité.*

370 RGZ 134, 38, 41 – *Hunyadi Janos.*

371 Weitergehend BGH GRUR 1985, 389, 390 – *Familienname.*

372 Vgl. BGH GRUR 1970, 308, 310 – *Duraflex;* Teplitzky/*Bacher* Kap. 17 Rdn. 6.

373 Bedenklich daher BGH GRUR 2001, 1164, 1166 – *buendgens,* wo es an einer solchen Feststellung fehlt.

374 RG GRUR 1939, 385, 387 – *Pivako/Pavyco II;* BGH 1963, 478, 480 – *Bleiarbeiter:* ab diesem Zeitpunkt „Nutzung auf eigene Gefahr“; *Neu* S. 88.

375 RG GRUR 1939, 385, 387 – *Pivako/Pavyco II.*

376 Grundlegend RGZ 127, 321, 326 – *Typenbezeichnungen für Pflüge* (zum Nachahmungsschutz, noch ohne den Begriff „Besitzstand“); RGZ 129, 252, 258 – *Operettenführer* (zum Urheberrecht); BGH GRUR 1957, 228, 231 – *Astrawolle;* GRUR 1962, 526 – *Ribana* (zum Warenzeichen- und Wettbewerbsrecht); aus neuerer Zeit BGH GRUR 2000, 605, 607 – *comtes/ComTel;* GRUR 2001, 1161, 1163 – *CompuNet/ComNet I;* GRUR 2004, 783, 785 – *NEURO-VIBOLEX/NEURO-FIBRAFLEX.*

377 *Siebert* S. 193.

kungseinwands aus.[378] Ebenso wie der Zeitablauf fügt er sich in ein **bewegliches System von Beurteilungskriterien** ein, die in Wechselwirkung zueinander stehen.

151 *aa) Besitzstand.* Der Besitzstand ist ein tatsächlich bestehender Zustand im Wettbewerb, der für den in Anspruch Genommenen wirtschaftlich vorteilhaft ist und der vernichtet würde, wenn der geltend gemachte Anspruch durchdränge.[379] Im Sinne einer **sachlich-wirtschaftlichen Basis für die künftige wirtschaftliche Betätigung des Verletzers**[380] kann er als Goodwill in dem Wert einer Waren-, Unternehmens- oder anderen Kennzeichnung,[381] als Zugkraft einer Werbebehauptung[382] oder in sonstigen „Zuständen"[383] bestehen, die für den Nutzer einen beachtlichen Wert haben können. Dazu gehört beispielsweise ein durch Nachahmung fremder Leistungen geschaffener wirtschaftlicher Wert[384] oder auch die Möglichkeit, bestimmte aufklärende und klarstellende Hinweise nicht anbringen zu müssen.[385] Der Besitzstand muss zwar grundsätzlich im Inland bestehen, jedoch kann bei wirtschaftlicher Verflechtung des ausländischen mit dem inländischen Markt ein besonders großer Besitzstand im Ausland einen im Inland bestehenden Besitzstand ergänzen.[386]

152 *bb) Schutzwürdigkeit.* Der Besitzstand muss **schutzwürdig** sein. Ein Besitzstand ist schutzwürdig, wenn er für den Verletzer **wertvoll** ist und der Erhaltung dieses Zustandes **keine vorrangigen Interessen** des Verletzten, Dritter oder der Allgemeinheit entgegenstehen.

153 *(1) Wert des Besitzstands.* Ob der Besitzstand für den Verletzer **wertvoll** ist, richtet sich nach dessen Verhältnissen. Der Wert ist daher nicht nach seiner absoluten Größe, sondern nach seiner **relativen Bedeutung** für den Verletzer im Verhältnis zu Größe und Wirkungskreis seines Unternehmens zu bestimmen.[387] Der Besitzstand muss für den Verletzer in dem Sinne einen **beachtlichen Wert** haben,[388] als dass seine Entziehung für ihn objektiv eine **spürbare Einbuße** bedeuten würde.[389]

154 Eine in **Liquidation** befindliche und geschäftlich zwar noch tätige, aber nicht mehr werbende Gesellschaft kann keinen wertvollen und schutzwürdigen Besitzstand bilden.[390] Eine vorübergehende Betriebsunterbrechung hat demgegenüber nicht zwingend den Verlust eines einmal erarbeiteten Besitzstands zur Folge; es kommt auf alle Umstände des Einzelfalls an.[391]

155 Für die Bewertung des Besitzstands können die maßgeblichen Kriterien je nach Art des in Rede stehenden „Zustandes" variieren. Reichhaltige Rechtsprechung liegt allerdings nur aus dem Bereich der **Kennzeichen** vor. Hier sind in erster Linie maßgeblich der Grad der Bekanntheit,[392] den die Benutzung der angegriffenen Kennzeichnung verschafft hat, der Kundenstamm[393] sowie der Um-

---

[378] RG GRUR 1939, 385, 387 – *Pivako/Pavyco II;* GRUR 1941, 475, 480 – *Lindbergh.*

[379] Vgl. *Neu* S. 107.

[380] BGH GRUR 2001, 323, 325 – *Temperaturwächter;* MünchKommUWG/*Fritzsche* § 11 Rdn. 292.

[381] Vgl. RG GRUR 1934, 53, 57 – *Valvoline/Valvonit;* BGH GRUR 1985, 72, 73 – *Consilia;* GRUR 1988, 776, 778 – *PPC;* GRUR 1990, 1042, 1046 – *Datacolor;* GRUR 1992, 45, 47 – *Cranpool;* GRUR 1993, 913, 914 – *KOWOG;* GRUR 2000, 605, 607 – *comtes/ComTel;* GRUR 2001, 1161, 1163 – *CompuNet/ComNet I;* GRUR 2004, 783, 785 – *NEURO-VIBOLEX/NEURO-FIBRAFLEX;* GRUR 2008, 803, 804, 805 Tz. 15, 26 ff. – *HEITEC;* GRUR 2012, 928, 930 Tz. 22 – *Honda-Grauimport.*

[382] Vgl. BGH GRUR 1973, 532, 534 – *„Millionen trinken ..."*; GRUR 1985, 140, 141 f. – *Größtes Teppichhaus der Welt;* Teplitzky/*Bacher* Kap. 17 Rdn. 11; differenzierend *Neu* S. 107 ff.

[383] BGH GRUR 1957, 25, 28 – *Hausbücherei.*

[384] RGZ 127, 321, 326 – *Typenbezeichnungen für Pflüge;* OLG Hamm WRP 2015, 137 – *Le Pliage;* vgl. auch LG Düsseldorf, Urt. v. 6.11.2014, Az. 14c O 141/13 – *Candice Cooper.*

[385] OLG Frankfurt, Urt. v. 21.3.2013, Az. 6 U 170/12 – *Vorwerk:* Hinweis „keine Werksvertretung".

[386] BGH GRUR 1966, 427, 431 – *Prince Albert;* GRUR 1981, 66, 68 – *MAN/G-man;* OLG Köln NJWE-WettbR 1999, 60, 63 – *Opelblitz; Goldmann,* Der Schutz des Unternehmenskennzeichens, § 19 Rdn. 464; Büscher/Dittmer/Schiwy/*Schalk* § 21 MarkenG Rdn. 16; *Ströbele/Hacker* § 21 MarkenG Rdn. 48.

[387] RG GRUR 1943, 345, 347 f. – *Goldsonne;* BGH GRUR 1989, 449, 452 – *Maritim;* GRUR 1990, 1042, 1046 – *Datacolor;* GRUR 1993, 151, 154 – *Universitätsemblem;* GRUR 1993, 913, 915 – *KOWOG;* Teplitzky/*Bacher* Kap. 17 Rdn. 13.

[388] BGH GRUR 1989, 449, 451 – *Maritim;* GRUR 1990, 1042, 1046 – *Datacolor;* GRUR 1993, 151, 154 – *Universitätsemblem.*

[389] RG GRUR 1944, 147, 149 – *Blendor/Blondor;* BGH GRUR 1957, 228, 231 – *Astrawolle;* GRUR 1960, 560, 566 – *Sektwerbung;* GRUR 1962, 526 – *Ribana;* OLG Düsseldorf GRUR-RR 2001, 49, 52 – *combit/ComIT;* Teplitzky/*Bacher* Kap. 17 Rdn. 13; ähnlich bereits RGZ 127, 321, 326 – *Typenbezeichnungen für Pflüge.*

[390] RG MuW XXXII, 539, 542 – *Mannesmann.*

[391] RG GRUR 1943, 345, 348 – *Goldsonne.*

[392] Vgl. BGH GRUR 1992, 329, 333 – *AjS-Schriftenreihe.*

[393] BGH GRUR 1990, 1042, 1046 – *Datacolor; Hammann* in: FS vom Stein, S. 52, 58.

satz[394] und Gewinn,[395] der unter ihrer Verwendung erzielt wurde. Daneben lassen auch Art und Umfang der unter Verwendung des angegriffenen Kennzeichens betriebenen Werbung Rückschlüsse auf den Bekanntheitsgrad der Bezeichnung und den Wert des Besitzstandes zu.[396] Der Wert des erworbenen Besitzstandes bemisst sich dabei weniger nach den getätigten Werbeinvestitionen in Euro und Cent, sondern eher danach, ob diese sich in der Bekanntheit des Zeichens, dem Kundenstamm und den unter dem Zeichen erzielten Umsätzen auswirken konnten bzw. ausgewirkt haben. Nach heute einhelliger Auffassung ist keine Verkehrsgeltung i. S. d. §§ 4 Abs. 2, 5 Abs. 2 Satz 2 MarkenG und damit kein (prioritätsjüngeres) Gegenrecht erforderlich.[397]

Für **andere „Zustände"** im Wettbewerb, die Grundlage eines wertvollen Besitzstandes sein können, fehlt eine entsprechend ausdifferenzierte Praxis. Bei einem **nachgeahmten Produkt,** gegen das sich ein Originalhersteller wendet, sind Kriterien wie Umsatz, Gewinn und Kundenstamm ebenfalls heranzuziehen. Werbeinvestitionen werden für den Nachahmer für den Ausbau seiner Marktposition wohl nur in seltenen Fällen eine Rolle spielen. Sie können aber ebenso in die Gesamtbetrachtung einfließen wie eine eventuelle Bekanntheit, welche die nachgeahmten Produkte am Markt erlangt haben. Bei **Werbebehauptungen** sind deren Bedeutung für die Vertriebsstrategie, ihre Verbreitung und Bekanntheit und die hierfür getätigten Investitionen zu berücksichtigen. 156

(2) Schutzwürdigkeit des Besitzstands. Die Bestimmung des als **schutzwürdig** zu erachtenden Grades des Besitzstandes erfordert regelmäßig eine **Gesamtwürdigung** der Schutzwürdigkeit des Ausmaßes des Vertrauens des Verletzers in die Erhaltung des für ihn wertvollen Zustandes und anderer nach Treu und Glauben zu berücksichtigender Umstände, weil die einzelnen Voraussetzungen des Verwirkungstatbestandes und die Anforderungen an ihr Vorliegen in einer engen **Wechselwirkungsbeziehung** stehen.[398] Die Schutzwürdigkeit des Besitzstandes hängt dabei auch von der **Gut- oder Bösgläubigkeit** des Schuldners ab: 157

α) Redlichkeit. Ein Besitzstand ist nur dann schutzwürdig, wenn der Schuldner **redlich** handelte. Redliches Handeln ist auf zweierlei Weise denkbar: auf der Basis von **Gutgläubigkeit** oder als **Ergebnis einer Interessenabwägung.** 158

Redlich agiert wer die ältere geschützte Rechtsposition des Gläubigers nicht kennt und insoweit **in gutem Glauben** handelt.[399] Für Kennzeichen gilt: Ist ein älteres Zeichen bekannt oder gar berühmt, ist, jedenfalls als Ergebnis freier Beweiswürdigung, von einer Kenntnis des Verletzers auszugehen.[400] Kenntnis kann auch auf früheren Geschäftskontakten,[401] einer Abmahnung[402] oder auf anderen Umständen beruhen. Auch wer vor Aufnahme der Benutzung versäumt hat, sich mit der im Verkehr erforderlichen Sorgfalt zu vergewissern, ob seinem Zeichen nicht ältere Schutzrechte entgegenstanden, handelt bösgläubig im Sinne der Verwirkungslehre.[403] In den für die Verwirkung von auf das UWG gestützten Ansprüchen hauptsächlich noch praktisch relevanten Fällen der §§ 4 Nr. 3 und 17–18 wird der Schuldner meist vorsätzlich und damit bösgläubig handeln. Es kommt auf die Umstände des Einzelfalles an. Bei der Übernahme fremder Leistungsergebnisse, die nicht durch ein Immaterialgüterrecht geschützt sind, kann der Nachahmer durchaus auch im guten Glauben handeln, hierzu berechtigt zu sein.[404] 159

Guter Glaube ist aber keine unabdingbare Voraussetzung für die Verwirkung. **Anfängliche Bösgläubigkeit** schließt eine **spätere redliche Benutzung** nicht aus, wenn der Schuldner aufgrund des späteren Verhaltens des Gläubigers annehmen durfte, dieser wolle eine Beeinträchtigung seiner 160

---

394 BGH GRUR 1989, 449, 451 – *Maritim;* GRUR 1990, 1042, 1046 – *Datacolor;* GRUR 1993, 151, 154 – *Universitätsemblem;* GRUR 1993, 913, 915 – *KOWOG.*

395 BGH GRUR 1992, 329, 333 – *AjS-Schriftenreihe;* GRUR 1990, 1042, 1046 – *Datacolor.*

396 RG MuW XXXX, 24, 25 – *Kathreiner/Kathrein;* BGH 1963, 478, 481 – *Bleiarbeiter;* GRUR 1989, 449, 451 – *Maritim;* GRUR 1990, 1042, 1046 – *Datacolor;* GRUR 1993, 151, 154 – *Universitätsemblem;* GRUR 1993, 913, 915 – *KOWOG;* OLG München NJWE-WettbR 1996, 180, 181 – *aliseo;* ausführlich *Neu* S. 107 ff.

397 RG GRUR 1934, 53, 57 f. – *Valvoline/Valvonit;* RGZ 171, 159, 163 – *Standard;* BGH GRUR 1957, 25, 28 – *Hausbücherei; Ohly*/Sosnitza § 8 Rdn. 177; *Ströbele/Hacker* § 21 MarkenG Rdn. 44; a. A. noch RG MuW XXXI, 494, 497 – *Feldberger Hof;* GRUR 1932, 308, 310 – *Marienbader Mineralwasser.*

398 BGH GRUR 1992, 45, 48 – *Cranpool;* GRUR 1993, 151, 154 – *Universitätsemblem;* GRUR 1993, 913, 915 – *KOWOG.*

399 *Goldmann,* Der Schutz des Unternehmenskennzeichens, § 19 Rdn. 455.

400 BGH GRUR 1963, 478, 481 – *Bleiarbeiter;* GRUR 1966, 623, 626 – *Kupferberg* (jeweils zum berühmten Zeichen); GRUR 1991, 609, 613 – *SL;* GRUR 2000, 875, 878 – *Davidoff I.*

401 Vgl. BGH GRUR 1985, 389, 390 – *Familienname;* GRUR 1998, 776, 778 – *PPC.*

402 Z. B. BGH WM 1976, 620, 621 – *Globetrotter;* OLG Frankfurt, Urt. v. 6.2.1992, Az. 6 U 169/90 – *Menger-Krug.*

403 BGH GRUR 1960, 185 – *Kosaken-Kaffee.*

404 RGZ 127, 321, 326 – *Typenbezeichnungen für Pflüge.*

Position tatenlos hinnehmen.[405] Dabei entsteht zwar kein echter guter Glaube im Sinne der *„bona fides superveniens"*,[406] sondern die **Wertung als redliches Handeln** ist Ausdruck eines dem Schuldner günstigen Ergebnisses bei der Interessenabwägung. Die Bösgläubigkeit des Schuldners ist dabei zunächst stark zu seinen Ungunsten zu werten. Die **Interessenabwägung** kann aber allmählich zu einer Verschiebung der Bewertung führen: Bei lang andauernder Untätigkeit des Gläubigers, womöglich sogar in Kenntnis der Verletzung, kann das Interesse des Schuldners schließlich überwiegen, so dass dann der Gläubiger gegen Treu und Glauben verstößt, wenn er nunmehr den Anspruch geltend macht.[407] Die anfängliche Bösgläubigkeit des Schuldners verschärft dabei die Anforderungen daran, ob und ab wann der Benutzer darauf vertrauen darf, gegen die Verwendung des jüngeren Zeichens bestünden keine Einwände oder würden nicht vom Gläubiger geltend gemacht.[408] I. d. R führt eine anfängliche Bösgläubigkeit zu einer deutlichen Verlängerung der für den Erwerb des schutzwürdigen Besitzstandes erforderlichen Dauer.[409]

161 Ein **Besitzstand,** der erst **nach** Einschreiten des Berechtigten (durch **Abmahnung** oder Klageerhebung) entstanden ist, hat als Unterfall der Bösgläubigkeit grundsätzlich **außer Betracht** zu bleiben.[410] Allerdings ist nicht ausgeschlossen, dass auch nach einer Abmahnung als Ergebnis einer Interessenabwägung, in die eine allfällige schwache, zögerliche oder unentschlossene Haltung und Reaktion des Gläubigers einzustellen ist, mit der Zeit nach und nach eine neue Redlichkeit auf Seiten des Schuldners entsteht.[411] Es bleibt aber dabei, dass der Schuldner aus dem Verhalten des Gläubigers den Schluss ziehen können muss, der Gläubiger habe sich mit der Beeinträchtigung seiner Position abgefunden. Hierfür gilt einschränkend: Bleibt der Gläubiger **nach** einer ersten **Abmahnung** längere Zeit **untätig,** kann ein schutzwürdiger Besitzstand nach Verstreichen einer angemessenen Überlegungsfrist innerhalb eines überschaubaren Zeitraums allenfalls dann entstehen, wenn der Schuldner die geltend gemachten Ansprüche mit einer in sich schlüssigen tatsächlichen und rechtlichen Argumentation zurückweist, die nicht ersichtlich höchstrichterlicher Rechtsprechung widerspricht, und der Schuldner infolgedessen darauf vertrauen kann, dass die geltend gemachten Ansprüche nicht durchgesetzt werden.[412]

162 *β) Allgemeininteressen.* Ein Besitzstand ist ferner nicht schutzwürdig, wenn Interessen der Allgemeinheit entgegenstehen; so ist in der Regel das Interesse der Allgemeinheit, vor Irreführung bewahrt zu werden, grundsätzlich vorrangig[413] (zur Interessenabwägung und zu den Grenzen der Verwirkung allgemein Rdn. 165 f.). An **unwahren Behauptungen** kann niemals ein schutzwürdiger Besitzstand entstehen.[414]

163 *bb) Darlegungs- und Beweislast.* Die Darlegungs- und Beweislast für den schutzwürdigen Besitzstand obliegt dem **Schuldner.**[415] Trägt dieser einen Besitzstand schlüssig vor, wobei ihm etwa bei langjähriger Benutzung einer Kennzeichnung zugute kommt, dass nach der Lebenserfahrung in einem solchen Fall ein schutzwürdiger Besitzstand nahe liegt,[416] hat das Gericht auf etwaige Substantiierungsmängel hinsichtlich einzelner für die Beurteilung der Schutzwürdigkeit des Besitzstandes maßgeblichen Umstände hinzuweisen (§ 139 ZPO).[417]

---

405 RG GRUR 1930, 975, 977 – *Johann Maria Farina;* 171, 147, 157 – *Salamander IV;* BGH GRUR 1957, 25, 29 – *Hausbücherei;* GRUR 1969, 694, 696 – *Brillant;* GRUR 1970, 308, 309 – *Duraflex;* GRUR 1989, 450, 452 f. – *Maritim;* GRUR 1993, 913, 914 – *KOWOG;* GRUR 2013, 1161, 1163 Tz. 27 – *Hard Rock Cafe;* unrichtig deshalb BGH GRUR 1999, 161, 163 – *MAC Dog,* wo formal im Anschluß, aber inhaltlich im Widerspruch zur früheren Rechtsprechung angedeutet wird, bei Kenntnis des Verletzers komme eine redliche Benutzung nicht in Betracht.

406 So aber BGH GRUR 1960, 183, 186 – *Kosaken-Kaffee;* Teplitzky/*Bacher* Kap. 17 Rdn. 15.

407 *Siebert* S. 202 f.

408 BGH GRUR 1957, 25, 29 – *Hausbücherei;* GRUR 1961, 420, 424 f. – *Cuypers;* GRUR 1966, 623, 626 – *Kupferberg;* GRUR 1981, 60, 62 – *Sitex;* GRUR 1993, 913, 915 – *KOWOG;* OLG Jena GRUR-RR 2012, 113, 117 – *Musikveranstaltung.*

409 BGH GRUR 1993, 913, 914 – *KOWOG;* GRUR 2013, 1161, 1163 Tz. 29 – *Hard Rock Cafe.*

410 BGH GRUR 1966, 427, 430 – *Prince Albert;* GRUR 2004, 783, 785 – *NEURO-VIBOLEX/NEURO-FIBRAFLEX.*

411 OLG Frankfurt, Urt. v. 6.2.1992, Az. 6 U 169/90 – *Menger-Krug.*

412 Vgl. BGH GRUR 1963, 478, 480 – *Bleiarbeiter; Neu* S. 90.

413 BGH GRUR 1985, 140, 141 f. – *Größtes Teppichhaus der Welt.*

414 RG MuW XXXI, 624, 625 – *Kaffee Hag.*

415 Vgl. RG GRUR 1934, 464, 468 – *Presto/Cito;* GRUR 1941, 475, 476 f. – *Lindbergh;* BGH GRUR 1988, 776, 777 – *PPC;* GRUR 1993, 576, 578 – *Datatel;* GRUR 2008, 1104, 1107 Tz. 33 – *Haus & Grund II.*

416 BGH GRUR 1992, 45, 48 – *Cranpool;* GRUR 1993, 913, 915 – *KOWOG;* OLG München NJWE-WettbR 1996, 180, 182 – *aliseo.*

417 BGH GRUR 1990, 1042, 1047 – *Datacolor.*

c) Interessenabwägung. Die Entscheidung über die Verwirkung erfordert eine umfassende Abwägung der beiderseitigen Interessen.[418] Die einzelnen für die Voraussetzungen des Verwirkungseinwandes bedeutsamen Umstände stehen in einer **Wechselwirkungsbeziehung** und sind in einer Gesamtschau zu würdigen und gegeneinander abzuwägen.[419] Es ist zu prüfen, ob die zeitlichen und sonstigen Umstände des Falles **in ihrer Gesamtheit** die Beurteilung tragen, dass Treu und Glauben dem Gläubiger die Verfolgung des Anspruchs verwehren, mit dessen Geltendmachung der Schuldner nicht (mehr) rechnen musste, oder ob unter Abwägung aller Umstände dem Verletzer zugemutet werden kann, den Ansprüchen des Verletzten gleichwohl nachzukommen.[420] Wechselwirkung bedeutet, dass ein Weniger auf der einen Seite durch ein Mehr auf der anderen ausgeglichen werden kann.[421] Daraus folgt beispielsweise, dass an den Umfang und die Bedeutung eines Besitzstandes um so geringere Anforderungen zu stellen sind, je schutzwürdiger das Vertrauen des Verletzers in seine Berechtigung ist,[422] etwa bei einem längeren Untätigbleiben des Gläubigers. Umgekehrt kann auch ein kürzerer Zeitraum des Untätigseins ausreichend sein, je größer das Ausmaß und das Gewicht des erworbenen und schutzwürdigen Besitzstandes sind.[423] Je weniger redlich der Verletzer gehandelt hat, d.h. je weniger sein Eingriff in das fremde Recht entschuldbar oder verständlich erscheint, desto strenger müssen die Anforderungen an die sonstigen Voraussetzungen der Verwirkung sein.[424] 164

3. Grenzen der Verwirkung

a) Belange der Allgemeinheit. Der auf § 242 BGB beruhende Einwand der Verwirkung ist seinen Voraussetzungen nach auf das Zweipersonenverhältnis zwischen Verletzer und Verletztem zugeschnitten.[425] Er kann grundsätzlich nur gegenüber Ansprüchen erhoben werden, mit denen allein **individuelle Interessen** verfolgt werden (z.B. §§ 4; 17–19); er ist dagegen nach nahezu einhelliger Ansicht **ausgeschlossen,** wenn es um **Belange der Allgemeinheit** geht.[426] 165

Auf das **Irreführungsverbot** (§ 5) gestützte Ansprüche unterliegen somit grundsätzlich nicht der Verwirkung.[427] Begründen lässt sich dies damit, dass im Falle einer irreführenden Werbung kein schützenswerter Besitzstand im Sinne eines zu erhaltenden wirtschaftlichen Wertes entsteht und es deshalb an der Kernvoraussetzung des Verwirkungstatbestandes fehlt.[428] Gegen Ansprüche, die auf einen **Verstoß gegen die Informationspflichten** des § 5a gestützt werden, kann keine Verwirkung geltend gemacht werden, weil die Informationspflichten im Allgemeininteresse bestehen. Das Gleiche gilt für Ansprüche aus § 3a in Verbindung mit solchen Rechtsvorschriften, die dem Schutz der Allgemeinheit dienen, so z.B. dem Schutz vor Irreführung,[429] etwa bei gesundheitsbezogener Werbung.[430] Auch bei **aggressiven geschäftlichen Handlungen** gemäß § 4a und **unzumutbaren Belästigungen** gemäß § 7 ist eine **Verwirkung nicht möglich.** 166

Die Regelungen zur **vergleichenden Werbung** in § 6 dienen sowohl den Individualinteressen des betroffenen Mitbewerbers wie dem – zumeist gegenläufigen – Allgemeininteresse an Markt- 167

---

[418] BGH GRUR 1957, 25, 28 – *Hausbücherei;* GRUR 1975, 434, 437 – *BOUCHET;* GRUR 1981, 60, 63 – *Sitex;* GRUR 1988, 776, 777 – *PPC;* MünchKommUWG/*Fritzsche* § 11 Rdn. 358; *Klaka* GRUR 1994, 321, 328, 330; *Köhler*/Bornkamm § 11 Rdn. 2.18, 2.29.

[419] BGH GRUR 1992, 45, 48 – *Cranpool;* GRUR 1993, 151, 154 – *Universitätsemblem;* GRUR 1993, 913, 915 – *KOWOG;* GRUR 2001, 323, 327 – *Temperaturwächter; Ohly*/Sosnitza § 8 Rdn. 179.

[420] BGH GRUR 1975, 434, 437 – *BOUCHET;* GRUR 2001, 323, 327 – *Temperaturwächter.*

[421] Vgl. *Fritzsche* S. 516f.

[422] BGH GRUR 1992, 45, 48 – *Cranpool.*

[423] BGH GRUR 1990, 1042, 1047 – *Datacolor.*

[424] BGH GRUR 1963, 478, 481 – *Bleiarbeiter;* GRUR 1967, 490, 494 – *Pudelzeichen;* GRUR 1975, 434, 437 – *BOUCHET.*

[425] *Ohly*/Sosnitza § 8 Rdn. 180.

[426] RG GRUR 1943, 345, 348 – *Goldsonne;* RGZ 171, 159, 164 – *Standard;* BGH GRUR 1951, 577, 581 – *Fischermännchen-Zwilling-Illing;* GRUR 1957, 285, 287 – *Erstes Kulmbacher;* GRUR 1985, 930, 931 – *JUS-Steuerberatungsgesellschaft;* GRUR 1991, 848, 850 – *Rheumalind II;* GRUR 1994, 844, 846 – *Rotes Kreuz;* GRUR 2002, 550, 554 – *Elternbriefe;* Fezer/*Büscher* § 8 Rdn. 358; *Fritzsche* S. 525f.; jurisPK-*Koch* § 8 Rdn. 218; GroßKommUWG/*Paal* § 8 Rdn. 330; a.A. *Schütz* GRUR 1982, 526, 531.

[427] RG MuW XXXI, 624, 625 – *Kaffee Hag;* BGH GRUR 1966, 267, 271 – *White Horse;* GRUR 1985, 140, 141 – *Größtes Teppichhaus der Welt;* GRUR 1985, 930, 931 – *JUS-Steuerberatungsgesellschaft;* GRUR 1986, 903, 904 – *Küchencenter;* WRP 2003, 640, 642 – *Gemeinnützige Wohnungsbaugesellschaft;* GRUR 2003, 628, 630 – *Klosterbrauerei; Bornkamm* in: FS Loschelder, 31, 40f.; MünchKommUWG/*Fritzsche* § 11 Rdn. 372.

[428] RG MuW XXXI, 624, 625 – *Kaffee Hag;* GRUR 1933, 246, 248 – *Deutsche Beamtenbuchhandlung.*

[429] BGH 1985, 930, 931 – *JUS-Steuerberatungsgesellschaft.*

[430] BGH GRUR 1980, 797, 799 – *Topfit-Boonekamp;* GRUR 1991, 848, 850 – *Rheumalind II.*

transparenz. Weil Allgemeininteressen also zumindest mitbetroffen sind, greift auch hier die Verwirkung nicht.

168 **b) Subsidiarität der Verwirkung.** Für die Anwendung der Verwirkung ist außer ihrem Ausnahmecharakter auch der Grundsatz der Subsidiarität zu beachten. Eine Unzulässigkeit der Rechtsausübung kann erst dann in Frage kommen, wenn das Bestehen des Anspruchs oder des sonst geltend gemachten Rechts festgestellt ist. Alle Fragen, die Bestand und Umfang des Anspruchs oder des Rechts „an sich" berühren, gehören nicht in die Verwirkung hinein.[431] Die Verwirkung muss deshalb von ähnlichen, aber dennoch „verwirkungsfremden" Gesichtspunkten deutlich getrennt werden. Das ist gerade im Wettbewerbs- und Zeichenrecht wichtig, weil hier der Zeitablauf unterschiedliche Auswirkungen bereits auf die Frage haben kann, ob ein Verwechslung- oder Irreführungstatbestand überhaupt vorliegt.[432]

169 Von der Verwirkung **zu unterscheiden** ist die Konstellation, dass infolge einer langen und unangefochtenen Benutzung einer an sich irreführenden Bezeichnung die tatbestandlichen Voraussetzungen des § 5 oder anderer Irreführungstatbestände entfallen sind,[433] etwa weil der Verkehr der ursprünglich einmal irreführenden Bezeichnung **keine Sachaussage mehr** entnimmt[434] oder weil ein **Bedeutungswandel** stattgefunden hat.[435] Hierher gehören auch die Fälle, in denen sich der Verkehr mit der Zeit daran gewöhnt hat, dass zahlreiche Nachahmungen eines sehr bekannten Produkts auf dem Markt sind, so dass er auf Unterscheidungsmerkmale achtet und deshalb kaum noch einer Herkunftstäuschung unterliegen wird,[436] oder wo der Verkehr gar nicht mehr zwischen Kopie und Original unterscheiden kann, sondern nur noch einen bestimmten Produkttyp wahrnimmt.[437]

170 Wieder andere Konstellationen sind betroffen, wo das **Allgemeininteresse** an der Verhinderung einer Irreführung wegen einer nur geringen Irreführungsgefahr mit der Zeit so weit **geschwunden** ist, dass es ausnahmsweise gegenüber besonderen Belangen, etwa einem zwischenzeitlich erworbenen rechtserheblichen Besitzstand[438] oder dem Interesse, eine nützliche technische Innovation einzusetzen,[439] auf Grund einer Interessenabwägung unter Berücksichtigung des Verhältnismäßigkeitsgrundsatzes zurückzutreten hat.

4. Rechtsfolgen

171 **a) Einwendung.** Die Verwirkung ergibt eine **rechtsbeschränkende** (rechtshemmende) **Einwendung** gegen einen bestimmten Anspruch oder ein sonstiges Recht. Der Anspruch bzw. das Recht wird nicht beseitigt, sondern **besteht weiter** und kann theoretisch wieder geltend gemacht werden, wenn die Voraussetzungen der Verwirkung wegfallen, z. B. das Bestehen eines schutzwürdigen Besitzstandes bei einem Unterlassungsanspruch.[440] Ein Verwirkungstatbestand im Verhältnis zu einem Gesamtschuldner berührt für sich allein nicht den Anspruch des Gläubigers gegenüber einem anderen Gesamtschuldner (§ 425 BGB).[441] Wo mehrere Schuldner selbständig haften, wie bei Unterlassungsansprüchen,[442] gilt dies ohnehin.

172 Stehen einem **Gläubiger mehrere Arten von Ansprüchen** zu (z. B. Unterlassungsanspruch, Beseitigungsanspruch, Schadensersatzanspruch und/oder Bereicherungsanspruch), so sind die Voraussetzungen der Verwirkung **für jeden gesondert** festzustellen.[443] Die Prüfung kann dabei zu abweichenden Ergebnissen führen,[444] etwa weil die Voraussetzungen wie beim Unterlassungsan-

---

[431] *Siebert* S. 215 f., 249.

[432] *Siebert* S. 215.

[433] BGH GRUR 1957, 285, 287 – *Erstes Kulmbacher; Köhler*/Bornkamm § 11 Rdn. 2.34.

[434] BGH GRUR 1957, 285, 287 – *Erstes Kulmbacher; Siebert* S. 315.

[435] *Siebert* S. 215.

[436] Vgl. BGH GRUR 2007, 795, 798 f. Tz. 39 – *Handtaschen.*

[437] Vgl. OLG München, Urt. v. 22.5.2003, Az. 29 U 1505/03 – *Kelly Bag.*

[438] BGH GRUR 1952, 577, 581 – *Fischermännchen-Zwilling-Illing;* GRUR 1977, 159, 161 – *Ostfriesische Teegesellschaft;* GRUR 1983, 32, 34 – *Stangenglas I;* GRUR 1985, 930, 931 – *JUS-Steuerberatungsgesellschaft;* GRUR 2003, 628, 630 – *Klosterbrauerei; Hösl* S. 246 ff.; *Neu* S. 140 ff.

[439] BGH GRUR 1982, 118, 119 – *Kippdeckeldose;* hierzu *Beater* Rdn. 1427.

[440] *Köhler*/Bornkamm § 11 Rdn. 2.35; *Ohly*/Sosnitza § 8 Rdn. 181; GroßKommUWG/*Paal* § 9 Rdn. 289; *Siebert* S. 175; krit. und differenzierend MünchKommUWG/*Fritzsche* § 11 Rdn. 364 ff.

[441] BGH NJW-RR 2002, 478, 479 – *Vermögensübernahme.*

[442] Vgl. § 8 Rdn. 618.

[443] BGH GRUR 1966, 427, 432 – *Prince Albert;* GRUR 1969, 604, 697 – *Brillant;* GRUR 1970, 315, 319 – *Napoleon III;* GRUR 1988, 776, 778 – *PPC;* GRUR 2001, 323, 325 – *Temperaturwächter;* Teplitzky/*Bacher* Kap. 17 Rdn. 25; *Köhler*/Bornkamm § 11 Rdn. 2.13; *Ohly*/Sosnitza § 8 Rdn. 181; *Neu* S. 151 f.; *Siebert* S. 209.

[444] Näher oben Rdn. 131 ff.

spruch (Besitzstandserfordernis) und Schadensersatzanspruch (kein Besitzstand) unterschiedlich sind. Welche Ansprüche verwirkt sind, hängt ferner vom Umfang des die Verwirkung begründenden Sachverhalts ab. So kann ein Vertrauen auf ein Recht zur Benutzung einer Kennzeichnung unter Verwirkungsgesichtspunkten nicht die Eintragung dieser Kennzeichnung rechtfertigen.[445]

b) Besonderheiten beim Unterlassungsanspruch. *aa) Wiederholte gleichartige Verletzungshandlungen und Dauerhandlungen. (1) Die neuere Rechtsprechung des BGH.* Die Verwirkung des Unterlassungsanspruchs ist nach der Rechtsprechung des BGH jeweils auf einen konkreten Unterlassungsanspruch bezogen. Dabei muss nach der neueren Rechtsprechung **zwischen Dauerhandlungen** und **wiederholten, gleichartigen Verletzungshandlungen unterschieden** werden. Für Marken- und Kennzeichenrechte gilt dabei nach den BGH-Urteilen in den Fällen *„Honda-Grauimport"*[446] und *„Hard Rock Cafe"*[447] und nach der absolut vorherrschenden Ansicht im Schrifttum sowohl im Marken- und Kennzeichenrecht[448] wie im Wettbewerbsrecht[449] folgendes: 173

Bei **wiederholten gleichartigen Verletzungshandlungen** lässt jede Verletzungshandlung (z. B. jeder Verkauf einer das Zeichenrecht verletzenden Ware) einen **neuen Unterlassungsanspruch entstehen.**[450] Auch längere Untätigkeit des Zeicheninhabers gegenüber bestimmten gleichartigen Verletzungshandlungen soll kein berechtigtes Vertrauen eines Verletzers dahingehend begründen können, der Zeicheninhaber dulde auch künftig sein Verhalten und werde weiterhin nicht gegen solche – jeweils neuen – Rechtsverletzungen vorgehen.[451] Rechtsfolge der allgemeinen Verwirkung auf der Grundlage des § 242 BGB soll allein sein, dass ein Zeicheninhaber seine Rechte im Hinblick auf bestimmte konkrete, bereits begangene oder noch andauernde Rechtsverletzungen nicht mehr durchzusetzen vermag. Jedes Angebot und jeder Verkauf eines rechtsverletzenden Artikels, jede neue Werbung und jeder neue Internetauftritt sollen für die Frage der Verwirkung daher gesondert zu betrachten sein.[452] Durch jede Verletzung wird ein gesonderter Unterlassungsanspruch begründet, der jeweils selbständig auf eine Verwirkung hin zu untersuchen sein soll.[453] Ein Freibrief für künftige neue, sukzessive Schutzrechtsverletzungen ist mit der Verwirkung nach Ansicht des BGH insoweit nicht verbunden.[454] In der Praxis wird es jedenfalls mit Blick auf die zuletzt begründeten Ansprüche regelmäßig am Zeitmoment, also am Verstreichen einer längeren Zeitspanne, fehlen. Damit ist die Verwirkung des Unterlassungsanspruchs gegen sich wiederholende gleichartige Verletzungshandlungen im Ergebnis ausgeschlossen. 174

Bei bis in die Gegenwart fortwirkenden **Dauerhandlungen** wird demgegenüber, ohne dass es einzelner neuer Handlungen bedarf, das Recht kontinuierlich verletzt.[455] Eine Dauerhandlung ist eine Handlung, die in der Vergangenheit einen Störungszustand geschaffen hat, der durch die fortdauernde Geschäftstätigkeit aufrechterhalten wird, wodurch das geschützte Recht ununterbrochen verletzt wird.[456] Dauerhandlungen sind etwa die Nutzung eines Zeichens als Firma, als besondere Geschäftsbezeichnung,[457] als Geschäftsabzeichen[458] oder als Domainname.[459] Der Unterlassungsanspruch beginnt mit Beginn der Zuwiderhandlung. Hier ist Verwirkung in der Praxis noch möglich.[460] Tritt hier Verwirkung ein, deckt der erworbene schutzwürdige Besitzstand auch die **Fortführung** dieser Benutzung in der Zukunft.[461] 175

---

[445] BGH GRUR 1969, 694, 697 – *Brillant;* GRUR 1992, 45, 47 – *Cranpool.*
[446] BGH GRUR 2012, 928 – *Honda-Grauimport.*
[447] BGH GRUR 2013, 1161 – *Hard Rock Cafe.*
[448] *Ströbele/Hacker* § 21 MarkenG Rdn. 66.
[449] Teplitzky/*Bacher* Kap. 17 Rdn. 3b f., 24; GroßKommUWG/*Paal* § 11 Rdn. 293 ff.
[450] BGH GRUR 2012, 928, 930 Tz. 22 f. – *Honda-Grauimport;* GRUR 2013, 1161, 1162 Tz. 21 – *Hard Rock Cafe.*
[451] BGH GRUR 2012, 928, 930 Tz. 23 – *Honda-Grauimport;* GRUR 2013, 1161, 1162 Tz. 21 – *Hard Rock Cafe.*
[452] BGH GRUR 2012, 928, 930 – *Honda-Grauimport;* BGH GRUR 2013, 1161, 1162 Tz. 21 – *Hard Rock Cafe;* GRUR 2016, 705, 709 Tz. 50 – *ConText.*
[453] BGH GRUR 2012, 928, 930 – *Honda-Grauimport;* BGH GRUR 2013, 1161, 1162 Tz. 21 – *Hard Rock Cafe;* GRUR 2016, 705, 709 Tz. 50 – *ConText.*
[454] BGH GRUR 2012, 928, 930 Tz. 23 – *Honda-Grauimport.*
[455] *Goldmann* Der Schutz des Unternehmenskennzeichens, § 19 Rdn. 492.
[456] *Alexander-Katz* S. 22.
[457] BGH GRUR 2013, 1161, 1163, 1167 Tz. 79, 81 – *Hard Rock Cafe.*
[458] Vgl. BGH GRUR 2013, 1161, 1163 Tz. 30 – *Hard Rock Cafe.*
[459] BGH GRUR 2013, 1161, 1162 Tz. 22 – *Hard Rock Cafe.*
[460] BGH GRUR 2013, 1161, 1163 Tz. 29 – *Hard Rock Cafe;* LG Düsseldorf, Urt. v. 6.11.2014, Az. 14c O 141/13 – *Candice Cooper.*
[461] BGH GRUR 2013, 1161, 1163 Tz. 29 – *Hard Rock Cafe.*

176 Die referierte Rechtsprechung des BGH zu Marken und Kennzeichen kann – wenn man ihr grundsätzlich folgt – ohne weiteres auf das UWG übertragen werden.[462] Der BGH hat dies in der Entscheidung *„Hard Rock Cafe"* – in Rede stand ein Anspruch aus §§ 8, 3, 5 Abs. 1 Satz 1 und Abs. 2 – auch konsequent getan, weil sich die Wertungen hier wie dort entsprechen.[463] Auch bei UWG-Verstößen lässt sich zwischen wiederholten bzw. gleichartigen Verletzungshandlungen einerseits und Dauerhandlungen andererseits unterscheiden. Zu den wiederholten bzw. gleichartigen Handlungen gehört etwa die Vermarktung nachgeahmter[464] oder irreführend etikettierter Gegenstände.[465] Als Dauerhandlung zu qualifizieren wäre etwa der Betrieb eines Restaurants, dessen Einrichtung eine Nachahmung einer wettbewerblich eigenartigen Einrichtung eines anderen Restaurants darstellt.[466]

177 *(2) Kritik.* Die **Unterscheidung** von Dauerhandlungen einerseits und sich wiederholenden gleichartigen Handlungen andererseits ist für das Rechtsinstitut der Verwirkung allerdings ganz grundsätzlich **nicht sachgerecht** und entschieden abzulehnen. Zwar lässt jede selbständige Verletzungshandlung einen neuen Unterlassungs- und Schadensersatzanspruch entstehen.[467] Das hat jedoch nicht zur Folge, dass nur bei einem längeren Untätigbleiben des Anspruchsberechtigten nach Entstehen des jeweils neuen Anspruchs dessen Verwirkung in Betracht käme.

178 **Gegenstand** der Verwirkung ist im Unterschied zur Verjährung nämlich **nicht** der **individuelle Unterlassungsanspruch,** sondern das Recht bzw. die **geschützte Rechtsposition,** bei deren Verletzung sich Unterlassungsansprüche ergeben.[468] Die Verwirkung bezieht sich im Marken- und Wettbewerbsrecht **allgemein** auf die **Ausübung der** aus einem subjektiven Recht oder einer geschützten Rechtsposition **Rechtsmacht zum Verbot** gegenüber einem bestimmten Verletzer und nicht auf den nachgeordneten Gesichtspunkt der Realisierung individueller, ggf. zu unterschiedlichen Zeitpunkten entstehender Unterlassungsansprüche.[469] Die aus Treu und Glauben folgende **Unzulässigkeit der Rechtsausübung** führt im Verhältnis zu einem bestimmten Verletzer zu einem „relativen Rechtsverlust"[470] bzw. einem „partiellen Rechtsverlust".[471] Das Recht ist in seinem Wert durch die Einbußen vermindert, die der Besitzstand des Verletzers hervorruft. Dem relativen Rechtsverlust des Rechtsinhabers steht im Verhältnis zu diesem ein Rechtsgewinn des Verletzers gegenüber.[472] Die Folge ist eine dauerhafte Koexistenz.[473] Wie der **BGH** „jedes Angebot und jeden Verkauf eines rechtsverletzenden Artikels … gesondert zu betrachten"[474] wird, dem nicht gerecht, sondern **vermengt die** beiden **gegensätzlichen Rechtsinstitute** der Verjährung und der Verwirkung. Die Differenzierung des BGH zwischen Dauerhandlungen und wiederholten gleichartigen Handlungen wirkt gekünstelt und leuchtet nicht ein. Wieso soll z. B. der Wirt einer Gaststätte, der lange Jahre eine rechtsverletzende Geschäftsbezeichnung geführt hat, diese weiterhin als Wirtshausschild nutzen dürfen, aber von Tellern, Gläsern oder Tüten entfernen müssen?

179 Das einzige Argument, das der BGH seiner Rechtsprechung unterlegt, ist die apodiktische Behauptung, dass ein berechtigtes Vertrauen allenfalls bei Dauerhandlungen entstehen könne, aber auch eine längere Untätigkeit des Rechtsinhabers gegenüber wiederholten **gleichartigen Verletzungshandlungen** keinen Besitzstand und kein berechtigtes Vertrauen eines Verletzers dahingehend begründen könne, der Rechtsinhaber dulde auch künftig sein Verhalten und werde weiterhin

---

[462] LG Düsseldorf, Urt. v. 6.11.2014, Az. 14c O 141/13 – *Candice Cooper;* GroßKommUWG/*Paal,* § 9 Rdn. 293;

[463] BGH GRUR 2013, 1161, 1167 Tz. 79, 81 – *Hard Rock Cafe.*

[464] LG Düsseldorf, Urt. v. 6.11.2014, Az. 14c O 141/13 – *Candice Cooper.*

[465] BGH GRUR 2013, 1161, 1167 Tz. 79 – *Hard Rock Cafe.*

[466] Zu einer solchen Konstellation vgl. LG Münster, Urt. v. 21.4.2010, Az. 21 O 36/10 – *Vapiano;* krit. zur Einordnung als Fall des Nachahmungsschutzes *Goldmann* MarkenR 2015, 8, 18 f.

[467] RGZ 80, 436, 438 – *G. & Co. Beerdigungsinstitut;* BGH GRUR 1984, 820, 822 – *Intermarkt II;* GRUR 2013, 1161, 1162, 1167 Tz. 21, 81 – *Hard Rock Cafe;* GRUR 2016, 705, 709 Tz. 50 – *ConText;* Fezer/*Büscher* § 11 Rdn. 57.

[468] *Baumbach/Hefermehl* Einl. Rdn. 442; *Callmann* § 1 Rdn. 46; MünchKommUWG/*Fritzsche* § 11 Rdn. 295; *Schluep* S. 210; *Siebert* S. 167, 191 f.; a. A. GroßKommUWG/*Paal* § 11 Rdn. 292.

[469] *Baumbach/Hefermehl* Einl. Rdn. 442; *Bußmann* S. 279; *Callmann* § 1 Rdn. 46; MünchKommUWG/*Fritzsche* § 11 Rdn. 295 f.; *ders.* S. 521 f.; *Hamburger* S. 91; *Neu* S. 206; *Ruge* S. 29; *Schluep* S. 210; a. A. GroßKommUWG/*Paal* § 11 Rdn. 292.

[470] *Callmann* § 1 Rdn. 46; *Ruge* S. 29; ähnlich *Schluep* S. 210: „relative Unwirksamkeit" der geschützten Rechtsposition gegenüber dem Inhaber des wertvollen Besitzstands mit Folge einer Koexistenzlage.

[471] *Siebert* S. 211.

[472] *Callmann* § 1 Rdn. 46; *Ruge* S. 29.

[473] *Bußmann* S. 279; *Ruge* S. 29; *Schluep* S. 210.

[474] BGH GRUR 2013, 1161, 1162 Tz. 21 – *Hard Rock Cafe.*

nicht gegen solche – jeweils neuen – Rechtsverletzungen vorgehen.[475] Diese pauschale Wertung widerspricht den Grundwertungen des Rechtsinstituts der Verwirkung, wie es in einer 80-jährigen in sich geschlossenen Rechtsprechungslinie kontinuierlich entwickelt und ausgebaut wurde.[476] Die **Verwirkung zielt** nämlich **gerade auf solche Fälle,** die durch die unzulänglichen Verjährungsvorschriften nicht befriedigend gelöst werden konnten und die der BGH heute durch Entzug des Vertrauensschutzes faktisch von der Verwirkung ausnehmen möchte (oben Rdn. 125).[477] Typischer Fall eines schutzwürdigen Besitzstands ist gerade die Aufbringung eines Kennzeichens an der Ware selbst.[478] Hierfür gibt es zahlreiche Beispiele aus der höchstrichterlichen Rechtsprechung.[479]

Der Schuldner soll darauf vertrauen dürfen, dass ihm Umsatzanteile, die er mit rechtsverletzenden **180**
Waren erzielt, vom Gläubiger auch künftig nicht entzogen bekommt.[480] Geschützt wird durch die Verwirkung nach dem hierfür vorausgesetzten Zeitablauf *„das dadurch begründete Vertrauen in eine kontinuierliche Weiterverwendung der Kennzeichen"* schlechthin,[481] und zwar auch bei wiederholten gleichartigen Verletzungshandlungen.[482] **Sinn der Verwirkung** ist es, eine **wirtschaftliche Existenz,** die sich auf eine Zeichenverletzung gründet, **nicht unbillig zu vernichten** oder zu gefährden. Ob sich diese Existenz auf eine Dauerhandlung oder auf wiederholte gleichartige Handlungen gründet, kann keine Rolle spielen.[483] Denn es gilt heute wie vor 80 Jahren: „daß die Verwirkung auf dem das ganze Wettbewerbsrecht beherrschenden Grundsatz von Treu und Glauben beruht, der der Rechtsverfolgung entgegensteht, wenn sie so spät erfolgt, daß der andere Teil seinen inzwischen mit Mühe und Kosten geschaffenen Besitzstand für einen vom Kläger geduldeten und erlaubten ansehen durfte".[484] Der erforderliche **Duldungsanschein** weist in die Zukunft und **unterscheidet nicht** zwischen Dauerhandlungen und wiederholten gleichartigen Handlungen. Hierauf abgestimmt wird für das Bewertungskriterium des wertvollen Besitzstands von der Rechtsprechung gerade mit Blick auf das Vertrauen in die künftige Fortsetzung der Verletzungshandlungen als „sachlich-wirtschaftlichen Basis für die künftige wirtschaftliche Betätigung des Verletzers" definiert und bewertet.[485] Besonders deutlich wird dies in der Entscheidung *„Universitätsemblem"*. Hier wollte die Universität Heidelberg gestützt auf § 12 BGB analog einem örtlichen Souvenirhändler den Vertrieb von T-Shirts mit dem Universitätssiegel verbieten. Für den Besitzstand und seinen Wert kam es darauf an, ob die künftige Entziehung des auf den Vertrieb der mit dem Siegel gekennzeichneten T-Shirts entfallenden Umsatzanteils eine für den Händler spürbare Einbuße darstellen würde.[486]

Die aus dem Gedanken der unzulässigen Rechtsausübung hergeleitete Einwendung ist also auch **181**
und gerade dann begründet, wenn und weil der Gläubiger trotz Wiederholung gleichartiger Verletzungshandlungen über einen längeren Zeitraum untätig geblieben ist. Die Begrenzung der Folgen der Verwirkung im Verhältnis zwischen Gläubiger und Schuldner ergibt sich nicht aus der zeitlichen Staffelung von nacheinander entstehenden Unterlassungsansprüchen aufgrund gleichartiger wiederholter Handlungen, sondern aus der **Funktion der Verwirkung,** dem Schuldner den **Erhalt des *status quo*** zu ermöglichen. Der Gläubiger kann ihn deshalb nicht daran hindern – wie bisher – auch künftig die Verletzungshandlungen vorzunehmen. Ausweiten und intensivieren darf der Schuldner sie freilich nicht.

---

[475] So BGH GRUR 2012, 928, 930 Tz. 23 – *Honda-Grauimport;* GRUR 2013, 1161, 1162, 1167 Tz. 21, 81– *Hard Rock Cafe.*

[476] Nachweise von 1930 bis 2008 bei *Goldmann,* Der Schutz des Unternehmenskennzeichens, § 19 Rdn. 445 Fn. 823; zur Entwicklung *Neu* S. 16ff.; *Ruge* S. 17ff.

[477] Vgl. *Reimer* Kap. 116 Rdn. 1.

[478] *Pastor* Kap 51 III 1.

[479] RGZ 134, 38, 40f. – *Hunyadi Janos;* BGH GRUR 1963, 478, 481 – *Bleiarbeiter;* GRUR 1991, 157, 158 – *Johanniter-Bier;* GRUR 1993, 151, 153f. – *Universitätsemblem;* GRUR 1998, 1034, 1037 – *Makalu.*

[480] Vgl. BGH GRUR 1993, 151, 154 – *Universitätsemblem;* GRUR 1998, 1034, 1037 – *Makalu; Reimer* Kap. 116 Rdn. 1; *Ruge* S. 40.

[481] BGH GRUR 1993, 151, 154 – *Universitätsemblem.*

[482] *Reimer* Kap. 116 Rdn. 1.

[483] *Reimer* Kap. 116 Rdn. 1; vgl. hierzu auch *v. Godin* § 1 Rdn. 282.

[484] RGZ 134, 38, 41 – *Hunyadi Janos;* BGH GRUR 1988, 776, 778 – *PPC;* GRUR 1989, 449, 452f. – *Maritim;* GRUR 1993, 151, 153 – *Universitätsemblem;* OLG München NJWE-WettbR 1996, 180, 182 – *aliseo;* OLG Köln GRUR-RR 2003, 71, 73 – *Fioccini.*

[485] BGH GRUR 2001, 323, 325 – *Temperaturwächter;* ebenso Teplitzky/*Bacher* Kap. 17 Rdn. 10; MünchKommUWG/*Fritzsche* § 11 Rdn. 292; *Köhler*/Bornkamm § 11 Rdn. 2.25; GroßKommUWG/*Paal* § 8 Rdn. 285.

[486] BGH GRUR 1993, 151, 154 – *Universitätsemblem.*

182 *bb) Erhalt des status quo. (1) Grundsatz.* Die Verwirkung findet grundsätzlich ihre Grenzen in dem Besitzstand, den sich der Verletzer bis zum Einschreiten des Verletzten geschaffen hat.[487] Es besteht ein **Ausdehnungsverbot.**[488] Es gilt der Satz *„quantum possessum, tantum praescriptum"*.[489] Denn der Einwand, der auf einen im Vertrauen auf die Benutzungsberechtigung geschaffenen schutzwürdigen Besitzstand gegründet ist, darf **nicht** dazu führen, neue **zusätzliche Rechtspositionen** des Benutzers zu **schaffen** und damit die Rechtslage des nach Treu und Glauben nur in bestimmten Grenzen (ausnahmsweise) schutzwürdigen Rechtsverletzers über diese Grenzen hinaus zu erweitern.[490] Geringfügige Abweichungen von der bisherigen Benutzung, die sich im Rahmen des begründeten Duldungsanscheins halten, sind aber zulässig.[491] Geringfügige Abweichungen sind solche, die nach den Maßstäben des § 890 ZPO kerngleich sind.

183 *(2) Räumlich.* In **räumlicher Hinsicht** ist der Schuldner auf dasjenige Gebiet beschränkt, auf dem er den schutzwürdigen Besitzstand erworben hat. Eine räumliche Ausdehnung über diese Grenzen hinaus ist vom Verwirkungseinwand nicht gedeckt.[492]

184 *(3) Sachlich.* Die Beschränkung auf den erreichten *status quo* gilt auch für das **sachliche Tätigkeitsgebiet.**[493] Wer sich etwa gutgläubig einen Besitzstand zur Belieferung von Bäckereien mit Großpackungen Mehls geschaffen hat, dem muss nicht gestattet werden, auch Endverbraucher mit Kleinpackungen zu beliefern.[494]

185 Ebenso ist die aus der Verwirkung fließende Nutzungsmöglichkeit auf die **Verwendungsart** beschränkt, für die der Besitzstand geschaffen wurde.[495] Wem die Benutzung eines Zeichens wegen Verwirkung gemäß § 242 BGB nicht untersagt werden kann, darf dieses Zeichen nicht als Marke anmelden und so seine Position ausdehnen und festigen.[496] Auch die Anmeldung des bislang informell benutzten Zeichens als Firma zum Handelsregister ist von der Verwirkung nicht gedeckt.[497] Dagegen geht die Benutzung eines Zeichens auf dem Lastwagen eines Unternehmens nicht über den Besitzstand hinaus, den sich der Inhaber mit der Benutzung dieses Zeichens als Marke und Unternehmenskennzeichen geschaffen hat.[498]

186 *(4) Gestalterisch.* In **gestalterischer Hinsicht** beschränkt sich die rechtshindernde Wirkung des Verwirkungseinwands auf die konkrete Form des ursprünglich benutzten Zeichens und auf geringfügige Abwandlungen, sofern diese dem verletzten Kennzeichen nicht noch ähnlicher sind.[499] Im Falle des wettbewerbsrechtlichen Nachahmungsschutzes ist die rechtshindernde Wirkung auf diejenige konkrete Produktform beschränkt, für die der Besitzstand erworben wurde. Auch hier sind geringfügige Abwandlungen möglich, solange sie das nachgeahmte Produkt nicht noch dichter an das Original heranführen.

5. Prozessuales

187 **a) Von Amts wegen zu prüfender Einwand.** Der Einwand der Verwirkung stellt **keine Einrede** im Sinne des bürgerlichen Rechts dar, die der Geltendmachung durch den Schuldner bedürfte. Er ist vielmehr, wenn er mit dem zugrundeliegenden **Sachverhalt ordnungsgemäß vorgetragen ist, wie jeder Einwand aus § 242 BGB** von Amts wegen zu prüfen.[500]

188 **b) Maßgeblicher Zeitpunkt.** Der schutzwürdige Besitzstand muss noch im Zeitpunkt der letzten mündlichen Verhandlung bestehen; sonst entfällt der Verwirkungseinwand.

---

[487] RG GRUR 1943, 345, 348 – *Goldsonne;* BGH GRUR 1955, 406, 409 – *Wickelsterne;* GRUR 1969, 694, 697 – *Brillant;* GRUR 1970, 315, 318 – *Napoléon III;* WM 1976, 620, 621 – *Globetrotter;* GRUR 1993, 576, 578 – *Datatel;* GRUR 2008, 803, 805 Tz. 29 – *HEITEC;* Teplitzky/*Bacher* Kap. 17 Rdn. 23; MünchKomm-UWG/*Fritzsche* § 11 Rdn. 369; *Ohly*/Sosnitza § 8 Rdn. 181.

[488] *Neu* S. 155.

[489] *Jul. L. Seligsohn* GRUR 1930, 93, 104; *Heydt* GRUR 1951, 182, 186.

[490] BGH GRUR 1993, 576, 578 – *Datatel;* GRUR 2008, 803, 805 Tz. 29 – *HEITEC.*

[491] BGH GRUR 1963, 478, 481 f. – *Bleiarbeiter.*

[492] RG GRUR 1943, 345, 348 – *Goldsonne;* BGH GRUR 1955, 406, 409 – *Wickelsterne; Goldmann,* Der Schutz des Unternehmenskennzeichens, § 19 Rdn. 489.

[493] BGH GRUR 1969, 694, 697 – *Brillant;* GRUR 1970, 315, 318 – *Napoléon III;* WM 1976, 620, 621 – *Globetrotter;* näher *Goldmann,* Der Schutz des Unternehmenskennzeichens, § 19 Rdn. 486 f.

[494] BGH GRUR 1969, 694, 697 – *Brillant.*

[495] RG GRUR 1943, 345, 348 – *Goldsonne;* BGH GRUR 1963, 478, 481 – *Bleiarbeiter;* GRUR 1969, 694, 697 – *Brillant;* GRUR 1992, 45, 47 – *Cranpool;* GRUR 1993, 576, 578 – *Datatel.*

[496] RG GRUR 1944, 145, 146 – *Robuso/Rubor;* BGH GRUR 1969, 694, 697 – *Brillant;* GRUR 1992, 45, 47 – *Cranpool;* GRUR 1993, 576, 578 – *Datatel.*

[497] BGH GRUR 1981, 66, 68 – *MAN/G-man;* GRUR 1993, 576, 578 – *Datatel.*

[498] BGH GRUR 1963, 478, 481 f. – *Bleiarbeiter.*

[499] BGH GRUR 2008, 803, 805 Tz. 29 – *HEITEC.*

[500] BGH GRUR 1966, 623, 625 – *Kupferberg.*

c) Revisibilität. Die Bejahung oder Verneinung einer Verwirkung und die Bewertung der in die Gesamtabwägung einzustellenden Elemente – so z. B. die Bewertung des Besitzstandes[501] – ist grundsätzlich dem Tatrichter vorbehalten, der den ihm zur Begründung des Einwands vorgetragenen Sachverhalt eigenverantwortlich zu würdigen hat. Das Revisionsgericht kann nur nachprüfen, ob der Tatrichter alle erheblichen Gesichtspunkte berücksichtigt hat und die Bewertung dieser Gesichtspunkte von den getroffenen tatsächlichen Feststellungen getragen wird.[502] 189

VI. Weitere, unter dem Aspekt des Rechtsmissbrauchs aus Treu und Glauben hergeleitete Einwendungen

Schrifttum: *Friehe,* „unclean hands" und lauterer Wettbewerb, WRP 1987, 439; *Fritze,* Der Einwand des Selbstwiderspruchs, insbesondere i. S. der „unclean hands", und das Allgemeininteresse im Wettbewerbsrecht, WRP 1968, 158; *Hamburger,* Treu und Glauben im Verkehr, 1930; *Kiethe/Groeschke,* Die sittenwidrige Markenanmeldung und die Rechtsschutzmöglichkeiten des § 1 UWG, WRP 1997, 269; *Prölss,* Der Einwand der „unclean hands" im Bürgerlichen Recht sowie im Wettbewerbs- und Warenzeichenrecht, ZHR 132 (1969), 35; *Rudloff/Blochwitz,* Das Recht des Wettbewerbs, 1938; *Siebert,* Verwirkung und Unzulässigkeit der Rechtsausübung. Ein rechtsvergleichender Beitrag zur Lehre von den Schranken der privaten Rechte und zur exceptio doli (§§ 226, 242, 826 BGB), unter besonderer Berücksichtigung des gewerblichen Rechtsschutzes (§ 1 UWG), 1934; *Stier,* Laches und equitable estoppel im U. S.-amerikanischen und Verwirkung im deutschen Patent- und Urheberrecht, 2006; *Traub,* Der Einwand der „unclean hands" gegenüber Folgenbeseitigungsansprüchen, in: FS v. Gamm, 1990, S. 213; *Ulrich,* Der Mißbrauch prozessualer Befugnisse in Wettbewerbssachen, in: FS v. Gamm, 1990, S. 223.

1. Allgemeines

a) Treu und Glauben und UWG. Der allgemeine Grundsatz, dass eine gegen Treu und Glauben (§ 242 BGB) verstoßende **Rechtsausübung missbräuchlich** und damit unzulässig ist, gilt in der gesamten Rechtsordnung[503] und damit im gesamten Privatrecht,[504] also auch im Wettbewerbsrecht.[505] Da das UWG aber generell (auch) Verbraucherinnen und Verbraucher und sonstige Marktteilnehmer (§ 1 Satz 1) und das Interesse der Allgemeinheit an einem unverfälschten Wettbewerb schützt (§ 1 Satz 2), vermag der Einwand des Rechtsmissbrauchs im Verhältnis zwischen Anspruchssteller und Anspruchsgegner **nur im Ausnahmefall** durchzugreifen. 190

b) Interessen Dritter und der Allgemeinheit. Wie bei der Verwirkung sind also auch bei den anderen in Betracht kommenden Fallgruppen des Rechtsmissbrauchs (z. B. widersprüchliches Verhalten, missbräuchliches Ausnutzen einer formalen Rechtsposition, eigene Unlauterkeit) darauf gestützte Einwendungen, die aus den persönlichen Beziehungen zwischen den Beteiligten hergeleitet werden, **unbeachtlich,** sofern die **Interessen Dritter** oder der **Allgemeinheit** berührt werden.[506] Dies ist vor allem bei irreführenden Verhaltensweisen gem. § 5,[507] beim Vorenthalten von Informationen gem. § 5a,[508] bei aggressiven Geschäftspraktiken gem. § 4a und bei unzumutbaren Belästigungen gem. § 7 der Fall. Es gelten dieselben Kriterien wie bei der Verwirkung, die ebenfalls auf § 242 BGB gestützt wird (oben Rdn. 165 ff.). 191

c) Interessen der Beteiligten. Nur wo es ausschließlich um die Interessen der Beteiligten geht (so bei §§ 4; 17–19), kann der Einwand rechtsmissbräuchlichen Verhaltens von Bedeutung sein. Auch bei Streitigkeiten um Ansprüche aus Verträgen sind allein die Interessen der beiden Vertragsteile berührt. 192

2. Missbrauch bei Vertragsstrafen

Deshalb kann die Berufung auf einen vertraglichen **Vertragsstrafeanspruch** ausnahmsweise als unzulässige Rechtsausübung verwehrt sein. Es ist beispielsweise als Verstoß gegen Treu und Glauben 193

---

[501] RG GRUR 1934, 53, 57 – *Valvoline/Valvonit.*

[502] RG GRUR 1939, 418, 419 f. – *FiTiWi II;* BGH GRUR 1994, 597, 601 – *Zerlegevorrichtung für Baumstämme;* GRUR 2001, 323, 325 – *Temperaturwächter;* GRUR-RR 2010, 205, 208 – *Haus & Grund IV.*

[503] BGHZ 12, 154, 157; BGH NJW 1983, 109, 110.

[504] *Hamburger* S. 10 f.; MünchKommBGB/*Schubert* § 242 Rdn. 98 ff., *Siebert* S. 122 ff., 125 ff., 151 ff..

[505] RGZ 134, 38, 41 – *Hunyadi Janos;* Teplitzky-*Bacher* Kap. 19 Rdn. 4a, 9; MünchKommBGB/*Schubert* § 242 Rdn. 107; *Siebert* S. 158 ff., 171.

[506] BGH GRUR 1984, 457, 460 – *Deutsche Heilpraktikerschaft;* KG WRP 2010, 129, 138 – *JACKPOT!;* Teplitzky/*Bacher* Kap. 19 Rdn. 9; *Köhler*/Bornkamm § 11 Rdn. 2.39; *Melullis* Rdn. 365.

[507] Vgl. BGH GRUR 1984, 457, 460 – *Deutsche Heilpraktikerschaft; Traub* in: FS v. Gamm, S. 213, 215; Teplitzky/*Bacher* Kap. 19 Rdn. 7.

[508] OLG München WRP 2011, 1213, 1215 – *Identitätsangabe in der Prospektwerbung.*

angesehen worden, wenn ein Vertragsstrafengläubiger Verstöße „sammelt", um so einen möglichst hohen, wirtschaftlich bedrohlichen Vertragsstrafenbetrag entstehen zu lassen. Denn der Sinn der Vertragsstrafe als Sanktionsmittel besteht nicht darin, den Schuldner in wirtschaftliche Schwierigkeiten zu bringen, sondern ihm frühzeitig bewusst zu machen, dass der Gläubiger auf der Einhaltung der Unterlassungsverpflichtung besteht.[509]

Rechtsmissbräuchlich ist die Geltendmachung einer Vertragsstrafe ferner, wenn der vertraglich gesicherte Unterlassungsanspruch dem Gläubiger auf Grund einer erfolgten Gesetzesänderung **unzweifelhaft,** d. h. ohne weiteres erkennbar, **nicht mehr zusteht.**[510]

3. Unclean hands

194 **a) Begriff und praktische Bedeutung.** Mit dem in Wettbewerbsprozessen hin und wieder erhobenen Einwand der *„unclean hands"* bzw. des *„tu quoque"* wirft der Beklagte dem Kläger vor, selbst gleiche oder ähnliche Wettbewerbsverstöße begangen zu haben und zieht daraus den Schluss, der Kläger dürfe deshalb keine Ansprüche geltend machen. Angelehnt ist der Einwand an die Maxime *„He who comes into equity must come with clean hands"* der angelsächsischen *„equity"*-Rechtsprechung. Dort gilt: Der Kläger muss sich gegenüber dem Beklagten in der Vergangenheit grundsätzlich korrekt verhalten haben; seine gerichtliche Anspruchsdurchsetzung darf sich nicht als Krönung eines auch im übrigen illegitimen Vorgehens gegen den Beklagten darstellen.[511] Früher wurde im Schrifttum ganz vereinzelt die Auffassung vertreten, der Einwand der „unclean hands" sei stets anzuerkennen[512] oder sei zumindest grundsätzlich beachtlich und greife nur bei einem besonders starken Interesse der Allgemeinheit nicht durch.[513] Der Einwand geistert seit Jahrzehnten durch die Kommentarliteratur – sicherlich auch wegen seiner klangvollen Bezeichnung. Er ist aber eher Vor- als Einwand und hat in der **höchstrichterlichen Rechtsprechung niemals grundsätzliche Anerkennung** erfahren oder durchschlagende praktische Bedeutung erringen können. Man sollte ihn in Frieden ruhen lassen:

195 **b) Interessen Dritter und der Allgemeinheit.** Von vornherein unbeachtlich ist der Einwand der „unclean hands" beim Irreführungsverbot des § 5[514] und wenn sonstige **Interessen der Allgemeinheit,** der Verbraucher oder Dritter betroffen sind,[515] wie beispielsweise das Interesse der Allgemeinheit an einer eindeutig zutreffenden und Missverständnisse ausschließenden Werbung auf dem Gebiet der Nahrungs- und Genussmittel,[516] die durch die PAngV gewährleistete Preistransparenz,[517] der Schutz vor Spielsucht[518] und der Volksgesundheit[519] oder das Interesse des Kunden eines Telekommunikationsdienstleisters, einen Portierungsauftrag nicht ohne seinen Willen vorzunehmen.[520]

196 **c) Interessen der Beteiligten.** Aber auch dort, wo nur die Interessen der beiden Beteiligten aufeinanderprallen, greift der Einwand der „unclean hands" für den Unterlassungsanspruch und den Beseitigungsanspruch nach jahrzehntelang gefestigter Rechtsprechung und der herrschenden Auffassung in der Literatur grundsätzlich nicht.[521] Die Rechtsprechung stützt sich dabei auf die zutref-

---

[509] BGH GRUR 1998, 471, 474 – *Modenschau im Salvatorkeller.*

[510] BGHZ 133, 316, 329 – *Altunterwerfung I.*

[511] *Stier* S. 51 f.

[512] So *Rudloff/Blochwitz* S. 110.

[513] So *Fritze* WRP 1966, 158, 161; noch weiter gehend *Prölss* ZHR 132 (1969), 35, 74 ff.; *Willemer* WRP 1976, 16, 24; *Friehe* WRP 1987, 439, 442 f.

[514] OLG Düsseldorf GRUR 2015, 217, 218 f. – *Ostsee-Resort.*

[515] BGH GRUR 1967, 430, 432 – *Grabsteinaufträge I;* GRUR 1977, 494, 497 – *DERMATEX;* KG GRUR 2000, 93, 94 – *Diddl-Maus-Kalender;* OLG Frankfurt GRUR-RR 2008, 410 – *Ökostrom billiger als Atomstrom;* OLG Oldenburg GRUR-RR 2009, 67, 69 – *Mehrwochenschein vor Urlaub;* OLG Hamm GRUR-RR 2011, 17, 19 – *Glücksspielverband;* OLG München WRP 2011, 1213, 1215 – *Identitätsangabe in der Prospektwerbung;* OLG Jena GRUR-RR 2014, 294 – *Serviceentgelt;* OLG Düsseldorf, Urt. v. 27.11.2014, Az. I-15 U 56/14; Teplitzky/*Bacher* Kap. 19 Rdn. 6; MünchKommUWG/*Fritzsche* § 11 Rdn. 279; *Melullis* Rdn. 365.

[516] BGH GRUR 1977, 494, 497 – *DERMATEX.*

[517] OLG Jena GRUR-RR 2014, 294 – *Serviceentgelt.*

[518] OLG Oldenburg GRUR-RR 2009, 67, 69 – *Mehrwochenschein vor Urlaub.*

[519] OLG Oldenburg GRUR-RR 2009, 67, 69 – *Mehrwochenschein vor Urlaub.*

[520] OLG Düsseldorf, Urt. v. 27.11.2014, Az. I-15 U 56/14.

[521] Vgl. RG GRUR 1944, 88, 89 – *Gelonida;* BGH GRUR 1956, 270, 273 – *Rügenwalder Teewurst;* GRUR 1964, 325 f. – *Toastschnitten;* GRUR 1977, 494, 497 – *DERMATEX;* OLG Karlsruhe GRUR-RR 2008, 350 – *Wildes Plakatieren;* Teplitzky/*Bacher* Kap. 19 Rdn. 7; zu Recht generell ablehnend *Callmann* S. 107; MünchKommUWG/*Fritzsche* § 11 Rdn. 282; Ahrens/*Jestaedt* Kap. 24 Rdn. 20.

fende Erwägung, dass unlautere Wettbewerbsmaßnahmen nicht allein deshalb bestehen bleiben können, weil einer oder mehrere Mitbewerber sich ihrer in gleicher oder ähnlicher Weise bedienen.[522]

In einigen wenigen älteren Entscheidungen hat der BGH den Einwand, der Kläger verhalte sich gleichfalls wettbewerbswidrig, ausnahmsweise für beachtlich angesehen, wenn sich der Kläger bei **wechselseitiger Abhängigkeit** der **beiderseitigen unlauteren Wettbewerbsmaßnahmen** mit seinem eigenen Handeln in Widerspruch setzen würde.[523] Eine wechselseitige Abhängigkeit ist anzunehmen, wo Kläger und Beklagter im Hinblick auf Zeit, Umfang und Tatmodalität im wesentlichen in gleicher Weise wettbewerbswidrig gehandelt haben. Als Beispiel für die Zulässigkeit des Einwands werden beiderseitige Rabattverstöße angeführt,[524] die freilich seit der Aufhebung des RabattG nur noch im HWG eine Rolle spielen.[525] 197

d) Kritik. Daran kann nicht festgehalten werden. Der Gedanke, dass unlauterer Wettbewerb nicht allein deshalb bestehen bleiben darf, weil ein oder mehrere Mitbewerber in gleicher oder ähnlicher Weise handeln, ist von allgemeiner Gültigkeit und duldet im Interesse der Rechtssicherheit keine Ausnahme, auch nicht bei wechselseitig abhängigen, in Umfang, Schwere und Tatmodalität gleichgelagerten und aufeinander bezogenen Verstößen.[526] Ein plastisches Beispiel bildet die Entscheidung *„Überkleben fremder Plakate"* des OLG Stuttgart. Hier hatten zwei Plakatkleber wechselseitig immer wieder die Plakate des jeweils anderen überklebt und standen sich deshalb als Kläger und Beklagter gegenüber. Das OLG versagte dem Beklagten die Verteidigung mit der eigenen Unlauterkeit des Klägers mit der zutreffenden Erwägung, dass mit der Versagung des Unterlassungsanspruchs ein Kampfzustand perpetuiert und auf Dauer das Faustrecht regieren würde.[527] Wenn der Kläger wie im Beispielsfall selbst wettbewerbswidrig handelt und genau das tut, was er dem Beklagten verbieten lassen will, steht es dem Beklagten frei, im Wege der Widerklage oder in einem gesonderten Verfahren gegen den Kläger vorzugehen.[528] Freilich wird es bei einer Widerklage oder bei einer gesondert anhängig gemachten Klage häufig im Vergleichswege zu einer wechselseitigen Klagerücknahme kommen. Dies ist aber dann Konsequenz der Parteiherrschaft im Zivilprozess, so dass der Grundsatz von Treu und Glauben nicht überstrapaziert werden muss. 198

e) Auswirkungen wechselseitiger Unlauterkeit auf die Schadensentstehung. In der älteren Rechtsprechung findet sich der Gedanke, dass ein **Schadensersatzanspruch** und ein diesen vorbereitender Auskunftsanspruch zu verneinen sein kann, wenn Geschädigter und Schädiger im Wesentlichen gleichzeitig und in gleicher Weise und in gleichem Umfang gegen die Regeln des lauteren Wettbewerbs verstoßen haben.[529] Diese Folge wird aber nicht aus dem Gesichtspunkt der „unclean hands" hergeleitet, sondern damit begründet, es wirke sich der nach Art und Umfang gleiche Verstoß des Verletzers nicht zum Nachteil des Verletzten aus, wenn sich dieser selbst in unzulässiger Weise einen Vorsprung vor anderen Mitbewerbern verschaffe; zumindest erscheine ein Schadenseintritt unwahrscheinlich.[530] Es geht also nicht um die Frage eines Rechtsmissbrauchs, sondern um die Feststellung bzw. Berechnung des Schadens. Bei im Umfang nicht gleichen Verstößen ist dieser Schluss ohnehin nicht gerechtfertigt.[531] 199

4. Missbräuchliches Ausnutzen einer formalen Rechtsposition

a) Illegitime Sperrabsicht. Insbesondere im Kennzeichenrecht ist anerkannt, dass die Berufung auf eine nur formale Rechtsstellung den Grundsätzen von Treu und Glauben widersprechen und daher rechtsmissbräuchlich sein kann.[532] Die Ausnutzung einer formalen Rechtsstellung ist in der 200

---

[522] RG GRUR 1944, 88, 89 – *Gelonida;* BGH GRUR 1967, 430, 432 – *Grabsteinaufträge;* GRUR 1971, 582, 584 – *Kopplung im Kaffeehandel;* KG GRUR 2000, 93, 94 – *Diddl-Maus-Kalender;* ebenso Ahrens/*Jestaedt* Kap. 24 Rdn. 20; *Traub* in: FS v. Gamm, S. 213.

[523] BGH GRUR 1957, 23, 24 – *Bünder Glas;* GRUR 1970, 563, 564 – *Beiderseitiger Rabattverstoß;* GRUR 1971, 582, 584 – *Kopplung im Kaffeehandel.*

[524] BGH GRUR 1970, 563, 564 – *Beiderseitiger Rabattverstoß.*

[525] MünchKommUWG/*Fritzsche* § 11 Rdn. 280.

[526] OLG Stuttgart NJW-RR 1996, 1515, 1516 – *Überkleben fremder Plakate;* Ahrens/*Jestaedt* Kap. 24 Rdn. 20.

[527] OLG Stuttgart NJW-RR 1996, 1515, 1516 – *Überkleben fremder Plakate.*

[528] *Callmann* S. 107; MünchKommUWG/*Fritzsche* § 11 Rdn. 282; Ahrens/*Jestaedt* Kap. 24 Rdn. 20; zur Problematik der eigenen Rechtsverfolgung als Reaktion auf fremde vgl. § 8 Rdn. 705 ff.

[529] RG GRUR 1944, 88, 89 – *Gelonida;* BGH GRUR 1970, 563, 564 – *Beiderseitiger Rabattverstoß* und aus jüngerer Vergangenheit wieder LG Mannheim, Urt. v. 6.12.2005, Az. 2 O 241/05 – *Thermoroll* ®.

[530] BGH GRUR 1970, 563, 564 – *Beiderseitiger Rabattverstoß;* vgl. *Beater* Rdn. 2585.

[531] BGH GRUR 1971, 582, 584 f. – *Kopplung im Kaffeehandel.*

[532] Vgl. BGH GRUR 1955, 299, 301 – *Koma.*

Rechtsprechung als rechtsmissbräuchlich beurteilt worden, wenn sie ohne sachlich gerechtfertigten Grund zur Erreichung einer dem Kennzeichenrecht fremden und regelmäßig zu missbilligenden Zielsetzung erfolgt, die auf eine unlautere Behinderung eines Zeichenbenutzers und auf eine Übernahme oder jedenfalls Störung seines Besitzstandes hinausläuft.[533]

201 So stellt eine **Markenanmeldung** ein wettbewerbsrechtlich verwerfliches Verhalten dar, wenn der Anmelder die mit der Eintragung einer Marke entstehende Sperrwirkung zweckfremd als Mittel des Wettbewerbskampfes einsetzt.[534] Von einer missbräuchlichen Ausnutzung einer formalen Rechtsstellung ist ferner ausgegangen worden, wenn ein Markeninhaber eine Vielzahl von Marken für unterschiedliche Waren oder Dienstleistungen anmeldet, hinsichtlich derer er keinen ernsthaften Benutzungswillen hat, und die Marken im Wesentlichen zu dem Zweck gehortet werden, Dritte, die identische oder ähnliche Bezeichnungen verwenden, mit Unterlassungs- und Schadensersatzansprüchen zu überziehen.[535] Die Anmeldung einer Marke kann auch dann als wettbewerbswidrig zu beurteilen sein, wenn der Anmelder weiß, dass ein identisches oder verwechslungsfähig ähnliches Zeichen im Ausland bereits für zumindest gleichartige Waren benutzt wird, das ausländische Unternehmen die Absicht hat, das Zeichen in absehbarer Zeit auch im Inland zu benutzen, und sich dem Anmelder diese Absicht zumindest aufdrängen musste.[536] Die Absicht der wettbewerbswidrigen Behinderung braucht nicht der einzige Beweggrund des Anmelders zu sein; es ist ausreichend, wenn sie das wesentliche Motiv für die Anmeldung darstellt. Deshalb schließt allein die etwaig bestehende Absicht, die angemeldete Marke auch tatsächlich zu benutzen, die Annahme der Behinderungsabsicht nicht zwangsläufig aus.[537] Für die Feststellung der **Behinderungsabsicht** ist eine Gesamtabwägung aller Umstände des Einzelfalls vorzunehmen.[538] Der Erwerb eines älteren Zeichens, um Ansprüche aus einem jüngeren nur abzuwehren, ist grundsätzlich kein zweckfremdes Mittel des Wettbewerbskampfes und daher nicht rechtsmissbräuchlich.[539]

202 **b) *dolo agit.*** Ob Ansprüchen aus der Marke vor dem Hintergrund ihrer missbräuchlichen Eintragung unmittelbar der Einwand des Rechtsmissbrauchs entgegen gehalten werden kann, ist zweifelhaft In diesen Fällen besteht allerdings unter dem Gesichtspunkt der **gezielten Behinderung** gem. §§ 8, 3, 4 Nr. 4 ein Anspruch auf Unterlassen der Geltendmachung von Ansprüchen aus der eingetragenen Marke sowie ein Löschungsanspruch als Folgenbeseitigungsanspruch.[540] Auf diese Ansprüche lässt sich allerdings dann der Einwand der unzulässigen Rechtsausübung gemäß § 242 BGB nach dem Grundsatz *„dolo agit, qui petit, quod statim redditurus est"* stützen. Dieser Einwand findet gegenüber Ansprüchen aus Markenrecht uneingeschränkt Anwendung.[541]

5. Widersprüchliches Verhalten

203 Rechtsmissbräuchlich kann über den besonderen Fall der Verwirkung hinaus handeln, wer sich **zu seinem eigenen früheren Verhalten in Widerspruch setzt** *(venire contra factum proprium).* So kann sich auf eine Schmälerung oder Aushöhlung der Verkehrsgeltung der Bezeichnung eines anderen nicht berufen, wer sie durch rechtswidrige Benutzungshandlungen selbst bewirkt hat.[542] Der bloße **Wechsel in der Rechtsauffassung** oder in dem Vortrag zu einer Rechtsfrage kann für sich allein aber noch nicht den Vorwurf des Rechtsmissbrauchs begründen, weil der Berechtigte grundsätzlich nicht an einer unter anderen Verhältnissen vertretenen Auffassung festzuhalten braucht.[543] Ein solches Verhalten kann erst dann als rechtsmissbräuchlich gewertet werden, wenn der andere Teil nach den gegebenen Umständen auf eine dem einmal eingenommenen Standpunkt entspre-

---

[533] BGH GRUR 1967, 298, 301 – *Modess;* GRUR 1980, 110, 112 – *TORCH;* GRUR 1984, 210, 211 – *AROSTAR.*

[534] BGH GRUR 1980, 110, 111 – *TORCH;* GRUR 1998, 412, 414 – *Analgin;* GRUR 1998, 1034, 1037 – *Makalu;* GRUR 2003, 428, 431 – *BIG BERTHA;* GRUR 2005, 581, 582 – *The Colour of Elégance;* GRUR 2005, 414, 417 – *Russisches Schaumgebäck;* GRUR 2008, 621, 623 f. Tz. 26 – *AKADEMIKS;* GRUR 2008, 917, 918 Tz. 20 – *EROS,* m. w. N.

[535] BGH GRUR 2001, 242, 244 – *Classe E;* vgl. dazu ferner *Kiethe/Groeschke* WRP 1997, 269, 273.

[536] BGH GRUR 1969, 607, 609 – *Recrin;* GRUR 1987, 292, 294 – *KLINT;* GRUR 2008, 621, 623 f. Tz. 26 – *AKADEMIKS.*

[537] BGH GRUR 1986, 74, 76 f. – *Shamrock III;* GRUR 2000, 1032, 1034 – *EQUI 2000.*

[538] BGH GRUR 2008, 621, 624. Tz. 32 – *AKADEMIKS;* GRUR 2008, 917, 9189 Tz. 23 – *EROS.*

[539] BGH GRUR 2002, 967, 970 – *Hotel Adlon.*

[540] BGH GRUR 2008, 621, 623 Tz. 20 – *AKADEMIKS.*

[541] BGH GRUR 2001, 242, 243 – *Classe E;* OLG Hamburg NJW-WettbR 1999, 202, 204 – *Greystone/Creenstone;* OLG Koblenz GRUR-RR 2006, 184, 186 – *Rosenmondnacht;* LG München I ZUM-RD 2007, 498, 503 f. – *ERC Ingolstadt;* MünchKommBGB/*Schubert* § 242 Rdn. 445.

[542] BGHZ 21, 66, 77 f. – *Hausbücherei;* BGH GRUR 1957, 25, 29 – *Hausbücherei.*

[543] RG JW 1906, 15, 16; Recht 1914 Nr. 2387; *Köhler*/Bornkamm § 11 Rdn. 2.42.

chende gleichbleibende Einstellung und demgemäß auf eine bestimmte Rechtslage vertrauen durfte, sich darauf eingerichtet hat und ihm eine Inanspruchnahme mit einer völlig veränderten rechtlichen Begründung nach Treu und Glauben nicht mehr zugemutet werden kann.[544] Unzulässig sind unter dem Gesichtspunkt des Rechtsmissbrauchs auch **Testkäufe** und sonstige Testgeschäfte, wenn mit ihnen lediglich die Absicht verfolgt wird, den Mitbewerber „hereinzulegen", oder wenn besondere Mittel, z.B. besondere Verführungskünste, angewendet werden, um ein unzulässiges Geschäft herbeizuführen.[545]

VII. Rechtsmissbräuchliche Geltendmachung von Ansprüchen

Eine **gesetzliche Spezialregelung** des Rechtsmissbrauchs enthält **§ 8 Abs. 4** (dazu unten § 8 **204**
Rdn. 628ff.).

VIII. Abwehreinwand

Schrifttum: *Droste,* Abwehr im Wettbewerb, WuW 1954, 507; *Erichsen,* Die Rechtsgrundlage des Einwands der Abwehr im Wettbewerb und die Grenzen seiner Anwendbarkeit unter besonderer Berücksichtigung der höchstrichterlichen Rechtsprechung, GRUR 1958, 425; *Koehne,* Die Zulässigkeit von Abwehrmaßnahmen im Wettbewerbskampf, MuW XXXII, 66; *Peifer,* Lauterkeitsrecht. Das UWG in Systematik und Fallbearbeitung, 2011; *Sekler,* Systematik der Abwehr im Wettbewerbsrecht, 1939; *Walter,* Das Institut der wettbewerblichen Abwehr, 1986.

1. Begriff, Rechtsgrundlage und praktische Bedeutung der Abwehr

a) Begriff. Hinter dem Begriff der Abwehr steht folgender Zusammenhang: Ein an sich wett- **205**
bewerbswidriges Verhalten kann nach traditioneller Praxis ausnahmsweise wettbewerbsrechtlich zulässig sein, wenn es gewissermaßen als **„Gegenschlag"** bei Vorliegen eines gegenwärtigen rechtswidrigen Angriffs **(Abwehrlage)** zu dessen Abwehr **(Abwehrzweck)** vorgenommen wird und eine nach Inhalt, Form und Begleitumständen gebotene und **notwendige Abwehrmaßnahme** darstellt.[546]

b) Hintergrund. Entwickelt wurde das Rechtsinstitut unter Geltung des UWG 1909 zu einer **206**
Zeit, als das Wettbewerbsrecht trotz eines gewissen Schutzes des Allgemeininteresses am Schutz vor Auswüchsen im Wettbewerb[547] noch als hauptsächlich mitbewerberschützendes Sonderdeliktsrecht aufgefasst wurde, anhand von Konstellationen, in denen sich zwei Unternehmen in scharfem Wettbewerb wie Duellanten gegenüberstanden.[548] Ins Feld geführt wurde der Abwehreinwand vom Beklagten dort, wo die von einem Mitbewerber als unlauter angegriffene Wettbewerbshandlung als Reaktion auf eine ihrerseits als unlauter empfundene Wettbewerbshandlung eben dieses Mitbewerbers erschien. Bemüht wurde er hauptsächlich in Fällen der seinerzeit grundsätzlich verbotenen kritisierenden vergleichenden Werbung[549] oder einer anlehnenden vergleichenden Werbung.[550] Der Abwehreinwand wurde auch herangezogen bei der Verleitung zum Vertragsbruch,[551] beim Boykott[552] und anderen Formen individueller Behinderung eines Mitbewerbers als Reaktion auf dessen Preisbildung[553] oder Behinderungsverhalten[554] bzw. behinderndes Diskriminierungsverhalten,[555] bei kritischen oder warnenden Äußerungen gegenüber der Öffentlichkeit[556] und – stets erfolglos – bei

---

[544] BGH GRUR 1957, 499, 503 – *Wipp;* vgl. ferner BGH GRUR 2008, 156, 158f. – *Aspirin II.*

[545] BGHZ 43, 359, 367 – *Warnschild;* GRUR 1965, 607, 609 – *Funkmietwagen;* GRUR 1985, 447, 450 – *Provisionsweitergabe durch Lebensversicherungsmakler;* GRUR 1989, 113, 114 – *Mietwagen-Testfahrt.*

[546] Vgl. BGH GRUR 1971, 259, 260 – *W.A.Z.* m.w.N; BGH GRUR 1999, 1128, 1130f. – *Hormonpräparate;* Teplitzky/*Bacher* Kap. 18 Rdn. 1; MünchKommUWG/*Fritzsche* § 11 Rdn. 236ff.

[547] Vgl. RGZ 120, 47, 49 – *Markenschutzverband I;* 128, 330, 343 – *Rundfunknachricht;* BGH GRUR 1955, 541, 542 – *Bestattungswerbung; Rosenthal* § 13 Note 2.

[548] Vgl. RG MuW XXX, 174 – *Minimax/Total;* GRUR 1935, 967 – *Viriline;* GRUR 1936, 747 – *Waterproof;* GRUR 1939, 72 – *Toschi/Eternit;* GRUR 1940, 165 – *ID Kaffee.*

[549] RG GRUR 1932, 1201 – *Flaschenspülmaschinen;* GRUR 1935, 55 – *Abdampfvorwärmer;* GRUR 1936, 747 – *Waterproof;* BGH GRUR 1954, 337 – *Radschutz;* GRUR 1961, 288 – *Zahnbürsten.*

[550] BGH GRUR 1957, 23 – *Bünder Glas.*

[551] BGH GRUR 1962, 426 – *Selbstbedienungsgroßhändler.*

[552] BGH GRUR 1959, 244 – *Versandbuchhandlung;* GRUR 1984, 461 – *Kundenboykott.*

[553] RG MuW XXIII, 91– *Baumwollspedition.*

[554] BGH GRUR 1971, 259 – *W.A.Z.;* OLG Hamm GRUR 1971, 85 – *Brautpaar.*

[555] OLG Frankfurt GRUR 1973, 83 – *Kunststoffkästen.*

[556] RG GRUR 1932, 86 – *Doppelklappenumschläge;* BGH GRUR 1959, 143 – *Blindenseife;* GRUR 1962, 45 – *Betonzusatzmittel;* GRUR 1967, 308 – *Backhilfsmittel;* GRUR 1968, 382 – *Favorit II.*

Preiskampf und Preisunterbietung.[557] In Einzelfällen konnte auch der Rechtsbruchtatbestand betroffen sein.[558] Eine allgemeine Befugnis, wettbewerbsfremdes Verhalten eines Konkurrenten mit gleicher Münze heimzuzahlen, wurde selbstverständlich nie anerkannt.[559] Die Voraussetzungen der Abwehr wurden minutiös geprüft und streng gehandhabt.[560] Über die genannten Fallgruppen hinaus konnte er aufgrund seiner strengen Voraussetzungen keine Bedeutung gewinnen.

207 c) **Rechtsgrundlage.** Der Abwehreinwand steht von seinen Tatbestandsvoraussetzungen her der **Notwehr i. S. d. § 227 BGB** nahe und wurde früher vereinzelt ausdrücklich[561] oder zumindest dem Rechtsgedanken nach[562] auf diese Vorschrift gestützt. Man ist sich heute allerdings weitgehend einig, dass der Abwehreinwand ein **eigenständiges wettbewerbsrechtliches Institut** ist, für das § 227 BGB keine unmittelbare Anwendung findet.[563] Der BGH zieht als Rechtsgrundlage des Abwehreinwands § 227 BGB analog heran.[564]

208 d) **Tatbestandsausschluss.** Da Abwehrlage, Abwehrzweck und Notwendigkeit der Abwehrmaßnahme nach nahezu einhelligem Verständnis die wettbewerbsrechtliche **Beurteilung des Gesamtverhaltens** betreffen, sind sie bereits bei der Prüfung der Tatbestandsmäßigkeit zu berücksichtigen. Geschäftliche Handlungen, die ohne den Abwehrzweck unlauter wären, können als Abwehrhandlungen lauter sein. Liegen die Voraussetzungen der wettbewerblichen Abwehr vor, ist das Verhalten schon nicht unlauter (früher: nicht sittenwidrig), also **nicht tatbestandsmäßig,** und nicht erst durch Notwehr entsprechend § 227 BGB gerechtfertigt.[565]

209 e) **Heutige Bedeutung.** Damit sind auch die Grenzen des Abwehreinwands in einem UWG vorgezeichnet, das sich 2004 von der Generalklausel mit der Notwendigkeit zu einer wettbewerblichen Gesamtbeurteilung aller Umstände weitgehend verabschiedet und die Unlauterkeit in feste Tatbestände gefasst hat. Denn ein Tatbestandsausschluss unter Berufung auf eine notwendige Abwehrmaßnahme ist **nicht möglich,** wo **keine Gesamtbewertung der Lauterkeit** stattfindet.[566] Dies gilt zunächst für alle Tatbestände der **Schwarzen Liste.**[567] Ein diesen Tatbeständen entsprechendes Verhalten ist gemäß § 3 Abs. 3 „stets unzulässig". Auch beim **Rechtsbruch** nach § 3a reicht der objektive Verstoß gegen eine Marktverhaltensregelung für das Unlauterkeitsverdikt aus.[568] Eine Gesamtbewertung findet – anders als vor Inkrafttreten des UWG 2004[569] – nicht mehr statt. Damit scheidet eine Verteidigung mit dem Abwehreinwand aus.[570]

210 Der Abwehreinwand kann **nur noch dort** greifen, wo es zum einen um die Anwendung **offener Tatbestände** mit generalklauselartigen Wertungsmöglichkeiten geht und zum anderen als **mitbewerberbezogene Verstöße** (zum Begriff § 8 Rdn. 279) nur die Interessen des betroffenen Mitbewerbers und nicht auch – wie z. B. in §§ 4a und 7 Abs. 1 – Interessen Dritter berührt sind.[571] Hierzu gehören die Tatbestände des § 4 Nr. 1 (Herabsetzung eines Mitbewerbers) und Nr. 4 (gezielte Behinderung eines Mitbewerbers).[572] Auch bei § 4 Nr. 3 lit. b und c findet eine Wertung auf eine „unangemessene" Ausnutzung des Rufes oder eine „unredliche" Erlangung von Vorlagen statt. Auch wenn eine Nachahmung zu Abwehrzwecken nur schwer vorstellbar erscheint und bisher nur in einem Fall der Behinderung praktisch wurde,[573] kann der Abwehreinwand hier theoretisch greifen. In § 4 Nr. 3 lit. a können auch Interessen der Verbraucher berührt sein. Bei der vergleichenden Werbung gemäß § 6 ist eine Bewertung der Gesamtumstände nur noch in § 6 Abs. 2 Nr. 4 vorgesehen. Dennoch wird man hier den Abwehreinwand wohl nicht mehr greifen lassen können, ob-

---

557 BGH GRUR 1990, 371 – *Preiskampf;* GRUR 1990, 685 – *Anzeigenpreis I;* GRUR 2003, 363 – *Wal*Mart.*
558 BGH GRUR 1999, 1128 – *Hormonpräparate.*
559 RG GRUR 1936, 747, 751 – *Waterproof.*
560 RG GRUR 1944, 34, 35 – *Stahlsaitenbeton.*
561 RG GRUR 1944, 34, 44 – *Stahlsaitenbeton; Koehne* MuW XXXII, 66; *Reimer* Kap. 113 Rdn. 2.
562 *Callmann* § 1 Rdn. 21; *Erichsen* GRUR 1958, 425, 430; *Tetzner* Vorbem. Rdn. 67.
563 Teplitzky/*Bacher* Kap. 18 Rdn. 4; *Ohly*/Sosnitza § 8 Rdn. 164; *Walter* S. 11 ff., 68 ff.
564 BGH GRUR 1971, 259, 260 – *W. A. Z.*
565 RGZ 92, 111, 113 – *Vorzugskarten;* GRUR 1935, 55, 60 – *Abdampfvorwärmer;* BGH GRUR 1967, 138, 140 – *Streckenwerbung;* GRUR 1971, 259, 260 – *W. A. Z.;* GRUR 1999, 1128, 1130 – *Hormonpräparate;* GRUR 2003, 363, 265 – *Wal*Mart; Köhler*/Bornkamm § 11 Rdn. 2.4.
566 *Schwippert* in Gloy/Loschelder/Erdmann, HdbWettbR, § 83 Rdn. 59.
567 MünchKommUWG/*Fritzsche* § 11 Rdn. 237.
568 BGH GRUR 2005, 778, 779 – *Atemtest.*
569 Vgl. BGH GRUR 1999, 1128, 1130 – *Hormonpräparate.*
570 *Schwippert* in Gloy/Loschelder/Erdmann, HdbWettbR, § 83 Rdn. 59.
571 *Schwippert* in Gloy/Loschelder/Erdmann, HdbWettbR, § 83 Rdn. 59.
572 MünchKommUWG/*Fritzsche* § 11 Rdn. 237.
573 OLG Frankfurt GRUR 1973, 83 – *Kunststoffkästen.*

wohl die vergleichende Werbung früher ein Hauptanwendungsfall war. Denn die ausnahmsweise Freigabe des sog. „Abwehrvergleichs" war früher nur dadurch notwendig geworden, dass Werbevergleiche grundsätzlich als sittenwidrig und unlauter gewertet worden waren.[574] Das harmonisierte Recht der vergleichenden Werbung, wie es sich heute in § 6 findet, geht demgegenüber von einer grundsätzlichen Zulässigkeit der vergleichenden Werbung aus, die nur in abschließend festgelegten Ausnahmefällen eingeschränkt wird. Diese Regelung ist abschließend. Ob hier „Notwehrerwägungen" möglich sind, ist höchst fraglich[575] und abzulehnen.[576]

Insgesamt ist die **Bedeutung** des Abwehreinwands **heute** deshalb **minimal.** Soweit ersichtlich sind nach 2004 keine Entscheidungen mehr ergangen, bei denen sich der Beklagte erfolgreich hat auf den Abwehreinwand berufen können. Rechtsdogmatisch warf und wirft der Abwehreinwand eine Reihe hochinteressanter Fragen auf, die nach komplexen Antworten verlangen. In der Praxis spielt er keine Rolle. 211

2. Voraussetzungen der Abwehr

a) Eingriff ausschließlich in individuelle Belange des betroffenen Mitbewerbers. Das UWG schützt gemäß § 1 sowohl die Individualinteressen einzelner Mitbewerber wie Kollektivinteressen. Der Abwehreinwand kommt nur bei **mitbewerberbezogenen Verstößen** zum Zuge, wo sich die als unlauter angegriffene geschäftliche Handlung ausschließlich gegen einen bestimmten Mitbewerber richtet und allein dessen Interessen beeinträchtigt.[577] 212

Der Abwehreinwand kann nur im Verhältnis zum abgewehrten Mitbewerber ihre Wirkung entfalten, nicht aber im Verhältnis zu Dritten.[578] Eine geschäftliche Handlung, die – was gemäß § 1 in der Regel der Fall sein wird[579] – in schutzwürdige Belange unbeteiligter Dritter, wie z. B. der übrigen Wettbewerber,[580] oder der Allgemeinheit[581] eingreift, bleibt deshalb trotz Abwehrabsicht unlauter.[582] Seit Langem ist anerkannt, dass eine **Irreführung i. S. d. § 5 niemals** als berechtigte Abwehr angesehen werden kann.[583] Darüber hinaus scheidet bei sämtlichen verbraucherschützenden Tatbeständen, deren Grundlage die verbraucherschützende UGP-Richtlinie ist, eine Berufung auf den Abwehreinwand wohl von vornherein aus. 213

Der BGH hat die Berufung auf den Abwehreinwand unter Berufung auf **Art. 5 Abs. 1 GG** in einem Einzelfall zugelassen, wo durch ein sachlich aufklärendes Werbeblatt Belange der Allgemeinheit zwar betroffen waren, allerdings nur ganz marginal und im Rahmen der durchgeführten Interessenabwägung mit dem Aufklärungszweck nicht ins Gewicht fallend.[584] Das Ergebnis ist richtig. Es kann allerdings nicht auf den Abwehreinwand, sondern muss auf die Wahrnehmung berechtigter Interessen analog § 193 StGB gestützt werden. 214

b) Abwehrlage. Zulässige Abwehr setzt einen gegenwärtigen, objektiv **rechtswidrigen Angriff** voraus.[585] Gegenwärtig ist der Angriff, solange er andauert, also von seinem unmittelbaren Bevorstehen bis zu dem Zeitpunkt, wo er noch unmittelbare Wirkungen zeitigt.[586] Die Rechtswidrigkeit des Angriffs kann sich aus der Verletzung von beliebigen Normen des Deliktsrechts ergeben.[587] Der Angriff muss nicht unbedingt eine geschäftliche Handlung im Sinne des § 2 Abs. 1 Nr. 1 darstellen.[588] In der Praxis wird es sich bei dem rechtswidrigen Angriff allerdings meist um 215

---

[574] Vgl. RG GRUR 1931, 1299, 1301 – *Hellegold;* aus heutiger Sicht *Peifer* Rdn. 251 ff.

[575] MünchKommUWG/*Fritzsche* § 11 Rdn. 242, 265.

[576] *Ohly*/Sosnitza § 8 Rdn. 164.

[577] BGH GRUR 1983, 335, 336 – *Trainingsgerät;* GRUR 1990, 685, 686 – *Anzeigenpreis I; Köhler*/Bornkamm § 11 Rdn. 2.9; a. A. und gänzlich ablehnend *Sekler* S. 58 f.: Jeder unlautere Wettbewerb, auch gegen einen einzelnen Mitbewerber gerichtete, berührt Allgemeininteressen und kann auch als Abwehrmaßnahme nicht zugelassen werden.

[578] MünchKommUWG/*Fritzsche* § 11 Rdn. 240.

[579] *Ohly*/Sosnitza § 8 Rdn. 164.

[580] BGH GRUR 1957, 365, 368 – *SUWA;* GRUR 1984, 461, 463 – *Kundenboykott;* GRUR 1990, 685, 686 – *Anzeigenpreis I.*

[581] BGH GRUR 1955, 541, 542 – *Bestattungswerbung.*

[582] BGH GRUR 1967, 308, 310 – *Backhilfsmittel;* GRUR 1967, 430, 432 – *Grabsteinaufträge;* GRUR 1983, 335, 336 – *Trainingsgerät;* GRUR 1990, 685, 686 f. – *Anzeigenpreis I;* GRUR 2008, 530 Tz. 22 – *Nachlass bei der Selbstbeteiligung;* Teplitzky/*Bacher* Kap. 18 Rdn. 8.

[583] RG GRUR 1931, 1154, 1155 – *Linokitt;* GRUR 1933, 578, 580 f. – *Benediktinerssenz;* BGH GRUR 1983, 335, 336 – *Trainingsgerät;* Teplitzky/*Bacher* Kap. 18 Rdn. 7; Ahrens/*Jestaedt* Kap. 24 Rdn. 15.

[584] BGH GRUR 1999, 1128, 1130 – *Hormonpräparate.*

[585] BGH WRP 1989, 572, 576 – *Bioäquivalenz-Werbung;* MünchKommUWG/*Fritzsche* § 11 Rdn. 245.

[586] Teplitzky/*Bacher* Kap. 18 Rdn. 5; *Köhler*/Bornkamm § 11 Rdn. 2.5; *Ohly*/Sosnitza § 8 Rdn. 165.

[587] Vgl. BGH WRP 1989, 572, 576 – *Bioäquivalenz-Werbung;* Teplitzky/*Bacher* Kap. 18 Rdn. 5.

[588] BGH GRUR 1999, 1128, 1130 – *Hormonpräparate;* MünchKommUWG/*Fritzsche* § 11 Rdn. 245.

Verstöße gegen das UWG oder das GWB handeln.[589] Der Angriff braucht nicht schuldhaft zu sein.[590] Da bei einer zulässigen Abwehr die Wettbewerbswidrigkeit des Handelns entfällt, ist die Gegenabwehr unzulässig.[591]

216 **c) Abwehrzweck.** Als Abwehrhandlungen kommen nur Maßnahmen in Betracht, die nach der subjektiven Zielrichtung des Handelnden der Abwehr eines Angriffs dienen sollen **(Abwehrwille).**[592] Die Abwehr muss sich ihrem Inhalt nach als **gezielte Reaktion auf den Angriff** darstellen und genau auf diese bezogen sein.[593] Zwischen dem Angriff und der Abwehrmaßnahme muss ein objektiver Zusammenhang bestehen.[594] Daran fehlt es z.B., wenn der Angriff als individuelle Behinderung erfolgt und die vermeintliche Abwehrmaßnahme in einer kreditgefährdenden Äußerung besteht. Werden neben dem Abwehrzweck auch andere Wettbewerbszwecke verfolgt, macht dies die wettbewerbliche Abwehr nicht unbedingt unzulässig.[595] Deshalb kann ein Verhalten nicht bereits deshalb beanstandet werden, weil es neben der mit Verteidigungswillen erfolgenden Abwehr darüber hinausgehende werbliche Elemente enthält.[596] Allerdings darf die Abwehr nicht nur ein bloßer Vorwand für eigene wettbewerbswidrige Angriffe sein.[597] Sie ist „kein Freibrief für Angriffe aller Art".[598] Deshalb dürfen die überschießenden werblichen Elemente nicht ihrerseits wettbewerbswidrig sein. Soweit eine Abwehrhandlung aber neben wettbewerbswidrigen auch wettbewerbskonforme Elemente enthält, können letztere der Annahme der Verfolgung eines Abwehr zwecks nicht entgegenstehen.[599] Eine Maßnahme, die über die Abwehr eines Angriffs des Gegners hinaus auf dessen wirtschaftliche Vernichtung abzielt, ist nicht mehr vom Abwehrzweck legitimiert.[600]

217 **d) Verhältnismäßigkeit der Abwehrmaßnahme.** Die Abwehrmaßnahme muss verhältnismäßig sein. Dies bedeutet, dass sie zur Abwehr des Angriffs geeignet, erforderlich und angemessen sein muss.[601]

218 *aa) Geeignetheit.* Die Abwehrhandlung muss **geeignet** sein, den Angriff abzuwehren. Dieses Kriterium darf nicht mit der Anforderung, dass ein objektiver Zusammenhang zwischen Abwehr und Angriff vorliegen muss, vermengt werden. Eine kreditgefährdende Äußerung ist, wenn sie die Insolvenz und unmittelbare Einstellung des Betriebs des Betroffenen zur Folge hat, durchaus geeignet, eine von ihm zuvor vorgenommene Behinderung zu beenden. Es fehlt aber am objektiven Zusammenhang.

219 *bb) Erforderlichkeit.* Ein Abwehrverhalten ist nur dann wettbewerbsrechtlich zulässig, wenn es **erforderlich** und **notwendig** ist.[602] Daran fehlt es, wenn der rechtswidrige Angriff des anderen Wettbewerbsteilnehmers durch **Inanspruchnahme gerichtlicher Hilfe** ausreichend abgewehrt werden kann.[603] Gerichtliche Hilfe gibt dann keine ausreichende Handhabe, wenn durch sie den (andauernden) Wirkungen des rechtswidrigen Angriffs nicht hinreichend begegnet werden kann,[604] wie insbesondere bei Angriffen durch unlautere, an einen unbestimmten Personenkreis gerichtete Werbung,[605] oder wenn zu erwarten ist, dass sich der Angreifer nicht an ein gerichtliches Verbot halten

---

[589] Teplitzky/*Bacher* Kap. 18 Rdn. 5; MünchKommUWG/*Fritzsche* § 11 Rdn. 250.

[590] BGH GRUR 1967, 308, 311 – *Backhilfsmittel;* Teplitzky/*Bacher* Kap. 18 Rdn. 5.

[591] MünchKommUWG/*Fritzsche* § 11 Rdn. 267.

[592] Vgl. BGH GRUR 1961, 288, 289 – *Zahnbürsten;* MünchKommUWG/*Fritzsche* § 11 Rdn. 252.

[593] BGH GRUR 1999, 1128, 1130 – *Hormonpräparate;* MünchKommUWG/*Fritzsche* § 11 Rdn. 252.

[594] RG GRUR 1933, 249, 251 – *Paraffinkerzen;* BGH GRUR 1954, 337, 341 – *Radschutz;* GRUR 1957, 23, 24 – *Bünder Glas;* GRUR 1960, 193, 196 – *Frachtenrückvergütung;* Teplitzky/*Bacher* Kap. 18 Rdn. 7.

[595] BGH GRUR 1962, 45, 48 – *Betonzusatzmittel;* GRUR 1971, 259, 161 – *W.A.Z.;* MünchKommUWG/*Fritzsche* § 11 Rdn. 253.

[596] A.A. Teplitzky-*Bacher* Kap. 18 Rdn. 7; *Köhler*/Bornkamm § 11 Rdn. 2.6 unter Berufung auf BGH GRUR 1999, 1128, 1131 – *Hormonpräparate.*

[597] BGH GRUR 1961, 288, 289 – *Zahnbürsten.*

[598] RG MuW XXX, 174 – *Minimax/Total.*

[599] MünchKommUWG/*Fritzsche* § 11 Rdn. 253.

[600] RG GRUR 1938, 269, 271 – *Auskunftskalender.*

[601] Teplitzky/*Bacher* Kap. 18 Rdn. 10 ff.; *Ohly*/Sosnitza § 8 Rdn. 165.

[602] RG GRUR 1933, 249, 251 – *Paraffinkerzen.*

[603] RG GRUR 1933, 249, 251 – *Paraffinkerzen;* BGH GRUR 1962, 426, 428 – *Selbstbedienungsgroßhändler;* GRUR 1968, 382, 385 – *Favorit II;* GRUR 1971, 259, 260 – *W.A.Z.;* GRUR 1990, 371, 373 – *Preiskampf;* GRUR 1990, 685, 686 – *Anzeigenpreis I;* Teplitzky/*Bacher* Kap. 18 Rdn. 11.

[604] BGH GRUR 1960, 193, 196 – *Frachtenrückvergütung;* GRUR 1962, 426, 428 – *Selbstbedienungsgroßhändler;* GRUR 1989, 516, 518 – *Vermögensberater.*

[605] BGH GRUR 1989, 516, 518 – *Vermögensberater;* GRUR 1999, 1128, 1130 f. – *Hormonpräparate;* Teplitzky/*Bacher* Kap. 18 Rdn. 11; *Köhler*/Bornkamm § 11 Rdn. 2.7.

wird.[606] An der Erforderlichkeit des Abwehrverhaltens fehlt es außerdem, wenn der Angegriffene mehrere Mittel zur Auswahl hat und nicht das **schonendste** ihm zur Verfügung stehende **Mittel** wählt.[607]

cc) Angemessenheit. Art und Umfang der Abwehrmaßnahmen müssen auch **angemessen,** also nach der **Zweck-Mittel-Relation** verhältnismäßig im engeren Sinne sein. Was angemessen ist, wird auf Seiten des Abwehrenden durch die Stärke des Angriffs und auf Seiten des Verletzten her gesehen durch die Schwere der ihm durch den Angriff drohenden Interessenbeeinträchtigung bestimmt.[608] Dabei kann ein schwerwiegender Angriff auch eine scharfe Abwehr rechtfertigen.[609] Aufklärungsmaßnahmen dürfen aber die Grenzen der Sachlichkeit nicht überschreiten.[610] Verunglimpfungen und Diffamierungen des Gegners sind nicht zulässig.[611] Die Grenzen der angemessenen Verteidigung werden überschritten, wenn die Abwehr die Existenz des Gegners gefährdet.[612] 220

e) Beurteilung aus objektiver Sicht. Abwehrlage, Abwehrzweck und Verhältnismäßigkeit müssen objektiv gegeben sein. Ein Irrtum über die Erforderlichkeit, Tauglichkeit und Adäquanz der Abwehrmaßnahme **(sog. Putativabwehr)** ist grundsätzlich nicht geeignet, der Handlungsweise den Charakter der objektiven Wettbewerbswidrigkeit zu nehmen.[613] 221

3. Rechtsfolgen

Sind die dargelegten Voraussetzungen der Abwehr erfüllt, stellt sich die Abwehrhandlung als lauter dar. Da es somit an einer unlauteren und damit unzulässigen geschäftlichen Handlung i. S. d. § 3 Abs. 1 fehlt, sind Ansprüche hiergegen nicht gegeben; soweit die Abwehr als geschäftliche Handlung unzulässig ist, ist sie dagegen unlauter i. S. d. § 3 Abs. 1 und löst Ansprüche gemäß §§ 8, 9 auf Unterlassung und Schadensersatz aus.[614] 222

4. Prozessuales

Die Darlegungs- und Beweislast für die den Abwehreinwand begründenden Tatsachen trägt derjenige, der sich auf die Abwehr beruft, also der angegriffene Beklagte. Dem Abwehreinwand ist mit Vorsicht zu begegnen. Häufig ist er nur ein nachträglich erfundener Vorwand.[615] Die nachträgliche Darstellung des Verhaltens als „Abwehr" nimmt einem Handeln ohne entsprechende Zielrichtung selbstverständlich nicht die Wettbewerbswidrigkeit.[616] 223

IX. Wahrnehmung berechtigter Interessen

Die an sich gegebene Unlauterkeit einer Wettbewerbshandlung kann entfallen, wenn der Wettbewerber zur **Wahrnehmung berechtigter Interessen** gehandelt hat.[617] Anders als der Abwehreinwand kann nach der bisherigen Praxis die Wahrnehmung berechtigter Interessen u. U. auch dann zu einer Bewertung des Verhaltens als nicht unlauter führen, wenn dieses nicht lediglich die Individualinteressen eines Mitbewerbers, sondern **Belange der Allgemeinheit** beeinträchtigt.[618] Daran ist festzuhalten. 224

Allerdings ist bei der Abwägung zu berücksichtigen, dass den **Allgemeininteressen** grundsätzlich der **Vorrang** gebührt und diese nur aus ganz besonders gewichtigen Gründen zurückstehen.[619] 225

---

[606] BGH GRUR 1961, 259, 260 – *W. A. Z.*

[607] BGH GRUR 1959, 244, 247 – *Versandbuchhandlung;* GRUR 1979, 157, 159 – *Kindergarten-Malwettbewerb;* MünchKommUWG/*Fritzsche* § 11 Rdn. 258.

[608] Vgl. BGH GRUR 1968, 382, 385 – *Favorit II.*

[609] RG GRUR 1932, 86, 88 f. – *Doppelklappenumschläge;* BGH GRUR 1962, 45, 48 – *Betonzusatzmittel.*

[610] RG GRUR 1938, 263, 267 – *Zur Ehrenrettung des Coffeins.*

[611] RG GRUR 1932, 86, 88 f. – *Doppelklappenumschläge;* GRUR 1941, 125, 130 – *Markenräder;* GRUR 1941, 378, 382 ff. – *Rundschreiben;* Teplitzky/*Bacher* Kap. 18 Rdn. 12.

[612] RG GRUR 1932, 86, 89 – *Doppelklappenumschläge.*

[613] RG GRUR 1932, 86, 89 – *Doppelklappenumschläge;* BGH GRUR 1960, 193, 197 – *Frachtenrückvergütung;* Teplitzky-*Bacher* Kap. 18 Rdn. 13.

[614] RG GRUR 1932, 86, 89 – *Doppelklappenumschläge;* MünchKommUWG/*Fritzsche* § 11 Rdn. 268 f.

[615] *Callmann* § 1 Rdn. 23a; *Tetzner* Vorbem. Rdn. 68; a. A. *Rosenthal/Leffmann* § 1 Rdn. 48.

[616] Ahrens/*Jestaedt* Kap. 24 Rdn. 15.

[617] BGH GRUR 1970, 565, 466 – *Prämixe;* GRUR 1971, 259, 260 – *W. A. Z.;* GRUR 1999, 1128, 1130 – *Hormonpräparate; Köhler*/Bornkamm § 11 Rdn. 2.12; *Ohly*/Sosnitza § 8 Rdn. 169.

[618] BGH GRUR 1999, 1128, 1130 – *Hormonpräparate.*

[619] So *Beater* Rdn. 2563 zur parallelen Problematik beim Abwehreinwand.

Eine Handlung, die im gegebenen Zusammenhang den strengen Voraussetzungen der Wahrnehmung berechtigter Interessen genügt, verstößt auch nicht gegen die **berufliche Sorgfalt** i. S. d. Art. 5 Abs. 2 lit. a) UGP-Richtlinie. Hierbei ist allerdings zu beachten, dass bei der Verwirklichung eines Tatbestands der **Schwarzen Liste** eine Interessenabwägung **nicht** stattfinden kann, da ein diesen Tatbeständen entsprechendes Verhalten gemäß § 3 Abs. 3 „stets unzulässig" ist.

226 In der Regel greift der in Anlehnung an § 193 StGB in der Rechtsprechung über den Anwendungsbereich bei Ehrverletzungen hinaus zu einem allgemeinen Grundsatz entwickelte Rechtsgedanke der Wahrnehmung berechtigter Interessen nur ein, wenn das an sich zu beanstandende Verhalten objektiv nach Inhalt, Form und Begleitumständen das **geeignete** und **notwendige Mittel** zur Erreichung eines rechtlich gebilligten Zweckes in **verhältnismäßiger Weise** bildet.[620] Werden Tatsachen der Wahrheit zuwider behauptet oder verbreitet, so bleibt die Handlung selbst dann unlauter, wenn an der Verbreitung der Tatsache, wäre sie wahr, ein berechtigtes Interesse bestünde, vgl. § 4 Nr. 2 HS 2. Dass mit dem beanstandeten Verhalten noch andere Zwecke verfolgt werden, ist unerheblich, wenn die Verfolgung der berechtigten Interessen dahinter nicht ganz zurücktritt.[621]

X. Privilegierung von Äußerungen in rechtsförmigen Verfahren

Schrifttum: *Fritzsche,* Unterlassungsanspruch und Unterlassungsklage, 2000; *Götting,* Anmerkung zu BGH GRUR 2010, 253 – *Fischdosendeckel,* GRUR 2010, 256; *Hanßen,* Schutz der Wettbewerber vor unzutreffenden Äußerungen über den Stand der Technik in Patent- und Gebrauchsmusterschriften, 2012; *Helle,* Die Begrenzung des zivilrechtlichen Schutzes der Persönlichkeit und der Ehre gegenüber Äußerungen in rechtlich geordneten Verfahren, GRUR 1982, 207.

1. Fehlendes Rechtsschutzbedürfnis bei Verfahrensäußerungen

227 Handelt es sich bei als unlauter angegriffenen Äußerungen um Äußerungen oder Verhaltensweisen einer Partei, eines Rechtsanwalts oder eines sonstigen Beteiligten, die der **Rechtsverteidigung** oder **Rechtsverfolgung** in einem **gerichtlichen oder behördlichen Verfahren** – auch im Vorfeld oder zur Vorbereitung eines künftigen Prozesses[622] – dienen, ist es nicht erforderlich, auf den Gesichtspunkt der Wahrnehmung berechtigter Interessen zurückzugreifen.

228 Für die Geltendmachung eines Abwehranspruches gegenüber solchen im Zusammenhang mit einem **gerichtlichen** oder **behördlichen,** z. B. patentamtlichen, **Verfahren abgegebenen Erklärungen fehlt** nämlich bereits das **Rechtsschutzbedürfnis.**[623] Auf den Ablauf eines solchen Verfahrens darf nämlich nicht dadurch Einfluss genommen und seinem Ergebnis darf nicht dadurch vorgegriffen werden, dass ein Verfahrensbeteiligter durch Unterlassungs- oder Widerrufsansprüche in seiner Äußerungsfreiheit oder sonst in der Ausübung seiner verfahrensmäßigen Rechte eingeengt wird.[624] Die Privilegierung von Verfahrensäußerungen stößt allerdings an gewisse sachliche, personelle und mediale Grenzen:

2. Grenzen der Privilegierung

229 **a) Sachliche Grenzen.** In folgenden – seltenen – Fallgruppen ist auch auf der Grundlage der geschilderten Rechtsprechung des BGH ganz ausnahmsweise ein Rechtsschutzbedürfnis gegeben:[625] Eine in einem Verfahren oder aus diesem Anlass abgegebene Äußerung dient nicht der Rechtsverfolgung und ist nicht privilegiert, wenn sie **offensichtlich ohne jeden inneren Zusammenhang** mit der Ausführung oder Verteidigung der in dem betreffenden Verfahren verfolgten Rechte steht, also nur „bei Gelegenheit" des Verfahrens erfolgt.[626] Nicht privilegiert sind auch Äußerungen, die

---

[620] RG GRUR 1937, 237, 240 – *Klischee-Vertrieb;* BGH GRUR 1970, 465, 466 – *Prämixe.*

[621] BGH GRUR 1960, 136, 136 – *Druckaufträge.*

[622] BGH NJW 1981, 2117, 2118; GRUR 1995, 66, 68 – *Konkursverwalter.*

[623] BGH GRUR 1987, 568, 569 – *Gegenangriff;* GRUR 1998, 587, 590 – *Bilanzanalyse Pro 7;* WRP 2008, 359, 361 Tz. 13 – *Unterlassung schriftsätzlicher Äußerungen;* GRUR 2010, 253, 254 Tz. 16 – *Fischdosendeckel;* GRUR 2013, 305, 306 Tz. 16, 20 – *Honorarkürzung;* GRUR 2013, 647, 648 Tz. 12 – *Rechtsmissbräuchlicher Zuschlagsbeschluss;* ausführlich zur Rechtsentwicklung *Hanßen* S. 74 ff.

[624] St. Rspr., vgl. BGH GRUR 1965, 381, 385 – *Weinbrand;* GRUR 1998, 587, 589 – *Bilanzanalyse Pro 7;* WRP 2008, 359, 361 Tz. 13 – *Unterlassung schriftsätzlicher Äußerungen;* GRUR 2010, 253, 254 Tz. 14 – *Fischdosendeckel;* GRUR 2013, 305, 306 Tz. 14 – *Honorarkürzung;* GRUR 2013, 647, 648 Tz. 12 – *Rechtsmissbräuchlicher Zuschlagsbeschluss; Fritzsche* S. 144; *Hanßen* S. 88 ff.; *Helle* GRUR 1982, 207, 210 f.

[625] BGH WRP 2008, 359, 361 Tz. 14 – *Unterlassung schriftsätzlicher Äußerungen;* GRUR 2013, 305, 306 Tz. 16 – *Honorarkürzung; Hanßen* S. 80 ff.

[626] BGH GRUR 1973, 550, 551 – *halbseiden;* WRP 2008, 359, 361 Tz. 14 – *Unterlassung schriftsätzlicher Äußerungen;* GRUR 2013, 305, 306 Tz. 16 – *Honorarkürzung; Hanßen* S. 80 f.

„auf der Hand liegend" falsch sind.[627] **Schmähungen,** bei denen nicht die Auseinandersetzung in der Sache, sondern die Diffamierung des Gegners im Vordergrund steht, verdienen ebenfalls keine Privilegierung.[628] Allerdings sind im Lichte der Meinungsfreiheit gemäß Art. 5 Abs. 1 GG die Anforderungen an eine diffamierende Schmähkritik hoch. So wurde die Kritik, bei einem Franchisemodell handele es sich um eine „parasitäre Veranstaltung" und es heftete sich „wie eine Zecke" an die unwissenden Franchisenehmer noch als sicherlich zugespitzte, aber auf die Sache bezogene Kritik gewertet.[629]

b) Personelle Grenzen. Privilegiert sind nur Äußerungen von Personen, die **am Verfahren beteiligt** sind. Am Verfahren beteiligt sind neben den Parteien insbesondere deren Prozessvertreter bzw. Vertreter gegenüber der Behörde sowie Zeugen und Sachverständige.[630] 230

aa) Schutzlosigkeit unbeteiligter Dritter. Die Privilegierung von Äußerungen in einem rechtlich geordneten Verfahren sollen nach der Rechtsprechung des BGH auch dann gelten, wenn durch die zur Rechtsverfolgung abgegebenen Äußerungen am Verfahren **nicht beteiligte Dritte** betroffen werden,[631] z. B. wenn in einer veröffentlichten Patentschrift die im Anmeldeverfahren gemachten Angaben zum Stand der Technik und der zu lösenden Aufgabe die Nachteile des Produkts eines bestimmten Mitbewerbers erläutert werden.[632] Sehe ein solches Verfahren eine Beteiligung des Dritten nicht vor, so sei damit eine abschließende gesetzgeberische Interessenabwägung getroffen, die dazu führe, dass dem Dritten das Rechtsschutzbedürfnis für eine Klage gegen herabsetzende Äußerungen in diesem Verfahren fehle.[633] Die ungehinderte Durchführung staatlich geregelter Verfahren dürfe im Interesse der daran Beteiligten und im öffentlichen Interesse nicht mehr als unbedingt notwendig behindert werden. Die Verfahrensbeteiligten müssten, soweit nicht zwingende rechtliche Grenzen entgegenstehen, vortragen können, was sie zur Rechtsverfolgung oder Rechtsverteidigung für erforderlich halten. Dabei müssten, wenn dies der Verfahrensgegenstand rechtfertigt, auch Tatsachenbehauptungen und -bewertungen mit Bezug auf am Verfahren nicht beteiligte Dritte zum Inhalt des Vorbringens gemacht werden können. Es sei dann allein Aufgabe des mit der Entscheidung in dem betreffenden Verfahren befassten Organs, die Erheblichkeit und Richtigkeit des jeweiligen Vorbringens für seine Entscheidung zu beurteilen. Nur so sei eine rechtsstaatliche Verfahrensführung gewährleistet. Die Interessen von Dritten würden dadurch genügend geschützt, dass Äußerungen ohne sachlichen Zusammenhang mit dem Verfahren, offenkundig unrichtige Äußerungen sowie Schmähungen nicht privilegiert seien und dagegen klagen möglich seien.[634] 231

bb) Kritik. Diese Auffassung ist jedoch deshalb **bedenklich,** weil sie dem **Schutz** des durch die Äußerung in seinen Rechten **Betroffenen nicht hinreichend Rechnung** trägt. Die Beschränkung des Rechtsschutzes bei Äußerungen, die der Rechtsverfolgung oder -verteidigung in behördlichen oder gerichtlichen Verfahren dienen, findet ihre Rechtfertigung vor allem darin, dass dem Betroffenen bereits in dem anhängigen Verfahren prozessual oder materiell-rechtlich ausreichende Rechtsgarantien zum Schutze seiner Interessen bereitstehen, er den Eingriff in seine Rechte insbesondere zur Nachprüfung durch das Gericht (oder die Behörde) stellen kann.[635] Ist der Betroffene aber nicht am Verfahren beteiligt, so ist in aller Regel nicht gewährleistet, dass er von den ihn beeinträchtigenden Äußerungen Kenntnis erhält und ihm Gelegenheit gegeben wird, sich dagegen zu verteidigen.[636] Mangels einer verfahrensbezogenen Verteidigungsmöglichkeit sind am Verfahren völlig **unbeteiligte Dritte sehr viel schutzwürdiger als Verfahrensbeteiligte.**[637] Die auch für den Dritten mögliche Klage gegen Äußerungen ohne erkennbaren Bezug zum Ausgangsrechtsstreit, 232

[627] BGH WRP 2008, 359, 361 Tz. 14 – *Unterlassung schriftsätzlicher Äußerungen;* GRUR 2013, 305, 306 Tz. 16 – *Honorarkürzung; Hanßen* S. 81 f.

[628] BGH WRP 2008, 359, 361 Tz. 14 – *Unterlassung schriftsätzlicher Äußerungen;* GRUR 2013, 305, 306 Tz. 16 – *Honorarkürzung; Hanßen* S. 82 f.

[629] BGH WRP 2008, 359, 363 Tz. 24 – *Unterlassung schriftsätzlicher Äußerungen.*

[630] *Hanßen* S. 79 m. w. N.

[631] BGH GRUR 1973, 550, 551 – *halbseiden;* WRP 2008, 359, 361 Tz. 14 – *Unterlassung schriftsätzlicher Äußerungen* m. w. N.; GRUR 2010, 253, 254 Tz. 16 – *Fischdosendeckel;* GRUR 2013, 305, 306 Tz. 15 f. – *Honorarkürzung;* GRUR 2013, 647, 648 Tz. 13 f. – *Rechtsmissbräuchlicher Zuschlagsbeschluss.*

[632] BGH GRUR 2010, 253, 254 Tz. 16 – *Fischdosendeckel.*

[633] BGH GRUR 2010, 253, 254 Tz. 18 ff. 24 – *Fischdosendeckel.*

[634] BGH GRUR 2010, 253, 254 Tz. 17 – *Fischdosendeckel;* GRUR 2013, 305, 306 Tz. 16 – *Honorarkürzung;* GRUR 2013, 647, 648 f. Tz. 14 – *Rechtsmissbräuchlicher Zuschlagsbeschluss.*

[635] BGH GRUR 1995, 66, 67 – *Konkursverwalter.*

[636] Vgl. BGH GRUR 1998, 587, 590 – *Bilanzanalyse Pro 7.*

[637] *Hanßen* S. 78.

auf der Hand liegend falsche Äußerungen und Schmähungen[638] reicht als Rechtsschutz für den unbeteiligten Dritten nicht aus. Auch das sich beständig wiederholende Lippenbekenntnis des BGH, dass, weil der Dritte sich im Verfahren selbst nicht gegen die jeweiligen Äußerungen wehren könne, im Rahmen einer Abwägung der widerstreitenden Interessen besonders sorgfältig zu prüfen sei, ob es dem Dritten zumutbar sei, die Äußerung im Verfahren hinzunehmen,[639] hilft dem Dritten nicht weiter. Denn wenn das Rechtsschutzinteresse versagt wird, steht dem Dritten ja schon kein Rechtsweg offen, auf dem er seinen Interessen Geltung verschaffen könnte. Muss der Dritte damit rechnen, trotz gewichtiger Interessen mit seiner Klage gar nicht zugelassen zu werden, wird ihm der Rechtsschutz übermäßig erschwert. Dies ist mit dem Anspruch auf rechtliches Gehör (Art. 103 Abs. 1 GG) nicht zu vereinbaren.

233 Zum Schutze seiner Rechte **sollte man daher** ohne Wenn und Aber **ein Klagerecht** des unbeteiligten Dritten **zulassen.**[640] Gegen die Klage kann sich der Verletzer dann unter dem Gesichtspunkt der **Wahrnehmung berechtigter Interessen** verteidigen. Die zur Rechtsverteidigung in einem Verfahren abgegebenen Erklärungen dienen, auch wenn sie Dritte betreffen, grundsätzlich der Wahrnehmung gerechtfertigter Interessen, sofern sie nicht der Wahrheit zuwider behauptet worden sind. Auf den Ablauf des anhängigen Verfahrens wird durch die von dem an diesem Verfahren nicht beteiligten Dritten erhobene Abwehrklage gegen einen Verfahrensbeteiligten weder störend eingewirkt noch wird dem Ergebnis des schwebenden Verfahrens vorgegriffen, weil eine Entscheidung, die in dem Rechtsstreit über die Abwehrklage des Dritten ergeht, nur in dessen Rechtsverhältnis zu dem von ihm in Anspruch Genommenen bindende Wirkung hat (§ 325 Abs. 1 ZPO).[641]

234 **c) Zeitliche Grenzen.** In der Rechtsprechung des BGH ist anerkannt, dass das Rechtsschutzbedürfnis für eine Unterlassungsklage auch gegen Äußerungen fehlt, die **im Vorfeld** einer gerichtlichen Auseinandersetzung erfolgen, wenn sie unmittelbar der Vorbereitung dieses Prozesses dienen und derjenige, der die Äußerung macht, am späteren Verfahren beteiligt ist.[642] Angesichts der durchgängigen Gleichbehandlung von gerichtlichen und behördlichen Verfahren durch die Rechtsprechung gilt die Privilegierung auch für Äußerungen im Vorfeld von behördlichen Verfahren.

235 Für **Abmahnungen** im Vorfeld eines Prozesses um die Verletzung eines Rechts des geistigen Eigentums gilt: Nach Ansicht des GZS des BGH gilt die Privilegierung (vor)prozessualer Erklärungen bei einer **Schutzrechtsverwarnung** nur insoweit, als dem durch eine (unberechtigte) Abnehmerverwarnung Betroffenen nicht das Recht zuzubilligen ist, die gerichtliche Geltendmachung der vermeintlichen Ansprüche gegenüber seinen Abnehmern mit einem hiergegen gerichteten Unterlassungsanspruch zu verhindern; dagegen steht es einem Schadensersatzanspruch des Mitbewerbers wegen eines in der unberechtigten Abnehmerverwarnung liegenden Eingriffs in dessen Recht am eingerichteten und ausgeübten Gewerbebetrieb nicht entgegen.[643]

236 Kommt es gar nicht zu einem Verfahren, in dem **im Vorfeld** zur Rechtsverteidigung **erfolgte Äußerungen** überprüft werden können, so kann das Bestehen eines Rechtsschutzbedürfnisses für eine Abwehrklage nicht verneint werden.[644]

237 Das Gleiche galt nach verbreiteter Auffassung auch für Äußerungen **nach** und außerhalb eines **abgeschlossenen Verfahrens,** jedenfalls dann, wenn die beanstandete Äußerung in dem vorangegangenen Verfahren nicht überprüft worden ist.[645] Nunmehr hat der BGH entschieden, dass die Privilegierung von Äußerungen in einem rechtlich geordneten Verfahren auch nach dessen Abschluss gilt. Mit dem Anspruch auf rechtliches Gehör (Art. 103 Abs. 1 GG) und dem Rechtsstaatsprinzip (Art. 20 Abs. 3 GG) wäre es nicht vereinbar, wenn redliche Äußerungen in einem Zivilprozess oder Strafverfahren aus Gründen des Ehrenschutzes zu rechtlichen Nachteilen führen könnten,

---

[638] BGH WRP 2008, 359, 362 Tz. 17 – *Unterlassung schriftsätzlicher Äußerungen;* GRUR 2013, 305, 306 Tz. 16 – *Honorarkürzung;* GRUR 2013, 647, 648 f. Tz. 14 – *Rechtsmissbräuchlicher Zuschlagsbeschluss.*

[639] BGH WRP 2008, 359, 362 Tz. 15 – *Unterlassung schriftsätzlicher Äußerungen;* GRUR 2010, 253, 254 Tz. 15 – *Fischdosendeckel;* GRUR 2013, 305, 306 Tz. 15 – *Honorarkürzung;* GRUR 2013, 647, 648 f. Tz. 13 – *Rechtsmissbräuchlicher Zuschlagsbeschluss.*

[640] So auch *Hanßen* S. 110.

[641] Vgl. BGH GRUR 2010, 253, 254 Tz. 14 f. – *Fischdosendeckel; Hanßen* S. 76 m. w. N.

[642] BGH GRUR 1995, 66, 68 – *Konkursverwalter;* GRUR 2013, 305, 306 Tz. 20 – *Honorarkürzung;* str., Überblick über das Meinungsspektrum bei *Hanßen* S. 85 f.

[643] BGH GRUR 2005, 882, 884 f. – *Unberechtigte Schutzrechtsverwarnung;* vgl. dazu ferner BGH GRUR 2004, 958 – *Verwarnung aus Kennzeichenrecht I;* GRUR 2006, 432 – *Verwarnung aus Kennzeichenrecht II;* GRUR 2006, 433 – *Unbegründete Abnehmerverwarnung.*

[644] BGH NJW 1984, 1104, 1105 a. E.; offen gelassen in BGH GRUR 1995, 66, 68 – *Konkursverwalter.*

[645] Vgl. *Fritzsche* S. 145; weitere Nachweise und Überblick über den Meinungsstand bei *Hanßen* S. 86 f.

weil die Behauptung sich später als unrichtig oder nicht erweislich wahr herausstellt.[646] Diese Grundsätze sind auf das Wettbewerbsrecht übertragbar.[647] Die praktischen Folgen dieser Rechtsprechungsänderung halten sich aber in Grenzen. Denn häufig werden die in einem Prozess oder Verfahren abgegebenen Erklärungen ohnehin unter dem Gesichtspunkt der Wahrnehmung berechtigter Interessen gerechtfertigt sein. Mangels eines rechtswidrigen Handelns begründen sie dann keine Wiederholungsgefahr, und ohne Hinzutreten besonderer Umstände besteht auch keine Erstbegehungsgefahr einer entsprechenden Rechtsverletzung.

d) Mediale Grenzen. Für Behauptungen oder Werturteile, die in Bezug auf ein rechtlich geordnetes Verfahren gemacht, aber nicht im Verfahren selbst, sondern bei anderer Gelegenheit geäußert werden, gilt keine Privilegierung.[648] Dies hat der BGH etwa bei **ehrenrührigen Äußerungen außerhalb der prozessualen Rechtsverfolgung** durch Rundschreiben oder ähnliche an die Öffentlichkeit gerichtete Aktionen angenommen.[649] **Privilegierte Medien** sind also allein die unmittelbar **zum Verfahren gehörenden Schriftstücke** sowie das **in mündlicher Verhandlung gesprochene Wort.** Die Privilegierung der Äußerungen von Verfahrensbeteiligten im Verfahren ist nämlich vor dem Hintergrund zu sehen, dass regelmäßig nur eine geringe Zahl von Personen am Verfahren mitwirken und dem Prozessvortrag gegenüber anderen Verbreitungsmöglichkeiten außerhalb des Verfahrens nur eine geringe Öffentlichkeitswirkung zukommt; berufliche und amtliche Schweigepflichten treten hinzu.[650] Insoweit besteht rein faktisch eine geringe Streuwirkung von Äußerungen, die in einem rechtlich geordneten Verfahren getätigt werden. Wer die medialen Grenzen des Verfahrens überschreitet, überschreitet auch die Grenzen der Privilegierung von Verfahrensäußerungen. 238

§ 8 Beseitigung und Unterlassung

(1) [1]Wer eine nach § 3 oder § 7 unzulässige geschäftliche Handlung vornimmt, kann auf Beseitigung und bei Wiederholungsgefahr auf Unterlassung in Anspruch genommen werden. [2]Der Anspruch auf Unterlassung besteht bereits dann, wenn eine derartige Zuwiderhandlung gegen § 3 oder § 7 droht.

(2) Werden die Zuwiderhandlungen in einem Unternehmen von einem Mitarbeiter oder Beauftragten begangen, so sind der Unterlassungsanspruch und der Beseitigungsanspruch auch gegen den Inhaber des Unternehmens begründet.

(3) Die Ansprüche aus Absatz 1 stehen zu:

1. **jedem Mitbewerber;**
2. **rechtsfähigen Verbänden zur Förderung gewerblicher oder selbständiger beruflicher Interessen, soweit ihnen eine erhebliche Zahl von Unternehmern angehört, die Waren oder Dienstleistungen gleicher oder verwandter Art auf demselben Markt vertreiben, soweit sie insbesondere nach ihrer personellen, sachlichen und finanziellen Ausstattung imstande sind, ihre satzungsmäßigen Aufgaben der Verfolgung gewerblicher oder selbständiger beruflicher Interessen tatsächlich wahrzunehmen und soweit die Zuwiderhandlung die Interessen ihrer Mitglieder berührt;**
3. **qualifizierten Einrichtungen, die nachweisen, dass sie in die Liste qualifizierter Einrichtungen nach § 4 des Unterlassungsklagengesetzes oder in dem Verzeichnis der Kommission der Europäischen Gemeinschaften nach Artikel 4 der Richtlinie 98/27/EG des Europäischen Parlaments und des Rates vom 19. Mai 1998 über Unterlassungsklagen zum Schutz der Verbraucherinteressen (ABl. EG Nr. L 166 S. 51) eingetragen sind;**
4. **den Industrie- und Handelskammern oder den Handwerkskammern.**

(4) [1]Die Geltendmachung der in Absatz 1 bezeichneten Ansprüche ist unzulässig, wenn sie unter Berücksichtigung der gesamten Umstände missbräuchlich ist, insbesondere wenn sie vorwiegend dazu dient, gegen den Zuwiderhandelnden einen Anspruch auf Ersatz von Aufwendungen oder Kosten der Rechtsverfolgung entstehen zu lassen. [2]In diesen Fällen kann der Anspruchsgegner Ersatz der für seine Rechtsverteidigung

---

[646] BGH NJW 2012, 1659, 1660 Tz. 9.
[647] Teplitzky/*Bacher* Kap. 19 Rdn. 18.
[648] BGH NJW 1992, 1314, 1315 – *Kassenarztrundschrieben; Hanßen* S. 83 f.
[649] BGH NJW 1992, 1314, 1315 – *Kassenarztrundschreiben.*
[650] *Hanßen* S. 95 m. w. N.

erforderlichen Aufwendungen verlangen. [3]Weiter gehende Ersatzansprüche bleiben unberührt.

(5) **[1]§ 13 des Unterlassungsklagengesetzes ist entsprechend anzuwenden; in § 13 Absatz 1 und 3 Satz 2 des Unterlassungsklagengesetzes treten an die Stelle des Anspruchs gemäß § 1 oder § 2 des Unterlassungsklagengesetzes die Unterlassungsansprüche nach dieser Vorschrift. [2]Im Übrigen findet das Unterlassungsklagengesetz keine Anwendung, es sei denn, es liegt ein Fall des § 4a des Unterlassungsklagengesetzes vor.**

Übersicht

Rdn.

A. Der Unterlassungsanspruch ... 1
I. Allgemeines ... 1
1. Bedeutung ... 1
2. Einfluss der UGP-Richtlinie ... 3
3. Charakter ... 4
4. Zielrichtung ... 6
a) Nichtbegehen der Zuwiderhandlung ... 6
b) Aktives Tun als Anspruchsinhalt ... 7
5. Verhältnis von Unterlassungsanspruch und Beseitigungsanspruch ... 21
a) Selbstständige Ansprüche mit unterschiedlicher Zielrichtung ... 21
b) Möglichkeit der Kongruenz ... 22
c) Unterschiedliche Streitgegenstände ... 23
6. Abwehr drohender Gefahren ... 24
a) Allgemeines ... 24
b) Verletzungsunterlassungsanspruch ... 25
c) Vorbeugender Unterlassungsanspruch ... 27
d) Wiederholte Handlungen ... 28
7. Wegfall der Begehungsgefahr ... 29
8. Maßgeblicher Zeitpunkt ... 30
a) Letzte Tatsachenverhandlung ... 30
b) Erledigung ... 33
9. Prozessuales ... 34
a) Tatsachenfrage ... 34
b) Darlegungs- und Beweislast ... 35
II. Wiederholungsgefahr und Verletzungsunterlassungsanspruch ... 36
1. Voraussetzungen ... 36
2. Zuwiderhandlung ... 37
a) Verstoß ... 37
b) Rechtswidrigkeit im Zeitpunkt der Begehung ... 38
c) Verschulden ... 39
d) Vollendete Zuwiderhandlung ... 40
3. Wiederholungsgefahr ... 42
a) Tatbestand ... 42
b) Tatsächliche Vermutung ... 43
4. Anfängliches Fehlen der Wiederholungsgefahr ... 45
a) Kerngleiche Handlungen ... 46
b) Denknotwendig unwiederholbare Handlungen ... 47
c) Nur in der Theorie wiederholbare Handlungen ... 48
5. Wegfall der Wiederholungsgefahr ... 49
a) Allgemeines ... 49
b) Unterwerfung ... 51
c) Prozessvergleich ... 60
d) Rechtskräftiger Hauptsachetitel ... 61
e) Einstweilige Verfügung und Abschlusserklärung ... 62
f) Gesetzliche Klärung der Rechtslage ... 63
g) Tod ... 65
h) Andere Fälle, in denen ein Wegfall der Wiederholungsgefahr diskutiert wird ... 66
III. Erstbegehungsgefahr und vorbeugender Unterlassungsanspruch ... 78
1. Voraussetzungen ... 78
2. Verhältnis zum Verletzungsunterlassungsanspruch ... 79
a) Gemeinsamkeiten und Unterschiede ... 79
b) Unterschiedliche Streitgegenstände ... 80
3. Erstbegehungsgefahr ... 83
a) Drohen einer Zuwiderhandlung ... 83

Rdn.
b) Objektive Feststellung ... 84
c) Keine tatsächliche Vermutung ... 86
d) Berühmung ... 87
e) Erklärungen im Rahmen der Rechtsverteidigung ... 88
f) Vorbereitungshandlungen ... 94
g) Verjährung ... 104
h) Rechtsnachfolge ... 105
4. Wegfall der Erstbegehungsgefahr ... 106
a) Unterschied zur Wiederholungsgefahr ... 106
b) actus contrarius ... 107
IV. Reichweite des gesetzlichen Unterlassungsanspruchs ... 111
1. Sachliche Reichweite ... 111
a) Reichweite der Begehungsgefahr ... 111
b) Reichweite der Wiederholungsgefahr beim Verletzungsunterlassungsanspruch ... 112
c) Reichweite der Erstbegehungsgefahr beim vorbeugenden Unterlassungsanspruch ... 123
2. Persönliche Reichweite ... 124
a) Unternehmer ... 124
b) Rechtsnachfolge ... 125
c) Insolvenzverwalter ... 129
3. Räumlicher und zeitlicher Umfang ... 130
a) Räumlicher Umfang ... 130
b) Zeitlicher Umfang ... 131
4. Aufbrauchsfrist ... 132
a) Allgemeines ... 132
b) Wirkung ... 133
c) Interessenabwägung ... 134
d) Dauer ... 137
e) Umfang ... 138
f) Prozessuales ... 139
5. Missbräuchliche Geltendmachung von Unterlassungsanspruch ... 143
6. Verjährung ... 144
7. Verwirkung ... 146
V. Vertraglicher Unterlassungsanspruch ... 147
B. Der Beseitigungsanspruch ... 148
I. Grundlagen ... 148
1. Wesen und Bedeutung ... 148
2. Entstehungsgeschichte ... 150
3. Verhältnis zu anderen Rechtsbehelfen ... 151
a) Verhältnis zum Unterlassungsanspruch ... 151
b) Verhältnis zum Schadensersatzanspruch ... 153
II. Voraussetzungen des Beseitigungsanspruchs ... 154
1. Überblick ... 154
2. Unzulässige geschäftliche Handlung ... 155
3. Störungszustand ... 159
a) Allgemeiner Beseitigungsanspruch ... 159
b) Anspruch auf Widerruf ... 161
4. Bestehen des Störungszustands ... 166
a) Kein vorbeugender Beseitigungsanspruch ... 166
b) Fortdauer ... 167
5. Rechtswidrigkeit ... 171
III. Inhalt und Umfang ... 172
1. Allgemeiner Beseitigungsanspruch ... 172
a) Allgemeines ... 172
b) Verhältnismäßigkeit ... 173
2. Widerrufsanspruch ... 174
a) Allgemeines ... 174
b) Verhältnismäßigkeit ... 176
3. ABC zu Inhalt und Ziel von Beseitigungsansprüchen ... 178
(1) Aufhebung eines Verbots ... 179
(2) Auskunft ... 180
(3) Belieferungsverbot ... 181
(4) Berichtigende Aufklärung ... 182
(5) Berichtigende Werbung ... 184
(6) Berichtigung ... 185

Rdn.
(7) Beschäftigungsverbot ... 186
(8) Bezugsverbot ... 187
(9) Duldungspflicht ... 188
(10) Eigenmaßnahmen des Gläubigers ... 189
(11) Einwilligung in die Löschung eines Domainnamens ... 190
(12) Einwilligung in die Löschung einer Firma ... 191
(13) Einwilligung in die Löschung einer Marke ... 195
(14) Entfernen von Werbung ... 196
(15) Entfernung unzulässiger Bezeichnungen ... 197
(16) Entsperrung von Boykottmaßnahmen ... 198
(17) Gegendarstellung ... 199
(18) Gegenwerbung ... 200
(19) Herausgabe von Gegenständen ... 201
(20) Herausnahme von Teilen ... 202
(21) Hinweise an Partner eines unwirksamen Vertrages ... 203
(22) Klarstellung ... 204
(23) Kontrahierungszwang ... 205
(24) Kostenerstattung ... 206
(25) Kündigung von Verträgen ... 207
(26) Löschung ... 208
(27) Marktentwirrung ... 208
(28) Nichtaufrechterhaltung einer Behauptung ... 208
(29) Pressemitteilung ... 208
(30) Richtigstellung ... 208
(31) Rücknahme einer Markenanmeldung ... 208
(32) Rücknahme einer Markenbeschwerde ... 208
(33) Rückruf von Materialien oder Waren ... 208
(34) Schwärzung ... 208
(35) Unbrauchbarmachung ... 208
(36) Unkenntlichmachung ... 208
(37) Unterrichtung über mangelnde Rechtskraft ... 208
(38) Vernichtung ... 208
(39) Veröffentlichung einer Unterwerfungserklärung ... 208
(40) Veröffentlichung von Urteilen ... 208
(41) Widerruf von Äußerungen ... 208
(42) Zeitungsanzeige ... 208
(43) Zustimmung zur Aufhebung von Sperren ... 208
IV. Prozessuale Besonderheiten ... 226
1. Klageanträge ... 226
2. Streitgegenstand ... 229
3. Rechtsschutzbedürfnis ... 230
4. Erledigung der Hauptsache ... 232
V. Zwangsvollstreckung aus einem Titel auf Beseitigung ... 233
1. Vollstreckung gem. § 887, 888 ZPO ... 233
2. Vertretbare und unvertretbare Handlungen ... 234
3. Herausgabe von Sachen ... 236
4. Abgabe von Willenserklärungen ... 237
5. Widerruf von Äußerungen ... 238
VI. Einstweiliger Rechtsschutz zum Beseitigungsanspruch ... 239
C. Die Klagebefugnis der Mitbewerber und Verbände zur Geltendmachung der wettbewerbsrechtlichen Abwehransprüche (§ 8 Abs. 3) ... 242
I. Allgemeines ... 242
1. Selbstschutz der Mitbewerber in § 8 Abs. 3 Nr. 1 ... 242
2. Kollektive Rechtsdurchsetzung in § 8 Abs. 3 Nr. 2–4 ... 243
a) Grundlagen ... 243
b) Sachliche Grenzen der kollektiven Rechtsdurchsetzung ... 248
c) Individuelle Verbraucher ... 250
3. Gläubigermehrheit und Anspruchsmehrheit ... 251
a) Gläubigermehrheit ... 251
b) Anspruchsmehrheit ... 252
4. Rechtsnatur ... 255
a) Aktivlegitimation und Prozessführungsbefugnis der Mitbewerber ... 255
b) Aktivlegitimation und Prozessführungsbefugnis der Verbände, Verbraucherschutzorganisation oder Kammern ... 256
5. Anwendungsbereich ... 260
a) Abwehransprüche ... 260

Rdn.

b) Auskunftsansprüche ... 261
c) Keine Einbeziehung weiterer Ansprüche ... 262
6. Abtretung, Prozessstandschaft und gesetzlicher Forderungsübergang ... 263
a) Abtretung ... 263
b) Prozessstandschaft ... 266
c) Rechtsnachfolge ... 272
II. Mitbewerber (§ 8 Abs. 3 Nr. 1) ... 274
1. Begriff des Mitbewerbers ... 274
2. Voraussetzungen der Mitbewerbereigenschaft i.S.d. § 8 Abs. 3 Nr. 1 ... 277
a) Mitbewerbereigenschaft i.S.d. § 2 Abs. 1 Nr. 3 ... 277
b) Kein Fehlen der erforderlichen persönlichen Betroffenheit ... 278
III. Wirtschafts- und Berufsverbände (§ 8 Abs. 3 Nr. 2) ... 286
1. Normzweck und Entstehungsgeschichte ... 286
2. Rechtsfähiger Verband ... 288
a) Rechtsfähigkeit ... 288
b) Maßgeblicher Zeitpunkt ... 292
3. Förderung gewerblicher oder selbstständiger beruflicher Interessen ... 293
a) Verbandszweck ... 293
b) Berufsständische Kammern ... 302
4. Verbandsangehörige ... 305
a) Allgemeines ... 305
b) Erhebliche Zahl von Unternehmen ... 309
c) Vertrieb von Waren oder Dienstleistungen gleicher oder verwandter Art ... 319
d) Auf demselben Markt ... 328
5. Fähigkeit zur Wahrnehmung der satzungsgemäßen Aufgaben ... 329
a) Allgemeines ... 329
b) Personelle Ausstattung ... 330
c) Sachliche Ausstattung ... 333
d) Finanzielle Ausstattung ... 334
6. Berührung von Mitgliederinteressen ... 335
IV. Qualifizierte Einrichtungen zum Schutz von Verbraucherinteressen (§ 8 Abs. 3 Nr. 3) ... 337
1. Allgemeines ... 337
2. Aktivlegitimation deutscher Verbraucherverbände ... 340
a) Eintragung ... 340
b) Keine Nachprüfbarkeit durch Prozessgericht ... 342
c) Aufhebung der Eintragung ... 343
3. Aktivlegitimation ausländischer qualifizierter Einrichtungen ... 344
4. Handeln innerhalb des Satzungszwecks ... 347
a) Prüfungsbefugnis und Prüfungspflicht des Gerichts ... 347
b) Prüfungsgrundsätze ... 348
V. Industrie- und Handelskammern, Handwerkskammern (§ 8 Abs. 3 Nr. 4) ... 349
D. Schuldner der Abwehransprüche ... 350
I. Einleitung ... 350
1. Fehlen einer zusammenhängenden Regelung der Passivlegitimation ... 350
2. Hinwendung zu den allgemeinen Haftungskategorien des Strafrechts ... 353
3. Gang der Darstellung ... 356
II. Grundfälle der Haftung für eigenes Verhalten ... 357
1. Täterschaft ... 357
a) Abgrenzung von Täterschaft und Teilnahme ... 357
b) Die klassischen Formen der Täterschaft ... 362
2. Tun und Unterlassen ... 373
a) Bedeutung der Unterscheidung zwischen Tun und Unterlassen ... 373
b) Schwerpunkt der Vorwerfbarkeit ... 378
c) Garantenstellung ... 383
d) Möglichkeit der Erfolgsabwendung ... 394
e) Zumutbarkeit der Erfolgsabwendung ... 395
3. Organisationsmangel ... 396
4. Teilnahme (Anstiftung und Beihilfe) ... 398
a) Allgemeines ... 398
b) Anstifter ... 401
c) Gehilfe ... 403
d) Modifikation bei vorsätzlicher Haupttat und Handhabung des sog. „doppelten" Teilnehmervorsatzes ... 408

Rdn.
III. Modelle der Haftung für eigenes Verhalten bei mittelbarer Ermöglichung und Förderung von Wettbewerbsverstößen 418
1. Interessenlage 418
2. Die Haftung des Störers 419
a) Grundlagen 419
b) Beschränkung der Störerhaftung auf Verletzung von Prüfungspflichten 421
c) Aufgabe der Störerhaftung für das UWG 422
d) Kritik an der Entscheidung „Kinderhochstühle im Internet I" 423
e) Voraussetzungen der Störerhaftung 428
f) Rechtsfolge der Störerhaftung 432
3. Haftung wegen Verletzung wettbewerbsrechtlicher Verkehrspflichten 433
a) Allgemeine Grundlagen 433
b) Täterschaftliche Haftung des Ingerenzgaranten für ein Unterlassen 435
c) Unterschied zur Störerhaftung 437
d) Inhalte wettbewerbsrechtlicher Verkehrspflichten 440
e) Rechtsgrundlage 442
f) Verhältnis der wettbewerbsrechtlichen Verkehrspflichten zu §§ 7–10 TMG 460
g) Voraussetzungen der Haftung für die Verletzung wettbewerbsrechtlicher Verkehrspflichten 474
h) Fallgruppen 507
4. Haftung des Inhabers eines eBay-Accounts 524
a) Grundsatz 524
b) Grundlage der Haftung 525
c) Unterschiede zur Verletzung wettbewerbsrechtlicher Verkehrspflichten 526
d) Sorgfaltsanforderungen 527
e) Übertragbarkeit auf andere Konstellationen 528
5. Die persönliche Haftung von Organen, Mitarbeitern und Beauftragten 529
a) Grundsatz 529
b) Organe 530
c) Mitarbeiter und Beauftragte 542
6. Haftung von Gesellschaften 550
IV. Haftung für fremdes Verhalten 552
1. Allgemeines 552
2. Haftung für das Handeln von Organen gem. §§ 31, 89 BGB 553
a) Allgemeines 553
b) Haftung für Organe und Repräsentanten 554
c) Einzelheiten 554a
3. Haftung für das Handeln von Gehilfen 555
4. Haftung für Verrichtungsgehilfen 556
V. Haftung mehrerer Schuldner 557
VI. Rechtsnachfolge auf der Schuldnerseite 558
VII. Einwendungen 560
VIII. Unterlassungsklage 561
IX. Zwangsvollstreckung 562
E. Haftung des Unternehmensinhabers für Mitarbeiter und Beauftragte (§ 8 Abs. 2) 563
I. Allgemeines 563
1. Inhalt, Normzweck und Entstehungsgeschichte 563
2. Haftung für fremdes Verhalten 566
3. Anknüpfung an Wettbewerbsverstoß des Mitarbeiters oder Beauftragten 567
4. Rechtfertigung für die verschuldensunabhängige Haftung des Unternehmensinhabers
5. Rechtscharakter 571
6. Anwendungsbereich 572
7. Verfassungsrecht 575
II. Zurechnungsvoraussetzungen 576
1. Einleitung 576
2. Unternehmensinhaber 577
a) Begriff 577
b) Möglichkeit der rechtlichen Kontrolle 584
c) Keine Entlastung durch faktischen Kontrollverlust 586
3. Mitarbeiter 587
a) Begriff 587
b) „Angestellte" im bisherigen Sinne 588
c) Begriffserweiterung auf „freie" Mitarbeiter? 591

	Rdn.
4. Beauftragter	592
a) Begriff	592
b) Unselbstständige Dritte	595
c) Selbstständige Dritte	597
d) Kasuistik	600
5. Zuwiderhandlung in einem Unternehmen	603
a) Zuwiderhandlung	603
b) Unternehmensbezug	606
III. Beweislast	613
IV. Rechtsfolgen	614
1. Entstehen eines selbstständigen Anspruchs gegen den Unternehmensinhaber	614
2. Inhalt des Anspruchs	615
a) Identischer Inhalt	615
b) Urteilstenor	616
c) Reichweite der Wiederholungsgefahr beim Unterlassungsanspruch	617
3. Eigenständiges rechtliches Schicksal eines jeden Anspruchs	618
a) Grundsatz	618
b) Unterlassungsanspruch	619
c) Beseitigungsanspruch	621
d) Widerrufsanspruch	622
4. Inhaberwechsel	623
a) Auswirkungen des Inhaberwechsels auf den Unterlassungsanspruch	623
b) Auswirkungen des Inhaberwechsels auf den Beseitigungsanspruch	625
5. Arbeitsplatzwechsel	627
F. Missbräuchliche Geltendmachung von Ansprüchen (§ 8 Abs. 4)	628
I. Entstehungsgeschichte und Normzweck	628
II. Rechtsnatur	632
III. Anwendungsbereich	633
1. Personell: Anwendung auch für den unmittelbar Verletzten	633
2. Sachlich: Unterlassungs- und Beseitigungsansprüche	634
3. Andere Ansprüche	636
4. Keine Anwendung auf Ansprüche aus Sonderschutzrechten	638
IV. Wesen des Missbrauchs	639
1. Allgemeines	639
a) Missbrauch gerade bei der Geltendmachung von Ansprüchen	639
b) Sich-leiten-lassen von sachfremden Motiven	640
2. Umfassende Interessenabwägung	644
V. Fallgruppen	645
1. Überblick	645
2. Gewinnerzielungsabsicht	646
a) Gebührenerzielungsinteresse	646
b) Erzielung von Vertragsstrafen	669
c) Kommerzialisierung von Ansprüchen	680
d) Verlangen nach pauschaliertem Schadensersatz	680
3. Behinderungsabsicht	682
a) Wesen der Fallgruppe	682
b) Kostenbelastungsinteresse	683
c) Gegenabmahnungen als „Retourkutschen“	705
d) Persönliches Vorgehen gegen Mitarbeiter und Beauftragte	713
e) Gerichtsstandswahl	714
4. Weitere Fälle möglichen Missbrauchs	717
a) Selektives Vorgehen	717
b) Vorgehen in Drittinteresse	719
5. Bedeutung vergangenen Missbrauchs	720
VI. Prozessuales	722
1. Von Amts wegen zu prüfende Prozessvoraussetzung	722
2. Maßgeblicher Zeitpunkt	723
3. Darlegungs- und Beweislast	724
a) Darlegungs- und Beweislast des Anspruchsgegners	724
b) Sekundäre Darlegungslast des Anspruchstellers	725
c) Freibeweis	726
d) Non liquet	727
e) Prozessökonomie	728
VII. Rechtsfolgen	729
1. Missbräuchlichkeit der auf Unterlassung oder Beseitigung gerichteten Klage	729

	Rdn.
2. Rechtsmissbräuchlichkeit der Abmahnung	731
a) Anwendbarkeit des § 8 Abs. 4 auf Abmahnungen	731
b) Folgewirkungen für nachfolgende Klage	733
c) Keine Folgewirkungen für nachfolgende Abmahnung bei Inbezugnahme	735
3. Mittelbare Auswirkungen auf andere Ansprüche	736
a) Kein Rechtsschutzbedürfnis für Auskunftsansprüche	736
b) Verlust des Anspruchs auf Kostenerstattung bei missbräuchlicher Abmahnung	737
c) Einwand des Rechtsmissbrauchs gegenüber Vertragsstrafeanspruch	738
d) Einwand des Rechtsmissbrauchs gegenüber vertraglichem Unterlassungsanspruch	739
e) Verlust des Anspruchs auf Kostenerstattung für Abschlussschreiben	740
4. Ansprüche des in Anspruch Genommenen auf Kostenersatz	741
a) Verschuldensunabhängiger Anspruch gem. § 8 Abs. 4 Satz 2	741
b) Weitergehende Ansprüche	743
G. Mitteilung von Namen und Anschrift (§ 8 Abs. 5)	744
I. Regelungswortlaut	744
II. Regelungsinhalt	745
1. Persönlicher Anwendungsbereich	746
2. Sachlicher Anwendungsbereich	750
III. Anspruchsvoraussetzungen	751
IV. Kosten der Auskunft	753

Zu den wettbewerbsrechtlichen Ansprüchen allgemein Vor § 8 Rdn. 1; davor auch allgemeine Literaturhinweise.

A. Der Unterlassungsanspruch

Schrifttum: *Ahrens,* Die Entstehung der zivilrechtlichen Sanktionen des UWG, WRP 1980, 129; *Bacher,* Die Beeinträchtigungsgefahr als Voraussetzung für Unterlassungsklagen im Wettbewerbsrecht und in anderen Gebieten, 1996; *Eltzbacher,* Die Unterlassungsklage. Ein Mittel vorbeugenden Rechtsschutzes, 1906; *Fritzsche,* Unterlassungsanspruch und Unterlassungsklage, 2000; *Köhler,* Die wettbewerbsrechtlichen Abwehransprüche (Unterlassung, Beseitigung, Widerruf), NJW 1992, 137; *Lindacher,* Unterlassungs- und Beseitigungsanspruch, GRUR 1985, 423; *Miosga,* Die Ansprüche auf Rückruf und Entfernen im Recht des geistigen Eigentums, 2010; *Oppermann,* Unterlassungsanspruch und materielle Gerechtigkeit im Wettbewerbsprozeß, 1993; *Rheineck,* Rückrufpflichten des Unterlassungsschuldners? WRP 1992, 753; *Wesel,* Zur Frage des materiellen Anspruchs bei Unterlassungsklagen, FS v. Lübtow, 1970, S. 787.

I. Allgemeines

1. Bedeutung

1 Der Unterlassungsanspruch ist von überragender Bedeutung. Er ist das **wichtigste Instrument der Rechtsdurchsetzung.** In der weit überwiegenden Zahl der Fälle ist das Hauptinteresse des Gläubigers darauf gerichtet, dass der Verletzer zur Unterlassung der beanstandeten Handlung verurteilt wird. Ganz abgesehen davon, dass ein Schadensersatzanspruch nicht einfach zu beziffern ist und selten eine wirtschaftlich vollwertige Kompensation verschafft, tritt der Schadensersatzanspruch in Wert und Bedeutung meist hinter dem Unterlassungsanspruch zurück. In der Praxis des Wettbewerbsrechts geht „Schadensverhütung vor Schadensvergütung".[1]

2 Aus prozessualer Sicht kommt hinzu, dass der Unterlassungsanspruch sich besonders gut und gemäß § 12 Abs. 2 unter erleichterten Voraussetzungen im Wege der **einstweiligen Verfügung** geltend machen und schnell durchsetzen lässt. Ist der Unterlassungsanspruch im Verfügungswege erst einmal (vorläufig) gerichtlich tituliert, kommt es in den weitaus meisten Fällen zwischen den Parteien zu einer Gesamteinigung. Der Unterlassungsanspruch ist somit über seine eigene gewichtige Bedeutung hinaus oftmals der **Schlüssel zur umfassenden Streitbeilegung.** Er ist der **wettbewerbsrechtliche Fundamentalanspruch** schlechthin.[2]

Herausgeber und Verlag sind Herrn Vors.RiBGH Prof. *Dr. Alfred Bergmann* für die Kommentierung des § 8 UWG (einschließlich der Vorbemerkungen) in den ersten beiden Auflagen dieses Werkes zu großem Dank verbunden. Die 3. Auflage *(Bergmann/Goldmann)* baute noch zu einem erheblichen Teil auf *Bergmanns* Arbeiten auf. Für die 4. Auflage hat *Goldmann* die Kommentierung weitestgehend neu verfasst.

[1] *Pastor* Kap. 3 II.

[2] *Tetzner* Vorbem. Rdn. 21; *Ulmer/Reimer* Rdn. 137; vgl. auch *Oppermann* S. 26 f. m. w. N.

2. Einfluss der UGP-Richtlinie

Die UGP-RL gibt den Mitgliedstaaten auf, Regelungen zu schaffen, die die Anordnung der Einstellung einer unlauteren Geschäftspraxis oder für den Fall, dass die unlautere Geschäftspraxis noch nicht angewandt wurde, ihre Anwendung jedoch bevorsteht, die Anordnung eines Verbots dieser Praxis ermöglichen, Art. 11 Abs. 2. Die Regelung des Unterlassungs- und des Beseitigungsanspruchs nach § 8 Abs. 1 dürfte diesen Vorgaben der UGP-RL genügen. 3

3. Charakter

Wettbewerbsrechtliche Ansprüche gemäß § 8 zur Abwehr von Zuwiderhandlungen gegen § 3 oder § 7 sind **vermögensrechtliche Ansprüche.**[3] Sie sind grundsätzlich **höchstpersönlicher Natur.** Die Unterlassungspflicht geht daher nicht auf den Rechtsnachfolger über (näher unten Rdn. 125 ff.).[4] 4

Neben der Unterscheidung hinsichtlich der **Art der Begehungsgefahr** (Wiederholungsgefahr oder Erstbegehungsgefahr) lassen sich die Unterlassungsansprüche allgemein in **gesetzliche** (§ 8 Abs. 1 Satz 1 und 2) und **vertragliche,** im Regelfall durch einen Unterlassungsvertrag begründete Unterlassungsansprüche einteilen. Weitere, vorwiegend im älteren Schrifttum vorgenommene Einteilungen („deliktisch", „quasi-negatorisch" etc.)[5] sind praktisch nicht mehr von Bedeutung.[6] 5

4. Zielrichtung

a) Nichtbegehen der Zuwiderhandlung. Der Unterlassungsanspruch richtet sich **inhaltlich** unmittelbar auf ein **Unterlassen,** nämlich das **Nichtbegehen** einer im Klageantrag, dem Urteilstenor bzw. in der Unterwerfungserklärung .**konkret umschriebenen Zuwiderhandlung** gegen **§ 3** oder **§ 7,** also einer konkreten Verletzungshandlung. 6

b) Aktives Tun als Anspruchsinhalt. *aa) Positive Handlungen.* Nach einer bereits begangenen wettbewerbswidrigen Handlung kann der Schuldner der Pflicht, etwas zu unterlassen, in einigen Fällen nur gerecht werden, indem er neben der Unterlassung auch **positive Handlungen** vornimmt, die notwendig sind, um den rechtmäßigen Zustand zu erreichen (z. B. die Entfernung eines Plakats mit irreführenden Angaben; Stornierung einer bereits gebuchten Anzeige). In solchen Fällen erschöpft sich die Unterlassungsverpflichtung nicht in einem bloßen Nichtstun, sondern umfasst im Rahmen des Möglichen und Zumutbaren auch die Verpflichtung zur Vornahme positiver Handlungen.[7] Der Schuldner eines Unterlassungsanspruchs muss also nicht nur alles unterlassen, was zu einem Verstoß gegen die Unterlassungspflicht führen kann. Er muss grundsätzlich auch alles tun, was im konkreten Fall erforderlich und zumutbar ist, um auf dem Wettbewerbsverstoß beruhende, bevorstehende oder andauernde **Verstöße** zu **verhindern** oder **rückgängig zu machen.**[8] So muss etwa der Betreiber einer Internethandelsplattform beispielsweise, der auf eine klare Rechtsverletzung hingewiesen worden ist, muss nicht nur das konkrete Angebot unverzüglich sperren, sondern auch Vorsorge treffen, dass es möglichst nicht zu weiteren derartigen Schutzrechtsverletzungen kommt. Ihn trifft die durch einen Unterlassungsanspruch durchsetzbare Verpflichtung, zukünftig derartige Verletzungen zu verhindern, z. B. durch Einrichtung eines automatischen Kontrollmechanismus.[9] 7

Bei **Dauerhandlungen,** wie z. B. der Führung einer irreführenden Firma oder der Benutzung eines rechtswidrigen Geschäftsabzeichens am Geschäftsgebäude, folgt dies bereits daraus, dass bei einer Dauerhandlung die Nichtbeseitigung des Störungszustands gleichbedeutend mit der Fortset- 8

---

[3] OLG Köln, Urt. v. 6.8.1999, Az. 6 U 9/99 – *Schaden-Soforthilfe;* Urt. v. 18.8.2000, Az. 6 U 16/00 – *Pflegebetten.*

[4] BGH GRUR 2006, 879, 880 Tz. 17 – *Flüssiggastank;* GroßKommUWG/*Paal* § 8 Rdn. 189.

[5] Hierzu etwa *Callmann* S. 92 ff.; *Rosenthal/Leffmann* Einl. Rdn. 40 ff.; zusf. *Fritzsche* S. 122 ff.

[6] Vgl. Teplitzky/*Schaub* Kap. 2 Rdn. 11 f. m. w. N.; *Fritzsche* in Gloy/Loschelder/Erdmann, HdbWettbR, § 79 Rdn. 4.

[7] BGH GRUR 2016, 104, 105 Tz. 15 – *Artikel auf Internetportal „recht§billig";* OLG Brandenburg, Urt. v. 30.1.2007, Az. 6 U 48/06 – *Sanierputz;* OLG Stuttgart WRP 2016, 773, 774 Tz. 16; vgl. auch BGH NJW 1993, 1076, 1077 – *Straßenverengung.*

[8] St. Rspr., vgl. BVerfG, Beschl. v. 8.5.1991, Az. 2 BvR 1654/90; BGH GRUR 2014, 595, 597 Tz. 26 – *Vertragsstrafenklausel;* GRUR 2015, 258, 262 Tz. 63 – *CT-Paradies;* OLG Zweibrücken WRP 1989, 63; OLG Hamburg WRP 1989, 402; PharmR 2003, 171 – *Rückrufspflichten;* OLG Köln GRUR-RR 2008, 365 – *Möbelhandel;* LG Köln GRUR-RR 2009, 154, 155 – *Haftung für Virals.*

[9] BGH GRUR 2011, 1038, 1040 ff. Tz. 26, 39 – *Stiftparfüm;* GRUR 2015, 485, 490 Tz. 52 – *Kinderhochstühle im Internet III.*

zung der Verletzungshandlung ist.[10] Die Benutzung eines Geschäftsabzeichens an der Fassade kann z. B. nur dadurch unterlassen werden, dass dieses aktiv beseitigt (z. B. überstrichen) wird.[11]

9 Die Unterlassungsverpflichtung **erschöpft** sich auch **bei Einzelhandlungen,** durch die ein fortdauernder Störungszustand geschaffen wurde, nicht im bloßen Nichtstun. So führt die Verwendung rechtsverletzender Abbildungen zur Bewerbung von Produkten auf einer Internet-Handelsplattform zu einem andauernden Störungszustand. Ein Unterlassen der Verwendung dieser Bilder ist für den Anbieter nur möglich, wenn der Anbieter bei der Internet-Handelsplattform im Rahmen des Zumutbaren darauf hinwirkt, dass diese Abbildungen auch nicht mehr unter der Rubrik „beendete Auktionen" zu sehen sind.[12]

10 Weitere **Beispiele** für solche **Handlungen, die zur Erfüllung des Unterlassungsanspruchs vorgenommen werden müssen,** sind: Entfernung von Werbemitteln mit wettbewerbswidrigen Angaben, Abnahme von Plakaten[13] oder Schildern,[14] Hinzufügung von bislang fehlenden Basisinformationen, Stornierung von bereits plazierten Fernsehspots oder bereits geschalteter Anzeigen,[15] Verhinderung künftiger Einträge in Branchenverzeichnissen.[16]

11 Da sich das Unterlassungsverbot auf das Nichtbegehen eines hinreichend konkret umschriebenen Wettbewerbsverstoßes beschränkt, bleibt es, wenn es mehrere Möglichkeiten rechtmäßigen Verhaltens gibt, grundsätzlich **dem Schuldner überlassen,** auf welche **Art und Weise** er dem Unterlassungsgebot nachkommt.[17] Er muss also z. B. eine irreführende Werbetafel nicht vollständig beseitigen, wenn er die Irreführungsgefahr auf andere Weise ausräumen kann, etwa durch Hinzufügen aufklärender Hinweise.

12 Die **vertragliche** Verpflichtung zur **Unterlassung** einer Handlung, durch die ein fortdauernder Störungszustand geschaffen wurde, ist mangels abweichender Anhaltspunkte regelmäßig dahin auszulegen, dass sie nicht nur die Unterlassung derartiger Handlungen, sondern auch die Vornahme möglicher und zumutbarer Handlungen zur Beseitigung des Störungszustands umfasst.[18] Auf einen abweichenden Parteiwillen deutet es hin, wenn die Parteien bei ihrer Vereinbarung eindeutig zwischen Unterlassung und Beseitigung unterscheiden.[19]

13 Auch dem Schuldner eines **gerichtlichen Unterlassungsgebots** obliegt es nicht nur, keine weiteren Handlungen vorzunehmen, die eine Verletzung des Unterlassungsgebots darstellen. Er muss vielmehr auch aktiv tätig werden, um die drohende Verwirklichung eines Verletzungsfalls nach Kräften abzuwenden, die auf Grund einer von ihm bereits vorgenommenen Handlung droht.[20]

14 *bb) Einwirkung auf Dritte.* Für das **Handeln selbständiger Dritter** hat der Unterlassungsschuldner zwar grundsätzlich nicht einzustehen. Er ist jedoch im Rahmen seiner Pflicht zur Verhinderung weiterer Verletzungen gehalten, auf Dritte, deren Handeln ihm wirtschaftlich zugute kommt, einzuwirken, wenn er mit einem Verstoß ernstlich rechnen muss und zudem rechtliche und tatsächliche Einwirkungsmöglichkeiten auf das Verhalten der Dritten hat.[21] Insoweit kann sich der Schuldner eines Vertragsstrafeversprechens nicht darauf berufen, dass die erneute Verletzung ohne sein Zutun erfolgt ist.[22]

15 Wer zur Unterlassung einer Werbung verpflichtet ist, hat deshalb die Veröffentlichung zu verhindern. Hierzu müssen bereits **plazierte Aufträge** für die Veröffentlichung von Werbemaßnahmen

---

[10] St. Rspr., vgl. RGZ 148, 114, 123 – *Gummiwaren;* BGH GRUR 1977, 614, 616 – *Gebäudefassade;* GRUR 1990, 522, 528 – *HBV-Familien- und Wohnungsrechtsschutz;* GRUR 2015, 258, 263 Tz. 64 – *CT-Paradies;* OLG Dresden MuW XXII, 157 f. – *Chemnitzer Pianohaus;* OLG Düsseldorf GRUR 1970, 376, 377 – *Möbellager;* OLG Düsseldorf GRUR-RR 2016, 259, 262 f. Tz. 60 – *TÜV-Sondereintragung; Fritzsche* S. 208.

[11] Vgl. BGH GRUR 1977, 614, 616 – *Gebäudefassade.*

[12] Vgl. BGH GRUR 2015, 258, 262 Tz. 66 – *CT-Paradies.*

[13] OLG Kiel MuW XIII, 210, 211 – *Einzelverkauf an Private zu Fabrikpreisen; Fritzsche* S. 202; *Rosenthal/Leffmann* Einl. Rdn. 164.

[14] OLG Düsseldorf GRUR 1970, 376, 377 – *Möbellager.*

[15] *Fritzsche* S. 202.

[16] BGH GRUR 2008, 801 Tz. 10 – *Hansen-Bau;* GRUR 2014, 595, 597 Tz. 29 – *Vertragsstrafenklausel.*

[17] Vgl. BGH GRUR 1989, 110, 113 – *Synthesizer;* GRUR 1989, 445, 446 – *Professorenbezeichnung in der Arztwerbung I;* GRUR 1994, 126, 127 f. – *Folgeverträge I;* GRUR 2004, 605, 607 – *Dauertiefpreise.*

[18] BGH GRUR 2015, 258, 262 f. Tz. 63, 65 – *CT-Paradies.*

[19] BGH MMR 2011, 69, 70; GRUR 2015, 258, 262 f. Tz. 63, 65 – *CT-Paradies.*

[20] BGH NJW 1993, 1076, 1077 – *Straßenverengung;* GRUR 2015, 190, 192 Tz. 16 – *Ex-RAF-Terroristin;* OLG Köln GRUR-RR 2008, 365 – *Möbelhandel;* LG Baden-Baden, Urt. v. 2.2.2016, Az. 5 O 13/15 KfH.

[21] BGH NJW 1993, 1076, 1077 – *Straßenverengung;* GRUR 2014, 595, 597 Tz. 26 – *Vertragsstrafenklausel;* OLG München, Beschl. v. 28.5.2014, Az. 29 W 546/14 – *Nachtmilchkristalle;* LG Köln GRUR-RR 2009, 154, 155 – *Haftung für Virals.*

[22] BGH GRUR 2014, 595, 597 Tz. 26 – *Vertragsstrafenklausel.*

zurückgenommen bzw. gekündigt werden.[23] Gegenüber Verlagen bzw. Rundfunkanstalten besteht bei Anzeigen- bzw. Schaltaufträgen die jederzeitige Kündigungsmöglichkeit nach § 649 BGB. Werbeagenturen des Unterlassungsschuldners sind nach §§ 675, 665 BGB weisungsgebunden.[24]

Für den **Inhalt von Webseiten** gilt: Der Schuldner eines Unterlassungsgebots hat durch geeignete Maßnahmen sicherzustellen, dass die durch die Unterlassungspflicht betroffenen Inhalte seiner Webseite **nicht mehr im Internet aufgerufen** werden können, weder über die Webseite direkt noch über eine Internetsuchmaschine.[25] Dazu gehört es, nicht nur die betroffenen Inhalte durch Änderung oder Löschung der eigenen Webseite zu entfernen, sondern auch die Abrufbarkeit wenigstens über Google als die am häufigsten genutzte Suchmaschine im Internet auszuschließen.[26] Insoweit besteht eine Pflicht des Unterlassungsschuldners zur Veranlassung der Löschung der Speicher von Suchmaschinen (sog. „Cache"), so dass sich der Schuldner grundsätzlich nicht auf eine regelmäßige Aktualisierung der Datenbanken der Suchmaschinen verlassen darf.[27] Dem Schuldner obliegt es dabei, zu überprüfen, ob die auf der Webseite entfernten Inhalte bzw. die gelöschten Webseiten noch über die Trefferliste dieser Suchmaschine aufgerufen werden können. In diesem Fall muss der Schuldner gegenüber Google den Antrag auf **Löschung im Google-Cache** bzw. auf Entfernung der von der Webseite bereits gelöschten Inhalte stellen.[28] Wer es etwa zu unterlassen hat, eine bestimmte irreführende Firma zu führen, muss auch dafür sorgen, dass diese Firma aus Einträgen in Branchenbüchern, Adressverzeichnissen etc. gelöscht wird. Dies gilt auch dann, wenn diese Einträge nicht vom Unterlassungsschuldner selbst in Auftrag gegeben wurden, sondern auf die eigene Initiative der Herausgeber dieser Verzeichnisse zurückgeht, die infolge der Nutzung der Firma durch den Unterlassungsschuldner diese auch in ihre Verzeichnisse aufgenommen haben. Der Unterlassungsschuldner muss in einem solchen Fall unverzüglich eigene Recherchen über die weitere Verwendung der ihr untersagten Firma durchführen und jedenfalls die Betreiber der gängigsten Dienste wie „gelbeseiten.de", „Google Maps" und „11880.com" veranlassen, die Firmierung aus ihren Verzeichnissen zu entfernen.[29] 16

Im Rahmen des **§ 890 Abs. 1 ZPO** sind bei der Verpflichtung zur Löschung von Inhalten im Internet an den Vollstreckungsschuldner **strenge Anforderungen** in Bezug auf seine organisatorischen Maßnahmen und auf deren Überwachung zu stellen. Mit den grenzenlosen Verbreitungsmöglichkeiten des Internets geht auch die grenzenlose Verbreitung rechtswidriger Inhalte einher. Indem der Vollstreckungsschuldner die Vorteile dieser Verbreitungsform nutzt, hat er auch die damit einhergehenden Nachteile zu tragen und die daraus resultierenden Gefahren zu beherrschen. Die in seiner Sphäre entstandenen Gefahren für die Beeinträchtigung fremder Rechte hat er zu beseitigen. Er kann sich demgegenüber grundsätzlich nicht darauf berufen, dies sei mit einem unverhältnismäßigen Aufwand verbunden, und genügt seiner Pflicht nur, wenn es aus der Sicht eines objektiven Dritten an der Stelle des Vollstreckungsschuldners damit zu rechnen ist, dass die ergriffenen Maßnahmen sicher dazu führen, dass sich die in der Vergangenheit gesetzte Gefahr einer erneuten Verbreitung der unlauteren Aussage im Internet nicht verwirklichen wird.[30] Dies erfordert auch **mehrfache Kontrollen.** Nicht nur **in Bezug** auf seine **eigenen Leute,** sondern auch in Bezug **auf Dritte,** deren er sich für die Veröffentlichung bedient hatte, schuldet er die Aufwendung größter Sorgfalt und hat alle Maßnahmen zu treffen, die nach menschlichem Ermessen garantieren, dass die untersagte Wettbewerbshandlung nicht durch eine im Veranwortungsbereich des Unterlassungsschuldners stehende Person wiederholt wird.[31] 16a

Bei einer **vertraglichen Unterlassungsverpflichtung** gilt: Der Unterlassungsschuldner muss sich das Handeln von Suchmaschinen-, Portal- und Verzeichnisbetreibern gem. **§ 278 BGB** zurechnen lassen. Er muss auf diese Betreiber mit der Zielrichtung einwirken, dass die wettbewerbswidrigen Inhalte verschwinden. Dazu gehört auch die schriftliche Belehrung über mögliche Folgen 16b

---

[23] Vgl. OLG Düsseldorf GRUR 1970, 376, 377 – *Möbellager* m. w. N.

[24] *Rheineck* WRP 1992, 753, 756.

[25] OLG Celle WRP 2015, 475, 476 Tz. 18; vgl. auch KG MMR 2010, 715, 717.

[26] OLG Celle WRP 2015, 475, 476 Tz. 18; OLG Düsseldorf GRUR-RR 2016, 259, 263 Tz. 63 – *TÜV-Sondereintragung*.

[27] Vgl. OLG Celle WRP 2015, 475, 476 Tz. 18; OLG Düsseldorf GRUR-RR 2016, 259, 263 Tz. 63 – *TÜV-Sondereintragung;* a. A. OLG Hamburg, Beschl. v. 9.9.2002, Az. 3 W 60/02; OLG Köln NJW-RR 2002, 215; OLG Köln MMR 2008, 120, 121 – *Wilde Ticketanbieter;* LG Halle, Urt. v. 31.5.2012, Az. 4 O 883/11.

[28] OLG Celle WRP 2015, 475, 476 Tz. 18; OLG Düsseldorf GRUR-RR 2016, 259, 263 Tz. 63 – *TÜV-Sondereintragung;* OLG Stuttgart WRP 2016, 773, 775 Tz. 26; LG Baden-Baden, Urt. v. 2.2.2016, Az. 5 O 13/15 KfH.

[29] BGH GRUR 2014, 595, 597 Tz. 29 – *Vertragsstrafenklausel.*

[30] OLG Stuttgart WRP 2016, 773, 774 f. Tz. 17.

[31] OLG Stuttgart WRP 2016, 773, 775 f. Tz. 18.

für die Beklagte im Falle eines Verstoßes gegen die Unterlassungserklärung. Insoweit genügt nicht die bloße Bitte, Inhalte zu entfernen. Es muss auf die dem Unterlassungsschuldner drohenden Folgen für den Fall hingewiesen werden, dass der Bitte nicht nachgekommen wird **(Folgenwarnung)**.[32]

17 *cc) Rückruf als Inhalt des Unterlassungsanspruchs?* Wer es zu unterlassen hat, bestimmte Produkte weiter anzubieten oder bestimmte Äußerungen zu verbreiten, die auf gedrucktem Werbematerial stehen, der muss selbstverständlich innerhalb seiner **eigenen Vertriebsorganisation** dafür sorgen, dass die Waren aus dem Verkauf genommen und separiert werden und dass das vorhandene Werbematerial eingesammelt und gesichert wird. Solche Pflichten bestehen unproblematisch für die eigenen Geschäfte und Filialen.[33] Ein derartiges internes Einsammeln von Waren, die mit einem Vertriebsverbot belegt sind, mag man zwar wie im Fall *„Piadina-Rückruf"* auch als „Rückruf" bezeichnen.[34] Eine Pflicht zum Rückruf im eigentlichen Sinne liegt aber nur vor, wenn Waren und Werbematerial nicht nur innerhalb der eigenen Vertriebsorganisation, sondern auch **von Kunden als unabhängigen Dritten** zurückgerufen werden müssen.

18 Das **RG** hat eine solche Rückrufpflicht als Folge des wettbewerbsrechtlichen Unterlassungsanspruchs ohne nähere Begründung bejaht.[35] Auch heute gehört es nach der wohl überwiegenden **Instanzrechtsprechung** zu den **Handlungspflichten eines Schuldners,** nach Verhängung eines wettbewerbsrechtlichen Unterlassungsgebots, das sich in einem Vertriebsverbot für bestimmte Waren auswirkt, dafür Sorge zu tragen, dass von ihm bereits veräußerte, aber von seinen Abnehmern noch nicht an Endkunden abgesetzte Vertriebsstücke vom Markt genommen werden.[36] Es spreche eine – widerlegbare – tatsächliche Vermutung für die Annahme, die Abnehmer hätten einer eindringlichen Bitte des Schuldners um Rückabwicklung des Veräußerungsgeschäfts entsprochen und die Waren nicht etwa an Endkunden veräußert, sondern an den Schuldner zurückgegeben.[37] Insoweit wird der Rückruf als eine mögliche und zumutbare Maßnahme zur Verhinderung weiterer Verstöße bewertet. Der **BGH** geht in seinem jüngst veröffentlichten Urteil *„Hot Sox"* weit darüber hinaus und erkennt eine **allgemeine Pflicht zum Rückruf** an.[38] Die Lösung des BGH hat den Vorzug, dass sie für die Praxis klare Verhältnisse schafft und die Rechtsdurchsetzung stärkt. Dogmatisch überzeugt sie nicht vollends:

19 Standort für Rückrufpflichten ist im UWG nämlich nicht der Unterlassungsanspruch, sondern der **Beseitigungsanspruch.**[39] Hier kann ein Rückruf nach bisheriger Rspr. nur von Sachen verlangt werden, die sich noch in der Verfügungsgewalt des Schuldners befinden (hierzu Rdn. 215). Es ist nach überwiegender Auffassung nicht einmal im Rahmen des Beseitigungsanspruchs zumutbar, den Schuldner zu einer Maßnahme zu verurteilen, die in Rechte von am Rechtsstreit unbeteiligten Dritten eingreifen würden und die der Verurteilte nicht durchzusetzen in der Lage wäre.[40] Nach dem nicht nur das Vertrags-, sondern auch das Prozessrecht beherrschenden Grundsatz von Treu und Glauben[41] ist es dem Schuldner aber nicht zumutbar, als bloße Unterlassung des weiteren Vertriebs unter dem Druck eines vertraglichen oder gerichtlichen Unterlassungsgebots von ihm auch die Rückabwicklung abgeschlossener und in der Vergangenheit liegender Vorgänge zu verlangen.[42] Das **Unterlassungsgebot** ist **nur an den Schuldner selbst gerichtet.** Als solches macht es ihn aber **nicht zum Garanten dafür, dass Dritte keine Wettbewerbsverstöße begehen.** Der Schuldner muss deshalb als Unterlassung seiner Vertriebstätigkeit zwar auf seine eigene Vertriebsorganisation einwirken und wettbewerbswidrig gestaltete Waren oder Werbematerialien einsammeln. Er muss aber nicht Kaufverträge mit Dritten rückabwickeln.[43] Dies gilt selbstverständlich erst recht für das Marken- und Kennzeichenrecht. Denn die Forderung nach der Rückabwicklung von Kaufverträgen entspricht dem gesondert in § 18 Abs. 2 MarkenG geregelten Anspruch auf Rückruf und endgültige Entfernung aus den Vertriebswegen. Wäre die Rückabwicklung bereits Inhalt des Unter-

[32] LG Baden-Baden, Urt. v. 2.2.2016 Az. 5 O 13/15 KfH.
[33] Vgl. BGH GRUR 2016, 406, 411 Tz. 4, 52 f. – *Piadina-Rückruf.*
[34] So BGH GRUR 2016, 406, 411 Tz. 4, 52 – *Piadina-Rückruf.*
[35] RG GRUR 1932, 810, 814 – *Delft.*
[36] OLG Köln GRUR-RR 2008, 365 – *Möbelhandel;* OLG München, Beschl. v. 28.5.2014, Az. 29 W 546/14 – *Nachtmilchkristalle.*
[37] OLG Köln GRUR-RR 2008, 365 – *Möbelhandel.*
[38] BGH GRUR 2016, 720, 723 Tz. 35 – *Hot Sox* m. Anm. *Goldmann.*
[39] OLG Brandenburg, Urt. v. 30.1.2007, Az. 6 U 48/06 – *Sanierputz.*
[40] BGH GRUR 1974, 666, 669 – *Reparaturversicherung.*
[41] Vgl. hierzu *Ulrich* in: FS v. Gamm, S. 223.
[42] OLG Hamburg PharmR 2003, 171 – *Rückrufspflichten;* vgl. auch OLG Brandenburg, Urt. v. 30.1.2007, Az. 6 U 48/06 – *Sanierputz.*
[43] OLG Brandenburg, Urt. v. 30.1.2007, Az. 6 U 48/06 – *Sanierputz; Rheineck* WRP 1992, 753, 756.

lassungsanspruchs gem. § 14 Abs. 5 MarkenG oder § 15 Abs. 4 MarkenG, hätte es dieser Sonderregelung durch das Gesetz zur Verbesserung der Durchsetzung von Rechten des geistigen Eigentums[44] nicht bedurft.

Allerdings lässt sich argumentieren, dass das **Unterbleiben** eines **Rückrufs** seinerseits einen **neuen,** gegenüber dem aktiven Vertrieb nicht kerngleichen **Wettbewerbsverstoß** bildet und einen neuen Unterlassungsanspruch auslöst, der inhaltlich auf zumutbare Rückrufmaßnahmen gerichtet ist: Mit dem Inverkehrbringen nachgeahmter Produkte an gewerbliche Zwischenhändler schafft der Hersteller dieser Produkte nämlich eine Gefahr dafür, dass die Zwischenhändler die Produkte an Endverbraucher abgeben und ihrerseits gegen § 4 Nr. 3 verstoßen. Der Hersteller wird damit aus Ingerenz Garant für die Verhinderung eigenständiger Wettbewerbsverstöße seiner Kunden. Ihn trifft dann nach den allgemeinen Regeln über wettbewerbsrechtliche Verkehrspflichten und ihre Verletzung (Rdn. 474 ff.) die **wettbewerbsrechtliche Verkehrspflicht,** alle möglichen und zumutbaren Maßnahmen zu ergreifen, dass es zu den drohenden Verstößen nicht kommt. Die Maßnahme der Wahl ist der Rückruf. Hier greift dann auch die widerlegliche tatsächliche Vermutung, die Abnehmer hätten der eindringlichen Bitte um Rückabwicklung entsprochen und die Waren zurückgegeben.[45] 20

5. Verhältnis von Unterlassungsanspruch und Beseitigungsanspruch

a) Selbständige Ansprüche mit unterschiedlicher Zielrichtung. Hat eine Verletzungshandlung einen andauernden rechtswidrigen Verletzungszustand hervorgerufen, besteht neben dem Unterlassungsanspruch ein Beseitigungsanspruch (näher Rdn. 159 ff.).[46] Dabei handelt es sich um selbständige Ansprüche mit grundsätzlich unterschiedlicher Zielrichtung.[47] Von dem Beseitigungsanspruch unterscheidet sich der Unterlassungsanspruch dem Inhalt nach wie folgt: Er ist grundsätzlich auf ein Unterlassen gerichtet und kann in vielen Fällen auch durch bloßes Nichtstun erfüllt werden; im Einzelfall muss, um effektiv unterlassen zu können, auch aktiv gehandelt werden (oben Rdn. 7 ff.). Die Erfüllung des **Beseitigungsanspruchs** erfordert **demgegenüber stets** die **Vornahme einer aktiven Handlung.**[48] Die Vollstreckung des Unterlassungstitels bestimmt sich nach § 890 ZPO, das Beseitigungsgebot ist nach den §§ 887 f. ZPO zu vollstrecken. 21

b) Möglichkeit der Kongruenz. Im Ergebnis können **Unterlassungs- und Beseitigungsanspruch** jedoch **auf dasselbe hinauslaufen,** nämlich auf die **Beseitigung** des Störungszustandes.[49] So kann die Beseitigung eines störenden Zustands, z. B. die Entfernung einer Werbetafel mit einer irreführenden Werbung, nicht nur mit dem Beseitigungsanspruch begehrt werden, sondern sie kann auch geboten sein, um einem auf Unterlassung der irreführenden Werbung gerichteten Verbot nachzukommen (oben Rdn. 9 ff.). Der Gläubiger hat es in solchen Fällen in der Hand, ob er den einen oder den anderen Anspruch oder aber beide Ansprüche geltend macht.[50] Er kann bei einer solchen Fallgestaltung bereits mit dem Unterlassungsanspruch die Beseitigung des Störungszustands verlangen.[51] 22

c) Unterschiedliche Streitgegenstände. Unterlassung- und Beseitigungsanspruch bilden im Prozess unterschiedliche Streitgegenstände.[52] 23

6. Abwehr drohender Gefahren

a) Allgemeines. § 8 Abs. 1 ist die Anspruchsgrundlage des Unterlassungsanspruchs im UWG. Der Unterlassungsanspruch berechtigt den Gläubiger, vom Unterlassungsschuldner zu fordern, eine nach § 3 oder § 7 unzulässige geschäftliche Handlung nicht zu begehen. Voraussetzung ist, dass 24

---

[44] BGBl I 2008, S. 1191.
[45] Vgl. OLG Köln GRUR-RR 2008, 365 – *Möbelhandel.*
[46] BGH GRUR 2015, 258, 262 f. Tz. 64 – *CT-Paradies.*
[47] BGH GRUR 2015, 258, 263 Tz. 64 – *CT-Paradies.*
[48] Vgl. etwa BGH GRUR 2005, 433, 436 – *Telekanzlei.*
[49] Vgl. BGH GRUR 1977, 614, 616 – *Gebäudefassade;* GRUR 2015, 190, 192 Tz. 16 – *Ex-RAF-Terroristin;* GRUR 2015, 258, 263 Tz. 64 ff. – *CT-Paradies.*
[50] BGH GRUR 2015, 258, 262 f. Tz. 64 – *CT-Paradies;* OLG Düsseldorf GRUR-RR 2016, 259, 263 Tz. 60 – *TÜV-Sondereintragung.*
[51] St. Rspr., vgl. RGZ 148, 114, 123 – *Gummiwaren;* BGH GRUR 2015, 258, 262 f. Tz. 64 – *CT-Paradies;* OLG Düsseldorf GRUR-RR 2016, 259, 263 Tz. 60 – *TÜV-Sondereintragung.*
[52] BGH GRUR 1974, 99, 101 – *Brünova;* GRUR 1990, 522, 528 – *HBV-Familien- und Wohnungsrechtsschutz;* Fezer/*Büscher* § 8 Rdn. 9; Teplitzky/*Löffler* Kap. 22 Rdn. 7.

jemand eine gegen § 3 oder § 7 verstoßende und damit unzulässige geschäftliche Handlung *„vornimmt"*. Der Unterlassungsanspruch ist stets **in die Zukunft gerichtet.**[53] Er dient der **Abwehr künftiger Wettbewerbsverstöße.**[54] Aus dieser Zielrichtung ergibt sich die zentrale Tatbestandsvoraussetzung: Es genügt die **drohende Gefahr** der Vornahme einer **unzulässigen geschäftlichen Handlung.** Sie muss nicht etwa gegenwärtig vorgenommen werden. Diese **Begehungsgefahr** ist die **einheitliche materielle Voraussetzung** des Unterlassungsanspruchs.[55] Sie wird ganz allgemein definiert als die **ernsthafte und greifbare Besorgnis,** dass es in Zukunft zu einem bestimmten Wettbewerbsverstoß kommt.[56] Aus praktischen Gründen unterscheidet man **zwei Arten der Begehungsgefahr,** nämlich die Wiederholungsgefahr, die zu dem sog. Verletzungsunterlassungsanspruch führt und die Erstbegehungsgefahr, die zu dem sogenannten vorbeugenden Unterlassungsanspruch führt:

25 **b) Verletzungsunterlassungsanspruch.** Die **Begehungsgefahr** kann sich daraus ergeben, dass eine Zuwiderhandlung gegen § 3 oder § 7 bereits begangen worden ist und deshalb die Gefahr der Wiederholung des Wettbewerbsverstoßes besteht. Diese sich so bereits aus dem ersten Verstoß ergebende **Wiederholungsgefahr** begründet den sog. **Verletzungsunterlassungsanspruch** (§ 8 Abs. 1 Satz 1).

26 Der **Verletzungsunterlassungsanspruch** ist **keine Sanktion,** die aufgrund der begangenen Zuwiderhandlung verhängt wird, sondern **steht selbständig** und unabhängig **neben anderen** straf- und zivilrechtlichen **Sanktionen.**[57] Er ergibt sich als Rechtsfolge aus der Wiederholungsgefahr, die aufgrund der begangenen Zuwiderhandlung vermutet wird. Der Unterlassungsanspruch setzt anders als der Schadensersatzanspruch auch **kein Verschulden** voraus.[58] Durch seinen vorbeugenden Charakter unterscheidet sich der Unterlassungsanspruch von dem – gleichfalls verschuldensunabhängigen – Beseitigungsanspruch, der sich gegen bereits eingetretene Beeinträchtigungen richtet.

27 **c) Vorbeugender Unterlassungsanspruch.** Wie § 8 Abs. 1 Satz 2 klarstellen soll, kann ein Unterlassungsanspruch auch gegeben sein, wenn die Gefahr der erstmaligen Begehung eines Wettbewerbsverstoßes droht. Der durch eine solche **Erstbegehungsgefahr** – oder jedenfalls durch andere Umstände als eine bereits begangene Zuwiderhandlung – begründete Unterlassungsanspruch wird als **vorbeugender Unterlassungsanspruch** bezeichnet. Diese Bezeichnung ist ebenso wie die Formulierung des § 8 Abs. 1 Satz 2 ungenau, weil auch der auf Wiederholungsgefahr gestützte Verletzungsunterlassungsanspruch (lediglich) der Abwehr zukünftiger Wettbewerbsverstöße dient und daher ebenso vorbeugenden Charakter hat. Demzufolge setzt er ebenso wie der auf Erstbegehungsgefahr gestützte vorbeugende Unterlassungsanspruch voraus, dass die Begehung einer zukünftigen Zuwiderhandlung droht. Nur die Begründung ist jeweils unterschiedlich: Ist bereits eine Zuwiderhandlung vorgekommen, ist allein deshalb die Begehungsgefahr als Wiederholungsgefahr indiziert. Fehlt es (noch) an einer Zuwiderhandlung, muss sich die Begehungsgefahr als Erstbegehungsgefahr aus anderen Umständen ergeben. Typische Konstellationen sind Ankündigungen und Vorbereitungshandlungen. (näher Rdn. 86ff.).

28 **d) Wiederholte Handlungen.** Gleichartige Verletzungshandlungen, die zeitlich **unterbrochen** auftreten, lassen jeweils einen **neuen, eigenständigen Verletzungsunterlassungsanspruch** ent-

---

[53] St. Rspr.; vgl. BGH GRUR 1969, 126, 127 – *Sternbild;* GRUR 1965, 327, 328 – *Gliedermaßstäbe;* GRUR 1999, 923, 924 – *Tele-Info-CD;* GRUR 2002, 717, 718 – *Vertretung der Anwalts-GmbH;* GRUR 2002, 1085, 1086 – *Belehrungszusatz;* GRUR 2003, 622, 623 – *Abonnementvertrag;* GRUR 2006, 953, 954 Tz. 14 – *Warnhinweis II;* GRUR 2010, 1110 Tz. 10 – *Versandkosten bei Froogle II;* GRUR 2013, 956, 957 Tz. 14 – *Glückspäckchen im Osternest; Eltzbacher* S. 215; *Fritzsche* S. 28, 38; *Oppermann* S. 26f.

[54] BGH GRUR 2011, 742, 745 Tz. 22 – *Leistungspakete im Preisvergleich.*

[55] St. Rspr.; vgl. BGH GRUR 1973, 208, 209 – *Neues aus der Medizin;* GRUR 1980, 241, 242 – *Rechtsschutzbedürfnis;* GRUR 1983, 127, 128 – *Vertragsstrafeversprechen;* GRUR 1992, 318, 319 – *Jubiläumsverkauf;* GRUR 2010, 455, 458 Tz. 24 – *Stumme Verkäufer II;* NJOZ 2014, 1524 Tz. 13 – *Bonussystem einer Versandapotheke;* Fezer/*Büscher* § 8 Rdn. 55ff.; GroßKommUWG/*Paal* § 8 Rdn. 12.

[56] Allg. Ansicht, vgl. BGH GRUR 1962, 34, 35 – *Torsana;* GRUR 1991, 764, 765 – *Telefonwerbung IV;* GRUR 1992, 318, 319 – *Jubiläumsverkauf;* GRUR 1993, 53, 55 – *Ausländischer Inserent;* GRUR 1999, 1097, 1099 – *Preissturz ohne Ende;* GRUR 2002, 360, 366 – *H. I. V. POSITIVE II;* GRUR 2010, 455, 458 Tz. 24 – *Stumme Verkäufer II;* Fezer/*Büscher* § 8 Rdn. 56; Teplitzky/*Kessen* Kap. 6 Rdn. 1.

[57] St. Rspr.; vgl. RGZ 116, 151, 152ff. – *Haushaltungsverein Oberschlesien;* BGH GRUR 1957, 558, 560 – *Bayern-Expreß;* GRUR 2016, 392, 393 Tz. 16 – *Buchungssystem II;* anders noch RGZ 82, 59, 64 – *Anzeigendoppel,* 98, 36, 39 – *Mörder und Schuft.*

[58] Allg. Ansicht, vgl. BGH GRUR 1990, 534 – *Abruf-Coupon;* OLG Düsseldorf, Urt. v. 28.4.2009, Az. 20 U 236/08 – *unzulässiger Werbevergleich; Fritzsche* S. 49; Teplitzky/*Kessen* Kap. 5 Rdn. 20; *Oppermann* S. 29.

stehen, weil jede Verletzungshandlung zu einer Wiederholungsgefahr führt.[59] In gleicher Weise führen Ankündigungen oder Vorbereitungshandlungen, die zeitlich unterbrochen auftreten, jeweils zu einer neuen Begehungsgefahr und damit zu einem neuen und eigenständigen vorbeugenden Unterlassungsanspruch.

7. Wegfall der Begehungsgefahr

Der Unterlassungsanspruch gemäß § 8 **erlischt endgültig,** wenn die Begehungsgefahr wegfällt.[60] Dabei gelten unterschiedliche Anforderungen: Die Erstbegehungsgefahr entfällt grundsätzlich durch ein entgegengesetztes, von der Gefahr weg weisendes Verhalten (*actus contrarius;* hierzu Rdn. 107ff.). Die Wiederholungsgefahr wird in der Regel nur durch eine ernsthafte, uneingeschränkte, unwiderrufliche und ausreichende vertragsstrafebewehrte Unterlassungserklärung (hierzu Rdn. 51ff.) oder einen rechtskräftigen Unterlassungstitel (hierzu Rdn. 61f.) ausgeräumt. 29

8. Maßgeblicher Zeitpunkt

a) Letzte Tatsachenverhandlung. Weil die Begehungsgefahr eine Tatsachenfrage ist (dazu Rdn. 34), kommt es für deren Vorliegen auf den Zeitpunkt der letzten mündlichen Verhandlung in der Tatsacheninstanz an.[61] Fällt die Wiederholungsgefahr nach Ende der letzten mündlichen Verhandlung in der Tatsacheninstanz weg, ist dies gemäß § 559 Abs. 1 Satz 1 ZPO für die Entscheidung des Revisionsgerichts unerheblich.[62] 30

Der in die Zukunft gerichtete Unterlassungsanspruch kann aber selbstverständlich nur dann zugebilligt werden, wenn zum Zeitpunkt der Entscheidung des Gerichts – gleich ob in der Tatsacheninstanz oder in der Revisionsinstanz – **das geltende Recht die** dem Unterlassungsschuldner vorgeworfene **Handlungsweise (noch) verbietet.**[63] Bedeutung erlangt dieser Aspekt vor allem bei den in den letzten Jahren **häufigen Gesetzesänderungen** im Rahmen des Rechtsbruchstatbestands (heute § 3a).[64] Er kann aber auch bei einer Änderung der Rechtslage durch Entscheidungen des BVerfG mit Gesetzeskraft zum Tragen kommen[65] sowie bei Entscheidungen des EuGH, mit der die Unvereinbarkeit nationaler Normen oder deren Auslegung mit dem vorrangigen Gemeinschaftsrecht festgestellt wird.[66] 31

Andererseits muss die inkriminierte Handlung auch bereits zum Zeitpunkt ihrer (drohenden) Vornahme verboten gewesen sein.[67] Letztlich muss die Handlung also **sowohl zum Tatzeitpunkt als auch zum Zeitpunkt der letzten mündlichen Verhandlung in der Tatsacheninstanz** unrechtmäßig gewesen sein, damit sich ein Unterlassungsanspruch auf sie stützen lässt.[68] 32

---

[59] RGZ 80, 436, 438 – *G. & Co. Beerdigungsinstitut;* BGH GRUR 1984, 820, 822 – *Intermarkt II;* GRUR 2013, 1161, 1162, 1167 Tz. 21, 81 – *Hard Rock Cafe;* Fezer/*Büscher* § 11 Rdn. 57; Teplitzky/*Bacher* Kap. 16 Rdn. 26.

[60] BGH GRUR 1987, 640, 642 – *Wiederholte Unterwerfung II;* GRUR 1990, 534 – *Abrufcoupon;* zum Markenrecht vgl. BGH GRUR 2008, 912, 914 Tz. 39 – *Metrosex;* GRUR 2014, 382, 384 Tz. 33 – *REAL-Chips;* aus der Lit. vgl. Köhler/*Bornkamm* § 8 Rdn. 1.11; MünchKommUWG/*Fritzsche* § 8 Rdn. 24.

[61] RG MuW XXXIX, 350, 351 – *Denicotea-Spitze;* BGH GRUR 1986, 248, 251 – *Sporthosen;* GRUR 2010, 455, 456 Tz. 16 – *Stumme Verkäufer;* Köhler/*Bornkamm* § 8 Rdn. 1.11; MünchKommUWG/*Fritzsche* § 8 Rdn. 23; *Melullis* Rdn. 571; *Ohly*/Sosnitza § 8 Rdn. 6; GroßKommUWG/*Paal* § 8 Rdn. 8.

[62] *Ohly*/Sosnitza § 8 Rdn. 6.

[63] St. Rspr.; vgl. BGH GRUR 2001, 348, 349 – *Beratungsstellen im Nahbereich;* GRUR 2002, 720 – *Postfachanschrift;* GRUR 2002, 1085, 1086 – *Belehrungszusatz;* GRUR 2003, 622, 623 – *Abonnementvertrag;* GRUR 2007, 890, 891 Tz. 18 – *Jugendgefährdende Medien bei eBay;* GRUR 2008, 438, 439 Tz. 14 – *ODDSET;* GRUR 2011, 742, 745 Tz. 22 – *Leistungspakete im Preisvergleich;* GRUR 2013, 956, 957 Tz. 14 – *Glückspäckchen im Osternest;* GRUR 2015, 1240, 1242 Tz. 31 – *Der Zauber des Nordens;* GRUR 2016, 88, 90 Tz. 20 – *Deltamethrin I.*

[64] MünchKommUWG/*Fritzsche* § 8 Rdn. 23.

[65] Vgl. BGH GRUR 2008, 438, 439 Tz. 14, 16ff. – *ODDSET;* MünchKommUWG/*Fritzsche* § 8 Rdn. 23.

[66] Vgl. BGH GRUR 2008, 438, 439 Tz. 24 – *ODDSET;* MünchKommUWG/*Fritzsche* § 8 Rdn. 23.

[67] St. Rspr. vgl. BGH GRUR 2006, 953, 954 Tz. 14 – *Warnhinweis II;* GRUR 2007, 890, 891 Tz. 18 – *Jugendgefährdende Medien bei eBay;* GRUR 2008, 438, 439 Tz. 14 – *ODDSET;* GRUR 2012, 193, 195 Tz. 14 – *Sportwetten im Internet II.*

[68] St. Rspr; vgl. BGH GRUR 2001, 348, 349 – *Beratungsstellen im Nahbereich;* GRUR 2003, 622, 623 – *Abonnementvertrag;* GRUR 2005, 166, 167 – *Puppenausstattungen;* GRUR 2005, 1061, 1063 – *Telefonische Gewinnauskunft;* GRUR 2006, 953, 954 Tz. 14 – *Warnhinweis II;* GRUR 2007, 890, 891 Tz. 18 – *Jugendgefährdende Medien bei eBay;* GRUR 2008, 438, 439 Tz. 14 – *ODDSET;* GRUR 2009, 845, 848 Tz. 32 – *Internet-Videorecorder I;* GRUR 2011, 742, 745 Tz. 22 – *Leistungspakete im Preisvergleich;* GRUR 2012, 279, 281 Tz. 16 – *Das Große Rätselheft;* GRUR 2015, 1240, 1242 Tz. 31 – *Der Zauber des Nordens.*

33 **b) Erledigung.** Stellt sich die zurückliegende oder drohende Handlung des Beklagten nach einer Rechtsänderung im Zeitpunkt der letzten mündlichen Tatsachenverhandlung als rechtmäßig dar, fällt die Begehungsgefahr weg (Rdn. 64). Das gleiche gilt, wenn nach der Rechtsänderung unzweifelhaft klar ist, dass das Verhalten des Beklagten rechtswidrig ist und er erklärt, sich selbstverständlich an die neue Rechtslage halten zu wollen (Rdn. 63). Weil es damit an der materiellen Anspruchsvoraussetzung fehlt, muss die Klage abgewiesen werden, wenn der Kläger nicht die **Hauptsache für erledigt erklärt.** Der Wegfall der Begehungsgefahr stellt ein erledigendes Ereignis dar.[69]

9. Prozessuales

34 **a) Tatsachenfrage.** Die **Beurteilung,** ob eine Begehungsgefahr als Wiederholungs- oder Erstbegehungsgefahr besteht, ist im Wesentlichen **tatsächlicher Natur.**[70] Die tatrichterliche Beurteilung kann im Revisionsverfahren nur daraufhin überprüft werden, ob die richtigen rechtlichen Gesichtspunkte zugrunde gelegt und keine wesentlichen Tatumstände außer Acht gelassen worden sind.[71]

35 **b) Darlegungs- und Beweislast.** Auch die Frage des Wegfalls der Wiederholungsgefahr ist im Wesentlichen tatsächlicher Natur und vom Revisionsgericht nur eingeschränkt überprüfbar.[72] Den Fortfall der Wiederholungsgefahr oder ihr anfängliches Nichtbestehen hat der **Verletzer darzulegen** und ggf. zu beweisen.[73]

II. Wiederholungsgefahr und Verletzungsunterlassungsanspruch

Schrifttum: *Bacher,* Die Beeinträchtigungsgefahr als Voraussetzung für Unterlassungsklagen im Wettbewerbsrecht und in anderen Gebieten des Zivilrechts, 1996; *Berneke/Schüttpelz,* Die einstweilige Verfügung in Wettbewerbssachen, 3. Aufl. 2015; *Borck,* Bestimmtheitsgebot und Kern der Verletzung, WRP 1979, 180; *ders.,* Das Prokrustesbett „Konkrete Verletzungsform", GRUR 1996, 522; *Bornkamm,* Unterlassungstitel und Wiederholungsgefahr in: FS Tilmann, 2003, S. 769; *Gruber,* Der wettbewerbsrechtliche Unterlassungsanspruch nach einem „Zweitverstoß", WRP 1991, 279; *ders.,* Drittwirkung (vor-)gerichtlicher Unterwerfungen?, GRUR 1991, 354; *Hess,* Trendy: Die notarielle Unterwerfungserklärung, WRP 2015 Heft 5, Editorial; *Hirtz,* Der Nachweis der Wiederholungsgefahr bei Unterlassungsansprüchen oder: Was vermögen Erfahrungssätze bei der Beweiswürdigung?, MDR 1988, 182; *Köhler,* Zum „Wiederaufleben der Wiederholungsgefahr" beim wettbewerblichen Unterlassungsanspruch, GRUR 1989, 804; *ders.,* Die notarielle Unterwerfungserklärung – eine Alternative zur strafbewehrten Unterlassungserklärung?, GRUR 2010, 6; *ders.,* Wegfall der Erstbegehungsgefahr durch „entgegengesetztes Verhalten"?, GRUR 2011, 879; *Loschelder,* Anspruch aus § 1 UWG, gerichtet auf die Unterlassung einer Unterlassung, WRP 1999, 57; *Rödding,* Die Rechtsprechung zur Drittunterwerfung – Ein Irrweg?, WRP 1988, 514; *Schnepel,* Wettbewerbliches Unterwerfungsrecht, 1997; *ders.,* Zum Streit um das „Wiederaufleben der Wiederholungsgefahr" beim wettbewerbsrechtlichen Unterlassungsanspruch, WRP 1994, 467; *Spätgens,* Drittwirkung bei Bewilligung einer Aufbrauchfrist, WRP 1994, 693; *Strömes/Grootz,* Die „veranlasste Initiativunterwerfung" – ein untauglicher Versuch?, WRP 2008, 148; *Tavanti,* Kommentar zu LG Berlin, Urt. v. 4. August 2015, Az. 15 O 56/15, WRP 2015, 1411; *Teplitzky,* Die Rechtsfolgen der unbegründeten Ablehnung einer strafbewehrten Unterlassungserklärung, GRUR 1983, 609; *ders.,* Unterwerfung und „konkrete Verletzungsform", WRP 1990, 26; *ders.,* Zur Frage der überregionale Drittwirkung einer Unterwerfungserklärung auf Abmahnung eines nur regional tätigen Gläubigers, WRP 1995, 359; *ders.,* Unterwerfung oder Unterlassungsurteil? WRP 1996, 171; *ders.,* Die wettbewerbsrechtliche Unterwerfung heute – Neuere Entwicklung eines alten Streitbeilegungsmittels, GRUR 1996, 696; *ders.,* Probleme der notariell beurkundeten und für vollstreckbar erklärten Unterlassungsverpflichtungserklärung (§ 794 Abs. 1 Nr. 5 ZPO), WRP 2015, 527.

1. Voraussetzungen

36 Der Verletzungsunterlassungsanspruch setzt als Form der Begehungsgefahr gemäß § 8 Abs. 1 Satz 1 **Wiederholungsgefahr** voraus. Wiederholungsgefahr ist gegeben, wenn bereits eine **Zuwiderhandlung** gegen § 3 oder § 7 begangen wurde und deshalb die Begehung einer erneuten Zuwiderhandlung droht. Materiell-rechtliche Anspruchsvoraussetzung des Verletzungsunterlassungsanspruchs ist an sich nur die Begehungsgefahr in Form der Wiederholungsgefahr. Die Wiederho-

---

[69] Vgl. z. B. BGH WRP 2016, 477, 478 Tz. 5 – *Erledigterklärung nach Gesetzesänderung.*

[70] St. Rspr., vgl. RGZ 96, 242, 245 – *Marlitts Romane;* 104, 376, 382 – *Ballet;* 148, 114, 119 – *Gummiwaren;* BGH GRUR 1955, 97, 98 – *Constanze II;* GRUR 1994, 516, 517 – *Auskunft über Notdienste.*

[71] Vgl. BGH GRUR 1955, 97, 98 – *Constanze II;* GRUR 1983, 186 – *Wiederholte Unterwerfung;* GRUR 1994, 516, 517 – *Auskunft über Notdienste.*

[72] BGH GRUR 1964, 274, 275 – *Möbelrabatt;* GRUR 1983, 186 – *Wiederholte Unterwerfung I;* GRUR 1987, 640, 641 – *Wiederholte Unterwerfung II.*

[73] RG GRUR 1937, 237, 240 – *Klischee-Vertrieb;* BGH GRUR 1987, 640, 641 – *Wiederholte Unterwerfung II;* GRUR 1990, 530, 532 – *Unterwerfung durch Fernschreiben;* GRUR 1998, 1045 – *Brennwertkessel.*

lungsgefahr setzt allerdings schon begrifflich voraus, dass es bereits zu einer Zuwiderhandlung gekommen ist. In diesem Sinne kann auch von **zwei Voraussetzungen des Verletzungsunterlassungsanspruchs** (Wettbewerbsverstoß und Wiederholungsgefahr) gesprochen werden. In der weit überwiegenden Zahl der praktischen Fälle sind eine oder mehrere unlautere geschäftliche Handlungen bereits verwirklicht. Deshalb ist die Frage der Wiederholungsgefahr weit wichtiger als die Frage der Erstbegehungsgefahr. Sie ist umso bedeutsamer, als der Beklagte häufig gerade in den für ihn im übrigen aussichtslosen Fällen die Wiederholungsgefahr leugnet. Diesem Leugnen gegenüber muss der Richter skeptisch sein.[74]

2. Zuwiderhandlung

a) Verstoß. Die eine Wiederholungsgefahr begründende Zuwiderhandlung kann in einer unmittelbar gegen § 3 oder § 7 verstoßenden geschäftlichen Handlung bestehen.[75] Da die Vorschriften der §§ 3a bis 6 durch ihren Wortlaut („Unlauter handelt …") auf § 3 verweisen, werden die dort genannten Beispiele unlauteren Wettbewerbs einbezogen. Über § 3 i. V. m. § 3a können auch Zuwiderhandlungen gegen die §§ 17 ff.[76] sowie gegen gesetzliche Vorschriften außerhalb des UWG einen Unterlassungsanspruch nach § 8 Abs. 1 Satz 1 begründen. 37

b) Rechtswidrigkeit im Zeitpunkt der Begehung. Die beanstandete Handlung muss dabei zum **Zeitpunkt ihrer Begehung wettbewerbswidrig** bzw. nach einer unter **§ 3a fallenden Norm verboten** gewesen sein, sonst fehlt es überhaupt an einer Zuwiderhandlung und damit an einer Wiederholungsgefahr.[77] Denn wenn sich der Beklagte nach der bisherigen Rechtslage **rechtmäßig verhalten** hat, kann nach einer Gesetzesänderung, die ein solches Handeln verbietet, nicht ohne weiteres angenommen werden, dass er nach Eintritt der Rechtsänderung nicht bereit sei, die neue Rechtslage zu beachten.[78] Vergleichbar ist die Situation, wenn eine Handlung während des Laufs einer **Aufbrauchfrist** begangen wird. Dann besteht keine Vermutung einer Wiederholungsgefahr für den Zeitraum nach Ablauf der Aufbrauchfrist.[79] 38

c) Verschulden. Ein Verschulden ist nach allgemeiner Ansicht nicht erforderlich.[80] Deshalb kann z. B. auch ein geisteskranker Täter oder Teilnehmer einem Unterlassungsanspruch unterworfen sein oder entsprechend § 31 BGB einen Unterlassungsanspruch für die von ihm vertretene Gesellschaft begründen.[81] 39

d) Vollendete Zuwiderhandlung Die Zuwiderhandlung muss **vollendet** sein. Hierdurch unterscheidet sich der Verletzungsunterlassungsanspruch vom vorbeugenden Unterlassungsanspruch, bei dem es an einer vorangegangenen Verletzungshandlung fehlt. Mit Blick auf § 3a gilt für Straftatbestände und Ordnungswidrigkeiten ebenso wie für nicht sanktionsbewehrte Verhaltensnormen: Eine Tat, die im Stadium des Versuchs steckengeblieben ist, erfüllt nach der (ggf. entsprechend) anzuwendenden Bestimmung des § 30 Abs. 1 StGB noch nicht den Tatbestand einer Zuwiderhandlung i. S. d. § 3a.[82] 40

Zu den Besonderheiten einer vollendeten Zuwiderhandlung bei der Verletzung von **wettbewerbsrechtlichen Verkehrspflichten** vgl. Rdn. 502 ff. 41

3. Wiederholungsgefahr

a) Tatbestand. Die Wiederholungsgefahr ist ein tatsächlicher Umstand, der objektiv nach den Verhältnissen der Person des Zuwiderhandelnden zu beurteilen ist. Die Gefahr der Wiederholung eines schon einmal begangenen Wettbewerbsverstoßes ist gegeben, wenn aufgrund konkreter An- 42

---

[74] *Reimer* Kap. 107 Rdn. 9.

[75] Vgl. BGH GRUR 2007, 890, 892 Tz. 22 – *Jugendgefährdende Medien bei eBay.*

[76] Vgl. BGH GRUR 2006, 1044, 1045 Tz. 17 – *Kundendatenprogramm;* GRUR 2009, 603, 605 Tz. 22 – *Versicherungsvertreter.*

[77] St. Rspr., vgl. nur BGH GRUR 2006, 82, 83 Tz. 14 – *Betonstahl;* GRUR 2009, 1180, 1182 Tz. 23 – *0,00 Grundgebühr;* GRUR 2010, 652, 653 Tz. 10 – *Costa del Sol;* GRUR 2011, 747, 748 Tz. 13 – *Kreditkartenübersendung;* GRUR 2012, 184, 185 Tz. 15 – *Branchenbuch Berg;* GRUR 2012, 188, 189 Tz. 11 – *Computer-Bild;* GRUR 2015, 504, 505 Tz. 8 – *Kostenlose Zweitbrille;* GRUR 2016, 88, 90 Tz. 20 – *Deltamethrin I.*

[78] BGH GRUR 2001, 348, 349 – *Beratungsstellen im Nahbereich.*

[79] Vgl. OLG Frankfurt WRP 2015, 1258, 1259.

[80] Vgl. RGZ 109, 272, 276 – *Gerbereimaschinen;* BGH GRUR 1990, 534 – *Abruf-Coupon;* OLG Düsseldorf, Urt. v. 28.4.2009, Az. 20 U 236/08 – *unzulässiger Werbevergleich;* KG WRP 2012, 1562, 1564 Tz. 23; OLG Hamburg GRUR-RR 2013, 29, 37 – *Nr. 1 Hits; Fritzsche* S. 49; Teplitzky/*Kessen* Kap. 5 Rdn. 20.

[81] RGZ 109, 272, 276 – *Gerbereimaschinen; Callmann* S. 107.

[82] BGH GRUR 2015, 1025, 1027 Tz. 20 – *TV-Wartezimmer.*

haltspunkte die **ernsthafte und greifbare Besorgnis** besteht, dass es in Zukunft **erneut** zu demselben oder einem kerngleichen Wettbewerbsverstoß kommt.[83] Hierfür reicht es grundsätzlich aus, dass ein **erneuter Verstoß** objektiv jederzeit oder jedenfalls innerhalb überschaubarer Zeiträume praktisch **möglich** ist und nicht jede Wahrscheinlichkeit einer Wiederholung des Verstoßes ausgeräumt ist.[84]

43 **b) Tatsächliche Vermutung.** Wer bereits einmal eine unzulässige Handlung vorgenommen hat, dem ist im Grundsatz zuzutrauen, dass er später bei sich bietender Gelegenheit wieder in gleicher Weise handelt.[85] Ein einmal erfolgter **Wettbewerbsverstoß** begründet deshalb die **tatsächliche Vermutung für seine Wiederholung.** Davon geht die Rechtsprechung des BGH mittlerweile so gut wie ausnahmslos aus.[86] Die Wiederholungsvermutung ist **von der Schwere des Verstoßes unabhängig.** Entgegen vereinzelten Aussagen in der früheren Rechtsprechung[87] kommt es daher auch nicht darauf an, ob der Verletzer in Unkenntnis der Rechtslage gehandelt hat und deshalb sein Verhalten milder beurteilt werden kann, ob der Verstoß in gewisser Weise provoziert worden ist und ob der Verletzer in Zukunft einer strengeren Kontrolle unterliegen wird.

44 Die durch die Verletzungshandlung begründete tatsächliche Vermutung der Wiederholungsgefahr ist **widerleglich.**[88] Hierfür trägt der Unterlassungsschuldner die Darlegungs- und Beweislast.[89]

4. Anfängliches Fehlen der Wiederholungsgefahr

45 Fallgestaltungen, in denen trotz eines begangenen Verstoßes die **Vermutung widerlegt** werden kann und ausnahmsweise die Wiederholungsgefahr von Anfang an fehlt, sind **äußerst selten.**

46 **a) Kerngleiche Handlungen.** Dies liegt zunächst daran, dass sich die **Vermutung** auch **auf kerngleiche Handlungen erstreckt** (hierzu unten Rdn. 113 ff.): Das Schalten einer bestimmten Anzeige in einer bestimmten Zeitung an einem bestimmten Datum ist zwar nicht wiederholbar, aber die Erweiterung der Widerholungsgefahr auf kerngleiche Handlungen (an einem anderen Datum, in einer anderen Zeitung und u. U. mit einem leicht abgewandelten Text) nimmt dem Charakter eines solchen Verstoßes seine Einmaligkeit und Unwiederholbarkeit.[90]

47 **b) Denknotwendig unwiederholbare Handlungen.** In Betracht kommt ein Fehlen der Wiederholungsgefahr deshalb nur bei Handlungen, die denknotwendig ihrer Natur und ihrem Charakter nach nur einmal vorkommen und nicht wiederholt werden können.[91] Es reicht nicht aus, wenn sich die wettbewerbswidrige Handlung zwar als Ausnahme präsentiert, aber bei passender Gelegenheit doch wieder vorkommen kann.[92]

48 **c) Nur in der Theorie wiederholbare Handlungen.** Die frühere Rechtsprechung hat darüber hinaus eine Wiederholungsgefahr in den praktisch extrem seltenen Fällen verneint, in denen allenfalls eine „rein theoretische Möglichkeit einer Wiederholung" besteht,[93] praktisch aber eine Vornahme nach Lage der Dinge äußerst unwahrscheinlich ist.[94] So hat das OLG Karlsruhe bei einer

---

[83] BGH GRUR 1962, 34, 35 – *Torsana;* GRUR 1991, 764, 765 – *Telefonwerbung IV;* GRUR 1992, 318, 319 – *Jubiläumsverkauf;* Fezer/*Büscher* § 8 Rdn. 56; Teplitzky/*Kessen* Kap. 6 Rdn. 1; *Oppermann* S. 31; GroßKommUWG/*Paal* § 8 Rdn. 12.

[84] RGZ 98, 267, 269 – *Bayernfilms;* BGH GRUR 1992, 318, 319 – *Jubiläumsverkauf;* GRUR 2008, 702, 706 Tz. 56 – *Internet-Versteigerung III;* vgl. auch BGH GRUR 2000, 605, 608 – *comtes/ComTel;* GRUR 2013, 638, 643 Tz. 58 – *Völkl.*

[85] RGZ 98, 267, 269 f. – *Bayernfilms;* BGH GRUR 1959, 544, 547 – *Modenschau;* GRUR 2002, 360, 366 – *H. I. V. POSITIVE II; Melullis* Rdn. 574, 580.

[86] St. Rspr.; vgl. BGH GRUR 1955, 342, 345 – *Holländische Obstbäume;* GRUR 1959, 544, 547 – *Modenschau;* GRUR 1980, 724, 727 – *Grand Prix;* GRUR 1997, 379, 380 – *Wegfall der Wiederholungsgefahr II;* GRUR 1997, 929, 930 – *Herstellergarantie;* GRUR 2001, 453, 455 – *TCM-Zentrum;* GRUR 2002, 717, 719 – *Vertretung der Anwalts-GmbH;* GRUR 2008, 702, 706 Tz. 56 – *Internet-Versteigerung III;* GRUR 2014, 1120, 1122 Tz. 31 – *Betriebskrankenkasse II;* GRUR 2016, 88, 93 Tz. 51 – *Deltamethrin I.*

[87] Vgl. BGH GRUR 1994, 443, 445 – *Versicherungsvermittlung im öffentlichen Dienst.*

[88] BGH GRUR 1994, 443, 445 – *Versicherungsvermittlung im öffentlichen Dienst.*

[89] RG MuW XIV, 15, 16 – *Expansit-Korksteinplatten;* BGH GRUR 1987, 640, 641 – *Wiederholte Unterwerfung II;* GRUR 1998, 1045 – *Brennwertkessel;* Teplitzky/*Kessen* Kap. 6 Rdn. 10.

[90] Teplitzky/*Kessen* Kap. 6 Rdn. 14.

[91] Teplitzky/*Kessen* Kap. 6 Rdn. 13; *Tetzner* Vorbem Rdn. 31.

[92] Vgl. RG GRUR 1937, 237, 240 – *Klischee-Vertrieb; Oppermann* S. 31.

[93] BGH GRUR 1957, 348, 349 f. – *Klasen-Möbel; Beater* Rdn. 2691.

[94] RG JW 1932, 1885 Nr. 3 und *Tetzner* Vorbem Rdn. 31: Keine Wiederholungsgefahr für unlautere Werbung im Zusammenhang mit einem Ladenumbau, wenn nicht ersichtlich ist, wann jemals wieder ein solcher Umbau vorgenommen werden könnte.

grob aufschneiderischen Werbung „nur bei dem einmaligen, sich nicht mehr wiederholenden Anlaß der Geschäftsübernahme" die Wiederholungsgefahr im Rahmen der weiteren Geschäftstätigkeit verneint.[95] Die Annahme eines ungewöhnlich gelagerten Sonderfalls, in dem der Wettbewerbsverstoß ausnahmsweise einmal nicht die aus ihm sonst herzuleitende Vermutung seiner Wiederholung begründete, beruhte in der Entscheidung *„Jubiläumsverkauf"* aus dem Jahre 1992[96] auf der damaligen Gesetzeslage, nach der die Wiederholung des in Rede stehenden Verstoßes gegen die PAngV, der allein aus Anlass eines Jubiläumsverkaufs im Sinne des damaligen § 7 Abs. 3 Nr. 2 UWG 1909 begangen worden war, frühestens 25 Jahre nach der erstmaligen Begehung in Betracht kam. Diese Entscheidung ist fragwürdig, denn Kern der Verletzungshandlung war die – jederzeit wiederholbare – Werbung mit einer pauschalen Herabsetzung wegen einer Sonderveranstaltung.[97] Das Beispiel zeigt: Je weiter man normativ den Bereich kerngleicher Handlungen zieht, desto weniger Raum besteht für die Argumentation, eine solche Handlung sei nicht wiederholbar.

5. Wegfall der Wiederholungsgefahr

a) Allgemeines. Die durch die Zuwiderhandlung begründete Wiederholungsgefahr kann nachträglich wegfallen. An den **Wegfall der Wiederholungsgefahr** sind jedoch **strenge Anforderungen** zu stellen.[98] Die Wiederholungsgefahr entfällt nur dann, wenn der Verletzte bei objektiver Betrachtung und vernünftiger Würdigung aller Umstände hinreichend sicher sein kann, dass es zu dem auf Grund der vergangenen Verletzungshandlung vermuteten drohenden neuen Wettbewerbsverstoß doch nicht kommen werde.[99] 49

Da die Wiederholungsgefahr materielle Voraussetzung des auf sie gestützten Verletzungsunterlassungsanspruchs ist, führt der Wegfall der Wiederholungsgefahr zum **Erlöschen des gesetzlichen Unterlassungsanspruchs;** eine einmal entfallene Wiederholungsgefahr lebt auch nicht wieder auf.[100] 50

b) Unterwerfung. *aa) Grundsatz.* Die Wiederholungsgefahr entfällt **im Regelfall** nur dadurch, dass der Verletzer **gegenüber dem Verletzten** eine i. d. R. bedingungslose, unwiderrufliche und strafbewehrte Unterlassungsverpflichtungserklärung **(sog. Unterwerfungserklärung)** abgibt.[101] Um die Wiederholungsgefahr entfallen zu lassen, muss die abgegebene Erklärung der Vermeidung einer gerichtlichen Auseinandersetzung dadurch dienen, dass sie nicht nur **eindeutig,** hinreichend **bestimmt** und durch ein Vertragsstrafeversprechen gesichert ist, sondern auch den gesetzlichen Unterlassungsanspruch **nach Inhalt und Umfang vollständig abdeckt.**[102] 51

Die drohende Vertragsstrafe soll in erster Linie ein **Sanktionsinstrument** sein, das den Verletzer zum rechtskonformen Verhalten veranlasst, und dient in zweiter Linie als pauschalierter Schadensersatz.[103] Das Risiko, eine Vertragsstrafe zahlen zu müssen, soll den Unternehmer davon abhalten, den Wettbewerbsverstoß zu wiederholen.[104] Von einer Unterwerfungserklärung geht unmittelbar nach ihrer Abgabe eine erhebliche Abschreckungswirkung aus. Die Unterlassungserklärung kann nämlich in aller Regel vom Gläubiger sofort nach Erhalt ohne ausdrückliche Erklärung angenommen werden, so dass der Schuldner stets damit rechnen muss, dass ein Verstoß eine Sanktion auslöst.[105] Hat 52

---

[95] OLG Karlsruhe MuW XIV, 82 – *Courthairdresser* (zw.).

[96] BGH GRUR 1992, 318 – *Jubiläumsverkauf.*

[97] Vgl. Teplitzky/*Kessen* Kap. 6 Rdn. 15; *Mellulis* Rdn. 575; mit dem Wegfall des § 7 Abs. 3 Nr. 2 UWG 1909 ist allerdings auch der Grund für die Annahme eines solchen besonders gelagerten Ausnahmefalls entfallen.

[98] St. Rspr., vgl. BGH GRUR 1955, 97, 98 – *Constanze II;* GRUR 1970, 558, 559 – *Sanatorium;* GRUR 1998, 483, 485 – *Der M.-Markt packt aus;* GRUR 2002, 180 – *Weit-Vor-Winter-Schluss-Verkauf;* OLG Köln ZUM-RD 2011, 18; KG GRUR-RR 2013, 335, 336 – *Zweifelhafte Drittunterwerfung.*

[99] *Melullis* Rdn. 580.

[100] BGH GRUR 1995, 678, 679 – *Kurze Verjährungsfrist;* GRUR 2006, 953, 954 – *Warnhinweis II.*

[101] St. Rspr., vgl. nur BGH GRUR 1955, 97, 98 – *Constanze II;* GRUR 1959, 544, 547 – *Modenschau;* GRUR 1964, 274, 275 – *Möbelrabatt;* GRUR 1988, 699, 700 – *qm-Preisangaben;* GRUR 1996, 290, 291 – *Wegfall der Wiederholungsgefahr I;* GRUR 1997, 379, 380 – *Wegfall der Wiederholungsgefahr II;* GRUR 2001, 453, 455 – *TCM-Zentrum;* GRUR 2002, 180, 181 – *Weit-vor-Winterschlussverkauf;* GRUR 2008, 815, 816 Tz. 14 – *Buchführungsbüro;* GRUR 2013, 1259, 1260 f. Tz. 26 – *Empfehlungs-E-Mail;* GRUR 2014, 1120, 1122 Tz. 31 – *Betriebskrankenkasse II;* GroßKommUWG/*Paal* § 8 Rdn. 19; *Teplitzky* GRUR 1983, 609 ff.

[102] St. Rspr., vgl. BGH GRUR 1993, 677, 679 – *Bedingte Unterwerfung I;* GRUR 2008, 815, 816 Tz. 14 – *Buchführungsbüro;* GRUR 2016 395, 398 Tz. 34 – *Smartphone-Werbung;* GroßKommUWG/*Feddersen* § 12 B Rdn. 113; Teplitzky/*Kessen* Kap. 8 Rdn. 16; hierzu auch *Brüning* unten § 12 Rdn. 170 ff.

[103] BGH GRUR 2014, 909, 910 Tz. 11 – *Ordnungsmittelandrohung nach Prozessvergleich.*.

[104] *Köhler* GRUR 2011, 879, 882.

[105] OLG Köln WRP 2015, 623, 625 Tz. 22 – *Notarielle Unterwerfungserklärung;* Köhler/*Bornkamm* § 12 Rdn. 1.116 ff.

der Unterlassungsschuldner eine strafbewehrte Unterlassungserklärung mit Aufbrauchfrist (hierzu Rdn. 132ff.) abgegeben, entfällt Wiederholungsgefahr mit Ablauf der Aufbrauchsfrist.[106]

53 *bb) Drittunterwerfung.* Die Wiederholungsgefahr kann auch dann entfallen, wenn sich der Schuldner aus freien Stücken entschließt, eine strafbewehrte Unterlassungserklärung nicht gegenüber dem abmahnenden Verletzten, sondern **gegenüber einem Dritten,** meist einem anerkannt seriösen Wettbewerbsverband wie der Zentrale zur Bekämpfung des unlauteren Wettbewerbs e.V.,[107] abzugeben (sog. **„Drittunterwerfung"**).[108] Da die Wiederholungsgefahr unteilbar ist, entfällt sie bei Abgabe einer Unterwerfungserklärung nicht nur gegenüber dem durch die strafbewehrte Unterlassungserklärung Begünstigten, sondern auch gegenüber allen übrigen Gläubigern.[109] Daher muss der Schuldner gegenüber einem anderen Gläubiger grundsätzlich keine weitere Unterwerfungserklärung abgeben.[110] Erfolgt die Unterwerfung gegenüber einem Dritten, der den Schuldner zuvor nicht abgemahnt hat, ist aber besonders gründlich zu prüfen, ob die Unterwerfungserklärung ernstgemeint ist und der Gläubiger, mit dem der Unterlassungsvertrag geschlossen wurde, zukünftige Zuwiderhandlungen auch wirklich verfolgen wird.[111] Denn mangels eigener Abmahnung ist nicht ohne weiteres zu erkennen, dass dieser Gläubiger – ungeachtet seiner rechtlichen Möglichkeit hierzu – ein konkretes Interesse daran hat, das wettbewerbswidrige Verhalten zu unterbinden und folglich bereit ist, das Verhalten des Schuldners zu überwachen und künftige Verstöße zu verfolgen.[112] Es obliegt dem **Schuldner,** die **Ernstlichkeit der Unterwerfung darzulegen** und nachzuweisen.[113]

54 *cc) Öffentlich-rechtliche Körperschaften.* Für **öffentlich-rechtliche Körperschaften** gelten dieselben Maßstäbe zur Ausräumung der Wiederholungsgefahr.[114] Eine gesetzliche Krankenkasse muss daher zur Ausräumung der Wiederholungsgefahr eine strafbewehrte Unterlassungserklärung abgeben; die bloße Erklärung, den Wettbewerbsverstoß nicht zu wiederholen, genügt nicht.[115]

55 *dd) Maßgeblicher Zeitpunkt.* Der maßgebliche Zeitpunkt für die Beurteilung der Frage, ob die Unterlassungsverpflichtungserklärung die Wiederholungsgefahr beseitigt, ist derjenige der **Abgabe der Erklärung.**[116]

56 *ee) Einzelheiten.* Zu den **Details** wird auf die Kommentierung unter **§ 12 Rdn. 114ff.** verwiesen.

57 *ff) Erneute Verstöße.* Ein **erneuter Wettbewerbsverstoß** nach Abgabe einer strafbewehrten Unterlassungserklärung führt zum Entstehen eines neuen gesetzlichen Unterlassungsanspruchs.[117] Denn die erneute Zuwiderhandlung begründet die Gefahr der Wiederholung dieses neuen Verstoßes.[118] Die durch den **erneuten Verstoß** begründete **Wiederholungsgefahr** ist **neu** und selbständig; der erneute Verstoß lässt nicht die durch die erste Unterwerfungserklärung ausgeräumte Wiederholungsgefahr wieder aufleben.[119]

58 Die durch einen erneuten Wettbewerbsverstoß trotz strafbewehrter Unterlassungserklärung begründete neuerliche Wiederholungsgefahr kann grundsätzlich nur durch eine **weitere Unterwerfungserklärung** ausgeräumt werden. Dabei sind an die Ernstlichkeit der erneuten Unterlassungserklärung besonders strenge Anforderungen zu stellen.[120] Jedenfalls ist ein gegenüber dem ersten erheblich **erhöhtes Vertragsstrafeversprechen** erforderlich.[121]

---

[106] OLG Frankfrut WRP 2015, 1258, 1259 Tz. 9.

[107] Vgl. KG GRUR-RR 2013, 335, 337 – *Zweifelhafte Drittunterwerfung.*

[108] OLG Frankfurt WRP 1998, 895, 896; KG GRUR-RR 2013, 335, 336 – *Zweifelhafte Drittunterwerfung;* Köhler/*Bornkamm* § 12 Rdn. 1.105, 1.168a.

[109] BGH GRUR 1983, 186, 187 – *Wiederholte Unterwerfung I;* GRUR 1987, 640, 641 – *Wiederholte Unterwerfung II;* GRUR 2002, 357, 358 – *Missbräuchliche Mehrfachabmahnung.*

[110] KG GRUR-RR 2013, 335, 336 – *Zweifelhafte Drittunterwerfung.*

[111] KG GRUR-RR 2013, 335, 336 – *Zweifelhafte Drittunterwerfung,* m.w.N.

[112] KG GRUR-RR 2013, 335, 336 – *Zweifelhafte Drittunterwerfung.*

[113] BGH GRUR 1987, 640, 641 – *Wiederholte Unterwerfung II;* KG GRUR-RR 2013, 335, 336 – *Zweifelhafte Drittunterwerfung.*

[114] BGH GRUR 1991, 769, 771 – *Honoraranfrage;* GRUR 1994, 516, 517 – *Auskunft über Notdienste;* GRUR 2014, 1120, 1122 Tz. 31 – *Betriebskrankenkasse II.*

[115] BGH GRUR 2014, 1120, 1122 Tz. 32 – *Betriebskrankenkasse II.*

[116] BGH GRUR 1997, 382, 385 – *Altunterwerfung I;* GRUR 1997, 386, 390 – *Altunterwerfung II;* GRUR 2016, 395, 398 Tz. 34 – *Smartphone-Werbung;* GroßKommUWG/*Feddersen,* § 12 B Rdn. 149.

[117] OLG Celle GRUR-RR 2014, 152, 154 – *Klebefähnchen.*

[118] BGHZ 130, 288, 294 – *Kurze Verjährungsfrist;* BGH GRUR 1990, 534 – *Abruf-Coupon;* GRUR 1998, 1043, 1044 – *GS-Zeichen.*

[119] BGH GRUR 1995, 678, 679 – *Kurze Verjährungsfrist;* GRUR 2006, 953, 954 – *Warnhinweis II.*

[120] BGH GRUR 1990, 534 – *Abruf-Coupon;* Fezer/*Büscher* § 8 Rdn. 91.

[121] BGH GRUR 1990, 534 – *Abruf-Coupon.*

59 Den durch den erneuten Verstoß begründeten neuen gesetzlichen Unterlassungsanspruch kann der Gläubiger **neben oder statt** der Verfolgung seiner **Rechte aus dem Vertragsstrafeversprechen** gerichtlich geltend machen.[122]

60 **c) Prozessvergleich.** Auch ein Prozessvergleich mit einem Vertragsstrafeversprechen lässt selbstverständlich die Wiederholungsgefahr entfallen.[123] Wird kein Vertragsstrafeversprechen in den Prozessvergleich aufgenommen, so entfällt die Wiederholungsgefahr erst, wenn der Gläubiger die Androhung eines Ordnungsmittels beantragt und der Androhungsbeschluss dem Schuldner zugestellt wurde. Die Androhung kann nicht wirksam bereits im Prozessvergleich erfolgen.[124]

61 **d) Rechtskräftiger Hauptsachetitel.** Ein **rechtskräftiger Unterlassungstitel in einem** Hauptsacheverfahren, der mit einer Ordnungsmittelandrohung versehen ist, lässt die Wiederholungsgefahr in aller Regel entfallen, und zwar auch im Verhältnis zu einem Dritten.[125] Denn es ist nach der Lebenserfahrung anzunehmen, dass der Schuldner i. d. R. den Titel ebenso ernst nehmen und für sein künftiges Verhalten bestimmend erachten wird wie eine eigene vertragliche strafbewehrte Unterlassungsverpflichtung.[126] Eine andere Beurteilung ist danach ausnahmsweise im Einzelfall dann angebracht, wenn der **Vollstreckungsgläubiger an der Durchsetzung des Titels nicht interessiert** ist oder wenn das **Verhalten des Schuldners Zweifel aufkommen** lässt, dass er dem ergangenen Titel eine den Streit abschließend regelnde Wirkung beimisst.[127] Um solche Zweifel nicht aufkommen zu lassen, bedarf es weder einer eigenständigen verpflichtenden oder anerkennenden Erklärung, noch einer Abschlusserklärung wie bei im Verfahren der einstweiligen Verfügung erstrittenen Titeln.[128] Genügend, aber auch erforderlich, ist ein Verhalten des Schuldners, mit dem er zum Ausdruck bringt, dass er die gerichtliche Entscheidung als eine den Streit betreffende Regelung versteht.[129] Befindet sich der Verurteilte wegen derselben Wettbewerbshandlung mit einem Dritten in einer wettbewerbsrechtlichen Auseinandersetzung, beseitigt der rechtskräftige Titel die Wiederholungsgefahr gegenüber dem Dritten nur, wenn der Verletzer sich darauf beruft und dadurch zu erkennen gibt, dass der Titel auch diesen Streit regeln soll.[130]

62 **e) Einstweilige Verfügung und Abschlusserklärung.** Die Wiederholungsgefahr entfällt ferner durch eine **einstweilige Verfügung,** die der Schuldner durch eine **Abschlusserklärung** als endgültige Regelung anerkannt hat und die damit einem rechtskräftigen Hauptsachetitel gleichwertig geworden ist.[131] Dagegen lassen weder der Erlass noch die gerichtliche Bestätigung der einstweiligen Verfügung als solche die Wiederholungsgefahr entfallen, da beide Titel lediglich vorläufigen Charakter haben und etwa in einem Hauptsacheverfahren jederzeit wieder aufgehoben werden können.[132]

63 **f) Gesetzliche Klärung der Rechtslage.** *aa) Ausdrückliches Verbot.* Die für den Verletzungsunterlassungsanspruch erforderliche Wiederholungsgefahr kann dabei auch ohne Abgabe einer hinreichend strafbewehrten Unterlassungserklärung dann wegfallen, wenn der Verstoß unter der Geltung einer zweifelhaften Rechtslage erfolgt ist, diese Zweifel aber **durch eine Gesetzesänderung beseitigt** sind und außer Frage steht, dass das beanstandete Verhalten verboten ist.[133] Denn es kann nicht angenommen werden, dass derjenige, der bei zweifelhafter Rechtslage sein Verhalten mit ver-

---

[122] Vgl. BGH GRUR 1980, 241, 242 – *Rechtsschutzbedürfnis;* Teplitzky/*Kessen* Kap. 8 Rdn. 53.

[123] Vgl. BGH GRUR 2014, 909, 910, Tz. 14 – *Ordnungsmittelandrohung nach Prozessvergleich.*

[124] BGH GRUR 2012, 957, 958 Tz. 7 – *Vergleichsschluss im schriftlichen Verfahren* m. w. N.

[125] BGH GRUR 2003, 450, 452 – *Begrenzte Preissenkung;* OLG Karlsruhe GRUR 1991, 619, 621; WRP 1995, 649, 650; KG WRP 1993, 22, 24 f.; *Bornkamm* in: FS Tilmann, S. 769 ff.; Fezer/*Büscher* § 8 Rdn. 94; Teplitzky/*Kessen* Kap. 7 Rdn. 14; a. A. noch OLG Hamm GRUR 1991, 706, 707.

[126] BGH GRUR 2003, 450, 452 – *Begrenzte Preissenkung.*

[127] BGH GRUR 2003, 450, 452 – *Begrenzte Preissenkung.*

[128] BGH GRUR 2003, 450, 452 – *Begrenzte Preissenkung.*

[129] BGH GRUR 2003, 450, 452 – *Begrenzte Preissenkung.*

[130] BGH GRUR 2003, 450, 452 – *Begrenzte Preissenkung.*

[131] OLG Hamburg GRUR 1984, 889, 890 – *Anerkannte Unterlassungsverfügung;* OLG Karlsruhe GRUR 1995, 510, 513 – *Ginkgo-biloba-Präparat;* KG WRP 1998, 71, 22 – *Wegfall der Wiederholungsgefahr;* OLG Frankfurt NJWE-WettbR 2000, 259, 260 – *Vorstand in U-Haft;* OLG Oldenburg MMR 2012, 312, 313 – *Abmahnkosten bei Zweitabmahnung;* Fezer/*Büscher* § 8 Rdn. 94; MünchKommUWG/*Fritzsche* § 8 Rdn. 63 f.; Teplitzky/*Kessen* Kap. 7 Rdn. 15; *Ohly*/Sosnitza § 8 Rdn. 22; GroßKommUWG/*Paal* § 8 Rdn. 30.

[132] OLG Oldenburg MMR 2012, 312, 313 – *Abmahnkosten bei Zweitabmahnung;* vgl. auch BGH GRUR 1964, 274, 275 – *Möbelrabatt* (wo es *in concreto* an einer vollständigen Abschlusserklärung fehlte).

[133] BGH NJW-RR 1989, 101, 102 – *Brillenpreise;* NJW-RR 1997, 950 – *Schwerpunktgebiete;* GRUR 1998, 591, 592 f. – *Monopräparate;* GRUR 2002, 717, 719 – *Vertretung der Anwalts-GmbH;* GRUR 2014, 1013, 1016 Tz. 18 – *Original Bach-Blüten;* NJOZ 2014, 1524 Tz. 13 – *Bonussystem einer Versandapotheke.*

tretbaren Gründen gegen den Vorwurf eines Rechtsverstoßes verteidigt, auch dann auf einer Fortsetzung oder Wiederholung seines Handelns besteht, wenn der Gesetzgeber die offene Frage eindeutig im Sinne des zuvor streitigen Verbots entschieden hat.[134] Die **Wiederholungsgefahr entfällt** aber **mit der Änderung der Rechtslage nicht automatisch.** Hinzukommen muss vielmehr, dass der Unterlassungsschuldner sich auch **auf** den **Wegfall der Wiederholungsgefahr beruft** und klar zu erkennen gibt, dass er im Hinblick auf die geänderten rechtlichen Verhältnisse die Verletzungshandlung (selbstverständlich) nicht erneut begehen wird.[135] Denn erst dadurch wird die erforderliche **Klarheit geschaffen,** dass der Unterlassungsschuldner den veränderten rechtlichen Rahmendbedingungen tatsächlich die für die Beseitigung der Wiederholungsgefahr maßgebliche Bedeutung beimisst.[136]

64 *bb) Ausdrückliche Legalisierung.* Führt die Gesetzesänderung dazu, dass das betreffende Verhalten nicht mehr wettbewerbswidrig ist, besteht ein Unterlassungsanspruch schon deshalb nicht, weil insoweit auf das zum Zeitpunkt der Entscheidung geltende Recht abzustellen ist (oben Rdn. 30f.).

65 **g) Tod.** Die Wiederholungsgefahr entfällt, wenn der Unterlassungsschuldner verstirbt.[137] Denn die Widerholungsgefahr ist ein tatsächlicher Umstand, die in der Person des in Anspruch Genommenen begründet ist.[138] Sie geht deshalb nicht auf die Erben über.

66 **h) Andere Fälle, in denen ein Wegfall der Wiederholungsgefahr diskutiert wird.** *aa) Notarielle Unterwerfung.* Die **notarielle Unterwerfungserklärung** ist, ausgehend von einem Aufsatz von *Köhler,*[139] in den letzten Jahren zu einem ausgesprochenen **Modethema** geworden. In der Praxis war sie bislang nicht von nennenswerter Relevanz.[140] Sie wird aber von Schuldnern, die sich für besonders gewitzt halten,[141] **aus der Trickkiste** gegriffen und beschäftigt zunehmend die Gerichte.

67 Nach wohl **überwiegender Auffassung** kann die **Wiederholungsgefahr** auch dann **entfallen,** wenn der Schuldner sich hinsichtlich des geltend gemachten Anspruchs in einer notariellen Urkunde gem. **§ 794 Abs. 1 Nr. 5 ZPO** der sofortigen Zwangsvollstreckung unterwirft.[142] Allerdings soll die notarielle Urkunde als solche nicht ausreichen.[143] Das **Procedere,** das schließlich zum Wegfall der Wiederholungsgefahr führen soll ist, ist **kompliziert:** Der Schuldner muss zunächst dem Gläubiger eine vollstreckbare Ausfertigung dieser notariellen Urkunde mit dem Hinweis zuleiten, dass eine Vollstreckung aus diesem Unterlassungstitel noch die gerichtliche Androhung von Ordnungsmitteln voraussetzt (§ 890 Abs. 2 ZPO).[144] Der Gläubiger ist damit im Besitz eines Titels, so dass für eine gerichtliche Geltendmachung des Unterlassungsanspruchs im Hauptsacheverfahren nach wohl überwiegender Auffassung kein **Rechtsschutzbedürfnis** mehr besteht.[145] Ob für eine vorläufige Sicherung des Unterlassungsanspruchs im Wege des einstweiligen Verfügungsverfahrens ein Rechtsschutzbedürfnis besteht, hängt nach wohl überwiegender Auffassung davon ab, ob dem Unterlassungsgläubiger nach den Umständen des Einzelfalls der Zeitverlust, der mit der Beantragung, Erstellung und Zustellung des Androhungsbeschlusses verbunden ist, zumutbar erscheint.[146] Dagegen wird in vielen Fällen sprechen, dass diese Alternative im Vergleich zu einem Antrag auf Erlass einer einstweiligen Verfügung mit einem nicht unerheblichen Zeitverlust verbunden ist. Häufig kann der Gläubiger ohne vorherige Anhörung des Schuldners und ohne mündliche Verhandlung innerhalb von wenigen Tagen eine einstweilige Verfügung erwirken. Demgegenüber vergeht bis zur

---

[134] BGH GRUR 2002, 717, 719 – *Vertretung der Anwalts-GmbH.*

[135] BGH WRP 2016, 477, 478 Tz. 5 – *Erledigterklärung nach Gesetzesänderung.*

[136] BGH NJOZ 2014, 1524 Tz. 13 – *Bonussystem einer Versandapotheke;* WRP 2016, 477, 478 Tz. 5 – *Erledigterklärung nach Gesetzesänderung;* OLG Frankfurt GRUR-RR 2015, 149, 150 Tz. 13 – *Scanner-Technologie.*

[137] BGH GRUR 1977, 114, 116 – *VUS.*

[138] BGH GRUR 2006, 879, 880 Tz. 17 – *Flüssiggastank;* GRUR 2007, 995 Tz. 11 – *Schuldnachfolge;* GRUR 2010, 536, 539 Tz. 40 – *Modulgerüst II.*

[139] *Köhler* GRUR 2010, 6.

[140] *Tavanti* WRP 2015, 1411 Tz. 2.

[141] Hierzu *Tavanti* WRP 2015, 1411, 1412 Tz. 6.

[142] OLG Köln WRP 2015, 623, 624 Tz. 10 – *Notarielle Unterwerfungserklärung; Berneke/Schüttpelz* Rdn. 100; Köhler/*Bornkamm* § 12 Rdn. 1.112d; MünchKommUWG/*Fritzsche* § 8 Rdn. 62; *Köhler* GRUR 2010, 6, 8.

[143] OLG Köln WRP 2015, 623, 624f. Tz. 10, 21 – *Notarielle Unterwerfungserklärung; Berneke/Schüttpelz* Rdn. 100; Köhler/*Bornkamm* § 8 Rdn. 1.112d; MünchKommUWG/*Fritzsche* § 8 Rdn. 62; *Köhler* GRUR 2010, 6, 8.

[144] Köhler/*Bornkamm* § 12 Rdn. 1.112d; *Köhler* GRUR 2010, 6, 8.

[145] OLG Köln WRP 2015, 623, 624 Tz. 10 – *Notarielle Unterwerfungserklärung;* Köhler/*Bornkamm* § 12 Rdn. 1.112d; *Köhler* GRUR 2010, 6, 8.

[146] OLG Düsseldorf, Beschl. v. 4.5.2016, Az. I-15 W 13/16; *Berneke/Schüttpelz* Rdn. 100.

Zustellung der Ordnungsmittelandrohung regelmäßig ein deutlich längerer Zeitraum, zumal der Schuldner gem. § 891 ZPO vorher angehört werden muss und Streit darüber entstehen kann, welches Gericht für die Ordnungsmittelandrohung nach einer notariellen Unterwerfungsklärung zuständig ist.[147]

Das **überzeugt insgesamt nicht:** Das Rechtsschutzbedürfnis für eine Unterlassungsklage fehlt nur, wenn der Kläger bereits über einen dem erstrebten Unterlassungstitel gleichwertigen Vollstreckungstitel verfügt.[148] Eine bloße notarielle Unterwerfungserklärung stellt jedoch keinen solchen Titel dar.[149] Die notarielle Unterwerfungserklärung erscheint bereits deshalb nicht gleichwertig, weil sie – anders als ein gerichtlicher Unterlassungstitel auf den in aller Regel mit Sanktionsdrohung gestellten Antrag – nicht aus sich heraus sanktionsbewehrt ist, sondern in jedem Fall zuvor ein Beschluss über die Androhung von Ordnungsmitteln gem. § 890 Abs. 2 ZPO erwirkt werden muss.[150] Für den Zwangsvollstreckungsgläubiger besteht zudem die Gefahr, mit einem solchen Androhungsantrag kostenpflichtig zurückgewiesen zu werden.[151] Denn es ist umstritten und höchstrichterlich noch nicht geklärt, welches Gericht im Rahmen des § 890 ZPO zuständig ist (Gericht in dessen Bezirk der Notar seinen Sitz hat[152] oder, dem Grundgedanken der §§ 13, 14 entsprechend und deshalb vorzugswürdig, diejenigen Gerichte, bei denen der Unterlassungsanspruch klageweise geltend gemacht werden könnte[153]). Solange diese Frage nicht höchstrichterlich geklärt ist, besteht außerdem die Gefahr, dass sich bereits das Androhungsverfahren zu Lasten des Zwangsvollstreckungsgläubigers in die Länge zieht.[154] 68

Wenn aufbauend auf dem Titel **Ordnungsmittel angedroht** werden und zudem die Gewähr dafür besteht, dass der Gläubiger gegen Zuwiderhandlungen einschreiten wird, **soll** nach überwiegender Auffassung mit der Zustellung des Androhungsbeschlusses auch die **Wiederholungsgefahr entfallen,** und zwar ihm gegenüber ebenso wie gegenüber anderen Gläubigern.[155] Vor der Zustellung des Androhungsbeschlusses besteht die Wiederholungsgefahr aber in jedem Fall fort, da bis dahin der Gläubiger gegen Verletzungshandlungen keine Sanktionsmöglichkeit hat.[156] 69

Nach **richtiger Auffassung entfällt die Wiederholungsgefahr** aber auch danach **nicht.** Gemessen an dem Modell der strafbewehrten Unterlassungserklärung, die von § 12 Abs. 1 Satz 1 als gesetzliches Leitbild vorgegeben wird,[157] stellt die notarielle Unterwerfungserklärung den Gläubiger nicht in gleicher Weise klaglos. Es fehlt bereits an der Ernstlichkeit der Unterlassungserklärung. Dagegen lässt sich nicht einwenden, dass mit der Errichtung der notariellen Urkunde erhebliche Kosten verbunden seien, die für die Ernsthaftigkeit des Unterlassungswillens sprächen.[158] Der Schuldner muss sich im Gegenteil fragen lassen, warum er den komplizierten und ein gesondertes gerichtliches Verfahren der Androhung erfordernden und für ihn obendrein teureren Weg der notariellen Unterwerfung einschlägt.[159] Bis zur Zustellung des Androhungsbeschlusses können Verstöße nicht verfolgt werden, später nur im Wege eines gesonderten Antrags auf Verhängung von Ordnungsgeld. Im Vergleich dazu ist der Inhaber einer strafbewehrten Unterlassungserklärung sofort gesichert. Er benötigt zwar einen Prozess, um die Vertragsstrafe titulieren zu lassen – das aber nur, wenn der Schuldner nicht freiwillig zahlt.[160] Es drängt sich der Eindruck auf, dass es einem Schuld- 70

[147] OLG Düsseldorf, Beschl. v. 4.5.2016, Az. I-15 W 13/16.

[148] BGH GRUR 2010, 855, 856 Tz. 16 – *Folienrollos.*

[149] LG Berlin WRP 2015, 1407, 1408 Tz. 13 – *Notarielle Unterlassungserklärung.*

[150] LG Berlin WRP 2015, 1407, 1408 Tz. 14 – *Notarielle Unterlassungserklärung.*

[151] LG Berlin WRP 2015, 1407, 1408 Tz. 15 – *Notarielle Unterlassungserklärung.*

[152] So OLG Köln GRUR-RR 2014, 277; OLG Düsseldorf WRP 2015, 71, 72 Tz. 14 u. LS; OLG München WRP 2015, 646, 647 Tz. 3.

[153] So LG Paderborn, Beschl. v. 27.8.2013, Az. 7 O 30/13; *Nippe* WRP 2015, 532, 535 Tz. 29 ff.; *Tavanti* WRP 2015, 1411, 1412 Tz. 6; *Teplitzky* WRP 2015, 527, 529 Tz. 10 ff.

[154] OLG Düsseldorf, Beschl. v. 4.5.2016, Az. I-15 W 13/16; LG Berlin WRP 2015, 1407, 1408 Tz. 15 – *Notarielle Unterlassungserklärung; Teplitzky* WRP 2015, 527, 530 Tz. 14.

[155] OLG Köln WRP 2015, 623, 624 f. Tz. 10, 21 – *Notarielle Unterwerfungserklärung;* OLG Düsseldorf, Beschl. v. 4.5.2016, Az. I-15 W 13/16; *Berneke/Schüttpelz* Rdn. 100; Köhler/*Bornkamm* § 12 Rdn. 1.112d; *Köhler* GRUR 2010, 6, 8; *Teplitzky* WRP 2015, 527, 531 Tz. 17; a. A. MünchKommUWG/*Fritzsche* § 8 Rdn. 62: Ordnungsmittelandrohung für den Wegfall der Wiederholungsgefahr nicht erforderlich.

[156] OLG Köln WRP 2015, 623, 624 f. Tz. 10, 21 – *Notarielle Unterwerfungserklärung;* OLG Düsseldorf, Beschl. v. 4.5.2016, Az. I-15 W 13/16; *Berneke/Schüttpelz* Rdn. 100; Köhler/*Bornkamm* § 12 Rdn. 1.112d; *Köhler* GRUR 2010, 6, 8; *Teplitzky* WRP 2015, 527, 531 Tz. 17.

[157] *Hess* WRP 2015 Heft 5, Editorial; zur Leitbildfunktion der strafbewehrte Unterlassungserklärung vgl. auch OLG Köln WRP 2015, 623, 625 Tz. 21 – *Notarielle Unterwerfungserklärung.*

[158] So aber OLG Köln WRP 2015, 623, 625 Tz. 20 – *Notarielle Unterwerfungserklärung.*

[159] *Tavanti* WRP 2015, 1411, 1412 Tz. 6 f.; *Teplitzky* WRP 2015, 527, 530 Tz. 14.

[160] LG Berlin WRP 2015, 1407, 1410 Tz. 40 – *Notarielle Unterlassungserklärung.*

ner mit der notariellen Unterwerfungserklärung in erster Linie darum geht, dem Gläubiger die Verfolgung eines erneuten Verstoßes so schwer wie möglich zu machen.[161] Dies gilt generell und nicht erst dann, wenn aus dem Gesamtverhalten des Unterlassungsschuldners zu schließen ist, dass er künftige Verstöße bewusst einkalkuliert hat, die er im Zeitraum zwischen der Übersendung des Titels und der Zustellung des Ordnungsmittelandrohungsbeschlusses begehen will.[162] Hinzu kommen Zweifel im Hinblick auf das **öffentliche Interesse** an einer nachhaltigen Verfolgung von Wettbewerbsverstößen. Ordnungsmittel, die bei einem Verstoß gegen eine notarielle Unterwerfungserklärung verhängt werden, fließen der Staatskasse zu. Aktivlegitimierte Verbände als wesentliche Akteure bei der Bekämpfung von Wettbewerbsverstößen und der Gewährleistung eines lauteren Wettbewerbs sind aber zur Finanzierung ihrer Arbeit auf Einnahmen auch aus Vertragsstrafen angewiesen.[163] Würde die Möglichkeit der Abgabe einer notariellen Unterwerfungserklärung anerkannt und infolge dessen die Abmahnbereitschaft der Verbände nachlassen oder sogar ihre Existenz gefährdet, bestünde die Gefahr einer erheblichen Vermehrung unlauterer Praktiken.[164] **Gegen die Anerkennung der notariellen Unterwerfungserklärung** für den Wegfall der Wiederholungsgefahr spricht auch **§ 798 ZPO,** der vorschreibt, dass aus einer solchen Erklärung erst nach Ablauf einer Wartefrist von zwei Wochen vorgegangen werden kann.[165]

71 *bb) Beteuerungen und Versprechen des Verletzers.* Das **einfache,** nicht durch eine Vertragsstrafe bei Zuwiderhandlung bewehrte **Versprechen künftiger Unterlassung** genügt **nicht.** Das gilt auch für ein am Geschäftsverkehr teilnehmendes Unternehmen der öffentlichen Hand[166] oder sonstige Schuldner, deren Seriosität und Vertrauenswürdigkeit an sich keinen Zweifel an der Redlichkeit und Ernsthaftigkeit ihrer Absichten aufkommen lassen sollte.[167] Früher hatte es die Rechtsprechung je nach Umständen des Falles im Rahmen einer Gesamtwürdigung und unter Erforschung der Motive des Verletzers bei fahrlässigen Verstößen mitunter als ausreichend zur Ausräumung der Wiederholungsgefahr angesehen, wenn der Verletzer die beanstandeten Handlungen „aus wirklich gewonnener besserer Einsicht" und nicht nur „unter dem Druck des Prozesses" einstellte und ernstlich – wenn auch nicht strafbewehrt – erklärte, nicht wieder so handeln zu wollen.[168] Auch wenn in der Praxis viele Verletzer bis heute meinen, treuherzige Beteuerungen allein ließen die Wiederholungsgefahr entfallen, reichen solche Lippenbekenntnisse nach heute einhelliger und in der Rechtsprechung seit langem fest verankerter Auffassung nicht aus.[169]

72 *cc) Actus contrarius, Richtigstellung.* Z. T. wurde früher auch vertreten, dass die freiwillige, aus eigenem Antrieb vorgenommene **Richtigstellung** als irreführend erkannter Angaben die Wiederholungsgefahr ausschließe.[170] Dies genügt zur Widerlegung der Vermutung nach richtiger Auffassung nicht.[171]

73 *dd) Veränderung der Umstände.* Ebenso wenig reicht eine **Veränderung der Umstände** aus – wie z.B. **Aufgabe des Geschäftsbetriebs;**[172] **Liquidation** des Unternehmens;[173] **Aufgabe des verletzenden Verhaltens**[174] oder **der Betätigung,** in deren Rahmen die Verletzungshandlung begangen wurde;[175] **Rückzug ins Privatleben;**[176] **Unternehmensübernahme** durch einen Dritten;[177] **Ausscheiden** und Kündigung **der** zuwiderhandelnden **Angestellten;**[178] **Einstellung der**

---

[161] *Tavanti* WRP 2015, 1411, 1412 Tz. 7.

[162] In diese Richtung aber OLG Köln WRP 2015, 623, 625 Tz. 20 – *Notarielle Unterwerfungserklärung.*

[163] Vgl. BGH GRUR 2005, 689, 690 – *Sammelmitgliedschaft III.*

[164] LG Berlin WRP 2015, 1407, 1410 Tz. 39 – *Notarielle Unterlassungserklärung.*

[165] LG Berlin WRP 2015, 1407, 1410 Tz. 41 – *Notarielle Unterlassungserklärung.*

[166] BGH GRUR 1991, 769, 771 – *Honoraranfrage;* GRUR 1994, 516, 517 – *Auskunft über Notdienste.*

[167] *Köhler* GRUR 2011, 879, 881.

[168] RGZ 98, 267, 269 – *Bayernfilms;* 148, 114, 119f. – *Gummi-Waren.*

[169] BGH GRUR 1955, 97, 98 – *Constanze II;* 1955, 342, 345 – *Holländische Obstbäume;* GRUR 1959, 544, 547 – *Modenschau;* GRUR 1988, 699, 700 – *qm-Preisangaben;* Teplitzky/*Kessen* Kap. 7 Rdn. 10.

[170] *Tetzner* § 3 Rdn. 59.

[171] Köhler/*Bornkamm* § 8 Rdn. 1.39.

[172] RG MuW XXI, 211 – *Ira/Hyra;* RGZ 104, 376, 382 – *Ballet;* BGH GRUR 1955, 97, 98 – *Constanze II;* GRUR 1998, 824, 828 – *Testpreis-Angebot;* OLG Frankfurt GRUR 2014, 1011, 1012 – *Stirnlampen; Köhler* GRUR 2011, 879, 880.

[173] BGH GRUR 1955, 97, 98 – *Constanze II;* GRUR 2008, 625 Tz. 23 – *Fruchtextrakt.*

[174] BGH GRUR 2013, 1259, 1260 Tz. 26 – *Empfehlungs-E-Mail.*

[175] BGH GRUR 2001, 453, 455 – *TCM-Zentrum;* GRUR 2008, 702, 706 Tz. 56 – *Internet-Versteigerung III;* GRUR 2013, 638, 643 Tz. 58 – *Völkl;* GRUR 2013, 1259, 1260 Tz. 26 – *Empfehlungs-E-Mail;* GRUR 2014, 1120, 1122 Tz. 31 – *Betriebskrankenkasse II;* GRUR 2016, 88, 93 Tz. 51 – *Deltamethrin I.*

[176] RGZ 104, 376, 382 – *Ballet.*

[177] RG MuW XXI, 211 – *Ira/Hyra.*

[178] Vgl. Köhler/*Bornkamm* § 8 Rdn. 1.39 m. w. N.

Produktion;[179] **Änderung einer** rechtswidrigen **Firmierung;**[180] **Abschluss eines Lizenzvertrags** für ein rechtsverletzendes Produkt mit begrenzter Laufzeit;[181] **Vernichtung des Materials** mit den unlauteren Werbeaussagen;[182] **Ausverkauf eines Artikels** – solange nicht jeweils auch jede Wahrscheinlichkeit für eine Wiederholung des Wettbewerbsverstoßes, etwa nach Wiederaufnahme ähnlicher Tätigkeiten, beseitigt ist.[183] Der **Wegfall** der **Wiederholungsgefahr** wegen veränderter Umstände wird in der Praxis **fast nie** bejaht.

Für den **Geschäftsführer** einer GmbH, der persönlich auf Unterlassung haftet, fällt die Wieder- 74
holungsgefahr nicht durch seine **Abberufung** weg; denn es besteht die Möglichkeit, dass die Tätigkeit als Geschäftsführer in dieser oder einer anderen Gesellschaft wiederaufgenommen wird.[184]

In **seltenen Ausnahmefällen** kann die Veränderung tatsächlicher Umstände mit einem rechtli- 75
chen Einschlag der Veränderung der Rechtslage so nahe kommen, dass aus Sicht des Unterlassungsschuldners eine Wiederholung seiner wettbewerbswidrigen Handlung derart zweifelsfrei unzulässig ist, dass man nicht mehr davon ausgehen kann, er würde sich erdreisten, sie jemals zu wiederholen. Eine solche Situation ist dann vergleichbar mit der Verschärfung einer Rechtslage, die dazu führt, dass die nach altem Recht zweifelhafte Frage einer Rechtsverletzung unter Geltung des neuen Rechts eindeutig zu bejahen ist (hierzu Rdn. 63).[185] Das OLG Frankfurt hat dies in einem Fall angenommen, in dem die Unlauterkeit gerade darin bestand, dass in einer Presseerklärung in irreführender und herabsetzender Weise über eine einstweilige Verfügung berichtet wurde, diese einstweilige Verfügung aber später aufgehoben wurde. Hätte sich in dieser Situation der Unterlassungsschuldner auf den Wegfall der Wiederholungsgefahr berufen und deutlich gemacht, dass er seine Äußerungen angesichts der geänderten Umstände selbstverständlich nicht wiederholen wolle, wäre die Wiederholungsgefahr entfallen.[186]

ee) Bessere Einsicht nach Richterspruch. Der Grundsatz, dass im Wettbewerbsrecht rechtliche Fehl- 76
vorstellungen des Verletzers nur unter sehr strengen Anforderungen zu seinen Gunsten zu berücksichtigen sind,[187] kommt auch bei der Wiederholungsgefahr zum Tragen. Hat der Verletzer in **Unkenntnis oder Verkennung der Rechtslage** gehandelt, bleibt die Wiederholungsgefahr auch dann bestehen, wenn die Unlauterkeit seines Verhaltens inzwischen durch (höchst)richterliche Entscheidung festgestellt ist und der Verletzer erklärt, nunmehr rechtstreu sein zu wollen.[188]

ff) Verjährung. Tritt **Verjährung** des durch den Wettbewerbsverstoß begründeten Unterlassungs- 77
anspruchs ein (§ 11), entfällt die Begehungsgefahr. Auch eine Erstbegehungsgefahr kann (allein) aus Verletzungshandlungen in verjährter Zeit nicht hergeleitet werden, da ansonsten die Regelung der Verjährung leer laufen würde.[189]

III. Erstbegehungsgefahr und vorbeugender Unterlassungsanspruch

Schrifttum: *Baur,* Zu der Terminologie und einigen Sachproblemen der „vorbeugenden Unterlassungsklage“, JZ 1966, 381; *Borck,* Die Erstbegehungsgefahr im Unterlassungsprozeß, WRP 1984, 583; *Büch,* Die Erstbegehungsgefahr und ihre Ausräumung im gewerblichen Rechtsschutz in: FS Bornkamm, 2014, S. 15; *Eikelau,* Unzulässige wettbewerbsrechtliche Unterlassungsansprüche gegen Markenanmeldungen, MarkenR 2001, 41; *Götz,* Die Neuvermessung des Lebenssachverhalts – Der Streitgegenstand im Unterlassungsprozess, GRUR 2008, 401; *Köhler,* Wegfall der Erstbegehungsgefahr durch „entgegengesetztes Verhalten“?, GRUR 2011, 879;

---

179 BGH GRUR 1977, 543, 547 – *Der 7. Sinn;* GRUR 1989, 673, 674 – *Zahnpasta.*

180 RG MuW XXXIV, 372, 374 – *Wilhelm Model;* BGH GRUR 2013, 638, 644 Tz. 58 – *Völkl.*

181 Vgl. OLG München WRP 2015, 378, 379.

182 RG MuW XV, 365, 358 – *Fabrikpreise.*

183 St. Rspr., vgl. RGZ 104, 376, 382 – *Ballet;* BGH GRUR 1955, 97, 98 – *Constanze II;* GRUR 1988, 38, 39 – *Leichenaufbewahrung;* GRUR 1992, 318, 319f. – *Jubiläumsverkauf;* GRUR 2000, 605, 608 – *comtes/ComTel;* GRUR 2001, 453, 455 – *TCM-Zentrum;* GRUR 2004, 162, 164 – *Mindestverzinsung;* GRUR 2008, 625 Tz. 23 – *Fruchtextrakt;* GRUR 2008, 702, 706 Tz. 56 – *Internet-Versteigerung III;* GRUR 2014, 1120, 1122 Tz. 31 – *Betriebskrankenkasse II;* GRUR 2016, 88, 93 Tz. 51 – *Deltamethrin I.*

184 BGH GRUR 1976, 579, 582f. – *Tylosin;* GRUR 1986, 248, 251 – *Sporthosen;* GRUR 2000, 605, 608 – *comtes/ComTel;* vgl. auch BGH GRUR 2013, 638, 644 Tz. 69 – *Völkl* (zum fortbestehenden Auskunftsanspruch gegen den ausgeschiedenen Geschäftsführer).

185 OLG Frankfurt GRUR-RR 2015, 149, 150 Tz. 12ff. – *Scanner-Technologie.*

186 OLG Frankfurt GRUR-RR 2015, 149, 150 Tz. 14 – *Scanner-Technologie.*

187 Vgl. BGH GRUR 1999, 923, 928 – *Tele-Info-CD;* GRUR 2002, 248, 252 – *Spiegel-CD-ROM.*

188 Vgl. Köhler/*Bornkamm* § 8 Rdn. 1.42; zu weit gehend daher BGH GRUR 1994, 443, 445 – *Versicherungsvermittlung im öffentlichen Dienst.*

189 BGH GRUR 1987, 125 – *Berühmung;* GRUR 1988, 313 – *Auto F. GmbH;* GRUR 1994, 57, 58 – *Geldzurück-Garantie.*

v. Linstow, Die rechtsverletzende Titelschutzanzeige – ein vierstöckiger Hausbesitzer? in: FS Erdmann, 2002; *Ullmann,* Erstbegehungsgefahr durch Vorbringen im Prozess?, WRP 1996, 1007.

1. Voraussetzungen

78 Nach § 8 Abs. 1 Satz 2 besteht ein Unterlassungsanspruch bereits dann, wenn eine **Zuwiderhandlung** gegen § 3 oder § 7 zwar noch nicht begangen ist, jedoch aufgrund anderer Umstände **(erstmals) droht.** Der als **vorbeugender Unterlassungsanspruch** bezeichnete (s. o. Rdn. 27) Unterlassungsanspruch setzt als Form der Begehungsgefahr die **Erstbegehungsgefahr** einer Zuwiderhandlung gegen § 3 oder § 7 voraus.

2. Verhältnis zum Verletzungsunterlassungsanspruch

79 **a) Gemeinsamkeiten und Unterschiede.** Der vorbeugende Unterlassungsanspruch stimmt inhaltlich insofern mit dem Verletzungsunterlassungsanspruch überein, als beide auf die Verhinderung eines in der **Zukunft** drohenden Wettbewerbsverstoßes gerichtet sind und jeweils das Vorliegen einer Begehungsgefahr voraussetzen. Die Ansprüche unterscheiden sich lediglich dadurch, dass beim Verletzungsunterlassungsanspruch die Begehungsgefahr als Wiederholungsgefahr aus einem bereits begangenen Verstoß hergeleitet wird, während beim vorbeugenden Unterlassungsanspruch eine (vollendete) Zuwiderhandlung noch nicht begangen wurde und daher die Gefahr der (erstmaligen) Begehung durch andere Umstände begründet wird.

80 **b) Unterschiedliche Streitgegenstände.** Hinsichtlich desselben drohenden Verhaltens kann sowohl ein Verletzungsunterlassungsanspruch als auch ein vorbeugender Unterlassungsanspruch gegeben sein, wenn das betreffende Verhalten zum einen als Wiederholung eines bereits begangenen Verstoßes droht und zum anderen aufgrund anderer Umstände, z. B. einer Berühmung, insoweit eine (Erst-)Begehungsgefahr begründet wird. Es handelt sich dabei jedoch um voneinander zu unterscheidende Ansprüche, da sie jeweils auf unterschiedliche Sachverhalte gestützt sind (oben Rdn. 27). Insofern liegen im Prozess **unterschiedliche Streitgegenstände** vor.[190] Im Verletzungsprozess kann der vorbeugende Unterlassungsanspruch neben dem Verletzungsunterlassungsanspruch (und umgekehrt) daher vom Gericht nur beachtet werden, wenn der Kläger sich darauf beruft und einen entsprechenden Antrag stellt (vgl. § 308 ZPO).[191] Dafür besteht insbesondere dann ein praktisches Bedürfnis, wenn zunächst unklar ist, ob die den Verletzungsunterlassungsanspruch begründende Verletzungshandlung nachweisbar ist. Ist das Gericht der Ansicht, dass keine Wiederholungsgefahr besteht, muss es gemäß § 139 ZPO dem Kläger einen richterlichen Hinweis und die Gelegenheit geben, seinen Klageantrag auf Erstbegehungsgefahr zu stützen. Dies gilt allerdings nur, wenn das Vorbringen des Klägers einerseits unklar ist, andererseits dafür Anhaltspunkte bietet, dass er auch eine Entscheidung des Gerichts über einen möglichen vorbeugenden Unterlassungsanspruch erwirken will.[192]

81 Davon zu unterscheiden ist die Möglichkeit, mit der **Geltendmachung des vorbeugenden Unterlassungsanspruchs neben dem Verletzungsunterlassungsanspruch** das Unterlassungsbegehren auf solche Verhaltensweisen zu erstrecken, die von letzterem, auch unter dem Gesichtspunkt kerngleicher Handlungen, nicht mehr erfasst werden. Da in diesem Fall Verletzungsunterlassungsanspruch und vorbeugender Unterlassungsanspruch auf das Unterlassen unterschiedlicher Handlungen gerichtet sind, sollte dies nicht nur in der Klagebegründung, sondern nach Möglichkeit auch in der Antragsfassung zum Ausdruck gebracht werden.

82 **Fehlt es an einer Erstbegehungsgefahr,** ist die auf einen vorbeugenden Unterlassungsanspruch gestützte **Klage als unbegründet abzuweisen.** Die Rechtskraft dieser Entscheidung steht der Geltendmachung eines auf einen konkreten – späteren – Wettbewerbsverstoß gestützten Verletzungsunterlassungsanspruchs oder eines auf neue sonstige Umstände gestützten vorbeugenden Unterlassungsanspruchs nicht entgegen.[193]

3. Erstbegehungsgefahr

83 **a) Drohen einer Zuwiderhandlung.** Nach § 8 Abs. 1 Satz 2 besteht ein Anspruch auf Unterlassung „bereits" dann, wenn eine Zuwiderhandlung gegen § 3 oder § 7 droht. Tatbestandsvoraus-

---

190 BGH GRUR 2006, 429, 431 f. Tz. 20, 22 f. – *Schlank-Kapseln;* GRUR 2006, 421, 422 Tz. 25 – *Markenparfümverkäufe;* GRUR 2014, 1013, 1016 Tz. 20 – *Original Bach-Blüten; Büch* in: FS Bornkamm, S. 15, 17 ff.; Fezer/*Büscher* § 8 Rdn. 97; *Götz* GRUR 2008, 401, 403; *Köhler*/Bornkamm § 12 Rdn 2.231; Teplitzky/*Kessen* Kap. 9 Rdn. 5, Kap. 10 Rdn. 12; *Ohly*/Sosnitza § 8 Rdn. 31.

191 Vgl. BGH GRUR 2006, 429, 431 – *Schlank-Kapseln;* Teplitzky/*Kessen* Kap. 9 Rdn. 5 m. w. N.

192 BGH GRUR 2014, 1013, 1016 Tz. 20 – *Original Bach-Blüten.*

193 BGH GRUR 1990, 687, 689 – *Anzeigenpreis II.*

setzung dieses vorbeugenden Unterlassungsanspruchs ist somit das Vorliegen einer **Erstbegehungsgefahr** eines wettbewerbsrechtlichen Verstoßes. Die Handlung muss zum Zeitpunkt ihrer drohenden Vornahme rechtswidrig sein. Auch zum Zeitpunkt der Entscheidung muss die Rechtsordnung die drohende Handlung verbieten. Ein Verschulden ist nicht erforderlich. Es gelten insoweit die gleichen Grundsätze wie beim Verletzungsunterlassungsanspruch.

b) Objektive Feststellung. Eine Erstbegehungsgefahr besteht, soweit **objektiv ernsthafte und greifbare tatsächliche Anhaltspunkte** dafür vorhanden sind, der Anspruchsgegner werde sich in naher Zukunft in der näher bezeichneten Weise rechtswidrig verhalten.[194] Dabei muss sich die Erstbegehungsgefahr **auf eine konkrete (zukünftige) Verletzungshandlung beziehen.** Die drohende Verletzungshandlung muss sich durch die Umstände so konkret abzeichnen, dass sich für alle Tatbestandsmerkmale zuverlässig beurteilen lässt, ob sie verwirklicht sind.[195] 84

Die – nach dem Stand der letzten mündlichen Verhandlung vorzunehmende – Beurteilung, ob Erstbegehungsgefahr vorliegt, ist im Wesentlichen **tatsächlicher Natur** und kann damit in der Revisionsinstanz nur in beschränktem Maße darauf überprüft werden, ob der Tatrichter von richtigen rechtlichen Maßstäben ausgegangen ist und alle wesentlichen Tatumstände berücksichtigt hat.[196] 85

c) Keine tatsächliche Vermutung. Anders als bei der Wiederholungsgefahr nach einem bereits geschehenen Wettbewerbsverstoß streitet für das Vorliegen einer Erstbegehungsgefahr **keine tatsächliche Vermutung.**[197] Der Unterlassungsgläubiger hat daher die tatsächlichen Umstände, die eine unmittelbar drohe Gefahr erstmaliger Begehung begründen, im Einzelnen darzulegen und ggf. zu beweisen.[198] Eine Erstbegehungsgefahr kann durch jede Handlung ausgelöst werden, welche die erforderlichen greifbaren tatsächlichen Anhaltspunkte mit sich bringt. Die in Frage kommenden Handlungen lassen sich im Wesentlichen in die beiden Fallgruppen der Berühmung und der Vorbereitungshandlungen im weitesten Sinne unterteilen.[199] 86

d) Berühmung. Die Lebenserfahrung legt die Vermutung nahe, dass jemand, der behauptet, zu einer bestimmten Handlung berechtigt zu sein, diese auch vornehmen wird.[200] Eine Erstbegehungsgefahr begründet deshalb, wer sich des Rechts berühmt, **bestimmte Handlungen vornehmen zu dürfen,** wenn bei Würdigung der Einzelumstände des Falles die Bereitschaft zu erkennen ist, sich unmittelbar oder in naher Zukunft in dieser Weise zu verhalten.[201] Bei der Würdigung des Verhaltens des Anspruchsgegners sind alle seine Verhaltensweisen und Aussagen umfassend zu berücksichtigen und nach den Umständen im Einzelnen zu beurteilen. Eine pauschale Bewertung, die sich darin erschöpft, der Beklagte habe durch sein Gesamtverhalten deutlich gemacht, dass er sich zu den beanstandeten Handlungen berechtigt fühle, reicht nicht aus.[202] 87

e) Erklärungen im Rahmen der Rechtsverteidigung. Eine Berühmung, aus der die unmittelbar oder in naher Zukunft ernsthaft drohende Gefahr einer Begehung abzuleiten ist, kann grundsätzlich auch in **prozessualen Erklärungen** zu sehen sein. Praktisch relevant wird dies etwa in Verfahren, in denen der Unterlassungsanspruch primär auf das Bestehen von Wiederholungsgefahr gestützt wird, sich ein bereits erfolgter Verstoß aber nicht nachweisen lässt.[203] 88

Allerdings sind an die Begründung der Erstbegehungsgefahr durch Erklärungen, die im Rahmen der **Rechtsverteidigung** oder im Rahmen eines Vergleichsgesprächs in einem gerichtlichen Ver- 89

---

[194] St. Rspr., vgl. BGH GRUR 1992, 318, 319 – *Jubiläumsverkauf;* GRUR 1994, 57, 58 – *Geld-zurück-Garantie;* GRUR 1999, 1097, 1099 – *Preissturz ohne Ende;* GRUR 2001, 1174, 1175 – *Berühmungsaufgabe;* GRUR 2010, 455, 458 Tz. 24 – *Stumme Verkäufer II;* GRUR 2010, 536, 539 Tz. 41 – *Modulgerüst II;* GRUR 2011, 1038, 1042 Tz. 44 – *Stiftparfüm;* GRUR 2012, 728, 730 Tz. 25 – *Einkauf Aktuell;* GRUR 2014, 883, 886 Tz. 35 – *Geschäftsführerhaftung;* GRUR 2015, 603, 605 Tz. 17 – *Keksstangen; Büch* in: FS Bornkamm, S. 15, 20.

[195] St. Rspr., vgl. BGH GRUR 1970, 305, 306 – *Löscafé;* GRUR 2008, 912, 913 Tz. 17 – *Metrosex;* GRUR 2010, 1103, 1104 Tz. 23 – *Pralinenform II;* GRUR 2012, 728, 730 Tz. 25 – *Einkauf Aktuell;* GRUR 2015, 603, 605 Tz. 17 – *Keksstangen.*

[196] BGH GRUR 1987, 45, 46 – *Sommerpreiswerbung;* GRUR 2001, 1174, 1175 f. – *Berühmungsaufgabe.*

[197] BGH GRUR 1987, 125, 126 – *Berühmung;* GRUR 1989, 432, 434 – *Kachelofenbauer I; Mellulis* Rdn. 603.

[198] BGH GRUR 2010, 455, 458 Tz. 24 – *Stumme Verkäufer II;* GRUR 2015, 603, 605 Tz. 17 – *Keksstangen; Bacher,* S, 287 f.

[199] *Büch* in: FS Bornkamm, S. 15, 20.

[200] *Büch* in: FS Bornkamm, S. 15, 20.

[201] BGH GRUR 1987, 125, 126 – *Berühmung;* GRUR 2001, 1174, 1175 – *Berühmungsaufgabe;* GRUR 2002, 360, 366 – *H. I. V.-POSITIVE II;* GRUR 2011, 1038, 1042 Tz. 44 – *Stiftparfüm.*

[202] BGH GRUR 1999, 1097, 1099 – *Preissturz ohne Ende.*

[203] Vgl. z. B. BGH GRUR 2014, 1013, 1016 Tz. 18 – *Original Bach-Blüten.*

fahren abgegeben werden, **strenge Anforderungen** zu stellen.[204] Die Tatsache allein, dass sich ein Beklagter damit verteidigt, das beanstandete Verhalten sei nicht wettbewerbswidrig, begründet keine Erstbegehungsgefahr.[205] Wenn bereits das Vertreten eines Rechtsstandpunktes eine Erstbegehungsgefahr begründen würde, so würde der Beklagte in der wirksamen Verteidigung seines Rechts, in einem gerichtlichen Verfahren unter Wahrung seines Anspruchs auf **rechtliches Gehör** (Art. 103 Abs. 1 GG) die Rechtmäßigkeit bestimmter Verhaltensweisen klären zu lassen, beeinträchtigt.[206] Einem Beklagten, der sich gegen einen aus seiner Sicht unbegründeten Unterlassungsanspruch verteidigt, kann deshalb nicht ohne weiteres unterstellt werden, er werde selbst eine gerichtliche Entscheidung, mit der die Rechtslage geklärt wird, nicht beachten.[207]

90 Das sollte für die Rechtsverteidigung im Hauptsacheprozess grundsätzlich auch dann gelten, wenn **zuvor** gegen den Beklagten eine **einstweilige Verfügung ergangen** ist.[208] Denn im summarischen Verfügungsverfahren kann sich der Antragsgegner nur eingeschränkt verteidigen. Prozessuale Erklärungen begründen demnach nur dann eine Erstbegehungsgefahr, wenn sie nicht nur der Rechtsverteidigung dienen, sondern ihnen die Bereitschaft zu entnehmen ist, sich unmittelbar oder in naher Zukunft auch in der beanstandeten Weise zu verhalten.[209]

91 Die Annahme einer **Erstbegehungsgefahr** ist insbesondere dann **ausgeschlossen,** wenn der Beklagte eindeutig klarstellt, dass seine Erklärungen **allein der Rechtsverteidigung** dienen und keine Rechtsverletzungen zu besorgen sind.[210] Einer solchen Klarstellung bedarf es jedoch nicht von vornherein, sondern nur in dem Falle, dass sich der Beklagte nicht auf eine bloße Rechtsverteidigung beschränkt, sondern durch sein darüber hinausgehendes prozessuales Verhalten ansonsten eine Erstbegehungsgefahr begründen würde.[211] Die anders lautende frühere Rechtsprechung, die von dem Erfahrungssatz ausging, dass die Verteidigung einer bestimmten Handlungsweise jedenfalls auch den Weg zu ihrer beabsichtigten künftigen Fortsetzung eröffnen solle,[212] ist mit der Entscheidung *„Berühmungsaufgabe"* aufgegeben worden.[213] Allein die Erklärung des Beklagten im Prozess, die Sache müsse durch ein rechtsmittelfähiges Urteil entschieden werden, reicht jedenfalls dann nicht aus, wenn sich aus dem gesamten Vortrag ergibt, dass der Beklagte sein mögliches künftiges Verhalten für rechtmäßig hält und es nur bei einer für ihn günstigen Gerichtsentscheidung in die Tat umsetzen will.[214]

92 Jedoch kann trotz aller Zurückhaltung auch der Vortrag im Rahmen der Rechtsverteidigung im Prozess eine Erstbegehungsgefahr begründen, wenn nicht nur der eigene Rechtsstandpunkt vertreten wird, sondern den Erklärungen bei **Würdigung der Einzelumstände des Falles** auch die Bereitschaft zu entnehmen ist, sich unmittelbar oder in naher Zukunft in dieser Weise zu verhalten.[215] Bei der Würdigung des Verhaltens des Beklagten sind **alle seine Verhaltensweisen und Aussagen umfassend zu berücksichtigen.**[216] Wenn ein Presseunternehmen sich z. B. trotz der offenkundigen Wettbewerbswidrigkeit einer von ihm veröffentlichten Werbeanzeige vorbehaltlos allein damit verteidigt, dass die abgedruckte Anzeige nicht oder jedenfalls nicht grob und leicht erkennbar wettbewerbswidrig sei, ohne zugleich deutlich zu machen, dass es damit nur seine Rechte im anhängigen Rechtsstreit wahren wolle, begründete es die ernsthafte und greifbare Besorgnis, dass es bei nächster Gelegenheit das beanstandete Inserat erneut oder andere von dem Unterlassungsgebot erfasste Inserate dieser Art veröffentlichen werde.[217]

93 An einer Berühmung fehlt es, wenn der Beklagte wegen Wiederholungsgefahr in Anspruch genommen wurde, er sein Verhalten im Prozess **als rechtmäßig verteidigt,** es aber danach zu einer

---

[204] Vgl. BGH GRUR 1992, 627, 630 – *Pajero.*

[205] BGH GRUR 2001, 1174, 1175 – *Berühmungsaufgabe;* GRUR 2006, 429, 431 – *Schlank-Kapseln;* GRUR 2006, 879, 880 Tz. 18 – *Flüssiggastank;* GRUR 2008, 438 Tz. 26 – *ODDSET;* GRUR 2010, 253, 256 Tz. 31 – *Fischdosendeckel.*

[206] BGH GRUR 2001, 1174, 1175 – *Berühmungsaufgabe.*

[207] BGH GRUR 2001, 1174, 1175 – *Berühmungsaufgabe;* GRUR 2006, 429, 431 – *Schlank-Kapseln;* GRUR 2006, 879, 880 – *Flüssiggastank.*

[208] Bedenklich weit daher BGH GRUR 2002, 360, 366 – *H. I. V.-POSITIVE II.*

[209] BGH GRUR 2003, 890, 892 – *Buchclub-Kopplungsangebot.*

[210] BGH GRUR 2006, 429, 431 Tz. 17 ff. – *Schlank-Kapseln;* GRUR 2015, 1025, 1027 Tz. 21 – *TV-Wartezimmer.*

[211] BGH GRUR 2001, 1174, 1175 – *Berühmungsaufgabe.*

[212] Vgl. noch BGH GRUR 1999, 1097, 1099 – *Preissturz ohne Ende,* m. w. N.

[213] BGH GRUR 2001, 1174, 1175 – *Berühmungsaufgabe.*

[214] A. A. OLG Köln, Urt. v. 21.10.2011, Az. 6 U 42/11 – *Hoflader.*

[215] BGH GRUR 2001, 1174, 1175 – *Berühmungsaufgabe; Büch* in: FS Bornkamm, S. 15, 20.

[216] BGH GRUR 2010, 536, 540 Tz. 46 – *Modulgerüst II; Büch* in: FS Bornkamm, S. 15, 20.

[217] BGH GRUR 2002, 360, 66 – *H. I. V.-POSITIVE II.*

Gesetzesänderung kommt, die ihm sein früheres Verhalten ausdrücklich verbietet.[218] Die Erstbegehungsgefahr ergibt sich in einem solchen Fall auch nicht allein aus dem früheren Verhalten.[219]

f) Vorbereitungshandlungen. Eine Erstbegehungsgefahr kann sich ferner aus **Ankündigungen**[220] **oder Vorbereitungshandlungen** des Verletzers ergeben. Wann eine solche Handlung die ernsthafte und greifbare Besorgnis einer rechtswidrigen Handlung in naher Zukunft mit sich bringt, hängt von allen Umständen des Einzelfalls ab. Die Kasuistik ist reichhaltig: 94

aa) Anweisungen an Mitarbeiter. Eine Erstbegehungsgefahr ist z. B. angenommen worden als Folge einer internen **Anweisung** des Unternehmers **an einen Mitarbeiter,** eine wettbewerbswidrige Werbebehauptung zu verwenden.[221] 95

bb) Werbung. Die Werbung für ein bestimmtes geschäftliches Handeln begründet ebenso wie die Berühmung, zu diesem Verhalten berechtigt zu sein, eine Erstbegehungsgefahr.[222] Wenn ein Hersteller von Waren etwa ein Zeichen in der **Werbung**, in Anzeigen oder seinem Werbe-Poststempel benutzt, so rechtfertigt das im Sinne einer Erstbegehungsgefahr die Befürchtung, dass dieses Zeichen künftig auch auf seinen Waren Verwendung findet.[223] Allerdings kann in einer **Werbung** selbstverständlich bereits eine **vollendete Verletzungshandlung** liegen, die nicht eine Erstbegehungs-, sondern eine Wiederholungsgefahr auslöst. Typische Fälle sind irreführende Werbemaßnahmen gemäß § 5 und die Werbung für nachgeahmte Produkte, weil mit der Werbung bereits der Tatbestand des „Anbietens" i. S. d. § 4 Nr. 3 erfüllt ist.[224] 96

cc) Markenanmeldung. Die **Anmeldung einer Marke** beim **DPMA** begründet in aller Regel eine **Erstbegehungsgefahr** der markenmäßigen Benutzung des angemeldeten Zeichens im inländischen geschäftlichen Verkehr.[225] Man kann die Markenanmeldung auch als einen Fall der Berühmung deuten:[226] Wer ein Zeichen als Marke anmeldet, bringt damit zum Ausdruck, dass er sich für berechtigt hält, es auch als Marke zu nutzen. Im Ausnahmefall sollen zwar nach der Rechtsprechung des BGH die konkreten Umstände des Falles gegen eine Benutzungsabsicht des Anmelders sprechen können.[227] Hier ist jedoch Vorsicht geboten, weil sich die angeblichen oder tatsächlichen Verwendungsabsichten eines Markenanmelders oder Markeninhabers jederzeit ändern können.[228] Durch die Anmeldung besteht **unabhängig vom subjektiven Beweggrund** des Anmelders die **objektive Gefahr entsprechender Benutzungshandlungen.**[229] Der Anmelder kann sich einer Haftung nicht durch nicht überprüfbare Angaben zur Motivlage bei der Markenanmeldung entziehen.[230] Führt die Anmeldung einer Marke objektiv zu einer Erstbegehungsgefahr, so entfällt diese nicht deswegen, weil der Anmelder die Marke nur angemeldet hat, um vom DPMA ihre Schutzunfähigkeit bescheinigt zu bekommen.[231] Dasselbe gilt bei der Anmeldung von Unionsmarken.[232] Die durch die Anmeldung einer deutschen Marke hervorgerufene Erstbegehungsgefahr erstreckt sich dabei auf alle angemeldeten Waren und Dienstleistungen, so wie sie angemeldet bzw. eingetragen wurden.[233] Die dargestellten Grundsätze gelten auch für die Beantragung der Schutzerstreckung 97

---

[218] BGH GRUR 2014, 1013, 1016 Tz. 18 – *Original Bach-Blüten.*

[219] BGH GRUR 2014, 1013, 1016 Tz. 19 – *Original Bach-Blüten.*

[220] Vgl. BGH GRUR 1974, 477, 478 – *Hausagentur.*

[221] BGH GRUR 1971, 119, 120 – *Branchenverzeichnis.*

[222] BGH GRUR 1989, 432, 434 – *Kachelofenbauer;* OLG Frankfurt, Beschl. v. 3.12.2012, Az. 6 U 230/12.

[223] RG MuW XXXX, 70, 73 – *Hageda/Hateha I.*

[224] KG WRP 2012, 1562, 1564 Tz. 24.

[225] St. Rspr.; vgl. BGH GRUR 2004, 600, 601 – *d-c-fix/CD-FIX;* GRUR 2008, 912, 914 Tz. 28 – *Metrosex;* GRUR 2009, 1055, 1056 Tz. 18 – *airdsl;* GRUR 2009, 484, 490 Tz. 70 – *Metrobus;* GRUR 2010, 838, 840 Tz. 24 – *DDR-Logo;* GRUR 2014, 382, 384 Tz. 30 – *REAL-Chips;* GRUR 2015, 1201, 1206 Tz. 49 – *Sparkassen-Rot/Santander-Rot; Büch* in: FS Bornkamm, S. 15, 20.

[226] Vgl. OLG Düsseldorf, Urt. v. 11.2.2014, Az. I-20 U 39/13 – *POWER HORSE/POWER HORN:* „mehr als eine Berühmung".

[227] BGH GRUR 2008, 912, 914 Tz. 28 – *Metrosex;* GRUR 2009, 1055, 1056 Tz. 18 – *airdsl;* GRUR 2009, 484, 490 Tz. 70 – *Metrobus;* GRUR 2010, 838, 840 Tz. 24 – *DDR-Logo;* GRUR 2014, 382, 384 Tz. 30 – *REAL-Chips;* GRUR 2015, 1201, 1206 Tz. 49 – *Sparkassen-Rot/Santander-Rot.*

[228] BGH, Urt. v. 5.2.2009, Az. I ZR 186/06, Tz. 55 – *MVG Metrobus; Ströbele/Hacker* § 14 MarkenG Rdn. 446.

[229] BGH GRUR 2015, 1201, 1207 Tz. 53 – *Sparkassen-Rot/Santander-Rot.*

[230] BGH GRUR 2015, 1201, 1207 Tz. 53 – *Sparkassen-Rot/Santander-Rot.*

[231] BGH GRUR 2014, 382, 384 Tz. 31 – *REAL-Chips.*

[232] BGH GRUR 2015, 1201, 1207 Tz. 53 – *Sparkassen-Rot/Santander-Rot.*

[233] BGH GRUR 2009, 1055, 1056 Tz. 18 – *airdsl;* Urt. v. 5.2.2009, Az. I ZR 174/06 – *BVG MetroBus;* Urt. v. 5.2.2009, Az. I ZR 186/06 Tz. 56 – *MVG Metrobus;* OLG Hamburg GRUR-RR 2004, 5, 6f. – *Cellofit/Cellvit;* GRUR-RR 2009, 394 LS 1 – *Solar Scout.*

einer IR-Marke auf Deutschland[234] und den Erwerb einer deutschen Marke oder Markenanmeldung von einem Dritten.[235] Nicht einheitlich wird die Frage beantwortet, ob die Anmeldung einer Unionsmarke regelmäßig die Gefahr ihrer Benutzung (auch) in Deutschland begründet[236] oder ob eine Erstbegehungsgefahr nur bei zusätzlichen Anzeichen für eine drohende Verwendung im Inland zu bejahen ist.[237] Der BGH hat diese Frage bislang offengelassen.[238]

98 Die **Anmeldung** einer **Unionsmarke** begründet nach richtiger Auffassung eine Erstbegehungsgefahr **nur** dann, wenn aufgrund der Umstände von einer **künftigen Benutzung im Inland** auszugehen ist.[239] Denn bei der Vielzahl von Mitgliedstaaten und der schieren Größe der EU kann nicht jedem Anmelder einer Unionsmarke eine konkrete Benutzungsabsicht für jeden einzelnen Mitgliedstaat unterstellt werden, zumal auch der Benutzungszwang der Unionsmarke eine solche flächendeckende Benutzung nicht erfordert.[240] Umstände, die für eine Absicht der Benutzung im Inland sprechen sind etwa eine Berühmung,[241] konkrete Vorbereitungshandlungen,[242] ein inländischer Sitz,[243] eine Tätigkeit oder Niederlassung in Deutschland[244] oder die Tatsache, dass der Anmelder früher bereits im Inland tätig war; letzteres vor allem, wenn er diejenigen Waren oder Dienstleistungen, für welche die Unionsmarke angemeldet ist, bereits in der Vergangenheit unter einem Unternehmenskennzeichen angeboten hat, das der angemeldeten Unionsmarke entspricht.[245]

99 *dd) Anmeldung eines Domainnamens.* Die Anmeldung eines **Domainnamens** begründet keine Erstbegehungsgefahr für die Verwendung im geschäftlichen Verkehr, wenn bislang über die Anmeldung der Domain hinaus eine Nutzung nicht erfolgt ist.[246]

100 *ee) Titelschutzanzeige.* Das Erscheinen einer **Titelschutzanzeige** begründet eine Erstbegehungsgefahr für die Benutzung des Titels im geschäftlichen Verkehr.[247]

101 *ff) Messeauftritte.* Bei der Präsentation auf **Messen**, zumal internationalen, gilt: Eine Erstbegehungsgefahr kann nicht mit einem allgemeinen Erfahrungssatz begründet werden, wegen der Präsentation eines Produkts oder einer Produktverpackung auf einer Messe im Inland sei auch von einem bevorstehenden Anbieten, Vertreiben und sonstigen Inverkehrbringen im Inland auszugehen. Eine solche Betrachtungsweise würde dem Umstand nicht gerecht, dass es verschiedene Typen von Messen und unterschiedliche Formen der Präsentation von Produkten auf Messen gibt.[248] So gibt es Publikumsmessen, auf denen die **Verbraucher** die ausgestellten Produkte bestellen oder erwerben können. Auf der anderen Seite gibt es Messen, zu denen ausschließlich **Fachbesucher** Zugang haben. Ferner kann ein Hersteller auf einer auch dem allgemeinen Verkehr zugänglichen Messe durch die **eindeutige Gestaltung der Präsentation** deutlich machen, dass er allein ein Fachpub-

---

234 BGH GRUR 1990, 361, 363 – *Kronenthaler;* GRUR 2003, 428, 431 – *BIG BERTHA;* OLG München PharmR 2010, 528, 529 – *VIAGRA/Viaguara; Ingerl/Rohnke* Vor §§ 14–19d MarkenG Rdn. 118; *Ströbele/Hacker* § 14 MarkenG Rdn. 447.

235 OLG München GRUR-RR 2007, 211, 214 – *Kloster Andechs; Ingerl/Rohnke* Vor §§ 14–19d MarkenG Rdn. 117; *Ströbele/Hacker* § 14 MarkenG Rdn. 448.

236 So *Fezer* § 14 MarkenG Rdn. 1007; *Büscher* in: *Büscher/Dittmer/Schiwy,* § 14 MarkenG Rdn. 615.

237 So OLG München MMR 2005, 608, 611 – *800-FLOWERS;* OLG Hamburg, Urt. v. 6.3.2014, Az. 5 U 82/11 – *DSGV/Banco Santander; Ingerl/Rohnke* Vor §§ 14–19d MarkenG Rdn. 119; *Ströbele/Hacker* § 14 MarkenG Rdn. 446.

238 BGH GRUR 2015, 1201, 1206 Tz. 49 – *Sparkassen-Rot/Santander-Rot.*

239 OLG München MMR 2005, 608, 611 – *800-FLOWERS;* OLG Hamburg, Urt. v. 6.3.2014, Az. 5 U 82/11 – *DSGV/Banco Santander; Ingerl/Rohnke* Vor §§ 14–19d MarkenG Rdn. 119; *Ströbele/Hacker* § 14 MarkenG Rdn. 446.

240 OLG Hamburg, Urt. v. 6.3.2014, Az. 5 U 82/11 – *DSGV/Banco Santander; Ingerl/Rohnke* Vor §§ 14–19d MarkenG Rdn. 119.

241 OLG Hamburg, Urt. v. 6.3.2014, Az. 5 U 82/11 – *DSGV/Banco Santander.*

242 OLG Hamburg, Urt. v. 6.3.2014, Az. 5 U 82/11 – *DSGV/Banco Santander.*

243 OLG München MMR 2005, 608, 611 – *800-FLOWERS;* OLG Hamburg, Urt. v. 6.3.2014, Az. 5 U 82/11 – *DSGV/Banco Santander; Ingerl/Rohnke* Vor §§ 14–19d MarkenG Rdn. 119; *Ströbele/Hacker* § 14 MarkenG Rdn. 399.

244 OLG Hamburg, Urt. v. 6.3.2014, Az. 5 U 82/11 – *DSGV/Banco Santander;* LG Hamburg GRUR-RR 2002, 99, 100 – *Foris.*

245 OLG Hamburg NJOZ 2008, 2753, 2755 – *Navigon/Nav N Go; Ingerl/Rohnke* Vor §§ 14–19d MarkenG Rdn. 119.

246 Vgl. BGH GRUR 2009, 484, 489 Tz. 64 – *Metrobus.*

247 BGH GRUR 2001, 1054, 1055 – *Tagesreport;* OLG München GRUR 1989, 356, 357 – *Sternstunden des Sports;* OLG Hamburg GRUR-RR 2005, 312, 313 – *NEWS; Ströbele/Hacker* § 15 MarkenG Rdn. 28; krit. und differenzierend Teplitzky/*Kessen* Kap. 10 Rdn. 13a; *v. Linstow* in: FS Erdmann, S. 375, 380 ff.

248 BGH GRUR 2015, 603, 605 Tz. 21 – *Keksstangen.*

likum ansprechen will.[249] Aus einer Präsentation ausschließlich gegenüber Fachkreisen kann nicht ohne weiteres gefolgert werden, das Produkt werde dem Verbraucher angeboten.[250] Da es für die Wahrnehmung von Zeichen, Produktaufmachungen oder Produktformen (§ 4 Nr. 3) auf das Verständnis der angesprochenen Verkehrskreise ankommt, mag die Gefahr einer Herkunftstäuschung i. S. d. § 4 Nr. 3 lit. a zwar gegenüber dem Durchschnittsverbraucher bestehen, gegenüber Fachkreisen aber ausgeschlossen sein. In solchen Fällen kann die Begehungsgefahr zu verneinen sein.

Auch wird es regelmäßig an dem für eine Erstbegehungsgefahr erforderlichen, in naher Zukunft bevorstehenden Vertrieb eines Erzeugnisses fehlen, wenn nicht ein vertriebsfertiges Produkt, sondern lediglich ein **Prototyp** oder eine **Designstudie ausgestellt** wird, um die Reaktionen des Marktes auf ein erst im Planungszustand befindliches Produkt zu **testen.**[251] **102**

Es besteht **kein Erfahrungssatz** dahingehend, dass ein Aussteller sein Produkt **immer auch am Ausstellungsort** vertreiben wird.[252] So ist es charakteristisch für international ausgerichtete Fachmessen, dass sich dort Aussteller aus verschiedenen Staaten an in- und ausländische Interessenten wenden. Bei internationalen Messen geht es mithin gerade auch um die Anbahnung von Geschäftsbeziehungen zwischen ausländischen Parteien ohne Inlandsbezug.[253] Ein hinreichend konkreter Anhaltspunkt für einen zeitnahen Vertrieb im Inland folgt deshalb nicht ohne weiteres aus der Präsentation eines Produkts auf einer internationalen Messe, die in Deutschland stattfindet.[254] Maßgebend sind auch insoweit die Umstände des Einzelfalls.[255] **103**

g) Verjährung. Ist der aus einem begangenen Wettbewerbsverstoß folgende Verletzungsunterlassungsanspruch **verjährt,** kann aus diesem Verstoß auch keine Erstbegehungsgefahr hergeleitet werden, weil sonst die Verjährungsregeln ausgehöhlt würden.[256] Es bedarf dann zur Begründung der Erstbegehungsgefahr des Vorliegens neuer Umstände in unverjährter Zeit.[257] **104**

h) Rechtsnachfolge. Der auf Wiederholungsgefahr gestützte Unterlassungsanspruch, der nicht auf den **Rechtsnachfolger** des Unterlassungsschuldners übergeht (unten Rdn. 125), begründet als solcher in der Person des Rechtsnachfolgers auch nicht die Erstbegehungsgefahr eines entsprechenden Verstoßes. Das Hinzutreten **neuer Umstände** kann allerdings die Annahme einer Erstbegehungsgefahr rechtfertigen.[258] **105**

4. Wegfall der Erstbegehungsgefahr

a) Unterschied zur Wiederholungsgefahr. Anders als bei der Wiederholungsgefahr gibt es **keine Vermutung für den Fortbestand der Erstbegehungsgefahr.**[259] An die **Beseitigung der Erstbegehungsgefahr** sind daher grundsätzlich **weniger strenge Anforderungen** zu stellen als an den Fortfall der durch eine Verletzungshandlung begründeten Gefahr der Wiederholung des Verhaltens in der Zukunft, so dass die für den Verletzungsunterlassungsanspruch geltenden Grundsätze nicht übertragbar sind.[260] Nur wer bereits durch eine vorgenommene Rechtsverletzung manifestiert hat, dass er sich nicht rechtstreu verhält, muss durch eine strafbewehrte Unterlassung dartun, **106**

---

[249] BGH GRUR 2015, 603, 605 Tz. 23 – *Keksstangen.*

[250] BGH GRUR 2015, 603, 605 Tz. 22 – *Keksstangen.*

[251] BGH GRUR 2015, 603, 605 Tz. 22 – *Keksstangen.*

[252] BGH GRUR 2015, 603, 605 Tz. 24 – *Keksstangen;* LG Düsseldorf, Urt. v. 28.1.2015, Az. 2a O 250/14 – *Continental/Continental Direct UK.*

[253] BGH GRUR 2015, 603, 605 Tz. 24 – *Keksstangen.*

[254] BGH GRUR 2015, 603, 605 Tz. 24 – *Keksstangen.*

[255] BGH GRUR 2015, 603, 605 Tz. 24 – *Keksstangen.*

[256] BGH GRUR 1988, 313 – *Auto F. GmbH;* GRUR 1994, 57, 58 – *Geld-zurück-Garantie;* GRUR 2001, 1174, 1175 – *Berühmungsaufgabe;* MünchKommUWG/*Fritzsche* § 8 Rdn. 96; *Ohly*/Sosnitza § 8 Rdn. 32; GroßKommUWG/*Paal* § 8 Rdn. 41.

[257] BGH GRUR 1988, 313 – *Auto F. GmbH;* GRUR 2001, 1174, 1175 – *Berühmungsaufgabe;* OLG München NJOZ 2003, 1097, 1098 – *Rangeinstufungen deutscher Anwaltskanzleien;* MünchKommUWG/*Fritzsche* § 8 Rdn. 96; *Ohly*/Sosnitza § 8 Rdn. 32; GroßKommUWG/*Paal* § 8 Rdn. 41.

[258] BGH GRUR 2007, 995 Tz. 15 – *Schuldnachfolge.*

[259] St. Rspr.; vgl. BGH GRUR 1987, 125, 126 – *Berühmung;* GRUR 1989, 432, 434 – *Kachelofenbauer;* GRUR 2001, 1174, 1176 – *Berühmungsaufgabe;* GRUR 2008, 912, 914 Tz. 30 – *Metrosex;* GRUR-RR 2009, 299, 300 Tz. 12 – *Underberg II;* GRUR 2014, 382, 384 Tz. 33 – *REAL-Chips;* GRUR 2015, 1201, 1207 Tz. 56 – *Sparkassen-Rot/Santander-Rot;* KG GRUR 2007, 338 – *Markenspekulant; Köhler* GRUR 2011, 879, 880.

[260] St. Rspr.; vgl. BGH GRUR 1992, 116, 117 – *Topfgucker-Scheck;* GRUR 2008, 912, 914 Tz. 30 – *Metrosex;* GRUR 2014, 382, 384 Tz. 33 – *REAL-Chips;* GRUR 2015, 1201, 1207 Tz. 56 – *Sparkassen-Rot/Santander-Rot.*

dass er eine entsprechende Handlung nicht wiederholen werde.[261] Deshalb ist die Abgabe einer strafbewehrten Unterlassungserklärung nicht erforderlich.[262]

107 **b)** ***actus contrarius.*** Die Erstbegehungsgefahr kann regelmäßig schon durch ein **entgegengesetztes Verhalten** ***(actus contrarius)*** ausgeräumt werden.[263] Wenn die Erstbegehungsgefahr entfällt, erlischt der vorbeugende Unterlassungsanspruch.[264] Was als entgegengesetztes Verhalten erforderlich ist, richtet sich danach, durch welches Verhalten die Erstbegehungsgefahr begründet wurde und hängt von den Umständen des Einzelfalles ab:

108 *aa) Werbung.* Beruht die Erstbegehungsgefahr für eine unlautere Marketingaktion auf einer bestimmten **Werbung,** so genügt die **Aufgabe** dieser Werbemaßnahme.[265] Wer mit der Werbung für ein bestimmtes Geschäftsmodell eine Begehungsgefahr für dessen Realisierung hervorruft, beseitigt die Begehungsgefahr mit der ernstlichen Erklärung, dass das vorgestellte Geschäftsmodell in Zukunft nicht betreiben wird.[266]

109 *bb) Berühmung.* Eine **Berühmung endet** mit ihrer **glaubhaften Aufgabe.**[267] Diese liegt jedenfalls in der ernstlichen, uneingeschränkten und eindeutigen (Aufgabe- oder Widerrufs-)Erklärung, dass die beanstandete Handlung in der Zukunft nicht vorgenommen werde.[268] Bei der Berühmung im **Prozess** reicht zum Fortfall der Erstbegehungsgefahr die Erklärung, die beanstandete Handlung während der Dauer des Prozesses nicht und danach nur nach Feststellung ihrer Rechtmäßigkeit vornehmen zu wollen.[269] Auch in anderen Fällen, in denen die Erstbegehungsgefahr auf Äußerungen beruht, kann sie bereits durch deren Widerruf oder die Erklärung des Unterlassungswillens ausgeräumt werden, sofern mit dieser Äußerung von dem ursprünglichen Vorhaben unmissverständlich und ernstlich Abstand genommen wird.[270] Bei Ankündigungen und betriebsinternen Vorbereitungshandlungen genügt eine einfache, nicht strafbewehrte Unterlassungserklärung mit dem Versprechen, die angekündigte bzw. vorbereitete Handlung nicht durchzuführen. Im Falle von bereits nach außen gedrungenen Vorbereitungshandlungen entfällt die Erstbegehungsgefahr i. d. R. mit deren Rückgängigmachung.

110 *cc) Markenanmeldung.* Bei einer durch **Markenanmeldung** begründete Erstbegehungsgefahr reicht allein die Erklärung, die Markenanmeldung nicht weiterverfolgen oder das angemeldete Zeichen nicht benutzen zu wollen, nicht aus.[271] Als echter *actus contrarius* gelten hier die **Rücknahme** der Anmeldung,[272] der **Verzicht** auf die Eintragung,[273] die Nichtzahlung der Anmeldegebühr[274] oder die **Einschränkung des Warenverzeichnisses.**[275] Dabei ist es unerheblich, ob die Rücknahme der Anmeldung beziehungsweise der Verzicht auf die Eintragung aus prozessökonomischen Gründen oder aus besserer Einsicht erfolgt ist.[276] Wird allerdings die Anmeldung vom Amt als

---

[261] Teplitzky/*Kessen* Kap. 10 Rdn. 21 f.; a. A. *Köhler* GRUR 2011, 879, 882: Wegfall der Begehungsgefahr ebenfalls nur bei Abgabe einer strafbewehrten Unterlassungserklärung.

[262] Fezer/*Büscher* § 8 Rdn. 108; Teplitzky/*Kessen* Kap. 10 Rdn. 21 f.; *Ohly*/Sosnitza § 8 Rdn. 33; GroßKommUWG/*Paal* § 8 Rdn. 42; a. A. *Köhler* GRUR 2011, 879, 882.

[263] St. Rspr.; vgl. BGH GRUR 2008, 912, 914 Tz. 30 – *Metrosex;* GRUR 2009, 841, 843 Tz. 23 – *Cybersky;* GRUR 2010, 455, 458 Tz. 26 – *Stumme Verkäufer II;* GRUR 2010, 838, 840 Tz. 27 – *DDR-Logo;* GRUR 2014, 382, 384 Tz. 33 – *REAL-Chips;* GRUR 2015, 1201, 1207 Tz. 56 – *Sparkassen-Rot/Santander-Rot.*

[264] BGH GRUR 1989, 432, 434 – *Kachelofenbauer I;* GRUR 2001, 1174, 1176 – *Berühmungsaufgabe.*

[265] BGH GRUR 1989, 432, 434 – *Kachelofenbauer I;* GRUR 1992, 116, 117 – *Topfgucker-Scheck.*

[266] BGH GRUR 2015, 1025, 1027 Tz. 21 – *TV-Wartezimmer.*

[267] BGH GRUR 1992, 404, 405 – *Systemunterschiede;* GRUR 1994, 454, 456 – *Schlankheitswerbung.*

[268] BGH GRUR 1992, 116, 117 – *Topfgucker-Scheck;* GRUR 2001, 1174, 1176 – *Berühmungsaufgabe.*

[269] BGH GRUR1987, 45, 46 f. – *Sommerpreiswerbung.*

[270] BGH GRUR 2010, 455, 458 Tz. 26 – *Stumme Verkäufer II.*

[271] BGH GRUR 2010, 838, 840 Tz. 28 – *DDR-Logo;* OLG Düsseldorf, Urt. v. 11.2.2014, Az. I-20 U 39/13 – *POWER HORSE/POWER HORN;* OLG Hamburg, Urt. v. 6.3.2014, Az. 5 U 82/11 – *DSGV/Banco Santander.*

[272] BGH GRUR 2008, 912, 914 Tz. 30 – *Metrosex;* GRUR 2010, 838, 840 Tz. 27 – *DDR-Logo;* GRUR 2014, 382, 384 Tz. 35 – *REAL-Chips;* GRUR 2015, 1201, 1207 Tz. 56 – *Sparkassen-Rot/Santander-Rot;* OLG Düsseldorf, Urt. v. 11.2.2014, Az. I-20 U 39/13 – *POWER HORSE/POWER HORN.*

[273] BGH GRUR 2008, 912, 914 Tz. 31 – *Metrosex;* GRUR 2015, 1201, 1207 Tz. 56 – *Sparkassen-Rot/Santander-Rot;* OLG Düsseldorf, Urt. v. 11.2.2014, Az. I-20 U 39/13 – *POWER HORSE/POWER HORN.*

[274] BGH GRUR 2010, 838, 841 Tz. 30 – *DDR-Logo;* GRUR 2014, 382, 384 Tz. 36 – *REAL-Chips.*

[275] BGH GRUR 2008, 912, 914 Tz. 29 – *Metrosex.*

[276] BGH GRUR-RR 2009, 299, 300 Tz. 12 – *Underberg II;* GRUR 2015, 1201, 1207 Tz. 56 – *Sparkassen-Rot/Santander-Rot.*

schutzunfähig zurückgewiesen und legt der Anmelder dagegen keine Rechtsmittel ein, liegt darin kein für den Fortfall der Erstbegehungsgefahr ausreichendes entgegengesetztes Verhalten.[277] Die unterbliebene Einlegung einer Beschwerde gegen die die Anmeldung einer Marke zurückweisende Entscheidung steht der Rücknahme der Markenanmeldung nicht gleich. Insoweit fehlt es an einer auf die Erzielung einer bestimmten Rechtswirkung gerichteten positiven Handlung des Anmelders nach außen, die der Annahme entgegensteht, er werde das angemeldete Zeichen markenmäßig nutzen. Die unterbliebene Fortführung des Anmeldeverfahrens lässt nicht unmissverständlich auf die willentliche Entscheidung des Anmelders schließen, die Absicht zur markenmäßigen Benutzung des angemeldeten Zeichens aufzugeben, sondern kann auf vielfältigen Gründen beruhen. Der bloßen Untätigkeit kommt ebensowenig ein Erklärungswert zu wie dem bloßen Schweigen.[278]

IV. Reichweite des gesetzlichen Unterlassungsanspruchs

Schrifttum: *Berlit,* Zur Frage der Einräumung einer Aufbrauchsfrist im Wettbewerbsrecht, Markenrecht und Urheberrecht, WRP 1998, 250; *Götz,* Die Neuvermessung des Lebenssachverhalts – der Streitgegenstand im Unterlassungsprozess, GRUR 2008, 401; *Köhler,* Die Auswirkungen der Unternehmensveräußerung auf gesetzliche und vertragliche Unterlassungsansprüche, WRP 2000, 921; *Krüger,* Wiederholungsgefahr – unteilbar?, GRUR 1984, 785; *Lettl,* Kein vorbeugender Schutz des Persönlichkeitsrechts gegen Bildveröffentlichung?, NJW 2008, 2160; *G. Pinzger,* Der Unterlassungsanspruch im Konkurs mit besonderer Rücksicht auf gewerblichen Rechtsschutz und Urheberrecht, 1934; *K. Schmidt,* Gesetzliche, insbesondere wettbewerbsrechtliche Unterlassungsansprüche bei Umstrukturierungen – Diskussion nach den Urteilen BGHZ 172, 165 = GRUR 2007, 995 „Schuldnachfolge", BGH GRUR 2008, 1002 „Schuhpark" und BGHZ 196, 11 = NJW 2013, 859 „UKlaG" in: FS Köhler, 2014, S. 631; *Spätgens,* Drittwirkung bei Bewilligung einer Aufbrauchfrist, WRP 1994, 693.

1. Sachliche Reichweite

a) Reichweite der Begehungsgefahr. Die **materielle Reichweite** des gesetzlichen Unterlas- 111
sungsanspruchs ergibt sich daraus, in welchem Umfang eine Begehrungsgefahr besteht.[279]

b) Reichweite der Wiederholungsgefahr beim Verletzungsunterlassungsanspruch. 112
aa) Identische Handlungen. Die durch einen Wettbewerbsverstoß begründete Wiederholungsvermutung bezieht sich zunächst auf die genau identische Verletzungsform, die man als die **„konkrete Verletzungsform"** bezeichnet.[280] Eine Begriffsbestimmung dessen, was unter einer **„genau identischen" Verletzung** zu verstehen ist, erübrigt sich für die Praxis, weil auch kerngleiche Handlungen erfasst werden:

bb) Kerngleiche Handlungen. (1) Wesen. Denn die durch einen begangenen Verstoß begründete 113
Wiederholungsvermutung beschränkt sich nicht auf die genau identische Verletzungsform, sondern umfasst auch **alle zwar leicht abgewandelten, aber im Kern gleichartigen Verletzungsformen.**[281] Dahinter steht folgender Gedanke: Angesichts der Vielgestaltigkeit der Lebensvorgänge ist kaum zu erwarten, dass es jemals zu einer in allen Einzelheiten identischen Wiederholung eines vergangenen Verhaltens kommt. Ein effektiver Rechtsschutz verlangt deshalb in der Auslegung bzw. Formulierung von Unterlassungsgeboten nach einer gewissen Verallgemeinerung der umschriebenen Verletzungshandlung, die deren Wesen erfasst. Denn ein Verletzer wird erfahrungsgemäß nicht nur in identischer, sondern auch in einer im gewissen Umfang gleicher oder ähnlicher Weise weiter oder wieder handeln.[282]

Die danach **zulässige Verallgemeinerung** des Unterlassungsanspruchs erfasst als kerngleich alle 114
Handlungen, in denen das **Charakteristische** der festgestellten konkreten Verletzungshandlung

---

[277] BGH GRUR 2014, 382, 384 Tz. 34 – *REAL-Chips;* GRUR 2015, 1201, 1207 f. Tz. 58 ff. – *Sparkassen-Rot/Santander-Rot.*

[278] BGH GRUR 2015, 1201, 1207 f. Tz. 58 – *Sparkassen-Rot/Santander-Rot.*

[279] Köhler/*Bornkamm* § 8 Rdn. 1.52; MünchKommUWG/*Fritzsche* § 8 Rdn. 103; *Ohly*/Sosnitza § 8 Rdn. 35; GroßKommUWG/*Paal* § 8 Rdn. 45.

[280] St. Rspr; vgl. BGH GRUR 1989, 445, 446 – *Professorenbezeichnung in der Arztwerbung I;* GRUR 1996, 290, 291 – *Wegfall der Wiederholungsgefahr I;* GRUR 2005, 443, 446 – *Ansprechen in der Öffentlichkeit II;* GRUR 2013, 857, 858 Tz. 16 – *Voltaren.*

[281] St. Rspr; vgl. BGH GRUR 1952, 577, 580 – *Fischermännchen-Zwilling-Illing;* GRUR 1963, 378, 381 – *Deutsche Zeitung;* GRUR 1984, 467, 460 – *Das unmögliche Möbelhaus;* GRUR 1989, 445, 446 – *Professorenbezeichnung in der Arztwerbung I;* GRUR 2000, 337, 338 – *Preisknaller;* GRUR 1996, 290, 291 – *Wegfall der Wiederholungsgefahr I;* GRUR 2005, 443, 446 – *Ansprechen in der Öffentlichkeit II;* GRUR 2006, 776, 778 – *Werbung für Klingeltöne;* GRUR 2010, 749, 753 Tz. 42 – *Erinnerungswerbung im Internet;* GRUR 2011, 433, 435 Tz. 16 – *Verbotsantrag bei Telefonwerbung;* GRUR 2013, 857, 858 Tz. 16 – *Voltaren;* GRUR 2014, 706, 707 Tz. 11 – *Reichweite des Unterlassungsgebots.*

[282] RG MuW XXXVI, 337, 339 f. – *Fahrradreifen; Oppermann* S. 46 f.

zum Ausdruck kommt.[283] Diese Verallgemeinerung kann auf zwei unterschiedliche Weisen zum Tragen kommen. Zum einen ist es möglich, einen seinem Wortlaut nach streng auf den konkreten Verletzungsfall bezogenen Unterlassungsantrag bzw. Unterlassungstenor oder eine derartige Unterlassungserklärung **erweiternd** so **auszulegen,** dass auch kerngleiche Handlungen abgedeckt werden.[284] Dann ist das Verbot „eng" und die Auslegung „weit".[285] Der erweiternden Auslegung des Unterlassungsantrags und dementsprechend auch der Urteilsformel sind im Hinblick auf den Sanktionscharakter der Ordnungsmittel des § 890 ZPO allerdings enge Grenzen gezogen.[286]

115 Zum anderen ist es im selben Maße möglich, auf der Grundlage der konkreten Verletzungshandlung **von vornherein** Unterlassungsantrag, Tenor oder Unterlassungserklärung **zu verallgemeinern** und damit zu erweitern.[287] Dann ist das Verbot „weit" und dessen Auslegung „eng".[288] Umgekehrt gilt, dass eine abstrahierende Verallgemeinerung die Grenze des durch die konkrete Verletzungshandlung begründeten Unterlassungsanspruchs nicht überschreiten darf.[289]

116 Die **Abgrenzung** der im Kern gleichartigen zu bloß ähnlichen Handlungen ist **fließend** und in der Praxis nur bezogen auf den **konkreten Einzelfall** unter Berücksichtigung aller erheblichen Umstände des Sachverhaltes möglich. Die Reichweite eines Unterlassungstitels ist dabei durch Auslegung unter Berücksichtigung der gesamten Entscheidung, gegebenenfalls auch unter Heranziehung der Klage- oder Antragsbegründung, zu ermitteln.[290] Bei einem Unterlassungstenor, der auf die konkrete Verletzungsform beschränkt ist, haben die neben der in Bezug genommenen konkreten Verletzungshandlung abstrakt formulierten Merkmale die Funktion, den Kreis der Varianten näher zu bestimmen, die von dem Verbot als kerngleiche Verletzungsformen erfasst sein sollen.[291]

117 *(2) Irreführende Werbung.* Bewirkt eine **irreführende Werbung** eine bestimmte Fehlvorstellung bei den angesprochenen Verkehrskreisen, so kann es vorkommen, dass eine abgewandelte Werbung zu einer nämlichen Verkehrsvorstellung des Verkehrs führt, die aus den gegenüber der vormaligen Werbung gleichbleibenden Gründen unrichtig sein und deshalb eine Fehlvorstellung bewirken kann. Für die Frage der Kerngleichheit ist zu **differenzieren:** Kerngleichheit besteht, wenn sich die abgewandelte Werbung in Wahrheit gar nicht als eine Abwandlung erweist, weil die feststellbaren Abweichungen so unbedeutend sind, dass die charakteristischen Merkmale der vorangegangenen Verletzungshandlung in der neuerlichen Werbung gleichermaßen verwirklicht sind, also Kerngleichheit besteht.[292]

118 Kerngleichheit besteht nicht, wenn die Werbung tatsächlich so abgewandelt ist, dass bei der Prüfung der durch die Werbung bewirkten Verkehrsvorstellung **auch erstmals** in der neuerlichen Werbung **enthaltene – weitere – Angaben zu berücksichtigen** sind. Zwar kann diese Prüfung ergeben, dass die Werbung trotz der Abwandlungen unverändert die nämliche Verkehrsvorstellung bewirkt. Auch wird in einem solchen Fall – wenn diese Verkehrsvorstellung mit den Tatsachen nicht übereinstimmt – die nämliche Fehlvorstellung bewirkt werden. Dennoch fehlt es dann an einer Kerngleichheit der jeweiligen Verletzungshandlungen und der darauf gestützten Verbote, weil die jeweilige Werbung eigenständig darauf untersucht werden muss, ob sie gerade in ihrer konkreten Ausgestaltung zu einer – gegebenenfalls gleichen – Fehlvorstellung führt.[293]

119 *(3) Kasuistik.* Bei einem unverlangten **Werbeanruf durch ein Callcenter** ist der auf Wiederholungsgefahr gestützte Unterlassungsanspruch nicht auf den Gegenstand des Werbeanrufs beschränkt, weil der Gegenstand der Werbung beliebig austauschbar ist.[294] Führt ein Gewerbetreibender solche Anrufe selbst durch, so erstreckt sich die durch den unverlangten Anruf begründete Wiederholungsgefahr auf alle Waren oder Dienstleistungen seines Geschäftsbetriebs, aber grundsätzlich nicht

[283] St. Rspr., vgl. nur BGH GRUR 1979, 859, 860 – *Hausverbot II;* GRUR 2000, 436, 437 – *Ehemalige Herstellerpreisempfehlung;* GRUR 2003, 446, 447 – *Preisempfehlung für Sondermodelle;* GRUR 2005, 443, 446 – *Ansprechen in der Öffentlichkeit II;* GRUR 2008, 530, 532 Tz. 23 – *Nachlass bei der Selbstbeteiligung;* GRUR 2010, 353, 256 Tz. 30 – *Fischdosendeckel;* GRUR 2010, 855, 856 Tz. 17 – *Folienrollos;* GRUR 2013, 857, 858 Tz. 16 – *Voltaren;* GRUR 2013, 1170, 1173 Tz. 27 – *Telefonwerbung für DSL-Produkte;* GRUR 2014, 706, 707 Tz. 11 – *Reichweite des Unterlassungsgebots;* GRUR 2016, 395, 398 Tz. 38 – *Smartphone-Werbung.*

[284] Vgl. z. B. BGH GRUR 2010, 749, 753 Tz. 42 – *Erinnerungswerbung im Internet.*

[285] *Oppermann* S. 59.

[286] BGH GRUR 2010, 454 f. Tz. 12 – *Klassenlotterie.*

[287] Vgl. z. B. BGH GRUR 1996, 800, 802 – *EDV-Geräte.*

[288] *Oppermann* S. 59.

[289] BGH GRUR 2005, 692, 694 – *„statt"-Preis.*

[290] BGH GRUR 2010, 855, 856 Tz. 17 – *Folienrollos;* GRUR 2014, 1211, 1212 Tz. 16 – *Runes of Magic II.*

[291] BGH GRUR 2010, 855, 856 Tz. 17 – *Folienrollos.*

[292] OLG Hamburg GRUR-RR 2016, 124 Tz. 10 – *DDP-4-Hemmer.*

[293] OLG Hamburg GRUR-RR 2016, 124 Tz. 12 – *DDP-4-Hemmer.*

[294] BGH GRUR 2011, 433, 435 f. Tz. 26 f. – *Verbotsantrag bei Telefonwerbung.*

über den Unternehmensgegenstand hinaus.[295] Bei **belästigender E-Mail-Werbung** erstreckt sich die Wiederholungsgefahr nicht nur auf die bisherigen, sondern auf alle denkbaren Adressaten.[296] **Unverlangte Werbeanrufe** gegenüber Bestandskunden schaffen eine Wiederholungsgefahr für solche Werbeanrufe auch gegenüber Neukunden.[297] Eine wettbewerbswidrige **Werbung für die Verlosung von Eintrittskarten** einer Fußball-WM ruft eine Wiederholungsgefahr auch für eine solche Werbung für andere Verlosungen hervor.[298] Ein **fehlender Vorrat von Waren eines Sonderangebots** führt zu einer Wiederholungsgefahr auch für Sonderangebote ähnlicher Waren, z.B. bei fehlenden Videokameras und Fernsehern auch für Geräte der Unterhaltungselektronik[299] und bei fehlenden Clementinen auch für Obst oder Gemüse allgemein.[300] Wenn Smartphones eines nach Hersteller- und Typenbezeichnung genau spezifizierten Modells in einer Anzeige großformatig als wöchentliche Aktionsangebote beworben werden und zugleich kein deutlicher Hinweis darauf erfolgt, dass die Ware schon am ersten Tag ausverkauft sein könnte, so ist damit eine entsprechende Werbung für ein anderes Modell eines Smartphones im Rahmen anderer wöchentlicher Aktionsangebote kerngleich.[301] Eine bestimmte irreführende **Werbung für Notebooks** begründet eine Wiederholungsgefahr auch für alle anderen Computer.[302] Die irreführende Werbung für eine **HiFi-Kompaktanlage** nebst Lautsprechern begründet eine Wiederholungsgefahr für eine solche Werbung allgemein für Gerätesets der Unterhaltungselektronik.[303] Desgleichen liegt im Kernbereich der irreführenden Werbung für ein **Fernsehgerät** die irreführende Werbung für sonstige Geräte der Unterhaltungselektronik.[304] Eine **irreführende Eigenpreisgegenüberstellung** für eine Polstergarnitur ruft eine Wiederholungsgefahr für eine solche Gegenüberstellung auch bei Teppichen und Möbeln hervor.[305] **Fehlende Pflichtangaben** bei der Werbung für ein Medikament führen auch zu einer Wiederholungsgefahr hinsichtlich anderer Arzneimittel.[306] Das Charakteristische eines Verstoßes gegen die **Pflicht zur Angabe des Herstellers gem. § 7 Satz 1 ElektroG** beim Vertrieb einer „Energiesparlampe für Strahler" besteht darin, dass ein Beleuchtungskörper ohne die erforderliche Kennzeichnung angeboten wurde, so dass die Gefahr besteht, dass auch andere Beleuchtungskörper ohne die gebotene Herstellerkennzeichnung angeboten werden.[307] Ebenso begründet ein solcher Verstoß im Zusammenhang mit dem Vertrieb von Bügelkopfhörern die Gefahr des Vertriebs aller Arten von Kopfhörern ohne Herstellerkennzeichnung, also auch sog. „In-Ear"-Kopfhörer.[308] Ein **Verstoß gegen die Buchpreisbindung** zieht eine Wiederholungsgefahr nicht nur für das konkret angebotene Buch, sondern für alle Bücher nach sich.[309] Die Veröffentlichung einer **Werbebroschüre** mit unlauterem Inhalt **im Internet** begründet eine Wiederholungsvermutung auch für die Verbreitung dieser Broschüre **als Druckwerk.** In diesem Fall beseitigt eine strafbewehrte Unterlassungserklärung, die ausdrücklich auf die Werbung im Internet beschränkt ist, die Wiederholungsgefahr daher nicht.[310]

Bei einem **Verbot der Nutzung eines Domainnamens** zur Kennzeichnung eines bestimmten Internetauftritts liegt die automatische Weiterleitung auf eine andere Website bei Eingabe dieses Domainnamens im Sinne einer Nutzung als sog. „Durchgangsdomain" außerhalb des Kernbereichs.[311] Ein **fortbestehender Internetauftritt,** der nur einen Hinweis auf die gerichtlich erzwungene Umbenennung, den neuen Namen und einen Link zu dem neuen Internetauftritt des Schuldners enthält, liegt außerhalb des Verbotskerns.[312] Ein fehlender Vorrat von **Waren eines Sonderangebots** führt zu einer Wiederholungsgefahr **nicht** auch für Sonderangebote des **Gesamtsortiments,** so z.B. bei fehlenden Clementinen nur für Obst und Gemüse, nicht aber für alle 120

[295] BGH GRUR 2013, 1170, 1173 Tz. 27 – *Telefonwerbung für DSL-Produkte.*
[296] BGH GRUR 2004, 517, 520 – *E-Mail-Werbung I.*
[297] BGH GRUR 2013, 1170, 1173 Tz. 29 – *Telefonwerbung für DSL-Produkte.*
[298] LG Köln, Urt. v. 10.8.2006, Az. 31 O 298/06.
[299] BGH GRUR 2000, 907, 909 – *Filialleiterfehler.*
[300] BGH GRUR 1992, 858, 861 – *Clementinen.*
[301] BGH GRUR 2016, 395, 398 Tz. 39 – *Smartphone-Werbung.*
[302] BGH GRUR 1996, 800, 802 – *EDV-Geräte.*
[303] BGH GRUR 1996, 796, 798 – *Setpreis.*
[304] OLG Frankfurt WRP 1997, 101; OLG Frankfurt WRP 1998, 895, 896.
[305] BGH GRUR 2000, 337, 338 – *Preisknaller.*
[306] BGH GRUR 2010, 749, 753 Tz. 42ff. – *Erinnerungswerbung im Internet.*
[307] OLG Hamm GRUR-RR 2015, 60, 63 Tz. 66 – *Energiesparlampen für Strahler.*
[308] OLG Hamm GRUR-RR 2014, 498, 499 – *Bügelkopfhörer.*
[309] LG Hamburg MMR 2010, 413, 414.
[310] OLG Frankfurt WRP 2016, 630 Tz. 5.
[311] OLG Frankfurt MMR 2013, 791.
[312] KG MMR 2013, 451, 452 – *EURODOG.*

anderen Lebensmittel allgemein.[313] Eine bestimmte irreführende Werbung für **Notebooks** begründet eine Wiederholungsgefahr **nicht** auch für eine entsprechende Werbung für **alle EDV-Waren** schlechthin (wie Software, Disketten, Stecker, EDV-Literatur).[314] Das belästigende Ansprechen von Passanten auf öffentlichen Plätzen begründet keine Begehungsgefahr für eine ähnliche Ansprache in öffentlichen Verkehrsmitteln.[315]

121 *cc) Begründung einer Begehungsgefahr bei im Kern unterschiedlichen Handlungen.* Hinsichtlich weiter gehender Verallgemeinerungen, die über den Kern der Verletzungshandlung hinausgehen, besteht zwar kein Verletzungsunterlassungsanspruch. Insoweit kann jedoch ein vorbeugender Unterlassungsanspruch unter dem Gesichtspunkt der Erstbegehungsgefahr gegeben sein. Die begangene Verletzungshandlung allein begründet allerdings **keine Erstbegehungsgefahr für über den Kernbereich hinausgehende Handlungen.** Es bedarf daher **weitergehender Anhaltspunkte,** die erkennen lassen, dass der Verletzer künftig über den Kernbereich der konkreten Verletzungshandlung hinausgehende wettbewerbswidrige Handlungen vornehmen wird (z. B. eine dahingehende Berühmung).

122 Wenn neben dem Verletzungsunterlassungsanspruch ein vorbeugender Unterlassungsanspruch wegen Erstbegehungsgefahr weiter reichender Handlungen begründet ist, können beide Ansprüche **in einem einheitlichen Unterlassungsbegehren zusammengefasst** werden. Sie verlieren dabei aber nicht die Eigenständigkeit ihrer Klagegründe und bilden im Prozess – weil für die Erstbegehungsgefahr ein weiter gehender Vortrag erforderlich ist als die bloße erste Zuwiderhandlung – zwei selbständige Streitgegenstände.[316]

123 **c) Reichweite der Erstbegehungsgefahr beim vorbeugenden Unterlassungsanspruch.** Der sachliche Umfang des **vorbeugenden Unterlassungsanspruchs** bestimmt sich nach den die Erstbegehungsgefahr begründenden Umständen, die die drohende Verletzungshandlung so konkret abzeichnen müssen, dass sich für alle Tatbestandsmerkmale zuverlässig beurteilen lässt, ob sie verwirklicht sind (Rdn. 84).[317] In der Sache wird dies im Ergebnis in aller Regel darauf hinauslaufen, dass auch beim vorbeugenden Unterlassungsanspruch der **Umfang des Verbots nicht auf eine eng umschriebene Handlung beschränkt** ist, sondern wie beim Verletzungsunterlassungsanspruch den Bereich kerngleicher Handlungen umfasst.[318] Der Kreis der kerngleichen Verletzungshandlungen ist aber **tendenziell enger** zu ziehen als beim Verletzungsunterlassungsanspruch, da gerade bei Ankündigungen und Vorbereitungshandlungen ein Umschwenken auf andere Verhaltensweisen nicht ohne weiteres unmittelbar drohend bevorsteht.[319]

2. Persönliche Reichweite

124 **a) Unternehmer.** Die Begehungsgefahr ist ein tatsächlicher Umstand, der auf Grund des persönlichen Verhaltens des Unternehmers in dessen Person begründet wird und nach den **Verhältnissen in der Person des in Anspruch Genommenen** zu beurteilen ist.[320] Im Falle des **§ 8 Abs. 2** erwächst die Begehungsgefahr zwar aus dem begangenen oder drohenden **Verstoß des Mitarbeiters oder Beauftragten.** Da dessen Verhalten jedoch **dem Unternehmer als eigener Verstoß zugerechnet** wird, gilt die daraus herzuleitende Vermutung einer erneuten Begehung auch ebenso wie eine daraus abzuleitende Erstbegehungsgefahr zu seinen Lasten. Er muss die Wiederholungsgefahr oder Erstbegehungsgefahr daher auch in seiner Person beseitigen (siehe Rdn. 618f.). Auch in anderen Fällen der Beteiligung mehrerer an einem Wettbewerbsverstoß wirkt die aus dem Verstoß folgende tatsächliche Vermutung für das Vorliegen einer Wiederholungsgefahr zu Lasten aller Beteiligten.[321]

125 **b) Rechtsnachfolge.** Die Begehungsgefahr geht als in der Person des Unterlassungsschuldners begründeter Umstand **nicht** auf den **Rechtsnachfolger** des Unterlassungsschuldners über.[322] Denn hat

---

[313] BGH GRUR 1992, 858, 861 – *Clementinen;* krit. hierzu MünchKommUWG/*Fritzsche* § 8 Rdn. 105.

[314] BGH 1996, 800, 802 – *EDV-Geräte.*

[315] BGH GRUR 2005, 443, 445f. – *Ansprechen in der Öffentlichkeit II.*

[316] BGH GRUR 2006, 429, 431f. Tz. 20, 22f. – *Schlank-Kapseln;* GRUR 2006, 421, 422 Tz. 25 – *Markenparfümverkäufe;* GRUR 2014, 1013, 1016 Tz. 20 – *Original Bach-Blüten;* Fezer/*Büscher* § 8 Rdn. 97; *Götz* GRUR 2008, 401, 403; Teplitzky/*Kessen* Kap. 9 Rdn. 5, Kap. 10 Rdn. 12; *Ohly*/Sosnitza § 8 Rdn. 31.

[317] Vgl. BGH GRUR 1970, 305, 306 – *Löscafé;* GRUR 2008, 912 Tz. 17 – *Metrosex,* m. w. N.

[318] MünchKommUWG/*Fritzsche* § 8 Rdn. 107; *Lettl* NJW 2008, 2160, 2161.

[319] MünchKommUWG/*Fritzsche* § 8 Rdn. 107.

[320] BGH GRUR 2006, 879, 880 Tz. 17 – *Flüssiggastank;* GRUR 2007, 995 Tz. 11 – *Schuldnachfolge;* GRUR 2010, 536, 539 Tz. 40 – *Modulgerüst II.*

[321] Vgl. BGH GRUR 1976, 256, 259 – *Rechenscheibe.*

[322] BGH GRUR 2006, 879, 880 Tz. 17 – *Flüssiggastank;* GRUR 2007, 995 Tz. 11 – *Schuldnachfolge;* GRUR 2010, 536, 539 Tz. 40 – *Modulgerüst II;* OLG Hamburg WRP 2007, 1272 LS 1 – *DSL-Testpaket.*

der Rechtsvorgänger eine bestimmte Handlung vorgenommen oder angekündigt, ist allein deshalb noch keineswegs anzunehmen, dass auch der Rechtsnachfolger in dieser Weise handeln wird.[323]

Die Rechtsnachfolge begründet für sich genommen in der Person des Rechtsnachfolgers auch **nicht die Erstbegehungsgefahr** für einen entsprechenden Verstoß. Das Hinzutreten neuer Umstände kann allerdings die Annahme einer Erstbegehungsgefahr rechtfertigen.[324] 126

Dies gilt auch bei einer **Verschmelzung** des Unterlassungschuldners auf den Rechtsnachfolger und wenn der Wettbewerbsverstoß durch Organe des Rechtsvorgängers oder Mitarbeiter seines Unternehmens begangen worden ist.[325] 127

Der **Formwechsel** einer Gesellschaft nach §§ 190 ff. UmwG hat als solcher keine Auswirkungen auf das Fortbestehen einer in ihrer Person begründeten Wiederholungs- oder Erstbegehungsgefahr, da er die Identität der Gesellschaft gemäß § 202 Abs. 1 Nr. 1 UmwG unberührt lässt.[326] Dasselbe gilt bei einer **Verschmelzung durch Aufnahme** nach § 2 Nr. 1, §§ 4 ff. UmwG.[327] 128

c) Insolvenzverwalter. Wettbewerbswidrige Handlungen des Insolvenzschuldners, seiner Mitarbeiter oder Beauftragten begründen auch in der Person des **Insolvenzverwalters** keine Wiederholungsgefahr, selbst dann nicht, wenn dieser den Betrieb des Insolvenzschuldners fortführt.[328] Der Unterlassungsanspruch ist nur gegen die Person des Gemeinschuldners gerichtet, weil die Widerholungsgefahr ein Umstand ist, die in der Person des Gemeinschuldners begründet ist. Der Unterlassungsanspruch ist nicht gegen sein Vermögen gerichtet und kann nur vom Gemeinschuldner selbst und nicht von einem Dritten erfüllt werden. Da es an einer besonderen insolvenzrechtlichen Vorschrift fehlt, die eine Überleitung der Passivlegitimation vom Gemeinschuldner auf den Insolvenzverwalter rechtfertigen könnte, ist der Insolvenzverwalter nicht passivlegitimiert.[329] Durch das Verhalten des Rechtsnachfolgers kann allerdings in seiner eigenen Person eine Erstbegehungsgefahr eines entsprechenden Verstoßes begründet werden.[330] 129

3. Räumlicher und zeitlicher Umfang

a) Räumlicher Umfang. In räumlicher Hinsicht erstreckt sich der Unterlassungsanspruch grundsätzlich auf das gesamte deutsche Hoheitsgebiet und kann daher **überall im Bundesgebiet durchgesetzt** werden.[331] Das gilt dann, wenn der Gläubiger des Unterlassungsanspruchs selbst lediglich räumlich begrenzt zur Verfolgung berechtigt ist, das beanstandete Verhalten jedoch nicht nur regional, sondern bundesweit als unlauterer Wettbewerb anzusehen ist.[332] Scheidet dagegen, etwa wegen unterschiedlicher landesrechtlicher Regelungen, eine bundesweit einheitliche Beurteilung eines auf § 3a gestützten Anspruchs aus, so steht einem nur regional tätigen Wettbewerber kein bundesweiter Unterlassungsanspruch zu.[333] 130

b) Zeitlicher Umfang. Der Verletzungsunterlassungsanspruch entsteht **zeitlich** mit der Zuwiderhandlung,[334] der vorbeugende Unterlassungsanspruch mit der die Erstbegehungsgefahr begründenden Handlung.[335] Der gesetzliche Unterlassungsanspruch erlischt bei Wegfall seiner tatbestandlichen Voraussetzungen, also insbesondere bei Wegfall der Begehungsgefahr bzw. der Unlauterkeit der Handlung infolge einer Gesetzesänderung (näher Rdn. 64). 131

4. Aufbrauchsfrist

a) Allgemeines. Dem Schuldner eines Unterlassungsanspruchs kann im Rahmen von § 242 BGB aus **Billigkeitsgründen** eine Aufbrauchsfrist gewährt werden.[336] Dadurch erhält der Schuld- 132

---

[323] *Eltzbacher* S. 166 f.; *Lobe* S. 347.
[324] BGH GRUR 2007, 995 Tz. 15 – *Schuldnachfolge.*
[325] BGH GRUR 2007, 995 Tz. 11 – *Schuldnachfolge;* GRUR 2010, 536, 539 Tz. 40 – *Modulgerüst II.*
[326] BGH GRUR 2015, 813, 816 Tz. 17 – *Fahrdienst zur Augenklinik; K. Schmidt* in: FS Köhler, S. 631, 640.
[327] BGH GRUR 2015, 813, 816 Tz. 17 – *Fahrdienst zur Augenklinik.*
[328] BGH GRUR 2010, 536, 539 Tz. 40 – *Modulgerüst II.*
[329] So bereits *G. Pinzger* S. 47 f.
[330] BGH GRUR 2007, 995, 996 Tz. 15 – *Schuldnachfolge;* OLG Hamburg WRP 2007, 1272 LS 2 – *DSL-Testpaket.*
[331] BGH GRUR 1999, 509, 510 – *Vorratslücken;* GRUR 2000, 907, 909 – *Filialleiterfehler.*
[332] BGH GRUR 1999, 509, 510 – *Vorratslücken;* GRUR 2000, 907, 909 – *Filialleiterfehler.*
[333] BGH GRUR 2008, 438, 442 Tz. 28 – *ODDSET.*
[334] *Ohly*/Sosnitza § 8 Rdn. 7.
[335] BGH GRUR 2008, 912, 913 Tz. 17 – *Metrosex.*
[336] St. Rspr.; vgl. RG GRUR 1930, 330, 333 – *Loewe;* GRUR 1932, 1052, 1055 – *Markenschutzverband II;* BGH GRUR 1957, 488, 491 – *MHZ;* GRUR 1967, 355, 359 – *Rabe;* GRUR 1969, 690, 693 – *Faber;* GRUR 1982, 420, 423 – *BBC/DDC;* GRUR 1985, 389, 391 – *Familienname;* GRUR 1990, 522, 528 – *HBV-*

ner einen gewissen Überlegungs- und Organisationszeitraum, um auf das Unterlassungsgebot zu reagieren.[337] Eine solche Beschränkung der Rechtsfolge des Unterlassungsanspruchs kommt aber regelmäßig nur in Betracht, wenn eine **Abwägung der Interessen** ergibt, dass dem Unterlassungsschuldner durch die sofortige uneingeschränkte Beachtung des Verbots unverhältnismäßige Nachteile entstehen und die Belange sowohl des Gläubigers als auch der Allgemeinheit durch eine befristete Fortsetzung des Wettbewerbsverstoßes nicht unzumutbar beeinträchtigt werden.[338]

133 **b) Wirkung.** Die Rechtsprechung hat früher in der Gewährung einer Aufbrauchsfrist eine aus § 242 BGB abgeleitete prozessuale Maßnahme gesehen.[339] Mittlerweile wird sie nur noch auf § 242 BGB gestützt, ohne deutlich zu machen, ob es sich um eine prozessuale oder um eine materiellrechtliche Beschränkung handelt.[340] Im Schrifttum herrscht das Verständnis einer aus dem Verhältnismäßigkeitsgrundsatz folgenden **materiell-rechtlichen Beschränkung** des Unterlassungsanspruchs vor.[341] Die Benutzung während der Aufbrauchsfrist bleibt allerdings schadensersatzpflichtig.[342] Die Aufbrauchsfrist gilt nur im Verhältnis zwischen Verletzer und Verletztem. Bei mehreren Beteiligten müssen ihre Voraussetzungen jeweils getrennt nach den einzelnen Betroffenen geprüft werden.

134 **c) Interessenabwägung.** Bei der Abwägung der Interessen stehen **auf der Seite des Schuldners** die Intensität der vom ihm begangenen Verletzungshandlung sowie die Nachteile, die dem Verletzer bei einer sofortigen Durchsetzung des Unterlassungsanspruchs drohen, im Vordergrund. Hat der Schuldner vorsätzlich oder grob fahrlässig gehandelt, wird die Gewährung einer Aufbrauchsfrist nur ausnahmsweise dann in Betracht kommen können, wenn besondere Umstände vorliegen, die ungeachtet der durch einen Aufbrauch drohenden Erhöhung der Schadensersatzpflicht des Schuldners für ein Aufbrauchinteresse sprechen.[343] Maßgeblich ist darauf abzustellen, ob dem Schuldner durch die sofortige Beachtung der Unterlassungsverpflichtung erhebliche Nachteile drohen. Dabei ist auch zu berücksichtigen, ob der Schuldner Anlass und Gelegenheit hatte, sich auf das drohende Verbot einzustellen.[344] Deshalb sollte im Hauptsacheverfahren die Gewährung einer Aufbrauchsfrist kaum je in Betracht kommen, da der Beklagte i. d. R. spätestens mit Zustellung der Klage jedenfalls bedingt vorsätzlich oder doch stets grob fahrlässig handelt und sich auf die mit Rechtskraft des Urteils eintretenden Beschränkungen während der gesamten Dauer des Prozesses einrichten kann.[345]

135 Bei Geltendmachung des Unterlassungsanspruchs im **Verfügungsverfahren** kann dem Schuldner im Einzelfall eine sofortige Beachtung des kurzfristig oder sogar überraschend ergehenden Unterlassungsgebots unzumutbar sein.[346] Dies setzt aber jedenfalls voraus, dass er nicht vorsätzlich handelt.[347] Außerdem muss stets berücksichtigt werden, dass die Gewährung einer Aufbrauchsfrist im Verfügungsverfahren strikt auf krasse Ausnahmefälle zu begrenzen ist, weil sie der Natur des Eilverfahrens tendenziell zuwiderläuft.[348]

136 Auf der anderen Seite ist in die Abwägung einzubeziehen, ob dem **Verletzten** bei längerem Zuwarten der Eintritt eines Schadens droht.[349] Daneben sind in die Abwägung auch die **Interessen**

Familien- und Wohnrechtsschutz; GRUR 2013, 1254, 1258 Tz. 44 – *Matratzen Factory Outlet;* hierzu auch *Retzer* unten § 12 Rdn. 386.

337 *Ohly*/Sosnitza § 8 Rdn. 44.

338 BGH GRUR 1990, 522, 528 – *HBV-Familien- und Wohnrechtsschutz;* GRUR 2007, 1079 Tz. 40 – *Bundesdruckerei.*

339 Vgl. BGH GRUR 1960, 563, 567 – *Alterswerbung/Sekt.*

340 Vgl. BGH GRUR 1990, 522, 528 – *HBV-Familien- und Wohnrechtsschutz;* GRUR 2007, 1079 Tz. 40 – *Bundesdruckerei.*

341 Vgl. *Berlit* WRP 1998, 250, 251; Köhler/*Bornkamm* § 8 Rdn. 1.59; Fezer/*Büscher* § 8 Rdn. 165; MünchKommUWG/*Fritzsche* § 8 Rdn. 121; *Melullis* Rdn. 893, jeweils m. w. N.

342 BGH GRUR 1974, 735, 737 – *Pharmamedan;* GRUR 1982, 420, 423 – *BBC/DDC; Berlit* WRP 1998, 250, 251.

343 Vgl. BGH GRUR 1982, 420, 423 – *BBC/DDC.*

344 BGH GRUR 1969, 690, 693 – *Faber;* GRUR 1974, 474 – *Großhandelshaus;* GRUR 1982, 420, 423 – *BBC/DDC;* GRUR 1982, 425, 431 – *Brillen-Selbstabgabestellen.*

345 *Goldmann* Der Schutz des Unternehmenskennzeichens, § 19 Rdn. 70; *Ingerl/Rohnke* Vor §§ 14–19d MarkenG Rdn. 385.

346 Hierzu *Retzer* unten § 12 Rdn. 386; *Goldmann,* Der Schutz des Unternehmenskennzeichens, § 19 Rdn. 72.

347 OLG Frankfurt WRP 1994, 118, 119 – *Deutsche Direktbank.*

348 OLG Frankfurt WRP 1994, 118, 119 – *Deutsche Direktbank; Goldmann* Der Schutz des Unternehmenskennzeichens, § 19 Rdn. 72.

349 BGH GRUR 1982, 420, 423 – *BBC/DDC;* GRUR 1982, 425, 431 – *Brillen-Selbstabgabestellen.*

unbeteiligter **Dritter** oder der **Allgemeinheit** einzubeziehen, die ebenfalls nicht unzumutbar gefährdet werden dürfen.[350]

d) Dauer. Die Dauer der Aufbrauchsfrist ist nach den Umständen des Einzelfalls zu bemessen. Eine Regeldauer kann nicht angegeben werden. Der BGH hat in einem Fall der Irreführung gemäß §§ 3, 5 Abs. 1 Satz 2 Nr. 1 dem (nach den Umständen jedenfalls bedingt vorsätzlich handelnden) Beklagten noch in der Revisionsinstanz eine – übertrieben großzügige – Umstellungsfrist von **sechs Monaten** zur Änderung der irreführenden Geschäftsbezeichnung „Matratzen Factory Outlet" und des darauf basierenden Werbeauftritts zugebilligt.[351] Das RG hat in einem Fall zumindest grobfahrlässiger und lang anhaltender Verletzung der Firma der Klägerin eine großzügige Aufbrauchs- und Umstellungsfrist von **vier Monaten** gewährt und mit den Interessen der Klägerin für vereinbar erklärt.[352] 137

e) Umfang. Der **sachliche Umfang** dessen, was dem Schuldner im Rahmen der Aufbrauchsfrist gestattet werden kann, hängt von den Umständen des Einzelfalls ab. In Betracht kommt, wie der Begriff schon sagt, etwa der Abverkauf von Lagerbeständen irreführend etikettierter Produkte oder der Aufbrauch gedruckten Werbematerials und Briefpapiers. Darüber hinaus kann die Aufbrauchsfrist auch z. B. zum Wechsel einer irreführenden Firma,[353] zur Umstellung auf eine andere Geschäftsbezeichnung[354] oder Markierung von Waren,[355] zur Abwicklung oder Kündigung von Verträgen, zur Benachrichtigung der Geschäftspartner etc. genutzt werden.[356] Der Abverkauf von nachgeahmten Produkten wird i. d. R. ausgeschlossen sein. Auch bei bereits produzierten Werbespots für Radio, Fernsehen oder Internet ist es regelmäßig nicht interessengerecht, dem Schuldner die verbotswidrige Ausstrahlung noch für eine Übergangszeit zu erlauben. Das gleiche gilt für die erneute Herstellung und Verteilung von Werbematerial.[357] 138

f) Prozessuales. Liegen die Voraussetzungen für die Gewährung einer Aufbrauchsfrist durch das Gericht vor, so muss diese **von Amts wegen** gewährt werden.[358] Es besteht kein Ermessen des Gerichts. Eines ausdrücklichen Antrags des Schuldners bedarf es nicht. Es genügt vielmehr schon ein aus dem tatsächlichen Vorbringen erkennbares Interesse des Beklagten.[359] Deswegen ist es angezeigt, als Beklagter für den Fall, dass man ggf. eine Aufbrauchsfrist in Anspruch nehmen möchte, diese jedenfalls **hilfsweise mit zu beantragen** und dazu entsprechend vorzutragen. Fehlt es an einem Vortrag, so besteht für das Gericht keine Amtspflicht, von sich aus der Frage der Aufbrauchsfrist nachzugehen und hierüber zu entscheiden.[360] 139

Auch das **Berufungsgericht** kann eine Aufbrauchsfrist gewähren. In der **Revisionsinstanz** kommt die Gewährung einer Aufbrauchsfrist zwar noch in Betracht,[361] allerdings nur, wenn deren tatsächliche Voraussetzungen unstreitig oder tatrichterlich festgestellt sind.[362] 140

Bei Gewährung einer Aufbrauchsfrist kommt es i. d. R. bei einem unbeschränkt gestellten Unterlassungsantrag zu einem Teilunterliegen des Klägers und zu einer **Teilabweisung** der Klage. Allerdings sollte die Kostenfolge i. d. R. nach **§ 92 Abs. 2 ZPO** bemessen werden.[363] 141

Die **weiteren prozessualen Folgen** der Gewährung einer Aufbrauchsfrist hängen davon ab, ob man darin eine materiell-rechtliche Beschränkung des Unterlassungsanspruchs oder lediglich einen prozessualen Vollstreckungsaufschub sieht (vgl. *Brüning* Vorb. § 12 Rdn. 234).[364] 142

5. Missbräuchliche Geltendmachung von Unterlassungsansprüchen

Eine missbräuchliche Geltendmachung von Unterlassungsansprüchen kommt in Betracht, wenn sie weniger zur Rechtsverfolgung, sondern **zur Verfolgung sachfremder Ziele** geschieht, insbe- 143

---

350 BGH GRUR 1982, 425, 431 – *Brillen-Selbstabgabestellen.*
351 BGH GRUR 2013, 1254, 1258 Tz. 44 – *Matratzen Factory Outlet.*
352 RG GRUR 1930, 331, 333 – *Loewe.*
353 RG GRUR 1930, 331, 333 – *Loewe.*
354 BGH GRUR 2013, 1254, 1258 Tz. 44 – *Matratzen Factory Outlet.*
355 RG GRUR 1930, 331, 333 – *Loewe.*
356 *Ohly*/Sosnitza § 8 Rdn. 44.
357 BGH GRUR 1974, 474, 476 – *Großhandelshaus.*
358 BGH GRUR 1961, 283, 284 – *Mon Cheri II.*
359 BGH GRUR 1982, 420, 423 – *BBC/DDC;* GRUR 1985, 930, 932 – *JUS-Steuerberatungsgesellschaft;* vgl. ferner BGH GRUR 1961, 283, 284 – *Mon Chérie II.*
360 BGH GRUR 1961, 283, 284 – *Mon Chéri II.*
361 BGH GRUR 1957, 488, 491 – *MHZ;* GRUR 1957, 561, 564 – *REI-Chemie.*
362 BGH GRUR 1957, 488, 491 – *MHZ;* GRUR 1961, 283, 284 – *Mon Chéri II;* vgl. auch BGH GRUR 1974, 474, 476 – *Großhandelshaus.*
363 Köhler/*Bornkamm* § 8 Rdn. 1.66.
364 Vgl. ferner Köhler/*Bornkamm* § 8 Rdn. 1.66; *Ohly*/Sosnitza § 8 Rdn. 39.

sondere vorwiegend dazu dient, den Verletzer mit möglichst hohen Kosten der Rechtsverfolgung zu belasten (§ 8 Abs. 4; dazu unten Rdn. 628ff.).

6. Verjährung

144 Unterlassungsansprüche aus § 8 unterliegen der **kurzen Verjährung des § 11 Abs. 1** und verjähren in **sechs Monaten.** Für die früher vertretene Auffassung, vorbeugende Unterlassungsansprüche könnten nicht verjähren,[365] bleibt schon angesichts der eindeutigen Fassung des § 11 Abs. 1 kein Raum mehr. Es gibt auch keinen sachlichen Grund, den vorbeugenden Unterlassungsanspruch hinsichtlich der Verjährung anderen Regeln zu unterwerfen als den Verletzungsunterlassungsanspruch.[366]

145 Die Verjährungsfrist **beginnt** mit der Entstehung des Anspruchs und dem Zeitpunkt, zu dem der Gläubiger von den anspruchsbegründenden Umständen und der Person des Schuldners Kenntnis erlangt oder ohne grobe Fahrlässigkeit erlangen müsste (§ 11 Abs. 2; näher dazu *Schulz* § 11 Rdn. 12ff.).

7. Verwirkung

146 Zur Verwirkung von Unterlassungsansprüchen: Vor § 8 Rdn. 125ff.

V. Vertraglicher Unterlassungsanspruch

147 Zum vertraglichen Unterlassungsanspruch wird auf die Kommentierung von *Brüning,* § 12 Rdn. 173ff., verwiesen.

B. Der Beseitigungsanspruch

Schrifttum: *Baumbach,* Das gesamte Wettbewerbsrecht, 2. Aufl. 1931; *Diekmann,* Der Vernichtungsanspruch, 1993; *Ernst-Moll,* Beseitigungsanspruch und Rückruf im gewerblichen Rechtsschutz in: FS Klaka, 1987, S. 16; *Fritze,* Die Anordnung von Handlungen, insbesondere Erklärungen, zur Beendigung einer andauernden Beeinträchtigung durch einstweilige Verfügung, in: FS Traub, 1994, S. 113; *Fritzsche,* Der Beseitigungsanspruch im Kartellrecht nach der 7. GWB-Novelle – Zugleich ein Beitrag zur Dogmatik des quasi-negatorischen Beseitigungsanspruchs, WRP 2006, 42; *Gommlich,* Die Beseitigungsansprüche im UWG, 2001; *Igelmann,* Der Vernichtungsanspruch im gewerblichen Rechtsschutz und Urheberrecht, 2003; *Köhler,* Die wettbewerbsrechtlichen Abwehransprüche (Unterlassung, Beseitigung, Widerruf), NJW 1992, 137; *ders.,* Die Begrenzung wettbewerbsrechtlicher Ansprüche durch den Grundsatz der Verhältnismäßigkeit, GRUR 1996, 82; *Lettl,* Der Schutz der Verbraucher nach der UWG-Reform, GRUR 2004, 449; *Lindacher,* Unterlassungs- und Beseitigungsanspruch, GRUR 1985, 423; *Miosga,* Die Ansprüche auf Rückruf und Entfernen im Recht des geistigen Eigentums, 2010; *Piper,* Zur wettbewerbsrechtlichen Beurteilung von Werbeanzeigen, in: FS Vieregge, 1995, S. 715; *Retzer,* Der Vernichtungsanspruch bei Nachahmung, in: FS Piper, 1996, S. 421; *Seitz/Schmidt,* Der Gegendarstellungsanspruch, 4. Aufl. 2010; *Schilken,* Die Befriedigungsverfügung. Zulässigkeit und Stellung im System des einstweiligen Rechtsschutzes, 1976; *Schünemann,* Die wettbewerbsrechtliche „Störer"-Haftung, WRP 1998, 120; *Teplitzky,* Das Verhältnis des objektiven Berichtigungsanspruchs zum Unterlassungsanspruch im Wettbewerbsrecht, WRP 1984, 365; *Thun,* Der immaterialgüterrechtliche Vernichtungsanspruch, 1998; *ders.,* Haftung für fremde Inhalte, GRUR 2005, 200; *Walchner,* Der Beseitigungsanspruch im gewerblichen Rechtsschutz und Urheberrecht. Widerruf – Vernichtung – Urteilsveröffentlichung, 1998.

I. Grundlagen

1. Wesen und Bedeutung

148 § 8 Abs. 1 Satz 1 regelt neben dem Unterlassungs- auch den Beseitigungsanspruch. Dass dieser im Gesetzestext an erster Stelle genannt wird, folgt aus systematisch-historischen Gründen dem Vorgehen des Gesetzgebers in **§ 1004 BGB.** In der Praxis steht der Unterlassungsanspruch im Vor-

---

[365] Vgl. BGH GRUR 1979, 121, 122 – *Verjährungsunterbrechung;* GRUR 1966, 623, 626 – *Kupferberg.*

[366] Ebenso Teplitzky/*Bacher* Kap. 16 Rdn. 5; *Köhler*/Bornkamm § 11 Rdn. 1.3; *Ohly*/Sosnitza § 8 Rdn. 26; eingehend unten *Schulz* § 11 Rdn. 14 ff.

Herausgeber und Verlag danken Herrn Prof. Dr. *Walter Seitz* für die Kommentierung des Beseitigungsanspruchs in den ersten drei Auflagen dieses Werkes. Für die 4. Auflage hat *Goldmann* diesen Abschnitt im Wesentlichen neu verfasst, dabei aber das auf *Seitz* zurückgehende Konzept des „ABC zu Inhalt und Ziel von Beseitigungsansprüchen" III.3.) aufgegriffen und fortgeführt.

dergrund, der sich besonders gut und leicht im Wege der einstweiligen Verfügung durchsetzen lässt (Rdn. 2). Weit weniger Bedeutung hat der Beseitigungsanspruch, der nur ausnahmsweise im Wege der einstweiligen Verfügung durchgesetzt werden kann (Rdn. 239 ff.). Der Beseitigungsanspruch ist **auf ein eigenes Handeln des Schuldners gerichtet,** nicht auf ein bloßes Dulden der Beseitigung. Er zielt auf die Beseitigung fortwährender rechtswidriger Beeinträchtigungen ab, die aus einer in der Vergangenheit liegenden, nach § 3 oder § 7 unzulässigen geschäftlichen Handlung resultieren. Die Beseitigung der Beeinträchtigung umfasst **alle Maßnahmen,** die ein **Fortwirken der Verletzungshandlung verhindern** sollen. Typische Fälle sind: Abnahme von Plakaten, Entfernen von Aufschriften oder Schildern; Löschung von Domainnamen, Firmen oder Branchenbucheinträgen etc. Der allgemeine Beseitigungsanspruch kann auch auf eine richtigstellende Erklärung gerichtet sein.[367]

Ein **Unterfall** des Beseitigungsanspruchs ist der **Anspruch auf Widerruf** wettbewerbswidriger 149
Tatsachenbehauptungen.[368] Er findet seine Rechtsgrundlage ebenfalls in § 8 Abs. 1 Satz 1. Der Widerruf einer Tatsachenbehauptung besteht grundsätzlich darin, dass die aufgestellte Behauptung ausdrücklich als unrichtig erklärt wird.[369]

2. Entstehungsgeschichte

Der Beseitigungsanspruch als wettbewerbsrechtlicher Abwehranspruch wurde **in § 8 Abs. 1** 150
Satz 1 UWG 2004 erstmals gesetzlich geregelt. Im UWG 1909 war er nicht erwähnt. Hier war nur vom Unterlassungsanspruch die Rede. Es bestand aber seit jeher Einigkeit, dass wie in § 1004 BGB auch der Verstoß gegen UWG-Normen als Abwehranspruch sowohl den Unterlassungs- wie den Beseitigungsanspruch nach sich zieht.[370] Als Ergänzung und Weiterführung zum Unterlassungsanspruch war der Beseitigungsanspruch von der Rechtsprechung nicht nur für den unmittelbar Verletzten,[371] sondern auch für die nach § 13 Abs. 1 UWG 1909 in der ursprünglichen Fassung klagebefugten Verbände zugebilligt worden.[372] Zuletzt galt der Beseitigungsanspruch **als gewohnheitsrechtlich anerkannt.**[373] Die ausdrückliche gesetzliche Regelung erfolgte nur zur Klarstellung.[374] Eine Änderung der Voraussetzungen sowie des Inhalts und des Umfangs des Beseitigungsanspruchs war nicht bezweckt.[375] Die Rechtsprechung zum wettbewerbsrechtlichen Beseitigungsanspruch aus der Zeit vor 2004 kann deshalb grundsätzlich weiter herangezogen werden.

3. Verhältnis zu anderen Rechtsbehelfen

a) Verhältnis zum Unterlassungsanspruch. Wie der Unterlassungsanspruch ist auch der Be- 151
seitigungsanspruch **von einem Verschulden unabhängig.**[376] Die Tatbestandsvoraussetzungen sind jedoch unterschiedlich: Anders als der Unterlassungsanspruch setzt der Beseitigungsanspruch **keine Begehungsgefahr** voraus, wohl aber einen **gegenwärtigen rechtswidrigen Zustand.**[377] Der Unterlassungsanspruch setzt demgegenüber keinen gegenwärtigen rechtswidrigen Zustand voraus, wohl aber eine Begehungsgefahr (Rdn. 24).[378] In ihrem Inhalt **überschneiden sich** beide Ansprüche **teilweise.** Denn in denjenigen Fällen, in denen durch eine rechtswidrige Handlung ein fortdauernder Störungszustand geschaffen wurde, ist von der Pflicht zur Unterlassung auch die Vornahme möglicher und zumutbarer Handlungen zur Beseitigung des Störungszustands umfasst.[379]

---

[367] BGH GRUR 1998, 415, 416 – *Wirtschaftsregister;* KG GRUR-RR 2002, 337, 338 – *T-offline.*
[368] KG GRUR-RR 2002, 337, 338 – *T-offline.*
[369] BGH GRUR 1962, 652 – *Eheversprechen.*
[370] *Baumbach* Kap. 11 C; *Callmann* S. 109 f., 112; *Reimer* Kap. 108 Rdn. 3; *Rosenthal* S. 95 ff.
[371] RG MuW XXXI, 276, 278 – *Ablaßvorrichtung* (Widerruf).
[372] RGZ 148, 114, 123 ff. – *Gummiwaren* (Widerruf).
[373] BT-Drucks. 15/1487, S. 22 zu Absatz 1; KG GRUR-RR 2002, 337, 338 – *T-offline;* vgl. z. B. RGZ 148, 114, 123 ff. – *Gummiwaren;* BGH GRUR 1954, 337, 342 – *Radschutz;* GRUR 1955, 97, 99 – *Constanze II;* GRUR 1974, 666, 669 – *Reparaturversicherung;* GRUR 1993, 556, 558 – *Triangle;* GRUR 2001, 420, 422 – *SPA;* zu den zuletzt vertretenen Begründungsansätzen *Walchner* S. 209 f.
[374] BT-Drucks. 15/1487, S. 22 zu Absatz 1.
[375] BT-Drucks. 15/1487, S. 22 zu Absatz 1.
[376] Köhler/*Bornkamm* § 8 Rdn. 1.69; Teplitzky/*Löffler* Kap. 22 Rdn. 3.
[377] RGZ 148, 114, 123 – *Gummiwaren;* BGH GRUR 2011, 444, 451 Tz. 82 – *Flughafen Frankfurt-Hahn.*
[378] *Callmann* S. 111; *Rosenthal/Leffmann* Einl. Rdn. 164.
[379] St. Rspr., vgl. RGZ 148, 114, 123 – *Gummiwaren;* BGH GRUR 1977, 614, 616 – *Gebäudefassade;* GRUR 1990, 522, 528 – *HBV-Familien- und Wohnungsrechtsschutz;* NJW 1993, 1076, 1077 – *Straßenverengung;* GRUR 2015, 190, 192 Tz. 16 – *Ex-RAF-Terroristin;* GRUR 2015, 258, 262 f. Tz. 63, 65 – *CT-Paradies;* OLG Köln GRUR-RR 2008, 365 – *Möbelhandel;* OLG Düsseldorf GRUR-RR 2016, 259, 262 f. Tz. 60 – *TÜV-Sondereintragung.*

Die Einzelheiten sind im Rahmen des Unterlassungsanspruchs dargestellt (Rdn. 7ff.). Hat eine Verletzungshandlung einen andauernden rechtswidrigen Verletzungszustand hervorgerufen, besteht neben dem Unterlassungsanspruch ein Beseitigungsanspruch. Dabei handelt es sich um selbständige, **voneinander unabhängige wesensverschiedene Ansprüche** mit grundsätzlich unterschiedlicher Zielrichtung.[380] Während der Unterlassungsanspruch in die **Zukunft** gerichtet ist und künftige Beeinträchtigungen abwenden soll (Rdn. 24), soll sich der Beseitigungsanspruch nach traditioneller[381] und auch heute noch verbreiteter Auffassung[382] insoweit in die **Vergangenheit** richten als er eine in der Vergangenheit geschaffene, aber noch immer wirksame Störungsquelle verschließen und den Zustand vor ihrer Schaffung wiederherstellen soll. Der BGH geht demgegenüber heute davon aus, dass sich Unterlassungsanspruch und Beseitigungsanspruch gleichermaßen in eine **störungsfreie Zukunft** richten und auf die Abwehr künftiger Rechtsverstöße abzielen.[383]

152 Der **Gläubiger** hat es in der Hand, ob er den einen oder den anderen Anspruch oder aber beide Ansprüche geltend macht.[384] Ein verhängtes Unterlassungsgebot nimmt der Beseitigungsklage allerdings ihr Rechtsschutzbedürfnis, soweit sich der Beseitigungsanspruch sachlich völlig mit dem Unterlassungsanspruch deckt.[385] Dies gilt auch umgekehrt. Unterlassung- und Beseitigungsanspruch bilden im Prozess **unterschiedliche Streitgegenstände.**[386]

153 **b) Verhältnis zum Schadensersatzanspruch.** Der Schadensersatzanspruch gem. § 9 UWG ist gem. § 249 BGB im Grundsatz auf Naturalherstellung gerichtet, also auf die Wiederherstellung desjenigen Zustandes, wie er vor dem rechtswidrigen Eingriff bestand. Wenn sich der Störungszustand als ein **durch Naturalrestitution ersetzbarer Schaden** darstellt, können beide Ansprüche **parallel** laufen.[387] Dann kann Beseitigung gem. § 249 BGB auch als Schadensersatz gefordert werden. Beide Ansprüche sind jedoch **wesensverschieden** und **unterliegen unterschiedlichen Voraussetzungen.** Der Schadensersatzanspruch ist verschuldensabhängig und richtet sich auf den Ausgleich von Vermögensnachteilen. Der Beseitigungsanspruch setzt kein Verschulden, sondern nur das Fortbestehen eines rechtswidrigen Zustandes voraus und dient dessen Beseitigung. Anders als der Schadensersatzanspruch nach § 249 BGB kann er grundsätzlich nicht durch Geldleistung des Schuldners abgelöst werden. Dies darf aber nicht dazu führen, dass der aufgrund der objektiven Rechtswidrigkeit Beseitigungspflichtige in eine schwierigere Lage kommt als der aufgrund schuldhafter Rechtsverletzung Schadensersatzpflichtige. Eine gerechte Interessenabwägung ist hier unvermeidlich.[388]

II. Voraussetzungen des Beseitigungsanspruchs

1. Überblick

154 Der Beseitigungsanspruch setzt nach allgemeiner Ansicht das **rechtwidrige Bestehen eines Störungszustandes** aufgrund eines in der Vergangenheit begangenen Wettbewerbsverstoßes voraus.[389] Dieser Störungszustand ist die **alleinige materielle Anspruchsvoraussetzung.**[390] Der Wortlaut des § 8 Abs. 1 Satz 1 deckt sich damit nicht. Hier ist als Anspruchsvoraussetzung lediglich davon die Rede, dass eine nach § 3 oder § 7 unzulässige geschäftliche Handlung vorgenommen werden muss. Der Gesetzeswortlaut ist unvollkommen. Er ist mithilfe der Rechtsprechung aus der Zeit vor 2004 auszulegen. In der Amtlichen Begründung zum UWG 2004 wurde klargestellt, dass eine Änderung der bisherigen Rechtslage nicht beabsichtigt war.[391] Voraussetzung soll hiernach wie

---

[380] St. Rspr., vgl. RGZ 148, 114, 123 – *Gummiwaren;* BGH GRUR 1955, 97, 99 – *Constanze II;* GRUR 2015, 258, 262f. Tz. 64 – *CT-Paradies;* OLG Düsseldorf GRUR-RR 2016, 259, 263 Tz. 60 – *TÜV-Sondereintragung.*

[381] RGZ 148, 114, 123 – *Gummiwaren; Callmann* S. 111; *Rosenthal/Leffmann* Einl. Rdn. 164.

[382] *Ohly*/Sosnitza § 8 Rdn. 69.

[383] BGH GRUR 2011, 444, 451 Tz. 82 – *Flughafen Frankfurt-Hahn;* Teplitzky/*Löffler* Kap. 22 Rdn. 3.

[384] BGH GRUR 2015, 258, 262f. Tz. 64 – *CT-Paradies;* OLG Düsseldorf GRUR-RR 2016, 259, 263 Tz. 60 – *TÜV-Sondereintragung.*

[385] BGH GRUR 1955, 97, 100 – *Constanze II;* a. A. *Callmann* S. 110.

[386] BGH GRUR 1974, 99, 101 – *Brünova;* GRUR 1990, 522, 528 – *HBV-Familien- und Wohnungsrechtsschutz;* Fezer/*Büscher* § 8 Rdn. 9; Teplitzky/*Löffler* Kap. 22 Rdn. 7.

[387] *Callmann* S. 111; *Ohly*/Sosnitza § 8 Rdn. 70.

[388] *Callmann* S. 111.

[389] BGH GRUR 1995, 424, 426 – *Abnehmerverwarnung;* GRUR 1998, 415, 416f. – *Wirtschaftsregister;* GRUR 2011, 444, 451 Tz. 82 – *Flughafen Frankfurt-Hahn;* Fezer/*Büscher* § 8 Rn 9; *Ohly*/Sosnitza § 8 Rdn. 71.

[390] BGH GRUR 2011, 444, 451 Tz. 82 – *Flughafen Frankfurt-Hahn.*

[391] BT-Drucks. 15/1487, S. 22 zu Absatz 1.

in der Praxis zum UWG 1909 die Herbeiführung eines fortdauernden Störungszustands sein, wobei die von diesem ausgehenden Störungen **rechtswidrig** sein müssen.[392] Der Störungszustand muss **auf eine nach § 3 oder § 7 unzulässige geschäftliche Handlung zurückzuführen** sein. Hieraus ergeben sich insgesamt folgende Voraussetzungen:

2. Unzulässige geschäftliche Handlung

Wie für den Verletzungsunterlassungsanspruch wird auch für den Beseitigungsanspruch eine nach § 3 oder § 7 unzulässige geschäftliche Handlung vorausgesetzt. Früher ging die Rechtsprechung davon aus, dass es für den Beseitigungsanspruch unerheblich sei, ob die Verletzungshandlung, die den Störungszustand geschaffen hat, rechtswidrig ist. Entscheidend komme es für den Beseitigungsanspruch **nicht auf die Rechtmäßigkeit der Handlung bei ihrer Begehung** an, sondern allein darauf, dass durch sie der Zustand rechtswidrig sei.[393] Auch heute wird einhellig diese Auffassung vertreten.[394] 155

Dem ist zuzustimmen, soweit es um die Rechtfertigung einer an sich unzulässigen geschäftlichen Handlung, etwa durch das Rechtsinstitut der Wahrnehmung berechtigter Interessen (§ 193 StGB, hierzu Vor § 8 Rdn. 224ff.) geht. Der Gesetzeswortlaut setzt nämlich nur eine „unzulässige" geschäftliche Handlung voraus, aber gerade keine „rechtswidrige". Dies schließt eine an sich „unzulässige", weil i. S. d. § 3 Abs. 1 „unlautere", aber wegen außergewöhnlicher Umstände gerechtfertigte Handlung ein. Dies gilt insbesondere unter Berücksichtigung der Absicht des Gesetzgebers, mit der Regelung des Beseitigungsanspruchs in § 8 Abs. 1 keine Änderung der Anspruchsvoraussetzungen herbeizuführen. 156

Allerdings lässt es der **klare Gesetzeswortlaut** nicht zu, den rechtswidrigen Störungszustand als Voraussetzung des Beseitigungsanspruchs an eine geschäftliche Handlung anzuknüpfen, die zum Tatzeitpunkt den **Tatbestand des § 3 oder § 7 nicht erfüllt** hat und damit **nicht „unzulässig"** war. Deshalb kann eine geschäftliche Handlung, die durch das Rechtsinstitut der wettbewerblichen Abwehr (Abwehreinwand) gedeckt ist, **keinen Störungszustand** hervorrufen, dem mit dem Beseitigungsanspruch begegnet werden kann. Denn eine durch das Rechtsinstitut der wettbewerblichen Abwehr gedeckte geschäftliche Handlung ist nicht unlauter und damit nicht unzulässig i. S. d. § 3 (näher Vor § 8 Rdn. 205ff.). 157

Auch bei Behauptungen, die zum Zeitpunkt ihrer Aufstellung richtig waren, fehlt es an einer unzulässigen Handlung (näher Rdn. 165). 158

3. Störungszustand

a) Allgemeiner Beseitigungsanspruch. *aa) Grundsatz.* Der Beseitigungsanspruch setzt grundsätzlich einen durch eine Verletzungshandlung bewirkten und **fortdauernden Störungszustand** voraus.[395] Der für den allgemeinen Beseitigungsanspruch erforderliche Störungszustand liegt in einer fortwährenden Beeinträchtigung der durch § 3 bzw. § 7 geschützten Interessen. Über den Störungszustand lassen sich ebenso wenig allgemeine Aussagen treffen wie über die Maßnahmen zu seiner Beseitigung. Der Störungszustand kann von ganz unterschiedlicher Gestalt sein: 159

bb) Kasuistik. Ein Störungszustand liegt etwa vor bei der Nachwirkung rufschädigender Äußerungen[396] oder bei irreführenden Angaben in einem Kundenrundschreiben;[397] beim Klebenlassen irreführender Plakate;[398] beim Hängenlassen irreführender Geschäftsschilder;[399] bei einer wettbewerbswidrigen Fassadengestaltung (Geschäftsabzeichen);[400] bei einem Domainnamen, dessen Re- 160

---

[392] BT-Drucks. 15/1487, S. 22 zu Absatz 1.

[393] BGH GRUR 1955, 97, 99 – *Constanze II;* GRUR 1958, 448, 449 – *Blanko-Verordnungen;* GRUR 1960, 500, 502 – *Plagiatsvorwurf I;* GRUR 1995, 424, 426 – *Abnehmerverwarnung.*

[394] Köhler/*Bornkamm* § 8 Rdn. 1.78; Teplitzky/*Löffler* Kap. 22 Rdn. 14; *Ohly*/Sosnitza § 8 Rdn. 76; GroßKommUWG/*Paal* § 8 Rdn. 71.

[395] BGH GRUR 1995, 424, 426 – *Abnehmerverwarnung;* GRUR 1998, 415, 416f. – *Wirtschaftsregister;* GRUR 2009, 685, 689 Tz. 39 – *ahd.de;* GRUR 2011, 444, 451 Tz. 82 – *Flughafen Frankfurt-Hahn;* OLG Hamburg, Urt. v. 9.4.2015, Az. 3 U 59/15 Tz. 119 – *creditsafe.de;* Fezer/*Büscher* § 8 Rdn 9; *Ohly*/Sosnitza § 8 Rdn. 71.

[396] BGH GRUR 1966, 272, 274 – *Arztschreiber;* GRUR 1995, 224, 227 – *Erfundenes Exclusiv-Interview;* KG GRUR-RR 2002, 337, 339 – *T-offline.*

[397] OLG Frankfurt GRUR-RR 2005, 197, 198 – *Vertragshändlernetz;* KG, Urt. v. 27.3.2013, Az. 5 U 112/11 – *Berichtigungsschreiben;* LG Stuttgart, Urt. v. 7.8.2014, Az. 11 O 298/13.

[398] OLG Kiel MuW XIII, 210, 211 – *Einzelverkauf an Private zu Fabrikpreisen; Rosenthal/Leffmann* Einl. Rdn. 164.

[399] OLG Düsseldorf GRUR 1970, 376, 377 – *Möbellager.*

[400] BGH GRUR 1977, 614, 616 – *Gebäudefassade.*

gistrierung einen Mitbewerber gezielt behindert[401] oder bei einer ungerechtfertigt aufrechterhaltenen „allgemeinen Markenbeschwerde“, die einen Werbenden daran hindert, bestimmte Kennzeichen im Text von Google-AdWords-Anzeigen zu verwenden.[402] Auch bei registrierten Firmen, die gegen Rechtsvorschriften verstoßen, soll nach verbreiteter Auffassung ein Störungszustand vorliegen.[403] Hierauf wird in Rdn. 191 näher eingegangen.

161 **b) Anspruch auf Widerruf.** *aa) Tatsachenbehauptung, nicht Werturteil.* Beim Anspruch auf Widerruf besteht der Störungszustand in der Behauptung **objektiv nachprüfbarer, dem Beweis zugänglicher und unwahrer Tatsachen.**[404] Dem Widerruf von **Werturteilen** steht **Art 5 Abs. 1 GG** entgegen. Die Meinungsfreiheit verbietet es, die Aufgabe einer nur wertenden Kritik mit staatlichen Mitteln – sei es auch vor den Gerichten – zu erzwingen.[405] Hier kann allenfalls als Ergebnis einer **Interessenabwägung** Unterlassung verlangt werden, wobei auch diese Interessenabwägung an den Wertvorstellungen des Art. 5 Abs. 1 GG auszurichten ist.[406] Sofern eine Äußerung, in der sich **Tatsachen und Meinungen vermengen,** in entscheidender Weise durch die Elemente der Stellungnahme, des Dafürhaltens oder Meinens geprägt sind, wird sie als Werturteil und Meinungsäußerung in vollem Umfang vom genannten Grundrecht geschützt.[407] Dies gilt insbesondere dann, wenn eine Trennung des einerseits wertenden und andererseits auf Tatsachen abstellenden Gehalts der Aussage deren Sinn aufzuheben oder zu verfälschen geeignet wäre und der tatsächliche Gehalt der Äußerung gegenüber der Wertung in den Hintergrund tritt.[408] Eine **Tatsachenbehauptung** ist etwa die Aussage, jemand sei „pleite“ (= „zahlungsunfähig“, „finanziell ruiniert“).[409] Ein **Werturteil** liegt etwa bei der Behauptung vor, jemand habe die „Rechte“ an einer bestimmten Technologie erworben.[410] Auch die Einstufung eines Vorgangs als „illegal“[411] oder als strafrechtlich relevanter Tatbestand ist prinzipiell keine Tatsachenbehauptung, sondern Werturteil.[412] Anderes gilt, wenn das Urteil nicht als **Rechtsauffassung** kenntlich gemacht ist, sondern bei dem Adressaten zugleich die Vorstellung von konkreten, in die Wertung eingekleideten Vorgängen hervorruft.[413] Zu den Einzelheiten vgl. die Kommentierung zu § 4 Nr. 2 Rdn. 16ff.

162 *bb) Unrichtigkeit.* Die Behauptung muss **vollständig unwahr** sein.[414] Der Anspruch auf Widerruf darf sich allein gegen solche Tatsachenbehauptungen richten, deren **Unrichtigkeit positiv feststeht.**[415] Denn der Widerruf einer Tatsachenbehauptung besteht darin, dass die aufgestellte Behauptung ausdrücklich als unrichtig erklärt wird. Das Recht kann es aber nicht zulassen, dass jemand durch Richterspruch verpflichtet wird, etwas als unrichtig zu bezeichnen, was möglicherweise wahr ist.[416] Beim Tatbestand des **§ 4 Nr. 2 UWG** liegt die **Beweislast** für die Richtigkeit der Tatsachenbehauptung bei demjenigen, der sie aufstellt.[417] Das gleiche gilt, wenn der Verstoß gegen **§ 3 aus § 3a UWG i. V. m. § 186 StGB** hergeleitet wird. **Außerhalb des UWG** liegt die **Beweislast beim Kläger.** Ohne Rücksicht auf die Beweislastverteilung gilt allgemein: Verweigert der Beklagte im Prozess eine nähere Substantiierung, obwohl diese ihm nach eigenem Vortrag ohne weiteres möglich ist, kann die Behauptung als unwahr angesehen werden.[418] Ist die Behauptung insgesamt wahr, kann kein Widerrufsanspruch zugebilligt werden, selbst wenn die Behauptung geschäftsschädigend ist.[419]

---

401 BGH GRUR 2009,685, 689 Tz. 38 – *ahd.de.*

402 Vgl. BGH GRUR 2015, 607, 609 Tz. 29ff., 35 – *Uhrenankauf im Internet.*

403 LG Mannheim, Urt. v. 18.7.2008, Az. 7 O 10/08 – *REIT AG.*

404 St. Rspr., vgl. BGH GRUR 1978, 258, 259 – *Schriftsachverständiger;* GRUR 1982, 631, 632 – *Klinikdirektoren;* GRUR 1988, 402, 403 – *Mit Verlogenheit zum Geld;* GRUR 1992, 527, 528 – *Plagiatsvorwurf II;* OLG Düsseldorf, Urt. v. 26.6.2012, Az. I-20 U 142/10 – *Horizontale Schiebetore;* OLG Koblenz, Urt. v. 25.7.2012, Az. 9 U 31/12 – *Spielabbruch nach Becherwurf.*

405 BGH GRUR 1982, 631 – *Klinikdirektoren;* GRUR 1994, 915, 916f. – *Börsenjournalist;* OLG Karlsruhe NJW-RR 2001, 766, 767 – *Skandalöse Behandlung von Fremdfirmenbeschäftigten.*

406 BGH GRUR 1982, 631 – *Klinikdirektoren.*

407 BGH GRUR 1994, 915, 916f. – *Börsenjournalist.*

408 BGH GRUR 1994, 915, 917 – *Börsenjournalist.*

409 BGH GRUR 1994, 915, 917 – *Börsenjournalist.*

410 OLG Düsseldorf, Urt. v. 26.6.2012, Az. I-20 U 142/10 – *Horizontale Schiebetore.*

411 BGH GRUR 1982, 631, 632 – *Klinikdirektoren.*

412 BGH GRUR 1965, 206, 207 – *Volkacher Madonna;* GRUR 1982, 631, 632 – *Klinikdirektoren.*

413 BGH GRUR 1982, 631, 632 – *Klinikdirektoren.*

414 BGH GRUR 1962, 652 – *Eheversprechen;* Teplitzky/*Löffler* Kap. 26 Rdn. 8.

415 BGH GRUR 1962, 652 – *Eheversprechen;* GroßKommUWG/*Paal* § 8 Rdn. 260.

416 BGH GRUR 1962, 652 – *Eheversprechen;* Köhler/*Bornkamm* § 8 Rdn. 1.103.

417 OLG Koblenz, Urt. v. 25.7.2012, Az. 9 U 31/12 – *Spielabbruch nach Becherwurf.*

418 BGH GRUR 1975, 36, 38 – *Arbeits-Realitäten.*

419 BGH GRUR 1970, 254, 256 – *Remington.*

Ist eine Behauptung **nur zum Teil unwahr,** so steht dem Betroffenen nicht schlechthin ein Anspruch auf Widerruf, sondern nur ein Anspruch auf **eingeschränkten Widerruf** in Form der **Richtigstellung** des unwahren Teils der Behauptung zu.[420] 163

Wenn zwar die Unwahrheit der Behauptung nicht positiv feststeht, andererseits aber nach der Beweisaufnahme auch keine ernstlichen Anhaltspunkte für die Richtigkeit der Behauptung sprechen und es deshalb äußerst **wahrscheinlich** ist, dass die **Behauptung unwahr** ist, kommt ein eingeschränkter Widerruf in der Form in Betracht, dass die Behauptung nach dem Ergebnis der Beweisaufnahme **nicht aufrechterhalten** werde.[421] 164

Ein Anspruch auf Widerruf kommt nicht in Betracht, wenn die Behauptung i. S. d. § 4 Nr. 2 **zum Zeitpunkt ihrer Aufstellung zutreffend** und damit nicht gem. § 3 unzulässig war, sondern erst später durch Veränderung der Umstände **unrichtig wird.** Nach früher verbreiteter Auffassung zum UWG 1909 sollte bei solchen Behauptungen, wenn sie in eine Gegenwart hineinwirken, eine ergänzende **klarstellende Mitteilung** verlangt werden können.[422] Nach dem Wortlaut des § 8 Abs. 1 Satz 1 ist in solchen Fällen **keinerlei Anspruch** auf Beseitigung gegeben, weil es an einer nach § 3 unzulässigen Handlung fehlt. Damit fehlt es an einer Rechtsgrundlage für einen Anspruch auf eine klarstellende Mitteilung. 165

4. Bestehen des Störungszustands

a) Kein vorbeugender Beseitigungsanspruch. Der Störungszustand muss bereits bestehen und setzt deshalb einen bereits **vollendeten Verstoß** voraus, aus der sich der Störungszustand ergibt.[423] Einen vorbeugenden Beseitigungsanspruch bei einem nur drohenden Verstoß gewährt das Gesetz nicht. Dies ergibt sich aus dem Wortlaut des § 8 Abs. 1 Satz 1 („vornimmt") und aus dem **systematischen Vergleich zum Unterlassungsanspruch.** Hier ordnet § 8 Abs. 1 Satz 2 ausdrücklich an, dass der Unterlassungsanspruch als vorbeugender Anspruch bereits dann besteht, wenn eine Zuwiderhandlung nur droht. Eine solche Erweiterung ist aber für den Beseitigungsanspruch gerade nicht vorgenommen worden. Für einen vorbeugenden Beseitigungsanspruch besteht auch keine praktische Notwendigkeit, weil der vorbeugende Unterlassungsanspruch ausreichend ist. Dies gilt insbesondere mit Blick auf nachgeahmte Produkte, die noch nicht gem. § 4 Nr. 3 angeboten worden sind.[424] Hier besteht anders als im Immaterialgüterrecht (vgl. §§ 18 Abs. 1 MarkenG, 140a Abs. 1, Abs. 2 PatG, 98 Abs. 1, 2 UrhG) kein Anspruch auf Vernichtung. Der Besitz solcher nachgeahmten Produkte ist nicht verboten und gegen das drohende Anbieten schützt ein vorbeugender Unterlassungsanspruch. Einen rechtswidrigen Zustand, den es zu beseitigen gäbe, gibt es nicht.[425] 166

b) Fortdauer. *aa) Allgemeines.* Der Störungszustand muss **zum maßgeblichen Beurteilungszeitpunkt,** der letzten mündlichen Tatsachenverhandlung, noch **fortdauern.**[426] Ohne eine fortdauernde Störung bedarf es keiner Beseitigungsmaßnahme mehr.[427] Fällt der Störungszustand weg, so erlischt der Unterlassungsanspruch.[428] Ein **physischer Störungszustand** fällt weg, wenn der **Schuldner oder** ein **Dritter** ihn **behebt** (z. B. Abnahme oder Überkleben eines Plakats, Überstreichen der wettbewerbswidrig gestalteten Gebäudefassade; Austauschen veralteter Preislisten durch neue[429]) oder wenn er durch **Natureinwirkung** beseitigt wird (z. B. Ausbleichen des Plakats durch Sonnenlicht, Einsturz des Gebäudes durch Erdstoß). Ein Störungszustand, der in einer **Irreführung** oder in unlauter hervorgerufenen Missverständnissen besteht, fällt weg, wenn gegenüber den Adressaten eine angemessene **Klarstellung** erfolgt.[430] 167

bb) Besonderheiten bei Äußerungen. Mit dem Erfordernis des fortbestehenden Störungszustandes soll insbesondere bei **Äußerungsdelikten** den mit einem Widerrufsanspruch verbundenen **Gefahren** 168

---

420 BGH GRUR 1960, 449, 454 – *Alte Herren;* GRUR 1982, 631, 633 – *Klinikdirektoren;* GRUR 1987, 397, 399 – *Insiderwissen;* KG GRUR-RR 2002, 337, 338 – *T-offline.*

421 BGH GRUR 1962, 652 – *Eheversprechen;* GRUR 1977, 745, 747 – *Heimstättengemeinschaft.*

422 Vgl. etwa *Melullis* Rdn. 1002; offengelassen von BGH GRUR 1970, 254, 257 – *Remington.*

423 Köhler/*Bornkamm* § 8 Rn 1.77; *Ohly*/Sosnitza § 8 Rdn. 72.

424 Köhler/*Bornkamm* § 8 Rn 1.77; *Ohly*/Sosnitza § 8 Rdn. 72.

425 Vgl. auch RG MuW XXXI, 537, 540 – *Schaltungsanordnung für Fernsprechsysteme.*

426 RG MuW XXXI, 276, 277 – *Ablaßvorrichtung für Dampfkessel;* BGH GRUR 1973, 203, 204 – *Badische Rundschau;* GRUR 1977, 614, 615 – *Gebäudefassade;* KG GRUR-RR 2002, 337, 339 – *T-offline;* MünchKommUWG/*Fritzsche* § 8 Rdn. 154.

427 KG GRUR-RR 2002, 337, 338 – *T-offline.*

428 BGH WRP 1993, 396, 398 – *Maschinebeseitigung;* KG GRUR-RR 2002, 337, 339 – *T-offline;* MünchKommUWG/*Fritzsche* § 8 Rdn. 154, 157; *Ohly*/Sosnitza § 8 Rdn. 72; GroßKommUWG/*Paal* § 8 Rdn. 70.

429 RG MuW XXIX 122, 124 – *Eßmann-Wagen.*

430 Vgl. BGH GRUR 1995, 424, 426 – *Abnehmerverwarnung.*

der Prozesssucht, Rechthaberei und übertriebenen Empfindlichkeit sowie den Rückwirkungen auf das Recht der Meinungsfreiheit begegnet werden.[431] Die unrichtigen Behauptungen müssen eine **„fortwirkende Quelle der Rufschädigung"** bilden.[432] Fehlt es an einer Fortwirkung, kann kein Widerruf mehr verlangt werden, da er nicht auf eine Störungsbeseitigung, sondern nur auf eine Entschuldigung hinausliefe.[433]

169 Selbstverständlich fällt der Störungszustand weg, wenn der Verpflichtete den Widerruf bereits vorgenommen und die Störung damit selbst beseitigt hat.[434] Bei rufschädigenden, irreführenden oder sonst unlauteren Äußerungen und Veröffentlichungen allgemein ist aber auch ein **Wegfall** des Störungszustandes auch **durch Zeitablauf** denkbar. Dies gilt auch mit Blick auf die Zeit, die das Gerichtsverfahren zur Anspruchsdurchsetzung dauert. Der Hinweis, eine Verzögerung des gerichtlichen Verfahrens könne dem Betroffenen nicht angelastet werden, ist wenig überzeugend. Eine – wenn auch unbefriedigend lange – gerichtliche Verfahrensdauer kann keine materielle Anspruchsvoraussetzung ersetzen.[435] Äußerungen im Rahmen des **schnelllebigen Werbegeschäfts** sind im Allgemeinen schnell vergessen und rechtfertigen den Widerrufsanspruch dann nicht mehr.[436] Rufschädigende Aussagen, die von den Medien verbreitet werden, können sich dem Gedächtnis auf längere Zeit einprägen, wenn sie mit Blick auf Gewicht und Tragweite der erhobenen Vorwürfe in beträchtlichem Maße Aufsehen erregt haben. Entscheidend sind die Umstände des Einzelfalles. Kriterien sind die Schwere und Massivität des Vorwurfs, die Person des Betroffenen, die Form und Intensität der Verbreitung, und der Grad des Interesses der Allgemeinheit an den geschilderten Vorfällen, der wiederum von allen genannten Faktoren beeinflusst wird.[437] Behauptungen, die mit spektakulären Ereignissen verknüpft werden, die als solche bereits einen breiten Raum in der Medienberichterstattung und der öffentlichen Diskussion gefunden haben, bleiben besonders lange im Gedächtnis verankert.[438]

170 *cc) Erledigung.* Ist der Störungszustand **während des Verfahrens** vor der letzten mündlichen Tatsachenverhandlung **weggefallen,** fehlt es an der materiellen Anspruchsvoraussetzung. Damit muss die Klage abgewiesen werden, wenn der Kläger nicht die **Hauptsache für erledigt** erklärt.[439]

5. Rechtswidrigkeit

171 Die Störung muss **objektiv rechtswidrig** sein. Es ist ausreichend, dass die Störung rechtswidrig ist, auch wenn die zu Grunde liegende Handlung gerechtfertigt war, weil sie z. B. in Wahrnehmung berechtigter Interessen vorgenommen wurde.[440] Die Handlung muss allerdings eine gem. § 3 oder § 7 unzulässige gewesen sein (oben Rdn. 155 ff.).

Die Beeinträchtigung ist auch dann nicht rechtswidrig, wenn der Betroffene zur Duldung verpflichtet ist, etwa weil der Verletzte damit einverstanden ist oder sich aus Rechtsvorschriften die **Duldungspflicht** ergibt.[441] Eine Duldungspflicht kann sich insbesondere aus dem Rechtsinstitut der **Verwirkung** ergeben.[442]

III. Inhalt und Umfang des Beseitigungsanspruchs

1. Allgemeiner Beseitigungsanspruch

172 **a) Allgemeines.** Inhalt des wettbewerbsrechtlichen Beseitigungsanspruchs ist die **Beseitigung des fortdauernden rechtswidrigen Störungszustandes.** Es liegt in der Natur des Beseitigungs-

---

431 BGH GRUR 1970, 254, 257 – *Remington;* KG GRUR-RR 2002, 337, 338 – *T-offline;* ähnl. BGH GRUR 1969, 555, 558 – *Cellulitis.*

432 BGH GRUR 1970, 354, 256 – *Remington;* KG GRUR-RR 2002, 337, 338 – *T-offline;* so bereits *Callmann* S. 112: „eine stetig sich erneuernde Quelle der Schädigung".

433 KG GRUR-RR 2002, 337, 339 – *T-offline.*

434 RG MuW XXXI, 276, 278 – *Ablaßvorrichtung für Dampfkessel.*

435 KG GRUR-RR 2002, 337, 339 – *T-offline.*

436 GroßKommUWG/*Paal* § 8 Rdn. 85; vgl. auch KG GRUR-RR 2002, 337, 339 – *T-offline.*

437 BGH GRUR 1962, 315, 318 – *Deutsche Miederwoche;* GRUR 1969, 555, 558 – *Cellulitis;* GRUR 1970, 254, 256 – *Remington;* GRUR 1992, 527, 529 – *Plagiatsvorwurf II;* KG GRUR-RR 2002, 337, 339 – *T-offline;* OLG Koblenz, Urt. v. 25.7.2012, Az. 9 U 31/12 – *Spielabbruch nach Becherwurf.*

438 Vgl. OLG Koblenz, Urt. v. 25.7.2012, Az. 9 U 31/12 – *Spielabbruch nach Becherwurf.*

439 RG MuW XXXI, 276, 278 – *Ablaßvorrichtung für Dampfkessel;* KG GRUR-RR 2002, 337, 339 – *T-offline.*

440 BGH GRUR 1955, 97, 99 – *Constanze II;* GRUR 1958, 448, 449 – *Blanko-Verordnungen;* GRUR 1960, 500, 502 – *Plagiatsvorwurf I;* GRUR 1995, 424, 426 – *Abnehmerverwarnung.*

441 Teplitzky/*Löffler* Kap. 22 Rdn. 17; GroßKommUWG/*Paal,* § 8 Rdn. 71.

442 Fezer/*Büscher* § 8 Rdn. 13; Teplitzky/*Löffler* Kap. 22 Rdn. 17; GroßKommUWG/*Paal* § 8 Rdn. 71.

anspruchs, dass er nicht auf eine bestimmte Handlung gerichtet ist, sondern dass sich sein **Inhalt** stets **nach der Art der Beeinträchtigung bestimmt.** Der Beseitigungsanspruch nach § 8 Abs. 1 kann alle geeigneten Maßnahmen umfassen, die zur Beseitigung der fortwirkenden Störung geeignet und erforderlich sind.[443]

b) Verhältnismäßigkeit. Der Beseitigungsanspruch wird durch den Grundsatz der Verhältnismäßigkeit[444] und das **Übermaßverbot**[445] begrenzt. Er verpflichtet den Schuldner daher nur zur Ergreifung **geeigneter, notwendiger und angemessener Maßnahmen.**[446] Maßnahmen, die dem Schuldner nicht zumutbar sind, können nicht verlangt werden.[447] Das erfordert eine Interessenabwägung unter Berücksichtigung der schutzwürdigen Belange von Verletztem und Verletzer einerseits und des Gewichts und der Bedeutung der Beeinträchtigung andererseits.[448] Beseitigende Maßnahmen können vom Schuldner selbstverständlich nur insoweit verlangt werden, als sie ihm möglich sind.[449] 173

2. Widerrufsanspruch

a) Allgemeines. Der Widerruf einer Tatsachenbehauptung besteht grundsätzlich darin, dass die aufgestellte **Behauptung** ausdrücklich **als unrichtig erklärt** wird.[450] Dem Schuldner kann nicht die darüber hinausgehende Erklärung zugemutet werden, dass er sich auch innerlich von seiner Behauptung distanziere.[451] Der Anspruch auf Widerruf wird vielmehr auch dann vollständig erfüllt, wenn bei Abgabe der Widerrufserklärung zum Ausdruck gebracht wird, dass diese nur auf die rechtskräftige Verurteilung hin abgegeben wird.[452] Nicht erfüllt wird der Anspruch auf Widerruf dann, wenn der Widerrufende erklärt, dass er weiterhin zu seinen früheren Behauptungen stehe.[453] 174

Die **Einzelheiten,** wie der Widerruf durchzuführen ist, werden **im Urteil bestimmt.**[454] Hierzu gehört auch, wem gegenüber, wie und wann zu widerrufen ist.[455] Grundsätzlich hat ein Widerruf in vergleichbarer Art und Weise zu erfolgen, wie die verletzende Äußerung.[456] Ist diese bestimmten Personen gegenüber gemacht worden, so muss sie denselben Personen gegenüber zurückgenommen werden, auch einem „kleinen Kreis".[457] Die Kosten des Widerrufs trägt der Schuldner. Beim Widerruf handelt es sich um eine nicht vertretbare Handlung; die Vollstreckung erfolgt nach § 888 Abs. 1 ZPO.[458] Der Widerruf gilt nicht etwa – wie bei der Verurteilung zur Abgabe einer Willenserklärung nach § 894 ZPO – bereits mit der Rechtskraft des Urteils als abgegeben.[459] 175

b) Verhältnismäßigkeit. Steht schon der allgemeine Beseitigungsanspruch unter einem Verhältnismäßigkeitsvorbehalt, gilt dies in besonderem Maße für den Widerrufsanspruch.[460] Der Widerruf muss erforderlich und dazu geeignet sein, den Störungszustand zu beseitigen, also der unrichtigen Behauptung entgegenzuwirken.[461] Der Widerruf darf nach Inhalt und Form nicht über 176

---

443 BGH GRUR 2015, 607, 609 Tz. 35 – *Uhrenankauf im Internet;* OLG Frankfurt GRUR-RR 2005, 197, 198 – *Vertragshändlernetz;* LG Berlin, Urt. v. 29.4.2011, Az. 103 O 198/10 – *Berichtigungsschreiben.*

444 Begr. RegE UWG 2004, BT-Drucks. 15/1487 S 22; LG Berlin, Urt. v. 29.4.2011, Az. 103 O 198/10 – *Berichtigungsschreiben; Ohly*/Sosnitza § 8 Rdn. 79.

445 LG Berlin, Urt. v. 29.4.2011, Az. 103 O 198/10 – *Berichtigungsschreiben;* Teplitzky/*Löffler* Kap 22 Rn 16; *Ohly*/Sosnitza § 8 Rdn. 79.

446 LG Berlin, Urt. v. 29.4.2011, Az. 103 O 198/10 – *Berichtigungsschreiben; Ohly*/Sosnitza § 8 Rdn. 79.

447 BGH GRUR 1957, 278, 279 – *Evidur;* GRUR 1994, 630, 633 – *Cartier-Armreif;* GRUR 1998, 415, 416 – *Wirtschaftsregister;* LG Berlin, Urt. v. 29.4.2011, Az. 103 O 198/10 – *Berichtigungsschreiben; Ohly*/Sosnitza § 8 Rdn. 79.

448 BGH GRUR 1992, 527, 528 – *Plagiatsvorwurf II;* LG Berlin, Urt. v. 29.4.2011, Az. 103 O 198/10 – *Berichtigungsschreiben.*

449 *Ohly*/Sosnitza § 8 Rdn. 79.

450 BGH GRUR 1962, 652 – *Eheversprechen.*

451 *Ohly*/Sosnitza § 8 Rdn. 80.

452 Vgl. BVerfG NJW 1970, 651, 652 – *Unheilbar gesund?.*

453 *Ohly*/Sosnitza § 8 Rdn. 80.

454 Köhler/*Bornkamm* § 8 Rdn. 1.109.

455 Köhler/*Bornkamm* § 8 Rdn. 1.109; vgl. zur Bestimmung des Adressatenkreises BGH GRUR 1966, 272, 273 f. – *Arztschreiber.*

456 *Callmann* S. 113; *Ohly*/Sosnitza § 8 Rdn. 77.

457 BGH GRUR 1984, 301, 302 – *Aktionärsversammlung; Callmann* S. 113.

458 BGH GRUR 1962, 652 – *Eheversprechen;* GRUR 1977, 674, 677 – *Abgeordnetenbestechung.*

459 BGH GRUR 1993, 697, 698 – *Widerrufsvollstreckung.*

460 Köhler/*Bornkamm* § 8 Rdn. 1.99; *Ohly*/Sosnitza § 8 Rdn. 80.

461 *Callmann* S. 113.

das hinausgehen, was zur Beseitigung der Beeinträchtigung erforderlich ist.[462] Der Widerrufsanspruch folgt inhaltlich deshalb nicht dem Prinzip „Alles oder nichts", sondern kann je nach Intensität des Richtigstellungsbedürfnisses variieren oder eingeschränkt werden (Rdn. 163ff.).

177 Es ist **nicht Aufgabe des Widerrufs,** dem Verletzten **„Genugtuung zu verschaffen",**[463] sein „Rechtsgefühl"[464] oder sein „gekränkten Ehrgefühl"[465] wiederherzustellen oder den Schuldner unnötig zu „demütigen".[466] Der Widerruf hat sich in den Grenzen zu halten, die unter Abwägung der beiderseitigen Interessen zu ziehen sind.[467] Ist dem durch eine rufschädigende Behauptung Verletzten durch Urteil die **Befugnis zur Veröffentlichung des Unterlassungsgebots** zuerkannt, so wird in aller Regel die Veröffentlichung des auf Unterlassung der rufschädigenden Äußerung lautenden Urteils geeignet sein, die fortwirkenden schädlichen Folgen für den Verletzten zu beseitigen; es bedarf besonderer Darlegung, dass daneben auch noch ein öffentlicher Widerruf der Behauptung durch den Verletzer erforderlich sei.[468] Im Rahmen der erforderlichen Interessenabwägung ist auch eine vorangegangene öffentliche Herabsetzung der Leistung des Schuldners durch den Gläubiger zu berücksichtigen.[469] Der Widerruf darf nicht geeignet sein, zum Nachteil des Widerrufenden ein unrichtiges Bild vom wirklichen Sachverhalt hervorzurufen.[470]

3. ABC zu Inhalt und Ziel von Beseitigungsansprüchen

178 Eine genaue Einteilung oder vollständige Aufzählung von Maßnahmen zur Beseitigung ist weder möglich noch erforderlich. Sie ergeben sich in jedem Einzelfall aus der Art des Verstoßes und seiner Folgen.[471] Das folgende, naturgemäß nicht vollständige ABC der möglichen Beseitigungsfälle erfasst die wichtigsten in der Praxis vorkommenden, diskutierten und z. T. auch entschiedenen Fälle. Es wurde für die ersten drei Auflagen dieses Kommentars von *Seitz* erarbeitet und soll hier als Alternative zu etablierten Kasuistiken[472] in modifizierter (teils verknappter, teils ausführlicherer) Form fortgeschrieben werden.

179 **(1) Aufhebung eines Verbots.** Als geeignete Maßnahme zur Beseitigung der Störung kann der Beseitigungsanspruch nach § 8 Abs. 1 UWG die ausdrückliche Aufhebung eines rechtswidrigen Verbots umfassen.[473] Hierzu gehört auch die Zustimmung zur Aufhebung von Sperren. Bei einer ungerechtfertigt aufrechterhaltenen **„allgemeinen Markenbeschwerde",** die einen Werbenden daran hindert, in legitimer Weise bestimmte Kennzeichen im Text von Google-AdWords-Anzeigen zu verwenden, ist die geeignete und erforderliche Maßnahme zur Beseitigung der hierin liegenden gezielten Behinderung die Erteilung der Zustimmung gegenüber Google, dass der Werbende dieses Kennzeichen in Zukunft für AdWords-Anzeigen benutzen darf.[474]

180 **(2) Auskunft.** In besonders gelagerten Fällen kann die Störungsbeseitigung auch durch **Erteilung einer Auskunft** erfolgen. Dies kann angenommen werden, wenn die unlautere geschäftliche Handlung in der Verletzung eines geschlossenen Vertriebssystems durch Verleitung zum Vertragsbruch liegt. Der Beitrag des Verletzers zur Beseitigung der Störung des geschlossenen Vertriebssystems besteht dann in der Namhaftmachung der undichten Stelle im Vertriebssystem.[475]

181 **(3) Belieferungsverbot.** Ein Belieferungsverbot kann Folge einer Unterlassungsverpflichtung sein.[476] Sind unlauter **Kunden abgeworben** worden, kann der Verletzer aber auch als Schadensersatz i. S. d. Naturalrestitution (§ 249 BGB) verpflichtet sein, diese zeitweilig nicht zu beliefern (§ 9 Rdn. 105). Ein Belieferungsverbot kann aber auch aus dem wettbewerbsrechtlichen Beseitigungsanspruch des § 8 Abs. 1 abgeleitet werden: Ist ein Kundenstamm rechtswidrig entzogen worden, so

---

[462] BGH GRUR 1969, 555, 557 – *Cellulitis.*
[463] BGH NJW 1953, 1386, 1387; GRUR 1984, 301, 302 – *Aktionärsversammlung.*
[464] BGH NJW 1953, 1386, 1387.
[465] BGH GRUR 1960, 449, 454 – *Alte Herren.*
[466] BGH GRUR 1957, 278, 279 – *Evidur;* GRUR 1984, 301, 303 – *Aktionärsversammlung;* GRUR 1998, 515, 417 – *Wirtschaftsregister.*
[467] BGH GRUR 1969, 555, 557 – *Cellulitis.*
[468] BGH GRUR 1966, 272, 274 – *Arztschreiber.*
[469] BGH GRUR 1992, 527 – *Plagiatsvorwurf II;* Köhler/*Bornkamm* § 8 Rdn. 1.102.
[470] BGH GRUR 1957, 561, 564 – *REI-Chemie.*
[471] *Callmann* S. 109; Teplitzky/*Löffler* Kap. 24 Rdn. 1; *Mellulis* Rdn. 1002.
[472] Vgl. MünchKommUWG/*Fritzsche* § 8 Rdn. 176ff.
[473] BGH GRUR 2015, 607, 609 Tz. 35 – *Uhrenankauf im Internet.*
[474] BGH GRUR 2015, 607, 609 Tz. 35 – *Uhrenankauf im Internet.*
[475] Vgl. *Pastor* Kap. 43 III 1.
[476] BGH GRUR 1964, 215f. – *Milchfahrer.*

wird die Störung behoben, wenn der Verletzer mit einem Belieferungsverbot so lange von den Kunden ferngehalten wird, bis die Beziehung erloschen, also der unrechtmäßige Wettbewerbsvorteil aufgehoben ist.[477]

(4) Berichtigende Aufklärung. Ein Anspruch auf berichtigende Aufklärung kann sich aus **irreführender Werbung** ergeben, die an individuelle Empfänger gerichtet ist.[478] Wirbt ein Gewerbetreibender für Einträge in sein „Wirtschaftsregister" mit Angeboten, die – allein zum Zweck der Täuschung – rechnungsähnlich ausgestaltet sind, so ruft er durch die Irreführung der Adressaten einen Störungszustand hervor, der dazu führen kann, dass die Adressaten bezahlen, ohne dazu verpflichtet zu sein. Der BGH hat den Absender dieser Angebote verpflichtet, die zahlenden Adressaten schriftlich darauf hinzuweisen, dass es sich lediglich um ein Angebot und nicht um eine Rechnung mit entsprechender Zahlungsverpflichtung gehandelt habe.[479] In einem anderen Fall hatte ein Energieversorgungsunternehmen seinen Kunden einen Flyer übersandt, der wie eine Werbung aussah und dem nur bei genauem Hinsehen eine Preiserhöhung zu entnehmen war. Der Energieversorger erweckte mit einem irreführenden Hinweis den Eindruck, die Preiserhöhung werde wirksam, wenn der Kunde weiterhin Strom beziehe. Als Beseitigungsmaßnahme wurde dem Energieversorger vom KG aufgegeben, gegenüber den Adressaten **in einem persönlichen Schreiben richtigzustellen,** dass die Preiserhöhung nur mit Zustimmung habe geändert werden können, der Weiterbezug von Strom nicht als Zustimmung gelte und dass zu viel gezahltes Geld zurückverlangt werden könne.[480] Ein Versicherer, der im Rahmen der Klauselersetzung Kunden missbräuchliche Klauseln zugesandt und zudem irreführende Angaben über Nachteile der vorzeitigen Vertragsbeendigung gemacht hatte, wurde vom LG Stuttgart dazu verpflichtet, Auskunft über die Adressaten zu erteilen und diesen gegenüber die irreführenden Behauptungen zu berichtigen sowie die missbräuchlichen Klauseln zu korrigieren.[481] 182

Entsprechendes gilt auch, wenn **unzulässig kritisierende Werbung** betrieben worden ist. Hier ist ein Anspruch auf berichtigende Mitteilungen an die individuellen Empfänger dieser unzulässigen Werbung zu bejahen. 183

(5) Berichtigende Werbung. Wo von einer unlauteren Werbung nicht individuelle Empfänger, sondern eine Vielzahl von nicht identifizierbaren Adressaten erreicht werden, kann bei einem fortdauernden Störungszustand verlangt werden, dass eine berichtigende Werbung geschaltet wird.[482] Der Grundsatz der Verhältnismäßigkeit ist zu beachten. Es ist ein angemessenes Verhältnis zwischen der Schwere der irreführenden Angaben und dem Aufwand herzustellen, der mit solcher berichtigender Werbung verbunden sein kann. Soweit sich Adressaten der unlauteren Werbung doch identifizieren und individuell anschreiben lassen, ist eine aufwendige öffentliche berichtigende Werbung nicht geboten. 184

(6) Berichtigung. Die Berichtigung ist eine **Sonderform des Widerrufs.** Siehe deshalb dort. 185

(7) Beschäftigungsverbot. Ein Beschäftigungsverbot kann auch als Schadensersatzanspruch[483] oder als Unterlassungsanspruch tituliert werden. Wie das Belieferungsverbot kann es aber auch dem Beseitigungsanspruch zugeordnet werden. Wird ein Angestellter auf unlautere Weise abgeworben, so kann der alte Arbeitgeber dem Abwerbenden verbieten lassen, den Abgeworbenen für einen bestimmten Zeitraum (den Zeitraum, der dem wettbewerblichen Vorsprung entspricht, den er andernfalls auf Kosten des Geschädigten durch die Abwerbung erzielt hätte) zu beschäftigen.[484] 186

(8) Bezugsverbot. Siehe Belieferungsverbot. 187

(9) Duldungspflicht von Eigenmaßnahmen des Gläubigers, siehe bei Eigenmaßnahmen des Gläubigers, sogleich. 188

(10) Eigenmaßnahmen des Gläubigers. Stellt der unlauter Handelnde trotz Bestehens und Geltendmachung von Beseitigungsansprüchen die Störungsquelle nicht schnell genug ab, so kann es für den Gläubiger erforderlich sein, selbst Maßnahmen zur Störungsbeseitigung zu ergreifen. Dies 189

---

477 BGH GRUR 1970, 182 – *Bierfahrer.*

478 BGH GRUR 1998, 415, 416 – *Wirtschaftsregister;* KG, Urt. v. 27.3.2013, Az. 5 U 112/11 – *Berichtigungsschreiben.*

479 BGH GRUR 1998, 415, 416 – *Wirtschaftsregister.*

480 KG, Urt. v. 27.3.2013, Az. 5 U 112/11 – *Berichtigungsschreiben.*

481 LG Stuttgart, Urt. v. 7.8.2014, Az. 11 O 298/13.

482 BGH GRUR 1958, 30, 31 – *Außenleuchte.*

483 Vgl. BGH GRUR 1971, 358 – *Textilspitzen;* GRUR 1975, 306 – *Baumaschinen.*

484 BGH GRUR 1961, 482 – *Spritzgußmaschinen.*

soll dem Gläubiger in erster Linie ermöglichen, sich von der Störung zu befreien. Der Gläubiger kann sich aber auch durch seine gem. § 254 Abs. 1 BGB bestehende Schadensminderungsobliegenheit (§ 9 Rdn. 97 ff.) gezwungen sehen, seinen Schaden möglichst gering zu halten und zu diesem Zweck die Störungsquelle zügig abzustellen. Eigenmaßnahmen des Gläubigers können alles umfassen, was die durch das wettbewerbswidrige Verhalten verursachte Lage wieder bereinigt. In Betracht kommen insbesondere Maßnahmen der Gegenwerbung als **berichtigende Werbung** (siehe dort). Die **Pflicht zur Duldung solcher Maßnahmen** lässt sich durchaus noch unter den Wortlaut des § 8 Abs. 1 fassen. Denn das Dulden der Beseitigung durch den Gläubiger selbst kann sich im Einzelfall als die effektivste Art der Erfüllung der Beseitigungspflicht darstellen, die den Schuldner trifft. Deshalb wird nach einer Interessenabwägung im Einzelfall häufig angenommen werden können, dass sich die Duldung der Beseitigung als Beseitigung darstellt und vom Schuldner verlangt werden kann. Dies wird zu bejahen sein, wenn bei Fortbestehen der Störung dem Gläubiger oder den von ihm wahrgenommenen Interessen (z. B. Verbraucherinteressen) ein schwerer Schaden droht und der Gläubiger den Schuldner zuvor aufgefordert hat, selbst tätig zu werden. Von einer solchen Aufforderung kann im Einzelfall abgesehen werden, wenn größte Eilbedürftigkeit besteht und das Setzen auch einer kurzen Frist nicht zumutbar ist, etwa weil der Schuldner sich auch zuvor unkooperativ gezeigt hat. Bei der Frage des **Kostenersatzes** kommt dem Grundsatz der Verhältnismäßigkeit besonders große Bedeutung zu. Die Rechtsprechung ordnet die Thematik dem Schadensersatz zu.[485] Die Einzelheiten werden deshalb im Rahmen des Schadensersatzanspruchs dargestellt (§ 9 Rdn. 107 ff.).

190 **(11) Einwilligung in die Löschung eines Domainnamens.** Ein Beseitigungsanspruch nach § 8 Abs. 1 auf Einwilligung in die Löschung des Domainnamens besteht, wenn gerade in der Aufrechterhaltung der Registrierung ein rechtswidriger Störungszustand liegt. Das ist etwa dann der Fall, wenn der Inhaber einen Mitbewerber durch das Halten der Eintragung gezielt unlauter behindert und damit rechtsmissbräuchlich handelt.[486] Ein solcher Rechtsmissbrauch ist insbesondere anzunehmen, wenn der Domaininhaber den Domainnamen ohne ernsthaften Benutzungswillen in der Absicht hat registrieren lassen, sich diesen von dem Inhaber eines entsprechenden Kennzeichen- oder Namensrechts abkaufen zu lassen.[487]

191 **(12) Einwilligung in die Löschung einer Firma.** Ist zu Unrecht und wettbewerbswidrig eine **Eintragung in ein Register** bewirkt worden, kann aus § 8 Abs. 1 als Ausprägung des Beseitigungsanspruchs ein Anspruch auf Einwilligung in die Löschung bestehen.[488] Nach wohl überwiegender Auffassung soll der Beseitigungsanspruch auch dann gegeben sein, wenn im Halten der Registereintragung an sich noch keine unlautere geschäftliche Handlung zu sehen ist; auf das Erfordernis eines Störungszustandes, das die eigentliche materielle Anspruchsgrundlage bildet, soll *de facto* verzichtet werden können.[489] **Dies ist entschieden abzulehnen.** Der Beseitigungsanspruch besteht nicht aus sich selbst heraus, sondern ist vom Vorliegen einer Störung abhängig.

192 Auch wenn die Registereintragung und das Bestehen des Eintrags anders als die Benutzung einer unlauteren Firma an sich keine unlauteren geschäftlichen Handlungen darstellen, soll nach Auffassung des LG Mannheim in dem Registereintrag eine **„latente Dauerstörung"** liegen, weil der Registereintrag einen **Anschein der Rechtmäßigkeit** der Nutzung der Firma setzen soll.[490] Das überzeugt nicht. Ein echter Störungszustand liegt nur vor, wenn die Eintragung ins Register **missbräuchlich** zum **Zwecke der Sperrwirkung** erlangt wurde und sich die Aufrechterhaltung der Eintragung im Handelsregister als eine gezielte unlautere Behinderung darstellt.[491]

193 Wenn ein Löschungsanspruch besteht, darf die Verurteilung zur Beseitigung nicht weiter gehen, als dies zur Beseitigung der Störung erforderlich ist.[492] Liegt die Störung allein in der Eintragung eines bestimmten Firmenbestandteils, so kann auch nur die Löschung dieses Bestandteils (in der konkret eingetragenen Firma) verlangt werden. Die Löschung dieses Firmenbestandteils stellt nämlich einen weniger weitgehenden Eingriff in die Rechtsstellung des Verletzers dar als die Löschung der vollen Firmenbezeichnung; denn die Verurteilung zur Löschung dieses Firmenbestandteils in

---

485 BGH GRUR 1982, 489, 490 – *Korrekturflüssigkeit.*

486 BGH GRUR 2009, 685, 689 Tz. 38 – *ahd.de;* OLG Hamburg, Urt. v. 9.4.2015, Az. 3 U 59/15 Tz. 109 ff. – *creditsafe.de.*

487 BGH GRUR 2009, 685, 690 Tz. 43 – *ahd.de.*

488 OLG Zweibrücken GRUR-RR 2007, 89, 91 – *R. Post Deutschland;* LG Mannheim, Urt. v. 18.7.2008, Az. 7 O 10/08 – *REIT AG; Ohly*/Sosnitza § 8 Rdn. 77.

489 *Köhler*/Bornkamm § 8 Rdn. 1.94.

490 LG Mannheim, Urt. v. 18.7.2008, Az. 7 O 10/08 – *REIT AG.*

491 OLG Zweibrücken GRUR-RR 2007, 89, 91 – *R. Post Deutschland.*

492 RGZ 95, 292, 294 – *Birresborner Mineralbrunnen AG;* BGH GRUR 1981, 60, 64 – *Sitex.*

der konkret eingetragenen Firma steht der Eintragung und Verwendung dieses Bestandteils innerhalb einer anderen Kombination nicht zwingend entgegen.[493] Die Teillöschung kann dazu führen, dass die verbleibenden Bestandteile die Firma nach den §§ 18ff. HGB unzulässig machen. Dann läuft der Anspruch auf Teillöschung im Ergebnis mittelbar auf eine vollständige Löschung hinaus; hierauf braucht der Kläger aber keine Rücksicht zu nehmen.[494] Ein Anspruch auf isolierte Löschung nicht rechtswidriger Bestandteile besteht nicht.[495] Verletzt nur die Verwendung eines Bestandteils in Alleinstellung, nicht aber die Verwendung im Rahmen der vollständigen Firma Rechtsvorschriften, so besteht kein Anspruch auf Einwilligung in die Löschung.[496] Selbstverständlich kann nur die Löschung einer **deutschen Firma** verlangt werden, niemals die einer ausländischen Firma. Dies ergibt sich aus dem Territorialitätsprinzip sowie dem Grundsatz, dass die Löschung im Ergebnis nur so weit beansprucht werden darf, wie der Störungszustand reicht.

Der **Klageantrag** kann unmittelbar auf Beseitigung der Rechtsverletzung, d.h. auf **Abgabe der Löschungsanmeldung** durch den beklagten Kaufmann, gerichtet werden. Mit Rechtskraft der Entscheidung gilt die Löschungsanmeldung gem. § 894 ZPO als abgegeben; der Kläger kann dann zum Zweck der Löschung der unzulässigen Firma eine Urteilsausfertigung beim Registergericht vorlegen.[497] Die rechtskräftige Verurteilung des Kaufmanns zur Löschung seiner Firma reicht somit für die Eintragung der Löschung im Handelsregister aus. Das rechtskräftige Urteil ersetzt nach § 894 Satz 1 ZPO die Abgabe der Willenserklärung, hier also die Anmeldung zur Eintragung im Handelsregister.[498] Dabei wird jede Form ersetzt und gewahrt.[499] Nicht ersetzt wird allerdings der Zugang der Erklärung beim Registergericht; deren Übermittlung hat der Gläubiger zu bewirken.[500] 194

(13) Einwilligung in die Löschung einer Marke. Ist bereits die Registrierung und nicht lediglich die Geltendmachung von Markenrechten unter dem Gesichtspunkt der gezielten Behinderung gem. §§ 3, 4 Nr. 4 unzulässig, so folgt daraus als Beseitigungsanspruch aus § 8 Abs. 1 Satz 1 ein Anspruch auf Einwilligung in die Löschung der Marke.[501] Eine gezielte Behinderung liegt vor, wenn die Absicht, die mit der Eintragung eines Zeichens entstehende Sperrwirkung zweckwidrig als Mittel des Wettbewerbskampfes gegen einen Mitbewerber einzusetzen, wesentlicher Beweggrund für die Anmeldung der Marke ist und der Anmelder kein anerkennenswertes eigenes Interesse an der Benutzung der Marke hat.[502] 195

(14) Entfernen von Werbung. Unproblematisch erfasst der Beseitigungsanspruch das Entfernen wettbewerbswidriger Werbung. Wenn im Klebenlassen irreführender oder sonst wettbewerbswidrig gestalteter Plakate der Störungszustand liegt, besteht ein Anspruch auf Beseitigung, der sich insoweit inhaltlich mit dem Unterlassungsanspruch deckt und auf Abnahme der Plakate gerichtet ist.[503] Ein gegenüber dem Abnehmen von Plakaten milderes Mittel zur Störungsbeseitigung kann aber im Einzelfall das vollständige **Überkleben** der Plakate, das **Schwärzen** bestimmter Passagen oder die Ergänzung um klarstellende Hinweise oder Pflichtangaben sein. 196

(15) Entfernung unzulässiger Bezeichnungen. Zur Beseitigung eines rechtswidrig bestehenden Störungszustandes kann auch die Entfernung unzulässiger Bezeichnungen führen. Wird für ein Möbeleinzelhandelsgeschäft das unzulässige Ladenschild „Möbellager" verwendet, so kann die Entfernung dieses Schildes verlangt werden.[504] Im Fall *„Gebäudefassade"* hat der BGH den Anspruch auf 197

---

[493] RGZ 95, 292, 294 – *Birresborner Mineralbrunnen AG;* BGH GRUR 1974, 162, 164 – *etirex;* GRUR 1981, 60, 64 – *Sitex;* GRUR 2013, 833, 835 Tz. 26 – *Culinaria/Villa Culinaria.*

[494] RGZ 114, 318, 321 – *Cohrs & Ammé II.*

[495] OLG Frankfurt MuW XXI, 244, 246 – *Deutsche Maschinenbau- und Vertriebsgesellschaft.*

[496] BGH GRUR 1982, 420, 422 – *BBC/DDC;* GRUR 1999, 183, 184 – *Ha-Ra/HARIVA* (zu einem Anspruch aus § 14 Abs. 2 Nr. 2, Abs. 5 MarkenG).

[497] RGZ 114, 318, 321 – *Cohrs & Ammé II;* 125, 159, 164 – *Scharlachberg;* OLG München, Beschl. v. 10.6. 2013, Az. 31 Wx 172/13 – *BAVARIA Haus und Grund Immobilien-Treuhand GmbH.*

[498] RG MuW X, 387, 388f. – *Horch;* OLG München, Beschl. v. 10.6.2013, Az. 31 Wx 172/13 – *BAVARIA Haus und Grund Immobilien-Treuhand GmbH.*

[499] OLG München, Beschl. v. 10.6.2013, Az. 31 Wx 172/13 – *BAVARIA Haus und Grund Immobilien-Treuhand GmbH.*

[500] OLG München, Beschl. v. 10.6.2013, Az. 31 Wx 172/13 – *BAVARIA Haus und Grund Immobilien-Treuhand GmbH;* vgl. auch OLG Hamm NJW-RR 2005, 767, 768f. – *Taco Bell.*

[501] BGH GRUR 2008, 621, 623 Tz. 20 – *Akademiks;* LG Hamburg GRUR-RR 2006, 29f. – *Fußballsammelbilder;* ebenso bereits zum früheren Recht BGH GRUR 1980, 110, 111 – *TORCH;* GRUR 1986, 74, 77f. – *Shamrock III;* GRUR 2000, 1032, 1034 – *EQUI.*

[502] BGH GRUR 2008, 621, 623 Tz. 21 – *Akademiks.*

[503] OLG Kiel MuW XIII, 210, 211 – *Einzelverkauf an Private zu Fabrikpreisen.*

[504] OLG Düsseldorf GRUR 1970, 376, 377 – *Möbellager.*

Beseitigung der beanstandeten Bemalung des Geschäftshauses, der sich inhaltlich mit dem Unterlassungsanspruch deckte, als gegeben angesehen, allerdings eine Frist von 11 Monaten für die Beseitigung zugestanden.[505]

198 **(16) Entsperrung von Boykottmaßnahmen.** Der Beseitigungsanspruch kann sich auf die Beseitigung von Boykottmaßnahmen richten, etwa in Form der **Wiederbelieferung.**[506]

199 **(17) Gegendarstellung.** Die Möglichkeit zur Abgabe einer Gegendarstellung wird z. T. im Bereich der Maßnahmen zur Störungsbeseitigung angeführt.[507] Daran ist richtig, dass die Gegendarstellung eine die Störung beseitigende Komponente besitzt. Sie wirkt in die Zukunft und enthält eine persönliche Erklärung des von der Erstmitteilung Betroffenen zu von ihm als unwahr angesehenen Tatsachenbehauptungen. Es handelt sich aber um ein rein **presserechtliches Instrument,** kommt also nur in Betracht, wenn eine Tatsachenbehauptung pressemäßig verbreitet worden ist. Sie ist auch denkbar gegenüber Werbeaussagen in Annoncen.[508]

200 **(18) Gegenwerbung.** Siehe hierzu bei „berichtigende Werbung".

201 **(19) Herausgabe von Gegenständen.** Sind **Gegenstände in unlauterer Weise erlangt** worden, so kann deren **Rück- oder Herausgabe** im Wege des wettbewerbsrechtlichen Beseitigungsanspruchs erreicht werden. In Betracht kommen etwa geheime Geschäftsunterlagen, wie Kundenlisten, Adresslisten, Konstruktionspläne oder Verträge.[509] Wo solche Unterlagen in elektronischer Form gespeichert sind, kann Herausgabe der Speichermedien verlangt werden.

202 **(20) Herausnahme von Teilen.** Siehe bei Unkenntlichmachung.

203 **(21) Hinweise an Partner eines unwirksamen Vertrags.** Anerkannt wurde im Rahmen des Beseitigungsanspruchs bereits die Pflicht, Kunden schriftlich auf eine nicht zustande gekommene Absprache über eine Preiserhöhung im Rahmen eines bestehenden Vertrags hinzuweisen (siehe bei **berichtigende Aufklärung**).[510] Ebenso kann verlangt werden, Vertragspartner darauf hinzuweisen, wenn ein Vertrag nicht wirksam zustande gekommen oder nach §§ 134, 138 BGB nichtig ist. Das setzt voraus, dass entweder durch den unterbliebenen Hinweis selbst im Sinne einer Irreführung durch Unterlassen ein Störungszustand besteht oder das die Unwirksamkeit des Vertrags gerade auf einer gem. § 3 oder § 7 unzulässigen Handlung beruht.

204 **(22) Klarstellung,** siehe im Zusammenhang mit dem Widerrufsanspruch Rdn. 165.

205 **(23) Kontrahierungszwang.** Beruht eine Liefersperre auf der Handlung eines Dritten und ist diese Handlung im Verhältnis zum Anspruchsteller eine unlautere Behinderung, so ist Inhalt des Beseitigungsanspruchs ein Anspruch auf Kontrahierung.[511]

206 **(24) Kostenerstattung,** siehe bei Eigenmaßnahmen.

207 **(25) Kündigung von Verträgen.** In Betracht kommt ein Anspruch auf Kündigung von Verträgen, deren Erfüllung wettbewerbswidrig wäre. In Betracht kommen etwa Verträge, die nicht im Einklang mit berufsrechtlichen Vorschriften stehen und deshalb gem. § 3a unzulässig sind. So kann von einer nicht mehr als Anwalt zugelassenen Person verlangt werden, dass sie vor Entzug oder Rückgabe der Zulassung übernommene anwaltliche Mandate niederlegt und die geschlossenen Anwaltsverträge (ordentlich) kündigt.[512] Das Anspruchsziel Mandatsniederlegung deckt sich mit dem entsprechenden Unterlassungsanspruch.

208 **(26) Löschung,** siehe bei Einwilligung in die Löschung.

209 **(27) Marktentwirrung.** Dieser mögliche Inhalt des Beseitigungsanspruchs liegt im Bereich berichtigender Werbung (siehe dort). Er deckt aber ein etwas weiteres Feld an Störungsbeseitigung ab. Irreführende Werbung bewirkt eine Marktverwirrung, jedenfalls so lange, wie die **Fehlvorstellungen der Umworbenen andauern.** Es besteht ein Anspruch darauf, dass solche Fehlvorstellungen, wenn sie in wettbewerbswidriger Weise verursacht wurden, beseitigt werden. Wie dies geschehen

---

[505] BGH GRUR 1977, 614, 616 – *Gebäudefassade.*
[506] Vgl. Fezer/*Büscher* § 8 Rdn. 22; Teplitzky/*Löffler* Kap. 26 Rdn. 45.
[507] Z. B. Teplitzky/*Löffler* Kap. 26 Rdn. 20 f.
[508] Vgl. dazu ein Einzelnen *Seitz/Schmidt* Rdn. 5.229 ff.
[509] BGH GRUR 2006, 1044, 1046 Tz. 17 – *Kundendatenprogramm;* GRUR 2009, 603, 605 Tz. 22 – *Versicherungsvertreter.*
[510] KG, Urt. v. 27.3.2013, Az. 5 U 112/11 – *Berichtigungsschreiben.*
[511] Fezer/*Büscher* § 8 Rdn. 22; Teplitzky/*Löffler* Kap. 26 Rdn. 43 ff.
[512] OLG Naumburg NJWE-WettbR 1996, 155 – *unzulässige Anwaltstätigkeit.*

kann, ist anhand des konkreten Einzelfalles zu entscheiden. Auch hier ist eine berichtigende Werbung denkbar, aber auch berichtigende Mitteilungen an konkret fehlgeleitete Verbraucher oder Abnehmer.

(28) Nichtaufrechterhaltung einer Behauptung, siehe im Zusammenhang mit dem Widerrufsanspruch Rdn. 223. 210

(29) Pressemitteilung. Wurde wettbewerbsrechtlich unzulässig **mit Hilfe einer Pressemitteilung Werbung getrieben,** so kann der unlauter Werbende dazu verpflichtet sein, eine klarstellende Pressemitteilung eines Wettbewerbers zu dulden, die auf die unlautere erste Pressemitteilung Bezug nimmt und deren Inhalt korrigiert, ohne den Betroffenen unnötig bloßzustellen. Dies gilt jedenfalls dann, wenn der Herausgeber der ersten Pressemitteilung sich weigert, selbst eine solche Mitteilung herauszugeben.[513] 211

(30) Richtigstellung, siehe im Zusammenhang mit dem Widerrufsanspruch Rdn. 163. 212

(31) Rücknahme einer Markenanmeldung. In den Fallkonstellationen, in denen **Einwilligung in die Löschung der Marke** (siehe dort) verlangt werden kann, wenn die Marke bereits eingetragen ist, kann als Maßnahme der Störungsbeseitigung auch die Rücknahme der Markenanmeldung verlangt werden, wenn die Marke noch nicht eingetragen ist.[514] 213

(32) Rücknahme einer Markenbeschwerde. Siehe „Aufhebung eines Verbots". 214

(33) Rückruf von Materialien oder Waren. Inhalt eines Beseitigungsanspruchs kann auch der Rückruf von Werbematerialien oder Waren sein. Die Verpflichtung zu einem echten Rückruf kann nur solche Sachen erfassen, die sich noch im (mittelbaren) Besitz oder zumindest in der **rechtlichen Verfügungsgewalt** des Schuldners befinden.[515] Innerhalb der Verfügungsgewalt des Schuldners sind Sachen, auf deren Herausgabe er einen gesetzlichen oder vertraglichen Anspruch hat.[516] Hierzu gehören regelmäßig Gegenstände, die sich bei Handelsvertretern, Kommissionären oder Franchisenehmern befinden.[517] Auch vom Unterlassungsschuldner beauftragte Werbeagenturen müssen ihm nach §§ 675, 667 Werbematerial herausgeben.[518] Demgegenüber besteht gegenüber Kunden regelmäßig keine rechtliche Handhabe, bereits ausgelieferte Ware oder Werbematerial zurückzurufen.[519] Allerdings ist als **Minus** zu einem echten Rückrufanspruch eine Verpflichtung des Schuldners im Einzelfall denkbar, seinen Einfluss auf seine Abnehmer geltend zu machen und sich **nach Kräften zu bemühen,** bereits übereignetes Werbematerial einzusammeln, bereits abgeschlossene Lieferungsverträge rückgängig zu machen oder sich zu bieten, seinen Abnehmern gelieferte Ware gegen andere Ware umzutauschen oder Schadensersatz zu leisten.[520] Über das Ob und Wie eines solchen Anspruchs entscheidet die Zumutbarkeit und damit eine Interessenabwägung im Einzelfall.[521] Deshalb können solche Bemühungen nicht grundsätzlich oder gar schematisch verlangt werden, da eine – wenn auch nur entfernte – Einflussmöglichkeit praktisch immer besteht und ohne das Korrektiv der Zumutbarkeit den Handlungspflichten des Verletzers keine Grenzen gesetzt wären.[522] Als milderes Mittel gegenüber einer Bitte um Rückgabe kann der Beseitigungsanspruch auch zu einer Verpflichtung führen, die Abnehmer zumindest darum zu bitten, die waren nicht weiter zu vertreiben bzw. das Werbematerial nicht weiter zu nutzen.[523] Der **BGH** hat allerdings in seinem jüngst veröffentlichten Urteil *„Hot Sox"* eine **allgemeine Pflicht zum Rückruf** bereits im Rahmen des **Unterlassungsanspruchs** anerkannt.[524] Dabei hat er die Pflicht zum Rückruf nicht von den soeben dargelegten einschränkenden Voraussetzungen abhängig gemacht. Sollte sich

---

513 OLG München WRP 1996, 236 – *Computerzeitschrift.*

514 LG Hamburg GRUR-RR 2006, 29 f. – *Fußballsammelbilder.*

515 BGH GRUR 1954, 337, 342 – *Radschutz;* GRUR 1954, 163, 165 – *Bierbezugsverträge;* GRUR 1956, 284, 287 – *Rheinmetall Borsig II;* GRUR 1974, 666, 669 – *Reparaturversicherung;* OLG Hamburg NJW-RR 1996, 1449, 1450 – *„Patienten-Information" mit Werbung;* OLG Brandenburg, Urt. v. 30.1.2007, Az. 6 U 48/06 – *Sanierputz.*

516 OLG Brandenburg, Urt. v. 30.1.2007, Az. 6 U 48/06 – *Sanierputz:* „rechtliche Handhabe, bereits ausgelieferte Ware zurückzurufen"; *Ernst-Moll* in: FS Klaka, S. 16, 18; MünchKommUWG/*Fritzsche* § 8 Rdn. 183; *Miosga* S. 17; *Rheineck* WRP 1992, 753, 756.

517 OLG Brandenburg, Urt. v. 30.1.2007, Az. 6 U 48/06 – *Sanierputz.*

518 *Rheineck* WRP 1992, 753, 756.

519 OLG Brandenburg, Urt. v. 30.1.2007, Az. 6 U 48/06 – *Sanierputz.*

520 *Callmann* S. 112; a. A. MünchKommUWG/*Fritzsche* § 8 Rdn. 183; *Rheineck* WRP 1992, 753, 756.

521 OLG Hamburg NJW-RR 1996, 1449, 1450 – *„Patienten-Information" mit Werbung; Callmann* S. 112.

522 OLG Hamburg NJW-RR 1996, 1449, 1450 – *„Patienten-Information" mit Werbung; Rheineck* WRP 1992, 753, 756.

523 OLG Hamburg NJW-RR 1996, 1449, 1450 – *„Patienten-Information" mit Werbung.*

524 BGH GRUR 2016, 720, 723 Tz. 35 – *Hot Sox.*

diese Rechtsprechung trotz Kritik (Rdn. 19) verfestigen, wird in der Praxis der Anspruch auf Rückruf vom Unterlassungsanspruch vereinnahmt werden und auf lange Sicht aus der Dogmatik des Beseitigungsanspruchs ausscheiden.

216 **(34) Schwärzung,** siehe bei Unkenntlichmachung.

217 **(35) Unbrauchbarmachung,** siehe bei Vernichtung.

218 **(36) Unkenntlichmachung.** Als **mildere Form gegenüber einer Vernichtung** ist die Unkenntlichmachung anzusehen. Sie kommt in Betracht, wenn an sich ein Anspruch auf Vernichtung oder Entfernung besteht, diese jedoch im Einzelfall unverhältnismäßig wäre. Denkbar sind etwa ein Überkleben oder die **Schwärzung.**

219 **(37) Unterrichtung über mangelnde Rechtskraft.** Nach Auffassung des BGH ist die Versendung eines nicht rechtskräftigen **Patentverletzungsurteils** an die gewerblichen Abnehmer der streitigen Vorrichtung als eine der Form nach unzulässige **Abnehmerverwarnung** zu beanstanden, wenn das Verwarnungsschreiben einem nicht unbeachtlichen Teil der Adressaten den Eindruck vermittelt, das Urteil sei rechtskräftig. In einem solchen Fall kann verlangt werden, dass die gewerblichen Abnehmer darüber unterrichtet werden, dass das zugrundeliegende Urteil noch nicht rechtskräftig ist bzw. durch ein Berufungsurteil aufgehoben wurde.[525]

220 **(38) Vernichtung.** Ein Anspruch auf **Vernichtung von Gegenständen**, wie er in § 18 MarkenG, § 24a DesignG, §§ 98 ff. UrhG und § 140a PatentG ausdrücklich geregelt ist, kann sich in der Theorie auch als Ausprägung des wettbewerbsrechtlichen Beseitigungsanspruchs ergeben. Allerdings ist er auf Fälle beschränkt, in denen nur auf diese Weise die fortwirkende Störung ausreichend behoben werden kann.[526] Er ist keineswegs ein nach dem Rechtsgedanken des § 1004 ohne weiteres gegebener Annexanspruch.[527] Trägt der Anspruchsteller schlüssig vor, dass nur die Vernichtung die erforderliche Sicherstellung der Störungsbeseitigung bewirkt, so muss der Verletzer dem konkret entgegentreten, anderenfalls auf Vernichtung zu erkennen ist.[528] Denkbar sind Ansprüche auf Vernichtung beim Geheimnisschutz.[529] Ihren potentiell größten Anwendungsbereich hätten Vernichtungsansprüche im wettbewerbsrechtlichen Leistungsschutz. Sie wären dann gerichtet auf die Vernichtung der nachgeahmten Waren. Im Rahmen des **wettbewerbsrechtlichen Leistungsschutzes** kann allerdings nur der Vertrieb (samt Feilhalten und Bewerben) untersagt werden, weil § 4 Nr. 3 nur verbietet, Nachahmungen anzubieten. Weder die Herstellung noch der Besitz ist verboten. Sie bilden deshalb keinen rechtswidrigen Störungszustand. Deshalb kann nach derzeitiger Rechtslage als Störungsbeseitigung **nicht** die **Vernichtung von nachgeahmten Waren** verlangt werden.[530]

221 **(39) Veröffentlichung einer Unterwerfungserklärung.** Ist ein wettbewerbsrechtlicher Unterlassungsanspruch in der Hauptsache durch ein vom Beklagten abgegebenes Unterlassungsversprechen erledigt, so kann dem Kläger die **Befugnis der Veröffentlichung des Unterlassungsversprechens** unter dem Gesichtspunkt des Beseitigungsanspruchs zuerkannt werden.[531] Entscheidend ist immer, ob die Veröffentlichung zur Beseitigung der Störung erforderlich und ob sie verhältnismäßig ist. Der Anspruch wird durch § 12 Abs. 3 nicht ausgeschlossen.

222 **(40) Veröffentlichung von Urteilen.** Dem Anspruch auf **Urteilsveröffentlichung** liegt der gleiche Gedanke wie dem Anspruch auf Widerruf zu Grunde.[532] Der Anspruch ergibt sich aber nicht aus § 8 Abs. 1, sondern aus **§ 12 Abs. 3.** (hierzu § 12 Rdn. 724 ff.).

223 **(41) Widerruf von Äußerungen.** Der Widerruf von wettbewerbsrechtlich unzulässigen Äußerungen kann unter dem Gesichtspunkt des Beseitigungsanspruchs verlangt werden. In Betracht kommt insbesondere der Widerruf geschäftsehrverletzender unwahrer Behauptungen (hierzu Rdn. 161 ff.).

---

525 Vgl. BGH GRUR 1995, 424, 426 – *Abnehmerverwarnung* (hier war eine Mitteilung über die Aufhebung des Urteils in der Berufungsinstanz vom Schuldner gemacht worden, weshalb der Beseitigungsanspruch nicht begründet war).

526 BGH GRUR 1963, 539, 542 – *echt skai.*

527 So aber wohl RG GRUR 1930, 535, 537 – *Mitropa/Zentropa.*

528 Vgl. BGH GRUR 1963, 539, 542 – *echt skai.*

529 BGH GRUR 2006, 1044, 1046 Tz. 17 – *Kundendatenprogramm;* GRUR 2009, 603, 605 Tz. 22 – *Versicherungsvertreter.*

530 BGH GRUR 2012, 1155, 1158 Tz. 36 – *Sandmalkasten;* zu § 1 UWG 1909 ebenso BGH GRUR 1999, 923, 928 – *Tele-Info-CD.*

531 BGH GRUR 1967, 362, 366 – *Spezialsalz I.*

532 *Callmann* S. 113.

(42) Zeitungsanzeige, siehe bei berichtigender Werbung (oben, Rdn. 184ff.). 224

(43) Zustimmung zur Aufhebung von Sperren. Siehe Aufhebung eines rechtswidrigen Verbots. 225

IV. Prozessuale Besonderheiten

1. Klageanträge

226 Materielles Recht und Prozessrecht stehen bei der Titulierung des Beseitigungsanspruchs in einem gewissen Spannungsverhältnis: Der allgemeine **Bestimmtheitsgrundsatz des § 253 Abs. 2 Nr. 2 ZPO** gilt auch dann, wenn der Antrag auf Beseitigung oder ihren Unterfall, den (ggf. in Umfang und Inhalt eingeschränkten) Widerruf, gerichtet ist. In den **Klageanträgen** ist also **konkret zu umschreiben,** auf **welche Art und Weise** die **Beseitigung** vorgenommen werden soll. Beim Widerruf ist auch anzugeben, wem gegenüber er zu erklären ist.[533] Diese Fragen dürfen grundsätzlich nicht dem Vollstreckungsverfahren überlassen werden. **Andererseits** ist zu bedenken, dass es **materiell-rechtlich grundsätzlich allein Sache des Schuldners** ist, nach Möglichkeiten zu suchen, die eingetretene Störung zu beseitigen.[534] Ganz konkrete, auf bestimmte Maßnahmen beschränkte Anordnungen legen den Schuldner aber auf diese Maßnahmen fest, obwohl andere Maßnahmen ebenso gut in Betracht kommen. Eine solche Anspruchskonkretisierung wird regelmäßig das Interesse des Schuldners, unter den in Betracht kommenden Möglichkeiten der Beseitigung die für ihn nächstliegende oder günstigste auszuwählen, übermäßig beschneiden, ohne dass dafür eine materiell-rechtliche Grundlage gegeben wäre.[535] Wenn etwa zur Beseitigung eines Störungszustandes ein Berichtigungsschreiben an Adressaten einer irreführenden geschäftlichen Handlung zu senden ist, so kann die Verurteilung nur dahingehend lauten, näher umschriebene richtigstellende Informationen in geeigneter Form den betroffenen Kunden zur Kenntnis zu bringen. Die Vorgabe eines ganz bestimmten Berichtigungsschreibens im Urteilstenor ist dagegen nicht möglich.[536]

227 In Fällen, in denen **nur eine einzige Maßnahme** zur Beseitigung der Störung führen kann und Alternativen nicht denkbar sind, können Klageantrag und Urteilstenor diese Maßnahme **genau bezeichnen.**[537]

228 Ist für den Kläger nicht eindeutig zu erkennen, welche Form der Beseitigung verlangt werden kann, kommt die Angabe von **Alternativ- oder Hilfsanträgen** in Betracht.[538] Dies kann auch in der Form geschehen, dass dem in Anspruch genommenen **Verletzer eine Wahlmöglichkeit eingeräumt** wird.[539] Dem wird entgegengehalten, solche Alternativanträge seien selbst nicht hinreichend bestimmt und deshalb nicht vollstreckungsfähig; außerdem könne sich der Gläubiger nicht sicher sein, alle denkbaren Alternativen aufgefunden zu haben.[540] Dieser Einwand ist unberechtigt. Das alternative Klagebegehren stellt nichts anderes dar als eine hinreichende Konkretisierung des abstrakten Gebots, das dem Schuldner ebenfalls Alternativen seines Handelns belässt. Kann der Schuldner dartun, dass es noch weitere Möglichkeiten für ihn gibt, die Störung zu beseitigen, kann der Gläubiger entweder diese ebenfalls in seinen Antrag aufnehmen oder – dann freilich mit Kostenrisiko – doch wieder auf eine abstrakte Antragsfassung zurückgreifen.[541]

2. Streitgegenstand

229 Unterlassung- und Beseitigungsanspruch bilden unterschiedliche Streitgegenstände.[542]

3. Rechtsschutzbedürfnis

230 Grundsätzlich können **Unterlassungsanspruch und Beseitigungsanspruch nebeneinander** geltend gemacht werden. Ein verhängtes Unterlassungsgebot nimmt der Beseitigungsklage allerdings ihr Rechtsschutzbedürfnis, soweit sich der Beseitigungsanspruch sachlich völlig mit dem Unterlassungsanspruch deckt.[543] Dies gilt auch umgekehrt.

---

[533] BGH GRUR 1966, 272, 273f. – *Arztschreiber.*
[534] Köhler/*Bornkamm* § 8 Rdn. 1.81; *Melullis* Rdn. 1005.
[535] Köhler/*Bornkamm* § 8 Rdn. 1.85; *Ohly*/Sosnitza § 8 Rdn. 81; vgl. auch *Melullis* Rdn. 1005.
[536] LG Stuttgart, Urt. v. 7.8.2014, Az. 11 O 298/13.
[537] OLG Hamburg NJW-RR 1996, 1449, 1451 – *„Patienten-Information" mit Werbung.*
[538] Köhler/*Bornkamm* § 8 Rdn. 1.85; *Ohly*/Sosnitza § 8 Rdn. 81.
[539] Teplitzky/*Löffler* Kap. 25 Rdn. 11.
[540] *Melullis* Rdn. 1005.
[541] Köhler/*Bornkamm* § 8 Rdn. 1.85f.
[542] BGH GRUR 1974, 99, 101 – *Brünova;* GRUR 1990, 522, 528 – *HBV-Familien- und Wohnungsrechtsschutz.*
[543] BGH GRUR 1955, 97, 100 – *Constanze II.*

231 Ein Rechtsschutzbedürfnis fehlt für den Widerrufsanspruch, soweit Äußerungen in rechtlich geordneten Verfahren betroffen sind (hierzu Vor § 8 Rdn. 227 ff.).

4. Erledigung der Hauptsache

232 Maßgeblicher Zeitpunkt für die Frage, ob ein Anspruch auf Störungsbeseitigung besteht, ist der Schluss der mündlichen Verhandlung der Tatsacheninstanz. **Fällt die Störung nach Einreichung der Klage weg,** so erledigt sich dadurch die Hauptsache.

V. Zwangsvollstreckung aus einem Titel auf Beseitigung

1. Vollstreckung gem. §§ 887, 888 ZPO

233 Der Beseitigungsanspruch ist immer, der Unterlassungsanspruch nur manchmal auf ein aktives Tun der Verletzers gerichtet. Wo der Unterlassungsanspruch auf ein aktives Tun zielt, fallen die Anspruchsziele der beiden Ansprüche zusammen. Der Unterlassungsanspruch ist gem. § 890 ZPO zu vollstrecken, also mit Hilfe von Ordnungsmitteln. In einem Titel auf Beseitigung einer Störung wird dem Schuldner aufgegeben, eine Handlung vorzunehmen. Solche Titel sind gemäß **§§ 887, 888 ZPO** zu vollstrecken, also mit Hilfe von Zwangsmitteln (Zwangsgeld und Zwangshaft).[544]

2. Vertretbare und unvertretbare Handlungen

234 Die **Abgrenzung zwischen § 887 und § 888 ZPO** erfolgt danach, ob die gebotene Handlung vertretbar ist oder nicht. § 888 ZPO erfasst alle Handlungen, die ein Dritter nicht vornehmen darf oder nicht so vornehmen kann oder darf, wie es dem Schuldner möglich ist.[545] Darüber hinaus setzt die Anwendung des § 888 ZPO nach dessen Wortlaut voraus, dass die gebotene Handlung ausschließlich vom Willen des Schuldners abhängt. Die Ausnahme des § 888 Abs. 3 ZPO kann hier nicht eingreifen. Eine Androhung der Zwangsmittel findet gem. § 888 Abs. 2 ZPO nicht statt.

235 In Betracht kommt die **Vollstreckung über § 887 ZPO** etwa bei Titeln auf berichtigende Aufklärung, berichtigende Mitteilungen, berichtigende Werbung oder bei einer Verurteilung zur Entfernung eines Ladenschildes oder eines unzulässigen Geschäftsabzeichens, bei Verurteilung zur Versendung eines Hinweises an die Partner eines nichtigen Vertrages, auf Abgabe einer Pressemitteilung, auf Unterrichtung über die mangelnde Rechtskraft und bei Verurteilung zur Veröffentlichung einer Unterwerfungserklärung oder eines Urteilstenors, wenn hierzu nicht ohnehin im Titel der Gläubiger ermächtigt ist.

3. Herausgabe von Sachen

236 Titel über Ansprüche zur **Herausgabe beweglicher Sachen** werden nach **§ 883 ZPO** vollstreckt. Sie sind, wenn die Herausgabe nicht freiwillig erfolgt, dem Schuldner durch den Gerichtsvollzieher wegzunehmen. Dies kommt etwa bei einer Verurteilung zur Herausgabe zum Zweck der Vernichtung in Betracht.

4. Abgabe von Willenserklärungen

237 Titel auf **Abgabe von Willenserklärungen** werden gem. § 894 ZPO vollstreckt. Die Erklärung gilt als abgegeben, sobald das Urteil Rechtskraft erlangt hat. Dies gilt etwa für Titel auf Einwilligung in die Löschung eines Eintrags im Handelsregister oder auf Rücknahme einer Markenanmeldung.

5. Widerruf von Äußerungen

238 § 894 ZPO gilt nicht für einen Titel auf Widerruf von Äußerungen.[546] Ein solcher Titel wird **nach § 888 ZPO vollstreckt.**[547]

---

544 Köhler/*Bornkamm* § 8 Rdn. 1.109.
545 Thomas/Putzo/*Seiler* § 888 ZPO Rdn. 1.
546 BGH GRUR 1993, 697, 698 – *Widerrufsvollstreckung;* Köhler/*Bornkamm* § 8 Rdn. 1.109.
547 BGH GRUR 1962, 652 – *Eheversprechen;* GRUR 1977, 674, 677– *Abgeordnetenbestechung; Schilken* S. 150.

VI. Einstweiliger Rechtsschutz zum Beseitigungsanspruch

Die Durchsetzung von Beseitigungsansprüchen im Wege der einstweiligen Verfügung ist **nicht schlechthin ausgeschlossen.**[548] Sogar die Anordnung eines Widerrufs im Wege der einstweiligen Verfügung wird nicht für vollkommen undenkbar gehalten.[549] 239

Allerdings kann auch die vorläufig angeordnete Beseitigung des Störungszustandes leicht zu einer **Vorwegnahme der Hauptsache** führen. Mit der einstweiligen Verfügung können daher dem Schuldner nur solche Maßnahmen aufgegeben werden, die zur vorläufigen Störungsbeseitigung erforderlich sind und **noch keine endgültigen Verhältnisse schaffen** (z. B. Aufforderung an Abnehmer, an sie verteiltes Werbematerial einstweilen nicht zu verwenden[550]) und wenn der Verletzte **auf die sofortige Durchsetzung** des Beseitigungsanspruchs **dringend angewiesen** ist (z. B. einstweilige Aufhebung von Verboten, Wiederbelieferung nach Sperre)[551] oder sonst ein besonders hohes Interesse an der schnellen Beseitigung des Störungszustands hat.[552] Typischerweise können, wenn sich der Beseitigungsanspruch inhaltlich mit dem Unterlassungsanspruch deckt (z. B. Abhängen von Plakaten), diejenigen Maßnahmen angeordnet werden, die auch bei einer Titulierung als Unterlassungsanspruch verlangt werden könnten. 240

Die Durchsetzung von **Widerrufsansprüchen** im Wege der einstweiligen Verfügung wird nur in besonders gelagerten Ausnahmefällen in Betracht kommen können. Denkbar ist eine Anordnung dann, wenn eine Entscheidung in der Hauptsache zur Beseitigung der Störung zu spät käme und die Gläubigerinteressen ganz eindeutig überwiegen.[553] Denkbar ist auch die Modifizierung des Inhalts des Widerrufsanspruchs dahingehend, dass die fragliche Behauptung vorläufig, also bis zur endgültigen gerichtlichen Klärung, nicht aufrechterhalten wird.[554] 241

C. Die Klagebefugnis der Mitbewerber und Verbände zur Geltendmachung der wettbewerbsrechtlichen Abwehransprüche (§ 8 Abs. 3)

Schrifttum: *Albrecht,* Die Aktivlegitimation der Verbraucher nach Wettbewerbsverstößen, 2011; *Beater,* Mitbewerber und sonstige unternehmerische Marktteilnehmer, WRP 2009, 768; *Bornkamm,* Das Wettbewerbsverhältnis und die Sachbefugnis der Mitbewerber, GRUR 1996, 529; *Bürglen,* Berufsaufsicht im wettbewerbsrechtlichen Verfahren, in: FS Ullmann, 2006, S. 913; *Büttner,* Anwaltswerbung zwischen Berufsrecht und Wettbewerbsrecht, in: FS Vieregge, 1995, S. 99; *Derleder/Zänker,* Die Anforderungen an die Struktur von Abmahnvereinen seit der UWG-Novelle 1994, GRUR 2002, 490; *Dieselhorst,* Der „unmittelbar Verletzte" im Wettbewerbsrecht nach der UWG-Novelle, WRP 1995, 1; *Gloy,* Hat die Einschränkung der Klagebefugnis gewerblicher Verbände sich bewährt?, WRP 1999, 34; *Graf Lambsdorff,* Zur Klagebefugnis von Rechtsanwaltskammern, WRP 1998, 1151; *Greger,* Neue Regeln für die Verbandsklage im Verbraucherschutz- und Wettbewerbsrecht, NJW 2000, 2457; *Greipl,* Ansprache des Präsidenten der Wettbewerbszentrale, in: FS 100 Jahre Wettbewerbszentrale, 2012 S. 33; *Grunewald,* Die Berufsgerichtsbarkeit der freien Berufe, NJW 2002, 1369; *Hefermehl,* das Prokrustesbett „Wettbewerbsverhältnis" in: FS Kummer, 1980, S. 345; *ders.,* Grenzen der Klagebefugnis der Gewerbetreibenden und Verbände im Recht gegen den unlauteren Wettbewerb, in: FS 75 Jahre Zentrale zur Bekämpfung unlauteren Wettbewerbs, 1987, S. 49 = WRP 1987, 281; *Hösch,* Die Auswirkung des § 24 Abs. 2 S. 2 UWG auf Wettbewerbsvereinigungen, WRP 1996, 849; *D. Jestaedt,* Das Merkmal „auf demselben Markt" im Recht des unlauteren Wettbewerbs und seine Auswirkungen auf die Klagebefugnis und den Unterlassungsanspruch, 2003; *Kasper,* Der finanzielle Eigennutz als der zu minimieren Mißstand im wettbewerbsrechtlichen Schutzsystem, 2000; *Köhler,* Schutzlücken bei der Verbandsklagebefugnis im Kartell- und Wettbewerbsrecht – eine Aufgabe für den Gesetzgeber, WRP 2007, 602; *ders.,* Der „Mitbewerber", WRP 2009, 499; *Lettl,* Der Schutz der Verbraucher nach der UWG-Reform, GRUR 2004, 449; *Loewenheim,* Die Erstattung von Abmahnkosten der Verbände in der neueren Rechtsentwicklung, in: FS 75 Jahre Wettbewerbszentrale, 1987, S. 63; *Mankowski,* Können ausländische Schutzverbände der gewerblichen Wirtschaft „qualifizierte Einrichtungen" im Sinne der Unterlassungsklagenrichtlinie sein und nach § 8 III Nr. 3 UWG klagen?, WRP 2010,

---

[548] OLG Frankfurt GRUR 1989, 370 – *Folgenbeseitigungsanspruch;* OLG Hamburg NJW-RR 1996, 1449, 1450 – *„Patienten-Information" mit Werbung; Fritze* in: FS Traub, S. 113, 116 ff.

[549] *Ohly*/Sosnitza § 8 Rdn. 84; *Schilken* S. 150 f.

[550] OLG Hamburg NJW-RR 1996, 1449, 1450 – *„Patienten-Information" mit Werbung.*

[551] OLG Frankfurt GRUR 1989, 370 – *Folgenbeseitigungsanspruch; Ohly*/Sosnitza § 8 Rdn. 84; *Schuschke*/Walker Vor § 935 ZPO Rdn. 36.

[552] OLG Hamburg NJW-RR 1996, 1449, 1450 – *„Patienten-Information" mit Werbung.*

[553] *Ohly*/Sosnitza § 8 Rdn. 84.

[554] Vgl. OLG Braunschweig MDR 1956, 609; OLG Stuttgart NJW 1962, 2066, 2068; OLG Hamburg AfP 1971, 35; *Ohly*/Sosnitza § 8 Rdn. 84.

186; *Mees,* Verbandsklagebefugnis in Fällen des ergänzenden wettbewerblichen Leistungsschutzes, WRP 1999, 62; *Müller,* Das Reichsgesetz zur Bekämpfung des unlauteren Wettbewerbes vom 27. Mai 1896, 4. Aufl. 1904; *Münker,* Verbandsklagen im sogenannten ergänzenden wettbewerbsrechtlichen Leistungsschutz, in: FS Ullmann, 2006, S. 781; *ders./Gillner,* 100 Jahre Zentrale zur Bekämpfung unlauteren Wettbewerbs e. V., in: FS 100 Jahre Wettbewerbszentrale, 2012, S. 59; *Pietzcker,* Standesaufsicht durch Wettbewerbsklagen?, NJW 1982, 1840; *Redeker,* Grenzen für Aufgaben und Tätigkeit öffentlich-rechtlicher Zwangsverbände, NJW 1982, 1266; *Sack,* Der Schutzzweck des UWG und die Klagebefugnis des „unmittelbar Verletzten" in: FS v. Gamm, 1990, S. 161; *ders.,* Die wettbewerbsrechtliche Klagebefugnis des „unmittelbar Verletzten" nach der Neufassung des § 13 Abs. 2 Nr. 1 UWG, BB 1995, 1; *ders.,* Neuere Entwicklungen der Individualklagebefugnis im Wettbewerbsrecht, GRUR 2011, 953; *Schaumburg,* Die Verbandsklage im Verbraucherschutz- und Wettbewerbsrecht: Ansprüche auf Unterlassung, Widerruf, Beseitigung und Gewinnabschöpfung, 2006; *v. Stechow,* Das Gesetz zur Bekämpfung des unlauteren Wettbewerbs vom 27. Mai 1896. Entstehungsgeschichte und Wirkung, 2002; *Traub,* Wettbewerbsrechtliche Nachahmungstatbestände und Klagebefugnis der Wettbewerber, in: FS Quack, 1991, S. 119; *v. Ungern-Sternberg,* Verbandsklagebefugnis für Abmahnvereine?, NJW 1981, 2328; *Weiß,* Die Verbandsklagebefugnis nach neuem Recht – wirksames Regulativ oder unüberwindbare Hürde?, WRP 1995, 151; *Welzel,* Anforderungen an die Struktur von „Abmahnvereinen" seit der UWG-Novelle 1994 – Entgegnung auf Derleder/Zänker, GRUR 2003, 762.

I. Allgemeines

1. Selbstschutz der Mitbewerber in § 8 Abs. 3 Nr. 1

242 Nach § 8 Abs. 3 steht die Aktivlegitimation für die wettbewerbsrechtlichen Abwehransprüche auf Unterlassung und Beseitigung gemäß Nr. 1 in erster Linie dem **„Mitbewerber"** zu. Die Nennung des Mitbewerbers an erster Stelle ist eine Reminiszenz an den ursprünglichen Hauptzweck der Gesetze gegen unlauteren Wettbewerb, nämlich den Mitbewerberschutz.

2. Kollektive Rechtsdurchsetzung in § 8 Abs. 3 Nr. 2–4

243 **a) Grundlagen.** Die Durchsetzung des Lauterkeitsrechts wäre im Lichte der weiteren in § 1 festgeschriebenen Schutzzwecke – Verbraucherschutz, Schutz sonstiger Marktteilnehmer, Schutz des Interesses der Allgemeinheit an einem unverfälschten Wettbewerb – aber nicht gewährleistet, wenn die Verfolgung von Wettbewerbsverstößen ausschließlich dem durch eine wettbewerbswidrige Handlung unmittelbar Verletzten überlassen bliebe. Deshalb ist in § 8 Abs. 3 die Aktivlegitimation auch den weiter genannten Verbänden, Einrichtungen und Kammern eingeräumt worden. Bereits das UWG 1896 sah in § 1 Abs. 1 Satz 2 bei irreführender Werbung eine von der Aktivlegitimation des unmittelbar Verletzten unabhängige Klagebefugnis von **Verbänden zur Förderung gewerblicher Interessen** vor, die in § 13 Abs. 1 UWG 1909 übernommen wurde (in der zuletzt gültigen Fassung: § 13 Abs. 2 Nr. 2). Die den Verbänden eingeräumte Klagebefugnis war seinerzeit im Zivilrecht, dass die Rechtsverfolgung ausschließlich an die Verletzung eigener subjektiver Gerichte gebunden hatte, ein Novum. Sie beruhte *„auf dem Gedanken, daß die Unterlassungsklage, die an sich nur den Konkurrenten schützen soll, in Wahrheit doch – wie das ganze Wettbewerbsgesetz – den Auswüchsen des Wettbewerbs auch im öffentlichen Interesse entgegentreten und daher die Verfolgung der betreffenden Rechtsverletzungen nicht dem Belieben des unmittelbar Verletzten allein überlassen will"*.[555] Die klagebefugten Verbände üben eine öffentliche Ordnungsfunktion im Wirtschaftsleben aus, die sie zum **Hüter des Lauterkeitsrechts** macht. Die Verbandsklagebefugnis hat eine außerordentlich große Bedeutung und hat viel zum hohen Entwicklungsstand des deutschen Lauterkeitsrechts beigetragen.[556]

244 Der Abwehranspruch steht dem jeweiligen Verband als materiell-rechtlicher Anspruch **aus eigenem Recht** zu.[557]

245 Die heute in § 8 Abs. 3 Nr. 3 geregelte Aktivlegitimation der **qualifizierten Einrichtungen** zum Schutz der **Verbraucherinteressen** kam in das UWG 1909 erstmals durch Gesetz vom 20. Juli 1965[558] in Gestalt einer Klagebefugnis der **Verbraucherverbände** als § 13 Abs. 1a hinzu

---

[555] RGZ 120, 47, 49 – *Markenschutzverband I;* ebenso BGH GRUR 1956, 297, 280 – *Olivin;* GRUR 1967, 430, 432 – *Grabsteinaufträge;* zur Entstehungsgeschichte und den Ursprüngen der Verbandsklagebefugnis im UWG 1896 vgl. auch *Greipl* in: FS 100 Jahre Wettbewerbszentrale, S. 33, 35 f.; *Münker/Gillner* in: FS 100 Jahre Wettbewerbszentrale, S. 59, 60; *Hösch* WRP 1996, 849, 850; *Müller* § 1 Anm. III 2; *v. Stechow* S. 222 f.

[556] *Loewenheim* in: FS 75 Jahre Wettbewerbszentrale, S. 63 f.

[557] BGH GRUR 1964, 567, 568 – *Lavamat;* GRUR 1966, 445, 446 – *Glutamal;* GRUR 1967, 430, 432 – *Grabsteinaufträge; Hefermehl* in: FS 75 Jahre Wettbewerbszentrale, S. 49, 50.

[558] § 13 Abs. 1a in der Fassung des Gesetzes zur Änderung des Gesetzes gegen den unlauteren Wettbewerb, des Warenzeichengesetzes und des Gebrauchsmustergesetzes vom 21.7.1965, BGBl. I 625.

(zuletzt: § 13 Abs. 2 Nr. 3).[559] Der Gesetzgeber wollte hiermit gewissen Ausgleich dafür schaffen, dass es einerseits in Deutschland keine Behörde gibt, die – wie etwa die Federal Trade Commission in den USA[560] – die Einhaltung der Wettbewerbsregeln hoheitlich durchsetzt, und dass andererseits auch der einzelne Verbraucher keine Befugnis zur Individualklage hat.[561]

Industrie- und Handelskammern sowie **Handwerkskammern** waren als Verbände zur Förderung gewerblicher Interessen bereits nach der Urfassung des § 13 Abs. 1 UWG 1909 aktivlegitimiert.[562] In der seit dem 1. Januar 1987 gültigen Fassung des § 13 UWG 1909 war diese Klagebefugnis in Abs. 2 Nr. 4 ausdrücklich gesetzlich geregelt worden. Diese Regelung findet sich heute unverändert in § 8 Abs. 3 Nr. 4. 246

Entfallen ist mit dem UWG 2004 die Aktivlegitimation der zuletzt in § 13 Abs. 2 Nr. 1 UWG 1909 genannten Gewerbetreibenden. Die Gesetzesbegründung spricht diesen nur **abstrakt betroffenen** Mitbewerbern nunmehr ein schutzwürdiges Eigeninteresse an der Geltendmachung von Abwehransprüchen ab und verweist sie auf die Möglichkeit, einen anspruchsberechtigten Wirtschafts- oder Verbraucherverband zur Bekämpfung von Wettbewerbsverstößen einzuschalten.[563] 247

b) Sachliche Grenzen der kollektiven Rechtsdurchsetzung. Die Aktivlegitimation der Verbände und Kammern gilt nach dem Wortlaut des § 8 Abs. 3 unbeschränkt. Eine kollektive Rechtsdurchsetzung entspricht aber nur dann dem Sinn der eingeräumten Klagebefugnis, wenn neben individuellen Interessen des unmittelbar Betroffenen **zumindest auch schützenswerte Belange der Allgemeinheit** berührt werden.[564] 248

Schützt die verletzte lauterkeitsrechtliche Verhaltensnorm hingegen **allein** die **Individualinteressen** des betroffenen Unternehmers, schießt die nach dem Wortlaut unbeschränkt eingeräumte Klagebefugnis über ihr Ziel hinaus. Ob Ansprüche geltend gemacht werden, soll allein dem betroffenen Mitbewerber überlassen bleiben und nicht von den Verbänden entschieden werden.[565] In den in Rdn. 279 ff. näher dargestellten Fallgruppen sog. **„mitbewerberbezogener Verstöße"** ist **nur** der **betroffene Mitbewerber** aktivlegitimiert. 249

c) Individuelle Verbraucher. Dem **einzelnen Verbraucher** steht eine Klagebefugnis nach nahezu einhelliger Auffassung nicht zu.[566] Die Verbraucher (und die Verbraucherinnen) werden zwar als Schutzsubjekte im Gesetz ausdrücklich genannt (§ 1 Satz 1). Die Aufnahme individueller Ansprüche der Verbraucher hat der Gesetzgeber aber abgelehnt, das Rücktrittsrecht gemäß § 13a UWG 1909 a. F. wurde wegen praktischer Bedeutungslosigkeit[567] sogar gestrichen.[568] Als maßgeblich für die **Ablehnung individueller Ansprüche** ist die Befürchtung angeführt worden, eine Vielzahl von Verbraucherklagen wegen „angeblicher" Verstöße würde das hohe Schutzniveau des UWG in Frage stellen, weil sich die mit der befürchteten Klageflut verbundenen wirtschaftlichen Belastungen der Unternehmen nur durch eine Absenkung des Schutzniveaus und der damit verbundenen Verringerung des Prozessrisikos auf ein für die Wirtschaft erträgliches Maß vermindern ließen.[569] 250

3. Gläubigermehrheit und Anspruchsmehrheit

a) Gläubigermehrheit. In § 8 Abs. 3 ist geregelt, wem die Abwehransprüche zustehen. Die Regelung sieht eine Aktivlegitimation mehrerer Gläubiger (ein oder mehrere Mitbewerber, Verbände, Verbraucherschutzorganisationen und Kammern) vor. Diese **Gläubigermehrheit** führt dazu, dass ein und derselbe Verstoß zum Gegenstand mehrerer gerichtlicher Verfahren gemacht werden kann. Denn die Erhebung der Unterlassungsklage durch einen Berechtigten schließt es 251

---

559 Zur Entwicklung ausführlich *Albrecht* S. 30 ff.

560 Hierzu *Beater* Rdn. 63.

561 Ausführlich hierzu und mit Auszügen aus der Gesetzesbegründung *Rosenthal/Leffmann* § 13 Rdn. 33.

562 RGSt 43, 44, 47 – *Totalausverkauf* (Handwerkskammern); RG MuW XII, 35 – *Nachschieben von Waren; MuW XXIV, 7 – Garantie Solinger Stahl* (Handelskammern); *Reimer* Kap. 107 Rdn. 19 (S. 808).

563 BT-Drucks. 15/1487, S. 22 im Anschluss an *Köhler/Bornkamm/Henning-Bodewig* WRP 2002, 1317, 1327.

564 BGH GRUR 1991, 223, 225 – *Finnischer Schmuck;* GRUR 1994, 630, 634 – *Cartier-Armreif.*

565 BGH GRUR 1994, 630, 634 – *Cartier-Armreif;* GRUR 2009, 416, 418 Tz. 22 – *Küchentiefstpreis-Garantie;* GRUR 2011, 543 Tz. 8 – *Änderung der Voreinstellung III.*

566 A. A. *Sack* GRUR 2011, 953, 963 unter Berufung auf die aus BT-Drucks. 15/1487, S. 15 f. zum Ausdruck kommende Zielrichtung, Mitbewerber und Verbraucher „gleichermaßen und gleichrangig" bzw. „gleichberechtigt" zu schützen.

567 Ausführlich *Albrecht* S. 134 ff., 140 f.

568 BT-Drucks. 15/1487, S. 14.

569 BT-Drucks. 15/1487, S. 22; krit. und mit gewichtigen Argumenten *Albrecht* S. 264 ff.; *Sack* BB 2003, 1073, 1078 ff.; *ders.* GRUR 2011, 953, 963.

grundsätzlich nicht aus, dass auch die anderen Gläubiger ihren Anspruch gerichtlich durchzusetzen versuchen.[570]

252 **b) Anspruchsmehrheit.** Jeder der nach § 8 Abs. 3 Aktivlegitimierten hat einen eigenen Anspruch auf Unterlassung oder Beseitigung.[571] Es besteht deshalb nicht nur Gläubigermehrheit, sondern auch Anspruchsmehrheit.[572] Die Unterlassungsansprüche des Verletzten (Mitbewerber gem. Nr. 1), der Verbände, Einrichtungen und Kammern (Nrn. 2 bis 4) stehen **selbständig nebeneinander.** Einwendungen und Einreden, die nur das Verhältnis des Verletzers zu einem Anspruchsberechtigten betreffen (z. B. Verzicht, Verwirkung, Verjährung), lassen die Ansprüche der anderen Gläubiger unberührt und umgekehrt.[573]

253 Dagegen hat der **Wegfall der Wiederholungsgefahr** durch rechtskräftigen Unterlassungstitel oder Abgabe einer strafbewehrten Unterlassungserklärung zur Folge, dass diese Anspruchsvoraussetzung hinsichtlich der Ansprüche **aller Unterlassungsgläubiger** entfällt.[574] Dasselbe gilt für einen ausreichenden *actus contrarius,* wenn der Unterlassungsanspruch auf einer Erstbegehungsgefahr beruht. Ebenso erlischt der Beseitigungsanspruch für alle Gläubiger dann, wenn der Schuldner die Störung auf Verlangen eines der Gläubiger beseitigt hat.

254 Unterschiedliche Ansprüche unterschiedlicher Gläubiger bilden im Prozess **unterschiedliche Streitgegenstände.**[575] Der Verletzer kann einer weiteren Klage daher weder die prozessuale Einrede des fehlenden Rechtsschutzbedürfnisses noch der Rechtshängigkeit oder der Rechtskraft entgegenhalten.[576] Ausnahmsweise kann im Einzelfall eine missbräuchliche Geltendmachung nach Abs. 4 gegeben sein (vgl. Rdn. 694 ff.).

4. Rechtsnatur

255 **a) Aktivlegitimation und Prozessführungsbefugnis der Mitbewerber.** Wie unter Geltung des UWG 1909 stehen die wettbewerbsrechtlichen Abwehransprüche dem durch den Wettbewerbsverstoß unmittelbar betroffenen Mitbewerber ohne weiteres zu. Ob die Regelung des § 8 Abs. 3 Nr. 1 i. V. m. Abs. 1 rein deklaratorisch ist und sich die Sachbefugnis wie im früheren Recht bereits aus der verletzten UWG-Norm selbst ergibt, oder ob sie – worauf Wortlaut und Systematik hindeuten – als konstitutive Zubilligung von Ansprüchen zu verstehen ist, spielt im Ergebnis keine Rolle. Jedenfalls regelt § 8 Abs. 3 Nr. 1 **nur die Aktivlegitimation,** während sich die Prozessführungsbefugnis aus den allgemeinen Vorschriften (§ 51 ZPO) ergibt. Die Mitbewerbereigenschaft stellt daher keine Voraussetzung der Zulässigkeit, sondern allein der Begründetheit der Klage dar.[577]

256 **b) Aktivlegitimation und Prozessführungsbefugnis der Verbände, Verbraucherschutzorganisationen oder Kammern.** Nach ständiger Rechtsprechung zur Vorläuferbestimmung des § 8 Abs. 3 Nr. 3–4, § 13 Abs. 2 UWG 1909, regelte diese für Verbände, Verbraucherschutzorganisationen und Kammern sowohl die **materielle Anspruchsberechtigung** (Sachbefugnis oder Aktivlegitimation) als auch die **prozessuale Klagebefugnis** (Prozessführungsbefugnis).[578] An dieser **Theorie der Doppelnatur** wird festgehalten.[579] Aus der Anpassung des Wortlautes in § 8 Abs. 3 („... Ansprüche ... stehen zu") ist keine Abkehr von der bisherigen Deutung der Doppelnatur der Klageberechtigung der Verbände herzuleiten. Dafür spricht, dass in der Gesetzesbegründung § 8 Abs. 3 nicht nur als Regelung der Anspruchsberechtigung im Sinne der Aktivlegitimation bezeichnet, sondern auch als Regelung der Klagebefugnis verstanden wird.[580]

257 Dass § 8 Abs. 3 Nr. 2–4 nicht nur die Aktivlegitimation, sondern zugleich auch die Prozessführungsbefugnis regelt, hat gewichtige prozessuale Folgen: Die Prozessführungsbefugnis ist als **Sach-**

---

570 BGH GRUR 1960, 379, 380 – *Zentrale;* GRUR 2000, 1089, 1090 – *Mißbräuchliche Mehrfachverfolgung.*
571 BGH GRUR 1960, 379, 380 – *Zentrale;* GRUR 2000, 1089, 1090 – *Mißbräuchliche Mehrfachverfolgung.*
572 Vgl. BGH GRUR 1960, 379, 381 – *Zentrale.*
573 *Köhler*/Bornkamm § 8 Rdn. 3.3.
574 BGH GRUR 1983, 186, 187 – *Wiederholte Unterwerfung I;* GRUR 1987, 640, 641 – *Wiederholte Unterwerfung II;* GRUR 2002, 357, 358 – *Missbräuchliche Mehrfachabmahnung.*
575 BGH GRUR 1960, 379, 380 f. – *Zentrale; Köhler*/Bornkamm § 8 Rdn. 3.3.
576 BGH GRUR 1960, 379, 380 f. – *Zentrale;* GRUR 1994, 307, 308 – *Mozzarella I.*
577 *Köhler*/Bornkamm § 8 Rdn. 3.8.
578 Vgl. BGH GRUR 1995, 122 f. – *Laienwerbung für Augenoptiker;* GRUR 1996, 804, 805 – *Preisrätselgewinnauslobung III.*
579 St. Rspr., vgl. BGH GRUR 2005, 689, 690 – *Sammelmitgliedschaft III;* GRUR 2007, 610 f. Tz. 14 – *Sammelmitgliedschaft V;* GRUR 2007, 809 f. Tz. 12 – *Krankenhauswerbung;* GRUR 2012, 415, 416 Tz. 10 – *Überregionale Klagebefugnis;* GRUR 2015, 1240 Tz. 13 – *Der Zauber des Nordens;* OLG Stuttgart GRUR-RR 2009, 343 – *CO2-Emission I.*
580 BT-Drucks. 15/1487, S. 22, 23; vgl. auch *Köhler/Bornkamm/Henning-Bodewig* WRP 2002, 1317, 1327.

urteilsvoraussetzung in jeder Lage des Verfahrens, auch noch in der Revisionsinstanz,[581] **von Amts wegen zu prüfen.**[582] Das Vorliegen ihrer Voraussetzungen ist im Freibeweisverfahren festzustellen.[583] Im Revisionsverfahren ist der BGH an die tatsächlichen Feststellungen des Berufungsgerichts nicht gebunden, sondern hat die Tatsachen, auf deren Grundlage die Prozessführungsbefugnis zu beurteilen ist, in Abweichung von § 559 Abs. 1 ZPO selbständig festzustellen.[584] Dabei ist grundsätzlich zu verlangen, dass die Tatsachen, aus denen sich die Klagebefugnis ergibt, spätestens im Zeitpunkt der letzten mündlichen Verhandlung in der Tatsacheninstanz vorgelegen haben.[585]

Das **Fehlen der Prozessführungsbefugnis** führt zur **Abweisung der Klage als unzulässig.**[586] Aus Gründen der Prozessökonomie lässt es die Rechtsprechung zu, dass die Prüfung der materiell-rechtlichen Anspruchsvoraussetzungen vorgezogen und die Klage als unbegründet abgewiesen werden kann, wenn die Prozessführungsbefugnis zweifelhaft ist.[587] 258

Der Auffassung, die Klagebefugnis fehle, wenn der abgeschlossene und nicht andauernde Wettbewerbsverstoß zu einer Zeit begangen wurde, als der Verband noch nicht anspruchsberechtigt war,[588] kann nicht beigetreten werden. Es genügt, wenn alle Anspruchsvoraussetzungen **im Zeitpunkt der Geltendmachung des Unterlassungsanspruchs** gegeben sind. Wird der Unterlassungsanspruch auf eine Wiederholungsgefahr gestützt, muss nur diese Gefahr als Anspruchsvoraussetzung (§ 8 Abs. 1 Satz 1) im Zeitpunkt der Geltendmachung vorliegen. Auch nach Sinn und Zweck des Verbandsklagerechts ist es bei der Gefahr der Wiederholung einer bereits begangenen Verletzungshandlung nicht erforderlich, dass der Verband schon zum Zeitpunkt der Begehung anspruchs- und klageberechtigt war. 259

5. Anwendungsbereich

a) Abwehransprüche. § 8 Abs. 3 gewährt die Klagebefugnis für die wettbewerbsrechtlichen Abwehransprüche aus Abs. 1, also für Unterlassungs- und Beseitigungsansprüche wegen Zuwiderhandlungen gem. § 3 oder 7; kraft Verweisung sind die Tatbestände der §§ 3a bis 6 einbezogen. 260

b) Auskunftsansprüche. Die Klagebefugnis umfasst ferner Auskunftsansprüche, die der Geltendmachung von Ansprüchen nach § 8 Abs. 1 dienen.[589] 261

c) Keine Einbeziehung weiterer Ansprüche. Durch die Bezugnahme auf Abs. 1 ist die Klagebefugnis für die in § 8 Abs. 3 Nr. 2–4 Genannten auf **wettbewerbsrechtliche Ansprüche** beschränkt. Dazu zählen auch Ansprüche zur Wahrung wettbewerblicher Interessen, die sich aus einem bilateralen Abkommen zum **Schutz ausländischer Herkunftsbezeichnungen** ergeben.[590] Die bisherige Regelung, dass allgemeine bürgerlich-rechtliche Ansprüche nicht erfasst werden, selbst wenn sie im Einzelfall mit wettbewerbsrechtlichen konkurrieren,[591] soll weiter gelten. In der Gesetzesbegründung wird ausdrücklich betont, dass die Regelungen des § 8 zu den zivilrechtlichen Rechtsfolgen sowohl hinsichtlich der Klagebefugnis als auch hinsichtlich der Anspruchsgrundlagen 262

---

[581] BGH GRUR 2005, 689, 690 – *Sammelmitgliedschaft III;* GRUR 2006, 873, 874 Tz. 14 – *Brillenwerbung;* GRUR 2007, 610, 611 Tz. 14 – *Sammelmitgliedschaft V;* GRUR 2012, 415, 416 Tz. 10 – *Überregionale Klagebefugnis;* GRUR 2015, 1240 Tz. 13 – *Der Zauber des Nordens.*

[582] St. Rspr., vgl. BGH GRUR 2006, 873 Tz. 14 – *Brillenwerbung;* GRUR 2007, 809 Tz. 12 – *Krankenhauswerbung;* GRUR 2012, 415, 416 Tz. 10 – *Überregionale Klagebefugnis;* GRUR 2015, 1240 Tz. 13 – *Der Zauber des Nordens.*

[583] BGH GRUR 1996, 804, 805 – *Preisrätselgewinnauslobung III;* GRUR 1998, 498, 499 – *Fachliche Empfehlung III;* OLG Stuttgart GRUR-RR 2009, 343 – *CO2-Emission I.*

[584] St. Rspr., vgl. BGH GRUR 2006, 873, 874 Tz. 14 – *Brillenwerbung;* GRUR 2007, 610, 611 Tz. 14 – *Sammelmitgliedschaft V;* GRUR 2007, 809, 810 Tz. 12 – *Krankenhauswerbung;* GRUR 2015, 1240 Tz. 13 – *Der Zauber des Nordens.*

[585] St. Rspr., vgl. BGH GRUR 2007, 610 f. Tz. 14 – *Sammelmitgliedschaft V;* GRUR 2007, 809, 810 Tz. 12 – *Krankenhauswerbung;* GRUR 2012, 415, 416 Tz. 10 – *Überregionale Klagebefugnis;* GRUR 2015, 1240 Tz. 13 – *Der Zauber des Nordens.*

[586] BGH GRUR 1995, 604, 605 – *Vergoldete Visitenkarte;* GRUR 1996, 217, 218 – *Anonymisierte Mitgliederliste.*

[587] BGH GRUR 1996, 804, 805 – *Preisrätselgewinnauslobung III;* GRUR 1996, 1119, 1120 – *RUMMS!;* GRUR 2003, 804 – *Foto-Aktion.*

[588] BGH GRUR 2005, 689, 690 – *Sammelmitgliedschaft III;* GRUR 2015, 1240 Tz. 13 – *Der Zauber des Nordens;* OLG Hamm GRUR 1991, 692, 693; *Ohly*/Sosnitza § 8 Rdn. 91.

[589] Vgl. BGH GRUR 1972, 538, 560 – *Teerspritzmaschinen.*

[590] BGH GRUR 1994, 307, 308 – *Mozzarella I.*

[591] BGH GRUR 1964, 567, 568 – *Lavamat I;* GRUR 1968, 95, 98 – *Büchereinachlaß;* GRUR 1997, 669, 671 – *Euromint.*

abschließend sein sollen.[592] Schadensersatzansprüche können die in § 8 Abs. 3 Nr. 2 bis 4 Genannten nur geltend machen, wenn sie unmittelbar verletzt sind[593] und in dieser Eigenschaft die Merkmale eines „Mitbewerbers" gem. § 2 Abs. 1 Nr. 3 erfüllen. Dasselbe dürfte für den im Gesetz nicht ausdrücklich geregelten Bereicherungsanspruch gelten.[594]

6. Abtretung, Prozessstandschaft und gesetzlicher Forderungsübergang

263 **a) Abtretung.** *aa) Abtretung durch Mitbewerber.* Nach der Rechtsprechung ist die isolierte **Abtretung** von **Abwehransprüchen** ohne Übertragung des Unternehmens, im Zusammenhang mit dessen Betrieb der Abwehranspruch entstanden ist, grundsätzlich **ausgeschlossen.**[595] Wettbewerbsrechtliche Abwehransprüche sind mit dem Unternehmen, zu dessen Schutz sie dienen, eng verbunden und können nur gemeinsam mit ihm übergehen (Akzessorietät).[596] Die Abtretung des Unterlassungsanspruchs erfordert dann **die Übertragung des Unternehmens.**[597] Die frühere Rechtsprechung hat den Ausschluss der isolierten Abtretung damit begründet, mit ihr sei für Unterlassungsansprüche als höchstpersönliche Ansprüche eine Veränderung des Inhalts gem. §§ 413, 399 Alt. 1 BGB verbunden.[598]

264 Heute begründet der BGH,[599] wie auch die überwiegende Meinung im Schrifttum,[600] die Unzulässigkeit der isolierten Abtretung auch damit, dass sie zu einer der Regelung des § 8 Abs. 3 widersprechenden **Vermehrung der Klageberechtigten** führe. Deshalb ist auch eine isolierte Abtretung an Mitbewerber oder die gem. § 8 Abs. 3 Nr. 2–4 Aktivlegitimierten ausgeschlossen. Wer wegen des Wettbewerbsverstoßes selbst bereits einen eigenen Abwehranspruch hat, benötigt keinen zweiten aus abgetretenem Recht. Ein Interesse könnte nur bestehen, soweit der eigene Anspruch verjährt oder verwirkt ist. Hier würde die Gestattung der Geltendmachung von Ansprüchen aus abgetretenem Recht aber dem Sinn und Zweck der Rechtsinstitute der Verjährung und Verwirkung zuwiderlaufen.[601] Und soweit kein eigener Abwehranspruch gegeben ist, würde die Abtretung, wollte man sie gestatten, zu einer überschießenden Anspruchsberechtigung führen, die dann Sinn und Zweck des § 8 Abs. 3 zuwiderliefe.

265 *bb) Abtretung durch Verbände.* Auch die nach § 8 Abs. 3 Nr. 2–4 aktivlegitimierten **Verbände,** Verbraucherschutzorganisationen und Kammern können ihre **Abwehransprüche nicht isoliert abtreten.** Eine Abtretung an Personen, die nicht zu den Anspruchsberechtigten gem. § 8 Abs. 3 gehören, ist von vornherein nach § 399 Alt. 1 BGB ausgeschlossen, weil sonst der geschlossene Kreis der Anspruchsberechtigten gesprengt würde.[602] Aber auch eine Abtretung an andere gem. § 8 Abs. 3 Anspruchsberechtigte ist ausgeschlossen. Hier greifen dieselben Erwägungen wie bei der Abtretung von Ansprüchen durch Mitbewerber (Rdn. 264). Hinzu kommt, dass es Sinn und Zweck der Einräumung der Anspruchsberechtigung nach § 8 Abs. 3 Nr. 2–4 krass zuwiderliefe, wenn ein hiernach Anspruchsberechtigter seinen Anspruch nicht selbst geltend macht, sondern versucht, ihn an einen Dritten abzugeben. Der Versuch, sich der eigenen Anspruchsberechtigung zu begeben, würde zu einer Inhaltsänderung gem. §§ 413, 399 Alt. 1 BGB führen.

266 **b) Prozessstandschaft.** *aa) Prozessstandschaft für Mitbewerber.* Eine **Prozessstandschaft durch Unternehmer** ist für die Geltendmachung von Abwehransprüchen anderer Unternehmer nach den allgemeinen Regeln **möglich.**[603] Danach kann ein Dritter auf Grund einer Ermächtigung des An-

---

[592] BT-Drucks. 15/1487, S. 22.

[593] Vgl. BGH GRUR 1962, 315, 319 – *Deutsche Miederwoche.*

[594] Vgl. BGH GRUR 1962, 315, 319 – *Deutsche Miederwoche.*

[595] RG MuW XXXVII, 377, 378 – *Floating Power;* BGH GRUR 1993, 151, 152– *Universitätsemblem;* GRUR 2001, 1158, 1160 – *Dorf MÜNSTERLAND I;* GRUR 2002, 248 – SPIEGEL-CD-ROM; GRUR 2007, 978, 980 Tz. 22 – *Rechtsberatung durch Haftpflichtversicherer.*

[596] RG MuW XXXVII, 377, 378 – *Floating Power.*

[597] RGZ 86, 252, 254; RG MuW XXXVII, 377, 378 – *Floating Power;* BGH GRUR 1983, 379, 381 – *Geldmafiosi.*

[598] BGH GRUR 1983, 379, 381 – *Geldmafiosi;* GRUR 2001, 1158, 1160 – *Dorf Münsterland I,* m. w. N.; OLG Hamburg NJW 1963, 2128; *Köhler*/Bornkamm § 8 Rdn. 3.18.

[599] BGH GRUR 2007, 978, 980 Tz. 33 – *Rechtsberatung durch Haftpflichtversicherer.*

[600] Vgl. Teplitzky/*Büch* Kap. 15 Rdn. 4; Fezer/*Büscher* § 8 Rdn. 114; *Fritzsche* S. 451; *Köhler*/Bornkamm § 8 Rdn. 3.18 f., 3.20; *Melullis* Rdn. 668; *Ohly*/Sosnitza § 8 Rdn. 64.

[601] *Köhler*/Bornkamm § 8 Rdn. 3.19.

[602] *Köhler*/Bornkamm § 8 Rdn. 3.21.

[603] BGH GRUR 1993, 151, 152– *Universitätsemblem;* GRUR 2001, 344, 345 f. – *DB Immobilienfonds;* GRUR 2005, 166, 171 – *Puppenausstattungen;* GRUR 2008, 1108, 1112 Tz. 54 – *Haus & Grund III;* GRUR 2009, 484, 488 Tz. 49 – *Metrobus.*

spruchsinhabers aus dessen Recht dann auf Unterlassung klagen, wenn er ein eigenes schutzwürdiges Interesse hat.[604] Eine Ermächtigung zur Prozessführung kann formlos und auch durch konkludentes Handeln erteilt werden. Sie muss sich aber auf einen oder mehrere bestimmte Ansprüche aus einem bestimmten Rechtsverhältnis beziehen und kann nicht allgemein erteilt werden.[605]

Das **schutzwürdige Interesse** kann sich aus einer besonderen Rechtsbeziehung zum Anspruchsinhaber ergeben; dabei können auch wirtschaftliche Interessen herangezogen werden.[606] 267

Das schutzwürdige Interesse wird bejaht, wenn eine Konzernmutter von der von ihr beherrschten **Konzerntochter** ermächtigt wird[607] oder wenn sonst zwischen Klägerin und Anspruchsinhaber eine Konzernverbindung besteht.[608] Für einen **GmbH-Gesellschafter** besteht ein schutzwürdiges Interesse an der Durchsetzung der Ansprüche der GmbH insbesondere dann, wenn er Dritte an der Gesellschaft in einem Maße beteiligt ist, dass er an der Durchsetzung von deren Ansprüchen in nahezu demselben Maße interessiert ist wie diese selbst.[609] Bejaht wird das schutzwürdige Interesse auch, wenn ein **Ortsverband** von der ihm übergeordneten Dachorganisation ermächtigt wird,[610] oder wenn zwischen Ermächtigendem und Ermächtigtem ein **Vertriebsvertrag** hinsichtlich derjenigen Produkte besteht, um die es im Rechtsstreit geht.[611] Auch der **Lizenznehme**r hat regelmäßig ein eigenes schutzwürdiges Interesse an der Verfolgung von Verletzungen der lizenzierten Rechtsposition.[612] Das Gleiche gilt für den **Empfänger einer Gestattung.** 268

bb) Prozessstandschaft für Verbände. Dagegen können **Verbände,** Verbraucherschutzorganisationen und Kammern grundsätzlich **nicht** in Prozessstandschaft für den anspruchsberechtigten Verletzten klagen, weil sonst die Beschränkungen, die der Gesetzgeber für die Klagebefugnis der Verbände aufgestellt hat, unterlaufen würden.[613] Soweit die Anspruchsberechtigung sich nicht durch § 8 Abs. 3 Nr. 2–4 begründen lässt und damit ohnehin eigene Ansprüche bestehen, hat der Gesetzgeber ein schutzwürdiges Interesse an der Verfolgung von Ansprüchen gerade verneint, so dass auch an der Verfolgung von Ansprüchen Dritter kein schutzwürdiges Interesse bestehen kann.[614] 269

Mit der Klagebefugnis der Verbände im Einklang steht demgegenüber die vielfach geübte Praxis, dass ein **Unternehmer** von seiner eigenen Klagebefugnis als Mitbewerber keinen Gebrauch macht, sondern einen **Verband,** dessen Mitglied er in der Regel ist, **zur Rechtsverfolgung anregt** und ggf. auch die Kosten der Rechtsverfolgung übernimmt.[615] Dies erlaubt es dem Unternehmer einerseits, gegenüber dem in Anspruch genommenen Wettbewerber **in der Anonymität** zu bleiben, und andererseits, sich die Spezialisierung, Erfahrung und Ausstattung des Verbands zu Nutze zu machen.[616] 270

cc) Prozessstandschaft für Verbände. **Dritte** können den Anspruch eines Verbandes, einer Verbraucherschutzorganisation oder einer Kammer **nicht in Prozessstandschaft geltend machen.** § 8 Abs. 3 Nr. 2–4 überantwortet diesen Anspruchsberechtigten den Anspruch gerade zur Wahrnehmung und Durchsetzung in eigener Verantwortung. Damit ist ein schutzwürdiges Interesse Dritter an der Durchsetzung dieser genuin fremden Ansprüche ausgeschlossen. 271

c) Rechtsnachfolge. In Fällen, in denen **Anspruch und Unternehmen gemeinsam übertragen** werden und der Leistungsinhalt keine Änderung erfährt, ist die Übertragung des Unterlassungsanspruchs eines Mitbewerbers auf einen anderen Rechtsträger im Wege der Rechtsnachfolge möglich.[617] In Betracht kommen hier neben einer Unternehmensübertragung als Form des gesetzli- 272

---

604 Vgl. BGH GRUR 1990, 361, 362 – *Kronenthaler;* GRUR 1995, 54, 57 – *Nicoline;* GRUR 2001, 344, 345f. – *DB Immobilienfonds;* GRUR 2008, 1108, 1112 Tz. 54 – *Haus & Grund III;* GRUR 2009, 484, 488 Tz. 49 – *Metrobus.*

605 BGH GRUR 2008, 1108, 1112 Tz. 52 – *Haus & Grund III.*

606 BGH GRUR 1995, 54, 57 – *Nicoline;* GRUR 2000, 1089, 1092f. – *Mißbräuchliche Mehrfachverfolgung;* GRUR 2001, 344, 346 – *DB Immobilienfonds;* GRUR 2008, 1108, 1112 Tz. 54 – *Haus & Grund III;* GRUR 2009, 484, 488 Tz. 49 – *Metrobus.*

607 BGH GRUR 2001, 344, 346 – *DB Immobilienfonds;* GRUR 2008, 1108, 1112 Tz. 54 – *Haus & Grund III.*

608 BGH GRUR 2005, 423, 425 – *Staubsaugerfiltertüten.*

609 BGH GRUR 1995, 54, 57 – *Nicoline.*

610 BGH GRUR 2008, 1108, 1112 Tz. 55 – *Haus & Grund III.*

611 BGH GRUR 1995, 54, 57 – *Nicoline;* vgl. auch BGH GRUR 2005, 166, 171 – *Puppenausstattungen.*

612 BGH GRUR 1999, 161, 163 – *MAC Dog;* OLG Düsseldorf, Urt. v. 12.1.2010, Az. I-20 U 54/09 – *Kuchenset.*

613 BGH GRUR 1998, 417, 418 – *Verbandsklage in Prozeßstandschaft.*

614 BGH GRUR 1998, 417, 418 – *Verbandsklage in Prozeßstandschaft; Köhler*/Bornkamm § 8 Rdn. 3.22.

615 Vgl. BGH GRUR 2001, 178 – *Impfstoffversand an Ärzte.*

616 *Loewenheim* in: FS 75 Jahre Wettbewerbszentrale, S. 63.

617 BGH GRUR 1995, 817, 818 – *Legehennenhaltung;* GRUR 1983, 379, 381 – *Geldmafiosi, Köhler*/Bornkamm § 8 Rdn. 3.20.

chen Schuldbeitritts (vgl. § 25 Abs. 1 Satz 2 HGB) auch eine Gesamtrechtsnachfolge durch Erbfall (§ 1922 BGB) oder im Wege einer Umwandlung (Verschmelzung, Fusion, §§ 2ff. UmwG; Spaltung, §§ 123ff. UmwG; Vermögensübertragung, §§ 174ff. UmwG).[618]

273 Voraussetzung ist allerdings auch in diesen Fällen, dass der **Rechtsnachfolger** in seiner Person den Anforderungen an die Geltendmachung des Unterlassungsanspruchs (§ 8 Abs. 3 Nr. 1) genügt und seinerseits **Mitbewerber bleibt.**[619]

II. Mitbewerber (§ 8 Abs. 3 Nr. 1)

1. Begriff des Mitbewerbers

274 In erster Linie aktivlegitimiert ist nach dem Wortlaut „jeder Mitbewerber". Der Begriff des „Mitbewerbers" soll dem Begriff des „unmittelbar Verletzten" im Sinne der Rechtsprechung zum UWG 1909 entsprechen.[620] Die Sachbefugnis dieses „unmittelbar Verletzten" war nicht ausdrücklich geregelt, sondern ergab sich wegen des mitbewerberschützenden Zwecks des UWG unmittelbar aus der verletzten Norm.[621] Als **unmittelbar Verletzter** war grundsätzlich nur derjenige angesehen worden, der zu dem Verletzer (oder dem von diesem geförderten Unternehmer) in einem konkreten Wettbewerbsverhältnis stand und in dessen geschützte Rechtsposition durch die Verletzungshandlung eingegriffen wurde.[622]

275 Gemessen daran ist der **Wortlaut** des § 8 Abs. 3 Nr. 1 **verunglückt** und wesentlich **zu weit** geraten. Denn unmittelbar Verletzter ist bei sog. „mitbewerberbezogenen Verstößen", also Wettbewerbsverstößen, die sich ausschließlich gegen die Interessen eines bestimmten Mitbewerbers richten und allein in dessen geschützte Rechtsposition eingreifen (z.B. § 4), **nicht „jeder"** Mitbewerber, sondern nur dieser eine (Rdn. 279ff.).

276 Der **Begriff** des „Mitbewerbers" ist also **nicht gleichbedeutend mit** dem Begriff des Mitbewerbers in **der Legaldefinition des § 2 Abs. 1 Nr. 3.** Der Begriff des „Mitbewerbers" in § 8 Abs. 3 Nr. 1 baut zwar auf der Legaldefinition auf. Niemand kann Mitbewerber i.S.d. § 8 Abs. 3 Nr. 1 sein, der nicht zumindest die Kriterien der Legaldefinition in § 2 Abs. 1 Nr. 3 erfüllt. Hinzukommen muss bei rein mitbewerberbezogenen Verstößen als **zusätzliches Element** aber noch die persönliche Betroffenheit durch den Wettbewerbsverstoß. Hieraus ergeben sich folgende Voraussetzungen:

2. Voraussetzungen der Mitbewerbereigenschaft i.S.d. § 8 Abs. 3 Nr. 1

277 **a) Mitbewerbereigenschaft i.S.d. § 2 Abs. 1 Nr. 3.** Mitbewerber ist gem. § 2 Abs. 1 Nr. 3 jeder Unternehmer, der mit einem oder mehreren Unternehmern als Anbieter oder Nachfrager von Waren oder Dienstleistungen in einem **konkreten Wettbewerbsverhältnis** steht.[623] Dazu gehören auch potentielle Wettbewerber, soweit konkrete Vorbereitungshandlungen bereits getroffen wurden und ein Markteintritt unmittelbar bevorsteht.[624] Unerheblich ist, ob die Tätigkeit, die das Wettbewerbsverhältnis begründet, gesetzwidrig oder wettbewerbswidrig ist.[625] Zu den **Details** wird auf die **Kommentierung zu § 2** verwiesen (Rdn. 113ff.). An der Mitbewerbereigenschaft fehlt es im maßgeblichen Zeitpunkt der letzten mündlichen Verhandlung, wenn der Anspruchsteller die Tätigkeit, welche die Mitbewerbereigenschaft begründet, endgültig eingestellt hat.[626]

278 **b) Kein Fehlen der erforderlichen persönlichen Betroffenheit.** *aa) Marktbezogene Verstöße.* Bei einigen UWG-Tatbeständen (z.B. §§ 5, 5a, 7), die nicht den Schutz gerade eines individuellen Mitbewerbers im Auge haben (sog. **„marktbezogene Verstöße"**), ist für die Aktivlegitimation

---

[618] *Ohly*/Sosnitza § 8 Rdn. 65.
[619] BGH GRUR 1999, 1100 – *Generika-Werbung; Ohly*/Sosnitza § 8 Rdn. 65.
[620] BT-Drucks. 15/1487, S. 22.
[621] *Sack* in: FS v. Gamm, S. 161ff., 176ff.
[622] Vgl. RGZ 120, 47, 49 – *Markenschutzverband I;* BGH GRUR 1960, 144, 146 – *Bambi;* GRUR 1991, 223, 224f. – *Finnischer Schmuck;* GRUR 1998, 1039, 1040 – *Fotovergrößerungen;* zum Ganzen *Baumbach/Hefermehl,* § 13 Rdn. 19, Einl UWG Rdn. 214f., 216ff., § 1 Rdn. 912; *Bornkamm* GRUR 1996, 527ff.; *Sack* in: FS v. Gamm, S. 161ff., 176ff.; *ders.* BB 1995, 1ff.
[623] BGH GRUR 2014, 573 Tz. 15 – *Werbung für Fremdprodukte,* m.w.N.
[624] BGH GRUR 1984, 823 – *Charterfluggesellschaften;* OLG Hamburg GRUR-RR 2012, 21, 23 – *LOTTO guter Tipp; Köhler*/Bornkamm § 2 UWG Rdn. 30 u. § 8 Rdn. 3.29.
[625] RG GRUR 1929, 354, 356 — *Kruschensalz;* BGH GRUR 2005, 519, 520 – *Vitamin-Zell-Komplex;* OLG Hamburg GRUR-RR 2012, 21, 23 – *LOTTO guter Tipp; Köhler*/Bornkamm § 8 Rdn. 3.27; *Mellulis* Rdn. 364.
[626] BGH GRUR 1995, 697, 699 – *FUNNY PAPER.*

keine zusätzliche persönliche Betroffenheit erforderlich. So steht der Unterlassungsanspruch aus § 8 Abs. 1 gegen denjenigen, der eine nach § 5 Abs. 2 Nr. 1 unzulässige irreführende geschäftliche Handlung vornimmt, jedem Mitbewerber zu.[627] Mitbewerber können auch Verstöße gegen § 7 Abs. 2 Nr. 2–4 und § 7 Abs. 3 verfolgen.[628] Die Klagebefugnis der Mitbewerber besteht **auch bei** Ansprüchen aus der **Verletzung von Normen, die,** wie z. B. § 5 Abs. 2, **allein dem Verbraucherschutz dienen** oder **die Allgemeininteressen schützen.** Eine Einschränkung ist nicht angezeigt, sie ist vom Gesetzgeber nicht gewollt.

bb) Mitbewerberbezogene Verstöße. Die **persönliche Betroffenheit** ist aber Voraussetzung bei allen Tatbeständen, die in der jeweiligen Fallgestaltung nach ihrem Normzweck **nur einen bestimmten Mitbewerber** schützen (sog. **„mitbewerberbezogene Verstöße"**). Diese Betroffenheit fehlt einem Mitbewerber im Sinne des § 2 Abs. 1 Nr. 3 immer dann, wenn sich der Wettbewerbsverstoß ausschließlich gegen die Interessen gerade eines bestimmten anderen Mitbewerbers richtet. Es handelt sich hierbei um die folgenden Fallgestaltungen: 279

(1) Rechtsbruch. Der **Rechtsbruchtatbestand** schützt immer dann allein den betroffenen Mitbewerber, wenn dies auch die verletzte Rechtsnorm tut. 280

(2) Herabsetzung und Rufschädigung. Die Tatbestände zum **Schutz des guten Rufs** gegen Herabsetzung (§§ 4 Nr. 2, 6 Abs. 2 Nr. 4 Alt. 2 und Nr. 5) sowie der Tatbestand der **Anschwärzung** (§ 4 Nr. 1) schützen **nur Individualinteressen** des betroffenen Mitbewerbers. 281

(3) Rufausbeutung. Auch der Tatbestand der Rufausbeutung im Rahmen der vergleichenden Werbung (§ 6 Abs. 2 Nr. 4 Alt. 1) ist **allein mitbewerberschützend.** 282

(4) Nachahmungsschutz. Alle drei unterschiedlichen Tatbestände des § 4 Nr. 3 schützen **allein die Interessen der betroffenen Originalhersteller** und **ausnahmsweise** auch der **Alleinvertriebshändler** und können nur von ihnen geltend gemacht werden.[629] Dies gilt nicht nur für die Alternativen der Rufausbeutung (lit. b) und der unredlichen Erlangung von Kenntnissen und Unterlagen (lit. c), sondern auch für die vermeidbaren Herkunftstäuschung (lit. a).[630] Soweit mit einer Nachahmung eine relevante Täuschung des Verkehrs einhergeht, ist der Tatbestand des § 5 Abs. 2 eröffnet, für den die in § 8 Abs. 4 Nr. 2–4 Genannten ohne weiteres aktivlegitimiert sind. Einer ergänzenden Aktivlegitimation auch für § 4 Nr. 3 bedarf es auch nach der Umsetzung der UGP-RL nicht.[631] An der abweichenden Auffassung der Vorauflage (dort Rdn. 327) wird nicht festgehalten. 283

(5) Gezielte Behinderung. Bei der **gezielten Behinderung eines Mitbewerbers** ist nur dieser klagebefugt, wenn nicht auch zugleich die Interessen Dritter, der Verbraucher oder der Allgemeinheit berührt sind.[632] 284

(6) Geheimnisschutz. Bei Verstößen gegen die Vorschriften über den Geheimnisschutz (§§ 17 ff.) ist **nur derjenige Unternehmer** geschützt, **dessen Geheimnisse verletzt wurden.** 285

III. Wirtschafts- und Berufsverbände (§ 8 Abs. 3 Nr. 2)

1. Normzweck und Entstehungsgeschichte

Die Aktivlegitimation der Wirtschafts- und Berufsverbände entspricht dem Zweck des UWG, nicht nur Individual-, sondern auch Allgemeininteressen zu schützen (Rdn. 243). Die Anspruchsberechtigung ist gegenüber § 13 Abs. 2 Nr. 2 UWG 1909 erweitert worden. Ausdrücklich sind neben den **gewerblichen Verbänden** nunmehr auch solche zur **Förderung „selbständiger beruflicher" Interessen** klagebefugt. Damit ist die weite Auslegung der Rechtsprechung insbesondere bei den Fachverbänden als Interessenverbänden bestimmter Berufsgruppen (vgl. Rdn. 246) festgeschrieben worden.[633] Das Erfordernis, dass der Anspruch eine Handlung betreffen muss, die geeignet ist, den Wettbewerb auf dem relevanten Markt wesentlich zu beeinflussen, ist weggefallen. 286

---

[627] BGH GRUR 2014, 1114, 1115 Tz. 19 – *nickelfrei.*

[628] BGH GRUR 2013, 1170, 1171 Tz. 10 ff. – *Telefonwerbung für DSL-Produkte.*

[629] BGH GRUR 1994, 630, 634 – *Cartier-Armreif;* GRUR 2005, 519, 520 – *Vitamin-Zell-Komplex;* GRUR 2016, 730, 732 Tz. 21 – *Herrnhuter Stern.*

[630] BGH GRUR 2010, 80, 81 Tz. 17 – *LIKEaBIKE;* vor der Umsetzung der UGP-Richtlinie ebenso BGH GRUR 1988, 620, 621 – *Vespa-Roller;* GRUR 1991, 223, 225 – *Finnischer Schmuck;* GRUR 1994, 630, 634 – *Cartier-Armreif.*

[631] *Ohly*/Sosnitza § 4.9 Rdn. 9/84.

[632] BGH GRUR 2009, 416, 418 Tz. 22 – *Küchentiefstpreis-Garantie;* GRUR 2011, 543 Tz. 8 – *Änderung der Voreinstellung III.*

[633] Vgl. die Gegenäußerung der Bundesregierung auf die Stellungnahme des Bundesrates, BT-Drucks. 15/1487, S. 33, 42.

Die Missbrauchsklausel in § 8 Abs. 4, die institutionellen Anforderungen an die Verbände nach § 8 Abs. 3 Nr. 2 sowie die früher in § 3 UWG 2004 verankerte, Bagatellgrenze wurden als hinreichend angesehen, um Missbräuchen der Klagebefugnis wirksam entgegenzutreten.[634] Heute findet sich in der verbraucherbezogenen Generalklausel des § 3 Abs. 2 anstelle der früheren Bagatellklausel das Erfordernis der Eignung zur wesentlichen Beeinflussung des wirtschaftlichen Verhaltens des Verbrauchers. Neu gegenüber dem alten Recht ist die Voraussetzung, dass die Zuwiderhandlung die **Interessen der Verbandsmitglieder berührt.** Unter dieser Voraussetzung kann ein Verband auch Verstöße gegen § 7 Abs. 2 Nr. 2–4 und § 7 Abs. 3 verfolgen.[635]

287 Dem Vorschlag, die Anspruchsberechtigung der Wirtschaftsverbände nicht mehr von im Einzelfall schwer nachzuweisenden Voraussetzungen abhängig zu machen, sondern an deren Stelle wie bei den Verbraucherverbänden (Nr. 3) die **Eintragung in ein spezielles Register** treten zu lassen,[636] ist der Gesetzgeber nicht gefolgt. Die Ablehnung ist damit begründet worden, die Klagebefugnis hänge bei den Wirtschaftsverbänden vor allem davon ab, dass ihnen eine erhebliche Zahl von Unternehmern angehörten, die Waren oder Dienstleistungen gleicher oder verwandter Art auf demselben Markt vertreiben.[637] Ob diese Voraussetzung im konkreten Fall vorliege, könne nur nach einer Gesamtbeurteilung sämtlicher Umstände des Einzelfalles festgestellt werden. Die Eintragung in eine allgemeine Liste könne eine solche Prüfung nicht ersetzen.[638] Demgemäß ergibt sich die Befugnis eines Verbands zur Geltendmachung der Ansprüche nach Abs. 1 nicht schon daraus, dass er zu den in § 1 UKlaG aufgeführten, gem. § 8 Abs. 5 UWG i. V. m. § 13 Abs. 5 Satz 1 Nr. 2 UKlaG auskunftsberechtigten Wettbewerbsverbänden zählt.[639]

2. Rechtsfähiger Verband

288 **a) Rechtsfähigkeit.** Die Klagebefugnis des Verbands setzt voraus, dass dieser rechtsfähig ist. Nur rechtsfähige Verbände sind parteifähig, § 50 Abs. 1 ZPO.

289 *aa) Juristische Person des Privatrechts.* Hierzu gehören als juristische Personen des Privatrechts etwa die **eingetragenen Vereine** (§§ 21–23 BGB) und **Stiftungen** (§ 81 BGB) und teilrechtsfähige Personengesellschaften, so dass auch in der Form einer **Gesellschaft bürgerlichen Rechts** (§ 705 BGB) organisierte Verbände rechts- und parteifähig sind.[640]

290 *bb) Juristische Person des öffentlichen Rechts.* Rechtsfähig sind auch juristische Personen des öffentlichen Rechts wie **berufsständische Kammern** und Innungen (näher zu ihnen Rdn. 302 ff.).

291 *cc) Ausländische Verbände.* Nach **ausländischem Recht** rechtsfähige Verbände können gleichfalls nach § 8 Abs. 3 Nr. 2 klagebefugt sein.[641]

292 **b) Maßgeblicher Zeitpunkt.** Die Rechtsfähigkeit muss **bei Klageerhebung** bestanden haben **und im Zeitpunkt der letzten mündlichen Verhandlung** noch gegeben sein. Dagegen ist es nicht erforderlich, dass der Verband schon im Zeitpunkt der Verletzungshandlung rechtsfähig war.[642]

3. Förderung gewerblicher oder selbständiger beruflicher Interessen

293 **a) Verbandszweck.** *aa) Allgemeines.* Der **Verbandszweck** muss auf die Förderung gewerblicher oder selbständiger beruflicher Interessen gerichtet sein. Der Zweck kann sich ausdrücklich oder durch Auslegung aus der **Satzung**[643] oder unmittelbar aus einem die Verbandsaufgaben regelnden **Gesetz** ergeben.

294 Der **Satzungszweck** muss **tatsächlich verfolgt** werden.[644] Bei einem ordnungsgemäß gegründeten und **jahrelang aktiv** tätigen Verband soll eine **tatsächliche Vermutung** für die tatsächliche

---

[634] BT-Drucks. 15/1487, S. 23, 42; der Bundesrat plädierte dagegen für die Beibehaltung dieses Merkmales, damit weiterhin an die Verfolgung von Wettbewerbsverletzungen durch Verbände höhere Anforderungen gestellt würden als an diejenige durch unmittelbar verletzte Konkurrenten, BT-Drucks. 15/1487, S. 33.

[635] BGH GRUR 2013, 1170, 1171 f. Tz. 16 f. – *Telefonwerbung für DSL-Produkte.*

[636] *Köhler/Bornkamm/Henning-Bodewig* WRP 2002, 1317, 1321, 1327.

[637] *Köhler* WRP 2007, 602, 603: Erweiterung der Klagebefugnis der Wirtschaftsverbände für den Fall, dass deren Mitglieder nicht als Mitbewerber, sondern als „sonstige Marktteilnehmer" betroffen sind.

[638] BT-Drucks. 15/1487, S. 22 f.

[639] BGH GRUR 2003, 454, 455 – *Sammelmitgliedschaft I.*

[640] Vgl. BGHZ 146, 341, 347; 151, 204, 206; BGH GRUR 2005, 689, 690 – *Sammelmitgliedschaft III.*

[641] BGH GRUR 1988, 453, 454 – *Ein Champagner unter den Mineralwässern.*

[642] A. A. *Ohly*/Sosnitza § 8 Rdn. 91.

[643] BGH GRUR 1965, 485, 486 – *Versehrten-Betrieb.*

[644] BGH GRUR 2000, 1084, 1085 – *Unternehmenskennzeichnung;* GRUR 2000, 1093, 1094 – *Fachverband.*

Zweckverfolgung sprechen, die der Gegner grundsätzlich zu widerlegen hat.[645] Diese Rechtsprechung ist schon zur Rechtslage vor der UWG-Novelle 1994[646] entstanden, als das Gesetz nur von „Verbänden zur Förderung gewerblicher Interessen sprach".[647]

295 An dieser Rechtsprechung wird bislang festgehalten.[648] Wegen des jetzigen Gesetzeswortlauts, nach dem von dem Verband nur verlangt wird, dass er **imstande ist,** seine satzungsmäßigen Aufgaben tatsächlich wahrzunehmen, ist dies nicht völlig unbedenklich. Zwar wird eine fehlende satzungsgemäße Tätigkeit über einen längeren Zeitraum nach der Lebenserfahrung den Schluss nahe legen, dass es dem Verband auch an der Fähigkeit der tatsächlichen Zweckverfolgung mangelt. Bei einem **neu gegründeten Verband** in der **Anlaufzeit** sind aber geringere Anforderungen zu stellen. Wenn er über eine ausreichende personelle, sachliche und finanzielle Ausstattung verfügt, wird man die Anspruchsberechtigung und Klagebefugnis nach § 8 Abs. 2 Nr. 2 nicht erst dann zusprechen können, wenn er seine satzungsgemäßen Zwecke zunächst eine Zeitlang in anderer Weise als durch Geltendmachung von Unterlassungsansprüchen verfolgt hat.[649] Jedenfalls dann, wenn ein junger Verband in der kurzen Zeit seines Bestehens bereits erhebliche Tätigkeiten zur Erfüllung seiner satzungsmäßigen Aufgaben entfaltet hat (z.B. erfolgreiche Mitgliederwerbung, jedenfalls beginnende Abmahntätigkeit, Versendung von Informationsschreiben oder Broschüren, Durchführung von Seminaren), wird der Satzungszwecks aktiv verfolgt.[650]

296 Ob die Mitglieder den Verband ausdrücklich zur Verfolgung von Wettbewerbsverstößen ermächtigt haben, ist unerheblich.[651] Ist in der Satzung eines Verbandes **keine Regelung** enthalten oder durch Auslegung zu ermitteln, dass die Verfolgung von Wettbewerbsverstößen zu seinen Aufgaben gehört, ist aber zu fordern, dass sich ein solcher Verband gemessen an seiner sonstigen Tätigkeit und mit Blick auf die Verhältnisse des jeweiligen Marktes **tatsächlich nachhaltig** in der **Verfolgung von Wettbewerbsverstößen** hervorgetan hat.[652]

297 *bb) Fachverbände.* Bei **Fachverbänden** gehört die **Wahrung aller branchen- bzw. berufsspezifischen Belange** zu den satzungsgemäß zu erfüllenden Aufgaben. Der Verfolgung von Wettbewerbsverstößen kann daneben eine nur untergeordnete Rolle zukommen.[653]

298 *cc) Wettbewerbsvereine.* Auch ein Verband, dessen Satzungszweck gerade die Bekämpfung unlauteren Wettbewerbs ist **(Wettbewerbsverein),** kann die gewerblichen Interessen seiner Mitglieder fördern.[654] Er muss nach der Rechtsprechung aber neben der unmittelbaren Verfolgung von Wettbewerbsverstößen **auch andere** ebenfalls der Bekämpfung unlauteren Wettbewerbs dienliche **Tätigkeiten** entfalten wie etwa die Beobachtung des Wettbewerbsgeschehens, Testkäufe, Abmahntätigkeiten, u.U. die Teilnahme an wettbewerbspolitischen Veranstaltungen und einen Rundschreibendienst.[655] Diese Rechtsprechung beruht wohl auf der Erwägung, dass die bloße Inanspruchnahme der Klagebefugnis (nach § 13 Abs. 2 Nr. 2 UWG 1909 in der zuletzt gültigen Fassung) nicht genügen kann, um diese selbst zu begründen.[656] Dient aber, wovon die Rechtsprechung bisher zutreffend ausgegangen ist, die Verfolgung von Wettbewerbsverstößen der Förderung gewerblicher Interessen, so kann eine darüber hinausgehende Tätigkeit (zu der als notwendige Vorbereitungsmaßnahme die Beobachtung des Wettbewerbsgeschehens gehört) **nicht verlangt werden.** Die Gefahr, dass die Klagebefugnis zur Bekämpfung unlauteren Wettbewerbs ohne jeden Zusammen-

[645] BGH GRUR 1975, 377, 378 – *Verleger von Tonträgern;* GRUR 1986, 320, 321 – *Wettbewerbsverein I;* GRUR 1994, 831 – *Verbandsausstattung II;* GRUR 2000, 1093, 1095 – *Fachverband;* KG GRUR-RR 2013, 335, 337 – *Zweifelhafte Drittunterwerfung;* vgl. auch BGH GRUR 1990, 1038f. – *Haustürgeschäft.*

[646] Gesetz zur Änderung des Gesetzes gegen den unlauteren Wettbewerb vom 25.7.1994, BGBl. I S. 1738.

[647] Vgl. BGH GRUR 1971, 585, 586 – *Spezialklinik;* GRUR 1975, 377, 378 – *Verleger von Tonträgern;* GRUR 1990, 282, 284 – *Wettbewerbsverein IV;* GRUR 1994, 831 – *Verbandsausstattung II.*

[648] Z.B. OLG Stuttgart GRUR-RR 2009, 343, 344 – *CO2-Emission I;* OLG Hamburg GRUR-RR 2013, 29, 31 – *Nr. 1 Hits.*

[649] Vgl. BGH GRUR 1973, 78, 79f. – *Verbraucherverband; Ohly*/Sosnitza § 8 Rdn. 107.

[650] Vgl. OLG Nürnberg WRP 1995, 338, 440.

[651] BGH GRUR 2005, 689, 690 – *Sammelmitgliedschaft III;* KG GRUR-RR 2013, 335, 337 – *Zweifelhafte Drittunterwerfung* unter Bezugnahme auf BGH GRUR 1990, 1038f. – *Haustürgeschäft.*

[652] KG GRUR-RR 2013, 335, 337 – *Zweifelhafte Drittunterwerfung.*

[653] BGH GRUR 1990, 1038, 1039 – *Haustürgeschäft;* GRUR 2000, 1093, 1095 – *Fachverband;* KG GRUR-RR 2013, 335, 337 – *Zweifelhafte Drittunterwerfung.*

[654] BGH GRUR 1990, 282, 284 – *Wettbewerbsverein IV;* Bedenken dagegen bei *v. Ungern-Sternberg* NJW 1981, 2328, 2329f.; *Schreiner* GRUR 1988, 919.

[655] BGH GRUR 1986, 320, 321 – *Wettbewerbsverein I;* GRUR 1986, 676, 677 – *Bekleidungswerk;* GRUR 1990, 282, 284 – *Wettbewerbsverein IV;* OLG Hamburg GRUR-RR 2013, 29, 31 – *Nr. 1 Hits;* vgl. auch BGH GRUR 2000, 1093 – *Fachverband;* KG GRUR-RR 2015, 335, 337 – *Zweifelhafte Drittunterwerfung.*

[656] Vgl. BGH GRUR 1986, 320, 321 – *Wettbewerbsverein I;* deutlich in diesem Sinne *v. Ungern-Sternberg* NJW 1981, 2328, 2329.

hang mit den wirklichen gewerblichen Belangen der Mitglieder ausgeübt wird,[657] dürfte nach neuem Recht schon deshalb nicht bestehen, weil die Anspruchsberechtigung nach § 8 Abs. 3 Nr. 2 nur gegeben ist, soweit die Zuwiderhandlung die Interessen der Mitglieder berührt. Etwaigen Missbräuchen kann zudem mit der Anwendung von § 8 Abs. 4 begegnet werden.

299 *dd) Mischverbände.* Die Förderung der gewerblichen (oder selbständigen beruflichen) Interessen muss **nicht der alleinige Verbandszweck** sein. Allerdings können sog. **Mischverbände,** deren Zielsetzung oder Mitgliederzusammensetzung sowohl auf die Förderung gewerblicher oder beruflicher Interessen gerichtet ist als auch dem Schutz von Verbraucherinteressen (Nr. 3) dient, nach traditioneller Auffassung nicht die Voraussetzungen eines nach Nr. 2 klageberechtigten Verbandes erfüllen.[658] Dahinter steht die Befürchtung, dass wegen der Gefahr von Konflikten zwischen den gewerblichen oder beruflichen Interessen einerseits und den Verbraucherinteressen andererseits die Wahrnehmung der den Verbänden vom Gesetzgeber übertragenen Aufgaben vereitelt oder erschwert werden könnte.[659] Ob diese Erwägung heute noch gegen die Klagebefugnis von Mischverbänden angeführt werden kann, nachdem es eine Zielsetzung der Neufassung des UWG ist, „Verbraucherinnen und Verbraucher ... als gleichberechtigte Partner in den Schutzbereich des Gesetzes" aufzunehmen,[660] könnte allerdings zweifelhaft erscheinen.[661]

300 Möglicherweise lässt sich auch diese Problematik mit Hilfe der neu eingeführten Voraussetzung lösen, dass die **Zuwiderhandlung die Interessen der Mitglieder berühren** muss. Da die Klagebefugnis nach Nr. 2 dem Verband wegen der Förderung gewerblicher oder selbständiger beruflicher Interessen gewährt wird, ist ein Mischverband nach dieser Vorschrift nur anspruchsberechtigt, wenn und soweit die verfolgte Zuwiderhandlung die Interessen seiner gewerblichen oder selbständig beruflich tätigen Mitglieder berührt. Verbraucherinteressen könnte er nur nach Maßgabe von § 8 Abs. 3 Nr. 3, also nur als eingetragene Einrichtung verfolgen.[662]

301 *ee) Missbräuchlicher Verbandstätigkeit.* Bei Formen missbräuchlicher Verbandstätigkeit,[663] insbesondere bei einem **Tätigwerden in bloßer Gewinnerzielungsabsicht,** ist zu unterscheiden: Ein Verband ist schon nicht prozessführungsbefugt (und nicht anspruchsberechtigt), wenn ihm eine der in Nr. 2 genannten Voraussetzungen fehlt, ihm also keine erhebliche Zahl von Unternehmern angehört, die Waren oder Dienstleistungen gleicher oder verwandter Art auf demselben Markt vertreiben, ihm mangels personeller, sachlicher oder finanzieller Ausstattung die Fähigkeit fehlt, die satzungsgemäßen Aufgaben tatsächlich wahrzunehmen oder die Zuwiderhandlung nicht die Mitgliederinteressen berührt. Liegen diese Voraussetzungen dagegen vor, so kann die Geltendmachung des Anspruchs im Einzelfall nach § 8 Abs. 4 missbräuchlich sein.

302 **b) Berufsständische Kammern.** Zu den Verbänden nach Nr. 2 wurden schon unter Geltung des UWG 1909 neben den privatrechtlich verfassten **Berufsorganisationen** die in der Rechtsform einer Körperschaft des öffentlichen Rechts (vgl. z.B. § 62 BRAO) verfassten **Kammern der freien Berufe** gezählt.[664] Dass Berufsorganisationen der Träger freier Berufe wie Gewerbetreibender nunmehr grundsätzlich klagebefugt sind, ist durch die Ergänzung „oder selbständiger beruflicher Interessen" klargestellt.[665] In der aktuellen Rechtsprechung wird deren Aktivlegitimation selbstverständlich angenommen und nicht mehr problematisiert.[666] Von einer Erweiterung der in § 8 Abs. 3

---

[657] Vgl. BGH GRUR 1990, 282, 284 – *Wettbewerbsverein IV.*

[658] Vgl. BGH GRUR 1983, 129, 130 – *Mischverband I;* GRUR 1985, 58, 59 – *Mischverband II; Köhler/*Bornkamm § 8 Rdn. 3.56; *Ohly*/Sosnitza § 8 Rdn. 105.

[659] BGH GRUR 1983, 129, 130 – *Mischverband I.*

[660] Vgl. § 1 Satz 1 sowie BT-Drucks. 15/1487, S. 1 unter „Lösung".

[661] Ebenso Teplitzky/*Büch* Kap. 13 Rdn. 19.

[662] Zustimmend Teplitzky/*Büch* Kap. 13 Rdn. 19.

[663] Zur Problematik der sog. Anwaltsgebühren- und Abmahnvereine unter der Geltung des früheren Rechts *Teplitzky* (10. Aufl.) Kap. 13 Rdn. 33 ff. m. w. N.

[664] Rechtsanwaltskammern: BGH GRUR 1997, 914, 915 – *Die Besten II;* GRUR 2002, 717, 718 – *Vertretung der Anwalts-GmbH;* GRUR 2003, 886 – *Erbenermittler;* GRUR 2003, 349, 350 – *Anwalts-Hotline;* Ärztekammern: BGH GRUR 1999, 504, 505 – *Implantatbehandlungen I;* GRUR 1999, 1009 – *Notfalldienst für Privatpatienten;* GRUR 2003, 353, 354 – *Klinik mit Belegärzten;* Zahnärztekammern: BGH GRUR 2001, 181, 182 – *dentalästhetika;* GRUR 2004, 164, 165 – *Arztwerbung im Internet;* Steuerberaterkammern: BGH GRUR 1999, 748, 749 – *Steuerberatung auf Fachmessen;* GRUR 2001, 348 – *Beratungsstelle im Nahbereich;* Architektenkammern: BGH GRUR 1997, 313, 314 – *Architektenwettbewerb.*

[665] BGH GRUR 2006, 598, 599 Tz. 12 – *Zahnarztbriefbogen;* GRUR 2015, 1237, 1238 Tz. 15 – *Erfolgsprämie für die Kundengewinnung;* OLG Nürnberg GRUR-RR 2007, 292, 293 – *Spezialist;* OLG Düsseldorf r + s 2015, 7 – *Kundenanwalt.*

[666] Vgl. BGH GRUR 2015, 286, 287 Tz. 7 – *Spezialist für Familienrecht;* GRUR 2015, 1237, 1238 Tz. 15 – *Erfolgsprämie für die Kundengewinnung.*

Nr. 4 genannten Kammern um die öffentlich-rechtlich verfassten Berufskammern[667] hat der Gesetzgeber abgesehen. Vielmehr soll für diese § 8 Abs. 3 Nr. 2 gelten.[668] Die neue Regelung ist – auch ohne ausdrückliche Nennung – hinreichende Grundlage für die Klagebefugnis der Berufskammern, soweit sie gegen Wettbewerbsverstöße Dritter, aber auch soweit sie gegen **Wettbewerbsverstöße ihrer Mitglieder,** die ihr kraft Zulassung angehören (vgl. etwa § 60 Abs. 1 BRAO), vorgehen.[669]

Die höchstrichterliche Rechtsprechung hat die Klagebefugnis von Berufskammern ihren Mitglie- 303
dern gegenüber auch in Wettbewerbssachen damit begründet, sie hätten ungeachtet ihrer **öffentlich-rechtlichen Aufgabenstellung** die beruflichen **Belange ihrer Mitglieder zu wahren** und zu fördern.[670] Das ist grundsätzlich mit Art. 12 Abs. 1 Satz 2 GG vereinbar.[671]

Im Einzelfall ist jedoch zu prüfen, ob das **Vorgehen im Zivilrechtsweg angemessen** ist oder 304
ob es unter Verhältnismäßigkeitsgesichtspunkten erforderlich sein kann, dass die Berufskammern zunächst zur Anwendung **milderer berufsrechtlicher Mittel** gehalten sind.[672] Demzufolge kann die Zulässigkeit des wettbewerbsrechtlichen Vorgehens z. B. einer Rechtsanwaltskammer gegen einen kammerangehörigen Rechtsanwalt davon abhängig sein, dass zunächst eine berufsrechtliche Belehrung (§ 73 Abs. 2 Nr. 1 BRAO) oder Rüge (§ 73 Abs. 2 Nr. 4, § 74 Abs. 1 BRAO) ausgesprochen, das beanstandete Verhalten aber gleichwohl fortgesetzt worden ist. Bei Werbemaßnahmen, die möglichst rasch und wirksam unterbunden werden müssen, wie z. B. irreführende Werbeangaben, wird ein Vorgehen im Zivilrechtsweg nur unter besonderen Umständen als unverhältnismäßig angesehen werden können.[673]

4. Verbandsangehörige

a) Allgemeines. Dem Verband muss gem. § 8 Abs. 3 Nr. 2 eine **erhebliche Zahl** von **Unter-** 305
nehmern angehören, die Waren oder Dienstleistungen gleicher oder verwandter Art auf demselben Markt vertreiben.

Durch das Merkmal des **Vertriebs von Waren gleicher oder verwandter Art auf demsel-** 306
ben Markt wird grundsätzlich gefordert, dass zumindest ein (abstraktes) Wettbewerbsverhältnis zwischen den Mitgliedern des Verbandes und dem Anspruchsgegner besteht. Darüber hinaus kann aber auch in Anspruch genommen werden, wer – obwohl selbst in einem anderen Markt tätig – den (fremden) Wettbewerb eines mit den Verbandsmitgliedern konkurrierenden Unternehmens fördert[674] oder wer sich an dem Wettbewerbsverstoß eines Dritten beteiligt, der Waren oder Dienstleistungen gleicher oder verwandter Art vertreibt.[675]

Nicht ganz klar ist die Abgrenzung zu der neuen Voraussetzung, dass die **Zuwiderhandlung** die 307
Interessen der Verbandsmitglieder berühren muss. Dieses Tatbestandsmerkmal wäre zur Einschränkung der Klagebefugnis im Sinne des Bestehens eines (abstrakten) Wettbewerbsverhältnisses angebracht, wenn man das auch für die Verbände nach Nr. 2 vorgeschlagene **Listensystem**[676] eingeführt hätte. Davon hat der Gesetzgeber für die Klagebefugnis nach Nr. 2 jedoch **bewusst abgesehen** und das (abstrakte) Wettbewerbsverhältnis wie bisher (allein) mit dem Merkmal des Vertriebs von Waren oder Dienstleistungen gleicher oder verwandter Art auf demselben Markt umschrieben.

Eine weitergehende Beschränkung der Klagebefugnis der Verbände dahingehend, dass Interessen 308
einzelner Verbandsmitglieder **unmittelbar** verletzt sein müssen, erscheint **nicht sinnvoll** und dürfte mit dem Erfordernis der **„Berührung" von Mitgliederinteressen** auch nicht verlangt werden. Es bleibt dann wohl nur die Auslegungsmöglichkeit, die Voraussetzung, dass dem Verband eine erhebliche Zahl von Unternehmern der beschriebenen Art angehören muss, darauf zu beschränken, dass lediglich in der genannten Weise eine abstrakte Wettbewerbsbeziehung zu den Verbandsmitgliedern besteht. Das neue Merkmal wäre dann dahin zu verstehen, dass eine solche Wettbewerbs-

---

[667] Vgl. den Vorschlag von *Köhler/Bornkamm/Henning-Bodewig* WRP 2002, 1317, 1322, 1327.

[668] BT-Drucks. 15/1487, S. 23; OLG Nürnberg GRUR-RR 2007, 292, 293 – *Spezialist.*

[669] Vgl. BVerfG WRP 2005, 83, 86; BGH GRUR 2006, 598 Tz. 13 – *Zahnarztbriefbogen; Bürglen* in: FS Ullmann, S. 913, 925 f.

[670] BGH GRUR 2002, 717, 718 – *Vertretung der Anwalts-GmbH;* GRUR 1997, 313, 314 – *Architektenwettbewerb;* GRUR 1998, 835, 836 – *Zweigstellenverbot;* vgl. ferner BGH GRUR 1999, 748, 749 – *Steuerberaterwerbung auf Fachmessen; Graf Lambsdorff* WRP 1998, 1151; *Grunewald* NJW 2002, 1369, 1371.

[671] BVerfG WRP 2005, 83, 86.

[672] BVerfG WRP 2005, 83, 86 f.; BGH GRUR 2006, 598, 599 Tz. 14 – *Zahnarztbriefbogen.*

[673] BGH GRUR 2006, 598 Tz. 15 – *Zahnarztbriefbogen;* OLG Karlsruhe, Urt. v. 13.5.2009, Az.6 U 49/08, insoweit nicht abgedruckt in GRUR-RR 2009, 431 – *Spezialist für Zahnarztrecht;* OLG Schleswig SchlHA 2011, 449 – *doctor filozofie.*

[674] BGH GRUR 2001, 529, 530 – *Herz-Kreislauf-Studie.*

[675] BGH GRUR 1997, 313, 314 – *Architektenwettbewerb;* GRUR 1997, 914, 91 – *Die Besten II.*

[676] Vgl. *Köhler/Bornkamm/Henning-Bodewig* WRP 2002, 1317, 1321, 1327.

beziehung im Einzelfall durch die beanstandete Zuwiderhandlung auch (in erheblicher Weise) betroffen ist (vgl. Rdn. 336).

309 **b) Erhebliche Zahl von Unternehmern.** *aa) Unternehmer.* Der Begriff des **„Gewerbetreibenden"** in § 13 Abs. 2 Nr. 2 UWG 1909 in der zuletzt gültigen Fassung ist 2004 **durch den des „Unternehmers" ersetzt** worden. Die mit der Verwendung des Begriffs „Unternehmer" bezweckte terminologische Angleichung an § 14 BGB[677] ist mit dem UWG 2008 durch die Legaldefinition in § 2 Nr. 6 wieder verunklart worden. Der Begriff des Unternehmers in § 8 Abs. 3 Nr. 2 entspricht gerade **nicht** dem der **Legaldefinition.**[678] Denn mit der Auswechslung des Begriffs des Gewerbetreibenden durch denjenigen des Unternehmers durch das UWG 2004 sollte eine inhaltliche Änderung gegenüber dem UWG 1909 nicht verbunden sein.[679] Der **Begriff des Unternehmers** ist daher wie früher derjenige des Gewerbetreibenden **weit auszulegen** und umfasst jeden, der eine auf Dauer angelegte und auf Erwerb abzielende **selbständige wirtschaftliche Tätigkeit** ausübt.[680] Darunter fallen sowohl gewerbliche wie andere berufliche Tätigkeiten, also nunmehr ausdrücklich auch die Angehörigen der freien Berufe. Eine Ausweitung auf die in § 2 Nr. 6 den Unternehmen gleichgestellten Personen, die in ihrem Namen oder Auftrag handeln, ist nicht angebracht und ersichtlich auch nicht gewollt.

310 **Idealvereine** kann man zu den Unternehmern i. S. d. § 8 Abs. 3 Nr. 2 zählen, wenn ihre Tätigkeit wegen ihrer Stellung im Wettbewerb Auswirkungen auf die wirtschaftliche Betätigung anderer Unternehmer hat.[681] Wer seine gewerbliche oder berufliche Tätigkeit noch nicht aufgenommen oder sie wieder aufgegeben hat, ist kein Unternehmer.[682] Bloße Vorbereitungshandlungen wie die Beantragung einer behördlichen Genehmigung oder die Ankündigung der Eröffnung eines bereits angemieteten Geschäftslokals genügen noch nicht.[683]

311 *bb) Erhebliche Zahl.* Das Erfordernis der **erheblichen Zahl** ist nicht im Sinne einer bestimmten Mindestanzahl zu verstehen. Es kommt vielmehr darauf an, dass dem Verband Unternehmer angehören, die auf dem betreffenden sachlichen und räumlichen Markt nach Anzahl und Gewicht **ein gemeinsames Interesse** der Angehörigen der betreffenden Branche **repräsentieren,** so dass ein missbräuchliches Vorgehen des Verbandes ausgeschlossen werden kann.[684] Darauf, ob die Verbandsmitglieder nach ihrer Zahl und ihrem wirtschaftlichen Gewicht im Verhältnis zu allen anderen auf dem Markt tätigen Unternehmen repräsentativ sind, kommt es nicht an.[685] Die Anforderungen sind nicht hoch. Die **Marktstruktur** ist zu berücksichtigen.[686] Gerade in oligopolistisch geprägten[687] oder bei räumlich und/oder sachlich eng begrenzten Märkten[688] würden überhöhte Anforderungen an Zahl und wirtschaftliches Gewicht der Mitgliedsunternehmen zu einer unangemessenen Einschränkung der Klagebefugnis führen. Die Mitgliedschaft einer geringen Zahl,[689] im Einzelfall sogar eines einzelnen[690] oder zweier Unternehmen[691] kann ausreichen, wenn nicht nur Individualin-

---

[677] BT-Drucks. 15/1487, S. 23.
[678] A. A. Teplitzky/*Büch* Kap. 13 Rdn. 4.
[679] BT-Drucks. 15/1487, S. 23.
[680] Vgl. RGZ 74, 169, 171 – *Supinator* (zu Ärzten als „Gewebetreibende"); 99, 189, 192 – *Steueranwalt* (zu Rechtsanwälten).
[681] Vgl. BGH GRUR 1976, 370, 371 – *Lohnsteuerhilfevereine.*
[682] Vgl. BGH GRUR 1995, 697, 699 – *FUNNY PAPER.*
[683] Teplitzky/*Büch* Kap. 13 Rdn. 4; a. A. OLG Hamm GRUR 1988, 241.
[684] St. Rspr., vgl. BGH GRUR 1998, 170 – *Händlervereinigung;* GRUR 2007, 809, 810 Tz. 15 – *Krankenhauswerbung;* GRUR 2007, 610, 611 Tz. 18 – *Sammelmitgliedschaft V;* GRUR 2009, 692, 693 Tz. 12 – *Sammelmitgliedschaft VI;* GRUR 2015, 1240f. Tz. 14 – *Der Zauber des Nordens;* OLG Hamburg GRUR-RR 2013, 29, 31 – *Nr. 1 Hits;* OLG München, Urt. v. 17.10.2013, Az. 6 U 3923/12; BT-Drucks. 15/1487, S. 23.
[685] BGH GRUR 2007, 809, 810 Tz. 15 – *Krankenhauswerbung;* GRUR 2009, 692, 693 Tz. 12 – *Sammelmitgliedschaft VI;* GRUR 2015, 1240f. Tz. 14 – *Der Zauber des Nordens.*
[686] Vgl. BGH GRUR 2009, 692, 693 Tz. 12 – *Sammelmitgliedschaft VI;* OLG Hamburg GRUR-RR 2012, 21, 22 – *LOTTO guter Tip.*
[687] BGH GRUR 2009, 692, 693 Tz. 12 – *Sammelmitgliedschaft VI;* OLG Hamburg GRUR-RR 2012, 21, 22 – *LOTTO guter Tip.*
[688] Vgl. OLG Nürnberg WRP 1995, 338, 339.
[689] BGH GRUR 2007, 610, 611 Tz. 18 – *Sammelmitgliedschaft V;* GRUR 2007, 809, 810 Tz. 15 – *Krankenhauswerbung;* GRUR 2015, 1240, 1241 Tz. 14 – *Der Zauber des Nordens;* OLG Hamburg GRUR-RR 2012, 21, 22 – *LOTTO guter Tip;* OLG München, Urt. v. 17.10.2013, Az. 6 U 3923/12.
[690] Vgl. OLG Nürnberg WRP 1995, 338, 339; OLG München, Urt. v. 17.10.2013, Az. 6 U 3923/12.
[691] BGH GRUR 1997, 476 – *Geburtstagswerbung II* einerseits, GRUR 1998, 170f. – *Händlervereinigung* andererseits; OLG München, Urt. v. 17.10.2013, Az. 6 U 3923/12; für einen prozentualen Mindestanteil (25 % auf einem räumlich begrenzten Markt, 10 % bundesweit) treten *Derleder/Zänker* GRUR 2002, 490, 491 ein; dagegen *Welzel* GRUR 2003, 762ff.

teressen einzelner wahrgenommen werden.[692] Klagt etwa ein Verband gegen einen Veranstalter von Kreuzfahrten, genügt es, wenn dem Verband sieben Mitglieder angehören, die in der Tourismuswirtschaft tätig sind[693] oder wenn vier Mitglieder u. a. auch Schiffskreuzfahren vermitteln.[694]

Die Zugehörigkeit eines konzernangehörigen Unternehmens, welches in den Vertrieb einer **311a** Dienstleistung durch **ein anderes Konzernunternehmen** eingebunden ist, zu einem Verband kann ausreichen, um diesem die Prozessführungsbefugnis nach § 8 Abs. 3 Nr. 2 einzuräumen.[695] Gleiches gilt, wenn dieses Unternehmen als mit der Wahrnehmung wettbewerblicher Interessen des die Dienstleistung vertreibenden Konzernunternehmens beauftragt angesehen werden kann.[696]

cc) Mittelbare Mitgliedschaft. In vielen Fällen wird die erhebliche Zahl von Unternehmern dem kla- **312** genden Verband selbst angehören. Unbedingt erforderlich ist das nicht. Die Mitgliedschaft der erforderlichen Anzahl von Unternehmen kann dem klagenden Verband auch **über** ihm angehörende **andere Verbände vermittelt** werden.[697] Es reicht dann aus, dass in den Mitgliedsverbänden eine ausreichende Anzahl von Unternehmen organisiert ist.[698] Stets klagebefugt sind daher Verbände, denen die nach § 8 Abs. 3 Nr. 4 klagebefugten Industrie- und Handelskammern oder Handwerkskammern angehören.[699] Verbände wie die **Zentrale zur Bekämpfung unlauteren Wettbewerbs e. V.** schöpfen ihre umfassende, sich über alle Branchen erstreckende Klagebefugnis daraus, dass ihr neben mehr als 1200 Unternehmern auch über 800 Kammern und Verbände angehören.[700]

Die Erfüllung dieser Voraussetzung für die Klagebefugnis durch Vermittlung über einen anderen **313** Verband muss in einer Weise erfolgen, dass von einer **„kollektiven Wahrnehmung der Mitgliederinteressen"**[701] **der Angehörigen des vermittelnden Verbandes** durch den klagenden Verband ausgegangen werden kann. Dagegen kommt es nicht darauf an, über welche mitgliedschaftlichen Rechte die – mittelbaren oder unmittelbaren – Mitglieder des klagenden Verbands verfügen.[702] Auch eine faktische Mitgliedschaft auf der Basis einer fehlerhaften rechtlichen Grundlage (z. B. Beitrittserklärung durch nicht vertretungsberechtigte Person) kann genügen.[703]

Der die Zugehörigkeit vermittelnde Verband muss selbst den **Zweck** verfolgen, **die gewerbli- 314 chen oder selbständigen beruflichen Interessen seiner Mitglieder zu fördern.**[704] Bei bloßen Einkaufs- und Marketinggesellschaften ist dies nicht der Fall.[705]

Der die Mitgliedschaft vermittelnde Verband muss dagegen **nicht selbst** nach § 8 Abs. 3 Nr. 2 **315** **klagebefugt** sein.[706] So kann ihm z. B. eine ausreichende Zahl von Unternehmern fehlen, während der klagende Verband mit den vermittelten und den eigenen Mitgliedern über eine erhebliche Zahl verfügt. Es reicht aus, wenn der vermittelnde Verband von seinen Mitgliedern mit der Wahrnehmung ihrer gewerblichen oder selbständigen beruflichen Interessen beauftragt worden ist, sei es, dass er die Interessen seiner Mitglieder selbst wahrzunehmen berechtigt und imstande ist, oder sei es, dass er einen anderen Verband mit der Wahrnehmung der Interessen seiner Mitglieder beauftragt.[707] Nicht erforderlich ist ferner, dass sich der die Mitgliedschaft vermittelnde Verband von seinen Mitgliedern ausdrücklich hat ermächtigen lassen, die Kompetenz zur Geltendmachung von wettbewerbsrechtlichen Ansprüchen seinerseits auf den klagenden Verband zu übertragen.[708] Das Ein-

---

692 BGH GRUR 2007, 610, 611 Tz. 18 – *Sammelmitgliedschaft V;* OLG Hamburg GRUR-RR 2012, 21, 22 – *LOTTO guter Tip.*

693 OLG Jena GRUR-RR 2014, 294 – *Serviceentgelt.*

694 BGH GRUR 2015, 1240, 1241 Tz. 16 – *Der Zauber des Nordens.*

695 OLG Düsseldorf WRP 2016, 617, 618 Tz. 19 – *Klagebefugnis einer qualifizierten Einrichtung bei Konzernunternehmen.*

696 OLG Düsseldorf WRP 2016, 617, 618 Tz. 17 f. – *Klagebefugnis einer qualifizierten Einrichtung bei Konzernunternehmen.*

697 BGH GRUR 1995, 604, 605 – *Vergoldete Visitenkarten;* GRUR 2003, 454, 455 – *Sammelmitgliedschaft I;* GRUR 2007, 610, 611 Tz. 15 – *Sammelmitgliedschaft V;* GRUR 2009, 692, 693 Tz. 12 – *Sammelmitgliedschaft VI.*

698 Instruktiv OLG Hamburg GRUR-RR 2013, 29, 31 – *Nr. 1 Hits.*

699 BGH GRUR 1995, 122 – *Laienwerbung für Augenoptiker;* GRUR 1997, 758, 759 – *Selbsternannter Sachverständiger;* GRUR 1997, 933, 934 – *EP;* OLG Hamburg GRUR-RR 2013, 29, 31 – *Nr. 1 Hits.*

700 Vgl. *Greipl* in: FS 100 Jahre Wettbewerbszentrale, S. 33, 35.

701 Vgl. dazu BT-Drucks. 12/7345, S. 12; abgedruckt WRP 1994, 369, 378.

702 BGH GRUR 2007, 610, 611 Tz. 21 – *Sammelmitgliedschaft V.*

703 BGH GRUR 2006, 873, 874 Tz. 17 – *Brillenwerbung.*

704 BGH GRUR 1999, 1116, 1118 – *Wir dürfen nicht feiern.*

705 BGH GRUR 2003, 454, 455 – *Sammelmitgliedschaft I.*

706 BGH GRUR 2005, 689, 690 – *Sammelmitgliedschaft III.*

707 BGH GRUR 1999, 1116, 1118 – *Wir dürfen nicht feiern;* GRUR 2003, 454, 455 – *Sammelmitgliedschaft I;* GRUR 2006, 873, 874 Tz. 15 – *Brillenwerbung;* GRUR 2007, 610, 611 Tz. 21 – *Sammelmitgliedschaft V.*

708 BGH GRUR 2003, 454, 455 – *Sammelmitgliedschaft I;* GRUR 2007, 610, 611 Tz. 21 – *Sammelmitgliedschaft V.*

verständnis der Mitglieder kann sich auch schlüssig ergeben,[709] z. B. aus der Natur eines Vertragshändlervertrages, wenn der Hersteller zur Wahrnehmung der gewerblichen Interessen seiner Vertragshändler eine Mitgliedschaft in einem Wettbewerbsverband eingeht.[710] Es kommt für die Klagebefugnis des klagenden Verbands auch nicht darauf an, ob ihn der vermittelnde Verband ausdrücklich mit der Verfolgung von Wettbewerbsverstößen beauftragt hat.[711]

316 Eine **Ausnahme** soll nur dann gelten, wenn **keine anerkennenswerten Motive** für den Beitritt des anderen Verbandes zu dem klagenden Verband vorgelegen haben. Solche fehlen vor allem dann, wenn die Sammelmitgliedschaft nicht tatsächlich der Bündelung des gemeinsamen Interesses am Schutz des lauteren und unverfälschten Wettbewerbs dient, sondern **künstlich** die Voraussetzungen der Klagebefugnis **geschaffen** werden sollen.[712]

317 Der für die Voraussetzungen seiner Klagebefugnis darlegungspflichtige Verband hat die erhebliche Zahl der Mitglieder so **nachzuweisen,** dass der anderen Partei eine zumindest stichprobenartige Überprüfung möglich ist, ob die bezeichneten Unternehmen (noch) Mitglieder sind und ob die Angaben des klagenden Verbandes zur Branchenzugehörigkeit, zur Marktstärke und zum örtlichen Betätigungsfeld der Mitgliedsunternehmen (noch) Gültigkeit haben. Eine anonymisierte Mitgliederliste, bei der die Namen der Mitglieder nicht bekanntgegeben werden, genügt daher nicht.[713]

318 *dd) Verhalten der Unternehmer.* Es findet keine Prüfung dahingehend statt, ob die Unternehmer, auf deren Mitgliedschaft die Anspruchsberechtigung im jeweiligen Einzelfall beruht, ihrerseits lauter oder rechtmäßig handeln. Unerheblich ist, ob die Tätigkeit, die das Wettbewerbsverhältnis begründet, gesetzwidrig oder wettbewerbswidrig ist.[714] Es spielt für § 8 Abs. 3 Nr. 2 auch keine Rolle, wenn diese Mitglieder dieselben Wettbewerbsverstöße begehen wie der vom Verband in Anspruch genommene Unternehmer.[715] Geht in solchen Fällen der Verband allerdings ausschließlich gegen Nichtmitglieder vor, kann ein Fall des **Missbrauchs** gem. § 8 Abs. 4 vorliegen (Rdn. 718).

319 **c) Vertrieb von Waren oder Dienstleistungen gleicher oder verwandter Art.** *aa) Waren oder Dienstleistungen.* Mit „Waren" bzw. „Dienstleistungen" sind alle Gegenstände bezeichnet, die als Waren oder Dienstleistungen im Handels- und Geschäftsverkehr vertrieben werden (§ 2 Abs. 1 Nr. 1; auf die Kommentierung dort, Rdn. 116, 119, wird verwiesen).

320 *bb) Vertrieb.* Unter **Vertreiben** ist jede Tätigkeit zu verstehen, die darauf abzielt, eine **Ware oder Leistung dem allgemeinen Handelsverkehr zuzuführen.** An einem Vertreiben fehlt es daher, wenn eine konzerneigene Einkaufsgesellschaft sich auf rein konzerninterne Belieferungen beschränkt, bei denen kein Wettbewerb mit konzernfremden Anbietern hinzutritt.[716] Der „Vertrieb" umfasst als Oberbegriff das Anbieten und das Inverkehrbringen, aber nach dem klaren Wortsinn nicht Einkauf und Beschaffung. Diese **Ausgrenzung des** reinen **Nachfragemarktes** sollte hinnehmbar sein, weil in diesem Bereich ein Bedürfnis für eine Klagebefugnis von Verbänden neben derjenigen des unmittelbar verletzten Mitbewerbers, der auch Nachfrager sein kann (§ 2 Abs. 1 Nr. 3), nicht bestehen dürfte.[717]

321 Bloße **Vorbereitungshandlungen** oder die **ernstliche Absicht des Anbietens** fallen gleichfalls noch nicht unter den Begriff des Vertreibens.[718] Allerdings genügt es im Sinne einer Eigenschaft der Mitgliedsunternehmer als potentielle Wettbewerber, wenn nicht nur konkrete Vorbereitungshandlungen bereits getroffen wurden, sondern ein Markteintritt unmittelbar bevorsteht.[719]

---

[709] BGH GRUR 2006, 778, 779 – *Sammelmitgliedschaft IV;* GRUR 2007, 610, 611 Tz. 21 – *Sammelmitgliedschaft V.*

[710] BGH GRUR 2005, 522, 523 – *Sammelmitgliedschaft II.*

[711] BGH GRUR 2005, 689, 690 – *Sammelmitgliedschaft III.*

[712] BGH GRUR 2005, 689, 690 – *Sammelmitgliedschaft III;* GRUR 2007, 610, 611 Tz. 21 – *Sammelmitgliedschaft V.*

[713] BGH GRUR 1996, 217, 218 – *Anonymisierte Mitgliederliste;* enger Ahrens/*Jestaedt* Kap. 19 Rdn. 31: Erfordernis einer namentlichen Nennung richtet sich nach der Substantiierungspflicht unter Berücksichtigung des Geheimhaltungsinteresses des Verbands.

[714] BGH GRUR 2005, 519, 520 – *Vitamin-Zell-Komplex;* OLG Hamburg GRUR-RR 2012, 21, 22 – *LOTTO guter Tip.*

[715] OLG Hamm MuW XXIX, 515, 517 – *Süddeutsche Qualitätsmöbel;* OLG Jena GRUR-RR 2014, 294 – *Serviceentgelt;* vgl. auch OLG Hamburg GRUR-RR 2012, 21, 22 – *LOTTO guter Tip.*

[716] BGH GRUR 1969, 479, 480 – *Colle de Cologne.*

[717] Für eine analoge Anwendung dagegen *Köhler*/Bornkamm § 8 Rdn. 3.37; *Ohly*/Sosnitza § 8 Rdn. 100.

[718] A. A. OLG Schleswig NJW-RR 1997, 292.

[719] BGH GRUR 1984, 823 – *Charterfluggesellschaften;* OLG Hamburg GRUR-RR 2012, 21, 23 – *LOTTO guter Tipp.*

Ist eine Vertriebstätigkeit festgestellt, kommt es weiter nicht darauf an, ob die Mitglieder des Verbandes auf **derselben Wirtschafts- oder Handelsstufe** stehen wie der vom Verband in Anspruch Genommene.[720] 322

cc) Gleicher oder verwandter Art. Es besteht Übereinstimmung, dass durch dieses Tatbestandsmerkmal eine **sachliche Marktabgrenzung** erfolgen soll, während die räumliche Abgrenzung durch das Merkmal „auf demselben Markt" vorgenommen wird.[721] Das Erfordernis, dass die Waren und Dienstleistungen der Art nach gleich oder verwandt sein müssen, ist **weit auszulegen.**[722] Die vertriebenen Waren oder Dienstleistungen müssen sich gleichen oder derart nahe stehen, dass der Vertrieb der einen durch den Vertrieb der anderen beeinträchtigt werden kann.[723] Es muss ein **(zumindest) abstraktes Wettbewerbsverhältnis** vorliegen. Dazu genügt die gewisse – wenn auch nur geringe – Wahrscheinlichkeit einer nicht gänzlich unbedeutenden potentiellen Beeinträchtigung.[724] 323

Der Art nach gleich oder verwandt sind in erster Linie **branchengleiche** Waren oder Leistungen. Dabei ist auf Seiten des in Anspruch Genommenen nicht auf dessen Gesamtsortiment, sondern grundsätzlich auf den Branchenbereich abzustellen, dem die beanstandete Wettbewerbsmaßnahme zuzurechnen ist.[725] Die „Art" einer Ware wird im Hinblick auf den Zweck des § 8 Abs. 3 Nr. 2 aber nicht nur durch ihre Branchenzugehörigkeit, sondern unabhängig von der Branchenzuordnung durch ihren **Verwendungszweck** bestimmt. So können **auch branchenverschiedene Waren oder Dienstleistungen,** die dieselben oder ähnliche **Bedürfnisse befriedigen,** als Waren oder Dienstleistungen verwandter Art angesehen werden.[726] Die **Möglichkeit eines künftigen Wettbewerbs** ist zu berücksichtigen.[727] Die Zugehörigkeit zu verschiedenen Wirtschafts- oder Handelsstufen steht gleichfalls der Annahme einer Warengleichartigkeit oder Warenverwandtschaft nicht entgegen.[728] 324

Waren oder Dienstleistungen sind aber **nicht bereits deshalb der Art nach verwandt,** weil für sie die **gleiche Vertriebsform oder -methode** verwendet wird.[729] Die Rechtsprechung hat beispielsweise als mit Orientteppichen verwandte Waren Teppichböden und sonstige Fußbodenbeläge sowie in gewissem Umfang auch Heimtextilien angesehen, soweit sie in Wettbewerb zu Fußbodenbelägen treten können.[730] Vom einem weiten Begriff der Warenverwandtschaft ist die Rechtsprechung auch im Pharma- und Kosmetikbereich sowie in der Medizintechnik ausgegangen.[731] Als Dienstleistungen verwandter Art gelten ferner die Vermittlung von Schiffskreuzfahrten einerseits und die Vermittlung von Hotelzimmern andererseits, weil der Wettbewerb der Hotelzimmervermittler tangiert ist, wenn Verbraucher anstelle eines Hotelurlaubs eine Kreuzfahrt buchen.[732] Demgegenüber sind bei einem Verband, der gegen eine Internet-Plattform vorgeht, auf der Autos versteigert werden, als Mitglieder nicht alle Auktionatoren relevant, sondern nur solche, die gerade auch Kraftfahrzeuge versteigern.[733] 325

Die zu § 13 Abs. 2 Nr. 1 UWG 1909 in der zuletzt gültigen Fassung vertretene Ansicht,[734] dass selbst in jeder Hinsicht **ungleichartige Waren** erfasst seien, wenn durch die **Ausnutzung des Rufs** der einen Ware oder des einer Herstellers für die andere, ungleichartige Ware zwischen Rufinhaber und Rufausbeuter ein Wettbewerbsverhältnis begründet wird,[735] hat jedenfalls für die Ver- 326

---

720 BGH GRUR 1996, 804, 805 – *Preisrätselgewinnauslobung III;* OLG Hamburg GRUR-RR 2012, 21, 22 – *LOTTO guter Tip.*

721 BGH GRUR 1997, 479, 480 – *Münzangebot;* GRUR 1998, 489, 49 – *Unbestimmter Unterlassungsantrag III;* GRUR 2000, 438, 440 – *Gesetzeswiederholende Unterlassungsanträge;* GRUR 2001, 260 – *Vielfachabmahner.*

722 BGH GRUR 1996, 804, 805 – *Preisrätselgewinnauslobung III;* GRUR 2007, 809, 810 Tz. 14 – *Krankenhauswerbung;* OLG Hamburg GRUR-RR 2012, 21, 22 – *LOTTO guter Tip.*

723 BGH GRUR 1996, 804, 805 – *Preisrätselgewinnauslobung III;* GRUR 2000, 438, 440 – *Gesetzeswiederholende Unterlassungsanträge;* GRUR 2007, 809 Tz. 14 – *Krankenhauswerbung;* OLG Hamburg GRUR-RR 2012, 21, 22 – *LOTTO guter Tip.*

724 BGH WRP 1996, 1102, 1103 – *Großimporteur;* GRUR 1996, 804, 805 – *Preisrätselgewinnauslobung III.*

725 BGH GRUR 2006, 778, 779 – *Sammelmitgliedschaft IV.*

726 BGH GRUR 1996, 804, 805 – *Preisrätselgewinnauslobung III.*

727 BGH GRUR 1955, 37, 39 – *Cupresa-Seide;* GRUR 2001, 420, 421 – *SPA.*

728 Vgl. BGH GRUR 1957, 342, 347 – *Underberg I;* GRUR 1998, 955 – *Flaschenpfand II.*

729 BGH GRUR 1997, 478 – *Haustürgeschäft II;* a. A. OLG Dresden GRUR 1995, 444.

730 BGH WRP 1996 1102, 1103 – *Großimporteur;* GRUR 1998, 417, 418 – *Verbandsklage in Prozeßstandschaft;* GRUR 2000, 619, 620 – *Orient-Teppichmuster.*

731 Vgl. BGH GRUR 1997, 541, 542 – *Produkt-Interview;* GRUR 1997, 681, 682 f. – *Produktwerbung;* GRUR 1998, 498, 499 – *Fachliche Empfehlung III;* GRUR 1998, 961, 962 – *Lebertran I.*

732 OLG Jena GRUR-RR 2014, 292 – *Serviceentgelt.*

733 BGH GRUR 2004, 251, 252 – *Hamburger Auktionatoren.*

734 Vgl. GroßKommUWG/*Erdmann* (1. Aufl) § 13 Rdn. 35.

735 Vgl. BGH GRUR 1985, 550, 553 – *Dimple.*

bandsklage nach § 8 Abs. 3 Nr. 2 keine Bedeutung (mehr). Eine Anwendung dieser Vorschrift über ihren Wortlaut hinaus ist für diese Fallgestaltung nicht geboten. Es genügt, dass der Mitbewerber, um dessen Ruf es geht, als unmittelbar Verletzter nach Nr. 1 Unterlassung begehren kann.

327 Ob Waren oder Dienstleistungen gleich oder verwandt sind, richtet sich nach den Vorstellungen des Verkehrs. Es kann daher die Erweckung des **Anscheins eines gleichartigen Waren- oder Leistungsangebots** genügen.[736] Ob im Einzelfall eine praktisch bedeutsame Beeinträchtigung der Mitgliederinteressen gegeben ist oder ob es sich lediglich um eine bloß theoretisch denkbare abstrakte Beeinträchtigungsmöglichkeit handelt,[737] dürfte dann das (neue) Erfordernis betreffen, dass die Zuwiderhandlung die Interessen der Verbandsmitglieder (in erheblicher Weise) berühren muss.

328 **d) Auf demselben Markt.** Der **Begriff desselben Marktes** ist **räumlich** zu verstehen.[738] Der maßgebliche räumliche Markt wird durch die Reichweite der Geschäftstätigkeit des Anspruchsgegners bestimmt.[739] Der Markt kann örtlich oder regional begrenzt sein. Die Marktstellung, die Attraktivität des Angebots und die Reichweite der Werbung können für die Bestimmung der Grenzen des Marktes maßgeblich sein.[740] Derselbe räumliche Markt ist gegeben, wenn sich die Geschäftstätigkeit des in Anspruch Genommenen zumindest auch auf den potentiellen Kundenkreis der Verbandsmitglieder auswirken kann. Es genügt auch hier wie bei der sachlichen Marktabgrenzung die gewisse – sei es auch nur geringe – Wahrscheinlichkeit einer nicht gänzlich unbedeutenden potentiellen Beeinträchtigung.[741] Ob dies der Fall ist, beurteilt sich nach den Umständen des Einzelfalles.

5. Fähigkeit zur Wahrnehmung der satzungsgemäßen Aufgaben

329 **a) Allgemeines.** Der Verband muss **in der Lage** sein, **seine satzungsgemäßen Aufgaben** der Verfolgung gewerblicher oder selbständiger beruflicher Interessen **tatsächlich wahrzunehmen,** insbesondere nach seiner personellen, sachlichen und finanziellen Ausstattung. Die in der Satzung umschriebenen Aufgaben bestimmen die Anforderungen an den Umfang der Tätigkeit.

330 **b) Personelle Ausstattung.** Zur **personellen Ausstattung** gehört, dass ein Verband grundsätzlich in der Lage sein muss, in einfach gelagerten Fällen Abmahnschreiben ohne jede Einschaltung eines Rechtsanwaltes zu fertigen.[742]

331 Besteht die satzungsgemäße Aufgabe des Verbandes neben anderen **auch in der Bekämpfung unlauteren Wettbewerbs,** so muss dieser **Wettbewerbsverein** in der Lage sein, das Wettbewerbsverhalten zu beobachten und zu bewerten, so dass typische und durchschnittlich schwer zu verfolgende Wettbewerbsverstöße von ihm selbst erkannt und abgewendet werden können, falls er sich nicht, was ihm freisteht, im Einzelfall eines Rechtsanwalts bedienen will.[743] Diese Anforderungen sind jedenfalls dann nicht erfüllt, wenn der Verband über gar kein Personal mit einem Mindestmaß an rechtlichen Grundkenntnissen verfügt, das sich mit dem zu fordernden Interesse um wettbewerbsrechtliche Angelegenheiten wie die Verfolgung von Wettbewerbsverstößen kümmert, sondern diese Aktivitäten im Wesentlichen beauftragten Rechtsanwälten überlassen werden.[744] Bei einem Verband, dessen **alleinige oder überwiegende** Aufgabe die Bekämpfung unlauteren Wettbewerbs ist **(Wettbewerbsverband),** muss neben einer Abmahn- und Klagetätigkeit die Fähigkeit zur Beobachtung des Wettbewerbsgeschehens hinzutreten; weitere Aktivitäten sind entgegen der bisherigen Rechtsprechung[745] nicht geboten (oben Rdn. 298).

---

[736] Vgl. BGH GRUR 1981, 529, 530 – *Rechtsberatungsanschein;* Teplitzky/*Büch* Kap. 13 Rdn. 10.

[737] Vgl. BGH GRUR 1981, 529, 530 – *Rechtsberatungsanschein;* Teplitzky/*Büch* Kap. 13 Rdn. 10.

[738] BGH GRUR 1996, 804, 805 – *Preisrätselgewinnauslobung III;* GRUR 1997, 145, 146 – *Preisrätselgewinnauslobung IV;* GRUR 1998, 489, 491 – *Unbestimmter Unterlassungsantrag III;* GRUR 2001, 280, 261 – *Vielfachabmahner; Gloy* WRP 1999, 34, 36; *D. Jestaedt* S. 37 ff., 41.

[739] BGH GRUR 1996, 804, 805 – *Preisrätselgewinnauslobung III;* GRUR 1998, 170 – *Händlervereinigung;* GRUR 2001, 260 – *Vielfachabmahner;* GRUR 2001, 260, 261 – *Vielfachabmahner;* GRUR 2004, 251, 252 – *Hamburger Auktionatoren;* OLG Stuttgart GRUR-RR 2009, 343 – *CO2-Emission I.*

[740] BGH GRUR 1997, 379, 380 – *Münzangebot;* GRUR 1998, 170 – *Händlervereinigung;* vgl. auch OLG Stuttgart GRUR-RR 2009, 343, 344 – *CO2-Emission I.*

[741] Vgl. BGH GRUR 1998, 489, 491 – *Unbestimmter Unterlassungsantrag III;* GRUR 2000, 438, 440 – *Gesetzeswiederholende Unterlassungsanträge.*

[742] BGH GRUR 1984, 691, 692 – *Anwaltsabmahnung;* GRUR 1990, 282, 286 – *Wettbewerbsverein IV; Loewenheim* WRP 1987, 286, 288 f.

[743] BGH GRUR 1991, 684 – *Verbandsausstattung I;* GRUR 1994, 831 – *Verbandsausstattung II;* GRUR 2000, 1093, 1094 – *Fachverband.*

[744] BGH GRUR 1991, 684 – *Verbandsausstattung I.*

[745] BGH GRUR 1990, 282, 284 – *Wettbewerbsverein IV.*

Bei einem **Fachverband,** bei dem die Wahrung aller branchen- bzw. berufsspezifischen Belange seiner Mitglieder zu den satzungsgemäß zu erfüllenden Aufgaben gehört und der Verfolgung von Wettbewerbsverstößen daneben eine nur untergeordnete Rolle zukommen kann, sind insbesondere an die personelle Ausstattung **nur geringe Anforderungen** zu stellen. Es muss nicht das gesamte Personal eines solchen Verbandes über eine juristische Ausbildung verfügen, sondern es genügt, wenn einzelne Personen ausreichende berufsspezifische Kenntnisse haben, um zumindest ihr spezielles Fachgebiet berührende, durchschnittlich schwierige Wettbewerbsverstöße zu erkennen und ggf. selbst zu verfolgen; solche können ihnen auch von Verbandsmitgliedern zur Kenntnis gebracht werden.[746] Dass ein solcher Fachverband ggf. einen **Rechtsanwalt** mit der weiteren Prüfung und Verfolgung beauftragt, steht seiner Klagebefugnis gleichfalls nicht entgegen.[747] 332

c) Sachliche Ausstattung. Zur **sachlichen Ausstattung** gehört in der Regel eine eigene Geschäftsstelle mit den entsprechenden sachlichen Mitteln (Büroräume, Büroausstattung, Telefon, Fax).[748] Eine bloße Bürogemeinschaft mit einem anderen Verband, von dem außerdem sämtliche Mitarbeiter bezahlt werden, reicht nicht aus.[749] 333

d) Finanzielle Ausstattung. Nach seiner **finanziellen Ausstattung** muss der Verband imstande sein, seine Kosten für die satzungsgemäße Tätigkeit, insbesondere seine Fixkosten aus der Existenz, Grundausstattung und Grundbetätigung, sowie **etwaige gegnerische Kostenerstattungsansprüche** abzudecken.[750] Eine unzureichende Ausstattung ist auch bei einer hohen Zahl laufender Prozesse nur anzunehmen, wenn das bei zurückhaltender Betrachtung realistische Kostenrisiko des Verbands seine dafür verfügbaren Mittel spürbar übersteigt.[751] Die **Finanzmittel** brauchen nicht ausschließlich durch Mitgliedsbeiträge und Spenden aufgebracht zu werden, sondern **können auch durch Einnahmen aus Vertragsstrafen gedeckt** werden. Eingänge aus Vertragsstrafen sind echte Einnahmen, die jedenfalls dann zur Mitfinanzierung der Vereinstätigkeit herangezogen werden können, wenn sie dem Verband in einer Höhe und Regelmäßigkeit zufließen, die eine hinreichend sichere Teilbilanzierung auf der Habenseite auch in den Voranschlägen erlauben.[752] **Einnahmen aus Abmahngebühren** sind gleichfalls grundsätzlich zu berücksichtigen, soweit damit ein Teil der auf die Abmahntätigkeit entfallenden fixen Kosten gedeckt wird.[753] Eine Berücksichtigung der Abmahnpauschalen scheidet nur aus, wenn sie deutlich überhöht sind oder in einem krassen Missverhältnis zu den sonstigen Einnahmen stehen.[754] 334

6. Berührung von Mitgliederinteressen

Zur Abgrenzung dieses Merkmales von dem Erfordernis der erheblichen Zahl von Unternehmern, die Waren oder Dienstleistungen gleicher oder verwandter Art auf demselben Markt vertreiben, siehe Rdn. 308. Bereits nach altem Recht hatte die Rechtsprechung nicht nur gefordert, dass der Verband auf Grund der erheblichen Zahl ihm angehörender Mitbewerber zur kollektiven Wahrnehmung von Mitgliederinteressen befugt war,[755] sondern hatte den Umfang des Prozessführungsrechts danach bestimmt, ob der in Anspruch Genommene im Einzelfall wettbewerbswidrig handelte, soweit er sich in Wettbewerb mit den Verbandsmitgliedern stellte.[756] Ferner wurde von der Rechtsprechung verlangt, dass die mit dem geltend gemachten Unterlassungsanspruch verfolgte Rechtsverletzung in den satzungsgemäßen Interessenbereich des Verbandes fiel.[757] 335

In diesem Sinne kann auch das neue Tatbestandsmerkmal „soweit die Zuwiderhandlung die Interessen ihrer Mitglieder berührt" verstanden werden. Eine **unmittelbare** Verletzung oder **Berührung der Interessen einzelner** Mitglieder sollte wie früher bei der Auslegung des die Klagebefugnis der Verbraucherverbände nach § 13 Abs. 2 Nr. 3 UWG 1909 in der zuletzt gültigen Fassung 336

---

746 BGH GRUR 2000, 1093, 1095 – *Fachverband.*

747 BGH GRUR 1984, 691, 692 – *Anwaltsabmahnung;* GRUR 1986, 676, 677 – *Bekleidungswerk;* GRUR 2000, 1093, 1096 – *Fachverband.*

748 Vgl. KG WRP 1999, 1302, 1306.

749 BGH GRUR 1991, 684, 685 – *Verbandsausstattung I.*

750 BGH GRUR 1990, 282, 285 – *Wettbewerbsverein IV;* Ahrens/*Jestaedt* Kap. 19 Rdn. 24.

751 BGH GRUR 2012, 411, 412 Tz. 14 f. – *Glücksspielverband.*

752 BGH GRUR 1990, 282, 285 – *Wettbewerbsverein IV;* GRUR 1999, 1116, 1118 – *Wir dürfen nicht feiern.*

753 BGH 1999, 1116, 1118 – *Wir dürfen nicht feiern.*

754 BGH GRUR 1998, 489, 491 – *Unbestimmter Unterlassungsantrag III;* GRUR 1999, 1116, 1118 – *Wir dürfen nicht feiern.*

755 Vgl. BGH GRUR 1995, 358, 359 – *Folgeverträge II;* GRUR 1995, 604, 605 – *Vergoldete Visitenkarten;* vgl. ferner BT-Drucks. 12/7345, S. 12, abgedruckt WRP 1994, 369, 378.

756 Vgl. BGH GRUR 1997, 914, 915 – *Die Besten II;* GRUR 2003, 886 – *Erbenermittler.*

757 Vgl. BGH GRUR 1971, 585 – *Spezialklinik;* ebenso Ahrens/*Jestaedt* Kap. 19 Rdn. 15.

beschränkenden Merkmals, dass „wesentliche Belange der Verbraucher berührt werden",[758] **nicht erforderlich** sein. Das (abstrakte) Wettbewerbsverhältnis zwischen dem Anspruchsgegner und einer erheblichen Zahl von Verbandsmitgliedern wird als solches von dem Erfordernis des Vertriebs von Waren oder Dienstleistungen gleicher oder verwandter Art auf demselben (räumlichen) Markt erfasst. Für das neue Merkmal der Berührung der Mitgliederinteressen bleibt die Auslegung, dass gerade durch die beanstandete Zuwiderhandlung die Mitgliederinteressen betroffen sein müssen. Auch wenn anders als in § 13 Abs. 2 Nr. 3 UWG 1909 nicht ausdrücklich auf eine wesentliche Interessenberührung abgestellt wird, sollten Beeinträchtigungen von einer **gewissen Erheblichkeit** verlangt werden.

IV. Qualifizierte Einrichtungen zum Schutz von Verbraucherinteressen (§ 8 Abs. 3 Nr. 3)

1. Allgemeines

337 Die 1965[759] auf bestimmte Verbraucherverbände erweiterte Verbandsklagebefugnis wurde in Umsetzung der **Unterlassungsklagen-Richtlinie** im Jahre 2000[760] dahingehend geregelt, dass die Klagebefugnis und die Anspruchsberechtigung von der **Eintragung in eine beim Bundesamt für Justiz geführte Liste** oder in einem **Verzeichnis der Kommission** der Europäischen Gemeinschaften abhängen **(„Listensystem").**[761]

338 Die jetzige Fassung **verzichtet** gegenüber dem früheren Recht auf das für Verstöße gegen § 1 UWG 1909 zusätzliche Erfordernis, dass der Anspruch eine Handlung betreffen muss, durch die **wesentliche Belange der Verbraucher berührt** werden. Nach der Gesetzesbegründung soll diese Einschränkung entbehrlich sein, weil „von vornherein kein Interesse an einer Klage" bestehe, soweit bei einem Wettbewerbsverstoß Belange von Verbrauchern nicht berührt seien.[762] Eventuelle Missbräuche durch Ausweitung der Klagebefugnis könnten durch Abs. 4 vermieden werden. Für eine Regelung entsprechend dem alten Recht bestehe auch deshalb kein Anlass, weil die Verbraucherverbände in der Vergangenheit sehr maßvoll von der Klagebefugnis Gebrauch gemacht hätten.[763]

339 Nach dem Wortlaut des § 8 Abs. 3 Nr. 3 könnten Verbraucherverbände demnach bis zur Grenze des Missbrauchs gem. § 8 Abs. 4 berechtigt sein, auch dann Ansprüche geltend zu machen, wenn lediglich Mitbewerber von einer Wettbewerbshandlung betroffen wären. Dies wäre jedoch mit Sinn und Zweck der Norm, Verbraucherverbänden im öffentlichen Interesse die Aktivlegitimation gerade zur Gewährleistung eines kollektiven Verbraucherschutzes zuzuerkennen, nicht vereinbar. Dass eine entsprechende Einschränkung im Wortlaut fehlt, zeigt nur, für wie selbstverständlich der Gesetzgeber eine Beschränkung der **Aktivlegitimation** auf die Verfolgung von Verbraucherinteressen gehalten hat. Dem liegt erkennbar die Annahme zu Grunde, dass der relevante Satzungszweck der nach § 4 UKlaG eingetragenen Verbraucherverbände gerade in der Förderung von Verbraucherinteressen liegt und daher die **Verfolgung sonstiger, keine Verbraucherbelange berührender Verstöße nicht umfasst.**[764] Deshalb ist auch nach der Neufassung 2004 davon auszugehen, dass die Aktivlegitimation von Verbraucherverbänden gem. § 8 Abs. 3 Nr. 3 **allein** hinsichtlich solcher **Wettbewerbsverstöße** besteht, die **auch Verbraucherinteressen beeinträchtigen.**[765] Die Verbraucherschutzverbände sind aber **nicht auf** die Verfolgung von Verstößen gegen Verbraucherschutzgesetze i. S. d. **§ 2 Abs. 2 UKlaG beschränkt,** sondern zur Verfolgung von Wettbewerbsverstößen berechtigt, soweit diese Verbraucherschutzinteressen beeinträchtigen und die Prozessführung im konkreten Einzelfall vom Satzungszweck des klagenden Verbands gedeckt ist.[766]

---

[758] Vgl. BGH GRUR 1989, 753, 754 – *Telefonwerbung II.*

[759] § 13 Abs. 1a in der Fassung des Gesetzes zur Änderung des Gesetzes gegen den unlauteren Wettbewerb, des Warenzeichengesetzes und des Gebrauchsmustergesetzes vom 21.7.1965, BGBl. I 625.

[760] Richtlinie 98/27/EG des Europäischen Parlaments und des Rates vom 19.5.1998 über Unterlassungsklagen zum Schutz der Verbraucherinteressen (ABl. EG Nr. L 166 S. 51).

[761] Art. 4 Nr. 1 des Gesetzes über Fernabsatzverträge und andere Fragen des Verbraucherrechts sowie zur Umstellung von Vorschriften auf Euro vom 27.6.2000, BGBl. I 897.

[762] BT-Drucks. 15/1487, S. 23.

[763] BT-Drucks. 15/1487, S. 42.

[764] KG GRUR-RR 2005, 359 – *Verbandsantragsbefugnis zum Dosenpfand.*

[765] BGH GRUR 2016, 392, 393 Tz. 17 – *Buchungssystem II;* KG GRUR-RR 2005, 359 – *Verbandsantragsbefugnis zum Dosenpfand; Lettl* GRUR 2004, 449, 460; *Ohly*/Sosnitza § 8 Rdn. 109.

[766] BGH GRUR 2016, 392, 393 Tz. 17 – *Buchungssystem II.*

2. Aktivlegitimation deutscher Verbraucherverbände

a) Eintragung. Notwendige Voraussetzung der Klagebefugnis eines deutschen Verbraucherverbands ist, dass der Verband nachweist, dass er in die beim Bundesamt für Justiz geführte **Liste qualifizierter Einrichtungen** gem. § 4 UKlaG **eingetragen** ist. Der Nachweis kann durch die vom Bundesamt für Justiz erteilte Bescheinigung (§ 4 Abs. 3 Satz 2 UKlaG)[767] oder auf andere Weise (z.B. über die Bekanntmachung der Liste im Bundesanzeiger, § 4 Abs. 1 Satz 2 UKlaG) geführt werden. Die Liste kann im Internet auf der Homepage des Bundesamts für Justiz abgerufen werden (www.bundesjustizamt.de, Menüpunkt „Bürgerdienste", Untermenü „Verbraucherschutz"). 340

In diese **beim Bundesamt für Justiz geführte Liste** werden auf Antrag rechtsfähige Verbände eingetragen, zu deren satzungsmäßigen Aufgaben es gehört, die Interessen der Verbraucher durch Aufklärung und Beratung nicht gewerbsmäßig und nicht nur vorübergehend wahrzunehmen, wenn sie in diesem Aufgabenbereich tätige Verbände oder mindestens 75 natürliche Personen als Mitglieder haben, seit mindestens einem Jahr bestehen und auf Grund ihrer bisherigen Tätigkeit Gewähr für eine sachgerechte Aufgabenerfüllung bieten (§ 4 Abs. 2 Satz 1 UKlaG). Es wird unwiderleglich vermutet, dass Verbraucherzentralen und andere Verbraucherverbände, die mit öffentlichen Mitteln gefördert werden, diese Voraussetzungen erfüllen (§ 4 Abs. 2 Satz 2 UKlaG). 341

b) Keine Nachprüfbarkeit durch Prozessgericht. Die **Eintragung ist konstitutiv.** Ihr Nachweis belegt die Klagebefugnis. Das **Gericht** der Unterlassungsklage kann das Vorliegen der Eintragungsvoraussetzungen **nicht selbst nachprüfen.** Es kann lediglich das Bundesamt für Justiz zur Überprüfung der Eintragung auffordern und das Verfahren bis zu dessen Entscheidung **aussetzen,** wenn sich in einem Rechtsstreit **begründete Zweifel** an dem Vorliegen der Eintragungsvoraussetzungen ergeben (§ 4 Abs. 4 UKlaG).[768] An das Vorliegen begründeter Zweifel i.S.d. § 4 Abs. 4 UKlaG sind **strenge Anforderungen** zu stellen, weil andernfalls die effektive Durchsetzung der Ansprüche aus § 2 UKlaG gefährdet wäre.[769] Bei Verbraucherzentralen und anderen Verbraucherverbänden, die mit öffentlichen Mitteln gefördert werden, dürften wegen der unwiderleglichen Vermutung gem. § 4 Abs. 2 Satz 2 UKlaG solche ernstlichen Zweifel kaum je auftreten. Da der klagende Verband der Darlegungs- und Beweislast hinsichtlich seiner Klagebefugnis durch den Nachweis der Eintragung in die Liste genügt, hat der Anspruchsgegner die Umstände darzulegen und ggf. zu beweisen, aus denen sich ernstliche Zweifel am Vorliegen der Eintragungsvoraussetzungen ergeben. 342

c) Aufhebung der Eintragung. Die Eintragung in die beim Bundesamt für Justiz geführte Liste kann **mit Wirkung für die Zukunft aufgehoben** werden, § 4 Abs. 2 Satz 4 UKlaG; die Aufhebung hat den Wegfall der Klagebefugnis zur Folge. Ordnet das Bundesamt für Justiz das Ruhen der Eintragung für einen bestimmten Zeitraum von längstens drei Monaten an, weil auf Grund tatsächlicher Anhaltspunkte damit zu rechnen ist, dass die Eintragung zurückzunehmen oder zu widerrufen ist (§ 4 Abs. 2 Satz 5 UKlaG), so wird die Klagebefugnis davon (noch) nicht berührt. Das Gericht, bei dem die Unterlassungsklage anhängig ist, hat jedoch entsprechend § 4 Abs. 4 UKlaG das Verfahren bis zur Entscheidung des Bundesamtes für Justiz auszusetzen.[770] 343

3. Aktivlegitimation ausländischer qualifizierter Einrichtungen

Ausländische Verbraucherschutzorganisationen sind aktivlegitimiert, wenn sie in dem **Verzeichnis der Kommission** gem. Art. 4 Abs. 3 der Unterlassungsklagen-Richtlinie eingetragen sind, das im Amtsblatt der EU veröffentlicht wird. 344

In das **von der Kommission geführte Verzeichnis** werden diejenigen qualifizierten Einrichtungen eingetragen, die ihr von den Mitgliedstaaten als klageberechtigt mitgeteilt werden (Art. 4 Abs. 2 und 3 der Richtlinie). Allein dem jeweiligen Mitgliedstaat obliegt die Prüfung, ob die notwendigen Voraussetzungen vorliegen. 345

Das deutsche Gericht der Unterlassungsklage kann nicht von sich aus nachprüfen, ob die Eintragung in das Verzeichnis der Kommission zu Recht erfolgt ist (vgl. Art. 4 Abs. 1 Satz 2 der Richtlinie). 346

---

[767] Vgl. KG BB 2001, 641 f.

[768] BGH GRUR 2010, 852, 853 Tz. 11 – *Gallardo Spyder;* GRUR 2012, 415 Tz. 11 – *Überregionale Klagebefugnis.*

[769] BGH GRUR 2010, 852, 853 Tz. 11 – *Gallardo Spyder.*

[770] Vgl. Palandt/*Bassenge* UKlaG, § 4 Rdn. 9.

4. Handeln innerhalb des Satzungszwecks

347 **a) Prüfungsbefugnis und Prüfungspflicht des Gerichts.** Die Klagebefugnis eines deutschen oder in einem anderen Mitgliedstaat errichteten Verbandes folgt im Einzelfall allerdings noch nicht allein daraus, dass der klagende Verband in die Liste qualifizierter Einrichtungen nach § 4 UKlaG oder dem von der Kommission geführten Verzeichnis eingetragen ist. Das mit der Unterlassungsklage befasste Gericht muss prüfen, ob die **Prozessführung im konkreten Einzelfall vom Satzungszweck des klagenden Verbandes gedeckt** ist.[771] Denn bei der Eintragung eines Verbandes wird nicht geprüft, ob und inwiefern gegebenenfalls seine Tätigkeit nach seiner Satzung in örtlicher oder sachlicher Hinsicht beschränkt ist. Ob eine solche Beschränkung der Klagebefugnis entgegensteht, kann vielmehr immer nur unter Berücksichtigung der Umstände des jeweiligen Einzelfalls festgestellt werden. Die unionsrechtlichen Grundlagen sehen eine solche Prüfungskompetenz der nationalen Gerichte ausdrücklich vor.[772]

348 **b) Prüfungsgrundsätze.** Satzungsbestimmungen, denen körperschaftsrechtliche Bedeutung zukommt, sind grundsätzlich objektiv auszulegen.[773] In diesem Zusammenhang kommt neben dem Wortlaut sowie dem Sinn und Zweck der Regelung auch dem systematischen Bezug einer Klausel zu anderen Satzungsvorschriften maßgebliche Bedeutung zu; außerhalb der Satzung liegende Umstände können dann zu berücksichtigen sein, wenn ihre Kenntnis bei denjenigen Personen, für die sich aus der Regelung rechtliche Folgen ergeben können, allgemein vorausgesetzt werden kann.[774] Diese Grundsätze gelten auch bei der Beurteilung der Frage, ob ein auf Grund der Eintragung in das von der Kommission geführten Verzeichnis oder in die Liste qualifizierter Einrichtungen nach § 4 UKlaG klagebefugter Verband sein ihm dadurch eröffnetes Tätigkeitsfeld im Einzelfall überschritten hat. Es kommt auch in diesem Zusammenhang nicht allein auf den Wortlaut der den Verbandszweck regelnden Satzungsbestimmung an.[775] Bei einem **in nur einem Bundesland** ansässigen Verband, dessen Mitglieder auch nur dort tätig sind, ist aber **nicht ohne weiteres** von einer **regionalen Beschränkung** auf die Verfolgung von Wettbewerbsverstößen in diesem Bundesland, sondern von einer **überregionalen Klagebefugnis** auszugehen, wenn der Wortlaut der Satzung keine Anhaltspunkte für eine solche Beschränkung bietet.[776] Es kann nämlich i. d. R. nicht angenommen werden, dass ein Verband sich in Grenzfällen mit einer räumlichen Beschränkung selbst die Möglichkeit abschneiden will, Verbraucherinteressen auch überregional zu schützen.[777]

V. Industrie- und Handelskammern, Handwerkskammern (§ 8 Abs. 3 Nr. 4)

349 Unter diese Vorschrift fallen **nur die ausdrücklich genannten Kammern.** Von der vorgeschlagenen Erweiterung auf alle öffentlich-rechtlichen Kammern[778] ist abgesehen worden. Eine analoge Anwendung auf andere Berufskammern wie z. B. Ärzte-, Apotheker- und Anwaltskammern ist ausgeschlossen; diese sind vielmehr nur unter den Voraussetzungen der Nr. 2 klagebefugt (Rdn. 302).[779]

D. Schuldner der Abwehransprüche

Schrifttum: *Ahrens,* Störerhaftung als Beteiligungsform im Deliktsrecht, in: FS Canaris, 2007, S. 3 ff.; *ders.,* 21 Thesen zur Störerhaftung im UWG und im Recht des Geistigen Eigentums, WRP 2007, 1281; *Baur,* Der Beseitigungsanspruch nach § 1004 BGB, AcP 160 (1961), 465; *Büscher,* Aus der Rechtsprechung des EuGH und des BGH zum Wettbewerbsrecht seit Ende 2013, GRUR 2015, 5; *Danckwerts,* Neues vom Störer: Was ist ein „von der Rechtsordnung gebilligtes Geschäftsmodell?", GRUR-Prax 2011, 260; *Dorndorf,* Herkunftstäuschung und Rufausbeutung, 2008; *Döring,* Die Haftung für eine Mitwirkung an Wettbewerbsverstößen nach der Entscheidung des BGH „Jugendgefährdende Medien bei eBay", WRP 2007, 1131; *ders.,* Die zivilrechtliche Inan-

---

771 BGH GRUR 2012, 415 f. Tz. 11 ff. – *Überregionale Klagebefugnis.*

772 BGH GRUR 2012, 415, 416 Tz. 12 ff. – *Überregionale Klagebefugnis.*

773 St. Rspr., vgl. RGZ 127, 186, 192; BGH NJW 1956, 1793; NJW 1989, 1212; NJW 1994, 51, jew. m. w. N.

774 BGH GRUR 2012, 415, 416 Tz. 16. – *Überregionale Klagebefugnis.*

775 BGH GRUR 2012, 415, 416 Tz. 17 – *Überregionale Klagebefugnis.*

776 BGH GRUR 2012, 415, 416 Tz. 19 ff. – *Überregionale Klagebefugnis.*

777 BGH GRUR 2012, 415, 416 Tz. 21 – *Überregionale Klagebefugnis.*

778 Vgl. *Köhler/Bornkamm/Henning-Bodewig* WRP 2002, 1317, 1322, 1327.

779 BT-Drucks. 15/1487, S. 23; zum alten Recht BGH GRUR 1987, 444, 445 – *Laufende Buchführung.*

spruchnahme des Access-Providers auf Unterlassung bei Rechtsverletzungen auf fremden Webseiten, WRP 2008, 1155; *Eltzbacher,* Die Unterlassungsklage. Ein Mittel vorbeugenden Rechtsschutzes, 1906; *Esser,* Richterrecht, Gerichtsgebrauch und Gewohnheitsrecht, in: FS v. Hippel, 1967, *Fischer,* Strafgesetzbuch, 63. Aufl. 2016; *Fritzsche,* Unterlassungsanspruch und Unterlassungsklage, 2000; *Gaertner,* Die Haftung der Verlage für den wettbewerbswidrigen Inhalt von Anzeigen, AfP 1990, 269; *v. Gierke,* Grenzen der wettbewerbsrechtlichen Störerhaftung, WRP 1997, 892; *Glöckner,* Good News from Luxembourg? Die Anwendung des Lauterkeitsrechts auf Verhalten zur Förderung eines fremden Unternehmens nach EuGH – RLvS Verlagsgesellschaft mbH, in: FS Köhler, 2014, S. 159; *ders./Kur,* Geschäftliche Handlungen im Internet, GRUR-Beil. 2014, 29; *Glockshuber,* Die Passivlegitimation im deutschen Recht des unlauteren Wettbewerbs, 1997; *Götting,* Die persönliche Haftung des GmbH-Geschäftsführers für Schutzrechtsverletzungen und Wettbewerbsverstöße, GRUR 1994, 6; *Goldmann,* Geschäftsführer „mbH" – Zur Einschränkung der persönlichen Haftung von Organen bei Wettbewerbsverstößen auf aktives Tun und Unterlassen in Garantenstellung, GRUR-Prax 2014, 404; *Gräbig,* Aktuelle Entwicklungen bei Haftung für mittelbare Rechtsverletzungen. Vom Störer zum Täter – ein neues einheitliches Haftungskonzept?, MMR 2011, 504; *Griss,* Wer ist „Störer"? – Eine deutsch-österreichische Begriffsverwirrung, in: FS Bornkamm, 2014, S. 29; *Hackbarth,* Zur Störerverantwortlichkeit für die Inhalte von Internetseiten, CR 1998, 307; *Haedicke,* Die Haftung für mittelbare Urheber- und Wettbewerbsrechtsverletzungen, GRUR 1999, 397; *Hamacher,* „GOOD NEWS II": Hat der EuGH die Vollharmonisierung des Lauterkeitsrechtes in Teilbereichen abgeschafft?, GRUR-Prax 2014, 365; *Harrer,* Die Haftung des Geschäftsführers im Wettbewerbsrecht, in: FS Koppensteiner, 2001, 407; *Hass,* Zur persönlichen Haftung des GmbH-Geschäftsführers bei Wettbewerbsverstößen und Verletzung gewerblicher Schutzrechte, in: FS Schilling, 2007, S. 249; *Henning-Bodewig,* Die wettbewerbsrechtliche Haftung von Massenmedien, GRUR 1981, 867; *dies.,* Prominente und Werbung, in: FS 100 Jahre Wettbewerbszentrale, 2013, S. 107; *dies.,* Haften Privatpersonen nach dem UWG?, GRUR 2013, 26; *Hess,* Das „Aus" in der Parenthese – Zum Abschied des Bundesgerichtshofs von der Störerhaftung bei lauterkeitsrechtlichen Verstößen, GRUR-Prax 2011, 25; *D. Holznagel,* Notice and Take-Down-Verfahren als Teil der Providerhaftung: Untersuchung des rechtlichen Rahmens von Verfahren zur Beanstandung und Verteidigung von Inhalten im Internet, insbesondere auf „User Generated Content" Plattformen, 2013; *Hühner,* Haftet der Geschäftsführer persönlich? – Zur Außenhaftung von Organen bei Wettbewerbsverstößen und Verletzungen gewerblicher Schutzrechte, GRUR-Prax 2013, 459; *H. Isay,* Rechtsnorm und Entscheidung, 1929; *Jahn/Palzer,* Der Intermediär im Spannungsfeld zwischen digitaler Dynamik und Rechtsgüterschutz. Zugleich Kommentar zu BGH, 19.3.2015 – I ZR 94/13, K&R 2015, 737 ff. – Hotelbewertungsportal, K&R 2015, 767; *Klaka,* Persönliche Haftung des gesetzlichen Vertreters für die im Geschäftsbetrieb der Gesellschaft begangenen Wettbewerbsverstöße und Verletzungen von Immaterialgüterrechten, GRUR 1998, 729; *Klatt,* Die Kerngleichheit als Grenze der Prüfungspflichten und der Haftung des Hostproviders, ZUM 2009, 265; *Kloos,* Wettbewerbsrechtliche Verantwortlichkeit für Hyperlinks, CR 1999, 46; *Kniesbeck,* Die Haftung der Konzernobergesellschaft für Wettbewerbsverstöße der Untergesellschaft, 1999; *Koch,* GOOD NEWS aus Luxemburg? Förderung fremden Wettbewerbs ist keine Geschäftspraktik, in: FS Köhler, 2014, S. 359; *Köhler,* Die Beteiligung an fremden Wettbewerbsverstößen, WRP 1997, 897; *ders.,* Redaktionelle Werbung, WRP 1998, 349; *ders.,* „Täter" und „Störer" im Wettbewerbs- und Markenrecht – Zur BGH-Entscheidung „Jugendgefährdende Medien bei eBay", GRUR 2008, 1; *ders.,* „Fachliche Sorgfalt" – Der weiße Fleck auf der Landkarte des UWG, WRP 2012, 22; *Köster/Jürgens,* Anm. zu BGH „Jugendgefährdende Medien bei eBay", MMR 2007, 639; *Kühl,* Strafrecht Allgemeiner Teil, 7. Aufl. 2012; *Larenz,* Methodenlehre der Rechtswissenschaft, 5. Aufl. 1983; *Lehmann/Rein,* eBay: Haftung des globalen Basars zwischen Gemeinschaftsrecht und BGH, CR 2008, 97; *Lehment,* Neuordnung der Täter- und Störerhaftung, WRP 2012, 149; *Leible/Sosnitza,* Haftung von Internetauktionshäusern – reloaded, NJW 2007, 3324; *Leistner,* Störerhaftung und mittelbare Schutzrechtsverletzung, GRUR-Beil 2010, 1; *ders.,* Die Haftung von Kauf- und Buchungsportalen mit Bewertungsfunktion, in: FS Köhler, 2014, S. 415; *ders./Stang,* Die Neuerung der wettbewerbsrechtlichen Verkehrspflichten – Ein Siegeszug der Prüfungspflichten?, WRP 2008, 533; *Leitgeb,* Virales Marketing – Rechtliches Umfeld für Werbefilme auf Internetportalen wie YouTube, ZUM 2009, 39; *Löffler,* Störerhaftung oder Beihilfe durch Unterlassen? Allgemeine strafrechtliche Haftungskategorien als Grundlage für die Konkretisierung der Schuldnerstellung im gewerblichen Rechtsschutz und im Lauterkeitsrecht, in: FS Bornkamm, 2014, S. 37; *Maaßen,* Haftung für Hyperlink auf Startseite nur nach Hinweis auf Rechtsverletzung, GRUR-Prax 2016, 45; *Mees,* Haftung von Aufsichtsräten juristischer Personen im Bereich des Wettbewerbsrechts und verwandten Rechtsgebieten, in: FS Bornkamm, S. 53; *Loschelder/Dörre,* Wettbewerbsrechtliche Verkehrspflichten des Betreibers eines realen Marktplatzes, WRP 2010, 822; *Neuhaus,* Sekundäre Haftung im Lauterkeits- und Immaterialgüterrecht, 2011; *J. B. Nordemann,* Verkehrspflichten und Urheberrecht – oder: jugendgefährdende Medien für das Urheberrecht!, in: FS Loewenheim, 2009, S. 215; *ders.,* Haftung von Providern im Urheberrecht – Der aktuelle Stand nach dem EuGH-Urteil v. 12.7.2011 – C-324/09 – L'Oréal/eBay, GRUR 2011, 977; *Ohly,* Die Verantwortlichkeit von Intermediären, ZUM 2015, 308; *ders.,* Der unionsrechtliche Rahmen der Haftung für die Verletzung lauterkeitsrechtliche Verkehrspflichten, in: FS Ahrens, 2016, S. 135; *ders.,* Die lauterkeitsrechtliche Haftung für Hyperlinks, NJW 2016, 1417; *Otto,* Grundkurs Strafrecht. Allgemeine Strafrechtslehre, 7. Aufl. 2004; *Pankoke,* Von der Presse- zur Providerhaftung, 2000; *Roxin,* Strafrecht, Allgemeiner Teil. Bd. 2: Besondere Erscheinungsformen der Straftat, 2003; *Ruess/Delpy,* Neues zur Haftung der Geschäftsführer für wettbewerbsrechtliche Verstöße, GWR 2013, 455; *Sambuc,* Folgenerwägungen im Richterrecht. Die Berücksichtigung von Entscheidungsfolgen bei der Rechtsgewinnung, erörtert am Beispiel des § 1 UWG, 1977; *Samwer,* Die Störerhaftung und die Haftung für fremdes Handeln im wettbewerblichen Unterlassungsrecht, WRP 1999, 67; *Schapiro,* Unterlassungsansprüche gegen die Betreiber von Internet-Auktionshäusern und Internet-Meinungsforen. Zugleich ein Beitrag zugunsten einer Aufgabe der Störerhaftung im Urheber-, Marken- und Wettbewerbsrecht, 2011; *Schilling,* Geschäftsschädigende

Äußerungen auf Bewertungsportalen im Internet: Wer haftet noch?, GRUR-Prax 2015, 313; *Schneider,* Vom Störer zum Täter? Verantwortlichkeit für mittelbare Wettbewerbs-, Urheber- und Markenrechtsverletzungen im Online-Bereich auf der Grundlage einer täterschaftlichen Haftung aufgrund Verkehrspflichtverletzung, 2012; *Schünemann,* Die wettbewerbsrechtliche „Störer"-Haftung, WRP 1998, 120; *Schramm,* Grundlagenforschung auf dem Gebiete des gewerblichen Rechtsschutzes und Urheberrechtes, 1954; *Spindler,* Präzisierung der Störerhaftung im Internet, GRUR 2011, 101; *ders.,* Die Störerhaftung im Internet – (k)ein Ende in Sicht? Geklärte und ungeklärte Fragen, in: FS Köhler, 2014, S. 695; *ders.,* Das Ende der Links: Framing und Hyperlinks auf rechtswidrige Inhalte als eigenständige Veröffentlichung?, GRUR 2016, 157; *v. Ungern-Sternberg,* Die Rechtsprechung des Bundesgerichtshofs zum Urheberrecht und zu den verwandten Schutzrechten in den Jahren 2010 und 2011 (Teil II), GRUR 2012, 321; *Volkmann,* Der Störer im Internet: Zur Verantwortlichkeit der Internet-Provider im allgemeinen Zivil-, Wettbewerbs-, Marken- und öffentlichen Recht, 2005; *Werner,* Die Haftung des GmbH-Geschäftsführers für Wettbewerbsverstöße und Immaterialgüterrechtsverletzungen durch die Gesellschaft, GRUR 2015, 739; *Wessels/Beulke/Satzger,* Strafrecht Allgemeiner Teil: Die Straftat und ihr Aufbau, 45. Aufl. 2016; *Wiegand,* Die Passivlegitimation bei wettbewerbsrechtlichen Abwehransprüchen, 1997; *Wimmers/Heymann,* Wer stört? – Zur Haftung der Internetprovider für fremde Inhalte – Anmerkung zu den BGH-Entscheidungen Internet-Versteigerung II und Jugendgefährdende Medien bei eBay, MR-Int 2007, 222.

I. Einleitung

1. Fehlen einer zusammenhängenden Regelung der Passivlegitimation

350 Die **Passivlegitimation** war im UWG 1909 nur **fragmentarisch geregelt.** Das UWG 2004 und die Neufassungen 2008 und 2015 haben daran nichts Wesentliches geändert. Schuldner des Verletzungsunterlassungsanspruchs und des Beseitigungsanspruchs nach § 8 Abs. 1 Satz 1 ist nach dem Wortlaut zunächst, wer die nach § 3 oder § 7 unzulässige Handlung (als Täter) vornimmt. Schuldner des vorbeugenden Unterlassungsanspruchs nach § 8 Abs. 1 Satz 2 ist derjenige, der die Erstbegehungsgefahr (als Täter) begründet hat, von dem also die betreffende Zuwiderhandlung gegen § 3 oder § 7 droht.

351 An der Zuwiderhandlung oder an der die Erstbegehungsgefahr begründenden Handlung können neben dem Täter **mehrere Personen in unterschiedlicher Form** (Mittäter, Gehilfe, Anstifter) **beteiligt** sein. Aus § 8 Abs. 2 folgt, dass Abwehransprüche nach Abs. 1 auch gegen eine andere Person als den (unmittelbar) Zuwiderhandelnden begründet sein können; positiv geregelt ist hier aber nur die Haftung des Unternehmensinhabers für Mitarbeiter und Beauftragte. Daneben tritt als allgemeine deliktische Norm für die Zurechnung fremden Verhaltens § 831 BGB. Das UWG enthält keine eigenständige Regelung von **Täterschaft und Teilnahme.** Die Definition der geschäftlichen Handlung (früher: Wettbewerbshandlung) in § 2 Abs. 1 Nr. 1 hilft insofern nicht weiter,[780] weil eine geschäftliche Handlung nur dann unlauter ist, wenn sie die (weiteren) Tatbestandsmerkmale einer unlauteren Handlung nach § 3 oder § 7 erfüllt. Fehlt es bei einem Beteiligten daran jedenfalls teilweise, so bedarf es für die Zurechnung des Verhaltens Dritter eines **Zurechnungsgrundes,**[781] der aus § 2 Abs. 1 Nr. 1 selbst aber nicht hergeleitet werden kann.

352 Da es sich beim UWG um Sonderdeliktsrecht handelt, liegt eine Anwendung der **zivilrechtlichen Grundsätze von Täterschaft und Teilnahme** (§ 830 BGB) nahe, die sich ihrerseits an den **strafrechtlichen Haftungskategorien** der §§ 25–26 StGB ausrichten. Beim Unterlassungs- und beim Beseitigungsanspruch nach § 8 Abs. 1 ist insoweit jedoch zu beachten, dass § 830 BGB in erster Linie die Haftung mehrerer für die gemeinschaftliche Schadensverursachung regelt. Eine Anwendung der deliktsrechtlichen Grundsätze von Täterschaft und Teilnahme kommt bei den wettbewerbsrechtlichen Abwehransprüchen daher nur mit der **Maßgabe** in Betracht, dass den Unterschieden gegenüber dem allgemeinen zivilrechtlichen Schadensersatzanspruch Rechnung zu tragen ist. Das kann insbesondere den **Verzicht auf subjektive Erfordernisse** bei der Begründung der Haftung zur Folge haben, weil die Abwehransprüche grundsätzlich keinen schuldhaften Verstoß voraussetzt und auch sonst das Unlauterkeitsurteil unabhängig von dem Vorliegen subjektiver Voraussetzungen begründet sein kann (näher unten Rdn. 408ff.).[782]

2. Hinwendung zu den allgemeinen Haftungskategorien des Strafrechts

353 Inwieweit darüber hinaus Dritte, die nicht unmittelbar und eigenhändig den Wettbewerbsverstoß begehen, in einen Haftungszusammenhang eingebunden werden können und Schuldner des gesetzlichen Unterlassungs- oder Beseitigungsanspruchs sind, lässt der Gesetzeswortlaut offen. Die Anfor-

[780] A. A. *Ohly*/Sosnitza § 8 Rdn. 115.
[781] Vgl. BGH GRUR 2009, 597f. Tz. 16 – *Halzband.*
[782] Vgl. BGH GRUR 2005, 778 – *Atemtest;* GRUR 2007, 800, 801f. Tz. 21 – *Außendienstmitarbeiter.*

derungen an die Passivlegitimation müssen und mussten seit jeher von der Rechtsprechung entwickelt werden. Sie sind aktuell wieder stark in Bewegung geraten und bilden Gegenstand einer **dynamischen Judikatur,** die **im Wandel begriffen** ist und deren genaue Linien derzeit nicht immer sicher definiert und prognostiziert werden können.[783]

Die gegenwärtige Tendenz des BGH geht dahin, vor langer Zeit im gewerblichen Rechtsschutz **354**
eingeschlagene Sonderwege zu verlassen und als Grundlage der Passivlegitimation im Wettbewerbsrecht auf die allgemeinen Haftungskategorien des Strafrechts zurückzugreifen.[784] Als Konsequenz dieser **Rückbesinnung auf** die **strafrechtlichen Haftungskategorien** unterscheidet der BGH heute weit deutlicher als früher zwischen der Haftung für eigenes Verhalten und für fremdes Verhalten, zwischen Täterschaft und Teilnahme sowie zwischen aktivem Tun und Unterlassen.[785]

Schuldner der in § 8 UWG geregelten Abwehransprüche ist nach der in der neuesten Rechtspre- **355**
chung des BGH benutzten Formel „jeder, der durch sein Verhalten den objektiven Tatbestand einer Zuwiderhandlung selbst, durch einen anderen oder gemeinschaftlich mit einem anderen adäquat kausal verwirklicht oder sich als Teilnehmer an der deliktischen Handlung eines Dritten beteiligt".[786]

3. Gang der Darstellung

Nachfolgend sollen bei der **Haftung für eigenes Verhalten** (Rdn. 357 ff.) zunächst als Grund- **356**
fälle die **klassischen Formen der Täterschaft** vorgestellt werden (Rdn. 362 ff.). Danach wird auf die **Abgrenzung von Tun und Unterlassen** eingegangen (Rdn. 373 ff.). Hieran schließen sich Ausführungen zum **Organisationsmangel** (Rdn. 396) und zur **Teilnahme** an (Rdn. 398 ff.), ehe auf die **Störerhaftung** (Rdn. 419 ff.) und die Haftung für die **Verletzung von wettbewerbsrechtlichen Verkehrspflichten** eingegangen wird (Rdn. 433 ff.) und einige ihrer Fallgruppen vorgestellt werden (Rdn. 507). Es folgt die Darstellung der Haftung des **Inhabers eines eBay-Accounts** nach den Grundsätzen der Entscheidung *„Halzband"* (Rdn. 524). Als **Sonderthemen** der Haftung für eigenes Verhalten werden schließlich die Haftung von **Organen juristischer Personen** für Wettbewerbsverstöße der durch sie vertretenen Körperschaften (Rdn. 530 ff.) und die **persönliche Haftung von Mitarbeitern und Beauftragten** i. S. d. § 8 Abs. 2 (Rdn. 542 ff.) im Zusammenhang behandelt. Den Abschluss bildet die Darstellung der **Haftung für fremdes Verhalten** (Rdn. 552).

II. Grundfälle der Haftung für eigenes Verhalten

1. Täterschaft

a) Abgrenzung von Täterschaft und Teilnahme. *aa) Tatherrschaft.* Die Frage, ob jemand als **357**
Täter oder Teilnehmer handelt, beurteilt sich wie allgemein im Zivilrecht[787] auch im Immaterialgüterrecht[788] und im UWG nach den **im Strafrecht entwickelten Rechtsgrundsätzen.**[789] Täter ist, wer selbst oder in mittelbarer Täterschaft (§ 25 Abs. 1 StGB) den zum Erfolg hinführenden **Kausalverlauf beherrscht** bzw. zu beherrschen droht.[790] Teilnehmer ist, wem die Tatherrschaft fehlt und entweder als Anstifter den Tatentschluss hervorruft oder als Gehilfe den Haupttäter unterstützt. Das Kriterium der **Tatherrschaft** zur Abgrenzung von Täterschaft und Teilnahme stammt aus den allgemeinen Lehren des Strafrechts. **Täter** ist danach, wer allein oder arbeitsteilig mit anderen das Ob und Wie der Tatbestandsverwirklichung bestimmt und somit als Zentralgestalt des Geschehens die planvoll lenkende oder mitgestaltende Tatherrschaft besitzt, die Tatbestandsverwirkli-

---

[783] *Beater,* Rdn. 2707.

[784] Vgl. *Löffler* in: FS Bornkamm, S. 37, 39 f.

[785] Vgl. BGH GRUR 2014, 883, 884 Tz. 14 ff. – *Geschäftsführerhaftung;* GRUR 2015, 485, 488 Tz. 35 – *Kinderhochstühle im Internet III;* GRUR 2015, 1223, 1226 Tz. 43 – *Posterlounge.*

[786] BGH GRUR 2016, 395, 397 Tz. 23 – *Smartphone-Werbung.*

[787] St. Rspr., vgl. BGH NJW 1975, 49, 50 – *Hausbesetzung;* NJW 1998, 377, 382 – *Gewerbepark;* NJW 2005, 3137, 3139; *Löffler* in: FS Bornkamm, S. 37, 39.

[788] St. Rspr., vgl. BGH GRUR 2011, 152, 154 Tz. 30 – *Kinderhochstühle im Internet I;* GRUR 2011, 1018, 1019 Tz. 17 – *Automobil-Onlinebörse;* GRUR 2012, 304, 306 Tz. 44 – *Basler Haar-Kosmetik;* GRUR 2014, 883 Tz. 13 – *Geschäftsführerhaftung;* GRUR 2015, 485, 488 Tz. 35 – *Kinderhochstühle im Internet III;* GRUR 2015, 672, 679 Tz. 80 – *Videospiel-Konsolen II; Löffler* in: FS Bornkamm, S. 37, 39.

[789] BGH GRUR 2014, 883 Tz. 13 – *Geschäftsführerhaftung;* GRUR 2015, 485, 488 Tz. 35 – *Kinderhochstühle im Internet III; Löffler* in: FS Bornkamm, S. 37, 39.

[790] St. neuere Rspr., vgl. BGH GRUR 2012, 304, 306 Tz. 44 – *Basler Haar-Kosmetik;* GRUR 2015, 485, 488 Tz. 35 – *Kinderhochstühle im Internet III;* GRUR 2015, 1223, 1226 Tz. 43 – *Posterlounge.*

chung somit nach seinem Willen hemmen oder ablaufen lassen kann. **Teilnehmer** ist demgegenüber, wer die Tat ohne eigene Tatherrschaft als „Randfigur" veranlasst oder fördert, das Ob und Wie der Tat aber vom Willen eines anderen abhängig macht.[791] Das Kriterium der Tatherrschaft wurde vom BGH in der Entscheidung *„Posterlounge"* für das Immaterialgüterrecht ausdrücklich fruchtbar gemacht.[792] Die Umschreibung der Tatherrschaft als Herrschaft über den zum Erfolg führenden Kausalverlauf passt natürlich in erster Linie zu den Tatbeständen der Verletzung von Immaterialgüterrechten. Denn diese stuft der BGH als Erfolgsunrecht ein, während er Verstöße gegen das UWG als Verhaltensunrecht qualifiziert.[793]

358 Tatherrschaft über ein Delikt des Verhaltensunrechts bedeutet, dass der Täter **durch eigenes oder ihm als Täter zurechenbares Verhalten sämtliche Merkmale der** in der jeweiligen Gesetzesvorschrift beschriebenen **unlauteren geschäftlichen Handlung erfüllt,** und er **Herrschaft über den Geschehensablauf** hat. Die Haftung des alle Tatbestandsmerkmale einer unlauteren geschäftlichen Handlung in eigener Person erfüllenden Zuwiderhandelnden ergibt sich unmittelbar aus § 8 Abs. 1 i. V. m. der jeweiligen Verbotsnorm (§ 3 oder § 7). Das Kriterium der **Tatherrschaft** tritt zur Abgrenzung der Täterschaft von der Teilnahme als **ungeschriebenes Tatbestandsmerkmal** hinzu. **Keine Tatherrschaft** hat nach der Rspr. des BGH die **unselbständige Hilfsperson.** Entscheidend ist für die Einordnung als unselbständige Hilfsperson, dass dieser die verletzende Handlung in sozialtypischer Hinsicht nicht als eigene zugerechnet werden kann, weil sie auf Grund ihrer **untergeordneten Stellung keine eigene Entscheidungsbefugnis** hat.[794] Zu dieser Personengruppe zählen typischerweise Boten, Briefträger, Zusteller, Plakatkleber und Prospektverteiler.[795] Allerdings ist zu bedenken, dass nach der Konzeption des historischen Gesetzgebers die Entscheidungsbefugnis für Täterqualität und Haftung eines Untergebenen keine Rolle spielen sollte, schon allein, um die Haftungszurechnung nach § 8 Abs. 2 zum Unternehmensinhaber unter allen Umständen sicherzustellen (Rdn. 542 ff.). Lässt man den Untergebenen nicht als Täter haften und handelt er unvorsätzlich, so dass es auch an einer Gehilfeneigenschaft fehlt, so kommt entgegen der Absicht des Gesetzgebers eine Zurechnung nach § 8 Abs. 2 nicht in Betracht. Die hier auftretende Haftungslücke müsste dann – unnötig kompliziert – durch die Anerkennung einer mittelbaren Täterschaft des Unternehmensinhabers geschlossen werden.

359 *bb) Geschäftliche Handlung.* Die Haftung als Täter setzt nach allgemeiner Auffassung voraus, dass der Unterlassungsschuldner eine **geschäftliche Handlung i. S. d.** § 2 Abs. 1 Nr. 1 vorgenommen hat.[796] Auch beim Handeln von **Mitarbeitern** und **Beauftragten** i. S. d. § 8 Abs. 2 ist stets von einer **(eigenen) geschäftlichen Handlung** auszugehen, wenn dieselbe Handlung durch den Unternehmensinhaber vorgenommen als geschäftliche Handlung zu werten wäre (Rdn. 545 ff.).[797]

360 *cc) Eigenschaft als Normadressat.* Voraussetzung einer Haftung als Täter beim **Rechtsbruchtatbestand** ist, dass der Handelnde **Adressat der dem Unlauterkeitsvorwurf nach § 3a UWG zu Grunde liegenden Norm** ist.[798] Selbst wenn das konkrete Verhalten desjenigen, der nicht Normadressat ist, die Voraussetzungen eines über die bloße Teilnahme hinausgehenden täterschaftlichen Beitrags erfüllt, kann nach den im allgemeinen Deliktsrecht und im Lauterkeitsrecht entsprechend geltenden strafrechtlichen Bestimmungen allenfalls als Teilnehmer (Anstifter oder Gehilfe) haften.[799]

361 *dd) Verkehrspflichtverletzung.* Verstößt der Schuldner nicht selbst gegen eine sich nur an einen speziellen Täterkreis richtende oder ein spezifisches Verhalten voraussetzende Norm, so kann sich seine täterschaftliche Haftung nach § 3 daraus ergeben, dass er eine ihn treffende **wettbewerbsrechtliche Verkehrspflicht** verletzt, weil er keine hinreichenden und zumutbaren Vorkehrungen gegen Rechtsverletzungen durch Dritte getroffen hat.[800] Auf die Verletzung wettbewerbsrechtlicher Ver-

---

[791] *Roxin* § 25 Rdn. 10 ff.; *Wessels/Beulke/Satzger* Rdn. 513.

[792] BGH GRUR 2015, 1223, 1226 Tz. 43, 45 – *Posterlounge.*

[793] BGH GRUR 2011, 152, 156, Tz. 48 – *Kinderhochstühle im Internet I;* krit. zu dieser Differenzierung unten Rdn. 424 ff. sowie in die andere Richtung gehend *Ohly*/Sosnitza § 8 Rdn. 123c: Auch Verletzungen von Rechten des geistigen Eigentums sind Verhaltensunrecht.

[794] BGH GRUR 2016, 493, 494 Tz. 20 – *Al Di Meola* (zum Urheberrecht).

[795] BGH GRUR 2016, 493, 494 Tz. 20 – *Al Di Meola.*

[796] BGH GRUR 2011, 340, 342 Tz. 27 – *Irische Butter.*

[797] A. A. BGH GRUR 2011, 340, 342 Tz. 27 – *Irische Butter.*

[798] St. Rspr., vgl. BGH GRUR 2003, 807, 808 – *Buchpreisbindung;* GRUR 2008, 810, 812 Tz. 13 – *Kommunalversicherer;* GRUR 2015, 1025, 1026 f. Tz. 15 f. – *TV-Wartezimmer.*

[799] St. Rspr., vgl. BGH GRUR 2008, 810, 812 Tz. 14 – *Kommunalversicherer;* GRUR 2015, 1025, 1026 f. Tz. 15 f. – *TV-Wartezimmer;* Fezer/*Büscher* § 8 Rdn. 121; MünchKommUWG/*Schaffert* § 4 Nr. 11 Rdn. 45.

[800] BGH GRUR 2007, 890, 892, Tz. 22 – *Jugendgefährdende Medien bei eBay.*

kehrspflichten als UWG-spezifische, besondere Form der Täterschaft durch Unterlassen wird in Rdn. 433ff. näher eingegangen.

b) Die klassischen Formen der Täterschaft. *aa) Unmittelbarer Alleintäter. (1) Allgemeines.* Täter ist, wer durch sein Verhalten unmittelbar selbst (vgl. § 25 Abs. 1 Alt. 1 StGB) der gesetzlichen Verbotsnorm **zuwiderhandelt,** wer also die nach § 3 oder § 7 unzulässige geschäftliche Handlung vornimmt und damit den objektiven Tatbestand einer Zuwiderhandlung adäquat kausal verwirklicht hat[801] oder zu verwirklichen droht und außerdem **Tatherrschaft**[802] über das Geschehen hat. Eines Rückgriffs auf weitere Haftungsnormen oder Haftungsgrundsätze bedarf es bei dieser Form der **unmittelbaren Täterschaft** nicht. 362

(2) Kasuistik. Wer eine **Werbung schaltet,** ist unmittelbarer Täter. Einem Unternehmen, das sich nach dem äußeren Erscheinungsbild einer Werbung als hierfür verantwortlich geriert, steht allerdings der Nachweis offen, tatsächlich nicht in der Lage gewesen zu sein, auf den Inhalt der beanstandeten Werbung Einfluss zu nehmen.[803] Beim **viralen Marketing,** das existierende soziale Netzwerke und Medien ausnutzt, um die Aufmerksamkeit auf Marken, Produkte oder Kampagnen zu lenken, indem sich Werbung in privaten Nachrichten epidemisch, vergleichbar einem Virus, ausbreiten sollen,[804] ist der **Werbende** unmittelbarer Täter.[805] Unmittelbarer Täter ist auch derjenige, der selbst **nachgeahmte Produkte** im eigenen Namen und auf eigene Rechnung **anbietet.** Dies gilt auch dann, wenn er die Produkte – u. U. unbesehen – im Wege des **Streckengeschäfts** kauft, sie sodann an einen Kunden weiterverkauft und die Waren direkt durch seinen Verkäufer an seinen Abnehmer liefern lässt. Ein Internethändler haftet für ein eigenes irreführendes Angebot als Täter auch dann, wenn sein Geschäftsmodell darauf angelegt ist, Ware in großen Mengen ausschließlich **im Internet** anzubieten und für das **Warenangebot** und dessen Bewerbung allein auf ihm vom Hersteller oder einem Lieferanten zur Verfügung gestellte Informationen zurückzugreifen, **ohne** die Ware selbst einer **gesonderten Überprüfung** unterzogen zu haben.[806] Denn ein Online-Händler ist für ein im eigenen Namen auf seiner Internetseite eingestelltes Verkaufsangebot stets als Täter verantwortlich, auch wenn er sich bei der Ausgestaltung der Produktpräsentation eines dritten Unternehmers – etwa seines Lieferanten – bedient.[807] Unmittelbarer Täter ist auch, wer als geschäftlich Handelnder eine wettbewerbssteuernde Verhaltensnorm, deren Adressat er ist, bricht.[808] Unmittelbarer Täter ist ebenfalls, wer als Betreiber einer Internet-Seite **eigene Inhalte** bereitstellt wie etwa eigene Angebote, die von Dritten übernommen werden.[809] Für eigene Inhalte gilt gem. § 7 Abs. 1 TMG auch die Privilegierung der §§ 7 Abs. 2–10 TMG nicht.[810] Eigene Inhalte sind nicht nur selbst geschaffene, sondern auch solche Inhalte, die sich der Betreiber zu eigen gemacht hat.[811] Unmittelbarer Täter ist deshalb auch, wer sich als Informationsanbieter im Internet eine fremde Information zu eigen macht.[812] Auf die Einzelheiten wird in Rdn. 463ff. eingegangen. 363

(3) Insbesondere: Geschäftsführer und Vorstände. Täter eines Wettbewerbsverstoßes können auch die **Organe juristischer Personen** sein, wenn sie den Wettbewerbsverstoß selbst begehen.[813] Die Einzelheiten zur Haftung von Geschäftsführern und Vorständen werden in Rdn. 530ff. im Zusammenhang dargestellt. 364

(4) Insbesondere: Mitarbeiter und Beauftragte. Täter eines Wettbewerbsverstoßes sind auch **Mitarbeiter und Beauftragte** i. S. d. § 8 Abs. 2 (ausführlich Rdn. 542ff.). 365

bb) Nebentäter. Täter ist schließlich auch, wer den Tatbestand unabhängig vom täterschaftlichen Handeln eines Dritten verwirklicht oder zu verwirklichen droht und so als **Nebentäter** handelt.[814] 366

---

[801] Vgl. BGH GRUR 2008, 530, 532 Tz. 21 – *Nachlass bei der Selbstbeteiligung;* GRUR 2011, 152, 154 Tz. 30 – *Kinderhochstühle im Internet I;* GRUR 2014, 883f. Tz. 13 – *Geschäftsführerhaftung.*

[802] Vgl. BGH GRUR 2015, 1223, 1226 Tz. 43 – *Posterlounge.*

[803] BGH GRUR 2016, 395, 397 Tz. 23 – *Smartphone-Werbung.*

[804] Hierzu *Leitgeb* ZUM 2009, 39ff.; *Ohly*/Sosnitza § 8 Rdn. 137.

[805] LG Köln GRUR-RR 2009, 154, 155 – *Haftung für Virals.*

[806] OLG Hamburg GRUR-RR 2013, 29, 37 – *Nr. 1 Hits.*

[807] BGH GRUR 2016, 741, 745 Tz. 39 – *Himalaya Salz.*

[808] Vgl. BGH GRUR 2007, 890, 892 Tz. 21 – *Jugendgefährdende Medien bei eBay.*

[809] Vgl. BGH GRUR 2016, 493, 494f. Tz. 16–21 – *Al Di Meola;* OLG Hamburg GRUR-RR 2013, 29, 37 – *Nr. 1 Hits.*

[810] OLG Hamburg GRUR-RR 2013, 29, 37 – *Nr. 1 Hits; Leistner* in: FS Köhler, S. 407; *J. B. Nordemann* GRUR 2011, 977; *Ohly*/Sosnitza § 8 Rdn. 124; *Schilling* GRUR-Prax 2015, 313, 314.

[811] BGH GRUR 2010, 616, 618 Tz. 23 – *marions-kochbuch.de.*

[812] *Ohly*/Sosnitza § 8 Rdn. 115a.

[813] Vgl. BGH GRUR 2014, 883, 884 Tz. 14 – *Geschäftsführerhaftung.*

[814] MünchKommUWG/*Fritzsche* § 8 Rdn. 235; *Löffler* in: FS Bornkamm, S. 37, 38.

367 *cc) Mittelbarer Täter.* Täter ist darüber hinaus in Anlehnung an die strafrechtlichen Kategorien (§ 25 Abs. 1 Alt. 2 StGB) der **mittelbare Täter,** der sich für den Wettbewerbsverstoß als Hintermann gezielt eines unmittelbar handelnden Tatmittlers als Werkzeug bedient und so den Wettbewerbsverstoß durch einen anderen begeht.[815]

368 Die mittelbare Täterschaft erfordert zum einen, dass der Hintermann die durch den Tatmittler vorgenommene **Zuwiderhandlung im eigenen Interesse veranlasst** hat, und zum anderen, dass der Hintermann die **Kontrolle über das Handeln des Tatmittlers** hat.[816] Im Hinblick auf die zweite Voraussetzung, nämlich die Kontrolle im Sinne der Tatherrschaft, scheidet eine mittelbare Täterschaft jedenfalls dann aus, wenn der Tatmittler den betreffenden Wettbewerbsverstoß seinerseits täterschaftlich – also mit eigener Kontrolle und Tatherrschaft über den Geschehensablauf – begangen hat oder hätte und somit als Täter haftet.[817] Einen **„Täter hinter dem Täter"** gibt es grundsätzlich **nicht.**[818] Dies wurde in der früheren Rechtsprechung[819] und Literatur[820] nicht ausreichend berücksichtigt und wird auch heute nicht immer gesehen.[821]

369 Im UWG kommt der **mittelbaren Täterschaft** deshalb nur ein potentiell sehr **kleiner Anwendungsbereich** zu. Denn für die Begründung einer eigenen Täterschaft reicht in den allermeisten Fällen der objektive Verstoß gegen eine Norm aus; Verschulden oder gar Vorsatz sind nicht erforderlich. Auch ein vorsatzlos handelnder Vordermann ist deshalb in aller Regel nicht nur Tatmittler, sondern selbst Täter, so dass der Hintermann nicht seinerseits als mittelbare Täter verantwortlich gemacht werden kann.[822] Im Strafrecht hingegen ist ein typischer Fall der mittelbaren Täterschaft der, in dem der planvoll handelnde Hintermann das Verhalten eines Vordermanns kontrolliert, dem selbst der zur Tatbestandsverwirklichung nötige Vorsatz fehlt, weil er sich in einem Tatbestandsirrtum befindet (sog. „vorsatzloses Werkzeug").[823] Das für die mittelbare Täterschaft vorausgesetzte „Defizit" des Tatmittlers[824] besteht im UWG deshalb in aller Regel nicht im fehlenden Vorsatz des Vordermanns.[825] Deshalb erfüllen die allermeisten Konstellationen, bei denen eine mittelbare Täterschaft erörtert wird,[826] die Voraussetzungen diese Rechtsfigur nicht. Denkbar sind solche Fälle allenfalls, wo ein **Rechtsbruch** i. S. d. **§ 3a** in Rede steht und die verletzte Verhaltensnorm eine vorsätzliche Begehung voraussetzt. Möglich ist eine Haftung nach den Grundsätzen der mittelbaren Täterschaft auch, wenn der **Tatmittler keine geschäftliche Handlung im Sinne des § 2 Abs. 1 Nr. 1** vornimmt und daher selbst nicht lauterkeitsrechtlich verantwortlich ist.[827] An einem „Täter hinter dem Täter" fehlt es nach der Rspr. des BGH auch dort, wo unmittelbar nur eine **unselbständige Hilfsperson** handelt, der die rechtswidrige Handlung in sozialtypischer Hinsicht nicht als eigene zugerechnet werden kann, weil sie auf Grund ihrer **untergeordneten Stellung keine eigene Entscheidungsbefugnis** und damit **keine Tatherrschaft** hat (etwa Boten, Briefträger, Zusteller, Plakatkleber und Prospektverteiler).[828] Auch in solchen Konstellationen könnte also der Weg zur mittelbaren Täterschaft offenstehen.[829] Der historische Gesetzgeber wollte solche Konstellationen allerdings nicht der mittelbaren Täterschaft überantworten. Er wollte auch den streng weisungsgebunden Untergebenen grundsätzlich als Täter haften lassen und dessen Tatbehandlung dem Unternehmensinhaber gem. § 8 Abs. 2 wie eine eigene zurechnen. Dies ist nach wie vor richtig (Rdn. 542ff.).

---

815 BGH GRUR 2011, 1018, 1019 Tz. 17 – *Automobil-Onlinebörse;* GRUR 2012, 304, 306 Tz. 44 – *Basler Haar-Kosmetik;* GRUR 2012, 1279, 1282f. Tz. 38 – *Das Große Rätselheft;* GRUR 2014, 883f. Tz. 13 – *Geschäftsführerhaftung;* GRUR 2015, 485, 488 Tz. 35 – *Kinderhochstühle im Internet III;* OLG Brandenburg, Urt. v. 28.4.2015, Az. 6 U 6/14 – *Magnetfeldtherapie.*

816 BGH GRUR 2012, 1279, 1282 Tz. 38 – *Das Große Rätselheft.*

817 BGH GRUR 2012, 1279, 1282f. Tz. 38 – *Das Große Rätselheft; Löffler* in: FS Bornkamm, S. 37, 50; Ohly/Sosnitza § 8 Rdn. 116.

818 *Löffler* in: FS Bornkamm, S. 37, 50 m. w. N. aus der strafrechtlichen Literatur.

819 Vgl. RG MuW XXIX, 445 – *Gemeinnütziger Bestattungsverein in Hamburg;* BGH GRUR 1952, 410, 413 – *Constanze I;* GRUR 1958, 487, 488 – *Antibiotica.*

820 Vgl. *Callmann* S. 102f.; *Reimer* Kap. 107 Rdn. 26; *Schramm* S. 320f., 391.

821 Vgl. z. B. OLG Brandenburg, Urt. v. 28.4.2015, Az. 6 U 6/14 – *Magnetfeldtherapie.*

822 *Ohly*/Sosnitza § 8 Rdn. 116.

823 Vgl. BGH NStZ 1994, 432, 434; *Kühl* § 20 Rdn. 52; *Otto* § 21 Rdn. 74ff.

824 Vgl. *Fischer* § 25 StGB Rdn. 5; *Kühl* § 20 Rdn. 45.

825 *Ohly*/Sosnitza § 8 Rdn. 116.

826 Vgl. etwa die Kasuistik bei MünchKommUWG/*Fritzsche* § 8 Rdn. 236 und bei GroßKommUWG/*Paal* § 8 Rdn. 97.

827 MünchKommUWG/*Fritzsche* § 8 Rdn. 236; *Ohly*/Sosnitza § 8 Rdn. 116.

828 BGH GRUR 2016, 493, 494 Tz. 20 – *Al Di Meola* (zum Urheberrecht); vgl. auch BGH GRUR 2011, 340, 342 Tz. 27 – *Irische Butter* (geschäftliche Handlung i. S. d. § 2 Abs. 1 Nr. 1 verneint).

829 So etwa MünchKomm/*Fritzsche* § 8 Rdn. 236; GroßKommUWG/*Paal* § 8 Rdn. 97.

dd) Mittäter. Täter ist auch der **Mittäter,** der gemeinschaftlich im Wege des bewussten und gewollten gemeinschaftlichen Zusammenwirkens (§ 25 Abs. 2 StGB) mit einem anderen Mittäter handelt, dessen Tatbeitrag er sich entsprechend § 830 Abs. 1 BGB zurechnen lassen muss.[830] Passivlegitimiert ist deshalb auch derjenige, der die gesetzlichen Tatbestandsvoraussetzungen zwar nicht vollständig in eigener Person verwirklicht, dessen Verhalten jedoch zusammen mit den Handlungen des anderen Mittäters sämtliche Tatbestandsmerkmale der betreffenden unlauteren geschäftlichen Handlung erfüllt. Die jeweiligen Tatbeiträge werden dabei wechselseitig zugerechnet, ohne dass es auf die genaue Kenntnis der Einzelheiten durch einen jeden Mittäter ankommt.[831] Jeder der Mittäter muss Tatherrschaft haben und einen **bestimmenden Einfluss auf das Tatgeschehen** ausüben.[832] Dieser Einfluss fehlt etwa einem angestellten Rechtsanwalt, wenn es um wettbewerbswidrige Angaben zu seiner Person auf der Homepage der Kanzlei seines Arbeitgebers geht, auch wenn er diese Informationen selbst zur Verfügung gestellt hat und mit deren Veröffentlichung einverstanden war. Für ihn kommt nur eine Haftung als Teilnehmer in Betracht.[833] 370

Ohne eine auch nur **allgemeine Kenntnis von konkret drohenden Taten** scheidet ein vorsätzliches Zusammenwirken aus.[834] Bereits an der Möglichkeit eines bewussten und gewollten Zusammenwirkens fehlt es dort, wo die objektive Mitwirkungshandlung durch ein vollständig automatisiertes Verfahren bewirkt wird (z. B. Anzeige und Verlinkung einer Website mit wettbewerbswidrigem Inhalt durch die Suchmaschine Google).[835] 371

Eine **wechselseitige Zurechnung** der für die täterschaftliche Haftung notwendigen Eigenschaft als Normadressat (oben Rdn. 360) **findet nicht statt;** wer nicht Adressat der dem Unlauterkeitsvorwurf nach § 3a zu Grunde liegenden Norm ist, kann ohne Rücksicht auf die Qualität seines Tatbeitrags nicht als Täter, sondern nur als Teilnehmer in Haftung genommen werden.[836] 372

2. Tun und Unterlassen

a) Bedeutung der Unterscheidung zwischen Tun und Unterlassen. In der neueren Rechtsprechung des BGH bildet die Unterscheidung zwischen positivem Tun und Unterlassen eine ganz entscheidende Weichenstellung innerhalb des Haftungssystems. Als grundlegende Vorfrage muss deshalb zunächst geprüft werden, ob demjenigen, der in Haftung genommen werden soll, ein Tun oder ein Unterlassen zur Last fällt. 373

Unstreitig gibt es eine **Täterschaft durch Unterlassen.**[837] Auch eine **Beihilfe durch Unterlassen** ist möglich, wenn der Gehilfe als Garant zur Verhinderung des Verstoßes verpflichtet ist.[838] Die Frage nach aktivem Verhalten oder Unterlassen stellt sich deshalb unabhängig davon, ob der Verletzer den zum Erfolg hinführenden Kausalverlauf beherrscht und daher als Täter verantwortlich ist, ob er lediglich einem mit Tatherrschaft handelnden Dritten Hilfe leistet und daher als Gehilfe handelt, oder aber ob die objektiven oder subjektiven Voraussetzungen einer Täter- oder Gehilfenhaftung fehlen.[839] 374

Der BGH hält darüber hinaus auch eine **Anstiftung durch Unterlassen** für möglich.[840] Dies überzeugt **nicht.** Anstiftung i. S. d. § 26 StGB verlangt ein Bestimmen zu Haupttat, also ein Verhalten, mit dem der Anstifter geistig unmittelbar auf den Willen des Täters beeinflussend einwirkt (Rdn. 401). Es ist nicht ersichtlich, welche Art von bloßer Unterlassung als gleichwertig zu einer solchen aktiven geistigen Einwirkung gewertet werden könnte und ihm den gleichen sozialen Sinngehalt gibt. Denkbar ist allenfalls, dass ein Garant nicht verhindert, dass ein aktiver Anstifter bei einem Dritten einen Tatentschluss hervorruft. 375

---

[830] RG GRUR 1936, 989, 992 – *Margarinevertrieb;* BGH GRUR 1964, 88, 89 f. – *Verona-Gerät;* GRUR 2009, 597 Tz. 14 – *Halzband;* GRUR 2010, 536, 541 Tz. 65 – *Modulgerüst II;* GRUR 2011, 152, 154 Tz. 30 – *Kinderhochstühle im Internet I;* GRUR 2011, 1018, 1019 Tz. 17 – *Automobil-Onlinebörse;* GRUR 2015, 485, 488 Tz. 35 – *Kinderhochstühle im Internet III.*

[831] Vgl. BGH GRUR 2012, 304, 306 Tz. 44 – *Basler Haar-Kosmetik;* LG Frankfurt, Urt. v. 12.3.2014, Az. 2–06 O 16/13 – *Brother Tonerkartuschen.*

[832] OLG Frankfurt GRUR-RR 2015, 302 Tz. 15 – *Spezialisiert für Arbeitsrecht.*

[833] OLG Frankfurt GRUR-RR 2015, 302 Tz. 15 – *Spezialisiert für Arbeitsrecht.*

[834] Vgl. BGH GRUR 2015, 485, 488 Tz. 37 – *Kinderhochstühle im Internet III.*

[835] OLG München ZUM-RD 2012, 344, 346.

[836] BGH GRUR 2008, 810, 812 Tz. 14 – *Kommunalversicherer;* GRUR 2015, 1025, 1026 f. Tz. 15 f. – *TV-Wartezimmer;* Fezer/*Büscher* § 8 Rdn. 121; MünchKommUWG/*Schaffert* § 4 Nr. 11 Rdn. 45.

[837] BGH GRUR 2014, 883, 884 Tz. 16 – *Geschäftsführerhaftung.*

[838] BGH GRUR 2011, 152, 154 Tz. 34 – *Kinderhochstühle im Internet I;* GRUR 2015, 1223, 1226 Tz. 43 – *Posterlounge; Löffler* in: FS Bornkamm, S. 37, 40.

[839] BGH GRUR 2015, 1223, 1226 Tz. 43 – *Posterlounge.*

[840] BGH GRUR 2015, 1223, 1226 Tz. 43 – *Posterlounge.*

376 Die Frage nach einem **aktiven Tun oder bloßen Unterlassen** kann jedenfalls **nicht offen bleiben.**[841] Denn die Rechtsordnung knüpft an die Unterscheidung von Tun und Unterlassen grundsätzlich unterschiedliche Haftungsvoraussetzungen. Während im Ausgangspunkt jede adäquat kausale und im Rahmen des Schutzzwecks der Norm liegende Rechtsgutsverletzung durch aktives Tun zu Haftung führt, gilt dies für ein Unterlassen nicht.[842] Grundsätzlich ist derjenige, der nur das wettbewerbswidrige Verhalten eines anderen duldet, für die wettbewerbsrechtlichen Abwehransprüche nicht passivlegitimiert, und zwar auch dann nicht, wenn ihm die wettbewerbswidrige Handlung des anderen zugute kommt.[843]

377 Ein Unterlassen kann positivem Tun nur gleichgestellt werden, wenn der Täter rechtlich dafür einzustehen hat, dass der tatbestandliche Erfolg nicht eintritt, und das Unterlassen der Verwirklichung des gesetzlichen Tatbestands durch ein Tun entspricht (vgl. § 13 Abs. 1 StGB).[844] Erforderlich ist eine **Garantenstellung,** die den in Anspruch Genommenen verpflichtet, den deliktischen Erfolg abzuwenden.[845] Voraussetzung ist weiter, dass ihm die **Erfolgsverhinderung** möglich und zumutbar ist[846] und die Vornahme der gebotenen Handlung die Beeinträchtigung mit an Sicherheit grenzender Wahrscheinlichkeit verhindert hätte.[847] Eine Garantenpflicht, nämlich die aus **Ingerenz,** bildet den dogmatischen Anknüpfungspunkt für **wettbewerbsrechtliche Verkehrspflichten.**[848] Denn in der Sache geht es hier um die Haftung für die pflichtwidrige Nichtverhinderung von Verstößen Dritter.

378 **b) Schwerpunkt der Vorwerfbarkeit.** Die Rechtsprechung des BGH in Strafsachen fasst die Abgrenzung zwischen Tun und Unterlassen als Wertungsfrage auf, die nicht nach rein äußeren oder formalen Kriterien zu entscheiden ist, sondern eine normative Betrachtung unter Berücksichtigung des sozialen Handlungssinns verlangt.[849] Diese wertende Schwerpunktbetrachtung kann auf zivilrechtliche Sachverhalte übertragen werden[850] und wird vom BGH im Wettbewerbs- und Immaterialgüterrecht auch vorgenommen.[851] Schlagwortartig zusammengefasst entscheidet der **„Schwerpunkt der Vorwerfbarkeit"** darüber, ob ein Tun oder ein Unterlassen vorliegt.[852]

379 So kommt als Anknüpfungspunkt einer Haftung des Betreibers für rechtsverletzende Angebote auf dem **Internetmarktplatz eBay** zum einen ein aktives Tun in Betracht, nämlich das Entwickeln und Pflegen der dem Online-Marktplatzes zu Grunde liegenden Software, die Zurverfügungstellung von Speicherplatz für Marktplatzdaten, die Schaffung und Erhaltung der Attraktivität des Marktplatzes durch Werbung für den Marktplatz an sich bzw. für einzelne Angebote, die Betreuung der Mitglieder durch Hilfstools bzw. Mitarbeiter usw. Denn ohne dieses aktive Tun der Betreiber könnte es nicht zu Angeboten und damit auch nicht zu Rechtsverletzungen auf seinem Markplatz kommen. Die Haftung des Betreibers kann auf der anderen Seite aber auch darauf gestützt werden, dass er keine ihm möglichen und zumutbaren Maßnahmen ergriffen hat, die es verhindern, dass rechtsverletzende Angebote von Mitgliedern auf dem Internetmarktplatz eBay erscheinen. Bei einer normativen Betrachtung unter Berücksichtigung des sozialen Handlungssinns liegt hier nach der Rechtsprechung der **Schwerpunkt der Vorwerfbarkeit** in einem **Unterlassen,** weil das aktive Betreiben des Online-Marktplatzes eine durch Art. 2, 14 GG geschützte wirtschaftliche Tätigkeit darstellt, die als **Geschäftsmodell legitim** ist und nicht von vornherein auf Rechtsverletzungen oder Wettbewerbsverstöße abzielt oder ihnen Vorschub leistet.[853] Entsprechendes gilt für eigene rechtsverletzende Suchvorschläge des Suchmaschinenbetreibers **Google** im

---

841 *Löffler* in: FS Bornkamm, S. 37, 40.

842 BGH GRUR 2015, 1223, 1226 Tz. 43 – *Posterlounge; Löffler* in: FS Bornkamm, S. 37, 40.

843 *Tetzner* Vorbem, Rdn. 42.

844 BGH GRUR 2014, 883, 884 Tz. 16 – *Geschäftsführerhaftung,* m. w. N.; *Hühner* GRUR-Prax 2013, 459, 460; *Löffler* in: FS Bornkamm, S. 37, 40.

845 BGH GRUR 2014, 883, 884 Tz. 16 – *Geschäftsführerhaftung,* m. w. N.; GRUR 2015, 1223, 1226 Tz. 43 – *Posterlounge; Löffler* in: FS Bornkamm, S. 37, 40.

846 BGH GRUR 2011, 152, 154 Tz. 34 – *Kinderhochstühle im Internet I;* GRUR 2013, 751, 753 Tz. 27 – *„Autocomplete"-Funktion.*

847 *Löffler* in: FS Bornkamm, S. 37, 40.

848 BGH GRUR 2014, 883, 884 Tz. 22 – *Geschäftsführerhaftung;* GRUR 2015, 909, 915 Tz. 45 – *Exzenterzähne;* GRUR 2016, 209, 212 Tz. 23 – *Haftung für Hyperlinks.*

849 St. Rspr., vgl. BGH, Urt. v. 14.3.2003, Az. 2 StR 239/02 m. w. N.

850 *Löffler* in: FS Bornkamm, S. 37, 40.

851 BGH GRUR 2011, 152, 154 Tz. 34 – *Kinderhochstühle im Internet I;* GRUR 2013, 751, 753 Tz. 25 – *„Autocomplete"-Funktion; Löffler* in: FS Bornkamm, S. 37, 40.

852 BGH GRUR 2011, 152, 154 Tz. 34 – *Kinderhochstühle im Internet I;* GRUR 2013, 751, 753 Tz. 25 – *„Autocomplete"-Funktion;* GRUR 2015, 1223, 1226 Tz. 43 – *Posterlounge; Löffler* in: FS Bornkamm, S. 37, 40; aus der strafrechtlichen Rspr. vgl. BGH, Urt. v. 14.3.2003, Az. 2 StR 239/02 m. w. N.

853 OLG Hamburg NJOZ 2008, 4082, 4089 f. – *Kinderstühle;* bestätigt von BGH GRUR 2011, 152, 154 Tz. 34 – *Kinderhochstühle im Internet I;* ebenso *Löffler* in: FS Bornkamm, S. 37, 41 f.

Rahmen seiner **„Autocomplete"-Funktion.** Der Schwerpunkt der Vorwerfbarkeit liegt jeweils nicht in der Zurverfügungstellung der Suchvorschläge als eigene Inhalte, sondern im Unterlassen einer Kontrolle, ob durch die Suchvorschläge Interessen Dritter beeinträchtigt werden.[854]

Anders liegt es, wenn ein Unternehmer **durch eigene Maßnahmen** (wie z.B. gezielte Werbung mit der Möglichkeit des Missbrauchs)[855] die Gefahr einer rechtsverletzenden Nutzung erhöht.[856] In solchen Fällen liegt der Schwerpunkt der Vorwerfbarkeit in dieser vom Betreiber übernommenen „aktiven Rolle".[857] Dann ist aktives Tun anzunehmen.[858] Auf die Möglichkeit und Zumutbarkeit der Erfolgsverhinderung kommt es dann nicht mehr an.[859] **380**

Ein aktives Tun liegt auch vor, wenn der Betreiber einer Internetseite diese so programmiert, dass sie Suchanfragen Dritter in ihren Quelltext übernimmt und auf diese Weise das **Suchergebnis von Google beeinflusst.** Diese Programmierung tritt hinter dem Umstand zurück, dass die rechtsverletzende Begriffe erst durch die Nutzer der Seite eingegeben werden, und vermittelt dem Betreiber der Internetseite auch Tatherrschaft über das Geschehen.[860] **381**

Nach Auffassung *Löfflers* soll von einem aktiven Tun auch dann auszugehen sein, wenn ein Geschäftsmodell von vornherein auf Rechtsverletzungen durch die Nutzer seiner Leistung angelegt ist.[861] Bei einem **auf Rechtsverletzungen angelegten Geschäftsmodell**[862] liegt jedoch der Handlungsschwerpunkt nicht bei der Eröffnung einer Gefahrenquelle, sondern bei der Nichteindämmung der hieraus fließenden Gefahren. Die Eröffnung einer Gefahrenquelle dient deshalb typischerweise als Begründung einer Garantenstellung aus Ingerenz, die eine Pflicht zur Abwendung des Erfolgs mit sich bringt, aber nicht die Bedeutung einer ihrerseits auf den Erfolg abzielenden oder objektiv darauf ausgerichteten Handlung hat. Entsprechend geht auch der BGH davon aus, dass derjenige, der ein strukturell auf die Begehung von Rechtsverletzungen angelegtes Geschäftsmodell ins Werk setzt, nicht etwa aktiv die Rechtsverletzung begeht, sondern eine Garantenstellung aus Ingerenz einnimmt.[863] **382**

c) Garantenstellung. *aa) Allgemeines.* Eine Garantenstellung kann sich aus Gesetz,[864] vorangehendem gefährdenden Tun (Ingerenz),[865] Vertrag[866] oder der Inanspruchnahme von Vertrauen ergeben.[867] Sie muss gerade gegenüber dem außenstehenden Dritten bestehen, der aus der Verletzung der Pflicht zur Erfolgsabwendung Ansprüche herleitet.[868] Am wichtigsten ist in der Praxis die Garantenstellung aus Ingerenz: **383**

bb) Garantenstellung aus Ingerenz. (1) Begriff. **Ingerenz** ist ein Verhalten, durch das objektiv eine Gefahr geschaffen wird und das nach einer wertenden Betrachtung zur Abwendung oder Eindämmung gerade dieser Gefahr verpflichtet. Mit der Qualifizierung einer Tätigkeit als **vorangegangenes gefahrbegründendes Verhalten**[869] ist für sich genommen noch kein Unwerturteil verbunden. Auch erlaubte, ja sozial erwünschte oder verfassungsgerichtlich besonders geschützte Tätigkeiten können Gefahrenquellen eröffnen und deshalb Pflichten zur Eindämmung oder Abwendung von Gefahren mit sich bringen (Rdn. 489ff.). **384**

Der Garant muss trotz seiner Bezeichnung als „Garant" nicht *per se* eine Garantie dafür übernehmen, dass es nicht zur Rechtsverletzung kommt. Eine Garantenstellung ist **nicht gleichzuset-** **385**

---

[854] BGH GRUR 2013, 751, 753 Tz. 25 – *„Autocomplete"-Funktion; Löffler* in: FS Bornkamm, S. 37, 42 Fn. 37.

[855] Vgl. BGH GRUR 2009, 841, 843 Tz. 21– *Cybersky.*

[856] Vgl. BGH GRUR 2009, 841, 843 Tz. 21 – *Cybersky;* GRUR 2011, 617, 620 Tz. 45 – *Sedo;* GRUR 2013, 270, 271 Tz. 22 – *Alone in the Dark;* ZUM-RD 2013, 565, 567 Tz. 26 – *Haftung eines Sharehosters als Störer;* GRUR 2015, 1129, 1132f. Tz. 36 – *Hotelbewertungsportal.*

[857] Vgl. BGH GRUR 2011, 1038, 1040 Tz. 23f. – *Stiftparfüm;* GRUR 2013, 1229, 1233 Tz. 48, 52 – *Kinderhochstühle im Internet II;* GRUR 2015, 485, 491 Tz. 56 – *Kinderhochstühle im Internet III.*

[858] *Löffler* in: FS Bornkamm, S. 37, 42.

[859] *Löffler* in: FS Bornkamm, S. 37, 42.

[860] BGH GRUR 2015, 1223, 1226 Tz. 45f. – *Posterlounge.*

[861] *Löffler* in: FS Bornkamm, S. 37, 42.

[862] Vgl. hierzu BGH GRUR 2009, 841, 843 Tz. 21f. – *Cybersky;* GRUR 2011, 617, 620 Tz. 45 – *Sedo;* GRUR 2013, 270, 271 Tz. 22 – *Alone in the Dark;* ZUM-RD 2013, 565, 567 Tz. 26 – *Haftung eines Sharehosters als Störer.*

[863] Vgl. BGH GRUR 2014, 883, 885 Tz. 31 – *Geschäftsführerhaftung;* OLG Hamburg GRUR-RR 2015, 110, 114 – *Buddy-Bots.*

[864] BGH GRUR 2001, 82, 83 – *Neu in Bielefeld I;* GRUR 2014, 883, 884 Tz. 16 – *Geschäftsführerhaftung.*

[865] BGH GRUR 2001, 82, 83 – *Neu in Bielefeld I;* GRUR 2014, 883, 884 Tz. 16 – *Geschäftsführerhaftung.*

[866] BGH NZG 2012, 992, 994 Tz. 22f.; GRUR 2014, 883, 884 Tz. 16 – *Geschäftsführerhaftung.*

[867] BGH GRUR 2014, 883, 884 Tz. 16 – *Geschäftsführerhaftung.*

[868] BGH GRUR 2014, 883, 884 Tz. 16 – *Geschäftsführerhaftung.*

[869] So die Umschreibung des BGH GRUR 2001, 82, 83 – *Neu in Bielefeld I;* GRUR 2014, 883, 884 Tz. 16 – *Geschäftsführerhaftung.*

zen mit einem automatischen Einstehenmüssen für jedwede rechtswidrige Handlung Dritter. Wie weit die jeweilige Garantenpflicht geht, bestimmt sich nach allen Umständen des Einzelfalles. Die konkreten Pflichten zur Abwendung und Eindämmung von Rechtsverletzungen durch denjenigen, der durch sein Geschäftsmodell die Gefahr von Rechtsverletzungen hervorruft oder steigert, hängen insbesondere von der **Interessenlage** und den **konkreten Verantwortungsbereichen der Beteiligten** und der **Möglichkeit und Zumutbarkeit** entsprechender Kontroll- oder Sicherungsmaßnahmen ab.[870]

386 Was als zumutbar betrachtet wird, ist letztlich das Ergebnis einer **Interessenabwägung** zwischen den Werten und Rechtsgütern, die bei einer Rechtsverletzung auf dem Spiel stehen und den Mühen, Kosten und Erschwernissen, die für den Unternehmer mit der Abwendung oder Minimierung der Gefahr verbunden sind. Damit wird einer unangemessenen Ausdehnung der Haftung für Rechtsverstöße Dritter entgegengewirkt.[871] Im Rahmen dieser Abwägung können **auch übergeordnete Aspekte** wie die soziale **Nützlichkeit eines Geschäftsmodells** oder **rechtliche Grundwertungen,** wie der Schutz der Pressefreiheit durch Art. 5 Abs. 1 GG oder die Haftungseinschränkungen nach dem TMG einfließen.[872]

387 *(2) Wettbewerbsrechtliche Verkehrspflichten als Folge von Ingerenz.* Ihrem Wesen nach sind **wettbewerbsrechtliche Verkehrspflichten** Garantenpflichten aus Ingerenz nach den allgemeinen Grundsätzen des Deliktsrechts.[873] Denn maßgeblicher Anknüpfungspunkt für die wettbewerbsrechtliche Verkehrspflicht ist der Umstand, dass das handelnde Unternehmen im eigenen geschäftlichen Interesse und in seinem Verantwortungsbereich selbst eine Gefahrenquelle für Wettbewerbsverstöße durch Dritte schafft.[874] Hieraus ergibt sich die **Pflicht, diejenigen zumutbaren Maßnahmen und Vorkehrungen zu treffen,** die zur Abwendung der daraus drohenden Gefahren von Wettbewerbsverstößen notwendig sind.[875] Wer ein Geschäftsmodell betreibt, dass Dritten Anlass zu Wettbewerbsverstößen geben kann, ist demnach **Garant aus Ingerenz.** Dies gilt auch, wenn es sich um ein von der Rechtsordnung grundsätzlich **gebilligtes Geschäftsmodell** handelt. Welche Pflichten sich hieraus ergeben, wie weit sie gehen und wie ein Verstoß gegen sie dogmatisch einzuordnen ist, muss der Übersichtlichkeit halber gesondert dargestellt werden (Rdn. 435 ff.). Eine Garantenstellung aus Ingerenz hat selbstverständlich erst recht derjenige, der ein strukturell auf die Begehung von Rechtsverletzungen angelegtes Geschäftsmodell selbst ins Werk gesetzt hat.[876] Wer ein solches Geschäftsmodell nicht selbst ins Werk setzt, sondern es vom Gründer übernimmt und weiterführt, tritt in dessen Garantenstellung ein.

388 *(3) Garantenstellung des GmbH-Geschäftsführers.* Darüber hinaus kommt für den **Geschäftsführer einer GmbH** eine Garantenstellung aus Ingerenz dann in Betracht, wenn er sich bewusst der Möglichkeit entzieht, von etwaigen Wettbewerbsverstößen überhaupt Kenntnis zu nehmen und dementsprechend Einfluss zu ihrer Verhinderung ausüben zu können, etwa bei dauerhaftem Aufenthalt des Geschäftsführers im Ausland.[877]

389 *(4) Keine Garantenstellung bei Verlagerung der Vertriebstätigkeit auf Dritte.* Die Beauftragung eines Subunternehmers bei der Vertriebstätigkeit oder die Einschaltung von erfolgsabhängig vergüteten Hausierern begründet demgegenüber keine Garantenstellung zur Verhinderung von wettbewerbswidrigen Verhaltensweisen im Vertrieb. Eine **Auslagerung von Tätigkeiten auf Dritte** bzw. der Aufbau eines **mehrstufigen Vertriebssystems** ist eine grundsätzlich unbedenkliche Praxis, die nicht per se als Gefahrenquelle für Wettbewerbsverstöße angesehen werden kann – jedenfalls wenn nicht von vornherein aufgrund besonderer Umstände mit einem Fehlverhalten auf Seiten des Subunternehmens zu rechnen ist.[878]

---

[870] *Löffler* in: FS Bornkamm, S. 37, 47 f.

[871] BGH GRUR 2007, 890, 894 Tz. 38 – *Jugendgefährdende Medien bei eBay;* BGH GRUR 2016, 209, 212 Tz. 23 – *Haftung für Hyperlink.*

[872] BGH GRUR 2016, 209, 212 Tz. 23 ff. – *Haftung für Hyperlink; Löffler* in: FS Bornkamm, S. 37, 43.

[873] BGH GRUR 2014, 883, 884 Tz. 22 – *Geschäftsführerhaftung;* GRUR 2015, 909, 915 Tz. 45 – *Exzenterzähne;* GRUR 2016, 209, 212 Tz. 23 – *Haftung für Hyperlinks.*

[874] BGH GRUR 2007, 890, 893 f. Tz. 36 – *Jugendgefährdende Medien bei eBay;* OLG Frankfurt GRUR-RR 2008, 93, 94 – *Access-Provider.*

[875] St. Rspr., vgl. BGH GRUR 2007, 890, 893 f. Tz. 36 – *Jugendgefährdende Medien bei eBay;* GRUR 2013, 301, 304 Tz. 51 – *Solarinitiative;* GRUR 2014, 883, 884 Tz. 21 – *Geschäftsführerhaftung;* GRUR 2015, 1129, 1133 Tz. 42 – *Hotelbewertungsportal.*

[876] BGH GRUR 2014, 883, 885 Tz. 31 – *Geschäftsführerhaftung;* OLG Hamburg GRUR-RR 2015, 110, 114 – *Buddy-Bots.*

[877] BGH GRUR 2014, 883, 885 Tz. 26 – *Geschäftsführerhaftung.*

[878] BGH GRUR 2014, 883, 885 Tz. 28 – *Geschäftsführerhaftung;* a. A. OLG Stuttgart VuR 2011, 144, 145 – *Auftragsbestätigung ohne Bestellung.*

cc) Garantenstellung aus Gesetz. Von der Begründung einer Garantenpflicht zur Verhinderung eines Wettbewerbsverstoßes durch Gesetz zu **unterscheiden** sind UWG-Vorschriften, die **unmittelbar ein Handlungsgebot** enthalten und durch ein Unterlassen, nämlich durch die Nichterfüllung des Handlungsgebots, verletzt werden (z.B. § 5a). Bei letzteren handelt es sich nach strafrechtlicher Terminologie um **„echte Unterlassungsdelikte"**, während eine Garantenpflicht aus Gesetz – wie sie etwa für § 43 Abs. 1 GmbHG diskutiert wurde – zur Verhinderung eines Wettbewerbsverstoßes nach der strafrechtlichen Terminologie die Grundlage eines **„unechten Unterlassungsdelikts"** bilden würde. **390**

Von denjenigen Rechtsnormen, die im allgemeinen zivilrechtlichen Schrifttum als Grundlage einer Garantenstellung aus Gesetz diskutiert werden (§§ 138, 323c StGB; 1353, 1626 BGB),[879] spielt für den Bereich des UWG keine Vorschrift eine Rolle. Die nach **§ 43 Abs. 1 GmbHG** dem Geschäftsführer einer GmbH obliegende Pflicht zur ordnungsgemäßen Geschäftsführung umfasst zwar auch die Verpflichtung, durch eine entsprechend gestaltete Betriebsorganisation dafür zu sorgen, dass Rechtsverstöße unterbleiben. Diese Pflicht besteht aber grundsätzlich nur gegenüber der Gesellschaft, **nicht** aber **im Verhältnis** zu **außenstehenden Dritten.** Ihnen gegenüber ist die Übernahme von Organpflichten rechtlich neutral[880] und kann deshalb weder selbst als wettbewerbsrechtliche Verkehrspflicht herangezogen werden, noch im Sinne einer Ingerenz zur Begründung wettbewerbsrechtlicher Verkehrspflichten dienen.[881] In gleicher Weise begründet auch **§ 93 Abs. 1 AktG,** der ebenso wie § 43 Abs. 1 GmbHG auszulegen ist, keine Garantenstellung für die Mitglieder des Vorstands einer AG.[882] Dasselbe gilt für die Aufsichtspflicht von Aufsichtsratsmitgliedern, die gemäß § 52 GmbHG, §§ 116, 93 Abs. 2 AktG nur im Innenverhältnis wirkt und Dritten gegenüber keine Garantenstellung und keine wettbewerbsrechtlichen Verkehrspflichten zur Wahrung ihrer Interessen auslöst.[883] **391**

dd) Garantenstellung aus Vertrag. Die theoretisch denkbare **Garantenstellung aus Vertrag** wird in der Praxis **selten** vorkommen, da die Parteien meist nicht in vertraglichen Beziehungen stehen. Selbst dort, wo Verträge bestehen, wird eine daraus abgeleitete Garantenpflicht eher die Ausnahme bleiben. Denn vertragliche Pflichten aus gegenseitigen Rechtsgeschäften reichen zur Begründung einer Garantenpflicht nicht ohne weiteres aus.[884] **392**

ee) Garantenstellung aus Inanspruchnahme von Vertrauen. Eine Garantenstellung kann auch dadurch begründet werden, dass gegenüber einem Dritten jedenfalls faktisch eine **Erfolgsabwendungspflicht** im Sinne einer **tatsächlichen Gewährübernahme übernommen** wurde.[885] Daran wird es indes bei Wettbewerbsverstößen regelmäßig fehlen, da die Parteien im Vorfeld eines Verstoßes vielfach nicht miteinander in Kontakt oder in einer Geschäftsbeziehung stehen, aus der heraus ein besonderes, unter Umständen haftungsbegründendes Vertrauen erwachsen könnte.[886] **393**

d) Möglichkeit der Erfolgsabwendung. Erforderlich ist, dass die Vornahme der gebotenen, aber unterlassenen Handlung den Wettbewerbsverstoß mit an Sicherheit grenzender Wahrscheinlichkeit verhindert hätte. Die Erfolgsabwendung muss also möglich gewesen sein.[887] **394**

e) Zumutbarkeit der Erfolgsabwendung. Hinzukommen muss, dass die Vornahme der zur Verhinderung des Wettbewerbsverstoßes geeigneten **Handlung dem Schuldner zumutbar** ist bzw. gewesen wäre.[888] Hier gelten die Grundsätze, welche die Rechtsprechung im Rahmen der Störerhaftung bzw. der Haftung für die Verletzung wettbewerbsrechtlicher Verkehrspflichten als Anwendungsfall der Garantenpflicht aus Ingerenz entwickelt hat (hierzu Rdn. 480 ff.). **395**

3. Organisationsmangel

Eine Haftung für eigenes Verhalten begründet die Doktrin vom Organisationsmangel **(Organisationsverschulden).** Nach allgemeinen deliktsrechtlichen Grundsätzen trifft den Unternehmens- **396**

---

[879] Bamberger/Roth/*Spindler* § 823 BGB Rdn. 7.

[880] *Goldmann* GRUR-Prax 2014, 404, 406.

[881] Vgl. BGH GRUR 2014, 883, 884 f. Tz. 23 f. – *Geschäftsführerhaftung;* KG GRUR-RR 2013, 172, 173 f. – *Haustürwerbung;* ebenso bereits OLG Hamburg (3. ZS) GRUR-RR 2013, 464, 465 – *Z.Games Abo; Hühner* GRUR-Prax 2013, 459, 460; *Mees* in: FS Bornkamm, S. 53, 58; ähnlich für die Verletzung von Immaterialgüterrechten BGH GRUR 2016, 257, 264 Tz. 110 – *Glasfasern II.*

[882] Vgl. BGH NZG 2012, 992, 994 Tz. 22 f.; GRUR 2016, 257, 264 Tz. 110 – *Glasfasern II.*

[883] *Mees* in: FS Bornkamm, S. 53, 64 ff.

[884] BGH GRUR 2001, 82, 83 – *Neu in Bielefeld I;* NZG 2012, 992, 994 Tz. 26.

[885] BGH NZG 2012, 992, 994 Tz. 22 f.; GRUR 2014, 883, 885 Tz. 32 – *Geschäftsführerhaftung.*

[886] BGH GRUR 2014, 883, 885 Tz. 32 – *Geschäftsführerhaftung.*

[887] Vgl. BGH GRUR 2011, 152, 154 Tz. 34 – *Kinderhochstühle im Internet I.*

[888] Vgl. BGH GRUR 2011, 152, 154 Tz. 34 – *Kinderhochstühle im Internet I.*

inhaber und das leitende Organ die Verkehrspflicht, sein Unternehmen insgesamt so zu organisieren, dass Rechtsverletzungen und Vermögensschädigungen Dritter ausgeschlossen sind.[889] Die Lehre vom Organisationsmangel hatte früher eine gewisse praktische Bedeutung für den Unterlassungsanspruch, weil für eine Wettbewerbshandlung, die gem. § 1 UWG 1909 „gegen die guten Sitten" verstieß, zuweilen auch eine volle Tatsachenkenntnis über die die Sittenwidrigkeit begründenden Umstände des unmittelbar Handelnden verlangt wurde (hierzu § 9 Rdn. 25). War ein nachgeordneter Angestellter gutgläubig, lag in solchen Fällen kein Wettbewerbsverstoß vor, der dem Geschäftsherrn gem. § 13 Abs. 3 UWG 1909 (heute § 8 Abs. 2) zugerechnet werden konnte. Hier wurde eine Haftung des Geschäftsherrn darauf gestützt, dass sein Betrieb nicht so organisiert war, dass seine Angestellten umfassend informiert sind und nicht unwissend objektiv falsche Informationen geben.[890]

397 Mit der weitgehenden **Verobjektivierung von Unlauterkeitstatbeständen** durch das UWG 2004 ist die Notwendigkeit für einen Rückgriff auf das Organisationsverschulden für den Unterlassungsanspruch weitestgehend entfallen. Jede objektiv unlautere Handlung, die von einem Mitarbeiter oder Beauftragten als Täter vorgenommen wird, kann gem. § 8 Abs. 2 dem Unternehmensinhaber zugerechnet werden (Rdn. 563ff.).

4. Teilnahme (Anstiftung und Beihilfe)

398 **a) Allgemeines.** Nach **§ 830 Abs. 2 BGB stehen Anstifter und Gehilfen Mittätern gleich.** Hierin kommt der Gedanke zum Ausdruck, dass für die zivilrechtliche Verantwortlichkeit zwischen dem Täter und dem Teilnehmer hinsichtlich des Unrechtsgehalts ihrer Tatbeiträge nicht unterschieden werden muss. Derjenige, der einen anderen zu einem zivilrechtlich verbotenen Verhalten anstiftet, verletzt die Rechtsordnung nicht weniger als der die Norm missachtende Täter oder Mittäter. Soweit es dadurch zu einem Schaden kommt, ordnet das Gesetz deswegen mit Recht die gesamtschuldnerische Haftung beider Tatbeteiligter an.[891] Derselbe Gedanke beansprucht Geltung auch für den – der Zufügung eines Schadens vorgelagerten – Unterlassungsanspruch[892] und den Beseitigungsanspruch.

399 **Teilnehmer** einer nach **§ 3a** unlauteren geschäftlichen Handlung kann auch derjenige sein, **der nicht Adressat** der verletzten Norm ist.[893] So kann jemand, der kein Apotheker ist, zwar nicht Täter eines Verstoßes gegen die Berufsordnung der Apothekerkammer[894] oder des ApoG[895] sein; er kann aber durchaus einen Apotheker zu einem solchen Verstoß anstiften[896] oder ihm Beihilfe leisten.[897]

400 Für die Bestimmung der Teilnahmeformen der Anstiftung und Beihilfe, die im BGB nicht näher geregelt sind, übernimmt die Zivilrechtsdogmatik die **strafrechtlichen Begriffsbestimmungen der §§ 26, 27 StGB.**[898] Rechtsprechung und Schrifttum folgen dem grundsätzlich für das Immaterialgüter- und Wettbewerbsrecht.[899] Auf die Besonderheiten bei der Handhabung des Vorsatzerfordernisses wird nachfolgend eingegangen:

401 **b) Anstifter.** Auch für den Unterlassungsanspruch aus § 8 Abs. 1 wird als Anstifter jedenfalls angesehen, wer i. S. d. **§ 26 StGB** vorsätzlich einen anderen zu dessen vorsätzlich begangener rechtswidriger Tat bestimmt, also den **Tatentschluss hervorgerufen** hat. Im Strafrecht gilt: Die Verursachung des Tatentschlusses durch beliebige Mittel genügt nicht; vielmehr ist eine Willensbe-

---

[889] BGH NJW 1990, 976, 978; GRUR 1969, 51, 52 – *Glassteine;* vgl. auch BGH GRUR 1998, 167, 169 – *Restaurantführer;* MünchKommUWG/*Fritzsche* § 8 Rdn. 249; *Ohly*/Sosnitza § 8 Rdn. 118.

[890] BGH GRUR 1969, 51, 52 – *Glassteine.*

[891] BGH GRUR 2003, 807, 808 – *Buchpreisbindung.*

[892] BGH GRUR 2003, 807, 808 – *Buchpreisbindung.*

[893] BGH GRUR 2008, 810, 812 Tz. 14 – *Kommunalversicherer;* GRUR 2015, 1025, 1026f. Tz. 15f. – *TV-Wartezimmer;* OLG Frankfurt GRUR-RR 2005, 230, 231 – *Verkauf in Praxisräumen;* OLG Celle WRP 2010, 1565, 1566 – *Beratungsprämie für Apotheker;* Fezer/*Büscher* § 8 Rdn. 121; MünchKommUWG/*Schaffert* § 4 Nr. 11 Rdn. 45.

[894] OLG Celle WRP 2010, 1565, 1566 – *Beratungsprämie für Apotheker.*

[895] BGH GRUR 2015, 1025, 1027 Tz. 17 – *TV-Wartezimmer.*

[896] OLG Celle WRP 2010, 1565, 1566 – *Beratungsprämie für Apotheker.*

[897] BGH GRUR 2015, 1025, 1027 Tz. 17 – *TV-Wartezimmer.*

[898] BGH NJW 1953, 499, 500; NJW 1998, 377, 381f.; NJW 2005, 3137, 3139; Bamberger/Roth-*Spindler* 3. Aufl. 2012, § 830 BGB Rdn. 5; MünchKommBGB/*Wagner* 6. Aufl., § 830 Rdn. 12, 14 m. w. N.

[899] St. Rspr., vgl. BGH GRUR 2008, 810 Tz. 14 – *Kommunalversicherer;* GRUR 2015, 485, 488 Tz. 35 – *Kinderhochstühle im Internet III;* GRUR 2015, 1025, 1026f. Tz. 16 – *TV-Wartezimmer;* OLG Brandenburg GRUR-RR 2007, 18, 19 – *Indiziertes Bildmaterial;* MünchKommUWG/*Fritzsche* § 8 Rdn. 245; *Köhler*/Bornkamm § 8 Rdn. 2.6; *Ohly*/Sosnitza § 8 Rdn. 119.

einflussung im Wege eines offenen geistigen Kontaktes nötig;[900] z. T. wird gerade eine „Kommunikation mit Aufforderungscharakter" gefordert.[901] Ein zur Tat schon fest Entschlossener *(omnimodo facturus)* kann nicht mehr angestiftet werden; hier kommt aber **psychische Beihilfe** in Betracht.[902] Diese Grundsätze sind auf das UWG übertragbar. Notwendig für die Annahme einer Anstiftung ist eine bestimmende Einflussnahme zur Tatveranlassung.[903] Dabei ist zu berücksichtigen, dass bestimmte Berufsgruppen (z.B. Ärzte) nicht leicht zu einem bestimmten oder gar (berufs)rechtswidrigen Verhalten zu veranlassen sind.[904] Allerdings kann auch hier eine bloße Werbung als Anstiftungshandlung genügen, wenn sie die Kompetenz für eine (auch) berufsrechtliche Beurteilung in Anspruch nimmt und suggeriert, das beworbene oder vorgeschlagene Verhalten sei zulässig.[905]

Anstifter ist z.B. der **Geschäftsführer,** der eine wettbewerbswidrige Handlung innerhalb seiner Betriebsorganisation in Auftrag gibt.[906] Der Sache nach als Anstifter hat der BGH auch einen Arzneimittelhersteller behandelt, der seinen Großhändler zu einer gegen § 7 HWG verstoßenden Zugabe veranlasst hatte.[907] 402

c) Gehilfe. Gehilfe ist jedenfalls, wer i.S.d. **§ 27 Abs. 1 StGB** vorsätzlich einem anderen **zu dessen vorsätzlich begangener rechtswidriger Tat Hilfe geleistet** hat. 403

Physische Beihilfe ist die Erbringung einer irgendwie gearteten äußerlichen Hilfeleistung durch den Gehilfen[908] (z.B. die Zurverfügungstellung eines Zugangs zu einem Online-Marktplatz;[909] Schaffung einer Medieninfrastruktur für den Bruch berufsrechtlicher Werbeverbote[910]). Der I. ZS spricht insoweit von einer „objektiven Unterstützung".[911] Die Mittel der Hilfeleistung, die als Beihilfe in Betracht kommen, sind theoretisch unbegrenzt und lassen sich nicht aufzählen.[912] 404

Die **psychische Beihilfe** wirkt dagegen auf die Gedankenwelt im Inneren des Täters. Hierbei kann weiter unterschieden werden zwischen kognitiver Beihilfe und voluntativer Beihilfe. Unter den Begriff der kognitiven Beihilfe werden Fälle gefasst, in denen der Gehilfe dem Täter dadurch Hilfe leistet, dass er ihm bestimmte Ratschläge, technische Hinweise oder sonstige Informationen erteilt, die ihn bei der Begehung seiner Tat unterstützen.[913] Psychische Beihilfe kann als voluntative Beihilfe auch dadurch geleistet werden, dass der Gehilfe den Tatentschluss des Täters bestärkt, bestimmte Hemmungen beseitigt oder bestehende Bedenken hinsichtlich der Tatausführung zerstreut.[914] 405

Eine Beihilfe kann auch **durch Unterlassen** geleistet werden, wenn der **Gehilfe als Garant** zur Verhinderung des Verstoßes verpflichtet ist.[915] 406

Bei einer sachgerechten Handhabung des **Gehilfenvorsatzes** können, wie zuerst *Löffler* aufgezeigt hat,[916] viele Konstellationen, die früher über die Störerhaftung gelöst wurden und bei denen heute eine Haftung wegen Verletzung wettbewerbsrechtlicher Verkehrspflichten diskutiert wird, als Fälle der physischen Beihilfe erfasst werden, ggf. als Beihilfe durch Unterlassen (Rdn. 454f.). Der BGH hat das Potential der Teilnehmerhaftung erkannt und jüngst deutlich gemacht, dass auch er in ihr eine brauchbare Alternative zur Störerhaftung sieht.[917] 407

---

900 *Fischer* § 26 StGB Rdn. 3b; *Wessels/Beulke/Satzger* Rdn. 568.

901 *Roxin* § 26 Rdn. 74; zum UWG ebenso GroßKommUWG/*Paal* § 8 Rdn. 129.

902 *Kühl* § 20 Rdn. 177.

903 RG GRUR 1936, 989, 992 – *Margarinevertrieb;* OLG Frankfurt GRUR-RR 2005, 230, 231 – *Verkauf in Praxisräumen.*

904 OLG Frankfurt GRUR-RR 2005, 230, 231 – *Verkauf in Praxisräumen;* vgl. auch BGH GRUR 2001, 255, 256 – *Augenarztschreiben.*

905 OLG Frankfurt GRUR-RR 2005, 230, 231f. – *Verkauf in Praxisräumen.*

906 Vgl. BGH GRUR 2014, 883, 884 Tz. 14 – *Geschäftsführerhaftung* (Beteiligungsform nicht näher qualifiziert).

907 BGH GRUR 2003, 624, 626 – *Kleidersack.*

908 Vgl. *Wessels/Beulke/Satzger* Rdn. 582 m.w.N.

909 Vgl. BGH GRUR 2004, 860, 863f. – *Internet-Versteigerung I;* GRUR 2007, 708, 710 Tz. 31f. – *Internet-Versteigerung II;* GRUR 2011, 152, 154 Tz. 31 – *Kinderhochstühle im Internet I;* GRUR 2015, 485, 488 Tz. 36f. – *Kinderhochstühle im Internet III* (Teilnehmervorsatz jeweils verneint).

910 BGH GRUR 2015, 1025, 1027 Tz. 17 – *TV-Wartezimmer.*

911 BGH GRUR 2011, 152, 154 Tz. 34 – *Kinderhochstühle im Internet I.*

912 *Kühl* § 20 Rdn. 223.

913 Vgl. *Kühl* § 20 Rdn. 225.

914 BGH NStZ 2002, 139; OLG Düsseldorf NStZ-RR 2005, 336; *Kühl* § 20 Rdn. 226f.

915 BGH GRUR 2011, 152, 154 Tz. 34 – *Kinderhochstühle im Internet I;* GRUR 2015, 1223, 1226 Tz. 43 – *Posterlounge; Löffler* in: FS Bornkamm, S. 37, 40.

916 *Löffler* in: FS Bornkamm, S. 37, 44ff.

917 BGH GRUR 2015, 1025, 1027 Tz. 17 – *TV-Wartezimmer.*

408 **d) Modifikationen bei vorsätzlicher Haupttat und Handhabung des sog. „doppelten" Teilnehmervorsatzes.** *aa) Objektiv rechtswidrigen Haupttat ausreichend.* Nach §§ 26, 27 StGB kommt eine Teilnahme nur an einer vorsätzlich begangenen rechtswidrigen Haupttat in Betracht. Abweichend hiervon sind im Rahmen des § 8 Anstiftung und Beihilfe auch dann möglich, wenn der **Haupttäter nicht vorsätzlich** oder sonst **schuldhaft** handelt.[918] Denn eine unlautere geschäftliche Handlung liegt **schon** bei einem **objektiven Wettbewerbsverstoß** vor und setzt kein Verschulden und schon gar keinen Vorsatz voraus. Danach steht es einer Haftung als Teilnehmer nicht entgegen, wenn der unmittelbar Handelnde die Bedeutung seines Tuns oder Unterlassens nicht erkennt bzw. seine Handlung für zulässig erachtet.

409 *bb) Konkretheit des Teilnehmervorsatzes.* Nach §§ 26, 27 StGB setzt eine Teilnahme voraus, dass der Teilnehmer nicht nur hinsichtlich der eigenen Teilnahmehandlung vorsätzlich handelt, sondern dass er auch die **Haupttat jedenfalls in ihren groben Umrissen kennt** (sog. „doppelter" Teilnehmervorsatz), wobei bedingter Vorsatz ausreicht.[919]

410 Während der Unterlassungsanspruch für den Täter verschuldensunabhängig ist, hält die Rechtsprechung im Wettbewerbs- und Immaterialgüterrecht für die Haftung des Teilnehmers an dem Erfordernis des **„doppelten" Teilnehmervorsatzes** fest,[920] der als – zumindest bedingter[921] – Vorsatz neben der Kenntnis der eigenen Teilnahmehandlung auch die Kenntnis der **konkreten objektiven Tatumstände,** welche die Unlauterkeit der Handlung des Haupttäters als konkrete Haupttat begründen,[922] und das Bewusstsein der Rechtswidrigkeit der Haupttat umfassen muss.[923]

411 Das **Bewusstsein der Rechtswidrigkeit** setzt grundsätzlich voraus, dass der Teilnehmer im Zeitpunkt der Teilnahmehandlung zumindest mit der Möglichkeit rechnet und billigend in Kauf nimmt, dass die Haupttat rechtswidrig ist.[924] Für die Annahme einer Billigung genügt, dass sich der Teilnehmer um seines eigentlichen Handlungsziels willen mit einem Rechtsverstoß abfindet, auch wenn ihm ein solcher Verstoß an sich gleichgültig oder unerwünscht war.[925] Es reicht aus, dass sich der Teilnehmer einer Kenntnisnahme von der Unlauterkeit des von ihm veranlassten oder geförderten Verhaltens entzieht.[926] Gemessen an diesen Maßstäben kann das Bewusstsein der Rechtswidrigkeit jedenfalls durch eine – plausibel begründete – Abmahnung herbeigeführt werden.[927]

412 In der Rspr. des I. ZS wird eine Gehilfenhaftung häufig deswegen verneint, weil es **am erforderlichen Vorsatz hinsichtlich der rechtswidrigen Haupttat fehlt.** So wird zur Verneinung der Haftung einer Internet-Handelsplattform etwa stets argumentiert, dass eine täterschaftliche Haftung für den Vertrieb deshalb ausscheide, „weil sie selbst die gefälschte Ware nicht anbietet oder in Verkehr bringt". Die Gehilfenhaftung wird trotz einer objektiven Beihilfehandlung durch Zurverfügungstellung der Infrastruktur deshalb abgelehnt, weil die Internet-Handelsplattform im Rahmen eines automatisierten Verfahrens **keine Kenntnis** von den jeweils eingestellten konkreten Angeboten erhält und es deshalb an einem Vorsatz hinsichtlich einer konkret drohenden Haupttat fehlt.[928]

413 Diese Position erscheint jedoch **überdenkenswert.**[929] Die Haftung von Anstiftern und Gehilfen ist nicht nur in der Rechtsfolge derjenigen des Mittäters gleichgestellt (§ 830 Abs. 2 BGB), sondern

---

[918] OLG Brandenburg GRUR-RR 2007, 18, 19 – *Indiziertes Bildmaterial;* MünchKommUWG/*Fritzsche* § 8 Rdn. 245; *Köhler*/Bornkamm § 8 Rdn. 2.6; *Ohly*/Sosnitza § 8 Rdn. 119.

[919] *Kühl* § 20 Rdn. 241; *Löffler* in: FS Bornkamm, S. 37, 44 ff. m. w. N.; *Otto* § 22 Rdn. 62.

[920] BGH GRUR 2011, 340, 342 Tz. 27 – *Irische Butter;* GRUR 2015, 485, 488 Tz. 35 – *Kinderhochstühle im Internet III;* GRUR 2015, 1025, 1027 Tz. 17 – *TV-Wartezimmer.*

[921] St. Rspr., vgl. BGH GRUR 2003, 624, 626 – *Kleidersack;* GRUR 2004, 860, 863 f. – *Internet-Versteigerung I;* GRUR 2008, 810, 812 Tz. 15 – *Kommunalversicherer;* GRUR 2010, 536, 541 Tz. 65 – *Modulgerüst II;* GRUR 2015, 485, 488 Tz. 35 – *Kinderhochstühle im Internet III.*

[922] St. Rspr., vgl. BGH GRUR 2007, 708, 710 Tz. 32 – *Internet-Versteigerung II;* GRUR 2007, 890, 892 Tz. 22 – *Jugendgefährdende Medien bei eBay* m. w. N.; GRUR 2008, 810, 812 Tz. 15 – *Kommunalversicherer;* GRUR 2010, 536, 541 Tz. 65 – *Modulgerüst II;* GRUR 2015, 485, 488 Tz. 37 – *Kinderhochstühle im Internet III.*

[923] St. Rspr., vgl. BGH GRUR 2004, 860, 863 f. – *Internet-Versteigerung I;* GRUR 2008, 810, 812 Tz. 15, 814 f. Tz. 42 ff. – *Kommunalversicherer* m. w. N.; GRUR 2009, 597 Tz. 14 – *Halzband;* GRUR 2010, 536, 541 Tz. 65 – *Modulgerüst II;* GRUR 2013, 301, 304 Tz. 47 – *Solarinitiative;* GRUR 2015, 485, 488 Tz. 35 – *Kinderhochstühle im Internet III;* OLG Frankfurt GRUR-RR 2015, 302, 303 Tz. 16 – *Spezialisiert für Arbeitsrecht.*

[924] BGH GRUR 2008, 810, 814 Tz. 45 – *Kommunalversicherer* m. w. N.

[925] BGH GRUR 2008, 810, 814 Tz. 45 – *Kommunalversicherer* m. w. N. aus der Rspr. zum StGB.

[926] BGH GRUR 2008, 810, 814 Tz. 45 – *Kommunalversicherer* m. w. N. aus der Rspr. zum StGB.

[927] BGH GRUR 2008, 810, 814 f. Tz. 47 – *Kommunalversicherer;* GRUR 2015, 1025, 1027 Tz. 17 – *TV-Wartezimmer; Löffler* in: FS Bornkamm, S. 37, 46; GroßKommUWG/*Paal* § 8 Rdn. 130.

[928] St. Rspr., vgl. BGH GRUR 2004, 860, 863 f. – *Internet-Versteigerung I;* GRUR 2007, 708, 710 Tz. 31 f. – *Internet-Versteigerung II;* GRUR 2011, 152, 154 Tz. 31 – *Kinderhochstühle im Internet I;* GRUR 2015, 485, 488 Tz. 36 f. – *Kinderhochstühle im Internet III.*

[929] Ebenso MünchKommUWG/*Fritzsche* § 8 Rdn. 243.

sie hat wie diese ihren sachlichen Grund darin, dass der Teilnehmer (Anstifter und Gehilfe) einen eigenen Tatbeitrag zur Verwirklichung des Wettbewerbsverstoßes leistet. Er haftet im Rahmen des § 8 (auch nur) für diesen auf Unterlassung. Deshalb kann vom Anstifter nur Unterlassung seiner Anstifterhandlung, vom Gehilfen nur Unterlassung seiner Gehilfentätigkeit verlangt werden.[930] Ebensowenig wie es beim Mittäter für den Unterlassungsanspruch darauf ankommt, ob er seinen Tatbeitrag vorsätzlich geleistet hat, solange er sich nur innerhalb des gemeinsamen Tatplanes abspielt, ist kein Grund dafür ersichtlich, warum der Teilnehmer nur bei vorsätzlichem Handeln auf Unterlassung in Anspruch genommen werden sollte – den Schutz der legitimen Geschäftsmodelle von Handelsplattformen vor einer rein objektiven Haftung einmal ausgenommen. Jedenfalls hat der BGH, wie *Löffler* mit Blick auf die strafrechtliche Praxis überzeugend herausgearbeitet hat, bislang **zu strenge Anforderungen an den Teilnahmevorsatz** gestellt.[931] Wenn man sich auch für den gewerblichen Rechtsschutz, wo es für den Unterlassungsanspruch generell nicht auf Verschulden ankommt, an den §§ 26, 27 StGB orientiert, muss man die dort anerkannten Grundsätze auch konsequent umsetzen. Strengere Anforderungen als im Strafrecht können nicht gestellt werden. Für den Beihilfevorsatz reicht es aber nach der st. Rspr. des BGH in Strafsachen aus, dass der Gehilfe **die wesentlichen Merkmale der Haupttat erkennt** und den **Unrechts- und Angriffsrichtung erfasst** hat; von den Einzelheiten braucht er keine konkrete Vorstellung zu haben.[932] Die Einzelheiten der Tat und ihre genauen Umstände muss der Gehilfe ebenso wenig kennen wie die Person des Haupttäters.[933] Für den bedingten Vorsatz reicht zudem das sog. „sachgedankliche Mitbewusstsein" als ständiges, wenn auch nicht immer aktualisiertes Begleitwissen.[934]

cc) Konstellationen mit ausreichend konkretem Gehilfenvorsatz. Nach diesen Maßstäben können bei Geschäftsmodellen, die von vornherein auf Rechtsverletzungen durch die Nutzer seiner Leistungen angelegt sind oder die Rechtsverstöße aktiv fördern,[935] nicht nur die objektiven Voraussetzungen einer physischen Beihilfe durch Zurverfügungstellung der Infrastruktur[936] bejaht werden. Auch ein hinreichend **konkreter Gehilfenvorsatz in Unrechts- und Angriffsrichtung** ist jedenfalls für die objektiven Umstände der typischerweise vorgenommenen Haupttaten gegeben.[937] 414

Ob der Gehilfe auch ein **Bewusstsein für die Rechtswidrigkeit** dieser Haupttaten hat, kann je nach den Umständen des Falles unterschiedlich zu beurteilen sein. So ist etwa keinesfalls ausgemacht, dass ein Medienunternehmer, der Apothekern bestimmte Werbedienstleistungen anbietet, weiß, dass die Apotheker mit der Nutzung dieser Dienstleistungen gegen das Berufsrecht verstoßen. Ein entsprechender Hinweis wird regelmäßig zur Folge haben, dass bei Fortsetzung der Verhaltensweise von einem Teilnehmervorsatz auszugehen ist.[938] 415

Auch dann, wenn ein Unternehmer durch eigene Maßnahmen die **Gefahr einer rechtsverletzenden Nutzung seiner Infrastruktur erhöht,**[939] leistet er nicht nur einen sachlichen Gehilfenbeitrag, sondern handelt auch mit einem ausreichend konkreten Gehilfenvorsatz für entsprechende rechtswidrige Handlungen.[940] 416

Beihilfe durch Unterlassen liegt auch vor, wenn auf einer **Internethandelsplattform** wiederholt gleichartige UWG-Verstöße (Produktimitationen, offene Imitationswerbung i. S. d. § 6 Abs. 2 Nr. 6) vorkommen, der Betreiber dies durch Benachrichtigungen oder Abmahnungen des Berechtigten weiß und er dennoch ihm mögliche und nach den Umständen des Einzelfalls zumutbare Maßnahmen unterlässt, solche Angebote zu unterbinden.[941] 417

---

930 BGH GRUR 1956, 179, 180 – *Ettaler Klosterlikör;* GRUR 1957, 352, 353 – *Taeschner (Pertussin II);* GRUR 1977, 114, 115 – *VUS; Tetzner* Vorbem. Rdn. 42; zum vorbeugenden Unterlassungsanspruch gegen den Teilnehmer vgl. BGH GRUR 2008, 810, 814 Tz. 44 – *Kommunalversicherer.*

931 *Löffler* in: FS Bornkamm, S. 37, 45 ff.

932 BGH NJW 1996, 2517 f.; *Fischer* § 27 Rdn. 22; *Kühl* § 20 Rdn. 242 m. w. N.; *Löffler* in: FS Bornkamm, S. 37, 45.

933 BGH NStZ 2002, 145, 146 Tz. 4; *Kühl* § 20 Rdn. 242 m. w. N.; *Löffler* in: FS Bornkamm, S. 37, 45.

934 BayObLG NJW 1977, 1974; *Kühl* § 5 Rdn. 100; *Wessels/Beulke/Satzger* Rdn. 240.

935 Vgl. hierzu BGH GRUR 2009, 841, 843 Tz. 21 f. – *Cybersky;* GRUR 2011, 617, 620 Tz. 45 – *Sedo;* GRUR 2013, 270, 271 Tz. 22 – *Alone in the Dark;* ZUM-RD 2013, 565, 567 Tz. 26 – *Haftung eines Sharehosters als Störer.*

936 Vgl. BGH GRUR 2015, 1025, 1027 Tz. 17 – *TV-Wartezimmer.*

937 *Löffler* in: FS Bornkamm, S. 37, 47.

938 BGH GRUR 2015, 1025, 1027 Tz. 17 – *TV-Wartezimmer.*

939 Vgl. BGH GRUR 2009, 841, 843 – *Cybersky;* GRUR 2011, 617, 620 Tz. 45 – *Sedo;* GRUR 2013, 270, 271 Tz. 22 – *Alone in the Dark;* ZUM-RD 2013, 565, 567 Tz. 26 – *Haftung eines Sharehosters als Störer;* GRUR 2015, 1129, 1132 f. Tz. 36 – *Hotelbewertungsportal.*

940 *Löffler* in: FS Bornkamm, S. 37, 47.

941 *Löffler* in: FS Bornkamm, S. 37, 47.

III. Modelle der Haftung für eigenes Verhalten bei mittelbarer Ermöglichung und Förderung von Wettbewerbsverstößen

1. Interessenlage

418 Vielfach wirken Dritte ohne Vorsatz und ohne Tatherrschaft an einem Wettbewerbsverstoß mit. Typische Beispiele sind **Informationsmittler** (Medienunternehmen, Betreiber von Internet-Foren), Zugangsvermittler (Internet Service-Provider, Inhaber von Internet-Anschlüssen), **Absatzmittler** (Betreiber von Internet-Versteigerungsplattformen) oder Werbeagenturen.[942] Diese **Intermediäre**[943] leisten im Rahmen ihrer eigenen geschäftlichen Tätigkeit nicht nur kausale Beiträge zu Wettbewerbsverstößen, sondern schaffen oftmals gerade die grundlegenden **technischen oder logistischen Voraussetzungen** für den Wettbewerbsverstoß. Es liegt auf der Hand, dass der Gläubiger eines wettbewerbsrechtlichen Unterlassungsanspruchs ein Interesse daran hat, solche Unternehmen in Anspruch zu nehmen. Sie sind häufig leichter zu identifizieren und wirtschaftlich potenter als die eigentlich unlauter Handelnden, welche die Dienstleistung dieser Intermediäre in Anspruch nehmen. Gegen die Intermediäre vorzugehen, ist häufig auch wesentlich effektiver, weil man nicht eine Vielzahl von Personen verklagen muss, sondern nur eine.[944] Andererseits sind die Dienstleistungen dieser Unternehmen als solche meist nicht zu beanstanden. Es gilt daher, das Interesse der Intermediäre an möglichst ungestörter geschäftlicher Tätigkeit und das Allgemeininteresse an hindernisfreier Kommunikation mit dem Interesse von Mitbewerbern, Verbrauchern und der Allgemeinheit an effektivem Schutz vor unlauterem Wettbewerb zu einem gerechten Ausgleich zu bringen.[945] Diese Problematik ist durch das **Internet** verschärft worden, das einerseits neuartige Angriffsmöglichkeiten schafft, andererseits aber auch innovative Geschäftsmodelle hervorbringt, von denen die Gesellschaft profitiert.[946]

2. Die Haftung des Störers

419 **a) Grundlagen.** Die Haftung des Störers ist ein uraltes Rechtsinstitut und bildete **ursprünglich** anstelle der heute in den Vordergrund gerückten Täterschaft und Teilnahme den elementaren und umfassenden **Grundtatbestand der Passivlegitimation** für die wettbewerbsrechtlichen Abwehransprüche, der nicht zwischen unmittelbarer Täterschaft und mittelbarer Verursachung unterschied.[947] Die Haftung des Störers hat ihre Grundlage nicht im Deliktsrecht, sondern in der Regelung über die **Besitz- und die Eigentumsstörung** in §§ 862, 1004 BGB.[948] Zwischen Störer, Täter und Teilnehmer wurde nur unterschieden, wenn es um die Haftung für Schadensersatz ging (vgl. § 830 BGB). Der Begriff des Störers schloss diese Beteiligungsformen ohne weiteres ein und umfasste weit mehr als die mittelbare und unvorsätzliche Mitverursachung von Wettbewerbsverstößen oder Immaterialgüterrechtsverletzungen eines unmittelbar aus eigenem Antrieb und mit Tatherrschaft handelnden Dritten, die man heute meist mit der Rechtsfigur der Störerhaftung verbindet. Die Haftung des Mitverursachers ohne Vorsatz und ohne Tatherrschaft war vom weiten Störerbegriff „auch" erfasst, sie machte ihn aber nicht allein aus.[949] Der VI. ZS des BGH folgt diesem Konzept im Grundsatz bis heute und verwendet den ursprünglichen, weiten und umfassenden Störerbegriff, der Täter und Teilnehmer mit einschließt.[950] Der I. ZS des BGH ist demgegenüber der Ansicht, dass die Verantwortlichkeit als Täter oder Teilnehmer der Störerhaftung grundsätzlich vorgeht.[951] Er hatte deshalb nur die mittelbare unvorsätzliche Mitverursachung im Auge und ging

---

[942] *Ohly*/Sosnitza § 8 Rdn. 120; ausführlich *Neuhaus* S. 11 ff.

[943] Zum Begriff *Ohly* ZUM 2015, 308.

[944] BGH GRUR 2016, 268, 277 Tz. 82 – *Störerhaftung des Access-Providers; Ohly* in: FS Ahrens, S. 135, 136.

[945] *Ohly*/Sosnitza § 8 Rdn. 120.

[946] *Ohly*/Sosnitza § 8 Rdn. 120; *ders.* in: FS Ahrens S. 135; *Danckwerts* GRUR-Prax 2011, 260.

[947] Vgl. RG MuW XXXVII/XXXVIII, 53, 55 – *Gastwirtsdarlehen;* BGH GRUR 1955, 97, 99 f. – *Constanze II; Baumbach* S. 119; *Callmann* S. 101, zum Ganzen *Fritzsche* S. 427 f., 429 f.

[948] BGH GRUR 2002, 618, 619 – *Meißner Dekor I.*

[949] BGH GRUR 1955, 97, 99 f. – *Constanze II: „Störer im Sinn des § 1004 BGB ist auch derjenige, der die unzulässige Wettbewerbshandlung eines aus eigenem Antrieb und selbstverantwortlich handelnden Dritten – sei es auch guten Glaubens – durch die sachlichen und persönlichen Mittel seines Betriebes unterstützt und die rechtliche Möglichkeit hat, den Dritten an der Störungshandlung zu hindern".*

[950] BGH (VI. ZS) GRUR 2009, 1093, 1094 Tz. 13 – *Focus Online;* GRUR 2013, 751, 753 Tz. 24 – *„Autocomplete"-Funktion;* zur Abgrenzung der beiden unterschiedlichen Störerbegriffe der beiden Senate voneinander vgl. BGH (I. ZS) GRUR 2015, 1223, 1226 Tz. 46 – *Polsterlounge;* zum Rechtsvergleich mit Österreich vgl. *Griss* in: FS Bornkamm, S. 29 ff.

[951] Vgl. BGH (I.ZS) GRUR 2013, 1030, 1031 f. Tz. 28 – *File-Hosting-Dienst;* GRUR 2015, 1223, 1226 Tz. 46 – *Polsterlounge;* GRUR 2016, 268, 270 Tz. 19 – *Störerhaftung des Access-Providers.*

in st. Rspr. davon aus, dass in entsprechender Anwendung von § 1004 BGB[952] eine Person als Störer auf Unterlassung in Anspruch genommen werden kann, die – ohne Täter oder Teilnehmer zu sein – in zurechenbarer Weise zwar **vorsatzlos,** aber dennoch **willentlich und adäquat kausal an der Herbeiführung einer rechtswidrigen Beeinträchtigung** eines anderen **mitwirkt** und die rechtliche Möglichkeit hat, den Wettbewerbsverstoß zu verhindern.[953]

Haftungsbegründend ist im Grundsatz die **Mitverursachung eines wettbewerblichen Störungszustandes** durch eine **eigene willentliche Handlung.** Das Kriterium der Willentlichkeit dient dabei nur dem Ausschluss unbewusster, nicht vom Willen gesteuerter Handlungen und darf nicht mit dem Vorsatz (Wissen und Wollen gerade der Verwirklichung eines Unlauterkeitstatbestands) gleichgesetzt oder verwechselt werden.[954] Diese Störerhaftung Dritter, die eine rechtswidrige Beeinträchtigung lediglich objektiv[955] durch ihr Handeln unterstützen, wurde von der Rechtsprechung zunächst sehr weit verstanden[956] und war **tendenziell uferlos.**[957] 420

b) Beschränkung der Störerhaftung auf Verletzung von Prüfungspflichten. Die Haftung des Störers ist vom I. ZS des BGH seit Ende der 1990er Jahre zunächst dahingehend beschränkt worden, dass sie über die bloße Mitverursachung hinaus nunmehr grundsätzlich die **Verletzung von Prüfungspflichten** voraussetzte.[958] In Urteilen unmittelbar nach der Jahrtausendwende war wiederholt eine gewisse Zurückhaltung gegenüber dem Institut der Störerhaftung im Lauterkeitsrecht zu vernehmen, soweit es um Fälle des Verhaltensunrechts und nicht um die Verletzung absoluter Rechte ging.[959] 421

c) Aufgabe der Störerhaftung für das UWG. Mit der Entscheidung *„Kinderhochstühle im Internet I"*[960] hat der BGH in Bezug auf den *wettbewerbsrechtlichen* Unterlassungsanspruch das traditionelle Institut der Störerhaftung – recht beiläufig – aufgegeben. Der aus der Dogmatik der Störerhaftung der späten 1990er Jahre stammende Gedanke, dass die Verletzung zumutbarer Prüfungspflichten die Passivlegitimation auslöst, lebt in der Fallgruppe der Verletzung lauterkeitsrechtlicher Verkehrspflichten fort, die mit der Entscheidung *„Jugendgefährdende Medien bei eBay"* als ein Anwendungsfall der Generalklausel des § 3 UWG 2004 begründet wurde.[961] Im Immaterialgüterrecht wendet der BGH die Grundsätze der Störerhaftung nach wie vor an.[962] Er bezeichnet sie dort mittlerweile als Richterrecht.[963] Für das **UWG** hat der BGH demgegenüber die **Abschaffung der Störerhaftung** wiederholt bekräftigt.[964] 422

d) Kritik an der Entscheidung „Kinderhochstühle im Internet I". Entgegen dem durch die Entscheidung *„Kinderhochstühle im Internet I"*[965] vermittelten Eindruck bleibt das Institut der 423

---

952 BGH GRUR 1997, 313, 315 – *Architektenwettbewerb;* GRUR 2002, 618, 619 – *Meißner Dekor I;* GRUR 2006, 875, 877 Tz. 31 – *Rechtsanwalts-Ranglisten.*

953 BGH GRUR 1955, 97, 99 f. – *Constanze II;* BGH GRUR 1976, 256, 258 – *Rechenscheibe;* GRUR 1988, 829, 830 – *Verkaufsfahrten II;* GRUR 1988, 832, 834 – *Benzinwerbung;* GRUR 1996, 905, 907 – *GmbH-Werbung für ambulante ärztliche Leistungen.*

954 *Goldmann* Der Schutz des Unternehmenskennzeichens, § 19 Rdn. 88; *Neuhaus* S. 33.

955 BGH GRUR 1996, 905, 907 – *GmbH-Werbung für ambulante ärztliche Leistungen.*

956 Vgl. etwa BGH GRUR 1988, 829, 830 – *Verkaufsfahrten II:* Busunternehmer haftet für Werbung des Veranstalters einer Kaffeefahrt; einen Überblick über die frühere Reichweite der Störerhaftung liefern *Fritzsche* S. 430 f. und *Teplitzky* (10. Aufl.) Kap. 14 Rdn. 7 f., 10 d.

957 *Ahrens* WRP 2007, 1281, 1284 f.

958 BGH GRUR 1997, 313, 315 – *Architektenwettbewerb;* GRUR 2002, 618, 619 – *Meißner Dekor I;* GRUR 2006, 875, 877 Tz. 31 – *Rechtsanwalts-Ranglisten;* hierzu ausführlich *Neuhaus* S. 24 ff.

959 Vgl. BGH GRUR 2003, 969, 970 – *Ausschreibung von Vermessungsleistungen;* GRUR 2004, 860, 864 – *Internet-Versteigerung I;* GRUR 2006, 957 – *Stadt Geldern;* hierzu Fezer/*Büscher* § 8 Rdn. 130.

960 BGH GRUR 2011, 152, 156 Tz. 48 – *Kinderhochstühle im Internet I;* hierzu *Hess* GRUR-Prax 2011, 25; *Spindler* GRUR 2011, 101; *Teplitzky* (10. Aufl.) Kap. 14 Rdn. 4.

961 BGH GRUR 2007, 890, 894 Tz. 38 – *Jugendgefährdende Medien bei eBay.*

962 BGH GRUR 2011, 617, 619 Tz. 37 – *Sedo* (zum Unternehmenskennzeichen und zur eingetragenen Marke); GRUR 2004, 860, 864 – *Internet-Versteigerung I;* GRUR 2011, 1038, 1039 f. Tz. 20 ff. – *Stiftparfüm;* GRUR 2015, 485, 490 Tz. 49 – *Kinderhochstühle im Internet III* (zur eingetragenen Marke); GRUR 2007, 708, 711 Tz. 40, 45 ff. – *Internet-Versteigerung II* (zur Gemeinschaftsmarke); GRUR 2012, 304, 306 Tz. 49 – *Basler Haar-Kosmetik;* GRUR 2006, 957 Tz. 13 – *Stadt Geldern;* GRUR 2012, 651, 652 Tz. 21 – *regierung-oberfranken.de* (zu § 12 BGB); GRUR 2011, 152, 155 f. Tz. 45 – *Kinderhochstühle im Internet I;* GRUR 2013, 370, 371 Tz. 19 – *Alone in the Dark;* GRUR 2013, 1229, 1231 Tz. 34 – *Kinderhochstühle im Internet II;* GRUR 2015, 672, 679 Tz. 81 – *Videospiel-Konsolen II;* GRUR 2016, 268, 276 f. Tz. 74 – *Störerhaftung des Access-Providers* (zum Urheberrecht).

963 BGH GRUR 2016, 268, 277 Tz. 74 – *Störerhaftung des Access-Providers.*

964 BGH GRUR 2013, 301, 304 Tz. 49 – *Solarinitiative;* GRUR 2014, 883 Tz. 11 – *Geschäftsführerhaftung;* GRUR 2015, 1025, 1027 Tz. 17 – *TV-Wartezimmer.*

965 BGH GRUR 2011, 152, 156 Tz. 48 – *Kinderhochstühle im Internet I.*

Störerhaftung im Lauterkeitsrecht jedenfalls **in Randbereichen** wohl **unverzichtbar.** Dies gilt jedenfalls so lange, wie der BGH sich zur Begründung von wettbewerbsrechtlichen Verkehrspflichten durchgängig auf die Generalklausel stützt. Denn die verbraucherbezogene Generalklausel des § 3 Abs. 2 kann anders als die alte Generalklausel des § 3 UWG 2004 nicht alle Konstellationen erfassen, die früher von der Störerhaftung abgedeckt wurden (unten Rdn. 444ff.).

424 Da der BGH die Störerhaftung nur in der *„etwas grotesken Form eines Parenthesesatzes mit obiter dictum Charakter"*[966] verworfen und über eine knappe und lediglich andeutungsweise Berufung auf den **Gegensatz von Verhaltens- und Erfolgsunrecht** hinaus keine weitere Begründung gegeben hat, scheint eine Rückkehr zur Störerhaftung für die verbleibenden Fälle des § 3a zur Schließung von Rechtsschutzlücken nicht völlig unvorstellbar. Dogmatisch vermag die Bildung des Gegensatzpaares von Verhaltensunrecht und Erfolgsunrecht als Grundlage für die Abschaffung der Störerhaftung **nicht zu überzeugen.**

425 Dem Ausgangspunkt, der Differenzierung zwischen dem Wettbewerbsrecht, das Verhaltenspflichten normiere, und dem Recht zum Schutz absoluter Rechte im ursprünglichen Anwendungsbereich des § 1004 Abs. 1 BGB, ist entgegenzuhalten, dass auch das Wettbewerbsrecht letztlich auf die **Verhinderung rechtswidriger Erfolge** abzielt.[967] Auch und gerade der Bruch einer Marktverhaltensnorm kann durchaus als Unrechtserfolg gedeutet werden. Im Immaterialgüterrecht lässt sich die schematische Trennung von Verhaltens- und Erfolgsunrecht oft nicht konsequent durchhalten. So mag man die Verwirklichung des Tatbestands der Doppelidentität gem. § 14 Abs. 2 Nr. 1 MarkenG bei einer naturalistischen Betrachtung als „Erfolgsunrecht" bewerten. Der erweiterte Schutz bekannter Zeichen gegen unlautere Ausnutzung und Beeinträchtigung der Unterscheidungskraft und Wertschätzung, der heute in § 14 Abs. 2 Nr. 3 und § 15 Abs. 3 MarkenG geregelt ist, entspricht demgegenüber einem traditionell wettbewerbsrechtlichen Tatbestand,[968] der aus Gründen der äußeren Einheit aller kennzeichenrechtlichen Bestimmungen ins Markenrecht verpflanzt wurde.[969] Dadurch hat er seinen grundlegenden Charakter als „Verhaltensunrecht" bzw. „Handlungsunrecht" aber nicht verloren.

426 Man kann auch umgekehrt die Verletzung von Rechten des geistigen Eigentums als Handlungsunrecht betrachten,[970] weil der Verletzer durch das **Eindringen in den Schutzbereich eines Immaterialgüterrechts** nicht einen (z.B. der Beschädigung einer Sache vergleichbaren) naturalistischen „Erfolg" herbeiführt, sondern lediglich eine Handlung vornimmt, zu der normativ ausschließlich der Rechtsinhaber berechtigt ist.[971]

427 Die **Grenzen zwischen Verhaltensunrecht und Erfolgsunrecht** sind also **weder klar zu ziehen, noch verlaufen sie exakt an der Grenze zwischen Wettbewerbs- und Sonderschutzrecht.** Die Unterscheidung zwischen Verhaltensunrecht und Erfolgsunrecht führt in der Sache auch mit Blick auf § 1004 BGB nicht weiter. Der Störer haftet nach der Vorschrift des § 1004 BGB dann, wenn sein Verhalten rechtswidrig ist. Ob dies der Fall ist, richtet sich – wie meist im unmittelbaren Anwendungsbereich des § 1004 Abs. 1 BGB – entweder danach, ob ein bestimmter Erfolg die Rechtswidrigkeit seines Verhaltens indiziert, oder danach, ob der Handelnde gegen ein Verhaltensgebot verstoßen hat und es hierdurch zu einer Verletzung spezifischer Schutzgüter kommt.[972] In diesem Sinne ist das Verhalten einer Person, das adäquat kausal zu einem Wettbewerbsverstoß führt, dann als rechtswidrig im Sinne von § 1004 Abs. 1 BGB zu betrachten, wenn zu der adäquat kausal zur Verletzung führenden Handlung ein Verstoß gegen die von der Rechtsprechung näher umrissenen Prüfungspflichten hinzukommt.[973] Weil also einiges dafür spricht, die **Störerhaftung als ergänzendes Instrument der Haftungszurechnung beizubehalten,** wird sie hier noch einmal knapp dargestellt:

428 **e) Voraussetzungen der Störerhaftung.** Als eine die Störerhaftung begründende **Mitwirkungshandlung** kann jedes Verhalten ausreichen, durch das ein adäquat kausaler Beitrag zu dem Wettbewerbsverstoß des Dritten geleistet wird. Die **Duldung, Unterstützung oder Ausnutzung** der Handlung eines eigenverantwortlich handelnden Dritten kann genügen, wenn die rechtliche und tatsächliche Möglichkeit zur Verhinderung der Handlung des Dritten bestand.[974] Ebenso kann

---

[966] *Teplitzky* (10. Aufl.) Kap. 14 Rdn. 4 Fn. 10.
[967] *Haedicke* GRUR 1999, 397, 400.
[968] Vgl. nur *Baumbach/Hefermehl* WZG, § 31 Rdn. 182ff.; grdl. *Rosenthal* (5. Aufl. 1922) § 1 Rdn. 56.
[969] Vgl. Begr. Reg.-Entw., BT-Drucks. 12/6581, S. 55, 72; hierzu *Dorndorf* Rdn. 258.
[970] So *Ahrens* WRP 2007, 1281, 1285f.; *Ohly*/Sosnitza § 8 Rdn. 123c; ausf. *Neuhaus* S. 157ff.
[971] *Ohly*/Sosnitza § 8 Rdn. 123c.
[972] *Haedicke* GRUR 1999, 397, 401; *Baur* AcP 160 (1961), 465, 471ff.
[973] *Haedicke* GRUR 1999, 397, 402.
[974] Vgl. BGH GRUR 2003, 798, 799 – *Sanfte Schönheitschirurgie* sowie die Nachweise in Fn. 937.

die Aufrechterhaltung eines Zustandes, den ein Dritter rechtswidrig geschaffen hat oder der erst nachträglich rechtswidrig geworden ist, eine Haftung als Störer begründen, sofern die Beseitigung des wettbewerbswidrigen Zustandes vom Willen des in Anspruch Genommenen abhängt.[975]

In jedem Fall muss es sich aber um eine Mitwirkungshandlung an einem **Wettbewerbsverstoß eines Dritten** handeln. Es gilt strenge **Akzessorietät.**[976] Fehlt es an der Wettbewerbswidrigkeit des Handeln des Dritten, scheidet eine Störerhaftung des daran Mitwirkenden aus.[977] 429

Dagegen ist **nicht erforderlich,** dass der als Störer in Anspruch Genommene selbst in **Wettbewerbsförderungsabsicht** handelt,[978] oder dass er eine für den in Rede stehenden Verstoß vorausgesetzte **Täterqualifikation** oder Eigenschaft als Adressat einer verletzten Verhaltensnorm i. S. d. § 3a aufweist.[979] 430

Die Rechtsprechung hat, um die Störerhaftung im UWG nicht ausufern zu lassen, zuletzt die Verletzung zumutbarer Verhaltenspflichten, insbesondere von **Prüfungspflichten** vorausgesetzt. Ob und inwieweit dem als Störer in Anspruch genommenen eine Prüfung zuzumuten ist, richtet sich dabei nach den jeweiligen Umständen des Einzelfalls unter Berücksichtigung der Funktion und Aufgabenstellung des Störers sowie mit Blick auf die Eigenverantwortung desjenigen, der die rechtswidrige Beeinträchtigung selbst unmittelbar vorgenommen hat.[980] In der Sache gelten **dieselben Grundsätze** wie bei der **Verletzung wettbewerbsrechtlicher Verkehrspflichten.**[981] 431

f) Rechtsfolge der Störerhaftung. Der Störer haftet **nur** auf **Unterlassung und Beseitigung** gem. § 8.[982] Weil die Störerhaftung ihre Grundlage nicht im Deliktsrecht, sondern in der Regelung über die Besitz- und die Eigentumsstörung in §§ 862, 1004 BGB hat, gibt es auch bei schuldhaftem Handeln keinen Anspruch auf Schadensersatz gem. § 9 gegen den Störer.[983] Auskunftsansprüche gestützt auf § 242 BGB sind deshalb nur gegeben, soweit sie zur Durchsetzung der Abwehransprüche notwendig sind; darüber hinausgehende Auskünfte, wie sie zur Berechnung des Schadensersatzes dienen können, können nicht verlangt werden.[984] Auch ein Anspruch auf Gewinnabschöpfung gem. § 10 kommt nicht in Betracht.[985] 432

3. Haftung wegen Verletzung wettbewerbsrechtlicher Verkehrspflichten

a) Allgemeine Grundlagen. Teilweise an die Stelle der Störerhaftung getreten ist die Haftung wegen Verletzung wettbewerbsrechtlicher Verkehrspflichten. Mit dem Urteil *„Jugendgefährdende Medien bei eBay"*[986] zum UWG 2004 hat der BGH das aus der Störerhaftung stammende Konzept einer Haftung bei der Verletzung zumutbarer Prüfungspflichten zu einem **eigenständigen wettbewerbsrechtlichen Haftungsgrund** verdichtet. Der BGH bejahte *in concreto* die Haftung des Betreibers einer Internetplattform für Verstöße seiner Kunden gegen Vorschriften des JuSchG. Daraus folgerte er dem Grunde nach einen Anspruch auf Unterlassung des Anbietens von Schriften, Ton- und Bildträgern, Datenspeichern etc., die nach §§ 18, 24 JuSchG in die Liste der jugendgefährdenden Schriften aufgenommen und im Bundesanzeiger bekannt gemacht worden sind. Ohne auf die Störerhaftung näher einzugehen, sah er den geschäftlich handelnden Betreiber der Internetplattform als **Täter eines eigenen Verstoßes gegen § 3 UWG 2004,** weil er eine wettbewerbs- 433

---

[975] BGH GRUR 1990, 373, 374 – *Schönheits-Chirurgie;* GRUR 1991, 540, 541 – *Gebührenausschreibung;* GRUR 1997, 313, 315 – *Architektenwettbewerb; Teplitzky* (10. Aufl.) Kap. 14 Rdn. 6; *Fritzsche* S. 430.

[976] BGH GRUR 1990, 373, 374 – *Schönheits-Chirurgie;* GRUR 1997, 313, 315 – *Architektenwettbewerb;* GRUR 1996, 905 – *GmbH-Werbung für ambulante ärztliche Leistungen;* GRUR 2000, 613, 615 f. – *Klinik Sancoussi;* GRUR 2002, 725, 727 – *Haartransplantationen;* GRUR 2002, 902 – *Vanity-Nummer.*

[977] BGH GRUR 1997, 313, 315 – *Architektenwettbewerb;* GRUR 1996, 905 – *GmbH-Werbung für ambulante ärztliche Leistungen;* GRUR 2000, 613, 615 f. – *Klinik Sanssouci; Fritzsche* in *Gloy/Loschelder/Erdmann,* HdbWettbR, § 79 Rdn. 139 m. w. N.

[978] BGH GRUR 1990, 373, 374 – *Schönheits-Chirurgie;* GRUR 1996, 798, 799 – *Lohnentwesungen,* m. w. N.; GRUR 1997, 313, 315 – *Architektenwettbewerb.*

[979] BGH GRUR 1997, 313, 314 – *Architektenwettbewerb;* GRUR 2003, 807, 808 – *Buchpreisbindung; Fritzsche* S. 428 f.

[980] BGH GRUR 2003, 969, 970 f. – *Ausschreibung von Vermessungsleistungen,* m. w. N.

[981] BGH GRUR 2007, 890, 894 Tz. 37 – *Jugendgefährdende Medien bei eBay.*

[982] BGH GRUR 1998, 167, 168 f. – *Restaurantführer;* GRUR 2001, 82, 83 – *Neu in Bielefeld I;* GRUR 2002, 618, 619 – *Meißner Dekor.*

[983] BGH GRUR 2002, 618, 619 – *Meißner Dekor;* ohne Begründung ebenso BGH GRUR 1998, 167, 168 f. – *Restaurantführer;* GRUR 2001, 82. 83 – *Neu in Bielefeld I; Köhler* GRUR 2008, 1, 3.

[984] BGH GRUR 2001, 82. 83 – *Neu in Bielefeld I.*

[985] *Köhler* GRUR 2008, 1, 3.

[986] BGH GRUR 2007, 890 – *Jugendgefährdende Medien bei eBay.*

rechtliche **Verkehrspflicht** verletzt habe.[987] Kernaussage zur Begründung der wettbewerbsrechtlichen Verkehrspflicht ist, dass derjenige, der durch sein Handeln im geschäftlichen Verkehr die ernsthafte **Gefahr** begründet, dass Dritte durch das Wettbewerbsrecht geschützte Interessen von Marktteilnehmern verletzen, dazu verpflichtet ist, diese Gefahr **im Rahmen des Möglichen und Zumutbaren zu begrenzen.**[988]

434 Das Schrifttum ist dem Konzept des BGH im Grundsatz gefolgt.[989] Die **Anforderungen** an die Prüfungs-, Überwachungs- und Eingreifpflichten im UWG und die **Maßstäbe** zur Bemessung ihrer Reichweite **entsprechen exakt** denjenigen **der Störerhaftung,** die von der Rechtsprechung für die Verletzung von Immaterialgüterrechten weiter zu Grunde gelegt wird.[990] Mittlerweile ist aus der Rechtsprechung des BGH und der Instanzgerichte zu beiden Bereichen ein kaum noch überschaubares Geflecht an Kasuistik entstanden, die für die unterschiedlichsten Geschäftsmodelle und mit Blick auf eine breite Vielfalt an möglichen Verstößen die nach den Umständen des Einzelfalles zumutbaren Verkehrspflichten zur Verhinderung von Wettbewerbsverstößen Dritter konkretisiert (hierzu Rdn. 507 ff.).

435 **b) Täterschaftliche Haftung des Ingerenzgaranten für ein Unterlassen.** Die Verletzung wettbewerbsrechtlicher Verkehrspflichten könnte grundsätzlich auch als Beihilfe durch Unterlassen zu einem fremden Wettbewerbsverstoß konstruiert werden, wenn man keine übertriebenen Forderungen an den Gehilfenvorsatz stellt (vgl. hierzu Rdn. 407 und Rdn. 412 f.). Die Rechtsprechung ordnet sie demgegenüber als eine **eigene täterschaftliche Haftung** wegen eines selbst begangenen Wettbewerbsverstoßes ein.[991] Hieraus folgt selbstverständlich, dass der Täter nicht nur **Abwehransprüchen** aus **§ 8** ausgesetzt ist, sondern auch gem. **§ 9** auf **Schadensersatz** haftet.[992] Bei vorsätzlichem Handeln kommt auch eine Haftung auf **Gewinnabschöpfung** gem. **§ 10 UWG** in Betracht.[993]

436 Wettbewerbsrechtliche Verkehrspflichten sind **Garantenpflichten aus Ingerenz** (näher Rdn. 387 ff.).[994] Grund der Haftung ist ein **Unterlassen,** nämlich die Nichtvornahme derjenigen Handlungen, zu denen die Garantenstellung verpflichtet. Wer diese Handlungen vornimmt, erfüllt seine Garantenpflicht. Wer die Handlung unterlässt, verletzt die in treffenden wettbewerbsrechtlichen Verkehrspflichten. Es ist also zwischen der Entstehung und Reichweite von Prüfungspflichten einerseits und deren objektiver Verletzung andererseits zu differenzieren.[995]

437 **c) Unterschied zur Störerhaftung.** Obwohl im Ergebnis die Störerhaftung im Immaterialgüterrecht und die Haftung für die Verletzung wettbewerbsrechtlicher Verkehrspflichten häufig auf das Gleiche hinauslaufen, **unterscheiden** sie sich **strukturell und im Haftungsgrund fundamental:** Anknüpfungspunkt der Störerhaftung ist nach dem gegenwärtigen Stand der Rechtsprechung nicht ein Unterlassen in Garantenstellung, sondern ein aktives Tun, nämlich eine Handlung, die „in irgendeiner Weise willentlich und adäquat-kausal zur Verletzung des geschützten Rechtsgut beiträgt".[996] Die Einführung von Prüfungs-, Überwachungs- und Eingreifpflichten mit nach den Umständen des Einzelfalls zu begrenzender Reichweite dient nur dazu, diese Haftung für aktives Tun „nicht über Gebühr" auszuweiten, sondern sachgerecht einzuschränken.[997] Der Störer haftet also nicht wegen der Verletzung dieser Prüfungspflichten, sondern wegen seines Kausalbeitrags zur

---

[987] BGH GRUR 2007, 890, 894 Tz. 36 a. E. – *Jugendgefährdende Medien bei eBay.*

[988] BGH GRUR 2007, 890, 892 ff. Tz. 22, Tz. 36 – *Jugendgefährdende Medien bei eBay.*

[989] *Ahrens* WRP 2007, 1281; MünchKommUWG/*Fritzsche* § 8 Rdn. 263 ff.; *Glöckner/Kur* GRUR-Beil. 2014, 29, 51; *Gräbig* MMR 2011, 504, 505 f.; *Leistner* GRUR-Beil. 2010, 1, 3 f.; *Köhler*/Bornkamm § 8 Rdn. 2.6 ff.; *Köhler* GRUR 2008, 1, 3; *ders.* WRP 2012, 22, 25; *Neuhaus* S. 134 ff.; 156; *Ohly*/Sosnitza, § 8 Rdn. 121 ff.; GroßKommUWG/*Paal* § 8 Rdn. 107 f.; krit. *Köster/Jürgens* MMR 2007, 639, 640 f.

[990] BGH GRUR 2007, 890, 894 Tz. 37 – *Jugendgefährdende Medien bei eBay;* GRUR 2016, 209, 211 Tz. 14 – *Haftung für Hyperlink; Gräbig* MMR 2011, 504, 506; *Klatt* ZUM 2009, 265, 268; *Leistner* GRUR-Beil. 2010, 1, 17; *ders./Stang* WRP 2008, 533, 536, 538; *Loschelder/Dörre* WRP 2010, 822, 826.

[991] St. Rspr., vgl. BGH GRUR 2007, 890, 894 Tz. 36 a. E. – *Jugendgefährdende Medien bei eBay;* GRUR 2010, 633, 634 Tz. 13 – *Sommer unseres Lebens;* GRUR 2011, 1018, 1019 Tz. 18 – *Automobil-Onlinebörse;* OLG Köln, LMMR 2010, 87, OLG München ZUM-RD 2012, 334, 337; OLG Stuttgart, Urt. v. 14.3.2013, Az. 2 U 161/12.

[992] Fezer/*Büscher* § 8 Rdn. 124; *Döring* WRP 2007, 1131, 1137; *Gräbig* MMR 2011, 504, 505; *Köhler* GRUR 2008, 1, 3; *Leistner* GRUR-Beil. 2010, 1, 3; *Neuhaus* S. 153; *J. B. Nordemann* in: FS Loewenheim, S. 215, 219; *Ohly*/Sosnitza § 8 Rdn. 123a; *Schneider* S. 197 ff.

[993] *Köhler* GRUR 2008, 1, 3.

[994] BGH GRUR 2014, 883, 884 Tz. 22 – *Geschäftsführerhaftung.*

[995] *Neuhaus* S. 157.

[996] Vgl. zuletzt BGH GRUR 2016, 268, 270 Tz. 21 – *Störerhaftung des Access-Providers,* m. w. N.

[997] Vgl. zuletzt BGH GRUR 2016, 268, 270 Tz. 21 – *Störerhaftung des Access-Providers,* m. w. N.

Rechtsgutsverletzung. Er macht sich aber von der Haftung frei, wenn er seine die Pflichten im Rahmen des Zumutbaren erfüllt. Ganz anders liegt es bei der Verletzung von wettbewerbsrechtlichen Verkehrspflichten. Hier erwachsen aus einer Garantenstellung aus Ingerenz Verhaltenspflichten in Form von Verkehrspflichten. Ihre Verletzung ist Auslöser der Haftung.

Deshalb können **beide Rechtsinstitute** zu völlig **unterschiedlichen Ergebnissen** führen. So haftet der Access-Provider nicht für die Verletzung wettbewerbsrechtlicher Verkehrspflichten, weil die Zugangsvermittlung nicht als gefahrerhöhendes Verhalten gewertet wird (Rdn. 520).[998] Der Access-Provider ist damit kein Ingerenzgarant und deshalb von vornherein frei von wettbewerbsrechtlichen Verkehrspflichten. Zu einer Verletzung von Prüfpflichten kann es deshalb nicht kommen. 438

Unter dem Gesichtspunkt der Störerhaftung für eine **Immaterialgüterrechtsverletzung** ist nach dem gegenwärtigen Stand der Rechtsprechung der Access-Provider aber durchaus als Störer in Betracht zu ziehen, weil er einen adäquat kausalen Beitrag zu Rechtsverletzungen durch Nutzer liefert.[999] Diese Haftung ist zwar an **ganz besonders strenge Anforderungen** gekoppelt und gegenüber der Haftung anderer Beteiligter (Content-Provider, Host-Provider) nachrangig. Wenn aber die Inanspruchnahme dieser Beteiligten scheitert oder ihr jede Erfolgsaussicht fehlt und deshalb andernfalls eine Rechtsschutzlücke entstünde, ist die Inanspruchnahme des Access-Providers als Störer zumutbar.[1000] 439

d) Inhalte wettbewerbsrechtlicher Verkehrspflichten. Wettbewerbsrechtliche Verkehrspflichten können unterschiedliche Gestalt annehmen. Im Zusammenhang mit der Haftung von Betreibern von Internetplattformen für rechtsverletzende fremde Inhalte konkretisiert sich die wettbewerbsrechtliche Verkehrspflicht als **Prüfungspflicht.**[1001] Die Haftung wegen Verletzung wettbewerbsrechtlicher Verkehrspflichten ist aber nicht auf die Verletzung von Prüfpflichten beschränkt. Wettbewerbsrechtliche Verkehrspflichten können sich je nach Fallgestaltung und Geschäftsmodell ebenso als **Überwachungs- und Eingreifpflichten** konkretisieren.[1002] 440

Solche Verkehrspflichten können auch das **Organ einer Gesellschaft** treffen, das in seiner beruflichen Tätigkeit nach der Legaldefinition des § 2 Abs. 1 Nr. 6 UWG als Unternehmer im Sinne des Lauterkeitsrechts behandelt wird.[1003] 441

e) Rechtsgrundlage. *aa) Einordnung unter die Generalklausel.* Geschaffen wurde die Haftung wegen Verletzung wettbewerbsrechtlicher Verkehrspflichten unter Geltung der einheitlichen **Generalklausel des § 3 UWG 2004** als einer ihrer Anwendungsfälle. In der Verletzung der jeweils bestehenden wettbewerbsrechtlichen Verkehrspflichten wurde ein Verstoß gegen die Generalklausel gesehen.[1004] 442

Anders als seinerzeit enthält heute **§ 3 zwei verschiedene Generalklauseln,** nämlich in Abs. 2 eine Generalklausel für geschäftliche Handlungen, die sich an Verbraucher richten oder diese erreichen, und in Abs. 1 eine Generalklausel für alle sonstigen geschäftlichen Handlungen. Die allermeisten geschäftlichen Handlungen werden Verbraucher zumindest auch erreichen. Dies trifft auch für diejenigen Fallkonstellationen zu, in denen die Haftung für die Verletzung unerträglicher Verkehrspflichten die größte Bedeutung hat, nämlich bei der Haftung von Mittelspersonen für Handlungen, die unmittelbar ein anderer begeht (Haftung von Handelsplattformen im Internet, Haftung für das Setzen eines Hyperlinks auf die Website eines Dritten etc.). Im Regelfall richtet sich das Verhalten des unmittelbar Handelnden an Verbraucher,[1005] und auch die Vermittlungsdienstleistung der Mittelsperson erreicht sie praktisch immer. Für die Haftung wegen Verletzung wettbewerbsrechtlicher Verkehrspflichten hat diese Zweiteilung erhebliche Folgen: 443

bb) Lücken des auf die Generalklausel gestützten Haftungskonzepts. Soweit ausnahmsweise eine geschäftliche Handlung **nicht auch Verbraucher** erreicht, greift **§ 3 Abs. 1.** Diese Generalklausel entspricht im Wesentlichen § 3 UWG 2004, zu dem das Urteil *„Jugendgefährdende Medien bei eBay"*[1006] ergangen ist. Die Verletzung wettbewerbsrechtlicher Verkehrspflichten fügt sich nach den Grundsätzen dieser Entscheidung ohne weiteres in diese Bestimmung ein. 444

---

[998] OLG Frankfurt GRUR-RR 2008, 93, 94 – *Access-Provider.*

[999] BGH GRUR 2016, 268, 270 Tz. 21 ff., 25 – *Störerhaftung des Access-Providers.*

[1000] BGH GRUR 2016, 268, 278 Tz. 83 – *Störerhaftung des Access-Providers.*

[1001] St. Rspr., vgl. BGH GRUR 2007, 890, 892 f. Tz. 22, 36 – *Jugendgefährdende Medien bei eBay;* GRUR 2014, 883, 884 Tz. 21 – *Geschäftsführerhaftung;* GRUR 2015, 1129, 1133 Tz. 42 – *Hotelbewertungsportal;* GRUR 2016, 209, 211 Tz. 14 – *Haftung für Hyperlink.*

[1002] BGH GRUR 2014, 883, 884 Tz. 21 – *Geschäftsführerhaftung.*

[1003] BGH GRUR 2014, 883, 884 Tz. 22 – *Geschäftsführerhaftung.*

[1004] BGH GRUR 2007, 890, 894 Tz. 36 a. E. – *Jugendgefährdende Medien bei eBay.*

[1005] *Ohly* in: FS Ahrens, S. 135, 140.

[1006] BGH GRUR 2007, 890 – *Jugendgefährdende Medien bei eBay.*

445 Soweit aber eine geschäftliche Handlung auch **Verbraucher erreicht,** was in aller Regel der Fall ist, gilt heute **§ 3 Abs. 2** und müssen die Vorgaben der UGP-RL beachtet werden. Das hier verankerte Kriterium der Verbraucherrelevanz bringt Einschränkungen mit sich, die ausschließen, dass die Haftung für die Verletzung von wettbewerbsrechtlichen Verkehrspflichten in vollem Umfang auf die verbraucherbezogene Generalklausel gestützt wird (Rdn. 447 ff.). Diese Einschränkungen sind allerdings nur zu beachten, soweit die UGP-RL überhaupt anwendbar ist. In seiner Entscheidung „*GOOD NEWS*" hat der EuGH klargestellt, dass die UGP-RL mit dem Begriff der „Geschäftspraktiken" i. S. d. § 2 lit. d nur Handlungen erfasst, die der Förderung des eigenen Absatzes dienen und nicht die Konstellation, in der ein Gewerbetreibender als Mittelsperson einen fremden Absatz fördert, ohne dabei im Namen oder im Auftrag gerade desjenigen Gewerbetreibenden zu handeln, dessen Absatz gefördert wird.[1007] Damit ist die reine Vermittlertätigkeit von Internet-Plattformen im Auftrag privater Verbraucher allein nach nationalem Recht zu beurteilen und unterliegt nicht den Einschränkungen der UGP-RL.[1008] In diesen Fällen, die das Gros der für die Verletzung wettbewerbsrechtlicher Verkehrspflichten relevanten Konstellationen abdecken dürften, kann die Generalklausel des § 3 Abs. 2 herangezogen werden.

446 Für diejenigen Konstellationen, in denen die UGP-RL anwendbar bleibt, gilt folgendes: Die Verletzung wettbewerbsrechtlicher Verkehrspflichten erfüllt i. d. R. weder den Tatbestand einer irreführenden noch den einer aggressiven Geschäftspraktik i. S. d. Art. 5 Abs. 4 i. V. m. Art. 6–9 UGP-RL oder i. S. d. Art. 5 Abs. 5 i. V. m. Anh. I.[1009] Die Unzulässigkeit kann sich deshalb nur aus **einer Verletzung der beruflichen Sorgfaltspflicht** i. S. d. Art. 5 Abs. 2 UGP-RL bzw. der unternehmerischen Sorgfalt gem. **§ 3 Abs. 2** ergeben.[1010] Die vom BGH als Haftungsgrund angenommenen **wettbewerbsrechtlichen Verkehrspflichten entsprechen** zwar ohne weiteres den **Anforderungen der unternehmerischen Sorgfalt** i. S. d. § 3 Abs. 2 und § 2 Abs. 1 Nr. 7 bzw. Art 2 lit. h UGP-RL.[1011]

447 Für einen Verstoß gegen § 3 Abs. 2 hinzukommen muss aber, dass die sorgfaltswidrige Handlung geeignet ist, das wirtschaftliche Verhalten des Verbrauchers wesentlich zu beeinflussen (sog. **„Verbraucherrelevanz"**). Eine „wesentliche Beeinflussung des wirtschaftlichen Verhaltens des Verbrauchers" setzt gem. § 2 Nr. 8 voraus, dass die Handlung darauf abzielt („um … zu"), die Fähigkeit des Verbrauchers, eine informierte Entscheidung zu treffen, spürbar zu beeinträchtigen und damit den Verbraucher zu einer geschäftlichen Entscheidung zu veranlassen, die er andernfalls nicht getroffen hätte. Mit ihrer Forderung nach einer Beeinträchtigung der informierten Entscheidung des Verbrauchers als Zielrichtung der geschäftlichen Handlung ist die Generalklausel in § 3 Abs. 2 des UWG 2015 weit enger gefasst als die des § 3 UWG 2004.[1012] Eine solche Beeinträchtigung ist i. d. R. zu bejahen, wenn der Unternehmer durch Irreführung auf die Überzeugungsbildung des Verbrauchers einwirkt oder ihm Informationen vorenthält.[1013]

448 Schwieriger ist demgegenüber die Einordnung gerade jener Fallgruppe, die zur Begründung der Haftung wegen Verletzung wettbewerbsrechtlicher Verkehrspflichten geführt hat, nämlich **Verstöße** des Anbieters gegen eine **Marktverhaltensregelung i. S. d. § 3a** wie z. B. das Angebot jugendgefährdender Schriften. Wer einen Marktplatz schafft, der sich auch für illegale Angebote nutzen lässt, handelt der beruflichen Sorgfalt zuwider, wenn jegliche Kontrolle fehlt und Anbieter deshalb mit rechtswidrigen Angeboten auftreten. Die Fähigkeit des Verbrauchers zu einer informierten Entscheidung wird dadurch aber regelmäßig nicht beeinträchtigt. Die Tatbestandsvoraussetzungen des § 3 Abs. 2 bzw. des Art. 5 Abs. 2 UGP-RL sind deshalb nicht erfüllt.

449 Unschädlich ist dies bei Marktverhaltensregelungen, die **„Gesundheits- und Sicherheitsaspekte von Produkten"** betreffen (Art. 3 Abs. 3 UGP-RL) oder **„spezifische Regeln für reglementierte Berufe"** aufstellen (Art. 3 Abs. 8 UGP-RL). Denn hier bezweckt die UGP-RL keine Vollharmonisierung. Deshalb ist es dem nationalen Gesetzgeber möglich, Handlungen dem Verbraucher gegenüber, die der Verletzung solcher Normen Vorschub leisten, als unlauter zu brandmarken. § 3 Abs. 2 Satz 1 ist für eine solche Erweiterung offen. Denn unlautere Handlungen sind „jedenfalls" solche, die der beruflichen Sorgfalt zuwiderlaufen und die Entscheidungsfähigkeit der

---

1007 EuGH GRUR 2013, 1245, 1246 Tz. 37 f. – *RLvS/Stuttgarter Wochenblatt [GOOD NEWS];* hierzu BGH GRUR 2014, 879, 881 Tz. 20 – *GOOD NEWS II;* zu den Folgeproblemen *Glöckner* in: FS Köhler, S. 159, 165 ff.; *Hamacher* GRUR-Prax 2014, 365, 366 f.; *Koch* in: FS Köhler, S. 360, 362 ff.

1008 *Ohly* in: FS Ahrens, S. 135, 141.

1009 *Köhler*/Bornkamm § 8 Rdn. 2.8.

1010 *Köhler*/Bornkamm § 8 Rdn. 2.8; a. A. offenbar *Neuhaus* S. 145.

1011 So *Köhler*/Bornkamm § 8 Rdn. 2.8 zur „fachlichen Sorgfalt" des § 3 Abs. 2 UWG 2008; a. A. *Ohly* in: FS Ahrens, S. 135, 142.

1012 *Köhler*/Bornkamm § 8 Rdn. 2.8.

1013 *Köhler*/Bornkamm § 8 Rdn. 2.8.

Verbraucher negativ beeinflussen. Dies lässt – durchaus im Einklang mit Art. 3 Abs. 3 UGP-RL – Raum, auch solche Verletzungen der beruflichen Sorgfalt unter § 3 Abs. 2 Satz 1 zu subsumieren, die zwar die Entscheidungsfähigkeit der Verbraucher unberührt lassen, dafür aber letztlich zu einer Verletzung von Normen führen, die Gesundheits- und Sicherheitsaspekte von Produkten betreffen oder spezifische Regeln für reglementierte Berufe enthalten.

Normen, die **nicht dieser Zielrichtung** dienen, fallen **nicht** in den Anwendungsbereich der gemäß dem Ziel der Vollharmonisierung eng auszulegenden **Öffnungsklausel** des Art. 3 Abs. 3 und 8 UGP-RL. Verstöße gegen die berufliche Sorgfalt, die allein einem Bruch solcher Normen Vorschub leisten, aber die Fähigkeit des Verbrauchers zu einer informierten Entscheidung nicht beeinträchtigen, können gegenüber Verbrauchern **nicht** zu einem **Verstoß** gegen die **Generalklausel** des § 3 Abs. 2 führen. 450

Hierzu dürfte auch **das JuSchG** zählen. Jugendschutz ist ein gesondertes Gesetzgebungsziel, das vom **Gesundheitsschutz** und vom Aspekt der **Produktsicherheit** klar unterschieden wird. Auch Art. 36 AEUV unterscheidet zwischen Normen aus Gründen der „öffentlichen Sittlichkeit, Ordnung und Sicherheit", wozu Belange des Jugendschutzes gehören, und andererseits Normen „zum Schutze der Gesundheit und des Lebens von Menschen, Tieren und Pflanzen", wozu alle Gesundheitsschutz- und Produktsicherheitsvorschriften zählen.[1014] Es spricht alles dafür, die Öffnungsklausel des Art. 3 Abs. 3 UGP-RL im Lichte dieser primärrechtlichen Kategorien auszulegen. Damit ist eine extensive Auslegung dieser Ausnahmebestimmung, die den Jugendschutz zu den „Gesundheits- und Sicherheitsaspekte von Produkten" zählt, nicht vereinbar.[1015] Der konkrete Fall, der der Entscheidung ***„Jugendgefährdende Medien bei eBay"***[1016] zugrunde liegt, ist also **nach dem UWG 2015 anders zu beurteilen** und könnte heute nicht mehr in gleicher Weise entschieden werden.[1017] 451

Auch alle anderen Fälle, in denen die **Verkehrspflichtverletzung** des Mittlers **ohne eine Beeinträchtigung der informierten Entscheidung des Verbrauchers** der Verletzung von Marktverhaltensregelungen i. S. d. § 3a Vorschub leistet, die keine berufsständischen Regeln und auch keine Gesundheits- und Produktsicherheitsnormen sind, können nicht mehr unter die Generalklausel subsumiert werden. Hierzu gehören etwa Normen zum **Schutz von Kulturgütern** (§ 16 KultgSchG) oder **religiöser Bekenntnisse** (§ 166 StGB). 452

cc) Schließung der Lücken durch eine Wiederbelebung der Störerhaftung? Die **Lücken** im Haftungsmodell könnten **teilweise** durch eine **Wiederbelebung der Störerhaftung geschlossen** werden. Dies ist freilich nur dort möglich, wo der Anbieter selbst eine geschäftliche Handlung i. S. d. § 2 Abs. 1 Nr. 1 vornimmt, da die Störerhaftung streng akzessorisch zu einer wettbewerbswidrigen Haupttat ist (Rdn. 429). Eine Haftung für rechtswidrige Angebote Privater scheidet deshalb in solchen Fällen aus. Insoweit bleibt die Störerhaftung hinter der Haftung für die Verletzung wettbewerbsrechtlicher Verkehrspflichten zurück, weil letztere gerade keine geschäftliche Handlung des unmittelbar Handelnden voraussetzt (Rdn. 475). 453

dd) Schließung der Lücken durch Konstruktion als Beihilfe? Ohne weiteres zu schließen sind die Lücken auch, wenn man die Handlungen des Unternehmers, die mittelbar zu einer Verletzung von Normen wie dem JSchG oder dem KultgSchG durch einen Anbieter führen, als **Beihilfe** i. S. d. § 27 StGB zu einem Verstoß gegen § 3a qualifiziert und keine strengen Anforderungen an den Gehilfenvorsatz stellt. Das Potential der Gehilfenhaftung als Ersatz für bestimmte Konstellationen der früheren Störerhaftung hat der BGH erkannt.[1018] Ein Ausbau dieser Rechtsfigur durch den I. ZS ist durchaus möglich.[1019] Auch hier muss der unmittelbar Handelnde i. S. d. § 2 Abs. 1 Nr. 1 anders als bei der Haftung für die Verletzung wettbewerbsrechtlichen Verkehrspflichten geschäftlich handeln, weil die Beihilfe ebenso wie die Störerhaftung gegenüber der Haupttat akzessorisch ist. 454

Im Fall einer Handelsplattform, über die jugendgefährdende Medien gehandelt werden, wird eine ausreichende Beihilfehandlung objektiv in den allermeisten Fällen gegeben sein: Der Schwerpunkt der Vorwerfbarkeit liegt dabei für den Betreiber der Handelsplattform in einem Unterlassen. Da er mit der Einrichtung und dem Betrieb der Handelsplattform eine Gefahrenquelle auch für einen Verstoß gegen Gesetze wie JSchG geschaffen hat, ist er ohne weiteres Garant aus Ingerenz zur Verhinderung solcher Verstöße. Damit sind für ihn objektiv im Rahmen des Möglichen und Zumutbaren Überprüfungs- und Kontrollpflichten verbunden, deren Umfang und Reichweite sich 455

[1014] Vgl. nur Lenz/Borchardt/*Lux* EU-Verträge, Art. 36 AEUV Rdn. 12 f. m. w. N.
[1015] A. A. offenbar *Köhler*/Bornkamm § 8 Rdn. 2.8.
[1016] BGH GRUR 2007, 890 – *Jugendgefährdende Medien bei eBay.*
[1017] A. A. *Köhler*/Bornkamm § 8 Rdn. 2.8.
[1018] BGH GRUR 2015, 1025, 1027 Tz. 17 – *TV-Wartezimmer.*
[1019] *Löffler* in: FS Bornkamm, S. 37, 44 ff.

nach den Umständen des Einzelfalls bemessen. Wird die pflichtgemäße Überprüfung unterlassen und kann wegen der fehlenden Prüfung ein gegen das JSchG verstoßendes Video an Minderjährige verkauft oder diesen angeboten werden, liegt im **Unterlassen der Prüfung** die objektive **Beihilfehandlung.**

456 Der **Gehilfenvorsatz** muss **nur die wesentlichen Merkmale der Haupttat** erfassen. Die genauen Einzelheiten der Tat (wann, wo, wem gegenüber und unter welchen Umständen) muss der Gehilfe ebenso wenig kennen wie die Person des Haupttäters (oben Rdn. 413). Ist dem Betreiber der Handelsplattform – etwa aufgrund einer Abmahnung – bekannt, dass der Online-Marktplatz in erheblichem Umfang für das Angebot von pornographischen Videos an Minderjährige benutzt wird, ist der nötige Gehilfenvorsatz gegeben.

457 *ee) Neufundierung als Richter- oder Gewohnheitsrecht?* Die dargelegten Lücken und Schwächen ließen sich selbstverständlich allesamt vermeiden, wenn man auf die Anknüpfung des Rechtsinstituts der wettbewerbsrechtlichen Verkehrspflichten an eine konkrete Gesetzesnorm verzichtet und die Lehre von den wettbewerbsrechtlichen Verkehrspflichten und ihrer Verletzung als ein durch **Richterrecht** geschaffenes oder bereits zu **Gewohnheitsrecht** verfestigtes Rechtsinstitut begreift, das nicht auf Tatbestandsebene (§ 3), sondern allein auf Rechtsfolgenebene angesiedelte ist (§§ 8 ff.). In dem man das Institut von der Tatbestandsebene löst, kann man sich – soweit sie nach *„GOOD NEWS"*[1020] noch bestehen (oben Rdn. 445 ff.) – von den Beschränkungen der UGP-RL befreien, die den Mitgliedstaaten für die Ausgestaltung des Anspruchssystems und der Passivlegitimation weitestgehend freie Hand lässt. Es ist auffallend, dass der BGH in seinen jüngsten Entscheidungen zu den wettbewerbsrechtlichen Verkehrspflichten die **Generalklausel** als deren Rechtsgrundlage **nicht mehr** erwähnt oder auch nur zitiert.[1021] Er scheint sich also selbst auch von diesen Beschränkungen lösen zu wollen.

458 Dass es sich bei der Doktrin der wettbewerbsrechtliche Verkehrspflichten um eine an der Billigkeit orientierte, von gesetzgebungsähnlichen Folgenerwägungen geleitete,[1022] systematische und generelle,[1023] richterliche Aufstellung von Normen aus einem allgemein anerkannten Grundsatz handelt, die als solche in keiner Gesetzesvorschrift niedergelegt sind, unterliegt keinem Zweifel. Deshalb erscheint es durchaus diskutabel, diese in ständiger Rechtsprechung nunmehr seit einem Jahrzehnt angewandten Normen nunmehr als von der (in ihrer Ursprungsform nicht mehr existierenden) Generalklausel losgelöstes, autonomes **Richterrecht** zur Begründung der Passivlegitimation zu sehen, das auf **Lückenlosigkeit** angelegt ist, in der Praxis allgemein akzeptiert und im Schrifttum einhellig unterstützt wird. Auch das Rechtsinstitut der Störerhaftung bei der Verletzung von Immaterialgüterrechten wird in der Literatur[1024] und vom BGH neuerdings als Richterrecht bezeichnet.[1025]

459 Anerkannt ist, dass eine solche ständige Rechtsprechung dadurch gesetzesgleiche Verbindlichkeit erlangen kann, dass sie zur Grundlage eines **Gewohnheitsrechts** wird. Hierfür genügt noch nicht die erhebliche Länge der Zeit, über die hin sie sich als konstant erweist. Geltungsgrund des Gewohnheitsrechts ist die **allgemeine Rechtsüberzeugung,** die sich in einer konstanten Übung manifestiert. Dazu genügt es nicht, dass eine bestimmte Judikatur widerspruchslos oder nahezu widerspruchslos hingenommen wird, vielmehr bedarf es der Bildung einer Rechtsüberzeugung in den beteiligten Kreisen, also nicht nur unter Juristen. Unter einer „Rechtsüberzeugung" ist nicht nur die Erwartung zu verstehen, dass die Gerichte nach der entsprechenden Maxime verfahren werden, sondern darüber hinaus die Überzeugung, dass dies so rechtens ist.[1026] Diese Rechtsüberzeugung ist **mittlerweile gewachsen.** In jedem Fall wird man von einem **„Justizgewohnheitsrecht"**[1027] mit gleichem Geltungsanspruch ausgehen können.

460 **f) Verhältnis der wettbewerbsrechtlichen Verkehrspflichten zu §§ 7–10 TMG.** *aa) Allgemeines zum TMG.* Eine Haftung für die Verletzung wettbewerbsrechtlicher Verkehrspflichten kommt nur in dem Umfang und mit der Reichweite in Betracht, wie gesetzliche Haftungsprivilegierungen es gestatten. Stellt eine Spezialregelung bestimmte Unternehmer von bestimmten Verkehrspflichten (Prüfungs- und Kontrollpflichten) frei, muss diese Privilegierung zum Tragen kom-

---

1020 EuGH GRUR 2013, 1245, 1246 Tz. 37 f. – *RLvS/Stuttgarter Wochenblatt [GOOD NEWS]*.

1021 BGH GRUR 2015, 1129, 1133 Tz. 42 – *Hotelbewertungsportal;* GRUR 2016, 209, 212 Tz. 23 – *Haftung für Hyperlink;* § 3 Abs. 2 zuletzt zitiert in GRUR 2014, 883, 884 Tz. 22 – *Geschäftsführerhaftung.*

1022 Vgl. *Sambuc* S. 50 ff.

1023 Vgl. *H. Isay* S. 240 ff., 244.

1024 *Ohly* ZUM 2015, 308, 314.

1025 BGH GRUR 2016, 286, 277 Tz. 74 – *Störerhaftung des Access-Providers.*

1026 *Larenz* S. 415 f.

1027 Vgl. *Esser* in: FS v. Hippel, S. 95, 101.

men. Für Betreiber von Webseiten kommt insbesondere die **Privilegierung** der **Telemediendiensteanbieter (Content-Provider)** der **§§ 7–10 TMG** in Betracht. Diese Vorschriften weisen keinen haftungsbegründenden Charakter auf und enthalten **keine Anspruchsgrundlagen,** sondern setzen eine Verantwortlichkeit nach allgemeinen Vorschriften des Zivil- oder Strafrechts voraus und können diese begrenzen.[1028] Insoweit kommt den §§ 7–10 TMG eine **„Filterfunktion"** zu.[1029]

Es war lange ungeklärt, ob diese Privilegierung der Störerhaftung im Immaterialgüterrecht der Haftung wegen der Verletzung wettbewerbsrechtlicher Verkehrspflichten im UWG vorgeht oder diese ausschließt (Rdn. 471). Die neueste Rechtsprechung des BGH hat sich mittlerweile auf ein mehr oder weniger klares „sowohl als auch" festgelegt: Sie wendet die Störerhaftung bzw. die Doktrin der Verletzung wettbewerbsrechtlicher Verkehrspflichten nach den **allgemeinen Regeln** an. Bei der Entscheidung darüber, ab welchem Moment Prüfungs- und Kontrollpflichten eingreifen, wie weit sie reichen und welche Kostenbelastung für den Unternehmer zumutbar ist, kommen aber die **Maßstäbe der §§ 7–10 TMG zur Anwendung.** Dabei achtet der BGH genau darauf, dass die von ihm angewandten Maßstäbe im Einklang mit denen der einschlägigen EuGH-Rechtsprechung zur E-Commerce-RL stehen, auf der diese Vorschriften des TMG beruhen (Rdn. 472). 461

Die §§ 7–10 TMG enthalten besondere Regelungen für die Verantwortlichkeit von Anbietern von **elektronischen Informations- und Kommunikationsdiensten** (Telemedien).[1030] Diese Vorschriften sind seit dem 1. März 2007 ohne inhaltliche Änderung an die Stelle der §§ 6–9 MDStV und der §§ 8–11 TDG getreten. Auf die zu den Vorgängervorschriften ergangene Rechtsprechung kann daher nach wie vor zurückgegriffen werden. Die §§ 7 bis 10 TMG setzen Art. 12 ff. der E-Commerce-RL[1031] um und sind daher richtlinienkonform auszulegen. Für Telemediendiensteanbieter gilt grundsätzlich das Herkunftslandsprinzip. Nach § 3 Abs. 2 Satz 1 TMG wird der freie Dienstleistungsverkehr ausländischer Diensteanbieter grundsätzlich nicht eingeschränkt. Nur in den in § 3 Abs. 5 TMG geregelten Ausnahmefällen unterliegen sie den Einschränkungen des innerstaatlichen Rechts. **Diensteanbieter** i. S. d. TMG ist jede natürliche oder juristische Person, die eigene oder fremde **Telemedien** (das sind elektronische Informations- und Kommunikationsdienste, § 1 Abs. 1 TMG) **zur Nutzung bereithält** oder den **Zugang zur Nutzung** vermittelt, § 2 Abs. 1 Nr. 1 TMG. Das TMG enthält – wie auch schon das TDG – keine Regelung der Haftung für das Setzen von elektronischen Querverweisen **(Hyperlink oder Link)** auf rechtswidrige Inhalte.[1032] Auch die E-Commerce-RL hat in Art. 21 Abs. 2 Satz 1 die Frage der Haftung der Anbieter von Hyperlinks ausgespart. Die Haftung für Links und Hyperlinks richtet sich daher nach den **allgemeinen Vorschriften.**[1033] Allerdings überträgt der BGH die Wertungen der §§ 7–10 TMG auf das Setzen von Hyperlinks und unterscheidet insbesondere auch hier zwischen **eigenen** und **fremden Inhalten.**[1034] 462

bb) Eigene Inhalte. (1) Abgrenzung von eigenen und fremden Inhalten. Das TMG unterscheidet hinsichtlich der Verantwortlichkeit der Anbieter von Telemedien danach, ob die Diensteanbieter eigene oder fremde Informationen zur Nutzung bereithalten. **Für eigene Informationen,** die sie zur Nutzung bereithalten, sind Telemediendiensteanbieter **(Content-Provider)** nach den **allgemeinen Gesetzen** verantwortlich, § 7 Abs. 1 TMG. Für eigene Informationen gibt es **keine Haftungsprivilegierung.**[1035] Eigene Inhalte sind nicht nur selbst geschaffene, sondern auch solche Inhalte, die sich der Betreiber zu eigen gemacht hat.[1036] 463

[1028] BGH GRUR 2007, 724, 725 Tz. 6 – *Meinungsforum;* GRUR 2009, 1093 Tz. 10 – *Focus Online; Ohly* NJW 2016, 1417, 1420.

[1029] Vgl. BGH GRUR 2007, 724, 725 Tz. 6 – *Meinungsforum,* m. w. N.

[1030] Zu weiteren medienspezifischen Besonderheiten vgl. Einl. H.

[1031] Richtlinie 2000/31/EG des Europäischen Parlaments und des Rates vom 8.6.2000 über bestimmte rechtliche Aspekte der Dienste der Informationsgesellschaft, insbesondere des elektronischen Geschäftsverkehrs, im Binnenmarkt („Richtlinie über den elektronischen Geschäftsverkehr"), ABl. Nr. L 178 S. 1.

[1032] BGH GRUR 2008, 534 Tz. 20 – *ueber18.de;* GRUR 2016, 209, 211 Tz. 12 – *Haftung für Hyperlink.*

[1033] BT-Drucks. 14/6098, S. 37; BGH GRUR 2008, 534, 536 Tz. 20 – *ueber18.de* m. w. N; GRUR 2016, 209, 211 Tz. 12 – *Haftung für Hyperlink.*

[1034] BGH GRUR 2016, 209, 211 Tz. 21 f. – *Haftung für Hyperlink; Ohly* NJW 2016, 1417, 1418.

[1035] BGH GRUR 2008, 534, 536 Tz. 20 – *ueber18.de;* OLG Hamburg GRUR-RR 2013, 29, 37 – *Nr. 1 Hits; Leistner* in: FS Köhler, S. 407; *J. B. Nordemann* GRUR 2011, 977; *Ohly*/Sosnitza § 8 Rdn. 124; *Schilling* GRUR-Prax 2015, 313, 314.

[1036] BGH GRUR 2010, 616, 618 Tz. 23 – *marions-kochbuch.de;* GRUR 2015, 1129, 1131 Tz. 25 – *Hotelbewertungsportal;* vgl. auch BGH GRUR 2008, 534, 536 Tz. 20 – *ueber18.de.*

464 Der Betreiber einer Internet-Seite macht sich fremde Inhalte zu eigen, wenn er nach außen erkennbar die inhaltliche Verantwortung für die auf seiner Internetseite veröffentlichten Inhalte übernommen oder den zurechenbaren Anschein erweckt hat, er identifiziere sich mit den fremden Inhalten.[1037] Auch lediglich undistanziert wiedergegebene Äußerungen Dritter können dem Verbreiter zugerechnet werden, wenn er sie sich zu Eigen gemacht hat.[1038] Ob ein **Sich-zu-eigen-Machen** vorliegt, ist aus der **Sicht eines verständigen Durchschnittsnutzers** auf der Grundlage einer *Gesamtbetrachtung aller relevanten Umstände* zu beurteilen.[1039] Dafür, dass der Diensteanbieter sich die fremden Informationen zu Eigen gemacht hat, spricht, wenn der Anbieter die von Dritten hochgeladenen Inhalte inhaltlich-redaktionell auf Vollständigkeit und Richtigkeit kontrolliert oder auswählt oder die fremden Informationen in das eigene redaktionelle Angebot einbindet.[1040] Weitere Anhaltspunkte können sein: die Art der Präsentation, das Layout, die erläuternde Zuordnung von Informationen (z. B. Kennzeichnung von Drittinhalten mit eigenem Logo,[1041] was allerdings kein isoliert zu würdigender Umstand ist und eine gegenteilige Beurteilung nicht ausschließt[1042]), Inhalt und Gestaltung, etc.[1043] Ein Sich-zu-eigen-Machen liegt regelmäßig vor, wenn die fremde Äußerung dergestalt in den eigenen Gedankengang eingefügt wird, dass die gesamte Äußerung als eigene erscheint. Allerdings ist bei der Annahme einer Identifikation mit fremden Inhalten grundsätzlich Zurückhaltung geboten.[1044] Andererseits steht es der Haftung des Betreibers einer Internet-Seite nicht entgegen, wenn er in seinen Nutzungsbedingungen oder einem separaten **Disclaimer** erklärt, sich veröffentlichte Inhalte nicht zu Eigen machen zu wollen. Durch eine solche salvatorische Klausel kann der Diensteanbieter eine Haftung nicht ausschließen, wenn er sich nach den Gesamtumständen die fremde Information zu eigen macht.[1045] Mittlerweile hat sich eine **umfangreiche Kasuistik** entwickelt:

465 *(2) Kasuistik.* Die Suchmaschine **Google** macht in einem vollständig automatisierten Verfahren fremde Inhalte im Internet auffindbar und fasst diese fremden Inhalte wiederum vollständig automatisiert als Orientierungshilfe für den Nutzer verkürzt zusammen, ohne sich durch die Generierung und Anzeige der **Suchergebnisse** diese Inhalte zu eigen zu machen.[1046] Im Rahmen seiner **„Autocomplete"-Funktion** schafft Google demgegenüber automatisch generierte eigene Inhalte.[1047] Das Videoportal **YouTube** macht sich die von ihm verbreiteten Beiträge seiner Nutzer nicht zu eigen.[1048] Der Betreiber eines **Hotelbewertungsportals** macht sich erkennbar die Ansammlung der von Dritten in das Portal eingestellter individueller Äußerungen nicht als Tatsachenbehauptung zu eigen, wenn er die Beiträge nicht inhaltlich-redaktionell aufbereitet oder ihren Wahrheitsgehalt überprüft, sondern die Anwendung eines automatischen Wortfilters sowie gegebenenfalls eine anschließende manuelle Durchsicht als **Vorabkontrolle** lediglich dem Zweck dienen, gegen die Nutzungsbedingungen verstoßende Einträge (etwa Formalbeleidigungen oder von Hotelbetreibern abgegebene Eigenbewertungen) von der Veröffentlichung auszuschließen.[1049] Eine inhaltlich-redaktionelle Bearbeitung stellt es mangels inhaltlicher Einflussnahme nicht dar, wenn die von Nutzern vergebenen „Noten" durch die Angabe von Durchschnittswerten oder einer „Weiterempfehlungsrate" statistisch ausgewertet werden.[1050] Nicht um eigene, sondern um fremde Inhalte handelt es sich, wenn der Betreiber eines **Internet-Auktionshauses** in Folge eines automatisierten Regis-

---

[1037] BGH GRUR 2010, 616, 618 Tz. 24, 27 – *marions-kochbuch.de;* GRUR 2015, 1129, 1131 Tz. 25 – *Hotelbewertungsportal;* vgl. auch BGH GRUR 2009, 1093, 1094 Tz. 19 – *Focus Online.*

[1038] BGH GRUR 2012, 751, 752 Tz. 11 – *RSS-Feeds.*

[1039] BGH GRUR 2010, 616, 618 Tz. 23 – *marions-kochbuch.de;* GRUR 2012, 751, 752 Tz. 11– *RSS-Feeds;* GRUR 2015, 1129, 1131 Tz. 25 – *Hotelbewertungsportal;* GRUR 2016, 209, 211 Tz. 13 – *Haftung für Hyperlink;* OLG Hamburg ZUM-RD 2016, 83, 98 – *YouTube; Leistner* in: FS Köhler, S. 415, 424.

[1040] BGH GRUR 2015, 1129, 1131 Tz. 25 – *Hotelbewertungsportal;* vgl. auch BGH 2010, 616, 618 Tz. 25 f. – *marions-kochbuch.de;* GRUR 2012, 751, 752 Tz. 11 – *RSS-Feeds; Ohly*/Sosnitza § 8 Rdn. 115a.

[1041] BGH GRUR 2010, 616, 618 Tz. 25 – *marions-kochbuch.de; D. Holznagel* S. 99.

[1042] OLG Hamburg ZUM-RD 2016, 83, 103 – *YouTube.*

[1043] Vgl. BGH GRUR 2010, 616, 618 Tz. 24 ff. – *marions-kochbuch.de;* GRUR 2015, 1129, 1131 f. Tz. 28 – *Hotelbewertungsportal;* GRUR 2016, 209, 211 f. Tz. 10, 17 ff. – *Haftung für Hyperlink.*

[1044] BGH GRUR 2009, 1093, 1094 Tz. 19 – *Focus Online;* GRUR 2015, 1129, 1131 Tz. 25 – *Hotelbewertungsportal;* vgl. auch BGH GRUR 2012, 751, 752 Tz. 11– *RSS-Feeds.*

[1045] BGH GRUR 2015, 1129, 1131 Tz. 27 – *Hotelbewertungsportal;* a. A. früher z. B. LG Potsdam MMR 1999, 739, 740 – *Markt für Meinungen im Internet.*

[1046] OLG Hamburg ZUM-RD 2011, 670, 676; OLG München ZUM-RD 2012 433, 346; LG Hamburg NJW 2015, 796, 800.

[1047] BGH GRUR 2013, 751, 752 f. Tz. 20 – *„Autocomplete"-Funktion.*

[1048] OLG Hamburg ZUM-RD 2016, 83, 98 ff., 105 – *YouTube.*

[1049] BGH GRUR 2015, 1129, 1132 Tz. 28 – *Hotelbewertungsportal; Leistner* in: FS Köhler, S. 415, 425.

[1050] BGH GRUR 2015, 1129, 1131 f. Tz. 28 ff. – *Hotelbewertungsportal.*

trierungsverfahrens keine konkrete Kenntnis von den Inhalten bestimmter von Dritten auf seiner Plattform zum Erwerb angebotener Medien hat.[1051] Beim **Framing** ist in aller Regel von einem Sich-zu-eigen-Machen auszugehen.[1052] Beim Setzen von **Hyperlinks** als elektronischer Verweis auf eine fremde Website ist zu differenzieren: Für ein Sich-zu-eigen-Machen spricht, wenn über den Hyperlink offen oder versteckt für die eigenen Produkte geworben wird,[1053] wenn der durch den Hyperlink aufrufbare Inhalt erkennbar der Vervollständigung des eigenen Angebots des Linksetzenden dient,[1054] oder wenn die Verlinkung wesentlicher Bestandteil des eigenen Geschäftsmodells ist.[1055] Gegen ein Sich-zu-eigen-Machen spricht, wenn es sich bei dem Hyperlink nicht um einen sogenannten Deeplink handelt, der direkt zu den wettbewerbswidrigen Inhalten Dritter führt, sondern nur zur allgemeinen Website des Dritten, so dass die problematischen Inhalte nicht durch einfaches Klicken zugänglich sind, sondern erst durch weiteres unabhängiges Navigieren des Nutzers.[1056] Ein Sich-zu-eigen-Machen liegt vor, wenn der Hyperlink so in einen redaktionellen Beitrag eingebettet ist, dass er für das weitergehende Verständnis der dort geäußerten Meinungen oder Ansichten erkennbar von Bedeutung und dadurch Bestandteil des Gedankengangs oder der Argumentation des Betreibers der Website geworden ist.[1057] Der Linksetzende macht sich den Inhalt, der über den Hyperlink abrufbar ist, nicht zu eigen, wenn der Hyperlink am Ende des selbstgeschaffenen Inhalts steht und erkennbar wie ein Hinweis auf weiterführende Literatur dem interessierten Internetnutzer zusätzliche Informationsquellen unabhängiger Dritter zu einem bestimmten Thema zur selbständigen Erschließung bereitstellt und nicht der Eindruck erweckt wird, dass diese unabhängigen Sekundärinformation die ungeteilte Zustimmung des Seitenbetreibers finden.[1058]

cc) Fremde Inhalte. Hinsichtlich **fremder Inhalte** besteht **keine allgemeine Überwachungspflicht.** Nach § 7 Abs. 2 TMG, der Art. 15 Abs. 1 E-Commerce-RL umsetzt, sind Diensteanbieter nicht verpflichtet, die von ihnen übermittelten oder gespeicherten fremden Informationen zu überwachen oder nach Umständen zu forschen, die auf eine rechtswidrige Tätigkeit hinweisen.[1059] Hierzu besteht ein Anlass erst dann, wenn der Diensteanbieter auf eine Rechtsverletzung durch die fremden Inhalte Dritter hingewiesen wird.[1060] Er ist dann nicht nur verpflichtet, das betreffende Angebot unverzüglich zu sperren, sondern muss im Rahmen des Zumutbaren auch Vorsorge dafür treffen, dass es möglichst nicht zu weiteren Rechtsverletzungen kommt.[1061] Verpflichtungen der Diensteanbieter nach den allgemeinen Vorschriften, bestimmte (fremde) Informationen zu entfernen oder deren Nutzung zu sperren, bleiben unberührt und unterliegen grundsätzlich nicht der Privilegierung (§ 7 Abs. 2 Satz 2 TMG). Um die von der Rechtsordnung gebilligte Tätigkeit des Diensteanbieters nicht unverhältnismäßig zu erschweren, ist dieser Löschungsanspruch aber nur gegeben, wenn Kenntnis vorliegt oder zumutbarer Prüfpflichten verletzt werden.[1062] Auch die E-Commerce-RL räumt die Möglichkeit ein, von den Diensteanbietern zu verlangen, dass die Rechtsverletzung abgestellt oder verhindert wird, sobald er davon Kenntnis erlangt (vgl. Art. 12 Abs. 3, Art. 13 Abs. 2, Art. 14 Abs. 3).[1063] 466

Wenn der Anbieter seine **neutrale Vermittlerposition** verlässt und eine **aktive Rolle** spielt (z. B. mittels Buchung von Ad-Words bei Google oder durch Hilfestellung bei der Optimierung der Angebotspräsentation), die ihm Kenntnis von bestimmten Daten oder Kontrolle über sie verschaffen konnte, wird er hinsichtlich dieser Daten nicht vom Anwendungsbereich des Art. 14 E-Commerce- 467

1051 Vgl. BGH GRUR 2004, 860, 862 – *Internet-Versteigerung I;* GRUR 2010, 616, 618 – Tz. 23 – *marions-kochbuch.de;* BGH GRUR 2011, 1038, 1040 Tz. 22 – *Stiftparfüm.*

1052 Vgl. *Spindler* GRUR 2016, 157.

1053 BGH GRUR 2016, 209, 211 Tz. 18 – *Haftung für Hyperlink.*

1054 BGH GRUR 2016, 209, 211 Tz. 18 – *Haftung für Hyperlink.*

1055 BGH GRUR 2016, 209, 211 Tz. 18 – *Haftung für Hyperlink.*

1056 BGH GRUR 2016, 209, 211 Tz. 19 – *Haftung für Hyperlink.*

1057 BGH GRUR 2012, 74, 77 Tz. 23 f. – *Coaching-Newsletter;* GRUR 2015, 1129, 1131 f. Tz. 28 ff. – *Hotelbewertungsportal.*

1058 BGH GRUR 2016, 209, 211 f. Tz. 20 – *Haftung für Hyperlink.*

1059 St. Rspr., vgl. BGH GRUR 2004, 860, 864 – *Internetversteigerung I;* GRUR 2007, 890, 894 f. Tz. 39, 44 – *Jugendgefährdende Medien bei eBay;* GRUR 2011, 617, 620 Tz. 39 – *Sedo;* GRUR 2011, 1038, 1040 Tz. 22 – *Stiftparfüm;* (VI. ZS) GRUR 2012, 311, 313 Tz. 24 – *Blog-Eintrag;* GRUR 2013, 370, 372 Tz. 28 – *Alone in the Dark;* GRUR 2013, 1229, 1232 Tz. 35 – *Kinderhochstühle im Internet II;* GRUR 2015, 1129, 1132 Tz. 31 – *Hotelbewertungsportal.*

1060 BGH GRUR 2007, 890, 894 Tz. 42 – *Jugendgefährdende Medien bei eBay.*

1061 BGH GRUR 2004, 860, 864 – *Internet-Versteigerung I;* GRUR 2007, 708 Tz. 45 – *Internet-Versteigerung II;* GRUR 2007, 890, 894 Tz. 43 – *Jugendgefährdende Medien bei eBay.*

1062 BGH GRUR 2011, 1038, 1040 Tz. 22 – *Stiftparfüm.*

1063 EuGH GRUR 2011, 1025, 1033 Tz. 119 – *L'Oréal/EBay;* BGH GRUR 2011, 1038, 1040 Tz. 22 – *Stiftparfüm.*

RL erfasst[1064] und kann sich deshalb auch nicht auf das Haftungsprivileg des Art. 14 Abs. 1 E-Commerce-RL und des § 7 Abs. 2 TMG berufen.[1065]

468 *dd) Durchleitung.* Für die **Durchleitung** von Informationen schließt § 8 TMG eine Haftung aus, wenn der Diensteanbieter **(Access- und Network-Provider)** die Übermittlung nicht veranlasst, den Adressaten der übermittelten Informationen nicht ausgewählt und die übermittelten Informationen weder ausgewählt noch verändert hat. Etwas anderes gilt nach § 8 Abs. 1 Satz 2 TMG für den Fall eines kollusiven Zusammenwirkens des Diensteanbieters mit einem Nutzer seines Dienstes.

469 *ee) Zwischenspeicherung.* Nach § 9 TMG ist der Diensteanbieter für **automatische Zwischenspeicherungen (Proxy-Cache-Server)** dann nicht verantwortlich, wenn er die Informationen nicht verändert, die Bedingungen für den Zugang zu den Informationen und die standardisierten Regeln für die Aktualisierung der Informationen beachtet, die erlaubte und standardisierte Anwendung von Technologien zur Sammlung von Daten über die Nutzung der Informationen nicht beeinträchtigt und unverzüglich handelt, um dermaßen zwischengespeicherte Informationen zu entfernen oder den Zugang zu ihnen zu sperren, sobald er Kenntnis davon erhält, dass die Informationen am ursprünglichen Ausgangsort der Übertragung aus dem Netz entfernt wurden oder der Zugang zu ihnen gesperrt wurde oder die Entfernung oder Sperrung angeordnet worden ist.

470 *ff) Privilegierung vor Kenntnis.* Im Falle der Speicherung von Informationen **(Host-Provider)** schließt **§ 10 Satz 1 TMG** die Haftung des Diensteanbieters aus, wenn und soweit er keine Kenntnis von der rechtswidrigen Handlung oder Information hat und ihm im Falle von **Schadensersatzansprüchen** auch keine Tatsachen oder Umstände bekannt sind, aus denen die rechtswidrige Handlung oder Information offensichtlich wird oder er unverzüglich tätig wird, um die betreffende Information zu entfernen oder den Zugang zu ihr zu sperren, sobald er diese Kenntnis erlangt.[1066]

471 *gg) Reichweite der Haftungsprivilegierung.* Zuletzt war streitig, ob die **Haftungsprivilegierung** des § 10 Satz 1 TMG **auf Unterlassungsansprüche** anwendbar ist. Der BGH hatte ursprünglich die Auffassung vertreten, dass dieses Haftungsprivileg nur auf die strafrechtliche Verantwortlichkeit und die Schadensersatzhaftung, aber nicht auf Unterlassungsansprüche Anwendung findet und dies aus § 7 Abs. 2 Satz 2 TMG, Art. 14 und Erwägungsgrund 48 der E-Commerce-RL hergeleitet.[1067] Dies sollte auch für den vorbeugenden Unterlassungsanspruch gelten.[1068] Dem stand die Rechtsprechung des EuGH gegenüber, der bei der Auslegung von Art. 14 Abs. 1, Art. 15 Abs. 1 der E-Commerce-RL, deren Umsetzung §§ 10 Satz 1, 7 Abs. 2 TMG dienen, gerade nicht zwischen der Haftung auf Schadensersatz und Unterlassung unterscheidet.[1069] Nachdem der BGH anschließend ebenfalls die Haftungsprivilegierung gemäß Art. 14 Abs. 1, Art. 15 Abs. 1 der E-Commerce-RL im Rahmen von Unterlassungsansprüchen bei der Frage des Bestehens und des Umfangs von Prüfungspflichten erörtert hatte,[1070] wurde zum Teil davon ausgegangen, dass der BGH an seiner bisherigen Rechtsprechung nicht mehr festhalten und die Privilegierung des § 10 TMG auch auf Unterlassungsansprüche anwenden wolle.[1071]

472 Inzwischen erkennt der BGH die **Haftungsprivilegierung** nach §§ 7 Abs. 2, 10 Satz 1 Nr. 1 TMG auch im Rahmen des wettbewerbsrechtlichen Unterlassungsanspruches an. Er führt dabei aber keine gesonderte Prüfung durch, ob der Unterlassungsanspruch durch diese Normen von vornherein ausgeschlossen oder blockiert wird, sondern lässt deren Wertungen **innerhalb der An-**

1064 EuGH GRUR 2011, 1025, 1033 Tz. 113, 119 – *L'Oréal/EBay.*

1065 EuGH GRUR 2011, 1025, 1032 Tz. 116 – *L'Oréal/eBay;* BGH GRUR 2011, 1038, 1040 Tz. 23 – *Stiftparfüm;* GRUR 2013, 1229, 1232 Tz. 37 – *Kinderhochstühle im Internet II;* GRUR 2015, 585, 490 Tz. 55 – *Kinderhochstühle im Internet III.*

1066 BGH GRUR 2011, 1038, 1040 Tz. 22 – *Stiftparfüm.*

1067 BGH GRUR 2004, 860, 862f. – *Internet-Versteigerung I;* (VI. ZS) GRUR 2007, 724 Tz. 7 – *Meinungsforum;* GRUR 2007, 708, 710 Tz. 19 – *Internet-Versteigerung II;* GRUR 2007, 890, 892 Tz. 20 – *Jugendgefährdende Medien bei eBay;* (VI. ZS) GRUR 2009, 1093, 1094 Tz. 17 – *Focus Online;* GRUR 2010, 616, 618 – Tz. 22f. – *marions-kochbuch.de;* GRUR 2011, 152, 153 Tz. 26 – *Kinderhochstühle im Internet I;* (VI. ZS) GRUR 2012, 311, 312f. Tz. 19 – *Blog-Eintrag;* ebenso OLG Hamburg ZUM 2011, 936, 941 – *A&O Hostel;* OLG Düsseldorf GRUR-RR 2013, 433, 435 – *Internetportal; Spindler* GRUR 2011, 101, 102.

1068 Vgl. BGH GRUR 2007, 708 Tz. 19 – *Internet-Versteigerung II.*

1069 Vgl. EuGH GRUR 2010, 445, 451 Tz. 114ff. – *Google France und Google;* GRUR 2011, 1025, 1032ff. Tz. 107, 108, 139 – *L'Oréal.*

1070 Vgl. BGH GRUR 2011, 617, 619f. Tz. 38ff. – *Sedo;* GRUR 2011, 1038, 1040 Tz. 22 – *Stiftparfum;* GRUR 2013, 370, 372 Tz. 28 – *Alone in the Dark;* GRUR 2013, 1229, 1231 Tz. 35f. – *Kinderhochstühle im Internet II.*

1071 So KG ZUM 2013, 886, 889; *v. Ungern-Sternberg* GRUR 2012, 321, 327.

wendung der allgemeinen Grundsätze zur Geltung kommen. Generelle Überwachungspflichten bestehen für Telemediendiensteanbieter deshalb nicht. Nicht ausgeschlossen sind hingegen **Überwachungspflichten in spezifischen Fällen.** Diensteanbieter, die von Nutzern bereitgestellte Informationen speichern, müssen außerdem nach Erwägungsgrund 48 der E-Commerce-RL die nach vernünftigem Ermessen von ihnen zu erwartende und in innerstaatlichen Rechtsvorschriften niedergelegte Sorgfaltspflicht anwenden, um bestimmte Arten rechtswidriger Tätigkeiten aufzudecken und zu verhindern.[1072] Diese vom BGH aufgestellten Grundsätze stehen, wie er stets betont,[1073] im Einklang mit der Rechtsprechung des EuGH.[1074]

Spezifische Überwachungspflichten sind also gerade die, die sich aus den **wettbewerbsrechtlichen Verkehrspflichten** als allgemeiner Haftungsgrundsätze ergeben.[1075] Letztlich wird also der materiellen **Privilegierung der §§ 7–10 im Rahmen der Abwägung** Geltung verschafft, die bei der Prüfung der Verletzung wettbewerbsrechtlicher Verkehrspflichten stets stattfindet. Telemediendiensteanbieter sind also nicht per se von einer Haftung für wettbewerbsrechtliche Verkehrspflichten ausgenommen. Die sie treffenden Verkehrspflichten können aber nach Maßgabe dieser Vorschriften inhaltlich begrenzt werden.[1076] 473

g) Voraussetzungen der Haftung für die Verletzung wettbewerbsrechtlicher Verkehrspflichten. *aa) Geschäftliche Handlung.* Voraussetzung einer wettbewerbsrechtlichen Haftung als Täter ist gemäß § 2 Abs. 1 Nr. 1 stets eine **geschäftliche Handlung.** Eine solche ist ohne weiteres etwa in der Bereitstellung einer **Plattform für Internetauktionen** zu sehen.[1077] **Medien,** Presseorgane und Verlage nehmen nach der grundrechtlichen Wertung des Art. 5 Abs. 1 GG bei der Berichterstattung grundsätzlich keine geschäftlichen Handlungen vor.[1078] Anderes gilt im **Anzeigengeschäft:** Schon auf der Grundlage des UWG 1909 reichte es für die Annahme eines Wettbewerbsverhältnis aus, dass in objektiver Hinsicht ein Verhalten vorliegt, das geeignet ist, den Absatz oder Bezug einer Person zum Nachteil einer anderen zu begünstigen und dass der Handelnde dabei in subjektiver Hinsicht in der Absicht vorgeht, den eigenen oder fremden Wettbewerb zum Nachteil eines anderen, zu fördern, sofern diese Absicht nicht völlig hinter andere Beweggründe zurücktritt.[1079] Im Anzeigengeschäft eines Zeitungsverlags hat der BGH die Förderung fremden Wettbewerbs gesehen, da dieses – neben der Förderung des eigenen Wettbewerbs – stets auch dem Zweck der Unterstützung des Wettbewerbs des Anzeigenkunden dient.[1080] Dieser Grundsatz hat 2004 in § 2 Abs. 1 Nr. 1 eine ausdrückliche Bestätigung erfahren; der Wortlaut „zu Gunsten des eigenen oder eines fremden Unternehmens“ stellt klar, dass eine Wettbewerbshandlung nicht nur bei Förderung des eigenen, sondern auch eines fremden Unternehmens vorliegen kann, was beim Anzeigengeschäft typischerweise der Fall ist.[1081] Auch das Bereithalten einer Bewertungsfunktion und das Publizieren der Hotelbewertungen von Kunden auf einem Hotelbuchungsportal stellen geschäftliche Handlungen dar, wenn das Bewertungsportal Teil eines gewerblichen Online-Reisebüros ist.[1082] 474

Ob derjenige Nutzer, der die konkret zu Beanstandungen führende Handlung selbst vornimmt und z. B. das nachgeahmte Produkt bewirbt, die Hotelbewertung abgibt oder die jugendgefährdende Schrift zum Kauf anbietet etc., eine eigene **geschäftliche Handlung** vornimmt oder im privaten Bereich handelt, ist **unerheblich.** Der **Mittler** kann auch dann haften, wenn der **unmittelbar Handelnde** mangels einer eigenen geschäftlichen Handlung nicht selbst für einen UWG-Verstoß zur Rechenschaft gezogen werden kann. Da es sich bei der Verletzung wettbewerbsrechtlicher Ver- 475

[1072] St. Rspr., vgl. BGH GRUR 2011, 617, 620 Tz. 40 – *Sedo;* GRUR 2011, 1038, 1040 Tz. 22 ff. – *Stiftparfum;* GRUR 2015, 485, 490 Tz. 51 – *Kinderhochstühle im Internet III;* GRUR 2015, 1129, 1132 Tz. 31 – *Hotelbewertungsportal;* GRUR 2016, 268, 270 Tz. 19 – *Störerhaftung des Access-Providers.*

[1073] Vgl. BGH GRUR 2011, 1038, 1040 Tz. 22 – *Stiftparfum;* GRUR 2013, 370, 372 Tz. 28 – *Alone in the Dark;* GRUR 2013, 1229, 1231 Tz. 35 f. – *Kinderhochstühle im Internet II;* GRUR 2015, 1129, 1132 Tz. 31 – *Hotelbewertungsportal.*

[1074] EuGH GRUR 2011, 1025, 1032 ff. Tz. 109 ff., 139, 144 – *L'Oréal/eBay;* GRUR 2012, 265, 267 Tz. 36 ff. – *Scarlet/SABAM;* GRUR 2012, 382, 383 ff. Tz. 34 ff. – *SABAM/Netlog.*

[1075] Vgl. BGH GRUR 2015, 1129, 1132 Tz. 31 – *Hotelbewertungsportal.*

[1076] Vgl. *Löffler* in: FS Bornkamm, S. 37, 43.

[1077] BGH GRUR 2007, 890, 892 Tz. 23 – *Jugendgefährdende Medien bei eBay* zum Tatbestandsmerkmal der Wettbewerbshandlung in § 2 Abs. 1 Nr. 1 UWG 2004.

[1078] BGH GRUR 2006, 875, 876 Tz. 23 ff. – *Rechtsanwalts-Ranglisten.*

[1079] BGH GRUR 1993, 53, 54 – *Ausländischer Inserent.*

[1080] BGH GRUR 1973, 201, 204 – *Badische Rundschau;* GRUR 1993, 53, 54 – *Ausländischer Inserent;* GRUR 1995, 600, 601 – *H. I. V. POSITIVE.*

[1081] OLG Düsseldorf GRUR-RR 2013, 433, 434 – *Internetportal; Köhler*/Bornkamm § 2 Rdn. 68.

[1082] BGH GRUR 2015, 1129, 1131 Tz. 17 – *Hotelbewertungsportal;* OLG Hamburg ZUM 2011, 936, 939 – *A&O Hostel.*

kehrspflichten nach der Rechtsprechung um ein **eigenes Verhaltensunrecht** und nicht um eine bloße Teilnahme oder einen bloßen Verursachungsbeitrag zu einem Störungszustand handelt (oben Rdn. 435), besteht gerade keine Akzessorietät zu einer rechtswidrigen Haupttat.[1083] Insoweit reicht das neue Haftungsmodell weiter als die alte Störerhaftung (vgl. Rdn. 429 ff.). Wenn in dieser Kommentierung von Verstößen durch die Nutzer die Rede ist, ist damit also nicht gemeint, dass die Nutzer zwingend selbst eine unlautere geschäftliche Handlung und damit ein Wettbewerbsverstoß begehen. Gemeint sind solche Handlungen, die Wettbewerbsverstöße wären, wenn der in Anspruch genommene Unternehmer sie vornehmen würde.

476 *bb) Ingerenz: Setzen einer Gefahr der Interessenverletzung durch Dritte.* Wettbewerbsrechtliche Verkehrspflichten sind **Garantenpflichten aus Ingerenz** (näher Rdn. 387).[1084] Grund der Haftung ist also ein objektiv gefahrbegründendes oder gefahrerhöhendes Verhalten.[1085] Gefordert wird ein Verhalten, das die Gefahr mit sich bringt, dass Interessen der Marktteilnehmer (vgl. § 1) durch Dritte in stärkerem Maße beeinträchtigt werden als dies ohne das Verhalten der Fall wäre.

477 Anknüpfungspunkt der Verkehrspflichten ist dabei aber in aller Regel nicht ein irgendwie zu beanstandendes Verhalten.[1086] Zu beanstanden ist ein Verhalten nämlich erst, wenn es gegen wettbewerbsrechtliche Verkehrspflichten verstößt. Das gefahrbegründende oder gefahrerhöhende Verhalten, an das die Garantenpflicht aus Ingerenz anknüpft, steht, wenn es der Umsetzung eines von der Rechtsordnung gebilligten Geschäftsmodells dient (z. B. das des Internet-Auktionshauses eBay[1087]), mit der Rechtsordnung im Einklang und ist als solches gerade nicht zu beanstanden.[1088] Soweit ein Geschäftsmodell gezielt auf Rechtsverletzungen durch die Nutzer angelegt[1089] und deshalb an sich zu beanstanden ist, können hieraus zwar besonders strenge und umfangreiche Verkehrspflichten erwachsen (Rdn. 503). Die Garantenpflicht aus Ingerenz ist aber an sich völlig unabhängig von einem Unwerturteil über die gefahrbegründende Tätigkeit (Rdn. 384). Es genügt deshalb, wenn das Verhalten objektiv adäquat-kausal und zurechenbar[1090] die **Gefahr verursacht**[1091] **oder erhöht,**[1092] dass **Dritte** das Verhalten oder den durch das Verhalten hervorgerufenen Zustand dazu nutzen, durch das Wettbewerbsrecht **geschützte Interessen der Marktteilnehmer** zu **beeinträchtigen.**[1093] Die Gefahr der Verletzung von Immaterialgüterrechten begründet keine wettbewerbsrechtliche Verkehrspflicht, da es sich hierbei um Regelungen ohne Marktbezug handelt. Hier ist die Störerhaftung einschlägig, die nach denselben Maßstäben gehandhabt wird.[1094]

478 **Kasuistik:** In folgenden Fällen wurde ein gefahrbegründendes oder gefahrerhöhendes Verhalten **bejaht:** Dem Betrieb der **Internethandelsplattform eBay** ist die Gefahr immanent, dass sie von Verkäufern zum Vertrieb indizierter jugendgefährdender, volksverhetzender und gewaltverherrlichender der Medien genutzt wird.[1095] Mit dem Betrieb dieser Handelsplattform wird auch die Gefahr einer Verbreitung beliebiger anderer Inhalte und damit allgemein das Risiko für die Verletzung des UWG oder anderer Rechtsnormen geschaffen.[1096] Eine Gefahrenquelle für Tourismusunternehmen schafft, wer Internetnutzern auf einer **Bewertungsplattform** die Möglichkeit bietet, sich anonym wertend über diese Unternehmen und ihre Leistungen zu äußern.[1097] Das Setzen eines **Hyperlinks** erhöht die Gefahr der Verbreitung etwaiger rechtswidriger Inhalte, die sich auf den verlinkten Internetseiten Dritter befinden.[1098] Das **Veröffentlichen von** ungeprüften **Anzeigen** durch einen **Zeitschriftenverlag** eröffnet den Inserenten die Möglichkeit, Anzeigen jedweden

---

1083 *Köhler* GRUR 2008, 1, 3; *Leistner* GRUR-Beil. 2010, 1, 3 f.; a. A. *Neuhaus* S. 147 ff.

1084 BGH GRUR 2014, 883, 884 Tz. 22 – *Geschäftsführerhaftung.*

1085 BGH GRUR 2007, 890, 893 f. Tz. 36 – *Jugendgefährdende Medien bei eBay;* OLG Frankfurt GRUR-RR 2008, 93, 94 – *Access-Provider.*

1086 A. A. *Ohly*/Sosnitza § 8 Rdn. 126.

1087 Vgl. BGH GRUR 2004, 860, 864 – *Internet-Versteigerung I;* GRUR 2007, 708, 712 Tz. 47 – *Internet-Versteigerung II;* GRUR 2007, 890, 893 Tz. 30 – *Jugendgefährdende Medien bei eBay;* GRUR 2011, 152, 155 Tz. 42 – *Kinderhochstühle im Internet I;* OLG Hamburg GRUR-RR 2013, 94, 96 – *Kinderhochstühle II.*

1088 So auch *Ohly*/Sosnitza § 8 Rdn. 120.

1089 Vgl. BGH GRUR 2009, 841, 843 Tz. 21 – *Cybersky* (zum Urheberrecht).

1090 BGH GRUR 2007, 890, 892 Tz. 24 – *Jugendgefährdende Medien bei eBay.*

1091 Vgl. BGH GRUR 2007, 890, 892 Tz. 24 – *Jugendgefährdende Medien bei eBay.*

1092 Vgl. BGH GRUR 2016, 209, 212 Tz. 23 – *Haftung für Hyperlinks.*

1093 Vgl. BGH GRUR 2007, 890, 892 Tz. 24 – *Jugendgefährdende Medien bei eBay;* GRUR 2015, 1129, 1133 Tz. 42 – *Hotelbewertungsportal.*

1094 OLG München ZUM-RD 2012, 344, 347 f. – *Haftung eines Internetsuchmaschinenbetreibers.*

1095 BGH GRUR 2007, 890, 892 Tz. 24 f. – *Jugendgefährdende Medien bei eBay.*

1096 OLG Frankfurt GRUR-RR 2008, 93, 94 – *Access-Provider.*

1097 BGH GRUR 2015, 1129, 1133 Tz. 42 – *Hotelbewertungsportal.*

1098 Vgl. BGH GRUR 2016, 209, 212 Tz. 23 – *Haftung für Hyperlinks.*

Inhalts zu schalten, und birgt so die Gefahr der Irreführung der Leser und der Verletzung von Vorschriften zum Schutz der Verbraucher.[1099] Die Einrichtung und der Betrieb eines **Portals für** kostenlose anonyme **Kleinanzeigen** schafft die Gefahr, dass ein solches Portal für gewerbliche Angebote genutzt wird, deren Anbieter die Impressumspflicht verletzen und entgegen § 5 Abs. 1 Nr. 1 TMG in der Anzeige ihren Namen und ihre Anschrift nicht nennen.[1100] Dies gilt selbstverständlich auch für die Bereitstellung einer **Plattform für gewerbliche Angebote.**[1101] Mit der Überlassung von **Rufnummern** an ihre Nutzer schafft eine Telefongesellschaft die Gefahr, dass die Nutzer unter Zuhilfenahme dieser Rufnummern Wettbewerbsverstöße gem. § 7 Abs. 2 Nr. 2 begehen.[1102]

Keine Gefahrenquelle für die Begehung von Wettbewerbsverstößen soll eröffnen, wer als Verbindungsnetzbetreiber Telekommunikationsdienstleistungen durch **Wiederverkauf von Sprachdiensten** im Call-by-Call-Verfahren anbietet.[1103] Ein Telekommunikationsunternehmen, das Dritten den Zugang zum Internet bereitstellt **(Access-Provider),** eröffnet ebenfalls nicht im eigenen Verantwortungsbereich eine Gefahrenquelle für Wettbewerbsverstöße, sondern ermöglicht nur den Zugang zu etwaigen Verstößen, die aus einer von einem Dritten eröffneten Gefahrenquelle herrühren.[1104] 479

dd) Inhalt der wettbewerbsrechtlichen Verkehrspflicht. (1) Stufenverhältnis der Prüfpflichten. Wettbewerbsrechtliche Verkehrspflichten können zwar auch in Überwachungs- und Eingreifpflichten bestehen.[1105] In den meisten Fällen konkretisiert sich die **Verkehrspflicht als Prüfungspflicht.** Über den Umfang und die Intensität der Prüfung entscheiden im Rahmen der Prüfung der Zumutbarkeit in einer Güter-und Interessenabwägung die Umstände des Einzelfalles. Man kann zwischen Pflichten unterschiedlicher Reichweite unterscheiden, die zueinander in einem Stufenverhältnis stehen:[1106] 480

Die Pflicht, einzelne **erkannte Verletzungen** im Sinne eines **„notice and take down"**[1107] des konkret benannten Inhalts abzustellen, trifft grundsätzlich jeden, der im geschäftlichen Verkehr handelt. Hierfür muss entweder ein automatischer Mechanismus eingerichtet oder es müssen Mitarbeiter dazu bestimmt werden, Beanstandungen innerhalb kürzester Zeit zu prüfen und berechtigten Beanstandungen abzuhelfen. Eine Verkehrspflicht zur Prüfung entsteht regelmäßig erst dann, wenn auf eine **klare und eindeutige Rechtsverletzung** bzw. ein klar wettbewerbswidriges Angebot hingewiesen worden ist.[1108] Das Risiko einer schleppenden bzw. einer tatsächlich oder rechtlich fehlerhaften Prüfung trägt der Prüfungspflichtige. **Nach der Rechtsprechung** ist der Betreiber einer Internetplattform aber i. d. R. **nicht gehalten,** komplizierte Beurteilungen im Einzelfall durchzuführen und dazu **rechtlichen Rat einzuholen,** um festzustellen, ob das Angebot des Dritten tatsächlich wettbewerbswidrig ist.[1109] Die Hinzuziehung eines mit der Materie vertrauten Juristen soll nicht zumutbar sein.[1110] 481

Belastender ist die Pflicht, **nach einer Beanstandung gleiche** oder – weiter gehend – **ähnlich gelagerte drohende Verstöße** des gleichen Anbieters oder – noch weiter gehend – anderer Anbieter aufzuspüren und gar nicht erst zuzulassen. Auch hier ist denkbar, dass der Prüfungspflicht bereits durch den Einsatz geeigneter Filtersoftware genüge getan wird. Es ist aber nicht ausgeschlossen, in bestimmten Fällen auch eine manuelle Kontrolle durch eigens dafür eingesetzte und geschulte Mitarbeiter zu verlangen. 482

Noch stärker belastend ist eine **umfassende, anlasslose proaktive Prüfungspflicht,** der zufolge alle rechtsverletzenden Inhalte oder Angebote erkannt und unterbunden werden müssen, und zwar ohne Rücksicht darauf, ob bereits eine Rechtsverletzung vorgekommen ist oder nicht. Eine solche Pflicht zur anlasslosen Vorabkontrolle ohne Rücksicht auf deren Kosten und den damit verbundenen Aufwand bürdet die Rechtsprechung keinem Unternehmer auf, der ein von der Rechtsordnung grundsätzlich gebilligtes Geschäftsmodell befolgt. Unternehmern, deren Geschäftsmodell von vornherein auf Rechtsverletzungen und Verstöße durch die Nutzer angelegt ist oder die 483

[1099] OLG Köln LMRR 2010, 87 – *Schlankheitswerbung.*
[1100] OLG Frankfurt GRUR-RR 2009, 315 – *Impressumspflicht.*
[1101] OLG Düsseldorf GRUR-RR 2013, 433, 435 – *Internetportal.*
[1102] LG Hamburg, Urt. v. 14.9.2011, Az. 315 O 375/11.
[1103] OLG Frankfurt MMR 2012, 678, 679 – *GSM Gateways.*
[1104] OLG Frankfurt GRUR-RR 2008, 93, 94 – *Access-Provider.*
[1105] BGH GRUR 2014, 883, 884 Tz. 21 – *Geschäftsführerhaftung.*
[1106] *Ohly*/Sosnitza § 8 Rdn. 127; *Neuhaus* S. 209 ff.
[1107] Vgl. OLG Hamburg ZUM-RD 2016, 83, 84 – *YouTube; Ohly* NJW 2016, 1417, 1419.
[1108] BGH GRUR 2007, 890, 894 Tz. 39, 42 – *Jugendgefährdende Medien bei eBay;* GRUR 2011, 152, 156 Tz. 48 – *Kinderhochstühle im Internet I.*
[1109] BGH GRUR 2011, 152, 156, Tz. 48–51 – *Kinderhochstühle im Internet I.*
[1110] BGH GRUR 2011, 152, 156 – *Kinderhochstühle im Internet I.*

Rechtsverletzungen und Verstöße durch eigene Maßnahmen fördern, kann eine solche Vorabkontrolle aber zuzumuten sein. Sie können vor die Wahl gestellt werden, entweder eine solche Kontrolle einzuführen oder ihr Geschäft einzustellen.[1111]

484 *(2) Faktoren für die Bestimmung der Prüfpflichten.* Welche Maßstäbe anzulegen und welche Maßnahmen zumutbar sind, kann nicht allgemein festgelegt werden, sondern hängt von einer Reihe von Umständen ab und ergibt sich aus einer **Abwägung zahlreicher Faktoren.**[1112] Hierzu gehören – nicht abschließend – die nachfolgend näher dargestellten Kriterien. Für die Beurteilung der Zumutbarkeit nicht ins Gewicht fällt, wie groß der wirtschaftliche Vorteil ist, der mit der Verpflichtung des Schuldners zu bestimmten Kontrollmaßnahmen dem Gläubiger erwächst. Im Rahmen der Zumutbarkeitsbetrachtung kommt es allein darauf an, ob Verstöße auf wirksame Weise abgestellt werden, ohne dass weitere konkrete wirtschaftliche Vorteile auf Seiten des Gläubigers hinzutreten müssten.[1113] Wenn in einem extremen Ausnahmefall ein grobes Missverhältnis zwischen einem exorbitanten Aufwand auf Seiten des Schuldners und einem nur ganz geringen wirtschaftlichen Interesse auf Seiten des Gläubigers zu besorgen ist, kann dies allerdings zu einer rechtsmissbräuchlichen Geltendmachung von Ansprüchen führen (§ 8 Abs. 4, § 242 BGB).

485 *α) Unterscheidung zwischen aktiven und neutralen Mittlern.* Wer die **Rolle eines neutralen Vermittlers** verlässt und eine **aktive Rolle** als Unterstützer des wettbewerbswidrigen Angebots übernimmt (z.B. durch Schaltung von Anzeigen), dem sind erheblich erhöhte Anstrengungen zu deren Verhinderung zuzumuten.[1114] Demgegenüber noch weiter gesteigerte Prüfungspflichten sind demjenigen zuzumuten, der bei seiner Tätigkeit **Verstößen** in erheblichem Umfang **Vorschub leistet** oder sie durch eigene Maßnahmen fördert (z.B. aktiv durch Werbung auf die Möglichkeit einer rechtswidrigen Nutzung hinweist[1115]).[1116] Als Indiz für eine Förderung von Verstößen fällt zugunsten schärferer Prüfungspflichten ins Gewicht, wenn die Attraktivität für illegale Nutzungen durch die Möglichkeit gesteigert wird, die Dienste des Unternehmens **anonym** in Anspruch zu nehmen, womit gleichzeitig die Verfolgbarkeit der eigenverantwortlich Handelnden eingeschränkt wird.[1117]

486 *β) Art und Bedeutung der Tätigkeit für das Allgemeininteresse.* Es wirkt sich tendenziell erleichternd auf die Prüfpflichten aus, wenn ein Unternehmen **Aufgaben im allgemeinen Interesse bzw. im öffentlichen Interesse wahrnimmt** (z.B. Domainvergabestelle DENIC).[1118] Überbordende Prüfungspflichten würden die effiziente Aufgabenerledigung erschweren und damit zu Lasten aller gehen.[1119] Ganz gewöhnlichen Unternehmen, die eigennützig tätig sind, kommt diese Vergünstigung nicht zugute.[1120]

487 *γ) Gewinnerzielungsabsicht.* Für die Frage, welche Prüfungsmaßnahmen zumutbar sind, spielt es eine Rolle, ob das in Anspruch genommene Unternehmen mit **Gewinnerzielungsabsicht** handelt.[1121] Wenn einem Unternehmen ausnahmsweise die Gewinnerzielungsabsicht fehlt, setzt dies Art und Maß der Prüfungspflichten tendenziell herab.[1122] Einem ähnlichen Unternehmen, das eigene erwerbswirtschaftliche Zwecke verfolgt und mit Gewinnerzielungsabsicht handelt, sind demgegenüber weitergehende Prüfungspflichten zuzumuten.[1123]

488 *δ) Gefahrgeneigtheit.* Weitergehende und umfassendere Prüfungspflichten sind demjenigen Unternehmer zumutbar, dessen Geschäftsmodell von vornherein **auf Rechtsverstöße** durch die Nutzer **angelegt** ist oder das solche Verstöße in großem Umfang begünstigt.[1124] Hier kann der Unternehmer schon vor Erlangung der Kenntnis von einer konkreten Verletzung dazu **verpflichtet** sein, **die Gefahr auszuräumen.**[1125] Diese kann durch eine geeignete Vorabprüfung geschehen. Kann der Unternehmer eine solche Prüfung nicht zu für ihn wirtschaftlich erträglichen Bedingungen leisten,

---

[1111] Vgl. BGH GRUR 2009, 841, 843 Tz. 21 – *Cybersky;* GRUR 2016, 286, 271 Tz. 26 – *Störerhaftung des Access-Providers.*
[1112] Mit ausführlicher Kasuistik *D. Holznagel* S. 106 ff.
[1113] Vgl. BGH GRUR 2016, 268, 275 Tz. 59 – *Störerhaftung des Access-Providers.*
[1114] BGH GRUR 2013, 1229, 1233 Tz. 48 – *Kinderhochstühle im Internet II.*
[1115] Vgl. BGH GRUR 2009, 841, 843 Tz. 21 f. – *Cybersky.*
[1116] BGH GRUR 2015, 1129, 1133 Tz. 36 – *Hotelbewertungsportal.*
[1117] Vgl. BGH GRUR 2013, 1030, 1033 Tz. 40 f. – *File-Hosting-Dienst.*
[1118] BGH GRUR 2001, 1038, 1040 – *ambiente.de;* GRUR 2012, 651, 652 Tz. 25 – *regierung-oberfranken.de.*
[1119] BGH GRUR 2001, 1038, 1040 – *ambiente.de;* GRUR 2012, 651, 652 Tz. 25 – *regierung-oberfranken.de.*
[1120] BGH GRUR 2011, 617, 620 Tz. 45 – *Sedo.*
[1121] BGH GRUR 2015, 485, 490 Tz. 50 – *Kinderhochstühle im Internet III.*
[1122] BGH GRUR 2001, 1038, 1040 – *ambiente.de;* GRUR 2012, 651, 652 Tz. 25 – *regierung-oberfranken.de.*
[1123] BGH GRUR 2011, 617, 620 Tz. 45 – *Sedo.*
[1124] BGH GRUR 2011, 617, 620 Tz. 44 ff. – *Sedo;* GRUR 2013, 1030, 1033 Tz. 44. – *File-Hosting-Dienst.*
[1125] BGH GRUR 2016, 268, 271 Tz. 26 – *Störerhaftung des Access-Providers.*

ist es ihm sogar zuzumuten, sein Geschäft einzustellen.[1126] Dies ist der entscheidende Unterschied zu den Geschäftsmodellen, die von der Rechtsordnung gebilligt werden und nicht durch die Auferlegung von Prüfungspflichten „um jeden Preis" in ihrem Bestand gefährdet werden dürfen.[1127]

ε) Keine Gefährdung billigenswerter Geschäftsmodelle. Für die Abwägung, welche Prüfungspflichten **zumutbar** sind, kommt in diesem Zusammenhang insbesondere dem zur Störerhaftung im Immaterialgüterrecht entwickelten Aspekt[1128] Bedeutung zu, ob mit der Auferlegung von Prüfungspflichten ein **„von der Rechtsordnung gebilligtes Geschäftsmodell"** in Frage gestellt wird. Solche Geschäftsmodelle dürfen nicht durch die Auferlegung von Kontrollmaßnahmen gefährdet oder unverhältnismäßig erschwert werden.[1129] Die Abgrenzung zwischen gebilligten und missbilligten Geschäftsmodellen erfolgt danach, ob die unlautere bzw. rechtsverletzende Nutzung im Verhältnis zur legalen Nutzung und dem daran bestehenden Allgemeininteresse ein gewisses Gewicht und eine gewisse Häufigkeit aufweist.[1130] 489

Kasuistik: Von der Rechtsordnung gebilligte Geschäftsmodelle betreiben **Access-Provider,**[1131] also Telekommunikationsunternehmen, die Dritten den Zugang zum Internet bereitstellen, wie die **Deutsche Telekom**[1132] ebenso wie Content Provider, die im Internet Inhalte bereitstellen, wie das Internet-Auktionshaus **eBay.**[1133] Gleiches gilt etwa für Internet-Suchmaschinen wie **Google.**[1134] Ein von der Rechtsordnung gebilligtes Geschäftsmodell verfolgt auch die Domainvergabestelle **DENIC.**[1135] Auch das **Domain-Parking-Programm** Sedo ist ein von der Rechtsordnung gebilligtes Geschäftsmodell, das nicht in erster Linie für Kennzeichenverletzungen, sondern in großem Umfang legal und sinnvoll genutzt werden kann.[1136] **File-Hosting-Dienste** verfolgen an sich ebenfalls ein von der Rechtsordnung gebilligtes Geschäftsmodell, das nicht von vornherein auf Rechtsverletzungen angelegt ist, sondern für das legale Nutzungsmöglichkeiten, für die ein beträchtliches technisches und wirtschaftliches Bedürfnis besteht, in großer Zahl vorhanden und üblich sind.[1137] Auch **Bewertungsportale** im Internet sind von der Rechtsordnung gebilligte Geschäftsmodelle.[1138] 490

Keine Billigung durch die Rechtsprechung fand z.B. das **Geschäftsmodell eines Versicherungsvereins,** der eine Struktur bereitstellte, die öffentlichen Auftraggebern die **Umgehung von vergaberechtlichen Vorschriften** ermöglichte.[1139] 491

ζ) Grundrechtliche Wertungen. **Grundrechtliche Wertungen** haben in die Interessenabwägung zur Bestimmung der Zumutbarkeit einzufließen.[1140] Die Grundrechte sind nach deutschem Grundrechtsverständnis zu berücksichtigen. Sie sind zwar primär Abwehrrechte des Bürgers gegenüber dem Staat, die nicht unmittelbar zwischen Privaten gelten, die jedoch als Verkörperung einer objektiven Wertordnung **auf die Auslegung des Privatrechts** – insbesondere seiner Generalklauseln – **ausstrahlen** (sog. **mittelbare Drittwirkung der Grundrechte**[1141]). Die betroffenen Grundrechte der Beteiligten sind mithin bei der umfassenden Interessenabwägung zu berücksichtigen, die im Rahmen der Verletzung wettbewerbsrechtlicher Verkehrspflichten bei der lediglich nach 492

[1126] BGH GRUR 2009, 841, 843 Tz. 21 – *Cybersky.*

[1127] BGH GRUR 2016, 268, 271 Tz. 26 – *Störerhaftung des Access-Providers.*

[1128] BGH GRUR 2004, 860, 864 – *Internet-Versteigerung I;* GRUR 2007, 708, 712 Tz. 47 – *Internet-Versteigerung II;* vgl. auch BGH GRUR 2001, 1038, 1040 – *ambiente.de.*

[1129] St. Rspr., vgl. BGH GRUR 2004, 860, 864 – *Internet-Versteigerung I;* GRUR 2007, 708, 712 Tz. 47 – *Internet-Versteigerung II;* GRUR 2007, 890, 893 Tz. 30 – *Jugendgefährdende Medien bei eBay;* GRUR 2011, 617, 620 Tz. 45 – *Sedo;* GRUR 2013, 1229, 1233 Tz. 47 – *Kinderhochstühle im Internet II;* GRUR 2016, 268, 270 Tz. 19 – *Störerhaftung des Access-Providers;* instruktiv *Danckwerts* GRUR-Prax 2011, 260.

[1130] *Danckwerts* GRUR-Prax 2011, 260, 261; *Leistner* GRUR-Beil. 2010, 1, 31 Fn. 333; *Spindler* GRUR 2011, 101, 108.

[1131] BGH GRUR 2016, 268, 271, 273 Tz. 26, 44 – *Störerhaftung des Access-Providers;* OLG Hamburg ZUM-RD 2009, 439, 448 – *Alphaload.*

[1132] *Danckwerts* GRUR-Prax 2011, 260 mit weiteren Beispielen.

[1133] BGH GRUR 2007, 890, 893 Tz. 30 – *Jugendgefährdende Medien bei eBay;* vgl. auch BGH GRUR 2004, 860, 864 – *Internet-Versteigerung I;* GRUR 2007, 708, 712 Tz. 47 – *Internet-Versteigerung II.*

[1134] Vgl. EuGH GRUR 2010, 445, 450 Tz. 94 – *Google France und Google.*

[1135] BGH GRUR 2001, 1038, 1040 – *ambiente.de.*

[1136] BGH GRUR 2011, 617, 620 Tz. 46 – *Sedo.*

[1137] BGH GRUR 2013, 1030, 1032 Tz. 34 ff. – *File-Hosting-Dienst.*

[1138] Vgl. BGH GRUR 2015, 1129, 1133 Tz. 37 – *Hotelbewertungsportal.*

[1139] BGH GRUR 2008, 810, 814 Tz. 38 – *Kommunalversicherer.*

[1140] BGH GRUR 2016, 268, 272 Tz. 31 f. – *Störerhaftung des Access-Providers* (zur Störerhaftung); *Löffler* in: FS Bornkamm, S. 37, 43.

[1141] Grdl. BVerfGE 7, 198, 205 ff. – *Lüth;* zur Störerhaftung vgl. BGH GRUR 2016, 268, 272 Tz. 32 – *Störerhaftung des Access-Providers.*

Art einer Generalklausel umschriebenen Bestimmung zumutbarer Prüfungspflichten vorzunehmen ist.[1142]

493 Von Bedeutung sind insbesondere die **Meinungs- und Pressefreiheit** des Art. 5 Abs. 1 GG,[1143] **Art. 11 EU-Grundrechte-Charta** und die **Berufsfreiheit** gem. Art. 12 GG bzw. das Recht auf unternehmerische Freiheit gem. Art. 16 EU-Grundrechte-Charta.[1144] Die Rechtsprechung lässt auch andere Grundrechte in die Abwägung mit einfließen, namentlich das **Recht auf den Schutz des Eigentums** gem. Art. 14 GG bzw. Art. 17 EU-Grundrechte-Charta sowie das **Recht auf einen wirksamen Rechtsbehelf** aus Art. 47 EU-Grundrechte-Charta. Wenn es um die Auslegung der E-Commerce-Richtlinie geht, die den §§ 7–10 TMG zu Grunde liegt, kommen nicht die deutschen Grundrechte, sondern die der EU-Grundrechte-Charta zur Anwendung.[1145] Die Mitgliedstaaten haben bei der Umsetzung der E-Commerce-RL darauf zu achten, dass sie ein angemessenes Gleichgewicht zwischen den durch die Unionsrechtsordnung geschützten Grundrechten sicherstellen.[1146] Das nationale Recht ist also unter Beachtung der Grundrechte der Europäischen Union und des Verhältnismäßigkeitsgrundsatzes auszulegen und anzuwenden.[1147]

494 *η) Wertungen des TMG.* Für **Telemediendiensteanbieter** sind die **Wertungen der §§ 7–10 TMG** zu berücksichtigen (Rdn. 461).[1148] Hier wiederum sind – wie dargelegt – bei der richtlinienkonformen Interpretation nach den Maßstäben der E-Commerce-RL die Grundrechte der EU-Grundrechte-Charta zu beachten.

495 *θ) Gewicht der gefährdeten Interessen.* Das **Gewicht der gefährdeten Interessen** bzw. die **Intensität der Gefahr,** deren Verwirklichung die Einhaltung der Verkehrspflichten verhindern soll, ist ebenfalls zu berücksichtigen.[1149] Je gewichtiger die geschützten Interessen des Gläubigers sind, desto schärfere Prüfungspflichten können den Schuldner treffen.

496 *κ) Eigenverantwortung des unmittelbar Handelnden.* Auch die **Eigenverantwortung** desjenigen, der die rechtswidrige Beeinträchtigung selbst unmittelbar vorgenommen hat, kann einen Einfluss auf die Reichweite der Prüfungspflichten haben.[1150] Je stärker die Verantwortung für einen Verstoß gerade dem unmittelbar Handelnden angelastet werden kann, desto geringer sind die Anforderungen an eine Prüfung durch den Mittler.

497 *λ) Bestehen und Wirksamkeit automatisierter technischer Hilfsmittel.* Eine Prüfung fremder Inhalte ist um so eher zumutbar, je stärker sich die **Suche** nach bedenklichen Inhalten **automatisieren** lässt, etwa durch Filtersoftware.[1151]

498 *μ) Die Kosten denkbarer Prüfungsmaßnahmen.* Eine **exorbitante Kostenbelastung** kann zu einer **Begrenzung von Prüfungspflichten** führen. Der Grundgedanke ist, dass von der Rechtsordnung gebilligte Geschäftsmodelle nicht durch eine Überspannung von Prüfungspflichten gefährdet werden dürfen.[1152] Das bedeutet aber nach der hier vertretenen Auffassung nicht, dass die Verantwortlichkeit so weit zurückzuschneiden ist, dass die größte denkbare Gewinnmaximierung ermöglicht wird. Das Geschäft muss nur trotz der auferlegten Prüfungspflichten weiterhin profitabel betrieben werden können, wobei u. U. auch größere Umschichtungen von Kostenfaktoren zumutbar sein können.

1142 So zur Störerhaftung BGH GRUR 2016, 268, 272 Tz. 32 – *Störerhaftung des Access-Providers.*

1143 Vgl. BGH GRUR 2004, 693, 695 – *Schöner Wetten.*

1144 BGH GRUR 2016, 268, 272 Tz. 36 f. – *Störerhaftung des Access-Providers.*

1145 BGH GRUR 2015, 485, 492 Tz. 64 – *Kinderhochstühle im Internet III;* GRUR 2016, 268, 272 Tz. 31 ff. – *Störerhaftung des Access-Providers* (auch zum Verhältnis zwischen deutschem und europäischen Grundrechtsschutz).

1146 EuGH GRUR 2008, 241, 244 Tz. 68 – *Promusicae;* GRUR 2014, 468, 571 Tz. 46 – *UPC Telekabel;* BGH GRUR 2016, 268, 272 Tz. 31 – *Störerhaftung des Access-Providers.*

1147 EuGH GRUR 2014, 468, 571 Tz. 45 f. – *UPC Telekabel;* BGH GRUR 2016, 268, 272 Tz. 31 ff. – *Störerhaftung des Access-Providers.*

1148 BGH GRUR 2011, 617, 620 Tz. 40 – *Sedo;* GRUR 2015, 1129, 1132 Tz. 31 – *Hotelbewertungsportal; Löffler* in: FS Bornkamm, S. 37, 43.

1149 Vgl. BGH GRUR 2007, 890, 894 Tz. 40 – *Jugendgefährdende Medien bei eBay; Ahrens* WRP 2007, 1281, 1289; *Köhler* GRUR 2008, 1, 4.

1150 Vgl. BGH GRUR 2001, 1038, 1040 – *ambiente.de;* GRUR 2012, 304, 307 Tz. 51 – *Basler Haar-Kosmetik;* GRUR 2013, 1229, 1231 f. Tz. 34 – *Kinderhochstühle im Internet II;* GRUR 2014, 657, 659 Tz. 22 – *BearShare;* GRUR 2015, 485, 490 Tz. 50 – *Kinderhochstühle im Internet III;* GRUR 2015, 672, 679 Tz. 81 – *Videospiel-Konsolen II.*

1151 BGH GRUR 2011, 152, 155 Tz. 38, 42 – *Kinderhochstühle im Internet I;* OLG Hamburg GRUR-RR 2013, 94, 98 – *Kinderhochstühle II.*

1152 St. Rspr., vgl. BGH GRUR 2004, 860, 864 – *Internet-Versteigerung I;* GRUR 2007, 708, 712 Tz. 47 – *Internet-Versteigerung II;* BGH GRUR 2007, 890, 893 Tz. 30 – *Jugendgefährdende Medien bei eBay;* GRUR 2011, 617, 620 Tz. 45 – *Sedo;* instruktiv *Danckwerts* GRUR-Prax 2011, 260.

499 *ν) Erkennbarkeit des Verstoßes.* Weiter ist darauf abzustellen, ob die durch den unmittelbar handelnden Dritten vorgenommene Handlung **erst nach** eingehender rechtlicher[1153] (oder tatsächlicher **Prüfung**[1154] **festgestellt** werden kann oder aber für den auf Unterlassung in Anspruch Genommenen offenkundig und **unschwer zu erkennen** ist (etwa weil ein rechtskräftiger gerichtlicher Titel vorliegt oder wenn der Verstoß derart eindeutig ist, dass er sich aufdrängen muss[1155]).[1156]

500 *ξ) Schutzbedürfnis des Gläubigers.* Schließlich kann eine Haftung wegen Verkehrspflichtverletzung dann ausscheiden, wenn der Verletzte nach einer Interessenabwägung letztlich nicht **schutzbedürftig** ist. Eine Schutzbedürftigkeit ist insbesondere zu verneinen, wenn es dem Verletzten zuzumuten ist, ein vorgeschaltetes Prüfungs- und Schlichtungsverfahren zu nutzen oder unmittelbar gegen den Dritten vorzugehen, um den gleichen Rechtschutz zu erhalten.[1157] Wurde der unmittelbar Handelnde bereits selbst in Anspruch genommen und ist die Störung deshalb beseitigt, kann eine Inanspruchnahme des Mittlers rechtsmissbräuchlich sein (§ 242 BGB).[1158]

501 *(3) Darlegungs- und Beweislast.* Für die Frage, ob bestimmte **Prüfungsmaßnahmen** praktisch **möglich** sind, trifft den **Gläubiger** die **Darlegungs- und Beweislast.**[1159] Für die Frage, ob diese möglichen Maßnahmen **zumutbar** oder zu aufwendig sind, trifft den in Anspruch genommenen eine **sekundäre Darlegungslast,** da dem Gläubiger die entsprechenden Einblicke in die Betriebsorganisation und das relevante Zahlenwerk regelmäßig fehlen.[1160] Im Rahmen der sekundären Darlegungslast muss der Schuldner durch Vortrag zur administrativen und technischen Ausstattung seines Unternehmens den Gläubiger in die Lage versetzen, zum erforderlichen Aufwand von Kontrollmaßnahmen näher vorzutragen und Beweis anzubieten. Der sekundären Darlegungslast genügt er nicht, wenn er ohne Angabe einer näheren tatsächlichen Grundlage nur eine Kostenschätzung gibt und hieraus die Unzumutbarkeit von Kontrollmaßnahmen herleiten will.[1161]

502 *ee) Verletzung der wettbewerbsrechtlichen Verkehrspflicht und Wiederholungsgefahr.* Ein Unterlassungsanspruch wegen der Verletzung wettbewerbsrechtlicher Verkehrspflichten setzt selbstverständlich voraus, dass überhaupt eine Verkehrspflicht besteht.[1162] Hier ist zu differenzieren:

503 *(1) Fremde Inhalte und Angebote im Internet. α) Gefahrgeneigte Geschäftsmodelle.* Für Unternehmer, deren Geschäftsmodell von vornherein **auf Rechtsverstöße durch die Nutzer angelegt** ist oder das solche **Verstöße in großem Umfang begünstigt,** kann die Pflicht zur Verhinderung von Verstößen bereits vor Erlangung der Kenntnis von einem konkreten Verstoß bestehen.[1163] Kommt dann ein Verstoß durch einen Nutzer dennoch vor, ist er gleichbedeutend mit einem Verstoß gegen die wettbewerbsrechtliche Verkehrspflicht und begründet eine Wiederholungsgefahr.

504 *β) Von der Rechtsordnung gebilligte Geschäftsmodelle.* Nach ständiger Rechtsprechung gibt es demgegenüber für Informations- und Absatzmittler im **Internet,** die einem von **der Rechtsordnung gebilligten Geschäftsmodell** folgen, **keine allgemeine Pflicht,** jeden fremden Inhalt oder jedes fremde Angebot anlasslos proaktiv vor der Zugänglichmachung auf mögliche Verstöße hin zu untersuchen.[1164] Erst ein Hinweis auf einen bereits vorgekommenen Verstoß löst Prüfungspflichten aus, mit deren Befolgung künftige Verstöße verhindert werden können.[1165] Daraus ergibt sich, dass eine wettbewerbsrechtliche **Verkehrspflicht** des nicht zur präventiven Kontrolle verpflichteten Betreibers, deren Verletzung eine Wiederholungsgefahr begründen kann, erst **nach** Erlangung der **Kenntnis vom ersten Verstoß** entstehen kann.[1166] In der ersten Zugänglichmachung eines fremden Inhalts oder Angebots liegt also noch keine Verletzung der Prüfungspflicht. Damit fehlt es bei

---

[1153] Vgl. BGH GRUR 2004, 693, 696 – *Schöner Wetten.*

[1154] Vgl. BGH GRUR 2011, 152, 155 Tz. 39 ff. – *Kinderhochstühle im Internet I.*

[1155] BGH GRUR 2001, 1038, 1040 – *ambiente.de.*

[1156] Vgl. BGH GRUR 2001, 1038, 1039 f. – *ambiente.de;* GRUR 2013, 1229, 1231 f. Tz. 34 – *Kinderhochstühle im Internet II;* GRUR 2015, 485, 490 Tz. 50 – *Kinderhochstühle im Internet III.*

[1157] Vgl. BGH GRUR 2004, 619, 621 – *kurt-biedenkopf.de; Ahrens* WRP 2007, 1281, 1288 ff.; *Köhler* GRUR 2008, 1, 4 f.; im BGH-Fall *„Jugendgefährdende Medien bei eBay"* schied ein effektives Vorgehen gegen die Verletzer der Jugendschutzvorschriften wegen der von ihnen verwendeten Pseudonyme aus, GRUR 2007, 890, 894 Tz. 40.

[1158] Vgl. OLG Köln GRUR-RR 2013, 49, 51 – *Kirschkerne.*

[1159] Vgl. BGH GRUR 2016, 268, 273 Tz. 43 – *Störerhaftung des Access-Providers.*

[1160] Vgl. BGH GRUR 2016, 268, 273 Tz. 43 – *Störerhaftung des Access-Providers; Ohly*/Sosnitza § 8 Rdn. 129.

[1161] BGH GRUR 2016, 268, 273 Tz. 43 – *Störerhaftung des Access-Providers.*

[1162] BGH GRUR 2015, 1129, 1133 Tz. 42 – *Hotelbewertungsportal.*

[1163] BGH GRUR 2016, 268, 273 Tz. 26 – *Störerhaftung des Access-Providers.*

[1164] BGH GRUR 2015, 1129, 1133 Tz. 42 – *Hotelbewertungsportal* m. w. N.; BGH GRUR 2016, 268, 271 Tz. 26 – *Störerhaftung des Access-Providers.*

[1165] BGH GRUR 2015, 1129, 1133 Tz. 42 – *Hotelbewertungsportal.*

[1166] BGH GRUR 2015, 1129, 1133 Tz. 42 – *Hotelbewertungsportal.*

der Ermöglichung des ersten Verstoßes durch einen Nutzer an einer Verletzung wettbewerbsrechtlicher Verkehrspflichten und damit an einer unlauteren geschäftlichen Handlung des Betreibers. Für die Begründung einer Wiederholungsgefahr reicht also ein erster Verstoß durch einen unmittelbar handelnden Nutzer, der den fremden Inhalt oder das Angebot beisteuert, nicht aus. Ein Hinweis auf diesen ersten Verstoß ist nur der Auslöser der Prüfungspflicht. Für die Begründung einer Wiederholungsgefahr ist vielmehr eine vollendete Verletzung der Prüfungspflicht nach deren Begründung erforderlich, die sich im Auftauchen eines weiteren identischen oder kerngleichen Angebots oder Inhalts ausdrückt, sofern dessen Unterbindung möglich und zumutbar gewesen wäre.[1167]

Allerdings kann auch dann, wenn ein solches Angebot oder ein solcher Inhalt noch nicht wieder aufgetaucht ist, eine **Erstbegehungsgefahr** begründet sein. Das setzt eine ernstliche, unmittelbar bevorstehende Gefahr voraus, dass es in Zukunft zu identischen oder kerngleichen Angeboten kommt.[1168]

505 *(2) Weitere Fälle des Einsetzens einer Prüfungspflicht nach einer Beanstandung.* Die dargelegten Grundsätze gelten sinngemäß auch in anderen Konstellationen, in denen eine **Prüfungspflicht nicht generell** im Vorhinein besteht, sondern erst **nach wettbewerbswidrigen Vorfällen bzw. deren Beanstandung.** Hierzu gehören etwa **mehrstufige Vertriebssysteme** mit umsatzabhängiger Provisionsvergütung für die jeweiligen Vertriebsmittler. Die Einrichtung eines solchen Vertriebssystems kann nicht *per se* als Gefahrenquelle für Wettbewerbsverstöße angesehen werden. Sofern aber aufgrund besonderer Umstände – etwa wiederholte Wettbewerbsverstöße durch Mitglieder des mehrstufigen Vertriebssystems – mit einem Fehlverhalten zu rechnen ist, bildet das mehrstufige Vertriebssystem eine Gefahrenquelle, die wettbewerbsrechtliche Verkehrspflichten zur Eindämmung der Gefahr erzeugt.[1169]

506 *(3) Werbung in den Medien.* Mit Blick auf die **Haftung** von **Medienunternehmen** für unlautere Werbung durch Anzeigenkunden oder in gebuchten Werbespots gilt eine Prüfungspflicht auch ohne eine erste Beanstandung, die aber auf **grobe, vom Medienunternehmen unschwer zu erkennende Verstöße beschränkt** ist (näher unten Rdn. 508).[1170] Wird eine grob unlautere Werbung geschaltet, ist damit die Prüfungspflicht verletzt, und es besteht Wiederholungsgefahr wegen des darin liegenden vollendeten Verstoßes.

Ist eine unlautere Werbung als solche nicht unschwer zu erkennen gewesen, verstößt ihre Veröffentlichung nicht gegen die dargestellte eingeschränkte Prüfungspflicht der Medienunternehmen. Wird das Medienunternehmen jedoch auf eine Werbung **hingewiesen,** deren Wettbewerbswidrigkeit sich ihm dann auf Grund der in dem Hinweis mitgeteilten oder sonst bekannt gewordenen Umstände unschwer erschließt, unterliegt es einer **erhöhten Kontrollpflicht** und kann für weitere derartige Verstöße verantwortlich sein.[1171]

507 **h) Fallgruppen.** Zu den wettbewerbsrechtlichen Verkehrspflichten und ihren Verletzungen und zur parallellaufenden Störerhaftung im Immaterialgüterrecht, insbesondere im Urheberrecht, hat sich eine **umfangreiche Kasuistik** entwickelt, die kaum noch überschaubar ist. Aussagen aus den entschiedenen Fällen können allenfalls vorsichtig und unter Berücksichtigung des jeweils entschiedenen Sachverhalts auf andere Konstellationen übertragen, aber kaum verallgemeinert werden.[1172] Nicht alle Lebensbereiche, für die es im Immaterialgüterrecht Rechtsprechung zur Störerhaftung gibt, sind für das UWG relevant. Keine Rolle spielt naturgemäß etwa die Haftung der Inhaber privater Internetanschlüsse,[1173] die nicht geschäftlich handeln. Nachfolgend werden **einige für das UWG bedeutsame Fallgruppen** vorgestellt:

508 *aa) Presse und Medien.* Im Lichte des Art. 5 Abs. 1 GG folgen **Verlage, Presse, Medien** nicht nur einem von der Rechtsordnung gebilligten, sondern die freiheitliche Verfassungsordnung **„schlechthin konstituierenden"**[1174] und damit die Rechtsordnung maßgeblich prägenden und mitbestimmenden Geschäftsmodell. Hieraus ergeben sich ganz erhebliche Haftungserleichterungen. Soweit im Anzeigen- und Werbegeschäft der Medien überhaupt eine geschäftliche Handlung vorliegt (ohen Rdn. 474), ist die Prüfungspflicht bei der Veröffentlichung von Werbeanzeigen und

---

[1167] Vgl. BGH GRUR 2015, 1129, 1133 Tz. 42 – *Hotelbewertungsportal.*
[1168] BGH GRUR 2007, 890, 895 f. Tz. 53 – *Jugendgefährdende Medien bei eBay.*
[1169] Vgl. BGH GRUR 2014, 883, 885 Tz. 28 – *Geschäftsführerhaftung.*
[1170] BGH GRUR 1999, 418, 419 – *Möbelklassiker* (zum UrhG); GRUR 2006, 429, 430 f. Tz. 14 – *Schlank-Kapseln* (zu § 5 UWG); GRUR 2006, 957, 958 Tz. 14 – *Stadt Geldern* (zu § 12 BGB).
[1171] OLG Köln GRUR-RR 2012, 296 LS 2 – *Schlank-Geheimnis.*
[1172] OLG Hamburg ZUM-RD 2016, 83, 118 – *YouTube; Ohly*/Sosnitza § 8 Rdn. 130.
[1173] Hierzu BGH GRUR 2010, 633 – *Sommer unseres Lebens;* GRUR 2013, 511 – *Morpheus.*
[1174] Zur Pressefreiheit BVerfGE 10, 118, 119 – *Berufsverbot I* im Anschluss an denselben Befund für die Meinungsfreiheit in BVerfGE 7, 85, 134, 199, 206 f. – *Lüth.*

Werbespots Dritter auf grobe, vom Medienunternehmen unschwer zu erkennende Verstöße beschränkt.[1175] Der Verstoß muss derart offensichtlich sein, dass er einem juristisch nicht vorgebildeten Redakteur, der in der Hektik des Alltagsgeschäfts keine Zeit hat, sich jede einzelne zu schaltende Werbung genau anzusehen und rechtlich zu prüfen, die Rechtswidrigkeit auch bei flüchtiger Lektüre sofort ins Auge springt.[1176] Diese von Verfassungs wegen gebotene **Privilegierung** hat ihren Grund darin, dass die Pressefreiheit auch den Anzeigenteil eines Presseorgans umfasst,[1177] die Prüfung der Veröffentlichung von Inseraten aber unter dem Gebot einer raschen Entscheidung steht und unter Berücksichtigung der Eigenart ihrer Tätigkeit an Verleger, Redakteure etc. keine unzumutbaren Anforderungen gestellt werden dürfen.[1178]

Die Privilegierung soll allerdings dann eine **Einschränkung** erfahren, wenn der auf Unterlassung **509** in Anspruch genommene Verleger bereits durch eine obergerichtliche Entscheidung in einem vorangegangenen einstweiligen Verfügungsverfahren zur Unterlassung der beanstandeten Anzeige verpflichtet worden ist. Er soll sich dann nicht mehr darauf berufen können, dass er bei der Veröffentlichung von Anzeigen nur eine eingeschränkte Prüfungspflicht habe, ohne zugleich eine Begehungsgefahr hervorzurufen.[1179]

Die Rechtsprechung wendet die großzügigen Maßstäbe der Pressehaftung auch auf die Annahme **510** von Anzeigenaufträgen durch Herausgeber von **Telefonverzeichnissen** an.[1180] In den Schutzbereich der Pressefreiheit sind außerdem nicht nur Presseerzeugnisse im herkömmlichen Sinne einbezogen, sondern auch **Anzeigenblätter,** die hauptsächlich Werbeanzeigen und zu einem geringen Anteil redaktionelle Beiträge enthalten, [1181] **Kundenzeitschriften** [1182] und **Entermercial-Zeitschriften,** die zwischen Kundenzeitschriften und reiner Werbung stehen und neben Werbung zumindest auch unterhaltende Beiträge wie Horoskope, Rätsel oder Prominentenporträts enthalten.[1183] Der Schutzumfang der Pressefreiheit ist aber um so geringer, je weniger ein Presseerzeugnis der Befriedigung eines Informationsbedürfnisses von öffentlichem Interesse oder der Einwirkung auf die öffentliche Meinung dient und je mehr es eigennützige Geschäftsinteressen wirtschaftlicher Art verfolgt.[1184] Danach kann sich ein Presseunternehmen grundsätzlich nicht mit Erfolg auf die Grundsätze der eingeschränkten Haftung der Presse für Werbeanzeigen Dritter berufen, wenn die fragliche Zeitschrift keinen nennenswerten meinungsbildenden Bezug hat, sondern **nahezu ausschließlich Werbung** enthält.[1185] Eine solche Veröffentlichung wird mit Blick auf ihren presserechtlichen Schutz einem (reinen) Werbeprospekt gleichgestellt.[1186] Damit greift die **Privilegierung nicht.**

bb) Handelsplattformen im Internet. Dem Betreiber einer Handelsplattform im Internet wie z. B. **511** eBay ist es grundsätzlich nicht zuzumuten, jedes Angebot vor Veröffentlichung im Internet auf eine mögliche Rechtsverletzung hin zu untersuchen, solange er sich erkennbar darauf beschränkt, den Nutzern lediglich eine Handelsplattform im Sinne einer **neutralen Vermittlung** zur Verfügung zu stellen.[1187] Wird er allerdings auf eine klare Rechtsverletzung hingewiesen, muss er nicht nur das konkrete **Angebot** unverzüglich **sperren,** sondern auch **Vorsorge** treffen, dass es möglichst nicht zu **weiteren** derartigen Verstößen kommt.[1188] Der **Hinweis** kann sowohl vorprozessual – etwa

---

[1175] BGH GRUR 1999, 418, 419 – *Möbelklassiker* (zum UrhG); GRUR 2006, 429, 430 f. Tz. 14 – *Schlank-Kapseln* (zu § 5 UWG); GRUR 2006, 957, 958 Tz. 14 – *Stadt Geldern* (zu § 12 BGB).

[1176] Vgl. OLG Köln GRUR-RR 2002, 117, 118 – *Konzernmarke T.*

[1177] BVerfGE 21, 271, 278 – *Südkurier,* BVerfG GRUR 2001, 172 – *Benetton-Werbung;* BGH GRUR 2015, 906, 909 Tz. 34 – *TIP der Woche.*

[1178] BGH GRUR 1992, 618, 619 – *Pressehaftung II;* GRUR 2006, 429, 431 Tz. 15 – *Schlank-Kapseln;* GRUR 2015, 906, 908 f. Tz. 31 – *TIP der Woche.*

[1179] BGH GRUR 2002, 360, 366 – *H. I. V. POSITIVE II.*

[1180] BGH GRUR 1994, 841, 842 – *Suchwort;* GRUR 2006, 957, 957 f. Tz. 14 – *Stadt Geldern;* OLG Frankfurt WRP 2016, 629, 630 Tz. 6.

[1181] St. Rspr., vgl. BGH GRUR 1969, 287, 290 – *Stuttgarter Wochenblatt;* GRUR 2006, 492, 431 – *Schlank-Kapseln;* GRUR 2015, 906, 909 Tz. 34 – *TIP der Woche.*

[1182] BGH GRUR 2015, 906, 909 Tz. 34 – *TIP der Woche;* OLG Hamburg PharmR 2009, 136, 137.

[1183] BGH GRUR 2015, 906, 908 f. Tz. 34 und LS 1 – *TIP der Woche.*

[1184] BGH GRUR 1969, 287, 290 – *Stuttgarter Wochenblatt;* GRUR 2015, 906, 909 Tz. 37 – *TIP der Woche.*

[1185] BGH GRUR 2015, 906, 909 Tz. 37 und LS 1 – *TIP der Woche.*

[1186] BGH GRUR 2015, 906, 909 Tz. 38 – *TIP der Woche.*

[1187] EuGH GRUR 2011, 1025, 1032, 1034 Tz. 109 ff., 139 – *L'Oréal/eBay;* GRUR 2004, 860, 864 – *Internet-Versteigerung I;* GRUR 2013, 1229, 1232 Tz. 36 – *Kinderhochstühle im Internet II;* GRUR 2015, 485, 491 Tz. 57 – *Kinderhochstühle im Internet III.*

[1188] EuGH GRUR 2011, 1025, 1033 Tz. 119 – *L'Oréal/eBay;* BGH GRUR 2004, 860, 864 – *Internet-Versteigerung I;* GRUR 2007, 708, 712 Tz. 45, 47 – *Internet-Versteigerung II;* GRUR 2008, 702, 706 Tz. 51 – *Internet-Versteigerung III;* GRUR 2013, 1229, 1232 Tz. 36 – *Kinderhochstühle im Internet II.*

durch eine Abmahnung[1189] – als auch durch die Klageerhebung erfolgen.[1190] Er muss so **konkret** gefasst sein, dass der Adressat des Hinweises den Rechtsverstoß unschwer – d. h. ohne eingehende rechtliche oder tatsächliche Überprüfung – feststellen kann.[1191] Dabei hängt das Ausmaß des Prüfungsaufwands von den Umständen des Einzelfalles ab, insbesondere vom Gewicht der angezeigten Rechtsverletzung auf der einen und den Erkenntnismöglichkeiten des Betreibers auf der anderen Seite.[1192] Der Hinweis muss alle rechtlichen und tatsächlichen Umstände enthalten, um den Plattformbetreiber in die Lage zu versetzen, ohne aufwendige rechtliche oder tatsächliche Wertungen derartige Angebote allein anhand der in den Angebotsbeschreibungen benannten und daher für Kaufinteressenten – und damit auch für den Plattformbetreiber selbst – mittels der Suchfunktion der Plattform auffindbaren Bezeichnungen zu identifizieren.[1193]

512 Ob der **Hinweis konkret genug gefasst** ist, bemisst sich nach der **Perspektive eines inländischen gewerblichen Adressatenkreises.** Denn wer sich auf dem deutschen Markt betätigt, muss sich an inländischen Verhaltensregeln und der inländischen Verkehrsauffassung messen lassen. Wenn ein Plattformbetreiber die Bearbeitung von Hinweisen nicht durch geschulte inländische Fachkräfte vornehmen lässt, sondern sie ins günstigere Ausland auslagert, fallen dadurch hervorgerufene Verständnis- und Bearbeitungsschwierigkeiten in den Risikobereich des Plattformbetreibers und nicht des Hinweisgebers. Soweit von der Rechtsprechung gefordert wird, der Hinweis müsse den Rechtsverstoß **ohne eingehende rechtliche oder tatsächliche Überprüfung durch Juristen feststellbar** machen,[1194] bedarf dies der Präzisierung: Es muss für den Plattformbetreiber eindeutig erkennbar sein, **welches konkrete Angebot gemeint** und was der **Rechtsgrund der Beanstandung** ist. Nur dies ist die Funktion des Hinweises.[1195] Um das beanstandete Angebot identifizieren zu können, sollen keine aufwendigen tatsächlichen Feststellungen und keine komplizierten rechtlichen Wertungen nötig sein, wie es etwa bei einem Hinweis auf eine ansonsten nicht näher spezifizierte „unfreie Bearbeitung" eines Kunstwerks oder eine „Verwechslungsgefahr auslösende Kennzeichnung" der Fall wäre. Ob das leicht und eindeutig identifizierbare Angebot nach den einschlägigen rechtlichen Maßstäben rechtswidrig oder rechtmäßig ist, bemisst sich nicht nach den subjektiven Erkenntnismöglichkeiten des Plattformbetreibers, sondern nach der objektiven Rechtslage. Funktion des Hinweises ist es nicht, ein Rechtsgutachten zu liefern. Wird ein richtig identifiziertes Angebot vom Plattformbetreiber fälschlich als rechtmäßig bewertet, fällt dies in seinen Risikobereich.

513 Zwischen dem für die Entstehung einer Prüfungspflicht erforderlichen Hinweis auf eine klare Rechtsverletzung und dem **Beleg** der dazu im Hinweis mitgeteilten Umstände ist zu unterscheiden. Ein Beleg ist nur dann erforderlich, wenn schutzwürdige Interessen des Plattformbetreibers dies rechtfertigen. Dies kann der Fall sein, wenn er nach den Umständen des Einzelfalles **berechtigte Zweifel** am Bestehen eines Anspruchs des Hinweisenden oder aber am Wahrheitsgehalt der mitgeteilten tatsächlichen Umstände haben darf und deshalb aufwendige eigene Recherchen anstellen müsste, um eine Rechtsverletzung hinreichend sicher feststellen zu können.[1196]

514 Solange **keine Filtersoftware zur Verfügung** steht, welche die relevanten künftigen Verletzungen angemessen zuverlässig und ohne breit angelegte manuelle Nachkontrolle herausfiltern kann, ist nach der Rechtsprechung einer Handelsplattform wie eBay als neutralem Vermittler von Verkaufsgelegenheiten eine rein oder überwiegend manuelle Kontrolle nicht zumutbar, weil sie deren Geschäftsmodell gefährden könnte.[1197] Der Einsatz einer Software, die in relevantem Umfang auch legale Angebote herausfiltert und damit jedenfalls zeitweise bis zu einer Nachkontrolle vom Handel ausschließt, soll dem Betreiber der Handelsplattform als neutralem Vermittler von Angeboten ebenfalls nicht zumutbar sein.[1198]

515 Verlässt der Betreiber der Handelsplattform allerdings seine neutrale Vermittlerposition und leistet den Anbietern von sich später als rechtsverletzend herausstellenden angeboten Hilfestellung, ist davon auszugehen, dass er zwischen dem als Verkäufer auftretenden Anbietern und den potentiellen

---

1189 Vgl. OLG München ZUM-RD 2014, 576, 579.
1190 BGH GRUR 2011, 1038, 1040 Tz. 28 – *Stiftparfüm.*
1191 BGH GRUR 2011, 1038, 1040 Tz. 28 – *Stiftparfüm.*
1192 BGH GRUR 2011, 1038, 1040 f. Tz. 28 – *Stiftparfüm.*
1193 BGH GRUR 2011, 1038, 1041 Tz. 29 – *Stiftparfüm.*
1194 BGH GRUR 2011, 152, 156 Tz. 48 – *Kinderhochstühle im Internet I.*
1195 BGH GRUR 2011, 1038, 1040 Tz. 28 – *Stiftparfüm;* OLG Hamburg ZUM-RD 2016, 83, 118 – *YouTube.*
1196 BGH GRUR 2011, 1038, 1041 Tz. 31 – *Stiftparfüm.*
1197 BGH GRUR 2011, 152, 155 Tz. 40, 42 f. – *Kinderhochstühle im Internet I;* OLG Hamburg GRUR-RR 2013, 94, 96 – *Kinderhochstühle II.*
1198 OLG Hamburg GRUR-RR 2013, 94, 97 – *Kinderhochstühle II.*

Käufern keine neutrale Stellung eingenommen, sondern eine **aktive Rolle** gespielt hat, die ihm eine Kenntnis von den diese Angebote betreffenden Daten oder eine Kontrolle über sie verschaffen konnte.[1199] Insoweit treffen ihn **weitergehende Prüfungspflichten.**[1200]

Eine **aktive Förderung** liegt für einen Plattformbetreiber wie eBay z. B. in der Bewerbung der Angebote durch AdWord-Anzeigen bei Google, wenn eine (automatische) Verknüpfung zwischen der zu seiner Internetplattform führenden AdWords-Werbung und von ihm nicht überprüften Angebotslisten besteht.[1201] Stellt der Betreiber eines Internetmarktplatzes dem Nutzer hingegen eine Funktion zur automatischen Unterrichtung über neue Angebote durch E-Mails zur Verfügung, ist dies keine aktive Förderung und löst keine gesteigerten Überwachungspflichten aus, weil es sich bei dieser Werbeform lediglich um eine automatisierte Erweiterung der von der auf der Handelsplattform angebotenen Suchfunktion handelt.[1202] Mit der Bereitstellung eines Systems zur Verkaufsabwicklung einschließlich eines Bezahlsystems verlässt der Plattformbetreiber seine Stellung als neutraler Vermittler ebenfalls nicht.[1203] 516

Diese weitergehenden Prüfungspflichten sind im Falle der Unterstützung durch **AdWord-Werbung** auf diejenigen Angebote beschränkt, für die der Inhaber der Handelsplattform bei einem Suchmaschinenbetreiber wie Google Anzeigen bucht, die einen elektronischen Verweis enthalten, der unmittelbar zu einer von der Beklagten erzeugten Ergebnisliste führt, die rechtsverletzende Angebote enthält.[1204] Bucht der Inhaber der Handelsplattform entsprechende Suchbegriffe für die Anzeigen, ist es ihm zumutbar, die **Ergebnislisten,** zu denen der Nutzer über die elektronischen Verweise in den Anzeigen gelangt, **einer Überprüfung zu unterziehen.**[1205] Wenn bestimmte Angebote bereits konkret beanstandet wurden, kann der Betreiber der Internethandelsplattform seiner Pflicht zur Prüfung und Verhinderung weiterer gleichgelagerter Verstöße, wenn eine zuverlässige Suchsoftware nicht zur Verfügung steht, nur durch eine **manuelle Kontrolle** genügen.[1206] 517

cc) Meinungsforen und Bewertungsplattformen. **Meinungsforen** und **Bewertungsplattformen** ermöglichen Internetnutzern, auf einfache Weise einer sehr großen Zahl interessierter Leser ihre Ansichten mitzuteilen. Es liegt auf der Hand, dass hier eine Gefahr einer Rufschädigung durch falsche Tatsachenbehauptungen geschaffen wird; dies gilt insbesondere angesichts des im Internet mittlerweile üblichen rauhen Tons und umso mehr dann, wenn Nutzer ihre **Bewertung anonym abgeben** können.[1207] Für die rechtliche Bewertung der Verbreitung rufschädigender Tatsachenbehauptungen gem. § 4 Nr. 1 gilt: Der **Betreiber des Meinungsforums** nimmt eine geschäftliche Handlung gem. § 2 Abs. 1 Nr. 1 vor, wenn sein **Meinung- oder Bewertungsportal** dazu dient, sein weiteres geschäftliches Angebot bekannt zu machen und seine Attraktivität zu steigern.[1208] Mit der Veröffentlichung einer rufschädigenden Bewertung wird der Wettbewerb des Betroffenen beeinträchtigt und als andere Seite derselben Medaille der Wettbewerb des Betreibers gefördert, so dass ein konkretes Wettbewerbsverhältnis besteht.[1209] Ein Aufstellen einer eigenen Behauptung i. S. d. § 4 Nr. 1 ist aber nur anzunehmen, wenn der Betreiber sich die fremde Bewertung zu eigen macht.[1210] An das Sich-zu-eigen-Machen werden strenge Anforderungen gestellt (näher Rdn. 464).[1211] Ein Verbreiten einer von einem anderen aufgestellten Tatsachenbehauptung i. S. d. § 4 Nr. 1 soll im Lichte des § 7 Abs. 2 Satz 1 TMG nur angenommen werden, wenn spezifische Überwachungspflichten verletzt werden. Denn sonst könnte der Betreiber eines Internet-Bewertungsportals einer Haftung nur durch eine umfassende inhaltliche Überprüfung aller von Nutzern 518

[1199] BGH GRUR 2011, 1038, 1040 Tz. 23 f. – *Stiftparfüm;* GRUR 2013, 1229, 1233 Tz. 48, 52 – *Kinderhochstühle im Internet II;* GRUR 2015, 485, 491 Tz. 56 – *Kinderhochstühle im Internet III.*

[1200] BGH GRUR 2013, 1229, 1233 Tz. 48, 52 – *Kinderhochstühle im Internet II;* GRUR 2015, 485, 491 Tz. 56 – Kinderhochstühle *im Internet III.*

[1201] BGH GRUR 2013, 1229, 1233 Tz. 48, 52 – *Kinderhochstühle im Internet II;* GRUR 2015, 485, 491 Tz. 57, 61, 67 – *Kinderhochstühle im Internet III.*

[1202] BGH GRUR 2015, 485, 492 Tz. 70 – *Kinderhochstühle im Internet III.*

[1203] BGH GRUR 2015, 485, 492 Tz. 72 – *Kinderhochstühle im Internet III;* OLG Hamburg ZUM-RD 2016, 83, 118 – *YouTube.*

[1204] BGH GRUR 2013, 1229, 1233 Tz. 52 – *Kinderhochstühle im Internet II;* GRUR 2015, 485, 491 Tz. 56, 59 – *Kinderhochstühle im Internet III.*

[1205] BGH GRUR 2013, 1229, 1233 Tz. 52 – *Kinderhochstühle im Internet II;* GRUR 2015, 485, 491 Tz. 56, 59 – *Kinderhochstühle im Internet III.*

[1206] BGH GRUR 2013, 1229, 1233 Tz. 52 – *Kinderhochstühle im Internet II.*

[1207] BGH GRUR 2015, 1129, 1133 Tz. 37, 42 – *Hotelbewertungsportal.*

[1208] BGH GRUR 2015, 1129, 1131 Tz. 17 – *Hotelbewertungsportal.*

[1209] BGH GRUR 2015, 1129, 1131 Tz. 19 f. – *Hotelbewertungsportal.*

[1210] BGH GRUR 2015, 1129, 1131 Tz. 25 – *Hotelbewertungsportal.*

[1211] BGH GRUR 2015, 1129, 1131 Tz. 25 – *Hotelbewertungsportal.*

in das Portal eingestellten Beiträge vor deren Veröffentlichung entgehen, was mit § 7 Abs. 2 Satz 1 TMG nicht vereinbar wäre.[1212] Dem BGH schwebt also **keine Rechtsfolgenlösung** im Wege einer Einschränkung der Passivlegitimation vor, sondern eine **Tatbestandslösung,** indem er § 4 Nr. 1 im Lichte des § 7 Abs. 2 Satz 1 TMG einschränkend auslegt. Diese einschränkende Auslegung kommt allerdings nur in Betracht, wenn der Betreiber des Bewertungsportals sich darauf beschränkt, seinen Dienst mittels rein technischer und automatischer Verarbeitung der von seinen Nutzern eingegebenen Daten neutral zu erbringen.[1213] Verlässt der Betreiber dagegen seine neutrale Vermittlerposition und spielt eine **aktive Rolle,** die ihm eine Kenntnis von bestimmten Daten oder eine Kontrolle über sie verschaffen konnte, kann eine Haftung nach § 4 Nr. 1 gerechtfertigt sein.[1214] Eine solche aktive Rolle kann spielen, wer selbst eine Auswahl der veröffentlichten Bewertungen trifft.[1215] Die spezifischen Überwachungspflichten des **neutral** bleibenden Betreibers richten sich danach, ob und inwieweit ihm nach den Umständen eine Prüfung zuzumuten ist.[1216] Eine vollständige inhaltliche Vorabkontrolle ist unzumutbar.[1217] Erst wenn der Betreiber der Bewertungsplattform auf eine klare Rechtsverletzung hingewiesen wird, muss er die konkrete Bewertung unverzüglich sperren und Vorsorge treffen, dass es möglichst nicht zu einer weiteren derartigen Beeinträchtigung kommt.[1218]

519 *dd) Videoportale.* Das **Videoportal YouTube** macht sich die Beiträge seiner Nutzer nicht zu eigen.[1219] Das Geschäftsmodell von Videoportalen wie YouTube weicht vom Geschäftsmodell einer Internethandelsplattform wie eBay nicht unerheblich ab. Zwar gilt auch hier wie bei Internethandelsplattformen: Der Portalbetreiber muss zunächst auf eine klare Rechtsverletzung hingewiesen werden.[1220] Danach muss er nicht nur den konkreten Beitrag unverzüglich sperren, sondern auch Vorsorge treffen, dass es möglichst nicht zu weiteren derartigen Verstößen kommt.[1221] Durch welche konkreten Maßnahmen die Prüfung- und Handlungspflichten erfüllt werden können und müssen, richtet sich aber nach den speziellen Gegebenheiten des Geschäftsmodells. Für den **Hinweis** genügt bei einer Urheberrechtsverletzung die Angabe des Titels und der jeweiligen Interpreten.[1222] Bei Wettbewerbsverstößen wird man den Titel des Videos, das beworbene Produkt, das werbende Unternehmen und, soweit einschlägig, den Namen des werbenden Prominenten ausreichen lassen können. Hinzu kommen muss die mit einer **schlüssigen sachlichen Begründung** untermauerte Behauptung eines Wettbewerbsverstoßes, wobei ein Nachweis des Wettbewerbsverstoßes (etwa durch gerichtlichen Titel gegen denjenigen, der das Video zu Werbezwecken hochgeladen hat) nicht nötig ist.[1223] Wird etwa verlangt, dass eine herabsetzende oder eine irreführende Werbung beseitigt wird, ist erforderlich, dass die konkreten Sätze, Wörter oder Wortkombinationen, deren Entfernung der Betroffene begehrt, benannt werden.[1224] Daraufhin muss der **Portalbetreiber** in eigener Verantwortung die Beiträge **ernsthaft und umfassend** sichten und diejenigen löschen bzw. für künftige Uploads sperren, die auch nach ihrer eigenen rechtlichen Analyse rechtswidrig sind.[1225] Dies muss zumindest für offenkundige schwere Verstöße gelten.[1226] Nach richtiger Auffassung ist darüber hinaus bei Wettbewerbsverstößen eine **eigenständige rechtliche Prüfung der einzelnen Merkmale der Anspruchsgrundlage** durch juristische Fachleute aber schon in jedem Fall geboten, in dem ein konkreter Wettbewerbsverstoß behauptet, schlüssig dargelegt und sachlich begründet wird.[1227] Allerdings wird in derartigen Fällen ein besonderes Augenmerk auf die Frage

---

1212 BGH GRUR 2015, 1129, 1132 Tz. 31 – *Hotelbewertungsportal.*

1213 BGH GRUR 2015, 1129, 1132 Tz. 34 – *Hotelbewertungsportal.*

1214 BGH GRUR 2015, 1129, 1132 Tz. 34 – *Hotelbewertungsportal.*

1215 BGH GRUR 2015, 1129, 1132 Tz. 35 – *Hotelbewertungsportal.*

1216 BGH GRUR 2015, 1129, 1132 Tz. 36 – *Hotelbewertungsportal.*

1217 Vgl. BGH GRUR 2015, 1129, Tz. 37 – *Hotelbewertungsportal; Leistner* in: FS Köhler, 2014, S. 415, 425.

1218 Vgl. BGH GRUR 2015, 1129, 1133 Tz. 37 – *Hotelbewertungsportal.*

1219 OLG Hamburg ZUM-RD 2016, 83, 98 ff., 105 – *YouTube.*

1220 OLG Hamburg MMR 2011, 49, 51; OLG München MMR 2012, 115, 117 – *Störerhaftung von YouTube;* OLG Hamburg ZUM-RD 2016, 83, 118 – *YouTube* (alle zum Urheberrecht).

1221 OLG Hamburg ZUM-RD 2016, 83, 118 – *YouTube.*

1222 OLG Hamburg ZUM-RD 2016, 83, 119 – *YouTube.*

1223 Vgl. LG Köln MMR 2008, 778, 779 f. – *Opfer von flirt-cafe* (zum Persönlichkeitsrecht und *obiter* auch zum UWG).

1224 Vgl. OLG Hamburg MMR 2010, 490, 491.

1225 Vgl. OLG Hamburg ZUM-RD 2016, 83, 120 – *YouTube;* LG Köln MMR 2008, 778, 779 f. – *Opfer von flirt-cafe.*

1226 Vgl. LG Hamburg MMR 2010, 433 – *„Flagging"-System bei Videoportal* (zum Persönlichkeitsrecht).

1227 LG Köln MMR 2008, 778, 779 f. – *Opfer von flirt-cafe;* a. A. (für Handelsplattformen) BGH GRUR 2011, 152, 156 Tz. 48 – *Kinderhochstühle im Internet I: „Die Bekl. als Diensteanbieter ist nicht verpflichtet, komplizierte Beurteilungen im Einzelfall durchzuführen, ob ein als rechtsverletzend beanstandetes Angebot ein Schutzrecht tatsächlich verletzt*

der „Zumutbarkeit" bei der Erfüllung von Prüfungs- und Überwachungspflichten für künftige Verstöße zu richten sein. Denn die Beurteilung von Wettbewerbsverstößen erfordert vielfach eine umfassende rechtliche Wertung und die Einbeziehung einer Vielzahl tatsächlicher Umstände. Bei einer irreführenden Werbung können bereits Nuancen in einzelnen Ausdrücken den Unterschied zwischen verboten und erlaubt ausmachen. Man wird daher die Verpflichtung zur Sperrung auf absolut identische Verstöße einschränken müssen; eine Prüfung auch kerngleicher Verstöße ist nicht zumutbar.

ee) Access-Provider. Ein Telekommunikationsunternehmen, das Dritten den **Zugang zum Internet bereitstellt (Access-Provider)**, haftet nicht für die Verletzung wettbewerbsrechtlicher Verkehrspflichten, weil die Zugangsvermittlung nicht als gefahrerhöhendes Verhalten gewertet wird.[1228] Für Immaterialgüterrechtsverletzungen kommt unter engen Voraussetzungen eine Störerhaftung in Betracht (hierzu oben Rdn. 439). 520

ff) Domainnamen. Die Domainvergabestelle **DENIC** ist im Interesse aller Internetnutzer und ohne Gewinnerzielungsabsicht tätig.[1229] Sie hat in der Phase der automatisch erfolgenden Domainregistrierung grundsätzlich keine eigene Prüfungspflicht.[1230] Wird sie auf eine Rechtsverletzung hingewiesen, trifft sie eine eingeschränkte Überprüfungspflicht.[1231] Sie muss dann die Registrierung einer Domain zurücknehmen, wenn ein rechtskräftiger gerichtlicher Titel vorliegt oder wenn die Rechtsverletzung derart offensichtlich ist, dass sie sich ohne weiteres aufdrängen musste (z. B. Registrierung des Domainnamens „regierung-oberfranken.de" durch einen in Panama ansässigen Anmelder).[1232] Der inländische administrative Ansprechpartner **Admin-C** eines ausländischen Anmelders einer „.de"-Domain bei der DENIC hat aus seiner Funktion heraus und wegen der Eigenverantwortung des Anmelders an sich keine Pflicht, von sich aus die entsprechenden Domainnamen auf eventuelle Rechtsverletzungen zu überprüfen.[1233] Eine Rechtspflicht zur Prüfung und zur Abwendung einer Rechtsverletzung kann sich jedoch aus dem Gesichtspunkt eines gefahrerhöhenden Verhaltens ergeben.[1234] Solche gefahrerhöhenden Umstände liegen vor, wenn der im Ausland ansässige Anmelder freiwerdende Domainnamen jeweils in einem automatisierten Verfahren ermittelt und registriert und der Admin-C sich dementsprechend pauschal bereit erklärt hat, diese Funktion für eine große Zahl von Registrierungen zu übernehmen.[1235] Der Admin-C muss dann prüfen, ob die automatisiert angemeldeten und eingetragenen Domainnamen rechtsverletzend sind.[1236] 521

gg) Suchmaschinen. Bei der Haftung von Suchmaschinen wie Google gilt: Einerseits handelt es sich um Unternehmen mit einer ausgeprägten Gewinnerzielungsabsicht, andererseits machen Suchmaschinen Inhalte im Internet erst auffindbar. Sie erfüllen damit eine wichtige Funktion für die Verbreitung von Informationen und Meinungen sowie für das gesamte Wirtschaftsleben und dienen damit reflexartig auch dem Allgemeininteresse. Für die Haftung des Suchmaschinenbetreibers muss im Ansatz einerseits zwischen eigenen und fremden Inhalten und andererseits zwischen Tun und Unterlassen differenziert werden. Um **fremde Inhalte** handelt es sich, wenn Suchergebnisse angezeigt und die aufgefundenen Seiten Dritter verlinkt werden.[1237] Eine Haftung für wettbewerbswidrige Inhalte auf diesen Seiten oder für den **Inhalt der Textvorschau** („Snippets") kann sich nach den allgemeinen Grundsätzen bei der Verletzung einer wettbewerbsrechtlichen Verkehrspflicht ergeben, wenn zumutbare Kontrollmaßnahmen nicht durchgeführt wurden.[1238] Sowohl der Treffer als solcher als auch die Verlinkung oder die Textvorschau[1239] sind geeignet, die Gefahr einer Interessenbeeinträchtigung von Marktteilnehmern zu erhöhen, so dass die für die Begründung von wettbewerbsrechtlichen **Verkehrspflichten** notwendige Ingerenz vorliegt. Bei den Vorschlägen für Suchbegriffe, die Google im Rahmen der **„Autocomplete"-Funktion** anbietet, handelt es sich 522

---

oder sich als wettbewerbswidrig erweist. Dies würde ansonsten die Hinzuziehung eines mit der Materie vertrauten Juristen erfordern, was der Bekl. nicht zuzumuten ist".

[1228] OLG Frankfurt GRUR-RR 2008, 93, 94 – *Access-Provider,* näher Rdn. 438.

[1229] BGH GRUR 2001, 1038, 1040 – *ambiente.de;* GRUR 2012, 651, 652 Tz. 25 – *regierung-oberfranken.de.*

[1230] BGH GRUR 2001, 1038, 1040 – *ambiente.de;* GRUR 2012, 651, 652 Tz. 24 – *regierung-oberfranken.de.*

[1231] BGH GRUR 2012, 651, 652 Tz. 24 – *regierung-oberfranken.de.*

[1232] BGH GRUR 2012, 651, 652 Tz. 24 – *regierung-oberfranken.de.*

[1233] BGH GRUR 2012, 304, 307 f. Tz. 53 ff. – *Basler Haar-Kosmetik;* GRUR 2013, 294, 296 Tz. 20 – *dlg.de.*

[1234] BGH GRUR 2012, 304, 308 Tz. 60 – *Basler Haar-Kosmetik;* GRUR 2013, 294, 296 Tz. 20 – *dlg.de.*

[1235] BGH GRUR 2012, 304, 309 Tz. 62 – *Basler Haar-Kosmetik.*

[1236] BGH GRUR 2012, 304, 309 Tz. 62 – *Basler Haar-Kosmetik.*

[1237] OLG Hamburg ZUM-RD 2011, 670, 676; OLG München ZUM-RD 2012 433, 346; LG Hamburg NJW 2015, 796, 799.

[1238] OLG München ZUM-RD 2012, 344, 347.

[1239] Vgl. LG Hamburg NJW 2015, 796, 799.

um **eigene Inhalte.**[1240] Der Schwerpunkt der Vorwerfbarkeit bei wettbewerbswidrigen oder rechtsverletzenden Vorschlägen liegt aber nicht im aktiven Tun (dem Vorschlagen der Suchbegriffe), sondern in einem Unterlassen (der Nichtvornahme einer Kontrolle auf mögliche Verstöße).[1241] Google trifft eine **Garantenpflicht aus Ingerenz,** solche Verstöße im Rahmen des Zumutbaren zu verhindern. Die Folge sind wiederum wettbewerbsrechtliche Verkehrspflichten, die sich in der Pflicht zur Durchführung zumutbarer Kontrollmaßnahmen konkretisieren. Weder für die Suchwortvorschläge der „Autocomplete"-Funktion[1242] noch für Suchergebnisse und Textvorschau[1243] trifft Google eine Pflicht zu einer anlasslosen proaktiven Prüfung im vorhinein.[1244] Eine Prüfungspflicht besteht in beiden Fällen erst, wenn auf einen **Rechtsverstoß hingewiesen** worden ist.[1245] Die Prüfungspflicht ist insoweit aber auf Fälle von klaren Rechtsverstößen beschränkt.[1246] Der Suchmaschinenbetreiber ist nicht verpflichtet, komplizierte Beurteilungen im Einzelfall durchzuführen, ob sich das als rechtsverletzend beanstandete Suchergebnis oder der monierte Suchvorschlag als wettbewerbswidrig erweist.[1247]

523 *hh) Hyperlinks.* Eine Haftung für die Inhalte einer über einen **Hyperlink** erreichbaren Internetseite wird nicht allein dadurch begründet, dass das Setzen des Links eine geschäftliche Handlung des Unternehmers i. S. d. § 2 Abs. 1 Nr. 1 darstellt.[1248] Wer sich fremde Informationen zu Eigen macht, auf die er mit Hilfe eines Hyperlinks verweist (hierzu Rdn. 465), haftet dafür wie für eigene Informationen.[1249] Darüber hinaus kann, wer seinen Internetauftritt durch einen elektronischen Verweis mit wettbewerbswidrigen Inhalten auf den Internetseiten eines Dritten verknüpft, aufgrund der Verletzung einer wettbewerbsrechtlichen Verkehrspflicht in Anspruch genommen werden, wenn er zumutbare Prüfungspflichten verletzt hat.[1250] Das Setzen eines Hyperlinks **erhöht** die **Gefahr** der Verbreitung etwaiger rechtswidriger Inhalte, die sich auf den Internetseiten Dritter befinden. Aus dieser Gefahrerhöhung resultieren wettbewerbsrechtliche **Verkehrspflichten** zur Eindämmung und Begrenzung der Gefahr.[1251] Der **Umfang** der Prüfungspflichten richtet sich insbesondere nach dem Gesamtzusammenhang, in dem der Hyperlink verwendet wird, dem Zweck des Hyperlinks sowie danach, welche Kenntnis der den Link Setzende von Umständen hat, die dafür sprechen, dass die Webseite oder der Internetauftritt, auf die der Link verweist, rechtswidrigem Handeln dienen, und welche Möglichkeiten er hat, die Rechtswidrigkeit dieses Handelns in zumutbarer Weise zu erkennen.[1252] Auch dann, wenn beim Setzen des Hyperlinks keine Prüfungspflicht verletzt wird, kann eine Haftung begründet sein, wenn ein Hyperlink aufrechterhalten bleibt, obwohl eine nunmehr zumutbare Prüfung, etwa nach einer Abmahnung oder Klageerhebung, ergeben hätte, dass mit dem Hyperlink ein rechtswidriges Verhalten unterstützt wird.[1253] Wenn Hyperlinks nur den Zugang zu ohnehin allgemein zugänglichen Quellen erleichtern, dürfen allerdings im Interesse der **Meinungs- und Pressefreiheit** (Art. 5 Abs. 1 GG) an die nach den Umständen erforderliche Prüfung keine zu strengen Anforderungen gestellt werden.[1254] Dabei ist zu berücksichtigen, dass die sinnvolle Nutzung der unübersehbaren Informationsfülle im Internet ohne den Einsatz von Hyperlinks zur Verknüpfung der dort zugänglichen Dateien weitgehend eingeschränkt wäre.[1255] Ist ein **rechtsverletzender Inhalt der verlinkten Internetseite nicht deutlich erkennbar,** haftet derjenige, der den Link setzt, für solche Inhalte grundsätzlich erst, wenn er von der Rechtswidrigkeit der Inhalte selbst oder durch Dritte Kenntnis erlangt, sofern er sich den Inhalt nicht zu eigen gemacht hat.[1256] Der Unternehmer, der den Hyperlink setzt, ist bei einem Hinweis auf Rechtsverletzungen auf der verlinkten Internetseite zur Prüfung verpflichtet, **ohne** dass es darauf ankommt, ob es sich um eine

1240 BGH GRUR 2013, 751, 752 f. Tz. 20 – *„Autocomplete"-Funktion.*
1241 BGH GRUR 2013, 751, Tz. 25 – *„Autocomplete"-Funktion; Löffler* in: FS Bornkamm, S. 37, 42 Fn. 37.
1242 BGH GRUR 2013, 751, 754 Tz. 30 – *„Autocomplete"-Funktion.*
1243 OLG München ZUM-RD 2012, 344, 347.
1244 LG Hamburg NJW 2015, 796, 799.
1245 Vgl. LG Hamburg NJW 2015, 796, 799.
1246 OLG München ZUM-RD 2012, 344, 347.
1247 OLG München ZUM-RD 2012, 344, 347.
1248 BGH GRUR 2016, 209, 211 Tz. 15 – *Haftung für Hyperlink;* zur Haftung für Hyperlinks vgl. auch *Ohly* NJW 2016, 1417 ff.
1249 BGH GRUR 2016, 209, 211 Tz. 13 – *Haftung für Hyperlink.*
1250 BGH GRUR 2016, 209, 211 Tz. 14 – *Haftung für Hyperlink.*
1251 BGH GRUR 2016, 209, 212 Tz. 23 – *Haftung für Hyperlink.*
1252 BGH GRUR 2016, 209, 212 Tz. 24 – *Haftung für Hyperlink.*
1253 BGH GRUR 2016, 209, 212 Tz. 24 – *Haftung für Hyperlink.*
1254 BGH GRUR 2016, 209, 212 Tz. 24 – *Haftung für Hyperlink.*
1255 BGH GRUR 2016, 209, 212 Tz. 24 – *Haftung für Hyperlink.*
1256 BGH GRUR 2016, 209, 212 Tz. 23 ff. – *Haftung für Hyperlink.*

klare Rechtsverletzung handelt.[1257] Auch wenn eine klare Rechtsverletzung nicht erforderlich ist, muss der erforderliche Hinweis den beanstandeten Inhalt klar bezeichnen.[1258] Nur wenn eine Äußerung konkret beanstandet und ihr Wortlaut angegeben bzw. ihr Inhalt genau beschrieben wird, kann eine rechtliche Prüfung durch den Verlinkenden überhaupt erfolgen.[1259] Pauschale Hinweise auf ganze Internetauftritte begründen die Haftung des Verlinkenden demnach nicht.[1260]

4. Haftung des Inhabers eines eBay-Accounts

a) Grundsatz. Ein von Verkehrssicherungs- und Prüfungspflichten unabhängiger und **selbständiger Haftungsgrund für Inhaber von eBay-Accounts** besteht im Bereich des Immaterialgüterrechts wie des Wettbewerbsrechts seit der Entscheidung *„Halzband"* des BGH.[1261] Wenn der Inhaber eines eBay-Accounts wegen eines unlauteren Angebots (z. B. Irreführung, Verkauf einer unlauteren Nachahmung etc.) auf Unterlassung in Anspruch genommen wird, kann er sich nicht damit herausreden, dass nicht er selbst, sondern ein nicht autorisierter Dritter, etwa ein Familienangehöriger, das Angebot eingestellt habe (was in der Praxis ohnehin oft genug eine Schutzbehauptung ist). Denn den Inhaber des Accounts trifft die **Pflicht,** die **Zugangsdaten geheim zu halten** und sie sorgfältig vor dem Zugriff Dritter zu sichern.[1262] Wenn gleichwohl ein Dritter diese Zugangsdaten nutzt, weil der Account-Inhaber sie nicht sorgfältig genug gesichert hat, muss dieser sich so behandeln lassen, wie wenn er selbst gehandelt hätte.[1263] Tatsächlicher Anknüpfungspunkt für diese Haftung des Account-Inhabers als (Neben-)Täter ist die **besondere Identifikationsfunktion** der Zugangsdaten im Rechtsverkehr:[1264] Der Inhaber des nicht übertragbaren eBay Accounts muss nach den AGB von eBay bei der Anmeldung einen Mitgliedsnamen und ein Passwort wählen. Das **Passwort** ist vom Inhaber **geheim zu halten** und wird auch von eBay nicht an Dritte weitergegeben. Die Zugangsdaten und das Passwort ermöglichen demnach als ein besonderes Identifikationsmittel – im vertraglichen wie auch im vorvertraglichen Bereich – ein Handeln unter einem bestimmten Namen nach außen hin. Im Hinblick darauf besteht nach der Rechtsprechung des BGH eine generelle Verantwortung und Verpflichtung des Account-Inhabers, seine Kontaktdaten so unter Verschluss zu halten, dass von ihnen niemand Kenntnis erlangt. 524

b) Grundlage der Haftung. Der Grund für die Haftung besteht in der Gefahr, dass für den Verkehr **Unklarheiten** darüber entstehen können, **welche Person unter dem betreffenden Account bei eBay gehandelt** hat. Dadurch werden die Möglichkeiten, den Handelnden zu identifizieren und gegebenenfalls (rechtsgeschäftlich oder deliktisch) in Anspruch zu nehmen, erheblich beeinträchtigt. Die Haftung bei pflichtwidrig mangelhafter Sicherung der Zugangsdaten ist keine Rechtsscheinhaftung[1265] und greift unabhängig davon ein, ob der Account-Inhaber selbst, seine Abnehmer, der Schutzrechtsinhaber oder betroffene Mitbewerber erkennen konnten, dass die Zugangsdaten missbraucht wurden und der wahre Account-Inhaber gar nicht gehandelt hat.[1266] Sie setzt, jedenfalls soweit es um den Unterlassungsanspruch geht, keinen Verstoß gegen weitere Prüfungspflichten voraus. Insbesondere ist die Haftung nicht davon abhängig, ob und ggf. in welchem Umfang eine Pflicht des Account-Inhabers bestanden hat, zu prüfen, ob Dritte über sein Account unlautere geschäftliche Handlungen vornehmen. Dem Inhaber wird vielmehr bereits der erste auf der unzureichenden Sicherung der Kontaktdaten beruhende Verstoß des Dritten als **eigenes täterschaftliches Handeln zugerechnet.** Das für den Schadensersatzanspruch erforderliche Verschulden wird allerdings im Regelfall nur zu bejahen sein, wenn der Inhaber des Accounts zumindest **damit rechnen musste,** dass aufgrund des Gebrauchs der Kontaktdaten durch Dritte unlauterer Wettbewerb betrieben werden könnte.[1267] 525

c) Unterschiede zur Verletzung wettbewerbsrechtlicher Verkehrspflichten. Diese täterschaftliche Haftung wegen Verkehrspflichtverletzung bei der Sicherung der eigenen Zugangsdaten unterscheidet sich von den wettbewerbsrechtlichen Verkehrspflichten dadurch, dass sie nicht im 526

[1257] BGH GRUR 2016, 209, 212 Tz. 27 – *Haftung für Hyperlink.*
[1258] Vgl. *Maaßen* GRUR-Prax 2016, 45.
[1259] Vgl. OLG Hamburg ZUM-RD 2012, 32, 34.
[1260] *Maaßen* GRUR-Prax 2016, 45.
[1261] BGH GRUR 2009, 597 f. Tz. 16 – *Halzband;* GRUR 2010, 633, 634 Tz. 14 – *Sommer unseres Lebens.*
[1262] BGH GRUR 2009, 597 f. Tz. 16 f. – *Halzband.*
[1263] BGH GRUR 2009, 597 f. Tz. 16 – *Halzband.*
[1264] BGH GRUR 2010, 633, 634 Tz. 15 – *Sommer unseres Lebens; Leistner* GRUR-Beil. 2010, 1, 8.
[1265] *Leistner* GRUR-Beil. 2010, 1, 6; a. A. *Neuhaus* S. 232 f.
[1266] BGH GRUR 2009, 597, 598 Tz. 19 – *Halzband.*
[1267] BGH GRUR 2009, 597, 598 Tz. 20 – *Halzband.*

Sinne einer von unmittelbaren Verletzungshandlungen Dritter unabhängigen, selbständigen Verpflichtung zur Eindämmung von Gefahren verdichtet ist. Vielmehr ist die Haftung des Account-Inhabers wie die Störerhaftung **streng akzessorisch.**[1268] Die Verkehrspflicht ist keine selbständige Verpflichtung, die schon unabhängig von der tatsächlichen Verletzungshandlung des Dritten besteht, sondern dient nur der **Zurechnung** der Verletzungshandlung des Dritten im Rahmen des Unrechtstatbestands.[1269] Dem akzessorischen Charakter dieses neuen Zurechnungsgrundes entsprechend wird eine wie auch immer geartete Täterqualifikation auf Seiten des Account-Inhabers für die mittelbare täterschaftliche Haftung gerade nicht vorausgesetzt.[1270] Es muss also keine geschäftliche Handlung i. S. d. § 2 Abs. I Nr. 1 seitens des Account-Inhabers vorliegen, sofern nur der unmittelbar Handelnde geschäftlich handelt.[1271]

527 **d) Sorgfaltsanforderungen.** Nach der späteren Entscheidung *„Sommer unseres Lebens"* des BGH hat diese Zurechnung zum Ziel, den Account-Inhaber „im Wege einer unwiderleglichen Vermutung so zu behandeln, als habe er selbst gehandelt".[1272] Diese „unwiderlegliche Vermutung" greift allerdings erst dann ein, wenn tatsächlich feststeht, dass der Inhaber die Zugangsdaten nicht hinreichend gesichert oder sie bewusst einem Dritten überlassen hat,[1273] und nicht bereits aufgrund der bloßen Tatsache, dass nicht der Inhaber selbst, sondern ein Dritter das Angebot eingestellt hat. Im *„Halzband"*-Fall war offenbar unstreitig, dass der Account-Inhaber die Zugangsdaten nicht sorgfältig gesichert hatte. Wo dies streitig ist, spricht eine tatsächliche Vermutung dafür, dass die Datensicherung nicht ausreichend war. Daraus ergibt sich eine **sekundäre Darlegungslast des Account-Inhabers,** der geltend macht, eine andere Person habe den Verstoß begangen. Er muss darlegen, dass er die Daten physisch oder elektronisch derart „unter Verschluss" bzw. verschlüsselt hatte, dass Dritte davon zuverlässig ausgeschlossen sind. Da die Pflicht zur Missbrauchs-sicherung auch gegenüber den Mitgliedern des engsten Familienkreises wie dem Ehepartner und den eigenen Kindern gegenüber gilt, muss der Account-Inhaber einen **gesicherten Bereich** schaffen, zu denen selbst diese Personen keinen Zugang haben. Dazu sollte eine **verschlossene Schublade,** zu der es nur einen Schlüssel gibt, allerdings ausreichen. Wird sie aufgebrochen oder geht der Schlüssel verloren, muss der Account-Inhaber die Zugangsdaten ändern lassen. Eigens einen Panzerschrank anzuschaffen oder ein Bankschließfach anzumieten, wäre sicherlich zu viel verlangt. Wo solche Einrichtungen aber ohnehin zur Verfügung stehen, ist ihre Nutzung auch zumutbar.

528 **e) Übertragbarkeit auf andere Konstellationen.** Das für die Nutzung der Handelsplattform eBay entwickelte **Haftungsmodell** ist auf andere Konstellationen **übertragbar,** in denen dem mit Passwort gesicherten Mitgliedsnamen oder einem ähnlichen Adressdatum eine **vergleichbare Identifikationsfunktion** zukommt. Abgelehnt wurde vom BGH eine Übertragung auf die IP-Adresse des Internetanschlusses, weil der Anschlussinhaber jedem beliebigen Dritten Zugang gewähren kann und die IP-Adresse deshalb bestimmungsgemäß keine zuverlässigen Rückschlüsse auf den zu einem bestimmten Zeitpunkt aktiven Nutzer zulässt.[1274] Ebenso hat der BGH eine Übertragung auf den Admin-C abgelehnt.[1275]

5. Die persönliche Haftung von Organen, Mitarbeitern und Beauftragten

529 **a) Grundsatz.** Schuldner der in § 8 geregelten Abwehransprüche ist jeder, der durch sein Verhalten den objektiven Tatbestand einer Zuwiderhandlung selbst, durch einen anderen oder gemeinschaftlich mit einem anderen adäquat kausal verwirklicht.[1276] Neben dem Unternehmen, für das er tätig wird, **haftet** deshalb der **Handelnde selbst,** wenn er persönlich den Unlauterkeitstatbestand verwirklicht. Der Gläubiger kann dann beide Ansprüche unabhängig voneinander verfolgen.[1277] Es gelten folgende Besonderheiten und Einschränkungen:

530 **b) Organe.** *aa) Allgemeines.* Eine **persönliche Haftung des Geschäftsführers einer GmbH,** des **Vorstands einer AG** oder eines rechtsfähigen Vereins für Immaterialgüterrechtsverstöße ist

---

[1268] *Leistner* GRUR-Beil. 2010, 1, 7.
[1269] *Leistner* GRUR-Beil. 2010, 1, 7.
[1270] *Leistner* GRUR-Beil. 2010, 1, 7.
[1271] *Leistner* GRUR-Beil. 2010, 1, 7; a. A. *Köhler*/Bornkamm § 8 Rdn. 2.14 b.
[1272] BGH GRUR 2010, 633, 634 Tz. 15 – *Sommer unseres Lebens.*
[1273] BGH GRUR 2009, 597 f. Tz. 16 – *Halzband.*
[1274] BGH GRUR 2010, 633, 634 Tz. 15 – *Sommer unseres Lebens.*
[1275] BGH GRUR 2012, 304 307 Tz. 46 – *Basler Haar-Kosmetik.*
[1276] BGHGRUR 2008, 530, 532 Tz. 21 – *Nachlass bei der Selbstbeteiligung;* GRUR 2011, 340, 342 Tz. 27 – *Irische Butter; Köhler*/Bornkamm § 8 Rdn. 2.5; Fezer/*Büscher* § 8 Rdn. 120.
[1277] Siehe unten Rdn. 543; *Fritzsche* in Gloy/Loschelder/Erdmann, HdbWettbR, § 79 Rdn. 158 m. w. N.

gesetzlich nirgendwo ausdrücklich geregelt.[1278] Auch für Aufsichtsratsmitglieder, die ebenfalls Organe der jeweiligen Gesellschaften sind, fehlt eine gesetzliche Regelung.[1279] Bei Wettbewerbsverstößen sah man auf der Grundlage des UWG 1909 von Beginn an für eine solche persönliche, selbständige Haftung des Organs neben derjenigen der von ihm vertretenen juristischen Person auch gar kein echtes Bedürfnis.[1280]

Der Gläubiger hat aber oftmals ein erhebliches Interesse daran, etwa den Geschäftsführer einer GmbH auch persönlich zur Unterlassung zu verpflichten. So soll sichergestellt werden, dass der Geschäftsführer, der häufig **auch Gesellschafter** oder sogar **Alleingesellschafter** und damit der wirtschaftliche Nutznießer der Gesellschaft ist, sich nicht der Rechtskraft eines gegen die Gesellschaft ergangenen Urteils entzieht und unter dem Deckmantel einer anderen Gesellschaft die Verletzung fortsetzt.[1281] Die Grundsätze der persönlichen Haftung des Geschäftsführers einer GmbH und, parallel gelagert, von Vorständen einer AG sind seit dem Urteil „*Geschäftsführerhaftung*"[1282] zur persönlichen Verantwortlichkeit des Geschäftsführers bei UWG-Verstößen in Bewegung geraten.[1283] Systematischer Anknüpfungspunkt der persönlichen Haftung des Organs einer juristischen Person ist seine Haftung als Täter, Teilnehmer oder Störer, die neben die Haftung der juristischen Person treten kann, welche infolge der Haftungszuweisung gemäß § 31 BGB ihrerseits für rechtswidrige Handlungen des Organs haftet.[1284] 531

bb) Haftung für aktives Tun. Unproblematisch zu bejahen ist die Haftung eines Organs, das im Sinne eines aktiven Tuns als **Täter** die Rechtsverletzung **selbst begangen,** als **Anstifter** in Auftrag gegeben oder als Gehilfe wissentlich gefördert hat.[1285] 532

Dabei gelten für die Haftung des Geschäftsführers einer GmbH gewisse **Beweiserleichterungen:** Es genügt, wenn die Verletzung auf einem Verhalten beruht, das nach seinem äußeren Erscheinungsbild und mangels abweichender Feststellungen dem Geschäftsführer anzulasten ist, weil über **sie typischerweise auf Geschäftsführungsebene** entschieden wird.[1286] Zum Ressort des Geschäftsführers gehören typischerweise Entscheidungen, die das **Geschäftsmodell** als solches bzw. zentrale Produkt- und Marketingfragen und **nicht lediglich das Tagesgeschäft** betreffen.[1287] Auf Geschäftsführerebene entschieden wird typischerweise über die Nutzung der **Firma**[1288] und der **Dachmarke,**[1289] über die beständig gleichbleibende **Produktpalette,**[1290] über das **allgemeine Werbekonzept** eines Unternehmens,[1291] über dessen **allgemeinen Werbeauftritt**[1292] und über dessen **allgemeinen Internetauftritt**[1293] sowie über **Presseerklärungen,** in denen der Geschäftsführer selbst zu Wort kommt.[1294] 533

Die **Buchung von Keywords** im Rahmen von Google AdWords-Anzeigen betrifft demgegenüber nicht zwingend eine grundlegende Entscheidung, sondern kann auch eine Maßnahme des Tagesgeschäfts darstellen, die nicht der originären Zuständigkeit bzw. Kontrollobliegenheit eines 534

[1278] *Hass* in: FS Schilling, S. 249, 256, 259.

[1279] *Mees* in: FS Bornkamm, S. 53, 54.

[1280] *Finger,* § 13 UWG Rdn. 85; *Pinner/Eyck* § 13 UWG Anm. C II 4; *Rosenthal/Wehner* § 13 UWG Note 19.

[1281] *Götting* GRUR 1994, 6, 7; *Goldmann* GRUR-Prax 2014, 404; *Hass* in: FS Schilling, S. 249; anerkannt hat dieses rechtspolitische Bedürfnis auch der BGH in GRUR 1986, 258, 251 – *Sporthosen.*

[1282] BGH GRUR 2014, 883 – *Geschäftsführerhaftung.*

[1283] Hierzu *Goldmann* GRUR-Prax 2014, 404; *Werner* GRUR 2015, 739, 740 ff.

[1284] BGH GRUR 1986, 248, 250 – *Sporthosen;* OLG Hamburg GRUR-RR 2013, 464, 465 – *Z.Games Abo.*

[1285] BGH GRUR 2014, 883 f. Tz. 13 ff. – *Geschäftsführerhaftung; Ruess/Delpy* GWR 2013, 455. 456; für Aufsichtsräte ebenso *Mees* in: FS Bornkamm, S. 53, 62; vgl. bereits RGZ 28, 238, 242 – *Börsenverein;* RG GRUR 1935, 99, 101 – *Viskoselösung;* BGH GRUR 1959, 428, 429 – *Michaelismesse;* GRUR 1975, 652, 653 – *Flammkaschierverfahren I;* GRUR 1964, 88, 89 – *Verona-Gerät;* GRUR 1986, 248, 251 – *Sporthosen;* GRUR 2015, 672, 679 Tz. 83 – *Videospiel-Konsolen II;* OLG Hamburg GRUR-RR 2013, 464, 465 – *Z.Games Abo.*

[1286] BGH GRUR 2014, 883, 884 Tz. 19 – *Geschäftsführerhaftung;* GRUR 2015, 909, 914 Tz. 45 – *Exzenterzähne;* OLG Hamburg GRUR-RR 2015, 250, 253 Tz. 88 – *Bist Du bereit für die Elite?.*

[1287] Vgl. OLG Hamburg GRUR-RR 2015, 282, 288 Tz. 103 – *partnership.*

[1288] BGH GRUR 2014, 883, 884 Tz. 19 – *Geschäftsführerhaftung;* OLG Hamburg, Urt. v. 1.8.2014, Az. 3 U 189/11 – *Europcar/Euro Car;* LG Hamburg, Urt. v. 15.10.2015, Az. 327 O 22/15 – *MSpeed.*

[1289] OLG Hamburg, Urt. v. 1.8.2014, Az. 3 U 189/11 – *Europcar/Euro Car.*

[1290] BGH GRUR 2015, 909, 914 Tz. 45 – *Exzenterzähne.*

[1291] BGH GRUR 2014, 883, 884 Tz. 19 – *Geschäftsführerhaftung;* OLG Hamburg, Urt. v. 1.8.2014, Az. 3 U 189/11 – *Europcar/Euro Car.*

[1292] LG Hamburg, Urt. v. 15.10.2015, Az. 327 O 22/15 – *MSpeed.*

[1293] BGH GRUR 2014, 883, 884 Tz. 19 – *Geschäftsführerhaftung;* LG Hamburg, Urt. v. 15.10.2015, Az. 327 O 22/15 – *MSpeed.*

[1294] BGH GRUR 2014, 883, 884 Tz. 19 – *Geschäftsführerhaftung.*

Geschäftsführers unterfällt, sondern im Rahmen allgemeiner Anweisungen auf Arbeitsebene abgewickelt werden kann.[1295] Ebenso wird über einzelne Werbemaßnahmen, die sich innerhalb des typischerweise vom Geschäftsführer verantworteten allgemeinen Werbeauftritts halten, typischerweise von den Marketingverantwortlichen, nicht aber vom Geschäftsführer selbst entschieden.[1296]

535 *cc) Haftung für Unterlassen.* Nach der bisherigen Rechtsprechung haftet der Geschäftsführer darüber hinaus allerdings auch dann für Wettbewerbsverstöße der Gesellschaft, wenn er von ihnen Kenntnis hatte und es unterlassen hat, sie zu verhindern.[1297] Diese Rechtsprechung, in der nicht daran angeknüpft wird, dass der gesetzliche Vertreter der juristischen Person das wettbewerbswidrige Verhalten selbst veranlasst hat, hatte ihre ursprüngliche Grundlage in der Störerhaftung. Nach Aufgabe der Störerhaftung im UWG (Rdn. 422) hält der BGH an der bisherigen Rechtsprechung in dieser Allgemeinheit nicht mehr fest.[1298] Deshalb kann im UWG eine **Haftung des Geschäftsführers nur über die Grundsätze von Täterschaft und Teilnahme** konstruiert werden.[1299] Dies gilt auch für Vorstände einer AG.

536 Der Geschäftsführer kann auch für ein bloßes Unterlassen täterschaftliche Verantwortung tragen. Ein Unterlassen kann einem aktiven Tun aber nur gleichgestellt werden, wenn der Täter rechtlich dafür einzustehen hat, dass der tatbestandliche Erfolg nicht eintritt, und das Unterlassen der Verwirklichung des gesetzlichen Tatbestands durch aktives Tun entspricht.[1300] Erforderlich ist deshalb eine **Garantenstellung** des Organs, die es verpflichtet, den deliktischen Erfolg abzuwenden. Diese Garantenstellung kann sich aus Gesetz, vorangehendem gefährdenden Tun (Ingerenz), Vertrag oder der Inanspruchnahme von Vertrauen ergeben; sie muss gerade gegenüber dem außenstehenden Dritten bestehen, der aus der Verletzung der Pflicht zur Erfolgsabwendung Ansprüche herleitet.[1301] Die schlichte Kenntnis des Geschäftsführers von bevorstehenden Verletzungen – ohne aktives Zutun – scheidet als haftungsbegründender Umstand aus.[1302]

537 Eine Garantenstellung aus **Gesetz** trifft das Organ regelmäßig nicht. Die nach § 43 Abs. 1 GmbHG und § 93 Abs. 1 AktG dem Geschäftsführer einer GmbH und den Mitgliedern des Vorstands einer AG obliegende Pflicht zur ordnungsgemäßen Geschäftsführung umfasst zwar auch die Verpflichtung, durch eine entsprechend gestaltete Betriebsorganisation dafür zu sorgen, dass Rechtsverletzungen unterbleiben. Diese Pflicht besteht aber grundsätzlich nur gegenüber der Gesellschaft, nicht aber im Verhältnis zu außenstehenden Dritten.[1303] Sie kann deshalb nicht dazu herangezogen werden, eine Garantenpflicht zur Verhinderung der Verletzung wettbewerbsrechtlich geschützer Interessen Dritter zu begründen. Auch die Aufsichtspflicht der Aufsichtsratsmitglieder gem. § 52 GmbHG, §§ 116, 93 Abs. 2 AktG wirkt nur im Innenverhältnis und kann eine Garantenstellung mit der Folge der Entstehung wettbewerbsrechtlicher Verkehrspflichten zur Wahrung der Interessen Dritter nicht begründen.[1304]

538 Eine Garantenstellung aus **Ingerenz** kommt insbesondere in zwei Fallkonstellationen in Betracht: Entweder das Organ entzieht sich bewusst der Möglichkeit, überhaupt Kenntnis von etwaigen Rechtsverletzungen nehmen und dementsprechend Einfluss zu ihrer Verhinderung ausüben zu können, etwa bei dauerhaftem Aufenthalt des Geschäftsführers im Ausland.[1305] Oder das Organ hat ein strukturell auf die Begehung von Rechtsverletzungen angelegtes Geschäftsmodell selbst ins Werk gesetzt.[1306]

539 Eine Garantenstellung aus **Vertrag** oder **Inanspruchnahme von Vertrauen** kann dadurch begründet werden, dass das Organ – über seine ihm gegenüber der Gesellschaft obliegenden Pflichten hinaus – eine weitere Erfolgsabwendungspflicht Dritten gegenüber persönlich übernommen hat.[1307]

1295 OLG Hamburg GRUR-RR 2015, 282, 288 Tz. 103 – *partnership.*

1296 OLG Hamburg GRUR-RR 2015, 250, 253 Tz. 89 – *Bist Du bereit für die Elite?.*

1297 Vgl. BGH GRUR 1986, 248, 251 – *Sporthosen;* GRUR 2005, 1061, 1064 – *Telefonische Gewinnauskunft.*

1298 BGH GRUR 2014, 883, 884 Tz. 14 – *Geschäftsführerhaftung.*

1299 BGH GRUR 2014, 883, 884 Tz. 14, 16 ff. – *Geschäftsführerhaftung.*

1300 BGH GRUR 2014, 883, 884 Tz. 16 – *Geschäftsführerhaftung.*

1301 Vgl. BGH GRUR 2014, 883, 884 Tz. 16 – *Geschäftsführerhaftung.*

1302 Vgl. BGH GRUR 2014, 883, 884 Tz. 19 – *Geschäftsführerhaftung.*

1303 Vgl. BGH GRUR 2014, 883, 884 f. Tz. 23 f. – *Geschäftsführerhaftung;* KG GRUR-RR 2013, 172, 173 f. – *Haustürwerbung;* ebenso bereits OLG Hamburg GRUR-RR 2013, 464, 465 – *Z.Games Abo.*

1304 *Mees* in: FS Bornkamm, S. 53, 54 ff.

1305 Vgl. BGH GRUR 2014, 883, 885 Tz. 26 – *Geschäftsführerhaftung,* OLG Frankfurt GRUR-RR 2001, 198, 199 – *Haftung des zweiten Geschäftsführers;* OLG Hamburg GRUR-RR 2002, 240, 242 f. – *Super Mario;* GRUR-RR 2006, 182, 183 – *Miss 17;* GRUR-RR 2013, 464, 465 – *Z.Games Abo.*

1306 Vgl. BGH GRUR 2014, 883, 885 Tz. 31 – *Geschäftsführerhaftung;* OLG Hamburg GRUR-RR 2015, 110, 114 – *Buddy-Bots.*

1307 Vgl. BGH GRUR 2014, 883, 885 Tz. 32 – *Geschäftsführerhaftung.*

Daran wird es bei Wettbewerbsverstößen regelmäßig fehlen. In Betracht kommt eine Garantenstellung allerdings, wenn im Vorfeld eines Verstoßes ein geschäftlicher Kontakt bestanden hat, aus dem heraus das Organ einer Gesellschaft ein besonderes, gerade auf seine Person bezogenes Vertrauen erzeugen oder eine eigene rechtsgeschäftliche Verpflichtung eingehen konnte. Auch dann, wenn sich das Organ bereits in einer vorangegangenen Unterlassungserklärung persönlich verpflichtet hat, einen bestimmten Wettbewerbsverstoß zu unterlassen, besteht eine vertraglich begründete Garantenpflicht zur Verhinderung weiterer strukturell gleichgelagerter Wettbewerbsverstöße.[1308]

cc) Mehrere Organe. Bei **Co-Geschäftsführern** und Vorständen ist die Haftung des Organs auf Rechtsverstöße innerhalb seines **Zuständigkeitsbereichs** begrenzt.[1309] Denn einen Geschäftsführer oder Vorstand, der aufgrund einer Aufteilung der Verantwortungsbereiche auf mehrere Ressorts keine unmittelbaren Einflussmöglichkeiten auf den konkreten Unternehmensbereich hat, in dem es zu einem Wettbewerbsverstoß gekommen ist, treffen in diesem Ressort gerade keine Prüfungspflichten.[1310] Eine **Abgrenzung der Verantwortungsbereiche** ist nicht vorwerfbar, sondern ein Gebot ordnungsgemäßer Unternehmensführung.[1311] Sie ist auch **nicht** generell **gefahrerhöhend,** sondern setzt eher noch die Gefahr herab, dass durch unsachgemäßes Handeln eines einzigen, allzuständigen, nicht spezialisierten und überforderten Organs rechtlich geschützte Interessen Dritter beeinträchtigt werden. Die Teilnahme an einer Geschäftsleitung, die in mehrere Verantwortungsbereiche aufgeteilt ist, kann deshalb nicht als Ingerenz gewertet werden. Eine Anwendung der Grundsätze der Wissenszurechnung gem. § 166 Abs. 2 BGB ist ausgeschlossen, weil sie auf rechtsgeschäftliches Handeln zugeschnitten ist und auf das Deliktsrecht nicht passt. 540

Soweit dem Gläubiger die Verantwortungsbereiche der Mitglieder der Geschäftsleitungsebene des Unternehmens, dessen Verhalten beanstandet wird, unbekannt sind und er sich die Kenntnis auch nicht mit vertretbarem Aufwand verschaffen kann, trifft die in Anspruch genommenen Organmitglieder im Prozess regelmäßig eine **sekundäre Darlegungslast,** und im Vorfeld des Prozesses ist die juristische Person zur entsprechenden **Auskunft** verpflichtet.[1312] 541

c) Mitarbeiter und Beauftragte. Im Grundsatz haftet jedermann auf Unterlassung, der die wettbewerbswidrige Handlung eigenhändig vornimmt und damit Täter ist. Deshalb kommen **seit jeher** auch **Angestellte** (Mitarbeiter) und Beauftragte als **Passivlegitimierte** in Betracht. Denn sie nehmen als Täter die fraglichen Handlungen eigenhändig vor, und *„es gibt keinen Rechtssatz, daß der Arbeiter, der Angestellte durch den Befehl des Herrn geschützt ist."*[1313] Die **persönliche Haftung des Angestellten neben dem Unternehmer** nach § 13 Abs. 3 UWG 1909 (in der Neufassung 1986: Abs. 4) war nach dem Konzept des UWG 1909 eine **bare Selbstverständlichkeit.**[1314] Die persönliche **Haftung des Handelnden** war **Grundlage der Zurechnung** der Haftung **zum Geschäftsherrn** gem. § 13 Abs. 3 UWG 1909 und blieb von dieser unberührt.[1315] 542

Diese Grundsätze sind ohne Änderung in das UWG 2004 und das UWG 2015 übernommen worden.[1316] Dies ergibt sich unmittelbar aus dem mit § 13 Abs. 3 UWG 1909 übereinstimmenden Wortlaut, dass bei Handlungen von Mitarbeitern und Beauftragten der „Unterlassungsanspruch *auch* gegen den Inhaber des Unternehmens begründet" ist.[1317] Dies setzt die grundsätzlich eigene Haftung des Mitarbeiters als mit der Haftung des Geschäftsherrn gleichwertig voraus. Die **Haftung** des Mitarbeiters steht **selbständig neben** der des Unternehmensinhabers und ist nicht etwa als ein subsidiäres Institut ausgestaltet.[1318] § 8 Abs. 2 soll verhindern, dass sich der Inhaber eines Unter- 543

[1308] Vgl. OLG Hamburg GRUR-RR 2015, 282, 289 Tz. 108, 110 – *partnership.*

[1309] OLG Hamburg GRUR-RR 2013, 464, 465 – *Z.Games Abo;* a. A. OLG Frankfurt GRUR-RR 2001, 198, 199 – *Haftung des zweiten Geschäftsführers.*

[1310] OLG Hamburg GRUR-RR 2013, 464, 465 – *Z.Games Abo; Werner* GRUR 2015, 739, 742.

[1311] *Werner* GRUR 2015, 739, 742.

[1312] *Büscher* GRUR 2015, 5, 17.

[1313] *Kahn/Weiß* § 13 Anm. C 2b; ebenso RG MuW XXXI, 378, 381 – *Standard; Callmann* § 13 Rdn. 26; *Fuld* § 13 Anm. V 2; *Kuhn* § 13 Anm. II 2; *Rosenthal/Leffmann* § 13 Rdn. 25; *Wassermann* § 13 Anm. 12.

[1314] Vgl. *Baer* § 13 (S. 106); *Finger* § 13 Rdn. 85; *Kuhn* § 13 Anm. II 2; *Wassermann* § 13 Anm. 12: *„Selbstverständlich kann neben dem Geschäftsherrn der Angestellte selbst verklagt werden."* Nach dem UWG 1896 waren die Angestellten sogar die in erster Linie Passivlegitimierten gewesen; eine Haftungszurechnung zum Geschäftsherrn war nur gemäß § 831 BGB möglich; vgl. hierzu *Müller* § 1 Anm. B IV; *Eltzbacher* S. 165 f.

[1315] RG GRUR 1929, 354, 356 — *Kruschensalz;* MuW XXXI, 378, 381 – *Standard;* BGH GRUR 1964, 88, 89 – *Verona-Gerät; v. Gamm* § 13 Rdn. 24; *Reimer* Kap. 107 Rdn. 29; *Rosenthal/Leffmann* § 13 Rdn. 25.

[1316] BT-Drucks. 15/1487, S. 22; Ahrens/*Jestaedt* Kap. 21 Rdn. 24, 27, 40.

[1317] RG GRUR 1929, 354, 356 — *Kruschensalz;* BGH GRUR 1964, 88, 89 – *Verona-Gerät; Kahn/Weiß* § 13 Anm. C 2c: *„Das Wörtchen ‚auch' bedeutet, daß sowohl der Angestellte wie der Geschäftsherr mit der Unterlassungsklage belangt werden können, sowohl gleichzeitig als auch nur einer von ihnen nach der Wahl des Klägers".*

[1318] BGH GRUR 2012, 1279, 1283 Tz. 43 – *Das große Rätselheft;* Ahrens/*Jestaedt* Kap. 21 Rdn. 232, 40.

nehmens hinter von ihm abhängigen Dritten verstecken kann (Rdn. 564), und begründet daher einen **zusätzlichen** selbständigen Anspruch gegen den Inhaber des Unternehmens.[1319] Der abhängige Dritte bleibt aber in der Haftung, die durch seine täterschaftliche Begehung begründet wird.[1320] Passivlegitimiert können deshalb grundsätzlich **alle Mitarbeiter** sein, so z. B. der **Verkaufsmitarbeiter,** der ein nachgeahmtes Produkt anbietet[1321] oder der **Mitarbeiter der Werbeabteilung,** der eine irreführende Werbung konzipiert oder schaltet.

544 Es liegt auf der Hand, dass bei der Inanspruchnahme von untergeordneten Mitarbeitern **Härten** auftreten können, vor allem durch die Belastung mit Anwalts- und Verfahrenskosten. Bereits zum UWG 1909 wurde deshalb vereinzelt ohne nähere Begründung gefordert, dass diese persönliche Haftung neben dem Geschäftsherrn auf Angestellte **„in verantwortlicher Position"** beschränkt werden müsse.[1322] Die neuere Rechtsprechung des **BGH** in der Entscheidung ***„Irische Butter"*** geht in dieselbe Richtung und schließt eine eigene Haftung von Angestellten aus, die „nicht entscheidungsbefugt und in völlig untergeordneter Stellung ohne eigenen Entscheidungsspielraum tätig sind". [1323] Der BGH will solche Angestellte – um deren Haftung es in dem zur Entscheidung stehenden Sachverhalt übrigens überhaupt nicht ging – nur bei vorsätzlichem Handeln als Gehilfen gem. § 830 Abs. 2 BGB zur Verantwortung ziehen.[1324] Begründet wird dies mit der pauschalen Erwägung, **es fehle** in derartigen Fällen an einer **geschäftlichen Handlung** i. S. d. § 2 Abs. 1 Nr. 1.

545 Die Rechtsprechung des BGH **überzeugt weder in der Begründung noch im Ergebnis.** Die Definition der geschäftlichen Handlung § 2 Abs. 1 Nr. 1 knüpft einheitlich an das Handeln einer „Person" an. Die geschäftliche Handlung ist unteilbar. Eine Handlung kann nicht gleichzeitig eine geschäftliche sein, wenn der Unternehmer in Anspruch genommen wird, und eine nicht geschäftliche, wenn sich der Unterlassungsanspruch gegen den Angestellten richtet. Außerdem macht der BGH nicht einmal im Ansatz deutlich, welches der vielen Tatbestandsmerkmale der Definition der geschäftlichen Handlung nicht erfüllt sein soll. Dies kann er auch nicht, weil nach § 2 Abs. 1 Nr. 1 letztlich „jedes Verhalten einer Person zugunsten des eigenen oder eines fremden Unternehmens" eine geschäftliche Handlung ist, wenn es dem Produktabsatz oder –bezug dient und objektiv mit ihm zusammenhängt. Hierunter fällt auch das Handeln eines Subalternen. Damit fehlt es an einer nachvollziehbaren Begründung für die **Spaltung des Begriffs der geschäftlichen Handlung.**

546 Dieses Begründungsdefizit wiegt um so schwerer, als es das **klare Ziel** des historischen **Gesetzgebers** ist, **auch Angestellte** neben dem Unternehmer **auf Unterlassung haften zu lassen.** Hinzu kommt, dass § 8 Abs. 2 beim Handeln eines Mitarbeiters oder Beauftragten nur eingreift, wenn gegen diesen Mitarbeiter oder Beauftragten selbst ein Unterlassungsanspruch besteht.[1325] Ist ein solcher Anspruch gegen den Mitarbeiter oder Beauftragten nicht entstanden, z. B. mangels einer geschäftlicher Handlung, greift § 8 Abs. 2 nicht ein.[1326] Damit ist nach der gesetzlichen Systematik aber auch eine Haftungszurechnung zum Unternehmer ausgeschlossen.[1327]

547 Den Angestellten nicht haften zu lassen, hieße deshalb als Resultat der gesetzlichen Systematik, *„auch"* den Unternehmensinhaber nicht haften zu lassen und damit *de facto* den Unterlassungsanspruch schlechthin auszuschließen. Diese Konsequenz wird in der Entscheidung *„Irische Butter"* nicht diskutiert. Es besteht die Gefahr, dass hier eine **Rechtsschutzlücke** gerissen wird, die nur durch die allgemeine Doktrin vom Organisationsverschulden (hierzu Rdn. 396) bzw. wettbewerbsrechtliche Verkehrspflichten oder die Figur der **mittelbaren Täterschaft** geschlossen werden kann. Auf der Grundlage der Entscheidung *„Irische Butter"* lässt sich eine mittelbare Täterschaft des Geschäftsherrn durchaus konstruieren, weil der betroffene Mitarbeiter mangels einer geschäftlichen Handlung i. S. d. § 2 Abs. 1 Nr. 1 bzw. mangels Tatherrschaft[1328] selbst nicht täterschaftlich haften würde. Insoweit besteht ein „Haftungsdefizit" des Mitarbeiters als Tatmittler, das die Möglichkeit einer mittelbaren Täterschaft des Unternehmensinhabers eröffnet (hierzu Rdn. 369). Der Geschäftsherr wäre insoweit nicht „Täter hinter dem Täter". Diese **unnötig komplizierte** und mit Unsicherheiten behaftete Konstruktion – die sich in mehrstufigen Unternehmenshierarchien weiter

---

[1319] BGH GRUR 2012, 1279, 1283 Tz. 43 – *Das große Rätselheft.*
[1320] Ahrens/*Jestaedt* Kap. 21 Rdn. 40.
[1321] Vgl. OLG Köln, Urt. v. 21.10.2011, Az. 6 U 42/11 – *Hoflader* – zur Haftung eines Verkaufsleiters.
[1322] Z. B. *v. Godin* § 13 Rdn. 10 a. E.
[1323] BGH GRUR 2011, 340, 342 Tz. 27 – *Irische Butter.*
[1324] BGH GRUR 2011, 340, 342 Tz. 27 – *Irische Butter;* zust. *Köhler*/Bornkamm § 8 Rdn. 2.15b.
[1325] Ahrens/*Jestaedt* Kap. 21 Rdn. 24.
[1326] Vgl. BGH GRUR 1962, 45, 48 – *Betonzusatzmittel;* GRUR 1996, 798, 800 – *Lohnentwesungen.*
[1327] Vgl. BGH GRUR 1996, 798, 800 – *Lohnentwesungen.*
[1328] Vgl. BGH GRUR 2016, 493, 494 Tz. 20 – *Al Di Meola.*

verkompliziert – widerspricht aber dem Willen des Gesetzgebers, in solchen Konstellationen die Haftungszurechnung zum Unternehmensinhaber über § 8 Abs. 2 vorzunehmen und gerade unabhängig von seiner eigenen täterschaftlichen Haftung auszugestalten. Letzteres gilt auch mit Blick auf eine eigene täterschaftliche Haftung nach den Grundsätzen der Doktrin vom Organisationsverschulden und **wettbewerbsrechtliche Verkehrspflichten.** Diese beiden Rechtsfiguren haben zudem den Nachteil gegen sich, dass sie von Wertungsgesichtspunkten durchsetzt sind. Bei der mittelbaren Täterschaft kommt es auf die konkreten Beziehungen zwischen Hintermann und Tatmittler an. All dies sind Umstände, die ein Unterlassungskläger schwer darlegen kann, weil er keinen Einblick in die inneren Strukturen und Abläufe des Unternehmens des Beklagten hat. Beim Organisationsverschulden und bei den wettbewerbsrechtlichen Verkehrspflichten findet im Rahmen der Prüfung der Zumutbarkeit zudem eine umfassende Interessenabwägung statt. Dem beklagten Unternehmer bleibt Spielraum für Argumente, um sich der Verantwortlichkeit zu entziehen. Die Rechtsdurchsetzung wäre mit erheblichen Unsicherheiten behaftet. Das ist mit dem gesetzgeberischen Ziel nicht zu vereinbaren, den Unternehmensinhaber für unlautere Handlungen seiner Angestellten und Beauftragten ohne Wenn und Aber und ohne jede Exkulpationsmöglichkeit haften zu lassen (näher Rdn. 564). Wenn das Gesetz seiner Systematik nach diesen Haftungsautomatismus gerade nicht über eine eigenständige Gefährdungs- oder Garantiehaftung des Unternehmers, sondern über eine Zurechnungsnorm wie § 8 Abs. 2 sicherstellt, darf an der Haftungsgrundlage, nämlich dem täterschaftlichen Wettbewerbsverstoß durch Angestellte und Beauftragte, nicht gerüttelt werden.

Hintergrund der Rechtsprechung des BGH scheint ein gewisses **sozialpolitisch motiviertes** 548
Unbehagen zu sein, das durchaus berechtigt ist. Denn in den weitaus meisten Fällen ist es für den Gläubiger praktischer und effektiver, sich an den Geschäftsherrn zu halten. Auf den einzelnen Angestellten kommt es dem Gläubiger in der Regel nicht an.[1329] Diesen Bedenken, die bereits bei Entstehung des UWG 1909 bekannt waren und immer wieder artikuliert wurden,[1330] lässt sich aber nicht durch eine Spaltung des Begriffs der geschäftlichen Handlung in § 2 Abs. 1 Nr. 1 Rechnung tragen, die das System des Unterlassungsanspruchs insgesamt gefährdet. Dies gilt um so mehr, als überhaupt kein rechtspolitisches Bedürfnis für einen Schutz von Angestellten vor wettbewerbsrechtlichen Unterlassungsansprüchen besteht. Denn solche Klagen kommen in der Praxis nicht vor.[1331] Sinnvoller erscheint es, in den theoretisch denkbaren Fällen, in denen ein Angestellter ohne Gestaltungsbefugnis in völlig untergeordneter Stellung tatsächlich auf Unterlassung in Anspruch genommen wird, gem. § 12 Abs. 4 eine kräftige **Streitwertminderung** vorzunehmen. In krassen Fällen kann im Lichte des § 8 Abs. 4 eine **rechtsmissbräuchliche Verfolgung** anzunehmen sein, wenn der Gläubiger kein besonderes Interesse an der Verfolgung gerade des in Anspruch genommenen Angestellten dartun, sich aber ohne weiteres an den Geschäftsherrn halten kann (hierzu unten Rdn. 713).

Keine Einschränkungen sind auch nach Ansicht des **BGH** angezeigt bei Mitarbeitern und Be- 549
auftragten, die in **verantwortlicher, herausgehobener Position** über das Ob und Wie einer geschäftlichen Handlung entscheiden oder sonst eine wichtige und nicht ohne weiteres austauschbare Rolle in der betrieblichen Organisation spielen.[1332] Dies gilt auch für Private, etwa **Prominente,** die im Auftrag eines Unternehmens **an** einer kommerziellen **Werbung** in herausgehobener Position **mitwirken.**[1333]

6. Haftung von Gesellschaftern

Die Stellung eines **Gesellschafters** einer **Kapitalgesellschaft** (z.B. GmbH, AG) begründet als 550
solche keine Passivlegitimation.[1334]

Auch persönlich haftende Gesellschafter von **Personenhandelsgesellschaft** sind als solche nicht 551
auch gemäß §§ 128, 161 Abs. 2 HGB passivlegitimiert, wenn es um den Unterlassungsanspruch geht.[1335] Dasselbe gilt für Gesellschafter einer **GbR,**[1336] einer **PartG** oder einer **PartG mbB.** Er-

---

[1329] Vgl. bereits *Fuld* § 13 Anm. V 2: *„Der Verkehr hat ein bedeutendes Interesse daran, daß dem Betriebsinhaber der unlautere Wettbewerb untersagt wird und nicht den zumeist ganz unbekannten Angestellten oder Beauftragten."*

[1330] *Callmann* S. 102 (unter dem Gesichtspunkt der Mittäterschaft).

[1331] Ahrens/*Jestaedt* Kap. 21 Rdn. 40.

[1332] Vgl. BGH GRUR 2011, 340, 342 Tz. 28 – *Irische Butter.*

[1333] Ausführlich hierzu *Henning-Bodewig* in: FS 100 Jahre Wettbewerbszentrale, S. 107 ff.; *dies.* GRUR 2013, 26, 29.

[1334] *Köhler*/Bornkamm § 8 Rdn. 2.21.

[1335] OLG Nürnberg GRUR 1996, 206, 206 – *Leitungsrohre;* OLG Karlsruhe WRP 1998, 898, 899 – *Unterrichtskreis; Fritzsche* S. 446; *Köhler*/Bornkamm § 8 Rdn. 2.21; a. A. offenbar OLG Hamburg WRP 1989, 63.

[1336] OLG Karlsruhe WRP 1998, 898, 899 – *Unterrichtskreis; Fritzsche* S. 446.

forderlich ist vielmehr, dass der jeweilige Gesellschafter selbst den Haftungstatbestand erfüllt. Diese Haftung gründet sich aber nicht auf die Stellung als Gesellschafter, sondern auf das persönliche Handeln.[1337]

IV. Haftung für fremdes Verhalten

1. Allgemeines

552 Ein wettbewerbsrechtlicher Unterlassungsanspruch braucht nicht zwingend an die Haftung für eigenes Verhalten anzuknüpfen. Schuldner eines Unterlassungsanspruchs kann auch derjenige sein, dem lediglich **das unlautere Verhalten eines anderen zugerechnet** wird. Der in der Praxis häufigste Anwendungsbereich ist die Haftung des Unternehmensinhabers für seine Mitarbeiter und Beauftragte. Sie hat in § 8 Abs. 2 eine besondere gesetzliche Regelung erfahren und wird deshalb gesondert kommentiert (dazu Rdn. 563ff.). Daneben kommen die allgemeinen Vorschriften uneingeschränkt zur Anwendung.[1338] Hiernach gilt:

2. Haftung für das Handeln von Organen gem. §§ 31, 89 BGB

553 **a) Allgemeines.** Voraussetzung für das Bestehen eines gesetzlichen Unterlassungsanspruchs gegen eine Gesellschaft ist stets die unerlaubte Handlung einer natürlichen Person, die der Gesellschaft zuzurechnen ist.[1339]

554 **b) Haftung für Organe und Repräsentanten.** Juristische Personen haften nach §§ 31, 89 BGB für das Handeln ihrer Organe und sonstiger verfassungsmäßig berufener Vertreter. Diese Zurechnungsregeln gelten auch im Lauterkeitsrecht.[1340] Nach §§ 31, 89 BGB haftet eine Organisation im Rahmen der **Repräsentantenhaftung** für einen Wettbewerbsverstoß, der durch eines ihrer **Organe** oder einen verfassungsmäßig berufenen Vertreter in Ausübung der ihm zustehenden Verrichtungen begangen wird. In den Anwendungsbereich fallen neben eingetragenen Vereinen alle sonstigen juristischen Personen des öffentlichen und privaten Rechts (z. B. AG, GmbH) und Personenverbände (z. B. nichtrechtsfähiger Verein, OHG, KG, PartG, GbR). Von der Repräsentantenhaftung erfasst werden auch Handlungen von **Führungskräften,** die auf Grund allgemeiner Betriebsregelungen und Handhabung bedeutsame, wesensmäßige Funktionen der Organisation zur selbständigen, eigenverantwortlichen Erfüllung wahrnehmen; auf eine diesbezügliche satzungsmäßige Grundlage oder die Erteilung einer entsprechenden Vertretungsmacht kommt es nicht an.[1341] Hat ein Unternehmen für den fraglichen Aufgabenkreis keinen verfassungsmäßig berufenen Vertreter bestellt, kommt eine Haftung unter Ausschluss des Entlastungsbeweises nach § 31 BGB unter dem Gesichtspunkt des Organisationsmangels in Betracht.[1342]

554a **c) Einzelheiten.** Die Einzelheiten finden sich in der Kommentierung zu § 9 (Rdn. 72ff.).

3. Haftung für das Handeln von Gehilfen

555 Die **Haftung für Erfüllungsgehilfen** nach § 278 BGB setzt ein bereits bestehendes Schuldverhältnis voraus.[1343] Sie spielt deshalb für eine Haftungszurechnung zur Begründung eines gesetzlichen Unterlassungsanspruchs keine Rolle und kommt allein bei Unterlassungsverpflichtungen aus einem Unterwerfungsvertrag in Betracht. Auch der Schuldner einer vertraglichen Unterlassungsverpflichtung muss grundsätzlich für ein Verhalten seiner Erfüllungsgehilfen einstehen, soweit dieses zu einer Verletzung der vertraglichen Unterlassungspflicht geführt hat.[1344] Ob jemand als Erfüllungsgehilfe eines anderen anzusehen ist, bestimmt sich danach, ob er rein tatsächlich mit dem Willen des Schuldners bei der Erfüllung der diesem obliegenden Verbindlichkeit als eine Hilfsperson tätig wird (z. B. ein die Werbung abdruckendes Verlagsunternehmen als Erfüllungsgehilfe des werbenden Unterlassungsschuldners).[1345]

1337 BGH GRUR 1986, 248, 250f – *Sporthosen;* GRUR 2006, 493, 494 Tz. 22 – *Michel-Nummern.*

1338 Vgl. BGH GRUR 2012, 1279, 1282 Tz. 28 – *Das große Rätselheft* (zum Verhältnis von § 831 BGB zu § 8 Abs. 2).

1339 BGH GRUR 2006, 493, 494 Tz. 22 – *Michel-Nummern.*

1340 Vgl. BGH GRUR 1993, 926, 927 – *Apothekenzeitschriften.*

1341 BGHZ 49, 19, 21; MünchKommUWG/*Fritzsche* § 8 Rdn. 252.

1342 BGHZ 24, 200, 213.

1343 BGHZ 58, 207, 212.

1344 BGH GRUR 1985, 1065, 1066 – *Erfüllungsgehilfe;* GRUR 1988, 561, 562 – *Verlagsverschulden I;* GRUR 1987, 648, 649 – *Anwalts-Eilbrief;* GRUR 1998, 963, 964 – *Verlagsverschulden II.*

1345 BGH GRUR 1998, 963, 964f. – *Verlagsverschulden II.*

4. Haftung für Verrichtungsgehilfen

Die **Haftung für** Verrichtungsgehilfen nach § 831 Abs. 1 Satz 1 BGB ist wegen der Sonderregelung des § 8 Abs. 2 (dazu Rdn. 563ff.) für die wettbewerbsrechtlichen Abwehransprüche praktisch bedeutungslos. § 831 BGB bleibt aber neben § 8 Abs. 2 UWG für die Begründung von Abwehransprüchen durchaus anwendbar.[1346] Die Bestimmung des § 8 Abs. 2 UWG soll verhindern, dass sich der Inhaber eines Unternehmens hinter von ihm abhängigen Dritten verstecken kann, und begründet daher einen zusätzlichen selbständigen Anspruch gegen den Inhaber des Unternehmens (Rdn. 614). Die Exkulpationsmöglichkeit des § 831 BGB steht dem Unternehmensinhaber bei § 8 Abs. 2 nicht zur Verfügung. Zweck der Regelung ist es, den Gläubiger im UWG gegenüber den allgemeinen Regeln besser zu stellen und den Unternehmensinhaber verglichen mit den allgemeinen Regeln verschärft haften zu lassen (Rdn. 564). Dem Gläubiger soll aber eine Berufung auf die allgemeinen Normen der Haftungszurechnung nicht abgeschnitten werden.[1347] Dargestellt wird die Zurechnung nach § 831 BGB bei § 9 Rdn. 79ff. 556

V. Haftung mehrerer Schuldner

Richtet sich die Haftung **mehrerer Schuldner** für einen Wettbewerbsverstoß inhaltsgleich auf das Unterlassen derselben Handlung, so sind sie **nicht Gesamtschuldner** im Sinne von § 421 BGB.[1348] Vielmehr hat jeder Unterlassungsschuldner selbständig und unabhängig von den anderen das Unterlassungsgebot zu beachten. Es steht dem Gläubiger unter dem Vorbehalt des § 8 Abs. 4 frei, gegen mehrere nebeneinander Verantwortliche gemeinsam, getrennt oder nur gegen einzelne von ihnen vorzugehen.[1349] Der Unterlassungsschuldner kann sich nicht auf die Beachtung der Unterlassungspflicht durch die anderen Schuldner mit dem Ergebnis der Schuldbefreiung berufen. Dies gilt auch, wenn ein Unternehmen und das für sie handelnde Organ selbständig nebeneinander in Anspruch genommen werden.[1350] Auch der gegen den unmittelbar handelnden Mitarbeiter oder Beauftragten gerichtete Anspruch und der daraus gem. § 8 Abs. 2 resultierende Anspruch gegen den Inhaber des Unternehmens stehen selbständig nebeneinander.[1351] 557

VI. Rechtsnachfolge auf Schuldnerseite

Beim **gesetzlichen Unterlassungsanspruch** kommt eine **Rechtsnachfolge auf Schuldnerseite nicht** in Betracht. Die Begehungsgefahr ist sowohl als Wiederholungs- als auch als Erstbegehungsgefahr ein tatsächlicher Umstand, der nach den Verhältnissen in der Person des Zuwiderhandelnden zu beurteilen ist und nicht auf den Rechtsnachfolger des Verletzers übergeht (Rdn. 125ff.).[1352] 558

Dagegen kann der **vertragliche Unterlassungsanspruch** (§ 12 Rdn. 173, 178) nach den allgemeinen Regeln (Schuldübernahme, Universalsukzession) auf einen Rechtsnachfolger übergehen, wenn nicht die Auslegung des Unterlassungsvertrags ergibt, dass eine rein persönliche Schuld des Verpflichteten begründet werden sollte.[1353] 559

VII. Einwendungen

Zu den wettbewerbsrechtlichen **Einwendungen** gegen den Unterlassungsanspruch vgl. vor § 8 Rdn. 121ff. 560

VIII. Unterlassungsklage

Zur Unterlassungsklage **vgl. Vorb. zu § 12 Rdn. 70ff.** 561

1346 Vgl. BGH GRUR 2012, 1279, 1283 Tz. 43 – *Das große Rätselheft.*
1347 BGH GRUR 2012, 1279, 1283 Tz. 43 – *Das große Rätselheft.*
1348 BGH GRUR-RR 2008, 460 Tz. 8– *Tätigkeitsgegenstand,* m. w. N.
1349 *Köhler*/Bornkamm § 8 Rdn. 2.30.
1350 Ahrens/*Jestaedt* Kap. 21 Rdn. 44f.
1351 BGH GRUR 2012, 1279, 1283 Tz. 43 – *Das große Rätselheft.*
1352 BGH GRUR 2006, 879 Tz. 17 – *Flüssiggastank;* oben Rdn. 543.
1353 Vgl. BGH GRUR 1996, 995, 996 – *Übergang des Vertragsstrafeversprechens.*

IX. Zwangsvollstreckung

562 Zur Zwangsvollstreckung des Unterlassungstitels gem. § 890 ZPO **vgl. Vorb zu § 12 Rdn. 284 ff.**

E. Haftung des Unternehmensinhabers für Mitarbeiter und Beauftragte (§ 8 Abs. 2)

Schrifttum: *Ahrens,* Unterlassungsschuldnerschaft beim Wechsel des Unternehmensinhabers – Zur materiellrechtlichen und prozeßrechtlichen Kontinuität des Unterlassungsanspruchs, GRUR 1996, 518; *Foerste,* Umschreibung des Unterlassungstitels bei Betriebserwerb – negatorische Haftung und Betriebsinhaberhaftung nach § 13 Abs. 4 UWG, GRUR 1998, 450; *Hahn,* Die Haftung des Unternehmensinhabers nach § 8 Abs. 2 UWG, 2007; *Henning-Bodewig,* Leitbildwerbung – haftet der „Star" für Wettbewerbsverstöße?, GRUR 1982, 202; *dies.,* Prominente und Werbung in: FS 100 Jahre Wettbewerbszentrale, 2012, S. 125; *dies.,* Haften Privatpersonen nach dem UWG? GRUR 2013, 26; *Klaka,* Persönliche Haftung des gesetzlichen Vertreters für die im Geschäftsbetrieb der Gesellschaft begangenen Wettbewerbsverstöße und Verletzungen von Immaterialgüterrechten, GRUR 1988, 729; *Köhler,* Die Haftung des Betriebsinhabers für Wettbewerbsverstöße seiner Angestellten und Beauftragten (§ 13 IV UWG), GRUR 1991, 344; *Müller,* Das Reichsgesetz zur Bekämpfung des unlauteren Wettbewerbes vom 27. Mai 1896, 4. Aufl. 1904; *Pastor,* Der Unterlassungsanspruch gegen den Betriebsinhaber aus § 13 Abs. 3 UWG, NJW 1964, 896; *Pinner/Eyck,* Gesetz gegen den unlauteren Wettbewerb. Vom 7. Juni 1909, 2. Aufl. 1909; *Reichelsdorfer,* Die Haftung für Dritte im Wettbewerbsrecht, 2001; *Reimer,* Wettbewerbs- und Warenzeichenrecht, Bd. 2, 1. Aufl. 1935; *Siegel,* Die Haftung des Prinzipals für Handlungen der Angestellten nach dem neuen Wettbewerbsgesetze, MuW IX, 183; *Werneburg,* Zur Haftung des Betriebsinhabers für Wettbewerbshandlungen seiner Angestellten und Beauftragten gemäß § 13 Abs. 3 UWG, MuW XXXVIII, 3.

I. Allgemeines

1. Inhalt, Normzweck und Entstehungsgeschichte

563 § 8 Abs. 2 regelt eine **Erfolgshaftung** des Inhabers eines Unternehmens für wettbewerbswidriges Verhalten seiner Mitarbeiter oder Beauftragten **ohne Entlastungsmöglichkeit.**[1354] Sie ist deckungsgleich mit **§ 14 Abs. 7 MarkenG;** beide Normen müssen im gleichen Sinne ausgelegt werden.[1355] Rechtsprechung aus dem Markenrecht kann deshalb auch zur Auslegung des § 8 Abs. 2 herangezogen werden und umgekehrt.

564 Gemäß § 8 Abs. 2 werden alle Zuwiderhandlungen, die in einem Unternehmen von einem **Mitarbeiter oder Beauftragten** begangen werden, automatisch dem Betriebsinhaber zugerechnet, so dass Unterlassungs- und Beseitigungsansprüche auch gegen den **Inhaber des Betriebes** begründet sind. Diese Regelung, die strengste und am weitesten gehende Haftungszurechnungsnorm im deutschen Recht, **entspricht** nach dem Willen des Reformgesetzgebers der alten Vorschrift **§ 13 Abs. 3 UWG 1909** (in der Neufassung von 1986 § 13 Abs. 4),[1356] der es sich zum Ziel gesetzt hatte, unter allen Umständen zu verhindern, *„daß der Prinzipal sich hinter seinen Angestellten verkrieche".*[1357] Gemeint ist damit, dass kein Unternehmer, der am Wirtschaftsleben teilnimmt, die Verantwortung für Handlungen, die im Zuge seiner Unternehmenstätigkeit begangen werden, auf

---

1354 BGH NJOZ 2013, 863 – *Mehrstufigkeit eines Beauftragungsverhältnisses;* MünchKommUWG/*Fritzsche* § 8 Rdn. 296; *Hahn* S. 81; *Köhler*/Bornkamm § 8 Rdn. 2.33, *Ohly*/Sosnitza § 8 Rdn. 143; GroßKommUWG/*Paal* § 8 Rdn. 144; zur Vorgängernorm § 13 Abs. 3 UWG 1909 vgl. BGH GRUR 1980, 116, 117 – *Textildrucke;* GRUR 1995, 605, 607 – *Franchise-Nehmer;* GRUR 2000, 907, 909 – *Filialleiterfehler;* GRUR 2005, 864, 865 – *Meißner Dekor II; Köhler* GRUR 1991, 344, 345; *Werneburg* MuW XXXVIII, 3.

1355 BGH GRUR 2005, 864, 865 – *Meißner Dekor II;* GRUR 2009, 1167, 1170 Tz. 21 – *Partnerprogramm;* GRUR 2011, 534, 544 Tz. 11 – *Änderung der Voreinstellung III;* LG Hamburg, Urt. v. 21.8.2014, Az. 327 O 16/14 – *Internetmarketing Bielefeld.*

1356 In der Neufassung von 1986 § 13 Abs. 4.

1357 OLG Colmar MuW X, 353 – *Petroleumbehälter,* vgl. auch die Ausführungen des Bundesministers der Justiz in BVerfGE 20, 323, 329 – *nulla poena sine culpa;* in der Sache ebenso RG GRUR 1937, 389, 392 – *Alpina;* BGH GRUR 1959, 38, 44 – *Buchgemeinschaft II;* GRUR 1963, 434, 435 – *Reiseverkäufer;* GRUR 1963, 438, 439 – *Fotorabatt;* GRUR 1964, 263, 266 – *Unterkunde;* GRUR 1973, 208, 209 – *Neues aus der Medizin;* GRUR 1980, 116, 117 – *Textildrucke;* GRUR 1990, 1039, 1040 – *Anzeigenauftrag;* GRUR 2003, 453, 454 – *Verwertung von Kundenlisten;* GRUR 2007, 995 Tz. 12 – *Schuldnachfolge;* zur Entstehungsgeschichte vgl. *Callmann* § 13 Rdn. 25; *Köhler* GRUR 1991, 344, 345; *Reichelsdorfer* S. 95 ff.; *Reimer* Kapitel 107 Rdn. 27; *Teplitzky* (10. Aufl.) Kap. 14 Rdn. 17.

jemanden abwälzen kann, der zu seiner Betriebsorganisation gehört.[1358] Nach dem UWG 1896 waren nämlich die Angestellten des Unternehmens die in erster Linie Passivlegitimierten gewesen; eine Haftungszurechnung zum Geschäftsherrn geschah über § 831 BGB.[1359] Er hatte dem Geschäftsherrn gem. § 831 Abs. 1 Satz 2 die – häufig genutzte – Möglichkeit der Exkulpation durch Nachweis einer sorgfältigen Auswahl oder Anleitung gelassen.[1360] Die Exkulpationsmöglichkeit war als unbefriedigend empfunden worden und wurde mit § 13 Abs. 3 UWG für die wettbewerbsrechtlichen Abwehransprüche abgeschnitten, um den Unterlassungsanspruch effektiver durchsetzbar zu machen.[1361]

§ 8 Abs. 2 hat denselben Inhalt wie § 13 Abs. 3 UWG 1909 und verfolgt denselben Zweck.[1362] 565
Trotz einiger sprachlicher Abweichungen **wollte der Gesetzgeber keine inhaltlichen Änderungen vornehmen.**[1363] Die Vorschrift ist ihrem Zweck entsprechend **weit auszulegen.**[1364] Das gilt insbesondere für das Tatbestandsmerkmal „in einem Unternehmen", aber auch für das des „Mitarbeiters" und des „Beauftragten".[1365]

2. Haftung für fremdes Verhalten

§ 8 Abs. 2 begründet eine **Haftung** des Unternehmensinhabers für das wettbewerbswidrige Ver- 566
halten seines Mitarbeiters, also nicht für eigenes, sondern **für fremdes Verhalten.**[1366] Die Vorschrift setzt allein eine Zuwiderhandlung des Mitarbeiters oder Beauftragten voraus. Es muss sich um Zuwiderhandlungen gegen § 3 oder § 7 handeln. Kraft Verweisung werden ferner die in den §§ 4, 5, 6 und 7 geregelten Wettbewerbsverstöße erfasst. Bei Verstößen gegen die §§ 16, 17,[1367] 18, 19 gilt § 8 Abs. 2 nicht, sofern nicht gleichzeitig eine Zuwiderhandlung gegen § 3 (i. V. mit § 3a) gegeben ist.

3. Anknüpfung an Wettbewerbsverstoß des Mitarbeiters oder Beauftragten

Die Haftung gemäß § 8 Abs. 2 hat ihre Grundlage nicht in der (unwiderleglich vermuteten) Ver- 567
säumung einer sorgfältigen Auswahl oder ausreichenden Unterrichtung der Mitarbeiter oder Beauftragten. Vielmehr werden deren **Verstöße** dem **Unternehmensinhaber als eigene zugerechnet,** so als habe er sie selbst begangen.[1368] Eine Anwendung dieser Vorschrift scheidet daher aus, wenn der Mitarbeiter selbst nicht unlauter gehandelt hat.[1369]

Der Unternehmer haftet aber, ohne dass es eines Rückgriffs auf § 8 Abs. 2 bedarf, als Täter, Teil- 568
nehmer oder, sofern diese Rechtsfigur in Randbereichen anwendbar bleiben sollte (dazu Rdn. 453), als Störer,[1370] wenn sein eigenes Verhalten die tatbestandlichen Voraussetzungen einer unlauteren Wettbewerbshandlung erfüllt. Das ist z. B. dann der Fall, wenn er einen Mitarbeiter mit einer Tätigkeit gegenüber Marktteilnehmern betraut, obwohl es diesem an den dafür erforderlichen grundlegenden Kenntnissen fehlt.[1371] Die **Haftung des Unternehmensinhabers für eigenes Verhalten** – etwa für die Verletzung wettbewerbsrechtlicher Verkehrspflichten – schließt eine Anwendung des § 8 Abs. 2 allerdings nicht aus und umgekehrt.[1372]

1358 *Pastor* Kap. 19 III 1.

1359 *Müller* § 1 Anm. B IV; *Eltzbacher* S. 165 f.

1360 *Baer* § 13 (S. 105 f.); *Fuld* § 13 Anm. V 2; *Köhler* GRUR 1991, 344, 345; *Siegel* MuW IX, 183, 184.

1361 RGZ 116, 28, 33 – *Schlesische Feuersozietät I;* vgl. auch *Baer* § 13 UWG S. 105 f.; *Fuld* § 13 UWG Anm. V 2; *Hahn* S. 1; *Köhler* GRUR 1991, 344, 345.

1362 BGH GRUR 2007, 995 Tz. 12 – *Schuldnachfolge;* GRUR 2012, 1279, 1283, 1285 Tz. 43, 62 – *Das große Rätselheft.*

1363 Begr. RegE UWG 2004, BT-Drucks. 15/1487, S. 22.

1364 RG GRUR 1937, 389, 392 – *Alpina;* BGH GRUR 1959, 38, 44 – *Buchgemeinschaft II; Rosenthal/Leffmann* § 13 UWG Rdn. 22; *Ulmer/Reimer* Rdn. 150.

1365 RG GRUR 1937, 389, 392 – *Alpina;* BGH GRUR 1959, 36, 44 – *Buchgemeinschaft II;* GRUR 1963, 438, 439 – *Fotorabatt;* GRUR 1995, 605, 607 – *Franchise-Nehmer.*

1366 Anders *Schünemann* WRP 1998, 120, 123, der den Inhaber als den „eigentlichen" Verletzer ansieht.

1367 Vgl. MünchKommUWG/*Fritzsche* § 8 Rdn. 296; *Reichelsdorfer* S. 100; ohne Bedenken gegen die Anwendbarkeit von § 13 Abs. 4 UWG 1909 beim Geheimnisverrat dagegen BGH GRUR 2003, 453, 454 – *Verwertung von Kundenlisten.*

1368 RGZ 116, 28, 33 – *Schlesische Feuersozietät I;* BGH GRUR 1965, 155 – *Werbefahrer.*

1369 Vgl. BGH GRUR 1969, 51, 52 – *Glassteine.*

1370 Vgl. BGH GRUR 1994, 441, 443 – *Kosmetikstudio.*

1371 BGH GRUR 1969, 51, 52 – *Glassteine.*

1372 BGH GRUR 1964, 88, 89 – *Verona-Gerät;* GRUR 1995, 605, 607 – *Franchise-Nehmer.*

4. Rechtfertigung für die verschuldensunabhängige Haftung des Unternehmensinhabers

569 § 8 Abs. 2 ist in jeder Hinsicht **verschuldensunabhängig** und geht insoweit über die allgemeine zivilrechtliche Haftung des Unternehmensinhabers hinaus, als ihm kein Entlastungsbeweis für ein fehlendes Auswahl- oder Überwachungsverschulden (§ 831 Abs. 1 Satz 2 BGB) eingeräumt wird. Er haftet auch für die **ohne sein Wissen** oder sogar **gegen seinen Willen** von einem Mitarbeiter oder Beauftragten begangenen Wettbewerbsverstöße.[1373] Der Unternehmensinhaber kann sich nicht darauf berufen, dass er dem handelnden Mitarbeiter in dem betreffenden Bereich Entscheidungsfreiheit zugestanden hat.[1374] Der **innere Grund** dafür, dass ihm Wettbewerbshandlungen Dritter, soweit es um den Unterlassungs- und den Beseitigungsanspruch geht, wie eigene Handlungen zugerechnet werden, wird in erster Linie in einer ihm zugute kommenden **Erweiterung seines Geschäftsbereichs** und einer gewissen **Beherrschung des Risikobereichs** gesehen.[1375]

570 Hinzu kommt die Erwägung, dass ein Kläger, der gegen den Inhaber eines Unternehmens ein Unterlassungsanspruch geltend machen will, in den allermeisten Fällen **keinen Einblick** in die inneren **Strukturen** und Abläufe **des Unternehmens** hat. Er ist als Außenstehender deshalb kaum in der Lage, die Hintergründe des Wettbewerbsverstoßes aufzudecken. Eine Erfolgshaftung des Betriebsinhabers erscheint danach insoweit gerechtfertigt, als es stets nahe liegt, dass der Inhaber des Unternehmens das Handeln des Mitarbeiters oder Beauftragten veranlasst oder geduldet hat. Durch die Erfolgshaftung des Unternehmensinhabers wird dem Kläger jedes Risiko der Beweisführung und Beweislast abgenommen.[1376] Darüber hinaus ist seit jeher als weitere Begründung angeführt worden,[1377] dass letztlich das Interesse des Klägers nicht dahin geht, einen unbedeutenden Angestellten zur Verantwortung zu ziehen, sondern den Unternehmensinhaber effektiv von weiteren Verstößen abzuhalten.[1378]

5. Rechtscharakter

571 Ob darin ein Zurechnungs- oder Haftungsgrund liegt[1379] oder eine **selbständige Anspruchsgrundlage** für einen unmittelbaren eigenen materiellen Anspruch gegen den Inhaber begründet wird,[1380] ist ohne praktische Bedeutung, weil § 8 Abs. 2 besagt, dass „der" gegen den Mitarbeiter begründete Anspruch „auch" gegen den Inhaber begründet ist.

6. Anwendungsbereich

572 § 8 Abs. 2 gilt nach seinem Wortlaut bei Ansprüchen nach § 8 Abs. 1, also bei den **Abwehransprüchen** gerichtet auf **Unterlassung** oder **Beseitigung** wegen Zuwiderhandlungen gegen § 3 oder § 7 und erfasst nach seinem Sinn und Zweck auch **Auskunftsansprüche**, die der Durchsetzung dieser Abwehransprüche dienen.[1381]

573 Dagegen gilt sie – anders als die mit ihr ansonsten vergleichbaren Regelung in § 13 Abs. 7 MarkenG – **nicht** für **Schadensersatzansprüche** nach § 9 UWG und damit in Zusammenhang stehende Auskunftsansprüche.[1382] Auch für Ansprüche auf **Gewinnabschöpfung** gem. § 10 sowie **diesen** dienende Auskunftsansprüche gilt § 8 Abs. 2 nicht.

574 Anwendbar sind dagegen die allgemeinen Bestimmungen, insbesondere die §§ 31, 89, 278, 831 BGB[1383] (dazu oben Rdn. 552ff.). Selbstverständlich kommt auch im Anwendungsbereich des § 8 Abs. 2 eine Haftung für Verrichtungsgehilfen nach § 831 BGB in Betracht.[1384]

1373 BGH GRUR 1995, 605, 607 – *Franchise-Nehmer.*

1374 BGH GRUR 2000, 907, 909 – *Filialleiterfehler.*

1375 BGH GRUR 2000, 907, 909 – *Filialleiterfehler;* GRUR 1995, 605, 607 – *Franchise-Nehmer;* LG Freiburg GRUR-RR 2014, 256, 257 – *Einmaliges Glück.*

1376 *Köhler* GRUR 1991, 344, 346.

1377 *Fuld* § 13 Anm. V 2.

1378 Fezer/*Büscher* § 8 Rdn. 169f.; MünchKommUWG/*Fritzsche* § 8 Rdn. 294; *Köhler* GRUR 1991, 344, 345; GroßKommUWG/*Paal* § 8 Rdn. 144.

1379 In diesem Sinne wohl Begr. RegE UWG 2004, BT-Drucks. 15/1487, S. 22.

1380 So GroßKommUWG/*Paal* § 8 Rdn. 143.

1381 Begr. des RegE des UWG 2004, BT-Dr 15/1487, S. 22; BGH GRUR 2012, 1279, 1283 Tz. 43 – *Das große Rätselheft;* Fezer/*Büscher* § 8 Rdn. 218; MünchKommUWG/*Fritzsche* § 8 Rdn. 296; *Köhler*/Bornkamm § 8 Rdn. 2.35; zum UWG 1909 ebenso BGH GRUR 1995, 427, 428 – *Schwarze Liste.*

1382 BGH GRUR 2006, 426, 428 Tz. 24 – *Direktansprache am Arbeitsplatz II;* GRUR 2012, 1279, 1283 Tz. 43 – *Das große Rätselheft;* Fezer/*Büscher* § 8 Rdn. 218; MünchKommUWG/*Fritzsche* § 8 Rdn. 296.

1383 Begr. RegE UWG 2004, BT-Drucks. 15/1487, S. 22, 23; BGH GRUR 2001, 82, 83 – *Neu in Bielefeld I;* MünchKommUWG/*Fritzsche* § 8 Rdn. 297.

1384 BGH GRUR 2012, 1279, 1283 Tz. 43 – *Das große Rätselheft; Werneburg* MuW XXXVIII, 3, 6.

7. Verfassungsrecht

Das auf § 8 Abs. 2 gegründete Unterlassungs- und Beseitigungsgebot ist **verfassungsgemäß,** weil es nur die für den Unternehmer bereits allgemein bestehende Verpflichtung konkretisiert, auf die Einhaltung der wettbewerbsrechtlichen Schutzbestimmungen durch seine Mitarbeiter und Beauftragten hinzuwirken.[1385] Seine Inanspruchnahme rechtfertigt sich daraus, dass der Rechtsverstoß aus der Sphäre des Unternehmers stammt und er das Risiko weiterer Rechtsverstöße verringern kann.[1386] 575

II. Zurechnungsvoraussetzungen

1. Einleitung

Die **Zurechnung einer Zuwiderhandlung** gegen den **Inhaber eines Unternehmens** setzt voraus, dass sie von einem Mitarbeiter oder Beauftragten in seinem Unternehmen begangen worden ist. Sowohl die Begriffe des „Inhabers des Unternehmens" wie auch die des „Mitarbeiters", des „Beauftragten" und der „Zuwiderhandlung in einem Unternehmen" bedürfen der Klärung: 576

2. Unternehmensinhaber

a) Begriff. Mit dem nunmehr verwendeten Begriff des **Inhabers eines „Unternehmens"** soll gegenüber dem früher in § 13 Abs. 3 UWG 1909 enthaltenen Begriff des Inhabers eines „geschäftlichen Betriebes" kein unterschiedlicher Bedeutungsgehalt verbunden sein,[1387] so dass die früheren Begriffsbestimmungen weiter gelten können. Auch mit der UGP-Richtlinie ist keine inhaltliche Änderung verbunden. Der Begriff des Inhabers eines Unternehmens hat nichts zu tun mit dem Begriff des „Unternehmers" i. S. d. § 2 Nr. 6. Diese Vorschrift berührt das Verständnis des Begriffs des Unternehmensinhabers im Rahmen des § 8 Abs. 2 nicht. 577

Als Unternehmensinhaber ist folglich wie bisher diejenige **natürliche Person** (z. B. Einzelkaufmann, Einzelunternehmer, Freiberufler), **juristische Person** oder rechtsfähige **Personengesellschaft** gem. § 14 Abs. 2 BGB anzusehen, in deren Namen und Verantwortung das Unternehmen geführt wird.[1388] **Nicht** Unternehmensinhaber ist, wer lediglich als **Betriebs- oder Filialleiter** der Organisation eines fremden Unternehmens vorsteht.[1389] Im Einzelnen gilt: 578

Nicht entscheidend ist das **Eigentum an den Betriebsmitteln,** sondern die Frage, ob der in Anspruch Genommene tatsächlich grundsätzlich einen **Einfluss auf die betrieblichen Verhältnisse** und damit auch auf das Verhalten der für das Unternehmen tätigen Personen hat.[1390] Der Inhaber muss nicht der Eigentümer, sondern kann auch **Pächter** oder **Nießbraucher** sein.[1391] Betreibt nach außen hin der Pächter oder Nießbraucher das Unternehmen, ist der Eigentümer nicht mehr Inhaber i. S. d. § 8 Abs. 2.[1392] 579

Bei einer **Personengesellschaft** (z. B. GbR, OHG, KG) ist der Inhaber die Gesellschaft als solche, nicht aber die einzelnen Gesellschafter oder deren Gesamtheit.[1393] Auch diejenigen, die für die Gesellschaft handeln (z. B. gem. §§ 114, 119 HGB für die OHG), sind nicht Unternehmensinhaber.[1394] 580

Bei **juristischen Personen,** die ihren Willen durch ihre Organe bilden und verwirklichen (vgl. z. B. §§ 76, 78, 119 AktG für die AG, §§ 35, 45, 46 GmbHG für die GmbH), ist die juristische 581

[1385] Vgl. BVerfG NJW 1996, 2567.

[1386] BVerfG NJW 1996, 2567.

[1387] Vgl. Begr. RegE UWG 2004, BT-Drucks. 15/1487, S. 7, 22, 32, 42.

[1388] OLG Dresden JW 1933, 1902; OLG Karlsruhe, Urt. v. 25.5.2016, Az. 6 U 17/15 – *Resistograph;* Fezer/*Büscher* § 8 Rdn. 227; MünchKommUWG/*Fritzsche* § 8 Rdn. 312; *Kahn/Weiß* § 13 UWG Anm. C 2a; *Ohly*/Sosnitza § 8 Rdn. 151; GroßKommUWG/*Paal* § 8 Rdn. 167.

[1389] OLG Dresden JW 1933, 1902; OLG Karlsruhe, Urt. v. 25.5.2016, Az. 6 U 17/15 – *Resistograph; Baumbach/Hefermehl* § 13 Rdn. 70; *Callmann* § 13 Rdn. 29; *Hahn* S. 122; Ahrens/*Jestaedt* Kap. 21 Rdn. 27; *Pinner/Eyck* § 13 Anm. II 4.

[1390] *Tetzner* § 13 Rdn. 20.

[1391] Fezer/*Büscher* § 8 Rdn. 227; *Fuld* § 13 Anm. V 6; MünchKommUWG/*Fritzsche* § 8 Rdn. 312; *Hahn* S. 121; Ahrens/*Jestaedt* Kap. 21 Rdn. 27; *Kahn/Weiß* § 13 UWG Anm. C 2a; *Köhler* GRUR 1991, 344, 352; *Ohly*/Sosnitza § 8 Rdn. 151; GroßKommUWG/*Paal* § 8 Rdn. 168.

[1392] Fezer/*Büscher* § 8 Rdn. 227; *Tetzner* § 13 Rdn. 20.

[1393] OLG Karlsruhe WRP 1998, 898, 899 – *Unterrichtskreis;* Fezer/*Büscher* § 8 Rdn. 227; MünchKommUWG/*Fritzsche* § 8 Rdn. 313; *Hahn* S. 121 f.; Ahrens/*Jestaedt* Kap. 21 Rdn. 27; *Köhler*/Bornkamm § 8 Rdn. 2.50; GroßKommUWG/*Paal* § 8 Rdn. 167.

[1394] Vgl. *Ohly*/Sosnitza § 8 Rdn. 151.

Person als solche **Unternehmensinhaber.**[1395] Ihre **Organe** sind **nicht Unternehmensinhaber.**[1396] Ebensowenig sind die **Aktionäre** oder Inhaber von **GmbH-Anteilen** Unternehmensinhaber.[1397] Organe oder Gesellschafter haften nicht gem. § 8 Abs. 2, sondern können nur für eigenes Verhalten in Anspruch genommen werden.[1398] Dasselbe gilt für im geschäftlichen Verkehr tätige Genossenschaften. Nur die **Genossenschaft** selbst ist Unternehmensinhaberin, nicht aber deren Genossen oder Vorstandsmitglieder.[1399]

582 Bei einer treuhänderischen Verwaltung eines Unternehmens ist der **Treuhänder** als Unternehmensinhaber anzusehen.[1400] Soweit der **Testamentsvollstrecker** oder vergleichbare Dritte den bisherigen Unternehmensträger aus eigenem Recht im Rahmen ihrer Verwaltungs- und Verfügungsbefugnis verdrängen und an seine Stelle treten, sind sie den Organen von Personenverbänden, die für den sonst nicht handlungsfähigen Verband dessen Willen bilden und verwirklichen, nicht gleichzusetzen. Bei der Anordnung der Testamentsvollstreckung ist danach zu unterscheiden, ob der Testamentsvollstrecker ein zum Nachlass gehörendes Unternehmen in der Form fortführt, dass er es im eigenen Namen als uneigennütziger Treuhänder unter eigener persönlicher Haftung weiterführt, oder ob er es auf Grund einer besonderen Bevollmächtigung seitens des Erben in dessen Namen und unter dessen persönlicher Haftung betreibt.[1401] Im ersten Fall kann der Testamentsvollstrecker, im zweiten der Erbe als Unternehmensinhaber nach § 8 Abs. 2 in Anspruch genommen werden.[1402]

583 Nicht als Unternehmensinhaber anzusehen ist auch die **Erbengemeinschaft.**[1403] Sie ist im Gegensatz zur GbR nicht zur dauerhaften Teilnahme am Rechtsverkehr bestimmt oder geeignet, sondern auf Auseinandersetzung gerichtet.[1404] Sie verfügt nicht über eigene Organe, durch die sie im Rechtsverkehr handeln und damit ein Unternehmen innehaben und leiten könnte.[1405] Die Erbengemeinschaft ist daher kein eigenständiges, handlungsfähiges Rechtssubjekt, das als Unternehmensinhaber in Betracht kommt, sondern lediglich eine gesamthänderisch verbundene Personenmehrheit, der mit dem Nachlass ein Sondervermögen zugeordnet ist.[1406] Unternehmensinhaber sind bei Versterben eines Einzelunternehmers dessen Erben in gesamthänderischer Bindung.[1407] Ihnen fehlt jedoch die Parteifähigkeit i. S. d. § 50 Abs. 1 ZPO.[1408]

584 **b) Rechtliche Möglichkeit der Kontrolle.** Voraussetzung für die Eigenschaft als Unternehmensinhaber ist aber stets die **rechtliche Möglichkeit,** die Geschäftstätigkeit zu bestimmen. Für die Anwendung des § 8 Abs. 2 reicht es nicht aus, dass die betreffende geschäftliche Handlung möglicherweise dem Vermögen des in Anspruch Genommenen zugute kommt. Vielmehr ist seine Haftung für das Verhalten **seiner** Mitarbeiter oder Beauftragten nach dieser Vorschrift nur gerechtfertigt, wenn er außerdem auf die Einhaltung der betreffenden Wettbewerbsvorschriften durch diese hinzuwirken vermag und so das Risiko von Verstößen verringern kann.[1409] Hieran fehlt es, wenn der Unternehmensinhaber die Verfügungsmacht über sein Unternehmen verloren hat und ein anderer in seine Rechtsstellung eingetreten ist, z. B. der Insolvenzverwalter mit Eröffnung des Insolvenzverfahrens (§ 80 Abs. 1 InsO). Die Auffassung, als Unternehmensinhaber könne auch derjenige in Anspruch genommen werden, dessen rechtliche Entscheidungsfreiheit beeinträchtigt sei, z. B. durch Anordnung einer Testamentsvollstreckung, Insolvenzeröffnung, Vormundschaft oder Betreuung,[1410] ist deshalb abzulehnen. Der Minderjährige ist Unternehmensinhaber, wenn er gemäß § 112 BGB zur selbständigen Führung des Unternehmens ermächtigt ist. Andernfalls ist der gesetzliche Vertreter (Eltern oder Vormund) als Inhaber anzusehen. Für den Betreuten gilt dies entsprechend, vgl. § 1903 Abs. 1 Satz 2 BGB.

1395 OLG Dresden JW 1933, 1902; Fezer/*Büscher* § 8 Rdn. 227; *Hahn* S. 122; Ahrens/*Jestaedt* Kap. 21 Rdn. 27.

1396 Ahrens/*Jestaedt* Kap. 21 Rdn. 27; *Werneburg* MuW XXXVIII, 3, 5.

1397 OLG Dresden JW 1933, 1902; *Werneburg* MuW XXXVIII, 3, 5.

1398 BGH GRUR 1964, 88, 89 – *Verona-Gerät;* MünchKommUWG/*Fritzsche* § 8 Rdn. 313; Ahrens/*Jestaedt* Kap. 21 Rdn. 27; *Köhler*/Bornkamm § 8 Rdn. 2.50; GroßKommUWG/*Paal* § 8 Rdn. 171.

1399 OLG Dresden JW 1933, 1902.

1400 *Köhler* GRUR 1991, 344, 352.

1401 Vgl. BGHZ 12, 100, 102; 35, 13, 15; Palandt/*Weidlich* BGB, § 2205 Rdn. 7 ff. m. w. N.

1402 Vgl. auch *Köhler* GRUR 1991, 344, 347.

1403 *Hahn* S. 122; GroßKommUWG/*Paal* § 8 Rdn. 168.

1404 BGH NJW 2002, 3389, 3390; NJW 2006, 3715, 3716.

1405 Vgl. BGH NJW 2006, 3715, 3716.

1406 Vgl. BGH NJW 2006, 3715, 3716.

1407 *Köhler*/Bornkamm § 8 UWG Rdn. 2.49; GroßKommUWG/*Paal* § 8 Rdn. 168.

1408 BGH NJW 2006, 3715 f.; GroßKommUWG/*Paal* § 8 Rdn. 168.

1409 Vgl. BVerfG NJW 1996, 2567; MünchKommUWG/*Fritzsche* § 8 Rdn. 311; a. A. *Köhler* GRUR 1991, 344, 348.

1410 So *Hahn* S. 122; *Köhler* GRUR 1991, 344, 352; *Ohly*/Sosnitza § 8 Rdn. 151.

Wegen des Fehlens einer rechtlichen Einflussmöglichkeit haftet ferner nicht gem. § 8 Abs. 2, wer **lediglich** nach außen **den Anschein** erweckt, **Unternehmensinhaber zu sein,** ohne tatsächlich die Verantwortung zu haben.[1411] Denn wer nur so tut, als ob er rechtlich einen bestimmenden Einfluss auf ein Unternehmen ausüben kann, dazu aber in Wahrheit nicht in der Lage ist, gegen den ist auch eine Vollstreckung gem. § 890 ZPO nicht möglich, weil ihn für eventuelle Verstöße kein eigenes Verschulden träfe. Dies wäre aber Voraussetzung für die Verhängung von Ordnungsmitteln.[1412] Deshalb ist ein titulierter Unterlassungsanspruch sinnlos. Die vereinzelt vorgeschlagene Haftung nach allgemeinen Rechtsscheinsgrundsätzen[1413] scheidet bei den auf Unterlassung und Beseitigung gerichteten Ansprüchen des § 8 Abs. 2 aus.[1414] Zu erwägen ist eine Rechtsscheinhaftung aber auf den Ersatz unnütz aufgewandter Rechtsverfolgungskosten, wenn der Kläger gegen den materiell nicht passivlegitimierten Scheinunternehmensinhaber vorgeht, aber wegen Fehlens der Voraussetzungen des § 8 Abs. 2 mit seiner Klage kostenpflichtig abgewiesen wird.[1415] 585

c) Keine Entlastung durch faktischen Kontrollverlust. Eine längere Ortsabwesenheit oder eine schwere Krankheit und ähnliche widrige Umstände, die zu einer **tatsächlichen Unmöglichkeit** führen, die Geschicke des Unternehmens zu bestimmen oder die Mitarbeiter und Beauftragten anzuleiten und zu überwachen, können nach dem Willen des Gesetzgebers und dem klaren Gesetzeswortlaut den Geschäftsherrn nicht entlasten,[1416] auch wenn dies schon zur Entstehungszeit der Norm mitunter als große Härte empfunden wurde.[1417] 586

3. Mitarbeiter

a) Begriff. § 8 Abs. 2 sieht eine Haftung des Unternehmensinhabers für von einem „Mitarbeiter" begangene Verstöße vor. In § 13 Abs. 3 UWG 1909 war nicht vom „Mitarbeiter", sondern vom „Angestellten" die Rede. Der Grund für diese Änderung ist nicht erkennbar, zumal damit eine inhaltliche Änderung nicht einhergehen soll.[1418] Die bisherige Rechtsprechung zum Begriff des „Angestellten" in § 13 Abs. 3 UWG 1909 kann deshalb im Grundsatz weiter herangezogen werden.[1419] Der **Begriff des „Mitarbeiters"** ist – ebenso wie früher der des „Angestellten"[1420] – im Hinblick auf den Normzweck **weit auszulegen.**[1421] 587

b) „Angestellte" im bisherigen Sinne. „Mitarbeiter" sind deshalb jedenfalls all diejenigen, die früher unter den Begriff des „Angestellten" fielen. Dies sind nach der gebotenen weiten Auslegung alle, die auf Grund eines Beschäftigungsverhältnisses in die Betriebsorganisation eingegliedert sind und **weisungsgebunden** Dienste zu leisten haben.[1422] Ohne Bedeutung ist, ob es sich um eine dauernde oder nur vorübergehende,[1423] eine entgeltliche oder lediglich unentgeltliche[1424] Beschäftigung handelt.[1425] Sofern ein Entgelt geschuldet wird, ist gleichgültig, ob es als Fixum oder Provision gezahlt werden soll.[1426] Auch auf die Wirksamkeit des zu Grunde liegenden Rechtsverhältnisses kommt es nicht an.[1427] 588

1411 OLG Dresden MuW XXXIV, 299 – *Erstes und ältestes Fachgeschäft; Hahn* S. 202 f., 235; *Köhler*/Bornkamm § 8 Rdn. 2.49; GroßKommUWG/*Paal* § 8 Rdn. 169; a. A. OLG Hamburg MuW XXXI, 573, 574 – *Hamburger Pflanzenbutter-Belieferung; Baumbach/Hefermehl* § 13 Rdn. 70; Fezer/*Büscher* § 8 Rdn. 227.

1412 BVerfGE 20, 323, 327 f. – *nulla poena sine culpa;* 58, 159, 163; *Köhler* GRUR 1991, 344, 345.

1413 Vgl. *Baumbach/Hefermehl* § 13 Rdn. 70; Fezer/*Büscher* § 8 Rdn. 227.

1414 *Hahn* S. 202 f., 235; Ahrens/*Jestaedt* Kap. 21 Rdn. 29; *Melullis* Rdn. 507.

1415 Hierzu *Hahn* S. 219 ff.

1416 Bericht der 35. Kommission über den Entwurf eines Gesetzes gegen den unlauteren Wettbewerb, Reichstagsverhandlungen 12. Legislaturperiode, 1. Session, Bd. 252, Nr. 1390, S. 8438; *Callmann* § 13 Rdn. 29; *Finger* § 13 Rdn. 85; *Kahn/Weiß* § 13 Anm. C 2c.

1417 *Kahn/Weiß* § 13 Anm. C 2c; *Kuhn* § 13 Anm. II 2.

1418 Begr. RegE UWG 2004, BT-Drucks. 15/1487, S. 22; *Hahn* S. 88.

1419 *Hahn* S. 88; GroßKommUWG/*Paal* § 8 Rdn. 156.

1420 BGH GRUR 1959, 28, 44 – *Buchgemeinschaft II;* GRUR 1990, 1039, 1040 – *Anzeigenauftrag;* GRUR 1995, 605, 607 – *Franchise-Nehmer; Melullis* Rdn. 532.

1421 Fezer/*Büscher* § 8 Rdn. 221.

1422 Vgl. BGH GRUR 1973, 370, 371 – *Tabac;* Fezer/*Büscher* § 8 Rdn. 221; MünchKommUWG/*Fritzsche* § 8 Rdn. 299; GroßKommUWG/*Paal* § 8 Rdn. 156.

1423 *Hahn* S. 88; *Rosenthal/Leffmann* § 13 Rdn. 25; *Tetzner* § 13 Rdn. 22.

1424 Fezer/*Büscher* § 8 Rdn. 221; Ahrens/*Jestaedt* Kap. 21 Rdn. 32; *Köhler*/Bornkamm § 8 Rdn. 2.39; *Ohly*/Sosnitza § 8 Rdn. 148; *Rosenthal/Leffmann* § 13 Rdn. 25.

1425 MünchKommUWG/*Fritzsche* § 8 Rdn. 299; *Hahn* S. 88; GroßKommUWG/*Paal* § 8 Rdn. 156.

1426 *Werneburg* MuW XXXVIII, 3, 5.

1427 Fezer/*Büscher* § 8 Rdn. 221; MünchKommUWG/*Fritzsche* § 8 Rdn. 299; Ahrens/*Jestaedt* Kap. 21 Rdn. 32; *Köhler*/Bornkamm § 8 Rdn. 2.39; GroßKommUWG/*Paal* § 8 Rdn. 156.

589 Unter den Begriff des „Mitarbeiters" fallen also nicht nur **Angestellte** im arbeitsrechtlichen Sinne[1428] wie z. B. **Außendienstmitarbeiter,**[1429] **Reisende,**[1430] **Verkäufer,**[1431] **Betriebsleiter,**[1432] **Prokuristen**[1433] oder **Filialleiter,**[1434] sondern auch **Arbeiter,**[1435] **Auszubildende,**[1436] **Fahrer,**[1437] **Praktikanten,**[1438] **Volontäre,**[1439] **Redakteure**[1440] und **Beamte.**[1441] Zu den Mitarbeitern zählen auch Familienmitglieder, die als **Arbeitnehmer** oder kraft gesetzlicher Verpflichtung (vgl. §§ 1353, Abs. 1 Satz 2, 1619 BGB) im Unternehmen eines Angehörigen Dienste leisten.[1442] Die bloße Eigenschaft als Familienmitglied reicht aber für die Zurechnung nicht aus.[1443]

590 **Nicht** „Angestellte" und auch nicht Mitarbeiter i. S. d. § 8 Abs. 2 sind die **Organe einer juristischen Person** wie Vorstände einer AG oder Geschäftsführer einer GmbH[1444] oder die gesetzlichen Vertreter der Personengesellschaften.[1445] Für die Haftungszurechnung für das Handeln von Organen gilt nicht § 8 Abs. 2, sondern §§ 31, 89 BGB (ggf. analog).[1446] Denn Organe sind nicht weisungsgebunden, sondern gerade diejenigen, von denen die Weisungen an die Betriebsorganisation ausgehen. Nicht weisungsgebunden und damit keine Mitarbeiter i. S. d. § 8 Abs. 2 sind **Mitglieder des Betriebsrats,** soweit sie in ihrer Eigenschaft als betriebliche Arbeitnehmervertreter handeln.[1447]

591 **c) Begriffserweiterung auf „freie" Mitarbeiter?** Nicht vollständig geklärt ist, ob der Begriff „Mitabeiter" gegenüber der früheren Handhabung des Begriffs des „Angestellten" eine gewisse Erweiterung darstellt oder nur als redaktionelle Klarstellung aufzufassen ist,[1448] dass nicht nur Angestellte im arbeitsrechtlichen Sinne von der Regelung erfasst sind. Das Kriterium der Weisungsgebundenheit passt beim Mitarbeiter jedenfalls nicht im gleichen Maße, weil der „Mitarbeiter", insbesondere der „freie" Mitarbeiter in einem bloßen Dienstverhältnis stehen kann, das sich von dem Arbeitnehmerverhältnis dadurch unterscheidet, dass der Dienstverpflichtete bei der Ausführung der Dienste nicht weisungsgebunden und nicht in die Betriebsorganisation eingebunden ist.[1449] Andererseits wurde der „freie" Mitarbeiter vielfach bereits unter den früheren Begriff des „Angestellten" subsumiert.[1450] Falls man wegen der gleichen Rechtsfolgen nicht ohnehin von einer klaren Abgrenzung von Mitarbeiter und Beauftragtem absehen will,[1451] bietet es sich an, nach der Stärke der Einflussmöglichkeit des Unternehmensinhabers zu unterscheiden. Als **Mitarbeiter** wären dann die enger in die Unternehmensorganisation eingebundenen, im größeren Umfange dem Weisungsrecht unterliegenden Personen, also die **Arbeitnehmer** im arbeitsrechtlichen Sinne anzusehen, während diejenigen, auf die der Unternehmensinhaber nur in einem geringeren Maße Einfluss nehmen kann, unter den Begriff des Beauftragten fallen können.

[1428] Ahrens/*Jestaedt* Kap. 21 Rdn. 33; *Köhler* GRUR 1991, 344, 346; *Melullis* Rdn. 532.

[1429] BGH GRUR 1965, 155 – *Werbefahrer; Rosenthal/Leffmann* § 13 Rdn. 25.

[1430] Ahrens/*Jestaedt* Kap. 21 Rdn. 33.

[1431] LG Freiburg GRUR-RR 2014, 256, 257 – *Einmaliges Glück.*

[1432] *Werneburg* MuW XXXVIII, 3, 5.

[1433] Ahrens/*Jestaedt* Kap. 21 Rdn. 33.

[1434] BGH GRUR 2000, 907, 909 – *Filialleiterfehler;* MünchKommUWG/*Fritzsche* § 8 Rdn. 299.

[1435] BGH GRUR 1965, 155 – *Werbefahrer; Melullis* Rdn. 532; *Köhler* GRUR 1991, 344, 346; *Ohly*/Sosnitza § 8 Rdn. 148; *Rosenthal/Leffmann* § 13 Rdn. 25.

[1436] MünchKommUWG/*Fritzsche* § 8 Rdn. 299; *Köhler* GRUR 1991, 344, 346; *Ohly*/Sosnitza § 8 Rdn. 148.

[1437] BGH GRUR 1965, 155 – *Werbefahrer;* Ahrens/*Jestaedt* Kap. 21 Rdn. 33.

[1438] MünchKommUWG/*Fritzsche* § 8 Rdn. 299; *Köhler* GRUR 1991, 344, 346.

[1439] MünchKommUWG/*Fritzsche* § 8 Rdn. 299; Ahrens/*Jestaedt* Kap. 21 Rdn. 33; *Köhler* GRUR 1991, 344, 346; *Melullis* Rdn. 532; soweit im Schrifttum hierfür bis heute RG GRUR 1936, 989 – *Margarinevertrieb* herangezogen wird, gibt diese Entscheidung dafür nichts her. Zum einen betrifft sie nicht einen (Presse-)Volontär nach heutigem Verständnis, sondern einen kaufmännischen Praktikanten; zum anderen geht es um § 831 BGB, nicht um § 13 Abs. 3 UWG 1909.

[1440] *Rosenthal/Leffmann* § 13 Rdn. 25.

[1441] MünchKommUWG/*Fritzsche* § 8 Rdn. 299; *Hahn* S. 89; *Köhler* GRUR 1991, 344, 346; *Köhler*/Bornkamm § 8 Rdn. 2.40; *Melullis* Rdn. 532.

[1442] MünchKommUWG/*Fritzsche* § 8 Rdn. 299; *Köhler* GRUR 1991, 344, 346.

[1443] OLG Naumburg DStRE 2008, 1044, 1046 – *Abwerbung von Mandanten.*

[1444] RG MuW XXXVII/XXXVIII, 53, 55 – *Gastwirtsdarlehen; Melullis* Rdn. 531; *Rosenthal/Leffmann* § 13 Rdn. 25; a. A. *Tetzner* § 13 Rdn. 23.

[1445] *Melullis* Rdn. 531.

[1446] RG MuW XXXVII/XXXVIII, 53, 55 – *Gastwirtsdarlehen; Melullis* Rdn. 531.

[1447] Ahrens/*Jestaedt* Kap. 21 Rdn. 33; *Melullis* Rdn. 532 m. w. N.; *Ohly*/Sosnitza § 8 Rdn. 148.

[1448] In diese Richtung Fezer/*Büscher* § 8 Rdn. 221; GroßKommUWG/*Paal* § 8 Rdn. 156.

[1449] Vgl. Palandt/*Weidenkaff* BGB, Einf. v. § 611 Rdn. 10, § 611 Rdn. 24.

[1450] *Köhler* GRUR 1991, 344, 346.

[1451] So GroßKommUWG/*Erdmann* (1. Aufl.) § 13 Rdn. 152; *Köhler* GRUR 1991, 344, 346.

4. Beauftragter

a) Begriff. Der Begriff des **Beauftragten** hat seit 1909 eine beträchtliche Ausweitung erfahren. Nach der Gesetzesbegründung waren „Beauftragte" i.S.d. § 13 Abs. 3 UWG 1909 solche Personen, die ohne im Angestelltenverhältnis zu stehen, kraft Auftrages oder auch Werkvertrages in dem betreffenden Geschäftsbetrieb tätig sind.[1452] Der Gesetzgeber von 1909 dachte etwa an selbständige Schaufensterdekorateure.[1453] 592

Der Begriff des Beauftragten ist jedoch nach dem Zweck des § 8 Abs. 2, den Inhaber für Wettbewerbsverstöße haften zu lassen, die ihm zugute kommen und aus seiner Risikosphäre stammen, **weit auszulegen.**[1454] Beauftragter kann eine natürliche oder juristische Person oder eine rechtsfähige Personengesellschaft sein.[1455] Der Begriff des Beauftragten erfasst **alle,** die nicht Mitarbeiter sind, deren Tätigkeit zumindest auch dem Unternehmen in irgendeiner Weise nutzt und **auf die der Unternehmensinhaber** in irgendeiner Form dahingehend **einen bestimmenden Einfluss ausüben kann,** dass er das Risiko weiterer Rechtsverstöße verringern kann.[1456] Welchen Einfluss sich der Unternehmensinhaber tatsächlich gesichert hat, ist nicht entscheidend, sondern welchen er sich hätte sichern können und müssen (z.B. durch Vertragsstrafen,[1457] Kündigung[1458] oder Drohung damit).[1459] 593

Jedoch müssen die **Voraussetzungen,** unter denen von der Tätigkeit eines Beauftragten auszugehen ist, **objektiv vorliegen,** wobei es ohne Belang ist, in welches rechtliche Gewand die Beteiligten ihre Rechtsbeziehungen gekleidet haben, ob sie ausdrückliche oder stillschweigende Vereinbarungen getroffen haben oder ihre Geschäftsbeziehung nur auf einer ständigen Übung beruht.[1460] Es genügt aber nicht, dass der Handelnde nur nach außen den Anschein erweckt, er sei Beauftragter des Unternehmensinhabers.[1461] 594

b) Unselbständige Dritte. Die Haftung für das Handeln unselbständiger Dritter setzt weder deren enge Einbindung in die Unternehmensorganisation noch einen besonderen Grad an Weisungsabhängigkeit voraus. In diesem Sinne sind Beauftragte z.B. auch voll- oder minderjährige **Familienmitglieder** eines Ladeninhabers, **die** während dessen Urlaub oder Krankheit oder auch nur spontan und punktuell im Geschäft **aushelfen.**[1462] 595

Organe juristischer Personen und die gesetzlichen Vertreter von Personengesellschaften sind **keine „Beauftragten"** i.S.d. § 8 Abs. 2.[1463] Dies gilt auch für diejenigen Personen, die kraft Amtes anstelle des von der Verwaltung ausgeschlossenen Unternehmensinhabers das Unternehmen führen, z.B. den **Insolvenzverwalter**[1464] oder **Testamentsvollstrecker.**[1465] Die Zurechnung der Haftung erfolgt gem. §§ 32, 89 BGB (ggf. analog). 596

c) Selbständige Dritte. Nach der Rechtsprechung kommen nach den vorstehenden Grundsätzen als Beauftragte nicht nur unselbständige Dritte in Betracht, sondern **auch selbständige Unternehmer.**[1466] Dies gilt auch bei einer nur gelegentlichen und vorübergehenden Tätigkeit.[1467] 597

[1452] RGZ 83, 424, 426 – *Dünger* unter Bezugnahme auf S. 13 der Begründung zum Entwurf der Novelle von 1909.

[1453] Vgl. S. 13 der Begründung zum Entwurf der Novelle von 1909, auszugsweise abgedruckt bei *Pinner/Eyck* § 13 UWG Anm. C I.

[1454] RGZ 83, 424, 426 – *Dünger;* RG GRUR 1937, 389, 392 – *Alpina;* BGH GRUR 1959, 28, 44 – *Buchgemeinschaft II;* GRUR 1990, 1039, 1040 – *Anzeigenauftrag;* GRUR 1995, 605, 607 – *Franchise-Nehmer.*

[1455] *Köhler*/Bornkamm § 8 Rdn. 2.43.

[1456] Vgl. BGH GRUR 1964, 263, 267 – *Unterkunde;* GRUR 1995, 605, 607 – *Franchise-Nehmer;* GRUR 2005, 864, 865 – *Meißner Dekor II.*

[1457] Vgl. RG GRUR 1937, 389, 393 – *Alpina.*

[1458] Vgl. RG GRUR 1937, 389, 393 – *Alpina;* BGH GRUR 1995, 605, 608 – *Franchise-Nehmer.*

[1459] Vgl. BGH GRUR 1959, 38, 44 – *Buchgemeinschaft II;* GRUR 1995, 605, 607 – *Franchise-Nehmer;* GRUR 2011, 534, 544 Tz. 11, 13 – *Änderung der Voreinstellung III.*

[1460] BGH GRUR 1964, 263, 267 – *Unterkunde.*

[1461] BGH GRUR 1963, 438, 440 – *Fotorabatt.*

[1462] OLG Bamberg MuW XV, 54f. – *Zettel in der Kiste.*

[1463] Ahrens/*Jestaedt* Kap. 21 Rdn. 43; *Mellulis* Rdn. 531; GroßKommUWG/*Paal* § 8 Rdn. 166; a.A. für das Aufsichtsratsmitglied *Reimer* Kap. 107 Rdn. 27 unter Berufung auf RG MuW XXXIV, 99; gänzlich a.A. und für eine Haftung auch neben § 31 BGB *Köhler* GRUR 1991, 344, 347f.

[1464] MünchKommUWG/*Fritzsche* § 8 Rdn. 304.

[1465] GroßKommUWG/*Paal* § 8 Rdn. 166; a.A. *Köhler* GRUR 1991, 344, 347f.

[1466] BGH GRUR 1964, 263, 267 – *Unterkunde;* GRUR 1995, 605, 607 – *Franchise-Nehmer;* GRUR 2005, 864, 865 – *Meißner Dekor II;* GRUR 2011, 534, 544 Tz. 11 – *Änderung der Voreinstellung III;* GRUR 2012, 1279, 1284 Tz. 61 – *Das große Rätselheft.*

[1467] RGZ 83, 424, 426 – *Dünger;* RG MuW XXXIX, 64, 66 – *Hohlscheren.*

Voraussetzung ist jedoch, dass der selbständige Unternehmer in die betriebliche Organisation des Betriebsinhabers in einer Weise eingegliedert ist, dass der **Erfolg** seiner Geschäftstätigkeit dem **Unternehmensinhaber zugute kommt** und dieser auf das Unternehmen einen **bestimmenden und durchsetzbaren Einfluss** hat.[1468] Ob der Unternehmensinhaber von der Möglichkeit Gebrauch macht, diesen Einfluss auszuüben, spielt dabei keine Rolle.[1469] Es kommt nicht darauf an, welchen Einfluss sich der Inhaber gesichert hat, sondern darauf, welchen Einfluss er sich sichern konnte und musste.[1470] Die Anforderungen der Rechtsprechung gehen weit.[1471]

598 Im Rahmen des **Produktabsatzes** ist für die Eigenschaft als Beauftragter erforderlich, dass sich – anders als bei den üblichen Lieferbeziehungen zwischen dem Großhandel und dem Einzelhandel – die Einflussmöglichkeiten des Betriebsinhabers auf alle das Vertriebssystem des Vertriebspartners kennzeichnenden wesentlichen Vorgänge erstrecken und zwangsläufig vom Willen des Unternehmensinhabers abhängen.[1472]

599 Beauftragter ist nicht nur derjenige selbständige Unternehmer, der direkt vom Unternehmensinhaber beauftragt wurde. Auch wer mittelbar am Ende einer mehrstufigen Kette von beauftragtem Unternehmer, Subunternehmer, Sub-Subunternehmer etc. steht, ist Beauftragter i. S. d. § 8 Abs. 2 UWG. Die **Mehrstufigkeit** des Beauftragungsverhältnisses schließt die Anwendung dieser Vorschriften auch über mehrere Stufen hinweg nicht aus.[1473] Selbstverständlich haftet der Unternehmensinhaber auch für Handlungen der Angestellten eines Beauftragten.[1474]

600 **d) Kasuistik.** Nach diesen Grundsätzen ist **Beauftragter** z. B. ein **Franchisenehmer,** wenn er auf Verlangen des Franchisegebers unter Verwendung von dessen Kennzeichnung (auch) für diesen Werbung macht;[1475] eine **Tochtergesellschaft** im Verhältnis zur Muttergesellschaft, soweit letztere über die Funktion als bloße Holding-Gesellschaft hinaus einen beherrschenden Einfluss auf die Tochtergesellschaft ausübt[1476] oder soweit die Tochtergesellschaft Tätigkeiten im Interesse der Muttergesellschaft Tätigkeiten für diese ausübt (z. B. als ausgegliederte Werbeagentur oder Webseitenbetreiber);[1477] ein **Versteigerer;**[1478] ein **Kommissionär;** [1479] ein **Lieferant** und **Zwischenhändler,** der in eine einheitliche **Vertriebsorganisation eingegliedert** ist;[1480] ein Lieferant, der im Wege des **Streckengeschäfts** für den Unternehmensinhaber die Ware an dessen Endabnehmer versendet;[1481] ein zugleich für einen Großhändler **werbender Einzelhändler,** der in dessen Unterkundengeschäft eingeschaltet ist;[1482] ein selbständiger **Handelsvertreter,** der ständig mit Werbe- und Vertriebsaufgaben für das Unternehmen befasst ist;[1483] der Bezahldienst **PayPal** im Verhältnis zu einem Internetversandhändler;[1484] ein **Callcenter,** das im Auftrag eines Unternehmens Kunden telefonisch zum Abschluss von Verträgen zu veranlassen sucht;[1485] eine **Werbeagentur** im Verhält-

---

[1468] St. Rspr., vgl. BGH GRUR 2005, 864, 865 – *Meißner Dekor II;* GRUR 2009, 1167, 1170 Tz. 21 – *Partnerprogramm;* GRUR 2011, 534, 544 Tz. 11 – *Änderung der Voreinstellung III;* GRUR 2012, 1279, 1284 Tz. 61 – *Das große Rätselheft.*

[1469] BGH GRUR 2005, 864, 865 – *Meißner Dekor II;* GRUR 2011, 534, 544 Tz. 11 – *Änderung der Voreinstellung III.*

[1470] St. Rspr., vgl. BGH GRUR 1995, 605, 607 – *Franchise-Nehmer;* GRUR 2009, 1167, 1170 Tz. 21 – *Partnerprogramm;* GRUR 2011, 617, 621 Tz. 54 – *Sedo;* OLG Köln GRUR-RR 2006, 205, 206 – *Bluerate Tarif-Wunder;* WRP 2014, 202, 203 Tz. 6 – *Typosquatting durch Affiliates.*

[1471] Vgl. OLG München, Beschl. v. 20.5.2009, Az. 29 W 1405/09 – *autorisierte Goldverwertungs-Agentur.*

[1472] BGH GRUR 2011, 534, 544 Tz. 11 – *Änderung der Voreinstellung III* im Anschluss an GRUR 1964, 263, 267 f. – *Unterkunde.*

[1473] BGH GRUR 1959, 38, 44 – *Buchgemeinschaft II;* GRUR 2012, 82, 84 Tz. 13 – *Auftragsbestätigung;* NJOZ 2013, 863 – *Mehrstufigkeit eines Beauftragungsverhältnisses;* LG Hamburg, Urt. v. 21.8.2014, Az. 327 O 16/14 – *Internetmarketing Bielefeld.*

[1474] OLG Naumburg MuW XXXVI, 31, 32 – *Staubsaugervertrieb.*

[1475] BGH GRUR 1995, 605, 607 – *Franchise-Nehmer;* OLG Köln NJOZ 2012, 1325, 1327 – *Online-Katalog; Ullmann* NJW 1994, 1255, 1262.

[1476] BGH GRUR 2005, 864, 865 – *Meißner Dekor II;* OLG Frankfurt WRP 2001, 1111, 1113 – *Ratgeber Selbstmedikation.*

[1477] OLG München WRP 2012, 579, 583 Tz. 40 – *Meisterpräsenz im Ladengeschäft; Hahn* S. 371.

[1478] KG WRP 1973, 642.

[1479] *Kahn/Weiß* § 13 UWG Anm. C 2a; *Köhler* GRUR 1991, 344, 348; vgl. auch BGH GRUR 2014, 573, 575 Tz. 24 – *Werbung für Fremdprodukte.*

[1480] RG GRUR 1937, 389, 392 – *Alpina;* BGH GRUR 1959, 38, 44 – *Buchgemeinschaft II.*

[1481] Vgl. RGZ 83, 424, 426 – *Dünger.*

[1482] BGH GRUR 1964, 263, 266 – *Unterkunde.*

[1483] RG MuW XXVI, 147, 148 – *Kentucky-Tabak;* BGH GRUR 1971, 119, 120 – *Branchenverzeichnis.*

[1484] LG Hamburg, Urt. v. 10.5.2016, Az. 312 O 393/14 – *P&C.*

[1485] OLG Frankfurt K&R 2011, 804 – *Beauftragtenhaftung für Call-Center;* OLG Hamm, Urt. v. 5.4.2011, Az. I-4 U 193/10, BeckRS 2011, 09375 – *Telefon-Direktvertrieb.*

nis zu dem Werbung treibenden Unternehmer;[1486] der Betreiber einer **Internet-Handelsplattform** gegenüber den dort anbietenden Verkäufern;[1487] die **Suchmaschine Google** im Verhältnis zum Unternehmer, der ein **AdWord** bucht;[1488] ein **Internet-Werbepartner (sog. Affiliate);**[1489] **Laienwerber;**[1490] **Prominente,** die in der Werbung eingesetzt werden,[1491] sowie eine **Beraterin,** die in ein mehrstufiges Vertriebssystem eingegliedert ist.[1492] Im Einzelfall mag auch ein **von einer Werbegemeinschaft** mit der Schaltung bundesweiter Werbung **betrauter Dienstleister** als Beauftragter der davon profitierenden Einzelhändler angesehen werden können, wenn diesen die Beobachtung der Werbung oblag und sie Einfluss nehmen konnten.[1493]

Kein Beauftragter ist dagegen das **Presseunternehmen** im Verhältnis zum Anzeigen- 601
kunden;[1494] ein **Reisegewerbetreibender,** wenn er rechtlich und tatsächlich selbständig tätig und in jeder Hinsicht **weisungsunabhängig** ist;[1495] ein **unabhängiger Lieferant,** der nur Ware liefert und für das Vertriebssystem des Unternehmensinhabers sonst keine weitere Rolle spielt;[1496] ein **selbständiger Einzelhändler** im Verhältnis zum Hersteller, Großhändler oder Lieferanten[1497] oder ein **Rechtsanwalt** in seiner Funktion als selbständiges Organ der Rechtspflege, der den Unternehmensinhaber in seinen rechtlichen und geschäftlichen Angelegenheiten berät und vertritt.[1498]

Ein **Presseunternehmen,** das die Werbeanzeige eines anderen Unternehmens entgegennimmt 602
und veröffentlicht, ist nicht dessen Beauftragter, soweit es lediglich solche ausführenden Verrichtungen vornimmt, die wie die Ausführung eines bestimmten Anzeigenauftrags nicht in den betrieblichen Tätigkeitsbereich des Verkaufsunternehmens fallen, und es nicht in die betriebliche Organisation des Auftraggebers eingebunden ist.[1499] Geht die Tätigkeit darüber hinaus, indem das Presseunternehmen ausnahmsweise auch Funktionen übernimmt, die dem werbenden Unternehmen im Regelfall selbst obliegen (etwa Entscheidung über Inhalt, Zeitpunkt und Umfang der Werbung, Verteilung auf verschiedene Medien des beauftragten Unternehmens), kommt eine Beauftragung im Sinne des § 8 Abs. 2 in Betracht.[1500]

5. Zuwiderhandlung in einem Unternehmen

a) Zuwiderhandlung. *aa) Begründung eines Unterlassungsanspruchs gegen den Mitarbeiter oder Beauf-* 603
tragten. Die Haftung des Unternehmensinhabers nach § 8 Abs. 2 UWG setzt voraus, dass die zu verantwortende Handlung ihrerseits alle Tatbestandsmerkmale einer unlauteren Wettbewerbshandlung erfüllt.[1501] Der Mitarbeiter oder Beauftragte muss eine **Zuwiderhandlung** begangen haben, die einen Unterlassungs- oder Beseitigungsanspruch begründet hat. § 8 Abs. 2 greift nur ein, wenn sich gegen den Mitarbeiter oder Beauftragten auf Grund einer Wiederholungsgefahr (§ 8 Abs. 1 Satz 1) oder einer Erstbegehungsgefahr (§ 8 Abs. 1 Satz 2) ein Unterlassungsanspruch oder wegen eines zu beseitigenden Störungszustandes ein Beseitigungsanspruch ergibt. Ist ein solcher Anspruch

---

[1486] BGH GRUR 1973, 208, 209 – *Neues aus der Medizin;* GRUR 1991, 772, 774 – *Anzeigenrubrik I;* GRUR 1994, 219, 220 – *Warnhinweis;* OLG Stuttgart GRUR-RR 2009, 343, 346 – *CO2-Emission I;* LG Köln, Urt. v. 29.5.2008, Az. 31 O 845/07; vgl. ferner BGH GRUR 2008, 186 Tz. 23 –*Telefonaktion.*

[1487] OLG Hamm, Urt. v. 5.3.2013, Az. 4 U 139/12 – *Alsino.*

[1488] BGH GRUR 2009, 502, 504 Tz. 21 – *pcb.*

[1489] BGH GRUR 2009, 1167, 1170 Tz. 21 ff. – *Partnerprogramm;* OLG Köln WRP 2014, 202, 203 Tz. 7 – *Typosquatting durch Affiliates.*

[1490] MünchKommUWG/*Fritzsche* § 8 Rn 302; *Köhler*/Bornkamm § 8 Rdn. 2.45.

[1491] *Henning-Bodewig* GRUR 1982, 202, 204; *dies.* in: FS 100 Jahre Wettbewerbszentrale, S. 125, 128 f.; *Köhler*/Bornkamm § 8 Rdn. 2.45.

[1492] BGH GRUR 1999, 183, 186 – *Ha-Ra/HARIVA.*

[1493] OLG Hamburg GRUR-RR 2004, 87 – *Einkaufsgemeinschafts-AG;* OLG Köln NJOZ 2012, 1325, 1327 – *Online-Katalog.*

[1494] BGH GRUR 1990, 1039, 1040 – *Anzeigenauftrag.*

[1495] BGH GRUR 1973, 370, 371 – *Tabac.*

[1496] RGZ 83, 424, 426 – *Dünger.*

[1497] RG MuW XXV, 303, 305 – *Steinway/Grotrian Steinweg II;* BGH GRUR 2011, 534, 544 Tz. 14 – *Änderung der Voreinstellung III;* OLG Köln GRUR-RR 2006, 205, 206 – *Bluerate Tarif-Wunder.*

[1498] OLG Koblenz NJW-RR 1989, 363; Ahrens/*Jestaedt* Kap. 21 Rdn. 38; *Melullis* Rdn. 539; a. A. LG Mönchengladbach, Urt. v. 25.1.1989, Az. 7 O 195/88; differenzierend *Köhler* GRUR 1991, 344, 348.

[1499] BGH GRUR 1990, 1039, 1040 f. – *Anzeigenauftrag.*

[1500] BGH GRUR 1990, 1039, 1040 f. – *Anzeigenauftrag.*

[1501] RGZ 83, 424, 427 – *Dünger;* LG Freiburg GRUR-RR 2014, 256, 257 – *Einmaliges Glück;* Ahrens/*Jestaedt* Kap. 21 Rdn. 28 f.; vgl. auch BGH GRUR 1962, 45, 48 – *Betonzusatzmittel;* GRUR 1996, 798, 800 – *Lohnentwesungen.*

gegen den Mitarbeiter oder Beauftragten nicht entstanden, z. B. wegen zulässiger Abwehr oder mangels einer geschäftlichen Handlung, greift § 8 Abs. 2 nicht ein.[1502]

604 Rundheraus abzulehnen ist deshalb die Ansicht des BGH, bei einem **völlig subalternen Angestellten** ohne Entscheidungsbefugnis sei bereits eine geschäftliche Handlung zu verneinen und Ansprüche gegen ihn seien deshalb ausgeschlossen.[1503] Denn fehlt es an einem Anspruch gegen den Mitarbeiter, lässt sich nach der Konzeption des Gesetzes auch kein Anspruch gegen den Unternehmer begründen (oben Rdn. 545 ff.).

605 *bb) Wegfall des Unterlassungsanspruchs gegen den Mitarbeiter oder Beauftragten.* Fällt ein zunächst entstandener Anspruch gegen den Mitarbeiter oder Beauftragten später weg, so führt dies nur dann auch zum Wegfall des Anspruchs gegen den Unternehmensinhaber, wenn die Voraussetzungen des gegen diesen gerichteten Anspruchs gleichfalls berührt sind, z. B. Wegfall des Störungszustandes beim Beseitigungsanspruch.[1504] Ist dagegen infolge der Zurechnung des Verhaltens des Mitarbeiters wegen der von ihm begangenen Zuwiderhandlung ein Unterlassungsanspruch gegen Inhaber nach § 8 Abs. 2 begründet worden, so bleibt dieser bestehen, wenn später einzelne Anspruchsvoraussetzungen (etwa die Wiederholungsgefahr) nur beim Mitarbeiter, nicht aber beim Inhaber entfallen.[1505]

606 **b) Unternehmensbezug.** *aa) Innerer Zusammenhang mit dem Unternehmen.* Das Erfordernis, das die Zuwiderhandlung **„in einem Unternehmen"** begangen worden sein muss, ist **nicht räumlich,** sondern **sachlich-funktional** zu verstehen.[1506] Ob die Zuwiderhandlung in den Geschäftsräumen stattfindet oder von ihnen ausgeht, ist gleichgültig.[1507] In einem Unternehmen ist die Zuwiderhandlung begangen, wenn sie in den Rahmen derjenigen Tätigkeiten fällt, die dem Inhaber des Unternehmens obliegen.[1508] Es muss also ein **innerer Zusammenhang** mit dem Unternehmen bestehen.[1509] Ob der Mitarbeiter oder Beauftragte ohne Wissen oder sogar gegen eine Weisung des Unternehmensinhabers gehandelt oder sich über vertragliche Einschränkungen ihrer Befugnisse hinweggesetzt hat, ist ohne Belang, sofern die Handlung nur in den Geschäftskreis des Unternehmens fällt und dem Inhaber zugute kommen soll.[1510] Entscheidend ist die dem Inhaber des Unternehmens abstrakt zugute kommende Erweiterung seines Geschäftsbereichs,[1511] die in der Eingliederung des Handelnden in seine Geschäfts- oder Betriebsorganisation besteht.[1512] Der Begriff der Betriebsorganisation ist seinerseits weit zu verstehen. Dazu gehören auch solche Funktionen, die aus dem Betrieb ausgegliedert und auf andere Unternehmen übertragen sind, z. B. Einkauf, Vertrieb oder Werbung.[1513]

607 Dabei kommt es nur darauf an, inwieweit der Handelnde **tatsächlich Glied der Organisation** ist, nicht darauf, welchen Anschein er nach außen erweckt.[1514] Werden allerdings zwei rechtlich selbständige Unternehmen in denselben Geschäftsräumen geführt, so werden die Handlungen nur demjenigen zugerechnet, für das der Mitarbeiter im konkreten Fall nach außen hin erkennbar tätig geworden ist, selbst wenn er dem anderen angehört und dieses die Tätigkeit für beide gestattet hat.[1515] Aus dem Vorstehenden ergeben sich gewisse Grenzen für die Haftung des Unternehmensinhabers:

[1502] Vgl. BGH GRUR 1962, 45, 48 – *Betonzusatzmittel;* GRUR 1996, 798, 800 – *Lohnentwesungen;* vgl. auch BGH GRUR 1969, 51, 52 – *Glassteine.*

[1503] So aber BGH GRUR 2011, 340, 342 Tz. 27 – *Irische Butter* und *Köhler*/Bornkamm § 8 Rdn. 2.15 b.

[1504] Vgl. BGH WRP 1993, 396, 398 – *Maschinenbeseitigung.*

[1505] Ahrens/*Jestaedt* Kap. 21 Rdn. 29.

[1506] RG MuW XXXIX, 64, 66 – *Hohlscheren;* BGH GRUR 1963, 438, 439 – *Fotorabatt;* Fezer/*Büscher* § 8 Rdn. 226; *Köhler*/Bornkamm § 8 Rdn. 2.47; *Mellulis* Rdn. 539; GroßKommUWG/*Paal* § 8 Rdn. 152.

[1507] BGH GRUR 1963, 438, 439 – *Fotorabatt.*

[1508] RG MuW XXXIX, 64, 66 – *Hohlscheren.*

[1509] BGH GRUR 2008, 186, 188 Tz. 23 – *Telefonaktion.*

[1510] BGH GRUR 2009, 1167, 1170 Tz. 21 – *Partnerprogramm;* GRUR 2011, 617, 621 Tz. 54 – *Sedo;* NJOZ 2013, 863 – *Mehrstufigkeit eines Beauftragungsverhältnisses;* OLG Köln WRP 2014, 202, 203 Tz. 6 – *Typosquatting durch Affiliates.*

[1511] Vgl. hierzu BGH GRUR 1995, 605, 607 – *Franchise-Nehmer;* GRUR 2000, 907, 909 – *Filialleiterfehler;* OLG Hamm, Urt. v. 5.3.2013, Az. 4 U 139/12 – *Alsino.*

[1512] BGH GRUR 1959, 38, 44 – *Buchgemeinschaft II;* GRUR 1963, 434, 435 – *Reiseverkäufer;* GRUR 1990, 1039, 1040 – *Anzeigenauftrag;* GRUR 2009, 1167, 1170 Tz. 21 – *Partnerprogramm;* GRUR 2011, 617, 621 Tz. 54 – *Sedo;* OLG Köln GRUR-RR 2006, 205, 206 – *Bluerate Tarif-Wunder;* WRP 2014, 202, 203 Tz. 6 – *Typosquatting durch Affiliates.*

[1513] OLG Köln GRUR-RR 2006, 205, 206 – *Bluerate Tarif-Wunder; Köhler*/Bornkamm § 8 Rdn. 2.44.

[1514] BGH GRUR 1963, 438, 439 – *Fotorabatt.*

[1515] BGH GRUR 1964, 88, 89 – *Verona-Gerät.*

bb) Ausschluss „rein privater Handlungen". An einem inneren Zusammenhang zum Unternehmen fehlt es, wenn die Handlungen des Mitarbeiters oder Beauftragten nicht gerade betrieblichen Zwecken des Unternehmens, sondern seinen **privaten** oder anderweitigen **Zwecken** dienen.[1516] Anwaltlich vertretene Anbieter von Plagiaten und markenverletzenden Waren verteidigen sich deshalb nicht selten mit dem Argument, solche Waren gehörten nicht zu Sortiment des Geschäfts und seien von **Mitarbeitern** oder **Beauftragten auf eigene Rechnung** beschafft und dort **veräußert** worden, weshalb es bei diesen „rein privaten" Handlungen an einem Unternehmensbezug fehle. Diese Ansicht wird in der Kommentarliteratur unterstützt.[1517] Diese „rein privaten" Handlungen müssen allerdings sehr eng gefasst werden. Ausgangspunkt der Rechtsprechung[1518] ist das von *Reimer* gebildete Beispiel rein privater Äußerungen eines Angestellten.[1519] Klar ist, dass sich z. B. ein in einem Pharmaunternehmen angestellter Chemiker, der sich in einem wissenschaftlichen Artikel rein privat, unter seinem eigenen Namen und ohne Nennung seines Arbeitgebers kritisch mit einem Konkurrenzprodukt auseinandersetzt, nicht „im Unternehmen" seines Arbeitgebers weil ohne inneren Zusammenhang zu diesem handelt, selbst wenn er etwa zur Erstellung seiner Untersuchung dessen Labor benutzen durfte. Tätigkeiten aber, die ein Mitarbeiter oder Beauftragter **gerade als Glied der** vom Unternehmensinhaber geschaffenen **Betriebsorganisation** verrichtet, fallen gemäß § 8 Abs. 2 dem Unternehmensinhaber immer zur Last.[1520] Nicht dazu gehört z. B. ein vom Unternehmensinhaber eingeschalteter Dolmetscher, der nur zwischen dem Verkaufspersonal und den Kunden übersetzen, aber nicht selbst in die Rolle des Verkäufers schlüpfen soll.[1521] Es kommt insoweit darauf an, inwieweit die Rolle des Handelnden objektiv der vom Unternehmensinhaber bestimmten entspricht. Ob das konkret abgewickelte Geschäft (z. B. der Verkauf eines Plagiats) tatsächlich dem Unternehmen des Arbeitgebers wirtschaftlich zugute kommt oder der angestellte Verkäufer gemäß seinem geheimen Vorbehalt in die eigene Tasche wirtschaftet, spielt keine Rolle. Entscheidend ist allein die dem Unternehmensinhaber **abstrakt zugute kommende Erweiterung seines Geschäftsbereichs,**[1522] die in der Eingliederung des Angestellten in seine Betriebsorganisation besteht.[1523] Nutzt dieser seine Rolle aus, um gleichermaßen Kunden wie Unternehmensinhaber vorsätzlich entgegen dessen Weisungen zu schädigen, liegt das innerhalb des Risikobereichs, den § 8 Abs. 2 dem Unternehmensinhaber zuweist. 608

cc) Ausschluss von Handlungen aus fremdem Geschäftskreis. Der Unternehmensinhaber haftet nicht, wenn der von ihm Beauftragte im konkreten Fall zwar geschäftlich tätig geworden ist, das betreffende geschäftliche Handeln jedoch **nicht der Geschäftsorganisation** des Unternehmensinhabers zugute kommt.[1524] Ein geschäftliches Handeln, mit dem der **Angestellte** oder **Beauftragte** allein **eigene Geschäftszwecke** außerhalb und unabhängig von der Betriebsorganisation des Unternehmensinhabers verfolgt, kommt diesem nicht zugute und ist deshalb diesem auch nicht zuzurechnen (vgl. aber oben Rdn. 608).[1525] Das Gleiche gilt, wenn das Handeln des Beauftragten allein der **Geschäfts- oder Betriebsorganisation eines Dritten** zugute kommt und deshalb diesem Dritten zuzurechnen ist.[1526] 609

In jüngerer Zeit hat die Rechtsprechung die Grenzen der Haftung des Betriebsinhabers gemäß § 8 Abs. 2 UWG bzw. § 14 Abs. 7 MarkenG noch weiter präzisiert und verneint eine Zurechnung, wenn das Handeln des Beauftragten zwar dem Auftraggeber zugute kommt, sich aber in einem **ganz anderen Geschäftsbereich** abspielt als demjenigen, für den der Auftrag erteilt wurde. Denn insofern ist der Handelnde gerade nicht Glied der Geschäfts- oder Betriebsorganisation: Unterhält der Beauftragte neben dem Geschäftsbereich, mit dem er für den Auftraggeber tätig wird, noch weitere, davon zu unterscheidende Geschäftsbereiche, so beschränkt sich die Haftung des Auftrag- 610

[1516] RG GRUR 1937, 389, 393 – *Alpina;* BGH GRUR 1963, 434, 435 – *Reiseverkäufer;* GRUR 1963, 438, 439 – *Fotorabatt;* GRUR 1990, 1039, 1040 – *Anzeigenauftrag;* GRUR 1995, 605, 608 – *Franchise-Nehmer;* GRUR 2007, 994, 995 Tz. 19 – *Gefälligkeit;* GRUR 2009, 1167, 1171 Tz. 27 – *Partnerprogramm.*

[1517] *Köhler*/Bornkamm § 8 Rdn. 2.47.

[1518] RG GRUR 1937, 389, 393 – *Alpina.*

[1519] *Reimer,* Wettbewerbs- und Warenzeichenrecht Bd. 2, 1. Aufl. 1935, Kap. 138 Rdn. 10.

[1520] RG GRUR 1937, 389, 393 – *Alpina.*

[1521] BGH GRUR 1963, 438, 439 – *Fotorabatt.*

[1522] Vgl. hierzu BGH GRUR 2000, 907, 909 – *Filialleiterfehler;* GRUR 1995, 605, 607 – *Franchise-Nehmer.*

[1523] Vgl. nochmals RG GRUR 1937, 389, 393 – *Alpina.*

[1524] BGH GRUR 2009, 1167, 1171 Tz. 27 – *Partnerprogramm;* NJOZ 2013, 863 – *Mehrstufigkeit eines Beauftragungsverhältnisses.*

[1525] BGH GRUR 1963, 434, 435 – *Reiseverkäufer;* GRUR 1963, 438, 440 – *Fotorabatt;* GRUR 2009, 1167, 1171 Tz. 27 – *Partnerprogramm;* NJOZ 2013, 863 – *Mehrstufigkeit eines Beauftragungsverhältnisses.*

[1526] BGH GRUR 2009, 1167, 1171 Tz. 27 – *Partnerprogramm;* NJOZ 2013, 863 – *Mehrstufigkeit eines Beauftragungsverhältnisses;* LG Hamburg, Urt. v. 21.8.2014, Az. 327 O 16/14 – *Internetmarketing Bielefeld.*

gebers auf diejenigen geschäftlichen Handlungen des Beauftragten, die dieser im Zusammenhang mit dem Geschäftsbereich vornimmt, der dem Auftragsverhältnis zugrunde liegt. Dies gilt jedenfalls dann, wenn der **Auftrag auf einen bestimmten Geschäftsbereich des Beauftragten beschränkt** ist und der Auftraggeber nicht damit rechnen muss, dass der Beauftragte auch anderweitig für ihn tätig wird. Nur in diesem Umfang ist es im Hinblick auf das vom Auftraggeber beherrschbare Risiko gerechtfertigt, ihn der rigiden Haftung des § 14 Abs. 7 MarkenG bzw. des § 8 Abs. 2 UWG zu unterwerfen.[1527]

611 *dd) Kasuistik.* **Verneint** wurde die Haftung des Unternehmensinhabers für eine eigene Verkaufstätigkeit eines **Dolmetschers,** der vom Geschäftsinhaber gelegentlich und allein für seine Dolmetschertätigkeit herangezogen und dafür honoriert wird, auch wenn er Kunden wie ein angestellter Verkäufer gegenübertritt;[1528] für einen **Handelsvertreter,** der in **die eigene Tasche** wirtschaftet;[1529] für die **Verlinkung von Angeboten Dritter** in deren Auftrag[1530] oder für Werbetätigkeiten auf bestimmten Websites, wenn allein eine Werbetätigkeit auf anderen Websites gebucht wurde.[1531]

612 Wirbt demgegenüber ein als Verkäufer tätiger **Mitarbeiter eines Autohauses** auf seiner **privaten Facebook-Seite** für den Kauf von Kraftfahrzeugen bei eben jenem namentlich benannten Autohaus unter Hinweis auf seine **dienstliche Telefonnummer,** aber ohne die Pflichtangaben gem. § 1 Pkw-EnVKV, ist ein objektiver Zusammenhang zum Unternehmen gegeben, und der Inhaber des Autohauses haftet, auch wenn er keine Kenntnis von der Handlung des Mitarbeiters hatte.[1532]

III. Beweislast

613 Die **Darlegungs- und Beweislast** für das Vorliegen der Voraussetzungen des § 8 Abs. 2 **trägt** nach den allgemeinen Regeln der **Anspruchsteller.**[1533] Jedoch gelten insoweit die allgemeinen **Einschränkungen** für die Darlegung von Umständen innerhalb des Unternehmens, die sich der Wahrnehmung des Anspruchstellers entziehen. Macht etwa der Unternehmensinhaber geltend, der Mitarbeiter habe die Tätigkeit, aus welcher der Wettbewerbsverstoß resultiert, rein aus Gefälligkeit privat und ohne Zusammenhang mit dem Unternehmen ausgeübt,[1534] trifft ihn insoweit eine sekundäre Darlegungslast.[1535]

IV. Rechtsfolgen

1. Entstehen eines selbständigen Anspruchs gegen den Unternehmensinhaber

614 Es entsteht ein **neben den Anspruch gegen den Mitarbeiter oder Beauftragten tretender selbständiger Anspruch** auf Unterlassung bzw. Beseitigung gegen den Unternehmensinhaber, der gesondert geltend gemacht werden kann.[1536] Der Anspruch gegen den Unternehmensinhaber steht selbständig neben demjenigen gegen den Mitarbeiter oder Beauftragten.[1537] Er wird zusätzlich zu diesem gewährt.[1538] Keiner von beiden ist gegenüber dem jeweils anderen subsidiär (näher oben Rdn. 543 m. w. N.).[1539]

[1527] BGH GRUR 2009, 1167, 1171 Tz. 27 – *Partnerprogramm;* NJOZ 2013, 863 – *Mehrstufigkeit eines Beauftragungsverhältnisses;* OLG Köln WRP 2014, 202, 203 Tz. 8 – *Typosquatting durch Affiliates;* LG Hamburg, Urt. v. 21.8.2014, Az. 327 O 16/14 – *Internetmarketing Bielefeld.*

[1528] BGH GRUR 1963, 438, 440 – *Fotorabatt;* a. A. die krit. Anmerkung von *Seydel* GRUR 1963, 440f.

[1529] BGH GRUR 1963, 434, 435 – *Reiseverkäufer.*

[1530] LG Hamburg, Urt. v. 21.8.2014, Az. 327 O 16/14 – *Internetmarketing Bielefeld.*

[1531] BGH GRUR 2009, 1167, 1171 Tz. 27f. – *Partnerprogramm* (zw., da kein anderer Geschäftsbereich betroffen).

[1532] LG Freiburg GRUR-RR 2014, 256, 257 – *Einmaliges Glück.*

[1533] BGH GRUR 1963, 434, 435 – *Reiseverkäufer;* GRUR 2007, 994, 995 Tz. 20 – *Gefälligkeit;* MünchKommUWG/*Fritzsche* § 8 Rdn. 309; *Köhler*/Bornkamm § 8 Rdn. 2.51.

[1534] Vgl. BGH GRUR 2007, 994f. Tz. 18f. – *Gefälligkeit.*

[1535] Fezer/*Büscher* § 8 Rdn. 228; *Köhler*/Bornkamm § 8 Rdn. 2.51; GroßKommUWG/*Paal* § 8 Rdn. 172f.

[1536] BGH GRUR 1973, 208, 209 – *Neues aus der Medizin;* GRUR 1995, 605, 608 – *Franchise-Nehmer;* Ahrens/*Jestaedt* Kap. 21 Rdn. 26, 38.

[1537] BGH GRUR 1995, 605, 608 – *Franchisenehmer;* GRUR 2012, 1279, 1283 Tz. 43 – *Das große Rätselheft.*

[1538] BGH GRUR 2012, 1279, 1283 Tz. 43 – *Das große Rätselheft.*

[1539] BGH GRUR 1995, 605, 608 – *Franchisenehmer;* Ahrens/*Jestaedt* Kap. 21 Rdn. 40; GroßKommUWG/*Paal* § 8 Rdn. 176.

2. Inhalt des Anspruchs

a) Identischer Inhalt. Daraus folgt, dass beide Ansprüche **inhaltlich identisch** und auf dasselbe gerichtet sind, nämlich der Unterlassungsanspruch auf die Unterlassung der unlauteren Wettbewerbshandlung und der Beseitigungsanspruch auf Beseitigung des (von dem Mitarbeiter oder Beauftragten herbeigeführten) störenden Zustands. Der gegen den Inhaber gerichtete Unterlassungsanspruch hat nicht deshalb einen anderen Inhalt, weil im Vergleich zum Unterlassungsanspruch gegen den Mitarbeiter oder Beauftragten unterschiedliche Anforderungen zur Vermeidung der Zuwiderhandlung bestünden. Auch der Inhaber des Unternehmens genügt dem Unterlassungsgebot bereits dann, aber auch nur dann, wenn weitere Verstöße unterbleiben, ohne dass es darauf ankommt, ob der Unternehmer organisatorische Maßnahmen ergriffen hat, um weitere Verstöße seiner Mitarbeiter zu verhindern.[1540] 615

b) Urteilstenor. Nach heute allgemeiner Ansicht muss der Umstand, dass die Verurteilung nicht auf eigener Handlung des Unternehmensinhabers, sondern auf der Handlung eines Dritten beruht, nicht im Tenor zum Ausdruck zu kommen. Die **Urteilsformel** kann genauso **wie bei einem eigenen Verstoß** des Unternehmensinhabers lauten, sie darf aber auch (zusätzlich) auf den Verstoß des Dritten zu sprechen kommen („... wird untersagt, unmittelbar oder mittelbar durch ...“).[1541] Verstöße gegen ein Unterlassungsgebot, in das der Fremdverstoß aufgenommen wird, führen nur dann zu einem Ordnungsmittel nach § 890 ZPO, wenn den Unternehmensinhaber ein eigenes Verschulden trifft.[1542] 616

c) Reichweite der Wiederholungsgefahr beim Unterlassungsanspruch. Werden Wettbewerbsverstöße in einer unselbständigen Filiale eines Unternehmens begangen, so ist der Unterlassungsanspruch gegen den Inhaber grundsätzlich **ohne räumliche Beschränkung** auf die betreffende **Filiale** gegeben.[1543] Der Grund liegt aber nicht darin, dass der Wettbewerbsverstoß des Mitarbeiters oder Beauftragten (tatsächlich) auch eine Gefahr der Begehung durch den Inhaber des Unternehmens selbst begründet.[1544] Vielmehr erwächst die Wiederholungsgefahr lediglich aus dem Verstoß des Mitarbeiters oder Beauftragten. Da dessen Verhalten dem Inhaber aber gemäß § 8 Abs. 2 als eigener Verstoß zugerechnet wird, gilt die daraus herzuleitende Vermutung einer Wiederholungsgefahr auch in dem Sinne zu Lasten des Unternehmensinhabers, dass auch zu prüfen ist, ob das eigene Verhalten des Inhabers weitere Rechtsverletzungen befürchten lässt.[1545] I. d. R. wird die Vermutung, es werde zu gleichartigen Verstößen kommen, nicht räumlich begrenzt sein, wenn nicht ausnahmsweise das Charakteristische des beanstandeten Wettbewerbsgeschehens gerade in dessen örtlichem Bezug liegt. Der bloße Umstand, dass Werbung und Warenvorratshaltung von einer örtlichen Filiale selbständig veranlasst und organisiert werden, stellt allein keine charakteristische Besonderheit in diesem Sinne dar.[1546] 617

3. Eigenständiges rechtliches Schicksal eines jeden Anspruchs

a) Grundsatz. Der gegen den Angestellten oder Beauftragten gerichtete Beseitigungs- oder Unterlassungsanspruch einerseits und der gegen den Unternehmensinhaber gerichtete Beseitigungs- oder Unterlassungsanspruch andererseits sind rechtlich selbständig und können ein getrenntes rechtliches Schicksal nehmen.[1547] 618

b) Unterlassungsanspruch. Beim Unterlassungsanspruch kann sich der Unternehmensinhaber nicht auf die Abgabe einer strafbewehrten Unterlassungserklärung durch seinen Mitarbeiter oder Beauftragten berufen und umgekehrt. Wegen der rechtlichen Selbständigkeit des gegen den Unternehmensinhaber gerichteten Anspruchs muss dieser folglich – unabhängig von dem Verhalten seines Mitarbeiters – selbst die Vermutung der Wiederholungsgefahr ausräumen, etwa durch **Abgabe einer eigenen Unterwerfungserklärung.**[1548] 619

[1540] Allg. Ansicht vgl. RGZ 116, 28, 33 – *Schlesische Feuersozietät I;* BGH GRUR 2000, 907, 909 – *Filialleiterfehler; Hahn* S. 73 f.; *Köhler* GRUR 1991, 344, 353; GroßKommUWG/*Paal* § 8 Rdn. 175.

[1541] BGH GRUR 1961, 288, 290 – *Zahnbürsten: „wird untersagt, unmittelbar oder mittelbar durch ...“;* MünchKommUWG/*Fritzsche* § 8 Rdn. 316; *Köhler*/Bornkamm § 8 Rdn. 2.55; GroßKommUWG/*Paal* § 8 Rdn. 185.

[1542] Vgl. BVerfG NJW 1996, 2567; BGH GRUR 1973, 208, 209 – *Neues aus der Medizin.*

[1543] BGH GRUR 2000, 907, 910 – *Filialleiterfehler.*

[1544] So aber BGH GRUR 2000, 907, 910 – *Filialleiterfehler.*

[1545] Vgl. BGH GRUR 1964, 263, 269 – *Unterkunde;* vgl. auch *Foerste* GRUR 1998, 450, 453.

[1546] BGH GRUR 2000, 907, 910 – *Filialleiterfehler;* weiter wohl BGH GRUR 1987, 371, 373 – *Kabinettwein.*

[1547] MünchKommUWG/*Fritzsche* § 8 Rdn. 315; *Köhler*/Bornkamm § 8 Rdn. 2.52; GroßKommUWG/*Paal* § 8 Rdn. 175.

[1548] BGH GRUR 1973, 208, 210 – *Neues aus der Medizin.*

620 Die Entlassung des Mitarbeiters, der die wettbewerbswidrigen Handlungen begangen hat, genügt jedenfalls dann nicht zur Ausräumung der Wiederholungsgefahr, wenn der Unternehmensinhaber das beanstandete Verhalten seines Mitarbeiters bestreitet und deshalb keine Gewähr besteht, dass er ihn nicht wieder einstellt.[1549]

621 **c) Beseitigungsanspruch.** Für den Beseitigungsanspruch gilt freilich, dass mit der Beseitigung einer physischen Störung entweder durch den Unternehmensinhaber oder durch den Beauftragten bzw. Mitarbeiter der Anspruch auf Beseitigung erfüllt ist und wegfällt.

622 **d) Widerrufsanspruch.** Bei einem Anspruch auf Widerruf kann aber der betroffene Gläubiger ein Interesse daran haben, dass beide Schuldner gleichermaßen widerrufen, so dass der erfolgte Widerruf durch den einen den Anspruch auf Widerruf gegen den anderen unberührt lässt.

4. Inhaberwechsel

623 **a) Auswirkungen des Inhaberwechsels auf den Unterlassungsanspruch.** Bei einem **Inhaberwechsel** sind hinsichtlich der **Haftung des früheren Inhabers** für den bereits vorher begründeten **Unterlassungsanspruch** die strengen Grundsätze der Rechtsprechung für den Wegfall der Wiederholungsgefahr anzuwenden. Die Aufgabe der Inhaberstellung lässt daher als solche regelmäßig den Unterlassungsanspruch nicht entfallen, solange nicht jede Wahrscheinlichkeit eines gleichartigen Wettbewerbsverstoßes nach Wiederaufnahme derselben oder einer ähnlichen Tätigkeit beseitigt ist.[1550]

624 Auf den **neuen Inhaber** geht der vor dem Inhaberwechsel entstandene Unterlassungsanspruch als solcher nicht über, weil Unterlassungspflichten grundsätzlich höchstpersönlicher Natur sind, insbesondere die Voraussetzungen der Wiederholungs- oder Erstbegehungsgefahr in der Person des in Anspruch Genommenen gegeben sein müssen.[1551] Die Entstehung eines neuen Unterlassungsanspruchs gegen den neuen Inhaber setzt die Begehung einer neuen Zuwiderhandlung nach dem Inhaberwechsel voraus. Die Zurechnung des früheren Verhaltens der Mitarbeiter scheidet nach dem Sinn und Zweck des § 8 Abs. 2 aus.[1552] In Betracht kommt allenfalls die Haftung wegen eigenen Verhaltens, wenn etwa durch Unterlassen notwendiger organisatorischer Maßnahmen die (Erstbegehungs-)Gefahr zukünftiger ähnlicher Verstöße begründet wird.[1553]

625 **b) Auswirkungen des Inhaberwechsels auf den Beseitigungsanspruch.** Entsprechend kann gegen den **neuen Inhaber** ein Beseitigungsanspruch schon deshalb begründet sein, weil er den vor dem Inhaberwechsel geschaffenen rechtswidrigen Störungszustand aufrecht erhält, obwohl die Beseitigung nunmehr von seinem Willen abhängt und ihm möglich und zumutbar ist.[1554]

626 Der **alte Inhaber** kann nur insoweit auf Beseitigung in Anspruch genommen werden, als er nach dem Inhaberwechsel rechtlich und tatsächlich noch in der Lage ist, die dazu erforderlichen Maßnahmen gegenüber dem neuen Inhaber durchzusetzen.[1555] Wird mit der Veräußerung die Störungsbeseitigung unmöglich, erlischt der Anspruch gegen den alten Inhaber.[1556]

5. Arbeitsplatzwechsel

627 Auch beim **Arbeitsplatzwechsel** von Mitarbeitern oder Beauftragten bleibt die Haftung des Unternehmensinhabers bestehen. Ein aus einer früheren Tätigkeit des Mitarbeiters oder Beauftragten herrührender Verstoß kann dem neuen Arbeit- oder Auftraggeber aber nicht angelastet werden, weil er nicht in der arbeitsteiligen Organisation des neuen Unternehmens begründet ist.[1557]

1549 BGH GRUR 1965, 155, 156 – *Werbefahrer.*

1550 Vgl. BGH GRUR 1992, 318, 319 f. – *Jubiläumsverkauf;* GRUR 2001, 453, 455 – *TCM-Zentrum;* a. A. *Foerste* GRUR 1998, 450, 453: Mit der Verfügungsmacht über den Betrieb entfalle die Unterlassungspflicht.

1551 BGH GRUR 2007, 995 Tz. 10 – *Schuldnachfolge;* GRUR 2008, 1002, 1005 Tz. 39 – *Schuhpark; Köhler* WRP 2000, 521, 522.

1552 A. A. *Ahrens* GRUR 1996, 518, 519 f.; *Foerste* GRUR 1998, 450, 453.

1553 BGH GRUR 2007, 995 Tz. 14 f. – *Schuldnachfolge.*

1554 Fezer/*Büscher* § 8 Rdn. 159; MünchKommUWG/*Fritzsche* § 8 Rdn. 291; *Köhler*/Bornkamm § 8 Rdn. 2.31; GroßKommUWG/*Paal* § 8 Rdn. 191.

1555 Vgl. BGH GRUR 1974, 666, 669 – *Reparaturversicherung.*

1556 MünchKommUWG/*Fritzsche* § 8 Rdn. 290; *Köhler*/Bornkamm § 8 Rdn. 2.31; GroßKommUWG/*Paal* § 8 Rdn. 191.

1557 BGH GRUR 2003, 453, 454 – *Verwertung von Kundenlisten.*

F. Missbräuchliche Geltendmachung von Ansprüchen (§ 8 Abs. 4)

Schrifttum: *Barbasch,* Praktische Probleme bei der Darlegung der Rechtsmissbrauchs-Indizien, GRUR-Prax 2011, 486; *Borck,* Der Mißbrauch der Aktivlegitimation (§ 13 Abs. 5 UWG), GRUR 1990, 249; *Hantke,* Zur Beurteilung der Mehrfachverfolgung eines Wettbewerbsverstoßes als rechtsmißbräuchlich (§ 13 Abs. 5 UWG), in: FS Erdmann, 2002, S. 831 ff.; *Hefermehl,* Grenzen der Klagebefugnis der Gewerbetreibenden und Verbände im Recht gegen den unlauteren Wettbewerb, WRP 1987, 281 = FS 75 Jahre Wettbewerbszentrale, 1987, S. 49; *Jackowski,* Der Missbrauchseinwand nach § 8 Abs. 4 UWG gegenüber einer Abmahnung, WRP 2011, 38; *Jestaedt,* Missbräuchliche Geltendmachung von Abwehransprüchen im Lauterkeitsrecht – Anmerkungen zur höchstrichterlichen Rechtsprechung in: FS Loewenheim, 2009, S. 477; *Kasper,* Der finanzielle Eigennutz als der zu minimierende Mißstand im wettbewerbsrechtlichen Schutzsystem, 2000; *Kisseler,* Der Mißbrauch der Klagebefugnis gemäß § 13 Abs. 5 UWG, WRP 1989, 623; *Knippenkötter,* Indizien für rechtsmissbräuchliches Verhalten des Abmahnenden, GRUR-Prax 2011, 483; *Köhler,* Grenzen der Mehrfachklage und Mehrfachvollstreckung im Wettbewerbsrecht, WRP 1992, 359; *ders.,* Zur Erstattungsfähigkeit von Abmahnkosten, in: FS Erdmann, 2002, S. 845; *ders.,* Rechtsnatur und Rechtsfolgen der missbräuchlichen Geltendmachung von Unterlassungsansprüchen (§ 8 Abs. 4 UWG), in: FS Schricker, 2005, S. 725; *Loewenheim,* die Erstattung von Abmahnkosten der Verbände in der neueren Rechtsentwicklung, in: FS 75 Jahre Wettbewerbszentrale, 1987, S. 63; *Mayer,* Die Folgen rechtsmissbräuchlicher Abmahnungen, WRP 2011, 534; *Pokrant,* Zur missbräuchlichen Anspruchsverfolgung im Sinne von § 8 Abs. 4 UWG, in: FS Bornkamm, 2014, S. 1053; *Rath/Hausen,* Ich bin doch nicht blöd? Rechtsmissbräuchliche gerichtliche Mehrfachverfolgung wettbewerbsrechtlicher Unterlassungsansprüche, WRP 2007, 133; *Rehart,* Aufgespaltene Rechtsverfolgung – auch im UKlaG rechtsmissbräuchlich? – Zusammenfassung der Grundsätze der UWG-Rechtsprechung und deren Übertragbarkeit auf UKlaG-Konstellationen, MMR 2014, 506; *Sack,* Mißbrauch der wettbewerbsrechtlichen Klagebefugnis und der geplante Wegfall der ersten Abmahngebühr, BB 1986, 953; *Schulte-Franzheim,* Rechtsmißbrauch durch Mehrfachverfolgung von Wettbewerbsverstößen, WRP 2001, 745; *Scholz,* Mißbrauch der Verbandsklagebefugnis – der neue § 13 Abs. 5 UWG, WRP 1987, 433; *Stickelbrock,* Mehrfachverfolgung von Wettbewerbsverstößen durch konzernmäßig verbundene Unternehmen, WRP 2001, 648; *Teplitzky,* Zu Formen rechtsmissbräuchlichen Gläubigerverhaltens gem. § 8 Abs. 4 UWG, in: FS 100 Jahre Wettbewerbszentrale, 2012, S. 195; *Ulrich,* Der Mißbrauch prozessualer Befugnisse in Wettbewerbssachen, in: FS v. Gamm, 1990, S. 223; *ders.,* Die Mehrfachverfolgung von Wettbewerbsverstößen durch einem Konzernverbund angehörige, rechtlich selbständige Unternehmen, die auf einem regionalen Markt tätig sind, WRP 1998, 826; *v. Ungern-Sternberg,* Die Verfolgung von Wettbewerbsverstößen durch Vielfachabmahner – ein Nachruf?, in: FS Klaka, 1987, S. 72 ff.

I. Entstehungsgeschichte und Normzweck

Der heute in § 8 Abs. 4 Satz 1 geregelte Missbrauchstatbestand wurde mit Wirkung vom 1. Januar 1987 erstmals als § 13 Abs. 5 UWG 1909 in das Gesetz aufgenommen, um dem als **missbräuchlich angesehenen Vorgehen sog.** „Gebühren"- oder **„Abmahnvereine"** und „Vielfachabmahnern" entgegenzutreten.[1558] Hiermit sollte das **„Abmahnunwesen"**[1559] bekämpft werden, das sich insbesondere nach der höchstrichterlichen Anerkennung von Ansprüchen auf Abmahnkostenerstattung auf der Grundlage der GoA (§§ 677, 683, 670 BGB) nach der Entscheidung „Fotowettbewerb"[1560] entwickelt hatte.[1561] Unterlassungsansprüche wurden von einer ins Gewicht fallenden Minderheit von Gläubigern nur deshalb geltend gemacht, um sich selbst oder einem verbundenen Rechtsanwalt[1562] einen Anspruch auf Ersatz von Aufwendungen oder Anwaltsgebühren zu verschaffen.[1563] Die Regelung des § 13 Abs. 5 UWG 1909 war ihrerseits eine Kodifikation von auf § 242 BGB gestütztem Richterrecht[1564] und ist heute im Wesentlichen unverändert in § 8 Abs. 4 enthalten. Die Rechtsprechung zu § 13 Abs. 5 UWG 1909 kann weiterhin herangezogen werden. 628

§ 8 Abs. 4 Satz 1 erfasst nicht nur die ursprünglich im Vordergrund stehenden Fälle missbräuchlicher Geschäftemacherei. Der Missbrauchstatbestand kann etwa auch erfüllt sein, wenn die **Kos-** 629

[1558] Art. 15 Abs. 2 des Gesetzes zur Änderung wirtschafts-, verbraucher-, arbeits- und sozialrechtlicher Vorschriften vom 25.7.1986 (BGBl. I S. 1169); vgl. dazu BT-Drucks. 10/5771, S. 2; ferner BGH GRUR 2000, 1089, 1090 – *Mißbräuchliche Mehrfachverfolgung; v. Ungern-Sternberg* in: FS Klaka, S. 72 ff.; zum Missbrauch der Klagebefugnis durch „Gebührenvereine" näher *Kisseler* WRP 1989, 623 ff.; *Ulrich* in: FS v. Gamm, S. 223, 225 f.

[1559] Zu weiteren „historischen" Missbrauchsformen rückblickend *Teplitzky* in: FS 100 Jahre Wettbewerbszentrale, S. 195, 197 ff. m. w. N.; mit einer Fülle von Fallschilderungen *Kasper* S. 53 ff.

[1560] BGH GRUR 1970, 189, 190 – *Fotowettbewerb.*

[1561] Zum Ganzen *Loewenheim* in: FS 75 Jahre Wettbewerbszentrale, S. 63, 64 ff.

[1562] Illustrativ hierzu OLG München WRP 1992, 270, 273.

[1563] Ausführlich *Kasper* S. 59 ff.

[1564] Hierzu umfassend *Ulrich* in: FS v. Gamm, S. 223 ff.

tenbelastung des Anspruchsgegners nicht zum Zwecke der Einnahmenerzielung, sondern **zur Behinderung des Mitbewerbers** oder aus anderen nicht zu billigenden Gründen angestrebt wird.

630 Der Vorschrift kommt neben der Aufgabe der Bekämpfung von Missbräuchen bei Wettbewerbsverbänden die Funktion eines **Korrektivs** gegenüber der **weit gefassten Anspruchsberechtigung** der Mitbewerber zu, die bei Bestehen eines konkreten Wettbewerbsverhältnisses Unterlassungsansprüche geltend machen können, ohne dabei dartun zu müssen, dass sie – über ihre Stellung als Mitbewerber hinaus – durch die unzulässigen geschäftlichen Handlungen in besonderem Maße beeinträchtigt werden.[1565] Dadurch, dass ein Wettbewerbsverstoß von einer Vielzahl von Anspruchsberechtigten verfolgt werden kann, wird zwar die auch im Interesse der Allgemeinheit liegende Rechtsverfolgung erleichtert. Die Fülle der Anspruchsberechtigten birgt aber für den Anspruchsgegner das Risiko, dass ein und derselbe Verstoß zum Gegenstand mehrerer gerichtlicher Verfahren gemacht wird. Denn die Erhebung der Unterlassungsklage durch einen Berechtigten schließt es grundsätzlich nicht aus, dass auch die anderen Gläubiger ihren Anspruch gerichtlich durchzusetzen versuchen.[1566] Damit wird dem Anspruchsgegner ein Risiko aufgebürdet, dem er sich nur dadurch entziehen kann, dass er sich gegenüber einem der Gläubiger unterwirft und auf diese Weise sämtliche Gläubiger klaglos stellt (hierzu Rdn. 253). Um so wichtiger ist es, dass die Regelung des § 8 Abs. 4 UWG immer dann eine Handhabe bietet, wenn der wettbewerbsrechtliche Unterlassungsanspruch missbräuchlich geltend gemacht wird.[1567] Die **praktische Bedeutung** der Vorschrift hat in den **letzten 10 Jahren enorm zugenommen,** weil sich im Internet Verstöße von geringem Gewicht gegen Formalvorschriften und verbraucherschützende Informationspflichten häufen, die – etwa durch Einsatz spezieller Software[1568] – ebenso massenhaft wie leicht recherchiert werden können.

631 Der nach dem Vorbild des § 945 ZPO gestaltete[1569] verschuldensunabhängige **Anspruch** auf **Erstattung der Kosten** für die Verteidigung gegen einen missbräuchlich geltend gemachten Anspruch in § 8 Abs. 4 Satz 2 wurde durch Art. 6 des Gesetzes gegen unseriöse Geschäftspraktiken vom 1. Oktober 2013[1570] neu eingefügt, um die Wirksamkeit des Schutzes vor missbräuchlicher Geltendmachung von Ansprüchen insgesamt zu erhöhen[1571] und Waffengleichheit zwischen Abmahnenden und Abgemahntem herzustellen.[1572] Das durch den Gegenanspruch auf Aufwendungsersatz erhöhte Kostenrisiko für den Abmahnenden soll das wirtschaftliche Interesse an missbräuchlichen Abmahnungen erheblich absenken.[1573] Der Abgemahnte soll ermuntert werden, sich gegen eine missbräuchliche Abmahnung mit anwaltlicher Hilfe zur Wehr zu setzen.[1574] Die Vorschrift entspricht dem Umfang nach dem Aufwendungsersatzanspruch des berechtigt Abmahnenden nach § 12 Abs. 1 Satz 2 UWG. Zuvor konnten diese Aufwendungen nur als Schadensersatzanspruch nach allgemeinem Deliktsrecht oder u. U. als Aufwendungsersatz nach den Grundsätzen der GoA geltend gemacht werden. Dabei war die Beweisführung regelmäßig schwierig und mit einem erheblichen Prozessrisiko behaftet.[1575] Der gleichzeitig eingefügte § 8 Abs. 4 Satz 3 stellt klar, dass solche weitergehenden Ansprüche auf anderer Grundlage unberührt bleiben.

II. Rechtsnatur

632 Der Gesetzeswortlaut bezeichnet die missbräuchliche Geltendmachung der in Abs. 1 genannten Ansprüche als unzulässig und stellt damit im Sinne der ständigen Rechtsprechung zu § 13 Abs. 5 UWG 1909[1576] nach ganz herrschender Auffassung klar, dass bei Vorliegen eines Rechtsmissbrauchs

---

1565 BGH GRUR 2000, 1089, 1090 – *Mißbräuchliche Mehrfachverfolgung;* GRUR 2012, 949, 950 Tz. 20 – *Missbräuchliche Vertragsstrafe.*

1566 BGH GRUR 2000, 1089, 1090 – *Mißbräuchliche Mehrfachverfolgung.*

1567 BGH GRUR 2000, 1089, 1090 – *Mißbräuchliche Mehrfachverfolgung.*

1568 Vgl. hierzu OLG Nürnberg GRUR-RR 2014, 166, 167 f. – *Facebook-Abmahnwelle.*

1569 BT-Drucks. 17/13057, S. 25.

1570 BGBl I, Nr. 59, S. 3714.

1571 BT-Drucks. 17/13057, S. 25; MünchKommUWG/*Fritzsche* § 8 Rdn. 481c; *Köhler*/Bornkamm § 8 Rdn. 4.6; *Ohly*/Sosnitza § 8 Rdn. 163a; GroßKommUWG/*Paal* § 8 Rdn. 251a.

1572 BT-Drucks. 17/13057, S. 12, 14, 25.

1573 BT-Drucks. 17/13057, S. 25.

1574 BT-Drucks. 17/13057, S. S. 12, 14, 25.

1575 BT-Drucks. 17/13057, S. 12, 14.

1576 BGH GRUR 1999, 509, 510 – *Vorratslücken;* GRUR 2001, 78, 79 – *Falsche Herstellerpreisempfehlung;* GRUR 2001, 84 – *Neu in Bielefeld II.*

nach Abs. 4 die **Klagebefugnis entfällt** und **eine Klage** bzw. ein Antrag auf Erlass einer einstweiligen Verfügung als **unzulässig** abzuweisen ist.[1577]

III. Anwendungsbereich

1. Personell: Anwendung auch für den unmittelbar Verletzten

Aus der systematischen Stellung der Vorschrift ist zu folgern, dass sie **in allen Fällen der Anspruchsberechtigung nach § 8 Abs. 3** Anwendung finden soll, also auch, wenn der Gläubiger als betroffener Mitbewerber unmittelbar gegen den Schuldner nach § 8 Abs. 3 Nr. 1 vorgehen kann.[1578] Zwar stand bei der Einführung dieser Norm die Bekämpfung der Missbräuche sog. Abmahnvereine im Vordergrund. Die Missbrauchsregelung beschränkt sich aber nicht auf diese Fälle, sondern verwehrt nach ihrem Wortlaut jedem Unterlassungsgläubiger im Falle des Missbrauchs die Geltendmachung seines Anspruchs.[1579] An das Vorliegen eines Rechtsmissbrauchs sind beim **unmittelbar verletzten Mitbewerber** (§ 8 Abs. 3 Nr. 1) nicht von vornherein strengere Anforderungen zu stellen.[1580] Es kommt vielmehr wie bei der Klagebefugnis der Verbände schon nach dem Gesetzeswortlaut auf die „Berücksichtigung der gesamten Umstände" an.[1581] 633

2. Sachlich: Unterlassungs- und Beseitigungsansprüche

Der unmittelbare Anwendungsbereich des § 8 Abs. 4 Satz 1 ist kraft ausdrücklicher Verweisung **auf** die Geltendmachung von **Unterlassungs- und Beseitigungsansprüchen** nach Abs. 1 **beschränkt.**[1582] Ergibt sich der Missbrauch gerade aus dem Umstand, dass ein einheitlicher Lebenssachverhalt ohne sachlichen Grund in mehrere geltend gemachte Unterlassung- oder Beseitigungsansprüche aufgespalten wird, so sind vom Missbrauchstatbestand sämtliche dieser Ansprüche erfasst.[1583] Zu **Auskunftsansprüchen** Rdn. 736. 634

§ 8 Abs. 4 Satz 1 gilt nach Wortlaut und Systematik **nicht** für **Schadensersatzansprüche** und Auskunftsansprüche als Hilfsansprüche zu deren Durchsetzung.[1584] Auch auf **Bereicherungsansprüche** und Auskunftsansprüche als Hilfsansprüche zu deren Durchsetzung ist § 8 Abs. 4 Satz 1 nicht anwendbar. 635

3. Andere Ansprüche

Auf **vertragliche Ansprüche,** insbesondere Zahlungsansprüche, etwa auf Zahlung einer Vertragsstrafe, ist die Vorschrift **weder direkt noch analog** anwendbar.[1585] Wesentliche Funktion des § 8 Abs. 4 Satz 1 ist es, als Korrektiv der weit gefassten Anspruchsberechtigung nach § 8 Abs. 3 zu wirken (oben Rdn. 630). Diese Gläubigermehrheit besteht aber nicht, wenn sich ein Wettbewerber gegenüber einem bestimmten Mitbewerber zu einer vertragsstrafebewehrten Unterlassung verpflichtet hat. Daher fehlt es an einer für die Analogie notwendigen Regelungslücke.[1586] 636

Es können sich jedoch folgende **mittelbare Auswirkungen** eines Missbrauchs gem. § 8 Abs. 4 Satz 1 auf vertragliche und andere Ansprüche ergeben (hierzu unten Rdn. 736ff.). 637

[1577] BGH GRUR 2006, 243 Tz. 15 – *MEGA SALE;* GRUR 2012, 730, 734 Tz 47 – *Bauheizgerät;* OLG München WRP 1992, 270, 273; OLG Nürnberg GRUR-RR 2014, 166 – *Facebook-Abmahnwelle;* Teplitzky/*Büch* Kap. 13 Rdn. 50; Fezer/*Büscher* § 8 Rdn. 298; MünchKommUWG/*Fritzsche* § 8 Rdn. 478; Ahrens/*Jestaedt* Kap. 20 Rdn. 4f.; *Mayer* WRP 2011, 534, 536; GroßKommUWG/*Paal* § 8 Rdn. 252; a. A. (materiellrechtlicher Einwand): *v. Ungern-Sternberg* in: FS Klaka, S. 72, 96; *Köhler* in: FS Schricker, S. 725, 733.

[1578] BGH GRUR 2000, 1089, 1090 – *Mißbräuchliche Mehrfachverfolgung;* GRUR 2001, 82 – *Neu in Bielefeld I; Hantke* in: FS Erdmann, S. 831, 832 m. w. N.; MünchKommUWG/*Fritzsche* § 8 Rdn. 449; *Ohly*/Sosnitza § 8 Rdn. 156.

[1579] BGH GRUR 2000, 1089, 1090 – *Mißbräuchliche Mehrfachverfolgung.*

[1580] *Hantke* in: FS Erdmann, S. 831, 833.

[1581] *Hantke* in: FS Erdmann, S. 831, 833; MünchKommUWG/*Fritzsche* § 8 Rdn. 449.

[1582] BGH GRUR 2012, 949, 950 Tz. 20 – *Missbräuchliche Vertragsstrafe.*

[1583] OLG Düsseldorf GRUR-RR 2014, 164, 165 – *Karnevals-Wurfware.*

[1584] OLG Hamburg, Urt. v. 16.1.2003, Az. 5 U 61/02.

[1585] BGH GRUR 2012, 949, 950 Tz. 20 – *Missbräuchliche Vertragsstrafe;* OLG München WRP 1992, 270, 273; MünchKommUWG/*Fritzsche* § 8 Rdn. 448; *Köhler*/Bornkamm § 8 Rdn. 4.8; *Ohly*/Sosnitza § 8 Rdn. 157.

[1586] BGH GRUR 2012, 949, 950 Tz. 20 – *Missbräuchliche Vertragsstrafe;* MünchKommUWG/*Fritzsche* § 8 Rdn. 448; *Köhler*/Bornkamm § 8 Rdn. 4.8; *Ohly*/Sosnitza § 8 Rdn. 157.

4. Keine Anwendung auf Ansprüche aus Sonderschutzrechten

638 Keine Anwendung findet § 8 Abs. 4 Satz 1 auf Unterlassungs- und Beseitigungsansprüche, die auf Sonderschutzrechte, also etwa auf Kennzeichenrechte oder geschützte Designs, gestützt sind. Auch eine entsprechende Anwendung scheidet aus.[1587] Denn wesentliche Funktion des § 8 Abs. 4 Satz 1 ist es, als Korrektiv der weit gefassten Anspruchsberechtigung nach § 8 Abs. 3 zu wirken.[1588] Diese Gläubigermehrheit besteht aber nicht bei der Verletzung eines Immaterialgüterrechts als Individualrecht.[1589] Der in § 8 Abs. 4 Satz 1 enthaltene Rechtsgedanke ist dem Immaterialgüterrecht fremd.[1590] Denn anders als derjenige, der einen Wettbewerbsverstoß verfolgt, kann sich derjenige, der **Ansprüche aus einem Immaterialgüterrecht** geltend macht, **auf ein absolutes, zu seinen Gunsten geschütztes Recht berufen,** dessen Verteidigung – auch wenn diese sich gegen eine Vielzahl von Gegnern richtet – rechtlich nicht zu beanstanden ist.[1591] Der Inhaber eines Ausschließlichkeitsrechts kann vielmehr grundsätzlich frei über die Art und Weise der schlagkräftigen Durchsetzung der ihm gesetzlich zustehenden Verletzungsansprüche entscheiden, ohne dabei einer Pflicht zur Rechtfertigung oder gar Rücksichtnahme auf den Verletzer unterworfen zu sein.[1592]

IV. Wesen des Missbrauchs

1. Allgemeines

639 **a) Missbrauch gerade bei der Geltendmachung von Ansprüchen.** Der Tatbestand des § 8 Abs. 4 Satz 1 erfasst nur den Missbrauch bei der **Geltendmachung** von Unterlassungs- und Beseitigungsansprüchen nach § 8 Abs. 1. Sofern sich ein Missbrauch aus Umständen ergibt, die außerhalb der gerichtlichen oder außergerichtlichen Geltendmachung liegen, kommt nur die Anwendung allgemeiner Regeln, z.B. der Verwirkung oder des Rechtsmissbrauchs nach § 242 BGB, in Betracht.

640 **b) Sich-leiten-Lassen von sachfremden Motiven.** Von einem Missbrauch i.S.d. § 8 Abs. 4 Satz 1 ist auszugehen, wenn sich der Gläubiger bei der Geltendmachung des Unterlassungsanspruchs allein oder zumindest überwiegend von sachfremden Motiven leiten lässt.[1593] Sowohl der Begriff des „sachfremden Motivs" wie der des „Sich-leiten-Lassens" bedürfen der Klärung:

641 *aa) Sachfremde Motive.* Sachfremde Motive sind Interessen und Ziele, die für sich genommen nicht schutzwürdig sind[1594] und nicht durch das UWG geschützt werden. Als typisches Beispiel nennt das Gesetz die Absicht, einen **Anspruch auf Ersatz von Aufwendungen oder Kosten der Rechtsverfolgung** entstehen zu lassen.[1595] Damit wird aber nur ein sachfremdes Motiv unter vielen möglichen genannt. Der Befund des Missbrauchs lässt sich auch auf andere Motivationslagen stützen.[1596] Zu den sachfremden Motiven gehören auch das Interesse, den Gegner zu **behindern,**[1597] insbesondere ihn durch möglichst hohe Prozesskosten zu belasten[1598] und seine personel-

---

[1587] OLG Frankfurt, Urt. v. 15.5.2012, Az. 6 U 2/12; OLG Frankfurt WRP 2015, 1004, 1005 Tz. 11 – *Urheberschutz für eine Bedienungsanleitung; Pokrant* in: FS Bornkamm, S. 1053, 1061; *Teplitzky* in: FS 100 Jahre Wettbewerbszentrale, S. 195, 213.

[1588] BGH GRUR 2000, 1089, 1090 – *Mißbräuchliche Mehrfachverfolgung;* GRUR 2012, 949, 950 Tz. 20 – *Missbräuchliche Vertragsstrafe.*

[1589] *Teplitzky* in: FS 100 Jahre Wettbewerbszentrale, S. 195, 213.

[1590] OLG Frankfurt, Urt. v. 15.5.2012, Az. 6 U 2/12.

[1591] OLG Frankfurt, Urt. v. 15.5.2012, Az. 6 U 2/12.

[1592] *Ingerl/Rohnke* Vor §§ 14–19d Rdn. 368.

[1593] BGH GRUR 2009, 1180, 1181 f. Tz. 20 – *0,00 Grundgebühr;* GRUR 2010, 454, 455 Tz. 19 – *Klassenlotterie;* GRUR 2012, 286, 287 Tz. 13 – *Falsche Suchrubrik;* GRUR 2015, 694, 695 Tz. 16 – *Bezugsquelle für Bachblüten;* KG, Urt. v. 19.10.2010, Az. 5 U 99/09; OLG Düsseldorf GRUR-RR 2014, 164, 165 – *Karnevals-Wurfware.*

[1594] Vgl. BGH GRUR 2009, 1180, 1181 f. Tz. 20 – *0,00 Grundgebühr;* OLG Hamburg GRUR-RR 2013, 29, 32 – *Nr. 1 Hits;* OLG Düsseldorf GRUR-RR 2014, 164, 165 – *Karnevals-Wurfware;* OLG Nürnberg GRUR-RR 2014, 166 – *Facebook-Abmahnwelle;* OLG Hamm, Urt. v. 15.9.2015, Az. 4 U 105/15.

[1595] Ausführlich zum finanziellen Eigennutz als Motivationslage bei der Verfolgung von Wettbewerbsverstößen *Kasper* S. 56 ff.

[1596] Vgl. OLG Hamm, Urt. v. 19.8.2010, Az. 4 U 35/10; Urt. v. 20.1.2011, Az. 4 U 175/10.

[1597] KG WRP 2010, 129, 133 – *JACKPOT!;* OLG Saarbrücken GRUR-RR 2011, 20 – *Behinderungsabsicht;* OLG Köln WRP 2015, 1385, 1386 Tz. 15 – *Glücksspiele.*

[1598] BGH GRUR 2000, 1089, 1090 – *Mißbräuchliche Mehrfachverfolgung;* GRUR 2001, 260, 261 – *Vielfachabmahner;* GRUR 2002, 357, 358 – *Missbräuchliche Mehrfachabmahnung;* GRUR 2006, 243 Tz. 16 – *MEGA SALE;* GRUR 2012, 286, 287 Tz. 13 – *Falsche Suchrubrik;* KG WRP 2008, 511 – *Fliegender Gerichtsstand;* Urt. v. 19.10.2010, Az. 5 U 99/09; *Hefermehl* WRP 1987, 281, 285.

len und finanziellen Kräfte zu binden[1599] oder ihn generell zu **schädigen,**[1600] Ansprüche auf die Zahlung von Vertragsstrafen entstehen zu lassen,[1601] oder – im Falle einer Gegenabmahnung als Reaktion auf die Abmahnung eines Wettbewerbers – sich durch **Druck auf den Abmahnenden** von dessen Unterlassungs- oder Vertragsstrafeansprüchen zu befreien, um sich so **Spielraum für weitere eigene Wettbewerbsverstöße** zu verschaffen.[1602]

bb) Sich-leiten-Lassen. Leiten lässt sich der Gläubiger von sachfremden Motiven, wenn sie die **eigentliche Triebfeder** und das beherrschende Motiv des Handelns ausmachen.[1603] Es wird nicht verlangt, dass sie das alleinige Motiv des Gläubigers sind und dass die Rechtsverfolgung ohne jedwede wettbewerbsrechtlich geschützte Interessen betrieben wird oder dass zusätzlich vorhandene legitime wettbewerbsrechtliche Ziele hinter den sachfremden Motiven vollständig zurücktreten,[1604] sondern es reicht aus, dass die sachfremden Ziele **im Vordergrund** stehen und **überwiegen.**[1605] 642

Geht es andererseits dem Gläubiger hauptsächlich um die Unterbindung unlauteren Wettbewerbs, genügt es für die Begründung des Missbrauchstatbestands nicht, wenn auch sachfremde Motivationen, ohne vorherrschend zu sein, bei der Anspruchsverfolgung eine Rolle spielen.[1606] 643

2. Umfassende Interessenabwägung

Das Vorliegen eines Missbrauchs ist jeweils im Einzelfall unter Berücksichtigung der gesamten Umstände zu beurteilen.[1607] Dies erfordert eine **sorgfältige Prüfung und Abwägung.**[1608] Maßgebend sind die **Motive und Zwecke** der Geltendmachung des Anspruchs, die sich aber in der Regel nur aus äußeren Umständen erschließen lassen.[1609] Um sich ein Bild von den Motiven des Anspruchstellers zu machen, muss auf wahrnehmbare Tatsachen abgestellt werden, die den Schluss auf die Motivation als innere Tatsache zulassen.[1610] Dazu gehören nach st. Rspr. zum einen Art, Umfang und Schwere[1611] des Wettbewerbsverstoßes[1612] sowie das Verhalten des Schuldners nach dem Ver- 644

[1599] BGH GRUR 2000, 1089, 1091 – *Mißbräuchliche Mehrfachverfolgung;* GRUR 2001, 82, 83 – *Neu in Bielefeld I;* OLG Hamm GRUR-RR 2011, 329, 330 – *Salve einer Abmahngemeinschaft;* OLG Köln WRP 2015, 1385, 1386 Tz. 15 – *Glücksspiele.*

[1600] BGH GRUR 2001, 82 – *Neu in Bielefeld I;* KG WRP 2008, 511 – *Fliegender Gerichtsstand;* OLG Hamm GRUR-RR 2009, 444 – *Generierung von Ansprüchen;* KG, Urt. v. 19.10.2010, Az. 5 U 99/09; *Hefermehl* WRP 1987, 281, 285.

[1601] BGH GRUR 2000, 1089, 1090 – *Mißbräuchliche Mehrfachverfolgung;* GRUR 2001, 260, 261 – *Vielfachabmahner;* GRUR 2006, 243f. Tz. 16 – *MEGA SALE;* GRUR 2012, 286, 287 Tz. 13 – *Falsche Suchrubrik;* KG WRP 2008, 511 – *Fliegender Gerichtsstand;* OLG Nürnberg GRUR-RR 2014, 166 – *Facebook-Abmahnwelle; Hefermehl* WRP 1987, 281, 285.

[1602] OLG Hamm, Urt. v. 20.1.2011, Az. 4 U 175/10.

[1603] St. Rspr., vgl. BGH GRUR 2000, 1089, 1090 – *Mißbräuchliche Mehrfachverfolgung;* GRUR 2001, 260, 262 – *Vielfachabmahner;* GRUR 2006, 243f. Tz. 16 – *MEGA SALE;* OLG Köln GRUR-RR 2006, 203, 204 – *Der Beste Preis der Stadt;* KG WRP 2008, 511 – *Fliegender Gerichtsstand;* WRP 2010, 129, 134 – *JACKPOT!;* OLG Saarbrücken GRUR-RR 2011, 20 – *Behinderungsabsicht;* OLG Düsseldorf, Urt. v. 9.10.2014, Az. I-15 U 99/14 Tz. 41 – *Fehlende Herstellerangabe bei Elektroartikeln;* OLG Hamm WRP 2014, 330, 331 Tz. 14 – *Bestellung abschicken;* OLG Frankfurt WRP 2016, 368, 369 Tz. 11; *Jestaedt* in: FS Loewenheim, S. 477, 479.

[1604] BGH GRUR 2001, 82 – *Neu in Bielefeld I;* KG WRP 2012, 1140, 1141 Tz. 5 – *Rechtsmissbräuchliche Abmahnung;* OLG Hamm, Urt. v. 15.9.2015, Az. 4 U 105/15; OLG Düsseldorf, Urt. v. 9.10.2014, Az. I-15 U 99/14 Tz. 41 – *Fehlende Herstellerangabe bei Elektroartikeln.*

[1605] St. Rspr., vgl. BGH GRUR 2001, 82 – *Neu in Bielefeld I;* GRUR 2009, 1180, 1181f. Tz. 20 – *0,00 Grundgebühr;* GRUR 2010, 454, 455 Tz. 19 – *Klassenlotterie;* GRUR 2012, 286, 287 Tz. 13 – *Falsche Suchrubrik;* KG, Urt. v. 19.10.2010, Az. 5 U 99/09; OLG Düsseldorf GRUR-RR 2014, 164, 165 – *Karnevals-Wurfware;* OLG Hamm, Urt. v. 15.9.2015, Az. 4 U 105/15; *Jestaedt* in: FS Loewenheim, S. 477, 479.

[1606] OLG Hamm MMR 2009, 865; Urt. v. 14.5.2009, Az. 4 U 17/09, jeweils unter Berufung auf BGH GRUR 2001, 82 – *Neu in Bielefeld I.*

[1607] BGH GRUR 2000, 1089, 1091 – *Mißbräuchliche Mehrfachverfolgung;* GRUR 2001, 354, 355 – *Verbandsklage gegen Vielfachabmahner;* GRUR 2012, 730, 731 Tz. 15 – *Bauheizgerät.*

[1608] BGH GRUR 2000, 1089, 1091 – *Mißbräuchliche Mehrfachverfolgung;* GRUR 2012, 730, 731 Tz. 15 – *Bauheizgerät;* OLG Hamm GRUR-RR 2009, 444 – *Generierung von Ansprüchen.*

[1609] KG WRP 2008, 511 – *Fliegender Gerichtsstand;* OLG Jena GRUR-RR 2011, 327 – *Umfang des Geschäftsbetriebs;* KG WRP 2012, 1140, 1141 Tz. 5 – *Rechtsmissbräuchliche Abmahnung.*

[1610] OLG Hamm, Urt. v. 26.7.2011, Az. 4 U 49/11; Urt. v. 28.7.2011, Az. 4 U 55/11.

[1611] Vgl. hierzu *Scholz* WRP 1987, 433, 436.

[1612] BGH GRUR 2000, 1089, 1091 – *Mißbräuchliche Mehrfachverfolgung;* GRUR 2012, 730, 731 Tz. 15 – *Bauheizgerät;* GRUR 2015, 694, 695 Tz. 16 – *Bezugsquelle für Bachblüten;* OLG Hamm MMR 2009, 865, 866; OLG Nürnberg GRUR-RR 2014, 166 – *Facebook-Abmahnwelle;* OLG Düsseldorf GRUR-RR 2015, 306, 307 – *Warmwasserland.*

stoß.[1613] Vor allem ist aber auf das Verhalten des Anspruchsberechtigten bei der Verfolgung dieses oder anderer Verstöße abzustellen.[1614] In die Betrachtung einzubeziehen ist auch das Verhalten sonstiger Anspruchsberechtigter.[1615] Im Rahmen der gebotenen Interessensabwägung ist auch zu fragen, ob Interessen der Allgemeinheit eine Rechtsverfolgung rechtfertigen.[1616]

V. Fallgruppen

1. Überblick

645 In der Praxis hat sich eine **Fülle von Konstellationen** herausgebildet, bei denen ein Missbrauch in Betracht kommt. Sie lassen sich in **drei Hauptgruppen** unterteilen: die Absicht, Gewinn zu erzielen, die Absicht, den Anspruchsgegner zu belasten und die Absicht, sich durch eine „Retourkutsche" unangemessen selbst von einer gerechtfertigten Inanspruchnahme zu befreien, um weiter unlauter handeln zu können. Für jede dieser Fallgruppen hat sich wiederum ein mehr oder weniger ausdifferenziertes System von **objektiven Indizien** etabliert, anhand derer Gerichte ermitteln, ob das sachfremde Motiv jeweils im Vordergrund steht. Hierbei gibt es durchaus Überschneidungen. So kann das Interesse, Gebühren zu erzielen, Hand in Hand mit dem Interesse gehen, den Anspruchsgegner zu belasten, z. B. wenn ein einheitlicher Lebenssachverhalt willkürlich in mehrere geltend gemachte Ansprüche aufgespalten wird. Nachfolgend werden die Hauptfallgruppen mit ihren dazugehörigen typischen Unterfällen und Indizien vorgestellt:

2. Gewinnerzielungsabsicht

646 **a) Gebührenerzielungsinteresse.** *aa) Allgemeines. (1) Problematik der Fallgruppe.* Als Beispielsfall des Missbrauchs ist im Gesetz die Geltendmachung von Ansprüchen genannt, die vorwiegend dazu dient, gegen den Zuwiderhandelnden einen Anspruch auf Ersatz von Aufwendungen oder Kosten der Rechtsverfolgung entstehen zu lassen. Dieser ursprünglich im Vordergrund stehende Beispielsfall einer missbräuchlichen Geltendmachung, dass die Verfolgung von Wettbewerbsverstößen **als Geschäft betrieben** wird, ist zwar nicht *per se* rechtsethisch zu missbilligen. Denn eine erfolgreiche Geltendmachung setzt voraus, dass tatsächlich ein Wettbewerbsverstoß begangen worden ist und der Gläubiger deshalb auf der Seite des Rechts steht.[1617] Es besteht allerdings die Gefahr von Missbräuchen insbesondere bei der vorprozessualen Abmahntätigkeit, weil auch zu Unrecht Abgemahnte häufig die geforderte Unterlassungserklärung abgeben werden, um den mit der Verteidigung verbundenen Kosten- und Zeitaufwand zu vermeiden.[1618]

647 *(2) Anspruchsverfolgung durch Verbände.* Aus § 8 Abs. 4 Satz 1 folgt nicht, dass jede Art der Einnahmenerzielung in Verbindung mit der Geltendmachung wettbewerbsrechtlicher Ansprüche missbräuchlich oder auch nur bedenklich wäre. Gerade die aktivlegitimierten **Verbände** sind in ihrer Existenz auf die Einnahmen aus dieser Tätigkeit angewiesen,[1619] wie sie im Gesetzgebungsverfahren auch vorgetragen hatten. Das hat der Gesetzgeber respektiert.[1620] Es ist deshalb durchaus möglich und nicht ohne weiteres bedenklich, dass ein Verband die Verfolgung von Wettbewerbsverstößen in erheblichem Umfang anders als durch kostendeckende Mitgliedsbeiträge finanziert, etwa durch Abmahngebühren, Vertragsstrafen oder Zusagen Dritter im Einzelfall, Prozesskosten zu übernehmen.[1621] Die Klagebefugnis wäre selbst dann nicht in Frage gestellt, wenn das Interesse, gegen den

---

[1613] BGH GRUR 2000, 1089, 1091 – *Mißbräuchliche Mehrfachverfolgung;* GRUR 2012, 730, 731 Tz. 15 – *Bauheizgerät;* GRUR 2015, 694, 695 Tz. 16 – *Bezugsquelle für Bachblüten;* OLG Düsseldorf GRUR-RR 2015, 306, 307 – *Warmwasserland.*

[1614] BGH GRUR 2000, 1089, 1091 – *Mißbräuchliche Mehrfachverfolgung;* GRUR 2015, 694, 695 Tz. 16 – *Bezugsquelle für Bachblüten;* KG WRP 2001, 511; OLG Celle GRUR-RR 2014, 152, 154 – *Klebefähnchen;* OLG Nürnberg GRUR-RR 2014, 166 – *Facebook-Abmahnwelle;* OLG Düsseldorf GRUR-RR 2015, 306, 307 – *Warmwasserland.*

[1615] BGH GRUR 2000, 1089, 1091 – *Missbräuchliche Mehrfachverfolgung;* GRUR 2012, 730, 731 Tz. 15 – *Bauheizgerät;* OLG Nürnberg GRUR-RR 2014, 166 – *Facebook-Abmahnwelle;* vgl. ferner *Rath/Hausen* WRP 2007, 133, 135 f.

[1616] OLG Nürnberg GRUR-RR 2014, 166 – *Facebook-Abmahnwelle;* OLG Frankfurt WRP 2016, 368, 369 Tz. 11.

[1617] Vgl. *Sack* BB 1986, 953, 959 f.

[1618] Vgl. *v. Ungern-Sternberg* in: FS Klaka S. 72, 82.

[1619] BGH GRUR 2005, 689, 690 – *Sammelmitgliedschaft III;* LG Berlin WRP 2015, 1407, 1410 Tz. 39 – *Notarielle Unterlassungserklärung.*

[1620] Vgl. hierzu *Scholz* WRP 1987, 433, 436.

[1621] BGH GRUR 2005, 689, 690 – *Sammelmitgliedschaft III.*

Zuwiderhandelnden einen Aufwendungsersatzanspruch etc. entstehen zu lassen, ebenbürtig neben dem Interesse an der Unterbindung unlauteren Wettbewerbs stünde. Denn das Gesetz versagt den Rechtsschutz nur, wenn die Geltendmachung „vorwiegend" dem sachfremden Gewinnerzielungsinteresse dient, also das beherrschende Motiv ist, die Verteidigung des lauteren Wettbewerbs gegenüber dem in den Hintergrund tritt (Rdn. 642). Die **Anspruchsverfolgung durch Verbände** kann aber gleichfalls missbräuchlich sein, wenn sie vorwiegend der Erzielung von Einkünften durch Abmahngebühren, Vertragsstrafen und sonstige Kosten der Rechtsverfolgung dient. Die Annahme, dass triftige, mit der satzungsgemäßen Zielsetzung des Verbandes hinreichend im Zusammenhang stehende Gründe für die Geltendmachung von Ansprüchen nicht (mehr) bestehen, sondern der Zweck, **mittels Strafsanktionen** für im Rechtssinne eine einzige Verletzungshandlung **möglichst hohe Einnahmen zu erzielen,** im Vordergrund steht, kann z. B. als naheliegend angesehen werden, wenn der Verband systematisch von Unterlassungsschuldnern in deren Vertragsstrafeversprechen den Verzicht auf die Einrede des Fortsetzungszusammenhanges verlangt, obwohl ein solcher Verzicht zur Beseitigung der Wiederholungsgefahr nicht erforderlich ist.[1622] Bei missbräuchlichen Verhaltensweisen von Verbänden stellt sich die Frage, ob deshalb dem betreffenden Verband generell oder im Einzelfall die Klagebefugnis (und Anspruchsberechtigung) nach § 8 Abs. 3 fehlt oder ob nur die konkrete Geltendmachung des betreffenden Anspruchs nach § 8 Abs. 4 Satz 1 wegen Missbrauchs unzulässig ist.

Die Neufassung der Verbandsklagebefugnis in § 8 Abs. 3 dürfte die sich schon in der jüngeren höchstrichterlichen Rechtsprechung zum alten Recht abzeichnende Tendenz, die **missbräuchliche Anspruchsverfolgung im Einzelfall** eher dem Missbrauchstatbestand zuzuordnen,[1623] noch verstärken. Denn die Klagebefugnis der qualifizierten Einrichtungen nach § 8 Abs. 3 Nr. 3 ist – vorbehaltlich einer Tätigkeit im Rahmen des Satzungszwecks – seit 2004 nur noch von der Eintragung in die beim Bundesamt für Justiz geführte Liste oder in das Verzeichnis der Kommission der Europäischen Gemeinschaften abhängig (Rdn. 337 ff.). Die Streichung der zuvor bestehenden zusätzlichen Voraussetzung, dass wesentliche Belange der Verbraucher berührt werden, ist u. a. ausdrücklich damit begründet worden, eventuellen Missbräuchen der Klagebefugnis könne durch Anwendung von § 8 Abs. 4 Satz 1 entgegengetreten werden.[1624] Bei der **Klagebefugnis der Wirtschafts- und Berufsverbände** nach § 8 Abs. 3 Nr. 2 wird man zu unterscheiden haben: Die Klagebefugnis betrifft die Prüfung, ob der Verband nach seinem Satzungszweck sowie seiner persönlichen, sachlichen und finanziellen Ausstattung grundsätzlich zur Förderung gewerblicher oder selbständiger beruflicher Interessen in der Lage ist oder ob ihm diese Fähigkeit fehlt, etwa weil er ausreichende finanzielle Mittel nur durch Einnahmen aus Abmahntätigkeit erhält, die in einem krassen Missverhältnis zu seinen sonstigen Einkünften stehen.[1625] Liegen die Voraussetzungen für die Klagebefugnis vor, etwa weil ein solches Missverhältnis bei den Einnahmen nicht gegeben ist, kann die Anspruchsverfolgung im Einzelfall missbräuchlich nach § 8 Abs. 4 Satz 1 sein, wenn die Umstände den Schluss nahe legen, dass die konkrete Geltendmachung in erster Linie dem Zweck dient, Ansprüche auf Aufwendungsersatz und ggf. Vertragsstrafenansprüche entstehen zu lassen. **648**

bb) Wesen der Fallgruppe. Eine Anspruchsverfolgung dient vorwiegend einem Gebührenerzielungsinteresse und ist daher nach § 8 Abs. 4 Satz 1 missbräuchlich, wenn **kein nennenswertes wirtschaftliches** oder sonst beachtliches **wettbewerbspolitisches Interesse** an der Verfolgung des beanstandeten Wettbewerbsverstoßes besteht, sondern aus der Sicht eines wirtschaftlich denkenden Unternehmers kein anderer Zweck verfolgt wird als das Gebührenerzielungsinteresse, wobei es sich auch um das Interesse der beauftragten Anwälte handeln kann.[1626] **649**

Die Gesamtbewertung als missbräuchlich kann sich insbesondere aus den nachfolgenden **Indizien** ergeben. Vielfach reicht ein Indiz für sich genommen nicht aus, so dass sich erst aus dem Zusammenspiel mehrerer Indizien ein Gesamtbild des Missbrauchs ergibt: **650**

cc) Indizien. (1) Anzahl der Abmahnungen. Umfangreiche Abmahntätigkeiten und eine Vielzahl von gerichtlichen Verfahren allein sind **für sich genommen** noch **kein ausreichendes Indiz** dafür, dass Ansprüche in erster Linie im Interesse der Gebührenerzielung geltend gemacht wer- **651**

1622 Vgl. BGH NJW 1993, 721, 723 – *Fortsetzungszusammenhang.*

1623 Vgl. BGH GRUR 1999, 1116, 1118 – *Wir dürfen nicht feiern;* ferner BGH GRUR 2001, 354, 355 – *Verbandsklage gegen Vielfachabmahner.*

1624 BT-Drucks. 15/1487, S. 23.

1625 Vgl. BGH GRUR 1999, 1116, 1118 – *Wir dürfen nicht feiern.*

1626 BGH GRUR 2001, 260, 261 – *Vielfachabmahner;* OLG Hamm MMR 2010, 508, 509 – *Serienmäßige Abmahnungen;* WRP 2014, 330, 331 Tz. 14 – *Bestellung abschicken;* OLG Düsseldorf, Urt. v. 9.10.2014, Az. I-15 U 99/14 Tz. 42 – *Fehlende Herstellerangabe bei Elektroartikeln; Köhler*/Bornkamm § 8 Rdn. 4.12; *Melullis* Rdn. 395.

den.[1627] Sind auf einem bestimmten Markt Verstöße gegen das Lauterkeitsrecht verbreitet, ist es grundsätzlich nicht zu beanstanden, wenn zu deren Abwehr eine entsprechende Vielzahl von Verfahren eingeleitet wird.[1628] Denn die Abmahnpraxis von Mitbewerbern und Verbänden sowie die gerichtliche Geltendmachung wettbewerbsrechtlicher Ansprüche dienen auch dem Interesse der Allgemeinheit an der Bekämpfung unlauteren Wettbewerbs.[1629] Das Gesetz steht der Abmahnung grundsätzlich positiv gegenüber.[1630] Es müssen deshalb zu der Vielzahl an Abmahnungen bzw. gerichtlichen Verfahren noch **weitere Umstände hinzutreten,** welche in einer Gesamtschau die Missbräuchlichkeit der Geltendmachung des Unterlassungsanspruchs begründen können.[1631] Das OLG Hamm hat die Formel geprägt:

„Missbrauch = Vielfachabmahnungen + x".[1632]

652 Die Verwendung von gleichen **Textbausteinen** in einer Vielzahl von Abmahnungen ist **wertneutral,** solange sie jeweils inhaltlich zu den abgemahnten Verstößen passen.[1633]

653 Je größer die Zahl der Abmahnungen ist, umso eher ist dies im Zusammenspiel mit anderen Faktoren ein Indiz für ein missbräuchliches Verhalten.[1634] Umgekehrt setzt der Missbrauch nicht voraus, dass der Anspruchsteller als Vielfachabmahner aufgetreten ist. Selbst bei einer geringen Zahl von Abmahnungen oder auch schon bei einer einzigen Abmahnung kann ein Missbrauch vorliegen, wenn gewichtige Umstände auf sachfremde Motive schließen lassen.[1635]

654 *(3) Missverhältnis zwischen Anzahl der Abmahnungen und Geschäftstätigkeit.* Ein Indiz für einen Missbrauch durch eine hohe Anzahl von Abmahnungen oder Gerichtsverfahren liegt vor, wenn die **Abmahntätigkeit** oder Prozessführung sich **verselbständigt,** d. h. in **keinem vernünftigen Verhältnis** zur **geschäftlichen Tätigkeit** des Abmahnenden steht.[1636] Ob und wann sich die Abmahntätigkeit verselbständigt hat, ist unter Berücksichtigung der Begleitumstände der Verletzungshandlung, der Wettbewerbsverhältnisse und der sonstigen Umstände wie der wirtschaftlichen Bedeutung des Gläubigers und sein Verhalten bei der Verfolgung des konkreten, aber auch anderer Wettbewerbsverstöße im Rahmen des Freibeweises zu würdigen.[1637] Es ist auch kleineren Unternehmern selbstverständlich nicht grundsätzlich verwehrt, gegen Wettbewerbsverstöße von Mitbewerbern vorzugehen.[1638] Gerade die Verbindung hoher Gegenstandswerte mit einem nicht übermäßig hohen operativen Geschäftsvolumen kann aber den Verdacht begründen, dass sich die Abmahntätigkeit irgendwann verselbständigt hat und vorrangig sachfremde Zwecke verfolgt.[1639]

655 **Kasuistik:** Ein Missbrauchsfall ist beispielsweise darin gesehen worden, dass ein Münchner Rechtsanwalt, der in Berlin als Bauträger und Altbausanierer tätig war, in einem Jahr nach Überprüfung des Immobilienteiles zahlreicher von ihm abonnierter überregionaler und regionaler Tages-

---

[1627] BGH GRUR 2005, 433, 343 – *Telekanzlei;* OLG München GRUR-RR 2007, 55; OLG Frankfurt GRUR-RR 2007, 56, 57 – *Sprechender Link;* OLG Hamm MMR 2009, 865, 866; MMR 2010, 508, 509 – *Serienmäßige Abmahnungen;* GRUR-RR 2011, 196, 197 – *Industriesauger;* OLG Hamburg GRUR-RR 2013, 29, 32 – *Nr. 1 Hits;* OLG Brandenburg GRUR-RR 2013, 511, 512 – *Verweisungsnorm;* OLG Nürnberg GRUR-RR 2014, 166 – *Facebook-Abmahnwelle;* OLG Hamm, Urt. v. 15.9.2015, Az. 4 U 105/15; OLG Düsseldorf GRUR-RR 2015, 306, 307 – *Warmwasserland.*

[1628] BGH GRUR 2005, 433, 343 – *Telekanzlei;* OLG Hamm GRUR-RR 2011, 196, 197 – *Industriesauger;* OLG Köln WRP 2015, 1385, 1386 f. Tz. 17 – *Glücksspiele;* OLG Frankfurt GRUR-RR 2016, 26, 27 – *Kopfhörer ohne CE-Kennzeichnung.*

[1629] BGH GRUR 2005, 433, 343 – *Telekanzlei;* OLG Hamm GRUR-RR 2009, 444 – *Generierung von Ansprüchen.*

[1630] OLG Hamm, Urt. v. 28.7.2011, Az. 4 U 55/11.

[1631] OLG Hamm MMR 2009, 865, 866; MMR 2010, 508, 509 – *Serienmäßige Abmahnungen;* WRP 2011, 501, 505 – *Bewertungsrabatt;* OLG Hamburg GRUR-RR 2013, 29, 32 – *Nr. 1 Hits;* OLG Düsseldorf GRUR-RR 2015, 306, 307 – *Warmwasserland;* OLG Hamm, Urt. v. 15.9.2015, Az. 4 U 105/15.

[1632] OLG Hamm, Urt. v. 26.7.2011, Az. 4 U 49/11.

[1633] OLG Hamm, Urteil vom 15.12.2009, Az. 4 U 134/09.

[1634] OLG Hamm MMR 2010, 508, 509 – *Serienmäßige Abmahnungen; Knippenkötter* GRUR-Prax 2011, 483; *Köhler* WRP 1992, 359, 361.

[1635] OLG Hamm GRUR-RR 2011, 196, 197 – *Industriesauger; Knippenkötter* GRUR-Prax 2011, 483.

[1636] BGH GRUR 2012, 286, 287 Tz. 13 – *Falsche Suchrubrik;* OLG Hamm MMR 2009, 865, 866; OLG Brandenburg GRUR-RR 2013, 511 – *Verweisungsnorm;* OLG Nürnberg GRUR-RR 2014, 166 – *Facebook-Abmahnwelle;* OLG Düsseldorf, Urt. v. 9.10.2014, Az. I-15 U 99/14 Tz. 42 – *Fehlende Herstellerangabe bei Elektroartikeln;* OLG Hamm, Urt. v. 15.9.2015, Az. 4 U 105/15; relativierend und nur für den zusätzlichen Umstand eines kollusiven Zusammenwirkens mit dem Rechtsanwalt OLG Frankfurt GRUR-RR 2016, 26 f. – *Kopfhörer ohne CE-Kennzeichnung.*

[1637] OLG Hamm, Urt. v. 26.7.2011, Az. 4 U 49/11.

[1638] LG Bochum GRUR-RR 2015, 70.

[1639] OLG Hamm, Urt. v. 26.7.2011, Az. 4 U 49/11; Urt. v. 28.7.2011, Az. 4 U 55/11.

zeitungen aus dem ganzen Bundesgebiet etwa 150 Abmahnungen wegen irreführender Immobilienanzeigen auch den ländlichen bayrischen Raum betreffend ausgesprochen hat.[1640] Ebenso lag es bei nur geringfügiger eigener geschäftlicher Tätigkeit und 120 Abmahnungen, die innerhalb von nur 19 Tagen ausgesprochen wurden und eine „Abmahnpauschale" von je 150 € zzgl. Mehrwertsteuer forderten.[1641] **Nach wirtschaftlichen Maßstäben nicht mehr vernünftig** war auch eine Abmahntätigkeit, deren Kostenrisiko ca. das 50-fache des erzielten Jahresgewinns betrug und deren Kosten das im Betrieb vorhandene Eigenkapital nahezu vollständig aufgezehrt hätte.[1642] Ebenso lag es in einem Fall, in dem die geforderten Kosten für 60 Abmahnungen in 90 Tagen den im gleichen Zeitraum vom Abmahnenden Kleinbetrieb mit nur 3 Angestellten erwirtschafteten Umsatz um mehr als das Doppelte überstieg.[1643] Eine Abmahntätigkeit steht in keinem vernünftigen Verhältnis zur ausgeübten gewerblicher Tätigkeit, wenn die dafür anfallenden RVG-Gebühren den im gleichen Zeitraum erwirtschafteten Umsatz des Abmahnenden übersteigen.[1644] Ist wegen eines besonderen Geschäftsmodells der Umsatz einer Gesellschaft zwar hoch, ihr Gewinn aber äußerst niedrig, so steht eine umfangreiche Abmahntätigkeit dieser finanzschwachen Gesellschaft, die in einem Zeitraum von ca. 9 Monaten 78 gerichtlichen Verfahren mündet, in keinem vernünftigen Verhältnis zum Umfang des Geschäftsbetriebs.[1645] Ein Unternehmer, der in seiner Außendarstellung die so genannte Kleinunternehmerregelung gemäß § 19 Abs. 1 UStG in Anspruch nimmt, kein Ladengeschäft und auch keinen Online-Shop unterhält und innerhalb von fünf Monaten nur auf einen Umsatz von 1.714,93 € kommt, aber im selben Zeitraum 15 Abmahnungen ausspricht und eine umfangreiche Prozessführung entfaltet, muss sich den Vorwurf des Rechtsmissbrauchs entgegenhalten lassen.[1646]

Bei 31 Abmahnungen von Wettbewerbern durch einen Kfz-Händler innerhalb von 13 Monaten ist der BGH ohne das Hinzutreten weiterer Umstände **nicht** davon ausgegangen, dass die Abmahntätigkeit **in keinem vernünftigen Verhältnis** zur eigentlichen Geschäftstätigkeit gestanden und bei objektiver Betrachtung an der Verfolgung der Wettbewerbsverstöße kein nennenswertes wirtschaftliches Interesse außer dem der Gebührenerzielung bestanden hat.[1647] Ebenso sieht es bei der Einleitung von 30 gerichtlichen Verfahren gegen Mitbewerber in einem Zeitraum von knapp zwei Jahren aus.[1648] Das OLG Düsseldorf ist bei einer zeitweisen erheblichen, ja vielfachen, Überschreitung des Gewinns durch das Kostenrisiko bei einer Geschäftstätigkeit in erheblichem Umfang, Umsätzen in sechsstelliger und Gewinnen in deutlich fünfstelliger Höhe nicht davon ausgegangen, dass sich die Abmahntätigkeit des Verfügungsklägers verselbständigt hat.[1649] Auch bei 10 Verfahren mit einem Kostenrisiko von 390.000 € bestand kein Missverhältnis zu dem im selben Zeitraum erwirtschafteten Umsatz von 2,4 Mio. €.[1650] 656

Ein missbräuchliches Handeln im bloßen Gebühreninteresse im Sinne einer **Verselbständigung der Abmahntätigkeit** kann auch dann gegeben sein, wenn der Anspruchsberechtigte seine Abmahntätigkeit so organisiert, dass sie eine **selbständige Erwerbsquelle** für den mit ihm zusammenarbeitenden und die Abmahntätigkeit in Eigenregie betreibenden Rechtsanwalt darstellt.[1651] Für eine verselbständigte Abmahntätigkeit des Anwalts in eigenem Interesse und auf eigene Initiative spricht es, wenn der Rechtsanwalt im Termin die erforderliche **Vollmacht nicht vorlegen** kann,[1652] dagegen spricht es, wenn er im Termin oder der vorgerichtlichen Korrespondenz dazu ohne weiteres schnell in der Lage ist.[1653] 657

(3) Art, Umfang, Schwere und Recherchierbarkeit des Verstoßes. Als Indiz für eine missbräuchliche Geltendmachung von Ansprüchen gilt auch, wenn **geringfügige Verstöße**[1654] oder Verstöße von eher 658

1640 BGH GRUR 2001, 260, 261 – *Vielfachabmahner.*

1641 KG WRP 2011, 1319 – *Massenhaftes Abmahnen im Immobilienbereich* (mit einer instruktiven Übersicht über weitere vom KG entschiedene Missbrauchsfälle).

1642 OLG Hamm, Urt. v. 15.9.2015, Az. 4 U 105/15.

1643 OLG Hamm MMR 2009, 865, 866.

1644 OLG Hamm MMR 2010, 508, 510; OLG Nürnberg GRUR-RR 2014, 166, 167 – *Facebook-Abmahnwelle;* AG Schleiden GRUR-RR 2009, 156 – *Rechtsmissbräuchliche Abmahnung.*

1645 OLG Jena GRUR-RR 2011, 327, 328 – *Umfang des Geschäftsbetriebs.*

1646 OLG Düsseldorf GRUR-RR 2015, 306, 307 – *Warmwasserland.*

1647 BGH GRUR 2012, 286, 287 Tz. 14 – *Falsche Suchrubrik.*

1648 OLG Brandenburg GRUR-RR 2013, 511, 512 – *Verweisungsnorm.*

1649 OLG Düsseldorf, Urt. v. 9.10.2014, Az. I-15 U 99/14 Tz. 43 – *Fehlende Herstellerangabe bei Elektroartikeln.*

1650 OLG Hamm WRP 2011, 501, 505 – *Bewertungsrabatt.*

1651 OLG Köln WRP 2015, 983, 985 Tz. 15 – *Ungültige UVP auf Amazon Marketplace;* vgl. auch BGH GRUR 2012, 286, 287 Tz. 16 – *Falsche Suchrubrik;* OLG Köln GRUR 1993, 571 f.

1652 OLG Hamm WRP 2011, 501, 504 – *Bewertungsrabatt.*

1653 OLG Hamm, Urt. v. 28.7.2011, Az. 4 U 55/11.

1654 Vgl. BGH GRUR 2005, 433, 434 – *Telekanzlei;* OLG Nürnberg GRUR-RR 2014, 166, 168 – *Facebook-Abmahnwelle.*

unterdurchschnittlichem Gewicht verfolgt werden, die kein nennenswertes Interesse des Mitbewerbers an der Rechtsverfolgung begründen.[1655] Dies gilt insbesondere, wenn Verstöße **wettbewerbsrechtlich unproblematisch** sind, mit einem **geringen Prozessrisiko** im Wege eines glatten „Durchmarschs" verfolgt[1656] und (etwa im Internet) **leicht** oder gar automatisiert und massenhaft **recherchiert** werden können[1657] und sich ihrem Wesen nach gut zu einer parallelen Verfolgung gegenüber einer Vielzahl von Schuldnern eignen.[1658]

659 Von jedenfalls durchschnittlichem Gewicht sind Verstöße gegen das Irreführungsverbot des § 5. Zumindest durchschnittliches Gewicht haben auch Verstöße gegen Vorschriften, die den Kern von Verbraucherschutzrechten betreffen.[1659] Als von **unterdurchschnittlichem Gewicht** gelten insbesondere Verstöße gegen **Formalvorschriften** und gesetzliche Informationspflichten[1660] wie die **Impressumspflicht** gem. § 5 TMG[1661] oder Informationspflichten im Rahmen der gesetzlich vorgeschriebenen **Widerrufsbelehrung** bei Fernabsatzverträgen.[1662] Wer sich auf die massenhafte Abmahnung gerade solcher Verstöße spezialisiert, macht damit deutlich, dass es ihm insgesamt eher nicht um die Wahrung des lauteren Wettbewerbs geht.[1663]

660 Angenommen wurde ein Missbrauch deshalb etwa in einem Fall, in dem in einem kurzen Zeitraum 199 eindeutige, aber leichte Verstöße gegen die Impressumspflicht auf kommerziellen Facebook-Seiten abgemahnt wurden, die ohne großen Aufwand durch eine vom Gläubiger entwickelte **Suchsoftware** innerhalb eines Arbeitstages festgestellt wurden, wobei dieses Programm beim **systematischen Durchkämmen des Internet** insgesamt 3,5 Millionen Rechtsverstöße im Internet, davon 30 000 Verstöße bei Facebook, festgestellt hatte.[1664]

661 *(4) Freistellungsvereinbarungen zwischen Rechtsanwalt und Mandant.* Von einem Missbrauch ist auszugehen, wenn ein Gläubiger als Vielfachabmahner mit seinem Rechtsanwalt in der Weise kollusiv zusammenwirkt, dass der **Rechtsanwalt** seinen Mandanten **vollständig oder zum größten Teil von den Kostenrisiken freistellt,** die mit der Führung der Verfahren verbunden sind.[1665] Ein weiterer „klassischer" Fall eines Rechtsmissbrauchs liegt vor, wenn der abmahnende Mandant mit seinem Anwalt vereinbart, dass er keine Rechtsanwaltskosten zu tragen habe und er die vom Abgemahnten gezahlten Gelder mit dem Anwalt teilen wolle.[1666] Ein Missbrauch liegt auch nahe, wenn zwar keine ausdrückliche Freistellungsvereinbarung getroffen wurde, tatsächlich der Rechtsanwalt aber in den Fällen, in denen der Abgemahnte zahlt, die Gebührenforderungen gegenüber dem Abmahnenden stillschweigend niedergeschlagen werden.[1667]

662 *(5) Überhöhte Gegenstands- und Streitwerte.* Die Angabe eines **weit überhöhten Gegenstands- oder Streitwerts** ist, insbesondere **bei systematischem Vorgehen,** ein **starkes Indiz** für ein missbräuchliches Vorgehen.[1668] Weit überhöht ist ein Gegenstands- oder Streitwert, wenn er ein Vielfaches über dem liegt, was als angemessen zu betrachten ist.[1669] Für sich gesehen kann allerdings die Angabe eines weit überhöhten Gegenstands- oder Streitwerts noch nicht ausreichen, um allein daraus bereits ein missbräuchliches Vorgehen des Abmahnenden abzuleiten. Es bedarf daher weitergehender Umstände, um einen Missbrauch zu begründen.[1670]

[1655] Vgl. BGH GRUR 2012, 730, 732 Tz. 21 – *Bauheizgerät;* AG Schleiden GRUR-RR 2009, 156 – *Rechtsmissbräuchliche Abmahnung.*

[1656] Vgl. BGH GRUR 2005, 433, 434 – *Telekanzlei;* OLG Hamm, Urt. v. 1.4.2008, Az. 4 U 10/08.

[1657] OLG Jena GRUR-RR 2011, 327, 328 – *Umfang des Geschäftsbetriebs;* OLG Nürnberg GRUR-RR 2014, 166, 167 – *Facebook-Abmahnwelle;* LG Köln MMR 2015, 456, 457.

[1658] LG Köln MMR 2015, 456, 457.

[1659] Vgl. OLG Hamm, Beschl. v. 9.3.2010, Az. 4 W 22/10.

[1660] OLG Hamm, Urt. v. 10.8.2010, Az. 4 U 60/10.

[1661] OLG Nürnberg GRUR-RR 2014, 166, 168 – *Facebook-Abmahnwelle.*

[1662] OLG Hamm, Urt. v. 10.8.2010, Az. 4 U 60/10.

[1663] OLG Hamm MMR 2010, 508, 511; OLG Jena GRUR-RR 2011, 327, 328 f. – *Umfang des Geschäftsbetriebs.*

[1664] OLG Nürnberg GRUR-RR 2014, 166, 167 f. – *Facebook-Abmahnwelle.*

[1665] OLG Jena GRUR-RR 2011, 327, 328 f. – *Umfang des Geschäftsbetriebs;* OLG Frankfurt GRUR-RR 2016, 26 f. – *Kopfhörer ohne CE-Kennzeichnung.*

[1666] *Knippenkötter* GRUR-Prax 2011, 483, 484.

[1667] Vgl. die Fallschilderung bei *Knippenkötter* GRUR-Prax 2011, 483, 484.

[1668] OLG Jena GRUR-RR 2011, 327, 329 – *Umfang des Geschäftsbetriebs;* OLG Frankfurt WRP 2016, 368, 369 Tz. 12; OLG Hamm, Urt. v. 26.7.2011, Az. 4 U 49/11; Urt. v. 28.7.2011, Az. 4 U 55/11.

[1669] OLG Jena GRUR-RR 2011, 327, 329 – *Umfang des Geschäftsbetriebs.*

[1670] OLG Jena GRUR-RR 2011, 327, 329 – *Umfang des Geschäftsbetriebs;* OLG Brandenburg GRUR-RR 2013, 511 – *Verweisungsnorm;* OLG Frankfurt WRP 2016, 368, 369 Tz. 13; *Knippenkötter* GRUR-Prax 2011, 483, 484.

(6) Überhöhter Gebührensatz. Indiz für ein Gebührenerzielungsinteresse ist auch das systematische **Verlangen nach überhöhten Gebühren für die Abmahnung.**[1671] Dies ist der Fall bei der deutlichen Überschreitung einer in aller Regel angemessenen 1,3-fachen Gebühr, ohne dass eine ganz besondere Schwierigkeit der Sache auf der Hand liegt (z. B. 1,8-fache Gebühr).[1672] Auch ohne systematisches Vorgehen kann eine Gebührenüberhöhung im Einzelfall (z. B. 1,5-fache Gebühr) ein Indiz von nicht unbeträchtlichem Gewicht sein, das aber für sich genommen für die Annahme eines Rechtsmissbrauchs noch nicht ausreicht.[1673] 663

(7) Fallenlassen und Nichtverfolgung von Ansprüchen. Ein weiteres Indiz für das missbräuchliche Verhalten ist, wenn ein Anspruchsberechtigter **so gut wie keinen Unterlassungsanspruch weiter gerichtlich verfolgt,** wenn keine strafbewehrte Unterlassungserklärung abgegeben wird.[1674] Fälle, in denen der Abmahnende gleichsam „intuitiv" entscheidet, ob er Verstöße selbst telefonisch abmahnt ob er abgemahnte Wettbewerbsverstöße weiterverfolgt[1675] und ob er auf Abmahnkosten und Vertragsstrafen verzichtet,[1676] können ähnlich gelagert sein und ebenfalls einen Missbrauch indizieren.[1677] 664

Andererseits kann es gerade gegen einen Missbrauch und für ein genuines Interesse an der Durchsetzung des Lauterkeitsrechts sprechen, wenn ein Kläger bei einer ungesicherten materiellen Rechtslage, die keinen glatten „Durchmarsch" erwarten lässt, unter **Inkaufnahme eines erheblichen Prozessrisikos** versucht, sein Unterlassungsansprüche durchzusetzen.[1678] 665

(8) Einheitliche Frist für Unterlassungserklärung und Zahlung der Abmahnkosten. Ein – eher unterdurchschnittlich aussagekräftiges – Indiz für den Missbrauch kann darin liegen, dass die Frist für die Abgabe der Unterlassungserklärung, die wegen der Eilbedürftigkeit kurz bemessen ist, ohne jede Notwendigkeit mit der Frist für die Zahlung der zu erstattenden Abmahnkosten verknüpft wird.[1679] Das gilt jedenfalls dann, wenn der falsche Eindruck erweckt wird, dass der Schuldner die Gefahr einer gerichtlichen Inanspruchnahme nur dadurch verhindern könne, dass er neben der Abgabe der Unterlassungserklärung auch die **Abmahnkosten umgehend erstattet.**[1680] Für sich genommen reicht die einheitliche Frist selbstverständlich nicht aus, einen Missbrauch zu begründen.[1681] 666

(9) Gebührenverlangen trotz beantragter Schubladenverfügung. Ein Indiz für einen Missbrauch ist auch, wenn ein **Eilverfahren** eingeleitet wird, **ohne zuvor abzumahnen,** und sodann in der Abmahnung der Verfahrensstand verschwiegen und Abmahnkosten, die bei einem bereits gestellte Verfügungsantrag nicht mehr verlangt werden können,[1682] dennoch geltend gemacht werden. [1683] 667

(10) Gebührenverlangen bei erstem Anfordern der Vertragsstrafe. Ein Anhaltspunkt, dass es dem Gläubiger mit seinen Abmahnungen darum geht, Gebühren zu erzielen, ist es auch, wenn beim ersten Anfordern einer Vertragsstrafe durch Anwaltsschreiben eine Kostennote beigefügt ist, ohne dass dafür eine Anspruchsgrundlage ersichtlich ist. Denn bei einer Vertragsstrafe handelt es sich im Regelfall um bloße schuldrechtliche Forderungen i. S. d. § 241 BGB. Deren Geltendmachung kann aber erst dann einen Schadensersatzanspruch nach §§ 286 f. BGB auslösen, wenn sich der Schuldner in Verzug befindet. Davon kann bei der erstmaligen Geltendmachung von Vertragsstrafen keine Rede sein.[1684] 668

b) Erzielung von Vertragsstrafen. *aa) Wesen des Missbrauchstatbestands.* Als typisches Beispiel nennt das Gesetz die Geltendmachung eines Anspruchs, die vorwiegend dazu dient, gegen den Zuwiderhandelnden einen Anspruch auf Ersatz von Aufwendungen oder Kosten der Rechtsverfol- 669

[1671] BGH GRUR 2012, 286, 287 Tz. 13 – *Falsche Suchrubrik;* OLG Brandenburg GRUR-RR 2013, 511 – *Verweisungsnorm.*

[1672] Vgl. OLG Hamm MMR 2010, 508, 511.

[1673] OLG Hamm WRP 2014, 330, 331 Tz. 187 – *Bestellung abschicken.*

[1674] OLG Nürnberg GRUR-RR 2014, 166 – *Facebook-Abmahnwelle; Knippenkötter* GRUR-Prax 2011, 483, 484.

[1675] OLG Hamm GRUR-RR 2010, 356, 357 f. – *Abmahnungen nach Gutsherrenart.*

[1676] OLG Hamm, MMR 2010, 508, 509.

[1677] *Knippenkötter* GRUR-Prax 2011, 483, 484 f.

[1678] Vgl. OLG Hamm, Urt. v. 1.4.2008, Az. 4 U 10/08.

[1679] OLG Hamm, Urt. v. 10.8.2010, Az. 4 U 60/10; Urt. v. 28.7.2011, Az. 4 U 55/11; *Knippenkötter* GRUR-Prax 2011, 483, 484.

[1680] OLG Hamm, Urt. v. 10.8.2010, Az. 4 U 60/10; Urt. v. 28.7.2011, Az. 4 U 55/11; *Knippenkötter* GRUR-Prax 2011, 483, 484.

[1681] *Knippenkötter* GRUR-Prax 2011, 483, 484.

[1682] BGH GRUR 2010, 257, 258 Tz. 14 ff. – *Schubladenverfügung.*

[1683] KG GRUR-RR 2012, 134 – *Neujahrskonzert 2011.*

[1684] OLG Hamm, Urt. v. 15.12.2009, Az. 4 U 134/09; Urt. v. 28.7.2011, Az. 4 U 55/11.

gung entstehen zu lassen. Dies gilt jedoch in gleicher Weise für das Interesse, **Ansprüche auf Zahlung** z. B. **von Vertragsstrafen entstehen zu lassen.**[1685]

670 Bei **aktivlegitimierten Verbänden** ist zu berücksichtigen, dass diese zur Finanzierung ihrer Arbeit auf ein gewisses Aufkommen an Vertragsstrafezahlungen angewiesen sind und deshalb ein gewisses Interesse an der Erzielung derartiger Einnahmen nicht ohne weiteres bedenklich ist.[1686] Dies darf freilich nicht als Freibrief verstanden werden, Unterlassungsschuldner planmäßig in Haftungsfallen zu locken oder mit überhöhten Vertragsstrafen zu überziehen.

671 Einer Abmahnung wird in aller Regel – bereits zur Vermeidung der Rechtsfolge des § 174 Satz 1 BGB[1687] – eine vorformulierte Unterwerfungserklärung als Vertragsangebot beigefügt. Diese Angebote können unter verschiedenen Aspekten darauf hindeuten, dass es dem Abmahner vorrangig um die Generierung von Vertragsstrafenansprüchen geht. Insofern ist auf den Erklärungsinhalt der vorformulierten Unterlassungserklärung abzustellen.[1688] U. A. die folgenden Umstände können in ihrem Zusammenspiel im Ergebnis zu einem Missbrauch führen:

672 *bb) Indizien. (1) Hohe Vertragsstrafen.* Indiz für einen Missbrauch ist, wenn der Abmahnende **systematisch überhöhte Vertragsstrafen** verlangt.[1689] Gerade ein überhöhter Absolutbetrag für die Vertragsstrafe lässt darauf schließen, dass es dem Abmahner in erster Linie um die Erzielung von Vertragsstrafenansprüchen geht.[1690] Als Indiz für eine Gewinnerzielungsabsicht über das Eintreiben von Vertragsstrafen können auch überhöhte Vertragsstrafeforderungen des Gläubigers in anderen Verfahren herangezogen werden.[1691] Bei einem **Verstoß von eher unterdurchschnittlichem Gewicht** (hierzu Rdn. 659) ist eine **Vertragsstrafe oberhalb von 5.000 € überhöht** und wird auch nicht durch das Bestreben gerechtfertigt, damit zweifelsfrei die sachliche Zuständigkeit der Landgerichte zu begründen.[1692]

673 **Kasuistik:** Ohne weiteres angemessen ist eine **Vertragsstrafe in Höhe von 5.100 €** aber bei **Verstößen von durchschnittlichem Gewicht,**[1693] so etwa bei einem Verstoß gegen die Pflicht zur dauerhaften Kennzeichnung von Kopfhörern gem. § 7 Satz 1 ElektroG, an dessen Unterbindung ein nennenswertes Interesse eines Mitbewerbers besteht, weil mit dem Verstoß ein nennenswerter Kosten- und damit auch Wettbewerbsvorteil einhergeht.[1694] Angesichts der Größe und Marktbedeutung einer Schuldnerin als Generalimporteurin eines ausländischen Automobilherstellers ist eine Vertragsstrafe von € 10.000 in einer vorformulierten Unterlassungserklärung bei Verstößen gegen § 5 Abs. 1 Pkw-EnVKV nicht derart hoch, dass die Grenze zum Rechtsmissbrauch überschritten wäre.[1695]

674 *(2) Starke Verallgemeinerung des Unterlassungsgebots über den Kernbereich hinaus.* Eine **starke Verallgemeinerung des Unterlassungsgebots** in der vorformulierten Unterlassungserklärung, die über den Kernbereich des vorgefallenen Verstoßes hinausgeht und auch gänzlich andere Verstöße als die konkret abgemahnten erfasst, soll regelmäßig den **Handlungsspielraum des Abgemahnten übermäßig einschränken** und dem Abmahnenden Möglichkeiten eröffnen, über das zur Ausräumung der Wiederholungsgefahr Notwendige hinaus Vertragsstrafen beanspruchen zu können. Auch dies ist ein Indiz für einen Missbrauch.[1696]

675 *(3) Verzicht auf die Einrede des Fortsetzungszusammenhangs.* Der **Verzicht auf die Einrede des Fortsetzungszusammenhangs** in einer vorformulierten Unterwerfungserklärung ist für sich genommen nicht ausreichend, einen Missbrauch zu begründen.[1697] Treten andere Umstände dazu,

---

[1685] OLG Hamm, Urt. v. 10.8.2010, Az. 4 U 60/10; GRUR-RR 2011, 329, 330 – *Salve einer Abmahngemeinschaft;* OLG Nürnberg GRUR-RR 2014, 166 – *Facebook-Abmahnwelle;* zu den wirtschaftlichen Hintergründen *Kaspar* S. 111 ff.

[1686] BGH GRUR 2005, 689, 690 – *Sammelmitgliedschaft III;* LG Berlin WRP 2015, 1407, 1410 Tz. 39 – *Notarielle Unterlassungserklärung.*

[1687] BGH GRUR 2010, 1120, 1121 Tz. 14 f. – *Vollmachtsnachweis.*

[1688] *Knippenkötter* GRUR-Prax 2011, 483, 485.

[1689] BGH GRUR 2012, 286, 287 Tz. 13 – *Falsche Suchrubrik;* OLG Brandenburg GRUR-RR 2013, 511 – *Verweisungsnorm.*

[1690] BGH GRUR 2012, 730, 732 Tz. 21 ff., 24 – *Bauheizgerät;* OLG Hamm, Urt. v. 15.12.2009, Az. 4 U 134/09.

[1691] Vgl. OLG Hamm, Urt. v. 14.5.2009, Az. 4 U 17/09.

[1692] BGH GRUR 2012, 730, 732 Tz. 24 – *Bauheizgerät.*

[1693] Vgl. OLG Hamm, Beschl. v. 9.3.2010, Az. 4 W 22/10.

[1694] OLG Celle GRUR-RR 2014, 152, 154 – *Klebefähnchen.*

[1695] OLG Frankfurt GRUR-RR 2014, 156, 157 – *Fahrzeugbörse.*

[1696] OLG Hamm, Urt. v. 10.8.2010, Az. 4 U 60/10; *Barbasch* GRUR-Prax 2011, 486; *Knippenkötter* GRUR-Prax 2011, 483, 485.

[1697] BGH GRUR 2012, 286, 287 Tz. 15 – *Falsche Suchrubrik.*

wie die starke Verallgemeinerung des Unterlassungsgebots und hohe Absolutbeträge für die Vertragsstrafe oder der Verzicht auf das Verschuldenserfordernis, so wird eine Haftungsfalle konstruiert, die nur den Schluss auf eine im Vordergrund stehende Gewinnerzielungsabsicht zulässt.[1698]

(4) Abbedingung des Verschuldenserfordernisses. Wird in einer vorformulierten Unterwerfungserklä- 676
rung das für die Verwirkung der Vertragsstrafe normalerweise selbstverständliche **Verschuldenserfordernis**[1699] **abbedungen,** so ist dies ein Indiz dafür, dass es dem Abmahnenden in erster Linie um das Einstreichen der Vertragsstrafe geht.[1700] Dies gilt insbesondere dann, wenn die Klausel so gestaltet und in die Unterwerfungserklärung eingefügt ist, dass sie ohne weiteres überlesen werden kann.[1701]

Der **Ausschluss der** dem Schuldner normalerweise verbleibenden **Exkulpationsmöglich-** 677
keit[1702] ist überraschend und für die Ausräumung der Wiederholungsgefahr nicht erforderlich.[1703] Er führt nicht nur zu einer Haftungsverschärfung. Er bildet vielfach auch eine für den Schuldner **unkontrollierbare Haftungsfalle,** wenn der Unterlassungsverpflichtung nur durch Hilfe von oder Einwirkung auf Dritte nachgekommen werden kann (hierzu Rdn. 14ff.) und nach kurzer Fristsetzung die Unterlassungserklärung bereits abgegeben wird, ehe alle Verstöße beseitigt sind.[1704] Der Schuldner kann einer Vertragsstrafe daher vielfach nur schwer entgehen, wenn ihm der Einwand abgeschnitten ist, er hätte den Verstoß beim besten Willen so kurzfristig nicht abstellen können.[1705]

(5) Gerichtsstandsvereinbarung am Sitz des Gläubigervertreters. Wird in einer vorformulierten Unter- 678
werfungserklärung nicht der Sitz des Gläubigers oder des Schuldners, sondern der **Sitz des Rechtsanwalts** des Gläubigers als zu vereinbarender Gerichtsstand vorgesehen, ist auch dies ein Indiz für die Absicht, durch die Eintreibung von Vertragsstrafen einen möglichst hohen Gewinn zu erzielen, weil mit dieser **Gerichtsstandswahl** dem Rechtsanwalt die Arbeit erleichtert wird und sich Unkosten sparen lassen.[1706]

(6) Kurze Fristsetzung. Eine sehr **kurze Frist** (z. B. von nur einem Tag) lässt dem Schuldner kaum 679
Zeit zu prüfen, ob und in welchen Umfang er sich auf die vorformulierte Unterwerfungserklärung einlassen muss. Es besteht hier objektiv die Gefahr, dass sachlich oder betragsmäßig unangemessene Forderungen des Gläubigers ohne weiteres akzeptiert werden. Eine **extrem kurze Fristsetzung** ist daher ein Indiz für die Absicht, durch das Einstreichen einer Vertragsstrafe Gewinn zu erzielen.[1707] Dies gilt insbesondere bei umfangreichen Abmahnungen oder rechtlich oder tatsächlich schwierigen Sachverhalten. Es ist dann Sache des Abmahnenden, sachliche Gründe dafür dazu tun, warum die Frist so knapp bemessen ist.[1708]

c) Kommerzialisierung von Ansprüchen. Auch eine **sonstige Gewinnerzielungsabsicht** 680
kann für einen Rechtsmissbrauch sprechen. Rechtsmissbräuchlich handelt, wer seine Klagebefugnis nicht einsetzt, um Wettbewerbsverstöße zu unterbinden, sondern sie unter Hinnahme weiterer Verstöße in Geld umzusetzen versucht, indem er sich die anschließende Klage gleichsam **abkaufen** lassen will.[1709]

d) Verlangen nach pauschaliertem Schadensersatz. Für eine im Vordergrund stehende sach- 681
fremde Gewinnerzielungsabsicht und damit einen Missbrauch spricht wesentlich und durchschla-

---

1698 Vgl. OLG Hamm MMR 2010, 826, 827; Urt. v. 28.7.2011, Az. 4 U 55/11; *Knippenkötter* GRUR-Prax 2011, 483, 485.

1699 Vgl. BGH GRUR 1982, 688, 691 – *Senioren-Paß;* GRUR 1998, 963, 964 – *Verlagsverschulden II;* OLG Celle GRUR-RR 2014, 152, 154 – *Klebefähnchen.*

1700 Vgl. BGH GRUR 2012, 730, 731 Tz. 17ff. – *Bauheizgerät.*

1701 OLG Hamm, Urt. v. 10.8.2010, Az. 4 U 60/10.

1702 Vgl. OLG Celle GRUR-RR 2014, 152, 154 – *Klebefähnchen.*

1703 OLG Hamm, Urt. v. 10.8.2010, Az. 4 U 60/10.

1704 BGH GRUR 2012, 730, 731 Tz. 19 – *Bauheizgerät;* OLG Hamm, Urt. v. 10.8.2010, Az. 4 U 60/10; *Pokrant* in: FS Bornkamm, S. 1053, 1054.

1705 BGH GRUR 2012, 730, 731 Tz. 19 – *Bauheizgerät;* OLG Hamm, Urt. v. 10.8.2010, Az. 4 U 60/10.

1706 Vgl. BGH GRUR 2012, 730, 732 Tz. 28 – *Bauheizgerät;* OLG Hamm, Urt. v. 10.8.2010, Az. 4 U 60/10.

1707 Vgl. OLG Köln WRP 2015, 1385, 1387 Tz. 18 – *Glücksspiele;* vgl. auch KG GRUR-RR 2012, 134 – *Neujahrskonzert 2011.*

1708 Vgl. OLG Köln WRP 2015, 1385, 1387 Tz. 18 – *Glücksspiele.*

1709 Vgl. OLG Hamm GRUR-RR 2005, 141, 142 – *Sortenreinheit;* Urt. v. 19.8.2010, Az. 4 U 35/10; OLG Hamburg NJOZ 2011, 1162, 1163 – *„Abkaufen";* OLG München GRUR-RR 2012, 169, 171 – *Branchenbuchformular;* OLG Hamm, Urt. v. 8.11.2012, Az. 4 U 86/12; KG NJOZ 2013, 1506, 1507 – *Prosterisan;* OLG Köln GRUR-RR 2013, 466, 468 – *Bach-Blüten; Köhler*/Bornkamm § 8 Rdn. 4.23; zu einigen wirtschaftlichen Hintergründen *Kaspar* S. 114f.

gend, wenn der Antragsteller neben den Abmahnkosten für das Einschalten eines Anwalts bei vielfachen Abmahnungen regelmäßig und systematisch einen pauschalen Schadensersatz gegen die Abgemahnten geltend macht (z. B. 100 €), ohne dass es irgendeine Grundlage dafür gibt.[1710]

3. Behinderungsabsicht

682 **a) Wesen der Fallgruppe.** Neben dem im Gesetz ausdrücklich genannten Fall, dass die Rechtsverfolgung vorwiegend der Gebührenerzielung dient, stellt sich die Rechtsverfolgung auch dann als missbräuchlich dar, wenn sie maßgeblich von der Absicht getragen ist, den Verletzer im Wettbewerb zu behindern.[1711] Dies kann neben anderen Fällen der Behinderung insbesondere dann der Fall sein, wenn es dem Anspruchsberechtigten zwar nicht ausschließlich, aber doch überwiegend darum geht, den Schuldner finanziell zu belasten:

683 **b) Kostenbelastungsinteresse.** *aa) Allgemeines.* Die Klagebefugnis darf nicht zur Verfolgung sachfremder Ziele, insbesondere nicht dazu missbraucht werden, den Gegner durch möglichst hohe Prozesskosten zu belasten,[1712] sein mit der Rechtsverteidigung verbundene **Kostenrisiko zu vervielfachen**[1713] oder seine **personellen und finanziellen Kräfte in unangemessener Weise zu binden.**[1714] Es gilt im Gegenteil der Grundsatz, dass der Schuldner bei der Anspruchsverfolgung in dem Maße zu **schonen** ist, wie es für den Gläubiger **ohne Eingehung eigener Nachteile und Risiken** und ohne Abstriche an der effektiven Durchsetzung der ihm zustehenden Ansprüche möglich ist.[1715] Eine übermäßige und **unverhältnismäßige Belastung des Schuldners** muss vermieden werden.[1716] Für den Missbrauchstatbestand ist es dabei allerdings ohne Bedeutung, ob die gesteigerte Kostenbelastung den Schuldner hart trifft und geeignet ist, seine wirtschaftliche Bewegungsfreiheit einzuschränken und ihn zu behindern, oder ob angesichts der Größe und starken wirtschaftlichen Stellung des Schuldners – etwa als Mitglied eines großen Konzernverbundes – die Kostenmehrbelastung nicht ins Gewicht fällt und eine Behinderung fernliegt.[1717] Ansonsten würde allein die Größe und finanzielle Leistungsfähigkeit des Schuldners den Gläubiger von jedem Missbrauchsvorwurf entlasten.[1718]

684 Da durch eine unzulässige geschäftliche Handlung Ansprüche einer Mehrzahl von Mitbewerbern oder nach § 8 Abs. 3 Nr. 2–4 Aktivlegitimierten begründet werden können, besteht für den Anspruchsgegner das Risiko, dass derselbe Verstoß zum Gegenstand **mehrerer Abmahnungen** oder **gerichtlicher Verfahren** gemacht wird. Denn die Unterlassungsklage eines Anspruchsberechtigten steht der Geltendmachung der Ansprüche anderer Unterlassungsgläubiger nicht entgegen.[1719] Die Anzahl der potentiell Anspruchsberechtigten ist zwar mit dem Wegfall der Klagebefugnis der nur abstrakt betroffenen Mitbewerber (§ 13 Abs. 2 Nr. 2 UWG 1909) erheblich verringert worden. Gleichwohl besteht insbesondere bei einer räumlich nicht beschränkten Werbung die Möglichkeit, dass eine Vielzahl von Mitbewerbern und/oder Verbänden darin einen Wettbewerbsverstoß sieht und gegen den Werbenden vorgeht. Dem mit Kosten und Mühen verbundenen Risiko, sich eventuell in einer Vielzahl von gerichtlichen Verfahren gegen eine Mehrzahl von Anspruchstellern verteidigen zu müssen, kann sich der in Anspruch Genommene nur dadurch entziehen, dass er sich

---

[1710] OLG Hamm MMR 2009, 865, 866; *Barbasch* GRUR-Prax 2011, 486; *Knippenkötter* GRUR-Prax 2011, 483, 484.

[1711] KG WRP 2010, 129, 133 – *JACKPOT!;* OLG Saarbrücken GRUR-RR 2011, 20 – *Behinderungsabsicht;* OLG Köln WRP 2015, 1385, 1386 Tz. 15 – *Glücksspiele; Köhler*/Bornkamm § 8 Rdn. 4.20; vgl. auch BGH GRUR 2006, 243, 244 Tz. 19 – *MEGA SALE.*

[1712] BGH GRUR 2001, 78, 79 – *Falsche Herstellerpreisempfehlung;* GRUR 2012, 286, 287 Tz. 13 – *Falsche Suchrubrik.*

[1713] BGH GRUR 2001, 82, 83 – *Neu in Bielefeld I.*

[1714] BGH GRUR 2000, 1089, 1091 – *Mißbräuchliche Mehrfachverfolgung;* GRUR 2001, 82, 83 – *Neu in Bielefeld I;* OLG Hamm GRUR-RR 2011, 329, 330 – *Salve einer Abmahngemeinschaft;* OLG Köln WRP 2015, 1385, 1386 Tz. 15 – *Glücksspiele.*

[1715] OLG Köln GRUR-RR 2013, 466, 468 – *Bach-Blüten; Rehart* MMR 2014, 506, 508; vgl. auch BGH GRUR 2000, 1089, 1092 – *Mißbräuchliche Mehrfachverfolgung;* GRUR 2013, 307, 308 Tz. 19 – *Unbedenkliche Mehrfachabmahnung;* OLG Hamburg, Urt. v. 16.1.2003, Az. 5 U 61/02; KG WRP 2008, 511, 512 – *Fliegender Gerichtsstand;* OLG Frankfurt GRUR-RR 2011, 229 – *Unabhängigkeit;* KG GRUR-RR 2012, 134 – *Neujahrskonzert 2011.*

[1716] Vgl. BGH GRUR 2000, 1089, 1092 – *Mißbräuchliche Mehrfachverfolgung.*

[1717] BGH GRUR 2006, 243, 244 Tz. 19 – *MEGA SALE;* OLG Hamburg GRUR-RR 2006, 374, 375 – *Neueröffnung.*

[1718] BGH GRUR 2006, 243, 244 Tz. 19 – *MEGA SALE.*

[1719] BGH GRUR 1991, 917, 921 – *Anwaltswerbung;* GRUR 1994, 307, 308 – *Mozzarella I;* GRUR 2000, 1089, 1090 – *Mißbräuchliche Mehrfachverfolgung;* GRUR 2001, 82 – *Neu in Bielefeld I; Köhler* WRP 1992, 359.

gegenüber einem unterwirft und auf diese Weise sämtliche Gläubiger klaglos stellt.[1720] Der Gefahr, dass wettbewerbsrechtliche Unterlassungsansprüche missbräuchlich mehrfach verfolgt werden, ist die Rechtsprechung mit einer Anwendung des Missbrauchstatbestands nach § 8 Abs. 4 Satz 1 auf eine solche **Mehrfachverfolgung** begegnet, wenn sie sachfremde Motive wie vor allem das Interesse, den Gegner mit möglichst hohen Prozesskosten zu belasten, als eigentliche Triebfeder der Verfahrenseinleitung ausgemacht hat.[1721]

Anhaltspunkte dafür, dass die Belastung des Gegners mit Kosten die eigentliche Triebfeder für die Geltendmachung von Unterlassungsansprüchen ist, können sich aus verschiedenen prozessualen bzw. vorprozessualen Situationen ergeben.[1722] Zweckmäßigerweise wird hier grundsätzlich zwischen Konstellationen unterschieden, in denen nur ein Anspruchsberechtigter vorgeht und solchen, in denen mehrere Anspruchsberechtigte ihre Rechtsverfolgung koordinieren. Denn hier hat die Rechtsprechung jeweils bestimmte **typische Indizien** herausgearbeitet. Selbstverständlich kommt es **in der Praxis** zu **Überschneidungen.** Insbesondere können Aspekte, die beim Vorgehen eines Anspruchsberechtigten gegen einen Schuldner für einen Missbrauch sprechen auch in den Konstellationen zum Tragen kommen, in denen auf Aktiv- oder Passivseite jeweils mehrere Parteien beteiligt sind. 685

bb) Missbräuchliches Vorgehen eines Anspruchsberechtigten gegen einen Schuldner. (1) Gleichzeitiges Vorgehen in Eilverfahren und Hauptsache. Ein missbräuchliches Vorgehen ist indiziert, wenn der Unterlassungsgläubiger, ohne hierzu – etwa mit Blick auf einen drohenden, auf andere Weise nicht zu verhindern Eintritt der Verjährung – genötigt zu sein, neben dem Verfahren der einstweiligen Verfügung **gleichzeitig ein Hauptsacheverfahren mit einem identischen Unterlassungsantrag** anstrengt, ohne abzuwarten, ob die beantragte einstweilige Verfügung erlassen wird und der Schuldner sie in einer Abschlusserklärung als endgültige Regelung anerkennt.[1723] Für ein solches Vorgehen besteht in aller Regel kein praktisches Bedürfnis, so dass ein missbräuchliches Vorgehen mit dem Ziel, den Gegner mit unnötigen Kosten und Aufwand zu belasten, naheliegt.[1724] Wer nach erfolgloser Abmahnung eine einstweilige Verfügung erwirkt, handelt aber in aller Regel nicht rechtsmissbräuchlich, wenn er zusätzlich eine Hauptsacheklage erhebt, mit der er neben dem im Eilverfahren geltend gemachten Unterlassungsanspruch auch Annex- und Kostenansprüche verfolgt, nachdem der Schuldner in der ihm gesetzten Frist die geforderte Abschlusserklärung nicht abgegeben hat.[1725] Dies gilt auch, wenn der Schuldner gegen die einstweilige Verfügung Widerspruch eingelegt hat; dem Gläubiger ist nicht zuzumuten, zunächst den Ausgang des Verfügungsverfahrens abzuwarten.[1726] 686

(2) Mehrfache Abmahnungen, Verfügungsanträge, Klagen oder Unterlassungsanträge gegen einen Schuldner. Ein Anhaltspunkt für ein missbräuchliches Verhalten liegt vor, wenn ein Gläubiger einen einheitlichen Wettbewerbsverstoß (z. B. eine einheitliche Werbung) in mehrere getrennte Verstöße aufteilt, **getrennte Verfahren** anstrengt und durch die künstliche Aufspaltung und Vervielfältigung der Verfahren die **Kostenlast erheblich erhöht,** obwohl eine Inanspruchnahme in nur einem Verfahren für ihn mit keinerlei Nachteilen verbunden ist.[1727] Diese zunächst auf einen einheitlichen Wettbewerbsverstoß beschränkten Grundsätze sind ebenfalls anwendbar, wenn es um die Mehrfachverfolgung **kerngleicher** oder auch nur **ähnlich gelagerter Wettbewerbsverstöße** zwischen 687

[1720] BGH GRUR 1987, 640, 641 – *Wiederholte Unterwerfung II;* GRUR 2000, 1089, 1090 – *Mißbräuchliche Mehrfachverfolgung.*

[1721] BGH GRUR 2000, 1089, 1090 – *Mißbräuchliche Mehrfachverfolgung.*

[1722] BGH GRUR 2000, 1089, 1091 – *Mißbräuchliche Mehrfachverfolgung;* GRUR 2001, 78, 79 – *Falsche Herstellerpreisempfehlung;* GRUR 2001, 82, 83 – *Neu in Bielefeld I;* OLG Köln GRUR-RR 2006, 203, 204 – *Der Beste Preis der Stadt.*

[1723] BGH GRUR 2000, 1089, 1091 – *Mißbräuchliche Mehrfachverfolgung;* GRUR 2001, 78, 79 – *Falsche Herstellerpreisempfehlung;* GRUR 2001, 82, 83 – *Neu in Bielefeld I;* GRUR 2002, 715, 716 – *Scanner-Werbung;* OLG Nürnberg GRUR-RR 2003, 336 – *Verfahrensdurchführung;* OLG Köln GRUR-RR 2009, 183 – *Hauptsacheklage nach Widerspruch.*

[1724] Vgl. *Ulrich* WRP 1998, 826, 829; für Missbrauch nur im Ausnahmefall *Stickelbrock* WRP 2001, 648, 658.

[1725] OLG Köln GRUR-RR 2009, 183, 184 – *Hauptsacheklage nach Widerspruch.*

[1726] OLG München, Urt. v. 17.1.2008, Az. 6 U 1880/07; OLG Köln GRUR-RR 2009, 183, 184 – *Hauptsacheklage nach Widerspruch;* LG Berlin, Urt. v. 8.5.2007, Az. 102 O 27/07; *Teplitzky* in: FS 100 Jahre Wettbewerbszentrale, S. 195, 203 m. w. N.; a. A. OLG Nürnberg GRUR-RR 2003, 336 – *Verfahrensdurchführung.*

[1727] BGH GRUR 2009, 1180, 1182 Tz. 20 – *0,00 Grundgebühr;* GRUR 2010, 454, 455 Tz. 19 – *Klassenlotterie;* KG WRP 2010, 1273, 1274; OLG Frankfurt GRUR-RR 2011, 14 – *Rubbellos;* OLG München WRP 2011, 364, 366 – *Programmpaket LIGA total!;* OLG Hamm WRP 2011, 501, 504 – *Bewertungsrabatt;* OLG Hamburg GRUR-RR 2013, 29, 32 – *Nr. 1 Hits;* OLG Düsseldorf GRUR-RR 2014, 164, 165 – *Karnevals-Wurfware.*

denselben Parteien geht.[1728] **Alles** was an derartigen Ansprüchen vom Unterlassungsgläubiger **ohne Nachteile** in einem Verfahren geltend gemacht werden kann, ist **zusammenzufassen.** Dies allein entspricht dem Normzweck des § 8 Abs. 4 UWG Satz 1, Missbräuchen bei Geltendmachung von Abwehransprüchen aus sachfremden, nicht schutzwürdigen Gründen entgegenzuwirken.[1729] **Völlig unterschiedliche Verstöße** rechtfertigen jedoch jederzeit auch **mehrere Verfahren,** so z. B. wenn ein Verfahren den Inhalt einer Lotto-Kundenzeitung zum Gegenstand hat, ein weiteres Verfahren aber den Verkauf eines Loses an einen Minderjährigen.[1730] Beanstandet der Gläubiger die inhaltlich irreführende Bewerbung von Tonträgern durch einen Internethändler, bilden die Angaben zu jedem einzelnen der verschiedenartigen Tonträger jeweils einen eigenständigen Streitgegenstand, womit eine getrennte Anspruchsverfolgung gesondert nach dem jeweiligen Tonträger nicht zu beanstanden ist.[1731]

688 Ein Indiz für ein im Vordergrund stehendes Kostenbelastungsinteresse ist nicht nur die geschilderte Aufspaltung in mehrere Verfahren. Auch **innerhalb eines einheitlichen Verfahrens** kann die Stellung mehrerer nahezu identischer Unterlassungsanträge, die sich auf kerngleiche Verletzungshandlungen beziehen, und ohne inhaltliche Erweiterung des begehrten Verbotsumfangs zu einer Vervielfachung des Streitwerts führen, ein Indiz für einen Rechtsmissbrauch sein, wenn dem Gläubiger im Einzelfall ein **schonenderes Vorgehen durch Zusammenfassung** seines Begehrens in einem Antrag möglich und zumutbar ist.[1732]

689 Wo sich durch Aufspaltung oder Vervielfältigung von Verfahren oder Anträgen die Kostenbelastung des Gegners erhöht und daher der Missbrauch indiziert ist, ist es Sache des Anspruchstellers, sachliche Gründe für sein Vorgehen dazutun (Rdn. 725). In Betracht kommen insbesondere alle **objektiven Nachteile** einer einheitlichen Rechtsverfolgung, die der Gläubiger in der gegebenen Situation durch die Aufteilung zu **vermeiden** trachtet. Ein sachlicher Grund liegt vor, wenn die Aufteilung unter den gegebenen Umständen der **prozessual sicherste Weg** ist, um das Rechtsschutzbegehren durchzusetzen.[1733] Eine Aufspaltung kann sich etwa empfehlen, wenn die **rechtliche Beurteilung** oder die **Beweisbarkeit** des jeweiligen Wettbewerbsverstoßes **unterschiedlich** sein kann.[1734]

690 **Kasuistik:** Ein Grund für die Erhebung gesonderter Klagen kann sich vor allem daraus ergeben, dass sich die Rechtsdurchsetzung in der einen Hinsicht anders – und insbesondere zeitaufwendiger – gestalten kann als in der anderen Hinsicht und daher bei Erhebung einer einheitlichen Klage die – gerade bei in die Zukunft gerichteten Unterlassungsansprüchen relevante – Gefahr besteht, dass ein an sich ohne viel Aufwand durchsetzbarer Anspruch zunächst nicht ausgeurteilt wird.[1735] Aus den gleichen Erwägungen heraus besteht ein sachlicher Grund, gegen eine bestimmte Werbemaßnahme z. T. mit einem auf **Unterlassung** gerichteten **Verfügungsantrag** und z. T. mit einer auf Beseitigung gerichteten **Hauptsacheklage** vorzugehen, denn der **Beseitigungsanspruch** kann nicht ohne weiteres im Eilverfahren tituliert werden (Rdn. 240); andererseits muss sich deshalb der Gläubiger nicht insgesamt auf das Hauptsacheverfahren beschränken, sondern darf den Unterlassungsanspruch im für ihn schnelleren und vorteilhafteren Eilverfahren durchsetzen.[1736] Dies gilt auch dann, wenn eine innerhalb eines neuen Werbemittels erkannte Irreführung nur im Klageverfahren verfolgt werden kann, weil die **Dringlichkeit** für ein Eilverfahren wegen der längeren Kenntnis entsprechender älterer Werbemitteln nicht mehr gegeben ist, während ein weiterer Anspruch gegen einen neuen Inhalt desselben Werbemittel noch im summarischen Verfahren verfolgt werden kann.[1737] Ein sachlicher Grund, Unterlassungsansprüche aus einem einheitlichen Lebenssachverhalt teilweise im Verfügungsverfahren und teilweise in einem separaten Hauptsacheverfahren zu verfolgen, liegt auch dann vor, wenn der Gläubiger mit **unterschiedlichen Beweissituationen** rechnen durfte und deshalb im Verfügungsverfahren Glaubhaftmachungsmittel vorbringen kann, während er sich für den im Hauptsacheprozess verfolgten Anspruchsteil auf Beweismittel wie Zeugenvernehmung be-

---

[1728] BGH GRUR 2009, 1180, 1182 Tz. 20 – *0,00 Grundgebühr;* GRUR 2010, 454, 455 Tz. 19 – *Klassenlotterie;* KG WRP 2010, 1273, 1274; OLG Hamburg GRUR-RR 2013, 29, 32 – *Nr. 1 Hits;* OLG Düsseldorf GRUR-RR 2014, 164, 165 – *Karnevals-Wurfware.*

[1729] BGH GRUR 2009, 1180, 1182 Tz. 20 – *0,00 Grundgebühr;* OLG Hamburg GRUR-RR 2013, 29, 32 – *Nr. 1 Hits;* OLG Düsseldorf GRUR-RR 2014, 164, 165 – *Karnevals-Wurfware.*

[1730] OLG Frankfurt GRUR-RR 2011, 14 – *Rubbellos.*

[1731] OLG Hamburg GRUR-RR 2013, 29, 32 – *Nr. 1 Hits.*

[1732] BGH GRUR 2013, 307, 308 Tz. 19 – *Unbedenkliche Mehrfachabmahnung;* KG, Urt. v. 19.10.2010, Az. 5 U 99/09.

[1733] BGH GRUR 2013, 307, 308 Tz. 20 – *Unbedenkliche Mehrfachabmahnung.*

[1734] BGH PharmR 2014, 257, 258.

[1735] BGH PharmR 2014, 257, 258.

[1736] OLG Hamm WRP 2011, 501, 504 – *Bewertungsrabatt.*

[1737] *Rehart* MMR 2014, 506, 507.

ziehen muss.[1738] Die Stellung unterschiedlicher Unterlassungsanträge für ganz ähnliche Zuwiderhandlungen ist nicht rechtsmissbräuchlich, sondern durch die Obliegenheit der **prozessualen Vorsicht** sachlich gerechtfertigt, wenn sich durch den Gläubiger nicht sicher beurteilen lässt, ob es sich um kerngleiche Verstöße handelt oder nicht.[1739] Für die Verfolgung mehrerer selbständiger Wettbewerbsverstöße eines Schuldners in getrennten Verfahren besteht ein sachlicher Grund, wenn der Gläubiger keine Möglichkeit hat, den späteren Verstoß im Rahmen eines Ordungsgeldverfahrens zu ahnden und soweit in dem Parallelverfahren erst eine Beschlussverfügung ergangen ist, über deren rechtliches Schicksal ihm (etwa wegen fehlender Antwort auf ein Abschlussschreiben) noch keine verbindlichen Informationen vorliegen.[1740] Ein sachlicher Grund für eine getrennte Inanspruchnahme besteht auch, wenn der Unterlassungsgläubiger auf getrennt erhobene negative Feststellungsklagen des Anspruchsgegners in den jeweiligen Verfahren mit **Widerklagen** reagiert.[1741]

Kein sachlicher Grund für das getrennte Erheben von Ansprüchen in unterschiedlichen Anwaltsschreiben ist die ständige Vertretung durch **verschiedene Anwaltskanzleien** in Wettbewerbssachen.[1742] Auch das Argument, eine getrennte Geltendmachung von Ansprüchen erleichtere die **Aktenführung** und -bearbeitung und vermeide Fehler, wird nicht gelten gelassen.[1743] 691

Der Rechtsmissbrauch ist zwar für jeden mit Abmahnung, Klage oder Verfügungsantrag geltend gemachten Anspruch gesondert zu prüfen. Das kann aber, insbesondere bei mehr oder weniger gleichzeitig erhobenen Klagen oder gestellten Anträgen dazu führen, dass alle Klagen oder Anträge unzulässig sind:[1744] 692

(3) Zeitlich versetztes Vorgehen. In Fällen, in denen eine **missbräuchliche Aufspaltung des Rechtsschutzbegehrens** vorliegt, ist nämlich bei mehr oder weniger gleichzeitig erhobenen Klagen oder gestellten Anträgen der Schluss gerechtfertigt, dass sämtliche Klagen missbräuchlich erhoben und sämtliche Anträge missbräuchlich gestellt sind.[1745] Ein solcher Schluss verbietet sich dagegen, wenn zwischen der Erhebung der Klagen bzw. Einreichung der Anträge eine gewisse Zeitspanne liegt, weil dann aus der gesonderten Erhebung der zweiten Klage bzw. Stellung des zweiten Antrags nicht ohne weiteres auf ein missbräuchliches Vorgehen schon bei Erhebung der ersten Klage bzw. Stellung des ersten Antrags geschlossen werden kann.[1746] Bei einer solchen Konstellation kommt ein Missbrauch nur hinsichtlich der zweiten Klage bzw. des zweiten Verfügungsantrags in Betracht.[1747] Diese Grundsätze gelten auch für Abmahnungen.[1748] 693

cc) Missbräuchliches Vorgehen mehrerer Anspruchsberechtigter gegen einen (oder ggf. mehrere) Schuldner. 694
(1) Getrennte Rechtsverfolgung durch mehrere konzernmäßig verbundene Kläger. Klagen mehrere **konzernmäßig verbundene Unternehmen,** die von demselben Rechtsanwalt vertreten werden, **nicht** gemeinsam **als Streitgenossen,** obwohl eine subjektive Klagehäufung auf der Aktivseite mit keinerlei Nachteilen verbunden wäre, so ist dies ein Indiz dafür, dass die klagenden Gläubiger neben dem Interesse an einer Untersagung des Wettbewerbsverstoßes die Absicht verfolgen, den oder die Schuldner durch eine – der Sache nach unnötige – **erheblichen Mehrbelastung** mit Kosten und Gebühren zu schädigen und dadurch im Wettbewerb zu behindern.[1749] Man spricht von einer **„Konzernsalve“**.[1750] Von einer erheblichen Mehrbelastung geht der BGH jedenfalls aus, wenn sich die Kosten und Gebühren nahezu verdoppeln.[1751]

Die Missbräuchlichkeit wird man in solchen Fällen allerdings nicht schon allein darin sehen können, dass überhaupt von einer Streitgenossenschaft abgesehen wird. Denn ein solches Vorgehen ist 695

[1738] BGH GRUR 2009, 1180, 1182 Tz. 20 f. – *0,00 Grundgebühr;* OLG Hamburg GRUR-RR 2013, 29, 32 – *Nr. 1 Hits; Teplitzky* in: FS 100 Jahre Wettbewerbszentrale, S. 195, 204.

[1739] BGH GRUR 2013, 307, 308 f. Tz. 20 f., 23 – *Unbedenkliche Mehrfachabmahnung.*

[1740] OLG Düsseldorf, Urt. v. 13.11.2014, Az. I-15 U 65/14.

[1741] BGH GRUR 2002, 979, 980 – *Kopplungsangebot II; Teplitzky* in: FS 100 Jahre Wettbewerbszentrale, S. 195, 204.

[1742] OLG München WRP 2011, 364, 366 – *Programmpaket LIGA total!.*

[1743] Vgl. zur Mehrfachverfolgung gegen mehrere Beklagte einer Unternehmensgruppe BGH GRUR 2006, 243, 244 Tz. 21 – *MEGA SALE; Teplitzky* in: FS 100 Jahre Wettbewerbszentrale, S. 195, 204.

[1744] KG WRP 2010, 1273, 1275.

[1745] Vgl. BGH GRUR 2000, 1089, 1093 – *Mißbräuchliche Mehrfachverfolgung;* KG, Urt. v. 19.10.2010, Az. 5 U 99/09.

[1746] Vgl. BGH GRUR 2000, 1089, 1093 – *Mißbräuchliche Mehrfachverfolgung.*

[1747] Vgl. BGH GRUR 2000, 1089, 1093 – *Mißbräuchliche Mehrfachverfolgung.*

[1748] BGH GRUR 2013, 307, 308 Tz. 11 – *Unbedenkliche Mehrfachabmahnung.*

[1749] BGH GRUR 2000, 1089, 1091 – *Mißbräuchliche Mehrfachverfolgung;* GRUR 2001, 78, 79 – *Falsche Herstellerpreisempfehlung;* GRUR 2002, 713, 714 – *Zeitlich versetzte Mehrfachverfolgung;* GRUR 2002, 715, 717 – *Scanner-Werbung;* GRUR 2006, 243 Tz. 16 f. – *MEGA SALE;* OLG Hamburg GRUR-RR 2006, 374, 375 – *Neueröffnung.*

[1750] OLG Hamm GRUR-RR 2011, 329, 331 – *Salve einer Abmahngemeinschaft.*

[1751] Vgl. BGH GRUR 2001, 78, 79 – *Falsche Herstellerpreisempfehlung.*

weder nach der ZPO noch vom materiellen Recht grundsätzlich gefordert.[1752] Es müssen vielmehr weitere Umstände hinzutreten, die zusammen mit dem Absehen von der Klagehäufung bei einer Gesamtwürdigung den Schluss rechtfertigen, dass mit der Geltendmachung des einzelnen Unterlassungsanspruchs in erster Linie (und nicht bloß „neben" anderen)[1753] sachfremde Ziele verfolgt werden.[1754] Ein solcher Umstand kann die **zentrale Koordination** des Vorgehens der Konzernunternehmen in Zusammenarbeit mit einem Rechtsanwalt sein.[1755] Denn wie der BGH entschieden hat, werden durch eine Abstimmung des prozessualen Vorgehens von Konzernunternehmen und durch eine zentrale Koordinierung der Rechtsverfolgung **gesteigerte Rücksichtnahmepflichten** ausgelöst. Bedienen sich Konzernunternehmen eines Rechtsanwalts, der die Verfolgung von Wettbewerbsverstößen auf der Grundlage der bei ihm zusammenfließenden Informationen koordiniert, so obliegt es grundsätzlich den Konzernunternehmen, die daraus erwachsenden Möglichkeiten zu einer – den Gegner weniger belastenden – Verfahrenskonzentration zu nutzen und ihr Vorgehen für den Schuldner schonender zu gestalten.[1756]

696 Die Verfolgung desselben Wettbewerbsverstoßes eines Mitbewerbers durch mehrere Tochtergesellschaften eines Konzerns kann auch bereits dann missbräuchlich sein, wenn das prozessuale Vorgehen zentral koordiniert wird und nach den Umständen **ein einziger Titel** genügt, um das angegriffene Wettbewerbsverhalten zugunsten aller Konzernunternehmen auf Gläubigerseite bundesweit zu verhindern (etwa durch Prozessstandschaft eines Konzernunternehmens für die anderen oder auch durch Erwirken eines bundesweit geltenden Unterlassungstitels durch ein einzelnes Konzernunternehmen).[1757] Auch insoweit sollte aber die getrennte Mehrfachverfolgung allein nicht die Anwendung des Missbrauchstatbestands rechtfertigen können. Es bedarf weiterer Anhaltspunkte, die bei der gebotenen Gesamtwürdigung die Annahme missbräuchlichen Verhaltens nahelegen.[1758]

697 Trotz zentraler Koordinierung der Rechtsverfolgungsmaßnahmen in Zusammenarbeit mit einem Rechtsanwalt kann die getrennte Verfolgung durch mehrere Konzernunternehmen **sachlich gerechtfertigt** sein. Dies ist etwa der Fall, wenn die klagenden Unternehmen in ihrer Stellung **als Mitbewerber unterschiedlich betroffen** sind, weshalb aus ihrer Sicht ein **unterschiedlicher Verlauf der Verfahren** nicht auszuschließen ist, etwa weil wegen möglicherweise erforderliche Beweiserhebungen mit einer zeitlich versetzten Entscheidungsreife gerechnet werden kann (bejaht in einem Fall, in dem das eine Konzernunternehmen zwar stark auf dem deutschen Markt vertreten, aber in einer weiter entfernten Branche tätig war und das andere Unternehmen zwar branchenidentisch, aber in Deutschland nur in geringem Umfang aktiv war).[1759] In Fällen der mangelnden Vorratshaltung von Sonderangeboten, in denen es zum einen um eine überregional verbreitete Werbung und zum anderen um den Warenvorrat in einer bestimmten Filiale unter Berücksichtigung der örtlichen Verhältnisse geht, ist es nicht missbräuchlich, wenn verschiedene zum selben Konzern gehörende Mitbewerber den Werbenden in verschiedenen Verfahren jeweils an dem Ort in Anspruch nehmen, an dem der mangelnde Warenvorrat besteht.[1760]

Die dargestellten **Grundsätze gelten** für die gleichzeitige **Abmahnung** eines Schuldners durch mehrere Konzernunternehmen.[1761] Mehrfachabmahnungen sind missbräuchlich, wenn eine einzige Abmahnung genügt hätte, um die Interessen aller anspruchsberechtigten Abmahner zu wahren. Dies ist von der Rechtsprechung in dem Fall angenommen worden, dass mehrere von demselben Rechtsanwalt vertretene Konzernunternehmen **denselben, identischen Wettbewerbsverstoß** getrennt abmahnen, obwohl ihnen ein koordiniertes Vorgehen möglich wäre.[1762]

698 *(2) Getrennte Rechtsverfolgung durch denselben Rechtsanwalt für nicht verbundene Kläger.* Grundsätzlich gilt: Eine Klage ist nicht deshalb missbräuchlich, weil **gleichzeitig ein anderer Mitbewerber**

[1752] Vgl. auch *Stickelbrock* WRP 2001, 648, 658.

[1753] Insoweit missverständlich BGH GRUR 2000, 1089, 1091 – *Mißbräuchliche Mehrfachverfolgung.*

[1754] OLG Frankfurt GRUR 2006, 247, 248 – *40 Jahre Garantie;* vgl. auch OLG Köln GRUR-RR 2006, 203, 204 – *Der Beste Preis der Stadt;* vgl. ferner *Hantke* in: FS Erdmann, S. 831, 839; *Schulte-Franzheim* WRP 2001, 745, 749.

[1755] BGH GRUR 2002, 713, 714 – *Zeitlich versetzte Mehrfachverfolgung;* GRUR 2002, 715, 717 – *Scanner-Werbung;* OLG Frankfurt WRP 2016, 368, 369 Tz. 13.

[1756] BGH GRUR 2002, 713, 714 – *Zeitlich versetzte Mehrfachverfolgung;* GRUR 2002, 715, 717 – *Scanner-Werbung.*

[1757] BGH GRUR 2000, 1089, 1091 – *Mißbräuchliche Mehrfachverfolgung;* GRUR 2001, 82, 83 – *Neu in Bielefeld I.*

[1758] Ebenso *Melullis* Rdn. 399.

[1759] OLG Frankfurt GRUR 2006, 247, 248 – *40 Jahre Garantie.*

[1760] BGH GRUR 2002, 713, 714 – *Zeitlich versetzte Mehrfachverfolgung.*

[1761] BGH GRUR 2002, 715, 717 – *Scanner-Werbung.*

[1762] BGH GRUR 2002, 357, 358 f. – *Mißbräuchliche Mehrfachabmahnung.*

gegen denselben Beklagten **wegen des gleichen Wettbewerbsverstoßes** ebenfalls eine Klage erhoben hat.[1763] Deshalb begründet der Umstand allein, dass diese Unternehmen parallele gleichlautende Unterlassungsansprüche gegen einen gemeinsamen Mitbewerber wegen desselben Wettbewerbsverstoßes geltend machen, selbst dann grundsätzlich nicht den Vorwurf des Rechtsmissbrauchs, wenn sie sich hierfür desselben Rechtsanwalts oder geschäftlich verbundener Anwälte bedienen.[1764] Eine Mehrfachverfolgung ist lediglich dann missbräuchlich, wenn sie auf einem **abgestimmten oder zentral koordinierten Verhalten** beruht, für das ansonsten kein vernünftiger Grund vorliegt und die Vervielfachung der Belastung und das Kostenrisiko beim Anspruchsgegner unangemessen sind.[1765] Davon kann dann auszugehen sein, wenn der Anwalt „**sämtliche Fäden in der Hand** hat", d. h. die Mehrfachabmahnung aus eigener Initiative und in alleiniger Verantwortung losgelöst vom Willen der einzelnen Gläubiger koordiniert.[1766] Der Anwalt ist insoweit Wissensvertreter eines jeden von ihm vertretenen Gläubigers analog § 166 Abs. 1 BGB, so dass jeder Gläubiger sich das Wissen des Anwalts auch um die gleichzeitige Rechtsverfolgung der anderen Gläubiger zurechnen lassen muss.[1767] An einem koordinierten Vorgehen fehlte es in einem Fall bei zwei Klagen eines Unternehmens und seines selbständigen Handelsvertreters, die nicht zeitgleich, sondern im Abstand von etwa 8 Monaten voneinander erhoben wurden.[1768]

Die dargelegten **Grundsätze gelten** auch für eine koordinierte **Abmahntätigkeit.**[1769] Eine **699** einzige Abmahnung reicht vollkommen aus, um dem Abgemahnten einen Weg zu weisen, wie er den Abmahnenden und gleichzeitig alle anderen Gläubiger klaglos stellen kann. In Kenntnis einer solchen Abmahnung (Zurechnung analog § 166 Abs. 1 BGB) haben deshalb weitere Abmahnungen wegen desselben Verstoßes im Rahmen eines gebündelten Vorgehens durch einen Anwalt keinen Sinn mehr.[1770]

Von vornherein keinen Bedenken begegnet es, wenn ein Rechtsanwalt verschiedene, wenn auch im selben Verband organisierte Gläubiger bei der Verfolgung jeweils unterschiedlicher Wettbewerbsverstöße gegen einen Schuldner vertritt.[1771]

dd) Missbräuchliches Vorgehen eines (oder ggf. mehrerer) Anspruchsberechtigter gegen mehrere Schuldner. **700** Anhaltspunkte für ein missbräuchliches Verhalten können sich u. a. daraus ergeben, dass ein Gläubiger bei einem **einheitlichen Wettbewerbsverstoß** gegen mehrere rechtlich unabhängige Konzernunternehmen als verantwortliche Unterlassungsschuldner **getrennte Verfahren** anstrengt und dadurch die **Kostenlast erheblich erhöht,** obwohl eine streitgenössische Inanspruchnahme auf der Passivseite mit keinerlei Nachteilen verbunden wäre.[1772] Für nur ähnliche, nach Art, Zeit und Ort und hinsichtlich der beworbenen Produkte verschiedenartige Wettbewerbsverstöße rechtlich unabhängiger Konzernunternehmen bleibt es bei den allgemeinen prozessualen Regelungen der §§ 59, 60 ZPO.[1773] Handelt es sich nicht um die Verfolgung desselben (identischen) Wettbewerbsverstoßes, sondern lediglich um gleichartige oder ähnliche Verstöße, die sich nicht einheitlich feststellen lassen (z. B. Fälle mangelnder Vorratshaltung in verschiedenen Filialen[1774] oder im Detail unterschiedlicher Angebote[1775]), so ist die getrennte Inanspruchnahme nicht missbräuchlich.[1776]

[1763] OLG Frankfurt GRUR-RR 2011, 220 – *Unabhängigkeit;* OLG Frankfurt GRUR-RR 2015, 302, 303 Tz. 26 – *Spezialisiert für Arbeitsrecht.*

[1764] OLG Frankfurt GRUR-RR 2011, 220 – *Unabhängigkeit;* OLG Frankfurt GRUR-RR 2015, 302 – *Spezialisiert für Arbeitsrecht;* OLG Frankfurt WRP 2016, 368, 369 Tz. 13.

[1765] BGH GRUR 2000, 1089, 1091 – *Mißbräuchliche Mehrfachverfolgung;* OLG Frankfurt GRUR-RR 2011, 220 – *Unabhängigkeit;* OLG Hamm GRUR-RR 2011, 329, 331 – *Salve einer Abmahngemeinschaft;* OLG Frankfurt GRUR-RR 2015, 302 – *Spezialisiert für Arbeitsrecht.*

[1766] OLG Frankfurt WRP 2016, 368, 369 Tz. 13 unter Hinweis auf OLG Frankfurt GRUR-RR 2015, 302 – *Spezialisiert für Arbeitsrecht.*

[1767] OLG Hamm GRUR-RR 2011, 329, 331 – *Salve einer Abmahngemeinschaft.*

[1768] OLG Frankfurt GRUR-RR 2011, 220 – *Unabhängigkeit.*

[1769] OLG Hamm GRUR-RR 2011, 329, 331 f. – *Salve einer Abmahngemeinschaft.*

[1770] OLG Hamm GRUR-RR 2011, 329, 331 – *Salve einer Abmahngemeinschaft.*

[1771] LG Hamburg ZUM-RD 2010, 352, 353.

[1772] BGH GRUR 2000, 1089, 1091 – *Mißbräuchliche Mehrfachverfolgung;* GRUR 2001, 78, 79 – *Falsche Herstellerpreisempfehlung;* GRUR 2001, 82, 83 – *Neu in Bielefeld I;* GRUR 2002, 715, 717 – *Scanner-Werbung;* GRUR 2006, 243 Tz. 16 f. – *MEGA SALE;* OLG Nürnberg GRUR-RR 2005, 169 f. – *Unterhaltungselektronik;* OLG Köln GRUR-RR 2006, 203, 204 – *Der beste Preis der Stadt.*

[1773] OLG Hamburg GRUR-RR 2006, 374, 375 – *Neueröffnung.*

[1774] BGH GRUR 2002, 713, 714 – *Zeitlich versetzte Mehrfachverfolgung.*

[1775] OLG Köln GRUR-RR 2006, 203, 204 – *Der Beste Preis der Stadt.*

[1776] BGH GRUR 2002, 713, 714 – *Zeitlich versetzte Mehrfachverfolgung;* OLG Köln GRUR-RR 2006, 203, 204 – *Der Beste Preis der Stadt;* OLG Hamburg GRUR-RR 2006, 374, 375 – *Neueröffnung.*

701 Das OLG Nürnberg ist bei einer Erhöhung der Verfahrenskosten von 7300 € auf 12 552 € in einem Fall, in dem sich die Mehrkosten auf drei Antragsgegner verteilten, noch nicht von einer hinreichend erheblichen Mehrbelastung ausgegangen.[1777] Von einer erheblichen Erhöhung der Kostenlast geht der BGH jedenfalls aus, wenn sich die Kosten und Gebühren nahezu verdoppeln.[1778]

702 Die Missbräuchlichkeit wird man ohne das Hinzutreten weiterer Umstände in solchen Fällen allerdings nicht schon allein darin sehen können, dass überhaupt von einer Streitgenossenschaft auf der Passivseite abgesehen wird. Denn ein solches Vorgehen ist weder nach der Verfahrensordnung noch nach materiellem Recht grundsätzlich gefordert.[1779]

703 Bejaht wurde ein Missbrauch in einem Fall, in dem wegen einer einheitlichen Gemeinschaftswerbung, für die eine einheitliche rechtliche Beurteilung angezeigt und identische Feststellungen zu treffen waren, in zwei getrennten Verfügungsverfahren gegen zwei Konzerngesellschaften vorgegangen wurde, für die ein einheitlicher Gerichtsstand gegeben war.[1780]

704 **Kein** sachlicher **Grund** für ein solches Vorgehen ist, dass die Verfahrensaufteilung die **Aktenführung erleichtert** oder dass sich der Gläubiger von ihr die Vermeidung von Fehlern in der Aktenbearbeitung erhofft.[1781] Ein **sachlicher Grund,** zwei Konzerngesellschaften wegen derselben Werbung in zwei getrennten Klageverfahren in Anspruch zu nehmen, liegt vor, wenn eine der Beklagten im **Ausland** sitzt.[1782] Denn die Inanspruchnahme einer im Ausland ansässigen Partei ist regelmäßig mit gewissen zeitlichen Nachteilen verbunden, was eine aufgespaltene Geltendmachung des Unterlassungsanspruchs als zulässig erscheinen lässt.[1783] Es ist dann legitim, gegen zwei Verletzer in getrennten Verfahren vorzugehen, wenn nur so sichergestellt ist, wenigstens zu einem Titel zeitnah zu kommen.[1784]

705 **c) Gegenabmahnungen als „Retourkutschen".** Der Umstand, dass das wettbewerbsrechtliche Vorgehen sich als Reaktion auf ein entsprechendes Vorgehen der Gegenseite darstellt („Retourkutsche"), begründet für sich genommen noch nicht den Einwand des Rechtsmissbrauchs.[1785] Es reicht insoweit nicht aus, wenn nach einer Abmahnung, einer Klage oder einem Verfügungsantrag das Verhalten des Abmahnenden, Klägers oder Antragstellers überprüft und dieser danach wegen vorgefundener aktueller eigener Verstöße seinerseits abgemahnt oder gerichtlich verfolgt wird.[1786]

706 Anders kann es jedoch aussehen, wenn durch das Vorgehen in erster Linie ein Druckmittel im Hinblick auf Vergleichsverhandlungen geschaffen werden soll.[1787] Hier ist allerdings zu differenzieren: Man kann nicht einerseits den Einwand der *„unclean hands"* mit dem Argument zurückweisen, dem Beklagten stehe ja die eigene Rechtsverfolgung gegen den Kläger offen (hierzu Vor § 8 Rdn. 198 a. E.), und andererseits ein solches Vorgehen schlechthin für missbräuchlich erklären. Es ist eine **grundsätzlich legitime** und gerade nicht missbräuchliche Vorgehensweise eines Schuldners/Beklagten, den Gläubiger/Kläger **durch einen begründeten Gegenangriff zu einem Vergleich zu bewegen.** Es kommt auf alle Umstände des Einzelfalls an:

707 Der Vorschlag eines Vergleichs auf wechselseitigen Verzicht der Abgabe von Unterlassungserklärungen stellt dann keinen Rechtsmissbrauch i. S. d. § 8 Abs. 4 Satz 1 dar, wenn er erkennbar als pragmatische Lösung darauf abzielt, künftig ein **beiderseits wettbewerbskonformes Verhalten** zu erreichen.[1788] Wer einen solchen Einigungsvorschlag unterbreitet, beraubt sich also nicht von vornherein der Möglichkeit, seine Ansprüche doch noch gerichtlich geltend zu machen, wenn der Vergleich nicht zustande kommt. Ein Missbrauch liegt auch dann **nicht** vor, wenn der Absender der Gegenabmahnung seinerseits von deren Adressaten nicht wegen eines Wettbewerbsverstoßes, sondern wegen einer angeblichen **Immaterialgüterrechtsverletzung** belangt wurde. Denn dann

---

[1777] OLG Nürnberg GRUR-RR 2005, 169 f. – *Unterhaltungselektronik.*

[1778] BGH GRUR 2002, 715, 716 f. – *Scanner-Werbung.*

[1779] OLG Nürnberg GRUR-RR 2005, 169 f. – *Unterhaltungselektronik;* vgl. auch OLG Köln GRUR-RR 2006, 203, 204 – *Der beste Preis der Stadt* (offen lassend); *Hantke* in: FS Erdmann, S. 831, 839; *Schulte-Franzheim* WRP 2001, 745, 749; *Stickelbrock* WRP 2001, 648, 658.

[1780] BGH GRUR 2006, 243, 244 Tz. 17 – *MEGA SALE.*

[1781] BGH GRUR 2006, 243, 244 Tz. 21 – *MEGA SALE.*

[1782] OLG Düsseldorf LMRR 2009, 76; *Teplitzky* in: FS 100 Jahre Wettbewerbszentrale, S. 195, 204.

[1783] OLG Düsseldorf LMRR 2009, 76; *Pokrant* in: FS Bornkamm, S. 1053, 1057.

[1784] OLG Düsseldorf LMRR 2009, 76.

[1785] BGH GRUR 2012, 949, 951 Tz. 26 – *Missbräuchliche Vertragsstrafe;* OLG Hamm, Urt. v. 8.11.2012, Az. 4 U 86/12; OLG Köln WRP 2015, 1385, 1386 Tz. 16 – *Glücksspiele.*

[1786] OLG Hamm, Urt. v. 8.11.2012, Az. 4 U 86/12.

[1787] OLG Hamm, Urt. v. 8.11.2012, Az. 4 U 86/12; OLG Köln WRP 2015, 1385, 1386 Tz. 16 – *Glücksspiele;* MünchKommUWG/*Fritzsche* § 8 Rdn. 471.

[1788] OLG Bremen GRUR-RR 2013, 477 f. – *Brautkleid.*

kann die Rechtsverfolgung des Abmahnenden von vornherein nicht darauf gerichtet sein, sich selbst von den – auch die Allgemeinheit schützenden – Bindungen des Lauterkeitsrecht zu befreien, weshalb er auch zu dessen Durchsetzung berechtigt bleibt.

Sachfremde Erwägungen können bei der Gegenabmahnung aber im Vordergrund stehen, wenn 708 die Streitigkeiten der Parteien als Folge von Abmahnung und Gegenabmahnung durch einen Vergleich erledigt werden sollen, ohne dass das Abstellen der gerügten Verstöße gesichert wurde.[1789] Dann dient eine Rechtsverfolgung in Form einer Abmahnung nur dazu, eine Gegenposition aufzubauen, um anschließend eine Vereinbarung zu schließen, nach der keine Seite die jeweils geltend gemachten Unterlassungsansprüche weiterverfolgt.[1790]

Wenn eine Partei **ankündigt,** so lange und mit solcher **Intensität Abmahnungen auszusprechen** bis die Gegenseite in einem Rechtsstreit gegenteiligen Rubrums „einlenkt" und den 709 eigenen Forderungen entgegenkommt, dann ist darin ein erhebliches Indiz für rechtsmissbräuchliches Vorgehen gem. § 8 Abs. 4 Satz 1 zu sehen.[1791]

Als rechtsmissbräuchlich ist auch angesehen worden, dass nach dem Plan des Abmahnenden auf 710 Grundlage des mit der Abmahnung und der darauffolgenden Klage aufgebauten Drucks zwischen Mitbewerbern eine Vereinbarung ähnlich einem **Nichtangriffspakt** dahin getroffen werden sollte, dass der wegen einer unzulässigen Telefonwerbung dann auch klageweise in Anspruch genommene Gegner in Zukunft seinerseits nicht mehr gegen Anzeigenwerbung des Abmahnenden vorgehen solle und man sich in Zukunft nicht mehr „ins Gehege kommen" wolle.[1792] Es kommt dem Abmahnenden in solchen Fällen **nicht** darauf an, **dass der Abgemahnte** sein unlauteres **Verhalten einstellt,** sondern nur darauf, dass er selbst weiter unlauter handeln kann und sich **von der Sanktionsdrohung befreit.** Eine Gegenabmahnung ist auch dann als rechtsmissbräuchlich i. S. d. § 8 Abs. 4 UWG anzusehen, wenn sie nur deshalb erfolgt, um eine **Verhandlungsposition für einen Vergleich** zu schaffen, mit dem auf den zuvor geltend gemachten Unterlassungsanspruch sogleich wieder verzichtet wird, um bei einem weiteren eigenen Verstoß gegen das UWG von einer Vertragsstrafe verschont zu bleiben.[1793] Ein Rechtsmissbrauch ist erst recht gegeben, wenn nach den Äußerungen des Abmahnenden **mit „Wellen" von Angriffen gedroht** wird, die von „Aufwand und Nutzen" her „völlig außer Verhältnis stehen, so dass ein Einlenken nicht unwahrscheinlich" sei. Hier kommt eindeutig die Motivation zum Ausdruck, durch eine Vielzahl von Verfahren personelle und finanzielle Ressourcen der Gegenseite zu belasten, um sie durch wirtschaftlichen Druck ihrerseits zum Verzicht auf wettbewerbsrechtliche Angriffe auf den Abmahnenden zu bewegen.[1794]

Eine rechtsmissbräuchliche Retourkutsche durch die Gegenabmahnung kann ferner anzunehmen 711 sein, wenn der Adressat der ersten Abmahnung gezielt unter Zuhilfenahme von den Verbrauchern im Allgemeinen unbekannten Quellen im Internet nach abgelaufenen Angeboten des abmahnenden Mitbewerbers forscht, um einen diesen nach mehr als zwei Jahren für ein längst eingestelltes Verhalten auf Unterlassung in Anspruch zu nehmen.[1795]

Missbräuchlich kann eine Gegenabmahnung auch dann sein, wenn sie gerade deshalb erfolgt, um 712 einen eigenen Kostenerstattungsanspruch zu erlangen, mit dem gegenüber dem Kostenerstattungsanspruch aus der ersten Abmahnung aufgerechnet werden kann. Diese bewusste **Konstruktion einer Aufrechnungslage** zur Neutralisierung der Kostenfolge der ersten Abmahnung ist ein sachfremder Grund. Strenggenommen gehört er nicht zur Behinderung, sondern ist als „Gebühreneinsparungsinteresse" als Pendant eher der Unterfallgruppe „Gebührenerzielungsinteresse zuzuordnen.[1796]

d) Persönliches Vorgehen gegen Mitarbeiter und Beauftragte. Es kann missbräuchlich 713 sein, wenn der Gläubiger **ohne besonderen Grund gegen einen untergeordneten Mitarbeiter** oder Beauftragten ohne Gestaltungs- und Entscheidungskompetenz als natürliche Person **vorgeht,** statt sich an den gem. § 8 Abs. 2 haftenden Unternehmensinhaber zu halten. Denn eine effektive Anspruchsdurchsetzung lässt sich am ehesten durch Inanspruchnahme des Unternehmensinhabers erreichen. An einer eigenständigen Inanspruchnahme untergeordneter Mitarbeiter oder Beauftragter besteht in aller Regel kein echtes Interesse.[1797] Werden solche Ansprüche geltend ge-

[1789] OLG Hamm, Urt. v. 20.1.2011, Az. 4 U 175/10; Urt. v. 8.11.2012, Az. 4 U 86/12.
[1790] OLG Hamm, Urt. v. 19.7.2011. Az. 4 U 22/11; Urt. v. 8.11.2012, Az. 4 U 86/12.
[1791] OLG Köln WRP 2015, 1385, 1386 Tz. 16 – *Glücksspiele.*
[1792] OLG Hamm, Urt. v. 19.8.2010, Az. 4 U 35/10.
[1793] OLG Hamm, Urt. v. 8.11.2012, Az. 4 U 86/12.
[1794] OLG Köln WRP 2015, 1385, 1386 Tz. 14 f. – *Glücksspiele*
[1795] Vgl. OLG Hamm, Urt. v. 28.5.2009, Az. 4 U 60/09; hierzu *Knippenkötter* GRUR-Prax 2011, 483, 485.
[1796] Vgl. OLG Hamm, Urt. v. 8.11.2012, Az. 4 U 86/12.
[1797] *Fuld* § 13 Anm. V 2 (oben Fn. 1329).

macht, liegt die Vermutung nahe, dass dies aus sachfremden Gründen geschieht und entweder eine persönliche Schädigung des Mitarbeiters oder Beauftragten oder eine Störung des Betriebsfriedens und damit eine für die effektive Anspruchsdurchsetzung nicht notwendige Behinderung des Unternehmensinhabers bezweckt ist. In solchen Fällen ist es Sache des Gläubigers, sachliche Gründe darzutun, die sein Vorgehen im Einzelfall rechtfertigen.

714 **e) Gerichtsstandswahl.** Die durch die Regelung des „fliegenden Gerichtsstands" ermöglichte deutschlandweite Wahl des Gerichtsstands schließt die Annahme einer rechtsmissbräuchlichen Wahl im Einzelfall nicht aus.[1798] Grundsätzlich ist es allerdings **nicht** als **missbräuchlich** anzusehen, wenn ein Kläger oder Antragsteller das für ihn bequemste oder ihm genehmste Gericht auswählt, also z. B. sein Heimatgericht oder das Gericht mit der ihm am günstigsten erscheinenden Rechtsprechung, der längsten Dringlichkeitsfrist, etc. (sog. **„Rechtsprechungsgefälle"**).[1799] Zu solchen auswählbaren Rechtsprechungsgewohnheiten zählt auch die Streitwertbemessung.[1800] Es ist gerade in Rechtsstreitigkeiten des gewerblichen Rechtsschutzes weder ungewöhnlich noch anrüchig, wenn angreifende Wettbewerber das Gericht wählen, welches ihnen im Hinblick auf die dort vorherrschende Rechtsprechung zur Erreichung ihrer Prozessziele am meisten erfolgversprechende erscheint.[1801] Dieser Effekt ist im Hinblick auf § 14 Abs. 2 UWG Ausdruck des gesetzgeberischen Willens; ihn für sich nutzen zu wollen, ist deshalb keine sachfremde, sondern eine sachlich begründete und in jeder Hinsicht gesetzeskonforme Motivation.[1802] Für einen im gewerblichen Rechtsschutz tätigen Rechtsanwalt wäre es geradezu pflichtwidrig, sich nicht genau über das Rechtsprechungsgefälle zu informieren und daraufhin nicht dasjenige Gericht auszuwählen, bei dem die besten Erfolgsaussichten bestehen.[1803] Auch das „Testen" verschiedener Gerichtsstandorte mit Blick auf die dem Kläger möglicherweise unterschiedlich günstige Beurteilung von Tatsachen oder Rechtsfragen ist nicht zu beanstanden.[1804]

715 Die Annahme eines Missbrauchs liegt jedoch nahe, wenn ein Massenabmahner das Gericht jeweils nicht nach ihm vorteilhaft erscheinenden Präferenzen, sondern prinzipiell allein so auswählt, dass dieses vom Sitz des jeweiligen Gegners weit entfernt liegt und die Gerichtswahl offenkundig darauf abzielt, für den jeweiligen Gegner **möglichst große Unannehmlichkeiten** und **hohe Kosten** zu generieren oder ihn sogar dadurch von der Verteidigung gegen die Klage abzuschrecken.[1805] Angenommen wurde dies in einem Fall, in dem von demselben Kläger vor dem LG Köln ein Antragsgegner aus Hamburg in Anspruch genommen wurde, wohingegen vor dem LG Hamburg Antragsgegner aus Bonn und aus der Nähe von Düsseldorf in Anspruch genommen wurden, etc., der mutmaßlich günstigste Gerichtsstabdort unter dem Gesichtspunkt des „Rechtsprechungsgefälles" aber Berlin gewesen wäre.[1806]

716 Zu beachten ist in der Gesamtschau mit anderen Umständen des jeweiligen Einzelfalles auch, dass **rechtsmissbräuchliches Verhalten** durch Ausnutzen des fliegenden Gerichtsstandes **verschleiert** werden kann. Denn bei einer breiten Streuung können gerade bei Massenverfahren die jeweiligen Gerichte nicht zur Kenntnis nehmen, in wie vielen und welchen Fällen und in welcher Weise von einer Partei abgemahnt und abgerechnet wird.[1807]

4. Weitere Fälle möglichen Missbrauchs

717 **a) Selektives Vorgehen.** *aa) Mitbewerber.* Es ist grundsätzlich nicht missbräuchlich, wenn der Anspruchsberechtigte nur gegen einen von mehreren Verletzern vorgeht.[1808] Denn es steht dem in Anspruch genommenen frei, seinerseits gegen die anderen Verletzer vorzugehen.[1809] Das **selektive**

[1798] KG WRP 2008, 511, 512 – *Fliegender Gerichtsstand.*

[1799] KG WRP 2008, 511, 512 – *Fliegender Gerichtsstand;* OLG Hamm, Urt. v. 1.4.2008, Az. 4 U 10/08; Urt. v. 17.7.2008, Az. 4 U 97/08; GRUR-RR 2012, 203, 295 – *Geburtstagsrabatt;* OLG Brandenburg GRUR-RR 2013, 511, 512 – *Verweisungsnorm.*

[1800] OLG Hamm, Urt. v. 17.7.2008, Az. 4 U 97/08; *Knippenkötter* GRUR-Prax 2011, 483, 486.

[1801] KG WRP 2008, 511, 512 – *Fliegender Gerichtsstand;* OLG Hamm, Urt. v. 1.4.2008, Az. 4 U 10/08.

[1802] KG WRP 2008, 511, 512 – *Fliegender Gerichtsstand;* OLG Brandenburg GRUR-RR 2013, 511, 512 – *Verweisungsnorm.*

[1803] OLG Hamm, Urt. v. 1.4.2008, Az. 4 U 10/08.

[1804] OLG Naumburg, Urt. v. 13.7.2007, Az. 10 U 14/07; KG WRP 2008, 511, 512 – *Fliegender Gerichtsstand.*

[1805] KG WRP 2008, 511, 512 f. – *Fliegender Gerichtsstand.*

[1806] KG WRP 2008, 511, 512 – *Fliegender Gerichtsstand.*

[1807] OLG Hamm, Urt. v. 1.4.2008, Az. 4 U 10/08; *Knippenkötter* GRUR-Prax 2011, 483, 486.

[1808] OLG Hamburg GRUR-RR 2013, 29, 33 – *Nr. 1 Hits;* OLG Celle GRUR-RR 2014, 152, 154 – *Klebefähnchen.*

[1809] OLG Hamburg GRUR-RR 2013, 29, 33 – *Nr. 1 Hits;* vgl. auch BGH GRUR 1997, 681, 683 – *Produktwerbung.*

Vorgehen nur gegen **einzelne Verletzer** bei identischen Verstößen kann, auch wenn es der Gläubiger grundsätzlich frei entscheiden kann, gegen wen er vorgehen will und gegen wen nicht, im Einzelfall aber missbräuchlich sein, wenn es sonst auf sachfremden Motiven beruht.[1810]

bb) Verbände. Werden Interessen der Allgemeinheit berührt, steht es im freien Ermessen des klagebefugten Verbandes, der die Frage der Wettbewerbswidrigkeit eines bestimmten Verhaltens im Rahmen seines Satzungszwecks gerichtlich klären lassen will, zunächst nur gegen bestimmte Verletzter vorzugehen, gegen andere aber nicht.[1811] Dem in Anspruch Genommenen steht es frei, seinerseits gegen die anderen Verletzer vorzugehen.[1812] Als missbräuchlich ist es früher angesehen worden, wenn ein Verband grundsätzlich nur gegen **Außenstehende,** nicht aber gegen eigene Mitglieder vorgeht, deren Wettbewerbsverstöße er duldet, obwohl die Wettbewerbswidrigkeit des betreffenden Verhaltens bereits höchstrichterlich geklärt ist.[1813] In seiner neueren Rechtsprechung betont der BGH, dass ein Verband, der ausschließlich den unlauteren Wettbewerb von **Nichtmitgliedern** ahndet und auch eindeutige Wettbewerbsverstöße eigener Mitglieder nicht verfolgt, nicht stets missbräuchlich handelt. Bei einem selektiven Vorgehen eines Verbandes (indem er Außenstehende abmahnt, gleichzeitig aber Verletzungshandlungen seiner Mitglieder planmäßig duldet), ist die Missbräuchlichkeit nicht indiziert; entscheidend sind die Gesamtumstände des Einzelfalls.[1814] So ist es rechtsmissbräuchlich, wenn ein Verband durch das selektive Vorgehen **bezweckt, neue Mitglieder zu werben,** denen er nach Beitritt Schutz vor Verfolgung verspricht.[1815] Nicht missbräuchlich ist andererseits die dauerhafte – sich aus der Natur der Sache ergebende – Beschränkung auf die Verfolgung von Nichtmitgliedern, wenn sie aus einem rechtlich unbedenklichen Verbandszweck folgt, wie z. B. der Vertretung privater Glücksspielanbieter gegen die Interessen der staatlichen Lotterieanbieter, die naturgemäß nach dem Verbandszweck von der Mitgliedschaft ausgeschlossen sind.[1816] 718

b) Vorgehen in Drittinteresse. Missbräuchlich kann es ferner sein, wenn der Anspruchsberechtigte nicht im eigenen oder – bei einem Verband – im Interesse seiner Mitglieder tätig wird, sondern lediglich als **„Werkzeug"** eines Dritten.[1817] Für einen Verband spricht allerdings die Vermutung, dass er seinen eigenen satzungsgemäßen Zwecken nachgeht.[1818] Es ist auch grundsätzlich nicht zu beanstanden, wenn ein Verband von einem Dritten – auch unter Übernahme des Kostenrisikos – zur Verfolgung eines Wettbewerbsverstoßes veranlasst wird; eine missbräuchliche Rechtsausübung ist erst dann gegeben, wenn weitere Umstände hinzukommen, die dafür sprechen, dass die Rechtsverfolgung nicht im Verbandsinteresse, sondern im Fremdinteresse liegt.[1819] 719

5. Bedeutung vergangenen Missbrauchs

Ein rechtsmissbräuchliches Vorgehen **in der Vergangenheit** begründet **nicht notwendig** den Schluss, dass **auch gegenwärtig** Ansprüche aus § 8 Abs. 1 missbräuchlich geltend gemacht werden (z. B. im Jahr 2014, wenn im Jahr 2010 ein Missbrauch vorlag[1820]).[1821] Es gilt insbesondere nicht der Satz: „Einmal rechtsmissbräuchlich gehandelt, immer rechtsmissbräuchlich gehandelt."[1822] Die Prüfung, ob die Rechtsverfolgung eines Mitbewerbers rechtsmissbräuchlich ist, hat für jeden Einzelfall gesondert zu erfolgen.[1823] Auch wenn die Rechtsverfolgung einer Partei auf Grund bestimmter Umstände als rechtsmissbräuchlich gerichtlich festgestellt worden ist, folgt daraus nicht, dass die Partei die Klagebefugnis als Wettbewerber für alle Zeiten verloren hat.[1824] 720

[1810] OLG Köln NJW-WettbR 1999, 252, 253; MünchKommUWG/*Fritzsche* § 8 Rdn. 472; *Melullis* Rdn. 398; GroßKommUWG/*Paal* § 8 Rdn. 271; offengelassen von OLG Hamburg GRUR-RR 2013, 29, 33 – *Nr. 1 Hits.*

[1811] BGH GRUR 1997, 681, 683 – *Produktwerbung;* GRUR 2001, 178 – *Impfstoffversand an Ärzte.*

[1812] BGH GRUR 1997, 681, 683 – *Produktwerbung.*

[1813] BGH GRUR 1997, 681, 683 – *Produktwerbung.*

[1814] BGH GRUR 2012, 411, 413 Tz. 21, 23 – *Glücksspielverband.*

[1815] BGH GRUR 2012, 411, 413 Tz. 23 – *Glückspielverband.*

[1816] BGH GRUR 2012, 411, 413 Tz. 24 f. – *Glückspielverband.*

[1817] BGH GRUR 1973, 78, 79 – *Verbraucherverband;* GRUR 2001, 178 – *Impfstoffversand an Ärzte;* MünchKommUWG/*Fritzsche* § 8 Rdn. 470; *Köhler*/Bornkamm § 8 Rdn. 4.22.

[1818] BGH GRUR 1973, 78, 79 – *Verbraucherverband;* GRUR 2001, 178 – *Impfstoffversand an Ärzte.*

[1819] BGH GRUR 2001, 178 – *Impfstoffversand an Ärzte.*

[1820] LG Köln MMR 2015, 456, 457.

[1821] OLG Hamm NJOZ 2010, 927, 928; LG Köln MMR 2015, 456, 457; *Barbasch* GRUR-Prax 2011, 486, 487 f.; *Knippenkötter* GRUR-Prax 2011, 483, 486.

[1822] *Knippenkötter* GRUR-Prax 2011, 483, 486.

[1823] OLG Hamm NJOZ 2010, 927, 928.

[1824] OLG Hamm NJOZ 2010, 927, 928.

721 Freilich kann einem Missbrauch in der Vergangenheit eine **gewisse indizielle Wirkung** auch für die Gegenwart nicht abgesprochen werden.[1825] Es kommt dann darauf an, ob die äußeren Umstände der jetzigen Rechtsverfolgung im Wesentlichen mit den früheren übereinstimmen oder ob der Abmahnende eine gewichtige Veränderung in den maßgeblichen Umständen darlegen kann, die einen Schluss auf eine redliche Rechtsverfolgung zulassen.[1826] Hierzu hat ein gerichtsbekannter Vielfachabmahner detailliert zu seiner gegenwärtigen Abmahntätigkeit vorzutragen (unten Rdn. 725).[1827]

VI. Prozessuales

1. Von Amts wegen zu prüfende Prozessvoraussetzung

722 Als Prozessvoraussetzung ist der Wegfall der Klagebefugnis wegen Missbrauchs nach § 8 Abs. 4 Satz 1 von Amts wegen zu prüfen.[1828] Dies gilt erstinstanzlich ebenso wie in der Berufungsinstanz[1829] und in der Revisionsinstanz.[1830] Der **in Anspruch Genommene** muss den Missbrauch daher **nicht ausdrücklich rügen.** Allerdings trifft ihn die **Darlegungs- und Beweislast** für dessen tatsächliche Voraussetzungen.

2. Maßgeblicher Zeitpunkt

723 Beim in die Zukunft gerichteten Unterlassungsanspruch müssen die Prozessvoraussetzungen, also auch die Klagebefugnis, grundsätzlich noch im Zeitpunkt der **letzten mündlichen Tatsachenverhandlung** vorliegen.[1831] Ein Missbrauch ist deshalb nicht anzunehmen, wenn bis zum Schluss der mündlichen Tatsachenverhandlung Umstände eintreten, unter denen eine missbräuchliche Geltendmachung des Unterlassungsanspruchs nicht mehr angenommen werden kann.[1832] Daraus folgt aber umgekehrt **nicht,** dass in die Betrachtung erst zeitlich **nach Geltendmachung und Verfahrenseinleitung eintretende** Begleitumstände einzubeziehen sind, wenn sie in der Gesamtbewertung den Missbrauchstatbestand tragen würden. Denn der Missbrauch i. S. d. § 8 Abs. 4 Satz 1 bezieht sich nur auf die Geltendmachung des Unterlassungsanspruchs, d. h. auf die Begleitumstände des vorprozessualen oder prozessualen Vorgehens zum **Zeitpunkt der Verfahrenseinleitung.** Wenn aufgrund der seinerzeit vorliegenden Begleitumstände nicht festgestellt werden kann, dass zum Zeitpunkt der Verfahrenseinleitung bereits überwiegend sachfremde Ziele verfolgt worden sind, kann die weitere gerichtliche Verfolgung des Anspruchs ungeachtet später neu hinzutretender Umstände nicht rechtsmissbräuchlich werden.[1833]

3. Darlegungs- und Beweislast

724 **a) Darlegungs- und Beweislast des Anspruchsgegners.** Grundsätzlich spricht eine Vermutung gegen ein missbräuchliches Vorgehen.[1834] Den Anspruchsgegner trifft für das Vorliegen der einen Missbrauch begründenden tatsächlichen Umstände die Darlegungs- und Beweislast.[1835]

[1825] Vgl. LG Köln MMR 2015, 456, 457.

[1826] OLG Hamm NJOZ 2010, 927, 928.

[1827] LG Köln MMR 2015, 456, 457.

[1828] BGH GRUR 2001, 78, 79 – *Falsche Herstellerpreisempfehlung;* GRUR 2002, 715, 717 – *Scanner-Werbung;* OLG München WRP 1992, 270, 273; OLG Köln GRUR 1993, 571 – *Mißbrauch der Antragsbefugnis;* KG WRP 2008, 511 – *Fliegender Gerichtsstand;* WRP 2010, 129, 134 – *JACKPOT!;* OLG Hamm GRUR-RR 2011, 196, 198 – *Industriesauger;* OLG Jena GRUR-RR 2011, 327 – *Umfang des Geschäftsbetriebs;* OLG Hamm GRUR-RR 2011, 329, 330 – *Salve einer Abmahngemeinschaft;* Urt. v. 26.7.2011, Az. 4 U 49/11; KG GRUR-RR 2012, 134 – *Neujahrskonzert 2011.*

[1829] Hierzu insbesondere OLG Hamm, Urt. v. 28.7.2011, Az. 4 U 55/11.

[1830] BGH GRUR 2002, 713, 714 – *Zeitlich versetzte Mehrfachverfolgung;* GRUR 2002, 715, 717 – *Scanner-Werbung.*

[1831] OLG Düsseldorf, Urt. v. 13.5.1998, Az. 2 W 23/98; OLG Frankfurt WRP 2015, 983, 986 Tz. 19 – *Ungültige UVP auf Amazon Marketplace.*

[1832] OLG Düsseldorf, Urt. v. 13.5.1998, Az. 2 W 23/98.

[1833] OLG Frankfurt WRP 2015, 983, 986 Tz. 21 f. – *Ungültige UVP auf Amazon Marketplace.*

[1834] KG WRP 2008, 511 – *Fliegender Gerichtsstand;* Urt. v. 19.10.2010, Az. 5 U 99/09; WRP 2010, 129, 134 – *JACKPOT!;* GRUR-RR 2012, 134 – *Neujahrskonzert 2011;* OLG Düsseldorf, Urt. v. 9.10.2014, Az. I-15 U 99/14 Tz. 41 – *Fehlende Herstellerangabe bei Elektroartikeln.*

[1835] OLG Köln GRUR 1993, 571 – *Mißbrauch der Antragsbefugnis;* OLG Köln NJWE-WettbR 1999, 252, 253; KG WRP 2008, 511 – *Fliegender Gerichtsstand;* WRP 2010, 129, 134 – *JACKPOT!;* OLG Jena GRUR-RR 2011, 327 – *Umfang des Geschäftsbetriebs;* OLG Düsseldorf, Urt. v. 9.10.2014, Az. I-15 U 99/14 Tz. 41 – *Fehlende Herstellerangabe bei Elektroartikeln;* GRUR-RR 2015, 306, 307 – *Warmwasserland; Köhler*/Bornkamm § 8 Rdn. 4.25; *Hantke* in: FS Erdmann, S. 831, 842; *Jackowski* WRP 2011, 38, 43; *Kasper* S. 149; *Mellulis* Rdn. 393; *Ohly*/Sosnitza § 8 Rdn. 163; GroßKommUWG/*Paal* § 8 Rdn. 273; *Schulte-Franzheim* WRP 2001, 745, 750.

b) Sekundäre Darlegungslast des Anspruchstellers. Hat der Anspruchsgegner in ausreichendem Umfang Indizien vorgetragen, die für eine missbräuchliche Geltendmachung des Unterlassungsanspruchs sprechen, obliegt es dem **Anspruchsteller** im Sinne einer sekundären Darlegungslast, diese **Umstände zu widerlegen.**[1836] Ist der Anspruchsteller in der Vergangenheit rechtsmissbräuchlich als Vielfachabmahner tätig gewesen und ergibt sich daraus eine gewisse Indizwirkung auch für gegenwärtigen Missbrauch, genügt er seiner sekundären Darlegungslast nur, wenn er detailliert zum Umfang seiner aktuellen Abmahntätigkeit vorträgt, um dem Anspruchsgegner, der in die Abmahntätigkeit des Anspruchstellers keinen Einblick hat, eine eigene Beurteilung zu ermöglichen, ob dessen Vorgehen zu beanstanden ist oder nicht.[1837] 725

c) Freibeweis. Die Feststellung durch das Gericht erfolgt mit den Mitteln des Freibeweises.[1838] 726

d) Non liquet. Ein *non liquet* geht **zu Lasten des Beklagten** bzw. Anspruchsgegners.[1839] 727

e) Prozessökonomie. Die Prüfung des Missbrauchstatbestands kann aber aus Gründen der Prozessökonomie unterbleiben, wenn die Klage jedenfalls als unbegründet abgewiesen werden muss.[1840] 728

VII. Rechtsfolgen

1. Missbräuchlichkeit der auf Unterlassung oder Beseitigung gerichteten Klage

Bei Vorliegen eines Rechtsmissbrauchs nach § 8 Abs. 4 entfällt die Klagebefugnis, und **die** auf Unterlassung oder Beseitigung gerichtete **Klage** ist als **unzulässig** abzuweisen.[1841] 729

Bei der **missbräuchlichen Mehrfachverfolgung** (Rdn. 684 ff.) ist zu beachten, dass bei einem größeren zeitlichen Abstand zwischen mehreren Klagen von der Zulässigkeit der ersten Klage auszugehen sein kann.[1842] 730

2. Rechtsmissbräuchlichkeit der Abmahnung

a) Anwendbarkeit des § 8 Abs. 4 auf Abmahnungen. § 8 Abs. 4 gilt nicht nur für die gerichtliche, sondern auch für die außergerichtliche Geltendmachung eines wettbewerbsrechtlichen Anspruchs und damit insbesondere für die Abmahnung.[1843] Dies wird schon vom Wortlaut nahe gelegt, der nicht auf ein Gerichtsverfahren, sondern generell auf die Geltendmachung des Anspruchs abstellt. Das Gesetz nennt im Übrigen als Regelbeispiel einer missbräuchlichen Geltendmachung den Fall, dass das Interesse des Gläubigers in erster Linie darauf gerichtet ist, gegen den Schuldner einen Anspruch auf Ersatz von Aufwendungen entstehen zu lassen. Damit spricht das Gesetz gerade die vorgerichtliche Geltendmachung des Unterlassungsanspruchs an.[1844] 731

Eine gem. § 8 Abs. 4 Satz 1 **missbräuchliche Abmahnung** ist nicht berechtigt i. S. d. § 12 Abs. 1 Satz 2 und begründet daher **keinen Anspruch auf Erstattung der Abmahnkosten.**[1845] 732

b) Folgewirkungen für nachfolgende Klage. Die einer missbräuchlichen Abmahnung nachfolgende Klage soll bei unveränderter Sachlage **stets unzulässig** sein, selbst wenn der Missbrauch 733

[1836] BGH GRUR 2006, 243 Tz. 21 – *MEGA SALE;* OLG Hamm, Urt. v. 14.5.2009, Az. 4 U 17/09; GRUR-RR 2010, 356, 358 – *Abmahnungen nach Gutsherrenart;* OLG Jena GRUR-RR 2011, 327 f. – *Umfang des Geschäftsbetriebs;* KG GRUR-RR 2012, 134 – *Neujahrskonzert 2011;* OLG Düsseldorf GRUR-RR 2015, 306, 307 – *Warmwasserland.*

[1837] LG Köln MMR 2015, 456, 457.

[1838] OLG Hamm GRUR-RR 2010, 356, 357 – *Abmahnungen nach Gutsherrenart;* MMR 2010, 508, 509 – *Serienmäßige Abmahnungen;* OLG Jena GRUR-RR 2011, 327 – *Umfang des Geschäftsbetriebs.*

[1839] OLG Köln NJWE-WettbR 1999, 252, 253; KG WRP 2008, 511 – *Fliegender Gerichtsstand;* WRP 2010, 129, 134 – *JACKPOT!;* OLG Düsseldorf, Urt. v. 9.10.2014, Az. I-15 U 99/14 Tz. 41 – *Fehlende Herstellerangabe bei Elektroartikeln; Ohly*/Sosnitza § 8 Rdn. 63; GroßKommUWG/*Paal* § 8 Rdn. 273.

[1840] BGH GRUR 1999, 509, 510 – *Vorratslücken;* OLG München, Urt. v. 15.4.2010, Az. 6 U 4400/08 – *Euro-Aufrundung.*

[1841] BGH GRUR 1999, 509, 510 – *Vorratslücken;* GRUR 2001, 78, 79 – *Falsche Herstellerpreisempfehlung;* GRUR 2001, 84 – *Neu in Bielefeld II;* GRUR 2006, 243 Tz. 15 – *MEGA SALE;* OLG Nürnberg GRUR-RR 2014, 166 – *Facebook-Abmahnwelle.*

[1842] BGH GRUR 2000, 1089, 1093 – *Mißbräuchliche Mehrfachverfolgung; Hantke* in: FS Erdmann, S. 831, 843.

[1843] BGH GRUR 2002, 715, 717 – *Scanner-Werbung;* GRUR 2002, 357, 358 – *Missbräuchliche Mehrfachabmahnung;* GRUR 2012, 730, 731 Tz. 13 – *Bauheizgerät;* GRUR 2013, 307, 308 Tz. 11 – *Unbedenkliche Mehrfachabmahnung.*

[1844] BGH GRUR 2002, 357, 358 – *Missbräuchliche Mehrfachabmahnung;* OLG Düsseldorf GRUR-RR 2014, 164, 165 – *Karnevals-Wurfware.*

[1845] BGH GRUR 2012, 730, 731 Tz. 13 – *Bauheizgerät;* Fezer/*Büscher* § 8 Rdn. 298; *Köhler*/Bornkamm § 8 Rdn. 4.6; MünchKommUWG/*Fritzsche* § 8 Rdn. 479; Teplitzky/*Büch* Kap. 13 Rdn. 53.

nur in der Art und Weise der außergerichtlichen Geltendmachung zu sehen ist, die anschließende Klageerhebung dagegen für sich genommen die Voraussetzungen eines Rechtsmissbrauchs nicht erfüllt.[1846] Diese Rechtsfolge wird damit begründet, dass es wenig sinnvoll und durch den Gesetzeswortlaut auch nicht geboten sei, als Rechtsfolge eines Missbrauchs vorzusehen, dass ein Anspruch nicht außergerichtlich, wohl aber gerichtlich geltend gemacht werden könne.[1847] Ebenso soll die missbräuchliche Mehrfachverfolgung von mehreren Unterlassungsschuldnern in jeweils getrennten Verfügungsverfahren die Unzulässigkeit der Klage zur Folge haben, selbst wenn dabei von einer Mehrfachverfolgung abgesehen wird.[1848]

734 Diese Rechtsprechung ist zu überdenken, soweit sie auch für den Fall, dass der Missbrauch gerade **und nur in der außergerichtlichen Geltendmachung** liegt, nicht nur diese als unzulässig ansieht, sondern weitergehend auch die gerichtliche Geltendmachung des Unterlassungsanspruchs versagt. Vom Gesetzeswortlaut ist eine solche weite Auslegung nicht gefordert. Dieser besagt nur, dass **„die Geltendmachung"** des Anspruchs unzulässig ist, womit im Falle der missbräuchlichen Abmahnung ohne weiteres lediglich die darin liegende Geltendmachung verstanden werden kann. Im Hinblick auf die mit einer missbräuchlichen Abmahnung verbundenen Gefahren ist die Erstreckung der Unzulässigkeit auf eine nachfolgende Klage gleichfalls nicht zwingend geboten, wenn sich der Missbrauchstatbestand als solcher nur auf die Abmahnung erstreckt.[1849] Insoweit könnte es als ausreichend angesehen werden, dass die wegen des Missbrauchs unzulässige Abmahnung materiell-rechtlich unwirksam ist und daher nicht die mit einer wirksamen Abmahnung ansonsten verbundenen Rechtsfolgen, insbesondere keine Kostenerstattungsansprüche auslösen kann (Rdn. 732). Soweit aus Gründen der General- oder Spezialprävention weiter gehende Sanktionen gefordert werden, dürfte ihnen wohl eine Straffunktion zukommen, so dass die zivilrechtliche Rechtsgrundlage des Missbrauchstatbestands in § 8 Abs. 4 Satz 1 nicht ausreichen dürfte. Dasselbe sollte gelten, wenn sich die missbräuchliche Verfolgung auf das getrennte Vorgehen im einstweiligen Verfügungsverfahren beschränkt. In einem solchen Fall ist es nicht geboten, auch die nachfolgend einheitlich erhobene Hauptsacheklage als unzulässig anzusehen.

735 **c) Keine Folgewirkungen für nachfolgende Abmahnung bei Inbezugnahme.** Ist eine erste Abmahnung, mit der ein erster Verstoß beanstandet wurde, missbräuchlich, so reicht die Missbräuchlichkeit dieser ersten Abmahnung für sich genommen nicht aus, um auch die Rechtsmissbräuchlichkeit einer zweiten Abmahnung zu begründen, mit der ein zweiter Verstoß beanstandet wird und die inhaltlich auf die erste Abmahnung Bezug nimmt.[1850]

3. Mittelbare Auswirkungen auf andere Ansprüche

736 **a) Kein Rechtsschutzbedürfnis für Auskunftsansprüche.** Der Missbrauchstatbestand erfasst naturgemäß mittelbar auch Auskunftsansprüche, soweit sie als **Hilfsanspruch** zu einem **Beseitigungs- bzw. Unterlassungsanspruch** geltend gemacht werden, dessen Geltendmachung seinerseits § 8 Abs. 4 Satz 1 entgegensteht.[1851] Denn hat ein Anspruchsteller keine Klagebefugnis für diese Ansprüche, so fehlt ihm auch das Rechtsschutzbedürfnis an der Geltendmachung von darauf bezogenen Hilfsansprüchen.

737 **b) Verlust des Anspruchs auf Kostenerstattung bei missbräuchlicher Abmahnung.** Eine i. S. d. § 8 Abs. 4 Satz 1 UWG missbräuchliche Abmahnung ist nicht berechtigt i. S. d. § 12 Abs. 1 Satz 2 UWG und begründet keinen Anspruch auf Ersatz der Aufwendungen.[1852] Der Anspruch auf Ersatz der Aufwendungen ergibt sich dann auch nicht aus den Grundsätzen der GoA (§ 683 Satz 1, §§ 677, 670 BGB), weil die Abmahnung nicht dem Interesse und mutmaßlichen Willen des Schuldners entspricht.[1853] Bereits bezahlte Beträge können gem. § 812 Abs. 1 Satz 1 Alt. 1 BGB zurückgefordert werden.[1854]

[1846] BGH GRUR 2002, 357, 359 – *Mißbräuchliche Mehrfachabmahnung;* GRUR 2002, 715, 717 – *Scanner-Werbung;* GRUR 2012, 730, 734 Tz. 47 – *Bauheizgerät;* OLG Düsseldorf GRUR-RR 2014, 164, 165 – *Karnevals-Wurfware;* Teplitzky/*Büch* Kap. 13 Rdn. 53; Fezer/*Büscher* § 8 Rdn. 289; Ahrens/*Jestaedt* Kap. 20 Rdn. 5; *Köhler*/Bornkamm § 8 Rdn. 4.6; *Mayer* WRP 2011, 534, 536.

[1847] BGH GRUR 2002, 357, 359 f. – *Mißbräuchliche Mehrfachabmahnung.*

[1848] BGH GRUR 2006, 243, 244 Tz. 22 – *MEGA SALE.*

[1849] Zustimmend *Ohly*/Sosnitza § 8 Rdn. 157.

[1850] BGH GRUR 2012, 730, 733 Tz. 36 ff. – *Bauheizgerät.*

[1851] OLG Düsseldorf GRUR-RR 2014, 164, 168 – *Karnevals-Wurfware.*

[1852] BGH GRUR 2012, 730, 731 Tz. 13 – *Bauheizgerät;* OLG Düsseldorf GRUR-RR 2014, 164, 166 – *Karnevals-Wurfware; Köhler*/Bornkamm § 8 Rdn. 4.6; *ders.* in: FS Erdmann, S. 845, 857; Fezer/*Büscher* § 8 Rdn. 298; MünchKommUWG/*Fritzsche* § 8 Rdn. 479.

[1853] KG, Urt. v. 19.10.2010, Az. 5 U 99/09.

[1854] OLG Hamm GRUR-RR 2009, 444 – *Generierung von Ansprüchen; Köhler* in: FS Erdmann, S. 845, 857.

c) Einwand des Rechtsmissbrauchs gegenüber Vertragsstrafeanspruch. Die Frage, ob die Geltendmachung einer Vertragsstrafe auf der Grundlage einer strafbewehrten Unterlassungserklärung rechtsmissbräuchlich ist, beurteilt sich nach den allgemeinen Grundsätzen von Treu und Glauben (§ 242).[1855] Umstände, die im Rahmen des § 8 Abs. 4 Satz 1 UWG einen Rechtsmissbrauch begründen (z. B. Mehrfachverfolgung, Forderung unverhältnismäßig hoher Vertragsstrafen, Annahme unverhältnismäßig hoher Streitwerte), können dabei herangezogen werden, soweit sie auch im Zusammenhang mit der Vereinbarung der Vertragsstrafe stehen.[1856] Derartige Verhaltensweisen, die der gerichtlichen Durchsetzung wettbewerbsrechtlicher Unterlassungs- und Beseitigungsansprüche nach § 8 Abs. 4 Satz 1 UWG entgegenstehen können,[1857] können die Forderung von Vertragsstrafen aber nur ausschließen, soweit sie für die Abgabe der strafbewehren Unterlassungserklärung ursächlich waren oder mit ihr jedenfalls im Zusammenhang stehen.[1858] Ein **auf Grund missbräuchlicher Abmahnung abgeschlossener Unterwerfungsvertrag** kann nämlich nach § 314 BGB **aus wichtigem Grund gekündigt** und der Geltendmachung von Vertragsstrafen schon vor der Kündigung der Einwand des Rechtsmissbrauchs nach § 242 BGB entgegengehalten werden.[1859] 738

d) Einwand des Rechtsmissbrauchs gegenüber vertraglichem Unterlassungsanspruch. Unter denselben Voraussetzungen kann einem vertraglichen Unterlassungsanspruch, der sich auf den Unterwerfungsvertrag stützt, der Einwand des Rechtsmissbrauchs nach § 242 BGB entgegenstehen.[1860] 739

e) Verlust des Anspruchs auf Kostenerstattung für Abschlussschreiben. Für ein Abschlussschreiben, mit dem der Antragsgegner einer einstweiligen Verfügung dazu aufgefordert wird, diese als endgültige Regelung anzuerkennen, besteht in der Regel nach den Grundsätzen der GoA (§§ 677, 683, 670 BGB) ein Anspruch auf Ersatz der Anwaltskosten,[1861] und zwar in Höhe einer 1,3-fachen Regelgebühr.[1862] Ist allerdings die dem Verfahren der einstweiligen Verfügung vorausgegangene außergerichtliche Geltendmachung des Unterlassungsanspruchs i. S. d. § 8 Abs. 4 Satz 1 UWG missbräuchlich, besteht kein Anspruch auf Kostenersatz.[1863] Denn ist die außergerichtliche Geltendmachung des Unterlassungsanspruchs missbräuchlich, führt dies nach der Rechtsprechung des BGH dazu, dass der Unterlassungsanspruch auch nicht mehr gerichtlich geltend gemacht werden kann (oben Rdn. 733). Es entspricht nicht dem Interesse des Schuldners i. S. d. § 683 BGB, eine zu Unrecht ergangene einstweilige Verfügung durch eine Abschlusserklärung auch noch als endgültige Regelung anzuerkennen.[1864] 740

4. Ansprüche des in Anspruch Genommenen auf Kostenersatz

a) Verschuldensunabhängiger Anspruch gem. § 8 Abs. 4 Satz 2. *aa) Anspruchsvoraussetzungen.* Wenn die Voraussetzungen des § 8 Abs. 4 Satz 1 vorliegen, hat der Anspruchsgegner gem. § 8 Abs. 4 Satz 2 einen von Verschulden oder weiteren Voraussetzungen unabhängigen Anspruch auf Ersatz der für seine Rechtsverteidigung erforderlichen Aufwendungen. 741

bb) Anspruchsinhalt. Vom Anspruch umfasst sind die erforderlichen, tatsächlich aufgewandten Kosten.[1865] Der Begriff der Erforderlichkeit ist unter dem Gesichtspunkt der vom Gesetzgeber bezweckten Waffengleichheit zwischen Abmahnenden und Abgemahnten[1866] ebenso zu bestimmen wie in § 12 Abs. 1 Satz 2.[1867] Auf die Ausführungen hierzu wird verwiesen (§ 12 Rdn. 109 f.). 742

1855 BGH GRUR 2012, 949, 950 f. Tz. 20 f. – *Missbräuchliche Vertragsstrafe;* OLG Schleswig GRUR-RR 2015, 358, 359 Tz. 26 – *Kaiserin der Heilpflanzen.*

1856 BGH GRUR 2012, 949, 951 Tz. 21 – *Missbräuchliche Vertragsstrafe;* OLG Schleswig GRUR-RR 2015, 358, 359 Tz. 26 – *Kaiserin der Heilpflanzen.*

1857 Vgl. BGH GRUR 2006, 243 f. Tz. 16 – *MEGA SALE;* GRUR 2010, 454, 455 Tz. 19 – *Klassenlotterie.*

1858 BGH GRUR 2012, 949, 951 Tz. 22 – *Missbräuchliche Vertragsstrafe.*

1859 OLG Hamm, Urt. v. 10.8.2010, Az. 4 U 60/10; OLG Hamm GRUR-RR 2011, 196, 198 f. – *Industriesauger; Köhler*/Bornkamm § 8 Rdn. 4.6; MünchKommUWG/*Fritzsche* § 8 Rdn. 479; offengelassen von BGH GRUR 2012, 949, 951 Tz. 22 – *Missbräuchliche Vertragsstrafe.*

1860 OLG München WRP 1992, 270, 273; MünchKommUWG/*Fritzsche* § 8 Rdn. 479; *Köhler*/Bornkamm § 8 Rdn. 4.6; offengelassen von BGH GRUR 2012, 730, 733 Tz. 38 – *Bauheizgerät.*

1861 BGH GRUR 2010, 1038, 1039 Tz. 26 – *Kosten für Abschlussschreiben I;* GRUR 2015, 822 Tz. 14 – *Kosten für Abschlussschreiben II.*

1862 BGH GRUR 2015, 822, 824 Tz. 25 – *Kosten für Abschlussschreiben II.*

1863 BGH GRUR 2012, 730, 734 Tz. 47– *Bauheizgerät.*

1864 BGH GRUR 2012, 730, 734 Tz. 47– *Bauheizgerät.*

1865 *Ohly*/Sosnitza § 8 Rdn. 163a; GroßKommUWG/*Paal* § 8 Rdn. 273b.

1866 BT-Drucks. 17/13057, S. 12, 14, 25.

1867 *Ohly*/Sosnitza § 8 Rdn. 163a; GroßKommUWG/*Paal* § 8 Rdn. 273b.

743 **b) Weitergehende Ansprüche.** Gem. § 8 Abs. 4 Satz 3 bleiben weiter gehende Ersatzansprüche unberührt. In Betracht kommen vor allem Schadensansprüche gem. § 9 i. V. m. § 3 Abs. 1, 4 Nr. 4 sowie gem. §§ 823 ff. BGB.

G. Mitteilung von Namen und Anschrift (§ 8 Abs. 5)

I. Regelungswortlaut

744 Die sich aus der komplizierten Verweisung in § 8 Abs. 5 Satz 1 auf § 13 UKlaG ergebende **Regelung** lautet **in der Zusammenschau:**

(1) Wer geschäftsmäßig Post-, Telekommunikations- oder Telemediendienste erbringt oder an der Erbringung solcher Dienste mitwirkt, hat

1. qualifizierten Einrichtungen, die nachweisen, dass sie in die Liste gemäß § 4 oder in das Verzeichnis der Kommission der Europäischen Gemeinschaften gemäß Artikel 4 der Richtlinie 98/27/EG eingetragen sind,
2. rechtsfähigen Verbänden zur Förderung gewerblicher oder selbständiger beruflicher Interessen und
3. Industrie- und Handelskammern oder den Handwerkskammern

auf deren Verlangen den Namen und die zustellungsfähige Anschrift eines Beteiligten an Post-, Telekommunikations- oder Telemediendiensten mitzuteilen, wenn diese Stellen schriftlich versichern, dass sie die Angaben zur Durchsetzung ihrer Ansprüche gemäß § 8 UWG benötigen und nicht anderweitig beschaffen können.

(2) Der Anspruch besteht nur, soweit die Auskunft ausschließlich anhand der bei dem Auskunftspflichtigen vorhandenen Bestandsdaten erteilt werden kann. Die Auskunft darf nicht deshalb verweigert werden, weil der Beteiligte, dessen Angaben mitgeteilt werden sollen, in die Übermittlung nicht einwilligt.

(3) Der Auskunftspflichtige kann von dem Anspruchsberechtigten einen angemessenen Ausgleich für die Erteilung der Auskunft verlangen. Der Beteiligte hat, wenn der gegen ihn geltend gemachte Anspruch nach § 8 begründet ist, dem Anspruchsberechtigten den gezahlten Ausgleich zu erstatten.

II. Regelungsinhalt

745 Der in § 13 UKlaG geregelte Auskunftsanspruch, der durch die Verweisung in § 8 Abs. 5 für das Wettbewerbsrecht übernommen worden ist, dient dem Zweck, den anspruchsberechtigten Stellen und Wettbewerbsverbänden in denjenigen Fällen zur Durchsetzung ihres Klagerechts zu verhelfen, in denen dieses leerzulaufen droht, weil Unternehmen im Geschäftsverkehr lediglich unter Angabe einer Postfachadresse, einer Internetadresse, einer Telefonnummer oder einer Telefaxnummer auftreten.[1868] Die Verweisung in § 8 Abs. 5 Satz 1 auf § 13 UKlaG bedeutet, dass die nach Abs. 3 Nr. 3 und 4 klagebefugten qualifizierten Einrichtungen und Kammern von den Post-, Telekommunikations-, Tele- und Mediendiensten die **Mitteilung des Namens** und der zustellungsfähigen **Anschrift** von Teilnehmern an den genannten Diensten verlangen können. Voraussetzung ist lediglich die schriftliche Versicherung, dass sie die Angaben zur Durchsetzung des Unterlassungsanspruchs gemäß § 8 Abs. 1 benötigen und sich diese nicht anderweitig beschaffen können. Die immer noch komplizierte Vorschrift wurde 2009 neu gefasst, um sie verständlicher zu machen und klarzustellen, das Wettbewerbsverstöße nicht über das UKlaG geltend gemacht werden können.[1869]

1. Persönlicher Anwendungsbereich

746 Auskunftsberechtigt kraft Verweisung gem. § 8 Abs. 5 sind die nach Abs. 3 und 4 Klagebefugten. Wettbewerbsverbände i. S. d. UKlaG sind unmittelbar nach § 13 Abs. 1 Satz 1 UKlaG auskunftsberechtigt.

747 Die in der UKlaV bezeichneten Verbände sind nicht als solche gem. § 8 Abs. 3 klagebefugt, sondern müssen in die **Liste nach § 4 UKlaG** oder in dem **Verzeichnis der Kommission eingetragen** sein.[1870]

748 Der **unmittelbar verletzte Mitbewerber** gemäß § 8 Abs. 3 Nr. 1 ist nicht auskunftsberechtigt. Wegen der vom Gesetzgeber gewollten ausdrücklichen Beschränkung auf bestimmte Auskunftsberechtigte ist der Auskunftsanspruch **nicht abtretbar.**[1871]

749 **Anspruchsgegner** ist das betreffende Post-, Telekommunikations-, Tele- oder Mediendiensteunternehmen. Bei einer Telefon- oder Telefaxnummer richtet sich der Auskunftsanspruch

---

[1868] BGH GRUR 2002, 720, 722 – *Postfachanschrift;* BT-Drucks. 14/6857, S. 39 f., 70 f.
[1869] BT-Drucks. 15/1487, S. 23.
[1870] BGH GRUR 2003, 454, 455 – *Sammelmitgliedschaft I;* vgl. ferner Rdn. 269.
[1871] *Ohly*/Sosnitza § 8 Rdn. 189.

gegen das Unternehmen, das dem wettbewerbswidrig Handelnden die Nummer, hinter der sich dieser verbirgt, zur Verfügung stellt. Bei einer Postfachadresse wird sich der Anspruch in aller Regel gegen die Deutsche Post AG richten. Bei einer Internetadresse soll es darauf ankommen, wie sie registriert ist. Lautet sie auf „de“, kann Auskunft von der DENIC eG verlangt werden.[1872] Ansonsten richtet sich der Auskunftsanspruch gegen den konkreten Diensteanbieter (provider). Zur Auskunft verpflichtet sind auch an der Erbringung der genannten Dienste **Mitwirkende.** Damit sind nur beteiligte Unternehmer gemeint, nicht dagegen Arbeitnehmer oder Angestellte eines Diensteanbieters.[1873]

2. Sachlicher Anwendungsbereich

Der Auskunftsanspruch besteht nur, wenn er zur Durchsetzung eines **Unterlassungsanspruchs** 750 nach § 8 benötigt wird. Wegen dieser ausdrücklichen Beschränkung auf den in § 8 Abs. 1 geregelten Unterlassungsanspruch wird man eine Erstreckung des Auskunftsanspruchs auf den Fall, dass ein Beseitigungsanspruch geltend gemacht werden soll, nicht (mehr) annehmen können.[1874] Ob diese Rechtsfolge gewollt war, ist zweifelhaft.

III. Anspruchsvoraussetzungen

Der Auskunftsanspruch setzt zunächst die **schriftliche Versicherung** voraus, dass der Name und 751 die zustellungsfähige Anschrift der betreffenden Person zur Durchsetzung eines Unterlassungsanspruchs nach § 8 benötigt werden und nicht anderweitig beschafft werden können. Nach dem Gesetzeswortlaut genügt folglich die bloße Behauptung eines Unterlassungsanspruchs. Eine Überprüfung der inhaltlichen Richtigkeit der Versicherung ist nicht vorgesehen. Der auf Auskunft in Anspruch Genommene hat lediglich zu überprüfen, ob der Auskunft Begehrende zu den nach § 8 Abs. 5 i. V. m. § 13 UKlaG auskunftsberechtigten Stellen gehört. Der zur Beschränkung dieses sehr weit gehenden Anspruchs in der Literatur vertretenen Ansicht,[1875] dass eine Präzisierung des Unterlassungsanspruchs in gleicher Weise wie bei der Abmahnung zu verfolgen habe, dürften die der gesetzlichen Regelung (auch) zugrunde liegenden Gesichtspunkte der Praktikabilität entgegenstehen.[1876] In Fällen offenkundiger Unrichtigkeit der schriftlichen Versicherung kann dem Auskunftsanspruch der Einwand des Rechtsmissbrauchs (§ 242 BGB) entgegenstehen.[1877]

Der Anspruch besteht nur, soweit die Auskunft ausschließlich anhand der bei dem Auskunfts- 752 pflichtigen vorhandenen Bestandsdaten erteilt werden kann. Die Auskunft darf nicht deshalb verweigert werden, weil der Beteiligte, dessen Angaben mitgeteilt werden sollen, in die Übermittlung nicht einwilligt.

IV. Kosten der Auskunft

Selbst die Mitteilung der aus den vorhandenen Bestandsdaten ersichtlichen Angaben kann bei 753 dem Auskunftspflichtigen einen gewissen Aufwand verursachen. § 13 Abs. 3 Satz 1 UKlaG gewährt ihm daher einen Anspruch auf einen **angemessenen Ausgleich.** Die Bemessung des Ausgleichs soll nach den Vorstellungen des Gesetzgebers danach auszurichten sein, dass die Erteilung der Auskünfte einerseits dem öffentlichen Interesse an der effektiven Durchsetzung des Klagerechts und damit letztlich auch dem Interesse der Gemeinschaft aller Unternehmen an der Einhaltung gleicher Wettbewerbsbedingungen dient, andererseits aber der Ermittlungsaufwand je nach Lage des Falles erheblich sein kann.[1878]

Die auskunftsberechtigten Verbände sollen die Kosten für den durch die Erteilung der Auskunft 754 entstandenen Aufwand aber nicht endgültig zu tragen haben. Vielmehr hat der **Unterlassungsschuldner,** wenn der gegen ihn geltend gemachte Unterlassungsanspruch begründet ist, dem auskunftsberechtigten Unterlassungsgläubiger auch den an den Auskunftspflichtigen gezahlten Ausgleich zu erstatten, § 13 Abs. 3 Satz 2 UKlaG.

[1872] BT-Drucks. 14/6857 S. 71.
[1873] BT-Drucks. 14/6857 S. 71.
[1874] *Ohly*/Sosnitza § 8 Rdn. 191; a. A. *Köhler*/Bornkamm § 8 Rdn. 5.1; MünchKommUWG/*Ottofülling* § 8 Rdn. 482.
[1875] *Köhler*/Bornkamm § 8 Rdn. 5.4.
[1876] MünchKommUWG/*Ottofülling* § 8 Rdn. 492.
[1877] Palandt/*Bassenge* § 13 UKlag Rdn. 2.
[1878] BT-Drucks. 14/6857 S. 71.

§ 9 Schadensersatz

[1]Wer vorsätzlich oder fahrlässig eine nach § 3 oder § 7 unzulässige geschäftliche Handlung vornimmt, ist den Mitbewerbern zum Ersatz des daraus entstehenden Schadens verpflichtet. [2]Gegen verantwortliche Personen von periodischen Druckschriften kann der Anspruch auf Schadensersatz nur bei einer vorsätzlichen Zuwiderhandlung geltend gemacht werden.

Inhaltsübersicht

	Rdn.
A. Allgemeines	1
I. Einleitung	1
1. Einfluss des europäischen Rechts	1
2. Regelungsgehalt	5
3. Bedeutung des Schadensersatzanspruchs	7
II. Gläubiger	11
1. Unmittelbar verletzter Mitbewerber	11
2. Verbände	12
3. Verbraucher	13
III. Schuldner	14
1. Haftung für eigenes Verschulden	14
2. Haftung für fremdes Verschulden	15
3. Privilegierung von Telemediendienstanbietern	16
B. Voraussetzungen des Schadensersatzanspruchs	17
I. Zuwiderhandlung	17
1. Nach § 3 oder § 7 unzulässige geschäftliche Handlung	17
2. Geheimnisschutz	18
3. Maßgeblicher Zeitpunkt	19
II. Schuldhaftes Handeln	20
1. Vorsätzliches Handeln	20
a) Vorsatzinhalt	21
aa) Unlauterkeit nach § 3 bzw. Unzumutbarkeit der Belästigung nach § 7	21
bb) Schaden	22
c) Kognitives Element	23
aa) Wissen um Tatbestand und Erfolg	24
bb) Unrechtsbewusstsein	35
d) Voluntatives Element	45
aa) Zielgerichtetes Wollen	46
bb) Billigende Inkaufnahme	47
cc) Bewusste Indifferenz	48
dd) Feststellung anhand von Erfahrungstatsachen und objektiven Indizien	49
2. Fahrlässiges Handeln	52
a) Definition	52
b) Sorgfaltsverstoß bei Unkenntnis der Tatumstände	53
aa) Tatsachenkenntnis nicht Grundlage des Unlauterkeitsverdikts	53
bb) Fahrlässige Tatsachenunkenntnis	55
cc) Kasuistik	56
c) Sorgfaltsverstoß und rechtliche Bewertung	59
aa) Sorgfaltsmaßstab	59
bb) Sorgfaltspflichterfüllung und -verletzung	61
cc) Sonderproblematik Schutzrechtsverwanrung	70a
III. Zurechnung schuldhaften Handelns und Haftung für Dritte	71
1. Einführung	71
2. Haftung nach § 31 BGB analog	72
a) Haftung für Organhandeln	72
b) Haftung für Vertreterhandeln	74
3. Haftung nach § 831 BGB	79
a) Anwendbarkeit der Norm	79
b) Verrichtungsgehilfe	80
c) In Ausführung der Verrichtung	81
d) Exkulpation	82
e) Dezentralisierter Entlastungsbeweis und Organisationsverschulden	85
IV. Mitwirkendes Verschulden des Geschädigten beim Wettbewerbsverstoß	86

Rdn.

C. Art und Umfang des Schadensersatzes ... 87
I. Die Problematik des Schadens im Recht des unlauteren Wettbewerbs ... 87
1. Berechnungsschwierigkeiten ... 87
2. Differenzhypothese ... 87a
3. Entstehung eines Schadens ... 88
a) Schadenseintritt ... 88
b) Mitbewerberbezogene Verstöße ... 89
c) Marktbezogene Verstöße ... 91
II. Haftungsausfüllende Kausalität und Schutzzweck der Norm ... 93
1. Haftungsausfüllende Kausalität ... 93
2. Schutzzweck der Norm ... 95
III. Mitwirkendes Verschulden des Verletzten bei der Schadensentstehung ... 97
1. Obliegenheit zur Geringhaltung des Schadens ... 97
2. Einzelfälle des Mitverschuldens ... 98
a) Unterlassene Warnung ... 98
b) Unterlassene Aufklärungsbemühungen ... 99
c) Unterlassene Vertragstreuemahnung ... 100
d) Voreiliger Gehorsam bei unberechtigter Schutzrechtsverwarnung ... 101
IV. Form und Umfang des Schadensersatzes, Schadensberechnung ... 103
1. Naturalrestitution ... 103
a) Allgemeines ... 103
b) Naturalrestitution durch Handlungsverbote ... 104
c) Naturalrestitution durch Auskunft ... 106a
d) Naturalrestitution durch Widerruf ... 106b
e) Ersetzungsbefugnis bei konkret berichtigender eigener Werbung ... 107
2. Der so genannte Marktverwirrungsschaden ... 113
3. Kosten der Rechtsverfolgung ... 116
a) Rechtsverfolgungskosten als Schaden ... 116
aa) Testkäufe und Detektivkosten ... 117
bb) Anwaltskosten der Abmahnung ... 118
cc) Weitere Anwaltskosten ... 123
dd) Umfang des Ersatzes von Anwaltskosten ... 124
ee) Gutachten ... 126
ff) Prozessfinanzierung ... 127
gg) Außergerichtliche Mühewaltung ... 128
hh) Vorsorgeaufwendungen ... 129
b) Materiellrechtlicher Kostenerstattungsanspruch ... 130
4. Entgangener Gewinn ... 131
a) Entgangener Gewinn ... 131
b) Sachgerechte Schätzung durch das Gericht ... 132
c) Grundsätze ... 135
d) Relevante Faktoren für die Schätzung des entgangenen Gewinns durch das Gericht ... 138a
aa) Geschäftsentwicklung beim Verletzer ... 138a
bb) Geschäftsentwicklung beim Geschädigten ... 138e
cc) Einzelfallabhängige Faktoren ... 138f
dd) Befugnis zur Schätzung eines Mindestschadens ... 139
5. Objektive Schadensberechnung ... 141
a) Grundlagen ... 141
aa) „Dreifache Schadensberechnung“ ... 141
bb) Wahlmöglichkeit des Geschädigten ... 142
cc) Kritik und Neufundierung nach der Umsetzung der Durchsetzungsrichtlinie ... 144
b) Ausnahmecharakter der objektiven Schadensberechnung im UWG ... 149
c) Gesteigerte Freiheit der Schätzung ... 150
d) Lizenzanalogie bzw. Pauschalbetrag auf der Grundlage einer angemessenen Lizenzgebühr ... 151
aa) Grundlagen ... 151
bb) Voraussetzungen und Anwendungsbereich ... 152
cc) Gegenstand der hypothetischen Lizenz ... 153
dd) Erste Stufe der Berechnung: angemessene Lizenzgebühr ... 154
ee) Zweite Stufe der Berechnung: Erhöhung der angemessenen Lizenzgebühr ... 159
e) Berücksichtigung des Verletzergewinns ... 166
aa) Grundlagen ... 166
bb) Berücksichtigung aller Umstände ... 168

Rdn.
cc) Grundsätze der Gewinnermittlung ... 169
dd) Umfang der Gewinnherausgabe und „Verletzeranteil“ ... 175
f) Wahlrecht und Vermengungsverbot ... 182
aa) Elektive Konkurrenz ... 182
bb) Wechsel der Berechnungsart im Prozess ... 183
cc) Vermengungs- und Additionsverbot ... 185
6. Mehrheit von Verletzern ... 190
a) Allgemeines ... 190
b) Voneinander unabhängige Verletzungshandlungen ... 191
c) Zusammenwirken bei einer einheitlichen schädigenden Handlung ... 192
d) Schadensausgleich in der Verletzerkette ... 193
aa) Keine Gesamtschuld ... 193
bb) Keine Erschöpfungswirkung ... 198
cc) Abzugsmöglichkeiten für den Verletzer ... 199
D. Durchsetzung des Anspruchs ... 201
I. Leistungsklage ... 201
1. Bezifferung ... 201
2. Unbestimmter Antrag ... 202
II. Stufenklage ... 204
III. Feststellungsklage ... 205
IV. Koppelung von Feststellungs- und Auskunftsklage ... 207
E. Presseprivileg (§ 9 Satz 2) ... 208
I. Neufassung 2004 ... 208
II. Zweck ... 209
III. Privilegierter Personenkreis ... 210
IV. Reichweite ... 212

Schrifttum: *Alexander,* Schadensersatz und Abschöpfung im Lauterkeits- und Kartellrecht, 2010; *Borck,* Zum Anspruch auf Schadensersatz aus unlauterem Wettbewerb WRP 1986, 1; *Engels/Salomon,* Vom Lauterkeitsrecht zum Verbraucherschutz: UWG-Reform 2003, WRP 2004, 32; *Goldmann,* Die Berechnung des Schadensersatzanspruchs vor und nach Umsetzung der Durchsetzungsrichtlinie, WRP 2011, 950; *Köhler,* Der Schadensersatzanspruch im Wettbewerbsrecht, NJW 1992, 1477; *Meier-Beck,* Die unberechtigte Schutzrechtsverwarnung als Eingriff in das Recht am Gewerbebetrieb, WRP 2006, 790; *Metzger,* Schadensersatz wegen Verletzung des Geistigen Eigentums gemäß Art. 13 Durchsetzungs-RL 2004/48; in: *Remien* (Hrsg.), Schadensersatz im europäischen Privat- und Wirtschaftsrecht, 2012, S. 209; *Ohly,* Schadensersatzansprüche wegen Rufschädigung und Verwässerung im Marken- und Lauterkeitsrecht, GRUR 2007, 926; *Reimer,* Verschulden als Voraussetzung der Anwendbarkeit des § 1 UWG, MuW XXIX, 208; *Sack,* Regierungsentwurf einer UWG-Novelle – ausgewählte Probleme, BB 2003, 1073; *ders.,* Folgeverträge unlauteren Wettbewerbs, GRUR 2004, 625; *ders.,* Das Verhältnis des UWG zum allgemeinen Deliktsrecht, in: FS Ullmann, 2006, S. 825; *Schramm,* Grundlagenforschung auf dem Gebiete des Gewerblichen Rechtsschutzes und Urheberrechtes, 1954; *ders.,* Der Marktverwirrungsschaden, GRUR 1974, 617; *Sosnitza,* Das Koordinatensystem des Rechts des unlauteren Wettbewerbs im Spannungsfeld zwischen Europa und Deutschland, GRUR 2003, 739; *Teplitzky,* Die Durchsetzung des Schadensersatzzahlungsanspruchs im Wettbewerbsrecht, GRUR 1987, 215; *Ullmann,* Eine unberechtigte Abmahnung – Entgegnung, WRP 2006, 1070.

A. Allgemeines

I. Einleitung

1. Einfluss des europäischen Rechts

1 Die **UGP-Richtlinie**[1] (UGP-RL) enthält in Art. 11 Abs. 1 eine Verpflichtung der Mitgliedstaaten sicherzustellen, dass geeignete und wirksame Mittel zur Bekämpfung unlauterer geschäftlicher Handlungen zur Verfügung stehen. Die bei Wettbewerbsverstößen zur Anwendung kommenden Sanktionen müssen nach Art. 13 der Richtlinie **„wirksam, verhältnismäßig und abschreckend“** sein. Es bleibt aber nach Art. 11 Abs. 1 Unterabsatz 3 den Mitgliedstaaten überlassen zu entscheiden, ob sie für die Bekämpfung von Rechtsverstößen zivilrechtliche, strafrechtliche oder verwaltungsrechtliche Maßnahmen einsetzen. Auch eine Kombination ist möglich.

1a Die §§ 8 und 9 UWG sehen wirkungsvolle zivilrechtliche Ansprüche vor, die sich in der Praxis bewährt haben und die Anforderungen der Richtlinie erfüllen, so dass es **keiner Umsetzungsmaßnahmen bedurfte.**

---

[1] Richtlinie 2005/29/EG des Europäischen Parlaments und des Rates vom 11.5.2005 über unlautere Geschäftspraktiken im binnenmarktinternen Geschäftsverkehr, ABl. Nr. L 149 vom 11.6.2005, S. 22.

Mittelbare Auswirkungen entfaltet die **Durchsetzungsrichtlinie.**[2] Sie enthält neben verfahrensrechtlichen Bestimmungen in Art. 13 auch eine Regelung des Schadensersatzanspruchs und der Grundsätze der Schadensberechnung. In Art. 3 Abs. 2 der Durchsetzungsrichtlinie wird die **Abschreckungswirkung** der vorgesehenen Sanktionen **zu einem Leitprinzip erhoben.** Der systematische Standort der Vorschrift lässt den Schluss zu, dass sich die abschreckende Wirkung auch und gerade durch den gem. Art. 13 zuerkannten Schadensersatz ergeben soll. Diese Funktion geht über den klassischen Zweck der Kompensation hinaus und zielt auf eine Verhaltenssteuerung durch zivilrechtliche Sanktionen ab.[3] Aus dem Richtlinienvorschlag der Kommission geht allerdings hervor, dass das Element der Abschreckung am ehesten in der Möglichkeit der **Abschöpfung des Verletzergewinns** liegt.[4] Demgegenüber wird in Erwägungsgrund 26 betont, dass etwa die Berechnung des Schadensersatzes als Pauschalbetrag auf Basis einer angemessenen Lizenzgebühr nicht die *„Verpflichtung zu einem als Strafe angelegten Schadensersatz, sondern eine Ausgleichsentschädigung für den Rechtsinhaber auf objektiver Grundlage"* sein solle. Daraus ergibt sich, dass nach dem Konzept der Durchsetzungsrichtlinie die **Lizenzanalogie** nur die Funktion der vollen **Schadenskompensation** hat, darüber hinaus aber nicht auf Abschreckungswirkung angelegt ist.[5] 2

Die Durchsetzungsrichtlinie gilt für **alle Rechte des geistigen Eigentums.** Der deutsche Gesetzgeber hat deren Art. 13 durch §§ 139 Abs. 2 PatG; 24 Abs. 2 GebrMG; 14 Abs. 6 Satz 2 und 3, 15 Abs. 5 Satz 2, § 125b Nr. 2 MarkenG; 97 Abs. 2 Satz 2 und 3 UrhG; 42 Abs. 2 Satz 2 und 3 DesignG; 37 Abs. 2 Satz 2 und 3 SortSchG in nationales Recht umgesetzt. 3

Die **Durchsetzungsrichtlinie** gilt **nicht** für das Recht des unlauteren Wettbewerbs, auch nicht für den wettbewerbsrechtlichen **Nachahmungsschutz** (§ 4 Nr. 3 UWG) und den **Geheimnisschutz** (§ 17ff. UWG). Eine Umsetzung im neu gefassten UWG war deshalb nicht geboten. Gleichwohl bleibt es dabei, dass für den wettbewerbsrechtlichen Nachahmungsschutz wie auch beim Schutz von Geschäfts- und Betriebsgeheimnissen **dieselben Grundsätze** der Schadensberechnung gelten wie im **Immaterialgüterrecht.**[6] Die bislang gewohnheitsrechtlich anerkannte objektive Schadensberechnung wird deshalb im Bereich des wettbewerbsrechtlichen Nachahmungsschutzes und des Geheimnisschutzes nunmehr auf eine **Rechtsanalogie** zu den zitierten Umsetzungsbestimmungen des Immaterialgüterrechts gestützt und richtet sich nach der Handhabung dieser Vorschriften in der Rechtspraxis.[7] Wegen des Gebots der richtlinienkonformen Interpretation wird deren Inhalt letztlich durch den EuGH bestimmt werden. 4

2. Regelungsgehalt

§ 9 ist die Anspruchsgrundlage für die **Schadensersatzansprüche der Mitbewerber.** Das bis 2004 geltende Recht ging auf die Möglichkeit, bei Wettbewerbsverstößen Schadensersatz zu verlangen, an verschiedenen Stellen ein: §§ 1, 13 Abs. 6, 14 Abs. 1, 19 UWG 1909. Aus diesen Vorschriften folgte nach der Ansicht des Gesetzgebers insgesamt, dass Verstöße gegen die Verbote des UWG auch Schadenersatzansprüche des Geschädigten nach sich ziehen können. Dementsprechend hatte der Reformgesetzgeber 2004 mit der Regelung des § 9 keine Änderung der Rechtslage bezweckt.[8] Klargestellt wurde, dass der Schadensersatzanspruch **Verschulden** voraussetzt.[9] 5

Das in § 9 Satz 2 geregelte **Presseprivileg** war vor der UWG-Reform nach dem Wortlaut des § 13 Abs. 6 Nr. 1 Satz 2 UWG a.F. auf Verstöße gegen das Irreführungsverbot beschränkt. Eine 6

---

[2] Richtlinie 2004/48/EG des Europäischen Parlaments und des Rates vom 29.4.2004 zur Durchsetzung der Rechte des Geistigen Eigentums, ABl. Nr. L 157, S. 45.

[3] *Metzger* S. 209, 212.

[4] Vorschlag für eine Richtlinie des Europäischen Parlaments und des Rates über die Maßnahmen und Verfahren zum Schutz der Rechte an geistigem Eigentum vom 30.1.2003, KOM (2003) 46 endgültig, S. 16.

[5] MünchKommUWG/*Fritzsche* § 9 Rdn. 5; *Goldmann* WRP 2011, 950, 964; *Köhler*/Bornkamm § 9 Rdn. 1.44; a.A. Teplitzky/*Schaub* Kap. 34 Rdn. 30a Fn. 172.

[6] Vgl. zum Gleichlauf der Berechnungsarten vor der Umsetzung der Durchsetzungsrichtlinie nur BGH GRUR 2007, 431, 433 Tz. 25 – *Steckverbindergehäuse* (zum Nachahmungsschutz) sowie BGH WRP 2008, 938f. Tz. 6 – *Entwendete Datensätze mit Konstruktionszeichnungen* (zum Geheimnisschutz).

[7] *Goldmann* WRP 2011, 950, 970.

[8] RegE (BT-Drucks. 15/1487) S. 16.

[9] So auch die zuvor ganz h.M. zum UWG 1909; vgl. BGH GRUR 1990, 1012, 1014 – *Pressehaftung; Baumbach/Hefermehl* Einl UWG Rdn. 339, 366; *Bußmann/Pietzcker/Kleine* S. 18; *v. Gamm* § 1 Rdn. 317; *Köhler/Piper* Einf. Rdn. 299; *Köhler* NJW 1992, 1477, 1478. Das Verschuldenserfordernis wurde allerdings von einer Mindermeinung abgelehnt, die bei Verstößen gegen § 1 UWG 1909 eine „Gefährdungshaftung" befürwortete, so z.B. *v. Godin* § 1 Rdn. 49; *Rosenthal/Leffmann* § 1 Rdn. 4.

Ausdehnung auf Zuwiderhandlungen gegen andere Vorschriften des UWG war streitig.[10] Durch die Neuregelung 2004 wurde die Beschränkung des Haftungsprivilegs aufgehoben.

3. Bedeutung des Schadensersatzanspruchs

7 Der Schadensersatz bezweckt in erster Linie die **Wiedergutmachung einer Vermögenseinbuße** und keine Pönalisierung oder Sanktion, wenn auch drohende Schadensersatzzahlungen durchaus eine präventive und abschreckende Wirkung haben können.[11]

8 Seit jeher wird die **geringe praktische Bedeutung** des Schadensersatzanspruchs im Wettbewerbsrecht beklagt.[12] Der Hauptgrund für das Schattendasein des Schadensersatzanspruchs liegt darin, dass sich der Schaden des Verletzten nur außerordentlich schwer berechnen und beweisen lässt. Außerhalb des engen Bereichs des wettbewerbsrechtlichen Leistungsschutzes und des Geheimnisschutzes, für den die Rechtsprechung auch eine objektive Schadensberechnung bzw. die Abschöpfung des Verletzergewinns akzeptiert, ist ein Schadensersatz in Geld nur unter großen Schwierigkeiten zu beziffern.

9 Der unmittelbar Verletzte wird sich deshalb in aller Regel mit einer **Schadensersatzfeststellungsklage** behelfen, die er mit der Unterlassungsklage kombiniert und um eine **Auskunftsklage** ergänzt. Dadurch soll auf den Beklagten Druck ausgeübt werden, den Rechtsstreit durch Vergleich zu beenden, etwa durch Anerkennung des Unterlassungsanspruchs unter Übernahme der Kosten gegen Verzicht auf den Schadensersatz- und den Auskunftsanspruch (sog. „Kölner Brauch").[13] Diese Hebelwirkung des festgestellten oder feststellbaren Schadensersatzanspruchs und der Lästigkeitswert des mit ihm Hand in Hand gehenden Auskunftsanspruchs stellt die Bedeutung des Schadensersatzanspruchs als echten Zahlungsanspruch bei weitem in den Schatten. Immer wieder wurde versucht, die bislang *„lustlos wirkenden Parteien und Parteivertreter"* zu ermuntern, den **Schadensersatzanspruch als Zahlungsanspruch** stärker zu verfolgen.[14] Seit Jahrzehnten wurde den Gerichten nahegelegt, gerade bei der konkreten Schadensberechnung weniger zaghaft von der Befugnis der Schadenschätzung nach § 287 ZPO Gebrauch zu machen, um die Durchsetzung von Schadensersatzansprüchen zu erleichtern.[15] Die höchstrichterliche Rechtsprechung hat, so sollte man meinen, den Weg dafür inzwischen jedenfalls für die abstrakte Schadensberechnung geebnet.[16] Bei der konkreten Schadensberechnung steht eine mutigere Handhabung des § 287 ZPO noch aus.[17]

10 Eine weiter zunehmende Durchsetzung von Schadensersatzansprüchen unter **großzügiger Anwendung des § 287 ZPO** auch **bei der konkreten Schadensberechnung** wäre **zu begrüßen.** Sie entspricht der insbesondere in § 10 zum Ausdruck kommenden Zielsetzung der UWG-Reform 2004, die Durchsetzung des Wettbewerbsrechts zu intensivieren. Je häufiger unlauterer Wettbewerb zu Schadensersatzzahlungen führt, umso weniger kann der Verletzer darauf spekulieren, dass sich Wettbewerbsverstöße auszahlen.[18] Insofern hat das Risiko, nicht nur einem Unterlassungs-, sondern auch einem Schadensersatzanspruch ausgesetzt zu sein, eine wichtige **ergänzende präventive Funktion.**[19]

II. Gläubiger

Schrifttum: *Albrecht,* Die Aktivlegitimation der Verbraucher nach Wettbewerbsverstößen, 2011; *Bornkamm,* Das Wettbewerbsverhältnis und die Sachbefugnis des Mitbewerbers, GRUR 1996, 527; *Lehmann,* Entwicklungsleitlinien G. Schrickers: Wettbewerbs-, Marken- und Urheberrecht, in: FS Schricker, 2006, 77; *Sack,* Regierungsentwurf einer UWG-Novelle – ausgewählte Probleme, BB 2003, 1073; *ders.,* Folgeverträge unlauteren Wettbewerbs, GRUR 2004, 625; *ders.,* Das Verhältnis des UWG zum allgemeinen Deliktsrecht, in: FS Ullmann,

---

[10] Vgl. *Baumbach/Hefermehl* § 13 Rdn. 58 m. w. N.

[11] Vgl. OLG Köln GRUR 1991, 60, 63 – *Rolex-Imitation; Schramm* GRUR 1974, 617; ausführlich *Alexander,* S. 135 ff.; zur Abschreckungswirkung der Abschöpfung des Verletzergewinns vgl. BGH GRUR 2001, 329, 331 – *Gemeinkostenanteil;* GRUR 2009, 856, 864 Tz. 76 – *Tripp-Trapp-Stuhl;* ZUM 2013, 406, 408 Tz. 27 – *Jürgen Möllemann Sprung.*

[12] Vgl. *Callmann* S. 115; GroßKommUWG/*Köhler* (1. Aufl.) Vor § 13 B Rdn. 245; *Rosenthal* S. 116 f., 120; *Teplitzky* (10. Aufl.) Kap. 28; *ders.* GRUR 1987, 215.

[13] Vgl. *Borck* WRP 1986, 1, 3; *Teplitzky* (10. Aufl.) Kap. 28, Rdn. 1; *Wünsche* S. 27.

[14] *Teplitzky* (10. Aufl.) Kap. 28, Rdn. 2; ihm folgend nun auch *Alexander* S. 179.

[15] *Callmann* S. 115; *Melullis* Rdn. 1065; *Schramm* S. 235; *Teplitzky* (10. Aufl.) Kap. 28 Rdn. 2.

[16] Vgl. BGH GRUR 1972, 189, 190 – *Wandsteckdose II;* GRUR 1992, 55, 59 – *Tchibo/Rolex II;* GRUR 1993, 757, 759 – *Kollektion Holiday;* GRUR 2007, 431, 433 Tz. 21 – *Steckverbindergehäuse.*

[17] Hierauf weist zu Recht MünchKommUWG/*Fritzsche* § 9 Rdn. 4 hin.

[18] *Rosenthal* S. 116 f.; ähnlich GroßKommUWG/*Köhler* (1. Aufl.) Vor § 13 B Rdn. 246.

[19] *Alexander* S. 135 ff.; *Ohly* GRUR 2007, 926, 929.

2006, S. 825; *ders.*, Neuere Entwicklungen der Individualklagebefugnis im Wettbewerbsrecht, GRUR 2011, 953.

1. Unmittelbar verletzter Mitbewerber

Der Anspruch steht nach dem Wortlaut „den Mitbewerbern" zu. Der Wortlaut ist zu weit. Wie in § 8 Abs. 3 Nr. 1 soll der Anspruch dem **„unmittelbar Verletzten"** zustehen. Unmittelbar Verletzter ist ein Unternehmer, der mit dem Verletzer in einem konkreten Wettbewerbsverhältnis steht. Bei mitbewerberbezogenen Verstößen (Bruch einer individualschützenden Norm, Herabsetzung und Rufschädigung, Rufausbeutung, Nachahmungsschutz, gezielte Behinderung und Geheimnisschutz) ist unmittelbar Verletzter und für den Schadensersatzanspruch aktivlegitimiert nur jeweils **betroffene Mitbewerber,** also derjenige, dessen Ruf geschädigt, dessen Produkte nachgeahmt oder dessen Geschäftstätigkeit gezielt behindert wird, etc. (Rdn. 279 ff.). **11**

Bei Tatbeständen, deren **Schutzzweck** sich auf **alle Mitbewerber** bezieht (z. B. Irreführung gem. § 5 Abs. 1 Satz 2 Nr. 1), ist jeder Mitbewerber anspruchsberechtigt.[20] **11a**

Zu den Einzelheiten wird auf die Kommentierung zu § 8 Abs. 3 Nr. 1 verwiesen (Rdn. 274 ff.). **11b**

2. Verbände

Die **Verbände, Verbraucherschutzorganisationen und Kammern,** die gem. § 8 Abs. 3 Nr. 2–4 für die wettbewerbsrechtlichen Abwehransprüche aktivlegitimiert sind, können grundsätzlich **keine Schadensersatzansprüche** geltend machen. Eine Ausnahme kommt nur dann in Betracht, wenn der klagende Verband unmittelbar verletzt ist[21] (z. B. als Opfer einer geschäftlichen üblen Nachrede i. S. d. § 4 Nr. 2) und in dieser Eigenschaft die Merkmale eines „Mitbewerbers" erfüllt. **12**

3. Verbraucher

Individuelle Ansprüche der Verbraucher auf Unterlassung und Schadensersatz sind im UWG nicht vorgesehen. Der **Verbraucher** hat auch nach allgemeinem Zivilrecht nach wie vor **keinen Anspruch auf Schadensersatz** auf Grund einer Verletzung von UWG-Vorschriften, obwohl das UWG in § 1 den Schutz der Verbraucher als Gesetzeszweck anerkennt und damit der Weg für eine Interpretation des UWG als verbraucherbezogenes Schutzgesetz i: S. d. § 823 Abs. 2 BGB offen wäre.[22] Dieser Weg war vom BGH mit der 1974 ergangenen *„Prüfzeichen"*-Entscheidung versperrt worden, die eine Interpretation von Vorschriften des UWG 1909 zugunsten irregeführter Verbraucher als Schutzgesetz i. S. d. § 823 Abs. 2 BGB ausgeschlossen hatte.[23] Hieran ist auch unter Geltung des 2004 grundlegend reformierten Gesetzes festzuhalten. Die im UWG geregelten Ansprüche als Rechtsfolgen wettbewerbswidrigen Handelns abschließend. Es war gerade das erklärte Ziel des Gesetzgebers, individuelle Ansprüche der Verbraucher auf Unterlassung und Schadensersatz auszuschließen.[24] **§ 3** stellt nach dem klaren Willen des Gesetzgebers **kein Schutzgesetz i. S. d. § 823 Abs. 2 BGB** dar, so dass ein Rückgriff auf das allgemeine Deliktsrecht nicht möglich ist.[25] Das Gleiche gilt für § 7. **13**

III. Schuldner

Schrifttum: *Döring,* Die Haftung für eine Mitwirkung an Wettbewerbsverstößen nach der Entscheidung des BGH „Jugendgefährdende Medien bei eBay", WRP 2007, 1131; *Gräbig,* Aktuelle Entwicklungen bei Haftung für mittelbare Rechtsverletzungen. Vom Störer zum Täter – ein neues einheitliches Haftungskonzept?, MMR 2011, 504; *Holzapfel,* Zur Haftung einer Mehrheit von Verletzern, GRUR 2012, 242; *Köhler,* „Täter" und „Störer" im Wettbewerbs- und Markenrecht – Zur BGH-Entscheidung „Jugendgefährdende Medien bei eBay", GRUR 2008, 1; *Leistner,* Störerhaftung und mittelbare Schutzrechtsverletzung, GRUR-Beil. 2010, 1; *Neuhaus,* Sekundäre Haftung im Lauterkeits- und Immaterialgüterrecht, 2011; *J. B. Nordemann,* Verkehrspflichten und

---

[20] BGH GRUR 2014, 1114, 1115 Tz. 19 – *nickelfrei; Bornkamm* GRUR 1996, 527, 529; *Ohly*/Sosnitza § 9 Rdn. 23.

[21] Vgl. BGH GRUR 1962, 315, 319 – *Deutsche Miederwoche.*

[22] *Albrecht* S. 253 ff.; *Lehmann* in: FS Schricker, S. 77, 80; *Sack* in: FS Ullmann, S. 825, 841 ff.; *ders.* GRUR 2004, 625, 629 f.; *ders.* GRUR 2011, 953, 959 ff.

[23] BGH GRUR 1975, 150 – *Prüfzeichen.*

[24] Gegenäußerung der Bundesregierung zur Stellungnahme des Bundesrates RegE (BT-Drucks. 15/1487) S. 43; krit. hierzu *Sack* BB 2003, 1073, 1078 ff.; *ders.* GRUR 2011, 953, 959 ff.

[25] Ebenso *Köhler*/Bornkamm § 9 Rdn. 1.10; MünchKommUWG/*Fritzsche* § 9 Rdn. 48 f.; a. A. *Albrecht* S. 262 ff.; Fezer/*Koos* § 9 Rdn. 3; *Sack* in: FS Ullmann, S. 825, 841 ff.; *ders.* GRUR 2011, 953, 959 ff.

Urheberrecht – oder: jugendgefährdende Medien für das Urheberrecht!, in: FS Loewenheim, 2009, S. 215; *Schneider,* Vom Störer zum Täter? Verantwortlichkeit für mittelbare Wettbewerbs-, Urheber- und Markenrechtsverletzungen im Online-Bereich auf der Grundlage einer täterschaftlichen Haftung aufgrund Verkehrspflichtverletzung, 2012.

1. Haftung für eigenes Verschulden

14 **Schuldner** des Schadensersatzanspruches ist zunächst der dem § 3 oder dem § 7 schuldhaft **Zuwiderhandelnde.** Zuwiderhandelnder ist, wer in eigener Person als **Täter, Anstifter** oder **Gehilfe** den Wettbewerbsverstoß verwirklicht (hierzu § 8 Rdn. 357 ff.). Auch derjenige, der wettbewerbsrechtliche Verkehrspflichten verletzt, ist Täter und haftet gem. **§ 9** auf **Schadensersatz.**[26] Wer nur als Störer verantwortlich gemacht werden kann, haftet demgegenüber nicht auf Schadensersatz.[27]

14a Der **Geschäftsführer** einer GmbH haftet als Täter nur nach den Grundsätzen, die der BGH im Urteil *„Geschäftsführerhaftung"*[28] entwickelt hat. Der Geschäftsführer ist danach Täter, wenn er den Wettbewerbsverstoß selbst aktiv begangen hat oder ihn nicht verhindert hat, obwohl er als Garant zu ihrer Verhinderung verpflichtet gewesen wäre (hierzu § 8 Rdn. 550 ff.). Als Anstifter haftet der Geschäftsführer, wenn er die rechtsverletzende Handlung in Auftrag gegeben hat.[29] Als Gehilfe haftet er, wenn er die rechtsverletzende Handlung wissentlich aktiv unterstützt. Die Unterstützungshandlung muss über das bloße Innehaben der Geschäftsführerposition hinausgehen. Diese Grundsätze gelten auch für andere Organe juristischer Personen.

2. Haftung für fremdes Verschulden

15 Schuldner ist darüber hinaus, wer nach **§ 831 BGB** für Wettbewerbsverstöße eines Dritten einzustehen hat oder wem über **§ 31 BGB (ggf. analog)** als Unternehmen das Handeln von Personen in Leitungsfunktionen zugerechnet wird (näher Rdn. 71 ff.).

15a Der **persönlich haftende Gesellschafter** einer OHG, einer KG oder einer GbR haftet persönlich auf Schadensersatz für Rechtsverletzungen der Gesellschaft unabhängig davon, ob er an der Verletzungshandlung selbst als Täter oder Teilnehmer beteiligt war. Für den OHG-Gesellschafter und den Komplementär einer KG ergibt sich dies aus § 128 HGB.[30] Für den Gesellschafter einer GbR ist § 128 HGB entsprechend anzuwenden. Denn bei gesetzlichen Verbindlichkeiten muss – nicht anders als bei vertraglichen Verbindlichkeiten – das **Privatvermögen** der Gesellschafter als **Haftungsmasse** zur Verfügung stehen.[31]

3. Privilegierung von Telemediendiensteanbietern

16 Bei Schadensersatzansprüchen gilt für **Telemediendiensteanbieter** die Privilegierung des **§ 10 TMG.**[32]

B. Voraussetzungen des Schadensersatzanspruches

I. Zuwiderhandlung

1. Nach § 3 oder § 7 unzulässige geschäftliche Handlung

17 Der Anspruch aus § 9 ist ein Anspruch aus schuldhafter unerlaubter Handlung. Die Rechtswidrigkeit, die Grundlage eines jeden Deliktsanspruchs ist, ergibt sich aus der Unzulässigkeit der vorgenommenen geschäftlichen Handlung. Der Schadensersatzanspruch im Wettbewerbsrecht setzt eine nach **§ 3 oder § 7 unzulässige geschäftliche Handlung** voraus. Sie muss bereits **begangen worden** sein. Aus einer Erstbegehungsgefahr ergibt sich in aller Regel kein Schaden und damit

---

26 Fezer/*Büscher* § 8 Rdn. 124; *Döring* WRP 2007, 1131, 1137; *Gräbig* MMR 2011, 504, 505; *Köhler* GRUR 2008, 1, 3; *Leistner* GRUR-Beil. 2010, 1, 3; *Neuhaus* S. 153; *J. B. Nordemann* in: FS Loewenheim, S. 215, 219; *Ohly*/Sosnitza § 8 Rdn. 123a; *Schneider* S. 197 ff.

27 BGH GRUR 1998, 167, 168 f. – *Restaurantführer;* GRUR 2001, 82, 83 – *Neu in Bielefeld I;* GRUR 2002, 618, 619 – *Meißner Dekor;* GRUR 2015, 672, 679 Tz. 81 – *Videospiel-Konsolen II;* GRUR 2015, 1223, 1226 Tz. 40 – *Posterlounge.*

28 BGH GRUR 2014, 883 ff. Tz. 13 ff. – *Geschäftsführerhaftung.*

29 Vgl. BGH GRUR 2014, 883, 884 Tz. 14 – *Geschäftsführerhaftung.*

30 BGH GRUR 1976, 306, 307 – *Baumaschinen.*

31 OLG Frankfurt WRP 2014, 1484, 1486 Tz. 21.

32 Zum UrhG vgl. OLG Hamburg GRUR-RR 2009, 419 – *Rapidshare II.*

auch kein Schadensersatzanspruch.[33] Da die Vorschriften der §§ 3a bis 6 durch ihren Wortlaut („Unlauter handelt …") auf § 3 verweisen, werden die dort genannten Beispiele unlauteren Wettbewerbs einbezogen.

2. Geheimnisschutz

Es verwundert, dass die Tatbestände des **wettbewerbsrechtlichen Geheimnisschutzes in §§ 17, 18 und 19** nicht ausdrücklich auch als Beispiele unlauteren Handelns im Sinne von § 3 deklariert werden. Auch fehlt eine dem § 19 UWG 1909 entsprechende Regelung, die bei Verletzung des wettbewerbsrechtlichen Geheimnisschutzes einen eigenständigen Schadensersatzanspruch enthielt. Dies bedeutet aber nicht, dass das UWG bei Verletzung der §§ 17ff. keinen Schadensersatzanspruch bereithält und den Verletzten allein auf die – ohne Zweifel daneben auch mögliche[34] – Anwendung des § 823 Abs. 2 BGB verweist. Im Gegenteil: Der Gesetzgeber wollte die im alten UWG verstreuten Anspruchsgrundlagen vereinheitlichen und in § 9 zusammenfassen, aber sicherlich nicht für einzelne Tatbestände den wettbewerbsrechtlichen Schadensersatzanspruch beseitigen.[35] Darüber hinaus lassen sich Verletzungen des wettbewerbsrechtlichen Geheimnisschutzes auch ohne gesetzliche Klarstellung unproblematisch als unlauterer Wettbewerb im Sinne des § 3 einordnen. Eine Verletzung der §§ 17ff. bedeutet stets auch eine nach § 3 unzulässige Wettbewerbshandlung (vgl. § 17 Rdn. 43). Außerdem können auch Zuwiderhandlungen gegen die §§ 17ff. auch als Bruch einer Mitbewerber schützenden Verhaltensnorm i. S. d. § 3a gedeutet werden[36] und deshalb gem. § 3 Abs. 1 i. V. m. § 9 den Schadensersatzanspruch begründen. Auch bei Verletzungen des wettbewerbsrechtlichen Geheimnisschutzes ist deshalb der **Schadensersatzanspruch nach § 9 einschlägig.**[37] Dies gilt, soweit es sich dabei um Wettbewerbshandlungen im Sinne des § 2 Abs. 1 Nr. 1 handelt. Für aus dem privaten Bereich ausgehende Angriffe auf geschützte Geheimnisse ergibt sich der Schadensersatzanspruch dagegen allein aus § 823 Abs. 2 BGB. 18

3. Maßgeblicher Zeitpunkt

Maßgeblicher Zeitpunkt zur Beurteilung, ob eine geschäftliche Handlung unzulässig war und deshalb der deliktische Anspruch aus § 9 gegeben ist, ist der **Zeitpunkt der Begehung.**[38] 19

II. Schuldhaftes Handeln

Schrifttum: *T. Ackermann,* Zur Relevanz des Rechtsirrtums für kartell- und lauterkeitsrechtliche Schadensersatzansprüche, FS Köhler, 2014, S. 1; *Baumbach,* Verschulden und Sittenwidrigkeit im Wettbewerbsrecht, JW 1930, 1643; *Frank,* Das Strafgesetzbuch für das Deutsche Reich, 18. Aufl. 1931; *Geiler,* Die Konkretisierung des Rechtsgebots der guten Sitten im modernen Wirtschaftsrecht, in: FS Pinner, 1932, S. 254; *Knauth,* Zur Bedeutung des Unrechtsbewußtseins für den Vorsatz im Zivilrecht, 1977; *Kraft,* Interessenabwägung und gute Sitten im Wettbewerbsrecht, 1963; *Kraßer,* Schadensersatz für Verletzungen von gewerblichen Schutzrechten und Urheberrechten nach deutschem Recht, GRUR Int. 1980, 259; *Lackner/Kühl,* Strafgesetzbuch, 28. Aufl. 2014; *Kühl,* Strafrecht Allgemeiner Teil, 7. Aufl. 2012; *Mayer-Maly,* Rechtsirrtum und Rechtsunkenntnis als Probleme des Privatrechts, AcP 170 (1970), 133; *Reichel,* Anmerkung zu RG JW 1930, 3479, JW 1931, 525; *Rittner,* Rechtswissen und Rechtsirrtum im Zivilrecht, in: FS v. Hippel, 1967, S. 391; *v. Ungern-Sternberg,* Wettbewerbsbezogene Anwendung des § 1 UWG und normzweckgerechte Auslegung der Sittenwidrigkeit, in: FS Erdmann, 2002, S. 741.

1. Vorsätzliches Handeln

a) Definition. Vorsatz ist das **Wissen und Wollen der Verwirklichung der objektiven Tatbestandsmerkmale,** also des rechtswidrigen Erfolgs.[39] Der Handelnde muss den rechtswidrigen Erfolg vorausgesehen und in seinen Willen aufgenommen haben. 20

---

[33] BGH GRUR 2001, 849, 851 – *Remailing-Angebot.*

[34] BGH NJW 2006, 830 LS 7 – *Kirch/Deutsche Bank AG und Breuer;* vgl. auch unten § 17 Rdn. 43 m. w. N.

[35] Vgl. RegE (BT-Drucks. 15/1487), S. 16: *„Das bisherige Recht geht auf die Möglichkeit, bei Wettbewerbsverstößen Schadensersatz zu verlangen, nur an wenigen Stellen ein. Aus diesen Vorschriften folgt insgesamt, dass Verstöße gegen die Verbote des UWG auch Schadenersatzansprüche des Verletzten nach sich ziehen können. Dementsprechend erfolgt keine Änderung der Rechtslage".*

[36] Vgl. BGH GRUR 2006, 1044, 1045 Tz. 17 – *Kundendatenprogramm.*

[37] BGH GRUR 2009, 603, 605 Tz. 22 – *Versicherungsvertreter;* jurisPK-*Koch* § 9 Rdn. 23.

[38] BGH GRUR 2005, 442 – *Direkt ab Werk;* GRUR 2012, 193, 195 Tz. 14 – *Sportwetten im Internet II.*

[39] OLG Naumburg, Urt. v. 27.6.2008, Az. 10 U 77/07 – *CONVENT-Kredit;* OLG Schleswig MMR 2013, 579, 584 – *Rücklastschriften.*

21 **b) Vorsatzinhalt.** *aa) Unlauterkeit nach § 3 bzw. Unzumutbarkeit der Belästigung nach § 7.* Der Vorsatz muss sich im Falle eines Verstoßes gegen § 3 auf **alle die Unlauterkeit begründenden Umstände** einschließlich der Eignung zur wesentlichen Beeinflussung des geschäftlichen Verhaltens des Verbrauchers im Falle des § 3 Abs. 2 beziehen. Im Falle eines Verstoßes gegen § 7 müssen die Umstände, aus denen sich die Unzumutbarkeit der Belästigung ergibt, ebenso erfasst sein wie die Belästigungswirkung und die Belästigungshandlung selbst.

22 *bb) Schaden.* **Nicht vom Vorsatz** erfasst sein muss dagegen, dass infolge des Verstoßes ein **Schaden** entsteht.

23 **c) Kognitives Element.** Der Vorsatz enthält ein kognitives Element. Hierzu gehört die Kenntnis der Tatumstände und das Bewusstsein der Rechtswidrigkeit (Unrechtsbewusstsein).

24 *aa) Wissen um Tatbestand und Erfolg. α) Grundsatz.* Vorsätzliches Handeln setzt zunächst voraus, dass der Handelnde **die tatsächlichen Umstände** kennt, aus denen bei objektiver Würdigung die Unlauterkeit folgt. Beim Tatbestand des Rechtsbruchs (§ 3a) gehört hierzu auch die Kenntnis der Tatumstände, die den Gesetzesverstoß ausmachen. Die objektiven und subjektiven Voraussetzungen der übertretenen Norm müssen erfüllt sein.

25 Diese **Kenntnis** der Tatumstände ist **nicht** bereits notwendige **Voraussetzung** einer Einordnung des Handelns als **unlautere geschäftliche Handlung** i. S. d. § 3 Abs. 1. Zu § 1 UWG 1909 wurde demgegenüber überwiegend vertreten, dass die Bewertung eines Handelns als sittenwidrig regelmäßig voraussetze, dass der Handelnde alle tatsächlichen Umstände kennt, auf denen die Bewertung als Sittenverstoß beruht. Das Verdikt der Unsittlichkeit setzte im Grundsatz volle Tatsachenkenntnis voraus.[40] Deshalb entfiel für den Schadensersatzanspruch eine besondere Verschuldensprüfung.[41] Für einen Verstoß gegen das Irreführungsverbot des § 3 UWG 1909 sollte dagegen ausreichen, dass die Angaben objektiv irreführend waren; auf die Kenntnis oder fahrlässige Unkenntnis der Irreführungseignung kam es nur für den Schadensersatzanspruch an.[42] Diese Differenzierung war damit zu erklären, dass die Irreführung ähnlich wie die markenrechtliche Verwechslungsgefahr als eine objektive Störung in der Kommunikation zwischen Marktteilnehmern begriffen wurde, der Sittenwidrigkeit i. S. d. § 1 UWG 1909 dagegen nach verbreiteter Ansicht eine *„ethische Dimension"* zukam.[43] Nach der Konzeption des reformierten UWG handelt es sich bei dem unlauteren Wettbewerb, der sich vom Begriff der guten Sitten gelöst hat, um **objektive Störungen der Marktordnung,** die ohne Rücksicht auf subjektive Elemente wie die Kenntnis des Handelnden unterbleiben sollen.[44] Eine Ausnahme bildet insofern etwa die Ausnutzung fremden Vertragsbruches, die neben dem Hinzutreten weiterer, die Unlauterkeit begründenden Umstände jedenfalls eine Kenntnis des fremden Vertragsbruchs voraussetzt.[45]

26 Jedenfalls bei §§ 9 und 10 ist die **Kenntnis der Tatumstände unverzichtbares Element** des Vorsatzes. Die Kenntnis kann **unterschiedlich konkret** sein:

27 *β) Sicheres Wissen.* Das kognitive Element kann in der Form des **sicheren Wissens** vorliegen. Das sichere Wissen ist zunächst Tatsachenkenntnis als gegenwärtiger, reflektierter Bewusstseinsinhalt.

27a *γ) Sachgedankliches Mitbewusstsein.* Auf der Ebene des Wissens genügt jedoch auch ein **„dauerndes Begleitwissen"** oder ein **„sachgedankliches Mitbewusstsein",** d. h. ein Wissen, das nur mitschwingt und nicht gegenwärtig bewusst reflektiert wird, aber jederzeit als Bewusstseinsinhalt aktivierbar ist.[46]

28 *δ) Bedingter Vorsatz.* Nach allgemeiner Ansicht liegt das Wissenselement bereits dann vor, wenn der Handelnde die Tatbestandsverwirklichung im Sinne eines bedingten Vorsatzes **konkret für möglich hält** und trotzdem handelt.[47] Der **bedingte Vorsatz** ist dadurch gekennzeichnet, dass der Handelnde trotz konkreter Indizien nicht sicher weiß, ob er den Tatbestand objektiv verwirklichen

---

[40] RG GRUR 1937, 466, 471 – *Mulla 500;* BGHZ 8, 387, 393 – *Fernsprechnummer;* BGH GRUR 1955, 411, 414 – *Zahl 55;* BGHZ 23, 184, 194 1 – *Spalttabletten;* BGH GRUR 1979, 553, 554 – *Luxus-Ferienhäuser;* GRUR 1962, 42, 44 – *Sonderveranstaltung II;* GRUR 1969, 51, 52 – *Glassteine;* vgl. auch BGH GRUR 1991, 914, 915 – *Kastanienmuster;* ausführlich *Reimer* Kap. 74 Rd. 7; a. A. *Baumbach* JW 1930, 1643, 1645.

[41] RG GRUR 1935, 183, 187 – *Vorzugsangebot.*

[42] Vgl. BGH GRUR 1961, 189, 192 – *Rippenstreckmetall.*

[43] RGZ 134, 342, 350 – *Benrather Tankstelle; Geiler* in: FS Pinner, S. 254, 257; ausführlich hierzu die überblicksartigen Darstellungen bei *Kraft* S. 110 ff. und *Ulmer/Reimer* Rdn. 50 ff.

[44] Vgl. hierzu in der 2. Aufl. dieses Kommentars *Schünemann* § 3 Rdn. 112 ff., 127.

[45] Vgl. BGH GRUR 2006, 879, 880 Tz. 12 – *Flüssiggastank.*

[46] MünchKommBGB/*Grundmann* § 276 Rdn. 156; vgl. aus dem Strafrecht BayObLG NJW 1977, 1974; *Kühl* § 5 Rdn. 100.

[47] BGH NJW 1988, 2794, 2797 – *Kapitalerhöhungsschwindel; Baumbach* JW 1930, 1643, 1644; Bamberger/Roth-*Unberath* § 276 BGB Rdn. 11; MünchKommBGB/*Grundmann* § 276 Rdn. 156.

wird, und sich denkt: *„Mag es so oder anders werden, auf jeden Fall handle ich"*.[48] Der bedingte Vorsatz kann nur dann **verneint** werden, wenn der Handelnde **ernsthaft** darauf **vertraut,** dass die Verwirklichung der objektiven Tatumstände ausbleibt.[49]

ε) Bewusste Ignoranz. Das Wissenselement des Vorsatzes ist selbst dann noch vorhanden, wenn der Handelnde zwar nur **abstrakt mit der Möglichkeit** rechnet, es könne ein objektiv unlauterer Sachverhalt vorliegen, er sich aber der Kenntnis der rechtserheblichen Tatumstände **bewusst verschließt.**[50] Der Kenntnis von einer rechtswidrigen Handlungsweise verschließt sich nicht immer nur derjenige bewusst, dem aufgrund seiner bruchstückhaften Kenntnis des Sachverhalts die objektive Möglichkeit eines unlauteren Handelns ausgeschlossen erscheint. Vielmehr kann ein bewusstes Sichverschließen schon dann vorliegen, wenn starke Verdachtsmomente für ein nicht mit dem Gebot der Lauterkeit in Einklang stehendes Handeln sprechen und Möglichkeiten, sich Klarheit zu verschaffen (z. B. aufklärende Rückfragen), bewusst nicht wahrgenommen werden.[51] Ein vorsätzliches Handeln in der Form des **bewussten Ignorierens** liegt etwa dann vor, wenn jemand objektiv falsche, irreführende Angaben macht und dabei ahnt, dass die Angaben falsch sein könnten, sie aber nicht prüft und gleichsam **ins Blaue hinein** Behauptungen aufstellt.[52] Dass die Ignoranz dem Wissen qua Rechtsfiktion gleichgestellt wird, mag nach einem inhärenten Widerspruch klingen, ist aber als feststehendes Richterrecht auf der Grundlage des *venire contra factum proprium* zu akzeptieren. Wer vor den Folgen seines Tuns oder vor dessen Bewertung geradezu die Augen verschließt, muss es sich gefallen lassen, wie ein bewusst Handelnder beurteilt zu werden.[53] 29

ζ) Indizien und Erfahrungstatsachen. Das Wissen ist eine innere Tatsache, die für den Richter nicht leicht zu erkennen ist. Bei der Ermittlung, ob vorsätzlich gehandelt wurde, ist der Richter deshalb auf **Indizien und Erfahrungstatsachen** angewiesen.[54] 30

Der Empfänger einer **Abmahnung** wird in aller Regel positive Kenntnis von den in ihr mitgeteilten Tatsachen haben.[55] Zumindest hat er Anlass, sich über behauptete Tatsachen Gewissheit zu verschaffen und verschließt sich der Erkenntnis bewusst, wenn er dies nicht tut.[56] Allerdings beschränkt sich die Kenntnis auf eben die mitgeteilten Tatsachen und nicht auf ähnlich gelagerte Sachverhalte.[57] 31

Nach der höchstrichterlichen Rechtsprechung existiert der Erfahrungssatz, dass ein Gewerbetreibender als Fachmann und **Kenner seiner Branche** und der angesprochenen Verkehrskreise in aller Regel die **Folgen seiner Handlungen** im Wettbewerb **richtig einzuschätzen** und zu berechnen vermag.[58] Als Kenner der Branche wird sich ein Unternehmer also insbesondere nicht damit herausreden können, dass er nicht damit gerechnet habe, seine unlautere geschäftliche Handlung sei geeignet gewesen, das wirtschaftliche Verhalten des Verbrauchers i. S. d. § 3 Abs. 2 wesentlich zu beeinflussen. 31a

Auch wer i. S. d. § 4 Nr. 3 lit. a und b durch **Nachahmungen** eine vermeidbare Täuschung der Abnehmer über die betriebliche Herkunft herbeiführt oder die Wertschätzung der nachgeahmten Ware oder Dienstleistung unangemessen ausnutzt, handelt in aller Regel **vorsätzlich.**[59] Wer gegenüber seinen Abnehmern wirbt, kennt in aller Regel deren Erwartungen und deren Verständnismöglichkeiten. 32

Ebenso ist es nach der allgemeinen Lebenserfahrung ausgeschlossen, dass ein Gewerbetreibender **erfolgreiche und durchgesetzte Produkte, Zeichen und Werbemaßnahmen** eines bedeutenden unmittelbaren Konkurrenten nicht kennt.[60] 33

---

[48] *Frank* § 59 StGB Anm. V, sog. „Zweite Frank'sche Formel", von Generationen juristischer Repetitoren zum knappen *„Na, wenn schon!"* verkürzt.

[49] MünchKommBGB/*Grundmann* § 276 Rdn. 161; das Kriterium des „Vertrauens" wird sowohl im Wissenselement wie auch im Wollenselement fruchtbar gemacht.

[50] BGH GRUR 1954, 274, 275 – *Goldwell;* GRUR 1955, 411, 414 – *Zahl 55;* GRUR 1957, 219, 221 f. – *Bierbezug;* GRUR 1969, 292, 294 – *Buntstreifensatin II;* GRUR 1987, 532, 533 – *Zollabfertigung;* GRUR 1991, 914, 915 – *Kastanienmuster;* GRUR 1995, 693, 695 – *Indizienkette; Baumbach/Hefermehl* Einl. UWG Rdn. 127; vgl. auch jurisPK-*Ullmann* Anh. zu § 3 Abs. 3 UWG, Nr. 13 Rdn. 14.

[51] BGH GRUR 1995, 693, 695 – *Indizienkette.*

[52] Vgl. RG MuW XIX, 145 – *Schieber; Baumbach/Hefermehl* Einl. UWG Rdn. 126.

[53] RGZ 150, 1, 5 f.; BGH NJW 1983, 1420, 1423.

[54] Vgl. BGH GRUR 1995, 693, 696 f. – *Indizienkette.*

[55] LG Berlin, Urt. v. 25. September 2007, Az. 16 O 115/06 – *Jamba.*

[56] OLG Schleswig MMR 2013, 579, 584 – *Rücklastschriften.*

[57] LG Berlin, Urt. v. 25. September 2007, Az. 16 O 115/06 – *Jamba.*

[58] RG MuW XXV, 12, 14 – *Schwinger;* BGH GRUR 1959, 240, 242 – *Nelkenstecklinge.*

[59] RGZ 77, 431, 433; *Rosenthal/Leffmann* § 1 Rdn. 45.

[60] Vgl. BGH GRUR 1959, 240, 242 – *Nelkenstecklinge;* GRUR 1963, 478, 480 – *Bleiarbeiter;* GRUR 1991, 609, 613 – *SL;* GRUR 2000, 875, 878 – *Davidoff.*

34 Ein objektives Indiz dafür, ob der Handelnde darauf **vertraut** hat, er werde die objektiven Tatumstände, die zum Unlauterkeitsverdikt führen, nicht verwirklichen, ist regelmäßig, **wie begründet** diese Hoffnung war.[61]

34a Die Prüfung von Indiztatsachen darf sich nicht darauf beschränken, ob sie eine positive Kenntnis nahelegen. Denn auch das bewusste Sichverschließen reicht für den Vorsatz aus. Deshalb müssen Indiztatsachen auch daraufhin untersucht werden, ob sie für den Handelnden so **erhebliche Verdachtsgründe** für eine unlautere Handlungsweise boten, dass das Unterlassen jeglicher Fragen oder Erkundigungen als bewusstes Sichverschließen vor der als naheliegend erkannten Wahrheit anzusehen sein könnte.[62]

35 *bb) Unrechtsbewusstsein. α) Grundsatz.* Im Zivilrecht gilt die sog. **„Vorsatztheorie"**, die das Unrechtsbewusstsein für ein wesentliches Element des Vorsatzes hält.[63] Denn die Väter des BGB haben die Rechtskenntnis bewusst der Tatsachenkenntnis gleichgestellt.[64] Zum Vorsatz im Sinne von § 276 BGB gehört deshalb neben der Kenntnis der Tatsachen auch das **Bewusstsein der Rechtswidrigkeit.**[65] Nur wer in Rechtskenntnis handelt, mindestens jedoch allgemein um die rechtliche Missbilligung seines Handelns weiß oder damit rechnet, handelt vorsätzlich.[66] Das **fehlende Unrechtsbewusstsein** schließt deshalb den **Vorsatz aus.** Dies gilt selbstverständlich auch im Rahmen der §§ 9, 10.[67]

36 Für die Praxis des Schadensersatzrechts spielt diese Frage allerdings im Allgemeinen eine sehr geringe Rolle, da nach §§ 9 UWG, 276 BGB die Haftung für Fahrlässigkeit in der Regel ebenso weit geht wie die für Vorsatz. Das Problem verlagert sich damit für das Schadensersatzrecht auf den fahrlässigen Rechtsirrtum, also auf die Frage der **Entschuldbarkeit der Rechtsunkenntnis** im Sinne eines unvermeidbaren Verbotsirrtums (näher Rdn. 60ff.).[68] Der **Gewinnabschöpfungsanspruch nach § 10** hingegen lässt Fahrlässigkeit – auch grobe – nicht genügen. Dies erfordert gerade wegen der spärlichen Judikatur zu diesem Fragenkreis eine sorgfältige Unterscheidung von Fahrlässigkeit und Vorsatz anhand des Unrechtsbewusstseins.

37 Auch beim Unrechtsbewusstsein sind – wie bei der Kenntnis der Tatumstände – **verschiedene Grade** zu unterscheiden. Besonders problematisch sind die Fälle, in denen der Handelnde nicht sicher wusste, dass sein Handeln als wettbewerbswidrig zu beurteilen ist, er aber durchaus damit rechnete.

38 *β) Sicheres Wissen.* Das **Unrechtsbewusstsein** ist stets **gegeben,** wenn der Handelnde die verletzte Norm und ihre Auslegung genau kennt und sicher weiß, dass er unlauter und unrechtmäßig handelt. Für das sichere Wissen genügt es jedoch auch, wenn der Handelnde sich zwar nicht des Verstoßes gegen eine spezielle Norm im Klaren ist, er aber nur **weiß,** dass sein **Verhalten gegen** elementare **Verhaltensnormen verstößt.** Denn die Vorsatzhaftung ist nicht auf den besonders Rechtskundigen beschränkt, sondern muss jeden treffen, der sich aufgrund der ihm bekannten Tatsachen nur allgemein im Sinne einer **„Parallelwertung in der Laiensphäre"** der Rechtswidrigkeit seines Tuns bewusst ist.[69] Umgekehrt handelt stets **unvorsätzlich,** wer seine Handlungen tatsächlich **für rechtmäßig** hält.[70]

39 *γ) Bedingter Vorsatz.* Mit Unrechtsbewusstsein handelt auch, wer im Sinne eines bedingten Vorsatzes mit der Möglichkeit der Rechtswidrigkeit **konkret rechnet** und sich mit dieser abfindet, auch

---

[61] MünchKommBGB/*Grundmann* § 276 Rdn. 161 m. w. N. aus der strafrechtlichen Judikatur.

[62] BGH GRUR 1995, 693, 695 – *Indizienkette.*

[63] BGHZ 67, 279, 280; 118, 201, 208, jeweils zu § 823 BGB; der knappe Begriff der „Vorsatztheorie" im Unterschied zur „Schuldtheorie" ist dem strafrechtlichen Sprachgebrauch entlehnt. Beide Theorien leiten ihre Bezeichnung von der Stufe im Deliktsaufbau ab, in der sie das Unrechtsbewusstsein ansiedeln. Für die „Vorsatztheorie" ist das Unrechtsbewusstsein Element des Vorsatzes, für die „Schuldtheorie" Element der Schuld, vgl. nur *Lackner/Kühl* § 15 StGB Rdn. 33f. m. w. N.

[64] Vgl. § 146 des 1. Entwurfs: *„Im Sinne dieses Gesetzes ist unter Irrtum sowohl der Irrtum über Tatsachen als auch der Rechtsirrtum … zu verstehen"*; Motive I, S. 281; näher *Knauth* S. 15f.; *Mayer-Maly* AcP 170 [1970], 133, 144f., unter Hinweis auf § 146 des 1. Entwurfs.

[65] So z. B. BGH GRUR 2008, 810, 815 Tz. 42ff. – *Kommunalversicherer* (zum Vorsatz des Tatteilnehmers bei einem Verstoß gegen § 4 Nr. 11 UWG 2004).

[66] Ganz h. M., vgl. BGHZ 34, 375, 381; BGHZ 69, 128, 142; BGH NJW 1995, 1960, 1961; *Mayer-Maly* AcP 170 [1970], 133, 153; zusammenfassende Darstellung bei *Knauth* S. 11ff.; *Rittner* in: FS v. Hippel, S. 391, 411.

[67] OLG Hamm GRUR-RR 2008, 435, 437 – *Zulassung in EU-Mitgliedstaat;* LG Berlin, Urt. v. 25.9.2007, Az. 16 O 115/06 – *Jamba.*

[68] *Rittner* in: FS v. Hippel, S. 391, 411.

[69] LG Berlin, Urt. v. 25.9.2007, Az. 16 O 115/06 – *Jamba;* LG München, Urt. v. 17.9.2014, Az. 37 O 16359/13 (insoweit nicht abgedruckt in GRUR-RR 2015, 255 – *Zahnreinigung für 39 €*); GroßKommUWG/*Paal* § 8 Rdn. 24.

[70] BGH GRUR 2008, 810, 815 Tz. 45 – *Kommunalversicherer.*

wenn der Verstoß dem Handelnden an sich gleichgültig oder unerwünscht ist.[71] Wer trotz eigener Rechtsunsicherheit nicht (konkret) mit einer negativen rechtlichen Bewertung seines Verhaltens rechnet und im Gegenteil darauf vertraut, dass sein Handeln letztlich im Einklang mit der Rechtsordnung steht, handelt ohne Unrechtsbewusstsein.[72]

δ) Bewusste Ignoranz. Mit Unrechtsbewusstsein handelt sogar, wer zwar nach seiner „Parallelwertung in der Laiensphäre" nur **abstrakt mit der Möglichkeit** rechnet, sein Handeln könne als unlauter betrachtet werden, aber trotz der sich ihm aufdrängenden Rechtswidrigkeit auf die Einholung von Rechtsrat mit Bedacht verzichtet und sich so der Rechtskenntnis **bewusst verschließt.**[73] Insoweit gilt nichts anderes als für das Wissenselement allgemein.[74] Wer vor den Folgen seines Tuns oder vor dessen Bewertung die Augen verschließt, steht dem bewusst Handelnden gleich.[75] 40

ε) Abgrenzung zwischen Vorsatz und Fahrlässigkeit. Ohne Unrechtsbewusstsein und damit **nur fahrlässig** handelt demgegenüber, wer sich zwar erkennbar in einem Grenzbereich des rechtlich Zulässigen bewegt und eine von der eigenen Einschätzung abweichende Beurteilung der rechtlichen Zulässigkeit an sich in Betracht ziehen müsste, es aber – aus welchen Gründen auch immer – nicht tut.[76] So handelt nur fahrlässig, wer sich auf die – objektiv falsche – Rechtsauskunft seiner „Hausanwälte" verlässt, die ihm sein Verhalten als erlaubt hinstellen.[77] Ebenfalls nur fahrlässig handelt, wer sich auf ein Gutachten eines kompetenten Fachinstituts zur Zulässigkeit bestimmter Inhaltsstoffe in Produkten verlässt.[78] Fahrlässigkeit und kein Vorsatz ist auch anzunehmen, wenn die Rechtslage unklar und die Rechtsauffassung des Verletzers vertretbar ist.[79] 40a

Vorsätzlich handelt jedoch, wer eine von der eigenen rechtlichen Einschätzung abweichende Beurteilung tatsächlich in Betracht zieht, aber gleichwohl **ins Blaue hinein** und ohne Beachtung der Rechtsordnung **einfach Fakten** schafft. Wer als wettbewerbsrechtlicher Grenzgänger **bei vorhandenen Rechtszweifeln** auf zuverlässigen Rechtsrat bewusst verzichtet, handelt vorsätzlich.[80] 41

ζ) Indizien und Erfahrungstatsachen. Bei einem auf **Täuschung** und **wirtschaftliche Schädigung** der Marktgegenseite angelegten Verhalten ist ohne weiteres von einem Unrechtsbewusstsein auszugehen (z. B. Abofalle im Internet).[81] Dies gilt auch bei einer **offensichtlichen Irreführung** (z. B. Werbung für einen „kostenlosen" Kreditantrag, wenn eine Auslagenpauschale berechnet wird).[82] Es ist dann Sache des in Anspruch Genommenen sein fehlendes Unrechtsbewusstsein zu behaupten und Anhaltspunkte darzulegen, warum er sein Handeln für rechtlich zulässig gehalten haben will.[83] 42

Wenn ein **Gutachten** eingeholt wurde und dieses das Handeln ganz eindeutig und zweifelsfrei für rechtlich zulässig erklärt, fehlt das Unrechtsbewusstsein.[84] Dies gilt jedenfalls dann, wenn es sich nicht um ein Gefälligkeitsgutachten handelt, was aber ohne weitere Feststellungen nicht anzunehmen ist.[85] Der BGH verlangt eine **„unabhängige" rechtliche Beurteilung.**[86] Eine positive Beurteilung von Verbandsjuristen allein reicht nach Ansicht des BGH wegen deren fehlender Unabhängigkeit zum Ausschluss des Unrechtsbewusstseins nicht aus.[87] Dasselbe hat für Rechtsgutachten der unternehmenseigenen Rechtsabteilung zu gelten. Es sind optimale Bemühungen zur Klärung der Rechtslage zu verlangen. Entlastend wirken kann nur ein schriftliches, umfassendes Gutachten 43

---

[71] So wohl BGHZ 69, 128, 143.

[72] So wohl BGH NJW 1995, 1960, 1961.

[73] BGH GRUR 2008, 810, 815 Tz. 45 – *Kommunalversicherer;* OLG Stuttgart GRUR 2007, 435, 436 – *Veralteter Matratzentest;* OLG Naumburg, Urt. v. 27.6.2008, Az. 10 U 77/07 – *CONVENT-Kredit;* OLG Hamm GRUR-RR 2008, 435, 437 – *Zulassung in EU-Mitgliedstaat;* OLG Schleswig MMR 2013, 579, 584 – *Rücklastschriften;* LG Berlin, Urt. v. 25.9.2007, Az. 16 O 115/06 – *Jamba.*

[74] Vgl. hierzu BGH GRUR 1954, 274, 275 – *Goldwell;* GRUR 1957, 219, 221 f. – *Bierbezug;* GRUR 1969, 292, 294 – *Buntstreifensatin II;* GRUR 1987, 532, 533 – *Zollabfertigung; Baumbach/Hefermehl* Einl. UWG Rdn. 127.

[75] RGZ 150, 1, 5 f.; BGH NJW 1983, 1420, 1423; OLG Naumburg, Urt. v. 27.6.2008, Az. 10 U 77/07 – *CONVENT-Kredit.*

[76] OLG Hamm GRUR-RR 2008, 435, 437 – *Zulassung in EU-Mitgliedstaat;* LG Berlin, Urt. v. 25.9.2007, Az. 16 O 115/06 – *Jamba.*

[77] LG Hanau, Urt. v. 13.1.2009, Az. 16 O 366/07.

[78] OLG Hamm GRUR-RR 2008, 435, 437 – *Zulassung in EU-Mitgliedstaat.*

[79] LG Aurich, Urt. v. 7.10.2015, Az. 6 O 953/13.

[80] *Melullis* in *Gloy/Loschelder/Erdmann,* HdbWettbR, § 80 Rdn. 53.

[81] OLG Frankfurt GRUR-RR 2009, 265, 268 – *Abo-Fallen.*

[82] OLG Naumburg, Urt. v. 27.6.2008, Az. 10 U 77/07 – *CONVENT-Kredit.*

[83] OLG Frankfurt GRUR-RR 2009, 265, 268 – *Abo-Fallen.*

[84] OLG Hamm GRUR-RR 2008, 435, 437 – *Zulassung in EU-Mitgliedstaat.*

[85] OLG Hamm GRUR-RR 2008, 435, 437 – *Zulassung in EU-Mitgliedstaat.*

[86] BGH GRUR 2008, 810, 815 Tz. 46 – *Kommunalversicherer.*

[87] BGH GRUR 2008, 810, 815 Tz. 46 – *Kommunalversicherer.*

eines unabhängigen und auf Wettbewerbsrecht bzw. im Bereich des § 3a auf die jeweilige Regelungsmaterie **spezialisierten Rechtsanwalts** (näher zu den Anforderungen Rdn. 62), ggf. auch eines Hochschullehrers.[88]

43a Kommt ein derartiges Rechtsgutachten zu keinem vollkommen eindeutigen Ergebnis, wird die Frage aufgeworfen, wo angesichts ungeklärter Rechtsfragen die unternehmerische Risikofreude aufhört und der Vorsatz beginnt. Wenn der Unternehmer zu einer noch nicht höchstrichterlich entschiedenen Fallkonstellation vor einer beabsichtigten geschäftlichen Handlung **Rechtsrat** einholt und der Berater in seiner Bewertung zwar im Großen und Ganzen zu einer positiven Einschätzung kommt, aber – wie in der Regel – auch auf die **Möglichkeit einer abweichenden Beurteilung** als unlauter hinweist, kommt es auf den genauen Inhalt und die Einzelheiten des erteilten Rechtsrats an. Auch wenn deshalb pauschale Aussagen nicht am Platz sind, kann man sich an folgenden Werten orientieren: Hält der Rechtsberater das Vorhaben **mit überwiegender Wahrscheinlichkeit** für **unlauter,** etwa in Form einer **„70 : 30"-Bewertung,** liegt es auf der Hand, dass mit einer Rechtswidrigkeit konkret gerechnet wird. Auch wenn das **Ergebnis** ausdrücklich als **offen** im Sinne einer **„50 : 50"**-Bewertung dargestellt wird, wird noch immer konkret mit der Möglichkeit der Rechtswidrigkeit gerechnet. Sind dagegen laut Rechtsrat die lauterkeitsrechtlichen Bedenken auf ein zu vernachlässigendes **Restrisiko** von unter **10 %** reduziert, wird eher nicht mehr konkret damit gerechnet, dass das Verhalten unlauter sein könnte.[89]

44 Wer bereits mit einer substantiierten, die Rechtswidrigkeit plausibel begründenden **Abmahnung** belegt wurde, handelt **mit** dem nötigen **Unrechtsbewusstsein** und damit vorsätzlich, auch wenn zuvor anwaltlicher Rat sein Verhalten als erlaubt dargestellt hat.[90] Dies gilt auch, wenn er mit einer **einstweiligen Verfügung** belegt wurde und die ihm zugestellte Antragsschrift und/oder die Gründe des Beschlusses entsprechende Rechtsausführungen enthalten.[91]

44a Hat der Abgemahnte bzw. Verfügungsbeklagte zuvor einen Rechtsrat eingeholt, der ihm sein Handeln irrtümlich als erlaubt hingestellt hat, ist er zur Einholung eines **erneuten Rechtsrats** verpflichtet. Wird dies unterlassen, scheidet ein das Unrechtsbewusstsein ausschließender unvermeidbarer Verbotsirrtum aus.[92] Für den erneuten Rechtsrat ist zu fordern, dass nicht die ständig für den Handelnden tätigen und bereits im Vorfeld eingeschalteten Rechtsanwälte mit der rechtlichen Überprüfung betraut werden, sondern ein **unbefangener spezialisierter Rechtsanwalt,** der zu dem zu beurteilenden Fall und zu seinem Mandanten die nötige Distanz hat.[93]

45 **d) Voluntatives Element.** Der Vorsatz beinhaltet außerdem ein voluntatives Element. Hierzu gehört, dass der Handelnde **den objektiven Tatbestand verwirklichen will.**

46 *aa) Zielgerichtetes Wollen.* Das voluntative Element kann in der Form des **zielgerichteten Wollens** vorliegen. Dies bedeutet, dass es dem Handelnden gerade auf die Tatbestandsverwirklichung bzw. die Unlauterkeit des Handelns ankommt.[94]

47 *bb) Billigende Inkaufnahme.* Es genügt aber auch, dass sich der Täter im Sinne des bedingten Vorsatzes mit dem von ihm für möglich gehaltenen Erfolg abfindet, ihn **billigend in Kauf nimmt.**[95] Der Vorsatz ist dagegen zu verneinen, wenn der Handelnde ernsthaft darauf vertraut, dass es nicht zur Tatbestandsverwirklichung kommt.

48 *cc) Bewusste Indifferenz.* Andererseits handelt mit dem Willen zur Tatbestandsverwirklichung, wem der Erfolgseintritt letztlich **gleichgültig** ist und deshalb **ins Blaue hinein** handelt, ohne das Risiko des Erfolgseintritts nachzuprüfen oder sich dessen leichtfertig („blauäugig") verschließt.[96]

49 *dd) Feststellung anhand von Erfahrungstatsachen und objektiven Indizien.* Wie das Wissen ist auch das Wollen eine innere Tatsache, die für den Richter schwer zu ermitteln ist. Das Problem stellt sich

---

[88] Vgl. BGH GRUR 1981, 286, 288 – *Goldene Karte I; Melullis* in Gloy/Loschelder/Erdmann, § 80 Rdn. 53.

[89] A. A. *Sosnitza* GRUR 2003, 739, 745, der auch bei Restrisiken noch von bedingtem Vorsatz ausgeht.

[90] OLG Frankfurt GRUR-RR 2010, 482f – *heute gratis;* OLG Schleswig MMR 2013, 579, 584 – *Rücklastschriften.*

[91] OLG Schleswig MMR 2013, 579, 584 – *Rücklastschriften.*

[92] LG Hanau, Urt. v. 13.1.2009, Az. 16 O 366/07.

[93] LG Hanau, Urt. v. 13.1.2009, Az. 16 O 366/07.

[94] *Schulze zur Wiesche* GRUR 1981, 661, 662.

[95] BGH NJW 1990, 389, 390; OLG Hamm GRUR-RR 2008, 435, 437 – *Zulassung in EU-Mitgliedstaat;* OLG Frankfurt GRUR-RR 2009, 265, 268 – *Abo-Fallen;* OLG Schleswig MMR 2013, 579, 584 – *Rücklastschriften;* OLG Schleswig NJOZ 2015, 1515, 1519 Tz. 80 – *Pfand für SIM-Karten;* Bamberger/Roth/*Unberath* § 276 BGB Rdn. 15.

[96] RGZ 143, 48, 52; Bamberger/Roth/*Unberath* § 276 BGB Rdn. 15; auch hier denkt sich der Handelnde: *„Na, wenn schon!";* vgl. oben Fn. 45.

insbesondere bei der Abgrenzung von bedingtem Vorsatz und bewusster Fahrlässigkeit. Nach den im Strafrecht entwickelten Grundsätzen soll die Annahme einer billigenden Inkaufnahme beweisrechtlich nahe liegen, „wenn der Täter ein Vorhaben trotz äußerster Gefährlichkeit durchführt; in solchen Fällen soll er sich nicht auf die vage Hoffnung berufen können, jene Gefahr werde sich wider Erwarten doch nicht verwirklichen.“[97]

Dieser **Erfahrungssatz** ist jedoch zu einseitig auf Tötungsdelikte zugeschnitten. Er lässt sich deshalb schon im Strafrecht nicht allgemein formelhaft auf komplexe Geschehen anwenden.[98] Auch im Lauterkeitsrecht ist er sicherlich **nicht als allgemeine Formel zur Abgrenzung geeignet.** Immerhin lässt dieser Erfahrungssatz sich aber mit der zum Unrechtsbewusstsein vertretenen **Abgrenzung anhand der rechtlichen Risikoeinschätzung** in Einklang bringen: Wer mit einem Risiko von jedenfalls „50 : 50“ rechnet, ist sich der lauterkeitsrechtlich äußerst heiklen Situation bewusst und kann sich nicht auf die Hoffnung berufen, die günstigere Rechtsauffassung werde sich durchsetzen. Nach dem OLG Stuttgart handelt bedingt vorsätzlich, wer sein wettbewerbsrelevantes Verhalten fortsetzt, obgleich er sich auf Grund der ihm bekannten Tatsachen nicht der Einsicht verschließen kann, dass dieses unlauter ist.[99] 50

Es bleibt abzuwarten, welche Erfahrungssätze die Rechtsprechung für die **Abgrenzung von Vorsatz und Fahrlässigkeit im Lauterkeitsrecht** entwickelt. Allerdings sind – dies gilt sowohl für das kognitive wie das voluntative Element – an den **Nachweis eines vorsätzlichen Verhaltens keine allzu hohen Anforderungen** zu stellen, da vorsätzliches Fehlverhalten in wettbewerbsrechtlich relevanten Sachverhalten alles andere als selten ist und es nicht Aufgabe der Gerichte ist, sich schützend vor diejenigen zu stellen, die zumindest bedingt vorsätzlich die Verhaltensmaßregeln missachten.[100] Einige von der Rechtsprechung herausgearbeitete Erfahrungssätze sollen beispielhaft erwähnt werden: 51

Wer eine **Werbung** ihrem **Wortlaut** nach gerade auf einen **bestimmten Aussagegehalt** anlegt, mit dessen Unrichtigkeit er rechnet, dem geht es gerade um die Irreführung.[101] 51a

Wer als Händler **Werbeangaben** seines Lieferanten **unbesehen übernimmt,** nimmt billigend in Kauf, dass diese Angaben u. U. falsch sind.[102] 51b

Bei einem **sechs Jahre alten Testergebnis** muss es sich dem Werbenden aufdrängen, dass dieses **veraltet** sein kann. Wer dennoch damit wirbt, handelt bedingt vorsätzlich.[103] 51c

Wer **wissentlich** täuschend ähnliche **Produktnachahmungen** in Verkehr bringt, dem **kommt es** gerade auf das Hervorrufen einer **vermeidbaren Herkunftstäuschung an.**[104] 51d

2. Fahrlässiges Handeln

a) Definition. Die Fahrlässigkeit wird in § 276 Abs. 1 Satz 2 BGB definiert als **Außerachtlassung der im Verkehr erforderlichen Sorgfalt.** Eine Haftung wegen Fahrlässigkeit ist demnach ausgeschlossen, wenn der Handelnde den UWG-Verstoß auch bei Anwendung der erforderlichen Sorgfalt nicht hätte vermeiden können. Eine solche Entschuldigung kommt bei UWG-Verstößen praktisch nur dann in Betracht, wenn entweder die **tatsächlichen Umstände** nicht zu erkennen waren oder mit einer **Bewertung der Handlung als unlauter** nicht gerechnet werden konnte. 52

b) Sorgfaltsverstoß bei Unkenntnis der Tatumstände. *aa) Tatsachenkenntnis nicht Grundlage des Unlauterkeitsverdikts.* Die **Kenntnis** der Tatumstände ist **nicht** bereits **Voraussetzung** einer Einordnung des Handelns als **unlauterer Wettbewerb** i. S. d. § 3 Abs. 1 (oben Rdn. 25). 53

Die Frage der **Unachtsamkeit** stellt sich erst bei § 9. Früher war man demgegenüber davon ausgegangen, dass es auf die fahrlässige Unkenntnis der Tatumstände als Verschuldensproblem im Rahmen des Schadensersatzanspruches nicht ankomme, da eine Beurteilung als unlauterer Wettbewerb bei fehlender Tatsachenkenntnis von vornherein nicht möglich sei.[105] 54

bb) Fahrlässige Tatsachenunkenntnis. Kennt der Handelnde die tatsächlichen Umstände der Unlauterkeit nicht, handelt er fahrlässig i. S. d. § 9, wenn er bei Anwendung der im Verkehr erforderlichen Sorgfalt den Wettbewerbsverstoß hätte erkennen können. Die Sorgfaltspflicht beurteilt sich anhand 55

---

97 St. Rspr.; vgl. z. B. BGH NStZ 1986, 550; NStZ 1984, 19.
98 BGH NJW 2000, 2364, 2365.
99 OLG Stuttgart GRUR 2007, 435, 436 – *Veralteter Matratzentest.*
100 LG Bonn GRUR-RR 2006, 211 – *Unzutreffendes Testurteil.*
101 Vgl. BGH GRUR 2004, 162, 163 – *Irreführende Werbung gegenüber Kapitalanlegern;* LG Köln, Urt. v. 26.8.2010 Az. 31 O 182/10.
102 OLG Stuttgart GRUR 2007, 435, 436 – *Veralteter Matratzentest.*
103 OLG Stuttgart GRUR 2007, 435, 436 – *Veralteter Matratzentest.*
104 Vgl. RGZ 77, 431, 433; näher *Callmann* § 1 Rdn. 56b; *Rosenthal/Leffmann* § 1 Rdn. 45.
105 Vgl. hierzu *Reimer* Kap. 74 Rdn. 7.

eines **objektiv-abstrakten Maßstabs.** Von dem Handelnden kann ohne Rücksicht auf seine individuellen Fähigkeiten erwartet werden, dass er mit der Sorgfalt vorgeht, die eine besonnene und gewissenhafte Person des betroffenen Verkehrskreises an den Tag legt.

56 Nach der höchstrichterlichen Rechtsprechung ist an die **Sorgfaltspflicht im Wettbewerbsrecht** grundsätzlich ein **strenger Maßstab** anzulegen.[106] Diese Rechtsprechung betrifft zwar in erster Linie die Frage der fahrlässigen Rechtsunkenntnis, es ist aber davon auszugehen, dass für die Tatsachenkenntnis, die sich dem Handelnden in aller Regel leichter erschließen wird als die anwendbaren Rechtsregeln, kein laxerer Maßstab gelten kann.[107]

57 *cc) Kasuistik. α)* **Fahrlässigkeit wurde bejaht** bei einer irreführenden Werbung mit einem „GS"-Zeichen, das nicht hätte erteilt werden dürfen, wenn der Werbende konkret darauf hingewiesen wurde, dass das mit dem „GS"-Zeichen ausgezeichnete Gerät nicht mit der einschlägigen VDE-Vorschrift vereinbar ist;[108] bei einer zu klein gedruckten „Ministerzeile" in der Zigarettenwerbung;[109] bei einem Handel mit Kondomen, deren Verpackungen offensichtlich fehlerhaft perforiert waren und auf eine Beschädigung des Inhalts schließen ließen oder die als „Muster" beschriftet waren;[110] bei einer anlehnenden Produktaufmachung durch einen Hersteller von Schokolinsen hinsichtlich der Produktausstattung der auf dem deutschen Markt seit vielen Jahren erfolgreich vertriebenen „Bunte Smarties"-Rolle;[111] beim Vertrieb von **Nachahmungen** der bekannten Falthandtasche „Le Pliage" durch einen **Großhändler** mit Taschen und Accessoires (jedenfalls aufgrund der Vielzahl der Veröffentlichungen über diese Tasche);[112] wenn in **Nachahmungsfällen** der **Importeur** oder **Hersteller** nicht geprüft hat, ob das nicht sonderrechtsgeschützte Produkt bereits „im Original" auf dem Markt war.[113]

58 *β)* **Fahrlässigkeit wurde verneint** bei einer irreführenden Werbung gegenüber Fachleuten mit wahren, aber für unterdurchschnittlich informierte Fachleute missverständlichen Angaben in einem Gutachten, das „kurz und bündig, auch klar abgefasst und leicht zu verstehen" war und von dem angenommen werden konnte, es könne auch von solchen Fachleuten gelesen und verstanden werden, die keine technische Hochschulausbildung besitzen;[114] bei einer unterlassenen Kontrolle auf das Vorhandensein der Chargen-Nummern von Markenparfum durch einen Einzelhändler, denn im Regelfall kann und muss ein Händler nicht damit rechnen, dass bei Fälschungen gerade die Chargen-Nummer fehlt;[115] wenn in **Nachahmungsfällen** der **Einzelhändler** nicht geprüft hat, ob das nicht sonderrechtsgeschützte Produkt bereits „im Original" auf dem Markt war.[116]

59 **c) Sorgfaltsverstoß und rechtliche Bewertung.** *aa) Sorgfaltsmaßstab.* An die Sorgfaltspflichten bei der Prüfung, ob eine Handlung als unlauter zu bewerten und daher zu unterlassen ist, werden **äußerst strenge Anforderungen** gestellt.[117] Fahrlässig handelt bereits, wer sich objektiv **erkennbar in einem Grenzbereich** des rechtlich Zulässigen bewegt, in dem er eine von der eigenen Einschätzung abweichende Beurteilung der rechtlichen Zulässigkeit des fraglichen Verhaltens in Betracht ziehen muss.[118] Grundgedanke ist, dass durch strenge Sorgfaltsanforderungen verhindert werden muss, dass der Verletzer das Risiko der zweifelhaften Rechtslage dem Verletzten zuschiebt.[119] Wer **bei zweifelhafter Rechtslage** seine Interessen auf Kosten anderer wahrnimmt, handelt auf **eigenes Risiko.** Der Verletzer kann sich daher grundsätzlich nicht darauf berufen, er habe sein Verhalten unverschuldet für zulässig gehalten. Es genügt, dass er mit der nicht fern liegen-

---

106 BGH GRUR 1999, 923, 928 – *Tele-Info-CD.*

107 Vgl. etwa OLG Jena GRUR-RR 2008, 92, 93 – *Abfallkondome.*

108 BGH GRUR 1998, 1043, 1044 – *GS-Zeichen.*

109 KG GRUR 1995, 135 – *Zigarettenwerbung* („Schludrigkeit").

110 OLG Jena GRUR-RR 2008, 92, 93 – *Abfallkondome* (Verstoß gegen § 4 Nr. 11 UWG 2004 i. V. m. § 4 Abs. 1 Nr. 1 MPG mit dem Verbot, Medizinprodukte in Verkehr zu bringen, wenn der begründete Verdacht von Sicherheitsmängeln oder Gesundheitsgefahren besteht).

111 OLG Köln GRUR 1994, 737, 740 – *Schokolinsen.*

112 LG Düsseldorf, Urt. v. 7. August 2013, Az. 12 O 624/11 – *Le Pliage.*

113 BGH GRUR 1981, 517, 520 – *Rollhocker;* GRUR 1957, 342, 346 f. – *Underberg I;* AG Hamburg GRUR 1991, 384 f. – *Modeschmuck.*

114 BGH GRUR 1961, 189, 192 – *Rippenstreckmetall.*

115 BGH GRUR 1986, 520, 521 – *Chanel No. 5 I;* GRUR 1987, 524, 525 – *Chanel No. 5 II.*

116 BGH GRUR 1981, 517, 520 – *Rollhocker;* GRUR 1957, 342, 346 f. – *Underberg I;* AG Hamburg GRUR 1991, 384 f. – *Modeschmuck.*

117 BGH GRUR 1999, 923, 928 – *Tele-Info-CD.*

118 BGH GRUR 1999, 923, 928 – *Tele-Info-CD;* GRUR 1999, 1011, 1014 – *Werbebeilage;* GRUR 2010, 623, 627 Tz. 55 – *Restwertbörse.*

119 BGH GRUR 1987, 564, 565 – *Taxi-Genossenschaft;* GRUR 1990, 474, 476 – *Neugeborenentransporte;* GRUR 1999, 923, 928 – *Tele-Info-CD.*

den Möglichkeit einer Rechtsverletzung rechnen musste.[120] Bei einer pauschalen Herabsetzung eines Konkurrenten beispielsweise muss der Handelnde sich bewusst machen, dass er sich in einem Grenzbereich bewegt, der von den Gerichten als unzulässige Wettbewerbshandlung angesehen werden kann; in einem solchen Fall liegt jedenfalls Fahrlässigkeit vor.[121]

Nach ständiger Rechtsprechung ist ein Rechtsirrtum im Sinne eines **„unvermeidbaren Verbotsirrtums"** nur dann entschuldigt, wenn der Irrende bei Anwendung der im Verkehr erforderlichen Sorgfalt mit einer anderen Beurteilung durch die Gerichte **nicht zu rechnen brauchte.**[122] Bei objektiv unklarer Rechtslage trifft deshalb grundsätzlich den **Verletzer** das **Fahrlässigkeitsrisiko.**[123] Dieser strenge Maßstab macht die Verteidigung mit einem angeblich unvermeidbaren Verbotsirrtum auch bei noch so sorgfältiger Beiziehung anwaltlichen oder gar gutachterlichen Rates praktisch nahezu aussichtslos.[124]. Diese rigide Strenge ist im Immaterialgüter- und Wettbewerbsrecht sachgerecht. Sie findet aber auf anderen Feldern des Zivilrechts keine Entsprechung und wird in letzter Zeit als zu einseitige und neue Geschäftsmodelle tendenziell einengende Risikozuweisung an den Verletzer kritisiert.[125] 60

bb) Sorgfaltspflichterfüllung und -verletzung. Die Rechtsprechung verpflichtet den Unternehmer grundsätzlich zu **optimalen Bemühungen um Rechtskenntnis.** Bei zweifelhafter Rechtslage darf eine Maßnahme im Wettbewerb nicht einfach auf die günstigere Ansicht gestützt werden.[126] Im Einzelnen: 61

Die **Nichteinholung einer Rechtsauskunft** bei wettbewerbsrechtlich erfahrenen und unabhängigen Rechtskundigen (spezialisierten Rechtsanwälten, Patentanwälten, spezialisierten Hochschullehrern) begründet den Schuldvorwurf regelmäßig allein schon wegen Verletzung der Pflicht, sich um optimale Rechtskenntnis zu bemühen.[127] Wer im Geschäftsleben steht, der muss sich Kenntnis von den für seinen Tätigkeitsbereich einschlägigen gesetzlichen Bestimmungen verschaffen und in Zweifelsfällen mit zumutbaren Anstrengungen besonders sachkundigen Rechtsrat einholen.[128] In Betracht kommen auf dem Rechtsgebiet des unlauteren Wettbewerbs nur **Sachkenner von großer Erfahrung und besonderem wissenschaftlichen Ruf.**[129] Der Erwerb der Zusatzbezeichnung „Fachanwalt für gewerblichen Rechtsschutz" als solcher dürfte hierfür nicht unbedingt ausreichen. Bei verwaltungsrechtlichen Materien im Rahmen des § 3a müssen derartige Fachleute für die jeweilige Spezialmaterie gefragt werden. 62

Im Falle einer **günstigen Rechtsauskunft** eines wahren Experten gilt Folgendes: Der Handelnde ist entschuldigt, wenn auch der Rechtskundige nicht zu einer Bewertung als unlauter hätte kommen können.[130] Dann liegt ein **unvermeidbarer Verbotsirrtum** vor, der das Verschulden ausschließt. In der Praxis ist dies der Fall, wenn die unlautere Handlungsweise von einer bestehenden und noch nicht aufgegebenen **Rechtsprechung des BGH** bzw. beim Bruch öffentlich-rechtlicher Normen nach § 3a von der Rechtsprechung des jeweils höchstinstanzlichen Verwaltungsgerichts **gedeckt** war. Insoweit gilt: *„Der sachkundigste und gewissenhafteste aller Rechtsberater nun aber ist der höchste Gerichtshof."*[131] Allein auf diesen Rechtsberater kann man sich verlassen – dies jedoch stets und unbedingt. Auf einen entschuldigenden unvermeidbaren Verbotsirrtum kann sich der unlauter Handelnde selbst dann berufen, wenn die Rechtsauffassung des BGH in Rechtsprechung oder Literatur mittlerweile umstritten ist.[132] Mit einer abweichenden Bewertung, also mit einem Wandel der Rechtsprechung, 63

---

[120] OLG München GRUR-RR 2004, 85 – *Stricktop;* OLG Hamm, Urt. v. 16.6.2015, Az. 4 U 32/14 – *Damen-Falttasche.*

[121] OLG Hamm MMR 2010, 330, 331 – *Herabsetzender „Testbericht" im Internet;* LG Hamburg, Urt. v. 7. April 2006, Az. 408 O 97/06.

[122] BGH GRUR 2002, 248, 252 – *Spiegel-CD-ROM;* GRUR 1999, 923, 928 – *Tele-Info-CD;* GRUR 1987, 564, 565 – *Taxi-Genossenschaft;* GRUR 1990, 474, 476 – *Neugeborenentransporte.*

[123] BGH GRUR 1995, 825, 829 – *Torres;* GRUR 1991, 153, 155 – *Pizza & Pasta.*

[124] Vgl. *Kraßer* GRUR Int. 1980, 259, 261 f.; *Goldmann* Der Schutz des Unternehmenskennzeichens, § 19 Rdn. 219; *Ingerl/Rohnke* Vor §§ 14–19 Rdn. 222.

[125] *T. Ackermann* in: FS Köhler, S. 1, 9 ff.

[126] Vgl. BGHZ 8, 88, 973 – *Magnetophon;* BGH GRUR 1971, 223, 225 – *clix-Mann;* GRUR 1981, 286, 288 – *Goldene Karte I;* GRUR 1990, 1035, 1038 – *Urselters II;* GRUR 1991, 151 – *Pizza & Pasta;* GRUR 2002, 269, 270 – *Veranstaltung von Sportwetten.*

[127] BGH GRUR 1990, 611, 617 – *Werbung im Programm; Lehmler* § 9 Rdn. 14.

[128] BGH GRUR 1988, 699, 700 – *qm-Preisangaben II;* GRUR 2002, 269, 270 – *Veranstaltung von Sportwetten;* OLG Köln GRUR-RR 2002, 1337, 1338 – *Sprudelwasser.*

[129] Vgl. RGZ 121, 357, 364 – *Universal-Rechner.*

[130] BGH GRUR 1961, 97, 99 f. – *Sportheim.*

[131] *Reichel* JW 1931, 525.

[132] BGH GRUR 1959, 365, 367 – *Englisch-Lavendel;* GRUR 1961, 97, 99 – *Sportheim; Rittner* in: FS von Hippel, S. 391, 418.

muss bei gleichbleibender Gesetzeslage nicht gerechnet werden. Der BGH wird auch dann nicht von einer Verpflichtung zum Schadensersatz ausgehen, wenn er den alten Rechtsstandpunkt aufgibt und der Beklagte die nunmehr als unlauter zu beurteilenden Handlungen künftig zu unterlassen hat.[133] Den Verletzer trifft bei Inanspruchnahme einer Rechtsberatung selbstverständlich auch das Risiko, dass er zum einen seinem Rechtsanwalt oder Rechtsgutachter die Fakten zutreffend übermittelt, welche die Grundlage der angefragten rechtlichen Bewertung bilden sollen, und dass er zum anderen den daraufhin erhaltenen Rechtsrat richtig versteht und sorgfältig in die Tat umsetzt.[134] Die fehlerhafte Einschätzung, das geplante Wettbewerbshandeln entspreche im Tatsächlichen einem vom BGH gebilligten Verhalten, geht stets zu Lasten des unlauter Handelnden.

64 Bei einer nicht höchstrichterlich geklärten Rechtsfrage kann auch eine im Ergebnis **günstige Rechtsauskunft** eines juristischen Fachmannes **als solche nicht entlasten,** selbst wenn das Gutachten die Rechtslage als eindeutig und zweifelsfrei günstig darstellt und diese günstige Rechtsansicht mit gutem Grund vertreten werden kann.[135] Wer sich auf sie verlässt, handelt **auf eigenes Risiko** und muss ggf. seinen Rechtsberater in Regress nehmen.

65 Früher hat die Rechtsprechung Rechtsirrtümer allerdings auch dann entschuldigt, wenn es um die **Beurteilung neuer und rechtlich schwieriger Tatbestände** ging, für die es nicht nur an festen Grundsätzen, sondern auch an verwertbaren Hinweisen in der bisherigen höchstrichterlichen Rechtsprechung fehlte[136] und der Handelnde sich für seine Auffassung jedenfalls auf vereinzelte Entscheidungen der Instanzgerichte oder auf namhafte Vertreter im Schrifttum berufen konnte[137] sowie bei einer zu „differenzierten und auf Nuancen abstellenden Rechtsprechung".[138] Nach dieser Auffassung soll der Verletzer auch eine Abmahnung ignorieren und sein Handeln bis **zur höchstrichterlichen Klärung der Rechtslage fortsetzen dürfen.**

66 Diese Ansicht ist überholt.[139] Die Rechtslage ist so lange **objektiv unklar,** bis sie **vom BGH höchstrichterlich entschieden** ist. Bei einer zweifelhaften Rechtsfrage, in der sich noch keine einheitliche Rechtsprechung gebildet hat und die insbesondere nicht durch höchstrichterliche Entscheidungen geklärt ist, wird genau derjenige **Grenzbereich** des rechtlich Zulässigen betreten, innerhalb dessen der Handelnde eine von der eigenen Einschätzung abweichende Beurteilung der rechtlichen Zulässigkeit in Betracht ziehen muss[140] und wo ihn das Fahrlässigkeitsrisiko trifft.[141]

67 Auch bei einer ausdrücklichen **Billigung** eines als Rechtsbruch nach § 3a zu wertenden Verhaltens **durch die zuständige Behörde** soll der Rechtsirrtum nach der Auffassung des BGH entschuldigt sein.[142] Denn es wäre nach Ansicht des BGH eine grundsätzliche Überspannung der Pflicht zu lauterem Wettbewerbshandeln und ein unzulässiger Eingriff in die Wettbewerbsfreiheit, von einem Gewerbetreibenden zu verlangen, sich vorsichtshalber auch dann nach der strengsten Gesetzesauslegung und Einzelfallbeurteilung zu richten, wenn die zuständigen Behörden sein Verhalten ausdrücklich als rechtlich zulässig bewerten.[143] Äußerungen einer sachlich nicht zuständigen Behörde sollen indes nicht entschuldigen.[144]

68 Diese Rechtsprechung von der entschuldigenden Wirkung einer behördlichen Billigung ist **abzulehnen.** Es ist widersprüchlich, einerseits die unwidersprochene Einschätzung eines Senats beim OLG nicht ausreichen zu lassen, um die Fahrlässigkeit auszuschließen, andererseits aber einer bloßen Behördenäußerung diese Wirkung zuzubilligen. Die rechtliche Qualität der Äußerung einer zuständigen Behörde rangiert unterhalb derjenigen von Gerichtsurteilen, nämlich auf der gleichen Ebene wie das Gutachten eines anerkannten Wettbewerbsrechtsexperten in der juristischen Bera-

---

133 BGH GRUR 1959, 365, 367 – *Englisch-Lavendel; Rittner* in: FS von Hippel, S. 391, 418.

134 Vgl. RGZ 121, 357, 364 – *Universal-Rechner; Rosenthal/Leffmann* Einl. Rdn 184.

135 BGH GRUR 1982, 102, 104 – *Masterbänder;* GRUR 1993 34, 36f. – *Bedienungsanweisung;* GroßKomm-UWG/*Köhler* (1. Aufl) Vor § 13 B Rdn. 282; *Lehmler* § 9 Rdn. 14; a. A. *T. Ackermann* in: FS Köhler, S. 1, 11f.

136 BGHZ 27, 264, 273 – *Programmhefte;* BGH GRUR 1960, 200, 202 – *Abitz II;* GRUR 1969, 418, 422 – *Standesbeamte.*

137 Vgl. BGH GRUR 1996, 271, 275 – *Gefärbte Jeans.*

138 OLG Stuttgart NJWE-WettbR 1997, 75, 77 – *Kfz-Blickfangwerbung bei unübersehbarer Einschränkung der Garantiezeit – Laufleistung 100 000 km.*

139 A. A. *Köhler*/Bornkamm § 9 Rdn. 1.19; Fezer/*Koos* § 9 Rdn. 15; Teplitzky/*Schaub* Kap. 30 Rdn. 16.

140 BGH GRUR 1999, 923, 928 – *Tele-Info-CD;* GRUR 1999, 1011, 1014 – *Werbebeilage.*

141 Vgl. BGH GRUR 1957, 342, 347 – *Underberg I;* GRUR 1991, 153, 155 – *Pizza & Pasta;* GRUR 1995, 825, 829 – *Torres;* GRUR 1999, 923, 928 – *Tele-Info-CD;* GRUR 1999, 1011, 1014 – *Werbebeilage;* GRUR 2002, 706, 708 – *vossius.de;* GRUR 2002, 622, 626 – *shell.de;* GRUR 2004, 865, 868 – *Mustang;* GRUR 2009, 685, 688f. Tz. 34 – *ahd.de;* GRUR 2009, 515, 518 Tz. 34 – *Motorradreiniger;* GRUR 2010, 738, 743f. Tz. 40 – *Peek & Cloppenburg I.*

142 BGH GRUR 2002, 269, 270 – *Veranstaltung von Sportwetten.*

143 BGH GRUR 2002, 269, 270 – *Veranstaltung von Sportwetten;* Teplitzky/*Schaub* Kap. 30 Rdn. 16.

144 BGH GRUR 2003, 163, 163 – *Progona.*

tung. Auch für den Verstoß gegen öffentlich-rechtliche Normen gilt: Nur ein günstiges Urteil des höchsten Verwaltungsgerichts (je nach Materie BVerwG oder OVG bzw. VGH) kann den Rechtsirrtum entschuldigen, nicht die Rechtsmeinung einer Behörde. Nur diese Auffassung steht im Einklang mit der ständigen Rspr. des BGH, nach der ein Rechtsirrtum nur dann entschuldigt ist, wenn der Irrende bei Anwendung der im Verkehr erforderlichen Sorgfalt mit einer anderen Beurteilung durch die Gerichte **nicht zu rechnen brauchte.**[145] Dies ist bei einer Behördenentscheidung, die der Kontrolle durch die Verwaltungsgerichte und im Bereich des § 3a auch der ordentlichen Gerichte unterliegt, nicht der Fall.

Eine andere Frage ist es, ob es überhaupt Ziel des § 3a sein kann, es als unlauteren Wettbewerb **69** zu bewerten, wenn ein Gewerbetreibender sich – mit Billigung der zuständigen Behörde – auf eine mit gutem Grund vertretbare Auslegung öffentlich-rechtlicher Normen stützt. Einen sittlich begründeten Vorwurf im Sinne des § 1 UWG 1909 hätte man ihm wohl nicht machen können.[146] §§ 3, 3a beinhalten aber kein sittliches Unwerturteil, sondern dienen dem **Erhalt einer objektiven Marktordnung.** Dies setzt nur einen objektiven Verstoß gegen öffentlich-rechtliche Normen voraus. Geschieht dieser Verstoß darüber hinaus nach allgemeinen Grundsätzen schuldhaft, wird Schadensersatz geschuldet.

Sofern ein **fehlerhafter Verwaltungsakt** zugunsten des Handelnden jedoch eine **echte Tatbe- 70** **standswirkung** entfaltet, scheidet schon der Rechtsbruchtatbestand selbst aus,[147] so dass sich die Frage nach einem Verschulden nicht stellt.

cc) Sonderproblematik Schutzrechtsverwarnung. Schadensersatzansprüche wegen **unberechtigter 70a** **Schutzrechtsverwarnung** können nach wie vor auf § 9 gestützt werden. Der Große Zivilsenat hat seine Grundsatzentscheidung zur unberechtigten Schutzrechtsverwarnung zwar auf § 823 BGB gestützt und wettbewerbsrechtliche Ansprüche nicht geprüft, aber solche Ansprüche auch nicht ausgeschlossen.[148] §§ 3, 9 bleiben nach der hier vertretenen Auffassung als speziellere Anspruchsgrundlage einschlägig (Vor § 8 Rdn. 118).[149] Dass der Schutzrechtsinhaber im Falle einer unberechtigten Schutzrechtsverwarnung bei Verschulden auf Schadensersatz in Anspruch genommen werden kann, ist das notwendige Korrelat dazu, dass er Inhaber eines Ausschließlichkeitsrechts ist, mit dem er jeden Wettbewerber von der Benutzung des Schutzgegenstandes ausschließen kann. Dies erfordert einen Ausgleich zwischen dem Schutz der geistigen Leistung und dem Interesse des Schutzrechtsinhabers, sein Recht geltend machen zu können, einerseits und dem Schutz des freien Wettbewerbs und dem Interesse der Wettbewerber, sich außerhalb des Schutzbereichs bestehender Rechte unter Beachtung der Gesetze frei entfalten zu können, andererseits. Dieser notwendige Ausgleich wäre nicht gewährleistet, wenn es dem Schutzrechtsinhaber gestattet wäre, aus einem Schutzrecht Schutz in einem Umfang zu beanspruchen, der ihm nicht zusteht, und wenn er den wirtschaftlichen Nutzen aus einer schuldhaften Verkennung des Umfangs des ihm zustehenden Schutzes ziehen dürfte, ohne für einen hierdurch verursachten Schaden seiner Mitbewerber einstehen zu müssen.[150]

Nach der Rechtsprechung gelten nach der notwendigen Interessenabwägung für den Verwarnen- **70b** den bei einer unberechtigten Schutzrechtsverwarnung **weniger strenge Anforderungen** an die Prüfungs- und sonstigen Sorgfaltspflichten. Danach stellt es sich bereits als schuldausschließend dar, wenn der Verwarnende sich **auf das Ergebnis der Schutzfähigkeitsprüfung seiner fachkundigen Berater** (Patent- und Rechtsanwälte) **verlässt,** solange er keinen begründeten Anlass hat, deren Urteil anzuzweifeln.[151] Würde man allzu strenge Sorgfaltsmaßstäbe anlegen, hieße das, denjenigen, der um die Verteidigung seiner Schutzrechte bemüht ist, mit untragbaren, weil unübersehbaren Risiken zu belasten. Damit würde gleichzeitig der gesetzliche Schutz dieser Rechte und der dahinter stehenden Leistung entwertet.[152]

---

[145] BGH GRUR 1987, 564, 565 – *Taxi-Genossenschaft;* GRUR 1990, 474, 476 – *Neugeborenentransporte;* GRUR 1999, 923, 928 – *Tele-Info-CD;* GRUR 2002, 248, 252 – *Spiegel-CD-ROM.*
[146] Vgl. *v. Ungern-Sternberg* in: FS Erdmann, S. 741, 749.
[147] Vgl. BGH GRUR 2005, 778, 779 – *Atemtest.*
[148] BGH (GZS) GRUR 2005, 882 – *Unberechtigte Schutzrechtsverwarnung.*
[149] BGH GRUR 2006, 433 Tz. 16 – *Unbegründete Abnehmerverwarnung; Meier-Beck* WRP 2006, 790, 793; *Ullmann* WRP 2006, 1070.
[150] BGH Beschl. v. 20.1.2011, Az. I ZR 31/10 – *Glucosaminsulfat und Chondroitinsulfat.*
[151] BGH GRUR 1974, 290, 293 – *Maschenfester Strumpf;* GRUR 1976, 715, 717 – *Spritzgießmaschine;* OLG Hamburg GRUR-RR 2003, 257, 261 – *Smiley-Luftballons.*
[152] BGH GRUR 1974, 290, 293 – *Maschenfester Strumpf.*

III. Zurechnung schuldhaften Handelns und Haftung für Dritte

1. Einführung

71 Das UWG von 1909 kannte keine besonderen Normen der Schadenshaftung für das Handeln Dritter. Daran haben die UWG-Reformen 2004, 2008 und 2015 nichts geändert. Die **Haftung für Dritte folgt den allgemeinen Vorschriften,** insbesondere den §§ 31, 831 BGB.[153]

2. Haftung nach § 31 BGB analog

72 **a) Haftung für Organhandeln.** Grundnorm der Zurechnung von Verschulden bei GmbH und AG im Rahmen der deliktischen Schadensersatzhaftung ist § 31 BGB analog, der in direkter Anwendung auf den Idealverein zugeschnitten ist.[154] Die juristische Person haftet danach für das Handeln ihrer **Organe,** das als eigenes Handeln der juristischen Person gilt. Es ist gewohnheitsrechtlich anerkannt, dass bei den Personengesellschaften OHG und KG die unbeschränkt persönlich haftenden Gesellschafter eine Haftung der Gesellschaft und sonstiger geschäftsführungsbefugter Gesellschafter – und damit eine persönliche Haftung der anderen persönlich haftenden Gesellschafter – analog § 31 BGB begründen können.[155] Darüber hinaus ist diese Norm auch bei der GbR analog anwendbar.[156]

73 Die Haftungszurechnung gem. § 31 BGB setzt voraus, dass das Organ gerade **in seiner Eigenschaft als Organ** der betreffenden Gesellschaft und in Verrichtung einer Tätigkeit gerade für diese handelt.[157] Ist das Organ für sich persönlich oder in seiner Eigenschaft als Organ einer anderen Gesellschaft oder Körperschaft tätig, scheidet eine Zurechnung aus.[158]

74 **b) Haftung für Vertreterhandeln.** Gehaftet wird auch für Handlungen der **verfassungsmäßig berufenen Vertreter,** die in der Ausführung einer ihnen zustehenden Verrichtung handeln (sog. **„Repräsentantenhaftung"**). Die Rechtsprechung hat den Begriff weit ausgelegt. Als verfassungsmäßig berufener Vertreter im Sinne des § 31 BGB ist anzusehen, wem durch die allgemeine Betriebsregelung und Handhabung bedeutsame wesensmäßige Funktionen der Organisation zur selbständigen, eigenverantwortlichen Erfüllung zugewiesen sind und der die juristische Person insoweit repräsentiert.[159]

75 Als **Einzelfälle** für verfassungsmäßig berufene Vertreter seien genannt: der **Leiter der Rechtsabteilung** eines Presseverlages,[160] der **Filialleiter** eines Selbstbedienungsgeschäfts,[161] einer Warenhausfiliale[162] oder einer Bank oder Sparkasse,[163] der **Pressesprecher** einer Fluggesellschaft hinsichtlich öffentlicher Äußerungen des Unternehmens,[164] der bloße **Sachbearbeiter** dann, wenn ihm wichtige Angelegenheiten zur **eigenverantwortlichen Erledigung** übertragen worden sind.[165]

76 Bei unlauterer Werbung ist davon auszugehen, dass der verantwortliche Mitarbeiter, der die **Entscheidung über** das **Ob und Wie** einer **Werbung** trifft, in diesem Sinne ein verfassungsmäßig berufener Vertreter ist.

77 **In Ausführung der zustehenden Verrichtung** ist eine Handlung begangen, wenn ein sachlicher Zusammenhang mit dem übertragenen Aufgabenkreis besteht.[166] Dies gilt auch bei vorsätzlichen Kompetenzüberschreitungen.[167]

78 Eine **Entlastung wie bei § 831 BGB ist nicht möglich.** Die Gesellschaft haftet auch für die ohne ihr Wissen und gegen ihren Willen von verfassungsmäßig berufenen Vertretern oder Organen begangenen Wettbewerbsverstöße.

---

[153] RegE (BT-Drucks. 15/1487) S. 16.
[154] Näher Soergel/*Hadding* § 31 BGB Rdn. 5 ff.
[155] St. Rspr. seit RGZ 76, 35, 38; eingehend Soergel/*Hadding* § 31 BGB Rdn. 7.
[156] BGHZ 154, 88, 93 ff.; Soergel/*Hadding* § 31 BGB Rdn. 7; a. A. noch BGHZ 45, 311, 312: *„zu wenig körperschaftlich organisiert"*.
[157] RG MuW XXXVII/XXXVIII, 53, 55 – *Gastwirtsdarlehen.*
[158] RG MuW XXXVII/XXXVIII, 53, 55 – *Gastwirtsdarlehen.*
[159] BGH NJW 1998, 1854, 1856; *Lehmler* § 9 Rdn. 10.
[160] BGHZ 24, 200, 213 – *Spätheimkehrer.*
[161] OLG München VersR 1974, 269.
[162] BGH NJW 1977, 2259, 2260.
[163] BGHZ 13, 198, 203; BGH NJW 1984, 921, 922.
[164] BGH GRUR 1984, 823, 824 f. – *Charterfluggesellschaften.*
[165] RGZ 162, 129, 168 f.
[166] RGZ 162, 129, 169.
[167] BGH NJW 1980, 115.

3. Haftung nach § 831 BGB

a) Anwendbarkeit der Norm. Nach § 831 Abs. 1 S. 1 BGB haftet der Geschäftsherr bei Schäden, die sein **Verrichtungsgehilfe** in Ausführung der Verrichtung widerrechtlich zufügt. Die Vorschrift bleibt **neben § 8 Abs. 2 UWG,** der nur für die Begründung von Abwehransprüchen gilt, **umfassend anwendbar.**[168] § 8 Abs. 2 UWG soll verhindern, dass sich der Inhaber eines Unternehmens hinter von ihm abhängigen Dritten verstecken kann, und begründet daher einen zusätzlichen selbständigen Anspruch gegen den Inhaber des Unternehmens (§ 8 Rdn. 614). Die Exkulpationsmöglichkeit des § 831 BGB steht dem Unternehmensinhaber bei § 8 Abs. 2 nicht zur Verfügung. Zweck der Regelung ist es, den Gläubiger im UWG gegenüber den allgemeinen Regeln besser zu stellen und den Unternehmensinhaber verglichen mit den allgemeinen Regeln verschärft haften zu lassen. Dem Gläubiger soll aber eine Berufung auf die allgemeinen Normen der Haftungszurechnung nicht abgeschnitten werden.[169] 79

b) Verrichtungsgehilfe. Zu einer Verrichtung bestellt ist, wem mit Wissen und Wollen des Geschäftsherrn eine Tätigkeit übertragen wurde, bei der er **weisungsgebunden,** also von dessen Weisungen abhängig ist.[170] Das Weisungsrecht braucht nicht ins Einzelne zu gehen. Es genügt, dass der Geschäftsherr die Tätigkeit des Handelnden jederzeit beschränken oder entziehen oder nach Zeit und Umfang bestimmen kann.[171] Zu den weisungsgebundenen Gehilfen gehören in erster Linie und typischerweise **Arbeitnehmer.** 80

Auch **Handelsvertreter können** Verrichtungsgehilfen sein, wenn sie im Einzelfall weisungsgebundene Tätigkeiten verrichten.[172] Dies gilt auch für freie Journalisten, die für den Verleger eines Restaurantführers arbeiten.[173] 80a

Selbständige Unternehmer haben im Allgemeinen zwar nicht die Stellung eines Verrichtungsgehilfen nach § 831 BGB, weil es bei ihnen an der erforderlichen Abhängigkeit und Weisungsgebundenheit gegenüber dem Geschäftsherrn fehlt. Beim Vorliegen besonderer Umstände ist es allerdings nicht ausgeschlossen, dass ein rechtlich selbständiges Unternehmen, soweit es eine Tätigkeit ausübt, bei der es den Weisungen eines anderen Unternehmens unterworfen ist, auch dessen Verrichtungsgehilfe sein kann.[174] Für die Abgrenzung kommt es nicht auf die rechtliche Ausgestaltung der Beziehung oder den gesellschaftsrechtlichen Status an. Entscheidend ist vielmehr, ob **nach den tatsächlichen Verhältnissen** eine **Eingliederung in den Organisationsbereich** des Geschäftsherrn erfolgt ist und der Handelnde dessen Weisungen unterliegt.[175] Dies gilt etwa bei Vorliegen eines Beherrschungs- und Gewinnabführungsvertrags.[176] 80b

Die Rechtsprechung hat auch den **Rechtsanwalt** im Verhältnis zum Mandanten als Verrichtungsgehilfen qualifiziert.[177] Dies ist zu Recht auf Kritik gestoßen. Dem Mandanten steht zwar das Recht zu, dem Anwalt Weisungen zu erteilen, doch widerspricht die Qualifizierung des Anwalts als Verrichtungsgehilfe zum einen dessen Funktion als unabhängiges Organ der Rechtspflege und zum anderen der eigenständigen Festlegung des Anwalts von Zeit, Art und Umfang seiner Tätigkeit.[178] 80c

c) In Ausführung der Verrichtung. Die Schadenszufügung muss **in Ausführung der Verrichtung** und nicht nur bei Gelegenheit erfolgt sein. Erforderlich ist ein **innerer Zusammenhang** zwischen der Verrichtung nach ihrer Art und ihrem Zweck einerseits und der schädigenden Handlung andererseits.[179] Das Verhalten des Verrichtungsgehilfen darf nicht aus dem allgemeinen Rahmen der ihm überantworteten Aufgaben herausfallen.[180] Eine Zurechnung ist auch bei vorsätzlichen Verstößen gegen Arbeitsanweisungen möglich:[181] Der **Testesser** z.B., der **wissentlich unwahre Tatsachen** für Restaurantführer schreibt und gerade dadurch gegen die seinem Geschäftsherrn 81

---

[168] Vgl. BGH GRUR 2012, 1279, 1283 Tz. 43 – *Das große Rätselheft.*

[169] BGH GRUR 2012, 1279, 1283 Tz. 43 – *Das große Rätselheft.*

[170] BGH NJW-RR 1998, 250, 251; BGH GRUR 2012, 1279, 1283 Tz. 44 – *Das große Rätselheft.*

[171] BGH GRUR 1998, 167, 169 – *Restaurantführer;* GRUR 2012, 1279, 1283 Tz. 44 – *Das große Rätselheft;* Fezer/*Büscher* § 9 Rdn. 5.

[172] BGH GRUR 1980, 116, 117 – *Textildrucke;* GRUR 1956, 553, 556 – *Coswig.*

[173] BGH GRUR 1998, 167, 169f. – *Restaurantführer;* MünchKommUWG/*Fritzsche* § 9 Rdn. 58.

[174] BGH GRUR 2012, 1279, 1283 Tz. 45 – *Das große Rätselheft.*

[175] BGH GRUR 2012, 1279, 1283 Tz. 45 – *Das große Rätselheft.*

[176] BGH GRUR 2012, 1279, 1283 Tz. 45 – *Das große Rätselheft.*

[177] RGZ 96, 177, 179ff.; BGH NJW 1979, 1882f.

[178] Bamberger/Roth/*Spindler* § 831 BGB Rdn. 21 m. w. N.

[179] BGHZ 11, 151, 153; BGH NJW-RR 1989, 723, 725.

[180] BGH WM 1977, 1169, 1170f.; Bamberger/Roth/*Spindler* § 831 BGB Rdn. 21.

[181] BGHZ 49, 19, 23.

gegenüber bestehende Pflicht zur objektiven Darstellung verstößt, handelt in Ausführung der Verrichtung.[182]

82 **d) Exkulpation.** Der Geschäftsherr haftet nicht, wenn er gemäß § 831 Abs. 2 Satz 2 BGB nachweist, dass er den Gehilfen sorgfältig ausgewählt und überwacht hat, oder wenn der Schaden auch bei Anwendung dieser Sorgfalt entstanden wäre.

83 Die **Sorgfalt bei der Auswahl** bestimmt sich nach den Umständen des Einzelfalles, insbesondere der Eigenart der zur verrichtenden Tätigkeit, ihrer Schwierigkeit, ihrer Eignung, Dritte zu schädigen, sowie nach den persönlichen Verhältnissen des Auszuwählenden.

84 Die Umstände des Einzelfalles sind auch maßgeblich für die nötige **Sorgfalt bei der Überwachung.** Wichtige Kriterien sind Qualifikation und Zuverlässigkeit des Gehilfen. In der Regel ist eine fortdauernde, planmäßige und unauffällige Überwachung erforderlich, die unerwartete stichprobenartige Kontrollen mit einschließt.[183] Je riskanter, verantwortungsvoller und komplexer die Tätigkeit eines Gehilfen ist und je weniger qualifiziert und zuverlässig er ist, desto umfassender sind die Anforderungen an Auswahl, Überwachung und Leitung durch den Geschäftsherrn.

85 **e) Dezentralisierter Entlastungsbeweis und Organisationsverschulden.** Die Rechtsprechung lässt dabei den so genannten **dezentralisierten Entlastungsbeweis** zu. Unternehmen können sich bereits durch den Nachweis entlasten, jedenfalls **die leitenden Angestellten** als Verrichtungsgehilfen ordnungsgemäß ausgewählt, überwacht und angeleitet zu haben.[184] Die damit verbundene haftungsrechtliche Privilegierung von Unternehmen wird allerdings durch recht strenge Anforderungen an den Entlastungsbeweis und die Einführung von betrieblichen und körperschaftlichen **Organisationspflichten** kompensiert (Lehre vom Organisationsverschulden).[185] So gehört zum Entlastungsbeweis auch der Nachweis, dass die leitenden Angestellten ihrerseits die ihnen nachgeordneten Gehilfen sorgfältig ausgewählt und überwacht haben etc. Auch reicht die Bestellung einer Aufsichtsperson als zwischengeschalteter Verrichtungsgehilfe nicht aus; vielmehr muss die Organisation so beschaffen sein, dass die (oberste) Aufsichtsperson laufend über die ihr unterstellten Verrichtungsgehilfen unterrichtet ist.[186] Der Geschäftsherr kann die leitenden Angestellten also nicht frei schalten und walten lassen, wenn er sich nach § 831 Abs. 1 BGB entlasten will.[187]

IV. Mitwirkendes Verschulden des Geschädigten beim Wettbewerbsverstoß

86 Die Ersatzpflicht kann nach § 254 Abs. 1 BGB durch ein **Mitverschulden des Geschädigten** oder seiner Hilfsperson **ausgeschlossen oder gemindert** sein. Mitverschulden liegt dann vor, wenn der Verletzte diejenige Sorgfalt außer Acht lässt, die jedem ordentlichen und verständigen Menschen obliegt, um sich selbst vor Schaden zu bewahren.[188] Vielfach wird auch untechnisch von einem „Verschulden gegen sich selbst" gesprochen.[189] Dabei ist zunächst das **Ausmaß der mitwirkenden Verursachung** und danach der **Grad des Verschuldens** zu berücksichtigen. Hat der Verletzer vorsätzlich gehandelt, ist eine bloße Fahrlässigkeit des Geschädigten nicht als Mitverschulden zu werten.[190]

86a Ein mitwirkendes Verschulden beim Wettbewerbsverstoß selbst wird in der Praxis nur in den Fällen in Betracht kommen, in denen der **Verletzte durch eigenes wettbewerbswidriges oder provozierendes Verhalten,** etwa durch Einsatz eines *agent provocateur,*[191] erst den Tatentschluss des Verletzers herbeigeführt hat.[192]

---

[182] BGH GRUR 1998, 167, 169 – *Restaurantführer.*
[183] Bamberger/Roth/*Spindler* § 831 BGB Rdn. 29.
[184] Bamberger/Roth/*Spindler* § 831 BGB Rdn. 33; grundlegend RGZ 78, 107, 108 f.; BGHZ 4, 1, 2; BGH VersR 1964, 297.
[185] Näher Soergel/*Hadding* § 31 BGB Rdn. 15 ff.; Palandt/*Ellenberger* § 31 BGB Rdn. 7.
[186] BGHZ 32, 53, 59; Bamberger/Roth/*Spindler* § 831 BGB Rdn. 33 m. w. N.
[187] Bamberger/Roth/*Spindler* § 831 BGB Rdn. 33 m. w. N.
[188] BGHZ 9, 316, 318; Bamberger/Roth/*Unberath* § 254 BGB Rdn. 10.
[189] BGHZ 9, 316, 318; 39, 156, 159; 74, 25, 28.
[190] BGH NJW 1986, 2941, 2943; Fezer/*Koos* § 9 Rdn. 18; *Rosenthal/Leffmann* Einl., S. 91.
[191] *Pinner/Eyck* § 1 Anm. 7.
[192] BGH GRUR 1964, 392, 396 – *Weizenkeimöl.*

C. Art und Umfang des Schadensersatzes

Schrifttum: *Amschewitz,* Die Durchsetzungsrichtlinie und ihre Umsetzung im deutschen Recht, 2008; *Arnold/Slopek,* Die Herausgabe des Verletzergewinns nach der Tripp-Trapp-Entscheidung des BGH, NJW 2009, 3694; *Bachem/Roeren,* Das Gesetz zur Bekämpfung des unlauteren Wettbewerbes vom 27. Mai 1896, 3. Aufl. 1900; *Bauerschmidt,* Der materiell-rechtliche Anspruch auf Erstattung von Rechtsanwaltskosten, JuS 2011, 601; *Binder,* Lizenzierung von Marken, in: Esch (Hrsg.), Moderne Markenführung, 4. Aufl. 2005, S. 523; *ders.,* Die Zukunftsfähigkeit der markenrechtlichen Lizenzanalogie, GRUR 2012, 1186; *Bodewig/Wandtke,* Die doppelte Lizenzgebühr als Berechnungsmethode im Lichte der Durchsetzungsrichtlinie, GRUR 2008, 220; *Delahaye,* Kernprobleme der Schadensberechnungsarten bei Schutzrechtsverletzungen, GRUR 1986, 217; *Dreier,* Kompensation und Prävention, 2002; *Dörre/Maaßen,* Das Gesetz zur Verbesserung der Durchsetzung von Rechten des geistigen Eigentums – Teil I: Änderungen im Patent-, Gebrauchsmuster-, Marken- und Geschmacksmusterrecht, GRUR-RR 2008, 217; *Droste,* Anmerkung zu BGH GRUR 1964, 392 – Weizenkeimöl, GRUR 1964, 396; *Fischer,* Schadenberechnung im gewerblichen Rechtsschutz, Urheberrecht und unlauteren Wettbewerb, 1961; *Föge,* Welche Grundlagen lassen sich für die Ermittlung des Schadensersatzanspruches aus unlauterem Wettbewerb finden?, MuW XXXIX, 3; *Friedlaender,* Anmerkung zu RG JW 1926, 1542 – Aspirin-Substitute, JW 1926, 1542; *Gedert,* Der angemessene Schadensersatz bei der Verletzung geistigen Eigentums, 2008; *Götz,* Schaden und Bereicherung in der Verletzerkette, GRUR 2001, 295; *Fuld,* Das Reichsgesetz zur Bekämpfung des unlauteren Wettbewerbs, 1. Aufl. 1896; *Gedert,* Der angemessene Schadensersatz bei der Verletzung geistigen Eigentums, 2008; *Goldmann,* Die Berechnung des Schadensersatzanspruchs vor und nach Umsetzung der Durchsetzungsrichtlinie, WRP 2011, 950; *Grabinski,* Gewinnherausgabe nach Patentverletzung – Zur gerichtlichen Praxis acht Jahre nach dem „Gemeinkostenanteil"-Urteil des BGH, GRUR 2009, 260; *Haedicke,* Die Gewinnhaftung des Patentverletzers, GRUR 2005, 529; *Haft/Reimann,* Zur Berechnung des Verletzergewinns nach der „Gemeinkostenanteil"-Entscheidung des BGH vom 2. November 2000, Mitt. 2003, 437; *Hildebrandt,* Marken und andere Kennzeichen, 3. Aufl. 2015; *Holzapfel,* Zur Haftung einer Mehrheit von Verletzern, GRUR 2012, 242; *Kämper,* Der Schadensersatzanspruch bei der Verletzung von Immaterialgüterrechten – Neue Entwicklungen seit der Enforcement-Richtlinie, GRUR Int. 2008, 539; *Kleinheyer/Hartwig,* Kausalitätsabschlag und Kontrollüberlegung beim Verletzergewinn. Zugleich Besprechung von BGH, Urt. v. 24.7.2012 – X ZR 51/11 – Flaschenträger, GRUR 2013, 683; *Kochendörfer,* Verletzerzuschlag auf Grundlage der Durchsetzungsrichtlinie, ZUM 2009, 389; *Köhler,* Die Begrenzung wettbewerbsrechtlicher Ansprüche durch den Grundsatz der Verhältnismäßigkeit, GRUR 1996, 82; *König,* Gewinnhaftung, in: FS v. Caemmerer, 1978, S. 179; *Lehmann,* Juristisch-ökonomische Kriterien zur Berechnung des Verletzergewinns bzw. des entgangenen Gewinns, BB 1988, 1680; *Meier-Beck,* Herausgabe des Verletzergewinns – Strafschadensersatz nach deutschem Recht?, GRUR 2005, 617; *ders.,* Schadenskompensation bei der Verletzung gewerblicher Schutzrechte im Lichte der Durchsetzungsrichtlinie, in: FS Loschelder, 2010, S. 221; *ders.,* Schadensersatz bei der Verletzung gewerblicher Schutzrechte nach dem Durchsetzungsgesetz, WRP 2012, 503; *Melullis,* Zur Ermittlung und zum Ausgleich des Schadens bei Patentverletzungen, GRUR Int. 2008, 679; *Menninger/Nägele,* Die Bewertung von Gewerblichen Schutzrechten und Urheberrechten für Zwecke der Schadensberechnung im Verletzungsfall, WRP 2007, 912; *Metzger,* Schadensersatz wegen Verletzung des Geistigen Eigentums gemäß Art. 13 Durchsetzungs-RL 2004/48 in: Remien (Hrsg.), Schadensersatz im europäischen Privat- und Wirtschaftsrecht, 2012, S. 209; *Mommsen,* Zur Lehre von dem Interesse, 1855; *Müller,* Das Reichsgesetz zur Bekämpfung des unlauteren Wettbewerbes vom 27. Mai 1896, 4. Aufl. 1904; *Piper,* Zur Wettbewerbswidrigkeit des Einbrechens in fremde Vertragsbeziehungen durch Abwerben von Kunden und Mitarbeitern, GRUR 1990, 643; *Peukert/Kur,* Stellungnahme des Max-Planck-Instituts für Geistiges Eigentum, Wettbewerbs- und Steuerrecht zur Umsetzung der Richtlinie 2004/48/EG zur Durchsetzung der Rechte des geistigen Eigentums in deutsches Recht, GRUR Int. 2006, 292; *Peifer,* Die dreifache Schadensberechnung im Lichte zivilrechtlicher Dogmatik, WRP 2008, 48; *Pross,* Verletzergewinn und Gemeinkosten, in: FS Tilmann, 2003, S. 881; *Richter,* Verletzergewinn und Lizenzanalogie aus schadensrechtlicher Sicht, in: FS Ahrens, 2016, S. 405; *Rohnke,* Anmerkung zu BGH GRUR 1993, 55, 57 – Tchibo/Rolex II, GRUR 1992, 60; *Sack,* Die Lizenzanalogie im System des Immaterialgüterrechts, in: FS Hubmann, 1985, S. 373; *ders.,* Die Gewinnhaftung im gewerblichen Rechtsschutz und Urheberrecht, in: FS Ahrens, 2016, S. 421; *Saenger/Uphoff,* Erstattungsfähigkeit anwaltlicher Zeithonorare, NJW 2014, 1412; *Schaffert,* Die Ansprüche auf Drittauskunft und Schadensersatz im Fall der Beeinträchtigung schutzwürdiger Kontrollnummernsysteme durch Entfernen oder Unkenntlichmachung der Kontrollnummern, in: FS Erdmann, 2002, S. 719; *Schlosser,* Schadensersatzrechtlicher Erstattungsanspruch für über die Sätze des RVG hinausgehende Anwaltskosten, NJW 2009, 2413; *Schrage,* Der Schadensersatz im gewerblichen Rechtsschutz und Urheberrecht, 2011; *Schricker,* Berichtigende Werbung – Rechtsvergleichende Überlegungen zur Fortbildung des deutschen Wettbewerbsrechts, GRUR Int. 1975, 191; *Siegel,* Kosten der Abmahnung bei Wettbewerbsverstößen, MuW XXXIII, 105; *Stieper,* Dreifache Schadensberechnung nach der Durchsetzungsrichtlinie 2004/48/EG im Immaterialgüter- und Wettbewerbsrecht, WRP 2010, 624; *V. Tetzner,* Der Verletzerzuschlag bei der Lizenzanalogie, GRUR 2009, 6; *Tilmann,* Kostenhaftung und Gebührenberechnung bei Unterlassungsklagen gegen Streitgenossen im gewerblichen Rechtsschutz GRUR 1986, 691; *ders.,* Gewinnherausgabe im gewerblichen Rechtsschutz und Urheberrecht – Folgerungen aus der Entscheidung „Gemeinkostenanteil", GRUR 2003, 647; *ders.,* Konstruktionsfragen zum Schadensersatz nach der Durchsetzungs-Richtlinie, in: FS Schilling, 2007, S. 367; *Ullmann,* Die Verschuldenshaftung und die Bereicherungshaftung des Verletzers im gewerblichen Rechtsschutz und Urheberrecht, GRUR 1978, 615; *v. Ungern-Sternberg,* Einwirkung der Durchsetzungsrichtlinie auf das deutsche Schadensersatzrecht, GRUR 2009, 460; *ders.,* Schadensersatz in Höhe des sog. Verletzergewinns nach Umsetzung der Durchsetzungsrichtlinie, in: FS Loewenheim, 2009, S. 351; *Wertheimer,* Zur Frage der Schadensberechnung bei Patent- und Gebrauchsmusterverletzungen, in: FS Heilfron, 1930, S. 153; *Wendehorst,* Anspruch und Ausgleich, 1999; *Zahn,* Die Herausgabe des Verletzergewinnes, 2005.

I. Die Problematik des Schadens im Recht des unlauteren Wettbewerbs

1. Berechnungsschwierigkeiten

87 Der Schutz gegen unlauteren Wettbewerb bedeutet **für den Mitbewerber Schutz seiner Gewinnchancen.** Ein entgangener Gewinn lässt sich aber kaum je berechnen. Nur in den seltensten Fällen wird sich nachweisen lassen, dass ein Kunde nach dem gewöhnlichen Lauf der Dinge (§ 252 Satz 2 BGB) beim Mitbewerber gekauft hätte, wäre er nicht irregeführt[193] oder in übertriebener Weise angelockt worden. Selbst bei besonders archaischen Formen des unlauteren Wettbewerbs wie dem „Anreißen" von Kunden vor den Geschäftsräumen eines Mitbewerbers[194] fällt der Nachweis schwer, dass mit den weggelockten Interessenten ein Geschäft zustande gekommen wäre. Das Charakteristische des wettbewerblichen Schadens besteht darin, dass er **schwer greifbar** ist.[195] Angesichts der Vielgestaltigkeit von Beeinträchtigungen, die dem Mitbewerber durch unlautere Handlungen seiner Konkurrenten erwachsen können, der zuweilen großen Anzahl an weiteren betroffenen Mitbewerbern sowie der Dynamik der wirtschaftlichen Weiterungen ist es für den einzelnen anspruchsberechtigten Mitbewerber äußerst schwierig, die Höhe seines Schadens zu beziffern.[196]

2. Differenzhypothese

87a Die Schwierigkeiten der Schadensberechnung waren bereits in der Gesetzgebungsdiskussion zum UWG 1896 erörtert worden.[197] Vom Deutschen Verein für den Schutz des gewerblichen Eigentums war vorgeschlagen worden, eine vom allgemeinen Zivilrecht abweichende Definition aufzunehmen. Hiernach sollte als Schaden im Sinne des UWG jeder Nachteil gelten, der nach den Anschauungen des Verkehrs dem Verletzten entstanden ist, um damit hervorzuheben, dass der Schaden nicht mathematisch und juristisch genau nachgewiesen zu werden brauche.[198] Diese Definition – oder besser: Fiktion – wurde aber nicht Gesetz. Deshalb ist erster Ausgangspunkt zur Bestimmung des Schadens im Wettbewerbsrecht nicht die Verkehrsanschauung,[199] sondern wie auch sonst im Zivilrecht die **Differenzhypothese.** Der Schaden besteht in der Differenz zweier Güterlagen: der tatsächlichen Güterlage, die durch das schädigende Ereignis geschaffen wurde, und der hypothetischen Güterlage, die bei Hinwegdenken dieses Ereignisses bestehen würde.[200] Dabei besteht ein Vermögensschaden – und nur um diesen geht es im UWG –, wenn der tatsächliche Wert des Vermögens des Geschädigten geringer ist als der Wert, den das Vermögen ohne das die Ersatzpflicht begründende Ereignis haben würde.[201] Vom Grundsatz her ist zwischen zwei Kategorien des Schadens zu unterscheiden: der Verminderung des vorhandenen Vermögens in seinem Bestand (***damnum emergens,*** „positiver Schaden") und der Verhinderung eines Vermögenszuwachses (***lucrum cessans,*** „entgangener Gewinn").[202] Dabei genügt für eine Schädigung jede nachteilige Einwirkung auf die Vermögenslage im Allgemeinen, auch die **Beeinträchtigung** einer bloß **tatsächlichen Erwerbsaussicht.**[203] Die eine Gewinnerzielung versprechende günstige Geschäftslage ist also dem Vermögen zuzurechnen. Die neuere Rechtsprechung des BGH zum so genannten Marktverwirrungsschaden als Störungszustand ändert daran im Grundsatz nichts.[204]

---

[193] Zu einem solchen Ausnahmefall LG Köln, Urt. v. 14.10.2015, Az. 84 O 149/14 – *Anhängen an ASIN-Nummer.*

[194] Hierzu OLG Hamm MuW XXXI, 343 – *Handarbeitsgeschäft;* OLG Hamburg GRUR 1954, 409 – *Chemisches Kleiderbad; Baumbach/Hefermehl* § 1 Rdn. 214; *Callmann* § 1 Rdn. 81.

[195] LG Hamburg Urt. v. 10.11.2005, Az. 327 O 616/05 – *Werbe-Flyer;* Teplitzky/*Schaub* Kap. 33 Rdn. 2.

[196] *Droste* GRUR 1964, 396, 397; *Föge* MuW XXXIX, 3.

[197] Vgl. *Fuld* (1. Aufl.) § 1 Anm. 20; *Müller* § 1 Anm. B 2.

[198] Vgl. *Müller* § 1 Anm. B 2; vgl. auch *Pastor* Kap. 29 I (allerdings nicht mit korrektem Zitat), dies fortschreibend Teplitzky/*Schaub* Kap. 33 Rdn. 1.

[199] So aber Teplitzky/*Schaub* Kap. 33 Rdn. 1.

[200] RGZ 77, 99, 101; BGHZ 27, 181, 183; 75, 366, 371; 99, 182, 196; *Fischer* S. 3f.; grundlegend zur Differenzhypothese *Mommsen* S. 11.

[201] BGHZ 27, 181, 183; 75, 366, 371; 99, 182, 196; zum Wettbewerbsrecht grdl. *Müller* § 1 Anm. B 2.

[202] Grundlegend *Mommsen* S. 11, 118ff.

[203] RGZ 79, 55, 58 – *Verleumdungen;* 111, 151, 156; BGH GRUR 1966, 375, 378 – *Messmer-Tee II.*

[204] BGH GRUR 2001, 841, 845 – *Herstellungsnummer II;* so bereits BGH GRUR 1991, 921, 923 – *Sahnesiphon;* zu dieser Rspr. vgl. unten Rdn. 112f.

3. Entstehung eines Schadens

a) Schadenseintritt. Der Anspruch auf Ersatz des Schadens setzt voraus, dass überhaupt ein Schaden entstanden ist.[205] Richtet sich im Prozess die Klage auf Feststellung der Schadensersatzpflicht, setzt das gem. **§ 256 Abs. 1 ZPO** geforderte Rechtsschutzinteresse lediglich voraus, dass die **Wahrscheinlichkeit eines Schadenseintritts** dargelegt ist.[206] Daran werden in der neueren Rechtsprechung grundsätzlich **keine hohen Anforderungen** gestellt.[207] Einer hohen Wahrscheinlichkeit dafür bedarf es nicht.[208] Es ist nur eine nicht lediglich entfernt liegende Möglichkeit eines Schadens erforderlich, d. h. auf Grund des festgestellten Sachverhalts muss der Eintritt eines Schadens zumindest denkbar und möglich erscheinen.[209] Der anzulegende Maßstab ist großzügig.[210] Das entbindet den Kläger jedoch nicht von vornherein von jeglicher Darlegung.[211] Insgesamt gelten folgende Grundsätze: 88

b) Mitbewerberbezogene Verstöße. Wettbewerb im Sinne der freien Betätigung der Wirtschaftssubjekte ist Ausdrucksform wirtschaftlichen **Gewinnstrebens.**[212] Das Verhalten selbständiger Unternehmen, die zum Geschäftsabschluss mit Dritten zu gelangen suchen, macht den Kern des wirtschaftlichen Wettbewerbs aus.[213] Wettbewerb ist insoweit Streben nach Erwerb im Kampf um den Erhalt und die Gewinnung von Kunden. 89

Unlauterer Wettbewerb im traditionellen Sinne ist also **seinem Wesen nach** auf die **Beeinträchtigung tatsächlicher Erwerbsaussichten** der Mitbewerber gerichtet. Es ist deswegen davon auszugehen, dass jeder mitbewerberbezogene Verstoß (zum Begriff § 8 Rdn. 279) letztlich auch zu einer Beeinträchtigung einer tatsächlichen Erwerbsaussicht beim betroffenen Mitbewerber führt. Denn eine individuelle Benachteiligung im Wettbewerb führt zu einer Minderung der Erwerbsaussichten. Dies genügt für einen Schaden.[214] Das Vorhandensein eines Schadens beim unmittelbar betroffenen Mitbewerber ist deshalb im Sinne eines allgemeinen Erfahrungssatzes des Wettbewerberrechts die Regel.[215] Bei herabsetzenden Äußerungen etwa entspricht es der Lebenserfahrung, dass ein Schaden entsteht,[216] ebenso bei einer individuellen Behinderung.[217] Aber auch bei anderen mitbewerberbezogenen Verstößen ist es **erfahrungsgemäß so gut wie sicher, dass** im Wirtschaftsleben **dem unmittelbar Verletzten durch einen Verstoß ein Vermögensschaden entsteht.**[218] Entsprechend war das RG der Ansicht, schon in der Beeinträchtigung der auf Kundschaftsgewinnung gerichteten Tätigkeit sei eine Vermögensbeschädigung zu finden.[219] Eine Beein- 90

---

[205] BGH GRUR 1972, 180, 183 – *Cheri*.

[206] St. Rspr., vgl. RGZ 108, 1, 6 ff.; GRUR 1934, 192, 194 – *Saneuron* m. w. N.; BGH GRUR 1960, 193, 194 – *Frachtenrückvergütung;* GRUR 1995, 744, 749 – *Feuer, Eis & Dynamit I;* GRUR 2000, 907, 911 – *Filialleiterfehler;* GRUR 2001, 78, 79 – *Falsche Herstellerpreisempfehlung;* GRUR 2012, 193, 201 Tz. 82 – *Sportwetten im Internet II*.

[207] OLG Hamm NJOZ 2009, 3618, 3622 – *Gutschein-Werbung für Treppenlift*.

[208] BGH GRUR 1984, 741, 742 – *PATENTED;* GRUR 1992, 61, 63 – *Preisvergleichsliste I;* GRUR 1995, 744, 749 – *Feuer, Eis & Dynamit I;* GRUR 2000, 907, 911 – *Filialleiterfehler;* GRUR 2001, 78, 79 – *Falsche Herstellerpreisempfehlung*.

[209] BGH GRUR 2001, 849, 850 – *Remailing-Angebot;* GRUR 2012, 193, 201 Tz. 82 – *Sportwetten im Internet II;* zu streng deshalb OLG Hamburg Urt. v. 18.4.2012, Az. 5 U 189/10; LG Hamburg, Urt. v. 6.8.2013, Az. 416 HKO 55/13: bloße Möglichkeit eines Schadens reicht nicht aus.

[210] BGH GRUR 2001, 849, 850 – *Remailing-Angebot;* OLG Düsseldorf GRUR-RR 2014, 1, 7 – *Schneeschieber;* OLG Düsseldorf, Urt. v. 16.6.2015, Az. 4 U 32/14 – *Le Pliage*.

[211] BGH GRUR 2001, 78, 79 – *Falsche Herstellerpreisempfehlung;* OLG Hamburg NJW-RR 2004, 196, 198 – *Rexona*.

[212] *Callmann* S. 24.

[213] *Baumbach/Hefermehl* Allg Rdn. 5, 18.

[214] RG MuW XXXII, 187, 190 – *Naftalan I; Baumbach/Hefermehl* Einl. UWG Rdn. 378.

[215] BGH GRUR 1993, 55, 57 – *Tchibo/Rolex II;* GRUR 2016, 860, 862 Tz. 21 – *Deltamethrin II.*.

[216] RG GRUR 1938, 269, 273 – *Auskunftskalender;* BGH GRUR 1959, 31, 33 – *Feuerzeug als Werbegeschenk;* OLG Hamm MMR 2010, 330, 331 – *Herabsetzender „Testbericht" im Internet;* LG Köln GRUR-RR 2009, 154, 155 – *Haftung für Virals;* vgl. auch RG GRUR 1935, 183, 187 – *Vorzugsangebot; Wünsche* S. 311.

[217] BGH GRUR 1959, 31, 33 – *Feuerzeug als Werbegeschenk*.

[218] RG GRUR 1940, 114, 116 – *Baupfähle;* BGH GRUR 1993, 55, 57 – *Tchibo/Rolex II;* GRUR 1993, 926, 927 – *Apothekenzeitschriften;* GRUR 1993, 757, 758 f. – *Kollektion „Holiday";* GRUR 1995, 349, 351 – *Objektive Schadensberechnung;* GRUR 2016, 860, 862 Tz. 21 – *Deltamethrin II;* KG WRP 1999, 339, 342 – *Werbevergleich;* OLG Düsseldorf, Urt. v. 16.6.2015, Az. 4 U 32/14 – *Le Pliage;* Teplitzky/*Schaub* Kap. 33 Rdn. 3; ebenso *Callmann* S. 118; zu einem Ausnahmefall mit unwahrscheinlichem Schaden vgl. BGH GRUR 1997, 774, 749 – *Feuer, Eis & Dynamit I*.

[219] RGZ 75, 61, 63 – *Moratorium;* ebenso *Rosenthal/Leffmann* Einl. Rdn. 196; strenger RG GRUR 1934, 317, 321.

trächtigung der Erwerbschancen liegt bei mitbewerberbezogenen Verstößen für den unmittelbar Verletzten bei der gebotenen wirtschaftlichen Betrachtung bereits darin, dass er zur Abwehr des Verstoßes herausgefordert wird und dafür Mühe und Kosten aufwenden muss – allein schon, um seiner Schadensminderungsobliegenheit gem. § 254 Abs. 1 BGB zu genügen.[220] Probleme bereitet bei mitbewerberbezogenen Verstößen in aller Regel also nicht das Vorhandensein des Schadens, sondern seine Berechnung. Allerdings muss der Anspruchsteller zur Begründung eines Feststellungsinteresses i. S. d. § 256 Abs. 1 ZPO zumindest darlegen, auf welche Umstände des Einzelfalls er seinen Schaden zurückführt. Macht der Anspruchsteller geltend, die unlauteren geschäftlichen Handlungen seines Wettbewerbers hätten negative Auswirkungen auf seine Kundenbeziehungen gehabt, so muss er darlegen, in welchem Umfang er und sein Wettbewerber dieselben Kunden ansprechen bzw. in welcher Weise sich dessen Aktionen auf die eigene Geschäftstätigkeit auswirken können.[221]

91 c) **Marktbezogene Verstöße.** *α) Grundsatz.* Die dargestellten Grundsätze treffen zwar für mitbewerberbezogene Verstöße zu. Für marktbezogene Verstöße, also in Fallkonstellationen, die das **verbraucherschutzbezogene Lauterkeitsrecht** betreffen oder in denen es um **Allgemeininteressen** geht, bedarf es stets einer Einzelfallbetrachtung, ob mit der unlauteren geschäftlichen Handlung auch eine Beeinträchtigung des Wettbewerbs gerade des Anspruchstellers einhergeht.[222] Hier ist zu differenzieren und jeweils zu fragen, ob eine *„Beeinträchtigung der auf Kundschaftsgewinnung gerichteten Tätigkeit"*[223] vorliegt. Ein Schadenseintritt ist zwar in Wettbewerbssachen „zumeist wahrscheinlich",[224] und kann dann sogar nach der Lebenserfahrung vermutet werden.[225] Ein Schaden tritt aber eben nicht immer ein. Bei manchen marktbezogenen Wettbewerbsverstößen ist ein kalkulierbarer Schaden von vornherein so fernliegend, dass es der näheren Darlegung der Umstände bedarf, die gleichwohl einen Schadenseintritt als wahrscheinlich erscheinen lassen:[226]

92 *β) Irreführung.* Unabhängig davon, dass jede irreführende Angabe eines Wettbewerbers tendenziell die Konkurrenten benachteiligt,[227] führt nicht jede **Irreführung** (§ 5) auch zu einer Beeinträchtigung der Erwerbschancen und damit einem Schaden aller oder eines Mitbewerbers.[228] Es kommt darauf an, ob und inwieweit dieselben Kunden angesprochen und von der Werbung zum Nachteil des klagenden Mitbewerbers beeinflusst werden können.[229]

92a Es muss hierfür zunächst die Möglichkeit bestanden haben, dass diejenigen Kunden, die sich aufgrund einer Irreführung für das Angebot des irreführend Werbenden interessiert haben, sich bei Kenntnis der wahren Sachlage gerade mit dem Angebot des Mitbewerbers befasst hätten.[230] Dabei kommt es in erster Linie auf die **Marktstruktur** an. Je mehr Wettbewerber auf einem bestimmten sachlich und räumlich abgrenzbaren Markt tätig sind, desto weniger wahrscheinlich ist, dass eine irreführende Werbung gerade einem bestimmten Mitbewerber zum Nachteil gereicht.[231] Auch das Umgekehrte gilt: Ist der klagende Mitbewerber der einzige Konkurrent, spricht dies für einen Schaden.[232] Auch in einem Kreis von wenigen Mitbewerbern ist ein Schaden für den Einzelnen wahrscheinlich: Wenn es z. B. an einem Ort nur vier Bestattungsunternehmer gibt, so sind durch

---

[220] So schon OLG Hamburg MuW XXII, 83, 84: *„In derartigen Schadensersatzprozessen läßt sich ein ziffernmäßiger Betrag meist nicht errechnen. Und doch liegt es auf der Hand, daß die rechtswidrigen Eingriffe einen Schaden hervorrufen, der effektiv schon darin besteht, daß die Tätigkeit der Organe einer Firma, statt sich anderer produktiver Tätigkeit zuwenden zu können, für die Abwehr in Anspruch genommen wird".*

[221] Vgl. BGH GRUR 2001, 78, 79 – *Falsche Herstellerpreisempfehlung.*

[222] OLG Hamburg, Urt. v. 11.2.2009, Az. 5 U 130/08 – *Smartsurfer;* OLG Hamburg Urt. v. 18.4.2012, Az. 5 U 189/10: LG Münster, Urt. v. 25.4.2014, Az. 23 O 123/13.

[223] Vgl. RGZ 75, 61, 63 – *Moratorium; Rosenthal/Leffmann* Einl. Rdn. 196.

[224] BGH GRUR 1962, 415, 418 – *Glockenpackung I;* OLG Zweibrücken WRP 1996, 951, 953 – *Taktvolle Werbung.*

[225] Vgl. LG Hamburg, Urt. v. 20. 7. 2006, Az. 327 O 23/06.

[226] BGH GRUR 2000, 907, 911 – *Filialleiterfehler;* GRUR 2001, 78, 79 – *Falsche Herstellerpreisempfehlung;* OLG Hamburg NJW-RR 2004, 196, 198 f. – *Rexona.*

[227] BGH GRUR 2001, 78, 79 – *Falsche Herstellerpreisempfehlung;* OLG Hamburg NJW-RR 2004, 196, 198 – *Rexona.*

[228] Vgl. BGH GRUR 2001, 78, 79 – *Falsche Herstellerpreisempfehlung.*

[229] Vgl. RG GRUR 1934, 192, 194 – *Saneuron;* GRUR 1936, 747, 752 – *Waterproof;* BGH GRUR 2000, 907, 911 – *Filialleiterfehler;* OLG Düsseldorf GRUR-RR 2014, 1, 7 – *Schneeschieber.*

[230] OLG Frankfurt Urt. v. 27.10.2005, Az. 6 U 185/04 – *40 Jahre Garantie* (insoweit in GRUR 2006, 247 nicht abgedruckt).

[231] Vgl. RG GRUR 1935, 894, 899 – *Wellenbänder;* GRUR 1937, 389, 394 – *Alpina;* BGH GRUR 1965, 313, 314 – *Umsatzauskunft;* OLG Hamburg, Urt. v. 11.2.2009, Az. 5 U 130/08 – *Smartsurfer;* LG Hamburg, Urt. v. 6.8.2013, Az. 416 HKO 55/13.

[232] Vgl. OLG Hamburg Urt. v. 18.4.2012, Az. 5 U 189/10.

eine unlautere irreführende Werbung für „Edelholzsärge" aus Kiefernholz durch einen Bestatter die drei anderen ohne weiteres in ihren Absatzbemühungen beeinträchtigt.[233]

Weitere Anhaltspunkte für eine **greifbare Beeinträchtigung der Kundengewinnung** des Mitbewerbers sind etwa die Dauer und die Intensität der Irreführung,[234] die Suggestivkraft der Werbung,[235] ihr Umfang,[236] ihre Relevanz für die Verbraucherentscheidung,[237] ob und inwieweit die Irreführung zu einem aus Verbrauchersicht günstigeren Angebot geführt hat,[238] die Art der Produkte und die Vergleichbarkeit des Sortiments, deren Austauschbarkeit aus Kundensicht,[239] die räumliche Nähe der Anbieter, die Marktbedeutung des irreführend Werbenden, die Streuwirkung der Werbung,[240] die Länge des Beschaffungsintervalls und in welchem Umfang sich Werbeaktionen des in Rede stehenden Wettbewerbers üblicherweise auf seine eigenen Umsätze auswirken,[241] etc. 92b

Hinzu kommen muss die **Möglichkeit eines Einflusses auf die Kunden** und einer **Steigerung des Interesses für das Angebot.**[242] Die Ankündigung einer besonders günstigen Kaufgelegenheit zieht üblicherweise einen nicht unerheblichen Teil der in einem bestimmten Gebiet vorhandenen Kaufkraft auf sich.[243] Nach der Lebenserfahrung ist es z. B. nicht unwahrscheinlich, dass ein Mitbewerber Schäden erleidet, wenn von einer irreführenden Werbung i. S. d. § 5 Abs. 1 Satz 2 Nr. 1 eine Anlockwirkung auch auf seine aktuellen oder potentiellen Kunden ausgeht.[244] Dies gilt in besonderem Maße für eine irreführende Werbung, die den Umworbenen veranlassen kann, das Geschäft des Werbenden aufzusuchen. Diese können, einmal angelockt, auch zum Erwerb anderer Produkte veranlasst werden, womit der Mitbewerber keine Chance mehr auf einen Verkauf solcher Produkte an diese Kunden hat.[245] 92c

In besonderen Fällen kann der durch eine Irreführung verursachte Schaden auch darin liegen, dass bereits bestehende **Verträge rückabgewickelt** werden, weil Kunden verunsichert sind.[246] 92d

γ) Vergleichende Werbung. Bei einer unlauteren **vergleichenden Werbung** (§ 6) besteht nach der Lebenserfahrung ohne weiteres die Wahrscheinlichkeit, dass der von einem negativen Werbevergleich Betroffene im Wettbewerb tatsächlich Nachteile und damit einen Schaden erleidet, weil Kunden sich von ihm abwenden können.[247] Dies gilt insbesondere bei einem herabsetzenden oder verunglimpfenden Werbevergleich gem. § 6 Abs. 1, 2 Nr. 5.[248] 92e

δ) Aggressive geschäftliche Handlungen und unzumutbare Belästigungen. Bei **aggressiven geschäftlichen Handlungen** (§ 4a) und **unzumutbaren Belästigungen** (§ 7) kommt es ebenso wie bei der Irreführung darauf an, inwieweit die gleichen Kunden angesprochen werden und inwieweit deshalb ein mit unlauteren Mitteln akquirierter oder interessierter Kunde gerade für den auf Schadensersatz klagenden Mitbewerber nicht mehr ansprechbar ist.[249] Auch hier gilt: Je mehr Wettbewerber auf einem bestimmten sachlich und räumlich abgrenzbaren Markt tätig sind, desto weniger wahrscheinlich ist, dass eine aggressive oder belästigende geschäftliche Handlung gerade die Kundengewinnung eines bestimmten Mitbewerbers beeinträchtigt.[250] Verneint wurde etwa die Beeinträchtigung gerade dreier bestimmter Mitbewerber durch belästigende Haus- 92f

---

[233] OLG Zweibrücken WRP 1996, 951, 953 – *Taktvolle Werbung.*

[234] Vgl. BGH GRUR 2001, 78, 79 – *Falsche Herstellerpreisempfehlung;* OLG Düsseldorf GRUR-RR 2014, 1, 7 – *Schneeschieber;* LG Hamburg, Urt. v. 20.7.2006, Az. 327 O 23/06.

[235] Vgl. KG WRP 1999, 339, 342 – *Werbevergleich* (zu § 1 UWG 1909); OLG Hamburg NJW-RR 2004, 196, 198 – *Rexona.*

[236] Vgl. KG WRP 1999, 339, 342 – *Werbevergleich* (zu § 1 UWG 1909).

[237] Vgl. OLG Düsseldorf GRUR-RR 2014, 1, 7 – *Schneeschieber:* erhebliche Relevanz der Werbung für ein Erzeugnis als „patentgeschützt".

[238] OLG Karlsruhe, Urt. v. 9.1.2002, Az. 6 U 98/01.

[239] BGH GRUR 2000, 907, 911 – *Filialleiterfehler;* LG Berlin, Urt. v. 10.2.2012, Az. 15 O 547/09.

[240] LG Hamburg, Urt. v. 20.7.2006, Az. 327 O 23/06.

[241] BGH GRUR 2001, 78, 79 – *Falsche Herstellerpreisempfehlung;* OLG Düsseldorf GRUR-RR 2014, 1, 7 – *Schneeschieber.*

[242] Vgl. BGH GRUR 1964, 686, 690 – *Glockenpackung II;* GRUR 2001, 78, 79 – *Falsche Herstellerpreisempfehlung.*

[243] LG Hamburg, Urt. v. 20.7.2006, Az. 327 O 23/06.

[244] RG GRUR 1938, 269, 273 – *Auskunftskalender;* BGH GRUR 2000, 907, 911 – *Filialleiterfehler.*

[245] BGH GRUR 2000, 907, 911 – *Filialleiterfehler.*

[246] Vgl. BGH GRUR 1991, 921, 924 – *Sahnesiphon.*

[247] RG GRUR 1931, 1299, 1301 f. – *Hellegold;* GRUR 1936, 747, 752 – *Waterproof.*

[248] KG WRP 1999, 339, 342 – *Werbevergleich;* LG Köln GRUR-RR 2009, 154, 155 – *Haftung für Virals.*

[249] RG GRUR 1935, 686, 690 – *Hausbesuche von Bestattungsfirmen.*

[250] RG GRUR 1935, 686, 690 – *Hausbesuche von Bestattungsfirmen.*

besuche eines Berliner Bestattungsunternehmers, weil es in Berlin etwa 200 Bestattungsunternehmen gab.[251]

92g *ε) Verletzung von Informationspflichten.* Beim Verstoß gegen **verbraucherschützende Informationspflichten** (z. B. § 5a) gilt: Das Vorenthalten wesentlicher Informationen ist schadensbegründend, wenn dem Verbraucher in Kenntnis der vorenthaltene Informationen das Angebot des Mitbewerbers voraussichtlich als das bessere oder jedenfalls erwägenswert erschienen wäre. Auch eine besondere Anlockwirkung eines intransparenten Angebots kann ausreichen.[252] Hierfür kommt es – wie bei der Irreführung – auf alle Umstände des Einzelfalls und insbesondere darauf an, ob für den Verbraucher die Möglichkeit bestand, von dem Angebot des Mitbewerbers überhaupt Kenntnis zu nehmen. Dies wiederum wird auf einem kleinen, überschaubaren Markt mit wenigen Teilnehmern eher der Fall sein als auf einem großen Markt mit vielen Anbietern.[253]

II. Haftungsausfüllende Kausalität und Schutzzweck der Norm

1. Haftungsausfüllende Kausalität

93 Eine Schadensersatzpflicht setzt voraus, dass der Schaden durch das zum Schadensersatz verpflichtende Ereignis **verursacht** worden ist. Das Verhalten des Schädigers muss für den Schaden kausal sein. Dabei ist zu unterscheiden:

93a Bei der **haftungsbegründenden Kausalität** geht es darum, ob zwischen dem Verhalten des Schädigers und der eingetretenen Rechts- oder Rechtsgutsverletzung ein Ursachenzusammenhang gegeben ist. Systematisch gehört dieser Teil der Kausalkette zum Haftungs- und nicht zum Schadensrecht.[254] Für den Anspruch nach § 9 ist die haftungsbegründende Kausalität als Rechtsproblem nicht relevant, da die tatbestandliche Anknüpfung an die Zuwiderhandlung gegen § 3 oder § 7 die Rechtsverletzung bereits voraussetzt.

93b Die **haftungsausfüllende Kausalität** ist der Ursachenzusammenhang zwischen der Rechtsverletzung und dem entstandenen Schaden.[255] Eine Haftung besteht nur für diejenigen äquivalent und adäquat verursachten Schadensfolgen, die aus dem Bereich der Gefahren stammen, zu deren Abwendung die verletzte Norm wurde.[256]

94 Im Wettbewerbsrecht gilt wie im allgemeinen Zivilrecht neben der Äquivalenztheorie mit ihrer *Coniditio-sine-qua-non*-Formel die **Adäquanztheorie.**[257] Ein Schaden ist dann durch den Wettbewerbsverstoß verursacht, wenn ein solcher Verstoß im Allgemeinen und nicht nur unter besonders eigenartigen, unwahrscheinlichen und nach dem gewöhnlichen Verlauf der Dinge außer Betracht zu lassenden Umständen geeignet ist, einen solchen Schaden hervorzurufen.[258]

94a Die Adäquanztheorie erfährt im Bereich der **psychisch vermittelten Kausalität** eine Einschränkung. Konnte der geltend gemachte Schaden nicht ohne **eigenes Verhalten des Geschädigten** entstehen, das als solches auf einem freien Entschluss beruhte und erst nach dem zum Anlass der Ersatzforderung genommenen Geschehen in den hierdurch in Gang gesetzten Kausalverlauf eingegriffen hat, ist zwar der Kausalverlauf nicht unterbrochen,[259] aber bei wertender Betrachtung grundsätzlich kein zum Schadensersatz verpflichtender Zusammenhang mehr gegeben.[260] Eine Ersatzpflicht kann allerdings auch dann der Billigkeit entsprechen, wenn für das tatsächliche Verhalten des Geschädigten nach dem haftungsbegründenden Ereignis ein rechtfertigender Anlass bestand oder es durch dieses Ereignis **herausgefordert** wurde und eine **nicht ungewöhnliche oder unangemessene Reaktion** darauf darstellte.[261] Bei Aufwendungen kommt eine Ersatzpflicht dann in Betracht, wenn ein wirtschaftlich denkender Mensch sie für notwendig erachten durfte, um einen konkret drohenden Schadenseintritt zu verhüten.[262] Der BGH hat dies in einem Fall verneint, in

---

[251] RG GRUR 1935, 686, 690 – *Hausbesuche von Bestattungsfirmen* (vgl. aber auch OLG Zweibrücken WRP 1996, 951, 953 – *Taktvolle Werbung:* Beeinträchtigung eines bestimmten Bestatters, wenn es am Ort insgesamt nur vier gibt).

[252] OLG Hamm NJOZ 2009, 3618, 3622 – *Gutschein-Werbung für Treppenlift.*

[253] OLG Hamm NJOZ 2009, 3618, 3622 – *Gutschein-Werbung für Treppenlift.*

[254] Bamberger/Roth/*Schubert* § 249 BGB Rdn. 44 f.

[255] Bamberger/Roth/*Schubert* § 249 BGB Rdn. 44 f.

[256] BGH GRUR 2016, 831, 832 Tz. 15 – *Lebens-Kost.*

[257] BGH GRUR 2016, 831, 832 Tz. 15 – *Lebens-Kost;* GroßKommUWG/*Köhler* (1. Aufl.) Vor § 13 B Rdn. 270.

[258] Zur Adäquanz BGHZ 57, 137, 141.

[259] OLG Frankfurt GRUR-RR 2010, 482, 483 – *heute gratis.*

[260] BGH GRUR 2016, 526, 528 Tz. 31 – *Irreführende Lieferantenangabe.*

[261] BGH GRUR 2016, 526, 528 Tz. 31 – *Irreführende Lieferantenangabe;* GRUR 2007, 631, 632 Tz. 24 – *Abmahnaktion,* m. w. N.; vgl. auch OLG Frankfurt GRUR-RR 2010, 482, 483 – *heute gratis.*

[262] BGH GRUR 2007, 631, 632 Tz. 24 – *Abmahnaktion.*

dem der Verletzte statt des irreführend Werbenden irrtümlich ein Schwesterunternehmen mit einer ähnlich lautenden Firma verklagt und für diese – unbegründete – Klage erhebliche Kosten aufgewendet hat. Die Kosten dieses Prozesses wurden wegen des atypischen und ungewöhnlichen Kausalverlaufs nicht mehr adäquat durch die irreführende Werbung verursacht.[263]

2. Schutzzweck der Norm und hypothetisches Alternativverhalten

Eine Schadensersatzpflicht besteht nur, wenn und soweit der geltend gemachte Schaden nach Art und Entstehungsweise unter den **durch Auslegung zu ermittelnden Schutzzweck** der verletzten Norm fällt.[264] Es genügt nicht, wenn sich der Schaden bei wertender Beurteilung nur als Verwirklichung eines allgemeinen Lebensrisikos darstellt. Der Schaden muss gerade zu jenen Schäden gehören, die von der verletzten wettbewerbsrechtlichen Verhaltenspflicht verhindert werden sollen (sog. Lehre vom Schutzzweck der Norm).[265] Vom Schutzzweck des § 5 Abs. 1 etwa werden nicht die finanziellen Nachteile eines Mitbewerbers umfasst, die dadurch entstehen, dass der Verkehr die an sich irreführenden Äußerungen durchschaut und sich zu Nutze macht.[266] § 7 soll verhindern, dass dem Verbraucher und sonstigen Marktteilnehmern Werbemaßnahmen aufgedrängt werden und dass es zu einer Bindung von Ressourcen des Empfängers (z. B. Zeitaufand, Kosten für Faxpapier, Vorhaltekosten von Empfangseinrichtungen, Entsorgungskosten) kommt; außerhalb des Schutzzwecks der Norm liegt aber der Schutz der Entscheidungsfreiheit, so dass die Belastung mit Verpflichtungen aus einem unerwünschten Vertrag, der infolge solcher Werbung geschlossen wird, kein ersatzfähiger Schaden ist.[267] 95

Mit dem Schutzzweck der Norm hängt die Zulässigkeit des **Einwands des** hypothetischen **rechtmäßigen Alternativverhaltens** zusammen: Ein Schaden, der auch bei lauterem Handeln eingetreten wäre, kann und soll vom Lauterkeitsrecht nicht verhindert und muss nicht ersetzt werden.[268] Die Beweislast dafür, dass der Schaden auch bei einem gedachten lauteren Handeln eingetreten wäre, trägt der Verletzer.[269] Bei der Berechnungsmethode der Abschöpfung des Verletzergewinns wird das hypothetische rechtmäßige Alternativverhalten allerdings nicht berücksichtigt (näher Rdn. 176a).[270] 96

III. Mitwirkendes Verschulden des Verletzten bei der Schadensentstehung

1. Obliegenheit zur Geringhaltung des Schadens

Der Geschädigte hat gem. **§ 254 BGB** nach Kräften zu versuchen, den Schaden möglichst gering zu halten. Verstößt er gegen diese Obliegenheit der Schadensminderung im Sinne eines „Verschuldens gegen sich selbst",[271] ist der Schadensersatzanspruch anteilig zu kürzen. 97

2. Einzelfälle des Mitverschuldens

a) Unterlassene Warnung. Ein **Verstoß gegen die Schadensminderungsobliegenheit** ist anzunehmen, wenn der Verletzte einen ihm bekannten Wettbewerbsverstoß nicht zu unterbinden versucht,[272] sondern einfach zuwartet und es unterlässt, den Verletzer abzumahnen und ihn auf den Eintritt oder die Höhe eines Schadens hinzuweisen, es sei denn, der Verletzte kann beweisen, dass der Verletzer die Warnung ohnehin nicht beachtet hätte.[273] 98

b) Unterlassene Aufklärungsbemühungen. Eine Kürzung des Schadensersatzanspruchs kommt auch in Betracht, wenn der Verletzte mögliche, zumutbare und kostengünstige Aufklärungsmaßnahmen gegenüber Dritten wie z. B. **aufklärende Rundschreiben gegenüber den** 99

---

263 BGH GRUR 1988, 313, 314 – *Auto F. GmbH.*
264 BGH GRUR 2016, 830, 831 Tz. 15 – *Lebens-Kost,* m. w. N.
265 BGH GRUR 2016, 526, 528 Tz. 31 – *Irreführende Lieferantenangabe;* GRUR 2016, 830, 831 Tz. 15 – Lebens-Kost; näher zum Schutzzweck der Norm und zum Rechtswidrigkeitszusammenhang Bamberger/Roth/*Schubert* § 249 BGB Rdn. 48 m. w. N.
266 OLG Karlsruhe, Urt. v. 9.1.2002, Az. 6 U 98/01.
267 BGH GRUR 2016, 830, 831 Tz. 21 – *Lebens-Kost.*
268 RG MuW XXXVIII, 300, 301 – *Vereinigte Bandfabriken;* GRUR 1939, 407, 412 f. – *Schüßler-Salze.*
269 BGH GRUR 1974, 286, 287 – *Bastel-Wettbewerb II.*
270 BGH GRUR 2012, 1226, 1230 Tz. 35 – *Flaschenträger.*
271 BGHZ 9, 316, 318; 39, 156, 159; 74, 25, 28.
272 RG JW 1902, 101; *Rosenthal/Leffmann* Einl. Rdn. 204.
273 GroßKommUWG/*Köhler* (1. Aufl.) Vor § 13 B Rdn. 293.

Adressaten herabsetzender oder irreführender Werbung unterlässt.[274] Bei einer herabsetzenden oder irreführenden redaktionellen Werbung oder sonstigen Presseangriffen stellt es entgegen der bisherigen Rechtsprechung des BGH[275] jedoch keine Verletzung der Schadensminderungsobliegenheit dar, wenn der Verletzte sich nicht um eine presserechtliche Gegendarstellung bemüht. Denn Gegendarstellungen sind in den seltensten Fällen wirklich geeignet, den richtigen Eindruck der Erstmitteilung zu beseitigen oder zu mindern.[276]

100 **c) Unterlassene Vertragstreuemahnung.** Wenn der Verletzte bei wettbewerbswidriger Verleitung von Kunden zum Vertragsbruch nichts unternimmt, um die **Kunden zur Vertragstreue anzuhalten,** liegt darin in der Regel ein Verstoß gegen die Schadensminderungsobliegenheit.[277]

101 **d) Voreiliger Gehorsam bei unberechtigter Schutzrechtsverwarnung.** Eine Kürzung des Schadensersatzanspruchs wegen Mitverschuldens bei der Schadensentstehung nach einer unberechtigten Schutzrechtsverwarnung soll auch dann in Betracht kommen, wenn der **Verwarnte voreilig die Produktion oder den Vertrieb einstellt,** obwohl er die fehlende Berechtigung der Verwarnung hätte erkennen können,[278] oder wenn er die Verwarnung weiterhin befolgt, obwohl ihm neue Umstände bekannt geworden sind.[279]

102 In Anbetracht der Komplexität und Bedeutung von Schutzrechtsverletzungen muss der Verwarnte, wenn er nicht selbst zu einer Beurteilung in der Lage ist, fachkundigen Rechtsrat durch einen Rechts- oder Patentanwalt einholen, ehe er sich zu einschneidenden und kostspieligen Maßnahmen entschließt. Einen solchen Rat nicht einzuholen, wäre in der Tat „Verschulden gegen sich selbst." Allerdings ist es auch ausreichend, wenn sich der Verwarnte **auf das Ergebnis der Schutzfähigkeitsprüfung seiner fachkundigen Berater** (Patent- und Rechtsanwälte) **verlässt,** solange er keinen begründeten Anlass hat, deren Urteil anzuzweifeln. Insofern gelten für den Verwarnten die gleichen Vertrauensgrundsätze wie für den Verwarnenden.[280]

IV. Form und Umfang des Schadensersatzes, Schadensberechnung

1. Naturalrestitution

103 **a) Allgemeines.** Im Schadensersatzrecht gilt im Grundsatz der **Vorrang des Integritätsinteresses vor dem Kompensationsinteresse.**[281] Auch im Wettbewerbsrecht ist Schadensersatz dem Grundsatz nach durch Naturalrestitution zu leisten, § 249 Abs. 1 BGB.[282] Der Gläubiger kann daher vom Schuldner verlangen, „den Zustand herzustellen, der bestehen würde, wenn der zum Ersatz verpflichtende Umstand nicht eingetreten wäre". Dies bedeutet die **Herstellung eines wirtschaftlich gleichwertigen Zustandes.** Die Konstellationen, in denen eine Naturalrestitution praktisch möglich ist, sind bei UWG-Verstößen allerdings begrenzt. Naturalherstellung kommt in Fällen der Vernichtung oder Beschädigung von Werbematerial durch Wiederherstellung, insbesondere aber bei der Kunden- oder Mitarbeiterabwerbung in Gestalt von zeitweiligen Belieferungs-, Bezugs-, Herstellungs-, Vertriebs- oder Beschäftigungsverboten in Betracht.[283] Umfang und Dauer des Verbots bestimmen sich nach den Umständen des Einzelfalls unter Berücksichtigung des Zwecks der Naturalrestitution und des Grundsatzes der Verhältnismäßigkeit.[284]

103a Die **praktische Bedeutung** der Naturalherstellung ist weiter dadurch **stark gemindert,** dass die entsprechenden Maßnahmen bereits regelmäßig mit dem verschuldensunabhängigen Beseitigungsanspruch begehrt werden können.[285]

---

[274] *Köhler*/Bornkamm § 9 Rdn. 1.22.

[275] BGH GRUR 1979, 421, 423 – *Exdirektor.*

[276] *Wild* GRUR 1979, 425.

[277] BGH GRUR 1994, 446, 449 – *Sistierung von Aufträgen.*

[278] BGH GRUR 1997, 741, 743 – *Chinaherde;* GRUR 1963, 255, 259 – *Kindernähmaschinen; Köhler*/Bornkamm § 9 Rdn. 1.22.

[279] BGH GRUR 1978, 492, 494 – *Fahrradgepäckträger II.*

[280] Hierzu BGH GRUR 1974, 290, 293 – *Maschenfester Strumpf;* GRUR 1976, 715, 717 – *Spritzgießmaschine;* OLG Hamburg GRUR-RR 2003, 257, 261.

[281] BGHZ 92, 85, 90 – *Modellboot;* GroßKommUWG/*Köhler* (1. Aufl.) Vor § 13 B Rdn. 297.

[282] *Köhler*/Bornkamm § 9 Rdn. 1.24.

[283] *Lehmler* § 9 Rdn. 20; *Ohly*/Sosnitza § 9 Rdn. 10 m. w. N; vgl. zu solchen Konstellationen etwa BGH GRUR 1961, 482, 483 – *Spritzgußmaschinen;* GRUR 1964, 215, 216 f. – *Milchfahrer;* GRUR 1970, 182, 184 – *Bierfahrer;* GRUR 1976, 306, 307 – *Baumaschinen.*

[284] Eingehend und mit ausführlicher Erörterung der Verhältnismäßigkeitsaspekte *Köhler* GRUR 1996, 82, 83; *Köhler*/Bornkamm § 9 Rdn. 1.26.

[285] GroßKommUWG/*Köhler* (1. Aufl.) Vor § 13 B Rdn. 297; *ders.* GRUR 1996, 82, 83.

b) Naturalrestitution durch Handlungsverbote. Bei **unerlaubter Abwerbung eines Mitarbeiters** kann die Beseitigung des Schadens verlangt werden, der als adäquate Folge der unerlaubten Abwerbung anzusehen ist. Der auf Naturalrestitution gerichtete Schadensersatzanspruch geht deshalb dahin, es dem unlauter Abwerbenden zu verbieten, den abgeworbenen Mitarbeiter zu beschäftigen und damit einen wettbewerblichen Vorsprung vor dem alten Arbeitgeber zu gewinnen. Das **Beschäftigungsverbot** ist auf die Zeit beschränkt, der dem wettbewerblichen Vorsprung entspricht, den er andernfalls auf Kosten des Geschädigten durch die Abwerbung erzielt hätte. Der Zeitraum ist nach § 287 ZPO zu schätzen. Für die Bemessung des Zeitraums ist entscheidend, wie lange der alte Arbeitgeber voraussichtlich braucht, um den Verlust des abgeworbenen Mitarbeiters zu verschmerzen.[286] 104

Auch bei **unerlaubter Abwerbung von Kunden** kann die Beseitigung des Schadens verlangt werden, der als adäquate Folge des unerlaubten Eindringens in die Kundenbeziehungen anzusehen ist. Der auf Naturalrestitution gerichtete Schadensersatzanspruch geht deshalb dahin, es dem unlauter Abwerbenden zu verbieten, die abgeworbenen Kunden zu beliefern und damit einen wettbewerblichen Vorsprung vor dem alten Lieferanten zu gewinnen. Die Dauer des **Belieferungsverbots** bemisst sich danach, wie lange der Verletzer von den Kunden ferngehalten werden muss, um die Kundenbeziehung zum Erlöschen zu bringen, also den unrechtmäßigen Wettbewerbsvorteil aufzuheben.[287] Als angebracht erachtete der BGH hierfür in Anknüpfung an die Wettbewerbsverbote des Handelsrechts im Allgemeinen eine Frist von zwei Jahren.[288] 105

Bei der **Verletzung von Geschäfts- und Betriebsgeheimnissen** geht der auf Naturalrestitution gerichtete Schadensersatzanspruch dahin, dass der Schädiger das unbefugt erlangte Betriebsgeheimnis nicht auswertet. Die Zeitdauer des **Benutzungsverbots** richtet sich danach, wie lange der Verletzer gebraucht hätte, um das unbefugt erlangte Wissen auf legalem Wege zu erwerben. 106

c) Naturalrestitution durch Auskunft. In besonders gelagerten Fällen kann die Naturalrestitution auch durch Erteilung einer Auskunft erfolgen.[289] Wenn die unlautere geschäftliche Handlung in der Verletzung eines geschlossenen Vertriebssystems durch Verleitung zum Vertragsbruch liegt, kann der Beitrag des Verletzers zur Wiederherstellung des früheren Zustandes (geschlossenes Vertriebssystem) nur in der **Namhaftmachung der undichten Stelle im Vertriebssystem** bestehen.[290] Auch bei der Verletzung von **Geschäftsgeheimnissen** kann der Beitrag zur Wiederherstellung des früheren Zustandes gerade darin bestehen, diejenigen **Drittunternehmen genannt** zu bekommen, denen das für den Berechtigten geschützte **Know-how angeboten** wurde und bei denen die Wahrscheinlichkeit besteht, dass sie deshalb nicht beim Berechtigten um eine Lizenz nachgesucht haben.[291] 106a

d) Naturalrestitution durch Widerruf. Der zum Schadensersatz Berechtigte kann im Fall von herabsetzenden Äußerungen vom Verletzer Naturalrestitution in Form von Berichtigung oder Widerruf verlangen.[292] 106b

e) Ersetzungsbefugnis bei konkret berichtigender eigener Werbung. Der BGH hat noch nicht abschließend darüber entschieden, inwieweit im Rahmen des Schadensersatzes eine **berichtigende Werbung als Naturalrestitution** geschuldet wird. Die vorhandenen älteren Entscheidungen lassen jedoch eine positive Tendenz erkennen.[293] Bei der berichtigenden Werbung geht es darum, einen durch eine konkrete Werbemaßnahme hervorgerufenen unrichtigen Eindruck beim Publikum zu beseitigen, indem der Verletzer verpflichtet wird, in seiner Werbung Hinweise auf die Unrichtigkeit zuvor aufgestellter Werbebehauptungen zu verbreiten.[294] 107

---

[286] BGH GRUR 1961, 482, 483 f. – *Spritzgußmaschinen;* GRUR 1967, 428, 429 – *Anwaltsberatung;* GRUR 1976, 306, 307 – *Baumaschinen.*

[287] BGH GRUR 1970, 182, 184 – *Bierfahrer* (zum Beseitigungsanspruch); GRUR 1964, 215, 216 f. – *Milchfahrer* (zum Unterlassungsanspruch).

[288] BGH GRUR 1970, 182, 184 – *Bierfahrer;* zum Ganzen ausführlich *Köhler* GRUR 1996, 82, 83.

[289] BGH GRUR 1976, 367, 368 – *Ausschreibungsunterlagen,* m. w. N.; GRUR 2012, 1048, 1049 Tz. 27 – *MOVICOL-Zulassungsantrag.*

[290] RG GRUR 1935, 990, 994 – *4711-Stammkunden;* GRUR 1939, 562, 567 – *Zeiss-Brillengläser;* BGH GRUR 1964, 320, 323 – *Maggi;* GRUR 1974, 351, 352 – *Frisiersalon.*

[291] BGH GRUR 2012, 1048, 1049 Tz. 27 – *MOVICOL-Zulassungsantrag.*

[292] RG MuW XXXI, 276, 278 – *Ablaßvorrichtung für Dampfkessel; Köhler* GRUR 1996, 82, 84.

[293] Die Entscheidung BGH GRUR 1979, 804, 805 – *Falschmeldung* – betrifft die Frage des Kostenersatzes für eigene Aufwendungen; in der Entscheidung BGH GRUR 1982, 489 f. – *Korrekturflüssigkeit* wird berichtigende Werbung von allgemeinen Maßnahmen zur Marktentwirrung abgegrenzt.

[294] *Schricker* GRUR Int. 1975, 191, 192; umfassend *Köhler* GRUR 1996, 82 ff.

108 Nach § 249 Absatz 2 Satz 1 BGB kann der anspruchsberechtigte Mitbewerber die **Naturalrestitution selbst vornehmen** und **Ersatz der erforderlichen Aufwendungen verlangen.**[295] Das Gesetz beschränkt diese Befugnis dem Wortlaut nach zwar auf die Fälle der Beschädigung einer Sache und der Verletzung einer Person. Da der Begriff der Person nicht auf natürliche Personen beschränkt ist, kommt auch die Beeinträchtigung eines Unternehmens bei der herabsetzender Werbung in Betracht.[296] Unter „Verletzung" ist dabei auch die Ehrverletzung und darüber hinaus individuell herabsetzende Werbung im geschäftlichen Verkehr zu verstehen.[297] Will man den Anwendungsbereich des § 249 Abs. 2 Satz 1 BGB nicht so weit ausdehnen, ist eine analoge Anwendung des § 249 Abs. 2 Satz 1 BGB geboten.[298] Denn die *ratio legis* dieser Norm, dass es für den Geschädigten unzumutbar sei, seine Rechtsgüter dem Schuldner zur Wiederherstellung anzuvertrauen,[299] trifft auch für den Fall der Geschäftsehrverletzung zu – gerade, wenn diese durch einen Mitbewerber erfolgt ist.[300] Für eine Anwendung des § 249 Abs. 2 Satz 1 BGB spricht auch, dass es sich u. U. als Verstoß gegen die Schadensminderungsobliegenheit darstellen kann, wenn der betroffene Mitbewerber keine eigenen Aufklärungsmaßnahmen ergreift.[301]

109 Der Gläubiger kann die **Kosten einer berichtigenden Werbung** nur verlangen, soweit sie „erforderlich" waren, § 249 Abs. 2 Satz 1 BGB. Verlangt wird von der Rechtsprechung grundsätzlich, dass ein Bezug der aufklärenden Werbemaßnahme zur Verletzungshandlung erforderlich ist, auf den allenfalls ganz ausnahmsweise, nämlich dann verzichtet werden könne, wenn eine Richtigstellung schädigender Äußerungen auf der Ebene rationaler Argumente nicht mehr möglich wäre.[302] Detaillierte Judikatur liegt bislang nur zu der Frage vor, ob unter dem Gesichtspunkt der berichtigenden Werbung gegen die Wirkungen herabsetzender Presseberichterstattung vorgegangen werden kann. Hierzu meint der BGH, dass im Allgemeinen zwar die Gegendarstellung als der wirtschaftlichere Weg anzusehen sei, im Einzelfall aber auch eine berichtigende Werbung auf Kosten des Verletzers zulässig sein könne. Bei der nötigen Abwägung der Umstände des Einzelfalls sei insbesondere die **Verbrauchererwartung** zu berücksichtigen, dass der Hersteller über seine Ware **durch Werbeanzeigen informiert.** Dies rechtfertige es, dem Hersteller die Möglichkeit nicht zu verschließen, seine berichtigende Darstellung gegenüber einem Presseangriff in publikumswirksamer Aufmachung in der äußeren Form einer Werbeanzeige im Anzeigenteil der verantwortlichen Zeitung unterzubringen.[303] Wenn also schon auf Presseberichte mit berichtigender Werbung reagiert werden darf, ist dies erst recht möglich, wenn die unlautere Wettbewerbshandlung ebenfalls die Form von Werbung hatte.[304] Der Zweck der Richtigstellung erfordert dabei jedoch, dass jedenfalls der orientierte Leser die Zusammenhänge zwischen Fehlinformation und Berichtigung erkennt.[305]

110 Ein **Ausschluss der Naturalrestitution** durch berichtigende Werbung nach **§ 251 Abs. 2 Satz 1 BGB** wegen Unverhältnismäßigkeit kommt **in der Praxis nicht** in Betracht. Denn dazu müsste der Schadensersatzpflichtige den wertmäßigen Betrag des Schadens beziffern und beweisen. Dies wird in der Praxis kaum möglich sein.[306]

111 Der Geschädigte, der nach § 249 Abs. 2 Satz 1 BGB vorgeht, hat **Dispositionsfreiheit** und kann den erforderlichen Geldbetrag für die Naturalrestitution einsetzen, braucht dies aber nicht zu tun. Der Geschädigte kann also die **Kosten einer berichtigenden Werbung verlangen, ohne diese tatsächlich zu schalten.**[307]

112 Die hier dargestellten Grundsätze werden von der Rechtsprechung zur Thematik des so genannten **„Marktverwirrungsschadens"**[308] nicht berührt. Bei der eher diffusen Marktverwirrung geht es gerade nicht um die konkrete Richtigstellung falscher Werbeaussagen in einer zielgerichtet auf

---

[295] Grdl. GroßKommUWG/*Köhler* (1. Aufl.) Vor § 13 B Rdn. 298, 200 m. w. N.

[296] Staudinger/*Schiemann,* § 249 BGB Rdn. 217; ebenso – für die Fälle einer herabsetzenden Presseberichterstattung – BGH GRUR 1979, 804, 805 – *Falschmeldung;* GRUR 1978, 187, 188 – *Alkoholtest.*

[297] GroßKommUWG/*Köhler* (1. Aufl.) Vor § 13 B Rdn. 298.

[298] GroßKommUWG/*Köhler* (1. Aufl.) Vor § 13 B Rdn. 298.

[299] Die Vorschrift will es dem Geschädigten ersparen, „zum Zwecke der Herstellung eine in ihrem Erfolg zweifelhafte Einwirkung auf seine Person oder auf die Sache dem Ersatzpflichtigen zu gestatten", *Mugdan,* Band II, S. 1235.

[300] GroßKommUWG/*Köhler* (1. Aufl.) Vor § 13 B Rdn. 298; *ders.* GRUR 1996, 82, 84.

[301] BGH GRUR 1978, 187, 188 – *Alkoholtest.*

[302] Vgl. BGH GRUR 1982, 489, 490 – *Korrekturflüssigkeit,* mit Nachw. der früheren Rspr.

[303] BGH GRUR 1979, 804, 805 – *Falschmeldung.*

[304] Zurückhaltender *Köhler* NJW 1992, 1477, 1478.

[305] BGH GRUR 1979, 804, 806 – *Falschmeldung; Köhler*/Bornkamm § 9 Rdn. 1.32.

[306] GroßKommUWG/*Köhler* (1. Aufl.) Vor § 13 B Rdn. 300.

[307] *Köhler* GRUR 1996, 82, 85, jedoch mit Einschränkungen.

[308] BGH GRUR 1982, 489, 490 – *Korrekturflüssigkeit;* GRUR 1991, 921, 923 – *Sahnesiphon;* GRUR 2001, 841, 845 – *Entfernung der Herstellungsnummer II.*

die unlautere Werbung bezogenen Werbemaßnahme, sondern um allgemeine, nicht speziell gegen einzelne unlautere Aussagen gerichtete Bemühungen, die Wahrnehmung des Geschädigten im Markt zurecht zu rücken. Der BGH hat demgegenüber deutlich gemacht, dass er dazu neigt, solche **„Gegenwerbung"** im Sinne einer konkret auf die wettbewerbswidrige Werbung bezogenen Berichtigung von allgemeinen Marktentwirrungsmaßnahmen abzugrenzen und **als Naturalrestitution** anzuerkennen.[309]

2. Der so genannte Marktverwirrungsschaden

113 Die **Marktverwirrung** stellt nach der Rechtsprechung des BGH zunächst nur einen Störungszustand dar, dem mit Abwehransprüchen zu begegnen ist.[310] Dies bedarf einer ausführlicheren Begründung als der vom BGH in der Entscheidung *„Entfernung der Herstellernummer II"* angeführten Gründe. Nach der hier vertretenen Auffassung genügt für eine Schädigung jede nachteilige Einwirkung auf die Vermögenslage im Allgemeinen, auch die **Beeinträchtigung** einer bloß **tatsächlichen Erwerbsaussicht,** da die eine Gewinnerzielung versprechende günstige Geschäftslage dem Vermögen zuzurechnen ist und schon in der Beeinträchtigung der auf Kundengewinnung gerichteten Tätigkeit eine Vermögenseinbuße liegt.[311]

114 Die Marktverwirrung, die durch eine **diffuse Desinformation der Marktteilnehmer** zu Lasten des Geschädigten entsteht, ist in der Tat zunächst nur ein **Störungszustand.** Sie bringt noch nicht zwingend eine Beeinträchtigung der Erwerbsaussichten und der werbenden Tätigkeit mit sich. Denn es ist durchaus möglich, dass eine gewisse Marktverwirrung mit geringer Intensität und begrenzten Umfang gar keinen negativen Einfluss auf die Geschäftstätigkeit des Verletzten hat. Eine Marktverwirrung führt deshalb nicht notwendigerweise in allen Fällen bereits zur Schädigung eines Mitbewerbers.

115 Zu einem Schaden im Sinne einer Beeinträchtigung der Erwerbsaussichten wächst sich die Marktverwirrung erst dann aus, wenn dieser Zustand das Ansehen[312] oder sonst die **werbende Tätigkeit** des Verletzten **tatsächlich beeinträchtigt,** die eine die Gewinnerzielung versprechende günstige **Geschäftslage verschlechtert** und dadurch einer Vermögenseinbuße gleichkommt.[313] Bedenkt man aber, dass jede spürbare Beeinträchtigung im Wettbewerb auch die Erwerbsaussichten tangiert, muss davon ausgegangen werden, dass die **Marktverwirrung** ***in aller Regel*** auch **als Schaden zu qualifizieren** ist. Es kann auf Kosten des Verletzers eine berichtigende Werbung geschaltet werden, wenn sie z. B. zur Wiederherstellung des guten Rufs der Ware oder des Unternehmens aus der Sicht eines verständigen Gewerbetreibenden erforderlich ist.[314]

3. Kosten der Rechtsverfolgung

116 **a) Rechtsverfolgungskosten als Schaden.** *aa) Allgemeines.* Die **Kosten der Rechtsverfolgung** bilden in aller Regel eine adäquate Folge aus dem Schadensereignis und gehören zum ersatzfähigen Schaden.[315] Sie sind ersatzfähig, soweit sie tatsächlich entstanden sind und auch erforderlich waren.[316] Die verschiedenen Verletzer in der Handelskette bei Nachahmungsfällen (Hersteller, Großhändler, Einzelhändler) haften nicht gesamtschuldnerisch für die Rechtsverfolgungskosten (näher unten Rdn. 193 ff.).

117 *bb) Testkäufe und Detektivkosten.* Die Kosten für notwendige **Testkäufe** sind als Schaden ersatzfähig, denn Testkäufe sind adäquat kausale Folge des wettbewerbswidrigen Verhaltens des Verletzers, das den Mitbewerber zu den erforderlichen Gegenmaßnahmen veranlasst.[317] Darüber hinaus gebietet die Schadensminderungsobliegenheit gem. § 254 Abs. 2 BGB dem Geschädigten, den Schaden möglichst gering zu halten, also nur diejenigen weiteren Aufwendungen zu verursachen, die unerlässlich sind.[318] **Detektivkosten** sind zu ersetzen, wenn sie nach den Umständen des Einzelfalls

---

309 BGH GRUR 1982, 489, 490 – *Korrekturflüssigkeit;* den Begriff der „Gegenwerbung" prägt der BGH a. a. O.

310 BGH GRUR 2001, 841, 845 – *Entfernung der Herstellungsnummer II.*

311 RGZ 75, 61, 63 – *Moratorium;* 79, 55, 58; 111, 151, 156; BGH GRUR 1966, 375, 378 – *Meßmer-Tee II.*

312 BGH GRUR 1991, 921, 923 – *Sahnesiphon.*

313 BGH GRUR 2001, 841, 845 – *Entfernung der Herstellernummer II; Lehmler* § 9 Rdn. 25; *Köhler*/Bornkamm § 9 Rdn. 1.30.

314 BGH GRUR 1978, 187, 189 – *Alkoholtest;* ausführlich oben Rdn. 86.

315 BGH NJW 1986, 2243, 2244; Bamberger/Roth/*Schubert* § 249 BGB Rdn. 72; *Köhler*/Bornkamm § 9 Rdn. 1.29; Teplitzky/*Schaub* Kap. 34 Rdn. 2 f.

316 *Köhler*/Bornkamm § 9 Rdn. 1.24.

317 BGH GRUR 2016, 730, 737 Tz. 75 – *Herrnhuter Stern.*

318 OLG Karlsruhe WRP 1988, 381, 382 f. – *Kosten für einen Testkauf.*

erforderlich sind.[319] Erforderlich sind nach Wegfall des § 15a GewO etwa die Kosten zur Identifizierung des Inhabers eines Ladengeschäfts, der rechtsverletzende Waren anbietet, seinen Namen aber weder am Geschäft noch auf dem Beleg für den Testkauf angibt.

118 *cc) Anwaltskosten der Abmahnung.* In Rechtsprechung und im Schrifttum war lange Zeit anerkannt, dass dem abmahnenden Wettbewerber wegen der für die **Abmahnung** aufgewendeten Anwaltskosten ein Schadensersatzanspruch zusteht, wenn der unlauter Handelnde den Wettbewerbsverstoß zumindest fahrlässig begangen hatte.[320] Dem treten neuerdings Stimmen im Schrifttum mit der Erwägung entgegen, dass die Klassifizierung der Abmahnkosten als nach den wettbewerbsrechtlichen Bestimmungen ersatzfähiger Schaden dem Schutzzweck dieser Bestimmungen nicht entspreche. Mit der Abmahnung werde nicht eine bereits geschehene Gesetzesverletzung außergerichtlich verfolgt; vielmehr richte sich die Abmahnung gegen die Gefahren, die aus zukünftigen Handlungen des Abgemahnten drohten.[321] Abmahnkosten sollen deshalb nach dieser Ansicht nur dann als ersatzfähiger Schaden angesehen werden können, wenn es sich – wie z. B. beim Einstellen einer wettbewerbswidrigen Werbung in das Internet – **nicht** um einen **Einzelverstoß,** sondern um eine **Dauerhandlung** handele. Hierfür spreche die Erwägung, dass in einem solchen Fall die Abmahnung zugleich dazu dient, den Schaden abzuwenden oder zu mindern, so dass der Mitbewerber mit der Abmahnung die Obliegenheit aus § 254 Abs. 2 Satz 1 BGB erfülle, weshalb die dadurch entstandenen Kosten im Falle ihrer Erforderlichkeit als adäquat-kausal verursachter Schaden anzusehen seien.[322]

119 Der **BGH** hat diese Streitfrage in einer jüngeren Entscheidung **ausdrücklich offengelassen.**[323] Jüngst hat der BGH allerdings in der Entscheidung „Herrnhuter Stern" die Erstattung der Abmahnkosten neben § 12 Abs. 1 Satz 2 auch wieder auf § 9 gestützt.[324] Richtigerweise ist an der traditionellen Auffassung festzuhalten, welche die Abmahnkosten **auch bei Einzelverstößen** dem **ersatzfähigen Schaden** zurechnet.[325] Denn auch bei einem vereinzelten Verstoß ist die Abmahnung auf die anschließende Abgabe einer strafbewehrten Unterlassungserklärung gerichtet und zielt darauf ab, das Entstehen künftiger Schäden aus gleichgelagerten Verletzungshandlungen zu verhindern.[326] Es ist gerade Folge des ersten Wettbewerbsverstoßen, dass sich der Geschädigte im Sinne der Schadensminderungsobliegenheit vor weiteren Schäden zu schützen trachtet und dafür Abmahnkosten aufwendet. Es besteht insoweit ein innerer und adäquat kausaler Zusammenhang zwischen dem Schaden in Gestalt der Abmahnkosten und dem vorangegangenen Wettbewerbsverstoß.[327] *Teplitzky* hat darüber hinaus zu Recht darauf hingewiesen, dass die Abmahnkosten als naheliegende Konsequenz eines Wettbewerbsverstoßes in den Schutzbereich der mit Schadensersatzfolge sanktionierten wettbewerbsrechtlichen Normen fallen. Der Schadensersatzanspruch soll alle Nachteile der Zuwiderhandlung gegen § 3 bzw. § 7 ausgleichen. Zu diesen Nachteilen zählt auch, dass der Mitbewerber überhaupt gegen den unlauter Handelnden vorgehen muss.[328]

120 Erstattungsfähig sind Kosten des Rechts- oder Patentanwaltes für eine **vorprozessuale Abmahnung.**[329] Die Kosten der Abmahnung sind ein adäquat kausal verursachter Folgeschaden bzw. eine vom Verletzer herausgeforderte Aufwendung, die zum ersatzfähigen Schaden gehört.[330] Ebenso wie bei § 12 gilt, dass die Kosten einer Abmahnung, die erst nach Erlass einer sog. **„Schubladenverfügung"** ausgesprochen wird, **nicht** zu ersetzen sind.[331] Denn der Gläubiger kann die einstweilige Verfügung vollziehen und sich bereits auf diese Weise vor weiteren Schäden schützen.

121 Abmahnkosten sind auch dann zu ersetzen, wenn **die (berechtigte) Abmahnung nicht zum Erfolg führt,** der Schuldner also eine Unterwerfung ablehnt.[332] Dies gilt jedoch nicht, wenn der

---

319 BGHZ 111, 168, 174; Bamberger/Roth-*Schubert* § 249 BGB Rdn. 76.

320 BGH GRUR 1982, 489, 491 – *Korrekturflüssigkeit;* GRUR 1990, 1012, 1014 – *Pressehaftung I;* GRUR 1992, 176, 177 – *Abmahnkostenverjährung; Baumbach/Hefermehl* Einl. UWG Rdn. 553; *Fischer* S. 76.

321 Ahrens/*Scharen* Kap. 11 Rdn. 13 f.; ähnlich *Köhler* in: FS Erdmann, S. 845, 846; MünchKommUWG/*Ottofülling* § 12 UWG Rdn. 147, 150; vorsichtig abwägend Köhler/*Bornkamm* § 12 Rdn. 1.88.

322 *Köhler*/Bornkamm § 9 Rdn. 1.29; MünchKommUWG/*Ottofülling* § 12 Rdn. 147, 150.

323 BGH GRUR 2007, 631, 632 Tz. 19 – *Abmahnaktion.*

324 BGH GRUR 2016, 730, 737 Tz. 75 – *Herrnhuter Stern.*

325 Fezer/*Büscher* § 12 Rdn. 45; MünchKommUWG/*Fritzsche* § 9 Rdn. 74.

326 *Teplitzky* (10. Aufl.) Kap. 41 Rdn. 82; Fezer/*Büscher* § 12 Rdn. 45.

327 Fezer/*Büscher* § 12 Rdn. 45.

328 MünchKommUWG/*Fritzsche* § 9 Rdn. 74.

329 BGH GRUR 1982, 489 – *Korrekturflüssigkeit;* LG Berlin GRUR 1990, 216 – *Abmahnkosten.*

330 OLG Frankfurt GRUR 1985, 239 – *Höhe der Abmahnkosten;* OLG München GRUR 1988, 834 f. – *Anwaltskosten bei zeitlich früherer Abmahnung;* LG Köln GRUR 1987, 741, 742 – *Schadensersatz bei Mehrfachabmahnung;* LG Hamburg GRUR 1990, 216 – *Abmahnkosten; Teplitzky* (10. Aufl.) Kap. 41 Rdn. 82 m. w. N.

331 Zu § 12 BGH GRUR 2010, 257, 258 Tz. 17 – *Schubladenverfügung.*

332 *Melullis* Rdn. 799 m. w. N.

Schuldner eine Unterwerfung deshalb zu Recht verweigert, weil er sich bereits gegenüber einem Dritten unterworfen hat. Soweit die **Drittunterwerfung** nämlich die Wiederholungsgefahr beseitigt (näher § 8 Rdn. 53) berührt sie insofern den Ersatzanspruch, als dass die Abmahnung dann nicht mehr eine objektiv erforderliche und der Schadensminderungsobliegenheit des § 254 Abs. 2 Satz 1 BGB entsprechende Maßnahme zur Verhütung weiterer Schäden ist.[333]

Vom Grundsatz der Erstattungsfähigkeit ist eine **Ausnahme** angebracht, wenn die **Einschaltung eines Rechtsanwalts nicht erforderlich** war. Verbände zur Bekämpfung des unlauteren Wettbewerbs müssen bereits nach ihrem Zweck selbst in der Lage sein, unlauteren Wettbewerb zu erkennen und Abmahnungen auszusprechen.[334] Bei Großunternehmen mit eigener Rechtsabteilung speziell für wettbewerbsrechtliche Fragen sollte die Hinzuziehung eines Anwalts an sich entbehrlich sein. Nach Ansicht des BGH darf ein Unternehmen jedoch ungeachtet des Vorhandenseins und der personellen Ausstattung einer eigenen Rechtsabteilung für eine Abmahnung einen Rechtsanwalt einschalten. Eine Prüfung, ob das Unternehmen auf die Inanspruchnahme eines Anwalts angewiesen war, findet nicht statt.[335] 122

dd) Weitere Anwaltskosten. Erstattungsfähig sind auch die Anwaltskosten für Bemühungen um Auskunftserteilung, Anerkennung einer Schadensersatzpflicht und Schadensersatzleistung[336] sowie für die Führung von Vergleichsverhandlungen. 123

ee) Umfang des Ersatzes von Anwaltskosten. Üblicherweise wird Ersatz der Anwaltskosten nur **in der Höhe der gesetzlichen Gebühren** gefordert. Als Schadensersatz erstattungsfähig sind aber **nicht nur** die **RVG-Sätze,** sondern in aller Regel **auch** die Sätze, die auf eine **Honorarvereinbarung** des Geschädigten mit seinem Rechtsanwalt zurückgehen, jedenfalls wenn auf dem jeweiligen Rechtsgebiet eine Abrechnung nach RVG nicht üblich ist.[337] Dies hat insbesondere für die Stundensätze von Rechtsanwälten zu gelten, die auf das Gebiet des gewerblichen Rechtschutzes besonders spezialisiert sind.[338] Rechtsstreitigkeiten auf dem Gebiet des gewerblichen Rechtsschutzes erfordern eine besondere Sachkunde.[339] Dem wird auf Seiten der Gerichte durch Einrichtung von Spezialkammern und Senaten Rechnung getragen.[340] Auch auf dem Gebiet des unlauteren Wettbewerbs ist Spezialistenwissen gefordert und für spezialisierte Rechtsanwälte die Arbeit auf der Basis (hoher) Stundensätze allgemein üblich.[341] Die **Vergütung,** die eine Partei mit ihrem Berater (unabhängig von deren möglicher späterer Erstattung durch den Verletzer) vereinbart, ist im Zweifel **als angemessen zu betrachten.**[342] Eine Ausnahme zur Abrechnung auf Basis der Honorarvereinbarung kann allenfalls dann gelten, wenn die Sach- und Rechtslage so einfach gelagert ist, dass jeder andere Anwalt, der auf Basis der RVG-Sätze arbeitet, den Fall hätte ebenso gut bearbeiten können.[343] Dafür ist der Verletzer darlegungs- und beweispflichtig. 124

Dabei ist auch zu berücksichtigen, dass häufig die im Wettbewerbsrecht und gewerblichen Rechtsschutz beratenden Anwälte bereits seit vielen Jahren mit ihren Mandanten zusammenarbeiten und mit den beratenen Unternehmen und deren rechtlichen Umfeld vertraut sind.[344] Der geschädigte Mitbewerber wird also in aller Regel – gerade auch, um die Kosten besonders niedrig zu halten – ein berechtigtes Interesse haben, seine bewährten und **eingearbeiteten Rechtsberater** auch mit der Abwehr unlauteren Wettbewerbs zu betrauen. Anwaltskosten sind also in der Regel so zu ersetzen, wie sie angefallen sind. 125

ff) Gutachten. Die **Kosten eines Sachverständigen** und sonstiger den Unterlassungs- oder Schadensersatzprozess vorbereitender Maßnahmen sind als Schaden ersatzfähig.[345] Die Kosten eines 126

---

[333] A. A. OLG München GRUR 1988, 843, 844 – *Anwaltskosten bei zeitlich früherer Abmahnung* – sowie die Vorauflage, an deren Auffassung nicht festgehalten wird.

[334] BGH GRUR 1984, 691, 692 – *Anwaltsabmahnung.*

[335] BGH GRUR 2008, 928, 929 Tz. 12 ff. – *Abmahnkosten.*

[336] *Köhler*/Bornkamm, § 9 Rdn. 1.29; Bamberger/Roth/*Schubert* § 249 BGB Rdn. 74.

[337] OLG Koblenz NJW 2009, 1153 f.; OLG München, Urt. v. 21. Juli 2010, Az. 7 U 1879/10; *Bauerschmidt* JuS 2011, 601, 602; *Saenger/Uphoff* NJW 2014, 1412, 1413 f.; *Schlosser* NJW 2009, 2413 f.; a. A. LG München I, Urt. v. 23.7.2013, Az. 33 O 16810/12 – *Chrystal Cove.*

[338] RG MuW XXV, 266 f. – *Aspirin-Substitute; Callmann* S. 120; *Fischer* S. 83; *Reimer* Kap. 109 Rdn. 21; *Rosenthal* S. 112 ff.; *ders.* GRUR 1926, 95, 97; vermittelnd *Rosenthal/Leffmann* Einl. Rdn. 202.

[339] KG GRUR 1955, 157; *Fischer* S. 77; *Rosenthal* S. 112.

[340] KG GRUR 1955, 157.

[341] So schon OLG Hamm JW 1927, 131, 132.

[342] *Callmann* S. 120.

[343] RG MuW XXV, 266, 267 – *Aspirin-Substitute.*

[344] KG GRUR 1955, 157.

[345] *Teplitzky* (10. Aufl.) Kap. 34 Rdn. 3; GroßKommUWG/*Köhler* (1. Aufl.) Vor § 13 B Rdn. 311.

Rechtsgutachtens über die Kosten des betrauten spezialisierten Rechtsanwalts hinaus werden nur ganz ausnahmsweise ein erstattungsfähiger Schaden sein.[346]

127 *gg) Prozessfinanzierung.* **Kreditkosten zur Finanzierung der Rechtsverfolgung** gehören ebenfalls zum ersatzfähigen Schaden.[347] Das gleiche gilt für quotale Anteile an der vom Gericht zugebilligten Schadenssumme, die sich der Prozessfinanzierer versprechen lässt, wenn es für den Geschädigten sonst keine andere Möglichkeit gibt, den Prozess zu finanzieren.[348]

128 *hh) Außergerichtliche Mühewaltung.* Früher wurde im Schrifttum und vom OLG Hamburg vertreten, dass es einen ersatzfähigen Schaden darstelle, wenn der Verletzte umfangreiche eigene Maßnahmen zur Aufdeckung und Verfolgung des Wettbewerbsverstoßes durchführen muss, statt sich „anderer produktiver Tätigkeit zuwenden zu können".[349] Der BGH hat demgegenüber die eigene Mühewaltung des Geschädigten als erstattungsfähigen Schaden ausgeschlossen, da sie nach der „Verkehrsanschauung" zum eigenen Pflichtenkreis des Gläubigers gehöre.[350] Das Schrifttum ist dem ohne Kritik gefolgt und hat das Argument hinzugefügt, der Ersatz solcher Schäden liege nicht im Schutzzweck der Norm.[351] Die Verkehrsanschauung ist jedoch ein ungeeignetes Mittel zur Bemessung von Schäden; der allgemeine Zweck des Schadensersatzrechts verlangt einen Ausgleich eines jeglichen entgangenen Gewinns. Im Einklang mit der früheren Rechtsprechung des OLG Hamburg ist die **eigene Mühewaltung dem ersatzfähigen Schaden zuzurechnen.** Jeder Personaleinsatz, der nicht dem eigentlichen Erwerbszweck des Unternehmens zugutekommt, sondern für die Verfolgung des Schadens zweckentfremdet wird, mindert die Erwerbschancen und damit das Vermögen des Unternehmens. Außerdem gebietet die Durchsetzungsrichtlinie eine Berücksichtigung der außergerichtlichen Mühewaltung jedenfalls im Rahmen der Berechnung des Schadensersatzanspruchs auf Basis der Lizenzanalogie (Rdn. 161).

129 *ii) Vorsorgeaufwendungen.* Vorbereitende Aufwendungen, die **allgemein vorbeugend gegen Schadensfälle** dazu dienen sollen, einen erwarteten Schaden so gering wie möglich zu halten, ohne letztlich dem Schädiger zugute zu kommen, sind nach der bisher herrschenden Ansicht grundsätzlich nicht erstattungsfähig. Sie müssen von demjenigen getragen werden, der sie in seinem Interesse freiwillig auf sich nimmt.[352] Auch hier könnte jedoch die Durchsetzungsrichtlinie eine Berücksichtigung im Rahmen der Berechnung des Schadensersatzanspruchs auf der Basis der Lizenzanalogie gebieten.

130 **b) Materiell-rechtlicher Kostenerstattungsanspruch.** Der Anspruch auf Ersatz der Kosten der Rechtsverfolgung steht unabhängig neben dem prozessualen Kostenerstattungsanspruch aus §§ 91 ff. ZPO.

4. Entgangener Gewinn

131 **a) Allgemeines.** Der entgangene Gewinn ist nach **§ 252 BGB** neben dem positiven Schaden zu ersetzen. Dies gilt allerdings nur, soweit er **rechtmäßig** und nicht seinerseits nur unter Verstoß gegen das Wettbewerbsrecht **erzielbar** war. Als entgangenen Gewinn kann der Verletzte nicht fordern, was er nur mit rechtswidrigen Mitteln erlangt hätte.[353]

132 **b) Sachgerechte Schätzung durch das Gericht.** Der entgangene Gewinn lässt sich in nahezu allen Fällen nicht berechnen, sondern nur schätzen. Deshalb kommt nach dem Willen des Gesetzgebers der Vorschrift des § 287 ZPO eine besondere Bedeutung zu.[354] Sie erleichtert dem Geschä-

---

[346] *Köhler*/Bornkamm § 9 Rdn. 1.29 unter Hinweis auf die zu § 91 ZPO ergangene Entscheidung des OLG Frankfurt GRUR 1987, 322: *„Es ist grundsätzlich die Aufgabe der Prozeßbevollmächtigten, sich auch in schwierige Rechtsmaterien einzuarbeiten und das Ergebnis ihrer Bemühungen selbst schriftsätzlich vorzutragen."*

[347] GroßKommUWG/*Köhler* (1. Aufl.) Vor § 13 B Rdn. 311.

[348] *Goldmann,* Der Schutz des Unternehmenskennzeichens, § 19 Rdn. 237.

[349] OLG Hamburg MuW XXII, 83, 84; OLG Hamburg MuW XXXI, 108, 109 – *Vacuum; Callmann* S. 121; *Rosenthal/Leffmann* Einl. Rdn. 201.

[350] BGH NJW 1969, 1109; BGH NJW 1977, 35.

[351] Bamberger/Roth/*Schubert* § 249 BGB Rdn. 77; GroßKommUWG/*Köhler* (1. Aufl.) Vor § 13 B Rdn. 311; differenzierend *Wünsche* S. 296 f.

[352] BGHZ 59, 286, 287 f. – *Doppelte Tarifgebühr;* 75, 230, 237 f.; BGH NJW 1992, 1043, 1044; GRUR 2001, 841, 845 – *Entfernung der Herstellungsnummer II; Schaffert* in: FS Erdmann, S. 719, 724.

[353] BGH GRUR 1964, 392, 396 – *Weizenkeimöl;* GRUR 1995, 424, 426 – *Abnehmerverwarnung.*

[354] Begründung zum Dritten Entwurf eines Gesetzes zur Bekämpfung des unlauteren Wettbewerbes, abgedruckt bei *Bachem/Roeren* S. 15, 30 f.: *„Ob ein Schaden entstanden ist, und wie hoch sich derselbe beläuft, ist im Streitfalle vom Gericht nach Maßgabe des § 260 der Civilprozeßordnung [= § 287 ZPO] zu entscheiden. Daß das Gericht bei der ihm obliegenden freien Würdigung aller Umstände auch die Verhältnisse des Verkehrslebens in Betracht zu ziehen hat, ist*

digten nicht nur die Beweisführung, sondern auch die Darlegungslast.[355] **§ 287 ZPO** erlaubt es dem Gericht, über die Frage des Bestehens und der Höhe des Schadens unter Würdigung aller Umstände nach **freier Überzeugung** zu entscheiden.[356] Die Befugnis zur Schätzung der Höhe des Gewinns schließt auch alle **Kausalitäts-** und **Zurechnungsfragen** mit ein.[357] Die Bemessung der Höhe des Schadensersatzanspruchs ist in erster Linie Sache des dabei nach § 287 Abs. 1 ZPO besonders freigestellten Tatrichters. Sie ist revisionsrechtlich nur daraufhin überprüfbar, ob der Tatrichter Rechtsgrundsätze der Schadensbemessung verkannt, wesentliche Bemessungsfaktoren außer Betracht gelassen oder seiner Schätzung unrichtige Maßstäbe zugrunde gelegt hat.[358]

Das von § 287 ZPO dem Gericht eingeräumte **Ermessen ist weit.** Die Vorschrift stellt den Tatrichter besonders frei und gewährt ihm einen großen Spielraum.[359] Diesen Spielraum muss das Gericht – ggf. mit der Hilfe von Sachverständigen – ausschöpfen. Dagegen kann es, wenn gewisse Ansätze und Grundlagen vorgetragen und ggf. durch Beweiserhebung bestätigt worden sind, die Schätzung nicht verweigern.[360] Über bestrittene Ausgangs- bzw. Anknüpfungstatsachen hat das Gericht allerdings auch im Falle der Einholung eines Sachverständigengutachtens zur Schadensschätzung nach §§ 287 ZPO, 252 BGB Beweis zu erheben.[361] **133**

Das Gesetz nimmt in Kauf, dass das Ergebnis der Schätzung **mit der Wirklichkeit vielfach nicht übereinstimmt.**[362] Die Schätzung soll allerdings möglichst nahe an diese heranführen. Das Gericht muss daher die schätzungsbegründenden Anknüpfungstatsachen feststellen und darüber hinaus Tatsachen, die nicht ausdrücklich vorgetragen wurden, nach freiem Ermessen berücksichtigen.[363] Zu bedenken ist auch, dass es für den Nachweis eines wettbewerblichen Schadens in der Natur der Sache liegende Beweisschwierigkeiten gibt, vor allem was die künftige Entwicklung des Geschäftsverlaufs betrifft. Im Hinblick darauf sind an die **Darlegung der Mindestvoraussetzungen** für eine Schätzung wettbewerblichen Schadens **keine hohen Anforderungen** zu stellen.[364] **133a**

Bei seiner Entscheidung nach § 287 Abs. 1 ZPO hat der Tatrichter außerdem die **Beweiserleichterung des § 252 Satz 2 BGB** zu berücksichtigen. Danach gilt als entgangen der Gewinn, welcher nach dem gewöhnlichen Lauf der Dinge oder nach den besonderen Umständen, insbesondere nach den getroffenen Anstalten und Vorkehrungen, mit Wahrscheinlichkeit erwartet werden konnte. Unter diesen Voraussetzungen wird vermutet, dass ein Gewinn gemacht worden wäre; eine volle Gewissheit ist nicht erforderlich. Demzufolge ist ein Gewinnentgang bereits dann zu bejahen, wenn es nach den gewöhnlichen Umständen des Falles wahrscheinlicher ist, dass der Gewinn ohne das haftungsbegründende Ereignis erzielt worden als dass er ausgeblieben wäre. Diese Prognose kann zwar nur dann angestellt werden, wenn der Geschädigte konkrete Anknüpfungstatsachen darlegt und nachweist; an die Darlegung solcher Anknüpfungstatsachen dürfen jedoch keine zu hohen Anforderungen gestellt werden.[365] Diese Beweiserleichterung mindert die Darlegungslast des Geschädigten.[366] Mag auf verlässlicher Grundlage schließlich auch nur ein Betrag geschätzt werden können, der hinter dem wirklichen Schaden zurückbleibt, so wird entsprechend dem Zweck des § 287 ZPO so doch wenigstens vermieden, dass der Geschädigte völlig leer ausgeht, obwohl die Ersatzpflicht des in Anspruch Genommenen für einen erheblichen Schaden feststeht.[367] **134**

c) Grundsätze. Für den Nachweis des Gewinnentgangs nach §§ 252 Satz 2 BGB, 287 ZPO gelten folgende Grundsätze: **135**

Bei mitbewerberbezogenen Verstößen entspricht es der **Lebenserfahrung,** dass durch unlauteren Wettbewerb die **Mitbewerber geschädigt** werden und dass dem Geschädigten durch die Ver- **136**

---

selbstverständlich und braucht nicht besonders ausgesprochen zu werden. Auch erscheint es nicht eingängig, daß nach den Prozeßordnungen den Gerichten zustehende freie Ermessen in der Zuziehung und Auswahl von Sachverständigen für den Bereich des Entwurfs durch bindende Vorschriften einzuschränken".

355 RGZ 148, 68, 70; BGH NJW-RR 1987, 210, NJW-RR 1992, 202, 203.

356 BGH GRUR 1990, 687, 689 – *Anzeigenpreis II.*

357 Zöller/*Greger* § 287 ZPO Rdn. 3 m. w. N.

358 BGH GRUR 2016, 860, 862 Tz. 24 – *Deltamethrin II.*

359 BGH GRUR 1966, 570, 572 – *Eisrevue III;* grundlegend zur richterlichen Befugnis zur Schätzung *Mommsen* S. 231.

360 Vgl. OLG Celle, Urt. v. 6. Juli 2006, Az. 20 U 51/04.

361 BGH GRUR 1997, 741, 743 – *Chinaherde.*

362 BGH GRUR 1997, 741, 743 – *Chinaherde;* GRUR 1995, 578, 579 – *Steuereinrichtung II;* GRUR 2016, 860, 862 Tz. 26 – *Deltamethrin II.*

363 BGH NJW-RR 1992, 202, 203.

364 BGH GRUR 1990, 687, 689 – *Anzeigenpreis II.*

365 BGH GRUR 2008, 933, 935 Tz. 19 – *Schmiermittel;* GRUR 2016, 860, 862 Tz. 21 – *Deltamethrin II.*

366 BGH GRUR 1992, 530 f. – *Gestoppter Räumungsverkauf;* GRUR 2016, 860, 862 Tz. 21 – *Deltamethrin II.*

367 BGH NJW 1964, 589, 590; NJW-RR 1992, 202, 203.

letzung eigene Geschäfte und damit Gewinnmöglichkeiten entgehen.[368] Es ist dann Sache des Verletzers zu beweisen, dass ein Schaden nicht eingetreten sein kann.[369] Bei marktbezogener Unlauterkeit kann eine derartige Vermutung demgegenüber nicht ohne weiteres greifen (oben Rdn. 91 ff.).

137 Wer entgangenen Gewinn geltend macht, muss dem Gericht **zumindest eine hinreichende tatsächliche Grundlage unterbreiten,** die eine Schätzung dieses Schadens „immerhin im Groben" ermöglichen.[370] Dabei sind an Art und Umfang der vom Geschädigten beizubringenden Schätzungsgrundlagen nur geringe Anforderungen zu stellen.[371] Andererseits darf das Gericht auch nicht mit bloßen Unterstellungen arbeiten.[372] Sowohl § 287 ZPO wie § 252 BGB verlangen für die Schadensberechnung die schlüssige Darlegung von Ausgangs- bzw. Anknüpfungstatsachen. Sie sind die Grundlage, auf der das Ermessen bei einer Beweiswürdigung nach § 287 ZPO und die Wahrscheinlichkeitsprüfung nach § 252 Satz 2 BGB gründen. Für die Schadensberechnung benötigt der Richter als Ausgangssituation greifbare Tatsachen, da sich nur anhand eines bestimmten Sachverhalts sagen lässt, wie die Dinge sich weiterentwickelt hätten.[373]

138 Weil der entgangene Gewinn die Differenz zwischen einem hypothetisch erzielbaren und einem real erzielten Gewinn ist, darf der Verletzte sich nicht auf allgemeine Darlegungen zum mutmaßlichen Gewinn beschränken, sondern er muss die Grundlagen seiner Kalkulation offen legen. Bei **nachgeahmten Waren** muss er produktbezogene Ausführungen machen, um dem Gericht eine Schadensschätzung zu ermöglichen. Er ist gehalten, die **Kalkulation** für seine Originalware zu **offenbaren**[374] und muss insbesondere Erlöse und produktbezogene Kosten einander gegenüberstellen.[375] Zwar werden Produktionskosten und Erlöse regelmäßig **Betriebsgeheimnisse** des Verletzten sein. Dies entbindet ihn allerdings nicht von der Verpflichtung, ausreichende Grundlagen für eine Schadensschätzung nach § 287 ZPO vorzutragen. Die Angabe einer allgemein im Unternehmen des Verletzten erzielbaren Gewinnspanne reicht dafür ebenso wenig aus wie der Vortrag „innerbetrieblicher Erfahrungssätze".[376]

138a **d) Relevante Faktoren für die Schätzung des entgangenen Gewinns durch das Gericht.** *aa) Geschäftsentwicklung beim Verletzer.* Die **Umsatzentwicklung beim Verletzer** kann als Indiz oder Grundlage für die Schätzung des entgangenen Gewinns dienen.[377] Die Umsatzzahlen des Verletzers haben eine besonders gewichtige indizielle Bedeutung, wenn die rechtsverletzenden Produkte, mit denen der Umsatz erzielt wurden, vom Verkehr ohne weiteres dem verletzten Mitbewerber zugerechnet werden.[378] Dies kann der Fall sein bei qualitativ gleichwertigen Fälschungen, die über regelmäßig für Originalprodukte genutzte Vertriebswege und nicht zu auffallend niedrigen, ein gewöhnliches, auch sehr günstiges Sonderangebot weit unterschreitenden Preisen abgegeben werden.[379]

138b Es gibt aber **keinen allgemeinen Erfahrungssatz** dahin, dass der **Gewinn des Verletzers dem entgangenen Gewinn des Verletzten entspricht** oder dass der Umsatz des Verletzers dem Geschädigten zugutegekommen wäre.[380]

---

[368] BGH GRUR 1993, 55, 57 – *Tchibo/Rolex II;* GRUR 1993, 757, 758 f. – *Kollektion „Holiday";* GRUR 1995, 349, 351 – *Objektive Schadensberechnung;* GRUR 2008, 933, 935 Tz. 19 – *Schmiermittel;* GRUR 2016, 860, 862 Tz. 21 – *Deltamethrin II.*

[369] So ausdrücklich OGH ÖBl. 1953, 52.

[370] BGH GRUR 2016, 860, 862 Tz. 21, 23 – *Deltamethrin II.*

[371] BGH GRUR 1993, 55, 59 – *Tchibo/Rolex II;* OLG Köln GRUR-RR 2014, 329, 330 – *Converse AllStar; Goldmann* WRP 2011, 950, 953.

[372] BGH GRUR 1982, 489, 490 – *Korrekturflüssigkeit;* OLG Köln GRUR-RR 2014, 329 f. – *Converse All Star.*

[373] BGH GRUR 2016, 860, 862 Tz. 26 – *Deltamethrin II.*

[374] Vgl. OLG Köln GRUR-RR 2014, 329, 330 – *Converse AllStar.*

[375] OLG Köln GRUR-RR 2014, 329, 330 – *Converse AllStar* m. w.N.

[376] OLG Köln GRUR-RR 2014, 329, 330 f. – *Converse AllStar.*

[377] RGZ 108, 1, 6 f. – *Dauerschmierung;* BGH GRUR 1982, 489, 490 – *Korrekturflüssigkeit;* GRUR 2008, 933, 935 Tz. 20 – *Schmiermittel;* GRUR 2016, 860, 863 Tz. 27 – *Deltamethrin II;* OLG Hamburg GRUR 1955, 430, 431 – *Olympia-Schreibmaschinen;* OLG Köln GRUR-RR 2014, 329, 330 – *Converse AllStar; Meier-Beck* in: FS Loschelder, S. 221, 224; *ders.* GRUR 2005, 617, 622; *Mellulis* GRUR Int. 2008, 679, 680, 683; *Wertheimer* in: FS Heilfron, S. 153 f.

[378] BGH GRUR 1993, 757, 758 f. – *Kollektion „Holiday";* GRUR 2008, 933, 935 Tz. 20 – *Schmiermittel;* OLG Köln GRUR-RR 2014, 329, 330 – *Converse AllStar.*

[379] Vgl. OLG Köln GRUR-RR 2014, 329, 330 – *Converse AllStar.*

[380] RG GRUR 1939, 642, 651 – *„Schlayland"-Buchhaltung;* BGH GRUR 1993, 757, 758 f. – *Kollektion „Holiday";* GRUR 2008, 933, 935 Tz. 20 – *Schmiermittel;* GRUR 2016, 860, 863 Tz. 27 – *Deltamethrin II;* OLG Köln GRUR-RR 2014, 329, 330 – *Converse AllStar; Goldmann* WRP 2011, 950, 953; *Ungern-Sternberg* in: FS Loewenheim, S. 351, 353; a. A. *Wertheimer* in: FS Heilfron, S. 153, 154.

Daran ändert auch die Begründung der Entscheidung *„Steckverbindergehäuse"* zur Legitimation der Abschöpfung des Verletzergewinns beim wettbewerbsrechtlichen Nachahmungsschutz nichts. Zwar wurde vor der gesetzlichen Regelung der Abschöpfung des Verletzergewinns zu deren Rechtfertigung fingiert, dass der Verletzte ohne die Nachahmung „in gleicher Weise Gewinn erzielt hätte wie der Verletzer".[381] Diese Fiktion hat aber zum einen nur beim Nachahmungsschutz und beim Geheimnisschutz eine Berechtigung und gilt nicht bei Lauterkeitstatbeständen, die allein an ein Verhaltensunrecht anknüpfen. Zum anderen lassen sich aus dieser Fiktion keine allgemeinen Rückschlüsse auf eine reale Wechselwirkung zwischen der Umsatzentwicklung des unlauter Handelnden und derjenigen beim Mitbewerber ziehen. **138c**

Nur in ganz **besonders gelagerten Ausnahmefällen** kann dargelegt werden, dass die Geschäfte, die der Verletzer abgeschlossen hat, ohne dessen unlauteres Handeln vom Mitbewerber getätigt worden wären. Dann ist im Rahmen der Schadensschätzung gem. §§ 252 Satz 2 BGB, 287 ZPO als Grundlage des Gewinnentgangs der Umsatz des Verletzers zu Grunde zu legen. Nutzt der Verletzer etwa die dem geschädigten Mitbewerber von der Verkaufsplattform Amazon zugeteilte sog. ASIN-Nummer, so werden die angesprochenen Kunden über die Identität des Anbieters getäuscht. Der entgangene Gewinn bemisst sich in diesem Ausnahmefall an den vom Verletzer erwirtschafteten Umsätzen, denn es kann angenommen werden, dass die Kunden **ohne die Täuschung beim Geschädigten gekauft** hätten.[382] **138d**

bb) Geschäftsentwicklung beim Geschädigten. Umgekehrt ist eine **Umsatzeinbuße** beim Geschädigten **Anhaltspunkt für einen entgangenen Gewinn.**[383] Er ist allerdings nicht Voraussetzung eines Ersatzanspruchs, weil die Umsatzentwicklung von einer Vielzahl von Faktoren abhängt. Ein Gewinnentgang kann etwa auch darin bestehen, dass der Verletzte seine Preise herabsetzen musste, um gegenüber dem Verletzer wettbewerbsfähig zu bleiben.[384] Kommt es durch eine Behinderung zu einer Betriebsunterbrechung, so kann davon ausgegangen werden, dass später eintretende Umsätze ohne die Unterbrechung bereits früher erzielt worden wären.[385] **138e**

cc) Einzelfallabhängige Faktoren. Alle **weiteren Faktoren,** die das Gericht in Betracht ziehen muss, sind stark **einzelfallabhängig.** Es kommt dabei sowohl auf die Art des Wettbewerbsverstoßes als auch auf die weiteren Umstände des Einzelfalles an. Hier gelten dieselben Kriterien, die das Gericht für die Bewertung der Schadenswahrscheinlichkeit in Anwendung des § 256 ZPO nutzt: Bei **mitbewerberbezogenen Verstößen** kommt es auf Art, Dauer und Intensität der jeweiligen Beeinträchtigung für den Mitbewerber an. **138f**

Bei **marktbezogenen Wettbewerbsverstößen** müssen die oben für die Irreführung (Rdn. 92), vergleichende Werbung (Rdn. 92e), aggressive geschäftliche Handlungen und unzumutbare Belästigungen (Rdn. 92f) bzw. Verletzung von Informationspflichten (Rdn. 92g) angesprochenen Faktoren berücksichtigt werden. Hierzu muss der Anspruchsteller vortragen. **138g**

dd) Befugnis zur Schätzung eines Mindestschadens. Zwar ist es Sache des Anspruchstellers, diejenigen Umstände vorzutragen und gegebenenfalls zu beweisen, die seine Vorstellungen zur Schadenshöhe rechtfertigen sollen. Enthält der Vortrag Lücken oder Unklarheiten, ist es in der Regel jedoch nicht gerechtfertigt, dem jedenfalls in irgendeiner Höhe Geschädigten jeden Ersatz zu versagen. Das Gericht muss vielmehr nach pflichtgemäßem Ermessen beurteilen, ob nach § 287 ZPO nicht wenigstens die Schätzung eines Mindestschadens möglich ist.[386] Das Gericht darf und muss nämlich einen **Mindestschaden schätzen,** wenn der Schadenseintritt feststeht und nicht jegliche Anhaltspunkte zur Schätzung fehlen. Auch wenn damit der Sachverhalt nicht vollen Umfangs erschöpft wird, ist vielmehr zu prüfen, in welchem Umfang dieser eine hinreichende Grundlage für die Schätzung zumindest eines in jedem Fall eingetretenen Mindestschadens bietet.[387] **139**

Der Geschädigte muss, soweit es ihm möglich ist, allerdings ein **Minimum an Tatsachen** vorbringen, die dem Gericht eine wenigstens grobe Schätzung des entgangenen Gewinns ermöglichen.[388] Auf solche konkreten Anhaltspunkte kann nicht verzichtet werden, da der Schädiger sonst im Einzelfalle der Gefahr willkürlicher Festsetzung der von ihm zu erbringenden Ersatzleistung ausgesetzt wäre. Bei aller Anerkennung des häufig bestehenden Beweisnotstandes des Geschädigten **139a**

[381] BGH GRUR 2007, 431, 433 Tz. 28 – *Steckverbindergehäuse.*
[382] LG Köln GRUR-RR 2016, 165, 166 Tz. 22 – *Anhängen an fremde ASIN.*
[383] *Fischer* S. 51.
[384] *Köhler*/Bornkamm § 9 Rdn. 1.25.
[385] BGH GRUR 1992, 530 f. – *Gestoppter Räumungsverkauf.*
[386] BGH NJW 1989, 2539; NJW-RR 1992, 202, 203.
[387] BGH NJW 1959, 1079; BGHZ 54, 45, 55; NJW-RR 1987, 797; GRUR 1993, 55, 59 – *Tchibo/Rolex II;* NJW 1994, 663, 664; NJW-RR 1992, 202; grdl. RG JW 1904, 156 – *Unreelle Bezugsquelle.*
[388] BGH GRUR 1962, 509, 513 – *Dia-Rähmchen II;* GRUR 1980, 841, 842 – *Tolbutamid.*

wäre dies mit dem Sinn und Zweck der §§ 287 ZPO, 252 BGB nicht zu vereinbaren.[389] Anhaltspunkte können etwa die Umsatzentwicklung nach dem Wettbewerbsverstoß beim Geschädigten und – gemäß Auskunft – beim Verletzer sein.[390] An die Darlegung der Mindestindizien für eine Schätzung sind allerdings **keine hohen Anforderungen** zu stellen. Eine Schätzung darf erst dann gänzlich unterlassen werden, wenn sie mangels jeglicher konkreter Anhaltspunkte völlig in der Luft hinge und daher willkürlich wäre.[391] Eine auf Ersatz entgangenen Gewinns gerichtete Klage darf auch wegen fehlenden oder lückenhaften Vortrags zur Schadenshöhe nicht abgewiesen werden, solange greifbare Anhaltspunkte für eine Schadensschätzung vorhanden sind.[392]

140 Geht man davon aus, dass bei Wettbewerbsverstößen jedenfalls mitbewerberbezogenen Verstößen die Lebenserfahrung für einen Schaden des Mitbewerbers spricht,[393] birgt die **Pflicht zur Schätzung eines Mindestschadens beim entgangenen Gewinn,** also bei der konkreten Schadensberechnung, ein nicht zu unterschätzendes **Potential,** dem Schadensersatzanspruch im UWG zu einer größeren praktischen Bedeutung zu verhelfen. Auch bei marktbezogenen Unlauterkeit kann, wenn der Schadenseintritt wahrscheinlich ist, eine Schätzung auf der Grundlage der jeweils relevanten Kriterien gut erfolgen.

5. Objektive Schadensberechnung

141 **a) Grundlagen.** *aa) Sog. „Dreifache Schadensberechnung".* Immaterialgüterrechte, wettbewerbsrechtlich geschützte Leistungsergebnisse und Betriebsgeheimnisse sind besonders verletzlich. Obendrein ist der entstandene Schaden im Sinne des entgangenen Gewinns nur schwierig zu berechnen. Beides zusammengenommen macht den Schutz geistigen Eigentums unvollkommen. Diese besondere Interessenlage hat in Deutschland seit Ende des 19. Jahrhunderts[394] zuerst im Bereich der Immaterialgüterrechte[395] und später im Bereich der nur wettbewerbsrechtlich geschützten, aber den Immaterialgüterrechten vergleichbaren Leistungspositionen des wettbewerbsrechtlichen Nachahmungsschutzes[396] und des Geheimnisschutzes[397] zur Herausbildung der so genannten **„dreifachen Berechnungsweise des Schadens"** geführt.[398]

142 *bb) Wahlmöglichkeit des Geschädigten.* Mit der überkommenen Bezeichnung „dreifache Schadensberechnung" ist gemeint, dass der Geschädigte nach dem traditionellen deutschen Konzept zwischen drei alternativen Möglichkeiten der Kompensation die Wahl hat:

142a Er kann zum einen den dornenreichen Weg der Berechnung des konkret **entgangenen Gewinns** beschreiten (Rdn. 131 ff.).

142b Er kann stattdessen auch einen Geldbetrag fordern, den er hätte verlangen können, wenn er bereit gewesen wäre, dem Verletzer eine Lizenz einzuräumen **(Lizenzanalogie).**

142c Er kann schließlich alternativ den vom Verletzer aufgrund der Verletzung erzielten Gewinn abschöpfen **(Abschöpfung des Verletzergewinns).**

143 Lizenzanalogie und Abschöpfung des Verletzergewinns werden als **„objektive Schadensberechnung"** bezeichnet, weil sie von den individuellen, also „subjektiven" Möglichkeiten des Verletzten zur Gewinnerzielung unabhängig sind. Die objektive Schadensberechnung trägt dem re-

---

[389] BGH GRUR 1980, 841, 842 – *Tolbutamid.*

[390] BGH GRUR 1980, 841, 842 – *Tolbutamid; Köhler*/Bornkamm § 9 Rdn. 1.25.

[391] BGH NJW-RR 1992, 202, 203; NJW 2010, 3434, 3436; GRUR 2016, 860, 862 f. Tz. 26 – *Deltamethrin II.*

[392] BGH NJW-RR 1987, 210; NJW 1988, 410; NJW-RR 1996, 1077, 1078.

[393] BGH GRUR 1993, 926, 927 – *Apothekenzeitschriften;* GRUR 1993, 757, 758 f. – *Kollektion „Holiday";* GRUR 1995, 349, 351 – *Objektive Schadensberechnung.*

[394] Beginnend mit RGZ 35, 63 – *Ariston;* hierzu *Alexander* S. 258 f.; *Goldmann* WRP 2011, 950, 954; *König* in: FS v. Caemmerer, S. 179, 194; *Stieper* WRP 2010, 624 f.

[395] Vgl. aus der Rechtsprechung des BGH nur BGH GRUR 1980, 227, 232 – *Monumenta Germaniae Historica;* GRUR 1962, 401, 402 – *Kreuzbodenventilsäcke III;* GRUR 1992, 432, 433 – *Steuereinrichtung I* (zum Patentrecht); GRUR 2001, 329, 330 f. – *Gemeinkostenanteil* (zum Geschmacksmusterrecht); GRUR 1961, 354, 355 – *Vitasulfal;* GRUR 1966, 375, 378 – *Meßmer-Tee II;* GRUR 1987, 364, 365 – *Vier-Streifen-Schuh;* GRUR 2006, 419, 420 Tz. 14 f. – *Noblesse* (zum Warenzeichen- und Markenrecht); GRUR 1973, 375, 377 – *Miss Petite* (zum Unternehmenskennzeichen); BGHZ 20, 345, 353 f. – *Paul Dahlke;* 26, 349, 352 – *Herrenreiter;* GRUR 2000, 709, 715 – *Marlene Dietrich* (zum Persönlichkeitsrecht).

[396] BGH GRUR 1972, 189, 190 – *Wandsteckdose II;* BGHZ 60, 168, 172 – *Modeneuheit;* BGH GRUR 1981, 517, 520 – *Rollhocker;* GRUR 1993, 55, 57 – *Tchibo/Rolex II;* GRUR 1993, 757, 759 – *Kollektion „Holiday";* GRUR 2007, 431, 433 Tz. 25 – *Steckverbindergehäuse.*

[397] BGH GRUR 1977, 539, 541 – *Prozeßrechner;* WRP 2008, 938 – *Entwendete Datensätze mit Konstruktionszeichnungen.*

[398] Zur Entwicklung etwa *Dreier* S. 80 ff.; *Goldmann* WRP 2011, 950 ff.; *Meier-Beck* GRUR 2005, 617 ff.; *Peifer* WRP 2008, 48 ff.; *Stieper* WRP 2010, 624 ff.

gelmäßig bestehenden, sich aber einem strengen Nachweis entziehenden Zusammenhang zwischen Gewinnentgang beim Geschädigten und Lizenzgebührenersparnis oder Gewinn beim Verletzer Rechnung und eignet sich für einen billigen und angemessenen Interessenausgleich.[399]

Man spricht deshalb von einer **„Schadensberechnung"**, um diese Methode zur Bezifferung des Schadensausgleichs von der Geltendmachung des entgangenen Gewinns zu unterscheiden, der sich nicht berechnen, sondern nur nach §§ 252 Satz 2 BGB, 287 ZPO schätzen lässt. Diese **Abgrenzung** zur bloßen **Schadensschätzung** schließt selbstverständlich nicht aus, dass auch im Rahmen der objektiven Schadensberechnung bestimmte Parameter, die zur Berechnung des Schadensersatzes dienen, ihrerseits geschätzt werden, so der angemessene Lizenzsatz (hierzu Rdn. 154a) oder der auf die Verletzung entfallende Gewinnanteil (hierzu Rdn. 176a). **143a**

cc) Kritik und Neufundierung nach der Umsetzung der Durchsetzungsrichtlinie. Insbesondere von Seiten der allgemeinen Zivilrechtsdogmatik ist die objektive Schadensberechnung als Methode des Schadensersatzes für Immaterialgüterrechtsverletzungen immer wieder heftig kritisiert worden: Sie gehöre nicht ins Schadensrecht. Die Erstattung einer angemessenen Lizenzgebühr sei konstruktiv Teil des Bereicherungsrechts, während die Gewinnherausgabe zur GoA bzw. zur Haftung des bösgläubigen Bereicherungsschuldners gehöre, aber mit dem in beiden Bereichen geltenden Vorsatzerfordernis nicht in Einklang zu bringen sei.[400] Man befinde sich letztlich in einer Kette von **Billigkeitserwägungen,** die das Ergebnis zwar gerade trügen, aber mit Schadensersatz i. S. d. §§ 249 ff. BGB nicht mehr viel zu tun hätten.[401] Akzeptiert werden könne die objektive Schadensberechnung letztlich nur als **Gewohnheitsrecht.**[402] **144**

Mit der Umsetzung der **Durchsetzungsrichtlinie**[403] wird die objektive Schadensberechnung im Immaterialgüterecht als ein originär schadensersatzrechtliches Instrument anerkannt und erhält ein **neues gesetzliches Fundament.** Art. 13 der Richtlinie, die Regelung des Schadensersatzanspruches, ist durch die §§ 139 Abs. 2 PatG; 24 Abs. 2 GebrMG; 14 Abs. 6 Satz 2 und 3, 15 Abs. 5 Satz 2, §§ 125b Nr. 2 MarkenG; 97 Abs. 2 Satz 2 und 3 UrhG; 42 Abs. 2 Satz 2 und 3 DesignG; 37 Abs. 2 Satz 2 und 3 SortSchG, die jeweils den grundsätzlich formulierten Schadensersatzanspruch um Details zur Schadensberechnung ergänzen, in nationales Recht umgesetzt worden. Nach dem Gesetzeswortlaut kann zur Bemessung des Schadenersatzes der Gewinn, den der Verletzer durch die Verletzung des Rechts erzielt hat, berücksichtigt werden. Der Schadensersatzanspruch kann auch auf der Grundlage des Betrages berechnet werden, den der Verletzer als angemessene Vergütung hätte entrichten müssen, wenn er die Erlaubnis zur Nutzung des Schutzrechts eingeholt hätte. Die Systematik des Art. 13 Abs. 1 S. 2 lit. a und b der Durchsetzungsrichtlinie sieht nicht die aus der deutschen Tradition gewohnten drei, sondern **nur zwei alternative Wege** für die Schadensberechnung vor: In lit. b wird dem Verletzten ein Pauschalbetrag zugestanden, der mindestens der üblichen Lizenzgebühr entspricht. Bei der Berechnung nach lit. a sollen hingegen alle Umstände des Einzelfalls berücksichtigt werden, insbesondere die Einbußen des Verletzten und den Gewinn des Verletzers. **145**

Zu einer entsprechenden Ergänzung des § 9 bestand kein Zwang, da die Durchsetzungsrichtlinie den unlauteren Wettbewerb nicht berührt. Der Gesetzgeber hat deshalb offenbar keinen Regelungsbedarf für die Schadensberechnung beim wettbewerbsrechtlichen Leistungsschutz und beim Geheimnisschutz gesehen. Dies stellt sich insoweit als Versäumnis dar, als dass die Rechtsprechung bislang von einem **Gleichlauf** der Handhabung der objektiven Schadensberechnung beim Immaterialgüterrechtsschutz einerseits und beim wettbewerblichen Leistungsschutz und Geheimnisschutz andererseits ausgegangen war.[404] Es wäre deshalb nicht nachvollziehbar, wenn im Immaterialgüterrecht nunmehr ein europäisch determiniertes Gesetzesrecht gälte, im Wettbewerbsrecht aber nach wie vor ein vom Gedanken des billigen Ausgleichs geprägtes nationales Gewohnheitsrecht mit unsicherer dogmatischer Unterfütterung zur Anwendung käme. Dies gilt umso mehr, als sich dieses Gewohnheitsrecht in erster Linie zur Flankierung des Immaterialgüterrechtsschutzes herausgebildet hatte, wo es nun durch Gesetzesrecht eigener Legitimation abgelöst wurde. Beim wettbewerbsrecht- **146**

---

[399] BGH GRUR 1972, 189, 190 – *Wandsteckdose II;* GRUR 1995, 349, 352 – *Objektive Schadensberechnung; Köhler*/Bornkamm § 9 Rdn. 1.41.

[400] MünchKommBGB/*Oetker* § 252 Rdn. 55 m. w. N.; zur Kritik ferner *Peifer* WRP 2008, 48 ff.

[401] *Tilmann* in: FS Schilling, S. 367, 369 Fn. 6; *Peifer* WRP 2008, 48 f.

[402] Vgl. *Wendehorst* S. 166 (zur Abschöpfung des Verletzergewinns); *Dreier* S. 263 (zur Lizenzanalogie); zusammenfassend *Peifer* WRP 2008, 48 f.; zur gewohnheitsrechtlichen Anerkennung der Gewinnabschöpfung BGH GRUR 1959, 379, 383 – *Gasparone;* GRUR 1962, 509, 512 – *Dia-Rähmchen II; Delahaye* GRUR 1986, 217, 218; *Fischer* S. 19; dagegen *Haedicke* GRUR 2005, 529, 530.

[403] Richtlinie 2004/48/EG des Europäischen Parlaments und des Rates vom 29.4.2004 zur Durchsetzung der Rechte des Geistigen Eigentums, ABl. L 157, S. 45.

[404] Vgl. nur BGH GRUR 2007, 431, 433 Tz. 25 – *Steckverbindergehäuse;* WRP 2008, 938, 939 Tz. 8 – *Entwendete Datensätze mit Konstruktionszeichnungen.*

lichen Nachahmungsschutz und beim Geheimnisschutz besteht deshalb nach der Umsetzung des Art. 13 der Durchsetzungsrichtlinie eine Regelungslücke, die in Rechtsanalogie zu den genannten Schadenersatznormen des Immaterialgüterrechts zu schließen ist.[405] Damit ist der **Gleichlauf** der **objektiven Schadensberechnung** im **Immaterialgüterrecht** einerseits und im **Wettbewerbsrecht** andererseits gewährleistet. Auch die Diskussionen um Grundlage und Konzeption von Lizenzanalogie und Abschöpfung des Verletzergewinns sollten nun der Vergangenheit angehören. Insbesondere ist müßig, ob die Richtlinie und der deutsche Gesetzgeber zu Recht von „Schadensersatz“ (Art. 13 Abs. 1 Satz 1 der Richtlinie, § 14 Abs. 6 MarkenG) bzw. vom „Schadensersatzanspruch“ (z.B. § 14 Abs. 6 Satz 3 MarkenG) sprechen oder ob besser die Begriffe „Ausgleich“ oder „Ausgleichsanspruch“ verwendet worden wären.[406] Soweit der Verletzte allerdings ausschließlich seinen **entgangenen Gewinn** geltend machen will, sind unmittelbar die oben dargelegten, zu § 249 BGB entwickelten Grundsätze weiter anwendbar (Rdn. 131 ff.). Denn insoweit besteht **keine Regelungslücke.**

147 Die Richtlinie **unterscheidet** begrifflich den bei jeder Immaterialgüterrechtsverletzung eintretenden **„Schaden“ von** dessen **„wirtschaftlichem Ausgleich“.**[407] Sie erkennt in Erwägungsgrund 26 an, dass dasjenige, was als „Schadensersatz“ eingeklagt werden kann, durchaus nicht in jeder Hinsicht dem nachweislich eingetretenen Schaden entsprechen muss. Im Vordergrund des Schadensersatzrechts der Richtlinie steht der Ausgleichgedanke. Es geht **nicht** um **Sanktionierung** und auch nicht um eine rechnerisch präzise Kompensation gerade des erlittenen Schadens. Erwägungsgrund 26 spricht insoweit von einer „Ausgleichsentschädigung für den Rechtsinhaber auf einer objektiven Grundlage“. Diese **Ausgleichsentschädigung auf objektiver Grundlage** folgt im Grundsatz ähnlichen Billigkeitserwägungen, wie sie dem bisherigen deutschen Recht zugrunde lagen. Die traditionelle deutsche Praxis der objektiven Schadensberechnung war Vorbild für die europäische Regelung.[408]

148 Der deutsche Gesetzgeber handelte bei der Umsetzung des Art. 13 der in der Vorstellung, dass die Vorgaben der Richtlinie mit den traditionellen Grundsätzen der objektiven Schadensberechnung weitgehend übereinstimmen.[409] Sollte der EuGH hier oder an anderer Stelle die Vorgaben des Art. 13 der Durchsetzungsrichtlinie abweichend interpretieren, sind die unmittelbar nur für das Immaterialgüterrecht geltenden Auslegungsgrundsätze auf das UWG zu übertragen.

149 **b) Ausnahmecharakter der objektiven Schadensberechnung im UWG.** Die objektive Schadensberechnung ist bei Wettbewerbsverstößen nicht die Regel, sondern eine auf wenige Fallgestaltungen beschränkte Ausnahme. Sie ist **nur** beim **wettbewerbsrechtlichen Leistungsschutz** und beim **Geheimnisschutz** anwendbar.[410] Eine Ausdehnung auf sonstige, rein verhaltensbezogene Wettbewerbsverstöße ist abzulehnen.[411] Denn die allgemeinen Verhaltenspflichten im Wettbewerb begründen für den Mitbewerber keine Rechtspositionen, die gerade ihm unter Ausschluss jeder weiteren Person zugewiesen wären. Im Ergebnis könnte sonst jeder Mitbewerber Schadensersatz durch Gewinnabschöpfung verlangen, da der konkrete Nachweis eines Schadenseintritts entfiele. Nicht nur ein Anspruchsteller, sondern theoretisch eine unbekannte Vielzahl von Konkurrenten könnten an den Verletzer herantreten. Die Intention der Schadensberechnung nach dem Verletzergewinn, nämlich den rechtswidrig entstandenen Gewinn bei demjenigen abzuschöpfen, dem er nicht zusteht, und ihn dem wahren Berechtigten zuzuführen, würde in diesem Falle pervertiert.[412] Im Übrigen zeigt § 10, dass ein Entzug des Gewinns beim Verstoß gegen rein verhaltensbezogene Wettbewerbsnormen nur bei vorsätzlichem Verhalten und nur zugunsten des Bundeshaushaltes möglich sein soll. Schließlich wäre auch die Analogie zu den §§ 139 Abs. 2 PatG; 24 Abs. 2 GebrMG; 14 Abs. 6 Satz 2 und 3, 15 Abs. 5 Satz 2, § 125b Nr. 2 MarkenG; 97 Abs. 2 Satz 2 und 3 UrhG; 42 Abs. 2 Satz 2 und 3 DesignG; 37 Abs. 2 Satz 2 und 3 SortSchG, auf der die abstrakte Schadensberechnung im Wettbewerbsrecht heute beruht, überstrapaziert, wollte man verhaltensbezogene Wettbewerbsverstöße im Ergebnis mit Immaterialgüterrechten gleichstellen.

---

[405] Zustimmend Teplitzky/*Schaub* Kap. 34 Rdn. 20 Fn. 87; a. A. *Stieper* WRP 2010, 626 f.

[406] Zu dieser Thematik insbesondere *Tilmann* in: FS Schilling, S. 367, 368 ff.

[407] *Goldmann* WRP 2011, 950, 964; *Richter* in: FS Ahrens, S. 405, 406.

[408] Näher *Goldmann* WRP 2011, 950, 962 f.

[409] Bundesrats-Drs. 64/07 S. 76.

[410] OLG Köln GRUR-RR 2015, 215, 216 Tz. 17 – *Innovation Award Burgenland.*

[411] So jetzt auch BGH MMR 2010, 786, 790 Tz. 47 – *E-Plus;* ebenso *Alexander* S. 273 f.; *Köhler*/Bornkamm § 9 Rdn. 1.41; *Ohly*/Sosnitza § 9 Rdn. 15; *Teplitzky* GRUR 1987, 215, 216; *Wünsche* S. 310f; vgl. bereits BGH GRUR 1965, 313, 314 – *Umsatzauskunft.*

[412] So zu Recht deutlich LG Wiesbaden NJW-RR 1990, 1131, 1132 – *Schadensersatz bei Verstoß gegen das Rechtsberatungsgesetz.*

c) Gesteigerte Freiheit der Schätzung. Die objektiven Berechnungsarten sind in der Rechtsprechung im Hinblick auf **besondere Schutzbedürfnisse** des Verletzten, insbesondere im Hinblick auf die Schwierigkeiten einer konkreten Schadensberechnung, entwickelt worden und sollen die Rechtsverfolgung des Geschädigten aus Gründen der Billigkeit erleichtern. Bei der Anwendung des § 287 ZPO zur Ermittlung des abzuschöpfenden Gewinns oder der angemessenen Lizenz gilt deshalb – und im Hinblick auf den Zweck der Berechnungsarten **in erhöhtem Maße** –, dass die Gerichte durch diese Vorschrift **hinsichtlich der Auswahl der Beweise und ihrer Würdigung besonders frei gestellt sind** und in den Grenzen eines freien Ermessens einen großen Spielraum erhalten.[413] Eine mathematisch genaue Berechnung ist nicht vorgeschrieben, im Gegenteil: Der Tatrichter soll gerade durch die Einräumung eines nicht einmal unbedingt an die Beweisaufnahme gebundenen freien Ermessens von der besonders bei Schadensersatzansprüchen schwierigen, ins Einzelne gehenden Darlegung befreit werden und **braucht,** ohne dass dies freilich in Willkür ausarten darf, **die Schätzung nicht einmal im einzelnen zu begründen.**[414] 150

d) Lizenzanalogie bzw. Pauschalbetrag auf der Grundlage einer angemessenen Lizenzgebühr. *aa) Grundlagen.* Der Möglichkeit des Verletzten, seinen Schaden auf der Basis einer angemessenen Lizenzgebühr geltend zu machen **(sog. „Lizenzanalogie"),** lag traditionell die Überzeugung zugrunde, dass der Verletzer grundsätzlich nicht besser stehen soll als ein Lizenznehmer, der eine vertragliche Lizenzgebühr entrichtet hätte.[415] Die Lizenzanalogie war in der Vergangenheit die praktisch am häufigsten angewandte Berechnungsart. Sie konnte auch verstanden werden als Versuch einer pauschalierten Ermittlung des entgangenen Gewinns, auch wenn sich in der Regel nicht nachweisen lässt, dass ohne die Rechtsverletzung ein Lizenzvertrag geschlossen worden wäre.[416] Immaterialgüterrechte und wettbewerbsrechtlich geschützte Leistungspositionen, die dem Berechtigten eine bestimmte Verwertung ausschließlich vorbehalten, werden üblicherweise auch im Weg der Lizenzvergabe genutzt. So gesehen, stellt sich die vom Verletzer ersparte Lizenz gleichzeitig als Gewinnentgang des Rechtsinhabers dar.[417] Leistet der Verletzer Schadensersatz, so führt dies jedoch nicht etwa zum Abschluss eines Lizenzvertrages und damit auch nicht zur Einräumung eines Nutzungsrechts.[418] 151

bb) Voraussetzungen und Anwendungsbereich. Eine Schadensberechnung auf der Grundlage einer angemessenen Lizenzgebühr wird traditionell überall dort für zulässig gehalten, wo die **Überlassung von Ausschließlichkeitsrechten** zur Benutzung durch Dritte gegen Entgelt rechtlich **möglich und verkehrsüblich** ist.[419] Dazu gehören auch alle wettbewerbsrechtlich geschützten Leistungspositionen[420] und die geschützten Betriebsgeheimnisse.[421] Unerheblich ist, ob es im konkreten Fall zu einer entsprechenden Lizenzerteilung gekommen wäre.[422] 152

cc) Gegenstand der hypothetischen Lizenz. Die fiktive Lizenz muss weit genug sein, um **alle unbefugt vorgenommenen Verwertungshandlungen abzudecken.**[423] Art und Intensität der Verletzung sind dabei ein Richtmaß für die erforderliche sachliche und räumliche Reichweite der fiktiven Lizenz. Insoweit können Art und Intensität der Verletzung Einfluss auch auf die Höhe der Lizenzgebühr haben. Auch in Fällen, in denen nachgeahmte Produkte zwar angeboten, aber noch nicht verkauft wurden und ein Gewinn dem Verletzten weder entgangen, noch dem Verletzer entstanden ist, muss die **volle** marktübliche **Lizenzgebühr** für eine Lizenz zur **Herstellung** und Vermarktung dieser Waren zur Grundlage der Berechnung gemacht werden.[424] Die Berechnungsgrundlage ist 153

---

[413] RG GRUR 1944, 132, 134 – *Oberlichtöffner;* BGH GRUR 1993, 55, 59 – *Tchibo/Rolex II;* GRUR 2007, 431, 433 Tz. 37 f. – *Steckverbindergehäuse.*

[414] RG GRUR 1944, 132, 134 – *Oberlichtöffner.*

[415] BGH GRUR 1980, 841, 844 – *Tolbutamid;* GRUR 1982, 286, 287 – *Fersenabstützvorrichtung;* GRUR 1993, 55, 58 – *Tchibo/Rolex II; Ohly*/Sosnitza § 9 Rdn. 16.

[416] Zur Kausalität *Sack* in: FS Hubmann, S. 373, 389 m. w. N.

[417] BGH GRUR 1995, 349, 352 – *Objektive Schadensberechnung;* GRUR 1977, 539, 541 f. – *Prozeßrechner.*

[418] BGH GRUR 2002, 248, 252 – *Spiegel-CD-ROM; Ohly*/Sosnitza § 9 Rdn. 18 a. E.

[419] BGH GRUR 1993, 757 – *Kollektion „Holiday";* GRUR 1995, 349, 351 – *Objektive Schadensberechnung.*

[420] BGH GRUR 1966, 375, 378 – *Meßmer-Tee II;* GRUR 1984, 820, 822 – *Intermarkt II;* GRUR 1993, 55, 58 – *Tchibo/Rolex II.*

[421] BGH GRUR 1977, 539, 541 f. – *Prozeßrechner;* NJOZ 2009, 301 f. Tz. 6; OLG Frankfurt, Urt. v. 28.11.2006, Az. 11 U 57/03.

[422] BGH GRUR 1990, 353, 355 – *Raubkopien;* GRUR 1993, 899, 901 – *Dia-Duplikate;* GRUR 2006, 143, 145 – *Catwalk.*

[423] *Goldmann* WRP 2011, 950, 955.

[424] *Goldmann* WRP 2011, 950, 957; *ders.* Der Schutz des Unternehmenskennzeichens, WRP 2011, 950, 957; *ders.,* Der Schutz des Unternehmenskennzeichens, § 19 Rdn. 259 ff.; *Hildebrandt* § 27 Rdn. 59; a. A. OLG Frankfurt, Urt. v. 8.11.2012, Az. 6 U 208/11.

dabei der Netto-Abgabepreis des Verletzers, selbst wenn es noch nicht zu Verkäufen gekommen ist. Insofern wird nicht nur die Vereinbarung eines Lizenzsatzes, sondern werden auch die entsprechenden **Umsätze** auf seiten des Verletzers **fingiert.**[425] Eine Berechnung des Schadens auf der Grundlage einer fiktiven Lizenzgebühr scheidet also nicht deshalb aus, weil der Verletzer keine Umsätze erzielt hat.[426] Das Anbieten der nachgeahmten Waren stellt bereits für sich genommen eine unlautere geschäftliche Handlung gem. § 4 Nr. 3 dar. Zum Ausgleich des Schadens aus dieser rechtsverletzenden Handlung kann der Verletzte die Berechnungsmethode der Lizenzanalogie wählen und damit die Gebühr für eine **marktübliche,** die Verletzungshandlung abdeckende **Lizenz** verlangen. Eine Lizenz zum bloßen Anschaffen, Lagern oder Anbieten von Produkten ist nicht marktüblich und wird in der Praxis nicht erteilt. Auch reine Exportlizenzen sind unüblich.[427] Üblich ist allein eine Lizenz, die Herstellung und Vermarktung eines Produkts von Anfang bis Ende abdeckt.[428] Daraus folgt aber nicht etwa, dass in solchen Fällen ein Schadensersatz nicht auf der Grundlage der Lizenzanalogie berechnet werden kann oder dass der Lizenzsatz niedriger auszufallen hätte.[429] Der Verletzer muss sich im Gegenteil so behandeln lassen, als hätte er die übliche Lizenz erworben, auch wenn er sie sachlich nicht in vollem Umfang ausgenutzt hat.[430] Bei Produkten, die unter wettbewerbsrechtlichem Nachahmungsschutz stehen, ist es nicht üblich, zwischen einer Herstellungslizenz und einer „Handelslizenz“ zu unterscheiden. Basis der Berechnung sind deshalb auf jeder Handelsstufe die für die Gestattung der Herstellung üblichen Lizenzgebührensätze.

154 *dd) Erste Stufe der Berechnung: angemessene Lizenzgebühr.* Um die angemessene Lizenzgebühr zu berechnen, muss zunächst in einer **ersten Stufe** ermittelt werden, **was vernünftig denkende Parteien als Lizenzgebühr vereinbart hätten.**[431] Hierfür ist der objektive Wert der vom Verletzer angemaßten Benutzungsberechtigung zu ermitteln.[432] Dazu bedarf es einer Abwägung aller in Betracht kommenden Umstände durch das Gericht, insbesondere der beiderseitigen Interessen der Parteien, der wirtschaftlichen Bedeutung der in Frage stehenden Leistungsergebnisse und der Berücksichtigung der auf dem jeweiligen Gebiet üblicherweise gezahlten Vergütung.[433] Maßgeblicher Zeitpunkt für die Wertermittlung ist nach heute nahezu einhelliger Meinung nicht mehr der Zeitpunkt der Verletzungshandlung[434] oder ihr Beginn.[435] Der BGH legt der Lizenzbemessung eine **objektive Ex-post-Betrachtung** zu Grunde, wobei der Zeitpunkt der Entscheidung den maßgeblichen Berechnungszeitpunkt darstellt. Hiernach schuldet der Verletzer dasjenige, was vernünftige Vertragspartner vereinbart hätten, wenn sie zum Zeitpunkt des Vertragsschlusses die künftige Entwicklung und insbesondere die Zeitdauer und das Maß der Nutzung vorausgesehen hätten.[436] Diese Ex-post-Betrachtung berücksichtigt grundsätzlich sowohl eine Wertsteigerung als auch eine Wertminderung des Schutzgegenstandes. Allerdings dürfen Umstände, die auch von vernünftigen Vertragspartnern nicht hätten vorhergesehen werden können (z. B. Vertriebsstopp auf Intervention eines Dritten) nicht zu Lasten des Geschädigten lizenzmindernd berücksichtigt werden.[437] Das wirtschaftliche Risiko darf nicht einseitig auf den Geschädigten verlagert werden.

154a Da der Ausgangspunkt der Berechnung hypothetisch ist, lässt sich die Höhe der im Einzelfall angemessenen Lizenz in der Regel nur auf Grund einer **wertenden Betrachtung** unter **Berücksichtigung aller Umstände des Einzelfalles** vom Gericht gem. § 287 Abs. 1 ZPO **nach freier Überzeugung im Wege der Schätzung** bestimmen.[438] Die Gerichte haben dabei eine äußerst

[425] A. A. OLG Frankfurt, Urt. v. 8.11.2012, Az. 6 U 208/11.

[426] A. A. OLG Frankfurt, Urt. v. 8.11.2012, Az. 6 U 208/11.

[427] BGH GRUR 2009, 515, 519 Tz. 43 – *Motorradreiniger.*

[428] *Goldmann,* Der Schutz des Unternehmenskennzeichens, § 19 Rdn. 260.

[429] A. A. *Fritze* in: FS Erdmann, S. 291, 295 ff.

[430] Vgl. BGH GRUR 1990, 1008, 1010 – *Lizenzanalogie.*

[431] BGH GRUR 1990, 353, 355 – *Raubkopien;* GRUR 1993, 899, 901 – *Dia-Duplikate.*

[432] Vgl. BGH GRUR 2010, 239, 240 Tz. 20 – *BTK.*

[433] BGH GRUR 1977, 539, 542 – *Prozeßrechner;* zu weiteren Einzelheiten GroßKommUWG/*Köhler* (1. Aufl.) Vor § 13 B Rdn. 342 f.

[434] So noch RG GRUR 1938, 836, 839 – *Rußbläser;* GRUR 1942, 316, 319 – *Trockenvorrichtungen für Rotationsdruckmaschinen;* GRUR 1943, 288, 293 f. – *Kohlenstaubmotor; Fischer* S. 89.

[435] So noch RGZ 35, 63, 67 f. – *Ariston* – und neuerdings wieder *Schrage* S. 99 f.; *V. Tetzner* GRUR 2009, 6, 9.

[436] BGH GRUR 1962, 401, 404 – *Kreuzbodenventilsäcke III;* GRUR 1966, 375, 378 – *Meßmer-Tee II;* GRUR 1974, 323, 324 – *Geflügelte Melodien;* GRUR 1990, 1008, 1009 f. – *Lizenzanalogie;* GRUR 1992, 599, 600 – *Teleskopzylinder;* GRUR 1993, 55, 58 – *Tchibo/Rolex II.*

[437] BGH GRUR 1990, 1008, 1009 f. – *Lizenzanalogie;* GRUR 1993, 55, 58 – *Tchibo/Rolex II.*

[438] BGH GRUR 1962, 401, 402 – *Kreuzbodenventilsäcke III;* GRUR 1977, 539, 542 – *Prozeßrechner;* GRUR 1980, 841, 844 – *Tolbutamid;* GRUR 1993, 897, 898 – *Mogul-Anlage;* GRUR 2000, 685, 687 – *Formunwirksamer Lizenzvertrag; Wertheimer* in: FS Heilfron, S. 153, 156.

komplexe Einzelfallabwägung zwischen einer im Prinzip unbegrenzten Anzahl von lizenzerhöhenden und -mindernden Faktoren vorzunehmen, die zueinander in Wechselwirkung stehen. All diejenigen Umstände, die vernünftig denkende Parteien im Rahmen ihrer (fiktiven) Lizenzverhandlungen berücksichtigt hätten, sollen sich – jedenfalls vom theoretischen Ansatz her – in dem verkehrsüblichen Lizenzsatz niederschlagen.[439] Dabei sind nicht nur der Wert des Lizenzgegenstandes und die Verhältnisse der Parteien untereinander, sondern auch die allgemeinen Wirtschafts- und Marktverhältnisse in Betracht zu ziehen.[440] Der **Spielraum des Tatrichters** im Rahmen der Schadensschätzung **gem. § 287 Abs. 1 ZPO** ist gerade wegen des hohen Komplexitätsgrades der erforderlichen Überlegungen ausgesprochen **weit,** solange er sich nicht von grundsätzlich falschen oder offenbar unsachlichen Überlegungen leiten oder wesentliche schätzungsrelevante Tatsachen außer Acht lässt, welche von den Parteien vorgebracht worden sind oder sich aus der Natur der Sache ergeben.[441]

Zunächst ist festzulegen, **welche Art von Lizenz** vereinbart worden wäre. Im Grundsatz sind zwei verschiedene Lizenztypen zu unterscheiden:[442] Eine Lizenz kann entweder gegen Zahlung eines einmaligen Pauschalbetrages gewährt werden, oder der Lizenzbetrag wird von der Stückzahl des lizenzierten Produktes abhängig gemacht. Bei der **Stücklizenz** zahlt der Lizenznehmer für jeden produzierten oder verkauften Lizenzgegenstand einen bestimmten Geldbetrag. Dabei kann der zu zahlende Betrag in Relation zum Verkaufspreis bestimmt werden oder als absoluter Betrag festgeschrieben sein. Ein Unterfall der Stücklizenz ist die **Umsatzlizenz.** In diesen Fällen entrichtet der Lizenznehmer einen festgelegten Prozentsatz vom Verkaufspreis. Bei der **Pauschallizenz** wird ein fester Betrag für die gesamte Nutzungsdauer vereinbart. Sie ist unabhängig von dem jeweiligen Nutzungsumfang und dem Umsatz, den der Lizenznehmer erwirtschaftet. Auch **Kombinationen von Stück- und Pauschallizenzen** sind denkbar und kommen in der Praxis vor. Hier wird ein pauschaler Grundbetrag geschuldet und, meist bei Überschreiten bestimmter Schwellenwerte, zusätzlich noch eine Stücklizenz. 155

Ob eine Stücklizenz oder einer Pauschallizenz vereinbart worden wäre, lässt sich nicht allgemein beantworten. Es ist auf die **branchenübliche Lizenzierungspraxis** abzustellen. Üblicherweise werden im Marken- und Designrecht umsatzbezogene Lizenzen vereinbart. Dies gilt auch im Bereich des wettbewerbsrechtlichen Nachahmungsschutzes. Die Rechtsprechung sieht die Stücklizenz als Regelfall an.[443] Wo allerdings die Vertragspraxis zu einer Kombination von Stücklizenz und Pauschallizenz greift, kann diese Kombination als üblich zugrunde gelegt werden, z. B. in Fällen des Know-how-Schutzes.[444] Wird der nachgeahmte Gegenstand nur in der Werbung verwendet, zum Beispiel in Katalogen, kommt allerdings nur eine Pauschallizenz und keine Stücklizenz in Betracht.[445] 155a

Wenn eine Stücklizenz als Umsatzlizenz als die üblicherweise vereinbarte Lizenz herangezogen wird, ist die **Berechnungsgrundlage** der **Nettoverkaufspreis des Verletzers.**[446] Der Schaden kann nicht auch in der Weise berechnet werden, dass der betroffene Mitbewerber eine Lizenzgebühr auf die von ihm selbst während des Zeitraums der Verletzungshandlung erzielten Umsätze verlangt.[447] 155b

Der wirtschaftliche **Wert des verletzten Leistungsergebnisses** ist der entscheidende Faktor zur Bemessung des Lizenzsatzes.[448] Er wird bestimmt durch die **Bekanntheit und Wertschätzung** des nachgeahmten Gegenstandes und die Bedeutung für die Kaufentscheidung.[449] Je bekannter und je begehrter das Produkt ist, desto höher ist der Lizenzsatz anzusetzen. Ein Anhaltspunkt hierfür sind die mit dem Originalprodukt erzielten Umsätze.[450] Hinzu kommen alle Gesichtspunkte, die auf 156

---

[439] BGH GRUR 2006, 143, 146 – *Catwalk; Goldmann* Der Schutz des Unternehmenskennzeichens, § 19 Rdn. 263 m. w. N.

[440] *Wertheimer* in: FS Heilfron, S. 153, 157.

[441] BGH GRUR 2010, 239, 241 Tz. 21 – *BTK.*

[442] Hierzu und zum Folgenden *Schrage* S. 80 f.

[443] BGH GRUR 1972, 189, 191 – *Wandsteckdose II;* GRUR 1980, 841, 844 – *Tolbutamid;* GRUR 1991, 914, 917 – *Kastanienmuster;* vgl. auch OLG Hamm Urt. v. 25. Juni 2009, Az. 4 U 8/09 – *Haushaltsschneidewaren II.*

[444] BGH GRUR 1977, 539, 542 – *Prozeßrechner.*

[445] Vgl. BGH GRUR 2006, 143, 145 – *Catwalk* (zum Geschmacksmusterrecht).

[446] BGH GRUR 1966, 375, 378 – *Meßmer Tee II* („Fabrikabgabepreis"); OLG Düsseldorf GRUR-RR 2003, 209, 210 – *Meissner Dekor;* OLG Köln GRUR-RR 2013, 398 LS 2 – *Bigfoot II;* MünchKommUWG/*Fritzsche,* § 9 Rdn. 101; GroßKommUWG/*Paal* § 9 Rdn. 67; anders BGH GRUR 1972, 189, 191 – *Wandsteckdose II* („Bruttoerlös"); BGH GRUR 1993, 55, 58 – *Tchibo/Rolex II* („Einkaufspreis").

[447] Vgl. OLG Frankfurt, Urt. v. 8.11.2012, Az. 6 U 208/11; a. A. *Schrage* S. 84 m. w. N.

[448] BGH GRUR 1993, 55, 58 – *Tchibo/Rolex II.*

[449] BGH GRUR 1972, 189, 191 – *Wandsteckdose II.*

[450] Vgl. LG Düsseldorf WRP 2015, 503, 511 Tz. 80 – *Verletzergewinn.*

Tatbestandsebene für die **Steigerung der wettbewerblichen Eigenart** zu berücksichtigen sind (§ 4 Nr. 3 Rdn. 86). Auch die **Nähe der Nachbildung,** also die Intensität der Anlehnung ist für die Lizenzhöhe von erheblicher Bedeutung.[451] Als **erhöhender Faktor** für eine angemessene Lizenzgebühr kann ins Gewicht fallen, dass die Nutzung durch den Verletzer wegen der Art oder der Güte des Verletzungsgegenstandes inkompatibel mit dem vom Originalhersteller geschaffenen Produktimage ist und die mit der Nutzung einhergehende Imagebeeinträchtigung durch einen hohen Stücklizenzsatz wirtschaftlich abgegolten werden muss.[452] Als den Lizenzsatz **mindernd** kann ins Gewicht fallen, wenn der Wert des Leistungsergebnisses durch tolerierte sonstige Verletzungen gemindert ist.[453] Die angemessene Lizenzgebühr kann auch durch den Umstand reduziert werden, dass der Verletzte das Leistungsergebnis selbst nutzt, eine hypothetische Lizenz aber mutmaßlich nur als Exklusivlizenz hätte zustande kommen können.[454]

156a Es besteht zwar kein Erfahrungssatz dahin, dass die Lizenzgebühr immer unter der handelsüblichen **Gewinnspanne** liegen müsse.[455] Allerdings besteht der Erfahrungssatz, dass vernünftig denkende Parteien jedenfalls keine Lizenzsatz vereinbaren, der die durchschnittliche **Umsatzrendite seiner Branche** erheblich übersteigt.[456] Umgekehrt kann eine außergewöhnlich hohe Umsatzrendite lizenzerhöhend berücksichtigt werden.[457] Neuerdings neigt der BGH dazu, bei der Bestimmung der Lizenzhöhe im Wege der Schätzung gem. § 287 ZPO nicht nur solche allgemeinen Branchendaten zu berücksichtigen, sondern auch den konkreten **Gewinn des Verletzers.**[458] Dabei lässt der BGH offen, ob er damit den konkreten Gewinn bezogen auf das konkrete Produkt als Rohgewinn – Umsatz abzüglich der berücksichtigungsfähigen Kosten (hierzu Rdn. 171–174) vor Ansatz des Kausalanteils – meint, oder ob er sich auf die durchschnittliche Gewinnspanne des Verletzers bezieht.

156b Es liegt nahe, **branchenübliche Vergütungssätze** als Maßstab heranzuziehen, wenn eine solche Branchenübung existiert.[459] Lizenzsätze, die der Inhaber des verletzten Rechts für die fragliche Nutzung auf dem Markt tatsächlich realisiert, sind ein starkes Indiz für den marktüblichen Lizenzsatz.[460] Sie können einer Schadensberechnung im Wege der Lizenzanalogie auch dann zugrunde gelegt werden, wenn sie über dem Durchschnitt vergleichbarer Vergütungen liegen.[461] In der Tat orientieren sich vernünftig denkende Parteien in der **Praxis der Lizenzvergabe** daran, was auch sonst vereinbart wird. Wenn einer von zwei Verhandlungspartnern bereits Erfahrungen mit Lizenzverträgen hat, wird er die dort vereinbarten Lizenzgebühren als Grundlage vorschlagen, sofern sie seine Argumentation nach oben oder unten stützen. Wenn dann keine weiteren Argumente vorliegen, bleibt es der Einfachheit halber bei dieser Lizenzgebühr (sog. **„Das machen wir sonst auch so"-Regel**).[462] Allerdings wäre es **falsch,** diese **Regel sklavischen anzuwenden,** denn tatsächlich vereinbarte Beträge stellen nicht notwendig den verkehrsmäßig üblichen Wert der Benutzungsberechtigung dar, sondern geben als Vergleichszahl nur einen ungefähren Anhaltspunkt.[463] Bei der Vereinbarung von Lizenzsätzen in der Vergangenheit können besondere lizenzerhöhende oder -herabsetzende Umstände mitgespielt haben, die nicht ohne weiteres zu verallgemeinern sind und sich nicht als „Vertrag zu Lasten Dritter" auf den Verletzer auswirken dürfen.[464] Auch kann sich gegenüber früheren Vereinbarungen in der Zwischenzeit der wirtschaftliche Wert des Lizenzgegenstandes verändert haben.[465]

156c Das Verhandlungsverhalten eines vernünftigen Kaufmannes richtet sich auch nach seiner **Verhandlungsposition.** Eine starke Verhandlungsposition des Verletzten kann sich deswegen lizenzerhöhend auswirken.[466] Z. T. wird in der Rechtsprechung betont, dass die Verhandlungsposition des Schädigers bei wirklichen Vertragsverhandlungen ihrerseits in großem Maße von dem Bedeu-

---

451 BGH GRUR 1972, 189, 191 – *Wandsteckdose II.*

452 BGH GRUR 1993, 55, 58 – *Tchibo/Rolex II;* GRUR 2006, 143, 146 – *Catwalk.*

453 BGH GRUR 1993, 55, 58 – *Tchibo/Rolex II.*

454 BGH GRUR 1972, 189, 191 – *Wandsteckdose II.*

455 RG GRUR 1944, 132, 134 – *Oberlichtöffner.*

456 BGH GRUR 2010, 239, 243 Tz. 49 f. – *BTK:* 2 % zu hoch, wenn die Umsatzrendite nur 1 % beträgt.

457 OLG Köln WRP 2014, 206, 209 Tz. 29 – *Fair Play II:* 2 % als Lizenzsatz für den Betrieb von Spielhallen angemessen, da Umsatzrendite 24,9 % beträgt.

458 BGH ZUM 2013 406, 409 Tz. 30 – *Jürgen Möllemanns Sprung.*

459 BGH ZUM 2013, 406, 409 Tz. 30 – *Jürgen Möllemanns Sprung;* vgl. auch LG Düsseldorf WRP 2015, 503, 510 Tz. 80 – *Verletzergewinn; Fischer* S. 90 f.

460 LG Düsseldorf Mitt. 2002, 89; *Fischer* S. 90; *Wertheimer* in: FS Heilfron, S. 153, 156 f.

461 BGH GRUR 2009, 660, 663 Tz. 32 – *Resellervertrag; Goldmann* WRP 2011, 950, 956.

462 *Binder* S. 523, 542.

463 RG GRUR 1944, 132, 134 – *Oberlichtöffner; Fischer* S. 90; *Wertheimer* in: FS Heilfron, S. 153, 157.

464 *Fischer* S. 91.

465 *Fischer* S. 91.

466 OLG München ZUM-RD 1997, 460, 464 – *Frau Sixta.*

tungsverhältnis zwischen ihm und dem Geschädigten abhinge und sich auch lizenzmindernd auswirken könne. Bei Vorliegen eines eklatanten Bedeutungsüberhanges zugunsten des Schädigers als fiktiven Lizenznehmers könne dessen wirtschaftliche Übermacht letztlich den Ausschlag in Richtung einer verschwindend geringen, ja u. U. auf null reduzierten Lizenzgebühr geben.[467] Dem kann nicht gefolgt werden. Das **Machtgefälle** zwischen den Lizenzparteien mag zwar bei real ausverhandelten Lizenzen durchaus Einfluss auf die Höhe der Lizenzgebühr haben. Es kann aber **kein** ernst zu nehmendes **Kriterium,** für die – fiktive und gerade nicht ausverhandelte – Lizenzhöhe als Grundlage der Ermittlung eines pauschalen Schadensersatzbetrags gem. Art. 13 Abs. 2 lit. b der Durchsetzungsrichtlinie sein. Hiernach geht es um die Vergütung, *„die der Verletzer hätte entrichten müssen, wenn er die Erlaubnis zur Nutzung des betreffenden Rechts des geistigen Eigentums eingeholt hätte"*. Diese Fiktion ebnet das reale Machtgefälle zwischen den Parteien gerade ein. Der Verletzer kann sich nicht darauf berufen und auf diese Weise die fiktive Lizenzgebühr auf 0% reduzieren. Es kommt an dieser Stelle zu einer normativen Korrektur. Denn entscheidend ist nicht, ob der Verletzer als gedachter Lizenznehmer bereit gewesen wäre, für die Nutzung einen hohen Preis zu bezahlen. Entscheidend ist, dass der Verletzte die Nutzung nicht ohne eine solche Gegenleistung gestattet hätte.[468] Denn der Schadensausgleich besteht in der Zahlung einer angemessenen Vergütung unter Zugrundelegung gerade einer fingierten Lizenzerteilung. Dabei ist eine abstrakte Betrachtungsweise geboten, die davon absieht, in welchem Maße im konkreten Fall der übermächtige Verletzer an einer entgeltlichen Lizenz interessiert gewesen wäre. Denn es gilt: Wer ein fremdes Recht benutzt, zeigt damit, dass er ihm einen Wert beimisst.[469]

Bei **Nachahmungsfällen** wird zumeist eine **umsatzbezogene Stücklizenz** unter Zugrunde- 157
legung der Abgabepreise des Verletzers zugebilligt. Nach verbreiteter Ansicht beträgt der Lizenzbetrag in der Praxis in Normalfall **zwischen 1% und 5% des Nettoverkaufspreises** des Verletzers[470] bis hin zu äußerstenfalls 10%.[471] Bei **„Prestigeprodukten"** werden insgesamt **höhere Sätze** angenommen, so dass der Rahmen **zwischen 10% und 20%** liegt.[472] Angenommen wurden etwa: 10% für ein Pullover-Design,[473] 12,5%-20% für das „Oyster"-Design von Rolex,[474] 12,5% für Fotografien von hochwertigen Armbanduhren.[475] Ein Lizenzsatz von 6% für einen Designertisch ist verglichen damit zurückhaltend bemessen.[476] Ist das Design eines Kinderwagens anspruchsvoll und auf dem Markt erfolgreich, kann er einem Prestigeobjekt angenähert und ein Lizenzsatz von 12,5% angemessen sein.[477]

Wenn auf dem jeweiligen Gebiet **Pauschallizenzen** üblich sind, muss der fiktive Lizenzbetrag in 158
voller Höhe und unabhängig davon bezahlt werden, wie lange und wie intensiv die Verletzungshandlung war.[478]

ee) Zweite Stufe der Berechnung: ***Erhöhung der angemessenen Lizenzgebühr.*** Nach dem Wortlaut 159
der nationalen deutschen Vorschriften, die Art. 13 der Durchsetzungsrichtlinie umsetzen, ist über den Betrag einer „angemessenen" Lizenzgebühr hinaus kein Raum für eine pauschale Erhöhung oder sonstige Zuschläge. Dies bleibt hinter dem Wortlaut von Art. 13 Abs. 1 lit. b der Durchsetzungsrichtlinie zurück. Denn danach kann der Schadensersatz als Pauschalbetrag festgesetzt werden, „und zwar auf der Grundlage von Faktoren wie mindestens dem Betrag der Vergütung oder Gebühr, die der Verletzer hätte entrichten müssen, wenn er die Erlaubnis zur Nutzung des betreffenden Rechts des geistigen Eigentums eingeholt hätte".

---

[467] LG Hamburg, Urt. v. 12.5.2015, Az. 416 HKO 173/14 – *REPLAY.*

[468] Vgl. BGH GRUR 2010, 239, 240 Tz. 23 – *BTK.*

[469] BGH GRUR 2010, 239, 242 Tz. 38 – *BTK; Goldmann* WRP 2011, 950, 957; a. A. für unbedeutende Zeichen offenbar *Binder* GRUR 2012, 1186, 1194: *„Niemand möchte gegen Bezahlung einer Lizenzgebühr unter einer unbedeutenden, relativ erfolglosen Marke auftreten; eine solche Vorgehensweise wäre unsinnig."*

[470] Vgl. OLG Köln GRUR-RR 2013, 398, 401 – *Bigfoot II; Köhler*/Bornkamm § 9 Rdn. 1.43; bei Kennzeichen- und Markenverletzungen gilt diese Spanne laut Rechtsprechung als Regelrahmen, vgl. BGH GRUR 2010, 239, 241 Tz. 25 – *BTK;* OLG Hamburg GRUR-RR 2006, 182, 184 – *Miss 17;* OLG Hamm Urt. v. 25.6.2009, Az. 4 U 8/09 – *Haushaltsschneidewaren II;* OLG Düsseldorf, Urt. v. 27.4.2010, Az. I-20 U 62/09; OLG Köln WRP 2014, 206, 210 Tz. 40 – *Fair Play II;* LG Mannheim, Urt. v. 24.3.2009, Az. 2 O 62/08 – *ComConsult;* LG Nürnberg-Fürth, Urt. v. 27.4.2011, Az. 4 HKO 9888/10 – *Speedminton.*

[471] BGH GRUR 1993, 55, 58 – *Tchibo/Rolex II.*

[472] OLG Köln GRUR-RR 2013, 398, 402 – *Bigfoot II;* LG Düsseldorf WRP 2015, 503, 511 Tz. 80 – *Verletzergewinn.*

[473] BGH GRUR 1991, 914, 917 – *Kastanienmuster.*

[474] BGH GRUR 1993, 55, 58 – *Tchibo/Rolex II.*

[475] BGH GRUR 2006, 143, 147 – *Catwalk.*

[476] OLG Köln GRUR-RR 2013, 398, 402 – *Bigfoot II.*

[477] LG Düsseldorf WRP 2015, 503, 511 Tz. 80ff. – *Verletzergewinn.*

[478] BGH GRUR 1990, 353, 355 – *Raubkopien;* GRUR 1993, 899, 901 – *Dia-Duplikate.*

160 Besonderes Augenmerk verdient hier der Begriff **„mindestens“**, der in **richtlinienkonformer Interpretation** auch bei der Anwendung der Umsetzungsbestimmungen beachtet werden muss. Die Richtlinie stellt damit klar, dass eine **angemessene Lizenzgebühr** nicht der einzige Faktor ist, der bei dieser Art der objektiven Schadensberechnung zu berücksichtigen ist, sondern insoweit **nur eine untere Grenze** bildet. Dass „mindestens“ eine angemessene Lizenzgebühr geschuldet ist, gibt dem Richter die Möglichkeit, in einer **zweiten Stufe** der Betrachtung höher zu greifen. Sieht man mit der hier vertretenen Auffassung die Grundlage der objektiven Schadensberechnung im Wettbewerbsrecht in einer Rechtsanalogie zu den §§ 139 Abs. 2 PatG; 24 Abs. 2 GebrMG; 14 Abs. 6 Satz 2 und 3, 15 Abs. 5 Satz 2, § 125b Nr. 2 MarkenG; 97 Abs. 2 Satz 2 und 3 UrhG; 42 Abs. 2 Satz 2 und 3 DesignG; 37 Abs. 2 Satz 2 und 3 SortSchG, ist diesem **Anliegen der Richtlinie** konsequenterweise **auch bei der Anwendung des § 9** Rechnung zu tragen.

161 Zum einen wird hier die Befugnis begründet, wie bisher **zusätzlich** – und nicht etwa nur alternativ – den konkreten Schaden im Sinne des **positiven Schadens,** also etwa die entstandenen **Rechtsverfolgungskosten** aufzunehmen. Hierzu gehören zunächst externe Anwaltskosten sowie Kosten für Testkäufe, Gutachten und Detektive (oben Rdn. 116ff.).

161a Auch eine etwaige **Marktverwirrung** (oben Rdn. 113ff.) ist für die Festlegung des Pauschalbetrags auf der Basis einer angemessenen Lizenzgebühr zu berücksichtigen.[479] Dabei ist nicht nur ein Marktverwirrungsschaden auszugleichen, der unmittelbar mit einem konkreten Produktvertrieb in Zusammenhang steht. Auch Art und Umfang der vom Verletzer getriebenen Werbung haben auf das Ausmaß der möglichen Marktverwirrung einen Einfluss.[480] Es ist daher unverständlich, wenn in der Instanzrechtsprechung z. T. solche Werbung als für die objektive Schadensberechnung völlig belanglos angesehen wird.[481]

161b Weiter gehend und entgegen der bisher h. M.[482] wird man aber auch die **Kosten der eigenen Mühewaltung** bzw. des eigenen Überwachungsapparats des Verletzten berücksichtigen müssen. Anteilige Kosten für Überwachungsmaßnahmen (z. B. Überwachung von Tauschbörsen, Internet-Auktionshäusern etc.)[483] können und müssen, begrenzt nur durch die in Art. 3 Durchsetzungsrichtlinie verankerten Grundsätze der Fairness und Verhältnismäßigkeit, in die Berechnung des Pauschalbetrags einfließen. Diese Kosten sind zwar nur unter großen Schwierigkeiten quantifizierbar, da die tatsächlichen im Unternehmen anfallenden Kosten für die Bearbeitung einem konkreten Verletzungsfall nur schwer zuzuordnen sind.[484] Dem Gedanken des „Pauschalbetrags“ als Ausgleichsentschädigung auf objektiver Grundlage entspricht es aber, dem Verletzten keine Darlegungslasten aufzubürden, die er nicht schultern kann. Es ist daher zulässig, die Kosten der eigenen Mühewaltung auf der Grundlage von nach den Verhältnissen des Betriebs des Verletzten objektiv begründbaren Fallpauschalen abzurechnen.[485] Teilweise wird auch ein pauschaler Zuschlag in einem Rahmen von 3%–25% für angebracht gehalten.[486] Auch ist denkbar, dass der durch den Verletzer angerichtete **Imageschaden** so groß ist, dass er auch durch einen noch so hoch anzusetzenden Lizenzsatz nicht vollständig wirtschaftlich kompensiert werden kann.

162 Zum anderen liegt in dem Wörtchen „mindestens“ die Aufforderung an die Gerichte, einen angemessen **„Verletzerzuschlag“** zuzubilligen, der berücksichtigt, dass der Verletzer frei von den üblichen Beschränkungen eines tatsächlichen Lizenzvertrags (Kontrollrechte des Lizenzgebers, Berichtspflichten des Lizenznehmers, Nutzungsbeschränkungen, ggf. Nichtangriffsabrede etc.) agieren konnte und es bei dem festzusetzenden Betrag gerade nicht um den „Marktwert“ einer zwischen loyalen Vertragsparteien ausgehandelten Lizenz geht.[487]

162a Schon nach der bisherigen Rechtsprechung ist bei der Lizenzanalogie zu berücksichtigen, dass der Schädiger seine fiktive Lizenzgebühr wesentlich später zahlt, als es ein vertraglicher Lizenznehmer bei vereinbarten jährlichen oder vierteljährlichen Abrechnungsperioden getan hätte. Deshalb wird dem Verletzten die Möglichkeit eingeräumt, zumindest diejenigen **Zinsen,** die im Falle der – üblichen – Fälligkeitsabrede in einem Lizenzvertrag aufgelaufen wären, vom Verletzer zu verlan-

---

[479] Vgl. OLG Köln WRP 2014, 206, 209 Tz. 27 – *Fair Play II.*

[480] LG Nürnberg-Fürth, Urt. v. 27.4.2011, Az. 4 HKO 9888/10 – *Speedminton.*

[481] So LG Frankfurt, Urt. v. 9.11.2012, Az. 3–8 O 8/11 – *CCSP;* LG Hamburg GRUR-RR 2013, 159, 163 – *Capri-Sonne.*

[482] Vgl. BGH NJW 1969, 1109; BGH NJW 1977, 35; Bamberger/Roth/*Schubert* § 249 BGB Rdn. 77.

[483] *Amschewitz* S. 316.

[484] *Bodewig/Wandtke* GRUR 2008, 220, 226.

[485] *Goldmann* WRP 2011, 950, 968.

[486] *V. Tetzner* GRUR 2009, 6, 11.

[487] Hierzu *Goldmann* WRP 2011, 950, 968; *Menninger/Nägele* WRP 2007, 912, 915; *V. Tetzner* GRUR 2009, 6, 8; *Tilmann* in: FS Schilling, S. 367, 378f.

gen.[488] Diese Praxis kann im Rahmen des nach der Richtlinie vorzunehmenden angemessenen Verletzerzuschlags fortgeführt werden.[489]

Darüber hinaus wird vorgeschlagen, als **Erhöhungsfaktor** auch ein **vorsätzliches Handeln** **163** heranzuziehen.[490] Gestützt wird dies auf den Erwägungsgrund 17 der Richtlinie, der verlangt, dass die Rechtsbehelfe so bestimmt werden sollten, dass „gegebenenfalls dem vorsätzlichen oder nicht vorsätzlichen Charakters der Rechtsverletzung gebührend Rechnung getragen wird". Ebenso wird mit Blick auf die übergeordnete Zielsetzung der Richtlinie, dass die Sanktionen auch eine Abschreckungswirkung entfalten sollen, kritisiert, dass ein bloßer „Ausgleich" in Form einer markúblichen Lizenzgebühr einen rational kalkulierenden Verletzer nicht abzuschrecken vermag. Denn der Nutzen, den der Verletzer aus der Verletzung ziehen kann, ist zumeist höher als ein unter dem Gesichtspunkt des „Ausgleichs" zu zahlender Lizenzbetrag. Dies gilt umso mehr, je geringer das Risiko ist, dass die Verletzung entdeckt wird.[491]

Trotzdem bleibt es dabei, dass die **Abschreckungswirkung** in erster Linie bei der Berech- **164** nungsmethode des Art. 13 Abs. 1 lit. a der Durchsetzungsrichtlinie zu verorten ist[492] und nicht bei derjenigen des Art. 13 Abs. 1 lit. b. Dies entspricht offenbar auch der Auffassung des BGH (näher Rdn. 166).[493] Über die verkehrsübliche Lizenzgebühr hinauszugehen, kann deshalb nur aus Gründen des Ausgleichs geboten sein, nicht aber unter dem Aspekt der Abschreckung.[494].

Mit dem Gedanken des **Ausgleichs auf „objektiver Grundlage"** ist es **nicht vereinbar,** die **164a** **subjektive Tatseite des Verletzers** als Kriterium heranzuziehen und, wie vielfach gefordert wird,[495] einen Aufschlag vorzunehmen, wenn der Verletzer mit Vorsatz handelte. Erwägungsgrund 17 der Durchsetzungsrichtlinie eröffnet zwar die Möglichkeit einer Differenzierung nach Verschuldensformen. Erwägungsgrund 26 aber, der speziell den Schadensersatz behandelt, sieht eine solche Differenzierung bei der Festsetzung eines Pauschalbetrages zum Schadensausgleich auf „objektiver Grundlage" gerade nicht vor. Ist aber Funktion der Berechnungsmethode des Art. 13 Abs. 1 lit. b der Ausgleich des Schadens und nicht Verhaltenssteuerung durch Abschreckung oder Sanktion, so passt eine Abstufung nach Verschuldensgrad nicht.[496] Dies wäre bei der Berechnung des Schadensersatzes im Wege der Lizenzanalogie ein Systembruch. Denn Ausgangspunkt ist, was vernünftige Vertragsparteien als Entgelt für eine Nutzung vereinbart hätten. Verschuldensgesichtspunkte können dabei keine Rolle spielen.[497] Auch die früher vom BGH lizenzerhöhend berücksichtigte „Hartnäckigkeit" eines Verletzers[498] kann innerhalb dieses Regelungsrahmens für die Bemessung des Lizenzsatzes keine Bedeutung mehr haben. Eine gewisse Abschreckungswirkung des Schadensersatzes kommt bei der Lizenzanalogie aber dadurch zum Tragen, dass auch ohne erzielte Umsätze eine angemessene Lizenzgebühr zu bezahlen ist (oben Rdn. 153).

Schon gar **nicht geboten** ist eine pauschale Vervielfachung, z.B. **Verdoppelung der ange-** **165** **messenen Lizenzgebühr.** Dies ergibt sich aus der Entstehungsgeschichte der Richtlinie. Art. 17 Nr. 2 des Kommissionsvorschlags[499] sah nämlich bei der Berechnungsalternative der angemessenen Lizenzgebühr eine pauschale Verdoppelung vor. Sie wurde als Strafschadensersatz amerikanischer Prägung kritisiert und fand, wie auch Erwägungsgrund 26 der Richtlinie erkennen lässt, mit Bedacht keinen Eingang in die Richtlinie.[500]

---

[488] BGH GRUR 1982, 286, 288f. – *Fersenabstützvorrichtung;* GRUR 1982, 301, 303f. – *Kunststoffhohlprofil II;* GRUR 2010, 239, 243 Tz. 55 – *BTK; Köhler*/Bornkamm § 9 Rdn. 1.44; *Schrage* S. 85.

[489] *V. Tetzner* GRUR 2009, 6, 11.

[490] Wandtke/Bullinger/*v. Wolff* § 97 UrhG Rdn. 83.

[491] *Amschewitz* S. 199; *V. Tetzner* GRUR 2009, 6, 8ff.

[492] Vgl. hierzu LG Frankfurt, Urt. v. 12.3.2014, Az. 2–06 O 16/13 – *Brother Tonerkartuschen.*

[493] BGH GRUR 2001, 329, 331 – *Gemeinkostenanteil;* GRUR 2009, 856, 864 Tz. 76 – *Tripp-Trapp-Stuhl;* ZUM 2013, 406, 408 Tz. 27 – *Jürgen Möllemanns Sprung.*

[494] *Goldmann* WRP 2011, 950, 968.

[495] Wandtke/Bullinger/*v. Wolff* § 97 UrhG Rdn. 83; *Kämper* GRUR Int. 2008, 544; *Dörre/Maaßen* GRUR-RR 2008, 217, 218, und die Vorauflage.

[496] *Goldmann* WRP 2011, 950, 968.

[497] OLG Köln WRP 2014, 206, 209 Tz. 27 – *Fair Play II; Goldmann,* Der Schutz des Unternehmenskennzeichens, § 19 Rdn. 295.

[498] Vgl. BGH GRUR 1972, 189, 191 – *Wandsteckdose II.*

[499] Vorschlag der Kommission für eine Richtlinie des Europäischen Parlaments und des Rates über die Maßnahmen und Verfahren zum Schutz der Rechte an geistigem Eigentum vom 30.1.2003, KOM (2003) 46 endg.

[500] Im letzten Satz dieses Erwägungsgrundes wird unter Abweichung vom Kommissionsvorschlag klargestellt, dass bei der Regelung der Schadensersatzhöhe „nicht die Einführung einer Verpflichtung zu einem als Strafe angelegten Schadensersatz [bezweckt wird], sondern eine Ausgleichsentschädigung für den Rechtsinhaber auf objektiver Grundlage unter Berücksichtigung der ihm entstandenen Kosten, z.B. im Zusammenhang mit der

166 **e) Berücksichtigung des Verletzergewinns.** *aa) Grundlagen.* Vor der Umsetzung der Durchsetzungsrichtlinie war zuletzt streitig geworden, ob der Anspruch auf Herausgabe des Verletzergewinns einen echten Schadensersatzanspruch[501] oder einen dem **Schadensersatz funktionsähnlichen Ausgleichsanspruch aus Billigkeitsgründen** darstellte, der zwar im Recht der angemaßten Eigengeschäftsführung (§§ 687 Abs. 1, 681 S 2, 667 BGB) wurzelte, aber wegen der besonderen Verletzlichkeit und Schutzbedürftigkeit der wettbewerbsrechtlich geschützten Leistungsergebnisse auch bei nur fahrlässigem Verhalten des Verletzers eingreifen konnte.[502] Zum Zwecke des billigen Ausgleichs wurde fingiert, dass der Verletzte den gleichen Gewinn wie der Verletzer erzielt hätte.[503] Die Abschöpfung des Verletzergewinns diente dabei auch „der Sanktionierung des schädigenden Verhaltens und auf diese Weise auch **der Prävention**",[504] also der **Abschreckung.**

167 In Umsetzung des Art. 13 Abs. 1 lit. a der Durchsetzungsrichtlinie erkennt der Gesetzgeber bei Immaterialgüterrechten nunmehr die Herausgabe des Verletzergewinns als Grundlage der Berechnung des Schadensersatzanspruchs gesetzlich an und bestimmt, dass bei der Bemessung des Schadensersatzes auch der **Gewinn,** den **der Verletzer durch die Verletzung des Rechts erzielt** hat, berücksichtigt werden kann. Maßgeblich für die Auslegung der deutschen Umsetzungsbestimmungen und für deren analoge Anwendung im Wettbewerbsrecht bleibt der Richtlinientext. Gem. Art. 13 Abs. 1 lit. a „berücksichtigen" die Gerichte bei der Festsetzung des Schadensersatzes „alle in Frage kommenden Aspekte, wie die negativen wirtschaftlichen Auswirkungen, einschließlich der Gewinneinbußen für die geschädigte Partei und der zu Unrecht erzielten Gewinne des Verletzers, sowie in geeigneten Fällen auch andere als die rein wirtschaftlichen Faktoren, wie den immateriellen Schaden für den Rechtsinhaber." Hierin ist trotz des unklaren Wortlauts die Grundlage für eine Abschöpfung des Verletzergewinns nach der bisherigen deutschen Praxis zu sehen,[505] denn diese deutsche Praxis war das Vorbild der Richtlinienregelung.[506]

168 *bb) Berücksichtigung aller Umstände.* Die „Berücksichtigung" aller Umstände, zu denen die beiden selbständigen Aspekte der „Gewinneinbußen für die geschädigte Partei" einerseits und die „zu Unrecht erzielten Gewinne des Verletzers" andererseits gehören, kann nach der Systematik und dem Sinn der Regelung, am Ende einen Schadensersatzbetrag auszuwerfen, nur bedeuten, dass diese Aspekte in dessen Berechnung einfließen. Die **Berücksichtigung der Einbußen des Verletzers** entspricht dabei dem **Ausgleichsgedanken** und die **Abschöpfung des Verletzergewinns dem Ziel der abschreckenden Wirkung.**[507] Lit. a könnte durchaus so verstanden werden, dass dem Verletzergewinn nur eine Indizfunktion für die Höhe des tatsächlich erlittenen Schadens zukommen soll.[508] Der deutsche Wortlaut der Richtlinie ist aber insofern missverständlich. Denn dieser lässt sich so lesen, dass die „zu Unrecht erzielten Gewinne des Verletzers" zu den „negativen wirtschaftlichen Auswirkungen" des Verletzten gehören. *Tilmann* hat darauf hingewiesen, dass dies offensichtlich unsinnig ist und auch nicht mit den Fassungen in anderen Sprachen im Einklang steht.[509] Der Verletzergewinn ist kein Unterfall oder Teilaspekt der Gewinneinbußen, sondern steht selbständig neben dem entgangenen Gewinn. Diese Sichtweise entspricht auch der Entstehungsgeschichte.[510] Die Unterscheidung der negativen wirtschaftlichen Auswirkungen für den Verletzer auf der einen Seite von den zu Unrecht erzielten Gewinnen des Verletzers auf der anderen Seite schließt aber nicht aus, dass beides bei der Festsetzung des Schadensanspruchs miteinander **kombiniert** oder sogar **addiert** wird.[511] Der Richtlinienvorschlag der Kommission sah letzteres ausdrücklich vor.[512]

Feststellung der Rechtsverletzung und ihrer Verursacher"; näher zum Ganzen *Amschewitz* S. 99; *Goldmann* WRP 2011, 950, 967.

[501] So BGH GRUR 2008, 93, 94 Tz. 7 – *Zerkleinerungsvorrichtung.*

[502] So *Tilmann* GRUR 2003, 647; *ders.* in: FS Schilling, S. 367, 368 f.

[503] BGH GRUR 2001, 329, 331 – *Gemeinkostenanteil;* vgl. dazu auch BGH GRUR 1972, 189, 191 – *Wandsteckdose II;* GRUR 1973, 478 – *Modeneuheit;* BGHZ 68, 90, 94 – *Kunststoffhohlprofil I;* GRUR 1995, 349, 351 – *Objektive Schadensberechnung.*

[504] BGH GRUR 2001, 329, 331 – *Gemeinkostenanteil;* GRUR 2009, 856, 864 Tz. 76 – *Tripp-Trapp-Stuhl;* ZUM 2013, 406, 408 Tz. 27 – *Jürgen Möllemanns Sprung.*

[505] *Goldmann* WRP 2011, 950, 965, 969; *Meier-Beck* in: FS Loschelder, S. 221, 222 ff.; *ders.* WRP 2012, 503, 504 f.; *Richter* in: FS Ahrens, S. 405, 413 ff.; a. A. *Sack* in: FS Ahrens, S. 421, 428 ff.

[506] Näher *Goldmann* WRP 2011, 950, 962 f. m. w. N.

[507] Vgl. hierzu LG Frankfurt, Urt. v. 12.5.2014, Az. 2–06 O 16/13 – *Brother Tonerkartuschen.*

[508] Zu dieser Deutungsmöglichkeit *Peukert/Kur* GRUR Int. 2006, 292, 293.

[509] *Tilmann* in: FS Schilling, S. 367.

[510] Näher *Goldmann* WRP 2011, 950, 965.

[511] *Metzger* S. 209, 216.

[512] Vorschlag für eine Richtlinie des Europäischen Parlaments und des Rates über die Maßnahmen und Verfahren zum Schutz der Rechte an geistigem Eigentum vom 30.1.2003, KOM (2003) 46 endg., S. 25.

In der verabschiedeten Fassung ist dieser Aspekt zwar im Wortlaut weniger klar. Doch anders als bei der zunächst vorgesehenen Verdoppelung der Lizenzgebühr ist hier keine Abkehr vom ursprünglichen Konzept zu erkennen.

cc) Grundsätze der Gewinnermittlung. α) Begriff des Gewinns. Der **Begriff des Gewinns** in der Richtlinie ist **autonom** auszulegen.[513] Er ist deshalb nicht ohne weiteres völlig deckungsgleich mit dem Begriff des Gewinns, wie der BGH ihn in der Entscheidung „Gemeinkostenanteil" unter der Dogmatik der angemaßten Eigengeschäftsführung in Analogie zu § 687 Abs. 2 BGB[514] näher bestimmt hat.[515] **169**

β) Bereicherungsrechtliche Konstruktion nach altem Recht. Gem. § 687 Abs. 2 Satz 1 i. V. m. § 667 BGB hat der angemaßte Eigengeschäftsführer „alles … was er aus der Geschäftsbesorgung erlangt, herauszugeben." Das ist an sich der vollständige Erlös, nicht der auf welchem Wege auch immer errechnete Gewinn. Dafür kann der Verletzer aber seinerseits vom Verletzten gem. §§ 687 Abs. 2 Satz 2, 684 Satz 1 BGB Ersatz aller seiner Aufwendungen bei der Führung des fremden Geschäfts verlangen, allerdings gem. § 818 Abs. 3 BGB nur, insoweit der Verletzte um sie tatsächlich wertmäßig bereichert ist.[516] Nach der Rechtsprechung des BGH gehörten hierzu **nur die variablen** (d. h. vom Beschäftigungsgrad abhängigen) **Kosten** für die Herstellung und den Vertrieb der schutzrechtsverletzenden Gegenstände (z. B. Materialkosten, anteilige Energie- und Lohnkosten, Kosten für die Verpackung der rechtsverletzenden Güter, die darauf entfallenden Vertriebskosten und die Kosten für Raummiete und Maschinen, soweit diese Ressourcen ausschließlich zur Herstellung und zum Vertrieb der verletzenden Gegenstände eingesetzt wurden).[517] Anteilige Gemeinkosten aber (z. B. Mieten, allgemeine Marketingkosten, Geschäftsführergehälter, Verwaltungskosten und Kosten für Anlagevermögen), die keinen unmittelbaren Zusammenhang mit der Verletzung haben (und möglicherweise wirtschaftlich unvernünftig oder maßgeblich durch die Kosten der Herstellung anderer Produkte des Verletzerunternehmens beeinflusst sind), waren nach der Rechtsprechung aber keine Aufwendungen, um die der Verletzte bereichert ist.[518] Um die unmittelbaren stückbezogenen Aufwendungen des Verletzers ist der Verletzte bereichert, da er nie in seinem eigenen Betrieb ebenfalls hätte aufwenden müssen, um einen Erlös zu erzielen. Um die anteiligen Fixkosten eines fremden Betriebs ist er aber nicht bereichert, denn er hat seinen eigenen Betrieb und braucht keinen zweiten. Weil dieser Gedanke natürlich nur zutrifft, wenn der verletzte Rechtsinhaber tatsächlich einen eigenen Betrieb unterhält, hat der BGH später in der Entscheidung *„Steckverbindergehäuse"* ergänzend ausgeführt, dass der Gedanke des billigen Ausgleichs die Fiktion mit einschließt, dass der Verletzte einen entsprechenden Betrieb unterhält, der dieselben Produktions- oder Vertriebsleistungen wie der Betrieb des Verletzers hätte erbringen können.[519] **170**

γ) Zweckorientierte Versagung von Abzugsposten. Die Durchsetzungsrichtlinie spricht in Art. 13 Abs. 1 Satz 2 lit. a nur von „Gewinn". Dieser Begriff ist nach seinem Wortsinn als das Ergebnis von **Erlös nach Abzug der abzugsfähigen Kosten** zu verstehen. Die überaus komplizierte und erklärungsbedürftige bereicherungsrechtliche Konstruktion des BGH ist deshalb nach neuem Recht obsolet.[520] Das bedeutet aber nicht, dass die Richtlinie zu einer Abkehr von der seit dem Urteil *„Gemeinkostenanteil"* eingeführten Rechtspraxis zwingt.[521] Denn auch nach neuem Recht muss bestimmt werden, welche Kosten als abzugsfähig gelten und welche nicht. Die Billigkeitserwägungen, auf die der BGH das Urteil *„Gemeinkostenanteil"* zusätzlich gestützt hat, sind ohne weiteres einleuchtend und beanspruchen auch bei der Anwendung der Durchsetzungsrichtlinie Geltung:[522] Würde dem Verletzer gestattet, von seinen Erlösen einen Gemeinkostenanteil abzusetzen, verbliebe dem Verletzer ein Deckungsbeitrag zu seinen Fixkosten, und der Gewinn würde nicht vollständig abgeschöpft. Dies stünde in Widerspruch zu Sinn und Zweck des Schadensausgleichs und insbesondere zu dem Gedanken, dass der Verletzte durch die Herausgabe des Verletzergewinns so zu stellen ist, als hätte er ohne die Rechtsverletzung den gleichen Gewinn wie der Verletzer erzielt. Denn in **171**

[513] *Goldmann* Der Schutz des Unternehmenskennzeichens, § 19 Rdn. 300.

[514] BGH GRUR 2001, 329, 331 – *Gemeinkostenanteil;* GRUR 2006, 419, 420 Tz. 18 – *Noblesse;* GRUR 2007, 431, 434 Tz. 31 – *Steckverbindergehäuse.*

[515] *Goldmann* WRP 2011, 950, 967; *ders.* Der Schutz des Unternehmenskennzeichens, § 19 Rdn. 300.

[516] *Goldmann* WRP 2011, 950, 961 f.; *Haedicke* GRUR 2005, 529, 532.

[517] BGH GRUR 2001, 329, 331 – *Gemeinkostenanteil.*

[518] BGH GRUR 2001, 329, 331 – *Gemeinkostenanteil; Haedicke* GRUR 2005, 529, 532; näher zur Gewinnberechnung (Verletzergewinn im gewerbliche Rechtsschutz) *Lehmann* BB 1988, 1680, 1688 ff.; *Haft/Reimann* Mitt. 2003, 437 ff.; *Pross* in: FS Tilmann, S. 881 ff.

[519] BGH GRUR 2007, 431, 434 Tz. 31 – *Steckverbindergehäuse.*

[520] *Goldmann* WRP 2011, 950, 967; *Meier-Beck* in: FS Loschelder, 2010, S. 221, 225 f.

[521] *Meier-Beck* WRP 2012, 503, 505.

[522] *Goldmann* WRP 2011, 950, 967; *Meier-Beck* WRP 2012, 503, 505.

diesem Fall hätte der Verletzte bei einem Einsatz des eigenen Unternehmens für die Herstellung und den Vertrieb einen Deckungsbeitrag zu seinen eigenen Gemeinkosten erwirtschaften können.[523]

172 Diese Erwägungen stehen im Einklang mit dem Ausgleichsgedanken der Durchsetzungsrichtlinie. Außerdem ist nach der Begründung des Richtlinienvorschlags der Kommission auch davon auszugehen, dass nur die **Nichtberücksichtigung eines Gemeinkostenanteils** die Abschöpfung des Verletzergewinns hinreichend abschreckend macht.[524] Die Kommission sah die deutsche Praxis insoweit als beispielhaft an.[525] Es entspricht deshalb dem Willen des Richtliniengebers, **die vom BGH** mit dem Urteil *„Gemeinkostenanteil"* **eingeschlagene Linie fortzusetzen** und zur Grundlage des harmonisierten Rechts zu machen: Von der Verletzungsform unabhängige „Sowieso-Kosten", die es auch dann gegeben hätte, wenn die Verletzungshandlung nicht begangen worden wäre, sind ebenso wenig abzugsfähig wie die Kosten, die im laufenden Betrieb des Verletzten nicht angefallen wären.[526] Zwar ist die Unterscheidung zwischen den berücksichtigungsfähigen und den nicht abzugsfähigen Kosten im Einzelfall schwer zu treffen, allerdings ist sie unerlässlich, um dem Ziel Rechnung zu tragen, mit dem Schadensersatz einen billigen Ausgleich der Vermögensnachteile des Verletzen zu bewirken. Da bei der Ermittlung des Verletzergewinns aber ohnehin häufig auf das Mittel der Schätzung (§ 287 ZPO) zurückgegriffen werden muss, sind auch die Schwierigkeiten bei der Feststellung und Zuordnung der Kosten nicht unüberwindbar.[527] Der BGH billigt dem Tatrichter bei der Trennung von Fixkosten und variablen Kosten die Befugnis einer gewissen **Typisierung und Vergröberung** zu und zieht das **Ermessen** des **Tatrichters** gem. § 287 ZPO **weit.**[528]

173 Der **Rohgewinn** des Verletzers errechnet sich also – wie bisher (oben Rdn. 170) – aus den **Umsatzerlösen abzüglich der berücksichtigungsfähigen Kosten.** Abzugsfähig sind nur die **variablen Kosten,** nicht aber auch Fixkosten. Die Trennlinie zwischen den abzugsfähigen variablen Kosten und den nicht abzugsfähigen fixen (oder Gemein-)Kosten ist danach zu ziehen, ob sie dem konkreten Produkt oder nur dem Gesamtbetrieb zuzuordnen sind. Im Einzelnen gilt:

173a Abzugsfähig sind **im Handel** alle Kosten, die unmittelbar auf die Beschaffung und Vermarktung der Ware entfallen. Hierbei kann es sich neben dem reinen Einstandspreis etwa handeln um Gutschriften, Rabatte, Skonti, Wareneingangskosten, Lizenzgebühren, Ersatzteilkosten, Ausgangs- und Rückfrachten, Zölle, Kursaufwandskosten, Verpackungskosten, Vertriebsprovisionen, Vertreterspesen, Factoringkosten sowie um Kosten der Bemusterung und sonstige produktbezogene Marketingkosten.[529] Raumkosten sind abzugsfähig, soweit der Raum nur für Lagerung der verletzenden Produkte genutzt wurde.[530]

173b In einem Betrieb zur **Herstellung** treten anstelle des Einstandspreises **Materialkosten und Energiekosten.**[531] Ansonsten gelten die gleichen Grundsätze wie im Handel. Für die Abzugsfähigkeit von **Lohnkosten** der Herstellung ist nicht maßgeblich, ob der Verletzer diese ohne die Verletzungshandlung – etwa durch Abbau von Arbeitsplätzen – eingespart hätte. Ihre Abzugsfähigkeit richtet sich vielmehr danach, ob sie im Rahmen einer wertenden Gesamtbetrachtung gerade dem Produkt zugeordnet werden können oder ob es sich um auf den Gesamtbetrieb entfallende Kosten handelt.[532] Im Bereich des **Anlagevermögens** können die Kosten für Räumlichkeiten und Maschinen (anteilig bezogen auf deren Lebensdauer) abgesetzt werden, die nur für die Produktion und den Vertrieb der Nachahmungsprodukte verwendet worden sind. **Nicht anrechenbar** sind demgegenüber die Kosten, die unabhängig vom Umfang der Produktion und des Vertriebs durch die Unterhaltung des Betriebs entstanden sind. Hierzu zählen z.B. allgemeine Marketingkosten, die Geschäftsführergehälter, die Verwaltungskosten sowie die Kosten für Anlagevermögen, das nicht konkret der rechtsverletzenden Fertigung zugerechnet werden kann. Ein solcher **Ge-**

---

523 BGH GRUR 2001, 329, 331 – *Gemeinkostenanteil.*

524 *Goldmann* WRP 2011, 950, 967.

525 Vorschlag für eine Richtlinie des Europäischen Parlaments und des Rates über die Maßnahmen und Verfahren zum Schutz der Rechte an geistigem Eigentum vom 30.1.2003, KOM(2003) 46 endg., S. 16, 25.

526 Vgl. OLG Düsseldorf, Urt. v. 8.9.2011, Az. I-2 U 77/09 – *Schräg-Raffstore* (allerdings ohne Berücksichtigung der Durchsetzungsrichtlinie); LG Düsseldorf WRP 2015, 503, 506 Tz. 27 – *Verletzergewinn.*

527 BGH GRUR 2007, 431, 434 Tz. 30 – *Steckverbindergehäuse.*

528 BGH GRUR 2007, 431, 434 Tz. 30 – *Steckverbindergehäuse.*

529 LG Düsseldorf WRP 2015, 503, 506 ff. Tz. 28 ff. – *Verletzergewinn.*

530 LG Düsseldorf WRP 2015, 503, 508 Tz. 53 – *Verletzergewinn.*

531 Vgl. OLG Köln GRUR-RR 2013, 398, 400 – *Bigfoot II.*

532 OLG Düsseldorf, Urt. v. 8.9.2011, Az. I-2 U 77/09 – *Schräg-Raffstore;* OLG Köln GRUR-RR 2013, 398, 400 – *Bigfoot II;* vgl. auch BGH GRUR 2007, 431, 434 Tz. 31 – *Steckverbindergehäuse.*

meinkostenanteil, der nicht konkret gerade der rechtsverletzenden Fertigung zugerechnet werden kann, ist **nicht** gewinnmindernd zu berücksichtigen.[533]

173c Der **Verletzer** trägt die **Darlegungs- und Beweislast** dafür, dass bestimmte von ihm geltend gemachte Kosten den Verletzungsgegenständen unmittelbar zugeordnet werden können und damit vom erzielten Umsatzerlös abzugsfähig sind, obwohl sie typischerweise als Gemeinkosten anfallen.[534]

174 **Nicht abziehen** darf der Verletzer selbstverständlich die von ihm zu erstattenden **Kosten der Rechtsverfolgung des Verletzten** (etwa Kosten für die Abmahnung) oder **eigene Rechtsverteidigungskosten** (etwa Kosten der zur Abwehr der Ansprüche des Verletzten eingeschalteten Rechtsanwälte). Denn bei der Berechnung des Schadens nach dem Verletzergewinn wird fingiert, dass der Rechtsinhaber den gleichen Gewinn wie der Verletzer erzielt hätte. Beim Rechtsinhaber wären aber derartige Kosten nicht angefallen.[535] Der Verletzer kann den herauszugebenden Gewinn auch nicht um solche Zahlungen mindern, die er an seine Abnehmer im Hinblick auf die Unverkäuflichkeit der Ware geleistet hat.[536] Abzugsfähig sind dagegen Schadensersatzzahlungen in der Verletzerkette (hierzu unten Rdn. 199).

175 *dd) Umfang der Gewinnherausgabe und „Verletzeranteil".* Nachdem der Rohgewinn ermittelt worden ist, muss die an den Verletzten abzuführende Quote bestimmt werden, und zwar in dieser Reihenfolge.[537] Der erzielte Gewinn ist nämlich nicht vollständig, sondern **nur insoweit herauszugeben, als er auf der unerlaubten Nutzung** der wettbewerbsrechtlich geschützten Leistungsposition **beruht.**[538] Dieser sog. **„Kausalanteil"** oder **„Verletzeranteil"** geht ebenso wie das Verbot des Abzugs eines Gemeinkostenanteils im Kern auf die traditionelle GoA-Struktur des Anspruchs auf Gewinnherausgabe zurück.[539] Die Rechtsprechung war jedenfalls im Kennzeichenrecht ursprünglich der Ansicht, dass der Verletzer mit dem Vertrieb rechtsverletzender Waren grundsätzlich ein eigenes Geschäft führe.[540] Später erkannte die Rechtsprechung an, dass es sich bei einem Angebot unter Verletzung eines fremden Kennzeichens **zum Teil** um ein **fremdes Geschäft** handelt. Bei der Frage, inwieweit ein fremdes, also dem Rechtsinhaber zustehendes Geschäft geführt wird, müsse ermittelt werden, welche Rolle die Zeichennutzung beim Vertrieb durch den Verletzer gespielt hat.[541]

176 Auch nach neuem Recht kann der Gewinn nur insoweit herausverlangt werden, wie er gerade auf dem unerlaubten Zugriff auf das geschützte Immaterialgüterecht beruht. Nach neuem Recht finden für den Schadensausgleich nämlich von vornherein nur die **„zu Unrecht erzielten"** Gewinne des Verletzers Berücksichtigung. Gemeint ist der Gewinn, der gerade durch den Zugriff auf das fremde Schutzrecht und nicht durch andere Ursachen erzielt wurde.[542] Dies ermöglicht eine nahtlose Fortsetzung der bisherigen, auf den Begriff des „fremden Geschäfts" gestützten Praxis auf einem neuen Fundament. Es gilt folgende Formel: **Herauszugebender Verletzergewinn = (Umsatz – abzugsfähige Kosten) × Kausalanteil.**[543]

176a Dabei kann sich der Verletzer nach dem Sinn und Zweck des Rechtsinstituts der Abschöpfung des Verletzergewinns, die Folgen eines tatsächlich stattgefundenen deliktischen Handelns zu kompensieren, **nicht auf** ein hypothetisches **rechtmäßiges Alternativverhalten berufen** und einwenden, er hätte denselben Gewinn auch ohne Rechtsverletzung bzw. ohne unlautere geschäftliche Handlungen erzielen können.[544] Die Ermittlung des herauszugebenden Gewinnanteils ist nicht im

---

[533] Vgl. OGH GRUR Int. 2014, 838, 840 – *RED LABEL:* „Herauszugeben ist der Reingewinn, den der Verletzer gerade aufgrund des widerrechtlichen Kennzeicheneingriffs erzielt hat"; *Goldmann,* Der Schutz des Unternehmenskennzeichens, § 19 Rdn. 304.

[534] OLG Köln GRUR-RR 2013, 398, 400 – *Bigfoot II.*

[535] BGH Urt. v. 10.6.2010, Az. 45/09 Tz. 14f. – *Acerbon.*

[536] BGH GRUR 2002, 532, 535 – *Unikatrahmen;* GRUR 2009, 856, 864 Tz. 74 – *Tripp-Trapp-Stuhl.*

[537] BGH GRUR 2009, 856, 862 Tz. 58 – *Tripp-Trapp-Stuhl;* OLG Düsseldorf, Urt. v. 8.9.2011, Az. 2 U 77/09 – *Schräg-Raffstoffe;* LG Mannheim, Urt. v. 6.7.2012, Az. 7 O 113/11 – *TAXOTERE;* LG Düsseldorf WRP 2015, 503, 506 Tz. 25 – *Verletzergewinn.*

[538] BGH GRUR 2009, 856, 860 Tz. 41 – *Tripp-Trapp-Stuhl;* GRUR 2012, 1226, 1227 Tz. 17ff. – *Flaschenträger;* OGH GRUR Int. 2014, 838, 840 – *RED LABEL;* zur Rechtslage vor Umsetzung der Durchsetzungsrichtlinie BGH GRUR 1993, 55, 59 – *Tchibo/Rolex II;* GRUR 2007, 431, 434 Tz. 37 – *Steckverbindergehäuse.*

[539] *Goldmann* WRP 2011, 950, 958f.

[540] RGZ 47, 100, 102 – *Likörausstattung;* 58, 321, 323 – *Klosettpapier;* in die gleiche Richtung heute *Melullis* GRUR Int. 2008, 679, 680; anders aber zum Urheber- bzw. Patentrecht (fremdes Geschäft) RGZ 35, 63, 70ff. – *Ariston* (zum Urheberrecht); RGZ 156, 321, 325ff. – *Braupfanne* (zum Patentrecht).

[541] BGH GRUR 1961, 354, 355 – *Vitasulfal.*

[542] *Goldmann* Der Schutz des Unternehmenskennzeichens, § 19 Rdn. 308; so schon *Fischer* S. 108f.

[543] Kurgefasst von LG Mannheim, Urt. v. 6. Juli 2012, Az. 7 O 113/11 – *TAXOTERE.*

[544] BGH GRUR 2012, 1226, 1230 Tz. 35 – *Flaschenträger; Richter* in: FS Ahrens, S. 405, 417.

Sinne einer Erforschung der adäquaten Kausalität, sondern – vergleichbar mit der Bemessung der Mitverschuldensanteile im Rahmen des § 254 BGB – wertend zu verstehen.[545] Die Höhe des herauszugebenden Verletzergewinns lässt sich insoweit **nicht** wirklich **berechnen.**[546] Der Tatrichter hat vielmehr gem. § 287 Abs. 1 ZPO unter Würdigung aller Umstände des Einzelfalles nach freier Überzeugung im Wege einer Schätzung darüber zu entscheiden, ob zwischen der Schutzrechtsverletzung und dem erzielten Gewinn der ursächliche Zusammenhang im Rechtssinne besteht und wie hoch der danach herauszugebende Gewinnanteil zu beziffern ist.[547] Die Grundlagen dieser Schätzung sind – soweit möglich – objektiv zu ermitteln, und über bestrittene Ausgangs- bzw. Anknüpfungstatsachen ist Beweis zu erheben.[548] Die Gesamtheit aller Umstände ist sodann abzuwägen und zu gewichten.[549]

176b Das **tatrichterliche Ermessen** ist **weit.** In der Revisionsinstanz ist die Schätzung nur daraufhin überprüfbar, ob bei der Ermittlung des auf die Schutzrechtsverletzung zurückzuführenden Gewinns alle wesentlichen, schätzungsbegründenden Tatsachen, die sich aus der Natur der Sache ergeben oder von den Parteien vorgetragen wurden, berücksichtigt wurden und keinem Umstand ein ihm offensichtlich nicht zukommendes Gewicht beigemessen wurde, keine sachwidrigen Erwägungen angestellt und Denkgesetze und Erfahrungssätze beachtet wurden.[550]

176c Bei einer **Verletzung von Betriebsgeheimnissen** ist grundsätzlich der **gesamte** unter Einsatz des geheimen Know-hows erzielte **Gewinn** herauszugeben.[551] Denn unter Verstoß gegen § 17 UWG erlangte Kenntnisse von Betriebsgeheimnissen dürfen in keiner Weise verwendet werden, weshalb die dadurch erzielten Ergebnisse von Anfang an und – jedenfalls i. d. R. – dauerhaft mit dem Makel der Wettbewerbswidrigkeit behaftet sind.[552]

176d Beim **wettbewerbsrechtlichen Nachahmungsschutz** ist maßgeblich, inwieweit beim Vertrieb der nachgeahmten Produkte die Gestaltung als Imitat **für den Kaufentschluss** eines durchschnittlich informierten, aufmerksamen und verständigen Nachfragers **ursächlich** gewesen ist oder ob andere Umstände eine wesentliche Rolle gespielt haben.[553]

177 Wenn es sich bei den nachgeahmten Produkten um **Gegenstände des allgemeinen Bedarfs** handelt und das Gericht zu den angesprochenen Verkehrskreisen gehört, bestehen gegen eine freie richterliche Schätzung keinerlei Bedenken.[554] Wenn die Mitglieder des Gerichts dagegen nicht zu den angesprochenen Verkehrskreisen gehören, muss die Schätzung auf der Grundlage weiterer Erkenntnisquellen stattfinden. Hierzu bieten sich (demoskopische) Gutachten oder – bei einer nur kleinen Anzahl von Kunden – die Einvernahme der tatsächlichen Käufer als Zeugen an.

178 Bei einer wettbewerbswidrigen **Leistungsübernahme** wird der Verletzergewinn selten ausschließlich, vielfach nicht einmal überwiegend auf die Verletzungshandlung zurückzuführen sein.[555] Es kommt für die Frage, welcher Anteil des erzielten Gewinns gerade auf die Nachahmung und nicht auf andere Ursachen zurückzuführen ist, auf die **Umstände des Einzelfalles** an.[556]

179 Zu den Umständen, die das Gericht zu berücksichtigen hat, gehören zunächst dessen technische Funktionalität bzw. sein Gebrauchszweck.[557] Beim Kauf eines **technischen Gegenstands** ist i. d. R. weniger die Gestaltung als vielmehr die technische Funktionalität entscheidend.[558] Auch bei originell gestalteten **Gebrauchsgegenständen** wie bei Möbeln soll nach Auffassung des BGH für

---

[545] BGH GRUR 1993, 55, 59 – *Tchibo/Rolex II;* GRUR 2007, 431, 434 Tz. 37 – *Steckverbindergehäuse:* GRUR 2009, 856, 860 Tz. 41 – *Tripp-Trapp-Stuhl;* GRUR 2012, 1226, 1228 Tz. 20 – *Flaschenträger.*

[546] BGH GRUR 2012, 1226, 1228, 1230 Tz. 20, 37 – *Flaschenträger.*

[547] BGH GRUR 1993, 55, 59 – *Tchibo/Rolex II;* GRUR 1995, 50, 54 – *Indorektal/Indohexal;* GRUR 2006, 419, 420 Tz. 16 – *Noblesse;* GRUR 2009, 856, 860 Tz. 42 – *Tripp-Trapp-Stuhl;* GRUR 2012, 1226, 1228 Tz. 20 – *Flaschenträger;* GRUR 2013, 1212, 1213 Tz. 5 – *Kabelschloss.*

[548] BGH GRUR 2012, 1226, 1228 Tz. 20 – *Flaschenträger.*

[549] BGH GRUR 1993, 55, 59 – *Tchibo/Rolex II;* GRUR 2012, 1226, 1228 Tz. 20 – *Flaschenträger.*

[550] BGH GRUR 2009, 856, 860 Tz. 42 – *Tripp-Trapp-Stuhl;* GRUR 2007, 431, 434 Tz. 38 – *Steckverbindergehäuse;* GRUR 2012, 1226, 1228 Tz. 20 – *Flaschenträger.*

[551] BGH NJOZ 2009, 301, 303 Tz. 11.

[552] BGH NJOZ 2009, 301, 303 Tz. 11.

[553] BGH GRUR 2007, 431, 434 Tz. 30 – *Steckverbindergehäuse;* NJOZ 2009, 301, 302 Tz. 8; OLG Köln GRUR-RR 2013, 398, 402 – *Bigfoot II; Köhler*/Bornkamm § 9 Rdn. 148.

[554] OLG Hamburg GRUR-RR 2009, 136, 138 – *Gipürespitze II.*

[555] BGH WRP 2008, 938, 939 Tz. 8 – *Entwendete Datensätze mit Konstruktionszeichnungen;* Teplitzky/*Schaub* Kap. 34 Rdn. 33.

[556] BGH GRUR 2007, 431, 434 Tz. 39 – *Steckverbindergehäuse;* OLG Hamburg GRUR-RR 2009, 136, 139 – *Gipürespitze;* OLG Köln GRUR-RR 2013, 398, 402 – *Bigfoot II.*

[557] Vgl. BGH GRUR 2009, 856, 860 Tz. 45 – *Tripp-Trapp-Stuhl;* NJOZ 2009, 301, 302 Tz. 8; *Fischer* S. 57.

[558] BGH GRUR 2007, 431, 434 Tz. 40 – *Steckverbindergehäuse;* BGH WRP 2008, 938, 939 Tz. 8 – *Entwendete Datensätze mit Konstruktionszeichnungen;* NJOZ 2009, 301, 302 Tz. 8

den Käufer dagegen erfahrungsgemäß die Funktionalität im Vordergrund stehen.[559] Dies begegnet Bedenken. Denn die Bedeutung des Designs auch von Alltagsgegenständen nimmt fortlaufend zu und ist vielfach ebenso groß wie deren Gebrauchswert[560] oder sogar weit größer.[561] Für eine besonders große Bedeutung des Designs indiziell ist, wenn das nachgeahmte Produkt großen Markterfolg hat oder wenn verschiedene, evtl. sogar marktstarke Wettbewerber das Design aufgegriffen haben.[562] Bei **Schmuck** kommt der Funktionalität eine geringe Rolle zu.[563] Dies gilt allgemein für in erster Linie **dekorative Gegenstände.**[564]

Weiter ist nach der Rechtsprechung der – regelmäßig – im Vergleich zum Original **niedrigere Preis** des Verletzerprodukts als die Kaufentscheidung beeinflussend und den Kausalanteil mindernd zu berücksichtigen.[565] Dies gilt allerdings **nicht** für **echte Pirateriefälle,** in denen nicht der gegenüber dem Original niedrigere Preis, sondern das Vorhandensein der bekannten Kennzeichnung auf einem **gefälschten Produkt** den eigentlichen Ausschlag für die Kaufentscheidung gibt.[566] Die dabei selbstverständlich stattfindende Preisunterbietung ist Teil der Absatzstrategie des in aller Regel vorsätzlich handelnden Verletzers, die nicht auch noch durch besonders hohe Abzüge vom Verletzergewinn prämiiert werden darf. Selbstverständlich spielt der niedrige Preis tatsächlich für die Kaufentscheidung ebenfalls eine Rolle. Es findet jedoch insoweit keine streng kausale Betrachtung statt, sondern eine wertende Zurechnung von Kausalfaktoren, die den niedrigeren Preis im Wege einer normativen Korrektur nicht berücksichtigt.[567] Hinzu kommt, dass gem. Art. 3 Abs. 2 der Durchsetzungsrichtlinie Maßnahmen zur Durchsetzung der Rechte des geistigen Eigentums nicht nur verhältnismäßig, sondern auch wirksam und abschreckend sein müssen. Dies erfordert schon unter dem Aspekt der Generalprävention, dass gewerblichen Fälschern kein Anteil an den Einnahmen belassen wird, die sie mit Piraterieprodukten erzielen.[568] In Pirateriefällen ist deshalb der vom Verletzer erzielte **Gewinn vollständig herauszugeben.** In jedem Fall gilt: Bei einer **identischen oder nahezu identischen Produktnachahmung** oder unmittelbaren Übernahme muss ein Abzug tendenziell geringer ausfallen als bei weniger engen Anlehnungen. Relevant ist auch der Grad der wettbewerblichen Eigenart: Je origineller und/oder bekannter das Original-Erzeugnis ist, desto eher ist anzunehmen, dass auch die Nachahmungen gerade wegen der charakteristischen Gestaltung gekauft wurden. 180

Auch Gewinne, die nicht mit den Nachahmungsgegenständen selbst, sondern mit **Zubehör** hierzu erwirtschaftet werden, können in einem gewissen, vom Tatrichter gem. § 287 ZPO zu schätzenden Umfang auf den Vertrieb der Nachahmungsgegenstände zurückgeführt werden.[569] 180a

Die **Eigenleistung des Verletzers,** etwa in Gestalt eines besonders effektiven Vertriebsnetzes, besonderer Kapitalkraft, guter Beziehungen, einer rationellen Betriebsorganisation oder besonderer Werbung kann nicht gesondert als Abzugsposten in Ansatz gebracht werden und **mindert** den herauszugebenden Gewinnanteil **nicht.**[570] 180b

Kasuistik: In einem Fall, in dem ein **technisches Gerät** gerade in seiner äußeren Gestalt nachgeahmt wurde, die allerdings für den Vertriebserfolg wichtig war, hat der BGH einen Verletzeranteil von 40% nicht beanstandet.[571] Bei der Nachahmung eines geschmacksmusterrechtlich geschützten Kinderwagens lag der auf die äußere Gestaltung zurückzuführende Kausalanteil bei 40%, wobei vom LG Düsseldorf für die technischen Gebrauchseigenschaften ebenfalls 40% und für den niedrigeren Preis und sonstige Faktoren jeweils 10% angesetzt wurden.[572] Das LG Köln hat bei der identischen Nachahmung einer **Landmaschine** trotz der technischen Funktionalität einen Verletzeran- 181

---

[559] BGH GRUR 2009, 856, 861 Tz. 45 f. – *Tripp-Trapp-Stuhl.*

[560] LG Düsseldorf WRP 2015, 503, 510 Tz. 73 – *Verletzergewinn.*

[561] Vgl. OLG Köln GRUR-RR 2013, 398, 400 – *Bigfoot II.*

[562] LG Düsseldorf WRP 2015, 503, 510 Tz. 73 – *Verletzergewinn.*

[563] BGH GRUR 2009, 856, 861 Tz. 46 – *Tripp-Trapp-Stuhl.*

[564] Vgl. *Fischer* S. 57.

[565] Vgl. BGH GRUR 2009, 856, 860 Tz. 45 – *Tripp-Trapp-Stuhl;* GRUR 2012, 1226, 1227 Tz. 18, 21 – *Flaschenträger;* OLG Köln GRUR-RR 2013, 398, 402 – *Bigfoot II;* krit. hierzu *Kleinheyer/Hartwig* GRUR 2013, 683, 685 ff.; krit. auch LG Nürnberg-Fürth, Urt. v. 27.4.2011, Az. 4 HKO 9888/10 – *Speedminton:* „Nur mit höchster Vorsicht heranzuziehen ist ein niedriger Preis des Verletzerprodukts".

[566] BGH GRUR 2006, 419, 420 Tz. 18 – *Noblesse.*

[567] Vgl. OLG Hamburg GRUR-RR 2009, 136, 139 – *Gipürespitze II; Kleinheyer/Hartwig* GRUR 2013, 683, 685.

[568] LG Frankfurt, Urt. v. 12.3.2014, Az. 2–06 O 16/13 – *Brother Tonerkartuschen.*

[569] BGH GRUR 2007, 431, 434 Tz. 42 – *Steckverbindergehäuse.*

[570] BGH GRUR 2001, 329, 332 – *Gemeinkostenanteil; Fischer* S. 118 f. (für Gewinnabschöpfung nach GoA); a. A. *Grabinski* GRUR 2009, 260, 265; *Fischer* S. 119 (für Gewinnabschöpfung als Schadensersatz).

[571] BGH GRUR 2007, 431, 434 Tz. 39 ff. – *Steckverbindergehäuse.*

[572] LG Düsseldorf WRP 2015, 503, 509 Tz. 70 – *Verletzergewinn.*

teil von 50% angenommen.[573] Bei der nahezu identischen Nachahmung von **Damenunterwäsche** hat das OLG Hamburg den Verletzeranteil bei 60% angesetzt.[574] Das OLG Köln hat bei der Nachahmung eines als „Prestigeprodukt" eingeordneten **Designer-Esstisches** mit fester Tischplatte einen Verletzeranteil von 90% und bei einer Variante als Funktionstisch mit zwei Ansteckplatten zur Verlängerung der Tischplatte einen Verletzeranteil von 80% angesetzt.[575] Das OLG Hamburg hat bei nicht identischen unfreien Bearbeitungen eines bekannten **Kinderstuhls** einen Verletzeranteil von 90% für gerechtfertigt gehalten.[576] Der BGH hat dies als überhöht beanstandet; die Bedeutung der technischen Funktionalität und des Gebrauchswerts für die Kaufentscheidung sei nicht hinreichend gewürdigt worden.[577] Das OLG Nürnberg beurteilte einen Verletzeranteil von 75% bei der Nachahmung eines **Spielzeugtraktors** als zu hoch, weil für die Kaufentscheidung nicht die Übereinstimmung mit einem Originalspielzeug, sondern die originalgetreue Nachbildung der real existierenden, großen Landmaschine im Vordergrund stehe.[578]

182 **f) Wahlrecht und Vermengungsverbot.** *aa) Elektive Konkurrenz.* Zwischen den Berechnungsarten besteht elektive Konkurrenz. Der Verletzte kann zwischen ihnen frei wählen.[579] Der Verletzte muss sich nicht deshalb auf eine bestimmte Berechnungsart verweisen lassen, weil sie für den Verletzer weniger Aufwand bedeutet.[580]

183 *bb) Wechsel der Berechnungsart im Prozess.* Grundsätzlich kann der Verletzte auch während eines laufenden Zahlungsklageverfahrens noch **von einer Berechnungsart auf die andere übergehen.**[581] Im Übergang von der Berechnung nach dem Verletzergewinn auf die nach einer (mindestens) angemessenen Lizenzgebühr oder umgekehrt liegt **keine Klageänderung,** weil dadurch kein neuer Streitgegenstand in den Prozess eingeführt wird. Nach ständiger Rechtsprechung des BGH handelt es sich bei den verschiedenen Berechnungsarten eines wettbewerbsrechtlichen Schadens nur um **verschiedene Liquidationsformen eines einheitlichen Schadensersatzanspruchs** und nicht um verschiedene Ansprüche mit unterschiedlichen Rechtsgrundlagen.[582] Daran hat die Durchsetzungsrichtlinie nichts geändert. Die Erhebung einer Zahlungsklage unter Zugrundelegung einer bestimmten Berechnungsart beschränkt den Kläger in seiner Wahlfreiheit nicht.[583]

184 Ein **Wechsel der Berechnungsarten** ist bis zur **Erfüllung oder bis zur Rechtskraft des zusprechenden Urteils möglich.**[584] Das Wahlrecht erlischt auch dann, wenn über den Schadensersatzanspruch bereits in einer für den Geschädigten unangreifbaren Weise nach einer Berechnungsart entschieden worden ist.[585] Dem Kläger ist gleichwohl zu empfehlen, zu einem möglichst frühen Zeitpunkt zu entscheiden, welche Art der Schadensberechnung er wählen will, oder von Anfang an verschiedene Schadensberechnungsmethoden im Wege der Haupt- und Hilfsanträge zu verfolgen. Nur so kann der Kläger das Risiko vermeiden, nach § 96 oder § 97 Abs. 2 ZPO Teile der Kosten tragen zu müssen.[586] Wenn sich der Kläger auf mehrere Berechnungsarten im Eventualverhältnis stützt, darf auf die hilfsweise gewählte Berechnungsart erst zurückgegriffen werden, wenn die vor-

---

573 LG Köln, Urt. v. 27.6.2011, Az. 84 O 16/11 (zw.).
574 OLG Hamburg GRUR-RR 2009, 136, 139 – *Gipürespitze II.*
575 OLG Köln GRUR-RR 2013, 398, 402 – *Bigfoot II.*
576 OLG Hamburg ZUM-RD 2007, 29, 34f. – *Designanteil.*
577 BGH GRUR 2009, 856, 861 Tz. 46ff. – *Tripp-Trapp-Stuhl.*
578 OLG Nürnberg NJOZ 2011, 1090, 1091 – *Spielzeugtraktor.*
579 BGH GRUR 1962, 401 – *Kreuzbodenventilsäcke III;* GRUR 1966, 375, 379 – *Meßmer-Tee II;* GRUR 1993, 55, 57 – *Tchibo/Rolex II;* GRUR 2000, 226, 227 – *Planungsmappe;* GRUR 2008, 93, 94 Tz. 7 – *Zerkleinerungsvorrichtung.*
580 BGH GRUR 1982, 723, 726 – *Dampffrisierstab I;* GRUR 2008, 93, 94 Tz. 7 – *Zerkleinerungsvorrichtung.*
581 BGH GRUR 1966, 375, 379 – *Meßmer-Tee II;* GRUR 1974, 53, 54 – *Nebelscheinwerfer;* GRUR 1982, 301, 302 – *Kunststoffhohlprofil II;* GRUR 1993, 55, 57 – *Tchibo/Rolex II;* GRUR 2000, 226, 227 – *Planungsmappe;* GRUR 2008, 93, 94 Tz. 8 – *Zerkleinerungsvorrichtung.*
582 BGH GRUR 1966, 375, 379 – *Meßmer-Tee II;* GRUR 1974, 53, 54 – *Nebelscheinwerfer;* GRUR 1982, 301, 302 – *Kunststoffhohlprofil II;* GRUR 1993, 55, 57 – *Tchibo/Rolex II;* GRUR 2000, 226, 227 – *Planungsmappe;* GRUR 2009, 896, 900 Tz. 38 – *Tintenpatrone;* OLG Köln WRP 2014, 206, 2017 Tz. 13 – *Fair Play II.*
583 BGH GRUR 1993, 55, 57 – *Tchibo/Rolex II.*
584 BGH GRUR 1966, 375, 379 – *Meßmer-Tee II;* GRUR 1974, 53, 54 – *Nebelscheinwerfer;* GRUR 1982, 301, 302 – *Kunststoffhohlprofil II;* GRUR 1993, 55, 57 – *Tchibo/Rolex II;* GRUR 2000, 226, 227 – *Planungsmappe;* GRUR 2008, 93, 94 Tz. 8 – *Zerkleinerungsvorrichtung.*
585 BGH GRUR 2008, 93, 94 Tz. 12 – *Zerkleinerungsvorrichtung.*
586 *Rohnke* GRUR 1992, 60.

rangig gewählte entweder ausscheidet oder einen niedrigeren Betrag ergibt.[587] Im Ergebnis ist also die ihm günstigste Berechnungsart zu Grunde zu legen.[588]

cc) Vermengungs- und Additionsverbot. Der Verletzte darf die **Berechnungsarten** der Lizenzanalogie und der Gewinnabschöpfung nach traditioneller deutscher Auffassung **nicht häufen oder miteinander vermischen.**[589] 185

Das **Vermengungsverbot** betrifft zunächst nur die **Kombination von Lizenzanalogie und Abschöpfung des Verletzergewinns.** Eine Geltendmachung des positiven Schadens bleibt daneben möglich.[590] Sonstiger entgangener Gewinn ist darüber hinaus nach der traditionellen Auffassung jedoch nicht ersatzfähig, da durch die Wahl einer der objektiven Berechnungsarten insgesamt ein billiger Ausgleich geschaffen und der Verletzte damit auch für seinen *in concreto* entgangenen Gewinn vollständig kompensiert wird. Den eigenen entgangenen Gewinn mitsamt dem Verletzergewinn einzuklagen, war nicht gestattet.[591] Gegen das Vermengungsverbot verstößt auch nicht, für unterschiedliche Zeiträume unterschiedliche Berechnungsmethoden anzuwenden (z. B. Lizenzanalogie für den Zeitraum 2003 bis Oktober 2007, Verletzergewinn ab November 2007).[592] 186

Bei der Umsetzung des Art. 13 der Durchsetzungsrichtlinie herrschte Unsicherheit, ob das traditionelle **„Vermengungsverbot"** aufrecht erhalten werden kann. Der Gesetzgeber hielt den Richtlinienwortlaut für „nicht eindeutig" und zog daraus den Schluss, dass es beim bisherigen Rechtszustand bleiben könne.[593] Diese Unsicherheit betrifft nur die Abschöpfung des Verletzergewinns einerseits und die Geltendmachung eines entgangenen eigenen Gewinns durch den Geschädigten andererseits. Eine Kombination der Berechnungsalternative „Lizenzanalogie" gem. Art. 13 Abs. 1 lit. b mit der Berechnungsmethode gem. Abs. 1 lit. a ist wegen der **systematisch strikten Alternativität beider Berechnungsarten** („stattdessen") ausgeschlossen. Deshalb ist eine Kumulation von Verletzergewinn und Lizenzanalogie nach wie vor nicht möglich.[594] Der **Marktverwirrungsschaden** kann als positiver Schaden selbständig neben dem Schadensersatz auf der Grundlage der Lizenzanalogie geltend gemacht werden. Er kann stattdessen auch bei der Höhe der Lizenzgebühr berücksichtigt werden.[595] 186a

Demgegenüber ist unklar, was die systematische und semantische Vermengung von konkretem Schaden, also der negative wirtschaftlichen Auswirkungen und Gewinneinbuße, einerseits und dem Verletzergewinn andererseits in Art. 13 Abs. 1 lit. a bedeuten soll. Liegt hier im Kern eine **Abkehr vom Vermengung- und Additionsverbot?** Der BGH hat sich mit der Frage noch nicht befasst. In der noch zum alten Recht ergangenen *„Zoladex"*-Entscheidung hat er allerdings ohne nähere Begründung gemeint, es spreche vieles dafür, das Vermengungsverbot auch nach Umsetzung der Durchsetzungsrichtlinie aufrecht zu erhalten.[596] 187

Der **Wortlaut des Art. 13 Abs. 1 Satz 2 lit. a der Durchsetzungsrichtlinie** steht einer Vermischung jedoch nicht etwa entgegen, sondern scheint sie sogar zu gebieten. Wenn der Richtlinientext in einer der beiden klar voneinander abgesetzten Alternativen zum Ausgleich des Schadens ausdrücklich vorschreibt, dass in der ersten Alternative gem. lit. a *„alle in Frage kommenden Aspekte"* berücksichtigt werden und zu diesen Aspekten beides zählt, so wäre eine Anwendungspraxis, die Einbußen des Verletzten und Gewinne des Verletzers strikt voneinander trennt und nicht gemeinsam berücksichtigt, nicht richtlinienkonform. Das Gericht muss beides gleichzeitig „berücksichtigen" können. Das kann im Zusammenhang mit der Berechnung des Schadensersatzbetrages wohl nur als Addition verstanden werden. Die **strenge Handhabung** des **„Vermengungsverbots"** als Ausschluss der Berücksichtigung von Verletzergewinn und eigenem entgangenen Gewinn des Verletzten bei der Berechnung des Schadensersatzanspruchs wird **nicht mehr aufrecht zu erhalten** sein.[597] Die Herausgabe des Verletzergewinns kann nur die Untergrenze des gem. Art. 13 Abs. 1 Satz 2 lit. a festzusetzenden Schadensersatzes bilden. Die Berücksichtigung beider Posten führt nicht zu einem Schadensersatz mit überwiegend pönalem Charakter.[598] Auch mit dem sog. „Bereiche- 188

---

[587] *Köhler*/Bornkamm § 9 Rdn. 1.39.
[588] BGH GRUR 1993, 55, 57 – *Tchibo/Rolex II; Köhler*/Bornkamm § 9 Rdn. 1.39.
[589] RGZ 156, 65, 67 – *Scheidenspiegel;* BGH GRUR 1993, 55, 57 – *Tchibo/Rolex II;* GRUR 1993, 757, 758 – *Kollektion „Holiday"; Ohly*/Sosnitza § 9 Rdn. 22.
[590] *Köhler*/Bornkamm § 9 Rdn. 1.39 m. w. N.
[591] RGZ 156, 65, 68 – *Scheidenspiegel;* BGH GRUR 1980, 841, 844 – *Tolbutamid.*
[592] OLG Köln GRUR-RR 2013, 398, 402 – *Bigfoot II.*
[593] BT-Drucks. 16/5048, S. 33.
[594] *Goldmann* WRP 2011, 950, 965; ebenso *Köhler*/Bornkamm § 9 Rdn. 1.39 a.
[595] BGH GRUR 2010, 239, 240 Tz. 14 – *BTK.*
[596] BGH GRUR 2010, 237, 238 Tz. 12 – *Zoladex.*
[597] *Goldmann* WRP 2011, 950, 965; ebenso *Köhler*/Bornkamm § 9 Rdn. 1.39 a.
[598] A. A. *Stieper* WRP 2010, 624, 627.

rungsverbot“[599] gerät die von der Durchsetzungsrichtlinie geforderte Berücksichtigung des eigenen entgangenen Gewinns zusätzlich zum Verletzergewinn nicht in Konflikt.[600]

189 **In der Praxis** wird die Lockerung des Vermengungsverbots **selten Auswirkungen** haben. Eine Berücksichtigung der entgangenen Gewinne des Verletzten wird nur in den praktisch kaum vorkommenden Fällen in Betracht kommen, in denen der Verletzte seine interne Kalkulation freiwillig offenlegt und zusätzlich noch den kausalen Zusammenhang zwischen der Vertriebstätigkeit des Verletzers und den unterbliebenen eigenen Geschäftsabschlüssen darlegen und beweisen kann.

6. Mehrheit von Verletzern

190 **a) Allgemeines.** Im Grundsatz gilt, dass jeder für einen selbst begangenen oder ihm zurechenbaren Wettbewerbsverstoß selbst haftet. Werden gleichartige Wettbewerbsverstöße von mehreren Schuldnern begangen oder sind an einem einheitlichen Wettbewerbsverstoß **mehrere Schuldner** beteiligt, so stellt sich die Frage, ob die Schadensersatzleistung oder -verpflichtung des einen Schuldners Auswirkungen auf die Schadensersatzpflicht des anderen Schuldners haben kann. Denkbar wären insbesondere eine Erfüllungswirkung gegenüber dem Gläubiger durch Zahlung eines Gesamtschuldners und eine der Erschöpfung nahekommende Legalisierungswirkung durch Entgegennahme eines Schadensersatzbetrages durch den Gläubiger. Hier ist zu unterscheiden:

191 **b) Voneinander unabhängige Verletzungshandlungen.** Begehen **mehrere Verletzer,** die in keinerlei Verbindung miteinander stehen, jeweils **völlig unabhängig voneinander gleichartige Wettbewerbsverstöße,** haftet jeder von ihnen nach den allgemeinen Grundsätzen auf den vollen Schaden. Eine Gesamtschuld liegt nicht vor, da es an einem einheitlichen Schaden i. S. d. §§ 830 Abs. 1 S. 1, 840 Abs. 1 BGB fehlt.

192 **c) Zusammenwirken bei einer einheitlichen schädigenden Handlung.** Wer als Mittäter dem § 3 oder dem § 7 zuwiderhandelt oder Teilnehmer einer solchen Handlung ist, haftet nach **§ 840 BGB gesamtschuldnerisch** auch für den durch einen anderen Mittäter oder den Haupttäter verursachten Schaden. Als Gesamtschuldner haften auch der **Geschäftsführer** und die von ihm vertretene Gesellschaft. Bei der Berechnung des Schadensersatzanspruchs unter Berücksichtigung des Verletzergewinns haftet im Rahmen der Gesamtschuld auch der Geschäftsführer auf den relevanten **Gewinn der Gesellschaft** und nicht nur auf den (regelmäßig geringen oder gar nicht vorhandenen) eigenen Gewinn.[601] Ebenso haftet der Geschäftsführer als Gesamtschuldner auf den Pauschalbetrag, der als Schadensersatz auf der Grundlage einer angemessenen **Lizenzgebühr** festgesetzt wird.[602] Die Tilgung durch einen der Gesamtschuldner hat gem. § 422 Abs. 1 BGB auch für die anderen Gesamtschuldner Tilgungswirkung. Dem Zahlenden entsteht gem. § 426 Abs. 2 BGB ein anteiliger Regressanspruch gegenüber den anderen Gesamtschuldnern.

193 **d) Schadensausgleich in der Verletzerkette.** *aa) Keine Gesamtschuld.* Wenn innerhalb einer **Lieferkette** mehrere Lieferanten nacheinander mit demselben unlauter nachgeahmten Gegenstand handeln, so besteht zwischen ihnen nach der Entscheidung *„Tripp-Trapp-Stuhl“* des BGH **kein Gesamtschuldverhältnis.** Auch hier fehlt es an einem einheitlichen Schaden i. S. d. §§ 830 Abs. 1 Satz 1, 840 Abs. 1 BGB. Jeder Verletzer innerhalb der Verletzerkette greift durch das unbefugte Anbieten der Nachahmung erneut in die wettbewerbsrechtlich geschützte und dem Originalhersteller ausschließlich zugewiesene Rechtsposition ein, so dass jeder Schädiger für sich einen **getrennten Schaden verursacht.**[603]

194 Das Nichtbestehen eines Gesamtschuldverhältnisses ist **unabhängig von der Berechnungsmethode.** Das Urteil *„Tripp-Trapp-Stuhl“* ist zwar im Zusammenhang mit der noch auf § 687 Abs. 2 BGB analog gestützten Berechnungsmethode „Abschöpfung des Verletzergewinns“ ergangen. Die Entscheidung ist aber in Zielrichtung und Begründung allgemeingültig und schließt die Annahme eines Gesamtschuldverhältnisses unter Verletzern in der Lieferkette auch in Zukunft aus.

195 Dagegen wird die Ansicht vertreten, dass bei der Berechnungsmethode „entgangener Gewinn“ ein **Gesamtschuldverhältnis** bestehe, weil der Berechtigte seinen entgangenen Gewinn nur ein-

---

[599] Hierzu ausführlich *Schrage* S. 127 ff.

[600] Hierzu ausführlich *Goldmann* WRP 2011, 950, 966 f.

[601] Vgl. zum Patent- und Gebrauchsmusterrecht OLG Düsseldorf, Urt. v. 9.9.2004 Az. 2 U 47/03 – *Ananasschneider;* OLG Düsseldorf, Urt. v. 8.10.2008, Az. VI-U (Kart) 42/06 – *Druckerpatrone II;* LG Köln, Urt. v. 27.6.2011, Az. 84 O 16/11; vgl. auch BGH GRUR 1959, 379, 383 – *Gasparone;* a. A. *Holzapfel* GRUR 2012, 242, 243 f.

[602] A. A. *Holzapfel* GRUR 2012, 242, 244.

[603] BGH GRUR 2009, 856, 861 Tz. 64 – *Tripp-Trapp-Stuhl* (zum Urheberrecht); krit. *Arnold/Slopek* NJW 2009, 3694, 3696.

mal verlangen könne.[604] Dem ist **nicht** zuzustimmen. Zum einen kann es für die Einheitlichkeit des Schadens gem. §§ 830 Abs. 1 S. 1, 840 Abs. 1 BGB, die Voraussetzung für die Gesamtschuld ist, schon denknotwendig auf die später für seine Kompensation gewählte Berechnungsart ankommen. Zum anderen ist jeder Verletzer für einen anderen Teil des insgesamt entgangenen Gewinns verantwortlich.

Auch für die auf eine **angemessene Lizenzgebühr** gestützte Berechnungsmethode wird verein- **196**
zelt das Bestehen eines Gesamtschuldverhältnisses postuliert.[605] Dem ist ebenso wenig zu folgen. Jeder der Verletzer in der Lieferkette verursacht jeweils einen separaten Schaden und haftet jeweils auf einen angemessenen pauschalen Betrag auf Basis einer angemessenen Lizenzgebühr.

Mangels Gesamtschuld hat die Zahlung von Schadensersatz eines Verletzers innerhalb der Ket- **197**
te **keine Tilgungswirkung** für die anderen Verletzer in der Kette. Der Gläubiger kann sich an jeden der Verletzer halten. Er ist dabei auch frei, gegenüber einem Verletzer eine und gegenüber einem anderen Verletzer eine andere Berechnungsart zu wählen. Allerdings sind die unten in Rdn. 199f. dargestellten Abzugsmöglichkeiten für die einzelnen Verletzer zu beachten.

bb) Keine Erschöpfungswirkung. Die **Entgegennahme von Schadensersatz,** der von einem Glied **198**
in der Vertriebskette geleistet wird, ist grundsätzlich **nicht als Genehmigung des unbefugten Anbietens** auf dieser oder auf anderen Handelsstufen **zu deuten.** Die Ersatzleistung eines Verletzers bewirkt keine Erschöpfung.[606] Unterlassungs- und Schadensersatzansprüche gegen die Verletzer auf den anderen Handelsstufen bleiben bestehen. Anders kann es zu bewerten sein, wenn der Berechtigte von einem Verletzer vollen Schadensersatz ausdrücklich auch für die unbefugte Nutzung durch die Abnehmer des Verletzers fordert und entgegennimmt.[607]

cc) Abzugsmöglichkeiten für den Verletzer. α) Verletzergewinn. Vom herauszugebenden Gewinnanteil **199**
kann der Verletzer solche **Regresszahlungen an einen Vertragspartner abziehen,** die darauf beruhen, dass dieser Vertragspartner seinerseits Schadensersatz an den Verletzten gezahlt hat. Denn insoweit ist sein erzielter Gewinn gemindert. Hat der Verletzer dem Rechtsinhaber seinen relevanten Gewinnanteil unvermindert herausgegeben, bevor er seinerseits seinem Vertragspartner wegen deren Inanspruchnahme durch den Rechtsinhaber Schadensersatz leistet, so kann er vom Verletzten wegen späteren Wegfalls des rechtlichen Grundes für die Leistung gem. § 812 Abs. 1 S. 2 Alt. 1 BGB die Herausgabe des überzahlten Verletzergewinns beanspruchen. Dieser Bereicherungsanspruch entsteht mit der Erfüllung der Regressforderung. Er ist in einem gesonderten Prozess – gegebenenfalls im Wege der Vollstreckungsgegenklage – geltend zu machen.[608]

β) Pauschalbetrag auf Basis einer angemessenen Lizenzgebühr. Eine vergleichbare Abzugsmöglichkeit **200**
besteht nicht, wenn der Verletzte seinen Schadensersatzanspruch auf der Basis einer angemessenen Lizenzgebühr berechnet. Hier ist auf jeder Handelsstufe ein entsprechender Betrag geschuldet.

D. Durchsetzung des Anspruchs

I. Leistungsklage

1. Bezifferung

Für die Leistungsklage gelten die allgemeinen Voraussetzungen dieses Klagetyps. Grundsätzlich ist **201**
daher ein **bestimmter, also bezifferter Klageantrag** nach § 253 Abs. 2 Nr. 2 ZPO erforderlich. Das gilt grundsätzlich auch dann, wenn die genaue Höhe des Anspruchs nicht auf Anhieb festzustellen ist.

2. Unbestimmter Antrag

Wenn die Ermittlung der Schadenshöhe von einer Beweisaufnahme, einer gerichtlichen Schät- **202**
zung oder vom billigen Ermessen des Gerichts (§ 287 ZPO) abhängig ist, ist jedoch ein unbezifferter Antrag zulässig, falls die **zahlenmäßige Feststellung der Klageforderung dem Gericht überlassen** wird und sofern dem Gericht zugleich die tatsächlichen Grundlagen gegeben werden, die ihm die Feststellung der Höhe des gerechtfertigten Klageanspruchs ermöglichen.[609]

---

[604] *Holzapfel* GRUR 2012, 242, 245 m. w. N.
[605] *Holzapfel* GRUR 2012, 242, 247.
[606] BGH GRUR 2009, 856, 861 Tz. 64 – *Tripp-Trapp-Stuhl.*
[607] BGH GRUR 2009, 856, 861 Tz. 64 – *Tripp-Trapp-Stuhl.*
[608] BGH GRUR 2009, 856, 861 Tz. 73ff.; 79 – *Tripp-Trapp-Stuhl.*
[609] BGH NJW 1967, 1420, 1421; NJW 1969, 1427, 1428; BGHZ 45, 91, 92, 93; BGH GRUR 1977, 539, 542 – *Prozeßrechner.*

203 Ein **unbestimmter Antrag** ist auch bei der **Lizenzanalogie** möglich. Da der Ausgangspunkt der Lizenzanalogie hypothetisch ist, lässt sich die Höhe der im Einzelfall angemessenen Lizenz in der Regel nur auf Grund einer wertenden Entscheidung unter Berücksichtigung aller Umstände des Einzelfalles gem. § 287 Abs. 1 ZPO nach freier Überzeugung bestimmen.[610]

II. Stufenklage

204 Der Kläger kann auch im Wege der **Stufenklage** vorgehen und den Beklagten zunächst zur **Auskunftserteilung** verurteilen lassen, § 254 ZPO.

III. Feststellungsklage

205 Ebenso kann eine Klage auf **Feststellung der Zahlungspflicht** erhoben werden, wenn es nicht möglich ist, den Antrag abschließend zu beziffern. Kann beziffert werden, besteht für die Feststellungsklage kein Rechtsschutzbedürfnis.[611] Kann nicht beziffert werden, besteht zwischen der Feststellungsklage und dem unbestimmten Leistungsantrag ein Wahlrecht. Ein berechtigtes Interesse an der Feststellung (§ 256 ZPO) ergibt sich bei einer hinreichenden Wahrscheinlichkeit des Schadenseintritts (hierzu oben Rdn. 88) bereits daraus, dass der Schadensersatzanspruch innerhalb der kurzen Frist des § 11 Abs. 1 zu verjähren droht.[612]

206 In **zeitlicher Hinsicht** muss der Feststellungsantrag nicht durch den Zeitpunkt der ersten nachgewiesenen Verletzungshandlung begrenzt werden. Es ist nämlich für die Begründung von Schadensersatzansprüchen allein darauf abzustellen, dass überhaupt eine Verletzungshandlung vorgenommen wurde. Auf deren genauen Zeitpunkt kommt es nicht an.[613]

IV. Koppelung von Feststellungs- und Auskunftsklage

207 Der Kläger kann die Feststellungsklage mit einer Auskunftsklage **verknüpfen.**

E. Presseprivileg (§ 9 Satz 2)

Schrifttum: *Ahrens,* Beteiligung der Presse an Wettbewerbsverstößen von Anzeigenkunden, in: FS Traub, 1994, S. 11; *Fuchs,* Die wettbewerbsrechtliche Beurteilung redaktioneller Werbung in Presseerzeugnissen unter besonderer Berücksichtigung der Kopplung von entgeltlicher Anzeige und redaktioneller Berichterstattung, GRUR 1988, 736; *Henning-Bodewig,* Das „Presseprivileg" in § 13 Abs. 2 Nr. 1 UWG, GRUR 1985, 268; *Kohler,* Pressehaftung für wettbewerbswidrige Anzeigen, JuS 1991, 719; *Lachmann,* Werbung im Bildschirmtext, WRP 1983, 591.

I. Neufassung 2004

208 Nach dem Wortlaut der früheren Gesetzesfassung (§ 13 Abs. 6 Nr. 1 Satz 2 a. F.) war das sog. Presseprivileg auf Zuwiderhandlungen gegen das Irreführungsverbot des § 3 UWG 1909 beschränkt. Ob eine entsprechende Anwendung auf Verstöße gegen andere Vorschriften in Betracht kam, war streitig.[614] Durch die UWG-Reform von 2004 ist die **Beschränkung des Haftungsprivilegs auf das Irreführungsverbot mit** der Begründung **aufgehoben** worden, dies entspreche dem Geist der Pressegesetzgebung.[615] Die allgemeinere Umschreibung des privilegierten Personenkreises („verantwortliche Personen" statt „Redakteure, Verleger, Drucker oder Verbreiter") soll ersichtlich nur redaktioneller Natur sein und keine inhaltliche Änderung bezwecken.

---

[610] BGH GRUR 1962, 401, 402 – *Kreuzbodenventilsäcke III;* GRUR 1977, 539, 542 – *Prozeßrechner;* GRUR 1980, 841, 844 – *Tolbutamid;* GRUR 1993, 897, 898 – *Mogul-Anlage;* GRUR 2000, 685, 687 – *Formunwirksamer Lizenzvertrag.*

[611] BGHZ 69, 144, 152.

[612] So zur Schadensersatzfeststellungsklage BGH GRUR 1992, 559 – *Mikrofilmanlage; Melullis* Rdn. 1054.

[613] BGH GRUR 2007, 877, 879 Tz. 24 f. – *Windsor Estate,* insoweit auch zum wettbewerbsrechtlichen Nachahmungsschutz.

[614] Vgl. BGH GRUR 1990, 1012, 1014 – *Pressehaftung;* GroßKommUWG/*Erdmann* (1. Aufl.) § 13 Rdn. 160; *Henning-Bodewig* GRUR 1985, 258, 261.

[615] BT-Drucks. 15/1487, S. 23.

II. Zweck

Auch wenn Presseunternehmen und deren Organe für die **Veröffentlichung wettbewerbswidriger Anzeigen** nur im Falle grober, unschwer zu erkennender Verstöße (auf Unterlassung) haften, um ihre tägliche Arbeit nicht über Gebühr zu erschweren und die Verantwortlichen nicht zu überfordern (näher § 8 Rdn. 508), würde es gleichwohl eine unzumutbare Belastung insbesondere bei der regelmäßig unter Zeitdruck erfolgenden Herausgabe periodischer Druckschriften darstellen, wenn selbst fahrlässige Verstöße gegen die so bestimmte Prüfungspflicht neben dem Unterlassungsgebot eine Schadensersatzverpflichtung zur Folge hätten. Um das Anzeigengeschäft, das in aller Regel aus wirtschaftlichen Gründen unverzichtbar ist, nicht unverhältnismäßig zu erschweren und damit **nicht mittelbar die Pressefreiheit zu beeinträchtigen,**[616] ist die Schadensersatzpflicht der verantwortlichen Personen von periodischen Druckschriften gem. § 9 Satz 2 auf **vorsätzliche Zuwiderhandlungen beschränkt.** 209

III. Privilegierter Personenkreis

Die Neufassung begrenzt das Haftungsprivileg des § 9 Satz 2 nunmehr auf die **verantwortlichen Personen** von periodischen Druckschriften. **Periodische Druckschriften** sind Zeitungen, Zeitschriften und sonstige, auf wiederkehrendes, nicht notwendig regelmäßiges Erscheinen angelegte Druckwerke.[617] Nur einmal erscheinende Druckschriften werden nicht erfasst, weil bei ihnen der für das Haftungsprivileg maßgebliche Zeitdruck nicht in demselben Maße besteht. Im Schrifttum wird allgemein eine entsprechende Anwendung des Haftungsprivilegs auf andere periodisch erscheinende Presseinformationen befürwortet, die nicht Druckschriften, also keine körperlichen Vervielfältigungen sind, wie beispielsweise Übertragungen per Bildschirmtext oder im Internet.[618] Dieser Auffassung kann mit der Maßgabe zugestimmt werden, dass die entsprechende Anwendung des Haftungsprivilegs etwaige tatsächliche und rechtliche Besonderheiten der Informationsvermittlung in den betreffenden Medien zu berücksichtigen hat. Dagegen dürfte eine Erstreckung des Haftungsprivilegs auf **Werbung in anderen Medien** ohne den Zusammenhang mit periodisch erscheinenden Informationen[619] die Grenzen zulässiger Analogie überschreiten. 210

Als **verantwortliche Personen** von periodischen Druckschriften wurden in § 13 Abs. 6 Nr. 1 Satz 2 a. F. ausdrücklich genannt der Redakteur, der Verleger, der Drucker und der Verbreiter. **Redakteur** war, der einen mitbestimmenden Einfluss auf das Anzeigengeschäft nahm.[620] Als **Verleger** wurde bezeichnet, wer die Druckschrift auf eigene Rechnung vervielfältigt und verbreitet.[621] Mit dem **Drucker** war der Druckunternehmer, mit dem **Verbreiter** der Unternehmer, der den Vertrieb besorgt, gemeint.[622] Zusätzlich zu diesen Personen können zum Kreis der für eine Druckschrift verantwortlichen Personen i. S. d. § 9 Satz 2 der **Herausgeber,** der **Schriftleiter** sowie der **kaufmännische Geschäftsführer** gehören.[623] 211

IV. Reichweite

Die frühere Streitfrage, ob die Privilegierung nur die Haftung für Verstöße gegen § 3 UWG 1909 erfasst, ist durch die Neufassung dahin entschieden, dass das **Haftungsprivileg** nunmehr **unbeschränkt für alle wettbewerbsrechtlichen Ansprüche gilt.**[624] Auf das Haftungsprivileg soll sich aber **nicht** berufen können, wer selbst **aktiv den Inhalt der Anzeige mitgestaltet** hat oder sogar ausschließlich für sich selbst wirbt[625] oder wer dadurch wettbewerbswidrig handelt, dass er eine **Anzeige nicht als solche kenntlich macht** oder **Anzeigen- und Textteil miteinander vermengt** („redaktionelle Werbung").[626] In diesen Fällen greift der Grund des Haftungsprivilegs, 212

---

[616] Vgl. dazu näher *Ahrens* in: FS Traub, S. 11, 12 f.; *Henning-Bodewig* GRUR 1985, 258, 259.

[617] BT-Drucks. 15/1487, S. 23; *Köhler*/Bornkamm § 9 Rdn. 2.13.

[618] Vgl. GroßKommUWG/*Erdmann* (1. Aufl.) § 13 Rdn. 161; *Henning-Bodewig* GRUR 1985, 258, 265 ff.; *Ohly*/Sosnitza § 9 Rdn. 29; *Lachmann* WRP 1983, 591, 594.

[619] So wohl *Henning-Bodewig* GRUR 1985, 258, 264 f. für den Bereich der Rundfunkwerbung.

[620] GroßKommUWG/*Erdmann* (1. Aufl.) § 13 Rdn. 162.

[621] GroßKommUWG/*Erdmann* (1. Aufl.) § 13 Rdn. 162.

[622] GroßKommUWG/*Erdmann* (1. Aufl.) § 13 Rdn. 162.

[623] Vgl. *Köhler*/Bornkamm § 9 Rdn. 2.14; *Kohler* JuS 1991, 719, 721.

[624] BT-Drucks. 15/1487, S. 23.

[625] BT-Drucks. 15/1487, S. 23.

[626] Vgl. *Fuchs* GRUR 1988, 736, 744; *Henning-Bodewig* GRUR 1985, 258, 262 f.; *Ohly*/Sosnitza § 9 Rdn. 30.

den Presseunternehmen keine unzumutbaren Prüfungspflichten aufzuerlegen, nicht ein. Der Anwendung des § 9 Satz 2 steht es aber nicht entgegen, wenn die für die Druckschrift verantwortlichen Personen lediglich auf die äußere Gestaltung der Anzeige Einfluss nehmen.

§ 10 Gewinnabschöpfung

(1) **Wer vorsätzlich eine nach § 3 oder § 7 unzulässige geschäftliche Handlung vornimmt und hierdurch zu Lasten einer Vielzahl von Abnehmern einen Gewinn erzielt, kann von den gemäß § 8 Abs. 3 Nr. 2 bis 4 zur Geltendmachung eines Unterlassungsanspruchs Berechtigten auf Herausgabe dieses Gewinns an den Bundeshaushalt in Anspruch genommen werden.**

(2) **[1] Auf den Gewinn sind die Leistungen anzurechnen, die der Schuldner auf Grund der Zuwiderhandlung an Dritte oder an den Staat erbracht hat. [2] Soweit der Schuldner solche Leistungen erst nach Erfüllung des Anspruchs nach Absatz 1 erbracht hat, erstattet die zuständige Stelle des Bundes dem Schuldner den abgeführten Gewinn in Höhe der nachgewiesenen Zahlungen zurück.**

(3) **Beanspruchen mehrere Gläubiger den Gewinn, so gelten die §§ 428 bis 430 des Bürgerlichen Gesetzbuchs entsprechend.**

(4) **[1] Die Gläubiger haben der zuständigen Stelle des Bundes über die Geltendmachung von Ansprüchen nach Absatz 1 Auskunft zu erteilen. [2] Sie können von der zuständigen Stelle des Bundes Erstattung der für die Geltendmachung des Anspruches erforderlichen Aufwendungen verlangen, soweit sie vom Schuldner keinen Ausgleich erlangen können. [3] Der Erstattungsanspruch ist auf die Höhe des an den Bundeshaushalt abgeführten Gewinns beschränkt.**

(5) **Zuständige Stelle im Sinn der Absätze 2 und 4 ist das Bundesamt für Justiz.**

Inhaltsübersicht

Rdn.

A. Allgemeines ... 1
I. Einleitung ... 1
1. Einfluss des Europäischen Rechts ... 1
2. Zankapfel der UWG-Reform 2004 ... 3
3. Bedeutung in die Praxis ... 5
4. Vorläuferkonzepte ... 7
5. Reformbedarf ... 10
II. Gesetzeszweck ... 12
1. Schließung von faktischen Rechtsdurchsetzungslücken ... 12
2. Verbraucherschützende Zielrichtung ... 16
3. Sanktionscharakter ... 17
4. Anspruch eigener Art ... 20
III. Schuldner, Gläubiger und Nutznießer des Anspruchs ... 24
1. Schuldner ... 24
2. Gläubiger ... 25
3. Nutznießer ... 26
IV. Verfassungsrechtliche Fragen ... 28
1. Strafgewalt, Staatsvorbehalt und Verhältnismäßigkeit ... 28
2. Ne bis in idem ... 32
V. Keine Auswirkungen auf den ordre public ... 35
1. Bedenken im Schrifttum ... 35
2. Verbot der Gewinnabschöpfung nicht Bestandteil des ordre public ... 37
B. Voraussetzungen des Gewinnabschöpfungsanspruchs ... 41
I. Nach § 3 oder § 7 unzulässige geschäftliche Handlung ... 41
1. Wettbewerbsverstoß ... 41
2. Typische Anwendungsfälle ... 42
a) Unmittelbare Benachteiligung der Verbraucher ... 43
aa) Einziehung geringer Beträge ohne Rechtsgrund ... 44
bb) Mogelpackungen ... 45
cc) Gefälschte Produkte ... 46
dd) Etikettenschwindel ... 47
ee) Nicht verkehrsfähige Produkte ... 48
ff) Verwendung unzulässiger AGB ... 49
gg) Aleatorische Reize ... 50

Rdn.
b) Mittelbare Benachteiligung der Verbraucher? ... 51
c) Irreführung durch Werbung ... 53
aa) Missbrauch von telefonischen „Mehrwertdiensten" ... 54
bb) Erlogene Gewinnmitteilungen ... 55
cc) Irreführung über Produkteigenschaften ... 56
dd) Irreführung über die Entgeltlichkeit von Angeboten ... 57
ee) Verstoß gegen gesetzliche Informationspflichten ... 58
d) Unlauteres und belästigendes Direktmarketing ... 59
aa) Faxwerbung ... 60
bb) SMS-Werbung ... 61
II. Vorsätzliches Handeln ... 62
1. Beschränkung auf Vorsatz als Verschuldensform ... 62
a) Gesetzgeberische Zielsetzung ... 62
b) Privilegierung nur der völlig Rechtsblinden, nicht aber denjenigen, die es auf einen Wettbewerbsverstoß ankommen lassen ... 65
2. Vorsatzinhalt ... 68
a) Unzulässige geschäftliche Handlung nach §§ 3 oder 7 ... 68
b) Gewinn zu Lasten einer Vielzahl von Abnehmern ... 69
3. Einzelheiten ... 70
4. Zurechnung des Vorsatzes zum Unternehmen ... 71
a) Keine Erfolgshaftung ... 71
b) Nulla poena sine dolo ... 75
c) Zurechnung bei juristischen Personen ... 76
d) Zurechnung bei Personengesellschaften ... 79
e) Zurechnung bei einzelkaufmännischen Unternehmen ... 80
f) Keine Zurechnung von Handlungen verbundener Unternehmen ... 81
III. Zu Lasten einer Vielzahl von Abnehmern erzielter Gewinn ... 82
1. Einteilung ... 82
2. Zu Lasten ... 83
a) Vermögensnachteil ... 83
aa) Wirtschaftliche Schlechterstellung ... 83
bb) Angemessenheitsprüfung und individuelle Folgeaufwendungen ... 84
cc) Keine Berücksichtigung von Gegenleistung und Folgeaufwendungen 85
b) Verhältnis zu individuellen zivilrechtlichen Rechtsbehelfen der Abnehmer 91
3. Vielzahl ... 93
a) Zweck des Tatbestandsmerkmals ... 93
b) Größerer Personenkreis ... 94
c) Beziehung zu den Streuschäden ... 95
aa) Vielzahl von Betroffenen als Charakteristikum eines Streuschadens ... 95
bb) Schadenshöhe nicht maßgeblich ... 97
cc) Über individuelle Benachteiligung ... 98
4. Abnehmer ... 100
5. Gebot der typisierenden Betrachtung ... 103
6. Zusammenhang zwischen Gewinn und wirtschaftlicher Belastung der Abnehmer ... 107
a) Das Unmittelbarkeitserfordernis in den Vorarbeiten ... 107
b) Kritik am Unmittelbarkeitserfordernis ... 108
c) Aufgabe des Unmittelbarkeitserfordernisses ... 109
d) Zusammenhang zwischen Gewinn und wirtschaftlicher Schlechterstellung 110
7. Gewinn ... 111
a) Erzielter Gewinn als objektiver Auslöser des Sanktionsbedürfnisses ... 111
b) Gewinn und Mehrerlös ... 112
aa) Grundlegende Weichenstellung ... 112
bb) Mehrerlösabschöpfung ... 113
cc) Gewinnabschöpfung ... 126
8. Berechnung des Gewinns ... 133
a) Grundsätze der Gewinnermittlung ... 133
b) Umsatzerlöse ... 134
c) Abzugsposten ... 137
aa) Grundsatz ... 137
bb) Herstellungskosten und Betriebskosten ... 139
cc) Kosten der Werbeaktion ... 141
dd) Kosten der Auskunftserteilung und Prozesskosten ... 142
ee) Imageschäden ... 143
ff) Weitere Abzugsposten gemäß § 10 Abs. 2 ... 144
d) Sachgerechte Schätzung durch das Gericht ... 145

Rdn.
C. **Rechtsfolgen und Durchsetzung des Gewinnabschöpfungsanspruchs** 150
I. Leistungsklage 150
1. Bezifferung 150
2. Unbestimmter Antrag 151
II. Stufenklage 152
III. Feststellungsklage 153
IV. Koppelung von Feststellungs- und Auskunftsklage 154
V. Der Auskunfts- und Rechnungslegungsanspruch im Zusammenhang mit dem Gewinnabschöpfungsanspruch 155
VI. Abzug von Leistungen an Dritte oder den Staat nach Abs. 2 156
1. Regelungsziel 156
2. Vorrang individueller Ansprüche 157
a) Deliktische Schadensersatzansprüche 157
b) Vertragliche und vorvertragliche Sekundäransprüche 158
3. Vorrang von Geldstrafen 161
4. Rückabwicklung 163
VII. Gesamtgläubigerschaft mehrerer Anspruchsberechtigter nach Abs. 3 164
VIII. Auskunfts- und Erstattungsansprüche nach Abs. 4 165
1. Allgemeines 165
2. Auskunft 166
3. Aufwendungsersatz 167
IX. Das Bundesamt für Justiz als zuständige Stelle 169

Schrifttum: *Alexander,* Die strafbare Werbung in der UWG-Reform, WRP 2004, 407; *ders.,* Marktsteuerung durch Abschöpfungsansprüche, JZ 2006, 890; *ders.,* Schadensersatz und Abschöpfung im Lauterkeits- und Kartellrecht, 2010; *ders.,* Nutzen und Zukunft der Gewinnabschöpfung in der Diskussion, WRP 2012, 1190; *Bauer,* Der Gewinnabschöpfungsanspruch der Verbände, 2007; *Baumbach,* Das gesamte Wettbewerbsrecht, 2. Aufl. 1931; *ders.,* Wen schützt das Wettbewerbsrecht?, MuW XXXI, 5; *von Büren,* Kommentar zum Bundesgesetz über den unlauteren Wettbewerb vom 30. September 1943, 1957; *Cosack,* Lehrbuch des Deutschen bürgerlichen Rechts, 3. Aufl. 1899; *Emmerich,* Überlegungen zur Gewinnabschöpfung, in: FS Fezer, 2016, S. 1027; *Engels/Salomon,* Vom Lauterkeitsrecht zum Verbraucherschutz: UWG-Reform 2003, WRP 2004, 32; *v. Falckenstein,* Die Bekämpfung unlauterer Geschäftspraktiken durch Verbraucherverbände, 1977; *ders.,* Verbraucherverbandsklage, Schädigung der Konsumenten und UWG-Novelle, WRP 1978, 502; *ders.,* Schäden der Verbraucher durch unlauteren Wettbewerb, 1979; *Fehlemann,* Die Verfolgung von Streuschädigungen durch Abschöpfungsansprüche der Verbände im deutschen Lauterkeits- und Kartellrecht, 2009; *Fezer,* Das wettbewerbsrechtliche Vertragsauflösungsrecht in der UWG-Reform, WRP 2003, 127; *ders.,* Zweckgebundene Verwendung von Unrechtserlösen und Kartellbußen zur Finanzierung der Verbraucherarbeit, 2010; *ders.,* Unrechtserlösabschöpfung. Ein originärer Anspruch sui generis im zivilrechtlichen Haftungssystem, in: FS Bornkamm, 2014, S. 335; *Gärtner,* Der Gewinnabschöpfungsanspruch nach § 10 UWG, 2006; *ders.,* Der Gewinnabschöpfungsanspruch nach § 10 UWG – Leitfaden für eine effektive Anwendung in der Praxis, GRUR Int. 2008, 817; *Grauel/Luhrenberg,* Mehrerlösabschöpfung im UWG, WRP 1980, 521; *Grigoleit,* Neuere Tendenzen zur schadensrechtlichen Vertragsaufhebung, NJW 1999, 900; *Hager,* Streuschäden im Wettbewerbsrecht: Der Gewinnabschöpfungsanspruch nach § 10 UWG, 2012; *Henning-Bodewig,* Die Gewinnabschöpfung nach § 10 UWG – ein Flop? GRUR 2015, 731; *Herzberg,* Die Gewinnabschöpfung nach § 10 UWG: Status quo ante, de lege lata et de lege ferenda, 2013; *Hörmann,* Unrecht ohne Folgen?; *ders.,* Massenschäden in der Praxis – aus Sicht der Verbraucherzentralen, VuR 2016, 81; *Keßler,* UWG und Verbraucherschutz – Wege und Umwege zum Recht der Marktkommunikation, WRP 2005, 264; *ders.,* Verbraucherschutz reloaded – Auf dem Weg zu einer deutschen Kollektivklage?, ZRP 2016, 2; *Köhler,* UWG-Reform und Verbraucherschutz, GRUR 2003, 265; *Jarass/Pieroth,* Grundgesetz, 10. Aufl. 2009; *Köhler/Bornkamm/Henning-Bodewig,* Vorschlag für eine Richtlinie zum Lauterkeitsrecht und eine UWG-Reform, WRP 2002, 1317; *Körner,* Zur Aufgabe des Haftungsrechts – Bedeutungsgewinn präventiver und punitiver Elemente, NJW 2000, 241; *Krieger,* Zum Schadensersatzanspruch des Verbrauchers bei irreführender Werbung, BB 1978, 625; *ders.,* Zur Kritik an der UWG-Novelle, GRUR 1979, 14; *Leicht,* Gewinnabschöpfung bei Verstoß gegen die lauterkeitsrechtliche Generalklausel – Zur dogmatischen Qualifikation des § 10 Abs. 1, 2 UWG und ihren Konsequenzen, 2008; *Lehmann,* Juristisch-ökonomische Kriterien zur Berechnung des Verletzergewinns bzw. des entgangenen Gewinns, BB 1988, 1680; *Mees,* Wettbewerbsrechtliche Ansprüche und EG-Beihilfenrecht, in: FS für Erdmann, 2002, S. 657; *Micheli,* Zur Regelung der Abnehmerrechte in der UWG-Novelle – Kritische Bemerkungen zum Regierungsentwurf und seiner Begründung, GRUR 1979, 8; *Micklitz,* UWG-Reform – Artisten in der Zirkuskuppel – ratlos, BB 2003, Heft 21, S. I; *Micklitz/Stadler,* Unrechtsgewinnabschöpfung – Möglichkeiten und Perspektiven eines kollektiven Schadensersatzanspruches im UWG, 2003; *Mommsen,* Zur Lehre von dem Interesse, 1855; *Mönch,* Der Gewinnabschöpfungsanspruch nach § 10 UWG, ZIP 2004, 2032; *Neuberger,* Der wettbewerbsrechtliche Gewinnabschöpfungsanspruch im europäischen Rechtsvergleich, 2006; *Pokrant,* Zum Verhältnis von Gewinnabschöpfung gemäß § 10 und Schadensersatz nach § 9 UWG, in: FS Ullmann, 2006, S. 813; *van Raay,* Gewinnabschöpfung als Präventionsinstrument im Lauterkeitsrecht, 2012; *Rosengarten,* Der Präventionsgedanke im deutschen Zivilrecht – Höheres Schmerzensgeld, aber keine Anerkennung und Vollstreckung US-amerikanischer punitive damages?, NJW 1996, 1935; *Sack,* Der Gewinnabschöpfungsanspruch von Verbänden in der geplanten UWG-Novelle, WRP

2003, 449; *ders.*, Regierungsentwurf einer UWG-Novelle – ausgewählte Probleme, BB 2003, 1073; *Schaumburg*, Die Verbandsklage im Verbraucherschutz- und Wettbewerbsrecht: Ansprüche auf Unterlassung, Widerruf, Beseitigung und Gewinnabschöpfung, 2006; *Schmauß*, Der Gewinnabschöpfungsanspruch von Verbänden in der Neufassung des § 10 des Gesetzes gegen den unlauteren Wettbewerb, 2007; *Schricker*, Zur Reform des Gesetzes gegen den unlauteren Wettbewerb – Schadensersatzansprüche der Abnehmer und Rücktritt vom Vertrag bei irreführender und unlauterer Werbung, GRUR 1979, 1; *Sieme*, Der Gewinnabschöpfungsanspruch nach § 10 UWG und die Vorteilsabschöpfung gem. §§ 34, 34a GWB, 2009; *ders.*, Die Auslegung des Begriffs „zu Lasten" in § 10 UWG und § 34a UWG, WRP 2009, 914; *Sosnitza*, Das Koordinatensystem des Rechts des unlauteren Wettbewerbs im Spannungsfeld zwischen Europa und Deutschland, GRUR 2003, 739; *Stadler/Micklitz*, Der Reformvorschlag der UWG-Novelle für eine Verbandsklage auf Gewinnabschöpfung, WRP 2003, 559; *Stadler*, Die Umsetzung der Kommissionsempfehlung zum kollektiven Rechtsschutz, ZfPW 2015, 61; *Tilmann*, Gewinnherausgabe im gewerblichen Rechtsschutz und Urheberrecht, GRUR 2003, 647; *Traub*, Maßstäbe für „frustrierende" Erlösherausgabe bei Persönlichkeitsrechtsverletzungen, in: FS Erdmann, 2002, S. 211; *Verbraucherzentrale Bundesverband*, Recht durchsetzen – Verbraucher stärken. Möglichkeiten und Grenzen kollektiver Klageinstrumente, 2011; *Vollmer*, Wettbewerbsrechtliche Mehrerlösabschöpfung nach der UWG- und GWB-Novelle, DB 1979, 2213; *Weber*, Ansprüche aus § 1 UWG bei EG-Kartellrechtsverstößen, GRUR 2002, 485; *Weiler*, Ein lauterkeitsrechtliches Vertragslösungsrecht des Verbrauchers?, WRP 2003, 423; *Weiß*, Zur Bekämpfung von Streuschäden, 2012; *Wimmer-Leonhardt*, UWG-Reform und Gewinnabschöpfungsanspruch oder „Die Wiederkehr der Drachen", GRUR 2004, 12.

A. Allgemeines

I. Einleitung

1. Einfluss des europäischen Rechts

1 Auf die Gestaltung des Gewinnabschöpfungsanspruchs hat die **UGP-Richtlinie keinen Einfluss** gehabt. Sie enthält in Art. 11 Abs. 1 eine Verpflichtung der Mitgliedstaaten sicherzustellen, dass zur Einhaltung der Richtlinie geeignete und wirksame Mittel zur Bekämpfung unlauterer geschäftlicher Handlungen zur Verfügung stehen. Die bei Wettbewerbsverstößen zur Anwendung kommenden Sanktionen müssen nach Art. 13 UGP-RL **„wirksam, verhältnismäßig und abschreckend"** sein. Es bleibt aber nach Art. 11 Abs. 1 Unterabsatz 3 UGP-RL den Mitgliedstaaten überlassen zu entscheiden, ob sie für die Bekämpfung von Rechtsverstößen zivilrechtliche, strafrechtliche oder verwaltungsrechtliche Maßnahmen einsetzen. Auch eine Kombination ist möglich.

2 **§§ 8 bis 10** sehen nach der Auffassung des Gesetzgebers insgesamt **wirkungsvolle zivilrechtliche Ansprüche** vor, die sich in der Praxis bewährt haben und die Anforderungen der Richtlinie erfüllen, so dass es keiner Umsetzungsmaßnahmen bedurfte.[1] Freilich ist der Gewinnabschöpfungsanspruch in Wirklichkeit vollkommen wirkungslos (Rdn. 5).

2. Zankapfel der UWG-Reform 2004

3 Der Gewinnabschöpfungsanspruch war die am meisten umstrittene Regelung der UWG-Reform 2004. Die Abschöpfung von Gewinnen unlauter handelnder Unternehmer soll **sicherstellen, dass sich unlauterer Wettbewerb nicht lohnt.** Die Gewinnabschöpfung ist ein neuartiges Regelungsinstrument, das während des Gesetzgebungsvorgangs[2] im Schrifttum nahezu einhellig abgelehnt und zum Teil vehement bekämpft wurde. Den einen schien ein solcher Anspruch ein „Schreckgespenst"[3] – überflüssig und systemfremd, ja verfassungswidrig.[4] Die anderen unterstützten zwar die Grundidee, dass ein durch Wettbewerbsverstöße erschlichener Gewinn keinen Bestand haben dürfe, hielten aber die rechtstechnische Ausgestaltung des Referenten- wie des Regierungsentwurfes als „schöner bunter Papiertiger"[5] für völlig unzureichend.[6] Der Norm wurde eine weitgehende Bedeutungslosigkeit vorausgesagt.[7] Von Seiten der Verbraucherverbände wurde einge-

---

[1] Begründung zum RegE, BT-Drucks. 16/10145, S. 18 f.; Fezer/*Büscher* § 8 Rdn. 4.

[2] Zusammenfassung bei *Henning-Bodewig* GRUR 2015, 731, 733; sehr ausführlich Fezer/*v. Braunmühl* § 10 Rdn. 59 ff.; GroßKommUWG/*Poelzig* § 10 Rdn. 2 ff.

[3] *Engels/Salomon* WRP 2004, 32, 42.

[4] *Sack* WRP 2003, 549 ff.; *ders.* BB 2003, 1073 ff.; *Wimmer-Leonhardt* GRUR 2004, 12, 16 f.

[5] So krit. *Stadler/Micklitz* WRP 2003, 559, 562.

[6] *Stadler/Micklitz* WRP 2003, 559, 662; *Micklitz* BB 2003, Heft 21, S. I; als *„Placebo-Paragraf"* wurde die Vorschrift wegen des Vorsatzerfordernisses von der damaligen Präsidentin der Verbraucherzentrale Bundesverband e. V., *Müller*, in einer Presseerklärung vom 2.4.2004 kritisiert.

[7] *Stadler/Micklitz* WRP 2003, 559, 562; *Engels/Salomon* WRP 2004, 32, 43.

wandt, der Gewinnabschöpfungsanspruch sei an derart enge Voraussetzungen gebunden, dass er in der Praxis kaum Wirkung zeigen werde, sich also unlauterer Wettbewerb weiter lohnen werde.[8]

4 Der Bundesrat begrüßte aus ordnungspolitischen Gesichtspunkten die Abschöpfung ungerechtfertigt erworbener Gewinne, war aber der Ansicht, der Gewinnabschöpfungsanspruch sei in der Gestalt des Regierungsentwurfes unausgereift, nicht praktikabel und durch die Gerichte nicht vernünftig zu handhaben. Er forderte daher entweder eine grundlegende Überarbeitung oder die ersatzlose Streichung.[9] Im Rechtsausschuss kam es schließlich zu einigen Änderungen, die die Reichweite des Gewinnabschöpfungsanspruchs erweitern und seine Praktikabilität erhöhen sollten.[10]

3. Bedeutung in der Praxis

5 Dies ist nicht gelungen. Als **Haupthindernis für eine verstärkte Durchsetzung** des Gewinnabschöpfungsanspruchs wird neben dem Vorsatzerfordernis der grundlegende Konstruktionsfehler des Gesetzes wahrgenommen, dass die aktivlegitimierten Verbände zwar das Prozessrisiko tragen, aber alle eingenommenen Gelder an den Bundeshaushalt abführen müssen.[11] Damit fehlt der wirtschaftliche Anreiz zur Geltendmachung des Anspruchs. Die Vorschrift ist – in den Worten der deutschen Verbraucherschutzminister – **„völlig ineffizient und faktisch wirkungslos“.**[12] Zwar wird zuweilen gemutmaßt, der Vorschrift komme tatsächlich eine gewisse, wenn auch nicht messbare Abschreckungswirkung zu.[13] Eine wirklich abschreckende Wirkung hätte aber nur ein echter Gewinnabschöpfungsanspruch, der dem vorsätzlich handelnden Unternehmer nichts von dem Gewinn belässt, den er im Zuge der unlauteren Werbeaktion erwirbt (Rdn. 130). Die ganz herrschende Auffassung konstruiert den Gewinnabschöpfungsanspruch allerdings **nicht als Gewinn-, sondern als Mehrerlösabschöpfung.**[14] Denn sie belässt dem verurteilten Vorsatztäter jenen Gewinn, der nicht auf die unlautere Handlungskomponente entfällt. Sie stellt ihn damit im Ergebnis einem lauter Handelnden gleich. Welche reale Abschreckungswirkung eine solche „Sanktion“ bei einem zumeist als gering einzustufenden Verfolgungsrisiko haben soll, ist nicht ersichtlich. Der Gewinnabschöpfungsanspruch hat deshalb trotz vereinzelter Verfahren und Gerichtsurteilen[15] bislang **keine ins Gewicht fallende Bedeutung** gewinnen können.[16] **§ 10** ist praktisch **„totes Recht“.**[17]

6 Die Rechtswissenschaft findet dessen ungeachtet, wie die erstaunlich große Anzahl von Aufsätzen und Monographien – darunter sehr beachtliche wie die von *van Raay* – zeigt, in dem „normativen Glasperlenspiel“[18] des § 10 weiterhin ein reizvolles Betätigungsfeld, da das Rechtsinstitut „fast den Anschein erweckt, als sei es eigens für sie geschaffen worden“.[19]

4. Vorläuferkonzepte

7 Überhaupt gilt der Gewinnabschöpfungsanspruch als Novum ohne Vorbilder im In- und Ausland.[20] Aber weder der Entwurf von *Köhler, Bornkamm* und *Henning-Bodewig,*[21] noch der Referenten- oder der Regierungsentwurf können für sich in Anspruch nehmen, in jeder Hinsicht rechtli-

---

[8] Stellungnahme der Verbraucherzentrale Bundesverband e. V. zum Regierungsentwurf eines Gesetzes gegen den unlauteren Wettbewerb vom 7.5.2003 (5.6.2003).

[9] Stellungnahme des Bundesrats (BT-Drucks. 15/1487), S. 34.

[10] Beschlussempfehlung und Bericht des Rechtsausschusses (BT-Drucks. 15/2795), S. 8, 21.

[11] *Fezer* Zweckgebundene Verwendung von Unrechtserlösen und Kartellbußen zur Finanzierung der Verbraucherarbeit, S. 6; *Emmerich* in: FS Fezer, S. 1027; *Hörmann* VuR 2016, 81, 82; *Keßler* ZRP 2016, 2, 3; *Stadler* ZfPW 2015, 61, 80 m. w. N.

[12] Beschluss der 6. Verbraucherschutzministerkonferenz am 17.9.2010, wiedergegeben bei *Fezer,* Zweckgebundene Verwendung von Unrechtserlösen und Kartellbußen zur Finanzierung der Verbraucherarbeit, S. 6.

[13] Vgl. z. B. *Henning-Bodewig* GRUR 2015, 731, 737; GroßKommUWG/*Poelzig* § 10 Rdn. 36, 50.

[14] LG München I GRUR-RR 2015, 255 – *Zahnreinigung für 39 €; Alexander* S. 554 f.; *Fezer* in: FS Bornkamm, S. 335, 346 ff.; *Köhler*/Bornkamm § 10 Rdn. 9; *Neuberger* S. 91 ff.; *Ohly*/Sosnitza § 10 Rdn. 7; GroßKommUWG/*Poelzig* § 10 Rdn. 81 f., 96; *van Raay* S. 302; *Wünsche* S. 171 ff.

[15] Überblick bei *Fezer* Zweckgebundene Verwendung von Unrechtserlösen und Kartellbußen zur Finanzierung der Verbraucherarbeit, S. 25 ff.; *Henning-Bodewig* GRUR 2015, 731, 734.

[16] Vgl. *Alexander* S. 505 ff.; *Neuberger* S. 137; *Sieme* WRP 2009, 914; *van Raay* S. 181 berichtet, dass vom Inkrafttreten des § 10 bis April 2011 nur 47 305,78 € aus lediglich vier erfolgreichen Verfahren an den Bundeshaushalt geflossen sind.

[17] Zustimmend *Emmerich* in: FS Fezer, S. 1027; *Ohly*/Sosnitza § 10 Rdn. 3.

[18] *Keßler* WRP 2005, 264, 273.

[19] Vgl. die Stellungnahme von *Jung* bei *Wimmer-Leonhardt* GRUR 2004, 12.

[20] Vgl. *Wimmer-Leonhardt* GRUR 2004, 12, 14 f.

[21] *Köhler/Bornkamm/Henning-Bodewig* WRP 2002, 1317, 1322.

ches Neuland betreten zu haben. Schon der **Entwurf des schweizerischen Bundesgesetzes über den unlauteren Wettbewerb von 1943** enthielt eine eigenartige Regelung, die bis auf die kollektive Wahrnehmung des Anspruches durch Verbraucherverbände bereits eine ganze Reihe von Elementen enthielt, die mehr als 60 Jahre später schließlich in Deutschland Gesetz werden sollten: Der abgeschöpfte Gewinn war herauszugeben, kam dem Verletzten aber nur bis zur Höhe seines ausgewiesenen Schadens zu und war im Übrigen an staatliche Institutionen abzuführen.[22] Diese „Vermengung von Schadenersatz- und Polizeirecht“[23] gehörte zu den umstrittensten Bestimmungen des Entwurfes. Weil zahlreiche Bedenken auftraten, wurde die Gewinnabschöpfung schließlich gestrichen. Es setzte sich in der Schweiz die Erkenntnis durch, dass die Gewinnabschöpfung „nicht Schadenersatz, sondern Vergeltung“ sei, die im Recht des unlauteren Wettbewerbs keinen Platz habe.[24] Die Möglichkeit, während des Gesetzgebungsvorgangs auf Erkenntnisse dieser früheren Schweizer Diskussion zurückzugreifen, blieb von der Wissenschaft trotz Hilfe suchender rechtsvergleichender Seitenblicke[25] ungenutzt.

8 In der **Reformdiskussion** berücksichtigt wurden dagegen die zahlreichen seit den 1970er Jahren unternommenen Versuche, in Deutschland den **Verbraucherschutz** im UWG durch die Einführung von Schadensersatzansprüchen für Verbraucher **zu stärken.** Damit wollte man der als unbefriedigend empfundenen Rechtslage nach der 1974 ergangenen *„Prüfzeichen“*-Entscheidung abhelfen, die eine Interpretation von UWG-Vorschriften zugunsten irregeführter Verbraucher als Schutzgesetz im Sinne des § 823 Abs. 2 BGB ausgeschlossen hatte.[26] Diese seinerzeit diskutierten Ansprüche sollten nicht nur von den Verbrauchern selbst, sondern, aus abgetretenem Recht, auch kollektiv von Verbänden geltend gemacht werden können. Eine solche Regelung sah der **Entwurf eines UWG-Änderungsgesetzes** der sozialliberalen Regierung **aus dem Jahr 1978** vor.[27] Vorangegangen waren rechtstatsächliche Untersuchungen, die belegten, dass Verbraucher durch unlauteren Wettbewerb in erheblichem Maße geschädigt werden.[28] Parallel zu der Diskussion um Schadensersatzansprüche für Verbraucher wurde in der Wissenschaft vorgeschlagen, anstelle des Schadensersatzes den Mehrerlös eines unlauter oder irreführend Werbenden abzuschöpfen und der Verbraucherarbeit zukommen zu lassen.[29]

9 Weder der Schadensersatzanspruch, noch die Mehrerlösabschöpfung fanden damals den Weg in das Bundesgesetzblatt. Stattdessen führte man schließlich 1987 das **Vertragslösungsrecht des Verbrauchers** nach § 13a in das UWG 1909 ein.

5. Reformbedarf

10 *Bornkamm,* der an der UWG-Novelle 2004 und deren Vorarbeiten maßgeblichen Anteil hatte, hatte sich bei der öffentlichen Anhörung des Rechtsausschusses noch davon überzeugt gezeigt, dass sich die Regelung des § 10 ohne Probleme mit den normalen Instrumenten des Zivil- und Zivilverfahrensrechts effektiv in die Praxis umsetzen ließe.[30] Auch andere gaben sich der gleichen Illusion hin: Wenn der Gewinnabschöpfungsanspruch entgegen aller Kritik Gesetz geworden sei, so müsse und könne ihm auch ein sachgerechtes Anwendungsfeld erschlossen werden, um den klagenden Verbänden nicht Steine statt Brot zu geben.[31]

11 Dass es in den letzten 12 Jahren **nicht geglückt** ist, **dem Gewinnabschöpfungsanspruch Leben einzuhauchen,** lässt getrost den Schluss zu, dass dies auch in Zukunft nicht mehr gelingen wird. Es ist also nicht zu früh, um zu sagen: **§ 10 ist ein Flop.**[32] Der Gewinnabschöpfungsanspruch, der von der herrschenden Auffassung als Mehrerlösabschöpfungsanspruch behandelt wird, ist ein „zahnloser Tiger“[33] und ein „stumpfes Schwert“.[34] Er hat sich nicht bewährt. Er sollte grundlegend zugunsten der Verbraucherverbände reformiert und damit zu einem scharfen Schwert geschliffen werden. Dies wurde vom Bundesrat bereits in der Gesetzgebungsdiskussion 2004 gefor-

---

[22] Botschaft des Schweizer Bundesrates zum Entwurf eines Bundesgesetzes über den unlauteren Wettbewerb, 1942.

[23] *von Büren* Artt. 2–6 Rdn. 23 m. w. N.

[24] *von Büren* Artt. 2–6 Rdn. 23.

[25] Vgl. *Wimmer-Leonhardt* GRUR 2004, 12, 13 f.

[26] BGH GRUR 1975, 150 – *Prüfzeichen;* hierzu auch *Krieger* GRUR 1979, 14, 15.

[27] RegE BT-Drucks. 8/1670; hierzu *Micklitz/Stadler* S. 17 ff.; *Grauel/Luhrenberg* WRP 1980, 521 m. w. N.

[28] *v. Falckenstein,* Die Bekämpfung unlauterer Geschäftspraktiken durch Verbraucherverbände; *ders.* Schäden der Verbraucher durch unlauteren Wettbewerb; *ders.* WRP 1978, 502 ff.

[29] *Vollmer* DB 1979, 2213, 2215; *Grauel/Luhrenberg* WRP 1980, 521 ff.

[30] Beschlussempfehlung und Bericht des Rechtsausschusses (BT-Drucks. 15/2795), S. 20.

[31] So der Autor an dieser Stelle in den Vorauflagen und ihm folgend *Alexander* S. 505.

[32] A. A. *Henning-Bodewig* GRUR 2015, 731, 739.

[33] *Hörmann* VuR 2016, 81, 82.

[34] *Hörmann* VuR 2014 245, 246.

dert[35] und wird heute zu Recht von den Verbraucherverbänden[36] und der Wissenschaft[37] mit Vehemenz verlangt. Die Alternative wäre eine vollständige Abschaffung. Diese Kommentierung versteht sich allerdings nicht als Platz zur Nacherzählung der aktuellen rechtspolitischen Diskussionen,[38] sondern beschäftigt sich einzig mit der unvollkommenen *lex lata:*

II. Gesetzeszweck

1. Schließung von faktischen Rechtsdurchsetzungslücken

12 Mit der Regelung eines Gewinnabschöpfungsanspruches in § 10 werden die **zivilrechtlichen Anspruchsgrundlagen** mit dem Ziel einer verbesserten Durchsetzung des Lauterkeitsrechts **erweitert.** Unlauterer Wettbewerb kann sich sonst, überlegt betrieben, als ein risikoloses Geschäft darstellen.[39] Solange nämlich ein Unternehmer nur befürchten muss, dass ihm unlautere Wettbewerbspraktiken für die Zukunft verboten werden, er dagegen auf Kosten der Abnehmer erwirtschaftete Gewinne – frei nach dem Motto „Unlauterer Wettbewerb lohnt sich immer"[40] – behalten kann, bleibt das Wettbewerbsrecht eine stumpfe Waffe und fordert geradezu heraus, mit Wettbewerbsverstößen auf Gewinn zu spekulieren.[41]

13 Auch der Gesetzgeber erkannte im vor der UWG-Reform 2004 geltenden Recht **Durchsetzungsdefizite** insbesondere **bei den so genannten „Streuschäden".** Hierunter versteht man im Allgemeinen die Fallkonstellation, in der durch wettbewerbswidriges Verhalten eine Vielzahl von Abnehmern bzw. Verbrauchern geschädigt wird, die Schadenshöhe des Einzelnen jedoch gering ist.[42] Auch wenn dem Betroffenen im Einzelfall durchaus wirksame rechtliche Mittel zur Verfügung stehen und er etwa über Anfechtung, Rücktritt, Sachmängelgewährleistung oder die Regeln der *culpa in contrahendo* einen Ausgleich erlangen könnte,[43] sieht er bei Schäden im Bagatellbereich regelmäßig von einer Rechtsverfolgung ab, weil der Aufwand und die Kosten hierfür in keinem Verhältnis zu seinem Schaden stehen.[44] Unbeholfenheit, Rechtsunkenntnis und Beweisnot werden als Ursachen fehlender Rechtsverfolgung häufig hinzukommen.[45] Eine resignative Grundhaltung, zu große Duldsamkeit und ein gewisses Phlegma[46] spielen ebenfalls eine Rolle. Oftmals wird der Verbraucher sogar überhaupt nicht bemerken, dass er übervorteilt wurde.[47] Die Schwierigkeiten hängen aber auch damit zusammen, dass die traditionellen Rechtsbehelfe des bürgerlichen Rechts nicht gerade der Bekämpfung von Wettbewerbsdelikten dienen, sondern unter anderen, spezifischen Gesichtspunkten (Bindung an eine Willenserklärung, Gesetz- oder Sittenwidrigkeit des Inhalts eines Vertrages, Sicherung des vertraglich vorausgesetzten Interessenausgleichs) Rechtsschutzmöglichkeiten bieten, die im Einzelnen sehr unterschiedlich sind und sich insbesondere auch für eine gemeinsame Interessenwahrnehmung der von einer unlauteren Wettbewerbsmaßnahme in gleicher Weise geschädigten Abnehmer nicht eignen.[48]

14 Auch den **Mitbewerbern** steht bei der Schädigung einer Vielzahl von Abnehmern ein Schadensersatzanspruch nicht zwangsläufig zu. Zudem hat der Schadensersatzanspruch, außer in Nachahmungsfällen, wegen der praktischen Schwierigkeiten bei der Bezifferung des Schadens in der Praxis als echter, wirtschaftlich ins Gewicht fallender Zahlungsanspruch keine große Bedeutung erlangen können (§ 9 Rdn. 8 f.).[49] Oftmals ist der Schaden auf eine Vielzahl von Mitbewerbern

---

[35] Stellungnahme des Bundesrats (BT-Drucks. 15/1487), S. 34.

[36] *Hörmann* VuR 2014 245, 246; *ders.* VuR 2016, 81, 82; *Verbraucherzentrale Bundesverband* S. 18 f.

[37] *Alexander* WRP 2012, 1190, 1193 ff.; *Fezer* in: FS Bornkamm, S. 335, 339 f.; *Henning-Bodewig* GRUR 2015, 731, 736 ff.; *Keßler* ZRP 2016, 2, 3; *van Raay* S. 529 ff.

[38] Hierzu ausführlich GroßKommUWG/*Poelzig* § 10 Rdn. 39 ff.

[39] *Schricker* GRUR 1979, 1, 3.

[40] *Schricker* GRUR 1979, 1, 3; zur rechtspolitischen Kritik am Konzept des stets rentablen unlauteren Wettbewerbs *Sack* WRP 2003, 549, 554.

[41] *Köhler* GRUR 2003, 265; *Rosenthal* S. 116 f.; *v. Falckenstein* Schäden der Verbraucher durch unlauteren Wettbewerb, S. 11.

[42] OLG Schleswig NJOZ 2015, 1515, 1520 Tz. 89 – *Pfand für SIM-Karte.*

[43] Eine kritische Analyse dieser Instrumente findet sich bei *Köhler* GRUR 2003, 265, 268 ff. sowie *Fezer* WRP 2003, 127 ff. und *Weiler* WRP 2003, 423, 426 ff.

[44] Näher *Micklitz/Stadler* S. 67 ff.; GroßKommUWG/*Poelzig* § 10 Rdn. 16.

[45] *Micheli* GRUR 1979, 8, 9.

[46] *Henning-Bodewig* GRUR 2015, 731, 732.

[47] *Köhler*/Bornkamm § 10 Rdn. 4.

[48] *Krieger* GRUR 1979, 14, 15; *v. Falckenstein* Schäden der Verbraucher durch unlauteren Wettbewerb, S. 11 ff.

[49] *v. Falckenstein* WRP 1978, 502, 507.

verteilt und dementsprechend für den einzelnen Geschädigten nicht so hoch, dass sich seine Geltendmachung lohnt.[50]

Daher waren Fälle denkbar, in denen der Zuwiderhandelnde den – bis zum Erlass einer einstweiligen Verfügung auf Unterlassung erzielten – Gewinn behalten konnte. Manche auffällig werbende Handelsketten sind darüber hinaus in mehr als einhundert selbständige GmbHs aufgesplittert, so dass es obendrein kaum möglich ist, im Wege der einstweiligen Verfügung gegen eine solche Kette insgesamt vorzugehen. All diese **faktischen Rechtsdurchsetzungslücken** sollten durch die Regelung des § 10 **geschlossen** werden.[51] 15

2. Verbraucherschützende Zielrichtung

Primäre Zielrichtung des § 10 ist es, dem in § 1 Satz 1 niedergelegten Zweck des **Verbraucherschutzes** zu dienen.[52] Gleichwohl sollte nicht verkannt werden, dass damit nicht nur im Interesse der Verbraucher, sondern **auch im Interesse der Mitbewerber** ein Instrument zur Bekämpfung unlauterer Praktiken geschaffen wurde.[53] Gleichsam umgekehrt zum traditionellen Konzept des Lauterkeitsrechts, das einen Verbraucherschutz nur als Reflex des kaufmännischen Sonderdeliktsrechts anerkannte,[54] werden nun durch die verbraucherschutzbezogene Regelung des § 10 reflexartig auch die Konkurrenten geschützt. Denn wenn dem gesetzgeberischen Ziel entsprechend Anreize für unlauteren Wettbewerb schwinden, kommt das auch den betroffenen Mitbewerbern zugute. 16

3. Sanktionscharakter

Wer bewusst unlauteren Wettbewerb betreibt, soll davon keinen Vorteil haben. Mit dem vermögensordnenden Zugriff will der Gesetzgeber Anreize für unlauteren Wettbewerb vermindern. Der Gewinnabschöpfungsanspruch hat über diese **generalpräventive Funktion** hinaus aber auch **Sanktionscharakter.** Die Begründung des Referentenentwurfes sprach noch unverblümt von „Strafcharakter".[55] Doch auch die Begründung des Regierungsentwurfs lässt keinen Zweifel daran, dass Hintergrund des Gewinnabschöpfungsanspruchs „der Abschreckungsgedanke" und sein Ziel „die Sanktionswirkung" ist.[56] 17

Seinem Zweck nach zielt der Gewinnabschöpfungsanspruch durchaus darauf ab, **den auf rechtswidriges Handeln gerichteten Willen zu beugen.** Diese Funktion wird allerdings auch dem historischen Begriff der Privatstrafe zugeordnet.[57] Dies gab zu der teilweise heftigen rechtspolitischen Kritik im Schrifttum Anlass, zivilrechtliche Sanktionen mit Strafcharakter seien ein dem deutschen Privatrecht systemfremdes Element.[58] Diese Einwände haben den Gesetzgeber zu Recht unbeeindruckt gelassen. Zwar hat seit Einführung des BGB die echte Privatstrafe mit ihrer zusätzlichen Genugtuungs- und Sühnefunktion keinen Platz mehr im deutschen Privatrechtssystem.[59] Sanktionen mit pönalen Elementen, die der Abschreckung dienen, sind aber dem heutigen Zivilrecht nicht fremd, wie bereits ein Blick auf § 890 ZPO zeigt. 18

Die Abschreckungswirkung sollte auch **prägend für die Auslegung** der einzelnen Tatbestandsmerkmale sein: Ein Gesetz, das sich wirksame Prävention und Sanktion zum Ziel gesetzt hat,[60] kann nicht mit dafür völlig ungeeigneten Instrumenten ausgestattet sein. 19

---

[50] GroßKommUWG/*Köhler* (1. Aufl.) Vor § 13 B Rdn. 245.

[51] RegE (BT-Drucks. 15/1487) S. 24.

[52] Vgl. Pressemitteilung des BMJ vom 11.6.2004: „Eine erhebliche Verbesserung des Verbraucherschutzes stellt der neu eingeführte Gewinnabschöpfungsanspruch dar".

[53] *Köhler* GRUR 2003, 265.

[54] Vgl. *Baumbach* Kap. 6 B; *ders.* MuW XXXI, 5 ff.; *Callmann* S. 43 f.

[55] Referentenentwurf des Bundesjustizministeriums, S. 47; ebenso *Wimmer-Leonhardt* GRUR 2004, 12, 16: „primär strafender Charakter".

[56] RegE (BT-Drucks. 15/1487) S. 24.

[57] *Mommsen* S. 18 ff. m. w. N.

[58] Krit. zu privatrechtlichen Ansprüchen mit Strafcharakter als dem deutschen bürgerlichen Recht systemfremdes Element insbesondere *Sack* BB 2003, 1073, 1080; *ders.* WRP 2003, 549, 552; krit. auch *Engels/Salomon* WRP 2004, 32, 42; allgemein zu Ansprüchen mit Strafcharakter und deren Abgrenzung zum Schadensersatz *Mommsen,* S. 18 ff.

[59] *Cosack* § 93.

[60] Vgl. das „Eingangsstatement zur aktiven Verbraucherpolitik" der damaligen Bundesministerin der Justiz *Zypries* vom 11.11.2003: *„Die Gewinnabschöpfung wird nicht die von Kritikern befürchtete Klageflut auslösen. Wir schaffen aber zum Schutz der Verbraucher und der redlichen Mitbewerber vor schwarzen Schafen ein sehr wirksames Instrumentarium, das vor allem abschreckend wirken soll und wird".*

4. Anspruch eigener Art

20 Der Gewinnabschöpfungsanspruch ist ein Anspruch *sui generis.*[61] Im Gegensatz zum Schadensersatzanspruch **dient** der Gewinnabschöpfungsanspruch **nicht dem individuellen Schadensausgleich.** Dem Abnehmer, der durch das wettbewerbswidrige Verhalten Nachteile erlitten hat, steht der Anspruch gerade nicht zu.

21 Er ist insbesondere **nicht vergleichbar** mit dem Anspruch auf **Herausgabe des Verletzergewinns** bei den Immaterialgüterrechten im gewerblichen Rechtsschutz, der die Funktion eines Ausgleichsanspruchs für den Rechtsinhaber auf objektiver Grundlage hat (26. Erwägungsgrund der Durchsetzungsrichtlinie[62]).

22 Der Gewinnabschöpfungsanspruch ist auch **kein Bereicherungsanspruch** und ähnelt ihm auch nicht,[63] denn der abzuschöpfende Gewinn ist **nicht** wie bei §§ 812ff. BGB das **Äquivalent des wirtschaftlichen Nachteils der Abnehmer.** Ziel des Gewinnabschöpfungsanspruches ist nicht die neutrale Rückgängigmachung von Vermögensverschiebungen, sondern, weit darüber hinausgehend, Sanktion und Abschreckung.

23 Auch der **erweiterte Verfall** des § 73d StGB ist **kein vergleichbares Rechtsinstitut.** Die in § 73d StGB angeordnete Entziehung deliktisch erlangter Vermögensvorteile verfolgt ausschließlich präventiv-ordnende Ziele. Diese spezielle Form der Gewinnabschöpfung im Strafrecht ist gerade keine Sanktion, sondern dient der Beseitigung eines Vorteils, dessen Verbleib den Täter zu weiteren Taten verlocken könnte.[64] Der erweiterte Verfall soll eine strafrechtswidrig zustande gekommene Vermögenszuordnung für die Zukunft beseitigen und verhindern, dass die mit der deliktischen Bereicherung des Täters verbundene Störung der Rechtsordnung fortdauert. § 73d StGB hat – anders als § 10 – *„keinen pönalen Charakter".*[65]

III. Schuldner, Gläubiger und Nutznießer des Anspruchs

1. Schuldner

24 **Schuldner** des Gewinnabschöpfungsanspruchs ist derjenige, der vorsätzlich eine nach § 3 oder § 7 unzulässige geschäftliche Handlung vornimmt.[66] Handeln mehrere Unternehmer auf verschiedenen Stufen der Handelskette vorsätzlich unlauter, etwa der Importeur und die Verkäufer gefälschter oder nicht zugelassener Produkte, kann der Gewinnabschöpfungsanspruch gegen jedes einzelne Unternehmen geltend gemacht werden. **Jeder** dieser **Unternehmer haftet individuell** auf Herausgabe des von ihm selbst erzielten Gewinns. Zwischen mehreren auf diese Weise unlauter handelnden Unternehmern besteht **kein Gesamtschuldverhältnis.**

2. Gläubiger

25 Der Anspruch steht den **Verbänden** und Institutionen zu, die gem. § 8 Abs. 3 Nr. 2 bis 4 zur Geltendmachung eines Unterlassungsanspruchs berechtigt sind (hierzu § 8 Rdn. 286ff.). Dies sind in erster Linie die Wettbewerbszentralen, Verbraucherverbände sowie die Industrie- und Handelskammern. Mit Blick auf den Sanktionscharakter hat der Gesetzgeber eine Aktivlegitimation der Mitbewerber (vgl. § 8 Abs. 3 Nr. 1) nicht für angemessen erachtet.[67]

3. Nutznießer

26 Nutznießer des Gewinnabschöpfungsanspruchs ist nicht der Gläubiger, sondern der **Bundeshaushalt.** Damit haben die **Verbände** – in finanzieller Hinsicht – **keinen Anreiz,** den Gewinnabschöpfungsanspruch geltend zu machen. Würde der Gewinn bei den Anspruchsberechtigten verbleiben, bestünde nach Ansicht des Gesetzgebers die Gefahr, dass der Anspruch aus dem letztlich sachfremden Motiv der Einnahmeerzielung heraus geltend gemacht würde. Für die Entscheidung

---

[61] So auch *Fezer* in: FS Bornkamm, S. 336; *Henning-Bodewig* GRUR 2015, 731, 734.

[62] Richtlinie 2004/48/EG des Europäischen Parlaments und des Rates vom 29.4.2004 zur Durchsetzung der Rechte des Geistigen Eigentums, ABl. Nr. L 157, S. 45.

[63] A. A. OLG Stuttgart GRUR 2007, 435, 436 – *Veralteter Matratzentest.*

[64] Die Entwurfsbegründungen zu § 73d StGB betonen, der erweiterte Verfall sei keine Strafsanktion, sondern eine Maßnahme eigener Art mit „kondiktionsähnlichem Charakter" (vgl. BT-Drucks. 11/6623, S. 4, 5ff. und 8, BT-Drucks. 12/989, S. 1, 23, sowie die Beschlussempfehlung des Rechtsausschusses des Deutschen Bundestags vom 4.6.1992, BT-Drucks. 12/2720, S. 42f.). Demnach hat der Gesetzgeber den erweiterten Verfall als selbständige, nicht-pönale Maßnahme neben die Strafe gestellt; vgl. auch BVerfG NJW 2004, 2073, 2074ff.

[65] Vgl. BVerfG NJW 2004, 2073, 2074ff. mit umfassenden Nachweisen.

[66] OLG Schleswig MMR 2013, 579, 584 – *Rücklastschriften.*

[67] RegE (BT-Drucks. 15/1487) S. 24.

einer etwaigen Anspruchsverfolgung soll aber ausschlaggebend sein, ob durch die unlautere Wettbewerbshandlung die Interessen der Abnehmer erheblich beeinträchtigt werden. Da die Arbeit jedenfalls der Verbraucherschutzverbände zum Teil ohnehin aus öffentlichen Mitteln finanziert wird, ist es nach Auffassung des Gesetzgebers angemessen, dass die Gelder dem Bundeshaushalt zufließen.[68] Rechtspolitisch besteht der dringende Bedarf, den abgeschöpften Gewinn den Verbänden selbst zuzubilligen, da nur so ein ausreichender Anreiz zur Rechtsverfolgung entsteht.[69] Gegen eine missbräuchliche Geltendmachung im Einzelfall schützen bereits die strengen Voraussetzungen auf Tatbestandsebene.[70]

Der Anspruch kann nur zugunsten des Bundeshaushaltes geltend gemacht werden. Insoweit klagen die Verbände aus eigenem Recht auf eine Leistung an einen Dritten. Diese eigenartige Konstellation ist nicht etwa eine Prozessstandschaft. Die **Drittbegünstigung charakterisiert den Anspruchsinhalt.** Eine vergleichbare Rechtslage besteht bei der Klage auf Leistung an einen Dritten beim so genannten „unechten" Vertrag zugunsten Dritter, § 328 Abs. 2 BGB. 27

IV. Verfassungsrechtliche Fragen

1. Strafgewalt, Staatsvorbehalt und Verhältnismäßigkeit

Im Schrifttum war angezweifelt worden, ob der Gewinnabschöpfungsanspruch überhaupt **verfassungsgemäß** ist. So wurde eingewandt, dass strafen eine staatliche Aufgabe sei und zum Kernbereich staatlichen Handelns gehöre, der nicht Privaten überlassen werden könne. Der Gewinnabschöpfungsanspruch beinhalte demgegenüber eine Sanktion, die von Privaten geltend gemacht werde. Aus dem Demokratie- und dem Rechtsstaatsprinzip folge, dass Einzelne keine Befugnis zur Verhängung von Sanktionen über andere haben könnten. Der Grundsatz der Verhältnismäßigkeit begrenze die Gewinnabschöpfung ebenso wie so genannte *punitive damages*.[71] Als Konkretisierung dieses **Staatsvorbehalts** wird **Art. 33 Abs. 4 GG** angeführt.[72] 28

Die Grenze des Art. 33 Abs. 4 GG verläuft jedoch jenseits der hier in Rede stehenden Maßnahmen, denn es handelt sich bei der Sanktion der Gewinnabschöpfung **nicht um die ständige Ausübung hoheitlicher Befugnisse** oder strafende Gewalt im Sinne des Kern- oder Nebenstrafrechts, sondern um eine Steuerung privater Rechtsverhältnisse, verbunden mit einer Sanktion. 29

Bedenken gegen die Vereinbarkeit mit dem **Demokratie- oder Rechtsstaatsprinzip** bestehen nicht. Der entscheidende Unterschied gegenüber einer unzulässigen Privatisierung von Strafrecht liegt darin, dass im Falle der Sanktionen des Strafrechts der Staat originäre Eingriffsbefugnisse hat. Im Falle der Gewinnabschöpfung dagegen besteht ein zivilrechtlicher Anspruch, der im Streitfall vor den Gerichten einzuklagen ist. Damit verbleibt die Gewähr für Objektivität wie die Sanktionsgewalt beim Staat.[73] 30

Schließlich sind Ansprüche Privater, mit denen durch die unerlaubte Handlung erzielte Gewinne abgeschöpft werden sollen, **mit der Eingriffswirkung eines echten Strafschadenersatzes** US-amerikanischer Prägung überhaupt **nicht zu vergleichen.**[74] 31

2. Ne bis in idem

Darüber hinaus wurde angezweifelt, dass der Gewinnabschöpfungsanspruch mit der Vorschrift des **Art. 103 Abs. 3 GG,** dem Gebot des *ne bis in idem,* im Einklang steht, da es durchaus möglich sei, dass eine Kriminalstrafe etwa auf Grund des § 16 ausgesprochen werde und daneben noch der als Sanktion konzipierte Gewinnabschöpfungsanspruch geltend gemacht werden könne.[75] 32

Nach gefestigter Rechtsprechung des BVerfG sind Strafvorschriften im Sinne des Art. 103 Abs. 3 GG, die nicht zu einer **Doppelbestrafung** herangezogen werden dürfen, nur solche des Kern- und Nebenstrafrechts,[76] nicht dagegen etwa solche des OWiG. Erst recht unterfällt die Norm des § 10, 33

---

[68] RegE (BT-Drucks. 15/1487) S. 24.

[69] Ebenso *Alexander* WRP 2012, 1190, 1195; *Emmerich* in: FS Fezer, S. 1027; *Fezer* in: FS Bornkamm, S. 335, 339; *Gärtner* GRUR Int. 2008, 817, 819; *Henning-Bodewig* GRUR 2015, 731, 737; *Hörmann* VuR 2016, 81, 82; *Keßler* ZRP 2016, 2, 3; GroßKommUWG/*Poelzig* § 10 Rdn. 43.

[70] *Neuberger* S. 136.

[71] *Wimmer-Leonhardt* GRUR 2004, 12, 17.

[72] *Wimmer-Leonhardt* GRUR 2004, 12, 17.

[73] Ebenso nun Teplitzky/*Schaub,* Kap. 37 Rdn. 4; ähnlich OLG Stuttgart GRUR 2007, 435, 436 – *Veralteter Matratzentest; Gärtner* S. 162 ff.; *Weiß* S. 77 (allerdings mit sinnentstellendem Zitat in Fn. 434).

[74] Vgl. BGHZ 118, 312, 340.

[75] *Sack* WRP 2003, 549, 553.

[76] BVerfGE 43, 101, 105.

die im Hinblick auf das Unwerturteil eher noch unterhalb des Ordnungswidrigkeitenrechts rangiert, nicht dem Nebenstrafrecht.

34 Darüber hinaus ist durch § 10 Abs. 2 eine **wirtschaftliche Doppelbelastung** auch im Falle einer verhängten Geldstrafe **ausgeschlossen.** Eine rechtsstaatswidrige Doppelbelastung liegt auch nicht etwa darin, dass der zur Zahlung des Gewinns Verurteilte auch die Kosten des Verfahrens zu tragen hat und sie nicht vom abzuführenden Gewinn abziehen kann.[77]

V. Keine Auswirkungen auf den ordre public

1. Bedenken im Schrifttum

35 Im Schrifttum waren in der Reformdiskussion um das UWG 2004 Bedenken laut geworden, mit der Anerkennung von Ansprüchen, die der Sanktion dienen, könne es zu einem Dammbruch bei den so genannten ***punitive damages*** kommen. Wenn deutsche Unternehmen, insbesondere in den USA, zu **Strafschadensersatz** verurteilt werden, sind diese Urteile in Deutschland bisher **nicht vollstreckbar.** Es gibt eine gefestigte Rechtsprechung, nach der *punitive damages* als mit den grundlegenden Prinzipien unserer Rechtsordnung unvereinbar gelten und deshalb dem *Ordre-public*-Vorbehalt unterfallen.[78]

36 Durch die unbedachte Einführung des Gewinnabschöpfungsanspruches als einer Form der Privatstrafe seien nach einer im Schrifttum vertretenen Ansicht diese Grundsätze durchbrochen worden. Es bestehe nun die vom Gesetzgeber offenbar nicht ausreichend bedachte Gefahr, dass an der bisherigen Rechtsprechung in Zukunft nicht mehr festgehalten werden könne. Damit seien deutsche Unternehmen einem nicht kalkulierbaren Prozessrisiko in anderen Rechtsordnungen unterworfen.[79]

2. Verbot der Gewinnabschöpfung nicht Bestandteil des ordre public

37 Diese Bedenken sind grundlos. Der BGH hat in demselben Urteil, in dem er den Strafschadensersatz als Verstoß gegen den *ordre public* gewertet hat, Gewinnabschöpfungsansprüche ausdrücklich von diesem Verdikt ausgenommen.[80]

38 **Präventions- und Sanktionselemente** sind unserem Zivilrecht **nicht fremd.**[81] So wird etwa der Präventionszweck der Geldentschädigung bei Verletzung des allgemeinen Persönlichkeitsrechts vom BGH in ständiger Rechtsprechung besonders betont.[82] Auch § 611a BGB verfolgt gemäß seinen europarechtlichen Vorgaben[83] Sanktionszwecke.[84] Ein weiteres Beispiel ist die Verdoppelung der GEMA-Gebühren bei unzulässiger Benutzung musikalischer Urheberrechte und Leistungsschutzrechte.[85]

39 Hinzu kommt, dass der Gewinnabschöpfungsanspruch letztlich **nicht weiter geht** als der **Anspruch** auf **Herausgabe des Verletzergewinns** im gewerblichen Rechtsschutz. Für ihn ist anerkannt, dass die Herausgabe des Verletzergewinns auch der Sanktion des schädigenden Verhaltens[86] und auf diese Weise auch der Prävention gegen eine Verletzung der besonders schutzbedürftigen Immaterialgüterrechte dient.[87] Dies entspricht auch der in Art. 3 Abs. 2 der Durchsetzungsrichtlinie formulierten Forderung, die mitgliedstaatlichen Rechtsbehelfe müssten *„abschreckend sein"*.

---

[77] So aber *Engels/Salomon* WRP 2004, 32, 42, jedoch ohne überzeugende Begründung.

[78] BGHZ 118, 312, 338ff.

[79] *Engels/Salomon* WRP 2004, 32, 43.

[80] BGHZ 118, 312, 340.

[81] Teplitzky/*Schaub* Kap. 37 Rdn. 4.

[82] BGH NJW 1961, 2059 – *Ginsengwurzel;* NJW 1995, 861, 865 – *Caroline von Monaco I;* hierzu *Rosengarten* NJW 1996, 1935ff.; *Körner* NJW 2000, 241, 242; *Traub* in: FS Erdmann, S. 211, 213f.

[83] Der EuGH forderte zur Umsetzung der Gleichbehandlungsrichtlinie (Richtlinie 76/207/EWG des Rates vom 9.2.1976 zur Verwirklichung des Grundsatzes der Gleichbehandlung von Männern und Frauen hinsichtlich des Zugangs zur Beschäftigung, zur Berufsbildung und zum beruflichen Aufstieg sowie in Bezug auf die Arbeitsbedingungen) eine Ausgestaltung des § 611a BGB dahingehend, „daß diese Sanktion zur Gewährleistung eines tatsächlichen und wirksamen Rechtsschutzes geeignet ist, eine wirklich abschreckende Wirkung gegenüber dem Arbeitgeber hat"; vgl. EuGH, Slg. 1984, 1891 Rdn. 23 – *v. Colson und Kamann;* EuGH Slg. 1997, I-2195 Rdn. 25 – *Draempael.*

[84] *Rosengarten* NJW 1996, 1935, 1936; *Körner* NJW 2000, 241, 242, 245.

[85] BGH GRUR 1973, 379, 390 – *Doppelte Tarifgebühr;* hierzu *Traub* in: FS Erdmann, S. 211, 214.

[86] BGHZ 68, 90, 94 – *Kunststoffhohlprofil I.*

[87] BGH GRUR 1972, 189, 190 – *Wandsteckdose II;* GRUR 2001, 329, 331 – *Gemeinkostenanteil;* GRUR 2007, 431, 433 Tz. 21 – *Steckverbindergehäuse; Tilmann* GRUR 2003, 647; gleiches gilt sinngemäß für den Vernichtungsanspruch (u. a. § 18 MarkenG); vgl. BGH GRUR 1997, 899, 901 – *Vernichtungsanspruch.*

Gemessen an diesen Vorgaben ist der Gewinnabschöpfungsanspruch kein **Systembruch,** noch hat seine Einführung Einfluss auf das, was als Bestand des *ordre public* gelten kann. 40

B. Voraussetzungen des Gewinnabschöpfungsanspruchs

I. Nach § 3 oder § 7 unzulässige geschäftliche Handlung

1. Wettbewerbsverstoß

Wie bei §§ 8 und 9 sind bei § 10 die **Rechtsfolgen an eine nach § 3 oder § 7 unzulässige geschäftliche Handlung geknüpft.** Verlangt wird also eine geschäftliche Handlung, die sich entweder gem. § 3 Abs. 3 unter einen Tatbestand der Schwarzen Liste, Fallgruppe der Beispielskataloge in §§ 3a, 4, 4a, 5, 5a, 6 Abs. 2 und 7 oder direkt unter die Generalklauseln des § 3 Abs. 1 oder § 3 Abs. 2 subsumieren lässt. Eine Beschränkung auf bestimmte Katalogtatbestände unlauterer Handlungen wurde nicht vorgenommen.[88] Damit ist der Gewinnabschöpfungsanspruch auch bei mitbewerberbezogenen Verstößen nicht von vornherein ausgeschlossen. Hier wird jedoch nur in seltenen Fällen ein Gewinn zu Lasten einer Vielzahl von Verbrauchern erzielt werden. Denkbar ist dies etwa, wenn es an einem Ort nur zwei Mitbewerber gibt und der eine den anderen vorsätzlich angeschwärzt hat, um dessen abgeschreckte Kunden anzulocken und ihnen weit höhere Preise abzuverlangen. 41

2. Anwendungsfälle

Neben den während des Gesetzgebungsverfahrens genannten Fällen lassen sich – ohne Anspruch auf Vollständigkeit – **weitere Konstellationen** anführen, bei denen an die Geltendmachung des Gewinnabschöpfungsanspruchs zu denken ist.[89] Beispiele: 42

a) Unmittelbare Benachteiligung der Verbraucher. Die erste Gruppe bilden Fälle, in denen der unlautere Wettbewerb direkt und **unmittelbar,** d. h. ohne Zwischenschaltung wettbewerbswidriger Werbemaßnahmen, **zu einer wirtschaftlichen Schlechterstellung der Verbraucher führt:**[90] 43

aa) Einziehung geringer Beträge ohne Rechtsgrund. In unterschiedlichen Fallvarianten werden **geringe Beträge ohne Rechtsgrund eingezogen,** einbehalten oder angemahnt. So werden im Rahmen von Internetgeschäften kleinere Beträge abgebucht, ohne dass es eine Rechtfertigung dafür gibt, und auch sonst kommt es vor, dass geringfügige Vorauszahlungen von Unternehmen ohne weiteres einkassiert oder einbehalten werden, ohne dass je eine Leistung erbracht wird. Banken verlangen zuweilen bewusst überhöhte Gebühren und Inkassobüros mahnen manchmal Forderungen an, die nicht bestehen. Die Praxis zeigt, dass die Betroffenen dies entweder gar nicht bemerken oder einfach zahlen, um in Ruhe gelassen zu werden.[91] 44

bb) Mogelpackungen. Bei Verpackungseinheiten werden die aufgedruckten **Füllmengen unterschritten** oder Getränke unter Eichstrich ausgeschenkt. Diese **Kundentäuschung** wird gerade als Mittel des Wettbewerbs eingesetzt.[92] 45

cc) Gefälschte Produkte. Den Verbrauchern werden **Produktfälschungen** hochwertiger Markenwaren angeboten, ohne dass die Verbraucher den Fälschungscharakter erkennen und sich so bewusst für oder gegen ein gefälschtes statt eines originalen Produkts entscheiden können, so etwa beim Verkauf von unlizenzierten Nachbauten von Designermöbeln, soweit nicht der Umstand der Fälschung ausdrücklich offen gelegt wird. 46

dd) Etikettenschwindel. Die Stiftung Warentest erklärt das Olivenöl eines Discounters zum Testsieger und erteilt das Testurteil „gut“, das der Discounter auf die Etiketten des Öls drucken lässt. In der Folge verkauft sich das Öl so gut, dass kein ausreichender Nachschub beschafft werden kann. Der Discounter füllt deshalb minderwertiges Öl ab, ohne aber die Etikettierung zu ändern.[93] 47

---

[88] *Gärtner* S. 85.
[89] Die Struktur der Fallgruppenbildung orientiert sich z. T. an *Micklitz/Stadler* S. 30 ff.
[90] *Micklitz/Stadler* S. 25 f., 30.
[91] *Micklitz/Stadler* S. 25 f.
[92] Vgl. BGH GRUR 1987, 180 – *Ausschank unter Eichstrich II.*
[93] Vgl. die Schilderung in „Krieg ums Öl“von *Christoph Schult* in: Der Spiegel Heft 14 v. 29.3.2004, S. 44.

48 *ee) Nicht verkehrsfähige Produkte.* Verunreinigte, gefährliche oder für den Markt gar **nicht zugelassene Produkte werden gleichwohl vermarktet.**[94]

49 *ff) Verwendung unzulässiger AGB.* **Allgemeine Geschäftsbedingungen,** deren **Rechtswidrigkeit** ersichtlich ist und womöglich auf Grund von Musterprozessen sogar bereits feststeht, werden von Unternehmen so lange **weiter verwendet,** bis ein rechtskräftiges Urteil gegen die eigene Firma vorliegt.[95]

50 *gg) Aleatorische Reize.* Die Zentralorganisation großer Elektronikmärkte hatte allen Kunden, die am 1. Juni 2004 ein Fernsehgerät kaufen würden, versprochen, ihnen den vollen Kaufpreis zu erstatten, falls die deutsche Fußballnationalmannschaft in Portugal Europameister werden sollte, und damit seinerzeit in nach § 1 UWG 1909 unzulässiger Weise die Spiel- und Wettlust der Verbraucher ausgenutzt. Viele Verbraucher erwarben daraufhin einen Fernseher.[96] Die bloße Anlockwirkung, die von **aleatorischen Reizen** ausgehen kann, genügt zwar für sich genommen in aller Regel nicht, um einen Sorgfaltsverstoß i. S. d. § 3 Abs. 2 zu begründen und die Fähigkeit des Durchschnittsverbrauchers zu einer informierten Entscheidung spürbar zu beeinflussen. Etwas anderes kann jedoch gelten, wenn sich die Maßnahme gezielt an eine Gruppe besonders schutzbedürftiger Verbraucher i. S. d. § 3 Abs. 4 richtet.

51 **b) Mittelbare Benachteiligung der Verbraucher?** Nach Einführung des Gewinnabschöpfungsanspruchs wurde diskutiert, ob auch solche Fälle zu einer Gewinnabschöpfung führen können, in denen ein UWG-Verstoß auf einer **vorgelagerten Marktstufe** stattfindet, der unmittelbar nur eine geringe Anzahl von Abnehmern betrifft, durch den es aber mittelbar zu höheren Endverbraucherpreisen kommt. Dadurch, dass die unlautere Wettbewerbshandlung nicht unmittelbar zu einem Schaden „auf Kosten" einer Vielzahl von Abnehmern erfolgen muss, sondern es ausreicht, dass mittelbar eine wirtschaftliche Schlechterstellung „zu Lasten" einer Vielzahl von Abnehmern bewirkt wird, gibt § 10 grundsätzlich die Möglichkeit, auch solche mittelbaren Benachteiligungen mit einem Gewinnabschöpfungsanspruch zu sanktionieren.[97] Als Anwendungsfälle wurde die Verletzung von kartellrechtlichen oder besonderen regulatorischen Bestimmungen als Fälle des § 3a diskutiert.[98]

51a Wo Unternehmen nämlich **verbotene Absprachen im Horizontalverhältnis** treffen und auf diese Weise höhere Endverbraucherpreise bewirken, wie etwa das berüchtigte „Vitaminkartell",[99] oder wo Unternehmen im Vertikalverhältnis gegen das Verbot der Preisbindung der zweiten Hand verstoßen und so künstlich das Preisniveau hochhalten, konnte über eine Gewinnabschöpfung auch nach § 10 nachgedacht werden. Dies ist aber nach der **7. GWB-Novelle** nicht mehr möglich. Das novellierte GWB enthält eine grundsätzlich **abschließende Regelung** der zivilrechtlichen Ansprüche, die im Falle von Verstößen gegen **kartellrechtliche Verbote** geltend machen können. Dieses abgestufte Regelungssystem darf durch lauterkeitsrechtliche Ansprüche nicht unterlaufen werden.[100]

52 Für andere Verstöße, bei denen mittelbar eine Vielzahl von Abnehmern betroffen sind, bleibt eine Gewinnabschöpfung aber möglich. Denn die belasteten **Abnehmer müssen** ihrem Wortsinn nach **nicht Vertragspartner** des unlauter Handelnden **sein;** es genügt, wenn sie Teil einer vertikalen Lieferkette sind.[101]

53 **c) Irreführung durch Werbung.** Die dritte Gruppe bilden Fälle, in denen der Unternehmer über eine entsprechende Gestaltung der Werbung falsche Vorstellungen und Erwartungen bei den durch die Werbung angesprochenen Verkehrskreisen weckt. Es kann dabei regelmäßig davon ausge-

---

[94] *Micklitz/Stadler* S. 26.

[95] OLG Schleswig NJOZ 2015, 1515, 1519 Tz. 77 – *Pfand für SIM-Karte; Micklitz/Stadler* S. 25 f.

[96] Vgl. LG Hamburg, Beschl. v. 6.6.2004 Az. 315 O 580/04 – *Fernseher für umsonst:* „allein in einer Stunde seien 200 Prozent mehr TV-Geräte verkauft worden als am ersten Werktag im vergangenen Juni"; vgl. Bericht in manager-magazin.de v. 4.6.2004.

[97] Ebenso Teplitzky/*Schaub* Kap. 37 Rdn. 9; Fezer/*v. Braunmühl* § 10 Rdn. 207; MüchKommUWG/*Micklitz* § 10 Rdn. 121; a. A. *Köhler*/Bornkamm § 10 Rdn. 9 f.

[98] So insbes. die 1. Aufl. dieses Kommentars; näher zum Konzept des Kartellrechtsverstoßes als Wettbewerbsverstoß *Weber* GRUR 2002, 485, 488; vgl. *Mees* in: FS Erdmann, S. 657, 664 ff.

[99] Entsch. der Kommission v. 22. November 2001 (Sache COMP/E-1/37512), ABl 2001 Nr. L 6 S. 1 ff. Mit den geheimen Absprachen hätten die Unternehmen „zum Schaden der Verbraucher und zum eigenen – illegalen – Profit höhere Preise verlangen können, als dies bei echtem Wettbewerb möglich gewesen wäre", so der öffentliche Kommentar des damaligen Wettbewerbskommissars *Monti.*

[100] BGH GRUR Int. 2007, 162, 163 Tz. 13 – *Probeabonnement;* ähnlich *Neuberger* S. 87 f.; *van Raay* S. 184.

[101] *Bauer* S. 138 ff.; Fezer/*v. Braunmühl,* § 10 Rdn. 208; *Emmerich* in: FS Fezer, S. 1027, 1031; *Gärtner* S. 143; *Herzberg* S. 289 ff.; MünchKommUWG/*Micklitz* § 10 Rdn. 121; GroßKommUWG/*Poelzig* § 10 Rdn. 99; *Pokrant* in: FS Ullmann, S. 813, 816; *van Raay* S. 410 ff.; Teplitzky/*Schaub* Kap 37 Rdn. 9; a. A. *Köhler*/Bornkamm, § 10 Rdn. 10; *Leicht* S. 233 ff.; *Neuberger* S. 108; *Ohly*/Sosnitza § 10 Rdn. 10.

gangen werden, dass der Verbraucher bei Kenntnis der wahren Sachlage die Werbung gar nicht näher beachtet und das Angebot nicht angenommen hätte.[102]

aa) Missbrauch von telefonischen „Mehrwertdiensten". Der Unternehmer wirbt per Kleinanzeige oder im Internet für Haupt- und Nebenverdiensttätigkeiten. Um sich per Telefon näher informieren zu können, müssen arbeitssuchende Personen eine **Mehrwertdienstnummer** anwählen oder sich des ebenfalls kostenpflichtigen Faxabrufs bedienen. Statt wertvoller Ratschläge oder einer Arbeitsmöglichkeit werden aber nur allgemeine und nutzlose Informationen bereitgestellt.[103] 54

bb) Erlogene Gewinnmitteilungen. Der Unternehmer versendet **Gewinnmitteilungen,** in denen dem Adressaten in der äußeren Form eines persönlichen Anschreibens Geld- oder Sachgewinne als bereits gewonnen oder sicher zu erwarten in Aussicht gestellt werden. Dem Schreiben beigefügt sind Werbeprospekte nebst Bestellscheinen. Aus Freude über den vermeintlichen Gewinn oder in dem Glauben, seine Gewinnchancen zu erhöhen, bestellt der Adressat die angebotene Ware, an der er eigentlich gar kein Interesse hat.[104] 55

cc) Irreführung über Produkteigenschaften. Der Unternehmer bewirbt Schlankheitsmittel, die nur unter bestimmten Bedingungen überhaupt wirken können, als unfehlbar wirksam an oder bewirbt hoch spekulative Geldanlagen als sicher oder Produkte aus Massenanbau oder Massentierhaltung als ökologisch erzeugt etc.[105] 56

dd) Irreführung über die Entgeltlichkeit von Angeboten. Eine gewisse praktische Bedeutung hat der Gewinnabschöpfungsanspruch bei den sog. **„Abo-Fallen"** erlangt. Hier wird dem Verbraucher suggeriert, er könne nach Anmeldung ein Internet-Portal kostenlos nutzen, tatsächlich wird ihm damit ein entgeltliches Abonnement untergeschoben.[106] 57

ee) Verstoß gegen gesetzliche Informationspflichten. Dem Unternehmer werden beim Abschluss von Verträgen im elektronischen Geschäftsverkehr **Hilfs- und Informationspflichten** nach § 312e BGB und Art. 241 EGBGB auferlegt. So muss er dem Kunden angemessene, wirksame und zugängliche technische Mittel zur Verfügung stellen, mit deren Hilfe der Kunde Eingabefehler vor Abgabe seiner Bestellung erkennen und berichtigen kann, und ihm die Möglichkeit verschaffen, die Vertragsbestimmungen einschließlich der AGB bei Vertragsschluss abzurufen. Zu informieren ist z. B. auch über die einzelnen technischen Schritte, die zu einem Vertragsschluss führen. Der Unternehmer missachtet diese Verpflichtungen jedoch und bringt durch Irreführung oder Vorenthaltung von Informationen die Kunden zu unerwünschten Vertragsschlüssen. 58

d) Unlauteres und belästigendes Direktmarketing. Die vierte Gruppe bilden Fälle des **unlauteren Direktmarketings,** die in verschiedenen Anteilen irreführende, belästigende und überrumpelnde Elemente in sich vereinigen können. 59

aa) Faxwerbung. Durch **belästigende Faxwerbung** werden die Empfänger der Werbefaxe geschädigt (etwa durch Verlust von Toner und Papier). Der Schaden, der bei den einzelnen Betroffenen entsteht, ist verhältnismäßig gering, so dass diese sich nicht die Mühe machen, den Schaden gegenüber dem Absender, den er erst mühsam ermitteln müsste, geltend zu machen. Der Versender der unlauteren Werbung aber hat durch Rückläufe über „Mehrwert"-Rufnummern einen erklecklichen Gewinn aus seiner Werbung gezogen.[107] 60

bb) SMS-Werbung. Ein Unternehmen verschickt an zahllose männliche Empfänger **Kurzmitteilungen** im Namen einer fiktiven Dame, in der die Empfänger aufgefordert wurden, zurückzurufen. Die Rückmeldung bedeutete jedoch gleichzeitig die kostenpflichtige Bestellung eines SMS-Pakets.[108] 61

---

[102] *Micklitz/Stadler* S. 31.

[103] *Micklitz/Stadler* S. 26 f.; *Bornkamm/Köhler/Henning-Bodewig* WRP 2002, 1317, 1327; *Sosnitza* GRUR 2003, 739, 745.

[104] *Sosnitza* GRUR 2003, 739, 745; *Micklitz/Stadler* S. 28.

[105] *Micklitz/Stadler* S. 26 ff.; 31.

[106] Vgl. OLG Frankfurt GRUR-RR 2009, 265 – *Abo-Fallen;* OLG Frankfurt GRUR-RR 2010, 482 – *heute gratis.*

[107] Merkblatt „Schwerpunkte der UWG-Reform" des BMJ v. 20.1.2003, S. 3.

[108] Vgl. „D-SMS: Verbraucherschutz deckt Datenschutzverstoß auf", Artikel des online-Dienstes teletarif.de vom 6.4.2004.

II. Vorsätzliches Handeln

1. Beschränkung auf Vorsatz als Verschuldensform

62 **a) Gesetzgeberische Zielsetzung.** § 10 Abs. 1 setzt eine vorsätzliche Zuwiderhandlung gegen UWG-Vorschriften voraus. Fahrlässigkeit, auch grobe, reicht nicht aus. Der **Begriff des Vorsatzes** in § 10 Abs. 1 entspricht dem des § 9, dieser wiederum dem des § 276 BGB (hierzu § 9 Rdn. 20ff.).

63 Der Referentenentwurf hatte noch eine Haftung für Vorsatz und grobe Fahrlässigkeit für gerechtfertigt gehalten.[109] Der Regierungsentwurf rückte davon ab und beschränkte den Anwendungsbereich der Gewinnabschöpfung auf Fälle vorsätzlichen Handelns.

64 Damit wird bezweckt, solche Fälle aus dem Anwendungsbereich des Gewinnabschöpfungsanspruches herauszunehmen, in denen sich ein Unternehmer in einem **Grenzbereich wettbewerbsrechtlicher Zulässigkeit** bzw. Unzulässigkeit bewegt und deshalb mit einer abweichenden Beurteilung seines zumindest bedenklichen Verhaltens rechnen konnte und deshalb fahrlässig handelt.[110] Der Gesetzgeber wollte gerade diese **lauterkeitsrechtlichen Grenzgänger schützen** und vor einem als unangemessene Belastung betrachteten Prozessrisiko bewahren. Der dem Gewinnabschöpfungsanspruch zugrundeliegende Abschreckungsgedanke gebiete zwar eine wirkungsvolle Sanktion bei Vorsatz, müsse aber in allen Fällen fahrlässiger Zuwiderhandlung zurücktreten.[111]

65 **b) Privilegierung nur der völlig Rechtsblinden, nicht aber derjenigen, die es auf einen Wettbewerbsverstoß ankommen lassen.** Es soll nach dem Willen des Gesetzgebers gerade nicht ausreichen, dass der Handelnde mit der Rechtswidrigkeit im Sinne eines potentiellen Unrechtsbewusstseins rechnen konnte,[112] sondern dass er es im Sinne eines **aktuellen Unrechtsbewusstseins** auch wirklich tat. Dies erfordert gerade wegen der spärlichen Judikatur zu diesem Fragenkreis eine **sorgfältige Unterscheidung von Fahrlässigkeit und Vorsatz** anhand des Unrechtsbewusstseins (näher § 9 Rdn. 35ff.).

66 Vorsätzlich handelt schon, wer eine von der eigenen rechtlichen Einschätzung abweichende Beurteilung tatsächlich in Betracht zieht, aber gleichwohl ins Blaue hinein und ohne Beachtung der Rechtsordnung und Prüfung der Rechtslage einfach Fakten schafft und sich im Sinne eines bewussten Ignorierens **der Rechtskenntnis verschließt.** Denn wer von den Folgen seines Tuns oder vor dessen Bewertung geradezu die Augen verschließt, muss es sich gefallen lassen, wie ein bewusst Handelnder beurteilt zu werden (§ 9 Rdn. 40). Wer als wettbewerbsrechtlicher Grenzgänger bei vorhandenen Rechtszweifeln auf zuverlässigen Rechtsrat bewusst verzichtet und es so **auf einen Wettbewerbsverstoß ankommen lässt,** handelt deshalb vorsätzlich und setzt sich so dem Gewinnabschöpfungsanspruch aus.[113]

67 **Privilegiert** werden durch das Vorsatzerfordernis damit allein die **völlig Rechtsblinden und Ignoranten** unter den Grenzgängern, die sich um die wettbewerbsrechtliche Zulässigkeit überhaupt nicht kümmern. Diesen ist nur sorgfaltswidriges Verhalten vorzuwerfen, nicht aber ein bewusstes Hinwegsetzen über die Grenzen des lauteren Verhaltens. Völlig rechtsblinde und ignorante Unternehmer wird es indes **nur sehr selten** geben. Damit ist das Vorsatzerfordernis bzw. das Erfordernis des Unrechtsbewusstseins **kein großes Hemmnis** für eine praktische Anwendung des Gewinnabschöpfungsanspruchs.

2. Vorsatzinhalt

68 **a) Unzulässige geschäftliche Handlung nach §§ 3 oder 7.** Der Vorsatz muss sich **auf alle die Unzulässigkeit begründenden Umstände beziehen.** Bei einem Verstoß gegen § 3 Abs. 2 schließt dies die objektive Geeignetheit zur wesentlichen Beeinflussung des wirtschaftlichen Verhaltens des Verbrauchers ein.

69 **b) Gewinn zu Lasten einer Vielzahl von Abnehmern.** Nicht vom Vorsatz erfasst sein muss dagegen, dass infolge des Verstoßes zu Lasten einer Vielzahl von Abnehmern ein Gewinn erzielt

---

[109] Referentenentwurf des Bundesjustizministeriums, S. 46.

[110] BGH GRUR 2002, 622, 626 – *shell.de;* GRUR 1999, 923, 928 – *Tele-Info-CD;* GRUR 1999, 49, 51 – *Bruce Springsteen and his Band;* GRUR 1998, 568, 569 – *Beatles-Doppel-CD;* GRUR 1995, 744, 749 – *Feuer, Eis & Dynamit;* GRUR 1990, 1035, 1038 – *Urselters II;* GRUR 1981, 286, 265 – *Goldene Karte I;* GRUR 1971, 223, 225 – *clix-Mann;* BGHZ 8, 88, 97 – *Magnetophon.*

[111] RegE (BT-Drucks. 15/1487) S. 24.

[112] RegE (BT-Drucks. 15/1487) S. 24.

[113] Ebenso *van Raay* S. 203.

wird. Der Wortlaut setzt nur voraus, dass der Handelnde vorsätzlich zuwiderhandelt und hierdurch zu Lasten einer Vielzahl von Abnehmern einen Gewinn erzielt. Diese Gewinnerzielung stellt kein Tatbestandsmerkmal dar, sondern nur eine objektive Bedingung, ohne deren Erfüllung der Sanktionsmechanismus nicht ausgelöst wird. Dass ein Gewinn zu Lasten einer Vielzahl von Abnehmern erzielt wurde, ist gleichsam **objektive Bedingung der Gewinnabschöpfung.**[114]

3. Einzelheiten

Zu den Einzelheiten des Vorsatzes und dessen Feststellung in der Praxis wird auf die Kommentierung zu § 9 verwiesen, wo, der Systematik des Gesetzes folgend, Vorsatz und Fahrlässigkeit behandelt werden (§ 9 Rdn. 20ff.). 70

4. Zurechnung des Vorsatzes zum Unternehmen

a) Keine Erfolgshaftung. Nach § 8 Abs. 2 werden alle Zuwiderhandlungen, die in einem Unternehmen von einem **Mitarbeiter oder Beauftragten** begangen werden, automatisch dem Betriebsinhaber zugerechnet, so dass Unterlassungs- und Beseitigungsansprüche auch gegen den **Inhaber des Betriebes** begründet sind. Diese Regelung begründet für den Unterlassungsanspruch eine Erfolgshaftung des Betriebsinhabers ohne jede Entlastungsmöglichkeit; er haftet auch für die ohne sein Wissen und gegen seinen Willen von einem Mitarbeiter oder Beauftragten begangenen Wettbewerbsverstöße (ausführlich § 8 Rdn. 563ff.). 71

Auf den **Gewinnabschöpfungsanspruch** findet § 8 Abs. 2 keine Anwendung, auch nicht analog.[115] Der Gewinnabschöpfungsanspruch hat Sanktionscharakter. Für jede Sanktion – nicht nur als Strafe für kriminelles Unrecht, sondern auch als strafähnliche Sanktion für sonstiges Unrecht – gilt der Grundsatz *nulla poena sine culpa,* der dem Rechtsstaatsprinzip des Art. 20 Abs. 3 GG entspringt. 72

Die dem Rechtsstaatsprinzip innewohnende Idee der materiellen Gerechtigkeit fordert, dass jede zumindest auch repressive Sanktion für einen Rechtsverstoß auf **persönlicher Vorwerfbarkeit** beruhen muss. Die repressive Ahndung einer Tat ohne Schuld des Täters wäre rechtsstaatswidrig.[116] 73

Diese Grundsätze gelten auch für juristische Personen.[117] Die juristische Person ist als solche nicht handlungsfähig. Wird sie für vorsätzliches Handeln in Anspruch genommen, so kann nur die Schuld der für sie **verantwortlich handelnden** Personen maßgebend sein.[118] Damit stellt sich die Frage der sachgerechten Zurechnung. 74

b) Nulla poena sine dolo. Nach der Vorstellung des Gesetzgebers soll neben § 31 BGB auch **§ 831 BGB als Zurechnungsnorm** anwendbar sein.[119] Diese Norm knüpft an das eigene Auswahl-, Überwachungs- oder sonstige Organisationsverschulden des Betriebsinhabers an. Problematisch ist allerdings, dass der Unternehmer nach § 831 BGB analog auch dann haften würde, wenn er zwar den Entlastungsbeweis nicht führen kann, aber davon auszugehen ist, dass ihm selbst nur ein fahrlässiges Organisationsverschulden zur Last fällt. Muss der Unternehmer auch in einem solchen Fall, in dem er selbst nur fahrlässig gehandelt hat, die für Vorsatz vorgesehene Sanktion tragen, wenn **nur sein Angestellter vorsätzlich gehandelt hat,** aber nicht der Unternehmer selbst? Die Antwort kann nach der zitierten Rechtsprechung des BVerfG nur negativ ausfallen. Jede Sanktion setzt einen Verschuldenszusammenhang voraus. Dieser lautet in aller Regel *nulla poena sine culpa.* Wo der Gesetzgeber aber ausdrücklich Vorsatz verlangt, muss es heißen: *nulla poena sine dolo.* Der Unternehmer, den selber nur fahrlässiges Organisationsverschulden trifft, kann deshalb der Sanktion der Gewinnabschöpfung nicht unterworfen werden. Er muss auch **selbst vorsätzlich handeln.** Dies ist dann der Fall, wenn er zwar Hinweise auf mögliche (künftige) Wettbewerbsverstöße hat, diesen aber nicht nachgeht und so **im Sinne des bewussten Ignorierens die Augen verschließt.**[120] 75

c) Zurechnung bei juristischen Personen. Grundnorm der Zurechnung von Verschulden bei GmbH und AG ist **§ 31 BGB analog,** der in direkter Anwendung auf den Idealverein zugeschnit- 76

---

114 Ebenso nun MünchKommUWG/*Micklitz* § 10 Rdn. 78; GroßKommUWG/*Poelzig* § 10 Rdn. 63.
115 Ebenso *Köhler*/Bornkamm § 10 Rdn. 6.
116 BVerfGE 20, 323, 331 – *nulla poena sine culpa.*
117 BVerfGE 20, 323, 335 – *nulla poena sine culpa.*
118 BVerfGE 20, 323, 336 – *nulla poena sine culpa.*
119 RegE (BT-Drucks. 15/1487) S. 22
120 Offenbar a. A. und die hier vertretene Auffassung unrichtig wiedergebend *Alexander* S. 654f. Bei § 831 BGB geht es um die Zurechnung fremden Verschuldens. Dieses muss bei § 10 in der Person des Gehilfen selbstverständlich in Form des Vorsatzes vorliegen, was auch hier nie anders vertreten wurde; richtig und wie hier *Neuberger* S. 116.

ten ist.[121] Die juristische Person haftet danach für vorsätzliches Handeln ihrer **Organe.** Diese für die deliktische Schadensersatzhaftung konzipierte Zurechnungsnorm hat das BVerfG, wenn auch nur in einem *obiter dictum,* auch für die Zurechnung von Sanktionen für Rechtsverstöße als verfassungsgemäß betrachtet.[122] Vorsätzliches Handeln der Organe muss also gem. **§ 31 BGB** (in doppelter Analogie) zur Sanktion der Gewinnabschöpfung für die GmbH oder AG führen. Innerhalb der Organisation der juristischen Person sind wegen des hier geltenden Grundsatzes *nulla poena sine dolo* vorsätzliche Wettbewerbsverstöße den Organen und damit der Gesellschaft selbst an sich nur zurechenbar, wenn die Organe selbst vorsätzlich gehandelt haben.

77 Das BVerfG hat die Frage, ob die Zurechnung von Verschulden bei der juristischen Person auf ihre Organe beschränkt ist, oder darüber hinaus auf weitere Personen innerhalb der Organisation der juristischen Person – etwa Prokuristen, Handlungsbevollmächtigte, leitende Angestellte – erstreckt werden kann, ausdrücklich offen gelassen.[123] Diese Frage ist im zuletzt genannten Sinne zu bejahen. Das Rechtsstaatsgebot verlangt ein Verschulden der für die juristische Person **verantwortlich handelnden Personen.**[124] Verantwortlich handelnde Personen sind in diesem Sinne auch, wie § 31 BGB es für die Schadensersatzpflicht vorsieht, die **verfassungsmäßig berufenen Vertreter,** denen durch allgemeine Betriebsregelungen und Handhabungen bedeutsame, wesensmäßige Funktionen der juristischen Person zur selbständigen, eigenverantwortlichen Erfüllung zugewiesen sind, die also die juristische Person gewissermaßen repräsentieren (**„Repräsentantenhaftung“**).[125] Solche Angestellten in Leitungsfunktionen, die unternehmerisch bedeutsame Aufgaben in eigener Verantwortung wahrnehmen oder weitgehende Vollmachten haben (z. B. Prokura), ermöglichen erst, dass Kapitalgesellschaften weitrechende Entscheidungsbefugnisse delegieren, unternehmerische Entscheidungen dezentralisieren und damit ihre Effektivität und Handlungsfähigkeit steigern können. Diese Freiheit kann billigerweise nur dann in Anspruch genommen werden, wenn andererseits die durch den Einsatz der **leitenden Angestellten** gewonnenen Möglichkeiten nicht zusätzlich auch noch mit einer Lösung von rechtlichen Verpflichtungen einhergeht. Der Einsatz von leitenden Angestellten kann nicht dazu führen, dass sich die Kapitalgesellschaft damit von der Sanktion des § 10 für vorsätzliches Handeln letztlich freizeichnen kann. Das verfassungsrechtliche Gebot eines Zurechnungszusammenhangs qua „verantwortlichen Handelns“ kann dazu führen, dass bei der Sanktionsnorm der Kreis der Personen, deren Handeln der juristischen Person zugerechnet werden kann, kleiner ist als bei der Anwendung des § 31 BGB im Deliktsrecht. Keinesfalls anwendbar ist die so genannte Lehre vom Organisationsmangel.[126]

78 Im Deliktsrecht hat die Rechtsprechung den Begriff des verfassungsmäßig berufenen Vertreters weit ausgelegt (§ 9 Rdn. 74 f.). Bei unlauterer Werbung ist davon auszugehen, dass der verantwortliche Mitarbeiter, der die **Entscheidung über** das **Ob und Wie** einer **Werbung** trifft, in diesem Sinne ein verfassungsmäßig berufener Vertreter ist.

79 **d) Zurechnung bei Personengesellschaften.** Es ist gewohnheitsrechtlich anerkannt, dass bei den Personengesellschaften OHG und KG die **unbeschränkt persönlich haftenden Gesellschafter** eine Haftung der Gesellschaft und sonstiger geschäftsführungsbefugter Gesellschafter – und damit eine persönliche Haftung der anderen persönlich haftenden Gesellschafter – analog § 31 BGB begründen können (dreifache Analogie).[127] Darüber hinaus ist diese Norm auch bei der GbR analog anwendbar.[128] Diese Zurechnungsnorm kann ohne verfassungsrechtliche Bedenken in – nunmehr vierfacher – Analogie auch für das vorsätzliche Handeln bei § 10 herangezogen werden.

79a Auch bei Personengesellschaften haftet die Gesellschaft für das vorsätzliche Handeln ihrer leitenden Angestellten.[129] Hierfür sprechen die gleichen Gründe wie bei den Kapitalgesellschaften.

80 **e) Zurechnung bei einzelkaufmännischen Unternehmen.** Beim einzelkaufmännischen Unternehmensträger ist eine **Anwendung des § 31 BGB** dagegen **ausgeschlossen.** Die direkte Anwendbarkeit dieser Zurechnungsnorm hängt von einer körperschaftlichen Struktur des Zurech-

---

[121] Näher Soergel/*Hadding,* § 31 BGB Rdn. 5 ff.
[122] BVerfGE 20, 323, 336 – *nulla poena sine culpa.*
[123] BVerfGE 20, 323, 335 – *nulla poena sine culpa.*
[124] BVerfGE 20, 323, 335 – *nulla poena sine culpa.*
[125] Ebenso nun *Neuberger* S. 115; zum Begriff des verfassungsmäßig berufenen Vertreters BGHZ 49, 19, 21 zur deliktsrechtlichen Haftung; näher zum Begriff des verfassungsmäßig berufenen Vertreters, oben § 9 Rdn. 56 ff.
[126] Zu letzterer näher Soergel/*Hadding* § 31 BGB Rdn. 15 ff.; Palandt/*Ellenberger* § 31 BGB Rdn. 7.
[127] St. Rspr. seit RGZ 76, 35, 38; eingehend Soergel/*Hadding* § 31 BGB Rdn. 7.
[128] BGHZ 154, 88, 93 ff.; Soergel/*Hadding* § 31 BGB Rdn. 7.
[129] A. A., aber ohne überzeugende Begründung für das allgemeine Deliktsrecht RG JW 1932, 722; Soergel/*Hadding* § 31 BGB Rdn. 7.

nungssubjekts ab und verlangt in der analogen Anwendung zumindest eine gesellschaftsrechtlich verbundene Personenmehrheit. Es bleibt damit bei einer Zurechnung über § 831 BGB, die aber voraussetzt, dass der Unternehmer selbst vorsätzlich handelt. Von einem eigenen Vorsatz des Unternehmers ist auch dann auszugehen, wenn der Unternehmer zwar Hinweise auf mögliche Wettbewerbsverstöße hat, diese aber bewusst ignoriert (s. o. Rdn. 66).

f) Keine Zurechnung von Handlungen verbundener Unternehmen. Wer der Sanktion der Gewinnabschöpfung unterworfen werden soll, muss **selbst vorsätzlich handeln.** Eine Zurechnung von Handlungen verbundener Unternehmen ist nicht möglich. Wirbt etwa die Zentralorganisation von 174 selbständigen Elektronikmärkten mit dem Versprechen, deren Kunden den vollen Kaufpreis eines an einem bestimmten Tag gekauften Fernsehers zu erstatten, falls die deutsche Fußballnationalmannschaft 2004 Europameister werden sollte,[130] kann der (vorsätzliche) Wettbewerbsverstoß, der in der unzulässigen Werbung mit aleatorischen Reizen liegt, nicht automatisch jedem der 174 selbständigen Märkte zugerechnet werden. In solchen Fällen muss dann sorgfältig geprüft werden, ob den angeschlossenen Unternehmen etwa durch eigene Werbung oder auch den Verkauf der beworbenen Geräte ein eigener (vorsätzlicher) Wettbewerbsverstoß zur Last fällt. 81

III. Zu Lasten einer Vielzahl von Abnehmern erzielter Gewinn

1. Einleitung

Die **Höhe des Anspruches** bemisst sich nach dem durch den Wettbewerbsverstoß zu Lasten der Abnehmer erzielten Gewinn. Sowohl der Begriff des Gewinns wie auch die Bedeutung des Merkmals „zu Lasten" bedürfen der Klärung. Die Einzelheiten sind umstritten. 82

2. Zu Lasten

a) Vermögensnachteil. *aa) Wirtschaftliche Schlechterstellung.* Das Merkmal „zu Lasten" verlangt zunächst, dass dem durch die unlautere Handlung erzielten Gewinn eine wirtschaftliche Belastung einer Vielzahl von Abnehmern gegenübersteht. Nach dem Sinn und Zweck der Regelung, das Durchsetzungsdefizit bei Streuschäden zu beseitigen, ist ein Vermögensnachteil der Abnehmer zu fordern. Hierzu genügt jede **wirtschaftliche Schlechterstellung.**[131] 83

bb) Angemessenheitsprüfung und individuelle Folgeaufwendungen. Nach der Begründung des **Regierungsentwurfs** soll bei der Bestimmung der wirtschaftlichen Schlechterstellung die vom Zuwiderhandelnden erbrachte **Gegenleistung zu berücksichtigen sein.** An einem Vermögensnachteil soll es demnach grundsätzlich dann fehlen, wenn der vom Zuwiderhandelnden erzielte Preis im Verhältnis zur tatsächlich erbrachten Leistung *„völlig angemessen"* ist.[132] Dieser Ansatz bürdet dem Richter die Suche nach einem gerechten Preis auf, den er mit dem tatsächlich verlangten zu vergleichen hat, um sodann etwaige Abweichungen noch auf ihre Angemessenheit unter den Umständen des Einzelfalls zu überprüfen – ohne dass weitere Parameter der Preisermittlung oder der Angemessenheitsprüfung gegeben würden. Die h. L. hat sich dieser Ansicht angeschlossen.[133] Nur ausnahmsweise soll eine Kompensation durch die empfangene Gegenleistung ausgeschlossen werden. Dies soll zum einen möglich sein, wenn der Abnehmer einen **sonstigen Nachteil,** beispielsweise in Form von Aufwendungen erlitten hat, die ohne die unzulässige geschäftliche Handlung nicht angefallen wären.[134] Zum anderen soll eine wirtschaftliche Schlechterstellung trotz eines angemessenen Preises dann vorliegen, wenn der dieser Leistung für den Abnehmer **objektiv nicht brauchbar** und deshalb ohne Interesse ist.[135] 84

cc) Keine Berücksichtigung von Gegenleistung und Folgeaufwendungen. Die **Saldierung** von Leistung und Gegenleistung, die unter Bedingungen des unlauteren Wettbewerbs ausgetauscht wurden, **ist abzulehnen.**[136] Sie bleibt hinter der gesicherten Rechtsprechung des BGH zum Vermögensnach- 85

---

130 Vgl. LG Hamburg, Beschl. v. 6.6.2004 Az. 315 O 580/04 – *Fernseher für umsonst.*

131 RegE (BT-Drucks. 15/1487) S. 24; Beschlussempfehlung und Bericht des Rechtsausschusses (BT-Drucks. 15/2795) S. 21.

132 RegE (BT-Drucks. 15/1487) S. 24; ebenso *Wimmer-Leonhardt* GRUR 2004, 12, 14; *Köhler*/Bornkamm § 10 Rdn. 10; *Sieme* WRP 2009, 914, 919.

133 *Köhler*/Bornkamm § 10 Rdn. 10; *Ohly*/Sosnitza § 10 Rdn. 9; *Sieme* WRP 2009, 914, 919 f. und im Ausgangspunkt jurisPK-*Koch* § 10 Rdn. 32; a. A. und wie hier MünchKommUWG/*Micklitz* § 10 Rdn. 102 ff.

134 RegE (BT-Drucks. 15/1487) S. 24.

135 jurisPK-*Koch* § 10 Rdn. 33; *Köhler*/Bornkamm § 10 Rdn. 10; RegE (BT-Drucks. 15/1487) S. 24.

136 *Emmerich* in: FS Fezer, S. 1027, 1029; MünchKommUWG/*Micklitz* § 10 Rdn. 102 ff.; a. A. *Köhler*/Bornkamm § 10 Rdn. 10; jurisPK-*Koch* § 10 Rdn. 32; *Lehmler* § 10 Rdn. 13; *Ohly*/Sosnitza § 10 Rdn. 9; *Sieme* WRP 2009, 914, 919 f.

teil im Schadensersatzrecht zurück. Denn wird der Käufer durch irreführende Angaben zum Erwerb einer Sache veranlasst, die sich grundlegend von der angepriesenen Sache unterscheidet, ist ein Schaden auch dann zu bejahen, wenn der Wert der Sache dem gezahlten Preis entspricht. Die wirtschaftliche Schlechterstellung liegt bereits in der Belastung mit dem unerwünschten Vertrag, und der Ersatzanspruch richtet sich auf Rückgängigmachung des Vertrages.[137]

86 Derjenige, dem also z.B. eine gewöhnliche Glyzerincreme als Spezialhautcreme mit angeblich faltenglättender Wirkung um einen für Glyzerincreme angemessenen Preis verkauft wird, oder der einem irreführenden, weil veralteten Testurteil aufsitzt, hat durchaus einen Vermögensnachteil im Sinne einer **wirtschaftlichen Schlechterstellung.**[138]

87 Wie die rechtliche Wertung beim bürgerlich-rechtlichen Institut der *culpa in contrahendo,* jetzt §§ 280 Abs. 1, 241 Abs. 2, 311 Abs. 2 BGB, zeigt, kann ein **Schaden immer schon in dem Vertragsschluss an sich** liegen. Der Schaden besteht gerade in der **Bindung** des Abnehmers **an den Vertrag.** Gem. § 249 Satz 1 BGB besteht ein Anspruch auf Rückgängigmachung des Vertrags, der infolge der Pflichtwidrigkeit des anderen Teils zustande gekommen ist.[139] Eine wirtschaftliche Schlechterstellung liegt in Anlehnung an diese Grundsätze bereits in der **Belastung mit** jedem an sich **unerwünschten Vertrag,** der auf Grund unlauterer Werbeaussagen eingegangen wird, wenn die vertragliche Leistung hinter den Erwartungen zurückbleibt.[140]

88 Zudem ist die **Prüfung der Angemessenheit** des gezahlten Preises nahezu **ein Ding der Unmöglichkeit.** Schon die kartellrechtliche Frage, ob der von einem Marktbeherrscher verlangte Preis i.S.d. § 19 Abs. 4 Nr. 2 GWB oder Art. 102 AEUV missbräuchlich hoch – also unangemessen – ist, hat sich als so schwierig erwiesen, dass die Fallgruppe des *excessive pricing* kaum einen praktischen Anwendungsbereich gewonnen hat, es sei denn in Kombination mit einer gleichzeitig vorliegenden Preisdiskriminierung.[141] Es gibt, soweit übersehbar, keine zuverlässig justitiablen Maßstäbe, anhand derer allgemeingültig oder auch nur für den Einzelfall abgeleitet werden könnte, wann, vor allem ab welcher Gewinnspanne, ein verlangter Preis nicht mehr als angemessen zu beurteilen ist.[142] Überhaupt liefe die Saldierung von Leistung und Gegenleistung auf eine **unakzeptable Preiskontrolle durch den Richter** hinaus.[143]

89 Schließlich ist das Bedürfnis nach einer wirkungsvollen wettbewerbsrechtlichen Sanktion in den Fällen, in denen der Wert der Sache dem gezahlten Preis entspricht, besonders groß. Dies wurde schon bei den Reformberatungen zur Änderung des UWG im Jahr 1978 erkannt. Damals plante man, zugunsten der irregeführten Verbraucher einen **„großen Differenzanspruch"** einzuführen, der den Verbraucher so stellen sollte, wie er stünde, wenn das erworbene Produkt alle ihm in der Werbung angedichteten Eigenschaften hätte.[144] In der damaligen amtlichen Begründung wurde der große Differenzanspruch damit gerechtfertigt, dass der irreführend angelockte Käufer minderwertiger Ware zu wertentsprechendem Preis sonst ja gar nichts verlangen könnte, der Verkäufer *„überhaupt keiner schadensersatzrechtlichen Sanktion ausgesetzt"* wäre. Die amtliche Begründung ging dabei davon aus, dass die Ware *„schon zur Vermeidung des Betrugstatbestands"* regelmäßig ihren Preis wert sein werde; das rechtspolitische Bedürfnis nach dem „großen Differenzanspruch" sei mithin beträchtlich.[145] Das Gleiche gilt auch für den Gewinnabschöpfungsanspruch, denn sonst bliebe das irreführende Angebot minderwertiger Ware zu wertentsprechendem Preis völlig sanktions- und damit im Ergebnis risikolos. Unlauterer Wettbewerb würde sich lohnen, er wäre zumindest eine gute Absatzhilfe für schwer verkäufliche Produkte.

90 Wenn man sich mit der hier vertretenen Auffassung bereits auf die Saldierung von Preis und Gegenleistung nicht einlässt, erübrigt sich auch eine Berücksichtigung von Folgeaufwendungen als

---

[137] So BGHZ 115, 213, 222 zu einem grundlegend anderen als dem beworbenen Investitionsmodell in einem Fall der Prospekthaftung; BGH NJW 1998, 302; Palandt/*Grüneberg* Vor § 249 BGB Rdn. 19; *Grigoleit* NJW 1999, 900, 901.

[138] Ebenso OLG Stuttgart GRUR 2007, 435, 437 – *Veralteter Matratzentest; Krieger* BB 1978, 625, 627, bildet zur den Fall des fälschlich als „Scotch Whisky" deklarierten einheimischen Destillats, das nicht zum Preis von Scotch Whisky, sondern zu einem für eine deutsche Spirituose angemessen Preis verkauft wird.

[139] *Micklitz/Stadler* S. 37 f.

[140] OLG Stuttgart GRUR 2007, 435, 437 – *Veralteter Matratzentest;* LG München I GRUR-RR 2015, 255, 257 – *Zahnreinigung für 39 €; Bauer* S. 126 f.; *Ohly*/Sosnitza, § 10 Rdn. 9; *Weiß* S. 91; so wohl auch *Micklitz/Stadler* S. 38; a.A. *Sieme* WRP 2009, 914, 919.

[141] Entsch. der Kommission v. 17.12.1975, ABl. 1976 Nr. L 95, S 1 ff.; EuGH Slg. 1978, 207 ff. – *United Brands.*

[142] *Emmerich* in: FS Fezer, S. 1027, 1029 f.; GemKommGWB/*Knöpfle/Leo* § 19 Rdn. 2150.

[143] *Sosnitza* GRUR 2003, 739, 746; *Ohly*/Sosnitza § 10 Rdn. 9.

[144] RegE BT-Drucks. 8/1670.

[145] RegE (BT-Drucks. 8/1670) S. 42; hierzu *Schricker* GRUR 1979, 1, 4.

Rückausnahme, wie sie der Begründung des Regierungsentwurfs vorschwebt.[146] Dies ist ein weiteres Argument gegen die Saldierung von Leistung und Gegenleistung. Denn die **Berücksichtigung von Folgeaufwendungen** wäre **nicht praktikabel** und würde zwingend eine Einzelfallbetrachtung verlangen. Wegen großer Bedenken des Bundesrates gegen die praktische Durchführung solcher Einzelfallbeschreibungen[147] wurde das Erfordernis der Unmittelbarkeit gerade aufgegeben und das Merkmal „auf Kosten" durch das Tatbestandsmerkmal „zu Lasten" ersetzt.[148] Müssten individuelle Folgeaufwendungen nachgeprüft werden, würde dies das Bemühen um eine verbesserte praktische Handhabbarkeit konterkarieren.

b) Verhältnis zu individuellen zivilrechtlichen Rechtsbehelfen der Abnehmer. Im 91
Schrifttum wird z. T. als zusätzliche Voraussetzung verlangt, dass **den Abnehmern** auf Grund des Geschäfts, das für den Verletzer einen Gewinn abwirft, **eigene** zivilrechtliche **Rechte und Ansprüche** gegen den unlauter Handelnden **zustehen.** Zu Lasten der Abnehmer erzielt und damit herauszugeben sei nur derjenige Gewinn, der ihnen gerade deshalb verbleibe, weil ihre Abnehmer die ihnen zustehenden Rechte und Ansprüche zur Sicherung ihrer Vermögensinteressen – und zur Neutralisierung des unrechtmäßigen Gewinns – nicht geltend machten.[149] Diese dem Wortlaut nicht zu entnehmende Einschränkung des § 10 wird damit begründet, dass der Zweck des § 10 ausweislich der Gesetzesbegründung darin liege, ein Marktversagen zu korrigieren, das darin bestehe, dass Abnehmer zwar entsprechende Rechte und Ansprüche gegen den Verletzer hätten, diese aber nicht durchsetzten.[150] Es soll nach dieser Auffassung nur darauf ankommen, dass **zu irgendeinem Zeitpunkt** ein solches Anfechtungs-, Gewährleistungs-, Widerrufsrecht etc. bestanden hat. Keine Rolle spielt nach dieser Auffassung, ob der Abnehmer sich seiner Rechte bewusst ist oder nicht, sie verjähren lässt oder selbst zum Erlöschen bringen, z. B. durch Zahlung in Kenntnis der Nichtschuld.[151]

Vielfach werden den Abnehmern aufgrund der Zuwiderhandlung in der Tat zivilrechtliche An- 92
sprüche zustehen. Deshalb wird ein Gewinnabschöpfungsanspruch nur selten an dieser zusätzlichen Voraussetzung scheitern. Zu befürworten ist sie aber dennoch nicht. Zwar trifft es zu, dass das Rechtsinstitut des Gewinnabschöpfungsanspruchs geschaffen wurde, um die Defizite bei der Durchsetzung individueller Ansprüche von Verbrauchern auszugleichen. Dieses Gesetzgebungsziel hat aber keinen Niederschlag im Tatbestand gefunden. Das Merkmal „zu Lasten" erfordert ebenso wie das im Regierungsentwurf ursprünglich vorgesehene Merkmal „auf Kosten" nach den Vorstellungen des Gesetzgebers allein eine **wirtschaftliche Schlechterstellung.**[152] Es ist demgegenüber nicht erforderlich, dass dem Abnehmer Ansprüche zustehen, die diese wirtschaftliche Schlechterstellung ausgleichen oder ausgleichen können. Der Gewinnabschöpfungsanspruch sollte gerade **nicht an die Stelle individueller Ansprüche** treten. Er dient nicht dem individuellen Schadensausgleich, sondern der wirksamen Abschreckung.[153] Deshalb kann der Gewinnabschöpfungsanspruch auch nicht an das Bestehen solcher individuellen Rechtsbehelfe gekoppelt werden.[154]

3. Vielzahl

a) Zweck des Tatbestandsmerkmals. Mit der Anforderung, dass der Wettbewerbsverstoß zu 93
Lasten einer Vielzahl von Betroffenen gehen muss, sollen nach der Begründung **individuelle Wettbewerbsverstöße** von dem Abschöpfungsanspruch **ausgenommen** werden, etwa die Irreführung anlässlich eines einzelnen Verkaufsgesprächs. In solchen Fällen ist nach Ansicht des Gesetzgebers die Gewinnabschöpfung als Sanktion verfehlt.[155]

b) Größerer Personenkreis. Mit dem Merkmal ist nach Ansicht des Gesetzgebers die Anknüp- 94
fung des Tatbestandes „an einen größeren Personenkreis" verbunden.[156] Das Kriterium eines **größeren Kreises von Personen** ist aus **§ 16** bzw. aus **§§ 4, 6 UWG 1909** bekannt. Dort diente es neben dem Kriterium der öffentlichen Bekanntmachung zur Definition der besonders bedenklichen

---

146 RegE (BT-Drucks. 15/1487) S. 24.
147 Stellungnahme des Bundesrats (BT-Drucks. 15/1487) S. 34.
148 Beschlussempfehlung und Bericht des Rechtsausschusses (BT-Drucks. 15/2795), S. 21.
149 *Köhler*/Bornkamm, § 10 Rdn. 10; *Pokrant* in: FS Ullmann, S. 813, 815 f.; *Weiß* S. 92 ff.; offengelassen von OLG Frankfurt GRUR-RR 2010, 482, 483 – *heute gratis.*
150 *Köhler*/Bornkamm § 10 Rdn. 10.
151 Zu einem solchen Fall OLG Frankfurt GRUR-RR 2010, 482 – *heute gratis.*
152 RegE (BT-Drucks. 15/1487) S. 24.
153 RegE (BT-Drucks. 15/1487) S. 24.
154 Ebenso *Ohly*/Sosnitza § 10 Rdn. 9; Teplitzky/*Schaub* Kap. 37 Rdn. 10.
155 RegE (BT-Drucks. 15/1487) S. 24.
156 RegE (BT-Drucks. 15/1487) S. 24.

Breitenwirkung von unlauteren Werbebotschaften. Entsprechend wird der größere Kreis von Personen als ein Personenkreis verstanden, der zwar groß ist, aber nach bestimmten Kriterien abgegrenzt ist und so von der Allgemeinheit unterschieden werden kann.[157] Für die Beantwortung der Frage, wann eine Vielzahl von Abnehmern betroffen ist, leistet diese bei § 16 notwendige Unterscheidung zwischen öffentlichen und im weiteren Sinne nicht-öffentlichen Werbeäußerungen keine Hilfe.

95 **c) Beziehung zu den Streuschäden.** *aa) Vielzahl von Betroffenen als Charakteristikum eines Streuschadens.* Das Kriterium der Vielzahl bringt vielmehr die gesetzgeberische Intention zum Ausdruck, Durchsetzungsdefiziten bei den so genannten Streuschäden zu begegnen.[158] Das Tatbestandsmerkmal der Vielzahl verlangt demnach nach einer sachgerechten, eigenständigen Interpretation, die vom Begriff des größeren Personenkreises in § 16 zu unterscheiden ist. Das Erfordernis der Vielzahl darf insbesondere nicht dazu führen, dass der effektiven Abhilfe der festgestellten Durchsetzungsdefizite zu enge Fesseln angelegt werden.

96 Wann allerdings eine Vielzahl von Abnehmern betroffen ist, darüber gibt die Begründung des Regierungsentwurfs keine Auskunft.[159] Vielmehr nähert dieser sich dem Begriff der Vielzahl in einer Art Zirkelschluss über den Begriff des Streuschadens an.[160] Er kommt im Konzept des ursprünglichen Reformvorschlages von *Köhler, Bornkamm* und *Henning-Bodewig* nicht vor und taucht – wohl nach dem Vorbild des Vorschlags von *Micklitz* und *Stadler* – erstmals im Referentenentwurf auf.[161] Danach ist der Streuschaden zum einen durch die Vielzahl der Betroffenen und zum anderen durch die geringe Schadenshöhe beim Betroffenen gekennzeichnet.[162]

97 *bb) Schadenshöhe nicht maßgeblich.* Dass der **geringen Schadenshöhe** für die Definition der Vielzahl der Betroffenen **keine Bedeutung** zukommen kann, dürfte klar sein. Die geringe Schadenshöhe darf darüber hinaus weder zum Begriffselement des Streuschadens noch zu einem ungeschriebenen Tatbestandsmerkmal des § 10 gemacht werden. Der Gewinnabschöpfungsanspruch ist zwar in erster Linie eingeführt worden, um bei Bagatellschäden, die kein Geschädigter einklagt, eine Handhabe zu schaffen. Den Anwendungsbereich des § 10 vollends auf Bagatellschäden zu beschränken, wäre jedoch verfehlt. Denn es soll kein unlauter Handelnder dem Gewinnabschöpfungsanspruch mit dem Einwand entgehen können, er habe dem Einzelnen nicht kleine, sondern große Schäden verursacht. Wenn wegen der erheblichen Größe des Schadens die betroffenen Abnehmer sich verstärkt selbst um Schadensersatz bemühen, ist dies ausschließlich im Rahmen des § 10 Abs. 2 zu berücksichtigen.

98 *cc) Überindividuelle Benachteiligung.* Der Gesetzgeber nennt als „häufig vorkommende Fallgruppen" von Streuschäden die Einziehung geringer Beträge ohne Rechtsgrund, Vertragsschlüsse auf Grund irreführender Werbung, gefälschte Produkte sowie Mogelpackungen. Jedenfalls Produktfälschungen und Mogelpackungen, aber auch jede an die Öffentlichkeit gerichtete irreführende Werbung implizieren einen recht großen Personenkreis, der – entsprechend den üblichen Stückzahlen von Produktfälschungen und Mogelpackungen und den Adressaten von Publikumswerbung – möglicherweise mehrere tausend Personen umfasst. Andererseits soll das Kriterium der Vielzahl **nicht** dazu dienen, **hohe absolute Schwellenwerte festzulegen,** sondern **individuelle, gegen einzelne Abnehmer gerichtete Wettbewerbsverstöße** vom Gewinnabschöpfungsanspruch **auszunehmen.** Trotz des praktischen Bedürfnisses nach einer rechtssicher handhabbaren Untergrenze, ist es **nicht möglich,** das Kriterium der Vielzahl **abschließend** zahlenmäßig zu **definieren.** Was unter einer Vielzahl von Abnehmern zu verstehen ist, lässt sich nicht generell sagen, sondern muss im Einzelfall unter Berücksichtigung der Umstände ermittelt werden.[163]

99 In aller Regel wird man aber davon ausgehen können, dass das Kriterium der Vielzahl **jedenfalls** dann erreicht ist, wenn **50 Personen** tatsächlich einen wirtschaftlichen Nachteil erleiden. Diese Anzahl entspricht etwa zwei Schulklassen oder den Passagieren eines Reisebusses bei einer Kaffee-

---

[157] Vgl. unten § 16 Rdn. 20.

[158] RegE (BT-Drucks. 15/1487) S. 24.

[159] In der Rede der damaligen Bundesministerin der Justiz *Brigitte Zypries* zur Einbringung der UWG-Novelle vor dem Deutschen Bundestag am 25.9.2003 hieß es zu § 10 wie folgt: *„Wir wollen … gegen die Fälle vorgehen, in denen der Schaden für den einzelnen Verbraucher mit ein paar Euro gering ist und er deshalb nicht gegen unlauteren Wettbewerb vorgeht. Aber bei 100 000 Verbraucherinnen und Verbrauchern ist der Gesamtschaden enorm – und vor allem der unzulässig erzielte Gewinn der Veranstalter."* Es ist davon auszugehen, dass diese Zahl nur gegriffen wurde, um ein drastisches Beispiel geben zu können. Eine Anzahl von 100 000 Betroffenen wird kein verbindlicher Richtwert sein.

[160] RegE (BT-Drucks. 15/1487) S. 24.

[161] Referentenentwurf des Bundesjustizministeriums, S. 8; *Micklitz/Stadler* S. 11, 126.

[162] RegE (BT-Drucks. 15/1487) S. 24; Referentenentwurf des Bundesjustizministeriums, S. 8.

[163] jurisPK-*Koch* § 10 Rdn. 29.

fahrt. Nach anderen Auffassungen liegt die ungefähre Richtgröße bei **15–30** Betroffenen[164] oder bei nur **drei.**[165]

4. Abnehmer

Unter dem Begriff des **Abnehmers** fallen alle Marktteilnehmer auf einer gegenüber dem unlauter Handelnden **nachgelagerten Marktstufe,** also gewerbliche Abnehmer ebenso wie Verbraucher. Abnehmer müssen ihrem Wortsinn nach nämlich nicht Vertragspartner des unlauter Handelnden sein; es genügt, wenn die belasteten Abnehmer Teil einer vertikalen Lieferkette sind.[166] So können im Grundsatz auch unlautere Handlungen, die zwar nur gegenüber wenigen direkten Abnehmern vorgenommen werden, aber mittelbar in Verbraucherkreisen eine große Streuwirkung haben, der Sanktion des Gewinnabschöpfungsanspruchs unterworfen werden. **100**

Bei GWB-Verstößen gilt allerdings, dass das Sanktionensystem des GWB grundsätzlich abschließend ist und daneben eine Gewinnabschöpfung nach § 10 nicht in Betracht kommt (Vor § 8 Rdn. 101).[167] **101**

Nicht unter den Begriff der Abnehmer fallen dagegen die **Mitbewerber.** Erwirtschaftet ein Unternehmen unter Verstoß gegen Konkurrenten schützende Vorschriften (z. B. gegen §§ 3, 4) einen Gewinn ausschließlich zu Lasten der Konkurrenz, greift § 10 nicht ein.[168] **102**

5. Gebot der typisierenden Betrachtung

Das gesetzgeberische Ziel, die Durchsetzungsdefizite bei „Streuschäden" wirksam zu bekämpfen, scheint dabei in einem gewissen Zielkonflikt mit der Notwendigkeit zu stehen, im Prozess auch nachzuweisen, dass wirklich eine Vielzahl von Abnehmern wirtschaftlich schlechter gestellt ist. Denn von § 10 erfasst werden sollen doch vor allem diejenigen Fälle, in denen Verbraucher auf die unlautere Wettbewerbshandlung letztlich nicht reagieren und z. B. auch nicht in breiterem Umfang Beschwerden bei den Verbraucherzentralen anbringen. Es wird sich deshalb für den klagenden Verband nur schwer ausmachen lassen, wer geschädigt wurde und wie groß der Kreis der Betroffenen ist.[169] **103**

An sich müsste vom Kläger nachgewiesen werden, dass es bei einer Vielzahl von Abnehmern tatsächlich zu einer wirtschaftlichen Schlechterstellung gekommen ist. Es kann allerdings nicht verlangt werden, dass z. B. durch Zeugeneinvernahme einer „Vielzahl" von Personen nachgewiesen wird, dass eine „Vielzahl" von Abnehmern auch wirklich wirtschaftlich schlechter gestellt ist. Denn das Ziel der Abkehr vom bereicherungsrechtlichen Unmittelbarkeitszusammenhang durch die Einführung des Merkmals „zu Lasten" (dazu sogleich) war es gerade zu vermeiden, dass über derartige Fragen umfangreich Beweis erhoben werden muss.[170] **104**

Nach Sinn und Zweck, Durchsetzungsdefizite effektiv zu beseitigen und den Verbraucherverbänden ein wirksames Werkzeug im Kampf gegen den unlauteren Wettbewerb in die Hand zu geben, liegt es darüber hinaus nahe, es ausreichen zu lassen, wenn durch die unlautere Wettbewerbshandlung **typischerweise** eine **Vielzahl** von Abnehmern **wirtschaftlich schlechter** gestellt ist. Dies stünde im Einklang mit der gesetzgeberischen Zielsetzung, wie bei § 16 bzw. § 4 UWG 1909, solche Handlungsweisen zu sanktionieren, deren besondere Gefährlichkeit gerade daraus resultiert, dass eine größere Anzahl von Verbrauchern von dem Wettbewerbsverstoß betroffen sein kann.[171] **105**

Aufgrund der Besonderheiten des für den Gewinnabschöpfungsanspruch als Anknüpfungspunkt in Frage kommenden wettbewerbswidrigen Verhaltens, das sich *per se* nicht nur gegen Einzelne richtet, spricht eine **tatsächliche Vermutung** dafür, dass eine Vielzahl von Personen betroffen ist.[172] Dem unlauter Handelnden bleibt es unbenommen, diese Vermutung zu widerlegen.[173] Wird diese Vermutung erschüttert, reicht es für die Geltendmachung des Gewinnabschöpfungsanspruchs **106**

---

164 *Micklitz/Stadler* S. 94.

165 *Köhler*/Bornkamm § 10 Rdn. 12; *Mönch* ZIP 2004, 2032.

166 *Bauer* S. 138 ff.; Fezer/*v. Braunmühl* § 10 Rdn. 207 f.; *Emmerich* in: FS Fezer, S. 1027, 1031; *Gärtner* S. 143; *Herzberg* S. 289 ff.; MünchKommUWG/*Micklitz* § 10 Rdn. 121; GroßKommUWG/*Poelzig* § 10 Rdn. 99; *Pokrant* in: FS Ullmann S. 813, 816; *van Raay* S. 410 ff.; Teplitzky/*Schaub* Kap 37 Rdn. 9; a. A. *Köhler*/Bornkamm § 10 Rdn. 10; *Leicht* S. 233 ff.; *Neuberger* S. 108; *Ohly*/Sosnitza § 10 Rdn. 10.

167 BGH GRUR 2006, 773, 774 Tz. 13 – *Probeabonnement.*

168 *Alexander* WRP 2004, 407, 418; *Ohly*/Sosnitza § 10 Rdn. 8.

169 *Micklitz/Stadler* S. 94.

170 Stellungnahme des Bundesrats (BT-Drucks. 15/1487) S. 34.

171 RegE (BT-Drucks. 15/1487) S. 24 in wörtlicher Übereinstimmung mit dem Referentenentwurf.

172 Ebenso MünchKommUWG/*Micklitz* § 10 Rdn. 136.

173 *Micklitz/Stadler* S. 35, 127 f.

dem Grunde nach aus, wenn ein Sachverständigengutachten belegt, dass eine wirtschaftliche Schlechterstellung einer Vielzahl von Abnehmern als typische und zwangsläufige Folge der Unlauterkeit zu begreifen ist. Auf die genaue Anzahl der Geschädigten kommt es dabei nicht an. Sie kann aber zur Bezifferung des Anspruchs im Wege der Auskunft ermittelt werden.

6. Zusammenhang zwischen Gewinn und wirtschaftlicher Belastung der Abnehmer

107 **a) Das Unmittelbarkeitserfordernis in den Vorarbeiten.** Das Konzept des ursprünglichen Reformvorschlages von *Köhler, Bornkamm* und *Henning-Bodewig* sah vor, den durch die unlauteren Praktiken erzielten Mehrerlös abzuschöpfen, der **„auf Kosten" der Abnehmer erzielt** wurde, also unmittelbar auf einer Schädigung der Abnehmer beruht.[174] Der Referentenentwurf ersetzte den Begriff des Mehrerlöses zwar durch den des Gewinns, behielt aber das Merkmal „auf Kosten" bei.[175] Der Regierungsentwurf sah ebenfalls an Stelle des Merkmals „zu Lasten" noch vor, dass der Gewinn „auf Kosten" einer Vielzahl von Abnehmern erzielt wird. Dadurch sollte nach dem Willen der Bundesregierung klargestellt werden, dass der Tatbestand nur dann greift, wenn der Gewinnerzielung unmittelbar ein Vermögensnachteil der Abnehmer gegenübersteht.[176] Im Schrifttum wurden die Parallelen zum Unmittelbarkeitserfordernis der Eingriffskondiktion nach § 812 Abs. 1 Satz 1 Alt. 2 BGB betont.[177]

108 **b) Kritik am Unmittelbarkeitserfordernis.** Dieser zwingende Zusammenhang, den der Regierungsentwurf zwischen den Vermögenseinbußen der Verbraucher und den Gewinnen der Unternehmer herstellen wollte, wurde vor allem von den Verbraucherverbänden als zu eng beurteilt.[178] Der Bundesrat wies auf die **fehlende Praktikabilität des Unmittelbarkeitserfordernisses** hin. Dieses führe dazu, dass ein Vermögensnachteil der Abnehmer von dem klagenden Verbraucherverband dargelegt und bewiesen werden müsste. Dies sei nicht praktikabel und führe zu einer unzumutbaren Belastung der Gerichte. Der Bundesrat forderte, den bereicherungsrechtlichen Ansatz aufzugeben. Stattdessen sollte ein Weg gefunden werden, wie der abzuschöpfende Betrag anhand von Umständen, die für den Gläubiger weitgehend erkennbar oder jedenfalls leicht ermittelbar sind, vom Gericht in relativ freiem Ermessen festgelegt werden kann.[179]

109 **c) Aufgabe des Unmittelbarkeitserfordernisses.** Der Gesetzgeber entschied sich schließlich dafür, das Merkmal „auf Kosten" durch das Merkmal „zu Lasten" zu ersetzen. Darin liegt nicht nur eine bewusste Abkehr von einem an die bereicherungsrechtliche Terminologie angelehnten Sprachgebrauch, sondern auch der **Verzicht auf einen strengen Unmittelbarkeitszusammenhang.** Durch die Ersetzung des Begriffs „auf Kosten" durch die Wörter „zu Lasten" soll klargestellt werden, dass der Gewinnabschöpfungsanspruch **nicht die Ermittlung von einzelfallbezogenen Nachteilen** voraussetzt. Vielmehr ist es erforderlich, aber auch ausreichend, dass durch die Zuwiderhandlung bei einer Vielzahl von Abnehmern eine wirtschaftliche Schlechterstellung eingetreten ist.[180] Darüber hinaus ist mit dem Wechsel der Begrifflichkeit, die den Beschlüssen des Rechtsausschusses zu verdanken ist, auch eine Lockerung der Anforderungen an den Kläger verbunden, die wirtschaftliche Schlechterstellung einer Vielzahl von Abnehmern nachzuweisen. Zugleich wird die Ermittlung und Berechnung des abzuschöpfenden Gewinns erleichtert.

110 **d) Zusammenhang zwischen Gewinn und wirtschaftlicher Schlechterstellung.** Nach der Aufgabe des Unmittelbarkeitszusammenhangs stellt das Merkmal „zu Lasten" lediglich einen Zusammenhang zwischen dem Gewinn des unlauter Handelnden und der wirtschaftlichen Schlechterstellung von Abnehmern her, ohne dass es darauf ankommt, ob der Gewinn dem Schaden entspricht oder gar dessen wirtschaftliche Kehrseite darstellt. Auch wenn es nicht auf einen bereicherungsrechtlichen Unmittelbarkeitszusammenhang ankommt, kann immer nur derjenige Gewinn abgeschöpft werden, der mit Geschäften mit der Vielzahl der Geschädigten im Zusammenhang steht. Denn der Wortlaut stellt klar, dass nur „dieser" Gewinn abzuführen ist.[181] Wie groß diese Anzahl genau ist, kann im Wege der Auskunftserteilung festgestellt werden.

---

[174] *Bornkamm/Köhler/Henning-Bodewig* WRP 2002, 1317, 1321.

[175] Referentenentwurf des Bundesjustizministeriums, S. 8.

[176] RegE (BT-Drucks. 15/1487) S. 24.

[177] *Alexander* WRP 2004, 407, 418; *Wimmer-Leonhardt* GRUR 2004, 12, 15f.

[178] „UWG-Reform: Gesetz gebrochen, Geld behalten" – Stellungnahme des Verbraucherzentrale Bundesverband e. V. vom 24.9.2003.

[179] Stellungnahme des Bundesrats (BT-Drucks. 15/1487) S. 34.

[180] Beschlussempfehlung und Bericht des Rechtsausschusses (BT-Drucks. 15/2795) S. 21.

[181] Ebenso nun *Alexander* S. 542f.; GroßKommUWG/*Poelzig* § 10 Rdn. 96.

7. Gewinn

a) Erzielter Gewinn als objektiver Auslöser des Sanktionsbedürfnisses. Der unlauter Handelnde muss einen Gewinn erzielt haben. Damit **scheiden** unlautere, aber **wirtschaftlich erfolglose Handlungen** aus dem Anwendungsbereich des § 10 aus. Da sich in einem solchen Fall der unlautere Wettbewerb nicht gelohnt hat, besteht auch kein Sanktionsbedürfnis.[182] 111

Ein Gewinn liegt vor, wenn sich die Vermögenslage des Unternehmens durch den vorsätzlichen Wettbewerbsverstoß verbessert hat.[183] Ein Gewinn kann aber bereits dann angenommen werden, wenn ein Beitrag zur Deckung der Fixkosten **(Kostendeckungsbeitrag)** erzielt wurde.[184] Wird aber nicht einmal ein Beitrag zur Kostendeckung erzielt, so entsteht kein Gewinn, sondern ein Verlust, so dass es am Tatbestandsmerkmal des Gewinns fehlt.[185] 111a

Wenn ein unter unlauteren Umständen gemachtes Angebot einen so niedrigen Preis hat, dass damit nicht einmal ein Kostendeckungsbeitrag erzielt wird, kann dieser Schleuderpreis eine große Werbewirkung haben und eine spürbare Verbesserung der Marktposition des Anbietenden mit sich bringen, etwa durch Ausschaltung oder Zurückdrängen von Mitbewerbern, deren Preise realistisch kalkuliert sind. Dies ist sicherlich ein wirtschaftlicher „Vorteil". § 10 verlangt jedoch als **Gegenstand der Abschöpfung** einen **konkret erzielten und letztlich auch bezifferbaren Gewinn.** Eine bloße Verbesserung der Marktposition reicht nicht aus.[186] 111b

b) Gewinn und Mehrerlös. *aa) Grundlegende Weichenstellung.* Eine entscheidende Weichenstellung für die Reichweite und Bedeutung des Gewinnabschöpfungsanspruchs ist die **Unterscheidung zwischen Gewinn** auf der einen **und Mehrerlös** bzw. Unrechtsgewinn auf der anderen Seite: Ist der gesamte infolge des Wettbewerbsverstoßes erzielte Gewinn herauszugeben[187] oder nur derjenige Anteil des Gewinns, der erwiesenermaßen gerade auf der unlauteren Handlungsweise beruht, also der Mehrerlös,[188] der bei einem gedachten lauteren Handeln im Sinne eines rechtmäßigen Alternativverhaltens nicht erzielt worden wäre? 112

bb) Mehrerlösabschöpfung. α) Mangelnde Praktikabilität. Geht man mit der ganz überwiegenden Ansicht davon aus, dass sich die Sanktion der Gewinnabschöpfung gerade nur gegen die spezifisch unlautere Komponente einer Wettbewerbshandlung richtet, muss man konsequenterweise auch die Feststellung für nötig halten, welcher Mehrerlös gerade auf der Unlauterkeit einer Werbeaktion beruht. Es müsste somit der Mehrerlös infolge unlauterer Werbung und der hypothetische Gewinn aus einem gedachten rechtmäßigen Alternativverhalten verglichen werden. Eine **Mehrerlösabschöpfung,** wie sie schon in den siebziger Jahren des vergangenen Jahrhunderts auch für das Recht des unlauteren Wettbewerbs diskutiert wurde,[189] **lässt sich** aber **nicht handhaben.** Auch deshalb hat der Gewinnabschöpfungsanspruch – auf der Basis der herrschenden Auffassung – keine praktische Bedeutung gewinnen können.[190] 113

Die Suche nach der Rendite der Unlauterkeit als Differenz des Gewinns zwischen aktuellem unlauteren und einem hypothetischen rechtmäßigen Handeln[191] ist praktisch aussichtslos. 114

Zunächst ist es schon **grundsätzlich nicht möglich,** die **Wirkungen von Werbung** genau **zu ermitteln** und Umsatzzahlen einer bestimmten Werbung zuzurechnen:[192] Der eine Käufer hat die Werbung gar nicht zur Kenntnis genommen, kauft aber trotzdem. Ein zweiter hat die Werbung zwar gesehen oder gehört, hätte aber ohnehin gekauft. Ein dritter wird zwar erst durch die Werbung auf das Produkt aufmerksam, für ihn hat aber die unlautere Werbeaussage keine Relevanz, und er hätte das Produkt auf Grund der Werbung auch in einer lauteren Alternativgestalt gekauft. 115

---

[182] Mit anderem Akzent *Alexander* WRP 2004, 407, 418: Da sich die unlautere Handlung nicht in einem wirtschaftlichen Vorteil des Unternehmers niedergeschlagen hat, besteht in diesen Fällen auch kein Grund, von Rechts wegen die Auslesefunktion des Marktes zu korrigieren.

[183] LG München I GRUR-RR 2015, 255 – *Zahnreinigung für 39 €.*

[184] LG München I GRUR-RR 2015, 255 – *Zahnreinigung für 39 €; Köhler*/Bornkamm § 10 Rdn. 7; Teplitzky/*Schaub* Kap. 37 Rdn. 7.

[185] LG München I GRUR-RR 2015, 255, 256 – *Zahnreinigung für 39 €.*

[186] LG München I GRUR-RR 2015, 255, 256 – *Zahnreinigung für 39 €.*

[187] So *Emmerich* in: FS Fezer, S. 1027, 1033; MünchKommUWG/*Micklitz* § 10 Rdn. 144f.; Teplitzky/*Schaub* Kap. 37 Rdn. 7.

[188] So LG München I GRUR-RR 2015, 25 – *Zahnreinigung für 39 €; Alexander* S. 554f.; *Fezer* in: FS Bornkamm, S. 335, 346ff.; *Köhler*/Bornkamm § 10 Rdn. 9; *Neuberger* S. 91ff.; *Ohly*/Sosnitza § 10 Rdn. 7; GroßKommUWG/*Poelzig* § 10 Rdn. 81f., 96; *van Raay* S. 302; *Wünsche* S. 171ff.

[189] Hierzu *Grauel/Luhrenberg* WRP 1980, 521ff.

[190] Ebenso nun *Emmerich* in: FS Fezer, S. 1027, 1029f.

[191] *Sack* WRP 2003, 549, 555; *Sosnitza* GRUR 2003, 739, 746.

[192] Ebenso nun *Emmerich* in: FS Fezer, S. 1027, 1030.

116 Die grundsätzliche Unmöglichkeit, Werbewirkungen einigermaßen zuverlässig festzustellen, beruht vor allem darauf, dass sie in der Regel das **Ergebnis eines Bündels vielfältiger Einflüsse** sind. Dazu gehören außer den konkreten (unlauteren) Werbemaßnahmen auch vorangegangene und parallele Werbeaktionen, das Image des werbenden Unternehmens, Werbeaktionen und das Image von Konkurrenten, von unmittelbarer Werbung unabhängige Medieneinflüsse, z. B. neutrale Berichte im Fernsehen über bestimmte Produkte, ja sogar Umwelteinflüsse wie Sonne und heißes Wetter bei Getränkeverkäufen im Sommer.[193] Monokausale Erklärungen sind also in aller Regel nicht möglich.[194] Es gilt, vereinfacht gesagt, der Satz *„Die Hälfte des Geldes, das man in die Werbung steckt, ist zum Fenster hinausgeworfen; man weiß nur nicht welche"*.[195]

117 Wenn es aber schon in aller Regel nicht möglich ist, die (umsatzsteigernde) Wirkung von Werbemaßnahmen überhaupt zu ermessen, umso weniger ist es möglich, für jeden einzelnen Fall nachzuweisen, dass der Vertragsschluss gerade durch eine wettbewerbswidrige Handlung verursacht wurde.[196]

118 *β) Abkehr von der Mehrerlösabschöpfung.* Dieses Konzept der Mehrerlösabschöpfung lag dem ursprünglichen Reformvorschlag von *Köhler, Bornkamm* und *Henning-Bodewig,*[197] dem Referentenentwurf[198] und ansatzweise auch dem Regierungsentwurf[199] zugrunde. Das in diesen Entwürfen enthaltene Erfordernis, dass der Gewinn „auf Kosten" der Abnehmer erzielt sein muss, hätte zur Konsequenz gehabt, dass in der Tat für jeden Einzelfall ein genauer Kausalitätsnachweis zwischen individuellem Schaden aus unlauterer Übervorteilung oder enttäuschten Erwartungen und dem Mehrerlös zu führen gewesen wäre.[200] Das Merkmal „zu Lasten" stellt demgegenüber klar, dass es **nicht darauf ankommt, dass der Gewinn dem Schaden entspricht** oder gar dessen wirtschaftliche Kehrseite darstellt. Mit dieser nach der vehementen Kritik durch den Bundesrat erleichterten Beweissituation für die klagenden Verbraucherverbände vertrüge es sich nicht, wenn die Höhe des Mehrerlöses, der gerade durch die Unlauterkeit erzielt wurde, genau darzulegen und zu beweisen wäre.

119 Dass es auf den gesamten im Zusammenhang mit der unlauteren Werbung erzielten Gewinn ankommt und nicht nur auf den Mehrerlös als „Unrechtsgewinn", steht auch im Einklang mit der Begründung des Regierungsentwurfs, der davon ausgeht, dass sich der **Gewinn „aus den Umsatzerlösen abzüglich der Herstellungskosten"** berechnet und nicht etwa nach Umsatzanteilen, die gerade auf die unlautere Handlungskomponente entfallen.[201]

120 *γ) Einheitliche Betrachtung des Wettbewerbsgeschehens.* Die unlautere Wettbewerbshandlung ist demnach so zu betrachten, wie sie sich als historische Tatsache ereignet hat. Die gedankliche Aufspaltung einer unlauteren Wettbewerbshandlung in einen gedachten lauteren und einen demgegenüber isoliert bestehenden unlauteren Teil[202] kommt nicht in Betracht. Gewinnabschöpfung ist demnach die Abschöpfung des **Gewinns, der aus einer realen, insgesamt unlauteren Handlung erwächst,** und nicht aus einer hypothetisch abgespaltenen Komponente.[203] Der Gewinnabschöpfungsanspruch ist kein Schadensersatzanspruch, bei dem das rechtmäßige Alternativverhalten oder ein gedachter „lauterer Eigenanteil" des Verletzers eine Rolle spielen könnte, sondern ein der Sanktion und der Abschreckung dienender Anspruch eigener Art, der keinen Raum lässt für hypothetische Erwägungen und impraktikable Versuche einer Herauspräparierung von Unrechtsanteilen, für die alle Maßstäbe fehlen.[204]

121 *δ) Keine Relevanz des rechtmäßigen Alternativverhaltens.* Dass dem vorsätzlich unlauter Handelnden damit der **Einwand des rechtmäßigen Alternativverhaltens abgeschnitten ist,** bringt es scheinbar mit sich, dass auch rechtmäßig erlangte Vermögensvorteile mit abgeschöpft werden.[205]

---

[193] *Sack* WRP 2003, 549, 553 f.
[194] *Sack* WRP 2003, 549, 554; *Grauel/Luhrenberg* WRP 1980, 521, 523.
[195] Auf diesen Satz, der sinngemäß u. a. *Henry Ford* zugeschrieben wird und der in der Werbewissenschaft und bei Fachleuten allgemein anerkannt ist, weist *Sack* WRP 2003, 549, 553 hin.
[196] *Emmerich* in: FS Fezer, S. 1027, 1030; *Grauel/Luhrenberg* WRP 1980, 521, 524.
[197] *Köhler/Bornkamm/Henning-Bodewig* WRP 2002, 1317, 1322.
[198] Referentenentwurf S. 47.
[199] RegE (BT-Drucks. 15/1487) S. 24.
[200] Stellungnahme des Bundesrats (BT-Drucks. 15/1487) S. 34; *Sosnitza* GRUR 2003, 739, 746.
[201] RegE (BT-Drucks. 15/1487) S. 24.
[202] Hierzu im Zusammenhang mit dem Schadensersatzanspruch etwa *Borck* WRP 1986, 1, 3.
[203] Ebenso *Emmerich* in: FS Fezer, S. 1027, 1033; MünchKommUWG/*Micklitz* § 10 Rdn. 144 f.; Teplitzky/*Schaub* Kap. 37 Rdn. 7; a. A. *Alexander* S. 555; *Köhler*/Bornkamm § 10 Rdn. 7; *Neuberger* S. 91 ff.; *van Raay* S. 286 ff., 570 f., 623 f.
[204] Ebenso nun *Emmerich* in: FS Fezer, S. 1027, 1030.
[205] So krit. *Grauel/Luhrenberg* WRP 1980, 521, 525; zu § 10 *Neuberger* S. 137 f.

Diese Betrachtungsweise vernachlässigt jedoch, dass ein wettbewerbliches Geschehen, eine Werbung oder ein Produktangebot sich gerade nicht in einen rechtmäßigen und einen unrechtmäßigen Teil aufspalten lässt: **Alles,** was im Zuge einer unlauteren Wettbewerbshandlung an Gewinn erzielt wurde, **ist (auch) durch die Unlauterkeit erzielt.**

Besonders deutlich wird dies am Beispiel der **Mogelpackung.** Wenn eine Müsli-Packung statt der angegebenen 1000g nur 900g enthält, aber der Preis für 1000g berechnet wird, der 2 € beträgt, so sind nicht etwa 20 Cent unrechtmäßig und 180 Cent rechtmäßig umgesetzt worden. Jedes einzelne der 900 in der Packung enthaltenen Gramm ist um 11,1% zu teuer verkauft worden. Jedes verkaufte Gramm nimmt am täuschenden Effekt der Mogelpackung teil und enttäuscht die berechtigte Verbrauchererwartung an die Mengenangabe, die benötigt wird, um den Bedarf für die Haushaltsführung zu kalkulieren. Der Einwand, eine Anzahl von Verbrauchern hätte die Packung auch dann für 2 € gekauft, wenn sie gewusst hätten, dass die Packung nicht die versprochene Menge enthielt, ist bedeutungslos. **122**

Auch bei Werbemaßnahmen gilt das **Gebot** einer **einheitlichen Betrachtung** des **Gesamtgeschehens.** Eine Werbung wird so wahrgenommen, wie sie geschaltet ist. Wer vorsätzlich eine unlautere Werbung veröffentlicht, setzt ganz bewusst auf einen dadurch erzeugten Anlockeffekt und berechnet sorgfältig die **Gesamtwirkung** der Werbemaßnahme. **123**

Die vom Gesetzgeber bezweckte **Sanktionswirkung würde zunichte gemacht,** wenn der Unternehmer sicher sein könnte, auf jeden Fall nicht mehr als den durch die Unlauterkeit konkret erzielten Mehrerlös herausgeben zu müssen. Es käme damit gleichsam zu einer „geltungserhaltenden Reduktion"[206] unlauterer Werbung. Der Richter würde sich zum Handlanger des vorsätzlich unlauter Handelnden machen. Damit liefe die Regelung des § 10 dem Postulat zuwider, dass sich unlauterer Wettbewerb, jedenfalls vorsätzlicher, nicht lohnen darf. Ließe man den Einwand des rechtmäßigen Alternativverhaltens zu, bestünde kein gegenüber dem lauteren Handeln gesteigertes Risiko. Damit hätte § 10 einen nur unzureichenden Abschreckungseffekt und wäre kein wirksames Instrument zur Bekämpfung des unlauteren Wettbewerbs. **124**

Ein Gewinnanteil, der gerade auf die unlautere Komponente einer insgesamt komplexen geschäftlichen Handlung entfällt, ist selten messbar und **mangels Schätzgrundlagen** kann nach § 287 ZPO schätzbar.[207] Auch wo eine Schätzung nach § 287 ZPO möglich ist, würde eine nur anteilige Mehrerlösabschöpfung nicht zu sachgerechten Ergebnissen führen. Denn sie belässt dem **verurteilten Vorsatztäter** jenen Gewinn, der nicht auf die unlautere Handlungskomponente entfällt. Sie **stellt ihn** damit im Ergebnis **wirtschaftlich einem lauter Handelnden gleich,** wenn man einmal von den Prozesskosten absieht. Eine solche „Sanktion", die fürsorglich sicherstellt, dass sich unlauterer Wettbewerb weiterhin lohnt, ist keine. **125**

cc) Gewinnabschöpfung. α) Grundkonzept. Versteht man nach dem eindeutigen Willen des Gesetzgebers § 10 als Mechanismus der Abschreckung und Sanktion, folgt aus dieser *ratio legis* also zwingend, nicht nur den gerade aus der Unlauterkeit erwachsenden Mehrerlös, sondern **den gesamten, im Zuge der vorsätzlich begangenen unlauteren Handlung erzielten Gewinn** zum Gegenstand des Abschöpfungsanspruchs zu machen. Nur so ist die Vorschrift praktikabel. **126**

β) Großzügige Handhabung der Kausalität bei der Gewinnermittlung. Auch wenn man mit der hier vertretenen Ansicht den Einwand des rechtmäßigen Alternativverhaltens nicht zulässt, so ist damit noch nicht das bereits angesprochene Problem gelöst zu ermessen, welche Umsätze (als Grundlage der Gewinnberechnung) der als unlauter zu beanstandenden Wettbewerbshandlung zuzurechnen sind. Denn es ist schon grundsätzlich nicht möglich, die Wirkungen von Werbung genau zu ermitteln und Umsatzzahlen einer bestimmten Werbung zuzurechnen. Die ***Coniditio-sine-qua-non-*****Formel** ist **überfordert.** **126a**

Durch die breite rechtspolitische Diskussion im Schrifttum[208] wurde während des Gesetzgebungsverfahrens deutlich, dass **Werbewirkungen nicht präzise ermittelbar** sind. Es kann also, angesichts der praktischen Unmöglichkeit dieses Unterfangens, nicht Regelungsgehalt des § 10 sein, den klagenden Verbraucherverbänden Darlegungs- und Beweislasten aufzubürden, die nicht zu **127**

---

[206] Auch im Recht der Allgemeinen Geschäftsbedingungen wird eine „geltungserhaltende Reduktion" einer unzulässigen Klausel bis zum Grad des gesetzlich gerade noch Zulässigen einhellig abgelehnt, da sie AGB-Verwender zu einem risikolosen Versuch verleiten würde, Abnehmer mit unzulässigen Klauseln zu übervorteilen; vgl. Bamberger/Roth/*Schmidt* § 306 BGB Rdn. 15.

[207] Ebenso *Emmerich* in: FS Fezer, S. 1027, 1030.

[208] *Sack* WRP 2003, 549, 554; *ders.* BB 2003, 1073, 1080; *Köhler* GRUR 2003, 265, 266; *Engels/Salomon* WRP 2004, 32, 42; *Stadler/Micklitz* WRP 2003, 559, 562; Stellungnahme der Bundesvereinigung Deutscher Handelsverbände e. V. zum Referentenentwurf vom 28. Februar 2002, S. 16f.; zur Diskussion der siebziger Jahre des vergangenen Jahrhunderts *Grauel/Luhrenberg* WRP 1980, 521, 523.

schultern sind. Der Gesetzgeber wollte einen wirksamen Sanktionsmechanismus schaffen und Rechtsdurchsetzungslücken schließen.

128 Das gesetzgeberische Ziel ist nur dann erreichbar, wenn der **Zusammenhang zwischen unlauterem Wettbewerbsverhalten und Gewinn** im Ergebnis nicht streng als kausaler, sondern eher als **konditionaler** Zusammenhang konstruiert wird. Es ist nicht der Gewinn abzuschöpfen, der entsteht, *weil* unlauter gehandelt wird, sondern der Gewinn, der entsteht, *wenn* unlauter gehandelt wird. Dieser Ansatz beharrt nicht auf einem realitätsfernen monokausalen Modell, sondern respektiert, dass in aller Regel ein ganzes **Bündel von Ursachen** neben dem unlauteren Wettbewerbshandeln zu einem Gewinn beitragen. Er steht im Einklang mit der vom Gesetzgeber vorgesehenen Anwendung des § 287 ZPO.[209] Da es dem Gericht aber grundsätzlich **gar nicht möglich** ist, die **Wirkungen von Werbung zu ermitteln** und Umsatzzahlen einer bestimmten Werbung zuzurechnen, ist dieser weit gefasste Zusammenhang zwischen Wettbewerbsverhalten und Gewinn das materiell-rechtliche Korrelat zum prozessualen Instrument des § 287 ZPO.

129 Das **Kausalitätserfordernis** ist damit als grundlegendes Zurechnungsprinzip des deutschen Zivilrechts aber **nicht etwa aufgegeben,**[210] sondern in seiner Handhabung nur der Norm des § 10 **angepasst.** Denn der abzuschöpfende Gewinn ist infolge des Wettbewerbsverstoßes entstanden und so durch diesen jedenfalls mitverursacht.[211]

130 Dies bedeutet, dass im Ergebnis der **gesamte zeitlich nach dem Wettbewerbsverstoß entstandene Gewinn,** der mit den beworbenen oder angebotenen Waren und Dienstleistungen erzielt wurde, **als kausal angesehen** und vom Gewinnabschöpfungsanspruch erfasst wird.[212] Diese an die kanonische Lehre von dem *versari in re illicita* erinnernde Konzeption[213] wird als einzige dem Ziel gerecht, gleichermaßen eine wirkungsvolle Sanktion wie eine effektive Abschreckung gegen massenhaften unlauteren Wettbewerb zu schaffen. Dieser Gewinn ist dann immer auch „durch" die vorsätzliche Zuwiderhandlung gegen § 3 oder § 7 und damit kausal auf dem Verstoß beruhend erzielt. Die **Wortlautfassung „hierdurch"** ermöglicht es gerade, alle Erlöse, die im Zusammenhang mit einem Wettbewerbsverstoß entstehen, dem Wettbewerbsverstoß zuzurechnen. Frühere Formulierungsvorschläge, die nur auf eine Mehrerlösabschöpfung, bzw. auf die damit gleichzusetzende Abschöpfung von „Unrechtsgewinnen" abzielten, enthielten dagegen das strikt kausale „aufgrund"[214] oder machten auf andere Weise klar, dass es nur um den gerade aus der Unlauterkeit resultierenden Mehrerlös gehen sollte.[215] Der Gesetzgeber hat demgegenüber bewusst keinen Wortlaut gewählt, der einen strengen Kausalzusammenhang im Sinne der *Conditio-sine-qua-non*-Formel fordert. Die **Weite der Haftung** ist damit **zu rechtfertigen,** dass **nur vorsätzliches Handeln** zur Gewinnabschöpfung führt. Wer vorsätzlich handelt, dessen Vertrauen in den Bestand und die Rentabilität der getätigten Investitionen ist nicht schutzwürdig.

131 Bei unlauterer Werbung für ein Produkt sind nur die Gewinne abzuschöpfen, die in der **räumlichen Reichweite** der Werbung erzielt wurden, z. B. im Verbreitungsgebiet einer regionalen Tageszeitung.

132 In welchen **zeitlichen Grenzen** der Zurechnungszusammenhang zwischen einer unlauteren Werbung und dem erzielten Gewinn noch gewahrt ist, hängt von den Umständen des Einzelfalles ab, also von der Intensität, dem Glaubwürdigkeitsgehalt und der Attraktivität der Werbeaussage. Eine zeitliche Begrenzung können die Werbewirkungen jedoch durch groß angelegte **aufklärende Presse- und Fernsehberichterstattung** oder auch durch eine öffentliche Richtigstellung **durch den unlauter Werbenden selbst** erfahren.

8. Berechnung des Gewinns

133 **a) Grundsätze der Gewinnermittlung.** Der Gewinn errechnet sich aus den Umsatzerlösen abzüglich der Herstellungskosten der erbrachten Leistungen sowie abzüglich eventuell angefallener

---

209 RegE (BT-Drucks. 15/1487) S. 24.

210 So aber wohl die Kritik von *Alexander* S. 549.

211 Ähnlich im Ergebnis wohl auch *Gärtner* GRUR Int. 2008, 817, 819.

212 Ebenso im Ergebnis *Emmerich* in: FS Fezer, S. 1027, 1033; MünchKommUWG/*Micklitz* § 10 Rdn. 144 f.; a. A. *Köhler*/Bornkamm § 10 Rdn. 7; *Alexander* S. 549; *Neuberger* S. 91 ff.

213 *Versanti in re illicita imputantur omnia, quae sequuntur ex delicto.* Unter diesem Grundsatz wird verstanden, dass man sich rechtswidrig in eine Lage gebracht hat, in der die Wahrscheinlichkeit, dass ein darüber hinausgehender Unrechtserfolg herbeigeführt wird, erhöht ist. Im Zivilrecht hat der hinter dieser Wendung stehende Gedanke noch bei § 678 BGB Bedeutung.

214 *Micklitz/Stadler,* Unrechtsgewinnabschöpfung, S. 125: „*. . . kann auf Herausgabe des* aufgrund *des Wettbewerbsverstoßes erlangten Gewinn in Anspruch genommen werden*" (Hervorhebung nur hier).

215 Vgl. *Köhler/Bornkamm/Henning-Bodewig* WRP 2002, 1317, 1322.

Betriebskosten. **Gemeinkosten** und sonstige betriebliche Aufwendungen, die auch ohne das wettbewerbswidrige Verhalten angefallen wären, sind **nicht abzugsfähig.** Ist die Höhe des Gewinns streitig, so ist die Vorschrift des **§ 287 ZPO** entsprechend anzuwenden.[216]

b) Umsatzerlöse. Umsatzerlöse sind nach der hier vertretenen Auffassung alle Erlöse, die vom unlauter Handelnden mit den beworbenen oder angebotenen Waren und Dienstleistungen erzielt wurden. Bei unlauterer Bewerbung von Waren und Dienstleistungen sind nur diejenigen Umsatzerlöse relevant, die zeitlich nach der Werbeaktion angefallen sind. 134

Beispiele: Beim Verkauf von **Mogelpackungen, Produktfälschungen** und Waren, die ein **unrichtiges Testergebnis** tragen, ist der gesamte mit diesen Produkten erzielte Umsatz in die Rechnung einzubeziehen. Dabei kommt es jedoch nur auf die Umsätze an, die der Handelnde selbst erzielt hat. Dem Produktfälscher etwa werden also nicht auch noch die Umsätze der Straßenhändler zugerechnet, welche die Piraterieprodukte absetzen. 135

Bei **irreführender, übertrieben anlockender oder belästigender Werbung** und unlauterer Werbung gegenüber Minderjährigen etc. sind alle Umsatzerlöse relevant, die der Werbung zeitlich nachfolgen. Bei **unerlaubter Preisgestaltung** sind alle Umsätze relevant, die aus Geschäften mit der Marktgegenseite erzielt wurden. 136

c) Abzugsposten. *aa) Grundsatz.* **Abzugsfähig** sind die direkt mit dem unlauteren Wettbewerbsverhalten im Zusammenhang stehenden, also die zu diesem Zweck verursachten Kosten (etwa Werbekosten, im Vorfeld entstandene Rechtsberatungskosten). 137

Nicht abzugsfähig sind die Kosten, die zwar im Sinne einer *Conditio-sine-qua-non*-Betrachtung durch das unlautere Verhalten verursacht wurden, aber erst in Reaktion auf die Geltendmachung von Ansprüchen gegen das unlautere Verhalten (Unterlassung, Beseitigung, Widerruf etc.) bzw. im Zuge der Geltendmachung des Gewinnabschöpfungsanspruchs (Kosten der Auskunftserteilung, Rechtsverfolgungskosten) oder aber nur allgemein durch den Konflikt um die Unlauterkeit des Verhaltens (Imageschaden) entstehenden Einbußen. Im Einzelnen: 138

bb) Herstellungskosten und Betriebskosten. Abzuziehen sind bei unlauter handelnden Produktionsbetrieben bei der Ermittlung des abzuschöpfenden Gewinns von den erzielten Erlösen **nur die variablen** (d. h. vom Beschäftigungsgrad abhängigen) **Kosten für die Herstellung und den Vertrieb** der verletzenden Gegenstände (Material-, Energie- und Lohnkosten), nicht aber auch Fixkosten. Ein Gemeinkostenanteil, d. h. solche Kosten, die von der jeweiligen Beschäftigung unabhängig sind (z. B. Mieten, zeitabhängige Abschreibungen für Anlagevermögen), bleibt außer Betracht. Es gelten die gleichen Grundsätze wie bei der Abschöpfung des Verletzergewinns als Berechnungsmethode im Rahmen des Schadensersatzes (hierzu § 9 Rdn. 173 ff.). Würde dem Verletzer uneingeschränkt gestattet, von seinen Erlösen einen Gemeinkostenanteil abzusetzen, so würde im Allgemeinen der aus dem Wettbewerbsverstoß stammende Gewinn nicht vollständig abgeschöpft. Dem Verletzer verbliebe vielmehr ein Deckungsbeitrag zu seinen Fixkosten.[217] Dies stünde in Widerspruch zu Sinn und Zweck des Gewinnabschöpfungsanspruchs. 139

Bei **Dienstleistungsbetrieben** sind entsprechend nur die anteiligen Lohnkosten bzw. Fahrtkosten oder andere variable Kosten abzugsfähig. Bei **Groß- und Einzelhandelsbetrieben** sind der Einstandspreis der unlauter beworbenen bzw. angebotenen Produkte und die anteiligen Lohnkosten des Verkaufspersonals abzugsfähig. 140

cc) Kosten der Werbeaktion. Sack schlägt vor, auch die **Kosten abzuziehen,** die von der **unlauteren Werbeaktion** verursacht wurden.[218] Dem ist zuzustimmen. Denn die Kosten der unlauteren Werbeaktion werden von den sonstigen betrieblichen Aufwendungen, die auch ohne das wettbewerbswidrige Verhalten angefallen wären, gerade nicht erfasst. Zu den Kosten der Werbeaktion gehören auch die Kosten der damit zusammenhängenden Rechtsberatung im Vorfeld.[219] 141

dd) Kosten der Auskunftserteilung und Prozesskosten. Kosten, die dem unlauter Handelnden durch eine dem bezifferten Gewinnabschöpfungsanspruch vorausgehende Auskunftserteilung entstehen, sind **nicht abzugsfähig.** Sie werden nicht durch die Werbeaktion an sich verursacht, sondern dienen der Anspruchsdurchsetzung. Auch im Rahmen der sonstigen Auskunftsansprüche des Zivilrechts sind die Kosten der Auskunftserteilung nicht im Rahmen des folgenden Zahlungsanspruchs als Abzugsposten zu berücksichtigen und gehen voll zu Lasten des Schuldners.[220] Das Gleiche gilt 142

---

[216] RegE (BT-Drucks. 15/1487) S. 24.
[217] *Lehmann* BB 1988, 1680, 1688 f.
[218] *Sack* GRUR 2003, 549, 554; a. A. aus Gründen der Generalprävention Fezer/*v. Braunmühl* § 10 Rdn. 219.
[219] Ebenso nun *Neuberger* S. 100.
[220] BGHZ 81, 31, 34.

für **Prozesskosten** sowohl des auf Gewinnabschöpfung gerichteten Prozesses wie auch anderer paralleler oder vorangegangener Verfahren, deren Streitgegenstand das den Gewinnabschöpfungsanspruch auslösende unlautere Verhalten ist.[221] Dafür spricht, dass andernfalls unlauteres Verhalten besonders attraktiv wäre, da sogar die zur Verteidigung des Verhaltens aufgewendeten Kosten im Falle der Unlauterkeit vom abzuschöpfenden Gewinn abzugsfähig wären.[222] Der unlauter Handelnde müsste nur dem ihn beratenden und vertretenden Rechtsbeistand ein Kostenlimit bis zur Höhe des erzielten Gewinns und abzüglich der erstattungsfähigen Kosten des Gegners setzen – obsiegt er, könnte er bei einer Abzugsfähigkeit die Kosten beim Gegner (zumindest teilweise) geltend machen; unterliegt er, geht die Sache für ihn Null zu Null auf.

143 *ee) Imageschäden.* Dass eine unlautere Werbung oder ein unlauteres Produktangebot zu **Imageschäden** für das unlauter handelnde Unternehmen führen kann, ist Teil des unternehmerischen Risikos. Sie sind **nicht abzugsfähig.**[223]

144 *ff) Weitere Abzugsposten gem. § 10 Abs. 2.* Zu den weiteren Abzugsposten gem. § 10 Abs. 2 siehe die Kommentierung dort (Rdn. 156ff.).

145 **d) Sachgerechte Schätzung durch das Gericht.** Angesichts der Komplexität der Ermittlung und Berechnung des abzuschöpfenden Gewinns kommt der Vorschrift des **§ 287 ZPO** eine **besondere Bedeutung** zu. § 287 ZPO, der es dem Gericht erlaubt, einen Schaden nach freier Überzeugung unter Berücksichtigung aller Umstände festzulegen, findet unmittelbare Anwendung nur für Schadensersatz- und Entschädigungsansprüche. Obwohl eine ausdrückliche Bezugnahme auf diese Vorschrift fehlt,[224] ist § 287 ZPO bei der Ermittlung des abzuschöpfenden Gewinns analog heranzuziehen. Es fällt auf, dass die Begründung des Regierungsentwurfs zwar ausdrücklich auf § 287 ZPO Bezug nimmt, einen vorbereitenden Auskunftsanspruch aber nicht anspricht.[225]

146 Das Gericht kann also eine **Schätzung** der **Höhe des Gewinns** vornehmen. Diese Befugnis ist ein wesentliches Instrument, den Gewinnabschöpfungsanspruch in der Praxis handhabbar zu machen. Die Befugnis zur Schätzung der Höhe des Gewinns schließt auch alle **Kausalitäts-** und **Zurechnungsfragen** mit ein.[226]

147 Das von § 287 ZPO dem Gericht eingeräumte **Ermessen ist weit.** Die Vorschrift des § 287 ZPO stellt den Tatrichter besonders frei und gewährt ihm einen großen Spielraum.[227] Das Gesetz nimmt in Kauf, dass das Ergebnis der Schätzung mit der Wirklichkeit vielfach nicht übereinstimmt.[228] Über diesen ohnehin schon weiten Spielraum hinaus ist anerkannt, dass gerade in Fällen eines **vorsätzlich begangenen** Rechtsverstoßes von einem **ganz besonders weit** gehenden Ermessen des Gerichts im Sinne des § 287 ZPO auszugehen ist.[229] Das bedeutet nicht, dass vom Gericht erwartet wird, unbesehen besonders hohe Summen zuzusprechen. Das erweiterte Ermessen bringt es aber mit sich, dass die Gerichte bei der **Bewertung und Gewichtung** der tatsächlichen **Anhaltspunkte** für die mutmaßliche Höhe des Gewinns einen **weiten Spielraum** haben, so dass u.U. schon wenige bruchstückhafte Indizien ausreichen, um auf ihrer Grundlage den Gewinn zu schätzen.

148 Hat der klagende Verband also schon gewisse Vorstellungen über die Höhe des Gewinns, kann eine Klage **schon betragsmäßig beziffert** werden. Es ist dann Sache des Gerichts, einzuschätzen, ob der eingeklagte Betrag dem abzuschöpfenden Gewinn entspricht.

149 Sollte sich der klagende Verband in der Höhe verschätzt und zu viel gefordert haben, hilft ihm **§ 92 Abs. 2 Nr. 2 ZPO** über das Prozesskostenrisiko des Teilunterliegens hinweg.[230] Nach dieser

---

[221] Ebenso nun *Gärtner* GRUR Int. 2008, 817, 819f.; *van Raay* S. 269; *Bauer* S. 177; a.A. *Sack* GRUR 2003, 549, 554.

[222] In diesem Sinne (zu Abs. 2) auch RegE (BT-Drucks. 15/1487) S. 24; krit. hierzu *Engels/Salomon* WRP 2004, 32, 42.

[223] Ebenso nun *Neuberger* S. 100; *van Raay* S. 270 und *Ohly*/Sosnitza § 10 Rdn. 6; a.A. *Sack* GRUR 2003, 549, 554.

[224] Angeregt wurde ein ausdrücklicher Verweis von *Micklitz/Stadler* S. 125, 129.

[225] RegE (BT-Drucks. 15/1487) S. 24.

[226] Zöller/*Greger* § 287 ZPO Rdn. 3 m.w.N.; *Rosenthal* S. 116.

[227] BGH GRUR 1966, 570, 572 – *Eisrevue III.*

[228] BGH GRUR 1997, 741, 743 – *Chinaherde;* GRUR 1995, 578, 579 – *Steuereinrichtung II.*

[229] RGZ 58, 321, 324 – *Klosettpapier;* 108, 1, 7 – *Dauerschmierung;* diese Entscheidungen sprechen zwar von einem weiten Ermessen bei „schuldhaften" Handlungen, meinen in der Sache damit jedoch – wie in dem von RG angewandten § 14 WBezG 1894 vorausgesetzt – nur grob fahrlässiges und vorsätzliches Handeln; ebenso *Callmann* S. 119; soweit ersichtlich, ist diese Rechtsprechung vom besonders weit gehenden Ermessen bei vorsätzlicher Rechtsverletzung niemals aufgegeben oder modifiziert worden.

[230] Ebenso nun *Neuberger* S. 114; *van Raay* S. 443.

Vorschrift kann das Gericht **dem Beklagten auch bei Teilabweisung** der Klage die **Prozesskosten in voller Höhe** auferlegen, wenn der Betrag der Forderung des Klägers von der Festsetzung durch richterliches Ermessen abhängig war. Es wäre ein schwer zu erklärender Widerspruch, die Verbände unter Hinweis auf § 287 ZPO zu einer verstärkten Geltendmachung des Gewinnabschöpfungsanspruches zugunsten des Bundeshaushaltes zu ermuntern, ihnen aber andererseits die Erleichterung des § 92 Abs. 2 Nr. 2 ZPO zu versagen.

C. Rechtsfolgen und Durchsetzung des Gewinnabschöpfungsanspruchs

I. Leistungsklage

1. Bezifferung

Für die **Leistungsklage** gelten die allgemeinen Voraussetzungen dieses Klagetyps. Grundsätzlich ist daher ein bestimmter, also bezifferter Klageantrag nach § 253 Abs. 2 Nr. 2 ZPO erforderlich. Das gilt grundsätzlich auch dann, wenn die genaue Höhe des Gewinns nicht auf Anhieb festzustellen ist. 150

2. Unbestimmter Antrag

Im hier eröffneten Anwendungsbereich des § 287 ZPO ist jedoch ein **unbezifferter Antrag zulässig,** wenn der Vortrag des Klägers eine **ausreichende Grundlage für die Schätzung des Gewinns** durch das Gericht enthält.[231] 151

II. Stufenklage

Wenn es dem klagenden Verbraucherverband selbst mit Blick auf die Befugnis des Gerichts zur Schätzung nach § 287 ZPO und die Minderung des Kostenrisikos durch § 92 Abs. 2 Nr. 2 ZPO nicht möglich ist, im strengen Sinne den Anspruch auf Anhieb gem. § 253 Abs. 2 Nr. 2 ZPO zu beziffern, kann er im Wege der **Stufenklage** vorgehen und den Beklagten zunächst zur **Auskunftserteilung** verurteilen lassen, § 254 ZPO.[232] 152

III. Feststellungsklage

Ebenso ist es möglich, eine Klage auf **Feststellung der Zahlungspflicht** zu erheben, wenn es nicht möglich ist, den Antrag abschließend zu beziffern. Kann beziffert werden, besteht für die Feststellungsklage kein Rechtsschutzbedürfnis.[233] Kann nicht beziffert werden, besteht zwischen der Feststellungsklage und dem Leistungsantrag unter Angabe der Größenordnung ein Wahlrecht. Ein berechtigtes Interesse an der Feststellung (§ 256 ZPO) ergibt sich nicht wie beim Schadenersatzanspruch bereits aus der kurzen Verjährung,[234] denn der Anspruch aus § 10 unterliegt der Regelverjährung des § 11 Abs. 4. Das berechtigte Interesse kann sich aber aus der Unsicherheit ergeben, ob ein Gewinn überhaupt gemacht wurde und wie hoch er zu beziffern ist.[235] 153

IV. Koppelung von Feststellungs- und Auskunftsklage

Der Kläger kann die Feststellungsklage mit einer Klage auf Auskunft verknüpfen. 154

[231] Vorschlag für den Antrag: „Die Beklagte wird verurteilt, an die Klägerin den Gewinn aus [Spezifizierung der Wettbewerbshandlung] in Höhe eines vom Gericht gemäß § 287 ZPO zu ermittelnden, gegebenenfalls zu schätzenden Geldbetrages nebst x% Zinsen auf diesen Betrag vom Tag der Klageerhebung an zu *zahlen"*; Beispiel in Anlehnung an den Klageantrag in BGH GRUR 1982, 489 – *Korrekturflüssigkeit*.

[232] OLG Stuttgart GRUR-RR 2007, 435 – *Veralteter Matratzentest;* OLG Naumburg, Urt. v. 27.6.2008, Az. 10 U 77/07 – *CONVENT-Kredit*.

[233] BGHZ 69, 144, 152.

[234] So zur Schadensersatzfeststellungsklage BGH GRUR 1992, 559 – *Mikrofilmanlage*.

[235] Vgl. zur parallelen Problematik bei der Schadensersatzklage Baumbach/Lauterbach/Albers/*Hartmann* § 256 ZPO Rdn. 79.

V. Der Auskunfts- und Rechnungslegungsanspruch im Zusammenhang mit dem Gewinnabschöpfungsanspruch

155 Ein ausdrücklich normierter Auskunftsanspruch für den klagenden Verband fehlt.[236] Es ist jedoch allgemein anerkannt, dass mit dem Gewinnabschöpfungsanspruch ein Anspruch auf Auskunft und Rechnungslegung gem. § 242 BGB einhergeht.[237] Zu den Voraussetzungen des Auskunftsanspruchs vgl. die Kommentierung Vor § 8 Rdn. 35ff.. Auch der Inhalt des auf die Gewinnabschöpfung bezogenen Auskunftsanspruchs wird in diesem Abschnitt behandelt (Vor § 8 Rdn. 80ff.).

IV. Abzug von Leistungen an Dritte oder den Staat nach Abs. 2

1. Regelungsziel

156 Abs. 2 regelt das Verhältnis des Gewinnabschöpfungsanspruchs zu den individuellen Ersatzansprüchen und weiteren staatlichen Sanktionen.

2. Vorrang individueller Ansprüche

157 **a) Deliktische Schadensersatzansprüche.** Die Regelung stellt klar, dass die **individuellen Schadenersatzansprüche** der Abnehmer, aber auch der Mitbewerber, **vorrangig zu befriedigen** sind. Der Gewinnabschöpfungsanspruch soll gerade verhindern, dass dem Unternehmer der aus dem Wettbewerbsverstoß erzielte Gewinn verbleibt. Soweit jedoch dieser Gewinn durch die Befriedigung der Ansprüche der Abnehmer ausgeglichen ist, ist die Rechtsschutzlücke bereits geschlossen. Entsprechend sind die nach § 9 erbrachten Schadensersatzleistungen oder die Leistungen zur Erfüllung der auf Grund der Zuwiderhandlung entstandenen deliktischen Ansprüche der Abnehmer bei der Berechnung des Gewinns abzuziehen.[238]

158 **b) Vertragliche und vorvertragliche Sekundäransprüche.** Abzuziehen sind auch die auf Grund vertraglicher Sekundäransprüche erbrachten Leistungen, sofern die zu Grunde liegende Leistungsstörung gleichzeitig einen Verstoß gegen § 3 darstellt.

159 Insbesondere bei irreführender Werbung kommen Ansprüche aus **Sachmängelgewährleistung** in Betracht. Nach § 434 Abs. 1 Satz 2 Ziff. 2 BGB liegt ein Sachmangel vor, wenn die gekaufte Sache sich nicht für die gewöhnliche Verwendung eignet und nicht eine Beschaffenheit aufweist, die bei Sachen der gleichen Art üblich ist und die der Käufer nach der Art der Sache erwarten kann. Zur Beschaffenheit in diesem Sinne gehören nach § 434 Abs. 1 Satz 3 BGB auch „Eigenschaften, die der Käufer nach den öffentlichen Äußerungen des Verkäufers, des Herstellers … oder seines Gehilfen insbesondere in der Werbung oder bei der Kennzeichnung über bestimmte Eigenschaften erwarten kann, …“. Unlautere Werbeaussagen mit einem Inhalt, der über die tatsächliche Beschaffenheit der Kaufsache hinausgeht, können also einen Mangel begründen.[239]

160 **Alle vertraglichen Sekundäransprüche,** die Kunden deshalb direkt gegen den unlauter werbenden Verkäufer geltend machen oder die im Wege des Rückgriffs gem. § 478 ein gutgläubiger Händler gegen den unlauter werbenden Hersteller durchsetzen kann, **führen zur Abzugsfähigkeit.** Das Gleiche gilt für **Ansprüche aus *culpa in contrahendo,*** jetzt §§ 280 Abs. 1, 241 Abs. 2, 311 Abs. 2 BGB.

3. Vorrang von Geldstrafen

161 Der Vorrang gilt auch für **Zahlungen auf Grund staatlicher Sanktionen** wie z.B. Geldstrafen.[240] Neben den in § 16 für irreführende Werbung sowie den in §§ 263 StGB, 143ff. MarkenG und 108ff. UrhG insbesondere für Piraterietatbestände ausdrücklich vorgesehenen Sanktionen einer **Geldstrafe** kann das Gericht auch nach §§ 73ff. StGB den **Verfall** dessen anordnen, was der Täter oder Teilnehmer für die rechtswidrige Tat oder aus ihr erlangt hat. Nach § 73 Abs. 3 StGB haftet ein Unternehmen für seine Mitarbeiter auf Gewinnherausgabe. Alle diese Zahlungen können ge-

---

[236] Angeregt wurde eine ausdrückliche Regelung von *Micklitz/Stadler* S. 125, 130.

[237] OLG Stuttgart GRUR-RR 2007, 435 – *Veralteter Matratzentest;* OLG Schleswig MMR 2013, 579, 584 – *Rücklastschriften.*

[238] RegE (BT-Drucks. 15/1487) S. 24.

[239] *Micklitz/Stadler* S. 41; Bamberger/Roth/*Faust* § 434 BGB Rdn. 80ff.

[240] RegE (BT-Drucks. 15/1487) S. 24; a.A. *Gärtner* GRUR Int. 2008, 817, 820.

genüber dem Gewinnabschöpfungsanspruch in Abzug gebracht werden, lassen aber selbstverständlich die individuellen Schadensersatzansprüche unberührt.

Der Bundesrat hatte demgegenüber kritisiert, dass es schon vom Zweck der Strafrechtsnormen her unvertretbar sei, eine verhängte Strafe auf zivilrechtliche Forderungen anzurechnen.[241] Dieser Einwand hatte mit Recht keinen Einfluss auf den Gesetzestext. Es ist durchaus sachgerecht, die als Sanktion und Abschreckung konzipierte Gewinnabschöpfung dann nicht eingreifen zu lassen, wenn diese Zwecke schon anderweit durch staatliche Strafen erfüllt sind. Angesichts der praktisch extrem geringen Bedeutung strafrechtlicher Verfahren und Sanktionen auf dem Sektor des Wettbewerbsrechts ist dies allerdings ein eher theoretisches als praktisches Problem. 162

4. Rückabwicklung

Satz 2 berücksichtigt die Fallkonstellation, dass der Unternehmer nach erfolgter Befriedigung des Gewinnabschöpfungsanspruches Ansprüche der Mitbewerber oder der Abnehmer befriedigt oder staatliche Sanktionen erfüllt. Da es nicht darauf ankommen kann, in welcher Reihenfolge die Ansprüche gestellt werden, ist konsequenterweise der abgeführte Gewinn in Höhe der nach Abführung geleisteten Zahlungen auf diese Forderungen herauszugeben. Im Rahmen der Zwangsvollstreckung kann dies über § 767 ZPO geltend gemacht werden.[242] 163

VII. Gesamtgläubigerschaft mehrerer Anspruchsberechtigter nach Abs. 3

Die Fallkonstellation, dass mehrere Berechtigte den Anspruch geltend machen, lässt sich mit Hilfe der Vorschriften des BGB zur **Gesamtgläubigerschaft** lösen; §§ 428–430 BGB. Nachdem der abgeführte Gewinn dem Bundeshaushalt zukommt, dürfte der Fall, dass es nicht zu einer Einigung der Anspruchsberechtigten darüber kommt, wer den Anspruch geltend macht, allerdings selten vorkommen. Gleichwohl hat der Gesetzgeber eine entsprechende Regelung nicht als von vornherein entbehrlich erachtet.[243] 164

VIII. Auskunfts- und Erstattungsansprüche nach Abs. 4

1. Allgemeines

Nach Abs. 1 kann der Anspruch auf Gewinnabschöpfung **nur zugunsten des Bundeshaushalts** geltend gemacht werden. Andererseits wird der Bundeshaushalt auch am Prozesskostenrisiko beteiligt, genauer gesagt: am **Delkredere-Risiko des Beklagten,** nicht aber an dem **allgemeinen Risiko, den Prozess ganz oder teilweise zu verlieren.** Diese – noch immer unzureichende – Risikobeteiligung ist überhaupt erst nach heftiger Kritik des Bundesrates mit den Beschlüssen des Rechtsausschusses in das Gesetz aufgenommen worden. Der Bundesrat hatte befürchtet, dass die Pflicht, nach Abs. 1 abgeschöpfte Gewinne an den Bundeshaushalt abzuführen, das gesamte Institut wirkungslos mache. Die klagebefugten Verbände würden von der Möglichkeit der Gewinnabschöpfung keinen Gebrauch machen, wenn sie im Unterliegensfall das volle Kostenrisiko tragen, im Falle des Obsiegens aber den Gewinn abführen müssten.[244] Auch in der Literatur wurde kritisiert, die Verbraucherverbände hätten angesichts dieser Risikoverteilung keinen Anreiz, *„für die Staatskasse die Kastanien aus dem Feuer zu holen."*[245] 165

2. Auskunft

Die Gläubiger haben der zuständigen Stelle des Bundes, dem **Bundesamt für Justiz,** über die Geltendmachung von Ansprüchen nach Abs. 1 Auskunft zu erteilen. Durch die Auskunftspflicht soll die Abwicklung zwischen der zuständigen Stelle des Bundes und den zur Geltendmachung des Gewinnabschöpfungsanspruchs Berechtigten erleichtert werden.[246] Ihrem Wortlaut nach beschränkt sich die Regelung des Abs. 4 Satz 1 auf einen bloßen Auskunftsanspruch. Die Fassung des Regierungsentwurfs sah zusätzlich noch eine Pflicht zur Rechenschaftslegung vor. Dies stand im Einklang mit der Konzeption des Regierungsentwurfs, nach der abgeschöpfte Gewinn zunächst vom klagen- 166

---

[241] Stellungnahme des Bundesrats (BT-Drucks. 15/1487) S. 34.
[242] RegE (BT-Drucks. 15/1487) S. 24.
[243] RegE (BT-Drucks. 15/1487) S. 24.
[244] Stellungnahme des Bundesrats (BT-Drucks. 15/1487) S. 34.
[245] *Stadler/Micklitz* WRP 2003, 559, 562.
[246] RegE (BT-Drucks. 15/1487) S. 24.

den Verbraucherverband eingenommen und sodann an den Bundeshaushalt abgeführt werden sollte. Eine Rechenschaft gegenüber dem Bund erübrigt sich jedoch, da nach der endgültigen Fassung des Abs. 1 der Anspruch ohnehin nur direkt auf Herausgabe des Gewinns an den Bundeshaushalt geht und dieser nicht zunächst in die Kasse des Verbraucherverbandes fließt.

3. Aufwendungsersatz

167 Die klagenden Verbraucherverbände können von der zuständigen Stelle des Bundes, dem Bundesamt für Justiz, **Erstattung der für die Geltendmachung des Anspruches erforderlichen Aufwendungen** verlangen, soweit sie vom Schuldner keinen Ausgleich erlangen können. Der Erstattungsanspruch ist auf die Höhe des an den Bundeshaushalt abgeführten Gewinns beschränkt.

168 Dieser Erstattungsanspruch erfasst nur die Fälle, in denen der Beklagte zwar die Kosten zu tragen hat, die Prozesskostenforderung aber uneinbringlich ist. Denn soweit der Beklagte nicht zur Kostentragung verpflichtet ist, wird es bereits an der Erforderlichkeit der Aufwendungen fehlen, etwa bei einer (Teil-)Abweisung einer Klage.[247] Damit nimmt der Bund den klagenden Verbraucherverbänden gerade nicht das allgemeine Prozessrisiko ab. Dies wirkt sich in der Praxis in erheblichem Umfang negativ auf die Bereitschaft der Verbände aus, den Gewinnabschöpfungsanspruch geltend zu machen, wenn die Gerichte nicht zu einer **großzügigen Anwendung** des **§ 92 Abs. 2 Nr. 2 ZPO** zugunsten der klagenden Verbände gelangen. Diese ist im Interesse der praktischen Effektivität des Gewinnabschöpfungsanspruchs **vonnöten.**[248]

IX. Das Bundesamt für Justiz als zuständige Stelle

169 Zuständige Stelle im Sinne der Abs. 2 und 4 ist das Bundesamt für Justiz, eine **selbständige Bundesoberbehörde im Geschäftsbereich des Bundesministeriums der Justiz** mit Sitz in Bonn.[249]

§ 11 Verjährung

(1) **Die Ansprüche aus den §§ 8, 9 und 12 Abs. 1 Satz 2 verjähren in sechs Monaten.**

(2) **Die Verjährungsfrist beginnt, wenn**

1. der Anspruch entstanden ist und

2. der Gläubiger von den den Anspruch begründenden Umständen und der Person des Schuldners Kenntnis erlangt oder ohne grobe Fahrlässigkeit erlangen müsste.

(3) **Schadensersatzansprüche verjähren ohne Rücksicht auf die Kenntnis oder grob fahrlässige Unkenntnis in zehn Jahren von ihrer Entstehung, spätestens in 30 Jahren von der den Schaden auslösenden Handlung an.**

(4) **Andere Ansprüche verjähren ohne Rücksicht auf die Kenntnis oder grob fahrlässige Unkenntnis in drei Jahren von der Entstehung an.**

Inhaltsübersicht

	Rdn.
A. Übersicht und Einführung	1
I. Wesen und Zweck der Verjährungsvorschriften	1
1. Leistungsverweigerungsrecht, kein Erlöschen des Anspruchs	3
2. Rechtfertigung der Verjährung	6
II. Von der Verjährung betroffene Ansprüche	10
1. Gesetzliche Ansprüche des UWG	11
a) Beseitigungsanspruch (§ 8 Abs. 1 1. Alt. UWG)	11
b) Unterlassungsanspruch bei Wiederholungsgefahr (§ 8 Abs. 1 S. 1, 2. Alt UWG)	12
c) Unterlassungsansprüche bei Begehungsgefahr	14
d) Schadensersatzansprüche	19
e) Bereicherungsansprüche	20
f) Gewinnabschöpfungsansprüche	21

[247] Stellungnahme des Bundesrats (BT-Drucks. 15/1487) S. 34.
[248] Vgl. oben Rdn. 107.
[249] Gesetz zur Errichtung und zur Regelung der Aufgaben des Bundesamtes für Justiz vom 17.12.2006 (BGBl. I S. 3171).

Rdn.
g) Abmahnkosten ... 23
h) Auskunftsanspruch ... 25
2. Vertragliche Ansprüche ... 29
3. Strafanspruch im Zwangsvollstreckungsverfahren ... 35
4. Verjährung des Strafanspruchs des Staats ... 36
III. Verjährungsfristen im Überblick, Regelfrist und Höchstfristen ... 37
1. Regelungstechnik ... 37
a) Kurze Verjährung: 6 Monate ... 38
b) Höchstfristen ... 39
2. Die Konkurrenz der Verjährungsfristen ... 42
3. Fristberechnung in der Praxis ... 47
a) Erster Arbeitsschritt ... 48
b) Zweiter Arbeitsschritt ... 49
c) Dritter Arbeitsschritt ... 50
d) Vierter Arbeitsschritt ... 51
IV. Konkurrenzen zu Verjährungsvorschriften in anderen Rechtsgebieten ... 52
1. Grundsatz ... 53
2. PatG, UrhG, GeschmMG ... 54
3. Markenrechtlicher Anspruch ... 55
4. GWB-Vorschriften ... 56
5. Ansprüche aus § 823 Abs. 1 BGB ... 57
6. Ansprüche aus § 824 BGB ... 60
7. Ansprüche aus § 826 BGB ... 61
8. Verstoß gegen Schutzgesetze (§ 823 Abs. 2 BGB) ... 62
9. Verstoß gegen Schutzgesetze (§ 823 Abs. 2 BGB) ... 63
V. Anwendbarkeit der BGB-Verjährungsvorschriften ... 64
B. Beginn der Verjährung ... 65
I. Vorbemerkung ... 65
II. Entstehung des Anspruchs ... 69
1. Verletzungsunterlassungsanspruch (§ 8 Abs. 1 Satz 1, 2. Alt. UWG) ... 70
a) Einmalige Tat ... 71
b) Dauerhandlung ... 72
c) Fortgesetzte (bzw. wiederholte) Handlung ... 77
2. Unterlassungsanspruch bei Begehungsgefahr (§ 8 Abs. 1 S. 2 UWG) ... 79
3. Schadensersatz ... 80
4. Gewinnabschöpfung ... 85
5. Abmahnkosten ... 86
III. Kenntnis ... 88
1. Grad der Kenntnis ... 89
2. Inhaber der Kenntnis ... 92
3. Grob fahrlässige Unkenntnis ... 95
C. Hemmung, Ablaufhemmung und Neubeginn der Verjährung ... 99
I. Allgemeines ... 99
II. Hemmung ... 100
1. Verhandlungen über den Anspruch ... 101
2. Anrufung der Einigungsstelle ... 104
3. Antrag auf Erlass einer einstweiligen Verfügung, Zustellung des Antrags oder der Beschlussverfügung ... 105
4. Erhebung der Klage (§ 204 Abs. 1 Nr. 1 BGB) ... 110
III. Neubeginn der Verjährung ... 117
D. Wirkung der Verjährung ... 120
I. Recht zur Leistungsverweigerung ... 120
II. Prozessuales ... 122
1. Einrede ... 122
2. Handlungsmöglichkeiten des Gläubigers ... 123
E. Sonstiges ... 128
I. Beweislast ... 128
II. Vereinbarungen über die Verjährung ... 129

Schrifttum: *Addicks,* Rechtshängigkeit und Verjährungsunterbrechung, MDR 1992, 331; *Ann/Barona,* Schuldrechtsmodernisierung und gewerblicher Rechtsschutz, 2002; *Bär-Bouyissière,* Anspruchsverjährung bei Verstoß gegen wettbewerbliche Unterwerfungserklärung, NJW 1996, 1657; *Baronikians,* Eilverfahren und Verjährung – Anmerkung zu dem Diskussionsentwurf eines Schuldrechtsmodernisierungsgesetzes, WRP 2001, 121; *Bitter/Alles,* Die Rechtsprechung zum Aufschub des Verjährungsbeginns bei unklarer Rechtslage, NJW 2011, 2081; *Foth,* Fortgesetzte Handlung und Verjährung, FS Nirk, 1992, 293; *Friedrich,* Verjährungshemmung durch Güteverfahren, NJW 2003, 1781; *Fritzsche,* Zum Verjährungsbeginn bei Unterlassungsansprüchen, in: FS Rolland 1999, S. 115; *ders.*, Unterlassungsanspruch und Unterlassungsklage 2000; *Kähler,* Verjährungshemmung nur bei Klage des Berechtigten?, NJW 2006, 1769; *Köhler,* Zur Verjährung des vertraglichen Unterlassungs- und Schadensersatzanspruchs, GRUR 1996, 231; *ders.*, Zur Geltendmachung und Verjährung von Unterlassungsansprüchen, JZ 2005, 489; *König,* Verfolgungsverjährung im Ordnungsmittelverfahren und Rückzahlung von Ordnungsgeld durch die Landeskasse, WRP 2002, 404; *Krieger, U.*, Zur Verjährung von Unterlassungsansprüchen auf dem Gebiete des gewerblichen Rechtsschutzes, GRUR 1972, 696; *Lakkis,* Der Verjährungsverzicht heute, ZGS 2003, 423; *Mansel,* Die Neuregelung des Verjährungsrechts, NJW 2002, 89; *Maurer,* Verjährungshemmung durch vorläufigen Rechtsschutz, GRUR 2003, 208; *Mees,* Schuldrechtsmodernisierung und Wettbewerbsrecht, WRP 2002, 135; *Messer,* Neue Rechtsfragen zur Verjährung des wettbewerblichen Unterlassungs- und Schadensersatzanspruchs, in: FS Helm 2002, S. 111; *Mönch,* Der Gewinnabschöpfungsanspruch nach § 10 UWG, ZIP 2004, 2032; *Neu,* Die Verjährung der gesetzlichen Unterlassungs-, Beseitigungs- und Schadensersatzansprüche des Wettbewerbs- und Warenzeichenrechts, GRUR 1985, 335, 345; *Ossenbrügge,* Die Verjährung von rechtskräftig festgestellten Unterlassungsansprüchen, WRP 1973, 320; *Ott,* Das neue Schuldrecht – Überleitungsvorschriften und Verjährung, MDR 2002, 1; *Peters,* Die Einrede der Verjährung als ein den Rechtsstreit in der Hauptsache erledigendes Ereignis, NJW 2001, 2289; *Rieble,* Verjährung „verhaltener Ansprüche" – am Beispiel der Vertragsstrafe, NJW 2004, 2270: *Rogge,* Zur Frage der Verjährung von Unterlassungsansprüchen gem. § 21 UWG, GRUR 1963, 345; *Rohlfing,* Verjährungsfristbeginn im Wettbewerbsrecht bei grob fahrlässiger Unkenntnis, GRUR 2006, 735; *Sack,* Das Verhältnis des UWG zum allgemeinen Deliktsrecht, FS Ullmann (2006) 825; *Schabenberger,* Zur Hemmung nach § 204 Abs. 1 Nr. 9 BGB in wettbewerbsrechtlichen Auseinandersetzungen, WRP 2002, 293; *Schulz,* Die neuen Verjährungsvorschriften im UWG, WRP 2005, 274; *Teplitzky,* Zur Unterbrechung und Hemmung der Verjährung wettbewerbsrechtlicher Ansprüche, GRUR 1984, 307; *Toussaint,* Verjährungshemmung durch selbständiges Beweisverfahren, FS Leenen (2012) 279; *Traub,* Unterbrechung der Verjährung durch Antrag auf einstweilige Verfügung, WRP 1997, 903; *ders.*, Hemmung oder Unterbrechung der Verjährung durch eine wettbewerbsrechtliche Schlichtung, in: FS Vieregge 1995, S. 869; *Trautmann,* Zum Einfluß des Vortrags von Rechtsansichten auf die Verjährung wettbewerbsrechtlicher Unterlassungsansprüche, DB 1986, 262; *Ulrich,* Die analoge Anwendung des § 21 UWG, WRP 1996, 379; *Ungewitter,* Zur Verjärhung des Aufwendungsersatzanspruchs bei Abmahnungen, GRUR 2012, 697; *Wagner,* Alternative Streitbeilegung und Verjährung, NJW 2001, 182.

A. Übersicht und Einführung

I. Wesen und Zweck der Verjährungsvorschriften

1 § 11 regelt die Verjährungsfristen für die zivilrechtlichen Ansprüche des UWG. Der Gesetzgeber hat in den Novellen seit 2004 an einer **eigenständigen Verjährung der UWG-Ansprüche** festgehalten.[1] Die Regelung gilt für die in den §§ 8, 9 und 12 Abs. 1 Satz 2 geregelten Ansprüche. Die kurze sechsmonatige Verjährungsfrist des früheren § 21 UWG a. F. bleibt also die Regel (Ausnahme: Gewinnabschöpfung nach § 10).[2] Die Rechtsfolgen der Verjährung sowie die Möglichkeiten ihrer Hemmung sind im BGB geregelt (§§ 214 ff. bzw. §§ 203 ff. BGB).

2 Von der Verjährung abzugrenzen ist die wegen des Zeitmoments verwandte **Verwirkung.**[3] Bei ihr handelt es sich um eine auf Treu und Glauben basierende, von allen Umständen des Einzelfalls abhängige, von Amts wegen zu berücksichtigende Einwendung. Das Verjährungsrecht demgegenüber ist ohne Wertungsmöglichkeiten streng normiert, d. h. eine Forderung ist durch Zeitablauf entweder verjährt oder (noch) nicht verjährt, die eingetretene Verjährung berechtigt zur Einrede.

1. Leistungsverweigerungsrecht, kein Erlöschen des Anspruchs

3 Nach Eintritt der Verjährung ist der Schuldner berechtigt, die Leistung zu verweigern (§ 214 Abs. 1 BGB).[4] Der Ablauf der Verjährungsfrist bringt den betroffenen Anspruch zwar nicht zum Erlöschen, eröffnet dem Schuldner aber die Möglichkeit, dessen **Erfüllung zu verweigern.** Im Zivilprozess wird die Verjährung beachtlich, wenn der beklagte Schuldner die Einrede erhebt; sie führt dann (ohne weitere Sachprüfung) zur Abweisung bzw. Erledigung des eingeklagten Anspruchs, weil dieser (jedenfalls) verjährt ist.

4 In Wettbewerbsstreitigkeiten sieht sich der Störer oft einer **Vielzahl von Gläubigern** gegenüber, die durch die unlautere Wettbewerbshandlung betroffen sind. Da der Verjährungsbeginn je nach Kenntnisstand der potenziellen Gläubiger differieren kann, tritt **Verjährung** zunächst **nur**

---

[1] BT-Drucks. Gesetzesbegründung: „Die Regelung der Verjährung lehnt sich an § 21 Abs. 1 UWG a. F. an."
[2] Vgl. dazu unten Rdn. 21.
[3] Hierzu und zu weiteren wettbewerbsrechtlichen Einwendungen (Abwehreinwand, Wahrnehmung berechtigter Interessen, Rechtsmissbrauch), oben *Goldmann,* Vor § 8 Rdn. 125 ff.
[4] Vgl. unten Rdn. 103 ff. und Rdn. 11.

inter partes ein, d. h. ein wettbewerbsrechtlicher Unterlassungsanspruch kann möglicherweise von einem der aktivlegitimierten Gläubiger wegen Verjährung nicht mehr durchgesetzt, von einem anderen aber noch erfolgreich eingeklagt werden.

Im Interesse des Rechtsfriedens gibt es aber absolute Grenzen, jenseits derer **inter omnes** Verjährung eintritt, vgl. § 11 Abs. 3 und 4. 5

2. Rechtfertigung der Verjährung

Verjährungsvorschriften belasten den Gläubiger, weil er nach eingetretener Verjährung mit seinem Anspruch im Prozess nicht mehr durchdringt. Umgekehrt begünstigen sie den Schuldner, den zu Unrecht in Anspruch genommenen[5] genauso wie den wirklichen Störer, der wegen Zeitablaufs „davonkommt". 6

Die Allgemeinheit und insbesondere auch die Gerichte haben ein Interesse daran, dass nach einem gewissen Zeitablauf **Rechtsfrieden** einkehrt. Die Gerichte sollen davor bewahrt werden, schwer aufklärbare Altsachverhalte entscheiden zu müssen.[6] Ihnen wird die Möglichkeit eröffnet, solche Klagen ohne Sachprüfung schnell zu erledigen. 7

Der BGH hat die kurze UWG-Verjährung damit gerechtfertigt, dass wegen der Schwierigkeiten der Tatsachenfeststellung gerade **im Wettbewerbsrecht ein besonderes Bedürfnis bestehe,** Streitigkeiten möglichst bald auszutragen; außerdem sei es Absicht des Gesetzgebers, den Verletzer nach Aufgabe der verletzenden Handlung von der Gefahr der Inanspruchnahme durch die unübersehbare Zahl der Anspruchsberechtigten möglichst bald zu befreien.[7] 8

Alles in allem hat sich die **kurze Verjährung im Lauterkeitsrecht bewährt.** Die wettbewerbsrechtliche Auseinandersetzung soll zeit- und marktnah geführt werden. Eine beendete Werbeaktion, die sechs Monate zurückliegt, hat in der Tat für das aktuelle Marktgeschehen kaum noch Bedeutung. Wird ein störendes wettbewerbswidriges Verhalten wiederholt, entsteht in der Regel ein neuer unverjährter Unterlassungsanspruch, so dass durch das Rechtsinstitut der Verjährung nicht die Gefahr entsteht, dass wettbewerbswidrige Handlungen zur gängigen Praxis und wegen Verjährung unangreifbar werden. 9

II. Von der Verjährung betroffene Ansprüche

Gemäß § 11 Abs. 1 gilt die kurze Verjährungsfrist **unmittelbar nur für die zivilrechtlichen Ansprüche aus §§ 8, 9 und 12 Abs. 1 Satz 2,** also für Beseitigungs- und Unterlassungs- sowie Schadensersatzansprüche und für Abmahnaufwendungen wegen unlauterer Wettbewerbshandlungen. Ob die kurze Verjährungsfrist des § 11 auch noch für weitere verwandte Ansprüche (z. B. den Auskunftsanspruch im Wettbewerbsprozess) die vertraglichen Ansprüche aus einer Unterwerfungserklärung oder den Vertragsstrafenanspruch Anwendung finden sollte, ist fraglich (dazu Rdn. 29, 32, 34). 10

1. Gesetzliche Ansprüche des UWG

a) Beseitigungsanspruch (§ 8 Abs. 1 1. Alt. UWG). Der wettbewerbsrechtliche Täter schuldet Beseitigung des störenden Zustands.[8] Dieser Anspruch unterliegt der kurzen Verjährung des § 11 Abs. 1.[9] Eine Unterlassungsklage hemmt die Verjährung des Beseitigungs- oder Widerrufsanspruchs aber nicht.[10] 11

b) Unterlassungsanspruch bei Wiederholungsgefahr (§ 8 Abs. 1 S. 1, 2. Alt. UWG). Die rechtsdogmatische Debatte,[11] ob Unterlassungsansprüche überhaupt verjähren können, ist ent- 12

---

[5] Mot. I 291: Hauptzweck der Verjährung ist Schutz des zu Unrecht in Anspruch genommenen Nichtschuldners, so auch BGH BB 1993, 1395.

[6] Schon der BGB-Gesetzgeber rechtfertigte die Verjährung sehr bildhaft mit der „verdunkelnden Macht der Zeit" (Mot. I 512), was allerdings die große Spannweite (von 6 Monaten bis zu 30 Jahren) der vom Gesetzgeber vorgesehenen Fristen nicht erklärt.

[7] BGH GRUR 1968, 367, 370 – *Corrida;* BGH GRUR 1984, 820, 823 – *Intermarkt II; Köhler*/Bornkamm, § 11 Rdn. 1.2; Ohly/*Sosnitza* § 11 Rdn. 1; GroßkommUWG/*Toussaint,* § 11 Rdn. 6.

[8] Vgl. oben *Goldmann* § 8 Rdn. 148 ff. und *Brüning,* Vor § 12 Rdn. 135 ff.

[9] Heute ausdrücklich gesetzlich geregelt, GroßkommUWG/*Toussaint,* § 11 Rdn. 17.

[10] BGH GRUR 1974, 99, 101 – *Brünova;* GRUR 1984, 820, 822 – *Intermarkt II;* MünchKommUWG/*Fritzsche,* § 11 Rdn. 197.

[11] *Rogge* GRUR 1963, 345; *Neu* GRUR 1985, 336; *Borck* WRP 1979, 34. Verjährbarkeit jetzt ganz allg. Meinung: Teplitzky/*Bacher,* Kap. 16 Rdn. 1; Fezer/*Büscher,* § 11 Rdn. 9; MünchKommUWG/*Fritzsche,* § 11 Rdn. 14; Ahrens/*Bornkamm,* Kap. 34 Rdn. 8.

schieden.[12] Schon der frühere § 21 UWG a. F. sprach ausdrücklich von der Verjährung der Ansprüche auf Unterlassung. Der jetzige Verweis auf § 8 ist eindeutig. Letzte Zweifel widerlegt § 194 Abs. 1 BGB. In Fällen, in denen eine Ersttat die Wiederholungsgefahr begründet, kann also der hierdurch entstandene Unterlassungsanspruch verjähren.

13 Einen wesentlichen **strukturellen Unterschied zur Leistungspflicht,** die ein Tun fordert, (z. B. vom Schuldner eines Geldbetrages) gibt es allerdings. Wenn der Unterlassungsanspruch verjährt ist und der Beklagte die Verjährungseinrede erhebt, wird die Unterlassungsklage abgewiesen, genauso wie die Zahlungsklage gegen den Geldschuldner. Dieser darf allerdings sein Geld behalten, er muss nicht leisten; der Unterlassungsschuldner indes muss trotz Prozessgewinns „erfüllen", indem er (wie auch in unverjährter Zeit) weiter unterlässt. Pointiert gesagt: Der Leistungsschuldner darf das Gegenteil von dem tun, was im Prozess von ihm verlangt wurde, der Unterlassungsschuldner muss genau das tun, was klageweise von ihm begehrt wird. Der Unterlassungsschuldner ist also in dem Sinne nicht berechtigt, die „Leistung zu verweigern" (§ 214 Abs. 1 BGB). Für ihn besteht die Wirkung der Verjährung darin, dass er sich erfolgreich gegen den Versuch seines Gegners wehren kann, die Unterlassungspflicht gerichtlich titulieren[13] zu lassen.

14 **c) Unterlassungsansprüche bei Begehungsgefahr.** Gemäß § 8 Abs. 1 Satz 2 besteht ein Anspruch auf Unterlassung bereits dann, wenn eine Zuwiderhandlung droht, also lediglich Begehungsgefahr vorliegt. Es ist umstritten, ob der vorbeugende Unterlassungsanspruch überhaupt verjähren kann. Überwiegend wird noch vertreten, solange die Begehungsgefahr andauere, komme eine Verjährung nicht in Betracht. Wenn die Erstbegehungsgefahr nicht mehr vorliege, entfalle der vorbeugende Unterlassungsanspruch als solcher.[14] Der Gesetzgeber des neuen UWG ist durch seinen Verweis in § 11 Abs. 1 UWG auf den gesamten § 8 offenbar davon ausgegangen, dass auch der Anspruch gemäß § 8 Abs. 1 Satz 2 der Verjährung unterliegt. Für die Verjährbarkeit spricht auch § 11 Abs. 2 Nr. 1, der die Verjährung mit der Entstehung des Anspruchs und gerade anders als der § 199 Abs. 5 BGB nicht mit einer Zuwiderhandlung anlaufen lässt. Viele Kommentatoren des neuen UWG sind deshalb der Auffassung, dass auch der **vorbeugende Unterlassungsanspruch verjähren** kann.[15] Dem ist zuzustimmen.[16]

15 Die **Erstbegehungsgefahr** muss einen **tatsächlichen Anknüpfungspunkt** haben, aus dem sich die drohende Zuwiderhandlung ableiten lässt, z. B. eine Berühmung oder eine Vorbereitungshandlung, die eine Zuwiderhandlung erwarten lässt.[17] Hat der Unterlassungsgläubiger Kenntnis von diesen Anknüpfungstatsachen, so ist ihm zuzumuten, innerhalb der 6 Monate des § 11 zu agieren. Ansonsten hat er keinen Anspruch mehr auf eine gerichtliche Titulierung seines vorbeugenden Unterlassungsanspruchs.

16 Sollte sich die **Gefahr realisieren,** weil die zunächst nur drohende, sich in einer tatsächlichen Zuwiderhandlung manifestiert hat, so ist ohnehin eine **neue Situation** entstanden, die eine neue Verjährungsfrist für den Verletzungsunterlassungsanspruch nach § 8 Abs. 1 Satz 1 anlaufen lässt.[18]

17 Auch das OLG Stuttgart[19] hat eine Verjährung des vorbeugenden Unterlassungsanspruchs angenommen, wenn dieser mit einer abgeschlossenen Handlung begründet wird. Dies wird in vielen Fällen so sein. Also verjährt auch der vorbeugende Unterlassungsanspruch, wenn der Gläubiger innerhalb der ihm eingeräumten sechs Monate nach Kenntnis nichts unternimmt.[20]

18 Wenn die **Anknüpfungstatsachen,** die zur Annahme berechtigen, dass eine Zuwiderhandlung droht, **auf Dauer angelegt** sind, geht von ihnen (wie von einer Dauerhandlung) Tag für Tag aufs Neue die Gefahr aus, dass etwas passiert. Verjährungsrechtlich lässt sich dies so deuten, dass diese Gefahrenquelle kontinuierlich neue Verjährungsfristen anlaufen lässt.[21] Als Beispiel wird immer wieder die noch nicht in Benutzung genommene, aber bereits angemeldete bzw. eingetragene Mar-

---

[12] BGH GRUR 1979, 121, 122 – *Verjährungsunterbrechung.*

[13] *Borck* WRP 1979, 341, 343; *Rogge* GRUR 1963, 345.

[14] So *Teplitzky* bis zur 8. Aufl., Kap. 16 Rdn. 4, sowie BGH GRUR 1966, 623, 626 und GRUR 1979, 121, 122 – *Verjährungsunterbrechung* (obiter dictum: Bei Begehungsgefahr keine Verjährung).

[15] *Köhler*/Bornkamm, § 11 Rdn. 1.3; Fezer/*Büscher,* § 11 Rdn. 12; MünchKommUWG/*Fritzsche,* § 11 Rdn. 17 und 20; GroßkommUWG/*Toussaint,* § 11 Rnd. 21; Teplitzky/*Bacher* Kap. 16 Rdn. 5; Ahrens/*Bornkamm* Kap. 34 Rdn. 11; Gloy/Loschelder/Erdmann/*Schwippert,* HdbWettbR, § 83 Rdn. 20.

[16] *Schulz* WRP 2005, 274, 277.

[17] BGH GRUR 1988, 313 – *Auto F. GmbH* und BGH GRUR 1987, 125, 126 – *Berühmung.*

[18] *Schulz* WRP 2005, 274, 277.

[19] WRP 1993, 351, 350.

[20] So auch Ahrens/*Bornkamm* Kap. 34 Rdn. 11; GroßkommUWG/*Toussaint,* § 11 Rdn. 22.

[21] Die Inhaberschaft einer unbenutzten Marke beispielsweise rechtfertigt die Vermutung, dass der Inhaber sie für die beanspruchten Waren und Dienstleistungen auch benutzt, vgl. Ekey/Klippel/*von Hellfeld,* MarkenR, § 20 Rdn. 42 und *Ingerl/Rohnke,* MarkenG, § 20 Rdn. 16.

ke genannt. Das Registerrecht ist die Anknüpfungstatsache für die vermutlich bevorstehende Benutzung für die beanspruchten Waren und Dienstleistungen. Der vorbeugende Unterlassungsanspruch verjährt bei dieser Sachlage nicht, solange die Marke existiert.[22]

d) Schadensersatzansprüche. § 9 gibt dem Mitbewerber einen Anspruch auf **Schadensersatz,** wenn der Wettbewerbsverstoß vorsätzlich oder fahrlässig begangen wurde. Auch dieser Anspruch unterliegt der **kurzen Verjährung.** Bei einer andauernden Rechtsverletzung oder wiederholten Verletzungshandlungen ist hier vor allem die Frage des Fristbeginns zu diskutieren.[23] 19

e) Bereicherungsansprüche. Neben dem UWG-Schadensersatzanspruch wird in Fällen der Verletzung von Rechtspositionen mit Zuweisungsgehalt auch ein **bereicherungsrechtlicher Anspruch** gegeben sein.[24] Ein solcher paralleler Anspruch unter dem Gesichtspunkt der Eingriffskondiktion ist insbesondere denkbar in Fällen des lauterkeitsrechtlichen Nachahmungsschutzes gem. § 4 Nr. 9 UWG. Nach herrschender Meinung[25] soll der bereicherungsrechtliche Anspruch der **gesetzlichen Verjährung des § 195 BGB** unterliegen. Dem ist zu folgen. Diese Sichtweise entspricht dem Rechtsgedanken des § 852 BGB (Herausgabe des Erlangten trotz Verjährung des Schadensersatzanspruchs). 20

f) Gewinnabschöpfungsansprüche. § 10 eröffnet einen **Gewinnabschöpfungsanspruch** zugunsten des Bundeshaushalts, der von den nach § 8 Abs. 3 Nr. 2–4 aktivlegitimierten Verbänden und Einrichtungen beigetrieben werden kann. Dieser Komplex ist im Laufe des Gesetzgebungsverfahrens bewusst aus dem Kreis der gemäß § 11 Abs. 1 schnell verjährenden Ansprüche herausgenommen worden.[26] Nach herrschender Meinung soll hier die **Verjährung des § 11 Abs. 4** maßgeblich sein.[27] Richtigerweise wird man aber den § 11 Abs. 4 so lesen müssen, dass er nur die in § 11 Abs. 1 genannten Ansprüche betrifft und insoweit die Alternative zu § 11 Abs. 3 bildet, der eine Sonderregelung für Schadensersatzansprüche vorsieht. 21

Dies bedeutet, dass im UWG für den Gewinnabschöpfungsanspruch gar keine Verjährungsregelung vorgesehen ist und dieser nach **allgemeinen Regeln** verjährt, also nach **§ 195 BGB;** die Frist beginnt mit dem Jahresultimo gemäß § 199 BGB.[28] 22

g) Abmahnkosten. Der UWG-Reformgesetzgeber hat die langjährige und in der Praxis so wichtige Frage nach der Erstattungsfähigkeit der **Abmahnkosten** in zweierlei Hinsicht entschieden. Es gibt jetzt erstens eine originäre Anspruchsgrundlage im UWG für die Abmahnkosten, nämlich in § 12 Abs. 1 Satz 2. Dieser Anspruch unterliegt zweitens der **kurzen Verjährung.**[29] Diese greift auch dann ein, wenn der Anspruchsteller die Abmahnkosten auf Grund von GoA-Anspruchsgrundlagen oder als Schadensersatz aus § 9 UWG[30]verlangt, es sei denn, der abgemahnte Rechtsverstoß findet seine Grundlage nicht im UWG. Diese verjährungsrechtliche Gleichbehandlung ist gerechtfertigt, denn die Kodifizierung in § 12 Abs. 1 Satz 2 ist letztlich die Bestätigung des früheren Richterrechts zur GoA. Die Abmahnkostenverjährung folgt den Vorschriften der Verjährung des jeweils abgemahnten Unterlassungsanspruchs. Abmahnkosten z. B. aus einem Markenstreit verjähren also gemäß § 20 MarkenG entsprechend §§ 195, 199 BGB.[31] 23

Die kurze Verjährung gilt auch für die Kosten des **Abschlussschreibens,** wenn dieses in einem Wettbewerbsstreit versandt wurde, auch für die Kosten der Rechtsverteidigung gegen eine unberechtigte Abmahnung.[32] Zum Verjährungsbeginn siehe unten Rdn. 86. 24

h) Auskunftsanspruch. Der UWG-Gesetzgeber hat – anders als etwa im Patent-, Marken- oder Urheberrecht – davon abgesehen, einen eigenen Auskunftsanspruch zu normieren. Zur **Vor-** 25

---

[22] GRUR 2008, 912, Rdn. 30 – *Metrosex;* GRUR 2010, 838, Rdn. 29, 30 – *DDR-Logo;* MünchKomm-UWG/*Fritsche § 11* Rdn. 21.

[23] Unten Rdn. 80 ff.

[24] *Köhler*/Bornkamm § 9 UWG, Rdn. 3.1 bis 3.7, BGH GRUR 1982, 301 – *Kunststoffhohlprofil II.*

[25] *Köhler*/Bornkamm § 9 UWG, Rdn. 3.7, § 11, Rdn. 1.13; MünchKommUWG/*Fritsche* § 11, Rdn. 76; BGH NJW 1971, 2023 – Gasparone II.

[26] BT-Drucks. 15/1487 S. 35 f., 44.

[27] *Köhler*/Bornkamm, § 11 Rdn. 1.3; Ohly/*Sosnitza* § 11 Rdn. 32; Ahrens/*Bornkamm* Kap. 34 Rdn. 21, ausführlich Fezer/*Büscher* § 11 Rdn. 51.

[28] *Schulz,* WRP 2005, 274 f.; ebenso MünchKommUWG/*Fritzsche,* § 11 Rdn. 39–41; mit vertiefter Begründung.

[29] So auch schon zum alten Recht BGH GRUR 1992, 176, 177 – *Abmahnkostenverjährung,* allerdings nur, wenn ein UWG-Verstoß abgemahnt wurde.

[30] Zur Problematik vgl. oben *Goldmann* § 9 Rdn. 115 ff.

[31] Teplitzky/*Bacher,* Kap. 41 Rdn. 97.

[32] OLG Hamm, BeckRS 2010, 6644; für das Abschlussschreiben GroßkommUWG/*Toussaint,* § 11 Rdn. 26; Fezer/*Büscher* UWG § 11 Rdn. 8; Teplitzky/*Bacher,* Kap. 16, Rdn. 22a.

bereitung eines bezifferten Schadensersatzanspruchs benötigt der Gläubiger aber oftmals Auskünfte vom Verletzer. Deshalb wird von Rechtsprechung und Lehre ein unselbstständiger Auskunfts- und Rechnungslegungsanspruch gewohnheitsrechtlich anerkannt; dies gilt auch und gerade zur Vorbereitung des Schadensersatzanspruchs nach § 9.[33] Fraglich ist nun, ob der Auskunftsanspruch eine eigene Verjährung hat oder eine mit dem Anspruch verknüpfte, dem er dienen soll. Eine Meinung orientiert sich an der Verjährung des Hauptanspruchs.[34] Die unselbständige Auskunft dient entweder der Vorbereitung des Beseitigungsanspruchs oder der Vorbereitung der Bezifferung des Schadensersatzes. Die absoluten Fristen wären also u. U. unterschiedlich, je nachdem, ob die Auskunft diesem oder jenem Anspruch dienen soll.

26 Eine im Vordringen befindliche Meinung möchte auf den Auskunftsanspruch die **Regelverjährung der §§ 195, 199 BGB** anwenden, also **nicht die kurze Frist des § 11 Abs. 1.**[35] Diese Ansicht ist vorzugswürdig. Der Auskunftsanspruch wird in § 11 Abs. 1 nicht genannt. Die Lehre von der Selbständigkeit der Auskunftsverjährung begünstigt z. B. denjenigen Gläubiger, der zunächst verjährungshemmend nur den Schadensersatzfeststellungsantrag geltend gemacht hat und erst später einen Auskunftsantrag im Wege der Klageerweiterung nachschiebt.

27 Die Regelverjährung des § 195 BGB gibt mehr Zeit. So kann es ein **berechtigtes Interesse** daran geben, auch Auskünfte über das Ausmaß der Rechtsverletzung zu erhalten, selbst wenn der Schadensersatzanspruch bereits verjährt ist, denn der Gläubiger könnte mit dem verjährten Schadensersatzanspruch noch **aufrechnen** wollen, vgl. § 215 BGB. Ohne berechtigtes Interesse an der Auskunftserteilung entfällt jedoch der Anspruch mit Verjährung des Hauptanspruchs.[36]

28 Es gibt aber auch eine Ungereimtheit, nämlich den **Widerspruch zwischen den Fristen für die absolute Verjährung.** Der Auskunftsanspruch würde gemäß § 199 Abs. 4 absolut in zehn Jahren von der Entstehung an verjähren, der wettbewerbsrechtliche Schadensersatz u. U. erst in 30 Jahren, § 11 Abs. 3. Dieser sehr spät entstehende Schaden bliebe also u. U. ohne korrespondierenden Auskunftsanspruch.

2. Vertragliche Ansprüche

29 Mitbewerber untereinander, aber auch Mitbewerber und Verbände schließen nicht selten Verträge über UWG-rechtliche Rechtsverhältnisse, namentlich **vertragsstrafebewehrte Unterlassungsverpflichtungen,** wie sie der Gesetzgeber jetzt in § 12 Abs. 1 S. 1 auch ausdrücklich als gängiges Institut im Wettbewerbsrecht anerkennt. Die Unterwerfungserklärung enthält mindestens zwei Regelungen:

- Eine vertragliche **schuldrechtliche Verpflichtung,** ein Verhalten **zu unterlassen** (Vertrag *sui generis* gemäß §§ 311 Abs. 1, 780, 781 BGB).[37] Der Inhalt dieser Unterlassungsverpflichtung wird zumeist am konkreten Verletzungstatbestand ausgerichtet, zuweilen in einer verallgemeinerten Form. Oft verpflichtet sich der Schuldner vertraglich, das zu unterlassen, was das materielle Recht ohnehin verbietet.[38]
- Für den Fall des Verstoßes gegen die vertragliche Unterlassungsverpflichtung verspricht der Schuldner die **Zahlung einer Vertragsstrafe.** Die Vertragsstrafe ist mit der Zuwiderhandlung verwirkt (§ 339 Satz 2 BGB), wobei im Wettbewerbsrecht regelmäßig nur ein mindestens fahrlässiger Verstoß die Vertragsstrafe auslöst.[39]

30 Solange sich der Schuldner an die eingegangene Unterlassungsverpflichtung hält, stellt sich die Frage der Verjährung nicht. Der Vertrag bindet, solange er in Kraft ist, tendenziell zeitlich unbegrenzt.[40] Dies klingt auf den ersten Blick überraschend, verjähren doch sogar rechtskräftig festgestellte Ansprüche gemäß § 197 Abs. 1 Nr. 3 in 30 Jahren. Die Erklärung für die **fehlende zeitliche Begrenzung** liegt im Wesen des Unterlassungsanspruchs. Der Unterlassungsanspruch, gegen den

---

[33] Unten *Brüning* Vor § 12 Rdn. 152 ff.; BGH GRUR 1994, 630, 632 – *Cartier-Armreif;* BGH GRUR 2001, 841, 842 – *Monumenta Germaniae Historiae.*

[34] BGH GRUR 1972, 558, 560 – *Teerspritzmaschinen; Ohly*/Sosnitza § 9 Rdn. 36 und § 11 Rdn. 24.

[35] *Köhler*/Bornkamm, § 11 Rdn. 1.17; GroßkommUWG/*Toussaint,* § 11 Rdn. 30; Ahrens/*Bornkamm,* Kap. 34 Rdn. 20; Teplitzky/*Bacher,* Kap. 38, Rdn. 37, jetzt auch OLG Köln Beck RS 2015, 03473 Tz. 25.

[36] *Köhler*/Bornkamm, § 11 Rdn. 1.17; OLG Hamburg Beck RS 2010, 24467; BGH NJW 1990, 180, 181.

[37] BGH GRUR 1995, 678, 679 – *Kurze Verjährungsfrist;* WRP 1997, 318, 320 – *Altunterwerfung II;* GRUR 1998, 953, 954 – *Altunterwerfung III.*

[38] Ist der Vertragswortlaut allgemeiner gefasst, gilt dieser, BGH GRUR 1992, 61, 62 – *Preisvergleichsliste.*

[39] BGH GRUR 1985, 1065 – *Erfüllungsgehilfe;* BGH GRUR 1988, 161, 562 – *Verlagsverschulden;* BGH NJW 1972, 1893, 1895 – *Rabatt-Sparmarken;* BGH GRUR 1982, 688, 691 – *Senioren-Pass.*

[40] Zur Kündigungsmöglichkeit BGH GRUR 1997, 382 – *Altunterwerfung I;* GRUR 2001, 85 – *Altunterwerfung IV.*

nicht verstoßen wird, wird durch die Befolgung des Unterlassungsgebots ja gerade erfüllt, der Gläubiger kann nichts anderes verlangen, mithin kann auch keine Verjährung eintreten.[41]

Die Verjährungsproblematik wird erst virulent, wenn ein **Verstoß** gegen den Unterlassungsvertrag vorliegt. Der Gläubiger kann nun erstens die verwirkte Vertragsstrafe verlangen, und er kann zweitens den vertraglichen Unterlassungsanspruch geltend machen. Für beide Ansprüche stellt sich die Verjährungsfrage. 31

Der **vertragliche Unterlassungsanspruch** hatte den gesetzlichen UWG-Anspruch bei Abschluss des ersten Unterwerfungsvertrages ersetzt.[42] Jener verjährt wegen seiner Parallelität zum UWG-Anspruch analog innerhalb der gleichen kurzen Frist.[43] Dies führt zum Gleichlauf der Verjährung mit dem durch den Verstoß erneut ausgelösten[44] gesetzlichen Unterlassungsanspruch. 32

Der Verstoß gegen die vertragliche Unterlassungsverpflichtung kann ferner **vertragliche Schadensersatzansprüche** auslösen. Auch für diese Ansprüche aus positiver Vertragsverletzung gilt die kurze Verjährungsfrist analog § 11.[45] Fraglich ist dies allerdings, wenn kein konkurrierender UWG-Anspruch besteht.[46] 33

Der Anspruch auf Zahlung der **Vertragsstrafe** indes verjährt in der regelmäßigen Frist des § 195 BGB.[47] Eine auf Analogie beruhende **Verkürzung** der gesetzlichen BGB-Verjährung ist bezüglich der Vertragsstrafe **nicht veranlasst** und nicht interessengerecht,[48] zumal die frühere krasse Differenz von sechs Monaten einerseits zu 30 Jahren andererseits heute erheblich abgemildert ist. Hätte der Gläubiger seinen Unterlassungsanspruch tituliert, hätte für das Bestrafungsverfahren die zweijährige Frist des Art. 9 EGStGB gegolten. Die regelmäßige Verjährung gemäß § 195 BGB ist in der Größenordnung entsprechend. Allerdings birgt der lange Zeitraum von drei Jahren, der nun auch erst mit dem Jahresultimo anläuft, die Gefahr, dass Vertragsstrafengläubiger Einzelverstöße horten und gegen Ende der Fristen mit gelegentlich exzessiven Vertragsstrafenforderungen auftreten.[49] 34

3. Strafanspruch im Zwangsvollstreckungsverfahren

Besitzt der wettbewerbsrechtliche Gläubiger bereits einen Unterlassungstitel und verstößt der Schuldner hiergegen, so gilt für die Zwangsvollstreckungs-Verjährung gemäß § 890 ZPO nicht § 11, sondern **Art. 9 EGStGB:** Zwei Jahre ab Beendigung der Handlung. Diese Verjährung wird vom Gericht von Amts wegen geprüft.[50] 35

4. Verjährung des Strafanspruchs des Staates

Auch das neue UWG enthält Strafvorschriften. Die Verfolgungsverjährung richtet sich insoweit nach § 78 Abs. 3 Nr. 4 StGB (fünf Jahre). 36

III. Verjährungsfristen im Überblick, Regelfrist und Höchstfristen

1. Regelungstechnik

Das Gesetz sieht eine **Regelfrist** von sechs Monaten und verschiedene **Höchstfristen** vor. 37

a) Kurze Verjährung: sechs Monate. Die Regelverjährung **für alle** von § 11 erfassten **Ansprüche** beträgt 6 Monate. Sie gilt, wenn der Anspruch entstanden ist und der Gläubiger Kenntnis 38

---

[41] So auch BGH GRUR 1972, 721 – *Kaffeewerbung.*

[42] BGH GRUR 2001, 85, 86 – *Altunterwerfung IV;* Ahrens/*Schulte* Kap. 9 Rdn. 4.

[43] BGH WRP 1995, 820 – *Kurze Verjährungsfrist;* Teplitzky/*Bacher,* Kap. 16 Rdn. 21; *Köhler*/Bornkamm, § 11 Rdn. 1.15; Fezer/*Büscher,* § 11 Rdn. 15; Ahrens/*Bornkamm* Kap. 34 Rdn. 23; Ohly/*Sosnitza* § 11 Rdn. 7; *Schulz,* WRP 2005, 274, 275.

[44] BGH GRUR 1995, 678, 680 – *Kurze Verjährung;* BGH GRUR 1980, 241, 242 – *Rechtsschutzbedürfnis;* Köhler/*Bornkamm,* § 12, Rdn. 1.157.

[45] Zust. *Ulrich,* WRP 1996, 379; GK-UWG/*Toussaint,* § 11 Rdn. 42.

[46] *Köhler,* GRUR 1996, 231, 233; *Köhler*/Bornkamm, § 11 Rdn. 1.15.

[47] BGH GRUR 1992, 61, 63 – *Preisvergleichsliste* und BGH GRUR 1995, 678, 680 – *Kurze Verjährungsfrist; Köhler*/Bornkamm, § 11 Rdn. 1.15; MünchKommUWG/*Fritzsche,* § 11 Rdn. 59f.; Ohly/*Sosnitza,* § 11 Rdn. 7.

[48] BGH GRUR 1995, 680f.; Arg: Vollstreckungsverjährung zwei Jahre.

[49] Manches lässt sich hier mit dem Begriff der natürlichen Handlungseinheit angemessen würdigen, vgl. BGHZ 146, 318, 326 – *Trainingsvertrag* oder mit Billigkeitserwägungen, BGH GRUR 2009, 181 – *Kinderwärmekissen;* GRUR 1984, 72, 74 – Vertragsstrafe für versuchte Vertreterabwerbung; GRUR 1998, 471, 473f. – *Modenschau im Salvatorkeller.*

[50] BayObLG WuM 1995, 443.

von den wesentlichen Umständen hatte oder nur auf Grund grober Fahrlässigkeit nicht besaß (§ 11 Abs. 1 und 2).

39 **b) Höchstfristen.** Die Regelfrist mag im Einzelfall deshalb nicht anlaufen, weil der Gläubiger die in § 11 Abs. 2 Nr. 2 erforderliche Kenntnis nicht hat und ihm insoweit auch keine grobe Fahrlässigkeit vorgeworfen werden kann. Eine Tat könnte, wenn es nur die Regelverjährung gäbe, u. U. noch viele Jahre oder gar Jahrzehnte später geltend gemacht werden, wenn der Gläubiger nun erst Kenntnis erlangt. Für diese Fälle hat der Gesetzgeber, der Regelungstechnik des § 199 BGB entsprechend, **Höchstfristen** vorgesehen und dabei **zwischen Schadensersatzansprüchen und anderen Ansprüchen differenziert.**

40 *aa)* **Schadensersatzansprüche** verjähren ohne Kenntnis des Gläubigers (wobei grob fahrlässige Unkenntnis wie Kenntnis behandelt wird) **zehn Jahre** nach ihrer Entstehung (§ 11 Abs. 3 1. Alt.). Wenn noch kein Schadensersatzanspruch entstanden ist (d. h. kein Schaden jedenfalls im Ansatz verursacht wurde), gilt eine absolute Verjährung, die spätestens 30 Jahre nach der den Schaden auslösenden Handlung eintritt.

41 *bb) Absolute Frist bei allen sonstigen Ansprüchen.* Die **anderen von § 11 Abs. 1 erfassten Ansprüche** verjähren ohne Rücksicht auf die Kenntnis des Gläubigers **drei Jahre** nach ihrer jeweiligen Entstehung.

2. Die Konkurrenz der Verjährungsfristen

42 Die **Konkurrenz von Regelverjährung und Höchstfristverjährung** kann in Fällen der Überlagerung zu Verständnisschwierigkeiten führen.

43 Die Frist zur **absoluten Verjährung** läuft in jedem Fall an, die **kurze Regelverjährung** nur bei Kenntnis bzw. fahrlässiger Unkenntnis. Der betroffene Anspruch ist verjährt, wenn und sobald eine der Fristen abgelaufen ist.

44 **Beispiel:** Der Gläubiger erfährt am Tag des Wettbewerbsverstoßes davon und weiß auch, wer der Schuldner ist. Die Verjährungsfrist für den Verletzungsunterlassungsanspruch läuft als Regelfrist des § 11 Abs. 1 i. V. m. Abs. 2 Nr. 1 und 2 also an diesem Tage an und endet sechs Monate später. Am gleichen Tag läuft auch die absolute Verjährungshöchstfrist gemäß § 11 Abs. 4 von drei Jahren an. Sie endet also erst zweieinhalb Jahre nachdem bereits die Regelverjährungsfrist abgelaufen war. Maßgeblich ist hier die Regelfrist.

45 Wenn der Gläubiger des obigen Beispiels von Wettbewerbsverstoß und Täter erst nach zwei Jahren und elf Monaten erfährt, so zeigt sich folgendes Bild:

Die Höchstfrist ist mit der Tat angelaufen (Entstehung des Anspruchs), die Regelfrist erst zwei Jahre elf Monate danach und würde erst sechs Monate später, also drei Jahre und fünf Monate nach der Tat ablaufen. Der Unterlassungsanspruch verjährt allerdings gemäß § 11 Abs. 4 bereits drei Jahre nach der Tat, und zwar „ohne Rücksicht auf die Kenntnis". Hier ist die Höchstfrist maßgeblich.

46 Dies bedeutet, in engen Fallkonstellationen kann dem Gläubiger nur noch ganz kurze Zeit verbleiben, um zu handeln. Dies ist aber auch nicht ungerecht, denn, hätte er drei Jahre und ein Tag nach der Tat Kenntnis erlangt, wäre dies auch nur eine Nachricht über einen schon verjährten Unterlassungsanspruch gewesen.

3. Fristberechnung in der Praxis

47 Das Verjährungsrecht ordnet eine Rechtsfolge für den Fall an, dass eine Frist, nämlich die Verjährungsfrist abgelaufen ist. Von entscheidender Bedeutung ist deshalb zunächst die Frage, wann die entsprechende **Frist zu laufen begonnen** hat. Die relevanten **Ereignisse** sind für alle Ansprüche die folgenden:
– Entstehung des Anspruchs,
– Kenntnis des Gläubigers (grob fahrlässige Unkenntnis ist gleichgestellt).

Für den Schadensersatzanspruch gibt es noch ein weiteres relevantes Ereignis:
– die Handlung, die zu einem Schaden führen kann.

48 **a)** Um den Verjährungstatbestand sachgerecht bearbeiten zu können, ist deshalb in einem **ersten Schritt** festzustellen, wann objektiv der jeweils in Rede stehende Anspruch (z. B. Unterlassungs- oder Schadensersatzanspruch) entstanden ist. Aus der Gesetzessystematik ist klar erkennbar, dass der Anspruch entstehen kann, ohne dass der Gläubiger hiervon Kenntnis hat.

49 **b)** In einem **zweiten Bearbeitungsschritt** ist dann zu prüfen, wann der konkrete Anspruchsteller Kenntnis von den relevanten Umständen erlangt hat (oder hätte erlangen müssen).

c) In einem **dritten Arbeitsschritt** wird man die Fristen ausrechnen, die durch die verschiedenen Ereignisse in Lauf gesetzt werden. Durch den Zeitpunkt der Entstehung des Anspruchs werden, wie gezeigt, die absoluten Verjährungshöchstfristen in Lauf gesetzt. Mit dem Hinzukommen der Kenntnis läuft die Regelverjährung an, normalerweise wohl zeitlich später. 50

In Schadensersatzfällen hat man noch zusätzlich die 30-jährige Frist in den Blick zu nehmen, die durch die (erst später) schadenstiftende Handlung als Ereignis in Lauf gesetzt wird.

d) In einem **vierten und letzten** Arbeitsschritt wird festgestellt, welche der verschiedenen nebeneinander laufenden Fristen als erste abläuft. Diese ist die maßgebliche Verjährungsfrist für den konkreten Fall. 51

IV. Konkurrenzen zu Verjährungsvorschriften in anderen Rechtsgebieten

Gerade weil die Regelverjährung des § 11 Abs. 1 so schnell eintritt, stellt sich in Fällen, in denen sich der Gläubiger auf mehrere Anspruchsgrundlagen und namentlich auch auf solche außerhalb des UWG stützt, die Frage des **Konkurrenzverhältnisses der Verjährungsvorschriften,** wobei die Gläubiger naturgemäß die Anwendung der Regelverjährung des §§ 195 ff. BGB bzw. anderer spezialgesetzlicher Verjährungsvorschriften außerhalb des UWG anstreben, die Schuldner indes die einheitliche Verjährung unter dem Regime des § 11 Abs. 1 wünschen werden. 52

1. Grundsatz

Kann der Kläger seine Anträge auch auf **Anspruchsgrundlagen** stützen, die mit den UWG-Ansprüchen konkurrieren, so gilt für jede Anspruchsgrundlage die für sie einschlägige Verjährungsvorschrift.[51] 53

2. UKlaG

Ansprüche aus dem UKlaG verjähren nach §§ 195 ff. BGB.[52] 54

3. PatG, UrhG, GeschmMG

Können die Klageansprüche etwa auf Grund **patentrechtlicher, urheber-** oder **geschmacksmusterrechtlicher** Vorschriften zugesprochen werden, so gelten für die Verjährung ausschließlich die spezialgesetzlichen Vorschriften (§ 141 PatG, § 24c GebrMG, § 49 DesignG oder § 102 UrhG).[53] Da die wettbewerbsrechtlichen Ansprüche wegen ergänzenden Leistungsschutzes schnell verjähren, bleibt dem Gläubiger manchmal nur noch die Möglichkeit, designrechtliche Ansprüche geltend zu machen, denn diese sind ggf. noch nicht verjährt. 55

4. Markenrechtliche Ansprüche

Ist der geltend gemachte Anspruch (auch) markenrechtlich zu begründen, so gilt **§ 20 MarkenG i. V. m. § 195 BGB,** also die dreijährige Regelverjährung. Markenrechtliche Ansprüche können mit UWG-Ansprüchen konkurrieren. Die Tragweite des § 2 MarkenG ist allerdings noch nicht sicher ausgelotet. In einigen Entscheidungen hatte der BGH die Spezialität des Markenrechtes unterstrichen.[54] Absehbar ist allerdings, dass die tendenzielle Erweiterung des wettbewerbsrechtlichen Leistungsschutzes mit einem Schwergewicht auf der Fallgruppe „vermeidbare Herkunftstäuschung" (§ 4 Nr. 9 lit. a) zu Überschneidungen mit dem Schutz der Benutzungsmarke nach § 4 Nr. 2 MarkenG führen wird. Auch zwischen Verletzung einer Formmarke[55] und ergänzendem wettbewerbsrechtlichen Leistungsschutz kann eine Anspruchskonkurrenz vorliegen, desgleichen zwischen § 14 MarkenG und § 5 Abs. 2 UWG. 56

Die **Konkurrenz der Anspruchsgrundlagen** bestimmt auch die **Konkurrenz der Verjährungsvorschriften.** Ist die Klage auf Grund der UWG-Vorschriften zwar begründet, aber verjährt, 57

---

[51] GRUR 1984, 820, 822 re. Sp. – *Intermarkt II* unter Hinweis auf BGH GRUR 59, 31, 33 – *Feuerzeug als Werbegeschenk* – und BGHZ 36, 252, 254 – *Gründerbildnis,* Gloy/Loschelder/Erdmann/*Schwippert,* HdBWettbR § 83 Rdn. 36; Fezer/*Büscher* UWG § 11 Rdn. 6.

[52] *Köhler*/Bornkamm § 1 UKlaG Rdn. 19; MünchKomm-Fritsche § 11 Rdn. 64; KG MD 2012, 838.

[53] Für das Urheberrecht jetzt: BGH GRUR 2015, 780, Tz. 21 – *Motorradteile.*

[54] BGH GRUR 1999, 161, 162 – *Mac Doc;* GRUR 1999, 992 – *Big Pack;* BGH GRUR 2000, 608 – *ARD-I* und WRP 2002, 330 – *FABERGÉ.*

[55] BGH GRUR 2003, 332, 336 – *Abschlußstück.*

so ist das Gericht nicht gehindert, § 14 MarkenG zu prüfen, weil für diese Anspruchsgrundlage die dreijährige Verjährungsfrist gilt.

58 **Firmenrechtsansprüche** sind heute Teil des Markenrechts und unterliegen der dort geregelten Verjährung. Fraglich sind somit nur noch Ansprüche aus § 12 BGB bzw. § 37 Abs. 2 HGB. Für deren Verjährung gilt § 195 BGB.[56]

5. GWB-Vorschriften

59 Trägt die **Anspruchsgrundlage aus dem GWB** den geltend gemachten Antrag, so gilt die Regelverjährung des § 195 BGB bzw. ggf. § 852 BGB.[57]

6. Ansprüche aus § 823 Abs. 1 BGB

60 UWG-Verstöße sind deliktsrechtliche Verstöße. Soweit durch eine unlautere Maßnahme Mitbewerber betroffen sind, lässt sich die wettbewerbswidrige Handlung zumeist auch als **Eingriff in den eingerichteten und ausgeübten Gewerbebetrieb** des Konkurrenten bewerten. Dies gilt jedenfalls dann, wenn die Wettbewerbshandlung eine Betriebsbezogenheit aufweist (z. B. in Nachahmungsfällen oder bei vergleichender Werbung, erst recht bei gezielter Behinderung i. S. d. § 4 Nr. 10). Soweit der Unrechtsgehalt des Eingriffs in den Gewerbebetrieb mit der verletzten Norm des UWG übereinstimmt, letztlich also zwei Normen das nämliche Verhalten verbieten, **findet die kurze Verjährung des § 11 Abs. 1 Anwendung.**[58] *Kessen*[59] hält dann zu Recht schon den Haftungstatbestand des § 823 Abs. 1 wegen dessen subsidiärer Funktion als Auffangtatbestand für nicht gegeben.

7. Ansprüche aus § 824 BGB

61 Hier handelt es sich um **echte Anspruchskonkurrenz.** Erfüllt der Tatbestand die Voraussetzungen des § 824 BGB, so greift die Regelverjährung des § 195 BGB. § 4 Nr. 8 regelt zwar einen sehr eng verwandten Tatbestand, die Tatbestandsvoraussetzungen sind aber doch anders.

8. Ansprüche aus § 826 BGB

62 Die Rechtsprechung wendet auch hier die **Regelverjährung des § 195 BGB** an.[60] Wer das zusätzliche subjektive Tatbestandsmerkmal des § 826 BGB (vorsätzliche Zufügung eines Schadens) erfüllt, soll nicht das Privileg der kurzen Verjährung für sich in Anspruch nehmen können. Dies hat allerdings zur Folge, dass vorsätzliche Wettbewerbsverstöße mit gezieltem Konkurrentenbezug meist der regelmäßigen – längeren – Verjährungsfrist unterworfen sind.[61]

9. Verstoß gegen Schutzgesetze (§ 823 Abs. 2 BGB)

63 Anspruchsteller könnten versuchen, die kurze Verjährung des § 11 zu unterlaufen, indem sie ihre Ansprüche als deliktische unter dem Gesichtspunkt des Verstoßes gegen ein Schutzgesetz begründen. Wenn insoweit UWG-Normen zitiert werden, z. B. §§ 3, 4 UWG, so ist bereits fraglich, ob nicht ohnehin das UWG lex specialis ist.[62] Die **§§ 16 ff. UWG** sollen aber als Schutzgesetze i. S. v. § 823 Abs. 2 BGB in Frage kommen.[63] Wenn man dies bejaht, so gelangt man zu einer Verjährung nach § 195 BGB.[64] Der **deliktische Anspruch wegen Geheimnisverrats** verjährt also anders als der in der UWG-Systematik begründete fast inhaltsgleiche Anspruch gemäß §§ 3, 3a UWG (fraglich). Ansprüche wegen Verstoßes gegen das Buchpreisbindungsgesetz verjähren nach § 195 BGB.[65]

---

[56] GRUR 1984, 820, 822 – *Intermarkt II.*

[57] BGH GRUR 1966, 344, 345 – *Glühlampenkartell; Köhler*/Bornkamm § 11 Rdn. 1.6; MünchKommUWG/*Fritzsche* § 11 Rdn. 67; BGHZ 133, 177, 183 – *Kraft-Wärme-Kopplung.*

[58] BGH GRUR 1962, 310 – *Gründerbildnis;* BGH GRUR 1974, 99, 100 – *Brünova* und BGH GRUR 1981, 517, 520 – *Rollhocker;* vgl. auch oben *Ahrens* Einl. G. Rdn. 131 ff.

[59] Teplitzky/*Kessen,* Kap. 4 Rdn. 13; BGH GRUR 2004, 877, 880 – *Werbeblocker.*

[60] BGH GRUR 1964, 218, 220 – *Düngekalkhandel;* BGH GRUR 1974, 99, 100 – *Brünova* und BGH GRUR 1977, 539, 541 – *Prozessrechner.*

[61] So auch oben *Ahrens* Einl. G. Rdn. 132.

[62] BGH GRUR 1975, 150 – *Prüfzeichen.*

[63] *Köhler*/Bornkamm, § 11 Rdn. 1.9; MünchKommUWG/*Fritzsche,* § 11 Rdn. 71.

[64] MünchKommUWG/*Fritzsche,* a. a. O.

[65] OLG Frankfurt Beck RS 2015, 06807, Tz. 18.

V. Anwendbarkeit der BGB-Verjährungsvorschriften

64 § 11 regelt die Verjährungsfristen und den Fristbeginn. **Alle sonstigen Themen des Verjährungsrechts** sind im **BGB** geregelt. Anwendbar sind also insbesondere die §§ 203 ff. BGB, nämlich Vorschriften, die die Hemmung der Verjährung, eine etwaige Ablaufhemmung oder den Neubeginn der Verjährung regeln, unmittelbar anwendbar sind auch die Vorschriften bezüglich der Wirkung der Verjährung, §§ 214 ff. BGB.

B. Beginn der Verjährung

I. Vorbemerkung

65 Für die Berechnung der Verjährungsfrist ist es unerlässlich, einen **festen Zeitpunkt** zu ermitteln, mit dem die **Verjährungsfrist zu laufen beginnt.** § 21 UWG a. F. enthielt die Begriffe „Handlung" und „Zeitpunkt".

66 Am **Handlungsbegriff** hat sich eine immer noch nachwirkende Debatte[66] entzündet. Die Unterscheidung zwischen **Einzel-, Dauer-** oder **fortgesetzter (bzw. wiederholter) Handlung** schien für den maßgebenden Zeitpunkt entscheidend zu sein. Der Begriff „Handlung" findet sich im neuen Text als Tatbestandsvoraussetzung der Regelverjährung nicht mehr.[67]

67 § 11 Abs. 2 nennt kumulativ zwei Voraussetzungen bzw. Ereignisse für den Beginn der Verjährungsfrist, nämlich die **Entstehung des Anspruchs** und die **qualifizierte Kenntnis des Gläubigers.**

68 Die lange Schadensersatzverjährung von 30 Jahren gemäß § 11 Abs. 3 Halbsatz 2 verzichtet demgegenüber auf die Voraussetzung „Entstehung des Anspruchs" und begnügt sich mit dem Vorliegen einer möglicherweise schadensstiftenden Handlung (dazu oben Rdn. 40).

II. Entstehung des Anspruchs

69 Der Anspruch **entsteht** regelmäßig mit seiner Fälligkeit und der objektiv gegebenen Möglichkeit, ihn – notfalls gerichtlich – geltend zu machen.[68] Man wird **nach den verschiedenen Anspruchstypen des UWG differenzieren** müssen.

1. Verletzungsunterlassungsanspruch (§ 8 Abs. 1 Satz 1, 2. Alt. UWG)

70 Voraussetzung für diesen sind **Zuwiderhandlung** und außerdem **Wiederholungsgefahr.**[69] In jedem Einzelfall ist also zu prüfen, welche Tatbestandsmerkmale erfüllt sein müssen, damit eine Zuwiderhandlung gegen § 3 bejaht werden kann. Wenn es sich um einen der Regelfälle der §§ 3a, 4, 4a, 5a, 6 oder 7 handelt, sind die dort genannten Tatbestandsmerkmale zu prüfen. Die Zuwiderhandlung i. S. d. Verjährungsbeginns verlangt die vollendete Handlung, also das Vorliegen aller Tatbestandsmerkmale, die zusammen den konkreten Verletzungstatbestand ausmachen.[70]

71 **a) Einmalige Tat.** Bei einer Wettbewerbshandlung, die sich als einmalige Tat darstellt, ist der Unterlassungsanspruch entstanden, wenn die **Tathandlung abgeschlossen** ist, also z. B. die unzulässige Werbeanzeige erschienen ist. Auch wenn die beendete Zuwiderhandlung noch fortwirkt (die Anzeige z. B. erst einige Zeit später vom Verbraucher gelesen wird), steht dies dem Verjährungsbeginn für den Unterlassungsanspruch nicht entgegen.[71]

---

[66] *Messer* in: FS Helm, S. 111, 118; *Neu* GRUR 1985, 335; *Rogge,* GRUR 1963, 345, 347; *Borck,* WRP 1979, 341; *Baumbach/Hefermehl,* Wettbewerbsrecht, 16. Aufl., § 21 Rdn. 11–13; Teplitzky/*Bacher,* Kap. 16 Rdn. 13 f.

[67] Auch das Wort „Zeitpunkt" wurde ersetzt, wobei ein Fristbeginn (§ 11 Abs. 2 HS 1) nichts anderes sein kann, als ein bestimmbarer Kalendertag i. S. von § 187 Abs. 1 BGB.

[68] BGHZ 113, 188, 191 f.; Palandt/*Heinrichs,* § 199 Rdn. 3; MüKoBGB/*Grothe* § 198 a. F. BGB Rdn. 1 ff.; *Mansel,* NJW 2002, 91.

[69] Zum Begriff und zu den Voraussetzungen oben *Goldmann,* § 8 Rdn. 12 ff.; Teplitzky/*Kessen,* Kap. 6 Rdn. 6 ff.

[70] *Neu* GRUR 1985, 335, 339; Teplitzky/*Bacher,* Kap. 16 Rdn. 9.

[71] GRUR 1974, 99, 100 li. Sp. – *Brünova* und BGH GRUR 1990, 221, 223 – *Forschungskosten,* OLG Köln NJOZ 2008, 2387, 2389.

72 **b) Dauerhandlung.** Auch bei **Dauerhandlungen** kann es eigentlich keinen Zweifel geben, dass der Anspruch bereits mit dem ersten Hervortreten dieser Dauerhandlung im geschäftlichen Verkehr entstanden ist.

73 Als **Beispiel** mag eine wettbewerbswidrige Aussage auf der Internetseite eines Unternehmens dienen. Sobald sie ins Netz gestellt wird, verletzt sie die Mitbewerber. Diese können sofort etwas unternehmen. Wenn die Seite Monate später immer noch sichtbar ist, verletzt auch dies Tag für Tag erneut die Interessen und Rechte der Konkurrenten. Die wettbewerbswidrige Dauerhandlung führt also in der Regel zu einer dauernd (fort-)wirkenden Störung, die der Verursacher aber jederzeit beenden könnte.[72] Wenn nun alle klagebefugten Konkurrenten sechs Monate oder länger tatenlos zusähen (trotz Kenntnis von Beginn an), so stellt sich die Frage, ob die Betroffenen durch Verjährung gehindert sind, den Unterlassungsanspruch gerichtlich durchzusetzen. Weil ein solches Ergebnis kaum nachvollziehbar wäre,[73] wurde zum alten Recht vertreten, dass die Verjährung bei einer Dauerhandlung vor deren Beendigung gar nicht beginnen könne.

74 Dogmatisch wird dies künftig in Anbetracht des neuen Gesetzestextes nur noch schwer zu begründen sein, weil der Wettbewerber sofort nach Offenkundigwerden der Störung vorgehen könnte und zweifelsfrei von Anfang an ein – auch klagbarer und fälliger – Verletzungsunterlassungsanspruch i. S. § 8 Abs. 1 Satz 1 zu bejahen ist.[74]

75 Man kann das Problem der **Dauerzuwiderhandlung** folgendermaßen behandeln: Wenn die Störung fortdauert und dies dem Handlungsplan des Täters entspricht, entsteht laufend auch der Unterlassungsanspruch **Tag für Tag aktuell,** und die Verjährungsfrist läuft immer wieder neu an[75]. Die Dauerhandlung schiebt damit gewissermaßen das Verjährungsende taggenau sechs Monate vor sich her. Dies ist gerechtfertigt, denn auch der Täter handelt an jedem Tag seiner Dauerhandlung dem § 3 UWG zuwider, wie § 8 Abs. 1 S. 1 verlangt. Im Ergebnis führt dies tatsächlich dazu, dass bei einer Dauerzuwiderhandlung die fallentscheidende **letzte Verjährungsfrist** erst mit der **Beendigung der Dauerhandlung** anläuft, vorausgesetzt, der Kläger hatte Kenntnis von dem Andauern der Störung bis hin zum letzten Moment.[76]

76 Nach wie vor wird von der wohl herrschenden Meinung vertreten, dass bei einer Dauerzuwiderhandlung die Verjährungsfrist des Unterlassungsanspruchs gar nicht zu laufen beginne.[77] Diese Sichtweise ist mit dem neuen Gesetzeswortlaut indes nicht vereinbar („beginnt, wenn … entstanden"),[78] auch eine analoge Heranziehung von § 199 Abs. 5 BGB trägt diese Ansicht nicht, denn die Zuwiderhandlung liegt schon am ersten Tag vor; sie dauert nur an.

77 **c) Fortgesetzte (bzw. wiederholte) Handlung.** Von der Dauerhandlung wird von Lehre und Rechtsprechung die fortgesetzte (bzw. wiederholte) Handlung abgegrenzt.

Als solche bezeichnet man Bündel oder **Gruppen gleichartiger Rechtsverstöße,** die der wettbewerbsrechtliche Störer **auf Grund** eines **einheitlichen** vorher gefassten oder sukzessive entwickelten **Tatentschlusses** begeht. Es wird versucht, dieses Phänomen unter Begriffe wie „Fortsetzungszusammenhang", „rechtliche Einheit", „natürliche Handlungseinheit" zu fassen.[79]

78 Für die Frage der **Anspruchsentstehung,** die nach dem neuen Recht für den Verjährungsbeginn maßgeblich ist, sind diese Konstrukte aber wenig hilfreich. Man sollte pragmatisch verfahren. Wenn man eine Mehrzahl von gleichartigen Rechtsverstößen vor sich hat, die jeweils alle Tatbestandsmerkmale der fraglichen UWG-Norm erfüllen, sollte man jede einzelne Handlung auch als denkbaren Verjährungsbeginn gelten lassen.[80] Eine Verklammerung unter dem Begriff „rechtliche

---

[72] Ein Indiz für eine Dauerhandlung, vgl. OLG Köln NJOZ 2008, 2387, 2389; Gloy/Loschelder/Erdmann/*Schwippert,* HdBWettbR § 83 Rdn. 7.

[73] *Teplitzky* (bis zur 10. Aufl.), Kap. 16 Rdn. 27: „unerträglich".

[74] MünchKommUWG/*Fritzsche,* § 11 Rdn. 104.

[75] Wie hier GroßkommUWG/*Toussaint,* § 11 Rdn. 51.

[76] Oder muss gar der Beklagte, wenn er den Verjährungseinwand erhebt, das dem Kläger noch unbekannte Enddatum der Dauerhandlung vortragen und ggf. beweisen? Wohl nicht, denn das Fortdauern ist eine Tatsache, die die Verjährung wieder entfallen lässt, also von dem hiervon profitierenden Gläubiger vorzutragen und zu beweisen wäre.

[77] BGH GRUR 2003, 448, 450 – *Gemeinnützige Wohnungsgesellschaft; Köhler*/Bornkamm, § 11 Rdn. 1.21; Fezer/*Büscher* UWG § 11 Rdn. 27; MünchKommUWG/*Fritzsche,* § 11 Rdn. 105; Teplitzky/*Bacher,* Kap. 16, Rdn. 13a; OLG Düsseldorf GRUR-RR 2011, 10, 12; OLG Hamm GRUR-RR 2010, 216, 217.

[78] Wie hier Götting/Nordemann/*Menebröcker,* § 11 Rdn. 24.

[79] Für die Fallgruppe „Verstoß gegen Unterlassungserklärung" hat der BGH den Begriff des Fortsetzungszusammenhangs aufgegeben und spricht nun von „rechtlicher Einheit". BGH GRUR 2001, 758, 759 ff. – *Trainingsvertrag.*

[80] Teplitzky/*Bacher,* Kap. 16 Rdn. 14, MünchKommUWG/*Fritzsche,* § 11 Rdn. 110; Ahrens/*Bornkamm,* Kap. 34 Rdn. 9.

Einheit", „natürliche Handlungseinheit" oder „Fortsetzungszusammenhang" bringt für das Verjährungsrecht keine interessengerechte Entscheidungshilfe.[81] Nach der hier vertretenen Auffassung markiert die letzte vom Gläubiger beweisbare[82] Verletzungshandlung die kalendarisch späteste Anspruchsentstehung und damit den spätesten Verjährungsbeginn. Ein Unterschied zur Dauerhandlung besteht bei dieser Sichtweise also nicht.

2. Unterlassungsanspruch bei Begehungsgefahr (§ 8 Abs. 1 S. 2 UWG)

Der Anspruch auf Unterlassung besteht bereits dann, wenn eine Zuwiderhandlung droht. Der 79 Anspruch ist entstanden, wenn die **Begehungsgefahr** greifbar dargetan werden kann.[83] Auch dieser Unterlassungsanspruch kann verjähren, vgl. oben Rdn. 14ff.

3. Schadensersatz

Der Schadensersatzanspruch gemäß § 9 verlangt einen adäquat kausal verursachten Schaden. Der 80 Schadensersatzanspruch ist also **erst entstanden,** wenn auch ein **Schaden** vorliegt. Dies wird meist später der Fall sein als die Entstehung des Unterlassungsanspruchs.

Der Schadensersatzanspruch als **Folge einer abgeschlossenen Tathandlung entsteht** aber mit 81 dem ersten Schaden **einheitlich,** auch für erst später sich betragsmäßig ausweitende Schadenspositionen.[84] Er ist entstanden, sobald er im Wege der Klage geltend gemacht werden kann.[85] Dies wird in der Regel der Fall sein, sobald die wettbewerbswidrige Handlung im Markt wahrgenommen werden kann und damit das Verhalten der Marktteilnehmer zu Lasten des geschädigten Mitbewerbers beeinflussen kann. Schon in dieser Phase kann der Mitbewerber jedenfalls eine Feststellungsklage (dem Grunde nach) bezüglich der Ersatzpflicht wegen des „entstandenen und des künftig noch entstehenden Schadens" erheben. Hieraus folgt, dass auch, wenn der Schaden noch nicht vollständig eingetreten ist, die Schadensersatzverjährung bereits läuft.

Wie aber ist bei Schadensersatzansprüchen zu verfahren, die aus Dauerhandlungen und fortge- 82 setzten Handlungen erwachsen? Wer die Verjährung bei einer **Dauerhandlung** erst mit deren Beendigung anlaufen lassen will (vgl. oben Rdn. 76) eröffnet dem Gläubiger die Möglichkeit, auch den Schaden zu liquidieren, der aus der gesamten Dauer dieser wettbewerbswidrigen Tat erwächst (Beispiel: Die wettbewerbswidrige Internetseite war 24 Monate sichtbar; der Gläubiger hat dies auch gewusst und klagt nun nach Abschalten der Seite auf Schadensersatz und Auskunft für den gesamten Zeitraum. Der Schuldner wendet für die ersten 18 Monate Verjährung ein). Richtigerweise wird man genau wie beim Unterlassungsanspruch (nun aber zum Vorteil des Schuldners!) auch für den Schadensersatz die **Dauerhandlung in einzelne Tage zerlegen** müssen, für die jeweils eine gesonderte Verjährungsfrist anläuft.[86] Im Beispiel greift also die Verjährungseinrede für Schäden aus den ersten 18 Monaten der Dauerhandlung.

Folgt man dieser Ansicht, so gibt es im Ergebnis keine Unterschiede zu der Konstruktion der 83 **fortgesetzten Handlung,** denn auch bei dieser läuft für jede einzelne Tat (auch wenn man sie als Teil einer rechtlichen Einheit oder in einem Fortsetzungszusammenhang verklammert begreifen kann) eine je einzelne zeitabschnittsweise Schadensersatzverjährung.[87]

§ 11 Abs. 3 begünstigt allerdings den Schadensersatzgläubiger, wenn dieser zunächst von der fort- 84 gesetzten Tat des Schuldners keine Kenntnis hatte.[88] Liegt die Kenntniserlangung innerhalb des

---

[81] A.A. GroßkommUWG/*Messer,* (1. Aufl.) § 21 Rdn. 28f.

[82] GroßkommUWG-*Messer* (1. Aufl.) § 21 Rdn. 81 sieht die Beweislast für Beendigung der Dauerhandlung/fortgesetzte Handlung allerdings beim Schuldner; wie hier MünchKommUWG/*Fritzsche,* § 11 Rdn. 110.

[83] BGH GRUR 1990, 687, 688 – *Anzeigenpreis II;* GRUR 1992, 404, 405 – *Systemunterschiede;* Teplitzky/*Kessen,* Kap. 10 Rdn. 8ff.

[84] BGH GRUR 1995, 608, 609 – *Beschädigte Verpackung II;* BGH GRUR 1990, 221, 223 – *Forschungskosten;* kritisch *Mansel* NJW 2002, 89, 91 und Staudinger/*Peters,* BGB, § 198 a. F. Rdn. 32.

[85] BGH GRUR 1974, 99, 100 – *Brünova* unter Verweis auf BGH NJW 1960, 380, 381; Ahrens/*Bornkamm,* Kap. 34 Rdn. 17; *Köhler*/Bornkamm, § 11 Rdn. 1.29.

[86] So jetzt explizit auch BGH GRUR 2015, 780, Tz. 23 – *Motorradteile;* offengelassen BGH 5. ZS NJW-RR 2015, 781, Tz. 9; früher schon in BGH GRUR 1978, 492, 495 – *Fahrradgepäckträger II;* GRUR 1999, 751, 754 – *Güllepumpen; Köhler*/Bornkamm § 11 Rdn. 1.21; MünchKommUWG/*Fritsche* § 11 Rdn. 114; zustimmend Ahrens/*Bornkamm,* Kap. 34 Rdn. 8. In der Entscheidung BGH GRUR 1984, 820 – *Intermarkt II* wird dies Ergebnis erreicht, indem das Gericht sehr gekünstelt den Gebrauch einer Firma als Wiederholungstat qualifiziert hat.

[87] BGH GRUR 1984, 802, 822 – *Intermarkt II;* BGH GRUR 1999, 751, 754 – *Güllepumpen;* BGH GRUR 1981, 517, 520 – *Rollhocker;* Ahrens/*Bornkamm,* Kap. 34 Rdn. 18.

[88] Auf § 852 BGB (bereicherungsrechtlicher Ausgleich, auch wenn der Schadensersatzanspruch verjährt ist) wird es in Zukunft nur noch ankommen, wenn der Schadensersatzanspruch für die Vergangenheit an der Kenntnis des Gläubigers scheitert.

sechsmonatigen Zeitfensters des § 11 Abs. 1, so kann **Schadensersatz auch für die (fortgesetzten) Handlungen aus der Zeit davor** verlangt werden (bis zu zehn Jahre in die Vergangenheit).

4. Gewinnabschöpfung

85 Hier gelten § 195, § 199 BGB.[89] Die h. M.[90] wendet indes § 11 Abs. 4 an. Der Anspruch dürfte entstanden sein, wenn objektiv die ersten Gewinne zu verbuchen sind.

5. Abmahnkosten

86 Die Abmahnkosten sind entstanden, wenn die **ordnungsgemäße**[91] **Abmahnung** an den Schuldner in einer Form **abgesandt** wurde, die einen **Zugang erwarten lässt.**[92] Für die Entstehung des Anspruchs ist erforderlich, dass die Abmahnung berechtigt war, nicht ob sie in dem Sinne Erfolg[93] hatte, dass der wettbewerbsrechtliche Schuldner sich anschließend unterwirft. Auch wenn der Gläubiger seinen Unterlassungsanspruch gerichtlich weiterverfolgen muss, kann er im Wege der Klagehäufung die Abmahnkosten neben den sonstigen wettbewerbsrechtlichen Ansprüchen einklagen.[94] Auf den Zeitpunkt der Rechnungsstellung des abmahnenden Anwalts gegenüber seinem Mandanten kann es bezüglich des Verjährungsbeginns nicht ankommen. Ansonsten könnte jener die Verjährung selbst steuern. Eine Meinung verweist auf § 217 BGB und sieht den Anspruch auf Abmahnkostenerstattung als Nebenleistung zum Unterlassungsanspruch, der mit diesem verjährt,[95] was jedoch zu überraschenden Ergebnissen führen könnte. Wird erst kurz vor Verjährungseintritt des Unterlassungsanspruchs abgemahnt, so wird der Gläubiger (vielleicht durch einstweilige Verfügung) die Verjährung des Unterlassungsanspruchs noch hemmen, aber sicher nicht damit rechnen, dass sein Anspruch wegen der Abmahnkosten schon wenige Tage nach Versendung der Abmahnung verjährt. Richtigerweise wird die **Verjährung der Abmahnkosten von der Verjährung des Unterlassungsanspruchs abzukoppeln** sein. Wenn der Unterlassungsanspruch z. B. durch Abgabe einer Unterwerfungserklärung wegfällt, wird man ohnehin eine eigene Verjährung des Abmahnkostenanspruchs bejahen müssen.[96]

87 Es erscheint also sachgerecht, die These von den Abmahnkosten als Nebenleistung aufzugeben und den **Abmahnkostenerstattungsanspruch als eigenständige Forderung** zu begreifen, die innerhalb einer eigenen Sechs-Monatsfrist verjährt.[97] Es wäre übrigens auch nicht unbillig, dass ein Schuldner, der sich bezüglich des Unterlassungsanspruchs auf Verjährung berufen kann, trotzdem die Abmahnkosten zahlen muss, wenn die Abmahnung in unverjährter Zeit zuging, also damals „berechtigt" war.

III. Kenntnis

88 Für den Beginn der Verjährung verlangt § 11 Abs. 2 Nr. 2 als zweite Voraussetzung **Kenntnis des Gläubigers** über die **den Anspruch begründenden Umstände** und die **Person des Schuldners.**

1. Grad der Kenntnis

89 Kenntnis ist **positive Kenntnis** (= bewusstes Vorhandensein der relevanten Information). Erforderlich ist ein **Wissen über die Tatsachen, die bei verständiger Würdigung ausreichen, einen schlüssigen Klagevortrag** in einem Wettbewerbsstreit zu bilden.[98] Eine lückenlose Kenntnis des Sachverhalts in objektiver und subjektiver Hinsicht ist nicht zu verlangen.[99] Innere Tatsachen

---

[89] BT-Drucks. 15/1487 S. 35 f., 44, vgl. oben Rdn. 20.

[90] Fezer/*Büscher* UWG § 11 Rdn. 51; *Köhler*/Bornkamm § 11 Rdn. 1.3.

[91] Zu den Voraussetzungen unten *Brüning* § 12 Rdn. 1 ff., 63; wie hier MünchKommUWG/*Fritsche* § 11 Rdn. 116.

[92] Zum Zugangserfordernis vgl. BGH GRUR 2007, 629; im Abmahnkostenprozess trägt also wohl der Kläger die Beweislast für den Zugang.

[93] BGH GRUR 1984, 129, 131 – *shop-in-the-shop I; Schulz* WRP 1990, 658.

[94] Nach § 15a RVG kann der Gläubiger nun wählen, ob er die Anrechnung nach Vorbemerkung 3 Abs. 4 bei den Abmahnkosten oder der Verfahrensgebühr vornimmt.

[95] *Ungewitter* GRUR 2012, 697.

[96] So Ahrens/*Bornkamm* Kap. 34, Rdn. 22 f.

[97] Ebenso MünchKomm UWG/*Fritsche,* § 11, Rdn. 116.

[98] BGH GRUR 1088, 832, 834 – *Benzinwerbung;* BGH NJW 1990, 2808, 2809.

[99] *Köhler*/Bornkamm, § 11 Rdn. 1.26; BGH GRUR 1988, 832, 834 – *Benzinwerbung;* GRUR 2009, 1186 Rdn. 21 – *Mecklenburger Obstbrände.*

(z. B. Schädigungsabsicht des Gegners) sind aus den äußeren Umständen zu erschließen.[100] Zu den relevanten und erforderlichen Informationen rechnet insbesondere auch die Kenntnis des Namens und der Anschrift des Schuldners.[101]

Für den **Schadensersatzanspruch** kommt als qualifizierendes Merkmal noch die schadensstiftende Wirkung des unlauteren Verhaltens der Gegenseite hinzu. Der Schaden muss aber noch nicht in vollem Umfang eingetreten sein. Es reicht aus, dass ein Schadenseintritt wahrscheinlich ist. Dem Gläubiger wird in diesen Fällen angesonnen, eine Feststellungsklage zu erheben. Sobald die Kenntnisse für eine solche Feststellungsklage ausreichen, läuft die Verjährung an.[102] **90**

Dem Kläger ist aber **nicht zuzumuten,** ein **Verfahren auf schlichte Vermutungen oder Zweifel zu basieren.** Wenn es um die Wahrheit von Werbeaussagen des Konkurrenten geht, muss der (insoweit zumeist beweisbelastete) Kläger ggf. auch vorprozessual **sachverständige Hilfe** in Anspruch nehmen dürfen. Zu den Tatsachen, die den wettbewerbsrechtlichen Angriff begründen können, gehören dann auch Gutachten, die sich der Gläubiger beschaffen darf, um die Richtigkeit der Werbeaussage des Konkurrenten zu überprüfen. Erst wenn ein solches Gutachten vorliegt, beginnt die mit Kenntnis anlaufende Verjährungsfrist.[103] **91**

2. Inhaber der Kenntnis

Die **anspruchsberechtigte Person** muss im Besitz des insoweit maßgeblichen Wissens gewesen sein. Im Wettbewerbsstreit stehen sich zumeist Firmen gegenüber. Zunächst gelten hier zwar die allgemeinen Vertretungsvorschriften. Die Rechtsprechung hat spezifisch für diese Frage die Figur des sogenannten **Wissensvertreters** entwickelt.[104] Dies sind *„solche Personen, die nach der betrieblichen Organisation für die Aufnahme und gegebenenfalls Weiterleitung wettbewerbsrechtlich relevanter Informationen zwecks Verfolgung von Wettbewerbsverstößen zuständig sind bzw. von denen dies auf Grund ihrer Stellung im Unternehmen typischerweise erwartet werden kann."*[105] **92**

Das Wissen braucht also nicht notwendig bei der Firmenleitung (Vorstand, Geschäftsführer) angelangt zu sein; umgekehrt reicht es aber auch nicht aus, dass irgendein Beschäftigter des Unternehmens, namentlich der Außendienst, vom relevanten Sachverhalt Kenntnis genommen hat. Die Kenntnis muss bei einer **solchen Person** vorhanden sein, die im Unternehmen **für wettbewerbsrechtliche Fragen verantwortlich** ist. Es braucht nicht derjenige zu sein, der letztlich die Entscheidung über „Krieg oder Frieden" trifft, aber jemand, der in diese Entscheidungsfindung mit eingebunden ist. Kenntnis der **gesetzlichen Vertreter** eines Unternehmens dürfte diesem immer zuzurechnen sein, Kenntnis **leitender Angestellter** zumeist. Im Einzelfall kann auch die Kenntnis des Firmenanwalts bedeutsam sein.[106] Kenntnis eines **Lizenznehmers** wird dem Lizenzgeber nur dann zugerechnet, wenn jener mit einer Verfolgung von Verletzungen des lizenzierten Schutzrechts beauftragt war.[107] **93**

Ist ein Mitarbeiter **eigens für die Ermittlung von Wettbewerbsverstößen abgestellt,** so ist er Wissensvertreter für die Frage der Kenntnis im Sinne von § 11 Abs. 2 Nr. 2, selbst wenn er ansonsten keinerlei Entscheidungsbefugnisse besitzt.[108] Anders liegt es, wenn es sich um die Kenntnis sonstiger Dritter handelt, die nur von Fall zu Fall als Informanten des Gläubigers tätig sind.[109] Praktisch bedeutsam ist letzteres für Klagen der Verbände, die regelmäßig auf Informanten aus Wirtschaftskreisen angewiesen sind. Die Verjährungsfrist für den Verband beginnt also erst, wenn die Informationen dort eintreffen.[110] Die Kenntnis des Mitgliedsunternehmens setzt die Verjährungsfrist zu Lasten des Verbandes noch nicht in Gang. **94**

3. Grob fahrlässige Unkenntnis

Nach altem Recht war nur positive Kenntnis für den Beginn der kurzen Verjährungsfrist im UWG maßgeblich. Die Rechtsprechung[111] hat früher in Fällen „missbräuchlicher Nichtkenntnis" **95**

---

[100] BGH GRUR 1964, 218 – *Düngekalkhandel.*

[101] BGH NJW 1998, 988, 989; NJW 1999, 2734, 2735; NJW 2001, 964, 965; MünchKommUWG/*Fritzsche,* § 11 Rdn. 130; Ohly/*Sosnitza,* § 11 Rdn. 28.

[102] BGH NJW 1988, 1146; BGH GRUR 1974, 99, 100 – *Brünova.*

[103] BGH GRUR 1988, 832, 834 – *Benzinwerbung,* GRUR 2009, 1186, 1188 – *Mecklenburger Obstbrände.*

[104] NJW 1994, 1150, 1151; BGHZ 83, 293, 296; BGH NJW 1989, 2323; BGHZ 132, 30, 35.

[105] *Köhler*/Bornkamm, § 11 Rdn. 1.27; ähnlich *Mansel* NJW 2002, 92.

[106] BGH NJW 2001, 885, 886; OLG Frankfurt WRP 2013, 1068, 1069 = GRUR Prax 2013, 324.

[107] BGH NJW-RR 1997, 1196.

[108] OLG Stuttgart WRP 1985, 242 – *Testkäufer.*

[109] KG WRP 1992, 564, 566.

[110] BGH GRUR 2011, 633 Rdn. 38 f. – *BIO TABAK;* OLG Bamberg GRUR 2007, 167.

[111] BGH NJW 1985, 202, 2023 und WRP 1998, 164, 169 – *Modenschau im Salvatorkeller.*

korrigierend eingegriffen. Mit dem Schuldrechtsmodernisierungsgesetz ist § 199 Abs. 1 Nr. 2 BGB neu gefasst worden. Der Wortlaut dieser Regelung findet sich nun auch entsprechend im § 11 Abs. 2 Nr. 2 im zweiten Halbsatz. **Grob fahrlässige Unkenntnis steht danach der positiven Kenntnis gleich.** Die Kenntnisse, die der Gläubiger ohne grobe Fahrlässigkeit hätte erlangen müssen, werden also gewissermaßen fingiert.

96 **Grob fahrlässig** handelt der Gläubiger, wenn seine Unkenntnis auf einer **besonders schweren Vernachlässigung der im Verkehr erforderlichen Sorgfalt**[112] beruht, wobei die eigenübliche Sorgfalt einer vergleichbaren Gruppe wettbewerbsrechtlicher Gläubiger den Maßstab[113] bilden sollte. Noch zum alten Recht hat der BGH zu § 852 a. F. BGB folgende Formel entwickelt: Der Geschädigte ist grob fahrlässig uninformiert geblieben, wenn er sich die Kenntnisse in zumutbarer Weise ohne nennenswerte Mühe und Kosten hätte beschaffen können, er auf der Hand liegende Erkenntnismöglichkeiten nicht ausschöpft oder sich einer sich aufdrängenden Kenntnis missbräuchlich verschließt.[114] Der Fahrlässigkeitsmaßstab im Wettbewerbsrecht wird branchen- und situationsbedingt festzulegen sein. Den **Verbraucher** trifft sicherlich keine Marktbeobachtungspflicht. Indessen wird man unterstellen können, dass **in überschaubaren Märkten** unmittelbare **Wettbewerber** sich beobachten.[115] Der öffentliche Werbeauftritt eines Anbieters wird hier von seinen unmittelbaren Wettbewerbern im Regelfall zeitnah zur Kenntnis genommen. Selbst wenn man deshalb in überschaubaren Märkten eine Marktbeobachtungspflicht annehmen will,[116] muss ein Verstoß gegen diese durchaus noch nicht grob fahrlässig sein. Kann der Schuldner darlegen, dass der Gläubiger eine Abteilung unterhält, die den Markt beobachten soll, so erhöht dieser Umstand die Sorgfaltspflichten.[117]

97 Oft geht es nicht darum, dass man dem Gläubiger vorwerfen muss, dass er das wettbewerbswidrige Verhalten überhaupt nicht wahrgenommen hat, sondern vielmehr darum, dass der Gläubiger die notwendige weitere Tatsachenaufklärung über die Person des Verantwortlichen (also über den richtigen Schuldner) oder über den wettbewerbswidrigen Inhalt der Werbung unterlassen hat. Bestehen z. B. Zweifel an der Richtigkeit einer Werbebehauptung, so muss der Gläubiger **sachgerechte Ermittlungen anstellen.** In Bezug auf die Identität des Täters muss ebenfalls recherchiert werden.[118]

98 **Fremde Nachlässigkeit** muss sich der Gläubiger nach Ansicht des BGH zurechnen lassen, wenn die positive Kenntnis in der Person des Dritten dem Gläubiger auch zugerechnet worden wäre.[119] Dogmatisch ist diese Ansicht nicht unbedenklich, denn hier geht es nicht um Zurechnung fremden Wissens, sondern fremden Verschuldens (§ 166 BGB hat andere Voraussetzungen als § 278 BGB).

C. Hemmung, Ablaufhemmung und Neubeginn der Verjährung

I. Allgemeines

99 Mit dem Schuldrechtsmodernisierungsgesetz ist der früher schon missverständliche Begriff der Unterbrechung fortgefallen. Ereignisse oder Maßnahmen des Gläubigers, die den Ablauf beeinflussen, führen nun zu Hemmung, Ablaufhemmung oder Neubeginn. Die Einzelheiten finden sich in den **§§ 203 bis 213 BGB.** Diese Vorschriften gelten unmittelbar für die in § 11 geregelte Verjährung.

II. Hemmung

100 **§ 209 BGB** ordnet an, dass der Zeitraum, in dem die Verjährung gehemmt ist, in die Verjährungsfrist nicht eingerechnet wird. Hemmungstatbestände generieren also einen (von Fall zu Fall

---

112 Palandt/*Heinrichs,* § 199 Rdn. 36.

113 *Mansel* NJW 2002, 91 weist zu Recht darauf hin, dass es keine Pflicht des Gläubigers zur Anspruchsverfolgung gibt und demgemäß der Schuldner auch keine Sorgfaltspflichten insoweit einfordern kann.

114 BGH NJW 1990, 2808; NJW 1999, 423; NJW 2000, 953; NJW 2001, 1721.

115 Gloy/Loschelder/Erdmann *Spätgens,* HdBWettbR, § 100 Rdn. 47; vorsichtig bejahend Teplitzky/*Feddersen* Kap. 54 Rdn. 29; Ahrens/*Schmukle,* Kap. 45 Rdn. 19.

116 OLG Köln WRP 1983, 355, 356; OLG Köln WRP 1994, 197; OLG Koblenz WRP 1973, 484; OLG Düsseldorf WRP 1984, 554, WRP 1985, 266; Mindermeinung, vgl. *Bernecke/Schüttpelz,* Rdn. 178 Fn. 316; Ohly/*Sosnitza* § 11 Rdn. 30: Keine allgemeine Marktbeobachtungspflicht.

117 *Rohlfing,* GRUR 2006, 735, 737.

118 Fezer/*Büscher,* § 11 Rdn. 35; GroßkommUWG/*Toussaint,* § 11 Rdn. 67.

119 NJW 1989, 2323, 2324.

unterschiedlich langen) Zeitraum, der die ursprüngliche Verjährungsfrist verlängert. Die für das Wettbewerbsrecht wichtigsten **Hemmungstatbestände** sind folgende:

1. Verhandlungen über den Anspruch

Diese führen nach **§ 203 BGB** zu einer Hemmung der Verjährung, bis der eine oder der andere Teil die Fortsetzung der Verhandlungen verweigert. Das **Abmahnverfahren** als solches erfüllt den Begriff der Verhandlung noch nicht.[120] Gibt der Schuldner allerdings zu erkennen, dass er bereit ist, über die Abgabe einer Unterlassungserklärung zu sprechen, wird z. B. über den für den Schuldner akzeptablen Wortlaut verhandelt, so ist § 203 BGB gegeben. Jeder Meinungsaustausch über den Verletzungsfall zwischen Gläubiger und Schuldner reicht aus, es sei denn, der Verpflichtete lehnte die Ansprüche unzweideutig ab.[121] Nach Sinn und Zweck dieser Vorschrift soll der Gläubiger, der auf Grund der Reaktion des Schuldners den Eindruck gewinnen durfte, dieser werde sich einsichtig zeigen, vor dem Eintritt der Verjährung geschützt werden. 101

Die hemmende Wirkung der Verhandlungen endet, sobald eine Seite die **Fortsetzung** der Verhandlungen **verweigert.** Der Verweigerung steht das **Einschlafenlassen** des Meinungsaustausches gleich. In diesem Fall ist der Zeitpunkt maßgeblich, zu dem eine Antwort auf die letzte Stellungnahme der Gegenseite spätestens zu erwarten gewesen wäre, falls man ernsthaft an einer Lösung interessiert wäre.[122] In Anbetracht der Brisanz von Wettbewerbsstreitigkeiten und der Dringlichkeitsproblematik für den Verfügungskläger kann bereits eine Gesprächspause von zwei bis drei Wochen insoweit als Weigerung gelten. 102

Nach Ende der Verjährungshemmung durch Verhandlungen tritt Verjährung **frühestens drei Monate später** ein, § 203 Satz 2 BGB. 103

2. Anrufung der Einigungsstelle

Gemäß § 15 Abs. 8 führt die Anrufung der **Einigungsstelle** in gleicher Weise wie die Klageerhebung zur **Hemmung der Verjährung.** Strittig ist, ob auch die Anrufung durch den Schuldner diese Wirkung hat.[123] Mit der herrschenden Meinung ist dies abzulehnen. Genausowenig wie die negative Feststellungsklage durch den Schuldner die Verjährung (der negierten Ansprüche) hemmt, kann dies die Anrufung der Einigungsstelle bewirken.[124] Ergibt sich aus dem Petitum des Schuldners, der eigeninitiativ die Einigungsstelle anruft, dass er bereit ist,über den Anspruch zu sprechen, so mag sich das Einigungsstellenverfahren allerdings als Verhandlung über den Anspruch erweisen, wenn sich der Gläubiger einlässt[125] so dass auch für diese Konstellation eine Hemmungswirkung gemäß § 203 BGB denkbar erscheint. 104

3. Antrag auf Erlass einer einstweiligen Verfügung, Zustellung des Antrags oder der Beschlussverfügung[126]

Nach früherem Recht hatte das Verfügungsverfahren keine Auswirkung auf die Anspruchsverjährung.[127] Nunmehr gilt, dass die Verjährung entweder durch die **Zustellung des Verfügungsantrags** oder schon mit dessen **Einreichung** gehemmt wird. Letzteres gilt, sofern die ergangene Beschlussverfügung innerhalb der Vollziehungsfrist des § 929 Abs. 2 ZPO zugestellt wird. 105

Der Gesetzestext des § 204 Abs. 1 Nr. 9 ist etwas missglückt,[128] denn er macht die verjährungshemmende Wirkung des Verfügungsantrags von einer (oft zufälligen) Entscheidung des Gerichts abhängig. Beschließt das Gericht, nicht ohne mündliche Verhandlung entscheiden zu wollen, so wird der Verfügungsantrag nebst Terminsladung zugestellt. Die Hemmungswirkung beginnt dann erst mit der Zustellung des Antrags; wegen § 167 ZPO i. d. R. aber doch rückbezogen auf den Tag der Antragstellung. 106

---

[120] Teplitzky/*Bacher,* Kap. 16 Rdn. 36c; Ahrens/*Bornkamm,* Kap. 34 Rdn. 40; Fezer/*Büscher* UWG § 11 Rdn. 56.

[121] BGHZ 93, 64, 67, BGH GRUR 2009, 1186, 1189 – *Mecklenburger Obstbrände; etwas strenger* Großkomm-UWG/*Toussaint,* § 11 Rdn. 78.

[122] BGH NJW 1986, 1337, 1338.

[123] Dafür OLG Koblenz GRUR 1988, 566.

[124] Ahrens/*Bornkamm,* Kap. 34 Rdn. 39; MünchKommUWG/*Fritzsche,* § 11 Rdn. 216.

[125] MünchKommUWG/*Ottofülling* § 15 Rdn. 149.

[126] Zur Hemmung der Verjährung im Zusammenhang mit einstweiligen Verfügungen s. auch *Retzer* unten § 12 Rdn. 409–414.

[127] BGH GRUR 1979, 121, 122 – *Verjährungsunterbrechung.*

[128] Ausführlich *Maurer* GRUR 2003, 208; *Schabenberger* WRP 2002, 293; vgl. auch *Baronikians* WRP 2001, 121.

107 Wird eine Beschlussverfügung erlassen, so hat es der Gläubiger in der Hand, diese innerhalb der Vollziehungsfrist des § 929 Abs. 2 ZPO zuzustellen. Die Hemmungswirkung beginnt dann schon rückbezogen auf den **Zeitpunkt der Einreichung des Verfügungsantrags.** Es ist nicht ungewöhnlich, dass ein Gericht von mehreren geltend gemachten Unterlassungsanträgen nur einen oder zwei erlässt. Für die gescheiterten oder zurückgenommenen Anträge entsteht keine Hemmungswirkung.[129] Wenn der Antrag durch Beschluss zurückgewiesen wird und (im einseitigen Beschwerdeverfahren) auch in zweiter Instanz erfolglos bleibt, kommt es ebenfalls gar nicht zur Hemmung.[130]

108 Die **Hemmungswirkung** des Verfügungsverfahrens **endet** gemäß § 204 Abs. 2 BGB sechs Monate nach der **rechtskräftigen Entscheidung** oder anderweitigen Beendigung des eingeleiteten Verfahrens. Wird das Verfügungsverfahren streitig ausgetragen, also zeitnah gegen eine Beschlussverfügung Widerspruch eingelegt oder ohnehin über den Verfügungsantrag mündlich verhandelt und dann durch Urteil entschieden, so kann der Eintritt der Rechtskraft des Verfügungsverfahrens festgestellt werden (Hemmungsende also z. B. sechs Monate nach Ablauf der Berufungsfrist gegen ein landgerichtliches Urteil oder sechs Monate nach Rechtskraft[131] einer zweitinstanzlichen OLG-Entscheidung bzw., wenn diese noch einer Vollziehung bedarf, noch der Parteizustellung).

109 Problematischer ist die Feststellung der **anderweitigen Beendigung des Verfügungsverfahrens** bei Beschlussverfügungen. Oft reagiert der Schuldner auf die Zustellung der Beschlussverfügung zunächst nicht. Hier wird man die Zustellung der Beschlussverfügung als anderweitige Beendigung des eingeleiteten Verfahrens ansehen müssen.[132] Eine Gegenansicht sieht die anderweitige Beendigung bereits im Moment der Aushändigung der Beschlussverfügung an den Gläubiger.[133] Versäumt der Gläubiger die Vollziehungsfrist des § 929 Abs. 2 ZPO, wird in aller Regel gar keine Hemmungswirkung eintreten (Argument § 204 Abs. 1 Nr. 9 HS 2 BGB).

4. Erhebung der Klage (§ 204 Abs. 1 Nr. 1 BGB)

110 Die Verjährung wird durch die Erhebung der Klage auf Leistung oder auf Feststellung des Bestehens des Anspruchs gehemmt. Für den Unterlassungsanspruch kommt mithin die Leistungsklage, für den Schadensersatzanspruch, wenn er schon beziffert werden kann, ebenfalls die Leistungsklage oder aber die Feststellungsklage[134] in Betracht. Gehemmt wird allerdings nur der Ablauf der Verjährung desjenigen Anspruchs, der eingeklagt wurde.[135] Hemmungswirkung tritt ein **für den prozessualen Streitgegenstand** unter Berücksichtigung **aller in Betracht kommenden Anspruchsgrundlagen.**[136] Neuere Tendenzen, den Begriff des Streitgegenstands in UWG-Fällen an die konkrete Verletzungsform anzuknüpfen (wenn diese mit der Klage angegriffen wird), erweitern die Hemmungswirkung.[137] Im Lichte der Biomineralwasser-Entscheidung hemmt eine auf UWG gestützte Klage die Verjährung aller denkbaren Unterlassungsansprüche aus dem UWG. Mehrere Streitgegenstände liegen demgegenüber vor, wenn ein Antrag auf mehrere Schutzrechte oder etwa zugleich auf Designrecht und UWG gestützt wird.[138] Um die schnelle UWG-Verjährung zu verhindern, sollte in der Klageschrift deshalb bereits auch die Anspruchsgrundlage aus dem UWG genannt und jedenfalls kursorisch begründet werden, z. B. wenn der Gläubiger neben design- oder urheberrechtlichen Ansprüchen auch Ansprüche wegen ergänzenden wettbewerbsrechtlichen Leistungsschutzes geltend machen möchte. Formuliert der Unterlassungskläger seinen Unterlassungsantrag zunächst weiter und allgemeiner, als es der ganz konkreten Verletzungsform entspricht, so ist der Unterlassungsanspruch gegen diese Verletzungsform zweifelsfrei auch rechtshängig; insoweit kann keine Verjährung eintreten. Problematischer ist der Fall, dass der Kläger zunächst die konkrete Verletzungsform angreift, sich dann aber im Laufe des Prozesses entschließt, verallgemeinernde

---

[129] *Schabenberger* WRP 2002, 293.

[130] Dies kann z. B. nur an mangelnder Dringlichkeit liegen, *Maurer* GRUR 2003, 208, 210. Obwohl der Anspruch materiell gegeben sein mag, lässt sich keine Hemmungswirkung erreichen.

[131] Ahrens/*Bornkamm,* Kap. 34 Rdn. 37; *Köhler*/Bornkamm, § 11 Rdn. 1.41.

[132] *Köhler*/Bornkamm, § 11 Rdn. 1.41; *Schabenberger* WRP 2002, 293, 299; MünchKommUWG/*Fritzsche,* § 11 Rdn. 211.

[133] *Maurer,* GRUR 2003, 208, 211; Ahrens/*Bornkamm,* Kap. 34 Rdn. 37.

[134] Die positive (= anspruchsbehauptende) Feststellungsklage hemmt die Verjährung für alle Schäden aus unverjährter Zeit, die sich unter den Antragswortlaut fassen lassen (ggf. unter Heranziehung des zur Begründung vorgebrachten Sachverhalts).

[135] Palandt/*Heinrichs,* § 204 Rdn. 13–16; BGH GRUR 1990, 221, 223 – *Forschungskosten.*

[136] BGH NJW 1983, 2813 und NJW 1988, 1778, 1779.

[137] BGH GRUR 2013, 401 Tz. 20–24 – Biomineralwasser.

[138] BGH GRUR 2011, 521 – *TÜV I;* GRUR 2011, 1043 – *TÜV II;* GRUR 2000, 226, 227 – *Planungsmappe;* GRUR 2004, 860, 861 – *Internetversteigerung;* GRUR 2001, 755 – *Telefonkarte;* GRUR 2002, 709, 712 – *Entfernen der Herstellungsnummer III;* GRUR 2006, 421 – *Markenparfumverkäufe.*

Formulierungen in den Antrag aufzunehmen. *Teplitzky/Bacher*[139] möchten dies zulassen, wenn die weitere Antragsfassung i. S. d. Kerntheorie von einer etwaigen Rechtskraftwirkung des zunächst engen Unterlassungstenors erfasst (gewesen) wäre. Diese Ansicht ist praxisgerecht.

Die Unterlassungsklage hemmt nicht die Verjährung der parallel vielleicht gegebenen **Beseitigungs-, Auskunfts- und Schadensersatzansprüche.**[140] Wird der Wettbewerbsstreit mit Abmahnung und nachfolgender einstweiliger Verfügung begonnen, besteht in der Praxis insbesondere ein Risiko der Verjährung des Abmahnkostenerstattungsanspruchs. Wegen § 15a RVG braucht sich der Gläubiger jetzt immerhin nicht mehr die verjährte hälftige Gebühr aus dem Abmahnstadium auf die Verfahrensgebühr anrechnen zu lassen. 111

Wehrt sich der Schuldner gegen eine Anspruchsberühmung des Gläubigers mit einer **negativen Feststellungsklage,** so hemmt der Umstand, dass der Gläubiger das Verfahren aufnimmt, ohne seinerseits positive Leistungsklage zu erheben, die Verjährung nicht. Dies stellt für den Gläubiger eine gefährliche Falle dar.[141] Beginnt der Kläger mit einer zunächst im Schadensersatz unbezifferten Stufenklage, so hemmt diese die Verjährung aller denkbaren Schadensersatzansprüche. Wird in der zweiten Stufe der Schadensersatzanspruch dann beziffert, so reduziert sich die Hemmungswirkung auf den bezifferten Schadensersatzbetrag.[142] Hemmungswirkung hat im Übrigen nur eine Klage, die vom Anspruchsberechtigten, d. h. aktivlegitimierten Gläubiger erhoben wurde, und zwar gegen den richtigen (passivlegitimierten) Schuldner.[143] 112

Die Hemmungswirkung der Klageerhebung **wirkt** auf den Zeitpunkt der Klageeinreichung **zurück,** sofern die Zustellung der Klage demnächst erfolgt, § 167 ZPO.[144] 113

Auch die **Hemmung** durch das Klageverfahren **endet** sechs Monate nach der rechtskräftigen Entscheidung oder anderweitigen Beendigung des Verfahrens. Sind die Ansprüche tituliert, beginnt die Verjährungsfrist des § 197 Abs. 1 Nr. 3 BGB. Die Hemmungswirkung endet ferner sechs Monate nach der letzten Verfahrenshandlung einer Partei, wenn der Prozess in Stillstand gerät, weil die Parteien ihn nicht weiter betreiben oder sogar das Ruhen des Verfahrens beantragen. 114

Eine **Aussetzung** des Prozesses durch Gerichtsbeschluss oder eine zögerliche Verfahrensbehandlung seitens des Gerichts sind dem klagenden Gläubiger nicht zuzurechnen, wenn nicht er den entsprechenden Antrag gestellt hat.[145] 115

Wenn der Prozess in **Stillstand** gerät, ist der Gläubiger in jedem Fall gut beraten, mit dem Schuldner eine Vereinbarung über die Verlängerung der Verjährungsfrist anzustreben. 116

III. Neubeginn der Verjährung

Die Tatbestände des **§ 212 BGB** spielen im Wettbewerbsprozess nur eine untergeordnete Rolle. 117

Nach § 212 Abs. 1 Nr. 1 BGB führt u. a. ein **Anerkenntnis** zum Neubeginn der Verjährung. Bezüglich des Schadensersatzanspruchs kann dies vor allem dann praktisch werden, wenn ein Anerkenntnis dem Grunde nach erfolgt. Eine strafbewehrte **Unterlassungserklärung** stellt kein Anerkenntnis im Sinne von § 212 Abs. 1 Nr. 1 BGB dar. Ist sie ausreichend und vollumfänglich, so erfüllt und ersetzt sie den gesetzlichen Unterlassungsanspruch insgesamt. Verpflichtet sich der Schuldner dagegen ohne Vertragsstrafeversprechen zur Unterlassung,[146] so wird die Vorschrift des § 212 Abs. 1 Nr. 1 BGB anwendbar sein.[147] Durch ein Abschlussschreiben wird i. d. R. der gerichtliche Titel als endgültig anerkannt. Der Gläubiger ist dann über § 197 Abs. 1 Nr. 3 BGB gegen die Verjährung gesichert. 118

Gemäß § 212 Abs. 1 Nr. 2 BGB beginnt die Verjährung auch dann neu, wenn eine **gerichtliche Vollstreckungshandlung** vorgenommen oder beantragt wird. Die Zustellung der mit einer Ordnungsmittelandrohung versehenen Unterlassungsverfügung ist keine ausreichende Vollstreckungshandlung in diesem Sinne.[148] Ausreichend ist aber ein **Ordnungsgeldantrag** nach § 890 Abs. 1 119

[139] Teplitzky/*Bacher,* Kap. 16 Rdn. 38a.

[140] BGH GRUR 1974, 99, 101 – *Brünova;* GRUR 1984, 820, 822 – *Intermarkt II;* OLG Stuttgart WRP 1997, 605, 610.

[141] BGH GRUR 1994, 846, 848 li. Sp. u. – *Parallelverfahren II* und BGHZ 72, 23.

[142] BGH NJW 1992, 2563. Erwirkt der Gläubiger zunächst ein Feststellungsurteil bezüglich der Schadensersatzpflicht dem Grunde nach, steht er verjährungsrechtlich besser, vgl. § 197 Abs. 1 Nr. 3 BGB.

[143] BGH NJW 2010, 2270 Rdn. 38; Ohly/*Sosnitza,* § 11 Rdn. 38; a. A. *Kähler,* NJW 2006, 1769.

[144] Zu den Einzelheiten vgl. Palandt/*Heinrichs,* § 204 Rdn. 7 und Zoeller/*Greger,* § 167 Rdn. 15 mit Einzelfällen.

[145] BGHZ 15, 80 und BGHZ 106, 297; Palandt/*Heinrichs,* § 204 Rdn. 48.

[146] Was bedeutet, dass der gesetzliche Anspruch daneben bestehen bleibt.

[147] Wie hier Ohly/Sosnitza, § 11 Rdn. 42.

[148] BGH GRUR 1979, 121 – *Verjährungsunterbrechung.*

ZPO.[149] Gemäß § 212 Abs. 3 BGB entfällt allerdings dessen Hemmungswirkung ex tunc, wenn der Antrag erfolglos bleibt, zurückgenommen oder wieder aufgehoben wird.

D. Wirkung der Verjährung

I. Recht zur Leistungsverweigerung

120 Nach Eintritt der Verjährung ist der Schuldner berechtigt, die Leistung zu verweigern (§ 214 Abs. 1 BGB). Beim **Schadensersatz** bereitet diese Vorschrift keine Probleme. Der Schuldner braucht die verjährte Schadensersatzforderung nicht zu erfüllen, er kann dies aber tun. Das zur Befriedigung eines verjährten Anspruchs Geleistete kann nicht kondiziert werden (§ 214 Abs. 2 BGB).

121 Was den **Unterlassungsanspruchs** betrifft, könnte man § 214 Abs. 1 BGB so verstehen, als sei der Unterlassungsschuldner nach eingetretener Verjährung berechtigt, nun die Handlungen zu begehen, die er nach materiellem Recht unterlassen muss. Dies trifft aber nach allgemeiner Ansicht nicht zu.[150] Der Schuldner kann im Prozess Verjährung einwenden, muss sich aber davor hüten, durch eine **Berühmung** eine neue Erstbegehungsgefahr zu setzen.[151] Erst recht darf der Schuldner nicht das gesetzliche Unterlassungsgebot durch **positives Handeln** (also eine neuerliche Verletzung der Rechtsnormen) in unverjährter Zeit missachten. Die Rechtswohltat der Verjährung soll nur derjenige Schuldner für sich in Anspruch nehmen können, der sich in unverjährter Zeit rechtstreu verhalten hat. Aus der Ersttat, die den verjährten Verletzungsunterlassungsanspruch hat entstehen lassen, darf allerdings nicht eine Begehungsgefahr für künftige Verstöße abgeleitet werden, denn sonst würde die Verjährungsregel unterlaufen.[152]

II. Prozessuales

1. Einrede

122 Die Verjährung ist im Prozess nur auf Einrede hin zu würdigen. Gemäß **§ 139 Abs. 2 ZPO** ist das Gericht gehalten, auf einen Gesichtspunkt, den eine Partei erkennbar übersehen hat, hinzuweisen. Dies **gilt aus Gründen der Neutralität und Fairness nicht für die Verjährungseinrede.**[153] Obwohl einer der anerkannten Zwecke der Verjährung auch die Entlastung der Gerichte (von schwerer entscheidbaren Altsachverhalten) ist, wird man die Entscheidung des Gesetzgebers, § 214 BGB (nur) als Einrede auszugestalten und den verjährten Anspruch nicht erlöschen zu lassen, so deuten müssen, dass das Gericht dem Beklagten nicht nahelegen darf, von diesem Recht Gebrauch zu machen, um das Verfahren schnell zum Abschluss bringen zu können.

2. Handlungsmöglichkeiten des Gläubigers

123 Wird die Verjährungseinrede erhoben, so muss der Kläger reagieren. Entweder leugnet er den Verjährungseintritt oder er räumt Verjährung ein und erklärt den Rechtsstreit für erledigt.[154] Stellt das Gericht Verjährungseintritt trotz anderer Ansicht des Klägers fest, so führt dies zur Klageabweisung.[155]

124 Wenn der Kläger auf die Einrede mit der Erledigungserklärung reagiert, so stellt sich die Frage, ob es sich **überhaupt** um ein **Erledigungsereignis** i. S. d. § 91a ZPO handelt. Wenn der Schuld-

[149] MünchKommUWG/*Fritzsche,* § 11 Rdn. 226.

[150] Teplitzky/*Bacher,* Kap. 16 Rdn. 24, 30; Ahrens/*Bornkamm,* Kap. 34, Rdn. 3; MünchKommUWG/*Fritzsche,* § 11 Rdn. 158.

[151] BGH GRUR 1987, 126 – *Berühmung;* BGH GRUR 2001, 1174, 1175 – *Berühmungsaufgabe;* BGH GRUR 1999, 1097, 1099 – *Preissturz ohne Ende;* noch strengere Grundsätze: GRUR 1992, 404, 405 – *Systemunterschiede;* GRUR 1993, 53, 55 – *Ausländischer Inserent.*

[152] BGH GRUR 1987, 125, 126 – *Berühmung;* BGH GRUR 1988, 313 – *Auto F. GmbH;* BGH GRUR 1994, 57, 58 – *Geld-Zurück-Garantie.*

[153] Vgl. BGHZ 156, 269, 273; Zoeller/*Greger,* § 139 Rdn. 17; Ahrens/*Bornkamm,* Kap. 34 Rdn. 2; MünchKommUWG/*Fritzsche,* § 11 Rdn. 160.

[154] In der Praxis wird nicht selten die Klage zurückgenommen, weil vor der mündlichen Verhandlung noch einseitig möglich.

[155] Nach neuem Recht kann sowohl im Hauptsache- als auch im Verfügungsverfahren (theoretisch denkbare Ausnahme: § 204 Abs. 2 Satz BGB) der Verjährungseinwand immer nur greifen, wenn die Sache schon vor Klageerhebung bzw. Verfügungsantrag verjährt war.

ner schon im Abmahnstadium Verjährung geltend gemacht hatte, so hat der Kläger eine Forderung eingeklagt, deren Erfüllung der Schuldner schon berechtigterweise vor Anhängigkeit der Klage verweigert hatte. Hier liegt keine Erledigung vor, wenn der Beklagte die schon geltend gemachte Einrede wiederholt.[156] Liegt ein erledigendes Ereignis vor, wenn die Einrede erstmalig im Prozess erhoben wird? Eine starke Mindermeinung verneint dies mit dem Argument, der eingeklagte Anspruch sei bei Verfahrensbeginn bereits verjährt gewesen, mit Erhebung der Einrede erweise sich der Anspruch rückbezogen auf den Moment des Verjährungseintritts als klageweise nicht durchsetzbar.[157] Die wohl mehrheitlich vertretene Ansicht sieht die Erhebung der Verjährungseinrede indes als erledigendes Ereignis an.[158] Der Beklagte ist dann gut beraten, sich der Erledigungserklärung des Klägers anzuschließen.

Das Gericht muss sodann nach **§ 91a ZPO** über die **Kosten** entscheiden. Nun würde man erwarten, dass im Regelfall der Kläger, der eine verjährte Forderung eingeklagt hat, die Kosten tragen muss.[159] Im Vordringen ist indes die Gegenmeinung, die das Gericht über die Kostentragungslast unter Berücksichtigung des bisherigen Sach- und Streitstandes (vor dem erledigenden Ereignis) nach billigem Ermessen entscheiden lassen möchte, also gewissermaßen so, als wäre der Verjährungseinwand eine überraschende unvorhersehbare Wendung. Erweist sich der eingeklagte Anspruch als zuvor wahrscheinlich begründet, so wären dann dem Beklagten die Kosten aufzuerlegen.[160] *Peters*[161] nennt beachtliche Gründe, warum es angemessen sein kann, den Schuldner mit den Kosten zu belasten, obwohl er im Prozess (aus seiner Sicht) erfolgreich die Verjährungseinrede erhoben hat. 125

Trotzdem erscheint dieses Ergebnis insbesondere im wettbewerbsrechtlichen Unterlassungsstreit wenig interessengerecht. Anders als der auf Zahlung verklagte Schuldner, der bei dieser Lösung immerhin die Genugtuung hätte, nicht die Hauptsache, sondern nur die Verfahrenskosten bezahlen zu müssen, steht der wettbewerbsrechtliche Unterlassungsschuldner fast mit leeren Händen da. Er muss weiterhin unterlassen, sein Gegner bekommt einen Kostenbeschluss, der die Wettbewerbswidrigkeit inzidenter bejaht, und die Kosten des Verfahrens hat er ebenfalls zu tragen. Der einzige Vorteil, den dieser Schuldner aus der Erhebung der Einrede gewönne, wäre der Umstand, dass der Unterlassungsanspruch gegen ihn nicht mit Ordnungsmitteln bewehrt tituliert würde. 126

Auch wenn man der richtigen Ansicht folgt, dass die erstmalig erhobene Verjährungseinrede den Rechtsstreit erledigt, so sollte man in der Regel **mindestens zu einer Kostenaufhebung** kommen, selbst wenn der bisherige klägerische Sachvortrag (ohne Verjährung) eine Verurteilung überwiegend wahrscheinlich erscheinen ließ. Es ist im Rahmen der Billigkeit zu berücksichtigen, dass es vorhersehbar und wahrscheinlich ist, dass ein Antragsgegner/Beklagter auf einen Klageantrag, der einen bei Verfahrensbeginn bereits verjährten Anspruch betrifft, mit der Verjährungseinrede reagieren wird. Dies bedeutet also, dass ein solcher Kläger sowohl seinen Gegner als auch das Gericht mit einem überwiegend wahrscheinlich erfolglosen Prozess belastet hat.[162] Die eigene, für den Verjährungsbeginn entscheidende Kenntnis kann niemand so präzise datieren wie der Gläubiger. Es geht also nicht um eine Schuldnerobliegenheit,[163] schon im Abmahnstadium auf die Verjährung hinzuweisen, sondern um eine sorgsame Prozessvorbereitung des Gläubigers. Anders mag man indes entscheiden, wenn der Schuldner den Kläger bewusst „ins offene Messer der Verjährung" laufen lässt.[164] 127

---

[156] MünchKommUWG/*Fritzsche,* § 11 Rdn. 162.

[157] Zoeller/*Vollkommer,* § 91a Rdn. 58 – *Verjährung;* OLG Schleswig NJW-RR 1986, 38, 39 so wohl für bei Verfahrensbeginn bereits verjährtem Anspruch auch GroßkommUWG*Messer* (1. Aufl.) § 21 Rdn. 79.

[158] MünchKommUWG/*Fritzsche,* § 11 Rdn. 163; Ahrens/*Bornkamm,* Kap. 33 Rdn. 15; Hefermehl/*Köhler,* § 11 Rdn. 1.53.

[159] Ahrens/*Bornkamm,* Kap. 33 Rdn. 15; *Köhler*/Bornkamm, § 11 Rdn. 1.53.

[160] *so für das Verfügungsverfahren* Teplitzky/*Feddersen,* Kap. 55 Rdn. 32; OLG Köln GRUR-RR 2014, 319; OLG Celle GRUR-RR 2001, 285; OLG Stuttgart WRP 1996, 799; OLG Frankfurt WRP 2002, 466.

[161] NJW 2001, 2289 ff.

[162] Kritisch: MünchKommUWG/*Fritzsche,* § 11 Rdn. 166, der dazu tendiert, dem Schuldner, der unterlegen wäre, wenn er nicht Verjährung eingewandt hätte, die Kosten zu überbürden. Wie hier Ohly/*Sosnitza,* § 11 Rdn. 49 und wohl auch OLG Frankfurt WRP 2002, 466, 468. Sonst könnte ein Kläger „frech" eine verjährte Wettbewerbswidrigkeit mit Klage angreifen und dem Schuldner erhebliche Kosten verursachen.

[163] So aber *Peters,* a. a. O.

[164] Vgl. OLG Frankfurt WRP 2002, 466 f., 3. LS: „Ein Kläger muss nicht damit rechnen, dass der Beklagte ihn allein deshalb durch einen Antrag gemäß § 926 ZPO zur Klageerhebung veranlasst, um im Klageverfahren sogleich die Einrede der Verjährung zu erheben." Ähnlich und in der Begründung nachvollziehbar: OLG Köln GRUR-RR 2014, 319.

E. Sonstiges

I. Beweislast

128 Das Vorliegen der tatbestandlichen Voraussetzungen der Verjährung in objektiver und subjektiver Hinsicht muss der **Schuldner** darlegen und ggf. beweisen.[165] Dies gilt auch für die Kenntnis bzw. die Umstände, die für eine grob fahrlässige Unkenntnis des Gläubigers sprechen.[166] Der Gläubiger/Kläger indes trägt die Beweislast für Umstände, die für eine Hemmung oder für einen Neubeginn der Verjährung sprechen, denn dies sind den Kläger begünstigende Tatsachen.[167]

II. Vereinbarungen über die Verjährung

129 § 202 Abs. 2 BGB **erlaubt vertragliche Abreden** über die Verjährungsfrist. Die kurze Verjährungsfrist des § 11 Abs. 1 UWG kann vertraglich bis auf maximal 30 Jahre verlängert werden. Als die Verlängerung der Verjährungsfrist noch unzulässig war (§ 225 BGB a. F.), half man sich mit Vereinbarungen, in denen der Schuldner versprach, sich bis zu einem gewissen Zeitpunkt oder grundsätzlich[168] nicht auf die Verjährung berufen zu wollen.

130 Diese **Hilfskonstruktion** ist künftig **nicht mehr notwendig.** Man sollte dezidierte Vereinbarungen über den Ablauf der Verjährung schließen, wobei entweder im Kalender bestimmte Termine vorgesehen werden sollten oder – was sich häufig aus praktischen Gründen anbietet – eine unzweideutig berechenbare Frist, die mit einem künftigen Ereignis zu laufen beginnt (z. B. mit der Rechtskraft der zweitinstanzlichen Entscheidung im Verfügungsverfahrens).

---

[165] Palandt/*Heinrichs,* Überblick, Vor § 194 Rdn. 9; GK-*Messer,* § 21 Rdn. 80 ff.
[166] OLG Jena BeckRS 2007, 10381.
[167] Zur Frage der Darlegungs- und Beweislast bezüglich des Endzeitpunktes einer Dauerhandlung bzw. zur letzten Tat bei fortgesetzter oder wiederholter Handlung vgl. oben Rdn. 75 Fn. 76 und Rdn. 78 Fn. 82.
[168] *Lakkis* ZGS 2003, 423.

Kapitel 3. Verfahrensvorschriften

Vorbemerkungen zu § 12

Inhaltsübersicht

	Rdn.
A. Erkenntnisverfahren	1
I. Rechtsweg	2
1. Bürgerliche Rechtsstreitigkeit	2
2. Arbeitsrechtliche Streitigkeit	3
3. Öffentlich-rechtliche Streitigkeit	5
a) Klagen der öffentlichen Hand	6
b) Klagen gegen die öffentliche Hand	7
c) Beispiele	10
aa) Bejahung des ordentlichen Rechtswegs	10
bb) Verneinung des ordentlichen Rechtswegs	11
4. Gerichtliche Prüfung des Rechtswegs	12
5. Schiedsgericht	13
II. Zuständigkeit	14
1. Internationale Zuständigkeit	14
2. Sachliche Zuständigkeit	15
3. Funktionelle Zuständigkeit	16
4. Örtliche Zuständigkeit	17
III. Klage	18
1. Streitgegenstand	18
a) Allgemeines	18
b) Klagegrund	19
c) Verhältnis mehrerer Klagegründe	28
2. Klagehäufung	30
a) Objektive Klagehäufung	30
b) Subjektive Klagehäufung	31
3. Klageänderung	32
a) Vorliegen	32
aa) Änderung des Klageantrages	34
bb) Änderung des Klagegrundes	35
b) Zulässigkeit	37
aa) Einwilligung	37
bb) Sachdienlichkeit	38
4. Klagerücknahme	40
5. Erledigung der Hauptsache	43
a) Erledigendes Ereignis	43
b) Übereinstimmende Erledigungserklärung	49
c) Einseitige Erledigungserklärung	51
d) Kostenentscheidung	55
IV. Unterlassungsklage	70
1. Rechtsschutzbedürfnis	70
a) Allgemeines	70
b) Bestehen des Rechtsschutzbedürfnisses	72
c) Fehlen des Rechtschutzbedürfnisses	73
2. Bestimmtheitsgebot	75
a) Allgemeines	75
aa) Problematik	77
bb) Auslegung des Antrages	81
cc) Hinweispflicht des Gerichts	82
b) Begriffe ohne eindeutigen Inhalt	85
aa) Problematik	85
bb) Begriffe mit unstreitiger Bedeutung	89
cc) Grenzen der Bestimmbarkeit	90
dd) Einzelfälle	91
c) Wiedergabe des Gesetzeswortlauts	92
d) Bezugnahme auf Anlagen	95
e) Geheimhaltungsinteresse	96

	Rdn.
3. Konkretisierungsgebot	97
a) Konkrete Verletzungsform	98
b) Verallgemeinerung	102
4. Zusätze	108
a) Einschränkende Zusätze	108
b) „Insbesondere“-Zusätze	110
5. Hilfsantrag	114
a) Unechter Hilfsantrag	114
b) Echter Hilfsantrag	115
6. Ordnungsmittelantrag	118
7. Antragsformulierung	120
V. Feststellungsklage	121
1. Negative Feststellung	122
2. Feststellung des ursprünglichen Bestehens oder Nichtbestehens eines im Verfügungsverfahren geltend gemachten Unterlassungsanspruchs	128
3. Feststellung der Schadensersatzpflicht	134
VI. Beseitigungsklage	135
1. Allgemeines	135
2. Rechtsschutzbedürfnis	137
3. Bestimmtheitsgebot	138
4. Konkretisierungsgebot	141
VII. Schadensersatzklage	142
1. Leistungsklage	142
a) Bezifferter Antrag	142
b) Unbezifferter Antrag	143
c) Schadensschätzung	144
2. Feststellungsklage	145
a) Feststellungsinteresse	145
b) Begründetheit	150
c) Antragsformulierung	151
VIII. Auskunfts- und Rechnungslegungsklage	152
1. Allgemeines	152
2. Bestimmtheits- und Konkretisierungsgebot	154
3. Wirtschaftsprüfervorbehalt	155
4. Anspruch auf Ergänzung	156
5. Eidesstattliche Versicherung	157
6. Antragsformulierung	158
IX. Beweis	159
1. Beweisbedürftigkeit	159
2. Beweismittel	162
3. Beweiserhebung	163
a) Allgemeines	163
b) Ablehnung der Beweisaufnahme	168
c) Erneute Beweisaufnahme	169
d) Verwertung von Beweismitteln	170
4. Feststellung der Verkehrsauffassung ohne Beweiserhebung	174
a) Allgemeines	174
b) Bejahung der Irreführungsgefahr	177
c) Verneinung der Irreführungsgefahr	178
d) Revisibilität	179
5. Feststellung der Verkehrsauffassung durch Auskünfte	180
6. Feststellung der Verkehrsauffassung durch Meinungsumfrage	182
a) Zulässigkeit	182
b) Sachverständiger	186
c) Fragestellung	187
aa) Verkehrskreise	189
bb) Formulierung der Fragen	191
cc) Ungestützte Fragen	192
dd) Gestützte Fragen	195
ee) Umfragesplits	197
d) Gutachten	198
e) Beweiswürdigung	199
f) Kosten	202
7. Darlegungs- und Beweislast	205
a) Allgemeines	205
b) Anscheinsbeweis	206

	Rdn.
c) Darlegungs- und Beweiserleichterungen	207
aa) Allgemeines	207
bb) Innerbetriebliche Vorgänge	209
cc) Allein- und Spitzenstellung	211
dd) Fachlich umstrittene Angaben	212
ee) Vergleichende Werbung	213
X. Unterbrechung/Aussetzung	214
1. Unterbrechung	214
a) Insolvenz des Unterlassungsklägers	215
b) Insolvenz des Unterlassungsbeklagten	217
c) Aufnahme des Verfahrens	218
2. Aussetzung nach § 148 ZPO	219
XI. Urteil	223
1. Prozessurteil	223
2. Sachurteil auf Unterlassung	224
a) Bestimmtheit des Verbots	224
b) Auslegung des Verbots	226
c) Bindung an den Antrag	230
d) Zeitliche Begrenzung	232
e) Aufbrauchsfrist	234
f) Androhung von Ordnungsmitteln	237
g) Veröffentlichungsbefugnis	240
3. Sachurteil auf Auskunft und Rechnungslegung	241
4. Sachurteil auf Feststellung der Schadensersatzpflicht	242
5. Rechtskraft	243
a) Umfang	243
b) Wirkung	245
XII. Kosten	251
1. Kostenentscheidung	251
a) Teilunterliegen	251
b) Erledigung der Hauptsache	252
c) Sofortiges Anerkenntnis	253
aa) Sofortigkeit	254
bb) Veranlassung zur Klagerhebung	256
cc) Verfügungsverfahren	260
d) § 97 II ZPO	264
e) § 100 ZPO	265
2. Erstattung einzelner Kosten	268
a) Patentanwalt	269
b) Verkehrsanwalt	270
c) Reisekosten	271
d) Schutzschrift/Abwehrschreiben	272
e) Meinungsumfrage	273
f) Rechtsgutachten	274
g) Testkäufer	275
h) Detektiv	276
XIII. Vergleich	277
1. Allgemeines	277
2. Prozessvergleich	279
3. Außergerichtlicher Vergleich	283
B. Zwangsvollstreckung	284
I. Unterlassungstitel	284
1. Allgemeines	284
2. Vollstreckungstitel	286
3. Androhung von Ordnungsmitteln	292
4. Zuwiderhandlung	294
a) Objektiver Tatbestand	294
b) Verschulden	302
aa) Persönliches Verschulden	304
bb) Sorgfaltsmaßstab	305
c) Beweislast	312
5. Festsetzungsverfahren	314
a) Antrag	314
b) Entscheidung	319
c) Bemessung des Ordnungsmittels	320
d) Rechtsmittel	326

Rdn.
6. Fortfall des Titels ... 329
a) Vor der Zuwiderhandlung ... 330
b) Nach der Zuwiderhandlung ... 331
c) Nach der Festsetzung von Ordnungsmitteln ... 339
7. Einstweilige Einstellung der Zwangsvollstreckung ... 340
8. Kosten ... 342
9. Verjährung ... 344
II. Sonstige Titel ... 345
1. Vertretbare Handlungen ... 345
2. Unvertretbare Handlungen ... 347
3. Abgabe von Willenserklärungen ... 353

A. Erkenntnisverfahren

1 **Vorbemerkung:** Die nachfolgenden Ausführungen zum Erkenntnisverfahren gehen auf Fragen ein, die gerade für den Wettbewerbsprozess von erheblicher Bedeutung sind. Das trifft vor allem auf Unterlassungsklagen und die damit verbundenen Probleme zu, wie die Bestimmung des Streitgegenstandes, die Formulierung des Unterlassungsantrages und des gerichtlichen Verbots, den Umfang der Rechtskraft.

I. Rechtsweg

1. Bürgerliche Rechtstreitigkeit

2 Nach § 13 GVG ist der Rechtsweg zu den ordentlichen Gerichten eröffnet, wenn es sich um eine bürgerliche Rechtsstreitigkeit handelt und keine besondere Rechtswegzuweisung erfolgt ist, wie etwa zu den Sozialgerichten gemäß § 51 Abs. 1 Nr. 2, Abs. 2 SGG.[1] Wettbewerbsrechtliche Streitigkeiten gehören regelmäßig als bürgerliche Rechtsstreitigkeiten vor die ordentlichen Gerichte.

2. Arbeitsrechtliche Streitigkeit

3 Für **Streitigkeiten zwischen Arbeitgebern und Arbeitnehmern** sind nach § 48 Abs. 1 ArbGG die **Arbeitsgerichte (ausschließlich) zuständig** gemäß § 2 Abs. 1 Nr. 3c, d, 4a ArbGG. Das gilt auch für **ausgeschiedene Arbeitnehmer** (§ 2 Abs. 1 Nr. 3c ArbGG). Nach § 2 Abs. 3 ArbGG können auch andere Rechtsstreitigkeiten vor das Arbeitsgericht gebracht werden, wenn der prozessuale Anspruch mit einer bürgerlichen Rechtsstreitigkeit, die bei einem Arbeitsgericht anhängig ist oder gleichzeitig anhängig gemacht wird, in rechtlichem oder unmittelbar wirtschaftlichem Zusammenhang steht und keine ausschließliche Zuständigkeit eines anderen Gerichts besteht. – Es handelt sich um eine Frage des Rechtsweges, nicht um eine der sachlichen Zuständigkeit: Die Verweisung erfolgt nicht nach § 281 ZPO, sondern nach §§ 17a Abs. 2 GVG, 48 Abs. 1 ArbGG.

4 Ein **„Zusammenhang mit dem Arbeitsverhältnis"**[2] ist immer – aber nicht nur – dann gegeben, wenn der **Wettbewerbsverstoß zugleich eine Verletzung des Arbeitsvertrages** darstellt, aus dem auch nachwirkende Treupflichten bestehen können.[3] Verstöße des Arbeitnehmers gegen das UWG, insbesondere gegen §§ 3, 4, 17, kommen vor allem in Betracht, wenn er neben dem Arbeitsverhältnis oder nach dessen Beendigung für ein eigenes oder ein drittes Unternehmen tätig wird. Eine zwischenzeitliche Beendigung des Arbeitsverhältnisses ist unerheblich.[4] Wird zugleich ein Nichtarbeitnehmer verklagt, schließt § 13 Abs. 1 UWG insoweit die Erhebung einer Zusammenhangsklage aus.[5]

3. Öffentlich-rechtliche Streitigkeit

5 Eine Abgrenzung der Rechtswege ist vor allem dann erforderlich, wenn ein Träger hoheitlicher Gewalt beteiligt ist. Dann muss geprüft werden, ob der Rechtsweg statt zu den ordentlichen Ge-

---

[1] Zu § 51 SGG a. F.: BGH GRUR 1998, 506, 507 f. – *Rechtsweg;* GRUR 2000, 736 f. – *Hörgeräteakustik.*

[2] Vgl. dazu OLG Düsseldorf GRUR-RR 2003, 63 f.; KG MD VSW 2005, 138, 139 f. (Durchgriff auf eine GmbH, die von einem ausgeschiedenen Arbeitnehmer gegründet worden ist); OLG Nürnberg WRP 2008, 1475 f.

[3] *Köhler*/Bornkamm § 12 Rdn. 2.4; Ahrens/*Bornkamm* Kap. 15 Rdn. 14; unten *Harte-Bavendamm* § 17 Rdn. 52 ff.

[4] OLG München MD VSW 2004, 431, 433; OLG Frankfurt GRUR 2005, 792; *Köhler*/Bornkamm § 12 Rdn. 2.4; a. M. *Asendorf* GRUR 1990, 229, 231 ff.

[5] BAG GRUR-RR 2010, 447, 448.

richten zu den Verwaltungsgerichten oder zu den Sozialgerichten gegeben ist. Nach der Rechtsprechung kommt es auf die **Natur des Rechtsverhältnisses** an, aus dem der **Klageanspruch** hergeleitet wird,[6] und zwar auf die wahre Natur des Anspruches, wie er sich nach dem Sachvortrag des Klägers darstellt. Zuvor ist aber zu beachten, ob eine besondere Rechtswegzuweisung vorliegt, insbesondere nach § 51 SGG.[7] – Nicht entscheidend ist, ob der Kläger sich auf eine zivilrechtliche Anspruchsgrundlage beruft oder einen solchen Anspruch schlüssig vorträgt. Vielmehr ist maßgebend, ob das als richtig unterstellte Klagevorbringen Rechtsbeziehungen ergibt, die dem bürgerlichen Recht zuzuordnen sind. Dabei spielt eine Rolle, ob die Parteien in einem Verhältnis der Über- und Unterordnung zueinander stehen, ob sich der Träger hoheitlicher Gewalt der besonderen, ihm zugeordneten Rechtssätze bedient oder ob er sich den für jedermann geltenden zivilrechtlichen Regelungen unterstellt.[8]

a) Klagen der öffentlichen Hand. Nimmt die öffentliche Hand am Wirtschaftsleben teil und 6
wendet sie sich gegen **Wettbewerbsverstöße privater Mitbewerber,** ist der ordentliche Rechtsweg gegeben.[9] Das gilt auch für öffentlich-rechtliche Verbände, die nach § 8 Abs. 3 Nr. 2 klagebefugt sind.[10] Dem steht nicht entgegen, dass sie auch öffentlich-rechtlich vorgehen könnten.[11] **Anders** ist es, wenn das **Rechtsverhältnis öffentlich-rechtlich geregelt** ist.[12] Das soll zutreffen, wenn eine **gesetzliche Krankenkasse** gegen einen Vertragsarzt vorgeht, der sich im Internet negativ über „Billigkrankenkassen" geäußert hat.[13] Die Sozialgerichte sind zuständig für privatrechtliche Streitigkeiten in Angelegenheiten der gesetzlichen Krankenversicherung.[14]

b) Klagen gegen die öffentliche Hand. Ein Träger hoheitlicher Gewalt wie etwa eine gesetz- 7
liche Krankenkasse kann in einem Wettbewerbsverhältnis stehen zu privaten Wettbewerbern und zu öffentlich-rechtlichen Mitbewerbern. In beiden Fällen besteht zwar grundsätzlich ein **Verhältnis der Gleichordnung;** alle werben gleichermaßen um denselben Kundenkreis. Daraus folgt jedoch **nicht ohne weiteres,** dass es sich um eine **bürgerlich-rechtliche Streitigkeit** handelt.[15]

Die Wettbewerbsbeziehungen zu anderen Mitbewerbern sind zu unterscheiden von den Leis- 8
tungsbeziehungen der öffentlichen Hand zu ihren Abnehmern, Benutzern oder Mitgliedern, die öffentlich-rechtlich ausgestaltet sind. Im Verhältnis zu Wettbewerbern kommt es auf die Natur dieser Leistungsbeziehungen nicht entscheidend an.[16] Vielmehr sind die **Streitigkeiten aus dem Wettbewerbsverhältnis bürgerlich-rechtlicher Natur, wenn dieses nicht öffentlichrechtlich geregelt** ist,[17] obwohl mittelbar auch Auswirkungen auf die öffentlich-rechtlich gestalteten Leistungsbeziehungen bestehen[18] und obwohl die öffentliche Hand zur Erfüllung öffentlicher Aufgaben handelt.[19] – Die Problematik wird deutlich, wenn eine gesetzliche Krankenkasse nach Einführung der Wahlfreiheit um freiwillige Mitglieder wirbt, die auch Mitglieder einer anderen gesetzlichen Krankenkasse oder einer privaten Krankenversicherung sein können. Zu **privaten Krankenversicherern** besteht im Bereich der **Mitgliederwerbung** ein bürgerlich-rechtliches Verhältnis.[20]

---

[6] GmS-OGB GRUR 1986, 685 f. – *Orthopädische Hilfsmittel;* ferner in BGHZ 102, 280, 283 – *Rollstühle* und in BGHZ 108, 284, 286 ff. – *AOK-Mitgliederwerbung;* BGH GRUR 1998, 174 f. – *Fachhochschuljurist;* GRUR 1998, 744, 745 ff. – *Kassen-Mitgliederwerbung;* NJW 2003, 1192, 1193; vgl. aber GRUR 2006, 517, 518 – *Blutdruckmessungen.*

[7] Vgl. dazu Teplitzky/*Schaub* Kap. 45 Rdn. 2.

[8] GmS-OGB BGHZ 102, 280, 283 – *Rollstühle* – und NJW 1988, 2297 f.; BGH GRUR 2001, 87, 88 – *Sondenernährung;* zur privatwirtschaftlichen Betätigung der öffentlichen Hand s. auch oben *Ahrens,* Einl. G Rdn. 31 ff.

[9] Beispiele: BGH GRUR 1977, 543 – *Der 7. Sinn;* GRUR 1982, 431 – *POINT;* GRUR 1993, 692 – *Guldenburg.*

[10] BGH GRUR 1991, 540, 541 – *Gebührenausschreibung;* GRUR 1999, 748, 749 – *Steuerberaterwerbung auf Fachmessen.*

[11] BGH GRUR 1981, 596, 597 – *Apotheken-Steuerberatungsgesellschaft;* GRUR 1999, 748 – *Steuerberaterwerbung auf Fachmessen.*

[12] BGH NJW 1995, 2295, 2296 – *Remailing I.*

[13] KG GRUR-RR 2002, 247 f.

[14] BGH GRUR 2009, 700, 701 – *Integrierte Versorgung.*

[15] BGH GRUR 1993, 407, 408 – *Selbstzahler.*

[16] BGH GSZ GRUR 1976, 658 – *Studenten-Versicherung* und GRUR 1977, 51, 52 – *Auto-Analyzer;* BGH GRUR 1982, 433, 434 – *Kinderbeiträge;* GRUR 1982, 425, 427 – *Brillen-Selbstabgabestellen;* GRUR 1993, 917, 919 – *Abrechnungs-Software für Zahnärzte.*

[17] GmS-OGB BGHZ 108, 284, 286 ff. – *AOK-Mitgliederwerbung.*

[18] BGH GRUR 1982, 425, 427 – *Brillen-Selbstabgabestellen; Piper* GRUR 1986, 574, 577.

[19] BVerwGE 39, 329, 337.

[20] BGH GSZ GRUR 1976, 658, 659 – *Studenten-Versicherung;* BGH GRUR 1999, 88, 89 – *Ersatzkassen-Telefonwerbung;* GRUR 2007, 535, 536 – *Gesamtzufriedenheit;* OLG Hamburg GRUR-RR 2003, 249 f.; OLG Mün-

Das gilt auch dann, wenn ein Verbraucherverband gegen die gesetzliche Krankenkasse vorgeht,[21] und zwar unabhängig davon, ob auch eine private Krankenversicherung betroffen ist. Bei einem entsprechenden Streit mit einer anderen **gesetzlichen Krankenkasse,** etwa über die Irreführung einer Mitgliederwerbung, ist das Wettbewerbsverhältnis zumindest auch von öffentlich-rechtlichen Normen maßgebend mitbestimmt, so dass das Schwergewicht des Streits im öffentlichen Recht liegt und daher der ordentliche Rechtsweg nicht eröffnet ist. Vielmehr gehört der Streit vor die Sozialgerichte.[22] Das Ergebnis ist allerdings, wenn es um dieselbe Werbung geht, insofern misslich, als **unterschiedliche Rechtswege** bestehen, je nachdem, ob gegen die gesetzliche Krankenkasse ein privater Krankenversicherer (Rechtsweg zu den ordentlichen Gerichten) oder eine andere gesetzliche Krankenkasse klagt (Rechtsweg zu den Sozialgerichten).

9 Nach der **Rechtsprechung des BSG** sind die **Normen des Sozialrechts maßgebend,** während das Wettbewerbsrecht allenfalls als Auslegungshilfe bei der Auslegung sozialrechtlichen Normen heranzuziehen ist.[23] Diese sind aber nicht auf den Wettbewerb der Krankenkassen untereinander zugeschnitten. **§ 69 SGB V** enthält für einen wichtigen Teilbereich eine abschließende gesetzliche Regelung,[24] soweit es nämlich um die Rechtsbeziehungen der Krankenkassen zu den Leistungserbringern geht. – Der **Rechtsweg zu den Sozialgerichten** ist gegeben, wenn das **Schwergewicht des Streits** im Bereich einer Aufgabe liegt, deren Erfüllung den Kassenärztlichen Vereinigungen und gesetzlichen Krankenkassen unmittelbar auf Grund der **Bestimmungen des SGB V** obliegt,[25] wie die Aufforderung an Kassenärzte, bestimmte Arzneimittel nicht mehr zu verschreiben,[26] oder die Ausübung der sozialrechtlichen Befugnis zu Sachleistungen[27] oder die Werbung gegenüber Mitgliedern für Arzneimittel-Versandhandel[28] oder die Teilöffnung der Krankenhäuser zur ambulanten Behandlung.[29] – Nach § 51 Abs. 2 Satz 1 SGG entscheiden die Gerichte der Sozialgerichtsbarkeit auch über privatrechtliche Streitigkeiten in Angelegenheiten der gesetzlichen Krankenversicherung, auch soweit durch diese Angelegenheiten Dritte betroffen werden. Nach Satz 3 sind Streitigkeiten in Verfahren nach dem GWB ausgenommen.[30] – Der Rechtsweg zu den Sozialgerichten ist gegeben, wenn eine Partei wie die privatrechtlich organisierte Bundesvereinigung Deutscher Apothekerverbände gleichsam als Repräsentant von Leistungserbringern in Anspruch genommen wird, insbesondere wenn es um Verhalten geht, das sich auf die Art und Weise der Leistungserbringung im Verhältnis zu den Krankenkassen bezieht.[31]

10 **c) Beispiele.** *aa) Bejahung des ordentlichen Rechtswegs.* **Zu beachten** ist aber die **Neuregelung in § 51 SGG, § 69 SGB V.** Daher sind die genannten Entscheidungen zum Teil überholt.[32] Der **ordentliche Rechtsweg ist bejaht** worden für **Klagen Privater gegen**

– **Gesetzliche Krankenkassen:** wegen einer Mitgliederwerbung (Rdn. 8);[33] Preisunterbietung;[34] der Angabe von Bezugsquellen;[35] der Aufforderung an Kassenmitglieder, Pflegedienstverträge zu beenden;[36]
– **Kassenärztliche Vereinigungen:** wegen unentgeltlicher Abgabe von Software an Mitglieder;[37]

---

chen WRP 2003, 1145, 1146; OLG Koblenz WRP 2004, 922 f.; OLG Celle GRUR-RR 2010, 86; GRUR-RR 2011, 111 f.; *Keßler* WRP 2007, 1030, 1034; vgl. dazu EuGH 2013, 1159, 1160 f. – *BKK/Wettbewerbszentrale.*

21 BGH GRUR 1999, 88, 89 – *Ersatzkassen-Telefonwerbung.*

22 BGH GRUR 1998, 744, 745 f. – *Mitgliederwerbung.*

23 BSG NJW 1999, 892, 893.

24 BGH WRP 2000, 759, 762 – *Zahnersatz aus Manila;* GRUR 2004, 247, 249 – *Krankenkassenzulassung;* GRUR 2006, 517, 518 f. – *Blutdruckmessungen;* GRUR 2008, 447, 448 – *Treuebonus;* BSG NJW-RR 2002, 1691, 1693 f.; *Köhler*/Bornkamm § 12 Rdn. 2.3a und 2.6; Ahrens/*Bornkamm* Kap. 15 Rdn. 32; vgl. *Keßler* WRP 2007, 1030, 1032.

25 BGH GRUR 1998, 506, 507 f. – *Rechtsweg;* GRUR 2012, 94 f. – *Radiologisch-diagnostische Untersuchungen.*

26 BGH GRUR 2000, 251, 252 f. – *Arzneimittelversorgung.*

27 BGH GRUR 2001, 87, 88 – *Sondenernährung.*

28 BGH GRUR 2003, 549 f. – *Arzneimittelversandhandel.*

29 BGH GRUR 2012, 94 f. – *Radiologisch-diagnostische Untersuchungen.*

30 Vgl. dazu Ahrens/*Bornkamm* Kap. 15 Rdr. 33.

31 BGH GRUR 2004, 444, 445 – *Arzneimittelsubstitution;* vgl. auch GRUR 2009, 700, 701 – *Integrierte Versorgung;* GRUR 2012, 94 f. – *Radiologisch-diagnostische Untersuchungen;* vgl. auch OLG München MD VSW 2008, 715, 717 f.

32 Vgl. dazu *Köhler*/Bornkamm § 12 Rdn. 2.6.

33 BGH GRUR 1998, 744, 745 f. – *Mitgliederwerbung;* GRUR 1999, 88, 89 – *Ersatzkassen-Telefonwerbung;* GRUR 2007, 535, 536 – *Gesamtzufriedenheit.*

34 BGH GSZ GRUR 1976, 658, 659 – *Studenten-Versicherung* und GRUR 1982, 425, 427 – *Brillen-Selbstabgabestellen;* GRUR 1982, 433, 434 – *Kinderbeiträge.*

35 OLG Frankfurt GRUR 1994, 145 f.

36 OLG Düsseldorf WRP 1998, 1091 f.

– **Gemeinden/Landkreise:** wegen Betriebs eines Bestattungsunternehmens;[38] Vergabe von Krankentransporten;[39] Werbung in Amtsblättern;[40] Vergabe von Subventionen;[41] Honoraranfrage bei Ingenieuren;[42] Verkaufs von Kfz-Schildern;[43] wegen Verträgen über die Werbenutzung öffentlichen Eigentums;[44]
– **(Ärzte-, Apotheker-)Kammern:** wegen diskriminierender oder begünstigender Rundschreiben;[45] Werbeverboten;[46]
– **Apotheker gegen einen anderen Apotheker:** wegen des Anbietens und Gewährens von Boni;[47]
– **Öffentlich-Rechtliche Rundfunkanstalten:** wegen Werbeverstößen;[48] fehlender Frequenzzuweisung;[49]
– **Kirchliche Stellen:** wegen irreführender Werbung.[50]

bb) Verneinung des ordentlichen Rechtswegs. Der **ordentliche Rechtsweg** ist **verneint** worden für **Klagen gegen** 11
– **Gesetzliche Krankenkassen:** im Verhältnis zu einer anderen gesetzlichen Krankenkasse wegen einer Mitgliederwerbung (Rdn. 8);[51] wenn es um Sachleistungen an Versicherte geht;[52] wegen der Werbung gegenüber Mitgliedern für Arzneimittel-Versandhandel;[53]
– **Kassenärztliche Vereinigung:** im Verhältnis zu einem Kassenarzt wegen Weitergabe von Abrechnungsunterlagen an Mitbewerber;[54]
– **Bundesvereinigung Deutscher Apothekerverbände:** wegen einer Arzneimittel-Information;[55]
– **Ambulanter Pflegedienst gegen den Betreiber eines Krankenhauses:** wegen einer Zusammenarbeit bei der Vermittlung von Patienten;[56]
– **Fachhochschule:** im Verhältnis zu einem Anwalt wegen Verleihung eines akademischen Grades;[57]
– **Krankenhäuser:** wegen ambulanter Behandlungen.[58]

4. Gerichtliche Prüfung des Rechtsweges

Das angerufene Gericht hat **von Amts wegen** zu prüfen, ob der Rechtsweg gegeben ist (§§ 17, 17a, 17b GVG). Unter den Voraussetzungen des § 17a Abs. 3 Satz 2 GVG hat das erstinstanzliche Gericht darüber vorab durch Beschluss zu entscheiden, gegen den sofortige Beschwerde statthaft ist (§ 17a Abs. 4 GVG). Das Beschwerdegericht hat die Rechtsbeschwerde zum BGH zuzulassen, wenn die Sache rechtsgrundsätzliche Bedeutung hat. Das gilt auch für das Verfügungsverfahren, in dem die Oberlandesgerichte sonst in letzter Instanz entscheiden.[59] Die Rechtsbeschwerde ist binnen 12

---

37 BGH GRUR 1993, 917, 918 f. – *Abrechnungs-Software für Zahnärzte.*
38 BGH GRUR 1987, 116, 117 – *Kommunaler Bestattungswirtschaftsbetrieb I.*
39 BGH GRUR 1987, 829, 830 – *Krankentransport.*
40 BGH GRUR 1973, 530 – *Crailsheimer Stadtblatt.*
41 OLG Stuttgart WRP 1980, 101; OLG Frankfurt WRP 1997, 592 f.
42 BGH GRUR 1991, 769, 770 f. – *Honoraranfrage.*
43 BGH GRUR 1974, 733 – *Schilderverkauf.*
44 OLG Hamburg GRUR-RR 2012, 126, 127 f.
45 BGH GSZ GRUR 1977, 51, 52 – *Auto-Analyser;* BGH GRUR 1986, 905, 907 – *Innungskrankenkassenwesen.*
46 BGH GRUR 1987, 178, 179 – *Guten Tag-Apotheke II.*
47 BGH GRUR 2008, 447, 448 – *Treuebonus.*
48 BGH GRUR 1990, 611, 613 – *Werbung im Programm;* GRUR 1992, 518, 519 f. – *Ereignis-Sponsorwerbung.*
49 OLG Dresden NJW-RR 1998, 558 f.
50 BGH GRUR 1981, 823, 825 – *Ecclesia-Versicherungsdienst.*
51 BGH GRUR 1998, 744, 745 f. – *Mitgliederwerbung.*
52 BGH GRUR 2000, 251, 252 f. – *Arzneimittelversorgung;* GRUR 2000, 736 f. – *Hörgeräteakustik;* GRUR 2001, 87, 88 – *Sondenernährung.*
53 BGH GRUR 2003, 549 f. – *Arzneimittelversandhandel.*
54 BGH GRUR 1999, 520, 521 f. – *Abrechnungsprüfung.*
55 BGH GRUR 2004, 444, 445 – *Arzneimittelsubstitution.*
56 OLG Düsseldorf NJW-RR 2007, 501 f.
57 BGH GRUR 1998, 174 f. – *Fachhochschuljurist.*
58 BGH GRUR 2012, 94 f. – *Radiologisch-diagnostische Untersuchungen.*
59 BGH NJW 1999, 3785; VersR 2001, 1006; NJW 2001, 2181; NJW 2003, 1192, 1193; GRUR 2003, 549 – *Arzneimittelversandhandel;* GRUR 2007, 535, 536 – *Gesamtzufriedenheit;* GRUR 2009, 700 – *Integrierte Versorgung.*

einer Frist von einem Monat zu begründen (§ 575 Abs. 2 Satz 1 ZPO).[60] Hat das erstinstanzliche Gericht über die Zulässigkeit des Rechtsweges zu Unrecht nicht vorab durch Beschluss, sondern erst im Urteil entschieden, so hat das Berufungsgericht grundsätzlich vorab durch Beschluss zu entscheiden. § 17a Abs. 5 GVG gilt nicht.[61] Hat der Kläger in seiner Klage mehrere prozessuale Ansprüche, für die verschiedene Rechtswege eröffnet sind, miteinander verbunden, ist eine Prozesstrennung nach § 145 ZPO nebst Teilverweisung geboten.[62] – Das Gericht, bei dem der Kläger geklagt hat, entscheidet bindend über den Rechtsweg (§ 17a Abs. 1 GVG). Daher kann es nicht mehr vorkommen, dass die Gerichte verschiedener Gerichtsbarkeit jeweils den Rechtsweg verneinen. Nach § 17 Abs. 2 Satz 1 GVG hat das zuständige Gericht des zulässigen Rechtswegs den Streit nach allen in Betracht kommenden rechtlichen Gesichtspunkten zu entscheiden.[63]

5. Schiedsgericht

13 Die Klage ist unzulässig, wenn zwischen den Parteien eine **wirksame Schiedsgerichtsvereinbarung** besteht (§ 1029 ZPO) und der Beklagte sich darauf im Prozess beruft (§ 1032 ZPO). Der ordentliche Rechtsweg bleibt aber eröffnet für das Verfügungsverfahren (§§ 1033, 1025 Abs. 2 ZPO),[64] das Vollstreckungsverfahren (§§ 1060ff. ZPO) und das Aufhebungsverfahren (§ 1059 ZPO).

II. Zuständigkeit

1. Internationale Zuständigkeit

14 Vgl. *Glöckner* Einleitung D I.

2. Sachliche Zuständigkeit

15 Vgl. *Retzer/Tolkmitt* § 13.

3. Funktionelle Zuständigkeit

16 Vgl. *Retzer/Tolkmitt* § 13.

4. Örtliche Zuständigkeit

17 Vgl. *Retzer/Tolkmitt* § 14.

III. Klage

Schrifttum: *Ahrens,* Die Bildung kleinteiliger Streitgegenstände als Folge des TÜV-Beschlusses, WRP 2013, 129; *Bergmann,* Zur alternativen und kumulativen Begründung des Unterlassungsantrages in Wettbewerbssachen, WRP 2009, 224; *Berneke,* Der enge Streitgegenstand von Unterlassungsklagen des gewerblichen Rechtsschutzes und des Urheberrechts in der Praxis, WRP 2007, 579; *Büscher,* Klagehäufung im Gewerblichen Rechtsschutz – alternativ, kumulativ, eventuell?, GRUR 2012, 16; *Götz,* Die Neuvermessung des Lebenssachverhalts – Der Streitgegenstand im Unterlassungsprozeß, GRUR 2008, 401; *Kamlah/Ulmar,* Neues zum Streitgegenstand der Unterlassungsklage und seine Auswirkungen auf Folgeprozesse, WRP 2006, 967; *Kodde,* Vier Jahre nach „TÜV", GRUR 2015,38; *Krüger,* Folgeprobleme zu BGH-TÜV I, WRP 2011, 1504; *ders.* Zum Streitwertbegriff, WRP 2013, 140; *Lehment,* Zur Bedeutung der Kerntheorie für den Streitgegenstand, WRP 2007, 237; *von Linstow/Büttner,* Nach Markenparfümverkäufen sind Reinigungsarbeiten erforderlich, WRP 2007, 169; *M. Schmidt,* Streitgegenstand und Kernbereich der konkreten Verletzungsform im lauterkeitsrechtlichen Verfügungsverfahren, GRUR-Prax 2012, 179; *Schwippert,* Nach TÜV und Branchenburg Berg, WRP 2013, 140; *ders.* Der Streitgegenstand nach der Biomineralwasser-Entscheidung, WRP 2014, 18; *Stieper,* Klagehäufung im Gewerblichen Rechtsschutz – alternativ, kumulativ, eventuell?, GRUR 2012, 5; *Teplitzky,* Der Streitgegenstand in der neuesten Rechtsprechung des I. Zivilsenats des BGH, WRP 2007, 1; *ders.,* Die Rechtsprechung des BGH zum wettbewerblichen Anspruchs- und Verfahrensrecht XI, GRUR 2007, 177; *ders.,* „Markenparfümverkäufe" und Streitgegenstand, WRP 2007, 397, *ders.,* Zum Streitgegenstand der wettbewerblichen Unterlassungsklage, WRP 2010, 181; *ders.,* Der Streitgegenstand der schutz- und lauterkeitsrechtlichen Unterlassungs-

---

[60] BGH NJW-RR 2003, 277, 279; OLG Hamm GRUR-RR 2014, 359, 360.
[61] BGH GRUR 1993, 420, 421 – *Rechtswegprüfung I;* NJW 1999, 651.
[62] BGH GRUR 1998, 506, 508 – *Rechtsweg.*
[63] BGH GRUR 2000, 251, 253 – *Arzneimittelversorgung;* GRUR 2001, 87, 88 – *Sondenernährung;* NJW 2003, 1194.
[64] Vgl. dazu OLG Köln GRUR-RR 2002, 309 f.

klage vor und nach den „TÜV"-Entscheidungen des BGH, GRUR 2011, 1091; *ders.*, Wie weit führt der „erste Schritt", Anmerkungen zur Streitgegenstandserweiterung im BGH-Urteil „Branchenbuch Berg", WRP 2012, 261; *v. Ungern-Sternberg*, Grundfragen des Streitgegenstandes bei wettbewerbsrechtlichen Unterlassungsklagen, GRUR 2009, 901, 1009; *ders.*, Grundfragen des Klagantrags bei urheber- und wettbewerbsrechtlichen Unterlassungsklagen – Teil I, GRUR 2011, 375; Teil II, GRUR 2011, 486.

1. Streitgegenstand

a) Allgemeines. Insbesondere im Wettbewerbsprozess ist der Begriff „Streitgegenstand" von zentraler Bedeutung, nämlich für die Bestimmtheit der Klage, die Rechtshängigkeit, die Klagehäufung, die Klageänderung und die Rechtskraft. Gesichtspunkte der Praktikabilität dürfen dabei nicht außer Acht gelassen werden.[65] Der Kläger entscheidet darüber, was **Streitgegenstand** ist. Dieser wird durch den **Klageantrag und** durch den dazu vorgetragenen Lebenssachverhalt **(Klagegrund)** bestimmt.[66] Der maßgebende Lebenssachverhalt umfasst alle Tatsachen, die bei natürlicher Betrachtungsweise zu dem Tatsachenkomplex gehören, den der Kläger zur Entscheidung stellt.[67] Dabei kommt es grundsätzlich nicht darauf an, ob die Parteien einzelne Tatsachen dieses Lebenssachverhalts vorgetragen haben oder nicht, unabhängig davon, ob sie die nicht vorgetragenen Tatsachen kannten oder nicht.[68] Dagegen liegt eine **Mehrheit von Streitgegenständen** vor, „wenn die materiell-rechtliche Regelung die zusammentreffenden Ansprüche durch eine Verselbständigung der einzelnen Lebensvorgänge erkennbar unterschiedlich ausgestaltet".[69] – Im Einzelfall kann es erhebliche Schwierigkeiten bereiten, die Frage zu beantworten, ob es sich um einen oder um mehrere Lebenssachverhalte handelt.[70] Wird der Antrag auf mehrere verschiedene Sachverhalte gestützt, liegen trotz einheitlichen Antrages mehrere Streitgegenstände vor **(objektive Klagehäufung).** – Zunächst ist demgemäß der Streitgegenstand zu bestimmen, sodann im Falle mehrerer Streitgegenstände, in welchem Verhältnis sie zueinander stehen. Dabei ist entgegen früherer Rechtsprechung des BGH[71] – nach Ablehnung einer alternativen Klagehäufung – ein weiter Streitgegenstandsbegriff maßgebend.[72] 18

b) Klagegrund. Die **„konkrete Verletzungsform",** das konkret umschriebene, beanstandete Verhalten,[73] bildet grundsätzlich den Streitgegenstand, wenn mit der Klage ein entsprechender Antrag verfolgt wird.[74] Er umfasst alle Rechtsverletzungen, die durch die konkrete Verletzungsform verwirklicht werden,[75] ohne dass es darauf ankommt, ob der Kläger sich auf bestimmte Rechtsverletzungen gestützt hat; denn die rechtliche Einordnung ist Sache des Gerichts (iura novit curia). Der Streitgegenstand wird demnach nicht auf die Behauptung einer bestimmten Fehlvorstellung des Verkehrs eingegrenzt.[76] Das Verbot kann aber nur auf solche Beanstandungen gestützt werden, zu denen der Kläger entsprechende Tatsachen vorgetragen hat.[77] – **Eine konkrete Verletzungshandlung,** etwa ein Werbeprospekt, kann **mehrere konkrete Verletzungsformen** enthalten (vgl. dazu 19

---

[65] BGH GRUR 2013, 401,403 – *Biomineralwasser; Köhler*/Bornkamm § 12 Rdn. 2.23.

[66] BGH GRUR 1993, 157, 158 – *dauernd billig;* GRUR 1999, 272, 274 – *Die Luxusklasse zum Nulltarif;* GRUR 2001, 181, 182 – *dentalästhetika I;* GRUR 2001, 755, 756 – *Telefonkarte;* GRUR 2003, 436, 439 – *Feldenkrais;* GRUR 2003, 622 – *Abonnementvertrag;* GRUR 2003, 716f. – *Reinigungsarbeiten;* GRUR 2005, 854, 855 – *Karten-Grundsubstanz;* GRUR 2006, 164, 165f. – *Aktivierungskosten II;* GRUR 2006, 960, 961 – *Anschriftenliste;* GRUR 2007, 605, 606f. – *Gesamtzufriedenheit;* GRUR 2007, 981, 982 – *150 % Zinsbonus;* GRUR 2007, 1071, 1075 – *Kinder II;* GRUR 2007, 1066, 1070 – *Kinderzeit;* GRUR 2008, 186, 187 – *Telefonaktion;* GRUR 2008, 1121, 1122 – *Freundschaftswerbung im Internet;* GRUR 2009, 1180, 1181 – *0,00 Grundgebühr;* GRUR 2010, 454 – *Klassenlotterie;* GRUR 2010, 847, 849 – *Ausschreibung in Bulgarien;* GRUR 2011, 352 – *Makler als Vertreter im Zwangsversteigerungsverfahren;* GRUR 2012, 184, 185 – *Branchenbuch Berg* mit Anm. von *Heil;* GRUR 2012, 943, 945 – *Call-by-Call;* GRUR 2014, 91, 92 – *Treuepunkte-Aktion;* GRUR 2014, 393, 394 – *wetteronline.de;* GRUR 2016, 292, 293 – Treuhandgesellschaft; vgl. dazu im Einzelnen *Teplitzky* in: FS Erdmann, S. 889, 892f., ferner GRUR 2003, 272, 279.

[67] BGH GRUR 2013, 397, 398 – *Peek & Cloppenburg III; GRUR* 2013, 401, 402 – *Biomineralwasser.*

[68] BGH GRUR 2013, 401,402 und 403 – *Biomineralwasser.*

[69] BGH GRUR 2013, 397, 398 – *Peek & Cloppenburg III;* GRUR 2013, 401,402 – *Biomineralwasser.*

[70] *Köhler*/Bornkamm § 12 Rdn. 2.23b.

[71] BGH GRUR 2001, 181, 182 – *dentalästhetika I;* GRUR 2007, 161, 162 – *dentalästhetika II.*

[72] BGH GRUR 2013, 401,402f. – *Biomineralwasser; Köhler*/Bornkamm § 12 Rdn. 2.23c, d.

[73] BGH GRUR 2013, 401,403 – *Biomineralwasser;* GRUR 2013, 951, 952f. – *Regalsystem;* GRUR 2013, 1052, 1053 – *Einkaufswagen III; Köhler*/Bornkamm § 12 Rdn. 2.23i.

[74] BGH GRUR 2013, 401, 403 – *Biomineralwasser;* GRUR-RR 2014, 201, 202 – *Peek & Cloppenburg IV;* GRUR 2014, 1224, 1227 – *ENERGY & VODKA; Köhler*/Bornkamm § 12 Rdn. 2.23e.

[75] *Köhler*/Bornkamm § 12 Rdn. 2.23e, f und k.

[76] A. M. noch BGH GRUR 2001, 181, 182 – *dentalästhetika I;* GRUR 2007, 161, 162 – *dentalästhetika II.*

[77] Köhler/Bornkamm § 12 Rdn. 2.23i; vgl. OLG Frankfurt WRP 2014, 1482.

Rdnr. 99). – Richtet sich der Klageantrag nicht gegen eine bestimmte Verletzungsform, sondern allgemein gegen eine bestimmte Bezeichnung, wie Biomineralwasser, wird der Streitgegenstand durch den gesamten historischen Lebenssachverhalt bestimmt, auf den sich der Klageantrag bezieht.[78] – Bei unterschiedlichen Anträgen, die sich etwa gegen verschiedene konkrete Verletzungsformen richten, liegen unterschiedliche Streitgegenstände vor.[79]

20 Problematisch ist, ob es sich um einen **einheitlichen Lebenssachverhalt (Klagegrund)** und demgemäß um einen einzigen Streitgegenstand handelt, wenn der Kläger seinen Unterlassungsantrag auf **mehrere konkrete Verletzungshandlungen** stützt, etwa auf mehrere Anzeigen in derselben Zeitung und/oder in verschiedenen Zeitungen und/oder in Handzetteln/Werbebroschüren und/oder auf mehrere Fernsehspots, die jeweils die beanstandete Werbeaussage enthalten und jeweils für sich Wiederholungsgefahr begründen. Dafür könnte sprechen, dass die Begehungsgefahr, die Voraussetzung des einheitlichen, in die Zukunft gerichteten Unterlassungsanspruches ist, durch die erste Zuwiderhandlung entsteht und durch jede weitere „nur" bestätigt wird. Dieser fortlaufende „Gefahrenzustand" könnte die streitgegenständliche Klammer bilden, die sich vom ersten Verstoß bis zum Schluss der mündlichen Verhandlung erstreckt, auf deren Zeitpunkt es für den Bestand des in die Zukunft gerichteten Unterlassungsanspruches und damit für die Begründetheit der Klage ankommt. Das allein rechtfertigt es aber noch nicht, einen einheitlichen Lebenssachverhalt und daher einen einzigen Streitgegenstand anzunehmen. – Die Beantwortung der Frage ist von ganz erheblicher Bedeutung. Von ihr hängt etwa ab, ob gegebenenfalls eine **Klageänderung** vorliegt, ferner vor allem, **welchen Umfang die Rechtskraft eines Urteils hat.** Liegen mehrere Streitgegenstände vor, könnte der Kläger trotz eines rechtskräftigen klageabweisenden Urteils weitere Zuwiderhandlungen und Berühmungen, die vor Schluss der mündlichen Verhandlung erfolgt und nicht vorgetragen worden sind, ohne prozessuale Bedenken zum Gegenstand einer neuen Klage machen, obwohl an sich darüber entschieden worden ist, ob der Kläger zu diesem Zeitpunkt einen in die Zukunft gerichteten Unterlassungsanspruch hat, und im Falle eines rechtskräftigen klageabweisenden Urteils eigentlich endgültig feststehen sollte, dass der Anspruch zu diesem Zeitpunkt nicht bestanden hat.

21 Ein einheitlicher Lebenssachverhalt (Klagegrund) liegt vor, soweit es um **dieselbe konkrete Verletzungsform** geht,[80] etwa um mehrere Anzeigen mit derselben Werbeaussage, auch in verschiedenen Zeitungen mit derselben Werbeaussage. In solchen Fällen folgt aus jedem weiteren derartigen Verstoß, den der Kläger in der Klage vorträgt, kein neuer, selbstständiger Streitgegenstand. Die mehreren Verstöße gehören zum selben Lebenssachverhalt (vgl. Rdn. 36, 288). – Daran ändert sich nichts, wenn sich der Kläger erst nachträglich – nach Rechtshängigkeit – auf einen weiteren derartigen Verstoß beruft,[81] einerlei ob dieser vor oder nach Rechtshängigkeit begangen worden ist. Macht der Kläger einen solchen Verstoß (dieselbe konkrete Verletzungsform) zum Gegenstand einer zweiten, parallelen Klage, steht ihr der Einwand der Rechtshängigkeit, später gegebenenfalls der Einwand der Rechtskraft entgegen. Es geht immer noch um denselben Lebenssachverhalt (= Klagegrund der ersten Klage).[82] Entsprechendes gilt, wenn es zwar nicht um einen identischen Verstoß geht, sondern um eine im Kern gleiche Variante.[83] Dauerhandlungen wie ein Internetauftritt bilden einen einheitlichen Klagegrund, so dass auch die fortgesetzten Handlungsabschnitte zum Streitgegenstand gehören.[84]

22 Anders ist es jedoch (mehrere Klagegründe), wenn es sich um **verschiedene konkrete Verletzungsformen mit derselben Werbeaussage** handelt,[85] etwa um mehrere Testkäufe geht,[86] bei denen es in der Regel auf die Umstände des Einzelfalles ankommt. Entsprechendes gilt, wenn sich der Kläger zur Begründung der Begehungsgefahr zum einen auf eine Berühmung des Beklagten,

---

[78] BGH GRUR 2013, 401,403 – *Biomineralwasser.*

[79] BGH GRUR 2009, 1180, 1181 – *0,00 Grundgebühr.*

[80] BGH GRUR 2012, 630, 631 – *CONVERSE II;* GRUR 2013, 1170, 1171 – *Telefonwerbung für DSL-Produkte;* vgl. *Teplitzky* WRP 2007, 1, 4f.; *v. Ungern-Sternberg* GRUR 2009, 1009, 1013f., 1017, 1018.

[81] Insoweit a.M. BGH GRUR 2006, 421, 422 – *Markenparfümverkäufe.* Im entschiedenen Fall ging es um Verallgemeinerungen. *v. Ungern-Sternberg* GRUR 2009, 1009, 1014f. Kritisch *Götz* GRUR 2008, 401, 404f.; offen gelassen in BGH GRUR 2012, 630, 631 – *CONVERSE II.*

[82] *Köhler*/Bornkamm § 12 Rdn. 2.23l.

[83] BGH (Kartellsenat) GRUR 2007, 172 – *Lesezirkel II;* vgl. Rdn. 243; vgl. aber *Köhler*/Bornkamm § 12 Rdn. 2.23g (kein Einwand der Rechtskraft, sondern Fehlen des Rechtsschutzinteresses); anders Rdn. 2.113 (Rechtskraftwirkung).

[84] BGH GRUR 2011, 169, 171 – *Lotterien und Kasinospiele.*

[85] BGH GRUR 2008, 186, 187 – *Telefonaktion.*

[86] So im Fall des BGH GRUR 2006, 421 – *Markenparfümverkäufe;* vgl. dazu *v. Ungern-Sternberg* GRUR 2009, 1009, 1014, 1016f.; GRUR 2011, 375, 382f.

insbesondere im Prozess, und zum anderen auf eine konkrete Verletzungshandlung beruft.[87] Dagegen liegt ein einheitlicher Lebenssachverhalt vor, wenn der Kläger in der Klagebegründung geltend macht, der Beklagte habe vorpressual eine Markenverletzung begangen und im zeitlichen und sachlichen Zusammenhang damit eine entsprechende Marke angemeldet.[88]

Geht der Kläger gegen eine **konkrete Werbung** vor, etwa gegen eine Anzeige oder einen Prospekt, **die mehrere,** unterschiedliche wettbewerbswidrige **Werbeaussagen (mit unterschiedlichem Lebenssachverhalt) enthält** (vgl. Rdn. 19, 99), darf das Gericht die konkrete Werbung nicht von sich aus wegen einer Angabe verbieten, die der Kläger mit der Klage gar nicht angegriffen hat. Das wäre ein Verstoß gegen § 308 ZPO. – Zwei Streitgegenstände liegen vor, wenn der Kläger zunächst nur geltend gemacht hat, eine beworbene Ware sei am Tage des Erscheinens der Werbung nicht vorrätig gewesen, dann aber seinen unveränderten Unterlassungsantrag auch darauf stützt, ein Kaufinteressent habe auf eine telefonische Nachfrage eine falsche Auskunft erhalten, selbst wenn er das schon vorher vorgetragen hatte, aber nur als Beleg dafür, dass die Ware nicht vorrätig gewesen sei.[89] Ebenso liegt ein anderer Streitgegenstand vor, wenn eine im Antrag umschriebene Verletzungsform durch Einfügung zusätzlicher Merkmale in ihrem Umfang auf Verhaltensweisen eingeschränkt wird, deren Beurteilung die Prüfung weiterer Umstände erfordert, auf die es nach dem bisherigen Antrag nicht ankam.[90] 23

Beanstandet der Kläger eine konkrete Verletzungshandlung, etwa eine konkrete Anzeige, und richtet sich der Unterlassungsantrag gegen die konkrete Verletzungsform, so ist der Antrag, da es sich um einen einzigen Streitgegenstand handelt, in vollem Umfange begründet, wenn sie **eine einzige konkrete Wettbewerbswidrigkeit** enthält, ohne dass es darauf ankommt, ob die Verletzungshandlung im Übrigen rechtswidrig ist oder nicht.[91] 24

In vielen Fällen kommen bei **einer Werbeangabe,** die der Kläger beanstandet, **mehrere Anspruchsgrundlagen** in Betracht, die auf **einem unterschiedlichen Lebenssachverhalt** beruhen. Hierbei handelt es sich um verschiedene Streitgegenstände (Klagegründe).[92] So kann der Kläger seinen Unterlassungsanspruch etwa auf ein einziges Schutzrecht oder auf mehrere Schutzrechte[93] (z. B. auf eine Marke oder auf mehrere Marken) oder zusätzlich auf einen vertraglichen Anspruch (anders im Regelfall, wenn der Kläger einen gesetzlichen Unterlassungsanspruch geltend macht und außerdem aus einer, nach vorausgegangenem Verstoß getroffenen Unterlassungsvereinbarung vorgeht),[94] auf eine Marke und auf UWG[95] und/oder auf Kartellrecht und auf UWG[96] stützen, etwa auf ein Urheberrecht und auf §§ 3 ff. wegen wettbewerbswidriger Nachahmung[97] oder auf Lauterkeitsrecht und urheberrechtliche Schutzrechte des Datenbankherstellers.[98] Er muss sich nicht ausdrücklich auf bestimmte Normen berufen. Maßgebend ist vielmehr, ob er seinen Unterlassungsantrag – auch noch nachträglich im Prozess –[99] **auf einen Sachverhalt stützt,** der geeignet ist, den Tatbestand einer bestimmten Norm oder mehrerer Normen zu begründen.[100] 25

---

[87] BGH GRUR 2006, 421, 422 – *Markenparfümverkäufe;* GRUR 2006, 429, 431 f. – *Schlank-Kapseln;* GRUR 2014, 1013, 1016 – *Original Bach-Blüten; Köhler*/Bornkamm § 12 Rdn. 2.23l; Teplitzky/*Kessen* Kap. 9 Rdn. 5, Kap. 10 Rdn. 12.

[88] BGH GRUR 2016, 83, 86 – *Amplidect/ampliteq.*

[89] BGH GRUR 2002, 1095, 1096 – *Telefonische Vorratsanfrage;* vgl. auch BGH GRUR 2001, 352, 354 – *Kompressionsstrümpfe;* NJW 2001, 2548, 2549 – *Impfstoffe;* GRUR 2003, 254, 255 – *Zulassungsnummer III.*

[90] BGH GRUR 2006, 1133, 1135 – *Anschriftenliste.*

[91] BGH GRUR 2001, 453, 455 – *TCM-Zentrum;* vgl. Rdn. 225.

[92] BGH GRUR 2009, 783, 785 – *UHU;* GRUR 2011, 803, 805 – *Lernspiele.*

[93] Vgl. BGH GRUR 2002, 167, 168 – *Bit/Bud;* GRUR 2004, 855, 856 – *Hundefigur* (zur Verletzung im Ausland bestehender Nutzungsrechte); GRUR 2004, 860, 861 f. – *Internet-Versteigerung;* GRUR 2004, 949, 950 – *Regiopost/Regional Post;* GRUR 2005, 48, 49 – *man spricht deutsch;* GRUR 2007, 1071, 1075 – *Kinder II;* GRUR 2009, 1162, 1165 f. – *DAX;* GRUR 2011, 521, 522 – *TÜV I;* GRUR 2011, 1043, 1044 –*TÜV II;* GRUR 2012, 630, 631 – *CONVERSE II;* GRUR 2012, 928, 929 – *Honda-Grauimport;* GRUR 2012, 1145, 1146 – *Pelikan;* GRUR 2013, 614 f. – *Metall auf Metall II;* GRUR 2013, 1150, 1151 – Baumann; vgl. aber GRUR 2012, 621, 623 – *OSCAR:* einheitlicher Streitgegenstand, wenn aus einem Schutzrecht Ansprüche wegen Verwechslungsschutzes und wegen Bekanntheitsschutzes geltend gemacht werden.

[94] BGH GRUR 2013, 397, 398 – *Peek & Cloppenburg III;* GRUR-RR 2014, 201, 202 – *Peek & Cloppenburg IV.*

[95] BGH GRUR 2012, 621, 623 – *OSCAR;* GRUR 2015, 689, 690 – *Parfumflakon III;* vgl. auch BGH WRP 2012, 980, 981 – *Werbegeschenke:* zwei verschiedene Streitgegenstände bei Löschungsansprüchen wegen böswilliger Markenanmeldung und wegen Verfalls mangels Benutzung.

[96] BGH GRUR 2009, 876 – *Änderung der Voreinstellung II.*

[97] BGH GRUR 2013, 285, 286 f. – *Kinderwagen II.*

[98] BGH GRUR 2014, 785, 787 – *Flugvermittlung im Internet.*

[99] BGH GRUR 2013, 1056, 1057 – *Meisterpräsenz.*

[100] BGH GRUR 2001, 755, 756 f. – *Telefonkarte;* vgl. auch GRUR 1992, 552, 554 – *Stundung ohne Aufpreis;* GRUR 2002, 287, 288 – *Widerruf der Erledigungserklärung;* GRUR 2002, 709, 713 – *Entfernung der Herstel-*

26 Soweit – im Rahmen des UWG – **Ansprüche aus eigenem und aus fremdem Recht** (Ermächtigung bzw. Abtretung) in Betracht kommen, ist zu beachten, dass es sich um verschiedene Streitgegenstände handelt.[101]

27 Ist der **Sachverhalt,** auf den sich der Kläger beruft, dagegen im Wesentlichen **derselbe** und ergeben sich daraus „nur" **verschiedene Anspruchsgrundlagen,** so kann der Kläger das Gericht nicht an eine bestimmte Norm binden. Das gilt auch dann, wenn die Normen von unterschiedlicher Tragweite sind.[102] Insoweit gilt der Grundsatz: iura novit curia.[103] Dieser Grundsatz gilt grundsätzlich auch im Hinblick auf ausländisches Recht.[104]

28 **c) Verhältnis mehrerer Klagegründe.** Nachdem im Streitfall bestimmt ist, was Klagegrund ist, muss – bei Bejahung mehrerer Klagegründe – geklärt werden, in welchem Verhältnis die verschiedenen – ursprünglich oder nachträglich – geltend gemachten Klagegründe **(objektive Klagehäufung)** zueinander stehen. In Betracht kommen ein **Eventualverhältnis,** bei dem der Kläger bestimmen muss, welchen Klagegrund er hauptsächlich und welchen er hilfsweise vorbringt, und bei dem das Gericht an diese Bestimmung mit allen sich daraus ergebenden prozessualen Konsequenzen gebunden ist, oder ein **Kumulativverhältnis** oder ein **selbständiges Verhältnis** zwischen den Klaggründen, bei dem das Gericht alle Klagegründe selbständig zu prüfen hat, und zwar auch dann, wenn es der Klage auf Grund des Klagegrundes I stattgibt, oder ein **Alternativverhältnis,** bei dem das Gericht das Wahlrecht hat, auf welchen Klagegrund es eine Verurteilung stützt. Die Art der Klagehäufung ist bei der Festsetzung des Streitwertes zu beachten. Obwohl die Zulassung alternativer Klagegründe grundsätzlichen prozessualen Bedenken unterliegt, hatte die wettbewerbliche Praxis diese Möglichkeit aus Gründen der Prozessökonomie bejaht, und zwar unbeanstandet vom **BGH.**[105] Im Jahre 2011 hat dieser jedoch der **Möglichkeit alternativer Klagegründe** eine **Absage** erteilt,[106] und zwar ohne zwingende prozessuale Notwendigkeit.[107] Das dürfte zwar dogmatisch eher die sauberere Lösung sein, obwohl auch allgemein zur ZPO andere Auffassungen vertreten werden.[108] Die Auffassung des BGH führt aber zu erheblichen praktischen Schwierigkeiten, was angesichts der möglichen dogmatischen Alternative unter Abwägung der beiderseitigen Interessen den Ausschlag für ihre Ablehnung gibt. Dem Unterlassungskläger ist in vielen Fällen, vor allem im Verfügungsverfahren, das häufig zu einer endgültigen Regelung führt, nur daran gelegen, das Verbot einer konkreten Werbemaßnahme zu erreichen, gleich aus welchen Gründen. Das funktioniert am besten, wenn die Möglichkeit alternativer Klagegründe bejaht wird, ohne dass dem Beklagten dadurch wesentliche Nachteile entstehen. Auch bei einer Stufung der Klagegründe muss der Beklagte sich auf alle Klagegründe einlassen. Ferner ergeben sich Probleme im Verfügungsverfahren bei der Beurteilung der Dringlichkeit.[109] – Der **gerichtlichen Praxis** bleibt jedoch nichts anderes übrig, als sich **an die neuere Rechtsprechung des BGH** zu **hal-**

---

lungsnummer III; GRUR 2003, 716, 717 – *Reinigungsarbeiten;* GRUR 2003, 1056 – *Einkaufsgutschein;* GRUR 2004, 247, 248 – *Krankenkassenzulassung;* GRUR 2004, 799, 800 – *Lebertrankapseln;* GRUR 2005, 163, 164 – *Aluminiumräder;* GRUR 2005, 854, 855 f. – *Karten-Grundsubstanz;* GRUR 2005, 875, 876 – *Dibatesteststreifen;* NJW-RR 2005, 1707, 1709 – *Marktstudien;* WRP 2006, 84, 86 – *Aktivierungskosten II;* GRUR 2006, 960, 961 f. – *Anschriftenliste;* GRUR 2007, 1071, 1075 – *Kinder II;* GRUR 2007, 1066, 1070 – *Kinderzeit;* GRUR 2008, 443, 445 – *Saugeinlagen;* GRUR 2008, 1121, 1122 f. – *Freundschaftswerbung im Internet;* GRUR 2009, 672, 678 – *OSTSEE-POST;* GRUR 2009, 679, 682 f. – *POST/RegioPost;* GRUR 2012, 180, 182 – *Werbegeschenke.*

[101] BGH GRUR 2003, 228, 231 – *P-Vermerk* (betr. Urheberrechte); GRUR 2008, 614, 615 – *ACERBON* (betr. Schadensersatz bei Markenverletzung); NJW 2008, 2922; GRUR-RR 2014, 320 LS (3. ZS) – *Dreidimensionale rahmenartige Konstruktion.*

[102] Ebenso *v. Ungern-Sternberg* GRUR 2009, 1009, 1012, 1018 f.; vgl. auch Teplitzky/*Schwippert* Kap. 46 Rdn. 3 f.

[103] BGH GRUR 2010, 850, 851 – *Brillenversorgung II;* GRUR 2014, 91, 92 –*Treuepunkte-Aktion.*; GRUR 2016, 292, 293 – *Treuhandgesellschaft.*

[104] BGH GRUR 2010, 847, 849 – *Ausschreibung in Bulgarien.*

[105] Vgl. BGH GRUR 2011, 521, 522 – *TÜV I; Teplitzky* GRUR 2011, 1091, 1093; *Stieper* GRUR 2012, 5.

[106] BGH GRUR 2011, 521, 522 f. – *TÜV I* und GRUR 2011, 1043, 1044 f. – *TÜV II* mit Anm. von *Harte-Bavendamm;* BGH GRUR 2012, 58, 60 – *Seilzirkus;* WRP 2012, 330, 332 – *Basler Haar-Kosmetik;* GRUR 2012, 621, 623 – *OSCAR;* GRUR 2012, 630, 631 – *CONVERSE II;* GRUR 2012, 1145, 1146 – *Pelikan;* GRUR 2013, 614 f. – *Metall auf Metall II;* GRUR 2013, 833, 834 – *Culinaria/Villa Culinaria;* zustimmend *Köhler*/Bornkamm § 12 Rdn. 2.23m; *Ahrens,* WRP 2013, 129, 131; Teplitzky/*Schwippert* Kap. 46 Rdn. 1a *Teplitzky;* GRUR 2011, 1091, 1093 f.; *Büscher* GRUR 2012, 16, 17 ff.; *Heil* GRUR 2012, 187 f.; a. M. *v. Ungern-Sternberg* GRUR 2011, 486, 493 ff. Fn. 64.

[107] So überzeugend *Stieper* GRUR 2012, 5, 6 ff.

[108] *Stieper* GRUR 2012, 5, 6 f. mit einzelnen Nachweisen.

[109] *M. Schmidt* GRUR-Prax 2012, 179, 180, 181 f.

ten.[110] Der Kläger muss sich daher festlegen, in welcher Weise er die verschiedenen Klagegründe geltend machen will, kumulativ[111] oder aber hilfsweise, dann gegebenenfalls mehrfach gestuft. Dies hat **umständliche prozessuale Konsequenzen,** auch in der Reihenfolge der Prüfung durch das Gericht, und kann zu Beweisaufnahmen führen, die bei einer Zulassung alternativer Klagegründe überflüssig wären. Hat die Klage erst auf Grund eines Hilfsantrages Erfolg, so ist sie teilweise abzuweisen, mit entsprechender Kostenfolge, soweit nicht § 45 Abs. 1 Satz 3 GKG eingreift.[112] Zu einem praktikableren Ergebnis kann man auf der Grundlage dieser Rechtsprechung des BGH nur dadurch gelangen, dass der zuvor verwendete enge Begriff des „Klagegrundes" erweitert[113] und dann im Rahmen eines einheitlichen, erweiterten Klagegrundes eine mehrfache (letztlich alternative!) Begründung zugelassen wird. Das ist inzwischen geschehen (vgl. dazu oben Rdn. 18f.).[114]

Das Gericht hat den Streitgegenstand, wenn dieser zweifelhaft ist, zu erörtern und den Kläger **29** gemäß **§ 139 Abs. 1 ZPO** zu veranlassen, den Antrag umzuformulieren oder klarzustellen, was er aus welchem Grunde, erforderlichenfalls in welcher Reihenfolge angreifen will, auch noch in der Revisionsinstanz,[115] wobei er nach Treu und Glauben gehalten ist, zunächst die Streitgegenstände, die das Berufungsgericht behandelt hat, zur Entscheidung des BGH zu stellen.[116] Ein solcher Hinweis gemäß § 139 Abs. 1 ZPO ist nicht etwa deshalb entbehrlich, weil ein zulässig gefasster Antrag unbegründet wäre. Das folgt schon aus der unterschiedlichen Reichweite der Klageabweisung[117] (vgl. dazu Rdn. 75). Der Kläger hat klarzustellen, auf welche Schutzrechte er seinen Unterlassungsanspruch stützt. Es ist nicht Aufgabe des Gerichts, eine Partei etwa zur Geltendmachung eines Schutzrechtes zu veranlassen, das nicht einmal angedeutet ist.[118] Unterbleibt eine gebotene Erörterung, so kommt in der Rechtsmittel-, insbesondere in der Revisionsinstanz wegen des Anspruchs der Parteien auf ein faires Verfahren eine Zurückverweisung in Betracht, weil ein erheblicher Verfahrensfehler vorliegt.[119] Das trifft aber nicht zu, wenn es um die Einführung eines neuen Streitgegenstandes geht.[120]

2. Klagehäufung

a) Objektive Klagehäufung. Unter den Voraussetzungen des § 260 ZPO kann der Kläger **30** mehrere prozessuale Ansprüche geltend machen. Im Wettbewerbsprozess verlangt er neben Unterlassung häufig Auskunft, Rechnungslegung und Schadensersatz. Außerdem kommen Ansprüche auf Beseitigung, Vertragsstrafe und Aufwendungsersatz in Betracht. Möglich ist auch, dass der Kläger mehrere Unterlassungsanträge verfolgt, insbesondere wenn er mehrere Verletzungshandlungen beanstandet oder aus einer konkreten Werbung gesondert mehrere Werbeangaben angreift. Mehrere Klagegründe (vgl. Rdn. 28) stellen eine objektive Klagehäufung dar, ebenso ein **Haupt- und** ein **Hilfsantrag.** Das gilt auch für **Haupt- und Hilfsvorbringen,** wenn es sich um verschiedene Streitgegenstände handelt.[121] Grundsätzlich kann der Kläger frei entscheiden, ob er seine verschiedenen Ansprüche im selben oder in mehreren Verfahren geltend macht, solange nicht im Einzelfall ein Missbrauch, insbesondere gemäß § 8 Abs. 4 vorliegt.

---

[110] *Harte-Bavendamm* GRUR 2011, 1048 und 1049.

[111] Wie in BGH GRUR 2015, 785, 787 – *Flugvermittlung im Internet;* vgl. *Stieper* GRUR 2012, 5, 10f.; *Harte-Bavendamm* GRUR 2011, 1048.

[112] Vgl. dazu *Stieper* GRUR 2012, 5, 11f.; *Büscher* GRUR 2012, 16, 22f.; vgl. auch OLG Frankfurt GRUR-RR 2012, 367f. – *Streitwertaddition.*

[113] *Teplitzky* GRUR 2011, 1091, 1094ff.; *Harte-Bavendamm* GRUR 2011, 1048, 1049f.; *Stieper* GRUR 2012, 5, 13ff. Kritisch zu dieser Entscheidung *Heil* GRUR 2012, 187, 188, zustimmend *Teplitzky* WRP 2012, 261ff.

[114] So zunächst in der Entscheidung des BGH GRUR 2012, 184 – *Branchenbuch Berg.* Kritisch zu dieser Entscheidung *Heil* GRUR 2012, 187, 188, zustimmend *Teplitzky* WRP 2012, 261ff. Vgl. dazu *M. Schmidt* GRUR-Prax 2012, 179, 181.

[115] BGH GRUR 2011, 521, 522 –*TÜV I;* GRUR 2012, 621, 623 – *OSCAR;* GRUR 2012, 928, 929 – *Honda-Grauimport;* GRUR 2012, 1145, 1147 – *Pelikan;* GRUR 2013, 614f. – *Metall auf Metall II;* GRUR 2013, 833, 834 – *Culinaria/Villa Culinaria;* GRUR 2015, 689, 690 – *Parfumflakon II.*

[116] BGH GRUR 2011, 521, 523 – *TÜV I; Köhler*/Bornkamm § 12 Rdn. 2.23m.

[117] BGH GRUR 2012, 1145, 1147 – *Pelikan.*

[118] BGH GRUR 2009, 1162, 1165 – *DAX.*

[119] BGH GRUR 2000, 820, 822 – *Space Fidelity Peep-Show;* GRUR 2002, 287, 288 – *Widerruf der Erledigungserklärung.*

[120] BGH GRUR 2001, 352, 354 – *Kompressionsstrümpfe;* GRUR 2001, 756, 758 – *Telefonkarte;* GRUR 2003, 436, 439 – *Feldenkrais;* GRUR 2003, 716, 717 – *Reinigungsarbeiten;* GRUR 2003, 798, 800 – *Sanfte Schönheitschirurgie;* GRUR 2006, 960, 962 – *Anschriftenliste;* GRUR 2009, 672, 678 – *OSTSEE-POST;* GRUR 2009, 678, 683 – *POST/RegioPost;* GRUR 2009, 1161, 1165 – *DAX;* GRUR 2014, 1224, 1227 – *ENERGY & VODKA.*

[121] BGH GRUR 2003, 254, 255 – *Zulassungsnummer III.*

31 **b) Subjektive Klagehäufung**

Schrifttum: *Köhler,* Grenzen der Mehrfachklage und Mehrfachvollstreckung im Wettbewerbsrecht, WRP 1992, 359.

Unter den Voraussetzungen der §§ 59, 60 ZPO kann der Kläger in derselben Klage gegen **mehrere Beklagte** vorgehen. Das geschieht insbesondere, wenn der Wettbewerbsverstoß von mehreren Personen begangen worden ist. So richtet sich eine Klage häufig sowohl gegen eine juristische Person als auch gegen ihre verantwortlichen Organe/Mitarbeiter. Ebenso können auf der Klägerseite **mehrere Kläger** auftreten, vorbehaltlich eines Missbrauchs der Klagebefugnis gemäß § 8 Abs. 4. Werden sie nicht zusammen von einem, sondern jeweils von einem anderen Prozessbevollmächtigten vertreten, so kann es an der Notwendigkeit der Mehrkosten (§ 91 ZPO) fehlen.

3. Klageänderung

32 **a) Vorliegen.** Liegt eine Klageänderung vor, richtet sich ihre **Zulässigkeit** nach § 263 ZPO. In der Berufungsinstanz ist § 533 Nr. 2 ZPO zu beachten. Danach ist eine Klageänderung nur noch möglich, wenn sie auf Tatsachen gestützt werden kann, die das Berufungsgericht ohnehin nach § 529 ZPO zugrunde zu legen hat. In der Revisionsinstanz ist § 559 ZPO zu beachten.[122]

33 Abgesehen von der **subjektiven Klageänderung (Parteiwechsel)** liegt eine Klageänderung vor, wenn der Kläger den **Streitgegenstand ändert,**[123] der sich aus Klageantrag und Klagegrund (Lebenssachverhalt) zusammensetzt. Demgemäß kommt eine Klageänderung in Betracht, wenn sich der Antrag oder der Klagegrund ändert oder beides zusammen zutrifft. Das gilt entsprechend für Änderungen im Verfügungsverfahren.[124] Mit der Änderung muss der Kläger **innerhalb derselben Verfahrensart** bleiben: Der Übergang von einem Verfügungsantrag zu einem Klageantrag[125] und umgekehrt ist unzulässig.

34 *aa) Änderung des Klageantrages.* Im Wettbewerbsprozess kommt es häufig – vor allem auf Hinweis des Gerichts – zu Änderungen, insbesondere des Unterlassungsantrages. Daraus folgt aber noch nicht, dass es sich stets um eine Klageänderung handelt. Vielmehr sind zunächst **§ 264 Nr. 2 und 3 ZPO** zu beachten. Nach Nr. 2 sind **Erweiterungen und Beschränkungen des Antrages** nicht als Klageänderungen anzusehen und daher ohne weiteres zulässig,[126] etwa der Übergang vom Feststellungs- zum Leistungsantrag[127] und umgekehrt,[128] von der Auskunft oder Rechnungslegungs- zur Leistungs- oder Feststellungsklage[129] oder umgekehrt,[130] von der Unterlassungs- zur Beseitigungsklage,[131] der zusätzliche Antrag auf Urteilsveröffentlichung.[132] Dazu gehört auch nach einseitiger Erledigungserklärung der Übergang vom Leistungsantrag zum Antrag, die Erledigung der Hauptsache festzustellen, und nach Widerruf der einseitigen Erledigungserklärung die Rückkehr zum ursprünglichen Leistungsantrag.[133] Außerdem könnte eine Neufassung der Klageanträge lediglich eine **Klarstellung** enthalten,[134] die ebenfalls ohne weiteres zulässig ist, etwa bei Einfügung eines einschränkenden Zusatzes (Rdn. 109)[135] oder bei einer konkretisierenden Korrektur des ursprünglichen Antrages.[136] Der Übergang von der alternativen zur kumulativen Klagehäufung ist eine Klageänderung.[137]

35 *bb) Änderung des Klagegrundes.* Eine Änderung des Klagegrundes liegt vor, wenn der bisherige Lebenssachverhalt, den er Kläger zunächst vorgetragen hat, **in seinem Kern durch neuen Sachvortrag** verändert wird, was bei einer bloßen Ergänzung oder Berichtigung der tatsächlichen Ausfüh-

---

[122] BGH GRUR 1991, 680 – *Porzellanmanufaktur* zu § 561 ZPO a. F. (jetzt § 559 ZPO); Teplitzky/*Schwippert* Kap. 46 Rdn. 29.
[123] BGH GRUR 1997, 141 – *Kompetenter Fachhändler;* NJW 2001, 2548, 2549 – *Impfstoffe.*
[124] OLG Hamburg MD VSW 2000, 958, 963 f.
[125] Teplitzky/*Schwippert* Kap. 46 Rdn. 14 f.
[126] Vgl. dazu Teplitzky/*Schwippert* Kap. 46 Rdn. 22 f.
[127] BGH NJW 1992, 2296.
[128] BGH NJW 1985, 1784.
[129] BGH NJW 1979, 925, 926.
[130] *Teplitzky* Kap. 46 Rdn. 23.
[131] Ebenso Ahrens/*Jestaedt* Kap. 23 Rdn. 7; a. M. Teplitzky/*Schwippert* Kap. 46 Rdn. 23.
[132] BGH GRUR 1961, 538, 541 – *Feldstecher.*
[133] BGH GRUR 2002, 287, 288 – *Widerruf der Erledigungserklärung.*
[134] BGH GRUR 1991, 772, 773 – *Anzeigenrubrik I.*
[135] BGH GRUR 1993, 556, 557 – *TRIANGLE.*
[136] BGH GRUR 2003, 786, 787 – *Innungsprogramm;* vgl. BGH GRUR 2005, 407, 409 – *T-Geschiebe.*
[137] BGH GRUR 2011, 521, 522 – *TÜV I;* GRUR 2011, 1043, 1045 – *TÜV II;* GRUR 2012, 630, 631 – *CONVERSE II;* GRUR 2012, 1145, 1147 – *Pelikan;* GRUR 2015, 689, 690 – *Parfumflakon III; Büscher* GRUR 2012, 16, 21.

rungen im Rahmen des bisherigen Streitgegenstandes nicht zutrifft (**§ 264 Nr. 1 ZPO**). Vielmehr muss es sich um wesentliche Abweichungen handeln.[138] Das ist zu bejahen, wenn eine im Antrag umschriebene Verletzungsform durch Einfügung zusätzlicher Merkmale in ihrem Umfang auf Verhaltensweisen eingeschränkt wird, deren Beurteilung die Prüfung weiterer Umstände erfordert, auf die es nach dem bisherigen Antrag nicht ankam.[139]

Das kann zutreffen, wenn **weitere Verletzungshandlungen** vorgetragen werden (vgl. bereits Rdn. 19ff.).[140] Eine Änderung des Klagegrundes ist zu verneinen, soweit es um Fälle geht, in denen dieselbe konkrete Verletzungsform, auf die der Kläger den Unterlassungsantrag stützt, lediglich wiederholt wird, etwa dieselbe Anzeige erneut erscheint, es sich also nicht um **verschiedene konkrete Verletzungsformen** handelt. In solchen Fällen ist es angemessen, dass der Kläger – abgesehen von verspätetem Sachvortrag – neue Verstöße einführt, ohne dass es auf die Einwilligung des Beklagten oder auf Sachdienlichkeit ankommt. Geht es dagegen um verschiedene Streitgegenstände und liegt daher eine Klageänderung vor, ist die Sachdienlichkeit in der Regel zu bejahen. Sonst wäre der Kläger gezwungen, erneut Klage mit demselben Unterlassungsantrag zu erheben, was ihm bei Vorliegen verschiedener Streitgegenstände möglich wäre. Das entspricht in der Regel nicht dem Grundsatz der Prozessökonomie. Keine Änderung des Klagegrundes liegt vor, wenn der Kläger, der bisher nur einen gesetzlichen Unterlassungsanspruch geltend gemacht hat, sich nunmehr (zusätzlich) auf einen vertraglichen Unterlassungsanspruch aus einem, nach vorausgegangenen Verstoß geschlossenen Unterwerfungsvertrag stützt.[141] 36

b) Zulässigkeit. *aa) Einwilligung.* Sie ist nach § 267 ZPO anzunehmen, wenn der Beklagte sich in der mündlichen Verhandlung auf die abgeänderte Klage **einlässt,** ohne der Änderung zu widersprechen. Meist erfolgt die Klageänderung in einem Schriftsatz, der dem Beklagten zugestellt wird (§ 261 Abs. 2, 2. Alt ZPO). Dann kann der Beklagte die Einwilligung wirksam auch schon vor der mündlichen Verhandlung in einem Schriftsatz erklären.[142] 37

bb) Sachdienlichkeit. Maßgebend für die **Sachdienlichkeit** ist die **Prozessökonomie.**[143] Ihre Beurteilung liegt im Ermessen des Tatrichters und kann daher in der Revisionsinstanz nur begrenzt überprüft werden.[144] Bei der Entscheidung ist zu berücksichtigen, ob der Rechtsstreit durch die Klageänderung erheblich verzögert wird, insbesondere eine (umfangreiche) Beweisaufnahme erfordert, vor allem wenn der ursprüngliche Antrag entscheidungsreif ist. Stets kommt es darauf an, ob es angesichts des bisherigen Sach- und Streitstandes prozessökonomischer ist, über den geänderten Antrag im laufenden Verfahren zu entscheiden und dadurch einen weiteren Rechtsstreit zu vermeiden oder den Kläger auf einen neuen Rechtsstreit zu verweisen. Dabei sind auch berechtigte Interessen des Beklagten zu beachten, der etwa längere Zeit braucht, um zum geänderten Antrag die notwendigen Recherchen durchzuführen. 38

Das gilt auch für das **Berufungsverfahren,** in dem es nicht maßgebend darauf ankommt, dass dem Beklagten eine Tatsacheninstanz verloren geht.[145] Im Verfügungsverfahren scheidet allerdings eine Änderung des Klagegrundes in der Regel aus, insbesondere wenn sie unmittelbar vor oder gar in der Berufungsverhandlung erfolgt; dem stehen die berechtigten Interessen des Antragsgegners entgegen.[146] Im Revisionsverfahren ist eine Klageänderung grundsätzlich nicht zulässig.[147] 39

4. Klagerücknahme

Die Zulässigkeit einer Klagerücknahme richtet sich nach § 269 ZPO. Ohne **Einwilligung des Beklagten** ist die Klagerücknahme nur möglich bis zum Beginn der mündlichen Verhandlung zur 40

---

[138] BGH (Kartellsenat) GRUR 2007, 172 – *Lesezirkel II;* GRUR 2007, 605, 606f. – *Umsatzzuwachs;* GRUR 2008, 443, 445 – *Saugeinlagen.*

[139] BGH GRUR 2006, 1133, 1135 – *Anschriftenliste.*

[140] BGH GRUR 2003, 436, 439 – *Feldenkrais;* GRUR 2006, 421, 422 – *Markenparfümverkäufe;* Teplitzky/*Schwippert* Kap. 46 Rdn. 17; vgl. *Köhler*/Bornkamm § 12 Rdn. 2.29.

[141] Vgl. Rdn. 25.

[142] BGH GRUR 1992, 474, 475 – *Btx-Werbung II.*

[143] BGH GRUR 1964, 154, 156 – *Trockenrasierer II;* NJW 2001, 2548, 2550 – *Impfstoffe.*

[144] BGH GRUR 1964, 154, 156 – *Trockenrasierer II;* GRUR 1991, 852, 856 – *Aquavit.*

[145] Vgl. Teplitzky/*Schwippert* Kap. 46 Rdn. 26.

[146] OLG Hamburg MD VSW 2000, 958, 964.

[147] BGH GRUR 2003, 716, 717 – *Reinigungsarbeiten;* GRUR 2003, 890, 892 – *Buchclub-Kopplungsangebot;* GRUR 2004, 435, 437 – *FrühlingsgeFlüge;* GRUR 2004, 856, 857 – *Hundefigur;* GRUR 2004, 799, 800 – *Lebertrankapseln;* GRUR 2005, 854, 856 – *Karten-Grundsubstanz;* GRUR 2012, 630, 631 – *CONVERSE II;* GRUR 2012, 1145, 1147 – *Pelikan;* GRUR 2014, 1224, 1227 – *ENERGY & VODKA;* GRUR 2015, 689, 690 – *Parfumflakon III.*

Hauptsache. Die Einwilligung kann auch konkludent erfolgen, wenn sich nämlich aus dem prozessualen Verhalten des Beklagten ergibt, dass er von einer wirksamen (Teil-)Rücknahme ausgeht. Nach § 269 Abs. 3 S. 2 ZPO hat der Kläger die Kosten zu tragen. Zu seinen Gunsten kann aber Satz 3 eingreifen, der auch dann eingreift, wenn er die Klage bereits vor ihrer Zustellung zurückgenommen hat.[148] Nimmt er dagegen die Klage zurück, weil sich der Rechtsstreit nach Rechtshängigkeit in der Hauptsache erledigt hat, ist § 269 Abs. 3 S. 2 ZPO anzuwenden.[149] Nimmt der Antragsteller seinen Antrag auf Erlass einer einstweiligen Verfügung zurück und ergeht daraufhin eine Kostenentscheidung entsprechend § 269 ZPO, so ist die Rechtsbeschwerde zum BGH nicht statthaft.[150]

41 In der Praxis taucht häufig die Frage auf, ob eine nachträglich eingeschränkte Formulierung des Klageantrages lediglich als eine **Klarstellung ohne Kostenfolge** oder als teilweise Klagerücknahme mit entsprechender Kostenfolge anzusehen ist.[151] Die gleiche Frage ist zu beantworten, wenn der Kläger seinen Klageantrag zwar nicht umformuliert, sondern ihn „klarstellt". Darin kann ebenfalls eine teilweise Rücknahme der Klage stecken.

42 Hat der Beklagte dem Kläger **nach Erlass einer einstweiligen Verfügung** eine **Klagefrist nach § 926 Abs. 1 ZPO** setzen lassen, hat die Klagerücknahme zur Folge, dass die einstweilige Verfügung nach § 926 Abs. 2 ZPO aufzuheben ist und gegebenenfalls Schadensersatzansprüche nach § 945 ZPO bestehen.

5. Erledigung der Hauptsache

Schrifttum: *Bernreuther,* Einstweilige Verfügung und Erledigungserklärung, GRUR 2007, 660; *Hess,* Unterwerfung als Anerkenntnis?, WRP 2003, 353; *Ulrich,* Die Erledigung der Hauptsache im Wettbewerbsprozess, GRUR 1982, 14; *ders.,* Die „Erledigung" der einstweiligen Verfügungsverfahren durch nachlässige Prozessführung, WRP 1990, 651.

43 **a) Erledigendes Ereignis.** Die Hauptsache hat sich dann erledigt, wenn die zulässige und begründete Klage nach Zustellung – **nach Rechtshängigkeit** – durch ein nachträgliches Ereignis unzulässig oder unbegründet geworden ist.[152] Liegt dieses Ereignis zwischen Einreichung – **Anhängigkeit** – und Zustellung der Klage, fehlt es an einer Erledigung der Hauptsache, weil zu diesem Zeitpunkt noch kein Prozessrechtsverhältnis bestand.[153] **Maßgebend ist der Zeitpunkt des erledigenden Ereignisses.**[154] Die Frage hat durch den neuen § 269 Abs. 3 Satz 3 ZPO an praktischer Bedeutung verloren.[155] Danach hat der Kläger die Möglichkeit, die Klage zurückzunehmen und eine Kostenentscheidung wie nach § 91a ZPO herbeizuführen.

44 Da es im **Verfügungsverfahren** keine Rechtshängigkeit gibt, kommt es auf die **Anhängigkeit** an, d.h. auf den Zeitpunkt der Einreichung des Verfügungsantrages.[156] Dieser kann auch dann für erledigt erklärt werden, wenn das Verfügungsverfahren noch einseitig ist. Solange der Antragsgegner noch nicht gehört worden ist, kann es allerdings nicht zu übereinstimmenden Erledigungserklärungen kommen. Dann ist die Erledigung festzustellen, was aus prozessökonomischen Gründen im einseitigen Verfügungsverfahren ohne Anhörung des Antragsgegners trotz § 91a Abs. 1 S. 2 ZPO als zulässig erscheint. Dieser hat dann wie auch sonst die Möglichkeit, Widerspruch einzulegen.

45 Erledigendes Ereignis ist im Wettbewerbsprozess typischerweise **die Abgabe einer Unterwerfungserklärung**[157] – auch in einem Vergleich (Rdn. 277 ff.) – oder **einer Abschlusserklärung**[158] (nach Erlass einer einstweiligen Verfügung) oder **die Berufung auf ein rechtskräftiges Unterlassungsurteil,** das gegen den Schuldner in einem anderen Verfahren ergangen ist (vgl. dazu Rdn. 245 und § 12 Rdn. 213), durch die jeweils die Wiederholungsgefahr ausgeräumt wird, so dass

---

148 OLG Karlsruhe WRP 2012, 591.
149 BGH NJW 2004, 223 f.
150 BGH GRUR 2004, 81 – *eV-Kostenentscheidung.*
151 Teplitzky/*Schwippert* Kap. 51 Rdn. 61.
152 BGH GRUR 1990, 530, 531 – *Unterwerfung durch Fernschreiben;* GRUR 1992, 474, 475 – *Btx-Werbung II;* GRUR 2001, 1174, 1175 – *Berühmungsaufgabe;* GRUR 2002, 1074, 1075 – *Original Oettinger.*
153 BGH GRUR 1990, 381, 382 – *Antwortpflicht des Abgemahnten.*
154 Vgl. Teplitzky/*Schwippert* Kap. 46 Rdn. 36.
155 Teplitzky/*Schwippert* Kap. 46 Rdn. 40.
156 OLG Köln GRUR 2001, 424, 425.
157 Ahrens/*Bornkamm* Kap. 33 Rdn. 3; Teplitzky/*Schwippert* Kap. 46 Rdn. 35; a.M. *Ahrens* GRUR 1985, 157, 158.
158 BGH GRUR 1990, 530, 532 – *Unterwerfung durch Fernschreiben;* GRUR 1991, 76 f. – *Abschlusserklärung.*

der Unterlassungsanspruch erlischt. Weitere erledigende Ereignisse sind etwa der **Zeitablauf** bei befristeten Schutzrechten,[159] bei Modeneuheiten[160] oder bei konkreten, befristeten Werbeaktionen, die allein Gegenstand des Antrages sind, ferner die **Erfüllung eines Anspruchs,** etwa auf Auskunft (Rdn. 153), der **Wegfall der Klagebefugnis** oder **des Rechtsschutzinteresses** bei negativer Feststellungsklage (vgl. Rdn. 126), eine **Gesetzesänderung,**[161] etwa die Aufhebung des RabattG, wenn andere Anspruchsgrundlagen ausscheiden, ferner der Erlass eines Verwaltungsaktes, wenn dadurch die Wettbewerbswidrigkeit entfällt, dagegen nicht die Nichtigerklärung eines Gesetzes durch das BVerfG, da diese Rückwirkung hat,[162] ferner nicht die Änderung der Rechtsprechung,[163] auch nicht der Umstand, dass der Kläger sein wirtschaftliches Interesse an der Durchsetzung des Anspruchs verloren hat.[164]

Es kommt nicht darauf an, **in wessen Verantwortungsbereich das erledigende Ereignis** fällt 46
oder ob es sogar von einer Partei herbeigeführt worden ist,[165] wie etwa die Aufgabe des Geschäfts durch den Kläger und der damit verbundene Verlust der Klagebefugnis. Auch die **Erhebung der** begründeten **Einrede der Verjährung** stellt ein erledigendes Ereignis dar;[166] und zwar nicht der Eintritt der Verjährung, der bereits vor Einleitung des Verfahrens liegen kann, sondern die Erhebung der Einrede im Prozess, weil erst dadurch die Klage bzw. der Verfügungsantrag unbegründet wird.[167] Der Beklagte muss sich daher der Erledigungserklärung anschließen, wenn er nicht noch weitere Gründe hat, aus denen sich die Unzulässigkeit oder die Unbegründetheit ergibt. Eine andere Frage ist, wer im Rahmen des § 91a ZPO die Kosten zu tragen hat (Rdn. 66).

Fraglich ist, ob im **Verfügungsverfahren** ein erledigendes Ereignis eingetreten ist, wenn wegen 47
einer **Verzögerung des Verfahrens** ausnahmsweise die **Eilbedürftigkeit wegfällt.**[168] Da der ursprünglich zulässige Verfügungsantrag unzulässig geworden ist, liegt auch hier ein erledigendes Ereignis vor, so dass der Antragsteller das Verfahren in der Hauptsache für erledigt erklären kann. Eine andere Frage ist jedoch, wer in einem solchen Falle im Rahmen des § 91a ZPO die Kosten zu tragen hat (Rdn. 67). Dagegen liegt kein erledigendes Ereignis vor, wenn der Antragsteller die **Vollziehungsfrist versäumt** hat und daraufhin das Verfügungsverfahren in der Hauptsache für erledigt erklärt.[169] Das gilt auch für die **Versäumung der Klagefrist** des § 926 ZPO.[170] Erledigendes Ereignis im **Verfügungsverfahren** ist zwar nicht ohne weiteres ein **stattgebendes Urteil in der Hauptsache;** denn es ist in erster Instanz nur gegen Sicherheitsleistung des Klägers vorläufig vollstreckbar, ebenso in der zweiten Instanz, wenn der Beklagte zuvor Sicherheit geleistet hat. Anders ist es jedoch, wenn das Urteil **rechtskräftig** geworden ist.

Wenn das erledigende Ereignis, etwa die Abgabe einer strafbewehrten Unterlassungserklärung, 48
nach Erlass des erstinstanzlichen Urteils, aber vor der Einlegung der Berufung liegt **(Erledigung zwischen den Instanzen),** kann die beschwerte Partei Berufung einlegen, um das erledigende Ereignis in das Verfahren einführen zu können. Eine solche Berufung ist zulässig. Für den Beklagten, gegen den in erster Instanz ein Verbot ergangen ist, ist das unproblematisch. Nur mit der Berufung kann er die Aufhebung des Verbotes erzwingen. Für den Kläger, dessen Klage abgewiesen worden ist, gilt im Ergebnis nichts anderes,[171] obwohl es ihm letztlich nur noch darum geht, die Hauptsache für erledigt zu erklären und dadurch eine Kostenentscheidung zu seinen Gunsten herbeizuführen. § 99 Abs. 1 ZPO steht dem nicht entgegen; denn der Kläger wehrt sich gegen die Entscheidung in der Hauptsache. Für die Parteien besteht auch die Möglichkeit, gegenüber dem

---

159 BGH GRUR 1983, 560 – *Brückenlegepanzer II.*

160 Beispiel: BGH GRUR 1973, 478 – *Modeneuheit.*

161 BGH GRUR 2004, 350 – *Pyrex.*

162 BGH NJW 1965, 296, 297.

163 BGH GRUR 2004, 349 – *Einkaufsgutschein II.*

164 BGH GRUR 2006, 223 – *Laufzeit eines Lizenzvertrages.*

165 BGH GRUR 1993, 769, 770f. – *Radio Stuttgart;* Teplitzky/*Schwippert* Kap. 46 Rdn. 37ff.

166 OLG Frankfurt WRP 1979, 799, 801 und WRP 1982, 422; OLG Nürnberg WRP 1980, 232, 233; OLG Düsseldorf WRP 1980, 701, 702; OLG Karlsruhe GRUR 1985, 454; OLG Hamburg MD VSW 1985, 951, 952ff.; OLG München WRP 1987, 267, 268; OLG Celle GRUR-RR 2001, 285f.; OLG Köln GRUR-RR 2014, 319; a.M. OLG Hamm WRP 1977, 199f. und BB 1979, 1377, 1378; OLG Koblenz NJW-RR 1986, 1443, 1444.

167 BGH NJW 2010, 2422, 2424 (VIII. ZS); OLG Frankfurt GRUR-RR 2002, 183, 184; Ahrens/*Bornkamm* Kap. 33 Rdn. 15; Teplitzky/*Schwippert* Kap. 46 Rdn. 37; Teplitzky/*Feddersen,* Kap. 55 Rdn. 30; *Peters* NJW 2001, 2289, 2290.

168 Vgl. dazu OLG Frankfurt NJW 1991, 491, 115.

169 OLG Koblenz WRP 1981, 115, 117; OLG Hamm GRUR 1989, 931, 932; Teplitzky/*Feddersen* Kap. 55 Rdn. 25.

170 Teplitzky/*Feddersen* Kap. 55 Rdn. 28.

171 OLG Hamburg WRP 1983, 425f.; *Zöller/Vollkommer* § 91a Rdn. 20; Ahrens/*Bähr* Kap. 29 Rdn. 8.

Erstgericht die Hauptsache für erledigt zu erklären und dort eine Kostenentscheidung nach § 91a ZPO herbeizuführen.[172]

49 **b) Übereinstimmende Erledigungserklärung.** Erklären wie in der Regel beide Parteien übereinstimmend den Rechtsstreit in der Hauptsache für erledigt, was auch noch in der Revisionsinstanz möglich ist,[173] auch während des Verfahrens über eine Nichtzulassungsbeschwerde,[174] so ist **gemäß § 91a ZPO über die Kosten** zu entscheiden. Das gilt auch dann, wenn das Ereignis, das Anlass für die Erledigungserklärung ist, vor Rechtshängigkeit der Klage, nämlich vor ihrer Einreichung oder zwischen ihrer Einreichung und ihrer Zustellung, bzw. vor Anhängigkeit des Verfügungsverfahrens liegt. Die Erledigungserklärungen sind auch schon vor wirksamer Zustellung der Klage möglich.[175] Haben die Parteien die Hauptsache für erledigt erklärt und kommt es daher nicht mehr zu einer Entscheidung im Sinne des Hauptbegehrens, ist regelmäßig über einen Hilfsantrag zu entscheiden.[176] Wie der BGH entschieden hat,[177] kann der Antragsteller eines Verfügungsverfahrens seine **Erledigungserklärung auf die Zeit nach dem erledigenden Ereignis beschränken,** wenn eine bereits erstrittene **einstweilige Verfügung weiterhin als Grundlage für eine Zwangsvollstreckung wegen Zuwiderhandlungen** dienen soll, die vor dem erledigenden Ereignis liegen. Die Entscheidung des BGH ist in einem Ordnungsmittelverfahren ergangen, in dem es um derartige Verstöße ging. Ihr wird zuzustimmen sein, obwohl es ohne Erledigungserklärungen bei einer streitigen Entscheidung über den in die Zukunft gerichteten Unterlassungsantrag an sich nicht darauf angekommen wäre, ob er in der Vergangenheit begründet war, sondern allein darauf, ob er im Zeitpunkt des Schlusses der mündlichen Verhandlung Erfolg hat oder nicht. Im Falle einer nur zeitlich beschränkten Erledigung und einer Aufrechterhaltung der einstweiligen Verfügung im Übrigen wird der Antragsgegner aber nicht (erstmals) zu einer Unterlassung in der Vergangenheit verurteilt, was nicht möglich wäre, sondern es ergeht nur eine Entscheidung darüber, ob der Titel berechtigt, d. h. ob der Unterlassungsantrag zu diesem Zeitpunkt begründet war. An einer solchen Entscheidung besteht ein rechtliches Interesse, weil durch eine solche, lediglich **teilweise Erledigung** verhindert wird, dass ein Titel wie die einstweilige Verfügung durch umfassende Erledigungserklärungen mit Wirkung auch für die Vergangenheit unwirksam wird und damit als Grundlage für Verstöße entfällt, die der Schuldner vor dem erledigenden Ereignis begangen hat (vgl. dazu auch Rdn. 331 ff.). Bei einer teilweisen Erledigung, wie sie der BGH für möglich hält, bleibt zwar ein „vergangener" **Teil des Unterlassungsantrages weiterhin anhängig,** über den streitig, gegebenenfalls nach Durchführung einer Beweisaufnahme, durch Urteil zu entscheiden ist.[178] Voraussetzung dafür ist, dass die Parteien das beantragen.[179] Gegenstand eines solchen Urteils ist „das Bestehen eines Anspruches auf Sicherung des materiell-rechtlichen Unterlassungsanspruchs bis zum Zeitpunkt des erledigenden Ereignisses". Damit besteht die Möglichkeit, „dass ein im Verfügungsverfahren erlassener Unterlassungstitel mit Wirkung für einen Zeitraum in der Vergangenheit von einer Erledigterklärung für die Zukunft – unbeschadet der Entscheidung über seine Aufrechterhaltung – unberührt bleibt", und so das Verbot für die Vergangenheit durchzusetzen. Haben die Parteien in einem solchen Falle die Hauptsache für erledigt erklärt, haben sie das, *wie* die Auslegung ergibt, im Zweifel mit Wirkung ab dem erledigenden Ereignis getan.[180] Entsprechende Grundsätze gelten, soweit in einem **Hauptsacheverfahren** bereits ein **Verbotstitel** (Versäumnisurteil, streitiges Urteil erster Instanz) vorliegt, aus dem ein Ordnungsmittel-Verfahren betrieben wird oder noch betrieben werden kann. Das Urteil könnte lauten: *„Die einstweilige Verfügung vom … wird bestätigt, soweit es um ihre Wirksamkeit bis zum …* (Datum des erledigenden Ereignisses) *geht"* bzw.: *„Die Berufung der Beklagten gegen das Urteil des Landgerichts vom … wird zurückgewiesen, soweit es um die Wirkung des Verbots bis zum … geht."*[181] **Liegt** dagegen noch **kein Verbotstitel vor,** hat der Kläger/Antragsteller in der Sache kein rechtliches Interesse daran, den Rechtsstreit/das Verfügungsverfahren

---

172 *Zöller/Vollkommer* § 91a Rdn. 21; Ahrens/*Bornkamm* Kap. 33 Rdn. 25.

173 BGH GRUR 2004, 350 – *Pyrex;* GRUR 2005, 41 – *Staubsaugersaugrohr;* GRUR 2007, 448 – *LottoT;* GRUR-RR 2011, 291 – *Sammlung Ahlers II.*

174 BGH WRP 2005, 126 – *Erledigung der Hauptsache in der Rechtsmittelinstanz;* WRP 2010, 759, 760 – *Firmenbestandteil „Bundes-".*

175 BGHZ 21, 298, 299 f.; BGHZ 83, 12, 14 f.

176 BGH GRUR 2003, 903, 904 – *ABC der Naturheilkunde.*

177 BGH GRUR 2004, 264, 266 f. – *Euro-Einführungsrabatt;* Ahrens/*Bornkamm* Kap. 33 Rdn. 38 ff.

178 OLG Frankfurt GRUR 2014, 1032.

179 BGH GRUR 2016, 421, 423 f. – *Erledigungserklärung nach Gesetzesänderung.*

180 BGH GRUR 2004, 264, 267 – *Euro-Einführungsrabatt;* GRUR 2016, 421, 422 ff. – *Erledigungserklärung nach Gesetzesänderung;* OLG Düsseldorf GRUR-RR 2002, 151 f.; OLG Köln WRP 2014, 1093 f.; OLG München GRUR-RR 2015, 87, 88.

181 Vgl. aber BGH GRUR 2016, 421, 423 – *Erledigungserklärung nach Gesetzesänderung.*

nur für die Zukunft für erledigt zu erklären, der Beklagte/Antragsgegner ebenso nicht daran, nur insoweit einer Erledigungserklärung zuzustimmen. Ein etwaiges Kosteninteresse genügt nicht. Vielmehr ist es erforderlich, dass bereits ein Verbotstitel besteht und deshalb Ordnungsmittel-Verfahren in Betracht kommen. In anderen Fällen haben die Parteien den Rechtsstreit/das Verfahren insgesamt für erledigt zu erklären. Ein Urteil dahin, dass dem Beklagten/Antragsgegner erstmals ein Verhalten in der Vergangenheit verboten wird, widerspricht der Rechtsnatur eines Unterlassungsantrages, nach dem es um ein Verbot zukünftigen Verhaltens geht.

Wenn der Antragsgegner im **Verfügungsverfahren** in der **Widerspruchsverhandlung** eine **Abschlusserklärung** abgibt und die Parteien daraufhin zu Protokoll erklären: *„Die Parteivertreter verhandeln nunmehr nur noch über die im Verfügungsverfahren entstandenen Kosten."*, so sind darin konkludent übereinstimmende Erledigungserklärungen zu sehen. Dem steht in einem solchen Falle nicht entgegen, dass an sich nach übereinstimmenden Erledigungserklärungen in entsprechender Anwendung des § 269 Abs. 3 ZPO die einstweilige Verfügung wirkungslos wird,[182] die Abschlusserklärung aber gerade darauf gerichtet ist, die einstweilige Verfügung als endgültige Regelung bestehen zu lassen. Die entsprechende Anwendung des § 269 Abs. 3 ZPO beruht darauf, dass nach dem typischen Willen der Parteien ein gerichtliches Verbot wie eine einstweilige Verfügung überholt sein soll, wenn der Antragsgegner eine strafbewehrte Unterwerfungserklärung abgegeben hat und nunmehr diese im Falle zukünftiger Verstöße zu Sanktionen führt (= Austausch der Sanktionen). Im Falle einer Abschlusserklärung ist die Willens- und Interessenlage der Parteien dagegen typischerweise anders; die Parteien wollen, dass die einstweilige Verfügung fortbesteht. Daher fehlt es in einem solchen Falle an den Voraussetzungen für eine analoge Anwendung des § 269 Abs. 3 ZPO.[183] 50

c) Einseitige Erledigungserklärung. Widerspricht der Beklagte der Erledigungserklärung des Klägers – fehlender Widerspruch gilt nicht als Zustimmung –,[184] so muss der Kläger den gemäß § 264 Nr. 2, 3 ZPO zulässigen (Rdn. 34) Antrag verfolgen festzustellen, dass die Hauptsache erledigt ist.[185] Der Antrag tritt an die Stelle des ursprünglichen Antrages. Er ist auch noch in der Revisionsinstanz zulässig.[186] Der **Streitwert dieses Feststellungsantrages** bemisst sich vom Zeitpunkt der Erledigungserklärung an in der Regel nach der Summe der bis dahin entstandenen Kosten.[187] 51

Der Kläger, der etwa nicht weiß, ob das Gericht eine Unterwerfungserklärung des Beklagten als ausreichend ansieht und ob demgemäß die Wiederholungsgefahr weggefallen ist, kann nicht den bisherigen Klageantrag stellen, **hilfsweise die Hauptsache für erledigt erklären** und hilfsweise den Feststellungsantrag stellen,[188] auch nicht weiter hilfsweise, dass der Antrag bis zu dem Ereignis, das der Beklagte anders als der Kläger als erledigend ansieht, begründet war.[189] Umgekehrt kann er aber Feststellung beantragen und hilfsweise den bisherigen Klageantrag stellen, etwa für den Fall, dass nach Auffassung des Gerichts kein erledigendes Ereignis vorliegt.[190] Der Kläger kann die Erledigungserklärung widerrufen, solange der Beklagte ihr nicht zugestimmt hat.[191] 52

Bei der Entscheidung über den Feststellungsantrag hat das Gericht zu prüfen, ob die Klage zulässig und begründet war und durch ein nachträgliches Ereignis unzulässig oder unbegründet geworden ist,[192] erforderlichenfalls nach **Durchführung einer Beweisaufnahme.** Wird die Frage be- 53

---

[182] BGH GRUR 2004, 264, 266 – *Euro-Einführungsrabatt; Stein/Jonas/Bork* § 91a ZPO Rdn. 24.

[183] OLG Hamburg MD VSW 2000, 622 LS.

[184] BGH GRUR 2010, 57, 58 – *Scannertarif.*

[185] BGH NJW 1994, 2363, 2364 – *Greifbare Gesetzwidrigkeit II;* GRUR 2001, 1174, 1175 – *Berühmungsaufgabe.*

[186] BGHZ 106, 359, 368; GRUR 2002, 1074, 1075 – *Original Oettinger; Teplitzky* Kap. 46 Rdn. 43 vgl. auch BGH GRUR 2004, 349 – *Einkaufsgutschein II;* WRP 2004, 746 – *Zeitung am Sonntag;* GRUR 2004, 701, 702 – *Klinikpackung II;* GRUR 2010, 57, 58 – *Scannertarif:* Jedenfalls wenn das erledigende Ereignis als solches außer Streit steht; ebenso GRUR 2012, 651, 652 – *regierung-oberfranken.de;* GRUR 2014, 385 – *H 15.*

[187] BGH GRUR 1990, 530, 531 – *Unterwerfung durch Fernschreiben;* OLG Hamburg WRP 1983, 425, 426; Ahrens/*Bornkamm* Kap. 33 Rdn. 37; Teplitzky/*Feddersen* Kap. 49 Rdn. 42–46a; vgl. auch BGH MD VSW 222 009, 1001 – *Wert der Beschwer;* a. M. OLG Hamburg (5. ZS) MD VSW 2007, 918, 926: voller Streitwert.

[188] BGHZ 106, 359, 368 f.; *Köhler*/Bornkamm § 12 Rdn. 2.32; a. M. für den Fall, dass die zur Erledigung führenden Umstände durch den Beklagten herbeigeführt worden sind: OLG Hamburg (5. ZS) MD VSW 2007, 918, 925 f.

[189] BGH GRUR 2006, 879, 880 – *Flüssiggastank;* Teplitzky/*Schwippert* Kap. 46 Rdn. 42 f.; Teplitzky/*Schwippert* Kap. 52 Rdn. 10a *Teplintzky* in: FS Erdmann, S. 889, 894 f., 896 f.; Ahrens/*Bornkamm* Kap. 33 Rdn. 34 f.; a. M. noch BGH GRUR 1998, 1045, 1046 – *Brennwertkessel;* GRUR 2003, 890, 892 – *Buchclub-Kopplungsangebot;* OLG Koblenz GRUR 1988, 43, 46.

[190] BGH WRP 1989, 572, 574 f. – *Bioäquivalenz-Werbung;* Teplitzky/*Schwippert* Kap. 46 Rdn. 41.

[191] BGH GRUR 2002, 287, 288 – *Widerruf der Erledigungserklärung.*

[192] BGH GRUR 2002, 1000, 1001 – *Testbestellung;* GRUR 2004, 349 – *Einkaufsgutschein II;* WRP 2004, 746 – *Zeitung am Sonntag;* GRUR 2004, 701, 702 – *Klinikpackung II.*

jaht, wird die Erledigung der Hauptsache festgestellt; wird sie verneint, wird der Feststellungsantrag abgewiesen, nicht der ursprüngliche Klageantrag.[193]

54 **Der Beklagte sollte sich im Regelfall der Erledigungserklärung anschließen,** auch wenn er die Klage für von Anfang an unzulässig oder unbegründet hält. Die Prüfung der Sach- und Rechtslage erhält er im Rahmen der Kostenentscheidung nach § 91a ZPO. Anders ist es aber, wenn er auf einer Beweisaufnahme bestehen will, weil er meint, im konkreten Fall nur so eine ihm günstige oder günstigere Kostenentscheidung herbeiführen zu können. Entsprechendes gilt für das Verfügungsverfahren. Hier sollte der Antragsgegner in der Regel (eventuell zunächst) nur dann widersprechen, wenn er eine Vernehmung präsenter Zeugen erreichen möchte und/oder eine Aufhebung des Verbots mit Wirkung ex tunc benötigt, um die Festsetzung von Ordnungsmitteln zu verhindern (Rdn. 331).

55 **d) Kostenentscheidung.** *aa)* Bei **einseitiger Erledigungserklärung** richtet sich die Kostenentscheidung nach §§ 91, 92 ZPO. Billigkeitsgesichtspunkte, etwa analog § 91a ZPO, sind nicht zu berücksichtigen. Es kommt allein darauf an, ob sich die Hauptsache erledigt hat oder nicht.

56 *bb)* Bei **übereinstimmenden Erledigungserklärungen** – und im Falle des § 91a Abs. 1 Satz 2 ZPO – hat das Gericht gemäß § 91a ZPO nach billigem Ermessen unter **Berücksichtigung des bisherigen Sach- und Streitstandes** zu entscheiden. Dazu hat es **summarisch die Sach- und Rechtslage zu prüfen**[194] und darf dabei keinen schwierigen Rechtsfragen ausweichen,[195] auch nicht in rechtlich komplizierten Fällen.[196] Das gilt in der Regel auch, wenn die Parteien sich verglichen, im Vergleich aber dem Gericht die Entscheidung über die Kosten gemäß § 91a ZPO überlassen haben (Rdn. 277).

57 Da es auf den bisherigen Sach- und Streitstand ankommt, ist eine weitere Tatsachenaufklärung, insbesondere eine **Beweisaufnahme,** die bei streitiger Fortführung des Rechtsstreits notwendig geworden wäre, nicht geboten, auch nicht durch Vernehmung präsenter Zeugen,[197] insbesondere wenn nur die eine Partei ihre Zeugen mitgebracht hat. Andererseits ist eine Beweisaufnahme aber auch nicht unstatthaft.[198] Wenn der Beklagte von seinem Rechtsstandpunkt aus eine Beweisaufnahme für erforderlich hält, sollte er sich der Erledigungserklärung des Klägers erst nach Durchführung einer erforderlichen Beweisaufnahme anschließen.

58 Im **Verfügungsverfahren** kommt wegen § 294 Abs. 2 ZPO nur eine Vernehmung präsenter Zeugen in Betracht. Grundsätzlich ist es nicht möglich, nachträglich eingereichte eidesstattliche Versicherungen zu berücksichtigen, weil sie nicht zum bisherigen Sach- und Streitstand gehören.[199] Die Parteien sollten darauf achten, dass sie alle eidesstattlichen Versicherungen überreichen, bevor sie die Hauptsache für erledigt erklären.

59 Zu streitigem Vorbringen dürfen **Urkunden** verwertet werden, und zwar auch dann, wenn sie erst nach den Erledigungserklärungen überreicht worden, aber als solche unstreitig sind.[200] Das Gericht ist nicht verpflichtet, sehenden Auges eine falsche Entscheidung zu treffen. Daher ist auch **nachträglicher Sachvortrag** zu berücksichtigen, wenn er **unstreitig** bleibt.[201]

60 War der **Ausgang des Rechtsstreits offen,** weil eine Beweisaufnahme notwendig geworden wäre, entspricht es in der Regel billigem Ermessen, die Kosten gegeneinander aufzuheben.[202] Anders ist es, wenn sichere Anhaltspunkte dafür vorhanden sind, dass die Beweisaufnahme voraussichtlich zu einem bestimmten Ergebnis geführt hätte. Ist der Klage ein **Verfügungsverfahren vorangegangen** und haben beide Parteien dort zu streitigem, erheblichem Tatsachenvorbringen **eidesstattliche Versicherungen** ihrer Zeugen vorgelegt, so können diese im Rahmen der Kostenentscheidung im Hauptsacheverfahren berücksichtigt werden. Mangels entgegenstehender Umstände kann davon ausgegangen werden, dass die Zeugen bei einer Vernehmung durch das Gericht voraussichtlich dasselbe ausgesagt hätten, was sie bereits an Eides Statt versichert haben.[203] Eine hierauf beschränkte Würdigung ist aber nicht möglich, wenn über die Vernehmung dieser Zeugen

---

[193] LG Hamburg GRUR-RR 2002, 93 f.
[194] BGH GRUR 2005, 41 – *Staubsaugersaugrohr.*
[195] Vgl. aber Teplitzky/*Schwippert* Kap. 46 Rdn. 46.
[196] A. M. BGHZ 67, 343, 345 f. BGH GRUR 2005, 41 – *Staubsaugersaugrohr;* OLG Frankfurt GRUR 1979, 808, 809.
[197] OLG Köln GRUR 1989, 705; vgl. aber Teplitzky/*Schwippert* Kap. 46 Rdn. 47.
[198] BGHZ 21, 298, 300; *Köhler*/Bornkamm § 12 Rdn. 2.34.
[199] OLG Frankfurt GRUR 1989, 934 LS.
[200] Teplitzky/*Schwippert* Kap. 46 Rdn. 48.
[201] Teplitzky/*Schwippert* Kap. 46 Rdn. 48.
[202] OLG Köln GRUR 1989, 705; Teplitzky/*Schwippert* Kap. 46 Rdn. 47.
[203] A. M. OLG Frankfurt WRP 1978, 222, 223.

hinaus eine weitere Beweisaufnahme erforderlich geworden wäre, es sei denn, dass auch das Ergebnis dieser Beweisaufnahme abzuschätzen ist. Wenn solche eidesstattlichen Versicherungen erstmals im Klageverfahren eingereicht werden, können sie nicht im Rahmen des § 91a ZPO gewürdigt werden.[204] Die **Beweisaufnahme aus einem anderen Verfahren** kann berücksichtigt werden, wenn eine der Parteien deren Ergebnis insbesondere durch Überreichung der Sitzungsniederschrift über die Beweisaufnahme vorgetragen hat, etwa zur Frage der Klagebefugnis, oder wenn sie sich aus einer beigezogenen Akte ergibt.

Aus der **Abgabe einer Unterwerfungserklärung** folgt nicht etwa, dass der Beklagte – anders als, abgesehen von Fällen des § 93 ZPO, bei einem Anerkenntnis – automatisch die Kosten zu tragen hat; vielmehr ist der Unterlassungsanspruch zu prüfen.[205] Der Beklagte hat sich in der Regel nicht freiwillig in die Rolle des Unterliegenden begeben. Die Unterwerfungserklärung hat für ihn ohne weiteres auch dann einen Sinn, wenn er sich im Recht fühlt, weil er etwa ohnehin nicht (mehr) so werben will, wie es der Kläger beanstandet. So kann er geltend machen, er habe gar nicht so geworben oder die angegriffene Werbemaßnahme sei für ihn aus zeitlichen oder anderen Gründen überholt. Anders mag es sein, wenn sich feststellen lässt, dass der Beklagte sich ausschließlich unterworfen hat, um eine Beweisaufnahme zu verhindern.[206] Um eine ungewollte Auslegung der Unterwerfungserklärung zu vermeiden, sollte der Schuldner die Unterwerfungserklärung ausdrücklich ohne „Anerkennung einer Rechtspflicht, aber mit Rechtsbindungswillen" abgeben,[207] was an sich selbstverständlich ist. 61

In der Erledigungserklärung des Klägers kann unter besonderen Umständen eine **verdeckte Klagerücknahme** liegen, die es rechtfertigt, zu Gunsten des Beklagten § 269 Abs. 3 ZPO heranzuziehen.[208] Das kommt in Betracht, wenn während des Rechtsstreits überhaupt kein Ereignis eingetreten ist, das zur Erledigung geführt haben könnte. Von einer verdeckten Klagerücknahme kann aber keine Rede sein, wenn nachträglich ein Umstand eingetreten ist, der zwar nicht zum Erlöschen des Unterlassungsanspruches geführt hat, aber von solcher Bedeutung ist, dass er den Kläger verständigerweise veranlassen konnte, den Rechtstreit nicht mehr weiterzuführen, sondern durch eine Erledigungserklärung zu beenden.[209] So kann es etwa sein, wenn der Beklagte eine Unterwerfungserklärung abgibt, die nur die konkrete Verletzungsform erfasst, und der Kläger diese Erklärung zum Anlass nimmt, auch den verallgemeinerten Unterlassungsantrag für erledigt zu erklären.[210] Wenn sich der Beklagte der Erledigungserklärung mangels erledigenden Ereignisses nicht anschließen sollte, müsste der Kläger zum ursprünglichen Unterlassungsantrag zurückkehren. 62

Hat der Beklagte die **örtliche Unzuständigkeit des angerufenen Gerichtes** gerügt und sich nach Abgabe einer strafbewehrten Unterwerfungserklärung der Erledigungserklärung des Klägers angeschlossen, so ist die Frage der Zuständigkeit im Rahmen der Kostenentscheidung mit zu berücksichtigen.[211] Der Rechtsstreit ist nicht etwa allein wegen der Kostenentscheidung an das zuständige Gericht zu verweisen. Hatte der Beklagte die Rüge zu Recht erhoben, hat der Kläger auf jeden Fall gemäß § 281 ZPO die Mehrkosten zu tragen, die durch die Anrufung des unzuständigen Gerichts entstanden sind.[212] Im Übrigen kommt es darauf an, ob die Klage – abgesehen von der örtlichen Unzuständigkeit – zulässig und begründet war.[213] Denn es ist davon auszugehen, dass der Kläger bei streitiger Durchführung des Rechtsstreites spätestens nach einem Hinweis durch das Gericht zumindest hilfsweise Verweisung an das zuständige Gericht beantragt hätte. Das alles gilt auch für das Verfügungsverfahren, und zwar unabhängig davon, ob bei streitiger Fortsetzung das verweisende Gericht wegen seiner Unzuständigkeit die von ihm erlassene Beschlussverfügung aufzuheben hat oder ob diese – zutreffend – bestehen bleibt. 63

---

[204] OLG Frankfurt WRP 1987, 116.

[205] OLG Koblenz GRUR 1988, 566; OLG Stuttgart WRP 1986, 576; OLG Köln GRUR 1989, 705; Köhler/*Bornkamm* § 12 Rdn. 1.37; *Köhler*/Bornkamm § 12 Rdn. 2.34; Ahrens/*Bornkamm* Kap. 33 Rdn. 30; Teplitzky/*Schwippert* Kap. 46 Rdn. 45; unzutreffend OLG Hamburg (5. Zivilsenat) MD VSW 2005, 1355, 1358; OLG Bremen OLG-Report 2008, 910, 911.

[206] OLG Stuttgart WRP 1986, 433; OLG Koblenz GRUR 1988, 566; OLG Köln GRUR 1989, 705; OLG Celle OLG-Report 2007, 697, 698.

[207] *Hess* WRP 2003, 353.

[208] Verneint OLG Hamburg WRP 1972, 329.

[209] OLG Hamburg WRP 1980, 424.

[210] OLG Hamburg WRP 1982, 296 LS; KG MD VSW 2003, 282, 288.

[211] OLG Hamburg GRUR 1984, 82; ferner zur Rüge der internationalen Unzuständigkeit WRP 1987, 393, 394.

[212] OLG Hamburg GRUR 1984, 82; WRP 1984, 562, 563.

[213] BGH GRUR 2010, 1037 – *unzuständiges Gericht.*

64 Im Rahmen des § 91a ZPO sind auch die **Voraussetzungen des § 93 ZPO** zu prüfen (Rdn. 61; § 12 Rdn. 64), insbesondere ob der Beklagte abgemahnt worden ist oder, falls das nicht zutrifft, ob eine Abmahnung entbehrlich war. Für eine umgekehrte Anwendung des § 93 ZPO, wenn etwa der Beklagte vorprozessual verschwiegen hat, dass er sich bereits einem Dritten gegenüber unterworfen hat und deshalb die Wiederholungsgefahr weggefallen ist,[214] besteht keine Veranlassung. Bei streitiger Fortführung des Rechtsstreits wäre die Klage zwar abgewiesen worden. Materiell-rechtlich hat der Beklagte jedoch seine Aufklärungspflicht aus dem Abmahnverhältnis verletzt (§ 12 Rdn. 71) und ist daher im Wege des Schadensersatzes verpflichtet, die unnötigen Kosten zu tragen. Das ist im Rahmen des billigen Ermessens zu berücksichtigen, um einen überflüssigen neuen Rechtsstreit über die Kosten zu vermeiden.[215] Der Kläger ist nicht gehalten, den Erstattungsanspruch im laufenden Rechtsstreit zum Gegenstand eines Zahlungsantrages zu machen.

65 Entsprechende Überlegungen gelten, wenn das **Ereignis,** das zu den Erledigungserklärungen geführt hat, **zwischen Anhängigkeit und Rechtshängigkeit der Klage** liegt. Hierbei ist auch der Rechtsgedanke des neu eingeführten § 269 Abs. 3 Satz 3 ZPO zu berücksichtigen. Danach hätte der Kläger die Klage zurücknehmen können, um auf diese Weise eine Kostenentscheidung so wie gemäß § 91a ZPO herbeizuführen. Darauf, ob ihm ein materiell-rechtlicher Erstattungsanspruch zusteht,[216] kommt es insoweit nicht mehr an.

66 Fällt das **erledigende Ereignis in den Verantwortungsbereich einer Partei,** kann das bei der Kostenentscheidung zur Vermeidung unbilliger Ergebnisse berücksichtigt werden.[217] Demgemäß sind etwa in der Regel die Kosten dem Kläger aufzuerlegen, wenn der Rechtsstreit sich dadurch erledigt hat, dass der Beklagte bzw. Antragsgegner die **Einrede der Verjährung** erhoben hat (Rdn. 46),[218] und zwar auch dann, wenn der Antragsgegner erst nach Eintritt der Verjährung Widerspruch eingelegt hat.[219] Das ergibt sich aus dem Sinn und Zweck der Verjährung, und zwar unabhängig davon, ob die Verjährung bereits vor Rechtshängigkeit bzw. Anhängigkeit oder erst während des Verfahrens eingetreten ist. Es ist unbillig, den Kläger von den Kosten einer solchen zunächst begründeten Klage freizustellen; denn er hatte es in der Hand, den Eintritt der Verjährung zu verhindern. Der Kläger kann dieses Ergebnis auch nicht dadurch vermeiden, dass er statt einer Erledigungserklärung einen Verzicht ausspricht.[220]

67 Ebenso verhält es sich regelmäßig, wenn der Antragsteller das **Verfügungsverfahren** derart verzögert hat, dass die **zunächst gegebene Eilbedürftigkeit entfallen** sein sollte (Rdn. 47).[221] Dagegen liegt ein solches nachträgliches Ereignis im Verantwortungsbereich beider Parteien, wenn sie einverständlich das Verfahren nicht zügig genug betrieben haben. Daraus folgt aber nicht, dass die Kosten gegeneinander aufzuheben sind.[222] Vielmehr kommt es auf den Sach- und Streitstand an, wie er vorlag, bevor die Eilbedürftigkeit wegfiel.

68 Wenn der Kläger, dessen Antrag zulässig und begründet war, die Hauptsache **verspätet für erledigt erklärt** hat, sind ihm deshalb nicht etwa die gesamten Kosten, sondern nur die Mehrkosten aufzuerlegen, die durch die Verspätung entstandenen sind.[223]

69 Gegen den Kostenbeschluss nach § 91a ZPO findet die **sofortige Beschwerde** statt. Eine Rechtsbeschwerde zum BGH ist statthaft.[224] Das gilt aber nicht im Verfügungsverfahren.[225] Bei Verletzung rechtlichen Gehörs kommt eine Gegenvorstellung in Betracht, die gemäß § 321a Abs. 2 ZPO fristgebunden ist.[226] Haben die Parteien nur teilweise die Hauptsache für erledigt erklärt, ist im Urteil einheitlich über die Kosten zu entscheiden **(gemischte Kostenentscheidung).** Soweit es um die Kosten des erledigten Teils geht, kann die betroffene Partei gegen die Kostenentscheidung innerhalb der Beschwerdefrist sofortige Beschwerde einlegen. Legt sie aber Berufung ein, weil sie in der verbliebenen Hauptsache unterlegen ist, kann sie damit innerhalb der Berufungsfrist auch

---

214 A. M. *Köhler*/Bornkamm § 12 Rdn. 2.34.
215 OLG Hamm MD VSW 2011, 34, 36 f.; Ahrens/*Bornkamm* Kap. 33 Rdn. 32.
216 Vgl. dazu KG WRP 1989, 659, 660 ff.
217 Ahrens/*Bornkamm* Kap. 33 Rdn. 31.
218 OLG Hamburg WRP 1982, 161; MD VSW 1985, 951, 952 ff.; Ahrens/*Bornkamm* Kap. 33 Rdn. 15 und 31; a. M. OLG Stuttgart NJW-RR 1996, 1520; OLG Frankfurt GRUR-RR 2002, 183, 184; KG MD VSW 2010, 703; OLG Köln GRUR 2014, 319; Teplitzky/*Feddersen* Kap. 55 Rdn. 32.
219 A. M. OLG Celle WRP 1983, 96; GRUR-RR 2001, 285 f.
220 OLG Hamburg GRUR 1989, 296.
221 Vgl. aber Ahrens/*Bornkamm* Kap. 33 Rdn. 31.
222 So aber OLG Frankfurt NJW 1991, 49.
223 OLG Hamburg MD VSW 2013,29, 31 f.
224 BGH NJW-RR 2004, 999 mit weiteren Nachweisen.
225 BGH GRUR 2003, 724 – *Rechtsbeschwerde II;* NJW 2003, 3565.
226 BGH NJW 2002, 1577; vgl. aber *Zöller/Heßler* § 567 ZPO Rdn. 22.

die gegen sie nach § 91a ZPO ergangene Kostenentscheidung angreifen.[227] Sie braucht nicht getrennt sofortige Beschwerde und außerdem Berufung einzulegen. Sollte das aber geschehen sein, etwa weil für die betroffene Partei noch offen war, ob sie Berufung einlegen wird oder nicht, sie für die sofortige Beschwerde aber vorsorglich die Beschwerdefrist einhalten musste, sind die Beschwerde und die Berufung zu einem einheitlichen Berufungsverfahren zu verbinden.

IV. Unterlassungsklage

Schrifttum: *Bernreuther,* Titelgläubiger, Vertragsgläubiger und erneuter Unterlassungsschuldner, WRP 2012, 796; *Borck,* Das Prokrustesbett „Konkrete Verletzungsform", GRUR 1996, 522; *ders.*, Der Weg zum „richtigen" Unterlassungsantrag, WRP 2000, 824; *Brandner/Bergmann,* Zur Zulässigkeit „gesetzeswiederholender" Unterlassungsanträge, WRP 2000, 842; *Danelzik,* § 139 ZPO – Die „Magna Charta" des Zivilprozesses, WRP 1999, 18; *Doepner,* Anmerkungen zum wettbewerbsrechtlichen Geheimnisschutz im Zivilprozess, in: FS Tilmann, 2003, S. 105; *Dörr,* Das unvollständig erfasste Klagebegehren – Betrachtungen zum verdeckten Teilurteil, FS Erdmann, 2002, 795; *Hantke,* Zur Beurteilung der Mehrfachverfolgung eines Wettbewerbsverstoßes als rechtsmissbräuchlich (§ 13 Abs. 5 UWG), FS Erdmann, 2002, 831; *Hölk,* Markenparfüm und Erschöpfung – Konsequenzen zum Umfang markenrechtlicher Ansprüche aus den Entscheidungen „Markenparfümverkäufe" und „Parfümtestkäufe", WRP 2006, 647; *Kehl,* Warum kompliziert, wenn es auch einfacher geht? Ein Plädoyer für die Straffung von Wettbewerbsprozessen, WRP 2000, 904; *Kurtze,* Der „insbesondere"-Zusatz bei Unterlassungsanträgen im Wettbewerbsrecht, FS Nirk, 1992, 571; *Peter Meyer,* Der Streitgegenstand bei wettbewerbsrechtlichen Unterlassungsklagen, NJW 2003, 2887; *Oppermann,* Unterlassungsantrag und zukünftige Verletzungshandlung, WRP 1989, 713; *Pohlmann,* Das Rechtsschutzbedürfnis bei der Durchsetzung wettbewerbsrechtlicher Unterlassungsansprüche, GRUR 1993, 361; *Scharen,* „Catnic" versus Kerntheorie?, FS Erdmann, 2002, 877; *Stickelbrock,* Mehrfachverfolgung von Wettbewerbsverstößen durch konzernmäßig verbundene Unternehmen, WRP 2001, 648; *Teplitzky,* Anmerkungen zur Behandlung von Unterlassungsanträgen, FS Oppenhoff, 1985, 487; *ders.*, Unterwerfung und konkrete Verletzungsform, WRP 1990, 26; *ders.*, Klageantrag und konkrete Verletzungsform, WRP 1999, 75; *ders.*, Der I. Zivilsenat des BGH und das allgemeine Zivilprozessrecht, FS Erdmann, 2002, 889; *ders.*, Die prozessualen Folgen der Entscheidung des Großen Senats für Zivilsachen zur unberechtigten Schutzrechtsverwarnung, WRP 2005, 1433.

1. Rechtsschutzbedürfnis

a) Allgemeines. Bei wettbewerbsrechtlichen Unterlassungsklagen taucht die Frage des Rechts- **70**
schutzbedürfnisses nur ganz ausnahmsweise auf. Regelmäßig ergibt es sich daraus, dass der Beklagte nach Auffassung des Klägers verstoßen und dadurch Wiederholungsgefahr oder ohne Verstoß Erstbegehungsgefahr begründet hat. Für die Prüfung des Rechtsschutzbedürfnisses ist das **Bestehen des Anspruchs zu unterstellen;** das Rechtsschutzbedürfnis darf nicht mit materiell-rechtlichen Erwägungen verneint werden,[228] insbesondere nicht mit der Begründung, der Beklagte habe eine Unterwerfungserklärung abgegeben.[229] Das Rechtsschutzbedürfnis ist nur dann zu verneinen, wenn der Kläger seinen Anspruch in einem anderen, gleichwertigen Verfahren prozessual einfacher und kostengünstiger durchsetzen kann.[230] Die Voraussetzungen des § 259 ZPO müssen nicht vorliegen.[231]

Macht der Kläger einen **vertraglichen Unterlassungsanspruch** geltend, gilt § 259 ZPO eben- **71**
falls nicht. Das Rechtsschutzinteresse ist regelmäßig zu bejahen, auch wenn es noch nicht zu einem Verstoß gekommen ist und ein solcher auch nicht droht.[232] Der Gläubiger hat ein berechtigtes Interesse an der Titulierung, während der Schuldner sein Kosteninteresse gemäß § 93 ZPO wahren kann.

b) Bestehen des Rechtsschutzbedürfnisses. Das Rechtsschutzinteresse ist in folgenden Fällen **72**
bejaht worden:

Besteht **wegen einer ähnlichen Verletzungshandlung** bereits ein **Unterlassungstitel** und kann die nunmehr beanstandete konkrete Verletzungshandlung möglicherweise auch als Verstoß gegen das bereits vorhandene Verbot, dessen Rechtskraft der neuen Unterlassungsklage nicht entgegensteht, verfolgt werden, so ist das Rechtschutzinteresse gleichwohl gegeben, wenn der Aus-

---

227 *Zöller/Vollkommer* § 91a ZPO Rdn. 56 mit weiteren Nachweisen.

228 BGH GRUR 1973, 208, 209 – *Neues aus der Medizin;* GRUR 1987, 45, 46 – *Sommerpreiswerbung;* GRUR 1993, 576, 577 – *Datatel;* GRUR 1994, 823, 824 – *Preisrätselgewinnauslobung II.*

229 OLG Köln WRP 1996, 333, 336; Köhler/*Bornkamm* § 12 Rdn. 1.120.

230 BGH GRUR 1980, 241, 242 – *Rechtsschutzbedürfnis;* GRUR 1993, 556, 558 – *TRIANGLE.*

231 Ahrens/*Ahrens* Kap. 14 Rdn. 2; Teplitzky/*Schwippert* Kap. 51 Rdn. 59.

232 Vgl. aber BGH GRUR 1999, 522, 524 – *Datenbankabgleich;* Teplitzky/*Schwippert* Kap. 51 Rdn. 59; vgl. auch Köhler/*Bornkamm* § 12 Rdn. 1.135a.

gang des Ordnungsmittverfahrens ungewiss ist und Verjährung hinsichtlich des neuen Verstoßes droht.[233]

Ein **Verfügungsverfahren** steht nicht entgegen;[234] denn dort geht es, selbst wenn es formell rechtskräftig abgeschlossen wird, nur um eine vorläufige Regelung, die noch nicht zu einem endgültigen, rechtskräftigen Verbot führt. Etwas anderes ergibt sich nicht daraus, dass der Antragsgegner auf das Recht zur Klagefristsetzung (§ 926 ZPO) verzichtet hat.[235] Unerheblich hierfür ist auch, dass der Antragsgegner auf die Einrede der Verjährung verzichtet hat.[236]

Die **Klage oder der Titel eines Dritten** stehen ebenfalls nicht entgegen.[237] Hier geht es um einen anderen Streitgegenstand. Der Kläger hat auch keinen Einfluss auf die Prozessführung und auf die Vollstreckung durch den Dritten. Wird das Urteil, das der andere erwirkt hat, rechtskräftig, könnte aber die Wiederholungsgefahr entfallen (vgl. dazu § 12 Rdn. 213).

Eine (mögliche) **Vertragsstrafenklage** vermag nicht das Rechtsschutzbedürfnis für eine Unterlassungsklage in Frage zu stellen.[238] Das Rechtsschutzinteresse wird ferner nicht dadurch ausgeschlossen, dass der Beklagte eine **strafbewehrte Unterlassungserklärung** abgegeben und der Kläger sie nicht angenommen hat. Die Frage, ob die Wiederholungsgefahr entfallen ist, gehört dem materiellen Recht an.[239]

Zum Verfahren vor den **Einigungsstellen** vgl. § 15.

Die Möglichkeit eines **berufsgerichtlichen Verfahrens oder eines Strafverfahrens** lässt das Rechtsschutzbedürfnis nicht entfallen.[240]

Das Rechtsschutzbedürfnis ist auch dann zu bejahen, wenn der Kläger nicht den Hauptverletzer in Anspruch nimmt, sondern **Klage nur gegen einen untergeordneten Verletzer** erhebt.[241]

Eigenes wettbewerbswidriges Verhalten des Klägers ist prozessual ohne Bedeutung.[242]

Zum **Missbrauch der Klagebefugnis** vgl. § 8 Abs. 4. Das Gericht kann offen lassen, ob ein Missbrauch vorliegt und die Klage daher unzulässig ist, wenn sie jedenfalls unbegründet ist.[243]

Eine **negative Feststellungsklage des Beklagten** schließt das Rechtsschutzinteresse für eine Unterlassungsklage nicht aus.[244] Nur hiermit kommt der Kläger zu einem Verbot.

73 **c) Fehlen des Rechtsschutzbedürfnisses.** Das Rechtsschutzbedürfnis ist zu verneinen, wenn der Kläger bereits über einen **Prozessvergleich** verfügt[245] oder über einen **Verfügungstitel,** der einem Titel in der Hauptsache dann gleichkommt, wenn der Beklagte eine **Abschlusserklärung** abgegeben hat.[246] Daraus kann der Kläger bei einem neuen Verstoß vorgehen. Ein Verbot in der Hauptsache bringt ihm keine weiteren Möglichkeiten der Vollstreckung. Die Wirkung der Abschlusserklärung reicht so weit wie der Verbotsumfang. Ein Verbot, das sich auf die konkrete Verletzungsform beschränkt ist, umfasst auch im Kern gleichartige Abwandlungen, in denen das Charakteristische der konkreten Verletzungsform zum Ausdruck kommt.[247] Das Rechtschutzinteresse entfällt, wenn der Kläger gegen den Beklagten in einem Parallelverfahren einen rechtskräftigen Unterlassungstitel erwirkt hat, der trotz verschiedener Streitgegenstände – verschiedener Verletzungshandlungen – auf Grund vorgenommener Verallgemeinerungen den gleichen Verbotsumfang hat.[248] Geschieht das während des zweiten Verfahrens, hat der Kläger hier die Hauptsache für erledigt zu

---

[233] BGH GRUR 2011, 742, 744 – *Leistungspakete im Preisvergleich.*

[234] BGH GRUR 1973, 384 – *Goldene Armbänder;* OLG Köln NJWE-WettbR 1999, 92; OLG Frankfurt GRUR-RR 2008, 96.

[235] BGH GRUR 1989, 115 – *Mietwagen-Mitfahrt.*

[236] OLG Hamm WRP 1992, 655.

[237] BGH GRUR 1960. 379, 381 – *Zentrale;* GRUR 1987, 45, 46 – *Sommerpreiswerbung;* KG WRP 1993, 22, 23; *Köhler* WRP 1992, 359, 361.

[238] BGH GRUR 1980, 241, 242 – *Rechtsschutzbedürfnis.*

[239] Teplitzky/*Schwippert* Kap. 51 Rdn. 57.

[240] BGH GRUR 1957, 558, 560 – *Bayern-Express;* GRUR 1981, 596, 597 – *Apotheken-Steuerberatungsgesellschaft;* GRUR 2006, 598, 599 – *Zahnarztbriefbogen.*

[241] BGH GRUR 1976, 256, 257 – *Rechenscheibe;* vgl. auch BGH GRUR 1977, 114, 115 – VUS.

[242] *Köhler*/Bornkamm § 12 Rdn. 2.17 (6).

[243] BGH GRUR 1999, 509, 510 – *Vorratslücken;* GRUR 2002, 1095 – *Telefonische Vorratsanfrage;* Teplitzky/*Büch* Kap. 13 Rdn. 52.

[244] BGH GRUR 1994, 823, 824 – *Preisrätselgewinnauslobung II.*

[245] OLG Hamburg MD VSW 2006, 742, 744f., 746.

[246] BGH GRUR 1973, 384 – *Goldene Armbänder;* GRUR 1991, 76, 77 – *Abschlusserklärung;* GRUR 2009, 1096, 1097f. – *Mescher weis;* GRUR 2010, 855, 856 *Folienrollos;* KG WRP 1998, 1189, 1190.

[247] BGH GRUR 2010, 855, 856 – *Folienrollos;* OLG Frankfurt GRUR-RR 2012, 404f.

[248] BGH GRUR 2006, 421 – *Markenparfümverkäufe; v. Ungern-Sternberg* GRUR 2009, 1009, 1015f.

erklären.[249] Nach Abgabe einer **notariellen Unterwerfungserklärung** gemäß § 794 Abs. 1 Nr. 5 ZPO (vgl. Rdn. 286) entfällt das Rechtschutzinteresse für eine Klage,[250] dagegen bis zur Zustellung des Androhungsbeschlusses nicht für einen Antrag auf Erlass einer einstweiligen Verfügung.[251]

Das Rechtsschutzinteresse ist grundsätzlich zu verneinen, wenn der Kläger dem Beklagten mit der Unterlassungsklage verbieten will, dass er sich in einem bevorstehenden oder laufenden, behördlichen oder gerichtlichen Verfahren in der beanstandeten Weise verhält.[252] Ebenso ist es regelmäßig bei Unterlassungsklagen, die sich dagegen richten, dass der Beklagte den Kläger – nicht dessen Abnehmer (§ 12 Rdn. 108) – abmahnt.[253] Jeder ist grundsätzlich berechtigt, seine vermeintlichen Unterlassungsansprüche letztlich vor Gericht geltend zu machen. Zuvor hat er jedoch abzumahnen (§ 12 I),[254] um zu vermeiden, dass ihm gemäß § 93 ZPO die Kosten auferlegt werden. Jedenfalls entfällt das Rechtsschutzbedürfnis, wenn der Abmahner seinerseits Unterlassungsklage erhebt und diese nicht mehr einseitig zurücknehmen kann.[255] 74

2. Bestimmtheitsgebot

a) Allgemeines. Nach § 253 Abs. 2 Nr. 2 ZPO ist ein **bestimmter Klageantrag** erforderlich. Fehlt es daran, ist die Klage unzulässig. Erst wenn festgestellt worden ist, dass der Antrag hinreichend bestimmt ist, darf die Begründetheit geprüft werden (vgl. Rdn. 29 und 84).[256] Zuvor kann das Gericht die Klage nicht als unbegründet abweisen, weil kein materiell-rechtlicher Anspruch bestehe.[257] Das prozessuale Bestimmtheitsgebot ist zu unterscheiden vom materiellrechtlichen Konkretisierungsgebot (Rdn. 97 ff.).[258] Die Bestimmtheit ist **von Amts wegen zu prüfen.** Der bestimmte Klageantrag legt den Umfang des Streitgegenstandes fest (Rdn. 18), dessen Rahmen das Gericht wegen § 308 ZPO nicht überschreiten darf. Ferner muss der Beklagte wissen, was ihm verboten werden soll, damit er sich hinreichend verteidigen kann. Das alles gilt auch für die Folgeanträge auf Auskunft/Rechnungslegung und Feststellung der Schadensersatzpflicht. Begehrt der Kläger Verbote verschiedener Handlungen, deren Ausspruch von verschiedenen tatsächlichen und rechtlichen Voraussetzungen abhängt, erfordert es das Bestimmtheitsgebot, dass die einzelnen Handlungen in gesonderten Anträgen als konkrete Verletzungsformen umschrieben werden.[259] Das Bestimmtheitsgebot gilt nicht nur für eine Unterlassungsklage, die auf einem Verstoß beruht, sondern regelmäßig auch für eine vorbeugende Unterlassungsklage.[260] 75

Das Bestimmtheitsgebot[261] betrifft nicht nur den Klageantrag, sondern nachfolgend **auch das vom Gericht erlassene Verbot,** das den Unterlassungsantrag inhaltlich umsetzt. Der Beklagte, der 76

---

[249] Der BGH GRUR 2006, 421, 423 – *Markenparfümverkäufe* hat dazu nicht Stellung genommen, obwohl das Unterlassungsurteil im ersten Verfahren während des Revisionsverfahrens im zweiten Verfahren rechtskräftig geworden ist. Vgl. dazu *Kamlah/Ulmar* WRP 2006, 967, 972 Fn. 44; *Lehment* WRP 2007, 237, 240; *Teplitzky* GRUR 2007, 177, 183. Der Kläger hatte diesen Umstand nicht zum Anlaß genommen, die Hauptsache für erledigt zu erklären.

[250] A. M. LG Berlin WRP 2015, 1407, 1408 f.

[251] OLG Köln GRUR-RR 2015, 405 f.; ausführlich zur notariellen Unterlassungserklärung oben *Goldmann* § 8 Rdn. 66 ff.; vgl. aber Köhler/*Bornkamm* § 12 Rdn. 1.112d.

[252] BGH GRUR 1987, 568 f. – *Gegenangriff;* GRUR 1998, 587, 589 – *Bilanzanalyse Pro 7;* GRUR 2010, 253, 254 f. – *Fischdosendeckel* (betr. Äußerungen in der Beschreibung eines Patents); GRUR 2013, 305, 306 f. – *Honorarkürzung* (betr. Äußerungen im Rahmen der außergerichtlichen Schadensregulierung durch einen Haftpflichtversicherer); GRUR 2013, 647, 648 f. – *Rechtsmissbräuchlicher Zuschlagsbeschluss;* KG MD VSW 2002, 841, 842; OLG Düsseldorf GRUR 2014, 1219, 1220 ff. (betr. Äußerungen einer privaten Krankenversicherung gegenüber ihren Versicherungsnehmern wegen Zahnarzthonorar); Teplitzky/*Bacher* Kap. 19 Rdn. 16 ff., Teplitzky/*Schwippert* Kap. 51 Rdn. 55; vgl. dazu OLG Hamburg OLG-Report 2009, 908, 912 (Äußerung gegenüber AVAD).

[253] Vgl. dazu Teplitzky/*Schwippert* Kap. 51 Rdn. 56; vgl. zur unberechtigten Schutzrechtsverwarnung: BGH GRUR 2005, 882 – *Unberechtigte Schutzrechtsverwarnung; Teplitzky* WRP 2005, 1433.

[254] OLG Hamburg WRP 2001, 956, 958, 963 f., das allerdings nicht das Rechtsschutzinteresse verneint, sondern materiell-rechtlich argumentiert hat.

[255] OLG Nürnberg GRUR-RR 2007, 45, 46; *Köhler*/Bornkamm § 12 Rdn. 2.16.

[256] BGH GRUR 2012, 1145, 1147 – *Pelikan;* GRUR 2013, 850 f. – *Grundpreisangabe im Supermarkt.*

[257] Anders aber BGH GRUR 2009, 1075 f. – *Betriebsbeobachtung;* GRUR-RR 2012, 475, 476 – *Matratzen.*

[258] Teplitzky/*Schwippert* Kap. 51 Rdn. 11.

[259] BGH GRUR 2003, 958, 960 – *Paperboy.*

[260] BGH GRUR 2015, 1201, 1206 – *Sparkassen-Rot/Santander-Rot.*

[261] BGH GRUR 1994, 844, 845 – *Rotes Kreuz;* GRUR 1998, 471, 474 f. – *Modenschau im Salvatorkeller;* GRUR 1998, 489, 491 – *Unbestimmter Unterlassungsantrag III;* GRUR 1999, 1017 f. – *Kontrollnummernbeseitigung;* GRUR 2001, 453, 454 – *TCM-Zentrum;* GRUR 2002, 72, 73 – *Preisgegenüberstellung im Schaufenster;* GRUR 2002, 77, 78 – *Rechenzentrum;* GRUR 2002, 86, 88 – *Laubhefter;* GRUR 2002, 985 – *WISO;* GRUR 2002,

das Verbot zu befolgen hat, muss zuverlässig wissen, was ihm verboten worden ist. Entsprechendes gilt auch für das Vollstreckungsgericht. Diesem darf, soweit möglich, nicht die Entscheidung darüber überlassen werden, was dem Beklagten verboten worden ist. Auch der Umfang der Rechtskraft lässt sich nur dann zuverlässig feststellen, wenn das Verbot hinreichend bestimmt ist.

77 *aa) Problematik.* Bei der Formulierung eines bestimmten Klageantrages stecken die Probleme in den Einzelheiten des jeweiligen Falles. Es sind **vier Möglichkeiten des Angriffs** zu unterscheiden:
– Der Antrag richtet sich ausschließlich gegen eine ganz konkrete Verletzungsform.
– Der Antrag umfasst nicht nur die identische Werbung, sondern auch im Kern gleiche Handlungen.
– Der Antrag erfasst Verallgemeinerungen, die über die konkrete Verletzungsform hinausgehen, in denen aber deren Charakteristika zum Ausdruck kommen.
– Der Antrag erfasst Verallgemeinerungen, in denen nicht mehr die Charakteristika der konkreten Verletzungsform zum Ausdruck kommen.

78 Unproblematisch sind regelmäßig nur solche Anträge, die lediglich das konkrete Verhalten des Beklagten, wie etwa wörtlich eine konkrete Anzeige, wiedergeben.[262] Derartige Anträge umfassen auch kerngleiche Handlungen **(„Kerntheorie"),**[263] wie bloße sprachliche Abwandlungen, was noch keine Verallgemeinerung über die konkrete Verletzungsform hinaus darstellt; Formulierungen, die nur auf einen solchen Antragsbereich hinweisen, wie z. B. „mit Aussagen wie", machen den Antrag nicht unbestimmt.[264] Gelegentlich kann es sogar schwierig sein, die konkrete Verletzungshandlung im Antrag zu beschreiben.[265] Hilfreich ist dann die Bezugnahme auf Anlagen (Rdn. 95).

79 Häufig wird sich der Kläger damit aber nicht zufrieden geben, sondern ein Verbot erstreben, das eine – zulässige (vgl. dazu Rdn. 102) – **Verallgemeinerung** enthält. Bei jeder Verallgemeinerung besteht jedoch für ihn die Gefahr,[266] dass der verallgemeinerte Antrag
– zu unbestimmt und daher unzulässig ist;
– zwar bestimmt ist, aber materiell-rechtlich zu weit geht und daher (teilweise) unbegründet ist;
– die konkrete Verletzungsform verfehlt und aus diesem Grunde (teilweise) unbegründet ist, wenn nicht unabhängig davon Erstbegehungsgefahr besteht.

80 Die Formulierung eines erfolgversprechenden Unterlassungsantrages bereitet in vielen Fällen erhebliche Schwierigkeiten, und zwar umso mehr, je weiter sich der Kläger dabei von der konkreten Verletzungsform entfernt. Diese Schwierigkeiten können rein sprachlich sein, sich inhaltlich aber auch aus dem materiellen Recht ergeben, das dem Kläger Grenzen für einen begründeten Antrag zieht. Eindeutig formulierte Anträge liegen im Interesse beider Parteien, auch im wohlverstandenen Interesse des Beklagten.[267] Wenn irgend möglich, sollte der **Antrag aus sich heraus verständlich** sein und den Streitgegenstand eindeutig kennzeichnen, ohne dass zur Auslegung noch auf die Begründung zurückgegriffen werden muss.

81 *bb) Auslegung des Antrages.* Wenn erforderlich, ist der Klageantrag nicht nur aus sich heraus **auszulegen.** Vielmehr ist bei Unklarheiten die **Klagebegründung,** insbesondere die konkrete Verlet-

---

987, 991 – *Wir Schuldenmacher;* GRUR 2002, 993, 994 – *Wie bitte?!;* GRUR 2002, 996, 999 – *Bürgeranwalt;* GRUR 2002, 1003 – *Gewinnspiel im Radio;* GRUR 2002, 1088, 1089 – *Zugabenbündel;* GRUR 2003, 242, 243 – *Dresdner Christstollen;* GRUR 2003, 958, 960 – *Paperboy;* GRUR 2004, 151, 152 – *Farbmarkenverletzung I;* GRUR 2004, 247, 248 – *Krankenkassenzulassung;* GRUR 2004, 696, 699 – *Direktansprache am Arbeitsplatz;* GRUR 2005, 854, 856 – *Karten-Grundsubstanz;* GRUR 2007, 896, 898 – *Eigenpreisvergleich;* GRUR 2008, 84, 85 – *Versandkosten;* GRUR 2008, 357, 358 – *Planfreigabesystem;* GRUR 2008, 532, 533 – *Umsatzsteuerhinweis;* GRUR 2008, 702, 704 – *Internet-Versteigerung III;* GRUR 2009, 73, 74 – *Telefonieren für 0 Cent!;* GRUR 2009, 766, 768 – *Stofffähnchen;* GRUR 2009, 977, 979 – *Brillenversorgung I;* GRUR 2009, 1075 – *Betriebsbeobachtung;* GRUR 2010, 835, 836 – *POWER BALL;* NJW-RR 2010, 1478, 1481 – *„One Touch Ultra";* GRUR 2011, 134, 135 – *Perlentaucher;* GRUR 2011, 152, 153, 157 – *Kinderhochstühle im Internet;* GRUR 2011, 345, 346 f. – *Hörgeräteversorgung II;* GRUR 2011, 433, 434 – *Verbotsantrag bei Telefonwerbung;* GRUR 2012, 405 – *Kreditkontrolle;* GRUR-RR 2012, 475 f. – *Matratzen;* GRUR 2013, 421, 426 – *Pharmazeutische Beratung über Call-Center;* GRUR 2014, 398, 401 – *Online-Versicherungsvermittlung.*

[262] BGH GRUR 2001, 453, 454 – *TCM-Zentrum;* GRUR 2002, 75, 76 – *SOOOO ... BILLIG!?;* GRUR 2002, 993, 994 – *Wie bitte?!*

[263] Vgl. zur „Kerntheorie" *M. Schmidt* GRUR-Prax 2012, 179, 180.

[264] BGH GRUR 2002, 177, 178 f. – *Jubiläumsschnäppchen.*

[265] Vgl. BGH GRUR 1985, 294, 295 – *Füllanlage.*

[266] Teplitzky/*Schwippert* Kap. 51 Rdn. 5–7.

[267] Teplitzky/*Schwippert* Kap. 51 Rdn. 2a.

zungshandlung heranzuziehen.[268] Die Auslegung kann ergeben, dass sich der Antrag trotz seiner weitergehenden Formulierung nur auf das Gesamtbild der konkreten Werbung beziehen soll.[269] Die Auslegung von Anträgen, die nicht aus sich heraus eindeutig sind, ist nachrangig gegenüber der Pflicht des Tatrichters, auf sachdienliche Anträge hinzuwirken.[270] Das ändert aber nichts daran, dass eine absolute Eindeutigkeit bei der Formulierung des Antrages nicht möglich und bei fehlender Eindeutigkeit doch eine Auslegung geboten ist (vgl. auch Rdn. 226f.). Die Aufklärungs- und Hinweispflicht des Gerichts kann lediglich dazu führen, dass der Antrag so klar wie irgend möglich formuliert wird.

cc) Hinweispflicht des Gerichts. Nach § 139 ZPO ist das Gericht verpflichtet, unter Erörterung der Sach- und Rechtslage **auf sachdienliche Anträge hinzuwirken.** Darauf sollten alle Beteiligten von Anfang an größten Wert legen. Sonst können sich in den weiteren Instanzen erhebliche Schwierigkeiten ergeben, den Sinn des Antrages durch Auslegung zu ermitteln und so den Streitgegenstand zu bestimmen, um noch zu retten, was zu retten ist. Im übrigen trägt eine umfassende Erörterung der Anträge häufig dazu bei, die eigentlichen Streitpunkte zu erkennen und den Rechtsstreit auch schon vom Antrag her auf diese Punkte zu konzentrieren. So ergeben sich vielfach Möglichkeiten für einen (Teil-)Vergleich oder wenigstens für die Abgabe einer Unterwerfungserklärung, die den Rechtsstreit teilweise erledigt, so dass Fragen ausgeklammert werden, an deren Entscheidung beiden Parteien überhaupt nicht gelegen ist. **82**

Ist der Antrag unbestimmt, darf das Gericht nicht von sich aus ein bestimmtes Verbot formulieren,[271] es sei denn, dass es sich lediglich um eine **redaktionelle Umformulierung** im Wege der Auslegung handelt. Abgesehen davon, hat es gemäß § 139 ZPO darauf hinzuwirken, dass der Kläger einen **Klageantrag** stellt, **der den Voraussetzungen des § 253 Abs. 2 Nr. 2 ZPO genügt.**[272] Dem Kläger ist es gemäß § 139 ZPO auch zu ermöglichen, seinen Antrag veränderten Umständen und/oder neuen rechtlichen Gesichtspunkten anzupassen,[273] dagegen nicht, einen neuen Streitgegenstand einzuführen.[274] **83**

Die Bestimmtheit des Klageantrages ist auch noch im **Revisionsverfahren** von Amts wegen zu überprüfen.[275] Gegebenenfalls ist die Klage als unzulässig abzuweisen, wenn nicht eine Zurückverweisung geboten ist, weil das Berufungsgericht seiner Hinweispflicht nicht nachgekommen ist oder die Klage entgegen der Auffassung des BGH als zulässig angesehen hat.[276] Der Kläger erhält so die Gele- **84**

---

[268] BGH GRUR 1991, 772, 773 – *Anzeigenrubrik I;* GRUR 1991, 929, 930 – *Fachliche Empfehlung II;* GRUR 1992, 561, 562 – *Unbestimmter Unterlassungsantrag II;* GRUR 1998, 489, 492 – *Unbestimmter Unterlassungsantrag III;* GRUR 2002, 177, 178f. – *Jubiläumsschnäppchen;* GRUR 2003, 231, 232 – *Staatsbibliothek;* GRUR 2003, 622 – *Abonnementvertrag;* GRUR 2004, 247, 248 – *Krankenkassenzulassung;* GRUR 2004, 696, 696f. – *Direktanspruch am Arbeitsplatz I;* GRUR 2005, 1059, 1060 – *Quersubventionierung von Laborgemeinschaften;* GRUR 2007, 890, 891 – *Jugendgefährdende Medien bei eBay;* GRUR 2008, 254, 255 – *THE HOME STORE;* GRUR 2008, 532, 533, 534 – *Umsatzsteuerhinweis;* GRUR 2008, 702, 704 – *Internet-Versteigerung III;* GRUR 2009, 73, 75 – *Telefonieren für 0 Cent!;* GRUR 2009, 498 – *Bananabay I;* GRUR 2010, 248, 249f. – *Kamerakauf im Internet;* GRUR 2010, 616, 618 – *marions-kochbuch.de;* GRUR 2010, 654, 655 – *Zweckbetrieb;* GRUR 2010, 838, 836 – *POWER BALL;* GRUR 2011, 82, 85 – *Preiswerbung ohne Umsatzsteuer;* GRUR 2011, 152, 153 – *Kinderhochstühle im Internet;* GRUR 2011, 843, 844 – *Vorrichtung zur Schädlingsbekämpfung;* GRUR 2011, 1140, 1141 – *Schaumstoff Lübke;* GRUR 2012, 58, 60 – *Seilzirkus;* GRUR 2013, 421, 426 – *Pharmazeutische Beratung über Call-Center;* GRUR 2013, 850f. – *Grundpreisangabe im Supermarkt;* GRUR 2013, 1229, 1230 – *Kinderhochstühle im Internet II* (bei Störerhaftung); GRUR 2015, 485, 487. – *Kinderstühle im Internet III;* GRUR 2015, 498, 503f. – *Combiotik.*

[269] BGH GRUR 2002, 177, 179 – *Ju biläumsschnäppchen;* WRP 2009, 967, 968 – *Ohrclips;* GRUR 2010, 850, 852 – *Brillenversorgung II;* GRUR 2012, 728 – *Einkauf Aktuell;* GRUR 2013, 1259 – *Empfehlungs-E-Mail;* verneint in GRUR 2003, 340, 341 – *Mitsubishi.*

[270] Teplitzky/*Schwippert* Kap. 51 Rdn. 10.

[271] BGH GRUR 1991, 254, 257 – *Unbestimmter Unterlassungsantrag I;* GRUR 1998, 498, 492 – *Unbestimmter Unterlassungsantrag III;* GRUR 2002, 86, 89 – *Laubhefter.*

[272] BGH GRUR 1996, 796, 797 – *Setpreis;* GRUR 2003, 886, 887 – *Erbenermittler; Danelzik* WRP 1999, 18, 19f.; *Kehl* WRP 2000, 904, 907f.

[273] BGH GRUR 1999, 757, 759 – *Auslaufmodelle I;* GRUR 1999, 1017, 1019 – *Kontrollnummernbeseitigung.;* GRUR 2013, 1259 – *Empfehlungs-E-Mail.*

[274] BGH GRUR 2001, 352, 354 – *Kompressionsstrümpfe;* GRUR 2001, 755, 758 – *Telefonkarte;* GRUR 2001, 1178, 1181 – *Gewinn-Zertifikat;* GRUR 2008, 614, 615 – *ACERBON.*

[275] BGH GRUR 2000, 1076, 1077f. – *Abgasemissionen;* GRUR 2001, 80 – *ad-hoc-Meldung;* GRUR 2002, 77, 78 – *Rechenzentrum;* GRUR 2002, 177, 178f. – *Jubiläumsschnäppchen;* GRUR 2003, 958, 960 – *Paperboy;* GRUR 2004, 151, 152 – *Farbmarkenverletzung I;* GRUR 2010, 835, 836 – *POWER BALL;* GRUR 2011, 152, 157 – *Kinderhochstühle im Internet;* GRUR 2011, 936, 937 – *Double-opt-in-Verfahren;* GRUR 2011, 1050, 1051 – *Ford-Vertragspartner.*

[276] BGH GRUR 2015, 1201, 1206 – *Sparkassen-Rot/Santander-Rot;* GRUR 2016, 88, 90 – *Parallelimport von Pflanzenschutzmitteln.*

genheit, seinen Antrag neu zu fassen (vgl. dazu Rdn. 75).[277] Der Kläger und die Tatsacheninstanzen müssen daher die größtmögliche Sorgfalt aufbringen, um unbestimmte Klageanträge zu vermeiden.

85 **b) Begriffe ohne eindeutigen Inhalt.** *aa) Problematik.* Der Kläger wird sich bei der Formulierung eines verallgemeinerten Antrages häufig **allgemeiner Begriffe** bedienen, die keinen eindeutigen Inhalt haben. Völlige Eindeutigkeit in jedem Einzelfall lässt sich erfahrungsgemäß nicht erreichen. Es kann nur um ein mehr oder weniger großes Maß von Bestimmtheit gehen. Demgemäß lässt sich auch nicht völlig ausschließen, dass das Vollstreckungsgericht solche Begriffe auszulegen und zu bewerten hat.[278]

86 Die Anforderungen an die Bestimmtheit sind in **Abwägung der beiderseitigen schutzwürdigen Interessen** festzulegen, nämlich des Interesses des Beklagten an Rechtsklarheit und Rechtssicherheit und des Klägers an einem wirksamen Rechtsschutz. Danach ist es möglich, Begriffe zu verwenden, die der Auslegung bedürfen.[279] Maßgeblich kann es darauf ankommen, ob sich der benutzte Begriff auf den Kern des erstrebten Verbotes oder nur auf mehr oder weniger theoretische Randfragen bezieht[280] oder ob er an sich nur ein Teil der Klagebegründung ist.[281] In vielen Fällen ergibt die **Auslegung des Antrages** unter Berücksichtigung der Klagebegründung, insbesondere der konkreten Verletzungshandlung, wie ein Begriff zu verstehen ist, und demgemäß eine genügende Bestimmtheit des Antrages.[282] Dabei sind auch klarstellende Erklärungen des Klägers zu berücksichtigen, die meist durch das Gericht veranlasst werden. Eine solche Klarstellung kommt ausnahmsweise auch noch in der Revisionsinstanz in Betracht.[283] Bei der Kostenentscheidung hat das Gericht aber zu beachten, ob die „Klarstellung" nicht nur redaktioneller Art ist, sondern in Wirklichkeit eine teilweise Rücknahme der Klage enthält (Rdn. 41).

87 **Zur Verdeutlichung kann der Antrag Beispiele nennen oder auf die konkrete Verletzungshandlung Bezug nehmen** („wie in der beigefügten Anlage" oder „wie aus der nachstehend abgebildeten Darstellung ersichtlich" oder „wie geschehen", vgl. dazu auch Rdn. 95, 107 und 110).[284] Dadurch soll zum Ausdruck gebracht werden, dass auch im wesentlichen Kern gleiche Handlungen erfasst sein sollen. Meint der Kläger aber nicht nur solche, sondern auch ähnliche Handlungen, so kann der Antrag insoweit unbestimmt sein.[285]

88 Da es stets auf die besonderen Umstände des Einzelfalles ankommt, kann derselbe Begriff wie etwa „unübersehbar" je nach dem **Text- und Sinnzusammenhang** in dem einen Fall unbestimmt,[286] in dem anderen dagegen – insbesondere in einschränkenden Zusätzen – hinreichend

---

[277] BGH GRUR 1993, 980, 981 – *Tariflohnüberschreitung;* GRUR 1998, 489, 492 – *Unbestimmter Unterlassungsantrag III;* GRUR 2000, 438, 441 – *Gesetzeswiederholende Unterlassungsanträge;* GRUR 2002, 77, 78 – *Rechenzentrum;* GRUR 2002, 86, 89 – *Laubhefter;* GRUR 2003, 886, 887 – *Erbenermittler;* GRUR 2005, 692, 694 – *„statt"-Preis;* GRUR 2007, 607, 609 – *Telefonwerbung für „Individualverträge";* GRUR 2008, 84, 86 – *Versandkosten;* GRUR 2008, 254, 256 – *THE HOME STORE;* GRUR 2008, 357, 359 – *Planfreigabesystem;* GRUR 2011, 345, 347 – *Hörgeräteversorgung II;* GRUR 2011, 1050, 1051 – *Ford-Vertragspartner;* GRUR 2012, 945, 948 – *Tribenuronmethyl;* GRUR 2013, 1235 f. – *Restwertbörse II.*

[278] BGH GRUR 2002, 86, 88 – *Laubhefter;* GRUR 2002, 248, 250 – *SPIEGEL-CD-ROM;* GRUR 2002, 1088, 1089 – *Zugabenbündel;* GRUR 2004, 696, 699 – *Direktansprache am Arbeitsplatz I;* GRUR 2005, 443, 445 – *Ansprechen in der Öffentlichkeit II;* GRUR 2005, 604, 605 – *Fördermittelberatung;* GRUR 2006, 504, 505 – *Parfümtestkäufe;* GRUR 2016, 268, 270 – *Störerhaftung des Access-Providers.*

[279] BGH GRUR 2009, 977, 979 – *Brillenversorgung I;* GRUR 2011, 433, 434 – *Verbotsantrag bei Telefonwerbung;* GRUR 2012, 405 f. – *Kreditkontrolle;* GRUR 2013, 421, 426 – *Pharmazeutische Beratung über Call-Center.*

[280] BGH GRUR 2002, 1088, 1089 – *Zugabenbündel;* GRUR 2004, 151, 152 – *Farbmarkenverletzung I.*

[281] BGH GRUR 2000, 228 – *Musical-Gala;* GRUR 2000, 616, 617 – *Auslaufmodelle III;* GRUR 2000, 619, 620 – *Orient-Teppichmuster;* Teplitzky/*Schwippert* Kap. 51 Rdn. 8.

[282] BGH GRUR 2003, 242, 243 f. – *Dresdner Christstollen;* GRUR 2007, 896, 898 – *Eigenpreisvergleich.*

[283] BGH GRUR 2001, 80 – *ad-hoc-Meldung.*

[284] Vgl. etwa BGH GRUR 1998, 471, 474 f. – *Modenschau im Salvatorkeller;* GRUR 1998, 481, 482 – *Auto '94;* GRUR 2000, 228 – *Musical-Gala;* GRUR 2000, 619, 621 – *Orient-Teppichmuster;* GRUR 2000, 709, 711 – *Marlene Dietrich;* GRUR 2001, 529, 531 – *Herz-Kreislauf-Studie;* GRUR 2002, 75, 76 – *SOOO . . . BILLIG!?;* GRUR 2002, 910, 912 – *Muskelaufbaupräparate;* GRUR 2002, 1046, 1047 – *Faxkarte;* GRUR 2004, 72 – *Coenzym Q 10;* GRUR 2006, 164, 165 – *Aktivierungskosten II;* GRUR 2007, 981, 982 – *150 % Zinsbonus;* GRUR 2008, 702, 704 – *Internet-Versteigerung III;* GRUR 2008, 727, 728 – *Schweißmodulgenerator;* GRUR 2010, 248, 249 f. – *Kamerakauf im Internet;* GRUR 2010, 749, 752 – *Erinnerungswerbung im Internet;* GRUR 2010, 1110, 1111 – *Versandkosten bei FROOGLE II;* GRUR 2011, 82 und 85 – *Preiswerbung ohne Umsatzsteuer;* GRUR 2011, 934, 935 und 2011, 1151, 1152 – *Original Kanchipur;* GRUR 2012, 842, 843 – *Neue Personenkraftwagen;* GRUR 2015, 403, 408 – *Monsterbacke II;* GRUR 2016, 395 f. – *Smartphone-Werbung;* OLG Hamburg GRUR-RR 2001, 33, 34 und 113, 114; OLG Düsseldorf WRP 2003, 104; vgl. auch BGH GRUR 2007, 693, 694 – *Archivfotos.*

[285] BGH GRUR 2002, 177, 178 – *Jubiläumsschnäppchen;* GRUR 2008, 702, 704 – *Internet-Versteigerung III.*

[286] BGH GRUR 1991, 254, 256 – *Unbestimmter Unterlassungsantrag I;* NJWE-WettbR 1998, 169, 170 – *Beraterhandbuch;* GRUR 2005, 692, 693 – *„statt"-Preis.*

bestimmt sein.[287] Verwendet der Kläger einen Begriff, der zu allgemein ist, folgt daraus nicht unbedingt, dass der Antrag unbestimmt ist. Vielmehr ist zu unterscheiden zwischen einem allgemeinen Antrag, der **unbestimmt und daher unzulässig** ist, und einem allgemeinen Antrag, der zwar bestimmt ist, aber inhaltlich zu weit geht, weil er auch Handlungen erfasst, die rechtmäßig sind, oder weil er die konkrete Verletzungsform verfehlt. Dann ist dieser nicht unzulässig, sondern **als zu weitgehend** (teilweise) **unbegründet.**[288]

bb) Begriffe mit unstreitiger Bedeutung. **Allgemeine Begriffe** wie etwa „werben" oder „markenmäßig" und mehrdeutige Begriffe dürfen verwendet werden, wenn ihr Inhalt nach dem Text- und Sinnzusammenhang des Falles **unzweifelhaft** ist und die **Parteien darüber nicht streiten.**[289] Dem steht nicht entgegen, dass es Sonderfälle gibt, in denen bei der Durchsetzung des Verbotes doch noch Auslegungsprobleme entstehen.[290] 89

cc) Grenzen der Bestimmbarkeit. Der Klageantrag ist unbestimmt, wenn es bei Verwendung eines allgemeinen Begriffs **keine objektiven Kriterien** gibt, die eine Abgrenzung zwischen rechtmäßigen und rechtswidrigen Handlungen ermöglichen. Streiten die Parteien im konkreten Fall gerade darüber, ob das beanstandete Verhalten des Beklagten etwa als „werben" oder als „markenmäßig" anzusehen ist, können solche Begriffe nicht verwendet werden.[291] Vielmehr ist das Verhalten im Antrag konkret zu beschreiben. 90

dd) Einzelfälle: Die hinreichende **Bestimmtheit** ist im konkreten Zusammenhang des Einzelfalls für folgende Formulierungen **bejaht** worden: 91

„im zeitlichen Zusammenhang";[292] „in unmittelbarem Zusammenhang";[293]

„wörtlich oder sinngemäß";[294] „wenn dies wie in der Ausgabe ... vom ... geschieht";[295] „mit Aussagen wie ...";[296] „wie geschehen in";[297]

„unmissverständlich", „unüberhörbar", „unübersehbar";[298] „inhaltlich eindeutig"[299] „blickfangmäßig";[300] „ohne hinreichenden Grund";[301] „ohne hinreichend sachlichen Grund";[302] „(in) anderweitig hervorgehobener Weise";[303]

„warenzeichenmäßig" bzw. „markenmäßig;[304] „Eigenmarke", „Markenprodukt";[305]

---

[287] BGH GRUR 1992, 406 – *Beschädigte Verpackung I;* GRUR 1999, 1017 f. – *Kontrollnummernbeseitigung;* WRP 2003, 266, 267 – *Widerrufsbelehrung IV;* vgl. dazu BGH GRUR 2005, 692, 693 f. – *„statt"-Preis.*

[288] BGH GRUR 1990, 450, 452 – *St.-Petersquelle;* GRUR 1991, 254, 257 – *Unbestimmter Klagantrag I;* GRUR 1992, 625, 627 – *Therapeutische Äquivalenz;* NJW 1992, 3037, 3038 – *Haftungsbeschränkung bei Anwälten;* GRUR 1999, 509, 511 – *Vorratslücken;* GRUR 2000, 907, 908 – *Filialleiterfehler;* GRUR 2001, 176, 178 – *Myalgien;* GRUR 2001, 255 – *Augenarztanschreiben;* GRUR 2002, 187, 188 – *Lieferstörung;* GRUR 2002, 1003 – *Gewinnspiel im Radio;* GRUR 2002, 1095 – *Telefonische Vorratsanfrage;* GRUR 2003, 436, 439 – *Feldenkrais;* GRUR 2009, 73, 74 – *Telefonieren für 0 Cent!;* GRUR 2012, 728 – *Einkauf Aktuell;* GRUR 2012, 1279, 1285 – *DAS GROSSE RÄTSELHEFT;* GRUR 2014, 393, 397 – *wetteronline.de.*

[289] BGH GRUR 1991, 254, 256 – *Unbestimmter Unterlassungsantrag I;* GRUR 1998, 489, 491 – *Unbestimmter Unterlassungsantrag III;* WRP 1999, 200, 202 – *Beanstandung durch Apothekenkammer;* GRUR 2000, 438, 441 – *Gesetzeswiederholende Unterlassungsanträge;* GRUR 2000, 616, 617 – *Auslaufmodelle III;* GRUR 2000, 709, 711 – *Marlene Dietrich;* GRUR 2001, 453, 454 – *TCM-Zentrum;* GRUR 2002, 72, 73 – *Preisgegenüberstellung im Schaufenster;* GRUR 2014, 157, 158 – *Online-Versicherungsvermittlung.*

[290] BGH GRUR 2000, 438, 441 – *Gesetzeswiederholende Unterlassungsanträge.*

[291] BGH GRUR 1992, 561, 562 – *Unbestimmter Unterlassungsantrag II;* GRUR 2008, 357, 358 – *Planfreigabesystem;* GRUR-RR 2012, 157, 158 – *Flughafen Berlin-Schönefeld.*

[292] BGH GRUR 1996, 800, 801 – *EDV-Geräte;* GRUR 2007, 991, 992 – *Weltreiterspiele.*

[293] BGH GRUR 2008, 532, 533 – *Umsatzsteuerhinweis.*

[294] BGH GRUR 1977, 114, 115 – *VUS;* vgl. aber OLG Koblenz GRUR 1988, 142, 143.

[295] BGH GRUR 1991, 254, 257 – *Unbestimmter Unterlassungsantrag I.*

[296] BGH GRUR 2002, 177, 178 f. – *Jubiläumsschnäppchen.*

[297] BGH GRUR 2004, 72 – *Coenzym Q 10.*

[298] BGH GRUR 1992, 406 – *Beschädigte Verpackung I;* GRUR 1996, 421 – *Effektivzins;* GRUR 1999, 1017 f. – *Kontrollnummernbeseitigung;* GRUR 2000, 619, 620 – *Orient-Teppichmuster;* GRUR 2003, 252, 253 – *Widerrufsbelehrung IV.*

[299] BGH GRUR 2003, 252, 253 – *Widerrufsbelehrung IV.*

[300] BGH GRUR 2000, 619, 620 – *Orient-Teppichmuster.*

[301] BGH GRUR 2009, 977, 979 – *Brillenversorgung I.*

[302] BGH GRUR 2011, 345, 347 – *Hörgeräteversorgung II;* GRUR 2015, 283, 284 – *Hörgeräteversorgung III.*

[303] BGH GRUR 2010, 248, 249 f. – *Kamerakauf im Internet.*

[304] BGH GRUR 1988, 776, 777 – *PPC;* GRUR 1991, 138 f. – *Flacon;* vgl. aber zu „unter der Kennzeichnung" GRUR 2004, 151, 152 – *Farbmarkenverletzung I;* GRUR 2013, 1150, 1151 f. – *Baumann.*

[305] BGH GRUR 2007, 896, 898 – *Eigenpreisvergleich;* GRUR 2015, 1201, 1206 – *Sparkassen-Rot/Santander-Rot.*

„im Geschäftsverkehr ... werbend zu benutzen";[306] „bzw. für diese Leistung ... zu werben";[307] „für das Arzneimittel zu werben";[308] „Handlungen im geschäftlichen Verkehr";[309] „potentielle Patienten";[310] „auf Passanten zuzugehen ... und sie individuell anzusprechen";[311] „ob der Werbende eindeutig als solcher erkennbar ist";[312] „zu privaten Zwecken";[313] „im geschäftlichen Verkehr zu Zwecken des Wettbewerbs Verbraucher zu Werbezwecken anzurufen oder anrufen zu lassen;[314] „Teilnahme an öffentlichen Glücksspielen zu ermöglichen und/oder ... ermöglichen zu lassen";[315] „einen Fahrdienst anzubieten";[316]

„verbundene Unternehmen", „Konzernunternehmen";[317] „Abnehmer der Klägerin";[318] „... soweit die vorgenannten Waren nicht von der Klägerin oder mit ihrer Zustimmung im Inland ... in Verkehr gebracht worden sind";[319] „vorrätig sind";[320]

„redaktionell gestaltete (aufgemachte) Anzeigen";[321]

„ohne besondere Berechnung";[322] „gegen Entgelt";[323] „... zu bewerben unter Hinweis auf eine Preisreduzierung, sofern eine solche nicht stattgefunden hat";[324] „Einstandspreis";[325] „deutlich höherer Preis";[326]

„Anwendungsweise", „Wirkungen", „Anwendungsgebiete";[327] „Beratung über die Voraussetzungen zur Erlangung von öffentlichen Fördermitteln";[328]

„schlussverkaufsfähige Waren";[329] „Sportartikel einschließlich Sportbekleidung";[330] „Orient-Teppich-Muster";[331] „Geräte der Unterhaltungselektronik";[332] „Geräte der Telekommunikation";[333] „Artikel der Unterhaltungselektronik";[334] „Arzneimittel";[335] „Jugendzeitschrift";[336]

„Warenbeigabe", „außer bei Jubiläen, zu Weihnachten und Jahresende", „im Bündel ähnlicher Gegenstände;[337]

„nicht-medizinische Vorteile";[338] „notwendiger Bestandteil ärztlicher Therapie";[339] „günstige" Berichterstattung;[340] „Erteilung von Rechtsrat";[341]

„bewusst nicht ... ausführen";[342]

„nahe Verwandte".[343]

---

[306] BGH GRUR 2001, 1158, 1159 – *Dorf MÜNSTERLAND.*
[307] BGH GRUR 2003, 971, 972 – *Telefonischer Auskunftsdienst.*
[308] BGH GRUR 2009, 990 f. – *Metoprolol;* GRUR 2010, 749, 751 – *Erinnerungswerbung im Internet.*
[309] BGH WRP 2009, 967, 968 – *Ohrclips.*
[310] BGH GRUR 1999, 179, 180 – *Patientenwerbung.*
[311] BGH GRUR 2004, 699, 700 – *Ansprechen in der Öffentlichkeit I.*
[312] BGH GRUR 2005, 443, 445 – *Ansprechen in der Öffentlichkeit II.*
[313] BGH GRUR 2011, 323, 326 f. – *Preußische Gärten und Parkanlagen.*
[314] BGH GRUR 2011, 433, 434 – *Verbotsantrag bei Telefonwerbung.*
[315] BGH GRUR 2012, 411, 413 – *Glücksspielverband.*
[316] BGH GRUR 2015, 283, 284 – *Fahrdienst zur Augenklinik.*
[317] BGH GRUR 2002, 801, 802 – *Abgestuftes Getriebe.*
[318] BGH WRP 2006, 579, 580 – *Unbegründete Abnehmerverwarnung.*
[319] BGH GRUR 2006, 504, 505 – *Parfümtestkäufe.*
[320] BGH GRUR 2007, 991, 992 – *Weltreiterspiele.*
[321] BGH GRUR 2001, 529, 531 – *Herz-Kreislauf-Studie.*
[322] OLG Hamburg WRP 1974, 163, 165.
[323] BGH GRUR 1995, 744, 749 – *Feuer, Eis & Dynamit I.*
[324] BGH GRUR 2000, 337 – *Preisknaller.*
[325] BGH GRUR 1995, 690, 691 – *Hitlistenplatten.*
[326] BGH GRUR 2007, 896, 898 – *Eigenpreisvergleich.*
[327] Jeweils BGH GRUR 1992, 463, 464 – *Anzeigenplatzierung.*
[328] BGH GRUR 2005, 604, 605 f. – *Fördermittelberatung.*
[329] BGH GRUR 1987, 171 – *Schlussverkaufswerbung I.*
[330] BGH GRUR 1984, 593, 594 – *adidas-Sportartikel.*
[331] BGH GRUR 2000, 619, 621 – *Orient-Teppichmuster.*
[332] BGH GRUR 1996, 796, 797 – *Setpreis;* GRUR 2000, 907, 909 – *Filialleiterfehler.*
[333] BGH GRUR 2000, 907, 909 – *Filialleiterfehler.*
[334] BGH GRUR 2002, 1095 – *Telefonische Vorratsanfrage.*
[335] OLG Hamburg MD VSW 1998, 511, 515 f.
[336] BGH GRUR 2006, 776, 777 – *Werbung für Klingeltöne.*
[337] Jeweils BGH GRUR 2002, 1088, 1089 f. – *Zugabenbündel.*
[338] BGH GRUR 2001, 255 – *Augenarztanschreiben.*
[339] BGH GRUR 2009, 977, 979 f. – *Brillenversorgung I.*
[340] BGH GRUR 1998, 471, 474 f. – *Modenschau im Salvatorkeller.*
[341] BGH GRUR 2002, 985 – *WISO;* GRUR 2002, 987, 991 – *Wir Schuldenmacher.*
[342] BGH GRUR 2007, 987, 990 – *Änderung der Voreinstellung.*
[343] BGH GRUR 2011, 345, 351 – *Hörgeräteversorgung II.*

„mittelbar oder unmittelbar zu fördern" sowie „oder diese in sonstiger Weise zu veranlassen";[344]

„nickelfrei"[345]

Die **Unbestimmtheit** ist im Einzelfall für folgende Formulierungen angenommen worden:

„orthopädische Hilfsmittel";[346]

„ähnlich wie",[347] „gleichkommt";[348] „mit Anzeigen der nachfolgend eingeblendeten Art";[349] „sinngemäß";[350]

„sonst im geschäftlichen Verkehr ... zu benutzen";[351]

„eindeutig", „angemessen", „unmissverständlich", „unübersehbar",[352] „deutlich hervorgehoben",[353] „eindeutig zugeordnet sowie leicht erkennbar und deutlich lesbar;[354]

„Eindruck erwecken";[355] „Ford-Vertragspartner zu sein und dadurch den Eindruck zu erwecken, Ford-Vertragshändler zu sein";[356]

„zum Verwechseln ähnlich",[357] „zu Verwechslungen geeignet",[358] „... mit ... verwechslungsfähig",[359] „unter ... einer ähnlichen verwechslungsfähigen Bezeichnung";[360] „unter der Kennzeichnung";[361] „ähnliche, nicht gegenüber der Firma der Klägerin unterscheidungskräftige Bezeichnungen";[362]

Abwerbung durch „planmäßige" Handlungen;[363]

Abgabe „anderer Reklamegegenstände von mehr als geringem Wert";[364] „in geringem Umfange";[365]

„marktübliche Preise",[366] „Vorteil durch Preisunterbietung",[367] „angemessener preislicher Abstand nach oben",[368] „günstig",[369] „regelmäßig gefordert und ... auch regelmäßig bezahlt",[370] „regulärer Preis",[371] „Preise herabsetzend und/oder ironisch vergleichend gegenübergestellt";[372] „ohne honorarrechtlich anerkannten Grund";[373] Zahlungen oder Leistungen „ohne angenommene (bzw. entsprechende) Gegenleistung";[374]

„Beiträge, die inhaltlich Werbung sind",[375] „den privaten Rahmen übersteigende Zusammenkunft";[376]

„Jubiläumsveranstaltung";[377]

---

[344] BGH WRP 2014, 945, 946 – *Gebundener Versicherungsvermittler.*
[345] BGH GRUR 2014, 1114 – *nickelfrei.*
[346] BGH GRUR 2004, 247, 248 – *Krankenkassenzulassung.*
[347] BGH GRUR 1991, 254, 256 – *Unbestimmter Unterlassungsantrag I;* GRUR 2002, 177, 178 – *Jubiläumsschnäppchen.*
[348] BGH GRUR 1992, 191, 194 – *Amtsanzeiger.*
[349] BGH GRUR 2001, 453, 454 f. – *TCM-Zentrum.*
[350] OLG Koblenz GRUR 1988, 142, 143.
[351] BGH GRUR 1981, 60, 64 – *Sitex.*
[352] BGH GRUR 2005, 692, 693 f. – *„statt"-Preis.*
[353] BGH GRUR 1991, 254, 256 – *Unbestimmter Unterlassungsantrag I;* GRUR 1999, 1017 – *Kontrollnummernbeseitigung* jeweils für einen Teil der Angaben; GRUR 2000, 619, 620 – *Orient-Teppichmuster.*
[354] BGH GRUR 2005, 692, 694 – *„statt"-Preis;* ähnlich BGH GRUR 2008, 84, 85 – *Versandkosten.*
[355] BGH GRUR 1962, 310, 313 – *Gründerbildnis.*
[356] BGH GRUR 2011, 1050, 1051 – *Ford-Vertragspartner.*
[357] BGH GRUR 1994, 844, 845 – *Rotes Kreuz.*
[358] BGH GRUR 2002, 86, 88 – *Laubhefter.*
[359] BGH GRUR 1979, 859, 860 – *Hausverbot II.*
[360] BGH GRUR 1963, 430, 431 – *Erdener Treppchen.*
[361] BGH GRUR 2004, 151, 152 – *Farbmarkenverletzung I.*
[362] BGH GRUR 2008, 801 – *Hansen-Bau.*
[363] OLG Köln GRUR 1990, 536.
[364] OLG Frankfurt WRP 1979, 67, 68.
[365] BGH GRUR 2011, 323, 326 – *Preußische Gärten und Parkanlagen.*
[366] BGH GRUR 2000, 1076, 1078 – *Abgasemissionen.*
[367] BGH GRUR 1993, 980, 981 – *Tariflohnunterschreitung.*
[368] BGH GRUR 1992, 310, 311 – *Taschenbuch-Lizenz.*
[369] BGH GRUR 1998, 471, 474 – *Modenschau im Salvatorkeller.*
[370] BGH GRUR 1996, 796, 797 – *Setpreis.*
[371] BGH GRUR 2004, 344 – *Treue-Punkte.*
[372] BGH GRUR 2002, 72, 73 – *Preisgegenüberstellung im Schaufenster.*
[373] BGH GRUR 2005, 171, 172 – *Ausschreibung von Ingenieurleistungen.*
[374] BGH GRUR-RR 2012, 157, 158 f. – *Flughafen Berlin-Schönefeld.*
[375] BGH GRUR 1993, 565, 566 – *Faltenglätter.*
[376] BGH GRUR 1991, 917, 919 – *Anwaltswerbung.*
[377] KG NJWE-WettbR 1998, 160.

„überwiegend pauschale Anpreisung des Firmenangebots";[378] „herabsetzende Äußerungen";[379]
„mit von vornherein festgelegten transparenten, objektiven und strengen ... Kriterien";[380]
„sofern es sich nicht um ein Ausbedienen handelt";[381]
„im Rahmen einer künstlerischen Auseinandersetzung";[382]
„Bestellungen, auf die wie in den mit der Klage beanstandeten Fällen deutsches Recht anwendbar ist";[383]
„unaufgefordert Telefonwerbung zu betreiben, ohne dass ... oder aber zumindest Umstände vorliegen, auf Grund deren das Einverständnis mit einer solchen Kontaktaufnahme vermutet werden kann";[384]
„wiederholtes Auftreten" – „wiederholtes Anbieten" – „häufige Feedbacks" – „Fehlen eindeutig auf ein privates Geschäft hinweisender Angaben";[385]
„systematisch auszuspähen ..., wie das am ... geschehen ist";[386]
„Patienten ... zu verweisen";[387]
„staatliche Beihilfen ... zu gewähren;[388]
„auf dem Gebiete des Lebensmittelrechts ... Rechtsrat zu erteilen"; ferner „soweit sich dieser im Rahmen des Rechtsdienstleistungsgesetzes zugelassenen Ausnahmen bewegt";[389] „rechtliche Beratung";[390]
„chemisch (nicht) identisch";[391]
„in Deutschland ohne die erforderliche Apothekenbetriebserlaubnis einen Apothekenbetrieb ... zu unterhalten";[392]
„Markenhersteller".[393]

92 **c) Wiedergabe des Gesetzeswortlauts.** In vielen Fällen steht der Kläger vor der Frage, ob er den Klageantrag so formulieren kann, dass er zur Beschreibung des beanstandeten Verhaltens des Beklagten den **Wortlaut des Gesetzes wiederholt** oder **auf gesetzliche Vorschriften Bezug nimmt.**[394] Grundsätzlich genügt er damit nicht dem Bestimmtheitserfordernis.[395] Denn das Gesetz ist abstrakt formuliert und umfasst eine Vielzahl von Fällen. Ein entsprechendes Verbot wäre keine geeignete Grundlage für die Vollstreckung.[396]

93 **Ausnahmsweise** bestehen dann **keine Bedenken,** wenn bereits das Gesetz eindeutig und konkret formuliert ist.[397] Anders ist es wiederum, wenn gerade Streit darüber besteht, ob die beanstandete Handlung gesetzwidrig ist oder nicht.[398] Dann ist das Verhalten des Beklagten konkret zu be-

---

378 BGH GRUR 1998, 489, 491 f. – *Unbestimmter Unterlassungsantrag III.*

379 OLG München MD VSW 2000, 501, 503.

380 BGH WRP 1999, 105, 109 – *Schilderpräger im Landratsamt.*

381 OLG Koblenz WRP 1983, 353, 354.

382 BGH GRUR 2000, 709, 711 – *Marlene Dietrich.*

383 BGH GRUR 1992, 561, 562 – *Unbestimmter Klagantrag II.*

384 BGH GRUR 2007, 607, 608 f. – *Telefonwerbung für „Individualverträge".*

385 BGH GRUR 2008, 702, 704 – *„Internet-Versteigerung III".*

386 BGH GRUR 2009, 1075 – *Betriebsbeobachtung.*

387 BGH GRUR 2011, 345, 347 – *Hörgeräteversorgung II.*

388 BGH GRUR 2011, 444, 445 – *Flughafen Frankfurt/Hahn.*

389 BGH GRUR 2011, 539, 540 – *Rechtsberatung durch Lebensmittelchemiker.*

390 BGH GRUR 2012, 405 f. – *Kreditkontrolle.*

391 BGH GRUR 2012, 945, 946 f. – *Tribenuronmethyl.*

392 BGH GRUR 2013, 421 – *Pharmazeutische Beratung über Call-Center.*

393 BGH GRUR-RR 2012, 475, 476 – *Matratzen.*

394 BGH GRUR 2014, 398, 402 – *Online-Versicherungsvermittlung.*

395 BGH NJW 1992, 1691, 1692 – *Ortspreis;* GRUR 1995, 832, 833 – *Verbraucherservice;* GRUR 2000, 438, 440 – *Gesetzeswiederholende Unterlassungsanträge;* GRUR 2002, 77, 78 – *Rechenzentrum;* GRUR 2003, 886, 887 – *Erbenermittler;* GRUR 2007, 607, 608 f. – *Telefonwerbung für „Individualverträge";* GRUR 2008, 84, 85 – *Versandkosten;* BGH GRUR 2009, 977, 979 – *Brillenversorgung I;* GRUR 2011, 345, 347 – *Hörgeräteversorgung II;* GRUR 2011, 936, 937 – *Double-opt-in-Verfahren,* GRUR 2014, 398, 402 – *Online-Versicherungsvermittlung;* GRUR 2016, 88, 89 – *Parallelimport von Pflanzenschutzmitteln.*

396 BGH GRUR 2000, 438, 440 f. – *Gesetzeswiederholende Unterlassungsanträge;* GRUR 2012, 407, 408 – *Delan.*

397 BGH GRUR 1989, 835 – *Rückkehrpflicht III;* GRUR 2002, 801, 802 – *Abgestuftes Getriebe;* GRUR 2003, 250 – *Massenbriefsendungen aus dem Ausland;* GRUR 2007, 607, 608 f. – *Telefonwerbung für „Individualverträge";* GRUR 2008, 532, 533 – *Umsatzsteuerhinweis;* GRUR 2010, 749, 751 – *Erinnerungswerbung im Internet;* GRUR 2011, 433, 434 – *Verbotsantrag bei Telefonwerbung;* GRUR 2015, 1235 – *Rückkehrpflicht V,* GRUR 2016, 88, 89 – *Parallelimport von Pflanzenschutzmitteln; Brandner/Bergmann* WRP 2000, 842, 843 f.

398 BGH NJW 1992, 1691, 1692 – *Ortspreis;* GRUR 2007, 708, 712 – *Internetversteigerung II;* GRUR 2011, 433, 434 – *Verbotsantrag bei Telefonwerbung;* GRUR 2012, 945, 946 f. – *Tribenuronmethyl;* GRUR 2014, 791, 792

schreiben. Wenn andererseits der Anwendungsbereich einer Norm durch höchstrichterliche Rechtsprechung geklärt ist, kommt eine Wiederholung des Gesetzeswortlautes im Antrag in Betracht.[399] Dabei ist aber stets zu fragen, ob der Klageantrag nicht zu weit geht und insoweit unbegründet ist.[400]

Ergibt die **Auslegung des Antrages** unter Heranziehung des Sachvortrages, dass das mit dem Antrag Begehrte im Tatsächlichen eindeutig umschrieben wird, kann das genügen, falls kein Streit über die tatsächliche Gestaltung besteht, sondern die Parteien nur über deren rechtliche Qualifizierung streiten.[401] Ferner schadet die Wiederholung des Gesetzeswortlauts ausnahmsweise dann nicht, wenn der Kläger hinreichend deutlich macht, dass er nicht ein Verbot im Umfang des Gesetzeswortlautes beansprucht, sondern sich mit seinem Unterlassungsbegehren nach der konkreten Verletzungsform richtet.[402] 94

d) Bezugnahme auf Anlagen. Häufig ist es geboten[403] oder zumindest angemessen, eine konkrete Werbung als Anlage zum Gegenstand des Klageantrages zu machen (vgl. auch Rdn. 87 und 224). Das ist erforderlich, wenn das beanstandete Verhalten des Beklagten nicht genügend mit Worten beschrieben werden kann, etwa in Nachahmungsfällen. Dann ist im Antrag – ebenso wie in einem entsprechenden Verbot – etwa auf fotografische oder zeichnerische Darstellungen (farbig, falls notwendig)[404] Bezug zu nehmen.[405] Es genügt, dass sich unter Heranziehung der Klagegründe ergibt, in welchen Merkmalen der Verstoß liegen soll.[406] Durch die Bezugnahme auf Abbildungen lässt sich aber nicht immer erreichen, dass der Antrag bestimmt wird.[407] Die in Bezug genommene Anlage darf nicht im Wesentlichen unleserlich sein[408]; sie muss – bei Fotokopien von Abbildungen – die kopierten Anlagen hinreichend deutlich erkennen lassen.[409] Die Bezugnahme hat grundsätzlich nicht so zu geschehen, dass der Antrag auf Anlagen verweist, die sich irgendwo in den Akten befinden, sondern – wenn irgend möglich, was regelmäßig der Fall ist – in der Weise, dass die **Anlagen zum Inhalt des Antrages** gemacht werden,[410] und zwar dass sie entweder in den Antragstext integriert oder insbesondere bei umfangreichen Anlagen wie etwa Computerprogrammen[411] oder Werbeprospekten (in Kopie) als „Anlage" dem Antrag beigefügt werden und dass darauf im eigentlichen Antragstext Bezug genommen wird. Möglich ist das sogar mit kleineren Artikeln, etwa im Falle einer unlauteren Nachahmung, die in eine Klarsichthülle verpackt und später so dem Tenor des Urteils als Anlage beigefügt werden können. 95

e) Geheimhaltungsinteresse. Nur ganz ausnahmsweise kann es so sein, dass an die Bestimmtheit des Antrages geringere Anforderungen zu stellen sind, weil darin sonst Umstände wie Betriebsgeheimnisse offenbart werden müssten, für die ein schutzwürdiges Geheimhaltungsinteresse besteht. Zumindest muss aber die Vollstreckbarkeit gewährleistet sein.[412] 96

– *Teil-Berufsausübungsgemeinschaft;* GRUR 2015, 485, 488 – *Kinderstühle im Internet III;* GRUR 2015, 1228, 1231 – *Tagesschau-App;* GRUR 2016, 88 ,89 – *Parallelimport von Pflanzenschutzmitteln;* zu einem Ausnahmefall vgl. OLG Hamburg GRUR-RR 2008, 318f.

399 BGH GRUR 2008, 532, 533 – *Umsatzsteuerhinweis;* GRUR 2015, 1235 – *Rückkehrpflicht V;* GRUR 2015, 1237, 1238 – *Erfolgsprämie für die Kundengewinnung; Köhler*/Bornkamm § 12 Rdn. 2.40 (2).

400 BGH GRUR 2003, 886, 887 – *Erbenermittler; Köhler*/Bornkamm § 12 Rdn. 2.40 (2).

401 BGH GRUR 1995, 832, 834 – *Verbraucherservice;* GRUR 2010, 749, 751 – *Erinnerungswerbung im Internet;* GRUR 2015, 1237, 1238 – *Erfolgsprämie für die Kundengewinnung.*

402 BGH GRUR 1987, 172, 174 – *Unternehmensberatungsgesellschaft I;* GRUR 2001, 529, 531 – *Herz-Kreislauf-Studie;* GRUR 2002, 996, 999 – *Bürgeranwalt;* GRUR 2007, 607, 608f. – *Telefonwerbung für „Individualverträge";* GRUR 2009, 845f. – *Internet-Videorecorder;* GRUR 2011, 433, 434 – *Verbotsantrag bei Telefonwerbung;* GRUR 2011, 936, 937 – *Double-opt-in-Verfahren;* GRUR 2012, 842f. – *Neue Personenkraftwagen;* GRUR 2015, 1021, 1022 – *Kopfhörer-Kennzeichnung;* GRUR 2015, 1237, 1238 – *Erfolgsprämie für die Kundengewinnung.*

403 OLG Düsseldorf BeckRS 2012, 00105 (betr. Urheberrechte/Repertoireliste).

404 OLG Hamburg WRP 2001, 720.

405 BGH GRUR 1981, 517 – *Rollhocker;* GRUR 1986, 673 – *Beschlagprogramm;* GRUR 1988, 690 – *Kristallfiguren;* GRUR 2007, 795, 796f. – *Handtaschen;* GRUR 2007, 871, 872 – *Wagenfeld-Leuchte;* GRUR 2008, 727, 728 – *Schweißmodulgenerator;* vgl. dazu OLG Köln GRUR-RR 2010, 182, 185ff.

406 BGH GRUR 2013, 1052, 1053 – *Einkaufswagen III.*

407 BGH GRUR 2002, 86, 88 – *Laubhefter.*

408 BGH GRUR 1997, 767, 768f. – *Brillenpreise II.*

409 BGH GRUR 2013, 1235f. – *Restwertbörse II.*

410 Vgl. dazu BGH GRUR 2011, 148f. – *Goldhase II.*

411 BGH GRUR 1991, 449, 450 – *Betriebssystem;* GRUR 2003, 786, 787 – *Innungsprogramm;* GRUR 2008, 357, 359 – *Planfreigabesystem;* OLG Hamburg GRUR-RR 2002, 217; *Gernot Schulze* CR 1989, 799, 800.

412 BGH GRUR 1961, 40, 42f. – *Wurftaubenpresse:* Der Antrag bezog sich ausschließlich auf eine konkrete, genau individualisierte Maschine; vgl. auch GRUR 2008, 727 – *Schweißmodulgenerator;* vgl. *Doepner* in: FS Tilmann, S. 105, 112ff.; ferner näher unten *Harte-Bavendamm* § 17 Rdn. 60f.

3. Konkretisierungsgebot

97 Das Konkretisierungsgebot folgt anders als das prozessuale Bestimmtheitsgebot (Rdn. 75 ff.) **aus dem materiellen Recht.**[413] Es betrifft die Fragestellung, ob das im Antrag beschriebene Verhalten noch im Rahmen des Unterlassungsanspruches liegt. Die Frage taucht auf, wenn der Antrag über die konkrete Verletzungsform hinausgeht und verallgemeinert.

98 **a) Konkrete Verletzungsform.** Der Unterlassungsanspruch und demgemäß auch der Unterlassungsantrag setzen ein konkretes Verhalten des Beklagten voraus, das der Kläger beanstandet und für das Begehungsgefahr (Wiederholungs- oder Erstbegehungsgefahr) besteht. Die konkrete Verletzungsform enthält diejenigen Merkmale, die – aus der Sicht des Klägers – den Wettbewerbsverstoß begründen. Wenn er seinen Klageantrag nicht, was ohne weiteres zulässig ist, auf die konkrete Verletzungshandlung, so wie sie vorgenommen worden ist, etwa auf eine konkrete Anzeige, beschränken will,[414] **muss er die maßgebenden Merkmale der konkreten Verletzungsform herausarbeiten und zum Gegenstand eines verallgemeinerten Antrages machen,** d. h. diesen möglichst genau an die konkrete Verletzungsform anpassen und deren für ein Verbot maßgebenden Umstände so genau beschreiben, dass sie in ihrer konkreten Gestaltung zweifelsfrei erkennbar sind.[415] Welche Anforderungen an die Konkretisierung zu stellen sind, ist von den Besonderheiten des anzuwendenden materiellen Rechts und den Umständen des Einzelfalles abhängig.[416] Danach richtet sich auch, ob der Kläger etwa eine Werbeangabe des Beklagten nur in blickfangartiger Verwendung wie in einer konkreten Verletzungsform oder verallgemeinernd, nämlich unabhängig davon, ob sie blickfangartig benutzt wird oder nicht, zum Gegenstand des Unterlassungsantrages machen kann.

99 Der Kläger hat weiter zu beachten, dass **eine konkrete Verletzungshandlung,** wie ein Werbeprospekt, **mehrere konkrete Verletzungsformen,** etwa mehrere verschiedene Werbeangaben (mit unterschiedlichen Lebenssachverhalt), enthalten kann,[417] die er jeweils für wettbewerbswidrig hält. Er hat daher zu überlegen, ob er diese selbstständig und/oder kombiniert (kumulativ) angreift. Er sollte ausdrücklich klarstellen, was er will, indem er die mehreren Werbeangaben entweder durch ein „und" (= kumulativ)[418] oder durch ein „und/oder" oder durch ein „oder" (= selbstständig) verbindet. Verwendet er zwischen den Angaben die Formulierung „und/oder",[419] erstrebt er ein Verbot der Werbeangaben sowohl jeweils gesondert als auch kombiniert, und zwar in jeder möglichen Kombination der im Antrag wiedergegebenen Werbeangaben. Das ist zulässig, obwohl jede Kombination schon dann rechtswidrig ist, wenn bereits eine einzige darin enthaltene Werbeangabe rechtswidrig ist, und obwohl es auf die Rechtswidrigkeit gerade der Kombination nur ankommt, wenn die einzelnen Werbeangaben für sich allein betrachtet rechtmäßig sind. Die Verbindung mit „und/oder" weist das Gericht deutlich darauf hin, dass es nicht nur die einzelnen Werbeangaben für sich allein zu prüfen hat, sondern erforderlichenfalls auch in ihrer Kombination. Was zweckmäßig ist, hängt von den Umständen des Einzelfalles ab, was der Kläger zu entscheiden hat. Dabei sollte er auch das Kostenrisiko bedenken.

100 Die **gesonderte Beanstandung von Werbeangaben** kann im Klageantrag auch in der Weise formuliert werden, dass es im Anschluss an jede einzelne Werbeangabe jeweils heißt: **„... wie in der dem Antrag beigefügten Anlage",** etwa einem Prospekt als konkreter Verletzungshandlung. Dem steht nicht entgegen, dass bereits bei dem Verbot nur einer einzigen Werbeangabe der Prospekt so wie bisher nicht mehr verbreitet werden darf. Gleichwohl haben die weiteren Anträge, die sich gegen weitere Werbeangaben im selben Prospekt richten, eine selbstständige Bedeutung. Mit der Bezugnahme ist nämlich jeweils ein Verbot gemeint, das die einzelne Werbeangabe nicht für sich allein betrachtet, sondern in ihrem konkreten werblichen Umfeld erfasst, so wie es sich aus der beigefügten Anlage ergibt, und zwar losgelöst von den anderen, ebenfalls angegriffenen Angaben.[420]

101 Geht der Kläger gegen **mehrere Verletzer** vor, die unterschiedliche, von einander abgrenzbare Tatbeiträge geleistet haben, so ist das grundsätzlich bei der Antragsformulierung zu berücksichti-

---

[413] Teplitzky/*Schwippert* Kap. 51 Rdn. 11.
[414] BGH GRUR 1984, 593, 594 – *adidas-Sportartikel;* GRUR 2001, 453, 454 – *TCM-Zentrum.*
[415] BGH GRUR 1977, 114, 115 – *VUS.*
[416] BGH GRUR 2002, 1088, 1089 – *Zugabenbündel;* GRUR 2003, 228, 229 – *P-Vermerk* (zur Bestimmtheit eines Anspruchs auf Herausgabe); GRUR 2005, 604, 605 – *Fördermittelberatung.*
[417] *Nirk/Kurtze* GRUR 1980, 645, 647 f.
[418] Vgl. BGH GRUR 2005, 886 – *Glücksbon-Tage.*
[419] Von *Köhler*/Bornkamm § 12 UWG Rdn. 2.43 zu Unrecht allgemein für nicht zweckmäßig gehalten; vgl. auch Ahrens/*Jestaedt* Kap. 22 Rdn. 25.
[420] OLG Hamburg OLG-Report 2006, 873, 875.

gen.[421] Das gilt aber nicht, wenn die Verletzer Mittäter sind; denn dann wird der Tatbeitrag eines jeden den anderen jeweils als eigener Tatbeitrag zugerechnet. Jeder haftet daher für das Gesamtverhalten aller Mittäter; bei jedem besteht in vollem Umfange Begehungsgefahr.

b) Verallgemeinerung. Verallgemeinerungen, die über die konkrete Verletzungsform hinausgehen, sind möglich, sofern darin **das Charakteristische,** der „Kern" der konkreten Verletzungsform, **zum Ausdruck kommt** („Kerntheorie").[422] Erweist sich die konkrete Verletzungsform als rechtmäßig, ist damit auch der Verallgemeinerung der Boden entzogen. Trifft die Verallgemeinerung dagegen nicht das Charakteristische der konkreten Verletzungsform und geht der Antrag daher zu weit, ist er unbegründet (Rdn. 88). Soweit die konkrete Verletzungsform verfehlt wird, kann ausnahmsweise Erstbegehungsgefahr bestehen, insbesondere auf Grund einer entsprechenden Berühmung.[423] **102**

Das Gericht hat dem Kläger gemäß **§ 139 ZPO** Gelegenheit zu geben, einen sachgerechten Antrag zu stellen (Rdn. 82ff.). Wenn das in den Tatsacheninstanzen versäumt worden ist, kommt im Revisionsverfahren eine Zurückverweisung in Betracht.[424] Das Gericht ist aber nicht gehalten, von sich aus einem zu weit gefassten Antrag einen möglichen Wortlaut und Inhalt zu geben. Es ist nicht seine Sache, den Antrag so zu formulieren, dass er Erfolg hat.[425] **103**

Ist der Klageantrag zu weit gefasst, ist ihm häufig als **minus** zu entnehmen, dass zumindest die konkrete Werbemaßnahme verboten werden soll.[426] Das setzt aber voraus, dass sich feststellen lässt, welche konkrete Verletzungsform auf jeden Fall erfasst werden soll.[427] Erforderlichenfalls hat das Gericht den Kläger auf das Problem hinzuweisen. Wenn er ausdrücklich auf der Verallgemeinerung besteht und jede Einschränkung ablehnt, scheidet eine Verurteilung zu einem minus aus. Das kommt insbesondere in Betracht, wenn hinsichtlich der konkreten Verletzungsform bereits eine strafbewehrte Unterlassungserklärung vorliegt. Die Verurteilung als minus scheidet auch dann aus, wenn dieses nicht denselben, sondern einen anderen Streitgegenstand betrifft.[428] Im Übrigen setzt ein eingeschränktes Verbot, das vom Vorliegen bestimmter weiterer Voraussetzungen abhängt, voraus, dass diese Voraussetzungen zum Gegenstand des Antrages (eines Hilfsantrages) gemacht werden.[429] **104**

Eine Verallgemeinerung liegt etwa vor, wenn die beanstandete Werbung einen einzigen Sportartikel einer bestimmten Marke betrifft und der Kläger ein Verbot erstrebt, dass allgemein Sportartikel dieser Marke oder sogar allgemein sämtliche Sportartikel erfasst. Ob eine solche Verallgemeinerung möglich ist, hängt davon ab, ob das Charakteristische des Verstoßes auch in der Bewerbung von (bestimmten) Sportartikeln gerade der bestimmten Marke liegt oder nicht.[430] Ebenso ist es, wenn der Antrag allgemein auf „Artikel" oder „Markenartikel" abstellt. Maßgebend ist dann, ob es auf **105**

---

[421] BGH GRUR 1977, 114, 115 – *VUS;* KG GRUR 1994, 667, 668.

[422] BGH GRUR 1991, 138 – *Flacon;* GRUR 2000, 337, 338 – *Preisknaller;* GRUR 2000, 438, 441 – *Gesetzeswiederholende Unterlassungsanträge;* GRUR 2001, 446, 447 – *1-Pfennig-Farbbild;* GRUR 2002, 187, 188 – *Lieferstörung;* GRUR 2003, 250, 252 – *Massenbriefsendungen aus dem Ausland;* GRUR 2003, 446, 447 – *Preisempfehlung für Sondermodelle;* GRUR 2004, 154, 156 – *Farbmarkenverletzung II;* GRUR 2006, 421, 423 – *Markenparfümverkäufe;* WRP 2008, 777, 779f. – *Nachlass bei der Selbstbeteiligung;* WRP 2009, 971, 974 – *Augsburger Puppenkiste;* GRUR 2010, 454f. – *Klassenlotterie;* GRUR 2012, 630, 631f. – *CONVERSE II;* GRUR 2012, 1279, 1285 – *DAS GROSSE RÄTSELHEFT;* GRUR 2012, 405, 406 – *Umsatzangaben;* Teplitzky/*Schwippert* Kap. 51 Rdn. 14ff.

[423] Teplitzky/*Kessen* Kap. 5 Rdn. 9–11; vgl. auch Kap. 10 Rdn. 16.

[424] BGH GRUR 1999, 1119, 1121f. – *RUMMS;* GRUR 2002, 187, 188 – *Lieferstörung;* GRUR 2004, 696, 699 – *Direktansprache am Arbeitsplatz I;* GRUR 2006, 426, 427 – *Direktansprache am Arbeitsplatz II;* GRUR 2005, 443, 445 – *Ansprechen in der Öffentlichkeit II;* GRUR 2010, 633, 636 – *Sommer unseres Lebens;* GRUR 2010, 1020, 1021 – *Verbraucherzentrale;* GRUR 2012, 405, 406 – *Kreditkontrolle;* GRUR 2014 – *wetteronline.de.*

[425] BGH GRUR 1998, 489, 492 – *Unbestimmter Unterlassungsantrag III;* GRUR 1999, 509, 511f. – *Vorratslücken;* GRUR 2002, 187, 188 – *Lieferstörung.*

[426] BGH GRUR 2000, 436, 438 – *Ehemalige Herstellerpreisempfehlung;* GRUR 2001, 176, 178 – *Myalgien;* GRUR 2001, 181, 182 – *dentalästhetika I;* GRUR 2001, 446, 447 – *1-Pfennig-Farbbild;* GRUR 2004, 154, 156 – *Farbmarkenverletzung II;* GRUR 2004, 247, 248 – *Krankenkassenzulassung;* GRUR 2004, 605, 607 – *Dauertiefpreise;* GRUR 2007, 987, 989 – *Änderung der Voreinstellung;* GRUR 2008, 702, 704 – *Internet-Versteigerung III;* GRUR 2008, 1002, 1003 – *Schuhpark;* GRUR 2011, 539, 541 – *Rechtsberatung durch Lebensmittelchemiker;* vgl. auch BGH GRUR 2009, 177, 182 – *bundesligakarten.de;* verneint in BGH GRUR 2011, 134, 135 – *Perlentaucher;* GRUR 2012, 405, 406 – *Kreditkontrolle;* GRUR 2016, 516, 520 – *Wir helfen im Trauerfall.*

[427] BGH GRUR 2002, 86, 89 – *Laubhefter.*

[428] BGH GRUR 2006, 960, 961 – *Anschriftenliste.*

[429] BGH GRUR 2003, 716, 717 – *Reinigungsarbeiten;* GRUR 2006, 960, 961 – *Anschriftenliste.*

[430] BGH GRUR 1984, 593, 594 – *adidas-Sportartikel; Köhler*/Bornkamm § 12 Rdn. 2.44; Teplitzky/*Kessen* Kap. 5 Rdn. 7a; Teplitzky/*Schwippert* Kap. 51 Rdn. 15.

Besonderheiten der einzelnen Waren und ihrer Bewerbung ankommt.[431] Entsprechend verhält es sich etwa, wenn der Klageantrag nicht nur auf die konkrete Werbeform wie eine Anzeige abstellt, sondern jede Werbeform einbezieht, in der mit der beanstandeten Werbeangabe geworben wird.[432]

106 Ein verallgemeinerter Antrag ist nur dann begründet, wenn **im Umfange der Verallgemeinerung Begehungsgefahr** besteht.[433] Das ist regelmäßig zu bejahen, wenn der Kern der Verletzungsform in der Verallgemeinerung richtig wiedergegeben wird.[434] Die Vermutung der Wiederholungsgefahr, die durch den konkreten Verstoß begründet wird, erstreckt sich auch auf die zukünftige Begehung leicht abgewandelter Verletzungshandlungen, die im Kern der konkreten Verletzungshandlung entsprechen. Eines Rückgriffs auf eine Erstbegehungsgefahr bedarf es insoweit nicht.[435] Trifft die Verallgemeinerung dagegen nicht das Charakteristische der konkreten Verletzungsform, fehlt es in der Regel an der Begehungsgefahr. Es könnte aber Erstbegehungsgefahr bestehen.[436] Außerdem ist darauf zu achten, dass das **Verbot nicht auf Handlungen ausgedehnt** werden darf, **die nicht rechtswidrig** sind.[437] Die Grenzziehung kann, was nicht zu vermeiden ist, im Einzelfall schwierig sein.[438]

107 Der Gegenstand eines abstrakt formulierten Unterlassungsantrages wird durch die Bezugnahme **„wie aus der nachstehend abgebildeten Darstellung ersichtlich"** im Wesentlichen auf das konkret beanstandete Verhalten beschränkt (oben Rdn. 87, 95). Es soll aber vom Verbot auch ein Verhalten erfasst sein, in dem sich – auch wenn nicht alle Einzelmerkmale übereinstimmen – das Charakteristische der konkreten Verletzungsform wiederfindet.[439] Dieses kann durch die abstrakt formulierten Merkmale näher bestimmt werden.

4. Zusätze

108 **a) Einschränkende Zusätze.** An sich braucht der Kläger im Klageantrag der beanstandeten, zuvor beschriebenen Handlung **regelmäßig keine einschränkenden Zusätze**[440] in Form etwa von „es sei denn …" oder „sofern nicht …" oder „ohne dass …" hinzuzufügen, die den Beklagten darauf hinweisen, was ihm erlaubt ist. Es ist nämlich grundsätzlich dessen Sache, Werbemaßnahmen zu finden, die ihn aus dem Verbot herausführen.[441] Anders ist es jedoch, wenn der Zusatz erforder-

---

[431] BGH GRUR 1996, 800, 802 – *EDV-Geräte;* GRUR 2002, 187, 188 – *Lieferstörung;* GRUR 2003, 446, 447 – *Preisempfehlung für Sondermodelle.*

[432] BGH GRUR 2000, 337, 338 – *Preisknaller; Köhler*/Bornkamm § 12 Rdn. 2.44; vgl. dazu Teplitzky/*Kessen* Kap. 10 Rdn. 16.

[433] BGH GRUR 1984, 593, 594 – adidas-Sportartikel; GRUR 1989, 445, 446 – *Professorenbezeichnung in der Arztwerbung I;* GRUR 1996, 796, 798 – *Setpreis;* GRUR 2000, 907, 910 – *Filialleiterfehler.*

[434] *BGH* GRUR 1999, 509, 511 – *Vorratslücken;* GRUR 1999, 1017, 1018 – *Kontrollnummernbeseitigung;* GRUR 2000, 337, 338 – *Preisknaller;* GRUR 2001, 445, 447 – *1-Pfennig-Farbbild;* GRUR 2002, 187, 188 – *Lieferstörung;* GRUR 2006, 421, 423 – *Markenparfümverkäufe;* GRUR 2006, 776, 778 – *Werbung für Klingeltöne;* GRUR 2008, 702, 706 – *Internet-Versteigerung III;* WRP 2009, 971, 974 – *Augsburger Puppenkiste; Köhler*/Bornkamm § 12 Rdn. 2.44; Teplitzky/*Kessen* Kap. 10 Rdn. 16; Teplitzky/*Schwippert* Kap. 51 Rdn. 16.

[435] BGH GRUR 1984, 593, 594 – *adidas-Sportartikel;* GRUR 1989, 445, 446 – *Professorenbezeichnung in der Arztwerbung I;* GRUR 1992, 858, 860 – *Clementinen;* GRUR 1999, 1017, 1018 – *Kontrollnummernbeseitigung;* GRUR 2000, 337, 338 – *Preisknaller;* GRUR 2002, 187, 188 – *Lieferstörung;* GRUR 2004, 517, 520 – *E-Mail-Werbung;* GRUR 2005, 443, 446 – *Ansprechen in der Öffentlichkeit II;* GRUR 2010, 749, 753 – *Erinnerungswerbung im Internet.*

[436] BGH GRUR 2000, 907, 910 – *Filialleiterfehler.*

[437] BGH GRUR 1999, 509, 511 – *Vorratslücken;* GRUR 1999, 1017, 101 f. – *Kontrollnummernbeseitigung;* GRUR 2000, 239, 241 – *Last-Minute-Reise;* GRUR 2000, 436, 437 – *Ehemalige Herstellerempfehlung;* GRUR 2002, 187, 188 – *Lieferstörung;* GRUR 2003, 340, 341 – *Mitsubishi;* GRUR 2003, 886, 887 – *Erbenermittler;* GRUR 2003, 798, 799 – *Sanfte Schönheitschirurgie;* BGH GRUR 2004, 605, 606 f. – *Dauertiefpreie;* NJW-RR 2005, 46, 48 – *SB-Beschriftung;* GRUR 2005, 692, 694 – *„statt"-Preis;* GRUR 2006, 77, 78 – *Schulfotoaktion;* GRUR 2007, 339, 342 – *Stufenleitern;* GRUR 2007, 987, 989, 991 – *Änderung der Voreinstellung;* GRUR 2010, 1020 f. – *Verbraucherzentrale;* GRUR 2012, 1164, 1165 – *ARTOSTAR;* GRUR 2013, 409, 410 – *Steuerbüro;* GRUR 2015, 485, 487 f. – *Kinderstühle im Internet III.*

[438] Vgl. z.B. BGH GRUR 1974, 225, 226 – *„Lager"-Hinweiswerbung;* GRUR 1977, 260, 261 – *Friedrich Karl Sprudel;* NJW 1992, 3037, 3038 – *Haftungsbeschränkung bei Anwälten.*

[439] BGH GRUR 1998, 483, 484 – *Der M.-Markt packt aus;* GRUR 1998, 489, 492 – *Unbestimmter Unterlassungsantrag III;* GRUR 2006, 164, 165 – *Aktivierungskosten II;* GRUR 2011, 742, 744 – *Leistungspakete im Preisvergleich;* OLG Hamburg GRUR-RR 2001, 113, 114.

[440] Vgl. dazu BGH GRUR 2008, 726 f. – *Duftvergleich mit Markenparfüm* (betr. das vorausgesetzte Verkehrsverständnis).

[441] BGH GRUR 1989, 445, 446 – *Professorenbezeichnung in der Arztwerbung I;* GRUR 1991, 860, 862 – *Katovit;* GRUR 1999, 1017, 1018 – *Kontrollnummernbeseitigung;* GRUR 2000, 619, 620 – *Orientteppichmuster;* GRUR 2002, 1093, 1094 – *Kontostandauskunft;* GRUR 2003, 252, 253 – *Widerrufsbelehrung IV;* GRUR 2010, 247, 248

lich ist, um das angegriffene, in einem verallgemeinerten Antrag beschriebene Verhalten des Beklagten gegen rechtmäßiges Verhalten abzugrenzen, und demgemäß **den Umfang des Verbotes mitbestimmt.**[442] Der Zusatz darf aber den Beklagten nicht in unzumutbarer Weise beschränken, von sich aus auf Handlungsformen auszuweichen, die – bei einem verallgemeinerten Antrag – nicht mehr wettbewerbswidrig sind.[443] Der Kläger muss ferner darauf achten, dass eine Unbestimmtheit des – erforderlichen – Zusatzes den ganzen Antrag unbestimmt und daher unzulässig machen könnte.[444] Dabei ist allerdings ein großzügiger Maßstab anzulegen.[445]

Werden Zusätze aufgenommen, die nicht der näheren Umschreibung des Gegenstandes des Verbotes dienen, sondern lediglich als an sich überflüssiges Begründungselement in den Antrag aufgenommen werden, wird der Antrag dadurch nicht unbestimmt.[446] Das gilt allgemein für Zusätze, die nicht einschränken, sondern nur **klarstellen,** wo die Grenzen des Verbotes liegen.[447] 109

b) „Insbesondere"-Zusätze. Häufig formuliert der Kläger einen verallgemeinerten Antrag und schließt daran einen „Insbesondere"-Zusatz an (auch in der Form „wie zum Beispiel"), mit dem er auf die konkrete Verletzungsform verweist, um an deren Beispiel zum einen zu verdeutlichen, wie der verallgemeinerte Antrag zu verstehen ist, insbesondere um die dort formulierten Charakteristika der konkreten Verletzungsform zu erläutern,[448] und zum anderen, um zugleich zum Ausdruck zu bringen, dass er **als minus** wenigstens ein Verbot entsprechend dem „Insbesondere"-Zusatz erstrebt,[449] einschließlich kerngleicher Handlungen.[450] In dem Zusatz ist demnach vor allem eine **Auslegungshilfe** zu sehen, dagegen keine Einschränkung oder Erweiterung des Antrages. 110

Der „Insbesondere"-Zusatz bildet **keinen eigenständigen Streitgegenstand,**[451] sondern steckt regelmäßig als minus in dem zuvor formulierten, verallgemeinerten Antrag. Demgemäß wirkt er wie ein Hilfsantrag; er ist es aber nicht, weil er mit in den Urteilsausspruch aufgenommen werden soll.[452] Wird der Zusatz erst nachträglich eingeführt oder wieder gestrichen oder wird er verändert, so liegt darin keine Klageänderung in Form einer Klageerweiterung bzw. keine teilweise Klagerücknahme mit Kostennachteilen für den Kläger. Der Zusatz vermag aber einen zu unbestimmten, verallgemeinerten Klageantrag zu retten.[453] Für ihn gilt jedoch ebenfalls das Bestimmtheitserfordernis.[454] 111

– *Solange der Vorrat reicht;* GRUR 2010, 749, 751 – *Erinnerungswerbung im Internet;* GRUR 2011, 82, 85 – *Preiswerbung ohne Umsatzsteuer;* GRUR 2011, 340, 342 – *Irische Butter;* GRUR 2011, 631 – *Unser wichtigstes Cigarettenpapier;* WRP 2015, 1102, 1103 – *Mobiler Buchhaltungsservice.*

[442] Vgl. BGH GRUR 2000, 616, 619 – *Auslaufmodelle III;* GRUR 2000, 731, 732 – *Sicherungsschein;* BGH GRUR 2002, 706, 708 – *vossius.de;* GRUR 2003, 250, 252 – *Massenbriefsendungen aus dem Ausland I;* GRUR 2004, 605, 606f. – *Dauertiefpreise;* GRUR 2010, 749, 751 – *Erinnerungswerbung im Internet;* GRUR 2011, 539, 541 – *Rechtsberatung durch Lebensmittelchemiker;* GRUR 2012, 945, 947f. – *Tribenuronmethyl;* GRUR 2013, 409, 410 – *Steuerbüro;* OLG Nürnberg WRP 2001, 725, 727. WRP 2015, 1102, 1103 – *Mobiler Buchhaltungsservice.*

[443] Teplitzky/*Schwippert* Kap. 51 Rdn. 26ff.

[444] BGH GRUR 1978, 649, 650f. – *Elbe-Markt;* GRUR 1978, 652f. – *mini-Preis;* Teplitzky/*Schwippert* Kap. 51 Rdn. 23.

[445] Vgl. BGH GRUR 1999, 1017, 1018 – *Kontrollnummernbeseitigung.*

[446] BGH GRUR 2002, 177, 179 – *Jubiläumsschnäppchen;* GRUR 2000, 649, 650f. – *Auslaufmodelle II;* GRUR 2010, 1110, 1111 – *Versandkosten bei Froogle II.*

[447] BGH GRUR 2000, 616, 619 – *Auslaufmodelle III;* GRUR 2000, 619, 620 – *Orient-Teppichmuster;* GRUR 2002, 77, 78 – *Rechenzentrum;* GRUR 2011, 340, 342 – *Irische Butter;* GRUR 2011, 934, 935 und 2011, 1151, 1152 – *Original Kanchipur;* NJW-RR 2016, 485, 488f. – *Piadina-Rückruf.*

[448] BGH GRUR 1991, 772, 773 – *Anzeigenrubrik I;* GRUR 1997, 767, 768 – *Brillenpreis II;* NJWE-WettbR 1999, 25, 27 – *Kaufpreis je nur 1,– DM;* GRUR 2002, 985 – *WISO;* GRUR 2002, 987, 991 – *Wir Schuldenmacher;* GRUR 2008, 84, 85f. – *Versandkosten;* BGH GRUR 2011, 134, 135 – *Perlentaucher;* GRUR 2012, 945, 947f. – *Tribenuronmethyl;* GRUR 2014, 794, 795 – *Gebundener Versicherungsvermittler;* Teplitzky/*Schwippert* Kap. 51 Rdn. 38.

[449] BGH GRUR 1996, 793, 796 – *Fertiglesebrillen;* GRUR 1997, 672, 673 – *Sonderpostenhändler;* WRP 1999, 512, 515 – *Aktivierungskosten I;* GRUR 2001, 446, 447 – *1-Pfennig-Farbbild;* GRUR 2002, 982, 984 – *DIE „STEINZEIT" IST VORBEI;* GRUR 2003, 886, 887 – *Erbenermittler;* GRUR 2005, 438, 441f. – *Epson-Tinte;* GRUR 2006, 164, 165 – *Aktivierungskosten II;* GRUR 2008, 84, 85f. – *Versandkosten;* GRUR 2008, 532, 534 – *Umsatzsteuerhinweis;* GRUR 2011, 444, 445 – *Flughafen Frankfurt/Hahn;* GRUR 2012, 1279, 1285 – *DAS GROSSE RÄTSELHEFT;* vgl. dazu aber BGH GRUR 2011, 134, 135 – *Perlentaucher.*

[450] BGH GRUR 1998, 489, 491 – *Unbestimmter Unterlassungsantrag III;* GRUR 2002, 86, 89 – *Laubhefter.*

[451] BGH GRUR 1996, 793, 795 – *Fertiglesebrillen;* GRUR 1997, 672, 673 – *Sonderpostenhändler;* GRUR 2001, 1158, 1159 – *Dorf MÜNSTERLAND;* Teplitzky/*Schwippert* Kap. 51 Rdn. 38.

[452] Teplitzky/*Schwippert* Kap. 51 Rdn. 36ff.

[453] Vgl. dazu BGH GRUR 1993, 565, 566 – *Faltenglätter;* Teplitzky/*Schwippert* Kap. 51 Rdn. 40a.

[454] BGH GRUR 1997, 767, 768 – *Brillenpreise II;* GRUR 2002, 77, 78 – *Rechenzentrum;* GRUR 2002, 86, 88 – *Laubhefter;* GRUR 2008, 84, 85 – *Versandkosten;* GRUR 2008, 1014, 1015 – *Amlodipin.*

112 Ist der „Insbesondere"-Zusatz im Verhältnis zum verallgemeinerten Antrag **ausnahmsweise** nicht als minus, sondern als **aliud** anzusehen, weil der verallgemeinerte Antrag die „Insbesondere"-Variante nicht mit umfasst, so kann der Antrag insgesamt zu unbestimmt sein, wenn er nämlich in sich widersprüchlich wird.[455] Bestehen insoweit Zweifel, sollte der Kläger einen echten Hilfsantrag formulieren. Unter Umständen könnte auch eine Klarstellung genügen.

113 Erklärt der Kläger **nachträglich,** das „insbesondere" sei im Sinne von **„und zwar"** zu verstehen, und geht es demgemäß nur (noch) um die konkrete Verletzungsform, so liegt darin regelmäßig keine nur redaktionelle Klarstellung, sondern eine **teilweise Rücknahme der Klage,** soweit es um den verallgemeinerten Überschuss geht, mit entsprechender Kostenfolge zulasten des Klägers.[456] Dementsprechend hat das Gericht die Klage teilweise abzuweisen, wenn es nur als minus die konkrete Verletzungsform verbietet. Anders ist es, wenn die Auslegung ergibt (Rdn. 81), dass der Antrag von vornherein beschränkt auf die konkrete Verletzungsform verstanden werden konnte.

5. Hilfsantrag

114 **a) Unechter Hilfsantrag.** Da die Grenzen einer erfolgversprechenden Verallgemeinerung häufig zweifelhaft sind, sollte der Kläger in solchen Fällen – vor allem wenn das Gericht Zweifel geäußert hat – einen Hauptantrag stellen, der die von ihm gewünschte Verallgemeinerung enthält, und dazu einen oder mehrere Hilfsanträge, mit denen er Konkretisierungen vornimmt bis hin zur konkreten Verletzungsform.[457] Da **diese Hilfsanträge als minus im Hauptantrag** enthalten sind (vgl. Rdn. 104), bilden sie keinen anderen Streitgegenstand.[458] Daher können sie ohne weiteres auch noch nachträglich eingefügt und verändert werden, auch im Revisionsverfahren.[459] Der Kläger erreicht mit einer solchen Stufung von Anträgen, dass er, wenn schon nicht ein Verbot gemäß dem zu sehr verallgemeinerten Hauptantrag, wenigstens ein Verbot mit der größtmöglichen Verallgemeinerung oder zumindest ein Verbot der konkreten Verletzungsform erhält. Im Zweifel sollte er vorsorglich von der Möglichkeit eines Hilfsantrages oder mehrerer, gestufter Hilfsanträge Gebrauch machen. Er kann nämlich nicht sicher sein, dass das Gericht von sich aus ein eingeschränktes Verbot ausspricht, wenn es den Hauptantrag als zu weitgehend und daher als unbegründet ansieht. Solche Hilfsanträge sind zweckmäßiger, weil auffälliger, als nur entsprechende Hinweise in den schriftsätzlichen Ausführungen. Sie unterliegen ebenfalls dem Bestimmtheitsgebot.

115 **b) Echter Hilfsantrag.** Verfolgt der Kläger mit einem Hilfsantrag im Verhältnis zum Hauptantrag **kein minus, sondern ein aliud,** etwa eine andere Verletzungsform, die in derselben Verletzungshandlung liegt, so handelt es sich um einen echten Hilfsantrag. Die Abgrenzung kann im Einzelfall schwierig sein.[460]

116 Da es sich um **verschiedene Streitgegenstände** handelt, unterliegt ein solcher Hilfsantrag den Regeln der objektiven Klagehäufung und demgemäß, wenn er nachträglich eingeführt wird, der Klageänderung (Rdn. 32ff.). Auf den Hilfsantrag kommt es erst an, wenn der Hauptantrag abzuweisen ist, dagegen nicht mehr, wenn diesem stattgegeben wird. Das trifft auch dann zu, wenn der Hilfsantrag weiter geht als der Hauptantrag.[461]

117 **Stützt** der Kläger **seinen Antrag auf verschiedene Normen** und handelt es sich hierbei um **verschiedene Streitgegenstände** (Rdn. 26), so hat er zu bestimmen, in welcher **Reihenfolge die Prüfung** zu erfolgen hat.[462] Hat das Landgericht nach dem Hilfsantrag entschieden, ohne (negativ) über den Hauptantrag zu entscheiden, so darf das OLG auf die Berufung des Beklagten nicht nach dem Hauptantrag entscheiden.[463]

6. Ordnungsmittelantrag

118 Der Kläger sollte in der Regel **mit dem Unterlassungsantrag einen Ordnungsmittelantrag** nach § 890 Abs. 2 ZPO **verbinden.** Das gilt insbesondere – zur Beschleunigung – für einstweilige

455 Teplitzky/*Schwippert* Kap. 51 Rdn. 38ff.
456 OLG Hamburg GRUR-RR 2002, 363f.
457 *Köhler*/Bornkamm § 12 Rdn. 2.47; Teplitzky/*Schwippert* Kap. 51 Rdn. 29f.
458 Teplitzky/*Schwippert* Kap. 51 Rdn. 30.
459 BGH GRUR 2008, 702, 704 – *Internet-Versteigerung III;* GRUR 2015, 403, 408 – *Monsterbacke II* (mit Wiedereröffnung der Berufungsinstanz).
460 Teplitzky/*Schwippert* Kap. 51 Rdn. 33f.
461 BGH GRUR 1991, 929, 930 – *Fachliche Empfehlung II.*
462 Vgl. dazu BGH GRUR 1991, 929, 930 – *Fachliche Empfehlung II;* GRUR 1992, 552, 554 – *Stundung ohne Aufpreis; Köhler*/Bornkamm § 12 Rdn. 2.48.
463 BGH GRUR 2001, 755, 757 – *Telefonkarte.*

Verfügungen. In kritischen Fällen sollte der Kläger aber bedenken, dass das Fehlen einer Androhung auch im Hinblick auf etwaige Schadensersatzansprüche aus § 717 Abs. 2 ZPO bzw. § 945 ZPO von Bedeutung ist, wenn nämlich der Beklagte bereits Maßnahmen zur Beachtung des Verbots getroffen hat, ohne dass eine Androhung vorliegt (vgl. Rdn. 292).[464]

Dagegen sollte der Kläger mit dem Unterlassungsantrag regelmäßig dann keinen Androhungsantrag verbinden – evtl. mit Ausnahme der Staaten, die der EuGVVO unterliegen – wenn das Verbot **im Ausland zugestellt** werden soll.[465] Der Antrag ist auch noch nach dem Erlass und der Zustellung des Verbots möglich (§ 890 Abs. 2 ZPO). Sobald sich für den Beklagten ein inländischer Prozessbevollmächtigter gemeldet hat, kann der nachträgliche Androhungsbeschluss diesem zugestellt werden (§ 172 Abs. 1 ZPO). 119

7. Antragsformulierung

Der Unterlassungsantrag könnte beispielhaft etwa wie nachfolgend formuliert werden. Schwieriger wird es mit zunehmender Verallgemeinerung. Dazu sind die oben dargestellten Regeln zu beachten, die von der Rechtsprechung insbesondere des BGH zur Verallgemeinerung entwickelt worden sind. 120

„... den Beklagten zu verurteilen, es unter Androhung eines Ordnungsgeldes bis zu 250 000 €, ersatzweise Ordnungshaft bis zu sechs Wochen, oder einer Ordnungshaft bis zu sechs Monaten für jeden Fall der Zuwiderhandlung[466]
zu unterlassen, im geschäftlichen Verkehr zu Zwecken des Wettbewerbs ...“.

Bei **irreführender Werbung:**

„... für die Margarine XYZ mit der Aussage ... (es folgt die beanstandete Werbeangabe) zu werben“. Erforderlichenfalls kann dem etwa hinzugefügt werden: „wie in der beigefügten Anzeige“ (eventuell mit dem Zusatz „insbesondere“).

Bei **unlauterer Nachahmung:**

„das nachfolgende Werbeblatt zu verwenden“.

Bei **rufschädigenden Äußerungen:**

„Dritten gegenüber zu behaupten und/oder zu verbreiten, die Klägerin habe ... (es folgen die beanstandeten Äußerungen)“.

V. Feststellungsklage

Voraussetzung für eine Feststellungsklage ist gemäß § 256 Abs. 1 ZPO ein **Feststellungsinteresse.** Hierbei handelt es sich um eine **besondere Prozessvoraussetzung;** sie ist von Amts wegen zu beachten, auch noch in der Revisionsinstanz.[467] Ob ein Feststellungsinteresse vorliegt,[468] kann offen bleiben, wenn die Klage ohne weiteres aus Gründen des materiellen Rechts, die an sich nachrangig zu prüfen sind, als unbegründet abzuweisen ist. 121

1. Negative Feststellung

Wer abgemahnt worden ist und eine gerichtliche Klärung der Frage erstrebt, ob sein Verhalten rechtswidrig ist, hat die Möglichkeit, eine negative Feststellungsklage zu erheben,[469] nämlich **feststellen zu lassen, dass insbesondere der gegen ihn geltend gemachte Unterlassungsanspruch nicht besteht** (§ 12 Rdn. 113). Sein Feststellungsinteresse folgt daraus, dass der Gegner sich mit der Abmahnung berühmt hat, gegen ihn einen Unterlassungsanspruch zu haben.[470] Das gilt 122

---

[464] BGH NJW 1996, 198, 1199 – *Einstweilige Verfügung ohne Strafandrohung;* Ahrens/*Jestaedt* Kap. 22 Rdn. 62; Teplitzky/*Schwippert* Kap. 51 Rdn. 44.

[465] Vgl. dazu *Köhler*/Bornkamm § 12 Rdn. 2.49; Ahrens/*Jestaedt* Kap. 35 Rdn. 24; vor allem Teplitzky/*Schwippert* Kap. 51 Rdn. 44.

[466] Vgl. zur Formulierung Ahrens/*Jestaedt* Kap. 51 Rdn. 25, 34; Teplitzky/*Schwippert* Kap. 51 Rdn. 44, 45.

[467] BGH GRUR 2007, 805, 806 – *Irreführender Kontoauszug.*

[468] BGH GRUR 1996, 804, 805 – *Preisrätselgewinnauslosung III.*

[469] BGH GRUR 1995, 697, 699 – *FUNNY PAPER;* GRUR 2001, 242, 243 – *Classe E;* GRUR 2001, 1036 f. – *Kauf auf Probe;* OLG Hamburg NJW-RR 2003, 411, 412; *Keller* WRP 2000, 908 ff.

[470] BGH GRUR 2009, 1162, 1163 – *DAX;* GRUR 2011, 1117, 1119 – *ICE;* GRUR 2012, 1273 – *Stadtwerke Wolfsburg;* GRUR 2016, 93, 94 – *Abschlagspflicht.*

auch für andere Formen der Berühmung.[471] Maßgebend sind Art und Umfang der aktuellen Berühmung. Gegenstand der negativen Feststellungsklage sind daher auch Verstöße, die nach der ersten Abmahnung liegen und auf die sich der Verletzte nachträglich beruft.[472] Ein solches Feststellungsinteresse hat auch, wer Antragsgegner einer einstweiligen Verfügung ist,[473] es sei denn, dass es ihm nur noch um das Kosteninteresse geht.[474] Der Kläger muss ein rechtliches Interesse an einer „alsbaldigen" Feststellung haben. Daran kann es fehlen, wenn der Beklagte lediglich geltend gemacht hat, eine abgewandelte Werbung falle in den Verbotsbereich, er werde einen Ordnungsmittel-Antrag stellen.[475] Hat der Beklagte dagegen keinen gesetzlichen Unterlassungsanspruch behauptet, sondern lediglich erklärt, er werde gegebenenfalls bei einem etwaigen Vertrieb dagegen rechtliche Schritte unternehmen, ist die negative Feststellungsklage insoweit unzulässig, weil es an einem **gegenwärtigen Rechtsverhältnis** fehlt.[476] Anders verhält es sich bei einem vertraglichen Unterlassungsanspruch aus einem Unterwerfungsvertrag.

123 Das Feststellungsinteresse entfällt nicht ohne weiteres, wenn der **Abmahner seine Berühmung wieder aufgibt;** denn er kann sich jederzeit wieder eines anderen besinnen. Daher benötigt der Abgemahnte eine Sicherheit dagegen, erneut in Anspruch genommen zu werden. In der Regel ist deshalb ein **Verzicht** des Abmahners **auf den Unterlassungsanspruch** erforderlich.[477] Nur unter besonderen Umständen kann es anders sein.[478] Das Feststellungsinteresse ist auch dann zu bejahen, wenn der Schuldner den Gläubiger aufgefordert hat, sich dazu zu erklären, ob ein bestimmtes Verhalten unter die von ihm abgegebene Unterwerfungserklärung fällt, und der Gläubiger darauf nicht oder negativ reagiert hat.[479]

124 Der **Antrag auf negative Feststellung** muss ebenso **bestimmt** sein wie ein gegenläufiger Unterlassungsantrag und sich bei einer Verallgemeinerung materiell-rechtlich im Rahmen der Berühmung halten.[480]

125 Das **Feststellungsinteresse** scheitert nicht daran, dass für den Abgemahnten auch eine **Leistungsklage auf Unterlassung weiterer Abmahnungen** in Betracht kommen könnte. Da ein solcher Anspruch wenn überhaupt nur ausnahmsweise besteht, ist dem Abgemahnten dieses zusätzliche Risiko nicht zuzumuten.[481] Außerdem ist eine solche Unterlassungsklage als unzulässig anzusehen (Rdn. 74, § 12 Rdn. 107).

126 Dagegen **entfällt** das **Feststellungsinteresse,** wenn der Abmahner **umgekehrt eine deckungsgleiche Unterlassungsklage** erhoben hat **(Grundsatz des Vorranges der Leistungsklage),** und zwar entweder als Widerklage oder in einem gesonderten Prozess, insbesondere bei einem anderen Gericht, was grundsätzlich nicht rechtsmissbräuchlich ist,[482] und wenn er diese Klage **einseitig nicht mehr zurücknehmen** kann,[483] die Parteien nämlich streitig verhandelt haben (§ 269 Abs. 1 ZPO) oder der Kläger schon vorher auf die Rücknahme seiner Klage verzichtet hat, was möglich ist.[484] Da die negative Feststellungsklage dann nachträglich unzulässig geworden ist, muss der Feststellungskläger die Hauptsache für erledigt erklären. Aus Gründen der Prozessökonomie kommt eine **Ausnahme** in Betracht, wenn die **Feststellungsklage,** und zwar **im Zeitpunkt des erledigenden Ereignisses** (Unterlassungsklage nicht mehr einseitig zurücknehmbar), **bereits zur abschließenden, letztinstanzlichen Entscheidung reif** ist.[485] Wird nämlich gegen eine

---

[471] Vgl. aber *Köhler*/Bornkamm § 12 Rdn. 2.20.

[472] OLG Frankfurt GRUR-RR 2004, 64.

[473] Teplitzky/*Schwippert* Kap. 52 Rdn. 10.

[474] BGH GRUR 1985, 571, 572 – *Feststellungsinteresse I; Köhler*/Bornkamm § 12 Rdn. 2.22.

[475] OLG Hamburg MD VSW 2001, 33, 34.

[476] BGH GRUR 2001, 1036, 1037 – *Kauf auf Probe;* GRUR 2011, 995, 996 f. – *Besonderer Mechanismus;* OLG Köln MD VSW 2003, 245, 247 f.; kritisch *Teplitzky* GRUR 2003, 272, 280.

[477] OLG Köln MD-VSW 2011, 443, 444 f.; Teplitzky/*Bacher* Kap. 41 Rdn. 68, *Zöller/Greger* § 256 ZPO Rdn. 7c; vgl. OLG München GRUR-RR 2006, 363, 365 f.

[478] OLG Hamburg MD VSW 2002, 865; NJW-RR 2003, 411, 412 f.

[479] OLG Düsseldorf WRP 1988, 676, 677; a. M. OLG München MD VSW 2002, 324, 328.

[480] *Keller* WRP 2000, 908, 910.

[481] BGH GRUR 1985, 571, 573 – *Feststellungsinteresse I.*

[482] BGH GRUR 2011, 828, 829 – *Bananabay II; Köhler*/Bornkamm § 12 Rdn. 2.20.

[483] BGH GRUR 1985, 41, 44 – *REHAB;* GRUR 1987, 402 – *Parallelverfahren I;* GRUR 1994, 846, 847 ff. – *Parallelverfahren II;* GRUR 2006, 217, 218 – *Detektionseinrichtung I;* Teplitzky/*Bacher* Kap. 41 Rdn. 70; Kap. 52 Rdn. 20 ff.; *Keller* WRP 2000, 908, 911; a. M. OLG Stuttgart WRP 1992, 513, 516; *Herrmann* JR 1988, 376 f.; *Bernreuther* WRP 2010, 1191, 1197 f.

[484] BGH GRUR-RR 2010, 496 LS – *Verzicht auf Klagerücknahme* = WRP 2014, 1330 f.; OLG Hamm MD VSW 2011, 49, 53; *Keller* WRP 2000, 908, 911 f.; *Zapfe* WRP 2011, 1122 f.

[485] BGH GRUR 1987, 402, 403 – *Parallelverfahren I;* GRUR 2006, 217, 218 f. – *Detektionseinrichtung I;* OLG Düsseldorf GRUR 1993, 159 f.; *Keller* WRP 2000, 908, 912.

Entscheidung erster Instanz Berufung eingelegt, taucht dieselbe Frage im Berufungsverfahren erneut auf, insbesondere wenn inzwischen bereits in erster Instanz über die Unterlassungsklage entschieden worden oder diese entscheidungsreif ist. Es widerspricht dem Grundsatz der Prozessökonomie, dass hier zwei derartige Klagen mit unnötigem Aufwand an Zeit und Kosten nebeneinander betrieben werden können. Daher bleibt das Feststellungsinteresse für eine negative Feststellung nur in besonders gelagerten Ausnahmefällen bestehen. Dazu gehört der Fall, dass sich das **Feststellungsverfahren bereits in der Revisionsinstanz** befindet, ferner dass die Unterlassungsklage unzulässig ist,[486] dagegen nicht der Umstand für sich allein, dass alsbald über die Unterlassungsklage eine Sachentscheidung erster oder zweiter Instanz ergehen wird.[487]

Wird die negative **Feststellungsklage erst nach der Unterlassungsklage rechtshängig,** steht ihr bereits deren Rechtshängigkeit entgegen.[488] Sie ist daher von Anfang an unzulässig. 127

2. Feststellung des ursprünglichen Bestehens oder Nichtbestehens eines im Verfügungsverfahren geltend gemachten Unterlassungsanspruchs

Gibt der Antragsgegner in einem Verfügungsverfahren eine strafbewehrte Verpflichtungserklärung ab und entfällt demgemäß die Wiederholungsgefahr oder hat sich die einstweilige Verfügung durch Zeitablauf erledigt, so fehlt für eine Klage des Antragstellers auf **Feststellung, dass der geltend gemachte Unterlassungsanspruch bestanden habe,** regelmäßig das Feststellungsinteresse,[489] und zwar auch dann, wenn dem Antragsteller nach § 926 ZPO eine Klagefrist gesetzt worden ist. Vielmehr ist eine solche Klagefristsetzung unzulässig; der Antragsgegner kann den Antragsteller nicht gemäß § 926 ZPO zu einer unzulässigen, sinnlosen Klage zwingen. 128

Dem steht nicht entgegen, dass der Antragsgegner möglicherweise im Verfügungsverfahren sein Tatsachenvorbringen nicht glaubhaft machen, in einem Klageverfahren aber beweisen kann. Sein Interesse, nicht die Kosten des Verfügungsverfahren tragen zu müssen, genügt nicht, um die Zulässigkeit der Klagefristsetzung und dementsprechend das erforderliche Feststellungsinteresse des Antragstellers zu begründen. Dessen Feststellungsinteresse ergibt sich auch nicht daraus, dass der Antragsgegner einen Schadensersatzanspruch aus § 945 ZPO haben könnte.[490] Der Antragsteller hat die Möglichkeit, eine negative Feststellungsklage dahin zu erheben, dass dem Antragsgegner ein solcher Schadensersatzanspruch nicht zusteht, falls dieser sich eines derartigen Anspruchs berühmt.[491] 129

Ebenso hat umgekehrt der Antragsgegner insbesondere nach Abgabe einer Unterwerfungserklärung in der Regel kein berechtigtes Interesse an einer **negativen Feststellung** daran, **dass der** vom Antragsteller geltend gemachte **Unterlassungsanspruch nicht bestand.**[492] Das gilt erst recht, wenn die beanstandete Handlung nicht wiederholbar ist und es ihm daher nur um die Kosten des Verfügungsverfahrens geht.[493] Ein Kostenwiderspruch hilft ihm allerdings nicht, die Berechtigung des Verbots überprüfen zu lassen; denn im Rahmen eines solchen Verfahrens hat er nur die Möglichkeit, sich gegenüber § 91 ZPO, von dem für die Kostenentscheidung auszugehen ist, auf § 93 ZPO zu berufen, während der Bestand des nicht angefochtenen Verbots und damit die Begründetheit des Unterlassungsantrages einschließlich der Frage der Begehungsgefahr hinzunehmen ist. 130

Ausnahmsweise mag die Frage des **Feststellungsinteresses** dann anders zu beurteilen sein, **wenn der Antragsgegner** bereits **gegen die einstweilige Verfügung verstoßen** hat und daher trotz der Erledigungserklärung noch mit einem erfolgreichen Ordnungsmittel-Verfahren rechnen muss (vgl. dazu Rdn. 331 ff.) und wenn er nur mit den Beweismitteln des Hauptverfahrens die Feststellung erreichen kann, dass der gegen ihn gerichtete Unterlassungsanspruch nicht bestand. 131

Die negative Feststellungsklage des Antragsgegners ist dagegen zulässig, soweit es um **ähnliche Handlungen** geht und der Antragsteller sich berühmt hat, insoweit einen Unterlassungsanspruch zu haben.[494] 132

---

[486] *Köhler*/Bornkamm § 12 Rdn. 2.20.

[487] So aber OLG München GRUR 1993, 509.

[488] BGH GRUR 1994, 823, 824 – *Preisrätselgewinnauslobung II; Keller* WRP 2000, 908, 909.

[489] BGH NJW 1973, 1329; NJW 1974, 503; GRUR 1985, 571, 572 – *Feststellungsinteresse I;* OLG Hamburg NJW-RR 1986, 1122, 1123; *Köhler*/Bornkamm § 12 Rdn. 2.21; Teplitzky/*Schwippert* Kap. 52 Rdn. 25; a. M. OLG Hamm WRP 1980, 87, 88; OLG Nürnberg WRP 1980, 443.

[490] So aber OLG Frankfurt WRP 1982, 590, 591.

[491] Teplitzky/*Schwippert* Kap. 52 Rdn. 27.

[492] Im Ergebnis ähnlich Teplitzky/*Schwippert* Kap. 52 Rdn. 28.

[493] Vgl. dazu BGH GRUR 1985, 571, 572 – *Feststellungsinteresse I,* der auf die Möglichkeit eines Kostenwiderspruchs verweist.

[494] BGH GRUR 1985, 571, 572 f. – *Feststellungsinteresse I.*

133 Hat der Verletzer eine **Unterwerfungserklärung unter der auflösenden Bedingung** abgegeben, dass die Verpflichtung entfallen soll, wenn die **Rechtslage durch eine höchstrichterliche Entscheidung** zu seinen Gunsten **geklärt** wird, kann dazu nicht vereinbart werden, dass diese Klärung durch die Parteien auf der Grundlage der begangenen Handlung herbeigeführt werden soll. Durch eine solche Vereinbarung entfällt nicht die Wiederholungsgefahr (vgl. § 12 Rdn. 166). Sie ist auch unpraktikabel. Meist wäre es einfacher, dass es nicht zu einer positiven Feststellungsklage des Verletzten oder einer negativen Feststellungsklage des Verletzers kommt, sondern der Verletzte, ohne dass eine solche auflösend bedingte Erklärung abgegeben wird, eine Unterlassungsklage erhebt oder eine bereits laufende Unterlassungsklage fortsetzt, um eine Entscheidung des BGH herbeizuführen. Wenn man annähme, dass eine Unterlassungsklage nach Abgabe einer derartigen Unterwerfungserklärung nicht mehr möglich sei, weil die Wiederholungsgefahr entfallen sei, könnten die Parteien die Klärung nicht im Rahmen einer Feststellungsklage herbeiführen.[495] Diese Klärung kann der Beklagte nicht dadurch erreichen, dass er eine negative Feststellungsklage erhebt, mit der er feststellen lassen will, dass dem Gegner kein gesetzlicher Unterlassungsanspruch zusteht.[496] Das Nichtbestehen eines solchen Anspruchs ergäbe sich bereits daraus, dass keine Wiederholungsgefahr mehr bestünde, so dass eine Klärung der Frage, ob das beanstandete Verhalten rechtswidrig ist, nicht zu erwarten ist. Sofern die Parteien etwa das Bestehen bzw. Nichtbestehen des Unterlassungsanspruches vor Abgabe der auflösend bedingten Unterwerfungserklärung zum Streitgegenstand machen, fehlt es an dem erforderlichen gegenwärtigen Rechtsverhältnis. Hat der Gläubiger die auflösend bedingte Verpflichtungserklärung angenommen, besteht zwar ein vertraglicher Unterlassungsanspruch. Mit dessen Feststellung käme es aber nicht zu einer Klärung der umstrittenen Rechtsfrage.

3. Feststellung der Schadensersatzpflicht

134 Vgl. unter VII 2a) = Rdn. 145 ff.

VI. Beseitigungsklage

1. Allgemeines

135 Neben Unterlassung kann der Kläger falls erforderlich **Beseitigung** verlangen, insbesondere **eines andauernden Störungszustandes,** wie etwa den Widerruf einer rufschädigenden Äußerung oder die Veröffentlichung eines Urteils.[497] Beides ist nur mit einer Beseitigungsklage zu erreichen. Gegenstand einer solchen Klage kann aber auch sein, was von einem Unterlassungsantrag mit umfasst wird, falls nämlich der Schuldner im Rahmen der Unterlassungspflicht zu einem positiven Tun verpflichtet ist, wie etwa zur Beseitigung eines rechtswidrigen Werbeschildes. Es handelt sich um verschiedene Streitgegenstände.[498] Dagegen umfasst der Beseitigungsanspruch aus UWG keinen Anspruch auf Vernichtung, etwa von Nachahmungen; denn deren Herstellung ist noch nicht unlauter.[499]

136 In Betracht kommt auch eine **vorbeugende Beseitigungsklage,** mit der eine Störung verhindert werden soll. Damit kann gegen vorbereitende Maßnahmen vorgegangen werden, die erst zu einer Störung führen. Eine solche Möglichkeit ist dann zu bejahen, wenn die Beseitigungshandlung auch in den Rahmen einer Unterlassungspflicht fällt,[500] dagegen nicht, wenn es um Vorbereitungshandlungen geht, die nicht Gegenstand eines Unterlassungsantrages sein können.[501] Der Unterschied in den beiden Klagen spielt eine erhebliche Rolle für die Vollstreckung; ein Unterlassungstitel ist nach § 890 ZPO, ein Beseitigungstitel nach § 887 oder nach § 888 ZPO vollstreckbar.

2. Rechtsschutzbedürfnis

137 Dem Rechtsschutzbedürfnis steht grundsätzlich nicht entgegen, dass der Kläger einen Unterlassungsantrag verfolgt oder verfolgen kann. Das könnte nur dann problematisch sein, wenn es um

---

495 Vgl. Teplitzky/*Kessen* Kap. 8 Rdn. 13, Teplitzky/*Bacher* Kap. 41 Rdn. 64, insbesondere Teplitzky/*Schwippert* Kap. 52 Rdn. 11.

496 BGH GRUR 1993, 677, 679 – *Bedingte Unterwerfung; Köhler*/Bornkamm § 12 Rdn. 2.20.

497 BGH GRUR 1987, 189 f. – *Veröffentlichungsbefugnis beim Ehrenschutz;* GRUR 1992, 527, 529 – *Plagiatsvorwurf II* ausführlich zum Beseitigungsanspruch oben *Goldmann* § 8 Rdn. 148 ff.

498 BGH GRUR 2015, 258, 262 f. – *CT-Paradies; Köhler*/Bornkamm § 12 Rdn. 2.51; Ahrens/*Bacher* Kap. 73 Rdn. 3.

499 BGH GRUR 2012, 1155, 1158 – *Sandmalkasten.*

500 BGH GRUR 1993, 556, 558 – *TRIANGLE;* Teplitzky/*Löffler* Kap. 22 Rdn. 14.

501 So aber Teplitzky/*Löffler* Kap. 25 Rdn. 8; vgl. zu Fällen des Nachbaus: BGH GRUR 1996, 210, 212 – *Vakuumpumpen;* GRUR 1999, 751, 754 – *Güllepumpen.*

eine Maßnahme wie etwa die Entfernung eines Werbeschildes geht, die Gegenstand sowohl eines Unterlassungs- als auch eines Beseitigungsantrages sein könnte. Aber auch in einem solchen Falle kann der Kläger in der Regel ausdrücklich Beseitigung verlangen. Anders ist es mangels Rechtsschutzinteresses nur dann, wenn der Kläger bereits einen Unterlassungstitel erlangt hat, mit dem er die geforderte Beseitigung durchsetzen kann.[502]

3. Bestimmtheitsgebot

Ebenso wie für den Unterlassungsantrag gilt **§ 253 Abs. 2 Nr. 2 ZPO** für den Beseitigungsantrag. Der Kläger muss die zu beseitigende Störung und die zur Beseitigung erforderlichen Maßnahmen im Antrag so **genau beschreiben,** dass der Beklagte weiß, was er zu tun hat, und dass bei einer etwaigen Vollstreckung möglichst keine Probleme entstehen können. Da es um die Beseitigung eines bestimmten Zustandes geht, ist die „Kerntheorie" im vorliegenden Zusammenhang nicht heranzuziehen.[503] 138

Gibt es nur eine **einzige Möglichkeit der Beseitigung,** so hat der Kläger sie **im Antrag zu bezeichnen.**[504] Gibt es dagegen **mehrere gleichwertige Möglichkeiten** der Beseitigung, ist dem Beklagten zu überlassen, wie er den Störungszustand beseitigt. Dann ist ausnahmsweise ein **Alternativantrag** zulässig, etwa in der Formulierung „nach Wahl des Beklagten", wie zum Beispiel bei einem Prospekt nach Wahl des Beklagten entweder die Schwärzung der rechtswidrigen Angabe oder die Vernichtung des Prospekts.[505] Der Beklagte wird sich dann vor allem nach den technischen Möglichkeiten der ihm wahlweise überlassenen Beseitigung und deren Kosten richten. Ausnahmsweise kommt auch ein Antrag in Betracht, der auf Beseitigung einer näher bezeichneten Störung gerichtet ist, wenn sich nämlich noch nicht feststellen lässt, mit welchen Maßnahmen die Störung beseitigt werden kann.[506] 139

Wenn der Kläger **Widerruf** verlangt, muss im Antrag jedenfalls angegeben werden, gegenüber welchem Adressatenkreis der Beklagte widerrufen soll.[507] Aus dem Bestimmtheitsgebot kann auch folgen, dass die Adressaten im Antrag namentlich zu bezeichnen sind.[508] Der Beklagte muss auf Grund des Urteils genau wissen, wem gegenüber er zu widerrufen hat. Anderenfalls können unnötigerweise im Vollstreckungsverfahren Probleme auftauchen, insbesondere Streit darüber, ob der Beklagte seiner Pflicht zum Widerruf nachgekommen ist. Sind die Empfänger dem Kläger nicht bekannt, hat er die Möglichkeit, im Wege der Stufenklage (Auskunft – Widerruf) vorzugehen.[509] 140

4. Konkretisierungsgebot

Das erstrebte Gebot darf **nicht weiter** gehen, **als zur Beseitigung des Störungszustandes notwendig ist.**[510] Im Antrag auf Widerruf ist genau anzugeben, welche unrichtigen Behauptungen widerrufen werden sollen. Bei einem Text, der sich aus richtigen und unrichtigen Tatsachenbehauptungen sowie Werturteilen zusammensetzt, muss der Widerruf auf die unrichtigen Behauptungen beschränkt werden;[511] es darf nicht der Eindruck entstehen, dass auch richtige Behauptungen oder sogar Werturteile widerrufen werden sollen. 141

VII. Schadensersatzklage

1. Leistungsklage

a) Bezifferter Antrag. In Wettbewerbssachen sind **bezifferte Zahlungsanträge,** mit denen der Kläger Schadensersatz verlangt, **verhältnismäßig selten.** Solche Anträge kommen vor allem für Klagen auf **Erstattung von Abmahnkosten** in Betracht; denn die Erstattung dieser Kosten kann auch im Wege des Schadensersatzes erfolgen (§ 12 Rdn. 101 ff.). Nur in wenigen Fällen wird 142

---

[502] OLG Hamburg MD VSW 1998, 192, 193 f.; Teplitzky/*Löffler* Kap. 22 Rdn. 7.
[503] *Köhler*/Bornkamm § 12 Rdn. 2.53.
[504] *Köhler*/Bornkamm § 12 Rdn. 2.52.
[505] Vgl. BGH GRUR 1954, 337, 342 – *Radschutz; Köhler*/Bornkamm § 12 Rdn. 2.52; Ahrens/*Bacher* Kap. 73 Rdn. 17; Teplitzky/*Löffler* Kap. 24 Rdn. 8, Kap. 25 Rdn. 11.
[506] *Köhler*/Bornkamm § 12 Rdn. 2.52.
[507] Ahrens/*Bacher* Kap. 73 Rdn. 28.
[508] Vgl. BGH GRUR 1966, 272, 273 f. – *Arztschreiber.*
[509] Vgl. dazu aber die OLG-Verurteilung, die BGH GRUR 1995, 424, 426 f. – *Abnehmerverwarnung* zugrunde liegt.
[510] BGH GRUR 1966, 35, 38 – *multikord;* GRUR 1981, 60, 64 – *Sitex.*
[511] BGH GRUR 1992, 527, 529 – *Plagiatsvorwurf II.*

nach vorangegangener Feststellungsklage der Schaden noch beziffert, weil die Parteien sich meist nach Auskunftserteilung und spätestens nach Rechtskraft des Feststellungsurteils auf einen angemessenen Schadensbetrag einigen oder der Kläger den Schadensersatzanspruch nach Abschluss eines Vergleichs nicht weiterverfolgt.

143 **b) Unbezifferter Antrag.** Auch unbezifferte Zahlungsanträge kommen in der wettbewerbsrechtlichen Praxis **nur selten** vor. Eine **Stufenklage** (§ 254 ZPO) wird meist nicht erhoben, weil der Kläger es aus Gründen der Prozessökonomie regelmäßig vorzieht, einen Auskunftsantrag verbunden mit einem Feststellungsantrag zu verfolgen. Sie ist aber zulässig.[512] Ein unbezifferter Zahlungsantrag kommt in Betracht, wenn der Kläger einen Schaden ersetzt verlangt, der vom Gericht, insbesondere als Mindestschaden, **geschätzt** werden soll.[513] Im Einzelfall kann zweifelhaft sein, ob der Kläger in Wahrheit einen Feststellungsantrag meint.[514] Was er will, ist durch Auslegung und Nachfrage zu ermitteln. Bei einem unbezifferten Zahlungsantrag hat der Kläger die **Größenordnung des für angemessen gehaltenen Betrages**[515] oder einen Mindestbetrag anzugeben. Außerdem müssen die tatsächlichen Grundlagen vorgetragen werden, damit das Gericht überhaupt zu einer Schätzung in der Lage ist.[516] Die Klage ist teilweise abzuweisen, wenn der Betrag, den das Gericht dem Kläger zuspricht, erheblich von dem genannten Betrag abweicht, und zwar mit entsprechender Kostenfolge, es sei denn, dass zugunsten des Klägers § 92 Abs. 2 ZPO eingreift.[517]

Der Antrag könnte etwa **wie folgt formuliert** werden:

„... an den Kläger einen angemessenen Betrag zu zahlen, den das Gericht gemäß § 287 ZPO schätzen möge, mindestens aber ... €."

144 **c) Schadensschätzung.** Der Schaden ist gemäß § 287 Abs. 1 ZPO zu schätzen.[518] Die Tatsacheninstanzen sollten den ihnen eingeräumten **Ermessensspielraum voll ausschöpfen,** um zu vernünftigen, praxisgerechten Ergebnissen zu gelangen.

2. Feststellungsklage

145 **a) Feststellungsinteresse.** In Wettbewerbssachen verfolgt der Kläger seinen Schadensersatzanspruch regelmäßig im Wege der Feststellungsklage, für die das Feststellungsinteresse meist zu bejahen ist. Das **Feststellungsinteresse** ist gegeben, wenn der Kläger seinen **Schaden noch nicht insgesamt beziffern** kann, weil die Schadensentwicklung noch nicht abgeschlossen ist oder weil die Berechnung des Schadens noch von einer Auskunft/Rechnungslegung des Beklagten abhängt. In Wettbewerbssachen trifft das regelmäßig zu. Soweit es insbesondere um zukünftigen Schaden geht, ist das Feststellungsinteresse zu bejahen, falls er, wenn auch nur entfernt, möglich ist, seine Art, sein Umfang und sogar sein Eintreten noch ungewiss sind.[519] Dabei kommt es nicht darauf an, ob die Entstehung des Schadens wahrscheinlich ist; das ist eine Frage der Begründetheit der Klage.[520]

146 Obwohl an sich eine Leistungsklage Vorrang hat vor einer Feststellungsklage, kann der Kläger zumindest im Wettbewerbsprozess **nicht** darauf verwiesen werden, er müsse **im Wege der Stufenklage** (§ 254 ZPO) auf Leistung klagen.[521] Eine solche Klage ist **nicht prozessökonomischer als eine Feststellungsklage.** Ihr Nachteil ist zunächst, dass im Falle einer begründeten Klage der Leistungsantrag nach einem Auskunftsurteil noch für längere Zeit in der ersten Instanz verbleibt, während zunächst in den weiteren Instanzen über die Auskunftsstufe gestritten wird. Nachteilig ist vor allem, dass die Rechtskraft des Auskunftsurteils den Beklagten nicht daran hindert, in der Leistungsstufe erneut den Grund des Anspruchs zu bestreiten. Dem Kläger hilft insoweit zum Leis-

---

[512] BGH GRUR 255, 256 – *Hundefigur.*

[513] Beispiel: BGH GRUR 1993, 55, 56 – *Tchibo/Rolex II;* vgl. auch BGH GRUR 2009, 1148, 1150 – Talking to Addison (Änderung einer Vereinbarung über den Betrag einer Urheberrechtsvergütung).

[514] Vgl. dazu BGH GRUR 1990, 1012, 1014 – *Pressehaftung I;* GRUR 2005, 320, 326 – *Kehraus;* GRUR 2005, 860, 863 – *Fash 2000.*

[515] BGH NJW 1982, 340 f.

[516] BGH GRUR 1977, 539, 542 – *Prozessrechner; Köhler*/Bornkamm § 12 Rdn. 2.57; *Leisse/Traub* GRUR 1980, 1, 12 ff.

[517] BGH GRUR 1977, 539, 542 – *Prozessrechner.*

[518] Teplitzky/*Schwippert* Kap. 52 Rdn. 33 ff.

[519] BGH GRUR 1992, 559 – *Mikrofilmanlage.*

[520] BGH GRUR 1972, 180, 183 – *Cheri;* GRUR 1992, 559 – *Mikrofilmanlage.*

[521] BGH GRUR 1960, 193, 196 – *Frachtenrückvergütung;* GRUR 2001, 1177, 1178 – *Feststellungsinteresse II;* GRUR 2003, 900, 901 – *Feststellungsinteresse III;* GRUR 2008, 258, 259 – *INTERCONNECT/T-InterConnect;* GRUR 2008, 786, 787 f. – *Multifunktionsgeräte;* GRUR 2008, 993, 994 – *Kopierstationen;* vgl. auch GRUR 2002, 795, 796 – *Titelexklusivität.*

tungsantrag ein Zwischenfeststellungsantrag (§ 256 Abs. 2 ZPO), über den im Auskunftsurteil mitentschieden werden kann. Dann entspricht es aber der Prozessökonomie, dass er sich zum Schadensersatz von vornherein mit einer Feststellungsklage begnügt. Es kommt hinzu, dass auch nach erteilter Auskunft, über deren Richtigkeit ein zusätzlicher Streit entstehen kann, nicht etwa wie bei einer „normalen" Rechnungslegung ein bestimmter Betrag herauskommt, sondern die Ermittlung des Schadens und seiner Höhe erhebliche Schwierigkeiten bereiten, insbesondere eine eingehende Sachprüfung auch hinsichtlich der Berechnungsmethode erfordern kann. Nach Rechtskraft eines Feststellungsurteils verständigen sich die Parteien daher meistens auf einen angemessenen Schadensbetrag, so dass es nicht mehr zu einer bezifferten Leistungsklage kommt. Eine **Teilbezifferung des Schadens** ist grundsätzlich nicht erforderlich.[522]

Nur wenn der Kläger **bereits vor Prozessbeginn** die erforderliche Auskunft erhalten hat, die **147**
Schadensentwicklung abgeschlossen ist und der Kläger demgemäß in der Lage ist, seinen konkreten Schaden zu berechnen, kann das Feststellungsinteresse ausnahmsweise zu verneinen sein,[523] ebenso wenn der Kläger die verwirkte Vertragsstrafe einklagen kann und ein weitergehender Schadensersatz nicht in Betracht kommt.[524] Unabhängig davon kann Entsprechendes ausnahmsweise gelten, wenn ein festumrissener, abgeschlossener Schaden, wie etwa Abmahnkosten, bereits beziffert werden kann. Dieser Schaden ist mit einer Leistungsklage zu verfolgen.

Als Prozessvoraussetzung muss das Feststellungsinteresse noch am Schluss der mündlichen Ver- **148**
handlung vorhanden sein.[525] Ist es aber zu Beginn der ersten Instanz zu bejahen, besteht es grundsätzlich fort, weil es **regelmäßig nicht der Prozessökonomie** entspricht, dass der Kläger **während der Instanz zu einem bezifferten Leistungsantrag** übergeht.[526] Meist wird das ohnehin nicht möglich sein, weil die zukünftige Schadensentwicklung noch nicht endgültig abgeschlossen ist. Im Übrigen würde der Rechtsstreit unnötig verzögert, wenn die Höhe des Schadens umstritten ist. Eine mögliche Teilbezifferung während der Instanz ist ebenso wie grundsätzlich zu Beginn des Rechtsstreits in der Regel nicht prozessökonomisch. Eine **Bezifferung während des Rechtsstreits** könnte **ausnahmsweise** dann **geboten** sein, wenn die Schadensermittlung abgeschlossen und die Sache entscheidungsreif ist, insbesondere die Höhe des Schadens ohne Verzögerung festgestellt werden kann, und der Beklagte mit dem Übergang zu einem bezifferten Leistungsantrag einverstanden ist.[527] In der Berufungsinstanz widerspricht es in jedem Falle dem Grundsatz der Prozessökonomie, den Kläger zu zwingen, vom Feststellungsantrag zu einem bezifferten Leistungsantrag überzugehen.[528]

Der Kläger muss ein Interesse an **„alsbaldiger"** Feststellung haben. Im Wettbewerbsprozess ist **149**
das wegen der kurzen Verjährungsfrist (§ 11) regelmäßig zu bejahen. Die Feststellungsklage hemmt die Verjährung (§ 204 Abs. 1 Nr. 1 BGB).

b) Begründetheit. Zur Begründetheit genügt nicht eine entfernt liegende, nur theoretische **150**
Möglichkeit des Schadenseintritts.[529] Es ist aber auch nicht erforderlich, dass tatsächlich bereits ein Schaden feststeht. Vielmehr braucht nur eine **gewisse (nicht hohe) Wahrscheinlichkeit eines Schadens** vorzuliegen.[530] Es genügt, dass nach der Lebenserfahrung der Eintritt eines Schadens denkbar und möglich ist, was bei Wettbewerbsverstößen grundsätzlich zu bejahen ist. Das gilt jedoch nicht bei nur drohenden Verstößen.[531] Der Vortrag von Einzelheiten ist im Regelfall nicht notwendig.[532] Nur wenn nach der allgemeinen Lebenserfahrung ein Schaden fern liegt, muss der Kläger näher darlegen, aus welchen besonderen Umständen sich gleichwohl ein Schaden ergeben könnte.[533]

---

522 Teplitzky/*Schwippert* Kap. 52 Rdn. 17.

523 BGH GRUR 2004, 70, 71 – *Preisbrecher;* OLG Schleswig NJWE-WettbR 1998, 91, 93.

524 BGH GRUR 1993, 926 – *Apothekenzeitschriften;* Teplitzky/*Schwippert* Kap. 52 Rdn. 17.

525 BGH GRUR 1987, 402 f. – *Parallelverfahren.*

526 BGH GRUR 1987, 524, 525 – *Chanel No. 5 II;* GRUR 2008, 258, 259 – *INTERCONNECT/T-InterConnect;* Ahrens/*Bacher* Kap. 71 Rdn. 10.

527 BGH LM ZPO § 256 Nr. 5; GRUR 1978, 187, 188 – *Alkoholtest;* OLG München MD VSW 1998, 531, 532 f.; Teplitzky/*Schwippert* Kap. 52 Rdn. 18.

528 OLG Hamburg MD VSW 2000, 296, 299; MD VSW 2004, 1095, 1097.

529 BGH GRUR 1995, 744, 749 – *Feuer, Eis & Dynamit I;* GRUR 2001, 849, 850 – *Remailing-Angebot.*

530 BGH GRUR 1993, 926, 927 – *Apothekenzeitschrift;* GRUR 1999, 587, 590 – *Cefallone;* GRUR 2000, 907, 911 – *Filialleiterfehler;* GRUR 2002, 715, 717 – *Scanner-Werbung.*

531 BGH GRUR 2001, 849, 850 f. – *Remailing-Angebot.*

532 BGH GRUR 1974, 84, 88 – *Trumpf;* GRUR 1974, 735, 736 – *Pharmamedan;* GRUR 1992, 61, 63 – *Preisvergleichsliste.*

533 BGH GRUR 1995, 744, 749 – *Feuer, Eis & Dynamit I;* GRUR 1999, 1017, 1019 – *Kontrollnummernbeseitigung;* GRUR 2001, 78, 79 – *Falsche Herstellerempfehlung.*

151 c) **Antragsformulierung.** Der Antrag muss ebenso bestimmt formuliert sein wie ein entsprechender Unterlassungsantrag.[534] Der Kläger bezieht sich im Feststellungsantrag meist auf den entsprechenden, zuvor formulierten Unterlassungsantrag, der auch kerngleiche Handlungen umfasst.[535] Das geht aber nicht, soweit dieser verallgemeinert und lediglich Erstbegehungsgefahr besteht; dagegen kann ein Anspruch auf Schadensersatz, soweit die Vermutung der Wiederholungsgefahr reicht, auch im Umfange der Verallgemeinerung gegeben sein.[536] Voraussetzung ist aber, dass über den festgestellten Verstoß hinaus auch hinsichtlich anderer Handlungen abschließend entschieden werden kann, insbesondere über die Frage des Verschuldens.[537] Vielfach ergibt sich aber – ebenso wie für den Auskunftsantrag – im Wege der **Auslegung,** dass der Antrag nur auf die konkrete Verletzungshandlung bezogen sein soll.[538] Ein **Zeitpunkt,** von dem an Schadensersatz verlangt werden kann, braucht nicht angegeben zu werden (vgl. Rdn. 154). Mangels entgegenstehender Umstände erfasst der Antrag auch Verletzungshandlungen, die der Verletzer nach Schluss der mündlichen Verhandlung in Fortführung der bereits begangenen, mit der Klage beanstandeten Handlungen begeht (vgl. Rdn. 154).[539]

Der Antrag könnte etwa **wie folgt formuliert** werden:

„... festzustellen, dass der Beklagte verpflichtet ist, dem Kläger allen Schaden zu ersetzen, der ihm dadurch entstanden ist und noch entstehen wird, dass der Beklagte (es folgt meist eine Rückbeziehung auf den Unterlassungsantrag, in dem die beanstandeten Handlungen bereits beschrieben worden sind; sonst muss das jetzt geschehen)".

VIII. Auskunfts- und Rechnungslegungsklage

1. Allgemeines

152 Die Auskunfts- und/oder Rechnungslegungsklage kann, was in der wettbewerbsrechtlichen Praxis in der Regel geschieht, **mit einer Feststellungsklage verbunden** werden, außerdem mit einer Unterlassungsklage, die meist im Vordergrund der rechtlichen Auseinandersetzung steht. Sie kommt auch im Rahmen einer (möglichen, aber unzweckmäßigen) Stufenklage in Betracht, ferner im Zusammenhang mit einer Beseitigungsklage.[540] Ausnahmsweise wird sie auch selbstständig erhoben, was ohne weiteres zulässig ist.

153 Wenn der Beklagte **während des Rechtsstreits,** insbesondere in einem Schriftsatz, **Auskunft erteilt,** auch in Form einer Negativauskunft,[541] hat der Kläger den Auskunftsantrag in der Hauptsache für erledigt zu erklären. Ergibt die Auskunft des Beklagten, der dem Grunde nach zum Schadensersatz verpflichtet ist, dass der Kläger der Höhe nach keinen bezifferbaren Schaden hat, so hat sich im Rahmen einer Stufenklage nicht auch der bisher nicht bezifferte Zahlungsantrag erledigt. Dieser hat sich vielmehr als von Anfang an unbegründet erwiesen.[542] Dem Kläger kann insoweit jedoch ein Schadensersatzanspruch wegen der Kosten zustehen, wenn der Beklagte sich mit seiner Verpflichtung zur Auskunft im Verzug befand; er kann diesen Anspruch im selben Rechtsstreit geltend machen.[543] Im Einzelfall kann zweifelhaft sein, ob Angaben, die der Beklagte im Rahmen seines Sachvortrages macht, als verbindliche Auskunft, die den Auskunftsanspruch erfüllt, anzusehen sind, etwa als eine Negativauskunft, wenn der Beklagte schlicht behauptet, etwas nicht getan zu haben. Dann sollte das Gericht klären, ob der Beklagte seine Angaben als Auskunft verstanden wissen will, und dessen Antwort zu Protokoll nehmen.

---

[534] BGH GRUR 2006, 357, 358 – *Planfreigabesystem,* vgl. auch BGH GRUR 2008, 917, 919 – *EROS.*

[535] Vgl. BGH GRUR 2006, 504, 5063 – *Parfümtestkäufe.*

[536] BGH GRUR 2000, 907, 910 – *Filialleiterfehler;* vgl. aber BGH GRUR 2003, 446, 447 – *Preisempfehlung für Sondermodelle;* GRUR 2004, 696, 699 – *Direktansprache am Arbeitsplatz I;* GRUR 2006, 426, 427 – *Direktansprache am Arbeitsplatz II;* GRUR 2006, 421, 424 – *Markenparfümverkäufe.*

[537] BGH GRUR 2006, 421, 424 – *Markenparfümverkäufe;* GRUR 2006, 504, 508 – *Parfümtestkäufe.*

[538] BGH GRUR 2000, 907, 910 – *Filialleiterfehler.*

[539] BGH GRUR 2004, 755, 756 f. – *Taxameter* betr. Patentverletzungen.

[540] Teplitzky/*Schwippert* Kap. 52 Rdn. 4; ausführlich zu den materiell-rechtlichen und prozessualen Aspekten der Ansprüche auf Auskunft und Rechnungslegung oben *Goldmann* vor §§ 8 ff. Rdn. 35 ff.

[541] BGH GRUR 2001, 841, 844 – *Entfernung der Herstellungsnummer II;* OLG Düsseldorf GRUR-RR 2012, 406, 407.

[542] BGH GRUR 1994, 666 – *Negative Auskunft;* Teplitzky/*Schwippert* Kap. 46 Rdn. 35.

[543] BGH GRUR 1994, 666, 667 – *Negative Auskunft.*

2. Bestimmtheits- und Konkretisierungsgebot

154 Der Auskunftsantrag muss – ebenso wie der entsprechende Unterlassungsantrag[544] – genau beschreiben, worüber der Beklagte Auskunft erteilen soll. Das geschieht meist durch **Bezugnahme auf den Unterlassungsantrag,** in dem die beanstandete Handlung bereits beschrieben worden ist. Das geht allerdings – ebenso wie beim Schadensersatzantrag (Rdn. 151) – nicht, soweit dieser verallgemeinert wurde oder nur Erstbegehungsgefahr besteht. Der Antrag kann materiell-rechtlich auf den konkreten Verletzungsfall zu beschränken sein.[545] Außerdem ist **Art und Umfang** anzugeben. Ebenso wie bei der Verletzung eines gewerblichen Schutzrechts[546] braucht bei UWG-Verstößen kein Zeitraum angegeben zu werden, etwa ein Anfangsdatum (erste nachgewiesene Verletzungshandlung).[547] Soweit der Kläger Auskunft auch über den Zeitpunkt der mündlichen Verhandlung hinaus begehrt, müssen die Voraussetzungen des § 259 ZPO nicht gegeben sein.[548] – Entsprechend verhält es sich beim Antrag auf Rechnungslegung. Insbesondere hat der Antrag wiederzugeben, worüber Rechnung gelegt werden soll, wie etwa über Stückzahlen, Einkaufspreise, Verkaufspreise, Lieferdaten, Kalkulationsgrundlagen, und welche Belege der Beklagte vorzulegen hat.

3. Wirtschaftsprüfervorbehalt

155 Hat der Beklagte ein berechtigtes Interesse daran, bestimmte Informationen, wie etwa Angaben zu seinen Kunden, dem Kläger gegenüber geheim zu halten, kommt ein **Wirtschaftsprüfervorbehalt** in Frage.[549] Häufig wird der Beklagte einen solchen Vorbehalt **hilfsweise formulieren.** Hat der Kläger einen solchen Vorbehalt nicht von sich aus in seinen Antrag aufgenommen, spricht ihn aber das Gericht in seinem Urteil aus, liegt zwar ein teilweises Unterliegen des Klägers vor. Zu seinen Gunsten kommt jedoch § 92 Abs. 2 ZPO in Betracht.

4. Anspruch auf Ergänzung

156 Sind die Angaben, die der Beklagte gemacht hat, unvollständig, kommt ein Anspruch auf **Ergänzung der Auskunft** in Betracht. Der Kläger hat dann im Antrag genau zu beschreiben, welche Angaben ihm noch fehlen. Eine Überprüfung der Auskunft durch einen Wirtschaftsprüfer kann er dagegen nicht verlangen.[550] Um kein Kostenrisiko nach § 93 ZPO einzugehen, muss der Gläubiger, wenn der auskunftsbereite Schuldner ihm vorprozessual Auskunft erteilt hat, ihm aber noch weitere Auskünfte fehlen, in der Regel „nachfassen".[551]

5. Eidesstattliche Versicherung

157 Besteht Grund zu der Annahme, dass der Beklagte nicht mit der erforderlichen Sorgfalt Auskunft erteilt oder Rechnung gelegt hat, kann der Kläger gemäß §§ 259 II, 260 Abs. 2 BGB die **Abgabe einer eidesstattlichen Versicherung** verlangen.

6. Antragsformulierung

158 Die Anträge können etwa **wie folgt formuliert** werden:[552]

Auskunft: „... dem Kläger Auskunft darüber zu erteilen, wann der Beklagte in welchen Werbeträgern mit der Werbeangabe gemäß ... geworben hat (es erfolgt meist die Rückbeziehung auf den Unterlassungsantrag, in dem die beanstandete Handlung bereits beschrieben worden ist; sonst muss das jetzt geschehen) ...".

Rechnungslegung: „... dem Kläger darüber Rechnung zu legen, in welchem Umfange der Beklagte die ... Handlungen (es erfolgt meist die Rückbeziehung auf den Unterlassungsantrag, in dem die beanstandeten Handlungen bereits beschrieben worden sind; sonst muss das jetzt geschehen) begangen hat, und zwar unter Angabe der Liefermenge, Lieferzeiten, Lieferpreise und der

---

544 BGH GRUR 2007, 871, 872 f. – *Wagenfeld-Leuchte;* GRUR 2008, 357, 358 – *Planfreigabesystem;* GRUR 2009, 1075, 1076 – *Betriebsbeobachtung.*

545 BGH GRUR 2001, 841, 844 – *Entfernung der Herstellungsnummer II;* GRUR 2003, 446, 447 – *Preisempfehlung für Sondermodelle;* vgl. auch BGH GRUR 2001, 84, 85 – *Neu in Bielefeld II;* GRUR 2004, 437, 438 – *Fortfall einer Herstellerempfehlung;* GRUR 2006, 319, 322 – *Alpensinfonie;* GRUR 2006, 504, 506 f. – *Parfümtestkäufe.*

546 BGH GRUR 2007, 877, 878 f., 881 – *Windsor Estate;* GRUR 2010, 623, 627 – *Restwertbörse.*

547 *Köhler*/Bornkamm § 9 Rdn. 4.11; Ahrens/*Singer* Kap. 72 Rdn. 18 und 26.

548 Ahrens/*Singer* Kap. 72 Rdn. 26.

549 Vgl. dazu Teplitzky/*Löffler* Kap. 38 Rdn. 21, 28–32.

550 BGH GRUR 1984, 728, 729 f. – *Dampffrisierstab II.*

551 OLG Köln MD VSW 1998, 96 f.; Teplitzky/*Schwippert* Kap. 52 Rdn. 4.

552 *Köhler*/Bornkamm § 12 Rdn. 2.64; vgl. auch BGH GRUR 2008, 254, 255/258 – *THE HOME STORE.*

Namen und Anschriften der Angebotsempfänger, einschließlich der Gestehungskosten, sämtlicher Kostenfaktoren und des erzielten Gewinns, unter Angabe der Art und des Umfangs der betriebenen Werbung, aufgeschlüsselt nach Kalendervierteljahren, Bundesländern und Werbeträgern".[553]

Wirtschaftsprüfervorbehalt: „... Der Beklagte kann die Angaben einem von ihm bezeichneten, zur Verschwiegenheit verpflichteten vereidigten Wirtschaftsprüfer mitteilen, sofern er dessen Kosten trägt und ihn zugleich ermächtigt, dem Kläger auf Nachfrage mitzuteilen, ob in der Rechnungslegung ein oder mehrere bestimmte Abnehmer enthalten sind."[554]

IX. Beweis

Schrifttum: *Ahrens,* Der Beweis im Zivilprozess, 2015; *Bornkamm,* Die Feststellung der Verkehrsauffassung im Wettbewerbsprozess, WRP 2000, 830; *Eichmann,* Gegenwart und Zukunft der Rechtsdemoskopie, GRUR 1999, 939; *ders.,* Rechtsdemoskopie, in: *Hasselblatt,* Münchener Anwaltshandbuch, Gewerblicher Rechtsschutz, 4. Aufl., 2012, § 9; *Foerste,* Lauschzeugen im Zivilprozess, NJW 2004, 262; *Göckler,* Die Bedeutung der Purely Creative Entscheidung für die URP-Richtlinie, WRP 2014, 1167; *Hagenkötter,* Die Unlauterkeit von Testfotos, WRP 2008, 39; *Mes,* Testkauf zur Vorbereitung des Prozesses im gewerblichen Rechtsschutz und Wettbewerbsrecht, GRUR 2013, 767; *Niedermann/Noelle,* Die Bedeutung der gegabelten Befragung mit Kontrollgruppen als Erkenntnistechnik in Umfragen zum gewerblichen Rechtsschutz, in: FS Tilmann, 2003, S. 857; *Noelle-Neumann,* Über offene Fragen, Suggestivfragen und andere Probleme demoskopischer Erhebungen für die Rechtspraxis, GRUR 1968, 133; *Omsels,* Kritische Anmerkungen zur Bestimmung der Irreführungsgefahr, GRUR 2005, 548; *Scherer,* Der EuGH und der mündige Verbraucher – eine Beziehungskrise, WRP 2013, 705; *Spätgens,* Irreführende Werbung – Verbraucherleitbild – Marktforschung, WRP 2000, 1023; *Spätgens,* Voraussetzungen, Möglichkeiten und Grenzen demoskopischer Umfragen, FS Traub, 1994, 375; *Teplitzky,* Zu Anforderungen an Meinungsforschungsgutachten, WRP 1990, 145; *Ulbrich,* Der BGH auf dem Weg zum normativen Verbraucherleitbild, WRP 2005, 940; *Ingo Westermann,* Bekämpfung irreführender Werbung ohne demoskopische Gutachten, GRUR 2002, 403.

1. Beweisbedürftigkeit

159 Nur über **entscheidungserhebliche und beweisbedürftige Tatsachen** ist Beweis zu erheben. Da das Gericht die **Verkehrsauffassung meist auf Grund eigener Sachkunde** feststellen kann (Rdn. 174ff.), kommt es im Wettbewerbsprozess verhältnismäßig selten zu einer Beweisaufnahme. Diese bezieht sich in der Praxis vor allem darauf, ob der Beklagte die beanstandete Handlung tatsächlich begangen hat. An der Beweisbedürftigkeit fehlt es, wenn die Tatsache nicht bestritten (§ 138 Abs. 3 ZPO), zugestanden (§ 288 ZPO)[555] oder offenkundig (§ 291 ZPO) ist.

160 **Offenkundig** ist eine Tatsache, wenn sie allgemein oder dem Gericht amtlich bekannt ist. Die Partei kann demgegenüber aber darlegen, dass die Tatsache unrichtig ist, und dafür Beweis antreten, der dann zu erheben ist, falls die Tatsache erheblich ist.[556] Das Gericht hat die Parteien darauf hinzuweisen, dass es eine Tatsache als offenkundig ansehen will.

161 Soweit das Gericht – wie meist – die **Verkehrsauffassung auf Grund eigener Sachkunde** feststellen will, geht es nicht um offenkundige Tatsachen (Rdn. 174).[557] Der Richter erlangt seine Sachkunde nicht in amtlicher, sondern in privater Eigenschaft als Verkehrsteilnehmer, insbesondere als Verbraucher. Es handelt sich um Erfahrungswissen.[558] Ebenso verhält es sich, wenn der Richter auf seine eigene Sachkunde zurückgreifen will, um die Wahrscheinlichkeit eines Schadens festzustellen, falls dem nicht entgegensteht, dass die Verletzungshandlung eine Schadensfolge als eher fernliegend erscheinen lässt.[559]

2. Beweismittel

162 Beweismittel sind in der gesetzlich geregelten Reihenfolge: der **Augenschein** (§ 371 ZPO), **Zeugen** (§ 373 ZPO), auch mittelbare Zeugen,[560] **Sachverständige** (§ 402 ZPO), **Urkunden** (§§ 415ff. ZPO), die **Parteivernehmung** (§§ 445, 448 ZPO). Außerdem kennt das Gesetz noch

---

[553] Beispiel aus BGH GRUR 1999, 1106, 1107 – *Rollstuhlnachbau.*

[554] Beispiel aus BGH GRUR 1999, 1106, 1107 – *Rollstuhlnachbau.*

[555] Vgl. dazu BGH GRUR-RR 2009, 389, 399 – *Steuerberater- und Wirtschaftsprüfer-Jahrbuch.*

[556] BGH GRUR 1990, 607, 608 – *Meister-Kaffee.*

[557] GRUR 1992, 406, 407 – *Beschädigte Verpackung;* GRUR 1993, 677, 678 – *Bedingte Unterwerfung;* GRUR 2004, 244, 245 – *Marktführerschaft;* GRUR 2007, 1079, 1082 – *Bundesdruckerei;* Teplitzky/*Schwippert* Kap. 47 Rdn. 4; vgl. aber noch BGH GRUR 1990, 607, 608 – *Meister-Kaffee.*

[558] BGH GRUR 2014, 1211, 1212 – *Runes of Magic II.*

[559] BGH GRUR 2001, 78, 79 – *Falsche Herstellerpreisempfehlung;* Teplitzky/*Schwippert* Kap. 47 Rdn. 11.

[560] Vgl. dazu BGH WRP 2002, 1077, 1081 – *Vergleichsverhandlungen.*

amtliche Auskünfte (§§ 273 Abs. 2 Nr. 2, 358a Nr. 2 ZPO). Nach § 284 Satz 2 ZPO kann das Gericht mit Einverständnis der Parteien die Beweise in der ihm geeignet erscheinenden Art aufnehmen **(Freibeweis).**

3. Beweiserhebung

a) Allgemeines. Die Beweiserhebung über eine entscheidungserhebliche und beweisbedürftige Tatsache setzt grundsätzlich voraus, dass die Partei, welche die Beweislast hat, diese Tatsache dargelegt und dafür Beweis angetreten hat. Erforderlich ist ein Vorbringen, dass je nach den Umständen des Einzelfalles hinreichend substantiiert ist. Dabei dürfen keine überzogenen Anforderungen gestellt werden.[561] Einem bloßen **Beweisermittlungsantrag** braucht das Gericht nicht nachzugehen. Ein solcher Antrag ist darauf gerichtet, erst die entscheidungserheblichen Tatsachen zu ermitteln **(Ausforschungsbeweis).** Behauptet dagegen eine Partei Tatsachen, obwohl sie keine genaue Kenntnis hat, die sie aber für möglich oder wahrscheinlich hält, so schadet ihr das nicht.[562] 163

Außerdem muss die Tatsache, über die Beweis erhoben werden soll, streitig sein. Gemäß § 138 Abs. 4 ZPO ist eine **Erklärung mit Nichtwissen** nur über Tatsachen zulässig, die weder eigene Handlungen der Partei noch Gegenstand ihrer eigenen Wahrnehmung gewesen sind. Genügen kann auch ein **„Nichtmehrwissen"**. Dabei kommt es auf den Zeitpunkt an, zu dem sich die Partei im Prozess erklären muss. Sie ist aber verpflichtet, die ihr zugänglichen Informationen in ihrem Unternehmen und von denjenigen Personen einzuholen, die zu ihrem Verantwortungsbereich gehören.[563] 164

Von Amts wegen kann das Gericht anordnen: Die Einnahme eines Augenscheines und die Begutachtung durch einen Sachverständigen (§ 144 ZPO),[564] eine Parteivernehmung unter den Voraussetzungen des § 448 ZPO, die Vorlage von Urkunden und Akten (§§ 142, 143, 273 Abs. 2 Nr. 1, 2 ZPO). 165

Die Beweisaufnahme wird durch Beschluss angeordnet, gemäß §§ 358, 450 Abs. 1 Satz 1 ZPO durch förmlichen **Beweisbeschluss.** Dieser ist nicht selbständig anfechtbar. Das gilt auch für Anordnungen nach § 404a Abs. 4 ZPO, es sei denn, die Zwischenentscheidung hat ausnahmsweise für eine Partei einen bleibenden rechtlichen Nachteil zur Folge, der sich nicht mehr oder nicht mehr vollständig beheben lässt.[565] 166

Ob die beweisbelastete Partei ihr Vorbringen bewiesen hat, ist **in freier Beweiswürdigung** zu entscheiden (§ 286 Abs. 1 Satz 1 ZPO). Das Gericht hat die Gründe, die für die richterliche Überzeugung leitend gewesen sind, im Urteil anzugeben (§ 286 Abs. 1 Satz 2 ZPO). Demgemäß hat sich das Gericht mit gegenteiligem Vortrag der Partei, welche die Beweisaufnahme beantragt hat, auseinander zu setzen.[566] 167

b) Ablehnung der Beweisaufnahme. Eine Beweisaufnahme über eine behauptete Tatsache ist abzulehnen, wenn deren Erheblichkeit mangels Substantiierung nicht beurteilt werden kann oder wenn sie erkennbar aus der Luft gegriffen ist (Ausforschungsbeweis: vgl. Rdn. 163) und der Beweisantrag sich deshalb als Rechtsmissbrauch darstellt.[567] Dabei ist Zurückhaltung geboten.[568] Willkür wird in der Regel nur angenommen werden können, wenn jegliche tatsächlichen Anhaltspunkte fehlen.[569] 168

c) Erneute Beweisaufnahme. Nach § 398 Abs. 1 ZPO kann das Gericht nach seinem Ermessen die **wiederholte Vernehmung eines Zeugen** anordnen. Für das Berufungsverfahren gilt § 529 Abs. 1 Nr. 1 ZPO. Eine erneute Vernehmung ist geboten,[570] wenn das Berufungsgericht die Glaubhaftigkeit einer Zeugenaussage anders als die Vorinstanz beurteilt[571] oder die protokollierte Aussage anders verstehen will als nach ihrem Wortsinn oder als die Vorinstanz.[572] 169

---

[561] BGH WRP 2002, 1077, 1081 – *Vergleichsverhandlungen;* NJW-RR 2004, 1362, 1363; GRUR 2012, 534, 537 – *Landgut Borsig.*

[562] BGH NJW 1986, 246, 247.

[563] BGH GRUR 2002, 190, 191 – *DIE PROFIS;* GRUR 2005, 860, 861 f. – *Fash 2000;* GRUR 2009, 1080, 1081 – *Auskunft der IHK;* GRUR 2010, 1107, 1108 – *JOOP!.*

[564] Vgl. dazu BGH GRUR 2010, 365, 367 – *Quersubventionierung von Laborgemeinschaften II:* kein Kostenvorschuss.

[565] BGH GRUR 2009, 519, 520 f. – *Hohlfasermembranspinnanlage.*

[566] BGH GRUR 1991, 215 – *Emilio Adani I.*

[567] BGH GRUR 1992, 559, 560 – *Mikrofilmanlage.*

[568] BGH WRP 2002, 1077, 1081 – *Vergleichsverhandlungen.*

[569] BGH GRUR 1992, 559, 560 – *Mikrofilmanlage.*

[570] Vgl. dazu *Zöller/Heßler* § 529 ZPO Rdn. 7 f.

[571] BVerfG NJW 2005, 1487; BGH GRUR 1992, 61, 63 – *Preisvergleichsliste;* NJW 2004, 1876 f.

[572] BGH GRUR 1991, 401, 402 – *Erneute Vernehmung.*

170 **d) Verwertung von Beweismitteln.** Ein Verwertungsverbot kommt in Betracht, wenn eine Partei **heimliche Tonbandaufnahmen** vorlegt, die als Beweismittel benutzt werden sollen. Eine Verwertung ist grundsätzlich unzulässig (§ 201 StGB). Ausnahmsweise kann sie gerechtfertigt sein, wenn für die Partei ein Interesse von wesentlich höherem Wert auf dem Spiel steht und anders dieses Interesse nicht zu schützen ist.[573] Das gilt entsprechend für die Vernehmung eines Zeugen, der im Auftrage der einen Partei heimlich ein Gespräch belauscht hat.[574]

171 Die Aussage eines Zeugen, der ein Telefongespräch über eine **Mithöreinrichtung** mitgehört hat, darf nur dann verwertet werden, wenn der Gesprächspartner zumindest stillschweigend in das Mithören eingewilligt hat. Dafür genügt auch im Geschäftsverkehr nicht, dass er von einer Mithörmöglichkeit Kenntnis hat.[575]

172 Werden **Testkäufe** oder **Testbeobachtungen** durchgeführt, können die **Testpersonen als Zeugen** vernommen werden.[576] Eine andere Frage ist es, ob dem Kläger im Einzelfalle wegen Rechtsmissbrauchs aus dem Testkauf keine Ansprüche zustehen und ob aus diesem Grunde eine Vernehmung des Testkäufers unterbleibt. Sind im Rahmen von Testkäufen oder Testbeobachtungen Beweismittel wie **Testfotos** gewonnen worden, ist eine Verwertung dieser Fotos auch dann nicht ausgeschlossen, wenn das Fotografieren in den Geschäftsräumen des Beklagten – wie in der Regel[577] – wettbewerbswidrig war.[578]

173 Das **Gutachten eines Sachverständigen** ist kritisch zu würdigen. Das setzt voraus, dass der Sachverständige die wesentlichen tatsächlichen Grundlagen seines Gutachtens offen legt, was auch dann gilt, wenn es sich um Geschäftsgeheimnisse einer Partei handelt.[579] Sonst ist der anderen Partei nicht in ausreichendem Maße rechtliches Gehör gewährt worden.

4. Feststellung der Verkehrsauffassung ohne Beweiserhebung

174 **a) Allgemeines.** In vielen Wettbewerbssachen hat das Gericht zu beurteilen, ob eine Werbemaßnahme irreführend oder unlauter ist. Dazu sind meist Feststellungen zur Verkehrsauffassung erforderlich, insbesondere zum Verständnis einer Werbeangabe oder zur Relevanz einer Fehlvorstellung für die Kaufentscheidung. Das Gericht kann die notwendigen Feststellungen zur Verkehrsauffassung regelmäßig auf Grund **eigener Sachkunde** treffen, und zwar auch dann, wenn der Richter nicht zu den angesprochenen Verkehrskreisen gehört.[580] Da es hierbei nicht um offenkundige Tatsachen geht (vgl. Rdn. 161), sind solche Feststellungen auch dann möglich, wenn eine Partei eine abweichende Verkehrsauffassung unter Beweis stellt.[581] Genügt die Sachkunde des Gerichts ausnahmsweise nicht, hat es Beweis zu erheben, etwa ein **Meinungsforschungsgutachten** einzuholen.[582] Auszugehen ist vom **Verbraucherleitbild des EuGH.**[583] Danach kommt es auf den normal informierten und angemessen aufmerksamen und verständigen Durchschnittsverbraucher an.[584] Gemäß Ziffer 18 der Erwägungsgründe zur Richtlinie 2005/29/EG über unlautere Geschäftspraktiken ist maßgebend der „Durchschnittsverbraucher, der angemessen gut unterrichtet und angemessen aufmerksam und kritisch" ist.[585] Ähnlich stellt der BGH auf einen situationsadäquat aufmerksamen, durchschnittlich informierten und verständigen Verbraucher ab,[586] was auch für

---

573 BGH NJW 1982, 277, 278.

574 BVerfG NJW 2002, 3619, 3621 f., 3624; BGH NJW 1991, 1180; GRUR 1995, 693, 697 – *Indizienkette; Foerste* NJW 2004, 262 f.

575 BVerfG NJW 2002, 3619, 3623; *Köhler*/Bornkamm § 12 Rdn. 2.70.

576 Teplitzky/*Schwippert* Kap. 47 Rdn. 29.

577 BGH GRUR 1991, 843 f. – *Testfotos I;* einschränkend zu Recht BGH GRUR 2007, 802, 804 f. – *Testfotos III* für den Fall, dass ein Verstoß nur durch Fotos hinreichend bestimmt dargelegt werden kann; vgl. dazu *Hagenkötter* WRP 2008, 39 ff.; *Mes* GRUR 2013, 767, 768 f.

578 *Köhler*/Bornkamm § 12 Rdn. 2.70.

579 BGH GRUR 1992, 191, 194 – *Amtsanzeiger.*

580 BGH GRUR 2014, 1211, 1212 – *Runes of Magic II.*

581 BGH GRUR 1992, 406, 407 – *Beschädigte Verpackung I;* GRUR 1993, 677, 678 – *Bedingte Unterwerfung;* GRUR 2004, 244, 245 – *Marktführerschaft;* Teplitzky/*Schwippert* Kap. 47 Rdn. 10; *Bornkamm* WRP 830, 833 f., 835; vgl. aber noch BGH GRUR 1990, 607, 608 – *Meister-Kaffee.*

582 Vgl. aber *Ingo Westermann* GRUR 2002, 403, der im Rahmen des § 3 UWG annimmt, das Gericht könne ausschließlich auf Grund eigener Sachkunde entscheiden; vgl. auch Teplitzky/*Schwippert* Kap. 47 Rdn. 12.

583 EuGH GRUR Int. 1998, 795, 797 – *Gut Springenheide;* GRUR Int. 2000, 354, 356 – *Lifting Creme;* eingehend *Glöckner* oben Einl. B Rdn. 504 ff., 574.

584 EuGH GRUR 2004, 943, 944 – *SAT 2;* vgl. nunmehr aber EuGH GRUR 2012, 1269 ff. – *Purely Creative;* dazu *Scherer,* WRP 2013, 705 ff.; *Göckler* 2014, 1167 ff.

585 Vgl. dazu *Helm* WRP 2005, 931.

586 Zum Beispiel: GRUR 2002, 550, 552 – *Elternbriefe;* GRUR 2002, 982, 984 – *DIE „STEINZEIT" IST VORBEI!;* GRUR 2003, 163, 164 – *Computerwerbung II;* GRUR 2003, 247, 248 – *Thermal Bad;* GRUR 2003,

Werbung im Internet gilt;[587] bei Fachkreisen ist ein höherer Grad von Aufmerksamkeit und von Beurteilungsvermögen zu berücksichtigen.

Die Feststellung auf Grund eigener Sachkunde ist insbesondere dann möglich, wenn der Richter zu den angesprochenen Verkehrskreisen gehört.[588] Das erforderliche Erfahrungswissen kann er aber auch dann haben, wenn er nicht zu den angesprochenen Verkehrskreisen gehört.[589] Angesprochen ist er als **Verbraucher,**[590] insbesondere wenn es um Waren des täglichen Bedarfs geht. Das gilt aber auch für andere Waren, wenn es sich allein darum handelt, eine Werbeaussage nach ihrem Wortsinn anhand des allgemeinen Sprachgebrauchs auszulegen, ohne dass dabei besondere Kenntnisse eine Rolle spielen, die nur ein Teil des Verkehrs, aber nicht der Richter hat. Demgemäß fehlt es ausnahmsweise nur bei speziell gelagerten Sachverhalten, die Verbraucher betreffen, an der eigenen Sachkunde des Gerichts. Geht es um das Verständnis von Begriffen, ist es erforderlich, dass das Verständnis in einem bestimmten Sinne einfach und naheliegend ist und keine Anhaltspunkte bestehen, die Zweifel an dem Verkehrsverständnis des Richters hervorrufen, das dieser hat.[591] Zweifel an einer bestimmten Auffassung können sich insbesondere auf Grund einer privaten Meinungsumfrage oder einer entgegenstehenden Branchenübung ergeben.[592] Auch wenn ein anderes Gericht, insbesondere die Vorinstanz, die Verkehrsauffassung auf Grund eigener Sachkunde anders beurteilt hat, ist Vorsicht geboten. 175

Soweit sich die Werbung an **Fachkreise** wendet, kann das Gericht deren Verständnis auf Grund eigener Sachkunde dann ermitteln, wenn es um eine Auslegung der Werbeangaben nach dem allgemeinen Sprachgebrauch[593] und/oder nach einer (z. B. medizinischen) Fachsprache geht, die dem Gericht von den Parteien hinreichend vermittelt worden ist, insbesondere durch die Überreichung wissenschaftlicher (z. B. medizinischer) Gutachten. Anders ist es dagegen, wenn Fachkenntnisse des angesprochenen Fachkreises, insbesondere umstrittene Fachbegriffe, von Bedeutung sein können, zu denen dem Gericht trotz des Vorbringens der Parteien die erforderlichen Kenntnisse fehlen.[594] 176

b) Bejahung der Irreführungsgefahr. Eine **Feststellung der Verkehrsauffassung auf Grund eigener Sachkunde** kommt vor allem in Betracht, wenn das Gericht die Irreführungsgefahr **bejahen** will.[595] Denn hierfür reicht es aus, dass ein erheblicher Teil des Verkehrs irregeführt wird.[596] Das Verständnis eines solchen Anteils des Verkehrs wird er eher feststellen können, als wenn er das Verständnis weiterer Kreise ermitteln müsste. 177

c) Verneinung der Irreführungsgefahr. Nach der früheren Rechtsprechung des BGH war eine Verneinung der Irreführungsgefahr ohne Meinungsumfrage nur in Ausnahmefällen möglich.[597] Dem Gericht sollte danach regelmäßig die Sachkunde fehlen, für alle Verkehrskreise zu sprechen, 178

---

249 – *Preis ohne Monitor;* GRUR 2003, 361, 362 – *Sparvorwahl;* GRUR 2004, 162, 163 – *Mindestverzinsung;* GRUR 2004, 244, 245 – *Marktführerschaft;* GRUR 2004, 605, 606 – *Dauertiefpreise;* GRUR 2004, 786, 787 f. – *Größter Online-Dienst;* GRUR 2005, 690, 692 – *Internet-Versandhandel;* GRUR 2010, 161, 164 – *Gib mal Zeitung;* GRUR 2012, 215 – *Zertifizierter Testamentsvollstrecker;* WRP 2012, 1216, 1217 f. – *Marktführer Sport;* NJW 2015, 3377, 3378 – *Tip der Woche.*

587 BGH GRUR 2005, 438, 440 – *Epson-Tinte;* GRUR 2005, 690, 692 – *Internet-Versandhandel.*

588 BGH GRUR 1985, 140, 141 – *Größtes Teppichhaus der Welt;* GRUR 1990, 532, 533 – *Notarieller Festpreis;* GRUR 1992, 406, 407 – *Beschädigte Verpackung;* GRUR 1999, 594, 597 – *Holsteiner Pferd;* GRUR 2004, 793, 795 f. – *Sportlernahrung II;* GRUR 2004, 882, 883 – *Honigwein; Teplitzky* Kap. 47 Rdn. 9.

589 BGH GRUR 2004, 244, 245 – *Marktführerschaft;* GRUR 2007, 1079, 1082 – *Bundesdruckerei;* GRUR 2010, 365, 366 f. – *Quersubventionierung von Laborgemeinschaften II;* GRUR 2014, 1211, 1212 – *Runes of Magic II.*

590 BGH GRUR 1992, 406, 407 – *Beschädigte Verpackung I;* GRUR 1996, 800, 802 – *EDV-Geräte;* GRUR 2002, 550, 552 – *Elternbriefe;* GRUR 2004, 786, 788 – *Größter Online-Dienst;* WRP 2012, 1216, 1218 – *Marktführer Sport;* NJW 2014, 153, 154 – *Matratzen Factory Outlet.*

591 BGH GRUR 1982, 491, 492 – *Möbel-Haus;* GRUR 1984, 467, 468 – *Das unmögliche Möbelhaus;* GRUR 1995, 354, 357 – *Rügenwalder Teewurst II;* GRUR 2000, 239, 240 f. – *Last-Minute-Reise;* GRUR 2001, 73, 75 – *Stich den Buben;* GRUR 2001, 420, 421 f. – *SPA;* GRUR 2004, 244, 245 – *Marktführerschaft;* NJW 2014, 153, 154 – *Matratzen Factory Outlet.*

592 BGH GRUR 1984, 467, 468 f. – *Das unmögliche Möbelhaus;* GRUR 2000, 239, 240 f. – *Last-Minute-Reise;* Teplitzky/*Schwippert* Kap. 47 Rdn. 7.

593 BGH GRUR 2013, 1058, 1059 – *Kostenvergleich bei Honorarfactoring.*

594 BGH GRUR 1999, 594, 597 – *Holsteiner Pferd;* GRUR 2002, 77, 79 – *Rechenzentrum;* GRUR 2004, 244, 245 – *Marktführerschaft;* GRUR 2010, 1125, 1129 – *Femur-Teil; Bornkamm* WRP 2000, 830, 833.

595 BGH GRUR 1963, 270, 273 – *Bärenfang;* GRUR 1987, 444, 446 – *Laufende Buchführung;* GRUR 1992, 450, 452 – *Beitragsrechnung;* GRUR 1992, 406, 407 – *Beschädigte Verpackung;* GRUR 2001, 420, 421 f. – *SPA;* GRUR 2012, 215 f. – *Zertifizierter Testamentsvollstrecker.*

596 BGH GRUR 2004, 162, 163 – *Mindestverzinsung.*

597 BGH GRUR 1972, 360, 361 – *Kunststoffglas;* GRUR 1992, 707, 709 – *Erdgassteuer.*

weil diese sich aus einem vielschichtigen Personenkreis zusammensetzen.[598] Nach der neueren Rechtsprechung des BGH macht es zu Recht **keinen Unterschied,** ob der Tatrichter seine Sachkunde und Lebenserfahrung zur **Bejahung** oder zur **Verneinung einer Irreführungsgefahr** einsetzen möchte.[599] Anlass für die Änderung der Rechtsprechung war das neue Verbraucherleitbild, das der EuGH seinen Entscheidungen zugrunde legt und das die nationale Rechtsprechung übernommen hat (Rdn. 174).

179 **d) Revisibilität.** Soweit es um Tatfragen geht, kann der BGH die Feststellungen der Tatsacheninstanzen nur daraufhin überprüfen, ob der Tatsachenstoff fehlerfrei ausgeschöpft und die Beurteilung frei von Widersprüchen mit Denk- und Erfahrungssätzen vorgenommen worden ist.[600] Soweit es um die zugrunde gelegte **Lebenserfahrung** geht, kann das im Revisionsverfahren **uneingeschränkt überprüft** werden.[601] Die Ermittlung des Verkehrsverständnisses ist keine Tatsachenfeststellung, sondern **Anwendung speziellen Erfahrungswissens.**[602]

5. Feststellung der Verkehrsauffassung durch Auskünfte

180 Die Einholung einer **amtlichen Auskunft** (§§ 273 Abs. 2 Nr. 2, 358a Nr. 2 ZPO) kommt vor allem in Betracht, wenn das Gericht darüber zu entscheiden hat, wie eine umstrittene Werbeangabe von Fachkreisen verstanden wird,[603] oder wenn es um eine Branchenübung geht.[604] Dazu wendet es sich an eine Kammer wie an eine Industrie- und Handelskammer, eine Handwerkskammer, eine Ärztekammer, die dann, wenn erforderlich, ihrerseits ihre Mitglieder befragt und dem Gericht das Ergebnis mitteilt. Möglich ist auch die Einholung einer **privaten Auskunft,** etwa eines Verbraucherverbandes oder eines Berufsverbandes. Sie wird in den Prozess gemäß §§ 358a Nr. 3, 377 Abs. 3 ZPO eingeführt.[605]

181 Die **Beweiskraft** einer solchen amtlichen oder privaten Auskunft hängt maßgebend auch davon ab, ob das Gericht genaue Fragen gestellt hat,[606] ähnlich wie das vor einer Meinungsumfrage durch ein Meinungsforschungsinstitut zu geschehen hat. Der Beweiswert solcher Auskünfte ist häufig gering.[607]

6. Feststellung der Verkehrsauffassung durch Meinungsumfrage

182 **a) Zulässigkeit.** In der Regel vermag das Gericht die erforderlichen Feststellungen zur Verkehrsauffassung, insbesondere zum Verständnis einer Werbeangabe, auf Grund eigener Sachkunde und Lebenserfahrung zu treffen (Rdn. 174ff.). Reicht diese Sachkunde nicht aus und sind keine anderen Beweismittel vorhanden oder genügen sie nicht, hat das Gericht Beweis zu erheben durch Einholung eines Meinungsforschungsgutachtens, was gemäß §§ 402ff. ZPO geschieht.[608] Regelmäßig wird eine Meinungsumfrage auf Antrag einer Partei, gegebenenfalls nach entsprechendem Hinweis durch das Gericht durchgeführt, nur als ultima ratio von Amts wegen (§ 144 ZPO).[609]

183 **Nach der Rechtsprechung des EuGH ist eine Meinungsumfrage nicht ausgeschlossen.**[610] Danach sollte das nationale Gericht auf dieses Beweismittel aber nur zurückgreifen, wenn es „besondere Schwierigkeiten" bei der Beurteilung der Irreführung hat. Eine Meinungsumfrage ist in der Tat nur dann anzuordnen, wenn sie zwingend notwendig ist.[611] Denn sie ist für das Gericht und für die Parteien besonders arbeitsintensiv und verzögert den Rechtsstreit zwangsläufig ganz erheblich; außerdem verursacht sie hohe Kosten.[612] Bei kleineren Wettbewerbssachen kommt sie daher

---

598 BGH GRUR 1963, 270, 273 – *Bärenfang;* GRUR 1967, 600, 603 – *Rhenodur.*

599 BGH GRUR 2002, 550, 552 – *Elternbriefe;* GRUR 2003, 247, 248 – *Thermal Bad;* GRUR 2004, 244, 245 – *Marktführerschaft;* NJW 2014, 153, 154 – *Matratzen Factory Outlet; Bornkamm* WRP 2000, 830, 832f.; vgl. dazu *Teplitzky* GRUR 2003, 272, 281f.

600 BGH GRUR 1990, 1053, 1054 – *Versäumte Meinungsumfrage;* GRUR 2003, 361, 362 – *Sparvorwahl; Bornkamm* WRP 2000, 830, 833, 835.

601 BGH NJW-RR 2012, 1066 – *Neurologisch/Vaskuläres Zentrum;* GRUR 2014, 1211, 1213f. – *Runes of Magic II.*

602 BGH GRUR 2014, 1211, 1212 – *Runes of Magic II.*

603 BGH GRUR 1997, 669, 670 – *Euromint; Bornkamm* WRP 2000, 830, 832.

604 BGH GRUR 2000, 239, 240f. – *Last-Minute-Reise.*

605 BGH GRUR 1997, 669, 670 – *Euromint.*

606 Teplitzky/*Schwippert* Kap. 47 Rdn. 15.

607 Teplitzky/*Schwippert* Kap. 47 Rdn. 15.

608 Teplitzky/*Schwippert* Kap. 47 Rdn. 16.

609 *Ullmann* GRUR 1991, 789, 795.

610 EuGH GRUR Int. 1998, 795, 797 – *Gut Springenheide;* GRUR Int. 2000, 354, 356 – *Lifting Creme.*

611 *Köhler*/Bornkamm § 12 Rdn. 2.76; vgl. dazu BGH GRUR 2014, 1211, 1212 – *Runes of* Magic II.

612 Teplitzky/*Schwippert* Kap. 47 Rdn. 16.

kaum in Frage. Bei der Entscheidung ist auch zu beachten, dass – gerichtlich und privat angeordnete – Meinungsumfragen wegen unzureichender Fragestellungen in hohem Maße der Gefahr des Misslingens ausgesetzt sind,[613] insbesondere auf Grund von Erkenntnissen, die sich aus der durchgeführten Umfrage ergeben, oder sich nachträglich sogar als (teilweise) überflüssig erweisen können.[614]

Eine Meinungsumfrage ist nicht nur zur Frage möglich, ob eine Werbeangabe im Verkehr eine unrichtige Vorstellung hervorruft, sondern auch darüber, ob die erforderliche **wettbewerbsrechtliche Relevanz** vorliegt,[615] nämlich ob eine unrichtige Vorstellung des Verkehrs geeignet ist, ihn bei seinem Kaufentschluss irgendwie zu beeinflussen. Denn auch insoweit geht es nicht lediglich um nur schwer fassbare Motivationen, sondern um die Feststellung von Tatsachen, um objektivierbare interne, rational fassbare Vorgänge. Da aus der festgestellten Unrichtigkeit einer Werbeangabe regelmäßig auf die Relevanz geschlossen werden kann,[616] sollte nur bei Zweifeln an einer Relevanz darüber eine Meinungsumfrage stattfinden. Allerdings ist es prozessökonomischer, die Frage der Relevanz gleich mit einzubeziehen, statt nach Durchführung der Meinungsumfrage festzustellen, dass doch Zweifel an der Relevanz bestehen. 184

Die **Überprüfung der Relevanz** ist schwierig. Insbesondere ist zu befürchten, dass viele Befragte schlicht raten. Die Fragen zur Relevanz müssen daher ganz besonders sorgfältig formuliert werden. Sie sind an die Fragen anzuschließen, die zunächst gestellt werden, um zu überprüfen, ob eine Werbeangabe unrichtig ist. Es trifft zwar zu, dass Fragen zur Relevanz nur bei denjenigen von Bedeutung sind, die zuvor eine Fehlvorstellung zum Ausdruck gebracht haben oder bei den gestützten Fragen zur Unrichtigkeit eine Antwort schuldig geblieben sind.[617] Gleichwohl ist es ratsam, allen die Fragen nach der Relevanz zu stellen und hinterher eine Querauswertung durchführen zu lassen, die getrennt diejenigen erfasst, bei denen eine unrichtige Vorstellung in Betracht kommt. Das kann zuverlässig häufig erst angeordnet werden, wenn die Antworten auf die Fragen zur Unrichtigkeit vorliegen. Anderenfalls besteht die Gefahr, dass eine kostspielige, arbeitsintensive und weiter verzögernde, zweite Meinungsumfrage durchgeführt werden muss. 185

b) Sachverständiger. Welches Meinungsforschungsinstitut zu beauftragen ist (§ 404 ZPO), sollte in jedem Falle in Abstimmung mit den Parteien entschieden werden.[618] In vielen Fällen hat eine Partei bereits ein privates Meinungsforschungsgutachten eingeholt, so dass das damit beauftragte Institut nicht mehr als Sachverständiger in Betracht kommt. Der Sachverständige ist namentlich zu benennen. 186

c) Fragestellung. Da eine Meinungsumfrage, die für das Gericht brauchbar und verwertbar ist, nur gelingen kann, wenn geeignete Fragen gestellt werden,[619] ist es unerlässlich, dass die Fragen in **Zusammenarbeit mit dem Sachverständigen und den Parteien** festgelegt werden, auch um, soweit möglich, einen späteren Streit über die richtige Fragestellung zu vermeiden. 187

Üblich ist es,[620] dass das beauftragte Institut an Hand des Beweisthemas zunächst einen konkreten **Fragebogenvorschlag** vorlegt, der die Methode und die Fragen enthält und zu dem die Parteien innerhalb einer ihnen gesetzten Frist Stellung nehmen. In einem **Erörterungstermin** (§ 404a ZPO), der angesichts des Zeit- und Kostenaufwandes für eine Umfrage unerlässlich ist,[621] wird dann mit allen Beteiligten der Fragebogen erarbeitet. Das sollte möglichst in Übereinstimmung geschehen. Letztlich legt aber das Gericht die Fragen in einem Beschluss fest. Bei der **Festlegung und Formulierung der Fragen** müssen sich die Beteiligten ganz genau überlegen, auf was es für die Entscheidung des Rechtsstreits tatsächlich und rechtlich ankommt und welche Fragen und Antworten dafür von Bedeutung sind, insbesondere welche Antworten möglich und daher zu erwarten sind, welche Folgen sich daraus für das Beweisthema ergeben und ob bestimmte Nachfragen sinnvoll und geboten sind. Dadurch wird, soweit möglich, vermieden, dass sich die Fragen hinterher ganz oder teilweise als überflüssig oder als nicht ausreichend herausstellen, möglicherweise mit der Folge, dass eine völlig neue, gegebenenfalls eine ergänzende Meinungsumfrage erforderlich wird, 188

---

613 BGH GRUR 1990, 1053, 1054 f. – *Versäumte Meinungsumfrage;* GRUR 1996, 910, 913 – *Der meistgekaufte Europas;* GRUR 2000, 239, 241 – *Last-Minute-Reise.*

614 Vgl. BGH GRUR 1975, 441 – *Passion;* GRUR 1992, 48, 52 – *frei öl;* GRUR 1992, 66, 67 f. – *Königl.-Bayerische Weisse.*

615 BGH GRUR 1991, 852, 855 – *Aquavit;* GRUR 1993, 920, 922 f. – *Emilio Adani II.*

616 BGH GRUR 1991, 852, 855 – *Aquavit;* GRUR 1993, 920, 922 – *Emilio Adani II.*

617 BGH GRUR 1991, 852, 855 – *Aquavit;* GRUR 1993, 920, 923 – *Emilio Adani II.*

618 *Ullmann* GRUR 1991, 789, 795.

619 *Ullmann* GRUR 1991, 789, 795.

620 Teplitzky/*Schwippert* Kap. 47 Rdn. 20.

621 *Hasselblatt/Eichmann* § 9 Rdn. 165; Teplitzky/*Schwippert* Kap. 47 Rdn. 20.

die erneut viel Zeit und Geld kostet. Bei der Festlegung und Formulierung der Fragen im Einzelnen sind folgende Gesichtspunkte zu beachten:[622]

189 *aa) Verkehrskreise.* Zunächst ist festzulegen, wer zu befragen ist. Regelmäßig geht es um eine Werbeangabe, von der **alle Verbraucher** angesprochen werden. Daher muss sich die Meinungsumfrage repräsentativ an alle Verbraucher richten, die für die Kaufentscheidung oder für die Mitwirkung an dieser Entscheidung in Betracht kommen. Üblicherweise werden Personen befragt, die zumindest 14 Jahre alt sind. Jüngere Personen können im vorliegenden Zusammenhang grundsätzlich außer Acht gelassen werden, weil ihre Befragung kein erheblich anderes Ergebnis erwarten lässt. Fragen an alle Verbraucher können ohne weiteres in eine Mehrthemenumfrage eingebaut werden, wenn die vorangegangenen Fragen sich nicht mit demselben Thema befassen und daher das Ergebnis nicht verfälschen können.

190 Sind **Fachkreise** zu befragen, ist darauf zu achten, in welcher Weise fachkundige Befragte zu ermitteln sind. Da solche Umfragen in der Regel gesondert durchgeführt werden müssen, sind sie extrem aufwendig und kostspielig. Die Anzahl der Befragten kann niedriger sein als bei einer allgemeinen Verbraucherbefragung, bei der im allgemeinen etwa 2000 Interviews vorgesehen werden.

191 *bb) Formulierung der Fragen.* Die Fragen müssen auf die Ermittlung einer vorhandenen Vorstellung gerichtet sein und dürfen diese nicht erst hervorrufen, insbesondere die Befragten nicht zum Raten veranlassen.[623] Es ist selbstverständlich, dass **keine Suggestivfragen** gestellt werden dürfen, die den Befragten eine bestimmte Antwort in den Mund legen können. Die Fragen sind so zu formulieren, dass sie für jedermann leicht verständlich sind. Viele werden sonst nicht zugeben, dass sie die Frage nicht verstanden haben, und dazu neigen zu raten, wodurch das Ergebnis verfälscht werden kann. Erst recht sind missverständliche und irreführende Fragen zu vermeiden. Das trifft etwa zu, wenn es um eine relativ geringe Abweichung zwischen Vorstellung und Realität geht, die Fragestellung aber den Eindruck erweckt, es werde nach der Bedeutung einer erheblich weitergehenden, tatsächlich aber nicht vorhandenen Abweichung gefragt.[624] Ist **im Fragebogen eine Weichenstellung** in der Befragung geboten, muss dem Interviewer das im Fragebogen genau vorgegeben werden. Vielfach kann es erforderlich sein, (zusätzlich) Kärtchen mit Angaben oder (stets neu gemischt) Antwortvorgaben zu verwenden.

192 *cc) Ungestützte Fragen.* Die eigentliche Befragung zum Beweisthema hat grundsätzlich mit allgemeinen, „ungestützten" („offenen") Fragen – zur Unrichtigkeit der Werbeangabe – zu beginnen,[625] d.h. mit Fragen ohne Antwortvorgaben, um spontan die Vorstellung der Befragten zu einer umstrittenen Werbeaussage zu ermitteln, auch wenn klar ist, dass die Fragesituation nicht der realen Situation entsprechen kann, in der tatsächlich Kaufentscheidungen getroffen werden. Sie kommt dem aber am nächsten. Deshalb ist es von besonderer Bedeutung, zunächst die spontanen Reaktionen der Befragten zu erfahren, wenn ihnen eine Werbeaussage vorgelegt wird. **Offene Fragen zur Relevanz** sollten erst gestellt werden, wenn die Fragen zur Unrichtigkeit abgeschlossen sind (Rdn. 184f.).

193 Häufig sind, insbesondere wenn es um eine sehr konkrete Verkehrsvorstellung geht,[626] **mehrere ungestützte Fragen** zweckmäßig, nämlich nacheinander mehrere offene Fragen etwa derart, dass zunächst ganz allgemein gefragt wird, welche Vorstellungen der Befragte auf Grund einer Werbeaussage hat, und dann gezielt weiter, eventuell als Nachfassfragen, insbesondere mit einer Eingrenzung, wie er einen im Rahmen der Werbeaussage verwendeten Begriff versteht, vor allem wenn der Begriff mehrere Deutungen zulässt oder nur in eine allgemeine Richtung geht, eine näheren Konkretisierung aber bei einem Teil der Befragten auf Schwierigkeiten sowohl bei der spontanen Erkenntnis als auch bei der Artikulation der eigenen Vorstellung stößt.[627]

194 Grundsätzlich spielt **das Ergebnis zu den offenen Fragen** nicht nur bei der Gewichtung eine Rolle. Vielmehr ist es bei der Gesamtwürdigung wegen der spontanen Reaktionen der Befragten von erheblicher Bedeutung.[628] Es liefert die Zahlen, von denen zunächst auszugehen ist, die dann abgestützt, ergänzt und/oder relativiert und kontrolliert werden durch die nachfolgenden gestützten

---

[622] Vgl. dazu näher *Hasselblatt/Eichmann* § 9 Rdn. 17ff.

[623] BGH GRUR 1989, 440, 442 – *Dresdner Stollen I;* GRUR 1990, 461, 462 – *Dresdner Stollen II.*

[624] BGH GRUR 1991, 852, 855 – *Aquavit.*

[625] BGH GRUR 1989, 440, 442 – *Dresdner Stollen I;* GRUR 1990, 461, 462 – *Dresdner Stollen II;* GRUR 1996, 910 – *Der meistverkaufte Europas;* Teplitzky/*Schwippert* Kap. 47 Rdn. 22; *Eichmann* GRUR 1999, 939, 941, vgl. aber *Niedermann/Noelle* in: FS Tilmann, S. 857, 860ff.

[626] BGH GRUR 1991, 680, 681 – *Porzellanmanufaktur;* GRUR 1992, 66, 68 – *Königl.-Bayerische Weisse; Eichmann* GRUR 1999, 939, 941f.

[627] BGH GRUR 1992, 66, 68 – *Königl.-Bayerische Weisse.*

[628] Vgl. BGH GRUR 2005, 423, 426 – *Staubsaugerfiltertüten.*

Fragen. Letztlich kommt es auf eine gemeinsame Auswertung der Antworten an, und zwar der Antworten sowohl auf die ungestützten und als auch auf die gestützten Fragen.

dd) Gestützte Fragen. Die Ergebnisse zu den offenen Fragen sind abzusichern durch **nachfassende „gestützte" („geschlossene") Fragen,**[629] d. h. durch **Fragen mit Antwortvorgaben.** Dadurch lässt sich überprüfen, ob hinter den Antworten auf die offenen Fragen ein bestimmtes Verständnis steht oder ob nur geraten worden ist, ferner bei denjenigen, die zunächst nur geantwortet haben „weiß nicht", ob sie nicht doch ein bestimmtes Verständnis haben. Zu berücksichtigen ist aber, dass die Ergebnisse zu den gestützten Fragen mit Vorsicht zu würdigen und im wesentlichen nur zur Überprüfung geeignet sind, weil sie eine große, ungewisse, schwer zu schätzende Ratequote enthalten;[630] denn es liegt für die Befragten nahe, lieber eine vorformulierte Antwort zu geben, als ihre Unwissenheit zu offenbaren. 195

Bei den vorformulierten Antworten ist unbedingt darauf zu achten, dass **alle in Betracht kommenden Antworten** berücksichtigt werden einschließlich einer negativen Antwort.[631] Fehlt nämlich eine Antwort, so wird ein Befragter, der an sich die fehlende Vorstellung hat, auf eine andere, ihm vertretbar erscheinende Antwort ausweichen, auch wenn ihm durch eine entsprechende Vorgabe eine andere Auffassung offengelassen wird; statt selbst zu formulieren, wird er dazu neigen, auf eine vorformulierte, andere Antwort auszuweichen.[632] **Die vorgegebenen Antworten sollten sich möglichst ausschließen,** weil die Beantwortung der Fragen und später die Auswertung der Antworten dann weniger kompliziert ist. Dem Befragten kann aber, wenn zweckmäßig, auch die Möglichkeit gegeben werden, mehrere Antworten zu wählen. 196

ee) Umfragesplits. Bei der Festlegung der Fragen kann sich herausstellen, dass die Vorstellungen des Verkehrs in verschiedene Richtungen gehen könnten und deshalb repräsentative Teilbefragungen (Splitbefragungen) stattfinden sollten,[633] d. h. parallele Befragungen mit (teilweise) verschiedenen Fragen. 197

d) Gutachten. Das Gutachten darf sich nicht auf eine bloße Zusammenstellung der **Umfrageergebnisse** beschränken, sondern muss diese **sachverständig interpretieren** und dabei auch zur Methodik und zu den Möglichkeiten von Fehlern Stellung nehmen.[634] Diese Interpretation erfolgt üblicherweise zu Beginn des Gutachtens. Nach Eingang des Gutachtens sollten die Parteien zunächst Gelegenheit erhalten, sich schriftsätzlich zum Ergebnis der Meinungsumfrage zu äußern. Dagegen ist es unzweckmäßig, dass der Sachverständige die Umfrageergebnisse erstmals in der mündlichen Verhandlung interpretiert. Da es – ebenso wie etwa bei einem technischen Sachverständigen – um komplizierte Überlegungen gehen kann, müssen das Gericht und die Parteien sich in **Vorbereitung des Termins** auf die Stellungnahme des Sachverständigen vorbereiten können, die Parteien erforderlichenfalls mit Hilfe eines privaten Sachverständigen von einem anderen Institut. Dennoch sollte der gerichtliche Sachverständige regelmäßig geladen werden, damit er sich vor Gericht auf ergänzende Fragen der Beteiligten äußern kann. Zweckmäßig ist es, ihm vorher die Schriftsätze der Parteien, in denen sie zum Ergebnis der Meinungsumfrage Stellung nehmen, nebst einem etwaigen privaten Gutachten zukommen zu lassen, damit er dazu schon im Vorwege Überlegungen anstellen und sich möglichst schriftlich äußern kann. Auf diese Weise lässt sich der Verhandlungstermin auf das Notwendige konzentrieren. 198

e) Beweiswürdigung. Das Meinungsforschungsgutachten ist nach § 286 ZPO zu würdigen. Ebenso wie bei der Erarbeitung des Fragebogens darf der Richter das Ergebnis des Sachverständigen nicht ungeprüft übernehmen, sondern muss es **kritisch bewerten.**[635] Dabei hat er von der Rechtslage auszugehen, so wie er sie sieht, und zu überlegen, welche tatsächlichen Feststellungen dafür von Bedeutung sind. Der Sachverständige ist lediglich vom Beweisthema ausgegangen, das nicht unbedingt die vollständige Rechtsauffassung des Richters wiedergibt. Dieser hat erforderlichenfalls 199

---

[629] BGH GRUR 1991, 680, 681 – *Porzellanmanufaktur;* GRUR 1992, 66, 68 – *Königl.-Bayerische Weisse;* GRUR 1993, 920, 922 – *Emilio Adani II; Eichmann* GRUR 1999, 939, 942 f.; Teplitzky/*Schwippert* Kap. 47 Rdn. 22.

[630] BGH GRUR 1992, 66, 68 f. – *Königl.-Bayerische Weisse;* GRUR 1992, 70, 71 – *40 % weniger Fett.*

[631] BGH GRUR 1992, 66, 69 – *Königl.-Bayerische Weisse;* GRUR 1992, 70, 71 f. – *40 % weniger Fett;* GRUR 1993, 920, 922 – *Emilio Adani II.*

[632] BGH GRUR 1993, 920, 922 – *Emilio Adani II.*

[633] OLG Köln WRP 1973, 656, 657; *Köhler*/Bornkamm § 12 Rdn. 2.83; Ahrens/*Spätgens* Kap. 28 Rdn. 34; vgl. *Niedermann/Noelle* in: FS Tilmann, S. 857 ff.

[634] *Hasselblatt/Eichmann* § 9 Rdn. 147; *Köhler*/Bornkamm § 12 Rdn. 2.86; *Teplitzky* WRP 1990, 145, 147 f.

[635] Vgl. dazu BGH GRUR 1992, 48 – *frei öl;* GRUR 1992, 66 – *Königl.-Bayerische Weisse;* vgl. auch – zu Gutachten in einem Rechtsstreit über technische Schutzrechte – GRUR 2001, 770, 772 – *Kabeldurchführung II.*

seine tatsächlichen Feststellungen, die er auf Grund der Meinungsumfrage treffen will, mit Hilfe des Sachverständigen zu überprüfen. Dabei muss er – ebenso wie bei der Würdigung überreichter privater Meinungsforschungsgutachten – die Fragestellung und die Antworten an seiner eigenen Sachkunde und Lebenserfahrung messen.[636] Die Zustimmung beider Parteien zum Fragebogen vermag den Richter nicht zu binden.[637]

200 Bei der Würdigung der Ergebnisse ist maßgebend zu berücksichtigen, ob es sich um Antworten auf offene oder auf gestützte Fragen handelt (Rdn. 192ff., 195ff.). Je nach dem Inhalt der Fragen, insbesondere bei gestützten Fragen, sind erhebliche Ratequoten möglich; dann sind **Sicherheitsabschläge** vorzunehmen.[638] Insbesondere ist auf eine etwaige Mehrdeutigkeit der Antworten zu achten; sie rechtfertigt ebenfalls einen Abschlag.[639] Soweit möglich, sind methodische Fehler zu eliminieren.[640] Bei Alternativfragen dürfen diejenigen, die sich für keine der Alternativen entschieden haben, nicht einer der Alternativantworten zugerechnet werden,[641] auch nicht etwa aus Gründen der Beweislast.[642]

201 Hat eine Partei eine **private Meinungsumfrage** überreicht, ist diese bei der Würdigung zu berücksichtigen, falls sie sachgerecht, vor allem auf der Grundlage einer annehmbaren Fragestellung durchgeführt worden ist. Bei erheblichen Abweichungen[643] ist das gerichtlich angeordnete Gutachten besonders sorgfältig und kritisch zu würdigen.[644] Das ist auch dann geboten, wenn abweichende Gerichtsentscheidungen Anlass zu Zweifeln geben[645] oder wenn das Gutachten aus der Sicht des Gerichts zu einem verblüffenden Ergebnis kommt.[646] – Will das Gericht vom Ergebnis des Sachverständigen abweichen, muss es das näher begründen und dabei zu erkennen geben, dass es die erforderliche eigene Sachkunde hat.[647]

202 **f) Kosten.** Die Kosten sind niedriger, wenn die angeordnete Umfrage sich allgemein an Verbraucher wendet und in eine ohnehin stattfindende Verbraucherbefragung eingebaut wird. Erheblich teurer wird dagegen eine Umfrage, die sich an Fachkreise richtet, weil sie gesondert durchgeführt werden muss.

203 Das Gericht macht die Beauftragung eines Instituts zur Ausarbeitung eines Fragebogenvorschlags zweckmäßigerweise davon abhängig, dass die beweisbelastete Partei einen **Kostenvorschuss** einzahlt, und zwar zunächst nur für den Vorschlag und für die Durchführung des Erörterungstermins. Zugleich mit einer solchen Beauftragung fordert das Gericht das Institut auf, mit der Übersendung des Fragebogenvorschlags die vorläufigen Kosten der Meinungsumfrage anzugeben. Im Erörterungstermin, in dem die Fragen endgültig festgelegt werden, gibt der Sachverständige dann an, wie hoch die Gesamtkosten einer Umfrage nach dem beschlossenen Fragebogen sind. – Die Durchführung der Meinungsumfrage sollte davon abhängig gemacht werden, dass ein **Kostenvorschuss** in Höhe der gesamten Kosten eingezahlt wird. Erst wenn das Geld eingegangen ist, wird das Institut endgültig mit der Durchführung der Meinungsumfrage beauftragt. Die spätere Abrechnung mit dem Sachverständigen wird dadurch erleichtert. Letztlich hat die **unterliegende Partei die Kosten** der Meinungsumfrage zu tragen (§ 91 ZPO).

204 Die **Kosten einer „privaten Meinungsumfrage"** sind im Hauptsacheverfahren in der Regel nicht erstattungsfähig. Anders ist es, wenn sie erforderlich war, um die vom Gericht in Auftrag gegebene Meinungsumfrage zu erschüttern. Im Verfügungsverfahren sind die Kosten erstattungsfähig, wenn die Umfrage zur Glaubhaftmachung erforderlich war und die Kosten nicht außer Verhältnis zur Bedeutung der Sache stehen.[648]

---

[636] BGH GRUR 1987, 171 – *Schlussverkaufswerbung I;* GRUR 1990, 461, 462 – *Dresdner Stollen II;* GRUR 1991, 852, 855 – *Aquavit;* GRUR 1992, 70, 71f. – *40 % weniger Fett.*

[637] BGH GRUR 1987, 171 – *Schlussverkaufswerbung I;* GRUR 1987, 534, 538 – *Wodka „Woronoff".*

[638] BGH GRUR 1991, 680, 681 – *Porzellanmanufaktur;* GRUR 1992, 48, 52 – *frei öl;* GRUR 1992, 66, 68f. – *Königl.-Bayerische Weisse;* vgl. dazu *Niedermann/Noelle* in: FS Tilmann, S. 857, 869f.

[639] BGH GRUR 1992, 66, 69 – *Königl.-Bayerische Weisse.*

[640] BGH GRUR 1992, 66, 69 – *Königl.-Bayerische Weisse.*

[641] BGH GRUR 2001, 450, 453 – *Franzbranntwein-Gel.*

[642] Teplitzky/*Schwippert* Kap. 47 Rdn. 23.

[643] Teplitzky/*Schwippert* Kap. 47 Rdn. 23.

[644] BGH GRUR 1987, 171 – *Schlussverkaufswerbung I;* GRUR 1987, 534, 538 – *Wodka „Woronoff";* GRUR 1989, 440, 443 – *Dresdner Stollen I;* GRUR 1990, 461, 462 – *Dresdner Stollen II;* GRUR 1992, 48, 51 – *frei öl;* GRUR 1992, 70, 72 – *40 % weniger Fett* (betrifft mehrere private Meinungsforschungsgutachten).

[645] BGH GRUR 1987, 171 – *Schlussverkaufswerbung I.*

[646] Teplitzky/*Schwippert* Kap. 47 Rdn. 23.

[647] Teplitzky/*Schwippert* Kap. 47 Rdn. 24.

[648] KG GRUR 1987, 473f.; Brandenburgisches OLG MD VSW 2011, 604f.

7. Darlegungs- und Beweislast

205 **a) Allgemeines.** Wie auch sonst bei unerlaubten Handlungen hat der Kläger grundsätzlich die Voraussetzungen seines wettbewerbsrechtlichen Anspruches dazulegen und falls bestritten zu beweisen, d. h. die Tatsachen, die den Anspruch begründen, der Beklagte sodann die Tatsachen, aus denen er Einwendungen oder Einreden herleitet.[649] Beim **Unterlassungsanspruch** trifft die Darlegungs- und Beweislast den Kläger, soweit es sich um die Wettbewerbswidrigkeit des beanstandeten Handelns und, falls es bisher zu keinem Verstoß gekommen ist, um die Erstbegehungsgefahr handelt. Anders verhält es sich dagegen bei der Wiederholungsgefahr. Diese wird nach begangenem Verstoß vermutet.[650] Demgemäß hat der Beklagte darzulegen und erforderlichenfalls zu beweisen, dass sie trotz Verstoßes ausnahmsweise fehlte oder später weggefallen ist. Bei einem Verbot mit Erlaubnisvorbehalt hat der Beklagte die Darlegungs- und Beweislast dafür, dass das fragliche Verhalten ausnahmsweise zulässig ist.[651]

206 **b) Anscheinsbeweis.** Im Bereich der unerlaubten, insbesondere auch der wettbewerbswidrigen Handlung greift verhältnismäßig selten ein Anscheinsbeweis ein. Er setzt voraus, dass es um einen typischen Geschehensablauf geht, der nach der Lebenserfahrung bestimmte Rückschlüsse erlaubt. Im Wettbewerbsrecht kommt das vor allem in Betracht, wenn **aus einem objektiven Verhalten auf die subjektive Seite** geschlossen wird. So wird bei dem Handeln eines Unternehmers, das – äußerlich betrachtet – in seinen gewerblichen Tätigkeitsbereich fällt, vermutet, dass das „im geschäftlichen Verkehr" geschehen ist.[652] Ebenso ist bei einem **Wettbewerbsverstoß** nach einem allgemeinen Erfahrungssatz davon auszugehen, dass er beim unmittelbar Betroffenen zu einem **Schaden** geführt hat.[653] Der Beklagte kann einen gegen ihn sprechenden Anscheinsbeweis durch den **Gegenbeweis** entkräften, dass die ernsthafte Möglichkeit eines atypischen Geschehensablaufs besteht.[654]

207 **c) Darlegungs- und Beweiserleichterung.** *aa) Allgemeines.* Obwohl der Kläger darzulegen und zu beweisen hat, dass eine Werbeaussage irreführend oder unlauter ist, hat die Rechtsprechung ihm in bestimmten Fällen eine Darlegungs- und Beweiserleichterung zugestanden.[655] Nach Treu und Glauben, die eine redliche Prozessführung gebieten, trifft den Beklagten nämlich eine **prozessuale Erklärungspflicht** (sekundäre Darlegungslast), wenn es um Tatsachen geht, die in seinem Verantwortungsbereich liegen, und er sich nicht auf ein schützenswertes Geheimhaltungsinteresse berufen kann[656] und der Kläger nicht nur bloße Verdachtsmomente, sondern für eine Wettbewerbswidrigkeit sprechende Tatsachen vorgetragen und, soweit ihm möglich, unter Beweis gestellt[657] und bei Bestreiten auch bewiesen hat.[658] Das gilt nicht, wenn der Kläger die Marktverhältnisse ebenso ermitteln kann wie der Beklagte,[659] ebenso nicht, wenn es im Bereich standardisierter Dienstleistungen um einen Preisvergleich mit eigenen Preisen des Klägers geht.[660] Eine Umkehr der Beweislast ist damit aber nicht verbunden,[661] außer bei fachlich umstrittenen Werbeaussagen

---

[649] BGH GRUR 1985, 140, 142 – *Größtes Teppichhaus der Welt;* GRUR 1991, 848, 849 – *Rheumalind II;* GRUR 1997, 229, 230 – *Beratungskompetenz;* GRUR 2000, 820, 822 – *Space Fidelity Peep-Show;* GRUR 2004, 246, 247 – *Mondpreise?*

[650] Z. B. BGH GRUR 1989, 445, 446 – *Professorenbezeichnung in der Arztwerbung I;* dazu kritisch *Gruber* WRP 1991, 368, 371 ff. aber zu Unrecht.

[651] BGH GRUR 2010, 160, 161 – *Quizalofob* (Zulassung von Pflanzenschutzmitteln).

[652] BGH GRUR 1993, 761, 762 – *Makler-Privatangebot.*

[653] BGH GRUR 1993, 55, 57 – *Tchibo/Rolex II;* GRUR 2008, 933, 935 – *Schmiermittel.*

[654] Im Falle des OLG Jena GRUR-RR 2006, 291 f. ging es letztlich nicht um die Entkräftung eines Anscheinsbeweises durch einen Gegenbeweis, sondern um eine bloße Beweiswürdigung.

[655] BGH GRUR 1997, 758, 760 – *Selbsternannter Sachverständiger;* GRUR 2000, 820, 822 – *Space Fidelity Peep-Show;* GRUR 2009, 502, 504 – *pcb;* vgl. auch WRP 2008, 1517, 1519 – *Namensklau im Internet;* GRUR 2009, 60, 61 – *LOTTOCARD;* GRUR-RR 2014, 117 (keine Beweiserleichterung, wenn es um die Frage der vorherigen Einwilligung zu Werbeanrufen geht); Teplitzky/*Schwippert* Kap. 47 Rdn. 31 f.

[656] BGH GRUR 2005, 1059, 1061 – *Quersubventionierung von Laborgemeinschaften;* GRUR 2009, 870, 873 – *Ohrclips;* NJW 2012, 1886, 1887 – *Vorschaubilder II;* GRUR 2014, 578, 579 – *Umweltengel für Tragetasche;* GRUR 2014, 657, 658 – *Bearshare.*

[657] BGH GRUR 1997, 229, 230 – *Beratungskompetenz;* GRUR 2000, 820, 822 – *Space Fidelity Peep-Show;* GRUR 2003, 800, 803 – *Schachcomputerkatalog;* GRUR 2004, 268, 269 – *Blasenfreie Gummibahn II;* GRUR 2007, 247, 251 – *Regenwaldprojekt I;* GRUR 2007, 251, 253 – *Regenwaldprojekt II;* GRUR 2007, 605, 607 – *Umsatzzuwachs.*

[658] BGH GRUR 2014, 578, 579 – *Umweltengel für Tragetasche.*

[659] BGH GRUR 2004, 246, 247 – *Mondpreise?*

[660] BGH GRUR 2013, 1058, 1060 – *Kostenvergleich bei Honorarfactoring.*

[661] BGH GRUR 1971, 164, 167 – *Discount-Geschäft;* GRUR 1978, 249, 250 – *Kreditvermittlung;* GRUR 2009, 502, 504 – *pcb;* GRUR 2014, 657, 658 – *Bearshare;* Teplitzky/*Schwippert* Kap. 47 Rdn. 32; *Lindacher* WRP 2000, 950, 952 f.

(Rdn. 212). § 5 Abs. 4 enthält eine Vermutung. Hierbei handelt es sich um eine Beweislastumkehr. Hat der Kläger eine negative Tatsache darzulegen und zu beweisen und hat er sie substantiiert behauptet, kann den Beklagten eine sekundäre Darlegungslast treffen.[662] – Im Falle einer Beweisvereitelung kommt eine Beweislastumkehr in Betracht.[663]

208 Kommt der Beklagte seiner Erklärungspflicht nicht oder nicht genügend nach, ist das Vorbringen des Klägers **als zugestanden anzusehen** (§ 138 Abs. 3 ZPO).[664] Außerdem kann das Gericht daraus **in freier Beweiswürdigung** schließen, dass das Vorbringen des Klägers zutrifft.[665] Aus der prozessualen Erklärungspflicht folgt aber nicht, dass der Kläger bereits vorprozessual einen entsprechenden materiell-rechtlichen Auskunftsanspruch hat,[666] mit dem er Auskunft etwa über die Richtigkeit einer Werbeaussage des Beklagten verlangen kann. – Im Falle eine Beweisvereitelung kommt eine Beweislastumkehr in Betracht.[667]

209 *bb) Innerbetriebliche Vorgänge.* Für solche Vorgänge trifft den Beklagten unter bestimmten Voraussetzungen eine prozessuale Erklärungspflicht, die auf Seiten des Klägers zu einer Darlegungs- und Beweiserleichterung führt, ohne dass damit eine Umkehr der Beweislast verbunden ist (Rdn. 207f.). Das gilt dann, wenn dieser die **innerbetrieblichen Vorgänge** und demgemäß die erheblichen Tatsachen nicht kennt, der Beklagte dagegen die erforderliche Aufklärung leicht geben kann und ihm das auch zumutbar ist, insbesondere dem kein überwiegendes Interesse an einer Geheimhaltung gegenübersteht.[668]

210 **Beispiele aus der Rechtsprechung:**[669]

- „ostpreußisches *Familienrezept*", wenn berechtigte Zweifel an einer Verbindung zu Ostpreußen bestehen;[670]
- „EURO"-Firmenbestandteil, wenn der Beklagte nur ein niedriges Stammkapital hat und keine Umsatzangaben macht;[671]
- „Discount-Preise", weil nur der Beklagte in der Lage ist, seine Preise darzulegen;[672]
- Preisgegenüberstellungen, wenn der Kläger behauptet, der höhere Preis sei vom Beklagten vorher nicht ernsthaft gefordert worden[673] (nach § 5 Abs. 4 Vermutung); anders wenn der Beklagte seinen Preis mit einer unverbindlichen Preisempfehlung des Herstellers vergleicht;[674]
- Unverschuldete Lieferfähigkeit, wenn es darum geht, ob der Beklagte die beworbene Ware ausreichend vorrätig hatte.[675]

211 *cc) Allein- und Spitzenstellung.* Eine **prozessuale Aufklärungspflicht** kann den Beklagten insbesondere dann treffen, wenn er eine **Allein- oder Spitzenstellung behauptet.**[676] Wer das tut, darf die Behauptung nicht ohne genügende Grundlage aufstellen, sondern muss sich vorher über die Marktverhältnisse vergewissert haben. Dann ist es ihm auch zuzumuten, zur Aufklärung beizutragen, wenn der Kläger dazu nicht oder nur mit erheblichen Schwierigkeiten in der Lage ist. Das gilt aber nicht, soweit es um Umstände geht, die beiden Parteien gleichermaßen zugänglich sind.[677] Der Beklagte hat im vorliegenden Zusammenhang eine prozessuale Erklärungspflicht. Eine Umkehr der Beweislast ist damit nicht verbunden.[678]

212 *dd) Fachlich umstrittene Angaben.* Bei **fachlich umstrittenen,** insbesondere **gesundheitsbezogenen Werbeaussagen** übernimmt der Werbende die **Verantwortung für die Richtigkeit** der Aussage, wenn sie fachlich umstritten ist und er die Gegenmeinung in der Werbung nicht

---

[662] BGH GRUR 2008, 625, 627 – *Fruchtsaftextrakt.*
[663] BGH GRUR 2016, 88, 93 – *Parallelimport von Pflanzenschutzmitteln.*
[664] BGH GRUR 1978, 249, 250 – *Kreditvermittlung.*
[665] BGH GRUR 1970, 461, 463 – *Euro-Spirituosen;* GRUR 1978, 249, 250 – *Kreditvermittlung.*
[666] BGH GRUR 1978, 54, 55 – *Preisauskunft.*
[667] BGH GRUR 2016, 88, 93 – *Parallelimport von Pflanzenschutzmitteln.*
[668] *Köhler*/Bornkamm § 12 Rdn. 2.92.
[669] *Köhler*/Bornkamm § 12 Rdn. 2.93.
[670] BGH GRUR 1963, 270, 271f. – *Bärenfang.*
[671] BGH GRUR 1970, 461, 463 – *Euro-Spirituosen.*
[672] BGH GRUR 1971, 164, 167 – *Discount-Geschäft.*
[673] BGH GRUR 1975, 78, 79 – *Preisgegenüberstellung I.*
[674] BGH GRUR 2004, 246, 247 – *Mondpreise?*
[675] BGH GRUR 1983, 650, 651 – *Kamera.*
[676] BGH GRUR 1978, 249, 250 – *Kreditvermittlung;* GRUR 1983, 779, 780f. – *Schuhmarkt;* GRUR 1985, 140, 142 – *Größtes Teppichhaus der Welt;* GRUR 2010, 352, 354 – *Hier spiegelt sich Erfahrung;* GRUR 2015, 186f. – *Wir* zahlen Höchstpreise.
[677] BGH GRUR 2010, 352, 354 – *Hier spiegelt sich Erfahrung;* GRUR 2015, 186f. – *Wir* zahlen Höchstpreise.
[678] BGH GRUR 1978, 249, 250 – *Kreditvermittlung;* GRUR 2015, 186f. – *Wir* zahlen Höchstpreise; vgl. *Lindacher* WRP 2000, 950, 953.

nennt,[679] es sei denn, der Streit ist den angesprochenen Fachkreisen bekannt. Hierbei handelt es sich um eine echte Umkehr der Beweislast. Zuvor hat der Kläger aber darzulegen und erforderlichenfalls zu beweisen, dass eine gesundheitsbezogene Werbeaussage überhaupt fachlich umstritten ist.[680] Es genügt nicht, dass er das substantiiert behauptet.[681] Meist ergibt sich aber aus wissenschaftlichen Veröffentlichungen, die er im Prozess überreicht hat und deren Existenz unstreitig ist, dass die Werbeaussage fachlich umstritten ist. Bei Aussagen, die der Zulassung und/oder den Angaben in der Fachinformation entsprechen, kann in der Regel davon ausgegangen werden, dass sie im Zeitpunkt der Zulassung dem gesicherten Stand der Wissenschaft entsprechen; auf Grund neuerer wissenschaftlicher Erkenntnisse, die der Kläger darzulegen und zu beweisen hat, kann sich eine Irreführung ergeben.[682] – Wenn die Sachkunde des Gerichts, die es vor allem auf Grund früherer Verfahren und durch das Vorbringen der Parteien erlangt haben kann, zur Beurteilung nicht ausreicht, benötigt es dazu die Hilfe eines **Sachverständigen.** Aus der **Rechtsprechung des BVerfG** zu Art. 5 GG[683] dürfte sich im erörterten rechtlichen Zusammenhang nichts anderes ergeben.[684] Danach kommt zwar in Betracht, dass der Bereich der Werturteile gegenüber dem der Behauptung von Tatsachen auszudehnen ist. Geht es aber um Tatsachen, ist es bei fachlich umstrittenen, insbesondere gesundheitsbezogenen Angaben nach wie vor gerechtfertigt, es bei der bisher angenommenen Verteilung der Beweislast zu belassen. Dem Äußernden wird nicht verwehrt, die von ihm für richtig gehaltene Tatsache zu behaupten. Er ist lediglich zur Vermeidung eines entstehenden irreführenden Eindrucks gehalten, auf die Umstrittenheit hinzuweisen, wenn er die Richtigkeit nicht beweisen kann.

ee) Vergleichende Werbung. Zur Darlegungs- und Beweislast ist Art. 7 der Richtlinie 2006/114/EG **213**
vom 13.12.2006 über irreführende und vergleichende Werbung zu beachten. Grundsätzlich hat der Kläger die Darlegungs- und Beweislast, wenn er eine Werbeaussage als unlautere oder irreführende Werbung beanstandet. Ihm kommen jedoch die Erleichterungen zugute, die von der Rechtsprechung zu seinen Gunsten entwickelt worden sind (Rdn. 207ff.). Er hat daher zunächst darzulegen und gegebenenfalls zu beweisen, dass es sich um eine **vergleichende Werbung** handelt, grundsätzlich ferner im Falle der Unlauterkeit, dass eine der **Voraussetzungen des § 6 Abs. 2** gegeben ist, im Falle des § 5, dass die Werbeaussage unrichtig ist.[685] Anders ist es jedoch bei solchen Tatsachen, die der Kläger, der außerhalb des Geschehensablaufes steht, nicht oder nur mit größeren Schwierigkeiten darlegen und beweisen kann, während es dem Beklagten möglich und auch zumutbar ist, die erforderliche Aufklärung zu geben.[686]

X. Unterbrechung/Aussetzung

Schrifttum: *Beyerlein,* Das Verfahren wird ausgesetzt. – Überlegungen zur Reichweite des § 148 ZPO im gewerblichen Rechtschutz vor europäischem Hintergrund, WRP 2006, 711; *K. Schmidt,* Unterlassungsanspruch, Unterlassungsklage und deliktischer Ersatzanspruch im Konkurs, ZZP 90 (1977) 38; *Spätgens,* Zur Wirkung des Inlands- und Auslandkonkurses auf den inländischen (wettbewerbsrechtlichen) Unterlassungsrechtsstreit, FS Piper, 1996, 461.

1. Unterbrechung

Im Wettbewerbsprozess kommt vor allem eine **Unterbrechung** des Rechtsstreits **durch Eröffnung des Insolvenzverfahrens** über das Vermögen einer Partei in Betracht (§ 240 ZPO). Die **214**
gleiche Wirkung hat grundsätzlich ein Insolvenzverfahren, das im Ausland eröffnet worden ist (vgl. §§ 343, 352 InsO).

---

679 BGH GRUR 1971, 153, 155 – *Tampax;* GRUR 1991, 848, 849 – *Rheumalind II;* GRUR 2013, 649, 651 – *Basisinsulin mit Gewichtsvorteil;* GRUR-RR 2013, 496 LS – *Elektromagnetisches Wechselfeld;* GRUR 2015, 403, 408 – *Monsterbacke II;* OLG Hamburg GRUR-RR 2001, 84, 87; GRUR-RR 2002, 173, 175; OLG Frankfurt GRUR-RR 2003, 295f.; OLG Karlsruhe MD VSW 2004, 401, 402; KG MD VSW 2011, 714, 716f.; OLG Düsseldorf MD VSW 2013, 323, 327ff.; OLG Hamm GRUR-RR 2014, 412, 415.

680 OLG Hamburg GRUR-RR 2001, 84, 87; OLG Celle GRUR-RR 2008, 441, 442; WRP 2014, 720, 721; OLG Hamm GRUR-RR 2014, 412, 415.

681 A.M. OLG Frankfurt GRUR-RR 2005, 394f.; OLG Karlsruhe GRUR-RR 2013, 445 LS; *Köhler*/Bornkamm § 12 Rdn. 2.95.

682 BGH GRUR 2013, 649, 653f. – *Basisinsulin mit Gewichtsvorteil.*

683 BVerfG GRUR 2001, 1058 – *Therapeutische Äquivalenz;* eingehend zum Verhältnis zwischen Verfassungs- und Wettbewerbsrecht und zur Rechtsprechung des BVerfG oben *Ahrens* Einl. G Rdn. 40ff.

684 Vgl. OLG Frankfurt MD VSW 2003, 858, 863 – insoweit in GRUR-RR 2003, 295f. nicht abgedruckt.

685 OLG Hamburg GRUR-RR 2002, 362f.; *Köhler*/Bornkamm § 12 Rdn. 2.96; a.M. *Lindacher* WRP 2000, 950, 953f.

686 BGH GRUR 2007, 603, 607 – *Umsatzzuwachs;* vgl. OLG München WRP 2015, 104, 109 (vergleichender Warentest).

215 **a) Insolvenz des Unterlassungsklägers.** Ist der **Kläger unmittelbar Verletzter oder Mitbewerber** gemäß § 8 Abs. 3 Nr. 1, wird die Masse in der Regel zumindest mittelbar betroffen, auch wenn es nur um Ansprüche aus §§ 3ff. geht. Denn das Bestehen oder Nichtbestehen eines wettbewerbsrechtlichen Unterlassungsanspruchs wirkt sich im Allgemeinen auf die Wettbewerbsposition und damit auf den Wert des Unternehmens aus.[687]

216 Anders ist es (keine Unterbrechung), wenn **über das Vermögen eines Verbandes** im Sinne des § 8 Abs. 3 Nr. 2, 3 **das Insolvenzverfahren eröffnet** wird.[688] Dessen Unterlassungsansprüche berühren nicht die Masse. Etwaige Ansprüche auf Kostenerstattung sollen nicht genügen.[689] Ein obsiegendes Urteil kann nicht mehr ergehen, weil der Verband mit Eröffnung des Insolvenzverfahrens aufgelöst wird (§ 42 Abs. 1 BGB) und damit seine Klagebefugnis verliert.[690] Daher muss er den Rechtsstreit in der Hauptsache für erledigt erklären, um eine Kostenentscheidung zu seinen Gunsten herbeizuführen.[691]

217 **b) Insolvenz des Unterlassungsbeklagten.** Da für das Unternehmen meist von wirtschaftlichem Interesse ist, ob es wie beanstandet handeln darf oder nicht, tritt in der Regel Unterbrechung ein.[692] Unerheblich ist, ob auch vom Insolvenzverwalter eine Begehungsgefahr ausgeht.[693] Der Rechtstreit wird nur dann nicht unterbrochen, wenn der Unterlassungsanspruch nicht die gewerbliche, sondern allein die persönliche Sphäre des Beklagten betrifft, wie etwa bei rein persönlichen, ehrenkränkenden Behauptungen.[694]

218 **c) Aufnahme des Verfahrens.** Die Aufnahme des Verfahrens richtet sich nach § 250 ZPO, §§ 85, 86 InsO. Der Unterlassungsprozess gegen den Gemeinschuldner ist von der höchstrichterlichen Rechtsprechung früher als Aktivprozess im Sinne von § 85 InsO (früher § 10 KO) angesehen worden.[695] Überzeugender ist demgegenüber die Auffassung, auch des BGH, dass es sich um einen Passivprozess im Sinne des § 86 InsO (früher § 11 KO) handele.[696] Der Unterschied ist deshalb von Bedeutung, weil § 86 InsO sogleich die Aufnahme sowohl durch den Insolvenzverwalter als durch den Kläger ermöglicht, während nach § 85 InsO zunächst nur der Insolvenzverwalter zur Aufnahme berechtigt ist.

2. Aussetzung nach § 148 ZPO

219 Eine Aussetzung des Rechtstreits, die im Ermessen des Gerichts liegt,[697] kommt im Wettbewerbsprozess außer bei Klagen aus einem Schutzrecht kaum vor; denn in anderen Fällen fehlt es meist an einem vorgreiflichen Rechtsverhältnis. In vielen Fällen könnte eine Aussetzung zwar zweckmäßig sein, **wenn über die gleichen Sach- und/oder Rechtsfragen schon in einem anderen, älteren Rechtsstreit gestritten wird,** insbesondere die Sache bereits beim BGH anhängig ist. Das rechtfertigt jedoch keine Aussetzung nach § 148 ZPO.[698] Hier hilft nur ein Ruhen des Verfahrens gemäß § 251 ZPO oder ein bloßes Stillhalteabkommen, das bewirkt, dass der Rechtsstreit zunächst nicht weiter betrieben wird. Wegen § 204 Abs. 2 Satz 2 BGB hat der Kläger aber angesichts der kurzen Verjährungsfristen des UWG darauf zu achten, dass keine Verjährung eintritt. Ist neben dem Zivilprozess **gleichzeitig ein Strafverfahren** anhängig, scheidet in der Regel eine Aussetzung aus.[699]

220 Bei **Klagen aus einem Schutzrecht** kann eine Aussetzung geboten sein:
– in Patentverletzungssachen, wenn ein Einspruchs- oder ein Nichtigkeitsverfahren anhängig ist; in Gebrauchsmustersachen gemäß § 19 GebrMG;

---

687 *Köhler*/Bornkamm § 12 Rdn. 2.98; Teplitzky/*Schwippert* Kap. 48 Rdn. 5f.; vgl. auch BGH NJW 2010, 2213, 2214 – *Oracle* zur Schutzrechtsverletzung.
688 KG NJW-RR 1991, 41; a. M. *Spätgens* in: FS Piper, S. 461, 472f.
689 Vgl. dazu Teplitzky/*Schwippert* Kap. 48 Rdn. 5f., 6a.
690 *Köhler*/Bornkamm § 12 Rdn. 2.98.
691 Vgl. aber Teplitzky/*Schwippert* Kap. 48 Rdn. 6a.
692 BGH GRUR 1966, 218, 219f. – *Dia-Rähmchen III;* GRUR 1983, 179, 180 – *Stapel-Automat;* GRUR 2004, 70 – *Preisbrecher;* KG GRUR-RR 2002, 125, 126.
693 *Köhler*/Bornkamm § 12 Rdn. 2.99.
694 Teplitzky/*Schwippert* Kap. 48 Rdn. 7.
695 BGH GRUR 1983, 179, 180 – *Stapel-Automat.*
696 BGH GRUR 2010, 536, 537f. – *Modulgerüst II;* GRUR 2015, 509, 510f. – *Videospiel-Konsolen II; Köhler*/Bornkamm § 12 Rdn. 2.100; *Karsten Schmidt* ZZP 90 (1977), 38, 54ff.; Teplitzky/*Schwippert* Kap. 48 Rdn. 13.
697 BGH GRUR 1993, 556, 559 – *TRIANGLE.*
698 BGH GRUR 2005, 615f. – *Aussetzung wegen Parallelverfahren;* GRUR 2015, 784, 785f. – *Objektcode;* Teplitzky/*Schwippert* Kap. 48 Rdn. 18. GRUR 2015, 784, 785f.
699 Teplitzky/*Schwippert* Kap. 48 Rdn. 19.

– in Markenverletzungssachen, wenn ein Löschungsverfahren gemäß §§ 48 ff. MarkenG anhängig ist.[700]

Wenn es um europäisches Recht geht, kommt gemäß Art. 267, Abs. 2 und 3 AEUV eine Vorlage an den EuGH in Betracht.[701]

Wenn eine **negative Feststellungsklage für erledigt erklärt** worden ist, besteht im allgemeinen kein Grund, den Rechtstreit nur wegen der Kostenentscheidung bis zur Entscheidung über die Unterlassungsklage auszusetzen.[702] Eine Aussetzung sollte nur erfolgen, wenn beide Parteien damit einverstanden sind. In vielen Fällen ist ein Kostenvergleich sinnvoll und daher vorzuziehen, wonach die Kosten des erledigten Verfahrens der rechtskräftigen Kostenentscheidung über den Unterlassungsantrag folgen sollen. Dem wird sich aber die Partei widersetzen, die im Rahmen des § 91a ZPO eine Stellungnahme des Gerichts, insbesondere des OLG, herbeiführen möchte, um damit in dem anderen Verfahren argumentieren zu können. Kommt es zu einem solchen Kostenvergleich, hat dieser allerdings keinen vollstreckbaren Inhalt. In der Regel hält sich aber die Partei, die im Unterlassungsverfahren endgültig unterlegen ist, an den Vergleich. Sollte das ausnahmsweise nicht der Fall sein, kann die Partei, die dort obsiegt hat, noch eine Entscheidung nach § 91a ZPO herbeiführen, die ihr den notwendigen Kostentitel verschafft. 221

Gegen den Beschluss kann die betroffene Partei gemäß § 252 ZPO **sofortige Beschwerde** einlegen. Das Beschwerdegericht ist nicht befugt, sein Ermessen an die Stelle des Ermessens der ersten Instanz zu setzen. Es darf aber prüfen, ob der richtige rechtliche Rahmen beachtet worden ist und ob der Vorinstanz ein Ermessensfehler unterlaufen ist.[703] 222

XI. Urteil

1. Prozessurteil

Die Klage ist als unzulässig abzuweisen, wenn es an einer **Prozessvoraussetzung** fehlt. Im Wettbewerbsprozess kommt das insbesondere in folgenden Fällen in Betracht: 223
– Fehlen der Klagebefugnis gemäß § 8 Abs. 3 oder Abs. 4;
– Fehlen des Rechtsschutzbedürfnisses (Rdn. 73, 121 ff.);[704]
– Mangelnde Bestimmtheit des Klageantrages (Rdn. 75 ff.).

2. Sachurteil auf Unterlassung

a) Bestimmtheit des Verbots. Ebenso wie zuvor der Klageantrag (Rdn. 75 ff.), hat das darauf beruhende Verbot bestimmt zu sein. Der **vollständige Inhalt des Verbotes** muss sich **grundsätzlich aus dem Urteil selbst ergeben.** Unbedenklich ist die Bezugnahme auf Anlagen zum Urteilsausspruch. Nur in Ausnahmefällen darf sich dieser auf eine Anlage außerhalb des Urteils beziehen, die sich in den Akten befindet, wenn nämlich – wie bei einem Film – keine andere Möglichkeit besteht, ein Verbot auszusprechen (Rdn. 95).[705] Die Möglichkeit ihrer späteren Rückgabe macht das Verbot nicht unbestimmt. 224

Ist eine konkrete Verletzungshandlung, etwa eine konkrete Anzeige, wettbewerbswidrig, ist das Verbot nicht auf die betreffenden, die Wettbewerbswidrigkeit begründenden Teile der Anzeige zu beschränken.[706] Bei entsprechendem Unterlassungsantrag wird die konkrete Verletzungsform verboten. Der Antrag ist schon dann in vollem Umfange begründet, wenn sie nur eine einzige konkrete Wettbewerbswidrigkeit enthält.[707] 225

b) Auslegung des Verbots. Der Umfang des Verbotes ist durch Auslegung zu ermitteln. Dabei ist zunächst auf den Wortlaut abzustellen.[708] Ist dieser nicht eindeutig, sind zur Auslegung der **Tat-** 226

[700] Vgl. dazu BGH GRUR 2007, 780, 782 – *Pralinenform;* GRUR 2014, 1101, 1102 – *Gelbe Wörterbücher;* GRUR 2016, 197, 198 – *Bounty.*
[701] Vgl. dazu BGH GRUR 2016, 523 – *Prämienmodell niederländischer Apotheke.*
[702] OLG Köln WRP 1982, 236.
[703] OLG Hamburg OLG-Report 2003, 319, 321; GRUR 2014, 1101, 1102 – *Gelbe Wörterbücher.*
[704] Z. B. BGH GRUR 1987, 402 – *Parallelverfahren;* GRUR 1987, 568 – *Gegenangriff.*
[705] BGH GRUR 2000, 228 f. – *Musical-Gala* (Video-Mitschnitt); Ahrens/*Spätgens* Kap. 63 Rdn. 6 ff.; Teplitzky/*Feddersen* Kap. 57 Rdn. 6 ff.; vgl. auch BGH GRUR 2013, 1030, 1031 – *File-Hosting-Dienst* (in Anlagen genannte Musikwerke); OLG Hamburg GRUR-RR 2014, 121, 123 (Storyboard eines Werbefilms auf zur Akte gereichten DVD). Vgl. Rdn. 24.
[706] BGH GRUR 2008, 727, 728 – *Schweißmodulgenerator.*
[707] BGH GRUR 2001, 453, 455 – *TCM-Zentrum;* vgl. Rdn. 24.
[708] BGH GRUR 2008, 532, 533 – *Umsatzsteuerhinweis.*

bestand und die Entscheidungsgründe heranzuziehen.[709] Insbesondere ist zu berücksichtigen, wie der Unterlassungsantrag auszulegen ist (Rdn. 81, 86), dem das Gericht stattgegeben hat. Ist das Verbot eng auf die konkrete Verletzungshandlung beschränkt, sind einer erweiternden Auslegung enge Grenzen gesetzt.[710] Umstände, die im Urteil nicht zum Ausdruck gekommen sind, bleiben bei der Auslegung grundsätzlich unberücksichtigt. Als Vollstreckungstitel muss das Urteil in der Regel aus sich heraus verständlich und bestimmt sein.[711] Ist das Verbot nach seinem Wortlaut mangels Bestimmtheit nicht vollstreckungsfähig, kann sein Inhalt durch Auslegung unter Orientierung an der konkreten Verletzungshandlung auf einen vollstreckungsfähigen Inhalt beschränkt werden.[712] Das Verbot umfasst im Allgemeinen keine Handlungen, die im Ausland begangen werden und sich im Inland kaum auswirken.[713]

227 In geeigneten Fällen sollte das Gericht **in den Entscheidungsgründen klarstellen,** wie der Klageantrag und demzufolge das Verbot zu verstehen sind, insbesondere welchen Umfang es hat.[714] Aus solchen Klarstellungen ergibt sich nicht, dass regelmäßig entweder eine Verletzung von § 139 ZPO vorliegt oder der Prozessbevollmächtigte des Klägers und das Gericht gemeinsam bei der Formulierung eines nicht mehr auslegungsbedürftigen Antrages versagt haben. Klarstellungen über den Umfang des Verbotes erfolgen, um im Interesse aller Beteiligten späteren Streitigkeiten vorausschauend vorzubeugen. Es ist häufig nicht möglich, im Antrag und dann im Verbot eine absolute Eindeutigkeit herbeizuführen, insbesondere etwa jeden im Antrag verwendeten Begriff so zu verwenden oder gar noch näher zu umschreiben, dass er über jeglichen Zweifel erhaben ist. Daher machen die Gerichte in vielen Fällen zu Recht von der Möglichkeit einer Klarstellung Gebrauch. Vorrangig ist jedoch stets das Bemühen um ein möglichst eindeutig formuliertes Verbot.

228 Bei einem **Anerkenntnis-**[715] oder einem **Versäumnisurteil** ist mangels Urteilsbegründung zur Auslegung des Verbotes die Klagebegründung heranzuziehen, ebenso wie bei einer nicht begründeten Beschlussverfügung die Antragsschrift.[716]

229 Lässt sich der Umfang des Verbotes nicht zuverlässig durch Auslegung ermitteln, ist eine **neue Klage** erforderlich. Da die **Rechtskraft des Verbotsurteils** grundsätzlich einer erneuten Unterlassungsklage des Klägers entgegensteht,[717] lässt sich der Umfang des Titels regelmäßig nur durch eine Feststellungsklage klären, etwa dahin, dass bestimmte, konkret beschriebene Verhaltensweisen vom Verbot erfasst werden. – Umgekehrt hat der Beklagte die Möglichkeit, durch eine negative Feststellungsklage eine Entscheidung darüber herbeizuführen, dass bestimmte, zukünftige Handlungen nicht vom Verbot erfasst werden,[718] und zwar auch dann, wenn bereits ein Ordnungsmittelantrag vorliegt.[719] Dagegen ist es dem Unterlassungsschuldner grundsätzlich zuzumuten, ein Ordnungsmittelverfahren abzuwarten, wenn es ihm (nur) um die Klärung geht, ob eine in der Vergangenheit liegende Handlung gegen das Verbotsurteil verstößt.[720] Beanstandet der Kläger einen neuen Verstoß und bestehen ernsthafte Zweifel, ob dieser vom Verbot erfasst wird, kommt neben einer positiven Feststellungsklage – zumindest nach einem erfolglosen Vollstreckungsverfah-

---

[709] BGH GRUR 1991, 929, 930 – *Fachliche Empfehlung II;* GRUR 1993, 157, 158 – *Dauernd* billig; GRUR 1994, 304, 305 – *Zigarettenwerbung in Jugendzeitschriften;* GRUR 1994, 441, 443 – *Kosmetikstudio;* GRUR 2002, 81 f. – *Anwalts- und Steuerkanzlei;* GRUR 2002, 86, 88 – *Laubhefter;* GRUR 2002, 910, 912 – *Muskelaufbaupräparate;* GRUR 2002, 81 f. – *Anwalts- und Steuerkanzlei;* GRUR 2006, 776, 777 – *Werbung für Klingeltöne;* GRUR 2006, 594 – *SmartKey;* GRUR 2007, 987, 990 – *Änderung der Voreinstellung I;* GRUR 2009, 871, 872 – *Ohrclips;* GRUR 2009, 876, 878 – *Änderung der Voreinstellung II;* GRUR 2009, 1183 f. – *Räumungsverkauf wegen Umbau;* GRUR 2010, 855, 856 – *Folienrollos.*

[710] BGH GRUR 2010, 454, 455 – *Klassenlotterie.*

[711] BGH GRUR 1992, 525 f. – *Professorenbezeichnung in der Arztwerbung II.*

[712] OLG Frankfurt GRUR-RR 2014, 48 LS.

[713] OLG Köln MD VSW 2010, 534, 535.

[714] Beispiele: BGH GRUR 2000, 613, 614 f. – *Klinik Sanssouci;* GRUR 2003, 622 – *Abonnementvertrag;* GRUR 2005, 857, 860 – *HIT BILANZ;* GRUR 2005, 960, 961 – *Friedhofsruhe;* GRUR 2005, 1061, 1063 – *Telefonische Gewinnauskunft;* GRUR 2006, 433, 434 – *Unbegründete Abnehmerverwarnung;* GRUR 2006, 504, 505 – *Parfümtestkäufe;* GRUR 2007, 708, 712 – *Internet-Versteigerung II;* GRUR 2008, 702, 705 – *Internetversteigerung III;* OLG Frankfurt WRP 2001, 951, 956; OLG Hamburg GRUR 2002, 278, 279; GRUR-RR 2002, 226; OLG Karlsruhe WRP 2002, 1090, 1091; OLG Düsseldorf WRP 2003, 106, 107; OLG Hamburg MD VSW 2002, 1168, 1170 f.

[715] OLG Stuttgart WRP 1987, 406, 407.

[716] BGH NJW-RR 2016, 485, 488 – Piadina-Rückruf; OLG Köln MD VSW 2001, 582, 583.

[717] Vgl. aber OLG Karlsruhe WRP 1977, 41, 42 f.; Ahrens/*Ahrens* Kap. 36 Rdn. 129 ff. und Kap 65 Rdn. 4.

[718] OLG Karlsruhe WRP 1977, 41, 42 f.

[719] BGH GRUR 2008, 360, 361 f. – *EURO und Schwarzgeld.*

[720] BGH GRUR 2008, 360, 362 – *EURO und Schwarzgeld.*

ren – auch ein Antrag auf Erlass einer (gegebenenfalls zweiten) einstweiligen Verfügung in Betracht.[721]

c) Bindung an den Antrag. Gibt das Gericht der Klage statt, ist es **nicht an die rein sprachliche Formulierung** des Klägers gebunden. Es darf aber nicht mehr und **nicht etwas anderes zusprechen,** als es der Kläger beantragt hat (§ 308 Abs. 1 Satz 1 ZPO; Rdn. 24).[722] Das geschieht aber, wenn etwa der Kläger Auskunft darüber verlangt hat, an welche Personen der Beklagte Kataloge verschickt hat, das Gericht jedoch zur Auskunft darüber verurteilt, an welche Personen der Beklagte verkauft hat,[723] ferner wenn das Gericht zu einem weitergehenden Widerruf verurteilt als beantragt.[724] Das gilt entsprechend auch für Verbote. So liegt ein Verstoß gegen § 308 Abs. 1 Satz 1 ZPO vor, wenn das Gericht seinem Urteilsausspruch einen anderen Klagegrund zu Grunde legt als denjenigen, auf den sich der Kläger gestützt hat.[725] 230

Sollte die erste Instanz gegen § 308 ZPO verstoßen haben, ist ein solcher Verstoß geheilt, wenn der Kläger sich das **Verbot zu eigen macht,** indem er beantragt, die Berufung des Beklagten zurückzuweisen.[726] Daraus ergibt sich, dass er nunmehr einen Unterlassungsantrag gemäß dem gerichtlichen Verbot verfolgt. Eine andere Frage ist es, ob eine zulässige Klageerweiterung vorliegt, deren Sachdienlichkeit aber die erste Instanz mit dem ausgesprochenen Verbot bereits bejaht haben dürfte. Im Revisionsverfahren ist eine derartige Klageerweiterung nicht mehr möglich.[727] 231

d) Zeitliche Begrenzung. Eine zeitliche Begrenzung des Verbotes kommt nur ausnahmsweise in Betracht, nämlich dann, wenn im Zeitpunkt der mündlichen Verhandlung bereits feststeht, wann das Verbot ausläuft, etwa **bei Modeneuheiten.**[728] Ist eine solche Befristung nicht möglich, ist der Beklagte wie auch sonst bei nachträglichen Veränderungen auf den Weg der Vollstreckungsgegenklage – nicht (auch nicht wahlweise) der Abänderungsklage gemäß § 323 ZPO – angewiesen (§ 767 ZPO).[729] 232

Gegen eine einstweilige Verfügung kann sich der Antragsgegner im Falle veränderter Umstände mit einem **Aufhebungsantrag nach § 927 ZPO** wehren. Das ist allerdings problematisch, wenn er in einer Abschlusserklärung auf die Rechte aus § 927 ZPO verzichtet hat[730] oder wenn er die veränderten Umstände nicht glaubhaft machen, sondern nur in einem Klageverfahren beweisen kann. Er hat dann die Möglichkeit, gegen die einstweilige Verfügung **Zwangsvollstreckungsgegenklage nach § 767 ZPO** zu erheben.[731] 233

e) Aufbrauchfrist. Ausnahmsweise kann dem Beklagten eine Aufbrauchfrist eingeräumt werden, die es ihm erlaubt, noch vorhandene Werbemittel bis zum Ablauf der gesetzten Frist aufzubrauchen.[732] Das geschieht **von Amts wegen;** ein Antrag des Beklagten ist nicht erforderlich, er muss sein Interesse nur substantiiert vortragen.[733] Wird ihm eine Aufbrauchfrist gewährt, braucht er nicht sofort das vorhandene Werbematerial zu vernichten und durch neue Werbemittel zu ersetzen, was mit erheblichen zeitlichen Schwierigkeiten und mit zusätzlichen Kosten verbunden wäre. 234

---

[721] OLG Düsseldorf WRP 1993, 487, 488f.; OLG Frankfurt WRP 1997, 51f.; *Kehl* WRP 1999, 46, 49f.; vgl. dazu OLG Hamburg MD VSW 2004, 1232, 1235f.; vgl. auch Teplitzky/*Feddersen* Kap. 57 Rdn. 16b–e.

[722] Beispiele: BGH GRUR 2001, 755, 757 – *Telefonkarte;* GRUR 2003, 716f. – *Reinigungsarbeiten* (anderer Klagegrund); GRUR 2016, 213, 214 – *Zuweisung von Verschreibungen* (Fehlen eines im Antrag enthaltenen, einschränkenden Merkmals); *Köhler*/Bornkamm § 12 Rdn. 2.107; Teplitzky/*Schwippert* Kap. 51 Rdn. 46–48.

[723] BGH GRUR 1992, 117, 120 – *IEC-Publikation.*

[724] BGH GRUR 1992, 527, 529 – *Plagiats-Vorwurf II.*

[725] BGH GRUR 2005, 854, 855 – *Karten-Grundsubstanz* (eigenes Urheberrecht/ausschließliche Lizenz am Urheberrecht eines Dritten); GRUR 2006, 960, 961 – *Anschriftenliste.*

[726] KG GRUR-RR 2002, 125, 126; Teplitzky/*Schwippert* Kap. 51 Rdn. 48.

[727] BGH GRUR 2003, 716, 717 – *Reinigungsarbeiten;* GRUR 2006, 960, 962 – *Anschriftenliste.*

[728] BGH GRUR 1973, 478 – *Modeneuheit;* OLG Düsseldorf GRUR 1983, 748, 750; *Körner* GRUR 1985, 909, 914; *Borck* WRP 2000, 9, 15; hierzu und allgemeiner zur Befristung im Bereich der Produktnachahmung oben *Sambuc* § 4 Nr. 9 Rdn. 60, 192ff.

[729] BGH GRUR 1973, 429, 430 – *Idee-Kaffee;* WRP 1983, 209, 211 – *Stapelautomat;* GRUR 1997, 382, 384 – *Altunterwerfung I;* GRUR 1997, 386, 389 – *Altunterwerfung II;* Ahrens/*Ahrens* Kap. 36 Rdn. 182ff.; Teplitzky/*Feddersen* Kap. 57 Rdn. 51, 55, 56f.; a.M. OLG Koblenz GRUR 1988, 478, 480.

[730] Vgl. Teplitzky/*Bacher* Kap. 43 Rdn. 6–8, 15 mit weiteren Nachweisen.

[731] Ahrens/*Ahrens* Kap. 36 Rdn. 204f.; Teplitzky/*Feddersen* Kap. 57 Rdn. 52ff. mit weiteren Nachweisen; a.M. OLG Karlsruhe GRUR 1979, 571.

[732] Vgl. näher Teplitzky/*Kessen* Kap. 8 Rdn. 10ff.; Teplitzky/*Feddersen* Kap. 57 Rdn. 17ff. und *Goldmann* oben § 8 Rdn. 132ff.

[733] BGH GRUR 1960, 563, 567 – *Sektwerbung;* GRUR 1961, 283f. – *Mon Cherie II;* GRUR 1982, 420, 423 – *BBC/DDC;* GRUR 1985, 930, 932 – *JUS-Steuerberatungsgesellschaft.*

235 Noch seltener kommt eine **Umstellungsfrist** in Betracht. Dann kann der Beklagte bis zum Ablauf der Frist uneingeschränkt in der beanstandeten Weise weiter tätig sein und dafür sogar neue Werbemittel herstellen. Eine solche Umstellungsfrist kann angemessen sein, wenn es etwa um die Änderung einer Firma geht, die der Beklagte notwendigerweise weiter zu benutzen hat, bis die Änderung im Handelsregister eingetragen ist.

236 Die Einräumung einer Aufbrauch- oder Umstellungsfrist schränkt den materiell-rechtlichen Unterlassungsanspruch des Klägers nicht ein, sondern gewährt dem Beklagten lediglich einen **prozessualen Vollstreckungsaufschub.**[734] Daraus folgt, dass in der Einräumung der Frist **kein teilweises Unterliegen des Klägers**[735] mit entsprechender Kostenfolge zu seinen Lasten zu sehen ist und der Beklagte auch weiterhin zum Schadensersatz verpflichtet ist.[736] Die Rechtswidrigkeit des weiteren Handelns bleibt trotz der Aufbrauchs- oder Umstellungsfrist unberührt. Wird dagegen ein Teilunterliegen angenommen, greift regelmäßig zu Gunsten des Klägers § 92 Abs. 2 ZPO ein.

237 **f) Androhung von Ordnungsmitteln.** Die Androhung setzt einen entsprechenden **Antrag des Klägers** voraus (§ 890 Abs. 2 ZPO; Rdn. 118f.). Versäumt er allerdings einen Antrag, dem Beklagten auch eine Ersatzordnungshaft anzudrohen, schadet ihm das nicht; die Androhung erfolgt von Amts wegen.[737] Das Gericht hat die Art und das Höchstmaß des Ordnungsmittels ausdrücklich anzugeben, damit der Beklagte ohne weiteres das Ausmaß des angedrohten hoheitlichen Zwanges erkennen kann.[738] Daher genügt aus rechtsstaatlichen Gründen – anders als im Antrag – nicht die bloße Androhung der „gesetzlichen Ordnungsmittel gemäß § 890 ZPO“[739] oder „in gesetzlicher Höhe“.[740]

238 Soweit es um die Androhung der **Ersatzordnungshaft** und von **Ordnungshaft** geht, genügt **bei juristischen Personen,** für die ihre Organe haften,[741] die allgemeine Androhung, dass die Haft an einem der Vorstandsmitglieder bzw. an einem der Geschäftsführer zu vollziehen ist.[742] Namen sind dabei nicht zu nennen. Im Falle der Vollstreckung kommt es auf das dann verantwortliche Organ an, das möglicherweise in der Zwischenzeit bestellt worden ist. Die Eingrenzung und Bestimmung erfolgt demnach erst im Vollstreckungsverfahren. Im Ordnungsmittelbeschluss ist das Organ konkret zu bezeichnen.[743] Bei der Festsetzung der Ersatzordnungshaft ist derjenige anzugeben, der für die Zahlung des Ordnungsgeldes zuständig ist und der nicht unbedingt für den Verstoß verantwortlich sein muss.[744] Bei einer OHG oder KG brauchen die maßgebenden Gesellschafter ebenfalls noch nicht im Urteil angegeben zu werden.

239 Die Androhung erfolgt **entweder im Verbotsausspruch** („... unter Androhung ...“) **oder in einem nachfolgenden Absatz:** „Für jeden Fall der Zuwiderhandlung wird dem Beklagten ein Ordnungsgeld bis zu 250 000 €, ersatzweise Ordnungshaft bis zu sechs Wochen, oder eine Ordnungshaft bis zu sechs Monaten angedroht, die Ordnungshaft zu vollziehen an einem der Geschäftsführer.“ Wird die Androhung von Ordnungsgeld und Ordnungshaft nicht durch ein „oder“, sondern durch ein „und“ verbunden, führt das nicht zur Unwirksamkeit der Androhung,[745] obwohl eine kumulative Festsetzung von Ordnungsgeld und Ordnungshaft unzulässig ist.

240 **g) Veröffentlichungsbefugnis.** Vgl. § 12 Abs. 3.[746]

3. Sachurteil auf Auskunft und Rechnungslegung

241 Ebenso wie der Klageantrag muss der **Urteilsausspruch bestimmt und konkret** sein. Meist erfolgt eine Bezugnahme auf das entsprechende, zuvor formulierte Verbot. Dabei ist – ebenso wie beim Feststellungsausspruch (Rdn. 242) – zu beachten, dass die Verurteilung nicht auf den verall-

---

[734] Streitig; vgl. dazu Teplitzky/*Kessen* Kap. 8 Rdn. 10 mit weiteren Nachweisen; Ahrens/*Bähr* Kap. 38 Rdn. 6ff.

[735] So aber Ahrens/*Bähr* Kap. 38 Rdn. 19; *Ulrich* GRUR 1991, 26, 27.

[736] Ahrens/*Bähr* Kap. 38 Rdn. 16; a. M. *Spätgens* WRP 1994, 693, 695.

[737] BGH GRUR 1993, 62, 63 – *Kilopreise III.*

[738] BGH GRUR 1995, 744, 749 – *Feuer, Eis & Dynamit I;* GRUR 2004, 264, 265 – *Euro-Einführungsrabatt;* Teplitzky/*Schwippert* Kap. 51 Rdn. 15; Teplitzky/*Feddersen* Kap. 57 Rdn. 25.

[739] *Köhler*/Bornkamm § 12 Rdn. 2.110; a. M. OLG München WRP 1980, 356.

[740] OLG Köln WRP 1979, 667.

[741] Vgl. BVerfGE 20, 323, 335f.

[742] BGH GRUR 1991, 929, 931 – *Fachliche Empfehlung II.*

[743] BGH GRUR 1991, 929, 931 – *Fachliche Empfehlung II;* vgl. aber OLG Hamm WRP 2000, 413, 417: erst später, wenn die Ersatzordnungshaft zu vollstrecken ist.

[744] Vgl. aber KG GRUR 1983, 795, 796.

[745] BGH GRUR 2004, 264, 265 – *Euro-Einführungsrabatt;* OLG Düsseldorf GRUR-RR 2003, 127, 128.

[746] Vgl. dazu *Retzer/Tolkmitt* § 12 Abs. 3.

gemeinerten Teil des Verbotes bezogen werden darf, für den nur Erstbegehungsgefahr besteht. Außerdem darf nicht der **Zeitpunkt** vergessen werden, von dem an Auskunft zu erteilen und Rechnung zu legen ist. Zum Wirtschaftsprüfervorbehalt und zu seiner Formulierung vgl. Rdn. 155, 158.

4. Sachurteil auf Feststellung der Schadensersatzpflicht

Ebenso wie der Klageantrag muss der **Urteilsausspruch bestimmt und konkret** sein. Meist erfolgt eine Bezugnahme auf das entsprechende, zuvor formulierte Verbot. Dabei ist zu beachten, was auch für die Verurteilung zur Auskunft/Rechnungslegung gilt (Rdn. 241, vgl. auch Rdn. 151). Insbesondere darf der **Zeitpunkt,** von dem an Schadensersatz zu leisten ist, nicht vergessen werden. Der Anspruch besteht nämlich grundsätzlich nur vom ersten festgestellten Verstoß an (vgl. dazu Rdn. 154). 242

5. Rechtskraft

a) Umfang. Der Umfang der Rechtskraft hängt ab vom Umfang des Urteilsausspruchs, insbesondere vom Umfang eines Verbotes (Rdn. 224ff.), dieser vom Streitgegenstand (§ 322 Abs. 1 ZPO; Rdn. 18ff.), der durch den Klageantrag und die Klagebegründung bestimmt wird.[747] Die Rechtskraft steht in der Regel einer erneuten Klage mit demselben **Streitgegenstand** entgegen (vgl. auch Rdn. 229).[748] Die Rechtskraftwirkung erstreckt sich auch auf Handlungen, die als minus vom Verbot erfasst werden, ferner auf identische Verstöße, die vor Schluss der letzten Tatsachenverhandlung liegen,[749] ebenso auf im Kern gleiche Handlungen,[750] Sie gehören zum selben Lebenssachverhalt (= Klagegrund). Insoweit geht es nicht etwa um ein Problem des Rechtsschutzinteresses.[751] 243

Wenn die Urteilsformel allein nicht ausreicht, die Reichweite der Rechtskraftwirkung zu erfassen, sind **zur Auslegung ergänzend** der **Tatbestand** und die **Entscheidungsgründe heranzuziehen,** in geeigneten Fällen auch das Parteivorbringen (Rdn. 226ff.).[752] Das gilt insbesondere bei einem klageabweisenden Urteil, aus dessen Urteilsausspruch sich der Umfang der Abweisung noch nicht entnehmen lässt.[753] Bei einem Anerkenntnisurteil kommt es darauf an, was die Parteien gewollt und erklärt haben.[754] Wird eine Klage als unbegründet abgewiesen, mit der ein verallgemeinerter Antrag verfolgt worden ist, hindert die Rechtskraft den Kläger an einer neuen Klage mit einem nunmehr auf die konkrete Verletzungsform beschränkten Antrag.[755] Ist dagegen eine Unterlassungsklage mangels Erstbegehungsgefahr abgewiesen worden, kann der Kläger trotz der Rechtskraft des Urteils ohne weiteres eine neue Klage erheben, wenn es nachträglich zu einem Verstoß gekommen ist.[756] 244

b) Wirkung. Das rechtskräftige Urteil wirkt grundsätzlich **nur zwischen den Parteien** (§ 325 Abs. 1 ZPO). Andere Gläubiger sind daher in keiner Weise an die Rechtskraft des Urteils gebunden.[757] Im Einzelfall könnte aber eine weitere Klage gegen § 8 Abs. 4 verstoßen. Aus der Rechtskraft eines Unterlassungsurteils kann folgen, dass unter bestimmten, weiteren Voraussetzungen (vgl. dazu § 12 Rdn. 213) die Wiederholungsgefahr entfällt. Das Urteil schafft auch dann Rechtskraft, wenn das Gericht über einen Antrag entschieden hat, den die Partei nicht erhoben 245

---

[747] BGH GRUR 2006, 421, 422 – *Markenparfümverkäufe;* GRUR 2011, 742, 744 – *Leistungspakete im Preisvergleich.*

[748] Vgl. dazu BGH GRUR 2008, 93, 94ff. – *Zerkleinerungsvorrichtung* (betr. Wahlrecht der Schadensersatz-Berechnungsweisen); zu einem Ausnahmefall vgl. BGH GRUR 2004, 755, 757 – *Taxameter;* vgl. auch Ahrens/*Ahrens* Kap. 36 Rdn. 129 und Kap. 65 Rdn. 4.

[749] A.M. BGH GRUR 2006, 421, 423 – *Markenparfümverkäufe:* In Rechtskraft erwächst der in die Zukunft gerichtete Verbotsausspruch nur in Bezug auf die festgestellte(n) Verletzungshandlung(en). Kritisch dazu auch *Teplitzky* WRP 2007, 1, 4f.; *Kamlah/Ulmar* WRP 2006, 967, 972f.; *Götz* GRUR 2008, 401, 404f.

[750] BGH GRUR 1994, 844, 846 – *Rotes Kreuz;* OLG Köln MD VSW 1147, 1148f.; *Köhler*/Bornkamm § 12 Rdn. 2.113; vgl. aber dort Rdn. 2.23g (kein Rechtsschutzinteresse); vgl. *M. Schmidt* GRUR-Prax 2012, 179, 180; ferner oben Rdn. 21.

[751] *Teplitzky* Kap. 51 Rdn. 56a, Kap. 57 Rdn. 16–16e.

[752] BGH GRUR 2002, 915, 916f. – *Wettbewerbsverbot in Realteilungsvertrag;* GRUR 2004, 755 – *Taxameter;* GRUR 2008, 933, 934 – *Schmiermittel;* GRUR 2009, 970, 971 – *Versicherungsberater;* GRUR 2015, 269, 270f. – *K – Theory.*

[753] BGH GRUR 1993, 157, 158 – *Dauernd billig.*

[754] BGH GRUR 2015, 269, 270f. – *K – Theory.*

[755] BGH GRUR 1993, 157, 158f. – *Dauernd billig; v. Ungern-Sternberg* GRUR 2011, 486, 489 Fn. 34.

[756] BGH GRUR 1990, 687, 689 – *Anzeigenpreis II;* vgl. dazu Ahrens/*Ahrens* Kap. 36 Rdn. 105ff.

[757] BGH GRUR 1960, 379, 380 – *Zentrale.*

hatte, oder wenn eine Feststellungsklage entgegen der Auffassung des Gerichts richtigerweise unzulässig war.[758]

246 Die rechtskräftige Entscheidung über einen Unterlassungsanspruch wirkt sich präjudiziell auf einen Schadensersatzanspruch unterschiedlich aus, je nachdem, ob es sich um einen vertraglichen oder um einen gesetzlichen Unterlassungsanspruch handelt. **Die rechtskräftige Feststellung oder Verneinung eines vertraglichen Unterlassungsanspruches bindet auch in einem nachfolgenden Schadensersatzprozess.**[759] Denn aus Vertrag schuldet der Beklagte Schadensersatz wegen Verletzung der Unterlassungspflicht. Diese wird für den Zeitpunkt der mündlichen Verhandlung festgestellt oder verneint.[760] Da auch der vertragliche Unterlassungsanspruch in die Zukunft gerichtet ist, kommt es entscheidend darauf an, ob der Anspruch zu diesem Zeitpunkt besteht, dagegen nicht, ob er im Zeitpunkt der Klageerhebung bestanden hat.

247 Dagegen hat die **rechtskräftige Feststellung eines gesetzlichen Unterlassungsanspruches keine Bindungswirkung für den gesetzlichen Schadensersatzanspruch.**[761] Dieser setzt nicht die Verletzung eines gesetzlichen Unterlassungsanspruches voraus. Nach einem Wettbewerbsverstoß stehen vielmehr gegebenenfalls beide Ansprüche mit unterschiedlichen, sich lediglich überschneidenden Voraussetzungen parallel nebeneinander. Das gilt ebenso für eine rechtskräftige Abweisung der Unterlassungsklage, erst recht, wenn das nicht mangels Wettbewerbsverstoßes geschehen ist. Die Rechtskraft der Entscheidung über den Unterlassungsanspruch hat auch keine Bindungswirkung für den Anspruch auf Erstattung der Abmahnkosten.[762]

248 **Ein rechtskräftiges Urteil auf Auskunft oder Rechnungslegung bindet nicht – auch nicht im Rahmen einer Stufenklage – für den Schadensersatzprozess.**[763] Das sollte der Kläger vor allem im Rahmen einer Stufenklage beachten, damit er später keine böse Überraschung erlebt. Sonst kann es sein, dass er, wie das in einem langjährigen Rechtsstreit geschehen ist, der vom LG Hamburg ausging, in drei Instanzen auf der Auskunftsstufe obsiegt und dann der Streit zum Grunde in der Zahlungsstufe noch einmal in voller Schärfe entbrennt, insbesondere das Gericht etwa einen neuen Sachverständigen bestellen muss, der anders als der erste Sachverständige zu einem für den Kläger ungünstigen Ergebnis kommt. Dagegen kann sich der Kläger mit einem Zwischenstellungsantrag schützen, dem zugleich mit dem Auskunftsurteil stattgegeben wird. Das Feststellungsurteil wird zusammen mit diesem rechtskräftig und bindet dann für die Zahlungsstufe.

249 Wird einer **Klage auf Feststellung der Schadensersatzpflicht rechtskräftig stattgegeben,** steht bindend fest, dass der Kläger dem Grunde nach einen Ersatzanspruch hat.[764] Wird sie **mangels Anspruches abgewiesen,** steht bindend fest, dass dem Kläger kein Ersatzanspruch zusteht. Erhebt er gleichwohl eine Zahlungsklage, so ist diese zwar nicht unzulässig, da es um unterschiedliche Streitgegenstände geht, sondern unbegründet, weil die Rechtskraft des abweisenden Urteils entgegensteht. Etwas anderes gilt nur, wenn die Abweisung unmissverständlich nicht abschließend erfolgt ist,[765] insbesondere weil die Feststellungsklage als unzulässig oder als zur Zeit unbegründet abgewiesen worden ist.

250 Entsprechend verhält es sich **bei einer negativen Feststellungsklage,** über die rechtskräftig entschieden worden ist. Selbst wenn eine negative Feststellungsklage rechtskräftig als unbegründet abgewiesen worden ist und das Gericht dabei die Darlegungs- und Beweislast verkannt hat, steht bindend fest, dass der Unterlassungsanspruch besteht.[766]

---

[758] BGH GRUR 2002, 915, 916f. – *Wettbewerbsverbot in Realteilungsvertrag.*

[759] BGH GRUR 1965, 327, 329ff. – *Gliedermaßstäbe;* Teplitzky/*Schaub* Kap. 30 Rdn. 2; Teplitzky/*Schwippert* Kap. 51 Rdn. 50.

[760] Teplitzky/*Schaub* Kap. 30 Rdn. 2; a.M. BGH GRUR 1965, 327, 328 – *Gliedermaßstäbe:* Zeitpunkt der Erhebung der Unterlassungsklage.

[761] BGH GRUR 2002, 1046, 1047f. – *Faxkarte;* offengelassen in GRUR 1965, 327, 330 – *Gliedermaßstäbe;* GRUR 1984, 820, 821 – *Intermarkt II; Köhler*/Bornkamm § 12 Rdn. 2.115; Teplitzky/*Schaub* Kap. 30 Rdn. 2; *Teplitzky* GRUR 2003, 272, 280 Rdn. 435.

[762] BGH GRUR 2012, 949, 952 – *Missbräuchliche Vertragsstrafe.*

[763] BGH (VII. und V. Zivilsenat) JZ 1970, 226 mit ablehnender Anmerkung von *Grunsky,* vgl. auch BGH NJW 2003, 3058, 3059.

[764] OLG Hamburg MD VSW 2004, 186, 188f.; LG Mannheim WRP 2002, 254, 256.

[765] BGH GRUR 1990, 70f. – *Feststellung der Rechtskraft; Köhler*/Bornkamm § 12 Rdn. 2.115.

[766] BGH NJW 1986, 2508, 2509; *Köhler*/Bornkamm § 12 Rdn. 2.115.

XII. Kosten

1. Kostenentscheidung

a) Teilunterliegen. Bei einem Teilunterliegen gilt § 92 ZPO. Es liegt etwa vor, wenn der Kläger einen verallgemeinerten Unterlassungsantrag verfolgt hat, das Gericht aber nur ein Verbot der konkreten Verletzungsform ausspricht.[767] Ein Teilunterliegen ist gegeben, wenn das Gericht bei kumulativer Klagehäufung die Klage aus dem einen Klagegrund stattgibt und aus dem anderen abweist.[768] Ein Teilunterliegen ist dagegen zu verneinen, wenn das Gericht dem Beklagten eine Aufbrauch- oder Umstellungsfrist zubilligt (Rdn. 236). Wenn der Kläger seine Klage teilweise zurückgenommen hat, was auch verdeckt geschehen sein kann (Rdn. 41), ist zu beachten, dass er insoweit gemäß § 269 Abs. 3 ZPO die Kosten zu tragen hat, wenn nicht § 92 Abs. 2 ZPO eingreift. 251

b) Erledigung der Hauptsache. Bei übereinstimmender Erledigungserklärung richtet sich die Kostenentscheidung nach § 91a ZPO (vgl. dazu Rdn. 56ff. und 261). Bei teilweiser Erledigung wird über diese Kosten einheitlich im Urteil mitentschieden. Insoweit findet gegen das Urteil die **sofortige Beschwerde** statt.[769] Hierfür gilt die Beschwerdefrist von zwei Wochen, was gelegentlich übersehen wird. Will der Unterliegende aber Berufung einlegen, kann er innerhalb der Berufungsfrist von einem Monat zugleich die § 91a ZPO-Kostenentscheidung anfechten. Hat er sich zunächst noch nicht entschieden, sollte er vorsorglich innerhalb der kürzeren Frist sofortige Beschwerde einlegen, wenn er die zu § 91a ZPO ergangene Kostenentscheidung auf jeden Fall anfechten will. 252

c) Sofortiges Anerkenntnis. Nach § 93 ZPO hat der Kläger die Kosten zu tragen, wenn der Beklagte sofort anerkennt und keine Veranlassung zur Klageerhebung gegeben hat. Gegen das Kostenurteil findet die sofortige Beschwerde statt (§ 99 Abs. 2 ZPO).[770] Dem sofortigen Anerkenntnis steht nicht ein **sofortiger Klageverzicht** gleich (§ 93 ZPO analog).[771] Hier hilft gegebenenfalls nur ein Schadensersatzanspruch insbesondere aus dem Abmahnverhältnis. 253

aa) Sofortigkeit. Das Anerkenntnis ist ein **sofortiges,** wenn es bei der ersten angemessenen, prozessual dafür in Betracht kommenden Gelegenheit abgegeben wird. Grundsätzlich trifft das noch zu, wenn es bei Anberaumung eines frühen ersten Termins in der mündlichen Verhandlung erklärt wird,[772] aber nur wenn das **vor Beginn der streitigen Verhandlung** geschieht.[773] Eine Erörterung der Sach- und Rechtslage durch das Gericht schadet, insbesondere der Hinweis auf eine dem Schuldner ungünstige Rechtsauffassung.[774] Im **schriftlichen Vorverfahren** muss das Anerkenntnis schon in der Klageerwiderung enthalten sein.[775] Die bloße Ankündigung genügt nicht. 254

War die **Klage zunächst** – etwa mangels Verstoßes – **unbegründet,** wird sie dann aber – etwa auf Grund eines nachträglichen Verstoßes, insbesondere nach der Entstehung eines Schutzrechtes – begründet, kommt es darauf an, ob der Beklagte sofort anerkennt, sobald die Klage begründet ist.[776] – Soweit der Kläger die **Klage geändert** hat, ist ein sofortiges Anerkenntnis des Beklagten noch in der mündlichen Verhandlung möglich, in der der Kläger erstmals den neuen Klageantrag stellt. Das trifft aber nicht zu, wenn er statt des ursprünglichen, verallgemeinerten Antrages als minus nur noch die konkrete Verletzungsform angreift. 255

bb) Veranlassung zur Klagerhebung. Der Beklagte hat **Veranlassung zur Klageerhebung** gegeben, wenn ihn der Kläger nicht abgemahnt hat, obwohl eine Abmahnung geboten war. Grundsätzlich muss der Kläger abmahnen; nur ausnahmsweise ist eine **Abmahnung** entbehrlich (§ 12 Rdn. 6ff.). 256

---

[767] BGH GRUR 1992, 625, 627 – *Therapeutische Äquivalenz.*

[768] BGH GRUR 2014, 785, 787 – *Flugvermittlung im Internet.*

[769] *Zöller/Vollkommer* § 91a ZPO Rdn. 56.

[770] Zu „gemischten Kostenentscheidungen" vgl. Rdn. 252 und ausführlich *Zöller/Herget* § 99 ZPO Rdn. 7ff.

[771] OLG Koblenz NJW-RR 1986, 1443f.; a.M. OLG Frankfurt GRUR 1993, 931 LS; *Köhler*/Bornkamm § 12 Rdn. 2.118.

[772] OLG Hamburg WRP 1972, 537; OLG Frankfurt WRP 1976, 618, 622; OLG München WRP 1985, 446; a.M. auf Grund der Neufassung des § 307 ZPO mit beachtlichen Argumenten *Vossler* NJW 2006, 1034, 1035: Anerkenntnis schon innerhalb der Klagerwiderungfrist; vgl. auch OLG Jena GRUR-RR 2008, 108, 109.

[773] OLG Hamburg WRP 1985, 88.

[774] OLG Hamburg WRP 1991, 116f.; a.M. KG WRP 1992, 790, 791.

[775] OLG Frankfurt GRUR 1978, 498; KG WRP 1979, 310, 311; OLG München WRP 1985, 446; OLG Hamburg WRP 1988, 315; OLG Stuttgart NJWE-WettbR 2000, 100f.; Teplitzky/*Schwippert* Kap. 46 Rdn. 49; vgl. dazu OLG Köln WRP 2007, 559, 560; KG NJW-RR 2007, 647, 648.

[776] BGH NJW-RR 2004, 999; OLG Hamburg WRP 2002, 337.

Ausnahmsweise hat er nachzufassen (§ 12 Rdn. 75), wenn der Abgemahnte etwa wegen eines Missverständnisses nur eine unzureichende Erklärung abgegeben hat.[777]

257 Hat der Kläger erfolglos abgemahnt, darf er einen **Antrag auf Erlass einer einstweiligen Verfügung und zugleich eine Klage einreichen,**[778] vorbehaltlich allerdings eines Rechtsmissbrauchs (§ 8 Abs. 4).[779] Hat er zunächst aber nur einen Verfügungsantrag verfolgt, muss er abwarten und nach dem Erlass der einstweiligen Verfügung dem Beklagten zunächst – nach Ablauf einer angemessenen Wartefrist (in der Regel von zwei Wochen) –[780] ein **Abschlussschreiben** zusenden, mit dem er diesen auffordert, innerhalb einer angemessenen Frist die einstweilige Verfügung als endgültige Regelung anzuerkennen.[781] Als Frist sind im Regelfall zwei Wochen angemessen.[782] Je nach den Umständen des Einzelfalles kann aber auch eine längere Frist angemessen sein. Der Antragsgegner muss genügend Zeit haben, um die Angelegenheit zu überprüfen, dazu die erforderlichen Recherchen anzustellen und wenn nötig Rechtsrat einzuholen. Sind aber keine besonderen Recherchen notwendig, ist es ihm zuzumuten, sich kurzfristig zu äußern, auch wenn der Anspruch durch die einstweilige Verfügung vorläufig gesichert ist.

258 Hat der Antragsgegner **Widerspruch** eingelegt, so darf der Antragsteller **Klage** einreichen, ohne Kostennachteile nach § 93 ZPO befürchten zu müssen. Er ist nicht etwa verpflichtet, den Ausgang des Widerspruchsverfahrens abzuwarten.[783] Das gilt auch dann, wenn der Antragsgegner erklärt hat, er werde eine ihm ungünstige Entscheidung im Verfügungsverfahren hinnehmen.[784] Wartet der Antragsteller aber die Entscheidung über den Widerspruch ab, muss er nach der Bestätigung der einstweiligen Verfügung vor Erhebung der Klage zunächst einen angemessenen Zeitraum (im Regelfall von 2 Wochen) abwarten[785] und dem Antragsgegner dann ein (zweites) Abschlussschreiben mit angemessener Frist (im Regelfall von 2 Wochen) zusenden.[786] Diesem muss zur Überlegung insgesamt ein Zeitraum zur Verfügung stehen, der der Berufungsfrist entspricht.[787] Der Antragsteller ist nicht verpflichtet, auch noch das Berufungsverfahren abzuwarten.[788] Tut er das aber,[789] muss er nach Zurückweisung der Berufung dem Antragsgegner erneut ein Abschlussschreiben zuschicken.

259 Nach unberechtigter Abmahnung ist vor einer negativen Feststellungsklage des Abgemahnten eine **Gegenabmahnung** nicht erforderlich (§ 12 Rdn. 113).

260 *cc) Verfügungsverfahren.* Einem sofortigen Anerkenntnis steht es gleich, wenn der Antragsgegner nach der Zustellung der einstweiligen Verfügung eine **Abschlusserklärung** abgibt und dann lediglich **Kostenwiderspruch** einlegt.[790] Im Rahmen des § 93 ZPO ist lediglich zu prüfen, ob der Antragsgegner Veranlassung zur Einreichung des Verfügungsantrages gegeben hat, d. h. ob er abgemahnt worden ist oder ob eine Abmahnung ausnahmsweise entbehrlich war.[791] Die Frage, ob der

---

[777] OLG Hamburg GRUR 1992, 479 LS.

[778] OLG Hamm NJW-RR 1991, 1335 f. (anders noch NJW-RR 1986, 1165, 1166 = WRP 1986, 111, 112); OLG Köln WRP 1996, 1214, 1215 f.; NJWE-WettbR 1999, 92 f.; *Köhler*/Bornkamm § 12 Rdn. 2.118; *Stickelbrock* WRP 2001, 648, 657 f., 660; a. M. OLG Dresden WRP 1996, 432, 433 f., aber anders bei eindeutiger Ablehnung einer Unterwerfung.

[779] Vgl. dazu OLG Nürnberg GRUR-RR 2004, 336; Teplitzky/*Schwippert* GRUR 2003, 272, 278 f.

[780] OLG Hamburg OLG-Report 2003, 257, 258; vgl. BGH GRUR 2015, 822, 823 – *Kosten für Abschlussschreiben II* (genügend jedenfalls 3 Wochen); OLG Frankfurt GRUR-RR 2003, 274, 278 f. und GRUR-RR 2003, 294 f.; OLG Hamm GRUR-RR 2010, 267 ff. (2 Wochen); KG WRP 2012, 1565, 1566 (3 Wochen); OLG Hamburg GRUR-RR 2014, 229, 230; Teplitzky/*Schwippert* Kap. 43 Rdn. 31.

[781] OLG Celle GRUR-RR 2001, 200 LS; OLG Köln MD VSW 2003, 489, 490.

[782] OLG Hamburg GRUR-RR 2014, 229, 230; a. M. *Köhler*/Bornkamm § 12 Rdn. 2.118: 3–4 Wochen; vgl. OLG Stuttgart MD VSW 2001, 352, 353; OLG Frankfurt MD VSW 2003, 856, 857 f.

[783] OLG Hamburg GRUR 1989, 458 LS; OLG Hamburg GRUR-RR 2014, 229 f., 230; OLG Köln GRUR-RR 2009, 183 f.; a. M. OLG Nürnberg GRUR-RR 2004, 336 (Rechtsmissbräuchliche Mehrfachverfolgung).

[784] KG NJW-RR 1987, 816 f.

[785] BGH GRUR 2015, 822, 823 – *Kosten für Abschlussschreiben II; vgl.* OLG Hamburg WRP 1986, 289, 290; OLG Hamburg GRUR-RR 2014, 229, 230; OLG Köln WRP 1987, 188, 191; OLG Stuttgart MD VSW 2001, 352 f.; OLG Frankfurt GRUR-RR 2006, 111 f.

[786] BGH GRUR 2015, 822, 823 – *Kosten für Abschlussschreiben II.*

[787] BGH GRUR 2015, 822, 823 – *Kosten für Abschlussschreiben II.*

[788] KG WRP 1984, 547 f.

[789] Vgl. dazu OLG Frankfurt WRP 2007, 556 f.

[790] BGH GRUR 2010, 257, 258 f. – *Schubladenverfügung;* OLG Frankfurt WRP 1985, 563 und WRP 2015, 235; OLG Karlsruhe WRP 1990, 640, 642; OLG Düsseldorf NJW-RR 1986, 37 und GRUR-RR 2001, 286; OLG Stuttgart NJWE-WettbR 2000, 125.

[791] OLG Stuttgart WRP 1987, 406, 407; OLG Hamburg OLG-Report 2000, 220, 221; OLG München MD VSW 2001, 1415, 1416 und MD VSW 2005, 834, 836.

Antrag zulässig und begründet war, kann nicht über den „Umweg" der Veranlassung geprüft werden, etwa mit der Begründung, man habe zu einem unbegründeten Verfügungsantrag keine Veranlassung gegeben.

Einem sofortigen Anerkenntnis steht es ferner gleich, dass der Antragsgegner nach der Zustellung der einstweiligen Verfügung eine **strafbewehrte Unterwerfungserklärung** abgibt, **Vollwiderspruch** einlegt und sich der **Erledigungserklärung** des Antragstellers anschließt (vgl. Rdn. 61). Im Rahmen des **§ 91a ZPO** ist auch § 93 ZPO zu beachten (Rdn. 64). Der Antragsgegner, der sich auf § 93 ZPO berufen will, ist nicht darauf angewiesen, den Weg des Kostenwiderspruches zu gehen. Nur mit einem Vollwiderspruch kann er nach Abgabe einer Unterwerfungserklärung erreichen, dass bei zukünftigen Verstößen die Möglichkeit von Doppelsanktionen vermieden wird (Vertragsstrafe und Ordnungsgeld). Auch in einem derartigen Fall ist es angemessen, § 93 ZPO entsprechend anzuwenden.[792] Der Antragsgegner muss sich aber spätestens mit dem Widerspruch unterwerfen. Eine spätere – auch **eine angekündigte – Erklärung genügt nicht.**[793] Die Beschränkung des Widerspruchs auf die Kosten enthält grundsätzlich einen teilweisen Rechtsmittelverzicht; denn nur dann kann sich der Antragsgegner auf § 93 ZPO berufen.[794] Geht der Antragsgegner von einem Kostenwiderspruch zu einem unzulässigen Vollwiderspruch über, so hat er nicht nur die Mehrkosten zu tragen, die durch den Vollwiderspruch entstanden sind, sondern auch die übrigen Kosten, weil es an einem sofortigen Anerkenntnis fehlt.[795] Der Antragsgegner braucht vor Einlegung des Widerspruches grundsätzlich nicht abzumahnen.[796] 261

Im Verfügungsverfahren liegt **kein sofortiges Anerkenntnis** vor, wenn der Antragsgegner gegen die Beschlussverfügung **zunächst Vollwiderspruch** eingelegt hat und **dann** erst – mit Abgabe einer Abschlusserklärung – den **Widerspruch auf die Kosten beschränkt**[797] oder wenn er nach einem Vollwiderspruch erst in der Widerspruchsverhandlung anerkennt und gegen sich ein Anerkenntnisurteil ergehen lässt. 262

Wendet sich der Antragsgegner in einem **Verfahren nach § 927 ZPO** gegen eine einstweilige Verfügung mit der Begründung, diese sei nicht ordnungsgemäß vollzogen worden (Ziel: Aufhebung ex tunc), außerdem sei inzwischen das Verbotsurteil in der Hauptsache rechtskräftig geworden (Ziel: Aufhebung ex nunc), handelt es sich um verschiedene Streitgegenstände – im Eventualverhältnis – **(doppelter Aufhebungsgrund).** Der Unterschied ist von Bedeutung wegen der Kosten des Erlassverfahrens und wegen eines etwaigen Ordnungsmittelverfahrens. Der Gegner kann wegen des zweiten, hilfsweise geltend gemachten Aufhebungsgrundes anerkennen[798] und sich insoweit, wenn es darauf noch ankommt, auf § 93 ZPO berufen und wegen des in erster Linie geltend gemachten Aufhebungsgrundes streiten. 263

d) § 97 Abs. 2 ZPO. Obsiegt eine Partei im Berufungsverfahren auf Grund neuen Vorbringens, kommt zu ihren Ungunsten § 97 Abs. 2 ZPO in Betracht. Das trifft auch dann zu, wenn der aus eigenem Recht unterlegene Kläger im Berufungsverfahren mit einem Anspruch aus fremdem Recht obsiegt und es ihm möglich und zumutbar war, die Ermächtigung bereits in erster Instanz zu beschaffen.[799] 264

e) § 100 ZPO. Bei der Kostenentscheidung ist gegebenenfalls zu beachten, dass mehrere Kläger und/oder Beklagte beteiligt sind. 265

Mehrere Kläger können ausnahmsweise als wirtschaftliche Einheit zu betrachten sein, etwa mehrere Erben, so dass sie im Falle des Unterliegens zusammen alle Kosten zu tragen haben und nicht nur gemäß § 100 Abs. 1 ZPO anteilig haften. Eine Zusammenrechnung der für jeden festgesetzten Streitwerte gemäß § 5 ZPO findet demgemäß nicht statt, weil die jeweiligen Unterlassungsanträge wirtschaftlich identisch sind.[800] 266

Werden **mehrere Beklagte** wegen einer gemeinsam begangenen unerlaubten Handlung **zur Unterlassung verurteilt,** können sie – ähnlich wie bei einer Verurteilung als Gesamtschuldner zu Schadensersatz – zwar nicht als, aber **wie Gesamtschuldner** analog § 100 Abs. 4 ZPO in die Kos- 267

---

[792] OLG Köln GRUR 1990, 310; OLG Hamburg MD VSW 1993, 913 und NJW-RR 2002, 215, 216; Teplitzky/*Feddersen* Kap. 55 Rdn. 10; a. M. OLG Celle WRP 1983, 157; OLG Hamm GRUR 1990, 309; OLG Stuttgart MD VSW 2001, 497, 499; zweifelnd OLG Hamburg (5. Zivilsenat) MD VSW 2005, 1355, 157 f.

[793] A. M. OLG München WRP 1985, 446.

[794] Vgl. dazu BGH GRUR 2013, 1286 – *Gegenstandswert des Verfügungsverfahrens.*

[795] Vgl. dazu den Fall des OLG Hamburg OLG-Report 2000, 220, 221.

[796] Vgl. OLG Hamburg OLG-Report 2003, 124.

[797] OLG Stuttgart WRP 1982, 116; OLG Düsseldorf NJW-RR 1986, 37, 38.

[798] Vgl. zum hilfsweisen Anerkenntnis: *Zöller/Vollkommer* § 307 ZPO Rdn. 9.

[799] BGH GRUR 1992, 108, 109 f. – *Oxygenol.*

[800] Vgl. dazu *Zöller/Herget* § 5 Rdn. 8.

ten verurteilt werden.[801] Für eine **Verurteilung zur Auskunft** gilt dasselbe. Das ist in beiden Fällen deshalb gerechtfertigt, weil es in der Regel um die Folgen einer gemeinsam begangenen unerlaubten Handlung geht, die jeden daran Beteiligten in vollem Umfang zum Ersatz des Schadens verpflichtet, zu dem auch die Kosten des Rechtsstreits gehören. Die hier vertretene Auffassung führt zu einer erheblichen Vereinfachung. Anderenfalls müsste die Kostenentscheidung, was unpraktikabel ist, in Fällen einer Klage mit – wie meist – mehreren Anträgen (Unterlassung, Auskunft, Schadensersatz) zwischen den einzelnen Teilen des Unterliegens trennen, bei denen die Beklagten zum einen als Gesamtschuldner (Schadensersatz: dann § 100 Abs. 4 ZPO) und zum anderen nicht als Gesamtschuldner (Unterlassung, Auskunft: dann § 100 Abs. 1 ZPO) verurteilt werden. Voraussetzung einer solchen Analogie ist aber, dass die mehreren Beklagten wie meist gemeinsam verantwortlich sind, wie etwa, wenn es um eine Klage gegen eine OHG und ihre Gesellschafter (§ 128 HGB) oder gegen eine GmbH und ihren Geschäftsführer geht. Die Streitwerte sind demgemäß wie bei Gesamtschuldnern nicht zusammenzurechnen.[802] Die vorstehende Analogie gilt ferner auch dann, wenn es noch nicht zu einem Verstoß gekommen ist und die Verurteilung zur Unterlassung auf der Bejahung einer gemeinsam begründeten Erstbegehungsgefahr beruht. Anders ist es dagegen, wenn es bei den Beklagten um gesonderte, jeweils von ihnen begangene Rechtsverletzungen geht.

2. Erstattungsfähigkeit einzelner Kosten

268 Nach § 91 Abs. 1 Satz 1 ZPO sind diejenigen Kosten zu erstatten, die zur zweckentsprechenden Rechtsverfolgung oder Rechtsverteidigung notwendig waren. Dazu gehören **nicht die Abmahnkosten** (vgl. § 12 Rdn. 87). Im Wettbewerbsprozess ist die Frage, ob die Kosten notwendig waren, insbesondere in folgenden Fällen von erheblicher praktischer Bedeutung, die in Form einer Übersicht angesprochen werden sollen. Wegen der Einzelheiten wird auf die einschlägige Literatur verwiesen.

269 **a) Patentanwalt.** Besonders geregelt ist die Erstattungsfähigkeit in § 143 Abs. 3 PatG, § 27 Abs. 3 GebrMG, § 38 Abs. 4 SortSchG, § 140 Abs. 3 MarkenG. In **Wettbewerbssachen** ist im Einzelfall zu prüfen, **ob die Einschaltung eines Patentanwalts notwendig** war.[803] Das kommt vor allem in Betracht, wenn es bei wettbewerbsrechtlichen Streitigkeiten um schwierige markenrechtrechtliche oder schwierige technische Fragen insbesondere mit Einschlag aus dem Gebiete der gewerblichen Schutzrechte, vor allem aus dem Bereich der technischen Schutzrechte geht.[804]

270 **b) Verkehrsanwalt.** In Wettbewerbssachen kann die **Hinzuziehung eines Verkehrsanwaltes** neben dem örtlichen Prozessbevollmächtigten erforderlich sein, allerdings **nicht bei Verbänden.** Dabei ist ein strenger Maßstab anzulegen.[805] Die Frage ist dadurch entschärft worden, dass inzwischen auch auswärtige Rechtsanwälte bei örtlichen Gerichten, auch bei jedem Oberlandesgericht, wenn sie bei einem Oberlandesgericht zugelassen sind, als Prozessbevollmächtigte auftreten können und die auswärtigen Parteien daher neben dem auswärtigen Rechtsanwalt grundsätzlich keines örtlichen Prozessbevollmächtigten mehr bedürfen. Insoweit taucht umgekehrt die entsprechende Frage auf, wie es sich verhält, wenn zusätzlich ein örtlicher Rechtsanwalt als Unterbevollmächtigter eingeschaltet wird,[806] insbesondere wenn dadurch sonst anfallende Reisekosten des auswärtigen Rechtsanwalts erspart werden.

271 **c) Reisekosten.** Maßgebend sind § 91 Abs. 2 Satz 1 und 2 ZPO.[807]

---

[801] *Tilmann* GRUR 1986, 691, 696f.; a.M. OLG Düsseldorf GRUR 2000, 825f. zu § 6 BRAGO; KG MD VSW 2002, 1025ff.; OLG Hamburg (5. Zivilsenat) GRUR 2006, 392; vgl. auch BGH WRP 2008, 952, 953f. – *inhaltsgleiches Unterlassungsbegehren* (betr. auch Rechnungslegung).

[802] A.M. KG MD VSW 2011, 147; OLG Hamburg WRP 2013, 1674 LS.

[803] Vgl. BGH GRUR 2011, 754ff. – *Kosten des Patentanwalts II;* GRUR 2012, 756ff. – *Kosten des Patentanwalts III* (Abwehr einer unberechtigten Schutzrechtsverwarnung); GRUR 2012, 759f. – *Kosten des Patentanwalts IV* (Abmahnung wegen einer Markenverletzung).

[804] KG NJWE-WettbR 2000, 76f.; GRUR 2000, 803; OLG Köln GRUR 2001, 184; OLG Jena GRUR-RR 2003, 30 (aber nicht, wenn es um ästhetische Fragen geht); OLG Frankfurt GRUR-RR 2010, 127, 128; *Köhler*/Bornkamm § 12 Rdn. 2.121; vgl. auch OLG Frankfurt GRUR-RR 2011, 118.

[805] *Köhler*/Bornkamm § 12 Rdn. 2.122; vgl. dazu *Zöller/Herget* § 91 ZPO Rdn. 13 „Verkehrsanwalt"; ferner BGH GRUR 2012, 319 – *Ausländischer Verkehrsanwalt.*

[806] Vgl. dazu BGH NJW 2003, 898, 899ff.; GRUR 2004, 623 – *Unterbevollmächtigter I;* GRUR 2005, 84f. – *Unterbevollmächtigter II;* GRUR 2005, 271f. – *Unterbevollmächtigter III;* NJW-RR 2012, 381f. – *Rechtsanwalt an einem dritten Ort;* GRUR 2015, 509, 510f. – *Flugkosten;* vgl. dazu *Zöller/Herget* § 91 ZPO Rdn. 13 „Unterbevollmächtigter".

[807] Vgl. dazu BGH NJW 2003, 898, 899f.; NJW 2003, 901, 902f. – *Auswärtiger Rechtsanwalt I;* GRUR 2003, 725f. – *Auswärtiger Rechtsanwalt II;* GRUR 2004, 447 – *Auswärtiger Rechtsanwalt III;* GRUR 2004, 448 – *Aus-*

d) Schutzschrift/Abwehrschreiben. Im Verfügungsverfahren sind die Kosten einer – beim Verfügungsgericht, nicht auch bei anderen Gerichten eingereichten[808] – ab 1.1.2016 auch gemäß § 945a ZPO in das zentrale, länderübergreifende elektronische Register für Schutzschriften eingestellten – Schutzschrift grundsätzlich zu erstatten, wenn der Antrag – ohne mündliche Verhandlung – zurückgenommen oder zurückgewiesen wird und der Antragsteller demgemäß die Kosten zu tragen hat.[809] Das gilt aber nicht, wenn die Schutzschrift erst nach Rücknahme[810] oder Zurückweisung des Antrages eingereicht wird. – Dagegen sind die Kosten des Abwehrschreibens keine notwendigen Kosten der Rechtsverteidigung im Sinne von § 91 Abs. 1 Satz 1 ZPO.[811] 272

e) Meinungsumfrage. Zur Erstattungsfähigkeit der Kosten privater Meinungsumfragen vgl. Rdn. 204. 273

f) Rechtsgutachten. Die Kosten eines Rechtsgutachtens sind nur ausnahmsweise erstattungsfähig. Das trifft auf Gutachten zu, die sich mit **ausländischem Recht** befassen, wenn dieses für den Rechtstreit von Bedeutung ist.[812] Ferner können auch Gutachten zur Rechtslage nach deutschem Recht erstattungsfähig sein, wenn das Gericht das für den Rechtsstreit angefertigte Gutachten verwertet hat oder es sonst für eine sachgerechte Rechtsverfolgung oder -verteidigung unerlässlich war.[813] 274

g) Testkäufer. Die Kosten eines Testkäufers oder eines Testbeobachters sind erstattungsfähig, wenn ihre Einschaltung zur Überprüfung des werblichen Verhaltens des Beklagten, insbesondere in dessen Ladengeschäft notwendig war, was regelmäßig zutrifft.[814] Dabei ist auch darauf zu achten, ob dem Kläger zur Überprüfung ausnahmsweise eine weniger aufwendige Maßnahme möglich und zumutbar war. Ist der **Testkäufer zur allgemeinen Marktbeobachtung** eingesetzt worden und deckt er dabei zufällig einen Verstoß auf, sind seine Kosten **nicht erstattungsfähig.**[815] 275

Wenn der Kläger **Kosten für Belege** geltend macht, ist zweifelhaft, ob die Festsetzung solcher Auslagen, falls die Unterlagen für den Beklagten einen wirtschaftlichen Wert haben, wie etwa beim Testkauf erworbene Waren, davon abhängig gemacht werden kann, dass ihm diese Waren ausgehändigt werden.[816] Die Frage ist in der Regel zu verneinen.

h) Detektiv. Die Kosten eines **Detektivs** sind nur **ausnahmsweise zu erstatten,** wenn die Partei die erforderlichen Recherchen nicht anderweitig, etwa durch eigene Mitarbeiter, durchführen konnte und die Recherchen notwendig waren.[817] 276

XIII. Vergleich

Schrifttum: *Kolb,* Vollstreckungsfragen im Hinblick auf die strafbewehrte Unterlassungserklärung im Prozessvergleich, WRP 2014, 522.

1. Allgemeines

Im Wettbewerbsrecht hat ein Vergleich häufig folgenden Inhalt: Der Beklagte gibt eine (strafbewehrte) **Unterwerfungserklärung** ab und erhält gegebenenfalls eine angemessene **Aufbrauch- oder Umstellungsfrist.** Der Kläger **verzichtet auf Auskunft und Schadensersatz.** Je nach 277

---

wärtiger Rechtsanwalt IV; NJW-RR 2004, 858 f.; GRUR 2004, 886 f. – *Auswärtiger Rechtsanwalt im Berufungsverfahren;* NJW-RR 2005, 922 f. – *Zweigniederlassung;* GRUR 2005, 1072 – *Auswärtiger Rechtsanwalt V;* WRP 2006, 1032, 1034 – *Erstattung von Patentanwaltskosten;* GRUR 2007, 726 f. – *Auswärtiger Rechtsanwalt VI;* WRP 2008, 363 f. – *erstattungsfähige Reisekosten;* BGH GRUR 2009, 191 f. – *Auswärtiger Rechtsanwalt VII;* GRUR 2010, 367, 368 – *Auswärtiger Rechtsanwalt VIII.*

808 OLG Hamburg GRUR-RR 2014, 96.

809 BGH GRUR 2003, 4560 – *Kosten einer Schutzschrift I;* KG NJWE-WettbR 2000, 24 f.; OLG Frankfurt NJWE-WettbR 2000, 149; zur Höhe der Gebühr nach RVG: vgl. BGH GRUR 2008, 640 – *Kosten der Schutzschrift III;* OLG Nürnberg NJW-RR 2005, 941 f.

810 BGH GRUR 2007, 727, 728 – *Kosten der Schutzschrift II.*

811 BGH GRUR 2008, 639 – *Kosten eines Abwehrschreibens.*

812 OLG Frankfurt GRUR 1993, 161 f.

813 OLG Frankfurt GRUR 1994, 532 f.; vgl. allgemein BGH NJW 2003, 1398 ff.

814 OLG Düsseldorf WRP 1986, 33; OLG München GRUR-RR 2004, 190, 191 f.; Mes GRUR 2013, 767, 774; vgl. dazu Zöller/*Herget* § 91 ZPO Rdn. 13 „Testkauf".

815 OLG Zweibrücken GRUR-RR 2004, 343 f.

816 Dafür: KG GRUR 1976, 665 f.; OLG Stuttgart NJW-RR 1986, 978; *Köhler*/Bornkamm § 12 Rdn. 2.123; dagegen: OLG Koblenz WRP 1979, 813 f.

817 OLG Koblenz NJW-RR 2003, 75; *Köhler*/Bornkamm § 12 Rdn. 2.124.

Beurteilung der Sach- und Rechtslage sollte der Beklagte die gesamten Kosten einschließlich der Kosten des Vergleichs übernehmen, wenn nämlich die Prognose für ihn eher ungünstig ist. Sollte sie dagegen zu einem offenen Ergebnis führen, kommt auch eine Kostenaufhebung in Betracht. Wenn die Parteien sich im Kostenpunkt nicht einigen können, haben sie in einem gerichtlichen Verfahren auch die Möglichkeit, im Vergleich die Kostenentscheidung dem Gericht gemäß § 91a ZPO zu überlassen (Rdn. 56).[818] Fehlt es an einer solchen Vereinbarung, die auch konkludent geschlossen werden kann,[819] gilt § 98 ZPO.

278 Gemäß § 91a ZPO entscheidet das Gericht **in der Regel auf Grund des bisherigen Sach- und Streitstandes.** Anders kann es ausnahmsweise dann sein, wenn die Parteien im Vergleich bewusst auf eine Klärung der umstrittenen Fragen verzichtet, insbesondere in einer Ehrenschutzsache eine Friedensregelung getroffen haben und diese erheblich gestört würde, wenn das Gericht zu der Frage Stellung nähme, wer Recht gehabt hat. Es kommt auch vor, dass das Gericht nach dem Willen der Parteien gemäß der Regelung im Vergleich lediglich die richtige Kostenquote entsprechend den Werten, die das Gericht für den Vergleich festsetzt, ermitteln soll, ohne dass dabei auf die Beurteilung des bisherigen Sach- und Streitstandes abzustellen ist.

2. Prozessvergleich

279 Schließen die Parteien einen **Prozessvergleich,** ist dieser **Vollstreckungstitel** (§ 794 Abs. 1 Nr. 1 ZPO). Die **Vollstreckung** eines Verbotes erfolgt nach § 890 Abs. 1 ZPO. Dazu erforderlich ist aber eine **vorherige Androhung von Ordnungsmitteln** (§ 890 Abs. 2 ZPO). Diese Androhung kann nicht mit in den Prozessvergleich aufgenommen werden, weil es sich hierbei um eine Vereinbarung zwischen den Parteien (und gegebenenfalls eines beigetretenen Dritten) handelt. Die Ordnungsmittel müssen durch Beschluss des Prozessgerichts erster Instanz angedroht werden.[820] Der Kläger kann aber einen solchen Beschluss ohne weiteres erwirken, und zwar auch schon, was allerdings unüblich ist, zu Protokoll unmittelbar im Anschluss an den Prozessvergleich, was jedoch so nur möglich ist, wenn dieser in erster Instanz geschlossen wird. Die Androhung setzt grundsätzlich nicht voraus, dass eine Zuwiderhandlung bereits vorgekommen oder wenigstens zu befürchten ist.[821] Die Kosten des Androhungsverfahrens trägt der Schuldner; er kann sich nicht auf § 93 ZPO berufen.[822]

280 Um Kosten zu sparen, kann der Beklagte, statt einen Prozessvergleich in der Sache zu schließen, auch eine **strafbewehrte Unterwerfungserklärung** abgeben. In der Abgabe einer solchen Erklärung und in deren Annahme liegt kein Prozessvergleich in der Hauptsache. Die Parteien erklären dann das Verfahren in der Hauptsache für erledigt und schließen nur noch einen **Vergleich über die Kosten.**[823] Dessen Wert bemisst sich lediglich nach der Summe der bis dahin entstandenen gerichtlichen und außergerichtlichen Kosten.

281 Im **Verfügungsverfahren** vergleichen sich die Parteien häufig dahin, dass der sachliche Streit im Hauptverfahren geklärt werden soll; **die Kosten des Verfügungsverfahrens sollen der Kostenentscheidung in der Hauptsache folgen,** und zwar hinsichtlich des entsprechenden Unterlassungsantrages. Das ist in der Regel sinnvoll.[824] Gibt es nach Beendigung des Hauptverfahrens Streit und/oder zahlt eine Partei die Kosten nicht, kann die andere eine Entscheidung nach § 91a ZPO abrufen.

282 Wenn die Parteien **in den Prozessvergleich eine Vertragsstrafenabrede** aufnehmen, besteht im Falle eines zukünftigen Verstoßes die **Möglichkeit einer Doppelsanktion** (vgl. dazu § 12 Rdn. 212 und 243).[825] Der Kläger kann nämlich die verwirkte Vertragsstrafe verlangen und zugleich einen Ordnungsmittelantrag einreichen (Rdn. 314, § 12 Rdn. 243). Um diese Doppelsanktion zu vermeiden, sollte der Kläger bereits im Prozessvergleich auf die Möglichkeit, einen solchen Antrag zu stellen, oder aber auf eine Vertragsstrafe-Bewehrung verzichten.[826] Ist das nicht

---

[818] OLG Frankfurt GRUR 1979, 808, 808 f.; Ahrens/*Singer* Kap. 33 Rdn. 11.

[819] OLG Köln MD VSW 2001, 1388, 1389 f.

[820] BGH GRUR 2012, 957, 958 – *Vergleichsschluss im schriftlichen Verfahren;* BGH GRUR 2014, 909, 910 – *Ordnungsmittelandrohung nach Prozessvergleich.*

[821] BGH GRUR 2014, 909, 911 – *Ordnungsmittelandrohung nach Prozessvergleich;* OLG Saarbrücken WRP 1979, 235; KG NJW-RR 1987, 507; *Köhler*/Bornkamm § 12 Rdn. 6.3.

[822] OLG Köln MD VSW 2007, 698 f.

[823] *Köhler*/Bornkamm § 12 Rdn. 2.129.

[824] A. M. Teplitzky/*Feddersen* Kap. 55 Rdn. 34.

[825] BGH GRUR 1998, 1053, 1054 – *Vertragsstrafe/Ordnungsgeld* (auch: *Behinderung der Jagdausübung*); OLG Frankfurt MD VSW 2016, 647 f.; *Kolb* WRP 2014, 522, 524 f.; a. M. OLG Frankfurt GRUR-RR 2013, 494 f.; vgl. auch OLG Hamburg (7. ZS) GRUR-RR 2013, 495.

[826] *Köhler*/Bornkamm § 12 Rdn. 2.128; *Nieder* WRP 2001, 117, 118.

geschehen und daher bei einem Verstoß eine Doppelsanktion möglich, so sollte der Kläger zunächst die Vertragsstrafe einklagen und erst nach Rechtskraft des Urteils, falls das nicht zu lange dauert, einen Antrag nach § 890 Abs. 1 ZPO einreichen. Sonst läuft er wegen der Möglichkeit der wechselseitigen Anrechnung die Gefahr, dass seine Vertragsstrafe gemindert wird.[827] So wird das Ordnungsgeld herabgesetzt, das der Staatskasse zufließt.

3. Außergerichtlicher Vergleich

Schließen die Parteien während eines gerichtlichen Verfahrens außergerichtlich einen Vergleich, **283** der nicht protokolliert werden oder nicht gemäß § 278 Abs. 6 ZPO zustande kommen soll, so wird dadurch der Rechtsstreit noch nicht beendet. Das geschieht erst, wenn die Parteien wegen des Vergleiches die Hauptsache **für erledigt erklären,** was auch konkludent durch die Mitteilung geschehen kann, dass sich die Parteien außergerichtlich geeinigt haben. Da das in der Regel auch auf die Kosten des Rechtsstreits zutrifft, braucht das Gericht keine Kostenentscheidung mehr zu treffen. Benötigt eine Partei wider Erwarten doch noch einen Kostentitel, weil die andere Partei nicht zahlt, kann sie in der Regel einen Beschluss gemäß § 91a ZPO abrufen. Anderenfalls müsste sie die Kosten einklagen. Vielfach wird auf Grund des Vergleiches die Klage, der Verfügungsantrag, der Widerspruch gegen eine einstweilige Verfügung oder die Berufung **zurückgenommen** und dadurch das Verfahren beendet.

B. Zwangsvollstreckung

I. Unterlassungstitel

Schrifttum: *Borck,* Die Vollziehung und die Vollstreckung von Unterlassungstiteln, WRP 1993, 374; *v. der Groeben,* Zuwiderhandlungen gegen die einstweilige Verfügung zwischen Verkündung und Vollziehung des Unterlassungstitels, GRUR 1999, 674; *Köhler,* Grenzen der Mehrfachklage und Mehrfachvollstreckung im Wettbewerbsrecht, WRP 1992, 359; *ders.,* Die notarielle Unterwerfungserklärung – eine Alternative zur strafbewehrten Unterlassungserklärung, GRUR 2010, 6; *König,* Verfolgungsverjährung im Ordnungsmittelverfahren und Rückzahlung von Ordnungsgeld durch die Landeskasse, WRP 2003, 204; *Lackermeier,* Das Ordnungsgeld und der Grundsatz der Verhältnismäßigkeit, WRP 1999, 1065; *Mankowski,* Für einen Wegfall des Fortsetzungszusammenhangs bei der Unterlassungsvollstreckung, WRP 1995, 1144; *Nippe,* Notarielle Unterlassungserklärung und Gerichtszuständigkeit für die Androhung gesetzlicher Ordnungsmittel, WRP 2015, 532; *Schröler,* Vollstreckung und Durchsetzung von Unterlassungsverfügungen im EU-Ausland, WRP 2012, 185; *Schuschke,* Wiederholte Verletzungshandlungen: Natürliche Handlungseinheit, Fortsetzungszusammenhang und Gesamtstrafe im Rahmen des § 890 ZPO, WRP 2000, 1008; *Steiniger,* Unterlassungstitel – Verletzungshandlung – Kerntheorie – oder warum man Untersagungsgeboten Folge leisten sollte, WRP 2000, 1415; *Stoffregen,* Grenzüberschreitende Vollstreckung von Ordnungsmitteln, WRP 2010, 839; *Teplitzky,* Probleme der notariell beurkundeten und für vollstreckbar erklärten Unterlassungsverpflichtungserklärung (§ 794 Abs. 1 Nr. 5 ZPO), WRP 2015, 527.

1. Allgemeines

Unterlassungstitel werden **nur nach § 890 ZPO vollstreckt,** nicht etwa, auch nicht in Aus- **284** nahmefällen, nach §§ 887, 888 ZPO.[828] Wie sonst setzt die Zwangsvollstreckung grundsätzlich voraus (§ 750 Abs. 1 ZPO): **Titel, Klausel, Zustellung.** Der Titel muss vollstreckbar sein. Dem Schuldner müssen nach § 890 Abs. 2 ZPO Ordnungsmittel angedroht worden sein. Die Vollstreckung setzt weiter voraus, dass der Titel und die Androhung dem Schuldner zugestellt worden sind. Schließlich muss eine schuldhafte Zuwiderhandlung gegen den Titel vorliegen.

Die Ordnungsmittel haben **strafähnlichen Charakter.**[829] Daher sind auch strafrechtliche **285** Grundsätze zu beachten. Andererseits handelt es sich um ein Verfahren der Zwangsvollstreckung, so dass gleichfalls zivilprozessuale Regeln zu berücksichtigen sind. Wegen des strafähnlichen Charakters ist die Festsetzung von Ordnungsmitteln selbst dann noch zulässig, wenn es nicht mehr zu weiteren Zuwiderhandlungen kommen kann. In einem solchen Falle ist aber eine Einstellung entsprechend § 153 StPO in Betracht zu ziehen.[830]

---

[827] *Köhler*/Bornkamm § 12 Rdn. 2.128.

[828] Ahrens/*Spätgens* Kap. 63 Rdn. 21; Teplitzky/*Feddersen* Kap. 57 Rdn. 1, Teplitzky/*Löffler* Kap. 58 Rdn. 4.

[829] BVerfG GRUR 2007, 618, 619 – *Organisationsverschulden;* BGH GRUR 2001, 758, 759 – *Trainingsvertrag;* OLG Düsseldorf GRUR-RR 2002, 151 und WRP 2002, 464, 465 f.; Teplitzky/*Feddersen* Kap. 57 Rdn. 24; vgl. *Schuschke* WRP 2000, 1008, 1009.

[830] OLG Frankfurt NJW 1962, 542.

2. Vollstreckungstitel

286 Der Gläubiger kann **vollstrecken aus** einem rechtskräftigen oder vorläufig vollstreckbaren **Unterlassungsurteil,** das er im Klageverfahren erwirkt hat, ferner aus einer dem Schuldner gegenüber wirksam gewordenen **einstweiligen Verfügung** (Beschluss oder Urteil), einem Prozessvergleich (§ 794 Abs. 1 Nr. 1 ZPO), einem **Vergleich vor einer Einigungsstelle** (§ 15 Abs. 7 Satz 2), einem **Anwaltsvergleich** gemäß § 796a ZPO, einem für vollstreckbar erklärten **Schiedsspruch** (§ 794 Abs. 1 Nr. 4a ZPO), einer **Urkunde** gemäß § 794 Abs. 1 Nr. 5 ZPO, die in Wettbewerbssachen allerdings unüblich ist.[831] Aus einem Titel, der trotz Auslegung völlig unbestimmt ist, kann nicht vollstreckt werden (vgl. dazu Rdn. 229).[832] Das gegen eine Vor-GmbH erlassene Verbot wirkt ohne weiteres gegen die inzwischen eingetragene GmbH.[833] Gegen wen sich der Titel richtet, ist gegebenenfalls durch Auslegung zu ermitteln. Dabei dürfen auch Umstände außerhalb des Titels berücksichtigt werden.[834]

287 **Einwendungen und Einreden,** die sich **gegen den titulierten Unterlassungsanspruch** richten, sind im Vollstreckungsverfahren nicht zulässig.[835] Das gilt auch für die Frage, ob (noch) die Voraussetzungen des § 8 Abs. 3 vorliegen. Gegebenenfalls muss der Schuldner Vollstreckungsgegenklage (§ 767 ZPO) erheben oder – im Verfügungsverfahren – einen Aufhebungsantrag nach § 927 ZPO einreichen.

288 Wird eine einstweilige Verfügung im Widerspruchsverfahren nicht auf Grund des ursprünglichen, nunmehr nicht mehr glaubhaft gemachten, sondern allein auf Grund eines zwischenzeitlichen Verstoßes bestätigt, taucht die Frage auf, ob wegen dieses Verstoßes ein Ordnungsmittel festgesetzt werden kann. Das ist zu verneinen, wenn sich durch die Einführung des neuen Verstoßes der **Streitgegenstand geändert** hat (Rdn. 19ff.). An sich hat der Schuldner zwar das gerichtliche Verbot zu beachten, solange es besteht. Wenn die einstweilige Verfügung jedoch mit gleichbleibendem Wortlaut allein auf Grund eines geänderten Streitgegenstandes bestätigt wird, kann gegen den Schuldner für eine Zuwiderhandlung, die vor dem bestätigenden Urteil liegt, kein Ordnungsmittel festgesetzt werden. In einem solchen Falle liegt in einer Bestätigung der einstweiligen Verfügung in Wirklichkeit (verdeckt) eine Aufhebung mit Wirkung ex tunc und zugleich ein Neuerlass mit Wirkung ex nunc. Das sollte zur Klarstellung im Urteilsausspruch auch so formuliert werden.

289 Die **Festsetzung von Ordnungsmitteln** ist grundsätzlich **auch dann** möglich, wenn der Schuldner **nach der Verkündung einer Urteilsverfügung, aber vor deren Zustellung** im Parteibetriebe (= Vollziehung) verstoßen hat.[836]

290 Zur Vollstreckung insbesondere aus einem Hauptsachetitel muss, was in der Praxis gelegentlich übersehen wird, zuvor eine **Vollstreckungsklausel** erteilt worden sein (§ 724 ZPO). Soweit der Schuldner bereits vor der Erteilung der Vollstreckungsklausel gegen das Verbot verstoßen hat, können auch wegen dieses Verstoßes Ordnungsmittel gegen ihn verhängt werden, sobald die Klausel vorliegt.[837] Bei den anderen Titeln gilt ebenfalls das Klauselerfordernis (§§ 795, 724, 796aff. ZPO), mit der wichtigen **Ausnahme einstweiliger Verfügungen** (§§ 936, 929 Abs. 1 ZPO).

291 Wenn das Urteil nur **gegen Sicherheitsleistung vorläufig vollstreckbar** ist, kann der Gläubiger erst vollstrecken, wenn er die Sicherheit geleistet hat. Vorherige Verstöße können nicht geahndet werden (vgl. auch Rdn. 293).[838] Ebenso ist es, wenn der Schuldner die Vollstreckung durch Sicherheitsleistung abwenden kann, die Sicherheit leistet und dann erst zuwiderhandelt.[839] Dem Gläubiger bleibt aber die Möglichkeit, Schadensersatz zu verlangen.

3. Androhung von Ordnungsmitteln

292 Die Festsetzung von Ordnungsmitteln setzt voraus, dass sie dem Schuldner **vor dem Verstoß auf Antrag des Gläubigers angedroht** worden sind (Rdn. 118f., 237ff., 279). Fehlt die Androhung von Ordnungshaft kann nur ein Ordnungsgeld, aber ersatzweise Ordnungshaft festgesetzt

---

[831] Vgl. dazu *Köhler* GRUR 2010, 6ff.; *Teplitzky* WRP 2015, 527ff.; ferner OLG Köln GRUR-RR 2015, 405ff.; OLG München WRP 2015, 646f.; LG Paderborn WRP 2014, 117 LS.

[832] OLG Frankfurt WRP 1979, 67, 68; Teplitzky/*Feddersen* Kap. 57 Rdn. 5.

[833] OLG Stuttgart NJW-RR 1989, 637f.

[834] BGH GRUR 2004, 264, 265 – *Euro-Einführungsrabatt.*

[835] BGH GRUR 2004, 264, 265 – *Euro-Einführungsrabatt;* OLG Düsseldorf GRUR-RR 2003, 127, 129.

[836] OLG Hamm GRUR-RR 2007, 407f.; vgl. dazu – im Rahmen des § 945 ZPO – Teplitzky/*Schwippert* Kap. 36 Rdn. 31ff.

[837] OLG Hamburg NJW-RR 1986, 1501, 1502.

[838] OLG Hamburg NJW-RR 1986, 1501; OLG Stuttgart WRP 1990, 134, 135; OLG München GRUR 1990, 638f.; *Köhler*/Bornkamm § 12 Rdn. 6.2.

[839] Teplitzky/*Feddersen* Kap. 57 Rdn. 2; a.M. OLG Hamm WRP 1980, 214.

werden (vgl. Rdn. 237). Nur die nachträgliche Androhung durch Beschluss ist eine Maßnahme der Zwangsvollstreckung, so dass deren Voraussetzungen vorliegen müssen.[840] Gegen den Beschluss könnte daher sofortige Beschwerde gemäß § 793 ZPO eingelegt werden.

Befindet sich die Androhung in einem **Urteil,** dass **nur gegen Sicherheitsleistung vorläufig vollstreckbar** ist, so wird die Androhung wirksam, auch wenn der Kläger noch keine Sicherheit geleistet hat. Verstöße nach Eintritt der Rechtskraft des Urteils können daher geahndet werden, ohne dass der nunmehr rechtskräftige und daher ohne Sicherheitsleistung vollstreckbare Titel mit der Androhung erneut zugestellt werden muss. Das Fehlen der Sicherheitsleistung hat nur zur Folge, dass der Beklagte vor Eintritt der Rechtskraft sanktionslos zuwiderhandeln kann, solange es an der Vollstreckbarkeit fehlt.[841] 293

4. Zuwiderhandlung

a) Objektiver Tatbestand. Das beanstandete Verhalten des Schuldners – positives Tun oder pflichtwidriges Unterlassen – muss in den **Verbotsbereich** fallen, der durch Auslegung zu ermitteln ist (Rdn. 226ff.). Bei einer einstweiligen Verfügung, die häufig nicht aus sich heraus verständlich ist, wird besonders deutlich, dass zur Auslegung zwangsläufig auf die Antragsschrift zurückzugreifen ist.[842] 294

Das Verbot umfasst nicht nur die **konkrete Verletzungsform,** sondern auch Handlungen, die ihr im Kern gleich,[843] aber nicht nur ähnlich sind.[844] Die kerngleichen Verletzungshandlungen anderer Schutzrechte müssen aber in das Erkenntnisverfahren und die Verurteilung einbezogen sein.[845] Eine Einschränkung des einstweiligen Verbots kommt jedoch in Betracht, wenn es zwar um eine im Kern gleiche Verletzungshandlung geht, diese aber mangels Dringlichkeit nicht mehr Gegenstand einer einstweiligen Verfügung sein konnte.[846] Eine weitergehende, insbesondere verallgemeinernde Auslegung des Titels ist schon wegen des zumindest auch strafähnlichen Charakters von Ordnungsmitteln des § 890 ZPO unstatthaft.[847] Im Einzelfall kann zweifelhaft sein, ob eine beanstandete Handlung noch **im Kern gleich** ist oder nicht. Dazu genügt nicht die Feststellung, dass das Verhalten im Ergebnis gegen dieselbe Norm verstößt wie die vom Gericht verbotene Handlung. Wenn etwa zu einer solchen Feststellung selbstständige rechtliche Überlegungen erforderlich werden, fällt das nunmehr beanstandete Verhalten nicht mehr in den Kernbereich des Verbots.[848] Vielmehr muss die erneute materiell-rechtliche Prüfung dann in einem neuen Erkenntnisverfahren erfolgen; sie darf nicht dem Vollstreckungsverfahren überlassen werden. Zweifel gehen zulasten des Gläubigers, der es in der Hand hatte, durch einen eindeutigen Antrag ein entsprechendes Verbot herbeizuführen. Ihm bleibt die Klärung in einem neuen Erkenntnisverfahren (vgl. auch Rdn. 229).[849] 295

Die früher verwendete Rechtsfigur des **Fortsetzungszusammenhangs** kann auch für das Ordnungsmittel-Verfahren unbedenklich aufgegeben werden.[850] Ebenso wie bei der Verwirkung einer 296

---

840 BGH GRUR 1991, 929, 931 – *Fachliche Empfehlung II.*

841 OLG Hamburg NJW-RR 1986, 1501f.; OLG Celle MD VSW 2012, 287.

842 *Köhler*/Bornkamm § 12 Rdn. 6.4; Ahrens/*Spätgens* Kap. 64 Rdn. 57.

843 BGH GRUR 2007, 607, 609 – *Telefonwerbung für „Individualverträge"*; GRUR 2008, 727, 728 – *Schweißmodulgenerator;* GRUR 2010, 156, 157 – *EIFEL ZEITUNG;* GRUR 2010, 749, 753 – *Erinnerungswerbung im Internet;* GRUR 2010, 855, 856 – *Folienrollos;* GRUR 2013, 405, 406 – *Umsatzangaben;* GRUR 2014, 706, 707 – *Reichweite des Unterlassungsgebots;* OLG Köln WRP 1989, 334, 335; OLG Stuttgart WRP 1989, 276, 277; OLG Hamburg GRUR 1990, 637, 638; OLG Düsseldorf GRUR-RR 2001, 25; OLG München WRP 2002, 266, 267f.; OLG Nürnberg GRUR-RR 2004, 61f.; OLG München GRUR-RR 2004, 63; OLG Naumburg WRP 2007, 566, 567ff.; Teplitzky/*Feddersen* Kap. 57 Rdn. 12ff., vgl. dazu BVerfGE GRUR 2007, 618, 619 – *Organisationsverschulden:* Kerntheorie verfassungsrechtlich unbedenklich.

844 OLG Hamburg MD VSW 2004, 1232, 1236; MD VSW 2009, 562, 563f.; LG Hamburg GRUR-RR 2002, 43.

845 BGH GRUR 2014, 706, 707 – *Reichweite des Unterlassungsgebots.*

846 OLG Köln MD VSW 2003, 1152, 1153.

847 BGH WRP 1989, 572, 574 – *Bioäquivalenz-Werbung.*

848 BGH GRUR 2013, 405, 406 – *Umsatzangaben;* vgl. dazu OLG Düsseldorf GRUR-RR 2003, 127, 130f.; OLG Köln MD VSW 2005, 670, 673f.; OLG Hamburg GRUR-RR 2008, 61; MD VSW 2009, 1071f.; MD VSW 2009, 1073f.; MD VSW 2009, 1075, 1076ff.; MD VSW 2011, 154f.; OLG München GRUR-RR 2011, 32, 33.

849 *Köhler*/Bornkamm § 12 Rdn. 6.4.

850 BGH GRUR 2009, 427, 428 – *Mehrfachverstoß gegen Unterlassungstitel;* OLG Nürnberg NJW-RR 1999, 723, 724f.; *Köhler*/Bornkamm § 12 Rdn. 6.4; Teplitzky/*Feddersen* Kap. 57 Rdn. 35; offengelassen in BGH GRUR 2001, 758, 759 – *Trainingsvertrag.*

Vertragsstrafe (§ 12 Rdn. 217ff.) können jedoch mehrere Teilakte zu einer **natürlichen oder rechtlichen Handlungseinheit** zusammengefasst werden.[851] Das Problem ist hier nicht von derselben Bedeutung wie bei der Verwirkung einer Vertragsstrafe, wenn die Parteien einen festen Betrag vereinbart haben. Denn der Umfang der Zuwiderhandlung kann bei der Bemessung des Ordnungsmittels ähnlich wie bei einer Vertragsstrafenabrede nach „Hamburger Brauch" (§ 12 Rdn. 202ff.) berücksichtigt werden, ohne dass es im praktischen Ergebnis entscheidend darauf ankommt, ob man ein bestimmtes Verhalten des Schuldners als einen einheitlichen Verstoß aus mehreren Teilakten, für den ein einziges Ordnungsgeld festzusetzen ist, oder aber als mehrere Verstöße ansieht, für die jeweils ein gesondertes Ordnungsgeld festzusetzen ist.[852] Maßgebend ist, dass das festgesetzte Ordnungsgeld insgesamt angemessen ist.

297 Bei Annahme einer Handlungseinheit ist jedoch zu beachten, dass durch das jeweilige Verfahren ebenso wie bei einer Vertragsstrafenklage (§ 12 Rdn. 215) **alle Teilakte erfasst** werden, die zur selben Handlungseinheit gehören, und zwar unabhängig davon, ob der Gläubiger sie kennt oder nicht.[853] Eine neue Handlungseinheit liegt erst von dem Zeitpunkt an vor, an dem der Ordnungsmittelbeschluss dem Schuldner zugestellt worden ist. Die außergerichtliche Beanstandung des neuen Verhaltens des Schuldners genügt dafür ebenso wenig wie die Einreichung des Ordnungsmittel-Antrages. Erst mit der Zustellung des Beschlusses sieht sich der Schuldner vor der zwingenden Notwendigkeit, sein Verhalten zu ändern.[854] Hat der Gläubiger wegen solcher Teilakte mehrere Ordnungsmittelanträge eingereicht, sind die Verfahren miteinander zu verbinden.

298 Das Verbot verpflichtet den Schuldner nicht nur zu einem bloßen Unterlassen, sondern auch zu einem **positiven Tun,**[855] wenn dieses nämlich erforderlich ist, einen verbotswidrigen Zustand zu beseitigen, wie etwa die Pflicht zum Entfernen eines Werbeschilds,[856] zum Stornieren von Anzeigen,[857] in der sich die verbotene Werbeangabe befindet, oder zu Weisungen an die Mitarbeiter (Rdn. 306ff.).

299 Ein **Versuch** der verbotenen Handlung ist kein Verstoß gegen den Unterlassungstitel.[858] Anders ist es nur, wenn darin auch die Versuchshandlung als verboten beschrieben wird.

300 Ist eine GmbH Titelschuldnerin und wird zur Umgehung des Verbotes eine **Nachfolge-GmbH** gegründet, so kann gegen diese aus dem Titel, der sich gegen die vorherige GmbH richtet, kein Ordnungsgeld festgesetzt werden,[859] auch nicht, wenn der Geschäftsführer derselbe geblieben ist. Dagegen kommt ein Verstoß der Titelschuldnerin in Betracht, wenn es um ein Verhalten einer von ihr abhängigen GmbH geht, insbesondere wenn beide denselben Geschäftsführer haben.[860] Unmittelbar gegen die **Organe einer juristischen Person** kann nur dann ein Ordnungsmittel verhängt werden, wenn sie selbst – meist neben der juristischen Person – Titelschuldner sind (vgl. dazu Rdn. 319). Allerdings ist die Ordnungshaft, die gegen eine juristische Person angeordnet wird, an dem nunmehr verantwortlichen Organ der juristischen Person zu vollziehen (Rdn. 238).

301 Ist eine natürliche Person Titelschuldner und verstößt sie in ihrer Eigenschaft als Organ einer juristischen Person, so hängt von der Auslegung des Titels ab, ob das Verbot auch ein solches Handeln erfasst. Das trifft ohne weiteres zu, wenn sie neben der juristischen Person auf Unterlassung in Anspruch genommen worden ist. Anders kann es sein, wenn die natürliche Person ein eigenes Unternehmen betreibt, dafür wettbewerbswidrig geworben hatte und deshalb zur Unterlassung verurteilt worden ist. Ist der Schuldner als Organ einer juristischen Person, insbesondere neben dieser, persönlich zur Unterlassung verurteilt worden, so erfasst das gerichtliche Verbot regelmäßig auch Handlungen, die er in einem eigenen Unternehmen oder für eine andere juristische Person vornimmt. Gerade insoweit geht es dem Gläubiger vielfach darum, mit einem Verbot gegen den Geschäftsführer persönlich dessen Verhalten auch dann zu erfassen, wenn dieser seinen Tätigkeitsbereich wechselt, insbesondere die eine GmbH durch eine andere „ersetzt" wird. Gründet jemand

---

[851] BGH GRUR 2009, 427, 428 – *Mehrfachverstoß gegen Unterlassungstitel;* OLG Naumburg WRP 2007, 566, 569f.; *Mankowski* WRP 1995, 1144, 1148; *Schuschke* WRP 2000, 1008, 1012f.; vgl. OLG Nürnberg NJW-RR 1999, 723, 725.

[852] OLG Düsseldorf GRUR-RR 2002, 151, 152.

[853] OLG Hamburg OLG-Report 2000, 223 = GRUR 2000, 826 LS.

[854] OLG Stuttgart WRP 1989, 544, 545; KG WRP 1998, 627, 628; OLG Hamburg OLG-Report 2000, 223; OLG Schleswig OLG-Report 2004, 20; vgl. dazu OLG Nürnberg NJW-RR 1999, 723, 724.

[855] BGH GRUR 2015, 258, 262f. – *CT-Paradies* (Löschung im Internet); Ahrens/*Spätgens* Kap. 63 Rdn. 10 und Kap. 64 Rdn. 61; ebenso bei einem Duldungstitel: BGH MD VSW 2007, 431, 432f.

[856] OLG Hamburg WRP 1973, 276; OLG Köln MD VSW 2000, 464, 465.

[857] OLG Hamburg WRP 1982, 657.

[858] OLG Frankfurt WRP 1971, 486f.

[859] OLG Frankfurt GRUR 1994, 668; vgl. auch OLG Celle WRP 2013, 388f.

[860] OLG Celle WRP 2013, 388f.

später eine GmbH, deren Geschäftsführer er wird, erfasst seine Verurteilung auch seine Tätigkeit für diese GmbH.[861]

b) Verschulden. Die Festsetzung von Ordnungsmitteln setzt voraus, dass der Schuldner schuldhaft – vorsätzlich[862] oder fahrlässig – gehandelt hat.[863] 302

Auf einen vermeidbaren **Verbotsirrtum** kann sich der Schuldner nicht berufen.[864] Maßgebend ist, ob er mit einer für ihn ungünstigen Beurteilung der Rechtslage durch das Gericht zu rechnen hatte.[865] **Anwaltlicher Rat** kann den Schuldner nur dann entlasten,[866] wenn er selbst gestützt auf diesen Rat ohne Verschulden geirrt hat, insbesondere in einem Falle, in dem es ausschließlich um eine Rechtsfrage geht. Er hat im Einzelnen vorzutragen, was der Rechtsanwalt ihm geraten hat. Jedenfalls in Bereichen, in denen ihm eine Beurteilung auf Grund kaufmännischer Erfahrung möglich ist, muss der Rat des Anwalts einer eigenverantwortlichen Bewertung unterzogen werden.[867] Auch der Rat eines Rechtsanwaltes, eine vom Gerichtsvollzieher zugestellte einstweilige Verfügung wegen eines angeblichen Formmangels nicht zu befolgen, befreit den Schuldner nicht ohne weiteres vom Vorwurf der Fahrlässigkeit.[868] Entsprechendes gilt, wenn die erste Instanz einen Verstoß verneint hat.[869] 303

aa) Persönliches Verschulden. Wegen des auch strafähnlichen Charakters von Ordnungsmitteln muss der **Schuldner selbst schuldhaft handeln.**[870] Ein Verschulden von Hilfspersonen genügt nicht. Insbesondere ist § 8 Abs. 2 nicht anwendbar. Bei einer juristischen Person kommt es auf das Verschulden ihrer zuständigen Organe an (§ 31 BGB).[871] Hat der Schuldner nach Erhalt der Abmahnung einen Rechtsanwalt beauftragt, der die Abmahnung beantwortet und eine Schutzschrift hinterlegt hat, braucht er sich nicht selbst danach zu erkundigen, ob es dem Gläubiger gelungen ist, ein gerichtliches Verbot zu erwirken. Er kann sich darauf verlassen, dass sein Rechtsanwalt ihn unverzüglich von einem Verbot unterrichtet.[872] 304

bb) Sorgfaltsmaßstab. An den Schuldner sind **strenge Anforderungen** zu stellen. Er muss alles tun, was ihm im konkreten Fall möglich und zumutbar ist, um einen zukünftigen Verstoß gegen das Verbot zu vermeiden.[873] Dazu hat er die notwendigen Vorkehrungen zu treffen, etwa anzuordnen, dass die wettbewerbswidrigen Werbemittel vernichtet werden, Anzeigen mit der verbotenen Werbeangabe nicht mehr erscheinen, insbesondere auch, soweit möglich, bereits in Auftrag gegebene Anzeigen, vor allem ein Dauerauftrag storniert werden. Geschieht das nicht in ausreichendem Maße, liegt ein eigenes **Organisationsverschulden** vor.[874] 305

Zu den erforderlichen Maßnahmen gehören die nachdrückliche – grundsätzlich schriftliche – **Belehrung Dritter,** die zu seinem Einwirkungsbereich gehören und deren Verhalten ihm wirtschaftlich zugutekommt, insbesondere seiner **Mitarbeiter,** und, je nach den Umständen des Einzelfalles, ihre weitere **Überwachung.** Es genügt nicht, dass er ihnen lediglich allgemeine Hinweise über ihr zukünftiges Verhalten gibt;[875] vielmehr muss er unter ausdrücklichem Hinweis auf das gegen ihn ergangene Verbot und die Folgen eines Verstoßes für den Schuldner und für den Dritten oder Mitarbeiter (Kündigung) genau vorschreiben, was zu tun ist,[876] sowie Rückmeldungen anord- 306

---

[861] OLG Stuttgart WRP 1980, 35; OLG München MD VSW 2011, 642, 643 f.

[862] Beispiel: OLG Düsseldorf GRUR-RR 2002, 151, 152.

[863] BGH GRUR 1987, 648, 649 – *Anwaltseilbrief.*

[864] OLG Naumburg GRUR 2005, 1071 LS.

[865] *Köhler*/Bornkamm § 12 Rdn. 6.7; Teplitzky/*Feddersen* Kap. 57 Rdn. 27.

[866] OLG Hamburg NJW-RR 1989, 1087, 1088; OLG Stuttgart WRP 1999, 1072, 1073.

[867] OLG Köln WRP 1976, 116, 118; OLG Frankfurt WRP 1977, 32, 33; OLG Hamm WRP 1978, 223, 225; OLG Hamburg NJW-RR 1989, 1087, 1088; Ahrens/*Spätgens* Kap. 64 Rdn. 73.

[868] OLG Hamburg GRUR 1990, 151, 152.

[869] OLG Hamm WRP 1978, 223; OLG Köln GRUR 1987, 652.

[870] BVerfGE 58, 159, 162 f.; GRUR 2007, 618, 619 – *Organisationsverschulden.*

[871] OLG Zweibrücken GRUR 1988, 485, 486; OLG Nürnberg WRP 1999, 1184, 1185.

[872] OLG Hamburg MD VSW 2008, 271, 272.

[873] OLG Köln GRUR 1986, 195; OLG Zweibrücken WRP 1989, 63, 64; KG GRUR 1989, 707; OLG Frankfurt WRP 1992, 185 f.; OLG Zweibrücken GRUR 2000, 921; OLG Düsseldorf GRUR-RR 2003, 127, 129; OLG Oldenburg WRP 2007, 360, 361 f.; OLG Frankfurt GRUR-RR 2009, 412 f.; OLG Köln GRUR-RR 2015, 271, 272.

[874] OLG Frankfurt GRUR-RR 2016, 48; Teplitzky/*Feddersen* Kap. 57 Rdn. 26b; vgl. dazu BVerfG GRUR 2007, 618, 619 – *Organisationsverschulden.*

[875] OLG Köln MD VSW 2001, 190 f.; OLG Schleswig OLG Report 2005, 473, 474; KG MD VSW 2005, 909.

[876] OLG Hamburg NJW-RR 1993, 1392; OLG Nürnberg NJW-RR 1999, 723 f.; OLG Köln WRP 2004, 1519 f.; MD VSW 2007, 955 f.

nen und kontrollieren. Der Schuldner ist verpflichtet, erforderlichenfalls im Rahmen des Möglichen und Zumutbaren auf den Betreiber einer Internet-Plattform einzuwirken.[877]

307 Wer etwa rechtsverletzendes Werbematerial an seinen **Außendienst** gegeben hat, muss im Einzelfalle Weisungen für dessen Rückgabe oder Vernichtung geben[878] und ihre Einhaltung überprüfen. Die Belehrung hat wegen der Verpflichtung zur unverzüglichen Beachtung des gerichtlichen Verbotes im Vorwege zunächst mündlich und dann grundsätzlich schriftlich zu geschehen, weil das gesprochene Wort eher nicht oder nicht genügend beachtet oder wieder vergessen wird.

308 Wer seinen **Provider** mit der Änderung seiner Homepage beauftragt, muss kontrollieren, ob die Änderung durchgeführt worden ist.[879] Mangels entgegenstehender Anhaltspunkte muss der Schuldner nicht zeitlich unbegrenzt (sämtliche oder wenigstens die wichtigsten) Suchmaschinen daraufhin überprüfen lassen, ob dort noch eine alte Seite gespeichert ist, sondern kann sich darauf verlassen, dass diese laufend ihren Datenbestand aktualisieren.[880] Jedoch ist er zeitnah zur Kontrolle verpflichtet.[881]

309 Hat der Schuldner seinen Mitarbeitern und **Abnehmern** empfohlen, wie sie für sein Erzeugnis werben sollen, so hat er nicht nur seine Mitarbeiter eindringlich zu belehren, sondern auch seine Abnehmer. Ausnahmsweise könnte er sogar verpflichtet sein, sich von diesen eine strafbewehrte Unterwerfungserklärung geben zu lassen, verbunden mit der Verpflichtung zur Weitergabe einer solchen Bindung an weitere Abnehmer.[882] Auch gegenüber **Dritten,** bei denen er keine rechtlichen Möglichkeiten zur Unterbindung besitzt, hat er in solchen Fällen gegebenenfalls seine faktischen Möglichkeiten zu nutzen, um auf diese Weise eine **Änderung der von ihm veranlassten Werbung** zu erreichen, etwa gegenüber Einzelhändlern, mit denen er in einem engen Kontakt steht.[883] Dagegen ist er auf Grund des Unterlassungstitels grundsätzlich nicht verpflichtet, sich an seine von ihm unabhängigen Abnehmer oder gar deren Abnehmer zu wenden, welche die verbotene Ware[884] oder die Ware mit der verbotenen Werbung (z.B. auf einem Einlegezettel)[885] erhalten haben.

310 Eine **nicht begründete Beschlussverfügung,** deren Verbotsinhalt eindeutig ist, wie etwa das Verbot eines konkreten Slogans, deren Begründung aber zunächst für den Antragsgegner nicht erkennbar ist, muss voll respektiert werden. Die Gefahr, sich mit einer Abänderung des Slogans noch im Kernbereich des Verbotes zu befinden, trägt der Antragsgegner.[886] Er hat die Antragsschrift anzufordern, um sich zu vergewissern, weshalb das Verbot beantragt worden ist. Ebenso muss er die Gründe eines gegen ihn ergangenen Verbotsurteils abwarten und beachten.

311 Für den Fall der **Abwesenheit** muss der Schuldner durch organisatorische Maßnahmen sicherstellen, dass die erforderlichen Entscheidungen entweder ohne ihn getroffen werden können oder er unverzüglich informiert wird. Das kann bereits erforderlich sein, wenn er abgemahnt worden ist und mit der Zustellung einer einstweiligen Verfügung rechnen muss.[887]

312 **c) Beweislast.** Wegen des (auch) strafähnlichen Charakters kann gegen den Schuldner nur dann ein Ordnungsmittel verhängt werden, wenn feststeht, dass er schuldhaft gegen das Verbot verstoßen hat. Das bedeutet im Grundsatz, dass der **Gläubiger** in vollem Umfange die Darlegungs- und Beweislast hat.[888] Eine Glaubhaftmachung genügt nicht, auch nicht, wenn der Titel eine einstweilige Verfügung ist.[889] Daraus folgt aber nicht, dass der Schuldner sich nicht zu äußern braucht oder sich mit **pauschalem Bestreiten** begnügen darf. Zu beachten ist nämlich, dass es sich um ein Vollstre-

---

[877] BGH GRUR 2015, 258, 262f. – *CT-Paradies.*

[878] OLG Hamburg GRUR 1989, 150f.

[879] OLG Köln GRUR-RR 2001, 24.

[880] Vgl. OLG Köln NJW-RR 2002, 215; OLG Hamburg MD VSW 2003, 203, 204f.; OLG Köln MD VSW 2007, 956f.; strenger (und zu weitgehend) OLG Celle WRP 2015, 475 (Rz. 20): Die Abrufbarkeit über Google (und möglicherweise auch andere Suchmaschinen) muss ausgeschlossen werden.

[881] OLG Stuttgart WRP 2016, 773, 774 (Kontrolle bei Google).

[882] KG WRP 1998, 627, 628.

[883] OLG Hamburg MD VSW 1992, 34f.; OLG Köln MD VSW 2000, 350, 351; vgl. auch OLG Hamburg MD VSW 2007, 819, 821ff.

[884] OLG Köln MD VSW 2000, 1114, 1115; a.M. OLG Zweibrücken MD VSW 2000, 236, 237f. jeweils für Arzneimittel; vgl. auch OLG Köln GRUR-RR 2008, 365f.

[885] OLG Stuttgart MD VSW 2000, 1016, 1018f.; anders (ohne Begründung) nunmehr BGH GRUR 2016, 720, 723 Tz. 35 – *Hot Sox.*

[886] OLG Hamburg GRUR 1989, 630 LS.

[887] OLG Frankfurt NJWE-WettbR 2000, 148f.; LG Oldenburg WRP 2001, 1365.

[888] KG GRUR 1991, 707f.; OLG Nürnberg WRP 1999, 1184, 1185; OLG Hamburg MD VSW 2003, 203, 204; *Köhler*/Bornkamm § 12 Rdn. 6.8; *Nieder* WRP 2001, 117, 119; vgl. aber Ahrens/*Spätgens* Kap. 64 Rdn. 77 und Kap. 67 Rdn. 41.

[889] OLG Stuttgart WRP 2001, 1107, 1108; OLG Frankfurt GRUR-RR 2014, 48 LS; OLG München WRP 2015, 778, 779; Ahrens/*Spätgens* Kap. 64 Rdn. 76 und Kap. 67 Rdn. 41.

ckungsverfahren der ZPO handelt. Maßgebend sind daher auch die hier geltenden Verfahrensgrundsätze, die eine Partei verpflichten, zum Vorbringen der Gegenseite substantiiert Stellung zu nehmen, wenn es um Vorgänge aus dem eigenen Bereich geht (vgl. Rdn. 305 ff.). Insbesondere hat der Schuldner spezifiziert vorzutragen, welche innerbetrieblichen Maßnahmen er ergriffen hat, um eine Missachtung des Verbots durch seine Mitarbeiter zu verhindern.[890] Nimmt der Schuldner nicht detailliert Stellung, obwohl er dazu verpflichtet ist, ist das Vorbringen des Gläubigers als unstreitig anzusehen und demgemäß vom Verschulden des Schuldners auszugehen. Zugunsten des Gläubigers sind außerdem **Beweiserleichterungen,**[891] unter Umständen sogar ein **Anscheinsbeweis**[892] zulässig.

Ist der Schuldner ohne **einschränkenden Zusatz** aus § 5 verurteilt worden und verwendet er **313**
nunmehr einen Zusatz, der aus dem Verbot herausführen kann, hat er darzulegen und erforderlichenfalls zu beweisen, dass auf Grund des von ihm gewählten Zusatzes keine Irreführung mehr vorliegt.[893] Kommt im konkreten Einzelfall ausnahmsweise ein Rechtfertigungsgrund in Betracht, hat der Schuldner dessen Voraussetzungen darzulegen und zu beweisen.

5. Festsetzungsverfahren

a) Antrag. Nach § 890 Abs. 1 Satz 1 ZPO wird das Ordnungsmittelverfahren durch einen An- **314**
trag des Gläubigers eingeleitet. Dem steht eine **Vertragsstrafenklage** des Gläubigers **nicht entgegen** (Rdn. 282; § 12 Rdn. 212, 243).[894] Hat der Gläubiger gegen den Schuldner ein gerichtliches Verbot erwirkt und kommt es dann zu einem, wie er meint, allein im Kern übereinstimmenden Verstoß, kommt **eine (weitere) einstweilige Verfügung** in Betracht. Grundsätzlich darf er daneben einen Ordnungsmittel-Antrag wegen Verstoßes gegen den ersten Titel einreichen.[895] Gibt der Schuldner zur (zweiten) einstweiligen Verfügung auf das Abschlussschreiben des Gläubigers eine Abschlusserklärung ab und leitet dieser erst daraufhin einen Ordnungsmittel-Antrag ein, kann in seinem vorangegangenen Verhalten ein Verzicht auf einen solchen Antrag[896] oder in dessen nachträglicher Einreichung ein Rechtsmissbrauch liegen.[897]

Gegenstand des Verfahrens ist der mit dem Antrag geltend gemachte Verstoß. Dazu gehören **315**
aber bei einer Handlungseinheit sämtliche Teilakte, auch wenn sie dem Gläubiger unbekannt sind (Rdn. 297). Zuständig ist ausschließlich das **Prozessgericht erster Instanz** (§§ 890 Abs. 1 Satz 1, 802 ZPO). Das gilt auch dann, wenn das Oberlandesgericht die einstweilige Verfügung – auch im Beschwerdeverfahren – erlassen hat, ferner wenn dort das Berufungsverfahren schwebt. Beim Landgericht – als Prozessgericht erster Instanz – besteht **Anwaltszwang,** und zwar auch dann, wenn aus einer Beschlussverfügung vollstreckt wird, die der Antragsteller ohne Anwalt erwirken konnte (§§ 78 Abs. 3, 936, 920 Abs. 3 ZPO).[898]

Die Vorschriften der ZPO über **verspätetes Vorbringen** sind nicht anzuwenden, soweit es um **316**
den Schuldner geht.[899] Dem steht der (auch) strafähnliche Charakter der Ordnungsmittel entgegen. Das gilt auch für das Beschwerdeverfahren.[900] Über erhebliche streitige Tatsachen ist **Beweis zu erheben.** Das geschieht in der Regel durch die Vernehmung von Zeugen. Im Wege des Urkundenbeweises können aber auch eidesstattliche Versicherungen verwertet werden; der Gegner kann jedoch die Vernehmung des Versichernden als Zeugen verlangen, wenn dessen Vernehmung (noch) möglich ist.[901]

Der **Antrag** kann bis zur Rechtskraft eines Ordnungsmittel-Beschlusses **zurückgenommen** **317**
werden. Das ist für die Parteien deshalb von Bedeutung, weil der Beschluss dann entsprechend § 269 Abs. 3 Satz 1 ZPO wirkungslos wird.[902] Der Gläubiger wird häufig ein Interesse daran haben, dass es noch zu einer Einigung mit dem Schuldner kommt und dieser für den Verstoß einen ange-

---

[890] BGH GRUR 2009, 427, 428 – *Mehrfachverstoß gegen Unterlassungstitel;* OLG Düsseldorf WRP 1993, 326 f. und MD VSW 2002, 351 f.; OLG Nürnberg WRP 1999, 1184, 1185; OLG Hamburg MD VSW 2003, 202, 204.

[891] OLG Frankfurt GRUR 1999, 371 f.; OLG Köln MD VSW 2000, 899; a. M. KG GRUR 1991, 707 f.

[892] BVerfGE 84, 82, 87 f.; *Köhler*/Bornkamm § 12 Rdn. 6.8; Teplitzky/*Feddersen* Kap. 57 Rdn. 28.

[893] BGH GRUR 1992, 525, 526 – *Professorenbezeichnung in der Arztwerbung II.*

[894] OLG Karlsruhe WRP 1996, 445, 447.

[895] OLG Düsseldorf WRP 1993, 487, 488; OLG Frankfurt WRP 1997, 51 f.

[896] OLG Köln MD VSW 2002, 293, 295 ff.

[897] *Kehl* WRP 1999, 46, 49.

[898] OLG Hamm WRP 1985, 173; OLG Koblenz WRP 1989, 331 f.; Teplitzky/*Feddersen* Kap. 57 Rdn. 30.

[899] Vgl. Teplitzky/*Feddersen* Kap. 57 Rdn. 29.

[900] Teplitzky/*Feddersen* Kap. 57 Rdn. 37.

[901] OLG Hamm WRP 2000, 413, 414 f.

[902] OLG Düsseldorf WRP 1988, 374, 375.

messenen Betrag nicht an die Staatskasse, sondern an den Gläubiger zahlt sowie die Kosten des Verfahrens übernimmt. Im Gegenzuge verpflichtet sich dann der Gläubiger den Ordnungsmittel-Antrag zurückzunehmen, sobald er den vereinbarten Betrag und seine Kosten erhalten hat. Ist offen, wie das Ordnungsmittel-Verfahren ausläuft, ist insbesondere eine Beweisaufnahme erforderlich, kommt auch eine vergleichsweise Beilegung in der Weise in Betracht, dass der Gläubiger den Ordnungsmittel-Antrag zurücknimmt und der Schuldner die Kosten übernimmt. Der Vergleich kann gegebenenfalls gemäß § 278 Abs. 6 ZPO geschlossen werden.

318 Wird über das Vermögen des Schuldners das **Insolvenzverfahren** eröffnet, wird das Ordnungsmittel-Verfahren nicht unterbrochen.[903] Der Insolvenzverwalter wird ein Interesse haben, das Verfahren durchzuführen, wenn er durch eine ihm günstige Entscheidung erreichen kann, dass der Gläubiger die bisher entstandenen Kosten des Anwalts des Schuldners zu tragen hat. Stirbt der Schuldner während des Ordnungsmittel-Verfahrens, kommt die Festsetzung von Ordnungsmitteln gegen die Erben nicht in Betracht. Der Gläubiger muss daher das Verfahren, das gegen die Erben gemäß §§ 239, 246 ZPO fortzusetzen ist, für erledigt erklären. Ebenso hat sich ein Ordnungsmittelverfahren erledigt, wenn die Schuldnerin-GmbH nach Ablehnung eines Insolvenzantrages mangels Masse gelöscht worden ist.[904]

319 **b) Entscheidung.** Die Entscheidung kann **ohne mündliche Verhandlung** ergehen, was auch regelmäßig geschieht. Nach § 891 Satz 2 ZPO ist der Schuldner vor der Entscheidung zu hören. Richtet sich der Unterlassungstitel gegen **mehrere Schuldner** und betreibt der Gläubiger gegen alle die Zwangsvollstreckung, ist gegen jeden ein gesondertes Ordnungsmittel festzusetzen, und zwar nach den für sie jeweils maßgebenden Umständen. Sie werden nicht etwa als Gesamtschuldner zur Zahlung von Ordnungsgeld verurteilt.[905] Dem steht der strafähnliche Charakter des Ordnungsgeldes entgegen. Dieser Umstand ist jedoch bei der Bemessung der mehreren Ordnungsgelder mindernd zu berücksichtigen, damit es nicht zu einem unangemessenen Gesamtbetrag kommt. Sind aber eine juristische Person und außerdem ihr Organ Titelschuldner, ist nur gegen die juristische Person ein Ordnungsgeld festzusetzen, wenn das Organ für sie im Rahmen der geschäftlichen Tätigkeit gehandelt hat.[906] Entsprechendes gilt für eine OHG und KG.

320 **c) Bemessung des Ordnungsmittels.** Die **Höhe des Ordnungsgeldes** ist so zu bemessen, dass es sich für den Schuldner nicht lohnt, sich über das gerichtliche Verbot hinwegzusetzen.[907] Dabei ist davon auszugehen, dass es um eine Maßnahme geht, die im Interesse des Gläubigers zur Durchsetzung seines Vollstreckungstitels liegt. Die Bemessung hat sich zu orientieren an dem Zweck des Ordnungsmittels, das eine **strafähnliche Sanktion** für den begangenen Verstoß sein und vor allem **weiteren Verstößen des Schuldners vorbeugen** soll.[908] Hierbei gelten ähnliche Grundsätze wie bei der Festsetzung einer Vertragsstrafe nach „Hamburger Brauch" (§ 12 Rdn. 202ff.), abgesehen von dem nur für die Vertragsstrafe geltenden Gesichtspunkt, dass diese auch einen Mindestschadensersatz gewähren soll. In Betracht kommt gegebenenfalls auch ein Vollstreckung des Ordnungsgeldes im Ausland.[909]

321 Die Höhe des Ordnungsgeldes bemisst sich nicht nach einem bestimmten Bruchteil des Streitwertes, der für den Unterlassungsantrag festgesetzt worden ist (vgl. § 12 Rdn. 238 zur Vertragsstrafe nach „Hamburger Brauch").[910] Maßgebend sind vielmehr die **Art, der Umfang und die Dauer des Verstoßes, der Verschuldensgrad** des Verletzers,[911] dessen **Vorteile,** die er aus dem Verstoß hat, und die **Gefährlichkeit des Verstoßes** für den Verletzten,[912] ferner die **wirtschaftlichen Verhältnisse des Verletzers.** Soweit sich der **Gewinn** des Verletzers feststellen lässt, ist dieser **ab-**

---

903 KG GRUR 2000, 1112; Teplitzky/*Feddersen* Kap. 57 Rdn. 29.

904 OLG Karlsruhe MD VSW 2006, 199f.

905 OLG Köln WRP 1986, 116f.; vgl. dazu aber BGH WRP 2008, 952, 954 – *inhaltsgleiches Unterlassungsbegehren.*

906 BGH GRUR 2012, 541f. – *Titelschuldner im Zwangsvollstreckungsverfahren* mit Anm. *Dirk Jestaedt;* GRUR 2014, 797, 801 – *Fishtailparka.*

907 OLG Frankfurt WRP 1988, 504f.; OLG Düsseldorf GRUR-RR 2002, 151, 152; OLG Stuttgart WRP 2002, 590, 591; OLG Düsseldorf GRUR-RR 2003, 127, 129f.

908 BGH GRUR 1994, 146, 147 – *Vertragsstrafebemessung.*

909 BGH GRUR 2010, 662ff. – *Vollstreckung von Ordnungsmittelbeschlüssen im Ausland;* vgl. aber *Stoffregen* WRP 2010, 839ff.

910 Teplitzky/*Feddersen* Kap. 57 Rdn. 34; *Köhler* WRP 1993, 666, 675f.

911 BGH GRUR 2004, 264, 268 – *Euro-Einführungsrabatt;* OLG Stuttgart WRP 1997, 248, 250; MD VSW 2000, 1016, 1020; OLG München MD VSW 2000, 95, 97f.

912 BGH GRUR 1994, 146, 147 – *Vertragsstrafebemessung;* GRUR 2004, 264, 268 – *Euro-Einführungsrabatt;* Teplitzky/*Feddersen* Kap. 57 Rdn. 34.

zuschöpfen, aber nur, wenn und soweit er nicht dem oder den Verletzten als Schadensersatz zusteht.[913] Ein **erneuter Verstoß** nach der Festsetzung eines Ordnungsgeldes rechtfertigt ein **(deutlich) höheres Ordnungsgeld** als beim ersten Verstoß.

Bei mehreren Ordnungsgeldern gegen denselben Schuldner ist ein **Gesamtordnungsgeld** entsprechend §§ 53 ff. StGB festzusetzen.[914] Daher sind bei mehreren Verstößen, die Gegenstand mehrerer Ordnungsmittelanträge sind, gegebenenfalls die Verfahren miteinander zu verbinden. 322

Aus dem Grundsatz der Verhältnismäßigkeit folgt, dass **anderweitige Sanktionen für denselben Verstoß** bei der Bemessung des Ordnungsgeldes bzw. bei seiner Beitreibung **zu berücksichtigen** sind,[915] wie die **Verwirkung einer Vertragsstrafe** (§ 12 Rdn. 243) oder wie Ordnungsmittel aus parallelen Verboten, die andere Gläubiger gegen den Schuldner erwirkt haben. In letzteren Fällen sollte jeweils ein eigenständiges Ordnungsgeld gegen den Schuldner festgesetzt werden. Darauf ist das in einem anderen Verfahren angeordnete Ordnungsgeld anzurechnen, und zwar ohne Kostennachteil für den Gläubiger. Die Anrechnung sollte nicht von der Festsetzung, sondern von der Zahlung im ersten Verfahren abhängig gemacht werden. Demgemäß ist entsprechend zu tenorieren, je nachdem, ob das zuerst verhängte Ordnungsgeld bereits bezahlt worden ist oder noch nicht. 323

Die **Ersatzordnungshaft** beträgt höchstens sechs Wochen (Art. 6 Abs. 2 EGStGB). Sie muss in einem angemessenen Verhältnis zur Höhe des festgesetzten Ordnungsgeldes stehen.[916] Bei unbilliger Härte kann die Vollstreckung der Ersatzordnungshaft unterbleiben, wie sich aus Art. 8 Abs. 2 EGStGB ergibt.[917] Die Anordnung von **Ordnungshaft** setzt voraus, dass die Festsetzung eines **Ordnungsgeldes als Sanktion nicht ausreicht.**[918] In der Praxis geschieht das kaum. In Betracht kommt Ordnungshaft etwa dann, wenn es sich um den wiederholten, vorsätzlichen Verstoß eines unbelehrbaren Schuldners handelt, ihn die Festsetzung mehrerer Ordnungsgelder nicht von dem weiteren Verstoß abgehalten hat und es sich um einen Verstoß von einigem Gewicht handelt. Zur Ersatzordnungshaft und Ordnungshaft bei **Handelsgesellschaften** vgl. Rdn. 238. Wird gegen die Gesellschaft ein Ordnungsgeld festgesetzt, kann die Ersatzordnungshaft nicht gegen einen inzwischen ausgeschiedenen Geschäftsführer verhängt werden. Er ist für die Zahlung des Ordnungsgeldes nicht mehr verantwortlich. 324

Gemäß § 890 Abs. 3 ZPO kann der Schuldner auf Antrag des Gläubigers zur Bestellung einer Sicherheit für den Schaden, der durch fernere Zuwiderhandlungen entsteht, auf bestimmte Zeit verurteilt werden, wovon in der Praxis zu Recht nur selten Gebrauch gemacht wird. 325

d) Rechtsmittel. Gegen den Beschluss findet die **sofortige Beschwerde** statt (§ 793 ZPO). Es besteht Anwaltszwang, wenn dieser für die erste Instanz galt (vgl. § 569 Abs. 3 Nr. 1 ZPO).[919] Gegen die Entscheidung des Beschwerdegerichts ist die Rechtsbeschwerde statthaft, wenn sie gemäß § 574 ZPO zugelassen worden ist. Eine Zulassung kommt auch in Betracht, wenn der Gläubiger aus einer einstweiligen Verfügung vorgeht.[920] 326

Fraglich ist, ob nach der Festsetzung eines Ordnungsgeldes die sofortige Beschwerde des Schuldners gemäß § 570 Abs. 1 ZPO **aufschiebende Wirkung** hat. Das ist zu bejahen.[921] Dafür spricht auch, dass das Ordnungsgeld (auch) strafähnlichen Charakter hat. 327

Die **Vollstreckung einer Ordnungshaft** kann wegen des strafähnlichen Charakters ohnehin erst erfolgen, wenn der Beschluss rechtskräftig geworden ist; denn eine Vollstreckung könnte anders als bei einem Ordnungsgeld nicht mehr rückgängig gemacht werden. 328

6. Fortfall des Titels

Äußerst umstritten war die Frage, ob mit jedem Wegfall des Titels eine Zwangsvollstreckung nicht mehr möglich ist, insbesondere nach der Abgabe einer strafbewehrten Unterlassungserklärung 329

---

913 *Köhler* WRP 1993, 666, 673 f.

914 OLG Düsseldorf GRUR-RR 2002, 151, 152; a. M. OLG Köln GRUR-RR 2007, 31, 32; *Schuschke* WRP 2000, 1008, 1013.

915 BGH GRUR 1998, 1053, 1054 – *Vertragsstrafe/Ordnungsgeld (= Behinderung der Jagdausübung);* OLG Frankfurt GRUR 1983, 687 f.; OLG Köln GRUR 1986, 688 f. und WRP 1987, 265 f.; OLG Karlsruhe WRP 1996, 445, 447; OLG Hamm WRP 2000, 413, 415; OLG Düsseldorf GRUR-RR 2003, 127, 130; GK/*Jestaedt* Vor § 13 E Rdn. 67; *Köhler* WRP 1992, 359, 364.

916 OLG Frankfurt GRUR 1987, 940.

917 OLG Köln MD VSW 1989, 903 LS.

918 Teplitzky/*Feddersen* Kap. 57 Rdn. 32.

919 Teplitzky/*Feddersen* Kap. 57 Rdn. 37.

920 BGH GRUR 2004, 264, 265 – *Euro-Einführungsrabatt;* a. M. OLG Köln MD VSW 2003, 1152, 1154.

921 BGH GRUR 2012, 427, 428 f. – *aufschiebende Wirkung I* – mit weiteren Nachweisen; GRUR-RR 2012, 496 LS – *aufschiebende Wirkung II.*

und nachfolgenden übereinstimmenden Erledigungserklärungen, durch die ein zuvor ergangenes gerichtliches Verbot entsprechend § 269 Abs. 3 Satz 1 ZPO wirkungslos geworden ist, oder nach der Aufhebung des Verbotes wegen eines nachträglich eingetretenen Umstandes (§ 767 ZPO bzw. § 927 ZPO). Dabei ist zu unterscheiden:

330 **a) Vor der Zuwiderhandlung.** Hier gibt es keine Probleme. Besteht kein Titel mehr und begeht der Schuldner dann erst einen „Verstoß", kommt ein Ordnungsmittel gegen ihn nicht in Betracht. Hat das Landgericht eine Beschlussverfügung auf den Widerspruch des Schuldners hin aufgehoben und kommt es danach zu einer Zuwiderhandlung, scheidet die Festsetzung von Ordnungsmitteln auch dann aus, wenn das Oberlandesgericht anders entscheidet und die einstweilige Verfügung neu erlässt.[922]

331 **b) Nach der Zuwiderhandlung. Fällt der Titel** vor der Festsetzung eines Ordnungsmittels **rückwirkend weg,** bestehen ebenfalls keine Probleme. Die Festsetzung von Ordnungsmitteln ist nicht mehr möglich.[923] Das trifft zu, wenn der Kläger die Klage, der Antragsteller den Verfügungsantrag zurücknimmt (§ 269 Abs. 3 Satz 1 ZPO), ferner wenn der Titel im Einspruchs- (Versäumnisurteil), im Widerspruchs- oder im Berufungsverfahren, im Verfügungsverfahren auch wegen Versäumung der Vollziehungsfrist oder gemäß § 926 Abs. 2 ZPO aufgehoben wird. Das gilt auch dann, wenn die Unterlassungsklage rechtskräftig abgewiesen worden ist und der Antragsteller zur Vermeidung eines Aufhebungsverfahrens auf die Rechte aus der erwirkten einstweiligen Verfügung – mit Wirkung ex tunc – verzichtet.[924] Ferner ist die Festsetzung von Ordnungsmitteln nicht mehr möglich, wenn das Oberlandesgericht eine vom Landgericht aufgehobene einstweilige Verfügung neu erlässt und der Verstoß begangen worden ist, bevor das Landgericht das Verbot aufgehoben hat.[925]

332 Äußerst umstritten war dagegen, wie es sich verhält, wenn der Titel mit Wirkung **ex nunc** wegfällt. Das trifft zu, wenn das Verbot eine Befristung enthält und der Verbotszeitraum inzwischen abgelaufen ist, wenn der Titel wegen eines späteren Ereignisses gemäß § 767 ZPO bzw. gemäß § 927 ZPO aufgehoben wird oder wenn die Parteien wegen eines späteren Ereignisses die Hauptsache für erledigt erklären (§ 269 Abs. 3 Satz 1 ZPO analog, aber mit Wirkung ex nunc). Typisches Beispiel ist die **Abgabe einer strafbewehrten Unterwerfungserklärung,** die für die Zukunft die Wiederholungsgefahr und damit den Unterlassungsanspruch entfallen lässt.

333 Nach einer verbreiteten Auffassung ist auch bei einem solchen Wegfall des Titels die Festsetzung von Ordnungsmitteln nicht mehr möglich, was aus § 775 Nr. 1 ZPO hergeleitet wird,[926] und ein laufendes Ordnungsmittel-Verfahren demgemäß für erledigt zu erklären.[927] Eine andere Meinung kommt zu dem Ergebnis, dass **weiterhin die Festsetzung von Ordnungsmitteln uneingeschränkt möglich** ist,[928] weil der Titel wie ein „Zeitgesetz" im Sinne des § 2 Abs. 4 StGB zu behandeln sei. Danach ist eine Tat auch dann noch zu ahnden, wenn das „Zeitgesetz" nach Begehung der Tat außer Kraft getreten ist. Dem stehe auch nicht § 775 Nr. 1 ZPO entgegen, der nicht auf einen derartigen Fall zugeschnitten sei.

334 Folgt man der zuerst genannten Ansicht uneingeschränkt, würde der Schuldner die Möglichkeit haben, laufend gegen das Verbot zu verstoßen, insbesondere eine Werbeaktion zu beenden, und schließlich eine Verpflichtungserklärung abzugeben, um sich vor rechtskräftigem Abschluss eines Ordnungsmittel-Verfahrens den ihm drohenden oder in erster Instanz gar schon festgesetzten Ordnungsmitteln zu entziehen. Um dieses zu Recht als unbillig empfundene Ergebnis zu vermeiden, wird vorgeschlagen, dass der **Gläubiger die Hauptsache** nicht insgesamt, sondern **ab dem Zeitpunkt, an dem die Wiederholungsgefahr entfallen ist, für erledigt erklärt und im übrigen beantragt, den Titel bis dahin aufrechtzuerhalten;**[929] diese Möglichkeit soll entsprechend

---

[922] OLG Düsseldorf WRP 1995, 732, 735; OLG Hamburg MD VSW 1997, 22, 23 und 212; WRP 1997, 53, 54; OLG Frankfurt WRP 2002, 334, 335; Ahrens/*Spätgens* Kap. 64 Rdn. 5; Teplitzky/*Feddersen* Kap. 55 Rdn. 14f.

[923] OLG Hamburg MD VSW 1997, 22, 23.

[924] OLG Köln WRP 1992, 476, 477; vgl. auch KG NJW-RR 2000, 1523.

[925] OLG Hamburg MD VSW 1997, 22, 23 und 212, 213; a. M. OLG München NJWE-WettbR 2000, 147, 148.

[926] OLG Köln GRUR 1986, 335, 336; OLG Hamm WRP 1987, 566; OLG Düsseldorf GRUR 1987, 575f.; GRUR 1992, 478; *Ulrich* WRP 1992, 147, 149ff.

[927] OLG Hamm WRP 1987, 566f.

[928] OLG Hamburg NJW-RR 1987, 1024; OLG Karlsruhe GRUR 1992, 207f.; OLG Frankfurt WRP 1992, 717; OLG Düsseldorf GRUR-RR 2002, 151f. und GRUR-RR 2003, 127, 128f.

[929] OLG Hamm WRP 1990, 423, 424f.; OLG Hamm WRP 2000, 413, 415f.; OLG Naumburg WRP 2001, 1366 LS; OLG Stuttgart WRP 2002, 590, 591; Teplitzky/*Feddersen* Kap. 57 Rdn. 38f.; *Bernreuther* GRUR 2001, 400, 401f.

auch für einen Verzicht auf den Titel bestehen.[930] In solchen Fällen kommen beide Auffassungen demnach übereinstimmend zu dem Ergebnis, dass gegen den Schuldner für vorher begangene Verstöße noch Ordnungsmittel festgesetzt werden können. Der zuletzt genannten Ansicht hat sich der BGH angeschlossen.[931] Dem ist zuzustimmen.

Folgerichtig tritt **keine Erledigung der Hauptsache** ein, vielmehr ist ein **befristetes Verbot** 335 im Widerspruchsverfahren zu bestätigen, wenn die Frist inzwischen abgelaufen, etwa die Messe, die allein Gegenstand des Verfahrens ist, bereits zu Ende gegangen ist.[932] Entsprechend verhält es sich, wenn der **Titel wegen eines nachträglichen Ereignisses** in einem Verfahren nach § 767 ZPO bzw. 927 ZPO **aufgehoben** worden ist. **Die Aufhebung erfolgt mit Wirkung ab erledigendem Ereignis.** Das sollte im Urteilsausspruch ausdrücklich erklärt werden.

Hat der Kläger uneingeschränkt oder mit Wirkung ab erledigendem Ereignis die Hauptsache für 336 erledigt erklärt, der Beklagte dem widersprochen und stellt das Gericht (insgesamt bzw. insoweit) die Erledigung der Hauptsache fest, kann das **Verbot für Zuwiderhandlungen vor der Erledigung Grundlage für die Festsetzung eines Ordnungsmittels sein.**[933]

Haben die Parteien einen **Prozessvergleich** geschlossen, tritt dieser an die Stelle eines zuvor er- 337 gangenen Verbotes. Das ist zwar ebenfalls mit Wirkung ex nunc geschehen. Im Vergleich wird aber regelmäßig vereinbart, dass der Gläubiger – auf ein Ordnungsmittel-Verfahren verzichtet bzw. einen bereits eingereichten Ordnungsmittel-Antrag zurücknimmt. Das gilt im Zweifel konkludent auch dann, wenn der Vergleich dazu nichts sagt.[934] Ebenso verhält es sich bei einem **außergerichtlichen Vergleich.** Jedenfalls könnte es in beiden Fällen am Rechtsschutzinteresse des Gläubigers fehlen, wenn er trotz des Vergleiches für zuvor begangene Verstöße noch die Festsetzung von Ordnungsmitteln verlangt.

Die **Verneinung eines Rechtsschutzinteresses** kommt auch in Betracht, wenn das nachträg- 338 liche Ereignis, das zur Aufhebung des Verbots geführt hat, etwa darin besteht, dass der Schuldner aus Altersgründen endgültig aus dem Geschäftsleben ausgeschieden ist oder der Gläubiger seinen Geschäftsbetrieb endgültig aufgegeben und dadurch die Klagebefugnis verloren hat.

c) Nach der Festsetzung von Ordnungsmitteln. Ist der Unterlassungstitel nach erstinstanzli- 339 chem Ordnungsmittel-Beschluss **mit Wirkung ex tunc weggefallen,** so ist das selbstverständlich im Beschwerdeverfahren zu Gunsten des Schuldners zu berücksichtigen. Ein geleistetes Ordnungsgeld ist zurückzuzahlen.[935] Liegt der Wegfall erst **nach der Rechtskraft des Beschlusses,** ist dieser gemäß §§ 775 Nr. 1, 776 ZPO aufzuheben.[936] Hat der Schuldner das Ordnungsgeld bereits an die Staatskasse gezahlt, ist der Beschluss ebenfalls aufzuheben, das Ordnungsgeld an den Schuldner zurückzuzahlen,[937] und zwar nicht nur im Gnadenwege.[938] Das gilt auch dann, wenn der Gläubiger nach rechtskräftiger Klagabweisung im Hauptsacheverfahren von sich aus auf die Rechte aus einer einstweiligen Verfügung verzichtet hat, um einer Aufhebung gemäß § 927 ZPO zu entgehen.[939]

7. Einstweilige Einstellung der Zwangsvollstreckung

Unter den Voraussetzungen der §§ 719, 707 ZPO kommt eine einstweilige Einstellung der 340 Zwangsvollstreckung in Betracht. In der Revisionsinstanz ist das jedoch nicht mehr möglich, wenn der Schuldner im Berufungsverfahren keinen Schutzantrag nach § 712 ZPO gestellt hat,[940] oder wenn er den Antrag zwar gestellt, aber nicht genügend begründet hat,[941] jeweils obwohl ihm das möglich war. Für das Berufungsverfahren ist das jedoch, wenn in erster Instanz kein solcher Schutz-

---

[930] OLG Hamm WRP 1992, 338.

[931] BGH GRUR 2004, 264, 266f. – *Euro-Einführungsrabatt;* vgl. dazu Rdn. 49; *Köhler*/Bornkamm § 12 Rdn. 6.16.

[932] BGH GRUR 2004, 264, 266 – *Euro-Einführungsrabatt;* OLG Köln GRUR-RR 2002, 309, 310.

[933] BGH WRP 2012, 829, 830 – *Ordnungsmittelfestsetzung nach einseitiger Erledigungserklärung* mit Anm. *Teplitzky;* vgl. dazu OLG Hamburg MD VSW 2011, 615, 616f.: Feststellung der Erledigung bei nachträglicher Verjährung und Erhebung der Verjährungseinrede/vorheriger rechtskräftiger Ordnungsmittel-Beschluss.

[934] Vgl. dazu OLG Stuttgart WRP 1984, 714; NJW-RR 1986, 1255f.

[935] OLG Düsseldorf WRP 1988, 374f.; Teplitzky/*Feddersen* Kap. 57 Rdn. 29.

[936] OLG Köln GRUR 1992, 476, 477; KG MD VSW 1999, 1260 LS; *Köhler*/Bornkamm § 12 Rdn. 6.17; vgl. auch Teplitzky/*Feddersen* Kap. 57 Rdn. 37c.

[937] OLG Hamm WRP 1990, 423; OLG Köln GRUR 1992, 476, 477f.; OLG Hamm WRP 2002, 472; *Köhler*/Bornkamm § 12 Rdn. 6.17; *König* WRP 2002, 404f.; vgl. Ahrens/*Ahrens* Kap. 68 Rdn. 29.

[938] So aber OLG Frankfurt WRP 1980, 270, 271.

[939] LG Hamburg MD VSW 2003, 932, 933f.; vgl. auch OLG Nürnberg MD VSW 2006, 629ff.

[940] BGH GRUR 1991, 159 – *Zwangsvollstreckungseinstellung;* GRUR 1992, 65 – *Fehlender Vollstreckungsschutzantrag.*

[941] BGH GRUR 1991, 943 – *Einstellungsbegründung.*

antrag gestellt worden ist, nicht zwingend.[942] Die einstweilige Einstellung setzt voraus, dass eine **zulässige Berufung** vorliegt. Dazu gehört auch eine Berufungsbegründung. Vor der Entscheidung ist dem Kläger rechtliches Gehör zu gewähren. Erforderlichenfalls kann die Zwangsvollstreckung zunächst bis zur Entscheidung über den Einstellungsantrag eingestellt werden. Gegen die Entscheidung findet grundsätzlich **keine Anfechtung** statt (§ 707 Abs. 2 ZPO).

341 Bei **einstweiligen Verfügungen** kommt eine einstweilige Einstellung (§§ 936, 924 Abs. 3 bzw. 719 ZPO) **regelmäßig nicht in Betracht;**[943] denn es widerspricht dem Sinn und Zweck der einstweiligen Verfügung, die Zwangsvollstreckung einstweilen wieder einzustellen. Ausnahmsweise kann es dann anders sein, wenn die einstweilige Verfügung mit hoher Wahrscheinlichkeit aufzuheben ist.[944] Das kommt etwa in Betracht, wenn die Vollziehungsfrist versäumt worden ist oder wenn der Antragsgegner mit der Widerspruchs- bzw. Berufungsbegründung neue Glaubhaftmachungsmittel vorlegt.[945]

8. Kosten

342 Für die **Kostenentscheidung** gelten die §§ 91 bis 93, 95 bis 100 ZPO entsprechend (§ 891 Satz 3 ZPO). Bei **Rücknahme** des Antrages ist § 269 Abs. 3 ZPO entsprechend anwendbar.

343 Ein **teilweises Unterliegen** liegt vor, wenn der Gläubiger einen festen Betrag oder einen Mindestbetrag des festzusetzenden Ordnungsgeldes nennt und das Gericht unter diesem Betrag bleibt.[946] Erreicht der Schuldner mit der Beschwerde lediglich eine Herabsetzung des Ordnungsgeldes und hatte der Gläubiger in erster Instanz nur ein angemessenes Ordnungsgeld begehrt, so ist es nicht angemessen, die Kosten des Beschwerdeverfahrens im Verhältnis zwischen Festsetzung erster und zweiter Instanz zu verteilen; denn dem Grunde nach verbleibt es bei der Festsetzung eines Ordnungsmittels. Ist der Unterschied nur gering, greift § 92 Abs. 2 ZPO ein; anderenfalls hat der Gläubiger, da die Beschwerde zum Teil Erfolg hat, einen angemessenen Teil der Kosten des Beschwerdeverfahrens zu tragen.[947] Das gilt vor allem, wenn er wie meist Zurückweisung der Beschwerde des Schuldners beantragt und sogar ausdrücklich die Höhe des in erster Instanz festgesetzten Ordnungsgeldes verteidigt.

9. Verjährung

344 Die **Verjährung** richtet sich **nicht nach § 11,** sondern nach der **Sonderregelung in Art 9 EGStGB.** Für die Verfolgungsverjährung gilt Art 9 Abs. 1 EGStGB. Danach dürfen Ordnungsmittel zwei Jahre nach Beendigung der Zuwiderhandlung[948] nicht mehr festgesetzt werden. Der Lauf der Verfolgungsverjährung endet mit der Festsetzung eines Ordnungsmittels, auch wenn diese noch nicht rechtskräftig ist.[949] Die Vollstreckungsverjährung richtet sich nach Art 9 Abs. 2 EGStGB. Danach ist zwei Jahre nach Beginn der Vollstreckbarkeit eines – auch nicht rechtskräftigen – Festsetzungsbeschlusses, d. h. nach Zustellung, die Vollstreckung ausgeschlossen. In beiden Fällen kommt eine Hemmung der Verjährung nicht in Betracht.[950]

II. Sonstige Titel

1. Vertretbare Handlungen

345 Die Vollstreckung eines Gebotstitels, der auf eine vertretbare Handlung gerichtet ist, richtet sich nach **§ 887 ZPO.** Die Abgrenzung zwischen vertretbaren und unvertretbaren Handlungen[951] ist in

---

[942] OLG Hamburg GRUR-RR 2013, 408 LS; *Zöller/Herget* § 719 ZPO Rdn. 3; Ahrens/*Singer* Kap. 31 Rdn. 10; a. M. OLG Frankfurt GRUR 1989, 373.

[943] OLG Koblenz WRP 1990, 366 f.; OLG Nürnberg WRP 2002, 345, 346.

[944] Ahrens/*Singer* Kap. 54 Rdn. 1 f.; Teplitzky/*Feddersen* Kap. 57 Rdn. 44.

[945] Zu § 531 ZPO vgl. *Berneke,* Neues Vorbringen im Berufungsverfahren zu Arrest und einstweiliger Verfügung, in: FS Tilmann, 2003, S. 755, 763 ff.

[946] BGH GRUR 2015, 511, 512 – *Kostenquote bei beziffertem Ordnungsmittelantrag;* OLG Köln MD VSW 2013, 744 LS; OLG Frankfurt GRUR-RR 2016, 48.

[947] Vgl. aber OLG Hamm WRP 1980, 91; OLG Köln WRP 1987, 569, 570; MD VSW 2000, 747, 748.

[948] Vgl. dazu BGH NJW-RR 2007, 863, 864 – *Verfolgungsverjährung von Ordnungsmitteln;* OLG Hamburg MD VSW 2010, 312, 313 f. (betr. „Dauerunterlassen" organisatorischer Maßnahmen).

[949] BGH GRUR 2005, 269 f. – *Verfolgungsverjährung;* a. M. OLG Düsseldorf WRP 2002, 464, 465 f.; OLG Frankfurt MD VSW 2004, 391 f.; *König* WRP 2002, 404.

[950] OLG Düsseldorf WRP 2002, 464, 466; OLG Celle MD VSW 2012, 287, 290; Teplitzky/*Feddersen* Kap. 57 Rdn. 62.

[951] Vgl. etwa OLG Düsseldorf NJW-RR 1998, 1768, 1769.

Zweifelsfällen nach den berechtigten Interessen des Gläubigers vorzunehmen.[952] Der Unterschied ist deshalb von Bedeutung, weil die Zwangsvollstreckung gemäß § 887 ZPO durch Ersatzvornahme, die Zwangsvollstreckung gemäß § 888 ZPO durch Zwangsmittel erfolgt. Zu den vertretbaren Handlungen gehören etwa die Vernichtung von Gegenständen und die Beseitigung eines Werbeschildes. Der Vollstreckungsantrag muss die vorzunehmende Handlung genau bezeichnen.[953]

Ist die Handlung nur mit **Zustimmung eines Dritten** möglich, weil etwa ein Dritter Eigentü- **346**
mer des Werbeschildes ist, ist eine Vollstreckung nach § 887 ZPO nur mit seiner Zustimmung möglich; es genügt nicht, dass er zur Zustimmung verpflichtet ist.[954] Das Problem lässt sich am besten dadurch vermeiden, dass der Dritte zusammen mit dem Schuldner als Mitstörer[955] bzw. Teilnehmer gerichtlich auf Beseitigung in Anspruch genommen wird.

2. Unvertretbare Handlungen

Die Vollstreckung eines Gebotstitels, der auf eine unvertretbare Handlung gerichtet ist, erfolgt **347**
nach **§ 888 ZPO.** Der Gebotsbereich ist erforderlichenfalls durch Auslegung zu ermitteln.[956] Zu den unvertretbaren Handlungen gehören vor allem **Auskunft und Rechnungslegung.**[957] Das folgt daraus, dass der Schuldner unter den Voraussetzungen der §§ 259, 260 BGB verpflichtet ist, die Richtigkeit seiner Auskunft oder Rechnungslegung an Eides Statt zu versichern. Da diese eidesstattliche Versicherung auf jeden Fall eine unvertretbare Handlung ist, gilt das auch für die zuvor geschuldete Auskunft/Rechnungslegung; diese betrifft auch ihre Vollständigkeit, wozu letztlich allein der Schuldner etwas sagen kann. Der Schuldner muss zur Vornahme tatsächlich und rechtlich in der Lage sein. Hängt das von der Mitwirkung eines Dritten ab, muss er alle ihm zustehenden tatsächlichen und rechtlichen Möglichkeiten ausschöpfen, um den Dritten zu einer Mitwirkung zu bewegen, erforderlichenfalls im Rechtswege.[958] Sind eine juristische Person und zugleich ihr Organ zur Auskunft verurteilt worden, kann – anders als beim Ordnungsgeld nach § 890 ZPO (vgl. Rdn. 319) – gegen beide ein Zwangsgeld festgesetzt werden.[959]

Weitgehend wird die Auskunft/Rechnungslegung allerdings an Hand von geschäftlichen Unter- **348**
lagen erteilt, die auch ein Dritter wie etwa ein Wirtschaftprüfer einsehen könnte. Daher wird vertreten, dass der Gläubiger in geeigneten Fällen ausnahmsweise auch gemäß § 887 ZPO vollstrecken kann, wenn er sich mit der Auswertung der **vorhandenen, im Geschäftsbetrieb befindlichen Unterlagen** begnügen will.[960] Das hat für ihn den großen Vorteil, dass er sich zur Ersatzvornahme nach § 887 Abs. 1 ZPO durch Einsicht in die Bücher des Schuldners eines sachkundigen Wirtschaftsprüfers bedienen kann, während nach § 888 ZPO nur Zwangsmittel in Betracht kommen. In der Regel wird dem jedoch das überwiegende berechtigte Interesse des Schuldners entgegenstehen. Dieses geht dahin, die Einsicht in seine Bücher keinem Außenstehenden zu ermöglichen, der dabei zwangsläufig Kenntnisse und Kontrollmöglichkeiten erlangen könnte, die über die geschuldete Auskunft/Rechnungslegung hinausgehen. Dem könnte auch nicht immer damit begegnet werden, dass der Wirtschaftsprüfer insoweit zur Vertraulichkeit verpflichtet wird. Eine solche Möglichkeit scheidet aus, wenn der Gläubiger lediglich eine Ergänzung der Auskunft verlangt. Die Einsicht in die Bücher könnte dann dazu dienen, die Richtigkeit der bisherigen Auskunft zu überprüfen. Dazu dient der ergänzende Auskunftsanspruch aber nicht.

Soweit der Schuldner zum **Widerruf** (von Tatsachenbehauptungen) verpflichtet ist, besteht Streit **349**
darüber, ob die Vollstreckung nach § 888 ZPO oder entsprechend § 894 ZPO erfolgt.[961] Da die Widerrufserklärung im Titel vorformuliert sein muss und dort außerdem der oder die Empfänger

---

952 Teplitzky/*Löffler* Kap. 58 Rdn. 8.

953 OLG Stuttgart NJW-RR 1999, 792 f.

954 *Köhler*/Bornkamm § 12 Rdn. 6.21; Teplitzky/*Löffler* Kap. 58 Rdn. 15; a. M. OLG Koblenz WRP 1982, 427.

955 Teplitzky/*Löffler* Kap. 58 Rdn. 16.

956 Beispiel: OLG Köln GRUR 2000, 920.

957 BGH GRUR 2009, 795, 796 ff. – *Auskunft über Tintenpatronen;* GRUR 2015, 1248 – *Tonerkartuschen.*

958 BGH GRUR 2009, 795, 797 – *Auskunft über Tintenpatronen;* OLG Düsseldorf GRUR-RR 2013, 273, 274 f. (patentverletzende Benutzungshandlungen eines Tochterunternehmens).

959 OLG Frankfurt GRUR-RR 2015, 408.

960 So LG Hamburg, Beschluss vom 8. Mai 2002 (Az. 312 O 619/99). Während des Beschwerdeverfahrens ist das Vollstreckungsverfahren anderweitig mitverglichen worden. Wie LG Hamburg: *Stein/Jonas/Brehm* § 887 ZPO Rdn. 7, 15; vgl. auch MünchKommZPO/*Gruber* § 887 ZPO Rdn. 14, 46 „Auskunftserteilung" (ausnahmsweise); *Ingerl/Rohnke* § 19 MarkenG Rdn. 51.

961 § 888 ZPO: OLG Frankfurt GRUR 1993, 697 f. für kreditschädigenden Äußerungen; Köhler/*Bornkamm* § 8 Rdn. 1.109; Teplitzky/*Löffler* Kap. 26 Rdn. 16; § 894: OLG Frankfurt NJW 1982, 113; OLG Hamm NJW-RR 1992, 634, 635 ff.; offengelassen in BGH GRUR 1977, 674, 677 – *Abgeordnetenbestechung.*

der Erklärung angegeben sein müssen (Rdn. 140), ist § 894 ZPO entsprechend anzuwenden. Dem steht wie bei Willenserklärungen nicht entgegen, dass erst die Rechtskraft abzuwarten ist. Das hat den Vorteil, dass ein Widerruf auf Grund eines nur vorläufig vollstreckbaren Titels, der später wieder aufgehoben wird, vermieden wird.

350 Bis zur Rechtskraft des Beschlusses kann der Schuldner im Festsetzungsverfahren – auch mit einer Klage nach § 767 ZPO[962] – den **Einwand der Erfüllung** erheben.[963] Nach Beendigung des Verfahrens ist das nur noch mit einer Klage nach § 767 ZPO möglich.[964] Im Vollstreckungsverfahren wird demgemäß häufig darüber gestritten, ob der Schuldner seine Pflicht zur Auskunft/Rechnungslegung erfüllt hat. In vielen Fällen hat er zumindest teilweise erfüllt. In einem derartigen Falle ist im Vollstreckungsantrag und dann im Zwangsmittelbeschluss so genau wie möglich anzugeben, welche konkreten Angaben dem Gläubiger noch fehlen, damit der Schuldner weiß, was nach Auffassung des Gläubigers und nach der des Gerichts noch anzugeben ist, und die noch fehlenden Angaben nachliefern kann. Am besten ist es in solchen Fällen, dass das Gericht das Verfahren steuert, indem es vor seiner Entscheidung den Schuldner konkret zur Ergänzung der Auskunft/Rechnungslegung anhält. Für den Gläubiger ist das kein Nachteil. Auf diese Weise erhält er die fehlenden Angaben meist schneller als durch eine Vollstreckung des Zwangsmittelbeschlusses. Kostennachteile hat er dadurch nicht; denn erfüllt der Schuldner während des Vollstreckungsverfahrens vollständig, muss der Gläubiger dieses für erledigt erklären, mit der Folge, dass der Schuldner gemäß § 91a ZPO die Kosten zu tragen hat.

351 Der Schuldner kann auch einwenden, dass ihm die geschuldete **Handlung unmöglich** (geworden) ist.[965] Es ist unvorstellbar, dass das Gericht den Schuldner zu einer Handlung anhalten könnte, die er nicht erbringen kann. Das gilt auch dann, wenn das Gericht, das den Titel erlassen hat, zu einem anderen Ergebnis gekommen war. Der Schuldner hat die Unmöglichkeit darzulegen und zu beweisen.[966] Kann er die Auskunft nicht ohne die Mitwirkung eines Dritten erteilen, so hat er alle zumutbaren Maßnahmen zu ergreifen, um sich die benötigten Kenntnisse zu verschaffen.[967]

352 **Nach Rechtskraft des Zwangsmittelbeschlusses** kommt im Hinblick auf nachträglich entstandene Einwendungen weiterhin die **Vollstreckungsgegenklage** gemäß § 767 ZPO in Betracht, bei einer Auskunftsverfügung auch der **Aufhebungsantrag** gemäß § 927 ZPO. – Sonstige Einwendungen gegen den titulierten Anspruch sind ebenso wie im Rahmen des § 890 ZPO (Rdn. 287) nicht zulässig.[968]

3. Abgabe von Willenserklärungen

353 Im Wettbewerbsprozess gehört dazu vor allem die Einwilligung zur Löschung der Eintragung in einem Register. Zum Widerruf vgl. Rdn. 349.

§ 12 Anspruchsdurchsetzung, Veröffentlichungsbefugnis, Streitwertminderung

(1) [1]**Die zur Geltendmachung eines Unterlassungsanspruchs Berechtigten sollen den Schuldner vor der Einleitung eines gerichtlichen Verfahrens abmahnen und ihm Gelegenheit geben, den Streit durch Abgabe einer mit einer angemessenen Vertragsstrafe bewehrten Unterlassungsverpflichtung beizulegen.** [2]**Soweit die Abmahnung berechtigt ist, kann der Ersatz der erforderlichen Aufwendungen verlangt werden.**

(2) **Zur Sicherung der in diesem Gesetz bezeichneten Ansprüche auf Unterlassung können einstweilige Verfügungen auch ohne die Darlegung und Glaubhaftmachung der in den §§ 935 und 940 der Zivilprozessordnung bezeichneten Voraussetzungen erlassen werden.**

(3) [1]**Ist auf Grund dieses Gesetzes Klage auf Unterlassung erhoben worden, so kann das Gericht der obsiegenden Partei die Befugnis zusprechen, das Urteil auf Kosten der unterliegenden Partei öffentlich bekannt zu machen, wenn sie ein berechtigtes Interesse dartut.** [2]**Art und Umfang der Bekanntmachung werden im Urteil bestimmt.** [3]**Die Be-**

[962] BGH GRUR 2006, 587, 589 – *Noblesse;* vgl. dazu *Zöller/Stöber* § 888 ZPO Rdn. 11.
[963] BGH NJW-RR 2013, 1336 f. – *Anwaltssozietätsvertrag* (Zwangsvollstreckung gemäß § 888 ZPO aus einem Schiedsspruch); GRUR 2015, 1248 f. – *Tonerkartuschen.*
[964] Teplitzky/*Löffler* Kap. 58 Rdn. 13c.
[965] OLG Düsseldorf GRUR-RR 2013, 273, 274 f.
[966] A. M. OLG Hamm NJW-RR 1988, 1087, 1088; *Zöller/Stöber* § 888 ZPO Rdn. 11.
[967] OLG Köln GRUR-RR 2006, 31 f.
[968] OLG Köln GRUR 2000, 920.

fugnis erlischt, wenn von ihr nicht innerhalb von drei Monaten nach Eintritt der Rechtskraft Gebrauch gemacht worden ist. [4]Der Ausspruch nach Satz 1 ist nicht vorläufig vollstreckbar.

(4) **Bei der Bemessung des Streitwerts für Ansprüche nach § 8 Abs. 1 ist es wertmindernd zu berücksichtigen, wenn die Sache nach Art und Umfang einfach gelagert ist oder wenn die Belastung einer der Parteien mit den Prozesskosten nach dem vollen Streitwert angesichts ihrer Vermögens- und Einkommensverhältnisse nicht tragbar erscheint.**

Inhaltsübersicht

	Rdn.
A. Überblick	1
B. Abmahnung und Unterwerfung	2
I. Einführung in die Abmahnung	2
II. Zweck und Rechtsnatur der Abmahnung	3
III. Entbehrlichkeit der Abmahnung	6
1. Allgemeines	6
2. Fehlende Aussicht auf Erfolg	8
3. Unzumutbarkeit	15
IV. Voraussetzungen der wirksamen Abmahnung	20
1. Abmahnbefugnis	20
2. Form	21
3. Zugang	23
a) Erforderlichkeit	23
b) Beweislast	28
4. Vertretung	31
5. Inhalt	35
a) Angabe der Parteien	36
b) Vorwurf wettbewerbswidrigen Verhaltens	39
c) Verlangen einer Unterwerfungserklärung	43
d) Fristsetzung	47
aa) Angemessenheit der Frist	47
bb) Fristwahrung	55
cc) Fristüberschreitung	58
e) Androhung gerichtlicher Schritte	61
6. Auslegung	62
V. Rechtsfolgen der berechtigten Abmahnung	63
1. Kostenfolge bei sofortigem Anerkenntnis	63
2. Beweislast	65
3. Abmahnverhältnis	67
a) Rechtsgrundlage	67
b) Pflichten des Abgemahnten	70
c) Pflichten des Abmahners	75
4. Kosten der Abmahnung	77
a) Anspruch aus § 12 Abs. 1 Satz 2	77
aa) Allgemeines	78
bb) Voraussetzungen	80
cc) Erforderlichkeit der Aufwendungen	84
dd) Durchsetzung	87
ee) Verjährung	89
b) Erstattung aus §§ 683 Satz 1, 677, 670 BGB	90
aa) Anspruchsberechtigung	90
bb) Voraussetzungen	91
cc) Inhalt des Anspruchs	98
dd) Durchsetzung	99
ee) Verjährung	100
c) Erstattung als Schadensersatz	101
VI. Unbegründete Abmahnung	104
1. Allgemeines	104
2. Rechtsfolgen	106
a) Unterlassungs- und Beseitigungsanspruch	107
b) Schadensersatzanspruch	109
3. Gegenabmahnung	111
a) Begriff	111
b) Rechtsfolgen	112

Rdn.
4. Feststellungsklage ... 113
VII. Einführung in die Unterwerfung ... 114
VIII. Unterlassungsvertrag ... 120
1. Rechtsnatur ... 120
2. Zustandekommen ... 124
a) Allgemeines ... 124
aa) Angebot des Gläubigers ... 125
bb) Angebot des Schuldners ... 128
b) Form ... 130
c) Handeln von Vertretern ... 134
d) Prozessvergleich ... 135
3. Inhalt ... 136
a) Allgemeines ... 136
b) Auslegung ... 142
aa) Allgemeines ... 142
bb) Konkrete Verletzungsform ... 145
c) Nebenpflichten ... 150
4. Wirksamkeit ... 151
a) Abschluss des Vertrages ... 151
aa) Kartellrecht ... 151
bb) AGB-Inhaltskontrolle ... 152
cc) Fehlen der Klagebefugnis ... 153
dd) Fehlen eines Wettbewerbsverstoßes ... 154
b) Beendigung des Vertrages ... 156
aa) Kartellrecht ... 156
bb) Wegfall der Klagebefugnis ... 157
cc) Wegfall eines Wettbewerbsverstoßes ... 162
dd) Aufgabe des Geschäftsbetriebes durch den Schuldner ... 169
5. Wegfall der Wiederholungsgefahr ... 170
6. Auswirkungen auf die gesetzlichen Ansprüche ... 173
a) Unterlassungsanspruch ... 173
b) Sonstige Ansprüche ... 177
7. Rechtsnachfolge ... 178
a) Rechtsnachfolge auf Seiten des Gläubigers ... 178
b) Rechtsnachfolge auf Seiten des Schuldners ... 179
aa) Vertragliche Rechtsnachfolge ... 179
bb) Gesetzlicher Schuldbeitritt ... 180
8. Zuwiderhandlung ... 185
a) Allgemeines ... 185
b) Vertretenmüssen ... 188
c) Beweislast ... 190
d) Rechtsfolgen ... 191
aa) Unterlassungs- und Beseitigungsanspruch ... 191
bb) Sonstige Ansprüche ... 192
IX. Vertragsstrafenabrede ... 193
1. Allgemeines ... 193
2. Wirksamkeit ... 194
3. Inhalt ... 195
a) Allgemeines ... 195
b) Höhe der Vertragsstrafe ... 197
aa) Fester Betrag ... 198
bb) „Hamburger Brauch" ... 202
c) Auslegung ... 207
4. Prozessvergleich ... 211
5. Verwirkung der Vertragsstrafe ... 214
a) Zuwiderhandlung ... 214
b) Mehrere Zuwiderhandlungen ... 215
aa) Allgemeines ... 215
bb) Auslegung des Vertrages ... 217
cc) Beispiele ... 222
c) Verschulden ... 224
6. Einwendungen und Einreden ... 225
a) Rechtsmissbrauch ... 225
aa) Allgemeines ... 225
bb) Verleitung zum Verstoß ... 226
cc) Unclean hands ... 227

Rdn.
dd) Unterlassenes Eingreifen ... 228
ee) Kein Schaden des Gläubigers ... 232
b) Verjährung und Verwirkung ... 233
7. Höhe der Vertragsstrafe ... 235
a) Festsetzung ... 235
b) Herabsetzung ... 239
aa) §§ 315 Abs. 3, 319 BGB ... 239
bb) § 343 Abs. 1 BGB ... 240
cc) § 242 BGB ... 242
8. Vertragsstrafe und Ordnungsgeld ... 243
9. Vertragsstrafe und Schadensersatz ... 244
C. Einstweilige Verfügung ... 245
I. Der einstweilige Rechtsschutz als Ausprägung der Rechtsweggarantie ... 245
II. Die gesetzlichen Regelungen ... 247
1. Zivilrecht ... 247
2. Verwaltungsrecht ... 254
3. Verfassungsrecht ... 257
4. Verfahren ohne Regelung des einstweiligen Rechtsschutzes ... 258
5. TRIPS ... 259
6. Durchsetzungsrichtlinie ... 260
7. Richtlinie über unlautere Geschäftspraktiken ... 260a
III. Arten von einstweiligen Verfügungen ... 261
1. Sicherungs- und Regelungsverfügung ... 261
2. Leistungs-/Befriedigungsverfügung ... 263
IV. Inhalt von einstweiligen Verfügungen ... 264
1. Unterlassung ... 264
2. Belieferungsansprüche ... 267
3. Beseitigung ... 268
4. Auskunft/Drittauskunft ... 276
5. Abgabe einer Willenserklärung ... 281
6. Feststellung ... 283
7. Maßnahmen zur Beweissicherung, Besichtigung ... 284
8. Maßnahmen zur Beeinflussung gerichtlicher oder behördlicher Verfahren ... 286
V. Streitgegenstand des Verfügungsverfahrens – Verhältnis zum Hauptsacheverfahren ... 287
1. Streitgegenstand des Verfügungsverfahrens ... 287
2. Verhältnis zum Hauptsacheverfahren ... 288
VI. Verfügungsgrund – Bedeutung des § 12 Abs. 2 ... 299
1. Verfügungsgrund als Zulässigkeitsvoraussetzung ... 299
2. Bedeutung des § 12 Abs. 2 UWG ... 301
3. Widerlegung der Vermutung ... 304
a) Dringlichkeitsfrist ... 305
b) Fristbeginn ... 308
c) Einzelfragen ... 320
aa) Unterlassenes Vorgehen gegen gleichartige Verstöße Dritter ... 320
bb) Sonstige Verhaltensweisen ... 321
cc) Dringlichkeit ... 326
dd) Verhalten im Rechtsmittelverfahren ... 327
d) „Wiederaufleben" der Dringlichkeit ... 331
e) Zeitgebundene Ereignisse ... 333
4. Anwendungsbereich von § 12 Abs. 2 ... 334
VII. Eignung der Verfahrensart – Rechtsschutzbedürfnis ... 343
VIII. Zuständigkeit ... 351
1. Gericht der Hauptsache ... 351
2. Amtsgericht der belegenen Sache ... 362
3. Zuständigkeit des Berufungsgerichts ... 363
4. Verweisung ... 364
a) Örtliche/sachliche Unzuständigkeit ... 364
b) Rechtswegverweisung ... 366
IX. Der Verfügungsantrag: § 920 Abs. 1, § 253 Abs. 2 Nr. 2 – § 938 ZPO ... 367
1. Bestimmtheitserfordernis ... 367
2. Bindung an den Antrag ... 368
3. Rechtshängigkeit ... 369
X. Entscheidung durch Beschluss ... 374
1. Bedeutung des § 937 Abs. 2 ZPO ... 374

Rdn.
2. Stattgebende Entscheidung durch Beschluss ... 380
a) Inhalt ... 380
b) Zustellung ... 391
3. Zurückweisung durch Beschluss ... 392
4. Entscheidung durch den Vorsitzenden ... 398
XI. Entscheidung aufgrund mündlicher Verhandlung ... 400
1. Anordnung der mündlichen Verhandlung ... 400
2. Durchführung der mündlichen Verhandlung ... 402
3. Entscheidung ... 403
XII. Rechtskraftwirkungen ... 404
1. Formelle Rechtskraft ... 404
2. Materielle Rechtskraft ... 405
a) Ablehnende Entscheidungen ... 405
aa) Zurückweisung als unzulässig ... 405
bb) Zurückweisung aus sachlichen Gründen ... 406
b) Stattgebende Urteile ... 407
c) Beschränkung ... 408
XIII. Verjährung ... 409
XIV. Verfahrensgrundsätze ... 415
1. Verfahrensbeschleunigung ... 415
2. Glaubhaftmachung ... 416
a) Beweismaß ... 416
b) Glaubhaftmachungslast ... 417
c) Glaubhaftmachungsmittel ... 423
aa) Zeugen ... 424
bb) Parteienvernahme ... 425
cc) Urkunden, Schriftstücke, Augenscheinobjekte ... 426
dd) Akten ... 427
ee) Schriftliche Erklärungen ... 428
ff) Gutachten, Umfragen ... 432
gg) Amtliche Auskunft ... 433
3. Umfang der rechtlichen Prüfung ... 434
a) Prüfungsmaßstab ... 434
b) Anwendung ausländischen Rechts ... 435
4. Einzelfragen ... 439
a) Anwaltliche Vertretung ... 439
b) Fristen ... 440
c) Schriftsatzfristen ... 441
d) Vertragung ... 442
e) Wiedereröffnung der mündlichen Verhandlung ... 443
f) Aussetzung ... 444
g) Hinweispflicht ... 449
h) Erledigung der „Hauptsache“ ... 450
i) Antragsänderung, -erweiterung ... 457
j) Parteiwechsel, Parteierweiterung ... 459
k) Antragsrücknahme ... 460
l) Gegenverfügung ... 461
m) Einrede der Prozesskostensicherheit ... 462
n) Prozesskostenhilfe ... 465a
XV Aufhebung gegen Sicherheitsleistung ... 466
XVI. Widerspruch ... 467
1. Statthaftigkeit ... 467
2. Frist ... 469
3. Zuständigkeit ... 470
4. Form ... 471
5. Begründung ... 472
6. Mündliche Verhandlung ... 473
a) Prüfungsumfang ... 474
b) Aufhebende Entscheidung ... 476
7. Einstellung der Zwangsvollstreckung ... 477
8. Aufforderung zum Verzicht ... 479
9. Kostenwiderspruch ... 480
a) Begriff ... 480
b) Rechtsfolge ... 482
c) Entscheidung ... 485
d) Rechtsmittel ... 486

Rdn.

10. „Unterwerfungswiderspruch" 488
11. Rechtfertigungsverfahren 490

XVII. Berufungsverfahren 494
1. Statthaftigkeit 494
2. Verfahren 495
3. Einstweilige Einstellung der Zwangsvollstreckung 497
4. Berufungsgründe 499
5. Entscheidung 502

XVIII. Revision/Rechtsbeschwerde/Gegenvorstellung/Verfassungsbeschwerde 503
1. Revision 503
2. Rechtsbeschwerde 505
3. Anhörungsrüge, § 321a ZPO 506
4. Verfassungsbeschwerde 507

XIX. Vollziehung der einstweiligen Verfügung 508
1. Vollziehungserfordernis 508
2. Fristbeginn 516
3. Form der Vollziehung 519
a) Unterlassungsverfügung 520
b) Duldungsverfügung 540
c) Beseitigungsverfügung 541
d) Auskunft 542
e) Herausgabe, Sequestration 543
f) Abgabe von Willenserklärungen 544

XX. Anordnung der Klageerhebung 545
1. Allgemeines 545
2. Verhältnis zu anderen Rechtsbehelfen 546
3. Fristsetzung zur Erhebung der Hauptsacheklage 547
a) Antrag 547
b) Entscheidung 554
c) Rechtsbehelfe 556
4. Aufhebungsverfahren (§ 926 Abs. 2 ZPO) 557
a) Zuständiges Gericht 557
b) Form 558
c) Streitgegenstand 559
d) Entscheidung, Kosten 566
e) Einstweilige Einstellung der Zwangsvollstreckung 568
f) Berufung 569
g) Haftung 570
h) Streitwert 571

XXI. Aufhebung veränderter Umstände 572
1. Verhältnis zu anderen Rechtsbehelfen 572
2. Zuständigkeit 574
3. Zulässigkeit 575
4. Streitgegenstand 579
5. Entscheidung 580
a) Mündliche Verhandlung 580
b) Veränderte Umstände 581
aa) Wegfall des Verfügungsanspruchs 582
bb) Nachschieben/Auswechseln von Gründen 587
cc) Wegfall des Verfügungsgrundes 588
c) Kostenentscheidung 593
d) Einstweilige Einstellung der Zwangsvollstreckung 602
e) Erledigungserklärung, Antragsrücknahme 603
f) Haftung 604
e) Streitwert 605

XXII. Schutzschrift 606
1. Allgemeines 606
2. Form und Inhalt 610
3. Adressat der Schutzschrift 613
a) Gericht 613
b) Zentrales Schutzschriftenregister (ZSR) 613a
4. Behandlung der Schutzschrift bei Gericht 614
5. Kosten der Schutzschrift 625
a) Erstattungsanspruch 625
b) Kostenerstattung 626
c) Erstattungsfähige Kosten 630

Rdn.
XXIII. Abschlussschreiben und Abschlusserklärung 634
1. Begriff und Funktion 634
2. Abschlusserklärung 635
a) Inhalt 635
b) Adressat 643
c) Umfang 644
d) Form 645
e) Zugangsbedürftigkeit 646
f) Wirkung 647
g) Beseitigung der Wirkungen 651
3. Abschlussschreiben 652
a) Form 653
b) Inhalt 654
c) Adressat 657
d) Entbehrlichkeit, erneutes Abschlussschreiben 658
e) Zugangsbedürftigkeit 661
f) Kosten des Abschlussschreibens 662
XXIV. Schadensersatzpflicht nach § 945 ZPO 667
1. Allgemeines 667
2. Anwendungsbereich 668
3. Anspruchsberechtigter/Anspruchsverpflichteter 670
4. § 945 1. Alt. ZPO – Haftung wegen ungerechtfertigter Anordnung der einstweiligen Verfügung 672
a) Von Anfang an bestehende Unbegründetheit 672
aa) Nichtbestehen eines Verfügungsanspruchs 673
bb) Nichtbestehen eines Verfügungsgrundes 674
cc) Fehlende Glaubhaftmachung 675
dd) Fehlen sonstiger Prozessvoraussetzungen 676
b) Prüfungsmaßstab 677
c) Bindungswirkungen 683
5. § 945 2. Alt. ZPO: Aufhebung § 926 Abs. 2 690
6. § 945 3. Alt. ZPO: Aufhebung nach § 942 Abs. 3 691
7. Schaden 692
a) Abgrenzung des Vollziehungsschadens zum Anwendungsschaden 693
b) Vollziehungsschaden 697
c) Ersatzfähiger Schaden 700
d) Vollziehungsabwendungsschaden 707
8. Durchsetzung des Anspruchs 708
D. Veröffentlichungsbefugnis (§ 12 Abs. 3) 714
I. Entstehungsgeschichte und frühere Rechtslage 714
II. Vergleichbare Regelungen 715
1. Strafurteile 716
2. Zivilurteile 717
III. Bekanntmachung von Zivilurteilen (§ 12 Abs. 3) 724
1. Rechtsnatur und Abgrenzung zu anderen Ansprüchen 724
a) Rechtsnatur 724
b) Abgrenzung 727
2. Anwendungsbereich 732
a) Geltung nur für UWG-Ansprüche 732
b) Klage auf Unterlassung 734
c) Gegenstand der Bekanntmachung 736
d) Bekanntmachung nicht mehr im Wege der einstweiligen Verfügung 737
3. Voraussetzungen 740
a) Darlegung eines berechtigten Interesses 740
b) Interessenabwägung 753
4. Art und Umfang der Bekanntmachung (§ 12 Abs. 3 Satz 2) 760
a) Umfang 760
b) Art der Bekanntmachung 766
5. § 12 Abs. 3 Satz 4 767
6. Kosten 770
7. Frist (§ 12 Abs. 3 Satz 3) 771
8. Einzelfragen 772
IV. Materiellrechtlicher Veröffentlichungsanspruch 776
1. Verhältnis zu § 12 Abs. 3 776
2. Voraussetzungen 777
3. Kosten 778

Rdn.
4. Veröffentlichung vor Rechts-kraft? ... 779
5. Einstweilige Verfügung ... 780
E. Bemessung des Streitwerts (§ 12 Abs. 4, 5/§ 51 GKG) ... 781
I. Gang der Darstellung ... 781
II. Verschiedene Arten von Streitwerten ... 782
1. Zuständigkeitsstreitwert ... 783
2. Gebührenstreitwert ... 784
3. Rechtsmittelstreitwert ... 785
4. Verhältnis von Streitwert zur Beschwer ... 789
5. Sicherheitsleistung (§ 709 ZPO) ... 792
III. Streitwertfestsetzungsverfahren ... 793
1. Festsetzung des Gebührenstreitwerts ... 793
a) Vorläufige Festsetzung ... 793
b) Festsetzung des „endgültigen" Streitwerts ... 795
c) Streitwertbeschwerde ... 800
2. Festsetzung des Zuständigkeitsstreitwerts ... 814
IV. Streitwertschätzung ... 815
1. Ausgangslage ... 815
2. Kriterien der Bewertung ... 816
a) Überblick ... 816
b) Prinzip des Angreiferinteresses ... 818
c) Streitwertangaben der Parteien ... 821
d) Regelstreitwerte ... 824
e) § 51 Abs. 3 Satz 2 GKG: Auffangstreitwert 1000 € ... 825
3. Streitwert der Unterlassungsklage ... 826
a) Zukunftsorientiertheit ... 826
b) Unterlassungsanspruch des Mitbewerbers (§ 8 Abs. 3 Nr. 1) ... 827
c) Klagen von Mitbewerbern im Sinne von § 13 Abs. 2 Nr. 1 UWG a. F. . 832
d) Verbandsklagen (§ 8 Abs. 3 Nr. 2 bis 4) ... 833
4. Streitwert des einstweiligen Verfügungsverfahrens ... 841
a) Abhängigkeit vom Streitwert der Hauptsache ... 841
b) Alte Rechtslage ... 842
c) Nebeneinander von Hauptsache- und Verfügungsverfahren ... 843
d) Rechtsprechungsübersicht ... 844
e) Widerspruchverfahren ... 863
f) Kostenwiderspruch ... 864
g) Aufhebungsverfahren ... 865
5. Klagehäufung ... 866
a) Objektive Klagehäufung ... 866
aa) Eventuelle Klagehäufung ... 868a
bb) Kumulative Klagehäufung ... 868b
b) Subjektive Klagehäufung ... 871
c) Widerklage ... 873
6. Feststellungsklage ... 874
7. Auskunft und Rechnungslegung ... 876
a) Auskunft ... 876
b) Rechnungslegung ... 880
c) Eidesstattliche Versicherung ... 881
d) Besichtigungsanspruch ... 881a
8. Beseitigungsklage ... 882
9. Ordnungsmittelandrohung, -verfahren (§ 890 ZPO) ... 884
a) Androhung ... 884
b) Ordnungsmittelverfahren ... 885
c) § 890 Abs. 3 ZPO ... 886
d) Rechtsprechungsübersicht ... 887
e) Beschwerdeverfahren ... 900
10. Einstweilige Einstellung der Zwangsvollstreckung ... 901
11. Erledigung der Hauptsache ... 902
12. Rechtswegstreitigkeiten ... 905
V. Streitwertbegünstigung (§ 12 Abs. 4 und 5) ... 906
1. Entstehungsgeschichte ... 906
2. Anwendungsbereich ... 908
3. Erhebliche Gefährdung ... 910
4. Glaubhaftmachung ... 912
5. Verfahren ... 913
6. Entscheidung ... 914

Rdn.

Anhang zu § 12

OLG Bamberg ... 917
Kammergericht Berlin ... 918
OLG Brandenburg ... 919
OLG Braunschweig ... 920
OLG Bremen ... 921
OLG Celle ... 922
OLG Dresden ... 923
LG Düsseldorf ... 924
OLG Frankfurt ... 925
OLG Hamburg ... 926
OLG Hamm ... 927
OLG Jena ... 928
OLG Karlsruhe ... 929
OLG Koblenz ... 930
OLG Köln ... 931
OLG München ... 932
OLG Naumburg ... 933
OLG Nürnberg ... 934
OLG Oldenburg ... 935
OLG Rostock ... 936
OLG Saarbrücken ... 937
OLG Schleswig ... 938
OLG Stuttgart ... 939
OLG Thüringen ... 940
OLG Zweibrücken ... 941

A. Überblick

1 Absatz 1 regelt das von der Rechtsprechung entwickelte Rechtsinstitut der **Abmahnung** und der **Unterwerfung** und sieht ausdrücklich einen Anspruch auf **Ersatz der erforderlichen Aufwendungen** vor, soweit die Abmahnung berechtigt ist (Abschnitt B/*Brüning*).

1a Absatz 2 entspricht inhaltlich der Sondervorschrift über **einstweilige Verfügungen,** die sich in § 25 UWG a. F. fand. Die Darstellung des Verfügungsverfahrens (Abschnitt C/*Retzer*) wird in einem Anhang zu Absatz 2 durch eine Übersicht über die Besonderheiten der OLG-Rechtsprechung – vornehmlich in der Frage der Dringlichkeit – ergänzt.

1b Absatz 3 betrifft die Befugnis der im Unterlassungsrechtsstreit obsiegenden Partei, das **Urteil** auf Kosten der unterliegenden Partei **öffentlich bekannt zu machen,** wenn sie ein berechtigtes Interesse dartut. Mit gewissen Änderungen knüpft diese Vorschrift an § 23 Abs. 2 und Abs. 3 UWG a. F. an (Abschnitt D/*Retzer/Tolkmitt*).

1c Absatz 4 regelt – ohne inhaltliche Neuerungen gegenüber § 23a UWG a. F. – die **Streitwertminderung für Unterlassungsansprüche.** Kommentiert werden in diesem Zusammenhang aber auch wesentlich allgemeinere Aspekte des **Streitwertrechts,** die Grundzüge des **Festsetzungs- und Beschwerdeverfahrens** sowie die für die Praxis wichtigen Fragen der **Streitwertbemessung** (Abschnitt E/*Retzer/Tolkmitt*).

B. Abmahnung und Unterwerfung

Schrifttum zur Abmahnung: *Anschewitz,* Kostentragung bei Sequestrationsverfügungen ohne vorherige Abmahnung, WRP 2012, 401; *Bärenfänger,* Der Kostenerstattungsanspruch aus Geschäftsführung ohne Auftrag im Kennzeichenrecht – eine Abrechnung, GRUR 2012, 461; *Bölling,* Wird die 1,5 Geschäftsgebühr zur Regelgebühr?, WRP 2012, 1214; *Borck,* Andere Ansichten in Kostenfragen, WRP 2001, 20; *ders.,* Zur Nachfragepflicht des Abmahnenden, WRP 2001, 238; *Buchmann,* Neuere Entwicklung im Recht der lauterkeitsrechtlichen Abmahnung, WRP 2012, 1345; *Busch,* Zurückweisung einer Abmahnung bei Nichtvorlage der Originalvollmacht nach § 174 S. 1 BGB?, GRUR 2006, 477; *Conrad,* Abgabe einer Unterlassungserklärung ohne Anerkennung einer Rechts- und Zahlungspflicht und Aufwendungsersatz, WRP 2001, 187; *ders.,* Der Zugang der Abmahnung, WRP 1998, 124; *ders.,* Die Abmahnung und der Vollmachtsnachweis, WRP 1998, 258; Einsiedler, Geschäftsführung ohne Auftrag bildet keine Anspruchsgrundlage für die Erstattung der Kosten wettbewerbsrechtlicher Abmahnschreiben und Abschlussschreiben, WRP 2003, 354; Gerstenberg, Zur (Gegen-)Abmahnung als Retourkutsche, WRP 2011, 1116; Goldmann, BGH beendet ein Ärgernis – Keine Zurückweisung einer Abmahnung ohne Vollmachtsnachweis analog § 174 Satz 1 BGB, GRUR-Prax 2010, 524; Günther/Beyerlein, Abmahnen nach dem RVG – Ein Gebühren-Eldorado?, WRP 2004, 1222; Günther, Zur Höhe der Geschäftsgebühr bei Abmahnungen im Wettbewerbsrecht, gewerblichen Rechtsschutz und Urheberrecht, WRP 2009, 118; *Heidenreich,* Zum Kostenerstattungsanspruch für eine wettbewerbsrechtliche Gegenabmahnung, WRP 2004, 660; *Heinz/Stillner,* Abmahnung ohne schriftliche Vollmacht, WRP 1993, 379; *Hess,* Unterwerfung als Anerkenntnis?, WRP 2003, 353; *ders.,* Aktuelles Wettbewerbsverfahrensrecht, WRP 2015, 317; *Jennewein,* Zur Erstattung von Abmahnkosten bei Verbänden, WRP 2000, 129; *Hewicker/Marquardt/Neurauter,* Abmahnkosten-Ersatzanspruch im Urheberrecht, NJW 2014, 2753; *Kircher,* Der Sequestrationsantrag im einstweiligen Rechtsschutz: Ausweg aus der Obliegenheit zur Abmahnung?, in: FS Schilling, 2007, 293; *Klein,* Hauptsacheverfahren oder Eilverfahren – worauf bezieht sich die Abmahnung?, GRUR 2012, 882; *Köhler,* „Abmahnverhältnis" und „Unterwerfungsverhältnis", in: FS Piper, 1996, 309; *ders.,* Zur Erstattungsfähigkeit von Abmahnkosten, in: FS Erdmann, 2003, 845; *Lindacher,* Der „Gegenschlag" des Abgemahnten, in: FS v. Gamm, 1990, 83; *von Linstow,* Die rechtsverletzende Titelschutzanzeige – ein vierstöckiger Hausbesitzer, FS Erdmann, 2002, 375; *Bernd Nordemann,* Die Erstattungsfähigkeit anwaltlicher Abmahnkosten bei Urheberrechtsverletzungen, WRP 2005, 184; *Nosch,* Die Abmahnung im Zivilrecht, Verlag C. H. Beck; *Ohrt,* „Procura necesse est" oder: Vollmachtsnachweis bei Abmahnschreiben und Kostenerstattung, WRP 2002, 1035; *Pabst,* Zur Frage der Erstattung von Abmahnkosten im Buchhandel, AfP 1998, 163; *Pfister,* Erfordernis des Vollstreckungsnachweises bei Abmahnschreiben, WRP 2002, 799; *Rehart,* Fiktive Abmahnkosten in einem anderen Licht, WRP 2009, 532; *Schmid,* Geschäftsführung ohne Auftrag als Anspruchsgrundlage für Kostenerstattung von wettbewerbsrechtlichen Abmahnungen?, GRUR 1999, 312; *ders.,* Sinn und Rechtsfolgen von Titelschutzanzeigen, in: FS Erdmann, 2002, 469; *Schmittmann,* Zur Problematik der wettbewerbsrechtlichen Abmahnung mittels Telefax, WRP 1994, 225; *Schulz,* Schubladenverfügung und die Kosten der nachgeschobenen Abmahnung, WRP 2007, 589; *Selke,* Erstattung von Rechtsanwaltskosten bei unberechtigter Abmahnung aus culpa in contrahendo, WRP 1999, 286; *Steiniger,* Abmahnung – auch bei notorischen Rechtsverletzern?, WRP 1999, 1195; *Teplitzky,* Die jüngste Rechtsprechung des BGH zum wettbewerbsrechtlichen Anspruchs- und Verfahrensrecht X, GRUR 2003, 272; *ders.,* Unterwerfung oder Unterlassungsurteil?, WRP 1996, 171; *ders.,* Die wettbewerbsrechtliche Unterwerfung heute – Neuere Entwicklungen eines alten Streitbereinigungsmittels, GRUR 1996, 696; *ders.,* Aktuelle Probleme der Abmahnung und Unterwerfung sowie des Verfahrens der einstweiligen Verfügung im Wettbewerbs- und Markenrecht, WRP 2005, 184; *ders.,* Die Regelung der Abmahnung in § 12 Abs. 1 UWG, ihre Reichweite und einige ihrer Folgen, FS Ullmann, 2006, 999; *ders.,* Abmahnung und Vollmachtsvorlage – Zum noch relevanten Rest des Meinungsstreits, WRP 2010, 1427; *Ulrich,* Die Aufklärungspflicht des Abgemahnten – Zur sinngemäßen Anwendung des § 93 ZPO zugunsten des Klägers/Antragstellers, WRP 1985, 117; *ders.,* Die Kosten der Abmahnung und die Aufklärungspflichten des Abgemahnten, WRP 1995, 282; *ders.,* Die vorprozessualen Informationspflichten des Anspruchsgegners in Wettbewerbssachen, ZIP 1990, 1377; *ders.,* Die Wettbewerbszentrale und das „Fotowettbewerb"-Urteil, WRP 1997, 918; *Ungewitter,* Die Verjährung des Aufwendungsanspruchs bei Abmahnungen, GRUR 2012, 697; *Weisert,* Rechtsprobleme der Schubladenverfügung, WRP 2007, 504.

Schrifttum zur Unterwerfung: *Ahrens,* Unterlassungsschuldnerschaft beim Wechsel des Unterlassungsinhabers, GRUR 1996, 518; *Aigner,* Beseitigung der Wiederholungsgefahr bei Abbedingung des § 348 HGB in der strafbewehrten Unterlassungserklärung, GRUR 2007, 950; *Bernreuther,* Zur Auslegung und Inhaltskontrolle von Vertragsstrafenvereinbarungen, GRUR 2003, 114; *ders.,* Zusammentreffen von Unterlassungserklärung und Antrag auf Erlass einer einstweiligen Verfügung, GRUR 2001, 400; *Borck,* Über unrichtig gewordene Unterlassungstitel und deren Behandlung, WRP 2000, 9; *Bornkamm,* Unterlassungstitel und Wiederholungsgefahr, in: FS Tilmann, 2003, S. 769; *Bürglen,* Streitwertgrenze zur Landgerichtsinstanz als Bemessungskriterium für ein angemessenes Vertragsstrafeversprechen, in: FS Erdmann, 2002, 785; *Doepner,* Wiederholungsgefahr – Ausräumung mit Drittwirkung, in FS Mes, 2009, 71; *Döring,* Die aufschiebend befristet abgegebene strafbewehrte nach einem Wettbewerbsverstoß, WRP 2007, 728; *Dornis/Förster,* Die Unterwerfung: Rechtsnatur und Rechtsnachfolge, GRUR 2006, 195; *D. Fischer,* Rechtsnatur und Funktion der Vertragsstrafe im Wettbewerbsrecht unter besonderer Berücksichtigung der höchstrichterlichen Rechtsprechung, in: FS Piper, 1996, 205; *Eichelberger,* Die Drittunterwerfung im Wettbewerbsrecht, WRP 2009, 270; *Engler,* Unterlassungs- und Vertragsstrafeansprüche von Wettbewerbsverbänden nach der Neuregelung ihres Klagerechts durch das Gesetz zur Änderung des UWG, NJW 1995, 2185; *Foerste,* Umschreibung des Unterlassungstitels bei Betriebserwerb, GRUR 1998, 450; *Fritzsche,* Unterlassungsanspruch und Unterlassungsklage, 2000; *Gottschalk,* Wie kann eine Unterlassungsvereinbarung erlöschen?, GRUR 2004, 827; *ders.,* UWG-Reform: Die Auswirkungen auf Vertragsstrafeversprechen und gerichtliche Unterlassungstitel, WRP 2004, 13121; *Gruber,* Der wettbewerbsrechtliche Unterlassungsanspruch nach einem „Zweitverstoß", WRP 1991, 279; *ders.,* Drittwirkung (vor)gerichtlicher Unterwerfungen?, GRUR 1991, 354; *ders.,* Grundsatz des Wegfalls der Wiederholungsgefahr durch Unterwerfung, WRP 1992, 71; *Heckelmann,* Zum wettbewerbsrechtlichen Unterlassungsvertrag bei Wegfall der Geschäftsgrundlage und dem Verbot geltungserhaltender Reduktion nach dem AGBG, WRP 1995, 166; *Heckelmann/Wettich,* Zur Frage der Angemessenheit von Vertragsstrafen oder: Nachdenken ist angesagt, WRP 2003, 184; *Heinz/Stillner,* Übernahme einer an einen Dritten zu zahlenden Vertragsstrafe als ausreichendes Strafgedinge bei Wettbewerbsverstößen?, WRP 1976, 657; *ders.,* Noch einmal zur Problematik eines Vertragsstrafeversprechens zugunsten eines Dritten, WRP 1977, 248; *Hess,* Vertragsstrafe bei der Verteilung von Werbematerial, WRP 2004, 296; *Hölscher,* Die inhaltlichen Anforderungen an die Unterwerfungserklärung, WRP 1995, 385; *Isele,* Vertragliche Unterlassungsansprüche bei Rechtsnachfolge auf Seiten des Unterlassungsschuldners, WRP 2011, 292; *Kaiser,* Die Vertragsstrafe im Wettbewerbsrecht, 1999; *Kiethe,* Der wettbewerbsrechtliche Handlungsbegriff beim Vertragsstrafeversprechen, WRP 1986, 644; *Klein,* Keine Vertragsstrafe für die Schwebezeit, GRUR 2007, 664; *Koblitz,* Alte Versprechen, neue Probleme – Vom hoffentlich vorletzten Wort des BGH zur „Altunterwerfung", WRP 1997, 382; *Köhler,* „Abmahnverhältnis" und „Unterwerfungsverhältnis", in: FS Piper, 1996, 309; *ders.,* Der wettbewerbliche Unterlassungsvertrag: Rechtsnatur und Grenzen der Wirksamkeit, FS v. Gamm, 1990, 57; *ders.*, Die Auswirkungen der Unternehmensveräußerung auf gesetzliche und vertragliche Unterlassungsansprüche, WRP 2000, 921; *ders.*, „Natürliche Handlungseinheit" und „Fortsetzungszusammenhang" bei Verstößen gegen Unterlassungstitel und strafbewehrte Unterlassungserklärungen, WRP 1993, 666; *ders.*, Vereinbarung und Verwirkung der Vertragsstrafe, FS Gernhuber, 1993, 207; *ders.*, Vertragliche Unterlassungspflichten, AcP 190 (1990), 496; *ders.*, Vertragsstrafe und Schadensersatz, GRUR 1994, 260; *ders.*, Zur Verjährung des vertraglichen Unterlassungs- und Schadensersatzanspruchs, GRUR 1996, 231; *ders.*, Die notarielle Unterwerfungserklärung – eine Alternative zur strafbewehrten Unterlassungserklärung, GRUR 2010, 6; *ders.*, Wegfall der Erstbegehungsgefahr durch „entgegengesetztes" Verhalten?, GRUR 2011, 879; *Kroitzsch,* Die Unterlassungsverpflichtungserklärung und das Vertragsstrafeversprechen aus kartellrechtlicher Sicht, WRP 1984, 117; *Labesius,* Zur Auslegung von Unterwerfungserklärungen als Anerkenntnis, WRP 2013, 312; *Mankowski,* Für einen Wegfall des Fortsetzungszusammenhangs bei der Unterlassungsvollstreckung, WRP 1996, 1144; *Melullis,* Zu den Auswirkungen der UWG-Novelle vom 25.7.1994 auf bestehende Unterlassungspflichten, in: FS Piper, 1996, 375; *Nägele,* Wegfall der Geschäftsgrundlage bei „alten" Unterwerfungsverträgen infolge des UWG-ÄndG 1994?, WRP 1995, 1023; *Nees,* Die angemessene Vertragsstrafe, WRP 1983, 200; *Nieder,* Die vertragsstrafenbewehrte Unterwerfung im Prozessvergleich, WRP 2001, 117; *Petersen,* Probleme des wettbewerbsrechtlichen Unterlassungsvertrags, GRUR 1978, 156; *Pokrant,* Zur vorprozessualen Erfüllung wettbewerbsrechtlicher Unterlassungsansprüche, in: FS Erdmann, 2002, 863; *Rieble,* Das Ende des Fortsetzungszusammenhangs im Recht der Vertragsstrafe, WM 1995, 828; *ders.*, Wegfall wettbewerblicher Vertragsstrafen durch das UWG-Änderungsgesetz?, GRUR 1995, 252; *ders.*, „Kinderwärmekissen" und Vertragsstrafendogmatik, GRUR 2009, 824; *Schmid/Riegger,* „Doppelfehler" beim Wettbewerbsverstoß, WRP 2010, 606; *Schmitt-Gaedke/Arz,* Die Vertragsstrafe: Fallstricke bei Vereinbarung *und* Durchsetzung, WRP 2015, 1196; *Schmitz-Temming,* Einzelhandel und Vertragsstrafe am Beispiel der C&A-Rabattaktion, WRP 2003, 189; *Steinbeck,* Die strafbewehrte Unterlassungserklärung: ein zweiseitiges Schwert!, GRUR 1994, 90; *Strömer/Grootz,* Die „veranlaßte Initiativunterwerfung" – ein untauglicher Versuch, WRP 2008, 1148; *Teplitzky,* Die (Unterwerfungs-)Vertragsstrafe in der neueren BGH-Rechtsprechung, WRP 1994, 709; *ders.*, Die Rechtsfolgen der unbegründeten Ablehnung einer strafbewehrten Unterlassungserklärung, GRUR 1983, 609; *ders.*, Die wettbewerbliche Unterwerfung heute – Neuere Entwicklungen eines alten Streitbereinigungsmittels, GRUR 1996, 696; *ders.*, Die Auflösung von Unterwerfungsverträgen mit nicht mehr verfolgungsberechtigten Gläubigern, WRP 1996, 1004; *ders.*, Unterwerfung oder Unterlassungsurteil?, WRP 1996, 171; *ders.*, Unterwerfung und „konkrete" Verletzungsform, WRP 1990, 26; *ders.*, Zur Frage des Wegfalls der Geschäftsgrundlage für Unterwerfungsverträge als Folge der Neufassung des § 13 Abs. 2 Nr. 1 und 2 UWG, WRP 1995, 275; *ders.*, Zur Frage der überregionalen Drittwirkung einer Unterwerfungserklärung auf Abmahnung eines nur regional tätigen Gläubigers, WRP 1995, 359; *ders.* Anmerkungen zur Entwicklung der Unterwerfungserklärung und ihrer Probleme, in: FS Köhler 2014, 737; *Ulrich,* Auswirkungen der UWG-Novelle 1994 auf abgeschlossene wettbewerbsrechtliche Streitfälle, WRP 1995, 86; *ders.*, Die fortgesetzte Handlung im Zivilrecht, WRP 1997, 73; *Wiebe,* Bindung an Unterlassungsverträge nach der Novellierung von § 13 Abs. 2 Nr. 1 und 2 UWG, WRP 1995, 75.

I. Einführung in die Abmahnung

2 Die Rechtsinstitute der **Abmahnung (= Verwarnung)** und der **vertragsstrafebewehrten Unterlassungserklärung** haben sich im Laufe der Zeit in der wettbewerbsrechtlichen Praxis entwickelt und bewährt. Hier sind sie von ganz erheblicher Bedeutung; denn in den weitaus meisten Fällen führen Abmahnung und Unterwerfung zu einer endgültigen Beilegung der Auseinandersetzung.[1] Mit der Abmahnung fordert der Abmahner den Abgemahnten auf, einen bereits begangenen oder einen erstmals bevorstehenden Wettbewerbsverstoß zu unterlassen, verbunden mit der Aufforderung, eine rechtsverbindliche, gesicherte Verpflichtungserklärung abzugeben, und der Androhung, anderenfalls gerichtlich vorzugehen. An diese Praxis knüpft der Gesetzgeber in § 12 Abs. 1 Satz 1 an, worauf die Gesetzesbegründung ausdrücklich hinweist. Die mit dem UWG 2004 eingeführte Bestimmung macht die Abmahnung zum Gegenstand einer Sollvorschrift und umschreibt die Hauptfunktion der Abmahnung als Mittel der außergerichtlichen Streitbeilegung. Demgemäß gelten die früheren Maßstäbe im Wesentlichen weiter, nunmehr im gesetzlichen Rahmen des § 12 Abs. 1. Diese Bestimmung gilt nur für Ansprüche (auch) aus dem UWG.[2] Die vor 2004 entwickelten Grundsätze sind nach wie vor für den gesamten Bereich des gewerblichen Rechtsschutzes von Bedeutung.[3] Die Abmahnung ist keine (prozessuale) Voraussetzung für die gerichtliche Geltendmachung eines Unterlassungsanspruches.[4] Den Gläubiger trifft, worauf die Gesetzesbegründung zum

---

[1] Teplitzky/*Bacher* Kap. 41 Rdn. 1; so auch die Gesetzesbegründung zu § 12 Abs. 1 (UWG 2004).

[2] *Teplitzky* in: FS Ullmann, S. 999, 1001 ff.

[3] BGH GRUR 2008, 996 f., 999 – *Clone-CD;* BGH GRUR 2015, 578 – *Preußische Kunstwerde;* Köhler/*Bornkamm* § 12 Rdn. 1.1, 1.79 und 1.86.

[4] OLG Hamburg WRP 1975, 360, 362 und WRP 1980, 208; OLG Frankfurt WRP 1976, 618, 622; OLG München WRP 1988, 62; OLG Düsseldorf WRP 1988, 107, 108; Köhler/*Bornkamm* § 12 Rdn. 1.7; Ahrens/*Achilles* Kap. 2 Rdn. 8; Teplitzky/*Bacher* Kap. 41 Rdn. 2.

UWG 2004 ausdrücklich hingewiesen hat, auch keine Rechtspflicht zur Abmahnung, sondern nur eine **Obliegenheit.** In der Regel liegt eine Abmahnung in seinem eigenen Interesse. Fehlt es an einer ordnungsgemäßen Abmahnung, so hat das in einem gerichtlichen Verfahren grundsätzlich Kostenfolgen zu seinen Lasten. Er trägt nämlich gemäß § 93 ZPO die Kosten des Rechtsstreits, wenn der Beklagte sofort anerkennt und keine Veranlassung zu dem Gerichtsverfahren gegeben hat, weil eine vorherige Abmahnung erforderlich war. Ebenso hat der Gläubiger keinen Anspruch auf Abgabe einer Verpflichtungserklärung. Gibt der Schuldner auf eine Abmahnung keine solche Erklärung ab, muss der Gläubiger seinen Unterlassungsanspruch auf den gesetzlich vorgesehenen, insbesondere gerichtlichen Wegen durchsetzen.

II. Zweck und Rechtsnatur der Abmahnung

Die Abmahnung dient den **Interessen der beiden Beteiligten und der Gerichte.** Sie ist darauf gerichtet, außergerichtlich zügig und kostengünstig eine einverständliche Regelung herbeizuführen und so ein **gerichtliches Verfahren zu vermeiden,** das die Beteiligten unnötig Zeit und Geld kostet. Gibt der Schuldner eine vertragsstrafebewehrte Unterwerfungserklärung ab, so erhält der Gläubiger eine vertragliche Sicherung, die derjenigen durch einen gerichtlichen Titel gleichwertig ist. Verweigert der Schuldner dagegen die geforderte Unterwerfungserklärung, so kann der Gläubiger klagen, ohne eine für ihn ungünstige Kostenfolge gemäß § 93 ZPO befürchten zu müssen; denn der Schuldner hat dann Veranlassung zur Klage gegeben. Der Schuldner ist daran interessiert, abgemahnt zu werden, weil er die Gelegenheit bekommt, kostengünstig eine begründete Klage zu vermeiden. Gibt er nämlich eine genügende Unterwerfungserklärung ab, entfällt die Wiederholungsgefahr und damit der Unterlassungsanspruch, und zwar grundsätzlich auch gegenüber Dritten. 3

Die Frage nach der Rechtsnatur der Abmahnung lässt sich nur beantworten, wenn streng zwischen folgenden **Funktionen der Abmahnung** unterschieden wird:[5] 4

– In ihrer Hauptfunktion dient die Abmahnung als Mittel zur außergerichtlichen Streitbeilegung (= § 12 Abs. 1 Satz 1).
– Die berechtigte Abmahnung begründet zwischen dem Abmahner und dem Abgemahnten ein besonderes Pflichtenverhältnis, das sogenannte Abmahnverhältnis (Rdn. 67 ff.).
– Regelmäßig enthält die Abmahnung ein (meist vorformuliertes) Angebot zum Abschluss eines Unterwerfungsvertrages (Rdn. 125).

Das Vertragsangebot ist unzweifelhaft eine Willenserklärung und unterliegt deren Regeln. Soweit die Abmahnung auf die Begründung eines Pflichtenverhältnisses gerichtet ist, liegt ebenfalls eine Willenserklärung vor. Dagegen ist sie in ihrer Hauptfunktion keine Willenserklärung, sondern als geschäftsähnliche Handlung anzusehen,[6] auf die die Vorschriften über Willenserklärungen entsprechend anzuwenden sind, aber nur soweit sie passen, insbesondere der Interessenlage gerecht werden. Die Abmahnung hat demnach eine **Doppelnatur:** Sie ist zugleich Willenserklärung und geschäftsähnliche Handlung. Die strikte Unterscheidung der verschiedenen Funktionen erleichtert es, interessengerechte Antworten insbesondere auf die Fragen des Vollmachtsnachweises (Rdn. 31 ff.) und des Zuganges (Rdn. 23 ff.) zu finden. 5

III. Entbehrlichkeit der Abmahnung

1. Allgemeines

Der Gläubiger muss **im Hinblick auf § 93 ZPO grundsätzlich abmahnen,** bevor er gerichtliche Hilfe in Anspruch nimmt.[7] Bei mehreren Verletzern sind in der Regel alle zusammen abzumahnen, wenn der Gläubiger gegen alle gerichtlich vorgehen will.[8] Eine Abmahnung ist **ausnahmsweise entbehrlich,** 6

– wenn sie aus der objektivierten Sicht des Gläubigers keinen Erfolg verspricht
– oder wenn sie für ihn (aus anderen Gründen) unzumutbar ist.

Trifft das zu, kann er ohne vorherige Abmahnung ein gerichtliches Verfahren einleiten, ohne das Risiko einzugehen, dass er bei einem **sofortigen Anerkenntnis** des Schuldners gemäß § 93 ZPO

---

[5] Vgl. dazu Teplitzky/*Bacher* Kap. 41 Rdn. 4 f.
[6] OLG Nürnberg WRP 1991, 522, 523; Köhler/*Bornkamm* § 12 Rdn. 1.10; Ahrens/*Achilles* Kap. 2 Rdn. 8.
[7] OLG Hamburg WRP 1980, 208; OLG Schleswig NJWE-WettbR 2000, 248 f.; OLG Frankfurt GRUR-RR 2001, 72; KG WRP 2003, 101.
[8] Köhler/*Bornkamm* § 12 Rdn. 1.14.

die Kosten trägt. Im Allgemeinen ist es aber zweckmäßig, wenn möglich – in besonders eiligen Fällen mit ganz kurzer Frist – abzumahnen, um später einen Kostenstreit über die Frage der Veranlassung zu vermeiden.

7 Leitet der Abmahner **bereits vor Ablauf der gesetzten Frist ein gerichtliches Verfahren** ein, so hat der Abgemahnte dafür keine Veranlassung gegeben, wenn er innerhalb der ihm gesetzten Frist eine Verpflichtungserklärung abgibt (vgl. dazu Rdn. 54). Der Abmahner kann sich demgegenüber nicht darauf berufen, die Abmahnung sei in Wirklichkeit entbehrlich gewesen. Dadurch würde er sich treuwidrig zu seiner Abmahnung in Widerspruch setzen. Ebenso verhält es sich, wenn er **zunächst eine einstweilige Verfügung** erwirkt, ohne sie (zunächst) zuzustellen (sog. Schubladenverfügung; vgl. dazu auch Rdn. 77), und **dann erst** den Abgemahnten **abmahnt.** Er kann im Rahmen des § 93 ZPO nicht geltend machen, die Abmahnung sei in Wirklichkeit entbehrlich gewesen,[9] er habe nur eine spätere Auseinandersetzung über die Frage der Notwendigkeit vermeiden wollen.

2. Fehlende Aussicht auf Erfolg

8 Die **Abmahnung** ist **entbehrlich,** wenn der Gläubiger bei objektiver Betrachtung und vernünftiger Würdigung aller Umstände zu dem Schluss gekommen ist, dass zur Durchsetzung seines Unterlassungsanspruches sofortige gerichtliche Hilfe unerlässlich ist.[10]

9 Die Abmahnung verspricht nicht allein deshalb keine Aussicht auf Erfolg, weil der Verletzer den **Verstoß vorsätzlich** begangen hat,[11] was bei vielen kleinen Verstößen vorkommen kann, und/oder es sich um einen **schwerwiegenden Verstoß** handelt.[12] Daraus kann sich allenfalls ergeben, dass die Abmahnung für den Gläubiger unzumutbar ist. Aus der Schwere eines Verstoßes folgt nach der Lebenserfahrung eher, dass der Verletzer sich einer Abmahnung beugen wird. Ebenso ist es bei vorsätzlichen Verstößen. In den zuvor genannten Fällen ist es dem Gläubiger grundsätzlich auch zuzumuten, vorher abzumahnen (Rdn. 19), unter Umständen mit einer verhältnismäßig kurzen Frist. In Ausnahmefällen kann es anders sein.[13]

10 Ob die Abmahnung entbehrlich ist, wenn der Verletzer wegen desselben Verstoßes die **Abmahnung eines Dritten nicht beachtet** hat, was einem anderen Gläubiger – ausnahmsweise – bekannt ist,[14] hängt von den Umständen des Einzelfalles ab, insbesondere davon, mit welcher Begründung der Verletzer auf die Abmahnung des Dritten keine Verpflichtungserklärung abgegeben hat. Steht seine Antwort noch aus, ist es dem anderen Gläubiger grundsätzlich zuzumuten, die fristgemäße Antwort des Verletzers gegenüber dem Dritten abzuwarten.[15] Handelt es sich bei dem Dritten um ein Unternehmen, das demselben Konzern wie der Gläubiger angehört, ist in der Regel anzunehmen, dass eine weitere Abmahnung ebenfalls ohne Erfolg bleiben wird.[16]

11 Eine zweite Abmahnung durch den Gläubiger kann entbehrlich sein, wenn er den Schuldner wegen desselben oder eines kerngleichen Wettbewerbsverstoßes bereits abgemahnt hat.[17] Die Abmahnung ist im Allgemeinen nicht schon deswegen entbehrlich, weil der Verletzer **in früheren Fällen** auf Abmahnungen hin keine Unterwerfungserklärung abgegeben hat. Anders kann es sein, wenn es sich um gleichgelagerte Fälle handelt.[18] Auch insoweit ist aber eine Abmahnung mangels Erfolgsaussicht nicht allein deshalb unnötig, weil der Verletzte vor Jahren vergeblich abgemahnt hatte, ohne dann jedoch gegen den Verletzer gerichtlich vorgegangen zu sein, und dieser nunmehr erneut verstößt. Der Ablauf eines so langen Zeitraumes erlaubt keine zuverlässigen Schlüsse mehr auf die mutmaßliche jetzige Reaktion des Verletzers, wenn dieser erneut abgemahnt wird. Die An-

---

[9] OLG Hamburg OLG-Report 2003, 196 f.; OLG München GRUR-RR 2006, 176; OLG Frankfurt NJW-RR 2012, 1018 f.; Köhler/*Bornkamm* § 12 Rdn. 1.58.

[10] OLG Hamburg WRP 1974, 632; OLG Koblenz WRP 1978, 664, 665; OLG Karlsruhe GRUR 1979, 558, 560.

[11] KG GRUR 1988, 930; OLG Oldenburg NJW-RR 1990, 1330; OLG Hamburg WRP 1995, 1037, 1038; OLG München WRP 1996, 930, 931; OLG Koblenz WRP 1997, 367, 368; OLG Schleswig NJWE-WettbR 2000, 248, 249; KG WRP 2003, 101; Köhler/*Bornkamm* § 12 Rdn. 1.52; Ahrens/*Achilles* Kap. 3 Rdn. 22; a. M. OLG Celle WRP 1993, 812, 813.

[12] OLG Hamburg WRP 1995, 1037, 1038.

[13] KG WRP 2003, 101; Köhler/*Bornkamm* § 12 Rdn. 1.53.

[14] GK-UWG/*Feddersen* § 12 Rdn. 48; Köhler/*Bornkamm* § 12 Rdn. 1.55 f.; a. M. OLG Saarbrücken WRP 1990, 548, 549; vgl. auch Teplitzky/*Bacher* Kap. 41 Rdn. 27 ff.; *Teplitzky* GRUR 2003, 272, 279 und WRP 2005, 654, 655.

[15] Köhler/*Bornkamm* § 12 Rdn. 1.57.

[16] BGH GRUR 2002, 357, 359 – *Missbräuchliche Mehrfachabmahnung.*

[17] BGH GRUR 2013, 307, 309 – *Unbedenkliche Mehrfachabmahnung.*

[18] OLG Stuttgart NJW-RR 1987, 426; OLG Schleswig NJWE-WettbR 2000, 248, 249.

nahme, eine Abmahnung werde erfolglos bleiben, lässt sich nicht daraus herleiten, dass sich der Schuldner bei einem früheren Vorgang nicht dem Gläubiger, sondern einem Dritten gegenüber unterworfen hat, obwohl dieser erst später abgemahnt hatte.[19]

Dagegen verspricht eine Abmahnung keine hinreichende Aussicht auf Erfolg, wenn der Verletzer sich bereits **berühmt** hat, die beanstandete Handlung sei rechtmäßig, und wenn sich aus den Umständen ergibt, er werde einer Abmahnung nicht Folge leisten,[20] oder wenn er erklärt hat, er werde es auf einen Rechtsstreit ankommen lassen.[21] Ebenso kann es sein, wenn der Schuldner personell und kapitalmäßig mit einem anderen Unternehmen verbunden ist, dass der Gläubiger wegen des gleichen Verstoßes zuvor erfolglos abgemahnt hat. 12

Wenn der Schuldner nach dem Erlass einer einstweiligen Verfügung[22] oder nach der Abgabe einer Unterwerfungserklärung[23] **erneut verstoßen** hat, ist vor der Einleitung eines gerichtlichen Verfahrens eine **Abmahnung grundsätzlich entbehrlich.** Aus einem solchen Verhalten folgt regelmäßig, dass eine Abmahnung nunmehr keine Aussicht auf Erfolg hat. Jedenfalls kann die Abmahnung für den Gläubiger unzumutbar sein. Das gilt auch dann, wenn der Schuldner zwar seine Werbung geändert hat, diese aber im wesentlichen Kern gleich geblieben ist.[24] Anders ist es aber, wenn es sich um einen sogenannten **Auslauffall** handelt[25] und für den Gläubiger erkennbar ist, dass der Schuldner lediglich – insbesondere auf Grund eines Organisationsversehens – das vorläufige Verbot oder die abgegebene Unterwerfungserklärung nicht schnell genug oder nicht vollständig umgesetzt hat. 13

Grundsätzlich ist auf die Umstände abzustellen, die dem Gläubiger im Zeitpunkt seiner Entscheidung – Einleitung eines gerichtlichen Verfahrens ohne Abmahnung – erkennbar sind. Das **spätere Verhalten des Schuldners** ist in der Regel ohne Belang.[26] Anders ist es nur dann, wenn dieses Verhalten dem Gläubiger ermöglicht darzulegen, dass er zu Recht angenommen hat, der Schuldner werde sich uneinsichtig zeigen.[27] Das erfordert, dass die nachträglichen Umstände in der Zusammenschau mit den vorherigen Umständen den Rückschluss auf eine fehlende Aussicht auf Erfolg erlauben. Ein solcher Rückschluss kommt insbesondere in Betracht, wenn der Schuldner nach der Zustellung einer einstweiligen Verfügung erneut verstoßen hat, es sei denn, dass es sich erkennbar um einen Auslauffall handelt. Fraglich ist vor allem, ob aus einem nachträglichen **Verhalten im Prozess** zurückgeschlossen werden kann, dass eine Abmahnung erfolglos geblieben wäre, vor allem wenn der Schuldner die Werbung als rechtmäßig verteidigt.[28] Im Allgemeinen ist aber, auch wenn er das nicht ausdrücklich erklärt, davon auszugehen, dass seine Rechtsausführungen lediglich dazu dienen, eine Kostenentscheidung zu seinen Gunsten herbeizuführen. 14

3. Unzumutbarkeit

Eine Abmahnung ist aus zeitlichen Gründen entbehrlich, wenn das wettbewerbswidrige Verhalten durch einen kurzfristigen zeitlichen Vorsprung gekennzeichnet ist und auch eine knapp bemessene Frist zu einer für den Verletzten unbilligen Verzögerung führen würde.[29] In derartigen Fällen **besonderer Eilbedürftigkeit,** etwa bei kurzfristigen, zeitlich begrenzten Werbemaßnahmen wie einer kurzfristigen Sonderveranstaltung, ist eine Abmahnung unzumutbar,[30] wenn nicht doch noch, wie in der Regel, eine Abmahnung mit ganz kurzer Frist möglich und zumutbar ist,[31] etwa durch 15

[19] KG GRUR 1988, 930.

[20] Vgl. dazu Köhler/*Bornkamm* § 12 Rdn. 1.51; Teplitzky/*Bacher* Kap. 41 Rdn. 24, 27; Ahrens/*Achilles* Kap. 3 Rdn. 17; ferner OLG Hamburg GRUR 2006, 616.

[21] LG Hagen WRP 2002, 360, 361 f.

[22] OLG Nürnberg WRP 1981, 290, 291; Teplitzky/*Bacher* Kap. 41 Rdn. 38; vgl. aber OLG Frankfurt MD VSW 2001, 1382, 1383.

[23] BGH GRUR 1990, 542, 543 – *Aufklärungspflicht des Unterwerfungsschuldners;* OLG Hamburg GRUR 1989, 707 f.

[24] OLG Nürnberg WRP 1981, 290, 291; OLG Hamburg NJW-RR 1988, 680; GRUR 1989, 707 f.; OLG Zweibrücken MD VSW 2000, 908, 909.

[25] OLG Hamburg OLG-Report 2002, 227; MD VSW 2002, 115, 116; vgl. OLG Frankfurt MD VSW 2001, 1382, 1383.

[26] Vgl. dazu OLG Düsseldorf WRP 2010, 294 f. (fehlende Reaktion des Schuldners auf eine Abmahnung/Schubladenverfügung).

[27] OLG Hamburg WRP 1972, 262 = 388; WRP 1991, 116; OLG Hamm WRP 1977, 349, 680; OLG München WRP 1996, 930, 931; OLG Frankfurt GRUR-RR 2001, 72.

[28] Vgl. OLG Hamburg WRP 1991, 116, 117; KG MD VSW 2000, 716, 717; Köhler/*Bornkamm* § 12 Rdn. 1.49.

[29] OLG Hamburg, WRP 1972, 262 = 388; WRP 1976, 180, 181; OLG Frankfurt WRP 1976, 775.

[30] OLG Naumburg WRP 1996, 264 LS; Köhler/*Bornkamm* § 12 Rdn. 1.46.

[31] OLG Köln MD VSW 2000, 998, 999; Ahrens/*Achilles* Kap. 3 Rdn. 21; Teplitzky/*Bacher* Kap. 41 Rdn. 33.

Boten,[32] Telefax oder E-Mail[33] oder ausnahmsweise mündlich auf einem Messestand.[34] Wegen der modernen Möglichkeiten einer schnellen Kommunikation werden Fälle, in denen eine Abmahnung aus Zeitgründen unzumutbar ist, nur noch selten vorkommen.

16 Eine solche besondere Dringlichkeit ist zu verneinen, wenn der Gläubiger selbst die Angelegenheit nicht als ganz eilig behandelt hat.[35] Der Umstand, dass es sich um eine zeitlich auf etwa zwei Wochen beschränkte Werbeaktion handelt, reicht nicht aus, um eine Abmahnung als entbehrlich erscheinen zu lassen.[36] Eine **mündliche Abmahnung** ist in der Regel unzumutbar, weil sie im Streitfall schwer zu beweisen ist (Rdn. 22). Auf einem Messestand kann das ausnahmsweise anders sein.[37]

17 Eine Abmahnung ist ferner unzumutbar, wenn dem Verletzten durch die Abmahnung erhebliche Nachteile drohen.[38] Das kann insbesondere zutreffen, wenn er in einem Verfügungsverfahren neben Unterlassung auch eine **Sequestration** etwa gefälschter Ware verlangt.[39] Hier besteht im Falle vorheriger Abmahnung regelmäßig die Gefahr, dass die Gegenstände, die sequestriert werden sollen, noch beiseite geschafft werden. Dabei ist auf die jeweiligen Umstände des Einzelfalles abzustellen. Anders kann es etwa sein, wenn ein **Handelsunternehmen** wettbewerbswidrige Gegenstände vertreibt und keinerlei Anhaltspunkte dafür bestehen, dass das Unternehmen die Rechtswidrigkeit erkannt hat.[40] Der Verletzte ist nicht etwa gehalten, gestaffelt in getrennten Verfahren vorzugehen, nämlich wegen der Sequestration ohne Abmahnung, wegen der Unterlassung nach Abmahnung.[41]

18 Dem Gläubiger drohen durch eine kurzfristige Verzögerung der Rechtsverfolgung nicht allein deshalb erhebliche Nachteile, weil – wie stets nach einem Wettbewerbsverstoß – dessen Wiederholung zu befürchten ist. Das hat der Gläubiger im Regelfall hinzunehmen.[42] Es kann aber sein, dass eine Abmahnung den Schuldner dazu veranlasst, etwa auf einer Messe oder im Rahmen einer Sonderveranstaltung erst recht für einen beschleunigten Absatz seiner Waren zu sorgen.[43] Gleichwohl ist **meist eine ganz kurzfristige,** auf Messen **auch mündliche Abmahnung** zumutbar.

19 Bejaht wird ferner eine Unzumutbarkeit, wenn der **Verletzer** sich besonders **böswillig oder hartnäckig** verhalten (vgl. bereits Rdn. 9),[44] insbesondere in der Vergangenheit ständig Abmahnungen nicht beachtet hat. Das wird nur in besonders gelagerten Ausnahmefällen in Betracht kommen.[45] Mit einem Rückschluss aus dem **nachträglichen,** insbesondere prozessualen **Verhalten** des Abgemahnten lässt sich die Unzumutbarkeit kaum begründen.[46] Möglich ist allenfalls, dass aus seinem Verhalten im Prozess auf die mangelnde Erfolgsaussicht geschlossen wird (Rdn. 14).

IV. Voraussetzungen der wirksamen Abmahnung

1. Abmahnbefugnis

20 Zur Abmahnung ist befugt, wer klagebefugt ist und daher einen Unterlassungsanspruch geltend machen kann. Zum Rechtsmissbrauch durch Mehrfachabmahnungen vgl. oben § 8 Abs. 4.

---

[32] OLG Hamburg WRP 1989, 33 f.
[33] OLG Frankfurt MD VSW 2001, 1382, 1383; OLG Schleswig NJWE-WettbR 2000, 248, 249.
[34] OLG Frankfurt GRUR 1995, 293 LS.
[35] OLG Karlsruhe WRP 1977, 44, 45; OLG Frankfurt GRUR 1984, 693; Köhler/*Bornkamm* § 12 Rdn. 1.19, 1.46.
[36] OLG Hamburg WRP 1976, 180, 181.
[37] OLG Frankfurt WRP 1984, 416, 5417; OLG Schleswig NJWE-WettbR 2000, 248, 249.
[38] OLG Hamm WRP 1982, 674; OLG Hamburg WRP 1995, 1037, 1038.
[39] OLG Hamburg WRP 1978, 146; GRUR 1984, 758; WRP 1988, 47; GRUR-RR 2007, 29, 30; OLG Frankfurt GRUR 1983, 753, 757 und GRUR 2006, 264; KG WRP 1984, 325, 326; OLG Nürnberg WRP 1995, 427 (Vernichtungsanspruch); OLG Düsseldorf NJW-RR 1997, 1064, 1065; NJWE-WettbR 1998, 234 f.; OLG München NJWE-WettbR 1999, 239 f.; OLG Köln MD VSW 2000, 1117 LS; OLG Karlsruhe GRUR-RR 2013, 182 f.; LG Hamburg GRUR-RR 2004, 191, 192; Köhler/*Bornkamm* § 12 Rdn. 1.48; Ahrens/*Achilles* Kap. 3 Rdn. 20; *Teplitzky* Kap. 41 Rdn. 30 f.; *Anschewitz* WRP 2012, 401, 402 f.; a.M. OLG Braunschweig GRUR-RR 2005, 103; ferner KG GRUR-RR 2008, 372 im Falle der Nichtvollziehung einer einstweiligen Verfügung hinsichtlich der Sequestration.
[40] OLG Hamburg WRP 1988, 47.
[41] *Kircher* in: FS Schilling, 2007, S. 293, 295 ff.
[42] OLG Hamburg WRP 1995, 1037, 1038.
[43] KG WRP 2003, 101 f.
[44] OLG Koblenz WRP 1997, 367, 368; OLG Düsseldorf WRP 1998, 1028; *Teplitzky* Kap. 41 Rdn. 35 ff.
[45] Teplitzky/*Bacher* Kap. 41 Rdn. 36; Köhler/*Bornkamm* § 12 Rdn. 1.53; Ahrens/*Achilles* Kap. 3 Rdn. 22.
[46] A.M. OLG München WRP 1996, 930, 931 f. bei versteckt bösartigem Verhalten; vgl. Teplitzky/*Bacher* Kap. 41 Rdn. 41.

2. Form

Die Abmahnung ist **nicht formbedürftig.**[47] Sie kann daher in jeder Form wirksam ausgesprochen werden, nämlich mündlich, fernmündlich, schriftlich, und zwar im Postwege (insbesondere zur Beweissicherung mittels Einschreibens mit Rückschein),[48] durch den Gerichtsvollzieher im Wege der Zustellung oder durch Boten, auch per Telefax oder per E-Mail. Zweckmäßig ist in jedem Falle eine (auch) schriftliche Abmahnung. Mündlich kommt sie nur ausnahmsweise in Betracht. 21

Eine andere Frage ist es, **welche Form** dem Abmahnenden **zumutbar** ist,[49] wobei insbesondere zu berücksichtigen ist, dass er ein berechtigtes Interesse an einer Beweissicherung hat, ferner ob es sich um eine besonders eilige Angelegenheit handelt oder nicht. Dem Gläubiger kann grundsätzlich eine **mündliche,** insbesondere telefonische **Abmahnung** nicht zugemutet werden,[50] weil er im Streitfall mit Schwierigkeiten rechnen muss, sie zu beweisen. Etwa auf einem Messestand kann sie ausnahmsweise zumutbar sein (Rdn. 16). Dann sollte sie aus Beweisgründen nachträglich auch noch schriftlich ausgesprochen werden. 22

3. Zugang

a) Erforderlichkeit. Soweit die Abmahnung auf die Begründung eines Abmahnverhältnisses gerichtet ist und soweit sie ein Vertragsangebot enthält, ist es selbstverständlich, dass sie dem Abgemahnten zugehen muss. Anders können die gewollten Rechtsfolgen nicht herbeigeführt werden. 23

Soweit es um die Hauptfunktion der Abmahnung geht, eine außergerichtliche Beilegung des Streits zu erreichen, ist umstritten, ob die Abmahnung dem Abgemahnten zugehen muss, damit von einer wirksamen Abmahnung gesprochen werden kann, so inzwischen auch der BGH,[51] oder ob dafür die **ordnungsgemäße Absendung** der Abmahnung **genügt.** Der letzteren Auffassung ist – entgegen der Rechtsprechung des BGH – zuzustimmen.[52] Das ist für den Ersatz der Abmahnkosten von Bedeutung (vgl. Rdn. 82). § 12 Abs. 1 Satz 1 entscheidet die Frage nicht. Etwas anderes ergibt sich nicht daraus, dass der Gläubiger dem Schuldner „Gelegenheit geben" soll, den Streit durch Abgabe einer Unterlassungsverpflichtung beizulegen, und dieser eine solche Gelegenheit nur hat, wenn er die Abmahnung bekommen hat. Der Gesetzgeber beschreibt lediglich die Hauptfunktion als Mittel der außergerichtlichen Streitbeilegung. Der Abmahner gibt Gelegenheit, indem er die Abmahnung absendet. 24

Der Abgemahnte kann auf eine Abmahnung zwar nur reagieren, wenn sie ihm zugegangen ist. Andererseits ist es jedoch nicht interessengerecht, dem Gläubiger mehr zuzumuten als die ordnungsgemäße Absendung der Abmahnung. Von ihm kann billigerweise nicht verlangt werden, dass er den Zugang der Abmahnung, soweit möglich, durch besondere Maßnahmen sicherstellt, dass nämlich die Abmahnung dem Schuldner in umständlicher Weise durch einen Boten, durch ein Einschreiben mit Rückschein oder durch eine Zustellung mittels Gerichtsvollziehers übermittelt wird. Zugangsprobleme werden allerdings noch seltener als früher auftreten, weil der Abmahner in den meisten Fällen, was ihm schon aus zeitlichen Gründen ohnehin zu empfehlen ist, die Abmahnung **im Vorwege per Telefax oder E-Mail versenden** wird. Für die Wirksamkeit der Abmahnung ist das aber – im Rahmen des § 93 ZPO – in der Regel nicht erforderlich. 25

Hat die Abmahnung ordnungsgemäß den Verantwortungsbereich des Abmahners verlassen, so hat dieser keinen Einfluss mehr auf ihr Schicksal. Das **Risiko des Verlustes** muss – im Rahmen des § 93 ZPO – der Schuldner tragen;[53] denn er hat an sich bereits durch seinen Wettbewerbsverstoß oder durch die Begründung der Gefahr einer Erstbegehung Veranlassung zur Klageerhebung gegeben, was nicht außer Acht gelassen werden darf. Die Abmahnung dient – im vorliegenden Zusam- 26

---

[47] Köhler/*Bornkamm* § 12 Rdn. 1.22; Ahrens/Achilles Kap. 2 Rdn. 38.

[48] Vgl. dazu *Teplitzky* Kap. 41 Rdn. 10f.

[49] OLG Hamburg WRP 1989, 33f.

[50] KG GRUR 1973, 86, 87; OLG Hamburg WRP 1974, 283; Köhler/*Bornkamm* § 12 Rdn. 1.23; vgl. aber OLG Frankfurt WRP 1984, 416, 417.

[51] BGH GRUR 2007, 629, 630 – *Zugang des Abmahnschreibens;* KG WRP 1992, 716, 717; OLG Dresden WRP 1997, 1201, 1203f.; OLG Düsseldorf GRUR-RR 2001, 199, 200; OLG Schleswig OLG-Report 2007, 524, 525; GroßKommUWG/*Feddersen* § 12 Rdn. 21; Köhler/*Bornkamm* § 12 Rdn. 1.29f.; Ohly/*Sosnitza* § 12 Rdn. 12; Teplitzky/*Bacher* Kap. 41 Rdn. 6b; *Ulrich* WRP 1998, 124, 126f.

[52] OLG Hamburg GRUR 1976, 444; WRP 1982, 437 LS und NJW-RR 1994, 629; OLG Hamm WRP 1984, 220, 221 und WRP 1987, 43, 44; OLG Köln WRP 1985, 360, 361; OLG Frankfurt WRP 1988, 498 LS; OLG Karlsruhe WRP 1993, 42, WRP 1997, 477 und WRP 2003, 1146f.; OLG Stuttgart WRP 1996, 477, 478f.; OLG München MD VSW 2001, 1415, 1417; OLG Braunschweig GRUR 2004, 887; OLG Jena GRUR-RR 2007, 96; *Kunath* WRP 2001, 238, 240.

[53] A. M. BGH GRUR 2007, 629, 630 – *Zugang des Abmahnschreibens.*

menhang – nur als Versuch der außergerichtlichen Streitbeilegung. Davon ausgehend, entspricht es dem berechtigten, überwiegenden Interesse des Gläubigers, dass von ihm allein das verlangt wird, was in seinen Verantwortungsbereich fällt, nämlich das ordnungsgemäße Absenden der Abmahnung. Erfährt der Abmahner allerdings, dass die Abmahnung dem Abgemahnten nicht zugegangen ist, kann es für ihn zumutbar sein, erneut – je nach den Umständen kurzfristig – abzumahnen.[54]

27 Verantwortlich ist der Abmahner aber für ein **eigenes Versehen** etwa im Namen, in der Anschrift, der Faxnummer oder der E-Mail-Adresse des Schuldners.[55] Befindet sich in der Werbung des Schuldners eine Postanschrift, auch ein Postfach, darf der Gläubiger sie für die Abmahnung übernehmen. Erweist sie sich nachträglich als unrichtig, ohne dass der Gläubiger das erkennen konnte, trägt der Schuldner das Risiko des fehlenden oder verzögerten Zuganges, soweit es um die Hauptfunktion der Abmahnung geht (Rdn. 4). Hat eine unselbständige Zweigstelle des Abgemahnten den Wettbewerbsverstoß begangen, genügt es, dass die Abmahnung an sie gerichtet wird.[56] Der Abgemahnte trägt dann das Risiko, dass die Zweigniederlassung die Abmahnung nicht oder nicht unverzüglich an die Zentrale weiter leitet. Ist der **Verletzer minderjährig,** muss die Abmahnung an seinen gesetzlichen Vertreter gerichtet sein oder diesem wenigstens zugehen, und zwar auch dann, wenn die Minderjährigkeit dem Gläubiger nicht erkennbar war.[57]

28 **b) Beweislast.** Will der Gläubiger **Rechte aus einem Abmahnverhältnis** herleiten, so hat er zu beweisen, dass es zustande gekommen, die Abmahnung nämlich dem Abgemahnten zugegangen ist. Nur dann können für diesen zusätzliche Pflichten entstanden sein. Ebenso trägt der **Gläubiger** die Beweislast dafür, dass ein Unterwerfungsvertrag zustande gekommen ist, wenn er daraus Rechte geltend machen will.

29 Soweit es jedoch um die Funktion der Abmahnung als **Mittel der außergerichtlichen Streitbeilegung** geht, hat der **Schuldner** – wie auch sonst im Rahmen des § 93 ZPO – zu beweisen, dass er keine Veranlassung zur Erhebung der Klage gegeben hat, insbesondere die Abmahnung ihm nicht zugegangen ist.[58] Der Gläubiger hat allerdings die genauen Umstände der Absendung vorzutragen und gegebenenfalls unter Beweis zu stellen.[59] Das Risiko des Verlustes[60] oder der Verzögerung auf dem Postwege trägt der Abgemahnte (vgl. auch Rdn. 24ff.). In einem solchen Falle hat der Abmahner aber zu beweisen, dass er die Abmahnung ordnungsgemäß abgesandt hat.[61]

30 Wenn man dagegen annimmt, der Abmahner trage im vorliegenden Zusammenhang das Risiko des Verlustes oder müsse sogar den Zugang beweisen, sollte er, um das Risiko des Verlustes auszuschließen oder wenigstens zu verringern, bzw. zur späteren Beweisführung, umständlich durch Einschreiben mit Rückschein (was aber auch nicht unproblematisch ist, weil dadurch nur der Zugang eines Schreibens, dagegen nicht sein Inhalt bewiesen wird) oder aber durch einfache Post und parallel noch per Telefax und/oder E-Mail abmahnen oder beim Abgemahnten nachfragen, wenn er von ihm keine Antwort erhält. Der Abgemahnte kann sich jedenfalls nicht darauf berufen, ihm sei die Abmahnung nicht zugegangen, wenn er die **Annahme grundlos verweigert** oder **bewusst vereitelt**[62] oder wenn er **keine geeigneten und zumutbaren Maßnahmen für den Empfang** getroffen hat.[63] Er wird dann so behandelt, als habe er die Abmahnung erhalten.

4. Vertretung

31 Der Gläubiger kann den Schuldner **durch einen Vertreter** abmahnen lassen. Sofern die Abmahnung, was **regelmäßig** zutrifft, auf die Begründung eines Abmahnverhältnisses gerichtet ist und soweit sie ein **Vertragsangebot** enthält, bedarf es **keiner Vollmachtsurkunde** (im Original).

---

[54] Köhler/*Bornkamm* § 12 Rdn. 1.36.

[55] OLG Düsseldorf WRP 1995, 40f. und WRP 1996, 1111f.; OLG Stuttgart WRP 1996, 477, 478f.; OLG Köln MD VSW 2008, 804.

[56] OLG Naumburg NJWE-WettbR 1999, 241; Köhler/*Bornkamm* § 12 Rdn. 1.29a.

[57] OLG München MD VSW 2001, 1415, 1418.

[58] BGH GRUR 2007, 629, 630 – *Zugang des Abmahnschreibens;* Köhler/*Bornkamm* § 12 Rdn. 1.31ff.; vgl. dazu Ohly/*Sosnitza* § 12 Rdn. 12f.; ferner OLG Düsseldorf GRUR-RR 2001, 199; OLG Schleswig GRUR-RR 2008, 138f.; (jeweils): der Gläubiger muss den Zugang beweisen; ferner OLG Karlsruhe WRP 2003, 1146f.; OLG Braunschweig GRUR 2004, 887f.; Thüringer OLG MD VSW 2007, 180f. (jeweils): der Gläubiger muss die Absendung, nicht den Zugang beweisen.

[59] BGH GRUR 2007, 629, 630 – *Zugang des Abmahnschreibens;* OLG Frankfurt WRP 2009, 347f.

[60] A. M. BGH GRUR 2007, 629, 630 – *Zugang des Abmahnschreibens; Hewicker/Marquardt/Neurauter* NJW 2014, 2753, 2757.

[61] Vgl. dazu aber OLG Celle WRP 2011, 1669, 1670.

[62] OLG Naumburg NJWE-WettbR 1999, 241; Köhler/*Bornkamm* § 12 Rdn. 1.22 und 1.34a; vgl. auch OLG Frankfurt NJW-RR 2014, 766.

[63] OLG Düsseldorf GRUR-RR 2001, 199.

§ 174 BGB ist nicht anwendbar; denn insoweit geht es nicht um ein einseitiges Rechtsgeschäft.[64] Durch die Entscheidung des BGH hat sich der bisherige Meinungsstreit insoweit für die Praxis erledigt.

Dagegen bleibt nach wie vor umstritten, ob der Abmahnung eine Vollmachtsurkunde beigefügt werden muss, wenn es – in praktisch seltenen Fällen[65] – um die **Abmahnung** allein als Mittel der außergerichtlichen Streitbeilegung **(ohne gleichzeitiges Vertragsangebot)** geht. In solchen Fällen ist entgegen einer verbreiteten Meinung[66] § 174 BGB nicht analog anzuwenden: Die Abmahnung ist vielmehr wirksam, auch wenn ihr keine Vollmachtsurkunde beigefügt war und der Abgemahnte die Abmahnung aus diesem Grunde unverzüglich zurückweist.[67] Bei einer fernmündlichen Abmahnung, die ausnahmsweise zumutbar sein kann (Rdn. 22), ist die Beifügung einer Original-Vollmacht ohnehin nicht möglich, ebenso wie bei einer Abmahnung per Fax oder E-Mail. Sie muss – zur Wirksamkeit einer solchen Abmahnung – auch nicht nachträglich (auf Verlangen) nachgewiesen werden.[68] – Angesichts der abweichenden Auffassung ist dem Abmahner jedoch zu empfehlen, einer derartigen **Abmahnung ohne Vertragsangebot eine Vollmachtsurkunde beizufügen,** und zwar im Original per Post (eventuell nachträglich) und als Faxkopie im Vorwege per Telefax. Anderenfalls läuft er Gefahr, dass das Gericht in solchen Fällen im Rahmen des § 93 ZPO annimmt, der Abgemahnte habe mangels wirksamer Abmahnung keine Veranlassung zur Klageerhebung gegeben.[69] 32

Zumindest aber muss der Abgemahnte bei einer bloßen Abmahnung ohne Vertragsangebot zugleich mit der Zurückweisung **erklären, er werde im Falle der Vorlage der Vollmacht eine Unterwerfungserklärung abgeben.**[70] Gibt der Abgemahnte keine solche Erklärung ab oder verteidigt er sogar die beanstandete Handlung als rechtmäßig, bietet eine erneute Abmahnung keine genügende Aussicht auf Erfolg mehr. Jedenfalls ist eine Zurückweisung ausgeschlossen, wenn der Abmahner den Abgemahnten von der Vollmacht in Kenntnis gesetzt hat (§ 174 S. 2 BGB). 33

Der Gläubiger sollte **gegenüber einem Vertreter** des Schuldners nur abmahnen, wenn er sicher ist, dass dieser Vertretungsmacht hat. Das kann insbesondere dann zutreffen, wenn der Schuldner in vorangegangenen Streitigkeiten immer vom selben Rechtsanwalt vertreten worden ist. Daraus muss allerdings nicht in jedem Falle folgen, dass er immer Vollmacht hat. Hat der Vertreter keine Vertretungsmacht, ist § 180 Satz 3 BGB zu beachten. 34

5. Inhalt

Aus dem Sinn und Zweck der Abmahnung folgt: Sie muss inhaltlich so beschaffen sein, dass der Schuldner die **Möglichkeit** erhält, die **Berechtigung** des geltend gemachten Unterlassungsanspruches **zu prüfen** und durch Abgabe einer gesicherten Unterwerfungserklärung ein gerichtliches Verfahren zu vermeiden. Demgemäß hat die Abmahnung den **Streitgegenstand** eindeutig zu kennzeichnen. Außerdem muss der Abmahner gerichtliche Schritte androhen. Ob die Abmahnung nur wirksam ist, wenn sie eine Fristsetzung enthält, ist umstritten. 35

a) Angabe der Parteien. Es versteht sich von selbst, dass die **Parteien richtig zu bezeichnen** sind. Insbesondere muss, wenn es mehrere verbundene Unternehmen mit ähnlichem Namen gibt, klar sein, wer abmahnt bzw. wer abgemahnt wird, damit hierüber später keine unnötigen Streitigkeiten entstehen. Die Abmahnung ist nur gegenüber dem Unternehmen wirksam, an das sie gerich- 36

---

[64] BGH GRUR 2010, 1120 f. – *Vollmachtsnachweis;* OLG Hamburg OLG-Report 2008, 751, 752; Köhler/*Bornkamm* § 12 Rdn. 1.27a; Teplitzky/*Bacher* Kap. 41 Rdn. 6; *Goldmann* GRUR-Prax 2010, 524, 525 f.

[65] *Goldmann* GRUR-Prax 2010, 524, 526.

[66] OLG Nürnberg WRP 1991, 522, 523; OLG Dresden NJWE-WettbR 1999, 140, 141; OLG Düsseldorf NJWE-WettbR 1999, 263; GRUR-RR 2001, 286; GRUR-RR 2010, 87 f. (auch zur Frage der Unverzüglichkeit der Abmahnung); Palandt/*Heinrichs* § 174 BGB Rdn. 2a; Ohly/*Sosnitza* § 12 Rdn. 11; *Ulrich* WRP 1998, 258, 261 f.; *Ohrt* WRP 2002, 1035 ff.; vgl. dazu Köhler/*Bornkamm* § 12 Rdn. 1.25 ff.; vgl. ferner OLG Celle GRUR-RR 2011, 77 f.: Treuwidriges Verhalten des Abgemahnten, der eine Verpflichtungserklärung abgibt, zugleich aber die Abmahnung mangels Originalvollmacht zurückweist.

[67] OLG Köln WRP 1985, 360, 361; KG GRUR 1988, 79 LS und MD VSW 1992, 574, 575; OLG Karlsruhe NJW-RR 1990, 1323 f.; OLG Frankfurt nach *Pfister* WRP 2002, 799; GroßKommUWG/*Feddersen* § 12 Rdn. 19; Teplitzky/*Bacher* Kap. 41 Rdn. 6a; WRP 2010, 1427, 1428 ff.; *Heinz/Stillner* WRP 1993, 379 ff.; *Pfister* WRP 2002, 799, 800 f.; *Busch* GRUR 2006, 477, 478 f.

[68] Ebenso *Pfister* WRP 2002, 799, 801; a. M. *Heinz/Stillner* WRP 1993, 379.

[69] OLG Düsseldorf GRUR-RR 2001, 286.

[70] OLG Hamburg WRP 1982, 478 und WRP 1986, 106; MD VSW 2007, 564, 565 f.; Köhler/*Bornkamm* § 12 Rdn. 1.40; *Ulrich* WRP 1998, 258, 261; vgl. auch OLG Stuttgart NJWE-WettbR 2000, 125; OLG Düsseldorf WRP 2010, 1409, 1410; a. M. *Ohrt* WRP 2002, 1035, 1037.

tet ist, dagegen nicht (auch) gegenüber einem verbundenen Unternehmen, das allein den Verstoß begangen und dieselbe Postanschrift hat. Allerdings kann in einem solchen Falle die Auslegung der Abmahnung aus der Sicht des Empfängers ergeben, dass derjenige gemeint ist, der tatsächlich den Wettbewerbsverstoß begangen hat.

37 Fraglich ist in einem solchen Falle, ob das zu Unrecht abgemahnte Unternehmen eine **Aufklärungspflicht** über die Passivlegitimation trifft, was mangels Abmahnverhältnisses **zu verneinen** ist (Rdn. 69), oder ob, wenn es den Verstoß sachlich verteidigt hat, eine erneute Abmahnung nunmehr gegenüber dem richtigen Unternehmen noch erforderlich ist. Das ist regelmäßig zu verneinen, weil es sich bei beiden Unternehmen zwar nicht rechtlich, aber wirtschaftlich um eine Einheit mit häufig denselben Entscheidungsträgern handelt (vgl. Rdn. 10). Entsprechendes gilt, wenn der Gläubiger eine **Handelsgesellschaft** und nicht zugleich ihre **Organe** abmahnt. Dann liegt gegenüber dem geschäftsführenden Gesellschafter bzw. dem Geschäftsführer oder Vorstand einer juristischen Person keine – wirksame – Abmahnung vor. Aber auch hier ist zu überlegen, ob eine erneute, nunmehr diesem gegenüber ausgesprochene Abmahnung noch Erfolg verspricht, wenn die Handelsgesellschaft zuvor vergeblich abgemahnt worden ist. In der Regel ist das zu verneinen.

38 Kann die Abmahnbefugnis zweifelhaft sein, müssen **Angaben zur Abmahnbefugnis** gemacht werden,[71] insbesondere wenn es sich um einen Verband gemäß § 8 Abs. 3 Nr. 2 oder um eine Einrichtung gemäß § 8 Abs. 3 Nr. 3 handelt. Ein Verbraucherschutzverband braucht aber nicht, auch nicht auf Verlangen, eine Mitgliederliste vorzulegen.[72]

39 **b) Vorwurf wettbewerbswidrigen Verhaltens.** Die Abmahnung muss den Sachverhalt, aus dem sich aus der Sicht des Abmahners der Wettbewerbsverstoß ergibt, insbesondere die **konkrete Verletzungshandlung** mitteilen sowie **den daraus abgeleiteten Vorwurf** angeben. Das hat so genau zu geschehen, dass dem Abgemahnten tatsächlich und rechtlich eine Überprüfung der Beanstandung möglich ist.[73] Die Einzelheiten der konkreten Verletzungshandlung brauchen ausnahmsweise nicht mitgeteilt zu werden, wenn dem Abgemahnten auf Grund der Abmahnung klar ist, worum es geht.[74]

40 Für eine wirksame Abmahnung genügt es nicht, dass der Abmahner nur ganz allgemein einen Werbeprospekt oder ein Werberundschreiben beanstandet, ohne für den Schuldner erkennbar zu machen, welche Angabe oder welche Angaben er für wettbewerbswidrig hält. **Ungenauigkeiten** gehen grundsätzlich zu seinen Lasten.[75] Den Abgemahnten kann jedoch aus dem Abmahnverhältnis eine **Pflicht zur Rückfrage** treffen.

41 Die Abmahnung bezieht sich immer nur auf die **beanstandete Verletzungsform,** dagegen nicht auch auf etwaige weitere, zugleich verwirklichte, aber nicht im Kern gleiche Verletzungsformen.[76] Wendet der Abmahner sich gegen eine konkrete Anzeige, greift er diese aber nur wegen einer einzigen Angabe an, so liegt hinsichtlich anderer Angaben derselben Anzeige keine Abmahnung vor. Die entsprechende Frage taucht auf, wenn es darum geht, den Gegenstand des Unterlassungsantrages zu ermitteln. Zulässig ist ausnahmsweise die alternative Angabe von Verletzungsformen, wenn der Abmahner nicht erkennen kann, welche tatsächlich vorliegt.[77]

42 Eine **rechtliche Würdigung** ist zwar **nicht erforderlich,**[78] aber – meist in Kurzform – durchaus üblich. Sie ist sinnvoll, um den Schuldner zu überzeugen, eine gesicherte Unterwerfungserklärung abzugeben und dadurch ein unnötiges gerichtliches Verfahren zu vermeiden. Eine falsche rechtliche Einordnung schadet in der Regel nicht.[79] Der Abmahner braucht Normen und Entscheidungen, die seinen Rechtsstandpunkt stützen, grundsätzlich nicht anzugeben.[80] Ausnahmswei-

---

[71] OLG Hamburg WRP 1982, 478; OLG Düsseldorf WRP 2012, 595, 596 (betr. Urheberrecht); Köhler/*Bornkamm* § 12 Rdn. 1.13.

[72] OLG Frankfurt GRUR-RR 2001, 287.

[73] BGH GRUR 2009, 502, 503 – pcb; BGH GRUR 2015, 403, 408 – *Monsterbacke II;* OLG Köln WRP 1988, 56; OLG Düsseldorf WRP 1988, 107, 108; WRP 2012, 595, 596; OLG Hamburg WRP 1989, 32 und WRP 1996, 773; OLG Stuttgart WRP 1996, 1229, 1230 f.; OLG München NJWE-WettbR 1998, 65.

[74] OLG Hamburg WRP 1995, 125 f.; MD VSW 2005, 71, 72; vgl. auch OLG Frankfurt NJW-RR 2015, 673 f. zu § 97a Abs. 2 Nr. 2 UrhG.

[75] OLG Celle WRP 1996, 757, 759.

[76] OLG Stuttgart WRP 1982, 492 LS; vgl. auch OLG München MD VSW 2005, 834, 836.

[77] OLG Hamm WRP 1987, 261, 263.

[78] OLG Düsseldorf WRP 1988, 107, 108; OLG Hamm GRUR 1996, 988, 990; OLG Hamburg GRUR-RR 2002, 145 f.; Köhler/*Bornkamm* § 12 Rdn. 1.15.

[79] OLG Hamburg WRP 1975, 305; OLG Hamm WRP 1977, 595; OLG Koblenz WRP 1981, 409, 412; OLG Stuttgart WRP 1996, 1229, 1231; KG WRP 2012, 1562, 1565.

[80] OLG Frankfurt WRP 1981, 282.

se kann es anders sein, etwa wenn verhältnismäßig unbekannte Normen maßgebend sind[81] oder der Schuldner die Abgabe der Verpflichtungserklärung von der Mitteilung einer einschlägigen Rechtsprechung abhängig macht.[82] **Beweismittel** brauchen ebenfalls nicht angegeben zu werden.[83]

c) Verlangen einer Unterwerfungserklärung. Die Abmahnung muss den Abgemahnten auffordern, eine **Unterlassungserklärung nebst Vertragsstrafeversprechen** abzugeben.[84] Das gilt aber nur, soweit solche Verpflichtungen des Abgemahnten, wie in der Regel, erforderlich sind, die Begehungsgefahr auszuräumen, was bei einem nur vorbeugenden Unterlassungsanspruch nicht ohne weiteres geboten ist.[85] 43

Verlangt der Abmahner lediglich eine **ungesicherte Unterlassungserklärung** und gibt der Abgemahnte daraufhin nur eine solche Erklärung ab, trägt der Abmahnende grundsätzlich die Kosten eines gerichtlichen Verfahrens, wenn er gleichwohl klagt und der Abgemahnte sofort anerkennt;[86] denn mangels genügender Abmahnung hat er keine Veranlassung zur Klageerhebung gegeben. Eine erneute Abmahnung ist aber entbehrlich, wenn sich der Abgemahnte in seiner Antwort auf die Abmahnung derart geäußert hat, dass eine nunmehr formgerechte Abmahnung keine Aussicht auf Erfolg mehr verspricht. Weigert sich der Schuldner, die geforderte ungesicherte Unterlassungserklärung abzugeben, so braucht der Gläubiger vor Einleitung gerichtlicher Schritte ebenfalls nicht erneut abzumahnen. 44

An der erforderlichen Abmahnung fehlt es, wenn sich die verlangte Unterwerfungserklärung allein auf die **konkrete Verletzungsform – einschließlich im Kern gleicher Handlungen** – bezieht, der Abmahner aber gerichtlich einen **weitergehenden Unterlassungsantrag** verfolgt. Auch hier ist jedoch eine erneute Abmahnung entbehrlich, wenn sich der Abgemahnte in seiner Antwort so geäußert hat, dass eine erweiterte Abmahnung aussichtslos erscheint. 45

In der Praxis ist es üblich, dass der Abmahner eine Unterwerfungserklärung **vorformuliert.** Erforderlich ist das aber nicht. Der Abmahner will dadurch die Angelegenheit beschleunigen und außerdem von vornherein Unklarheiten und Streitigkeiten über den Inhalt der Unterwerfungserklärung möglichst vermeiden. Verlangt er eine Unterlassungserklärung, die zu weit geht, oder ist die von ihm geforderte Vertragsstrafe zu hoch, muss der Abgemahnte gleichwohl von sich aus eine Unterwerfungserklärung abgeben, so wie er sie für richtig hält,[87] insbesondere mit einer Vertragsstrafe, die er als angemessen ansieht. Hält der Abmahner diese zu Recht für zu niedrig, kann ihn unter den genannten Umständen eine **Nachfasspflicht** treffen.[88] Er braucht aber nicht nachzufassen, wenn die von ihm verlangte Vertragsstrafe angemessen war und der Abgemahnte diese gleichwohl herabgesetzt hat.[89] Geht eine verallgemeinernde Abmahnung zu weit, ist der Abgemahnte grundsätzlich nicht gehalten, über die konkrete Verletzungsform hinaus eine noch eben begründete Verallgemeinerung aufzufinden und entsprechend eine derartige – eingeschränkte – Unterlassungserklärung abzugeben.[90] 46

d) Fristsetzung. *aa) Angemessenheit der Frist.* Üblicherweise enthält die Abmahnung eine Frist. Zur Wirksamkeit der Abmahnung ist die **Fristsetzung** aber **nicht erforderlich.**[91] Vielmehr hat der Abgemahnte von sich aus die Unterwerfungserklärung innerhalb einer angemessenen Frist abzugeben. Die hier vertretene Auffassung entspricht den berechtigten Interessen beider Seiten. Setzt der Gläubiger dem Schuldner überhaupt keine Frist, so ist es nicht sachgerecht, dass ihm mangels wirksamer Abmahnung gemäß § 93 ZPO die Kosten auferlegt werden, obwohl er zunächst eine angemessene Frist abgewartet hat, ohne dass der Schuldner reagiert hat, und dann Klage erhebt oder 47

---

[81] OLG Stuttgart WRP 1996, 1229, 1231; vgl. auch OLG Düsseldorf GRUR-RR 2008, 122 f. LS.

[82] Köhler/*Bornkamm* § 12 Rdn. 1.41.

[83] KG GRUR 1983, 673, 674; Köhler/*Bornkamm* § 12 Rdn. 1.24.

[84] Teplitzky/*Bacher* Kap. 41 Rdn. 14b; vgl. zu § 97 Abs. 2 Nr. 2 UrhG: OLG Frankfurt WRP 2015, 235, 236 f.

[85] BGH GRUR 1992, 116, 117 – *Topfgucker-Scheck.*

[86] Köhler/*Bornkamm* § 12 Rdn. 1.18.

[87] BGH GRUR 1983, 127, 128 – *Vertragsstrafeversprechen;* GRUR 1988, 459, 460 f. – *Teilzahlungsankündigung;* WRP 2007, 775, 778 – *Telefonwerbung für „Individualverträge";* OLG Stuttgart WRP 1985, 53; OLG Köln WRP 1988, 56; OLG München WRP 1988, 62, 63; OLG Hamburg WRP 1989, 32, 33; Köhler/*Bornkamm* § 12 Rdn. 1.17.

[88] OLG Hamburg GRUR 1988, 929, 930.

[89] OLG Hamburg OLG-Report 2003, 51.

[90] KG GRUR-RR 2008, 29, 30.

[91] OLG Nürnberg MD VSW 1990, 356, 357; GroßKommUWG/*Feddersen* § 12 Rdn. 21 und Rdn. 38; Ahrens/*Achilles* Kap. 2 Rdn. 33; a. M. KG WRP 1979, 861, 862; OLG Hamburg WRP 1986, 292; OLG München NJWE-WettbR 1998, 65; Teplitzky/*Bacher* Kap. 41 Rdn. 14d.

einen Verfügungsantrag einreicht, und der Schuldner erst im gerichtlichen Verfahren eine Unterwerfungserklärung abgibt. Für diesen bedeutet es keinen erheblichen Unterschied, ob der Gläubiger überhaupt keine oder aber eine zu kurze Frist setzt, was unumstritten lediglich zur Folge hat, dass eine angemessene Frist läuft. Die Setzung einer – wenn auch unangemessen kurzen – Frist unterstreicht nur nachdrücklich die Ernsthaftigkeit des Unterlassungsverlangens. Fehlt die Fristsetzung, ergibt sich daraus noch nicht, dass das Unterlassungsverlangen nicht ernst gemeint ist. Wenn der sonstige Text des Abmahnschreibens in dieser Hinsicht allerdings nicht eindeutig ist, könnte die Fristsetzung den Ausschlag dafür geben, dass die Ernstlichkeit zu bejahen ist.

48 Rein tatsächlich ist dem Gläubiger auf jeden Fall **dringend zu empfehlen,** dem Schuldner **eine bestimmte Frist zu setzen,** und sich nicht etwa damit zu begnügen, ihn zu einer „unverzüglichen" Unterwerfung oder zu einer Unterwerfung in „angemessener Frist" aufzufordern. Fraglich ist, ob eine solche, allgemeine Fristsetzung überhaupt wirksam ist, wenn man von der überwiegenden Auffassung ausgeht. Immerhin unterstreicht auch eine unbestimmte Frist die Ernsthaftigkeit des Unterlassungsverlangens. Daher sollte die Setzung einer solchen Frist auf jeden Fall genügen.

49 Ist die gesetzte **Frist unangemessen kurz,** wird eine angemessene Frist in Lauf gesetzt.[92] Es liegt im Interesse beider Parteien, dass dem Abgemahnten eine angemessene Überlegungsfrist zur Verfügung steht, damit es möglichst zu einer außergerichtlichen Streitbeilegung kommt.

50 Die Frage, **welche Frist angemessen** ist, beantwortet sich nach den jeweiligen Umständen des Einzelfalles unter Berücksichtigung der beiderseitigen Interessen. Dabei kommt es insbesondere auf die Eiligkeit der Sache sowie auf die Schwere, den Umfang und die Gefährlichkeit des Wettbewerbsverstoßes an, ferner auf die Möglichkeit der fristgerechten Überprüfung und Entscheidung durch den Abgemahnten, gegebenenfalls nach notwendigen Recherchen oder – vor allem in schwierigen Sachen – nach der Einholung von Rechtsrat.[93] Je eiliger die Sache ist, desto kürzer kann die Frist sein; auch Stundenfristen kommen in Betracht.[94] Der Gläubiger muss sich aber entsprechend zügig verhalten haben.[95] Ausnahmsweise kann die Abmahnung sogar entbehrlich sein (Rdn. 6ff.). Bei der Bemessung der angemessenen Frist ist zu berücksichtigen, wann die Abmahnung dem Schuldner unter gewöhnlichen Umständen zugehen wird. Auf Tage, an denen üblicherweise kein Bürobetrieb stattfindet, ist Rücksicht zu nehmen (Wochenende, Feiertage).[96] Bei der Berechnung der angemessenen Frist sind die Möglichkeiten der modernen, schnellen Kommunikation zu beachten, die kürzere Fristen als früher rechtfertigen können.

51 **Verzögert sich der Zugang** aus unvorhergesehenen Gründen, trägt der **Schuldner** das **Risiko der Verzögerung,** wenn die ihm gesetzte Frist an sich angemessen war. Verbleibt ihm bis zum Ablauf der gesetzten Frist kein genügender Überlegungszeitraum mehr, muss er den Gläubiger unter Hinweis auf den verspäteten Zugang der Abmahnung um Fristverlängerung bitten (Rdn. 58). Derartige Probleme werden meist vermieden, wenn der Gläubiger die Abmahnung dem Schuldner im Vorwege per Fax oder E-Mail zusendet.

52 Um in einem gerichtlichen Verfahren kein Kostenrisiko gemäß § 93 ZPO einzugehen, sollte der Gläubiger, wenn möglich, die **Frist eher länger bemessen** und/oder **nach Ablauf der Frist** noch **kurzfristig zuwarten.** Er trägt das Risiko (Rdn. 58), dass das Gericht die in der Abmahnung gesetzte Frist als unangemessen kurz ansieht, dagegen der Schuldner das Risiko, dass seine Reaktion zu spät kommt, wenn das Gericht entgegen seiner Erwartung die vom Gläubiger gesetzte Frist als angemessen betrachtet oder mangels Fristsetzung oder der Setzung einer zu kurzen Frist die vom Gericht angenommene angemessene Frist bereits abgelaufen ist.

53 Der Schuldner ist grundsätzlich gehalten, gegebenenfalls darauf **hinzuweisen,** dass die ihm gesetzte Frist unangemessen kurz ist.[97] Das gilt insbesondere, wenn ihn eine Aufklärungspflicht trifft, weil der Abmahner erkennbar von einem unrichtigen Sachverhalt ausgegangen ist, der eine kurze Frist rechtfertigen würde.

54 Hat der Gläubiger schon vor Ablauf der gesetzten Frist oder, wenn es an einer Fristsetzung fehlt, **vor Ablauf** einer angemessenen Frist eine **einstweilige Verfügung** erwirkt und sie dem Schuldner zustellen lassen, braucht dieser, da der Gläubiger bereits gesichert ist, keine Unterwerfungserklä-

---

[92] BGH GRUR 1990, 381, 382 – *Antwortpflicht des Abgemahnten;* OLG Hamburg GRUR 1989, 297 LS; GRUR 1991, 80; GRUR 1995, 836 LS; OLG Köln WRP 1996, 1214, 1215; Köhler/*Bornkamm* § 12 Rdn. 1.20.

[93] Köhler/*Bornkamm* § 12 Rdn. 1.19 (im Regelfall eine Woche bis zehn Tage ab Zugang).

[94] OLG München WRP 1988, 62, 63; OLG Frankfurt WRP 1996, 1194, 1195.

[95] Köhler/*Bornkamm* § 12 Rdn. 1.19.

[96] OLG Köln WRP 1981, 339; OLG Frankfurt NJW-RR 1986, 533; OLG Hamburg GRUR 1989, 630 LS.

[97] OLG Hamburg GRUR 1989, 297 LS; Teplitzky/*Bacher* Kap. 41 Rdn. 16; vgl. aber Köhler/*Bornkamm* § 12 Rdn. 1.20.

rung mehr abzugeben; er kann vielmehr die einstweilige Verfügung als endgültige Regelung anerkennen und sich mit einem Kostenwiderspruch auf § 93 ZPO berufen.[98] Entsprechendes gilt auch dann, wenn der Gläubiger die einstweilige Verfügung noch nicht hat zustellen lassen, sondern den Schuldner nur im Vorwege vom Erlass und Inhalt der einstweiligen Verfügung informiert hat. Denn der Gläubiger hat es selbst in der Hand, die einstweilige Verfügung innerhalb der Vollziehungsfrist jederzeit durch Zustellung wirksam werden zu lassen und dadurch eine Sicherung zu erhalten.

bb) Fristwahrung. Der Gläubiger sollte **keine Stunden-, Tages- oder Wochenfristen** („binnen zwei Stunden/Tagen/Wochen") setzen. Da diese erst ab Zugang beim Schuldner laufen, weiß der Gläubiger im Allgemeinen nicht, wann sie endet. Daher ist es zweckmäßig, in der Abmahnung den **genauen Zeitpunkt** – nach Tag und Stunde, etwa 12 Uhr mittags – **anzugeben,** an dem die Frist abläuft. Ohne genaue Angabe endet eine Frist erst um 24 Uhr; im übrigen gelten dann die Auslegungsregeln der §§ 186ff. BGB. Die gesetzte Frist darf der Abgemahnte voll ausnutzen,[99] auch wenn sie an sich länger ist als objektiv angemessen. 55

Grundsätzlich genügt die **Abgabe** der Erklärung **innerhalb der Frist,** es sei denn, dass der Abmahner ausdrücklich verlangt hat, dass die Unterwerfungserklärung innerhalb der Frist bei ihm eingeht. Dann muss er aber dafür sorgen, dass ein Zugang bei Fristende auch möglich ist; sonst verlängert sich die Frist bis zu dem Zeitpunkt, zu dem der Abmahner wieder erreichbar ist, etwa bei Fristablauf um Mitternacht bis zum Mittag des folgenden Tages.[100] 56

Der Abmahner braucht den **Fristablauf nicht mehr abzuwarten,** wenn sich der Abgemahnte in der Zwischenzeit bereits **ernsthaft und endgültig geweigert** hat, die geforderte Unterwerfungserklärung abzugeben, was der Abmahner darzulegen und zu beweisen hat. Ebenso verhält es sich, wenn der Abgemahnte in der Zwischenzeit weitere Verstöße, die offensichtlich sind und leicht abzustellen waren, begangen und dadurch gezeigt hat, dass er nur Zeit gewinnen will.[101] Wenn dem Abmahner nachträglich Umstände bekannt werden, aus denen sich eine größere Eiligkeit ergibt als bisher angenommen, kann er die gesetzte Frist angemessen verkürzen. Dagegen muss er den Ablauf der angemessenen Frist auch dann abwarten, wenn der Abgemahnte um Fristverlängerung gebeten hat. Aus dieser Bitte folgt noch nicht, dass die gesetzte Frist nicht eingehalten wird. 57

cc) Fristüberschreitung. Ist es dem Abgemahnten – etwa wegen interner Schwierigkeiten oder wegen einer Verzögerung des Zuganges – schuldlos nicht möglich, die an sich angemessene Frist einzuhalten, muss er den Abmahner unter Nennung der Gründe um eine **Fristverlängerung** bitten[102] oder eine **Erklärung kurzfristig in Aussicht stellen.**[103] Tut er das nicht, handelt er auf sein eigenes Risiko, wenn die überschrittene Frist nach Auffassung des Gerichts angemessen war (Rdn. 52).[104] Ob der Abmahnende die Frist verlängern muss, hängt von den ihm genannten Umständen ab.[105] Meist braucht er sich nicht auf eine Fristverlängerung einzulassen. Verweigert er sie, handelt er auf sein eigenes Risiko, wenn eine Fristverlängerung geboten war und er sofort gerichtliche Schritte einleitet.[106] Der Gläubiger sollte daher, wenn ihm plausible Gründe genannt werden, in seinem eigenen Interesse die Frist – zumindest um eine kurze Zeit – verlängern. Er ist grundsätzlich nicht gehalten, einer Fristverlängerung zuzustimmen, wenn das Begehren des Abgemahnten mit der Abwesenheit des Geschäftsführers begründet wird.[107] 58

Hält der Abgemahnte, auch schuldlos, die angemessene Frist nicht ein, – und zwar genau, vorbehaltlich des § 242 BGB –, kann der Abmahner regelmäßig ein gerichtliches Verfahren einleiten, ohne für den Fall eines sofortigen Anerkenntnisses ein Kostenrisiko einzugehen (§ 93 ZPO); denn der Abgemahnte hat dann Veranlassung zur Klageerhebung gegeben. Sollte die **Unterwerfungserklärung** dem Abmahner zwar **nach Ablauf der Frist,** aber noch **vor Einleitung eines gerichtlichen Verfahrens zugehen,** entfällt die Veranlassung zur Erhebung einer Unterlassungsklage. Hat der Abmahner die Klage oder Antragsschrift bereits auf den Weg zum Gericht gebracht, kommt es 59

---

[98] OLG Frankfurt WRP 1996, 1194.
[99] KG GRUR 1979, 740.
[100] KG GRUR 1979, 740.
[101] OLG Frankfurt NJW-RR 1987, 37.
[102] OLG Hamburg WRP 1989, 28, 31f.; GRUR 1991, 80; OLG Stuttgart WRP 2004, 1395 LS; Ahrens/*Achilles* Kap. 2 Rdn. 36.
[103] Vgl. OLG Hamburg WRP 1989, 325.
[104] OLG Hamburg GRUR 1991, 80.
[105] OLG Hamburg WRP 1989, 325; OLG Frankfurt GRUR-RR 2001, 72; Thüringer OLG MD VSW 2010, 319, 320f. (betr. Abschlusserklärung).
[106] OLG Hamburg WRP 1989, 325.
[107] OLG Karlsruhe MD VSW 2009, 331, 333.

darauf an, ob er die Einreichung bei Gericht noch verhindern konnte. Ist die Klage oder die Antragschrift bereits bei Gericht eingegangen, ist § 269 Abs. 3 Satz 3 ZPO zu beachten.

60 Erwirkt der Abmahner bereits **vor Ablauf der Frist eine einstweilige Verfügung,** ohne sie zunächst zuzustellen, so schadet ihm das nicht, falls der Abgemahnte die gesetzte Frist überschreitet.[108] Entsprechendes gilt für eine verfrühte Einreichung der Klage. Mit der verfrühten Antragstellung handelt der Abmahner lediglich auf sein eigenes Risiko.

61 **e) Androhung gerichtlicher Schritte.** Grundsätzlich muss der Gläubiger dem Schuldner für den Fall fruchtlosen Unterwerfungsverlangens gerichtliche Schritte androhen.[109] Auf diese Weise wird dem Abgemahnten eindringlich vor Augen gehalten, dass er ein **gerichtliches Verfahren riskiert,** wenn er sich nicht unterwirft. Fehlt eine solche Androhung, kann das im Einzelfall unschädlich sein, wenn der Schuldner Rechtsanwalt oder Notar ist, weil grundsätzlich davon ausgegangen werden kann, dass ihm die Folgen einer wettbewerblichen Abmahnung bekannt sind,[110] oder wenn der Schuldner sich in seiner Erwiderung so eingelassen hat, dass eine erneute, nunmehr formgerechte Abmahnung keine Aussicht auf Erfolg verspricht.[111] Der Gläubiger braucht nicht anzugeben, welche gerichtlichen Schritte – Verfügungsverfahren oder Klage – er einleiten will.[112] Droht er aber ein bestimmtes Verfahren an (Klage bzw. Verfügungsantrag), muss er mit dementsprechenden Einwendungen des Abgemahnten rechnen, wenn er das andere Verfahren einleitet. Solche Einwendungen greifen allerdings nicht durch.[113] Verfolgt der Gläubiger den Unterlassungsanspruch nicht weiter, sondern nur den Anspruch auf Zahlung der Abmahnkosten, könnte von Anfang an die Ernsthaftigkeit des Unterlassungsverlangens fehlen.[114]

6. Auslegung

62 Die Abmahnung ist entsprechend den Regeln auszulegen, die für die **Auslegung von Willenserklärungen** gelten. Es ist daher zu fragen, wie die Abmahnung aus der objektivierten Sicht des Empfängers zu verstehen ist. Dabei ist insbesondere die konkrete Verletzungsform zu berücksichtigen, auf die sich die Abmahnung bezieht. Verbleiben Unklarheiten, so geht das grundsätzlich zu Lasten des Abmahners. Den Abgemahnten könnte aber eine Nachfragepflicht aus dem Abmahnverhältnis treffen. Bestehen Unstimmigkeiten zwischen dem Text des Abmahnschreibens und der vorformulierten Unterwerfungserklärung, ist regelmäßig davon auszugehen, dass der geltend gemachte Anspruch in der vom Abmahner vorgeschlagenen Unterwerfungserklärung konkretisiert worden ist und deren Formulierung maßgebend sein soll.

V. Rechtsfolgen der berechtigten Abmahnung

1. Kostenfolge bei sofortigem Anerkenntnis

63 Erkennt der Beklagte im Unterlassungsprozess sofort an, kommt es für die Frage, wer im Rahmen der §§ 91, 93 ZPO die Kosten zu tragen hat, darauf an, ob er **Veranlassung zur Klageerhebung** gegeben hat oder nicht. Das trifft zu, wenn er **ordnungsgemäß abgemahnt** worden ist. Dem Abmahnenden schadet es grundsätzlich nicht, wenn die **Abmahnung zu weit gefasst** ist. Der Abgemahnte hat nämlich von sich aus eine **eingeschränkte Unterwerfungserklärung** abzugeben (Rdn. 46). Hat der Kläger nicht abgemahnt, kommt es darauf an, ob die Abmahnung ausnahmsweise entbehrlich war. Ist das zu verneinen, hat er die Kosten zu tragen. Zu seinen Gunsten sind dann nicht etwa **fiktive Abmahnkosten** zu berücksichtigen.[115]

64 Einem Anerkenntnis steht es gleich, dass der Beklagte während des Prozesses eine **strafbewehrte Verpflichtungserklärung** abgibt[116] und sich der Erledigungserklärung des Klägers anschließt. Im

---

[108] OLG Düsseldorf WRP 1988, 107, 108; OLG Köln NJW-RR 1988, 187 f.; OLG Hamburg GRUR 1991, 80; Teplitzky/*Bacher* Kap. 41 Rdn. 18.

[109] BGH GRUR 2007, 164, 165 – *Telefax-Werbung II;* OLG München WRP 1981, 601; OLG Hamburg WRP 1986, 292.

[110] KG NJW 2005, 2239, 2240.

[111] OLG Hamburg GRUR 1991, 81 LS.

[112] Ohly/*Sosnitza* § 12 Rdn. 18; *Klein* GRUR 2012, 882, 884.

[113] Köhler/*Bornkamm* § 12 Rdn. 1.21.

[114] Köhler/*Bornkamm* § 12 Rdn. 1.21b.

[115] OLG Hamburg WRP 1972, 536, 537; OLG Frankfurt GRUR 1972, 670, 671; OLG Stuttgart WRP 1986, 359, 360; OLG Köln WRP 1986, 426, 428; Köhler/*Bornkamm* § 12 Rdn. 1.100; Ohly/*Sosnitza* § 12 Rdn. 22; Ahrens/*Scharen* Kap. 11 Rdn. 44 ff.; Ahrens/*Achilles* Kap. 12 Rdn. 2; a. M. OLG Stuttgart WRP 1978, 837, 838; OLG Koblenz WRP 1983, 242 LS.

[116] BGH GRUR 2010, 257, 258 f. – *Schubladenverfügung;* OLG München WRP 1988, 62.

Rahmen des § 91a ZPO ist dann auch § 93 ZPO zu berücksichtigen (Vor § 12 Rdn. 61 und 64). Ebenso verhält es sich, wenn der Beklagte nach Zustellung einer einstweiligen Verfügung eine **Abschlusserklärung** abgegeben hat.

2. Beweislast

65 Im Einzelfall kann Streit darüber entstehen, ob der Abgemahnte die Abmahnung oder ob der Abmahner die Unterwerfungserklärung erhalten hat. Nach § 93 ZPO hat der Beklagte zu beweisen, dass er keine Veranlassung zur Klageerhebung gegeben hat, d. h. im Grundsatz an sich in vollem Umfange, dass er vor Klageerhebung nicht abgemahnt worden ist bzw. der Abmahner schon vor Klageerhebung eine ordnungsgemäße Unterwerfungserklärung bekommen hat. Sachgerecht ist aber eine Verteilung der **Beweislast nach Verantwortungsbereichen.** Dabei ist die im vorliegenden Zusammenhang maßgebende Hauptfunktion der Abmahnung zu beachten, die dem Abgemahnten im beiderseitigen Interesse eine kostengünstige vorgerichtliche Erledigung der Auseinandersetzung durch Abgabe einer Unterwerfungserklärung ermöglichen soll, ohne dass an den Abmahner unzumutbare Anforderungen gestellt werden dürfen. Denn Ausgangspunkt der Überlegungen ist immer, dass der Abgemahnte eine wettbewerbswidrige Handlung begangen hat oder diese zumindest erstmals droht. Aus den vorstehenden Überlegungen folgt im Rahmen des § 93 ZPO:

- Der **Abmahner** hat das ordnungsgemäße **Absenden der Abmahnung** zu beweisen. Der Abgemahnte trägt das Risiko des verspäteten Zuganges und des Verlustes der Abmahnung (vgl. Rdn. 29).
- Der **Abgemahnte** hat das **Absenden und den Zugang der Unterwerfungserklärung** zu beweisen. Er trägt die Gefahr des verspäteten Zuganges und des Verlustes der Unterwerfungserklärung.

66 Allerdings kann den Abmahner – **ausnahmsweise** – eine **Nachfragepflicht aus dem Abmahnverhältnis** treffen, wenn ihm keine Unterwerfungserklärung zugegangen ist, der Abgemahnte aber die geforderten Abmahnkosten gezahlt hat,[117] falls das innerhalb der gesetzten Frist geschehen ist und der Abmahner vor Ablauf der Frist davon Kenntnis erhalten hat. Das gilt jedoch nur, wenn er weitere Anhaltspunkte dafür hat, dass die Unterwerfungserklärung verloren gegangen sein könnte, etwa wenn der Abgemahnte auch schon in der Vergangenheit zugleich die Abmahnkosten gezahlt und eine Unterwerfungserklärung abgegeben hat. Bei einer großangelegten, längerfristigen Werbeaktion kann der Abmahner dagegen eher davon ausgehen, dass es dem Abgemahnten darum geht, Zeit zu gewinnen, um die begonnene Werbeaktion möglichst noch zu Ende zu führen. Letztlich kommt es auf die gesamten Umstände des Einzelfalles an.[118]

3. Abmahnverhältnis

67 **a) Rechtsgrundlage.** Auf Grund der Abmahnung entsteht zwischen dem Abmahner, auch einem Verband,[119] und dem Abgemahnten jedenfalls dann das sogenannte **Abmahnverhältnis,** wenn dieser tatsächlich einen Wettbewerbsverstoß begangen hat.[120] Das Abmahnverhältnis konkretisiert das zwischen ihnen auf Grund des Verstoßes begründete gesetzliche Schuldverhältnis der unerlaubten Handlung. Aus dem Abmahnverhältnis **als wettbewerbsrechtlicher Sonderverbindung** entstehen für beide Seiten Treuepflichten, deren schuldhafte Verletzung zum Schadensersatz verpflichten kann.[121] Das Abmahnverhältnis entsteht auch dann, wenn die Abmahnung den Abgemahnten zwar nicht erreicht, dieser aber den Zugang treuwidrig vereitelt hat.[122]

68 Fraglich ist, ob das auch dann gilt, wenn es bisher noch nicht zu einem Verstoß gekommen ist, dieser aber erstmals droht, also **Erstbegehungsgefahr** gegeben ist. Obwohl in einem solchen Falle noch keine wettbewerbswidrige Handlung und daher kein gesetzliches Schuldverhältnis aus unerlaubter Handlung vorliegt, dürfte in einem derartigen Falle ebenfalls ein Abmahnverhältnis entstehen.[123]

---

[117] OLG Hamm GRUR 1991, 638 LS; Köhler/*Bornkamm* § 12 Rdn. 1.36a; vgl. auch OLG Celle GRUR-RR 2008, 981, 982; a. M. *Kunath* 2001, 238, 240.

[118] OLG Köln WRP 1983, 42, 43; KG WRP 1990, 415, 418.

[119] BGH GRUR 1988, 716, 717 – *Aufklärungspflicht gegenüber Verbänden;* OLG Hamburg WRP 1989, 28, 31 f.

[120] BGH GRUR 1987, 640, 641 – *Wiederholte Unterwerfung II;* GRUR 1988, 716, 717 – *Aufklärungspflicht gegenüber Verbänden;* GRUR 1990, 381 – *Antwortpflicht des Abgemahnten;* GRUR 1990, 542, 543 – *Aufklärungspflicht des Unterwerfungsschuldners;* OLG Köln GRUR-RR 2001, 46, 47; GRUR 2001, 525, 529.

[121] BGH GRUR 2008, 360, 361 – *EURO und Schwarzgeld;* OLG Karlsruhe NJW-RR 1987, 344, 345; Köhler/*Bornkamm* § 12 Rdn. 1.62; Ohly/*Sosnitza* § 12 Rdn. 20.

[122] OLG Hamm MD VSW 2011, 34, 36.

[123] GroßKommUWG/*Feddersen* § 12 Rdn. 55.

69 Ein **Abmahnverhältnis** ist aber dann **zu verneinen,** wenn kein Verstoß vorliegt und ein solcher auch nicht droht, und zwar selbst dann, wenn der Abmahner schuldlos gehandelt hat.[124] Es fehlt an einer – begangenen oder erstmals drohenden – wettbewerbswidrigen Handlung als Grundlage für eine solche Sonderverbindung. Dem Abmahner vermag auch nicht der Gesichtspunkt einer culpa in contrahendo (§ 311 Abs. 2 Nr. 1 BGB) zu helfen,[125] auch nicht eine entsprechende Anwendung des § 840 ZPO.[126] Das allein ist interessengerecht; denn der Abgemahnte hat rechtmäßig gehandelt und wird einer unbegründeten Abmahnung ausgesetzt. Entsprechendes gilt, wenn zwar eine wettbewerbswidrige Handlung vorliegt, der Abmahnende aber den Falschen abgemahnt hat, selbst wenn dieser und der Richtige verbundene Unternehmen sind (vgl. dazu Rdn. 36f.).[127] Wenn in Ausnahmefällen der Abgemahnte zurechenbar den Anschein eines von ihm begangenen Verstoßes hervorgerufen und dadurch die Abmahnung ausgelöst hat, könnte sich aus § 826 BGB eine Pflicht zur Aufklärung ergeben.[128]

70 **b) Pflichten des Abgemahnten.** Aus dem Abmahnverhältnis als wettbewerbsrechtlicher Sonderverbindung trifft den abgemahnten Störer eine **Antwortpflicht.** Er ist verpflichtet, auf die Abmahnung fristgemäß durch Abgabe einer Unterwerfungserklärung oder durch deren Ablehnung zu reagieren.[129] Außerdem kann sich für den Abgemahnten vor allem eine **Pflicht zur** unverzüglichen **Aufklärung** ergeben, damit für den Abmahner ein erfolgloses gerichtliches Verfahren und damit verbundene unnötige Kosten vermieden werden.[130]

71 So ist der Abgemahnte gegebenenfalls verpflichtet, den Abmahner darauf hinzuweisen, dass er bereits einem Dritten gegenüber eine ausreichende strafbewehrte Verpflichtungserklärung abgegeben hat.[131] Diese hat nämlich zur Folge, dass die Wiederholungsgefahr auch im Verhältnis zum Abmahner entfallen und daher dessen Unterlassungsanspruch erloschen ist. Der Abgemahnte muss dem Abmahner alle Informationen geben, die dieser benötigt, um zuverlässig beurteilen zu können, ob die Wiederholungsgefahr durch **Drittunterwerfung** ausgeschlossen worden ist.[132] Dazu gehören Angaben über den Erstabmahner und über den Inhalt der ersten Abmahnung, der Unterwerfungserklärung und einer etwaigen Erwiderung des Erstabmahners. Der Schriftwechsel ist in Kopie beizufügen. Eine fernmündliche Unterrichtung genügt wegen der damit verbundenen Unsicherheiten nicht.[133] Entsprechendes gilt, wenn der Abgemahnte einem Dritten gegenüber nach Erlass einer einstweiligen Verfügung bereits eine Abschlusserklärung abgegeben hat oder sich auf einen gegen ihn ergangenen, rechtskräftigen Unterlassungstitel berufen will. Die Aufklärungspflicht umfasst aber nicht solche Umstände, die der Abmahner selbst durch Einsichtnahme in öffentliche Register in Erfahrung bringen kann.[134]

72 Der Informationspflicht muss der Abgemahnte von sich aus nachkommen, nicht erst auf Anforderung des Abmahners. Diesen trifft allerdings eine **Nachfasspflicht,** wenn ihm nur noch einzelne Informationen fehlen. Erfüllt der Abgemahnte seine Informationspflicht nicht, können je nach den Umständen begründete Zweifel an der Ernsthaftigkeit der Drittunterwerfung und damit an dem Wegfall der Wiederholungsgefahr bestehen. Jedenfalls hat er dem Abmahner die unnötigen Kosten eines erfolglosen gerichtlichen Verfahrens im Wege des Schadensersatzes zu erstatten.

73 Die **Grundlage einer solchen Aufklärungspflicht** ist ebenfalls das Abmahnverhältnis; sie folgt nicht etwa aus einem drittgeschützten Abmahnverhältnis zwischen dem Erstabmahner und dem Abgemahnten. Der hier vertretenen Auffassung steht nicht entgegen, dass der Unterlassungsanspruch des Zweitabmahners im Zeitpunkt der Abmahnung durch die Drittunterwerfung bereits erloschen ist. Auf Grund der begangenen wettbewerbswidrigen Handlung des Abgemahnten ist auch im Verhältnis zum Zweitabmahner zunächst das gesetzliche Schuldverhältnis der unerlaubten

---

[124] BGH GRUR 1995, 167, 169 – *Kosten bei unbegründeter Abmahnung;* KG WRP 1991, 310, 311; OLG Hamburg WRP 2009, 335; Köhler/*Bornkamm* § 12 Rdn. 1.63; Teplitzky/*Bacher* Kap. 41 Rdn. 56ff.

[125] BGH GRUR 1995, 167, 169 – *Kosten bei unbegründeter Abmahnung;* Köhler/*Bornkamm* § 12 Rdn. 1.63; Teplitzky/*Bacher* Kap. 41 Rdn. 61; a. M. OLG Köln GRUR 1991, 74, 75; *Traub* WRP 1989, 393, 394; *Ulrich* WRP 1995, 282, 285.

[126] BGH GRUR 1995, 167, 169 – *Kosten bei unbegründeter Abmahnung;* Teplitzky/*Bacher* Kap. 41 Rdn. 61; *Ulrich* WRP 1995, 282, 285f.

[127] Vgl. aber OLG Köln GRUR 1991, 74, 75.

[128] Köhler/*Bornkamm* § 12 Rdn. 1.63; vgl. dazu *Traub* WRP 1989, 393, 395f.

[129] BGH GRUR 1990, 381, 382 – *Antwortpflicht des Abgemahnten;* Köhler/*Bornkamm* § 12 Rdn. 1.62.

[130] BGH GRUR 1987, 54, 55 – *Aufklärungspflicht des Abgemahnten;* GRUR 1988, 716, 717 – *Aufklärungspflicht gegenüber Verbänden;* GRUR 1990, 381f. – *Antwortpflicht des Abgemahnten.*

[131] OLG Frankfurt WRP 1990, 790; Köhler/*Bornkamm* § 12 Rdn. 1.65.

[132] OLG Hamburg WRP 1996, 773; OLG Frankfurt WRP 2016, 632; Köhler/*Bornkamm* § 12 Rdn. 1.65.

[133] OLG Dresden WRP 2000, 430 LS.

[134] OLG Frankfurt WRP 1989, 391, 392f.; Köhler/*Bornkamm* § 12 Rdn. 1.64.

Handlung entstanden. Darauf beruht als Sonderverbindung nachwirkend das Abmahnverhältnis, auch wenn der Unterlassungsanspruch im Zeitpunkt der Abmahnung nicht mehr besteht. Entsprechend verhält es sich im Falle der Erstbegehungsgefahr.

Die **Aufklärungspflicht** wird auch dann **verletzt,** wenn der Abgemahnte in seiner Erwiderung den Sachverhalt, den der Abmahner in seiner Abmahnung zugrunde gelegt hat, falsch darstellt und der Abmahner deshalb erfolglos gegen ihn gerichtlich vorgeht.[135] Das gilt auch, wenn der Abmahner bereits in seiner Abmahnung von einem unrichtigen Sachverhalt ausgegangen ist und der Abgemahnte diesen nicht korrigiert. 74

c) Pflichten des Abmahners. Der Abmahner kann verpflichtet sein, auf etwaige Mängel der Unterwerfungserklärung hinzuweisen, wenn es sich nämlich erkennbar um ein bloßes Versehen handelt. **In der Regel** besteht jedoch, insbesondere bei anwaltlicher Erwiderung, **keine „Nachfasspflicht"** (vgl. aber Rdn. 46, 66, 72).[136] Lässt sich der Abmahner dagegen auf Verhandlungen ein und einigen sich die Parteien über eine Änderung der beanstandeten Werbung, muss er deutlich zum Ausdruck bringen, dass er noch auf der Abgabe der zuvor verlangten Verpflichtungserklärung besteht.[137] Ist ausnahmsweise eine Nachfasspflicht gegeben, muss der Abmahner darlegen und beweisen, dass er dieser Pflicht nachgekommen ist.[138] Der Schuldner hat gegen den Gläubiger keinen Anspruch auf Mitteilung, ob dieser – nach Erlass eines Verbotsurteils – wegen eines abgewandelten Verhaltens einen Ordnungsmittelantrag stellen werde.[139] 75

Entgegen der Ansicht von *Köhler*[140] ist der **Erstabmahner** gegenüber dem **Zweitabmahner** nicht verpflichtet, auf Verlangen **Auskunft über die Unterwerfungserklärung** zu geben. Dafür gibt es keine rechtliche Grundlage. Insbesondere folgt ein solcher Anspruch nicht aus dem Unterwerfungsvertrag zwischen dem Erstabmahner und dem Schuldner. Dieser ist nicht als Vertrag mit Schutzwirkung zugunsten des Zweitabmahners als Drittem zu qualifizieren. Es fehlt am dafür erforderlichen Einbeziehungsinteresse des Erstabmahners,[141] das sich nicht aus §§ 428f., 242 BGB ergibt. 76

4. Kosten der Abmahnung

a) Anspruch aus § 12 Abs. 1 Satz 2. Der Abmahner kann **Ersatz der erforderlichen Aufwendungen** verlangen, **soweit** seine **Abmahnung berechtigt** ist. Hierbei ist zwischen begründeten und berechtigten Abmahnungen zu unterscheiden.[142] Eine Abmahnung ist begründet, wenn – im Zeitpunkt der Abmahnung –[143] ein durchsetzbarer Unterlassungsanspruch besteht. Sie ist auch berechtigt, wenn sie außerdem unentbehrlich ist, was insbesondere bei Mehrfachabmahnungen von Bedeutung ist (vgl. dazu bereits Rdn. 10 und 11). Dabei kommt es auf die Kenntnis des Gläubigers an.[144] Der Anspruch besteht nur, wenn die Abmahnung vor Einleitung eines gerichtlichen Verfahrens ausgesprochen wird (vgl. auch Rdn. 7). Das folgt aus dem Wortlaut, der Entstehungsgeschichte und dem Zweck der Vorschrift.[145] Auf die Kosten eines Abschlussschreibens ist § 12 Abs. 1 Satz 2 entsprechend anzuwenden;[146] dagegen nicht auf die Anwaltskosten, die durch die Geltendmachung einer Vertragsstrafe[147] oder von Ansprüchen auf Schadensersatz/Auskunft entstanden sind. 77

aa) Allgemeines. Auch **nach der bis 2004 geltenden Rechtslage** stand dem Abmahner, der einen durchsetzbaren Unterlassungsanspruch hatte, grundsätzlich ein Anspruch auf Ersatz seiner Abmahnkosten zu. Zunächst war ein solcher Anspruch zu bejahen, wenn der Abmahner einen **Schadensersatzanspruch** aus einer schuldhaft begangenen, wettbewerbswidrigen und/oder vertragswidrigen Handlung hatte. Es gibt aber Fälle, in denen der Abmahner zwar Unterlassung, aber 78

---

[135] OLG Hamburg WRP 1999, 969, 970.

[136] OLG Hamburg WRP 1986, 292; OLG München MD VSW 2010, 546, 549; KG MD VSW 2011, 972f.; Ausnahme: KG WRP 2015, 490f.; vgl. GroßKommUWG/*Feddersen* § 12 Rdn. 58.

[137] LG Hamburg MD VSW 2001, 511 LS.

[138] OLG Hamm NJW-RR 1987, 425.

[139] BGH GRUR 2008, 360, 361 f. – *EURO und Schwarzgeld.*

[140] *Köhler* in: FS Piper, S. 309, 320ff.

[141] Vgl. dazu allgemein Palandt/*Grüneberg* § 328 BGB Rdn. 17, 17a.

[142] BGH GRUR 2009, 502, 503 – *pcb;* GRUR 2012, 949, 952 – *Missbräuchliche Vertragsstrafe;* GRUR 2013, 307, 309 – *Unbedenkliche Mehrfachabmahnung;* Köhler/*Bornkamm* § 12 Rdn. 1.44f., 1.68 und 1.80ff.

[143] BGH WRP 2012, 975, 979 – *Computer-Bild.*

[144] OLG Oldenburg WRP 2012, 1138, 1139.

[145] BGH GRUR 2010, 257, 258 – *Schubladenverfügung;* GRUR 2010, 855, 857 – *Folienrollos.*

[146] Köhler/*Bornkamm* § 12 Rdn. 1.78; nach BGH GRUR 2010, 1038, 1039 – *Kosten für Abschlussschreiben I;* GRUR 2015, 622 – *Kosten für Abschlusssreiben II:* Erstattung nach den Grundsätzen der GoA.

[147] BGH GRUR 2008, 929, 930 – *Vertragsstrafeneinforderung.*

nicht Schadensersatz aus unerlaubter Handlung verlangen kann. Das trifft etwa zu, wenn der Abmahner als Verband für einen Anspruch auf Schadensersatz nicht aktivlegitimiert ist.[148] Ebenso ist es, wenn wegen einer Berühmung, die Erstbegehungsgefahr begründet, zwar ein Unterlassungsanspruch besteht, ein Schadensersatzanspruch aber daran scheitert, dass es bei dem bisherigen Verhalten des Abgemahnten an den subjektiven Voraussetzungen des Tatbestandes, wie etwa an einer erforderlichen Kenntnis,[149] oder am Verschulden fehlt. In derartigen Fällen vermochten dem Abmahner, der Erstattung seiner Abmahnkosten verlangt, als Anspruchsgrundlage §§ 683 Satz 1, 677, 670 **(berechtigte Geschäftsführung ohne Auftrag)** zu helfen.[150]

79 Trotz der dagegen geäußerten dogmatischen Bedenken[151] war und ist, soweit noch erforderlich, an ihr festzuhalten. Bei Abmahnungen nach Inkrafttreten des § 12 Abs. 1 Satz 2 erhält der Gläubiger neben dem Unterlassungsanspruch nunmehr ausdrücklich einen gesetzlichen, vom Verschulden unabhängigen Anspruch auf Aufwendungsersatz. Die Neuregelung knüpft an die Rechtsprechung zur Geschäftsführung ohne Auftrag an, wie sich ausdrücklich aus der Gesetzesbegründung ergibt. Die Formulierung in § 12 Abs. 1 Satz 1 „sollen ... ihm (dem Schuldner) Gelegenheit geben", bestätigt, dass die Abmahnung auch als Geschäft für den Schuldner anzusehen ist. Allerdings kommt es nach § 12 Abs. 1 nicht mehr darauf an, ob die Abmahnung im konkreten Einzelfall im Interesse des Abgemahnten liegt und seinem wirklichen oder mutmaßlichen Willen entspricht. Die **frühere Rechtslage** bleibt aber **von Bedeutung. Die hiernach gegebenen Ansprüche** entstehen **neben dem 2004 eingeführten Anspruch aus § 12 Abs. 1 Satz 2,** was allerdings meist ohne praktische Bedeutung ist. In Ausnahmefällen, in denen Aufwendungsersatz nur als Schadensersatz verlangt werden kann, ist es jedoch anders (vgl. Rdn. 102). Außerdem ist die Annahme einer Geschäftsführung ohne Auftrag noch von Bedeutung für einen **Gegenanspruch** des zu Unrecht Abgemahnten aus § 678 BGB (Rdn. 110), ferner für **Abmahnungen auf Rechtsgebieten außerhalb des UWG.**[152]

80 *bb) Voraussetzungen.* Die **Anspruchsberechtigung** ist nicht problematisch. „Berechtigter" ist, wer einen noch durchsetzbaren Unterlassungsanspruch hat. Das sind der unmittelbar Verletzte sowie Wettbewerber und Verbände (§ 8 Abs. 3). Der Anspruch entfällt unter den Voraussetzungen des § 8 Abs. 4 ebenso wie der Unterlassungsanspruch.[153]

81 Der Abmahner hat einen Ersatzanspruch, wenn seine **Abmahnung berechtigt** ist, d. h. er einen noch durchsetzbaren Unterlassungsanspruch gegen den Abgemahnten hat und seine Abmahnung unentbehrlich ist (vgl. Rdn. 77). Das gilt gleichermaßen im Falle der Wiederholungsgefahr nach einem begangenen Verstoß als auch in dem Falle, dass der Schuldner durch sein Verhalten Erstbegehungsgefahr begründet hat.[154] Ob der Abgemahnte schuldhaft gehandelt hat, ist unerheblich. Die Voraussetzungen sind nicht gegeben, wenn gegen den Abgemahnten kein Unterlassungsanspruch entstanden ist oder der Anspruch wegen Verjährung – nach Erhebung der Einrede – nicht mehr durchgesetzt werden kann[155] oder der Anspruch inzwischen durch Drittunterwerfung erloschen ist. Im letzteren Falle kann der Verletzte nur im Wege des Schadensersatzes Erstattung seiner Abmahnkosten verlangen. Kommen mehrere Schuldner in Betracht, sollte der Abmahner deutlich zum Ausdruck bringen, gegen wen sich die Abmahnung richtet.

82 **Maßgebend** ist der **Zeitpunkt** der Abmahnung, und zwar **der Absendung der Abmahnung.** Demgemäß ist allein entscheidend, dass die Abmahnung ordnungsgemäß abgesandt worden ist, dagegen nicht deren Zugang.[156] Der Schuldner trägt auch im vorliegenden Zusammenhange das Risiko des Verlustes (vgl. Rdn. 29, 65). Das **spätere Verhalten des Abgemahnten** ist unerheb-

---

[148] BGH GRUR 1990, 381 – *Antwortpflicht des Abgemahnten.*

[149] OLG Hamburg OLG-Report 2000, 103, 106 f.

[150] Ständige Rspr. des BGH seit BGH GRUR 1970, 189, 190 – *Fotowettbewerb;* GRUR 1991, 679, 680 – *Fundstellenangabe;* GRUR 2000, 337, 338 – *Preisknaller;* GRUR 2001, 450, 453 – *Franzbranntwein-Gel;* GRUR 2002, 357, 358 – *Missbräuchliche Mehrfachabmahnung;* GRUR 2003, 899, 900 – *Olympiasiegerin;* Teplitzky/*Bacher* Kap. 41 Rdn. 84.

[151] Vgl. etwa *Schmid* GRUR 1999, 312, 313 f.; *Köhler* in: FS Erdmann, S. 845, 847 ff.

[152] BGH GRUR 2012, 304, 305 – *Basler Haar-Kosmetik;* GRUR 2014, 657, 658 – *BearShave* (UrhR; jetzt § 97a UrhG; GRUR 2015, 578 – *Preußische Kunstwerde* (BGB); OLG München GRUR-RR 2006, 176 (Markenrecht); Köhler/*Bornkamm* § 12 Rdn. 1.90 f.; vgl. aber KG NJW-RR 2010, 1061, 1062.

[153] BGH GRUR 2012, 730, 731 – *Bauheizgerät;* KG GRUR-RR 2012, 481 ff.

[154] Zu GoA: OLG Köln GRUR 1993, 688.

[155] Köhler/*Bornkamm* § 12 Rdn. 1.83; Teplitzky/*Bacher* Kap. 41 Rdn. 84c; zur GoA: OLG Karlsruhe WRP 1984, 100, 102.

[156] A. M. GroßKommUWG/*Feddersen* § 12 Rdn. 64; Köhler/*Bornkamm* § 12 Rdn. 1.84; Teplitzky/*Bacher* Kap. 41 Rdn. 88a; *Köhler* in: FS Erdmann, S. 845, 854 f.; *Hewicker/Marquardt/Neurauter* NJW 2014, 2753, 2754 f.

lich;[157] insbesondere kommt es nicht mehr darauf an, ob er sich auf die Abmahnung hin unterwirft. Auch das **spätere Verhalten des Abmahners** ist grundsätzlich ohne Bedeutung. Demgemäß scheitert der Anspruch – abgesehen von Fällen rechtsmissbräuchlichen Vorgehens (§ 8 Abs. 4) – in der Regel nicht daran, dass der Kläger nach erfolgloser Abmahnung (zunächst) nur die Abmahnkosten, dagegen nicht auch seinen Unterlassungsanspruch einklagt.[158] Anders ist es, wenn sein nachträgliches Verhalten, insbesondere im Zusammenhang mit seinem früheren Verhalten Rückschlüsse auf den Zeitpunkt der Abmahnung erlaubt und sich aus allen Umständen ergibt, dass er gar nicht ernsthaft Unterlassung verlangen will. Entsprechende Erwägungen gelten für die Frage der Notwendigkeit von Aufwendungen, die der Kläger als Schadensersatz beansprucht.

Mehrere Abmahnungen. In der Praxis kommt es vor, dass ein Wettbewerbsverstoß **Abmahnungen verschiedener Mitbewerber und/oder Verbände** auslöst. Jeder Gläubiger, der im Zeitpunkt der Abmahnung einen durchsetzbaren Unterlassungsanspruch hat und dessen Abmahnung unentbehrlich ist (vgl. Rdn. 77), hat zugleich einen Anspruch auf Ersatz der erforderlichen Aufwendungen. Nach der Neuregelung in § 12 Abs. 1 Satz 2 verhält es sich anders als bei Ansprüchen aus GoA (vgl. dazu Rdn. 97). Ist der Unterlassungsanspruch bereits erloschen, weil der Abgemahnte schon einem Dritten gegenüber eine Unterwerfungserklärung abgegeben hat und dadurch die Wiederholungsgefahr entfallen ist, liegen die Voraussetzungen des § 12 Abs. 1 Satz 2 nicht vor. Dann kann dem Abmahner wie nach der bisherigen Rechtslage nur noch ein Anspruch auf Schadensersatz helfen. Handelt es sich nach einem weiteren Verstoß um eine weitere Abmahnung, ist ebenfalls ein Anspruch aus § 12 Abs. 1 Satz 2 gegeben. 83

cc) Erforderlichkeit der Aufwendungen. Zu ersetzen sind die **tatsächlich entstandenen, erforderlichen Aufwendungen.** Mahnt der Gläubiger erst ab, nachdem er bereits eine Beschlussverfügung auf Unterlassung erwirkt hat, sind die Kosten der Abmahnung jedenfalls nicht „erforderlich" (vgl. auch Rdn. 7 und 77).[159] 84

Grundsätzlich darf der **Mitbewerber** zur Rechtsverfolgung einen **Rechtsanwalt einschalten** und kann dann dessen Kosten ersetzt verlangen.[160] Wenn er jedoch eine eigene Rechtsabteilung hat oder selbst Rechtsanwalt ist und es sich um einen Routinefall mit höchstens durchschnittlicher Schwierigkeit handelt, ist ihm eine eigene Abmahnung zuzumuten.[161] Bleibt sie aber ohne Erfolg, ist er befugt, nunmehr einen Rechtsanwalt zu beauftragen. Ist die Abmahnung durch den Rechtsanwalt derart unbrauchbar, dass er keinen Vergütungsanspruch gegen seinen Auftraggeber hat, so hat dieser dementsprechend keinen Erstattungsanspruch gegen den abgemahnten Verletzer.[162] – Die Einschaltung eines Rechtsanwalts kann als widersprüchlich gegen Treu und Glauben verstoßen (§ 242 BGB), wenn der Gläubiger auf einer Website erklärt hatte, bei Abmahnungen durch Dritte sei die Einschaltung von Rechtsanwälten überflüssig.[163] Der Höhe nach müssen die verlangten **Anwaltskosten** ebenfalls notwendig sein und demgemäß den gesetzlichen Vorschriften entsprechen. Der Kläger hat darzulegen, wie hoch seine tatsächlichen Aufwendungen sind.[164] Seit dem 1. Juli 2004 gilt das Rechtsanwaltsvergütungsgesetz (RVG).[165] Nach Nr. 2300 VV erhält der Rechtsanwalt eine **Geschäftsgebühr** von 0,5 bis 2,5. Daraus ergibt sich eine Mittelgebühr von 1,5.[166] Mehr als 1,3 können aber nur gefordert werden, wenn die Tätigkeit umfangreich oder schwierig war. Bei einer Abmahnung ist in einem durchschnittlichen Fall nicht von einer unter dem Regelsatz liegenden 1,3-fachen Gebühr auszugehen.[167] Lag bereits ein Klagauftrag vor, bekommt der Rechtsanwalt 85

---

[157] Köhler/*Bornkamm* § 12 Rdn. 1.85; zu GoA: BGH GRUR 1984, 129, 131 – *shop-in-the-shop I;* vgl. aber *Köhler* in: FS Erdmann, S. 845, 852 ff.

[158] Vgl. dazu *Hewicker/Marquardt/Neurauter* NJW 2014, 2753, 2755 f.; zu GoA: *Schulz* WRP 1990, 658, 660 f.; a. M. LG Frankfurt a. M. GRUR 2003, 197 f.

[159] OLG Köln WRP 2008, 379 f.

[160] BGH GRUR 2008, 928, 929 – *Abmahnkostenersatz;* GRUR 2008, 996, 999 f. – *Clone-CD;* GRUR 2010, 1038, 1039 – *Kosten für Abschlussschreiben;* zu einem Sonderfall (Verstoß gegen Treu und Glauben) vgl. OLG Hamm GRUR 2012, 543, 544.

[161] BGH GRUR 2004, 788 f. – *Selbstauftrag;* GRUR 2007, 620 f. (VI. Zivilsenat) – *Abmahnung außerhalb des Wettbewerbsrechts;* GRUR 2007, 621, 622 (VI. Zivilsenat) – *Abschlussschreiben;* vgl. dazu BGH GRUR 2008, 928, 929 (I. Zivilsenat) – *Abmahnkostenersatz;* GRUR 2008, 996, 999 f. – *Clone-CD;* GRUR 2010, 1038, 1039 – *Kosten für Abschlussschreiben;* OLG Düsseldorf GRUR-RR 2002, 215 f.; vgl. aber OLG Karlsruhe WRP 1996, 591, 593.

[162] OLG Düsseldorf WRP 2012, 595, 596 f. (betr. Schadensersatz; das gilt aber auch für § 12 Abs. 1 Satz 2 UWG).

[163] OLG Düsseldorf WRP 2016, 501, 502.

[164] *Rehart* WRP 2009, 532 ff.

[165] Vgl. dazu *Günther/Beyerlein* WRP 2004, 1222, 1223 f.

[166] Köhler/*Bornkamm* § 12 Rdn. 1.94; vgl. dazu Ahrens/*Scharen* Kap. 11 Rdn. 22; *Bölling* WRP 2012, 1214 ff.

[167] BGH GRUR 2010, 1120, 1122 – *Vollmachtsnachweis.*

gemäß Nr. 3101 VV nur 0,8.[168] Der zugrunde gelegte Streitwert muss angemessen sein (§ 3 ZPO). Er stimmt mit dem Streitwert für einen entsprechenden gerichtlichen Unterlassungsantrag überein.[169] Richtet sich die Höhe der Abmahnkosten nach dem Gegenstandswert der Abmahnung sind die Kosten – anders als bei der einem Verband zustehenden Abmahnpauschale (Rdn. 86) – nur insoweit zu ersetzen, als die Abmahnung berechtigt ist, und zwar nach dem Verhältnis der Gegenstandswerte der Teile der Abmahnung.[170]

86 Bei einem **Verband** ist die Notwendigkeit, einen Rechtsanwalt einzuschalten, in der Regel zu verneinen, falls es um **typische, ohne Schwierigkeiten zu verfolgende Verstöße** geht; dafür muss der Verband ausgestattet sein (so auch die Gesetzesbegründung).[171] Er hat nur Anspruch auf Ersatz seiner Bearbeitungskosten.[172] Üblich sind **Abmahnpauschalen** in Höhe der durchschnittlich anfallenden Kosten.[173] Der Verband kann diese auch dann in voller Höhe verlangen, wenn die Abmahnung nur zum Teil berechtigt war.[174] Bleibt die erste Abmahnung erfolglos und beauftragt der Verband nunmehr einen Rechtsanwalt mit einer zweiten Abmahnung, so kann er die Kosten dieser zweiten Abmahnung nicht erstattet verlangen, auch nicht aus GoA oder als Schadensersatz.[175]

87 *dd) Durchsetzung.* Der Abmahner kann die ihm zustehende Abmahnpauschale bzw. die notwendigen Anwaltskosten neben anderen Ansprüchen, insbesondere neben dem Unterlassungsanspruch einklagen. Er hat **nicht** die Möglichkeit, sie gemäß § 91 ZPO nach gewonnenem Unterlassungsprozess als notwendige Kosten der Rechtsverfolgung **im Kostenfestsetzungsverfahren** geltend zu machen.[176] Selbst bei Bejahung einer solchen Möglichkeit entfiele jedenfalls nicht das Rechtsschutzinteresse für eine **Zahlungsklage:** Der Verletzte hat nämlich ein berechtigtes Interesse daran, dass die Notwendigkeit und Höhe der Aufwendungen in einem Klageverfahren statt in einem nur pauschalen Kostenfestsetzungsverfahren (§ 104 Abs. 2 ZPO) überprüft wird, in dem es lediglich zu einer eingeschränkten Prüfung kommt.

88 Im Rechtsstreit hat das Gericht die Berechtigung der Abmahnung auch dann zu prüfen, wenn der Schuldner eine **Unterwerfungserklärung** oder eine **Abschlusserklärung**[177] abgegeben hat. Darin liegt **kein (materiell-rechtliches) Anerkenntnis** des gesetzlichen Unterlassungsanspruches und **der Pflicht zur Übernahme der Abmahnkosten.**[178] – Der Gläubiger kann grundsätzlich eine Erstattung von Aufwendungen nur verlangen, wenn er diese bereits erbracht hat, zuvor nur Freistellung von der Verbindlichkeit.[179]

89 *ee) Verjährung.* Der Anspruch auf Erstattung **verjährt nach § 11,** soweit der Abmahnung ein Unterlassungsanspruch aus dem UWG zugrunde liegt.[180]

90 **b) Erstattung aus §§ 683 Satz 1, 677, 670 BGB.** *aa) Anspruchsberechtigung.* Wer einen noch durchsetzbaren Unterlassungsanspruch hat, kann grundsätzlich auch aus Geschäftsführung ohne Auftrag Erstattung seiner Abmahnkosten verlangen.

91 *bb) Voraussetzungen.* **Allgemeines.** Hat der Gläubiger einen noch durchsetzbaren, nicht verjährten Unterlassungsanspruch, so liegt es im Allgemeinen auch im **Interesse des Schuldners** und

---

[168] Ahrens/*Scharen* Kap. 11 Rdn. 22.

[169] Köhler/*Bornkamm* § 12 Rdn. 1.96.

[170] BGH GRUR 2010, 744, 749 – *Sondernewsletter;* NJW 2010, 3239, 3242 – *Telefonwerbung nach Unternehmenswechsel;* GRUR 2012, 949, 953 – *Missbräuchliche Vertragsstrafe;* WRP 2016, 581, 586 – *Wir helfen im Trauerfall.*

[171] BGH GRUR 1984, 691, 692 – *Anwaltsabmahnung;* Teplitzky/*Bacher* Kap. 41 Rdn. 93a.

[172] OLG Koblenz WRP 1979, 387, 391; Ahrens/*Scharen* Kap. 11 Rdn. 27ff.

[173] KG WRP 1991, 304, 306f. = WRP 1991, 398, 401; MD VSW 2000, 581, 584f.; Köhler/*Bornkamm* § 12 Rdn. 1.98; Teplitzky/*Bacher* Kap. 41 Rdn. 94f.; vgl. OLG Stuttgart GRUR-RR 2015, 164, 167.

[174] BGH NJWE-WettbR 1999, 25, 28 – *Kaufpreis je nur 1,– DM;* GRUR 2008, 1118, 1121 – *MobilPlus-Kapseln;* GRUR 2009, 413, 416 – *Erfokol-Kapseln;* GRUR 2009, 1064, 1069 – *Geld-zurück-Garantie II;* GRUR 2010, 169, 171 – *CE-Kennzeichnung.*

[175] BGH GRUR 2010, 355f. – *Kräutertee;* OLG Hamburg WRP 2009, 1569, 1570ff.

[176] BGH GRUR 2006, 439, 440 – *Geltendmachung der Abmahnkosten;* OLG Frankfurt GRUR 2005, 360; OLG Hamburg OLG Report 2005, 453f.; Köhler/*Bornkamm* § 12 Rdn. 1.92; Ahrens/*Scharen* Kap. 11 Rdn. 3.

[177] Vgl. dazu KG WRP 2012, 1140, 1143.

[178] BGH GRUR 2013, 1252, 1253 – *Medizinische Fußpflege;* OLG Celle GRUR-RR 2013, 177f.; Köhler/*Bornkamm* § 12 Rdn. 1.37, 1.109 und 1.111f.; Ahrens/*Scharen* Kap. 11 Rdn. 39; Ahrens/*Achilles* Kap. 8 Rdn. 1; *Labesius* WRP 2013, 312ff.; zu GoA: *Hess* WRP 2003, 353; unzutreffend AG Charlottenburg WRP 2002, 1472 LS; AG Rotenburg WRP 2003, 414 LS; AG Dinslaken WRP 2004, 1078 LS (sogar bei Zusatz „ohne Anerkennung einer Rechtspflicht").

[179] Köhler/*Bornkamm* § 12 Rdn. 1.92a, b; vgl. aber OLG Hamm MD VSW 2013, 117, 122ff.; GRUR-RR 2014, 133, 134 (endgültige Weigerung, die Anwaltskosten zu bezahlen); zur Problematik vgl. *Hewicker/Marquardt/Neurauter* NJW 2014, 2753, 2757f.

[180] Vgl. dazu *Ungewitter* GRUR 2012, 697ff.

es entspricht ferner seinem **wirklichen**[181] **oder zumindest seinem mutmaßlichen Willen,** dass der Gläubiger ihn abmahnt, damit er vor einer gerichtlichen Auseinandersetzung die Gelegenheit bekommt, durch eine strafbewehrte Unterlassungserklärung die Angelegenheit kostengünstig zu erledigen und zugleich entsprechende Unterlassungsansprüche Dritter zum Erlöschen zu bringen. Das gilt gleichermaßen im Falle der Wiederholungsgefahr nach einem begangenen Verstoß als auch in dem Falle, dass der Schuldner durch sein Verhalten Erstbegehungsgefahr begründet hat.[182]

Dagegen entspricht die Abmahnung nicht dem wirklichen Willen des Abgemahnten, wenn er zuvor ernstlich erklärt hat, er werde eine Abmahnung nicht beachten; ferner wenn der Abmahner bereits eine einstweilige Verfügung erwirkt hat, die er noch nicht hat zustellen lassen. In diesem Fall liegt die Abmahnung auch nicht im Interesse des Abgemahnten.[183] Das trifft auch dann zu, wenn die Abmahnung erst nach Erlass einer Verbotsverfügung ausgesprochen wird.[184] Sonst ist mangels erklärten Willens angesichts der genannten Interessen des Abgemahnten in der Regel sein mutmaßlicher Wille zu bejahen. Dabei kommt es auf den **Zeitpunkt der** Abmahnung an; denn das Gesetz stellt ab auf die **Übernahme** des Geschäfts. Das spätere Verhalten des Verletzers ist daher unerheblich;[185] insbesondere kommt es nicht mehr darauf an, ob er sich auf die Abmahnung hin unterwirft. Auch das **spätere Verhalten des Abmahners** ist grundsätzlich ohne Bedeutung. Da der Zeitpunkt der Übernahme entscheidet, ist allein maßgebend, dass die Abmahnung ordnungsgemäß abgesandt worden ist, dagegen nicht deren Zugang.[186] 92

Wenn der Gläubiger nach erfolgloser Abmahnung die **Einigungsstelle** für Wettbewerbsstreitigkeiten anruft, entspricht das nicht mehr dem mutmaßlichen Willen des Schuldners. Der Gläubiger kann daher nicht die Kosten ersetzt verlangen, die ihm durch das Verfahren vor der Einigungsstelle entstanden sind.[187] 93

Keine berechtigte Geschäftsführung ohne Auftrag liegt vor, wenn gegen den Abgemahnten kein Unterlassungsanspruch entstanden ist oder der Anspruch verjährt ist[188] oder der Anspruch inzwischen **durch Drittunterwerfung erloschen** ist. 94

Gibt ein Rechtsanwalt für einen nicht genannten Mandanten eine **Titelschutzanzeige** auf und steht einer Benutzung des Titels ein älteres Recht entgegen, ist problematisch, ob der Abmahner, wenn er den Rechtsanwalt abmahnt, gegen diesen einen Anspruch aus Geschäftsführung ohne Auftrag erlangt.[189] Das ist zu bejahen, wenn er tatsächlich auch ein Geschäft für den Rechtsanwalt führt und demgemäß diesen nicht nur als Vertreter seines Mandanten, sondern auch persönlich abmahnt. Denn gegen den Rechtsanwalt besteht ebenfalls ein Unterlassungsanspruch.[190] Die Abmahnung liegt daher auch in seinem Interesse. Der Abmahner sollte in seiner Abmahnung, um späteren Auslegungsschwierigkeiten vorzubeugen, deutlich zum Ausdruck bringen, dass sich die Abmahnung auch gegen den Rechtsanwalt richtet. Da die Verhältnisse im Zeitpunkt der Abmahnung maßgebend sind, ist es unerheblich, dass der Rechtsanwalt nachträglich seinen Mandanten bekannt gibt.[191] 95

Eine Abmahnpauschale ist nicht zu erstatten, wenn der Gläubiger vom Schuldner **Zahlung einer Vertragsstrafe** verlangt.[192] Damit hat er kein Geschäft des Schuldners geführt.[193] 96

Mehrere Abmahnungen. Nur die **zeitlich erste Abmahnung entspricht dem Interesse** und dem mutmaßlichen Willen **des Verletzers,**[194] und zwar auch dann, wenn der Schuldner sich auf die erste Abmahnung hin nicht unterworfen hat und die Begehungsgefahr daher fortbesteht. Maßgebend ist auch hier der Zeitpunkt der Absendung, nicht der des Zuganges. Wer danach keinen Erstattungsanspruch aus Geschäftsführung ohne Auftrag hat, hat möglicherweise einen entspre- 97

---

[181] BGH WRP 2011, 881, 882 – *Sedo.*
[182] OLG Köln GRUR 1993, 688; Teplitzky/*Bacher* Kap. 41 Rdn. 86.
[183] OLG München MD VSW 2006, 924, 925f.
[184] BGH 2010, 257, 258 – *Schubladenverfügung;* GRUR 2010, 855, 857 – *Folienrollos.*
[185] BGH GRUR 1984, 129, 131 – *shop-in-the-shop I;* vgl. aber *Köhler* in: FS Erdmann, S. 845, 852ff.
[186] OLG Stuttgart WRP 1996, 477, 479; a. M. Teplitzky/*Bacher* Kap. 41 Rdn. 88a; *Köhler* in: FS Erdmann, S. 845, 854f.
[187] BGH GRUR 2001, 1166, 1169f. – *Fernflugreise.*
[188] OLG Karlsruhe WRP 1984, 100, 102; Teplitzky/*Bacher* Kap. 41 Rdn. 88.
[189] OLG Hamburg NJWE-WettbR 2000, 217f.; a. M. *von Linstow* in: FS Erdmann, S. 375, 384f.; *Schmid* in: FS Erdmann, S. 469, 483f.
[190] OLG Köln AfP 1991, 440, 441; vgl. dazu LG Hamburg GRUR-RR 2005, 190, 191; a. M. *von Linstow* in: FS Erdmann, S. 375, 382ff.; *Schmid* in: FS Erdmann, S. 469, 479f.
[191] A. M. LG München WRP 1999, 368.
[192] BGH GRUR 1998, 963, 965 – *Verlagsverschulden II.*
[193] BGH GRUR 2008, 929, 930 – *Vertragsstrafeneinforderung.*
[194] BGH GRUR 2002, 357, 358 – *Missbräuchliche Mehrfachabmahnung;* vgl. auch BGH GRUR 2010, 354f. – *Kräutertee:* zur zweiten Abmahnung desselben Gläubigers (eines Verbandes); vgl. Rdn. 86.

chenden Schadensersatzanspruch. Bei gleichzeitiger Mahnung haben alle zur selben Zeit Abmahnenden einen Anspruch aus Geschäftsführung ohne Auftrag.[195] Eine solche Gleichzeitigkeit wird aber praktisch kaum vorkommen, außer bei – meist missbräuchlichen – Mehrfachabmahnungen durch denselben Rechtsanwalt. Nach § 12 Abs. 1 Satz 2 haben dagegen alle Abmahner, denen ein (noch) durchsetzbarer Unterlassungsanspruch zusteht und deren Abmahnung unentbehrlich ist (vgl. Rdn. 77), einen Anspruch auf Ersatz der erforderlichen Aufwendungen. Handelt es sich nach einem weiteren Verstoß um eine weitere Abmahnung, sind dafür die Voraussetzungen der berechtigten Geschäftsführung ohne Auftrag grundsätzlich gegeben.

98 *cc) Inhalt des Anspruchs.* Zu ersetzen sind die **tatsächlich entstandenen, notwendigen Aufwendungen.** Insoweit gelten dieselben Grundsätze wie zu § 12 Abs. 1 Satz 2 (Rdn. 84 ff.).

99 *dd) Durchsetzung.* Vgl. dazu Rdn. 88.

100 *ee) Verjährung.* Der Anspruch auf Erstattung **verjährt analog § 11,** soweit der Abmahnung ein Unterlassungsanspruch aus dem UWG zugrunde liegt.[196]

101 **c) Erstattung als Schadensersatz.** Hat der Verletzte einen gesetzlichen und/oder vertraglichen Anspruch auf Schadensersatz, so kann er als Teil seines Schadens unter Beachtung des § 254 Abs. 2 BGB – auf Grund einer berechtigten Abmahnung (vgl. Rdn. 77) – **Ersatz seiner tatsächlich entstandenen, notwendigen Aufwendungen** verlangen.[197]

102 Einen solchen Anspruch hat er auch dann, wenn sich der Verletzer **im Zeitpunkt der Abmahnung bereits einem Dritten gegenüber unterworfen** hat und der Unterlassungsanspruch daher erloschen ist, weil keine Wiederholungsgefahr mehr besteht. Auch dann beruhen die Kosten der Abmahnung auf der zum Schadensersatz verpflichtenden Handlung. Die Kausalität zwischen dem Verstoß und den Aufwendungen und deren Notwendigkeit werden nicht dadurch in Frage gestellt, dass der abgemahnte Unterlassungsanspruch nicht mehr besteht. Demnach hat der Verletzer die Kosten der ersten Abmahnung zu erstatten. Ein Anspruch auf Erstattung weiterer Kosten ist unproblematisch gegeben, wenn der Verletzer nicht auf die Drittunterwerfung hinweist.

103 Ganz allgemein kann sich aus der **Verletzung einer Antwort- oder einer Aufklärungspflicht aus dem Abmahnverhältnis** ein Schadensersatzanspruch des Abmahners ergeben. Er umfasst die Erstattung weiterer Kosten, die durch die Pflichtverletzung des Abgemahnten entstanden sind, dagegen nicht auch die Kosten der Abmahnung; denn diese hat erst das Abmahnverhältnis begründet. Der Anspruch ergibt sich aus § 280 I BGB (positive Forderungsverletzung, nicht Verzug).[198]

VI. Unbegründete Abmahnung

Schrifttum: *Ahrens,* Zum Ersatz der Verteidigungsaufwendungen bei unberechtigter Abmahnung, NJW 1982, 2477; *Chudziak,* Die Erstattung der Rechtsanwaltskosten des unbegründet Abgemahnten, GRUR 2012, 133; *Deutsch,* Gedanken zur unberechtigten Schutzrechtsverwarnung, WRP 1999, 25; *ders.,* Der BGH-Beschluss zur unberechtigten Schutzrechtsverwarnung und seine Folgen für die Praxis, GRUR 2006, 374; *Kunath,* Kostenerstattung bei ungerechtfertigter Verwarnung – neuer Lösungsansatz –, WRP 2000, 1074; *Lindacher,* Der „Gegenschlag" des Abgemahnten, FS v Gamm, 1990, 83; *Meier-Beck,* Die unberechtigte Schutzrechtsverwarnung als Eingriff in das Recht am Gewerbebetrieb, WRP 2006, 790; dazu *Ullmann,* Eine unberechtigte Abmahnung – Entgegnung, WRP 2006, 1070; *Omsels,* Zur Unlauterkeit der gezielten Behinderung von Mitbewerbern (§ 4 Nr. 10 UWG), WRP 2004, 136; *Quiring,* Zur Haftung wegen unbegründeter Verwarnungen, WRP 1983, 317; *Sack,* Die Haftung für unbegründete Schutzrechtsverwarnungen, WRP 2005, 253; *ders.,* Unbegründete Schutzrechtsverwarnungen; *ders.* Unbegründete Schutzrechtsverwarnungen – lückenloser Unternehmensschutz durch das UWG seit 2004, NJW 2009, 162; *Selke,* Erstattung von Rechtsanwaltskosten bei unberechtigter Abmahnung aus culpa in contrahendo, WRP 1999, 286; *Teplitzky,* Zur Frage der Rechtmäßigkeit unbegründeter Schutzrechtsverwarnungen, GRUR 2005, 9; *ders.,* Die prozessualen Folgen der Entscheidung des Großen Senats für Zivilsachen zur unberechtigten Schutzrechtsverwarnung, WRP 2005, 1433; *Ullmann,* Die Verwarnung aus Schutzrechten – mehr als eine Meinungsäußerung?, GRUR 2001, 1027; *Wagner/Thole,* Kein Abschied von der unberechtigten Schutzrechtsverwarnung, NJW 2005, 3470.

---

[195] BGH GRUR 2000, 357, 358 – *Missbräuchliche Mehrfachabmahnung.*

[196] BGH GRUR 1992, 176, 177 – *Abmahnkostenverjährung.*

[197] BGH GRUR 1982, 489 – *Korrekturflüssigkeit;* GRUR 1992, 176, 177 – *Abmahnkostenverjährung;* GRUR 2002, 357, 358 – *Missbräuchliche Mehrfachabmahnung;* GRUR 2007, 631, 632 – *Abmahnaktion:* Schaden jedenfalls bei Dauerhandlung; GroßKommUWG/*Feddersen* § 12 Rdn. 85; Teplitzky/*Bacher* Kap. 41 Rdn. 82 ff.; *Schulz* WRP 1990, 658, 662 ff.; *Conrad* WRP 2001, 187; *Eichelberger* WRP 2009, 270, 276; a. M. Köhler/*Bornkamm* § 12 Rdn. 1.88 f.; Ahrens/*Scharen* Kap. 11 Rdn. 13; vgl. auch *Köhler* in: FS Erdmann, S. 845, 846.

[198] Vgl. dazu Ahrens/*Scharen* Kap. 11 Rdn. 16.

1. Allgemeines

Die Abmahnung ist unbegründet und daher unberechtigt, wenn der Abmahner im Zeitpunkt der Abmahnung **keinen durchsetzbaren Unterlassungsanspruch** (mehr) hat. Das kann auf verschiedenen Gründen beruhen: 104
- Das beanstandete Verhalten ist nicht rechtswidrig.
- Der Abmahner ist nicht berechtigt, den Anspruch geltend zu machen.
- Das Verhalten ist zwar rechtswidrig, aber der Abgemahnte ist nicht Störer.
- Der Anspruch ist zwar entstanden, jedoch etwa durch Drittunterwerfung erloschen oder bereits verjährt.

Wenn der Abgemahnte die Abmahnung für unbegründet hält, sollte er den Abmahner mit einer möglichst überzeugenden Begründung **auf seinen ablehnenden Standpunkt hinweisen,** um so vielleicht ein unnötiges gerichtliches Verfahren zu verhindern. Außerdem ist es für ihn zweckmäßig, bei allen in Betracht kommenden Landgerichten eine **Schutzschrift** zu hinterlegen oder gemäß dem ab 1.1.2016 geltenden § 945a ZPO in das zentrale elektronische Schutzschriftenregister einzustellen; denn er muss befürchten, dass der Abmahner gegen ihn eine einstweilige Verfügung beantragt. – Fehlt es an einem Wettbewerbsverstoß oder ist der Abgemahnte nicht der Störer, besteht für ihn mangels Abmahnverhältnisses grundsätzlich keine Antwortpflicht (vgl. Rdn. 69). 105

2. Rechtsfolgen

Als Rechtsfolgen der unbegründeten Abmahnung können sich für den angeblichen Verletzer **Gegenansprüche** ergeben, und zwar auf Unterlassung/Beseitigung und/oder auf Schadensersatz. Dabei ist zu unterscheiden, ob der Abmahner (nur) den angeblichen Verletzer oder (auch) Dritte, insbesondere dessen Kunden abgemahnt hat. Die Anwaltskosten für ein Abwehrschreiben können nicht im Kostenfestsetzungsverfahren geltend gemacht werden.[199] 106

a) Unterlassungs- und Beseitigungsanspruch. Wird der angebliche Verletzer abgemahnt, kann sich für ihn – allerdings nur ausnahmsweise[200] – ein Unterlassungsanspruch aus §§ 3, 4 Nr. 2 und/oder 4, § 8 Abs. 1 wegen unlauterer Behinderung ergeben. Einer Klage gegen den Abmahner auf Unterlassung weiterer Abmahnungen fehlt regelmäßig das Rechtsschutzinteresse (Vor § 12 Rdn. 74). Jedenfalls entfällt es – ebenso wie bei einer entsprechenden negativen Feststellungsklage – grundsätzlich dann, wenn der Abmahner seinerseits Unterlassungsklage erhoben hat und diese nicht mehr einseitig zurücknehmen kann.[201] Der Abgemahnte braucht **keine Gegenabmahnung** auszusprechen, bevor er klagt.[202] 107

Ansprüche des angeblichen Verletzers auf Unterlassung und Beseitigung[203] kommen eher in Betracht, wenn der Abmahner (zugleich) Dritte, insbesondere dessen Kunden abgemahnt hat **(Abnehmerverwarnung).** Sie können sich aus §§ 3, 4 Nr. 2 und/oder aus § 5 Abs. 1, § 8 Abs. 1 ergeben, wenn es um unrichtige Tatsachenbehauptungen geht. Denkbar ist auch ein Verstoß gegen § 4 Nr. 4. Ebenso wie bei einer Verwarnung des angeblichen Verletzers wird ein rechtswidriger Eingriff in den eingerichteten und ausgeübten Gewerbebetrieb des angeblichen Verletzers – bei „gewöhnlichen" Wettbewerbsverstößen, anders als möglicherweise bei behaupteter Verletzung eines Schutzrechts[204] – kaum vorliegen.[205] Die Grundsätze über die unberechtigte 108

---

[199] BGH GRUR 2008, 639 – *Kosten eines Abwehrschreibens;* OLG Nürnberg MD VSW 2007, 976, 977 f.; a. M. OLG Hamburg MDR 2007, 57 f.

[200] BGH GRUR 2011, 152, 157 – *Kinderhochstühle im Internet;* Köhler/*Bornkamm* § 12 Rdn. 1.69 ff.; *Gerstenberg* WRP 2011, 1116, 1120; zu § 1 a. F.: BGH GRUR 2001, 354 – *Verbandsklage gegen Vielfachabmahner;* OLG Hamburg NJW-RR 2003, 857 f.; vgl. dazu Teplitzky/*Bacher* Kap. 41 Rdn. 75 ff., 79a f.; *Omsels* WRP 2004, 136, 143 f.

[201] OLG Frankfurt GRUR 1989, 705, 706.

[202] OLG Frankfurt GRUR 1989, 705, 706.

[203] BGH GRUR 1995, 424, 426 – *Abnehmerverwarnung;* vgl. dazu OLG Düsseldorf GRUR 2003, 814, 815 f. mit überzeugenden Ausführungen; ferner KG GRUR-RR 2004, 258.

[204] Auch insoweit ablehnend BGH GRUR 2004, 958 f. – *Verwarnung aus Kennzeichenrecht.* In dem Fall geht es zwar um eine Herstellerverwarnung. Die Vorlagefrage ist aber so formuliert, dass sie auch Abnehmerverwarnungen betrifft. Kritisch dazu *Teplitzky* GRUR 2005, 9 und GRUR 2005, 654, 656; anders als der I. Zivilsenat der Große Senat für Zivilsachen in GRUR 2005, 882 – *Unberechtigte Schutzrechtsverwarnung I;* ebenso BGH GRUR 2006, 219, 221 f. – *Detektionseinrichtung II.* Der I. Zivilsenat hat inzwischen ein Verschulden verneint, GRUR 2006, 432, 433 – *Verwarnung aus Kennzeichenrecht II;* vgl. auch GRUR 2006, 433, 434 f. – *Unbegründete Abnehmerverwarnung;* GRUR 2009, 878, 880 – *Fräsautomat;* vgl. ferner OLG Stuttgart GRUR-RR 2010, 298 ff. (Abmahnung aus ergänzendem wettbewerbsrechtlichen Leistungsschutz).

[205] BGH GRUR 2011, 152, 157 – *Kinderhochstühle im Internet; Gerstenberg* WRP 2011, 1116, 1119 f.; vgl. dazu Teplitzky/*Bacher* Kap. 41 Rdn. 78.

Schutzrechtsverwarnung sind auf die unberechtigte wettbewerbsrechtliche Abmahnung nicht übertragbar.[206]

109 **b) Schadensersatzanspruch.** Sind ausnahmsweise die besonderen Voraussetzungen der §§ 3, 4 Nr. 2 und/oder 4, § 5 Abs. 1 gegeben oder sollte ausnahmsweise wenigstens ein rechtswidriger Eingriff in den eingerichteten und ausgeübten Gewerbebetrieb des Abgemahnten anzunehmen sein und hat der Abmahner außerdem schuldhaft gehandelt, so ist er auch zum Schadensersatz verpflichtet.[207] Der Umstand allein, dass die Abmahnung unberechtigt war, begründet aber noch keinen (schuldhaften) Verstoß.[208] Ein Schaden kann darin bestehen, dass zu Unrecht verwarnte Kunden abgesprungen sind, ferner vor allem darin, dass dem Abgemahnten notwendigen Aufwendungen für die Einschaltung eines Rechtsanwalts entstanden sind.

110 Ein Ersatzanspruch ist außerdem **aus § 678 BGB** möglich.[209] Das gilt auch noch nach der Einfügung des § 12 Abs. 1. Denn die Abmahnung stellt eine **unberechtigte Geschäftsführung ohne Auftrag** dar, deren Übernahme zum Schadensersatz verpflichtet, wenn ein Übernahmeverschulden vorliegt.[210] Daran sind hohe Anforderungen zu stellen. Denn grundsätzlich ist jeder berechtigt, seine vermeintlichen Unterlassungsansprüche letztlich vor Gericht geltend zu machen. Dazu hat er zuvor den Verletzer abzumahnen. Ein Abmahner handelt noch nicht deshalb schuldhaft, weil er weiß, dass die Rechtslage zweifelhaft ist. Ein Schadenersatzanspruch aus einem Abmahnverhältnis scheidet aus, weil die unbegründete Abmahnung ein solches nicht begründet, ebenso aus culpa in contrahendo (Rdn. 69).[211] Ausnahmsweise – bei Missbrauch – kommt ein Anspruch aus § 826 BGB in Betracht.[212] – Soweit es um erforderliche Aufwendungen der Rechtsverteidigung geht, greift nunmehr bei missbräuchlicher Abmahnung zugunsten des Abgemahnten § 8 Abs. 4 Satz 2 UWG ein.

3. Gegenabmahnung

111 **a) Begriff.** Mit einer Gegenabmahnung fordert der Abgemahnte den Abmahner auf, die **Berühmung** des geltend gemachten Unterlassungsanspruches **aufzugeben.** Damit kann die **Androhung einer negativen Feststellungsklage** und/oder die Geltendmachung eines **eigenen Unterlassungsanspruchs** verbunden sein.

112 **b) Rechtsfolgen.** Fraglich ist, ob derjenige, der eine Gegenabmahnung ausspricht, Ersatz der erforderlichen Aufwendungen, insbesondere der Kosten eines Rechtsanwalts verlangen kann. In der Regel besteht **kein** solcher **Erstattungsanspruch** (vgl. Rdn. 109f.). Er ergibt sich in der Regel nicht aus § 12 I 2, auch nicht aus berechtigter Geschäftsführung ohne Auftrag des Abgemahnten für den Abmahner (§§ 683 Satz 1, 677, 670 BGB).[213] Bei der Abwehr eines Unterlassungsanspruches durch eine Gegenabmahnung handelt der Abgemahnte in der Regel ausschließlich im eigenen Interesse (vgl. aber Rdn. 113), nicht zugleich im Interesse des Abmahners. § 12 Abs. 1 Satz 2 kommt nur in Betracht, soweit der Abgemahnte mit der Gegenabmahnung einen Unterlassungsanspruch geltend macht.

4. Feststellungsklage

113 Der Abgemahnte hat vor allem die Möglichkeit, eine **negative Feststellungsklage** zu erheben, um zu klären, ob der Abmahner den geltend gemachten Unterlassungsanspruch hat (Vor § 12 Rdn. 122).[214] Eine Möglichkeit, Unterlassungsklage zu erheben (Rdn. 107), steht dem nicht entgegen.[215] Eine vorherige **Gegenabmahnung** ist **grundsätzlich nicht erforderlich;**[216] denn der

---

206 BGH GRUR 2011, 152, 157 – *Kinderhochstühle im Internet;* GRUR-RR 2011, 343 LS – *Unberechtigte Abmahnung.*

207 BGH GRUR 2015, 578, 579 – *Preußische Kunstwerde.*

208 OLG Köln GRUR 2001, 525, 529.

209 OLG Hamburg GRUR 1983, 200, 201; OLG Frankfurt GRUR 1989, 858; OLG Hamburg NJW-RR 2003, 857, 858; OLG München WRP 2008, 1384, 1385ff.; Köhler/*Bornkamm* § 12 Rdn. 1.73; Teplitzky/*Bacher* Kap. 41 Rdn. 80a.

210 *Selke* WRP 1999, 286, 288; vgl. *Ahrens* NJW 1982, 2477; Ohly/*Sosnitza* § 12 Rdn. 32.

211 A. M. *Selke* WRP 1999, 286, 288f.; *Chudziak* GRUR 2012, 133, 137ff.

212 Köhler/*Bornkamm* § 12 Rdn. 1.42.

213 BGH GRUR 2004, 790, 792 – *Gegenabmahnung;* OLG Hamburg GRUR 1983, 200; *Heidenreich* WRP 2004, 660, 663ff.; a. M. *Kunath* WRP 2000, 1074, 1076f.

214 BGH GRUR 1995, 697, 699 – *FUNNY PAPER; Keller* WRP 2000, 908, 910.

215 BGH GRUR 1985, 571, 573 – *Feststellungsinteresse I.*

216 BGH GRUR 2004, 790, 792 – *Gegenabmahnung;* GRUR 2006, 168 – *Unberechtigte Abmahnung;* GRUR 2012, 1273 – *Stadtwerke Wolfsburg;* OLG Hamm GRUR 1985, 84, 85 und GRUR 1989, 297 LS; OLG Köln

Abmahner hat durch seine Abmahnung deutlich genug zu erkennen gegeben, dass eine Gegenabmahnung keine Aussicht auf Erfolg hat. Eine Ausnahme besteht etwa dann, wenn der Abmahner für den Abgemahnten erkennbar von einem **falschen Sachverhalt** ausgegangen ist[217] oder wenn bereits längere Zeit seit der Abmahnung vergangen ist, ohne dass der Abmahner gegen den Abgemahnten gerichtlich vorgegangen ist.[218] Ist danach eine vorherige Gegenabmahnung erforderlich, hat der Abmahnende einen Anspruch aus §§ 683 Satz 1, 677, 670 BGB auf Ersatz seiner Aufwendungen.[219] – Nach Erhebung einer Unterlassungsklage umgekehrten Rubrums kann das Rechtsschutzinteresse für die negative Feststellungsklage des Abgemahnten entfallen (vgl. näher Vor § 12 Rdn. 126).

VII. Einführung in die Unterwerfung

Wird der Verletzer nach einem Wettbewerbsverstoß abgemahnt, steht er vor der Frage, ob er sich unterwerfen soll oder nicht. Unterwirft er sich, indem er eine vertragsstrafebewehrte Unterlassungserklärung abgibt, und nimmt der Abmahner diese Erklärung an, wird auf diese einfache und kostengünstige Weise die Streitigkeit außergerichtlich beigelegt. Durch die **Abgabe der Unterwerfungserklärung** entfällt in der Regel die Wiederholungsgefahr und damit der gesetzliche Unterlassungsanspruch, der durch einen vertraglichen, vertragsstrafebewehrten Unterlassungsanspruch ersetzt wird;[220] der Gläubiger erhält so eine angemessene, einem Unterlassungstitel angenäherte Sicherung, die es ihm ermöglicht, bei einem weiteren Verstoß die verwirkte Vertragsstrafe zu verlangen. 114

Wenn der Abgemahnte die Abmahnung für begründet hält, wird er sich meist vertragsstrafebewehrt unterwerfen. Unter Umständen kann es für ihn aber zweckmäßiger sein, gegen sich eine einstweilige Verfügung ergehen zu lassen und dann eine **Abschlusserklärung** abzugeben, weil er demgemäß im Falle eines Verstoßes nicht für das Verschulden von Erfüllungsgehilfen, sondern nur für eigenes Verschulden haftet und/oder weil er keine Vertragsstrafe an den Gläubiger leisten, sondern lieber ein Ordnungsgeld in die Staatskasse zahlen will. Für ihn kann es auch zweckmäßiger sein, eine notarielle Unterwerfungserklärung abzugeben, dem Gläubiger eine sollstreckbare Ausfertigung zuzustellen und, zum Ausschluss der Wiederholungsgefahr, ihn auf das Erfordernis eines Ordnungsmittel-Androhungsbeschlusses hinzuweisen.[221] 115

Die **Unterwerfung** durch den Verletzer besteht **aus** einer **Unterlassungserklärung und** regelmäßig aus einem damit verbundenen **Vertragsstrafeversprechen.** Wenn durch die Abgabe einer genügend gesicherten Unterlassungserklärung die Begehungsgefahr entfällt und damit der gesetzliche Unterlassungsanspruch erlischt, tritt diese Wirkung nicht nur gegenüber demjenigen ein, an den sich die Unterwerfungserklärung richtet, sondern gegenüber allen Gläubigern,[222] die auf Grund des Verstoßes oder einer Berühmung des Abgemahnten einen Unterlassungsanspruch erworben haben. Für den Wegfall der Begehungsgefahr kommt es nicht darauf an, ob die Erklärung des Schuldners angenommen wird und demgemäß ein Unterwerfungsvertrag zustande kommt.[223] Denn der Schuldner hat bereits durch die Abgabe der Erklärung ernsthaft zu erkennen gegeben, dass er die Handlung, die Gegenstand seiner Erklärung ist, nicht wiederholen bzw. nicht erstmals begehen will. 116

Durch die Annahme der strafbewehrten Unterlassungserklärung kommt es zu einem **Unterwerfungsvertrag.** Wird der Verletzer wegen desselben Wettbewerbsverstoßes von mehreren abgemahnt, so steht es in seinem Belieben, wem gegenüber er eine Unterwerfungserklärung abgibt. Er ist nicht etwa gehalten, das gegenüber demjenigen zu tun, dessen Abmahnung zuerst bei ihm eingegangen ist. 117

WRP 1986, 428, 429; OLG Stuttgart WRP 1988, 766, 767 und NJWE-WettbR 2000, 100, 101; Köhler/*Bornkamm* § 12 Rdn. 1.74; Ahrens/*Achilles* Kap. 4 Rdn. 6; Teplitzky/*Bacher* Kap. 41 Rdn. 72 ff., *Teplitzky* WRP 2005, 654, 656; a. M. KG WRP 1980, 206 f.

[217] OLG München NJWE-WettbR 1998, 41; OLG Köln WRP 2004, 782, 783; Köhler/*Bornkamm* § 12 Rdn. 1.75.

[218] BGH GRUR 2004, 790, 792 – *Gegenabmahnung;* vgl. OLG Stuttgart NJWE-WettbR 2000, 100, 101; OLG Oldenburg WRP 2004, 652, 653.

[219] BGH GRUR 2004, 790, 792 – *Gegenabmahnung;* Köhler/*Bornkamm* § 12 Rdn. 1.75.

[220] BGH GRUR 2001, 85, 86 – *Altunterwerfung IV.*

[221] Vgl. dazu *Köhler* GRUR 2010, 6 ff.

[222] BGH GRUR 1987, 640, 641 – *Wiederholte Unterwerfung II;* GRUR 1989, 758, 759 – *Gruppenprofil;* GRUR 2002, 357, 358 – *Missbräuchliche Mehrfachabmahnung;* Köhler/*Bornkamm* § 12 Rdn. 1.166 ff.; *Teplitzky* in: FS Köhler S. 757, 759 f., 761, 763 ff.

[223] BGH GRUR 1990, 1051, 1052 – *Vertragsstrafe ohne Obergrenze;* GRUR 1994, 818 – *Schriftliche Voranmeldung;* GRUR 1996, 290, 292 – *Wegfall der Wiederholungsgefahr I;* GRUR 1997, 379, 380 – *Wegfall der Wiederholungsgefahr II.*

118 Die vertragsstrafebewehrte Unterlassungserklärung ist von der **ungesicherten Unterlassungserklärung** zu unterscheiden; mit dieser ist kein Vertragsstrafeversprechen verbunden. Eine solche einfache Unterlassungserklärung genügt – ebenso wie eine Unterlassungserklärung mit unzureichender Vertragsstrafenbewehrung oder mit einer unzulässigen Einschränkung – grundsätzlich nicht, um die Wiederholungsgefahr auszuräumen. Anders verhält es sich jedoch, wenn der Schuldner bisher keinen Verstoß begangen hat und dieser nur droht. Da an die **Ausräumung der Erstbegehungsgefahr** weniger strenge Voraussetzungen zu stellen sind als an die Beseitigung der Wiederholungsgefahr, insbesondere wenn die Erstbegehungsgefahr durch bloße Berühmung begründet worden ist, reicht meist die einfache Erklärung des Schuldners aus, dass er die beanstandete Handlung in der Zukunft nicht vornehmen werde (Aufgabe der Berühmung),[224] oder auch eine einfache Unterlassungserklärung, die den Abgemahnten ohne Vertragsstrafenabrede bindet.

119 Gibt der Abgemahnte auf eine ordnungsgemäße Abmahnung hin keine oder nur eine unzureichende Unterwerfungserklärung oder erst verspätet eine Unterwerfungserklärung ab, so trägt er im Rahmen des § 93 ZPO die Kosten, weil er dann Veranlassung für das gerichtliche Verfahren gegeben hat.

VIII. Unterlassungsvertrag

1. Rechtsnatur

120 Schließen die Parteien einen Unterwerfungsvertrag mit strafbewehrter Unterlassungserklärung, wollen sie in der Regel eine **neue, selbständige Unterlassungsverpflichtung** schaffen, die vom gesetzlichen Unterlassungsanspruch unabhängig ist und ihn ersetzt.[225] Dieser ist erloschen, weil die Begehungsgefahr (Wiederholungs- oder Erstbegehungsgefahr) weggefallen ist. Der Vertrag begründet ein Dauerschuldverhältnis.

121 Die Unterlassungsverpflichtung stellt ein **abstraktes Schuldversprechen** im Sinne der § 780 BGB dar.[226] Da der Gläubiger auf eine Titulierung seines gesetzlichen Unterlassungsanspruches verzichtet und darin ein Nachgeben im Sinne des § 779 BGB zu sehen ist, handelt es sich bei dem Unterlassungsvertrag um einen **Vergleich.**[227]

122 Enthält der Vertrag lediglich eine **ungesicherte Unterlassungsverpflichtung,** ist die durch einen Wettbewerbsverstoß begründete Wiederholungsgefahr nicht entfallen, was im Verhältnis zu weiteren Gläubigern von Bedeutung ist. Im Verhältnis zum Abmahner wird jedoch auch in einem solchen Falle der gesetzliche durch den vertraglichen Unterlassungsanspruch ersetzt (Rdn. 174).[228]

123 Die Parteien können zwar auch ein bloß **deklaratorisches Schuldanerkenntnis** vereinbaren mit der Folge, dass der gesetzliche Unterlassungsanspruch fortbesteht und kein vertraglicher Unterlassungsanspruch entsteht. Das ist jedoch nur dann anzunehmen, wenn die Parteien das ausdrücklich vereinbaren,[229] was in der Praxis kaum vorkommt. Denn eine derartige Abrede widerspricht dem überwiegenden berechtigten Interesse des Gläubigers, das auf die Begründung eines für ihn günstigeren vertraglichen Unterlassungsanspruches gerichtet ist. Die Annahme eines rein deklaratorischen Schuldanerkenntnisses hindert den Gläubiger daran, den fortbestehenden gesetzlichen Unterlassungsanspruch sogleich gerichtlich geltend zu machen. Es liegt ein **pactum de non petendo** vor (vgl. auch Rdn. 174), das endet, wenn es zu einem erneuten Verstoß gekommen ist oder ein solcher Verstoß wenigstens droht.

2. Zustandekommen

124 **a) Allgemeines.** Vertragspartei kann jeder sein, ohne dass es grundsätzlich darauf ankommt, ob der Gläubiger anspruchsberechtigt ist[230] oder ob der Schuldner die beanstandete Handlung tatsäch-

---

[224] BGH GRUR 2001, 1174, 1176 – *Berühmungsaufgabe;* a. M. *Köhler* GRUR 2011, 879ff.: bei Aufgabe der Berühmung erst nach der Abmahnung; vgl. auch BGH NJW-RR 2009, 184, 187 – *Metrosex.;* GRUR 2015, 1201, 1207 – *Sparkassen-Rot/Santander-Rot.*

[225] BGH GRUR 1996, 678, 679 – *Kurze Verjährungsfrist;* GRUR 2001, 85, 86 – *Altunterwerfung IV.*

[226] Vgl. BGH GRUR 1995, 678, 679 – *Kurze Verjährungsfrist;* GRUR 1997, 386, 387 – *Altunterwerfung II;* GRUR 1998, 953, 954 – *Altunterwerfung III;* Köhler/*Bornkamm* § 12 Rdn. 1.113; *Teplitzky* in: FS Köhler S. 757, 758.

[227] A. M. GroßKommUWG/*Feddersen* § 12 Rdn. 110; Köhler/*Bornkamm* § 12 Rdn. 1.114; Teplitzky/*Kessen* Kap. 8 Rdn. 5; Teplitzky/*Schaub* Kap. 20 Rdn. 28; *Pokrant* in: FS Erdmann, S. 863, 865; *Dornis/Förster* GRUR 2006, 195, 196.

[228] BGH GRUR 1995, 678, 680 – *Kurze Verjährungsfrist.*

[229] Teplitzky/*Kessen* Kap. 12 Rdn. 3.

[230] OLG Frankfurt WRP 1980, 704; OLG Köln NJW-RR 1987, 360.

lich begangen hat oder ob sie überhaupt wettbewerbswidrig ist. Daraus können sich allenfalls Einwendungen gegen die Wirksamkeit des Vertrages ergeben (vgl. dazu Rdn. 153ff.). Spätere Änderungen etwa in der Anspruchsberechtigung oder in der Gesetzeslage können zu einer Beendigung des Vertrages führen (vgl. dazu Rdn. 156ff.). Der Vertrag kommt gemäß §§ 145ff. BGB zustande.[231] Das Angebot kann vom Abmahner oder vom Abgemahnten ausgehen.

aa) Angebot des Gläubigers. In der Abmahnung liegt ein Angebot, wenn sie wie meist eine **vorformulierte Unterlassungserklärung** enthält, die nur noch vom Schuldner unterschrieben und zurückgesandt werden muss, und wenn kein abweichender Wille des Gläubigers erkennbar ist.[232] Ebenso ist es in anderen Fällen, in denen die Abmahnung inhaltlich so bestimmt ist, dass der Schuldner nur noch die Annahme zu erklären braucht. Mit dem Zugang wird das Angebot bindend (§ 130 Abs. 1 Satz 1 BGB). 125

Nimmt der Abgemahnte das Angebot an, geht seine **Annahmeerklärung** aber **verspätet** zu (§ 148 BGB), so liegt darin ein neues Angebot (§ 150 I BGB),[233] das aber gemäß § 151 Satz 1 BGB angenommen werden kann, indem der Abmahner etwa das Angebot zu den Akten nimmt. 126

Enthält die Annahmeerklärung des Abgemahnten eine abweichende, insbesondere eine **eingeschränkte Unterwerfung,** so ist darin eine Ablehnung des Angebots zu sehen, verbunden mit einem neuen Angebot (§ 150 II BGB). Dieses kann in der Regel **nicht gemäß § 151 Satz 1 BGB angenommen** werden,[234] weil für den Abgemahnten sonst keine Klarheit darüber besteht, ob der Abmahner mit dem eingeschränkten Inhalt einverstanden ist. Dagegen verhält es sich anders, wenn der Abgemahnte erklärt, er gehe davon aus, dass der Abmahner einverstanden sei, wenn er nicht widerspreche.[235] Um Unklarheiten zu vermeiden, sollte sich der Abmahner auf jeden Fall äußern. 127

bb) Angebot des Schuldners. In anderen Fällen kommt das **Angebot** erst **vom Schuldner.** Dem Angebot muss keine Abmahnung vorangegangen sein.[236] Es kann auch gemäß § 151 Satz 1 BGB angenommen werden.[237] Die einseitig bleibende Unterwerfungserklärung ist bindend. Sie erlischt nicht durch Fristablauf gemäß § 147 Abs. 2 BGB und ist nicht widerruflich.[238] Demgemäß kann sie auch noch später angenommen werden, auch konkludent, etwa durch Geltendmachung der Vertragsstrafe.[239] Die Erklärung ist auch dann **bindend,** wenn der Gläubiger dem Schuldner nach ihrer Abgabe eine bereits erwirkte einstweilige Verfügung zustellen lässt.[240] Geschieht das vor dem Zugang der Unterlassungserklärung, hat der Gläubiger nicht konkludent das Angebot des Schuldners abgelehnt.[241] Die Geschäftsgrundlage fehlt nicht deshalb, weil der Gläubiger die einstweilige Verfügung erwirkt hatte.[242] 128

Nimmt der Abmahner das Angebot zwar an, erklärt er aber zugleich, dass er eine weitergehende Verpflichtung verlange, so hängt von den Umständen ab, ob darin die **Ablehnung des Angebotes verbunden mit einem neuen Angebot oder** aber eine **Annahme verbunden mit dem gesonderten Angebot** liegt, **einen weitergehenden Unterwerfungsvertrag abzuschließen.** Regelmäßig wird erstere Auslegung zutreffen.[243] Der Abmahner hat zwar ein Interesse daran, wenigstens eine eingeschränkte Verpflichtung zu erhalten, wenn er an sich eine weitergehende haben möchte. Demgegenüber überwiegt aber das berechtigte Interesse des Schuldners. Er will mit seinem 129

---

[231] BGH GRUR 2006, 878 – *Vertragsstrafevereinbarung.*

[232] BGH GRUR 2010, 355, 357 – *Testfundstelle;* OLG Köln WRP 2000, 226;Teplitzky/*Kessen* Kap. 8 Rdn. 3; *Pokrant* in: FS Erdmann, S. 863, 866.

[233] BGH GRUR 2010, 355, 357 – *Testfundstelle.*

[234] BGH GRUR 1993, 34, 37 – *Bedienungsanweisung;* GRUR 2002, 824, 825 – *Teilunterwerfung;* OLG Frankfurt GRUR 1986, 626, 627; OLG Karlsruhe WRP 1990, 51, 52f.; OLG München OLG-Report 1999, 358; vgl. auch KG WRP 1986, 680, 682 und MD VSW 2012, 48, 49.

[235] OLG Köln WRP 2000, 226f.

[236] Köhler/*Bornkamm* § 12 Rdn. 1.105; Teplitzky/*Kessen* Kap. 8 Rdn. 3a.

[237] OLG Frankfurt GRUR 1986, 626, 627; KG WRP 1986, 680, 682; OLG Bremen OLG-Report 2003, 366, 367; OLG Köln MD VSW 2006, 481, 483; Köhler/*Bornkamm* § 12 Rdn. 1.118.

[238] BGH GRUR 2010, 355, 357 – *Testfundstelle;* GRUR 2014, 595, 596 – *Vertragsstrafenklausel;* Köhler/*Bornkamm* § 12 Rdn. 1.116ff.; Teplitzky/*Kessen* Kap. 8 Rdn. 3b und 37; *Bornkamm* in: FS Tilmann, S. 769, 770, 774; zur Frage, ob die unaufgeforderte Übersendung einer vorbeugenden Unterwerfungserklärung einen rechtswidrigen Eingriff in den eingerichteten und ausgeübten Gewerbebetrieb darstellt: vgl. BGH GRUR 2013, 917, 918f. – *Vorbeugende Unterwerfungserklärung* betr. Urheberrecht.

[239] OLG Düsseldorf WRP 2016, 248ff.

[240] A. M. OLG Köln MD VSW 2002, 42, 44ff.

[241] BGH GRUR 2010, 355, 357 – *Testfundstelle.*

[242] BGH GRUR 2010, 355, 357f. – *Testfundstelle.*

[243] BGH GRUR 1993, 34, 37 – *Bedienungsanweisung;* vgl. auch BGH WRP 2005, 1258, 1259 – *Romanfigur Esra.*

Angebot eine endgültige Regelung herbeiführen und hat daher ein berechtigtes Interesse daran, dass er an sein Angebot nicht gebunden ist, wenn der Abmahner trotz seiner Annahmeerklärung auf einer weitergehenden Unterwerfung besteht. Im Einzelfall mag die Auslegung unter Abwägung der beiderseitigen Interessen zu einem anderen Ergebnis gelangen. Um spätere Auseinandersetzungen zu vermeiden, sollten die Parteien in ihren Schreiben ausdrücklich klarstellen, wie ihre Erklärungen im Falle einer Abweichung durch die andere Seite zu verstehen sind.

130 **b) Form.** Da es sich bei der Unterwerfungserklärung des Schuldners um ein abstraktes Schuldversprechen handelt, bedarf sie an sich der Schriftform des § 780 BGB. Bei Annahme eines Vergleiches (Rdn. 121) ist die Schriftform jedoch nicht erforderlich (§ 782 BGB), ebenso wenn es sich wie meist um die Erklärung eines Kaufmanns handelt (§ 350 HGB). Wenn die **Schriftform** einzuhalten ist, muss § 126 BGB beachtet werden. Eine Erklärung per Telefax oder E-Mail genügt in einem solchen Falle nur dann zur Ausräumung der Wiederholungsgefahr, wenn sie als vorläufige Erklärung zu verstehen ist und ihr eine **formgerechte schriftliche Erklärung in angemessener Frist nachfolgt** (vgl. auch Rdn. 132).[244]

131 Obwohl die **Schriftform** materiell-rechtlich in der Regel nicht erforderlich ist, ist sie aber **zur Beweissicherung** in jedem Falle anzuraten. Der Gläubiger wird darauf auch deshalb Wert legen, um jedes Wirksamkeitsrisiko auszuschließen. Demgemäß sollte die Unterwerfungserklärung des Schuldners stets schriftlich fixiert und unterschrieben werden.

132 **Weigert** sich der Abgemahnte, der wirksam eine fernschriftliche oder fernmündliche Erklärung abgegeben hat, diese auch noch **schriftlich zu wiederholen,** entfällt die Begehungsgefahr nicht.[245] Fraglich ist, ob der Schuldner in einem solchen Falle sogar von sich aus handeln muss[246] oder ob das nur auf Verlangen des Gläubigers zu geschehen hat.[247]

133 Der Abgemahnte hat den ordnungsgemäßen **Zugang der Unterlassungserklärung** zu beweisen.[248] Das kann er bei einem Telefax nicht allein dadurch, dass er das störungsfreie Absenden beweist und dass keine technischen Anhaltspunkte für eine Störung in der Übermittlung ersichtlich sind.[249]

134 **c) Handeln von Vertretern.** Die Parteien können sich vertreten lassen. Hierfür gelten die allgemeinen Regeln, einschließlich der Grundsätze über die Duldungs- und Anscheinsvollmacht.[250] Auch eine stillschweigende Genehmigung durch den Vertretenen ist möglich.[251] Nimmt ein vollmachtloser Vertreter des Gläubigers die Unterlassungserklärung an und genehmigt dieser die Annahme, führt die Rückwirkung der Genehmigung (§ 184 Abs. 1 BGB) nicht dazu, dass für Verstöße während der Zwischenzeit der schwebenden Unwirksamkeit eine Vertragsstrafe verwirkt wird.[252]

135 **d) Prozessvergleich.** In vielen Fällen wird eine Unterwerfungsvereinbarung in einem gerichtlichen Verfahren als Prozessvergleich geschlossen. Dann sind auch die prozessualen Bestimmungen zu beachten, die beim Abschluss eines solchen Vergleichs einzuhalten sind. Insbesondere muss der Vergleich **ordnungsgemäß protokolliert** werden oder gemäß § 278 Abs. 6 ZPO zustande kommen. Sollte das nicht geschehen sein und daher kein wirksamer Prozessvergleich vorliegen, so ist zu überlegen, ob wenigstens ein wirksamer, nur materiell-rechtlicher Vergleich zustande gekommen ist. In der Regel wird das zu verneinen sein.[253] Der wirksame Prozessvergleich ist **Vollstreckungstitel** im Sinne des § 794 Abs. 1 Nr. 1 ZPO.

3. Inhalt

136 **a) Allgemeines.** Der Unterlassungsvertrag enthält die Verpflichtung des Schuldners, eine bestimmte Handlung oder mehrere bestimmte Handlungen zu unterlassen. Wie aus dem Grundsatz der **Vertragsfreiheit** folgt, sind die Parteien **in der Gestaltung des Unterlassungsvertrages** grundsätzlich frei.[254] Demgemäß bestimmen sie, welche Handlungen Gegenstand der Unterlas-

---

[244] Teplitzky/*Kessen* Kap. 8 Rdn. 6f.
[245] BGH GRUR 1990, 530, 532 – *Unterwerfung durch Fernschreiben;* Teplitzky/*Kessen* Kap. 8 Rdn. 6.
[246] So zu Recht Teplitzky/*Kessen* Kap. 8 Rdn. 6.
[247] Köhler/*Bornkamm* § 12 Rdn. 1.104.
[248] Teplitzky/*Kessen* Kap. 8 Rdn. 3.
[249] BGH NJW 1995, 665, 666f.
[250] BGH GRUR 1998, 963, 964 – *Verlagsverschulden II.*
[251] BGH GRUR 2015, 187, 190 – *Zuwiderhandlung während der Schwebezeit;* OLG Hamburg MD VSW 2007, 447, 448.
[252] BGH GRUR 2015, 187, 188f. – *Zuwiderhandlung während der Schwebezeit.*
[253] MüKo ZPO/*Wolfsteiner* § 794 ZPO Rdn. 36.
[254] BGH GRUR 1992, 61, 62 – *Preisvergleichsliste;* GRUR 1997, 931, 932 – *Sekundenschnell.*

sungserklärung sein sollen, bei mehreren Handlungen, ob sich die Verpflichtung auf jede Handlung für sich allein oder aber auf mehrere Handlungen zusammen erstrecken soll, ferner ob nur die konkrete Verletzungsform erfasst oder die Verpflichtung verallgemeinert werden soll.

In der Erklärung des Schuldners muss unzweifelhaft sein **ernstlicher Verpflichtungswille** zum 137
Ausdruck kommen.[255] Nur dann entfällt die Wiederholungsgefahr. Die Ernstlichkeit wird nicht allein dadurch in Frage gestellt, dass der Schuldner zugleich seinen Rechtsstandpunkt verteidigt.[256] Eine bloße – unverbindliche – Absichtserklärung genügt nicht. An der Ernstlichkeit kann es etwa fehlen, wenn der Gläubiger ein verbundenes Unternehmen ist, von dem der Schuldner nichts zu befürchten hat.[257] In einem derartigen Fall kommt sogar in Betracht, dass es sich lediglich um ein Scheingeschäft handelt, das geschlossen worden ist, um andere Gläubiger zu täuschen, indem eine wirksame Drittunterwerfung vorgespiegelt wird. An der Ernstlichkeit kann es fehlen, wenn der ausländische Schuldner für eine Geltendmachung der Vertragsstrafe die Vereinbarung eines Gerichtsstandes in Deutschland verweigert.[258]

Die **Unterwerfungserklärung** muss **eindeutig und** hinreichend **bestimmt** sein.[259] Bleibt die 138
Erklärung trotz Auslegung und fehlender (nachträglicher) Klarstellung unklar, ist sie nicht geeignet, die Wiederholungsgefahr auszuräumen.[260] Der Abmahner braucht eine unklare Unterwerfungserklärung nicht anzunehmen. Was zu unterlassen ist, ist sachlich, zeitlich, räumlich und personell, soweit jeweils erforderlich, möglichst genau zu beschreiben, um später Streitigkeiten über den Umfang der Verpflichtung zu vermeiden. Die Parteien sind nicht an die Regeln gebunden, die gemäß § 253 II Nr. 2 ZPO gelten. So können sie sich eher an den Voraussetzungen der wettbewerbsrechtlichen Norm orientieren.[261] Geschieht das, ist eine solche Vereinbarung wirksam und demgemäß bei einem Verstoß eine geeignete Grundlage für einen Anspruch auf Zahlung einer Vertragsstrafe. Eine andere Frage ist aber, ob dadurch die Wiederholungsgefahr (Dritten gegenüber) ausgeräumt worden ist.

Die Unterwerfungserklärung darf **grundsätzlich keine Einschränkung** enthalten,[262] wie eine 139
Befristung (Ausnahmen: Rdn. 140), eine **Bedingung** (Ausnahmen: Rdn. 166f.), die Möglichkeit eines **Widerrufs** oder einer **Kündigung.** Der Abmahner braucht eine solche Erklärung in der Regel nicht anzunehmen; sie vermag die Wiederholungsgefahr nicht auszuschließen. Zur **Teilunterwerfung** vgl. Rdn. 170, 176.

Dagegen fehlt es nicht an der Ernstlichkeit der Unterlassungserklärung, wenn der Abgemahnte 140
seiner Unterwerfungserklärung eine **aufschiebende Befristung,** nämlich einen **Anfangstermin** beifügt, von dem an seine vertragliche Verpflichtung erst gelten soll,[263] und sich auf diese Weise eine **Aufbrauchfrist**[264] zubilligt. Für den Zeitraum davor hat der Verletzte dann die Möglichkeit, noch eine einstweilige Verfügung zu erwirken, falls dem Verletzer wie regelmäßig keine Aufbrauchsfrist zusteht. Außerdem hat er als Verletzter Anspruch auf Schadensersatz. Eine **auflösende Befristung** ist ausnahmsweise dann zulässig, wenn der Unterlassungsanspruch selbst zeitlich begrenzt ist, wie etwa bei einer Modeneuheit.[265] Der Schuldner braucht seine Unterlassungserklärung nicht auf ein Verhalten zu erstrecken, das ihm nicht verboten werden kann.[266]

Wenn ein nur lokal oder regional tätiger Verletzter gegen einen bundesweit tätigen Verletzer vor- 141
geht, könnte der Verletzer seine Unterwerfungserklärung als Angebot zu einem echten **Vertrag zugunsten Dritter** (§ 328 BGB) ausgestalten,[267] um sicher zu gehen, dass die Wiederholungsge-

---

[255] BGH GRUR 1993, 677, 679 – *Bedingte Unterwerfung;* GRUR 2008, 815, 816 – *Buchführungsbüro;* vgl. dazu OLG Köln WRP 2011, 112ff. und WRP 2012, 221ff.; KG GRUR-RR 2013, 335f. (zu einer Drittunterwerfung); *Teplitzky* in: FS Köhler S. 757, 760f.

[256] Teplitzky/*Kessen* Kap. 8 Rdn. 31; vgl. dazu OLG Stuttgart WRP 1997, 358, 361 und 1219, 1223.

[257] OLG Koblenz WRP 1995, 1004 LS.

[258] KG GRUR-RR 2014, 351ff.

[259] BGH GRUR 2002, 180f. – *Weit-Vor-Winter-Schluss-Verkauf.*

[260] BGH GRUR 1997, 379, 380 – *Wegfall der Wiederholungsgefahr II;* KG MD VSW 2000, 581, 583.

[261] OLG Köln NJW 1999, 502, 503; *Teplitzky* WRP 1990, 26, 27; vgl. aber OLG Frankfurt GRUR 1988, 563f.

[262] BGH GRUR 1993, 677, 679 – *Bedingte Unterwerfung;* GRUR 1996, 290, 291 – *Wegfall der Wiederholungsgefahr I;* GRUR 1997, 379, 380 – *Wegfall der Wiederholungsgefahr II;* GRUR 2002, 180f. – *Weit-Vor-Winter-Schluss-Verkauf;* GRUR 2008, 815, 816 – *Buchführungsbüro.*

[263] BGH GRUR 2002, 180f. – *Weit-Vor-Winter-Schluss-Verkauf;* OLG Karlsruhe NJWE-WettbR 1999, 116; *Döring* WRP 2007, 728ff.

[264] Vgl. Vor § 12 Rdn. 234; Teplitzky/*Kessen* Kap. 8 Rdn. 10f.; *Berlit* WRP 1998, 250, 252.

[265] BGH GRUR1973, 478, 480 – *Modeneuheit.*

[266] BGH GRUR 2008, 815, 816 – *Buchführungsbüro.*

[267] BGH GRUR 2002, 357, 359 – *Missbräuchliche Mehrfachabmahnung; Teplitzky* WRP 1998, 359, 360; vgl. dazu Köhler/*Bornkamm* § 12 Rdn. 1.171.

fahr auch bundesweit entfällt (Rdn. 143) und er nicht von anderen Gläubigern auf Unterlassung in Anspruch genommen wird.

142 **b) Auslegung.** *aa) Allgemeines.* Für die Unterwerfungserklärung gelten die **allgemeinen Grundsätze der Vertragsauslegung** (§§ 133, 157 BGB).[268] Handelt es sich um einen Prozessvergleich, könnte fraglich sein, ob die engeren Grundsätze über die Auslegung von Titeln anzuwenden sind.[269] Das ist zu verneinen.[270] Unterschiedliche Ergebnisse dürften aber kaum in Betracht kommen.

143 Unklarheiten sind durch **Auslegung der Unterwerfungserklärung** unter Berücksichtigung aller Umstände des Einzelfalls zu beseitigen. Dabei können auch Umstände herangezogen werden, die nach Abgabe der Erklärung liegen, aber einen Rückschluss auf die Willensrichtung bei Abgabe erlauben.[271] Bei der Auslegung ist vom Wortlaut der Unterlassungserklärung auszugehen und ihr Verständnis aus der Sicht des Gläubigers nach dem allgemeinen Sprachgebrauch zu ermitteln. Dabei sind die Vorgeschichte, vor allem die konkrete Verletzungsform, das Abmahnschreiben,[272] gegebenenfalls mündliche und/oder schriftliche Verhandlungen sowie die beiderseitigen Interessen einzubeziehen. Zu beachten ist, ob die Erklärungen von juristischen Laien oder unter Mitwirkung von Rechtskundigen abgegeben worden sind.[273] Hat der Abmahner die Abmahnung mit einer vorformulierten Unterwerfungserklärung verbunden, so ist maßgebend, wie der Abgemahnte sie verstehen konnte.[274] Ist der Gläubiger nur regional tätig, ergibt die Auslegung im Zweifel nicht, dass die Unterlassungserklärung räumlich begrenzt sein soll (vgl. auch Rdn. 141).[275] Da die Abgabe einer Unterlassungserklärung meist dazu dient, die Wiederholungsgefahr auszuräumen, die durch ein gesetzwidriges Verhalten begründet worden ist, will der Schuldner sich grundsätzlich nicht weitergehend binden, als es seiner gesetzlichen Verpflichtung entspricht.[276] Entsteht Streit über die Reichweite einer Unterwerfungserklärung, kommt unter den Voraussetzungen des § 256 ZPO eine Klärung durch eine Feststellungsklage in Betracht.[277]

144 Verwendet der Gläubiger für seine Abmahnungen vorformulierte Unterwerfungserklärungen als **AGB** im Sinne von § 305 Abs. 1 BGB, so gelten die dafür maßgebenden Auslegungsregeln, wie der Grundsatz der objektiven Auslegung, die Unklarheitenregel (§ 305c Abs. 2 BGB) und das Verbot der geltungserhaltenden Reduktion.[278] Außerdem findet eine Inhaltskontrolle gemäß §§ 307 ff. BGB statt (dazu unten Rdn. 152). Vertragsstrafebewehrte Unterlassungsverpflichtungen wie Vertriebsverbote sind vielfach in Formularverträgen enthalten und unterliegen ebenfalls den Regeln, die für AGB gelten.

145 *bb) Konkrete Verletzungsform.* Vielfach beschränkt sich die **Unterlassungserklärung** auf die konkrete Verletzungsform. Eine solche Erklärung ist regelmäßig dahin auszulegen, dass sie **auch Handlungen erfasst, die zwar mit der konkreten Handlung nicht identisch, mit ihr aber im wesentlichen Kern gleichartig sind.**[279] Denn die Unterwerfung ist im allgemeinen darauf gerichtet, die Wiederholungsgefahr auszuräumen. Diese entfällt jedoch nur dann, wenn auch Handlungen erfasst werden, die im Kern gleich sind.[280]

146 Eine solche Auslegung ist nicht möglich, wenn der **Schuldner darauf hinweist,** seine **Erklärung erfasse lediglich die ganz konkrete Verletzungsform,** dagegen **nicht im Kern gleiche Handlungen,**[281] insbesondere wenn er es ablehnt, eine vom Gläubiger vorgeschlagene oder ange-

---

[268] BGH GRUR 1992, 61, 62 – *Preisvergleichsliste;* GRUR 1997, 931, 932 – *Sekundenschnell;* GRUR 1998, 471, 472 – *Modenschau im Salvator-Keller;* GRUR 2001, 85, 86 – *Altunterwerfung IV;* GRUR 2001, 758, 759 – *Trainingsvertrag;* GRUR 2006, 878 – *Vertragsstrafevereinbarung.* GRUR 2009, 181, 183 – *Kinderwärmekissen;* GRUR 2010, 167, 168 – *Unrichtige Aufsichtsbehörde.*

[269] Vgl. Ahrens/*Singer* Kap. 32 Rdn. 6.

[270] Teplitzky/*Kessen* Kap. 8 Rdn. 14; *Nieder* WRP 2001, 117, 120.

[271] BGH GRUR 1987, 640, 641 – *Wiederholte Unterwerfung II.*

[272] KG GRUR 1990, 143, 144.

[273] OLG Köln NJW 1999, 502, 503.

[274] BGH GRUR 1997, 931, 933 – *Sekundenschnell.*

[275] BGH GRUR 2001, 85, 86 – *Altunterwerfung IV;* vgl. GRUR 2008, 438, 442 – *ODD-SET.*

[276] Vgl. BGH GRUR 2003, 889 – *Internet-Reservierungssystem;* GRUR 2010, 167, 168 – *Unrichtige Aufsichtsbehörde.*

[277] Vgl. dazu Köhler/*Bornkamm* § 12 Rdn. 1.136.

[278] OLG Düsseldorf WRP 1995, 223, 226.

[279] BGH GRUR 1996, 290, 291 – *Wegfall der Wiederholungsgefahr I;* GRUR 1997, 379, 380 – *Wegfall der Wiederholungsgefahr II;* GRUR 1998, 483, 485 – *Der M.-Markt packt aus;* GRUR 2009, 418, 420 – *Fusspilz;* OLG Hamburg MD VSW 2001, 845, 846 ff.; vgl. auch Vor § 12 Rdn. 295.

[280] BGH GRUR 1997, 379, 380 – *Wegfall der Wiederholungsgefahr II;* GRUR 1997, 931, 932 – *Sekundenschnell.*

[281] *Ohly*/Sosnitza § 8 Rdn. 52; vgl. BGH GRUR 2003, 450, 451 – *Begrenzte Preissenkung.*

botene Erklärung abzugeben bzw. anzunehmen, die sich – ausdrücklich – auch auf im Kern gleiche Handlungen erstreckt.[282] Mangels ernsthaften Willens zur Unterwerfung ist die **Wiederholungsgefahr** regelmäßig auch nicht wenigstens hinsichtlich der ganz konkreten Verletzungsform **entfallen.** Der Gläubiger ist aber **nicht** daran gehindert, die eingeschränkte Unterwerfungserklärung anzunehmen und sich damit zu begnügen.[283] Anders verhält es sich, wenn der Schuldner gegenüber dem Verlangen des Gläubigers nach einer verallgemeinernden Unterlassungsverpflichtung nur eine auf die konkrete Verletzungsform beschränkte Erklärung abgibt, die aber auch im Kern gleiche Handlungen erfasst. Dann ist in der Regel die Wiederholungsgefahr hinsichtlich der konkreten Verletzungsform weggefallen, während hinsichtlich der weitergehenden Verallgemeinerung nach wie vor Begehungsgefahr bestehen kann.

Der Schuldner, der seine Unterlassungserklärung auf die konkrete Verletzungsform beschränkt, 147
läuft Gefahr, dass ihm mangels genügender **Klarstellung, ob die Erklärung auch im Kern gleiche Handlungen** erfasst, im Unterlassungsprozess mit Erfolg entgegengehalten wird, die Wiederholungsgefahr sei nicht weggefallen, während im Vertragsstrafeprozess angenommen wird, die Erklärung erstrecke sich auch auf im Kern gleiche Handlungen. Die Wirksamkeit der Unterlassungspflicht ist grundsätzlich unabhängig davon zu beurteilen, ob die Wiederholungsgefahr ausgeräumt worden ist oder nicht. Ist die Erklärung des Schuldners dagegen eindeutig so zu verstehen, dass sie sich ausschließlich auf die konkrete Verletzungsform beschränkt, ohne zugleich im Kern gleiche Handlungen zu erfassen, kann es nicht zu einer solchen Divergenz kommen.

Die Auslegung kann zwar ergeben, dass die Verpflichtung allein auf die konkrete Verletzungs- 148
form – unter Ausschluss kerngleicher Handlungen – beschränkt sein soll.[284] Da dadurch aber die Wiederholungsgefahr zumindest insoweit nicht entfällt, als es um im Kern gleiche Handlungen geht (vgl. Rdn. 146), ist eine solche Auslegung nur möglich, wenn dafür besondere Anhaltspunkte bestehen. Der Abgemahnte muss eine derartige Beschränkung lediglich auf die ganz konkrete Verletzungsform erkennbar, klar und eindeutig erklären.[285] Um einen späteren Streit zu vermeiden, sollte zweckmäßigerweise **klargestellt werden, dass auch im Kern gleiche Handlungen erfasst werden.**[286] Das kann bei Zweifeln auch noch nachträglich geschehen, insbesondere in einem gerichtlichen Verfahren.[287] Solche klarstellenden Erklärungen müssen aber gegenüber dem Gläubiger als dem Vertragspartner abgegeben werden.[288]

Im Zweifel wird nur die Unterlassung solcher im Kern gleicher Handlungen geschuldet, die **ge-** 149
eignet sind, den **Wettbewerb „wesentlich" zu beeinträchtigen** (§ 3); denn nur insoweit ist ein gesetzlicher Unterlassungsanspruch entstanden.

c) Nebenpflichten. Aus dem Unterlassungsvertrag können sich nach Treu und Glauben Ne- 150
benpflichten ergeben. Bei einem Verstoß kann sich für den Schuldner eine **Pflicht zur Auskunft** ergeben, die weiter als bei einer gesetzlichen Auskunftspflicht gehen, sich nämlich auch auf frühere Verstöße beziehen kann.[289] Er kann auch **zur Aufklärung** verpflichtet sein, den begründeten **Anschein eines Verstoßes** auszuräumen, damit dem Gläubiger keine Kostennachteile entstehen.[290]

4. Wirksamkeit

a) Abschluss des Vertrages. *aa) Kartellrecht.* Da das Kartellrecht keinen rechtswidrigen Wett- 151
bewerb schützt,[291] sind Vereinbarungen **kartellrechtlich unbedenklich, wenn** sie **Handlungen** betreffen, **die gegen Wettbewerbsrecht verstoßen oder deren wettbewerbsrechtliche Beurteilung objektiv zweifelhaft ist.**[292] Liegen diese Voraussetzungen dagegen nicht vor, sondern handelt es sich um ein Verhalten, das objektiv unzweifelhaft rechtmäßig ist, kommt ein Verstoß gegen kartellrechtliche Vorschriften in Betracht, insbesondere gegen §§ 1, 19–21 GWB und/oder

---

[282] OLG Frankfurt WRP 1997, 101; Köhler/*Bornkamm* § 12 Rdn. 1.102b und 1.123; *Teplitzky* WRP 2005, 654, 658.

[283] Vgl. dazu OLG Hamburg MD VSW 2004, 192, 200.

[284] BGH GRUR 1997, 931, 932 – *Sekundenschnell.*

[285] Teplitzky/*Kessen* Kap. 8 Rdn. 16a ff.

[286] Teplitzky/*Kessen* Kap. 8 Rdn. 16c; *Nieder* WRP 2001, 117, 120.

[287] BGH GRUR 1998, 483, 485 – *Der M.-Markt packt aus.*

[288] OLG Frankfurt WRP 1998, 895, 897.

[289] BGH GRUR 1992, 61, 64 – *Preisvergleichsliste.*

[290] BGH GRUR 1990, 542, 543 f. – *Aufklärungspflicht des Unterwerfungsschuldners;* Köhler/*Bornkamm* § 12 Rdn. 1.67.

[291] BGH GRUR 1987, 304, 305 – *Aktion Rabattverstoß.*

[292] BGH GRUR 1983, 602, 603 – *Vertragsstraferückzahlung;* Teplitzky/*Kessen* Kap. 11 Rdn. 2; Teplitzky/*Schaub* Kap. 20 Rdn. 11; *Köhler* in: FS v. Gamm, S. 57, 72; *Kroitzsch* WRP 1984, 117, 118.

Art. 101 AEUV. Häufig wird es jedoch an der **Spürbarkeit** der vereinbarten Wettbewerbsbeschränkung fehlen.

152 *bb) AGB-Inhaltskontrolle.* Verwendet der Gläubiger AGB mit einer vorformulierten Unterwerfungserklärung, sind die Vorschriften über die **Inhaltskontrolle von AGB** (§§ 307 ff. BGB) zu beachten (Rdn. 216).[293]

153 *cc) Fehlen der Klagebefugnis.* Geht der Schuldner irrig davon aus, dass der Gläubiger klagebefugt sei, kommt eine **Anfechtung des Vertrages** in Betracht, und zwar nach § 123 BGB, falls er arglistig getäuscht worden ist, und/oder nach § 119 Abs. 2 BGB, weil die **Klagebefugnis als verkehrswesentliche Eigenschaft** anzusehen ist. Haben die Parteien sich über die Klagebefugnis gestritten und gibt der Schuldner gleichwohl eine Unterwerfungserklärung ab, so scheidet eine Anfechtung des Vergleiches gemäß § 119 Abs. 2 BGB aus.[294] Liegt ein Rechtsmissbrauch gemäß § 8 Abs. 4 vor,[295] ist die Abmahnung unwirksam, ebenso ein darin liegendes Angebot, so dass so ein Unterwerfungsvertrag nicht zustande kommen kann. Zumindest ist der Vertrag gemäß § 119 Abs. 2 BGB anfechtbar.[296] **Irren beide,** sind die Grundsätze über die **Störung der Geschäftsgrundlage** anzuwenden. Der Vertrag, der als Vergleich zu qualifizieren ist (Rdn. 121), ist sogar unwirksam, wenn die Klagebefugnis des Gläubigers als gemeinsame Vergleichsgrundlage anzusehen ist und der Streit bei Kenntnis nicht entstanden wäre (§ 779 BGB).

154 *dd) Fehlen eines Wettbewerbsverstoßes.* Entweder hat der Schuldner die beanstandete Handlung nicht begangen und/oder sie verstößt nicht gegen Wettbewerbsrecht. Hat er sich darüber geirrt und beruht das auf einer arglistigen Täuschung des Gläubigers, so kann er gemäß **§ 123 BGB** anfechten.[297] Hat der Gläubiger dagegen nur fahrlässig gehandelt, kommt ein Schadensersatzanspruch aus **culpa in contrahendo** in Betracht, der je nach den Umständen auf Vertragsaufhebung oder -anpassung gerichtet ist.[298]

155 Ein Irrtum berechtigt den Schuldner **nicht** zur **Anfechtung nach § 119 BGB;** es handelt sich um einen unbeachtlichen Motivirrtum.[299] **Irren beide** über die Wettbewerbswidrigkeit der Handlung, **fehlt es an der gemeinsamen Vergleichsgrundlage,** so dass der Vertrag unwirksam ist.[300] Dieses Ergebnis entspricht der Interessenlage: Für den Schuldner ist es unzumutbar, ein wettbewerbsgemäßes Verhalten zu unterlassen und dadurch wettbewerbliche Nachteile zu erleiden, während der Gläubiger kein schutzwürdiges Interesse daran hat, den Schuldner am Vertrag festzuhalten. Haben sich die **Parteien** aber **über das Vorliegen eines Wettbewerbsverstoßes gestritten,** insbesondere weil die Rechtslage zweifelhaft und höchstrichterlich noch nicht geklärt ist, und gibt der Schuldner gleichwohl eine Unterwerfungserklärung ab, ist der Vertrag wirksam.[301]

156 **b) Beendigung des Vertrages.** *aa) Kartellrecht.* Eine **Unwirksamkeit** (vgl. Rdn. 151) **kann nachträglich eintreten,** wenn eine zunächst **zweifelhafte Rechtslage** nunmehr **höchstrichterlich geklärt** ist, wobei auf den Zeitpunkt abzustellen ist, zu dem die klärende Entscheidung insbesondere durch Veröffentlichung in einer Fachzeitschrift bekannt wird.[302]

157 *bb) Wegfall der Klagebefugnis.* Die Klagebefugnis/Aktivlegitimation kann ganz allgemein weggefallen sein, etwa weil ein Verband nicht mehr die Voraussetzungen des § 8 Abs. 3 erfüllt oder der Gläubiger nicht mehr Mitbewerber ist, oder lediglich im Einzelfall nunmehr für den konkreten Wettbewerbsverstoß **keine Klagebefugnis/Aktivlegitimation mehr besteht.** Die Auswirkungen auf den Fortbestand von Unterwerfungsverträgen waren zunächst umstritten. Inzwischen ist die Rechtslage durch mehrere Entscheidungen des BGH als geklärt anzusehen.[303]

---

293 BGH NJW 1993, 721, 722 f. – *Fortsetzungszusammenhang;* GRUR 2014, 595 f. – Vertragsstrafenklausel (Höhe der Vertragsstrafe); OLG Düsseldorf WRP 2012, 595, 596.

294 Vgl. *Palandt/Sprau* § 779 BGB Rdn. 26.

295 Vgl. dazu Thüringer OLG MD VSW 2007, 70, 71 f.

296 *Teplitzky* GRUR 2003, 272, 273.

297 OLG München WRP 1985, 237, 238; OLG Köln NJW-RR 1987, 360 f; OLG Stuttgart WRP 2016, 650, 652.

298 OLG Stuttgart WRP 2016, 653 f.; *Gottschalk* GRUR 2004, 827, 828; vgl. Köhler/*Bornkamm* § 12 Rdn. 1.165.

299 OLG Schleswig WRP 2002, 123, 125.

300 OLG Koblenz GRUR-RR 2001, 32, 33.

301 BGH GRUR 2014, 797, 799, 801 – *fishtailparka; Gottschalk* GRUR 2004, 827, 828 f. vgl. auch OLG Stuttgart WRP 2016, 650, 654 f. – zur Frage eines Kündigungsrechts aus wichtigem Grund.

302 Teplitzky/*Kessen* Kap. 11 Rdn. 2; Teplitzky/*Schaub* Kap. 20 Rdn. 11; *Rieble* GRUR 1995, 252, 256.

303 BGH GRUR 1997, 382, 383 ff. – *Altunterwerfung I;* GRUR 1997, 386, 388 ff. – *Altunterwerfung II;* GRUR 1998, 953, 954 f. – *Altunterwerfung III;* GRUR 2001, 85, 86 f. – *Altunterwerfung IV.*

Kündigung aus wichtigem Grund (§ 314 Abs. 1 Satz 1 BGB). Nach der Rechtsprechung des BGH, der zuzustimmen ist, war der Wegfall der Klagebefugnis/Aktivlegitimation nach der UWG-Novelle 1994 weder als Wegfall der Geschäftsgrundlage anzusehen, noch hatte der Schuldner einen Bereicherungsanspruch aus § 812 Abs. 1 Satz 2 1. Alt, Abs. 2 BGB. Vielmehr lag ein wichtiger Grund vor, der den Schuldner berechtigte, den Vertrag innerhalb einer angemessenen Frist außerordentlich aus wichtigem Grund zu kündigen. Die Frist begann zu laufen, sobald der Schuldner von den Umständen, die die Kündigung rechtfertigen, Kenntnis erlangt hatte, frühestens mit der Veröffentlichung der ersten Entscheidungen in den Fachzeitschriften (April 1997). Solange der Schuldner aber keine Kenntnis von einer unzureichenden Mitgliederstruktur des Gläubiger-Verbandes hat, läuft die Frist noch nicht. Dieselben Regeln gelten, wenn in zukünftigen Fällen die Klagebefugnis/Aktivlegitimation, die bei Vertragsschluss gegeben war, nachträglich allgemein oder im Einzelfall für einen Wettbewerbsverstoß zu verneinen ist, etwa nach dem neuen UWG. 158

Die Kündigung beendet den Vertrag mit **Wirkung ex nunc.** Die vertragliche Unterlassungsverpflichtung bleibt daher für die Vergangenheit bestehen; bereits verwirkte Vertragsstrafen sind zu zahlen,[304] schon geleistete Vertragsstrafen können nicht zurückverlangt werden. Diese Rechtsprechung gilt aber nur mit der Maßgabe, wie sie sich aus den folgenden Ausführungen zum Rechtsmissbrauch ergibt. 159

Rechtsmissbrauch. Hat der Schuldner nicht rechtzeitig gekündigt, fragt sich, ob er sich bei einem Verstoß dem Gläubiger gegenüber ausnahmsweise auf den **Einwand der unzulässigen Rechtsausübung** berufen kann. Das ist zu bejahen, wenn der Gläubiger infolge der Gesetzesänderung offensichtlich nicht mehr klagebefugt ist.[305] Auch wenn ein Mitbewerber seine Tätigkeit auf dem betreffenden Markt endgültig aufgegeben hat, liegt ein Rechtsmissbrauch vor, wenn er dennoch aus dem Unterwerfungsvertrag gegen den Schuldner vorgeht. Anders ist es dagegen, soweit es nunmehr lediglich darum geht, ob der Wettbewerbsverstoß „wesentlich" ist.[306] Darüber lässt sich trefflich streiten; von einer eindeutigen Beantwortung der Frage kann keine Rede sein. Ebenso verhält es sich im Falle einer räumlich unbeschränkten Unterlassungsverpflichtung, wenn der Gläubiger nur auf einem räumlich begrenzten Markt tätig ist, der nunmehr begangene Verstoß aber nicht geeignet ist, dort den Wettbewerb zu beeinträchtigen, und daher möglicherweise kein gesetzlicher Unterlassungsanspruch besteht.[307] 160

Erstbegehungsgefahr. Kündigt der Schuldner den Unterwerfungsvertrag außerordentlich aus wichtigem Grund, so **könnte darin** die **Berühmung liegen,** zur vertraglich verbotenen Handlung berechtigt zu sein, daher erneut Begehungsgefahr und demgemäß ein gesetzlicher Unterlassungsanspruch entstanden sein,[308] und zwar zugunsten anderer Mitbewerber und Verbände. Es geht um Fälle, in denen der Schuldner die Kündigung erklärt hat, möglicherweise mit Erfolg, weil der Gläubiger nicht mehr klagebefugt ist, aber das Verhalten des Schuldners, um das es geht, wettbewerbswidrig ist. Von den Umständen des Einzelfalles hängt ab, ob die Erklärung der Kündigung Begehungsgefahr begründet oder nicht. Vielleicht will sich der Schuldner erkennbar nur von einer ihm lästigen Vereinbarung lösen, ohne bereits eine Entscheidung über sein zukünftiges Verhalten getroffen zu haben. 161

cc) Wegfall eines Wettbewerbsverstoßes. Es handelt sich um Fälle, in denen sich die **Gesetzeslage oder die höchstrichterliche Rechtsprechung geändert** hat oder diese erstmals zu einer zweifelhaften Rechtslage eine eindeutige Klärung herbeigeführt hat, jeweils mit der Folge, dass ein Verhalten, das bisher als wettbewerbswidrig angesehen worden war, (nunmehr) rechtmäßig ist. In solchen Fällen ist es dem Schuldner nicht zuzumuten, an der Unterwerfungsvereinbarung festgehalten zu werden. Demgemäß ist die Geschäftsgrundlage weggefallen.[309] Ebenso verhält es sich, wenn etwa eine irreführende Werbung nicht mehr irreführend ist, weil sich die tatsächlichen Umstände geändert haben.[310] Bei der Beurteilung ist zu trennen zwischen den Voraussetzungen einer Kündigung aus wichtigem Grund nach § 314 BGB und einer Kündigung wegen Störung der Geschäftsgrundlage nach § 313 BGB, an die strengere Anforderungen zu stellen sind und die auf besondere Aus- 162

---

[304] BGH GRUR 1997, 382, 385 – *Altunterwerfung I;* GRUR 2001, 85, 86 – *Altunterwerfung IV;* OLG Koblenz WRP 1996, 125, 126f.

[305] BGH GRUR 1997, 282, 286 – *Altunterwerfung I;* Teplitzky/*Schaub* Kap. 20 Rdn. 35.

[306] BGH GRUR 1997, 382, 386 – *Altunterwerfung I.*

[307] BGH GRUR 2001, 85, 86f. – *Altunterwerfung IV.*

[308] BGH GRUR 1997, 382, 385 – *Altunterwerfung I;* Teplitzky/*Kessen* Kap. 8 Rdn. 55; *Ohly*/Sosnitza § 8 Rdn. 63.

[309] BGH GRUR 2014, 797, 798 – *fishtailparka.;* vgl. dazu *Gottschalk* GRUR 2004, 827, 828ff.: Kündigung aus wichtigem Grund gemäß § 314 Abs. 1 Satz 1 BGB; *ders.* WRP 2004, 1321, 3122.

[310] Vgl. *Pokrant* in: FS Erdmann, S. 863, 869.

nahmefälle beschränkt ist. Die Beseitigung der Unterlassungsverpflichtung setzt voraus, dass ein entsprechendes Unterlassungsurteil gemäß § 767 ZPO aus der Welt geschaffen werden könnte. Bloße Änderungen in der rechtlichen Beurteilung des gesetzlichen Unterlassungsanspruches, die für eine außerordentliche Kündigung nach § 314 BGB nicht ausreichen, sind regelmäßig nicht geeignet, eine Störung der Geschäftsgrundlage zu begründen.[311]

163 Der Schuldner ist regelmäßig berechtigt, den Vertrag gemäß § 313 Abs. 3 Satz 2 BGB mit Wirkung ex nunc zu **kündigen.**[312] Für eine Störung der Geschäftsgrundlage genügt es aber nicht, dass die Werbung nunmehr – etwa nach dem Verbraucherleitbild, das der EuGH entwickelt hat – lediglich möglicherweise nicht mehr als irreführend anzusehen ist.[313] Vielmehr setzt die Kündigung voraus, dass tatsächlich ein Verstoß nicht (mehr) vorliegt.[314]

164 Begeht der Schuldner einen Verstoß gegen das vertragliche Verbot, bevor er gekündigt hat, kann er sich dem Gläubiger gegenüber auf den **Einwand der unzulässigen Rechtsausübung** berufen.[315] Wird das gesetzliche Verbot aufgehoben, das der vertraglichen Verpflichtung zugrunde liegt, ist allerdings zu berücksichtigen, dass der Gläubiger seinen gesetzlichen Unterlassungsanspruch möglicherweise nicht nur auf die aufgehobene Norm, wie etwa früher auf das aufgehobene RabattG oder auf die aufgehobene ZugabeVO, sondern auch auf andere Vorschriften, etwa auf § 1 UWG a. F., gestützt hatte oder dass sich eine solche Möglichkeit wenigstens aus dem Sachverhalt ergab. Soweit solche anderen Vorschriften nach wie vor ernsthaft als Anspruchsgrundlagen eines gesetzlichen Unterlassungsanspruches in Betracht kommen, handelt der Gläubiger nicht rechtsmissbräuchlich, wenn er sich auf die Wirksamkeit der Vereinbarung beruft. Dem Schuldner bleibt dann nur die Möglichkeit der Kündigung. Geschäftsgrundlage ist aber nicht allein die Aufhebung der maßgebenden Norm.

165 Genügt eine **Vertragsanpassung** wie etwa eine Einschränkung der Unterwerfungserklärung,[316] scheidet die Möglichkeit einer Kündigung aus (§ 313 Abs. 3 BGB). Eine Anpassung ist aber nicht möglich,[317] wenn es sich um eine vom Gläubiger in seinen AGB vorformulierte Unterlassungserklärung handelt.

166 Der Schuldner darf seiner Unterwerfungserklärung die **auflösende Bedingung** hinzufügen, dass die Verpflichtung – mit Wirkung ex nunc (§ 158 Abs. 2 BGB) – erlischt, wenn die vertraglich verbotene Handlung gesetzlich erlaubt oder ihre **Zulässigkeit durch höchstrichterliche Rechtsprechung geklärt** wird.[318] Das führt zu einer automatischen Beendigung der vertraglichen Verpflichtung. Da die Wiederholungsgefahr trotz einer solchen Einschränkung entfällt, sollte der Schuldner in geeigneten Fällen seiner Erklärung eine solche Bedingung beifügen. Dagegen reicht es zur Ausräumung der Wiederholungsgefahr nicht aus, dass der Schuldner seine Erklärung mit einer auflösenden Bedingung verbindet, die auf die Klärung der Rechtsfrage in einem von ihm selbst eingeleiteten negativen Feststellungsverfahren abstellt (vgl. Vor § 12 Rdn. 133)[319] – die Klärung muss in einem anderen Verfahren erfolgen –, ebenso grundsätzlich nicht, dass an eine bestimmte OLG-Rechtsprechung angeknüpft wird. Gibt der Schuldner im Verfügungsverfahren eine Unterwerfungserklärung ab, die auflösend bedingt ist durch eine rechtskräftige Entscheidung zu seinen Gunsten im Hauptsacheverfahren, entfällt dadurch die Wiederholungsgefahr ebenfalls nicht.[320] Den Parteien bleibt es unbenommen zu vereinbaren, dass der Streit im Hauptsacheverfahren entschieden werden soll. Unzulässig ist auch eine auflösende Bedingung, dass die Verpflichtung erlöschen soll, wenn der Gläubiger, insbesondere ein Verein, nicht mehr klagebefugt ist.[321]

167 Ebenso ist eine auflösende Bedingung zulässig, nach der die Verpflichtung erlöschen soll, wenn ein bestimmter **nachträglicher Umstand** eintritt, **der eindeutig die Wettbewerbswidrigkeit** –

---

[311] BGH GRUR 2014, 797, 798 f. – *fishtailparka.*

[312] Köhler/*Bornkamm* § 12 Rdn. 1.161; Teplitzky/*Schaub* Kap. 20 Rdn. 25 ff.

[313] OLG Schleswig WRP 2002, 123, 125 ff.

[314] OLG Hamburg NJWE-WettbR 2000, 129, 130.

[315] BGH GRUR 2014, 797, 798 – *fishtailparka;* vgl. dazu OLG Frankfurt GRUR-RR 2013, 132, 134; Köhler/*Bornkamm* § 12 Rdn. 1.164; *Gottschalk* WRP 2004, 1321, 1323.

[316] OLG Düsseldorf WRP 1995, 223, 226; vgl. auch OLG Hamburg NJWE-WettbR 2000, 129, 130; *Gottschalk* WRP 2004, 1321, 1322.

[317] OLG Düsseldorf WRP 1995, 223, 226.

[318] BGH GRUR 1993, 677, 679 – *Bedingte Unterwerfung;* GRUR 1997, 125, 128 – *Künstlerabbildung in CD-Einlageblatt;* Köhler/*Bornkamm* § 12 Rdn. 1.160; vgl. auch BGH GRUR 2009, 1096 ff. – *Mescher weis* (Abschlusserklärung mit entsprechender auflösender Bedingung).

[319] BGH GRUR 1993, 677, 679 – *Bedingte Unterwerfung;* OLG Hamburg MD VSW 1992, 773, 774; vgl. dazu Teplitzky/*Schwippert* Kap. 52 Rdn. 11 f.

[320] A. M. OLG München NJW-RR 2003, 1487 ff. für den Fall einer Verletzung des Persönlichkeitsrechts.

[321] OLG Köln MD VSW 2010, 518, 520; OLG Düsseldorf MD VSW 2010, 1069, 1071 f.

ebenso wie bei einer Änderung der Gesetzeslage oder der Klärung durch höchstrichterliche Rechtsprechung – **entfallen lässt,**[322] wenn etwa ein erforderlicher **Verwaltungsakt** der Behörde vorliegt (Beispiel: Zulassung als Arzneimittel) oder die **notwendige Eintragung in ein amtliches Register** erfolgt. Auf das gegenwärtige Fehlen eines solchen Umstandes, auf das es für die Annahme eines Wettbewerbsverstoßes ankommt, könnte aber auch schon zur Beschreibung des wettbewerbswidrigen Verhaltens hingewiesen werden, etwa durch den Zusatz „ohne … (einen bestimmten Verwaltungsakt, insbesondere eine Zulassung/Erlaubnis, bzw. eine Eintragung in einem bestimmten amtlichen Register)". Ohne einen solchen Zusatz ergibt sich das allerdings bereits durch Auslegung, so dass eine derartige auflösende Bedingung an sich überflüssig ist, in geeigneten Fällen aber zur Klarstellung ratsam sein kann.

Zur **auflösenden Befristung** vgl. Rdn. 140. 168

dd) Aufgabe des Geschäftsbetriebes durch den Schuldner. Stellt der Schuldner seinen Geschäftsbetrieb 169 (endgültig) ein oder veräußert er ihn an einen Dritten (Rdn. 184), so bleibt seine vertragliche Unterlassungspflicht bestehen. Er hat **kein Recht zur außerordentlichen Kündigung** aus wichtigem Grund. Das folgt bereits daraus, dass er jederzeit ein neues Unternehmen gründen könnte. Seine Verpflichtung aus dem Unterwerfungsvertrag ist im Zweifel nicht etwa an das konkrete, nunmehr veräußerte oder nicht mehr bestehende Unternehmen gebunden und gilt daher auch für ein neues, von ihm gegründetes Unternehmen. Wenn der Schuldner seinen Geschäftsbetrieb eingestellt hat, geht seine Pflicht allerdings ins Leere, weil er nicht mehr im geschäftlichen Verkehr tätig ist. Wenn er sein Unternehmen veräußert hat, muss er, soweit möglich und zumutbar, trotz der Veräußerung beim Erwerber noch darauf hinwirken, dass es innerhalb des übertragenen Unternehmens zu keinem Verstoß kommt (Rdn. 184).

5. Wegfall der Wiederholungsgefahr

Durch die Abgabe einer Unterwerfungserklärung und deren Zugang[323] entfällt die Wiederho- 170 lungsgefahr nur dann, wenn sie den **ernsthaften Willen des Schuldners** zum Ausdruck bringt, den begangenen Verstoß nicht zu wiederholen (vgl. Rdn. 137). Sie muss hinreichend bestimmt oder bestimmbar sein[324] sowie grundsätzlich den bestehenden gesetzlichen Unterlassungsanspruch nach Inhalt und Umfang voll abdecken.[325] Eine **Teilunterwerfung** führt, soweit sie reicht, zum Wegfall der Begehungsgefahr, wenn die Begehungsgefahr teilbar ist oder wenn mehrere, selbständige Verletzungshandlungen vorliegen.[326]

Die **Unterwerfungserklärung** lässt auch dann die Wiederholungsgefahr entfallen, wenn sie erst 171 nachträglich, etwa **nach Zustellung einer einstweiligen Verfügung,** abgegeben wird. Dem Antragsgegner steht es frei, ob er mit einer Abschlusserklärung oder mit einer strafbewehrten Unterlassungserklärung reagiert.[327] – Die Wiederholungsgefahr entfällt auch dann, wenn der Schuldner die Unterwerfungserklärung erst nach Rechtskraft des Unterlassungstitels abgibt. Seiner Vollstreckungsgegenklage steht nicht § 767 Abs. 2 ZPO entgegen.[328]

Fraglich ist, ob ein Rechtsanwalt, der eine **Titelschutzanzeige** für einen nicht genannten Man- 172 danten aufgegeben und auf eine Abmahnung hin für diesen, ohne aber dessen Namen zu nennen, eine Verpflichtungserklärung abgegeben hat, dadurch die Erstbegehungsgefahr ausgeräumt hat.[329] Diese Frage ist dann von Bedeutung, wenn sich der Abmahner mit einer solchen Erklärung nicht zufrieden gibt oder wenn auch noch ein Dritter abmahnt; sie ist zu verneinen. Zweifel ergeben sich schon daraus, dass der Abmahner nicht überprüfen kann, ob der Rechtsanwalt auch insoweit Vollmacht hat. Ferner erfährt er erst im Falle eines Verstoßes, wer sein Vertragspartner ist und gegen wen er dann vorgehen muss.

---

322 Vgl. OLG Hamburg OLG-Report 2003, 417, 418.

323 *Köhler* in: FS Erdmann, S. 845, 856.

324 *Teplitzky* WRP 1990, 26.

325 BGH GRUR 1997, 379, 380 – *Wegfall der Wiederholungsgefahr II;* GRUR 2000, 438, 441 – *Gesetzeswiederholende Unterlassungsanträge;* GRUR 2002, 180 f. – *Weit-Vor-Winter-Schluss-Verkauf.*

326 BGH GRUR 1986, 814, 815 – *Whisky-Mischgetränk;* GRUR 2001, 422, 424 – *ZOCOR;* GroßKommUWG/*Feddersen* § 12 Rdn. 122; Teplitzky/*Kessen* Kap. 8 Rdn. 16d; Teplitzky/*Bacher* Kap 41 Rdn. 65, WRP 2005, 654, 656; *v. Ungern-Sternberg* GRUR 2011, 486, 488 Fn. 26; vgl. dazu auch OLG Hamburg GRUR-RR 2009, 446 f.

327 OLG Bamberg WRP 2003, 102 f.; Teplitzky/*Kessen* Kap. 8 Rdn. 32; vgl. aber OLG Köln MD VSW 2002, 803 LS für den Fall, dass der Gläubiger durch zwei Instanzen ein rechtskräftiges Urteil erwirkt hat.

328 A. M. KG MD VSW 2005, 1052, 1053.

329 Vgl. OLG Hamburg NJWE-WettbR 2000, 217 f.

6. Auswirkung auf die gesetzlichen Ansprüche

173 **a) Unterlassungsanspruch.** Durch die Annahme der Unterlassungserklärung tritt der vertragliche Unterlassungsanspruch an die Stelle des gesetzlichen Unterlassungsanspruches. Dieser erlischt in der Regel wegen Wegfalls der Wiederholungsgefahr. Bestand dagegen kein gesetzlicher Unterlassungsanspruch, entsteht erstmals ein (vertraglicher) Unterlassungsanspruch. Ein solcher ist leichter durchzusetzen, weil bei einem zukünftigen Verstoß die Voraussetzungen der zugrunde liegenden Norm einschließlich der Klagebefugnis grundsätzlich nicht mehr zu prüfen sind. Außerdem haftet der Schuldner für Handlungen Dritter statt nach § 8 Abs. 2 jetzt nach § 278 BGB.

174 Haben die Parteien zwar eine Vereinbarung getroffen, ist aber die darin enthaltene **Unterwerfungserklärung** des Schuldners **unzureichend,** weil sie sich allein auf die konkrete Verletzungsform beschränkt (Rdn. 145 ff.), eine unzulässige Bedingung enthält oder keine Vertragsstrafe vorsieht, oder ist die vereinbarte Vertragsstrafe zu niedrig, so entfällt zwar nicht die Wiederholungsgefahr, was anderen Gläubigern gegenüber von Bedeutung ist. Inter partes tritt aber **auch in einem solchen Falle der vertragliche Unterlassungsanspruch an die Stelle des gesetzlichen Unterlassungsanspruches,** auf den der Gläubiger nicht mehr zurückgreifen kann. Der gesetzliche Unterlassungsanspruch entsteht erst wieder neu, wenn es zu einem erneuten Verstoß kommt oder wenigstens ein solcher droht. Es handelt sich um einen „Verzicht" auf den gesetzlichen Unterlassungsanspruch in der Rechtsform eines Erlassvertrages,[330] oder um eine Schuldersetzung, zumindest um ein pactum de non petendo.

175 Durch einen **zukünftigen Verstoß oder eine zukünftige Berühmung** wird **erneut Begehungsgefahr** begründet, so dass neben den fortbestehenden vertraglichen Unterlassungsanspruch zusätzlich ein gesetzlicher Unterlassungsanspruch tritt.[331] Die durch den Verstoß neu entstandene Wiederholungsgefahr kann der Schuldner, wenn überhaupt, nur durch das **Versprechen einer höheren Vertragsstrafe** ausräumen[332] (vgl. auch Rdn. 201).

176 Hat der Abgemahnte sich nur teilweise unterworfen und hat der Abmahner die **Teilunterwerfung** (Rdn. 170) angenommen, bleibt davon der weitergehende Unterlassungsanspruch grundsätzlich unberührt. In der Regel liegt in der Teilunterwerfung kein Angebot auf Abschluss eines Erlassvertrages im übrigen. Anders ist es nur, wenn das unmissverständlich zum Ausdruck kommt. In der Annahme der Teilunterwerfung liegt regelmäßig **kein Verzicht** des Abmahners **auf einen weitergehenden Unterlassungsanspruch.**[333] Verlangt dagegen der Abmahner lediglich eine Unterwerfungserklärung, die nur die konkrete Verletzungsform einschließlich kerngleicher Handlungen erfasst, kann er nach Abgabe einer solchen Erklärung durch den Abgemahnten grundsätzlich aus dem konkreten Verletzungsfall keinen weitergehenden, verallgemeinerten Unterlassungsanspruch mehr herleiten.[334] Das gilt auch, wenn der Abgemahnte von sich aus eine solche Unterwerfungserklärung abgibt und der Abmahner sie annimmt.[335]

177 **b) Sonstige Ansprüche.** Grundsätzlich bleiben die gesetzlichen Ansprüche auf **Beseitigung, Schadensersatz und Auskunft** unberührt. Sie erlöschen nur, wenn zugleich ausdrücklich oder konkludent über diese Ansprüche ein Erlassvertrag geschlossen wird. Die bloße Annahme der Unterlassungserklärung reicht dazu nicht aus. Anders könnte es etwa sein, wenn der Schuldner sich zur Unterlassung verpflichten will, diese Verpflichtung aber ausdrücklich mit einem Verzicht des Gläubigers auf weitere, bereits entstandene Ansprüche verknüpft und der Gläubiger die Unterlassungserklärung vorbehaltlos annimmt.[336] Liegt ein solcher Verzicht vor, so erstreckt er sich nicht auf zukünftige Ansprüche. Die Abgabe der Unterlassungserklärung enthält kein Anerkenntnis der anderen Ansprüche im Sinne von § 212 Abs. 1 Nr. 1 BGB.[337]

7. Rechtsnachfolge

178 **a) Rechtsnachfolge auf Seiten des Gläubigers.** Sie ist möglich durch **Abtretung** oder **Vertragsübernahme,** insbesondere bei einer **Veräußerung des Unternehmens** an einen Dritten,

---

330 OLG Stuttgart WRP 1997, 1219, 1221, 1222; OLG Hamm NJWE-WettbR 1999, 90; OLG Frankfurt GRUR-RR 2003, 198, 199 f.; Teplitzky/*Kessen* Kap. 7 Rdn. 11, Kap. 11 Rdn. 5.

331 OLG Stuttgart WRP 1997, 1219, 1223.

332 BGH GRUR 1990, 534 – *Abruf-Coupon;* kritisch dazu Teplitzky/*Kessen* Kap. 8 Rdn. 53.

333 BGH GRUR 2002, 824 f. – *Teilunterwerfung.*

334 OLG Hamburg MD VSW 2004, 192, 200.

335 OLG Hamburg MD VSW 2012, 1041, 1044 ff.

336 OLG Stuttgart WRP 1997, 1219, 1221.

337 BGH GRUR 1992, 61, 63 – *Preisvergleichsliste.*

falls nicht § 399 BGB entgegensteht.[338] Der Umstand, dass dem Unterwerfungsvertrag ein gesetzlicher Unterlassungsanspruch aus dem UWG zugrunde liegt, der nicht abtretbar ist,[339] sondern für den Erwerber gegebenenfalls neu entsteht, verhindert nicht die **Abtretbarkeit der Ansprüche aus dem Unterwerfungsvertrag.**[340] Mit der Abtretung des vertraglichen Unterlassungsanspruches geht im Zweifel auch der Anspruch aus dem Vertragsstrafeversprechen über (§ 401 BGB analog). Liegt auf Seiten des Gläubigers eine **Unternehmensnachfolge** vor, greift **§ 25 Abs. 1 Satz 2 HGB** ein.[341]

b) Rechtsnachfolge auf Seiten des Schuldners. *aa) Vertragliche Rechtsnachfolge.* Veränderungen auf der Schuldnerseite können auf einem Vertrag beruhen. Ein neuer Schuldner tritt vertraglich entweder an die Stelle des alten Schuldners (befreiende Vertragsübernahme) oder neben diesen (Schuldbeitritt, Vertragsbeitritt). Beide Alternativen sind möglich.[342] Eine vertragliche Rechtsnachfolge kommt insbesondere in Betracht, wenn der **Schuldner seinen Geschäftsbetrieb auf einen Dritten überträgt.** Der Vertrag wird entweder zwischen allen drei Beteiligten oder zwischen dem Schuldner und dem Dritten unter Zustimmung des Gläubigers geschlossen. 179

bb) Gesetzlicher Schuldbeitritt. Zweifelhaft ist die Rechtslage, wenn der **Erwerber eines Unternehmens** die **Firma des Schuldners fortführt** und es an einer vertraglichen Vereinbarung mit dem Gläubiger über den Übergang der Verpflichtungen fehlt. 180

Haftung des Neuschuldners. Nach § 25 Abs. 1 Satz 1 HGB haftet der Erwerber für die Verpflichtungen des früheren Geschäftsinhabers, wenn der Übergang nicht gemäß § 25 Abs. 2 HGB ausgeschlossen worden ist. Demnach handelt es sich um einen gesetzlichen Schuldbeitritt. Soweit der frühere Geschäftsinhaber einen Unterwerfungsvertrag abgeschlossen hatte, bestehen die sich daraus ergebenden Verpflichtungen auch für den Erwerber. Dieser ist vertraglich zur Unterlassung und im Falle eines Verstoßes zur Zahlung der vereinbarten Vertragsstrafe verpflichtet.[343] 181

Es gibt keine zwingenden Gründe für die Annahme, die vertragliche Unterlassungsverpflichtung sei ebenso wie die gesetzliche Unterlassungsverpflichtung eine höchstpersönliche Pflicht, die nicht auf einen Dritten übergehen könnte. Die Parteien können aber im Unterwerfungsvertrag ausdrücklich oder konkludent vereinbaren, dass es sich um eine höchstpersönliche Pflicht handelt.[344] Der Schutzzweck des § 25 HGB erfordert auch im erörterten Fall einen **Übergang der Verpflichtungen.** Zwar soll die Unterwerfung den Schuldner davon abhalten, einen Wettbewerbsverstoß zu begehen. Diese Verpflichtung ist aber nicht mit der Person des Inhabers verknüpft, sondern mit seinem Unternehmen verbunden. Der Unterwerfungsvertrag bestimmt, in welcher Weise der Schuldner sich werblich nicht verhalten darf, und regelt damit die Art und Weise seiner geschäftlichen Betätigung. Insoweit verhält es sich nicht anders als bei originären vertraglichen Verboten wie der Vereinbarung eines rein vertraglichen Wettbewerbs- oder Vertriebsverbots. 182

Wenn **sowohl der Alt- als auch der Neuschuldner** zur Unterlassung verpflichtet sind, ist das kein unbefriedigendes Ergebnis. Die Haftung beider entspricht vielmehr der Interessenlage. Der Altschuldner ist nach wie vor verpflichtet, weil er mit dem Gläubiger den Unterwerfungsvertrag geschlossen hat, und daneben der Erwerber, weil er das Unternehmen unter derselben Firma fortführt. Kennt dieser den Unterwerfungsvertrag nicht, muss er sich mit dem früheren Geschäftsinhaber auseinandersetzen. Schließt er die Haftung gemäß § 25 Abs. 2 HGB aus, bleibt immer noch die Möglichkeit, dass der Gläubiger im Falle eines Gesetzesverstoßes gegen ihn einen gesetzlichen Unterlassungsanspruch hat. Allerdings ist dann erneut zu prüfen, ob ein Wettbewerbsverstoß vorliegt. – Auf jeden Fall geht die Verpflichtung auf Zahlung einer Vertragsstrafe über, die bereits der Altschuldner verwirkt hat.[345] 183

Haftung des Altschuldners. Wenn der Schuldner sein Unternehmen veräußert, folgt daraus grundsätzlich nicht, dass er ein Recht zur fristlosen Kündigung des Unterwerfungsvertrages hat und 184

---

[338] Vgl. zu § 399 BGB: *Dornis/Förster* GRUR 2006, 195, 196 f.

[339] Teplitzky/*Büch* Kap. 15 Rdn. 3 f.

[340] *Köhler* WRP 2000, 921, 926 f.; *Dornis/Förster* GRUR 2006, 195, 196 f.; a. M. Teplitzky/*Büch* Kap. 15 Rdn. 5, vgl. Rdn. 7 zur Gesamtrechtsnachfolge; zur Frage, ob der Unterlassungsverpflichtete ein Recht zur Kündigung hat vgl. *Dornis/Förster* GRUR 2006, 195, 198 f.

[341] *Köhler* WRP 2000, 921, 927; vgl. dazu *Dornis/Förster* GRUR 2006, 195, 197 f.

[342] Vgl. Teplitzky/*Büch* Kap. 15 Rdn. 9, 11; *Dornis/Förster* GRUR 2006, 195, 199.

[343] BGH GRUR 1996, 995, 996 – *Übergang des Vertragsstrafeversprechens;* Köhler/*Bornkamm* § 12 Rdn. 1.137; *Ohly*/Sosnitza § 8 Rdn. 66; Teplitzky/*Büch* Kap. 15 Rdn. 11; a. M. *Köhler* WRP 2000, 921, 925 f.; *Isele* WRP 2011, 292, 294 f.; vgl. dazu *Dornis/Förster* GRUR 2006, 195, 199 f.; vgl. auch OLG Karlsruhe GRUR-RR 2014, 362, 363 ff. zu einer Gesamtrechtsnachfolge gemäß § 113 Abs. 1 Nr. 1 UmwG.

[344] Teplitzky/*Büch* Kap. 15 Rdn. 13.

[345] So auch *Köhler* WRP 2000, 921, 926; *Isele* WRP 2011, 292, 295 f.

dadurch seine vertragliche Unterlassungspflicht beenden kann. Die Verpflichtung des früheren Geschäftsinhabers aus dem Unterwerfungsvertrag besteht im zeitlichen Rahmen des § 26 HGB weiter. Im Falle eines Verstoßes durch den Erwerber ist aber genau zu prüfen, ob der Altschuldner für diesen Verstoß noch mitverantwortlich ist. Zugunsten des Gläubigers greift nicht § 8 Abs. 2 ein. Vielmehr kommt eine **Mithaftung nur auf Grund eigenen Verhaltens oder des Verhaltens seiner Erfüllungsgehilfen** in Betracht, zu denen – abgesehen von der Veräußerung an einen Strohmann – nicht der Erwerber gehört,[346] insbesondere weil er dem Erwerber wichtige Informationen vorenthalten hat. Bei der Beantwortung der Frage ist von Bedeutung, worauf sich die Unterlassungsverpflichtung bezieht. Der Veräußerer ist etwa mitverantwortlich, wenn er den Erwerber, der irreführend wirbt, insoweit nicht genügend informiert hat.

8. Zuwiderhandlung

185 **a) Allgemeines.** Wenn im Einzelfall nicht eindeutig ist, ob ein Verhalten des Schuldners gegen die vertragliche **Unterlassungspflicht** verstößt, ist deren **Reichweite durch Auslegung** zu ermitteln (Rdn. 142ff.). Dabei ist auch zu berücksichtigen, wie hoch die **vereinbarte Vertragsstrafe im Verhältnis zur Bedeutung des gesicherten Unterlassungsanspruchs** ist. Je höher sie ist, um so eher ist eine eng am Wortlaut orientierte Auslegung geboten.[347] Ohne ausdrückliche zeitliche Einschränkung ist die Unterwerfungserklärung im allgemeinen dahin zu verstehen, dass sie Verstöße nicht erst ab Zustandekommen des Vertrages, sondern bereits ab ihrem Zugang beim Gläubiger erfasst.[348] Ebenso wie bei einem Verbotstitel kommt auch eine Pflicht zum positiven Tun in Betracht, etwa auf Löschung im Internet (vgl. dazu Vor § 12 Rdn. 306 und Fn. 722).[349]

186 Das Verhalten des Schuldners verstößt auch dann gegen das vertragliche Verbot, wenn die nunmehr beanstandete Handlung nicht mit der im Vertrag formulierten identisch ist, sondern – ebenso wie es sich bei einem gerichtlichen Verbot verhält – mit ihr nur **im wesentlichen Kern übereinstimmt.**[350] Vielfach ist aber gerade zweifelhaft, was noch zum wesentlichen Kern gehört (vgl. zu gerichtlichen Verboten Vor § 12 Rdn. 295). Das wiederum ist eine Frage der Auslegung nach den Umständen des Einzelfalles. Jedenfalls genügt nicht die Feststellung, dass auch das nunmehr beanstandete Verhalten des Schuldners wettbewerbswidrig ist. Erfordert dieses eine erneute, selbständige rechtliche Bewertung, gehört es nicht mehr zum wesentlichen Kern. Ebenso ist es im Regelfall, wenn sich die Verpflichtung auf bestimmte Waren und/oder auf bestimmte Werbeformen beschränkt und das nunmehr beanstandete Verhalten andere Waren oder Werbeformen betrifft. Die auf die konkrete Verletzungsform – und ihr kerngleiche Handlungen – beschränkte Unterwerfung erfasst im Zweifel nicht auch verallgemeinernd Handlungen, die ebenso wettbewerbswidrig sind.

187 Hat neben einer juristischen Person, etwa einer GmbH, **auch der Geschäftsführer eine Verpflichtungserklärung** abgegeben und handelt jetzt eine Schwester-GmbH, deren Geschäftsführer er ebenfalls ist, so hängt von den Umständen ab, ob er gegen die von ihm persönlich eingegangene Verpflichtung verstößt, ob er nämlich eine Verpflichtung eingegangen ist, die losgelöst von der der GmbH gelten soll. In vielen Fällen wird die Mithaftung des Geschäftsführers, der für mehrere verbundene Unternehmen tätig ist, nicht als bloßer Annex zur Verpflichtung der in Anspruch genommenen GmbH, sondern unabhängig von deren Verpflichtung begründet. Die Parteien sollten das aber im Vertrag klarstellen, um spätere Streitigkeiten zu vermeiden. Eine entsprechende Frage taucht auf, wenn der Geschäftsführer sich selbständig macht und dann die auch ihm vertraglich verbotene Handlung vornimmt. In einem Fall, in dem **nur die GmbH Vertragsschuldner** ist, haftet diese nicht für Handlungen eines Schwesterunternehmens, auch wenn beide denselben Geschäftsführer haben. Gibt eine GbR eine Verpflichtungserklärung ab, so haften die einzelnen Gesellschafter grundsätzlich nicht persönlich auf Unterlassung.[351]

188 **b) Vertretenmüssen.** Der Schuldner haftet für eigenes Verhalten bzw. für das Verhalten seiner Organe (§ 31 BGB), ferner für Dritte nicht nur gemäß § 8 Abs. 2 wie bei einem gesetzlichen Un-

---

346 *Köhler* WRP 2000, 921, 925.

347 BGH GRUR 2003, 545f. – *Hotelfoto* (keine Verpflichtung des Schuldners, sicherzustellen, dass bereits ausgelieferte Exemplare eines Gastronomieführers nicht weiter verbreitet werden); OLG Jena GRUR-RR 2007, 332.

348 A.M. BGH GRUR 2006, 878f. – *Vertragsstrafevereinbarung;* OLG Köln GRUR-RR 2010, 339, 340 und 2010, 354, 355; Köhler/*Bornkamm* § 12 Rdn. 1.121a; *Klein* GRUR 2007, 664, 666ff.

349 BGH GRUR 2015, 258, 262f. – *CT-Paradies.*

350 BGH GRUR 1997, 931 – *Sekundenschnell;* GRUR 2003, 899f. – *Olympiasiegerin;* GRUR 2010, 167, 168 – *Unrichtige Aufsichtsbehörde;* GRUR 2010, 749, 753 – *Erinnerungswerbung im Internet;* OLG Köln WRP 2000, 226, 227; a.M. OLG Hamm WRP 2004, 1076, 1077.

351 BGH GRUR 2013, 1268 – *Markenheftchen II.*

terlassungsanspruch oder gemäß § 831 BGB bei einem gesetzlichen Schadensersatzanspruch, sondern weitergehend gemäß § 278 BGB.[352] **Erfüllungsgehilfen** sind alle, die mit Willen des Schuldners rein tatsächlich bei der Erfüllung der Unterlassungsverpflichtung als Hilfspersonen tätig sind, wie etwa Presseverlage, Werbeagenturen, Rechtsanwälte und deren Erfüllungsgehilfen.[353] Das gilt auch für technische Versehen in einem Verlag, wenn es sich um das Fehlverhalten eines Erfüllungsgehilfen handelt.[354] Es kommt nicht darauf an, ob der Erfüllungsgehilfe die Vertragspflicht kennt oder sich im Rahmen von Weisungen hält.[355]

Abweichende Vereinbarungen kommen nur ausnahmsweise in Betracht. Notwendig ist in der Regel eine ausdrückliche Erklärung. Ein stillschweigender Haftungsausschluss für Erfüllungsgehilfen setzt eindeutige Anhaltspunkte für eine solche Auslegung voraus.[356] **Schließt der Schuldner** aber **seine Haftung für Erfüllungsgehilfen aus, wird grundsätzlich die Wiederholungsgefahr nicht ausgeschlossen.**[357] Dagegen dürfte es zulässig sein, die Haftung auf den Personenkreis des § 8 Abs. 2 zu beschränken, weil die gesetzliche Zurechnung für fremdes Verhalten auch nicht weiter geht. Will der Schuldner das Risiko für – einen unübersehbaren Kreis von – Erfüllungsgehilfen ausschließen, bleibt ihm nichts anderes übrig, als einen gerichtlichen Titel gegen sich erwirken zu lassen, bei dessen Vollstreckung er gemäß § 890 ZPO nur für eigenes Verschulden haftet. 189

c) Beweislast. Der Gläubiger hat die objektive Zuwiderhandlung zu beweisen. Der Schuldner hat zu beweisen, dass er den Verstoß nicht zu vertreten hat (§ 280 Abs. 1 Satz 2 BGB), insbesondere er selbst alle ihm möglichen und zumutbaren Maßnahmen getroffen hat, um einen Verstoß zu vermeiden.[358] Außerdem muss er sich für seine Erfüllungsgehilfen entlasten und erforderlichenfalls beweisen, dass sie nicht schuldhaft gehandelt haben. 190

d) Rechtsfolgen. *aa) Unterlassungs- und Beseitigungsanspruch.* Da der Schuldner bereits vertraglich zur Unterlassung verpflichtet ist, begründet eine **Zuwiderhandlung** keinen neuen vertraglichen Unterlassungsanspruch. Dieser setzt keine Wiederholungs- oder Erstbegehungsgefahr voraus.[359] Der Verstoß bewirkt insoweit lediglich, dass der Gläubiger **auf jeden Fall Klage erheben kann** (vgl. Vor § 12 Rdn. 71). Daneben hat der Gläubiger, wenn das vertraglich verbotene Verhalten wettbewerbswidrig ist, einen **gesetzlichen Unterlassungsanspruch.**[360] Beide Ansprüche können **nebeneinander** geltend gemacht werden.[361] Denkbar ist, dass ein Verhalten des Schuldners gegen den Vertrag, aber nicht zugleich gegen das Gesetz verstößt. Der vertragliche Anspruch ist nicht davon abhängig, dass auch ein gesetzlicher Anspruch besteht.[362] Ferner kann der Schuldner zur Beseitigung verpflichtet sein, wozu vertraglich und gesetzlich eine objektive Zuwiderhandlung genügt. 191

bb) Sonstige Ansprüche. Bei schuldhaftem Verstoß hat der Gläubiger Anspruch auf **Schadensersatz,** und zwar sowohl aus Vertrag als auch in der Regel aus Gesetz. Für das Verhalten Dritter haftet der Schuldner gesetzlich aber nur gemäß § 831 BGB, für Organe ebenso wie aus Vertrag gemäß § 31 BGB, aus Vertrag außerdem für Erfüllungsgehilfen (§ 278 BGB). Der **vertragliche Schadensersatzanspruch** ist aus diesem Grunde und wegen der günstigeren Beweislastverteilung (Rdn. 190) für den Gläubiger vorteilhafter als der gesetzliche. Daneben kommt ein Anspruch auf Auskunft in Betracht. Enthält der Unterwerfungsvertrag wie regelmäßig ein Vertragsstrafeversprechen, kann der Schuldner eine Vertragsstrafe verwirkt haben (Rdn. 193ff.). 192

---

[352] BGH GRUR 1985, 1065, 1066 – *Erfüllungsgehilfe;* GRUR 1987, 648, 649 – *Anwalts-Eilbrief;* GRUR 1988, 561, 562f. – *Verlagsverschulden I;* GRUR 1998, 963, 964f. – *Verlagsverschulden II;* Köhler/*Bornkamm* § 12 Rdn. 1.153; *Nieder* WRP 2001, 117, 118 Fn. 16.

[353] BGH GRUR 1998, 561, 563 – *Verlagsverschulden I.*

[354] Vgl. aber LG Mönchen-Gladbach NJWE-WettbR 2000, 25, 26.

[355] BGH GRUR 1988, 561, 562 – *Verlagsverschulden I;* GRUR 1998, 963, 965 – *Verlagsverschulden II.*

[356] BGH GRUR 1987, 648, 649 – *Anwalts-Eilbrief;* Köhler/*Bornkamm* § 12 Rdn. 1.155.

[357] KG MD VSW 1995, 1225; OLG Frankfurt GRUR-RR 2003, 198, 199; WRP 1994, 709, 712 und GRUR 1996, 696, 700; vgl. auch *Steinbeck* GRUR 1994, 90, 93; a.M. GroßKommUWG/*Feddersen* § 12 Rdn. 134; Köhler/*Bornkamm* § 12 Rdn. 156; Teplitzky/*Kessen* Kap. 8 Rdn. 29.f

[358] BGH GRUR 2003, 889, 890 – *Olympiasiegerin;* GRUR 2009, 181, 183 – *Kinderwärmekissen;* GRUR 2010, 167, 168 – *Unrichtige Aufsichtsbehörde;* GRUR 2014, 595, 598 – *Vertragsstrafenklausel;* OLG Düsseldorf WRP 1985, 30, 31.

[359] BGH GRUR 1999, 522, 524 – *Datenbankabgleich.*

[360] Vgl. zum Schadensersatzanspruch BGH GRUR 1992, 61, 62f. – *Preisvergleichsliste.*

[361] Teplitzky/*Kessen* Kap. 12 Rdn. 11.

[362] BGH GRUR 1997, 386 – *Altunterwerfung II.*

III. Vertragsstrafenabrede

1. Allgemeines

193 Als Sanktion für eine Zuwiderhandlung soll die vereinbarte Vertragsstrafe zum einen auf den Schuldner dahin Druck ausüben, dass er sich an die Unterlassungserklärung hält, und zum anderen dem Gläubiger, der Mitbewerber ist, einen Mindestausgleich seines Schadens sichern.[363] Die Vertragsstrafe muss **angemessen** sein, damit die Wiederholungsgefahr ausgeschlossen wird.[364] Insoweit geht es ausschließlich um die **Sicherungsfunktion der Vertragsstrafe,** so dass nicht zwischen Mitbewerbern und Verbänden zu unterscheiden ist.[365] Auf eine unangemessen niedrige Vertragsstrafe oder auf eine Verpflichtung ohne Vertragsstrafe braucht sich der Abmahner nicht einzulassen. Das gilt auch gegenüber seriösen Unternehmen und der öffentlichen Hand, wenn sie wie ein privates Unternehmen am Geschäftsverkehr teilnimmt.[366]

2. Wirksamkeit

194 Die Wirksamkeit der Vertragsstrafenabrede hängt zunächst von der **Wirksamkeit des Unterlassungsvertrages** ab (vgl. Rdn. 151 ff.). Sie kann aber auch aus Gründen unwirksam sein, die allein die Vertragsstrafe betreffen. In einem solchen Falle kommt in Betracht, dass der Unterlassungsvertrag gemäß § 139 BGB nicht nichtig ist.[367] Fehlt eine Regelung darüber, wer die Höhe der Vertragsstrafe festsetzen soll, kann die Vertragsstrafenabrede unwirksam sein.[368] Wegen **übermäßiger Höhe der Vertragsstrafe** kommt eine Nichtigkeit gemäß § 138 BGB nur ausnahmsweise in Betracht, wie sich aus § 343 BGB herleiten lässt, der nur eine Herabsetzung vorsieht. Handelt es sich um eine Abrede, die als AGB des Gläubigers anzusehen ist, besteht die Möglichkeit einer **Inhaltskontrolle nach §§ 307 ff. BGB,** insbesondere der geforderten Höhe der verlangten festen Vertragsstrafe.[369] Das gilt vor allem für Vereinbarungen, die eine Handlungseinheit bei mehreren Zuwiderhandlungen ausschließen (Rdn. 216).

3. Inhalt

195 **a) Allgemeines.** Aus dem Prinzip der Vertragsfreiheit folgt, dass die Parteien grundsätzlich eine Vertragsstrafe nach ihren eigenen Vorstellungen vereinbaren können.[370] Ist sie aber unzureichend, insbesondere unangemessen niedrig, bleibt die Wiederholungsgefahr bestehen, auch wenn der Abmahner die Unterwerfungserklärung annimmt. Dritte können daher weiterhin gegen den Schuldner vorgehen.

196 Die Parteien können festlegen, dass die **Vertragsstrafe an einen Dritten** zu leisten ist, insbesondere an eine gemeinnützige Organisation. Eine solche Unterwerfung ist zu unterscheiden von der Unterwerfung gegenüber einem Dritten. Der Vertrag, nach dem eine verwirkte Vertragsstrafe an einen Dritten zu zahlen ist, kann ein echter Vertrag zugunsten eines Dritten gemäß § 328 Abs. 1 BGB sein, insbesondere wenn das eine Konzernunternehmen abmahnt und Dritte andere Konzernunternehmen sind.[371] Notwendig ist das aber nicht; möglich ist auch, dass allein der Vertragspartner einen Anspruch auf Zahlung an den Dritten haben soll. Im Falle des § 328 Abs. 1 BGB hat er im Zweifel diesen Anspruch neben dem Dritten (§ 335 BGB). In beiden Varianten hat er demnach die Möglichkeit, Verstöße selbst zu verfolgen. – Ob durch einen solchen Vertrag die Wiederholungsgefahr **mit Wirkung gegenüber anderen Gläubigern** (vgl. dazu Rdn. 174) ausgeräumt wird, hängt von den Umständen des Einzelfalles ab, insbesondere davon, wer der Dritte ist.[372] In der Regel wird die Wiederholungsgefahr nicht entfallen,[373] auch nicht, wenn der Dritte eine karitative Organisation ist, weil für den Schuldner kein genügender Druck besteht, anders jedoch, wenn der Dritte ein Verband wie die Wettbewerbszentrale ist. Maßgebend ist, ob ein ernsthafter Unterlas-

---

[363] BGH GRUR 2001, 758, 759, 760 – *Trainingsvertrag.*
[364] BGH GRUR 1996, 290, 292 f. – *Wegfall der Wiederholungsgefahr.*
[365] Köhler/*Bornkamm* § 12 Rdn. 1.147.
[366] BGH GRUR 1994, 516, 517 – *Auskunft über Notdienste.*
[367] OLG Hamm WRP 2013, 1487, 1490.
[368] LG Berlin MD VSW 2014, 313, 314 f.
[369] Vgl. OLG Hamburg MD VSW 2000, 23, 25 ff.; Thüringer OLG WRP 2012, 1012, 1013 f.
[370] BGH GRUR 2001, 758, 759 – *Trainingsvertrag.*
[371] BGH GRUR 2002, 357, 359 – *Missbräuchliche Mehrfachabmahnung; Teplitzky* WRP 1995, 359, 360 f.
[372] Köhler/*Bornkamm* § 12 Rdn. 1.146.
[373] BGH GRUR 1987, 748, 749 f. – *Getarnte Werbung II* mit Anm. *Jacobs* 750 f.; Teplitzky/*Kessen* Kap. 8 Rdn. 26 ff.; GRUR 1996, 696, 700; *Strömer/Grootz* WRP 2008, 1148, 1149 f., 1153.

sungswille anzunehmen ist oder ob daran Zweifel bestehen. Daran kann es fehlen, wenn der Schuldner gegen den Willen des Gläubigers eine Vertragsstrafe nur an einen Dritten zahlen will.[374]

b) Höhe der Vertragsstrafe. Die Unterwerfung unter eine Vertragsstrafe muss so gestaltet sein, dass diese dem Verletzer voraussichtlich **jeden Anreiz nimmt, den Verstoß zu wiederholen** und die Vertragsstrafe in Kauf zu nehmen.[375] 197

aa) Fester Betrag. Die Parteien können für jeden Fall der (schuldhaften) Zuwiderhandlung einen **festen Betrag** bestimmen. Dieser Betrag muss angemessen sein,[376] damit die Wiederholungsgefahr ausgeräumt wird. 198

Welcher Betrag **angemessen** ist, hängt von den **Umständen des Einzelfalles** ab, vor allem von der Art, der Schwere und dem Ausmaß des Verstoßes, vom Verschulden des Verletzers und von der Gefährlichkeit des Verstoßes für den Gläubiger,[377] und zwar – im vorliegenden Zusammenhang – ohne Berücksichtigung der weiteren Funktion der Vertragsstrafe als pauschalierten Schadensersatzes.[378] Demgemäß ist die angemessene Vertragsstrafe nicht niedriger anzusetzen, wenn der Abmahner nicht ein Wettbewerber, sondern ein Verband ist.[379] Zu den maßgebenden Umständen gehören auch – aber nicht nur – die Bedeutung des Schuldners (Umsatz, Rendite) und sein Werbekostenaufwand.[380] Die Ermittlung der dazu erforderlichen Daten dürfte aber nicht immer einfach, sondern eher aufwendig sein. Das gilt vor allem im Stadium der Abmahnung. Liegen die Daten aber vor, steht damit die Höhe der angemessenen Vertragsstrafe noch nicht fest. Jedenfalls ist es nicht angemessen, (stets) einen bestimmten Prozentsatz des Umsatzes oder der Rendite (welchen?) zugrunde zu legen. Da jeder Einzelfall anders liegen kann, ist es nicht möglich, allgemein anzugeben, welche Beträge angemessen sind.[381] 199

Verlangt der Gläubiger eine **feste Vertragsstrafe,** steht der Schuldner vor der Frage, ob sie angemessen ist. Hält er sie für zu hoch, muss er von sich aus eine Vertragsstrafe anbieten, wie er sie für angemessen hält. Können die Parteien sich nicht einigen, droht ein gerichtliches Verfahren mit ungewissem Ausgang, der davon abhängt, wie das Gericht die Angemessenheit der Vertragsstrafe beurteilt. Einigen sie sich auf den niedrigeren Betrag und ist dieser unangemessen, besteht die Wiederholungsgefahr fort, so dass Dritte den Schuldner noch auf Unterlassung in Anspruch nehmen können. 200

Haben die Parteien im Vertrag für jeden Verstoß einen festen Betrag als Vertragsstrafe vorgesehen, so kann der Gläubiger **nach einem Verstoß die Vereinbarung eines höheren Festbetrages** verlangen.[382] Eine andere Frage ist es, ob sich die durch den Verstoß begründete, erneute Wiederholungsgefahr überhaupt noch durch eine solche Erhöhung ausräumen lässt (Rdn. 175). Das hängt von den Umständen ab.[383] Jedenfalls genügt nicht die Abgabe einer erneuten Unterwerfungserklärung nunmehr nach „Hamburger Brauch" ohne Mindestbetrag.[384] 201

bb) „Hamburger Brauch". Möglich ist auch eine Abrede, nach der die Vertragsstrafe durch einen Dritten oder durch den Gläubiger bestimmt wird, insbesondere eine Abrede nach „Hamburger Brauch". Danach setzt der Gläubiger die Vertragsstrafe gemäß §§ 315, 316 BGB **nach billigem Ermessen** fest; der Schuldner kann die Festsetzung gemäß §§ 315 Abs. 3, 319 BGB durch das Gericht überprüfen lassen.[385] Zweckmäßigerweise wird damit, soweit rechtlich möglich (§ 38 ZPO), eine Vereinbarung über die Zuständigkeit verbunden. 202

---

[374] BGH GRUR 1987, 748, 749 f. – *Getarnte Werbung II* (im konkreten Fall an das DRK); LG Köln WRP 2013, 123 f. (SOS-Kinderdorf) und WRP 2014, 110 f. (Deutsche Krebshilfe).

[375] BGH GRUR 2014, 595, 596 – *Vertragsstrafenklausel;* OLG Köln WRP 1981, 547; OLG Hamm WRP 1985, 436, 437.

[376] OLG Hamburg WRP 1989, 28, 30; OLG Köln WRP 2001, 1101, 1102; *Bürglen* in: FS Erdmann, S. 785, 787 ff.

[377] BGH GRUR 1983, 127, 128 f. – *Vertragsstrafeversprechen;* GRUR 2002, 180, 181 f. – *Weit-Vor-Winter-Schluss-Verkauf;* GRUR 2014, 595, 596 – *Vertragsstrafenklausel; Heckelmann/Wettich* WRP 2003, 184, 185 ff.

[378] Teplitzky/*Kessen* Kap. 8 Rdn. 19; *Heckelmann/Wettich* WRP 2003, 184, 186.

[379] BGH GRUR 1983, 127, 128 – *Vertragsstrafeversprechen;* Teplitzky/*Kessen* Kap. 8 Rdn. 21.

[380] Vgl. *Heckelmann/Wettich* WRP 2003, 184, 188.

[381] BGH GRUR 1983, 127, 128 f. – *Vertragsstrafeversprechen;* vgl. zur Höhe: BGH GRUR 1998, 824, 828 – *Testpreis-Angebot;* KG MD VSW 2000, 581, 584; OLG Hamburg MD VSW 2001, 849, 852; OLG Oldenburg GRUR-RR 2010, 252 f.

[382] BGH GRUR 1990, 534 – *Abruf-Coupon;* OLG Köln NJW-RR 1987, 1448 f.

[383] Teplitzky/*Kessen* Kap. 8 Rdn. 53.

[384] OLG Hamburg MD VSW 2000, 1111, 1112 f.

[385] BGH GRUR 1978, 192, 193 – *Hamburger Brauch;* GRUR 1985, 155, 157 – *Vertragsstrafe bis zu ... I;* GRUR 1994, 146 f. – *Vertragsstrafebemessung;* GRUR 2010, 355, 358 – *Testfundstelle;* Köhler/*Bornkamm* § 12 Rdn. 1.142; kritisch *Heckelmann/Wettich* WRP 2003, 184, 187 f.

203 Eine **Obergrenze** braucht nicht angegeben zu werden.[386] Geschieht das aber, muss der Betrag mindestens ungefähr doppelt so hoch sein wie ein angemessener fester Betrag; sonst wird die Wiederholungsgefahr nicht beseitigt.[387] Ein **Mindestbetrag** ist nicht erforderlich.[388]

204 Eine Unterwerfungserklärung nach **„Hamburger Brauch"** lautet etwa wie folgt: „Der Schuldner verpflichtet sich, es bei Meidung einer vom Gläubiger nach billigem Ermessen festzusetzenden, im Streitfall vom Landgericht ... zu überprüfenden Vertragsstrafe zu unterlassen, ...". Auf Grund langjähriger Erfahrung lässt sich sagen, dass sich solche Erklärungen in der Praxis bewährt haben.

205 Der **Vorteil** einer solchen Abrede besteht darin, dass die Schwere und der Umfang eines Verstoßes sowie weitere Verstöße der Höhe nach angemessen bewertet werden können, ohne dass eine Bindung an einen festen Betrag besteht. Außerdem werden bei Abschluss des Vertrages Meinungsverschiedenheiten über die Höhe eines festen Betrages vermieden. Allerdings trägt der Gläubiger das **Risiko,** im Falle der Klage einen Teil der Kosten tragen zu müssen, wenn er die Vertragsstrafe zu hoch festgesetzt hat. Daher spricht für einen festen Betrag, dass im Falle eines Verstoßes ein Streit über die Höhe nicht mehr möglich ist. Der Gläubiger könnte das Kostenrisiko vielleicht dadurch mindern, dass er im Rechtsstreit die Zahlung einer „angemessenen Vertragsstrafe" verlangt, die das Gericht gemäß § 287 ZPO zu schätzen hat. Das ändert jedoch nichts daran, dass der Gläubiger nach billigem Ermessen zunächst eine bestimmte Vertragsstrafe festgesetzt hat und diese durch das Gericht zu überprüfen ist. Da er sich im Rechtsstreit darauf zwangsläufig berufen wird, kommt es im Rahmen des § 92 Abs. 1 ZPO doch auf das Verhältnis zwischen der vom Gläubiger bestimmten und der vom Gericht zuerkannten Vertragsstrafe an.

206 Der Vorteil einer Abrede nach „Hamburger Brauch" besteht insbesondere darin, dass im Falle eines Verstoßes eine **Anpassung** der Vertragsstrafe **im Hinblick auf zukünftige Verstöße nicht geboten** ist, weil in solchen Fällen ohne weiteres mit einer höheren Vertragsstrafe als beim ersten Verstoß reagiert werden kann. **Nach einem Verstoß** kann der Gläubiger aber im Hinblick auf weitere, zukünftige Verstöße die Vereinbarung eines **festen, angemessenen Mindestbetrages** verlangen,[389] und zwar in der Regel mindestens in Höhe der Vertragsstrafe, die für den ersten Verstoß angemessen ist. Ein fester Mindestbetrag kann auch von vornherein vereinbart und nach einem Verstoß erhöht werden. Letztlich entscheidet in der Regel der Schuldner, ob er zur Ausräumung der Wiederholungsgefahr eine feste Vertragsstrafe oder eine Vertragsstrafe nach „Hamburger Brauch" vereinbaren will. In Ausnahmefällen kann aber die Vereinbarung einer flexiblen Höhe für ihn geboten sein.[390]

207 **c) Auslegung.** Die Auslegung der Vertragsstrafenabrede erfolgt ebenso wie die der Unterlassungserklärung (vgl. Rdn. 142 ff.) nach den allgemeinen Regeln. Dabei kann nicht ohne weiteres auf die Grundsätze zurückgegriffen werden, die für die Verhängung von Ordnungsmitteln nach § 890 ZPO gelten.[391]

208 Der Gläubiger hat einen Anspruch auf die vereinbarte Vertragsstrafe auch dann, wenn er **keinen Schaden** erlitten hat. Von der Auslegung des Vertrages hängt ferner ab, ob **mehrere Handlungen des Schuldners zu einer rechtlichen Einheit zusammenzufassen** sind (Rdn. 215 ff.).

209 Haben sich mehrere, etwa eine GmbH und ihr Geschäftsführer unterworfen, so haften sie für einen Verstoß ebenso wie beim Schadensersatz regelmäßig als **Gesamtschuldner.**[392]. Die Vertragsstrafe ist daher nur einmal zu zahlen. Insoweit bedarf es keiner entsprechenden Vereinbarung.[393] Das gilt gegebenenfalls auch für Mitarbeiter der Gesellschaft, die einen Verstoß begehen.

210 Wenn die Parteien nichts Gegenteiliges verabreden, haftet der Schuldner auch für seine Erfüllungsgehilfen und **nur bei Verschulden** (Rdn. 224). § 339 Satz 2 BGB stellt seinem Wortlaut nach zwar nicht auf ein Verschulden ab; gleichwohl gilt aber auch hier der Verschuldensgrundsatz.[394] Mit dem **Zusatz „schuldhaft"** in einer Vertragsstrafenabrede ist **keine Beweislastabrede** verbunden, nach der entgegen § 280 Abs. 1 Satz 2 BGB der Gläubiger dem Schuldner ein Ver-

[386] BGH GRUR 1990, 1051, 1052 – *Vertragsstrafe ohne Obergrenze.*
[387] BGH GRUR 1985, 155, 157 – *Vertragsstrafe bis zu ... I;* GRUR 1985, 937, 938 – *Vertragsstrafe bis zu ... II;* OLG Hamburg WRP 2015, 377; Köhler/*Bornkamm* § 12 Rdn. 1.143.
[388] KG MD VSW 1991, 511; Teplitzky/*Kessen* Kap. 8 Rdn. 22a.
[389] OLG Köln WRP 2015, 387, 388 f.; *Nieder* WRP 2001, 117, 119 f.; vgl. auch Köhler/*Bornkamm* § 12 Rdn. 1.157.
[390] Vgl. näher Teplitzky/*Kessen* Kap. 8 Rdn. 22b ff., Teplitzky/*Schaub* Kap. 20 Rdn. 17c.
[391] BGH GRUR 2001, 758, 759 – *Trainingsvertrag.*
[392] BGH GRUR 2014, 797, 801 – *fishtailparka.*
[393] Vgl. aber BGH GRUR 2009, 181, 183 – *Kinderwärmekissen;* Teplitzky/*Schaub* Kap. 20 Rdn. 18 ff.; vgl. LG Berlin MD VSW 2010, 104, 112; OLG Köln WRP 2013, 195 f.
[394] *Palandt/Grüneberg* § 339 BGB Rdn. 15.

schulden nachzuweisen hat,[395] auch nicht, dass die Haftung für Erfüllungsgehilfen ausgeschlossen sein soll.[396]

4. Prozessvergleich

Schließen die Parteien in einem gerichtlichen Verfahren einen Prozessvergleich, so taucht die Frage auf, ob die Unterwerfungserklärung mit einer Vertragsstrafe abgesichert werden soll. Das ist deshalb nicht selbstverständlich, weil der Prozessvergleich ein **Vollstreckungstitel** ist, aus dem der Gläubiger bei Verstößen vollstrecken kann, sobald er einen Androhungsbeschluss des Gerichts gemäß § 890 Abs. 2 ZPO erwirkt hat, was in der Regel allerdings nicht vor dem ersten Verstoß geschieht (Vor § 12 Rdn. 279). 211

Unterwirft sich der Schuldner einer Vertragsstrafe, besteht für ihn die Gefahr einer **Doppelsanktion.** Denn bei einem Verstoß, der nach einem Androhungsbeschluss liegt, darf der Gläubiger nebeneinander einen Antrag auf Festsetzung von Ordnungsmitteln und außerdem eine Klage auf Zahlung einer Vertragsstrafe einreichen (Rdn. 243, Vor § 12 Rdn. 282, 314). Andererseits wird der Gläubiger vielfach Wert auf die Vereinbarung einer Vertragsstrafe legen, weil er selbst – und nicht wie beim Ordnungsgeld die Staatskasse – den verwirkten Betrag und damit einen Ausgleich für seine etwaigen Nachteile erhält. Außerdem kommt es, wenn der Schuldner erstmals gegen den Vergleich verstößt, auf jeden Fall zu einer Sanktion, nämlich zur Verwirkung einer Vertragsstrafe, während regelmäßig kein Ordnungsmittel verhängt werden kann, weil noch kein Androhungsbeschluss des Gerichts vorliegt. Den Interessen beider Parteien wird dadurch Genüge getan, dass sie bereits im Prozessvergleich vereinbaren, dass der Gläubiger darauf **verzichtet,** im Falle eines Verstoßes **Ordnungsmittel zu beantragen** (Vor § 12 Rdn. 282).[397] Das ist zulässig. 212

Fraglich ist, ob die **Wiederholungsgefahr** auch dann **ausgeräumt** wird, **wenn** der Prozessvergleich **keine Vertragsstrafenabrede** enthält. Der Prozessvergleich ist zwar ein Vollstreckungstitel. Bei Verstößen haftet der Beklagte aber nicht für Erfüllungsgehilfen (vgl. dazu Rdn. 189). Ähnlich problematisch ist, ob die Wiederholungsgefahr entfällt, wenn der Schuldner nach der Zustellung einer einstweiligen Verfügung eine **Abschlusserklärung** abgibt (vgl. dazu Rdn. 171). Da in beiden Fällen eine ernsthafte, verbindliche Unterwerfungserklärung des Schuldners verbunden mit einer titelmäßigen Sicherung für den Fall eines Verstoßes vorliegt, wird jeweils die Wiederholungsgefahr beseitigt. Die Sanktion über § 890 ZPO genügt.[398] Ebenso verhält es sich, wenn ein **Urteil rechtskräftig** wird, das einer Unterlassungsklage stattgegeben hat, der Verletzer sich einem weiteren Verletzten gegenüber darauf beruft und dadurch zu erkennen gibt, dass das Urteil auch diesen Streit regelt.[399] 213

5. Verwirkung der Vertragsstrafe

a) Zuwiderhandlung. Nach § 339 Satz 2 BGB wird die Vertragsstrafe mit der Zuwiderhandlung verwirkt. Nach dem Grundsatz der Vertragsfreiheit können die Parteien grundsätzlich frei vereinbaren, unter welchen Voraussetzungen die Vertragsstrafe verwirkt sein soll.[400] In der Regel soll die Vertragsstrafe **„für jeden Fall der (schuldhaften) Zuwiderhandlung"** gezahlt werden. Das gilt auch dann, wenn die Parteien insoweit nichts vereinbart haben.[401] Daher genügt der **Versuch** nur, wenn das ausdrücklich vereinbart worden ist. Verstößt der Schuldner nach wirksamer Abgabe seiner Unterwerfungserklärung, aber vor dem Zustandekommen des Vertrages, so ist der Vertrag im Zweifel dahin zu verstehen, dass auch ein solcher Verstoß eine Vertragsstrafe auslöst (Rdn. 185). 214

b) Mehrere Zuwiderhandlungen. *aa) Allgemeines.* Hat der Schuldner mehrfach verstoßen, taucht die Frage auf, ob die mehreren Handlungen als **rechtliche Einheit** anzusehen sind und daher nur ein einziger Verstoß vorliegt. Das ist vor allem von Bedeutung, wenn die Parteien für jeden Verstoß einen festen Betrag als Vertragsstrafe vereinbart haben, während bei einer Vertragsstrafenabrede nach „Hamburger Brauch" der Umfang einer als rechtliche Einheit zu betrachtenden Zuwiderhandlung ohne weiteres bei der Festsetzung der Höhe nach billigem Ermessen zu berücksichtigen ist, ebenso wie das im Rahmen des § 890 ZPO geschieht (Vor § 12 Rdn. 296 f.). Von der 215

---

[395] OLG Hamburg GRUR 1980, 874.
[396] Teplitzky/*Kessen* Kap. 8 Rdn. 29.
[397] Ohly/*Sosnitza* § 12 Rdn. 105; *Nieder* WRP 2001, 117, 118.
[398] Vgl. dazu Teplitzky/*Kessen* Kap. 7 Rdn. 15.
[399] BGH GRUR 2003, 450, 452 f. – *Begrenzte Preissenkung;* Teplitzky/*Kessen* Kap. 7 Rdn. 15; *Bornkamm* in: FS Tilmann, S. 769 ff.; a. M. *Doepner* in FS Mes, S. 96 ff.
[400] BGH GRUR 2001, 758, 759 – *Trainingsvertrag.*
[401] OLG Köln MD VSW 2007, 961, 962.

Beantwortung der Frage hängt auch ab, was im gerichtlichen Verfahren Streitgegenstand ist. Handelt es sich um eine rechtliche Einheit, so erfasst die Klage sämtliche Einzelakte, die zur rechtlichen Einheit gehören, unabhängig davon, ob der Gläubiger sie kennt oder nicht. Mehrere Vertragsstrafen, die auf **gesonderte Verstöße** gestützt werden, sind in der Regel **unterschiedliche Streitgegenstände.**[402] Verstößt der Schuldner mit einer Werbemaßnahme gegen zwei selbständige Verpflichtungserklärungen, die er demselben Gläubiger gegenüber abgegeben hat, so wird die Vertragsstrafe zweimal verwirkt.[403]

216 Die Parteien können in einer **Individualabrede** vereinbaren, dass mehrere Verstöße **nicht zu einer rechtlichen Einheit** zusammengefasst werden sollen.[404] In AGB ist das wegen § 307 II BGB nicht möglich, falls sich die Abrede nicht nur auf vorsätzlich begangene Verstöße bezieht.[405] Die Wiederholungsgefahr wird auch dann ausgeräumt, wenn der Schuldner in seiner Unterwerfungserklärung entgegen dem Verlangen des Gläubigers **nicht** die Zusammenfassung mehrerer Verstöße zu einer rechtlichen Einheit ausschließt. Der Gläubiger kann aber einen Ausschluss fordern, soweit es um vorsätzliche Zuwiderhandlungen[406] und um Zuwiderhandlungen mit erheblichen wirtschaftlichen Auswirkungen[407] geht.

217 *bb) Auslegung des Vertrages.* Die Frage, ob bei mehreren Handlungen eine „natürliche Handlungseinheit" oder eine rechtliche Einheit vorliegt oder nicht, ist durch Auslegung des konkreten Vertrages unter Berücksichtigung aller Umstände zu beantworten.[408]

218 Nach der **älteren Rechtsprechung**[409] konnten mehrere Teilakte unter dem Gesichtspunkt des **„Fortsetzungszusammenhanges"** zusammengefasst werden, um so eine unerträgliche Summierung von Vertragsstrafen zu vermeiden. Nach der **neueren Rechtsprechung**[410] wird ein solcher, vorgegebener Begriff – ebenso wie im Strafrecht[411] – **nicht mehr anerkannt.** Vielmehr kommt es verstärkt auf die Besonderheiten des Einzelfalles an, wobei aber auch die Grundsätze herangezogen werden können, die zum Fortsetzungszusammenhang entwickelt worden sind.

219 Häufig ergibt eine interessengerechte Auslegung, dass mehrere Handlungen eine **rechtliche Einheit** bilden, weil es sonst zu einer unbilligen, den Schuldner übermäßig belastenden Summierung von Vertragsstrafen kommen kann.[412] Das gilt gerade bei Fahrlässigkeit.[413] **Vorrangig** kann außerdem nach wie vor von einer **„natürlichen Handlungseinheit"** gesprochen werden,[414] die als eine einzige Zuwiderhandlung anzusehen ist, wenn die Einzelakte bei objektiver, natürlicher Betrachtungsweise als einheitliches Geschehen empfunden werden, wenn sie nämlich gleichartig sind, in einem räumlichen und zeitlichen Zusammenhang stehen und auf einem einheitlichen Entschluss[415] oder auf dem Fehlen eines Entschlusses beruhen.[416]

220 Dafür, dass eine Zusammenfassung zu einer rechtlichen Einheit gewollt war, spricht die **Vereinbarung einer verhältnismäßig hohen Vertragsstrafe,**[417] dagegen, dass die Einzelakte ein hohes wirtschaftliches Gewicht mit der Gefahr eines entsprechend hohen Schadens haben,[418] ferner dass es sich um vorsätzliche Verstöße handelt, die der Schuldner in Wiederholungsabsicht begangen hat; denn sonst büßt die Vertragsstrafe bereits nach der ersten Handlung ihre Sicherungsfunktion ein.[419] Stets kommt es auf alle Umstände des Einzelfalles an.

---

402 BGH GRUR 2010, 167, 169 – *Unrichtige Aufsichtsbehörde.*

403 Ebenso *Schmid/Riegger* WRP 2010, 606 f.; a. M. OLG Bamberg WRP 2010, 667 ff.

404 BGH GRUR 2009, 181, 183 – *Kinderwärmekissen;* Köhler/*Bornkamm* § 12 Rdn. 1.148.

405 BGH NJW 1993, 721, 722 f. – *Fortsetzungszusammenhang.*

406 BGH NJW 1993, 721, 723 – *Fortsetzungszusammenhang.*

407 Teplitzky/*Kessen* Kap. 8 Rdn. 30b.

408 BGH GRUR 2001, 758, 759 –*Trainingsvertrag;* GRUR 2013, 531, 533 – *Einwilligung in Werbeanrufe II.*

409 BGH NJW 1993, 721, 721 f. – *Fortsetzungszusammenhang;* GRUR 1993, 926 f. – *Apothekenzeitschriften.*

410 BGH GRUR 2001, 758, 759 f. – *Trainingsvertrag;* Köhler/*Bornkamm* § 12 Rdn. 1.148; Teplitzky/*Schaub* Kap. 20 Rdn. 17a f.

411 BGHSt 40, 138 = NJW 1994, 1663.

412 BGH GRUR 2001, 758, 760 – *Trainingsvertrag;* Köhler/*Bornkamm* § 12 Rdn. 1.149.

413 BGH GRUR 2001, 758, 761 – *Trainingsvertrag;* OLG Hamburg GRUR 1987, 561, 562.

414 BGH GRUR 2001, 758, 760 – *Trainingsvertrag;* OLG Köln WRP 2004, 387 f.; OLG Bremen OLG Report 2006, 16, 17; Teplitzky/*Schaub* Kap. 20 Rdn. 16; vgl. dazu *Teplitzky* WRP 2005, 654, 658 f.

415 OLG Koblenz GRUR 1992, 884, 885.

416 OLG Frankfurt WRP 2013, 1496, 1497 f.

417 BGH GRUR 2001, 758, 760 – *Trainingsvertrag.*

418 BGH GRUR 1984, 72, 74 – *Vertragsstrafe für versuchte Vertreterabwerbung;* GRUR 2001, 758, 760 – *Trainingsvertrag.*

419 BGH GRUR 2001, 758, 760 – *Trainingsvertrag.*

Von der Auslegung der Vertragsstrafenabrede hängt auch ab, ob bereits die Aufforderung zur Zahlung einer Vertragsstrafe[420] oder eine Klage eine **rechtliche Einheit begrenzt.** Beides ist eher zu verneinen. Anders verhält es sich jedenfalls mit der Verurteilung zur Zahlung einer Vertragsstrafe.[421] 221

cc) Beispiele. Die **Zusammenfassung** zu einem einzigen Verstoß ist **zu bejahen,**[422] wenn es sich um die Verbreitung einer Werbebroschüre, eines Katalogs, eines Rundschreibens, eines Serienbriefs handelt oder eine Anzeige in mehreren Zeitungen veröffentlicht wird, auch in mehreren Ausgaben, insbesondere im Rahmen eines Dauerauftrags, der nicht storniert worden ist,[423] oder wenn ein Fernsehspot wiederholt gesendet wird. 222

Dagegen ist zu Recht eine **Zusammenfassung verneint** worden bei einer Anzeige mit mehreren unrichtigen unverbindlichen Preisempfehlungen,[424] bei verschieden ausgestalteten und in zeitlichem Abstand ausgesandten Mailings[425] und bei unterschiedlichen Maßnahmen redaktioneller Werbung über mehrere Jahre hinweg.[426] 223

c) Verschulden. Grundsätzlich verwirkt der Schuldner nur dann eine Vertragsstrafe, wenn er oder ein Erfüllungsgehilfe schuldhaft gehandelt hat. [427] Das Verschulden wird **vermutet** (Rdn. 190).[428] Der Schuldner hat daher darzulegen, dass auf seiner Seite alles Erforderliche getan worden ist, um einen Verstoß auszuschließen.[429] Es gelten entsprechend die Anforderungen, insbesondere zum eigenen Verschulden des Schuldners wie im Rahmen des § 890 ZPO (Vor § 12 Rdn. 302ff.). Bei einem einmaligen Versehen nach jahrelanger Beachtung mag es ausnahmsweise an einem Verschulden fehlen. 224

6. Einwendungen und Einreden

a) Rechtsmissbrauch. *aa) Allgemeines.* Auf einen Rechtsmissbrauch, der eine Einwendung gemäß § 242 BGB – und nicht nach § 8 Abs. 4 UWG – begründet,[430] kann sich der Schuldner nur in Ausnahmefällen berufen. Liegt eine **Mitverantwortung des Gläubigers** vor, ermöglicht eine analoge Anwendung des § 254 BGB eine flexible Handhabung nach den Umständen des Einzelfalles. 225

bb) Verleitung zum Verstoß. Ein Rechtsmissbrauch kann vorliegen, wenn der Gläubiger den Schuldner zum Verstoß **verleitet** hat.[431] Das trifft jedoch **nicht** zu, wenn es sich um einen **Testkauf** handelt, bei dem der Testkäufer wie ein normaler Käufer aufgetreten ist;[432] denn hier hat sich der Schuldner so verhalten, wie er es auch sonst tut. 226

cc) Unclean hands. Ebenso wie gegenüber einem Schadensersatzanspruch kann sich der Schuldner darauf berufen, dass sich der Gläubiger ebenso oder in ähnlicher Weise verhalten hat, obwohl die Geltendmachung von Vertragsstrafeansprüchen auch im Interesse der Allgemeinheit liegt. 227

dd) Unterlassenes Eingreifen. Ein Rechtsmissbrauch wegen unterlassenen Eingreifens wird kaum in Betracht kommen. Liegt objektiv zwar ein Verstoß vor, fehlt es bereits am Verschulden, wenn der Schuldner alles ihm Zumutbare getan hat, damit seine Unterwerfungserklärung umgesetzt wird. Ist aber sein Verschulden zu bejahen, so handelt der Gläubiger im Regelfall nicht rechtsmissbräuchlich, wenn er den Schuldner nicht auf die **Unzulänglichkeit von Abhilfemaßnahmen** hinweist, insbesondere wenn er abwartet, um ausreichende Beweise zu erlangen.[433] 228

Allerdings soll den Gläubiger die **Obliegenheit** treffen, das Verhalten des Schuldners zu **beobachten,** es auf seine Vereinbarkeit mit der Unterlassungserklärung zeitnah zu überprüfen und verwirkte Vertragsstrafen alsbald geltend zu machen, um den Schuldner von weiteren Verstößen 229

---

[420] BGH GRUR 2001, 758, 761f. – *Trainingsvertrag;* OLG Hamburg GRUR 1987, 561, 562. Eingehend zu den Einwendungen und Einreden *Goldmann* Vor §§ 8ff. Rdn. 121ff., 190ff.

[421] OLG Hamburg WRP 1977, 34, 35.

[422] BGH NJW 1993, 721 – *Fortsetzungszusammenhang;* OLG Köln WRP 2004, 387f.

[423] OLG Hamburg OLG-Report 2000, 223 (Ordnungsmittel-Verfahren).

[424] KG MD VSW 2000, 175, 176f.

[425] OLG Köln WRP 2000, 226, 229.

[426] BGH GRUR 1998, 471, 473 – *Modenschau im Salvatorkeller.*

[427] BGH GRUR 1985, 1065, 1066 – *Erfüllungsgehilfe;* GRUR 1987, 648, 649 – *Anwalts-Eilbrief;* GRUR 1988, 561, 562 – *Verlagsverschulden I.*

[428] BGH GRUR 1982, 688, 691 – *Senioren-Pass;* BGH NJW 1993, 721, 723 – *Fortsetzungszusammenhang.*

[429] BGH GRUR 1998, 471, 473 – *Modenschau im Salvatorkeller;* GRUR 2014, 595, 598 – *Vertragsstrafenklausel;* OLG Düsseldorf GRUR-RR 2014, 155, 156;Teplitzky/*Schaub* Kap. 20 Rdn. 15.

[430] BGH GRUR 2012, 949, 950f. – *Missbräuchliche Vertragsstrafe.*

[431] BGH GRUR 1984, 72, 74 – *Vertragsstrafe für versuchte Vertreterabwerbung;* OLG Karlsruhe GRUR 1984, 75.

[432] BGH GRUR 1965, 612, 614 – *Warnschild;* OLG Hamburg WRP 1985, 277, 280.

[433] BGH GRUR 1984, 72, 74 – *Vertragsstrafe für versuchte Vertreterabwerbung.*

abzuhalten und ein Anwachsen von Vertragsstrafen zu verhindern.[434] Verletzt er diese Obliegenheit, so soll der Schuldner ihm, falls nicht bereits § 343 BGB eingreift, den Einwand des Rechtsmissbrauchs oder des Mitverschuldens entgegenhalten können, mit der Folge, dass der Anspruch auf Vertragsstrafe zwar nicht völlig ausgeschlossen, die Vertragsstrafe aber herabzusetzen ist, wobei es darauf ankommen soll, wie weit die einzelnen Verstöße zurückliegen und welche Tragweite und Schwere ihnen zukommt.[435]

230 Dem ist zwar für den vom BGH entschiedenen Fall, aber **nicht allgemein zuzustimmen.** Der Schuldner hat grundsätzlich von sich aus dafür zu sorgen, dass die abgegebene Unterlassungserklärung von seinen Mitarbeitern beachtet wird. Im Regelfall ist es **unbillig,** dem Gläubiger vorzuwerfen, er habe den Schuldner nicht genügend überwacht und sei nicht alsbald gegen Verstöße eingeschritten. Sonst würde er unter Umständen bereits bei fahrlässiger Unkenntnis rechtsmissbräuchlich handeln. Erst wenn er Kenntnis davon erlangt hat, dass der Schuldner zuwidergehandelt hat, kommt ein Rechtsmissbrauch in Betracht.[436]

231 Ein Verstoß gegen die **Pflicht zur Rücksichtnahme aus dem Abmahnverhältnis** kann dagegen vorliegen, wenn der Gläubiger weiß, dass sich der Schuldner nach der Abmahnung bemüht hat, die beanstandete Werbung zu ändern, ihn aber auf die Unzulänglichkeit der Änderung nicht hinweist, sondern sofort nach Eingang der Unterwerfungserklärung eine Vertragsstrafe verlangt.[437]

232 *ee) Kein Schaden des Gläubigers.* Ein Rechtsmissbrauch lässt sich nicht daraus herleiten, dass der Gläubiger **keinen Schaden erlitten** hat und auch im übrigen seine Interessen nicht gefährdet sind.[438] Einem Verband könnte ohnehin kein Schaden entstehen, abgesehen von Kosten der Rechtsverfolgung.

233 **b) Verjährung und Verwirkung.** Der Anspruch auf die Vertragsstrafe **verjährt** nach §§ 195, 199 BGB, nicht entsprechend § 11 UWG, obwohl der vertraglichen Unterlassungsverpflichtung ein Unterlassungsanspruch aus dem UWG zugrunde liegt.[439]

234 Macht der Gläubiger, obwohl er weiß, dass der Schuldner verstoßen hat, seinen Anspruch auf Vertragsstrafe nicht geltend, so kann der Anspruch nach genügendem Zeitablauf **verwirkt** sein.[440] Vom Gläubiger ist zu erwarten, dass er seinen Anspruch in angemessener Zeit geltend macht, um Druck auf den Schuldner auszuüben. Sonst kann dieser darauf vertrauen, dass der Gläubiger seinen Anspruch nicht mehr geltend machen werde. Angemessen ist ein Zeitablauf von mindestens zwei Jahren.[441]

7. Höhe der Vertragsstrafe

235 **a) Festsetzung.** Haben die Parteien als Vertragsstrafe einen **festen Betrag** vereinbart, so steht grundsätzlich fest, wie hoch die verwirkte Vertragsstrafe ist. Anders ist es, wenn die Parteien eine **Vertragsstrafe nach „Hamburger Brauch"** vereinbart haben (Rdn. 202ff.). Dann hat der Gläubiger die Vertragsstrafe, die eine Sanktion für den begangenen Verstoß sein, weitere Verstöße verhüten und als Mindestschadensersatz dienen soll, nach **billigem Ermessen** unter Berücksichtigung der genannten Funktionen der Vertragsstrafe festzusetzen. Er ist grundsätzlich an seine Festsetzung gebunden.[442]

236 Im Rahmen seiner Entscheidung hat der Gläubiger **alle Umstände des Einzelfalles** zu beachten, wie die Schwere und das Ausmaß des Verstoßes, die Gefährlichkeit des Verstoßes für den Gläubiger, den Grad des Verschuldens des Schuldners, sein wirtschaftliches Interesse an begangenen und zukünftigen Verstößen.[443] Dabei spielt auch eine Rolle, ob es sich um den ersten Verstoß, für den eine Vertragsstrafe verlangt wird, oder um einen wiederholten Verstoß handelt; dieser wiegt wegen der Wiederholung schwerer als der erste.

237 Als Bewertungsfaktor neben anderen Faktoren ist auch die Funktion der Vertragsstrafe als **pauschalierter Mindestschadensersatz** zu beachten,[444] ohne dass aber der festgestellte konkrete

---

434 BGH GRUR 1998, 471, 474 – *Modenschau im Salvatorkeller.*

435 BGH GRUR 1998, 471, 474 – *Modenschau im Salvatorkeller.*

436 OLG Frankfurt GRUR 1996, 996; OLG Düsseldorf WRP 1997, 93, 98.

437 OLG Köln GRUR-RR 2001, 46, 47.

438 BGH GRUR 1984, 72, 74 – *Vertragsstrafe für versuchte Vertreterabwerbung.*

439 BGH GRUR 1995, 678, 680f. – *Kurze Verjährungsfrist; Köhler*/Bornkamm § 11 Rdn. 1.15 (3); Ahrens/*Bornkamm* Kap. 34 Rdn. 28.

440 OLG Frankfurt GRUR 1996, 996.

441 OLG Düsseldorf WRP 1997, 93, 98.

442 OLG Hamburg AfP 2003, 56, 58.

443 BGH GRUR 1994, 146, 147 – *Vertragsstrafebemessung;* GRUR 2009, 181, 184 – *Kinderwärmekissen.*

444 BGH GRUR 1994, 146, 148 – *Vertragsstrafebemessung;* vgl. OLG Köln WRP 2011, 1489, 1491.

Schaden als Mindestgrenze anzusehen ist; § 340 Abs. 2 BGB sieht eine Anrechung der Vertragsstrafe auf den (möglicherweise höheren) Schaden vor.

Eine **Pauschalierung,** die an einen Bruchteil des Streitwerts für einen entsprechenden Unterlassungsantrag anknüpft, **verbietet sich** ebenso wie bei der Festsetzung eines Ordnungsgeldes nach § 890 ZPO.[445] **238**

b) Herabsetzung. *aa) §§ 315 Abs. 3, 319 BGB.* Ist die Vertragsstrafe durch den Gläubiger oder durch einen Dritten nach „billigem Ermessen" festgesetzt worden, kann der Schuldner eine **Überprüfung durch das zuständige Gericht** vornehmen lassen, das ebenfalls die vorgenannten Gesichtspunkte zu beachten hat (Rdn. 235 ff.). Die Überprüfung konnte auch noch in der **Revisionsinstanz** erfolgen.[446] Das dürfte auch noch nach den neuen Vorschriften der ZPO möglich sein. **239**

bb) § 343 Abs. 1 BGB. Die Vorschrift ermöglicht eine Herabsetzung der Vertragsstrafe auf einen angemessenen Betrag, falls sie **unverhältnismäßig hoch** ist.[447] Auch insoweit ist auf die vorgenannten Gesichtspunkte zurückzugreifen (Rdn. 235 ff.). **Mindestgrenze** ist der beim Gläubiger eingetretene oder wahrscheinliche Schaden.[448] **240**

§ 343 BGB gilt allerdings nicht für **Kaufleute (§ 348 HGB)** und ihnen gleichgestellte Personen. § 348 HGB kann aber **abbedungen** werden.[449] Die Wiederholungsgefahr wird auch dann ausgeräumt, wenn der Schuldner seiner Unterwerfungserklärung hinzufügt, dass § 348 HGB nicht gelten solle.[450] **241**

cc) § 242 BGB. In Ausnahmefällen kommt auch eine Herabsetzung der Vertragsstrafe gemäß § 242 BGB in Betracht,[451] so bei einem **„Ansammeln von Vertragsstrafen" in wirtschaftlich bedrohlicher Höhe**[452] (vgl. bereits Rdn. 228 ff.). Anhaltspunkt für die Bestimmung des Betrages kann das Doppelte der nach § 343 BGB angemessenen Vertragsstrafe sein.[453] Hat sich der Verletzer zwei Verletzten gegenüber strafbewehrt zur Unterlassung verpflichtet, so ist die mit ihnen vereinbarte Vertragsstrafe nicht ohne weiteres herabzusetzen, wenn die Zuwiderhandlung nur die Rechte eines der Vertragsstrafegläubiger verletzt.[454] **242**

8. Vertragsstrafe und Ordnungsgeld

Ist der Unterlassungsanspruch sowohl durch eine Vertragsstrafenabrede als auch durch einen Titel gesichert, etwa durch einen Prozessvergleich nebst Androhungsbeschluss des Gerichts, so kann der Gläubiger die **verwirkte Vertragsstrafe verlangen und zugleich einen Antrag nach § 890 ZPO stellen.**[455] Das beruht darauf, dass Vertragsstrafe und Ordnungsgeld in ihren Funktionen und Auswirkungen nicht übereinstimmen. Bei der Festsetzung des Ordnungsgeldes ist aber die Bezahlung oder Verurteilung zu einer Vertragsstrafe (Vor § 12 Rdn. 323) und umgekehrt bei der Festsetzung der Vertragsstrafe die Festsetzung eines Ordnungsgeldes zu berücksichtigen.[456] Soweit die **Vertragsstrafe nach billigem Ermessen** festzusetzen ist, kann dieser Umstand ohne weiteres **bei der** **243**

---

445 BGH GRUR 1994, 146, 147 – *Vertragsstrafebemessung.* Das OLG Hamburg (GRUR 1988, 240 LS; GRUR 1988, 929) hatte keine starre Pauschalierung vorgenommen, sondern war von einem bestimmten Bruchteil des Streitwerts lediglich als Faustregel bei Annahme eines durchschnittlichen, fahrlässig begangenen Erstverstoßes ausgegangen, weil der Streitwert das Interesse des Gläubigers an der Verfolgung des Unterlassungsanspruches ausdrückt und es bei der Festsetzung der Vertragsstrafe um die Verletzung dieses Anspruchs geht, wobei es maßgebend auf das Interesse des Gläubigers ankommt.

446 BGH GRUR 1994, 146, 147 – *Vertragsstrafebemessung.*

447 OLG Köln WRP 1985, 108, 110.

448 Teplitzky/*Schaub* Kap. 35 Rdn. 2.

449 BGH GRUR 2014, 595, 598 – *Vertragsstrafenklausel.*

450 Teplitzky/*Schaub* Kap. 20 Rdn. 8; zu Unrecht einschränkend *Aigner* GRUR 2007, 950 ff.

451 BGH GRUR 2009, 181, 184 – *Kinderwärmekissen:* Vertragsstrafe von mehr als 53 Mio. €; GRUR 2013, 531, 534 – *Einwilligung in Werbeanrufe II;* OLG Köln WRP 1985, 108, 110; a. M. *Rieble* GRUR 2009, 824 ff.: Lösung über § 138 BGB.

452 BGH GRUR 1998, 471, 474 – *Modenschau im Salvatorkeller:* Klagforderung 92 × 3000 DM!; Köhler/*Bornkamm* § 12 Rdn. 1.145b, 1.149, 1.151; vgl. dazu OLG Hamburg MD VSW 2007, 819, 825 f.

453 BGH GRUR 2009, 181, 184 – *Kinderwärmekissen.*

454 OLG Frankfurt GRUR-RR 2004, 375 f. für den Fall der rechtswidrigen Veröffentlichung eines Fotos.

455 BGH GRUR 1998, 1053, 1054 – *Vertragsstrafe/Ordnungsgeld* (auch: *Behinderung in der Jagdausübung*); GRUR 2014, 909, 910 f. – *Ordnungsmittelandrohung nach Prozessvergleich;* OLG Köln GRUR 1986, 688 f.; NJW-RR 1987, 360; OLG Köln MD VSW 2000, 745, 746; OLG Karlsruhe WRP 1996, 445, 447; a. M. OLG Hamm GRUR 1985, 82; OLG Frankfurt GRUR-RR 2013, 494 f.; vgl. auch OLG Hamburg (7. ZS) GRUR-RR 2013, 495.

456 BGH GRUR 1998, 1053, 1054 – *Vertragsstrafe/Ordnungsgeld;* OLG Köln GRUR 1986, 688 f. und WRP 1987, 265, 266; OLG Düsseldorf GRUR 1988, 857; Teplitzky/*Schaub* Kap. 20 Rdn. 22.

Ausübung des Ermessens berücksichtigt werden.[457] Haben die Parteien dagegen als Vertragsstrafe einen **festen Betrag** vereinbart, hilft dem Schuldner **§ 242 BGB** (Rdn. 242). Bei der Festsetzung bzw. Herabsetzung der Vertragsstrafe ist aber zu beachten, dass diese auch einen Mindestschadensausgleich darstellen soll.[458]

9. Vertragsstrafe und Schadensersatz

244 Die **Vertragsstrafe** ist auf den Schadensersatzanspruch **anzurechnen** (§ 340 Abs. 2 Satz 1 BGB). Der Gläubiger kann daher ohne weiteres einen weitergehenden Schadensersatzanspruch geltend machen. Für eine entsprechende Feststellungsklage besteht wie sonst ein Rechtsschutzbedürfnis.[459] Daran fehlt es jedoch, wenn er keinen weitergehenden Schaden darlegt.[460] Die Vertragsstrafe ist **nicht** auf einen Anspruch auf Ersatz von Anwaltskosten anzurechnen, die durch die Geltendmachung einer Vertragsstrafe entstanden sind,[461] auch nicht auf einen Schadensersatzanspruch, der im Zeitpunkt des Vertragsstrafeversprechens bereits entstanden ist.[462]

C. Einstweilige Verfügung

§ 25 UWG a. F. Einstweilige Verfügung

Zur Sicherung der in diesem Gesetze bezeichneten Ansprüche auf Unterlassung können einstweilige Verfügungen erlassen werden, auch wenn die in den §§ 935, 940 der Zivilprozeßordnung bezeichneten Voraussetzungen nicht zutreffen.

§ 935 ZPO

Einstweilige Verfügungen in bezug auf den Streitgegenstand sind zulässig, wenn zu besorgen ist, dass durch eine Veränderung des bestehenden Zustandes die Verwirklichung des Rechts einer Partei vereitelt oder wesentlich erschwert werden könnte.

§ 940 ZPO

Einstweilige Verfügungen sind auch zum Zwecke der Regelung eines einstweiligen Zustandes in bezug auf ein streitiges Rechtsverhältnis zulässig, sofern diese Regelung, insbesondere bei dauernden Rechtsverhältnissen zur Abwendung wesentlicher Nachteile oder zur Verhinderung drohender Gewalt oder aus anderen Gründen nötig erscheint.

Schrifttum: *Ahrens,* Wettbewerbsverfahrensrecht, 1983; *ders.,* Die Abschlusserklärung, WRP 1997, 907; *ders.,* Die fristgebundene Vollziehung einstweiliger Verfügungen, WRP 1999, 1; *Ahrens/Spätgens,* Einstweiliger Rechtsschutz und Vollstreckung in UWG-Sachen, 4. Aufl., 2001; *ders.* Der Wettbewerbsprozess, 7. Aufl. 2013; *Anders,* Die Zustellung einstweiliger Verfügungen nach dem Zustellungsreformgesetz, WRP 2003, 204; *Bacher,* Das Elektronische Schutzschriftenregister, MDR 2015, 1329; *Berneke/Schüttpelz,* Die einstweilige Verfügung in Wettbewerbssachen, 3. Aufl, 2015; *Berlit,* Aufbrauchsfrist im gewerblichen Rechtsschutz und Urheberrecht, 1997; *Beyerlein,* (K)eine zweite Chance – wiederholter Antrag auf Erlass einer einstweiligen Verfügung als Dringlichkeitsproblem, WRP 2005, 1463; *v. Bogdany,* Die Überlagerung der ZPO durch WTO-Recht, NJW 1999, 2088; *Bongen/Renaud,* Zur materiellen Rechtskraft antragsabweisender Beschlüsse und Urteile im Arrestverfahren, NJW 1991, 2886; *Borck,* Das rechtliche Gehör im Verfahren auf Erlass einer einstweiligen Verfügung, MDR 1988, 908; *ders.,* Probleme bei der Vollstreckung von Unterlassungstiteln, GRUR 1991, 428; *ders.,* Die Vollziehung und die Vollstreckung von Unterlassungstiteln, GRUR 1991, 428; *ders.,* Ein letztes Mal noch: Zur Unterlassungsvollstreckung, WRP 1996, 181; *Bornkamm,* Die unbegründete Unterlassungsverfügung – Wann bedarf die einstweilige Verfügung einer Begründung?, in FS Köhler, S. 47; *Deutsch,* Die Schutzschrift in Theorie und Praxis, GRUR 1990, 327; *Dötsch,* Besonderheiten im Berufungsverfahren bei Arrest und einstweiliger Verfügung, MDR 2010, 1329; *Doepner,* Selbstwiderlegung der Dringlichkeit in wettbewerbsrechtlichen Verfügungsverfahren: wider eine feste Zeitspanne, WRP 2011, 1384; *ders.,* Die kartellrechtliche Leistungsverfügung – einige Anmerkungen aus lauterkeitsrechtlicher Sicht zu dortigen Durchsetzungsdefiziten, in FS Canenbley, 2012, S. 155; *Eikelau,* Unzulässigkeit wettbewerbsrechtlicher Unterlassungsansprüche gegen Markenanmeldungen, MarkenR 2001, 41; *von Falck,* Einstweilige Verfügungen in Patent- und Gebrauchsmusterssachen Mitt 2002, 430; *E. Fischer,* Einstweilige Verfügung in Patentsachen – zum Verfügungsanspruch –, in: FS Traub 1994 S. 105; *Fritze,* Die Anordnung von Handlungen, insbesondere Erklärungen, zur Beendigung einer andauernden Beeinträchtigung durch einstweilige Verfügung, in: FS Traub 1994 S. 113; *ders.,* Gut gemeint – Ziel verfehlt – Negative Feststellungsklage als Hauptsache im Sinne des § 937 Abs. 1 ZPO, GRUR 1996, 571; *Gleußner,* Die Se-

[457] BGH GRUR 2010, 355, 358 – *Testfundstelle.*
[458] *Teplitzky* WRP 1994, 709, 712.
[459] *Teplitzky* WRP 1994, 709, 712.
[460] BGH GRUR 1993, 926 f. – *Apothekenzeitschriften.*
[461] BGH GRUR 2008, 929, 930 – *Vertragsstrafeneinforderung.*
[462] BGH GRUR 2009, 660, 662 – *Resellervertrag.*

questration gemäß § 938 Abs. 2 ZPO und ihre Vergütung, DGVZ 1996, 33; *Graf v. der Groeben,* Zuwiderhandlungen gegen die einstweilige Verfügung zwischen Verkündung und Vollziehung des Unterlassungsurteils, GRUR 1999, 674; *Günther,* Die Schubladenverfügung – Stolperfalle Dringlichkeit?, WRP 2006, 407; *Guhn,* Richterliche Hinweise und „forum shopping" im einstweiligen Verfügungsverfahren, WRP 2014, 27; *Gutsche,* Vorläufiger Rechtsschutz im Urheberrecht, in: FS Nordemann, 1999, 75; *Hegmanns,* Die funktionelle Zuständigkeit der Berufungsgerichte zum Erlass von Arrest und einstweiliger Verfügung bei versäumter Vollziehungsfrist, WRP 1984, 120; *Heistermann,* Die Vollziehungsfrist des § 929 Abs. 2 ZPO – Eine Regressfalle für den Anwalt im Einstweiligen Verfügungsverfahren?, MDR 2001, 792; *Hirtz,* Darlegungs- und Glaubhaftmachungslast im einstweiligen Rechtsschutz, NJW 1986, 110; *Holzapfel,* Zum einstweiligen Rechtsschutz im Wettbewerbs- und Patentrecht, GRUR 2003, 287; *Hoppe-Jänisch,* Das Zögern zu Gunsten Dritter, GRUR 2015, 1075; *Isele,* Von Urschriften und Vollziehungsmängel, WRP 2015, 824; *Jacobs,* Probleme des Rechtfertigungsverfahrens nach § 942 ZO, NJW 1988, 1365; *Jauernig,* Der zulässige Inhalt von einstweiligen Verfügungen, ZZP 66, 321; *Kamlah/Sedlmaier,* Die Zustellung von Gerichtsentscheidungen von Anwalt zu Anwalt per Telefax nach dem Zustellreformgesetz 2000, WRP 2005, 818; *Kehl,* Einstweilige Verfügung – ähnliche neue Werbung – was tun?, WRP 1999, 46; *ders.,* Von der Marktbeobachtung bis zur Nichtvollziehung – wann ist es dem Antragsteller „nicht so eilig"? in: FS Loschelder (2010), S. 139 ff.; *Kicker,* Problematik des Beschäftigungsverbots als Nachlese zum „Lopez-Szenario" in: FS Piper, 1996, S. 273; *ders.,* Von der Marktbeobachtung bis zur Nichtvollziehung – wann ist es dem Anspruchsteller „nicht so eilig"?, in FS Loschelder, 2010, S. 139; *Klute,* Strategische Prozessführung im Verfügungsverfahren, GRUR 2003, 34; *Knieper,* Die Vollziehung von Unterlassungsverfügungen, WRP 1997, 815; *Koch/Vykedal,* Immer wieder dringlich?, WRP 2005, 688; *Kochendörfer,* Der Nachweis der frühzeitigen Kenntnis vom Wettbewerbsverstoß – Beweiserleichterungen für die Widerlegung der Dringlichkeitsvermutung, WRP 2005, 1459; *Krenz,* Die Geschäftsführung ohne Auftrag beim wettbewerbsrechtlichen Abschlussschreiben, GRUR 1995, 31; *Krüger,* Das Privatgutachten im Verfahren der einstweiligen Verfügung, WRP 1991, 68; *Kunath,* Zur Auslegung des Begriffs „dringender Fall" i. S. d. § 942 Abs. 1 ZPO, WRP 1991, 65; *Lemke,* Der Kostenwiderspruch gegen einstweilige Verfügungen DRiZ 1992, 339; *Lindacher,* Praxis und Dogmatik der wettbewerblichen Abschlusserklärung, BB 1984, 639; *Mankowski,* Einstweiliger Rechtsschutz und Vorlagepflicht nach Art. 177 Abs. 3 EWG-Vertrag, JR 1993, 402; *Mankowski-Kerfack,* Arrest, Einstweilige Verfügung und die Anwendung ausländischen Rechts, IPRax 1990, 372; *Maurer,* Verjährungshemmung durch vorläufigen Rechtsschutz, GRUR 2003, 208; *Meier-Beck,* Die einstweilige Verfügung wegen Verletzung von Patent- und Gebrauchsmusterrechten, GRUR 1988, 861; *Meinhardt,* Es eilt: Die Dringlichkeit im Markenrecht – Ein Appell an den Gesetzgeber, GRURPrax 2014, 27; *Mes,* Kenntnis Dritter und Dringlichkeitsvermutung des § 25 UWG, in: FS Nirk, 1992, 66; *Nieder,* Der Kostenwiderspruch gegen wettbewerbliche einstweilige Verfügungen, WRP 1979, 761; *ders.,* Begehungsgefahr und Dringlichkeit einer Unterlassungsverfügung bei Anmeldung oder Eintragung einer (noch) nicht benutzten Marke?, Mitt. 2000, 103; *Oetker,* Die Zustellung von Unterlassungsverfügungen innerhalb der Vollziehungsfrist des § 929 II ZPO, GRUR 2003, 119; *Pohlmann,* Die Wahrung der Vollziehungsfrist des § 929 II ZPO bei Arrest und einstweiliger Verfügung, KTS 1994, 49; *Rehart,* Die Monatsfrist des § 929 Abs. 2 ZPO – Freie Hand für die bewusst späte Vollziehungszustellung, WRP 2011, 104; *Retzer,* Widerlegung der „Dringlichkeitsvermutung"; *Rogge,* Einstweilige Verfügungen in Patent- und Gebrauchsmustersachen, in: FS von Gamm, 1990, S. 461; *Rojahn,* Vorläufiger Rechtsschutz durch staatliche Gerichte bei Schiedsgerichtsabrede – Ist effektiver Rechtsschutz gewährleistet?, in FS v. Meibom, S. 395; *Schabenberger,* Zur Hemmung nach § 204 Abs. 1 Nr. 9 BGB in wettbewerbsrechtlichen Auseinandersetzungen, WRP 2002, 293; *Schmidhuber/Haberer,* Rücknahme und Neueinreichung des Verfügungsantrags – Ein rechtsmissbräuchliches Auslaufmodell, WRP 2013, 436; *Schneider,* Verspätungsrecht im Eilverfahren, MDR 1988, 1024; *Schulte-Franzheim,* Vom Umgang mit der Dringlichkeit des Newcomers, WRP 1999, 70; *Schultz-Süchting,* Einstweilige Verfügungen in Patent- und Gebrauchsmustersachen, GRUR 1988, 571; *A. Schulz,* Schubladenverfügung und die Kosten der nachgeschobenen Abmahnung, WRP 2007, 589; *Schulz,* Einstweiliger Rechtsschutz gegen Markenanmeldungen, WRP 2000, 258; *Schulte-Beckhausen,* Plädoyer für die Schubladenverfügung, MarkenR 2006, 505; *Sosnitza,* Die Leistungsverfügung im Kartellrecht, WRP 2004, 62; *Spätgens,* Anmerkungen zur sogenannten Schubladenverfügung und zur Zurückweisung anwaltlicher Abmahnungen ohne Originalvollmacht, in FS Loschelder, 2010, S. 355; *Spehl,* Abschlussschreiben und Abschlusserklärung im Wettbewerbsverfahrensrecht, 1988; *Starek,* Die Zulässigkeit der einstweiligen Verfügung auf Feststellung, Diss 2000; *Teplitzky,* Zur (fehlerhaften) Berücksichtigung der Öffentlichkeits- oder Verbraucherinteressen bei der Prüfung des Verfügungsgrundes, WRP 1978, 117; *ders.,* Erfasst die Vermutung des § 25 UWG auch den „dringenden Fall" im Sinne von § 937 Abs. 2 ZPO?, GRUR 1978, 286; *ders.,* Zu Meinungsdifferenzen über Urteilswirkungen im Verfahren der einstweiligen Verfügung, WRP 1987, 149; *ders.,* Zum Umgang mit Präjudizien in der Instanzrechtsprechung, WRP 1998, 935; *ders.,* Aktuelle Probleme der Abmahnung und Unterwerfung sowie des Verfahrens der einstweiligen Verfügung im Wettbewerbs- und Markenrecht, WRP 2005, 654 *ders.,* Gerichtliche Hinweise im einseitigen Verfahren zur Erwirkung einer einstweiligen Unterlassungsverfügung, GRUR 2008, 34; *ders.,* Zur Verwirkung des Verfügungsgrundes in Verfahren der einstweiligen Verfügung nach dem UWG und dem Markenrecht, in FS Loschelder, 2010, S. 391; *ders.,* Rücknahme und Neueinreichung des Verfügungsantrags – Eine Erwiderung, WRP 2013, 839; *ders.,* Gewohnheitsrecht? – Anmerkungen zum Einfluss der normativen Kraft des Faktischen auf die einstweilige Unterlassungsverfügung, in FS Bornkamm 2014, S. 1073; *ders.* Wettbewerbsrechtliche Ansprüche und Verfahren; 11. Aufl. 2016; *Tilmann/Schreibauer,* Beweissicherung vor und im Patentverletzungsprozess, in: FS Erdmann, 2002, S. 901; *dies.,* Die neueste Rechtsprechung zum Besichtigungsanspruch nach § 809 BGB, GRUR 2002, 1015; *Traub,* Verlust der Eilbedürftigkeit durch prozessuales Verhalten des Antragstellers, GRUR 1996, 707; *ders.,* Unterbrechung der Verjährung durch Antrag auf Erlass einer einstweiligen Verfügung, WRP 1998, 903; *ders.,* Der Anwendungsbereich des § 25 UWG, WRP 2000, 1046; *Ulrich,* Die Beweislast im

Verfahren des Arrestes und der einstweiligen Verfügung, GRUR 1985, 201; *ders.*, Die Aufbrauchsfrist in Verfahren der einstweiligen Verfügung, GRUR 1991, 26; *ders.*, Die Befolgung und Vollziehung einstweiliger Verfügungen sowie der Schadensersatzanspruch gemäß § 945 ZPO, GRUR 1991, 361; *ders.*, Die unterbliebene Vollziehung wettbewerbsrechtlicher Unterlassungsverfügungen und ihre Folgen, WRP 1996, 84; *ders.*, Die Geltendmachung von Ansprüchen auf Erteilung einer Auskunft im Verfahren der einstweiligen Verfügung, WRP 1997, 135; *ders.*, Abänderungsklage (§ 323 ZPO) oder/und Vollstreckungsabwehrklage (767 ZPO) bei „unrichtig gewordenen" Unterlassungstiteln, WRP 2000, 1054; *Ulrici*, Einstweilige Verfügungen im Kollektiven Verbraucherschutz, WRP 2002, 399; *Vogg*, Einstweilige Feststellungsverfügung?, NJW 1993, 1357; *Weisert*, Rechtsprobleme der Schubladenverfügung, WRP 2007, 504; *Wilke/Jungeblut*, Abmahnung, Schutzschrift und Unterlassungserklärung im gewerblichen Rechtsschutz, 2. Aufl., 1995.

I. Der einstweilige Rechtsschutz als Ausprägung der Rechtsweggarantie

245 Art. 19 Abs. 4 GG eröffnet den Rechtsweg gegen jede behauptete Verletzung subjektiver Rechte durch ein Verhalten der öffentlichen Gewalt. Gewährleistet wird nicht nur das formelle Recht, die Gerichte anzurufen, sondern auch die **Effektivität des Rechtsschutzes.** Wirksamer Rechtsschutz bedeutet auch Rechtsschutz innerhalb angemessener Zeit.[463] Daraus folgt, dass gerichtlicher Rechtsschutz namentlich in Eilverfahren so weit wie möglich der Schaffung solcher vollendeten Tatsachen zuvorzukommen hat, die dann, wenn sich eine Maßnahme bei (endgültiger) richterlicher Prüfung als rechtswidrig erweist, nicht mehr rückgängig gemacht werden können.[464] Hieraus ergeben sich für die Gerichte Anforderungen an die Auslegung und Anwendung der jeweiligen Gesetzesbestimmungen über den Eilrechtsschutz.[465] Dabei sind jedoch die Grenzen des materiellen Rechts zu beachten.[466]

246 Dieser **Justizgewährungsanspruch**[467] beinhaltet jedoch nicht nur einen wirkungsvollen (effektiven) Rechtsschutz gegen Maßnahmen der öffentlichen Gewalt, sondern ist in seiner **Ausgestaltung als Rechtsschutzgrundrecht** – Recht auf Zugang zum Gericht, auf effektiven und zeitgerechten Rechtsschutz, auf faire Verfahrengestaltung[468] – gerade auch **für die Handhabung des einstweiligen Rechtsschutzes im Zivilprozess** zu beachten. Denn auch hier kann ein effektiver Rechtsschutz nur dann als gewährleistet angesehen werden, wenn die Durchsetzung des in Anspruch genommenen Rechts nicht bereits an der Dauer des gerichtlichen Verfahrens scheitert,[469] wobei gegebenenfalls auch dem Schutzbedürfnis des Antragstellers vor Vereitelungshandlungen des Antragsgegners Rechnung getragen werden muss.[470]

II. Die gesetzlichen Regelungen

1. Zivilrecht

247 Die ZPO hat die Regelungen über den einstweiligen Rechtsschutz, obwohl es sich – von der Vollziehung (§§ 928 ff.) abgesehen – um ein **summarisches Erkenntnisverfahren** handelt, im **Rahmen des Zwangsvollstreckungsrechts** in den §§ 916 ff. geregelt.

248 Neben der Bestimmung in § 12 Abs. 2 UWG, auf den in **§ 5 UKlaG** für **AGB-Verfahren** (§ 1) und für das Verfahren gemäß § 2 verwiesen wird, sind Vorschriften in verschiedenen Gesetzen[471] enthalten u. a.:

---

[463] *Graßhof* in: Maunz/Schmidt-Bleibtreu/Klein/Bethge BVerfGG Art. 32 Rdn. 3 m. w. N.; zur Frage des effektiven Eilrechtsschutzes unter dem Gesichtspunkt der Erreichbarkeit der Gerichte außerhalb der normalen Dienstzeiten *Dombert* NJW 2002, 1627, 1628.

[464] BVerfG, Beschl. v. 8.9.2014 – 1 BvR 23/14 mwN, juris.

[465] St. Rspr. des BVerfG vgl. z. B. NVwZ 2003, 856: Eilrechtsschutz bei drohendem Bußgeldverfahren; NJW 2003, 1924; NJW 2003, 2598: vorläufiger Rechtsschutz gegen Zustellung einer Sammelklage; NJW 2002, 3691, 3692; jeweils m. w. N.; Maunz/Dürig/*Schmidt-Aßmann* GG, Art. 19 Rdn. 273 m. w. N.; vgl. auch BVerfG NJW 2003, 1236: besonders intensive und nicht nur summarische Prüfung bei lebensbedrohlichen Situationen, gegebenenfalls Folgenabwägung; NJW 2004, 3100 und 3770; zur Frage der Vorwegnahme der Hauptsache BVerfG NVwZ 2003, 1112 = NJW 2004, 280 LS; zu den gemeinschaftsrechtlichen Anforderungen an von nationalen Gerichten gewährleisteten Rechtsschutz vgl. EuGH Slg. 2007, 2271 Tz. 37 m. w. N.

[466] Vgl. BVerfG NJW 2006, 1339.

[467] BVerfG NJW 1988, 3141.

[468] Vgl. Zöller/*Vollkommer* Einl. Rdn. 48–51.

[469] BVerfG AnwBl 2015, 982; BAG MDR 2009, 1228; Stein/Jonas/*Grunsky* Vor § 916 Rdn. 1.

[470] Vgl. *Walker* in: Schuschke/Walker Vor § 916 Rdn. 3.

[471] Vgl. die weiteren Nachweise bei Stein/Jonas/*Grunsky* Vor § 935 Rdn. 3.

§ 61 Abs. 6 Satz 2 UrhG betreffend das Verfahren der Zwangslizenz zur Herstellung von Tonträgern[472] wurde durch die inhaltsgleiche Vorschrift des **§ 42 a UrhG** mit Gesetz vom 10.9.2003 (BGBl. I S 1774) ersetzt; § 42 a Abs. 6 Satz 2 enthält eine dem § 25 UWG a. F. entsprechende Regelung. 249

Vergleichbare Regelungen enthalten **§ 85 PatG, § 20 GebrMG, § 16 a PatG, Art. II § 6 a IntPatÜG** betreffend die Erteilung einer Lizenz an einem deutschen Patent, Gebrauchsmuster, ergänzenden Schutzzertifikat und Europäischen Patent. 250

Die mit dem Produktpirateriegesetz vom 7.3.1990 eingeführten Bestimmungen über die sogenannte **Drittauskunft** (§ 101a Abs. 3 UrhG, § 19 Abs. 3 MarkenG, § 140b Abs. 3 PatG, § 24b GebrMG, § 46 Abs. 3 DesignG, § 37b Abs. 3 SortSchG, § 9 Abs. 2 HalbleiterSchG; siehe hierzu Rdn. 276) sehen in Fällen der offensichtlichen Rechtsverletzung (vgl. jeweils Abs. 7) eine **Geltendmachung des Auskunftsanspruchs im Wege der einstweiligen Verfügung** nach den Vorschriften der ZPO vor. 251

§ 82 Abs. 1 MarkenG enthält eine „lückenfüllende" Verweisung auf die Bestimmungen des GVG und die ZPO, „wenn die Besonderheiten des Verfahrens vor dem Patentgericht dies nicht ausschließen." Hierin ist nach der Rechtsprechung des BPatG nur eine Rechtsfolgenverweisung zu sehen, sodass der Erlass von einstweiligen Verfügungen, da im registerrechtlichen Verfahren nach dem MarkenG nicht vorgesehen, nicht in Betracht kommt.[473] Ausnahmsweise wird jedoch ein vorläufiger Rechtsschutz für möglich erachtet, wenn ohne ihn schwere und unzumutbare, anders nicht abwendbare Nachteile entstünden, zu deren nachträglicher Beseitigung die Entscheidung in der Hauptsache nicht mehr in der Lage wäre (BVerfGE 46, 166, 179), oder ein Verfahren von einem Gericht, dessen Verfahrensordnung vorläufigen Rechtsschutz vorsieht, bindend an das BPatG verwiesen wird.[474] 252

Im **arbeitsgerichtlichen Urteilsverfahren** (zur Zuständigkeit der Arbeitsgerichte für wettbewerbsrechtliche Streitigkeiten vgl oben Vor § 12 Rdn. 3f. und unten § 13 Rdn. 3f.) gelten die Bestimmungen der ZPO über die einstweilige Verfügung unmittelbar.[475] Für das arbeitsgerichtliche Beschlussverfahren erklärt § 85 Abs. 2 Satz 2 ArbGG die §§ 935ff. ZPO mit gewissen Modifikationen für entsprechend anwendbar. 253

2. Verwaltungsrecht

Die **VwGO** enthält in §§ 80, 80a sowie in § 123 Regelungen über den vorläufigen Rechtsschutz, für das finanzgerichtliche Verfahren siehe § 114 **FGO.** 254

§ 60 GWB ermöglicht den Erlass von **einstweiligen Anordnungen durch die Kartellbehörden** zur Regelung eines einstweiligen Zustandes. Gemäß § 65 Abs. 3 GWB kann das Beschwerdegericht die aufschiebende Wirkung der Beschwerde gegen Verfügungen der Kartellbehörden wieder herstellen. 255

Mit Gesetz vom 17.8.2001[476] wurden mit Wirkung vom 2.1.2002 die §§ 86a (Aufschiebende Wirkung), 86b (Einstweiliger Rechtsschutz) in das **SGG** eingefügt,[477] nachdem zum 1.1.2000 mit dem GKV-Gesundheitsreformgesetz[478] durch die Neufassung des § 51 SGG bereits eine ausschließliche Zuständigkeitsregelung zu Gunsten der **Sozialgerichte** für sämtliche Streitigkeiten aus dem SGB V einschließlich ihrer Auswirkungen auf Dritte getroffen worden war (vgl. oben Vor § 12 Rdn. 5ff. sowie unten § 13 Rdn. 9). § 86b Abs. 2–4 lauten: 256

(2) Soweit ein Fall des Absatzes 1 nicht vorliegt, kann das Gericht der Hauptsache auf Antrag eine einstweilige Anordnung in Bezug auf den Streitgegenstand treffen, wenn die Gefahr besteht, dass durch eine Veränderung des bestehenden Zustands die Verwirklichung eines Rechts des Antragstellers vereitelt oder wesentlich erschwert werden könnte. Einstweilige Anordnungen sind auch zur Regelung eines vorläufigen Zustands in Bezug auf ein streitiges Rechtsverhältnis zulässig, wenn eine solche Regelung zur Abwendung wesentlicher Nachteile nötig erscheint. Das Gericht der Hauptsache ist das Gericht des ersten Rechtszugs und, wenn die Hauptsache im Berufungsverfahren anhängig ist, das Berufungsgericht. Die §§ 920, 921, 923, 926, 928 bis 932, 938, 939 und 945 der Zivilprozessordnung gelten entsprechend.

---

[472] Zur entsprechenden Anwendung auf Verfahren gemäß § 11 WahrnG vgl. OLG München GRUR 1994, 118; LG München I Schulze LGZ 215; Urt. v. 31.7.2003 – 7 O 12779/03.
[473] GRUR 2001, 339, 340f. – *Markenregister;* GRUR 2004, 82 – *Thüringer Rostbratwurst; Fezer,* Markenrecht, § 82 Rdn. 4; *Ingerl/Rohnke,* MarkenG, § 82 Rdn. 2; *Ströbele/Hacker,* MarkenG, § 82 Rdn. 2.
[474] BPatG a. a. O. – *Thüringer Rostbratwurst.*
[475] Stein/Jonas/*Grunsky* Vor § 935 Rdn. 64 m. w. N.
[476] BGBl. I S. 2144.
[477] Vgl. *Schlarmann/Buchner* NJW 2002, 644ff.
[478] Vom 22.12.1999, BGBl. I S. 2626.

(3) Die Anträge nach den Absätzen 1 und 2 sind schon vor der Klageerhebung zulässig.

(4) Das Gericht entscheidet durch Beschluss.

3. Verfassungsrecht

257 Bei **einstweiligen Anordnungen gemäß § 32 BVerfGG** bleiben die Gründe, die für die Verfassungswidrigkeit der angegriffenen Maßnahme vorgetragen werden, sofern der in der Hauptsache gestellte Antrag nicht unzulässig oder offensichtlich unbegründet ist, außer Betracht. Bei offenem Ausgang des Hauptsacheverfahrens werden die Folgen, die eintreten würden, wenn die einstweilige Anordnung nicht erginge, die Verfassungsbeschwerde aber Erfolg hätte, gegenüber den Nachteilen abgewogen, die entstünden, wenn die einstweilige Anordnung erginge, die Verfassungsbeschwerde im Hauptsacheverfahren aber ohne Erfolg bliebe.[479]

4. Verfahren ohne Regelungen des einstweiligen Rechtsschutzes

258 Sieht das Gesetz keine Regelung des einstweiligen Rechtsschutzes vor, ist diese **Lücke** im Hinblick auf Art. 19 Abs. 4 GG **im Wege der Analogie zu den nächstverwandten Regelungen des positiven Rechts zu schließen,** wenn ohne einen einstweiligen Rechtsschutz schwere und unzumutbare, anders nicht abwendbare Nachteile entstünden, zu deren nachträglicher Beseitigung die Entscheidung in der Hauptsache nicht mehr in der Lage wäre.[480] So war bis zur Neuregelung des SGG (siehe oben) die Lücke im sozialgerichtlichen Verfahren durch entsprechende Anwendung von § 123 VwGO geschlossen worden.[481]

5. TRIPS

259 **Art. 50** des **Übereinkommens über handelsbezogene Aspekte der Rechte des geistigen Eigentums vom 15.4.1994 (TRIPS),**[482] das sich nicht auf den Schutz vor unlauterem Wettbewerb als solchem bezieht,[483] enthält Regelungen über einstweilige Maßnahmen, zu deren Auslegung bisher drei Entscheidungen des EuGH[484] vorliegen; in Art. 41 Abs. 1 wird auch auf Eilverfahren zur Verhinderung von Rechtsverletzungen abgestellt. Da dem Abkommen nach der Rechtsprechung des BGH[485] der **Rang eines einfachen Gesetzes** zukommt, ist es bei der Auslegung von Vorschriften des einstweiligen Rechtsschutzes zu berücksichtigen.[486] Allerdings gilt der 3. Teil nicht unmittelbar.[487] Da der Gesetzgeber davon ausgeht, dass das deutsche Recht den Vorgaben von TRIPS entspricht,[488] und von Änderungen des nationalen Rechts deshalb abgesehen hat, kann eine Berücksichtigung nur dergestalt erfolgen, als die Bestimmungen des nationalen Rechts in einer Weise auszulegen sind, dass mit ihrer Hilfe den Anforderungen des TRIPS-Übereinkommens Genüge getan wird. Soweit der Auslegung Grenzen gesetzt sind – etwa im Verhältnis der Regelungen in §§ 924, 926, 927 ZPO zu Art. 50 Abs. 6 TRIPS –, sind die Bestimmungen des nationalen Rechts vorrangig anwendbar.[489]

---

[479] BVerfGE 88, 169, 172; 91, 320, 326; NJW 2001, 1484; Beschl. v. 1.8.2002 – 1 BvR 580/02 – *JUVE-Handbuch;* NJW 2003, 3689; ZUM 2007, 730 – *Contergan;* vgl. aber NJW 2012, 3145 Tz. 190–194 – *ESM-Vertrag und Fiskalpakt.*

[480] Zum Verfahren nach §§ 23 ff. EGGVG siehe *Schmidt-Aßmann* (Fn. 2) Art. 19 Rdn. 273; MünchKomm-ZPO/*Wolf* § 23 EGGVG Rdn. 20 f.; *Kissel* § 28 EGGVG Rdn. 24.

[481] BVerfGE 51, 268 ff. – zur entsprechenden Anwendung des § 123 VwGO im sozialgerichtlichen Verfahren; *Schmidt-Aßmann* Fn. 2 Art. 19 Rdn. 273 Fn. 3 m. w. N.

[482] BGBl. II S. 1730; Zustimmungsgesetz v 30.8.1994, BGBl. II S. 1625.

[483] *Berneke/Schüttpelz* Rdn. 93; MünchKommUWG/*Schlingloff* § 12 Rdn. 322; *Schricker/Henning-Bodewig* WRP 2001, 1367, 1373.

[484] EuGH NJW 1999, 2103 – *Hermès* (zu Abs. 1); GRUR 2001, 235 – *Dior* (zum Anwendungsbereich und zu Abs. 6); GRUR Int. 2002, 41 – *Route 66* (zu Abs. 6).

[485] GRUR 1999, 707, 713 – *Kopienversand* – zu Art. 9, 13.

[486] *Berneke/Schüttpelz* Rdn. 93, 793; *Loth,* Gebrauchsmustergesetz, § 24 Rdn. 88; *König* Mitt. 2002, 457; *Treichel* GRUR Int. 2001, 690, 691; *Tilmann/Schreibauer* in: FS Erdmann, S. 901, 902, 912 m. w. N.; *dies.* GRUR 2002, 1015, 1017; vgl. auch *Mes,* Patentgesetz, § 139 Rdn. 79.

[487] Vgl. EuGH GRUR 2001, 235, 237 – *Dior;* GRUR Int. 2002, 41, 45 – *Route 66.*

[488] So auch BGH GRUR 2002, 1046, 1048 – *Faxkarte* – zu Art. 43 TRIPS; OLG Hamburg GRUR 2003, 873; OLG Frankfurt, Urt. v. 12.8.2003 – 11 U 15/03, S. 3 f.; *v. Falck* Mitt. 2002, 429, 437; *Tilmann/Schreibauer* in: FS Erdmann, S. 901, 912; MünchKommUWG/*Schlingloff* § 12 Rdn. 322.

[489] Vorige Fn.; *Berneke/Schüttpelz* Rdn. 93, 498; *Bopp* in: FS Helm, S. 275, 284, der aus Art. 50 Abs. 1, 3 TRIPS ein Argument gegen eine Interssenabwägung bei einstweiligen Verfügungen in Patensachen herleiten will.

6. Durchsetzungsrichtline

Das Gesetz vom 7.7.2008 zur **Verbesserung der Durchsetzung von Rechten des geistigen Eigentums** als Umsetzung der Richtlinie 2004/48/EG vom 29.4.2004 zur Durchsetzung der Rechte des geistigen Eigentums[490] enthält **keine Regelungen in Bezug auf das Wettbewerbsrecht.** Die in der Richlinie vorgesehenen materiellrechtlichen Sanktionen und verfahrensrechtlichen Regelungen wie Beweisvorlagepflichten (Art. 6), Beweissicherungsverfahren (Art. 7), Auskunftsrechte (Art. 8), einstweilige Maßnahmen (Art. 10), Unterlassungsanordnungen (Art. 11), Ersatzmaßnahmen (Art. 12), Regelungen zum Schadensersatz (Art. 13), Prozesskosten (Art. 15) haben – soweit ein Umsetzungsbedarf gesehen wurde – in Gestalt eines Artikelgesetzes zur Änderung und Ergänzung der maßgeblichen nationalen Gesetze (PatG, MarkenG, UrhG etc.) geführt. Inwieweit die Richtlinie auch einzelne Bereiche des Wettbewerbsrechts erfasst, insbesondere den **ergänzenden Leistungsschutz** (§ 4 Nr. 9) und den **Geheimnisschutz** (§§ 17 bis 19), ist ungeklärt.[491] Die §§ 935, 940 ZPO setzen die Vorgaben in Bezug auf einstweilige Maßnahmen in nationales Recht um, indem sie effektiven Rechtsschutz durch einstweilige Verfügungen im Falle von Schutzrechtsverletzungen gewährleisten. Das Erfordernis eines Verfügungsgrundes wird dadurch nicht entbehrlich.[492] 260

7. Richtline über unlautere Geschäftspraktiken

Die Richtlinie über unlautere Geschäftspraktiken (siehe Anhang) stellt in den Artikeln 11 bis 13 bestimmte Anforderungen an die Durchsetzung der Regelungen zur Bekämpfung unlauterer Geschäftspraktiken. So sieht Art. 11 Abs. 2 Unterabs. 2 vor, dass die in Unterabs. 1 genannten Maßnahmen „im Rahmen eines beschleunigten Verfahrens mit vorläufiger oder endgültiger Wirkung getroffen werden können, wobei jedem Mitgliedsstaat vorbehalten bleibt, zu entscheiden, welche dieser beiden Möglichkeiten gewählt wird."[493] Da das deutsche Wettbewerbsverfahrensrecht ein **beschleunigtes Verfahren mit vorläufiger Wirkung** bereits zur Verfügung stellt, ist ein Umsetzungsbedarf insoweit zu Recht nicht gesehen worden.[494] 260a

III. Arten von einstweiligen Verfügungen

1. Sicherungs- und Regelungsverfügung

Die ZPO geht – nach allerdings nicht unbestrittener Auffassung[495] – davon aus, dass einstweilige Verfügungen in Bezug auf den Streitgegenstand (§ 935 ZPO: Sicherungsverfügung) und zur Regelung in Bezug auf ein streitiges Rechtsverhältnis (§ 940 ZPO: Regelungsverfügung) ergehen können, wobei sich der Anwendungsbereich beider Bestimmungen nicht immer genau trennen lässt. 261

Eine **Sicherungsverfügung** (§ 935 ZPO) kann ergehen, wenn die künftige Erfüllung eines nicht auf eine Geldleistung gerichteten Anspruchs des Antragstellers gefährdet ist. Auch bei der **Regelungsverfügung** geht es um die Sicherung des subjektiven Rechts, d.h. eines Anspruchs, der sich aus dem streitigen Rechtsverhältnis ergibt.[496] Unabhängig von der unterschiedlich beurteilten Frage, ob zwischen der Sicherungs- und Regelungsverfügung zu differenzieren ist, muss der Antragsteller nicht angeben, ob er eine Sicherungs- oder eine Regelungsverfügung anstrebt, vielmehr kann das Gericht den Antrag (zur Bedeutung des Antrags unten Rdn. 366f.) auf jede dieser Bestimmungen stützen.[497] Eine Differenzierung wäre nur dann von Bedeutung, wenn sich daraus unterschiedliche Rechtsfolgen ergeben könnten, so etwa nach der Auffassung, dasss im Falle der Si- 262

---

[490] ABl. EU Nr. L v. 2.6.2004, S. 16 = GRUR Int. 2004, 615.

[491] Verneinend *Seichter* WRP 2006, 391, 392; bejahend *Beyerlein* WRP 2005, 1354 unter Hinw. auf EuGH WRP 2001, 124. Zur analogen Anwendung der Richtlinienbestimmungen in diesen Spezialbereichen und bei der Schadensberechnung oben *Goldmann* § 9 Rdn. 2ff., 145ff.

[492] OLG Frankfurt WRP 2014, 891.

[493] Vgl. hierzu *Alexander* GRUR Int. 2005, 810, 811.

[494] Regierungsentwurf S. 37f.; vgl. weiter *Alexander* GRUR Int. 2005, 811, 814f.; *Seichter* WRP 2005, 1087ff.; MünchKommUWG/*Schlingloff* § 12 Rdn. 321.

[495] Vgl. *Walker* in: Schuschke/Walker Vor § 916 Rdn. 11 m.w.N., wonach sich die Zulässigkeit einer einstweiligen Verfügung mit befriedigender Wirkung unmittelbar aus § 940 ZPO ergebe; Stein/Jonas/*Grunsky* Vor § 935 Rdn. 29 m.w.N.

[496] Stein/Jonas/*Grunsky* Vor § 935 Rdn. 29.

[497] Stein/Jonas/*Grunsky* Vor § 935 Rdn. 30; *Schuschke* in: Schuschke/Walker Vorbem zu § 935 Rdn. 14. Von den Gerichten werden meist beide Bestimmungen angegeben.

cherungsverfügung – anders als bei § 940 ZPO – keine Interessenabwägung erforderlich sei,[498] was aber für die Unterlassungsverfügung, die zum Teil als Regelungsverfügung[499] zum Teil aber auch als Leistungsverfügung,[500] (siehe nachfolgend) angesehen wird, ohne praktische Bedeutung ist.

2. Leistungs-/Befriedigungsverfügung

263 Daneben wurde in der Literatur und der Rechtsprechung die **Leistungs- oder Befriedigungsverfügung** entwickelt, wobei diese zum Teil auf § 940 ZPO gestützt wird, während andere Autoren darin (wohl zutreffender, weil dessen Regelungsbereich überschritten wird) eine Rechtsfortbildung sehen.[501] Die grundsätzliche Zulässigkeit solcher Leistungsverfügungen wird aber auch außerhalb des gewerblichen Rechtsschutzes zu Recht allgemein nicht in Zweifel gezogen, da die generelle Verweigerung eines derartigen Rechtsschutzes mit dem Justizgewährungsanspruch nicht zu vereinbaren wäre (siehe oben Rdn. 246). Es kann deshalb „nur" darum gehen, in welchem Fallgestaltungen und unter welchen Voraussetzungen eine Leistungsverfügung, deren Ausnahmecharakter nicht in Abrede zu stellen ist,[502] ergehen kann.

IV. Inhalt von einstweiligen Verfügungen

1. Unterlassung

264 Im Wettbewerbsrecht sowie im sonstigen Bereich des gewerblichen Rechtsschutzes einschließlich des Urheberrechts steht die Leistungsverfügung, in der Regel in Form der **Unterlassungsverfügung** im Vordergrund. Dass Unterlassungsansprüche – auch außerhalb des Anwendungsbereichs von § 12 Abs. 2 UWG – Gegenstand einer einstweiligen Verfügung sein können, steht außer Zweifel,[503] auch wenn damit für die Zeitdauer des Bestandes der einstweiligen Verfügung eine Erfüllung des Anspruches verbunden ist, denn gerade aus dieser Zeitgebundenheit folgt, dass ohne die Möglichkeit von einstweiligem Rechtsschutz ein Vorgehen im Klagewege oftmals zu spät käme.[504] Vereinzelt ist in der Rspr. auch die Möglichkeit einer **Zwischenverfügung** bejaht worden,[505] bei der ein zeitlich beschränktes bzw. auflösend bedingtes Verbot ausgesprochen wurde.

265 Etwas zu unterlassen umfasst **neben dem bloßen Nichtstun** – z. B. nicht weiter in der beanstandeten Weise zu werben – gegebenenfalls aber auch ein **positives Tun,** wenn ohne dieses – z. B. Rückgängigmachung von bereits gesetzten Ursachen – weitere Verstöße erfolgen würden.[506]

266 Hiervon zu unterscheiden ist das gelegentlich in die Form eines Unterlassungsantrags gekleidete Begehren eines **Unterlassens einer Unterlassung,** die sich dem Inhalt nach als **Verpflichtung zur Vornahme einer Handlung** darstellt;[507] ebenso das erstrebte Verbot, die Belieferung des Antragstellers zu suspendieren. Maßgeblich für die Einordnung des Begehrens ist der sachliche Gehalt entsprechend der begehrten wesentlichen Leistungspflicht, nicht seine sprachliche Fassung.[508]

266a Der vom OLG Stuttgart[509] tenorierte Anspruch auf **Duldung,** dass der Antragsteller von einem Großhändler beliefert wird, beinhaltet der Sache nach ein Boykottverbot, nämlich dass es der Hersteller zu unterlassen hat, anderen Herstellern eine Belieferung des Antragstellers zu untersagen.

---

498 Stein/Jonas/*Grunsky* Vor § 935 Rdn. 30 Fn. 72.

499 Ahrens/*Spätgens* Rdn. 19 m. w. N.; Gloy/Loschelder/Erdmann/*Spätgens,* HdbWettbR, § 98 Rdn. 1, 2.

500 So Ahrens/*Jestaedt* Kap. 43 Rdn. 1.

501 A.A. MünchKommZPO/*Drescher* § 938 Rdn. 11: § 938 ZPO i.V.m. Justizgewährungsanspruch als Grundlage.

502 Stein/Jonas/*Grunsky* Vor § 935 Rdn. 32; OLG Hamburg WRP 2007, 1253; OLG Jena MDR 2012, 488.

503 Vgl. statt aller *Schuschke* in: Schuschke/Walker Vor § 935 Rdn. 18 und Stein/Jonas/*Grunsky* Vor § 935 Rdn. 48.

504 MünchKommZPO/*Drescher* § 938 Rdn. 31 f.

505 Vgl. OLG Düsseldorf, Urt. v. 13.1.2010 – 27 U 1/09, juris; OLG Stuttgart MDR 2015, 1096: zeitlich beschränkte Untersagung einer Auftragsvergabe.

506 BGH GRUR 1993, 415, 416 m. w. N. – *Straßenverengung;* WRP 2007, 1104; GRUR 2014, 595 Tz 26 – *Vertragsstrafenklausel*; GRUR 2015, 258 Tz. 63 ff. – *CT-Paradies*; OLG Köln WRP 2010, 1179 f.; *Schuschke* in: Schuschke/Walker § 890 Rdn. 2 m. w. N. in Fn. 3; Ahrens/*Spätgens* Rdn. 591 m. w. N.; KG WRP 2010, 1179, Abgrenzung zum Beseitigungsanspruch.

507 OLG München OLG Report 1996, 136: Untersagung der Weigerung ein Prüfsystem bei Aufzugsprüfungen anzuerkennen = Verpflichtung, die Prüfung nach dem System durchzuführen; KG WRP 2004, 112, 117: „Unterlassung einer Unterlassung".

508 BGH GRUR 1993, 415, 416 – *Straßenverengung;* OLG München vorige Fn.; *Berneke/Schüttpelz* Rdn. 59.

509 GRUR 1970, 146, 148; zustimmend *Berneke/Schüttpelz* Rdn. 66; *Schuschke* in: Schuschke/Walker § 890 Rdn. 3.

2. Belieferungsansprüche

267 Nach den vorstehenden Ausführungen können **(kartellrechtliche) Belieferungsansprüche** bzw. Ansprüche auf **Zulassung zu einer Veranstaltung** (Messe etc.), auf **Zugang zu Versorgungs- oder Kommunikationsnetzen** nicht in die Form eines Unterlassungsantrages gekleidet werden,[510] sondern unterliegen den für eine **Leistungsverfügung** geltenden Grundsätzen.[511] Sie müssen auf die begehrte Leistung (nicht auf den Abschluss eines Vertrages)[512] gerichtet sein und dem Bestimmtheitsgebot des § 253 Abs. 2 Nr. 2 ZPO genügen,[513] das durch § 938 Abs. 1 ZPO keine Einschränkung erfährt,[514] was in der Praxis allerdings oftmals nicht hinreichend beachtet wird.[515] Da mit einer einstweiligen Verfügung auf Belieferung (bzw. Durchleitung)[516] eine Befriedigung des Antragstellers verbunden ist und mit der im summarischen Verfahren auferlegten Leistungspflicht schwerwiegend in die Rechte des Antragsgegners eingriffen wird, besteht Einigkeit darüber, dass sie nur unter besonderen Voraussetzungen ergehen darf, in denen der Antragsteller in besonderem Maße auf die sofortige Leistung angewiesen ist. Die ihm anderenfalls drohenden Nachteile müssen so gravierend sein, dass die Interessen des Antragstellers im Rahmen der vorzunehmenden Interessenabwägung die Belange des Antragsgegners deutlich überwiegen, wobei in der Praxis an die Erforderlichkeit unterschiedlich strenge Anforderungen gestellt werden.[517]

3. Beseitigung

268 Auch Ansprüche auf Beseitigung von andauernden rechtswidrigen Störungen sind als Leistungsverfügungen zu qualifizieren. Ob und unter welchen Voraussetzungen **Beseitigungsansprüche** im Wege der einstweiligen Verfügung durchgesetzt werden können, lässt sich nicht allgemeingültig beantworten. Dies liegt zum einen darin begründet, dass sie in vielfacher Ausgestaltung auftreten können, wobei unter dem Gesichtspunkt der unzulässigen Vorwegnahme der Hauptsache die Grenze dort zu ziehen ist, wo es nicht mehr um eine bloße Sicherung geht, sondern der Anspruch bereits befriedigt wird.[518] Daneben ist die Erforderlichkeit von Beseitigungsmaßnahmen im Verhältnis zu einem etwaigen daneben bestehenden Unterlassungsanspruch zu prüfen.[519]

---

[510] So aber *Schockenhoff* NJW 1990, 152, 157, um den aus der Rechtsprechung des BGH zum Bestimmtheitserfordernis folgenden Konsequenzen zu begegnen; vgl. auch BGH WRP 2016, 229 Tz. 25 – Porsche Tuning: Belieferungsanspruch als ein Anspruch auf Unterlassung der Belieferung unter Bezugnahme auf *Bornkamm* in Langen/Bunte, § 33 Rdn. 114; a. A. KG WuW/E OLG 4628; OLG Hamburg NJWE-WettbR 1996, 286; OLG München OLG Report 1996, 136; *Berneke/Schüttpelz* Rdn. 76; Ahrens/*Spätgens* Rdn. 65; jeweils m. w. N.

[511] KG WuW/E OLG 5099; OLG Stuttgart 1990, 780, 781; Ahrens/*Jestaedt* Kap. 56 Rdn. 12; *Berneke/Schüttpelz* Rdn. 75 mit umfangreichen Nachweisen; Ahrens/*Spätgens* Rdn. 65 m. w. N.

[512] Siehe die Nachweise bei *Berneke/Schüttpelz* Rdn. 76 Fn. 50.

[513] BGH GRUR 1981, 917 – *Sportschuhe;* NJW 1985, 2135 – *Technics;* OLG Düsseldorf BB 2002, 592 (LS 1); zum „Kompromiss" zwischen dem Bestimmtheitsgebot (Schuldnerschutz) und der Rechtsschutzgarantie vgl. BGH GRUR 2003, 228, 229 – *P-Vermerk.*

[514] *Berneke/Schüttpelz* Rdn. 60; Stein/Jonas/*Grunsky* § 938 Rdn. 25; § 935 Rdn. 47 m. w. N.

[515] Vgl. die Nachw. bei *Berneke/Schüttpelz* Rdn. 78.

[516] OLG Brandenburg GRUR-RR 2002, 399; OLG Dresden GRUR-RR 2001, 190; GRUR-RR 2002, 85; OLG Düsseldorf BB 2002, 592 (LS); GRUR-RR 2002, 176; LG Dortmund GRUR-RR 2001, 43; OLG München OLG Report 2002, 274; 2003, 53; OLG Schleswig SchlHA 2002, 9; *Köhler* BB 2002, 584, 587; *Theobald/Zenker,* Grundlagen der Strom- und Gasdurchleitung, S. 143 ff.; weitere Nachweise bei *Berneke/Schüttpelz* Rdn. 74 ff.

[517] Vgl. z. B. OLG Frankfurt OLG Report 1996, 12: „nur in engen, ausnahmsweisen Fällen einer existentiellen, irreparablen Schädigung"; KG WRP 2004, 112 mit Anm. *Sosnitza* S. 62 ff.; vgl. die eingehende Darstellung bei *Berneke* Rdn. 36 sowie die Entscheidungen in Rdn. 46.

[518] Siehe die Rspr.-Nachw. bei Ahrens/*Spätgens* Rdn. 37 und *Berneke/Schüttpelz* Rdn. 70: OLG Koblenz GRUR 1987, 730: Beseitigung von irreführenden Angaben auf Geräten; OLG Koblenz WRP 1982, 427: Beseitigung eines Werbeschildes; OLG Frankfurt GRUR 1989, 74: eingeschränkter Widerruf einer Empfehlung; OLG Frankfurt GRUR 1989, 370: Benachrichtigung von Kunden des Antragstellers; OLG Frankfurt GRUR 1970, 485: Beseitigung eines durch frühere Mitteilung erweckten Eindrucks; OLG Frankfurt GRUR 1989, 298: Anbringung eines Hinweisschildes; OLG Köln WRP 1985, 294: Rückforderung von Werbematerial; OLG Frankfurt NJW-RR 1991, 166: Aufhebung der Liefersperre gegen einen bestimmten Einzelhändler; NJW-RR 1989, 490: Aufhebung einer Platzierungsempfehlung; OLG Stuttgart WRP 1989, 202: Widerruf einer Aufforderung der Lottogesellschaft gegenüber deren Hauptstellen, da es sich lediglich um einen wirtschaftlichen Vorgang handelt und der Widerruf ohne weiteres wieder rückgängig gemacht werden kann; OLG Naumburg NJWE-WettbR 1996, 155: Beendigung von Mandatsverträgen durch Anwalt; OLG Hamburg NJW-RR 1996, 1449: Aufforderung an Ärzte, ausgeliefertes Informationsmaterial nicht mehr zu verwenden.

[519] *Berneke/Schüttpelz* Rdn. 70 m. w. N.; Ahrens/*Spätgens* Rdn. 39.

269 Zur Sicherung eines Beseitigungs- bzw. eines Vernichtungsanspruchs (zusammen mit dem Unterlassungsanspruch, aber auch isoliert[520]) kann die **Herausgabe von Gegenständen** zur Verwahrung an den Gerichtsvollzieher, worin noch keine **Sequestrierung**[521] im Sinne von § 938 ZPO zu sehen ist,[522] angeordnet werden,[523] wegen des Verbots der Vorwegnahme der Hauptsache nicht die Vernichtung selbst.[524] In Fällen des ergänzenden wettbewerbsrechtlichen Leistungsschutzes besteht zwar in der Regel kein Anspruch auf Vernichtung der Nachbildungen, dennoch kann eine Sicherung von anderweitigen von der Existenz entsprechender Plagiate ausgehenden Beseitigungsansprüchen im Wege der einstweiligen Verfügung erforderlich sein.[525]

270 Die **Aufgabe des Besitzes** kann nicht im Wege einer einstweiligen Verfügung angeordnet werden, weil damit eine Vorwegnahme der Hauptsache verbunden wäre.[526]

271 In den Fällen der **Grenzbeschlagnahme** (z. B. § 142 a PatG, § 146 MarkenG) kann eine vollziehbare gerichtliche Entscheidung – von strafprozessualen Maßnahmen abgesehen – auf Anordnung der weiteren Verwahrung der beschlagnahmten Ware oder sonstiger Verfügungsbeschränkungen im Hinblick auf die Kürze der zu beachtenden Fristen nur im Wege der einstweiligen Verfügung herbeigeführt werden.[527]

272 Wegen unstatthafter Vorwegnahme der Hauptsache wird die Durchsetzung eines **Widerrufs von Behauptungen/Angaben** gegenüber Dritten von der überwiegenden Auffassung in der Rechtsprechung und Literatur weitgehend abgelehnt.[528] Bei besonderen Fallgestaltungen – so die Fallgestaltung bei OLG Stuttgart WRP 1989, 202, 204 f.[529] – bzw. als ultima ratio wird eine einstweilige Verfügung auf Widerruf für zulässig gehalten,[530] vor allem in Form eines vorläufig eingeschränkten Widerrufs, etwa des Inhalts, die Behauptung werde derzeit nicht aufrechterhalten.[531]

273 Ansprüche auf **Veröffentlichung:** s. unten Rdn. 737 ff., 780.

274 Auch der mit der **Löschung in Registern** (Handelsregister, Patent- und Markenamt) verbundene Verlust von Rechtspositionen steht einer Durchsetzung solcher Ansprüche im Wege der einstweiligen Verfügung entgegen.[532] Dies gilt auch für die **Aufgabe einer Domain;**[533] problematisch erscheinen auch Unterlassungsbegehren, sofern bereits in der Konnektierung der Domain eine Benutzung gesehen wird, denn dem könnte nur durch eine Aufgabe der Domain entsprochen werden. Wird die Freigabe der Domain erstrebt, so kommt als Sicherungsmaßnahme nur ein Verfügungsverbot,[534] wie in den Fällen der Patentvindikation, bei der zur Sicherung eines Übertragungs-

---

[520] *Harte-Bavendamm,* Hdb. Markenpiraterie, § 5 Rdn. 131; a. A. KG WRP 1984, 325.

[521] Vgl. BGH NJW 2001, 434 f.; GRUR 2008, 87 – *Patentinhaberwechsel im Einspruchsverfahren.*

[522] Vgl. zur Stellung des Gerichtsvollziehers eingehend Zöller/*Vollkommer* § 938 Rdn. 9 m. w. N.; *Fezer,* Markenrecht, § 18 Rdn. 34.

[523] OLG Hamburg WRP 1997, 103 und 106; GRUR-RR 2002, 129; OLG Stuttgart NJW-RR 2001, 257; *Berneke/Schüttpelz* Rdn. 54, 71; *Harte-Bavendamm,* Hdb. Markenpiraterie, § 5 Rdn. 124, 129 ff.; jeweils zum Markenrecht; OLG Karlsruhe GRUR-RR 2002, 278 – zu § 142a PatG; *Retzer* in: FS Piper, S. 421, 428 ff.; zum UrhR OLG Hamm GRUR 1989, 502, 503.

[524] OLG Hamburg WRP 1997, 106, 112; OLG Frankfurt GRUR 1976, 663, 665; OLG Koblenz GRUR 1987, 730, 731; Ahrens/*Jestaedt* Kap. 56 Rdn. 12; Ahrens/*Spätgens* Rdn. 44 m. w. N.; *Ingerl/Rohnke,* MarkenG, § 18 Rdn. 35.

[525] OLG München, Beschl. v. 21.4.1994 – 29 W 1120/94; *Ingerl/Rohnke,* MarkenG, § 18 Rdn. 35 m. w. N.; *Retzer* in: FS Piper, S. 421, 429; a. A. OLG Frankfurt GRUR-RR 2003, 157 f.; OLG Report 2001, 253; OLG Hamburg WRP 2007, 1253; vgl. auch OLG Karlsruhe GRUR-RR 2003, 96: zusätzliches Verbot, die an den Gerichtsvollzieher herauszugebenden Uhrennachbildungen an den Lieferanten zurückzugeben, zu § 14a Abs. 3 GeschmMG a. F.

[526] OLG Hamburg WRP 1997, 106, 112; zustimmend *Ingerl/Rohnke,* MarkenG, § 14 Rdn. 195, die aber darüber hinaus ein Verbot der zukünftigen rechtsverletzenden Besitzverschaffung für möglich halten.

[527] Busse/*Keukenschrijver* § 143 Rdn. 317; *Ingerl/Rohnke,* MarkenG, § 147 Rdn. 3; OLG Karlsruhe GRUR-RR 2002, 278.

[528] Vgl. BGH WRP 2010, 1255 Tz. 20 – *PR-Pappnase;* LG Dresden AfP 2009, 274; jeweils zum Berichtigungsanspruch.

[529] Zustimmend *Teplitzky* (10. Aufl.) Kap. 54 Rdn. 12.

[530] Teplitzky/*Feddersen,* Kap. 54 Rdn. 11d.

[531] Vgl. die Nachweise bei Ahrens/*Spätgens* Rdn. 50 und bei *Berneke/Schüttpelz* Rdn. 71.

[532] Teplitzky/*Feddersen* Kap. 54 Rdn. 11a; Ahrens/*Spätgens* Rdn. 54 m. w. N.

[533] Vgl. OLG Frankfurt GRUR-RR 2001, 5; OLG Hamm MMR 2001, 695; LG München I MMR 2001, 61; a. A. ohne Begründung LG Bremen ZUM-RD 2000, 558, 560; LG Braunschweig NJW 1997, 2687; LG Wiesbaden MMR 2001, 59: Verzicht auf Domain gegenüber der Denic kann auch im Wege der einstweiligen Verfügung ohne mündliche Verhandlung ausgesprochen werden; *Ingerl/Rohnke,* Markengesetz, Nach § 15 Rdn. 145: nur im Ausnahmefall.

[534] OLG Hamburg WRP 2007, 1245; KG CR 2007, 735.

anspruches ein Veräußerungsverbot oder eine Sequestration angeordnet werden kann,[535] in Betracht.

Qualifiziert man ein **Beschäftigungsverbot** im Falle der unzulässigen Abwerbung von Arbeitnehmern als Maßnahme der Naturalrestitution (§ 249 BGB),[536] wäre eine Durchsetzung im Wege der einstweiligen Verfügung überhaupt nicht oder allenfalls mit größter Zurückhaltung möglich.[537] Anderenfalls könnte ein solches Verbot gemäß § 940 ZPO zur Regelung eines einstweiligen Zustandes zur Durchsetzung eines Anspruchs auf Beseitigung der Ursache künftiger Störungen angeordnet werden,[538] wie dies auch von der überwiegenden Auffassung für möglich gehalten wird.[539] 275

4. Auskunft/Drittauskunft

Außerhalb des Anwendungsbereichs der **spezialgesetzlich geregelten Ansprüche auf Drittauskunft** bei Vorliegen einer offensichtlichen Rechtsverletzung[540] wird eine Verurteilung zur Auskunftserteilung und Rechnungslegung im Verfahren der einstweiligen Verfügung, da die Hauptsache vorwegnehmend, als nicht möglich angesehen.[541] Hiervon wurden bisher nur in besonderen Fallgestaltungen Ausnahmen zugelassen.[542] 276

Die im Vorschlag von *Köhler/Bornkamm/Henning-Bodewig* (§ 11 Abs. 2)[543] enthaltene generelle Ausdehnung des Anwendungsbereichs der Dringlichkeitsvermutung (§ 11 Abs. 2) ist im Gesetzgebungsverfahren zum UWG 2004 ebenso wenig aufgegriffen worden wie der Vorschlag der GRUR-Arbeitsgruppe unlauterer Wettbewerb (GRUR 2003, 127, 132 unter 3.), in geeigneten Fällen auch im Unlauterkeitsrecht die Durchsetzung von Auskunftsansprüchen – in Anlehnung an die Regelung des § 19 Abs. 3 MarkenG – im Wege der einstweiligen Verfügung vorzusehen, so dass eine von der bisherigen Beurteilung abweichende Handhabung nicht zu rechtfertigen ist. 277

Eine **offensichtliche Rechtsverletzung** liegt nach der Gesetzesbegründung[544] dann vor, wenn „die Rechtsverletzung so eindeutig ist, dass eine Fehlentscheidung (oder eine andere Beurteilung im Rahmen des richterlichen Ermessens) und damit eine ungerechtfertigte Belastung des Antragsgegners kaum möglich ist", was sowohl hinsichtlich der tatsächlichen Grundlagen als auch hinsichtlich der rechtlichen Beurteilung der Fall sein muss.[545] Eine Beschränkung des Anwendungsbereichs auf die Fälle der Produktpiraterie ist aber auch für das Verfügungsverfahren nicht veranlasst.[546] Um die tatbestandlichen Voraussetzungen hinreichend sicher beurteilen zu können, soll in der Regel nicht ohne mündliche Verhandlung entschieden werden.[547] 278

In der Literatur[548] und in der Rechtsprechung[549] wird zum Teil jedoch auch in Fällen des **ergänzenden wettbewerblichen Leistungsschutzes** eine entsprechende Anwendung der mit dem ProdPirG eingeführten Bestimmungen zur Drittauskunft befürwortet. 279

---

[535] OLG Frankfurt GRUR 1978, 636; OLG Karlsruhe GRUR 1978, 116; OLG München NJW-RR 1997, 683; Busse/*Keukenschrijver* § 143 Rdn. 318; Benkard/*Melullis* § 8 Rdn. 20; *Berneke/Schüttpelz* Rdn. 762; ablehnend für eine europäische Patentanmeldung *Rapp* Mitt. 1998, 347.

[536] Vgl. zum Meinungsstand *Kicker* in: FS Piper, S. 273 Fn. 7 und 8; *Günther* WRP 2007, 240, 245.

[537] *Kicker* in: FS Piper, S. 273, 276; *Wedemeyer* in: FS Traub, S. 437, 449.

[538] *Kicker* in: FS Piper, S. 273, 276.

[539] OLG Oldenburg WRP 1996, 612; OLG Jena WRP 1997, 363; OLG Frankfurt NJW-RR 1994, 627; LG Saarbrücken NJW 1973, 373; *Berneke/Schüttpelz* Rdn. 66; *Köhler*/Bornkamm § 12 Rdn. 3.9; a. A. OLG Celle WRP 1960, 109.

[540] § 19 Abs. 7 MarkenG; § 100 Abs. 7 UrhG; § 46 Abs. 7 GeschmMG; § 140b Abs. 7 PatG; § 24b Abs. 7 GebrmG; § 37 Abs. 7 SortG; § 9 Abs. 2 HalblSchG.

[541] KG GRUR 1988, 403; OLG Hamburg WRP 2007, 1253; OLG Hamm NJW-RR 1992, 640; OLG Frankfurt OLG Report 1996, 12; *Berneke/Schüttpelz* Rdn. 79 m. w. N.; MünchKommUWG/*Schlingloff* § 12 Rdn. 322.

[542] KG GRUR 1988, 403; OLG Karlsruhe NJW 1984, 1905, 1906; OLG Stuttgart NJW 1962, 2066, 2067; Beschl. v. 30.1.1978 – 4 W 4/78 und v. 14.6.1978 – 4 W 14/78, bei *Traub* WVP S. 399 f.

[543] WRP 2002, 1317, 1323.

[544] BT-Drucks. 11/4792, S. 32.

[545] Vgl. OLG Frankfurt MarkenR 2002, 296, 299; OLG Hamburg WRP 1997, 103, 105 f. und 106, 112 f.; Urt. v. 9.1.2007 – 5 W 147/06; OLG Karlsruhe CR 2000, 285, 288; OLG Köln GRUR 1999, 337, 339 und 346, 349; *Berneke/Schüttpelz* Rdn. 81; *Ingerl/Rohnke,* MarkenG § 19 Rdn. 46.

[546] OLG Köln MD 2004, 80, 81 m. w. N.

[547] So OLG Köln MD 2003, 80, 81; *Berneke/Schüttpelz* Rdn. 84.

[548] *Ulrich* WRP 1997, 135, 138; *Asendorf* in: FS Traub, S. 21; *Jacobs* GRUR 1994, 635; *Schlosser* in: FS Großfeld, 1999, S. 1003, 1004 f.; vgl. auch Ahrens/*Spätgens* Rdn. 48; Stein/Jonas/*Grunsky* Vor § 935 Rdn. 53; *Schuschke* in: Schuschke/Walker Vorbem zu § 935 Rdn. 22; zurückhaltend *Teplitzky* in FS Tilmann, S. 913, 917 ff.

[549] LG Düsseldorf WRP 1997, 253; LG München I, Beschl. v. 24.3.1994 – 7 O 3664/94 und Beschl. v. 8.1.1997 – 21 O 177/97; OLG München, Urt. v. 9.7.1998 – 29 U 2498/98; jeweils in Fällen des ergänzenden

280 Bei entsprechender Anwendung auf die Fälle des ergänzenden wettbewerblichen Leistungsschutzes wird bei Anlegung dieser Maßstäbe eine **Auskunftserteilung** im Wege der einstweiligen Verfügung **nur in Ausnahmefällen** – etwa wenn die Frage der wettbewerblichen Eigenart der „Originale" bereits (ober)gerichtlich geklärt ist – in Betracht kommen. Entsprechend den vorstehenden Ausführungen wird es auch der Darlegung und Glaubhaftmachung eines Verfügungsgrundes bedürfen.[550]

280a Da die erforderlichen Daten, wenn überhaupt, nur für einen sehr begrenzten Zeitraum bei den auskunftspflichtigen Internetprovidern (§ 101 Abs. 2 Satz 1 Nr. 3 UrhG) vorgehalten werden,[551] ergeht im Rahmen des Verfahrens nach **§ 101 Abs. 9 UrhG** in der Regel eine **einstweilige Anordung auf der Grundlage des FamFG** (vgl. § 101 Abs. 9 Satz 4 UrhG, §§ 49 ff. FamFG), mit der dem Provider die Löschung der Daten untersagt wird.[552]

5. Abgabe einer Willenserklärung

281 Die Abgabe einer Willenserklärung kommt – von den gesetzlich vorgesehenen Fällen (§§ 885, 899 BGB), die im Wettbewerbsrecht ohne Bedeutung sind, abgesehen – **nur in besonderen Ausnahmefällen** in Betracht.[553] Die hierzu in der Rechtsprechung und Literatur vertretenen Auffassungen sind trotz des im Ansatz allgemein betonten Ausnahmecharakters sehr vielgestaltig. So wird die Auffassung vertreten, dass bei der Durchsetzung einer Nebenpflicht, die nur die Funktion habe, die Erfüllbarkeit der Hauptpflicht zu sichern, eine einstweilige Verfügung keinen Bedenken begegne.[554] Darüber hinaus komme eine einstweilige Verfügung auch dann in Betracht, wenn der Gläubiger hierauf angewiesen sei – d. h. also auch die Voraussetzungen einer Leistungsverfügung vorliegen – oder wenn die Ablehnung des einstweiligen Rechtsschutzes einer endgültigen Rechtsverweigerung gleichkäme.[555] Zum Teil wird eine Durchsetzung im Wege der einstweiligen Verfügung dagegen generell verneint.[556]

282 Besteht danach unter dem Gesichtspunkt der Sicherung effektiven Rechtsschutzes ein Bedürfnis, in besonderen Ausnahmefällen eine einstweilige Verfügung auf Abgabe einer Willenserklärung zuzulassen, begegnet es durchgreifenden Bedenken, sich auch über die Regelung des § 894 ZPO hinwegzusetzen und dessen Fiktionswirkung bereits mit Erlass (auch einer Beschluss-)Verfügung eintreten zu lassen.[557] Ebenso wenig kommt eine Vollstreckung nach § 888 ZPO in Betracht.[558]

6. Feststellung

283 Eine einstweilige Verfügung mit einem **feststellenden Inhalt** wurde in der Rechtsprechung bisher nur in Ausnahmefällen für möglich erachtet.[559] In der Regel wird ein Bedürfnis für eine vorläu-

---

Leistungsschutzes: Nachahmung von Schmuckstücken; a. A. OLG Schleswig GRUR-RR 2001, 70; OLG Frankfurt OLG Report 2001, 253; OLG Hamburg GRUR-RR 2003, 101, 103, zu § 1 UWG a. F.: Beseitigung von Kennzeichen als Behinderung; WRP 2007, 1253; *Berneke/Schüttpelz* Rdn. 82.

[550] Vgl. Teplitzky/*Feddersen* Kap. 54 Rdn. 11b; siehe auch *Berneke/Schüttpelz* Rdn. 133 zum Unterlassungsanspruch.

[551] Vgl. BGH MMR 2011, 341; NJW 2014, 2500 zur Zulässigkeit der Speicherung der IP-Adressen bis zu 7 Tagen.

[552] OLG Köln GRUR-RR 2013, 272; *Dreier*, in Dreier/Schulze § 101 Rdn. 37; vgl. auch *Berneke/Schüttpelz* Rdn. 85 f.

[553] Vgl. die eingehenden Nachweise bei Teplitzky/*Feddersen* Kap. 54 Rdn. 11a Fn. 32.

[554] Stein/Jonas/*Grunsky* Vor § 935 Rdn. 50 m Fn. 166; vgl. auch LG Berlin NZG 2001, 375, das einen Auskunftsanspruch eines Gesellschafters eines geschlossenen Immobilienfonds gegen den Treuhänder bejaht, da dieser von existentieller Bedeutung sei.

[555] LAG Köln MDR 2002, 1257, das darauf abstellt, dass die Möglichkeit zur Sicherung effektiven Rechtsschutzes zwar bestehe, aber auf Ausnahmefälle zu beschränken sei; OLG Köln NJW-RR 1997, 59 f.; OLG Stuttgart NJW 1973, 908; LG Düsseldorf Mitt. 2002, 534, 535: Freigabeerklärung einer Arbeitnehmererfindung; vgl. auch OLG Frankfurt MDR 1954, 686; *Köhler* BB 2002, 584, 586 f.

[556] OLG Hamm MDR 1971, 401; OLG Hamburg NJW-RR 1991, 382; Ahrens/*Spätgens* Rdn. 45 m. w. N.

[557] So aber Stein/Jonas/*Grunsky* Rdn. 50 m. w. N. in Fn. 168; *Wieczorek/Schütze/Thümmel* § 938 Rdn. 10; a. A. OLG Stuttgart NJW 1973, 908; OLG Köln NJW-RR 1997, 59, 60; MünchKommZPO/*Schilken* § 938 Rdn. 8.

[558] Vgl. *Ahrens* WRP 1999, 1, 7; Ahrens/*Spätgens* Rdn. 133; offen gelassen, in der Tendenz aber verneinend OLG München, Beschl. v. 8.2.2002 – 29 W 2906/01.

[559] BAG AP Nr. 13 zu § 37 BetrVG 1972: Feststellung der Berechtigung eines Betriebsratsmitglieds an einer Schulungsveranstaltung teilzunehmen; LAG Berlin NZA 2001, 53: Feststellung des Nichtbestehens eines Arbeitsverhältnisses; vgl. auch Stein/Jonas/*Grunsky* Vor § 935 Rdn. 60; *Keller* WRP 2005, 68, 73.

fige Regelung eines Rechtsverhältnisses durch eine Feststellung nicht anzuerkennen sein.[560] Ein dahingehendes unabweisbares Bedürfnis im Bereich des gewerblichen Rechtsschutzes ist nicht ersichtlich.[561] Die von *Pastor*[562] befürwortete Möglichkeit einer einstweiligen Verfügung auf Feststellung der Schadensersatzpflicht neben einer Unterlassungsverfügung bei befristeten Veranstaltungen hat in der Praxis zu Recht keine Befürworter gefunden. Auch die Möglichkeit der einseitigen Erledigterklärung im Verfahren der einstweiligen Verfügung rechtfertigt keine andere Beurteilung,[563] da die Feststellung der Erledigung des Verfügungsantrags oder deren Verneinung nur noch Auswirkungen für die Frage der Kostentragung hat.

7. Maßnahmen der Beweissicherung, Besichtigung

Nach allgemeiner Meinung kann ein **Besichtigungsanspruch gemäß § 809 BGB**[564] im Wege **284**
der einstweiligen Verfügung durchgesetzt werden, wenn der Antragsteller auf die Besichtigung – die restriktive Interpretation, wonach hierunter weitgehend nur die Inaugenscheinnahme zu verstehen war,[565] ist durch die Entscheidung *Fax-Karte*[566] aufgegeben worden – der Sache über die Vermeidung ihres Beseiteschaffens hinaus auf die aus der Besichtigung zu erlangenden Erkenntnisse zur Geltendmachung seiner (vermeintlichen) Ansprüche angewiesen ist. Welche Anordnungen – z. B. Einschaltung eines zur Verschwiegenheit verpflichteten Dritten – hierfür erforderlich sind, kann nur anhand der jeweiligen Umstände des Einzelfalles geprüft werden.[567]

Der Verfügungsgrund bzw. die **Dringlichkeit** soll sich bereits aus der vom Antragsteller erstrebten Maßnahme als solcher ergeben, sodass es einer weitergehenden Darlegung und Glaubhaftmachung nicht mehr bedarf,[568] was in dieser Allgemeinheit – etwa bei einem längeren Zuwarten ohne die Notwendigkeit einer „Überraschung" des Antragsgegners – zu weitgehend erscheint.

Welche Bedeutung den neu geschaffenen **Vorlagepflichten gemäß §§ 142, 144 ZPO**[569] in **285**
diesem Zusammenhang zukommt, wird unterschiedlich beurteilt. So bejahen *Tilmann/Schreibauer* deren Anwendbarkeit in Bezug auf den vorbereitenden Anspruch aus § 809 BGB,[570] lehnen ihre Anwendung in Bezug auf Dritte aber ab.[571] Im Hinblick darauf, dass es sich bei den Bestimmungen der §§ 142, 144 ZPO um prozessuale Regelungen handelt, die es dem Gericht im Rahmen eines anhängigen Verfahrens[572] ermöglichen, die erforderlichen Anordnungen treffen zu können, müssen sie – da ein dahingehender durchsetzbarer Anspruch nicht besteht[573] – als Grundlage für einen hierauf gestützten Antrag auf Erlass einer Vorlageverfügung ausscheiden.

---

[560] Vgl. OLG Celle NJW 1990, 582, 583; OLG Düsseldorf Mitt. 2006, 187f. LS; OLG München, Beschl. v. 12.7.2001 – W (K) 1930/01: Der Antrag, „es der Antragsgegnerin bis zur Entscheidung im Hauptsacheverfahren zu untersagen, der Antragstellerin zu untersagen, eine Zweitmarke zu vertreiben", wurde auch unter dem Gesichtspunkt des Feststellungsantrags geprüft und auch nach den von *Vogg* NJW 1993, 1357, 1365 unter VII.3 entwickelten Kriterien – da nicht vollstreckbar – für nicht möglich angesehen; vgl. zum Meinungsstand weiter *Vogg* a. a. O. S. 1358 f.

[561] Ebenso *Berneke/Schüttpelz* Rdn. 89.

[562] Unterlassungsvollstreckung S. 240 f.

[563] A. A. *Bernreuther* WRP 2010, 1191.

[564] KG NJW 2001, 233; *Kühnen* GRUR 2005, 185 m. w. N.; *Cremer* Mitt. 1992, 152, 163; *Treichel* GRUR Int. 2001, 690, 691 m. w. N.; *Tilmann/Schreibauer* in: FS Erdmann, S. 901, 923 ff.; *dies.* GRUR 2002, 1015, 1016 ff.; *Karg* ZUM 2000, 934, 942 ff.; *Ingerl/Rohnke,* MarkenG, Vor §§ 14–19 Rdn. 148; *Ringer/Wiedemann* GRUR 2014, 229 zu § 19a MarkenG.

[565] Siehe BGH GRUR 1985, 512 – *Druckbalken.*

[566] BGH GRUR 2002, 1046, 1048.

[567] BGH GRUR 2002, 1046, 1048 f. – *Fax-Karte; Tilmann/Schreibauer* GRUR 2002, 1015, 1016 ff.; vgl. die zum 1.9.2008 eingeführten Regelungen in § 140c PatG, § 19a MarkenG, § 101a UrhG u. a.

[568] OLG Düsseldorf InstGE 12. 105 und 13, 126; *Tilmann/Schreibauer* GRUR 2002, 1015, 1021 unter Hinweis auf Art. 50 Abs. 2 TRIPS: jedenfalls ergebe sich der Verfügungsgrund aus dem Gesichtspunkt der Überraschung; *Spindler/Weber* ZUM 2007, 257, 264; *Kühnen* GRUR 2005, 185, 194 f.; *Tilmann* GRUR 2005, 737, 738 und FS Ullmann S. 1013, 1020; *Melullis* in: FS Tilmann, S. 843, 848; *Stjerna* Mitt. 2011, 271; a. A. OLG Köln ZUM 2009, 258; OLG Hamm ZUM-RD 2010, 27; OLG Karlsruhe, Beschl. v. 18.5.2010 – 6 W 28/10; Beschl. v. 30.11.2010 – 6 W 160/10; *Peukert/Kur* GRUR Int. 2006, 292, 200.

[569] Hierzu BGH GRUR 2006, 962 – *Restschadstoffentfernung;* NJW 2007, 155 und 2989.

[570] GRUR 2002, 1015, 1021.

[571] GRUR 2002, 1016, 1022; *dies.* in: FS Erdmann, S. 901, 918 ff.; ebenso *v. Falck* Mitt. 2002, 429, 437; *Trittmann/Leitzen* IPRax 2003, 7, 11 f.

[572] Vgl. auch *Kitz* GRUR 2003, 1014, 1017 re. Sp. unter 1.; *Metzger/Wurmnest* ZUM 2003, 922, 927 f.

[573] Vgl. Regierungsentwurf zur Umsetzung der Durchsetzungs-RL S. 60.

8. Maßnahmen zur Beeinflussung gerichtlicher oder behördlicher Verfahren

286 Ebenso wenig wie mit der Klage[574] kann im Wege der einstweiligen Verfügung – etwa in Form einer Gegenverfügung – die (beabsichtigte) Prozessführung der Gegenseite verhindert bzw. behindert werden. Auch Anträge auf **Untersagung der Prozessführung** überhaupt oder an einem bestimmten Gerichtsstand[575] begegnen durchgreifenden Bedenken.[576] Die hiervon teilweise abweichende Beurteilung[577] beruht auf der von der von allgemeinen Grundsätzen im außerwettbewerblichen Bereich[578] abweichenden Rechtsprechung, indem die Erhebung einer unbegründeten Klage (sozusagen als stärkste Form der Abmahnung bzw. Verwarnung), gestützt auf ein Schutzrecht, als eine unerlaubte Handlung – Eingriff in den eingerichteten und ausgeübten Gewerbebetrieb – angesehen wird.[579] Insoweit wurde auch in der Entscheidung BGH (GS) GRUR 2005, 882 – **Unberechtigte Schutzrechtsverwarnung** – nunmehr eine Privilegierung insoweit anerkannt, als ein gerichtliches Vorgehen durch die Geltendmachung von dahingehenden Unterlassungsansprüchen nicht unterbunden werden kann.[580]

V. Streitgegenstand des Verfügungsverfahrens – Verhältnis zum Hauptsacheverfahren

1. Streitgegenstand des Verfügungsverfahrens

287 Das Gesetz geht in Bezug auf das Verfügungsverfahren davon aus, dass nicht über den gefährdeten Anspruch (§ 935 ZPO) oder das streitige Rechtsverhältnis (§ 940 ZPO) entschieden wird und dass deshalb der Streitgegenstand des einstweiligen Verfügungsverfahrens ein anderer ist als der des Hauptsacheverfahrens.[581] Dies gilt auch für die im Wettbewersbsrecht sowie im sonstigen Bereich des gewerblichen Rechtsschutzes und des Urheberrechts im Vordergrund stehende Unterlassungsverfügung. Auch wenn diese zumindest auf eine zeitweilige Erfüllung des Unterlassungsanspruchs – Vorwegnahme der Hauptsache, da die Befolgung des Verbots nicht mehr rückgängig gemacht werden kann – gerichtet ist, handelt es sich dabei – vgl. den Wortlaut von § 12 Abs. 2 UWG – entsprechend dem Rechtsschutzziel des Eilverfahrens nur um eine **einstweilige** gerichtliche Entscheidung. **Streitgegenstand** eines auf ein Unterlassungsgebot gerichteten Verfügungsverfahrens ist der prozessuale Anspruch des Antragstellers auf **Sicherung** des materiell-rechtlichen Anspruchs.[582]

2. Verhältnis zum Hauptsacheverfahren

288 Aus dieser **Verschiedenheit der Streitgegenstände** ergeben sich für das Verhältnis von Verfügungsverfahren und Hauptsacheverfahren folgende Konsequenzen:

289 Beide Verfahren können **nebeneinander** durchgeführt werden.[583]

290 Dem **steht § 261 Abs. 3 Nr. 1 ZPO nicht entgegen,** unabhängig davon, in welcher zeitlichen Reihenfolge die Verfahren anhängig gemacht werden.[584] Für die Klageerhebung nach Einlei-

---

574 Vgl. BGH GRUR 1998, 587, 589 – *Bilanzanalyse Pro* 7 – m.w.N.; GRUR 2013, 647 Tz. 12 f. – *Rechtsmissbräuchlicher Zugschlagsbeschluss.*

575 Vgl. zur „antisuit injuction" im anglo-amerikanischen Recht *Schack* IZVR Rdn. 770ff., 230; *Geimer* IZPR Rdn. 1012ff.; *Freitag* IPRax 2002, 267, 268f. m. Fn. 16 u. 17; *Grabinski* GRUR Int. 2001, 199, 211 li. Sp.; vgl. EuGH EuZW 2004, 468 – *Turner.*

576 Vgl. *Deutsch* WRP 1999, 25, 29f.; *Ullmann* GRUR 2001, 1027, 1028; *Sack* WRP 2005, 253; der Antrag, es der Antragsgegnerin zu untersagen, der Antragstellerin bis zum Abschluss des Hauptsacheverfahrens zu untersagen, eine Zweitmarke zu vertreiben, wurde als nicht begründbares Verbot, Rechtsschutz zu suchen, qualifiziert, OLG München, Beschl. v. 12.7.2001 – W (K) 1930/01.

577 Vgl. OLG München, Urt. v. 12.3.1998 – 6 U 6336/97.

578 Vgl. z.B. BGH NJW 2003, 1934, 1936.

579 Vgl. z.B. BGH GRUR 1996, 812, 814 m.w.N. – *Unterlassungsurteil gegen Sicherheitsleistung;* LG Düsseldorf Mitt. 1998, 273ff., zum Antrag auf Erlass einer einstweiligen Verfügung.

580 Vgl. aus der eingehenden Diskussion in der Literatur z.B. *Teplitzky* WRP 2005, 1433; *Deutsch,* GRUR 2006, 374.

581 Vgl. z.B. *Jestaedt* GRUR 1985, 480; *Berneke/Schüttpelz* Rdn. 213; Ahrens/*Jestaedt* Kap. 46 Rdn. 2; Stein/Jonas/*Grunsky* Vor § 935 Rdn. 9, 36; *Walker* in: Schuschke/Walker Vor § 916 Rdn. 15; Ahrens/*Spätgens* Rdn. 7; OLG Frankfurt NJW 1968, 2212; WRP 1982, 422; OLG Koblenz GRUR 1979, 496; OLG München WRP 1986, 507.

582 BGH GRUR 2004, 264, 266 – *Euro-Einführungsrabatt;* so auch bereits ausdrücklich zum Arrestverfahren BGH NJW 1980, 191.

583 Allgemeine Meinung vgl. OLG Köln WRP 1987, 188, 190 m.w.N.

584 OLG Hamm NJW-RR 1991, 1335 (anders früher NJW-RR 1986, 1165, 1166; MDR 1969, 227); OLG Köln WRP 1996, 1214, 1215f.; NJW-WettbR 1999, 92f.; *Brüning* Vor § 12 Rdn. 257; Stein/Jonas/*Grunsky*

tung eines Verfügungsverfahrens ergibt sich dies unmittelbar aus der Regelung in § 926 ZPO. Das Rechtsschutzbedürfnis für ein Vorgehen im Wege der einstweiligen Verfügung nach Erhebung einer Hauptsacheklage kann nicht ohne weiteres verneint werden (vgl. vor § 12 Rdn. 72).

Soweit dem Antragsteller im Hinblick auf § 93 ZPO Kostennachteile drohen, wenn er neben einem bereits anhängigen Verfügungsverfahren ohne dessen Ausgang abzuwarten und ein Abschlussschreiben zu versenden, Hauptsacheklage erhebt,[585] hat dies nichts mit der Frage des grundsätzlich zulässigen Nebeneinanders beider Verfahren zu tun. **291**

Ein gleichzeitiges Vorgehen im Wege der einstweiligen Verfügung und der Hauptsacheklage kann jedoch unter dem Gesichtspunkt des **Rechtsmissbrauchs** (§ 8 Abs. 4 UWG)[586] zu beanstanden sein, wenn diese Vorgehensweise vorrangig darauf abzielt, den Antragsgegner mit hohen Kosten zu belasten. Im Hinblick auf die Rechtsprechung des BGH zu § 13 Abs. 5 UWG a. F.,[587] in der die gleichzeitigige Anstrengung eines Hauptsacheverfahren als Anhaltspunkt für ein rechtsmissbräuchliches Verhalten herangezogen wurde, wird die gleichzeitige Erhebung einer Hauptsacheklage, ohne den Ausgang des einstweiligen Verfügungsverfahrens mit der Möglichkeit der Streiterledigung im Wege einer Abschlusserklärung abzuwarten, einer kritischeren Beurteilung als bisher zu unterziehen sein.[588] **292**

Die **Eigenständigkeit** des einstweiligen Verfügungsverfahrens im Verhältnis zum Klageverfahren ist der Disposition der Parteien entzogen. Ein **Übergang** vom Verfügungsverfahren in das Hauptsacheverfahren ist auch bei ausdrücklicher Zustimmung und entsprechendem Begehren der Parteien nicht möglich.[589] Ebenso ist eine **Verbindung** (§ 147 ZPO) des Verfügungsverfahrens mit dem Hauptsacheverfahren wegen der **verschiedenen Verfahrensarten** (vgl § 260 ZPO) nicht möglich.[590] In einem einzigen Schriftsatz anhängig gemachte Verfahren sind deshalb vom Gericht von Amts wegen **abzutrennen.**[591] **293**

Ein **Anerkenntnis** im Verfügungsverfahren erfasst nur den Gegenstand des Verfügungsverfahrens.[592] **294**

Ein im Verfügungsverfahren abgeschlossener **Vergleich** umfasst nicht ohne weiteres den Hauptsacheanspruch. Ob sich der Gegenstand des Vergleichs auch auf den Hauptsache erstreckt, womit auch eine vorläufige Regelung entbehrlich wird, sollte ausdrücklich klargestellt werden, um Streitigkeiten hierüber gar nicht aufkommen zu lassen. Oftmals wird im Verfügungsverfahren auch ein Zwischenvergleich über die Kosten des Verfügungsverfahrens getroffen, etwa dergestalt, dass dessen Kosten der Entscheidung in der Hauptsache folgen sollen,[593] wobei sich empfehlen wird, auch bereits im Vergleich eine Regelung für den Fall zu treffen, dass keine Entscheidung in der Hauptsache ergeht. Gegebenenfalls ist die „Lücke" durch eine Anwendung des § 91a ZPO zu schließen.[594] **295**

Eine **Erledigungserklärung** (siehe unten Rdn. 450 ff.) bezieht sich nur auf das Verfahren, in dem sie abgegeben wird.[595] **296**

Im Hinblick auf die Selbständigkeit der beiden Verfahren können die Kosten des Verfügungsverfahrens nicht als Vorbereitungskosten für das Hauptsacheverfahren angesehen werden. **297**

Zum Verhältnis der **Streitwerte:** unten Rdn. 841 ff. **298**

Vor § 935 Rdn. 13, 33; Ahrens/*Spätgens* Rdn. 8 m. w. N.; a. A. OLG Hamm MDR 1969, 227; das OLG Dresden WRP 1996, 432, 433 f. befasst sich nur mit der Frage der Klageveranlassung im Sinne von § 93 ZPO.

585 Siehe hierzu oben Vor § 12 Rdn. 257 f. sowie nachfolgend Rdn. 292.

586 Vgl. OLG Köln WRP 2015, 1385 Tz. 20 ff. zum Missbrauch des Verfügungsverfahrens zur Durchsetzung von sachwidrigen Zielen.

587 GRUR 2000, 1089, 1091 – *Missbräuchliche Mehrfachverfolgung;* GRUR 2001, 82, 83 und 84 – *Neu in Bielefeld I* und *II;* GRUR 2001, 78, 79 – *Falsche Herstellerpreisempfehlung;* Urt. v. 6.4.2000 – I ZR 75/98 und v. 20.12.2001 – I ZR 80/99; *Berneke/Schüttpelz* Rdn. 609, 634 Fn. 32.

588 Vgl. OLG Nürnberg GRUR-RR 2004, 336; OLG München OLGR 2008, 457; Beschl. v. 22.6.2015 – 6 W 428/15; *Hantke* in: FS Erdmann, S. 831 ff.; *Teplitzky* WRP 2003, 173, 182; *Berneke/Schüttpelz* vorige Fn.; a. A. *Brüning* Vor § 12 Rdn. 257; krit. zur BGH-Rspr. *Schulte-Franzheim* WRP 2001, 745; *Stickelbrock* WRP 2001, 648, 657 f., 600; vgl. auch Ahrens/*Spätgens* Rdn. 11; Gloy/Loschelder/Erdmann/*Spätgens,* Handbuch des Wettbewerbsrechts, § 93 Rdn. 6: auf Ausnahmefälle zu beschränken.

589 OLG Hamm NJW 1971, 387; NJW 1978, 57; OLG Karlsruhe WRP 1977, 272; OLG München OLG Report 1994, 178; *Berneke/Schüttpelz* Rdn. 331 m. w. N. auch zur Gegenmeinung für den Fall des Einverständnisses beider Parteien.

590 OLG Koblenz NJW-RR 2002, 1724, 1725; Zöller/*Greger* § 147 Rdn. 3.

591 Thomas/Putzo/*Reichold* § 145 Rdn. 3, § 260 Rdn. 13.

592 OLG Hamm NJW-RR 1986, 1232; OLG München WRP 1986, 507; Ahrens/*Spätgens* Rdn. 10; *Berneke/Schüttpelz* Rdn. 463, 542 m. w. N.

593 *Berneke/Schüttpelz* Rdn. 542 m. w. N.

594 So OLG Frankfurt OLG Report 1998, 34.

595 Teplitzky/*Feddersen* Kap. 55 Rdn. 24 ff.

VI. Verfügungsgrund – Bedeutung des § 12 Abs. 2

1. Verfügungsgrund als Zulässigkeitsvoraussetzung

299 Die nahezu einhellige Meinung im Wettbewerbsrecht behandelt den Verfügungsgrund (§ 936, § 917 ZPO) als **Zulässigkeitsvoraussetzung**[596] zur Rechtfertigung des Vorgehens im Wege des einstweiligen Rechtsschutzes und nicht im „normalen" Klageverfahren (auch als besonderes Rechtsschutzbedürfnis neben dem allgemeinen Rechtsschutzbedürfnis behandelt). Als Prozessvoraussetzung (Sachurteilsvoraussetzung) ist sein Vorliegen **von Amts wegen zu prüfen.**[597] Sie ist der Disposition der Parteien entzogen.[598] Der Verfügungsgrund muss bei Erlass der Beschlussverfügung oder zum Zeitpunkt des Schlusses der mündlichen Verhandlung bei Entscheidung aufgrund mündlicher Verhandlung, nach Widerspruchseinlegung oder im Aufhebungsverfahren (§ 936, § 927 ZPO) bestehen (glaubhaft gemacht sein). Fehlt dieses **besondere Rechtsschutzbedürfnis** für die Durchführung eines Eilverfahrens, ist der Antrag als unzulässig abzuweisen. Entsprechend der Behandlung des allgemeinen Rechtsschutzbedürfnisses und sonstiger als qualifiziert angesehener Prozessvoraussetzungen (Sachurteilsvoraussetzungen)[599] bedarf es – entgegen dem sonstigen logischen Vorrangs der Prozessvoraussetzung vor der materiell-rechtlichen Beurteilung – dann keiner Prüfung des Verfügungsgrundes, wenn der Antrag sich aus sonstigen (auch sachlichen) Gründen als erfolglos erweist.[600]

300 Nach den gesetzlichen Vorgaben kann nach § 935 ZPO eine einstweilige Verfügung nur dann ergehen, „wenn zu besorgen ist, dass durch eine Veränderung des bestehenden Zustandes die Verwirklichung des Rechts einer Partei vereitelt oder erschwert werden könnte" oder wenn eine einstweilige Regelung „zur Abwendung wesentlicher Nachteile oder zur Verhinderung drohender Gewalt oder aus anderen Gründen nötig erscheint" (§ 940 ZPO). Dass der Antragsteller auf eine gerichtliche Eilmaßnahme angewiesen ist, hat er – außerhalb des Anwendungsbereichs des § 12 Abs. 2 UWG – **darzutun und glaubhaft zu machen** (§ 936, § 920 Abs. 2 ZPO), wobei auf die in seiner Person – macht er Ansprüche eines Dritten in gewillkürter Prozesstandschaft geltend, ist auch auf diesen abzustellen – bestehenden objektiven Gegebenheiten abzustellen ist,[601] nämlich seine schutzwürdigen Interessen und deren Gefährdung bzw. Beeinträchtigung ohne das Ergehen der begehrten Eilmaßnahme. Ob die Rechtsverfolgung im Wege der einstweiligen Verfügung dringlich ist – als „Auswirkung" des § 12 Abs. 2 UWG wird im Wettbewerbsrecht Dringlichkeit bzw. Eilbedürftigkeit mit Verfügungsgrund meist gleichgesetzt – ist aufgrund einer Abwägung der Interessen des Antragstellers und des Antragsgegners zu beurteilen.[602]

2. Bedeutung des § 12 Abs. 2 UWG

301 Die **Entstehungsgeschichte** von § 25 UWG i. d. F. von 1909 und der Vorgängervorschrift in § 3 UWG i. d. F. v. 1896 ist von *Ahrens*[603] eingehend dargestellt worden; ebenso die verschiedenen Interpretationen durch die Rechtsprechung und die Literatur „im Wandel der Zeit".[604] Insbesondere die eingehende Analyse der „zeitnahen" Rechtsprechung und Äußerungen in der Literatur belegen eindrucksvoll die Schwierigkeiten bei der Anwendung der Regelung, deren Wortlaut die Interpretation nahe legt, dass in seinem Anwendungsbereich eine einstweilige Verfügung auch ohne Vorliegen eines Verfügungsgrundes ergehen könne.[605] Auch die Gesetzesmaterialien geben keinen verlässlichen Hinweis[606] auf die von der h. M. vorgenommene Interpretation, § 25 UWG a. F. be-

---

[596] Vgl. die umfangreichen Nachweise aus Rspr. u. Lit. bei Ahrens/*Schmukle* Kap. 45 Rdn. 1 Fn. 1 und *Berneke/Schüttpelz* Rn. 104 Fn. 111; siehe auch BGH WM 2000, 635; a. A. OLG Frankfurt NJW 2002, 903 f. m. w. N.

[597] OLG Stuttgart WRP 1997, 355, 357; *Berneke/Schüttpelz* Rdn. 105.

[598] A. A. *Berneke/Schüttpezl* Rdn. 117, die im Falle des Einverständnisses des Antragsgegners mit einer Entscheidung im Verfügungsverfahrens auf die Prüfung des Verfügungsgrundes verzichten wollen.

[599] Teplitzky/*Feddersen* Kap. 54 Rdn. 15.

[600] OLG Köln GRUR 1984, 71 und NJWE-WettbR 1998, 145, 147; OLG Frankfurt GRUR 2000, 517; Teplitzky/*Feddersen* Kap. 54 Rdn. 15; *Berneke/Schüttpelz* Rdn. 346 m. w. N.

[601] *Berneke/Schüttpelz* Rdn. 105; *Teplitzky* Kap. 54 Rdn. 16.

[602] *Berneke/Schüttpelz* Rdn. 114 m. w. N. in Fn. 109.

[603] Wettbewerbsverfahrensrecht S. 303 f. und S. 310 ff.

[604] Vorige Fn. S. 304 ff., 318 ff.

[605] Vgl. die wörtliche Interpretation des LG München I WRP 1996, 252, 253 f.; zum Berufungsurteil OLG München WRP 1996, 231 f. siehe Rdn. 346.

[606] *Ahrens,* Wettbewerbsverfahrensrecht, S. 315 hält die Materialien zu § 3 UWG 1896 für gänzlich unergiebig, während MünchKommZPO/*Heinze* § 935 Rdn. 153–155 die entsprechende Passage als eindeutigen Beleg für die h. M. ansieht und darauf verweist (a. a. O. Rdn. 156), aus dem Wortlaut „auch wenn" lasse sich die widerlegliche Vermutung für das Bestehen eines Sicherungsbedürfnisses entnehmen.

freie den Antragsteller nur von der Darlegung und Glaubhaftmachung eines Verfügungsgrundes, mache einen Verfügungsgrund jedoch nicht entbehrlich. In der Entscheidung *Späte Urteilsbegründung*[607] hatte der BGH bisher einmalig Gelegenheit, zu der rechtlichen Bedeutung des § 25 UWG a. F. Stellung zu nehmen. Er hat sich der in der Rechtsprechung der Oberlandesgerichte[608] und auch in der Literatur[609] überwiegend vertretenen Auffassung angeschlossen, dass § 25 UWG a. F. einen Verfügungsgrund nicht entbehrlich mache, sondern lediglich eine **widerlegliche (gesetzliche) Vermutung** für die Dringlichkeit begründe und damit nur von der Darlegung und Glaubhaftmachung des Verfügungsgrundes befreie.

Aus dieser aus § 25 UWG a. F. hergeleiteten tatsächlichen Vermutung für das Bestehen eines Verfügungsgrundes (Dringlichkeit) folgt, dass der Antragsteller zur „Dringlichkeit" der von ihm begehrten Verbotsverfügung keine Tatsachen vortragen und glaubhaft machen muss, vielmehr ist der **Verfügungsgrund vom Gericht zu unterstellen.**[610] Im Anwendungsbereich des § 25 UWG a. F. wurde – von Einzelfällen abgesehen[611] – eine umfassende **Abwägung** der sich gegenüber stehenden Parteiinteressen **nicht vorgenommen.** Vielmehr beschränken sich die Erörterungen zur Problematik der Widerlegung der Dringlichkeitsvermutung (fast)[612] ausschließlich auf die Frage des zögerlichen Vorgehens von Seiten des Antragstellers. 302

Der Gesetzgeber hatte bis zur **Neuregelung** durch das UWG **2004** keine Veranlassung gesehen, § 25 UWG a. F. „klarzustellen", sondern hat in Kenntnis der von der h. M. daraus hergeleiteten tatsächlichen Vermutung seinen Anwendungsbereich in § 5 UKlaG ausgedehnt. 303

Darüber hinaus sah der Vorschlag von *Köhler/Bornkamm/Henning-Bodewig*[613] eine dem bisherigen § 25 UWG entsprechende Regelung vor, deren Anwendungsbereich jedoch auf den Auskunftsanspruch[614] ausgedehnt werden sollte. Diese Ausweitung wurde aber weder vom Referentenentwurf noch vom Regierungsentwurf aufgegriffen. Der Referentenentwurf sah in § 11 Abs. 2 UWG-E eine unveränderte Übernahme von § 25 UWG a. F. vor. In der Begründung wird zu der vorgesehenen Änderung des UKlaG durch § 19 Abs. 4 Nr. 2 UWG-E ausgeführt, dass „wie bisher ... die Dringlichkeit einer einstweiligen Verfügung auch in Verfahren nach dem Unterlassungsklagengesetz widerleglich vermutet" wird. Der Regierungsentwurf, dessen § 12 Abs. 2 der Gesetz gewordenen Fassung entspricht, misst der sprachlichen Neufassung „ohne die Darlegung und Glaubhaftmachung" ersichtlich keinen von der bisherigen hM abweichenden Gehalt zu, so die Begründung, S 55 und 60: 303a

„Die Regelung entspricht im Wesentlichen § 25 UWG a. F. Es wird klargestellt, dass der Antragsteller den Verfügungsgrund nicht glaubhaft machen muss. Die Eilbedürftigkeit bzw. Dringlichkeit wird in Wettbewerbssachen vermutet.

§ 12 Abs. 2 entspricht § 25 UWG a. F., weshalb hiermit eine inhaltliche Änderung des Unterlassungsklagengesetzes nicht verbunden ist. Wie bisher wird die Dringlichkeit einer einstweiligen Verfügung auch in Verfahren nach dem Unterlassungsklagengesetz widerleglich vermutet."

Forderungen nach einer gesetzlichen Festlegung, ab wann eine Dringlichkeit zu verneinen ist, wurden nicht aufgegriffen.[615] 303b

3. Widerlegung der Vermutung

Im Anwendungsbereich des § 12 Abs. 2 (hierzu nachfolgend Rdn. 334 ff.) kommt nicht der Darlegung und Glaubhaftmachung eines Verfügungsgrundes, sondern der Widerlegung der Dringlich- 304

---

[607] GRUR 2000, 151, 152; vgl. auch BVerfG, Beschl. v. 3.4.1998 – 2 BvR 415/98 (Juris).

[608] KG WRP 1992, 568, 569; OLG Bremen NJW-RR 1993, 555; OLG Braunschweig OLG Report 2000, 330; OLG Celle BauR 1999, 390 f.; OLG Report 1996, 237; Urt. v. 17.9.1997 – 13 U 124/97 (Juris); OLG Dresden WRP 1997, 577, 580; WRP 1998, 415, 416; OLG Düsseldorf WRP 1997, 968, 970; OLG Frankfurt WRP 1995, 651, 652; OLG Hamburg WRP 1996, 27, 28 und 774; OLG Hamm WRP 1992, 725 und 800; OLG Karlsruhe GRUR 1994, 726, 728; OLG Koblenz GRUR 1981, 671; OLG Köln WRP 1994, 50 f.; WRP 1997, 869, 870; OLG München GRUR 1980, 329, 330 und 1017, 1018; WRP 1991, 51, 53; GRUR 1992, 328; WRP 1993, 49, 50; OLG Nürnberg MD 2002, 197; OLG Oldenburg WRP 1971, 181; OLG Stuttgart WRP 1997, 355, 357; Nachweise zu älteren Entscheidungen bei *Ahrens,* a. a. O., S. 304 Fn. 5.

[609] Vgl. die Nachweise bei Ahrens/*Schmukle* Kap. 45 Rdn. 7 Fn. 12; *Berneke/Schüttpelz* Rdn. 125 Fn. 132.

[610] Ahrens/*Singer* Kap. 45 Rdn. 7; *Berneke/Schüttpelz* Rdn. 105.

[611] OLG Celle GRUR 1998, 50; OLG Düsseldorf WM 2002, 806 f., wonach erhebliche Belange des auf Unterlassung in Anspruch Genommenen im Rahmen einer Interessenabwägung die Dringlichkeitsvermutung des § 25 UWG widerlegen können; GRUR 2005, 523; MMR 2005, 776; *Berneke/Schüttpelz* Rdn. 114, 137; *Melullis* Rdn. 161; *Retzer* GRUR 2009, 329; Ahrens/*Singer* Kap. 45 Rdn. 7 m. w. N.; *Lehmler* § 12 Rdn. 88; weitergehend *Holzapfel* GRUR 2003, 287, 291 f.

[612] Vgl. Rdn. 324.

[613] WRP 2002, 1317, 1323, 1328.

[614] Siehe hierzu auch Rdn. 277.

[615] Vgl. GRUR 2009, 564 sowie die Stellungnahme des GRUR-Fachausschusses a. a. O. S. 564 f.

keitsvermutung die wesentliche Bedeutung zu. Die Widerlegung der Vermutung ist Sache des Antragsgegners. Da der Verfügungsgrund als Prozessvoraussetzung von Amts wegen zu prüfen ist,[616] kann sich die Widerlegung aber nicht nur aus dem Vorbringen des Antragsgegners, sondern auch aus dem eigenen Vorbringen des Antragstellers bzw. seinem sonstigen Verhalten ergeben – **Selbstwiderlegung durch langes Zuwarten.**

305 **a) Dringlichkeitsfrist.** Im Grundsatz besteht Einigkeit darüber, dass die zugunsten des Antragstellers nach den obigen Grundsätzen zu vermutende Dringlichkeit verloren geht, wenn er mit der Rechtsverfolgung ohne sachlichen Grund zu lange zuwartet, da er in diesen Fällen selbst zu erkennen gibt, dass er nicht derart eilig auf das begehrte Verbot angewiesen ist, dass es ihm nicht zugemutet werden könnte, sein Rechtsschutzziel in einem Hauptsacheverfahren durchzusetzen. Hierbei kann nur auf den Zeitraum abgestellt werden, während dessen der Antragsteller
- nach Kenntnis des zu beanstandenden Verhaltens[617] bzw. sich diesbezüglich aufdrängender Umstände
- in Kenntnis des dafür Verantwortlichen (Verletzers)
- aus objektiver Sicht erfolgversprechend[618]

gerichtlich vorgehen kann und dies dennoch nicht oder nicht mit der gebotenen Eile getan hat.

306 Da es für ein Vorgehen im Wege der einstweiligen Verfügung einer Dringlichkeit im Verhältnis zum Antragsteller bedarf, kann auch nicht darauf abgestellt werden, ob das angegriffene Verhalten **Interessen der Allgemeinheit** berührt; eine großzügigere Betrachtung ist daher nicht veranlasst.[619]

307 Zu den damit zusammenhängenden Einzelfragen gibt es eine kaum noch zu überschauende Fülle an Entscheidungen. Einen **Überblick** über die **Rechtsprechung** der meisten **Oberlandesgerichte** findet sich z.B. bei *Schwippert,*[620] *Melullis,*[621] *Singer,*[622] *Köhler,*[623] *Hess*[624] und *Berneke/Schüttpelz.*[625] Darüber hinaus ist auf den **Anhang zu § 12** zu verweisen, in dem Entscheidungen der Oberlandesgerichte zu Fragen der Dringlichkeit zusammengestellt wurden, um dem Praktiker den Zugriff auf die Problematik zu erleichtern, da sich die Handhabung in der Praxis aufgrund der **„Rechtszersplitterung" auf OLG-Ebene** sehr unterschiedlich darstellt. Bei der Beurteilung der Frage, wann der Antragsteller durch ein Zuwarten zum Ausdruck gebracht hat, dass ihm die Sicherung seines (vermeintlichen) Anspruches doch nicht so dringlich ist und es ihm deshalb zumutbar erscheint, auf das Hauptsacheverfahren verwiesen zu werden, widerstreiten zwei schwer in Einklang zu bringende Kriterien: Die Vorhersehbarkeit (Rechtssicherheit) und die Einzelfallgerechtigkeit. Eine Berücksichtigung aller Umstände des Einzelfalls (Komplexität in tatsächlicher und rechtlicher Hinsicht, Erfahrenheit des Antragstellers in rechtlichen Dingen, anwaltliche Vertretung, vorhergehende Abmahnung, Vergleichsgespräche, Erforderlichkeit der Beschaffung von Glaubhaftmachungsmitteln etc.) trägt zwar letzterem Kriterium bestmöglich Rechnung,[626] birgt aber das Risiko, dass das Ergebnis schwer prognostizierbar ist. Demgegenüber wird die Handhabung von (starren) Fristen, nach deren Ablauf die Dringlichkeit als widerlegt angesehen wird, dem Grundsatz der Vorhersehbarkeit (Rechtssicherheit) bestmöglich gerecht,[627] lässt jedoch für die Berücksichtigung der Umstände des Einzelfalls kaum Raum.[628]

308 **b) Fristbeginn.** Der Antragsteller muss **positiv** von denjenigen Tatsachen **Kenntnis** erlangt haben, die den Wettbewerbsverstoß begründen (z.B. der zu beanstandenden Werbeanzeige bzw. dem mit einer verwechslungsfähigen Bezeichnung versehenen Produkt).[629] Daran kann es aber auch

---

[616] Allgemeine Auffassung vgl. Ahrens/*Singer* Kap. 45 Rdn. 1 m. w. N.; *Berneke/Schüttpelz* Rdn. 136.

[617] Zur erstmaligen Kenntnis muss der Antragsteller zur Schlüssigkeit des Antrags nicht vortragen, OLG Köln WRP 2016, 268, 273.

[618] A. A. *Traub* WRP 1984, 693, 694, wonach es auf die rechtliche Subsumtion und das Vorhandensein von Beweismitteln nicht ankomme; offen *Mes* in: FS Traub, S. 661, 676.

[619] *Köhler*/Bornkamm § 12 Rdn. 3.15.

[620] In GroßkommUWG (1. Aufl.) § 12 C Rdn. 55.

[621] Rdn. 163-181.

[622] In: *Ahrens* Kap. 45 Rdn. 43 ff.

[623] *Köhler*/Bornkamm § 12 Rdn. 3.15.

[624] In jurisPK, UWG, § 12 Rdn. 87.

[625] *Berneke/Schüttpelz* Rdn. 154-176.

[626] Vgl. die eingehende Kritik von *Doepner* WRP 2012, 1384 an der „epidemische(n) Verbreitung des „bacillus bavaricus" mit dem Plädoyer gegen jedwede feste Zeitspanne; so auch z.B. das OLG Hamburg,vgl. die Nachw. bei *Doepner* a. a. O. sowie unten Rdn. 951.

[627] So auch *Köhler* GRUR-RR 2007, 337, 345; *Demuth* GRUR 2011, 404.

[628] *Doepner* WRP 2012, 1384, 1387, 1391.

[629] Vgl. LG Köln GRUR 1995, 520 L: Kenntnis eines Musters mit der fraglichen Aufmachung; LG München I, Urt. v. 13.11.2003 – 7 O 14788/03: Kenntnis erst nachdem ein Muster im Wege eines Testkaufs erworben werden

fehlen, wenn der Verstoß nicht ohne weiteres erkannt werden konnte, sondern erst nach weiteren Überprüfungen (z. B. des Inhalts einer Diskette) erkannt werden kann.[630]

Erlangt der Antragsteller erst nach diesem Zeitpunkt die Stellung eines möglichen Gläubigers eines Unterlassungsanspruchs – Aufnahme einer selbstständigen gewerblichen Tätigkeit[631] –, so kann nur auf den Zeitraum danach abgestellt werden.[632] 309

Dass der Antragsteller bei gehöriger Beobachtung des Marktgeschehens (Werbung der Konkurrenten bzw. Überprüfung der Register) früher von dem Verstoß hätte Kenntnis erlangen können, ist nicht maßgeblich. Eine allgemeine **Marktbeobachtungspflicht** im Sinne einer Obliegenheit in eigenen Angelegenheiten zur Erhaltung der Dringlichkeit gibt es nicht.[633] Auch in der Neuregelung des Verjährungsrechts (§ 199 Abs. 1 BGB: „... Kenntnis erlangt oder ohne grobe Fahrlässigkeit erlangt haben müsste ...") sieht das OLG Köln[634] keine Grundlage für die Anerkennung einer dahingehenden Obliegenheit. 310

Auch der Umstand, dass die beanstandete Verhaltensweise bereits längere Zeit andauert, ist allein kein taugliches Kriterium, um den Antragsteller auf das Hauptsacheverfahren zu verweisen.[635] Den Interessen des Antragsgegners kann auch so hinreichend Rechnung getragen werden. Denn wenn sich aus der Dauer und/oder dem Umfang der Werbung konkrete Anhaltspunkte dafür ergeben, dass der Antragsteller bereits **früher Kenntnis** erhalten haben müsste, ist es an ihm, diesen **Anschein** zu beseitigen bzw. zum Zeitpunkt der Kenntniserlangung vorzutragen und eine von ihm behauptete spätere Kenntnis gegebenenfalls glaubhaft zu machen.[636] 311

Der positiven Kenntnis steht es gleich, wenn sich der Antragsteller **bewusst der (früheren) Kenntnis** vom Vorliegen eines Wettbewerbsverstoßes **verschließt.**[637] Liegen ihm konkrete Anhaltspunkte vor, muss er sich mit dem entsprechenden Nachdruck Klarheit über die Sachlage verschaffen. Es kann nicht in seinem Belieben stehen, wann er sich Klarheit über das Vorliegen eines Verstoßes verschafft.[638] Will man einen Wertungswiderspruch – der Schuldner könnte sich ggfls. mit Erfolg auf die Einrede der Verjährung berufen, die Dringlichkeit wäre aber noch zu bejahen – vermeiden, muss auch die grob fahrlässige Unkenntnis im Sinne von § 199 Abs. 1 BGB der positiven Kenntnis gleich gestellt werden.[639] 312

Im Anschluss an die Ausführungen von *Mes*[640] wird hinsichtlich der Kenntnis bei juristischen Personen/Unternehmen auf die von der Rechtsprechung insbesondere zur Frage der Verjährung entwickelten Grundsätze[641] auf die Figur des **„Wissensvertreters"** abgestellt.[642] Danach muss sich 313

---

konnte; dass über das Produkt bereits in Fachzeitschriften berichtet worden war, wurde nicht als ausreichend angesehen, da damit noch keine hinreichende Kenntnis von den entscheidenden technischen Einzelheiten verbunden war und ein gerichtliches Vorgehen auf nicht hinreichend gesicherten Tatsachengrundlage nicht zumutbar.

[630] OLG Celle MD 2005, 911; OLG Hamburg NJWE-WettbR 1999, 264; OLG Köln GRUR 1995, 520; OLG München, Beschl. v. 13.1.2003 – 29 U 5203/02.

[631] Vgl. die Fallgestaltung bei OLG München WRP 1996, 231 f.: Der zunächst bei der späteren Antragsgegnerin Beschäftigte macht sich selbständig.

[632] *Schulte-Franzheim* WRP 1999, 70; *Köhler*/Bornkamm § 12 Rdn. 3.15; *Berneke/Schüttpelz* Rdn. 147.

[633] OLG Bamberg MD 2010, 514, 517; OLG Hamburg WRP 1999, 683, 684; OLG Hamm MD 2011, 993, 994 f.; OLG Köln MD 2011, 810; GRUR-RR 2003, 187, 188; OLG Karlsruhe GRUR 1995, 510, 511; OLG München MD 2006, 916, 922; WRP 1991, 51, 53; Urt. v. 29.1.2015 – 6 U 3823/14; *Mes* in: FS Traub, S. 661, 667; *Köhler* GRUR-RR 2006, 73, 77.

[634] GRUR-RR 2003, 187, 188.

[635] OLG Hamburg WRP 1999, 683, 684; *Berneke/Schüttpelz* Rdn. 177; a. A. OLG Koblenz WRP 1985, 578, 579.

[636] Vgl. OLG Oldenburg WRP 1996, 461, 464; OLG Hamburg MDR 2002, 1026; MD 2011, 222, 227 f. = WRP 2011, 373 (LS); OLG Karlsruhe GRUR 1995, 510, 511; vgl. auch OLG Köln NJW-RR 1999, 694; *Teplitzky* in: FS Loschelder S. 391, 393 f.; *Berneke/Schüttpelz* Rdn. 145; *Kehl* in: FS Loschelder S. 139, 143 f.

[637] OLG Hamburg WRP 1999, 683, 684; MD 2009, 935, 938 f.; OLG Frankfurt WRP 2014, 981 Tz. 21; OLG Köln WRP 2015, 1385 Tz. 21; OLG München OLG Report 1994, 136; GRUR-RR 2002, 357, 358; Ahrens/*Singer* Kap. 45 Rdn. 24 ff.; eingehend *Kochendörfer* WRP 2005, 1459 ff.

[638] OLG München OLG Report 2002, 223, 224; MDR 1994, 152.

[639] Offen gelassen von OLG Celle MD 2005, 911, 912; bejahend OLG Hamm MDR 2011, 993, 995; OLG Frankfurt GRUR-RR 2014, 127; OLG München, Urt. v. 291.2015 – 6 U 3823/14; *Köhler*/Bornkamm, § 12 Rdn. 3.15; Ahrens/*Schmukle* Kap. 45 Rdn. 19 f.; MünchKommUWG/*Schlingloff* § 12 Rdn. 390; vgl. auch OLG Köln MD 2011, 810, 811.

[640] FS Traub, S. 661, 672 ff.

[641] BGH NJW 1968, 988 f.; NJW 1982, 1585, 1586; NJW 2001, 885, 886 li. Sp.: für den Kläger tätiger Rechtsanwalt als Wissensvertreter, zu § 852 Abs. 1 BGB a. F.; GRUR 1998, 133, 137 – *Kunststoffaufbereitung:* zum Lizenznehmer sowie zum nur mit dem Anmeldeverfahren beauftragten Patentanwalt; Kenntnis des rechtsgeschäftlichen Vertreters ist danach in aller Regel unbeachtlich.

[642] Teplitzky/*Feddersen* Kap. 54 Rdn. 29b.

derjenige, der einen anderen mit der Erledigung bestimmter Angelegenheiten in eigener Verantwortung betraut, das in diesem Rahmen erlangte Wissen des anderen zurechnen lassen. Einigkeit herrscht insoweit als die Kenntnis von vertretungsberechtigten Personen,[643] aber auch von Personen, die allein oder zusammen mit anderen kraft Einzelweisung oder Organisationsstruktur dazu befugt sind, über ein Vorgehen gegen wettbewerbswidrige Verhaltensweisen zu entscheiden,[644] ausreicht.[645] Bei sonstigen Mitarbeitern wird darauf abgestellt, ob aufgrund des ihnen zugewiesenen Zuständigkeitsbereichs erwartet werden darf, dass sie einen ihnen zur Kenntnis gelangten Wettbewerbsverstoß zum Anlass eines weiteren Tätigwerdens nehmen, mindestens in dem Sinne, dass sie eine entscheidungsbefugte Person unterrichten.[646] Ebenso stellt das OLG Frankfurt[647] nicht allein auf die Personen ab, die Wettbewerbsverstöße verfolgen. Es reicht danach aber bereits die Kenntnis eines jeden Sachbearbeiters aus, von dem nach seiner Funktion zu erwarten ist, dass er eine gewisse Wettbewerbsrelevanz des Verhaltens der Konkurrenz – im konkreten Fall die Verletzung von Kennzeichenrechten – erkennen und seine Kenntnis auch an diejenigen Personen weitergeben kann, die zu Entscheidungen über das Einleiten entsprechender Reaktionen befugt sind, was im Hinblick auf die Arbeitsteilung in größeren Unternehmen sehr weitgehend erscheint. Das OLG Köln[648] stellt auf die erstmalige Kenntnis des nach der organisatorischen Struktur für die gerichtliche und außergerichtliche Koordinierung und Betreuung wettbewerbsrechtlicher Auseinandersetzungen in der Rechtsabteilung zuständigen Mitarbeiters ab; nicht maßgeblich ist, wann der das Unternehmen ständig vertretende Rechtsanwalt – „ausgelagerte Rechtsabteilung" erstmals durch einen Unternehmensmitarbeiter über den Verstoß unterrichtet wird.[649]

314 Bezüglich der **Zurechnung der Kenntnis von Außenstehenden** wird für maßgeblich gehalten, ob der Dritte ausdrücklich als Wissensvertreter bestellt worden ist,[650] was von *Mes*[651] für den mit der Sachverhaltsaufklärung betrauten Anwalt[652] bejaht, für die Einschaltung von Testkäufern[653] und Detektiven, sofern diesen nicht eigenverantwortlich die Aufklärung von Wettbewerbsverstößen übertragen ist, jedoch verneint wird.

315 Ob der Kenntnis von einer begangenen Zuwiderhandlung die Kenntnis von Umständen, die eine **Erstbegehungsgefahr** begründen, gleich zu behandeln ist, wird unterschiedlich beurteilt. So vertritt das OLG München[654] die Auffassung, der Antragsteller könne abwarten, ob es tatsächlich zu einer Verletzung komme, während das OLG Köln[655] dem Antragsteller, der gegen eine Markenein-

---

643 *Mes* S. 674f.; *Berneke/Schüttpelz* Rdn. 144; KG WRP 1984, 478, 479: entscheidungsbefugte Personen; WRP 1992, 788; OLG München OLG Report 1994, 136: Kenntnis des Geschäftsführers sowie des Generalbevollmächtigten; Beschl. v. 22.2.2002 – 6 W 3101/01; LG München I WRP 1997, 123, 126; vgl. aber auch OLG Köln NJW-RR 1999, 694 betreffend große Unternehmen mit Aufgabenteilung; WRP 2014, 983 Tz. 22ff.

644 *Mes* S. 675: Mitglieder der Rechts- oder Patentabteilung als „geborene" Wissensvertreter, nicht Mitarbeiter der Marketing- oder Werbeabteilung sowie des Außendienstes.

645 *Mes* S. 674f.

646 Verneint für Außendienstmitarbeiter, Portier, Chauffeur, Verwaltungsangestellte a.a.O. S. 677; für Vertragshändler verneinend LG München I WRP 1997, 123, 126; zustimmend *Ingerl/Rohnke,* MarkenG, Vor §§ 14–19 Rdn. 96; *Fezer,* Markenrecht, § 14 Rdn. 548; OLG Hamburg MD 2004, 393: keine Zurechnung der Kenntnis der inländischen Importeurin; GRUR-RR 2006, 374, 376: verneint für eigenständigen Händler.

647 NJW 2000, 1961; ablehnend *Ingerl/Rohnke,* MarkenG, Vor §§ 14–19 Rdn. 96.

648 NJW-RR 1999, 694; vgl. weiter GRUR 1993, 685: Kenntnis der Vorgesellschaft zurechenbar; OLG Stuttgart NJWE-WettbR 1996, 111: Kenntnis einer Schwestergesellschaft nicht zurechenbar; OLG Hamburg OLG Report 2000, 259: Zurechnung der Kenntnis der Muttergesellschaft.

649 OLG Köln WRP 2010, 562 (LS); OLG Frankfurt WRP 2015, 1385 Tz. 22: Zurechnung der Kenntnis eines dritten Unternehmens, von dem Informationen wurden.

650 Vgl. BGH GRUR 1998, 133, 138 – *Kunststoffaufbereitung zur Verjährung;* verneinend für den Vertragshändler eines Importeurs LG München I WRP 1997, 123, 126.

651 A.a.O. S. 677.

652 Ebenso LG München I, Urt. v. 15.12.2003 – 7 O 17681/03 für den mit der Feststellung von Schutzrechtsverletzungen beauftragten Patentanwalt; vgl. OLG Frankfurt WRP 2013, 1067: Zurechnung der Kenntnis des Anwalts des Abgemahnten, der bei der Prüfung der Abmahnung auf eine Verstoß des Abmahners stützt; *Berneke/Schüttpelz* Rdn. 144 a.E.

653 Hierzu OLG Stuttgart WRP 1985, 242, zur Verjährung; vgl. auch KG WRP 1992, 564, 566 betreffend Informant.

654 Mitt. 1999, 223, 227f.; vgl. auch OLG Report 2002, 223f.; vgl. auch OLG Hamburg NJW-RR 2001, 552 wonach eine Berühmung keine Dringlichkeitsfrist in Lauf setzt; GRUR-RR 2002, 345, 346; *Berneke/Schüttpelz* Rdn. 143 Fn. 170: Sichere Kenntnis von einem wettbewerbswidrigen Vorhaben reicht aus.

655 WRP 1997, 872; vgl. auch OLG Köln GRUR 1999, 376: alsbaldiges Vorgehen im Wege der einstweiligen Verfügung nach Erhebung einer negativen Feststellungsklage von Seiten des Antragsgegners; *Berneke/Schüttpelz* Rdn. 188; vgl. auch OLG Hamburg MD 2007, 1053.

tragung nicht vorgegangen ist, verwehrt hat, gegen die spätere Aufnahme der Benutzung im Wege des einstweiligen Rechtsschutzes vorzugehen, was in der Literatur überwiegend kritisiert wird.[656] Ebenso stellt das OLG Hamburg auf den Zeitpunkt der Kenntnis von einer Titelschutzanzeige ab und nicht auf die spätere Benutzungsaufnahme des Titels.[657] Auch das OLG Frankfurt[658] sieht in der Aufnahme des zuvor ernsthaft angedrohten Verhaltens keinen „Qualitätssprung"; ebenso das OLG Stuttgart.[659] Sachgerechter erscheint es, zwischen einer bevorstehenden und einer bereits erfolgten Zuwiderhandlung zu differenzieren.

Dem Antragsteller muss auch die **Person des potentiellen Antragsgegners,** bei juristischen Personen auch die Rechtsform und die Vertretungsverhältnisse bekannt sein.[660] Die erforderlichen Kenntnisse hat er sich mit der gebotenen Eile durch die Einholung von Auskünften aus den entsprechenden Registern, gegebenenfalls auch durch die Einschaltung von Auskunfteien zu beschaffen. 316

Weiter muss berücksichtigt werden, dass ein Vorgehen im Wege einer einstweiligen Verfügung nur dann Erfolg versprechend – und ein Zuwarten folglich nur dann vorwerfbar – sein kann, wenn der Antragsteller über die erforderlichen Glaubhaftmachungsmittel verfügt. Dem Antragsteller ist einerseits **nicht zumutbar, auf ungenügender Tatsachengrundlage und mit ungenügenden Glaubhaftmachungsmitteln** einen Antrag auf Erlass einer einstweiligen Verfügung einzureichen. Andererseits kann er **nicht von jedem Prozessrisiko freigestellt** werden. So kann er nicht zuwarten, bis bereits entsprechende Verfahren gegen Dritte entschieden sind.[661] Erforderliche Glaubhaftmachungsmittel muss er sich mit der gebotenen Eile beschaffen.[662] 317

Auch bei einem zögerlichen Vorgehen von **Verbänden** (§ 8 Abs. 3 Nr. 2 bis 4) wird die Dringlichkeit widerlegt. Es ist nicht gerechtfertigt, bei Verbänden im Sinne von § 8 Abs. 3 Nr. 2 bis 4 im Hinblick auf von ihnen (mit-)verfolgte Interessen der Allgemeinheit, großzügigere Maßstäbe anzuwenden.[663] Soweit befürwortet wird, bei Verbänden etwaige technische oder organisatorische Schwierigkeiten mit zu berücksichtigen,[664] erscheint dies im Hinblick auf die bei Verbänden im Sinne von § 8 Abs. 3 Nr. 2 zu fordernde ausreichende personelle, sachliche und finanzielle Ausstattung kaum begründbar, da hierdurch auch gewährleistet sein muss, gegebenenfalls im Wege des einstweiligen Rechtsschutzes mit der gebotenen Eile vorgehen zu können.[665] Es erscheint auch nicht angängig, bei Verbraucherverbänden generell großzügigere Maßstäbe anzulegen.[666] 318

Bei Verbänden kann nicht auf die **Kenntnis von deren Mitgliedern** abgestellt werden,[667] sondern maßgeblich ist auch hier, wann (einer) der gesetzliche(n) Vertreter oder (einer) der mit der Verfolgung von Wettbewerbsverstößen betrauten Mitarbeiter Kenntnis erlangt hat. Ein Verband kann sich allerdings dann nicht mehr auf die Vermutung des § 12 Abs. 2 berufen, wenn er von einem Dritten (Verbandsmitglied oder sonstigem Wettbewerber), der selbst aufgrund zu langen Zuwartens nicht mehr im Wege der einstweiligen Verfügung vorgehen könnte, „vorgeschoben" wird,[668] d. h. der Verband vorrangig oder ausschließlich im Interesse des Dritten und nicht (auch) im Interesse seiner (sonstigen) Mitglieder bzw. der Allgemeinheit tätig wird,[669] wofür die bloße Übernahme der Verfahrenskosten aber noch nicht als ausreichendes Indiz angesehen werden kann. 319

---

[656] Ablehnend im Hinblick auf die dreimonatige Widerspruchsfrist *Schulz* WRP 2000, 258, 262 f.; *Nieder* Mitt. 2000, 103, 104 f., der in der bloßen Anmeldung/Eintragung einer Marke noch keine solche Gefährdung sehen will, um im Wege des Eilverfahrens dagegen vorzugehen; *Berneke/Schüttpelz* Rdn. 189 und *Ströbele/Hacker* § 14 Rdn. 480; *Eikelau,* MarkenR, 2001, S. 41, 42 f.; *Melullis* Rdn. 41.

[657] AfP 2004, 135; zustimmend *Teplitzky* WRP 2005, 654, 661 sowie in FS Loschelder S. 391, 397.

[658] GRUR GRUR-RR 2014, 82 und juris, dort LS und Tz. 22; ebenso OLG Hamburg GRUR-RR 2008, 100.

[659] GRUR-RR 2009, 447.

[660] OLG München MD 2007, 973, 975.

[661] OLG Hamburg OLG Report 2000, 362; OLG München OLG Report 1996, 261; *Berneke/Schüttpelz* Rdn. 148.

[662] *Berneke/Schüttpelz* Rdn. 151.

[663] OLG Stuttgart GRUR 1970, 613, 615; OLG Frankfurt WRP 1972, 532.

[664] KG GRUR 1972, 192; WRP 1979, 305; OLG Frankfurt WRP 1972, 532; WRP 1979, 207.

[665] Vgl. OLG München GRUR 1980, 329, 330 f., das deshalb bei Wettbewerbsverbänden sogar strengere Anforderungen aufstellt, was ebenfalls nicht zu rechtfertigen ist.

[666] *Köhler*/Bornkamm § 12 Rdn. 3.17.

[667] OLG Frankfurt WRP 1984, 692; WRP 1985, 271; OLG Hamm, Urt. v. 24.3.1998 – 4 U 18/98: Kenntnis des Informanten ist nicht maßgeblich; OLG München WRP 1991, 51, 53; OLG Frankfurt WRP 1984, 692; WRP 1985, 271.

[668] OLG Hamburg GRUR 1987, 721, 722; OLG Frankfurt GRUR 1989, 375; GRUR 1991, 471; OLG Köln GRUR 1993, 698; OLG Karlsruhe GRUR 1993, 697; KG NJW-RR 1993, 555; *Mes* in: FS Traub, S. 661, 678 f.; vgl. auch OLG Hamm, Urt. v. 24.3.1998 – 4 U 18/98, zur Kenntniserlangung; ebenso OLG München WRP 1991, 51, 53.

[669] *Köhler*/Bornkamm § 12 Rdn. 3.17.

320 **c) Einzelfragen.** *aa)* **Unterlassenes Vorgehen gegen gleichartige Verstöße Dritter** wurde in mehreren Entscheidungen als dringlichkeitsschädlich angesehen,[670] so bei einem Vorgehen gegen Händler, wenn gegen den (vorrangig als verantwortlich angesehenen) Hersteller/Lieferanten[671] bzw. Alleinimporteur[672] oder wenn bei mehreren Verletzern nur gegen einen oder gegen einzelne vorgegangen wurde,[673] während die gegenteilige Auffassung darauf verweist, dass es keine Obliegenheit geben könne, gegen andere in gleicher Weise und ebenso beschleunigt vorzugehen,[674] da es für den Verfügungsgrund als Prozessvoraussetzung nur auf das Verhältnis der Parteien zueinander ankomme bzw. ein selektives Vorgehen allenfalls unter dem Gesichtspunkt des Rechtsmissbrauchs Bedeutung erlangen könne.[675] Auch ein Stillhalteabkommen mit einem Dritten wurde als dringlichkeitsschädlich angesehen, auch wenn dies im Hinblick auf einen angestrebten Musterprozess erfolgte.[676]

320a Ebenso wurde ein verspätetes Vorgehen auch für den Fall angenommen, dass ein gegen einen anderen Verletzer angestrebtes „Musterverfahren" nicht zu der gewünschten Klärung der Streitfrage geführt hatte und deshalb ein weiteres Verfahren angestrengt wurde.[677]

321 *bb)* Die Vermutung kann auch durch **sonstige Verhaltensweisen** auf Seiten des Antragstellers während des Verfügungsverfahrens widerlegt werden,[678] wobei jedoch eine Verzögerung des Verfahrens ab dem Zeitpunkt, in dem der Antragsteller im Besitz des vorläufig vollstreckbaren Titels ist (bei der Beschlussverfügung nach deren Zustellung, d. h. im Widerspruchs- bzw. vom Antragsgegner betriebenen Rechtsmittelverfahren), sofern die Zwangsvollstreckung nicht vorläufig eingestellt wurde, hierfür nicht herangezogen werden kann.[679]

322 Die Frage, ob ein Antragsteller zögerlich vorgegangen ist, stellt sich auch, wenn ein bereits anhängiger Antrag durch **Einführung eines weiteren Streitgegenstandes in das Verfahren erweitert** wird.[680] Davon zu unterscheiden ist die bloße Ergänzung des tatsächlichen Vorbringens im Rahmen des gleich bleibenden Streitgegenstands[681] sowie die bloße **Neufassung** des Antrags.[682]

---

[670] Ablehnend OLG Stuttgart GRUR-RR 2005, 307; *Melullis* Rdn. 161; vgl. zum Meinungsstand *Hoppe-Jänisch* GRUR 2015, 1075, 1077 ff.

[671] OLG Koblenz WRP 1988, 479; OLG Köln WRP 1996, 781: i. E. verneint, da sich Antrag gegen eine neue Verletzungsform richtete, die bisher vom Hersteller noch nicht vertrieben worden war; OLG Frankfurt WRP 2015, 233 Tz. 10; Beschl. v. 23.4.2013 – 6 W 41713, juris.

[672] OLG München OLG Report 1994, 233; GRUR-RR 2002, 357, 358; InstGE 12, 184; LG München I InstGE 12, 175.

[673] OLG Frankfurt NJWE-WettbR 1997, 23: Vorgehen gegen einen späteren Teilnehmer an einem Bonussystem, das bisher unbeanstandet geblieben war; KG, Urt.v. 20.2.2015 – 5 U 150/14 (Patentsache).

[674] OLG Hamm GRUR 1991, 480 LS; OLG Hamburg OLG Report 2000, 13; GRUR 1991, 635 LS; OLG Düsseldorf GRUR 1989, 120; OLG Frankfurt GRUR 2002, 236; OLG Stuttgart WRP 1996, 147; *Berneke/Schüttpelz* Rdn. 185; differenzierend *Teplitzky* in FS Loschelder S. 391, 395 ff. mit umfangreichen Nachw.

[675] OLG Köln NJWE-WettbR 1999, 252.

[676] OLG Karlsruhe WRP 1991, 670.

[677] OLG München NJW-RR 1993, 227: Der zuerst in Anspruch genommene Teilnehmer an der beanstandeten Aktion – Fahrpreiserstattung durch Einzelhandelsgeschäfte – hatte ein Anerkenntnis abgegeben.

[678] MünchKommUWG/*Schlingloff* § 12 Rdn. 399; vgl. OLG Frankfurt MD 2006, 1175: Aufspaltung in mehrere Verfahren.

[679] OLG Karlsruhe WRP 1986, 232; MünchKommUWG/*Schlingloff* § 12 Rdn. 404; *Berneke/Schüttpelz* Rdn. 210; *Melullis* Rdn. 178; a. A. OLG Frankfurt NJW 1991, 491.

[680] KG GRUR 1993, 512; OLG Düsseldorf WRP 1997, 968; Wiederaufgreifen ausgeschiedener Antragsteile im Berufungsverfahren, OLG Koblenz WRP 1978, 837; Einführung eines neuen Streitgegenstands: OLG Düsseldorf NJWE-WettbR 2000, 61; Mitt. 2011, 567, 571: Zulässigkeit einer Antragserweiterung im Berufungsverfahren unter den Voraussetzungen der §§ 263, 529 Abs. 1 Nr. 2, 531 ZPO; OLG Frankfurt MarkenR 2001, 162; OLG Köln GRUR-RR 2013, 49; anders OLG Hamburg NJWE-WettbR 1999, 202: Einführung einer weiteren Marke nicht als dringlichkeitsschädlich; OLG Hamm WM 1993, 250 und Urt. v. 2.9.1994 – 4 U 90/94: fehlende Dringlichkeit für Hilfsantrag in 2. Instanz; OLG Hamburg MD 2007, 323, 327; OLG München GRUR 2015, 590 Tz. 67; *Berneke/Schüttpelz* Rdn. 189, 244.

[681] Vgl. OLG Schleswig WRP 1996, 937; OLG Hamburg NJW-RR 1987, 36; *Berneke/Schüttpelz* Rdn. 189; a.A. OLG Hamburg BeckRS 2012, 22219, wonach neuer Tatsachenvortrag selbst bei gleichbleibendem Streitgegenstand aus Dringlichkeitsgesichtspunkten ausgeschlossen sein kann, wenn er einen zuvor nicht eingeführten Lebenssachverhalt betrifft; ebenso OLG Hamburg BeckRS 2012, 23068; zum Berufen auf Störerhaftung nach Antragseinreichung *Bölling* GRUR 2013, 1092, 1097.

[682] OLG Düsseldorf WRP 1985, 346: ebenso OLG Köln NJWE-WettbR 1997, 176; MD 2010, 194, 196; OLG Saarbrücken WRP 1994, 840; OLG Koblenz WRP 1982, 668: keine Klageänderung, wenn ein unbestimmter Antrag in eine zulässige Form gebracht wird; OLG München OLG Report 1993, 120: sachgerechte Erweiterung des Antrags ist auf Dringlichkeit ohne Einfluss; ebenso OLG Report 1998, 376 wenn aufgrund „unglücklicher" Antragsformulierung vom Landgericht nur Teilbereiche verboten wurden und nunmehr ein sachgerechter Antrag gestellt wird; vgl. auch die weiteren Nachweise bei *Berneke/Schüttpelz* Rdn. 189.

Behandelt wurden in der Rechtsprechung auch: 323
- Zögerliche Zustellung[683] bzw. zögerliches[684] bzw. unterbliebenes[685] Gebrauchmachen von der rechtzeitig erwirkten Beschlussverfügung,
- Terminsverlegungsanträge,[686] Vertagungsanträge oder das Einverständnis[687] damit,
- Antrag auf Schriftsatzfrist,[688]
- Säumigkeit im Termin zur Verhandlung über den Widerspruch bzw. im Termin zur mündlichen Verhandlung,[689]
- Einverständnis mit Ruhen des Verfahrens, sei es auch zum Zweck von Vergleichsverhandlungen,[690]
- Zeitweiliger Verzicht auf die Vollstreckung aus vernünftigen Gründen,[691]
- Antragsrücknahme und Erneuerung des Antrags bei einem anderen[692] oder demselben[693] Gericht – das sog. **forum shopping,**[694]
- Parteiwechsel,[695] Parteierweiterung,[696]

---

683 OLG Düsseldorf WRP 1999, 865, 867; *Günther* WRP 2007, 407, 409; *Berneke/Schüttpelz* Rdn. 210; a. A. KG WRP 2010, 129; OLG Frankfurt GRUR 2002, 238; ebenso OLG München, Urt. v. 21.10.2010 – 29 U 2921/10, vgl. *Rehart* WRP 2011, 1041; *Köhler*/Bornkamm § 12 Rdn. 3.16; *Weisert* WRP 2007, 504, 506; zur „Vorratsverfügung" vgl. *Ahrens* WRP 1999, 1, 9; Versäumung der Vollziehungsfrist belegt fehlende Dringlichkeit, wenn der Antragsteller nicht Alles aus seiner Sicht Mögliche getan hat, vgl. *Berneke/Schüttpelz* Rdn. 200.

684 OLG Dresden NJWE-WettbR 1999, 133, 134: zögerlicher Zugriff auf Domain verneint.

685 OLG München, Urt.v. 21.5.2015 – 6 U 4801/14: unterlassene Vollstreckung aus einer Beschlussverfügung gegen den Antragsgegner mit Sitz in der Schweiz im Hinblick auf vermeintliche Probleme der Anerkennung in der Schweiz, Abwarten einer erneuten Verletzung mit Beginn der nächsten Bundesligasaison über fast 9 Monate, ohne in der Zwischenzeit Hauptsacheklage zu erheben.

686 OLG Hamm GRUR 1992, 864; Beschl. v. 15.3.2011 – 4 U 200/11, juris; OLG Düsseldorf, Urt. v. 6.11.2012 – 20 U 4/12, juris Tz. 5; OLG Frankfurt GRURPrax 2013, 323, juris dort Tz. 18 f.; *Berneke/Schüttpelz* Rdn. 204 m. w. N.; kritisch GroßKommUWG/*Schwippert* § 12 C Rdn. 83.

687 OLG Düsseldorf WRP 1997, 968, 970; OLG Hamm NJW-RR 1993, 366; NJWE-WettbR 1996, 164: Einverständnis mit Terminsverlegungsantrag des Antragsgegners vor Verhandlung über den Verfügungsantrag; die hiergegen eingelegte eingelegte Verfassungsbeschwerde wurde nicht zur Entscheidung angenommen, BVerfG, Beschl. v. 3.4.1998 – 2 BvR 415/98 (Juris); OLG München WRP 1971, 533: Verlegung um einen Monat; OLG Saarbrücken, Urt. v. 7.10.1981 – 1 U 108/81, bei *Traub* WVP S. 353; *Köhler*/Bornkamm § 12 Rdn. 3.16; *Berneke/Schüttpelz* Rdn. 204.

688 OLG Hamm NJW-RR 1993, 366: Antrag auf Schriftsatzfrist und Verlegung des Verkündungstermins; NJW-RR 1996, 164; *Berneke/Schüttpelz* Rdn. 204.

689 KG GRUR 1988, 790 L; OLG Düsseldorf WRP 2015, 1541; OLG Frankfurt WRP 1995, 502 und 651, 652; *Berneke* Rdn. 87 m. w. N.

690 *Ulrich* GRUR 1996, 707, 711; *Berneke/Schüttpelz* Rdn. 204; befürwortend *Klaka* GRUR 1979, 593, 598.

691 OLG Karlsruhe WRP 1986, 232, 234, bei Abwarten der Entscheidung in anderer Sache; a. A. *Berneke/Schüttpelz* Rdn. 211; OLG Köln WRP 2010, 562 (LS); *Kehl* in FS Loschelder S. 139, 147.

692 OLG Frankfurt GRUR-RR 2002, 44 f.; GRUR 2005, 972; OLG Hamburg GRUR 2007, 614, 615; OLG Karlsruhe GRUR 1993, 135, 136; *Berneke/Schüttpelz* Rdn. 198 f.; a. A. OLG Hamburg GRUR-RR 2002, 226 bei alsbaldigem neuen Antrag; ebenso OLG Düsseldorf GRUR 2006, 782, 785; LG Hamburg Mitt. 1996, 316 im Hinblick auf die bekannt gewordene ungünstige Rechtsauffassung des zunächst angegangenen Gerichts; LG Frankfurt CR 2007, 786, 787; vgl. auch OLG Hamburg NJW-RR 2000, 494; OLG München Mitt. 1996, 223, 227: neuer Antrag bei demselben Gericht, der zurückgenommene Antrag war nur auf Erstbegehungsgefahr gestützt worden; *Beyerlein* WRP 2005, 1463; *Teplitzky* GRUR 2008, 34, 38; *Köhler*/Bornkamm § 12 Rdn. 3.16.

693 OLG München MD 2005, 560, 562; ablehnend *Beyerlein* WRP 2005, 1463, 1467.

694 Dieses Verhalten wird zu Recht zunehmend nicht (nur) unter dem Gesichtspunkt der Dringlichkeit kritisch beurteilt, sondern entsprechenden Verhaltensweisen wird mit dem Einwand des fehlenden Rechtsschutzbedürfnisses begegnet, vgl. OLG Hamburg GRUR 2007, 614; OLG München WRP 2011, 364 unter Bezugnahme auf *Teplitzky* in FS Loschelder, S. 391, 399 ff.; Ahrens/*Scharen* Kap. 51 Rdn. 3 Fn. 12; vgl. auch die weiteren umfangreichen Nachweise bei *Teplitzky* in FS Loschelder S. 391, 398 ff. sowie bei GroßKommUWG/*Schwippert* § 12 C Rdn. 96-99, *Schmidhuber/Haberer* WRP 2013, 436, 437 ff., die für den Fall der Rücknahme des Antrags vor der Erlass einer Entscheidung in 1. Instanz und die unmittelbare Einreichung des Antrags bei einem anderen Gericht weder die Dringlichkeit noch das Rechtsschutzbedürfnis verneinen; hiergegen zu Recht *Teplitzky* WRP 2013, 839 ff.; und *Schwippert* aaO Rn. 97, 99; vgl. auch *Guhn* WRP 2014, 27 ff. zur richterlichen Hinweispflicht in diesem Zusammenhang.

695 OLG Düsseldorf WRP 1995, 732, 734: unschädlich, wenn damit keine wesentliche Verfahrensverzögerung verbunden ist; KG WRP 1996, 556: Eintreten des Rechtsinhabers in den Prozess bei fristwahrendem Vorgehen des bisherigen Prozessstandschafters berührt die Dringlichkeit nicht; *Ahrens* WRP 1999, 1, 7.

696 OLG München OLG Report 1995, 104 f.: Parteierweiterung in 2. Instanz zulässig, wenn sich die Gegenseite nicht widersetzt.

– Einverständnis mit der Gewährung einer Aufbrauchfrist,[697]
– Fehlen eines Ordnungsmittelantrags belegt nicht die fehlende Dringlichkeit,[698]
– Unterbliebener Zwangsmittelantrag,[699]
– Vorgehen in zeitlich versetzten, getrennten Verfahren,[700]
– Ausschöpfung der Einspruchsfrist[701]
– Begründung der sofortigen Beschwerde erst nach Ablauf der Beschwerdefrist[702]
– Verzögerung des Verfahrens um mehrere Monate wegen (als unzulässig erachteter) Ablehnung aller Richter einer Kammer.[703]

324 Soweit unter dem Schlagwort **Handeln zur Unzeit**[704] bestimmte Verhaltensweisen als dringlichkeitsschädlich erörtert wurden, werden dabei neben dem Gesichtspunkt des langen Zuwartens auch bzw. allein Kriterien des Rechtsmissbrauchs berücksichtigt.

325 Auch Verzögerungen, die durch den **Prozessbevollmächtigten** verursacht werden, muss sich der Antragsteller zurechnen lassen (vgl. § 85 Abs. 2 ZPO).[705] Dies wird jedoch für unvorhersehbare Verhinderungen (Krankheit) nicht gelten können.

326 *cc)* Die überwiegende Auffassung geht davon aus, dass der Antragsteller mit der **Erhebung der Hauptsacheklage** in Kauf nehme, dass die Erlangung eines Titels im ordentlichen Verfahren eine entsprechend lange Zeit dauere und er damit zum Ausdruck bringe, dass die Sache für ihn nicht so eilbedürftig sei.[706] Folglich bedarf es des Eintritts unvorhergesehener Umstände, die zu einer unvorhergesehenen Verzögerung des Klageverfahrens führen, um eine vorläufige Regelung wieder dringlich erscheinen zu lassen.[707]

327 *dd)* Was das **Verhalten im Rechtsmittelverfahren** betrifft, so wurde die Ausschöpfung der (bis zum 31.12.2001) einmonatigen Berufungseinlegungs- und Berufungsbegründungsfrist überwiegend nicht als dringlichkeitsschädlich angesehen unter Hinweis darauf, dass es dem unterlegenen Antragsteller nicht zum Nachteil gereichen könne, wenn er die gesetzlich vorgesehenen Fristen ausschöpfe.[708]

328 Auf dieser Grundlage wird überwiegend die Auffassung vertreten, dass der Antragsteller ab Zustellung des Urteils die **zweimonatige Frist des § 520 Abs. 2 Satz 1 ZPO** ausschöpfen kann.[709] Demgegenüber wird aber zu Recht darauf hingewiesen, dass die (auch) für das Klageverfahren geltenden Rechtsmittelfristen keine unmittelbare Aussage in Bezug auf die Beurteilung der Eilbedürftigkeit enthalten,[710] mit der Folge, dass die zweimonatige Berufungsbegründungsfrist **nicht als auf**

---

[697] *Melullis* Rdn. 896; *Berneke/Schüttpelz* Rdn. 204; anders nur bei kurzer Aufbrauchfrist OLG Düsseldorf AnwBl 1991, 46.

[698] *Berneke/Schüttpelz* Rdn. 201 und Pastor/Ahrens/*Traub*, 4. Aufl., Kap. 49 Rdn. 5 Fn. 14 gegen *Borck* WRP 1977, 556 und WRP 1979, 347, 349.

[699] KG GRPrax 2011, 206: längeres Zuwarten ohne sachlichen Grund als dringlichkeitsschädliches Verhalten.

[700] OLG Hamburg GRUR-RR 2005, 312, 313.

[701] OLG Düsseldorf WRP 2015, 1541 Tz. 8.

[702] OLG Frankfurt GRURPrax 2013, 323, juris Tz. 20 f.; OLG Karlsruhe, Beschl. v. 5.4.2004 – 6 W 33/04.

[703] OLG München WRP 2007, 349, 350.

[704] OLG Düsseldorf WRP 1969, 41, 42; OLG Frankfurt WRP 1986, 485: Kenntnis von der beabsichtigten Aufnahme eines Titels bereits seit 2 Jahren; LG Hamburg GRUR 1965, 547; *Ahrens,* Wettbewerbsverfahrensrecht, S. 344 m. w. N. in Fn. 131; *Mellulis* Rdn. 181.

[705] *Berneke/Schüttpelz* Rdn. 203 mit eingehenden Rechtsprechungsnachweisen.

[706] OLG Hamm GRUR 1985, 454, 455; Fezer/*Büscher* § 12 Rdn. 65.

[707] So für den (überholten) Fall der Aussetzung wegen der Klärung einer kartellrechtlichen Vorfrage OLG Köln GRUR 1977, 220, OLG Karlsruhe WRP 1995, 398: Intensivierung des angegriffenen Verhaltens nach Klageerhebung; zu der „Torpedo"-Problematik – Blockierung des inländischen Hauptsacheverfahrens durch eine negative Feststellungsklage im Ausland – vgl. LG Düsseldorf GRUR Int. 2002, 157, 160 f.; GRUR 2000, 692, 697; *Meier-Beck* GRUR 1999, 397, 398 f. m. w. N.; *ders.,* GRUR 2000, 355, 357; *Grabinski* GRUR Int. 2001, 199, 211 f.; *v. Falck* Mitt. 2002, 430, 434: nur für Interessenabwägung maßgeblich; *Ingerl/Rohnke,* MarkenG, Vor §§ 14–19 Rdn. 98: Keine neue Situation bei Aussetzung nach Art. 267 AEUV.

[708] OLG Bremen MDR 2015, 848 LS 1; KG NJW-RR 1993, 555; OLG Hamburg WRP 1977, 109; OLG Hamm WRP 1985, 98, 100; a. A. Urt. v. 28.2.1984 – 4 U 411/83; OLG Karlsruhe WRP 1979, 811, 812; OLG Koblenz WRP 1978, 835, 837; OLG Köln NJWE-WettbR 1997, 176, 177 (anders WRP 1980, 503); OLG München GRUR 1992, 328; Mitt. 1987, 244; WRP 1991, 266 (unter Aufgabe von GRUR 1980, 329); OLG Report 2002, 223 f.

[709] Vgl. OLG Köln MD 2003, 352, 354; OLG München OLG Report 2002, 223 f.; OLG Düsseldorf GRUR-RR 2003, 31; OLG Hamburg NJWE-WettbR 2000, 81; MDR 2002, 1026; OLG Stuttgart WRP 1982, 604.

[710] KG NJW-RR 1993, 555; OLG Hamm GRUR 1993, 512; OLG Köln GRUR 1979, 172, 173; OLG München GRUR 1980, 329, 330 (aufgegeben in GRUR 1992, 328); MD 2002, 223 f.; OLG Saarbrücken WRP 1981, 418.

jeden Fall zur Verfügung stehende Frist qualifiziert werden sollte,[711] wie auch ein Vergleich mit den von verschiedenen Oberlandesgerichten gehandhabten Dringlichkeitsfristen bis zur Einleitung des Verfahrens belegt. Wenn der Antragsteller innerhalb einer Frist von einem Monat den Antrag einreichen muss, ist es nicht gerechtfertigt, ihm – von Ausnahmefällen abgesehen – für die Begründung der Berufung eine Frist von zwei Monaten einzuräumen.

Anträge auf Verlängerung der Berufungsbegründungsfrist (§ 520 Abs. 2 Satz 2 ZPO) werden in der Rechtsprechung – soweit nicht ohnehin jede Fristverlängerung als schädlich angesehen wird[712] – allgemein kritisch beurteilt.[713] Eine erhebliche Fristverlängerung um mehrere Wochen oder gar noch länger wird nur in Ausnahmefällen als unschädlich angesehen werden können.[714] 329

Wenn der Gläubiger eine teilweise Abweisung seines Verfügungsantrags nicht mit der Berufung angreift, kann er nach der Rechtsprechung des OLG Frankfurt[715] mangels Dringlichkeit auch keine **Anschlussberufung** mehr einlegen, was von *Schwippert*[716] mit beachtlichen Gründen kritisiert wird. 329a

Die **sofortige Beschwerde** (§§ 567 ff. ZPO) gegen einen den Antrag zurückweisenden Beschluss muss binnen zwei Wochen eingelegt werden (siehe Rdn. 394). Die vollständige Ausschöpfung dieser Frist dem Antragsteller als zögerliches Verhalten anzurechnen, dürfte allenfalls in Ausnahmefällen (etwa bei fristgebundenen Ereignissen) in Betracht kommen.[717] Wird die Beschwerde nicht innerhalb dieser Frist begründet (nach § 571 Abs. 1 ZPO – „soll" – wird eine Begründung nicht als Zulässigkeitsvoraussetzung vorgeschrieben),[718] kann dieser Umstand jedoch als dringlichkeitsschädlich angesehen werden. Wird – wie in der Praxis häufig – vom Beschwerdeführer eine Begründung (innerhalb bestimmter Frist) in Aussicht gestellt, empfiehlt es sich von Seiten des Gerichts gemäß § 571 Abs. 3 Satz 1 ZPO eine (gegebenenfalls kürzere) Frist zu setzen. Eine Verpflichtung hierzu ergibt sich daraus jedoch nicht. Der Antragsteller kann nicht darauf vertrauen, dass eine „verspätete" Begründung nicht zu seinen Lasten berücksichtigt wird, denn die Frage der Eilbedürftigkeit ist von der Berücksichtigung etwaigen neuen Vorbringens (§ 571 Abs. 2 Satz 2 und 3 ZPO) zu unterscheiden. 330

d) „Wiederaufleben" der Dringlichkeit. Die Dringlichkeitsproblematik stellt sich auch, wenn der Antragsteller in der Vergangenheit gegen wettbewerbswidriges Verhalten nicht eingeschritten ist. 331

Ist nach den vorstehenden Grundsätzen die Dringlichkeitsvermutung widerlegt, kann sich der Antragsteller nicht darauf berufen, dass die Sache dennoch – etwa gerade wegen des langen Zuwartens nunmehr – eine Entscheidung im Wege der einstweiligen Verfügung erfordere. Die Dringlichkeit kann **wieder aufleben,** wenn sich – was vom Antragsteller darzutun und glaubhaft zu machen ist – **die maßgeblichen Umstände wesentlich verändern,** wofür die bloße Wiederholung gleichartiger Verletzungshandlungen nicht ausreichend ist.[719] Maßgeblich ist, ob es sich um derart einschneidende Veränderungen, der Art, und/oder Intensität[720] nach handelt, die eine neue Situa- 332

---

[711] Vgl. *Teplitzky* in FS Bornkamm S. 1073, 1080 und WRP 2013, 1414, 1417 f.

[712] *BernekeSchüttpelz* Rdn. 208.

[713] KG WRP 1978, 49; GRUR 1999, 1133; Urt. v. 25.6.1982 – 5 U 1673/82: fast vollständige Ausschöpfung der verlängertern Frist in tatsächlich und rechtlich einfach gelagerten Sache ohne sachgerechte Gründe; OLG Düsseldorf GRUR-RR 2003, 31; OLG Hamm NJW-RR 1992, 622; GRUR 1991, 480 LS; OLG Köln GRUR 1979, 172; WRP 1980, 503; OLG München GRUR 1992, 328; Beschl. v. 16.8.2007 – 29 U 3340/07; OLG Nürnberg GRUR 1987, 727; OLG Oldenburg WRP 1971, 181, 182; OLG Rostock, Urt. v. 18.1.1996 – 2 U 33/96, bei *Koch* WRP 2002, 191, 196; OLG Saarbrücken WRP 1981, 418; OLG Stuttgart Mitt. 2003, 431 LS.

[714] OLG Düsseldorf NJWE-WettR 1997, 21, 22; OLG München GRUR 1992, 328 (3 Wochen); OLG Bremen GRUR-RR 2011, 466 (LS) und juris Tz. 20; a. A. OLG Hamburg WRP 2013, 196 Tz. 33.

[715] GRURPrax 2012, 197 (LS).

[716] In GroßKommUWG § 12 C Rdn. 92.

[717] OLG München GRUR 2004, 963, 964.

[718] MünchKommZPO/*Lipp* § 571 Rdn. 4 ff.

[719] OLG Hamburg MD 2007, 1053; OLG Karlsruhe WRP 2007, 822, 823; OLG Rostock, Urt. v. 16.6. 1993 – 2 U 28/93, bei *Koch* WRP 2002, 191, 196: Neue Auflage des beanstandeten Branchenverzeichnisses; OLG München, Beschl. v. 27.10.1994 – 6 U 2689/94: einscheidende Veränderung hinsichtlich Art und Intensität bei Ausdehnung der Vertriebstätigkeit (Möbel) über den Münchener Bereich hinaus verneint; *Koch/Vykydal* WRP 2005, 688; vgl. auch OLG Celle AfP 2016, 81: Eilbedürftigkeit lebt nicht wieder auf, wenn später von der Veröffentlichung des fraglichen Artikels im Online-Portal der Zeitung Kenntnis erlangt wird.

[720] OLG Koblenz WRP 1978, 835, 837; KG WRP 1979, 305, 307.

tion[721] zu Lasten des Antragstellers entstehen lassen. Dies soll auch dann gelten, wenn dies darauf beruht, dass ihm selbst nunmehr das entsprechende Verhalten – im konkreten Fall: Garantiezusage auf Lebenszeit – verboten ist.[722]

333 **e) Zeitgebunde Ereignisse.** Bei der Behandlung zeitgebundener Ereignisse wie etwa **einmaligen Sonderveranstaltungen** zeigt sich wiederum die oftmals anzutreffende Meinungsvielfalt in der Rechtsprechung der Oberlandesgerichte. Einigkeit sollte darüber bestehen, dass ein Bedürfnis für eine vorläufige Regelung zu verneinen ist, wenn die **beanstandete Verhaltensweise** bei Einreichung des Verfügungsantrags **bereits beendet ist** und der Verstoß entweder überhaupt nicht oder erst nach längerer Zeit, die für die Herbeiführung eines Hauptsachetitels ausreichend ist,[723] wiederholt werden kann.[724] Dem ist gleichzustellen, wenn der Verstoß zum Zeitpunkt der frühest möglichen Entscheidung durch das Gericht oder zum Zeitpunkt der schnellst möglichen Vollziehung bereits beendet ist. Da nach dem Ende des befristeten Ereignisses weder ein Erlass[725] und auch keine Bestätigung[726] mehr in Betracht kommt, wird zu Recht davon abgeraten, den Antrag konkret auf die fragliche Veranstaltung hin zu fassen;[727] bei einem befristeten Verbot verneint das OLG Hamm[728] konsequent die Möglichkeit einer Aufhebung (s. auch BGH GRUR 2004, 264, 266 – Euro-*Einführungsrabatt*).[729] Die gegenteilige Auffassung[730] will unter prozessökonomischen Gesichtspunkten das Verfahren fortführen, wenn es rechtzeitig eingeleitet worden war.

4. Anwendungsbereich von § 12 Abs. 2

334 Seinem Wortlaut nach findet § 12 Abs. 2 nur auf **aus dem UWG folgende Unterlassungsansprüche** Anwendung, nicht dagegen auf Schadensersatzansprüche, Auskunfts- und Rechnungslegungsansprüche sowie Veröffentlichungs- und Beseitigungsansprüche.[731] Hinsichtlich letzterer soll in Ausnahmefällen etwas anderes gelten.[732] § 12 Abs. 2 kann **nicht auf vertragliche Unterlassungsansprüche ausgedehnt** werden.[733]

334a In **§ 5 UKlaG** wird (u. a.) § 12 Abs. 2 UWG für die Geltendmachung von Unterlassungsansprüchen[734] für anwendbar erklärt. Die beabsichtigte Neuregelung zum Urhebervertragsrecht sieht in § 36b Abs. 2 Satz 1 des Referentenentwurfs eines Gesetzes zur verbesserten Durchsetzung des Anspruchs der Urheber und ausübenden Künstler auf angemessene Vergütung eine entsprechende Anwendung von Unterlassungsansprüchen bei Verstößen gegen gemeinsame Vergütungsregeln vor.

---

[721] KG WRP 1979, 305, 307; OLG Celle OLG Report 1996, 237: verneint für die verwaltungsgerichtliche Überprüfung der Rechtmäßigkeit der beanstandeten Handlung; OLG Frankfurt NJW 1968, 1386, 1387: Blickfangwerbung; Mitt. 1981, 24, 25: Messeauftritt; OLG Hamburg GRUR 1983, 134; WRP 1991, 688, 689: bei langem zeitlichen Abstand; LG Düsseldorf NJWE-WettbR 1999, 63, 65: Intensivierung der Konkurrenzsituation und des Absatzes; OLG Karlsruhe WRP 1995, 358: erhebliche Intensivierung nach Erhebung der Klage; OLG Koblenz GRUR 1995, 499; OLG Köln WRP 1978, 556, 557: besondere Werbekampagne; MD 1988, 157; OLG München MDR 1992, 25: Zulassungsantrag für ein Arzneimittel für das bereits ein Warenzeichen eingetragen war; GRUR-RR 2001, 92: Intensivierung durch Werbung in mehreren Medien; OLG Stuttgart WRP 1973, 667, 669: erneute Werbung nach 1 Jahr Pause; NJW-RR 1997, 1331: Blickfangüberschrift.

[722] OLG Koblenz GRUR 1995, 499 unter Rückgriff auf §§ 935, 940 ZPO.

[723] Ahrens/*Singer* Kap. 45 Rdn. 13f.

[724] Dem steht nach *Köhler*/Bornkamm § 12 Rdn. 3.18 die Einstellung des Geschäftsbetriebs gleich; a. A. OLG Schleswig OLG Report 1997, 314 betreffend die Einstellung eines Anzeigenblattes; MünchKommUWG/*Schlingloff* § 12 Rdn. 382.

[725] OLG Düsseldorf WRP 1974, 94; KG WRP 1981, 211; *Berneke/Schüttpelz* Rdn. 139; Ahrens/*Schmukle* Kap. 45 Rdn. 14; a. A. OLG Karlsruhe WRP 1976, 713.

[726] KG WRP 1976, 597; OLG Celle WRP 1975, 158; OLG Hamburg WRP 1973, 591; WRP 1977, 36; OLG Hamm WRP 1985, 435; OLG Köln WRP 1972, 587; OLG Saarbrücken WRP 1979, 76; OLG Stuttgart WRP 1979, 316; *Berneke/Schüttpelz* Rdn. 139 m. w. N.; a. A. OLG Düsseldorf WRP 1974, 94; OLG Hamburg WRP 1979, 909; OLG Hamm WRP 1975, 372: wenn bei Widerspruchseinlegung noch nicht beendet; OLG Karlsruhe WRP 1976, 713; OLG Naumburg WRP 1997, 885; OLG München WRP 1987, 694, 695: für den konkreten Fall; OLG Stuttgart WRP 1988, 398, 400; WRP 1982, 604, 605; LG Frankfurt ZUM-RD 2002, 619, 620.

[727] *Berneke/Schüttpelz* Rdn. 138.

[728] GRUR 1990, 470.

[729] Vgl. auch LG Frankfurt ZUM-RD 2002, 619, 620, das eine Erledigterklärung nicht für erforderlich hält, da der Antragsteller vor Beendigung der Messe vorgegangen sei.

[730] Siehe unter a. A. Fn. 248.

[731] Ahrens/*Singer* Kap. 45 Rdn. 65.

[732] KG GRUR 1955, 252; OLG Koblenz GRUR 1952, 246.

[733] OLG Düsseldorf OLG-Report 1999, 143; *Traub* WRP 2000, 1046, 1047; *Berneke/Schüttpelz* Rdn. 134; *Köhler*/Bornkamm, § 12 Rdn. 3.14.

[734] LG München I, Urt. v. 17.9.2002 – 7 O 10982/02 sieht im Hinblick auf den eindeutigen Wortlaut und die Entstehungsgeschichte keinen Raum für eine analoge Anwendung auf § 13 UKlaG.

335 Im Falle der **Anspruchskonkurrenz** zwischen Ansprüchen, die unter § 12 Abs. 2 fallen, und Ansprüchen aus anderen Gesetzen kommt für diese Ansprüche (z. B. § 823 Abs. 1, § 1004 BGB)[735] die Dringlichkeitsvermutung nicht zur Anwendung,[736] da – sofern eine (entsprechende) Anwendung von § 12 Abs. 2 nicht in Betracht kommt – allein entscheidend sein kann, welche Anspruchsgrundlage durchgreift, nicht welche daneben noch (ohne Erfolg) geltend gemacht wurde.[737] Greifen dagegen UWG-Ansprüche durch, werden Ansprüche nach allgemeinen Bestimmungen in der Regel ohnehin verdrängt.[738] Zutreffend prüft daher das OLG Hamburg[739] hinsichtlich der neben § 1 UWG a. F. geltend gemachten Ansprüche aus § 823 Abs. 1 BGB den Verfügungsgrund nach § 935 ZPO.

336 Nachdem mit Inkrafttreten des MarkenG die in § 16 UWG bis dahin bestehende „Verbindung" zwischen den im UWG und im WZG angesiedelten **kennzeichenrechtlichen Regelungen** weggefallen ist, stellt sich die bereits unter der Geltung des § 16 UWG/WZG jedenfalls in Teilen der Literatur[740] kritisierte entsprechende Anwendung auf Ansprüche nach dem WZG. In der Rechtsprechung wird die entsprechende Anwendung auf Ansprüche nach dem MarkenG, gegen die sich vor allem *Teplitzky*[741] eingehend wendet, zunehmend auch in der Rechtsprechung – OLG Düsseldorf,[742] OLG Frankfurt,[743] OLG Hamm,[744] OLG Köln,[745] OLG München,[746] OLG Hamm[747] OLG Hamburg[748] – verneint, während eine (immer geringer werdende überwiegende) Anzahl der Oberlandesgerichte die gegenteilige Auffassung vertritt;[749] meist mit der Begründung, es gehe um die Unterbindung von Wettbewerbsverstößen im weiteren Sinne, wobei aber festzustellen ist, dass von Gerichten, die eine entsprechende Anwendung ablehnen, in der Regel keine andere Beurteilung vorgenommen wird, etwa mit der Erwägung, der in der Dringlichkeitsvermutung zum Ausdruck kommende allgemeine Rechtsgedanke auch auf das Markenrecht angewendet werden könne.[750] Die Dringlichkeitsvermutung wurde auch auf Ansprüche aus § 12 BGB ausdehnt, wenn es um die wirtschaftliche Verwertung des Namens geht;[751] für Domainstreitigkeiten bejahend das OLG Rostock,[752] verneinend das OLG Hamm.[753]

---

[735] *Berneke/Schüttpelz* Rdn. 134 m. Fn. 142; OLG Köln NJWE-WEttbR 1998, 247 – verneint bei *Telefax-Werbung* mangels Handeln zu Zwecken des Wettbewerbs.

[736] Vgl. OLG Stuttgart WRP 1988, 400; OLG München WRP 2013, 226 Tz. 13; Beschl. v 4.8.2015 – 6 U 2258/15; *Berneke/Schüttpelz* Rdn. 134; MünchKommUWG/*Schlingloff* § 12 Rdn. 377.

[737] Vgl. OLG Hamburg WRP 2001, 956, 957; a. A. OLG Karlsruhe WRP 1972, 263; *Köhler/Piper* § 25 Rdn. 14.

[738] Vgl. auch *Berneke/Schüttpelz* Rdn. 134 unter Hinweis auf OLG Stuttgart WRP 1988, 400.

[739] WRP 1991, 956, 957.

[740] *Teplitzky* FS Bornkamm S. 1073, 101081 f.; *Traub* WRP 2000, 1046, 1047 Fn. 6.

[741] WRP 2005, 654, 659 ff.; FS Bornkamm, 2014, S. 1073, 1081 f.

[742] Urt. v. 27.5.1997 – 20 U 38/97, zit. nach *Peters* Mitt. 1999, 48, 49; GRUR-RR 2002, 212; GRUR-RR 2012, 146, 147.

[743] GRUR 2002, 1096; vgl. auch *Dembowski* WRP 2002, 1186 f.; WRP 2014, 981; GRUR-RR 2015, 279.

[744] K & R 2000, 90 und Bericht GRUR 2003, 865; BeckRS 2011, 08074.

[745] WRP 2014, 1085; MD 2015, 470, 473; zur früheren Rspr. vgl. die Nachw. in der Vorauflage sowie bei GroßKomm UWG/*Schwippert* § 12 C Rdn. 40 Fn. 80.

[746] GRUR 2007, 174; GRUR-RR 2013, 388, 389; Urt. v. 22.5.2014 – 29 U 4775/13 mwN.

[747] BeckRS 2011, 08074.

[748] WRP 2010, 953; zur früheren Rspr. vgl. die Nachw. in der Vorauflage Fn. 706.

[749] KG GRUR-RR 2003, 262, 263: gründsätzlich anwendbar, doch können bei komplexen Sachverhalten Bedenken bestehen; NJWE-WettbR 1999, 133, 134; OLG Braunschweig OLG Report 2000, 157; OLG Bremen GRUR-RR 2011, 466 (LS), juris Tz. 20; Urt. v. 13.9.2015 – 2 U 33/15, juris; OLG Dresden NJWE-WettbR 1999, 133, 134; OLG Koblenz PharmaR 2005, 242, 245 zu § 25 UWG; unklar GRUR-RR 2009, 230, 231: „... und die Verfügungsklägerin einen Verfügungsgrund hinreichend glaubhaft gemacht hat."; OLG Nürnberg WRP 2002, 345, 346; OLG Rostock, Urt. v. 18.12.1996 – 2 U 33/96, bei *Koch* WRP 2002, 191, 196; OLG Stuttgart WRP 1997, 118, 119; GRUR-RR 2002, 381; GRUR-RR 2014, 251; OLG Zweibrücken GRUR-RR 2008, 346; offen gelassen von OLG Karlsruhe WRP 2010, 1279, 1283 und OLG Schleswig WRP 2014, 879; zustimmend *Ingerl/Rohnke,* MarkenG, Vor §§ 14–19d Rdn. 195, § 19 Rdn. 54; *Ströbele/Hacker,* MarkenG, § 14 Rdn. 476; *Fezer,* Markenrecht, § 14 Rdn. 550; *Schuschke* in: Schuschke/Walker Vorbem zu § 935 Rdn. 104; *Traub* WRP 2000, 1046, 1048 f.; Ahrens/*Spätgens* Rdn. 24; HKWettbR/*Ekey* § 12 Rdn. 116; ablehnend *Teplitzky Dembowski* WRP 2002, 1186 f.; *Berneke/Schüttpelz* Rdn. 130 m. w. N.; *Köhler*/Bornkamm § 12 Rdn. 3.14; MünchKommUWG/*Schlingloff* § 12 Rdn. 376; GK-UWG/Schwippert § 12 C Rdn. 43; Ahrens/*Singer* Kap. 45 Rdn. 67, anders *Schmuckle* in der Voraufl., hierzu eingehend *Schwippert* aaO Rdn. 41; gegen schematische Anwendung auch Fezer/*Büscher* § 12 Rdn. 56; v. Schultz/*Schweyer,* MarkenG, 3. Aufl., § 14 Rdn. 302: keine zu hohen Anforderungen.

[750] OLG Frankfurt GRUR 2015, 279 Tz. 12; vgl. hierzu GroßKommUWG/*Schwippert* § 12 C Rdn. 43.

[751] OLG Hamburg GRUR 2002, 450, 451; anders nunmehr WRP 2010, 953.

[752] OLG Rostock, Urt. v. 16.2.2000 – 2 U 5/99, bei *Koch* WRP 2002, 191, 197.

[753] MMR 2001, 695.

337 Dabei erscheint der Hinweis auf die vom Gesetzgeber unterlassene Regelung kein sehr aussagekräftiges Argument gegen die entsprechenden Anwendung von § 12 Abs. 2, da es von den Ausführungen in Zusammenhang mit der Einführung der Regelungen zur Drittauskunft abgesehen keine greifbaren Anhaltspunkte dafür gibt, im Rahmen der Neuregelungen zum Kennzeichenrecht habe sich der Gesetzgeber gewollt gegen die entsprechende Anwendung der Dringlichkeitsvermutung auf bis 1995 in § 16 UWG geregelten Sachverhalten aussprechen wollen. Dass kennzeichenrechtliche Streitigkeiten nicht zuletzt angesichts der immer komplexer werdenden Rechtsfragen, vor allem aber auch im Hinblick auf die oftmals zu treffenden weitreichenden Entscheidungen nicht ohne weiteres als „Wettbewerbssachen" im weiteren Sinne qualifiziert werden können, wurde von *Teplitzky* allerdings zutreffend aufgezeigt; ebenso, dass in vielen Fällen eine differenzierte Betrachtung im Rahmen einer Interessenabwägung geboten erscheint. Das „Analogieargument" kann daher nicht zur unreflektierten Übertragung der Dringlichkeitsvermutung auf kennzeichenrechtliche Streitigkeiten herangezogen werden. Die (entsprechende) Anwendung ist zu verneinen. Ein Tätigwerden des Gesetzgebers, wie es teilweise in der Literatur gefordert wird,[754] ist nicht absehbar und bei sachgerechter Handhabung der §§ 935, 940 ZPO – vom Antragsteller ist eine schlüssige Darlegung von Umständen zu verlangen, warum es ihm unzumutbar ist, seine Ansprüche im ordentlichen Klageverfahren geltend zu machen[755] – nicht veranlasst.

338 Da die Dringlichkeitsvermutung grundsätzlich bei der Geltendmachung von **Auskunftsansprüchen** nicht eingreift (siehe oben Rdn. 276) und im Hinblick auf den Willen des Gesetzgebers, der von einer entsprechenden Vorschrift im Produktpirateriegesetz bewusst Abstand genommen hat,[756] wird eine entsprechende Anwendung im Rahmen von § 19 Abs. 3 MarkenG zu Recht abgelehnt.[757]

339 Für auf **Urheberrecht** gestützte Unterlassungsansprüche kommt eine entsprechende Anwendung von § 12 Abs. 2 nach überwiegender Auffassung nicht in Betracht.[758] Darin kann auch kein Widerspruch zu der Geltung der Dringlichkeitsvermutung im Bereich des ergänzenden wettbewerblichen Leistungsschutzes gesehen werden,[759] vielmehr erlaubt auch die gebotene Abwägung der Parteiinteressen bei Anwendung der §§ 935, 940 ZPO zu sachgerechten Ergebnissen zu gelangen, wobei sich aus dem Bestehen einer durch eine Verletzungshandlung indizierten Wiederholungsgefahr und der Einhaltung der jeweiligen Dringlichkeitsfrist nicht per se auch ein Verfügungsgrund ergibt.[760]

340 Aus diesen Gründen kommt für das **Geschmacksmusterrecht**[761] eine entsprechende Anwendung ebenfalls nicht in Betracht.

341 Gleiches gilt für das **Patentrecht** und das **Gebrauchsmusterrecht**[762] sowie das Sortenschutzrecht.[763]

---

[754] *Meinhardt* GRURPrax 2015, 27.

[755] GroßKommUWG/*Schwippert* § 12 C Rdn. 43.

[756] Siehe Bl PMZ 1990, 173, 184.

[757] OLG Köln MD 2004, 80, 81; WRP 2003, 1008; *Eichmann* GRUR 1990, 575, 586; *Ströbele/Hacker* § 19 Rdn. 48; *Fezer,* Markenrecht, § 19 Rdn. 17f.; *Teplitzky* in: FS Tilmann, S. 913, 919; *Schuschke* in Schuschke/Walker Vor § 935 Rdn. 105; a. A. *Ingerl/Rohnke,* MarkenG, § 19 Rdn. 54; *Ekey/Klippel/Wüst* § 19 Rdn. 28.

[758] KG CR 1994, 738; GRUR 1996, 974; NJW-RR 2001, 1201; ZUM-RD 2002, 462, 466; GRUR-RR 2003, 262, 263; OLG Hamburg WRP 2007, 811, 182f. und 816f.; GRUR 1999, 717; GRUR 1983, 436; OLG Hamm GRUR 1981, 130; OLG Frankfurt GRUR 1989, 227; Urt. v. 30.12.1999 – 6 U 151/99; OLG Köln WRP 1992, 407; LG Köln ZUM 2003, 508, 510f.; OLG München WRP 2012, 1298, juris Tz. 89 mwN; OLG Naumburg ZUM 2013, 149, 150; LG Mannheim, Urt. v. 3.11.2000 – 7 O 546/00; OLG Nürnberg MD 2007, 313, 315; offengelassen auch von OLG Celle GRUR 1998, 50; Möhring/Nicolini/*Lütje* UrhG, § 97 Rdn. 283; Fromm/*Nordemann,* Urheberrecht, § 97 Rdn. 62; *Berneke/Schüttpelz* Rdn. 130, 779; *Gutsche* in: FS Nordemann, S. 75, 81ff.; a. A. OLG Karlsruhe GRUR 1994, 726, 728.

[759] So aber OLG Karlsruhe GRUR 1994, 726, 728; *Traub* WRP 2000, 1046, 1049.

[760] OLG Nürnberg MD 2007, 313, 315; OLG München, Beschl. v. 17.4.2007 – 29 W 1259/07.

[761] OLG Hamm NJW-RR 1993, 366; OLG München OLG-Report 1999, 245f.; BeckRS 204, 18450; Urt. v. 19.4.2001 – 29 U 1974/01; *Berneke* Rdn. 62, 438; a. A. *Schuschke* in: Schuschke/Walker Vor § 935 Rdn. 107.

[762] KG CR 1994, 738; OLG Düsseldorf Mitt. 1980, 117; GRUR 1983, 79; GRUR 1994, 508; Mitt. 1996, 87f.; LG Düsseldorf GRUR 2000, 692, 695; GRUR Int. 2002, 157, 160; OLG Frankfurt GRUR-RR 2003, 263, 264; OLG Hamburg GRUR 1987, 899; LG Hamburg GRUR-RR 2002, 45, 46; OLG München Report 1999, 245f.; OLG Nürnberg Mitt. 1993, 118; *v. Falck* Mitt. 2002, 429, 431f. m. w. N. in Fn. 23; Benkard/Rogge/*Grabinski* § 139 Rdn. 153; *Rogge* FS v Gamm, S. 461, 466f.; *Meier-Beck* GRUR 1988, 861, 865; Busse/*Kaess* Vor § 143 Rdn. 254; *Krieger* GRUR Int. 1997, 422ff.; *Loth* § 24 Rdn. 88; *Holzapfel* GRUR 2003, 287, 288ff.; überholt OLG Karlsruhe GRUR 1979, 700 und GRUR 1988, 900 vgl. Urt. v. 23.9.2015 – 6 U 52/15, LS 4 und Tz. 50 ff., juris.

[763] *Jestaedt* GRUR 1981, 153 klammert die Frage der Dringlichkeit aus; *Würtenberger* GRUR 2004, 566, 570, 573 behandelt Fragen hinsichtlich der Glaubhaftmachung bzw. Interessenabwägung.

Auch für **kartellrechtliche** Unterlassungsansprüche wird eine entsprechende Anwendung von § 12 Abs. 2 allgemein verneint.[764] 342

VII. Eignung der Verfahrensart – Rechtsschutzbedürfnis

Soweit der Antragsteller nach den vorgenannten Kriterien einen im Wege des einstweiligen Rechtsschutzes „sicherbaren“ Anspruch verfolgt, können über das Kriterium der **Eignung des Verfügungsverfahrens** keine zusätzlichen – über die Glaubhaftmachung eines Verfügungsanspruchs und – grundes hinausgehenden – Anforderungen begründet werden.[765] Soweit wegen der beschränkten Erkenntnismöglichkeiten eine hinreichende Klärung in tatsächlicher oder rechtlicher Hinsicht nicht möglich ist, geht dies zu Lasten des Antragstellers insofern das Gericht den geltend gemachten Verfügungsanspruch nicht als glaubhaft gemacht ansehen kann oder im Hinblick auf die vorzunehmende Interessenabwägung – außerhalb des Anwendungsbereichs des § 12 Abs. 2 UWG[766] – die Erforderlichkeit einer einstweiligen Regelung – Verfügungsgrund – verneinen wird.[767] In der Sache werden auch von *Spätgens,*[768] *Singer,*[769] *Jestaedt*[770] und *Schlingloff*[771] unter dem Gesichtspunkt der rechtlichen und tatsächlichen Ungeeignetheit keine zusätzlichen Kriterien aufgestellt; auch nicht von *Berneke/Schüttpelz.*[772] *Jestaedt*[773] lehnt eine Ungeeignetheit aus rechtlichen Gründen – Schwierigkeit der Rechtslage – ab. 343

Ob das **allgemeine Rechtsschutzbedürfnis** neben dem Vorliegen eines Verfügungsgrundes gesondert zu prüfen ist, wird unterschiedlich beurteilt, wobei zum Teil auf eine Unterscheidung verzichtet wird.[774] Soweit in der Rechtsprechung auf das Rechtsschutzbedürfnis als zusätzliche Zulässigkeitsvoraussetzung abgestellt wurde, betraf dies folgende Fallgestaltungen: 344

Trotz Vorliegens eines vorläufig vollstreckbaren Hauptsachetitels wurde das Rechtsschutzbedürfnis für den Erlass einer einstweiligen Verfügung bejaht, wenn das Hauptsacheurteil nur gegen **Sicherheitsleistung** vollstreckbar war,[775] zum Teil nur im Ausnahmefall;[776] zum Teil wird dies aber auch im Rahmen des Verfügungsgrundes geprüft.[777] 345

Das OLG München[778] lässt im konkreten Fall das „Wortlautverständnis“ des § 25 UWG a. F. der Vorinstanz dahingestellt und verneint das Rechtsschutzbedürfnis für ein Vorgehen im Wege der einstweiligen Verfügung im Hinblick auf das lange Zuwarten ($1^1/_2$ Jahre) des Antragstellers. 346

Ob wegen desselben Sachverhalts ein **weiteres Verfügungsverfahren** eingeleitet werden kann, betrifft die Frage der entgegenstehenden Rechtshängigkeit, § 261 Abs. 3 Nr. 1 ZPO.[779] 347

Betrifft der zweite Verfügungsantrag **denselben Streitgegenstand** eines noch anhängigen Verfügungsverfahrens, ist er wegen **entgegenstehender Rechtshängigkeit** unzulässig, § 261 Abs. 3 Nr. 1 ZPO[780] (siehe Rdn. 372). Erfasst der zweite Antrag auch Verhaltensweisen, die be- 348

---

764 KG WuW-E OLG 5099; OLG Hamburg NJWE-WettbR 1996, 286; OLG Stuttgart WuW/E OLG 4678; NJW-RR 1990, 940; *Berneke/Schüttpelz* Rdn. 134.

765 Gloy/Loschelder/Erdmann/*Spätgens,* HdbWettbR, § 100 Rdn. 1.

766 *Berneke* Rdn. 134 stellt auch im Rahmen von § 12 UWG auf eine Interessenabwägung ab; OLG Düsseldorf WM 2002, 806 f.; GRUR 2005, 523; MMR 2005, 776.

767 Vgl. z. B. KG OLG Report 1994, 154; GRUR-RR 2003, 262 m. w. N.; OLG Frankfurt GRUR 1989, 227.

768 Gloy/Loschelder/Erdmann/*Spätgens,* HdbWettbR, § 100 Rdn. 1–6.

769 In: *Ahrens* Kap. 44 Rdn. 6–9.

770 In: *Ahrens* Kap. 47.

771 MünchKommUWG § 12 Rdn. 353.

772 Rdn. 113.

773 In: Ahrens Kap. 47 Rdn. 6.

774 Stein/Jonas/*Grunsky* Vor § 935 Rdn. 18.

775 So schon das RG, wenn die Sicherheitsleistung vom Antragsteller nicht aufgebracht werden kann; OLG Hamburg WRP 1955, 247; CR 1997, 355; OLG Hamm NJW-RR 1990, 1536; WRP 1992, 397; OLG Celle MDR 1964, 333; a. A. OLG Karlsruhe NJW-RR 1996, 960; OLG Stuttgart WRP 1983, 647: auch wenn Sicherheitsleistung höher; offengelassen von OLG Schleswig NJWE-WettbR 1998, 116.

776 KG NJWE-WettbR 1999, 293; OLG Hamburg CR 1997, 355 zur Möglichkeit, dass die Vollstreckung aus dem Urteil eingestellt wird; OLG Karlsruhe WRP 1996, 590.

777 OLG Frankfurt NJW 1957, 594; Ahrens/*Ahrens* Kap. 48 Rdn. 11.

778 WRP 1996, 231 f. als Berufungsinstanz zu LG München I WRP 1996, 252, 253 f.

779 Bei Vorliegen eines rechtskräftigen Titels vgl. OLG Köln MD 2002, 292, 295 und 1147, 1148.

780 KG MD 2001, 546, 547; OLG Hamm WRP 1996, 581 m. w. N.; MünchKommUWG/*Schlingloff* § 12 Rdn. 349; *Berneke* Rdn. 54, 58, 92, 94; *Teplitzky* GRUR 1998, 320, 322 f. unter III.1 – zur Frage des Rechtsschutzbedürfnisses für einen „Zweittitel“; *Melullis* Rdn. 553a.

reits von einem anderen Antrag (Titel) erfasst werden, ist der Antrag entsprechend zu beschränken.[781]

349 Betrifft der zweite Antrag **einen anderen Streitgegenstand,** kann sich die Unzulässigkeit in Ausnahmefällen aus dem Gesichtspunkt des Rechtsmissbrauchs[782] – „Salamitaktik" – ergeben. Das OLG Hamburg[783] verneint zu Recht das Rechtsschutzinteresse für das einstweilige Verfügungsverfahren, wenn damit primär die Verursachung von Kosten angestrebt wird.

350 Durch die Abgabe einer **strafbewehrten Unterlassungserklärung** wird die Wiederholungsgefahr als materiellrechtliche Anspruchsvoraussetzung mit Wirkung inter omnes für den Unterlassungsanspruch beseitigt, nicht das Rechtsschutzbedürfnis. Die Prüfung des Rechtsschutzbedürfnisses „erübrigt" sich daher.[784]

Zur **Drittwirkung** der Abschlusserklärung, siehe unten Rdn. 648.

VIII. Zuständigkeit

1. Gericht der Hauptsache

351 Für den Erlass von einstweiligen Verfügungen örtlich und sachlich (ausschließlich, § 802 ZPO) zuständig ist gemäß § 937 Abs. 1 ZPO das **Gericht der Hauptsache** (funktionelle Zuständigkeit).[785] Hierdurch sollen Prüfungen derselben Fragen durch verschiedene Gerichte und somit divergierende Entscheidungen vermieden werden.

352 Als Gericht der Hauptsache bezeichnet § 943 Abs. 1 ZPO das **Gericht des ersten Rechtszuges** bzw. das **Berufungsgericht** für den Zeitraum ab Einlegung der Berufung bis zur Rechtskraft des Berufungsurteils bzw. bis zur Einlegung der Revision (bzw. Nichtzulassungsbeschwerde). Nach Beendigung des Berufungsverfahrens ist, da das Revisionsgericht nicht als Tatsachengericht tätig werden kann, wieder das Gericht erster Instanz zuständig.[786] Diese Zuständigkeit ist so lange gegeben, als das Hauptsacheverfahren bei dem betreffenden Gericht anhängig ist. Sie wird durch eine Aussetzung des Verfahrens (§ 148 ZPO) oder durch ein Vorabentscheidungsverfahren (Art. 234 EGV) nicht berührt.[787] Im Falle der **Verweisung** wegen örtlicher oder sachlicher Unzuständigkeit endet die Zuständigkeit als Hauptsachegericht mit Erlass des (unanfechtbaren, § 281 Abs. 2 Satz 2 ZPO) Verweisungsbeschlusses – oder falls auf die rein faktische Anhängigkeit abgestellt wird – spätestens mit Eingang der Akten bei dem neuen Gericht, vgl § 281 Abs. 2 Satz 2 und 3 ZPO. Im Falle der Rechtswegverweisung (vgl unten Rdn. 365) entscheidet der Zeitpunkt der Rechtskraft des Verweisungsbeschlusses.

353 Ob das Gericht, bei dem die Hauptsache anhängig (Rechtshängigkeit im Sinne von § 261 Abs. 3 Nr. 1 ZPO wird nicht vorausgesetzt) ist, auch **zuständig** ist, ist – von Fällen des Rechtsmissbrauchs[788] abgesehen – nicht entscheidend,[789] sofern dessen Unzuständigkeit nicht bereits rechtskräftig festgestellt ist.[790]

354 Nach § 261 Abs. 3 Nr. 2 ZPO bliebe danach das zunächst angegangene Gericht der Hauptsache für das Verfügungsverfahren auch dann zuständig, wenn die Hauptsache sodann an ein anderes Gericht verwiesen wird, was im Hinblick auf den engen Zusammenhang der beiden Verfahren als nicht sachgerecht angesehen wird.[791]

355 Die vom OLG Frankfurt vertretene Auffassung,[792] dass der Antragsteller bei Anhängigkeit einer **negativen Feststellungsklage** nur bei diesem Gericht einen Verfügungsantrag stellen könne, so-

---

[781] Vgl. OLG Hamburg GRUR 2001, 33: Herausnahme von bestimmten Verhaltensweisen aus dem Antrag aufgrund einer abgegebenen Unterlassungserklärung; anders OLG Stuttgart WRP 1983, 708: Antrag auf Erlass einer weiteren eV, wenn die alte Verletzungshandlung in der neuen enthalten ist.

[782] *Berneke/Schüttpelz* Rdn. 101; Ahrens/*Spätgens* Rdn. 16.

[783] WRP 1981, 589 und NJWE-WettbR 1996, 183.

[784] Ahrens/*Singer* Kap. 44 Rdn. 19: *Berneke;/Schüttpelz*; bei einer aufschiebend bedingten Unterlassungserklärung verweist BGH GRUR 2002, 180, 181 – *Weit-vor-Winter-Schlussverkauf* – ausdrücklich auf ein Vorgehen im Wege der einstweiligen Verfügung.

[785] *Berneke/Schüttpelz* Rdn. 252 mit Rspr.-Nachweisen in Fn. 22.

[786] BGH WM 1976, 134 und 1201; OLG Köln GRUR 1977, 220, 221; OLG Karlsruhe GRUR 1980, 314.

[787] *Teplitzky* Kap. 54 Rdn. 6.

[788] *Teplitzky* Kap. 54 Rdn. 3, 4 unter Hinweis auf OLG Hamburg WRP 1981, 325, 326.

[789] RGZ 50, 342, 346; OLG Karlsruhe GRUR 1980, 314; OLG Nürnberg GRUR 1957, 296, 297; OLG Hamburg WRP 1981, 325, 326, OLG Hamm OLGZ 1989, 338; LG Frankfurt NJW 1990, 652; so auch die Literatur vgl. statt vieler *Walker* in: Schuschke/Walker § 937 Rdn. 1 m. w. N.

[790] Stein/Jonas/*Grunsky* § 919 Rdn. 5; *Berneke/Schüttpelz* Rdn. 262.

[791] *Berneke* Rdn. 112 m. w. N. in Fn. 11 auch zur Gegenmeinung.

[792] WRP 1996, 27 und GRUR 1997, 495; ebenso *Köhler*/Bornkamm, § 12 Rdn. 3.3; Gloy/Loschelder/Erdmann/*Spätgens*, HdbWettbR, § 101 Rdn. 60 Fn. 109; *Speckmann* Rdn. 1563.

fern er nicht vorher seinerseits eine Leistungsklage in der Hauptsache erhebe,[793] wird sowohl in der Rechtsprechung[794] als auch in der Literatur[795] überwiegend abgelehnt, um eine Bindung an das vom Antragsgegner gewählte Gericht zu vermeiden. Legt man die vom BGH[796] für den Vorrang der Leistungsklage gegenüber der Feststellungsklage in den Vordergrund gestellte Interessenlage zugrunde, erscheint es zwingend, diese Grundsätze auch bei der Anwendung der §§ 937 Abs. 1, 943 ZPO zu berücksichtigen mit der Folge, dass der Antragsteller auch ein anderes für die Leistungsklage zuständiges Gericht der Hauptsache wählen kann.

Durch die Anhängigkeit der Hauptsache tritt auch eine **Zuständigkeitskonzentration hinsichtlich der funktionellen Zuständigkeit,** der mit der Hauptsache befassten Handelskammer bzw. Zivilkammer ein.[797] Damit wird eine Befassung eines weiteren Spruchkörpers vermieden. Der Antragsteller kann nicht nochmals zwischen Zivilkammer und Handelskammer wählen. Hat der Antragsgegner sein Antragsrecht nach § 98 Abs. 1 GVG (siehe unten § 13 Rdn. 24ff.) im Hauptsacheverfahren bei Befassung der Zivilkammer nicht ausgeübt, muss er es auch hinnehmen, dass ihm auch im nachfolgenden Verfügungsverfahren ein solches Wahlrecht nicht mehr zusteht. 356

Nach der Neuregelung in § 513 Abs. 2 ZPO kann auch die funktionelle Unzuständigkeit des Gerichts erster Instanz mit der Berufung nicht mehr gerügt werden.[798]

Ist die **Hauptsache** – wie in den meisten Fällen – **noch nicht anhängig,** kann der Antrag bei jedem Gericht erhoben werden, dass für eine entsprechende Hauptsacheklage zuständig wäre; unter mehreren Gerichten steht dem Antragsteller ein Wahlrecht zu (§ 35 ZPO). Durch die Ausübung dieses Wahlrechts erfolgt nach allgemeiner Auffassung – die von *Pastor*[799] vertretene gegenteilige Auffassung ist zu Recht ohne Gefolgschaft in Rechtsprechung und Literatur geblieben – **keine Festlegung für das Hauptsacheverfahren.**[800] Die Zuständigkeit des Gerichts für den Antrag auf Erlass einer einstweiligen Verfügung entfällt nicht dadurch, dass nach Einreichung des Antrags andernorts Hauptsacheklage erhoben wird.[801] 357

Die **Landgerichte** sind unabhängig vom Streitwert **ausschließlich sachlich zuständig** (siehe unten § 13 Rdn. 4). 358

Bei **Anhängigkeit** der Hauptsache **bei einem ausländischen Gericht** wird hierdurch die Zuständigkeit inländischer Gerichte für den Erlass einstweiliger Verfügungen nicht beseitigt, was insbesondere in Fällen von negativen Feststellungsklagen mit der Folge der Rechtshängigkeitssperre **(„italienisches Torpedo")** von Bedeutung ist.[802] Wie sich aus Art. 31 EuGVVO (Art. 24 EuGVÜ, Art. 24 LGÜ) ergibt, bleibt die Zuständigkeit der deutschen Gerichte für den einstweiligen Rechtsschutz unberührt. Es entspricht allgemeiner Auffassung, dass auch eine Unterlassungsverfügung eine einstweilige Maßnahme im Sinne der Rechtsprechung des EuGH[803] darstellt, wobei sich hier lediglich die Problematik anknüpfen kann, ob der in § 945 ZPO vorgesehene Schadensausgleich eine hinreichende Maßnahme im Sinne der Rechtsprechung des EuGH darstellt[804] oder ob eine Sicherheitsleistung zu erfolgen hat. Dagegen dürfte, wenn das Hauptsacheverfahren im Ausland noch nicht anhängig ist, Art. 31 EuGVVO im Wettbewerbsrecht praktisch keinen Anwendungsbereich haben, da im Hinblick auf Art. 5 Nr. 3 EuGVVO – Gerichtsstand der unerlaubten Handlung, vgl. unten § 14 Rdn. 78ff. und oben Einl. D Rdn. 12ff. – für das Hauptsacheverfahren unbeachtliche Gerichtsstände (wie § 23 ZPO) keine relevante Bedeutung erlangen. 359

---

[793] GRUR 1997, 495; *Graf Lambsdorff* Rdn. 166; *Speckmann* Rdn. 1564.

[794] OLG Hamburg GRUR 2001, 361; MD 2001, 425, 427; LG Düsseldorf GRUR 2000, 611f.

[795] *Fritze* GRUR 1996, 571; *Borck* WRP 1997, 265, 268; *Keller* WRP 2000, 908, 910; *Melullis* Rdn. 186; *Fritze* GRUR 1996, 571; *Berneke/Schüttpel* Rdn. 254; *Ingerl/Rohnke,* MarkenG, § 140 Rdn. 53; *Ströbele/Hacker* § 140 Rdn. 27.

[796] GRUR 1987, 401, 403 und 1994, 846, 848 – *Parallelverfahren I* und *II.*

[797] OLG Zweibrücken MDR 1989, 272; *Walker* in: Schuschke/Walker § 937 Rdn. 1; Zöller/*Vollkommer* § 937 Rdn. 1; *Berneke/Schüttpelz* Rdn. 257.

[798] Vgl. BGH NJW 2003, 426, 427 li. Sp. unter aa.; MünchKommZPO/*Rimmelspacher* § 513 Rdn. 16, der die Rüge der ausschließlichen Zuständigkeit des Gerichts der Hauptsache zulassen will, Rdn. 22; ebenso *Berneke/Schüttpelz* Rdn. 267.

[799] Der Wettbewerbsprozess, 3. Aufl., S. 282, 545.

[800] OLG Karlsruhe NJW 1973, 1509; *Walker* in: Schuschke/Walker § 937 Rdn. 1; *Berneke/Schüttpelz* Rdn. 262.

[801] OLG Karlsruhe WRP 2010, 793.

[802] Vgl. hierzu *Grabinski* GRUR Int. 2001, 199, 211f.; *Meier-Beck* GRUR 2000, 355, 357; *v. Falck* Mitt. 2002, 429, 434 m. w. N.; LG Düsseldorf GRUR 2000, 692, 696; GRUR Int. 2002, 157, 161f.

[803] EuGH EuZW 1999, 413, 416 – *Van Uden* und S. 927, 929f. – *Mietz/Intership Yachting;* NJW 2002, 2087 Rdn. 39 – *Italian Leather/Weco;* Zöller/*Geimer* Art. 31 EuGVVO Rdn. 2; Thomas/Putzo/*Hüßtege* Art. 31 Rdn. 2.

[804] So Thomas/Putzo/*Hüßtege* Art. 31 Rdn. 3.

360 Ist für die Hauptsache die Zuständigkeit eines **Schiedsgerichtes** begründet, ist auch durch die Neuregelung des Schiedsverfahrensrechts in § 1041 Abs. 1 Satz 1 ZPO, wonach die Schiedsgerichte auch ihrerseits Maßnahmen des einstweiligen Rechtsschutzes anordnen können, die Zuständigkeit der ordentlichen Gerichte erhalten geblieben. Denn die Zuständigkeit der ordentlichen Gerichte für den Erlass von einstweiligen Verfügungen wird hierdurch nicht verdrängt.[805]

361 Eine für das Hauptsacheverfahren wirksam geschlossene **Gerichtsstandsvereinbarung** erlangt über § 937 Abs. 1 ZPO auch für das Verfügungsverfahren Bedeutung,[806] was in Wettbewerbsstreitigkeiten – unabhängig von der Qualifizierung von § 14 UWG als ausschließlichem Gerichtsstand (unten § 14 Rdn. 11) – jedoch im Hinblick auf das Derogationsverbot für deliktische Ansprüche vor Eintritt des Schadens meist nur bei Klagen aus Vertragsstrafen praktische Bedeutung erlangen dürfte.[807]

2. Amtsgericht der belegenen Sache

362 In **besonders dringenden Fällen** ist gemäß § 942 Abs. 1 ZPO neben dem Gericht der Hauptsache wahlweise (§ 35 ZPO) auch das **Amtsgericht der belegenen Sache** zuständig, allerdings **mit eingeschränkter Entscheidungskompetenz,** verbunden mit einem nachfolgenden Rechtfertigungsverfahren. Dies erfordert gegenüber den von § 937 Abs. 2 ZPO erfassten dringenden Fällen (hierzu unten Rdn. 374) eine gesteigerte Dringlichkeit,[808] d.h. wenn die Inanspruchnahme des Gerichts der Hauptsache für den Antragsteller eine nicht hinnehmbare Verzögerung mit sich bringen würde, was in der Regel nur bei zeitgebundenen Ereignissen an Wochenenden oder Feiertagen in Betracht kommen wird. Der erforderliche räumliche Bezug („in dessen Bezirk sich der Streitgegenstand befindet"), kann sich aus einer begangenen oder drohenden Verletzungshandlung bzw. bei einer erstrebten Sicherstellung auch aus der glaubhaft zu machenden Belegenheit von Gegenständen (z.B. bevorstehende Ausstellung auf einer Messe) ergeben. Fehlt diese besondere Dringlichkeit, ist das Verfahren an das Gericht zu verweisen, das für die Hauptsache zuständig wäre[809] (zum Rechtfertigungsverfahren siehe unten Rdn. 490ff.).

3. Zuständigkeit des Berufungsgerichts

363 Das **Berufungsgericht** – zu unterscheiden vom Hauptsachegericht, wenn dort die Berufung anhängig ist[810] – bzw. das **Beschwerdegericht** ist für den Erlass einer einstweiligen Verfügung nur dann zuständig, wenn deren Erlass im angefochtenen Urteil oder mit dem angegriffenen Beschluss erster Instanz abgelehnt bzw. eine zunächst im Beschlusswege erlassene einstweilige Verfügung auf Widerspruch hin aufgehoben wurde. Ein neuer Antrag auf Erlass einer einstweiligen Verfügung kann nicht, auch nicht hilfsweise, im Berufungsverfahren gestellt werden, sondern nur nach Rücknahme des ersten Antrags oder dessen rechtskräftiger Abweisung (vgl. zur Rechtshängigkeitssperre gemäß § 261 Abs. 3 Nr. 1 ZPO unten Rdn. 372) beim funktionell ausschließlich zuständigen Gericht erster Instanz (§§ 937, 943, 802 ZPO; vgl. Rdn. 351).[811] Auch eine Anschlussberufung mit einem inhaltsgleichen Verfügungsbegehren – etwa bei nicht fristgerechter Vollziehung – ist nicht möglich (siehe unten Rdn. 372).

4. Verweisung

364 **a) Örtliche/sachliche Unzuständigkeit.** Wird der Antrag auf Erlass einer einstweiligen Verfügung bei dem örtlich und/oder sachlich unzuständigen Gericht eingereicht, ist eine **Verweisung des Rechtsstreits gemäß § 281 ZPO vor Erlass einer einstweiligen Verfügung** auf Antrag des Antragstellers ebenso möglich[812] wie im Klageverfahren, und zwar auch dann, wenn der Antragsgegner bisher am Verfahren noch nicht beteiligt ist. Umstritten ist dagegen, ob eine **Verweisung nach Erlass der einstweiligen Verfügung** ohne deren vorherige Aufhebung möglich ist.[813]

---

[805] OLG Köln GRUR-RR 2002, 309f.; *Berneke/Schüttpelz* Rdn. 270; Zöller/*Geimer* § 1032 Rdn. 9; einschränkend Stein/Jonas/*Grunsky* Vor § 935 Rdn. 63, Vor § 916 Rdn. 30f.; Ahrens/*Singer* Kap. 45 Rdn. 70.

[806] *Walker* in: Schuschke/Walker § 937 Rdn. 1.

[807] Vgl. oben Einl. UWG D Rdn. 21.

[808] *Berneke/Schüttpelz* Rdn. 432.

[809] OLG Koblenz NJW 1983, 1460.

[810] Ahrens/*Bähr* Kap. 53 Rdn. 14.

[811] OLG Brandenburg MDR 1999, 1219; OLG Düsseldorf GRUR 1984, 385, 386; OLG Hamm GRUR 1989, 457; OLG Hamburg MD 2001, 49, 50; Ahrens/*Bähr* Kap. 53 Rdn. 9ff.

[812] *Teplitzky* DRiZ 1982, 41, 42; *Berneke/Schüttpelz* Rdn. 267.

[813] Vgl. *Teplitzky* DRiZ 1982, 41, 42; *ders.* Kap. 55 Rdn. 20 Fn. 69: Verweisung allenfalls bei gleichzeitiger vorläufiger Einstellung der Zwangsvollstreckung; *Walker* in: Schuschke/Walker § 924 Rdn. 10.

Zum Teil wird eine Verweisung ohne vorherige Aufhebung damit begründet, dass über die Rechtmäßigkeit der einstweiligen Verfügung nur das zuständige Gericht zu befinden habe,[814] während die Gegenansicht maßgeblich auf die Unzuständigkeit des Erlassgerichts abstellt.[815] Auch bei Berücksichtigung der Bedeutung, die der Zuständigkeitsfrage im Verfahren der einstweiligen Verfügung aufgrund der „örtlichen Besonderheiten" allein im Hinblick auf die unterschiedliche Handhabung der Dringlichkeit zukommt, erscheint letztere Auffassung zur Wahrung der schutzwürdigen Belange des Antragsgegners nicht geboten, da diesen gegebenenfalls auch durch eine einstweilige Einstellung der Zwangsvollstreckung zusammen mit dem Verweisungsbeschluss Rechnung getragen werden kann.[816] Solche Maßnahmen wird man dem unzuständigen Gericht auch dann zubilligen müssen, wenn man die sonstige Prüfungskompedenz nur dem zuständigen Gericht einräumen will.

Die von *Berneke/Schüttpelz*[817] erörterte Verweisung in der Berufungsinstanz kann allenfalls, selbst 365
wenn man sich der einschränkenden Auslegung der Neuregelung des § 513 Abs. 2 ZPO (ebenso § 571 Abs. 2 Satz 2 ZPO) anschließt, für Ausnahmefälle Bedeutung erlangen.[818]

b) Rechtswegverweisung. Die Bestimmungen über die Rechtswegverweisung (§ 17a GVG) 366
finden auch auf das Verfügungsverfahren Anwendung.[819] Danach kann das Gericht von Amts wegen bzw. muss es auf eine Rüge einer der Parteien hin durch Beschluss entscheiden (§ 17a Abs. 3 Satz 2 ZPO), auch wenn es den Rechtsweg für gegeben ansieht.[820] Will das Gericht den Rechtsweg bejahen, so erscheint eine Entscheidung von Amts wegen ohne Rüge des Rechtsweges von einer der Parteien allerdings in der Regel nicht sachdienlich. Verneint das Gericht den beschrittenen Rechtsweg, unterliegt der Verweisungsbeschluss der sofortigen Beschwerde[821] (§ 17a Abs. 4 Satz 3 GVG). Der BGH stellt auch nicht darauf ab, ob es in dem für zuständig angesehenen Rechtsweg bzw. der maßgeblichen Verfahrensordnung eine Regelung über den einstweiligen Rechtsschutz gibt.[822] Nach der Rechtsprechung[823] des BGH und des BAG ist bei Zulassung durch das Beschwerdegericht die „weitere" Beschwerde gemäß § 17a Abs. 4 Satz 4–6 GVG, nunmehr als Rechtsbeschwerde,[824] statthaft (siehe hierzu unten Rdn. 503).

IX. Der Verfügungsantrag: § 920 Abs. 1, § 253 Abs. 2 Nr. 2 – § 938 ZPO

1. Bestimmtheitserfordernis

Gemäß § 936 Abs. 1, § 920 Abs. 1 ZPO bestimmt der Antragsteller mit seinem Antrag den Ge- 367
genstand seines Begehrens. Bei **Leistungsverfügungen** einschließlich der **Unterlassungsverfügung** muss der Antrag dem **Bestimmheitserfordernis** des § 253 Abs. 2 Nr. 2 ZPO entsprechen. Im Falle der Leistungsverfügung, einschließlich der auf Unterlassung lautenden Verfügung – unabhängig von deren Einordnung als Regelungs- oder Leistungsverfügung –, hat der Antrag dem im Hauptsacheverfahren zu stellenden Antrag (vgl. auch § 926 ZPO) zu entsprechen; d.h. er hat die begehrte Leistung bzw. die beanstandete Verhaltensweise hinreichend bestimmt i.S.v. § 253 Abs. 2

814 OLG Hamm OLGZ 1989, 338; Thomas/Putzo/*Reichold* § 925 Rdn. 1; Zöller/*Vollkommer* § 924 Rdn. 6 m.w.N.; vgl. auch BVerwG NJW 2001, 1513 zur Prüfungskompetenz des angegangenen (offensichtlich unzuständigen) – Gerichts.

815 So OLG Stuttgart MDR 1958, 171; LG Arnsberg NJW-RR 1993, 319 m.w.N.; *Baernarts* MDR 1979, 79; vgl. zum Meinungsstand auch die Nachw. bei *Berneke/Schüttpelz* Rdn. 266.

816 A.A. LG Köln, Beschl. v. 25.7.2000 – 28 O (Kart) 370/00, das für den Einstellungsantrag das Gericht, an das verwiesen wird, als zuständig ansieht.

817 Rdn. 115 unter Hinweis auf MünchKommZPO/*Rimmelspacher* § 513 Rdn. 22.

818 Vgl. Zöller/*Gummer/Heßler* § 513 Rdn. 10.

819 BGH GRUR 2007, 535 – *Gesamtzufriedenheit;* NJW 1999, 3785; NJW 2001, 2181; NJW 2003, 1192, 1193; BAG NJW 2000, 2524; BFH NJW 2001, 2573; KG NJW 2002, 1504; OLG Hamburg MD 2001, 444; OLG Jena OLG Report NL 2000, 181; OLG Köln OLG Report 1994, 290; OLG Frankfurt OLG Report 1994, 71; OLG München, Urt. v. 20.1.2000 – U (K) 4428/99; *Brüning* Vor § 12 Rdn. 12; Zöller/*Gummer* Vor §§ 17–17b GVG Rdn. 12 m.w.N.

820 OLG Hamburg MD 2001, 444; *Berneke* Rdn. 114a; a.A. *Walker* in: Schuschke/Walker Vor § 916–945 Rdn. 18, der die damit einhergehende Verzögerung mit dem Charakter des Eilverfahrens nicht für vereinbar hält; vgl. auch OLG Frankfurt OLG Report 1995, 245 zur Frage der Aufhebung bzw. einstweiligen Einstellung der Zwangsvollstreckung bei Verweisung.

821 OLG Düsseldorf WRP 1998, 1091; *Berneke/Schüttpelz* Rdn. 263; a.A. Stein/Jonas/*Grunsky* Vor § 916 Rdn. 29, 36; *Schuschke* in: Schuschke/Walker Vor § 916–945 Rdn. 41.

822 BGH NJW 2001, 2181.

823 BGH NJW 1999, 3785, 2001, 2181 und 2003, 1192; BAG NJW 2002, 3725.

824 BGH GRUR 2007, 535 – *Gesamtzufriedenheit;* BAG NJW 2002, 3725; BGH NJW 2003, 277; Thomas/Putzo/*Hüßtege* § 17a GVG Rdn. 20.

Nr. 2 ZPO zu bezeichnen.[825] Hiervon ist der Antragsteller durch § 938 ZPO, der auf „echte" Sicherungsmaßnahmen und nicht auf eine zeitweilige Befriedigung des zu sichernden Unterlassungsanspruchs abstellt, nicht entbunden.[826]

2. Bindung an den Antrag

368 Das Gericht ist bei Leistungs-/Unterlassungsverfügungen gemäß **§ 308 Abs. 1 ZPO** an den Verfügungsantrag gebunden;[827] dem Antragsteller kann – ebenso wie im Hauptsacheverfahren – nur (gegebenenfalls mit entsprechender Kostenfolge) weniger und nicht etwas anderes als beantragt zugesprochen werden. Abänderungen des Antrags von Seite des Gerichts, die über redaktionelle Umformulierungen hinausgehen,[828] sind auch von § 938 Abs. 1 ZPO nicht mehr gedeckt und daher unzulässig (§ 308 Abs. 1 ZPO).[829] Das Gericht kann im Tenor gegenüber dem Antrag nicht unter Hinweis auf § 938 ZPO abweichen, vielmehr hat es auf die Stellung eines sachdienlichen Antrags hinzuwirken (§ 139 Abs. 1 ZPO) und im Falle eines zu weit gehenden Antrags diesen mit der entsprechenden Kostenfolge teilweise zurückzuweisen.

3. Rechtshängigkeit

369 Mit Einreichung des Verfügungsantrages, d. h. mit der Anhängigkeit und nicht erst mit dessen Zustellung an den Gegner wie bei der Klage, da das Gericht ohne Beteiligung des Antragsgegners über den Antrag entscheiden kann,[830] treten die **Rechtshängigkeitswirkungen** ein:

370 Es entsteht, wenn auch noch ohne „tatsächliche" Beteiligung des Antragsgegners, ein **Prozessrechtsverhältnis,** was u. a. für die Frage der Erstattungsfähigkeit der Kosten einer Schutzschrift[831] von großer praktischer Bedeutung ist.

371 Das Verfahren kann auch nicht formlos an ein anderes Gericht abgegeben werden; es kommt nur eine **Verweisung** gemäß § 281 ZPO in Betracht.

372 Ein inhaltsgleicher Antrag gegen denselben Antragsgegner kann nicht mehr zum Gegenstand eines weiteren Verfügungsantrages gemacht werden, § 261 Abs. 3 Nr. 1 ZPO;[832] entgegen einer teilweise vertretenen Ansicht[833] auch nicht im Wege eines Hilfsantrags bei dem Gericht, das über den Widerspruch zu entscheiden hat.[834] Die **Rechtshängigkeitssperre** gilt ebenso für einen im Berufungsverfahren gestellten inhaltsgleichen Hilfsantrag, für den zudem keine funktionelle Zuständigkeit des Berufungsgerichts besteht.[835] Denn selbst wenn man eine Klageänderung in der Berufungsinstanz für zulässig erachtet (siehe unten Rdn. 457), handelt es sich bei einem inhaltsgleichen Hilfsantrag – wie etwa in den Fällen der versäumten Vollziehung – nicht um eine Erweiterung des Antrags, sondern um einen Neuerlass.[836] Bei begründeten Zweifeln hinsichtlich des Umfangs eines bestehenden Titels – erfasst er die abgeänderte Werbung des Antragsgegners noch? – wird ein Vor-

---

[825] Stein/Jonas/*Grunsky* Vor § 935 Rdn. 10, 11.

[826] *Berneke/Schüttpelz* Rdn. 344; MünchKommUWG/*Schlingloff* § 12 Rdn. 343; Piper/Ohly/*Sosnitza,* UWG, § 12 Rdn. 128; Fezer/*Büscher* § 12 Rdn. 90; Ahrens/*Spätgens* Rdn. 26; Stein/Jonas/*Grunsky* Vor § 935 Rdn. 10; aus der Rspr.: KG WRP 2010, 129, 135; OLG Hamburg Mitt. 2007, 521 (LS); GRUR-RR 2005, 312, 314; NJWE-WettbR 1998, 77; MD 2003, 645, 646; OLG Karlsruhe WRP 2001, 1328, 1329; OLG Köln ZUM-RD 2002, 487: „... ist das Gericht nicht gehindert, einschränkende Konkretisierungen anzubringen ..."; a. A. OLG München WuWE-DE-R 964, 965: nur Anregung an das Gericht (Stromdurchleitung).

[827] OLG Karlsruhe WRP 2001, 1328, 1329; OLG Hamburg GRUR-RR 2005, 125 126; OLG Jena MD 2010, 186, 189; OLG München, Beschl. v. 17.5.2011 – 6 W 837/11.

[828] Vgl. OLG Hamburg MD 2003, 645, 646: falsche Bezeichnung der angegriffenen Kennzeichnung durch beide Parteien; *Berneke/Schüttpelz* Rdn. 343 m. w. N.

[829] GroßkommUWG/*Schwippert* § 12 C Rdn. 143 f. mwN; a.A. MünchKommZPO/*Drescher* § 938 Rdn. 5.

[830] Allgemeine Meinung vgl. z. B. OLG Köln GRUR 2001, 424, 425; OLG München NJW 1993, 1604; *Berneke/Shüttpelz* Rdn. 215; MünchKommUWG/*Schlingloff* § 12 Rdn. 336.

[831] Pastor/*Ahrens* Rdn. 285 m. w. N.

[832] OLG Hamburg MD 2004, 1232; OLG Hamm WRP 1996, 581; OLG Schleswig MMR 2002, 161; Stein/Jonas/*Grunsky* Vor § 935 Rdn. 12; Zöller/*Vollkommer* Vor § 916 Rdn. 5; Ahrens/*Ahrens* Kap. 55 Rdn. 12 ff.; *Berneke/Schüttpelz* Rdn. 216, 480; zum Einwand des Rechtsmissbrauchs bei zeitweise bestehender doppelter Rechtshängigkeit vgl. OLG Hamburg WRP 2010, 290 = GRUR-RR 2010, 266; LG Frankfurt InstGE 12, 239; LG München I InstGE 11, 112.

[833] OLG Hamm OLG Report 1993, 93 = WM 1993, 2050; vgl. auch OLG Frankfurt WRP 1997, 51 und WRP 2014, 101 bei abgewandelter Verletzungsform.

[834] OLG Koblenz GRUR 1980, 1022, 1023; *Ulrich* EWiR § 261 ZPO 1/93; *Teplitzky* Kap. 55 Rdn. 51.

[835] Teplitzky/*Feddersen* Kap. 55 Rdn. 51 m. w. N.

[836] *Berneke/Schüttpelz* Rdn. 445 m. w. N.; vgl. die Nachweise bei OLG Zweibrücken WRP 2016, 280 Tz. 20, das eine Zuständigkeit des Berufungsgerichts für einen (geänderten) Antrag auf Erlass einer einstweiligen Verfügung aus Gründen der Prozesswirtschaftlichkeit bejaht

gehen im Wege eines weiteren Verfügungsverfahrens für zulässig angesehen, da es dem Antragsteller nicht zugemutet wird, die Reichweite des bestehenden Titels in einem Vollstreckungsverfahren zur Überprüfung zu stellen.[837] Der gleichzeitige Zwangsvollstreckungsantrag wegen Verstoßes gegen den bestehenden Titel (§ 890 ZPO) und der Antrag auf Erlass einer weiteren einstweiligen Verfügung – **Doppelverfolgung** – ist jedoch nicht möglich.[838]

Die nachträgliche Erhebung einer Hauptsacheklage bei einem anderen Gericht hat nach § 261 Abs. 3 Nr. 2 ZPO auf die Zuständigkeit des Gerichts, bei dem bereits ein Verfügungsverfahren anhängig ist, keinen Einfluss.[839] Ein anfänglich unzuständiges Gericht kann aber durch nachträgliche Einreichung der Hauptsacheklage bei diesem Gericht zuständig werden.[840] **373**

X. Entscheidung durch Beschluss

1. Bedeutung des § 937 Abs. 2 ZPO

In § 937 Abs. 2 ZPO geht das Gesetz davon aus, dass die Entscheidung über den Verfügungsantrag aufgrund einer **mündlichen Verhandlung** den Regelfall darstellt und hiervon in **besonders dringenden Fällen,** in denen für den Antragsteller nach seinem glaubhaft gemachten Vorbringen die mit der Terminsanberaumung verbundene Verzögerung nicht hinnehmbar ist, abgewichen werden kann.[841] Dem sind die Fallgestaltungen gleich zu stellen, in denen die Gefahr besteht, dass durch eine vorherige Zustellung des Verfügungsantrags der Zweck des einstweiligen Rechtsschutzes in Frage gestellt wird (Vereitelungsmaßnahmen von Seiten des Antragsgegners).[842] **374**

Die nach § 12 Abs. 2 zu vermutende Eilbedürftigkeit besagt zum Vorliegen dieser weitergehenden Voraussetzungen nichts.[843] Die gerichtliche Praxis im Bereich des gewerblichen Rechtsschutzes negiert diesen Grundsatz weitgehend, da die Beschlussverfügung[844] in wettbewerbsrechtlichen Verfahren den **Regelfall** darstellt und eine mündliche Verhandlung meist nur dann anberaumt wird, wenn es sich um einen umfangreichen oder komplex gelagerten Sachverhalt handelt, eine Zurückweisung des Antrags im Beschlusswege nicht in Betracht kommt oder aus sonstigen Gründen eine mündliche Verhandlung angezeigt erscheint. Das gesetzliche Regel-Ausnahmeverhältnis wird umgekehrt. Dies wird zum Teil gerechtfertigt, indem grundsätzlich alle Wettbewerbsstreitigkeiten – zu Unrecht – als besonders dringlich im Sinne von § 937 Abs. 2 ZPO qualifiziert werden[845] bzw. indem die gesetzliche Regelung in Bezug auf die „massenhaft" auftretenden Wettbewerbstreitigkeiten nicht als praktisch handhabbar angesehen wird.[846] Dabei wird im Rahmen des dem Gericht zustehenden Ermessens eine Interessenabwägung für erforderlich gehalten, welche Nachteile und Beeinträchtigungen der Antragsgegner erleiden kann, wenn ohne mündliche Verhandlung entschieden **375**

---

[837] Hierzu *Kehl* WRP 1999, 46 ff.; OLG Frankfurt WRP 1997, 51 f.; krit. *Teplitzky* GRUR 1998, 320, 322 f.; *Melullis* Rdn. 553 a f.; strenger OLG München, Beschl. v. 27.7.2001 – 29 W 1893/01; OLG Rostock, Urt. v. 16.6.1999 – 2 U 91/98, bei *Koch* WRP 2002, 191, 200 f.; zum Antrag auf Erlass einer zweiten einstweiligen Verfügung unter einem anderen rechtlichen Gesichtspunkt OLG Köln Pharma Recht 1995, 164.

[838] OLG München, Beschl. v. 23.10.2001 – 29 W 2104/01: Da die Gläubigerin wegen der als Verstoß gegen ein rechtskräftiges Urteil qualifizierten Äußerungen eine einstweilige Verfügung erwirkt hatte, wurde es ihr verwehrt, im Zwangsvollstreckungsverfahren geltend zu machen, die Äußerungen fielen in den Kernbereich des Urteils; *Berneke* Rdn. 56, 58, 92, 94; a. A. *Brüning* Vor § 12 Rdn. 314 m. w. N.; vgl. auch OLG Köln MD 2002, 222, 295; MD 2003, 1147 und 1152; vgl. BGH GRUR 2011, 742 Tz. 20 – *Leistungspakete im Preisvergleich:* keine Verweisung auf das Zwangsvollstreckungsverfahren, wenn dessen Ausgang ungewiss oder Verjährung droht.

[839] OLG Hamburg OLG Report 2000, 474; *Berneke/Schüttpelz* Rdn. 262.

[840] *Berneke/Schüttpelz* Rdn. 262 m. w. N.

[841] Ahrens/*Scharen* Kap. 51 Rdn. 4; *Berneke/Schüttpelz* Rdn. 298 m. w. N.

[842] Siehe Rdn. 2.

[843] KG WRP 1970, 144 f.; DB 1979, 642; OLG Karlsruhe WRP 1989, 265; NJW-RR 1987, 1206; *Kunath* WRP 1991, 66; Fezer/*Büscher* § 12 Rdn. 95; Ahrens/*Scharen* Kap. 51 Rdn. 1; *Berneke/Schüttpelz* Rdn. 281, 299, 310 m. w. N.; *Bopp/Sonntag* in: Münchener Prozessformularbuch, Bd. 5 A. 4 Anm. 8; Cepl/*Voß* § 937 Rdn. 19.

[844] Das Spruchrichterprivileg des § 839 Abs. 2 Satz 1 BGB gilt auch hierfür BGH NJW 2005, 436 m. Anm. *Meyer* S. 864 f. unter Aufgabe von BGHZ 10, 55, 60.

[845] So aber OLG Hamburg WRP 1995, 854, das die besondere Dringlichkeit bei wettbewerbsrechtlichen Ansprüchen bejaht unter Hinweis auf *Engelschall* GRUR 1972, 103, *Borck* WRP 1978, 641, *Pietzcker* GRUR 1978, 526 und *Klaka* GRUR 1979, 593.

[846] *Deutsch* GRUR 1990, 327 re. Sp.; Ahrens/*Scharen* Kap. 51 Rdn. 4 f.; GroßkommUWG/*Schultz-Süchting* § 25 Rdn. 83; *Berneke/Schüttpelz* Rdn. 301-304; *Melullis* Rdn. 196 f.; a. A. *Teplitzky* NJW 1980, 1667 und WRP 1980, 373, 374; *Köhler*/Bornkamm § 12 Rdn. 1.59: Zurückhaltung geboten, i. d. R. nur nach Abmahnung.

wird und der Anspruch des Antragsgegners auf rechtliches Gehör nur in einem nachfolgenden Widerspruchsverfahren gewährt werden kann;[847] ebenso sei zu berücksichtigen, ob aufgrund der eindeutigen Sachlage hinsichtlich der Beurteilung des Verfügungsanspruchs, damit gerechnet werden kann, dass die Beschlussverfügung mangels erheblicher Einwendungen des Antragsgegners voraussichtlich Bestand haben wird und deshalb die im Falle der Terminierung verbundene Zeitverzögerung den Erlass des erstrebten Verbots somit nur hinauszögern würde.[848] Gegen diese Handhabung in der Praxis sind so lange keine durchgreifenden Bedenken zu erheben, als sie sich tatsächlich auf derart „klare Fälle" beschränkt[849] und die auch von den Befürwortern dieser Handhabung geforderte sorgfältige Prüfung von Seiten der Gerichte tatsächlich stattfindet, d. h. der Erlass von Beschlussverfügungen von den Gerichten nicht als „schnelle Nummer" in der Hoffnung, dass damit das Verfahren erledigt ist, angesehen wird und eine sorgfältige Prüfung nicht dadurch unterlaufen wird, dass Anträge wieder zurückgenommen[850] und bei einem anderen Spruchkörper oder bei anderen Gerichten so oft eingereicht werden, bis man auf einen „erlassfreudigen" Richter trifft (zum sog. forum shopping siehe Rdn. 323).

376 Es ist allerdings **nicht** angängig, den Antragsgegner **generell** auf die **Nachholung des rechtlichen Gehörs** (Art. 103 Abs. 1 GG) **im Widerspruchsverfahren** zu verweisen[851] bzw. als durch § 945 ZPO hinreichend gesichert anzusehen. Vielmehr gebietet dieses Verfahrensgrundrecht gegebenenfalls eine vorherige Anhörung des Antragsgegners.[852] Bei der Frage, ob die Interessenlage der Parteien eine Entscheidung im Beschlusswege erfordert bzw. sachgerecht erscheinen lässt, ist auch zu berücksichtigen, ob zuvor eine Abmahnung erfolgt ist und der Antragsgegner daher die Möglichkeit hatte, sich gegenüber dem Abmahnenden zu äußern bzw. durch Hinterlegung einer Schutzschrift (siehe unten Rdn. 606ff.) zu reagieren. Soweit im Hinblick auf die in der Literatur geübte Kritik darauf verwiesen wird, die Abmahnobliegenheit dürfe nicht zu einer Art Prozessvoraussetzung für eine Entscheidung im Beschlusswege führen, ist dies im Ansatz zutreffend. Die Frage, ob eine Abmahnung erfolgt ist bzw. ob ein sachlich gerechtfertigter Grund für deren Unterbleiben dargetan ist, ist allerdings als ein Kriterium im Rahmen der Abwägung der Interessen zu berücksichtigen. Insbesondere im Anschluss an die Ablehnung der Erstattungsfähigkeit der Kosten einer Abmahnung[853] nach Ergehen einer „Schubladen-" bzw. Vorratsverfügung[854] durch die Rspr.[855] ist diese „Unsitte"[856] bzw. „taktische Notwendigkeit", um Zeit zu gewinnen, Gegenstand eingehender Erörterungen.[857] Unabhängig von der Frage der Kostenerstattung ist einem Missbrauch[858] des Beschlussverfahrens von Seiten der Gerichte entschieden entgegen zu treten.

377 Hat der Antragsteller ausnahmsweise – ein **Antrag auf Entscheidung ohne mündliche Verhandlung** wird in der Praxis regelmäßig gestellt – Interesse an einer Entscheidung aufgrund mündlicher Verhandlung, sollte er dies in der Antragsschrift ausdrücklich hervorheben, da er bei bloßem Fehlen eines solchen Antrags aufgrund der vorstehend erörterten praktischen Handhabung nicht erwarten kann, dass allein deswegen Termin zur mündlichen Verhandlung anberaumt wird.[859] Oftmals ist der Antragsteller – sei es zu Recht oder allein aus „taktischen" Gründen – an einer Ent-

---

847 *Berneke/Schüttpelz* Rdn. 303.

848 Ahrens/*Scharen* Kap. 51 Rdn. 3; *Berneke/Schüttpelz* Rdn. 304 m. w. N.

849 Dies sieht auch *Mes* in: FS Traub, S. 661, 663 als hinnehmbar an; GroßKommUWG/Schwippert T 12 C Rdn. 110 f.; MünchKommUWG/*Schlingloff* § 12 Rdn. 435 fordert eine Interessenabwägung.

850 Vgl. *Teplitzky* GRUR 2008, 34, 38 Fn. 51 gegen die teilweise für möglich gehaltene bedingte Rücknahmeerklärung für den Fall der Anberaumung eines Verhandlungstermins; GroßKommUWG/Schwippert § 12 C Rdn. 113 mwN.

851 *Teplitzky* GRUR 2008, 34, 35f. m. w. N.; *ders.* FS Bornkamm S. 1073, 1087 f.; *Weisert* WRP 2007, 504, 506; GroßKommUWG/*Schwippert* § 12 C Rdn. 109; Cepl/*Voß* § 937 Rdn. 21; vgl. aber *Schulte-Beckhausen* MarkenR 2006, 505, 506.

852 Vgl. BVerfG NJW 1987, 2500, 2501; NJW 2004, 2443: rechtliches Gehör als „prozessuales Urrecht"; *Berneke/Schüttpelz* Rdn. 303.

853 Vgl. aber bereits zuvor *Schulte-Beckhausen* MarkenR 2006, 505.

854 Vgl. zu den Begriffen *A. Schulz* WRP 2007, 589; *Günther* WRP 2006, 407, 408; *Schulte-Beckhausen* MarkenR 2006, 505; MünchKommUWG/*Ottofülling* § 12 Rdn. 132.

855 BGH GRUR 2010, 257 – *Schubladenverfügung;* OLG München GRUR-RR 2006, 176.

856 So *Köhler*/Bornkamm § 12 Rdn. 1.59.

857 Siehe Fn. 857 sowie *Weisert* WRP 2007, 504; *Günther* WRP 2007, 504.

858 Der in Einzelfällen zweifelsfrei stattfindet, so etwa wenn eine ergangene Beschlussverfügung gegenüber einem Dritten – dem Lieferanten des Antragsgegners, dem die einstweilige Verfügung (noch) nicht zugestellt ist – als Druckmittel eingesetzt wird, um diesen zur Vermeidung von möglichen Regressforderungen zu einer Lizenzierung zu einem bestimmten Lizenzsatz zu bewegen.

859 Eine Entscheidung ohne mündliche Verhandlung setzt nach *Berneke/Schüttpelz* Rdn. 310, Ohly/*Sosnitza,* UWG, § 12 Rdn. 138 und *Melullis* Rdn. 138 ein entsprechendes Begehren von Seiten des Antragstellers voraus.

scheidung aufgrund mündlicher Verhandlung nicht interessiert. Eine bedingte Rücknahmeerklärung für den Fall, dass das Gericht nicht ohne mündliche Verhandlung entscheiden will,[860] begegnet durchgreifenden Bedenken. Dem Anliegen des Antragstellers kann durch einen entsprechenden Hinweis vor Anberaumung eines Termins, der ohnehin meist erbeten wird, Rechnung getragen werden.[861]

Nach nicht unumstrittener aber – zu Recht – überwiegend vertretener Auffassung[862] kann das Gericht, von den Fällen eines damit verbundenen unangebrachten Warneffekts abgesehen, **dem Antragsgegner Gelegenheit geben,** innerhalb kurz bemessener Frist **zu dem Antrag Stellung zu nehmen.** In diesem Fall kann ihm die Entscheidung auch von Amts wegen mitgeteilt werden.[863] Ein „schriftliches Verfahren" über einige Wochen hat zu unterbleiben, da dies dem allgemeinen Beschleunigungsgrundsatz widerspricht bzw. nicht zu rechtfertigen ist, wieso kein Termin zur mündlichen Verhandlung anberaumt wird. **378**

Soll die einstweilige Verfügung nicht lediglich im Inland sondern auch im **Ausland** Wirkung erlangen, ist zu berücksichtigen, dass eine Entscheidung ohne mündliche Verhandlung nach der Rechtsprechung des EuGH nicht anerkennungsfähig ist,[864] sodass es sich bei einem Antragsgegner mit einem Sitz in einem Mitgliedsstaat der EuGVVO/LGÜ (siehe oben Einl. D Rdn. 20ff.) empfehlen wird, eine mündliche Verhandlung zu beantragen.[865] Gegebenenfalls wird das Gericht den Antragsteller darauf hinzuweisen haben, wenn es diesem nicht vorwiegend auf die Geltung in der Bundesrepublik bzw. auf den Überraschungseffekt ankommt.[866] **379**

2. Stattgebende Entscheidung durch Beschluss

a) Inhalt. Die Parteien müssen im Beschluss gemäß § 313 Abs. 1 Nr. 1 ZPO (entsprechend) hinreichend bestimmt bezeichnet werden. Bei der – gegebenenfalls durch Auslegung vorzunehmenden – Feststellung, wer Partei des Verfahrens ist, können grundsätzlich auch Umstände außerhalb des Beschlusses/Urteils berücksichtigt werden, wenn dem nicht berechtigte Schutzinteressen des Antragsgegners entgegenstehen.[867] **380**

Bei einer Beschlussverfügung muss die Bezeichnung des **Rubrums** (ebenso wie die Entscheidungsformel) unmittelbar aus dem Text der von den Richter unterzeichneten Urschrift selbst ersichtlich sein (§ 313 Abs. 1 Nr. 4 ZPO). Die in der Praxis vielfach geübte Handhabung, in der Urschrift lediglich auf Aktenbestandteile zu verweisen („Einrücken wie Blatt …") macht den Beschluss zwar fehlerhaft und anfechtbar, aber nicht nichtig.[868] **381**

Die **Entscheidungsformel** (§ 313 Abs. 1 Nr. 4) bezeichnet die angeordnete(n) Sicherungsmaßnahme(n), meist ein Verbot (Unterlassung), seltener Gebote (Herausgabe an den Gerichtsvollzieher oder Lieferverpflichtungen). **382**

In der Regel[869] enthält die Unterlassungsverfügung bereits die **Ordnungsmittelandrohung** gemäß § 890 Abs. 1, 2 ZPO, die dem Bestimmtheitserfordernis[870] genügen muss; Ersatzordnungshaft ist von Amts wegen[871] gegebenenfalls mit in den Tenor aufzunehmen. Ordnungsgeld und Ordnungshaft können nicht kumulativ angedroht werden; ein Verstoß hiergegen lässt die Eignung als Voraussetzung für Festsetzung von Ordnungsmittel jedoch nicht entfallen.[872] Siehe im Einzelnen oben Vor § 12 Rdn. 237ff. Gemäß § 232 Satz 2 Hs 2 ZPO muss eine Beschlussverfügung eine Belehrung über die Möglichkeit des Einspruchs enthalten. **383**

---

[860] So *Walker* in: Schuschke/Walker § 937 Rdn. 9 m. w. N.

[861] *Walker* vorige Fn.; *Berneke/Schüttpelz* Rdn. 313; zum „Nicht ohne"-Beschluss Ahrens/*Scharen* Kap. 51 Rdn. 6ff., 16 sowie *Berneke/Schüttpelz* Rdn. 308 f.

[862] Vgl. bei *Teplitzky* GRUR 2008, 34, 37 Fn. 44; Fezer/*Büscher* § 12 Rdn. 95; Ohly/*Sosnitza,* UWG, § 12 Rdn. 138; krit. MünchKommUWG/*Schlingloff* § 12 Rdn. 437.

[863] *Berneke/Schüttpelz* Rdn. 373; Ohly/*Sonsitza,* UWG, § 12 Rdn. 139; a. A. Ahrens/*Scharen* Kap. 51 Rdn. 20.

[864] EuGH IPRax 1981, 75,79 – *Denilauler/Couchet Frères* und 1985, 339 – *Brennero/Wendel;* BGH GRUR 2007, 813 – *Ausländischer Arrestbeschluss.*

[865] *Bopp/Sonntag* in: Münchner Prozessformularbuch, Bd. 5 A. 4 Anm. 8, A. 6 Anm. 8, S. 54.

[866] Vgl. Cepl/*Voß* § 937 Rdn. 22 mwN.

[867] BGH GRUR 2004, 264, 265 – *Euro-Einführungsrabatt.*

[868] BGH GRUR 2004, 975f. – *Urschrift der Beschlussverfügung;* KG MD 2010, 843, 844; vgl. auch BAG NJW 2010, 2748, zur Heilung des Mangels einer fehlenden richterlichen Unterschrift.

[869] Zur Zuständigkeit des Prozessgerichts erster Instanz für eine nachträgliche Androhung: BGH NJW 1979, 217; NJW 2000, 590.

[870] BGH GRUR 1995, 744, 749 – *Feuer, Eis & Dynamit I;* a. a. O. – *Euro-Einführungsrabatt.*

[871] BGH GRUR 1993, 62, 63 – *Kilopreise III; Brüning* Vor § 12 Rdn. 237.

[872] BGH a. a. O. – *Euro-Einführungsrabatt.*

384 Die einstweilige Verfügung ist kraft ihrer Rechtsnatur **ohne besonderen Ausspruch im Tenor vollstreckbar;** eines Ausspruchs der vorläufigen Vollstreckbarkeit bedarf es daher weder bei der Beschluss- noch bei der Urteilsverfügung (vgl. §§ 936, 929 Abs. 1 ZPO bzw. Argument aus § 921 Satz 2 ZPO);[873] etwas anderes gilt nur, wenn die Zwangsvollstreckung im Ausland betrieben werden soll,[874] wozu die Zustellung im Ausland jedoch noch nicht gehört.[875]

385 Der Tenor umfasst gegebenenfalls auch die Anordnung einer **Sicherheitsleistung** (§ 921 Satz 2 ZPO), wobei sich die Berechtigung des Antragstellers, diese auch **mittels Bankbürgschaft** zu erbringen, nach der Änderung des § 108 Abs. 1 Satz 2 ZPO nunmehr unmittelbar aus dem Gesetz ergibt, sodass es eines Ausspruchs von Seiten des Gerichts nicht mehr bedarf. Die Anordnung einer Sicherheitsleistung – wovon in der Praxis nur selten Gebrauch gemacht wird[876] – kann gemäß § 936, § 921 Satz 2 auch dann erfolgen, wenn der Verfügungsanspruch und der Verfügungsgrund glaubhaft gemacht sind, wobei es im Anwendungsbereich des § 12 Abs. 2 UWG einer Darlegung und Glaubhaftmachung eines Verfügungsgrundes nicht bedarf.[877] Ist die Vermutung der Dringlichkeit widerlegt, kann dieser Mangel auch nicht durch die Anordnung einer Sicherheitsleistung ausgeglichen werden. Dies kommt nur hinsichtlich der Glaubhaftmachung des Verfügungsanspruchs bzw. sonstiger Sachentscheidungsvoraussetzungen in Betracht, und zwar vor allem dann, wenn dem Antragsgegner ein besonders hoher Schaden entstehen kann oder wenn ein etwaiger Schadensersatzanspruch nach § 945 ZPO nicht oder nur schwer durchgesetzt werden könnte[878] oder wenn das Gericht den Verfügungsanspruch – etwa im Hinblick auf fehlende höchstrichterliche Präjudizen[879] – nicht als zweifelsfrei beurteilt. Hierüber hat das Gericht **von Amts wegen** zu entscheiden, unabhängig davon, ob der Antragsgegner dies – etwa in einer Schutzschrift – begehrt oder eine Sicherheitsleistung vom Antragsteller selbst angeboten wird. Das Gericht kann den **Erlass**[880] (§ 936, § 922 Abs. 3 Alt. 2 ZPO) oder die **Vollziehung** der einstweiligen Verfügung von einer Sicherheitsleistung abhängig machen. Ordnet das Gericht eine Sicherheitsleistung an, kann der **Antragsteller** hiergegen entweder mit der **Beschwerde** oder mit der **Berufung** vorgehen, da insoweit seinem Antrag nicht voll entsprochen wurde.[881] Wurde davon abgesehen, kann der **Antragsgegner** eine entsprechende Anordnung mit dem **Widerspruch** bzw. mit der **Berufung** verfolgen.

386 Ob die von der Rechtsprechung entwickelten Grundsätze zur Gewährung einer **Aufbrauchsfrist** (oben Vor § 12 Rdn. 234) auch für das Verfahren der einstweiligen Verfügung gelten, wird unterschiedlich beurteilt. Dies wird zum Teil mit der Begründung verneint, dass das Hinausschieben der Wirkungen der einstweiligen Verfügung mit deren Wesen – Dringlichkeit der Maßnahme – nicht zu vereinbaren sei,[882] während die Einräumung einer Aufbrauchfrist von einem Teil der Rechtsprechung[883] und dem überwiegenden Teil der Literatur[884] für möglich erachtet wird mit der Begründung, es gebe im Hinblick auf die maßgeblichen Interessenlagen der Parteien keine durchgreifenden Unterschiede zwischen dem Hauptsache- und dem Verfügungsverfahren, zumal – anders als im Urteilsverfahren – eine einstweilige Einstellung der Zwangsvollstreckung praktisch nicht in Betracht komme. Folgt man letzterer Auffassung,[885] wird einer Einräumung einer Auf-

---

873 Vgl. statt aller Zöller/*Vollkommer* § 929 Rdn. 1.

874 LG Berlin MD 2002, 1235, 1236; Thomas/Putzo/*Reichold* § 929 Rdn. 1.

875 KG IPRax 2001, 236 m Anm. *Mennike* S. 202.

876 Vgl. *Berneke/Schüttpelz* Rdn. 489 f.; *Melullis* Rdn. 210; *Sosnitza* WRP 2004, 62, 65.

877 Vgl. KG WRP 2004, 112, 116: Anordnung einer Sicherheitsleistung bei kartellrechtlicher Leistungsverfügung, da der Verfügungsgrund nicht mit deutlich überwiegender Wahrscheinlichkeit glaubhaft gemacht.

878 KG WRP 1986, 327; NJW-RR 1986, 1127; WRP 1995, 24; NJW-RR 1995, 874; GRUR 1996, 974; OLG Düsseldorf WM 2002, 806, 807; OLG Hamm WRP 1989, 116; OLG Köln MDR 1989, 920; OLG München GRUR 1988, 709, 710 f.; *Berneke/Schüttpelz* Rdn. 489; Zöller/*Vollkommer* § 921 Rdn. 7; vgl. aber auch *Sosnitza* WRP 2004, 62, 65: keine Erleichterung durch Anordnung einer Sicherheitsleistung, wenn ein möglicher Schadensersatzanspruch am nicht zu erbringenden Kausalitätsnachweis scheitert.

879 Vgl. OLG München NJWE-WettbR 1999, 179, 180; *Berneke/Schüttpelz* Rdn. 490.

880 *Berneke/Schüttpelz* Rdn. 451; Zöller/*Vollkommer* § 921 Rdn. 3.

881 *Berneke/Schüttpelz* Rdn. 451; vgl. auch *Ulrich* GRUR 1991, 26, 31.

882 OLG Düsseldorf GRUR 1986, 197; anders, wenn der Antragsteller zustimmt AnwBl. 1991, 46; OLG Frankfurt GRUR 1988, 46; GRUR 1989, 456; WRP 1994, 118; OLG Koblenz WRP 1991, 599 f.; GRUR 1995, 499: ausnahmsweise, wenn der Antragsteller keine Einwände erhebt; OLG München WRP 1985, 364; *Melullis* Rdn. 896: nur in Ausnahmefällen, der ein Einverständnis des Antragstellers als dringlichkeitsschädlich ansieht.

883 KG GRUR 1972, 192; OLG Stuttgart WRP 1989, 832; WRP 1993, 536; LG Stuttgart WRP 1994, 850; LG Düsseldorf NJWE-WettbR 1999, 63, 65: allenfalls in Ausnahmefällen; LG Hamburg, Beschl. v. 9.12.1994 – 315 O 621/94, zit. nach *Berlit* WRP 1998, 250, 252 Fn. 27.

884 *Berlit* WRP 1998, 250, 251 f.; *Ulrich* WRP 1991, 26, 28 f.; *Berneke/Schüttpelz* Rdn. 354; Ahrens/*Spätgens* Rdn. 58; Ahrens/*Jestaedt* Kap. 56 Rdn. 35.

885 Vgl. *Köhler*/Bornkamm § 8 Rdn. 1.68.

brauchfrist bei einer Entscheidung ohne mündliche Verhandlung – auch wenn ein förmlicher Antrag von Seiten des Antragsgegners nicht erforderlich ist[886] – von Amts wegen bereits entgegenstehen, dass es einer Darlegung eines besonderen Interesses bedarf, woran es auch bei Vorliegen einer Schutzschrift regelmäßig fehlen wird. Auch bei einer Entscheidung aufgrund mündlicher Verhandlung wird der Gesichtspunkt der Dringlichkeit der begehrten einstweiligen Maßnahme im Rahmen der erforderlichen Abwägung der Interessen der Parteien bzw. der Interessen Dritter zu Lasten des Antragsgegners zu berücksichtigen sein.

Der Antragsteller kann sich **gegen die Bewilligung einer Aufbrauchfrist** in einer Beschluss- **387**
verfügung mit **der sofortigen Beschwerde** wenden (§ 567 Abs. 1 Nr. 2 ZPO) bzw. ein entsprechendes Urteil mit der Berufung anfechten. Der Antragsgegner kann mit dem Widerspruch bzw. mit der Berufung die Einräumung einer Aufbrauchsfrist verfolgen.

Bestandteil der einstweiligen Verfügung ist die nach den Grundsätzen der §§ 91 ff. (bei einer teil- **388**
weisen Rücknahme des Antrags i. V. m. § 269 Abs. 3 Satz 2) ZPO zu treffende **Kostenentscheidung.** Bei einer Bestätigung einer Beschlussverfügung durch Urteil werden dem Antragsgegner auch die „weiteren Kosten" auferlegt.[887] Wird dem Verfügungsantrag nur unter Anordnung einer Sicherheitsleistung entsprochen, wird darin zum Teil ein Teilunterliegen mit der Folge einer Kostenbelastung des Antragstellers gesehen;[888] dies müsste dann umso mehr im Falle der Einräumung einer Aufbrauchsfrist gelten.[889] Überwiegend wird die volle Kostentragung des Antragsgegners aber mit § 92 Abs. 2 Nr. 1 ZPO begründet.[890]

In der Beschlussverfügung wird in der Regel auch der **Streitwert** mit festgesetzt, da mit ihr, falls **389**
kein Widerspruch eingelegt wird, das Verfahren abgeschlossen wird und das Gericht und der Antragsteller einer Grundlage für die Kosten- bzw. Gebührenberechnung bedürfen. **Mangels Vorschusspflicht** – § 12 Abs. 1 Satz GKG erfasst Anträge auf Erlass einer einstweiligen Verfügung nicht[891] – findet eine vorläufige Festsetzung des Streitwerts gemäß § 63 Abs. 1 GKG nicht statt.

Wird die einstweilige Verfügung durch **Beschluss** antragsgemäß erlassen, sieht § 936, § 922 **390**
Abs. 1 Satz 2 ZPO eine **Begründung** nur dann vor, wenn die einstweilige Verfügung im Ausland geltend gemacht werden soll.[892] Die dennoch unterbliebene Begründung steht der Wirksamkeit der Zustellung nicht entgegen.[893] Hiervon abgesehen ist eine Begründung des stattgebenden Beschlusses dann erforderlich (zur sachgerechten Handhabung bei Vorliegen einer Schutzschrift siehe Rdn. 618), wenn sich anderenfalls – auch im Falle der Beifügung der Antragsschrift – für den Antragsgegner nicht ersehen lässt, welche tatsächliche und rechtliche Grundlage das Verbot trägt.[894] Wird etwa eine bestimmte Werbeanzeige („konkrete Verletzungsform") untersagt, so kann dies vielfach auf unterschiedlichen rechtlichen Gesichtspunkten beruhen, sodass sich die Reichweite des Verbotsumfangs erst aus der rechtlichen Begründung ergeben kann.[895]

b) Zustellung. Wird dem Antrag ohne mündliche Verhandlung durch Beschluss entsprochen, **391**
ist der Beschluss dem **Antragsteller zuzustellen,** da hierdurch die Vollziehungsfrist in Lauf gesetzt wird (§ 329 Abs. 2 Satz 2, § 929 Abs. 2 ZPO).[896] Eine Mitteilung an den Antragsgegner findet im Regelfall nicht statt.[897]

3. Zurückweisung durch Beschluss

Das Gericht kann auch dann durch **Beschluss** entscheiden, wenn es den **Verfügungsantrag** **392**
zurückweist. Bei dieser nach **pflichtgemäßem Ermessen**[898] zu treffenden Entscheidung ist dar-

---

[886] Teplitzky/*Feddersen* Kap. 57 Rdn. 19.

[887] *Berneke/Schüttpelz* Rdn. 405.

[888] *Berneke/Schüttpelz* Rdn. 491; vgl. auch *Ulrich* GRUR 1991, 26, 31.

[889] Str; bejahend *Ulrich* GRUR 1991, 26, 27, 31; a. A. BGH GRUR 1982, 425, 431; *Brüning* Vor § 12 Rdn. 236; *Melullis* Rdn. 900.

[890] *Ulrich* GRUR 1991, 26, 27; *Brüning* Vor § 12 Rdn. 236; krit. hierzu *Melullis* Rdn. 900 Fn. 1.

[891] Thomas/Putzo/*Reichold* § 922 Rdn. 2; *Berneke/Schüttpelz* Rdn. 677 m. w. N.

[892] H. M., vgl. eingehend *Melullis* Rdn. 209.

[893] OLG Hamburg MD 2005, 177, 178.

[894] Vgl. *Bornkamm* in FS Köhler S. 47 ff.

[895] *Melullis* Rdn. 209 Fn. 6; *Bornkamm* vorh. Fn. S. 48 f; GroßKommUWG/*Schwippert* § 12 C Rdn. 491; BGH, Urt. v. 30.7.2015 – I ZR 250/12 LS 1 und Tz. 31 ff. – *Piaduna-Rückruf*; zur Problematik im Vollstreckungsverfahren vgl. BGH GRUR 2015, 1248 Tz. 22.

[896] GroßKommUWG/*Schwippert* § 12 Rdn. 145.

[897] Teplitzky/*Feddersen* Kap. 55 Rdn. 5 unter Hinweis auf Zöller/*Vollkommer* § 922 Rdn. 1 hält eine Mitteilung dann für geboten, wenn der Antragsgegner vorher angehört worden war.

[898] KG GRUR 1991, 944; NJW-RR 1995, 62, 63; *Berneke/Schüttpelz* Rdn. 305 f.; *Walker* in: Schuschke/Walker § 937 Rdn. 7 fordert dagegen eine verfassungskonforme Auslegung dahingehend, dass eine zurückwei-

auf abzustellen, ob sich bei Durchführung einer mündlichen Verhandlung eine andere Beurteilung bzw. eine verlässlichere Entscheidungsgrundlage ergeben kann. Auch wird von einer Terminierung abzusehen sein, wenn es nur so – etwa bei zeitgebundenen Ereignissen – dem Antragsteller noch ermöglicht wird, gegen den ablehnenden Beschluss eine Entscheidung des Beschwerdegerichts herbeizuführen oder wenn mit einer Terminierung ein für den Antragsteller nicht hinnehmbarer Warneffekt verbunden wäre.

393 Der zu begründende Beschluss ist **dem Antragsteller** – da er der sofortigen Beschwerde unterliegt (§ 567 Abs. 1 Nr. 2 ZPO) und die zweiwöchige Notfrist des § 569 Abs. 1 Satz 2 ZPO in Lauf gesetzt wird – **zuzustellen** (§ 329 Abs. 2 Satz 2 Alt. 2 ZPO); eine Mitteilung an den Antragsgegner unterbleibt (§ 922 Abs. 3 ZPO).[899] Zum Inhalt des Beschlusses im Übrigen siehe Rdn. 380 ff.

394 Der Antragsteller kann binnen der vorgenannten Frist beim Ausgangsgericht oder beim Beschwerdegericht **sofortige Beschwerde** einlegen (§ 569 Abs. 1 Satz 1, Abs. 2). Die Beschwerde kann durch Einreichung einer Beschwerdeschrift oder – da das Verfügungsverfahren vor Anberaumung einer mündlichen Verhandlung vor dem Landgericht **nicht dem Anwaltszwang** unterliegt (§ 936, § 920 Abs. 3, § 78 Abs. 3 ZPO; Rdn. 165)[900] – zu Protokoll der Geschäftsstelle (§ 569 Abs. 3 Nr. 1 ZPO) als auch durch Einreichung einer Beschwerdeschrift eingelegt werden.[901] Damit unterliegt auch das Beschwerdeverfahren, solange keine Verhandlung anberaumt wird,[902] nicht dem Anwaltszwang;[903] vgl. auch § 571 Abs. 4 Satz 1 und 2 ZPO.

395 Das Beschwerdegericht kann – wie in der Praxis meist – ohne oder aufgrund mündlicher Verhandlung entscheiden.[904] Die Entscheidung ergeht nach der Neufassung der ZPO ab dem 1.1.2002 **auch dann durch Beschluss** (§ 572 Abs. 4 ZPO), wenn über die Beschwerde **mündlich verhandelt** wird.[905]

396 War der **Antragsgegner bereits in erster Instanz angehört** worden, ist er **auch in der Beschwerdeinstanz zu beteiligen.** War dies noch nicht erfolgt, steht es im pflichtgemäßen Ermessen des Beschwerdegerichts. Wäre mit einer Anhörung des Antragsgegners eine **unstatthafte Warnung** des Antragsgegners verbunden, hat sie auch im Beschwerdeverfahren zu unterbleiben.[906] Da das Gesetz nunmehr generell eine Abhilfemöglichkeit durch das Ausgangsgericht vorsieht (§ 571 Abs. 1 1. Halbs ZPO), ist das **Abhilfeverfahren** auch bei einer Einlegung beim Beschwerdegericht – die sich folglich, da verzögernd, nicht empfiehlt – einzuhalten; auch in dringenden Fällen muss das Beschwerdegericht das Verfahren an das Untergericht abgeben.[907]

397 Ob der Antragsteller **Beschwerde einlegen** kann, um die **Hauptsache für erledigt zu erklären,** wird überwiegend verneint,[908] mit der Begründung, nach der Zurückweisung des Antrags sei das ohne Beteiligung des Antragsgegners durchgeführte Verfahren beendet, sodass eine Erledigung nicht eintreten könne. Für eine Fortführung des Verfahrens unter Einbeziehung des Antragsgegners allein im Rahmen der Kostenentscheidung fehle es an der erforderlichen Dringlichkeit, sodass auch keine Ungleichbehandlung zum Berufungsverfahren, in dem eine Erledigungserklärung allgemein für möglich angesehen wird, vorliege. Diese Beurteilung unterliegt im Hinblick darauf Bedenken, dass dem Antragsteller damit verwehrt wird, eine Überprüfung des zurückweisenden Beschlusses herbeizuführen. Soweit auf die fehlende Dringlichkeit abgestellt wird, erscheint dies kein taugliches Argument, da es nach der Erledigungserklärung nur noch darum gehen kann, ob die Dringlichkeit

---

sende Entscheidung durch Beschluss nur dann ergehen kann, wenn dem Antrag in der Beschwerde noch Erfolgsaussichten beigemessen werden können, während anderenfalls aufgrund mündlicher Verhandlung zu entscheiden sei.

[899] Vgl. BT-Drucks. 11/3621 S. 52, wonach hierdurch (i. V. m. § 922 Abs. 3 ZPO) eine Warnung des Schuldners vermieden werden soll; siehe aber vorstehend Fn. 871.

[900] *Köhler*/Bornkamm, § 12 Rdn. 3.38; a. A. OLG Frankfurt GRURPrax. 2011, 31: nur Antrag unterliegt nicht dem Anwaltszwang, jedoch das danach folgende Verfahren; MünchKommZPO/*Lipp* § 569 Rdn. 17; offen gelassen von KG WRP 2011, 800 m. w. N. zum Meinungsstand.

[901] *Lipp* vorige Fn. § 569 Rdn. 15.

[902] *Lipp* § 571 Rdn. 21.

[903] OLG Dresden NJWE-WettbR 1997, 184.

[904] Vgl. BGH Beschl. v. 16.1.2003 – I ZB 34/02 zu Gebührenfragen.

[905] OLG München NJW 2003, 2756, 2757 unter Hinweis auf die Gesetzesbegründung, die allerdings unzutreffend (siehe Rdn. 227) davon ausgeht, dass auch Beschlüsse der Oberlandesgerichte im Verfahren des einstweiligen Rechtsschutzes grundsätzlich mit der Rechtsbeschwerde angreifbar sein sollen.

[906] Teplitzky/*Feddersen* Kap. 55 Rdn. 7.

[907] A. A. *Schmidt* MDR 2010, 725 m. Rspr. Nachw.

[908] OLG Bamberg OLG Report 2002, 462 f.; OLG Hamm WRP 1985, 227, 228; OLG Karlsruhe NJW-RR 1998, 1220; OLG Koblenz OLG Report 2003, 144; OLG Stuttgart WRP 1976, 54; NJWE-WettbR 1998, 91; OLG Report 2001, 191; a. A. OLG Frankfurt NJW-RR 1992, 493; Ahrens/*Scharen* Kap. 51 Rdn. 73; Zöller/*Vollkommer* § 922 Rdn. 4.

gegeben *war.*[909] Soweit ein Ausgleich über eine entsprechende Anwendung des § 269 Abs. 3 Satz 3 ZPO erwogen wird,[910] bedürfte dies ebenfalls einer Beteiligung des Antragsgegners.

4. Entscheidung durch den Vorsitzenden

Gemäß § 944 ZPO kann der Vorsitzende – ist das Berufungsgericht als Gericht der Hauptsache zuständig, kann dies auch der Senatsvorsitzende sein[911] – über den Antrag allein entscheiden, wenn durch eine Entscheidung des Kollegiums eine für den Antragsteller nicht hinnehmbare Verzögerung verbunden wäre. Nach zutreffender Auffassung ist hierfür eine **„erhöhte" Dringlichkeit** erforderlich, die über die Anforderungen des § 937 Abs. 2 und des § 942 ZPO hinausgehen muss.[912] Eine Fallgestaltung, wonach bereits das Zusammentreten der zuständigen Mitglieder einer Zivilkammer eine nicht hinnehmbare Verzögerung mit sich bringen könnte, dürfte allenfalls in Ausnahmefällen gerechtfertigt sein,[913] während bei der Kammer für Handelssachen eine Beteiligung der Handelsrichter innerhalb kurzer Frist in der Regel nicht gewährleistet ist,[914] mit der Folge, dass die **Kammern für Handelssachen** regelmäßig **allein durch den Vorsitzenden** entscheiden, sofern dem Verfügungsantrag (teilweise) stattgegeben wird. Wird eine mündliche Verhandlung anberaumt, entscheidet die Kammer für Handelssachen in voller Besetzung; eine Entscheidung durch den Vorsitzenden allein kann nur in den Fällen des § 349 Abs. 3 ZPO ergeben.[915] Für das Zwangsvollstreckungsverfahren gilt § 944 ZPO nicht.[916] **398**

§ 944 ZPO eröffnet dem Vorsitzenden allerdings auch die Möglichkeit, einen **Verfügungsantrag abzulehnen,** da ein besonders dringlicher Fall im vorgenannten Sinne auch dann vorliegen kann, wenn nur im Fall einer solchen umgehenden Entscheidung dem Antragsteller die Möglichkeit eröffnet wird, noch rechtzeitig – etwa bei zeitgebundenen Veranstaltungen – eine Beschwerdeentscheidung herbeizuführen.[917] **399**

Die für § 944 ZPO erforderliche gesteigerte Eilbedürftigkeit ist **vom Antragsteller darzutun und glaubhaft zu machen.** Sie wird von der Vermutung des § 12 Abs. 2 nicht erfasst.[918]

XI. Entscheidung aufgrund mündlicher Verhandlung

1. Anordnung der mündlichen Verhandlung

Zum Teil ergeht vor oder zusammen mit der Terminsbestimmung ein Beschluss des Gerichts, dass über den Antrag auf Erlass einer einstweiligen Verfügung mündlich zu verhandeln ist. Darin ist aber keine irgendwie geartete Voraussetzung für das weitere Verfahren zu sehen.[919] **400**

Entscheidet das Gericht aufgrund mündlicher Verhandlung, so bestimmt es einen – gegebenenfalls unter Abkürzung der Ladungsfrist (§§ 217, 224 ZPO) – **möglichst nahen Termin zur mündlichen Verhandlung** – ein schriftliches Verfahren entsprechend § 276 ZPO kommt nicht in Betracht[920] – und stellt dem Antragsgegner die Antragsschrift zusammen mit der Terminsverfügung zu. Bei der Anberaumung des Termins muss das Gericht beachten, dass der Termin soweit möglich – gegebenenfalls wird zu erwägen sein, andere Termin zu verlegen oder einen „außerplanmäßigen" Termin anzusetzen – nicht so spät angesetzt wird, dass dies einer Rechtsverweigerung gegenüber dem Antragsteller gleichkäme. In einer derartigen besonderen Fallgestaltung ist gegen die Terminsverfügung (nunmehr) sofortige Beschwerde (§ 567 Abs. 1 Nr. 2 ZPO entsprechend) möglich.[921] Die **Anberaumung einer mündlichen Verhandlung** als solche ist **unanfechtbar.**[922] Eine **401**

---

[909] Vgl. hierzu auch BGH GRUR 2004, 264, 267 – *Euro-Einführungsrabatt.*

[910] Vgl. Zöller/*Vollkommer* § 922 Rdn. 4 a. E.; vgl. auch BGH NJW 2004, 223, 224.

[911] Ahrens/*Bähr* Kap. 53 Rdn. 10 m. w. N.

[912] OLG Karlsruhe NJW-RR 1987, 1206; *Berneke* Rdn. 136, 138; Ahrens/*Scharen* Kap. 51 Rdn. 25; *Walker* in: Schuschke/Walker § 944 Rdn. 3 m. w. N.; MünchKommUWG/*Schlingloff* § 12 Rdn. 466; *Bopp/Sonntag* in: Münchner Prozessformularbuch, Bd. 5 A. 4 Anm. 9.

[913] Vgl. aber *Melullis* Rdn. 196 Fn. 3, der den Verzicht auf das Zusammentreten der Kammer im Hinblick auf die Arbeitsbelastung zwar für nicht unproblematisch, aber für hinnehmbar hält.

[914] LG Zweibrücken NJW-RR 1986, 715; *Walker* in: Schuscke/Walker § 944 Rdn. 1.

[915] OLG Koblenz WRP 1981, 115, 116 f.

[916] OLG Hamburg WRP 2010, 421 (LS) = MD 2010, 312.

[917] Vgl. OLG Hamburg OLG Report 1996, 92; KG OLG Report 1995, 151; *Walker* in: Schuschke/Walker § 944 Rdn. 4 m. w. N. in Fn. 13; *Berneke/Schüttpelz* Rdn. 307.

[918] *Walker* in: Schuschke/Walker § 944 Rdn. 3 m. w. N.

[919] Vgl. *Berneke/Schüttpelz* Rdn. 308.

[920] *Berneke/Schüttpelz* Rdn. 315; Ahrens/*Bähr* Kap. 52 Rdn. 5.

[921] Vgl. die Nachweise bei *Berneke/Schüttpelz* Rdn. 318 Fn. 99.

[922] Zöller/*Vollkommer* § 937 Rdn. 3.

Rechtfertigung dafür, nach Anordnung oder sogar Durchführung einer mündlichen Verhandlung nunmehr durch Beschluss zu entscheiden, ist nicht anzuerkennen.[923]

2. Durchführung der mündlichen Verhandlung

402 Für die Durchführung der mündlichen Verhandlung gelten die allgemeinen Bestimmungen der ZPO – zu Einzelfragen und zur Vorbereitung der mündlichen Verhandlung siehe unten Rdn. 439 ff. Die gesetzgeberische Intention und der Wortlaut des § 278 Abs. 2 ZPO, der nur bestimmte Ausnahmen vom Anwendungsbereich enthält, sprechen dafür, dass die Regelungen über die obligatorische **Güteverhandlung** auch für das einstweilige Verfügungsverfahren gelten.[924] In vielen Fällen wird – etwa nach erfolgloser Abmahnung, Einreichung einer Schutzschrift – jedoch die Aussichtslosigkeit einer Güteverhandlung vom Gericht zu prognostizieren sein,[925] insbesondere bei Entscheidung aufgrund Widerspruchs gegen eine Beschlussverfügung. Bei Durchführung einer Güteverhandlung ist dem **Beschleunigungsbedürfnis des Verfügungsverfahrens** Rechnung zu tragen. Die mündliche Verhandlung hat sich grundsätzlich unmittelbar an die gescheiterte Güteverhandlung anzuschließen (§ 279 Abs. 1 Satz 1 ZPO). Bei einem „Verfahrensstillstand" – z. B. wegen außergerichtlicher Streitschlichtung § 278 Abs. 5 Satz 2, 3 ZPO – muss der Antragsteller damit rechnen, dass hierdurch die Eilbedürftigkeit in Frage gestellt wird.

3. Entscheidung

403 Da die Bestimmungen der §§ 300 ff. ZPO für die **Urteile** in Verfügungssachen unmittelbar Anwendung finden, muss das Urteil (nach Widerspruch oder bei einer Entscheidung aufgrund mündlicher Verhandlung) Tatbestand und Entscheidungsgründe enthalten.[926] Das dem Antrag stattgebende Urteil ist auch ohne Ausspruch **vorläufig vollstreckbar** und ab seiner Verkündung zu beachten.[927] Soweit der Antrag auf Erlass einer einstweiligen Verfügung insgesamt oder teilweise zurückgewiesen wurde, ist das Urteil **hinsichtlich der Kosten** für **vorläufig vollstreckbar** zu erklären (§ 708 Nr. 6 ZPO). Das Urteil ist beiden Parteien **von Amts wegen zuzustellen** (§ 317 Abs. 1 ZPO).

XII. Rechtskraftwirkungen

1. Formelle Rechtskraft

404 Entscheidungen im Verfügungsverfahren erwachsen in **formelle Rechtskraft,** soweit gegen sie ein Rechtsmittel nicht mehr zulässig ist.[928] Dies bedeutet, dass nur Urteile, landgerichtliche Urteile mit Ablauf der Berufungsfrist, Berufungsurteile mit deren Verkündung (vgl. § 542 Abs. 2 Satz 1 ZPO),[929] die Berufung verwerfende Beschlüsse gemäß § 522 Abs. 1[930] und Abs. 2, 3 ZPO mit deren Bekanntgabe, nicht Beschlussverfügungen – im Hinblick auf den unbefristet möglichen Widerspruch – der formellen Rechtskraft fähig sind. Der den Antrag **zurückweisende Beschluss** unterliegt der (befristeten) **sofortigen Beschwerde** (oben Rdn. 394). Gegen die Entscheidung des Beschwerdegerichts findet eine Rechtsbeschwerde nicht statt (unten Rdn. 505).

2. Materielle Rechtskraft

404a Die danach unanfechtbaren Entscheidungen sind nach (wohl) h. M. der allerdings eingeschränkten **materiellen Rechtskraft** fähig.[931]

---

[923] A. A. Zöller/*Vollkommer* § 937 Rdn. 3; anders zu Recht nach Verweisung OLG Stuttgart NJW 1956, 1931; *Berneke* Rdn. 140: nur dann, wenn die Sache nachträglich besonders dringlich wird.

[924] Zöller/*Greger* § 278 Rdn. 10; vgl. auch MünchKommZPO/*Prütting* § 278 Rdn. 21 f.; *Berneke/Schüttpelz* Rdn. 315: keine gesonderte Güteverhandlung nach § 278 Abs. 2 ZPO.

[925] Hierzu MünchKommZPO/*Prütting* § 278 Rdn. 18.

[926] *Berneke/Schüttpelz* Rdn. 347 f.

[927] BGH GRUR 1993, 415, 416 f. m. w. N. – *Straßenverengung;* GRUR 2009, 890 – *Ordnungsmittelandrochung* – m. Anm. *Vohwinkel* GRUR 2010, 977; OLG Hamburg MD 2007, 1210, 1212; MD 2005, 304 (LS).

[928] Stein/Jonas/*Grunsky* Vor § 916 Rdn. 12, Vor § 935 Rdn. 15.

[929] Vgl. OLG Köln MD 2003, 75: zu dem unstatthaften Antrag auf Einstellung der Zwangsvollstreckung, hilfsweise Anordnung der Sicherheitsleistung nach Erlass des Berufungsurteils.

[930] BGH NJW 2003, 69 zur Unstatthaftigkeit der Rechtsbeschwerde in Arrest- und Verfügungssachen; st. Rspr.

[931] KG OLG Report 2001, 52, 53; OLG Köln GRUR-RR 2005, 363; OLG Hamburg MD 2005, 304 (LS); vgl. weiter die eingehenden Nachweise bei *Berneke/Schüttpelz* Rdn. 218 Fn. 466 sowie *Schuschke/Walker* § 922 Rdn. 34 f.

a) Ablehnende Entscheidungen. *aa)* Wird der Antrag als **unzulässig** zurückgewiesen, steht dies einem erneuten Antrag nicht entgegen, wenn nunmehr die früher fehlende Verfahrensvoraussetzung – auch der Verfügungsgrund[932] – gegeben ist. 405

bb) Wurde der Antrag aus **sachlichen** Gründen zurückgewiesen, kann er dann wiederholt werden, wenn neue Tatsachen vorgetragen werden.[933] Dabei wird es nicht für erforderlich gehalten, dass sich die Tatsachengrundlage nachträglich verändert hat, vielmehr reicht es auch aus, dass Tatsachen dem Antragsteller erst nachträglich bekannt geworden sind[934] oder er nunmehr über die im früheren Verfahren nicht vorhandenen, erforderlichen Glaubhaftmachungsmittel verfügt. 406

b) Stattgegebene Urteile. Auch **stattgebenden Urteilen** kommt – durch die Rechtsbehelfsmöglichkeiten des Antragsgegners (u. a. § 927 ZPO) allerdings erheblich eingeschränkte – **materielle Rechtskraftwirkung** zu.[935] 407

c) Beschränkung. Diese Wirkungen beschränken sich – von einer etwaigen Bindungswirkung für den Schadensersatzprozess gemäß § 945 ZPO abgesehen (hierzu unten Rdn. 684 ff.) – auf den Streitgegenstand des einstweiligen Verfügungsverfahrens (oben Rdn. 289). 408

XIII. Verjährung

§ 204 Abs. 1 Nr. 9 BGB sieht eine **Hemmung** mit der Wirkung des § 209 BGB vor. Die Regelung zielt darauf ab, Hauptsacheklagen allein zum Zwecke der Unterbrechung der Verjährung im Hinblick auf die kurze Frist des § 11 UWG entbehrlich zu machen.[936] § 204 Abs. 1 Nr. 9 unterscheidet danach, ob der Antrag auf Erlass einer einstweiligen Verfügung vom Gericht zugestellt wird oder nicht. 409

§ 204 Abs. 1 Nr. 9 Alt. 1 BGB stellt auf die Zustellung des Verfügungsantrags durch das Gericht, insbesondere also auf die Fälle ab, in denen keine Entscheidung ohne mündliche Verhandlung ergeht und der **Antrag** dem Antragsgegner zusammen mit der Ladung zum Termin **zugestellt** wird;[937] ebenso, wenn es zwar zu keiner mündlichen Verhandlung kommt, dem Antragsgegner der Antrag aber vom Gericht zugestellt wird, etwa um eine Stellungnahme im „schriftlichen Verfahren" (siehe oben Rdn. 378) zu ermöglichen. 410

Die Hemmung tritt auch dann ein, wenn der **Antrag unbegründet oder unzulässig** ist.[938] Etwas anderes kann nur in Fällen des Rechtsmissbrauchs oder dann gelten, wenn der Antrag – entsprechend den zur Unterbrechung durch Klageerhebung entwickelten Grundsätzen[939] – grundlegenden Anforderungen nicht genügt. 410a

Da § **167 ZPO** ausdrücklich auch auf die Hemmungstatbestände des § 204 BGB verweist, tritt mit Zustellung des Antrags eine **Rückwirkung** auf den Zeitpunkt der Einreichung des Antrags ein.[940] 410b

Wird der Antrag auf Erlass einer einstweiligen Verfügung **im Beschlusswege zurückgewiesen,** ohne dass er dem Antragsgegner zugestellt wurde, **tritt eine Hemmung nicht ein.**[941] 410c

§ 204 Abs. 1 Nr. 9 Alt. 2 BGB betrifft die Fälle der Beschlussverfügung, die ohne mündliche Verhandlung ergeht und die der Antragsteller zum Zwecke des Vollzugs (§ 936, § 922 Abs. 2, § 929 Abs. 2 ZPO) dem Antragsgegner im Parteibetrieb zustellen muss. Die verjährungshemmende Wirkung tritt bereits mit **Einreichung** des Antrags ein.[942] Erfolgt keine (wirksame) Parteizustellung fällt die Wirkung der Hemmung mit Einreichung des Antrags bei Gericht wieder weg.[943] 411

---

[932] *Berneke/Schüttpelz* Rdn. 219; Stein/Jonas/*Grunsky* Vor § 916 Rdn. 16; OLG Stuttgart WRP 1981, 668, 669.

[933] KG MDR 1979, 64; OLG Frankfurt WRP 2014, 479; OLG München, Beschl. v. 2.9.2002 – W(K) 2017/02.

[934] Stein/Jonas/*Grunsky* Vor § 916 Rdn. 17 unter Hinweis darauf, dass auch das Aufhebungsverfahren auf Tatsachen gestützt werden kann, die bereits bei Erlass der Entscheidung vorlagen; a. A. KG MDR 1979, 64.

[935] *Berneke/Schüttpelz* Rdn. 220; Zöller/*Vollkommer* Vor § 916 Rdn. 13.

[936] BT-Drucks. 24/6040, S. 115; hierzu *Schabenberger* WRP 2002, 293, 295 f.

[937] LG Berlin MD 2006, 120, 123 f.

[938] LG Berlin MD 2006, 120, 123 f.; MünchKommBGB/*Grothe* Bd. 1a § 204 Rdn. 45; differenzierend *Schabenberger* WRP 2002, 293, 296.

[939] Palandt/*Heinrichs* § 204 Rdn. 24, 5; *Grothe* vorige Fn.

[940] *Berneke/Schüttpelz* Rdn. 275 f.; *Maurer* GRUR 2003, 208, 209; *Grothe* vorige Fn; Soergel/*Niedenführ* § 204 Rdn. 77; *Bamberger/Henrich* § 204 Rdn. 34; offen gelassen von LG Berlin MD 2006, 120, 123 f.; a. A. *Schabenberger* WRP 2002, 293, 296.

[941] BT-Drucks. 14/6040 S. 115; *Maurer* GRUR 2003, 208, 210.

[942] LG Berlin MD 2006, 120, 123 f.

[943] LG Berlin vorige Fn. zur 2. Alt.; *Schabenberger* WRP 2002, 293, 296 unter Hinweis auf die Amtl Begrdg BT-Drucks. 14/6040 S. 115; *Maurer* GRUR 2003, 208, 209; Palandt/*Heinrichs* § 204 Rdn. 24; MünchKommBGB/*Grothe* § 204 Rdn. 45; Soergel/*Niedenführ* § 204 Rdn. 77.

412 In der **Parteizustellung** kann keine Vollstreckungshandlung im Sinne von § 212 Abs. 1 Nr. 2 BGB gesehen werden;[944] anders bei einer nachträglichen Ordnungsmittelandrohung[945] gemäß § 890 Abs. 2 ZPO.

413 In welchem **Umfang** die Verjährung des materiellen Anspruchs,[946] nicht nur des Gegenstands des Verfügungsverfahrens gehemmt wird, bestimmt sich bei der 1. Alt. nach dem Inhalt des vom Gericht zugestellten Antrags sowie bei der 2. Alt. nach dem Inhalt der dem Antragsgegner zugestellten einstweiligen Verfügung.[947] Im Antrag bzw. in der einstweiligen Verfügung nicht mitumfasste Ansprüche (z.B. auf Auskunftserteilung, Schadensersatz,[948]) nehmen an der Hemmung nicht teil[949] mit der Folge, dass sich unterschiedliche Fristläufe ergeben können.

414 Die **Dauer der Hemmung** richtet sich nach § 204 Abs. 2 BGB.[950] Sie endet gemäß Satz 1 sechs Monate nach rechtskräftiger Entscheidung oder anderweitiger Erledigung des Verfahrens, bei Stillstand des Verfahrens mit der letzten Verfahrenshandlung (Satz 2). Wird gegen eine Beschlussverfügung kein Widerspruch eingelegt, ist auf die Zustellung im Parteibetrieb abzustellen.[951] Die Verjährung wird erneut gehemmt, wenn eine der Parteien das Verfahren weiter betreibt; d.h. die Hemmung tritt nicht allein aufgrund von Aktivitäten des Antragstellers ein. Auch Maßnahmen von Seiten des Antragsgegners, die auf die Beseitigung der einstweiligen Verfügung gerichtet sind, fallen hierunter.[952]

XIV. Verfahrensgrundsätze

1. Verfahrensbeschleunigung

415 Für das Verfügungsverfahren gilt der **Beschleunigungsgrundsatz,** und zwar für dessen **gesamte Dauer** einschließlich des Widerspruchs- und Rechtsmittelverfahrens,[953] da nicht nur dem Rechtsschutzinteresse des Antragstellers bis zum Erlass der einstweiligen Verfügung, sondern auch dem Interesse des mit einer im summarischen Verfahren ergangenen Entscheidung belasteten Antragsgegners Rechnung zu tragen ist. Dem ist insbesonder bei der Terminierung bzw. bei der Behandlung von Terminsverlegunsanträgen REchnung zu tragen.[954] Die Anordnung eines schriftlichen Vorverfahrens (§ 276 ZPO) ist damit nicht zu vereinbaren.[955] Sofern dem die fehlende Dringlichkeit (siehe oben Rdn. 322) nicht entgegensteht, kann der Antrag auf Erlass einer einstweiligen Verfügung auch in objektiver Hinsicht (Einführung eines weiteren Streitgegenstandes)[956] oder in subjektiver Hinsicht (weiterer Antragsteller bzw. weiterer Antragsgegner) erweitert werden.

2. Glaubhaftmachung

416 **a) Beweismaß.** Ein weitreichender Unterschied zum Klageverfahren besteht in der **erleichterten Art der Beweisführung.** Wenn in §§ 936, 920 Abs. 2 ZPO eine **Glaubhaftmachung** des Verfügungsanspruchs und -grundes vorgesehen ist, bedeutet dies nicht, dass hinsichtlich der nicht genannten Verfahrensvoraussetzungen das Beweismaß des Klageverfahrens zur Anwendung kommt. Das summarische Verfahren des einstweiligen Rechtsschutzes sieht nach allgemeiner Auffassung insgesamt eine erleichterte Art der Beweisführung vor,[957] so z.B. für die Prozessführungsbefugnis/Klagebefugnis[958] oder die Zuständigkeit des Gerichts aufgrund einer in seinem Zuständigkeitsbereich begangenen oder drohenden Verletzung (§ 14 Abs. 2 UWG/§ 32 ZPO). Gegenüber dem

---

944 *Berneke/Schüttpelz* Rdn. 358.
945 *Berneke/Schüttpelz* Rdn. 358; *Maurer* GRUR 2003, 208, 209.
946 *Maurer* GRUR 2003, 208, 211; *Berneke/Schüttpelz* Rdn. 277.
947 *Schabenberger* WRP 2002, 293, 296f.
948 OLG Hamburg MD 2010, 55, 63 = WRP 2009, 1572 (LS).
949 *Mees* WRP 2002, 137; *Schabenberger* WRP 2002, 293, 298; *Berneke/Schüttpelz* Rdn. 277; *Maurer* GRUR 2003, 208, 211.
950 *Schabenberger* WRP 2002, 293, 298f.
951 *Berneke/Schüttpelz* Rdn. 275.
952 *Schabenberger* WRP 2002, 293, 299; *Berneke/Schüttpelz* Rdn. 275.
953 *Berneke/Schüttpelz* Rdn. 402.
954 Vgl. BVerfG AnwBl 2015, 982, juris Tz. 11 ff.
955 Allgemeine Meinung vgl. *Berneke/Schüttpelz* Rdn. 315; Ahrens/*Bähr* Kap. 52 Rdn. 3.
956 Vgl. LG Hamburg PharmaRecht 1991, 157, 158 zur Unzulässigkeit eines Hilfsantrags, der zu einer Versagung des rechtlichen Gehörs des Antragsgegners führen würde.
957 KG WRP 1989, 234; OLG Celle GRUR 1970, 473; OLG Düsseldorf ZUM 2005, 825, 827; OLG Frankfurt 19990, 58; OLG Koblenz GRUR 1979, 496, 498; *Berneke/Schüttpelz* Rdn. 226.
958 *Berneke* Rdn. 98 m.w.N.

Klageverfahren muss das Gericht von der Wahrheit des vorgetragenen Sachverhalts nicht überzeugt sein (§§ 286, 287 ZPO), vielmehr reicht ein geringerer Grad, nämlich eine **überwiegende Wahrscheinlichkeit** aus. D.h. eine Behauptung ist glaubhaft gemacht, sofern eine überwiegende Wahrscheinlichkeit dafür besteht, dass sie zutrifft. Diese Voraussetzungen sind dann erfüllt, wenn bei der erforderlichen umfassenden Würdigung der Umstände des jeweiligen Falles mehr für das Vorliegen der in Rede stehenden Behauptung spricht als dagegen. Die Feststellung der überwiegenden Wahrscheinlichkeit unterliegt dem Grundsatz der freien Würdigung des gesamten Vorbringens.[959]

b) Glaubhaftmachungslast. Mit der h. M. ist die dem Antragsteller obliegende **Darlegungs- und Glaubhaftmachungslast differenziert** nach dem jeweiligen Verfahrensstadium, d. h. ob der Antragsgegner (vollwertig) am Verfahren beteiligt ist oder nicht, zu bestimmen.[960] 417

Erstrebt der Antragsteller – wie in Wettbewerbssachen meist[961] – eine **Entscheidung ohne mündliche Verhandlung,** so obliegt ihm eine über das Klageverfahren bzw. im „zweiseitigen" Verfügungsverfahren hinausgehende Darlegungs- und Glaubhaftmachungslast.[962] Er muss nicht nur alle seinen Anspruch stützenden Tatsachen vortragen und glaubhaft machen, sondern auch die in einer hinterlegten Schutzschrift (hierzu s. unten Rdn. 612) oder in der Antwort auf die Abmahnung vorgebrachten Einwendungen entkräften.[963] Ebenso obliegt es ihm, zu nahe liegenden Einreden und Einwendungen Stellung zu nehmen, auch wenn diese im zweiseitigen Verfahren nur auf Vortrag des Antragsgegners hin zu berücksichtigen wären[964] (wie z. B. die rechtserhaltende Benutzung einer Marke trotz § 25 Abs. 2 MarkenG).[965] Kommt der Antragsteller dieser Obliegenheit nicht ausreichend nach, rechtfertigt dies allerdings nicht die Zurückweisung des Antrags ohne mündliche Verhandlung. Vielmehr ist Termin zur mündlichen Verhandlung anzuberaumen.[966] 418

Ist dagegen der **Antragsgegner am Verfahren beteiligt** – sei es, nachdem ihm der Verfügungsantrag zur Stellungnahme zugeleitet wurde, oder nach Anberaumung eines Verhandlungstermins – die Einreichung einer Schutzschrift hat diese Wirkung noch nicht[967] – gelten die allgemeinen Grundsätze der Darlegungs- und Glaubhaftmachungslast. Dem Antragsteller kann dann **keine erweiterte Glaubhaftmachungslast** mehr auferlegt werden.[968] 419

Offenkundige Tatsachen i. S. v. § 291 ZPO (oben Vor § 12 Rdn. 160) bedürfen, ebenso wie Tatsachen, die zugunsten des Antragstellers vermutet werden – so etwa das Fortbestehen einer durch eine Verletzungshandlung begründeten Wiederholungsgefahr oder die Dringlichkeit im Anwendungsbereich des § 12 Abs. 2 UWG (oben Rdn. 334 ff.) – keiner Glaubhaftmachung.[969] 420

Als **unstreitig** (§ 138 Abs. 3 ZPO) oder als **zugestanden** (§ 288 ZPO) können Tatsachen erst dann behandelt werden, wenn der Antragsgegner im vorgenannten Sinne (oben Rdn. 419) am Verfahren beteiligt ist. Bis dahin können Erklärungen von seiner Seite (etwa in einem vorprozessualen Schriftwechsel) gegenüber dem Antragsteller oder gegenüber dem Gericht in einer Schutzschrift (siehe oben Rdn. 334 ff.) nur im Rahmen der Glaubhaftmachung berücksichtigt werden.[970] 421

Ebenso wie das Gericht im Rahmen eines Hauptsacheverfahrens, insbesondere in Fällen, in denen die Mitglieder des Spruchkörpers selbst zu den angesprochenen Verkehrskreisen gehören, das Verkehrsverständnis aus eigener Anschauung beurteilen kann (vgl. oben Vor § 12 Rdn. 161), kann es im Verfügungsverfahren, in dem es keines Vollbeweises bedarf, hierüber selbst befinden.[971] Dies 422

---

[959] BGH, Beschl. v. 1.12.2015 – II ZB 7/15 Tz. 16 mwN.

[960] OLG Karlsruhe WRP 1983, 170 und WRP 1988, 631 (LS); OLG München OLG Report 1997, 69 – zu § 186 StGB; *Teplitzky* WRP 1980, 373, 374 und JuS 1981, 122, 124; *Hirtz* NJW 1986, 110.

[961] Viele Antragsteller sind an einer Entscheidung aufgrund mündlicher Verhandlung nicht interessiert. Zeigt sich das angegangene Gericht nicht bereit, die Verfügung ohne mündliche Verhandlung zu erlassen, wird der Antrag oftmals zurückgenommen und es werden weitere Versuche bei anderen Spruchkörpern oder anderen Gerichten unternommen. Wird dabei verschwiegen, dass derselbe Antrag bereits bei einem anderen Gericht rechtshängig ist, stellt sich dies als Täuschung des Gerichts dar, LG München I, Urt. v. 11.10.2007 – 7 O 16156/07.

[962] Vgl. KG WRP 2011, 611, wonach eine Zurückweisung des Antrags mangels Glaubhaftmachung im Regelfall nicht ohne vorherige mündliche Verhandlung/Beteiligung des Antragsgegners möglich ist.

[963] Teplitzky/*Feddersen* Kap. 54 Rdn. 46 m. w. N. zur Schutzschrift.

[964] Vgl. die umfangreichen Nachweise aus der Literatur bei *Teplitzky* Kap. 54 Rdn. 45 Fn. 209 auch zur Gegenansicht; OLG München OLG Report 1997, 69: zur Beweislastverteilung gemäß § 186 StGB.

[965] *Ströbele/Hacker* § 25 Rdn. 36; *Fezer,* Markenrecht, § 14 Rdn. 551; *Ingerl/Rohnke,* MarkenG, Vor §§ 14–19d Rdn. 210, § 25 Rdn. 30; OLG München, Urt. v. 3.12.2015 – 6 U 1934/15.

[966] KG WRP 2011, 611.

[967] Teplitzky/*Feddersen* Kap. 54 Rdn. 46 m. w. N.

[968] *Berneke/Schüttpelz* Rdn. 242 m. w. N.; OLG Celle GmbHR 1980, 82 LS 3b.

[969] *Berneke/Schüttpelz* Rdn. 227; OLG Köln GRUR-RR 2005, 75.

[970] *Berneke/Schüttpelz* Rdn. 232.

[971] Allgemeine Meinung vgl. z. B. *Berneke/Schüttpelz* Rdn. 228 f.

hat zur Folge, dass es keiner Glaubhaftmachung durch den Antragsteller bedarf; anders dagegen in den Fällen, in denen sich das Gericht nicht aus **eigener Sachkunde** in der Lage sieht, das behauptete Verkehrsverständnis festzustellen.

423 **c) Glaubhaftmachungsmittel.** Als **Mittel der Glaubhaftmachung** kommen gemäß § 294 Abs. 1 ZPO alle für das Klageverfahren möglichen Beweismittel sowie die eidesstattliche Versicherung in Betracht, wobei sie nur dann Berücksichtigung finden können, wenn sie zusammen mit dem Verfügungsantrag bzw. spätestens zum Schluss der mündlichen Verhandlung vorliegen (§ 294 Abs. 2 ZPO).

424 *aa)* Eine Verpflichtung zur **Ladung von Zeugen** in Verfahren mit mündlicher Verhandlung besteht für das Gericht nicht.[972] Von der bestehenden Möglichkeit gemäß § 273 ZPO wird in der Praxis auch kaum Gebrauch gemacht, sodass die Parteien dafür Sorge zu tragen haben, etwaige als Zeugen in Betracht kommende Personen zum Erscheinen im Termin – wozu diese ohne gerichtliche Ladung nicht verpflichtet sind – zu veranlassen.[973]

425 *bb)* **Parteieinvernahme.** In einer mündlichen Verhandlung kommt auch die Einvernahme der erschienenen Partei(en) (§§ 445 ff. ZPO) in Betracht.

426 *cc)* Neben der Vorlage von **Urkunden** kommt der Glaubhaftmachung durch **Vorlage sonstiger Schriftstücke** (vorprozessualer Schriftwechsel; Auskünfte aus Dateien, soweit diese nicht als amtliche Auskünfte anzusehen sind) und **Augenscheinsobjekten** (z. B. Prospekte, Verpackungen, Produktmuster als „Verletzungsgegenstände", Fotografien) erhebliche Bedeutung zu.[974]

427 *dd)* Ein Antrag auf **Beiziehung von Akten** wird i. d. R. nur dann zu berücksichtigen sein, wenn es sich um solche des Gerichts handelt oder wenn diese unschwer bis zum Termin angefordert werden können.[975] Anderenfalls ist es Sache der Parteien, entsprechende Aktenbestandeile, Protokolle etc. in Abschrift oder Kopie beizubringen. Eine aufgrund richterlicher Prüfung ergangene rechtskräftige Entscheidung reicht in aller Regel zur Glaubhaftmachung des aus ihr ersichtlichen Sachverhalts aus.[976]

428 *ee)* Auch wenn der Sachverhalt in wettbewerbsrechtlichen Auseinandersetzungen oftmals „unstreitig" ist – die beanstandete Werbung ergibt sich aus Prospekten oder sonstigen Unterlagen und es nur um deren rechtliche Qualifizierung geht – werden regelmäßig mit der Antragsschrift bzw. mit dem Widerspruch **eidesstattliche Versicherungen**[977] der Parteien bzw. deren gesetzlicher Vertreter oder von Dritten in schriftlicher Form – auch als **Telefax**[978] – vorgelegt. Diese können in der mündlichen Verhandlung auch **zu Protokoll** erklärt werden.

429 Dabei wird zu Recht darauf hingewiesen, dass schriftliche Erklärungen, insbesondere solche der Parteien selbst oder von diesen nahe stehenden Personen (Angehörigen, Mitarbeitern) sorgfältig auf deren Glaubhaftmachungswert zu überprüfen sind.[979] **Ohne Glaubhaftmachungswert** sind Erklärungen, die sich darauf beschränken, **auf die Antragsschrift Bezug zu nehmen** und deren Richtigkeit zu bestätigen,[980] oder die sonst keine konkreten Aussagen zu tatsächlichen Vorgängen enthalten.[981] Gleiches gilt für die Bezugnahme auf sonstige Schriftsätze oder Erklärungen Dritten, da hierdurch i. d. R. nicht deutlich wird, welche Tatsachen vom Versichernden – mit der entsprechenden strafrechtlichen Verantwortlichkeit – als zutreffend bestätigt werden sollen. Ebenso kritisch sind von Dritten – meist von den Parteien oder deren Anwälten – **vorgefertigte Erklärungen** zu

---

[972] H. M., vgl. OLG Hamburg GRUR 1980, 998, 999; OLG München WRP 1978, 399, 400; *Teplitzky* JuS 1981, 122, 125; *Berneke/Schüttpelz* Rdn. 322; a. A. *Krüger* WRP 1991, 68, 71; vgl. auch BGH NJW 1958, 712: keine Aktenbeiziehung im Verfahren auf Wiedereinsetzung.

[973] Zur armen Partei Ahrens/*Scharen* Kap. 50 Rdn. 36; *Teplitzky* DRiZ 1982, 41.

[974] Vgl. auch OLG Frankfurt NJW-CoR 1999, 431: allgemein im Internet zu recherchierende Informationen als Mittel der Glaubhaftmachung; vgl. aber OLG Köln GRUR-RR 2005, 75; LG München I AfP 2011, 493, 494, Vorlage unbeglaubigter Abschriften von Verträgen ausreichend.

[975] *Berneke/Schüttpelz* Rdn. 322.

[976] BGH NJW 2003, 3558, 3359 li. Sp. unter 2.b, zum Insolvenzverfahren.

[977] Hierzu eingehend *Wehlau/Kalbfus* Mitt. 2011, 165.

[978] BayObLG NJW 1996, 406 f. – offengelassen für die bloße Kopie; ebenso Ahrens/*Scharen* Kap. 50 Rdn. 30; *BLAH* § 294 Rdn. 7; Zöller/*Greger* § 294 Rdn. 4; *Bopp/Sonntag* in: Münchner Prozessformularbuch, Bd. 5 A. 5 Anm. 1.

[979] Ahrens/*Scharen* Kap. 50 Rdn. 34; *Berneke/Schüttpelz* Rdn. 238; *Melullis* Rdn. 193; vgl. BGH NJW 2002, 1429 zur Frage der fehlenden Glaubhaftmachung bei nicht aufklärbarem Widerspruch zwischen dem Inhalt der eidesstattlichen Versicherung und schriftsätzlichem Vortrag; LG Hamburg GRUR-RR 2005, 188, 199.

[980] BGH NJW 1988, 2045; NJW 2015, 349 Tz. 19 f.; OLG München, Urt. v. 3.12.2015 – 6 U 1934/15; *Berneke/Schüttpelz* Rdn. 238; Ahrens/*Scharen* Kap. 50 Rdn. 32.

[981] OLG Köln WRP 1982, 364 L; *Berneke/Schüttpelz* Rdn. 239.

würdigen, die von den Betreffenden nur noch um persönliche Daten ergänzt und unterschrieben werden. Denn derartige „vorbereitete" Erklärungen werden von den Betreffenden vielfach unkritisch unterzeichnet. Es handelt sich nicht nur um zu vernachlässigende Einzelfälle, in denen Zeugen im Termin mit ihrer eidesstattlichen Versicherung konfrontiert erklärten, diese sei unterzeichnet worden, weil man darum gebeten worden sei.[982] Diese Bedenken gelten verstärkt, wenn es sich um gleich lautende Erklärungen von mehreren Personen handelt.[983]

Bei einer **eidesstattlichen Versicherung vom Hören-Sagen** ist zu berücksichtigen, aus welchen Gründen nur eine mittelbare Glaubhaftmachung erfolgt;[984] auch der Glaubhaftmachungswert einer „anonymisierten" eidesstattlichen Versicherung, die beim Notar hinterlegt wurde und deren Inhalt von diesem bestätigt wird,[985] ist sorgfältig zu hinterfragen. In einem Marktforschungsbericht zitierte Aussagen aus Gesprächen zwischen namentlich nicht benannten Personen sind zur Glaubhaftmachung einer Verletzungshandlung nicht geeignet.[986] 430

Als Glaubhaftmachung wird auch die **(patent-)anwaltliche Versicherung** zugelassen,[987] wobei eine ausdrückliche Bezugnahme auf die Standespflichten verlangt wird.[988] 431

ff) Die Einholung von **Sachverständigengutachten** durch das Gericht ist ausgeschlossen.[989] Vorgelegte **Privatgutachten** sind als qualifiziertes[990] Parteivorbringen[991] im Rahmen der Glaubhaftmachung zu würdigen.[992] Dies gilt auch für **Meinungsumfragen,**[993] mit denen die Bekanntheit einer Bezeichnung oder das Verständnis einer Werbeaussage belegt werden soll. Macht der Privatgutachter im Termin ergänzende Ausführungen oder wird er als sachverständiger Zeuge vernommen, erlangt er hierdurch nicht die Stellung eines gerichtlichen Sachverständigen.[994] Die Auffassung von *Krüger,*[995] das Gericht solle zur Würdigung des Glaubhaftmachungswerts eines Privatgutachtens nicht nur den Privatgutachter gemäß § 273 Abs. 2 Nr. 4 ZPO zum Termin laden, sondern auch einen gerichtlichen Sachverständigen hinzuziehen, hat in der Praxis – soweit ersichtlich – keine Gefolgschaft gefunden, da dieser Vorgehensweise im Hinblick auf die Schwierigkeiten, kurzfristig einen geeigneten Sachverständigen zu finden, bereits durchgreifende praktische Probleme entgegen stehen. Die Interessen der Gegenpartei können hinreichend dadurch gewahrt werden, dass sie Gelegenheit erhält, ihrerseits – gegebenenfalls ebenfalls durch Hinzuziehung eines Privatgutachters – zu dem Gutachten Stellung zu nehmen. 432

gg) Das Gericht ist auch nicht verpflichtet, eine **amtliche Auskunft** (§ 273 Abs. 2 Nr. 2 ZPO) einzuholen. Die Partei können aber selbst solche Auskünfte einholen und im Verfahren als Urkunden vorlegen.[996] 433

3. Umfang der rechtlichen Prüfung

a) Prüfungsmaßstab. Dass der Verfügungsanspruch lediglich glaubhaft zu machen ist, besagt nicht, dass sich das Gericht mit einer nur summarischen Schlüssigkeitsprüfung begnügen kann.[997] 434

---

[982] OLG München, Urt. v. 22.11.2001 – 29 U 2370/01.

[983] *Berneke/Schüttpelz* Rdn. 239; Ahrens/*Scharen* Kap. 50 Rdn. 33.

[984] OLG München, Urt. v. 6.9.2001 – 29 U 3815/01: Die Vorlage einer eidesstattlichen Versicherung über ein Telefonat zwischen dem Geschäftsführer der Antragstellerin und einem Zeugen wurde mit dem Urlaub des Zeugen am Terminstag begründet, obwohl es ohne weiteres möglich gewesen wäre, sich um die Vorlage einer schriftlichen eidesstattlichen Versicherung von Seiten des Zeugen zu bemühen.

[985] OLG Frankfurt ZUM 2001, 322, 324f. m. Anm. *Hochrathner.*

[986] OLG Düsseldorf Mitt. 2011, 567, 569.

[987] H.M.; OLG Koblenz GRUR 1986, 196; OLG Köln GRUR 1986, 196; BayObLG WuM 1994, 296; OLG Düsseldorf, Beschl. v. 26.2.2009 – 10 W 137/08, juris; OLG Zweibrücken GRUR-RR 2012, 45 Tz. 16; Ahrens/*Scharen* Kap. 50 Rdn. 30 m.w.N.

[988] BGH NJOZ 2011, 1809 Tz. 11; Ahrens/*Scharen* Kap. 50 Rdn. 30.

[989] Allgemeine Meinung vgl. *Krüger* WRP 1991, 68 m.w.N.

[990] Vgl. BGH NJW 1993, 2382, 2383 m.w.N.; NJW-RR 1998, 1527, 1528; NJW-RR 2002, 69, 70f.; vgl. auch NJW 1990, 122, 123 – *Fallwerk,* zur Kostenerstattung.

[991] Anders Ahrens/*Scharen* Kap. 50 Rdn. 38 als Urkunde.

[992] OLG Frankfurt GRUR 1980, 179; *Berneke/Schüttpelz* Rdn. 240; zu Wirkungsangaben: OLG Köln MD 2002, 46; OLG Hamburg MD 2002, 52, 58ff.; OLG Düsseldorf MDR 2015, 785 (LS).

[993] Hierzu OLG Bremen GRUR 1974, 783; OLG Stuttgart NJW-RR 1987, 739; OLG Koblenz GRUR-RR 2004, 312 zur Erstattungsfähigkeit der Kosten für eine Meinungsumfrage.

[994] *Berneke/Schüttpelz* Rdn. 240 und Ahrens/*Scharen* Kap. 50 Rdn. 40 Fn. 165 jeweils gegen die Auffassung des OLG Nürnberg MDR 1977, 849 und NJW 1978, 954.

[995] WRP 1991, 68, 71.

[996] Teplitzky/*Feddersen* Kap. 54 Rdn. 52.

[997] Allgemeine Meinung: KG WRP 1980, 332; OLG Hamburg WRP 1992, 493; vgl. *Berneke/Schüttpelz* Rdn. 340 f. m.w.N.; Zöller/*Vollkommer* § 922 Rdn. 6.

Vielmehr ist die Prüfung in **rechtlicher Hinsicht** im Grundsatz ebenso sorgfältig vorzunehmen **wie im Hauptsacheverfahren.** Nur wenn eine an sich gebotene schwierige und zeitaufwendige Überprüfung aus Gründen der besonderen Eilbedürftigkeit nicht möglich ist, kann es bei einer summarischen Prüfung verbleiben.[998] So fordert das BVerfG[999] im Hinblick auf Art. 2 Abs. 2 Satz 1 i. V. m. Art. 19 Abs. 4 GG in einer lebensbedrohlichen Situation eine besonders intensive und nicht nur summarische Prüfung der Erfolgsaussichten oder – was bei einer komplizierten Sach- und Rechtslage näher liegt – eine **Folgenabwägung,** welche die verfassungsrechtlich geschützten Belange des Betroffenen zur Geltung bringt.

435 **b) Anwendung ausländischen Rechts.** Kommt ausländisches Recht zur Anwendung, ist dieses vom Gericht von Amts wegen festzustellen (§ 293 ZPO).[1000] Ob dieser Grundsatz im Verfahren der einstweiligen Verfügung eine Einschränkung dahingehend erfährt, dass die Partei, die aus einem nach fremdem Recht zu beurteilenden Sachverhalt eine günstige Rechtsfolge herleiten will, das ausländische Recht, soweit es sich nicht aus präsenten Erkenntnisquellen erschließen lässt, darzulegen und glaubhaft zu machen hat,[1001] wird unterschiedlich beurteilt.

436 Strebt der Antragsteller eine **Entscheidung ohne mündlicher Verhandlung** an – die allerdings vielfach geboten sein wird, worauf *Sommerlad/Schrey*[1002] zu Recht hinweisen, da auch die Erörterung mit beiden Parteien weiteren Aufschluss über das anzuwendende Recht bringen kann[1003] –, wird er gehalten sein, dem Gericht entsprechende Nachweise (vgl. § 293 Satz 2 1. Halbsatz ZPO) über das anzuwendende Recht vorzulegen (Rechtsgutachten über das betreffende Recht,[1004] eine eidesstattliche Versicherung einer sachverständigen Person und/oder einschlägige Literatur), um diesem eine hinreichende Entscheidungsgrundlage zu liefern. Sofern diese Erkenntnisquellen dem Gericht nicht ausreichend erscheinen, ist es nicht gehindert, sich selbst weitere Informationen zu verschaffen. Die Hinzuziehung eines Sachverständigen und dessen Anhörung im Termin zur mündlichen Verhandlung ist zur Ausschöpfung der ihm gemäß § 293 Satz 2 Halbsatz 2 ZPO obliegenden Ermittlungspflicht nicht geboten und wird meist schon aus Zeitgründen nicht in Betracht kommen.[1005]

437 Ergibt sich dennoch keine tragfähige Grundlage für die Entscheidung des Sachverhalts nach ausländischem Recht, erscheint es nicht unproblematisch, ohne weiteres **deutsches Recht als „Auffangrecht"** zugrunde zu legen,[1006] da gerade im Bereich des Wettbewerbsrechts die Gefahr einer unterschiedlichen Beurteilung nach deutschem Recht sehr groß ist.[1007] Ist keine hinreichende Klärung zu erzielen, können verbleibende Mängel der Darlegung eines Verfügunganspruchs auch nicht ohne weiteres durch die Anordnung einer Sicherheitsleistung ausgeglichen werden.[1008]

438 Auch bei der Ermittlung des anzuwendenden Rechts im Rahmen des **Herkunftslandprinzips** nach dem TMG (früher TDG) obliegt es nicht dem Antragsgegner, sich auf das maßgebliche Recht des Herkunftslandes im Sinne eines die Anwendbarkeit des deutschen Rechts verdängenden Einwands[1009] zu berufen. Vielmehr hat das Gericht auch im Anwendungsbereich des § 3 Abs. 2 TMG das maßgebliche Rechte von Amts wegen anzuwenden und ausländisches Recht nach den Grundsätzen des § 293 ZPO zu ermitteln (siehe oben Einl. C Rdn. 25ff., 76ff.).

4. Einzelfragen

439 **a) Anwaltliche Vertretung.** Da der Antrag auch vor dem Landgericht zu Protokoll der Geschäftsstelle eingereicht werden kann, unterliegt der Antragsteller nicht dem **Anwaltszwang**

---

[998] OLG Hamm NJW 1979, 1713; OLG Frankfurt WuW/E OLG 2195; vgl. auch OLG Koblenz NJW 2001, 1364; *Berneke/Schüttpelz* Rdn. 341; jeweils m. w. N.; a. A. Zöller/*Vollkommer* § 922 Rdn. 6 m. w. N.

[999] NJW 2003, 1236.

[1000] Vgl. BGH GRUR 2010, 847 – *Ausschreibung in Bulgarien;* a. A. wohl OLG Koblenz GRUR 1993, 763, 764.

[1001] So OLG Hamburg VersR 1989, 1164; OLG Hamm WRP 1970, 77; OLG Frankfurt GRUR 1979, 35; GRUR 1993, 161; *Melullis* Rdn. 204; Stein/Jonas/*Grunsky* § 920 Rdn. 8; *Berneke/Schüttpelz* Rdn. 342 m. w. N.; a. A. Ahrens/*Scharen* Kap. 50 Rdn. 45 m. w. N.; *Brannekämper* WRP 1994, 661, 667.

[1002] NJW 1991, 1377, 1383.

[1003] Übereinstimmende Auffassung beider Parteien hinsichtlich eines anzuwendenden Rechtssatzes, vgl. *Brannekämper* WRP 1994, 661, 666; Pastor/Ahrens/*Scharen* Kap. 54 Rdn. 45; vgl. auch *Schack* IZVR Rdn. 626 für das Versäumnisverfahren.

[1004] Ahrens/*Scharen* Kap. 50 Rdn. 45; *Melullis* Rdn. 204.

[1005] *Berneke/Schüttpelz* Rdn. 342; a. A. Ahrens/*Scharen* Kap. 50 Rdn. 45.

[1006] Vgl. BGH NJW 1982, 1215; OLG Köln GRUR 1994, 646; ZUM 2007, 401, 402, zum UrhR; *Brannekämper* WRP 1994, 661, 666; Ahrens/*Scharen* Kap. 50 Rdn. 45 m. w. N.; *Berneke/Schüttpelz* Rdn. 342.

[1007] *Schack* IZVR Rdn. 627; oben Einl. UWG C Rdn. 130f.

[1008] Vgl. *Berneke/Schüttpelz* Rdn. 342.

[1009] Vgl. *Ohly*/Sosnitza, UWG, Einf C Rdn. 68.

(§§ 936, 920 Abs. 3, 78 Abs. 5 ZPO).[1010] Dieser gilt vielmehr **erst ab Anberaumung einer mündlichen Verhandlung.** Der Verfügungsantrag kann daher auch durch den Antragsteller selbst oder einen Vertreter (z. B. einen Patentanwalt) eingereicht werden. Wird über den Antrag aufgrund mündlicher Verhandlung entschieden, müssen sich beide Parteien durch Anwälte vertreten lassen (§ 78 Abs. 1 Satz 1 ZPO). **Widerspruch** gegen eine einstweilige Verfügung kann ebenfalls nur durch einen zugelassenen Anwalt (§ 78 Abs. 1 Satz 1 ZPO) eingelegt werden. Zum **Beschwerdeverfahren** siehe oben Rdn. 394. Die Beschwerde gegen einen den Verfügungsantrag zurückweisenden Beschluss unterliegt nicht dem Anwaltszwang.[1011] Für das **Berufungsverfahren** ergeben sich gegenüber dem Klageverfahren keine Besonderheiten (§ 78 Abs. 1 Satz 2 ZPO).

b) Fristen. Einlassungsfristen (§ 274 Abs. 3 ZPO) sowie die Vorschriften über vorbereitende Schriftsätze (§ 132 ZPO) gelten für das Verfügungsverfahren nach allgemeiner Auffassung nicht.[1012] Das Gericht muss daher **Vorbringen der Parteien** (sowie dessen Glaubhaftmachung) **bis zum Schluss der mündlichen Verhandlung berücksichtigen.**[1013] Mangels Erklärungsfristen kommt § 296 ZPO nicht zur Anwendung[1014] Dies muss jedoch dort seine Grenzen finden, wo das Verhalten einer Partei darauf abzielt, den Gegner ohne sachliche Rechtfertigung – das Vorbringen hätte unschwer rechtzeitig in das Verfahren eingeführt werden können – mit neuem und/oder umfangreichem Vorbringen, zu dem er keine (ausreichende) Stellung mehr nehmen kann, zu **„überrumpeln“.**[1015] **440**

Befleißigt sich der **Antragsgegner** derartiger Verhaltensweisen, kann das Vorbringen nach dem auch im Prozessrecht geltenden Grundsatz von Treu und Glauben unberücksichtigt bleiben,[1016] da eine Vertagung oder die Einräumung einer Schriftsatzfrist – jedenfalls dann, wenn dadurch ein „Stuhlurteil“ verhindert wird – im Widerspruch zu dem Beschleunigungsinteresse des Antragstellers steht. **440a**

Geht es um solche **„taktischen“ Verhaltensweisen von Seiten des Antragstellers,** wird ausnahmsweise eine kurzfristige Vertagung oder die Einräumung einer Schriftsatzfrist für den Antragsgegner zu erwägen sein,[1017] da die damit verbundene Verfahrensverzögerung zu Lasten des Antragstellers – sofern nicht bereits als dringlichkeitsschädlich einzustufen – als mildere Maßnahme gegenüber der Nichtberücksichtigung des „verspäteten“ Vorbringens anzusehen ist; anders dagegen, wenn hierdmit eine Verzögerung der Enscheidung über den Widerspruch verbunden ist.[1018] **440b**

c) Schriftsatzfristen. Von den vorstehend behandelten Ausnahmefällen abgesehen, kommt die Einräumung einer Schriftsatzfrist nach § 283 ZPO nicht in Betracht.[1019] **441**

d) Vertagung. Gleiches gilt für eine Vertagung des Rechtsstreits,[1020] die mit dem Wesen des Eilverfahrens nicht zu vereinbaren ist. **442**

e) Wiedereröffnung der mündlichen Verhandlung. Die Wiedereröffnung einer mündlichen Verhandlung wurde unter der Geltung von § 156 ZPO a. F. allgemein als nicht möglich angesehen.[1021] Dies wird auch für § 156 Abs. 1 ZPO (Fassung 1.1.2002) weiterhin zu gelten haben, nicht mehr jedoch für die in Abs. 2 geregelten zwingenden Gründe für eine Wiedereröffnung der mündlichen Verhandlung bei Verletzung des rechtlichen Gehörs.[1022] **443**

[1010] Vgl. MünchKommUWG/*Schlinghoff* § 12 Rdn. 342.

[1011] OLG Dresden NJWE-WettbR 1997, 184; a. A. OLG Frankfurt GRUR-RR 2011, 31; Prütting/Gehrlein/*Fischer* § 922 Rdn. 10.

[1012] Zöller/*Volllkommer* § 922 Rdn. 15; *Berneke/Schüttpelz* Rdn. 316.

[1013] OLG Hamburg NJW-RR 1987, 36; OLG Koblenz GRUR 1987, 319, 322.

[1014] Vgl. die umfangreichen Nachweise bei *Berneke/Schüttpelz* Rdn. 324 sowie Ahrens/*Bähr* Kap. 52 Rdn. 27.

[1015] Vgl. hierzu OLG Koblenz GRUR 1987, 319; OLG Hamburg NJW-RR 1987, 36; zum Meinungsstand *Klute* GRUR 2003, 34, 36f.

[1016] Vgl. OLG Koblenz GRUR 1987, 319, 322; vgl. auch Ahrens/*Bähr* Kap. 52 Rdn. 18f.

[1017] A. A. *Köhler*/Bornkamm § 12 Rdn. 3.26; *Melullis* Rdn. 200ff.; Ahrens/*Bähr* Kap. 52 Rdn. 11; *Berneke/Schüttpelz* Rdn. 327; *Klute* GRUR 2003, 34, 35.

[1018] So LG Hamburg Pharma Recht 1991, 157, 158.

[1019] Allgemeine Auffassung vgl. z. B. *Klute* GRUR 2003, 34, 35; *Berneke/Schüttpelz* Rdn. 324 m. w. N.; OLG Koblenz WRP 1981, 115, 117; GRUR 1989, 931; OLG Hamburg NJW-RR 1987, 36; MD 2001, 735, 737 OLG München WRP 1971, 533; GRUR 1979, 172; MD 1994, 1022, 1024.

[1020] OLG Koblenz WRP 1981, 115, 117; GRUR 1989, 931; OLG Hamburg NJW-RR 1987, 36; MD 2001, 735, 737 OLG München WRP 1971, 533; GRUR 1979, 172; MD 1994, 1022, 1024; *Klute* vorige Fn.; *Berneke/Schüttpelz* Rdn. 324.

[1021] OLG München NJW-RR 1994, 556; *Berneke/Schüttpelz* Rdn. 324 m. w. N.

[1022] *Berneke/Schüttpelz* Rdn. 324; MünchKommUWG/*Schlingloff* § 12 Rdn. 422.

444 **f) Aussetzung.** Eine Aussetzung[1023] des Verfahrens gemäß **§ 148 ZPO** ist **mit der Eilbedürftigkeit des Verfügungsverfahrens nicht zu vereinbaren** und kommt daher nach allgemeiner Auffassung nicht in Betracht.[1024] Bei anhängigen Löschungs-, Nichtigkeits- oder Einspruchsverfahren gegen Marken und Patente, an deren Eintragung die Verletzungsgerichte gebunden sind,[1025] wird jedoch eine entsprechende Sachlage, die in einem Hauptsacheverfahren eine Aussetzung des Verfahrens rechtfertigen würde, dergestalt Bedeutung erlangen, dass ein Verfügungsgrund zu verneinen sein wird.[1026]

445 Da **Art. 234 EG** eine **Vorlage an den EuGH** im Verfahren des einstweiligen Rechtsschutzes **nicht verlangt,**[1027] wird eine Aussetzung und Vorlage allgemein für unzulässig bzw. nicht für geboten erachtet,[1028] auch wenn Berufungsurteile keinem Rechtsmittel unterliegen, da eine Prüfung im Hauptsacheverfahren erfolgen kann. Das Gericht hat die europarechtlichen Fragen selbst zu beurteilen.[1029]

446 Nach der Rechtsprechung des BVerfG[1030] muss im Hinblick auf die zeitweilige Vorwegnahme der Hauptsache bei Unterlassungsverfügungen eine **Vorlage nach Art. 100 GG** möglich sein,[1031] da ein Gericht nicht gehalten sein kann, eine für verfassungswidrig erachtete Norm[1032] gegen seine Überzeugung anzuwenden.[1033]

447 Eine nach **§ 19 Satz 2 GebrMG** sogar zwingend vorgesehene Aussetzung eines Verfügungsverfahrens scheidet aus, vielmehr ist der Antrag als unbegründet zurückzuweisen, wenn das Gericht das Gebrauchsmuster für löschungsreif hält.

448 **Art. 29 EuGVVO**[1034] findet auf das Verfügungsverfahren keine Anwendung, da eine etwaige Anhängigkeit der Hauptsache bei einem ausländischen Gericht keine Rechtshängigkeitssperre für das Verfügungsverfahren entfaltet.[1035]

449 **g) Hinweispflicht.** § 139 ZPO kommt auch im Verfahren der einstweiligen Verfügung zur Anwendung,[1036] und zwar auch im Verfahren ohne mündliche Verhandlung,[1037] wovon in der Praxis sehr großzügig Gebrauch gemacht wird; meist, um bei aussichtslosen oder wenig erfolgversprechenden Anträgen deren Rücknahme zu erreichen oder um Mängel zu beseitigen, um so eine Entscheidung im Beschlusswege zu ermöglichen. Wenn das Gericht – die meist ohnehin standardmäßig erbetenen **Hinweise** zu „Bedenken, die einem Erlass der beantragten einstweiligen Verfügung entgegenstehen" – telefonisch erteilt, ist dies **aktenkundig zu machen.** Hiergegen wendet sich *Teplitzky,*[1038] der im „einseitigen" Verfahren einen Hinweis an den Antragsteller für ausgeschlossen

---

[1023] Siehe hierzu allgemein oben Vor § 12 Rdn. 219f.

[1024] OLG Düsseldorf GRUR 1983, 79; OLG Frankfurt GRUR 1981, 905; *Berneke/Schüttpelz* Rdn. 333.

[1025] Zur Markeneintragung BGH GRUR 2000, 626 – *IMS;* OLG Köln MD 2005, 1236.

[1026] Vgl. OLG Düsseldorf Mitt. 1996, 87, 88, zum Patentrecht; zum Markenrecht vgl. OLG Düsseldorf GRUR-RR 2002, 212; *Ingerl/Rohnke,* MarkenG, Vor §§ 14–19 Rdn. 100.

[1027] EuGH NJW 1977, 1585; BVerfG ZUM 2006, 919, 920; vgl. *Mankowski* JR 1993, 402; MünchKomm-UWG/*Schlingloff* § 12 Rdn. 423.

[1028] BGH ZZP 110, 373; OLG Frankfurt OLGZ 1994, 245; NJW-RR 1990, 191; OLG Report 1994, 79; OLG Hamburg WRP 1981, 589; MD 2002, 748, 750; *Berneke/Schüttpelz* Rdn. 338 Fn. 126; Zöller/*Vollkommer* Vor § 916 Rdn. 11.

[1029] OLG Hamburg MD 2002, 748, 750; *Berneke/Schüttpelz* Rdn. 335.

[1030] NJW 1978, 37f.

[1031] *Berneke/Schüttpelz* Rdn. 335; Zöller/*Vollkommer* Vor § 916 Rdn. 11 (i. d. R.); a. A. LG Düsseldorf WRP 1994, 138, 140; *Huba* Jus 1990, 991; Ahrens/*Bähr* Kap. 52 Rdn. 27 weist auf die mit einer Vorlage verbundene Blockierung des Rechtsschutzes hin; vgl. auch BVerfG NJW 1992, 2749, 2750, wonach es der Gewährung von vorläufigem Rechtsschutz nicht entgegen steht, dass das Gericht die Norm für verfassungswidrig hält und deshalb im Hauptsacheverfahren eine Vorlage erfolgt, wenn dies im Interesse eines effektiven Rechtsschutzes geboten ist und die Hauptsache nicht vorweggenommen wird.

[1032] OLG Köln MD 2003, 81, 84f. verneint den Normcharakter für die gerichtliche ZustVO und bejaht deshalb seine eigene Prüfungskompetenz.

[1033] OLG Hamburg JZ 1983, 67 m. Anm. *Goerlich* S. 57.

[1034] Zum Begriff „derselbe Anspruch" vgl. OLG Köln GRUR-RR 2005, 36.

[1035] Vgl. aber EuGH NJW 2002, 2087 zur Bedeutung einer Entscheidung im einstweiligen Rechtsschutz als Anerkennungshindernis im Sinne von Art. 34 Nr. 3 EuGVVO a.F.

[1036] Ahrens/*Bähr* Kap. 52 Rdn. 13; *Berneke/Schüttpelz* Rdn. 324 m. w. N., der jedoch Hinweise vor dem Termin gemäß § 139 Abs. 4 Satz 1 ZPO nicht für geboten hält; MünchKommUWG/*Schlingloff* § 12 Rdn. 426.

[1037] *Danelzik* WRP 1999, 18, 24; MünchKommUWG/*Schlingloff* § 12 Rdn. 426; Ahrens/*Scharen* Kap. 51 Rdn. 9f.; Gloy/Loschelder/Erdmann/*Spätgens,* HdbWettbR, Kap. 97 Rdn. 85ff.; a. A. *Borck* WRP 1977, 457, 458; eingehend hierzu *Teplitzky* GRUR 2008, 34, 37ff.; *Spätgens* a. a. O.; Ahrens/*Scharen* Kap. 51 Rdn. 8ff.; vgl.auch *Guhn* WRP 2014, 27 ff.

[1038] GRUR 2008, 34, 37ff.; *ders.* Kap. 55 Rdn. 1b, 5a und 5b; und FS Bornkamm S. 1073, 1089 ff.; vgl. auch BGH GRUR 2012, 89 Tz. 17 – *Stahlschlüssel,* wonach einseitige Gespräche zwischen einem Mitglied des Ge-

hält, insbesondere dahingehend, die einstweilige Verfügung nicht oder nicht ohne mündliche Verhandlung zu erlassen, da hierin ein substantieller Nachteil liege, wenn der Antragsgegner hiervon nichts erfahre. Denn der Antragsteller werde hierdurch in die Lage versetzt, den Antrag zurückzunehmen und ihn bei einem anderen Gericht neu zu stellen. Einseitige telefonische Hinweise seien grundsätzlich zu unterlassen, da auch die Anfertigung eines Aktenvermerks nicht ausreichend sei. Jedenfalls sei eine Mitteilung an den Antragsgegner erforderlich. Dieser kritischen Haltung ist insoweit zuzustimmen, als es um die Verhinderung von Missbräuchen des einseitigen Verfahrens geht. Dies ändert jedoch nichts daran, dass die Hinweispflicht des Gerichts auch im Stadium des noch „einseitigen" Verfahrens gilt mit der Folge, dass das Gericht auf Bedenken, die dem Antrag entgegenstehen, hinzuweisen hat. Den Bedenken in Bezug auf „einseitige" telefonsiche Hinweise sollte durch die Wahl anderer Kommunkatiionsmittel Rechnung getragen werden.[1039]

h) Erledigung der „Hauptsache".[1040] Die Grundsätze über die **Erledigung der Hauptsache** im Sinne der Erledigung des im einstweiligen Verfügungsverfahren verfolgten prozessualen Begehrens sind auch im Verfahren der einstweiligen Verfügung anzuwenden[1041] und haben hier – insbesondere im Hinblick auf den Zeitfaktor (Wegfall der Dringlichkeit) – weiterhin eine erhebliche Bedeutung, auch wenn sich die mit der fehlenden Verjährungsunterbrechung einhergehende Problematik aufgrund der gesetzlichen Neureglung in § 204 Abs. 1 Nr. 9 BGB (hierzu oben Rdn. 409) nicht mehr in dem bisherigen Umfang stellt.[1042] Eine (übereinstimmend) abgegebene Erledigungserklärung bezieht sich im Zweifel nur auf das Verfügungsbegehren.[1043] Im Beschluss vom 23.10. 2003[1044] hat der BGH die Möglichkeit einer Erledigungserklärung mit Wirkung für die Zukunft bejaht, was für die Ahndung von in der Vergangenheit begangenen Zuwiderhandlungen von großer praktischer Bedeutung ist (siehe hierzu eingehend oben Vor § 12 Rdn. 329 ff.). **450**

Die Hauptsache des Verfügungsverfahrens – die von der Hauptsache des Klageverfahrens, worauf etwa in § 926 ZPO abgestellt wird, zu unterscheiden ist[1045] – erledigt sich, wenn der Antrag auf Erlass der einstweiligen Verfügung zum Zeitpunkt des erledigenden Ereignisses zulässig und begründet war. Zu beachten ist zunächst, dass die **Rechtshängigkeit des Antrags bereits mit dessen Einreichung** eintritt (oben Rdn. 369), sodass § 269 Abs. 3 Satz 3 ZPO, der auf die Fälle der Erledigung zwischen Anhängigkeit und Rechtshängigkeit abstellt, keinen Anwendungsbereich hat,[1046] da eine Erledigung somit bereits nach Einreichung eintreten kann.[1047] **451**

Da eine Erledigung nicht eintreten kann, wenn der **Verfügungsgrund** von Anfang fehlte, kommen nur Fallgestaltungen in Betracht, bei denen **nach Einleitung des Verfahrens die Dringlichkeit wegfällt.** **452**

Dies kann, da es nach der Rechtsprechung des BGH für die Frage der Erledigung nicht darauf ankommt, wer das erledigende Ereignis herbeigeführt hat,[1048] auch ein **säumiges Verhalten des Antragstellers** selbst sein,[1049] während die Gegenauffassung hieraus den Schluss ziehen will, dass der Verfügungsgrund von Anfang gefehlt habe,[1050] worin eine nicht zu rechtfertigende „Rückwirkung" liegt.[1051] **453**

Bei der Behandlung **zeitgebundener Ereignisse** (siehe oben Rdn. 333) ist auf den Inhalt des beantragten Verbots abzustellen. Betrifft der Antrag/Tenor lediglich einen bestimmten zeitlichen **453a**

---

richts und (nur) einem Verfahrensbeteiligten die Gefahr einer Verletzung des Anspruchs auf rechtliches Gehör und ein faires Verfahren begründen können; GRUR 2013, 1276 Tz. 23 – *Metrolinien.*

[1039] Vgl. GroßKommUWG/*Schwippert* § 12 Rdn. 119.

[1040] Siehe hierzu auch *Brüning* Vor § 12 Rdn. 43 ff.

[1041] BGH GRUR 2003, 724 – *Rechtsbeschwerde II;* GRUR 2004, 264, 266 – *Euro-Einführungsrabatt; Berneke/Schüttpelz* Rdn. 472; *Ulrich* WRP 1982, 14 ff.

[1042] *Berneke/Schüttpelz* Rdn. 486.

[1043] *Berneke/Schüttpelz* Rdn. 477; zur umgekehrten Fallgestaltung vgl. OLG Zweibrücken OLG Report 1998, 43.

[1044] A. a. O. – *Euro-Einführungsrabatt*; Beschl. v. 10.1.2016 – I ZB 102714 Tz. 20 – *Erledigung nach Gesetzesänderung.*

[1045] *Berneke/Schüttpelz* Rdn. 472; *Teplitzky* Kap. 55 Rdn. 24.

[1046] Vgl. BGH NJW 2004, 223, 224.

[1047] OLG Köln GRUR 2001, 424; KG MDR 2009, 765; *Berneke/Schüttpelz* Rdn. 474 m. w. N.

[1048] BGH GRUR 1993, 769, 770 – *Radio Stuttgart* – unter Hinweis darauf, dass dieser Umstand i. d. R allerdings zur Kostenbelastung des Antragstellers im Rahmen von § 91a ZPO führen wird, vgl. hierzu Vor § 12 Rdn. 43 ff.

[1049] Vgl. die Nachweise bei *Teplitzky* Kap. 55 Rdn. 26 Fn. 89; vgl. auch Vor § 12 Rdn. 47.

[1050] *Berneke/Schüttpelz* Rdn. 479 unter Hinweis auf OLG Saarbrücken, Urt. v. 29.8.1984 – 1 U 47/84, bei *Traub* WVP S. 354.

[1051] Vgl. auch *Ulrich* WRP 1990, 651, 657.

Abschnitt – z.B. Verbot für die Dauer einer Messe[1052] –, so erschöpft sich darin der Regelungsgehalt; folglich erscheint es konsequent, bei diesen Fallgestaltungen keinen Raum für eine Erledigung zu sehen.[1053] Ist der Antrag „abstrakt" formuliert, wird zum Teil eine Erledigung der Hauptsache bejaht,[1054] während andererseits die Auffassung vertreten wird, eine Erledigung könne dann nicht angenommen werden, wenn es darum gehe, ob das Verbot zu Recht ergangen sei. Denn es widerspreche der Prozessökonomie und den Interessen des Antragstellers, diesen auf ein Hauptsacheverfahren zu verweisen.[1055]

453b Bei **Versäumung der Vollziehungsfrist** (§ 936 Abs. 2, § 929 Abs. 2 ZPO) ist die einstweilige Verfügung von Anfang an als wirkungslos zu betrachten (unten Rdn. 508). Ein erledigendes Ereignis liegt somit nicht vor.[1056]

453c Dies gilt auch im Falle der nicht bzw. **nicht rechtzeitigen Erhebung der Hauptsacheklage** gemäß § 926 ZPO, da dies ebenfalls zur Folge hat, dass die einstweilige Verfügung von Anfang als unberechtigt zu behandeln ist.[1057]

453d Hinsichtlich der Frage, wie sich ein der einstweiligen Verfügung entsprechendes **Urteil im Hauptsacheverfahren** auswirkt, ist auf die Ausführungen unter Rdn. 590 zu verweisen.[1058] Ob und inwieweit ein **Vergleich im Hauptsacheverfahren** Auswirkungen auf ein paralleles Verfügungsverfahren hat, bestimmt sich nach seinem Inhalt und kann nicht generell beantwortet werden.[1059]

453e Die **Abgabe einer Abschlusserklärung** lässt das Rechtsschutzinteresse entfallen (unten Rdn. 647) und führt somit zur Erledigung des Verfügungsverfahrens.[1060]

454 Der Wegfall des Verfügungsanspruchs betrifft vor allem die Fälle der Abgabe einer strafbewehrten Unterlassungserklärung[1061] bzw. den Wegfall der eine Erstbegehungsgefahr begründenden Umstände (z.B. Aufgabe der Berühmung).

455 Die in der Rechtsprechung und Literatur eingehend und uneinheitlich beurteilte Frage, ob in der Erhebung der **Verjährungseinrede** ein erledigendes Ereignis gesehen werden kann bzw. ob und inwieweit die unterlassene (früher Unterbrechung jetzt) Hemmung der Verjährung im Rahmen des § 91a ZPO zu berücksichtigen ist,[1062] hat durch die Regelung des § 204 Abs. 1 Nr. 9 BGB (vgl hierzu oben Rdn. 409) erheblich an praktischer Relevanz verloren, da die Einrede nur mehr in den Fällen des § 204 Abs. 2 BGB in Betracht kommen wird. Stellt man entsprechend der rechtlichen Qualifizierung als Einrede, die der Geltendmachung des Anspruchs entgegensteht, diesen aber nicht rückwirkend beseitigt (§ 214 BGB = § 222 BGB a.F., da lediglich der Begriff Schuldner anstatt Verpflichteter verwendet wird), auf deren **Erhebung im Verfahren** ab, so ist diese als **erledigendes Ereignis** anzusehen, ohne dass es auf den Eintritt der Verjährung vor oder nach[1063] Einreichung des Antrags ankäme.[1064] Inwieweit der Eintritt der Verjährung unter **Billigkeitsgesichtspunkten** im Rahmen des § 91a ZPO zu Lasten des Antragstellers zu berücksichtigen ist, wird unterschiedlich beurteilt, wobei die Bandbreite von der i.d.R. vollen,[1065] über eine hälftige[1066] Kostenbelastung bis hin zu einer vollständigen Kostenfreistellung des Antragstellers[1067] geht, sofern nicht besondere Umstände entgegenstehen.[1068]

1052 Vgl. *Berneke/Schüttpelz* Rdn. 138, der dem Antragsteller eine Abstrahierung empfiehlt.
1053 OLG Hamm GRUR 1990, 470; *Berneke/Schüttpelz* Rdn. 481.
1054 OLG Koblenz GRUR 1985, 326; OLG Stuttgart WRP 1978, 316; *Berneke/Schüttpelz* Rdn. 139, 431; *Ulrich* GRUR 1982, 14, 18f.
1055 OLG Düsseldorf WRP 1974, 94; *Berneke/Schüttpelz* Rdn. 139 m.w.N.
1056 OLG Hamm GRUR 1989, 931, 932; OLG Koblenz WRP 1981, 115, 117; vgl. oben Vor § 12 Rdn. 47; *Berneke/Schüttpelz* Rdn. 479; a.A. *Ulrich* WRP 1990, 650, 656, WRP 1996, 84, 86.
1057 *Berneke/Schüttpelz* Rdn. 479; so i.E. auch *Ulrich* WRP 1990, 650, 656f.
1058 Vgl. auch *Berneke/Schüttpelz* Rdn. 480; vgl. oben Vor § 12 Rdn. 47.
1059 *Berneke/Schüttpelz* Rdn. 480.
1060 Vgl. BGH GRUR 1991, 76, 77 – *Abschlusserklärung.*
1061 Vgl. oben Vor § 12 Rdn. 45 m.w.N.
1062 Siehe hierzu die eingehende Darstellung bei *Teplitzky* Kap. 55 Rdn. 29ff. sowie aus jüngerer Zeit *Peters* NJW 2001, 2289ff.
1063 Vgl. die Nachw. oben Vor § 12 Rdn. 46 und Ahrens/*Spätgens* Rdn. 551.
1064 OLG Frankfurt GRUR-RR 2002, 183, 184; Ahrens/*Schmukle* Kap. 54 Rdn. 10; *Peters* NJW 2001, 2289.
1065 OLG Hamburg WRP 1982, 161; WRP 1989, 403; OLG Schleswig NJW-RR 1986, 38, 39; *Melullis* Rdn. 242; Ahrens/*Spätgens* Rdn. 549.
1066 OLG Koblenz NJW-RR 1996, 1520.
1067 OLG Celle WRP 1983, 96; GRUR 1987, 716; GRUR-RR 2001, 285; OLG Frankfurt WRP 2002, 466, 468; OLG Köln WRP 2014, 875; OLG Stuttgart NJW-RR 1996, 1520.
1068 OLG Frankfurt WRP 2002, 466, 468.

Auch aufgrund einer **Gesetzesänderung**[1069] kann sich das Verfügungsverfahren erledigen, wenn der Anspruch nicht mehr durchsetzbar (z. B. Wegfall der Klagebefugnis eines Verbandes aufgrund des UWG-Änderungsgesetzes von 1994) oder das angegriffene Verhalten nunmehr zulässig ist, z. B. nach Aufhebung des RabattG und der ZugabeVO im Juli 2001.[1070] **456**

i) Antragsänderung, -erweiterung. Hinsichtlich der **Antragsänderung und -erweiterung** in erster Instanz kommen die für die Klage geltenden Bestimmungen (§§ 260, 263 ff. ZPO) entsprechend zur Anwendung,[1071] wobei eine Antragserweiterung eine fortbestehende Dringlichkeit voraussetzt. Auch darf hierdurch die Verteidigungsmöglichkeit des Antragsgegners nicht unzumutbar eingeschränkt werden,[1072] was bei fehlender Einwilligung des Antragsgegners im Rahmen der **Beurteilung der Sachdienlichkeit** zu berücksichtigen ist. **457**

Streitig ist, ob eine **Antragsänderung** auch noch **in der Berufungsinstanz** zugelassen werden kann[1073] oder ob dem nicht bereits die fehlende funktionelle Zuständigkeit entgegensteht,[1074] wobei sich auch bei Zulassung einer Antragsänderung in 2. Instanz die Frage der Dringlichkeit sowie der Sachdienlichkeit im Falle der fehlenden Einwilligung des Antragsgegners stellt. **458**

j) Parteiwechsel, Parteierweiterung. Auch ein Parteiwechsel[1075] sowie eine Parteierweiterung[1076] kommen in Betracht. **459**

k) Antragsrücknahme. Entsprechend **§ 269 ZPO** kann der Verfügungsantrag bis zum rechtskräftigen Abschluss des Verfahrens durch Urteil **jederzeit** (d. h. spätestens bis zur Verkündung des Berufungsurteils) auch ohne Zustimmung des Antragsgegners **zurückgenommen** werden.[1077] Der sich daraus ergebenden **Kostenfolge** kann der Antragsteller in der Regel auch nicht aufgrund eines materiellrechtlichen Anspruchs gegen den Antragsgegner entgehen, etwa wenn er in einem späteren Hauptsacheverfahren obsiegt.[1078] **460**

Da § 269 Abs. 3 Satz 3 ZPO auch dann Anwendung finden soll, wenn sich der Anlass zur Klage vor deren Einreichung erledigt hat[1079] und im Verfügungsverfahren der Antrag bereits mit dessen Eingang bei Gericht rechtshänig wird, erscheint eine entsprechende Anwendung dieser Regelung bei einer unverzüglichen Antragsrücknahme nicht ausgeschlossen, wobei zwischen verschiedenen Fallgestaltungen differenziert wird. Eine entsprechende Anwendung wird für möglich gehalten, wenn der Anlass bereits vor Eingang des Verfügungsantrags weggefallen war.[1080] Zum Teil wird § 269 Abs. 3 Satz 3 ZPO auch auf Fallgestaltungen angewandt, wenn der Anlass zur Einreichung des Verfügungsantrags im Zeitraum zwischen der Aufgabe des Antrags zur Post und seinem Eingang beim Gericht entfällt, der Antragsteller hiervon aber erst nach Einreichung des Antrags Kenntnis erlangt.[1081] § 269 Abs. 6 ZPO gilt im Verfügungsverfahren nicht.[1082] **460a**

l) Gegenverfügung. Dem Antragsgegner ist in entsprechender Anwendung von § 33 ZPO die Möglichkeit eines **Gegenantrags** eröffnet,[1083] dessen Zulassung aber nicht zu einer Beschränkung **461**

[1069] Vgl. oben Vor § 12 Rdn. 45.

[1070] Vgl. z. B. BGH, Beschl. v. 11.12.2003 – I ZR 68/01.

[1071] OLG Frankfurt NJW-RR 1988, 319; *Berneke/Schüttpelz* Rdn. 329.

[1072] *Berneke/Schüttpelz* Rdn. 329.

[1073] OLG Frankfurt WRP 1983, 212; OLG Düsseldorf Mitt. 2011, 567, 571, zur Antragserweiterung; OLG Frankfurt GRURPrax 2010, 393, auch in juris: fehlender Verfügungsgrund bei Einführung neuer Streitgegenstände im Beschwerdeverfahren; *Berneke/Schüttpelz* Rdn. 444; a. A. Ahrens/*Bähr* Kap. 53 Rdn. 9.

[1074] OLG Hamm NJW-RR 1991, 236; OLG Köln GRUR 1991, 65; offengelassen vom OLG München (21. ZS) ZUM-RD 2003, 42 betreffend die Änderung eines Antrags im Beschwerdeverfahren, da Verneinung der Sachdienlichkeit.

[1075] OLG Düsseldorf WRP 1995, 732, 734; KG WRP 1996, 556.

[1076] OLG München OLG Report 1995, 104.

[1077] Allgemeine Meinung OLG Düsseldorf NJW 1982, 2452; MünchKommUWG/*Schlingloff* § 12 Rdn. 450; weitere Nachweise bei *Berneke/Schüttpelz* Rdn. 456.

[1078] BGH GRUR 1995, 169 – *Kosten des Verfügungsverfahrens bei Antragsrücknahme.*

[1079] Vgl. die Nachweise bei Zöller/*Greger* § 269 Rdn. 8a.

[1080] Vgl. GroßkommUWG/*Schwippert* § 12 C Rdn. 184 f. mwN.

[1081] OLG Karlsruhe WRP 2012, 591 m. w. N.; zum Meinungsstand vgl. *Schwippert* vorh. Fn. mwN.

[1082] MünchKommUWG/*Schlingloff* § 12 Rdn. 450; a. A. *Walker* in: Schuschke/Walker Vor § 916 Rdn. 26.

[1083] OLG Rostock OLG-NL 2001, 279; OLG Celle NJW 1959, 1833; OLG Nürnberg, Urt. v. 30.9.1975 – 3 U 82/75, bei *Traub* WVP S. 331; LG Köln MDR 1959, 40; ZUM 2006, 71, 72; MünchKommUWG/*Schlingloff* § 12 Rdn. 427; Ahrens/*Bähr* Kap. 52 Rdn. 16; Stein/Jonas/*Grunsky* § 922 Rdn. 24; *Berneke/Schüttpelz* Rdn. 330 m. w. N.; a. A. OLG Frankfurt GRURPrax 2011, 544; *BLAH* § 922 Rdn. 15 a. E.; kritisch GroßKommUWG/*Schwippert* § 12 C Rdn. 198 mwN; vgl. auch Bericht GRUR 2007, 1043, 1044, wonach *Eichmann* im Hinblick auf Art. 85 Abs. 2 GGeschmVO eine Widerklage im e. V.-Verfahren für möglich hält; zu Recht dagegen verneinend OÖGH GRUR Int. 2005, 945 betr. Gemeinschaftsmarke.

der Verteidigungsmöglichkeiten der anderen Seite führen darf, sodass gegebenenfalls eine Abtrennung und Vertagung in Betracht zu ziehen sein wird, etwa wenn der Gegenantrag erst in der mündlichen Verhandlung über den eV-Antrag/Widerspruch gestellt wird.

462 **m) Einrede der Prozesskostensicherheit.** § 110 ZPO findet im Verfahren der einstweiligen Verfügung **keine Anwendung.**

463 Dies ergibt sich für die Entscheidung **ohne mündliche Verhandlung** bereits daraus, dass die Verpflichtung zur Leistung einer Prozesskostensicherheit ein „Verlangen des Beklagten" (Einrede) voraussetzt.[1084]

464 Aber auch bei Anberaumung einer **mündlichen Verhandlung** oder nach Widerspruchseinlegung steht die **Eilbedürftigkeit** des Verfahrens der Anwendung des § 110 ZPO entgegen.[1085] Wird die Einrede erst in der mündlichen Verhandlung erhoben – § 282 Abs. 3 ZPO findet im Verfügungsverfahren keine Anwendung – führt dies dazu, dass, selbst wenn die weiteren tatbestandlichen Voraussetzungen unschwer zu beurteilen sein sollten, in diesem Termin in der Sache keine Entscheidung ergehen kann (§ 113 ZPO), was i. d. R. mit einer für den Antragsteller nicht hinnehmbaren Verzögerung – auch in den Fällen, in denen der Antragsgegner nicht ohnehin vorrangig auf eine solche trachtet – verbunden wäre.[1086]

465 Es kann daher dahinstehen, ob **Art. 3 TRIPS** die Angehörigen aus den Mitgliedsstaaten des TRIPS-Abkommens von einer Sicherheitsleistung befreit.[1087]

465a **n) Prozesskostenhilfe.** Auch im Verfahren der einstweiligen Verfügung kann der Rechtsschutz Suchende die Einleitung eines Verfahrens von der **vorherigen Bewilligung von Prozesskostenhilfe** abhängig machen.[1088]

XV. Aufhebung gegen Sicherheitsleistung

466 Der Regelung des **§ 939 ZPO,** die unter besonderen Umständen[1089] die Aufhebung der einstweiligen Verfügung gegen Sicherheitsleistung aufgrund einer entsprechenden Gestattung in der einstweiligen Verfügung oder nachträglich im Rahmen eines vom Antragsgegner eingelegten Rechtsbehelfs (Widerspruch, Berufung, Aufhebungsverfahren) vorsieht, kommt im Bereich des gewerblichen Rechtsschutzes bei den in die Zukunft gerichteten Unterlassungsverfügungen praktisch nicht in Betracht, da durch eine Sicherheitsleistung der erstrebte Sicherungszweck nicht erreicht werden kann.[1090]

XVI. Widerspruch

1. Statthaftigkeit

467 Gegen den die einstweilige Verfügung erlassenden Beschluss kann der Antragsgegner – **auch vor der Zustellung im Parteibetrieb**[1091] – Widerspruch einlegen (§ 924 Abs. 1 ZPO), der auch auf

---

[1084] *Leible* NJW 1995, 2817, 2818 f. m. w. N. auch zur Gegenmeinung für den Fall, dass ein entsprechendes Verlangen bereits in einer Schutzschrift erhoben worden ist; *Melullis* Rdn. 190.

[1085] So OLG München OLG Report 2001, 234, 235 f.; WRP 2012, 1145 Tz. 19; LG Düsseldorf InstGE 5, 234 (ZK 4b); auch dazu tendierend OLG Frankfurt GRUR Int. 2001, 497; *Melullis* Rdn. 190 m. w. N.; LG Berlin MDR 1957, 552 zur damaligen Fassung des § 110 ZPO; a. A. OLG Köln NJW 1987, 76; ZIP 1994, 326 m. zust. Anm. *Schulte;* LG Düsseldorf InstGE 4, 287 (ZK 12); LG Mannheim GRURInt. 2010, 75, 77, allenfalls bei mündlicher Verhandlung nach Widerspruch; *Leible* NJW 1995, 2817, 2819; *Schütze* WRP 1980, 1439; *ders.* IPRax 1986, 350.

[1086] OLG München und *Melullis* jeweils vorige Fn.; Stein/Jonas/*Bork* § 110 Rdn. 12 Fn. 27.

[1087] So wohl OLG Frankfurt GRURInt 2001, 497; a. A. LG Düsseldorf InstGE 1, 157; LG München I GRUR-RR 2005, 335; BPatG GRUR 2005, 973; *v. Falck/Rinnert* GRUR 2005, 225; vgl. auch ÖOGH GRUR Int. 2000, 447 zur RBÜ; GRURInt. 2010, 1083.

[1088] OLG Saarbrücken MDR 2008, 594; Zöller/*Philippi* § 114 Rdn. 2.

[1089] Vgl. OLG Frankfurt MDR 1983, 585, 586.

[1090] OLG Köln MD 2003, 75; NJW 1975, 454; *Berneke/Schüttpelz* Rdn. 495; Ahrens/*Ahrens* Kap. 59 Rdn. 19; generell ablehnend bei wettbewerbsrechtlichen Unterlassungsverfügungen Ahrens/*Spätgens* Rdn. 531.

[1091] Es erscheint bereits aus Zeitgründen nicht sachgerecht, den Antragsgegner darauf zu verweisen, abzuwarten, bis ihm die einstweilige Verfügung zugestellt ist, Ahrens/*Spätgens* Rdn. 180 m. w. N.; ebenso LG München I, Beschl. v. 27.8.2003 – 7 O 14788/03: Der inländischen Gesellschaft war die einstweilige Verfügung bereits zugestellt worden, gegenüber der ausländischen Gesellschaft war die Zustellung auf der wenigen Tage später beginnenden Messe bereits angekündigt; OLG Koblenz GRUR-RR 2013, 496; GroßKommUWG/*Schwippert* § 12 C Rdn. 156 mwN; so jetzt auch *Bernnek/Schüttpelz* Rdn. 393; a. A. Ahrens/*Scharen* Kap. 51 Rdn. 50 unter Hinweis darauf, dass es vorher eine wirksame einstweilige Verfügung – auf die § 936, § 924 Abs. 1 ZPO aber auch nicht abstellt – nicht gibt; *Berneke* Rdn. 185.

einen abtrennbaren Teil beschränkt werden kann.[1092] Ein Antrag auf Aufhebung der einstweiligen Verfügung im Rahmen des Hauptsacheverfahrens ist unzulässig.[1093] Auch gegen eine vom Beschwerdegericht erlassene einstweilige Verfügung findet nur der Widerspruch statt, eine Rechtsbeschwerde ist ausgeschlossen.[1094] Gegen eine Zwischenverfügung (siehe oben Rn. 264) ist weder der Widerspruch noch eine sofortige Beschwerde statthaft.[1095]

Der Widerspruch ist unzulässig, wenn auf ihn entsprechend § 515 ZPO z. B. in einer **Abschlusserklärung** bzw. hinsichtlich der Sachentscheidung in einem **auf die Kosten beschränkten Widerspruch** (unten Rdn. 480) verzichtet wurde. 468

Das **Rechtsschutzbedürfnis fehlt,** wenn der Antragsteller auf die Rechte aus der einstweiligen Verfügung einschließlich der Kostenentscheidung **verzichtet** und den **Titel an den Antragsgegner herausgegeben** hat.

2. Frist

Der Widerspruch ist **an keine Frist gebunden** und unterliegt lediglich den Grundsätzen des Rechtsmissbrauchs – Verwirkung.[1096] Der Widerspruch kann, solange über ihn noch nicht entschieden ist, zurückgenommen und sodann erneut eingelegt werden. Dem kann auch der Einwand des Rechtsmissbrauchs nicht entgegen gehalten werden, wenn mit dem erneuten Widerspruch neue Glaubhaftmachungsmittel angekündigt werden.[1097] 469

3. Zuständigkeit

Der Widerspruch ist bei dem Gericht einzulegen, das die Beschlussverfügung erlassen hat. Das **Gericht erster Instanz** ist auch dann zuständig, wenn die einstweilige Verfügung erst auf Beschwerde hin erlassen wurde. In diesen Fällen ist nach der zutreffenden h. M.[1098] – bei einem streng am Wortlaut haftenden Verständnis wäre eine weitere Instanz abgeschnitten[1099] – das Gericht erster Instanz zuständig, das im Rahmen des Widerspruchsverfahrens nicht an die rechtliche Beurteilung durch das Beschwerdegericht gebunden ist.[1100] 470

4. Form

Der Widerspruch kann beim Landgericht nur **schriftlich durch einen zugelassenen Rechtsanwalt** eingelegt werden,[1101] beim Amtsgericht (ohne Anwaltszwang) schriftlich oder zu Protokoll der Geschäftsstelle (§ 936, § 924 Abs. 2 Satz 3 ZPO); in besonderen Fallgestaltungen auch im Termin zur mündlichen Verhandlung.[1102] Er kann ohne Zustimmung des Antragstellers bis zur formellen Rechtskraft des Verfahrens jederzeit (mit der Kostenfolge aus § 516 Abs. 3 ZPO entsprechend) zurückgenommen[1103] und auch jederzeit erneut eingelegt werden.[1104] 471

5. Begründung

Gemäß § 936, § 924 Abs. 2 Satz 1 ZPO hat die widersprechende Partei im Widerspruch die **Gründe darzulegen,** die sie für die Aufhebung der einstweiligen Verfügung geltend machen will. Die Richtigkeit der Auffassung, **bei fehlender Begründung** liege **kein wirksamer Wider-** 472

[1092] Ahrens/*Scharen* Kap. 51 Rdn. 51.
[1093] OLG München, Urt. v. 25.3.2001 – 29 U 5287/00.
[1094] BGH GRUR 2003, 548 m. w. N. – *Rechtsbeschwerde I.*
[1095] OLG Stuttgart MDR 2015, 296.
[1096] Allgemeine Meinung KG GRUR 1985, 237; OLG Celle GRUR 1980, 945; OLG Düsseldorf NJW 1972, 1955; OLG Saarbrücken NJW-RR 1989, 1512, 1513; Ahrens/*Scharen* Kap. 51 Rdn. 49; *Berneke/Schüttpelz* Rdn. 391.
[1097] OLG Frankfurt MDR 2013, 114.
[1098] KG WRP 2008, 254, 255 m. w. N.; OLG Düsseldorf MDR 1984, 324 f.; OLG Hamm MDR 1987, 593; Gloy/Loschelder/Erdmann/*Spätgens,* HdbWettbR, § 105 Rdn. 3 m. w. N.; *Berneke/Schüttpelz* Rdn. 391.
[1099] Vgl. zu diesem Gesichtspunkt BGH NJW 2000, 590 unter Hinweis auf BVerfG NJW 1976, 141: Erschwerung eines vom Gesetzgeber eröffneten Rechtswegs.
[1100] *Berneke/Schüttpelz* Rdn. 391 m. w. N.
[1101] H. M.; vgl. z. B. OLG Düsseldorf OLGZ 1983, 358; OLG Koblenz NJW 1980, 2589; OLG München MDR 1997, 1067; *Berneke* Rdn. 184; Zöller/*Vollkommer* § 924 Rdn. 7.
[1102] OLG Hamm WRP 1979, 880: Widerspruch eines weiteren Antragsgegners im Termin zur Verhandlung über den Widerspruch eines anderen Antragsgegners.
[1103] Zöller/*Vollkommer* § 924 Rdn. 8 m. w. N.
[1104] OLG München MDR 1997, 1067; OLG Frankfurt, Urt. v. 1.11.2012 – 6 U 127/12.

spruch vor, ergibt sich daher zwangsläufig aus dem Wortlaut des Gesetzes.[1105] Daraus kann aber – das Gesetz sieht keine Präklusionsvorschriften vor – nicht gefolgert werden, dass der Antragsgegner später keine Gründe mehr vorbingen könne und das Gericht den Widerspruch im Beschlusswege verwerfen kann.[1106] Als sachgerechte Reaktion kann die Anberaumung eines Termins bis zur Einreichung einer Begründung abgelehnt werden.

Ein unzulässiger Widerspruch ist entsprechend § 341 Abs. 1 Satz 2 ZPO durch Endurteil zu verwerfen.[1107]

6. Mündliche Verhandlung

473 Das Landgericht hat von Amts wegen – unter Berücksichtigung des das Verfügungsverfahren beherrschenden Beschleunigungsgrundsatzes – Termin zur mündlichen Verhandlung zu bestimmen (§ 936, § 924 Abs. 2 Satz 2 ZPO), auf Grund derer über die Rechtmäßigkeit der einstweiligen Verfügung durch Endurteil zu entscheiden ist (§ 925 Abs. 1 ZPO) und das die einstweilige Verfügung ganz oder teilweise bestätigt, abändert oder aufhebt (§ 925 Abs. 2 ZPO).[1108] Maßgeblich ist der **Erkenntnisstand im Zeitpunkt des Schlusses der mündlichen Verhandlung.** Bis zu diesem Zeitpunkt können die Parteien – unter Berücksichtigung der unter Rdn. 440 erörterten Grenzen – weitere Tatsachen und Glaubhaftmachungsmittel vorbringen.[1109] Die Kostenentscheidung folgt den Grundsätzen der §§ 91 ff. ZPO.[1110]

474 **a) Prüfungsumfang.** Mit dem Widerspruch kann geltend gemacht werden, dass die einstweilige Verfügung wegen Fehlens der allgemeinen Prozessvoraussetzungen, des Verfügungsgrundes und/oder eines Verfügungsanspruchs von Anfang an unzulässig bzw. unbegründet war; ebenso, dass sie aufgrund zwischenzeitlich eingetretener Umstände – z. B. wegen Verlusts der Dringlichkeit oder des Verfügungsanspruchs; Versäumung der Vollziehungsfrist – unzulässig oder unbegründet geworden ist. Auch kann der Widerspruch darauf gestützt werden, dass die Frist zur Erhebung der Hauptsacheklage (§ 926 Abs. 2 ZPO) versäumt wurde.

475 Widerspruch kann auch **beschränkt** mit dem Ziel eingelegt werden, eine Aufbrauchsfrist bewilligt zu erhalten.[1111] Daneben besteht für den Antragsgegner nach h. M. auch die Möglichkeit, beim Prozessgericht als Vollstreckungsgericht einen Antrag nach § 765 a ZPO zu stellen.[1112]

Zur **Sicherheitsleistung** siehe oben Rdn. 385.

476 **b) Aufhebende Entscheidung.** Wird die Beschlussverfügung (teilweise) aufgehoben, so **verliert** diese aufgrund der Ausgestaltung des Widerspruchsverfahrens – Nachholung des (vollen) rechtlichen Gehörs des Antragsgegners – **mit Verkündung des vorläufig vollstreckbaren Urteils** (§ 708 Nr. 6 ZPO) **ihre Wirkung,**[1113] nicht erst mit Eintritt von dessen Rechtskraft. Dies bedeutet, dass die einstweilige Verfügung nicht mehr Grundlage für ein Ordnungsmittelverfahren sein kann[1114] und eine in erster Instanz aufgehobene einstweilige Verfügung vom Berufungsgericht nicht bestätigt, sondern nur neu erlassen werden kann[1115] (siehe unten Rdn. 501).

7. Einstellung der Zwangsvollstreckung

477 Durch den **Widerspruch** wird die Vollstreckung aus der einstweiligen Verfügung **nicht gehemmt** (§ 936, § 924 Abs. 3 Satz 1 ZPO). Mit (oder nach) Einlegung des Widerspruchs kann der Antragsgeg-

---

[1105] LG München I WRP 1996, 252, 243; so auch Ahrens/*Scharen* Kap. 51 Rdn. 54; a. A. ohne Begründung die überwiegende Auffassung in der Literatur vgl. z. B. *Berneke/Schüttpelz* Rdn. 401; MünchKommUWG/*Schlingloff* § 12 Rdn. 471; Zöller/*Vollkommer* § 924 Rdn. 7: Wirksamer Widerspruch setzt keine Begründung voraus; Fezer/*Büscher* § 12 Rdn. 108: nur Sollvorschrift.

[1106] Ahrens/*Scharen* Kap. 51 Rdn. 54.

[1107] KG OLG Report 1995, 106; OLG Celle GRUR 1980, 945; *Berneke* Rdn. 191.

[1108] OLG Hamburg MD 2002, 490; OLG Köln MD 2001, 1399.

[1109] Allgem. Meinung vgl. z. B. Gloy/Loschelder/Erdmann/*Spätgens,* HdbWettbR, § 105 Rdn. 19.

[1110] MünchKommUWG/*Schlingloff* § 12 Rdn. 477.

[1111] *Ulrich* WRP 1991, 26, 31; Ahrens/*Scharen* Kap. 51 Rdn. 54; Gloy/Loschelder/Erdmann/*Spätgens,* HdbWettbR, § 105 Rdn. 24; *Nirk/Kurtze* Rdn. 386; KG WRP 1971, 326, 327: für Einspruch gegen Versäumnisurteil.

[1112] OLG Düsseldorf WRP 1986, 92, 94; Ahrens/*Scharen* Kap. 51 Rdn. 68 m. w. N.

[1113] OLG Celle (13. ZS) GRUR 1989, 541; OLG Düsseldorf NJW-RR 2002, 138; WRP 1995, 732, 735; NJW-RR 1987, 511, 512; OLG Hamburg WRP 1997, 53, 54; MD 1997, 22 und 23; OLG Frankfurt WRP 2002, 334; OLG Jena OLG Report 1998, 283; OLG Karlsruhe WRP 1980, 574; OLG München NJWE-WettbR 2000, 147; OLG Stuttgart WRP 1992, 55; Ahrens/*Bähr* Kap. 52 Rdn. 42; *Berneke/Schüttpelz* Rdn. 409 m. w. N.; a. A. OLG Celle (5. ZS) NJW-RR 1987, 64.

[1114] Einschränkend OLG München NJWE-WettbR 2000, 147 f.; zustimmend Ahrens/*Spätgens* Rdn. 706 f.

[1115] OLG Düsseldorf WRP 1995, 732, 735; NJW-RR 2000, 68; NJW-RR 2002, 138; OLG Schleswig NJW-RR 1992, 317 f.

ner beantragen, die **Vollstreckung ohne oder gegen Sicherheitsleistung einzustellen** (§ 924 Abs. 3 Satz 2 Halbsatz 1, § 707 ZPO), wobei im Hinblick auf das Wesen der in der wettbewerblichen Praxis im Vordergrund stehenden Unterlassungsverfügung[1116] eine einstweilige Einstellung – von den Fallgestaltungen abgesehen, bei denen es wie beim Kosten- und Unterwerfungswiderspruch (hierzu unten Rdn. 480, 487) nur noch um die Kosten geht[1117] – die Einstellung der Zwangsvollstreckung i. d. R. nur dann in Betracht kommt, wenn sich prognostizieren lässt, dass die einstweilige Verfügung **mit großer Wahrscheinlichkeit keinen Bestand** haben wird.[1118] In der Praxis wird oftmals ohne jegliche Prüfung dieser Voraussetzungen die Einstellung mit der Begründung abgelehnt, eine einstweilige Einstellung komme bei Unterlassungsverfügungen nicht in Betracht.[1119]

Die Entscheidung ist entgegen § 707 Abs. 2 Satz 2 ZPO nur dann **ausnahmsweise mit der sofortigen Beschwerde anfechtbar,** wenn geltend gemacht wird, dass die Grenzen des dem Gericht eingeräumten Ermessens überschritten wurden oder die Entscheidung jeder gesetzlichen Grundlage entbehre.[1120] **478**

8. Aufforderung zum Verzicht

Zur Vermeidung der Kostenfolge des **§ 93 ZPO** (entsprechend) ist der Antragsgegner grundsätzlich **nicht** gehalten, den Antragsteller vor Erhebung des Widerspruchs **zum Verzicht auf die Rechte aus der einstweiligen Verfügung aufzufordern,**[1121] auch wenn dieser auf den Eintritt von veränderten Umständen gestützt wird. Etwas anders kann nur **ausnahmsweise** entsprechend den zur Gegenabmahnung vor Erhebung einer negativen Feststellungsklage entwickelten Grundsätzen[1122] gelten, wenn der Antragsteller erkennbar von einem falschen Sachverhalt – bereits erfolgter Verzicht auf die Rechte aus einer zu Unrecht ergangenen, nicht vollzogenen einstweiligen Verfügung gegenüber dem falschen Adressaten – ausgegangen ist,[1123] den der Antragsgegner unschwer richtig stellen kann. **479**

9. Kostenwiderspruch

a) Begriff. Nach der zum Wettbewersbsrecht zwischenzeitlich einhelligen Meinung[1124] kann der Antragsgegner den Widerspruch gegen eine Beschlussverfügung abweichend von § 99 Abs. 1 ZPO **auf die Kostenentscheidung beschränken.** Damit besteht für ihn die kostengünstige[1125] Möglichkeit, durch Eingrenzung des Gegenstands des Widerspruchverfahrens geltend zu machen, mangels (wirksamer) Abmahnung habe er keine Veranlassung für ein gerichtliches Vorgehen gegeben, und damit eine Kostenbelastung des Antragstellers gemäß § 93 ZPO herbeizuführen. Diesen Rechtsbehelf muss er aber auch ergreifen und den Widerspruch[1126] **von Anfang an** auf die Kosten beschränken,[1127] d. h. bereits in der Widerspruchsschrift, nicht erst in späteren Erklärungen oder in **480**

[1116] vgl. OLG Düsseldorf WRP 1986, 92, 93 f.: zur Aufbrauchsfrist; OLG Frankfurt GRUR 1988, 46, 49; OLG Koblenz WRP 1981, 545; NJW-RR 1990, 1535; Zöller/*Vollkommer* § 924 Rdn. 13; zu eng OLG Nürnberg GRUR 1983, 469, das eine einstweilige Einstellung für praktisch ausgeschlossen hält.

[1117] Ahrens/*Scharen* Kap. 51 Rdn. 67 m. w. N.; *Berneke/Schüttpelz* Rdn. 413; ablehnend auch hinsichtlich der Kostenentscheidung OLG Saarbrücken MD 2006, 949.

[1118] BGH NJW-RR 1997, 1155; OLG Koblenz WRP 1981, 545 (Urteilsverfügung): Versäumung der Frist des § 926 ZPO, unterlassene Vollziehung, begründete Verjährungseinrede, Unbestimmtheit des Tenors; GRUR 1989, 934; OLG Köln GRUR 1982, 504, 505 (fehlende Dringlichkeit bei Urteilsverfügung); krit. Ahrens/*Scharen* Kap. 51 Rdn. 67; *Ulrich* WRP 1991, 26, 29 m. w. N.; *Berneke/Schüttpelz* Rdn. 411.

[1119] Hiergegen zu Recht *Berneke/Schüttpelz* Rdn. 411.

[1120] OLG Celle NJW-RR 1987, 190; OLG Hamm MDR 1955, 48; OLG Koblenz NJW-RR 1990, 1535; OLG Nürnberg GRUR 1983, 469.

[1121] OLG Frankfurt NJW-RR 1999, 1742; vgl. oben Vor § 12 Rdn. 261; Ahrens/*Spätgens* Rdn. 526.

[1122] OLG München NJWE-WettbR 1998, 41; vgl. oben § 12 Abs. 1 Rdn. 113.

[1123] Vgl. OLG Hamburg OLG Report 2003, 124; *Brüning* Vor § 12 Rdn. 261.

[1124] Vgl. die umfangreichen Nachweise bei Ahrens/*Spätgens* Rdn. 150 sowie BGH GRUR 2010, 257 Tz. 17 – *Schubladenverfügung;* OLG München GRUR 1990, 482; NJWE-WettbR 1996, 139 f. – die frühere gegenteilige Auffassung WRP 1975, 180, 181 und GRUR 1985, 327 ist damit seit langem aufgegeben.

[1125] Zum Streitwert vgl. unten Rdn. 864 f.; Ahrens/*Spätgens* Rdn. 147 m. w. N.; zu den Anwaltsgebühren BGH WRP 2003, 1000 – *Prozessgebühr beim Kostenwiderspruch;* gemäß KV Nr. 1312 lit. b entsprechend fällt nur eine Gerichtsgebühr an, vgl. Ahrens/*Scharen* Kap. 51 Rdn. 56 Fn. 171; *Hartmann,* Kostengesetze, KV Nr. 1312 Anm. 1 m. w. N.

[1126] Zur Unzulässigkeit einer Beschwerde gegen die Kostenentscheidung einer Beschlussverfügung OLG Koblenz NJW-RR 1997, 893.

[1127] Vgl. oben Vor § 12 Rdn. 261 f.; *Berneke/Schüttpelz* Rdn. 419, 424; vgl. auch OLG Düsseldorf WRP 1986, 273, 275: offengelassen, ob ausnahmsweise spätere Beschränkung möglich sein könnte; OLG Frankfurt WRP 1996, 1194 zur Wahlmöglichkeit zwischen Unterwerfung und Kostenwiderspruch in einer besonders gelagerten Fallgestaltung.

der mündlichen Verhandlung. Der Kostenwiderspruch kann auch auf einen Teil der einstweiligen Verfügung beschränkt werden.[1128] Die Einlegung eines Vollwiderspruches verbunden mit der Ankündigung eines Anerkenntnisses im Termin werden nicht als ausreichend angesehen, auch wenn nur Ausführungen zur fehlenden Veranlassung im Sinne von § 93 ZPO gemacht werden.[1129] Daraus folgt, dass der Antragsgegner auch nicht dadurch die Kostenfolge des § 93 ZPO herbeiführen kann, dass er in vollem Umfang Widerspruch einlegt und die Anträge in der mündlichen Verhandlung anerkennt.[1130] Wird dagegen eine Abschlusserklärung abgegeben und Widerspruch eingelegt, wird darin eine Beschränkung auf die Kosten zu sehen sein.[1131] Der Kostenwiderspruch ist von der Verwirkung[1132] abgesehen an keine Frist gebunden.[1133]

481 Auch wenn es sich empfehlen wird, den Widerspruch **ausdrücklich als Kostenwiderspruch zu bezeichnen,**[1134] muss es als ausreichend angesehen werden, wenn sich der entsprechende Wille des Antragsgegners mit der erforderlichen Eindeutigkeit aus dem Widerspruch ergibt.[1135]

482 **b) Rechtsfolge.** Die Beschränkung des Widerspruchs auf die Kosten hat zur Folge, dass der Antragsgegner nicht mehr geltend machen kann, die einstweilige Verfügung sei mangels Verfügungsanspruch oder Verfügungsgrund oder aus sonstigen Gründen zu Unrecht ergangen. Denn mit dem auf die Kostenentscheidung beschränkten Widerspruch ist die **(konkludente) Erklärung** verbunden, die Entscheidung über den Verfügungsanspruch hinnehmen zu wollen und **auf einen Widerspruch gegen die Sachentscheidung zu verzichten.**[1136] Das Verfahren beschränkt sich allein auf die Frage des sofortigen Anerkenntnisses und darauf, ob er im Sinne von § 93 ZPO Veranlassung für den Antrag auf Erlass einer einstweiligen Verfügung gegeben hat,[1137] d. h. ob er wirksam abgemahnt wurde oder ob von einer Abmahnung ausnahmsweise abgesehen werden konnte. Will der Antragsgegner der Kostenbelastung entgegenhalten, dass eine Abmahnung erforderlich war, obwohl Gegenstand des Verfügungsantrags auch eine **Sicherungsmaßnahme** (Herausgabe an den Gerichtsvollzieher, Sequerstrierung) war, ist die Einlegung eines Kostenwiderspruchs anstelle eines „Unterwerfungswiderspruchs" (siehe hierzu Rn. 488) nicht ratsam, da zum Teil die Auffassung vertreten wird, die Erforderlichkeit einer Abmahnung könne im Rahmen eines Kostenwiderspruchs nicht mehr im Sinne des Antragsgegners bejaht werden, weil das Gericht vom Bestehen eines Verfügungsanspruchs- und eines -grundes auszugehen habe.[1138]

482a Soweit vom Antragsgegner auch die Berechtigung der einstweiligen Verfügung in Frage gestellt wird, bedarf es einer Beurteilung im Einzelfall, ob hierdurch – wie dies sehr weitgehend erfolgt[1139] – tatsächlich die Qualifizierung als Kostenwiderspruch in Frage gestellt wird.[1140]

482b Nach Einlegung eines Kostenwiderspruches kann der Antragsgegner nicht mehr zu einem Vollwiderspruch übergehen,[1141] da der erklärte **Verzicht auf die Anfechtung der Sachentscheidung nicht widerruflich** ist.

[1128] KG GRURPrax 2011, 310.

[1129] KG WRP 1982, 530; OLG Hamm GRUR 1990, 309; OLG Karlsruhe WRP 1990, 640; *Berneke* Rdn. 200; vgl. aber auch OLG Hamm MDR 1989, 1002; OLG München WRP 1985, 446.

[1130] OLG Köln GRUR 2001, 424, 425; KG GRURPrax 2011, 310; *Teplitzky* Kap. 55 Rdn. 9 m. w. N.; vgl. auch OLG München NJWE-WettbR 1996, 139: Anwendung von § 516 Abs. 3 ZPO, a. A. *Berneke/Schüttpelz* Rdn. 419.

[1131] Vgl. oben Vor § 12 Rdn. 260 m. w. N.; *Berneke/Schüttpelz* Rdn. 419; vgl. aber auch OLG Hamburg OLG Report 2000, 348.

[1132] Vgl. *Voß* in Cepl/Voß § 942 mwN.

[1133] KG GRURPrax 2011, 310; OLG München MarkenR 2012, 279.

[1134] Muster bei *Bopp/Sonntag* in: Münchner Prozessformularbuch, Bd. 5, A. 10.

[1135] OLG Hamm GRUR 1990, 309; MDR 1989, 1001; OLG Hamburg MDR 1989, 1002; vgl. auch OLG München MD 2001, 1415, 1416; Ahrens/*Spätgens* Rdn. 153; *Bopp/Sonntag* in: Münchener Prozessformularbuch, Bd. 5 A. 10 Anm. 4.

[1136] BGH WRP 2003, 1000, 1001 – *Prozessbebühr beim Kostenwiderspruch;* OLG Hamburg NJW-RR 2000, 1238; OLG Hamm OLG Report 2003, 232; KG GRURPrax 2011, 310; Zöller/*Vollkommer* § 925 Rdn. 5 m. w. N.

[1137] OLG Düsseldorf WRP 1979, 863; OLG Hamburg WRP 1996, 442; OLG Report 2000, 220, 221; OLG Frankfurt WRP 1985, 563; OLG München MD 2001, 1415, 1416; OLG Stuttgart WRP 1987, 406, 407; *Brüning* Vor § 12 Rdn. 260.; MünchKommUWG/*Schlingloff* § 12 Rn. 480 f.

[1138] Vgl. OLG Frankfurt GRUR 2006, 60, 61; OLG Stuttgart, Beschl. v. 29.11.2007 – 2 W 73/07; OLG München, Beschl. v. 13.10.2009 – 29 W 2331/09; Beschl. v. 28.12.2015 – 6 W 1565/14.

[1139] OLG Düsseldorf WRP 1979, 863, 865; OLG Hamm WRP 1979, 880; OLG Schleswig GRUR 1986, 840; abl. Ahrens/*Spätgens* Rdn. 162; OLG Stuttgart WRP 1987, 406, 407; Ahrens/*Scharen* Kap. 51 Rdn. 61 m. w. N.

[1140] Vgl. OLG München MD 2001, 1415, 1416.

[1141] OLG Hamburg NJW-RR 2000, 1238; OLG Hamm GRUR 1991, 633, 634; allgemeine Meinung.

Unterschiedlich beurteilt wird die Frage, ob und welche weitere Auswirkungen der Kostenwiderspruch über den **(konkludenten) Verzicht**[1142] auf den Vollwiderspruch hinaus hat nämlich, ob darin ohne weiteres ein Anerkenntnis des materiellen Anspruchs gesehen werden kann mit der Folge, dass damit auch ein Verzicht auf die Rechtsbehelfe aus § 926,[1143] § 927 ZPO sowie auf eine negative Feststellungsklage verbunden ist, was ohne dahingehende weitere Anhaltspunkte für einen so weitreichenden Erklärungswillen zu verneinen ist. 483

Ausgehend von den unterschiedlichen Streitgegenständen beinhaltet der Kostenwiderspruch nur ein **Anerkenntnis** dahingehend, die Berechtigung des geltend gemachten Anspruchs **im Verfügungsverfahren nicht mehr in Frage zu stellen,**[1144] sofern sich weiteren Erklärungen oder sonstigen Umständen keine weitergehende Wirkung entnehmen lässt. Eine ausdrückliche Klarstellung der eingeschränkten Wirkung des Verzichts von Seiten des Antragsgegners ist daher nicht erforderlich.[1145] Da der Kostenwiderspruch aber nur darauf gestützt werden kann, dass keine Veranlassung zur gerichtlichen Geltendmachung des Anspruchs bestanden habe, wird damit in der Regel auch der Vortrag verbunden sein, der Antragsgegner hätte im Falle einer Abmahnung eine strafbewehrte Unterlassungserklärung abgegeben, woraus zweifelsfrei eine Anerkenntnis der materiellen Berechtigung des Hauptsacheanspruchs herzuleiten ist.[1146] Ein Verzicht auf die Rechte aus § 927 ZPO kann darin aber nicht gesehen werden.[1147] 484

c) Entscheidung. Über den Kostenwiderspruch ist gemäß § 925 Abs. 1 ZPO aufgrund mündlicher Verhandlung oder gemäß § 128 Abs. 3 ZPO ohne mündliche Verhandlung[1148] **durch Urteil** zu entscheiden. Hierbei sind fiktive Abmahnkosten nicht zu berücksichtigen.[1149] 485

d) Rechtsmittel. Gegen das Urteil findet in entsprechender Anwendung des § 99 Abs. 2 ZPO (nur) die **sofortige Beschwerde** innerhalb der Frist des § 569 Abs. 1 ZPO statt;[1150] eine **Berufung ist unstatthaft,**[1151] sodass auch der Grundsatz der Meistbegünstigung, wenn unzulässiger Weise durch Beschluss entschieden wurde, nicht dazu führt, dass dann die längere Berufungsfrist in Anspruch genommen werden könnte.[1152] Eine innerhalb der Zwei-Wochen-Frist eingelegte Berufung kann jedoch in eine sofortige Beschwerde **umgedeutet** werden.[1153] 486

Auch wenn zu Unrecht von einem auf die Kosten beschränkten Widerspruch ausgegangen wurde, findet nur die sofortige Beschwerde statt.[1154] Dagegen wird die Berufung als zulässig angesehen, wenn über einen gemischten Voll- und Kostenwiderspruch einheitlich durch Urteil zu Lasten des Berufungsführers entschieden wurde.[1155] 487

10. „Unterwerfungswiderspruch"

Um der Kostentragungslast zu entgehen, kann der Antragsgegner auch im Wege des sogenannten „Unterwerfungswiderspruchs" **(Abgabe einer strafbewehrten Unterlassungserklärung** und **Einlegung eines Vollwiderspruchs)** vorgehen.[1156] Der Kostenwiderspruch ist dem- 488

[1142] OLG Hamm GRUR 1991, 663, 664; Ahrens/*Scharen* Kap. 51 Rdn. 42 m. w. N.; Gloy/Loschelder/Erdmann/*Spätgens,* HdbWettbR, Kap. 105 Rdn. 15.

[1143] Vgl. die Nachweise bei Ahrens/*Scharen* Kap. 55 Rdn. 57 Fn. 176.

[1144] KG MD 2000, 566, 567; Ahrens/*Scharen* Kap. 51 Rdn. 61; vgl. auch OLG Stuttgart WRP 1980, 102, 103; WRP 1982, 116; *Melullis* Rdn. 248.

[1145] *Teplitzky* Kap. 55 Rdn. 11; vgl. auch Ahrens/*Scharen* Kap. 51 Rdn. 59; a. A. KG WRP 1982, 465, 466.

[1146] So auch Gloy/Loschelder/Erdmann/*Spätgens,* HdbWettbR, § 105 Rdn. 16; ebenso messen Ahrens/*Scharen* Kap. 51 Rdn. 60 der Begründung des Kostenwiderspruchs entscheidende Bedeutung bei.

[1147] Gloy/Loschelder/Erdmann/*Spätgens,* HdbWettbR, § 105 Rdn. 16.

[1148] OLG Frankfurt WRP 2006, 1538 (L) = MD 2007, 10 f. m. w. N.; KG GRUR-RR 2008, 143.

[1149] H. M.; *Berneke/Schüttpelz* Rdn. 426, 470 m. w. N.; Ahrens/*Spätgens* Rdn. 164.

[1150] Allgemeine Meinung vgl. die Nachweise bei Ahrens/*Spätgens* Rdn. 154 sowie OLG München GRUR 1990, 482, NJWE-WettbR 1996, 139 und OLG Oldenburg WRP 1991, 193 gegenüber früher WRP 1980, 649, 650; *Berneke/Schüttpelz* Rdn. 428.

[1151] Gloy/Loschelder/Erdmann/*Spätgens,* HdbWettbR, § 105 Rdn. 29 m. w. N.; *Berneke/Schüttpelz* Rdn. 428.

[1152] OLG Köln WRP 1975, 173 und 175; WRP 1981, 481; *Berneke/Schüttpelz* Rdn. 428 m. w. N.

[1153] *Berneke/Schüttpelz* Rdn. 429 m. w. N.

[1154] OLG Düsseldorf WRP 1979, 865; *Berneke/Schüttpelz* Rdn. 428.

[1155] KG GRUR 1988, 933 L; OLG Hamm NJW-RR 1987, 426; *Berneke/Schüttpelz* Rdn. 429; Ahrens/*Spätgens* Rdn. 156.

[1156] Vgl. die Nachweise bei Ahrens/*Spätgens* Rdn. 165 und *Teplitzky* Kap. 55 Rdn. 10 Fn. 39.

gegenüber nicht vorrangig.[1157] Entgegen einer teilweise vertretenen Auffassung[1158] ist der Antragsgegner, gegen den eine Beschluss- oder Urteilsverfügung ergangen ist, nicht auf die Möglichkeit beschränkt, eine Abschlusserklärung abzugeben, vielmehr kann er – nicht anders als nach Ergehen eines Hauptsachetitels – eine strafbewehrte Unterlassungserklärung abgeben.[1159] Die Rechtsfolgen – Wegfall der (Erst-)Begehungsgefahr – können nicht mit dem Argument in Frage gestellt werden, es sei nicht sachgerecht, dass dem Antragsteller auf diese Weise der Titel „aus der Hand geschlagen" werden könne.

489 Der Antragsgegner kann gegenüber dem Antragsteller eine der Beschlussverfügung (Unterlassungsausspruch) entsprechende vertragsstrafenbewehrte Unterlassungserklärung – in dem Schriftsatz, mit dem Widerspruch eingelegt wird[1160] – aber auch noch in der mündlichen Verhandlung[1161] abgeben. Da durch die Abgabe der strafbewehrten Unterlassungserklärung die Wiederholungsgefahr entfällt, muss der Antragsteller die Hauptsache für erledigt erklären.[1162] Bei übereinstimmender Erledigungserklärung ist gemäß § 91a ZPO (unter Beachtung der Regelung des § 93 ZPO)[1163] durch Beschluss nur noch über die Kosten des Verfahrens zu entscheiden. Im Rahmen dieser Kostenentscheidung kann der Antragsgegner jedoch *auch* geltend machen, die einstweilige Verfügung sei in der Sache zu Unrecht ergangen.[1164] Stimmt der Antragsgegner der Erledigungserklärung nicht zu, ist nach den Grundsätzen der einseitigen Erledigungserklärung (oben Vor § 12 Rdn. 51) durch Urteil zu entscheiden, ob der Verfügungsantrag bis zur Abgabe der strafbewehrten Erledigungserklärung zulässig und begründet war.[1165]

11. Rechtfertigungsverfahren

490 Hat das **Amtsgericht als Gericht der belegenen Sache** eine einstweilige Verfügung erlassen (siehe oben Rdn. 362), muss der Antragsteller innerhalb der vom Amtsgericht bestimmten Frist beim Gericht der Hauptsache den Antrag stellen, den Antragsgegner zur mündlichen Verhandlung über die Rechtmäßigkeit der vom Amtsgericht erlassenen einstweiligen Verfügung zu laden. Auf den Antrag hin, der, wenn nicht ohnehin ausdrücklich beantragt, auch den Antrag auf Bestätigung der einstweiligen Verfügung enthält, hat das Gericht der Hauptsache Termin zur mündlichen Verhandlung anzuberaumen. Für das Rechtfertigungsverfahren gelten die vorstehend dargestellten Grundsätze des Widerspruchsverfahrens.[1166] Das Verfahren vor dem Amtsgericht und das Rechtfertigungsverfahren sind als einheitliches Verfahren erster Instanz anzusehen.[1167]

491 Nach allgemeiner Auffassung ist der **Antragsgegner** nicht darauf verwiesen, gegebenenfalls nach Ablauf der Frist gemäß § 942 Abs. 3 ZPO die Aufhebung der einstweiligen Verfügung beim Amtsgericht zu beantragen, sondern er kann seinerseits durch einen entsprechenden Antrag beim Gericht der Hauptsache eine Verhandlung über die Rechtmäßigkeit der einstweiligen Verfügung herbeiführen,[1168] unabhängig davon, ob man diesen Antrag als Widerspruch versteht oder nicht.[1169]

[1157] BGH GRUR 2010, 257 Tz. 17 – *Schubladenverfügung;* OLG Hamburg GRUR 1989, 325; OLG Köln GRUR 1990, 310; OLG Düsseldorf NJWE-WettbR 1996, 256; *Brüning* Vor § 12 Rdn. 261; Ahrens/*Scharen* Kap. 51 Rdn. 64; *Berneke/Schüttpelz* Rdn. 484.

[1158] OLG Köln WRP 1996, 333, 338; MD 2003, 803 LS; *Ahrens* WRP 1997, 907, 908; Ahrens/*Ahrens* Kap. 58 Rdn. 6; *Nieder* WRP 1999, 583, 584; Ahrens/*Spätgens* Rdn. 215 m. w. N.

[1159] KG NJW 1991, 499; OLG Frankfurt WRP 1998, 895, 897; OLG Hamm WRP 1982, 592, 593; NJW-RR 1986, 922; OLG Karlsruhe NJWE-WettbR 1998, 140; OLG Bamberg WRP 2003, 102f.; oben § 12 Abs. 1 Rdn. 171; *Kessen* in: Schuschke/Walker Anhang C zu § 935 Rdn. 12.

[1160] OLG Düsseldorf MDR 1991, 257; OLG Hamburg GRUR 1988, 242; WRP 1989, 325; OLG Köln GRUR 1990, 310; Ahrens/*Scharen* Kap. 51 Rdn. 64 m. w. N.

[1161] OLG Celle WRP 1975, 242; OLG Hamburg WRP 1972, 537; OLG München WRP 1976, 264; *Berneke/Schüttpelz* Rdn. 484.

[1162] H. M. Teplitzky/*Feddersen* Kap. 55 Rdn. 10; Ahrens/*Scharen* Kap. 51 Rdn. 64; *Steinbeck* GRUR 1994, 90; a. A. Ahrens/*Spätgens* Rdn. 168, die in diesem Prozessstadium die Unterwerfungserklärung zur Beseitigung der Wiederholungsgefahr als nicht geeignet ansehen.

[1163] OLG Hamburg NJW-RR 2002, 215, 216; OLG Köln GRUR 2001, 424, 425; OLG Stuttgart NJWE-WettbR 2000, 125.

[1164] OLG Düsseldorf NJWE-WettbR 1996, 256; OLG Hamburg NJW-RR 2002, 215, 216; Gloy/Loschelder/Erdmann/*Spätgens,* HdbWettbR, § 105 Rdn. 14; *Berneke/Schüttpelz* Rdn. 484 m. w. N.

[1165] Ahrens/*Scharen* Kap. 51 Rdn. 46.

[1166] Zöller/*Vollkommer* § 942 Rdn. 7; *Walker* in: Schuschke/Walker § 942 Rdn. 9 m. w. N.; *Berneke/Schüttpelz* Rdn. 434.

[1167] OLG München OLG Report 1993, 44; *Berneke/Schüttpelz* Rdn. 434.

[1168] *Walker* in: Schuschke/Walker § 942 Rdn. 8 m. w. N.

[1169] *Walker* in: Schuschke/Walker § 942 Rdn. 8; *Berneke/Schüttpelz* Rdn. 435.

Das Gericht der Hauptsache hat nach den oben dargelegten Grundsätzen über die Zulässigkeit und Begründetheit der einstweiligen Verfügung zum Zeitpunkt des Schlusses der mündlichen Verhandlung im Rechtfertigungsverfahren **durch Urteil zu entscheiden,** wobei es jedoch nicht zu prüfen hat, ob das Amtsgericht zu Recht die besondere Dringlichkeit im § 942 Abs. 1 ZPO bejaht hat.[1170] 492

Zur **Haftung nach § 945 ZPO** im Falle der **Aufhebung** nach § 942 Abs. 3 ZPO siehe unten Rdn. 691. 493

XVII. Berufungsverfahren

1. Statthaftigkeit

Wird über den Antrag auf Erlass einer einstweiligen Verfügung oder nach Widerspruch (§ 925 Abs. 1 ZPO) durch Endurteil entschieden, steht den Parteien hiergegen das Rechtsmittel der **Berufung** (§§ 511 ff. ZPO) offen. 494

2. Verfahren

Das Gesetz sieht für den einstweiligen Rechtsschutz **keine Ausnahmeregelungen** vor. Die allgemeinen Bestimmungen der §§ 511 ff. sind daher anzuwenden. Somit gilt auch das in § 522 Abs. 2 und 3 ZPO geregelte Verfahren, wobei bei der Verfahrensgestaltung darauf zu achten ist, dass hierdurch keine Verzögerungen eintreten.[1171] Ebenso ist auch der **durch § 529 ZPO beschränkte Prüfungsumfang,** der auch im Verfügungsverfahren gilt,[1172] zu beachten ist. 495

Bei der Anwendung der **§§ 530, 531 ZPO** wird je nach den Umständen des Einzelfalls auf den Charakter des Eilverfahren Rücksicht zu nehmen sein,[1173] sodass im Hinblick auf die Anforderungen im einstweiligen Verfügungsverfahren, das eine schnelle und effektive Sicherung bedrohter Rechte gewährleisten soll, die Anforderungen an den Vorwurf der **Nachlässigkeit** (§ 531 Abs. 2 ZPO)[1174] nicht die gleichen sein müssen wie im Hauptsacheverfahren.[1175] Maßgeblich ist aber auch im Rahmen des Verfügungsverfahrens darauf abzustellen, ob der Antragsteller bei sachgerechter Prozessführung in der Lage war, die in zweiter Instanz neu vorgebrachten Tatsachen bzw. Glaubhaftmachungsmittel bereits in erster Instanz in das Verfahren einzuführen,[1176] und aufgrund welcher Überlegungen er hiervon abgesehen hat. 495a

Soweit die Möglichkeit der **Zurückverweisung** (§ 538 Abs. 2 ZPO) durch das ZPO-ReformG verschärft wurden, ist dies für das Verfügungsverfahren ohne Bedeutung, da eine Zurückverweisung bereits unter Geltung von § 538 ZPO a. F. dem Wesen des Verfügungsverfahren widersprach.[1177] Die Eilbedürftigkeit erfordert grundsätzlich eine Sachentscheidung durch das Berufungsgericht.[1178] 496

3. Einstweilige Einstellung der Zwangsvollstreckung

Wurde die einstweilige Verfügung vom Erstgericht nach mündlicher Verhandlung bestätigt oder erlassen, wird eine einstweilige Einstellung der Zwangsvollstreckung gemäß § 707 Abs. 1, § 719 Abs. 1 ZPO durch das Berufungsgericht nur dann in Betracht kommen, wenn sich aus dem Berufungs-/Antragsvorbringen mit der erforderlichen Sicherheit prognostizieren lässt – die h. M.[1179] 497

[1170] *Walker* in: Schuschke/Walker § 942 Rdn. 12; Zöller/*Vollkommer* § 942 Rdn. 7.

[1171] *Berneke/Schüttpelz* Rdn. 446.

[1172] OLG Hamburg GRUR-RR 2003, 135, 136; MD 2003, 1269, 1272; MD 2005, 521, 525; MünchKommUWG/*Schlingloff* § 12 Rdn. 485, 487; *Dötsch* MDR 2010, 1, 429 f. m. w. N.; a. A. OLG Düsseldorf Urt. v. 9.10.2014 – 15 U 99/14, juris Tz. 59 zu § 531 ZPO; *Berneke/Schüttpelz* Rdn. 447, wonach §§ 529 Abs. 1, 531 Abs. 2 ZPO nicht für das Verfahren des vorläufigen Rechtsschutzes passen.

[1173] Weitergehend *Berneke/Schüttpelz* Rdn. 447, die § 530 ZPO im Hinblick darauf, dass Vorbringen im Rahmen der Berufungsangriffe bis zum Schluss der mündlichen Verhandlung möglich sei; folglich könne auch § 531 Abs. 1 ZPO nicht greifen; Cassardt in Cepl/Voss § 530 Rn. 16 ff. und § 531 Rn. 1, wonach nur durch das Missbrauchsverbot Grenzen gesetzt werden; OLG Frankfurt GRUR-RR 2005, 299, 301.

[1174] Vgl. BGH NJW-RR 2003, 1103 f. zur Frage des Vorliegens eines neuen Angriffsmittels.

[1175] OLG Hamburg GRUR-RR 2003, 135, 136 betreffend den Nachweis einer Rechtekette in einem Urheberrechtsfall mit internationaler Verflechtung; vgl. auch KG GRUR-RR 2003, 310, 311 f. zur Einrede der Verjährung; Ahrens/*Bähr* Kap. 53 Rdn. 3.

[1176] Vgl. OLG Hamburg MD 2003, 1269, 1271 (unter d), 1272 (unter e); MD 2005, 521, 525; MD 2005, 407, 410; MD 2004, 1090, 1094 unter 7.b.

[1177] *Berneke/Schüttpelz* Rdn. 447 m. w. N.

[1178] A. A. KG CR 2007, 108, 109 zum Beschwerdeverfahren unter Hinweis auf Ahrens/*Scharen* Kap. 51 Rdn. 80.

[1179] Vgl. *Berneke/Schüttpelz* Rdn. 448.

verlangt, dass dies **offensichtlich** ist – dass das Urteil einer Überprüfung in 2. Instanz nicht Stand halten wird.

498 Wurde vom Erstgericht eine **Beschlussverfügung aufgehoben,** so kann der Antragsteller mit einem Antrag nach § 707, § 719 Abs. 1 ZPO nur die Einstellung aus der vorläufig vollstreckbaren (§ 708 Nr. 6 ZPO) Kostenentscheidung erreichen, nicht jedoch die einstweilige Wiederherstellung der Beschlussverfügung.[1180]

4. Berufungsgründe

499 Gemäß **§ 513 Abs. 2 ZPO** kann die Berufung nicht darauf gestützt werden, dass das Erstgericht örtlich oder sachlich unzuständig war; ebenso wenn die funktionelle Zuständigkeit zu Unrecht bejaht wurde, da mit der gesetzlichen Neuregelung keine Erweiterung gegenüber der früheren Rechtlage[1181] eingetreten ist.[1182] Die internationale Zuständigkeit ist jedoch weiterhin von Amts wegen zu prüfen.[1183] Die Rüge der Zuständigkeit des Gerichts der Hauptsache gemäß § 937 Abs. 1, § 943 ZPO wird man, wenn überhaupt, nur in besonderen Ausnahmefällen[1184] zulassen können. Gemäß § 17a Abs. 5 GVG prüft das Berufungsgericht die Zulässigkeit des beschrittenen Rechtsweges nicht nach. Eine Ausnahme gilt nur, wenn das Erstgericht trotz Rüge einer Partei (§ 17a Abs. 3 Satz 2 GVG) über den Rechtsweg nicht vorab entschieden hat.[1185]

500 Im Übrigen kann der **Antragsgegner** geltend machen, das Erstgericht habe zu Unrecht einen Verfügungsanspruch und/oder einen -grund bejaht bzw. der Antrag hätte aus sonstigen Gründen (z.B. fehlende Prozessvoraussetzung) abgewiesen werden müssen.[1186] Da maßgeblich auf den **Erkenntnisstand bei Schluss der mündlichen Verhandlung vor dem Berufungsgericht** abzustellen ist, kann er einwenden, der Verfügungsantrag sei jetzt nicht mehr berechtigt, da zwischenzeitlich etwa die Dringlichkeit nicht mehr gegeben sei. Ebenso kann er geltend machen, die einstweilige Verfügung müsse wegen veränderter Umstände im Sinne von § 927 ZPO[1187] (hierzu unten Rdn. 572ff.), Versäumung der Vollziehungsfrist (unten Rdn. 508) oder unterlassener Klageerhebung zur Hauptsache (§ 926 ZPO; unten Rdn. 545ff.) aufgehoben werden. Er braucht sich nicht auf das Verfahren nach § 926 ZPO (hierzu unten Rdn. 557ff.) verweisen zu lassen.

501 Der **Antragsteller** kann mit der Berufung geltend machen, der Antrag sei zu Unrecht (teilweise) zurückgewiesen worden, worunter auch die **Gewährung einer Aufbrauchfrist** sowie die Anordnung einer **Sicherheitsleistung** zu verstehen ist. Er kann, wenn der Antrag zurückgewiesen worden ist, auch zu dem Zweck Berufung einlegen, den Verfügungsantrag in der Hauptsache für erledigt zu erklären.[1188] Ist die **Berufung des Antragstellers gegen ein die Beschlussverfügung aufhebendes Urteil erfolgreich,** muss die einstweilige Verfügung **neu erlassen** werden. Auch wenn die h.M.[1189] dennoch eine Tenorierung, wonach die Beschlussverfügung „bestätigt" werde, für richtig erachtet mit der Begründung, das Urteil müsse so lauten, wie wenn bereits das Landgericht richtig entschieden hätte, erscheint dies, da jeder Fehldeutung vorgebeugt werden sollte, nicht sachgerecht. Wenn das Berufungsgericht die einstweilige Verfügung neu erlässt, sollte auch der Tenor entsprechend gefasst werden.[1190]

5. Entscheidung

502 Berufungsurteile (zum Inhalt siehe § 540 ZPO) werden **mit Verkündung rechtskräftig** (siehe oben Rdn. 403) und enthalten daher auch keinen Ausspruch zur vorläufigen Vollstreckbarkeit. Für

---

[1180] KG NJW-RR 1996, 1088; OLG Düsseldorf NJW-RR 2002, 138; OLG Frankfurt OLG Report 1997, 218; OLG Köln MD 2003, 75; *Berneke/Schüttpelz* Rdn. 455; *Melullis* Rdn. 285.

[1181] Zu §§ 512a, 529 ZPO a.F. vgl. *Berneke/Schüttpelz* Rdn. 366 m.w.N.

[1182] Vgl. BGH NJW 2003, 426 und 2830; WM 2003, 2251f.; jeweils zum inhaltsgleichen § 545 Abs. 2 ZPO; MünchKommZPO/*Rimmelspacher* § 513 Rdn. 15, 17; Musielak/*Ball* § 545 Rdn. 13; Zöller/*Gummer/Heßler* § 513 Rdn. 7f., 10.

[1183] BGH NJW 2003, 426 und 2830; Urt. v. 20.11.2003 – I ZR 102/02.

[1184] Zöller/*Gummer/Heßler* § 513 Rdn. 9; weitergehend offensichtlich *Berneke/Schüttpelz* Rdn. 266; *Rimmelspacher* a.a.O. § 513 Rdn. 20 bei einem Verstoß gegen § 937 Abs. 1 ZPO unter Hinweis auf OLG Hamburg MDR 1981, 1027.

[1185] OLG Düsseldorf GRUR-RR 2003, 378; Zöller/*Gummer* § 17a GVG Rdn. 18 m.w.N.

[1186] OLG Schleswig OLG Report 2002, 430: Aufhebung auch dann möglich, wenn der Antragsteller auf die Rechte aus der einstweiligen Verfügung verzichtet hat.

[1187] Bei Vorbringen innerhalb der Berufungsbegründungsfrist OLG Koblenz WRP 1981, 115; *Berneke/Schüttpelz* Rdn. 441.

[1188] H.M.; vgl. *Berneke/Schüttpelz* Rdn. 440 m.w.N.; so wohl auch OLG Bamberg OLG Report 2002, 462, 463.

[1189] Vgl. Ahrens/*Bähr* Kap. 57 Rdn. 13; *Berneke/Schüttpelz* Rdn. 448.

[1190] KG WRP 2010, 129, 137; GroßKommUWG/Schwippert § 12 C Rdn.207 mwN.

einen Antrag auf vorläufige Einstellung der Zwangsvollstreckung[1191] aus dem Berufungsurteil, der nachträglichen Anordnung einer Sicherheitsleistung[1192] oder Einräumung einer Aufbrauchfrist[1193] ist folglich kein Raum mehr.

XVIII. Revision/Rechtsbeschwerde/Gegenvorstellung/Verfassungsbeschwerde

1. Revision

Gegen Berufungsurteile in Verfahren des einstweiligen Rechtsschutzes (Arrest, einstweilige Verfügung) **findet die Revision** – auch wenn sie zu Unrecht ausdrücklich zugelassen worden sein sollte –, **nicht statt** (§ 542 Abs. 2 ZPO). Dies gilt uneingeschränkt auch für landgerichtliche Urteile. Die gegenteilige Beurteilung für die Fälle des Erlasses der einstweiligen Verfügung durch das Landgericht[1194] ist mit § 542 Abs. 2 Satz 1 ZPO nicht zu vereinbaren. 503

Dass durch das Fehlen einer Revisionsinstanz (seit der Entlastungsnovelle vom 22.5.1910) der **„Rechtszersplitterung"** Vorschub geleistet wird, wurde bereits frühzeitig kritisiert[1195] und hat auch heute noch seine Gültigkeit.[1196] Die daneben befürchtete fehlende Durchschlagskraft des Verfügungsverfahrens lässt sich dagegen zweifelsfrei nicht feststellen. 504

2. Rechtsbeschwerde

Auch eine **Rechtsbeschwerde** ist aufgrund des durch § 542 Abs. 2 Satz 1 ZPO begrenzten Instanzenzuges **nicht statthaft,** wie zwischenzeitlich in mehreren Entscheidungen festgestellt wurde. Der BGH hat für das neue Recht daran festgehalten, dass auch gegen Beschlüsse, mit denen eine Berufung in einem einstweiligen Verfügungsverfahren als unzulässig verworfen wurde, die Rechtsbeschwerde nicht stattfindet.[1197] Auch bei einer Entscheidung durch Beschluss ist eine Rechtsbeschwerde aufgrund der Begrenzung des Instanzenzuges durch § 542 Abs. 2 Satz 1 ZPO nicht statthaft. Eine Differenzierung danach, ob durch Urteil oder durch Beschluss entschieden wurde, lässt sich dem Gesetz nicht entnehmen. Eine dennoch erfolgte Zulassung durch das Beschwerdegericht ist unbeachtlich.[1198] Auch eine Nichtzulassungsbeschwerde (§ 522 Abs. 3 ZP) gegen einen Beschluss nach § 522 Abs. 2 ZPO ist nicht statthaft.[1199] 505

3. Anhörungsrüge, § 321a ZPO

Die vom BVerfG[1200] geforderte gesetzliche Regelung betreffend eine Abhilfemöglichkeit der Fachgerichte bei Verletzung des rechtlichen Gehörs hat durch das Anhörungsgesetz (BGBl. 2004 I S. 3220) zur Änderung des mit der ZPO-Reform geschaffenen § 321a ZPO geführt.[1201] Somit ist seit dem 1.1.2005 auch bei Berufungsurteilen in Verfahren der einstweiligen Verfügung im Hinblick auf § 542 Abs. 2 ZPO eine **Anhörungsrüge eröffnet.**[1202] 506

4. Verfassungsbeschwerde

Gegen Berufungsurteile im einstweiligen Verfügungsverfahren ist **Verfassungsbeschwerde** zum Landesverfassungsgericht[1203] oder zum Bundesverfassungsgericht möglich. Letzterer wird allerdings in vielen Fällen der Grundsatz der Subsidiarität im Hinblick auf ein mögliches Hauptsacheverfahren entgegenstehen.[1204] 507

1191 OLG Köln MD 2003, 75.

1192 OLG Köln vorige Fn.; *Ulrich* WRP 1991, 26, 31.

1193 *Ulrich* WRP 1991, 26, 31.

1194 Stein/Jonas-*Grunsky* § 922 Rdn. 9; *Damm* in: AK-ZPO § 922 Rdn. 15.

1195 *Rosenthal,* Wettbewerbsgesetz, 1930, § 25 Anm. 2.

1196 Vgl. z. B. *Mes* in: FS Traub, S. 661 f.

1197 BGH NJW 2003, 69 GRUR 2003, 548 – *Rechtsbeschwerde I*; GRUR 2003, 724.

1198 BGH GRUR 2003, 548 und 724 – *Rechtsbeschwerde I* und *II;* NJW 2003, 3665 betreffend eine zugelassene Rechtsbeschwerde gegen eine Kostenentscheidung nach § 269 Abs. 4 ZPO; BAG BB 2003, 1020.

1199 BGH, Beschl. v. 10.12.2015 –III ZR 317/15 Tz. 2.

1200 NJW 2003, 1924, 1928.

1201 BGH NJW 2005, 580; Zöller/*Vollkommer* § 321a Rdn. 1.

1202 MünchKommZPO/*Musielak* § 321a Rdn. 2; Zöller/*Vollkommer* § 321a Rdn. 5.

1203 Vgl. z. B. BayVerfGH NJW-RR 1993, 365 betreffend die Dringlichkeitsrechtsprechung des OLG München.

1204 Vgl. BVerfG NJW 1987, 2500 f.; NJW 2003, 418 f. und 1305; NJW 2004, 3768; GRUR 2007, 1064, 1065; *Berneke/Schüttpelz* Rdn. 451.

XIX. Die Vollziehung der einstweiligen Verfügung

1. Vollziehungserfordernis

508 Gemäß § 936, § 929 Abs. 2 ZPO ist eine **Vollziehung** der einstweiligen Verfügung **unstatthaft,** wenn seit dem Tage, an dem die einstweilige Verfügung **verkündet (Urteilsverfügung)** oder **dem Antragsteller die Beschlussverfügung von Amts wegen zugestellt**[1205] wurde, **ein Monat** verstrichen ist. Nach der Rechtsprechung des BVerfG (NJW 1988, 3141)[1206] handelt es sich bei § 929 Abs. 2 ZPO um eine Bestimmung, die dem Schutz des Antragsgegners dient, um diesen davor zu bewahren, dass unter ganz veränderten Umständen noch von dem in einem Eilverfahren ergangenen Titel Gebrauch gemacht werde.[1207] Die Vollziehung ist Voraussetzung der Wirksamkeit der Entscheidung über die Monatsfrist des § 929 Abs. 2 ZPO hinaus. Deshalb wird sie in Bezug auf diese Bestandserhaltung als Teil des Verfahrens zu ihrer Erwirkung (Anordnungsverfahren) angesehen;[1208] daneben stellt sich die Vollziehung als Akt der Zwangsvollstreckung[1209] (§ 928 ZPO) dar.

509 Die Vollziehungsfrist ist vom Gericht in jeder Lage des Verfahrens **von Amts wegen** zu beachten.[1210] Sie kann weder verlängert noch abgekürzt werden. Auf sie kann auch nicht verzichtet werden. Auch eine Wiedereinsetzung in den vorigen Stand kommt bei ihrer Versäumung nicht in Betracht.[1211] Ebenso scheidet eine Heilung nach § 295 ZPO aus.[1212] Mit **Ablauf der Vollziehungsfrist** wird die einstweilige Verfügung **wirkungslos.** Folge ist die Aufhebung der einstweiligen Verfügung auf Widerspruch, auf Berufung oder im Verfahren nach § 927 ZPO. Im Streifalle hat der Antragsteller die **Wahrung der Frist glaubhaft zu machen.**[1213]

510 Dem Antragsteller verbleibt nur eine Frist von einem Monat, innerhalb derer er sich entscheiden muss, ob er von dem Titel Gebrauch machen will, und innerhalb der er auch geeignete Vollziehungsmaßnahmen vornehmen muss. Da ihm dieser Zeitraum vom Gesetz sozusagen zur Disposition gestellt wird, bedarf es nach allgemeiner Auffassung **keiner Vollziehung** mehr, wenn die einstweilige Verfügung über diesen Zeitraum hinaus keine Wirkung mehr entfalten kann, so etwa bei

– Befristung der Geltungsdauer des Titels selbst,
– Wegfall des gesicherten Anspruchs aufgrund einer Unterlassungserklärung,[1214]
– „freiwillige" Erfüllung des titulierten Anspruchs,[1215]

da es bei diesen Fallgestaltungen einer Bekundung eines entsprechenden Gebrauchmachens nicht mehr bedarf.

511 Die **Erhebung** eines **Widerspruchs** oder die **Berufungseinlegung** entbinden nicht von dem Erfordernis der Vollziehung. Der Antragsteller kann nicht während des Widerspruchs- oder Berufungsverfahrens untätig bleiben.[1216]

512 Bei Anordnung einer **Sicherheitsleistung** muss diese innerhalb der Vollziehungsfrist erbracht und nachgewiesen werden,[1217] sofern sich der Antragsteller nicht gegen die Anordnung der Sicherheitsleistung im Wege der sofortigen Beschwerde/Berufung wendet.[1218] Hierbei geht er jedoch das Risiko ein, dass er die Vollziehungsfrist versäumt, wenn sein Rechtsbehelf ohne Erfolg bleibt, da mit der zurückweisenden Entscheidung der 2. Instanz keine neue Vollziehungsfrist in Lauf gesetzt wird.[1219]

[1205] Zum Zustellungserfordernis vgl. Teplitzky/*Feddersen* Kap. 55 Rdn. 37.

[1206] Hierzu *Ahrens* WRP 1999, 1, 2f. sowie zu BVerfG NJW 1997, 2165 betreffend auf Vorrat erwirkte Durchsuchungsbeschlüsse im Ermittlungsverfahren.

[1207] So auch BGH NJW 1990, 122 – *Fallwerk;* GRUR 2009, 890 Tz. 15 – *Ordnungsmittelandrohung.*

[1208] Ahrens/*Spätgens* Rdn. 67.

[1209] BGH GRUR 1993, 415, 416 – *Straßenverengung.*

[1210] BGH NJW 1991, 496; *Berneke/Schüttpelz* Rdn. 570, 603 m. w. N.

[1211] *Berneke/Schüttpelz* Rdn. 570 m. w. N.; Ahrens/*Büttner* Kap. 57 Rdn. 51; Fezer/*Büscher* § 12 Rdn. 134.

[1212] OLG Düsseldorf, Beschl. v. 29.7.1992 – 20 U 102/92; Zöller/*Vollkommer* § 929 Rdn. 3.

[1213] A. A. OLG Frankfurt NJW-RR 2000, 1236 für das Aufhebungsverfahren, in dem der Antragsgegner den Vortrag des Antragstellers im Hinblick auf die Rechtzeitigkeit zu widerlegen habe.

[1214] Vgl. die Nachweise bei *Berneke/Schüttpelz* Rdn. 561 in Fn. 6; insoweit im Ausgangspunkt auch richtig OLG München GRUR 1994, 83.

[1215] OLG Hamburg MD 1998, 192; *Berneke/Schüttpelz* Rdn. 561.

[1216] KG OLGR 1994, 12; *Berneke/Schüttpelz* Rdn. 574, anders bei Anfechtung der angeordneten Sicherheitsleistung Rdn. 575 m. w. N.

[1217] OLG Celle AfP 2006, 251; OLG Frankfurt WRP 1980, 423; OLG Hamm OLG Report 1994, 59; OLG München NJW-RR 1988, 1466; NJW 1965, 1183, 1184.

[1218] OLG Düsseldorf GRURPrax 2012, 69; *Berneke/Schüttpelz* Rdn. 575; Zöller/*Vollkommer* § 929 Rdn. 7.

[1219] *Berneke/Schüttpelz* Rdn. 575; Ahrens/*Büttner* Kap. 57 Rdn. 21.

Wird die einstweilige Verfügung im Beschlusswege **teilweise erlassen** und teilweise zurückgewiesen, ändert die Einlegung einer sofortigen Beschwerde gegen den abweisenden Teil grundsätzlich nichts daran, dass die einstweilige Verfügung, soweit dem Antrag entsprochen wurde, **vollzogen** werden muss.[1220] Etwas anders kann allenfalls dann in Betracht kommen, wenn mit der Vollziehung eine für den Antragsteller nicht hinnehmbare Warnung des Antragsgegners verbunden wäre – etwa bei Stattgabe des Unterlassungsantrags und Abweisung des einen Vernichtungs- oder Beseitigungsanspruchs sichernden Herausgabe- oder Sequestrierungsantrags, den der Antragsteller mit der sofortigen Beschwerde weiterverfolgen will. 513

Wird die einstweilige Verfügung **im Berufungsverfahren neu erlassen** – eine vom Erstgericht aufgehobene Beschlussverfügung kann nicht bestätigt bzw. wieder hergestellt werden[1221] (siehe oben Rdn. 501) – bedarf es einer **erneuten Vollziehung.**[1222] Gleiches gilt, wenn die einstweilige Verfügung im Widerspruchs-, Berufungsverfahren oder Aufhebungsverfahren **erweitert, inhaltlich geändert oder wesentlich neu gefasst** wird.[1223] Ob eine solche qualitative Änderung stattgefunden hat, bei der ein bereits bekundeter Vollziehungswille hinsichtlich der früheren bereits vollzogenen „Fassung" der einstweiligen Verfügung nicht mehr als ausreichend angesehen werden kann, hängt davon ab, ob eine inhaltliche Änderung erfolgt ist.[1224] Folglich ist eine erneute Vollziehung bei Bestätigung auf Widerspruch hin oder in der Berufungsinstanz nicht zu fordern.[1225] Dies gilt auch, wenn sich die aufrecht erhaltene einstweilige Verfügung eindeutig als bloßes Minus darstellt.[1226] Eine wesentliche inhaltliche Änderung wurde auch verneint, wenn die Urteilsformel nur klarstellend neu gefasst wurde[1227] bzw. ein offensichtlicher Fehler gemäß § 319 ZPO berichtigt wurde.[1228] Dies wurde auch angenommen, wenn nur die rechtliche Begründung eine Änderung erfahren hat.[1229] Ordnet die im Übrigen bestätigende Entscheidung eine **Sicherheitsleistung** an, bedarf es ebenfalls einer erneuten Vollziehung.[1230] 514

Da sich die Beurteilung im Einzelfall als schwierig darstellen kann, wird sich in Zweifelsfällen daher eine **erneute Vollziehung** empfehlen. Bei einem **Parteiwechsel** wird vom KG[1231] eine erneute Vollziehung für erforderlich gehalten, nicht jedoch wenn im Falle einer gewillkürten Prozessstandschaft der Rechtsinhaber in das Verfahren eintritt. 515

2. Fristbeginn

Die Vollziehungsfrist beginnt bei der **Beschlussverfügung** mit der **Amtszustellung an den Antragsteller** – so zutreffend die überwiegende Auffassung im Wettbewerbsverfahrensrecht[1232] unter Hinweis auf den klaren Wortlaut des § 929 Abs. 2 i. V. m. § 329 Abs. 3 Satz 2 ZPO – nicht bereits mit dem formlosen (tatsächlichen) Zugang beim Antragssteller der einstweiligen Verfügung, auch wenn dieser damit bereits in die Lage versetzt wird, von der einstweiligen Verfügung Ge- 516

[1220] OLG Hamburg MD 2003, 352, 353 zur Berufungseinlegung; a. A. Zöller/*Vollkommer* § 929 Rdn. 7 a. E.

[1221] OLG Frankfurt WRP 2002, 334 m. w. N.; MD 2002, 1255, 1257.

[1222] Ahrens/*Spätgens* Rdn. 102 m. eingehenden Nachweisen; abweichend MünchKommUWG/*Schlingloff* § 12 Rdn. 499; das OLG Brandenburg NJW-RR 2000, 325, 326 (Gegendarstellung) verneint dagegen das Erfordernis einer erneuten Vollziehung im Falle eines wortgleichen Neuerlasses durch das LG ohne Aufhebung, nachdem das OLG die Auffassung vertreten hatte, die einstweilige Verfügung leide an formellen Mängeln und stelle daher keinen geeigneten Vollstreckungstitel dar.

[1223] Vgl. die umfangreichen Rspr.-Nachweise bei Ahrens/*Spätgens* Rdn. 103 sowie OLG Naumburg AfP 2005, 281; OLG Frankfurt WRP 2014, 344.

[1224] OLG Hamburg NJW 2015, 2273.

[1225] *Oetker* GRUR 2003, 119, 123; *Berneke/Schüttpelz* Rdn. 566; jeweils m. w. N.

[1226] OLG Hamburg MD 2010, 287, 292; MD 2008, 787; MD 2003, 352, 354: Beschränkung auf die konkrete Verletzungsform; GRUR-RR 2007, 152, 154 f.; OLG Frankfurt WRP 2001, 66: Aufnahme eines Insbesonder-Beispiels; zur Befristung: OLG Düsseldorf GRUR 1984, 75; OLG Stuttgart NJWE-WettbR 1996, 83 f.; anders bei einer Einschränkung eines zunächst umfassenden Verbots auf einzelne Äußerungen OLG Köln WRP 1986, 353.

[1227] OLG Karlsruhe WRP 1997, 57; *Berneke/Schüttpelz* Rdn. 567; anders OLG Hamm WRP 1981, 222: Neufassung des Verbots mit Einschränkungen, andere rechtliche Begründung; OLG Köln GRUR 1999, 89: Neufassung des Verbots.

[1228] OLG Celle NJWE-WettbR 1998, 19.

[1229] KG NJWE-WettbR 2000, 197; OLG Köln OLG Report 2002, 50: zusätzliche rechtliche Begründung; *Berneke* Rdn. 301.

[1230] *Berneke/Schüttpelz* Rdn. 568; *Oetker* GRUR 2003, 119, 124; jeweils m. w. N.

[1231] NJWE-WettbR 1996, 161.

[1232] OLG Koblenz WRP 1981, 286; MD 2013, 516; GRUR 1980, 943; OLG Hamm GRUR 1988, 728; OLG Nürnberg WRP 1988, 498; OLG Frankfurt MDR 1998, 736; a. A. OLG Düsseldorf GRUR 1984, 74; *Berneke* Rdn. 305 m. Fn. 38.

brauch zu machen. Soweit die Auffassung vertreten wird, die Frist werde nicht in Lauf gesetzt, wenn zum Bestandteil des Beschlusses gemachte Anlagen vom Gericht nicht an den Antragsteller mitzugestellt werden,[1233] kann dem nur in den Fallgestaltungen gefolgt werden, wenn die Ausfertigung bzw. die Abschrift des Beschlusses (siehe hierzu nachfolgend unter Rn. 532) als nicht ordnungsgemäß beanstandet wird, nicht jedoch in den Fällen, in denen etwa – wie in Praxis häufig – vom Gericht angeordnet wird, dass die Antragsschrift mitzuzustellen ist.

517 Bei der **Urteilsverfügung** ist die Verkündung maßgeblich und zwar unabhängig davon, ob dem Antragsteller innerhalb der Vollziehungsfrist eine vollstreckbare Ausfertigung mit Tatbestand und Entscheidungsgründen zugestellt wird. Versäumnisse des Gerichts entlasten den Antragsteller grundsätzlich nicht.[1234] Es wird sich daher empfehlen, umgehend einen Antrag auf Erteilung einer abgekürzten Ausfertigung (§ 317 Abs. 2 Satz 2, § 315 Abs. 2 Satz 2 ZPO) zu stellen, um Fristproblemen tunlichst vorzubeugen.

518 Ob die Frist bei einer **Einstellung der Zwangsvollstreckung** weiterläuft,[1235] weil die zur Vollziehung ausreichende Parteizustellung keine Vollstreckung ist oder ob die Vollziehungsfrist gehemmt wird bzw. ob die auf den Rechtsbehelf ergehende bestätigende Entscheidung ausnahmsweise eine neue Vollziehungsfrist eröffnet,[1236] wird unterschiedlich beurteilt.[1237] Deshalb sollte auch in diesen Fällen nicht auf eine Vollziehung verzichtet werden.

3. Form der Vollziehung

519 Durch welche Maßnahme die einstweilige Verfügung vollzogen werden kann, hängt von ihrem Inhalt[1238] ab; bei verschiedenen Anordnungen (z. B. Unterlassung, Auskunft über Herkunft und Vertriebswege, Sequestration) bedarf es einer Vollziehung nach den jeweils maßgeblichen Regeln.[1239]

520 **a) Unterlassungsverfügung.** Da eine Vollstreckung nach § 890 ZPO eine schuldhafte Zuwiderhandlung nach Wirksamwerden der einstweiligen Verfügung gegenüber dem Antragsgegner voraussetzt, wird zur Vollziehung einer Unterlassungsverfügung die **Parteizustellung** – auch in Gestlt einer öffentlichen Zustellung[1240] – als ausreichende Vollziehungsmaßnahme angesehen,[1241] sofern der Beschluss bzw. das Urteil bereits eine Androhung gemäß § 890 Abs. 2 ZPO enthalten.[1242]

521 Das Erfordernis der **Vollziehung** ist bei Beschlussverfügungen allgemein anerkannt.[1243] Gleiches gilt nach überwiegender Auffassung im Hinblick auf die Bestandssicherung und die Schuldnerschutzfunktion **auch für die Urteilsverfügung,**[1244] da § 929 Abs. 2 ZPO den Antragsteller zu der Entschließung anhalten soll, ob er von der einstweiligen Verfügung Gebrauch machen will. Eine solche Entscheidung des Antragstellers fehlt bei einer Zustellung von Amts wegen oder bei deren

---

[1233] OLG Koblenz GRUR-RR 2013, 496.

[1234] OLG Düsseldorf NJW-RR 1987, 763; OLG Hamm GRUR 1987, 853; OLG Frankfurt NJW-RR 1987, 764.

[1235] So Pastor/Ahrens/*Wedemeyer,* 4. Aufl., Kap. 61 Rdn. 19 unter Hinweis auf OLG Frankfurt AfP 1988, 358 betreffend einen Fall der Gegendarstellung.

[1236] So OLG Düsseldorf OLGZ 1987, 367; *Berneke/Schüttpelz* Rdn. 573 m. w. N.; Zöller/*Vollkommer* § 924 Rdn. 12.

[1237] Vgl. Ahrens/*Berneke* Kap. 57 Rdn. 20 m. w. N.

[1238] BGH GRUR 1993, 415, 416 – *Straßenverengung; Oetker* GRUR 2003, 119, 120 m. w. N.

[1239] Vgl. OLG Hamm GRUR 1992, 888; *Berneke/Schüttpelz* Rdn. 577.

[1240] OLG Bamberg MDR 2013, 672 f. betr. die öffentliche Zustellung einer Beschlussverfügung.

[1241] Allgemeine Meinung BGH NJW 1990, 122, 124 – *Fallwerk; Teplitzky* Kap. 55 Rdn. 41.

[1242] BGH NJW 1996, 198 – *Einstweilige Verfügung ohne Strafandrohung* (zu § 945 ZPO); GRUR 1993, 415, 416 – *Straßenverengung;* OLG Hamm WRP 1978, 65; GRUR 1991, 336; OLG Report 1992, 349; *Wedemeyer* NJW 1979, 293; *Teplitzky* Kap. 55 Rdn. 41 m. w. N.; *ders.* GRUR 1993, 418, 419; *Ahrens* WRP 1999, 1, 5; Ahrens/*Spätgens* Rdn. 68; *Köhler/Piper,* UWG, § 25 Rdn. 60; *Berneke/Schüttpelz* Rdn. 584; *Köhler*/Bornkamm, § 12 Rdn. 3.62; a. A. OLG Celle GRUR 1987, 66.

[1243] *Berneke/Schüttpelz* Rdn. 580 m. w. N.

[1244] BGH GRUR 1993, 415, 416 f. – *Straßenverengung* mit Anm. *Teplitzky;* KG WRP 1988, 301; WRP 2007, 810; OLG Braunschweig, Urt. v. 5.7.1985 – 2 U 81/85, bei *Traub* WVP S. 52; OLG Celle GRUR 1998, 77; OLG Düsseldorf GRUR-RR 2001, 94; WRP 2015, 764; OLG Hamburg NJWE-WettbR 1997, 92; MD 2006, 1024 (LS); OLG Hamm GRUR 1989, 931; OLG Frankfurt WRP 2000, 411; OLG Karlsruhe NJW-RR 2002, 951; OLG Koblenz GRUR 1980, 70; OLG Köln MD 2003, 352, 353 f.; OLG München (6. ZS) NJWE-WettbR 1998, 282; OLG Oldenburg WRP 2011, 508 unter Aufgabe von WRP 1992, 412; OLG Schleswig NJW-RR 1995, 896; OLG Stuttgart GRUR-RR 2009, 194 unter Aufgabe unter Aufgabe von NJW-RR 1998, 622; OLG Thüringen MD 2011, 755; OLG Zweibrücken OLGZ 1980, 28; vgl. auch die weiteren Nachweise bei *Berneke/Schüttpelz* Rdn. 581.

Verkündung. Die gegenteilige Auffassung[1245] stellt darauf ab, dass Urteilsverfügungen, bereits mit Verkündung Wirksamkeit erlangen. Folglich reiche die Amtszustellung allein aus. Eine weitere Vollziehungsmaßnahme von Seiten des Antragstellers sei daher nicht erforderlich.

Erfolgt die **Ordnungsmittelandrohung in einem gesonderten Beschluss** gemäß § 890 Abs. 2 ZPO,[1246] ist dessen Zustellung innerhalb der Vollziehungsfrist ebenfalls als formaler Akt der Zwangsvollstreckung als ausreichende Vollziehung anzusehen.[1247] Auch die **Zustellung eines Ordnungsmittelantrages** kommt als Vollziehungsmaßnahme in Betracht, wenn die Zustellung der einstweiligen Verfügung sodann innerhalb der Frist des § 929 Abs. 3 Satz 2 ZPO nachfolgt.[1248] Eine (sonstige) Vollziehung im Wege der Zwangsvollstreckung kommt bei der Beschlussverfügung im Hinblick auf § 936, § 922 Abs. 2 ZPO nicht in Betracht. 522

Neben der Zustellung der Unterlassungsverfügung im Parteibetrieb und den anderen vorgenannten Vollstreckungsmaßnahmen kann der Gläubiger seine Absicht, von dem Titel Gebrauch zu machen, auch noch in **anderer Weise** hinreichend deutlich zum Ausdruck bringen. Als ausreichende Vollziehungsmaßnahme können sie jedoch nur dann angesehen werden, wenn es sich um entsprechende Maßnahmen des Gläubigers handelt, die hinreichend formalisiert, d. h. urkundlich belegt oder in anderer Weise leicht und sicher feststellbar sind.[1249] Hierfür wurden bloße (fern-)mündliche Erklärungen des Antragstellers nicht als ausreichend angegesehen;[1250] auch nicht die bloße Androhung eines Ordnungsmittelantrages.[1251] Es stellt auch keine Vollziehung dar, wenn der Antragsteller, soweit sein Antrag abgewiesen wurde, Berufung einlegt;[1252] ebenso wenig die Bekundung von Interesse an Vergleichsgesprächen.[1253] 523

Rechtzeitig innerhalb der Monatsfrist **begonnene** Vollziehungsmaßnahmen reichen aus. Nach neuem Recht wird auch ein rechtzeitig gestellter Antrag auf Durchführung einer Vollziehungsmaßnahme als ausreichend anzusehen sein;[1254] bei einer Vollziehung im Wege der Parteizustellung, wenn die Zustellung demnächst im Sinne von **§§ 191, 167 ZPO** erfolgt – **Rückwirkung.** 524

Da § 167 ZPO, der gemäß § 191 ZPO auch auf die fristwahrende Parteizustellung anzuwenden ist, keine Ausnahmen vorsieht, ist ein durchschlagender Grund, die Rückwirkung generell zu verneinen bzw. zwischen Urteilsverfügungen und Beschlussverfügungen zu differenzieren, wenn sich der Antragsteller hierbei dritter Stellen (Gerichtsvollzieher, Behörden) bedienen muss, auch im Hinblick auf den Gesichtspunkt des Schuldnerschutzes nicht anzuerkennen.[1255] In der Kommentar-Literatur[1256] zur ZPO wird auch die Frist des § 929 Abs. 2 ZPO als Frist im Sinne von § 167 ZPO qualifiziert; ebenso von *Anders,*[1257] der nicht zwischen Beschuss- und Urteilsverfügung differenziert. 525

Für die **Auslandszustellung** wurde nach früherem Recht (§ 207 Abs. 1, §§ 199, 200, 202 ZPO a. F.) ausdrücklich auf den Eingang des Zustellersuchens bei Gericht als fristwahrend abgestellt, wenn die Zustellung „demnächst" erfolgte.[1258] Nach der Neuregelung des Zustellungsrechts durch das 526

[1245] OLG Bremen WRP 1979, 791; OLG Celle (4. ZS) NJW-RR 1990, 1088; NJW 1986, 2441 (3. ZS); OLG München (15. ZS) WRP 2013, 674: Zustellung einer formlosen Abschrift des Urteils nach Amtszustellung genügt; auch der 29. ZS hält die Auffassung des 6. ZS (siehe vorherige Fn.) als zu formenstreng an, Urt. v. 25.4.2013 – 29 U 194/13, S. 5 f, vgl. auch die weiteren Nachweise bei *Berneke/Schüttpelz* Rdn. 581 Fn. 56.

[1246] Vgl. BGH NJW 2000, 590 zur Zuständigkeit des Gerichts erster Instanz.

[1247] OLG Karlsruhe WRP 1982, 44; OLG Köln GRUR-RR 2001, 71; vgl. auch OLG München (Landwirtschaftssenat) OLG Report 2002, 14 f.

[1248] KG NJW-RR 1999, 71; Ahrens/*Spätgens* Rdn. 100; a. A. OLG Düsseldorf WRP 1993, 410, 411, das allein auf den Antrag abstellt; so auch OLG Brandenburg NJW-RR 2000, 325, 326, das sogar einen innerhalb der Vollziehungsfrist bekannt gewordenen Antrag nach § 888 ZPO ausreichen lässt.

[1249] BGH GRUR 1993, 415, 417 – *Straßenverengung* unter Einschränkung von BGH NJW 1990, 122 – *Fallwerk;* vgl. hierzu KG WRP 1995, 325, 327; OLG Düsseldorf WRP 1993, 327, 329; OLG Frankfurt NJW-RR 1995, 445; WRP 2000, 411; OLG Karlsruhe WRP 1997, 57, 59; OLG München NJWE-WettbR 1998, 282; *Berneke/Schüttpelz* Rdn. 583; *Oetker* GRUR 2003, 119, 123.

[1250] BGH GRUR 1993, 415, 418 – *Straßenverengung.*

[1251] OLG Hamburg NJWE-WettbR 2000, 51; *Oetker* GRUR 2003, 119, 123; *Berneke/Schüttpelz* Rdn. 583; vgl. aber auch OLG Celle OLG Report 1994, 43.

[1252] OLG Hamburg MD 2003, 352, 353.

[1253] OLG Celle OLG Report 1994, 226; OLG Schleswig OLG Report 1999, 73.

[1254] *Berneke/Schüttpelz* Rdn. 576 unter Hinweis auf BGH NJW 1991, 496; MünchKommUWG/*Schlingloff* § 12 Rdn. 506.

[1255] MünchKommUWG/*Schlingloff* § 12 Rdn. 506; Ahrens/*Büttner* Kap. 57 Rdn. 40 ff.

[1256] Zöller/*Greger* § 167 Rdn. 3 i. V. m. Zöller/*Vollkommer* § 929 Rdn. 10 a. E.; MünchKommZPO/*Wenzel,* § 167 Rdn. 2; *Hannich/Meyer-Seitz/Häublein* § 167 Rdn. 5; a. A. *Schuschke* in: Schuschke/Walker § 929 Rdn. 31.

[1257] WRP 2003, 204, 206.

[1258] OLG Hamm GRUR 1991, 944; OLG Köln GRUR 1999, 66, 67; KG NJWE-WettbR 1999, 161; OLG Hamburg NJWE-WettbR 1997, 284; vgl. auch OLG Frankfurt NJW-RR 2000, 1236; Antrag auf Eintragung

ZustellungsRG ist in den Fällen des § 183 Abs. 1 Nr. 2 und 3, § 167 ZPO weiterhin eine Rückwirkung auf diesen Zeitpunkt vorgesehen.[1259] Vgl. auch die Neufassung des § 183 Abs. 3 ZPO durch das EG-Beweiaufnahmedurchführungsgesetz.[1260]

527 **Zustellungsadressat** ist der
- Antragsgegner
- bzw. sein gesetzlicher (§§ 191, 170 ZPO)
- oder rechtsgeschäftlich bestellter (§§ 191, 171 ZPO) Vertreter;[1261] ob hierzu auch der Anwalt gehört, ist streitig.[1262]

528 Hat der Antragsgegner für das Verfügungsverfahren einen **Prozessbevollmächtigten** bestellt, kann nach der überwiegend vertretenen Auffassung[1263] fristwahrend nur an diesen zugestellt werden (§§ 191, 172 Abs. 1 ZPO); dies soll auch dann gelten, wenn an ihn als rechtsgeschäftlicher Vertreter nach § 171 ZPO zugestellt wird.[1264]

529 **Bestellt** im Sinne von § 172 Abs. 1 ZPO ist der Prozessbevollmächtigte, wenn die vertretene Partei oder der Prozessbevollmächtigte dem Gericht oder dem Gegner, etwa durch eine entsprechend deutliche[1265] Erklärung im vorprozessualen Schriftwechsel mitteilt, für ein Verfügungsverfahren (zustellungs-)bevollmächtigt zu sein. Erfolgt die Bestellung gegenüber dem Gericht (Einreichung einer **Schutzschrift**),[1266] muss der Gegner jedoch von der Bestellung bis zu dem Zeitpunkt Kenntnis erlangt haben, zu dem er das Schriftstück zur Zustellung weggibt;[1267] etwa dadurch, dass der Anwalt im Rubrum der Beschlussverfügung vom Gericht als Prozessbevollmächtigter aufgeführt wurde,[1268] ihm die Schutzschrift zusammen mit der Beschlussverfügung zugestellt wurde oder bereits zuvor übermittelt worden war. Der Kenntnis wird die vorwerfbare Nichtkenntnis gleichgestellt;[1269] eine Erkundigungspflicht besteht allerdings nicht.[1270] Wird für den Antragsgegner ein Prozessbevollmächtigter in der Antragsschrift genannt, muss an diesen zugestellt werden; das Risiko des (Nicht-)Bestehens einer Prozessvollmacht trägt der der Antragsteller.[1271] Durch die gesetzliche Neuregelung[1272] in § 78 Abs. 1 ZPO hat sich die strittige Frage, ob der Anwalt bei dem Gericht auch zugelassen sein muss, erledigt. Bei verbleibenden **Zweifeln** wird sich eine **Zustellung sowohl an den Antragsgegner selbst als auch den (möglichen) Prozessbevollmächtigten** empfehlen.

530 Gemäß § 192 Abs. 1 ZPO obliegt die Zustellung dem **Gerichtsvollzieher.**[1273] Er beglaubigt die zuzustellenden Abschriften (§ 192 Abs. 2 Satz 2 Halbsatz 1 ZPO), wobei nach der Gesetzesbegründung die Beglaubigung auch weiterhin vom Anwalt vorgenommen werden kann.[1274] Daneben kann

---

einer Sicherungshypothek: OLG Hamburg FGPrax 2001, 53 gegen OLG Düsseldorf Rpfleger 1993, 448; NJW-RR 1997, 78; LG Berlin MD 2002, 1325, 1326; *Ahrens* WRP 1999, 1, 6.

1259 Zöller/*Greger* § 183 Rdn. 38; Zöller/*Vollkommer* § 929 Rdn. 10 a. E.; MünchKommZPO/*Häublein* § 167 Rdn. 2; vgl. zur Auslandszustellung: *Heß* NJW 2002, 2417, 2421 ff.; *Jastrow* NJW 2003, 3382; *Kunze-Kaufhold/Beichel-Benedetti* NJW 2003, 1998; krit. hierzu *Peters* NJW 2003, Heft 36 XVI; OLG Frankfurt, Beschl. v. 1.7.2014 – 6 U 104/14, juris; LG Berlin MD 2002, 1325 f. (§ 183 ZPO i. V. m. VO (EG) Nr. 1348/2000 zu §§ 199, 207 ZPO a. F.).

1260 Vom 4.11.2003, BGBl. I S. 2166.

1261 Vgl. *Anders* WRP 2003, 204, 205; *Wunsch* JuS 2003, 276, 277; vgl. auch MünchKommZPO/*Häublein* § 171 Rdn. 2 m. w. N.; MünchKommUWG/*Schlingloff* § 12 Rdn. 508.

1262 Bejahend *Anders* WRP 2003, 204, 205; Ahrens/*Büttner* Kap. 57 Rdn. 38; a. A. OLG Köln GRUR-RR 2005, 143, 144 für den Anwalt, der nur im Abmahnverfahren vertritt; ebenso *Teplitzky* WRP 2005, 654, 661; *Köhler*/Bornkamm § 12 Rdn. 3.63.

1263 KG NJW-RR 1999, 71; OLG Celle GRUR 1989, 541; GRUR 1998, 77; OLG Hamburg WRP 1993, 822, 823 f.; MD 2000, 49; OLG Köln GRUR 2001, 456; einschränkend Kenntnis fordernd OLG Frankfurt NJW-RR 1986, 587; WRP 2000, 994; OLG Hamburg GRUR 1987, 66; NJW-RR 1995, 444, 445; WRP 1996, 441; OLG Stuttgart WRP 1996, 60; LG Hamburg MD 2012, 353; *Melullis* Rdn. 227; Ahrens/*Büttner* Kap. 57 Rdn. 38.

1264 So *Wunsch* JuS 2003, 276, 277.

1265 KG NJW 1994, 3111; OLG Hamburg GRUR 1998, 175; MD 2007, 566, 568; MD 2006, 854 (LS); MD 2006, 734, 742; OLG Düsseldorf GRUR 2005, 102; OLG Köln GRUR 2001, 456.

1266 Nicht allein die Unterzeichnung einer Schutzschrift: OLG Düsseldorf GRUR 1984, 79; OLG Frankfurt WRP 1988, 273 LS.

1267 BGH NJW 1981, 1673; NJW-RR 1986, 287; MünchKommZPO/*Häublein* § 172 Rdn. 7.

1268 OLG Thüringen MD 2011, 753.

1269 BGH NJW 1981, 1673, 1674; OLG Hamburg WRP 1987, 121; OLG Köln GRUR 2001, 456.

1270 OLG Düsseldorf GRUR 1984, 79; OLG Frankfurt WRP 1988, 273 (LS).

1271 Vgl. BGH, Urt. v. 6.4.2011 – VIII ZR 22/10, zur Klage.

1272 OLGVertÄndG v. 23.7.2002, BGBl. I 2850.

1273 OLG Dresden Mitt. 2004, 460.

1274 BT-Drucks. 14/4554 S. 25; *Anders* WRP 2003, 204.

auch das für den Sitz des Schuldners zuständige **Amtsgericht** um die Vermittlung der Zustellung durch den Gerichtsvollzieher ersucht werden (§ 192 Abs. 3 ZPO).

Die bis zur Neuregelung des Zustellrechts durch das Zustellungsreformgesetz von 2001 bereits mögliche **Zustellung von Anwalt zu Anwalt** (§ 198 ZPO a. F.) ist nunmehr dahingehend ausgedehnt worden, dass auch eine Zustellung **per Telefax** an den Anwalt möglich ist (§ 195 Abs. 1 Satz 5 i. V. m. § 174 Abs. 2 Satz 1 ZPO).[1275] Die Übermittlung als elektronisches Dokument (§ 195 Abs. 1 i. V. m. § 174 Abs. 3 Satz 1, 2 ZPO) dürfte bis auf weiteres ohne große praktische Bedeutung bleiben.[1276] Die in der Praxis vielfach gehandhabte Zustellung von Anwalt zu Anwalt ist jedoch aufgrund der nunmehr durch den BGH bestätigten Auffassung, dass § 59b Abs. 2 BRAO nur eine Regelungskompetenz begründe, berufsrechtliche Pflichten der Rechtsanwälte gegenüber Behörden und Gerichten bei Zustellungen zu erlassen, sodass aus § 14 BORA keine Verpflichtung hergeleitet werden kann, an Zustellungen von Anwalt zu Anwalt mitzuwirken,[1277] mit einem Riskiko behaftet und wird deutlich an Bedeutung verlieren.[1278] Deshalb wird der Anwalt des Antragstellers den Zustellversuch an den Gegneranwalt so rechtzeitig vorzunehmen haben, sodass ggf. noch hinreichend Zeit für eine anderweitige Zustellung (Gerichtsvollzieher) verbleibt. 531

Des **Gegenstands der Zustellung** ist die Gesetzesänderung zum 1.7.2014 aufgrund des Gesetzes zur Förderung des elektronischen Rechtsverkehrs mit den Gerichten vom 10.10.2013[1279] zu beachten. Bis dahin wurde differenziert, ob **Gegenstand der Zustellung**[1280] eine durch Beschluss oder durch Urteil erlassene einstweilige Verfügung war. Bei der **Beschlussverfügung** war dem Antragstellere eine Ausfertigung[1281] der Verfügung oder eine beglaubigte Abschrift[1282] einer Ausfertigung zuzustellen; eine Abschrift des Verhandlungsprotokolls reicht nicht.[1283] Eine wirksame Zustellung erforderte, dass an der Authentizität und der Amtlichkeit des zuzustellenden Schriftstückes für den Empfänger keine Zweifel bestehen können. Die Ausfertigung musste einen ordnungsgemäßen **Ausfertigungsvermerk** (§ 317 Abs. 3 ZPO a.F.) tragen, d. h. es musste die Unterschrift des Urkundsbeamten[1284] und das Gerichtssiegel vorhanden sein.[1285] Eine unter Verstoß gegen § 317 Abs. 2 Satz 1 ZPO erteilte Ausfertigung ist unwirksam.[1286] Bei einer beglaubigten Abschrift muss sich der **Beglaubigungsvermerk** auf das gesamte Schriftstück beziehen, wozu bei mehreren Blättern eine dauerhafte körperliche Verbindung, etwa durch Heftklammern, ausreicht.[1287] 532

Nach der geänderten Gesetzeslage[1288] werden **Urteile** gemäß § 317 Abs. 1 Satz 1 ZPO (nur noch) in Abschrift an die Parteien zugestellt.[1289] Ausfertigungen (§ 317 Abs. 4 Alt 1 ZPO) werden nur noch auf Antrag und nur in Papierform erteilt (§ 317 Abs. 2 ZPO). Gemäß § 169 Abs. 3 Satz 1 ZPO kann eine in Papierform zuzustellende Abschrift auch durch maschinelle Bearbeitung beglaubigt werden. Die Abschrift ist mit dem Gerichtssiegel zu versehen. Einer handschriftlichen Unter- 532a

---

1275 OLG Köln MD 2007, 306; OLG München AfP 2007, 53; krit. *Kamlah/Sedlmaier* WRP 2005, 818.

1276 *Anders* WRP 2003, 204.

1277 BGH NJW 2015, 3672 m. Anm. *Möller* S. 3673 f. = WRP 2016, 196 m. Anm. *Kolb* S. 198; Vorinstanzen: AnwG Düsseldorf BeckRS 2014, 09899, dazu Mennebröcker NJW-aktuell 2014, Heft 25; AnwGH Nordrhein-Westfalen NJW 2015, 890.

1278 *Kolb* vorh. Fn. unter Hinweis darauf, dass die Mehrkosten bei Beauftragung eines Gerichtsvollziehers gegenüber dem Risiko kaum ins Gewicht fallen.

1279 BGBl. I 3786.

1280 Zum Begriff der Zustellung *Berneke* 2. Aufl., Rdn. 319: Übergabe des Schriftstückes zum Verbleib; *Heß* NJW 2002, 217, 2418.

1281 Vgl. zu den Anforderungen BGH NJW 2010, 2519; OLG Brandenburg Mitt. 2004, 137 (LS); Zöller/*Vollkommer* § 166 Rdn. 5, § 169 Rdn. 13.

1282 BGH GRUR 2004, 264, 265 – *Euro-Einführungsrabatt;* OLG Celle WRP 2016, 280 Tz. 11 mwN; *Berneke/Schüttpelz* Rdn. 589; Zöller/*Vollkommer* § 169 Rdn. 8; vgl. auch OLG Hamm MD 2003, 892, 895 f., das die Zustellung einer unbeglaubigten Abschrift ausreichen lässt bzw. eine Heilung annimmt.

1283 *Berneke/Schüttpelz* Rdn. 593 m. w. N.; vgl. auch OLG München GRUR 1994, 83; anders OLG München AfP 2007, 53: Telefax-Zustellung der Ausfertigung der Sitzungsniederschrift genügt, wenn diese eine Kurzausfertigung des Urteils enthält.

1284 Vgl. BGH GRUR 1987, 745 – *Frischemärkte;* Urt. v. 9.6.2010 – XII ZB 132/09; OLG Hamm WRP 2001, 299; *Berneke* Rdn. 90 m. w. N. in Fn. 90.

1285 OLG Hamburg MD 2003, 645 f. lässt für einen Ausfertigungsvermerk „gez. Unterschrift" und „L. S." ausreichen.

1286 *Berneke* Rdn. 316 m. w. N.

1287 BGH a. a. O. – *Euro-Einführungsrabatt.*

1288 Vgl. Zöller/*Vollkommer* § 317 Rdn. 2, 4; *Berneke/Schüttpelz* Rdn. 591.

1289 Vgl. BGH, Beschl. v. 27.1.2016 – XII ZB 684/14 Tz. 16 f, wonach nunmehr für den Beginn der Berufungsfristen nicht mehr die Zustellung einer Urteilsausfertigung Voraussetzung ist.

zeichnung bedarf es nicht mehr (§ 169 Abs. 3 Satz 2 ZPO). Auch bei Beschlüssen[1290] ist nunmehr nur noch eine Zustellung in Abschrift bzw. auf Antrag der Partei in Ausfertigung vorgesehen.[1291] Dies bedeutet, dass ebenso wie die Zustellung einer beglaubigten Abschrift an den Antragsteller[1292] (§§ 936, 929 Abs. 2, 329 Abs. 2 Satz 2 ZPO) für den Fristbeginn ausreichenden ist, auch durch die Zustellung einer beglaubigten Abschricht an den Antragsgegner die Vollzieheugsfrist gewahrt wird. Eine Zustellung einer beglaubigten Abschrift ist stets dann ausreichend, wenn das Gesetzt keine andere Regelung enthält.[1293]

533 Um dem Erfordernis der Authentizität zu genügen, muss das zuzustellende Schriftstück **vollständig**[1294] sein, die **Unterschrift der Richter** wiedergeben[1295] und **inhaltlich** dem Original entsprechen. Besonderes Augenmerk ist daher darauf zu legen, dass im Urteil enthaltene **Fotos oder Fotokopien** auch in den Ausfertigungen bzw. beglaubigten Abschriften, die meist durch Fotokopieren hergestellt werden, **deutlich erkennbar** sind.[1296] Wird auf **Anlagen,** etwa zur Beschreibung der angegriffenen Verhaltensweise Bezug genommen, müssen auch die Anlagen zugestellt werden, wobei deren Fehlen der Wirksamkeit der Zustellung dann nicht entgegenstehen soll, wenn sich die Reichweite des Verbots aus der einstweiligen Verfügung entnehmen lässt.[1297]

534 Ob es der **Zustellung** der **Antragsschrift** bzw. der **Anlagen** bedarf, wenn auf diese Bezug genommen und wenn deren Zustellung vom Gericht angeordnet wurde, wird unterscheidlich beurteil. Zum Teil wird die Auffassung vertreten, dass die Wirksamkeit der Vollziehung nicht an der unterlassenen Zustellung der Antragsschrift und Anlagen scheitert,[1298] da der Antragsteller dennoch zu erkennen gebe, dass er die einstweilige Verfügung durchsetzen wolle.

535 Bei der **Urteilsverfügung** genügt anstelle einer vollständigen Ausfertigung (§ 317 Abs. 2 Satz 1, Abs. 3 ZPO) auch eine abgekürzte Ausfertigung (§ 750 Abs. 1 Satz 2 ZPO), die keinen Tatbestand und keine Entscheidungsgründe enthält (§ 317 Abs. 2 Satz 2, Abs. 3 ZPO).

536 Nach der bis zur Neuregelung des Zustellungsrecht durch das Zustellreformgesetz 2001 überwiegend vertretenen Auffassung[1299] wurde eine **Heilung** gemäß § 187 Satz 1 ZPO a. F. bei Beschlussverfügungen verneint, da mit der Zustellung die Verfügung gegenüber dem Schuldner überhaupt erst wirksam wird (§ 936, § 922 Abs. 2 ZPO), während bei Urteilsverfügungen im Hinblick auf

---

1290 Bei Beschlüssen aufgrung mündlicher Verhandlung ergibt sich dies aus der Verweisung in § 329 Abs. 1 Satz 2 ZPO.

1291 Vgl. BR-Drucks. 818/12, S. 42; Zöller/*Vollkommer* § 329 Rdn. 12; *Berneke/Schüttpelz* Rdn. 591.

1292 Zöller/*Vollkommer* § 922 Rdn. 11.

1293 BGH, Urt. v. 22.12.2015 – VI ZR 79/15.

1294 BGH GRUR 1998, 746 – *Unzulängliche Zustellung.*

1295 OLG Hamm WRP 1989, 262.

1296 Vgl. OLG Düsseldorf OLG Report 1995, 75 L: undeutliche Fotokopien statt Fotografien; OLG München, Urt. v. 20.5.1999 – 29 U 2988/99: zur Frage der Unwirksamkeit der Zustellung wegen undeutlicher Fotokopien; LG München I, Urt. v. 20.3.2003 – 7 O 21878/03: wirksame Zustellung verneint, da die Datenträger, auf die in der Urteilsformel verwiesen wurde, bei der zugestellten Ausfertigung einen Defekt aufwiesen; ohne Kenntnis des Inhalts der Datenträger konnte die Reichweite des Verbots nicht bestimmt werden; AfP 2015, 65: Anlagen, auf die ausdrücklich im Tenor oder in den Gründen Bezug genommen wird, müssen mitzugestellt werden.

1297 Siehe die Nachweise bei *Berneke/Schüttpelz* Rdn. 592.

1298 OLG Celle WRP 1984, 149, 150; OLG Düsseldorf GRUR 1984, 78, 79; MD 2007, 529; OLG Koblenz GRUR 1982, 571, 572; OLG Köln WRP 2004, 914; GRUR-RR 2010, 175; OLG Stuttgart WRP 1981, 569; differenzierend OLG Frankfurt ZIP 1981, 324; GRUR-RR 2010, 340 unter Aufgabe von GRUR 1992, 889 (LS); LG Hamburg, Urt. v. 24.9.2009 – 315 O 292/09; a. A. OLG Nürnberg GRUR 1992, 564 f.; OLG Düsseldorf WRP 2007, 559; MDR 2011, 652; OLG München NJW-RR 2003, 1722; OLG Frankfurt GRUR 2009, 995, bei Bezugnahme auf farbige Anlage; WRP 2015, 761: Zustellung einer Schwarz-Weiß-Kopie bei farbiger Urschrift ausreichend; anders WRP 2014, 726, wenn nur bei Kenntnis der Farbigkeit der konkrete Umfang der geschuldeten Verpflichtung ersichtlich ist; OLG Hamburg GRUR-RR 2007, 406 – farbige Verbindungsanlage; LG Düsseldorf InstGE 11, 97; LG Köln, Urt. v. 9.6.2011 – 31 O 133/11, zum Erfordernis der Beglaubigung von Abschriften; vgl. weiter die Nachweise bei *Berneke/Schüttpelz* Rdn. 592 und *Oetker* GRUR 2003, 119, 122 Fn. 35; GroßKommUWG/*Schwippert* § 12 C Rdn. 321 f.

1299 OLG Celle GRUR 1989, 541; BauR 2000, 1901, 1902 f.; OLG Düsseldorf WRP 1998, 1093, 1094; NJW-RR 1999, 71; OLG Hamm WRP 2001, 299; OLG Hamburg WRP 1993, 822, 824 f.; WRP 1997, 53, 54; MD 2002, 965; OLG Frankfurt NJW-RR 1998, 1648; OLG Karlsruhe WRP 1992, 339, 341; OLG Koblenz WRP 1991, 671; WRP 1998, 227; OLG Köln GRUR 2001, 456; MD 1998, 207, 209 f.; i. E. auch OLG München Urt. v. 21.7.1988 – 29 U 3252/88; OLG Zweibrücken WRP 2001, 434; a. A. OLG Brandenburg NJW-RR 2000, 325, 326; OLG Braunschweig WRP 1995, 952, 954; OLG München (6. ZS) NJW-RR 1986, 1383; WRP 1983, 46 (14. ZS) m. abl. Anm. *Müller;* vgl. aber OLG München (6. ZS) NJWE-WettbR 1998, 282, 283, wonach sowohl bei der Urteils- als auch der Beschlussverfügung eine Heilung ausscheidet; vgl. auch die eingehenden Lit.-Nachw. bei *Klute* GRUR 2005, 924, 925.

deren Wirksamwerden mit Verkündung eine Heilung überwiegend bejaht wurde,[1300] wobei jedoch eine Zustellung von Amts wegen keine Heilung einer unterbliebenen Parteizustellung bewirkt. Hieran ist auch nach neuem Recht festzuhalten,[1301] da es bei einer bloßen Zustellung von Amts wegen an einer formunwirksamen Parteizustellung fehlt, die durch den tatsächlichen Zugang des Schriftstückes geheilt werden könnte.

Nach **§ 189 ZPO** sind Mängel der Zustellung **mit dem tatsächlichen Zugang**[1302] des zuzustellenden Schriftstückes beim Empfänger **geheilt.** Dass von dem Inhalt des Schriftstücks anderweitig Kenntnis erlangt wurde, reicht nicht aus.[1303] Dieser Zugang muss feststehen bzw. bei Streit im Rahmen eines auf die Fristversäumung gestützten Widerspruchs- oder Aufhebungsverfahrens glaubhaft gemacht werden.[1304] Für eine richterliche Ermessensausübung bleibt kein Raum. Die Neuregelung in § 189 ZPO wird in der Literatur[1305] daher überwiegend dahingehend verstanden, dass die Heilung auch in Bezug auf die **Wirksamkeitszustellung** bei **Beschlussverfügungen** nach § 936, § 922 Abs. 2 ZPO Platz greife. Eine dem entgegen stehende Unsicherheit wird nach neuem Recht verneint,[1306] da die Feststellung des Vorliegens der Voraussetzungen der gesetzlich normierten Zustellungswirkung – tatsächlicher Zugang des Schriftstücks beim Adressaten – sich entscheidend von der Ausübung richterlichen Ermessens nach früherem Rechtszustand unterscheide, sodass entsprechend der Intention des Gesetzgebers auch eine Heilung bei der Zustellung von Beschlussverfügungen zu bejahen sei.[1307] **537**

Auch nach § 189 ZPO kann eine unwirksame Zustellung jedoch nur dann als geheilt angesehen werden, wenn das Gericht bzw. der Antragsteller **mit Zustellungswillen gehandelt** hat.[1308] Nach § 189 ZPO muss das zuzustellende[1309] Schriftstück der Person zugehen, der zuzustellen ist, d.h. dem Anwalt im Falle des § 172 ZPO, bzw. dem gesetzlichen Vertreter im Fall des § 170 ZPO. Wird die einstweilige Verfügung an den Antragsgegner persönlich zugestellt und geht sie dessen Prozessbevollmächtigten/gesetzlichen Vertreter innerhalb der Frist des § 929 Abs. 2 ZPO zu, tritt Heilung ein,[1310] wovon aber zum Teil zu weitgehend ausgegangen wird, etwa indem Mängel unter dem Gesichtspunkt des Rechtsmissbrauchs als unbeachtlich angesehen werden.[1311] **538**

Da nunmehr eine Ermessensausübung von Seiten des Gerichts, ob hinsichtlich Art und Schwere ein Zustellungsmangel eine Heilung ausscheidet, nicht mehr stattfindet, muss sich die Heilung nach § 189 ZPO **auf Mängel** des **Zustellvorgangs**[1312] **beschränken,**[1313] die aufgrund des tatsächlichen fristgerechten Zugangs des Schriftstückes beim Empfänger der Annahme einer wirksamen Zustellung nicht entgegenstehen. Eine Heilung bei **Mängeln des zuzustellenden Schriftstückes** selbst wird nicht für möglich gehalten.[1314] Maßgeblich für die Annahme derartiger Mängeln ist, ob sie so gravierend sind, dass sie die Authentizität oder die Amtlichkeit des zuzustellenden Schriftstückes fraglich erscheinen lassen. Für die Zustellung der Klageschrift hat der BGH jedoch eine Heilung im **539**

[1300] OLG Frankfurt WRP 2000, 411; OLG Hamburg NJWE-WettbR 1997, 92; WRP 1994, 408; OLG Hamm NJW-RR 1988, 467; OLG Koblenz WRP 1991, 671; OLG München (14. ZS) WRP 1983, 46; vgl. aber OLG (6. ZS) NJWE-WettbR 1998, 282, 283.

[1301] OLG Düsseldorf MDR 2011, 652; OLG Hamburg MD 2007, 370, 374f.; MD 2006, 1024 LS 3; KG WRP 2007, 810 und Mitt. 2004, 234; OLG Thüringen MD 2011, 755; *Berneke* Rdn. 586 a.E., 600 m.w.N.; a.A. OLG München (32. ZS) OLGR 2005, 675; Zöller/*Vollkommer* § 929 Rdn. 14.

[1302] Vgl. hierzu BGH NJW 2001, 1946, 1947.

[1303] OLG Thüringen MD 2011, 75; Zöller/*Stöber* § 189 Rdn. 3 m.w.N.

[1304] *Anders* WRP 2003, 204, 206; *Heß* NJW 2002, 2417, 2421.

[1305] Zöller/*Vollkommer* § 929 Rdn. 14; MünchKommZPO/*Häublein* § 189 Rdn. 2 m. Fn. 10; *BLAH* § 189 Rdn. 3; Musielak-*Huber* § 929 Rdn. 9 a.E.; *Anders* WRP 2003, 204, 206; vgl. auch *Heß* NJW 2002, 2417, 2421.

[1306] KG MD 2005, 278, 279; OLG Hamm MD 2003, 892, 895; OLG Dresden NJW-RR 2003, 1721; OLG Frankfurt Mitt. 2005, 205 betr. Urteilsverfügung.

[1307] MünchKommUWG/*Schlingloff* § 12 Rdn. 514; Fezer/*Büscher* § 12 Rdn. 132, jeweils m.w.N.; ebenso OLG Hamm, Urt. v. 23.11.2010 – 4 U 156/10 Tz. 34, juris.

[1308] BGH NJW 2003, 1192; Urt. v. 19.5.2010 – IV ZR 14/08 Tz. 17; MünchKommZPO/*Häublein* § 189 Rdn. 3; *Wunsch* JuS 2003, 276, 280 Fn. 47 m.w.N.

[1309] Vgl. OLG Hamburg MD 2006, 1024 LS 3.

[1310] KG MD 2005, 278, 279; WRP 2011, 612; MünchKommZPO/*Häublein* § 189 Rdn. 8 m.w.N.

[1311] Vgl. LG Dortmund WRP 2003, 1368 (LS), das die Einlegung des Widerspruchs durch den Anwalt als Beleg dafür heranzieht, dass ihm die einstweilige Verfügung zugegangen ist; zu Recht kritisch *Klute* GRUR 2005, 924, 926f., da eine bloße Kenntniserlangung nicht ausreichend ist; zur Frage des Rechtsmissbrauchs: KG MD 2005, 278, 279; LG Wuppertal MD 2007, 321, 322f.

[1312] Vgl. die Nachweise bei MünchKommZPO/*Häublein* § 189 Rdn. 8.

[1313] So MünchKommZPO/*Häublein* § 189 Rdn. 7; *Berneke/Schüttpelz* Rdn. 586.

[1314] BGHZ 100, 234, 241 betreffend eine Untersagungsverfügung des Bundeskartellamts; BGHZ 186, 22 Tz. 7 ff; OLG Zweibrücken WRP 2016, 280 Tz. 14 mwN; *Oetker* GRUR 2003, 119, 125f.

Fall der Zustellung einer einfachen statt einer beglaubigten Abschrift der Klageschrift gemäß § 189 ZPO bejaht[1315] Da dem Beklagten die Möglichkeit verschafft wurde, von dem Schriftstück Kenntnis zu nehmen und der Zeitpunkt der Bekanntgabe dokumentiert wurde, bedürfe es besonderer Gründe, die Zustellwirkung entgegen der Regelung in § 189 ZPO nicht eintreten zu lassen. Das Vorliegen solcher Gründe wurde vom BGH verneint.[1316] Inwieweit diese Sichtweise auf die Parteizustellung einer Beschlussverfügung – Wirksamwerden des Verbots – übertragen werden kann, erscheint fraglich.

540 **b) Duldungsverfügung.** Eine einstweilige Verfügung, die eine **Duldung** anordnet, wird ebenso wird eine Unterlassungsverfügung vollstreckt, da auch hier nur bei Zuwiderhandlungen eine Vollstreckung möglich ist.

541 **c) Beseitigungsverfügung.** Werden Beseitigungsansprüche selbständig[1317] geltend gemacht, so kann die einstweilige Verfügung im Wege der Zwangsvollstreckung gemäß § 887 ZPO oder nach § 888 zu vollziehen sein. Fristwahrend ist der entsprechende **Vollstreckungsantrag** gegenüber dem zuständigen Vollstreckungsorgan, da der Gläubiger bereits hierdurch von der einstweiligen Verfügung Gebrauch macht.[1318] Ob daneben auch die bloße Parteizustellung ausreichen kann[1319] oder ob sie sogar erforderlich ist, wird unterschiedlich beurteilt.[1320]

542 **d) Auskunft.** Auch bei einer Verurteilung zur Auskunftserteilung ist streitig, ob die Parteizustellung allein als Vollziehungsmaßnahme ausreicht[1321] oder ob ein **Antrag nach § 888 ZPO** erforderlich ist.[1322] Die bloße Androhung eines Zwangsmittelantrags reicht jedenfalls nicht.[1323]

543 **e) Herausgabe, Sequestration.** Ein Anspruch auf Sicherstellung oder Sequestration kann nur im Wege der Zwangsvollstreckung **durch Beauftragung des Gerichtsvollziehers vollstreckt** werden (§§ 887, 892 ZPO).[1324] Der entsprechende Vollstreckungsauftrag an den Gerichtsvollzieher ist fristwahrend;[1325] die Frist des § 929 Abs. 3 ZPO ist zu beachten. Die bloße Parteizustellung genügt nicht.

544 **f) Abgabe einer Willenserklärung.** Eine einstweilige Verfügung auf **Abgabe einer Willenserklärung,** soweit eine solche überhaupt ausnahmsweise in Betracht kommen sollte, kann nur im Wege der Parteizustellung vollzogen werden.[1326]

XX. Anordnung der Klageerhebung

1. Allgemeines

545 **§ 926 ZPO** eröffnet dem Antragsgegner die Möglichkeit, den **Fortbestand** der durch Beschluss oder mit Urteil erlassenen einstweiligen Verfügung **von der Durchführung des Hauptsacheverfahrens,** soweit ein solches eröffnet ist,[1327] **abhängig zu machen.** Der Gläubiger wird gezwungen, die Berechtigung des geltend gemachten Verfügungsanspruchs einer Prüfung in einem Hauptsacheverfahren zu unterziehen, wenn er den Bestand der einstweiligen Verfügung nicht allein schon deshalb gefährden will. Eine Fristsetzung nach § 926 Abs. 1 ZPO wird der Antragsgegner in der Regel dann in Erwägung ziehen, wenn er seine Erfolgsaussichten im Klageverfahren im Hinblick auf die weitergehenden Erkenntnismöglichkeiten günstiger als im summarischen Verfügungsverfahren einschätzt.

[1315] Urt. v. 22.12.2015 – VI ZR 79/15 Tz. 20 ff.

[1316] Vorh. Fn. Tz. 23 f.

[1317] Zur Abgrenzung zur Unterlassungsvollstreckung vgl. z. B. Ahrens/*Spätgens* Rdn. 128.

[1318] OLG Frankfurt NJW-RR 1999, 1447; OLG Hamm GRUR 1992, 888.

[1319] Bejahend Ahrens/*Spätgens* Rdn. 129 m. w. N. bei bestehender Leistungsbereitschaft oder bereits eingeleiteter Leistung.

[1320] Parteizustellung ausreichend: OLG München NJW-RR 1989, 180; OLG Report 2002, 390; jeweils zur Gegendarstellung; *Melullis* Rdn. 213; Zöller/*Vollkommer* § 929 Rdn. 18.

[1321] So OLG Frankfurt WRP 1998, 223, 224 unter Hinweis auf das Kostenrisiko bei verfrühtem Zwangsmittelantrag; OLG München AfP 2002, 529; LG Koblenz WRP 1997, 986.

[1322] So OLG Hamburg GRUR 1997, 17; ebenso *Teplitzky* WRP 2005, 654, 661 f. und FS Kreft, S. 163 ff.; jeweils m. w. N.

[1323] OLG Hamm NJW-RR 1987, 765.

[1324] OLG Hamm GRUR 1992, 888; *Ulrich* WRP 1991, 361, 362.

[1325] OLG Hamm NW-RR 1990, 1536; GRUR 1992, 888; OLG Frankfurt NJW-RR 1999, 1447.

[1326] *Ahrens* WRP 1999, 1, 7; Ahrens/*Spätgens* Rdn. 133.

[1327] Zöller/*Vollkommer* § 926 Rdn. 2 m. w. N.

2. Verhältnis zu anderen Rechtsbehelfen

Das Antragsrecht nach § 926 Abs. 1 ZPO besteht **unabhängig** von einem Vorgehen gegen die einstweilige Verfügung im Wege des Widerspruchs (§ 924 ZPO) oder der Berufung. Auch die Erhebung einer negativen Feststellungsklage neben einem Antrag gemäß § 926 ZPO wird zugelassen.[1328] Die unterlassene Klageerhebung kann auch als Aufhebungsgrund im Verfahren nach § 927 ZPO geltend gemacht werden.[1329] 546

3. Fristsetzung zur Erhebung der Hauptsacheklage

a) Antrag. Das Verfahren nach § 926 Abs. 1 ZPO setzt – anders als Art. 50 Abs. 6 TRIPS – einen Antrag des Antragsgegners voraus. Der Antragsteller ist nicht von sich aus gehalten, innerhalb der Frist von 20 Arbeitstagen/31 Kalendertagen Hauptsacheklage zu erheben. Die Regelung des § 926 ZPO wird durch Art. 50 Abs. 6 TRIPS mangels unmittelbarer Anwendbarkeit[1330] weder verdrängt noch modifiziert[1331] (oben Rdn. 259). 547

Der von Seiten des Antragsgegners zu stellende Antrag unterliegt auch gegenüber dem Landgericht nicht dem Anwaltszwang (§ 78 Abs. 3 ZPO, § 13 RPflG). Zuständig ist das Gericht, gemäß § 20 Nr. 14 RPflG der Rechtspfleger erster Instanz.[1332] Die Bestimmungen der § 942 Abs. 2,[1333] § 944 ZPO sind nicht anwendbar. Bei der Zuständigkeit des Gerichts erster Instanz verbleibt es auch für den Fall, dass die einstweilige Verfügung vom Berufungsgericht erlassen wurde.[1334] 548

Soweit die Auffassung vertreten wird, dass die **Entscheidung ohne vorherige Anhörung** des Antragstellers erfolgen könne,[1335] erscheint dies bedenklich, da die Fristsetzung bereits unzulässig sein kann – siehe hierzu sogleich – und dem Rechtspfleger die hierfür maßgeblichen Umstände aus den Akten in der Regel nicht bekannt sein werden.[1336] 549

Der Antrag kann **frühestens ab Einreichung des Verfügungsantrags** gestellt werden und erlangt sodann mit Erlass der einstweiligen Verfügung Wirkung.[1337] Die Zustellung der einstweiligen Verfügung an den Antragsgegner ist nicht Voraussetzung. 550

Der Antrag ist jedoch **unzulässig,** wenn 551

- die einstweilige Verfügung nicht mehr besteht,[1338] etwa weil sie auf Widerspruch oder auf Berufung hin bereits rechtskräftig aufgehoben oder für erledigt erklärt wurde,
- die Hauptsache bereits anhängig[1339] oder bereits rechtskräftig abgeschlossen ist,[1340]
- bei einem Verzicht (etwa in einer Abschlusserklärung oder in einem Vergleich) oder
- wenn der Antragsgegner aus sonstigen Gründen kein berechtigtes Interesse an der Durchführung eines Hauptsacheverfahrens mehr haben kann.[1341] Die gilt auch dann, wenn der Antragsteller auf die Vollstreckung aus der einstweiligen Verfügung, auf den materiellrechtlichen Anspruch einschließlich der Rechte aus der Kostenentscheidung verzichtet hat.[1342] Gleiches gilt bei einstweiligen Verfügungen, deren (meist zeitliche) Wirkung nach dem Inhalt des Verbots in der Weise beschränkt war, dass ein Gebrauchmachen von der einstweiligen Verfügung nicht mehr in Betracht kommt.[1343]

1328 OLG Hamburg MD 2002, 965; LG Hamburg MD 2001, 1329; zur negativen Feststellungsklage allgemein oben Vor § 12 Rdn. 122 ff.; Ahrens/*Spätgens* Rdn. 342 m. w. N.

1329 Zöller/*Vollkommer* § 927 Rdn. 2; *Teplitzky* Kap. 56 Rdn. 24.

1330 EuGH GRUR Int. 2002, 41, 44 – *Route 66.*

1331 Vgl. OLG Hamburg GRUR 2003, 873, 874 f.; OLG Frankfurt, Urt. v. 12.8.2003 – 11 U 15/03, S. 3 f.; vgl. auch *Groh/Wündisch* GRUR Int. 2001, 497, 505 f.; *v. Falck* Mitt. 2002, 429, 437; MünchKommUWG/*Schlingloff* § 12 Rdn. 518.

1332 OLG Köln GRUR-RR 2005, 101.

1333 OLG Schleswig MDR 1997, 391, 392: Zuständigkeit des Gerichts der Hauptsache.

1334 H. M.; OLG Köln ZIP 1994, 81; vgl. die Nachw. bei Zöller/*Vollkommer* § 926 Rdn. 6 und *Teplitzky* Kap. 56 Rdn. 2; OLG Karlsruhe NJW 1973, 1509 lässt die Zuständigkeit des Rechtspflegers der 2. Instanz dahingestellt; OLG Koblenz WRP 1995, 416 betrifft einen Aufhebungsantrag nach Abs. 2 und bejaht die Zuständigkeit, wenn das Verfügungsverfahren dort anhängig ist; Fristsetzung war vom Landgericht erfolgt.

1335 Vgl. z. B. Zöller/*Vollkommer* § 926 Rdn. 5, 15.

1336 Vgl. Fezer/*Büscher* § 12 Rdn. 115.

1337 Zum unstatthaften Antrag in einer Schutzschrift vgl. *Teplitzky* Kap. 56 Rdn. 4 m. Fn. 5; Zöller/*Vollkommer* § 926 Rdn. 9; *Berneke/Schüttpelz* Rdn. 501 m. w. N.

1338 BGH NJW 1973, 1329; OLG Hamm MDR 1986, 418.

1339 *Berneke/Schüttpelz* Rdn. 503; zur Anhängigkeit bei ausländischem Gericht OLG Frankfurt MDR 1981, 237.

1340 *Berneke/Schüttpelz* Rdn. 502 m. w. N.

1341 Vgl. BGH NJW 1974, 503; OLG Düsseldorf NJW-RR 1988, 696; Zöller/*Vollkommer* § 926 Rdn. 12.

1342 Vgl. BGH GRUR 1993, 998 – *Verfügungskosten;* OLG Düsseldorf GRUR-RR 2005, 101; anders bei fortbestehendem Kosteninteresse OLG Nürnberg, Beschl. v. 25.4.2005 – 3 W 482/05.

1343 OLG Hamm MDR 1986, 418; OLG Karlsruhe NJW-RR 1988, 252; OLG Celle OLG Report 1995, 270.

552 Ein **Rechtsschutzbedürfnis** für den Antrag kann auch fehlen, wenn der materiellrechtliche Anspruch weggefallen[1344] – Hauptanwendungsfall: Wegfall der Wiederholungsgefahr aufgrund einer strafbewehrten Unterlassungserklärung – oder nicht mehr durchsetzbar ist, etwa aufgrund einer (bereits erhobenen oder zu erwartenden) Verjährungseinrede. Der Antragsteller kann auch nicht darauf verwiesen werden, eine Feststellungsklage des Inhalts zu erheben, dass der mit der einstweiligen Verfügung geltend gemachte Anspruch bestanden habe, denn für eine dahingehende Klage fehlt das erforderliche Feststellungsinteresse (§ 256 Abs. 1 ZPO).[1345] Allein das Interesse des Schuldners an einer vom Anordnungsverfahren abweichenden Kostenentscheidung rechtfertigt die Durchführung eines Hauptsacheverfahrens in Gestalt einer Feststellungsklage nicht.[1346]

553 Derartige, **einer Hauptsacheklage entgegenstehende Umstände** können im Anordnungsverfahren (§ 926 Abs. 1 ZPO) jedoch nur dann Berücksichtigung finden, wenn hierüber aus Sicht des Rechtspflegers kein vernünftiger Zweifel bestehen kann;[1347] ansonsten ist dies im Verfahren nach Abs. 2 zu klären.

554 **b) Entscheidung.** Die Anordnung der Klageerhebung nach Gewährung rechtlichen Gehörs[1348] erfolgt ohne mündliche Verhandlung durch **Beschluss,**[1349] der dem Gläubiger zuzustellen ist (§ 329 Abs. 2 Satz 2 ZPO).

555 Die **Länge der Frist** ist danach zu bestimmen, welche Vorbereitungen für die Klageerhebung erforderlich sein werden, wobei eine Frist von zwei Wochen als Mindestfrist[1350] angesehen wird. Eine längere Frist als ein Monat wird nur in besonders gelagerten Fällen angezeigt sein,[1351] wobei im Anwendungsbereich von TRIPS im Hinblick auf die in Art. 50 Abs. 6 vorgesehene Frist eine längere Frist nicht für möglich erachtet wird.[1352]

Die gesetzte Frist kann auf Antrag **verlängert** werden,[1353] wenn erhebliche Gründe vorgebracht werden.

556 **c) Rechtsbehelfe.** Der Beschluss kann vom **Antragsteller** mit der befristeten Erinnerung (§ 11 Abs. 2 Nr. 1 RPflG) angefochten werden.[1354] Im Falle der Ablehnung des Antrags steht dem **Antragsgegner** die sofortige Beschwerde (§ 11 Abs. 2 RPflG bzw. § 567 Abs. 1 Nr. 2 ZPO) offen;[1355] ebenso wenn er die Länge der Frist rügen will.

4. Aufhebungsverfahren (§ 926 Abs. 2 ZPO)

557 **a) Zuständiges Gericht.** Ob der Antrag auf Aufhebung der einstweiligen Verfügung nur[1356] bei dem oben genannten Gericht (Rdn. 470) zu stellen ist oder im Falle eines noch andauernden Berufungsverfahrens nur[1357] oder auch[1358] beim Berufungsgericht, ist streitig. Für die Zuständigkeit des Gerichts erster Instanz wird angeführt, dass nur so eine zweite Instanz gegeben ist. Die Gegenauffassung verweist mit Recht darauf, dass bei einem anhängigen Berufungsverfahren (oder Verfahren nach § 927 ZPO) kein Rechtsschutzbedürfnis für ein besonderes Aufhebungsverfahren nach § 926 Abs. 2 ZPO besteht.[1359]

1344 *Berneke/Schüttpelz* Rdn. 503.

1345 Vgl. BGH NJW 1973, 1329; NJW 1974, 503; GRUR 1985, 571, 572 – *Feststellungsinteresse I;* OLG Hamburg NJW-RR 1886, 1122; OLG München MD 1987, 1230, 1231; OLG Report 1994, 334 LS; OLG Düsseldorf MDR 1988, 976; *Brüning* Vor § 12 Rdn. 128; a. A. OLG Hamm WRP 1980, 87, 88; OLG Nürnberg WRP 1980, 443.

1346 BGH NJW 1973, 1329; OLG München MD 1987, 1230, 1231; *Brüning* Vor § 12 Rdn. 129; *Berneke/Schüttpelz* Rdn. 503; a. A. Zöller/*Vollkommer* § 926 Rdn. 12 a. E., Rdn. 26 a. E., Rdn. 31 unter Hinweis auf BGH GRUR 1993, 998, 999 f. – *Verfügungskosten; ders.* WM 1994, 51, 53.

1347 Vgl. *Berneke/Schüttpelz* Rdn. 505; *BLAH* § 926 Rdn. 6; str.

1348 MünchKommUWG/*Schlingloff* § 12 Rdn. 523.

1349 Vgl. den Tenorierungsvorschlag bei Zöller/*Vollkommer* § 926 Rdn. 16 sowie *Walker* in Schuschke/Walker § 926 Rdn. 11.

1350 Zöller/*Vollkommer* § 926 Rdn. 16; Stein/Jonas/*Grunsky* § 926 Rdn. 9.

1351 Vgl. Teplitzky/*Feddersen* Kap. 56 Rdn. 17b: drei bis vier Wochen.

1352 *Groh/Wündisch* GRUR Int. 2001, 497, 506; MünchKommUWG/*Schlingloff* § 12 Rdn. 518, 523; Zöller/*Vollkommer* § 926 Rdn. 16.

1353 OLG Koblenz WRP 1982, 256 LS.

1354 Vgl. BGH NJW-RR 1987, 492; h. M.

1355 Teplitzky/*Feddersen* Kap. 56 Rdn. 15 m. w. N.

1356 Zöller/*Vollkommer* § 929 Rdn. 22 m. w. N.

1357 *Berneke/Schüttpelz* Rdn. 518 m. w. N.

1358 OLG Koblenz OLG Report 1998, 353, wonach auch das Berufungsgericht zuständig ist, wenn das Verfahren dort anhängig ist.

1359 *Berneke/Schüttpelz* Rdn. 517.

b) Form. Der Antrag unterliegt beim Landgericht dem **Anwaltszwang** (§ 78 Abs. 1 Satz 1 ZPO). Über ihn ist aufgrund mündlicher Verhandlung durch Endurteil zu entscheiden. Das nunmehr mit vertauschten Parteirollen (Aufhebungskläger = Antragsgegner – Aufhebungsbeklagter = Antragsteller) geführte Verfahren folgt den Grundsätzen des Anordnungsverfahrens.[1360] Der Aufhebungsantrag kann entsprechend § 269 Abs. 3 Satz 2 ZPO zurückgenommen werden.[1361] 558

c) Streitgegenstand. Streitgegenstand ist das **Aufhebungsbegehren des Antragsgegners** des Anordnungsverfahrens.[1362] Dabei ist das Gericht allerdings nicht auf die Prüfung beschränkt, ob der Antragsteller rechtzeitig Hauptsacheklage erhoben hat, vielmehr kann von diesem auch eingewandt werden, dass eine Fristsetzung gemäß § 926 Abs. 1 ZPO überhaupt nicht hätte erfolgen dürfen.[1363] Wird eine wirksame Fristsetzung nach § 926 Abs. 1 ZPO verneint, kann der Aufhebungsantrag keinen Erfolg haben. Darüber hinaus ist der Antrag aber auch dann unzulässig, wenn die Fristsetzung zwar zu Recht erfolgt ist, zum Zeitpunkt der Entscheidung über den Aufhebungsantrag die einstweilige Verfügung zwischenzeitlich aber nicht mehr besteht[1364] oder eine Inanspruchnahme des Schuldners nicht mehr in Betracht kommt. Liegt ein zulässiger Aufhebungsantrag vor, ist diesem stattzugeben, wenn keine Klageerhebung in der Hauptsache erfolgt ist. 559

Die **Frist ist gewahrt,** wenn die Klage rechtzeitig zugestellt (§ 253 Abs. 1, § 261 Abs. 1 ZPO) oder innerhalb der Frist bei Gericht eingegangen und demnächst im Sinne von § 167 ZPO zugestellt wurde. **§ 167 ZPO** ist auch dann anwendbar, wenn die Zustellung zum Zeitpunkt des Schlusses der mündlichen Verhandlung im Aufhebungsverfahren noch nicht erfolgt ist, der Gläubiger aber alles getan hat, um eine Zustellung **demnächst** zu ermöglichen.[1365] Die gegenteilige Auffassung,[1366] die eine bereits erfolgte Zustellung zum Zeitpunkt der Entscheidung über den Aufhebungsantrag verlangt, führt, vor allem – aber nicht nur – zu einer nicht zu rechtfertigenden Beschneidung der Rechtsposition des Antragstellers, wenn der Aufhebungsantrag im Widerspruchs- bzw. Berufungsverfahren zugelassen wird,[1367] und verkennt den Sinn des § 167 ZPO. 560

Die Hauptsacheklage kann **vor jedem zuständigen Gericht** erhoben werden. Das dem Antragsteller gegebenenfalls zustehende **Wahlrecht** (§ 35 ZPO) erfährt durch § 926 ZPO keine Einschränkung.[1368] Auch die Klageerhebung bei einem **unzuständigen** Gericht ist im Hinblick auf § 281 ZPO fristwahrend.[1369] Zuständiges Gericht kann auch ein **Schiedsgericht**[1370] oder ein **ausländisches** Gericht sein, wenn dessen Entscheidung im Inland anzuerkennen ist.[1371] Als Hauptsacheklage wurde auch die Klage in einem anderen Rechtsweg angesehen.[1372] Ob auch ein rechtzeitig gestellter **Antrag auf Bewilligung von Prozesskostenhilfe** die Frist wahrt, ist streitig und wurde unter Hinweis auf § 65 Abs. 1 Satz 1 GKG vom OLG Hamm verneint.[1373] 561

Wurde die Frist versäumt, kann eine **Heilung** der Säumnisfolgen gemäß **§ 231 Abs. 2 ZPO** eintreten, wenn die Hauptsacheklage bis zum Schluss der mündlichen Verhandlung erster Instanz des Aufhebungsverfahrens zugestellt wurde.[1374] In diesen Fällen muss der Aufhebungskläger den Antrag nach § 926 Abs. 2 ZPO für erledigt erklären.[1375] 562

[1360] Zöller/*Vollkommer* § 926 Rdn. 22; *Berneke/Schüttpelz* Rdn. 519; offen gelassen von OLG München NJW-RR 2003, 1487, 1489.

[1361] *Berneke/Schüttpelz* Rdn. 2522.

[1362] *Berneke/Schüttpelz* Rdn. 519.

[1363] BGH NJW-RR 1987, 685; OLG Karlsruhe NJW-RR 1988, 252; *Teplitzky* Kap. 56 Rdn. 16.

[1364] Vgl. OLG München MD 1987, 1230, 1231.

[1365] OLG Celle OLG Report 1998, 156; OLG Hamburg WRP 1978, 907, 908; OLG Hamm OLGZ 1989, 1989, 323; OLG Karlsruhe OLG Report 1998, 406; OLG Köln OLG Report 1999, 400; *Berneke/Schüttpelz* Rdn. 512 f.; Zöller/*Vollkommer* § 926 Rdn. 32; Thomas/Putzo/*Reichold* § 926 Rdn. 8.

[1366] OLG Koblenz NJW-RR 1995, 444; KG OLG Report 1995, 18; MünchKommUWG/*Schlingoff* § 12 Rdn. 526 m. w. N.; das OLG Frankfurt GRUR 1987, 650, 651 befasst sich mit der Anwendung von § 270 Abs. 3 ZPO a. F. im Rahmen des § 91a ZPO, vgl. hierzu *Schmid* WRP 1995, 417.

[1367] Vgl. hierzu *Schmid* WRP 1995, 417 f.

[1368] OLG Karlsruhe NJW 1973, 1509.

[1369] OLG Hamm OLG Report 1994, 142; *Berneke/Schüttpelz* Rdn. 511.

[1370] Zöller/*Vollkommer* § 926 Rdn. 32.

[1371] OLG Frankfurt MDR 1981, 237.

[1372] BSGE 77, 119, 121; Ahrens/*Spätgens* Rdn. 357.

[1373] MDR 1987, 771; OLGZ 1989, 322; zum Meinungsstand vgl. *Berneke/Schüttpelz* Rdn. 513 f. m. w. N.

[1374] Vgl. die Nachweise bei *Berneke/Schüttpelz* 513 Fn. 29 sowie OLG München, Beschl. v. 25.2.2003 – 29 W 781/03; Zöller/*Vollkommer* § 926 Rdn. 32 f.; *Berneke/Schüttpelz* Rdn. 513.

[1375] OLG Frankfurt GRUR 1987, 651; Zöller/*Vollkommer* § 926 Rdn. 26; siehe auch *Berneke/Schüttpelz* Rdn. 522 zur Kostenverteilung bei übereinstimmender Erledigungserklärung.

563 **Hauptsache** im Verhältnis zu der erlassenen einstweiligen Verfügung ist die Klage des Antragstellers bzw. seines Rechtsnachfolgers,[1376] die den Anspruch betrifft, der durch die einstweilige Verfügung gesichert wurde, wobei es entscheidend darauf ankommt, ob die Klage zur Überprüfung der Rechtmäßigkeit der Eilmaßnahme führt.[1377] Bei Unterlassungsanträgen ist es demnach erforderlich, dass der Klageantrag der Hauptsacheklage auf dasselbe Unterlassungsgebot gerichtet ist wie die einstweilige Verfügung. Der Streitgegenstand kann gegenüber dem Antrag auf Erlass der einstweiligen Verfügung zwar erweitert sein (z. B. Erweiterung des Unterlassungsanspruchs, Geltendmachung von Schadensersatz- und Auskunftsansprüchen), er muss jedoch den Gegenstand der einstweiligen Verfügung voll, nicht nur teilweise, mit abdecken.[1378] Die Klage kann auf Leistung (Unterlassung), aber auch auf Feststellung gerichtet sein, wenn eine Leistungsklage nicht möglich ist.[1379]

564 Eine Aufhebung hat auch dann zu erfolgen, wenn eine fristgerecht erhobene Klage wieder **zurückgenommen** oder rechtskräftig als **unzulässig** abgewiesen wurde.[1380]

565 Den Antragsteller tritt die **Darlegungs- und Glaubhaftmachungslast** für die rechtzeitige Erhebung der Hauptsacheklage (Zeitpunkt der Einreichung bzw. Zustellung der Klage; Voraussetzungen, die eine Zustellung demnächst i. S. v. § 167 ZPO begründen; Identität der einstweiligen Verfügung und der Hauptsacheklage).[1381] Die Einreichung der Klage bei dem Gericht, das über den Aufhebungsantrag entscheidet, kann jedoch als gerichtsbekannte Tatsache von Amts wegen berücksichtigt werden.[1382]

566 **d) Entscheidung, Kosten.** Ein begründeter Aufhebungsantrag führt zur **Aufhebung** der einstweiligen Verfügung mit Wirkung **ex tunc** durch Urteil, das mit Verkündung Wirkung erlangt (§ 708 Nr. 6 ZPO). Die **Kosten** des gesamten Verfügungsverfahrens (Anordnungsverfahren einschließlich Aufhebungsverfahren) hat der Antragsteller zu tragen. Ob die einstweilige Verfügung zu Recht ergangen war, ist auch im Rahmen der Kostenentscheidung ohne Bedeutung.[1383] Bleibt der **Aufhebungsantrag erfolglos,** wird nur über die Kosten des Aufhebungsverfahrens entschieden – die Kostenentscheidung der einstweiligen Verfügung bleibt bestehen.

567 **Erkennt** der Antragsteller den Aufhebungsantrag **an,** wird in der Regel für eine Anwendung des § 93 ZPO dennoch kein Raum sein, da im Hinblick auf die erfolgte Fristsetzung gemäß § 926 Abs. 1 ZPO keine weitere Aufforderung von Seiten des Antragsgegners gefordert werden kann.[1384]

568 **e) Einstweilige Einstellung der Zwangsvollstreckung.** In entsprechender Anwendung von § 924 Abs. 3 ZPO kann auch im Aufhebungsverfahren die Zwangsvollstreckung **einstweilig eingestellt** werden.[1385]

569 **f) Berufung.** Das Urteil unterliegt nach den allgemeinen Bestimmungen der **Berufung.**

570 **g) Haftung.** Zur Haftung aus **§ 945 ZPO** im Falle der Aufhebung siehe unten Rdn. 690.

571 **h) Streitwert.** Hierzu unten Rdn. 865.

XXI. Aufhebung wegen veränderter Umstände

1. Verhältnis zu anderen Rechtsbehelfen

572 Der Rechtsbehelf des **§ 927 ZPO** ist **Ausdruck der eingeschränkten Bestandsgarantie** einer einstweiligen Verfügung gegenüber einem Hauptsachetitel, und zwar unabhängig davon, ob es

---

1376 LG Frankfurt NJW 1972, 955.

1377 BGH GRUR 1993, 998, 999 – *Verfügungskosten;* NJW 2001, 157, 159; OLG Koblenz WRP 1983, 108, 109.

1378 BGH GRUR 1993, 998, 999 – *Verfügungskosten;* OLG Koblenz WRP 1983, 108, 109; *Teplitzky* Kap. 56 Rdn. 21 m. w. N.; Zöller/*Vollkommer* § 296 Rdn. 30.

1379 OLG Düsseldorf MDR 1988, 976; Zöller/*Vollkommer* § 926 Rdn. 29; *Berneke/Schüttpelz* Rdn. 511.

1380 OLG Frankfurt NJW 1972, 1330 und 490; Zöller/*Vollkommer* § 926 Rdn. 10; vgl. aber auch OLG Stuttgart OLG Report 1998, 406.

1381 OLG Frankfurt MDR 1981, 237.

1382 OLG Frankfurt MDR 1977, 849; OLG München, Beschl. v. 25.2.2003 – 29 W 781/03; Zöller/*Vollkommer* § 926 Rdn. 24.

1383 OLG Karlsruhe MDR 1989, 826; OLG München NJW-RR 1997, 832; zur Kostenentscheidung bei übereinstimmender Erledigungserklärung des Aufhebungsantrags vgl. OLG Frankfurt Rpfleger 1986, 281; Zöller/*Vollkommer* § 926 Rdn. 26.

1384 Ahrens/*Ahrens* Kap. 61 Rdn. 59; a. A. *Berneke/Schüttpelz* Rdn. 523; MünchKommUWG/*Schlingloff* § 12 Rdn. 527.

1385 OLG Düsseldorf MDR 1970, 58; Zöller/*Vollkommer* § 926 Rdn. 28.

sich um eine Beschlussverfügung oder um eine Urteilsverfügung handelt. Der Antrag auf Aufhebung der einstweiligen Verfügung beinhaltet eine die Bestimmung des § 323 ZPO[1386] verdrängende sowie der Zwangsvollstreckungsgegenklage (§ 767 ZPO)[1387] weitgehend vorrangige Regelung. Können die geltend zu machenden Einwendungen jedoch im Verfahren nach § 927 ZPO nicht – so etwa im Falle eines Verzichts auf die Rechte aus § 927 ZPO[1388] – oder nicht Erfolg versprechend geltend gemacht werden – keine geeigneten Mittel zur Glaubhaftmachung –, muss dem Antragsgegner auch die Möglichkeit eröffnet sein, Zwangsvollstreckungsgegenklage zu erheben.[1389]

Veränderte Umstände im Sinne von § 927 Abs. 1 ZPO können **auch mit anderen Rechtsbehelfen geltend gemacht** werden. Dem Antragsgegner ist insoweit die „Auswahl" überlassen, ein paralleles Vorgehen ist jedoch ausgeschlossen.[1390] So kann er bei der Beschlussverfügung Widerspruch bzw. bei der Urteilsverfügung Berufung einlegen, sofern das Anordnungsverfahren noch nicht rechtskräftig abgeschlossen ist.[1391] Ist ein Widerspruchs- oder Berufungsverfahren anhängig, ist für den Antrag nach § 927 ZPO in einem weiteren Verfahren mangels **Rechtsschutzbedürfnis** kein Raum.[1392] Das Rechtsschutzbedürfnis fällt auch nachträglich weg, wenn nach Einleitung eines Aufhebungsverfahrens Widerspruch oder Berufung eingelegt wird, da diese Verfahren insofern die weitergehenden Verteidigungsmöglichkeiten eröffnen, als auch geltend gemacht werden kann, die einstweilige Verfügung sei von Anfang an nicht berechtigt gewesen.[1393] Dabei ist nicht erforderlich, dass mit Widerspruch oder Berufung auch bereits die veränderten Umstände geltend gemacht worden sind; die Möglichkeit hierzu reicht aus.[1394] Nach (erfolglosem) Abschluss des Widerspruchs- oder Berufungsverfahrens besteht wiederum die Möglichkeit, die Aufhebung nach § 927 ZPO zu betreiben, soweit dem die Rechtskraftwirkung der Entscheidung im Anordnungsverfahren nicht entgegensteht.[1395] 573

2. Zuständigkeit

Zuständig ist gemäß § 927 Abs. 2 Halbsatz 2 ZPO ausschließlich (§ 802 ZPO) das **Gericht der Hauptsache,** (§ 943 ZPO), wenn diese bereits anhängig ist. Ist die Hauptsache in der Revisionsinstanz anhängig, ist das Gericht erster Instanz zuständig.[1396] Ist die Hauptsache noch nicht anhängig, ist das Gericht zuständig, das die einstweilige Verfügung erlassen hat. Wurde die einstweilige Verfügung vom Berufungsgericht erlassen, ist dennoch das Gericht erster Instanz zuständig.[1397] Ist dagegen gegen die vom Landgericht erlassene bzw. bestätigte einstweilige Verfügung Berufung eingelegt, muss der Aufhebungsantrag beim Berufungsgericht gestellt werden.[1398] Ein Schiedsgericht kann nicht Gericht der Hauptsache im Sinne von § 927 Abs. 2 ZPO sein, da es eine von einem staatlichen Gericht erlassene einstweilige Verfügung nicht aufheben kann.[1399] 574

3. Zulässigkeit

Das Verfahren wird durch einen vom Antragsgegner zu stellenden Antrag eingeleitet, der vor dem Landgericht dem **Anwaltszwang** (§ 78 Abs. 1 ZPO) unterliegt. 575

1386 Zöller/*Vollkommer* § 323 Rdn. 10 m. w. N.; *Walker* in: Schuschke/Walker § 927 Rdn. 4 m. w. N.

1387 Str, vgl. die Nachweise bei *Berneke/Schüttpelz* Rdn. 528 Fn. 1 sowie oben *Brüning* Vor § 12 Rdn. 233; zur Abgrenzung vgl. OLG Koblenz GRUR 1986, 94, 95; *Ulrich* in: FS Traub, S. 423, 432 ff.; *Köhler*/Bornkamm § 12 Rdn. 3.60; *Walker* in: Schuschke/Walker § 927 Rdn. 4 m. Fn. 19; zum Verhältnis von § 323 zu § 767 ZPO vgl. *Traub* WRP 2000, 1054 ff.

1388 Vgl. Teplitzky/*Feddersen* Kap. 43 Rdn. 42.

1389 *Brüning* Vor § 12 Rdn. 233; für Ausnahmefälle Ahrens/*Ahrens* Kap. 59 Rdn. 3; a. A. OLG Karlsruhe GRUR 1979, 571.

1390 OLG Frankfurt MD 2007, 930, 931 m. w. N.

1391 OLG Düsseldorf WRP 1993, 327, 328; OLG Hamburg GRUR 1997, 147, 148; *Berneke/Schüttpelz* Rdn. 539; Zöller/*Vollkommer* § 927 Rdn. 2.

1392 *Berneke/Schüttpelz* Rdn. 593 m. w. N.; Zöller/*Vollkommer* § 927 Rdn. 2; vgl. auch OLG Hamburg Mitt. 2011, 387 für die besondere Konstellation, dass die einstweilige Verfügung zwar nicht zugestellt wurde, diese jedoch nach Abgabe einer Unterlassungserklärung innerhalb der Frist für die Vollziehung für erledigt erklärt wird.

1393 *Berneke/Schüttpelz* Rdn. 539 Fn. 21; Zöller/*Vollkommer* § 927 Rdn. 2.

1394 *Berneke/Schüttpelz* Rdn. 539.

1395 So *Berneke/Schüttpelz* Rdn. 539, 530.

1396 BGH WM 1976, 134.

1397 H. M.; OLG Hamm MDR 1987, 593; *Berneke/Schüttpelz* Rdn. 540 mwN; GroßKommUWG/*Schwippert* § 12 C Rdn. 235.

1398 *Berneke/Schüttpelz* Rdn. 540.

1399 GroßKommUWG/*Schwippert* § 12 C Rdn. 235.

576 Der Antrag ist **zulässig,** so lange die einstweilige Verfügung noch Bestand hat und von ihr noch Wirkungen ausgehen können:

- Wurde die einstweilige Verfügung **bereits aufgehoben** (auf Widerspruch oder im Verfahren nach § 926 Abs. 2 ZPO), kann kein Aufhebungsverfahren mehr stattfinden.
- Für eine formelle Beseitigung des Titels besteht auch dann keine Veranlassung mehr, wenn die einstweilige Verfügung – etwa im Falle eines befristet ausgesprochenen Verbotes – keine Wirkungen mehr entfalten und auch nicht mehr als Vollstreckungsgrundlage für Verstöße während ihrer Geltungsdauer dienen kann.[1400]
- Gleiches gilt, wenn der Antragsteller auf seine Rechte aus der einstweiligen Verfügung **verzichtet** und den Titel herausgibt. Da eine weitere Vollstreckung damit ausgeschlossen ist, fehlt für den Aufhebungsantrag das Rechtsschutzbedürfnis;[1401] anders, wenn der Antragsgegner die Rückzahlung von Ordnungsgeldern anstrebt.[1402]

577 Allerdings kommt auch bei einem Verzicht auf die Rechte aus der einstweiligen Verfügung und Herausgabe des Titels ein auf die Kostenentscheidung beschränktes Aufhebungsverfahren dann in Betracht, wenn ein Grund geltend gemacht wird, der die einstweilige Verfügung von Anfang an unbegründet erscheinen lässt und folglich im Aufhebungsverfahren auch eine **Abänderung der Kostenentscheidung** des Anordnungsverfahrens erfolgen kann.[1403] Zur Vermeidung eines solchen auf die Kostenentscheidung beschränkten Aufhebungsverfahrens muss der Antragsteller auch auf die Rechte aus der Kostenentscheidung verzichten[1404] und sich bereit erklären, die dem Antragsgegner entstandenen Kosten zu erstatten (unten Rdn. 601).

578 Der Antrag ist **an keine Frist gebunden.** Er unterliegt nur dem Einwand der Verwirkung[1405] und des Verzichts.[1406] Letzterem kommt insbesondere in der Form der **Abschlusserklärung** eine große Bedeutung zu.[1407] Ist im Anordnungsverfahren ein Anerkenntnisurteil[1408] ergangen oder wurde lediglich ein Kostenwiderspruch eingelegt, kann darin nicht ohne Weiteres ein Verzicht auf das Antragsrecht nach § 927 ZPO gesehen werden. Vielmehr bedarf es der Feststellung eines so weitgehenden Willens, die Entscheidung in der Sache anzuerkennen.[1409] § 269 Abs. 3 Satz 3 ZPO ist auch bei Rücknahme eines Aufhebungsantrags nach § 927 ZPO anwendbar.[1410]

4. Streitgegenstand

579 Streitgegenstand ist das Aufhebungsbegehren des Antragsgegners d. h., ob die einstweilige Verfügung für die Zukunft noch Bestand haben kann. Das Verfahren wird mit umgekehrten Parteirollen geführt.[1411] Ob es sich dabei um ein gegenüber dem Anordnungsverfahren selbständiges Verfahren handelt, wie überwiegend zu Recht angenommen wird,[1412] oder ob es um ein bloßes Nachverfahren[1413] geht, ist streitig. Einigkeit besteht, dass es denselben Verfahrensregeln wie das Anordnungsverfahren (insbesondere Glaubhaftmachung, Beschleunigungsgrundsatz) folgt[1414] (zur Aussetzung siehe unten Rdn. 589).

5. Entscheidung

580 **a) Mündliche Verhandlung.** Über den Antrag ist **aufgrund mündlicher Verhandlung durch Urteil** zu entscheiden (§ 936, § 927 Abs. 2 Halbsatz 1 ZPO). Die Aufhebung der einstwei-

---

1400 OLG Hamburg MDR 1960, 59; OLG München GRUR 1982, 321, 322; LG Mainz NJW 1973, 2294; *Berneke/Schüttpelz* Rdn. 543.

1401 OLG Hamm GRUR 1992, 888; OLG Frankfurt NJW 1968, 2112; OLG Karlsruhe NJWE-WettbR 1999, 39, 40; OLG München WRP 1982, 602; WRP 1984, 434; a. A. OLG Karlsruhe WRP 1980, 713, OLG München NJW-RR 1986, 998; *Berneke/Schüttpelz* Rdn. 544 m. w. N.

1402 OLG Celle WRP 1991, 586.

1403 Vgl. BGH GRUR 1993, 998 – *Verfügungskosten; Berneke/Schüttpelz* Rdn. 545 mit umfangreichen Nachweisen.

1404 *Berneke/Schüttpelz* Rdn. 545; Zöller/*Vollkommer* § 927 Rdn. 9b; jeweils m. w. N. aus Rspr. und Lit.

1405 KG MD 1989, 23, 29 f.; *Melullis* Rdn. 273.

1406 BGH GRUR 1987, 125, 127 – *Berühmung.*

1407 *Berneke/Schüttpelz* Rdn. 541; Zöller/*Vollkommer* § 927 Rdn. 9a.

1408 OLG München WRP 1986, 507, 508; *Berneke/Schüttpelz* Rdn. 541.

1409 Vgl. statt vieler *Berneke/Schüttpelz* Rdn. 541.

1410 OLG Frankfurt MD 2005, 930.

1411 *Berneke/Schüttpelz* Rdn. 547 m. w. N.

1412 So OLG Karlsruhe WRP 1981, 285; OLG Koblenz GRUR 1989, 75; *Berneke/Schüttpelz* Rdn. 546.

1413 OLG Celle WRP 1991, 586; OLG Düsseldorf NJW-RR 1988, 188.

1414 *Berneke/Schüttpelz* Rdn. 546 m. w. N.

ligen Verfügung erlangt **nur für die Zukunft kassatorische Wirkung.**[1415] Das aufhebende Urteil ist gemäß § 708 Nr. 6 ZPO für vorläufig vollstreckbar zu erklären. Damit wird die weitere Vollstreckung aus der einstweiligen Verfügung unzulässig.[1416] Die Aufhebung von Vollstreckungsmaßnahmen kann aber erst nach Eintritt der Rechtskraft erfolgen.[1417] Bis dahin kommen nur einstweilige Anordnungen entsprechend § 924 Abs. 3, § 707 ZPO in Betracht. Das Berufungsgericht kann – anders als bei Aufhebung einer einstweiligen Verfügung nach Widerspruch (vgl. oben Rdn. 497) – die vorläufige Vollstreckbarkeit einstellen mit der Folge, dass die Vollstreckung aus der einstweiligen Verfügung wieder möglich ist.[1418] Wird das dem Aufhebungsantrag stattgebende Urteil vom Berufungsgericht aufgehoben, ist damit, anders als im Widerspruchsverfahren, kein Neuerlass verbunden.

b) Veränderte Umstände. Veränderte Umstände liegen dann vor, wenn die **Voraussetzungen für die Anordnung der Eilmaßnahme** (allgemeine Prozessvoraussetzungen, Verfügungsanspruch, Verfügungsgrund) **nachträglich entfallen sind.** Sie beschränken sich nicht auf eine Änderung der maßgeblichen Tatsachengrundlage, sondern umfassen auch eine veränderte Rechts-[1419] oder Beweislage;[1420] hierzu gehört auch die Geltendmachung von tatsächlichen Umständen, die dem Antragsgegner erst nachträglich bekannt geworden sind.[1421] Dagegen muss der Antragsgegner Umständen, die ihm bekannt sind und die er glaubhaft machen kann, im Anordnungsverfahren vorbringen, da er im Aufhebungsverfahren nicht geltend machen kann, die Eilmaßnahme sei schon bei ihrem Erlass nicht gerechtfertigt gewesen.[1422] 581

aa) Wegfall des Verfügungsanspruchs. Als Hauptanwendungsfall kommt hierfür das **Erlöschen des gesicherten Unterlassungsanspruchs aufgrund der Abgabe einer strafbewehrten Unterlassungserklärung** – Wegfall der Wiederholungsgefahr – in Betracht.[1423] Die fehlende Durchsetzbarkeit aufgrund einer begründeten Verjährungseinrede wird nach der geänderten Rechtslage (§ 204 Abs. 1 Nr. 9 BGB) zwar an Bedeutung verlieren, ist aber im Hinblick auf § 204 Abs. 2 BGB weiterhin in Betracht zu ziehen.[1424] 582

Bei **rechtskräftiger Abweisung der Hauptsacheklage** bzw. bei rechtskräftiger Feststellung des Nichtbestehens des durch die einstweilige Verfügung gesicherten Anspruchs, wodurch der Fortbestand der einstweiligen Verfügung nicht berührt wird,[1425] ist dem Aufhebungsantrag ohne weiteres stattzugeben.[1426] Vor **Rechtskraft** des (vorläufig vollstreckbaren) Urteils kommt eine Aufhebung der einstweiligen Verfügung dann in Betracht, wenn nach der Überzeugung des Gerichts eine Abänderung des Urteils im Rechtsmittelverfahren unwahrscheinlich ist.[1427] Der veränderte Umstand ist in der nunmehr fehlenden Glaubhaftmachung des Verfügungsanspruchs zu sehen.[1428] Erachtet dagegen das Gericht den Ausgang des Rechtsmittelverfahrens als offen, kann der Aufhebungsantrag keinen Erfolg haben, wobei gegenüber einer Abweisung als derzeit unbegründet zum Teil eine Aussetzung des Verfahrens befürwortet wird.[1429] 583

Die **Nichtigerklärung** der der einstweiligen Verfügung zugrunde liegenden Gesetzesbestimmung kann die Aufhebung der einstweiligen Verfügung rechtfertigen. Dem steht die Rückwirkung der Entscheidung (§ 78 BVerfGG) nicht entgegen, da der Umstand, dass dies dem Antragsgegner erst nachträglich bekannt wird, als veränderter Umstand angesehen wird.[1430] 584

[1415] OLG Frankfurt WRP 1982, 295; *Berneke/Schüttpelz* Rdn. 549.

[1416] Zöller/*Vollkommer* § 927 Rdn. 14 m. w. N.

[1417] Zöller/*Vollkommer* § 927 Rdn. 14.

[1418] Zöller/*Vollkommer* § 927 Rdn. 14 a. E.

[1419] OLG Frankfurt MD 2005, 930, 931; OLG Karlsruhe MD 2005, 1107; Stein/Jonas/*Grunsky* § 927 Rdn. 4.

[1420] OLG Köln GRUR 1985, 458, 459; *Berneke/Schüttpelz* Rdn. 529 m. w. N.

[1421] OLG Koblenz GRUR 1986, 94, 95; *Berneke/Schüttpelz* Rdn. 529 m. w. N.

[1422] OLG Frankfurt WRP 1982, 295 L; WRP 1992, 248; *Berneke/Schüttpelz* Rdn. 529 m. w. N.

[1423] *Berneke/Schüttpelz* Rdn. 533; Zöller/*Vollkommer* § 927 Rdn. 5.

[1424] Vgl. *Teplitzky* Kap. 56 Rdn. 31 m. w. N.; *Berneke/Schüttpelz* Rdn. 533.

[1425] Zur Erforderlichkeit des Aufhebungsverfahrens in diesen Fällen: BGH GRUR 1987, 125, 126 – *Berühmung;* GRUR 1993, 998, 999 – *Verfügungskosten.*

[1426] *Berneke/Schüttpelz* Rdn. 535.

[1427] BGH WM 1976, 134; KG WRP 1990, 332; OLG Düsseldorf GRUR 1985, 160; GRUR 1988, 241 LS; GRUR 2005, 1070, 1071; OLG Hamburg GRUR 2001, 143, 144; OLG München WRP 1986, 507; *Teplitzky* WRP 1987, 149, 151; vgl. auch OLG Düsseldorf NJW-RR 1987, 993; OLG München NJW-RR 1987, 761; *Berneke/Schüttpelz* Rdn. 537.

[1428] Vgl. Stein/Jonas/*Grunsky* § 927 Rdn. 6.

[1429] OLG Düsseldorf GRUR 1984, 757; GRUR 1985, 160; *Melullis* Rdn. 272; ablehnend OLG München GRUR 1986, 507, 508 unter Hinweis auf die Eilbedürftigkeit; *Berneke/Schüttpelz* Rdn. 537, 546 m. w. N.

[1430] BGH GRUR 1988, 787, 788; *Berneke/Schüttpelz* Rdn. 538 m. w. N.

585 Eine **Gesetzesänderung**[1431] nach der das mit der einstweiligen Verfügung untersagte Verhalten nicht mehr verboten werden kann (z.B. in Folge der Aufhebung der RabattG und der ZugabeVO),[1432] stellt einen Aufhebungsgrund dar. Dem ist eine **Änderung** der höchstrichterlichen **Rechtsprechung,**[1433] die im Anordnungsverfahren zugrunde gelegt worden war, gleich zu achten. Auch die rechtskräftige Vernichtung eines Schutzrechtes stellt einen veränderten Umstand dar.[1434]

586 Ebenso wird eine **Änderung der Beweislage** durch verbesserte Glaubhaftmachungsmöglichkeiten auf Seiten des Antragsgegners in der Literatur als Aufhebungsgrund anerkannt.[1435]

587 *bb) Nachschieben/Auswechseln von Gründen.* Unterschiedlich beurteilt wird die Frage, ob die Aufhebung der einstweiligen Verfügung abgelehnt werden kann, obwohl der Anspruch, auf den die Anordnungsentscheidung (allein) gestützt ist, sich als nicht tragfähig erwiesen hat, mit der Begründung, die einstweilige Verfügung könne auf eine andere Grundlage gestützt werden.[1436] Ein **„Auswechseln des Grundes"** kommt dann nicht in Betracht, wenn es sich dabei nicht lediglich um eine andere Anspruchsgrundlage, sondern nach der Rechtsprechung des BGH um einen anderen Streitgegenstand handelt und der fragliche Sachverhalt nicht bereits im Anordnungsverfahren vorgetragen worden war.[1437] Auch im Falle einer Anspruchsgrundlagenkonkurrenz müssen alle erforderlichen Tatbestandsmerkmale im Anordnungsverfahren vorgetragen und glaubhaft gemacht worden sein.[1438] Für ein darüber hinausgehendes „Nachbessern" im Aufhebungsverfahren ist eine Berechtigung nicht anzuerkennen.

588 *cc) Wegfall des Verfügungsgrundes.* Anders als bei einer lang andauernden freiwilligen Befolgung einer Leistungsverfügung[1439] führt die Befolgung einer Unterlassungsverfügung nicht dazu, die vorläufige Sicherung als nicht mehr notwendig anzusehen.

589 Dagegen wird befürwortet,[1440] **Verzögerungen** bzw. das **Unterlassen einer Bestandssicherung** der einstweiligen Verfügung (Abschlussverfahren; Hauptsacheklage) als Umstände zu werten, die den Fortbestand der Dringlichkeit in Frage stellen können.

590 Ergeht eine mit der einstweiligen Verfügung übereinstimmende **rechtskräftige Hauptsacheentscheidung** in Gestalt eines Leistungsurteils, da ein Feststellungsausspruch den Fortbestand der einstweiligen Verfügung nicht in Frage stellen kann,[1441] entfällt damit der Verfügungsgrund, da für eine neben dem Hauptsachetitel bestehende Sicherung des Anspruchs kein Bedürfnis mehr besteht.[1442] Einem Aufhebungsantrag kann auch im Hinblick auf den Bestand des inhaltsgleichen Hauptsachetitels nicht das Rechtsschutzbedürfnis abgesprochen werden, da sich der Antragsgegner nunmehr zwei inhaltsgleichen Titeln gegenüber sieht und bei etwaigen späteren Änderungen gegen beide Titel vorgehen müsste.[1443] **Vor** Eintritt der **Rechtskraft** wird dagegen überwiegend ein Aufhebungsgrund wegen Wegfall des Verfügungsgrundes verneint, da die einstweilige Verfügung in der Regel die weiter gehenderen Vollstreckungsmöglichkeit (ohne Sicherheitsleistung) bietet.[1444]

591 Die **Versäumung der Vollziehungsfrist** des § 929 Abs. 2 ZPO stellt trotz ihrer Rückwirkung einen veränderten Umstand dar[1445] (ebenso die Versäumung der Frist zur Klageerhebung nach

---

1431 Zöller/*Vollkommer* § 927 Rdn. 4.

1432 Vgl. auch BGH, Beschl. v. 14.11.2001 – I ZR 266/98 und v. 11.12.2003 – I ZR 68/01, jeweils Erledigterklärung in der Revisionsinstanz.

1433 KG WRP 1990, 331, 332f.; MD 1989, 882; OLG Köln GRUR 1985, 458; *Berneke/Schüttpelz* Rdn. 532 m.w.N.

1434 Vgl. OLG Köln GRUR 2005, 1070, zum markenrechtlichen Löschungsverfahren; LG Düsseldorf, Urt. v. 15.9.2011 – 4b O 99/11, zum gebrauchsmusterrechtlichen Löschungsverfahren.

1435 GroßKommUWG/*Schwippert* § 12 C Rdn. 250; a.A. KG GRUR 1985, 236.

1436 Ablehnend KG WRP 1990, 330, 332; bejahend *Berneke/Schüttpelz* Rdn. 533; offengelassen OLG München WRP 1986, 507, 508, da andere Gründe nicht als hinreichend dargetan und glaubhaft gemacht angesehen wurden; anders OLG Saarbrücken NJW 1971, 946, das darauf abstellt, ob der neue Grund unstreitig ist, was zu Recht allgemein abgelehnt wird.

1437 Vgl. OLG Frankfurt GRUR 1997, 484; Ahrens/*Ahrens* Kap. 60 Rdn. 33; *Berneke/Schüttpelz* Rdn. 547.

1438 OLG Frankfurt GRUR 1997, 484; *Berneke/Schüttpelz* Rdn. 547.

1439 Vgl. bei einer unbefristeten Unterhaltsverfügung OLG Zweibrücken FamRZ 1983, 415.

1440 Teplitzky/*Feddersen* Kap. 56 Rdn. 29.

1441 *Berneke/Schüttpelz* Rdn. 535; Stein/Jonas/*Grunsky* § 927 Rdn. 8a; Zöller/*Vollkommer* § 927 Rdn. 7.

1442 H.M.; OLG Düsseldorf GRUR 1990, 547; OLG Hamburg WRP 1979, 135; OLG Hamm OLGZ 1988, 322; OLG Karlsruhe NJW-WettbR 1999, 39, 40; *Berneke/Schüttpelz* Rdn. 535.

1443 OLG Hamburg WRP 1979, 135; *Berneke/Schüttpelz* Rdn. 535.

1444 KG WRP 1979, 547; OLG Frankfurt ZIP 1980, 922; OLG Hamm NJW-RR 1990, 1536; OLG Koblenz NJW-RR 1991, 487; *Berneke/Schüttpelz* Rdn. 536 Fn. 16.

1445 OLG Dresden NJWE-WettbR 1997, 277, 279; OLG Düsseldorf WRP 1993, 327, 328f.; OLG Frankfurt WRP 1992, 248; OLG Hamm NJW-RR 1990, 1214; OLG Karlsruhe NJWE-WettbR 1999, 39, 40; OLG München WRP 1986, 507f.; GRUR 1985, 161.

§ 926 Abs. 1 ZPO), denn nach Ablauf der Monatsfrist geht das Gesetz davon aus, dass sich die für die Anordnung der Eilmaßnahme maßgeblichen Umstände verändert haben – Wegfall des Verfügungsgrundes.[1446]

Auch die Nichtleistung der Sicherheit innerhalb der Vollziehungsfrist[1447] kann im Verfahren gemäß § 927 ZPO geltend gemacht werden.

Auch die Versäumung der **Frist zur Klageerhebung** gemäß § 926 Abs. 1 ZPO kann nach überwiegenden Auffassung[1448] im Aufhebungsverfahen nach § 927 ZPO geltend gemacht werden. 592

c) Kostenentscheidung. Die Kostenentscheidung ergeht **nach den Grundsätzen der §§ 91 ff. ZPO,** wobei sich diese – von den nachfolgend zu behandelnden Fallgestaltungen abgesehen – nur auf die Kosten des Aufhebungsverfahrens bezieht und die Kostenentscheidung im Anordnungsverfahren unberührt lässt.[1449] 593

Von diesem Grundsatz abweichend ergeht auch über die **Kosten des Anordnungsverfahrens** eine zu Lasten des Antragstellers abweichende Entscheidung, wenn die einstweilige Verfügung aus Gründen aufgehoben wird, die sie **von Anfang an (ex-tunc)** als **unbegründet** erscheinen lassen.[1450] 594

Als in diesem Sinne von Anfang an unberechtigt angesehen wird im Hinblick auf BGH GRUR 1993, 998 – *Verfügungskosten* – nunmehr einhellig, wenn die Hauptsacheklage rechtskräftig als von Anfang an unbegründet abgewiesen wurde.[1451] 595

Gleiches gilt für den Fall, dass die der einstweiligen Verfügung zugrunde liegende Gesetzesbestimmung **vom BVerfG nachträglich für nichtig erklärt** wurde,[1452] sofern nicht bereits eine rechtskräftige Hauptsacheentscheidung, gestützt auf die fragliche Norm, ergangen ist, da in diesem Fall die Hauptsacheentscheidung für die Kostenentscheidung des Anordnungsverfahrens gemäß § 79 Abs. 2 Satz 1 BVerfGG bindend bleibt.[1453] 596

Bei einer **Änderung der höchstrichterlichen Rechtsprechung** – ebenso, wenn vom BGH eine Rechtsfrage (erstmals) abweichend von der bisherigen Instanzrechtsprechung entschieden wird – hält die h. M.[1454] die Kostenentscheidung des Anordnungsverfahrens nicht für abänderbar. Dem ist im Hinblick darauf, dass nach der ständigen Rechtsprechung des BGH im Falle einer Rechtsprechungsänderung nur die bisher bereits geltende Rechtslage festgestellt wird,[1455] nicht zu folgen.[1456] 597

Als von vorneherein zu Unrecht ergangen wird die einstweilige Verfügung von der in der Rechtsprechung[1457] und Literatur[1458] überwiegend vertretenen Auffassung auch angesehen, wenn der Antragsteller die **Vollziehungsfrist des § 929 Abs. 2 ZPO** versäumt hat, während die Mindermeinung darauf verweist, aus einer unterbliebenen Vollziehung könne noch nicht gefolgert werden, dass von Anfang an kein Eilbedürfnis bestanden habe[1459] und die Kostenbelastung vor allem mit dem Argument als nicht gerechtfertigt ansieht, dass die Fristversäumnis auch unverschuldet sein könne.[1460] 598

[1446] *Ulrich* WRP 1996, 84, 85: Fiktion der fehlenden Eilbedürftigkeit; vgl. auch BVerfG NJW 1988, 3141.

[1447] OLG Frankfurt WRP 1980, 423, 424; *Berneke/Schüttpelz* Rdn. 535; *Köhler*/Bornkamm § 12 Rdn. 3.56.

[1448] *Walker* in: Schuschke/Walker § 927 Rdn. 17 m. w. N.

[1449] BGH NJW 1989, 106, 107; OLG Frankfurt WRP 1992, 248; OLG Karlsruhe NJW-RR 1988, 1470; WRP 1981, 285; OLG Koblenz GRUR 1989, 373, 374; WRP 1988, 389; Ahrens/*Ahrens* Kap. 60 Rdn. 37; *Berneke/Schüttpelz* Rdn. 551; Zöller/*Vollkommer* § 927 Rdn. 12.

[1450] Ahrens/*Spätgens* Rdn. 468 m. eingehenden Nachw.; *Berneke/Schüttpelz* Rdn. 551.

[1451] Siehe die umfassenden Nachw. bei *Berneke/Schüttpelz* Rdn. 552 Fn. 46.

[1452] OLG Köln GRUR 1985, 458, 460; vgl. auch BGH GRUR 1988, 787, 788; *Berneke/Schüttpelz* Rdn. 552.

[1453] BGH GRUR 1988, 787, 788; OLG Hamm WRP 1986, 620.

[1454] KG WRP 1990, 332 f.; Zöller/*Vollkommer* § 927 Rdn. 12.

[1455] BGHZ 132, 119, 129 ff.; vgl. auch BGH GRUR 1994, 794, 797 – *Rolling Stones;* NJW 1995, 868, 869 – *Cliff Richard II;* GRUR 1998, 568, 569 – *Beatles-Doppel-CD;* NJW 1999, 139, 141 – *Bruce Springsteen and his Band;* GRUR 2004, 349 – *Einkaufsgutschein II.*

[1456] So zutreffend *Berneke/Schüttpelz* Rdn. 552.

[1457] KG WRP 1990, 330, 333; OLG Celle WRP 1991, 586, 587; OLG Düsseldorf WRP 1993, 327, 329; NJW-RR 2000, 68; OLG Frankfurt WRP 1980, 423; MD 2002, 265, 266; OLG Hamburg GRUR 1997, 147, 148 (unter Aufgabe von WRP 1993, 822); OLG Hamm GRUR 1985, 84; GRUR 1989, 931, 932; OLG Karlsruhe WRP 1996, 120, 121; WRP 1997, 57, 58; NJWE-WettbR 1999, 39, 40 (anders noch WRP 1981, 285); OLG Koblenz GRUR 1980, 1022, 1024; GRUR 1989, 373, 374; OLG Köln WRP 1982, 288; WRP 1983, 702, 703; OLG Schleswig NJW-RR 1995, 896.

[1458] Siehe die umfassenden Nachw. bei GroßKommUWG/*Schwippert* § 12 C Rdn. 254.

[1459] Vgl. die eingehende Darstellung bei *Ulrich* WRP 1996, 84.

[1460] OLG München NJW 1965, 1183, 1184; NJW-RR 1986, 998, 999; WRP 1996, 1052; NJW-RR 1996, 998, 999 f.; *Walker* in: Schuschke/Walker § 927 Rdn. 22; vgl. auch Ahrens/*Ahrens* Kap. 60 Rdn. 13; *Ahrens* WRP 1999, 1, 2.

Das OLG Karlsruhe[1461] differenziert danach, aus welchen Gründen die Vollziehung unterblieben ist: Ist die Vollziehung wegen des nachträglichen Wegfalls des Verfügungsanspruchs unterblieben, kommt danach eine einheitliche Kostenentscheidung nicht in Betracht, bei Fortbestand des Verfügungsanspruchs sind dem Antragsteller dagegen auch die Kosten des Anordnungsverfahrens aufzuerlegen, ohne dass es auf ein Verschulden an der Fristversäumnis ankommt.

599 Auch bei **Versäumung der Frist zur Klageerhebung** nach § 926 Abs. 1 ZPO wird die einstweilige Verfügung als von Anfang an unberechtigt angesehen.[1462]

600 Um den sich aus **§ 93 ZPO** ergebenden Nachteilen im Falle eines sofortigen Anerkenntnisses des Aufhebungsantrages entsprechend § 307 Abs. 1 ZPO[1463] vorzubeugen, trifft den Antragsgegner die kostenrechtliche Obliegenheit, den Antragsteller vor Einleitung des Verfahrens zum **Verzicht auf die Rechte** aus der einstweiligen Verfügung und zur Herausgabe des Titels **aufzufordern.**[1464] Dies wird zum Teil bei Versäumung der Vollziehungsfrist und im Falle des Verjährungseintritts zu Unrecht für nicht zumutbar angesehen.[1465] Etwas anderes kann nur dann gelten, wenn mit dem Aufhebungsantrag ausschließlich die Versäumung der Frist zur Klageerhebung geltend gemacht wird (siehe oben Rdn. 567).

601 Liegt ein Aufhebungsgrund vor, der die einstweilige Verfügung von Anfang an als unberechtigt erscheinen lässt, gibt der Antragssteller nur dann keinen Anlass zu einem Aufhebungsantrag, wenn er auf entsprechende Aufforderung hin auch[1466] **auf die Rechte aus der Kostenentscheidung verzichtet** und sich bereit erklärt, dem Antragsgegner die Kosten des Anordnungsverfahren zu erstatten.[1467] Anderenfalls kann bzw. muss (als Konsequenz aus BGH GRUR 1993, 998 – *Verfügungskosten*) der Antragsgegner den Aufhebungsantrag auf die Kostenentscheidung des Anordnungsverfahrens beschränken;[1468] dem steht § 99 Abs. 1 ZPO nicht entgegen, da nur die Kosten Gegenstand und damit Hauptsache im Sinne von § 4 Abs. 1 Halbsatz 2 ZPO sind.[1469] In diesen Fällen muss auch entsprechend § 99 Abs. 2 Satz 1 ZPO die sofortige Beschwerde gegen das Kostenurteil zugelassen werden.[1470]

Von den vorstehenden Fallgestaltungen (oben Rdn. 595–599) abgesehen muss der Antragsteller dagegen auf die Rechte aus der Kostenentscheidung, da sie vom Aufhebungsverfahren unberührt bleibt, nicht verzichten.

602 **d) Einstweilige Einstellung der Zwangsvollstreckung.** Entsprechend § 707, § 924 Abs. 3 Satz 2 ZPO kann das Gericht die **einstweilige Einstellung der Zwangsvollstreckung** anordnen.[1471] Vor Anhängigkeit kommt ein solcher Antrag nicht in Betracht.[1472] Das die Aufhebung der einstweiligen Verfügung aussprechende Urteil ist vorläufig vollstreckbar (§ 708 Nr. 6 ZPO) und erlangt somit ab Verkündung Wirkung.[1473]

603 **e) Erledigungserklärung, Antragsrücknahme.** Der Aufhebungsantrag kann vom Antragsgegner für **erledigt erklärt** oder – auch ohne Zustimmung des Antragstellers – mit der Kostenfolge aus § 269 Abs. 3 Satz 2 ZPO (entsprechend) **zurückgenommen** werden.[1474]

604 **f) Haftung.** Zur Schadensersatzpflicht nach **§ 945 ZPO** siehe unten Rdn. 672ff.

605 **g) Streitwert.** Hierzu unten Rdn. 865.

1461 WRP 1996, 120, 121f.

1462 OLG Frankfurt Rpfleger 1963, 251, 252; OLG Hamm NJW-RR 1990, 1214; *Ulrich* WRP 1996, 84, 85ff.; Stein/Jonas/*Grunsky* § 927 Rdn. 16; *Walker* in: Schuschke/Walker § 927 Rdn. 17; *Berneke/Schüttpelz* Rdn. 552 m.w.N.

1463 *Berneke/Schüttpelz* Rdn. 556.

1464 KG OLG Report 1999, 335; OLG Frankfurt OLG Report 2001, 147; OLG Karlsruhe WRP 1980, 713, 714; WRP 1996, 120; OLG Koblenz GRUR 1989, 373, 374; OLG Köln WRP 1982, 288; OLG München GRUR 1985, 161; LG Kiel WRP 1999, 879; LG Konstanz WRP 1999, 708 (LS).

1465 OLG Hamburg WRP 1989, 403; OLG Hamm GRUR 1985, 84; OLG Frankfurt OLGZ 1985, 442; OLG Koblenz WRP 1986, 298; LG Köln GRUR 1989, 77.

1466 Vgl. OLG Düsseldorf GRUR-RR 2001, 96 wonach in einem Verzicht auf die Rechte aus der einstweiligen Verfügung und der Herausgabe des Titels noch kein Verzicht auf die Rechte aus der Kostenentscheidung zu sehen ist.

1467 OLG Karlsruhe WRP 1996, 120, 121 m. Anm. *Ulrich;* Ahrens/*Ahrens* Kap. 60 Rdn. 40f.; *Wieczorek/Schütze/Thümmel* § 927 Rdn. 17.

1468 Ahrens/*Ahrens* Kap. 60 Rdn. 42 m.w.N. in Fn. 78.

1469 OLG Köln GRUR 1985, 458; zweifelnd OLG München NJW-RR 1986, 998, 999.

1470 Str., vgl. die Nachweise zum Meinungsstand bei *Berneke/Schüttpelz* Rdn. 553.

1471 *Berneke/Schüttpelz* Rdn. 549.

1472 *Berneke/Schüttpelz* Rdn. 549.

1473 Zöller/*Vollkommer* § 927 Rdn. 14.

1474 *Berneke/Schüttpelz* Rdn. 547 m.w.N.

XXII. Schutzschrift

Schrifttum: *Ahrens,* § 15 FAO Selbststudium: Das elektronische Schutzschriftenregister, IPRB 2015, 215; *Bacher,* Das eletkronische Schutzschrifetenregister, MDR 2015, 1329; *Borck,* Andere Ansichten in Kostenfragen, WRP 2001, 20; *ders.,* Das rechtliche Gehör im Verfahren auf Erlass einer einstweiligen Verfügung, MDR 1988, 908; *Deutsch,* Die Schutzschrift in Theorie und Praxis, GRUR 1990, 327; *Hartmann,* Neue Schutzschriftregeln, GRURPrax 2015, 163; *Hilgard,* Die Schutzschrift im Wettbewerbsrecht, 1985; *Herr,* Vom Sinn und Unsinn der Schutzschriften, GRUR 1986, 436; *Krahe,* Die Schutzschrift. Kostenerstattung und Gebührenanfall, 1991; *Lüke,* Abschlussschreiben und Schutzschrift bei Unterlassungsverfügungen, in: FS Jahr, 1999, S 293; *May,* Die Schutzschrift im Arrest- und einstweiligen Verfügungsverfahren, 1983; *Pastor,* Die Schutzschrift gegen wettbewerbliche einstweilige Verfügungen, WRP 1972, 229; *Steinmetz,* Der „kleine" Wettbewerbsprozess, S. 133–141, 1993; *Schmidt-Gaedke/Arz,* Der Kostenerstattungsanspruch des Hinterlegers einer Schutzschrift, WRP 2012, 60; *Schmidt-Gaedke,* Der Referentenentwurf zur Schutzschriftenverordnung, GRURPrax 2015, 161; *Schulz,* Die Rechte des Hinterlegers einer Schutzschrift, WRP 2009, 1472; *Schwippert,* Staatliches elektronisches Register für Schutzschriften, MarkenR 2014, 6; *Teplitzky,* Die Schutzschrift als vorbeugendes Verteidigungsmittel gegen einstweilige Verfügungen, NJW 1980, 1667; *ders.,* Schutzschrift, Glaubhaftmachung und „besondere" Dringlichkeit bei § 937 Abs. 2 ZPO – drei Beispiele für Diskrepanzen zwischen Theorie und Praxis, WRP 1980, 373; *Walker,* Die Schutzschrift und das elektronische Schutzschriftenregister nach §§ 945a, 945b ZPO, in: Festschrift Schilken, 2014, S. 819; *Wehlau/Kalbfus* Die Schutzschrift im elektronischen Rechtsverkehr, ZRP 2013, 101; *Wehlau/Kalbfus,* Die Schutzschrift, 2. Aufl., 2015; *Wehlau/Kalbfus,* Die Schutzschrift – Funktion, Gestaltung und prozesstaktische Erwägungen, WRP 2012, 395; *dies.,* Beschlussverüfung und rechtliches Gehör – zur Notwendigkeit einer europaweiten Anerkennung der Schutzschrift, GRUR Int. 2010, 396; *dies.,* Die Versicherung an Eides Statt als Mittel der Glaubhaftmachung, Mitt. 2011, 165; *Wilke/Jungeblut,* Abmahnung, Schutzschrift und Unterlassungserklärung im gewerblichen Rechtsschutz, 2. Aufl., 1995.

§ 945a ZPO

(1) Die Landesjustizverwaltung Hessen führt für die Länder ein zentrales länderübergreifendes elektronsiches Register für Schutzschriften (Schutzschriftenregister). Schutzschriften sind vorbeugende Verteidigungsschriftsätze gegen erwartete Anträge auf Arrest oder einstweilige Verfügung.

(2) Eine Schutzschrift gilt als bei allen ordentlichen Gerichten der Länder eingereicht, sobald sie in das Schutzschriftenregister eingestellt ist. Schutzschriften sind sechs Monate nach ihrer Einstellung zu löschen.

(3) Die Gerichte erhalten Zugriff auf das Register über ein automatisiertes Abrufverfahren. Die Verwendung der Daten ist auf das für die Erfüllung der gesetzlichen Aufgaben Erforderliche zu beschränken. Abrufvorgänge sind zu protokollieren.

§ 945b ZPO Verordnungsermächtigung

Das Bundesministerium der Justiz und für Verbraucherschutz hat durch Rechtsverordnung mit Zustimmung des Bundesrates die näheren Bestimmungen über die Einrichtung und Führung des Registers, über die Einreichung von Schutzschriften zum Register, über den Abruf von Schutzschriften aus dem Register sowie über die Einzelheiten der Datenübermittlung und -speicherung soweie der Datensicherheit und der Barrierefreiheit zu treffen.

Schutzschriftenregisterverordnung vom 24.11.2015 – SVR (BGBl. I S. 2135)

§ 1 Inhalt und Aufbau des Registers

(1) Das Register enthält die Schutzschriften, die ihm gemäß § 945a Abs. 1 Satz 1 der Zivilprozessordnung übermittelt worden sind.

(2) Das Register hat über jede eingestellte Schutzschrift folgende Angaben zu enthalten:

1. die Bezeichnung der Parteien,
2. die bestimmte Angabe des Gegenstands
3. das Datum und die Uhrzeit der Schutzschrift.

(3) Das Register enthält eine Suchfunktion, die es dem Gericht ermöglicht, nach der Bezeichnung der Parteien zu suchen. Auf Grundlage des nach Satz 1 ermittelten Suchergebnisses kann die Suche durch Angabe des Gegenstands und des Zeitraums der Einreichung eingeschränkt werden.

(4) Die Suchfunktion stellt sicher, dass auch ähnliche Ergebnisse angezeigt und Eingabefehler sowie ungenaue Parteibezeichnungen toleriert werden.

§ 2 Einreichung

(1) Zur Einreichung einer Schutzschrift bei dem Register ist jeder berechtigt, der eine Schutschrift gemäß § 945a Abs. 1 Satz 2 der Zivilprozessordnung bei Gericht einreichen kann. Der Schutzschrift ist ein einheitlich strukturierter Datensatz beizufügen, der mindestens die Angaben nach § 1 Abs. 2 Nummer 1 und 2 enthält. Der Schutzschrift können Anlagen beigefügt werden.

(2) Die Schutzschrift, ihre Anlagen und der strukturierte Datensatz sind nach Maßgabe der folgenden Absätze als elektronisches Dokument bei dem Register einzureichen.

(3) Das elektronische Dokumet muss für die Bearbeitung durch das Register geeignet sein. Der Betreiber des Registers bestimmt die technischen Rahmenbedingungen der Einreichung. Die Bestimmungen müssen in an-

gemessener Weise den Zugang zum Register sicherstellen und regelmäßig an den jeweiligen Stand der Technik angepasst werden. Sie sind vom Betreiber des Registers auf seiner Internetseite zu veröffentlichen.

(4) Das elektronische Dokument, das die Schutzschrift enthält, muss mit einer qualifizierten elektronischen Signatur der verantwortenden Person versehen sein. *Wird das elektronische Dokument auf einem sicheren Übermittlungsweg eingereicht, genügt es, wenn die Schutzschrift durch die verantwortende Person signiert wird.*

(5) Sichere Übermittlungswege sind

1. *Der Postfach- und Versanddienst eines De-Mail-Kontos, wenn der Absender bei Versand der Nachricht sicher im Sinne des § 4 Abs. 1 Satz 2 des De-Mail-Gesetzes angemeldet ist und er sich die sichere Anmeldung gemäß § 5 Abs. 5 des De-Mail-Gesetzes bestätigen lässt,*
2. *Der Übermittlungsweg zwischen dem besonderen elektronischen Anwaltspostfach nach § 31a der Bundesrechtsanwaltsordnung und dem Register.*
3. *der Übermittlungsweg zwischen einem auf gesetzlicher Grundlage errichteten elektronischen Postfach, das dem Anwaltspostfach nach Nummer 2 entspricht, und dem Register.*

(6) Ist ein elektronisches Dokument für das Register zur Bearbeitung nicht geeignet, hat der Betreiber des Registers dies dem Absender unter Hinweis auf die Unwirksamkeit des Eingangs und auf die geltenden technischen Rahmenbedingungen unverzüglich mitzuteilen.

§ 3 Einstellung

(1) Eine dem Register elektronisch übermittelte Schutschrift ist unverzüglich nach ihrer ordnungsgemäßen Einreichung zu elektronischen Abruf und Ausdruck in das Register einzustellen.

(2) Eine Schutschrift ist in das Register eingestellt, wenn sie auf der für den Abruf bestimmten Einrichtung des Registers elektronisch gespeichert und für die Gerichte der Länder abrufbar ist.

(3) Einstellungen im Register erfolgen ohne inhaltliche Überprüfung der Angaben. Eine Berichtigung von Schutzschriften findet nicht statt.

(4) Dem Absender ist eine automatisiert erstellte Bestätigung über de Zeitpunkt der Einstellung zu erteilen.

§ 4 Abruf

(1) Abruf ist jede Suchanfrage bei dem Register.

(2) Der Abruf des Registers ist nur den zuständigen Gerichten der Länder in elektronischer Form zur Nutzung in anhängigen Verfahren gestattet. Die Befugnis nach Satz 1 ist bei jedem Verbindungsaufbau anhand einer Benutzerkennung und eines geheim zu haltenden Passworts oder in einem automatisierten Identifizierungsverfahren elektronisch zu prüfen.

(3) Bei jedem Abruf sind die Bezeichnung der Parteien und das gerichtliche Aktenzeichen, sofern ein solches bereis vergeben wurde, anzugeben.

(4) Der Betreiber des Registers stellt die jederzeitige elektronische Abrufbarkeit des Regisers sicher. Störungen werden dem abrufenden Gericht unverzüglich mitgeteilt.

§ 5 Protokollierungs- und Mitteilungspflichten

(1) Jeder Abruf ist unter Angabe des Gerichts, des gerichtlichen Akteneichens, sofern ein solches bereits vergeben wurde, der Suchbegriffe, des Zeitpukts des Abrufes, des Ergebnisses der Suchanfrage und der übermittelten Daten elektronisch zu protkollieren. Das Protokoll wird elektronisch an das abrufende Gericht übersandt; eine Einstellung des Protokolls in das Register erfolgt nicht.

(2) Das abrufende Gericht und das gerichtliche Aktenzeichen, sofern ein solches bereits vergeben wurde, werden im Register bei der abgerufenen Schutzschrift gespeichert, wenn der Abruf zum Auffinden einer Schutzschrift führte. Als aufgefunden gilt eine Schutzschrift, wenn sie auf eine Suchanfrage in einer Trefferliste angezeigt wird.

(3) Wird eine aufgefundene Schutzschrift vom abrufenden Gericht als sachlich einschlägig gekennzeichnet, erhält der Absender drei Monate nach dieser Kennzeichnung eine automatisiert erstellte Mitteilung, die das abrufende Gericht und das gerichtliche Aktenzeichen enthält.

§ 6 Löschung

(1) Der Betreiber des Registers stellt sicher, dass Schutzschriften sechs Monate nach ihrer Einstellung gelöscht werden. Die gemäß § 2 Abs. 1 Satz 2 und § 5 Abs. 2 zu dieser Schutzschrift gespeicherten Daten sind nach weiteren drei Monaten zu löschen.

(2) Auf Antrag des Absenders hat der Betreiber des Registers die Schutzschrift und die zu ihr gemäß § 2 Abs. 1 Satz 2 und § 5 Abs. 2 gespeicherten Daten unverzüglich zu löschen. Der Antrag ist als elektronisches Dokument nah Maßgabes des § 2 zu stellen. Der Absender erhält eine automatisiert erstellte Bestätigung über die Löschung. Eine Mitteilung nach § 5 Abs. 3 erfolgt nach der Löschung nicht mehr.

(3) Unzulässigerweise in das Register eingestellte Daten sind nach Feststellung der Unzulässigkeit unverzüglich zu löschen.

§ 7 Datensicherheit

Der Betreiber des Registers hat durch organisatorische und technische Vorkehrungen sicherzustellen, dass die eingereichten Daten während ihrer Übermittlung und Abrufbarkeit unversehrt und vollständig bleiben sowie gegen unbefugte Kenntnisnahme Dritter geschützt sind.

§ 8 Störungen

Der Betreiber des Registers hat durch oganisatorische und technische Vorkehrungen sicherzustellen, dass er von auftretenden Störungen unverzüglich Kenntnis erlangt. Störungen sind unverzüglich zu beheben.

§ 9 Barrierefreiheit

Der Betreiber des Registers hat durch organisatorische und technische Vorkehrungen sicherzustellen, dass für blinde und sehbehinderte Personen ein barrierefreier Zugang zum Register gewährleistet ist. Für die Gestaltung des Registers ist die Barrierefreie-Informationstechnik-Verordnung vom 12. September 2011 (BGBl. I S. 1843) in der jeweils geltenden Fassung entsprechend anzuwenden.

§ 10 Inkrafttreten

(1) § 2 Abs. 4 Satz 2, Abs. 5 Nummer 2 und 3 dieser Verordnung tritt am 1. Januar 2017 in Kraft.

(2) § 2 Abs. 5 Nummer 1 dieser Verordnung tritt am 1. Januar 2018 in Kraft.

(3) Im Übrigen tritt diese Verordnung am 1. Januar 2016 in Kraft.

§ 49c BRAO Einreichung von Schutzschriften [gültig ab 1.1.2017]

Der Rechtsanwalt ist verpflichtet, Schutzschriften ausschließlich zum Schutzschriftenregister nach § 945a der Zivilprozessordnung einzureichen.

1. Allgemeines

Die Schutzschrift ist eine **Entwicklung der Praxis,**[1475] die bis zur Einführung der §§ 945a, 606
945b ZPO mit Wirkung zum 1.1.2016 nicht gesetzlich geregelt war. Sie ist seit Jahrzehnten nicht nur im Bereich des Wettbewerbsrechts allgemein anerkannt. So wurden beim Landgericht München I im Jahre 2002 1891 und im Jahre 2003 1955 Schutzschriften eingereicht.[1476] Die Zahlen bei anderen Großstadtgerichten dürften sich ebenfalls in dieser Größenordnung bewegen.[1477]

Die gesetzliche **Neuregelung** zum 1.1.2016 – vgl. die Definition in § 945a Abs. 1 Satz 2 ZPO – 606a
orientiert sich an der bisherigen Praxis und erspart den Aufwand, der ggfl. mit der Einreichung von Schutzschriften bei einer Vielzahl von Gerichten, bei denen ein Gerichtsstand begründet ist.[1478] Grundlegende inhaltliche Änderungen gegenüber der bisherhigen Praxis sind damit nicht verbunden. Der Schwerpunkt liegt auf der Ausgestaltung der elektronischen Einreichung, den Betrieb des Registers und das Verfahren bei Abruf der Schutzschriften durch die Gerichte.

Für eine **Übergangszeit** besteht weiterhin die Möglichkeit, eine Schutzschrift unter Nutzung 606b
des Schutzschriftenregistes der EEAR **www.schutzschriftenregister.de** (siehe hierzu Rn. 613a) einzureichen und auch in der Folgezeit kein Anwaltszwang besteht, wird auch zukünftig die Möglichkeit bestehen, Schutzschriften nicht nur zentral beim zentralen elektronischen Schutzschriftenregister (ZSSR), sondern auch in „Papierform" bei den Gerichten einzureichen.[1479]

Die Schutzschrift **versucht die „Mitwirkungsdefizite" des (vermeintlichen) Antragsgeg-** 607
ners im Verfahren auf Erlass einer einstweiligen Verfügung **auszugleichen,** die sich aus dessen gesetzlicher Ausgestaltung, vor allem aber aus der Handhabung des § 937 Abs. 2 ZPO im Bereich des gewerblichen Rechtsschutzes ergeben. Diese ist dadurch gekennzeichnet, dass sich die Beschlussverfügung – abweichend von § 937 Abs. 2 ZPO – als der Regelfall darstellt, wobei sich die Entscheidung ohne mündliche Verhandlung oftmals auch nicht auf einfache und eindeutige Sachverhalte beschränkt (siehe hierzu oben Rdn. 374f.). Die Nachholung des rechtlichen Gehörs des Antragsgegners im Rahmen eines Widerspruchverfahrens vermag nichts daran zu ändern, dass er bis zur Entscheidung über den Widerspruch – eine einstweilige Einstellung der Zwangsvollstreckung wird in der Regel nicht erfolgen (oben Rdn. 477f.) – mit oftmals weitreichenden Folgen belastet ist. Darüber hinaus birgt das Beschlussverfahren ohne Beteiligung des Antragsgegners die Gefahr der Entscheidung aufgrund unvollständiger bzw. unzutreffender Grundlage, zumal der Antragsgegner sich nicht darauf verlassen kann, dass eine entsprechende Abmahnkorrespondenz, aus der sich seine abweichende Darstellung ergibt, auch zusammen mit dem Antrag auf Erlass einer einstweiligen Verfügung dem Gericht vorgelegt wird. Dies wird von manchen Anwälten unterlassen mit dem Hinweis, es könne nicht Aufgabe des Antragstellers sein, Umstände, die gegen den Erlass der einstweiligen Verfügung sprechen könnten, vorzutragen. Will sich der (vermeintliche) Antragsgegner nicht mit seiner nachträglichen Beteiligung im Rahmen des Widerspruchsverfahrens begnügen, muss er versuchen, eine Entscheidung zu seinen Lasten zu verhindern. Damit stellt sich die Hinter-

---

[1475] Vgl. *Deutsch* GRUR 1990, 327 m. w. N.; Ahrens/*Spätgens* Kap. 6 Rdn. 1; *Teplitzky* LMK 2003, 95.

[1476] Vgl. auch die Zahlen bei *Deutsch* GRUR 1990, 327 für das LG Hamburg für 1988/1989.

[1477] Vgl. BR-Drucks. 830/03, S. 7; *Schwippert* MarkenR 2014, 6; *Wehlau/Kalbfus* Rdn. 2.

[1478] Vgl. hierzu *Bacher* MDR 2015, 1329; *Schwippert* MarkenR 2014, 6f.

[1479] *Bacher* vorh. Fn. S. 1330 mwN.

legung einer Schutzschrift als von der Anwaltschaft geschaffenes Mittel zur Geltendmachung des Anspruchs auf rechtliches Gehör vor Gericht (Art. 103 Abs. 1 GG) im Rahmen eines erwarteten Verfügungsantrags dar.[1480]

608 **Veranlassung** für ein solches vorbeugendes Verteidigungsmittel wird in der Regel eine **Abmahnung** sein, der der Abgemahnte nicht oder nicht vollständig entspricht, mit der Folge, dass er die Einleitung der meist in der Abmahnung auch bereits in Aussicht gestellten gerichtlichen Schritte gewärtigen muss. In Ausnahmefällen kann sich die Erwartung eines Verfügungsantrags auch aus anderen Umständen – Vorgehen gegen entsprechende Verhaltensweisen Dritter, wie z.B. andere Vertreiber eines (angeblichen) Plagiats – ergeben.

609 Mahnt der Antragsteller dagegen den Antragsgegner erst ab, nachdem er bereits eine Beschlussverfügung erwirkt hat (sogenannte Vorrats- oder Schubladenverfügung),[1481] kann er damit seinerseits die Wirkungen einer erst danach eingereichten Schutzschrift unterlaufen,[1482] geht aber ein entsprechendes Kostenrisiko ein.[1483]

2. Form und Inhalt

610 Mangels gesetzlicher Regelung gibt es keine zu beachtenden Formvorschriften. Allgemein wird für die Schutzschrift **Schriftform** – ein vom mutmaßlichen Antragsgegner oder einem Anwalt oder sonstigen Vertreter eingereichter Schriftsatz – gefordert. Ein entgegen § 945a Abs. 1 Satz 2 ZPO („Verteidigungsschriftsatz") mündliches „Schutzgesuch" ist unbeachtlich.[1484] Ein Anwaltszwang besteht weiterhin nicht.[1485] Deshalb wird die Bewilligung von Prozesskostenhilfe, die in der Literatur grundsätzlich für möglich erachtet wird,[1486] im Bereich des Wettbewerbsrechts kaum in Betracht kommen.

611 Um den erstrebten Zweck zu erreichen, sollte die Schutzschrift als solche eindeutig erkennbar sein. Von besonderer Bedeutung ist die **vollständige Bezeichnung der Parteien** des erwarteten Verfügungsverfahrens (Namen, gesetzliche Vertreter, Anschrift). Im Falle der Einreichung durch einen Anwalt sollte damit die Erklärung verbunden sein, dass er sich als Verfahrensbevollmächtigter (und inwieweit) für den Antragsgegner bestellt[1487] (zum Schutzschriftanwalt als Zustellungsbevollmächtigten im Sinne von § 172 ZPO siehe oben Rdn. 529).

612 In der Sache ist der Antragsgegner gehalten, **Umstände tatsächlicher oder rechtlicher Natur vorzutragen,** die dem von ihm erwarteten Antrag auf Erlass einer einstweiligen Verfügung entgegen stehen, die also den Verfügungsgrund (Vermutung der Dringlichkeit) und/oder den Verfügungsanspruch bzw. dessen Glaubhaftmachung zumindest in Frage stellen können. Gegebenenfalls wird sich auch empfehlen, das Vorbringen **durch entsprechende Unterlagen und Glaubhaftmachungsmittel zu untermauern.** Zu Recht wird davon abgeraten, sich auf substanzlose Ausführungen zu beschränken, die beim Gericht eher den Eindruck fehlender relevanter Verteidigungsargumente erwecken können.[1488] Ohne ein Mindestmaß an sachlichem Gehalt wird auch eine Ankündigung, im Rahmen der erstrebten Entscheidung aufgrund mündlicher Verhandlung weitere Einwendungen vorzubringen und glaubhaft zu machen, wenig Wirkung zeigen. Üblicherweise werden in der Schutzschrift **Anträge** dahingehend formuliert, den (erwarteten) Antrag auf Erlass einer einstweiligen Verfügung zurückzuweisen, hilfsweise nicht ohne mündliche Verhandlung zu entscheiden, oftmals auch den Erlass von einer Sicherheitsleistung abhängig zu machen.[1489] Dabei handelt es sich aber nur um Anregungen gegenüber dem Gericht, in einer bestimmten Weise zu verfahren, wobei **maßgeblich** für die Vorgehensweise des Gerichts das **tatsächliche und rechtliche Vorbringen** in der Schutzschrift ist.[1490] Ob in der Schutzschrift ein wirksamer Antrag auf Verweisung an die Kammer für Handelssachen gestellt werden kann, ist streitig.[1491]

[1480] So auch BGH GRUR 2003, 456 – *Kosten der Schutzschrift I.*

[1481] Vgl. hierzu OLG Hamburg MD 1997, 730; Ahrens/*Spätgens* Rdn. 173 ff. m. w. N.

[1482] *Nieder,* Außergerichtliche Streitschlichtung, S. 32.

[1483] Vgl. OLG Müchen GRUR-RR 2006, 176; siehe hierzu Rdn. 376.

[1484] Ahrens/*Spätgens* Kap. 6 Rdn. 6; *Kessen* in: Schuschke/Walker § 945b Rn. 6 mwN.

[1485] *Walker* in FS Schilken S. 819, 823; *Kessen* vorh. Fn. Rn. 6.

[1486] Zöller/*Philippi* § 114 Rdn. 2.

[1487] Ahrens/*Spätgens* Kap. 6 Rdn. 8; *Berneke/Schüttpelz* Rdn. 293; Muster bei *Bopp/Sonntag* in: Münchner Prozessformulararbuch, Bd. 5, A. 3; *Pitz* in: Hasselblatt § 4 Rdn. 55; *Wehlau* S. 107 ff.

[1488] *Nieder,* Außergerichtliche Streitschlichtung, S. 32.

[1489] Siehe z.B. das Muster bei *Bopp* in: Münchener Prozessformulararbuch, Bd. 4 A. 3.

[1490] BGH GRUR 2003, 456 – *Kosten der Schutzschrift I.*

[1491] Vgl. *Heil* WRP 2014, 24 ff.; bejahend GroßKommUWG/*Schwippert* § 12 C Rdn. 123.

3. Adressat der Schutzschrift

a) Gericht. Mit seinem Anliegen, sich rechtliches Gehör vor Erlass einer Beschlussentscheidung zu verschaffen, kann der Antragsgegner allerdings nur dann Erfolg haben, wenn seine Schutzschrift (rechtzeitig) dem Gericht vorliegt, bei dem der erwartete Verfügungsantrag dann auch tatsächlich eingereicht wird. Dies kann auch nach Einschränkung des „fliegenden" Gerichtsstands im Jahre 1994 (siehe unten § 14 Rdn. 5f.) und der Beschränkung der Klagebefugnis in § 8 Abs. 3 Nr. 1 UWG dazu führen, dass bei einem Mitbewerber als Antragsteller die Hinterlegung von Schutzschriften bei mehreren Gerichten zu erwägen sein wird, wobei eine „flächendeckende" Hinterlegung aus den von *Teplitzky*[1492] und *Spätgens*[1493] aufgezeigten Gründen in der Regel nicht erfolgt. Bei der Auswahl der danach vorrangig in Betracht zu ziehenden **„Niederlegungsgerichte"**[1494] – wie etwa das Gericht am Sitz des Abmahnenden (bzw. dessen Anwalts), dessen „Hausgericht", generell oder in Bezug auf die konkrete Streitfrage besonders „erlassfreundliche" Wettbewerbskammern – werden gegebenenfalls auch die verschiedenen „Dringlichkeitsfristen" (siehe oben Rdn. 307) mit zu berücksichtigen sein. 613

b) Zentrales Schutzschriftenregister (ZSR). Das ZSR ist ein Dienst der Europäischen EDV-Akademie des Rechts (www.eear.eu), einer gemeinnützigen GmbH.[1495] Im ZSR unter www.schutzschriftenregister.de können **Rechtsanwälte** Schutzschriften (nebst Anlagen) elektronisch hinterlegen, statt sie jeweils bei mehreren in Frage kommenden Gerichten einzureichen. Gerichte können bei Eingang eines Verfügungsantrags im ZSR online nach Schutzschriften suchen und diese zu den Akten nehmen. Damit soll der Aufwand des Einreichers als auch bei Gericht verringert werden.[1496] Erhoben wird eine Hinterlegungsgebühr in Höhe von € 45 zzgl. Umsatzsteuer. Vorsicht ist insofern geboten, als sich nach wie vor **nicht sämtliche Gerichte** an diesem System beteiligen. Es besteht eine am 30.6.2016 auslaufende Selbstverpflichtung von 43 Landgerichten und 19 Amtsgerichten,[1497] in dem elektronischen Register nach Schutzschriften zu recherchieren.[1498] Der Parallelbetrieb dieses Registers soll nur solange erfolgen, bis eine flächendeckende Versorgung der Rechtsanwälte mit Signaturkarten und damit eine umfassende Nutzung des neuen Registers gewährleistet ist (siehe hierzu nachfolgend).[1499] 613a

c) Das zentrale, länderübergreifende elektronische Register für Schutzschriften (§§ 945a, 945b ZPO). Gemäß dem am 1.1.2016 in Kraft getretenen § 945a ZPO für die Landesjustizverwaltung Hessen für alle Bundesländer ein zentrales länderübergreifendes Register für Schutzschriften (ZSSR).[1500] Sobald eine Schutzschrift in das ZSSR eingestellt ist, gilt sie als bei allen ordentlichen Gerichten der Länder (§ 945a Abs. 2 Satz 1 ZPO) und allen Arbeitsgerichten der Länder (§§ 62 Abs. 2 Satz 2, 85 Abs. 2 Satz 3 ArbGG) eingereicht. Dies ist dann der Fall, wenn die Schutzschrift auf der für den Abruf bestimmten Einrichtung des Registers elektronisch gespeichert ist und für die Gerichte der Länder abrufbar ist (§ 3 Abs. 2 SRV). § 2 SRV regelt die Einreichung der Schutzschrift als elektronisches Dokument. Eine inhaltliche Überprüfung der Angaben in der Schutzschrift findet nicht statt. Eine Berichtigung einer eingereichten Schutzschrift ist nicht vorgesehen (§ 3 Abs. 3 Satz 2 SRV). Es verbleibt lediglich die Möglichkeit erneut eine Schutzschrift mit den korrigierten bzw. ergänzten Angaben einzureichen, wofür wiederum die entsprechenden Gebühren in Höhe von € 83 (§ 15a JVKostG, Nr. 1160 des Gebührenverzeichnisses) für die Einstellung anfallen. Der Einreicher einer Schutzschrift („Absender") erhält über den Zeipunkt der Einstellung eine automatisiert erstellte Bestätigung (§ 3 Abs. 4 SVR). Zur Recherche im ZSR (Abruf im Sinne von § 4 SRV) sind nur die Gerichte befugt (§ 4 Abs. 2 Satz 1 SRV) und verpflichtet. Diese Aufgabe ist vorrangig von der Einlaufstelle (bei Eingang eines Antrags auf Erlass einer einstweiligen Verfügung) zu erfüllen. Ob damit der Verpflichtigung Genüge getan ist oder ob die Verpflichtung, 613b

---

[1492] Kap. 55 Rdn. 52 Fn. 197.

[1493] *Ahrens/Spätgens,* Kap. 6 Rdn. 10f.

[1494] *Spaetgens* a. a. O.

[1495] Vgl. MMR 2006, 270; MMR 2007, 273.

[1496] Vgl. hierzu eigehend *Wehlau/Kalbfus* Rdn. 63 ff.

[1497] *Wehlau/Kalbfus* Rdn. 64.

[1498] Stand 13.1.2016 laut www.schutzschriftenregisterde/Informationen/Gerichte.

[1499] Das besondere elektronische Anwaltspostfach (beA) – siehe hierzu *Brosch/Sandkühler* NJW 2015, 2760 – wurde nicht wie zunächst vorgesehen (vgl. § 31a BRAO) am 1.1.2016 eingerichtet, sondern wurde auf den 29.9.2016 verschoben. Das beA soll erst dann zur Verfügung gestellt werden, wenn den Nutzern alle Funktionalitäten verlässlich zur Verfügung gestellt werden können.

[1500] Siehe zu den derzeitigen (Stand Januar 2016) technischen Rahmenbedingungen unterhttps://schutzschriftenregister.hessen.de. Sowie *Wehlau/Kalbfus* Rdn. 80 ff.

eine (in Papierform) vorliegende oder nach dem Eingang des Verfügungsantrags bei Gericht in das ZSR eingestellte Schutzschrift zu berücksichtigenden und folglich erneut zu recherchieren, ergibt sich aus der gesetzlichen Neuregelung nicht unmittelbar. Dies ist jedoch aus den von *Bacher*[1501] aufgezeigten Gründen zu bejahen; insbesondere, wenn zwischen dem Eingang des Verfügungsantrags bei Gericht und der Entscheidung über den Antrag mehrere Tage vergehen.

613c Der **Abruf einer Schutzschrift** ist durch das Gericht zu **protokollieren,** d.h. das vom Register hierüber erstellte Protokoll (§ 5 Abs. 1 SRV) ist (auszudrucken und) zu den Gerichtsakten zu nehmen. Wird eine Schutzschrift als einschlägig aufgefunden, wird das entsprechende gerichtliche Aktenzeichen in das Register eingetragen (§ 5 Abs. 2 SRV). Über eine vom abrufenden Gericht als sachlich einschlägig gekennzeichnete Schutzschrift wird der Einreichung drei Monate danach automatisch unterrichet, was ggf. für die Frage der Kostenerstattung im Falle der Rücknahme des Verfügungsantrags von Bedeutung ist.[1502]

613d Nach § 6 Abs. 1 SRV hat die **Löschung der Schutzschrift** sechs Monate nach ihrer Einstellung zu erfolgen (Satz 1); die ggf. weiteren vorliegenden Daten nach weiteren drei Monaten (Satz 2). Auf Antrag des Einreichers der Schutzschrift ist diese unverzüglich zu löschen (§ 6 Abs. 2 SRV).

613e Nach dem am 1.1.2017 in Kraft tretenden § 39c BRAO sind **Rechtsanwälte** ab diesem Zeitpunkt **verpflichtet, Schutzschriften ausschließlich über das ZSR einzureichen.** Da es sich dabei aber nur um eine standesrechtliche Pflicht handelt, kann eine von einem Anwalt eingereichte Schutzschrift in „Papierform" vom Gericht nicht deshalb unberücksichtigt bleiben.[1503]

4. Behandlung der Schutzschrift bei Gericht

614 Der Abruf einer Schutzschrift im ZSR, die zu beachtenden Vorgaben hinsichtlich der Protokollierung sind in §§ 4 und 5 SRV geregelt.

614a Für die **Einreichung in „Papierform"** gelten dagegen die bisherigen Grundsätze weiter:

Geht die Schutzschrift – wie meist – **vor** dem entsprechenden Antrag auf Erlass einer einstweiligen Verfügung bei Gericht ein, kann sie keinem bestimmten Verfahren zugeordnet werden, mit der Folge, dass sie nach allgemeiner Auffassung als Schrift im Sinne von § 8 Abs. 1 Satz 1 AktO behandelt und **in das Allgemeine Register (AR) eingetragen** wird.[1504] Durch Führung eines Namensverzeichnisses und deren EDV-mäßiger Erfassung kann sichergestellt werden, dass bei Eingang eines entsprechenden Verfügungsantrags eine dazugehörige Schutzschrift festgestellt und **zusammen mit dem Antrag dem zuständigen Spruchkörper** (unabhängig davon, ob bei der Zivilkammer oder Handelskammer eingereicht) **vorgelegt wird.**[1505] Bei kleineren Gerichten werden – im Hinblick auf die geringe Zahl – die Schutzschriften meist in einer entsprechenden Liste (mit den Namen der Parteien) erfasst. Bei Eingang eines Verfügungsantrags erfolgt sodann ein Abgleich. Liegt keine Schutzschrift vor, wird von der Geschäftsstelle ein entsprechender Vermerk in der Akte angebracht oder die Liste mit den „aktuellen" Schutzschriften wird der Akte beigefügt. Gelegentlich werden Schutzschriften von Anwälten auch direkt an Vorsitzende der in Betracht kommenden Kammern eines Gerichts adressiert, um sicher zu stellen, dass diese bereits vorab hiervon Kenntnis nehmen.

615 Geht die Schutzschrift **nach** dem Antrag auf Erlass einer einstweiligen Verfügung bei Gericht ein, ist diese **zu den Akten des Verfahrens** zu nehmen (§ 8 Abs. 4 Satz 1 AktO).

Zu **Amtshaftungsansprüchen:** *Deutsch* GRUR 1990, 327, 329.

616 **Geht kein entsprechender Verfügungsantrag bei Gericht ein,** bleibt die Schutzschrift ohne Bedeutung. Der (vermeintliche) Antragsteller wird von dem Eingang der Schutzschrift nicht informiert.[1506] In einem nachfolgenden Hauptsacheverfahren kann ihr Inhalt nur verwertet werden, wenn er durch Beiziehung der Schutzschrift in das Verfahren eingeführt wird.[1507] Ein potentiieller Antragsteller ist zum Abruf im ZSR nicht befugt (§ 4 Abs. 2 Satz 1 SRV).

617 Wird ein entsprechender Verfügungsantrag eingereicht, **muss der Inhalt der Schutzschrift** nach überwiegend vertretener Auffassung vom Gericht **uneingeschränkt berücksichtigt wer-**

[1501] MDR 2015, 1329, 1333; a.A. *Walker* in FS Schilken S. 815, 821; Zöller/*Vollkommer* § 945a Rn. 3; vgl. auch *Hartmann* GRURPrax 2015, 161 f., der dem Gericht ein Ermessen einräumt.

[1502] *Bacher* MDR 2015, 1329, 1332.

[1503] GroßkommUWG/*Schwippert* § 12 C Rn. 121; *ders.* MarkenR 2014, 6, 7; *Bacher* MDR 2015, 1329, 1330; *Walker* in FS Schilken S. 815, 820; *Wehlau/Kalbus* ZRP 2013, 101 f.

[1504] Ahrens/*Spätgens* Kap. 6 Rdn. 13; *Deutsch* GRUR 1990, 327, 328 f.

[1505] Vgl. in Bayern § 5 der Geschäftsanweisung für die Geschäfsstellen der Gerichte in Zivilsachen vom 27.2.2003, JMBl. 2003, 47.

[1506] Ahrens/*Spätgens* Kap. 6 Rdn. 15 f.

[1507] OLG Hamm WRP 1993, 339.

den.[1508] Die Funktion der Schutzschrift kann nicht darauf reduziert werden, eine Entscheidung ohne mündliche Verhandlung zu verhindern.[1509] Sie kann zu verschiedenen Reaktionen führen:

Ist der Inhalt der Schutzschrift **nicht geeignet, den Verfügungsanspruch oder den Verfügungsgrund in Frage zu stellen,** kann das Gericht durch Beschluss entscheiden und dem Antrag stattgeben. In diesem Falle wird sich empfehlen,[1510] im Rahmen einer (Kurz-)Begründung darzulegen, warum die Schutzschrift dem Erlass der einstweiligen Verfügung im Beschlusswege nicht entgegen stand. Daraus kann der Antragsgegner zum einen ersehen, dass die Schutzschrift zur Kenntnis genommen wurde, zum anderen erfährt er, dass und warum das Gericht seine bisherige Verteidigung nicht für erfolgreich beurteilt; dies kann ihn von einem erfolglosen Widerspruch abhalten. In diesem Fall ist es ausreichend, wenn dem Antragsteller die Schutzschrift (erst) zusammen mit dem Verfügungsbeschluss übermittelt wird.[1511] 618

Da mit Eingang des Verfügungsantrags ein Prozessrechtsverhältnis begründet wird, ergibt sich für den Antragsteller aus § 299 Abs. 1 ZPO ein Anspruch darauf, auf Verlangen eine **Abschrift der Schutzschrift ausgehändigt** zu erhalten.[1512] Vor Eingang eines Verfügungsantrags besteht ein solches Recht nicht.[1513] 619

Nach der überwiegend vertretenen Auffassung kann sich eine Schutzschrift aber auch insoweit als „kontraproduktiv" auswirken, als das Gericht deren **Inhalt auch zu Lasten des Antragsgegners berücksichtigen** kann, etwa wenn aufgrund eines mit der Antragsschrift übereinstimmenden Sachdarstellung eine anderenfalls fehlende oder unzureichende Glaubhaftmachung ohne Auswirkung bleibt.[1514] 620

Gelangt das Gericht zu der Auffassung, dass der Verfügungsantrag **unabhängig von dem Inhalt der Schutzschrift der Zurückweisung unterliegt,** erfordert es der Grundsatz des rechtlichen Gehörs nicht, dem Antragsteller vor einer ablehnenden Entscheidung im Beschlusswege Gelegenheit zu geben, zu dem Vorbringen in der Schutzschrift Stellung zu nehmen. Auch hier wird sich ein entsprechender Hinweis in der (ohnehin erforderlichen) Begründung von Seiten des Gerichts empfehlen.[1515] Eine Mitteilung des ablehnenden Beschlusses an den Antragsgegner unterbleibt (§§ 936, 922 Abs. 3 ZPO).[1516] 621

Erachtet das Gericht den **Inhalt der Schutzschrift** dagegen für **beachtlich,** kann es diesen ohne die Gewährung von rechtlichem Gehör nicht zu Lasten des Antragstellers berücksichtigen.[1517] Bestimmt das Gericht Termin zur mündlichen Verhandlung – wie es vom Gesetz als Regelfall vorgesehen ist –, wird dies durch die Übermittlung der Schutzschrift zusammen mit der Terminsverfügung gewährleistet. 622

Nach überwiegend vertretener Auffassung[1518] wird es auch für zulässig angesehen, dem Antragsteller die **Schutzschrift unter Setzung einer Frist zur Stellungnahme zuzuleiten** und sodann durch Beschluss zu entscheiden. Dies setzt jedoch voraus, dass mit der Anberaumung eines Termins zur mündlichen Verhandlung eine nicht hinnehmbare Verzögerung der Entscheidung ver- 623

[1508] BGH GRUR 2003, 456 – *Kosten der Schutzschrift I;* KG GRUR 1985, 325; OLG Düsseldorf WRP 1981, 652; WRP 1995, 499, 500; OLG Hamburg WRP 1977, 495; OLG Koblenz GRUR 1995, 171; JurBüro 1990, 1160; OLG Köln NJW 1973, 2071; OLG München WRP 1983, 358; WRP 1992, 811; *Bacher* MDR 2015, 1329, 1333; *Kessen* in: Schuschke/Walker § 945b Rn. 7 mwN.; *Schwippert* MarkenR 2014, 6 f.

[1509] So aber OLG Hamburg (8. ZS) JurBüro 1983, 1819; *Melullis* WRP 1982, 249, 250; *ders.* Rdn. 47, 842; *Pastor* WRP 1972, 229, 230; *Borck* WRP 1978, 262, 263; *Nirk/Kurtze* Rdn. 157; *Herr* GRUR 1986, 436.

[1510] Eine Begründungspflicht besteht allerdings nicht, OLG Köln MDR 1998, 432 f.; Ahrens/*Spätgens* Rdn. 272.

[1511] Vgl. hierzu Ahrens/*Spätgens* Kap. 6 Rdn. 18.

[1512] Ahrens/*Spätgens* Kap. 6 Rdn. 17.

[1513] MünchKommZPO/*Prütting* § 299 Rdn. 29 m. w. N.; Gloy/Loschelder/Erdmann/*Spaetgens,* HdbWettbR, § 93 Rdn. 42; Zöller/*Greger* § 299 Rdn. 6c.

[1514] *Teplitzky* NJW 1980, 1667; Ahrens/*Spätgens* Kap. 6 Rdn. 12; *Deutsch* GRUR 1990, 327, 328; GK-UWG/*Schwippert* § 12 C Rn. 125 mwN; vgl. auch BGH GRUR 2003, 162 – *Progona:* Schutzschrift als Ausdruck rechtlicher Zweifel an der Zulässigkeit des Vertriebs des fraglichen Medikaments.

[1515] Vgl. hierzu auch Ahrens/*Spätgens* Rdn. 264 m. w. N.

[1516] Str., Mitteilung erforderlich im Falle der Beteiligung des Antragsgegners, vgl. Zöller/*Vollkommer* § 922 Rdn. 1; Stein/Jonas/*Grunsky* § 922 Rdn. 6; *Bischof* NJW 1980, 2235, 2236.

[1517] H. M.; OLG München, Beschl. v. 7.5.2010 – 6 W 1263/10; Ahrens/*Spätgens* Kap. 6 Rdn. 5 Fußn. 7, Rdn. 18 m. w.N; *Berneke/Schüttpelz* Rdn. 294 m. w. N.; *Keussen* in: Schuschke/Walker Anhang B zu § 935 Rdn. 5; *Köhler*/Bornkamm § 12 Rdn. 3.40; *Borck* WRP 1998, 231, 233; *ders.* MDR 1988, 908, 913; GK-*Schwippert* § 12 C Rn. 125.

[1518] *Deutsch* GRUR 1990, 327, 328; Ahrens/*Spätgens* Kap. 6 Rdn. 5; a. A. bezüglich Zurückweisung durch Beschluss, da mit §§ 936, 922 Abs. 3 ZPO nicht zu vereinbaren Ahrens/*Spätgens* Rdn. 271; Ahrens/*Scharen* Kap. 51 Rdn. 12; *Melullis* Rdn. 47; *Berneke/Schüttpelz* Rdn. 294.

bunden wäre. In derartigen Fällen das Vorbringen in der Schutzschrift unberücksichtigt zu lassen,[1519] schränkt die Rechte des Antragsgegners dagegen ohne Notwendigkeit ein.[1520]

624 **Anfragen von Seiten des Antragsgegners** nach dem Eingang eines Verfügungsantrags muss das Gericht beantworten. Soweit ein Zuwarten mit der Beantwortung empfohlen wird, bis das Verfahren durch Antragsrücknahme erledigt ist, im Falle des Erlasses der einstweiligen Verfügung bis eine Vollziehung angenommen werden kann bzw. im Falle der Zurückweisung bis mit einer (nunmehr sofortigen) Beschwerde nicht mehr zu rechnen ist,[1521] erscheint dies nur dann vertretbar, wenn hierfür auf Seiten des Antragstellers berechtigte Belange – Überraschungszweck – sprechen,[1522] was in den Fällen, in denen eine Schutzschrift eingereicht wurde, nicht mehr ohne weiteres angenommen werden kann.[1523]

§ 5 Abs. 3 SRV sieht eine automatische Benachrichtigung nach Ablauf von drei Monaten vor, wenn eine Schutzschrift vom abrufenden Gericht als sachlich einschlägig gekennzeichnet wurde.

5. Kosten der Schutzschrift

625 **a) Erstattungsanspruch.** Ein **Anspruch auf Erstattung** der mit der Einreichung einer Schutzschrift verbunden Kosten – meist Rechtsanwalts(Patentanwalts-)kosten – kann auf materiellrechtlicher Grundlage oder auf prozessrechtlicher Grundlage bestehen.[1524] Während **materiellrechtliche Erstattungsansprüche** (§ 823 Abs. 1, § 826, § 678 BGB) nur in seltenen Fällen geltend gemacht werden,[1525] da sie – von den weiteren tatbestandlichen Voraussetzungen abgesehen – den Nachweis eines Verschuldens erfordern, ist die **Kostenerstattung auf prozessrechtlicher Grundlage** Gegenstand umfangreicher Erörterungen in der Literatur. Die Rechtsprechung ist insbesondere in Bezug auf den Umfang von Erstattungsansprüchen auf OLG-Ebene uneinheitlich – für Entscheidungen im Kostenfestsetzungsverfahren sind anders als für die Kostengrundentscheidung meist spezielle Kostensenate zuständig. Es zeichnet sich aber bereits ab, dass sich die bisherige uneinheitliche Rechtsprechung in Kostenfragen durch die Eröffnung der Rechtsbeschwerde in vielen Bereichen vereinheitlichen wird.

626 **b) Kostenerstattung.** Der **prozessuale Kostenerstattungsanspruch** setzt eine **Kostengrundentscheidung** voraus.

627 Dabei kann es sich um eine **Entscheidung nach §§ 91 ff. ZPO** handeln, wenn über den entsprechenden Verfügungsantrag aufgrund mündlicher Verhandlung durch **Urteil** entschieden wird. Nach dem RVG fällt für die Einreichung eine Geschäftsgebühr von 0,5 bis 2,5 gemäß §§ 13, 15 RVG i. V. m. Nr. 2300 an.[1526] Gemäß § 19 Abs. 1 Satz 2 Nr. 1 a RVG[1527] mit der Folge, dass für den Rechtsanwalt, der einen Prozessauftrag hat, das einreichen der Schutzschrift mit der Verfahrensgebühr für das Verfügungsverfahren abgegolten ist.[1528]

628 Wird der Verfügungsantrag durch Beschluss zurückgewiesen, können die mit der Einreichung der Schutzschrift verbundenen Kosten aufgrund der **Kostengrundentscheidung im Zurückweisungsbeschluss** erstattet verlangt werden,[1529] wenn sie notwendig im Sinne von § 91 Abs. 1 Satz 1 ZPO waren, was im Festsetzungsverfahren zu prüfen ist.[1530] Ob die Schutzschrift für die abweisende Entscheidung kausal geworden ist, ist nicht maßgeblich.

629 Als Kostengrundentscheidung kommt weiter ein **Beschluss gemäß § 269 Abs. 3 ZPO** (entsprechend)[1531] in Betracht, wenn der Antragsteller den Antrag auf Erlass einer einstweiligen Ver-

---

[1519] *Berneke/Schüttpelz* Rdn. 294; *May* S. 58; a. A. *Hilgard* S. 40.

[1520] Vgl. hierzu auch *Teplitzky* Kap. 55 Rdn. 52 und in anderem Zusammenhang Rdn. 57a.

[1521] Ahrens/*Spätgens* Kap. 6 Rdn. 20; vgl. auch *Deutsch* GRUR 1990, 327, 329.

[1522] Vgl. OLG Rostock MDR 2011, 384, zum Antrag auf Akteneinsicht; *Guhn* WRP 2014, 27.

[1523] Vgl. hierzu *Schmidt-Gaedke/Arz* WRP 2012, 60, 63 ff.; *Schulz* WRP 2009, 1471, 1475 f; *Wehlau/Kalbfuss* Rn. 233 ff.

[1524] Zum Verhältnis der beiden vgl. BGH GRUR 1995, 169, 170 – *Kosten des Verfügungsverfahrens bei Antragsrücknahme.*

[1525] Vgl. OLG Stuttgart WRP 1984, 296; OLG Frankfurt GRUR 1989, 858; AG Charlottenburg AnwBl 1999, 60; Ahrens/*Spätgens* Kap. 6 Rdn. 27; *Deutsch* GRUR 1990, 327, 331; vgl. auch *Borck* WRP 2001, 20, 27.

[1526] BGH GRUR 2008, 640 – *Kosten der Schutzschrift III*; *Wehlau/Kalbfus* Rdn. 247 mwN.

[1527] Eingeführt zum 1.1.2016 vgl. NJW-Spezial 2016, 125.

[1528] BGH GRUR 2003, 456 – Kosten der Schutschrift I; OLG Bamberg BeckRS 2003, 30326041; *Wehlau/Kalbfus* Rdn. 248; *Schulz* WRP 2009, 1472, 1477.

[1529] BGH GRUR 2003, 456 – *Kosten der Schutzschrift I.*

[1530] Ahrens/*Spätgens* Kap. 6 Rdn. 30; Ahrens/*Spätgens* Rdn. 292.

[1531] Siehe Rdn. 191.

fügung zurückgenommen hat.[1532] Ein solcher Kostenbeschluss setzt einen Antrag von Seiten des Antragsgegners voraus. An diesem Antragserfordernis hat sich – anders § 516 Abs. 3, § 565 ZPO – durch das ZPO-ReformG nichts geändert.

Ob der Antragsgegner **von dem Verfügungsantrag Kenntnis erlangt** hat oder nicht, ist **ohne Bedeutung;**[1533] ebenso, ob die Schutzschrift für die Rücknahme kausal geworden ist, da nach allgemeiner Meinung ein Prozessrechtsverhältnis – als Voraussetzung für einen prozessualen Kostenerstattungsanspruch überhaupt – bereits mit Eingang des Verfügungsantrags bei Gericht entsteht,[1534] nicht erst mit Zustellung der Antrags- oder Beschwerdeschrift bzw. der erlassenen einstweiligen Verfügung. Das Gericht hat daher einem Antrag nach § 269 Abs. 3 Satz 2, Abs. 4 ZPO nach Anhörung des Antragstellers zu entsprechen, ohne dass es darauf ankäme, ob und welche Kosten dem Antragsgegner entstanden sind bzw. ob überhaupt eine Schutzschrift eingereicht wurde. Nach zutreffender Auffassung ist das Entstehen, die Notwendigkeit, die Höhe sowie die Zuordnung der geltend gemachten Kosten nicht im Verfahren nach § 269 Abs. 3 ZPO, sondern im **Kostenfestsetzungsverfahren** zu prüfen.[1535] Hierbei ist ein objektiver Maßstab anzuwenden.[1536] Einem solchen Antrag kann nicht mit einem fehlenden Rechtsschutzbedürfnis mangels festsetzbarer Kosten begegnet werden.[1537] Ist maßgeblich auf die Einreichung des Verfügungsantrags abzustellen,[1538] kann es auch nicht darauf ankommen, ob die Schutzschrift bereits vorlag oder erst danach eingegangen ist.[1539] Wurde dagegen kein Verfügungsantrag eingereicht, scheidet eine prozessuale Kostenerstattung aus,[1540] hier kommt allenfalls ein materiellrechtlicher Anspruch in Betracht.[1541] Dies gilt auch, wenn der Verfügungsantrag nicht bei dem Gericht eingereicht wurde, bei dem die Schutzschrift hinterlegt wurde.[1542] Die durch die Einreichung einer Schutzschrift nach Rücknahme des Verfügungsantrags entstandenen Kosten sind auch dann nicht erstattungsfähig, wenn der Antragsgegner die Rücknahme nicht kannte oder kennen musste.[1543] Hat der Anwalt das Geschäft i. S. v. Teil 3 Vorb. 3 Abs. 2 RVG VV bereits vor der Rücknahme betrieben, etwa durch Entgegennahme des Auftrags, so ist dadurch die 0,8 Verfahrensgebühr gemäß Nr. 3100, 3101 Nr. RVG VV angefallen.[1544] 629a

c) Erstattungsfähige Kosten. Welche Kosten zu erstatten sind, ist Gegenstand des **Kostenfestsetzungsverfahrens.** 630

Die Schutzschrift muss sich auf den eingereichten Verfügungsantrag beziehen.[1545] Diese **Zuordnung** verlangt aber keine Identität zwischen dem Inhalt der Schutzschrift und dem Verfügungsantrag, sondern es reicht aus, wenn sich diese als taugliches Verteidigungsmittel in Bezug auf den Verfügungsantrag darstellt.[1546] Davon wird man ebenso wie bei der vorherigen Rücknahme (siehe Rdn. 629) auch dann ausgehen müssen, wenn der Verfügungsantrag bereits zurückgewiesen war.[1547] Erstattungsfähig sind jedoch nur die Kosten, die durch die Einreichung bei dem Gericht angefallen sind, bei dem der Antrag auf Erlass einer einstweiligen Verfügung eingereicht wurde.[1548] Dagegen können die Kosten erstattet verlangt werden, die bei einer Einreichung beim Schutzschriftenregister (ZSR) der EEAR anfallen.[1549] Gleiches gilt für die Kosten, die seit dem 1.1.2016 bei 631

[1532] BGH GRUR 2003, 456 – *Kosten der Schutzschrift I;* siehe auch die Nachweise bei *Teplitzky* Kap. 55 Rdn. 56 Fn. 208.

[1533] BGH WRP 2007, 786 – *Kosten der Schutzschrift II;* KG WRP 1988, 240; OLG Düsseldorf WRP 1981, 652; OLG Frankfurt WRP 1979, 818; GRUR 1996, 229; NJWE-WettbR 2000, 149; OLG Hamburg WRP 1977, 495, 496; OLG Karlsruhe WRP 1986, 352; OLG München WRP 1983, 358; MDR 1982, 412; WRP 1992, 811; NJW 1993, 1604.

[1534] KG WRP 1999, 547; OLG Karlsruhe OLG Report 2000, 436; OLG Koblenz GRUR 1995, 171; vgl. weiter die eingehenden Nachw. aus Lit. u. Rspr. bei Ahrens/*Spätgens* Kap. 6 Rdn. 29.

[1535] OLG Köln JurBüro 1981, 1827; OLG Stuttgart WRP 1979, 818; Ahrens/*Spätgens* Kap. 6 Rdn. 32.

[1536] BGH WRP 2007, 786 Tz. 17 – *Kosten der Schutzschrift II.*

[1537] OLG Karlsruhe WRP 1986, 352; Ahrens/*Spätgens* Kap. 6 Rdn. 32 m. w. N. auch zur Gegenmeinung.

[1538] Vgl. BGH GRUR 2003, 456 – *Kosten der Schutzschrift I; Berneke* Rdn. 390 m. w. N.

[1539] Pastor/Ahrens/*Spätgens* Kap. 13 Rdn. 33; *Teplitzky* GRUR 1988, 405, 406.

[1540] Einhellige Meinung vgl. statt aller Teplitzky/*Feddersen* Kap. 55 Rdn. 55.

[1541] *Berneke/Schüttpelz* Rdn. 699 f.

[1542] OLG Düsseldorf JurBüro 2000, 423.

[1543] BGH GRUR 2008, 640 Tz. 16 – *Kosten der Schutzschrift II.*

[1544] BGH vorige Fn. Tz. 18, 19.

[1545] Vgl. OLG Rostock, Beschl. v. 21.10.2010 – 5 W 117/10, Einreichung bei einem unzuständigen Gericht, bei dem auch der Verfügungsantrag gestellt wird.

[1546] OLG Köln Rpfleger 1995, 518; Ahrens/*Spätgens* Rdn. 312.

[1547] OLG Hamburg JurBüro 1990, 732; *Deutsch* GRUR 1990, 327, 331.

[1548] OLG Hamburg GRUR-RR 2014, 96 = WRP 2014, 100.

[1549] OLG Frankfurt, Beschl. v. 22.7.2015 – 6 W 72/15, juris; a.A. *Kessen* in Schuschke/Walker § 945b Rn. 7 unter Bezugnahme auf OLG vorh. Fußn.

Einreichung einer Schutzschrift bei dem von Hessen unterhaltenen ZSSR gemäß § 945a Abs. 1 Satz 1 ZPO entstehen.

632 Die **Hinzuziehung eines Anwalts** zur Verteidigung gegen einen erwarteten Antrag auf Erlass einer einstweiligen Verfügung wird in der Regel als **notwendig** im Sinne von § 91 Abs. 1 Satz 1 ZPO anzusehen sein.[1550]

633 Die **gesetzliche anwaltliche Vergütung** richtet sich – sofern vertraglich eine niedrigere vereinbart war, kann nur diese erstattet verlangt werden[1551] – nach den Regelungen des RVG (§§ 1, 2 Abs. 2, 9, 13ff., 19 Abs. 1a RVG i.V.m. dem VV RVG Nr. 3403 oder Nr. 3100ff. War der dem Anwalt erteilte Auftrag nicht auf die Fertigung der Schutzschrift beschränkt, regelt sich die Vergütung nach Nr. 3100, d.h. er erhält eine Geschäftsgebühr von 0,5 bis 2,5, in der Regel eine 1,3 Gebühr.[1552] Im Falle eines Einzelauftrags regelt sich die Vergütung nach Nr. 3403.[1553]

XXIII. Abschlussschreiben und Abschlusserklärung

Schrifttum: *Ahrens,* Die Abschlusserklärung – Zur Simulation der Rechtskraft von Verfügungstiteln, WRP 1997, 907; *Borck,* Kunstfehler und kalkulierte Risiken beim Umgang mit Unterlassungsverfügungen, WRP 1979, 274; *Eser,* Probleme der Kostentragung bei der vorprozessualen Abmahnung und beim Abschlussschreiben in Wettbewerbsstreitigkeiten, GRUR 1986, 35; *Krenz,* Die Geschäftsführung ohne Auftrag beim wettbewerbsrechtlichen Abschlussschreiben, GRUR 1995, 31; *Lindacher,* Praxis und Dogmatik der wettbewerblichen Unterlassungserklärung, BB 1984, 639; *Lüke,* Abschlussschreiben und Schutzschrift bei Unterlassungsverfügungen, in: FS Jahr, 1999, 293; *Schuschke* in: Schuschke/Walker, Anhang D zu § 935, 1999; *Spehl,* Abschlussschreiben und Abschlusserklärung im Wettbewerbsverfahrensrecht, 1987.

1. Begriff und Funktion

634 Als **Abschlussschreiben** wird die Aufforderung von Seiten des Antragstellers gegenüber dem Antragsgegner verstanden, eine ergangene einstweilige Verfügung als verbindliche Regelung anzuerkennen.[1554] Kommt der Antragsgegner dieser Aufforderung nach, so gibt er eine entsprechende **Abschlusserklärung** ab. Ist gegen den Antragsgegner eine einstweilige Verfügung – in Beschlussoder in Urteilsform – ergangen, kann sich die Interessenlage der Parteien sehr unterschiedlich darstellen. Bei einer Beschlussverfügung steht dem Antragsgegner neben den weiteren Rechtsbehelfen (§§ 926, 927 ZPO, negative Feststellungsklage) der nicht an eine Frist gebundene Widerspruch (§§ 924f. ZPO) zur Verfügung. Ebenso kann der Bestand einer Urteilsverfügung mit diesen Rechtsbehelfen angegriffen werden, selbst wenn die Möglichkeit der Berufung nicht mehr gegeben ist. Dem Antragsteller muss daran gelegen sein, diese Bestands- und Wirkungsdefizite[1555] der einstweiligen Verfügung als lediglich vorläufiger Regelung zu beseitigen. Auch wenn durch die Regelung in § 204 Abs. 1 Nr. 9 BGB gemäß Schuldrechtsmodernisierungsgesetz (siehe oben Rdn. 409ff.) durch die Zustellung des Verfügungsantrags bzw. der einstweiligen Verfügung die Verjährung gehemmt wird, muss er der Verjährungsfrage nach Abschluss des Verfügungsverfahrens (§ 204 Abs. 2 BGB) weiterhin Rechnung tragen,[1556] sodass er auch unter diesem Gesichtspunkt die Erhebung einer Hauptsacheklage, sofern nicht bereits anhängig, erwägen muss.

634a Der Antragsgegner wird die **Erfolgsaussichten** – Obsiegen in einem Hauptsacheverfahren aufgrund verbesserter Verteidigungsmöglichkeiten (weitergehende Beweismittel; erweiterter Instanzenzug) – sowie die **zu erwartenden Kosten** in seine Erwägungen einzubeziehen haben, ob ein Hauptsacheverfahren erfolgversprechend erscheint.[1557] Insbesondere wenn die einstweilige Verfügung durch das Berufungsgericht bestätigt oder erst erlassen wurde, muss er mit einer entsprechenden Beurteilung im Hauptsacheverfahren rechnen.

1550 Allgemeine Meinung, vgl. *Berneke* Rdn. 392 m. w. N.

1551 OLG München MD 2007, 168; *Henssler* NJW 2005, 1537, 1538f.

1552 BGH a. a. O. – *Kosten der Schutzschrift II;* OLG Nürnberg MDR 2005, 962; *Müller-Rabe* in Gerold/Schmidt u. a., RVG, Teil D, Anhang II Rdn. 170 ff., 181; MünchKommUWG/*Schlingloff* § 12 Rdn. 416; vgl. auch OLG Hamburg MDR 2005, 1196.

1553 OLG Nürnberg MDR 2005, 962; *Müller-Rabe* vorige Fn. Rdn. 175; *Schlingloff* vorige Fn.; Ahrens/*Spätgens* Kap. 6 Rdn. 42.

1554 Muster für Abschlussschreiben bei *Bopp/Sonntag* in Münchner Prozessformularbuch Bd. 5, A. 7; *Nirk/Kurtze* S. 274; *Lensing-Kramer* in: Hasselblatt § 5 Rdn. 78.

1555 So *Lindacher* BB 1984, 639, 640.

1556 *Schabenberger* WRP 2002, 293, 299ff. oben Rdn. 138.

1557 Vgl. BGH GRUR 2006, 349 und LG Braunschweig GRUR-RR 2010, 262, zur Frage der Anwaltshaftung.

Um diesen Interessen beider Parteien an der Vermeidung eines Hauptsacheverfahrens zur Bestandsicherung der einstweiligen Verfügung gerecht zu werden, wurde in der Praxis ein Verfahren entwickelt, um die einstweilige Verfügung **zur Bestandssicherung einem Hauptsachetitel gleichzusetzen.**[1558] Der Antragsteller muss also mit der Abschlusserklärung so gestellt werden, wie er im Falle eines rechtskräftigen Hauptsachetitels stünde.[1559] 634b

2. Abschlusserklärung

a) Inhalt. Welchen Inhalt die Abschlusserklärung haben muss, bestimmt sich sonach an dem vorgenannten **Vergleichsmaßstab – Bestehen eines entsprechenden rechtskräftigen Hauptsachetitels.** Unabhängig von der Frage, ob der Antragsgegner auch auf solche Einwendungen im Voraus verzichten kann, die er auch einem rechtskräfigen Hauptsachetitel (im Verfahren nach § 323 bzw. § 767 ZPO) entgegen setzen könnte,[1560] ist ein solcher Verzicht für eine Gleichstellung des Verfügungstitels mit einem rechtskräftigen Hauptsachetitel nicht erforderlich,[1561] mit der Folge, dass eine Abschlusserklärung einen so weitgehenden Einwendungsverzicht nicht enthalten muss.[1562] Um diese Bestandssicherung des Verfügungstitels zu erreichen, **muss die Erklärung** des Antragsgegners **je nach Verfahrensstand Folgendes beinhalten:** 635

Bei einer Beschlussverfügung muss auf den Rechtsbehelf des **Widerspruchs** (§§ 936, 924 ZPO) verzichtet[1563] werden. Wurde bereits Widerspruch eingelegt, muss die Erklärung auch die Verpflichtung zu dessen Rücknahme umfassen.[1564] 636

Weiter muss der Antragsgegner auf das **Antragsrecht** nach **§§ 936, 926 Abs. 1** ZPO[1565] bzw. bei bereits erfolgter Fristsetzung auf die Rechte aus **§ 926 Abs. 2** ZPO verzichten. 637

Wurde die einstweilige Verfügung durch Urteil erlassen bzw. auf Widerspruch bestätigt und ist die Berufungsfrist noch nicht abgelaufen, muss auf das **Rechtsmittel der Berufung verzichtet** werden (§ 515 ZPO). 638

Im Ausgangspunkt kann als unbestritten angesehen werden, dass jedenfalls in bestimmten Umfang **auf den Rechtsbehelf aus §§ 936, 927 ZPO** verzichtet werden muss.[1566] Da die Abschlusserklärung den Gläubiger gegenüber einem rechtskräftigen Hauptsachetitel nicht besser stellen soll, wird eine entsprechende Beschränkung des Verzichts vorgeschlagen. Nicht verzichtet werden muss danach auf das Recht, die Aufhebung der einstweiligen Verfügung wegen **künftiger Umstände,** die einem rechtskräftigen Hauptsachetitel entgegen gesetzt werden könnten, zu verlangen. Siehe hierzu den Formulierungsvorschlag bei *Ahrens:*[1567] „… Verzichtet wird … sowie des Antrags auf Aufhebung wegen veränderter Umstände (§ 927 ZPO) mit Ausnahme künftiger Umstände, die einem rechtskräftigen Hauptsachetitel entgegen gesetzt werden könnten …“ sowie *Teplitzky* Kap. 43 Rdn. 8: „… auf alle Möglichkeiten eines Vorgehens verzichtet werde, die auch im Falle eines rechtskräftigen Hauptsacheurteils ausgeschlossen wären.“[1568] 639

[1558] Hierzu eingehend *Ahrens* S. 215 ff.; *Spehl* S. 47 ff.

[1559] BGH GRUR 1991, 76, 77 – *Abschlusserklärung;* KG WRP 1989, 674; *Ahrens* WRP 1997, 907 f. m. w. N.

[1560] Bejahend *Teplitzky* Kap. 43 Rdn. 6; *Spehl* S. 55 ff.; verneinend: *Ahrens* WRP 1997, 907, 910; *Scherf* WRP 1969, 395, 397.

[1561] Vgl. BGH GRUR 1991, 76, 77 – *Abschlusserklärung;* GRUR 1989, 115 – *Mietwagen-Mitfahrt;* OLG Hamburg AfP 1987, 805; OLG Stuttgart WRP 2007, 688, 689; *Melullis* Rdn. 673; Gloy/Loschelder/Erdmann/*Spätgens,* HdbWettbR, § 106 Rdn. 3; MünchKommUWG/*Schlingloff* § 12 Rdn. 550.

[1562] *Melullis* Rdn. 673; *Schmukle* in: Schuschke/Walker Anhang D zu § 935 Rdn. 5.

[1563] Vgl. *Ahrens* WRP 1997, 907, 909, 912 m. w. N. zur Differenzierung zwischen einem einseitgen Verzicht und einer Verpflichtung, keinen Widerspruch einzulegen.

[1564] *Kessen* in: Schuschke/Walker Anhang D zu § 935 Rdn. 4.

[1565] *Ahrens* WRP 1997, 907, 909; vgl. auch BGH GRUR 1973, 384 – *Goldene Armbänder.*

[1566] Eingehend hierzu *Ahrens* WRP 1997, 907, 909 ff. unter III.2.b; Ahrens/*Ahrens* Kap. 58 Rdn. 15–19; vgl. auch BGH GRUR 2009, 1096 Tz. 14 ff. – *Mescher weis.*

[1567] WRP 1997, 907, 913 und Ahrens/*Ahrens* Kap. 58 Rdn. 54.

[1568] Demgegenüber sieht die Formulierung bei *Bopp/Sonntag* in: Münchner Prozessformularbuch, Bd. 5, A. 7 keine Einschränkung vor, sondern „überlässt es dem Schuldner, eine insoweit für erforderlich gehaltene Einschränkung zu machen.“, a. a. O. Anm. 11, S. 58 unten; vgl. weiter: KG NJW-RR 1987, 814; Beschl. v. 3.10.1986 – 5 W 3318/86, bei *Traub* WVP S. 19 unter 2.1; MD 1995, 147, 148 sowie OLG Hamburg NJWE-WettbR 1996, 64; AfP 1997, 805: Verzicht jedenfalls auf solche Umstände, die Abgabe der Verzichtserklärung bereits vorliegen; wegen der in der Zukunft vorliegenden Umstände, muss keine andere Rechtslage wie bei der Hauptsacheklage hergestellt werden. OLG Hamm GRUR 1993, 1001; OLG Koblenz GRUR 1986, 94, 95: Verzicht jedenfalls auf solche Umstände, die bei Abgabe der Erklärung bereits vorlagen; OLG Köln WRP 1998, 791, 794: jedenfalls auf die Geltendmachung der Einrede der Verjährung als veränderter Umstand nach § 927 muss verzichtet werden; OLG München SJZ 1950, 827; OLG Stuttgart NJWE-WettbR 1996, 63 = WRP 1996, 152, 153; WRP 1983, 586 (LS): kein Verzicht auf erst in der Zukunft eintretenden Gründe.

640 Daneben wird ein Verzicht auf ein Vorgehen im Wege der **negativen Feststellungsklage** oder der Inzidentfeststellungsklage im Rahmen eines Schadensersatzanspruches für erforderlich bzw. jedenfalls zur Klarstellung für sinnvoll gehalten ist.[1569]

641 Ob mit der Abschlusserklärung ein **Anerkenntnis** des **materiellen Anspruchs** verbunden sein muss bzw. diesen im Wege der Auslegung zu entnehmen ist – sofern nicht ausdrücklich erklärt[1570] – wird ebenfalls kontrovers diskutiert.[1571]

642 Auch wenn dies in der Abschlusserklärung verlangt wird, muss sich der Antragsgegner in der Abschlusserklärung nicht verpflichten, die **Kosten** des Abschlussschreibens (dem Grunde und/oder der Höhe nach; siehe hierzu unten Rdn. 662ff.) zu tragen.[1572] Gleiches gilt hinsichtlich eines Verlangens bezüglich der **Anerkennung der Schadensersatzverpflichtung** oder der Leistung von Auskunft.

643 **b) Adressat.** Die Abschlusserklärung ist nicht gegenüber dem Gericht, sondern **gegenüber dem Antragsteller** abzugeben. Ob ihr der vorstehend für erforderlich angesehene Erklärungsinhalt zu entnehmen ist, ist gegebenenfalls durch **Auslegung** anhand des Wortlautes und der Begleitumstände zu ermitteln,[1573] wobei von *Ahrens*[1574] zur Vermeidung jeglicher Unsicherheiten eine entsprechend detailierte Formulierung (siehe oben Rdn. 639) vorgeschlagen und vor allzu pauschalen Formulierungen gewarnt wird. Wird der Verzicht im Einzelnen aufgeschlüsselt, ist davon auszugehen, dass die Erklärung abschließend zu verstehen ist und darin nicht genannte Rechtsbehelfe vom Verzicht nicht umfasst werden sollen.[1575] Verbleibende Zweifel hinsichtlich der Reichweite gehen zu Lasten des Erklärenden.[1576]

644 **c) Umfang.** Die Abschlusserklärung muss sich auf die einstweilige Verfügung mit dem **Inhalt** beziehen, **wie sie vom Gericht erlassen** worden ist,[1577] was allerdings nicht ausschließt, dass sie auf einzelne Streitgegenstände beschränkt wird, sofern hierdurch die Vollstreckungsfähigkeit des „anerkannten" Teils gewahrt bleibt.[1578] Andere Einschränkungen oder klarstellende Zusätze sind nicht möglich.[1579] Ebenso steht eine aufschiebende, aber auch eine auflösende **Bedingung**[1580] dem Zweck der Bestandssicherung entgegen,[1581] sofern die aufschiebende Bedingung[1582] bei Schluss der mündlichen Verhandlung über die Hauptsacheklage nicht bereits eingetreten ist oder feststeht, dass die auflösende Bedingung[1583] nicht mehr eintreten kann.

645 **d) Form.** Nach allgemeiner Auffassung muss die Abschlusserklärung **schriftlich** abgegeben werden, um den Antragsteller zur Durchsetzung seines „erstarkten" Verfügungstitels in die Lage zu

---

1569 Vgl. OLG Stuttgart WRP 1984, 230, 231, dass eine Verpflichtung zum Verzicht (auch) auf die Ansprüche aus § 945 ZPO erwähnt, ohne dies allerdings weiter zu problematisieren; *Ahrens* WRP 1997, 907, 911; Ahrens/*Ahrens* Kap. 58 Rdn. 20ff.; a. A. *G. Fischer* in: FS Merz, S. 81, 91; *Bopp/Sonntag* a. a. O. Anm. 11; vgl. auch OLG Koblenz GRUR 1986, 94, 95.

1570 Vgl. die Formulierung bei *Bopp/Sonntag* a. a. O. S. 56: „... erkennt ... als endgültige und zwischen den Parteien materiellrechtlich verbindende Regelung an ..."; ebenso die Formulierung bei *Ahrens* WRP 1997, 907, 911.

1571 Bejahend, insbesondere in Bezug auf die Einrede der Verjährung *Ahrens* WRP 1997, 907, 911f. und Ahrens/*Ahrens* Kap. 58 Rdn. 22–24; *Lindacher* BB 1984, 639, 642; a. A. *Teplitzky* Kap. 43 Rdn. 8.

1572 Teplitzky/*Bacher* Kap. 43 Rdn. 12.

1573 BGH WRP 1989, 272, 273f. – *Bioäquivalenzwerbung;* GRUR 2009, 1096 Tz. 26 – *Mescher weis;* OLG Hamm GRUR 1993, 1001, 1002; OLG Stuttgart NJWE-WettbR 1996, 63; OLG Hamburg NJWE-WettbR 1996, 64; AfP 1997, 805; Ahrens/*Ahrens* Kap. 58 Rdn. 11.

1574 In *Ahrens* Kap. 58 Rdn. 12.

1575 OLG Hamm GRUR 1993, 1001, 1002; OLG Hamburg NJWE-WettbR 1996, 64; KG GRUR 1991, 258; Ahrens/*Ahrens* Kap. 58 Rdn. 11.

1576 KG WRP 1986, 87.

1577 BGH GRUR 2009, 1096 Tz. 14 – *Mescher weis;* OLG Karlsruhe WRP 1993, 43, 44; OLG München, Beschl. v. 29.7.2002 – 29 W 1724/02; Ahrens/*Ahrens* Kap. 58 Rdn. 29; *Köhler*/Bornkamm § 12 Rdn. 3.74.

1578 BGH GRUR 2005, 692 – *„statt"-Preis;* OLG München vorige Fn.

1579 OLG Karlsruhe WRP 1993, 43, 44; Ahrens/*Ahrens* Kap. 58 Rdn. 25; *Schmukle* in: Schuschke/*Walker* Anhang D zu § 925 Rdn. 7.

1580 Vgl. OLG München, Urt. v. 15.10.2015 – 6 U 1046/15: Erfolglosigkeit einer bereits anhängigen Klage des Antragsgegners gegen die Antragstellerin wegen des Vorwurfs des rechtsmissbräuchlichen Verhaltens der Antragstellerin.

1581 BGH GRUR 1991, 76, 77 – *Abschlusserklärung;* KG WRP 1989, 674, 675 (auch zur ausnahmsweisen zulässigen auflösenden Bedingung; zustimmend Ahrens/*Spätgens* Rdn. 191); Ahrens/*Ahrens* Kap. 58 Rdn. 30.

1582 Ahrens/*Ahrens* Kap. 58 Rdn. 30.

1583 BGH GRUR 1991, 76, 77 – *Abschlusserklärung.*

versetzen.[1584] Dem genügt auch eine entsprechende Erklärung zu Protokoll des Gerichts – etwa im Anschluss an die mündliche Verhandlung.[1585] Mündliche Erklärungen oder Erklärungen per Telefax genügen aus den zur Unterwerfungserklärung entwickelten Grundsätzen[1586] dagegen nicht.[1587] Unter den von *Teplitzky/Bacher*[1588] genannten Voraussetzungen – Ankündigung einer umgehenden Nachreichung einer schriftlichen Erklärung – können entsprechende Ankündigungen allerdings vorläufige Wirkungen zeigen.[1589] Lässt der Formmangel nicht auf fehlenden Erklärungswillen (Ernsthaftigkeit) schließen, wird vom Antragsteller auch zu fordern sein, auf die formellen Mängel hinzuweisen.[1590]

e) Zugangsbedürftigkeit. Die Abschlusserklärung muss dem Antragsteller zugehen, was gegebenenfalls vom Antragsgegner zu beweisen ist. Die überwiegende Meinung verlangt, da in der Abschlusserklärung nur eine einseitige Erklärung im Sinne eines auch einseitig möglichen Rechtsbehelfsverzichts[1591] gesehen wird, **keine konkludente oder ausdrückliche Annahme** von Seiten des Antragstellers,[1592] sodass die Wirkung der Abschlusserklärung nur davon abhängt, ob sie inhaltlich ausreichend ist.[1593] Soll mit der Abschlusserklärung dagegen auch eine materiellrechtlich wirkende Erklärung[1594] verbunden sein („... erkennt gegenüber ... als endgültige und zwischen den den Parteien materiellrechtlich verbindliche Regelung an ..."), bedarf es hierzu einer (konkludenten) Vereinbarung, die – ebenso wie ein Unterlassungsvertrag als Folge einer Abmahnung (vgl. oben Rdn. 124 ff.) – durch Annahme eines im Abschlussschreiben zu sehenden Angebots oder gemäß § 151 BGB zustande kommen kann. 646

f) Wirkung. Mit dem Zugang einer inhaltlich hinreichenden Abschlusserklärung beim Antragsteller, die der Antragsgegner auch von sich aus, d. h. ohne vorherige Aufforderung abgeben kann, fehlt dem Antragsteller das **Rechtsschutzbedürfnis**[1595] für eine Hauptsacheklage. Dem Antragsgegner wird damit sowohl ein Vorgehen im Wege der negativen Feststellungsklage als auch gemäß § 945 ZPO abgeschnitten.[1596] 647

Die überwiegende Meinung in der Rechtsprechung[1597] und Literatur[1598] misst der Abschlusserklärung ebenso wie einer vertragsstrafenbewehrten Unterlassungserklärung[1599] auch eine **Drittwirkung** zu, mit der Begründung, auch im Verhältnis zu Dritten entfalle damit die Wiederholungsgefahr. Dies wird damit begründet, dass ebenso wie bei Abgabe einer strafbewehrten Unterlassungserklärung damit der künftige Unterlassungswille zum Ausdruck gebracht wird,[1600] während die gegenteilige Auffassung[1601] darauf verweist, der Abschlusserklärung könne ebenso wie einem rechtskräftigen Hauptsachetitel nur eine inter partes-Wirkung zukommen. Da der BGH[1602] aber auch einem in einem Hauptsacheverfahren ergangenen rechtskräftigen Unterlassungsurteil die Eignung beimisst, die nach einem begangenen Wettbewerbsverstoß zu vermutende Begehungsgefahr auch 648

[1584] KG GRUR 1991, 258 unter Hinweis auf die vorrangigen Interessen des Antragstellers; Ahrens/*Ahrens* Kap. 58 Rdn. 37; *Kessen* in: Schuschke/Walker Anhang C zu § 935 Rdn. 8; Fezer/*Büscher* § 12 Rdn. 141.

[1585] Gloy/Loschelder/Erdmann/*Spätgens*, HdbWettbR, § 110 Rdn. 6.

[1586] BGH GRUR 1990, 530, 532 – *Unterwerfung durch Frenschreiben.*

[1587] A. A. *Spehl* S. 86 f.; *Nirk/Kurtze* Rdn. 416: „ausnahmsweise auch mündlich".

[1588] Kap. 43 Rdn. 14.

[1589] Ebenso *Köhler/Piper,* UWG, § 25 Rdn. 75.

[1590] Ähnlich Teplitzky/*Bacher* Kap. 43 Rdn. 14.

[1591] Hierzu Ahrens/*Ahrens* Kap. 58 Rdn. 34.

[1592] LG Hamburg WRP 1995, 432; *Kessen* in: Schuschke/Walker Anhang D zu § 935 Rdn. 8; a. A. Ahrens/*Ahrens* Kap. 58 Rdn. 32 f., der eine vertragliche Vereinbarung verlangt.

[1593] So im Ergebnis auch Ahrens/*Ahrens* Kap. 58 Rdn. 34.

[1594] *Köhler/Piper,* UWG, § 25 Rdn. 76: abstraktes Schuldanerkenntnis i. S. v. § 781 BGB; a. A. Ahrens/*Ahrens* Kap. 58 Rdn. 28: feststellender kausaler Schuldbestätigungsvertrag.

[1595] BGH GRUR 2010, 855 Tz. 16 f. – *Folienrollos;* GRUR 2009, 1096 Tz. 14 – *Mescher weis;* GRUR 1991, 76, 77 – *Abschlusserklärung;* GRUR 1989, 115 – *Mietwagen-Mitfahrt;* GRUR 1973, 384, 385 – *Goldene Armbänder; Berneke/Schüttpelz* Rdn. 621 m. w. N.

[1596] OLG Köln GRUR 1970, 204; *Kessen* in: Schuschke/Walker, Anhang D zu § 935 Rdn. 9.

[1597] KG WRP 1993, 22, 26; WRP 1998, 71, 72 OLG Frankfurt NJWE-WettbR 1996, 280; OLG Hamburg WRP 1995, 240, 241; OLG Hamm WRP 1988, 334 (LS); NJW-RR 1991, 236; OLG Karlsruhe WRP 1995, 649, 650; NJWE-WettbR 1996, 65; OLG München, Beschl. v. 17.7.1997 – 6 U 6184/96; OLG Schleswig MMR 2002, 161, 162; OLG Zweibrücken NJWE-WettbR 1999, 66, 67.

[1598] *Köhler*/Bornkamm § 12 Rdn. 3.77; *Kessen* in: Schuschke/Walker Anhang C zu § 935 Rdn. 11.

[1599] *Brüning* § 12 Rdn. 170.

[1600] Einschränkend für den Fall der wiederholten Zuwiderhandlung OLG Hamm NJW-RR 1991, 236; Ahrens/*Ahrens* Kap. 58 Rdn. 34.

[1601] *Teplitzky* WRP 1996, 171, 174; *Traub* WRP 1987, 256 f.; *Ahrens* EWiR § 927 ZPO 1/96, 911; *Graf Lambsdorff* Rdn. 578.

[1602] GRUR 2003, 450, 452 – *Begrenzte Preissenkung.*

im Verhältnis zu einem Dritten entfallen zu lassen, jedenfalls dann, wenn der Titelinhaber die Gewähr dafür bietet, den Titel auch durchzusetzen, wird die Ausdehnung der Drittwirkung auch bei einer Abschlusserklärung nicht mehr aufzuhalten sein, wenn sich der Antragsgegner hierauf beruft.

649 Durch eine Abschlusserklärung können neben einer auf Unterlassung lautenden einstweiligen Verfügung auch **sonstige Leistungsverfügungen** einem Hauptsachetitel gleichgestellt werden,[1603] nicht jedoch im Falle der Anordnung einer **Sequestrierung** oder **Verwahrung.** Die Durchsetzung des Beseitigungs- bzw. Vernichtungsanspruchs kann nur durch Klage erfolgen, wenn zwischen den Parteien hierüber keine einvernehmliche Regelung erzielt wird.[1604]

650 Aus einer Abschlusserklärung, die sich auf eine Unterlassungsverfügung bezieht, kann, wenn nicht – wie vielfach gefordert – eine Anerkennung von Schadensersatzansprüchen erfolgt, *keine* entsprechende **Bindung für den Schadensersatzprozess** hergeleitet werden.[1605] Denn im Hinblick auf die Rechtsprechung des BGH,[1606] wonach auch ein rechtskräftiges Unterlassungsurteil keine Rechtskraftwirkung für den Schadensersatzprozess entfaltet, kann auch einer Anerkennung einer auf Unterlassung lautenden einstweiligen Verfügung ohne einen weitergehenden Erklärungsgehalt in Bezug auf Schadensersatzansprüche keine Bindungswirkung beigemessen werden.

651 **g) Beseitigung der Wirkungen.** Die zwischen den Parteien durch die Abgabe einer Abschlusserklärung begründeten Rechtsbeziehungen können als Dauerschuldverhältnis qualifiziert werden, das nach den Grundsätzen über die **Störung der Geschäftsgrundlage** angepasst oder gekündigt werden kann (§ 313 Abs. 1, 3 BGB). Dies setzt aber voraus, dass die Parteien der nachträglichen Änderung von Umständen, die zur Vertragsgrundlage geworden sind, nicht anderweitig Rechnung getragen habe. Wurde (ausdrücklich) oder konkludent nur ein beschränkter Verzicht auf die Rechte aus § 927 ZPO erklärt, bedarf es – worauf in der Literatur[1607] zutreffend hingewiesen wird – keines Rückgriffs auf die Regeln über die Geschäftsgrundlage. Vielmehr ist die Geltendmachung von solchen **Einwendungen, die auch gegenüber einem rechtskräftigen Hauptsachetitel geltend gemacht werden können,** gemäß § 927 ZPO weiterhin möglich. Ist zwischen den Parteien (auch) ein Vertrag mit materiellrechtlicher Wirkung zustande gekommen, bedarf es ebenso einer Beseitigung der daraus folgenden Bindungswirkung im Wege der Kündigung (§ 313 Abs. 3 Satz 2 BGB), wie dies im Rahmen von Unterlassungsverträgen bereits für erforderlich gehalten wurde.[1608]

3. Abschlussschreiben

652 Das Abschlussschreiben weist in seiner Funktion und hinsichtlich der Ausgestaltung als kostenrechtliche Obliegenheit **Parallelen zur Abmahnung** auf. Die Aufforderung an den Antragsgegner, die gegen ihn ergangene einstweilige Verfügung als endgültige Regelung anzuerkennen, dient dazu, ein ansonsten erforderliches, weitere Kosten verursachendes Hauptsacheverfahren zu vermeiden. Ebenso wenig wie die Abmahnung kann auch das Abschlussschreiben als Prozessvoraussetzung für das Hauptsacheverfahren qualifiziert werden. Sie erlangt lediglich im Rahmen von § 93 ZPO Bedeutung. Der Antragsgegner kann – sofern keine Ausnahme von dieser Obliegenheit vorliegt – bei einem sofortigen Anerkenntnis bzw. bei Abgabe einer Unterlassungserklärung im Rahmen einer nach § 91a ZPO zu treffenden Kostenentscheidung einwenden, er habe zur Erhebung der Hauptsacheklage, da er nicht (ordnungsgemäß) zur Anerkennung der einstweiligen Verfügung aufgefordert worden sei, keinen Anlass gegeben.[1609] Reagiert der Antragsgegner auf ein Abschlussschreiben nicht, kann er sich dagegen auch im Falle eines sofortigen Anerkenntnisses nicht darauf berufen, er habe zur Erhebung der Hauptsacheklage keine Veranlassung gegeben.[1610]

652a Der **Zeitpunkt** des Abschlussschreibens ist lediglich in Bezug auf die zu setzende Frist, nach deren Ablauf der Antragsteller ohne das Kostenrisiko des § 93 ZPO Klage erheben kann, sowie für die Kostenerstattung von Bedeutung.[1611]

652b Unter dem Begriff der **„umgekehrten Abschlusserklärung"** wird von *Ahrens*[1612] die Problematik erörtert, ob dem Antragsgegner, wenn der Antragsteller mit seinem Verfügungsantrag abge-

---

[1603] *Berneke/Schüttpelz* Rdn. 621.

[1604] *Ingerl/Rohnke,* MarkenG, § 18 Rdn. 40.

[1605] Vgl. BGH GRUR 2004, 966 – *Standard-Spundfass* unter Hinweis auf BGH NJW 2003, 3058, 3059.

[1606] GRUR 2002, 1046 – *Faxkarte.*

[1607] *Melullis* Rdn. 675.

[1608] *Brüning* § 12 Rdn. 158f.; *Ahrens* WRP 1997, 907, 908 m. Fn. 10.

[1609] H.M., vgl. z.B. BGH GRUR 1973, 384, 385 – *Goldene Armbänder;* GRUR 1990, 282, 285 – *Wettbewerbverein IV;* Ahrens/*Ahrens* Kap. 58 Rdn. 39; Ahrens/*Spätgens* Rdn. 227 m.w.N.

[1610] BGH GRUR2015, 822 Tz. 16 f. – Kosten für Abschlussschreiben II; KG WRP 1981, 277 und 583, 584; Ahrens/*Ahrens* Kap. 58 Rdn. 39.

[1611] Gloy/Loschelder/Erdmann/*Spätgens,* HdbWettbR, § 111 Rdn. 5.

[1612] WRP 2015 Heft 6 Editorial.

wiesen wurde, nach den Grundsätzen der Geschäftsführung ohne Auftrag ein Kostenerstattungsanspruch zuzubilligen ist, wenn er den Antragsgegner zu einer Erklärgung auffordert, ob dieser von seinem behaupteten Anspruch Abstand nehmen will.

a) Form. Trotz des allgemein üblichen Begriffs des Abschluss*schreibens* ist die Einhaltung der **Schriftform nicht zwingend;** aus Gründen der Beweissicherung ergeht die Aufforderung in der Praxis allerdings durchgehend schriftlich.[1613] 653

b) Inhalt. Das Abschlussschreiben muss sich auf eine gegen den Antragsgegner ergangene einstweilige Verfügung beziehen. Eine dem Verfügungsantrag voraus gegangene Abmahnung steht dem nicht gleich.[1614] Das Abschlussschreiben muss, um die **Warnfunktion** zu erfüllen, die **Aufforderung** enthalten, die **erforderlichen Verzichtserklärungen abzugeben,** um die einstweilige Verfügung einem Titel in der Hauptsache gleichzustellen. Dabei muss es – ebenso wie bei der Abmahnung – als ausreichend angesehen werden, wenn sich der Inhalt der eingeforderten Abschlusserklärung in eindeutiger Weise aus der Aufforderung des Antragsstellers ergibt. Auch wenn es – wie allgemein üblich – zweckmäßig erscheint, die gewünschte Erklärung vorzuformulieren, ist dies keine Voraussetzung.[1615] Deshalb kann auch eine sachlich unzutreffende oder zu weitgehende Aufforderung nicht von vorneherein als unbeachtlich angesehen werden. Nicht anders als bei einer zu weitgehenden Abmahnung, aus der sich der Gegenstand der Beanstandung mit hinreichender Deutlichkeit entnehmen lässt, ist vom Antragsgegner zu fordern, dass er auf eine unrichtige oder zu weitgehende Aufforderung gegebenenfalls unter Einholung von Rechtsrat reagiert, indem er die zur Vermeidung der Hauptsacheklage objektiv erforderlichen Erklärungen abgibt bzw. gegenüber dem Antragsteller auf die zu weitgehenden Forderungen hinweist.[1616] 654

Nach ihrem Zweck, dem Antragsteller Klarheit über das Erfordernis einer Hauptsache zu verschaffen und den Antragsgegner auf die dadurch entstehenden durch eine Abschlusserklärung zu vermeidenden weiteren Kosten hinzuweisen, kann sich eine **Begründungspflicht** des Antragstellers – Hinweis auf die Vorläufigkeit der einstweiligen Verfügung – unter dem Gesichtspunkt des § 93 ZPO allenfalls **gegenüber rechtlich unerfahrenen, nicht anwaltlich beratenen Antragsgegnern ergeben.**[1617] 655

Nicht verzichtet werden darf dagegen auf eine **Fristsetzung und eine Androhung der Hauptsacheklage.**[1618] Wie lange die dem Antragsgegner zu setzende Frist bemessen sein muss – eine zu kurz bemessene Frist setzt eine angemessene Frist in Lauf –, wird unterschiedlich beurteilt, wobei dem Gesichtspunkt der Verjährungsunterbrechung nach der Neuregelung des Verjährungsrechts keine Bedeutung mehr zukommen kann. Da es darauf ankommt, welche Überlegungsfrist dem Antragsgegner zuzubilligen ist, ist maßgeblich auf den Zeitpunkt ab Zustellung der Beschlussverfügung bzw. ab Zustellung des vollständigen Urteils – erst ab diesem Zeitpunkt läuft die „Bedenkfrist“[1619] – abzustellen, die von der überwiegend vertreten Auffassung mit mindestens einem Monat angesetzt wird,[1620] wobei derjenige Zeitraum, mit der der Antragsteller ab der Zustellung zugewartet hatte, in Ansatz gebracht wird.[1621] Zum Teil wurden je nach den Umständen des Einzelfalls[1622] oder generell kürzere Fristen für ausreichend gehalten.[1623] Nach der Entschei- 656

[1613] *Kessen* in: Schuschke/Walker Anhang C zu § 935 Rdn. 18; Gloy/Loschelder/Erdmann/*Spätgens,* HdbWettbR, § 111 Rdn. 2 m. Fn. 7.

[1614] OLG Hamm WRP 1986, 112; Ahrens/*Spätgens* Rdn. 228; *Keussen* in: Schuschke/Walker § 935 Anhang C Rdn. 15.

[1615] Teplitzky/*Bacher* Kap. 43 Rdn. 18.

[1616] Gloy/Loschelder/Erdmann/*Spätgens,* HdbWettbR, § 111 Rdn. 3; vgl. auch OLG München Beschl. v. 16.9.1986 – 6 W 1752/86, bei *Traub* WVP S. 313 unter 2.1.

[1617] *Steinmetz* S. 113.

[1618] *Kessen* in: Schuschke/Walker Anhang C zu § 935 Rdn. 16; a. A. *Steinmetz* S. 113; vgl. OLG Thüringen MD 2010, 319, 321, zum Antrag auf Fristverlängerung bei konkreten Verhinderungsgründen.

[1619] OLG Frankfurt GRUR-RR 2006, 111, 112; OLG Köln WRP 1987, 188, 190.

[1620] KG WRP 1978, 213 und 451; WRP 1986, 87, 89; WRP 1989, 659, 661: ein Monat zwischen Zustellung der einstweiligen Verfügung, zwei Wochen ab Erhalt des Abschlussschreibens; vgl. zur Rspr. der Hamburger Gerichte OLG Hamburg, Urt. v. 24.6.1999 – 3 U 125/98; LG Hamburg MD 2005, 862, 864: im Normalfall 2 Wochen; OLG Karlsruhe (Freiburg) WRP 1987, 117, 119; OLG München, Urt. v. 9.3.2000 – 6 U 3625/99: Monatsfrist ab Zustellung; LG Düsseldorf InstGE 1, 272, 274; *Köhler*/Bornkamm § 12 Rdn. 3.71; *Kessen* in: Schuschke/Walker Anhang C zu § 935 Rdn. 17; *Steinmetz* S. 116.

[1621] *Kessen* in: Schuschke/Walker Anhang D zu § 935 Rdn. 17.

[1622] Ahrens/*Ahrens* Kap. 58 Rdn. 44.

[1623] OLG Celle WRP 1996, 757, 758: 12–14 Tage; OLG Frankfurt WRP 1982, 365: 2 Wochen; OLG Hamburg, Beschl. v. 21.3.1978 – 3 W 239/77 und OLG Report 2000, 23: 14 Tage als angemessen; OLG Stuttgart NJWE-WettbR 1996, 63, 64: 10 Tage.

dung des BGH Kosten für *Abschlussschreiben II*[1624] darf bei einer Urteil erlassenen oder bestätigten einstweiligen Verfügung die Wartefrist des Antragstellers von mindestens zwei Wochen – bei einer Beschlussverfügung beträgt die Wartefrist mindestens drei Wochen[1625] einschließlich der Erklärungsfrist des Antragsgegners von mindestens weiteren zwei Wochen nicht kürzer als die Berufungsfrist von 1 Monat sein.

657 **c) Adressat** ist der Antragsgegner bzw. dessen Prozessbevollmächtigter,[1626] sofern sich dessen Vertretungsbefugnis auch auf ein etwaiges Hauptsacheverfahren bezieht.

658 **d) Entbehrlichkeit, erneutes Abschlusschreiben.** Ein Abschlussschreiben ist **entbehrlich,** wenn aus der Sicht des Antragstellers aufgrund des vom Antragsgegners gezeigten Verhaltens nach Ergehen der einstweiligen Verfügung davon ausgegangen werden kann, dass er eine Abschlusserklärung nicht abgeben wird; so etwa bei Einlegung eines Widerspruchs[1627] oder bei einem Antrag nach § 926 ZPO,[1628] bzw. nach Erhebung einer negativen Feststellungsklage.[1629]

659 Wird das Verfügungs- und das Hauptsacheverfahren nicht gleichzeitig durchgeführt,[1630] sondern entschließt sich der Antragsteller, zunächst den Ausgang des Verfügungsverfahrens abzuwarten, kann er im Hinblick auf eine zuvor bereits ausgesprochene Abmahnung nach Erlass der einstweiligen Verfügung nicht auf ein Abschlussschreiben verzichten.[1631] Bleibt ein nach Erlass einer Beschlussverfügung erfolgtes Abschlussschreiben ohne Erfolg, weil vom Antragsgegner Widerspruch eingelegt wurde, so ist der Antragsteller, wenn er sich nicht zur Erhebung der Hauptsacheklage entschließt, gehalten, im Falle eines die Beschlussverfügung bestätigenden Urteils im Hinblick auf die damit entstandene neue Sachlage – erhöhte Richtigkeitsgewähr („Überzeugungskraft") –, den Antragsgegner **erneut zur Abgabe einer Abschlusserklärung aufzufordern;**[1632] ebenso nach Ergehen eines die einstweilige Verfügung bestätigenden **Berufungsurteils.** *Melullis*[1633] hält auch im Falle eines während des Berufungsverfahrens abgesandten, erfolglos gebliebenen Abschlussschreibens ein weiteres Abschlussschreiben nach Erlass des Berufungsurteils für erforderlich, wozu auch von *Teplitzky*[1634] im Hinblick auf die ausdehnende Tendenz in der Rechtsprechung geraten wird. Ein zweites Abschlussschreiben wird jedoch im Falle der (kommentarlosen) **Rücknahme des Widerspruchs**[1635] **bzw. der Berufung**[1636] nicht für erforderlich angesehen.

660 Wird eine Abschlusserklärung vom Antragsgegner mit **unzureichendem Inhalt** abgegeben, ist in der Rechtsprechung unter Hinweis auf die entsprechende **Nachfasspflicht** bei Abmahnungen[1637] unter bestimmten Umständen – so etwa wenn die Abweichung von dem geforderten Inhalt nicht darauf schließen lässt, dass die Erklärung hinter dem erforderlichen Inhalt zurückbleiben will – eine entsprechende Nachfasspflicht bejaht worden.[1638]

[1624] GRUR 2015, 822.

[1625] BGH aaO Tz. 22 unter Hinweis auf BGH NJW 2008, 1744; OLG München, Urt. v. 15.10.2015 – 6 U 1046/15, S. 12.

[1626] Vgl. OLG München, Beschl. v. 16.9.1986 – 6 W 1752/86, bei *Traub* WVP S. 313 unter 2.1; Ahrens/*Ahrens* Kap. 58 Rdn. 38; Ahrens/*Spätgens* Rdn. 244.

[1627] KG WRP 1981, 583, 584; OLG Hamburg GRUR 1989, 458 (LS); OLG Hamm WRP 1991, 496, 497; *Kessen* in: Schuschke/Walker Anhang C zu § 935 Rdn. 19.

[1628] OLG Hamburg MD 1994, 464 (LS); *Kessen* in: Schuschke/Walker Anhang D zu § 935 Rdn. 19.

[1629] OLG München OLGR 2001, 283.

[1630] Vgl. OLG München NJWE-WettbR 1998, 225 zur Frage der Abmahnfrist bei parallelem Vorgehen und Abschlusserklärung nach Zustellung nach Hauptsacheklage.

[1631] Vgl. auch OLG Köln MD 2003, 489, 490 zur Erforderlichkeit der Abmahnung eines im EG-Ausland ansässigen Antragsgegner.

[1632] OLG Köln WRP 1984, 505; WRP 1987, 188, 190, 191; OLG Düsseldorf WRP 1983, 568, 569; WRP 1991, 479; OLG Frankfurt GRUR-RR 2006, 111, 112; OLG Hamburg WRP 1986, 289, 290; OLG Hamm, Beschl. v. 10.3.1978 – 4 W 26/78 und v. 28.3.1980 – 4 W 26/80, bei *Traub* WVP S. 182 unter 2.1; OLG Koblenz, Beschl. v. 11.3.1987 – 6 W 67/87 und v. 9.1.1989 – 6 W 803/88 bei *Traub* WVP S. 246 unter 7.7; vgl. auch OLG Köln GRUR 1986, 563; Ahrens/*Ahrens* Kap. 58 Rdn. 36; Ahrens/*Spätgens* Rdn. 229; *Melullis* Rdn. 752f.; *Kessen* in: Schuschke/Walker Anhang C zu § 935 Rdn. 19; a. A. KG WRP 1984, 545, 546 und 547; OLG Hamm WRP 1970, 319; WRP 1991, 496; NJW-RR 1999, 577 (für den Fall der Rücknahme des Widerspruchs).

[1633] Rdn. 753.

[1634] Kap. 43 Rdn. 28.

[1635] KG MD 2000, 566, 567; OLG Hamm NJW-RR 1999, 577; a. A. *Melullis* Rdn. 753.

[1636] KG WRP 1984, 545, 546; a. A. *Melullis* Rdn. 753.

[1637] OLG Hamburg WRP 1986, 292; KG MD 1990, 1199, 1203.

[1638] OLG Hamburg WRP 1995, 648, 649: im konkreten Fall im Hinblick auf die wohlüberlegte Formulierung unter Mitwirkung eines Rechtsanwalts verneint; OLG Stuttgart WRP 1996, 152, 153; Ahrens/*Ahrens* Kap. 58 Rdn. 43; Ahrens/*Spätgens* Rdn. 232.

e) Zugangsbedürftigkeit. Die Frage der Zugangsbedürftigkeit des Abschlussschreibens, um Kostennachteile aus § 93 ZPO zu vermeiden, wurde ebenso wie bei der Abmahnung (oben Rdn. 46ff.) kontrovers beurteilt.[1639] Im Anschluss an die Beurteilung dieser Frage in Bezug auf die Abmahnung[1640] trifft nach diesen Grundsätzen den **Beklagten** die **Darlegungs- und Beweislast** dafür, dass er das Abschlussschreiben nicht erhalten hat, während den Kläger das Verlustrisiko trifft.[1641] Insoweit ist der Kläger gut beraten, die Versandformen, wie vom BGH empfohlen,[1642] zu wählen. 661

f) Kosten des Abschlussschreibens. Das Abschlussverfahren ist **keine Fortsetzung des Verfahrens der einstweiligen Verfügung.** Der Antragsteller kann die dafür angefallenen Kosten nicht aufgrund der Kostengrundentscheidung des Verfügungsverfahrens erstattet verlangen.[1643] Folglich können die meist in Form von Rechtsanwaltsgebühren anfallenden Kosten auch nicht durch die dort angefallene Prozessgebühr als abgegolten angesehen werden.[1644] Die durch die Entscheidung des VIII. ZS vom 7.3.2007[1645] entstandene Problematik der **Anrechnung** – siehe hierzu die Vorauflage – ist durch die „Klarstellung" in **§ 15a RVG** überholt.[1646] Wird **kein Hauptsacheverfahren** mehr durchgeführt, kann der Antragsteller die für das Abschlussschreiben aufgewendeten **Kosten nur auf materiellrechtlicher Grundlage** als Schadensersatz[1647] oder nach den Grundsätzen der Geschäftsführung ohne Auftrag[1648] erstattet verlangen. Für eine entsprechende Anwendung von § 12 Abs. 1 Satz 2[1649] fehlt es an der erforderlichen Lücke, die im Wege der Analogie geschlossen werden müsste.[1650] 662

Erstattungsfähig sind nur die **notwendigen Kosten.** 663

Die Absendung eines Abschlussschreibens ist **nicht veranlasst** und hierfür aufgewendete Kosten sind daher nicht notwendig, wenn der Antragsgegner von sich aus unaufgefordert eine Abschlusserklärung abgibt.[1651] Hierfür muss ihm auch eine Gelegenheit gegeben werden. Dem Antragsgegner verbleibt eine **angemessene Bedenkzeit,** während der ihm die Möglichkeit eröffnet wird, von sich aus, d.h. ohne mit Kosten für das Abschlussschreiben belastet zu werden, die Abschlusserklärung abgeben kann.[1652] Die Streitfrage, welche Frist hierfür als ausreichend anzusehen ist,[1653] wurde vom BGH in der Entscheidung Kosten für *Abschlussschreiben II* dahingehend geklärt, dass im Regelfall eine Frist von zwei Wochen (Urteilsverfügung) bzw. von drei Wochen (Beschlussverfügung) als ausreichend anzusehen ist.[1654] Setzt der Antragsteller eine Frist zur Abgabe der Abschlusserklärung, hat er diese zur Vermeidung der Kostenfolge aus § 93 ZPO auch einzuhalten.[1655] 664

Kann dem Antragsteller **zugemutet** werden, aufgrund entsprechend eigener Sachkunde und Ausstattung **auf die Hinzuziehung eines Rechtsanwalts zu verzichten,** kann er dessen Kosten nicht erstattet verlangen. Hierfür kann auf die Grundsätze zurückgegriffen werden, die für die Abmahnung entwickelt wurden (oben Rdn. 85f.) und wie sie auch in der Begründung zu § 11 Abs. 1 665

1639 Siehe hierzu die Nachweise in der Vorauflage.

1640 BGH GRUR 2007, 629 – *Zugang des Abmahnschreibens.*

1641 BGH a.a.O. Tz. 13 – *Zugang des Abmahnschreibens.*

1642 Vorige Fn.

1643 H.M.; BGH GRUR 1973, 384, 385 – *Goldene Armbänder;* WRP 2008, 805 Tz. 9 – *Geschäftsgebühr für Abschlussschreiben;* WRP 2009, 744 Tz. 11; Ahrens/*Ahrens* Kap. 58 Rdn. 50.

1644 BGH GRUR 1973, 384, 385 – *Goldene Armbänder.*

1645 NJW 2007, 2049; vgl. auch die weiteren Nachw. im Beschl. v. 22.6.2011 – I ZB 86/10 Tz. 7.

1646 Vgl. Beschl. v. 7.11.2011 – I ZB 95/09 Tz. 12.

1647 BGH GRUR-RR 2008, 368 Tz. 7; OLG Frankfurt WRP 1985, 85; GRUR-RR 2003, 274, 278; OLG Stuttgart WRP 1984, 230, 231; Ahrens/*Ahrens* Kap. 58 Rdn. 49; Ahrens/*Spätgens* Rdn. 257; *Steinmetz* S. 115.

1648 BGH GRUR 2012, 730 Tz. 45 – *Bauheizgerät;* GRUR 2010, 1038 Tz. 26 – *Geschäftsgebühr für Abschlussschreiben;* GRUR 1973, 384, 385 – *Goldene Armbänder;* OLG Stuttgart WRP 1984, 230, 231; OLG Frankfurt GRUR 1989, 374; LG Köln GRUR 1987, 655; LG Düsseldorf InstGE 1, 272, 274; Ahrens/*Ahrens* Kap. 58 Rdn. 49; Fezer/*Büscher* § 12 Rdn. 154.

1649 *Köhler*/Bornkamm § 12 Rdn. 1.78 und 3.73; *Nittl* GRUR 2005, 740, 741; jurisPK-UWG/*Hess* § 12 Rdn. 120; Ahrens/*Ahrens* Kap. 58 Rdn. 50: § 12 Abs. 1 Satz 2 als zusätzliche Grundlage und Analogie.

1650 *Teplitzky* in: FS Ullmann, S. 999, 1005f.; Fezer/*Büscher* § 12 Rdn. 181; *Lehmler* § 12 Rdn. 140.

1651 LG Wiesbaden WRP 1991, 342; Ahrens/*Ahrens* Kap. 58 Rdn. 52; Ahrens/*Spätgens* Rdn. 259; *Kessen* in: Schuschke/Walker Anhang D zu § 935 Rdn. 21.

1652 BGH GRUR 2006, 349, 350; KG WRP 1978, 451; OLG Celle WRP 1996, 757, 758; OLG Hamburg WRP 1981, 58, 59; WRP 1983, 449, 451; OLG Frankfurt WRP 1982, 365; GRUR-RR 2003, 274, 278 und 294; OLG Köln GRUR 1986, 96; WRP 1987, 188, 191; Ahrens/*Ahrens* Kap. 62 Rdn. 42; *Kessen* in: Schuschke/Walker Anhang C zu § 935 Rdn. 21; *Steinmetz* S. 116.

1653 Vgl. *Krenz* GRUR 1995, 31, 35.

1654 Siehe oben Rdn. 656; OLG München, Urt. v. 15.10.2015 – 6 U 1046/15.

1655 OLG Hamburg AfP 2004, 126.

des Referentenentwurfes des UWG-Änderungsgesetzes vom Januar 2003 (S. 51) für die nach § 8 Abs. 3 Nr. 2 bis 4 Klagebefugten bzw. in der Begründung des Regierungsentwurfs zu § 12 Abs. 1 (S. 55) aufgegriffen wurden. Für diese wird eine Hinzuziehung eines (Patent-)Anwalts im Regelfall nicht als erforderlich angesehen werden können.[1656] Bei **Mitbewerbern** (§ 8 Abs. 3 Nr. 1 UWG)[1657] wird die Hinzuziehung eines Anwalts auch bei größeren Unternehmen mit eigener Rechtsabteilung bzw. entsprechend sachkundigen Mitarbeitern vom BGH – entsprechend der Beurteilung zu der Erstattungsfähigkeit von Abmahnkosten[1658] als erforderlich angesehen.[1659] Bei **Verbänden** ist die Erforderlichkeit der Hinzuziehung eines Rechtsanwalts zu verneinen.[1660]

666 Unter der Geltung des RVG regelt sich die Höhe der Vergütung danach, ob dem Rechtsanwalt bereits ein **Prozessauftrag** erteilt oder ob er nur mit der **Fertigung des Abschlussschreibens** beauftragt ist. Im ersteren Fall kann er gemäß Nr. 3101, 3101 VV RVG eine Verfahrensgebühr in Höhe von 0,8 verlangen,[1661] im letzteren Fall[1662] eine Geschäftsgebühr aus dem vollen Streitwert der Hauptsache gemäß Nr. 2300 VV RVG in Höhe von 0,5 bis 2,5,[1663] nicht lediglich eine Gebühr nach Nr. 2302. Auch wenn es sich dabei nicht lediglich um eine bloße formularmäßige Anfrage handelt[1664] – erscheint eine generelle Zubilligung einer 1,3 Geschäftsgebühr als überzogen.[1665] Demgegegnüber hat der BGH in der Entscheidung *Kosten des Abschlussschreibens II* das Abschlussschreiben der die Hauptsache vorbereitenden Abmahnung gleichgesetzt mit der Folge, dass es im Regelfall mit einer 1,3-fachen Geschäfsgebühr nach RVG-VV Nr. 2300 zu vergüten ist. Auch wenn die vom BGH angeführten Gesichtspunkte die Vergleichbarkeit der anwaltlichen Tätigkeit einer Abmahnung und der Versendung eines Abschlussschreibens nicht ohne weiteres rechtfertigen – insbesondere bedarf es einer Prüfung, ob die Abschlusserklärung inhaltlich ausreichend ist,[1666] nur in den Fällen, in denen eine solche auch abgegeben wird –, wird sich die Praxis hieran auszurichten haben.

XXIV. Die Schadensersatzpflicht nach § 945 ZPO

§ 945 ZPO:

Erweist sich die Anordnung des Arrestes oder der einstweiligen Verfügung als von Anfang ungerechtfertigt oder wird die angeordnete Maßregel auf Grund des § 926 Abs. 2 oder des § 942 Abs. 3 aufgehoben, so ist die Partei, welche die Anordnung erwirkt hat, verpflichtet, dem Gegner den Schaden zu ersetzen, der ihm aus der Vollziehung der angeordneten Maßregel oder dadurch entsteht, dass er Sicherheit leistet, um die Vollziehung abzuwenden oder die Aufhebung der Maßregel zu erwirken.

Schrifttum: *Ahrens,* Der Schadensersatzprozess nach § 945 ZPO im Streit der Zivilsenate, in: FS Piper, 1996, S. 31; *Borck,* Ab wann ist die Zuwiderhandlung gegen eine Unterlassungsverfügung sanktioniert gemäß § 890 ZPO?, WRP 1989, 360; *G. Fischer,* Hat das im einstweiligen Rechtsschutz ergangene rechtskräftige Urteil Bedeutung für den Schadensersatzanspruch nach § 945 ZPO?, in: FS Merz 1992, S. 81; *Freitag,* Schadensersatzansprüche gemäß § 945 ZPO nach einstweiligem Rechtsschutz im Ausland?, IPRax 2002, 267; *Gaul,* Die Haftung aus dem Vollstreckungszugriff, ZZP 110 (1997), 3; *Gehrlein,* Schadensersatz aus § 945 ZPO in Wettbewerbssachen – Erleichterungen und Schwierigkeiten bei der Verfolgung des Anspruchs, MDR 2000, 687; *Graf v. der Groeben,* Zuwiderhandlungen gegen die einstweilige Verfügung zwischen Verkündung und Vollziehung des

---

[1656] *Baumbach/Hefermehl,* Wettbewerbsrecht, § 12 Rdn. 3.73; *Steinmetz* S. 117; vgl. auch BGH, Beschl. v. 18.12.2003 – I ZB 18/03, zu Reisekosten; a. A. LG Köln GRUR 1987, 655; OLG Hamburg WRP 1982, OLG Stuttgart WRP 2007, 688; 477; LG Hamburg MD 2005, 862, 863; Ahrens/*Ahrens* Kap. 58 Rdn. 41; Ahrens/*Spätgens* Rdn. 258.

[1657] Zum Rechtsanwalt in eigener Sache vgl. KG NJWE-WettbR 1999, 293, 294; LG Berlin MD 2006, 946.

[1658] BGH GRUR 2008, 928 – *Abmahnkostenersatz.*

[1659] BGH WRP 2008, 1169 – *Geschäftsgebühr für Abschlussschreiben.*

[1660] *Köhler*/Bornkamm § 12 Rdn. 3.73.

[1661] *Göttlich/Mümmler,* RVG, Stichwort Abschlussschreiben Anm. 2.

[1662] BGH WRP 2009, 744 Tz. 11: Auftrag zur Hauptsacheklage muss noch nicht erteilt sein, Auftrag zur Tätigkeit über die einstweilige Verfügung hinaus reicht aus.

[1663] BGH GRUR 2010, 1038 Tz. 30f. – *Kosten für Abschlussschreiben* mit Anm. *Günther* WRP 2010, 1440; *Köhler*/Bornkamm § 12 Rdn. 3.73; *Lehmler* § 12 Rdn. 142; a. A. *Ahrens/Ahrens* Kap. 58 Rdn. 51: 0,3 Geschäftsgebühr.

[1664] So aber Ahrens/*Ahrens* Kap. 58 Rdn. 51: 0,3 Geschäftsgebühr.

[1665] So aber OLG Hamm WRP 2008, 135; anders OLG Hamburg WRP 2014, 483 *Müller/Rabe* in: Gerold/Schmidt u. a., RVG, Teil D Anhang II Rdn. 221ff.; *Göttlich/Mümmler,* RVG, Stichwort Abschlussschreiben Anm. 2.

[1666] Vgl. OLG Frankfurt MDR 2014, 175 LS 2: Erforderlichkeit der Prüfung, ob mit einer gegenüber dem Abschlussschreiben modifizierten Abschlusserklärung das Rechtsschutzbedürfnis für eine Klage entfallen ist.

Unterlassungsurteils, GRUR 1999, 674; *Gröning,* „Im Brennpunkt“: Die Kosten des Verfügungsverfahrens nach abgewiesener und oder zurückgenommener Hauptklage, WRP 1992, 679; *Hees,* Erstattung der Kosten des Eilverfahrens nach Obsiegen in der Hauptsache, MDR 1994, 438; *Münzberg,* Der Schutzbereich der Normen §§ 717 Abs. 2, 945 ZPO, in: FS für H. Lange, 1992, S. 599; *Pietzcker,* Die Gefahr analoger Ausdehnung der Haftung nach § 945 ZPO, GRUR 1980, 442; *Pohlmann,* Wann ist ein Titel im Sinne von § 929 Abs. 2 ZPO und § 945 ZPO vollzogen?, WM 1994, 1277; *Schilken,* Grundfragen zum Schadensersatzanspruch nach § 945 ZPO in der Rechtsprechung des Bundesgerichtshofs, Bundesgerichtshof, in: Festgabe aus der Wissenschaft, Bd. III, S 593, 2000; *Schwerdtner,* Bindungswirkungen im Arrestprozess, NJW 1970, 597; *Tilmann,* Das Haftungsrisiko der Verbraucherverbände, NJW 1975, 1913; *Teplitzky,* Zur Bindungswirkung gerichtlicher Vorentscheidungen im Schadensersatzprozess nach § 945 ZPO, NJW 1984, 850; *ders.,* Ist die den Verfügungsanspruch verneinende summarische Entscheidung im Schadensersatzprozess nach § 945 ZPO bindend?, DRiZ 1985, 179; *Ulrich,* Die Befolgung und Vollziehung einstweiliger Unterlassungsverfügungen sowie der Schadensersatzanspruch gemäß § 945 ZPO, WRP 1991, 361; *ders.,* Ersatz des durch die Vollziehung entstandenen Schadens gemäß § 945 ZPO auch ohne Vollziehung, WRP 1999, 82; *Vollkommer,* Erstattung der Kosten des Verfügungsverfahrens nach Klageabweisung, WM 1994, 51.

1. Allgemeines

Da Entscheidungen im Verfahren der einstweiligen Verfügung im Hinblick auf seine Besonderheiten – Eilbedürftigkeit, eingeschränkte Erkenntnismöglichkeiten, geringeres Beweismaß – gegenüber Hauptsacheverfahren nur eine geringere Richtigkeitsgewähr bieten, sieht § 945 ZPO, der im Zuge der sog. BGB-Novelle zum 1.1.1900 eingefügt wurde,[1667] entsprechend den Regelungen in § 302 Abs. 4 Satz 3, § 600 Abs. 2, § 641g, § 1065 Abs. 2 Satz 2 ZPO bei Entscheidungen aufgrund eingeschränkten Streitstoffs sowie entsprechend § 717 Abs. 2 ZPO[1668] eine **Risikohaftung**[1669] (auch als Gefährdungshaftung[1670] oder Veranlasserhaftung bezeichnet[1671]) **des Antragstellers** vor, der aus einem noch nicht endgültigen Titel vorgeht.[1672] § 945 ZPO begründet einen verschuldensunabhängige Haftung im Sinne einer unerlaubten Handlung im weiteren Sinne.[1673] **667**

2. Anwendungsbereich

Ein Anspruch gemäß § 945 ZPO setzt eine **Maßnahme des einstweiligen Rechtsschutzes von Seiten eines inländischen Gerichts** voraus.[1674] Der Anspruch aus § 945 ZPO ist bei drei Fallgestaltungen gegeben: **668**
- Die einstweilige Verfügung erweist sich von Anfang an als ungerechtfertigt.
- Bei Aufhebung der einstweiligen Verfügung nach § 926 Abs. 2 ZPO.
- Bei Aufhebung der einstweiligen Verfügung nach § 942 Abs. 3 ZPO.

Eine **entsprechende Anwendung** wird **verneint:** **669**
- Für Fallgestaltungen, bei denen die **Vollziehungsfrist** (§ 929 Abs. 2, 3 ZPO) versäumt wurde.[1675] Die in diesem Fall mögliche Aufhebung gemäß § 927 ZPO entfaltet jedoch Rückwirkung, sodass so ein Anspruch gegeben sein kann.
- Eine entsprechende Anwendung auf den Fall der **unrichtigen Abweisung** des Verfügungsantrags, obwohl sich der Verfügungsanspruch im Hauptsacheverfahren sodann als begründet erweist, kommt von der gesetzlichen Zielrichtung her nicht in Betracht.[1676] Der Antragsteller kann allenfalls Schadensersatzansprüche aus dem zugrunde liegenden materiellen Rechtsverhältnis, etwa in

---

[1667] G v. 20.5.1898, RGBl S. 410.

[1668] Mit der Einführung des § 945 ZPO sollte nach der Gesetzesbegründung der Ausgleichsanspruch nach § 717 Abs. 2 ZPO auf den einstweiligen Rechtsschutz übertragen werden, *Walker* in: Schuschke/Walker § 945 Rdn. 2.

[1669] *Schilken* S. 593, 596 ff.; Ahrens/*Ahrens* Kap. 62 Rdn. 3 m. w. N.; *Gaul* ZZP 110 (1997).

[1670] *Saenger* JZ 1997, 224.

[1671] *Walker* in: Schuschke/Walker § 945 Rdn. 3 m. w. N.

[1672] St. Rspr. vgl. BGH NJW 1990, 122, 124 – *Fallwerk;* NJW 1990, 2689, 2690; NJW 1993, 593; NJW 1996, 397; Ahrens/*Ahrens* Kap. 62 Rdn. 3.

[1673] Zu entspr. Bestimmungen in ausländischen Rechtsordnungen *Freitag* IPRax 2002, 267.

[1674] OLG Nürnberg WRP 1992, 509, 510 (ohne Begründung); ihm folgend Zöller/*Vollkommer* § 945 Rdn. 4 und *Walker* in: *Schuscke/Walker* § 945 Rdn. 1; Ahrens/*Ahrens* Kap. 62 Rdn. 10; ebenso *Freitag* IPRax 2002, 267 ff., der offen lässt, ob sich dieses Ergebnis über die Anknüpfung gemäß Art. 40 ff. EGBGB oder über eine Sonderanknüpfung an das Recht des Staates des einstweiligen Rechtsschutzes erreichen lässt; a. A. Stein/Jonas/*Grunsky* § 945 Rdn. 4.

[1675] BGH MDR 1964, 224; *Walker* in: Schuschke/Walker § 945 Rdn. 24.

[1676] Ahrens/*Ahrens* Kap. 62 Rdn. 8; Gloy/Loschelder/Erdmann/*Spätgens,* HdbWettbR, § 113 Rdn. 1; Stein/Jonas/*Grunsky* § 945 Rdn. 5; Zöller/*Vollkommer* § 945 Rdn. 5; *Wieczorek/Schütze/Thümmel* § 945 Rdn. 5.

Form eines materiellrechtlichen Kostenerstattungsanspruch geltend machen, der nach der Rechtsprechung des BGH[1677] nur unter engen Voraussetzungen begründet sein kann.[1678]

– Ebenso ist § 945 ZPO nicht anwendbar, wenn die Vollziehung der einstweiligen Verfügung **zu Unrecht vorläufig eingestellt wurde.**[1679]
– Wird im Widerspruchsverfahren oder im Berufungsverfahren ein **Vergleich** geschlossen, dessen Bestand vom **Ausgang des Hauptsacheverfahrens** abhängt, wird eine Haftung nach § 945 ZPO verneint, mit der Begründung, im Falle einer unberechtigten Vollstreckung aus dem Vergleich fehle es an einer gerichtlichen Anordnung und es bleibe den Parteien überlassen, eine vertragliche Regelung für den Fall des Unterliegens des Antragstellers im Hauptsacheverfahren zu treffen.[1680]
– Die Haftungsregelung in § 945 2. Alt. ZPO kann nicht ausdehnend auf den Fall angewendet werden, dass der Antragsteller auf die Rechte aus der einstweiligen Verfügung **verzichtet**[1681] oder der Verfügungsantrag **zurückgenommen** wird.[1682]

3. Anspruchsberechtigter/Anspruchsverpflichteter

670 **Gläubiger** eines Anspruchs gemäß § 945 ZPO kann nur derjenige sein, gegen den eine einstweilige Verfügung ergangen ist (Antragsgegner).[1683] Soweit durch eine Maßnahme des einstweiligen Rechtsschutzes Rechte Dritter betroffen wurden (z. B. bei einem Beschäftigungsverbot), können diese aus § 945 ZPO keine Ansprüche herleiten;[1684] sie sind auf die Geltendmachung von Ansprüchen nach den allgemeinen Bestimmungen (§§ 823 ff. BGB)[1685] beschränkt.

671 **Schuldner** ist der Antragsteller des Anordnungsverfahrens.

4. § 945 1. Alt. – Haftung wegen ungerechtfertigter Anordnung der einstweiligen Verfügung

672 **a) Von Anfang an bestehende Unbegründetheit.** Als **von Anfang an ungerechtfertigt** erweist sich die einstweilige Verfügung, wenn sie bei richtiger Beurteilung der tatsächlichen und rechtlichen Gegebenheiten nicht hätte ergehen dürfen. Maßgeblich ist der Zeitpunkt des Erlasses der einstweiligen Verfügung (bzw. der Bestätigung auf Widerspruch oder auf Berufung hin). Allein maßgeblich ist eine objektive Betrachtungsweise;[1686] subjektive Elemente auf Seiten des Antragstellers – Gutgläubigkeit hinsichtlich der Berechtigung des geltend gemachten Anspruchs, Vertrauen in den Fortbestand der bisherigen Rechtsprechung – sind ohne Bedeutung.[1687]

Die Unrichtigkeit kann beruhen auf:

673 *aa) Nichtbestehen eines Verfügungsanspruchs.* An einem Verfügungsanspruch fehlt es, wenn der geltend gemachte Anspruch zum maßgeblichen Zeitpunkt (siehe vorstehend) entweder aus rechtlichen Gründen – das angegriffene Verhalten ist nicht wettbewerbswidrig, der Anspruchsteller ist nicht aktiv-legitimiert etc. – oder aus tatsächlichen Gründen – die angegriffene Zuwiderhandlung hat nicht stattgefunden – nicht besteht.

674 *bb) Nichtbestehen eines Verfügungsgrundes.* Die einstweilige Verfügung ist auch dann von Anfang an unberechtigt, wenn – obwohl ein Verfügungsanspruch besteht – ein **Verfügungsgrund zu Unrecht bejaht** wird, mit der Folge, dass von der h. M. § 945 ZPO zur Anwendung kommt,[1688]

[1677] BGHZ 45, 251; GRUR 1995, 169 – *Kosten des Verfügungsverfahrens nach Antragsrücknahme;* krit. *Becker-Eberhard* JZ 1995, 814; Ahrens/*Ahrens* Kap. 62 Rdn. 9; vgl. auch BGH NJW 2002, 680 f.

[1678] Weitergehend OLG Dresden NJW 1998, 1872, 1873 im Ergebnis einen Kostenerstattungsanspruch (§ 286 Abs. 1 BGB a. F.) aber ebenfalls verneinend.

[1679] Zöller/*Vollkommer* § 945 Rdn. 5 unter Hinweis auf BGH NJW 1985, 1959 (zur einstweiligen Einstellung der Zwangsvollstreckung nach § 717 Abs. 3 ZPO) m. abl. Anm. *Häsemeyer* NJW 1986, 1028 f.

[1680] OLG Karlsruhe OLGZ 1979, 370, 372; LG Kiel MDR 1958, 928; Zöller/*Vollkommer* § 945 Rdn. 5; *Wieczorek/Schütze/Thümmel* § 945 Rdn. 6; a. A. OLG Frankfurt FamRZ 1988, 88.

[1681] BGH GRUR 1992, 203, 205 – *Roter mit Genever.*

[1682] OLG Frankfurt OLG Report 1998, 228, 229.

[1683] Zöller/*Vollkommer* § 945 Rdn. 13a.

[1684] Vgl. BGH NJW 1994, 1413, 1416; Zöller/*Vollkommer* § 945 Rdn. 13a.

[1685] Vgl. z. B. BGH NJW 2003, 1934, 1936.

[1686] BGH GRUR 1988, 787 – *PAngVO.*

[1687] *Walker* in: Schuschke/Walker § 945 Rdn. 4.

[1688] BGH NJW-RR 1992, 736 = JZ 1992, 748, 751; NJW 1990, 122, 123 – *Fallwerk;* WM 1988, 1352; BGHZ 30, 123, 126; OLG Karlsruhe WRP 1984, 102, 105; *Walker* in: Schuschke/Walker § 945 Rdn. 9 m. w. N. in Fn. 36.

wobei im Anwendungsbereich des § 12 Abs. 2 UWG – gesetzliche Vermutung der Dringlichkeit – allerdings verlangt wird, dass diese Vermutung bereits im Anordnungsverfahren widerlegt war.[1689]

Dieser Beurteilung ist aber entgegen zu halten, dass **allein das Fehlen eines Verfügungsgrundes** – bei Bestehen eines Verfügungsanspruchs – **keine Schadensersatzpflicht begründen** kann. **674a** Dies wird zum Teil damit begründet, dass eine derartige Titelverfrühung gegenüber der möglichen Durchsetzung in einem Hauptsacheverfahren nicht von § 945 ZPO erfasst werde[1690] bzw. es jedenfalls an einem ersatzfähigen Schaden fehle,[1691] wenn der Antragsgegner bei einem auf einer einstweiligen Verfügung beruhenden Unterlassungsgebot ohnehin materiellrechtlich verpflichtet gewesen wäre, die ihm durch die einstweilige Verfügung untersagte Handlung zu unterlassen.[1692]

Allein die **fehlende Glaubhaftmachung eines Verfügungsgrundes** ist nicht ausreichend, um **674b** eine Schadensersatzhaftung gemäß § 945 ZPO zu begründen.[1693] Allerdings wurde vom RG[1694] ein solcher Schadensersatzanspruch auch dann bejaht, wenn lediglich die Glaubhaftmachung des Verfügungsgrundes nach Ansicht des über den Ersatzanspruch entscheidenden Gerichts ungenügend war – der IX. Zivilsenat hat dies im *Fallwerk*-Urteil[1695] dahingestellt sein lassen.

cc) Fehlende Glaubhaftmachung. Ebenso haftet der Antragsteller nicht schon deshalb auf Schadenser- **675** satz gemäß § 945 1. Alt. ZPO, weil sein Vorbringen und seine Glaubhaftmachung zum Antrag auf Erlass einer einstweiligen Verfügung deren Erlass aus Sicht des Schadensersatzrichters nicht zu begründen vermochten.[1696] Die Haftung ist nur dann gerechtfertigt, wenn es sich aufgrund der im Hauptsacheverfahren oder im Schadensersatzprozess gewonnenen Erkenntnisse erweist, dass die **einstweilige Verfügung im Zeitpunkt ihres Erlasses** – unabhängig vom Stand des Parteivorbringens zu diesem Zeitpunkt – **der materiellen Rechtslage nicht entsprach.** Der Antragsteller ist daher nicht darauf beschränkt, darzulegen, dass die im einstweiligen Verfügungsverfahren vorgebrachten und glaubhaft gemachten Tatsachen den Erlass der einstweiligen Verfügung als gerechtfertigt erschienen ließen. Er kann vielmehr seinen Vortrag in tatsächlicher Hinsicht erweitern und über die Mittel der Glaubhaftmachung hinaus neue Beweismittel unterbreiten.[1697]

dd) Fehlen sonstiger Prozessvoraussetzungen. Wird eine Prozessvoraussetzung zu Unrecht für gegeben **676** erachtet, begründet dieser Umstand nach der überwiegend vertretenen Auffassung **keine Haftung**[1698] bzw. wird jedenfalls ein ersatzfähiger Schaden zu verneinen sein, sofern dem Antragsteller ein entsprechender fälliger und sicherbarer Anspruch zustand (siehe unten Rdn. 704).

b) Prüfungsmaßstab. Der **Antragsteller,** der eine Schadensersatzhaftung wegen Vollziehung **677** einer von Anfang an ungerechtfertigten einstweiligen Verfügung abwenden will, hat die Berechtigung seines einstweiligen Rechtsschutzbegehrens **nachzuweisen.**[1699]

Maßgeblich für das Bestehen eines Anspruchs ist, ob das im Wege des einstweiligen Rechtsschut- **678** zes verfolgte Begehren aus einer **ex post-Betrachtung** den Erlass der einstweiligen Verfügung rechtfertigen konnte.[1700] Dem Antragsteller ist der Einwand eröffnet, die einstweilige Verfügung habe zum Zeitpunkt ihres Erlasses (Zeitpunkt der Anordnung nicht der Vollziehung) der materiellen Rechtslage entsprochen und sei erst nachträglich unrichtig geworden.[1701]

[1689] Zöller/*Vollkommer* § 945 Rdn. 8; *Walker* in: Schuschke/Walker § 945 Rdn. 11; a. A. *Wieczorek/Schütze/Thümmel* § 945 Rdn. 11.

[1690] Ahrens/*Ahrens* Kap. 62 Rdn. 23.

[1691] Ahrens/*Ahrens* Kap. 62 Rdn. 23; a. A. Stein/Jonas/*Grunsky* § 945 Rdn. 20.

[1692] RGZ 65, 66, 68; BGH GRUR 1955, 346 – *Progressive Kundenwerbung;* GRUR 1981, 295, 296 – *Fotoartikel I;* NJW 1990, 122, 125 – *Fallwerk;* GRUR 1992, 203, 206 – *Roter mit Genever;* GRUR 1994, 849, 851 – *Fortsetzungsverbot.*

[1693] BGH GRUR 1992, 203, 206 – *Roter mit Genever;* Zöller/*Vollkommer* § 945 Rdn. 8.

[1694] RGZ 58, 236, 241.

[1695] NJW 1990, 122, 123.

[1696] *Walker* in: Schuschke/Walker § 945 Rdn. 13 m. w. N.

[1697] BGH GRUR 1992, 203, 206 – *Roter mit Genever.*

[1698] OLG Düsseldorf MDR 1961, 606; OLG Karlsruhe GRUR 1984, 156, 158: unzutreffende Bejahung der Zuständigkeit nach § 942 ZPO; Stein/Jonas/*Grunsky* § 945 Rdn. 21; Zöller/*Vollkommer* § 945 Rdn. 8; *Walker* in: Schuschke/Walker § 945 Rdn. 12; Musielak/*Huber* § 945 Rdn. 3; *Wieczorek/Schütze/Thümmel* § 945 Rdn. 12 mit der Einschränkung bei fehlender internationaler Zuständigkeit; a. A. *G. Fischer* in: FS Merz, S. 81, 90; *BLAH* § 945 Rdn. 7.

[1699] BGH GRUR 1992, 203, 206 – *Roter mit Genever;* NJW 2003, 2610, 2612; NJW 1988, 3268, 3269; Zöller/*Vollkommer* § 945 Rdn. 8.

[1700] BGH GRUR 1992, 203, 206 – *Roter mit Genever; Teplitzky* Kap. 36 Rdn. 12.

[1701] *Walker* in: Schuschke/Walker § 945 Rdn. 6; Zöller/*Vollkommer* § 945 Rdn. 8; Stein/Jonas/*Grunsky* § 945 Rdn. 19a; MünchKommZPO/*Heinze* § 945 Rdn. 20; a. A. *Wieczorek/Schütze/Thümmel* § 945 Rdn. 9.

679 Hiervon zu unterscheiden sind **Veränderungen** in tatsächlicher oder rechtlicher Hinsicht, **die Rückwirkung entfalten.** So ist die einstweilige Verfügung von Anfang an ungerechtfertigt, wenn die der Verfügung zugrunde liegende Gesetzesbestimmung vom BVerfG nachträglich für verfassungswidrig und nicht erklärt wird,[1702] sofern nicht zwischenzeitlich eine rechtskräftige Entscheidung in der Hauptsache ergangen ist, die auch für das Verfahren des einstweiligen Rechtsschutzes Bindungswirkung entfaltet (§ 79 Abs. 2 Satz 2 BVerfGG).[1703]

680 Ebenso kann eine Entscheidung des **EuGH** sowie eine **Änderung** der **Rechtsprechung**[1704] (siehe oben Rdn. 585) dazu führen, dass die einstweilige Verfügung als von Anfang an als ungerechtfertigt anzusehen ist. Aber auch in diesen Fällen ist die Bindungswirkung einer rechtskräftigen Hauptsacheentscheidung zu beachten.[1705]

681 Gleiches gilt nach überwiegender Auffassung auch, wenn die einstweilige Verfügung auf ein **Schutzrecht** (Marke, Patent, Gebrauchsmuster, Geschmacksmuster, Sortenschutzrecht) gestützt war, das in einem Widerspruchs-, Einspruchs-, Löschungs- oder Nichtigkeitsverfahren **rückwirkend beseitigt** wurde mit der Folge, dass der Antragsteller so behandelt wird, als habe er nie ein Schutzrecht besessen.[1706] Soweit dem entgegengehalten wird, das Gericht hätte auch bei Kenntnis von der Vernichtbarkeit des Anspruchs nicht anders entscheiden können,[1707] ist dies bereits im Ausgangspunkt nicht richtig, denn entsprechende Zweifel an der Rechtsbeständigkeit des Schutzrechts – Erfolgsaussichten eines Einspruchs oder einer Nichtigkeitsklage – können zur Ablehnung des Verfügungsantrags mangels Glaubhaftmachung eines Verfügungsgrundes führen;[1708] bei Gebrauchsmustern ist das Gericht ohnehin nicht an die Eintragung gebunden, sondern hat die Schutzfähigkeit selbständig zu prüfen. Zutreffend ist allerdings, dass es sich bei der rückwirkenden Vernichtung eines Schutzrechts nicht um ein typisches Risiko eines summarischen Verfahrens handelt.

682 War die einstweilige Verfügung zunächst ungerechtfertigt und wird sie erst **durch nachträgliche Veränderungen richtig,** haftet der Antragsteller für den vor diesem Zeitpunkt entstandenen Schaden.[1709]

683 **c) Bindungswirkungen.** Ob und inwieweit Entscheidungen im Anordnungs- bzw. im Hauptsacheverfahren eine Bindung des Schadensersatzrichters herbeiführen können, wird in der Rechtsprechung sowie im Schrifttum umfangreich und kontrovers diskutiert.[1710]

684 **Fehlende Überprüfung der Rechtmäßigkeit der einstweiligen Verfügung:** Nach der in der Literatur[1711] vertretenen Auffassung setzt die Geltendmachung von Schadensersatz gemäß § 945 1. Alt. ZPO nicht voraus, dass zunächst die Rechtmäßigkeit der einstweiligen Verfügung im Anordnungsverfahren oder im Hauptsacheverfahren überprüft wurde, während der BGH (IX. Zivilsenat)[1712] die Auffassung vertritt, dass der Schadensersatzanspruch eine Aufhebung entweder im Eilverfahren oder eine abweichende Entscheidung im Hauptsacheverfahren zur Voraussetzung hat.

685 Einhellige Meinung ist, dass eine **rechtskräftige Entscheidung** in der **Hauptsache** den Schadensersatzrichter im Umfang von deren materieller Rechtskraft **bindet** (§ 322 ZPO).[1713] Dies gilt aber nicht für ein nicht mit Gründen versehenes **Verzichtsurteil**[1714] bzw. **Versäumnisurteil;**[1715] vielmehr muss sich aus den Gründen ergeben, dass dem Antragsteller bereits zum Zeitpunkt des Erlasses der einstweiligen Verfügung der Verfügungsanspruch nicht zustand. An einer rechtskräftigen gerichtlichen Entscheidung fehlt es, wenn **kein Widerspruch gegen eine Beschlussverfügung**

1702 BGHZ 54, 76, 80f.

1703 BGH GRUR 1988, 787, 788 – *Nichtigkeitsfolgen der Preisangabenverordnung.*

1704 BGHZ 54, 76, 81f.; *Walker* in: Schuschke/Walker § 945 Rdn. 4.

1705 Teplitzky/*Schwippert* Kap. 36 Rdn. 14.

1706 BGH GRUR 2006, 219 – *Detektionsreinrichtung II;* GRUR 1979, 869, 870 – *Oberarmschwimmringe,* zu § 30 Abs. 1 Satz 2, § 35 Abs. 2 Satz 2 PatG 1968; *Wieczorek/Schütze/Thümmel* § 945 Rdn. 9 (für Gebrauchsmuster); Benkard/Rogge/*Grabinski* § 139 Rdn. 154; Busse/*Kaess* Vor §§ 143 Rdn. 284; a. A. *Kroitzsch* GRUR 1976, 509; Zöller/*Vollkommer* § 945 Rdn. 8; *Wieczorek/Schütze/Thümmel* § 945 Rdn. 14.

1707 *Wieczorek/Schütze/Thümmel* § 945 Rdn. 14.

1708 Vgl. z.B. Busse/*Kaess* Vor §§ 143 Rdn. 257.

1709 *Walker* in: Schuschke/Walker § 945 Rdn. 6.

1710 Siehe hierzu die eingehende Darstellungen bei *Ahrens* in: FS Piper, S. 31ff.; *Schilken* in: Festgabe BGH, Bd. III, S. 539ff. sowie die Darstellung des Meinungsstandes in BGH GRUR 1998, 1010, 1011 – *WINCAD.*

1711 *Ahrens* in: FS Piper, S. 31, 35; Ahrens/*Ahrens* Kap. 62 Rdn. 13, 18; *Schilken* S. 593, 610f.; *Walker* in: Schuschke/Walker § 945 Rdn. 14.

1712 NJW 1992, 2297, 2298; *G Fischer* in: FS Merz, S. 81, 91.

1713 BGH GRUR 1992, 203, 205 – *Roter mit Genever;* GRUR 1988, 787, 788; NJW 1988, 3268, 3269; OLG Hamburg MD 2003, 1263, 1266; OLG Karlsruhe GRUR 1984, 156, 157; OLG München GRUR 1996, 998, 999; Ahrens/*Ahrens* Kap. 62 Rdn. 11.

1714 Vgl. BGH GRUR 1998, 1010 – *WINCAD; Walker* in: Schuschke/Walker § 945 Rdn. 15 m. w. N.

1715 BGH WM 1971, 1129, 1130.

eingelegt wurde. In diesem Fall wird eine Bindungswirkung allgemein verneint.[1716] Dies gilt auch, wenn der Verfügungsantrag **zurückgenommen** oder das Verfahren **übereinstimmend für erledigt** erklärt wurde;[1717] ebenso bei einer Beendigung des Verfahrens durch Vergleich oder bei dessen Stillstand (Ruhen des Verfahrens).

Eine Bindungswirkung besteht aber auch im Falle einer rechtskräftigen Bestätigung der einstweiligen Verfügung (auf Widerspruch oder Berufung hin) nicht, soweit darin der Verfügungsanspruch bejaht wurde.[1718]

Unterschiedlich beurteilt wird die Folge einer Aufhebung der einstweiligen Verfügung mit der **686** Begründung, diese sei von Anfang an unbegründet gewesen – **Fehlen eines Verfügungsanspruchs bzw. -grundes.** In den Entscheidungen *Schaden durch Gegendarstellung* (GRUR 1975, 390, 392) und NJW 1980, 189, 191 hat der VI. Zivilsenat[1719] eine entsprechend Bindung für den Schadensersatzprozess bejaht; ebenso der IX. Zivilsenat im Urteil NJW 1992, 2297, 2298.

Das Bestehen einer **Bindungswirkung** war vom I. Zivilsenat in der Entscheidung *Progressive* **687** *Kundenwerbung*[1720] ebenso wie im Urteil vom 7.5.1971[1721] offengelassen worden. Nachdem in den Urteilen *Roter mit Genever* und *Fortsetzungsverbot*[1722] die Freiheit des Schadensersatzrichters betont worden war,[1723] blieb diese Frage auch im Urteil *WINCAD*[1724] dahingestellt, da der betreffenden Fallgestaltung ein Verzichtsurteil ohne Gründe zugrundelag, dem ebenso wie einem Versäumnisurteil (siehe Urteil vom 7.5.1971) mangels Vorliegens von Gründen nicht entnommen werden konnte, dass die einstweilige Verfügung von Anfang an ungerechtfertigt war.

Der I. Zivilsenat – insoweit in Übereinstimmung mit der Beurteilung des IX. Zivilsenats (NJW **688** 1990, 122, 125) – erachtet die **materielle Rechtslage** – Bestehen des Verfügungsanspruchs – als maßgeblich für die im Schadensersatzprozess uneingeschränkt überprüfbare Frage, ob dem Antragsgegner ein **ersatzfähiger Schaden entstanden** ist,[1725] sodass der Umfang der Bindungswirkung in mehreren Entscheidungen dahingestellt blieb und eine „Korrektur" im Rahmen der Prüfung eines ersatzfähigen Schadens erfolgte (siehe unten Rdn. 704).

Wurde im Verfügungsverfahren ein **Verfügungsgrund verneint,** wird überwiegend eine Bin- **689** dungswirkung angenommen,[1726] wobei jedoch auch die Vertreter dieser Auffassung eine Korrektur über die Verneinung eines ersatzfähigen Schadens vornehmen, wenn der Antragsgegner materiellrechtlich zur Unterlassung der verbotenen Verhaltensweise verpflichtet war.[1727]

5. § 945 Alt. 2: Aufhebung nach § 926 Abs. 2

Die **erfolgte** Aufhebung nach § 926 Abs. 2 ZPO – die bloße **Aufhebbarkeit** wegen Fristver- **690** säumnis reicht nicht[1728] – ist für den Schadensersatzprozess bindend.[1729] Über diesen formalen Tatbestand hinaus ist nicht zu prüfen, ob die einstweilige Verfügung in der Sache berechtigt war. Ein Ausgleich dieser strengen Haftungsfolge ist aber im Rahmen der Feststellung des ersatzfähigen Schadens vorzunehmen.[1730] Hiefür ist es auch nicht erforderlich, dass in einem Hauptsacheverfahren die Berechtigung des im Wege der einstweiligen Verfügung geltend gemachten Anspruchs festge-

---

[1716] BGH GRUR 1993, 998, 999 – *Verfügungskosten;* GRUR 1992, 203, 205 – *Roter mit Genever;* GRUR 1988, 787, 788; NJW 1988, 3268, 3269; *Walker* in: Schuschke/Walker § 945 Rdn. 16; Stein/Jonas/*Grunsky* § 945 Rdn. 20.

[1717] BGH GRUR 1992, 203, 205 – *Roter mit Genever.*

[1718] RGZ 106, 289, 292; Ahrens/*Ahrens* Kap. 36 Rdn. 15; Stein/Jonas/*Grunsky* § 945 Rdn. 31.

[1719] Ebenso VersR 1985, 335 bezüglich der Verneinung des Verfügungsgrundes.

[1720] BGHZ 15, 356, 359.

[1721] WM 1971, 1129, 1130 in Fortgang des Verfahrens GRUR 1966, 503 – *Apfel-Madonna.*

[1722] GRUR 1992, 203, 205 und GRUR 1994, 849, 851.

[1723] Vgl. zur Instanzrechtsprechung KG GRUR 1987, 940 f.; OLG Hamburg MD 2003, 1263, 1266 f.; OLG München WRP 1995, 872; OLG Stuttgart WRP 1992, 518, 520.

[1724] GRUR 1998, 1010, 1011.

[1725] BGH GRUR 1992, 203, 205 – *Roter mit Genever;* GRUR 1994, 849, 851 – *Fortsetzungsverbot; Teplitzky* in: Kap. 36 Rdn. 21–30; *Ahrens* in: FS Piper, S. 31; *ders.* in: Ahrens/Ahrens Kap. 62 Rdn. 18; *Schilken* S. 593, 599 ff., 611 sowie *G. Fischer* in: FS Merz, S. 81 ff.

[1726] BGH VersR 1985, 335; NJW 1990, 122, 123; *G. Fischer* in: FS Merz, S. 81, 90; *Teplitzky* Kap. 36 Rdn. 28 und NJW 1984, 850, 852; Gloy/Loschelder/Erdmann/*Spätgens,* HdbWettbR, § 113 Rdn. 10; a. A. Ahrens/*Ahrens* Kap. 62 Rdn. 23; Stein/Jonas/*Grunsky* § 945 Rdn. 20 a. E., 29 m. w. N.; *Walker* in: Schuschke/Walker § 945 Rdn. 19.

[1727] A. A. *Saenger* JZ 1997, 222, 227; vgl. auch Stein/Jonas/*Grunsky* § 945 Rdn. 20, der im Falle des Verzugs des Antragsgegners einen entsprechenden Freistellungsanspruch zu Gunsten des Antragstellers annimmt.

[1728] BGH GRUR 1992, 203, 205 – *Roter mit Genever;* Stein/Jonas/*Grunsky* § 945 Rdn. 33.

[1729] H. M., vgl. die Nachw. bei *Walker* in: Schuschke/Walker § 945 Rdn. 20.

[1730] BGH GRUR 1981, 295, 296 – *Fotoartikel I;* a. A. Stein/Jonas/*Grunsky* § 945 Rdn. 33.

stellt wurde.[1731] Insoweit unterscheidet sich die Haftung nach § 945 ZPO von der Haftung nach § 717 Abs. 2 ZPO, bei der der „voreilig" vollstreckende Kläger nicht einwenden kann, der Anspruch sei zunächst zu Recht tituliert worden.[1732]

6. § 945 Alt. 3: Aufhebung nach § 942 Abs. 3

691 Auch die Aufhebung der einstweiligen Verfügung nach § 945 Alt. 3 ZPO knüpft allein an den formalen Tatbestand der Aufhebungsentscheidung wegen des nicht (rechtzeitig) durchgeführten Rechtfertigungsverfahrens an. Aber auch hier muss die materielle Rechtslage bei der Frage, ob dem Antragsgegner ein ersatzfähiger Schaden entstanden ist, Bedeutung gewinnen.[1733] Der Antragsteller kann – auch ohne vorherige Durchführung eines Hauptsacheverfahrens[1734] – geltend machen, der Antragsgegner wäre ohnehin verpflichtet gewesen, das ihm verbotene Verhalten zu unterlassen.

7. Schaden

692 § 945 ZPO erklärt den **Schaden** als ersatzfähig, der **durch die Vollziehung** der einstweiligen Verfügung – Vollziehungsschaden – oder daraus entstanden ist, dass **Sicherheit zur Abwendung der Vollziehung** (§ 923 ZPO) oder zu ihrer **Aufhebung** – Abwendungsschaden – **geleistet** worden ist (§ 925 Abs. 2, § 927, § 939 ZPO).

693 **a) Abgrenzung des Vollziehungsschadens zum Anordnungsschaden.** Vom **Vollziehungsschaden** zu unterscheiden ist derjenige Schaden, der mit dem bloßen Erlass der einstweiligen Verfügung oder deren Bekanntwerden verbunden ist[1735] – **Anordnungsschaden.** Auch Aufwendungen von Seiten des Antragsgegners, die **vor** der Zustellung der Beschlussverfügung im Parteibetrieb in Erwartung der drohenden Vollziehung angefallen sind, werden **nicht als ersatzfähig angesehen.**[1736]

694 Als während des Anordnungsverfahren entstanden und damit nicht gemäß § 945 ZPO ersetzbar werden auch die **Kosten** angesehen, die dem Antragsgegner im **Verfügungsverfahren** entstanden sind.[1737] Auch eine entsprechende Anwendung[1738] wurde vom BGH unter Hinweis auf den Ausnahmecharakter des § 945 ZPO abgelehnt. Diese Entscheidung ist in der Literatur[1739] auf Kritik gestoßen, da der Antragsgegner darauf verwiesen wird, ein weiteres Verfahren anzustrengen – Antrag gemäß § 927 ZPO mit dem Ziel der Herbeiführung einer abweichenden Kostenentscheidung –, sofern er nicht (ausnahmsweise) die Kosten als Schadensersatz (§§ 823ff. BGB) erstattet verlangen kann.[1740] Die Kosten des Antragstellers, die dieser vollstreckt oder die vom Antragsgegner freiwillig gezahlt worden sind, unterfallen dagegen der Haftung nach § 945 ZPO.[1741]

695 Auch gegen den Antragsgegner verhängte **Ordnungsgelder** können vom Gläubiger nach Aufhebung des Vollstreckungstitels **nicht als Schaden ersetzt** verlangt werden. Auch wenn die Verhängung von Ordnungsmitteln nur auf Antrag des Gläubigers erfolgt (§ 890 Abs. 1 ZPO), wird die Ahndung als Folge der Zuwiderhandlung des Schuldners und nicht als Folge der Vollziehung der einstweiligen Verfügung angesehen,[1742] wobei auch darauf verwiesen wird, dass Ordnungsgelder nicht an den Gläubiger, sondern an den Staat zu zahlen sind.[1743]

[1731] So aber wohl *Walker* in: Schuschke/Walker § 945 Rdn. 21.

[1732] BGH NJW 1997, 2601 zur Unbeachtlichkeit der Aufrechnung mit dem zunächst titulierten Anspruch.

[1733] Ahrens/*Ahrens* Kap. 62 Rdn. 28.

[1734] So aber *Walker* in: Schuschke/Walker § 945 Rdn. 23.

[1735] BGH NJW 1988, 3268, 3269; NJW 1983, 232f.: keine Haftung für Kreditschaden nach Vollstreckung gemäß § 717 Abs. 2 ZPO; OLG Saarbrücken NJW-RR 1998, 1039; *Gehrlein* MDR 2000, 687f.; *Walker* in: Schuschke/Walker § 945 Rdn. 32; Ahrens/*Ahrens* Kap. 62 Rdn. 27.

[1736] OLG Köln OLG Report 2003, 194 = GRUR-RR 2003, 294 LS.

[1737] GRUR 1993, 998, 1000 – *Verfügungskosten;* zustimmend *Vollkommer* WM 1994, 51; *Teplitzky* Kap. 36 Rdn. 36 m.w.N.; *Walker* in: Schuschke/Walker § 945 Rdn. 33 m.w.N.

[1738] Bejahend Ahrens/*Ahrens* Kap. 62 Rdn. 32ff.; Stein/Jonas/*Grunsky* § 945 Rdn. 6; *Löwer* ZZP 75, 232, 239f., 242.

[1739] Vgl. z.B. Ahrens/*Ahrens* Kap. 62 Rdn. 33f.; *Gröning* WRP 1992, 679 (Besprechung des Berufungsurteils WRP 1991, 507); *Hees* MDR 1994, 438.

[1740] Vgl. BGH NJW 1996, 198, 199 – *Unterlassungsverfügung ohne Strafandrohung,* zu § 1 UWG a.F.; OLG Köln OLG Report 2003, 194 = GRUR-RR 2003, 294 LS zu § 823 Abs. 1 BGB, ein schuldhaftes Handeln wurde verneint.

[1741] BGHZ 45, 251, 252.

[1742] RGZ 75, 311; KG GRUR 1987, 571, 572; Ahrens/*Ahrens* Kap. 66 Rdn. 39; Gloy/Loschelder/Erdmann/*Spätgens,* HdbWettbR, Kap. 113 Rdn. 14.

[1743] Vgl. zur Aufhebung eines Ordnungsgeldbeschlusses nach Aufhebung der einstweiligen Verfügung gemäß § 927 ZPO und zur Rückzahlung des gezahlten Ordnungsgeldes durch die Staatskasse LG Hamburg MD 2003, 932 m.w.N.; OLG Nürnberg MD 2006, 629, verneint bei Verzicht des Gläubigers auf den Titel.

Der Anordnungsschaden kann allenfalls aufgrund der **allgemeinen deliktischen Haftung** 696
(§§ 823 ff. BGB) ersetzt verlangt werden.[1744]

b) Vollziehungschaden. Beschlussverfügungen bedürfen gemäß § 922 Abs. 2 ZPO, um 697
Wirksamkeit gegenüber dem Antragsgegner zu erlangen, der Zustellung, die zur Wahrung der Vollziehungsfrist innerhalb der Monatsfrist des § 929 Abs. 2 ZPO zu erfolgen hat. Ab diesem Zeitpunkt – fristgerechte Parteizustellung – muss der Antragsgegner die einstweilige Verfügung beachten und korrespondierend dazu muss die Risikohaftung des Antragstellers aus § 945 ZPO einsetzen, d. h. erst mit wirksamer Zustellung der Beschlussverfügung im Parteibetrieb.[1745] Dies setzt allerdings voraus, dass die einstweilige Verfügung – wie in der Praxis allgemein üblich – bereits eine Ordnungsmittelandrohung enthält.[1746] Da anderenfalls der Antragsgegner – bis zu einer nachträglichen Androhung nach § 890 Abs. 2 ZPO – eine Vollstreckung nicht gewärtigen muss, ist sie nicht geeignet, den Antragsgegnern hinreichend ernstlich zu einer Befolgung des gerichtlichen Verbots anzuhalten. Wird eine im Beschlusswege erlassene Verbotsverfügung vor einer förmlichen Parteizustellung formlos der Gegenseite übermittelt, führt dies noch nicht zu einem Vollstreckungsdruck, der eine Hafung nach § 945 ZPO auslösen kann.[1747]

698
Da die in **Urteilsform ergangene einstweilige Verfügung** ab ihrer Verkündung zu beachten ist und nach ihrer Zustellung von Amts wegen auch Grundlage für eine Vollstreckung sein kann,[1748] kann es auch bis zur – auch bei der Urteilsverfügung erforderlichen – Zustellung im Parteibetrieb[1749] bzw. zur Bekundung des Vollziehungswillens des Antragsgegners in anderer Weise (vgl. hierzu oben Rdn. 523) keine „Schutzlücke für den „gehorsamen" Titelschuldner" geben.[1750] Einer solchen Haftung ohne Vollziehung kann der Antragsteller dadurch entgehen, dass er dem Antragsgegner vor oder mit Verkündung des Urteils mitteilt, dass er wegen Zuwiderhandlungen vor der Parteizustellung nicht vollstrecken werde.[1751] Dadurch verbleibt dem Antragsteller die ihm durch § 929 Abs. 2 ZPO eingeräumte „Bedenkzeit", ob er von der einstweiligen Verfügung Gebrauch machen wolle und auf Seiten des Antragsgegners wird einem von der Verkündung des Urteils ausgehenden Vollstreckungsdruck entgegengewirkt.[1752]

699
Ob für die Anwendung des § 945 ZPO bei Urteilsverfügungen auch eine **unwirksame** Vollziehung ausreicht, die vom Antragsgegner nicht erkannt und der deshalb den Titel befolgt,[1753] ist noch nicht geklärt. Dies wird von *Ahrens*[1754] unter Hinweis auf die *Fallwerk*-Entscheidung des BGH (NJW 1990, 122, 124) befürwortet. Dort war die unwirksame Zustellung einer Urteilsverfügung im Parteibetrieb – der Rechtsanwalt des Antragsgegners hatte eine Zustellung von Anwalt zu Anwalt (zu Unrecht) nicht entgegengenommen – als fristgemäßer Beginn der Vollziehung im Wege der Parteizustellung angesehen worden. Für den Schadensersatzanspruch aus § 945 ZPO wurde es, anders als für die Wahrung der Vollziehungsfrist des § 929 Abs. 2 ZPO, nicht für erforderlich angesehen, dass die eingeleitete Vollziehung auch zum Abschluss gebracht werde.

c) Ersatzfähiger Schaden. Der ersatzfähige Schaden bestimmt sich nach den Grundsätzen der 700
§§ 249 ff. BGB;[1755] d. h. jeder adäquat kausal verursachte unmittelbare oder mittelbare Schaden ist zu ersetzen.[1756] Die erforderliche Kausalität zwischen dem von der Unterlassungsverfügung ausge-

---

[1744] Ahrens/*Ahrens* Kap. 62 Rdn. 27; *Gehrlein* MDR 2000, 687, 688.

[1745] BGH GRUR 2015, 196 – *Nero;* NJW 1990, 122, 124 – *Fallwerk;* GRUR 1993, 415, 416 – *Straßenverengung; Walker* in: Schuschke/Walker § 945 Rdn. 37.

[1746] BGH NJW 1996, 198 – *Einstweilige Verfügung ohne Strafandrohung;* GRUR 1993, 415, 417 f. – *Straßenverengung;* Ahrens/*Ahrens* Kap. 62 Rdn. 24.

[1747] BGH GRUR 2015, 196 – *Nero.*

[1748] Vgl. BGH GRUR 1993, 415, 417 – *Straßenverengung* sowie die eingehenden Nachweise bei Ahrens/*Spätgens* Rdn. 682 und *Berneke* Rdn. 126 Fn. 117; ebenso OLG München, Beschl. v. 21.12.2001 – 29 W 2786/01.

[1749] Vgl. die Nachweise bei *Teplitzky* Kap. 36 Rdn. 31 Fn. 75.

[1750] *Ulrich* WRP 1999, 82, 83 m. w. N. unter Hinweis auf BGH GRUR 1975, 390, 392 – *Schaden durch Gegendarstellung*; *Berneke/Schüttpelz* Rdn. 351, 737.

[1751] Vgl. BGH GRUR 2009, 890 Tz. 16 – *Ordnungsmittelandrohung.*

[1752] *Walker* in: Schuschke/Walker § 945 Rdn. 38 m. w. N. in Fn. 154 (vorläufiger) Verzicht auf die Vollziehung; *Berneke/Schüttpelz* Rdn. 737.

[1753] Vgl. auch *Teplitzky* GRUR 1993, 418, 419 re. Sp. unten/420 oben zu § 929 Abs. 2 ZPO: „... dass schadensersatzberechtigt auch der ist, wer im guten Glauben an die Verbindlichkeit einer nicht vollzogenen Urteilsverfügung dieser auch zu einer Zeit noch Folge leistet, in der sie wegen Versäumung der Vollziehungsfrist nicht mehr bestandskräftig ist."

[1754] Ahrens/*Ahrens* Kap. 62 Rdn. 25.

[1755] Zöller/*Vollkommer* § 945 Rdn. 13.

[1756] BGH GRUR 1993, 998 – *Verfügungskosten;* Urt. v. 30.7.2015 – I ZR 250/12 Tz. 29 mwN – *Piadina-Rückruf*; zu einem Fall der Naturalrestitution LG Bielefeld Mitt. 2003, 191 f.: Rückübertragung einer Domain.

henden ausgehenden Vollstreckungsdruck und dem eingetretenen Schaden wurde in der Entscheidung *Rechtsberatungshotline*[1757] aufgrund des Bestehens der einstweiligen Verfügung entgegen der Vorinstanz bejaht. Die Abgabe einer Unterlassungserklärung nach Ergehen der einstweiligen Verfügung lässt den inneren Zusammenhang nicht entfallen. Hierbei ist auf die Reichweite des Verbotes abzustellen, sodass keine Ersatzpflicht besteht, wenn die unterlassene Handlung bei objektiver Auslegung des Titels nicht verboten war.[1758]

701 Dies schließt jedoch nicht aus, auch solche Verhaltensweisen des Antragsgegners haftungsrechtlich nach den Grundsätzen der Adäquanz zuzurechnen, zu denen er sich etwa aufgrund einer **unklaren Fassung** des Tenors berechtigterweise veranlasst sehen durfte. Es erscheint nicht sachgerecht, das Risiko einer Bestimmung der Reichweite eines unklaren Verbotstitels dem Antragsgegner aufzubürden.[1759]

702 Bei einer zu **weiten Fassung** des Verbots kann der Antragsgegner die ihm aufgrund des „Verbotsüberschusses" entstandenen Nachteile ersetzt verlangen, sodass darauf abzustellen ist, ob und in welcher Form – wozu der Antragsgegner substantiiert vorzutragen hat[1760] – etwa eine vollständig untersagte Werbung oder Verkauf hätte durchgeführt werden können[1761] und im Rahmen der Schadensminderungspflicht gegebenenfalls auch hätte durchgeführt werden müssen.[1762] Ein ersatzfähiger Schaden kann nicht bereits deshalb verneint werden, weil der Antragsgegner im Rahmen der beanstandungsfreien Teilrechtmäßigkeit zur Unterlassung verpflichtet war. Zur Bestimmung des aus dem „Reichweitenüberschuss" beruhenden Schadens bedarf es der Feststellung des genauen Umfangs und Inhalts des dem Antragsgegner materiellrechtlich verbotenen Verhaltens.[1763]

703 Als ersatzfähiger Schaden, der nach den Grundsätzen des § 287 ZPO, § 252 Satz 2 BGB gegebenenfalls zu schätzen ist,[1764] kommen u. a. vor allem in Betracht:

- **Entgangener Gewinn**[1765] aufgrund unterbliebener Absatzgeschäfte oder in Folge unterbliebener Werbung.
- **Aufwendungen des Antragsgegners im Rahmen der Befolgung des Verbots**[1766] (wie z. B. Umstellung von Werbemaßnahmen, Änderung der Produktaufmachung, Verpackung) bzw. zur Schadensminderung gebotene Maßnahmen,[1767] wozu er im Rahmen von § 254 BGB sogar gehalten sein kann.[1768] Bei frustrierten Aufwendungen für die Errichtung und Unterhaltung eines Messestandes wegen der Vollziehung einer einstweiligen Verfügung, weswegen der Antragsgegner gezwungen war, die vermeintlich patentverletzende Vorrichtung vom Messestand zu entfernen bzw. sie abzudecken, wurde ein ersatzfähiger Schaden verneint.[1769]

704 Dabei ist jedoch zu berücksichtigen (siehe oben Rdn. 688), dass dem Antragsgegner nach allgemeinen Grundsätzen des Schadensersatzrechts kein zu ersetzender Schaden entstanden sein kann, wenn er **ohnehin materiell-rechtlich verpflichtet** gewesen wäre, die ihm durch die einstweilige Verfügung untersagte Handlung, weil wettbewerbswidrig oder gegen ein sonstiges gesetzliches Ver-

---

1757 BGH WRP 2006, 1250; Vorinstanz OLG Karlsruhe OLGR 2003, 254.

1758 OLG Hamm GRUR 1989, 296, 297; OLG München GRUR-RR 2004, 63; *Berneke/Schüttpelz* Rdn. 739.

1759 BGH, Urt. v. 30.7.2015 – I ZR 250/12 Tz. 29 mwN – *Piadina-Rückruf.*

1760 BGH GRUR 1981, 295, 296 – *Fotoartikel I;* GRUR 1985, 397 – *Fotoartikel II; Gehrlein* MDR 2000, 687, 689.

1761 BGH GRUR 1981, 295, 296 – *Fotoartikel I;* GRUR 1985, 397 – *Fotoartikel II;* OLG München, Urt. v. 18.9.1997 – 29 U 1660/97: Verbot der Bewerbung und des Vertriebs von Satelliten-Empfangsanlagen mit der ursprünglichen Typenbezeichnung des Herstellers ging zu weit; im Hauptsacheverfahren wurde nur ein eingeschränktes Verbot für begründet erachtet, das Raum für den Vertrieb der umgerüsteten Geräte nach vollständiger Entfernung der Typenschilder gelassen hätte; Ahrens/*Ahrens* Kap. 62 Rdn. 36; *Gehrlein* MDR 2000, 687, 689.

1762 Vgl. BGH GRUR 1981, 296, 298 – *Fotoartikel I;* GRUR 1993, 998, 1000 – *Verfügungskosten;* Ahrens/*Ahrens* Kap. 62 Rdn. 37.

1763 BGH GRUR 1985, 397 – *Fotoartikel II.*

1764 Hierzu BGH GRUR 1992, 530 f. – *Gestoppter Räumungsverkauf;* GRUR 1993, 998, 1000 – *Verfügungskosten;* GRUR 1979, 869, 870 ff. – *Oberarmschwimmringe;* GRUR 2015, 196 Tz. 34 – *Nero;* zur Beweislast des Antragstellers hinsichtlich des Eintritt eines Schadens sowie der Kausalität zwischen Vollziehung bzw. Vollziehungsabwendung und eingetretenem Schaden vgl. *Walker* in: Schuschke/Walker § 945 Rdn. 40.

1765 RG GRUR 1943, 262, bei Geschäftsstillegung: entgangener Gewinn und Geschäftswert.

1766 BGH GRUR 1979, 390, 392 – *Schaden durch Gegendarstellung;* GRUR 1993, 415, 417 m. w. N. – *Straßenverengung;* NJW 1996, 198 – *Einstweilige Verfügung ohne Strafandrohung.*

1767 BGH GRUR 1993, 998, 1000 – *Verfügungskosten;* OLG München GRUR 1996, 998, 999; Ahrens/*Ahrens* Kap. 62 Rdn. 37; *Gehrlein* MDR 2000, 687, 688.

1768 BGH GRUR 1993, 998, 1000 – *Verfügungskosten;* Ahrens/*Ahrens* Kap. 62 Rdn. 37.

1769 LG Düsseldorf InstGE 2, 157, 161 ff.

bot verstoßend,[1770] zu unterlassen.[1771] Dabei wird mit *Ahrens*[1772] bei aus der Durchführung von Verträgen resultiereden Gewinnen darauf abzustellen sein, ob das einschlägige Verbotsgesetz nicht nur die Vornahme des Rechtsgeschäfts missbilligt, sondern auch dessen zivilrechtliche Wirksamkeit verhindert.[1773]

Der Antragsteller kann sich darauf berufen, der Antragsgegner habe zur Einleitung und Vollzug des Verfügungsverfahrens Anlass gegeben oder gegen seine **Schadensabwendungs- und Schadensminderungspflicht (§ 254 BGB)** verstoßen.[1774] Dies ist dann der Fall, wenn er Maßnahmen unterlässt, die ein vernünftiger und wirtschaftlich denkender Mensch nach Lage der Sache ergreifen würde, um Schaden von sich abzuwenden,[1775] wobei die § 945 ZPO zugrundeliegende Interesssenbewertung zu beachten ist, die darin besteht, dass die Vollstreckung aus einem noch nicht endgültigen Titel grundsätzlich im Risikobereich des Gläubigers liegt.[1776] Nach der überwiegend vertretenen Auffassung umfasst § 254 BGB auch die Obliegenheit gegenenfalls unverzüglich durch Einlegung eines sich aufdrängenden Widerspruchs gegen eine Beschlussverfügung vorzugehen.[1777] Einer Abmahnung nicht durch Einreichung einer Schutzschrift begegnet zu sein, kann dem Antragsgegner jedoch nicht als Mitverschulden angelastet werden. Ein Mitverschulden ist gegeben, wenn der Antragsgegner dem Antragsteller schuldhaft Anlass gegeben hat, um einstweiligen Rechtsschutz nachzusuchen.[1778] Dafür reicht es aber nicht aus, dass die rechtliche Zulässigkeit des die einstweilige Verfügung auslösenden Verhaltens bei Erwirken der einstweiligen Verfügung rechtlich noch nicht geklärt war.[1779] 705

Die Grundsätze der **Vorteilsausgleichung** sind anwendbar.[1780] 706

d) Vollziehungsabwendungsschaden. Der Vollziehungsabwendungsschaden umfasst die Nachteile (Zinsen, Gebühren etc.), die dem Antragsgegner infolge der Leistung einer Sicherheit im Rahmen der Einstellung der Zwangsvollstreckung (§ 924 Abs. 3, § 707 ZPO) oder der Aufhebung der einstweiligen Verfügung (§ 939 ZPO) entstanden sind.[1781] 707

8. Durchsetzung des Anspruchs

Das **Aufrechnungsverbot** des § 393 BGB greift trotz der Qualifzierung des Anspruchs aus § 945 ZPO als unerlaubte Handlung nicht ein, wie dies vom RG auch hinsichtlich der Ansprüche aus § 717 Abs. 1[1782] und § 302 Abs. 4, § 600 Abs. 2 ZPO[1783] verneint wurde.[1784] 708

Die **Verjährung** richtet sich nach §§ 195, 199 Abs. 1 BGB: drei Jahre ab dem Schluss des Jahres, in dem der Antragsgegner der Entstehung des Schadens Kenntnis erlangt hat oder ohne grobe Fahrlässigkeit erlangt haben müsste. Dabei sind die in der Rechtsprechung zu § 852 BGB a.F. entwickelten Grundsätze,[1785] dass von einer Kenntnis eines Schadens aufgrund einer Vollziehung erst dann ausgegangen werden kann, wenn die einstweilige Verfügung als ungerechtfertigt aufgehoben wurde, also mit Abschluss des Verfügungsverfahrens bzw. mit Rechtskraft der Hauptsacheentscheidung, wenn gegen die einstweilige Verfügung kein Rechtsbehelf eingelegt wurde, weiterhin maßgeblich.[1786] Ebenso liegt Kenntnis des Schadens vor, wenn ein noch nicht rechtskräftiges Urteil im 709

[1770] OLG Hamm WRP 1981, 476; *Berneke/Schüttpelz* Rdn. 741.

[1771] BGHZ 15, 356, 358 – *Progressive Kundenwerbung;* GRUR 1981, 295, 296 – *Fotoartikel I;* NJW 1990, 122, 125 – *Fallwerk;* GRUR 1992, 203, 206 – *Roter mit Genever;* GRUR 1994, 849, 851 – *Fortsetzungsverbot;* Urt. v. 30.7.2015 – I ZR 250/12 Tz. 15 – *Piadina-Rückruf;* OLG Hamburg GRUR 1990, 305; MD 2003, 1263, 1267; OLG Hamm WRP 1981, 476; OLG München MD 2001, 759, 759; MD 1998, 540, 544; Ahrens/*Ahrens* Kap. 62 Rdn. 28f.

[1772] Ahrens/*Ahrens* Kap. 62 Rdn. 30f.

[1773] BGH NJW 1981, 920, 922; NJW 1986, 1486, 1487.

[1774] BGHZ 120, 261, 270f.; NJW 1990, 2689, 2690; *Walker* in: Schuschke/Walker § 945 Rdn. 26.

[1775] BGHZ 120, 261, 271; Urt. v. 30.7.2015 – I ZR 250/12 Tz. 44, 46 – *Piadina-Rückruf;* vgl. zum unterlassenen Bezug von Vertriebsunternehmen des Prozessgegners BGH GRUR 1979, 869, 873 – *Oberarmschwimmringe* m. Anm. *Pietzcker.*

[1776] BGH vorh. Fn. Tz. 44 mwN – Piadina-Rückruf.

[1777] OLG München GRUR 1996, 998, 999; ebenso Ahrens/*Ahrens* Kap. 62 Rdn. 37.

[1778] BGH NJW 2006, 2557, 2559.

[1779] BGH WRP 2006, 1250 Tz. 31 – *Rechtsberatungshotline.*

[1780] BGH NJW 1980, 2187; *Wieczorek/Schütze/Thümmel* § 945 Rdn. 23.

[1781] Zöller/*Vollkommer* § 945 Rdn. 15.

[1782] RGZ 76, 408.

[1783] RG JW 1934, 3193.

[1784] Ahrens/*Ahrens* Kap. 62 Rdn. 40.

[1785] BGH NJW 1980, 189; NJW 1992, 2297; NJW 1993, 863, 864.

[1786] Zöller/*Vollkommer* § 945 Rdn. 13.

Hauptsacheverfahren, das in hohem Maße dafür spricht, dass die einstweilige Verfügung von Anfang an begründet war, vorliegt.[1787] Dieser Kenntnis ist durch § 199 Abs. 1 Nr. 2 2. Alt. BGB die grob fahrlässige Unkenntnis gleichgesetzt, d. h. wenn seine Unkenntnis auf einer besonders schweren Vernachlässigung der im Verkehr erforderlichen Sorgfalt beruht.[1788]

710 Der Anspruch aus § 945 ZPO kann nicht im einstweiligen Verfügungsverfahren, sondern nur im Wege der Klage[1789] oder als Widerklage[1790] **im Verfahren über die Hauptsache** geltend gemacht werden.

711 Für den Anspruch aus § 945 ZPO ist gemäß § 13 GVG der **Rechtsweg zu den ordentlichen Gerichten** eröffnet, auch wenn die Maßnahme des einstweiligen Rechtsschutzes von einem Gericht eines anderen Rechtsweges erlassen wurde.[1791]

712 Der Anspruch aus § 945 ZPO kann **auch** (§ 35 ZPO) **im Gerichtsstand des § 32 ZPO**[1792] bzw. des Art. 7 Nr. 2 EuGVVO geltend gemacht werden.

713 Die **sachliche Zuständigkeit** richtet sich nach dem Streitwert (§ 23 Nr. 1, § 71 Abs. 1 GVG), sofern der Anspruch nicht als Anspruch im Sinne von § 13 Abs. 1 Satz 1 UWG qualifiziert wird, siehe § 13 Rdn. 14. Zur **funktionellen Zuständigkeit** der KfH vgl. § 13 Rdn. 41.

D. Veröffentlichungsbefugnis (§ 12 Abs. 3)

Schrifttum: *Ciresa,* Handbuch der Urteilsveröffentlichung, 1995; *Flechsig/Hertel/Vahrenhold,* Die Veröffentlichung von Unterlassungsurteilen und Unterlassungserklärungen, NJW 1994, 2441; *Fricke,* Grundlagen und Grenzen des Berichtigungsanspruchs im Äußerungsrecht, AfP 2009, 552; *Greuner,* Urteilsveröffentlichung vor Rechtskraft, GRUR 1962, 71; *Köhler,* Die Begrenzung wettbewerbsrechtlicher Ansprüche durch den Grundsatz der Verhältnismäßigkeit, GRUR 1996, 82; *Lindner,* Der Rückrufsanspruch als verfassungsrechtlich notwendige Kategorie des Medienprivatrechtgs, ZUM 2005, 203; *Maaßen,* Urteilsveröffentlichung in Kennzeichnungssachen, MarkenR 2008, 417; *Mensching,* Zur Veröffentlichungspflicht und Veröffentlichungsanspruch bei gerichtlichen Entscheidungen, AfP 2007, 534; *Ruschke/Busch,* Hinter den Kulissen des medienrechtlichen Rückrufsanspruchs, NJW 2004, 2620; *Schnur,* Das Verhältnis von Widerruf einer Behauptung und Bekanntmachung der Gerichtsentscheidung als Mittel der Rufwiederherstellung, GRUR 1978, 225 und 473 (Berichtigung); *Schricker,* Berichtigende Werbung, GRUR Int. 1975, 191; *Schomburg,* Die öffentliche Bekanntmachung einer strafrechtlichen Verurteilung, ZRP 1986, 65 ff.; *Seydel,* Einzelfragen der Urteilsveröffentlichung, GRUR 1965, 650; *Steigüber,* Der „neue" Anspruch auf Urteilsbekanntmachung im Immaterialgüterrecht, GRUR 2011, 295; *Wronka,* Veröffentlichungsbefugnis von Urteilen, WRP 1975, 644.

I. Entstehungsgeschichte und frühere Rechtslage

714 Zur Rechtslage **vor Inkrafttreten des UWG 2004, zur geringen praktischen Bedeutung des § 23 a. F.** und zum **Gesetzgebungsverfahren** des Jahres 2003 wird auf die **2. Auflage** verwiesen.

II. Vergleichbare Regelungen

715 Mit § 12 Abs. 3 inhaltlich übereinstimmende oder mit dieser Vorschrift vergleichbare Regelungen finden sich in verschiedenen Gesetzen:

1. Strafurteile

716 Eine Veröffentlichung von **Strafurteilen**[1793] entsprechend der aufgehobenen Bestimmung in § 23 Abs. 1 UWG a. F. ist vorgesehen in:

- **§ 111 UrhG** (in Anlehnung an §§ 165, 200 StGB, § 23 Abs. 1 UWG a. F.) und in § 51 Abs. 6 DesignG

[1787] BGH NJW 2003, 2610, 2612.

[1788] Vgl. *Palandt-Heinrichs* § 199 Rdn. 36 f.

[1789] Stein/Jonas/*Grunsky* § 945 Rdn. 36; *Wieczorek/Schütze/Thümmel* § 945 Rdn. 26.

[1790] Vgl. z. B. die Fallgestaltung bei BGH GRUR 2003, 349 – *Anwalts-Hotline.*

[1791] BGH NJW 1975, 540; NJW 1981, 349 für § 123 VwGO; Zöller/*Vollkommer* § 945 Rdn. 6; *Walker* in: Schuschke/Walker § 945 Rdn. 39; anders in Bezug auf die Zuständigkeit der Arbeitsgerichte vgl. Stein/Jonas/*Grunsky* § 945 Rdn. 39 m. w. N.

[1792] Siehe § 14 Rdn. 42, 79; *Walker* in: Schuschke/Walker § 945 Rdn. 39.

[1793] Auch bei Strafbefehlen kann eine Veröffentlichung erfolgen, § 407 Abs. 2 Nr. 1 StPO, vgl. Löwe-Rosenberg/*Gössel* StPO, § 407 Rdn. 28.

– **§ 143 Abs. 6 MarkenG,** der der Regelung in § 25d Abs. 6 WZG i. d. F. des ProdPirG v. 7.3.1990 (BGBl. I S. 422) entspricht, die den inhaltsgleichen § 30 Abs. 2 WZG ersetzt hat.[1794]
– **§ 144 Abs. 5 MarkenG** enthält eine Regelung für geografische Herkunftsangaben, die keinen Strafantrag voraussetzt, da es in der Regel keinen in seinen individuellen Interessen Verletzten gibt.[1795]
– **§ 142 Abs. 6 PatG;** § 25 Abs. 6 GebrMG; § 39 Abs. 6 SortSchG; § 10 Abs. 6 HalbleiterSchG.

2. Zivilurteile

Eine Veröffentlichung von **Zivilurteilen** ermöglichen die folgenden Bestimmungen: 717

§ 103 UrhG (Bekanntmachung des Urteils) und § 47 DesignG wurden in Anlehnung an die bisherigen Regelungen in § 23 Abs. 2 und 3 UWG a. F.[1796] eingeführt. Sie setzen eine **rechtskräftige Entscheidung** voraus, sofern das Gericht eine Veröffentlichung nicht bereits zu einem früheren Zeitpunkt für gerechtfertigt ansieht (Abs. 1 Satz 2). Nach Abs. 3 kann der Beklagte zur Vorauszahlung der Kosten verurteilt werden. Soweit in § 103 Abs. 1 Satz 1 UrhG ein berechtigtes Interesse gefordert wird, werden damit gegenüber § 23 Abs. 2 UWG a. F. keine weitergehenden Anforderungen aufgestellt.[1797]

§ 7 UKlaG:[1798] 718

„Wird der Klage stattgegeben, so kann dem Kläger auf Antrag die Befugnis zugesprochen werden, die Urteilsformel mit der Bezeichnung des verurteilten Beklagten auf Kosten des Beklagten im Bundesanzeiger, im Übrigen auf eigene Kosten bekannt zu machen. Das Gericht kann die Befugnis zeitlich begrenzen."

Auch für diese Vorschrift, der keine große praktische Bedeutung zukommt, hat § 23 Abs. 2 UWG a. F. als Vorbild gedient, ohne allerdings die Möglichkeit einer Veröffentlichungsbefugnis für den Beklagten im Falle der Klageabweisung vorzusehen.[1799] Die Veröffentlichungsbefugnis ist **auf die Urteilsformel beschränkt.**[1800] Die angestrebte Breitenwirkung wird durch die zurückhaltende Handhabung durch die Rechtsprechung, insbesondere aber dadurch, dass auf Kosten der beklagten Partei nur eine Veröffentlichung im Bundesanzeiger erfolgen kann, nicht erreicht.[1801] 719

Mit der Veröffentlichung von Urteilen befassen sich weiter: **Art. 4 Abs. 2 Satz 3 der Richtlinie über irreführende und vergleichende Werbung:** 720

Außerdem können die Mitgliedsstaaten den Gerichten oder Verwaltungsbehörden Befugnisse übertragen, die es diesen gestatten, zur Ausräumung der fortdauernden Wirkung einer irreführenden oder unzulässigen vergleichenden Werbung, deren Einstellung durch eine rechtskräftige Entscheidung angeordnet worden ist,
– die Veröffentlichung dieser Entscheidung ganz oder auszugsweise und in der von ihnen für angemessen erachteten Form zu verlangen;
– außerdem die Veröffentlichung einer berichtigenden Erklärung zu verlangen.

Artikel 15 der Richtlinie 2004/48/EG vom 29.4.2004 zur **Durchsetzung der Rechte des geistigen Eigentums**[1802] sieht ebenfalls eine Regelung betreffend die Veröffentlichung von Gerichtsentscheidungen vor: 721

Die Mitgliedsstaaten stellen sicher, dass die Gerichte bei Verfahren wegen Verletzung von Rechten des geistigen Eigentums auf Antrag des Antragstellers und auf Kosten des Verletzers geeignete Maßnahmen zur Verbreitung von Informationen über die betreffenden Entscheidungen, einschließlich der Bekanntmachung und der vollständigen oder teilweisen Veröffentlichung, anordnen können. Die Mitgliedsstaaten können andere, den besonderen Umständen angemessene Zusatzmaßnahmen, einschließlich öffentlichkeitswirksamer Anzeigen vorsehen.

Nach Erwägungsgrund 27 sollten „die Entscheidungen veröffentlicht werden, **um künftige Verletzer abzuschrecken und zur Sensibilisierung der breiten Öffentlichkeit beizutragen.**" Mit dem Gesetz zur Verbesserung der Durchsetzung von Rechten des geistigen Eigentums 722

[1794] Vgl. weiter *Fezer,* Markenrecht, § 143 Rdn. 36 ff.
[1795] Amtl. Begrd. Bl PMZ Sonderheft 1994, S. 120 re. Sp.; *Fezer,* Markenrecht, § 144 Rdn. 24.
[1796] Amtl. Begründung BT-Drucks. IV/270 S. 105 f.; Schricker/Loewenheim/*Wild* § 103 Rdn. 1.
[1797] Schricker/Loewenheim/*Wild* § 103 Rdn. 4; a. A. OLG Frankfurt NJW-RR 1996, 423, 424 f.
[1798] § 7 UKlaG gilt für Klagen nach §§ 1, 2, 2a, vgl. Palandt/*Bassenge* § 7 UKlaG Rdn. 1; *Köhler*/Bornkamm § 2 UKlaG Rdn. 2.
[1799] Ulmer/Brandner/*Hensen,* AGBG, § 18 Rdn. 1.
[1800] Eine Erstreckung auf weitere Teile der Entscheidung ist sowohl bei Umsetzung der Richtlinie 98/27/EG über Unterlassungsklagen (ABl. EG 1998 L 166 S. 51) – siehe die Empfehlung in Art. 2 Abs. 1b – durch das Gesetz über Fernabsatzverträge als auch im Rahmen des UKlaG unterblieben.
[1801] *Micklitz* a. a. O. § 18 Rdn. 1 und 2; Palandt/*Bassenge* § 7 UKlaG Rdn. 2.
[1802] ABl. EU Nr. L 195 v. 2.6.2004, S. 16.

vom 7.7.2008 wurde deshalb eine Ergänzung der gesetzlichen Regelungen (§ 19c MarkenG, § 140e PatG, § 24e GebrMG, § 37e SortG, § 9 HalbleiterSchG) bzw. eine Anpassung der bestehenden gesetzlichen Regelungen (§ 103 UrhG, § 47 DesignG) vorgenommen.[1803]

723 Art. 11 Abs. 2 der Richtlinie 2005/29/EG über **unlautere Geschäftspraktiken** sieht vor, dass die Mitgliedsstaaten den Gerichten oder Verwaltungsbehörden Befugnisse übertragen können, die sie ermächtigen, zur Beseitigung einer fortdauernden Wirkung unlauterer Geschäftspraktiken, deren Einstellung durch eine rechtskräftige Entscheidung angeordnet ist,

a) die Veröffentlichung dieser Entscheidung ganz oder auszugsweise und in der von ihnen für angemessen erachteten Form zu verlangen, und
b) außerdem die Veröffentlichung einer berichtigenden Erklärung zu verlangen.

III. Bekanntmachung von Zivilurteilen (§ 12 Abs. 3)

1. Rechtsnatur und Abgrenzung zu anderen Ansprüchen

724 **a) Rechtsnatur.** § 12 Abs. 3 Satz 1 sieht eine neben den klageweise[1804] geltend gemachten Unterlassungsanspruch tretende Möglichkeit der Veröffentlichung des verfügenden Teils des Urteils vor. Es handelt sich daher um eine prozessrechtliche, wenn auch zu dem geltend gemachten materiellen Anspruch in gewisser Weise „akzessorische" Regelung.[1805] In der älteren Rechtsprechung[1806] wurde § 23 UWG a.F. nicht in erster Linie als eine kostenrechtliche Bestimmung[1807] qualifiziert, sondern sie schaffe in den meisten Fällen erst die Voraussetzungen für die Befugnis, das Urteil zu veröffentlichen, was im Hinblick auf die Anerkennung eines materiell-rechtlicher Beseitigungsanspruchs zu Recht als überholt angesehen wird.[1808] Sie zielte nach der Rechtsprechung und der in der Literatur überwiegend vertretenen Auffassung[1809] – anders als der in die Zukunft gerichtete Unterlassungsanspruch zur Unterbindung weiterer oder erstmaliger Beeinträchtigungen – auf die **Beseitigung von fortdauernden Beeinträchtigungen** aufgrund einer Rechtsverletzung.[1810] An dieser Qualifizierung als gesetzlich geregelte prozessuale Maßnahme zur Beseitigung einer noch andauernden Störung hat sich nichts geändert. Vielmehr ergibt sich das Erfordernis der Darlegung eines berechtigten Interesses nunmehr bereits aus dem Gesetzeswortlaut. Demgegenüber wird von *Steigüber*[1811] unter Hinweis auf Erwägungsgrund 27 der Durchsetzungsrichtlinie der Bekanntmachungsanspruch bei Schutzrechtsverletzungen als materiell-rechtlicher Anspruch sui generis qualifiziert, dessen Zweck nicht mehr Beseitigung der bereits eingetretenen, sondern Abschreckung zukünftiger Rechtsverletzungen sei.[1812]

725 Der **Inhalt der Anordnung** (§ 12 Abs. 3 Satz 1 und 2) bezieht sich auf die Befugnis zur öffentlichen Bekanntmachung also gegenüber einem größeren unbestimmten Personenkreis – Abgrenzung zur Information eines bestimmten, begrenzten Personenkreises mittels Rundschreiben[1813] – durch Druckschriften oder sonstige Medien (auch Rundfunk, Fernsehen und Internet).

726 Der Antrag auf Urteilsveröffentlichung führt zu einer objektiven Klagehäufung im Sinne von § 260 ZPO (siehe auch unten Rdn. 774).

727 **b) Abgrenzung.** Die Veröffentlichung nach § 12 Abs. 3 ist von dem **materiell-rechtlichen Anspruch** auf Veröffentlichung zu unterscheiden.[1814]

[1803] Vgl. *Steigüber* GRUR 2011, 295f.

[1804] Zum Verfahren der einstweiligen Verfügung siehe Rdn. 737f.

[1805] Ahrens/*Bähr* Kap. 37 Rdn. 3; *Rosenthal* § 23 Rdn. 1: Hilfsanspruch neben dem Unterlassungsanspruch unter Bezugnahme auf *Kohler* AcP 88, 261 und die Rspr. des RG; anders Ohly/*Sosnitza* § 12 Rdn. 213: besondere gesetzliche Ausprägung des materiell-rechtlichen Anspruchs; Fezer/*Büscher* § 12 Rdn. 159; Teplitzky/*Löffler* Kap. 26 Rdn. 22: ein den materiell-rechtlichen Anspruch konkretisierendes, der prozessualen Durchsetzung zugeordnet Recht; MünchKomm/*Schlingloff* § 12 Rdn. 588: ein vom Prozessrecht bereit gestellter, in gewissen Grenzen vom materiell-rechtlichen Anspruch unabhängiger Veröffentlichungsanspruch.

[1806] BGH GRUR 1968, 437, 439 – *Westfalen-Blatt III.*

[1807] A.A. *Burhenne* GRUR 1952, 84, 85, der § 23 als reine Kostentragungsregelung sieht, die selbst keine Rechtsgrundlage für die Veröffentlichung enthält; ebenso *Seydel* GRUR 1965, 650.

[1808] *Teplitzky/Löffler* Kap. 26 Rdn. 22 Fn. 73 a.E.

[1809] Siehe hierzu nachfolgend Rdn. 750f.

[1810] Vgl. zum Verhältnis zwischen Beseitigungs- und Unterlassungsanspruch BGH GRUR 1998, 415, 417 – *Wirtschaftsregister* m.w.N.

[1811] GRUR 2011, 295, 296ff.; vgl. hierzu auch Teplitzky/*Löffler* Kap. 26 Rdn. 22a.

[1812] Siehe dazu auch Teplitzky/*Löffler* Kap. 26 Rdn. 22a ff.

[1813] Siehe BGH GRUR 1954, 337, 342 – *Radschutz; Seydel* GRUR 1965, 650, 652f.

[1814] Vgl. hierzu nachfolgend Rdn. 52.

Berührungspunkte zwischen § 12 Abs. 3 (bzw. dem materiell-rechtlichen Veröffentlichungsanspruch)[1815] bestehen mit den Ansprüchen auf **Widerruf** von wettbewerbswidrigen (unwahren) Tatsachenbehauptungen[1816] bzw. auf deren Richtigstellung,[1817] die von der Rechtsprechung nur in engen Grenzen zugebilligt werden,[1818] denn von der Wirkung her ähnelt die Bekanntmachung einem öffentlichen Widerruf.[1819] Besteht ein Anspruch auf Veröffentlichung des Unterlassungsausspruchs, kann der Verletzte i. d. R. nicht darüber hinaus noch einen Widerruf verlangen, weil der Zweck der Störungsbeseitigung bereits durch die Zuerkennung des Veröffentlichungsanspruchs erreicht wird.[1820] Ein irgendwie geartetes generelles **Stufenverhältnis zwischen Widerruf und Veröffentlichungsanspruch** ist jedoch **nicht anzuerkennen.** Zwar wird vielfach die Veröffentlichung als die weniger einschneidende Maßnahme anzusehen sein.[1821] Im Einzelfall kann sich dies aber auch anders darstellen.[1822] 728

In der Klage auf Widerruf müssen die **Adressaten namentlich bezeichnet** werden;[1823] sind sie dem Kläger unbekannt, kann er (zunächst) nur auf Auskunft klagen.[1824] 729

Beim **Gegendarstellungsanspruch,** der gegenüber Beeinträchtigungen in Presse, Rundfunk, Fernsehen und Film durch Tatsachenbehauptungen für den Betroffenen eine „Gegen-Publizität"[1825] schaffen kann, besteht die „Gegenerklärung", anders als bei dem nach h. M. nach § 888 ZPO zu vollstreckenden Widerrufsanspruchs, in einer Darstellung von Seiten des Betroffenen selbst,[1826] der aber oftmals nur eine geringe Eignung zur Beseitigung eines Störungszustandes zukommen wird.[1827] 730

Darüber hinaus kommen auch „eigenmächtige", d. h. ohne vorherige gerichtliche Berechtigung gemäß § 12 Abs. 3 bzw. gerichtliche Durchsetzung eines materiellen Veröffentlichungs-, Widerrufs- oder Gegendarstellungsanspruchs ergriffene Maßnahmen von Seiten des Betroffenen in Betracht – mit dem Ziel, einer Beeinträchtigung seiner persönlichen und/oder geschäftlichen Interessen durch Berichtigungen oder sonstigen Erklärungen gegenüber der Öffentlichkeit entgegen zu treten, etwa durch die Schaltung von Zeitungsanzeigen[1828] oder durch Rundschreiben.[1829] Bei derartigen **„eigenmächtigen" Maßnahmen** steht meist die Problematik im Vordergrund, ob und unter welchen Voraussetzungen die hierbei entstehenden Kosten vom Verletzer ersetzt verlangt werden kön- 731

[1815] Zum materiell-rechtlichen Veröffentlichungsanspruch siehe Rdn. 750, 776.

[1816] BGH GRUR 1992, 527, 529 li. Sp. – *Plagiatsvorwurf II;* GRUR 1995, 424, 426 f. – *Abnehmerverwarnung;* GRUR 1998, 415, 416 – *Wirtschaftsregister;* OLG Hamburg GRUR-RR 2002, 298.

[1817] BGH WRP 1998, 303, 305 – *Versicherungs-Rundschreiben;* GRUR 1995, 224, 228 – *Erfundenes Exklusiv-Interview.*

[1818] Siehe dazu GroßKommUWG/*Feddersen* § 12 E Rdn. 10 f.; vgl. auch *Schnur* GRUR 1978, 225, 227; OLG Hamburg GRUR-RR 2002, 298: zu den Voraussetzungen eines Anspruchs auf Widerruf einer irreführenden Spitzenstellungsberühmung; LG Frankfurt GRUR 1991, 401: eingeschränkter Widerruf bezüglich der Verbreitung von unzutreffenden Media-Daten.

[1819] BGH GRUR 1992, 527, 529 re. Sp. – *Plagiatsvorwurf II;* GRUR 1987, 189 – *Veröffentlichungsbefugnis beim Ehrenschutz;* GRUR 1966, 272, 274 – *Arztschreiber;* GRUR 1962, 315, 318 – *Deutsche Miederwoche;* OLG Frankfurt NJW-RR 1996, 423, 425; *Flechsig/Hertel/Vahrenhold* NJW 1994, 2441, 2443.

[1820] BGH GRUR 1992, 527, 529 – *Plagiatsvorwurf II;* ebenso Wenzel/*Gamer* Kap. 13 Rdn. 42; LG Bückeburg NJW-RR 1999, 319 m. Anm. *Rohde.*

[1821] Vgl. zum Verhältnis des Widerrufsanspruchs zum Veröffentlichungsanspruch BGH GRUR 1992, 527, 529 – *Plagiatsvorwurf II;* GRUR 1987, 189, 190 – *Veröffentlichungsbefugnis beim Ehrenschutz;* GRUR 1962, 315, 318 – *Deutsche Miederwoche;* GRUR 1967, 362, 366 – *Spezialsalz I; Schricker* GRUR Int. 1975, 191, 199 f.; Teplitzky/*Löffler Kap. 26* Rdn. 31.

[1822] BGH GRUR 1962, 315, 318 – *Deutsche Miederwoche* m. Anm. *Bußmann;* Teplitzky/*Löffler* Kap. 26 Rdn. 31 m. w. N.

[1823] BGH GRUR 1966, 272, 274 – *Arztschreiber.*

[1824] Vgl. BGH GRUR 1995, 424, 426 – *Abnehmerverwarnung.*

[1825] *Seitz/Schmidt/Schöner,* Der Gegendarstellungsanspruch, Rdn. 19; *Groß* AfP 2003, 497, 499 ff.; BVerfG NJW 1998, 1381 – Gegendarstellung auf Titelseite, zur Bedeutung des Rechts der Gegendarstellung als Beschränkung der Pressefreiheit im Sinne von Art. 5 Abs. 1 Satz 2 GG.

[1826] *Groß* AfP 2003, 497, 508 f. m. w. N.; *Flechsig/Hertel/Vahrenhold* NJW 1994, 2141, 2445 vertreten die Auffassung, dass bei Tatsachenbehauptungen nur ein Anspruch auf Gegendarstellung sowie ein Unterlassungsanspruch bestehen könne; ähnlich *Damm/Rehbock* Widerruf, Unterlassung und Schadensersatz in Presse und Rundfunk, Rdn. 602 f.; vgl. auch BGH GRUR 1987, 189 – Veröffentlichungsbefugnis beim Ehrenschutz, wonach die Bekanntmachung der Unterlassungsverpflichtung durch die beklagte Partei selbst als zur Beseitigung der Störungsfolgen als geeignet angesehen wurde.

[1827] Wenzel/*Gamer* Kap. 13 Rdn. 109.

[1828] BGH GRUR 1976, 651 – *Der Fall Bittenbinder;* GRUR 1978, 187 – *Alkoholtest;* GRUR 1979, 804 – *Falschmeldung;* GRUR 1986, 330, 332 – *Warentest III;* GRUR 1990, 1012, 1015 – *Pressehaftung.*

[1829] BGH GRUR 1970, 254 – *Remington.*

nen[1830] bzw. inwieweit derartige Maßnahmen ihrerseits als Rechtsverletzungen zu qualifizieren sind.[1831] In anderen Fällen stellte sich die Frage, ob sich die Veröffentlichung einer gerichtlichen Entscheidung durch den Beklagten/Antragsgegner im Hinblick auf die darin enthaltenen untersagten Äußerungen als Verstoß gegen das Verbot darstellt.[1832]

2. Anwendungsbereich

732 **a) Geltung nur für UWG-Ansprüche.** Der inhaltlich gegenüber § 23 Abs. 2 UWG a. F. („auf Grund einer der Vorschriften dieses Gesetzes auf Unterlassung Klage erhoben") nicht geänderte § 12 Abs. 3 Satz 1 setzt eine **Klage „aufgrund dieses Gesetzes"** voraus. Die Rechtsprechung, die sich gegen eine (entsprechende) Anwendung der Veröffentlichungsbefugnis in § 23 Abs. 2 UWG a. F. auf außerhalb des UWG geregelte Ansprüche ausgesprochen hat,[1833] hat daher weiterhin Gültigkeit. Dass der Anwendungsbereich des § 12 Abs. 3 ausgedehnt werden sollte, lässt sich dem Gesetzgebungsverfahren nicht entnehmen.[1834]

733 Zu einer Ausdehnung des Anwendungsbereiches über den Wortlaut hinaus sah sich der BGH nicht veranlasst. Er verwies auf die Möglichkeit, auf schadensersatzrechtlicher Grundlage (§ 249 BGB) bzw. unter Rückgriff auf einen allgemeinen Beseitigungsanspruch (§ 1004 BGB analog) auch im Falle fehlenden Verschuldens dem Kläger einen materiell-rechtlichen Veröffentlichungsanspruch zuzusprechen.[1835]

734 **b) Klage auf Unterlassung.** Seinem Wortlaut nach verlangt § 12 Abs. 3 Satz 1 eine **Klage** (bzw. eine Widerklage)[1836] **auf Unterlassung.**[1837] Nicht erfasst werden somit Klagen auf Schadensersatz,[1838] Auskunftserteilung oder Beseitigung (einschließlich der Rücknahme von Markenanmeldungen, Löschung von Kennzeichen[1839] etc.). Dies bedeutet aber nicht, dass sich der Geltungsbereich des § 12 Abs. 3 auf „isolierte" Unterlassungsklagen beschränkt (siehe zum Umfang der Veröffentlichung nachfolgend Rdn. 760 ff.) und daneben keine weiteren Ansprüche erhoben werden dürften.

735 Neben einem solchen Klageantrag auf Unterlassung bedarf es nach allgemeiner Auffassung eines **Antrags** (§ 308 Abs. 1 ZPO)[1840] **auf Veröffentlichung.** Einen solchen Antrag kann aber nicht nur der Kläger/Widerkläger stellen, sondern auch der Beklagte/Widerbeklagte für den Fall der Abweisung der Unterlassungsklage. Da das Gericht die Art der Bekanntmachung zu bestimmen hat (§ 12

[1830] BGH GRUR 1978, 187 – *Alkoholtest;* GRUR 1978, 804 – *Falschmeldung;* GRUR 1986, 330, 332 – *Warentest III;* GRUR 1990, 1012, 1015 – *Pressehaftung;* OLG Hamburg ZUM-RD 2001, 551, 555 f.: Kostenersatz für berichtigende Gegenanzeige bei irreführender vergleichender Werbung; GroßKommUWG/*Feddersen* § 12 E Rdn. 9; Teplitzky/*Löffler Kap. 26* Rdn. 36 ff.

[1831] Vgl. BGH GRUR 1995, 424, 425 f. – *Abnehmerverwarnung;* NJW 1999, 2737, 2739 – *Hormonpräparate;* OLG München WRP 1996, 236 f.: Richtigstellung einer unzulässigen Werbung durch Veröffentlichung einer Unterlassungserklärung als Verstoß gegen § 1 UWG; LG Berlin NJWE-WettbR 1996, 228: Verbreitung einer gegen einen Konkurrenten ergangen einstweiligen Verfügung; OLG Hamburg, Beschl. v. 7.12.00 – 3 W 132/00: zur Zulässigkeit von gewissen Vergröberungen in der Darstellung; OLG Hamburg ZUM 2008, 66: Persönlichkeitsverletzung durch Veröffentlichung eines Urteils unter voller Namensnennung; LG Hamburg MD 2005, 102, betr. Bericht über einen Prozess; *Ahrens* Wettbewerbsverfahrensrecht, S. 80; *Pastor* S. 875; Ahrens/*Bähr* Kap. 37 Rdn. 2; allgemein zu der wettbewerblichen Abwehr: oben Vor § 8 Rdn. 205 ff.

[1832] OLG Frankfurt NJW-RR 2001, 187, 188; OLG München ZUM-RD 2001, 233, 234; OLG Report 1995, 165; Beschl. v. 10.12.2002 – 29 W 2587/02.

[1833] BGH GRUR 1956, 558, 563 – *Regensburger Karmelitengeist:* GroßKommUWG/*Feddersen* § 12 E Rdn. 15.

[1834] MünchKommUWG/*Schlingloff* § 12 Rdn. 595 m. w. N.

[1835] BGH GRUR 1956, 558, 563 – Regensburger Karmelitengeist; GRUR 1967, 362, 366 – *Spezialsalz I* mit Anm. *Bauer* S. 369 f.; GRUR 1987, 189, 190 – *Veröffentlichungsbefugnis beim Ehrenschutz;* GroßKommUWG/Feddersen § 12 E Rdn. 15.

[1836] BGH GRUR 1968, 437, 439 – *Westfalenblatt III.*

[1837] Teplitzky/*Löffler Kap. 26* Rdn. 25; *v. Gamm,* Urheberrechtsgesetz, § 23 Rdn. 3; *Wronka* WRP 1975, 644; *Melullis* Rdn. 1211; MünchKommUWG/*Schlingloff* § 12 Rdn. 596; *Köhler*/Bornkamm § 12 Rdn. 4.4; großzügiger Fezer/*Büscher* § 12 Rdn. 188: auch für Beseitigungsansprüche.

[1838] RG MuW XXIV, 87; OLG Hamburg GRUR 1955, 543.

[1839] RG JW 1925, 2004; siehe aber BGH GRUR 1956, 558 LS 5 – *Regensburger Karmelitengeist.* Für die Schutzrechte existieren in den jeweiligen Gesetzen spezielle Vorschriften zur Urteilsveröffentlichung: bspw. § 140e PartG, § 19c MarkenG.

[1840] *Köhler*/Bornkamm § 12 Rdn. 4.6; GroßKommUWG/*Feddersen* § 12 E Rdn. 35; Ohly/*Sosnitza* § 12 Rdn. 216; *Schricker* GRUR Int. 1975, 191, 198; Ahrens/*Jestaedt* Kap. 22 Rdn. 64 mit Formulierungsvorschlag; Ahrens/*Bähr* Kap. 37 Rdn. 12 hält auch eine Veröffentlichung von Amts wegen für möglich, will aber im Falle eines fehlenden Antrags hierin einen Beleg für ein nicht vorhandenes Interesse an der Veröffentlichung sehen, das vom Gericht zu berücksichtigen sei.

Abs. 3 Satz 2), verlangt das Bestimmtheitsgebot des § 253 Abs. 2 Nr. 2 ZPO[1841] nicht die Angabe einer bestimmten Druckschrift von Seiten der Partei,[1842] das Gericht wird jedoch oftmals darauf angewiesen sein, von den Parteien geeignete Druckschriften (deren Verbreitung etc.) genannt zu bekommen. Der Antrag kann nicht allein deshalb abgelehnt werden, weil er keine Angaben zur Größe und Aufmachung der begehrten Veröffentlichung enthält.[1843]

c) Gegenstand der Bekanntmachung. Da sich die Zuerkennung einer Veröffentlichungsbefugnis auf einen Unterlassungsausspruch von Seiten des Gerichts („das Urteil") beziehen muss, scheidet § 12 Abs. 3 als Grundlage für eine Veröffentlichung bei einer übereinstimmenden Erledigungserklärung als Folge einer strafbewehrten Unterlassungserklärung aus.[1844] Auch im Falle einer einseitigen Erledigungserklärung wird eine auf den Tenor beschränkte Veröffentlichung („Es wird festgestellt, dass der Rechtsstreit hinsichtlich des Unterlassungsanspruchs in der Hauptsache erledigt ist") in der Regel nicht geeignet sein, einer fortwirkenden Störung entgegen zu wirken. In diesen Fällen kann der Kläger gegebenenfalls, nämlich bei einer Fortwirkung der früheren wettbewerbswidrigen Verhaltensweisen, nur auf materiell-rechtlicher Grundlage (§§ 249, 1004 BGB) **eine der Unterlassungserklärung angepasste Form der Veröffentlichung**[1845] fordern.[1846] Hierfür muss er seinen Antrag umstellen, worin bei Widerspruch des Beklagten in der Regel eine sachdienliche Klageänderung zu sehen sein wird; das Gericht kann den Antrag nicht von sich aus anpassen.[1847] An diese Rechtsprechung im Bereich des Wettbewerbsrechts hat der BGH in der Entscheidung *„Veröffentlichungsbefugnis beim Ehrenschutz"*,[1848] einen Fall der Schmähkritik betreffend, angeknüpft und auf den außerwettbewerblichen Bereich des zivilrechtlichen Ehrenschutzes unter den genannten strengen Voraussetzungen übertragen.[1849] 736

d) Bekanntmachung nicht (mehr) im Wege der einstweiligen Verfügung. Während die Anwendung des § 23 Abs. 2 UWG a. F. von der überwiegenden Auffassung nicht auf das Hauptsacheverfahren beschränkt wurde, kann unter Geltung des § 12 Abs. 3 eine Veröffentlichung **durch eine Beschlussverfügung,** die der formellen Rechtskraft nicht fähig ist, **nicht mehr angeordnet werden.** § 12 Abs. 3 Satz 4 schließt eine Urteilsbekanntmachung **vor Rechtskraft** aus. 737

Angesichts der Intention des Gesetzgebers, mit der Neuregelung eine **„vorschnelle" Veröffentlichung** aufgrund eines nur vorläufig vollstreckbaren Urteils **auszuschließen,** wird eine Anordnung der Veröffentlichung im Verfahren der einstweiligen Verfügung auch durch Urteil im Hinblick auf die nur mögliche summarische Prüfung ebenfalls nicht mehr möglich sein.[1850] 738

Kommt es nicht mehr zu einem Hauptsacheverfahren, weil die einstweilige Verfügung in einer **Abschlusserklärung** als endgültige Regelung anerkannt wurde, kann sowohl eine Beschlussverfügung[1851] als auch eine Urteilsverfügung nach den obigen Grundsätzen (oben Rdn. 736) Gegenstand eines **materiell-rechtlichen Veröffentlichungsanspruchs** sein.[1852] 739

3. Voraussetzungen

a) Darlegung eines berechtigten Interesses. § 12 Abs. 3 Satz 1 verlangt von der obsiegenden Partei die **Darlegung eines berechtigten Interesses.** Damit wurden trotz der sprachlichen Neufassung **gegenüber der Rechtsprechung zu § 23 Abs. 2 UWG a. F. keine weitergehenden inhaltlichen Anforderungen** aufgestellt.[1853] Denn auch § 23 Abs. 2 UWG a. F. wurde kein 740

1841 § 253 Abs. 2 Nr. 2 ZPO gilt nach Teplitzky/*Löffler Kap. 26* Rdn. 34 für den materiell-rechtlichen Beseitigungsanspruch uneingeschränkt.

1842 Teplitzky/*Löffler* Kap. 26 Rdn. 34; *Seydel* GRUR 1965, 650, 651.

1843 So aber OLG München MD 1999, 199, 201 unter 7. und *Graf Lambsdorff* Rdn. 1280.

1844 BGH GRUR 1967, 362, 366 – *Spezialsalz I;* OLG Hamm GRUR 1993, 511 LS 1, zu § 103 UrhG.

1845 Siehe den in der Entscheidung BGH GRUR 1972, 550 li. Sp. unter III – *Spezialsalz II* – für begründet erachteten Antrag.

1846 BGH GRUR 1967, 362, 366 – *Spezialsalz I;* OLG Hamm GRUR 1993, 511 LS 2; *Teplitzky* GRUR 1989, 461, 464.

1847 A. A. BGH GRUR 1967, 362, 366 li. Sp. – *Spezialsalz I.*

1848 GRUR 1987, 189.

1849 Vgl. hierzu *Flechsig/Hertel/Vahrenhold* NJW 1994, 2141, 2443 f.; zur Unterlassungsveröffentlichung im Rundfunk OLG Köln AfP 1985, 223, 225 f.

1850 Teplitzky/*Löffler Kap. 26* Rdn. 26; *Köhler*/Bornkamm § 12 Rdn. 4.9; Fezer/*Büscher* § 12 Rdn. 160; a. A. MünchKommUWG/*Schlingloff* § 12 Rdn. 598 ff.; vgl. auch Ohly/*Sosnitza* § 12 Rdn. 214; Ahrens/*Bähr* Kap. 37 Rdn. 35.

1851 Teplitzky/*Löffler Kap. 26* Rdn. 26 a. E.

1852 A. A. Fezer/*Büscher* § 12 Rdn. 171: § 12 Abs. 3 Satz 4 analog.

1853 A. A. wohl der Bundesrat in seiner Stellungnahme vom 20.6.2003, siehe Rdn. 716; MünchKommUWG/*Schlingloff,* § 12 Rdn. 604: Auferlegung der Darlegungslast.

„Automatismus" zwischen der Verurteilung zur Unterlassung bzw. der Abweisung der darauf gerichteten Klage und der Veröffentlichung der entsprechenden Entschedung entnommen. Vielmehr hatte das Gericht über die Zuerkennung der Veröffentlichungsbefugnis nach pflichtgemäßem Ermessen zu entscheiden. Dazu, nach welchen Kriterien das Gericht das ihm eingeräumte pflichtgemäße Ermessen auszuüben hat, konnte dem Wortlaut der Bestimmung nichts entnommen werden. Der BGH hat in der Entscheidung *„Radschutz"*[1854] an die Rechtsprechung des Reichsgerichts[1855] zu § 23 Abs. 4 a. F. angeknüpft und für die Zuerkennung der Veröffentlichungsbefugnis eine auf den **Zeitpunkt der Urteilsfällung** (in der Tatsacheninstanz) abzustellende **Abwägung** der entstehenden Nachteile gefordert. Eine Veröffentlichungsbefugnis wurde verneint, wenn die Nachteile gegenüber den zu erwartenden Vorteilen in einem Missverhältnis stehen. An dem Erfordernis der umfassenden Interessenabwägung aller Umstände des jeweiligen Einzelfalles wurde in nachfolgenden Entscheidungen festgehalten:

741 Unter Bezugnahme auf die Entscheidung *Radschutz* wurde im Urteil *Cupresa*[1856] für einen Fall der Irreführung im Rahmen der Interessenabwägung auch berücksichtigt, ob die **Allgemeinheit** ein berechtigtes Interesse an der Veröffentlichung hat, was im Hinblick auf die große wirtschaftliche Bedeutung und dem Interesse von weiten Kreisen am Ausgang des Rechtsstreits bejaht wurde, zumal die vergangene Zeit noch nicht als so erheblich angesehen wurde.

742 Ein solches bei Abwägung der beiderseitigen Belange schutzwürdiges Interesse des Verletzten an der Veröffentlichung wurde verneint, wenn eine **Fortwirkung** der beanstandeten und während des Rechtsstreits eingestellten Werbung **nach einer gewissen Zeit nicht mehr festzustellen** war.[1857]

743 Bei der Interessenabwägung kann auch von Bedeutung sein, ob die Veröffentlichung vom breiten Publikum nach Lage des Falles **missverstanden** werden und Irrtümern Raum geben könnte, die für die verurteilte Partei mit unverhältnismäßigen Nachteilen verbunden wären.[1858] Da trotz mehrjähriger Verletzungshandlungen (Firmenrechtsverletzung) eine Marktverwirrung nicht feststellbar war, wurde eine Klarstellung in der Öffentlichkeit nicht für erforderlich erachtet, zumal für das Publikum im Falle der Veröffentlichung die Gefahr bestand, dass auch eine nicht klagegegenständliche, von der Beklagten seit langem benutzte Kennzeichnung von dem Urteil erfasst werde. Demgegenüber kann die durch eine besondere Programmierung von Subdomains mit dem Namen des Wettbewerbers verursachte Marktverwirrung eine Urteilsveröffentlichung rechtfertigen.[1859]

744 Die Zubilligung einer Veröffentlichungsbefugnis bezweckt nicht die Zufügung eines Nachteils für uneinsichtiges Verhalten im Rechtsstreit; vielmehr ist die **objektive Interessenlage zum Zeitpunkt des Urteils maßgeblich,** sodass bei nur geringer Irreführung dem Zeitablauf eine erhebliche Bedeutung zukommt.[1860]

745 Es ist maßgeblich darauf abzustellen, ob die Zuerkennung einer Veröffentlichungsbefugnis zur Aufklärung des Publikums erforderlich ist, was in der Regel eine **bereits erfolgte Störung** (Irreführung) voraussetzt.[1861]

746 In der Entscheidung *Deutsche Miederwoche*[1862] wurde die Erforderlichkeit eines öffentlichen Widerrufs wegen fehlender grober Irreführung im Hinblick auf den **Zeitablauf** verneint.

747 BGH GRUR 1967, 362, 366 – *Spezialsalz I* stellt erneut darauf ab, dass bei der vorzunehmenden Interessenabwägung in Fällen der Irreführung gemäß § 3 UWG a. F. nicht nur das Interesse des Klägers, sondern auch das der Allgemeinheit an der Richtigstellung der irreführenden Werbung zu berücksichtigen ist.

748 Im Urteil *Westfalen-Blatt III*[1863] wurde ein berechtigtes Interesse verneint, da die Veröffentlichung bereits aufgrund der in erster Instanz zuerkannten Befugnis erfolgt war, wobei nicht entscheidend darauf abgestellt wurde, dass diese Veröffentlichung auf eigene Kosten des Klägers erfolgt war. Denn unabhängig von diesem kostenrechtlichen Gesichtspunkt sei mit der Veröffentlichung der erstrebte Zweck bereits erreicht worden.

[1854] GRUR 1954, 337, 342.

[1855] GRUR 1933, 724, 730; GRUR 1940, 372, 374 f.; vgl. auch die weiteren Nachweise bei *Greuner* GRUR 1962, 71, 72 Fn. 2.

[1856] GRUR 1955, 37, 42.

[1857] BGH GRUR 1957, 280, 281 – *Kassa-Preis.*

[1858] BGH GRUR 1957, 561, 564 – *REI-Chemie* m. Anm. *Droste.*

[1859] OLG Frankfurt WRP 2014, 342 zu § 19c MarkenG.

[1860] BGH GRUR 1961, 189, 192 – *Rippenstreckmetall I.*

[1861] BGH GRUR 1961, 538, 541 – *Feldstecher.*

[1862] BGH GRUR 1962, 315, 319.

[1863] BGH GRUR 1968, 437, 439.

BGH GRUR 1972, 550 – *Spezialsalz II* billigte die Beurteilung der Vorinstanz, dass die Veröffentlichungsbefugnis im Hinblick auf die die Wettbewerbslage erheblich beeinträchtigende irreführende Werbung als angemessen angesehen hatte, obwohl die Beklagte den Betrieb zwischenzeitlich eingestellt hatte. Auch hier wurde mit entscheidend auf die fortbestehende Beeinträchtigung von Allgemeininteressen – irrige Vorstellungen über die Eigenschaften des Spezialsalzes – abgestellt. 749

Die von der Rechtsprechung vorgenommene Interessenabwägung richtet sich nach **denselben Kriterien,** die bei der Prüfung des materiell-rechtlichen Veröffentlichungsanspruchs[1864] (siehe auch unten Rdn. 776f.), der Veröffentlichungsbefugnis nach § 103 UrhG[1865] als auch der Befugnis zur Veröffentlichung der Urteilsformel nach § 7 UKlaG[1866] Anwendung finden. 750

Dass die prozessrechtliche Bekanntmachungsbefugnis denselben Anforderungen wie der aus dem materiell-rechtlichen Beseitigungsanspruch hergeleitete Veröffentlichungsanspruch unterliegt, wurde auch in der Literatur[1867] fast einhellig vertreten. Hiervon abweichend sieht *Bähr*[1868] die Bestimmung des § 12 Abs. 3 als eigenständiges Instrument prozessrechtlicher Natur zum Ausgleich von Wettbewerbsverstößen. Deshalb könne unter Rückgriff auf die Kriterien des materiell-rechtlichen Beseitigungsanspruchs ein fortbestehender Beseitigungsanspruch nicht zur unabdingbaren Voraussetzung gemacht werden. In die Abwägung könnten somit auch subjektive Elemente auf Seiten der Beteiligten und eine Genugtuungsfunktion zugunsten des Verletzten einfließen.[1869] Demgegenüber wird der **Zweck der Veröffentlichungsbefugnis** von der h. M. – entsprechend den zum allgemeinen Beseitigungsanspruch entwickelten Grundsätzen – darin gesehen, einen (im Falle der Veröffentlichung eines Unterlassungsgebots) auf die Verletzungshandlung zurückzuführenden und zum Zeitpunkt des Schlusses der mündlichen Verhandlung in der Tatsacheninstanz[1870] **noch andauernden Störungszustand zu beseitigen** (bzw. zumindest abzuschwächen). Diese Interessenabwägung, die nur aufgrund eines entsprechenden Sachvortrags der Parteien vorgenommen werden kann, ist Aufgabe der Tatsacheninstanzen[1871] und in der Revisionsinstanz nur in eingeschränktem Umfang nachprüfbar.[1872] Die vorstehend dargestellten in der Rechtsprechung entwickelten Grundsätze auch für § 12 Abs. 3 Satz 1 weiterhin Anwendung finden. 751

Da die Veröffentlichung dazu dienen soll, einer noch andauernden Störung entgegenzuwirken, kommt die Zubilligung einer solchen Befugnis in der Regel nicht in Betracht, wenn die Unterlassungsklage nicht auf eine Verletzungshandlung, sondern nur in Form einer **vorbeugenden Unterlassungsklage** auf eine Erstbegehungsgefahr gestützt wird.[1873] Dementsprechend wird auch in Fällen, in denen der Klageantrag über die konkrete Verletzungsform hinaus **verallgemeinert** wurde, gegebenenfalls zu prüfen sein, ob eine Veröffentlichung in dieser Form gerechtfertigt ist. 752

b) Interessenabwägung. Ob der obsiegenden Partei – die vorgenannten Entscheidungen des BGH betreffen sämtlich nur Anträge von Seiten der Klagepartei – die Veröffentlichungsbefugnis einzuräumen ist, bemisst sich unter **Berücksichtigung** der mit einer erstrebten Veröffentlichung 753

[1864] BGH GRUR 1955, 37, 42 – *Cupresa;* GRUR 1956, 558, 563 – *Regensburger Karmelitengeist;* GRUR 1961, 189, 192 – *Rippenstreckmetall I;* GRUR 1961; 538, 541 – *Feldstecher;* GRUR 1962, 91, 97 – *Jenaer Glas;* GRUR 1970, 254, 256 – *Remington,* m. Anm. *Droste* S. 258; GRUR 1972, 550 – *Spezialsalz II,* m. Anm. *Fischötter* S. 552; GRUR 1987, 189, 190 – *Veröffentlichungsbefugnis beim Ehrenschutz;* GRUR 1992, 527, 529 – *Plagiatsvorwurf II;* GRUR 1995, 424, 426f. – *Abnehmerverwarnung;* GRUR 1999, 923, 928 – *Tele-Info-CD;* KG ZUM-RD 1999, 88, 89 = GRUR 1999, 192 (LS) m. Anm. *R. Schmidt* EwiR § 1 UWG 3/99, 135, 136; OLG Hamburg GRUR 1994, 122, 124 – *Jeansüberfärbungen;* OLG München ZUM 1990, 195, 198; OLG Stuttgart Pharma Recht 1990, 242; vgl. auch BGH GRUR 1998, 415, 417 – *Wirtschaftsregister.*

[1865] BGH GRUR 1971, 588, 590 – *Disney-Parodie;* GRUR 1998, 568, 570 – *Beatles-Doppel-CD;* BGH GRUR 2002, 799, 801 – *Stadtbahnfahrzeug;* Vorinstanz: OLG Celle GRUR-RR 2001, 125, 126 – *Stadtbahnwagen;* OLG Karlsruhe ZUM 1996, 810, 818; OLG Hamburg ZUM 1985, 371, 375.

[1866] Vgl. BGH NJW 2003, 1237, 1241 unter IV und NJW 1994, 318 betreffend Fallgestaltungen, bei denen eine Veröffentlichung zur Beseitigung der Störung als wenig geeignet und deshalb nicht als erforderlich angesehen wurde; BGH BB 1997, 1862, 1863 womit auf den Umstand abgestellt wird, dass ohnehin eine ausreichende Publizität der Entscheidung gewährleistet ist (betreffend Entgeltklausel für Freistellungsaufträge nach dem Zinsabschlaggesetz); Palandt/*Bassenge* § 7 UKlaG Rdn. 1 m. w. N.

[1867] Vgl. z. B. Teplitzky/*Löffler* Kap. 26 Rdn. 22 und 30 jeweils m. w. N.

[1868] In *Ahrens* Kap. 37 Rdn. 3ff.; ablehnend hierzu *Melullis* Rdn. 1213 Fn. 5.

[1869] A. A. für den materiell-rechtlichen Beseitigungsanspruch BGH GRUR 1987, 189, 190 – *Veröffentlichungsbefugnis beim Ehrenschutz.*

[1870] BGH GRUR 1954, 337, 342 – *Radschutz;* GRUR 1968, 437, 439 – *Westfalen-Blatt III;* GRUR 1999, 923, 928 – *Tele-Info-CD;* GRUR 1998, 415, 418 – *Wirtschaftsregister;* GRUR 2002, 799, 801 – *Stadtbahnfahrzeug.*

[1871] BGH GRUR 1999, 923, 928 – *Tele-Info-CD.*

[1872] BGH GRUR 1967, 362 – *Spezialsalz I;* Ahrens/*Bähr* Kap. 37 Rdn. 13.

[1873] BGH GRUR 1957, 231, 236 – *Taeschner;* GRUR 1961, 538, 541 – *Feldstecher* – und GRUR 1962, 91, 97 – *Jenaer Glas;* GroßkommUWG/*Feddersen* § 12 E Rdn. 25; a. A. Ahrens/*Bähr* Kap. 37 Rdn. 17; *Melullis* Rdn. 1211.

verbundenen Vorteile der einen und die Nachteile der anderen Partei.[1874] Bei der Abwägung zu berücksichtigen sind vor allem das **Ausmaß der Beeinträchtigung** (Art, Dauer und Schwere[1875] der Verletzung, Beachtung in der Öffentlichkeit).[1876] Dabei ist – wie bereits ausgeführt – vorrangig darauf abzustellen, ob und inwiefern eine noch fortdauernde Beeinträchtigung der individuellen Interessen des Verletzten[1877] und/oder der Allgemeinheit[1878] zum Zeitpunkt der Urteilsfällung (noch) festgestellt werden kann, die bei Abwägung der mit den hieraus resultierenden Belastungen der unterlegenen Partei (wie etwa Kostenbelastung,[1879] Bloßstellung) auch unter Berücksichtigung des **Grundsatzes der Verhältnismäßigkeit** die Veröffentlichung (noch) erfordert[1880] bzw. ob sie – so im Hinblick auf die frühere Beschränkung auf den Tenor – hierzu überhaupt geeignet ist.[1881] Hat die beanstandete Verhaltensweise oder Aussage nur gegenüber einem begrenzten Adressatenkreis Wirkung entfaltet, kann ein **Widerruf** im Verhältnis zur Urteilsveröffentlichung als das mildere Mittel angesehen werden,[1882] nicht jedoch in jedem Fall, so etwa wenn ein Widerruf gegenüber nur einigen wenigen (bekannten) Adressaten der beanstandeten Werbung in Betracht kommt[1883] – so die Fallgestaltung bei LG Frankfurt GRUR 1991, 401 – *VFA Profil.*

754 Für die Frage der **Erforderlichkeit einer Urteilsveröffentlichung** kann auch von Bedeutung sein, ob bereits Maßnahmen zur Störungsbeseitigung stattgefunden haben.[1884] Die bereits erfolgte Veröffentlichung der landgerichtlichen Verurteilung in einer Fachzeitschrift wurde in der Entscheidung *Plagiatsvorwurf II*[1885] als nicht ausreichend angesehen, um die Störung des Ansehens des Klägers endgültig auszuräumen. Demgegenüber wurde in der Entscheidung *Westfalenblatt III*[1886] die Veröffentlichung aufgrund des landgerichtlichen Urteils als hinreichende Beseitigungsmaßnahme angesehen, auch wenn diese nur auf eigene Kosten zugesprochen worden war. BGH GRUR 1998, 415, 417 – *Wirtschaftsregister* berücksichtigt neben der abgegebenen Unterlassungserklärung auch die vereinzelte Aufklärung von Seiten des Beklagten im Rahmen der Gesamtabwägung. Unabhängig von bereits erfolgten Maßnahmen[1887] zur Störungsbeseitigung wird auch darauf abgestellt, ob solche zur Verfügung gestanden hätten, wobei auch eigene Möglichkeiten zur Folgenbeseitigung mit einbezogen werden.[1888] Insoweit wird bspw. auch zu berücksichtigen sein, ob bei einem Verstoß gegen § 4 Nr. 9 ein Rückruf aus den Vertriebswegen erfolgt ist. Auch ohne solche Maßnahmen zur Störungsbeseitigung kann der **bloße Zeitablauf** dazu führen, dass eine andauernde Störung von einigem Gewicht, die eine Urteilsveröffentlichung (noch) erfordert, nicht mehr gegeben ist.[1889] Einem etwaigen Bestreben der Gegenseite, das Verfahren durch die Instanzen in die Länge zu ziehen,[1890]

[1874] BGH GRUR 1954, 337, 342 – *Radschutz;* GRUR 1955, 37 – *Cupresa.*

[1875] Vgl. BGH GRUR 1995, 424, 426 f. – *Abnehmerverwarnung:* „Intensität des Vorgehens des Beklagten ist als gering zu bemessen".

[1876] BGH GRUR 1955, 37 – *Cupresa;* GRUR 1971, 588, 590 – *Disney-Parodie;* GRUR 1998, 568, 570 – *Beatles-Doppel-CD.*

[1877] BGH GRUR 1956, 558, 563 – *Regensburger Karmelitengeist;* GRUR 1957, 561, 564 – *REI-Chemie;* GRUR 1992, 527, 529 – *Plagiatsvorwurf II.*

[1878] BGH GRUR 1955, 37 – *Cupresa;* GRUR 1967, 362, 366 und GRUR 1972, 550, 551 – *Spezialsalz I* und *II; Baumbach/Hefermehl,* Wettbewerbsrecht, § 23 Rdn. 9.

[1879] RG GRUR 1940, 106 – *Luxor; Köhler*/Bornkamm § 12 Rdn. 4.7.

[1880] GroßKommUWG/*Feddersen* § 12 E Rdn. 21; *Köhler* GRUR 1996, 82, 85 ff.

[1881] So etwa wenn hinsichtlich der Reichweite des Verbots für die mit dem der Entscheidung zugrundeliegenden Sachverhalt nicht vertrauten Verkehrskreise Unklarheiten entstehen können, BGH GRUR 1957, 561, 564 – *REI-Chemie;* GRUR 1966, 623, 627 – *Kupferberg.*

[1882] BGH GRUR 1954, 337, 342 – *Radschutz;* GRUR 1962, 315, 318 – *Deutsche Miederwoche.*

[1883] BGH GRUR 1966, 272, 274 – *Arztschreiber;* GRUR 1967, 362, 366 – *Spezialsalz I;* GRUR 1962, 315, 318 – *Deutsche Miederwoche.*

[1884] GroßKommUWG/*Feddersen* § 12 E Rdn. 23; vgl. auch BGH GRUR 1998, 568, 570 – *Beatles-Doppel-CD,* zur Bedeutung der Veröffentlichung einer Entscheidung des EuGH zu einer bisher ungeklärten Streitfrage in der Fachpresse; BGH GRUR 1995, 424, 426 f. – *Abnehmerverwarnung;* vgl. auch die Rspr. zu § 7 UKlaG/ § 18 AGBG Fn. 91.

[1885] BGH GRUR 1992, 527, 529.

[1886] BGH GRUR 1968, 437, 439.

[1887] BGH GRUR 1995, 424, 426 f. – *Abnehmerverwarnung* berücksichtigt auch, dass die Klägerin selbst die ihr bekannten Adressaten des beanstandeten Rundschreibens bereits informiert hatte.

[1888] OLG Hamburg ZUM-RD 2002, 298, 300.

[1889] KG ZUM-RD 1999, 88 = GRUR 1999, 192 (LS): Veröffentlichungsanspruch verneint, da Werbung bereits zwei Jahre zurücklag; OLG Hamburg GRUR-RR 2002, 298, 300; sowie die Nachweise bei *Ahrens,* Wettbewerbsverfahrensrecht, S. 77 Fn. 117; ebenso BGH GRUR 1998, 415, 417 – *Wirtschaftsregister;* GRUR 1955, 37 – *Cupresa;* GRUR 1967, 362, 367 – *Spezialsalz I; Greuner* GRUR 1962, 71, 72.

[1890] Worauf in der Literatur zu Recht hingewiesen wird, *Bußmann* GRUR 1962, 319, 320; *Schramm* GRUR 1968, 440; *Seydel* GRUR 1965, 650, 652; *Greuner* GRUR 1962, 71, 72.

kann die Klagepartei nur durch rasches gerichtliches Vorgehen, nicht mehr jedoch durch eine Veröffentlichung aufgrund des erstinstanzlich nur vorläufig vollstreckbaren Urteil begegnen. Insoweit wird dem **Zeitmoment** in der Zukunft noch mehr Bedeutung zukommen, da im Hinblick auf die Verfahrensdauer bis zum Eintritt der Rechtskraft sich oftmals eine (spürbare) Interessenbeeinträchtigung allein aufgrund des Zeitablaufs nicht mehr wird feststellen lassen.[1891] Die Auffassung von *Schramm,*[1892] maßgeblich sei der Zeitpunkt der Rechtshängigkeit, ist mit der Qualifizierung als Störungsbeseitigungsmaßnahme nicht zu vereinbaren.[1893]

Gegebenenfalls wird die Partei eine Erledigungserklärung zu erwägen haben, will sie nicht eine (teilweise) Klageabweisung in Kauf nehmen. Da die Veröffentlichungsbefugnis auch für die beklagte Partei besteht, wird man ihr diese Möglichkeit ebenfalls einräumen müssen. **755**

Eine Urteilsveröffentlichung **neben** der Verurteilung zum Widerruf wird nur bei besonders schwerwiegenden Beeinträchtigungen in Betracht kommen.[1894] **755a**

Die Veröffentlichungsbefugnis ist **kein Behelf,** um dem Verletzten **Genugtuung** zu verschaffen, und darf nicht zur Demütigung und **Bloßstellung** führen.[1895] Sie dient auch **nicht** für **Werbezwecke** der obsiegenden Partei.[1896] Folglich besteht auch keine Grundlage für die Veröffentlichung in Verbandsmitteilungen/-zeitschriften bei Klagen von Verbänden im Sinne von § 8 Abs. 3 Nr. 2 bis 4, da das Interesse der Verbandsmitglieder bzw. der Öffentlichkeit, über sie berührende Rechtsfragen informiert zu werden,[1897] hierfür nicht ausreichen kann. **756**

Bei einem Antrag auf Urteilsveröffentlichung von Seiten der **beklagten Partei** kann es – worauf *Bähr*[1898] und *Melullis*[1899] zutreffend hinweisen – nicht um die Beurteilung einer noch andauernden Störung aufgrund der vom Kläger mit dem Unterlassungsantrag beanstandeten Verhaltensweisen gehen. Auf die Feststellung eines zu beseitigenden oder abzuschwächenden Störungszustandes kann aber auch hier nicht verzichtet werden. Die vom obsiegenden Beklagten erstrebte Urteilsveröffentlichung kann auch hier zur Beseitigung eines andauernden Störungszustandes geeignet und erforderlich sein, so etwa, wenn das Verfahren vom Kläger publik gemacht worden[1900] bzw. sonst auf Publikumsinteresse gestoßen war oder wenn eine Partei bereits zuvor eine Veröffentlichung aufgrund eines (nach § 23 Abs. 2 UWG a. F. möglichen) vorläufig vollstreckbaren Ausspruches erreicht hatte.[1901] **757**

Bei **teilweisem Obsiegen** kann sowohl dem Kläger als auch dem Beklagten ein Veröffentlichungsanspruch zuerkannt werden.[1902] Hat nur eine Partei ein berechtigtes Interesse an der Bekanntmachung, so kann die Befugnis auf die Bekanntmachung des für sie günstigen Teils des Urteils beschränkt werden.[1903] **758**

Der Veröffentlichungsanspruch kann auch von einem **Verband** im Sinne von § 8 Abs. 3 Nr. 2 bis 4 UWG geltend gemacht werden.[1904] **759**

4. Art und Umfang der Bekanntmachung (§ 12 Abs. 3 Satz 2)

a) Umfang. Die Veröffentlichung war gemäß **§ 23 Abs. 2 UWG a. F.** auf den verfügenden Teil (Unterlassungsausspruch, gegebenenfalls auf einen Teil davon)[1905] beschränkt, d. h. die in der Praxis **760**

[1891] Vgl. z. B. die Fallgestaltungen BGH GRUR 1998, 415, 418 – *Wirtschaftsregister;* GRUR 1999, 923, 928 – *Tele-Info-CD.*

[1892] GRUR 1968, 400 Anm. zu *Westfalen-Blatt III.*

[1893] Siehe auch *Droste* GRUR 1970, 258 unter 3.a Anm. zu BGH GRUR 1970, 254 – *Remington;* vgl. allerdings BGH NJW 2004, 1034 f., wo hinsichtlich eines Anspruchs auf Richtigstellung für die Frage der „Deaktualisierung" auf den Zeitraum zwischen der beanstandeten Presseveröffentlichung und der Klageerhebung – so im Leitsatz 2 – bzw. auf die bis zur Entscheidung des BGH vergangene Zeit abgestellt wird.

[1894] BGH GRUR 1992, 527, 529 f. – *Plagiatsvorwurf II.*

[1895] BGH GRUR 1961, 189, 192 – *Rippenstreckmetall I:* Veröffentlichungsbefugnis bezweckt nicht die Zufügung eines Nachteils für uneinsichtiges Verhalten im Rechtsstreit.

[1896] BGH GRUR 1956, 558, 563 – *Regensburger Karmelitengeist; Burhenne* GRUR 1952, 84, 86 m. w. N. in Fn. 14.

[1897] Vgl. hierzu Ulmer/Brandner/*Hensen,* AGBG, § 18 Rdn. 1.

[1898] In *Ahrens* Kap. 37 Rdn. 12.

[1899] Rdn. 1213 Fn. 5.

[1900] *Melullis* Rdn. 1214.

[1901] so auch GroßKommUWG/*Feddersen* § 12 E Rdn. 24.

[1902] *Köhler*/Bornkamm § 12 Rdn. 4.6.

[1903] Dreier/Schulze § 103 Rdn. 9.

[1904] BGH GRUR 1962, 315, 318 – *Deutsche Miederwoche;* zum allgemeinen Beseitigungsanspruch BGH GRUR 1998, 414, 415 – *Wirtschaftsregister.*

[1905] BGH GRUR 1992, 527, 529 – *Plagiatsvorwurf II;* gegebenenfalls musste das Gericht den zu veröffentlichenden Unterlassungsanspruch abweichend formulieren, hierzu Ahrens/*Bähr* Kap. 37 Rdn. 16.

meist neben der Unterlassung geltend gemachten Ansprüche auf Auskunft und Feststellung der Schadensersatzpflicht waren nicht mit zu veröffentlichen.

761 Diese in der Vergangenheit zu Recht als verfehlt angesehene Beschränkung auf den verfügenden Teil – der für sich genommen oftmals nicht aussagekräftig ist[1906] – wurde in die gesetzliche Neuregelung nicht übernommen. In offensichtlicher Anlehnung an § 103 Abs. 2 Satz 1 UrhG hat **das Gericht** nunmehr gemäß **§ 12 Abs. 3 Satz 2 auch den Umfang der Veröffentlichung im Urteil zu bestimmen.**

762 Die Veröffentlichung muss sich nicht auf den Urteilsausspruch beschränken. Das Gericht hat sich daran zu orientieren, in welchem Umfang der Urteilsausspruch und Teile des Sachverhalts und/oder der Entscheidungsgründe zum Verständnis der Entscheidung und damit **für den Zweck der Störungsbeseitigung erforderlich** sind,[1907] wobei die Kostenbelastung der unterliegenden Partei auch hier bereits zu berücksichtigen ist.

763 Auch wenn § 890 ZPO „nur" mehr die **Androhung von Ordnungsgeld und Ordnungshaft** vorsieht (Abs. 1, Abs. 2 Satz 1), ist festzustellen, dass in der Öffentlichkeit oftmals eine Differenzierung zwischen Schadensersatz, Strafe und Ordnungsmittelandrohung nicht vorgenommen wird.[1908] Deshalb wurde bereits zu § 23 Abs. 2 UWG a. F. mit gutem Grund geraten, auf eine „automatische" Mitveröffentlichung der Ordnungsmittelandrohung zu verzichten, da diese dem Zweck der Veröffentlichung nicht ohne weiteres gerecht wird. Zur Vermeidung derartiger Fehlvorstellungen hinsichtlich des Inhalts und Bedeutung der Ordnungsmittelandrohung empfiehlt es sich, diese entweder nicht oder nur verkürzt (etwa: „... unter Androhung näher bezeichneter Ordnungsmittel ...") mit aufzunehmen.[1909]

764 Die **Angabe der Namen und Anschriften der Parteien** wird als zulässig angesehen;[1910] anders wird dies in der Regel hinsichtlich **Dritter** zu beurteilen sein.

765 Wird dem **Beklagten** die Befugnis zur Veröffentlichung zugesprochen, kann sich dieser Ausspruch nicht nur auf den klageabweisenden Tenor erstrecken, vielmehr muss aus dem vom Gericht zu formulierenden Ausspruch der Verfahrensgegenstand hervorgehen.[1911]

766 **b) Art der Bekanntmachung.** Die vom Gericht gemäß § 12 Abs. 3 Satz 2 vorzunehmende Bestimmung der **Art der Bekanntmachung** hat sich daran zu orientieren, dass (möglichst) derjenige Kreis von der Urteilsveröffentlichung Kenntnis nehmen kann, der auch von der beanstandeten Verhaltensweise Kenntnis genommen hat bzw. nehmen konnte.[1912] Bestimmte Arten der Bekanntmachung (Anschlagen an der Gerichtstafel, Aushang an sonstigen Stellen) sind ersichtlich von vorneherein ungeeignet. Dies dürfte auch für eine Veröffentlichung im Bundesanzeiger – trotz der Regelung in § 7 UKlaG – gelten.[1913] Bei einer Verbreitung durch ein **bestimmtes Medium** (Zeitung, Rundfunk) sollte daher auch die Veröffentlichung an gleicher Stelle wie etwa die beanstandete Werbung oder zur gleichen Sendezeit wie eine beanstandete Rundfunkwerbung erfolgen („wo") und soweit möglich in der **gleichen Aufmachung** („wie"; Anzeigengröße etc.).[1914] Ebenso ist die **Anzahl der Veröffentlichungen** („wie oft") sowie die Größe (etwa bei Veröffentlichungen in Printmedien) zu bestimmen. Lehnt das Publikationsorgan die Veröffentlichung ab – auf die fehlende Bereitschaft der Sendeanstalten derartige Bekanntmachungen zu veröffentlichen, wird in der Litera-

---

[1906] Vgl. die Fälle BGH GRUR 1957, 561, 564 – *REI-Chemie* und GRUR 1966, 623, 627 – *Kupferberg* – sowie die Rspr. zu § 7 UKlaG/§ 18 AGBG Fn. 91.

[1907] Schricker/Loewenheim/*Wild* § 103 Rdn. 5.

[1908] Immer wieder wird in der Presse über Urteile dergestalt berichtet, dass der Verurteilte 250 000 € zahlen müsse, wenn er eine bestimmte Behauptung wiederhole; vgl. MünchKommUWG/*Schlingloff* § 12 Rdn. 618 m. w. N.

[1909] LG München I, Urt. v. 16.12.1998 – 21 O 8410/98, S. 24 f., zu § 103 UrhG; *Melullis* Rdn. 1206; Schricker/Loewenheim/*Wild* § 103 Rdn. 5.

[1910] Fromm/Nordemann/*Nordemann* § 103 Rdn. 9.

[1911] *Melullis* Rdn. 1220; siehe das Formulierungsbeispiel bei *Pastor* S. 873 Fn. 62: In Sachen ... ist durch Urteil ... des ... vom ... die auf Unterlassung der Verwendung der Bezeichnung ... erhobene Unterlassungsklage unter Auferlegung der Kosten als unbegründet abgewiesen und dem Beklagten die Befugnis zugesprochen worden, dieses Urteil bekannt zu machen.

[1912] LG München I Fn. 136: Veröffentlichung in der von der Beklagten vertriebenen Computer-Zeitschrift, da die beanstandete CD-ROM in der Zeitschrift herausgestellt und mit dieser vertrieben worden war. Auf eine Veröffentlichung in Fachmagazinen wurde in den Fällen BGH GRUR 1998, 830, 835 – *Les-Paul-Gitarren*, GRUR 2002, 799, 801 – *Stadtbahnfahrzeug* und GRUR 1992, 527, 529 – *Plagiatsvorwurf II* abgestellt; vgl. weiter MünchKommUWG/*Schlingloff* § 12 Rdn. 620 m. w. N.

[1913] Teplitzky/*Löffler* Kap. 26 Rdn. 34 Fn. 126.

[1914] *Wronka* WRP 1975, 644, 646; Wenzel/*Gamel* Kap. 13 Rdn. 113: Grundsatz der Waffengleichheit; BGH GRUR 1987, 189, 191 – *Veröffentlichungsbefugnis beim Ehrenschutz*.

tur[1915] hingewiesen –, gibt es für die obsiegende Partei dagegen keine Handhabe, da – von einem nur in Ausnahmefällen bestehenden Kontrahierungszwang abgesehen – keine Verpflichtung besteht, einen Anzeigenauftrag anzunehmen.[1916] Da aber auch keine Möglichkeit für eine Abänderung – Bestimmung eines anderen Publikationsorganes – besteht (§ 318 ZPO), wird mit Recht empfohlen, **Alternativen** vorzusehen.[1917] Bei der Bestimmung des „wo", „wie" und „wie oft" sind die damit verbundenen **Kosten** insbesondere im Verhältnis mit der zu erzielenden „Aufklärungswirkung" zu berücksichtigen. Verfügt das Gericht nicht über die erforderlichen Informationen, um ein Medium auszuwählen, wird es auf die Nennung geeigneter Medien (z.B. Branchenpublikationen) hinzuwirken haben (§ 139 Abs. 1 ZPO).

5. § 12 Abs. 3 Satz 4

Anders als die Veröffentlichung von strafrechtlichen Verurteilungen musste nach altem Recht 767
die Verurteilung zur Unterlassung nicht rechtskräftig sein, sodass auch ein nur **vorläufig vollstreckbares Urteil** – gegebenenfalls nach **Sicherheitsleistung,** in deren Höhe auch etwaige Schäden im Falle einer unberechtigten Zuerkennung der Veröffentlichungsbefugnis einzubeziehen waren (vgl. § 717 Abs. 2 ZPO) – gemäß § 23 Abs. 2 a.F. Grundlage für die Veröffentlichung sein konnte.

Der Ausschluss der Vollstreckung aufgrund eines nur vorläufig vollstreckbaren Urteils hat nicht 768
dazu beitragen, die Durchschlagskraft der Urteilsveröffentlichung zu erhöhen, da der Kläger in Rechnung stellen muss, dass bei einer längeren Dauer des Verfahrens die tatbestandlichen Voraussetzungen in der Rechtsmittelinstanz allein aufgrund des Zeitablaufs nicht mehr als gegeben angesehen werden.

Verfahrensrechtlich bedeutet dies, dass – sofern die Voraussetzungen hierfür vorliegen – das 769
Urteil nur im Übrigen, nicht jedoch hinsichtlich des Veröffentlichungsausspruchs (ohne oder gegen Sicherheitsleistung) für vorläufig vollstreckbar erklärt werden darf.

6. Kosten

Der Ausspruch zur Veröffentlichungsbefugnis umfasst die Verpflichtung der **unterlegenen Par-** 770
tei, die **Kosten der Veröffentlichung** zu tragen. Ein (versehentlich) unterlassener Ausspruch kann berichtigt werden,[1918] da sich § 321 ZPO nur auf die Verfahrenskosten im Sinne der §§ 91ff. ZPO bezieht.

Nach allgemeiner Meinung handelt es sich bei den Kosten (z.B. Inseratkosten) um **Kosten der** 770a
Zwangsvollstreckung im Sinne von § 788 ZPO.[1919] Dem steht nicht entgegen, dass die obsiegende Partei die Veröffentlichung selbst zu veranlassen hat.

Für den **Anwalt** stellt sich das „Ausüben der Veröffentlichungsbefugnis" als eine **besondere** 770b
Angelegenheit der Zwangsvollstreckung (§ 18 Nr. 20 RVG) dar.

7. Frist (§ 12 Abs. 3 Satz 3)

Von der der obsiegenden Partei eingeräumten Befugnis zur Urteilsbekanntmachung kann nur in- 771
nerhalb einer Frist von **drei Monaten nach Eintritt der Rechtskraft** Gebrauch gemacht werden. Hierdurch soll gewährleistet werden, dass die Befugnis in zeitlichem Anschluss an den Eintritt der Rechtskraft ausgeübt wird. Als Gebrauchmachen ist nicht die Veranlassung der entsprechenden Veröffentlichung (Anzeigenauftrag etc.), sondern die tatsächliche Veröffentlichungsmaßnahme zu verstehen, sodass bei mehrfachen Veröffentlichungen jede innerhalb der Frist erfolgen muss.[1920] Die Frist ist als **Ausschlussfrist,** die zum Erlöschen der Befugnis führt, zu qualifizieren, sodass weder eine Verlängerung noch eine Wiedereinsetzung in Betracht kommt.

[1915] Schricker/Loewenheim/*Wild* § 103 Rdn. 7.

[1916] Vgl. Teplitzky/*Löffler* Kap. 26 Rdn. 35 m.w.N.

[1917] GroßKommUWG/*Feddersen* § 12 E Rdn. 33; vgl. zur Zulässigkeit von Alternativanträgen Teplitzky/*Löffler* Kap. 26 Rdn. 35, Kap. 26 Rdn. 14; *Retzer* in: FS Piper S. 421, 430f. mit Fn. 69.

[1918] GroßKommUWG/*Feddersen* § 12 E Rdn. 37.

[1919] OLG Stuttgart Rpfleger 1983, 175; *Köhler*/Bornkamm § 12 Rdn. 4.14; GroßKommUWG/*Feddersen* § 12 E Rdn. 37; *Melullis* Rdn. 1222; Zöller/*Stöber* § 788 Rdn. 13 „Veröffentlichung"; *BLAH* § 788 Rdn. 47 „Veröffentlichung des Urteils"; a.A. Ahrens/*Bähr* Kap. 37 Rdn. 28.

[1920] A.A. MünchKomm/*Schlingloff* § 12 Rdn. 621: Der Befugte müsse nur innerhalb der Frist alles Erforderliche getan haben.

8. Einzelfragen

772 Spricht das Gericht einer Partei die Veröffentlichungsbefugnis zu, hat der Gegner die Veröffentlichung in dem angeordneten Umfang **zu dulden,** d. h. er kann diese nicht als wettbewerbswidrige oder unerlaubte Handlung seinerseits zu unterbinden versuchen.[1921]

773 Hält sich dagegen die vorgenommene **Veröffentlichung nicht im Rahmen des Ausspruches durch das Gericht** (Veröffentlichung nach Fristablauf, in einem anderen Medium, mit einem anderen Inhalt), so ist sie von dem gerichtlichen Ausspruch – von völlig unwesentlichen Abweichungen abgesehen – nicht mehr gedeckt und sie erfolgt auf **„eigenes Risiko".**[1922] Dementsprechend können auch die **Kosten** nicht mehr aufgrund des Veröffentlichungsausspruches ersetzt verlangt werden. Etwas anderes kann allenfalls dann geltend, wenn es um eindeutig abgrenzbare Mehrkosten – etwa im Falle einer über den Ausspruch hinausgehenden mehrfachen Veröffentlichung – geht, sofern die vom Verurteilten für die vom Gericht angeordnete Veröffentlichung zu erstattenden Kosten (§ 788 ZPO) vom zuständigen Vollstreckungsorgan (§ 788 Abs. 1 Satz 1 Halbsatz 2 ZPO) oder in einem möglichen Kostenfestsetzungsverfahren (§§ 104 ff. ZPO) zweifelsfrei zu ermitteln sind.

774 Wird die Veröffentlichungsbefugnis vom Gericht verneint und die Klage insoweit teilweise abgewiesen, hat der Kläger, sofern nicht die Voraussetzungen des § 92 Abs. 2 Nr. 1 ZPO vorliegen, die anteiligen Verfahrenskosten zu tragen. Der Antrag hat einen **eigenen Streitwert.**[1923]

775 Wird vom Gericht über den Veröffentlichungsantrag nicht entschieden, so kann innerhalb der Frist des § 321 ZPO die **Ergänzung des Urteils** beantragt werden. Wird die Frist versäumt, erlischt die Rechtshängigkeit rückwirkend. Der Antrag kann aber im Berufungsverfahren im Wege der Klageerweiterung wiederum geltend gemacht werden.[1924]

IV. Materiell-rechtlicher Veröffentlichungsanspruch

1. Verhältnis zu § 12 Abs. 3

776 Der materiell-rechtliche Veröffentlichungsanspruch (vgl. hierzu oben Rdn. 750 f.) wird **durch die Regelung des § 12 Abs. 3 (weiterhin) nicht beschränkt.**[1925] Er kann sowohl in dessen Anwendungsbereich als auch darüber hinaus im Falle des Bestehens eines Beseitigungs-, Löschungs- oder Schadensersatzanspruches gegeben sein, wenn die Veröffentlichung des Urteils, der einstweiligen Verfügung oder der strafbewehrten Unterlassungserklärung nach den oben unter Rdn. 740 ff. genannten Grundsätzen zur **Störungsbeseitigung** bzw. zur **Schadensbeseitigung oder -verhinderung** erforderlich ist.[1926] Der Umfang der öffentlichen Bekanntmachung ist nicht auf den verfügenden Teil des Urteils beschränkt, sondern kann sich auch auf die für das Verständnis der Entscheidung wesentlichen **Entscheidungsgründe** erstrecken. Der Klagepartei kann – entsprechend der Regelung in § 12 Abs. 3 Satz 1 UWG – die Befugnis zur Veröffentlichung zugesprochen werden. Es besteht aber auch die Möglichkeit, der beklagten Partei die Verpflichtung zur Veröffentlichung aufzuerlegen.[1927] Für die **beklagte Partei** besteht nur die Möglichkeit, einen materiellrechtlichen Veröffentlichungsanspruch im Wege einer Widerklage durchzusetzen.

2. Voraussetzungen

777 Als Anspruchsgrundlage für einen materiellrechtlichen Veröffentlichungsanspruch kommt ein Schadensersatz-, vor allem aber ein **Beseitigungsanspruch im Sinne von § 8 Abs. 1** in Betracht. Die Veröffentlichung muss bei Anlegung der oben in den Rdn. 753 ff. dargestellten Kriterien zur Kompensierung eines Schadens oder der Beseitigung einer fortdauernden Störung erforderlich sein. Wegen der Einzelheiten der hierbei zu berücksichtigenden Interessen der Parteien sowie der Allgemeinheit und der maßgeblichen Beurteilungskriterien kann auf die obigen Ausführungen verwiesen werden.

[1921] Teplitzky/*Löffler Kap. 26* Rdn. 24.

[1922] Vgl. hierzu *Burhenne* GRUR 1952, 84, 86 f.; *Greuner* GRUR 1962, 71, 73.

[1923] Siehe unten Rdn. 883.

[1924] Vgl. BGH GRUR 2001, 755, 757 – *Telefonkarte.*

[1925] Allg. Meinung, vgl. z. B. BGH GRUR 1992, 527, 529 – *Plagiatsvorwurf II;* GRUR 1987, 189, 190 – *Veröffentlichungsbefugnis beim Ehrenschutz;* Ohly/*Sosnitza* § 12 Rdn. 224; Teplitzky/*Löffler Kap. 26* Rdn. 22.

[1926] GroßKommUWG/*Feddersen* § 12 E Rdn. 7.

[1927] OLG Köln AfP 1985, 223, 226, gegenüber Rundfunkanstalt; vgl. auch LG Wiesbaden NJW-RR 1990, 1131, das (auch) eine Verurteilung des Beklagten zur Veröffentlichung des Urteilstenors in seinem Brancheninformationsdienst ausspricht; BGH GRUR 1987, 189 f. – *Veröffentlichungsbefugnis beim Ehrenschutz;* Ohly/*Sosnitza,* § 12 Rdn. 224 a. E.

3. Kosten

Wird die Veröffentlichung vom Gericht als erforderlich angesehen, erscheint es sachgerecht, im Hinblick auf einen ohnehin meist bestehenden Schadensersatz- oder Aufwendungsersatzanspruch bzw. in entsprechender Anwendung des § 12 Abs. 3 Satz 1 der beklagten Partei **bereits im Ausspruch über die Veröffentlichungsbefugnis** zugunsten des Klägers **die Kosten aufzuerlegen.** 778

4. Veröffentlichung vor Rechtskraft?

Wird an der Sichtweise festgehalten, dass es sich bei der Regelung in § 12 Abs. 3 nur um eine Ausprägung des allgemeinen Störungsbeseitigungsanspruchs handelt, muss eine Vollstreckung aus einem nur für vorläufig vollstreckbar erklärten Urteil auch weiterhin möglich sein.[1928] 779

5. Einstweilige Verfügung

Die Durchsetzung des materiellrechtlichen Veröffentlichungsanspruchs im Wege der einstweiligen Verfügung wird vielfach wegen des **Verbots der Vorwegnahme der Hauptsache** nicht für möglich angesehen (siehe oben Rdn. 737).[1929] 780

E. Bemessung des Streitwerts (§ 12 Abs. 4, 5/§ 51 GKG)

Schrifttum: *Althammer,* „Beschwer" und „Beschwerdegegenstand" im reformierten Berufungsrecht gem. § 511 II Nrn. 1, 2, IV ZPO, NJW 2003, 1079; *Anders/Gehle/Kunze,* Streitwertlexikon, 4. Aufl., 2002; *Büscher,* Klagehäufung im gewerblichen Rechtsschutz – alternativ, kumulativ, eventuell?, GRUR 2012, 16; *Cuypers* Die Streitwertbemessung und Zuständigkeit des Gerichts, MDR 2011, 381; *Fischer,* Der Wert des Beschwerdegegenstandes in § 511 Abs. 2 Nr. 1 ZPO n. F., NJW 2002, 155; *Frank,* Anspruchsmehrheiten im Streitwertrecht, 1985; *Goldmann,* Den Marschallstab im Tornister – Zum Streitwert der einstweiligen Verfügung beim wettbewerbsrechtlichen Unterlassungsanspruch, WRP 2001, 240; *Greger,* Verbandsklage und Prozessrechtsdogmatik – Neue Entwicklungen in einer schwierigen Beziehung, ZZP 113 (2000) S. 399; *Günther/Beyerlein,* Abmahnen nach dem RVG – Ein Gebühren-Eldorado?; *Jauernig,* Die „Beschwer" mit der neuen Berufung: § 511 Abs. 2 Nr. 1 ZPO, NJW 2001, 3027; *ders.,* Der BGH und die Beschwer im neuen Rechtsmittelrecht, NJW 2003, 465; *Kodde,* Vier Jahre nach „TÜV", GRUR 2015, 38; *Krbetschek/Schlingloff,* Bekämpfung von Rechtsmissbrauch durch Streitwertbegrenzung? WRP 2014, 1; *Lindacher,* Zum Streitwert der AGB-Verbandsklage, MDR 1994, 231; *Müller,* Grundlagen und Sonderregelungen der Streitwertfestsetzung, JurBüro 2001, 7; *Radant,* Streitwertfestsetzung bei wettbewerblichen Unterlassungsansprüchen in der gerichtlichen Entscheidungspraxis, WRP 1975, 137; *Schmittmann,* Streitwertbestimmung bei unaufgeforderter Telefaxwerbung, JurBüro 1999, 572; *ders.,* Streitwertbestimmung bei Domainstreitigkeiten, MMR aktuell 12/2002 V–VIII; *Schmitz/Schröder,* Streitwertbestimmung bei Domainstreitigkeiten, K & R 2002, 189; *Schneider,* Wirtschaftliche Tendenzen in der Rechtsprechung des BGH zur Streitwertbemessung, MDR 1970, 107; *Schneider/Herget,* Streitwert-Kommentar, 14. Aufl., 2015; *Schulte,* Verurteilung zur Auskunftserteilung – Bemessung der Rechtsmittelbeschwer und Kostenstreitwert, MDR 2000, 805; *Schumann,* Grundzüge des Streitwertrechts, NJW 1982, 1257; *Teplitzky,* Streitgegenstand und materielle Rechtskraft im wettbewerbsrechtlichen Unterlassungsanspruch, GRUR 1998, 320 ff.; *Tilmann,* Kostenhaftung und Gebührenberechnung bei Unterlassungsklagen gegen Streitgenossen im gewerblichen Rechtsschutz, GRUR 1986, 691; *Traub,* Der Streitwert der Verbandsklage, WRP 1982, 55; *ders.,* Wettbewerbsrechtliche Verfahrenspraxis, Örtliche Besonderheiten in der Rechtsprechung der Oberlandesgerichte (WVP), 2. Aufl., 1991; *ders.,* Die UWG-Novelle 1994 und der Streitwert in Wettbewerbssachen, WRP 1995, 362; *ders.,* Erhöhungsgebühr oder Streitwertaddition bei Unterlassungsklagen gegen das Unternehmen und seine Organe? WRP 1999, 79; *Ulrich,* Der Streitwert in Wettbewerbssachen nach der UWG-Reform im Jahre 1986, GRUR 1989, 401.

I. Gang der Darstellung

Nachfolgend werden unter II. allgemeine Fragen des Streitwertrechts sowie unter III. die Grundzüge des Festsetzungs- und Beschwerdeverfahrens dargestellt, bevor unter IV. vor allem für die Praxis wichtige Fragen der Streitwertbemessung erörtert werden. Sodann werden unter V. die Regelungen der Streitwertbegünstigung gemäß § 12 Abs. 4 und 5 dargestellt. 781

[1928] Ebenso Teplitzky/*Löffler* Kap. 26 Rdn. 25; a. A. Fezer/*Büscher* § 12 Rdn. 171; MünchKommUWG/*Schlingloff* § 12 Rdn. 585; GroßKommUWG/*Feddersen* § 12 E Rdn. 39 unter Hinweis auf die eindeutige Entscheidung des Gesetzgebers zu § 12 Abs. 3 UWG.

[1929] Vgl. nur *Köhler*/Bornkamm § 12 Rdn. 4.19; a. A. Teplitzky/*Löffler* Kap. 26 Rdn. 26: nur unter strengen Voraussetzungen und in der Regel nicht im Wege einer Beschlussverfügung.

II. Verschiedene Arten von Streitwerten

782 Von den verschiedenen Arten von Streitwerten werden der Zuständigkeitsstreitwert, der in der Praxis im Vordergrund stehende Gebührenstreitwert sowie der Rechtsmittelstreitwert (Beschwer/ Wert des Beschwerdegegenstandes) behandelt werden.[1930]

1. Der Zuständigkeitsstreitwert

783 Bis zur Einführung einer ausschließlichen Zuständigkeit der Landgerichte in § 13 Abs. 1 UWG (unten § 13 Rdn. 1) bestimmte sich die **sachliche Zuständigkeit** nach der **Höhe des Streitwerts,** für dessen Bemessung gemäß § 2 ZPO die Regelungen der §§ 3ff. ZPO maßgeblich war. Auch damals war allerdings die amtsgerichtliche Zuständigkeit in der Praxis meist auf Verfahren beschränkt, in denen Kostenerstattungsansprüche bzw. Vertragsstrafen geltend gemacht wurden.[1931]

2. Gebührenstreitwert

784 Der Streitwert für die **Berechnung der Gebühren** des Gerichts sowie der Anwälte ergibt sich aus den Regelungen des GKG (§§ 48ff.) i. V. m. den Bestimmungen der § 51 GKG, §§ 3ff. ZPO bzw. der §§ 32ff. RVG (hierzu unten Rdn. 815ff.).

3. Rechtsmittelstreitwert

785 Die Höhe des Rechtsmittelstreitwerts bestimmt, ob gegen eine Entscheidung die einfache (z. B. § 68 Abs. 1 GKG) oder sofortige **Beschwerde** (vgl. § 567 Abs. 2 ZPO; § 91a Abs. 2 Satz 2 ZPO), die **Berufung** (§ 511 Abs. 2 Nr. 1 ZPO) sowie die **Nichtzulassungsbeschwerde** (§ 544 ZPO i. V. m. § 26 Nr. 8 EGZPO) **zulässig** ist.

786 Ob in **Beschwerdeverfahren** der erforderliche Beschwerdewert (§ 567 Abs. 2 ZPO; § 68 Abs. 1 Satz 1, § 34 Abs. 2 Satz 1 GKG; § 33 Abs. 3 Satz 1 RVG) erreicht ist, hat das Beschwerdegericht als Zulässigkeitsvoraussetzung von Amts wegen zu prüfen.[1932] Die Beschwer muss noch zum Zeitpunkt der Entscheidung über das Rechtsmittel gegeben sein.[1933] Das Vorbringen hierzu unterliegt nicht dem Verspätungseinwand.[1934]

787 Vom **Wert des Beschwerdegegenstandes** hängt bei der Wertberufung (§ 511 Abs. 2 Nr. 1 ZPO) die Zulässigkeit des Rechtsmittels ab. Diesen Wert hat das Berufungsgericht unabhängig von der Streitwertfestsetzung der ersten Instanz festzusetzen. Er wird durch die Berufungsanträge (§ 520 Abs. 3 Nr. 1 ZPO) im Rahmen der **Beschwer** bestimmt.[1935] Die gesetzliche Neuregelung des Berufungsrechts im Jahr 2001 hat den Begriff des „Werts des Beschwerdegegenstandes" (§ 511a ZPO a. F.) beibehalten. Auch wenn dies im Hinblick auf die nunmehr mögliche Zulassungsberufung (§ 511 Abs. 2 Nr. 2 ZPO) nicht unproblematisch erscheint, sind keine Anhaltspunkte dafür vorhanden, dass es sich dabei um eine ungewollte Ungenauigkeit des Gesetzgebers gehandelt hat, die es rechtfertigen könnte, den Gesetzeswortlaut berichtigend im Sinne von „Wert der Beschwer" auszulegen.[1936]

788 Die Revision findet nur statt, wenn sie vom Berufungsgericht oder vom Revisionsgericht auf eine Nichtzulassungsbeschwerde hin (§ 544 ZPO) zugelassen wurde. Insoweit ist der **„Wert der mit der Revision geltend zu machenden Beschwer"** für die mehrfach verlängerte und wohl dauerhaft währende „Übergangszeit" gemäß § 26 Nr. 8 EGZPO von Bedeutung. Anders als nach der Regelung in § 546 Abs. 2 ZPO a. F. kommt es für die Statthaftigkeit einer Nichtzulassungsbeschwerde (in der Übergangszeit) nicht auf den Wert der Urteilsbeschwer, sondern auf den mit der Revision geltend zu machenden Wert der Beschwer an, d. h. den Wert des Beschwerdegegenstan-

---

[1930] Zu weiteren Streitwertarten *Schumann* NJW 1982, 1257f.

[1931] *Steinmetz,* Der „kleine" Wettbewerbsprozess, S. 82; vgl. zur Bemessung der Vertragsstrafen unter dem Gesichtpunkt des landgerichtlichen Streitwerts OLG Köln WRP 1991, 1101 und hierzu krit. *Bürglen* in: FS Erdmann, S. 785ff.; *Heckelmann/Wettich* WRP 2003, 184, 187.

[1932] Zur Berechnung des Beschwerdewerts vgl. Thomas/Putzo/*Reichold* § 567 Rdn. 14f.

[1933] BGH, Beschl. v. 29.6.2004 – X ZB 11/04.

[1934] BGH NJW-RR 2006, 791; OLG Hamburg, Urt. v. 28.4.2005 – 5 U 156/04.

[1935] BGH (GS) GRUR 1995, 701, 702 m. Anm. *Jacobs* S. 703; Thomas/Putzo/*Reichold* Vorbem. § 511 Rdn. 17ff., § 511 Rdn. 11f.

[1936] BGH NJW 2002, 2720, 2721 m. abl. Anm. *Jauernig;* NJW 2003, 465; NJW 2005, 224; *Fischer* NJW 2002, 1551, 1552f.; *Wenzel* NJW 2002, 3353, 3357; Musielak/Voit/*Ball* § 511 Rdn. 18; *Althammer* NJW 2003, 1079, 1082; a. A. *Jauernig* NJW 2001, 3027f.; vgl. auch *Schnauder* JuS 2002, 68, 72 Fn. 30.

des, nämlich die Revisionsanträge, die die Nichtzulassungsbeschwerde ermöglichen soll.[1937] Dagegen ist die Rechtsbeschwerde gemäß § 574 Abs. 2 Nr. 2 ZPO gegen einen die Berufung als unzulässig verwerfenden Beschluss auch bei Nichterreichen der Wertgrenze des § 26 Nr. 8 EGZPO zulässig.[1938] Ein Antrag auf Zulassung der Revision gegen ein amtsgerichtliches Urteil ist statthaft, wenn der Wert des Beschwerdegegenstandes 600 € übersteigt und der Gegner in die Umgehung der Berufungsinstanz einwilligt.[1939] Bei der Bestimmung dieses Wertes ist das Revisionsgericht nicht an die Streitwertfestsetzung des Berufungsgerichts gebunden.[1940]

4. Verhältnis Streitwert zur Beschwer

Zu der Frage des Verhältnisses zwischen Streitwert und Beschwer enthält das Gesetz in **§ 47 GKG** eine Regelung für die **Bemessung des Gebührenstreitwerts im Rechtsmittelverfahren.** Nach dessen Abs. 1 bestimmt sich der Streitwert nach den Anträgen des Rechtsmittelführers (Satz 1) bzw. nach der Beschwer (Satz 2), wobei der Streitwert der Rechtsmittelinstanz durch den Streitwert erster Instanz beschränkt wird (Abs. 2). **789**

Der **Wert der Beschwer** bestimmt sich nach der sich aus der angefochtenen Entscheidung ergebenden Belastung des Rechtsmittelführers: Beim Kläger, soweit der Inhalt der Entscheidung hinter den (zuletzt) gestellten Anträgen zurückbleibt – formelle Beschwer.[1941] Beim Beklagten ist maßgeblich, inwieweit die Entscheidung eine für ihn nachteiligen rechtskraftfähigen Inhalt aufweist[1942] – materielle Beschwer. Der Wert der Beschwer (im Sinne des § 546 ZPO a. F.) und der Wert des Beschwerdegegenstandes (Umfang der nach dem Rechtsmittelantrag erstrebten Abänderung des angefochtenen Urteils) sind nur dann identisch, wenn die unterliegende Partei das Urteil in vollem Umfang[1943] angreift.[1944] Die Beschwer des zur Unterlassung verurteilten Beklagten bemisst sich nach seinem Interessse an der Beseitigung dieser Verurteilung.[1945] **790**

Die Beschwer kann sowohl nach unten als auch – anders als der Streitwert für die Rechtsmittelinstanz (§ 47 Abs. 2 Satz 1 GKG) – nach oben[1946] **vom Streitwert abweichen.** Dass die Beschwer des unterlegenen Beklagten somit nicht ohne weiteres durch die Höhe des Streitwerts nach oben beschränkt ist, sondern jeweils nach dem für ihn nachteiligen rechtskraftsfähigen Inhalt zu bemessen ist, wird in der Praxis allerdings weitgehend anders gehandhabt, wonach der Wert der Beschwer nicht höher sein könne als der Wert des Streitgegenstands. **791**

5. Sicherheitsleistung (§ 709 ZPO)

Die Höhe der gegebenenfalls zu erbringenden Sicherheitsleistung(en) wird – entgegen einer oftmals unzutreffend gehandhabten Praxis, die im Falle des Obsiegens des Klägers zum Streitwert einen Betrag für die zu vollstreckenden Kosten addiert – bei einer nicht auf Zahlung lautenden Klage **792**

[1937] BT-Drucks. 14/4722, 126; BGH NJW 2002, 2720 m. w. N. und 3180; *Büttner* MDR 2001, 1201, 1206; a. A. *Ullmann* WRP 2002, 593, 595.

[1938] BGH NJW 2002, 3783.

[1939] BGH ZIP 2003, 2184.

[1940] BGH Beschl. v. 22.5.2002 – VIII ZR 49/02, zit. nach *Greger* NJW 2002, 3049, 3052 Fn. 41.

[1941] Allgemeine Meinung vgl. z. B. BGH NJW-RR 2001, 620, 621; NJW 1999, 1339; Thomas/Putzo/*Reichold* Vorbem § 511 Rdn. 21.

[1942] Thomas/Putzo/*Reichold* Vorbem § 511 Rdn. 19; vgl. zur Bemessung der Beschwer bei einer Verurteilung zur Auskunftserteilung: BGH (GS) GRUR 1995, 701 m. Anm. *Jacobs* und hierzu BVerfG NJW 1997, 2229; BGH GRUR 1999, 1037 – *Wert der Auskunftsklage;* GRUR 1999, 1132 – *Kundenfoto;* NJW 2000, 1725 – *Urteilsbeschwer bei Stufenklage;* NJW 2000, 2113; NJW 2001, 1284; NJW-RR 1571; NJW 2002, 71 (bei vollständiger Abweisung der Stufenklage); NJW 2002, 3477 (Verurteilung zur Auskunft durch das Berufungsgericht nach Abweisung der Klage durch das Landgericht); GRUR 2002, 915, 916 – *Wettbewerbsverbot in Realteilungsvertrag;* NJW-RR 2003, 1156; Urt. v. 26.10.2011 – XII ZB 465/11, betreffend die Auskunftserteilung über die Einkommensverhältnisse eines Driten; a. A. OLG Stuttgart MDR 2001, 112.

[1943] Vgl. zur Bestimmung des maßgeblichen wirtschaftlichen Interesses des Rechtsmittelklägers BGH GRUR 1999, 1132 – *Kundenfoto;* zur Ermittlung des Werts des Beschwerdegegenstands bei Teilunterliegen BGH Beschl. v. 29.7.2003 – VIII ZB 55/03.

[1944] BGH NJW 2002, 2720.

[1945] NJW-RR 2009, 549 Tz. 4; BGH AfP 2011, 261: Das Interesse des zur Unterlassung verurteilten Beklagen an einer Beseitigung der Verurteilung entspricht zwar nicht zwangsläufig, aber doch regelmäßig dem Interesse des Klägers an einer Verurteilung; ebenso Beschl. v. 9.2.2012 – I ZR 142/11 Tz. 7; KG WRP 2012, 1320.

[1946] BGH (GS) GRUR 1995, 701, 702; NJW 1994, 735; BGHR ZPO § 2 Beschwerdegegenstand 13; OLG München OLG Report 2002, 410; MünchKommZPO/*Wöstmann* § 2 Rdn. 7 und *Wenzel* § 542 Rdn. 22; *Melullis* Rdn. 842; Musielak/Voit/*Ball* § 511 Rdn. 18; a. A. BGH NJW 1995, 664; NJW-RR 1994, 256; NJW-RR 1991, 127; GRUR 1990, 530, 531 – *Unterwerfung durch Fernschreiben;* eingehend *Schneider-Herget* Rdn. 3713a m. w. N.; *Roth* JZ 1995, 63.

nicht durch die Streitwerthöhe (Interesse der Klagepartei), sondern durch andere Kriterien bestimmt, nämlich welcher **Schaden aus der Vollstreckung** aus dem möglicherweise sachlich unrichtigen Titel **entstehen kann** (vgl. § 717 Abs. 2 ZPO). Dieses Sicherungsbedürfnis kann sich je nach Inhalt des Titels und Interesse der unterlegenen Partei sehr unterschiedlich darstellen.[1947]

III. Streitwertfestsetzungsverfahren

1. Festsetzung des Gebührenstreitwerts

793 **a) Vorläufige Festsetzung.** Wenn keine bezifferte Klageforderung geltend gemacht wird, hat das Gericht gemäß § 63 Abs. 1 Satz 1 GKG den Streitwert ohne Anhörung der Parteien **vorläufig festzusetzen,** damit die gemäß § 65 Abs. 1 Satz 1 GKG (i. V. m. KVGKG Nr. 1210) in der Regel vor Zustellung der Klage zu leistenden Gerichtsgebühren berechnet und erhoben werden können. Dabei wird – von Ausnahmefällen abgesehen – der von der Klagepartei gemäß § 6 Abs. 1 GKG, § 253 Abs. 3 ZPO benannte Wert zugrunde gelegt und durch den zuständigen Spruchkörper (beim Landgericht Einzelrichter oder Kammer) durch Beschluss vorläufig festgesetzt. Dies erfolgt auch in den Fällen, in denen die Zustellung der Klage nicht von der Zahlung des Gebührenvorschusses abhängig gemacht wird[1948] oder werden kann (im Falle der Gebührenbefreiung oder Fehlen der Vorleistungspflicht), ebenso wie in den Fällen, in denen bereits Gerichtsgebühren zusammen mit der Einreichung der Klage entrichtet wurden. Eine Begründung der vorläufigen Festsetzung erfolgt in der Praxis nicht und ist auch nicht geboten,[1949] wenn das Gericht – wie in der Regel – die Wertangabe der Klagepartei übernimmt. Der Beschluss ist den Parteien formlos mitzuteilen (§ 329 Abs. 2 Satz 1 ZPO), an die beklagte Partei erfolgt dies meist zusammen mit der Zustellung der Klageschrift. Da die vorläufige Festsetzung die Festsetzung des „endgültigen" Streitwerts nicht vorwegnimmt, sondern nur der Erleichterung der Berechnung der im Voraus zu zahlenden Gerichtsgebühren dienen soll, sieht § 63 Abs. 1 Satz 2 GKG vor, dass Einwendungen gegen die Höhe des vorläufigen Streitwerts nur vom Kläger – der Beklagte ist hierdurch nicht beschwert, da nicht Adressat der Kostenrechnung; auch nicht dessen Anwalt[1950] – im Verfahren gemäß § 66 GKG geltend gemacht werden können.[1951]

794 Im Verfahren der **einstweiligen Verfügung** findet eine entsprechende vorläufige Festsetzung mangels Vorschusspflicht gemäß § 65 Abs. 1 GKG[1952] nicht statt. Hier erfolgt die Festsetzung des „endgültigen" Streitwerts i. d. R. zusammen mit der Entscheidung in der Sache (§ 63 Abs. 2 Satz 1 GKG), d. h. in der Beschlussverfügung, im Termin zur mündlichen Verhandlung, zusammen mit dem Urteil bzw. im Falle der Antragsrücknahme durch gesonderten Beschluss.

795 **b) Festsetzung des „endgültigen" Streitwerts.** Vor der **„endgültigen" Festsetzung** sollte der Streitwert vom Gericht möglichst vor Erörterung der Erfolgsaussichten der Klage (einstweiligen Verfügung) im Termin zur mündlichen Verhandlung erörtert werden,[1953] gegebenenfalls nachdem den Parteien aufgegeben worden war, sich zum Streitwert zu äußern bzw. die gemachten Streitwertangaben zu spezifizieren[1954] (zur Bedeutung der Streitwertangaben der Parteien siehe unten Rdn. 818 ff.). Die Verwertung von vertraulichen Umsatzangaben, die nur dem Gericht mitgeteilt werden und zu denen sich die Gegenseite daher nicht äußern kann, ist mit dem Rechtsstaatsprinzip und dem Grundsatz auf rechtliches Gehör (Art. 103 Abs. 1 GG) nicht zu vereinbaren. Deren Berücksichtigung scheidet daher aus.[1955]

796 Der „endgültige" Streitwert ist sodann im Termin durch Beschluss, zusammen mit der Entscheidung in der Sache oder mit gesondertem Beschluss ohne Bindung an die vorläufige Festsetzung zu bestimmen, wobei auf die Gegebenheiten bei Eingang der Klage (§ 40 GKG, § 4 Abs. 1 Hs. 1 ZPO) abzustellen ist. Dieser Grundsatz steht einer **Änderung des Streitwerts aufgrund von**

1947 *Melullis* Rdn. 839 m. Fn. 1; *Borck* WRP 1978, 435, 436; Zöller/*Herget* § 709 Rdn. 3 ff.

1948 So wenn hierauf etwa wegen drohender Verjährung verzichtet wird oder weil der Prozessbevollmächtigte die persönliche Kostenhaftung erklärt hat.

1949 A. A. *Hartmann* § 63 GKG Rdn. 13.

1950 OLG Hamm MDR 2005, 1309; OLG Köln OLG Report 2005, 556; a. A. *Lappe* NJW 2006, 270, 275.

1951 OLG Brandenburg MDR 2000, 174; OLG Köln JurBüro 1996, 195; KG, Beschl. v. 19.8.2003 – 6 W 193/03; *Meyer* JurBüro 2000, 396; a. A. *Schneider* MDR 2000, 381.

1952 Vgl. hierzu oben Rdn. 389.

1953 GroßKommUWG/*Ebersohl* § 12 F Rdn. 12; Teplitzky/*Feddersen* Kap. 49 Rdn. 49, der bereits die Festsetzung zu diesem Zeitpunkt für geboten ansieht, damit die Parteien ihr Kostenrisiko zutreffend einschätzen können.

1954 GroßKommUWG/*Ebersohl* § 12 F Rdn. 13; Teplitzky/*Feddersen* Kap. 49 Rdn. 50.

1955 OLG Düsseldorf GRUR 1956, 386; OLG Hamburg, bei *Traub* WVP S. 230 unter 8.20; vgl. auch BGH GRUR 1996, 217, 218 m. w. N. – *Anonymisierte Mitgliederliste.*

Veränderungen des Streitgegenstandes im Laufe des Verfahrens jedoch nicht entgegen,[1956] sodass es – sofern für Gebührentatbestände von Bedeutung (§ 36 GKG) – angezeigt ist, „Abschnittsstreitwerte" festzusetzen. Hierbei ist darauf abzustellen, wann die Veränderungen verfahrensrechtliche Wirkungen entfalten (z. B. Klageerweiterung, teilweise Erledigungserklärung etc.).[1957]

Obwohl der Beschluss in der Regel der **Beschwerde** (§ 68 Abs. 1 Satz 1 GKG) unterliegt, wird **797** er in der Praxis oftmals nicht begründet, insbesondere dann nicht, wenn das Gericht der Streitwertangabe der Klagepartei folgt und auch der Beklagte hiergegen keine Einwendungen erhebt.[1958] Wird gegen einen solchen Beschluss Beschwerde eingelegt, bedarf jedenfalls die den Parteien mitzuteilende Nichtabhilfeentscheidung (§ 572 Abs. 1 ZPO) einer Begründung, um dem Beschwerdegericht eine Überprüfung der Entscheidung zu ermöglichen.[1959]

Die Streitwertfestsetzung ist **für jede Instanz** gesondert vorzunehmen. Maßgeblich sind die Ver- **798** hältnisse bei Eingang der Klage bzw. des Rechtsmittels (§ 40 GKG, § 4 Abs. 1 Hs. 1 ZPO).

Das Gericht ist an die **Streitwertangaben** der Parteien (siehe hierzu unten Rdn. 818ff.) sowie **799** **an Anträge im Beschwerdeverfahren nicht gebunden;**[1960] das Verbot der reformatio in peius gilt nicht.[1961] Es kann eine bereits erfolgte Streitwertfestsetzung auf Antrag oder von Amts wegen abändern (§ 63 Abs. 1 Satz 1 GKG);[1962] dies gilt auch für das Gericht der höheren Instanz (§ 63 Abs. 3 Satz 2 GKG), wobei gegebenenfalls auch eine Anhörung der Prozessbevollmächtigten der vorherigen Instanz in Betracht zu ziehen ist. Es ist zur Änderung verpflichtet, wenn sich die Festsetzung nachträglich als unrichtig herausstellt oder wenn sich der Wert später verändert hat. Einer solchen Abänderung von Amts wegen (§ 63 Abs. 3 GKG) oder auf Beschwerde hin (§ 68 GKG) steht ein bereits abgeschlossenes Kostenfestsetzungsverfahren oder eine rechtskräftige Kostenentscheidung erster Instanz nicht entgegen;[1963] auch dann nicht, wenn dadurch die Kostenentscheidung unzutreffend wird.[1964] Ob in diesen Fällen eine Berichtigung der Kostenentscheidung entsprechend § 319 ZPO möglich ist, wird unterschiedlich beurteilt.[1965]

c) Streitwertbeschwerde. Gegen den Streitwertbeschluss – dem Ausführungen in den Urteils- **800** gründen oder die Aufnahme des Ausspruches in den Urteilstenor, der insoweit wie ein Beschluss zu behandeln ist, gleichstehen[1966] – findet bei Vorliegen der erforderlichen Beschwer und Erreichen des Beschwerdewerts gemäß § 63 Abs. 1 Satz 1 GKG (50 €) die **Beschwerde** statt. Dabei handelt es sich um keine sofortige Beschwerde im Sinne von § 567 Abs. 1 ZPO, vielmehr kann die Beschwerde auch nach der Novellierung des Beschwerdeverfahren der ZPO (§§ 567ff.) durch das Gesetz zur Reform des Zivilprozesses vom 27.7.2001 (BGBl. I S. 1887), mit dem die einfache Beschwerde weggefallen ist, innerhalb der Frist des § 63 Abs. 3 Satz 2 GKG eingelegt werden, da durch die Neuregelung die außerhalb der ZPO autonom geregelten Beschwerdemöglichkeiten (GKG, RVG, KostO, JVEG) hiervon unberührt geblieben sind.[1967]

[1956] MünchKommZPO/*Wöstmann* § 4 Rdn. 5.

[1957] Vgl. Teplitzky/*Feddersen* Kap. 49 Rdn. 8; *Melullis* Rdn. 845 will unter Bezugnahme auf OLG Köln MD 1986, 444, 446 eine Änderung der Streitwertfestsetzung mit Wirkung ex-nunc zulassen, wenn sich die wirtschaftlichen Verhältnisse im Laufe des Verfahrens ändern; vgl. auch Teplitzky/*Feddersen* Kap. 49 Rdn. 14.

[1958] OLG Nürnberg OLG Report 2001, 192.

[1959] Allgemeine Meinung vgl. z. B. BGH NJW 1983, 123; OLG Nürnberg OLG Report 2001, 92; OLG Frankfurt JurBüro 1982, 888; GRUR 1989, 932 (LS); OLG München OLG Report 2003, 435; OLG Stuttgart AnwBl. 1983, 170; OLG Brandenburg MDR 2002, 844; GroßKomm/*Ebersohl* § 12 F Rdn. 14; zum Begründungszwang vgl. auch *Ahrens* GRUR 1988, 726, 727.

[1960] OLG Karlsruhe/Freiburg, Beschl. v. 22.4.83 – 4 W 31/83, bei *Traub* WVP S. 146 unter 8.7.3; OLG Saarbrücken MD 2005, 852, 854; a. A. OLG Frankfurt JurBüro 1969, 1213.

[1961] BVerfG, Beschl. v. 21.4.2009 – 1 BvR 2310/06; OLG Schleswig, Beschl. v. 14.2.89 – 6 W 9/89, bei *Traub* WVP S. 378 unter 8.7.3; OLG Hamm Beschl. v. 19.1.89 – 4 W 10/89, bei *Traub* WVP S. 205 unter 8.26; *Madert* § 9 Rdn. 54, 76a m. w. N. (str.).

[1962] Vgl. aber auch OLG Koblenz, Beschl. v. 14.10.2003 – 14 W 669/03 (Juris): Festsetzung des Streitwerts durch das Rechtsmittelgericht ist bindend, wenn die Sache später wegen der Festsetzung erneut in die Rechtsmittelinstanz gelangt.

[1963] OLG Karlsruhe, bei *Traub* WVP S. 229 unter 8.3.

[1964] OLG Düsseldorf NJW 1990, 844; anders NJW-RR 1992, 1532, wonach nur eine Ermäßigung zulässig ist; vgl. die Darstellungen zum Meinungsstand bei *Hartmann* § 63 Rdn. 40f.

[1965] Bejahend: OLG Hamm MDR 2001, 1186; OLG Düsseldorf (24. Senat) NJW-RR 2002, 211 m. w. N.; OLG Koblenz MDR 2000, 113; OLG Frankfurt NJW 1970, 436; verneinend: OLG Stuttgart MDR 2001, 892; OLG Düsseldorf, Beschl. v. 28.1.88 – 2 W 2/88 und Beschl. v. 19.3.87 – 2 W 159/86, bei *Traub* WVP S. 90f. unter 8.3; jeweils m. w. N.

[1966] OLG Brandenburg JurBüro 2003, 93.

[1967] BAG BB 2003, 1511f.; *Schnauder* JuS 2002, 162, 166f.; *v. Eicken/Madert* NJW 2002, 1393, 1394 unter II.1; *Rummel* MDR 2002, 623; Thomas/Putzo/*Reichold* Vorbem. § 567 Rdn. 3.

801 *aa)* Eine **Beschwerdeberechtigung** bei Erreichen der Wertgrenze des § 68 Abs. 1 Satz 1 GKG kann gegeben sein für:

802 *(1)* die **Klagepartei,** wenn der Streitwert ihrer Meinung nach **zu hoch** festgesetzt wurde; auch im Falle des Obsiegens, da sie gegebenenfalls als Antragsteller für die Gerichtskosten in Anspruch genommen werden (§ 18 GKG), bzw. die bereits verauslagten Gerichtskosten beim Gegner nicht vollstrecken kann. Eine Beschwerdeberechtigung besteht nicht, wenn sie geltend machen will, dass der Streitwert **zu niedrig** festgesetzt worden sei.[1968] Hat sie jedoch mit ihrem Anwalt ein über das Gesetz hinausgehendes höheres Honorar gemäß § 4 RVG vereinbart,[1969] muss ihr ein Beschwerderecht zugebilligt werden.[1970] Wenn demgegenüber auf einen „Vertrauensschutz" auf Seiten der anderen Prozesspartei abgestellt wird,[1971] kann dieser Gesichtspunkt gegenüber dem berechtigten Erstattungsinteresse aus dem „richtigen" Streitwert nicht durchgreifen. Dass sich die obsiegende Partei über die gesetzlich geschuldeten Gebühren hinaus gegenüber ihrem Prozessbevollmächtigten verpflichtet hat, ändert hieran nichts.[1972]

803 *(2)* Die **beklagte Partei,** im Umfang wie vorstehend erläutert mit der Maßgabe, dass für sie eine Antragstellerhaftung für Gerichtskosten nicht besteht.

804 *(3)* Die **Staatskasse,** wenn der Streitwert zu niedrig festgesetzt wurde, gegebenenfalls aber auch bei zu hoher Festsetzung im Falle der Bewilligung von Prozesskostenhilfe.[1973]

805 *(4)* Den **Prozessbevollmächtigten**[1974] (der jeweiligen Instanz) aus eigenem Recht (§ 32 Abs. 2 RVG) im Falle einer zu niedrigen Festsetzung,[1975] da die gerichtliche Festsetzung auch für die Gebühren der Rechtsanwälte maßgeblich ist (§ 32 Abs. 1 RVG).[1976] Wenn aus der Beschwerdeschrift nicht eindeutig hervorgeht, ob die Beschwerde im Namen der Partei oder aus eigenem Recht des Anwalts eingelegt wurde, wird in der Regel davon auszugehen sein, dass der Anwalt selbst Beschwerdeführer ist, wenn eine Erhöhung des Streitwerts erstrebt wird.[1977] Bei verbleibenden Zweifeln sollte auf eine Klarstellung hingewirkt werden.

806 *bb)* Da das Rechtsmittelgericht den Wert des Beschwerdegegenstandes ohne Bindung an die Streitwertfestsetzung der vorherigen Instanz zu bestimmen hat, kann die Streitwerthöhe unter diesem Gesichtspunkt – **Festsetzung auf einen nicht berufungsfähigen Wert** bzw. einen Betrag unter dem Wert gemäß § 26 Nr. 8 EGZPO – nicht beanstandet werden.

807 *cc)* Unterschiedlich wird die Frage behandelt, ob eine Beschwerdemöglichkeit besteht, wenn die Festsetzung im **Einverständnis beider Parteien/Parteivertreter** erfolgt ist, was im Anschluss an OLG Köln GRUR 1988, 724 zum Teil verneint[1978] wird. Dies erscheint bedenklich, da im Einver-

---

[1968] Allg. Meinung: BGH NJW-RR 1986, 737; Beschl. v. 29.10.2009 – III ZB 40/09 Tz. 3; OLG Brandenburg, Beschl. v. 11.5.2004 – 7 W 5/04; OLG Zweibrücken GRUR-RR 2001, 285; KG NJWE-WettbR 1998, 139; OLG Frankfurt WRP 1975, 1641.

[1969] Vgl. schon die Umfrage durch das Handelsblatt, wonach 79 % der befragten 1800 großen deutschen Unternehmen Stundenhonorare zwischen DM 250,– und DM 1000,– je nach Erfahrung des Anwalts bezahlten (MDR 2001 Heft 24, R9); *Tödtmann* Anwalt 11/2002 S. 6: Stundenhonorare bis zu 650; vgl. auch NJW 2002 Heft 48 XIV unter Anwaltsnachrichten; im Falle BVerfG NJW 2002, 3314 war ein Stundenhonorar von 800,– DM neben einem Pauschalhonorar von 60 000,– DM vereinbart worden; vgl. auch den „Praxistipp" betreffend die Honorarvereinbarung bei *Himmelsbach,* Das Mandat im Wettbewerbsrecht, Rdn. 618.

[1970] BFH NJW 1970, 1767; OLG Celle JurBüro 1992, 762; VGH München NVwZ-RR 1997, 1995 (Gebührenvereinbarung mit Rechtsanwalt, die von einem höheren Streitwert ausgeht) sowie AnwBl. 1982, 445; GroßKommUWG/*Ebersohl* § 12 F Rdn. 16.

[1971] *Hartmann* § 68 GKG Rdn. 6.

[1972] A. A. OLG Düsseldorf InstGE 2, 299, 300 m. w. N.

[1973] OLG Brandenburg JurBüro 2001, 93; *Hartmann* § 68 Rdn. 7; jeweils m. w. N.

[1974] Gegebenenfalls auch der Patentanwalt in entsprechender Anwendung von § 32 Abs. 2 RVG, wenn sich seine Vergütung nach dem Gegenstandswert berechnet, *Ingerl/Rohnke,* MarkenG, § 140 Rdn. 55.

[1975] *Hillach/Rohs* S. 495; *Hartmann* § 32 RVG Rdn. 14 m. w. N.; OLG Saarbrücken, Beschl. v. 22.11.88 – 5 W 254/88, bei *Traub* WVP S. 363 unter 8.7.2.

[1976] Nach BFH BB 1975, 1321 hat der Anwalt auch dann ein schutzwürdiges rechtliches Interesse, wenn er eine Vergütungsvereinbarung aufgrund eines wesentlich höheren Streitwertes getroffen hat.

[1977] *Madert* § 9 Rdn. 105; *Hartmann* § 32 RVG Rdn. 14 m. w. N.

[1978] Ebenso: OLG Bamberg JurBüro 1975, 463; OLG Hamburg MDR 1977, 407; OLG München, Beschl. v. 21.9.83 – 6 W 2365/83, bei *Traub* WVP S. 322 unter 8.7.4: bei Einverständnis der Parteien mit der Wertfestsetzung (a. A. JurBüro 1981, 892); vgl. auch OLG Frankfurt, Beschl. v. 6.8.79 – 6 W 82/79, bei *Traub* WVP S. 127 unter 8.7.4: Beschwerde auch dann statthaft, wenn sich die Partei bislang nicht gegen die Streitwerthöhe gewandt hatte; OLG Karlsruhe/Freiburg, Beschl. v. 16.2.89 – 4 W 28/88, bei *Traub* WVP S. 146 unter 8.7.2: Unbeanstandetlassen einer in Aussicht gestellten Streitwertfestsetzung steht der Beschwerde nicht entgegen.

ständnis der Parteien ein Verzichtsvertrag gesehen werden müsste; ob ein solcher Verzicht vor Erlass des Beschlusses Wirkungen entfalten kann, erscheint mehr als fraglich.[1979]

dd) Die Beschwerde ist innerhalb der **Frist** des § 68 Abs. 3 Satz 2 GKG (sechs Monate nach Rechtskraft der Entscheidung in der Hauptsache oder anderweitigen Erledigung des Verfahrens)[1980] zu Protokoll der Geschäftsstelle oder schriftlich – ein Anwaltszwang besteht nicht, § 68 Abs. 1 Satz 3 GKG/§ 33 Abs. 7 RVG[1981] – einzulegen. Die Beschwerde ist ausgeschlossen, wenn die Streitwertfestsetzung (auch erstmals) durch das Rechtsmittelgericht – auch soweit eine Festsetzung für die Vorinstanz – erfolgt ist (§ 63 Abs. 3 Satz 1 GKG) unabhängig davon, ob gegen die Entscheidung in der Sache ein Rechtsmittel gegeben ist.[1982] Insoweit kommt nur eine Gegenvorstellung innerhalb der vorgenannten Sechs-Monatsfrist in Betracht.[1983] 808

ee) Das **Beschwerdegericht** hat den Streitwert **nach seinem eigenen Ermessen** zu bestimmen und ist nicht auf eine Überprüfung nach den Grundsätzen der Rechtsbeschwerde beschränkt.[1984] 809

ff) Das Beschwerdeverfahren ist nach allgemeiner Auffassung **nicht kontradiktorisch** ausgestaltet;[1985] einen Beschwerdegegner gibt es folglich nicht; dem Prozessgegner des Beschwerdeführers ist jedoch vor einer für ihn nachteiligen Entscheidung rechtliches Gehör zu gewähren. 810

gg) Eine **Kostenerstattung** findet im Beschwerdeverfahren nicht statt (§ 68 Abs. 3 GKG). Hinsichtlich des Verfahrens verweist § 68 Abs. 5 Satz 5 GKG auf bestimmte Regelungen der Beschwerde in § 66 Abs. 3 GKG und ergänzend (§ 66 Abs. 4 Satz 2 Hs. 2 GKG) auf die Bestimmungen der §§ 567 ff. ZPO.[1986] 811

hh) Das Streitwertfestsetzungs- bzw. das Beschwerdeverfahren wird nach h. M.[1987] durch die Eröffnung des **Insolvenzverfahrens** über das Vermögen einer Partei nicht gemäß § 240 ZPO unterbrochen. Dem Insolvenzverwalter ist jedoch rechtliches Gehör zu gewähren.[1988] 812

ii) Eine **Rechtsbeschwerde** sieht das GKG nicht vor, eine **weitere Beschwerde** kann vom Landgericht als Beschwerdegericht nach § 68 Abs. 1 Satz 2 GKG/§ 33 Abs. 6 RVG zugelassen werden. Eine entsprechende Anwendung der §§ 574 ff. ZPO kommt nicht in Betracht.[1989] Nächsthöheres Gericht im Sinne von § 68 Abs. 1 Satz 5, § 66 Abs. 3 Satz 2 Hs. 1 GKG, § 33 Abs. 4 Satz 3 RVG ist nicht der BGH.[1990] 813

[1979] Vgl. OLG Karlsruhe MDR 2010, 404.

[1980] OLG Koblenz, Beschl. v. 22.7.86 – 6 W 524/86, bei *Traub* WVP S. 247 unter 8.7.4: Abgabe einer Unterlassungserklärung; OLG Stuttgart Beschl. v. 24.10.79 – 4 W 35/79: Abschlusserklärung bei einstweiliger Verfügung, auch bei Vorbehalt eines Kostenwiderspruchs, bei *Traub* WVP S. 424 unter 8.3; Beschl. v. 3.1.86 – 2 W 37/85: Rücknahme des Verfügungsantrags, auch wenn dem Antragsgegner die Festsetzung des Streitwerts nicht mitgeteilt wurde, bei *Traub* a. a. O.; WRP 2001, 70 f.: 6 Monate nach Abschluss des Verfügungsverfahrens, nicht der nachfolgenden Hauptsacheentscheidung; a. A. OLG Zweibrücken MDR 2011, 562: 6-Monatsfrist beginnt erst mit Rechtskraft der Hauptsacheentscheidung zu laufen; KG WRP 1982, 582: anderweitige Erledigung, wenn innerhalb von 6 Monaten nach Zustellung der einstweiligen Verfügung kein Widerspruch eingelegt wird; ebenso OLG Stuttgart OLGR 2000, 333; OLG München, Beschl. v. 4.5.2005 – 18 W 3070/04; KG MDR 2002, 1453 m. w. N.: Abschluss des dem Beweisverfahren nachfolgenden Prozesses, nicht der Abschluss des selbständige Beweisverfahrens ist maßgeblich (str).

[1981] VGH Mannheim NJW 2006, 251.

[1982] OLG Frankfurt JurBüro 1971, 954, 955; a. A. OLG Hamm, Beschl. v. 3.6.88 – 4 W 87/88, bei *Traub* WVP S. 204 unter 8.7.4 für den Fall der Streitwertfestsetzung im Beschwerdeverfahren gegen einen zurückgewiesenen Antrag auf Erlass einer einstweiligen Verfügung ohne Anhörung des Gegners im Hinblick auf Art. 103 Abs. 1 GG.

[1983] BVerfG NJW 2002, 3387; BGH NJW 2000, 1343; BVerwG JurBüro 1988, 343; OLG Nürnberg NJW-RR 1999, 654; Stein/Jonas/*Roth* § 2 Rdn. 92 m. w. N.

[1984] *Schneider/Herget* Rdn. 4167 ff.; jeweils m. w. N.

[1985] BFH NJW 1976, 1864.

[1986] Wegen der Einzelheiten siehe z. B. *Hartmann* § 68 Rdn. 11 ff.; Zöller/*Herget* § 3 Rdn. 9 ff.; *Fölsch* JurBüro 2002, 625.

[1987] OLG Neustadt NJW 1965, 591; OLG Hamm MDR 1971, 495; OLG München, Beschl. v. 17.9.2002 – 29 W 2233/02; Zöller/*Greger* Vor § 239 Rdn. 8.

[1988] Vgl. MünchKommZPO/*Feiber* § 240 Rdn. 3.

[1989] BAG BB 2003, 1511; BGH Report 2002, 750; Beschl. v. 21.10.2003 – X ZB 10/03; Zöller/*Herget* § 3 Rdn. 9.

[1990] BGH, Beschl. v. 10.7.2007 – VIII ZB 27/07 und v. 28.6.2005 I ZR 58/05.

2. Festsetzung des Zuständigkeitsstreitwerts

814 Die zur Bestimmung der sachlichen Zuständigkeit des Gerichts mögliche Festsetzung des Streitwerts[1991] durch selbständigen Beschluss (§ 62 GKG, § 2 ZPO) spielt in der Praxis eine untergeordnete Rolle, da über die Höhe des Streitwerts insoweit meist in den Gründen der Endentscheidung oder in Entscheidungen nach §§ 280, 281, 506 ZPO befunden wird.[1992] Der Beschluss, der erst mit der Endentscheidung bindend wird, ist nicht selbständig anfechtbar.[1993]

IV. Streitwertschätzung

1. Ausgangslage

815 Im Wettbewerbsprozess, wie im gesamten Bereich des gewerblichen Rechtsschutzes einschließlich des Urheberrechts, sind bezifferte Zahlungsklagen, wie etwa im Falle der Geltendmachung von Vertragsstrafen-, Schadensersatz- und/oder von Kostenerstattungsansprüchen die Ausnahme, sodass der Schätzung des Streitwerts – nach Inkrafttreten des Gesetzes gegen unseriöse Geschäftspraktiken in Bezug auf die Bestimmung der Gerichtskostenstreitwerts nicht mehr dem Auffangtatbestand des § 3 ZPO, sondern § 51 Abs. 2 bis 4 GKG folgend – für den meist im Vordergrund stehenden **Unterlassungsanspruch,** der in der Regel auch als **wertbestimmend** für daneben geltend gemachte Ansprüche auf Auskunft, Störungsbeseitigung oder Feststellung angesehen wird, eine zentrale Bedeutung zukommt. Dabei liegt es, wie in der Literatur[1994] zu Recht betont wird, „in der Natur der Sache", dass angesichts der Vielzahl der zu bewertenden Faktoren und hierbei zu Tage tretenden Unsicherheiten und Bewertungsspielräumen sich ein „richtiger" Streitwert nicht ermitteln lässt. Bei der nach § 51 Abs. 2 GKG vorzunehmenden Schätzung kann es also nur um die **zutreffende Erfassung und Gewichtung aller maßgeblichen Umstände** – unter Ausscheidung von sachfremden Erwägungen wie etwa Sanktion, Prävention oder Gebühreninteresse etc.[1995] – gehen, um so zu sachgerechten Ergebnissen zumindest „der Größenordnung nach" im Verhältnis zu Wertfestsetzungen in vergleichbaren Fallgestaltungen (Grundsatz der Vorhersehbarkeit und Gleichbehandlung) zu gelangen. Die tägliche Praxis scheint hiervon aber nach wie vor – und nicht nur im Bereich des gewerblichen Rechtsschutzes[1996] – weit entfernt.[1997] Es steht auch nicht zu erwarten, dass sich an der im Vergleich zu „normalen" zivilrechtlichen Auseinandersetzungen sehr großzügigen Streitwertpraxis[1998] im Bereich des gewerblichen Rechtsschutzes trotz der gesetzlichen Neuregelung der § 51 Abs. 2 bis 4 GKG etwas ändert.[1999]

2. Kriterien der Bewertung

816 **a) Überblick.** Die Berechnung des Streitwerts bestimmt sich im Grundsatz nach **§ 3 ZPO.** Diese **Berechnungsvorschrift** erstreckt sich zunächst nur auf die in der ZPO und dem GVG geregelten Werte, mithin im Kern auf Zuständigkeits- und Rechtsmittelstreitwert. Für den besonders relevanten Gebührenstreitwert nach GKG und RVG ist § 3 ZPO nur insoweit anzuwenden, als nicht speziellere Vorschriften greifen (§ 48 Abs. 1 GKG, § 23 Abs. 1 RVG). Für das **Lauterkeits-**

[1991] MünchKommZPO/*Wöstmann* § 2 Rdn. 19.

[1992] Thomas/Putzo/*Hüßtege* § 2 Rdn. 8.

[1993] OLG München MDR 2001, 713; MDR 1998, 1242f.; NJW-RR 1994, 1484; OLG Koblenz, Beschl. v. 10.2.2004 – 5 W 108/04: auch nicht durch Prozessbevollmächtigen (a. A. OLG Bremen NJW-RR 1993, 191); OLG Köln NJW-RR 1998, 279 und OLG Report 2002, 154; OLG Stuttgart, Beschl. v. 9.12.2004 – 5 W 62/04; MünchKommZPO/*Wöstmann* § 2 Rdn. 19 m. w. N.; a. A. LG München I MDR 2001, 713 betreffend die Festsetzung des Zuständigkeitswerts für das vereinfachte Verfahren nach § 495a ZPO.

[1994] Teplitzky/*Feddersen* Kap. 49 Rdn. 1.

[1995] Siehe hierzu *Borck* WRP 1978, 435 re. Sp., 438.

[1996] Siehe *Seitz* NJW 2001, 579, 580, der von Streitwertfestsetzungen in Höhe von DM 15 000,– bis DM 100 000,– bei Klagen auf Zustimmung zur Ausstrahlung einer Gegendarstellung gegen die verschiedenen ARD-Anstalten berichtet. Vgl. auch die unterschiedliche Bewertung in Fällen der Telefax- und E-Mail-Werbung im außerwettbewerblichen Bereich: OLG Celle CR 2002, 458 (2000 DM); OLG Köln NJW-RR 2002, 1723f. (4000 €); OLG München, Beschl. v. 13.1.2003 – 29 W 2940/02 (1500 € für Verfügungsverfahren); AG Siegburg MDR 2002, 849 (4000 €); KG MMR 2003, 110 (15 000 DM für ein Verfügungsverfahren); LG Münster CR 2003, 937; vgl. auch die weiteren Nachweise bei *Schmittmann* JurBüro 1999, 572f.

[1997] Vgl. die Darstellungen zur Streitwertrechtsprechung der Instanzgerichte: *Radandt* WRP 1975, 137ff.; *Ulrich* GRUR 1984, 177, 180 und 1989, 401, 407.

[1998] Vgl. statt vieler Teplitzky/*Feddersen* Kap. 49 Rdn. 51; *Ulrich* GRUR 1989, 401, 404.

[1999] Das OLG Oldenburg WRP 1991, 602, 604 spricht von einer kompensierenden Wirkung der erheblich höheren Durchschnittswerte im Verhältnis zu „normalen" Rechtsstreitigkeiten.

recht sehen **§ 51 Abs. 2 bis 4 GKG** und **§ 12 Abs. 4 UWG** solche Sonderreglungen vor. Nach § 51 Abs. 2 GKG bestimmt sich der Streitwert in Verfahren über Ansprüche nach dem Gesetzt gegen den unlauteren Wettbewerb, soweit nichts anderes bestimmt ist, nach der sich aus dem Antrag des Klägers für ihn ergebenden Bedeutung der Sache nach Ermessen zu bestimmen. Damit ist keine wesentliche inhaltliche Änderung gegenüber der bisherigen, auf § 3 ZPO beruhenden Streitbestimmung verbunden.[2000] Die Bedeutung der Sache für den Kläger ist zwanglos mit dem nach § 3 ZPO maßgeblichen Interesse Insoweit ist die zu § 3 ZPO ergangene Rechtsprechung für die Zwecke der Auslegung des § 51 Abs. 2 GKG ohne weiteres heranzuziehen. § 51 Abs. 3 Satz GKG sieht einen Pauschstreitwert von 1.000 € für Fälle vor, in denen sich aus dem Sach- und Streitstand keine Anhaltspunkte für die Bemessung des Streitwerts ergeben. § 51 Abs. 3 Satz 1 GKG sieht eine Streitwertminderung bei zu Lasten des Beklagten verschobenen Ungleichgewichts der betroffenen Interessen vor, § 12 Abs. 4, 5 eine Streitwertbegünstigung bei wirtschaftlichen Notlagen einer Partei vor.

Die Streitwertbestimmung nach § 51 Abs. 2 GKG verlangt vom Gericht lediglich eine **Schätzung „nach Ermessen"**, nicht die Ermittlung und Bewertung aller für die Schätzung relevanter Umstände in einem aufwändigen Festsetzungsverfahren. Bei der Ermittlung der tatsächlichen Grundlagen der Wertberechnung, nämlich ob das Gericht sich unter dem Gesichtspunkt der Prozesswirtschaftlichkeit mit den (oftmals spärlichen) Angaben der Parteien zufrieden gibt[2001] und von einer gemäß § 3 Hs. 2 ZPO möglichen Beweisaufnahme – wie in der Praxis regelmäßig – absieht, ist ihm ein außerordentlich weites Ermessen eingeräumt.[2002] Bei der Bewertung der auf diese Weise gewonnenen Erkenntnisse stand dem Gericht bis zur Einführung des § 51 Abs. 2 GKG ebenfalls ein großer Spielraum zu. Dieser nach § 3 ZPO bestehende weite Spielraum soll mit der gesetzlichen Neuregelung eingeengt werden. Die Festsetzung erfolgt nun nicht mehr nach „freiem Ermessen", sondern nur noch nach „Ermessen". Damit wird jedoch keine messbare inhaltliche Änderung verbunden sein, da die Gerichte schon immer die vom Gesetz vorgegebenen Bewertungsgrundsätze und die in der gerichtlichen Praxis entwickelten Grundsätze bei der Schätzung zu berücksichtigen hatten. 817

b) Prinzip des Angreiferinteresses. Als solcher allgemeiner Grundsatz wird aus § 3 ZPO, § 51 Abs. 2 GKG von der einhelligen Meinung in Rechtsprechung[2003] und Literatur[2004] hergeleitet, dass maßgeblich auf das **vom Kläger (Antragsteller) verfolgte wirtschaftliche Interesse** abzustellen ist – von *Schumann,*[2005] als **„Angreiferinteresseprinzip"** bezeichnet. Das gilt gleichermaßen für § 51 Abs. 2 GKG. Allerdings schränkt § 51 Abs. 3 Satz 1 GKG das Prinzip von der Maßgeblichkeit des Angreiferinteresses für die Fälle ein, in denen sich der Wert der Angelegenheit für den Beklagten erheblich geringer darstellt (siehe dazu unten Rdn. 820). Das Interesse an der Durchsetzung des vom Kläger verfolgten Begehrens ist **nach objektiven Kriterien** zu bestimmen.[2006] und zudem beschränkt auf den unmittelbaren Gegenstand der begehrten Entscheidung ohne Berücksichtigung von deren etwaigen tatsächlichen oder rechtlichen Einfluss auf andere Rechtsverhältnisse[2007] Dies gilt auch für gegebenenfalls daneben zu berücksichtigende Interessen von Dritten bzw. der Allgemeinheit, wenn der Kläger auch oder ausschließlich in deren Interesse tätig wird (siehe hierzu nachfolgend Rdn. 824). Die Höhe des Streitwerts einer Klage kann nicht davon abhängig sein, ob und in welchem Umfang der Beklagte sich gegen den geltend gemachten Anspruch verteidigt.[2008] Das 818

[2000] So auch die Begründung des Gesetzes gegen unseriöse Geschäftspraktiken, BT-Drs. 17/13057, S. 30; *Krbetschek/Schlingloff* WRP 2014, 1, 6; Teplitzky/*Feddersen* Kap. 49 Rdn. 6.

[2001] Vgl. OLG Stuttgart WRP 1980, 582; OLG Saarbrücken, Beschl. v. 27.5.75 – 1 W 14/75 und Beschl. v. 5.11.86 – 1 W 36/86, bei *Traub* WVP S. 363 unter 8.4.2: Berücksichtigung von glaubwürdigen Angaben auch bei unsubstantiierten Bestreiten des Beklagten.

[2002] MünchKommZPO/*Wöstmann* § 3 Rdn. 3, 15.

[2003] BGH GRUR 1990, 1052, 1053 – *Streitwertbemessung;* BGH NJW 1994, 735 (Eigentumsstörung); NJW 1986, 737 (Überbau); OLG Frankfurt GRUR-RR 2004, 344.

[2004] Stein/Jonas/*Roth* § 2 Rdn. 98; MünchKommZPO/*Wöstmann* § 3 Rdn. 4f.; Teplitzky/*Feddersen* Kap. 49 Rdn. 6; GroßKommUWG/*Ebersohl* § 12 F Rdn. 4; Gloy/Loschelder/Erdmann/*Spätgens,* HdbWettbR, § 87 Rdn. 2.

[2005] NJW 1982, 1257, 1260

[2006] BGH GRUR 1977, 748, 749 – *Kaffee-Verlosung II;* Stein/Jonas/*Roth* § 3 Rdn. 14; Teplitzky/*Feddersen* Kap. 49 Rdn. 9.

[2007] Auf diesen Gesichtspunkt weist die Gesetzesbegründung zu § 51 Abs. 2 GKG in der Fassung des Gesetzes gegen unseriöse Geschäftspraktiken ausdrücklich hin, vgl. BT-Drs. 17/13057, S. 30; s. a. BGH GRUR 1995, 701, 702; GRUR 2004, 272 – *Rotierendes Schaftwerkzeug:* Die Vorfrage der Erfindereigenschaft nimmt an der Rechtskraft nicht teil und kann daher zur Bestimmung des Gegenstandswerts nicht herangezogen werden.

[2008] OLG Hamm MDR 2002, 1458, 1459 zu § 6 ZPO.

Gericht hat anhand der vorgetragenen Tatsachen, bezogen auf den maßgeblichen Zeitpunkt (Einreichung der Klage, Einreichung des Rechtsmittels; § 40 GKG, § 4 Abs. 1 Hs. 1 ZPO; siehe hierzu oben Rdn. 798), den Betrag zu schätzen, den es für angemessen hält. Hierbei ist es weder an die subjektive Einschätzung des Klägers (Rechtsmittelführers),[2009] an übereinstimmende Parteiangaben,[2010] noch an eine Parteivereinbarung[2011] gebunden.

819 Auch wenn in den von der Klagepartei zu Beginn des Verfahrens gemachten Streitwertangaben (§ 253 Abs. 3 ZPO; § 61 GKG) oftmals ein wichtiger Anhaltspunkt für eine aussagekräftige Schätzungsgrundlage gesehen werden kann,[2012] darf die Streitwertangabe der Klagepartei nicht überbewertet werden, da die Angaben oftmals von sachfremden Kriterien mitbestimmt werden wie etwa

- von **rein subjektiven Ansichten** geprägten Vorstellungen in Bezug auf den Wert des verfolgten Interesses,[2013]
- der **Sanktionierung** des angegriffenen Verhaltens durch einen hohen Streitwert,[2014]
- der **Genugtuung** für den Verletzten,
- der **Verhinderung ähnlicher Verhaltensweisen** (Prävention),[2015]
- der **Schwächung der prozessualen Stellung** der beklagten Partei aufgrund des bestehenden hohen Kostenrisikos,[2016]
- der **Beurteilung der Erfolgsaussichten** (im positiven wie im negativen Sinne),[2017]
- dem **Gebühreninteresse** der beteiligten Anwälte[2018] bzw. dem Interesse der Parteien, die streitwertunabhängig zu zahlenden Anwaltshonorare von der Gegenseite erstattet zu erhalten,
- dem **fiskalischen Interesse** der Staatskasse, wie etwa der Geringhaltung der Kosten im Falle der Bewilligung von Prozesskostenhilfe.[2019]

820 Das Prinzip der Streitwertbemessung nach dem Angreiferinteresse wird durch die neue Vorschrift des **§ 51 Abs. 3 Satz 1 GKG** relativiert. Danach ist der **Streitwert angemessen zu mindern,** wenn die **Bedeutung der Sache für den Beklagten erheblich geringer** ist. Ziel der Vorschrift ist es, die in Anspruch genommene Partei vor einer unverhältnismäßigen Kostenbelastung zu bewahren, wenn sich das Interesse des Klägers an der Unterlassung und das Interesse des Beklagten an der Fortführung der beanstandeten Handlung nicht decken. In diesen Fällen ist zunächst das Fortführungsinteresse des Beklagten näher anhand des sich für ihn ergebenden wirtschaftlichen Wertes der Handlung zu bestimmen und sodann ins Verhältnis zum Angreiferinteresse zu setzen. Ob dies regelmäßig nur dann der Fall sein kann, wenn nicht vorsätzlich begangene Handlungen für den Beklagten keinen besonderen wirtschaftlichen Vorteil auf dem Markt begründen,[2020] ist zweifelhaft.

[2009] Allgemeine Meinung vgl. z. B. GroßKommUWG/*Ebersohl* § 12 F Rdn. 8; Teplitzky/*Feddersen* Kap. 49 Rdn. 9; Ahrens/*Büttner* Kap. 40 Rdn. 26.

[2010] BGH FamRZ 1991, 547; OLG Stuttgart WRP 1982, 582; OLG Hamm MD 2003, 71 (LS): Einverständnis mit Streitwertherabsetzung in einem Vergleich als Entgegenkommen; Zöller/*Herget* § 3 Rdn. 2; MünchKommZPO/*Wöstmann* § 3 Rdn. 15; a. A. OLG Hamburg WRP 2007, 96 bei übereinstimmend vorgeschlagenem unangemessen hohem Streitwert; vgl. dazu Teplitzky/*Feddersen* Kap. 49 Rdn. 9.

[2011] Etwa die Übereinkunft zweier „prozessfreudiger" Parteien, aus „Vereinfachungsgründen" immer einen „Durchschnittsstreitwert" in Höhe von € 250 000 anzusetzen, unabhängig von der jeweiligen Parteistellung und dem jeweiligen Gegenstand des Verfahrens; so die übereinstimmenden Erläuterungen der Anwälte auf Frage des Gerichts bezüglich ihrer Streitwertangaben.

[2012] Zur Indizwirkung der Streitwertangaben in der Rspr. siehe unten Rdn. 819.

[2013] *Baumbach/Hefermehl,* Wettbewerbsrecht, 23. Aufl., Einl. Rdn. 511 m. w. N.

[2014] OLG Karlsruhe, bei *Traub* WVP S. 229 unter 8.2; OLG Frankfurt, bei *Traub* WVP S. 125 unter 8.2; OLG Celle CR 1993, 209; Beschl. v. 27.3.1981 – 13 W 13/81, bei *Traub* WVP S. 76 unter 8.2; OLG Bremen OLG Report 1997, 363 f.; OLG Köln GRUR 1978, 76; Beschl. v. 3.3.80 – 6 W 6/80, bei *Traub* WVP S. 295 unter 8.2; OLG München Beschl. v. 10.1.83 – 6 W 2714/82, bei *Traub* S. 332 unter 8.2; OLG Schleswig GRUR-RR 2010, 126; Ahrens/*Berneke* Kap. 40 Rdn. 41; vgl. aber OLG Koblenz GRUR 2007, 352.

[2015] OLG Celle CR 1993, 209; OLG Frankfurt GRUR-RR 2005, 71; OLG Oldenburg WRP 1991, 602, 604; a. A. OLG Koblenz OLG Report 1998, 434, das für die Frage der Erhöhung des Regelstreitwerts auch den Abschreckungseffekt mit einbezieht; ebenso *Schmittmann* JurBüro 1999, 572, 573; OLG Hamburg GRUR-RR 2004, 342 f.: wirkungsvolle Abschreckung; GRUR-RR 2007, 375, 376.

[2016] Vgl. *Borck* WRP 1978, 435; *Ulrich* GRUR 1989, 401, 405, 407 zur Streitwertpraxis der Gerichte als Argument für die Wahl des Gerichtsortes; *Traub* WRP 1982, 557 re Sp.

[2017] Gloy/Loschelder/Erdmann/*Spätgens,* HdbWettbR, § 80 Rdn. 2; vgl. den „Praxistipp" bei *Himmelsbach* Rdn. 618: Besteht ein hohes Prozessrisiko, kann es sich durchaus anbieten, den Wert eher niedrig anzusetzen und umgekehrt.

[2018] A. A. OLG Brandenburg WRP 2010, 670 (LS), wonach bei nicht feststellbarem wirtschaftlichen Interesse des Klägers, die Streitwertbemessung dahingehend zu erfolgen habe, dass Rechtsanwälte und Gerichte für ihre Dienstleistungen angemessen honoriert werden.

[2019] Vgl. BVerfG NJW 2005, 2980.

[2020] MünchKommUWG/*Schlingloff* § 12 Rdn. 662; *Krbetschek/Schlingloff* WRP 2014, 1, 6.

Im Verhältnis zum Gegner kann auch eine vorsätzlich begangene Handlung eine „geringere Bedeutung“ haben, solange nur der daraus gezogene Vorteil deutlich hinter den beim Kläger hervorgerufenen Beeinträchtigungen zurückbleibt. Kann ein solches erhebliches Missverhältnis der sich gegenüber stehenden Interessen identifiziert werden, so ist der Streitwert angemessen zu mindern. Das bedeutet, dass lediglich ein Abschlag von dem nach dem Angreiferinteresse ermittelten Wert vorzunehmen ist. Eine Bemessung allein nach dem Fortführungsinteresse des Beklagten kommt hingegen nicht in Betracht. Kein Grund für eine Streitwertminderung nach § 51 Abs. 3 GKG ist (selbstverständlich), dass sich das Unterlassungsbegehren nur auf die konkrete Verletzungsform bezieht.[2021]

c) Streitwertangaben der Parteien. Auch wenn zu Recht darauf hingewiesen wird, dass die Ermittlung und Auswertung aller für die Festsetzung maßgeblichen Einzelfallumstände oftmals ohne ein aufwändiges Festsetzungsverfahren nicht möglich wäre,[2022] kann auf eine **„Objektivierung“ der Streitwertangaben** anhand allgemeiner Bewertungskriterien (siehe hierzu unten Rdn. 825 ff.) nicht verzichtet werden. Zwar stehen dem Gericht oftmals außer einer reinen Betragsangabe und inhaltsleerer Floskeln keine zusätzlichen Informationen zur Verfügung,[2023] in vielen Fällen kann aber auch ohne weitere Aufklärung aufgrund der bei vielen Gerichten auf Verfahren im Bereich des Wettbewerbsrechts und des gewerblichen Rechtsschutzes spezialisierten Kammern für Handelssachen bzw. Zivilkammern vorhandenen Erfahrungswerte beurteilt werden, ob sich die Wertangabe in diesem Rahmen bewegt. Denn selbst wenn sich das Gericht – etwa weil die beklagte Partei hiergegen keine Einwendungen erhebt – mit der Streitwertangabe von Seiten der Klagepartei aufgrund des ihm eingeräumten weiten Ermessens begnügen kann, ist es von der Ausübung seines Beurteilungsermessens hierdurch nicht entbunden und hat zu prüfen, ob diese Bewertung einer Überprüfung anhand objektiver Kriterien gerecht wird. Insoweit wird nunmehr allerdings bei fehlender Substantiierung des wirtschaftlichen Werts auf Seiten des Klägers verstärkt auf den Auffangstreitwert des § 51 Abs. 3 Satz 2 GKG für Unterlassungs- und Beseitigungsansprüche zurückzugreifen sein (siehe dazu unten Rdn. 823a). 821

Streitwertangaben von Seiten **des Klägers** bzw. des Antragsstellers **zu Beginn des Verfahrens** wird allgemein zu Recht eine (erhebliche) **indizielle Bedeutung** beigemessen wird.[2024] Die finanziellen Auswirkungen (Kostenbelastung der unterliegenden Partei) dürfen dabei nicht aus dem Auge verloren werden. Ein **hohes Kostenrisiko** kann sich sowohl – aus Sicht des Klägers – als Hemmnis für die Rechtsverfolgung als auch – aus Sicht der beklagten Partei – für die Rechtsverteidigung darstellen.[2025] Dieses Kostenrisiko ist durch die Erweiterung der Erstattungsfähigkeit der Kosten bei Mitwirkung von Patentanwälten (siehe hierzu Vor § 12 Rdn. 269)[2026] erheblich weiter angestiegen. 822

Wird die zunächst gemachte Streitwertangabe **im Laufe des Verfahrens in Frage gestellt,** so beruht dies oftmals nicht auf besserer Erkenntnis hinsichtlich der für die Schätzung maßgeblichen Umstände, sondern ist vielfach durch die nunmehr verbesserte oder verschlechterte Prozesssituation 823

[2021] OLG Karlsruhe GRUR 2016, 424.

[2022] So Pastor/Ahrens/*Ulrich* 4. Aufl. Kap. 44 Rdn. 6 und 30.

[2023] Vgl. zur Behandlung von absichtlich untersetzten Streitwertangaben durch das OLG Düsseldorf (2. ZS) in Patentstreitverfahren InstGE 12, 107 und WRP 2011, 1322; *Köllner* Mitt. 2010, 454; *Rojahn/Lunze* Mitt. 2011, 533.

[2024] BGH GRUR 1986, 93, 94 – *Berufungssumme;* GRUR 1977, 748 – *Kaffeeverlosung II;* FamRZ 1991, 547: „wichtiges Indiz“; Beschl. v. 24.3.2005 – I ZR 157/04; Beschl. v. 27.5.2008 _ X ZR 125/06; KG WRP 2010, 789; NJW-RR 2000 = GRUR 1999, 1133 (LS) sowie Beschl. v. 18.5.1998 – 25 W 8358/97: „wertvolles Indiz“; OLG Frankfurt WRP 1974, 100, 101; 1975, 164; 1981, 221; JurBüro 1983, 267: „indizielle Bedeutung“; OLG Karlsruhe WRP 1974, 501; 1983, 697: „wichtiger Anhaltspunkt“; OLG Karlsruhe/Freiburg Beschl. v. 8.11.84 – 4 W 106/84, bei *Traub* WVP S. 146; OLG Hamburg WRP 1974, 499; 1982, 592: „Im allgemeinen darf vorausgesetzt werden, dass die das Verfahren einleitende Partei ihr Interesse richtig bewertet.“; OLG Hamm, Beschl. v. 10.1.80 – 4 W 4/80, bei *Traub* WVP S. 204: „wichtiges Indiz“; OLG Koblenz WRP 1981, 333: „von erheblicher Bedeutung, aber nicht ausschlaggebend, wenn sie der Rechtsprechung zu Regelstreitwerten widerspricht“; OLG Köln WRP 2000, 650: „eine nicht unerhebliche indizielle Bedeutung“; OLG München WRP 2012, 579, 585; GRUR-RR 2003, 788; OLG Nürnberg, Beschl. v. 5.8.76 – 3 W 54/76, bei *Traub* WVP S. 339 f. unter 8.8: „keine Bindung“; OLG Schleswig, Nachweise bei *Traub* WVP S. 378 unter 8.8: „ausschlaggebende indizielle Bedeutung“; OLG Stuttgart WRP 1980, 852: „keine Bindung, Vortrag zu Gefährlichkeit des angegriffenen Verstoßes ist aussagekräftiger als Streitwertangabe; Beschl. v. 22.5.79 – 2 W 17/79, bei *Traub* WVP S. 426 unter 8.8: „wichtiger Anhaltspunkt“; OLG Report 1999, 236 f.: „Indiz“; OLG Thüringen MD 2010, 318; aus der Literatur vgl. Teplitzky/*Feddersen* Kap. 49 Rdn. 9; GroßKommUWG/*Ebersohl* § 12 F Rdn. 8; Ahrens/*Büttner* Kap. 40 Rdn. 26 f.

[2025] Vgl. unter dem Gesichtspunkt des Art. 19 Abs. 4 GG BVerfG NJW 1992, 1673; NJW 1997, 311, 312; NJW-RR 2000, 946; NJW 2006, 136; NJW 2007, 2032 f.; NJW 2007, 2098 zur Begrenzung des Streitwerts durch § 39 Abs. 2 GKG, § 22 Abs. 2, § 23 Abs. 1 Satz 1 RVG.

[2026] Gesetz vom 13.12.2001, BGBl. I S. 3656.

bedingt, sodass die kritische Beurteilung derartiger abweichender Bewertungen von Seiten der Parteien durch die Gerichte gerechtfertigt ist,[2027] auch wenn eine Selbstbindung an die einmal gemachten Angaben nach den obigen Ausführungen nicht anzuerkennen ist.

824 **d) Regelstreitwerte.** Anders als die Heranziehung von „Vergleichsstreitwerten" für die anzustrebende Vereinheitlichung und Voraussehbarkeit der Streitwertfestsetzung,[2028] ist die Handhabung von festen **Regelstreitwerten**[2029] weder mit § 3 ZPO noch mit § 51 Abs. 2 GKG zu vereinbaren. Das ist in der Rechtsprechung des BGH[2030] ebenso wie in der Literatur[2031] anerkannt. Es kann kaum in Abrede gestellt werden, dass bei der Anwendung von Regelstreitwerten – von der Einordnung in die maßgeblichen Kategorien abgesehen (Handelt es sich um einen Fall von durchschnittlicher Bedeutung etc.?) – dem Gesichtspunkt der Vorhersehbarkeit der Streitwertfestsetzung Genüge getan werden kann. Damit lässt sich jedoch die Festsetzung von Regelstreitwerten unter weitgehendem Verzicht auf die Ausübung des den Gerichten eingeräumten Ermessens und Beurteilungsspielraums nicht rechtfertigen.[2032]

825 **e) § 51 Abs. 3 Satz 2 GKG: Auffangstreitwert 1.000 €.** Lassen sich aus dem Sach- und Streitstand keine genügenden Anhaltspunkte für die Wertbemessung entnehmen, so ist der Wert nunmehr nach Inkrafttreten des Gesetzes gegen unseriöse Geschäftspraktiken[2033] mit 1.000 € zu bemessen. Dies gilt nach dem Wortlaut jedoch nur für das Unterlassungs- und das Beseitigungsbegehren und soll ausweislich der Gesetzesbegründung insbesondere dann zur Anwendung gelangen, wenn es sich um einen Bagatellverstoß handelt. Das Ziel der Regelung ist es, die Streitwerte bei Rechtsstreitigkeiten abzusenken, die Wettbewerbsverstöße mit nur geringfügig negativen Marktwirkungen zum Gegenstand haben.[2034] Der Auffangstreitwert wird aber wohl nur selten praktisch werden. Verstößt bspw. ein Hotelbetrieb mit 72 Betten in einer Anzeige in der Berliner Zeitung gegen Pflichtangaben nach § 5a UWG, so soll die Geringfügigkeitsschwelle des § 51 Abs. 3 Satz 2 GKG bereits deutlich überschritten sein.[2035] Auch bei der Klage von Verbraucherverbänden im Sinne des § 8 Abs. 3 Nr. 4 wird man angesichts der institutionalisierten Repräsentation von Allgemeininteressen regelmäßig den Auffangstreitwert nicht anwenden können.[2036] In den von § 51 Abs. 3 Satz 2 GKG erfassten Fällen ist der pauschale Auffangstreitwert auch dann anzunehmen, wenn sowohl Unterlassungs- als auch Beseitigungsanspruch Ansprüche nebeneinander geltend gemacht werden. Eine Addition einzelner Werte findet ebenso wenig statt wie eine Anpassung der Werte nach oben oder unten.

3. Streitwert der Unterlassungsklage

826 **a) Zukunftsorientiertheit.** Das Unterlassungsbegehren ist ein bereits fälliger, wenn auch **in die Zukunft gerichteter** Anspruch. Es sollen weitere drohende Verletzungen oder die Aufnah-

[2027] Vgl. BGH GRUR 1992, 562, 563 – *Handelsvertreter-Provision:* Höherfestsetzung des Streitwerts und des Werts der Beschwer nach Klageabweisung in 2. Instanz mangels Vortrags verlässlicherer Schätzungsgrundlagen abgelehnt; GRUR-RR 2012, 136 (Ls.) = BeckRS 2011, 14104; GRUR-RR 2012, 271 – *Matratzen-Test-Werbung;* Beschl. v. 21.7.2011 – I ZR 138/10; OLG Hamburg WRP 1976, 254; KG WRP 1989, 725; OLG München, Beschl. v. 22.10.2001 – 29 W 2514/01 betreffend einen Antrag auf Festsetzung des Streitwerts auf 5,95 Mio. DM von Seiten der Klagepartei nach Verkündung eines obsiegenden Urteils bei einer ursprünglichen Streitwertangabe in Höhe von DM 250 000; Teplitzky/*Feddersen* Kap. 49 Rdn. 9 m. Fn. 18; *Ingerl/Rohnke* § 142 Rdn. 5.

[2028] Teplitzky/*Feddersen* Kap. 49 Rdn. 2, 17.

[2029] Zum Begriff OLG Oldenburg, WRP 1991, 602 f.

[2030] BGH WRP 2015, 454, dazu *Rehart* GRUR-Prax 2015, 122; vgl. auch OLG Frankurt WRP 2006, 1272, 1273; a. A. OLG Koblenz GRUR-RR 2001, 32; OLG Report 1998, 434 f. und OLG Oldenburg WRP 1991, 602, 603; WRP 1993, 351; NJW-RR 1996, 946, die sich dezidiert für Regelstreitwerte aussprechen; vgl. auch OLG Saarbrücken WRP 1996, 145, 146 sowie BGH Mitt. 2006, 282 zur Praxis in Markenlöschungsverfahren, die auf Verletzungsverfahren nicht zu übertragen ist OLG Nürnberg GRUR 2007, 815.

[2031] Vgl. nur Teplitzky/*Feddersen* Kap. 49 Rdn. 17; Ahrens/*Büttner* Kap. 40 Rdn. 48 ff.

[2032] Siehe auch *Schumann* NJW 1982, 1257, 1262 re. Sp. unter 2.

[2033] Vom 1.10.2013 BGBl. I S. 3714.

[2034] Nach der Gesetzesbegründung soll dies insbesondere in Fällen des § 4 Nr. 11 UWG zum Tragen kommen, in denen sich vernünftige Verbraucher oder sonstige Marktteilnehmer durch den Verstoß gegen Marktverhaltensregeln bei der Entscheidung über den Kauf einer Ware oder die Inanspruchnahme einer Dienstleitung nicht beeinflussen lassen. Ob in diesen Fällen, wie sie dem Gesetzgeber vorschwebten, allerdings überhaupt eine spürbare Relevanz im Sinne des § 3 Abs. 1 gegeben sein wird, ist fraglich, siehe dazu *Köhler*/Bornkamm § 12 Rn. 5.3d; Teplitzky/*Feddersen* Kap. 49 Rn. 8.

[2035] OLG Dresden MD 2015, 110 mit der Begründung, dass die Angabe der Rechtsform eine nach Unionsrecht wesentliche Information darstellt.

[2036] *Krbetschek/Schlingloff* WRP 2014, 1, 7.

me von Verhaltensweisen verhindert werden. Bei der Wertermittlung ist auf die Verhältnisse zum Zeitpunkt bei Einreichung der Klage abzustellen (§ 40 GKG; § 4 Abs. 1 Hs. 1 ZPO; siehe oben Rdn. 798). Daraus folgt aber nicht, dass bei der Bewertung des Interesses allein auf die gegenwärtigen Verhältnisse auf Seiten des Klägers und des Beklagten unter Berücksichtigung einer bereits begangenen Verletzungshandlung[2037] abgestellt werden kann,[2038] Ausschlaggebend ist vielmehr das wirtschaftliche Interesse an der Verhinderung der mit weiteren Verstößen verbundenen wirtschaftlichen Nachteile,[2039] für die bereits begangene Verletzungshandlungen nur indizielle Bedeutung haben können. Von dieser „zukunftsorientierten" Betrachtung ist die mit § 4 Abs. 1 Halbs. 1 ZPO/§ 40 GKG nicht zu vereinbarende Berücksichtigung von zum maßgeblichen Zeitpunkt nicht absehbaren Änderungen der tatsächlichen Verhältnisse zu unterscheiden.

b) Unterlassungsanspruch des Mitbewerbers (§ 8 Abs. 3 Nr. 1). Bei der Klage des so ge- **827**
nannten **unmittelbar Verletzten** ist allein dessen Eigeninteresse an der Unterbindung weiterer oder drohender Verstöße maßgeblich,[2040] nicht ein daneben bestehendes Interesse Dritter (etwa von Mitbewerbern)[2041] oder der Allgemeinheit an der Reinhaltung des Wettbewerbs.[2042]

Ausgehend von der Untersuchung von *Schramm* aus dem Jahre 1952[2043] orientieren sich die Ge- **828**
richte mit verschiedenen Modifikationen an den dort (vorrangig für die Verletzung von Schutzrechten) erarbeiteten **Kriterien,** nämlich

- der Bedeutung und **Größe des klagenden Unternehmens,**
- der Bedeutung und der **Größe des beklagten Unternehmens** im Verhältnis zum Kläger und damit das Ausmaß der Schädigung durch die Verletzung **(„Angriffsfaktor"),**
- die **Dauer des erstrebten Verbots** oder der bekämpften Störung – **„Zeitfaktor",** der anders als bei befristeten Schutzrechten im Wettbewerbsrecht eine untergeordnete Rolle spielt,
- unter Berücksichtigung von individuellen Korrekturen.

Für die Beurteilung der Bedeutung und Größe des Unternehmens können die von diesem (derzeit) **829**
erzielten (oder zukünftig zu erzielenden)[2044] Umsätze als aussagekräftig herangezogen werden. Dass für die Bestimmung des Klägerinteresses an das mögliche Abfließen von **Umsatz** und nicht von Gewinn abgestellt wird,[2045] bedeutet allerdings nicht, dass die Gewinnsituation unberücksichtigt bleiben müsste; diese wird gegebenenfalls durchaus in die Bewertung mit einzubeziehen sein. Ob und inwieweit diese Umsätze des Klägers (mit den streitgegenständlichen Waren oder Leistungen)[2046] durch die beanstandete Verhaltensweise beeinträchtigt werden (können), kann von einer Vielzahl von Faktoren (Unternehmensgröße, Markstellung, Umsätze, Finanzkraft des Verletzers, Art des Verstoßes, insbesondere seine Gefährlichkeit und Schädlichkeit für den Träger der maßgeblichen Interessen) abhängen.[2047] Diese Kriterien werden in der Rechtsprechung der Instanzgerichte, abweichend von dem Begriffsverständnis bei *Schramm,*[2048] unter dem so genannten **„Angriffsfaktor"** behandelt,[2049]

[2037] *Teplitzky* GRUR 1998, 320, 322 re. Sp. oben weist zu Recht darauf hin, dass sich das für den Streitwert maßgebliche Klagebegehren auch bei einer Orientierung des Antrags an der konkreten Verletzungsform hierauf nicht beschränken lässt.

[2038] Teplitzky/*Feddersen* Kap. 49 Rdn. 14; GroßKommUWG/*Ebersohl* § 12 F Rdn. 19 f.; OLG Hamburg WRP 1974, 498.

[2039] BGH NJW 1998, 2368, zum Abwehrinteresse bei Eigentumsstörungen; OLG München, Beschl. v. 25.10.2002 – 29 U 2501/02 (st. Rspr.); Teplitzky/*Feddersen* Kap. 49 Rdn. 14; *Melullis* Rdn. 844.

[2040] BGH GRUR 1977, 748, 749 – *Kaffee-Verlosung II;* NJW-RR 1991, 597 – *Unterteilungsfahne;* Teplitzky/*Feddersen* Kap. 49 Rdn. 19; OLG München, Beschl. v. 21.12.2001 – 29 W 2978/01: Maßgeblich ist nur das Interesse der klagenden Anwälte, nicht das Interesse der gesamten Anwaltschaft an der Beachtung des RBerG; vgl. auch BGH, Beschl. v. 13.3.2003 – I ZR 203/02: Auf die Frage, welche Bedeutung die Entscheidung des Berufungsgerichts für die Immobilienbranche insgesamt hat, kommt es für die Beurteilung der Beschwer nicht an; ebenso Beschl. v. 28.7.2005 – I ZR 27/95 betreffend die Bemessung der Beschwer des Beklagten ohne Berücksichtigung des Interesses weiterer Mitbewerber oder der Allgemeinheit.

[2041] A. A. *Burmann* WRP 1973, 508, 511; *Graf Lambsdorff* Rdn. 1213.

[2042] So aber OLG Celle WRP 1975, 248 f.; vgl. auch *Graf Lambsdorff* Rdn. 1204 f., 1213.

[2043] GRUR 1953, 104 ff.

[2044] Teplitzky/*Feddersen* Kap. 49 Rdn. 15; KG NJW-RR 2000, 285 = GRUR 1999, 1133 (LS); OLG München, Beschl. v. 1.9.87 – 6 W 2354/87, bei *Traub* WVP S. 322 unter 8.4.2.

[2045] Vgl. die Nachweise bei *Traub* WRP 1982, 557, 558 in Fn. 11.

[2046] OLG Saarbrücken, Beschl. v. 5.6.85 – 1 W 20/85, bei *Traub* WVP S. 364 unter 8.19: Relevant ist nur der Teilmarkt, auf dem sich die Parteien gegenüberstehen. OLG Stuttgart, Beschl. v. 21.12.76 – 2 W 50/76, bei *Traub* WVP S. 428 unter 8.19: maßgeblich nur Inlandsumsatz bei einem weltweit tätigen Kläger.

[2047] Vgl. BGH GRUR 1990, 1052, 1053 – *Streitwertbemessung.*

[2048] GRUR 1953, 104, 106 re. Sp.

[2049] Teplitzky/*Feddersen* Kap. 49 Rdn. 12; GroßKommUWG/*Ebersohl* § 12 F Rdn. 19.

nämlich der Eignung einer Wettbewerbshandlung, Umsätze auf die verletzende Partei hinüberzuziehen.[2050]

830 Als Kriterien der anzustellenden **Prognose** sind insbesondere zu berücksichtigen:
- **Unternehmensart**[2051] (Hersteller, Großhändler, Einzelhändler) und -größe des Verletzers, seine Umsätze, Marktstellung und Finanzkraft,[2052] denn hiervon wird in der Regel abhängen, in welchem Umfang Umsätze des Klägers beeinträchtigt werden können,[2053] wobei hierfür nicht die bisher erzielten Umsätze bzw. die derzeitige Unternehmensgröße maßgeblich sind, sondern die zukünftigen Gegebenheiten.[2054] Bei bestimmten Konstellationen, wie etwa bei Streitigkeiten um einen Domain-Namen, kommt diesen Umständen keine entscheidende Bedeutung zu. Denn die zu beseitigende Behinderung im Falle der „Blockade" durch die Beanspruchung eines Domain-Namens stellt sich für den Kläger im Hinblick auf die Einmaligkeit einer bestimmten Domain unabhängig von der Person des „Blockierenden" dar.
- **Art der Verletzungshandlung** (Umfang: z.B. regionale oder bundesweite Werbung; Medium;[2055] Auffälligkeit);[2056]
- **Dauer;**[2057]
- **Gefährlichkeit** (z.B. Grad der Irreführungsgefahr,[2058] Anlockeffekt der Werbung,[2059] Multiplikationswirkung);[2060]
- **Nachahmungsgefahr** von Seiten Dritter[2061]
- **Zielrichtung der angegriffenen Verhaltensweisen,** nämlich ob sie sich gezielt gegen das klägerische Unternehmen richtet (wie in Fällen der gezielten Behinderung: Nachahmung von Produkten, Abfangen von Kunden oder Abwerben von Mitarbeitern);
- **räumliche und/oder sachliche Nähe der Unternehmen** der Parteien;[2062]
- **Intensität der Wiederholungsgefahr,**[2063] **Grad des Verschuldens**[2064] bzw. die getroffenen Anstalten und die zu Tage getretenen Einstellung im Falle drohender Erstbegehungsgefahr;
- der **erzielbare Gewinn auf Seiten des Verletzers.**[2065]

[2050] So OLG Frankfurt WPP 1974, 100; WRP 1976, 109; JurBüro 1976, 1249; Beschl. v. 19.4.1990 – 6 W 60/90, bei *Traub* WVP S. 126 unter 8.4.2; OLG Stuttgart WRP 1980, 105.

[2051] OLG München, Beschl. v. 7.9.2001 – 29 W 2405/01: Antragsgegnerin war die Inhaberin eines kleinen Schaustellerbetriebs; die als wettbewerbswidrige Nachahmung beanstandete Plüschfigur wurde nicht verkauft, sondern nur in wenigen Fällen als Hauptgewinn ausgelobt, sodass eine Gleichsetzung mit einem Absatz im Wege des Einzelhandels nicht vorgenommen werden kann.

[2052] OLG Koblenz GRUR 1996, 139, 140; OLG Köln GRUR 1961, 493; WRP 1980, 93; OLG Frankfurt JurBüro 1976, 1249; OLG Stuttgart WRP 1980, 105; GroßKommUWG/*Ebersohl* § 12 F Rdn. 20.

[2053] OLG Düsseldorf WRP 1962, 24; OLG Karlsruhe/Freiburg WRP 1981, 407.

[2054] OLG Frankfurt JurBüro 1976, 1249 bei einem neu auf dem Markt befindlichen oder seinen Tätigkeitsbereich ausdehnenden Unternehmen; KG GRUR 1999, 1133; OLG München, Beschl. v. 25.4.79 – 6 W 1116/79, bei *Traub* WVP S. 322 unter 8.41.

[2055] OLG Düsseldorf, Beschl. v. 14.9.88 – 2 W 141/88, bei *Traub* WVP S. 91 unter 8.4; zu Markenstreitigkeiten OLG Frankfurt GRUR-RR 2003, 232; *Ingerl/Rohnke* § 142 Rdn. 6ff.

[2056] BGH GRUR 1990, 1052, 1053 – *Streitwertbemessung.*

[2057] OLG Karlsruhe, Beschl. v. 17.11.89 – 6 W 107/89, bei *Traub* WVP S. 229 unter 8.4: zeitlich begrenzter Schutz von einer Modeneuheit.

[2058] BGH GRUR 1990, 1052, 1053 – *Streitwertbemessung.*

[2059] OLG Köln, Beschl. v. 24.7.87 – 6 W 63/87, bei *Traub* WVP S. 295 unter 8.4.2.

[2060] OLG Frankfurt, Beschl. v. 16.8.2004 – 6 W 128/04: maßgeblich ist der Wert der verletzten Kennzeichnung und die Gefährlichkeit der Verletzung; OLG Hamm Beschl. v. 19.1.89 – 4 W 10/89, bei *Traub* WVP S. 205 unter 8.26: Angebot der Organisation und Durchführung ungenehmigter Räumungsverkäufe; OLG München Beschl. v. 28.9.2001 – 29 W 2398/01: Angebot von Software zur Umgehung einer Sim-Lock-Sperre bei Mobil-Telefonen im Hinblick auf den zu befürchtenden Mulitplikationseffekt.

[2061] BGH GRUR 1968, 106, 107 – *ratio-Markt I;* GRUR 1977, 748, 749 – *Kaffee-Verlosung II.*

[2062] OLG Frankfurt WRP 1974, 100; OLG Karlsruhe/Freiburg, Beschl. v. 22.4.83, bei *Traub* WVP S. 147 unter 8.19.

[2063] Zur Berücksichtigung von subjektiven Elementen: OLG Stuttgart WRP 1978, 481: „Rückgängigmachung" bereits vor Eingang des Antrags auf Erlass einer einstweiligen Verfügung; weitere Nachw. bei *Traub* WVP S. 425 unter 8.4.4; OLG München, Beschl. v. 7.6.2002 – 29 W 1377/02 und v. 21.5.2002 – 29 W 1156/02, jeweils Aufgabe der streitigen Domain vor Einreichung der Klage; ähnlich BGH, Beschl. v. 24.3.2005 – I ZR 157/04; Teplitzky/*Feddersen* Kap. 49 Rdn. 14; GroßKommUWG/*Ebersohl* § 12 F Rdn. 20; OLG München WRP 1975, 46, 47: strafbewehrte Unterlassungserkärung gegenüber Drittem; Beschl. v. 22.6.83 – 6 W 1522/83, bei *Traub* WVP S. 323: vollstreckbare Titel Dritter; OLG Frankfurt JurBüro 1982, 911f.; OLG Koblenz WRP 1982, 669 (LS).

[2064] BGH GRUR 1990, 1052, 1053 – *Streitwertbemessung;* OLG Köln JurBüro 1983, 1249f.

[2065] BGH GRUR 1990, 1052, 1053 – *Streitwertbemessung;* Teplitzky/*Feddersen* Kap. 49 Rdn. 15 m.w.N.

Diese Kriterien gelten auch bei **Domainstreitigkeiten.**[2066] Das maßgebliche Interesse des Klägers ist anhand des Klagebegehrens zu bestimmen, nämlich, ob damit Kennzeichenrechte des Klägers oder ob nur wettbewerbsrechtliche Interessen gewahrt werden sollen. Wird die Löschung der Domain oder sogar deren Übertragung erstrebt, ist das Interesse des Klägers an der Beseitigung der Blockade bzw. der Wert des Domainnamens für den Kläger zu bestimmen. Wenn für letztere Fallgestaltung auf eine vom Beklagten geforderte „Ablösesumme" abgestellt wird,[2067] begegnet eine solche Beurteilung, die derart oftmals überzogene rein subjektive Vorstellungen auf Beklagtenseite zugrunde legt,[2068] durchgreifenden Bedenken. 831

c) Klagen von Mitbewerbern im Sinne von § 13 Abs. 2 Nr. 1 UWG a. F. Insoweit wird auf die 1. Auflage verwiesen. 832

d) Verbandsklagen (§ 8 Abs. 3 Nr. 2 bis 4). Gegenüber den Klagen der vorstehend behandelten Wettbewerber stellt sich bei Verbandsklagen die zusätzliche Schwierigkeit, dass bei Idealvereinen ohne eigenen Geschäftsbetrieb bzw. bei Körperschaften des öffentlichen Rechts ein eigenes wirtschaftliches Interesse nicht festgestellt werden kann.[2069] Dementsprechend kann man auch die Verbandsklage nicht als Mittel zur Durchsetzung von unmittelbaren Verbands- bzw. Kammerinteressen sehen. Abzustellen ist daher auf die Interessen, die der Verband satzungsgemäß verfolgt bzw. die Interessen, die die öffentlichrechtlichen Körperschaften – Industrie- und Handelskammern – kraft Gesetz wahrzunehmen haben. 833

Bei Klagen von **Verbänden zur Förderung gewerblicher oder selbständiger beruflicher Interessen** (§ 8 Abs. 3 Nr. 2) geht es um die Verfolgung von Interessen der Verbandsmitglieder bzw. der Allgemeinheit, die von den Verbänden satzungsgemäß im eigenen Namen geltend gemacht werden. Insoweit werden (jedenfalls) die Mitgliederinteressen zu eigenen Interessen des Verbandes.[2070] Darüber hinaus hat der BGH in der Entscheidung *„Streitwertbemessung"*[2071] betont, dass es auch auf das Interesse der Allgemeinheit ankomme, das der Verband wahrnehme, wobei zwischen Verbänden zur Wahrnehmung konkreter Mitgliederinteressen[2072] (z. B. Fachverbände) und die Interessen der Allgemeinheit verfolgenden Verbänden[2073] (Wettbewerbsvereine) unterschieden wurde.[2074] Diese Differenzierung hat der BGH[2075] nach der Änderung des § 13 Abs. 2 Nr. 2 UWG a. F.[2076] aufgegeben, da auch bei den dem Allgemeininteresse verpflichteten Vereinen zur Förderung des lauteren Wettbewerbs mittlerweile zur Voraussetzung geworden ist, dass sie die Interessen von Mitbewerbern verfolgen, die auf demselben sachlichen und räumlichen Markt tätig sind wie die beklagte Partei.[2077] Das maßgebliche Verbandsinteresse ist aber nicht durch Addition der betroffenen Mitgliederinteressen entsprechend § 5 ZPO zu bestimmen, sondern wird im Regel- 834

2066 Siehe hierzu die Übersichten bei *Schmittmann* MMR aktuell Heft 12/2002, V–VIII mit umfangreichen Nachweisen von unveröffentlichten Entscheidungen; *Schmitz/Schröder* K&R 2002, 189. Im Falle *shell.de* wurde der Streitwert vom BGH (ohne Begründung) auf 1 Mio. DM festgesetzt; OLG Celle CR 2002, 458 (LS) bewertet das Interesse des Klägers am Schutz eines Internet-Vertriebssystems mit 100 000 DM. OLG Köln GRUR-RR 2006, 67: € 25 000 betreffend die Freigabe der Domain „Mahngericht"; OLG Koblenz GRUR 2007, 352: € 10 000 (E-Mail-Werbung).

2067 LG Wiesbaden MMR 2001, 59; LG Saarbrücken, Urt v. 30.1.2001 – 7 IV O 97/00, zitiert nach *Schmittmann* Fn. 302 S. VIII; *Schmitz/Schröder* Fn. 302 S. 190.

2068 Nach den vorliegenden praktischen Erfahrungen waren derartige vorprozessuale Forderungen von Seiten des beklagten Domaininhabers in der Regel davon bestimmt, eine möglichst günstige Verhandlungsposition aufzubauen. Soweit es in mehreren Fällen zu einer vergleichsweisen Regelung gekommen ist, wurden als Abfindungen Beträge vereinbart, die nicht ansatzweise den zunächst genannten Betrag erreichten.

2069 *Melullis* Rdn. 864; *Koch* ZZP 113, S. 413, 415.

2070 BGH GRUR 1977, 748, 749 – *Kaffee-Verlosung II.*

2071 GRUR 1990, 1052.

2072 Als maßgeblich wurde die Summe der Mitgliederinteressen, gegebenenfalls erhöht wegen der Interessen von Nichtmitgliedern, angesehen, BGH GRUR 1968, 106, 107 – *Ratio Markt I;* dieser Auffassung ist die Instanzrechtsprechung und Literatur großteils nicht gefolgt, vgl. hierzu eingehend *Traub* WRP 1982, 557, 559 f. und Teplitzky/*Feddersen* Kap. 49 Rdn. 20a jeweils m. w. N.; *Melullis* Rdn. 865.

2073 BGH a. a. O. – *Kaffee-Verlosung II* und *Streitwertbemessung,* wonach von dem in der Regel niedriger bewerteten Allgemeininteresse auszugehen war.

2074 Vgl. auch OLG Frankfurt JurBüro 1982, 909, wonach der Streitwert bei Klagen von wirtschaftlichen Interessenverbänden höher zu bewerten ist als bei einem Idealverein bzw. einer Klage eines Wettbewerbers.

2075 GRUR 1998, 958 – *Verbandsinteresse;* der Beschluss betraf das mit Urteil vom 30.7.1997 abgeschlossene Verfahren BGH GRUR 1998, 591 – *Monopräparate;* GRUR 2011, 560 – *Streitwertherabsetzung II;* der Beschluss betraf das Verfahren GRUR 2011, 340 – *Irische Butter.*

2076 BGBl. I 1738.

2077 Vgl. auch OLG Oldenburg NJW-RR 1996, 946.

fall[2078] gemäß § 51 Abs. 2 GKG ebenso zu bewerten sein, wie das Interesse eines gewichtigen Mitbewerbers.[2079] Es kommt also nicht darauf an, ob der Verband im konkreten Fall vorrangig im Allgemeininteresse oder im Interesse einzelner Mitglieder tätig wird. Ist danach maßgeblich auf die Interessenlage eines gewichtigen Mitbewerbers auf dem fraglichen Markt abzustellen, ist es ohne Bedeutung, ob ein solcher gewichtiger Mitbewerber dem klagenden Verband angehört.[2080] Wird der Verband im Interesse eines bestimmten Mitbewerbers tätig – was allerdings im Verfahren meist nicht offen gelegt wird –, kann dessen Interesse nur dann zugrunde gelegt werden, wenn dieser Mitbewerber als entsprechend „gewichtig" qualifiziert werden kann.[2081] Ob der Verband auch Interessen von Nichtmitgliedern bzw. Allgemeininteressen verfolgt, ist ohne Bedeutung.[2082]

835 **Qualifizierte Einrichtungen** im Sinne von § 4 Abs. 1 UKlaG – zu den Eintragungsvoraussetzungen in die nunmehr beim Bundesamt der Justiz geführte Liste, vgl. § 4 Abs. 2 UKlaG – oder qualifizierte Einrichtungen, die in das Verzeichnis der Europäischen Kommission nach Art. 4 Abs. 3 der Richtlinie 2009/22/EG des Europäischen Parlaments und des Rates vom 23.4.2009 über Unterlassungsklagen zum Schutz der Verbraucherinteressen[2083] eingetragen sind, können gemäß § 8 Abs. 3 Nr. 3 UWG wettbewerbsrechtliche Ansprüche sowie gemäß § 3 Abs. 1 UKlaG Ansprüche wegen der Verwendung von unwirksamen Allgemeinen Geschäftsbedingungen (§ 1 Abs. 1 UKlaG) und wegen verbraucherschutzgesetzwidrigen Praktiken (§ 2 Abs. 1, 2 UKlaG)[2084] geltend machen. Der Streitwert richtet sich nach dem satzungsgemäß wahrgenommenen Interesse der Verbraucher und die diesen drohenden Nachteilen.[2085]

836 Im gleichen Sinne wird der Streitwert bei UWG-Klagen von Verbänden im Sinne von § 8 Abs. 3 Nr. 3 nach allgemeiner Auffassung durch die **satzungsgemäß wahrgenommenen Interessen der Allgemeinheit,** nämlich die durch das beanstandete Wettbewerbsverhalten berührten Verbraucherinteressen bestimmt,[2086] wobei wesentlich auf die in Rede stehenden Belange (etwa besonders wichtige Belange wie Gesundheitsschutz) und die zu prognostizierende Gefährlichkeit[2087] („Angriffsfaktor", siehe oben Rdn. 827) abgestellt wird.

837 Während bei UWG-Klagen die Betätigung der Verbraucherverbände im öffentlichen Interesse für die Streitwertbemessung nicht als streitwertminderndes Kriterium herangezogen wird, finden bei der **AGB-Klauselkontrolle** (§ 1 UKlaG, früher § 13 AGBG) andere Grundsätze Anwendung: Es wird zwar ebenfalls auf das Interesse der Allgemeinheit[2088] an der Beseitigung der gesetzwidrigen AGB-Bestimmung abgestellt. Die im Vergleich zu UWG-Klagen sehr niedrigen Streitwerte – in der Regel zwischen 1500 und 3000 € je Klausel – beruhen auf dem Umstand, dass der wirtschaftlichen Bedeutung der Verbote, bestimmte Klauseln zu verwenden, keine ausschlaggebende Bedeutung beigemessen wird,[2089] um die im Allgemeininteresse tätigen Verbraucherschutzvereine vor Kostenrisiken möglichst zu schützen.[2090] Hierzu enthält das GKG in § 48 Abs. 1 Satz 2 (früher § 22 AGBG) eine Beschränkung auf 250 000 €, wobei nach der überwiegend vertretenen Auffassung darin nicht lediglich eine Streitwertobergrenze für die Gebühren, sondern ein Höchststreitwert für kaum je praktisch werdende Extremfälle gesehen wird mit der Folge, dass die Streitwerte in Relation zu diesem „theoretischen" Höchststreitwert zu bestimmen sind; daneben wurden in § 5 UKlaG die

---

2078 Eine Abweichung von diesem Vergleichsmaßstab wird bei besonderen Fallgestaltungen je nach den Marktverhältnissen und der Mitgliederstruktur in Betracht kommen.

2079 OLG Stuttgart OLG Report 1999, 393; OLG Bamberg OLG Report 1999, 246; OLG München OLG Report 2002, 410.

2080 Vgl. auch *Melullis* Rdn. 865; a. A. *Graf Lambsdorff* Rdn. 1210.

2081 Köhler/Bornkamm/*Feddersen/Köhler* § 12 Rdn. 5.8.

2082 *Melullis* Rdn. 865, 866 f.; a. A. *Graf Lambsdorff* Rdn. 1209.

2083 ABl. EG Nr. L 110 S. 30.

2084 Früher § 22 AGBG, der durch Art. 3 Nr. 3 des Gesetzes über Fernabsatzverträge und andere Fragen des Verbraucherrechts (BGBl. I 897) eingeführt wurde; hierzu *Greger* NJW 2000, 2457, 2459 ff.

2085 BGH GRUR-RR 2013, 528 (Ls.).

2086 BGH a. a. O. Tz. 6 – *Streitwertherabsetzung II;* OLG Köln WRP 2012, 221, 223; KG WRP 2010, 789; OLG Karlsruhe GRUR 2016, 424. GroßKommUWG/*Ebersohl* § 12 F Rdn. 33; Teplitzky/*Feddersen* Kap. 49 Rdn. 21 f.; Ahrens/*Berneke* Kap. 40 Rdn. 42; vgl. aber auch *E. Schmidt* NJW 2002, 25, 28.

2087 Teplitzky/*Feddersen* Kap. 49 Rdn. 23; OLG Stuttgart NJW-RR 1987, 429 f.: Bei schwerwiegendem Vorwurf ist das Interesse der Allgemeinheit besonders groß; weitere Nachweise bei *Traub* WVP S. 429 unter 8.23.1; ähnlich OLG Köln WRP 1977, 49 sowie Beschl. v. 8.3.82 – 6 W 16/82.

2088 Wolf/Horn/*Lindacher* § 15 Rdn. 25; vgl. auch EuGH NJW 2002, 3617 – *Henkel.*

2089 Auch nicht bei der Bemessung des Werts der Beschwer des verurteilten Klauselverwenders; zu Recht a. A. Wolf/Horn/*Lindacher* § 15 Rdn. 35.

2090 BGH NJW-RR 2001, 352; NJW-RR 1991, 179; NJW-RR 1998, 1465; OLG Frankfurt NJW-RR 1994, 60; Ulmer/Brandner/*Hensen* § 15 Rdn. 31 ff.; Palandt/*Bassenge* § 5 UKlaG Rdn. 14; vgl. auch *Koch* ZZP 113 (2000) S. 413, 431 f.

§§ 23a, 23b UWG a. F. (jetzt § 12 Abs. 4 und 5), – ohne Anlass,[2091] da soweit ersichtlich das bestehende Kostenrisiko – anders als bei UWG-Klagen[2092] – nicht als Hindernis für ein gerichtliches Vorgehen angesehen wurde, für entsprechend anwendbar erklärt.[2093] In der Neufassung verweist § 5 UKlaG auf die Streitwertbegünstigung in § 12 Abs. 4 und 5 UWG.

Da diese zum AGB-Unterlassungsverfahren (§ 1 UKlaG) entwickelten Bemessungskriterien auch 838 für das **Verfahren gemäß § 2 UKlaG**[2094] Geltung haben, stellte sich die Frage, wie das maßgebliche Allgemeininteresse zu bewerten war, wenn der geltend gemachte Unterlassungsanspruch in Anspruchskonkurrenz[2095] zu § 2 UKlaG auch auf UWG-Tatbestände gestützt wird (etwa im Falle unzutreffender Widerrufsbelehrungen)[2096] – mit den für UWG-Klagen angesetzten Streitwerten[2097] oder nur mit Bruchteilen davon?

Nicht mehr relevant ist die Frage, wie eine Anspruchskonkurrenz zwischen UWG-Tatbeständen 839 und Ansprüchen aus § 2 UKlaG zu bewerten ist. Verstöße gegen das UWG können nach § 8 Abs. 5 Satz 2 UWG nicht mehr ergänzend aufgrund des UKlaG verfolgt werden.[2098]

Industrie- und Handelskammern oder Handwerkskammern (§ 8 Abs. 3 Nr. 4). Ein ge- 840 richtliches Vorgehen dieser öffentlich-rechtlichen Körperschaften findet – soweit ersichtlich – nicht statt,[2099] sodass es zu Streitwertfragen keine (veröffentlichte) Rechtsprechung gibt. Da der Regelung in § 13 Abs. 2 Nr. 4 durch die UWG-Novelle 1986 nur klarstellende Bedeutung zukommt – bereits nach vorheriger Rechtslage waren die Kammern als Verbände zur Förderung gewerblicher Interessen im Rahmen ihres gesetzlichen Aufgabenbereiches (§ 1 des Gesetzes vom 18.12.1956, BGBl. I 920 bzw. § 91 HwO) anerkannt –, gelten die obigen Ausführungen (Rdn. 834) entsprechend.

4. Streitwert des einstweiligen Verfügungsverfahrens

a) Abhängigkeit vom Streitwert der Hauptsache. Der Streitwert des Verfügungsverfahren 841 (einschließlich des Rechtfertigungsverfahren gemäß § 942 Abs. 2 ZPO) ist aufgrund der mit der 2013 in Kraft getretenen Sondervorschrift des § 51 Abs. 4 GKG **gegenüber dem** sich aus § 51 Abs. 2 und 3 GKG ermittelten **Wert der Hauptsache („Bedeutung der Sache) regelmäßig zu mindern.** Dem ist die Entscheidung des Gesetzgebers zu entnehmen, den Streitigkeiten, wenn sie im einstweiligen Rechtsschutz verfolgt werden, wegen der (nur) vorläufigen Sicherung typischerweise einen geringeren Wert beizumessen. Dies entspricht den allgemeinen Wertgrundsätzen nach § 3 ZPO und der wohl überwiegenden Meinung zur Auslegung der Vorschrift im Bereich des gewerblichen Rechtsschutzes.2100 Vereinzelt vertretenen Auffassungen, nach denen Streitwert generell dem Hauptsachestreitwert entspricht, ist damit die Grundlage entzogen worden. Eine Gleichwertigkeit von Verfügungs- und Hauptsachestreitwert ist mit der Neuregelung allerdings nicht völlig ausgeschlossen. Nach der Gesetzesbegründung kann sich **in „begründeten Einzelfällen“** eine **Annäherung an den Wert der Hauptsache** ergeben.[2101] Dies wird insbesondere dann der Fall sein, wenn das Verfügungsverfahren schon ex ante – und nicht etwa ex post unter Berücksichtigung einer vom Schuldner erteilten Abschlusserklärung – zu einer endgültigen Befriedigung des Gläubi-

---

[2091] Ulmer/Brandner/*Hensen* § 15 Rdn. 32.

[2092] Vgl. *Tonner* NJW 1986, 1917, 1921 m. w. N.

[2093] Früher § 15 AGBG i. d. F. durch das Gesetz vom 27.6.2000 (BGBl. I S. 897).

[2094] Aufgrund der EG-Richtlinie RL 98/27 und Art. 11 Abs. 2 RL 97/7/EG – Fernabsatz-RiLi – wurde § 22 AGBG durch das Gesetz vom 27.6.2000 eingefügt und ist in erweiterten Umfang in § 2 UKlaG aufgegangen.

[2095] Der Gesetzgeber ist im Rahmen des FernAbsG offensichtlich davon ausgegangen, dass die Verwendung von AGB, die dem AGBG widersprechen, regelmäßig einen Wettbewerbsvorsprung darstellt. Vgl. hierzu *Löwe* ZIP 2003, 12, 13 f.; das LG Dortmund MD 2003, 1182, 1183 sah sogar die §§ 1, 3 UWG a. F. selbst als verbraucherschützende Bestimmungen im Sinne von § 2 Abs. 1 UKlaG an.

[2096] BGH GRUR 2002, 1085 – *Belehrungszusatz.*

[2097] *Graf Lambsdorff* Rdn. 1211, 1213 will das Allgemeininteresse immer recht hoch ansetzen und mit mindestens 40 000 DM bewerten.

[2098] Palandt/*Bassenge* § 2 UKlaG Rdn. 2 m. w. N.; die Frage nach der sachlichen Rechtfertigung der unterschiedlichen Bewertung von „verbraucherschützenden“ Klagen nach dem UWG durch die nach § 8 Abs. 3 Nr. 3 Berechtigten und von Klagen nach § 2 Abs. 1 UKlaG durch die nach § 3 Abs. 1 Nr. 1 UKlaG Berechtigten stellt sich dagegen weiterhin.

[2099] Deren Klagebefugnis kommt jedoch anderen Verbänden aufgrund ihrer Mitgliedschaft zugute.

[2100] In der Rechtsprechung sind Abzüge von 1/3, siehe KG WRP 2005, 368, bis ½, siehe OLG Oldenburg WRP 1991, 602, 604, des Wertes der Hauptsache vorzufinden, vgl. Teplitzky/*Feddersen* Kap. 49 Rdn. 25 m. w. N.

[2101] BT-Drs, 17/13057 S. 31.

gers führt. Für die Durchsetzung des Auskunftsanspruchs wird dies typischerweise, bei der Geltendmachung eines Beseitigungs- oder Unterlassungsanspruchs wohl allenfalls bei erkennbar zeitlich begrenzten Verstößen anzunehmen sein.

842 **b) Zur Diskussion der nach alter Rechtslage vertretenen Auffassungen vgl. die Vorauflage Rdn. 842.**

843 **c) Nebeneinander von Hauptsache- und Verfügungsverfahren.** Wird das **Verfügungsverfahren neben dem Hauptsacheverfahren** betrieben, kommt ihm ein eigener Streitwert zu.[2102]

d) Rechtsprechungsübersicht

844 **Kammergericht (Berlin)**

Zum Ansatz kommen nunmehr in der Regel 2/3 des Werts der Hauptsache.[2103]

845 **OLG Bamberg**

Der Streitwert des Eilverfahrens kommt dem Wert der Hauptsache gleich, wenn der Streit endgültig beigelegt wird.[2104]

846 **OLG Brandenburg**[2105]

847 **OLG Braunschweig**

Regelstreitwert von 20 000,– bis 30 000,– DM[2106]

848 **OLG Bremen**

2/5 der Hauptsache, da das Verfügungsverfahren (nach früherem Recht) wegen fehlender Verjährungsunterbrechung erheblich hinter der Klage zurückbleibt.[2107]

849 **OLG Celle**

Der Streitwert ist in der Regel geringer, nicht jedoch, wenn Antragsteller praktisch alles erreicht, was zur endgültigen Erledigung zu erreichen ist.[2108]

850 **OLG Frankfurt**

Streitwert ist in der Regel geringer,[2109] er kann aber dem Wert der Hauptsache nahe- oder gleichkommen.[2110]

851 **OLG Hamburg**

Streitwert ist gleich dem der Klage zu bewerten, weil die einstweilige Verfügung im Allgemeinen darauf gerichtet ist, eine endgültige Regelung herbeizuführen.[2111]

851a **OLG Hamm**

Der Streitwert beträgt 2/3 des Hauptsachestreitwerts.[2112]

852 **OLG Karlsruhe**

Streitwert ist in der Regel geringer als der der Hauptsache, nicht jedoch, wenn eine endgültige Regelung herbeigeführt worden ist.[2113]

853 **OLG Karlsruhe/Freiburg**

Keine schematische Höherbewertung der Hauptsache, sondern Umstände des Einzelfalls sind maßgeblich.[2114]

2102 *Berneke*/Schüttpelz Rdn. 667; zur Streitwertaddition, wenn ein im Verfügungsverfahren geschlossener Vergleich auch die Hauptsache umfasst: KG JurBüro 1973, 127; OLG Düsseldorf JurBüro 1972, 228; OLG Hamburg MDR 1959, 401; MDR 1991, 904; OLG Köln MDR 1973, 324 (L); OLG München Jur-Büro 1993, 673; NJW 1969, 938; nur auf den Wert der Hauptsache stellt OLG Frankfurt JurBüro 1981, 918 ab.

2103 WRP 2007, 63, 64; WRP 2005, 368; Beschl. v. 18.5.1998 – 25 W 8358/97; GRUR 1992, 611 f.: kein Abschlag bei Auskunftsanspruch (§ 25b WZG); zur früheren Rspr. vgl. die Vorauflage Fn. 1952.

2104 OLG Report 1999, 46; anders JurBüro 1991, 1690: 1/3 der Hauptsache; JurBüro 1983, 269 f.: maßgeblich sind die konkreten Umständen des Einzelfalles.

2105 Vgl. JurBüro 2001, 93 zur Leistungsverfügung auf Unterhalt: Wert für sechs Monate.

2106 WRP 1990, 487.

2107 OLG Report 1997, 363 f.; weitere Nachweise bei *Traub* WVP S. 68 unter 8.10.

2108 BeckRS 2010, 14389; Beschl. v. 13.11.1978 – 13 W 72/78 und v. 16.1.80 – 13 W 100/79, bei *Traub* WVP S. 76.

2109 WRP 2006, 1272, 1273.

2110 WRP 1982, 226; WRP 1981, 221 und Beschl. v. 19.4.90 – 6 W 60/90, bei *Traub* WVP S. 128 unter 8.10.

2111 WRP 1980, 209, 213; WRP 1981, 470, 473; MD 2004, 1113.

2112 Urt. v. 28.7.2011 – 4 U 55/11 Tz. 34, juris.

2113 GRUR-RR 2011, 288 (LS): angemessener Abschlag gegenüber dem Hauptsachewert; WRP 1981, 405.

2114 Beschl. v. 8.7.87 – 4 W 82/87, bei *Traub* WVP S. 146 unter 8.10; WRP 1981, 405, 407: Kein ins Gewicht fallender Abzug, wenn einstweilige Verfügung einem stattgebendem Urteil gleichkommt; anders, wenn aus tatsächlichen oder rechtlichen Gründen nur als „Durchgangsverfahren“.

OLG Koblenz 854

In der Regel geringer zu bewerten, nämlich mit einem Abzug von 1/3, der bei besonderen Umständen aber geringer oder höher sein kann.[2115]

OLG Köln 855

Der Gegenstandswert ist dann nicht geringer als im Hauptsacheverfahren, wenn bei Antragstellung mit hoher Wahrscheinlichkeit zu erwarten ist, dass eine als endgültig akzeptierte Klärung herbeigeführt wird.[2116]

OLG München 856

Es erfolgt in der Regel eine Gleichsetzung mit dem Streitwert der Hauptsacheklage, da es dem Antragsteller regelmäßig gleich viel wert ist, ob er einen zwar nur vorläufigen Titel, diesen aber schnell erhält, oder ob er im Wege der Hauptsacheklage einen auch der materiellen Rechtskraft fähigen endgültigen Titel erstreitet, dessen Erwirkung aber längere Zeit beansprucht.[2117] In Entscheidungen des 29. Zivilsenats wurde dagegen in jüngerer Zeit bei der Streitwertfestsetzung als mindernd berücksichtigt, dass es sich „nur" um ein einstweiliges Verfügungsverfahren handelt.[2118]

OLG Nürnberg 857

Abschlag von 1/3, der mit der fehlendenVerjährungsunterbrechung sowie Rechtskraft begründet wurde, zumal nur eine summarische Prüfung erfolgen könne und eine endgültige Regelung gegebenenfalls nur im Hauptsacheverfahren möglich sei.[2119]

OLG Oldenburg 858

Zum Ansatz kommt die Hälfte des Werts der Hauptsache.[2120]

OLG Saarbrücken 859

Regelstreitwert von 10 000 bis 20 000 €.[2121]

OLG Schleswig 860

Regelstreitwert von 15 000 DM.[2122]

OLG Stuttgart 861

Keine pauschale Herabsetzung auf 1/3 des Werts der Hauptsache; dies widerspricht den Besonderheiten von Wettbewerbsstreitigkeiten; der Streitwert entspricht dem Wert der Hauptsache, wenn nicht schon im Verfügungsverfahren ersichtlich ist, dass es nicht zur endgültigen Befriedigung der Parteien kommen wird.[2123]

OLG Thüringen 862

Das Interesse bemisst sich nach dem durch das beanstandete Verhalten bereits entstandenen Schaden, den Vorteilen, welche der Antragsteller ohne die Rechtsverletzung erlangt hätte, der objektiven Gefährlichkeit des Verstoßes und der Intensität der Beeinträchtigung.[2124] Es ist ein Abschlag vorzunehmen, der umso geringer ist bzw. entfällt, wenn es nur um Rechtsfragen geht und zu erwarten ist, dass der Streit insgesamt beigelegt wird.[2125]

e) Widerspruchsverfahren. Der Streitwert des Verfügungsverfahrens richtet sich auch nach **Widerspruchseinlegung** nach der Bedeutung der Sache für den Antragsteller (§ 51 Abs. 2 GKG) 863

[2115] WRP 1969, 166; zu den Regelstreitwerten: GRUR 1988, 474, 475; weitere Nachweise bei *Traub* WVP S. 248 unter 8.10; abweichend NJWE-WettbR 2000, 247.

[2116] WRP 2000, 650; anders NJWE-WettbR 1996, 44: Gegenstandswert ist eigenständig und unabhängig vom Wert des zugehörigen Hauptsacheverfahrens zu bestimmen; kein schematischer Ansatz eines Bruchteils des Hauptsacheverfahrens; gegebenenfalls kann der Wert des Hauptsacheverfahrens auch überschritten werden; vgl. zu letzterem Gesichtspunkt auch *Melullis* Rdn. 869 Fn. 6; vgl. auch die weiteren Nachweise bei *Traub* WVP S. 297 unter 8.10 und Teplitzky/*Feddersen* Kap. 49 Rdn. 26 f.

[2117] WRP 1985, 661, 662; Beschl. v. 30.7.87 – 6 W 2163/87, bei *Traub* WVP S. 323 unter 8.10 sowie Beschl. v. 6.12.82 – 6 W 2576/82.

[2118] Z. B. Beschl. v. 13.1.2003 – 29 W 2904/02.

[2119] Beschl. v. 2.10.1980 – 3 W 2038/80, bei *Traub* WVP S. 340 unter 8.10.

[2120] WRP 1991, 602, 604 f.; WRP 1993, 351; WRP 1995, 118.

[2121] OLG Report 2002, 417; Beschl. v. 15.11.89 – 1 W 46/89 und v. 10.1.86 – 1 W 1/86, bei *Traub* WVP S. 364 unter 8.10; vgl. auch die weiteren Nachweise bei *Berneke/Schüttpelz* Rdn. 664 Fn. 10: da einstweilige Verfügung etwa auf die Dauer eines Jahres wirkt, ist auf Gewinnbeeinträchtigung für diesen Zeitraum abzustellen.

[2122] OLG Report 1999, 135; SchlHA 1994, 22; Beschl. v. 9.10.89 – 6 W 34/88 und v. 16.1.87 – 6 W 23/86, bei *Traub* WVP S. 378 unter 8.10: Streitwert ist grundsätzlich geringer, außer wenn einstweilige Verfügung zu einer endgültigen Regelung führt oder der Abwendung irreparabler rechtlicher und wirtschaftlicher Nachteile dienen soll.

[2123] OLG Stuttgart BeckRS 2008, 11442; OLG Report 1999, 236 f..

[2124] Beschl. v. 6.1.1996 – 2 U 452/96, bei *Orth* WRP 1997, 702, 704 unter 8.8.

[2125] MD 2010, 318, 319.

und damit nach seinem Interesse, da es sich beim Widerspruch um kein Rechtsmittel im Sinne von § 47 Abs. 1 GKG handelt.[2126]

864 **f) Kostenwiderspruch.** Der Streitwert bei einem **Kostenwiderspruch** bemisst sich nach dem damit verfolgten Interesse des Antragsgegners, geltend zu machen, dass er zur Beantragung der einstweiligen Verfügung keine Veranlassung im Sinne von § 93 ZPO gegeben hat (vgl. oben Rdn. 480 ff.), dem das gegenläufige Interesse des Antragstellers gegenübersteht, nicht mit den Kosten belastet zu werden. Es geht somit um die Kosten, die bis zur Einlegung des Widerspruchs angefallen sind.[2127]

865 **g) Aufhebungsverfahren.** Der Streitwert des **Aufhebungsverfahrens** (§ 926 Abs. 2, § 927 ZPO) wird von der überwiegenden Meinung nach dem Interesse des Antragstellers am Fortbestand der einstweiligen Verfügung bestimmt (§ 51 Abs. 4 GKG).[2128] Er kann, da der Titel in Wegfall gebracht werden soll, den Streitwert des auf den Erlass der einstweiligen Verfügung gerichteten Verfahrens erreichen.[2129] Er kann aber auch darunter liegen, wenn der Wert des aufzuhebenden Titels bei Einreichung des Aufhebungsantrags geringer ist;[2130] etwa wenn das Verfahren nach § 927 ZPO nur deshalb durchgeführt wird, um die Kosten des einstweiligen Verfügungsverfahrens erstattet zu erhalten.[2131]

865a Nach denselben Grundsätzen bestimmt sich auch der Streitwert des Aufhebungsverfahrens nach § 942 Abs. 3 ZPO.

5. Klagehäufung

866 **a) Objektive Klagehäufung.** Bei einer **objektiven Klagehäufung** (oben Vor § 12 Rdn. 30) sind die Einzelstreitwerte gemäß § 5 Halbsatz 1 ZPO/§ 39 Abs. 1 GKG zusammenzurechnen,[2132] wobei jedoch Abmahnkosten als vorprozessuale Kosten nicht streitwerterhöhend zu berücksichtigen sind.[2133] In der Praxis wird zwar meist ein nicht aufgeschlüsselter (Gesamt-) Streitwert festgesetzt,[2134] oftmals wird sich jedoch zumindest empfehlen, die Verteilung des Gesamtbetrages auf die einzelnen Anträge zu erörtern.[2135] Wird einer von mehreren Anträgen abgewiesen, neigt der Beklagte oftmals dazu, diesem Antrag ein erhebliches Gewicht beizumessen, während auf Seiten der Klagepartei die gegenläufige Bewertung Platz greifen wird.

867 Wird neben dem Unterlassungsanspruch ein **Beseitigungsanspruch** bzw. ein **Veröffentlichungsanspruch** geltend gemacht, kommt diesen ein gesonderter Streitwert zu (siehe unten Rdn. 883), der zu einer Addition führt.[2136]

868 Wird ein Klageantrag auf **mehrere Anspruchsgrundlagen** gestützt, kann das Klagebegehren nur einheitlich bewertet werden.[2137] Dies gilt allerdings dann nicht, wenn nicht lediglich mehrere Anspruchsgrundlagen, sondern **mehrere Streitgegenstände** (vgl. oben Vor § 12 Rdn. 18 ff.) zur

---

2126 *BLAH* Anhang § 3 Rdn. 12.

2127 OLG München OLG Report 2002, 428; KG WRP 1982, 530; OLG Düsseldorf WRP 1986, 273; OLG Frankfurt WRP 1982, 226; GRUR 1990, 1057 (LS); GRUR 1991, 81 (LS); OLG Oldenburg MDR 1977, 149; OLG Schleswig WRP 1979, 399; OLG Karlsruhe WRP 2007, 1501; *Berneke/Schüttpelz* Rdn. 668 m. w. N.; *Mellulis* Rdn. 846a; *BLAH* Anh. § 3 Rdn. 12 m. w. N.

2128 KG OLG Report 2002, 243; OLG Hamburg WRP 1977, 814; OLG Frankfurt GRUR 1987, 650; weitere Nachweise bei *Berneke/Schüttpelz* Rdn. 670.

2129 OLG Köln GRUR 1987, 650, 651 unter II.5; JurBüro 1969, 343; OLG Koblenz WRP 1988, 389; GRUR 1989, 373. Wird der Antrag auf Fristsetzung zur Klageerhebung (§ 926 Abs. 1 ZPO) abgelehnt, entspricht der Beschwerdewert (§ 47 Abs. 1 GKG) dem Verfahrenswert, OLG Frankfurt ZIP 1980, 1144.

2130 OLG Celle Rpfleger 1969, 96; OLG Frankfurt JurBüro 1969, 343; OLG Bamberg JurBüro 1974, 1150; OLG Hamburg WRP 1977, 814; OLG Saarbrücken BeckRS 2010, 11777; *Kroiß* NJW 2011, 499; Zöller/*Herget* § 3 Rdn. 16 „Einstweilige Verfügung".

2131 Vgl. BGH GRUR 1993, 998 – *Verfügungskosten*.

2132 Allgemeine Meinung: OLG Koblenz WRP 1985, 45; OLG München OLG Report 2001, 291; MDR 1993, 286: jeweils inhaltsgleiche Unterlassungsansprüche gegen mehrere Beklagte; OLG Hamburg GRUR-RR 2006, 392; GroßKommUWG/*Ebersohl* § 12 F Rdn. 44 f.

2133 BGH NJW 2007, 3289; MDR 2007, 1149; GRUR-RR 2012, 271 (Ls.).

2134 GroßKommUWG/*Ebersohl* § 12 F Rdn. 45.

2135 Zu Recht für getrennte Festsetzung das OLG Karlsruhe, bei *Traub* WVP S. 231 unter 8.24; vgl. auch *Bopp/Sonntag* in: Münchner Prozessformularbuch, Bd. 5 A. 11 Anm. 4.

2136 Teplitzky/*Feddersen* Kap. 49 Rdn. 31 und WRP 1984, 365, 367; GroßKommUWG/*Ebersohl* § 12 F Rdn. 36 f.; OLG Bamberg JurBüro 1988, 516; OLG Nürnberg WRP 1981, 602; WRP 2002, 345, 346 f.

2137 Vgl. KG, Beschl. v. 5.4.1990 – 25 W 2092/90, bei *Traub* WVP S. 38 unter 8.4.3 a.

Begründung des einheitlichen Antrags herangezogen werden.[2138] Dann sind die Werte der einzelnen Streitgegenstände nach § 5 ZPO, §§ 39 Abs. 1, 45 Abs. 1 GKG zu addieren.[2139] Im Hinblick auf die sogenannte ***TÜV*-Rechtsprechung**[2140] hat diese Frage erhebliche Bedeutung gewonnen.[2141]

aa) Eventuelle Klagehäufung. Wird der Klage nicht aufgrund des an erster Stelle geltend gemachten Streitgegenstandes stattgegeben, sind die Werte der verschiedenen Streitgegenstände gemäß § 45 Abs. 1 Satz 2 GKG de zu **addieren,** sofern sie **nicht „denselben Gegenstand"** im Sinne von Satz 3 betreffen. Dabei handelt es sich um einen **selbständigen kostenrechtlichen Begriff,** der eine **wirtschaftliche Betrachtung** erfordert und nicht mit dem Begriff des Streitgegenstands identisch ist. Eine Zusammenrechnung hat dort zu erfolgen, wo eine wirtschaftliche Werthäufung entsteht und nicht ein wirtschaftlich identisches Interesse betroffen ist. Wirtschaftliche Identität liegt vor, wenn die in ein Eventualverhältnis gestellten Ansprüche nicht in der Weise nebeneinander stehen können, dass – die vom Kläger gesetzte Bedingung fortgedacht – allen stattgegeben werden könnte, sondern dass die Verurteilung gemäß dem einen Antrag notwendigerweise die Abweisung des anderen Antrages nach sich zöge. Umgekehrt fehlt es an einer wirtschaftlichen Identität, wenn eine Verurteilung wegen des einen Antrags neben eine Verurteilung wegen eines andern Antrags treten könnte.[2142] Da in den Fällen der **eventuellen Klagehäufung** in der Form der hilfsweisen Geltendmachung eines oder mehrerer weiterer Klagegründe auch bei einem einheitlichen Antrag eine kumulative Verurteilung aufgrund der mehreren Streitgegenstände in der Regel erfolgen könnte, kommt § 45 Abs. 1 Satz 3 GKG typischerweise nicht zur Anwendung.[2143] Liegen jedoch einem einheitlichen Unterlassungsantrag mehrere Ansprüche im Sinne des § 45 Abs. 1 GKG zugrunde, so ist der Streitwert für den Hauptanspruch festzusetzen und für die hilfsweise geltend gemachten Ansprüche angemessen zu erhöhen.[2144] Dies wird zutreffend damit begründet, dass bei einem einheitlichen Unterlassungsantrag der Angriffsfaktor im Regelfall unverändert und deshalb eine Vervielfachung des Streitwerts des Hauptanspruchs grundsätzlich nicht gerechtfertigt ist. Dies erscheint schon deshalb naheliegend, weil die Bedeutung der Sache (§ 51 Abs. 2 GKG) und nicht die der einzelnen prozessualen Ansprüche Bezugspunkt der Wertbemessung ist. Vor dem Hintergrund, dass es allein dem Kläger obliegt, wie viele Klagegründe, in welcher Reihenfolge er mit einer entsprechenden Vermehrung des Prozessstoffes und Arbeitsaufwandes für Gericht und Gegner in das Verfahren einführt, sollte allerdings die Wertdegression der hilfsweise geltend gemachten Ansprüche mit Augenmaß gehandhabt werden. 868a

bb) Kumulative Klagehäufung. Bei einer **kumulativen Klagehäufung** sind die Werte der einzelnen Streitgegenstände – auch bei einem einheitlichen Antrag – grundsätzlich gemäß § 39 Abs. 1 GKG zu addieren.[2145] Allerdings ist auch hier nicht in jedem Fall eine schematische Wertaddition vorzunehmen, sondern bei einem einheitlichen Antrag ein dem Interesse des Klägers entsprechender Gesamtstreitwert zu bilden.[2146] 868b

Bei der **Stufenklage** (§ 254 ZPO) trifft § 44 GKG – der Zuständigkeitsstreitwert berechnet sich gemäß § 5 Halbsatz 1 ZPO/§ 39 Abs. 1 GKG aus der Addition der Werte der einzelnen Anträge[2147] – eine besondere Regelung für den Gebührenstreitwert. Wertbestimmend ist der objektiv zu bewertende Anspruch, der mit der Leistungsstufe geltend gemacht werden soll (§ 3 ZPO).[2148] Ergibt die erteilte Auskunft, dass kein Zahlungsanspruch bestehe – **„steckengebliebene Stufenklage"** –, ist es mit § 40 GKG nicht zu vereinbaren, allein auf den Wert der Auskunft abzustellen und den Wert des höheren 869

[2138] So bereits OLG Celle OLG Report 2001, 47, das in entsprechender Anwendung von § 19 Abs. 1 Satz 2 GKG a. F. von einem streitwerthöhenden Hilfsantrag ausgeht; a. A. *Lappe* NJW 2002, 266, 267 unter II.1.b; a. A.

[2139] *Büscher* GRUR 2012, 16, 23; Teplitzky/*Feddersen* Kap. 49 Rdn. 29a.

[2140] BGH GRUR 2011, 521. Bis dahin führte eine alternative Klagehäufung nicht zu einer Erhöhung des Streitwerts, vgl. *Schwippert* GRURPrax 2011, 233, 234; *ders.* in FS Loschelder S. 345, 350.

[2141] Hierzu *Büscher* GRUR 2012, 16, 22f.; *Döring* Mitt. 2012, 49, 52 unter 4.; *Stieper* GRUR 2012, 5, 12f.; *Kodde* GRUR 2015, 38, 41ff.

[2142] BGH NJW-RR 2005, 506; Beschl. v. 12.4.2010 – II ZR 34/07, Tz. 4; jeweils m. w. N.

[2143] *Büscher* GRUR 2012, 16, 22; a. A. *Stieper* GRUR 2012, 5, 12; *Engels* GRURPrax 2011, 523.

[2144] BGH WRP 2014, 192 Rdn. 9; OLG Frankfurt GRUR-RR 2014, 280; *Büscher* GRUR 2012, 16, 23; a. A. *Stieper* vorige Fn. S. 12; OLG Frankfurt GRURPrax 2012, 362; offen gelassen von *Schwippert* FS Loschelder S. 345, 348, 350.

[2145] Büscher GRUR 2012, 16, 23.

[2146] OLG Köln, GRUR-RR 2015, 402, 403f. im Anschluss an *Büscher* GRUR 2012, 16, 23.

[2147] OLG Brandenburg MDR 2002, 536, 538 m. w. N.

[2148] OLG Köln Mitt. 2003, 430f.; OLG Celle MDR 2003, 55; Stein/Jonas/*Roth* § 5 Rdn. 20; *Frank* S. 193; jeweils m. w. N.

Leistungsanspruchs außer Acht zu lassen.[2149] Denn nur wenn sich bei Abschluss der Instanz ein höherer Wert ergibt, ist dieser zugrunde zu legen (§ 40 GKG), nicht jedoch wenn z. B. aufgrund einer erfolgten „Nullauskunft" die Leistungsstufe nicht mehr beziffert wird. Auch hier verbleibt es dabei, dass der Zahlungsantrag nach den erkennbaren Erwartungen des Klägers bei Erhebung der Klage, nicht nach den am Ende der Instanz gewonnenen Erkenntnissen zu bewerten ist.[2150]

870 Dagegen bleibt es bei der in Wettbewerbsprozessen ebenso wie im gesamten Bereich des gewerblichen Rechtsschutzes und des Urheberrechts weithin üblichen **Klagehäufung** in Form einer **Klage auf Unterlassung, Auskunftserteilung (Rechnungslegung) und Feststellung der Schadensersatzpflicht**[2151] bei der Addition gemäß § 5 Halbsatz 1 ZPO/§ 39 Abs. 1 GKG. Das mit den jeweiligen Ansprüchen verfolgte Interesse der Klagepartei kann sich je nach Fallkonstellation sehr unterschiedlich darstellen,[2152] auch wenn oftmals dem Unterlassungsanspruch die maßgebliche Bedeutung zukommt und eine Anlehnung des Auskunfts- und Schadensersatzfeststellungsanspruch hieran sachgerecht sein kann.

871 **b) Subjektive Klagehäufung.** Verfolgen **mehrere Kläger** im Wege der subjektiven Klagehäufung (oben Vor § 12 Rdn. 31) inhaltlich identische Unterlassungsansprüche gegen denselben Beklagten, erfolgt wegen **wirtschaftlicher Identität**[2153] keine Addition der Interessen der einzelnen Kläger. Es ist vom (höchsten) Interesse eines Klägers auszugehen[2154] und ein Zuschlag in der Höhe zu machen, der dem Interesse der übrigen Kläger entspricht, den Anspruch gegebenenfalls selbständig geltend machen zu können.[2155]

872 Werden dagegen **mehrere Beklagte** mit **identischen Unterlassungsanträgen** in Anspruch genommen, greift das Additionsverbot nicht ein, da gegen jeden mangels Gesamtschuld ein selbständiger Unterlassungsanspruch besteht.[2156] Das Interesse des Klägers ist jeweils gesondert zu bewerten und festzusetzen.[2157] Das gilt auch bei einer Klage gegen eine juristische Person und ihren gesetzlichen Vertreter. Es ist **für jeden Antragsgegner ein gesonderter Wert** zu ermitteln und dann in Höhe des addierten Betrages ein **Gesamtstreitwert festzusetzen.** Der Wert des Anspruchs gegen den gesetzlichen Vertreter wird allerdings in der Regel geringer zu bewerten sein als der Anspruch gegen die von ihm vertretene Gesellschaft, weil trotz der Selbständigkeit der Unterlassunganspruche mit der doppelten Inanspruchnahme in der Regel nur ein wirtschaftlich einheitlicher Lebenssachverhalt erfasst werden soll und die Unterlassungshaftung des Geschäftsführers eigenständige Bedeutung erst für den Fall erlangt, wenn dem Unternehmen das Verhalten des Organs nicht mehr nach § 31 BGB zugerechnet werden kann.[2158]

873 **c) Widerklage.** Ob die Streitwerte der Klage und der Widerklage für die Berechnung des Gebührenstreitwerts gemäß § 45 Abs. 1 Satz 1 GKG zusammenzurechnen sind oder ob der höhere Wert maßgeblich ist (Abs. 1 Satz 3), bestimmt sich danach, ob dasselbe Interesse („Nämlichkeit des Streitgegenstands") betroffen ist,[2159] wie regelmäßig bei der negativen Feststellungsklage und der Leistungswiderklage.[2160]

[2149] So aber OLG Dresden NJW-RR 1997, 1430; KG NJW-RR 1998, 418 und 1615; OLG Frankfurt JurBüro m. abl. Anm. *Mümmler;* OLG Bamberg JurBüro 1989, 685 m. abl. Anm. *Mümmler;* OLG Schleswig MDR 1995, 642; *Graf Lambsdorff* Rdn. 1236.

[2150] KG OLG Report 2002, 117; OLG Celle MDR 2003, 55; OLG Dresden MDR 1998, 64; OLG Köln Mitt. 2003, 430f.; Mitt. 2005, 185 (LS); OLG München MDR 1989, 646; Zöller/*Herget* § 3 Rdn. 16 „Stufenklage"; Thomas/Putzo/*Hüßtege* § 3 Rdn. 141; *Mümmler* (vorige Fn.); *Frank* S. 194; jeweils m. w. N.

[2151] Vgl. die Nachweise bei BGH GRUR 2001, 1177, 1178 – *Feststellungsinteresse II* – sowie GRUR 2003, 930 – *Feststellungsinteresse III.*

[2152] Teplitzky/*Feddersen* Kap. 49 Rdn. 33.

[2153] BGH, Beschl. v. 9.3.2010 – IX ZR 164/09 Tz. 2 m. w. N.

[2154] BGH GRUR 1998, 741, 742 – *Verbandsinteresse;* GRUR 2002, 357, 359 – *Missbräuchliche Mehrfachabmahnung;* Teplitzky/*Feddersen* Kap. 49 Rdn. 24.

[2155] BGH GRUR 2002, 357, 359 – *Missbräuchliche Mehrfachabmahnung;* OLG Stuttgart WRP 1988, 632 und Beschl. v. 8.2.83 – 2 W 70/82, bei *Traub* WVP S. 425 unter 8.4.3; KG NJW-RR 2000, 285 = GRUR 1999, 1133 (LS); OLG München, Beschl. v. 21.12.2001 – 29 W 2978/01; Teplitzky/*Feddersen* Kap. 49 Rdn. 24.

[2156] Vgl. auch Ahrens/*Büttner* Kap. 40 Rdn. 68; OLG Karlsruhe OLGR 2009, 529.

[2157] Siehe die Nachw. bei *Traub* WRP 1999, 79, 80 Fn. 4 sowie OLG Celle JurBüro 1987, 109f.; OLG Koblenz WRP 1982, 669 (LS); OLG München (vorherige Fn.); anders bei Gesamtschuld BGH, Beschl. v. 25.11.2003 – IV ZR 418/02.

[2158] So auch im Ergebnis OLG Hamburg WRP 2013, 1674; KG MD 2011, 147; BGH GRUR 2014, 797 Rdn. 56 – *fishtailparka;* a. A. OLG Hamm, Beschluss vom 1.12.2015 – 4 W 97/14 mit Verweis auf die strengeren Voraussetzungen der Geschäftsführerhaftung gemäß BGH GRUR 2014, 883 – *Geschäftsführerhaftung.*

[2159] BGH, Beschl. v. 12.4.2010 – II ZR 34/07 Tz. 4 m. w. N.

[2160] Vgl. OLG Frankfurt GRUR 1994, 667; weitere Beispielsfälle bei *Hartmann* § 45 Rdn. 13ff.

6. Feststellungsklage

Der Streitwert der **positiven Feststellungsklage,**[2161] meist in der Form der Schadensersatzfeststellungsklage (vgl. oben Vor § 12 Rdn. 145ff.), bemisst sich nach dem Interesse des Klägers an der Titulierung der Schadensersatzpflicht der beklagten Partei dem Grunde nach (insbesondere im Hinblick auf die Verjährungsunterbrechung). Dabei ist, sofern ein bestimmter (Mindest-)Schadensbetrag nicht absehbar ist,[2162] auf den Schaden abzustellen, der dem Kläger entstehen kann. Der Auffangstreitwert des § 51 Abs. 3 Satz 2 GKG von 1.000 € greift hier nicht ein, weil sich die Vorschrift ausschließlich auf Unterlassungs- und Beseitigungsansprüche bezieht. Da die Schadenshöhe (einschließlich der Wahrscheinlichkeit eines zukünftigen Schadenseintritts)[2163] oftmals anhand derselben Umstände zu beurteilen ist, die für die Bestimmung des Streitwerts bei der Unterlassungsklage herangezogen werden, wird häufig ein Bruchteil davon zugrunde gelegt ($^1/_4$–$^1/_5$).[2164] Es wird jedoch zu Recht betont, dass diese Handhabung nicht dazu führen darf, dass die Umstände des Einzelfalls, die eine Korrektur nach unten oder oben erforderlich machen können, keine Berücksichtigung mehr finden. Insbesondere darf dabei nicht übersehen werden, dass – wie die Praxis zeigt – es der Klagepartei auch nach rechtskräftiger Feststellung der Schadensersatzpflicht und Auskunftserteilung in vielen Fällen nicht möglich ist, einen Schaden (§§ 249, 252 BGB) zu beziffern.[2165] *Borck*[2166] hat zu Recht darauf hingewiesen, dass die Schadensersatzfeststellungsklage oftmals „routinemäßig" erhoben wird und für gewöhnlich eine Leistungsklage nicht vorbereiten soll, sondern als „Verhandlungsmasse" eingesetzt wird. Eine Bewertung mit $^1/_4$ bis $^1/_5$ des Streitwerts der Unterlassungsklage erscheint daher angesichts deren in der Regel zudem „großzügiger" Bewertung vielfach überhöht.[2167] Denn in einer Vielzahl der Fälle handelt es sich um eine mehr theoretische, wenn auch nicht völlig auszuschließende Möglichkeit[2168] eines Schadenseintritts[2169] mit der Folge, dass auch die Inanspruchnahme des Beklagten meist nur theoretisch droht. 874

Bei der **negativen Feststellungsklage** – oft als Folge einer Anspruchsberühmung in Form einer Abmahnung (vgl. oben Vor § 12 Rdn. 122) – begehrt der Kläger die rechtskräftige Feststellung, dass der von der Gegenseite erhobene Anspruch nicht besteht, sodass deren Streitwert von der überwiegend vertretenen Auffassung[2170] dem Streitwert einer Leistungsklage mit umgekehrten Parteirollen gleichgesetzt wird. Diese Gleichsetzung, die auch bei bezifferten Forderungen nicht uneingeschränkt vorgenommen wird,[2171] vernachlässigt jedoch, dass sich das Interesse des Klägers einer negativen Feststellungsklage gegenüber dem Interesse der Leistungsklage des Beklagten bei einem Unterlassungsanspruch sehr unterschiedlich darstellen kann.[2172] Der Wert kann nicht „spiegelbildlich" festgesetzt werden, sondern kann unter Berücksichtigung der Umstände des Einzelfalls sowohl geringer als auch höher sein. 875

2161 Vgl. hierzu allgemein: BGH GRUR 1991, 509; Zöller/*Herget* § 3 Rdn. 16 „Feststellungsklagen" m. w. N.

2162 Der z. B. bereits mit einer bezifferten Leistungsklage verfolgt wird. Vgl. auch BGH GRUR 1986, 93, 94 – *Berufungssumme,* für den Fall des Übergangs von der Feststellungs- zur bezifferten Leistungsklage.

2163 BGH VersR 1958, 318; NJW-RR 1991, 509 m. w. N.; BAG NJW 2006, 1371, 1372.

2164 Vgl. Teplitzky/*Feddersen* Kap. 49 Rdn. 32; kritisch dazu GroßKommUWG/*Ebersohl* § 12 F Rdn. 39.

2165 Vgl. BGH GRUR 2001, 1177, 1178 – *Feststellungsinteresse II; Melullis* Rdn. 868; vgl. auch OLG Thüringen, Beschl. v. 6.9.1995 – 2 W 294/95, bei *Orth* WRP 1997, 202, 204, wo zutreffend das Fehlen jeglicher Angaben zu einem möglichen Schadenseintritt als wertmindernd berücksichtig wird.

2166 WRP 1986, 1, 3.

2167 *Melullis* Rdn. 868: $^1/_{10}$; *Graf Lambsdorff* Rdn. 1220, 1226 setzt $^1/_4$ bis $^1/_3$ des zu erwartenden Schadens an.

2168 Vgl. z. B. BGH GRUR 2001, 78, 79 – *Falsche Herstellerpreisempfehlung.*

2169 Zum Grad der Wahrscheinlichkeit bei Zukunftsschäden vgl. BGH NJW-RR 1991, 509; NJW-RR 1989, 826.

2170 BGHZ 2, 276; NJW 1970, 2025 (entgegen KG NJW 1955, 797; OLG Karlsruhe MDR 1959, 501; OLG Celle NJW 1962, 1065); NJW-RR 1991, 957 – *Unterteilungsfahne:* Feststellung der Unwirksamkeit eines Gebrauchsmusters; BAG JZ 1961, 666; KG ZUM-RD 2009, 379, 380; OLG Stuttgart, Beschl. v. 14.11.80 – 2 W 46/80, bei *Traub* WVP S. 427 unter 8.10; OLG Schleswig, Beschl. v. 18.5.87 – 6 W 33/87, bei *Traub* WVP S. 377 unter 8.4.2.

2171 Vgl. aus jüngerer Zeit OLG Koblenz MDR 1996, 103, das eine abweichende Bewertung vornimmt, wenn die Berühmung offensichtlich völlig aus der Luft gegriffen ist; ebenso OLG Düsseldorf MDR 2003, 236, 237 mit Anm. *Schneider;* vgl. auch *Lappe* NJW 1996, 1185 unter I.1.

2172 OLG München GRUR 1986, 840f.; Beschl. v. 15.4.2002 – 29 W 1258/02; Teplitzky/*Feddersen* Kap. 49 Rdn. 36.

7. Auskunft und Rechnungslegung

876 **a) Auskunft.** Der **Auskunftsanspruch** dient in den meisten Fällen der Vorbereitung eines anderen Anspruchs, in der Regel der Bezifferung eines Schadensersatzanspruches – „als Hilfsanspruch zum Schadensersatzanspruch der klassische Auskunftsfall des Wettbewerbsrechts".[2173]

877 Der Wert des **Hilfsanspruchs** (Bedeutung der Auskunftserteilung, § 51 Abs. 2 GKG) richtet sich dabei nach dem Wert des Hauptanspruchs und ist, auch wenn er neben diesem im Prozess geltend gemacht wird – außer im Falle einer Stufenklage (§ 44 GKG, siehe oben Rdn. 869) – mit einem Bruchteil des Hauptanspruchs[2174] zu bewerten, wobei dieser Wert nach Umfang und Inhalt des Auskunftsanspruchs durchaus unterschiedlich ausfallen kann.[2175] In der Praxis werden Werte zwischen $^1/_{10}$ bis $^1/_2$ des Werts des Schadensersatzfeststellungsanspruchs angesetzt.[2176] Soweit demgegenüber der Streitwert des Auskunftsanspruchs mit einem Bruchteil des Werts des Unterlassungsanspruchs bewertet wird (meist 5–10%), gelten auch hier die vorstehend erhobenen Bedenken (oben Rdn. 874).[2177] Ein Mindestwert – auf den bei *Graf Lambsdorff* Rdn. 1226 selbst bei geringsten Streitwerten eines Schadensersatzanspruches abgestellt wird – ist trotz § 51 Abs. 3 Satz 2 GKG nicht zu begründen; ebenso wenig ein pauschaler Prozentsatz von 20–25% des Streitwerts des Schadensersatzanspruchs.

878 Wird der Auskunftsanspruch dagegen **selbständig**[2178] geltend gemacht, richtet sich das Interesse des Klägers (§ 3 ZPO) nach dem Wert der begehrten Mitteilung, der in der Regel höher zu bewerten sein wird, als ein Hilfsanspruch im vorstehenden Sinne.[2179]

879 Das mit einem Antrag auf **Drittauskunft** verfolgte wirtschaftliche Interesse ist nach dem Wert der erstrebten Informationen über die Herkunft und die Absatzwege (z. B. Verhinderung weiterer Verletzungen, mögliches Vorgehen gegen weitere Verletzer) zu bestimmen.[2180]

880 **b) Rechnungslegung.** Da der Anspruch auf **Rechnungslegung** inhaltlich über den Anspruch auf Auskunftserteilung hinausgeht, ist das gemäß § 3 ZPO maßgebliche Interesse[2181] meist höher zu bewerten, wobei diese allgemein vertretene Differenzierung – soweit ersichtlich – bisher keine praktische Relevanz erlangt hat.

881 **c) Eidesstattliche Versicherung.** Der Wert der Klage auf **eidesstattliche Versicherung** (§ 259 Abs. 2 BGB) – wenn nicht im Rahmen einer Stufenklage (§ 44 GKG) geltend gemacht – ist nach dem Interesse des Klägers an der erhofften Erlangung zusätzlicher Erkenntnisse in der Regel mit einem Bruchteil des verfolgten „Hauptanspruchs" zu schätzen (§ 51 Abs. 2 GKG),[2182] da die eidesstattliche Versicherung nicht nur dazu dienen soll, die Auskunft zu erhärten, sondern auch gegebenenfalls dazu, weitere Auskünfte zu erhalten. Der Wert der Beschwer des verurteilten Beklagten ist dagegen nach denselben Grundsätzen wie bei der Verurteilung zur Auskunft zu bestimmen.[2183]

881a **d) Besichtigungsanspruch.** Der Besichtigungsanspruch ist wie der Auskunftsanspruch mit einem Bruchteil des Werts des Hauptanspruchs, dessen Durchsetzung er vorbereiten soll, zu bewerten.[2184]

2173 BGH GRUR 1994, 630, 632 – *Cartier-Armreif.*

2174 BGH WRP 2010, 902 Tz. 4 – *Streitwert des Besichtigungsanspruchs;* GRUR 1991, 873 f. – *Eidesstattliche Versicherung;* MDR 1962, 564; KG GRUR 1992, 611, 612; VersR 1997, 470 f.; *BLAH* Anh. § 3 Rdn. 24 m. w. N.

2175 BGH a. a. O. – *Streitwert des Besichtigungsanspruchs;* Teplitzky/*Feddersen* Kap. 49 Rdn. 37; GroßKommUWG/*Ebersohl* § 12 F Rdn. 42; *Nirk/Kurtze* Rdn. 195.

2176 Siehe die oben genannten Orientierungswerte; OLG Frankfurt GRUR 1955, 450; OLG Düsseldorf WRP 1971, 483.

2177 Insgesamt ablehnend gegenüber der Praxis, den Streitwert in Abhängigkeit des Unterlassungsstreitwerts zu bestimmen: GroßKommUWG/*Ebersohl* § 12 F Rdn. 42.

2178 So z. B. bei den Fallgestaltungen BGH GRUR 2002, 709, 712 – *Entfernung der Herstellungsnummer III;* GRUR 1995, 427 – *Schwarze Liste;* GRUR 1996, 78 – *Umgehungsprogramm.*

2179 OLG Köln GRUR 1969, 567, 568; Teplitzky/*Feddersen* Kap. 49 Rdn. 39.

2180 Vgl. KG GRUR 1992, 611, 612; *Eichmann* GRUR 1990, 575, 590; Teplitzky/*Feddersen* Kap. 49 Rdn. 39; *Ingerl/Rohnke* § 19 Rdn. 42.

2181 Vgl. z. B. OLG Düsseldorf OLG Report 1995, 192.

2182 Stein/Jonas/*Roth* § 3 Rdn. 47 „eidesstattliche Versicherung bei materiellrechtlichem Anspruch"; *Eichmann* GRUR 1990, 575, 590.

2183 BGH GRUR 1991, 873 f. m. w. N. – *Eidesstattliche Versicherung;* OLG Bamberg FamRZ 1997, 40. Der Wert der Beschwer für den Beklagten bemisst sich dagegen wie bei der Verurteilung zur Auskunftserteilung nach dem erforderlichen Aufwand, BGH (GS) GRUR 1995, 701; NJW-RR 1994, 898; WM 1996, 446.

2184 BGH WRP 2010, 902 – *Streitwert des Besichtigungsanspruchs.*

8. Beseitigungsklage

882 **Beseitigungsansprüche** sind **gegenüber dem Unterlassungsanspruch selbstständig zu bewerten** (vgl. oben Vor § 12 Rdn. 135 sowie vorstehend Rdn. 867) und zwar sowohl in den Fällen, in denen eine teilweise Überschneidung vorliegt,[2185] weil eine Fortdauer des Störungszustandes zugleich dem Unterlassungsanspruch zuwiderhandeln würde,[2186] als auch bei deren Selbständigkeit gegenüber dem Unterlassungsanspruch. Bei der Schätzung des Beseitigungsinteresses ist aber im ersteren Fall zu berücksichtigen, dass die Klagepartei hierdurch nur eine zusätzliche Vollstreckungsmöglichkeit nach §§ 887, 888 ZPO erhält,[2187] die anhand der Umstände des Einzelfalls zu bewerten ist. Auch bei einem vom Unterlassungsanspruch nicht abhängigen Beseitigungsanspruch wird dieser in der Regel, da nur auf eine einmalige Maßnahme gerichtet, geringer als der Unterlassungsanspruch zu bewerten sein.[2188] Maßgeblich ist allein das wirtschaftliche Interesse des Klägers, auf den Wert der nicht mehr nutzbaren oder zu vernichtenden Werbemittel oder Waren kann es nicht ankommen.[2189]

883 Auch der Antrag auf **Urteilsveröffentlichung** gemäß § 12 Abs. 3 oder auf materiell-rechtlicher Grundlage hat, auch wenn er mit einer Klage auf Unterlassung und Schadensersatz verbunden wird, einen eigenen Streitwert (meist $^1/_5$–$^1/_{10}$ des Unterlassungs- oder Ersatzanspruchs), da er auf ein Mehr gegenüber der bloßen Unterlassung abzielt.[2190]

9. Ordnungsmittelandrohung und -verfahren (§ 890 ZPO)

884 **a) Androhung.** Wird die **Androhung** gemäß § 890 Abs. 2 ZPO – wie allgemein gehandhabt – in den Antrag mit aufgenommen, kommt ihr, anders als bei einer nachträglichen Androhung durch Beschluss (so insbesondere bei der notariellen Unterwerfungserklärung),[2191] kein eigenständiger Streitwert zu.

885 **b) Ordnungsmittelverfahren.** Der Streitwert für das **Ordnungsmittelverfahren** (§ 890 Abs. 1 ZPO) ist nach dem gemäß § 51 Abs. 2 GKG zu schätzenden Interesse des Klägers/Antragstellers an der Vollstreckung des titulierten Anspruchs zu bemessen,[2192] wobei als wesentliche Bewertungskriterien insbesondere die Schwere des Verstoßes, der Grad des Verschuldens und die Gefahr zukünftiger Zuwiderhandlungen zu berücksichtigen sind. Während (weitgehend) Einigkeit darüber besteht, dass die Höhe eines beantragten oder verhängten Ordnungsgeldes nicht maßgeblich ist, orientiert sich die Praxis weitgehend an dem Streitwert des Unterlassungsverfahrens von dem (teilweise pauschale) Abzüge vorgenommen werden.[2193]

886 **c) § 890 Abs. 3 ZPO.** Bei einem Antrag nach **§ 890 Abs. 3 ZPO** ist nicht die Höhe der Sicherheitsleistung, da nur eine Sicherungsmaßnahme erstrebt wird, maßgeblich, sondern lediglich ein Bruchteil davon.

d) Rechtsprechungsübersicht

887 **KG**

Bei Vollstreckung aus Hauptsachetitel $^1/_3$, bei Vollstreckung aus einstweiliger Verfügung $^1/_6$.[2194]

[2185] A. A. *Melullis* Rdn. 868 a. E.

[2186] A. A. OLG Karlsruhe OLGR 2009, 529.

[2187] Teplitzky/*Feddersen* Kap. 49 Rdn. 31; GroßKommUWG/*Ebersohl* § 12 F Rdn. 36.

[2188] Vgl. RG GRUR 1929, 359, 361, wonach der Streitwert des Antrags auf Rückruf der versandten Drucksachen im Verhältnis zum Unterlassungsanspruch als gering angesehen wurde; den neben dem Unterlassungsanspruch geltend gemachten Widerrufsanspruch bewertet das OLG Hamburg AfP 1988, 353 f. allerdings in gleicher Höhe.

[2189] *Ingerl/Rohnke* § 18 Rdn. 35 zum Vernichtungsanspruch.

[2190] OLG Hamburg MDR 1977, 142; OLG Frankfurt GRUR 1955, 450, 451 und JurBüro 1972, 706; OLG Hamm JurBüro 1954, 502: $^1/_3$ der Hauptsache; GroßKommUWG/*Ebersohl* § 12 F Rdn. 37.

[2191] KG NJW-RR 1987, 507: 0,3 % des Werts der Hauptsache; OLG Hamm, Beschl. v. 6.9.1984 – 4 W 140/84, bei *Traub* WVP S. 204 unter 8.18: DM 500, da es nur um die Erfüllung einer förmlichen Zwangsvollstreckungsvoraussetzung geht, sofern noch keine Zuwiderhandlungen vorliegen; GroßKommUWG/*Ebersohl* § 12 F Rdn. 41. Der Gegenstandswert für die Bemessung der Rechtsanwaltsgebühren richtet sich im Fall der Androhung nach notarieller Unterlassungserklärung allerdings nach dem Wert der Hauptsache, OLG München WRP 2015, 1164.

[2192] Allgemeine Meinung, vgl. die Nachweise bei GroßkommUWG/*Ebersohl* § 12 F Rdn. 56.

[2193] *Gottwald,* Zwangsvollstreckung, § 890 Rdn. 31: im Normalfall $^1/_5$ bis $^1/_3$ der Hauptsache; krit. hierzu Teplitzky/*Feddersen* Kap. 49 Rdn. 40.

[2194] WRP 1975, 444, 445; WRP 1992, 176; Beschl. v. 1.10.1991 – 5 W 4981/91.

888 **OLG Bremen**
Interesse wird unterschiedlich bewertet, er kann dem Wert der Unterlassungsklage entsprechen.[2195]

889 **OLG Celle**
Das Interesse des Gläubigers ist nach dem anhand der Umstände des Einzelfalls zu bemessenden Vollstreckungsinteresse zu schätzen.[2196]

889a Im Regelfall ist der Wert niedriger anzusetzen als für die Unterlassungsklage, dabei ist der Abzug jedoch nicht schematisch vorzunehmen.[2197]

890 **OLG Düsseldorf**
Im Normalfall 1/5–1/3.[2198]

891 **OLG Hamburg**
I. d. R. 1/5; Wert kann sich aber erhöhen.[2199]

892 **OLG Hamm:**
Interesse wird meist niedriger als im Erkenntnisverfahren zu bewerten sein.[2200]

893 **OLG Karlsruhe/Freiburg**
I. d. R. 1/5 bis 1/3.[2201]

894 **OLG Köln**
Das Interesse ist selbständig und unabhängig vom Streitwert des Erkenntnisverfahrens zu bewerten;[2202] wird ein Ordnungsgeld in einer bestimmten Mindesthöhe beantragt, so bestimmt sich danach die untere Grenze des Vollstreckungsverfahrens.

895 **OLG München**
Maßgeblich ist das Interesse des Gläubigers an der Durchsetzung seines Unterlassungsanspruchs; der Wert der Hauptsache kann erreicht werden, wenn das Hauptsacheverfahren auf die Unterbindung einer konkreten Verkaufsaktion gerichtet war.[2203]

896 **OLG Nürnberg**
Streitwert wird in der Regel nicht so hoch sein, er muss auf den Einzelfall bezogen bewertet werden.[2204]

897 **OLG Saarbrücken**
Der Streitwert ist in der Regel mit Bruchteil zu schätzen.[2205]

898 **OLG Schleswig**
Zum Ansatz kommt in der Regel ein Bruchteil zwischen 1/3–1/5.[2206]

899 **OLG Stuttgart**
Das Interesse ist geringer, es kann auch nur 1/10 („Ausreißer") betragen.[2207]

900 **e) Beschwerdeverfahren.** Wird der Antrag des Gläubigers abgelehnt, so entspricht der Streitwert des **Beschwerdeverfahrens** dem Streitwert der ersten Instanz. Bei der Beschwerde des Schuldners kann nicht generell auf die Höhe des verhängten Ordnungsgeldes – so die in der Rechtsprechung[2208] und Literatur[2209] überwiegend vertretene Auffassung – als für den Streitwert des

---

[2195] JurBüro 1979, 1394, 1395.
[2196] WRP 1963, 418, 420; WRP 1968, 339 sowie Beschl. v. 28.11.78 – 13 W 82/78 und v. 7.1.81 – 13 W 88/88, bei *Traub* WVP S. 77.
[2197] Beschl. v. 11.6.2003 – 14 W 484/03, bei *Marx* WRP 2004, 970, 975.
[2198] Beschl. v. 31.7.1895 – 2 W 74/85, bei *Traub* WVP S. 92 unter 8.30.
[2199] WRP 1994, 42; WRP 1982, 592; WRP 1980, 391.
[2200] Beschl. v. 19.11.1987 – 4 W 182/87 und v. 17.1.1989 – 4 W 5/89, bei *Traub* WVP S. 204 unter 8.18.
[2201] WRP 1992, 198.
[2202] WRP 1982, 626; MD 2004, 920, 921.
[2203] Beschl. v. 19.5.1980 – 6 W 1247/80, v. 28.9.87 – 6 W 2501/87 und v 7.10.87 – 6 W 2621/87, bei *Traub* WVP S. 324; Beschl. v. 19.6.1991 – 29 W 852/91.
[2204] GRUR 1984, 691 und Beschl. v. 19.2.79 – 3 W 10/79 und v. 8.3.84 – 3 W 662/84, bei *Traub* WVP S. 341 unter 8.30.
[2205] Beschl. v. 12.9.84 – 1 W 42/84 und v. 25.2.88 – 1 W 8/88, bei *Traub* WVP S. 366.
[2206] Beschl. v. 11.5.1987 – 6 W 25/87 und 6 W 26/87, bei *Traub* WVP S. 379 unter 8.30.
[2207] WRP 1982, 432.
[2208] OLG Frankfurt WRP 1975, 366, 367 a. E.; OLG Düsseldorf WRP 1977, 195; OLG Karlsruhe, Beschl. v. 10.1.84 – 6 W 138/83, bei *Traub* WVP S. 231 unter 8.30; OLG Hamm Beschl. v. 23.8.85 – 4 W 120/85 und v. 29.12.89 – 4 W 142/89 bei *Traub* WVP S. 204 unter 8.18; OLG Karlsruhe/Freiburg Beschl. v. 17.5.83 – 4 W 83/82, bei *Traub* WVP S. 147 unter 8.30; OLG Braunschweig Beschl. v. 8.7.80 – 2 W 1/80 und v. 9.9.86 – 2 W 70/86, bei *Traub* WVP S. 56; OLG Stuttgart WRP 1980, 359; KG WRP 1992, 176; a. A. OLG Köln OLG Report 1994, 193: Maßgeblich ist das meist höhere Interesse des Schuldners an der Nichtdurchführung der Zwangsvollstreckung.
[2209] Teplitzky/*Feddersen* Kap. 49 Rdn. 40a; *Schuschke*/Walker § 890 Rdn. 54.

Beschwerdeverfahrens maßgeblich angesehen werden. Denn der Streitwert des Beschwerdeverfahrens kann den Streitwert des Vollstreckungsverfahrens erster Instanz gemäß § 47 Abs. 2 Satz 1 GKG nicht übersteigen.[2210]

10. Einstweilige Einstellung der Zwangsvollstreckung

Der Streitwert für Anträge auf **einstweilige Einstellung der Zwangsvollstreckung** wird üblicherweise mit $^1/_5$ des Wertes der Hauptsache bzw. bei Klageabweisung in Höhe der zu erstattenden Kosten bemessen.[2211] 901

11. Erledigung der Hauptsache

Bei (vollständiger) **übereinstimmender Erledigungserklärung** entspricht der Streitwert ab diesem Zeitpunkt der Höhe der Kosten.[2212] Betrifft die übereinstimmende Erledigungserklärung nur einen Teil des Rechtsstreits, wird der Streitwert durch die noch verbleibende Hauptsache bestimmt ohne Berücksichtigung der Kosten des erledigten Teils (§ 4 Abs. 1 Halbsatz 2 ZPO).[2213] Die auf den erledigten Teil entfallenden Prozesskosten erhöhen auch die Beschwer nicht.[2214] Die den erledigten Teil betreffende Kostenentscheidung kann nicht mit der Revision angefochten werden.[2215] 902

Eine **einseitige (vollständige) Erledigungserklärung,** die in der mündlichen Verhandlung abzugeben ist, beinhaltet eine (privilegierte) Klageänderung, mit der ausdrücklich oder konkludent die Feststellung der Erledigung der Hauptsache (Zulässigkeit und Begründetheit der Klage oder des Verfügungsantrags zum Zeitpunkt des Eintritts des erledigenden Ereignisses) begehrt wird.[2216] Deshalb muss zwangsläufig das mit dem geänderten Antrag nunmehr verfolgte Interesse des Klägers gemäß § 3 ZPO bewertet werden, wobei sich dieses Interesse in den meisten Fällen,[2217] in denen kein darüber hinausgehendes wirtschaftliches Interesse ersichtlich ist, auf das Kosteninteresse beschränken wird. Diese Auffassung wird zwischenzeitlich auch von der überwiegenden Anzahl der Oberlandesgerichte[2218] geteilt; ebenso von der wettbewerbsrechtlichen Literatur.[2219] Die gegenteilige Auffassung, es müsse bei dem Streitwert des ursprünglichen Antrags verbleiben bzw. es sei ein 903

[2210] BVerwG Rpfleger 1989, 129; OLG München OLGZ 1984, 66, 69; WRP 1972, 540, 541; Beschl. v. 12.10.2001 – 29 W 2368/01 und Beschl. v. 9.11.2001 – 29 U 2209/00; vgl. auch OLG Karlsruhe WRP 1967, 229.

[2211] BGH WM 1983, 968; NJW 1991, 2280, 2282; Zöller/*Herget* § 3 Rdn. 16 „Einstweilige Einstellung der Zwangsvollstreckung".

[2212] Vgl. statt aller Zöller/*Herget* § 3 Rdn. 16 „Erledigung der Hauptsache".

[2213] BGH LM § 4 Nr. 1 ZPO; BGHZ 26, 174; JurBüro 1981, 1489; NJW 1990, 451; NJW-RR 1991, 509, 510; NJW 1994, 1869; NJW-RR 1995, 1089; BGHR ZPO § 91a Abs. 1 Satz 1 Streitwert 2; OLG Hamburg NJWE-WettbR 1997, 202.

[2214] BGH NJW-RR 1995, 1089; BGHR ZPO § 3 Rechtsmittelintersse 14; NJW 2001, 230.

[2215] BGH NJW 2001, 230f.

[2216] BGH NJW 1989, 2885, 2886; GRUR 1990, 530, 531 – *Unterwerfung durch Fernschreiben;* GRUR 1992, 474, 475 – *Btx-Werbung II;* GRUR 1993, 789, 790 – *Radio Stuttgart;* NJW 1994, 2363 – *Greifbare Gesetzwidrigkeit II;* GRUR 1996, 800 – *EDV-Geräte;* GRUR 2001, 1174 – *Berühmungsaufgabe;* GRUR 2002, 287 – *Widerruf der Erledigungserklärung;* BAG MDR 1996, 718, 719; BFH DB 1989, 29; Teplitzky/*Feddersen* Kap. 49 Rdn. 42; *Ulrich* GRUR 1982, 14, 27; GroßKommUWG/*Ebersohl* § 12 F Rdn. 28; *Melullis* Rdn. 714; jeweils m. w. N.

[2217] Vgl. aber auch BGH NJW 1982, 768; a. a. O. S. 531 – *Unterwerfung durch Fernschreiben.*

[2218] KG GRUR 1993, 929 (25. Senat) und MDR 1999, 380 (4. Senat) unter Aufgabe der gegenteiligen Auffassung (WRP 1987, 111); OLG Bremen JurBüro 1971, 91f.; OLG Report 2001, 218; OLG Celle MDR 1988, 414; OLG Dresden NJW-RR 2001, 428; OLG Düsseldorf OLG Report 1998, 228f. (wenn als Folge einer Unterlassungserklärung); OLG Hamburg, GRUR 1973, 334; JurBüro 1990, 911; OLG Hamm MDR 2000, 175 (23. Senat); OLG Karlsruhe NJW-RR 1994, 761; OLG Koblenz WRP 1982, 352, 353; MDR 1992, 717; OLG Köln WRP 1986, 117; GRUR 1987, 650, 651f. (für das Verfahren nach § 926 Abs. 2 ZPO); OLG München NJW-RR 1995, 1086 (29. Senat; st. Rspr.); ebenso der 6. Senat, siehe die Nachw. bei *Traub* S. 315 unter 4.2 und S. 323 unter 8.9; Beschl. v. 10.12.2001 – 27 W 303/01; OLG Naumburg OLG Report-NL 1998, 32; OLG Nürnberg OLG Report 2002, 245; OLG Oldenburg, Beschl. v. 26.9.86 – 1 W 107/86, bei *Traub* WVP S. 346 unter 8.9; OLG Rostock MDR 1993, 1019; OLG Saarbrücken, bei *Traub* WVP S. 364 unter 8.9; OLG Schleswig, bei *Traub* WVP S. 378 unter 8.9; OLG Report 1999, 79; OLG Stuttgart WRP 1982, 547; MDR 1989, 266; OLG Thüringen OLG NL 2002, 18, 21f.

[2219] Teplitzky/*Feddersen* Kap. 49 Rdn. 42; GroßkommUWG/*Ebersohl* § 12 F Rdn. 28; *Melullis* Rdn. 716 und 846a; *Nirk/Kurtze* Rdn. 555; *Graf Lambsdorff* Rdn. 1241.

mehr oder minder großer Abschlag hiervon zu machen,[2220] trägt dem Umstand nicht Rechnung, dass eine Entscheidung über den ursprünglichen Antrag nicht mehr ergehen kann.[2221]

904 Wird die Hauptsache **einseitig teilweise** für erledigt erklärt, bemisst sich der Streitwert nach dem Wert der verbleibenden Hauptsache sowie dem Kosteninteresse bezüglich des für erledigt erklärten Teils.[2222]

12. Rechtswegstreitigkeiten

905 Bei Rechtswegstreitigkeiten (§ 17a Abs. 2–4 GVG) wird der **Beschwerdewert** vom BGH mit einem **Bruchteil** – $^1/_3$,[2223] $^1/_4$[2224] oder $^1/_5$[2225] – **des Werts der Hauptsache** festgesetzt, da das Interesse des Rechtsmittelführers im Beschwerdeverfahren, den Rechtsstreit in dem seiner Meinung nach eröffneten Gerichtszweig zu entscheiden, mit dem Interesse an einer Hauptsacheentscheidung nicht gleich bewertet werden kann.[2226] In der Instanzrechtsprechung werden hierzu unterschiedliche Auffassungen vertreten.[2227]

V. Streitwertbegünstigung (§ 12 Abs. 4 und 5)

Schrifttum I. zu § 12 Abs. 4 und 5: *Köhler,* Das neue Gesetz gegen unseriöse Geschäftspraktiken, NJW 2013, 3473; *Krbetschek/Schlingloff,* Bekämpfung des Rechtsmissbrauchs durch Streitwertbegrenzung?, WRP 2014, 1. **II.** zur Streitwertminderung nach § 12 Abs. 4 a. F.; *Deutsch,* Die Streitwertbegünstigung des § 23a UWG für Verbandsklagen, GRUR 1978, 19; *Eberl,* Zur Verfassungsmäßigkeit der Kostenerstattungsansprüche in Patentstreitsachen, NJW 1960, 1431; *Fechner,* Kostenrisiko und Rechtswegsperre – Steht der Rechtsweg offen?, JZ 1969, 349; *Kisseler,* Das Klagerecht der Verbände in der Bewährungsprobe, WRP 1977, 151; *Kur,* Streitwert und Kosten in Verfahren wegen unlauteren Wettbewerbs, 1980; *Mayer,* Die Streitwertminderung nach § 12 Abs. 4 UWG, WRP 2010, 1126; *Graf Lambsdorff/Kanz,* Verfassungswidrigkeit der Streitwertherabsetzung, BB 1983, 2215; *Rogge,* Verbraucherklage und Streitwertherabsetzung im gewerblichen Rechtsschutz, WRP 1964, 336; *Traub,* Die Streitwertfestsetzung für Arbeitnehmer-Erfinder im Lichte verfassungskonformer Auslegung – zugleich ein Beitrag zur Verfassungsmäßigkeit der Vorschriften über die Streitwertbegünstigung im allgemeinen, in Freundesgabe für A. Söllner, 1990, S. 578; *Ulrich,* Der Streitwert in Wettbewerbssachen nach der UWG-Reform 1986, GRUR 1989, 401; *ders.,* Die UWG-Novelle 1994 und der Streitwert in Wettbewerbssachen, WRP 1995, 362; *Wilke,* Über den Unsinn einer Reform der §§ 13 und 23a UWG, WRP 1978, 579; *Zuck,* Verfassungsrechtliche Bedenken zu § 53 PatG, § 23a UWG und § 17a GebrMG, GRUR 1966, 167.

1. Entstehungsgeschichte

906 Die heutigen, mit Wirkung vom 9. Oktober 2013 eingeführten Vorschriften des § 12 Abs. 4 und 5 gehen auf das **Gesetz gegen unseriöse Geschäftspraktiken**[2228] zurück. Mit dieser Neufassung ist die 1965 als § 23a eingeführte[2229] und 1986 unverändert in einen § 23b übernommene,[2230] 2004

[2220] OLG Bamberg JurBüro 1992, 762; OLG Brandenburg NJW-RR 1996, 1472; OLG Düsseldorf WRP 1981, 395; JurBüro 1994, 114; OLG Frankfurt MDR 1965, 55; GRUR 1987, 650, 652; MDR 1995, 207 (50 %); OLG Hamburg (5. Senat) MD 2007, 918, 926; OLG Hamm, WRP 1976, 448; OLG Karlsruhe/Freiburg, Beschl. v. 19.11.84 – 4 W 83/84, bei *Traub* WVP S. 143 unter 4.2; OLG Köln OLG-Report 1994, 114 (Abschlag 50 %); JurBüro 1991, 832 (50 %, begrenzt nach unten durch die Höhe der Kosten); OLG Report 1997, 120; OLG München MDR 1995, 642 (11. Senat, 50 %); OLG Report 1993, 264 (12. Senat, $^1/_3$); OLG Report 1993, 201 (25. Senat, 50 %); NJW-RR 1996, 956 und MDR 1989, 73 (28. Senat, unverändert); NJW 1975, 2021 (23. Senat, 50 %); OLG Thüringen OLG-Report-NL 2002, 18, 21 f.: ursprünglicher Streitwert nicht mehr maßgeblich, bei wettbewerbsrechtlichen Unterlassungsklagen kommt aber auch eine über das Kosteninteresse hinausgehende Bemessung in Betracht.

[2221] Unzutreffend wird vom LG München I NJW-RR 2001, 429 (13. Zivilkammer) daher darauf abgestellt, dass der ursprüngliche Streitwert deshalb maßgeblich bleiben müsse, weil sonst nicht erklärlich sei, dass die ursprüngliche Klage abgewiesen werden könne.

[2222] BGH NJW-RR 1988, 1465; WM 1991, 2009 f.; NJW-RR 1993, 765 (auch zur Berechnung des Werts der Beschwer des Beklagten; hierzu auch BGH NJW 1999, 1385); OLG München JurBüro 1992, 626; vgl. auch Zöller/*Herget* § 3 Rdn. 16 „Erledigung der Hauptsache", wonach allein der Wert der Hauptsache maßgeblich bleiben soll.

[2223] BGH GRUR 2000, 736, 737 – *Hörgeräteakustik.*

[2224] BGH NJW 1998, 909, 910; WRP 2002, 333, 334 – *LDL-Behandlung.*

[2225] BGH NJW 1999, 3785, 3786; BGHR GVG § 17a Streitwert 1.

[2226] BGH NJW 1998, 909, 910; OLG Köln VersR 1994, 498, 500.

[2227] Vgl. die Nachweise bei BGH NJW 1998, 909, 910 sowie Zöller/*Herget* § 3 Rdn. 16 „Rechtswegverweisung".

[2228] BGBl. I S. 3714.

[2229] BGBl. I S. 625.

[2230] BGBl. I S. 1169.

wegen fehlender praktischer Relevanz gänzlich gestrichene Regelung über die Streitwertbegünstigung mit nur geringfügigen Änderungen erneut Gesetz geworden. Vorbild der Regelung ist § 144 PatG. Vergleichbare Vorschriften finden sich u.a. in § 142 MarkenG, § 54 DesignG, § 26 GebrMG und § 89a GWB. **Ziel der Regelung** ist es, **kleine und mittlere Unternehmen vor der finanziellen Belastung durch hohe Streitwerte zu schützen.** Während die Streitwertvorschrift des § 51 Abs. 3 Satz 2 GKG eine einheitlich für beide Parteien wirkende Reduzierung des Streitwerts vorsieht (wenn die Sache für den Beklagten eine erheblich geringere Bedeutung hat als für den Kläger), ergibt sich aus § 12 Abs. 4 eine einseitige Kostenbegünstigung der finanzschwachen Partei. Die Partei muss dazu glaubhaft machen, dass die Belastung mit den Prozesskosten nach dem vollen Streitwert ihre wirtschaftliche Lage erheblich gefährden würde. Auf den Antrag dieser Partei kann das Gericht anordnen, dass sie die **Kosten nur nach einem geringeren Streitwert zu entrichten** hat. Diese Anordnung hat zur Folge, dass die wirtschaftlich gefährdete Partei sowohl (a) die von ihr (im Wege des Vorschusses) zu entrichtenden Gerichtskosten (§ 12 Abs. 4 Satz 1), (b) die ihr durch Urteil oder Beschluss auferlegten Gerichtskosten, (c) die ihr auferlegte Erstattung außergerichtlicher Rechtsanwaltskosten des Gegners (§ 12 Abs. 4 Satz 2 Nr. 2) sowie (d) die Kosten des eigenen Rechtsanwalts (§ 12 Abs. 4 Nr. 1) nur nach dem reduzierten Streitwert zu entrichten hat. Ihr eigener Rechtsanwalt kann allerdings vom Gegner, soweit letzter zur Kostentragung verpflichtet ist, Erstattung nach dem regulären Gebührenstreitwert (Gegenstandswert) verlangen (§ 12 Abs. 4 Nr. 3). Umgekehrt kann der Prozessbevollmächtigte des Gegners, soweit letzter obsiegt, die Erstattung der Gebühren von der begünstigten Partei nur nach dem geringeren Streitwert verlangen und muss die ausstehenden Gebühren gegen seine Partei festsetzen lassen.

Bereits das Vorbild, § 23b a.F., stand wegen seiner Einseitigkeit in der Kritik,[2231] hielt aber verfassungsrechtlichen Bedenken im Hinblick auf Art. 3 Abs. 1 GG und das Gebot der Waffengleichheit stand.[2232] Auch bei § 12 Abs. 4 handelt sich um eine **auf seltenste Ausnahmefälle beschränkte Härtefallregelung.** Dass sie in der Praxis die ihr zugedachte Bedeutung[2233] erlangen wird, darf angesichts der mit § 23b a.F. gesammelten Erfahrungen in Zweifel gezogen werden. Seit der Wiedereinführung sind – soweit ersichtlich – keine Entscheidungen zur Streitwertbegünstigung ergangen. 907

2. Anwendungsbereich

Die Streitwertbegünstigung erfasst nach § 12 Abs. 4 Satz 1 **nur die Prozesskosten, also Gerichts- und Anwaltsgebühren** des Verfahrens. Zudem bezieht sie sich allein auf Rechtsstreitigkeiten, in denen durch Klage ein Anspruch aus einem im UWG geregelten Rechtsverhältnis geltend gemacht wird. Es kommen mithin **alle Klagearten mit Ausnahme des Vollstreckungsverfahrens** in Betracht.[2234] Auch wenn die Vorschrift nur von Klagen spricht, besteht kein Anlass das einstweilige Verfügungsverfahren von der Streitwertbegünstigung auszunehmen.[2235] In materiellrechtlicher Hinsicht sind bis auf Schadensersatzansprüche aus § 945 ZPO alle denkbaren Ansprüche erfasst, die ihre Grundlage in Vorschriften des UWG haben. Damit sind ohne weiteres auch Ansprüche auf Erstattung von Abmahnkosten oder Kosten des Abschlussschreibens erfasst. Insoweit ist allerdings umstritten, ob sich die Streitwertbegünstigung auch auf den Wert der vorgerichtlichen Abmahnkosten und des Abschlussschreibens bezieht.[2236] Da § 12 Abs. 4 Satz 1 die Streitwertbegünstigung allein auf die Prozesskosten beschränkt, besteht kein Raum, den Gegenstandswert für die Geltendmachung außergerichtlicher Handlungen nach einem reduzierten Streitwert zu berechnen. Bei Ansprüchen auf Zahlung von Vertragsstrafe setzt sich die Diskussion fort, die im Rahmen der §§ 13, 14 um die Rechtsnatur dieser Ansprüche geführt wird (siehe dort § 13 Rdn. 6, § 14 Rdn. 17). Da es sich dabei um einen Anspruch handelt, dessen originäre Grundlage das Vertragsstrafeversprechen bildet, sind Verfahren, mit denen die Zahlung einer Vertragsstrafe durchgesetzt werden soll, keiner Streitwertbegünstigung zugänglich.[2237] 908

Die Streitwertbegünstigung des § 12 Abs. 4 kann **neben die Gewährung von Prozesskostenhilfe** nach §§ 114ff. ZPO treten. Es handelt sich um selbständige Institute mit jeweils eigenen Voraussetzungen. 909

[2231] Siehe dazu Teplitzky/*Schwippert* Kap. 50 Rdn. 4.

[2232] BVerfG NJW-RR 1991, 1134f.

[2233] Entwurf S. 44 Mitte; ablehnend *Buchmann* WRP 2012, 1345, 1353f.

[2234] MünchKommUWG/*Schlingloff* § 12 Rdn. 638, 642f.; Köhler/Bornkamm/*Köhler/Feddersen* § 12 Rdn. 5.19.

[2235] *Köhler* NJW 2013, 3473, 3475; MünchKommUWG/*Schlingloff* § 12 Rdn. 642 (entspr. anwendbar).

[2236] Befürwortend Köhler NJW 2013, 3473, 3465; ablehnend Teplitzky/*Schwippert* Kap. 50 Rdn. 19a.

[2237] Köhler/Bornkamm/*Köhler/Feddersen* § 12 Rdn. 5.18; a.A. MünchKommUWG/*Schlingloff* § 12 Rdn. 628.

3. Erhebliche Gefährdung

910 § 12 Abs. 4 setzt eine **erhebliche Gefährdung der wirtschaftlichen Lage** der zu begünstigenden Partei voraus. Diese Gefährdung muss eine besondere Qualität aufweisen, hinreichend konkret und gerade durch die Kostenbelastung des betreffenden Verfahrens hervorgerufen sein; eine bloß abstrakte Gefahr genügt dazu nicht. Folglich kann nicht allein auf die absolute Größe des Unternehmens oder auf seine Größe im Verhältnis zum Gegner abgestellt werden. Die Gesetzesbegründung sieht den Anwendungsbereich der Vorschrift im Übrigen auf Fälle beschränkt, in denen sehr hohe Streitwerte festgesetzt werden. Die Voraussetzungen sollen aber insgesamt weniger streng als die für die Gewährung von Prozesskostenhilfe sein.[2238] Andererseits kommt es für die Streitwertbegünstigung jedoch nicht auf die Erfolgsaussichten der Rechtsverfolgung an.

911 Ein **aktives Unternehmen,** das bereits vor Einleitung des Verfahrens in seiner wirtschaftlichen Lage erheblich gefährdet war, kommt ebenso wenig wie eine **nicht aktiv am Wirtschaftsleben teilnehmende Einheit** in den Genuss der Streitwertbegünstigung nach § 12 Abs. 4., bei der angesichts ihrer Vermögenslage ohnehin keine Aussicht auf eine erfolgreiche Beitreibung der Prozessforderung besteht.[2239] Gleiches gilt, wenn die **Kosten durch eine Kreditaufnahme finanziert** werden können oder **Dritte das Kostenrisiko** für die finanzschwache Partei **übernehmen.**[2240] **Berufsverbände** im Sinne des § 8 Abs. 3 Nr. 2 sind – anders als Verbraucherschutzverbände nach § 8 Abs. 3 Nr. 3 – überhaupt nur dann klagebefugt, wenn sie nach ihrer personellen, sachlichen und finanziellen Ausstattung in der Lage sind, die ihnen anvertrauten gewerblichen Interessen zu verfolgen. Die finanzielle Ausstattung muss also von vornherein auch das Kostenrisiko von Verfahren mit erheblichen Streitwerten decken. Insofern werden Berufsverbände nach § 8 Abs. 3 Nr. 2 allenfalls in atypischen Einzelfällen die sachlichen Voraussetzungen des § 12 Abs. 4 erfüllen.[2241]

4. Glaubhaftmachung

912 Die erhebliche Gefährdung der wirtschaftlichen Lage der Partei ist **glaubhaft zu machen.** Für die richterliche Überzeugungsbildung genügt mithin eine überwiegende Wahrscheinlichkeit. Als Mittel der Glaubhaftmachung stehen gemäß § 294 ZPO **alle Beweismittel einschließlich der eidesstattlichen Versicherung** zur Verfügung. Die Anforderungen an die Darlegungs- und Glaubhaftmachungslast dürfen angesichts des Ausnahmecharakters der Vorschrift und der von ihr vorausgesetzten qualifizierten Gefährdungslage nicht zu gering angesetzt werden. Regelmäßig wird die Vorlage von Bilanzen, Jahresabschlüssen, Steuerbescheiden und Kontoauszügen der letzten Jahre erforderlich sein.[2242]

5. Verfahren

913 Der Antrag auf Streitwertbegünstigung muss nach § 12 Abs. 5 **schriftlich vor der Verhandlung zur Hauptsache** oder – wenn das Gericht den Streitwert im Laufe des Verfahrens heraufgesetzt hat – auch später beim Gericht angebracht werden. Eine erweiternde Auslegung wird für die Fälle erwogen, in denen eine **relevante Verschlechterung der wirtschaftlichen Lage** erst **nach Beginn der mündlichen Verhandlung** eintritt.[2243] Der Antrag kann zur Niederschrift vor der Geschäftsstelle gestellt werden; es besteht daher **kein Anwaltszwang,** § 78 Abs. 3 ZPO. Der Antrag muss allerdings **für jede Instanz erneut** gestellt werden.

6. Entscheidung

914 Die Entscheidung ergeht **nach Anhörung des Gegners durch Beschluss** (§§ 63, 51 GKG), welcher mit der Streitwertbeschwerde[2244] nach § 68 GKG angefochten werden kann. § 12 Abs. 4 Satz 1 stellt die Streitwertbegünstigung in das **Ermessen des Gerichts;** sie kann, muss aber nicht angeordnet werden. Allerdings wird das Ermessen, wenn die sachlichen und persönlichen Voraus-

---

[2238] *Mes* § 144 Rdn. 4 mit Verweis auf OLG Düsseldorf, InstGE 5, 70 Rdn. 3.

[2239] BGH GRUR 2013, 1288 Rdn. 7 – *Kostenbegünstigung III,* zu § 144 PatG.

[2240] OLG Düsseldorf Mitt. 1973, 177, 180, ebenfalls zu § 144 PatG.

[2241] Teplitzky/*Schwippert* Kap. 50 Rdn. 9: nur bei besonders hohen Streitwerten.

[2242] Ströbele/*Hacker* § 142 Rdn. 14, zu § 142 MarkenG.

[2243] OLG Düsseldorf GRUR 1985, 219 zu § 144 PatG; enger OLG München GRUR 1991, 561, wonach zusätzlich eine weitere Kostenbelastung für die antragstellenden Partei nach Beginn der mündlichen Verhandlung entstanden sein muss; nach MünchKommUWG/*Schlingloff* § 12 Rdn. 649 darf eine solche, an sich verspätete Streitwertbegünstigung nur unter engsten Voraussetzung möglich sein, d. h. nur dann, wenn sich nachträglich eine ganz entscheidende Veränderung der wirtschaftlichen Lage eingestellt hat.

[2244] GroßKommUWG/*Ebersohl* § 12 F, Rdn. 77; Teplitzky/*Schwippert* Kap. 50 Rdn. 18; *Mes* § 144 Rdn. 14.

setzungen gegeben sind, häufig reduziert sein. Etwas anderes kann jedoch gelten, wenn die Streitwertbegünstigung umgekehrt **den Gegner unbillig belasten** würde, etwa aufgrund der beim Obsiegen bei ihm verbleibenden teilweisen Kostenlast. Darüber hinaus wird das richterliche Ermessen insbesondere dann relevant, wenn Anhaltspunkte für eine missbräuchliche Rechtsverfolgung vorliegen; etwa wenn der antragstellende Verletzer trotz eindeutiger Rechtslage auf die Abmahnung nicht reagiert hat[2245] oder er vor Antragstellung eine Streitwerterhöhung betrieben hat und sich insofern widersprüchlich verhält.[2246] Umstritten ist, ob die Streitwertbegünstigung auch dann zu versagen ist, wenn der Antragsteller im Zeitpunkt der Antragstellung keinen Rechtsverteidigungswillen mehr hat, er bspw. nach Einlegung eines Widerspruchs erklärt, das Widerspruchsverfahren nicht durchführen zu wollen, oder wenn der Antrag nur die aus einer Klagrücknahme oder einem Versäumnisurteil folgende Kostenlast abmildern soll.[2247] Zwar ist der Rechtsverteidigungswille nach dem Wortlauft der Vorschrift keine Tatbestandsvoraussetzung für die Streitwertbegünstigung. Insoweit dürfte aber ein Rechtsmissbrauch jedenfalls dann naheliegen, wenn – ähnlich dem Begriff des Mutwillens in § 114 Abs. 1 ZPO – eine verständige, wirtschaftlich denkende Partei ihre Rechte nicht in gleicher Weise verfolgen würde.

In welchem **Umfang** der Streitwert zugunsten der wirtschaftlich gefährdeten Partei zu reduzieren ist, lässt das Gesetz offen. Wie bei allen Fragen der Streitwertfestsetzung verbietet sich auch bei der Begünstigung nach § 12 Abs. 4 jede schematische Betrachtung. Bezugspunkt für den nach pflichtgemäßem Ermessen vorzunehmenden Abschlag ist die für die wirtschaftlich gefährdete Partei **gerade noch tragbare Kostenlast,**[2248] die sich allerdings, was auf der Hand liegt, in den seltensten Fällen exakt bestimmen lässt. 915

Die **Vorteile der Streitwertbegünstigung verbleiben** der begünstigten Partei **nach Abschluss des Verfahrens.** Dies gilt auch nach einer dann eintretenden Verbesserung der wirtschaftlichen Lage. Verbessert sie sich allerdings schon **während des Verfahrens,** so kann das Gericht auf Antrag des Gegners oder eines Prozessbevollmächtigten (§ 32 Abs. 2 RVG entsprechend) den begünstigenden Beschluss abändern.[2249] 916

Anhang zu § 12

Rechtsprechungsübersicht (vorrangig zu Fragen der Dringlichkeit)

OLG Bamberg

WRP 2014, 498 (LS) und juris, Tz. 26: keine grob fahrlässige Unkenntnis, wenn ein aufgezeichneter Fernsehbeitrag erst nach drei Wochen auf das Vorliegen von Wettbewerbsverstößen hin ausgewertet wird. 917

MD 2010, 514, 516: Den Antragsteller trifft keine allgemeine Marktbeobachtungspflicht.

WRP 2003, 102 f.: kein Vorrang der Abschlusserklärung gegenüber einer nachträglich abgegebenen Unterwerfungserklärung.

OLG Report 2002, 462, 463: Gegen den eV-Antrag zurückweisenden Beschluss kann der Antragsteller nicht sofortige Beschwerde einlegen mit dem Ziel, die Erledigung der Hauptsache festzustellen.

OLG Report 2002, 239 f.: Zum Vollzug einer eV durch Zustellung, insbesondere zur Wirksamkeit der Zustellung; § 176 ZPO a. F., nur Angabe, dass für Hauptsacheverfahren bevollmächtigt.

Kammergericht (Berlin)

KG GRUR-RR 2015, 181: Widerlegung der Dringlichkeitsvermutung, wenn die erwirkte einstweilige Verfügung bis zum Eintritt ihrer Rechtskraft nicht vollzogen wird. 918

Beschl. v. 1.8.2014 – 5 W 240/14, juris: Die Dringlichkeitsvermutung ist durch ein Zuwarten von zwei Monaten regelmäßig nicht widerlegt; die Fristenregelung in § 193 BGB, § 222 Abs. 2 ZPO ist auf die Frist entsprechend anwendbar.

GRURPrax 2011, 206 und juris: Widerlegung der Dringlichkeitsvermutung im Vollstreckungsstadium bei einem längeren Zuwarten ohne sachlichen Grund.

[2245] OLG Frankfurt GRUR-RR 2005, 296 zu § 142 MarkenG; OLG Hamburg WRP 1985, 281 zu § 23a a. F.

[2246] OLG Hamburg GRUR 1957, 146 zu § 53 PatG (jetzt § 144 PatG).

[2247] So OLG München WRP 1982, 430; LG Berlin WRP 1981, 292 zu § 23a a. F.; MünchKommUWG/*Schlingloff* § 12 Rdn. 653; ablehnend OLG Hamburg WRP 1985, 281; ebenso Ingerl/Rohnke § 142, Rdn. 20.

[2248] Ebenso Teplitzky/*Schwippert* Kap. 50 Rdn. 21; MünchKommUWG/*Schlingloff* § 12 Rdn. 657.

[2249] MünchKommUWG/*Schlingloff* § 12 Rdn. 654; Ingerl/Rohnke § 142 Rdn. 37 („muss") mit Verweis auf OLG Düsseldorf Mitt. 1973, 177, 178.

WRP 2011, 640 (LS): Ein Zuwarten von nicht länger als zwei Monaten wird regelmäßig noch nicht als dringlichkeitsschädlich anzusehen sein.

ZUM 2005, 746, 747: Für die Widerlegung der Dringlichkeit durch Zuwarten kommt es nicht auf bestimmte Fristen an, sondern auf die jeweiligen Umstände des Einzelfalles, wie die Art des Verstoßes, Reaktion des Verletzers, Erforderlichkeit von Ermittlungen oder Beschaffung von Glaubhaftmachungsmitteln.

WRP 2004, 112 mit Anm. *Sosnitza* S. 62ff.: zu den Anforderungen an eine Leistungsverfügung im Kartellrecht; Verfügungsgrund; Sicherheitsleistung.

GRUR-RR 2003, 262 und ZUM-RD 2002, 462, 466: § 25 UWG a. F. gilt nicht im Urheberrecht.

ZUM 2001, 590, 592: Die sog. „Selbstwiderlegung" der Dringlichkeit ist als allgemeiner Grundsatz auch im allgemeinen Zivilprozessrecht zu beachten.

GRUR-RR 2001, 244, 246: zur Widerlegung der Dringlichkeitsvermutung; Zuwarten von zweieinhalb Monaten nicht zu lange im Hinblick auf ein anhängiges Parallelverfahren.

IPRax 2001, 236 mit Anm. *Mennike* S. 202: Parteizustellung, demnächst im Sinne von § 207 Abs. 3 ZPO a. F.; Zustellung keine Vollstreckungsmaßnahme im Sinne von Art. 31 EuGVÜ.

GRUR 1999, 1133: Verlängerung der Berufungsbegründungsfrist und deren vollständige Ausschöpfung widerlegt die Dringlichkeit, da darin ein Hinweis auf die mangelnde Ernsthaftigkeit bei der Verfolgung des Verstoßes zu sehen ist.

NJWE-WettbR 1999, 293: § 25 UWG a. F. ist bei Kennzeichenverletzungen entsprechend anwendbar; bei Vorliegen eines vorläufig vollstreckbaren Hauptsacheurteils bedarf es einer besonderen Begründung, warum dennoch ein Vorgehen im Wege der eV erforderlich ist (mit Darstellung des Meinungsstandes).

KG Report 1999, 134 = AfP 1999, 173: Kostenwiderspruch, wenn Abmahnung erst nach Erlass der eV erfolgt ist.

NJWE-WettbR 1998, 110: fristlose Kündigung von McDonalds Franchise-Nehmer.

NJWE-WettbR 1998, 269: Frist von zwei Monaten bis zur Einreichung des Verfügungsantrags ist unschädlich.

WRP 1998, 71: Eine Drittabschlusserklärung beseitigt die Wiederholungsgefahr (wie WRP 1993, 22).

WRP 1996, 556 = NJWE-WettbR 1996, 161: Keine nochmalige Vollziehung der eV durch den in das Verfahren eintretenden jetzigen Gläubiger, wenn der vormalige Gläubiger in Prozessstandschaft vorgegangen war. Auch für die Frage der Dringlichkeit bleibt das Eintreten des Rechtsinhabers in den Prozess ohne Auswirkung.

CR 1994, 738: § 25 UWG a. F. gilt nicht im Patentrecht. Auch im Urheberrecht hat eine Interessenabwägung zu erfolgen. Ein Erlass kommt nur dann in Betracht, wenn keine gewichtigen Zweifel an der Urheberrechtsverletzung bestehen.

WuWE OLG 5099: § 25 UWG a. F. gilt für kartellrechtliche Ansprüche nicht. Wenn durch ein zögerliches Vorgehen – Zuwarten über sieben Monate – die Zwangslage selber herbeigeführt wurde, ist ein Verfügungsgrund zu verneinen. Zu den Voraussetzungen einer Leistungsverfügung.

GRUR 1993, 929: Der Zeitaufwand für Versuche außergerichtlicher Einigung kann als dringlichkeitsunschädliche Verzögerung nur in einem den Umständen des Einzelfalls angemessen, begrenzten Rahmen nachvollziehbar plausibler Interessenwahrung hingenommen werden. eV-Antrag 2 Monate nach Kenntnis der Bezug von Fremdware nachdem bereits halbes Jahr vorher Rahmenvertrag gekündigt worden war.

NJW-RR 1993, 555: Ausschöpfen der Berufungs- und Berufungsbegründungsfrist räumt die Dringlichkeitsvermutung nicht aus. Verlust der Dringlichkeit auf Seiten des Mitbewerbers, der den Verband zum Einschreiten veranlasst hat, greift nur dann ein, wenn dieser sich als Werkzeug vorschieben lässt.

GRUR 1993, 512 = WRP 1992, 568: Verlust der Dringlichkeit, wenn Verband zunächst nur wegen eines Verstoßes in einer ihm bekannten Immobilienwerbung vorgeht.

GRUR 1988, 790: Dringlichkeit ist widerlegt, wenn Antragsteller im Widerspruchsverfahren VU gegen sich ergehen lässt. Im Falle einer Drittunterwerfung lebt die Dringlichkeit nicht allein deshalb wieder auf, weil aufgrund der späteren, nicht vom Antragsgegner zu beeinflussenden Entwicklung Zweifel an der Durchsetzung von Seiten des Dritten bestehen.

WRP 1986, 87: Frist für Abschlusserklärung.

WRP 1984, 478: Maßgeblich für den Beginn der Frist ist die Erlangung der Kenntnis vom Verstoß durch eine allein oder in Gemeinschaft mit anderen entscheidungsbefugte Person. Überwachung von mit Vorermittlungen betrauten Mitarbeitern.

Urt. v. 25.6.1982 – 5 U 1673/82: Widerlegung der Vermutung, wenn in einer tatsächlich und rechtlich einfach gelagerten Sache die verlängerte Berufungsbegründungsfrist voll ausgeschöpft wird und keine sachgerechten Gründe für die Verlängerung ersichtlich sind.

WRP 1981, 462: Keine feste zeitliche Grenze für Widerlegung der Dringlichkeit; abzustellen ist immer auf die Umstände des Einzelfalls.

WRP 1981, 211: Bei einer Werbung für ein zeitgebundenes Ereignis entfällt die Dringlichkeit, wenn dieses Ereignis bei Einreichung des Antrags bereits beendet war und es sich von der Natur der Sache her erst etwa in einem Jahr wiederholen kann.

WRP 1980, 698: Zur Frage des Verlusts der Dringlichkeit wegen Zuwartens.

WRP 1980, (203 und) 491: 2 Monate nach Ablauf der in Abmahnung gesetzten Frist nicht schädlich; Beschaffung von eidesstattlichen Versicherung eines Dritten.

WRP 1980, 262: Zuwarten für drei Jahre für die Beschaffung der erforderlichen Kenntnisse bei Alleinstellungswerbung widerlegt die Dringlichkeit (a. A. OLG Hamburg WRP 1986, 290).

OLG Brandenburg

NJW-RR 2002, 1127: Zum Verfügungsgrund bei äußerungsrechtlicher Auseinandersetzung; Glaubhaftmachung, Mithören eines Telefonats. 919

Beschl v. 20.6.2001 – 1 U 14/01: keine Einstellung der Zwangsvollstreckung bei eV auf Abdruck einer Gegendarstellung.

MDR 2001, 1185: keine einstweilige Verfügung zur Durchsetzung eines Herausgabeanspruchs.

WRP 1998, 97f.: Eine feste zeitliche Grenze lässt sich nicht ziehen. Es kommt auf die Umstände des Einzelfalls an. Die Einreichung des eV-Antrags fünf Wochen nach Kenntnis des beanstandeten Konkurswaren-Verkaufs wurde als rechtzeitig angesehen. Dass zunächst versucht worden sei, eine außergerichtliche Lösung herbeizuführen, könne dem Antragsteller nicht angelastet werden.

OLG Braunschweig

Beschl. v. 14.12.2011 – 2 U 106/11, Mitt. 2012, 423 LS: Antragsgegner muss Kenntnis des Antragstellers von Verstoß dartun und glaubhaft machen; maßgeblich ist die Kenntnis der Personen, die im Unternehmen oder Verband für die Ermittlung und Glaubhaftmachung von Wettbewerbsverstößen zuständig sind. 920

OLG Report 2000, 330: Widerlegung der Dringlichkeitsvermutung, wenn gegen die Zurückweisung des Verfügungsantrags erst sechs Wochen nach Zustellung Beschwerde eingelegt wird; der Antragsteller ist gehalten, das Verfahren beschleunigt weiter zu betreiben und alsbald Beschwerde einzulegen.

OLG Bremen

MDR 2015, 848 LS 1: Vermutung der Dringlichkeit entfällt nicht, wenn die Berufung des Antragstellers unter Ausschöpfung der Zwei-Monatsfrist begründet wird. 921

GRUR-RR 2011, 466 LS und juris: Antragsteller kann die Berufungsbegründungsfrist ausschöpfen; die Verlängerung der Berufungsbegründungsfrist um zwei Wochen ist unschädlich, wenn dies für die Hinzuziehung eiens Patentanwalts erforderlich ist.

OLG Report 1998, 431f.: Ein Zuwarten von 6 Wochen ist nicht zu lange.

Urt. v. 19.11.1992 – 2 U 48/92 (Juris): Auch wenn bei zeitgebundenen Verstößen eine Wiederholung erst nach größerem zeitlichen Abstand möglich ist, entfällt die Dringlichkeit nicht, wenn diese bei der Antragstellung noch gegeben war.

NJW-RR 1991, 44: Wenn der Antragsteller aufgrund von Vergleichsverhandlungen davon ausgehen konnte, dass der Antragsgegner zu einer vergleichsweisen Regelung bereit ist, ist ein Zeitraum von fünf Monaten nicht zu lange.

GRUR 1987, 241: Vier Monate nicht zu lange bei Korrespondenz zwischen den Parteien.

OLG Celle

OLG Celle AfP 2016, 81: Kein Aufleben der Dringlichkeit, wenn ein zunächst in der Zeitung veröffentlichter Artikel später auch im Online-Portal der Zeitung veröffentlicht wird. 922

BauR 2015, 312 (LS) und juris: Fehlen der Dringlichkeit, wenn die Berufungsbegründungsfrist nicht unerheblich verlängert und die verlängerte Frist fast vollständig (3 Wochen und 6 Tage) ausgenutzt wird.

WRP 2014, 477: Eine feste Frist für die Widerlegung der Dringlichkeit durch ein zu langes Zuwarten besteht nicht; vielmehr ist auf die Umstände des jeweiligen Einzelfalls abzustellen; in der Regel ist die Vermutung widerlegt, wenn der Verletzte ab Kenntnis der beanstandeten Wettbewerbshandlung bis zur Antragstellung länger als einen Monat zuwartet.

MMR 2009, 484: Widerlegung der Dringlichkeitsvermutung durch den in ersten Instanz erfolgreichen Antragsteller, wenn er sich in 2. Instanz zur Vermeidung eines die einstweilige Verfügung aufhebenden Endurteils in die Säumnis flüchtet.

MD 2005, 911: Ein dringlichkeitsschädliches Zuwarten liegt nur dann vor, wenn der Antragsteller positiv Kenntnis von dem Wettbewerbsverstoß und von der Person des Verletzers hat. Ein bewusstes Sichverschließen vor der Kenntnis steht dem gleich; fahrlässige Unkenntnis reicht nicht.

Kartellsenat BauR 1999, 390f.: Untätigkeit durch Verstreichenlassen der Angebotsfrist im Vergabeverfahren.

OLG Report 1999, 291: Abmahnung nach elf Wochen und Antragstellung nach einem weiteren Monat widerlegt die Dringlichkeitsvermutung.

Urt. v. 17.9.1997 – 13 U 124/97 (Juris): In Wettbewerbssachen gibt es keine starre zeitliche Grenze. Maßgeblich sind die Umstände des Einzelfalls, insbesondere, ob ein nachvollziehbarer Grund für das Zuwarten besteht. 6 Wochen ab Kenntnis des Verstoßes durch einen unmittelbaren Konkurrenten sind zu lange, da keine weiteren Ermittlungen erforderlich.

GRUR 1998, 50: Anwendung auf UrhG blieb dahingestellt. Auch im Rahmen von § 25 UWG a. F. ist unter Abwägung der sich gegenüber stehenden Interessen zu prüfen, ob der Erlass der einstweiligen Verfügung dringlich ist.

GRUR 1998, 175 (LS) = NJWE-WettbR 1998, 19: Keine erneute Vollziehung erforderlich, wenn bloße Berichtigung ohne inhaltliche Änderung.

OLG Report 1996, 237: Zuwarten von mehr als einem Jahr ist zu lange.

OLG Report 1996, 198 f.: Dringlichkeitsvermutung ist widerlegt, wenn seit einem Jahr Kenntnis gegeben war und auch bereits Hauptsacheklage erhoben wurde. Die Dringlichkeit lebt durch eine verwaltungsgerichtliche Überprüfung des beanstandeten Verhaltens nicht wieder auf.

WRP 1991, 315 mit Anm. *Borck* (zur Frage der konkreten Verletzungsform, Antragsfassung).

Urt. v. 15.12.1982 – 13 U 254/82, bei *Traub* WVP S. 73: Widerlegung nach sechs Monaten.

GRUR 1980, 945 f.: Zur Frage des Verzichts und der Verwirkung des Widerspruchsrechts; für Verwirkung reicht bloßer Zeitablauf ($4^1/_2$ Jahre) nicht; der Antragsgegner hatte zusätzlich erklärt, er werde sich an eV halten.

OLG Dresden

923 Vgl. *Marx* WRP 2004, 970 ff.

NJW 2005, 1871: Zu den Anforderungen an eine „Befriedigungsverfügung".

GRUR-RR 2002, 85, 86: Hinweispflicht in Bezug auf Bestimmtheit des Antrags; S. 87 f.: Verfügungsgrund bei Befriedigungsverfügung (Stromdurchleitung).

GRUR-RR 2001, 190 (Stromdurchleitung).

NJWE-WettbR 1999, 133: § 25 UWG a. F. in Markensachen entsprechend anwendbar.

NJWE-WettbR 1999, 130: § 25 UWG a. F. in Markensachen jedenfalls insoweit entsprechend anwendbar, als ein bis 1995 in § 16 UWG geregelter Titelschutz in Rede steht; Zuwarten von gut einem Monat nicht zu lange.

NJWE-WettbR 1998, 98: Dringlichkeit bei einem Zuwarten von neun Wochen noch gegeben.

OLG Düsseldorf

924 WRP 2015, 1541: Widerlegung der Dringlichkeitsvermutung bei Nichtwahrnehmung des Berufungstermins durch einen Unterbevollmächtigten und Ausschöpfung der vollen Einspruchsfrist.

Urt. v. 28.5.2015 – 2 U 8/15, juris: In besonderen Ausnahmefällen kann die Dringlichkeitsvermutung schon vor Ablauf von zwei Monaten widerlegt sein, wenn der Antragsteller ohne triftigen Grund über längere Zeit (7 Wochen) nichts zur Verfolgung seiner Rechte unternommen hat.

Urt. v. 27.1.2015 – 20 U 114/14, juris: § 12 Abs. 2 UWG ist auf markenrechtliche Ansprüche nicht anwendbar; zu den Anforderungen an das Vorliegen eines Verfügungsgrundes.

Urt. v. 9.10.2014 – 15 U 99/14, juris Tz. 59: § 531 ZPO gilt im Verfahren des einstweiligen Rechtsschutzes nicht.

Urt. v. 30.4.2013 – 20 U 169/12, juris: Vermutung der Dringlichkeit wird nicht widerlegt, wenn der Antragsteller die erforderlichen Ermittlungen zügig und konsequent vornimmt, sinnvolle Vergleichsverhandlungen führt und sich die erforderlichen Glaubhaftmachungsmittel beschafft, bevor er den Verfügungsantrag stellt.

GRUR 2006, 782, 785: Rücknahme eines Antrags und erneute Antragstellung drei Tage später bei einem anderen Gericht als dringlichkeitsunschädlich angesehen, da keine wesentliche Verzögerung.

Urt. v. 6.11.2012 – 20 U 4/12, juris Tz. 6: Widerlegung der Dringlichkeitsvermutung durch Terminsverlegungsantrag.

MD 2005, 757, 758: Dem Antragsteller steht im Allgemeinen ein Zeitraum von zwei Monaten ab Kenntniserlangung zur Verfügung.

GRUR-RR 2003, 31: Ausschöpfung der verlängerten Berufungsbegründungsfrist kann zum Wegfall der Dringlichkeit führen; hierauf muss bei der Fristverlängerung nicht hingewiesen werden.

Kartellsenat WuW/E DE-R 774: zu den Voraussetzungen für den Erlass einer Befriedigungsverfügung.

NJW-RR 2002, 138: Wird eine Beschlussverfügung durch Urteil aufgehoben, kann das Berufungsgericht nicht durch Beschluss die Wirksamkeit der Beschlussverfügung wieder herstellen; auch zur Behandlung der Rechtsfrage in der Kürze der Zeit.

GRUR-RR 2002, 212: § 25 UWG a. F. gilt im Markenrecht nicht entsprechend.

WM 2002, 806 f.: Erhebliche Belange des auf Erlass einer einstweiligen Verfügung Inanspruchgenommenen können im Rahmen einer Interessenabwägung die Dringlichkeitsvermutung des § 25 UWG a. F. widerlegen.

MMR 2001, 111: Die Zeitspanne zwischen der Erlangung der Kenntnis von der Person des Verletzers und den maßgeblichen Umständen der Verletzungshandlung bis zur Einreichung des Verfügungsantrags darf in der Regel zwei Monate betragen. Keine nennenswerte Verzögerung durch Antragstellung beim örtlich unzuständigen Gericht, da Verweisungsantrag noch am gleichen Tag gestellt.

WRP 1999, 865, 867: Zustellung der Beschlussverfügung erst nach 2 Wochen kann dringlichkeitsschädlich sein.

NJWE-WettbR 1999, 15, 16: Keine feste zeitliche Grenze in Eilsachen des gewerblichen Rechtsschutzes und der Angelegenheiten nach dem UWG, entscheidend sind vielmehr die jeweiligen Umstände des Einzelfalls. Zur Orientierung der Parteien sowie im Interesse der Parteien empfiehlt sich jedoch die Aufstellung von Richtlinien. Bei Fällen durchschnittlicher Bedeutung und Schwierigkeit sowie Umfangs liegt die Zeitspanne bei zwei Monaten.

WRP 1997, 968: Dringlichkeit ist widerlegt, wenn ein Hilfsantrag wegen eines weiteren Unterlassungsantrags gestellt wird, der eine Vertagung um zwei Wochen erforderlich macht.

Urt. v. 27.5.1997 – 20 U 38/97 (Juris): § 25 UWG a. F. gilt im Markenrecht nicht.

WRP 1996, 1172, 1174: Ob durch die Ausschöpfung der Berufungsfrist und der verlängerten Begründungsfrist die Dringlichkeitsvermutung widerlegt wird, hängt von den Umständen des Einzelfalls ab.

NJWE-WettbR 1997, 27: wie vorstehend.

WRP 1995, 732, 734: Durch das LG aufgehobene eV kann durch OLG nicht bestätigt werden, sondern nur neu erlassen werden; auch dann wenn im Tenor eine „Bestätigung" ausgesprochen wurde. Wurde der eV-Antrag rechtzeitig gestellt, so kommt dies bei einem zulässigen späteren Wechsel der Partei auch dem neu in das Verfahren eintretenden Antragsteller zugute.

GRUR 1992, 187: Zwei Monate im Hinblick auf die Beschaffung eines HR-Auszugs nicht zu lange.

GRUR 1992, 189 f. (mit abl. Anm. *Ahrens* S. 191): Säumnis des Antragstellers im Widerspruchs-Termin dringlichkeitsschädlich, auch wenn eV nicht aufgehoben wird.

MedR 1989, 171 f.: Das Bestehen eines Verfügungsgrundes gemäß §§ 935, 940 ZPO wird in Wettbewerbssachen nach § 25 UWG a. F. tatsächlich vermutet. Nur Untätigkeit ab Kenntnis kann dringlichkeitsschädlich sein. Insoweit besteht keine Obliegenheit, gegen andere Rechtsverletzer in gleicher Weise und ebenso beschleunigt vorzugehen.

WRP 1985, 266: Zur Erschütterung der Vermutung, wenn eine großformatige Werbeanzeige bereits über 1 Jahr lang geschaltet wurde. Antragsteller muss in einem solchen Fall zur erstmaligen Kenntnis vortragen und diese glaubhaft machen.

OLG Frankfurt

GRUR 2015, 279: Das berechtigte Interesse des Markeninhabers, weitere Verletzungen zu unterbin- 925
den, kann die Anwendung des in der Dringlichkeitsvermutung gemäß § 12 Abs. 2 UWG zum Ausdruck kommenden allgemeinen Rechtsgedanken auch auf das Markenrecht rechtfertigen. Eilbedürftigkeit entfällt nur dann, wenn der Antragsteller längere Zeit untätig bleibt, obwohl er von Kenntnis von Tatsachen hatte, die Markenverletzung begründen oder er sich bewusst dieser Kenntnis verschlossen hat.

WRP 2014, 981: Ein Verfügungsgrund ist auch im Anwendungsbereich der Durchsetzungsrichtlinie bei Schutzrechtsverletzungen erforderlich.

GRURPrax 2013, 323: Widerlegung der Dringlichkeit bei Stellung eines Terminverlegungsantrags und Einreichung der Beschwerdebegründung weit nach Ablauf der Beschwerdefrist mit der Folge einer Verzögerung von acht Wochen.

GRURPrax 2013, 550: Widerlegung der Dringlichkeit bei Bestehen einer Erstbegehungsgefahr aufgrund ernsthafter Androhung des beanstandeten Verhaltens, wenn Antragsteller längere Zeit untätig bleibt. Wenn sich der Antragsgegner mehrere Monate später tatsächlich entsprechend seiner Ankündigung verhält, liegt darin kein „Qualitätssprung", der eine neue Dringlichkeit begründen kann.

Urt. v. 14.8.2008 – 1 U 27/08, juris: Eine feste Grenze für die dringlichkeitsschädliche Zeitspanne des Zuwartens lässt sich nicht ziehen, da jeweils auf die maßgeblichen Umstände des Einzelfalls abzustellen ist; als maßgeblicher Zeitpunkt für das Tätigwerden des Antragstellers ist auf den Eingang des Verfügungsantrags im Original, nicht per Telefax abzustellen, wenn dem Telefax die Anlagen nicht beigefügt sind und ohne diese der Antrag nicht verständlich ist.

MD 2006, 1175: Die Dringlichkeitsvermutung ist widerlegt, wenn der Antragsteller mehrere Wettbewerbsverstöße innerhalb einer Zeitungsanzeige isoliert angreift, nachdem er unmittelbar zuvor die Gesamtanzeige zum Gegenstand eines Eilantrags gemacht und diesen mit den Wettbewerbsverstößen innerhalb der Anzeige begründet hat.

GRUR 2005, 972: Unzulässigkeit eines zweiten Verfügungsantrags ohne Eintritt von Veränderungen; Verlust der Dringlichkeit durch Rücknahme nach Rücknahme des Verfügungsantrags nach dessen teilweiser Zurückweisung und erneute Antragstellung bei einem anderen Gericht.

Urt. v. 12.8.2003 – 11 U 15/03: § 926 Abs. 2 ZPO wird durch die Regelung in Art. 50 Abs. 6 TRIPS nicht verdrängt.

GRUR-RR 2003, 263: zum Verfügungsgrund in Patentsachen.

GRUR 2002, 1096 und GRUR-RR 2002, 212: § 25 UWG a. F. gilt nicht für das Markenrecht.

NJW 2002, 1958 (5. Senat) – Penny Stocks: zum Verfügungsgrund gemäß § 940 ZPO; wenn Vollziehung versäumt wurde, steht dies einem neuen Antrag nicht entgegen.

GRUR-RR 2002, 44: Der Antragsteller eines Eilantrags, der die Beschwerde gegen die Zurückweisung seines Antrags nach Anhörung des Gegners vor dem OLG wegen befürchteter Erfolglosigkeit zurücknimmt, verliert den Verfügungsgrund für die erneute Verfolgung desselben Antrags vor einem anderen Gericht.

GRUR 2002, 236: Ausschöpfung der Vollziehungsfrist sowie der Berufungs- und Begründungsfrist steht der Eilbedürftigkeit in Patentsachen nicht entgegen. Allgemein zum Eilbedürfnis in Patentsachen.

GRUR-RR 2001, 253: Verhältnismäßig langes Zuwarten von 6 Wochen ohne vorherige Abmahnung nicht dringlichkeitsschädlich im Hinblick auf die Komplexität der Sachlage (Internet-Apotheke).

MD 2001, 1380, 1381: Mit dem Antrag auf Verlängerung der Berufungsbegründungsfrist und der Ausnutzung der Fristverlängerung gibt der Antragsteller, wenn die gesetzliche Frist nicht nur unerheblich überschritten wird, grundsätzlich zu erkennen, dass ihm die Sache so eilig nicht ist.

MMR 2001, 316ff. (8. Senat): Zu den Anforderungen eines Verfügungsgrundes – begehrte Unterlassung des Betriebs einer Mobilfunk-Basis-Station.

NJW 2000, 1961: Kenntnis der Vertriebsabteilung von beanstandeter Firmierung aufgrund eines angeforderten HR-Auszugs ausreichend; auf Zuständigkeit zur Verfolgung von Verstößen kommt es nicht an.

NJWE-WettbR 1997, 23 = WRP 1996, 1193: Ist ein Verband gegenüber Autovermietern wegen der Teilnahme an einem Bonus-System untätig geblieben, fehlt es an der Dringlichkeit für ein Vorgehen gegen einen Autovermieter, der sich später an dem System beteiligt.

OLG Report 1996, 152f.: Widerlegung durch verzögerliches Verhalten im Prozess, insbesondere wenn die Rechtsmittelfristen voll ausgeschöpft werden.

NJW-RR 1993, 557: Ein Grundsatz, wonach 1 Monat der Untätigkeit ausreicht, um die Vermutung zu widerlegen existiert nicht.

OLG Report 1993, 154 (LS): Bestand die Möglichkeit, eine Klärung des Streitfalls im ordentlichen Verfahren herbei zu führen, fehlt es an der Dringlichkeit, wenn aufgrund selbst geschaffener Eilbedürftigkeit dann ein eV-Antrag gestellt wird.

NJW-RR 1992, 493: Beschwerde gegen eV-Antrag zurückweisenden Beschluss mit dem Ziel der Erledigungserklärung ist zulässig.

WRP 1991, 590: „vorgeschobener" Verband.

GRUR 1993, 855 (LS): Einverständnis mit der Verlängerung der Berufungsbegründungsfrist um 2 bis 4 Monate für den Antragsgegner ist dringlichkeitsschädlich, obwohl der Antragsteller im Besitz eines vollstreckbaren Titels ist.

GRUR 1989, 375: Dringlichkeit lebt nicht wieder auf, wenn sich ein säumiger Antragsteller an einen Verband wendet; anders, wenn der Verband glaubhaft macht, dass er gegen den Verstoß auch aus eigenem Interesse vorgegangen wäre, wenn ihm dieser bekannt gewesen wäre.

WRP 1986, 495: Fehlende Dringlichkeit, da Kenntnis von Vorbereitungshandlungen bereits im Frühjahr 1984; Antragstellung dagegen erst im April 1986.

NJW-RR 1986, 1163f.: Keine feste Zeitgrenze für Zeitdauer der Untätigkeit. Wesentlich ist, ob der Verstoß so klar auf der Hand liegt, dass die Verzögerung nur als Ausdruck mangelnder Eilbedürftigkeit aufgefasst werden kann.

DB 1986, 325: Die Dringlichkeit lebt wieder auf, wenn die Werbung nach Art und Umfang wesentlich geändert (WRP 1978, 467) oder nach endgültiger Einstellung wieder aufgenommen wird. Die bloße Wiederholung des mit der Hauptsacheklage beanstandeten Vorgangs reicht nicht.

GRUR 1985, 395: Widerlegung ist dann anzunehmen, wenn längere Zeit positive Kenntnis und dadurch zum Ausdruck gebracht wird, dass es dem Antragsteller mit gerichtlichen Maßnahmen nicht so eilig ist.

WRP 1984, 692 (m. Anm. *Traub* S. 692f.): Positive Kenntnis von dem Wettbewerbsverstoß ist dann gegeben, wenn die beanstandete Werbung in den Geschäftsbereich der verletzten Person gelangt ist und leitende Angestellte oder sonst mit dem Unternehmen verbundene Personen, die mit dem Geschäftsbereich befasst sind, Kenntnis erhalten haben. Kein Wiederaufleben der Dringlichkeit, wenn sich die inkriminierte Aussage nicht verändert.

GRUR 1984, 413: Die Dringlichkeit kann nicht wegen fehlender absehbarer Wiederholbarkeit („Eröffnungsgeschenke") verneint werden.

GRUR 1984, 365: Fehlende Eilbedürftigkeit, wenn Alleinstellungswerbung nach und nach wegen veränderten Anzeigenaufkommen unrichtig wird.

GRUR 1979, 325: Keine feste zeitliche Grenze; maßgeblich sind stets die Umstände des Einzelfalls. Bei einem Zuwarten von 6 Monaten kann davon ausgegangen werden, dass kein dringender Fall mehr vorliegt.

OLG Hamburg

926 WRP 2013, 1203 Tz. 18: Die Rspr. des 5. Zivilsenats zum UrhG (WRP 2007, 816) ist nicht auf andere Fallkonstellationen zu übertragen; die Dringlichkeitsvermutung ist nicht widerlegt, weil der Antragsteller gegen gleichartige Verstöße nicht Dritter vorgegangen ist (Tz. 16).

WRP 2013, 250: Dringlichkeitsvermutung bei mehreren alternativ geltend gemachten tatsächlichen Irreführungsaspekten

WRP 2013, 196, 199: Die Ausnutzung der ggf. verlängerten Berufungsbegründungsfrist durch den Antragsteller ist nicht dringlichkeitsschädlich.

MD 2012, 1046: Zustellung einer Beschlussverfügung ohne Begründung und ohne die Antragsschrift führt nicht zur Unbestimmtheit.

WRP 2010, 952: Der Verfügungsgrund bei markenrechtlichen Ansprüchen ergibt sich aus §§ 935, 940 ZPO (Aufgabe der Anwendung der Dringlichkeitsvermutung des § 12 Abs. 2 UWG).

WRP 2007, 1251: Zuwarten von zwei Monaten ohne vorherige Abmahnung in einer durchschnittlich schwierigen Wettbewerbssache kann die Dringlichkeit widerlegen.

MD 2007, 1053: Kein Wiederaufleben der Dringlichkeitsvermutung, wenn zu der bereits bestehenden Begehungsgefahr wegen des Inverkehrbringens der Ware die Wiederholungsgefahr hinzutritt.

WP 2007, 1253: § 12 Abs. 2 gilt nur für Unterlassungsansprüche, nicht für Ansprüche auf Drittauskunft.

WRP 2007, 675 und 811; ZUM 2007, 393, 394; AfP 2004, 135: Die Selbstwiderlegung der Dringlichkeitsvermutung bedarf einer umfassenden Abwägung der maßgeblichen Umstände des Einzelfalles; die Ausnutzung bestimmter Fristen ist dabei ein wesentlicher Gesichtspunkt, ist aber nicht stets maßgeblich.

GRUR 2007, 614 = WRP 2007, 813: Rücknahme eines Verfügungsantrags nach Terminierung und Einreichung bei einem anderen Gericht um eine Beteiligung des Prozessgegners zu verhindern als rechtsmissbräuchliches forum shopping (gegen 3. ZS GRUR-RR 2002, 226).

WRP 2007, 816: Keine analoge Anwendung von § 12 Abs. 2 bei urheberrechtlichen Streitigkeiten; Anforderung an die Darlegung eines Verfügungsgrundes.

MD 2007, 327: Widerlegung der Dringlichkeitsvermutung durch Einbeziehung einer weiteren Werbung erst drei Monate später ohne sachlichen Grund.

GRUR-RR 2006, 374: Zurechnung von dringlichkeitsschädlichem Wissen Dritter.

GRUR-RR 2005, 312: Fehlen eines Verfügungsgrundes, wenn der Antragsteller gegen zwei Antragsgegner zeitlich versetzt (nach zwei Monaten) in getrennten Verfahren in Anspruch nimmt.

MD 2005, 885, 887: § 25 UWG a. F. gilt auch für Markensachen.

AfP 2004, 135: Die Dringlichkeitsfrist für eine einstweilige Verfügung wegen Titelschutz beginnt in der Regel mit der Kenntnisnahme der Titelschutzanzeige zu laufen. Die tatsächliche Verwendung des Titels wird nur dann eine neue Dringlichkeit in Lauf gesetzt, wenn darin eine wesentlich veränderte Verletzungsqualität zu sehen ist.

MD 2004, 393: Keine Zurechnung der Kenntnis der inländischen Importeurin zu Lasten der im Ausland ansässigen Markeninhaberin.

MD 2004, 909, 913: Die Verlängerung der Frist zur Berufungsbegründung und deren Ausschöpfung lässt die Dringlichkeit nicht entfallen.

MD 2004, 318 f. und 50, 51 ff.: Antragsgegner muss Vermutung der Dringlichkeit durch Vortrag von Tatsachen erschüttern, aus denen sich eine frühere positive Kenntnis der für die Verfolgung von Wettbewerbsverstößen zuständigen Mitarbeiter des Antragstellers ergibt.

GRUR-RR 2003, 135, 136 und MD 2003, 1269, 1271 f.: zum Anwendungsbereich des § 531 Abs. 2 ZPO im Verfügungsverfahren.

MD 2003, 184, 188 f.: Wird eine Unterlassungsverfügung im Widerspruchsverfahren durch Urteil nicht identisch, sondern mit erweitertem Inhalt bestätigt, so ist eine erneute Vollziehung erforderlich. Das gilt nicht, wenn der Verfügungsantrag im Umfang der Urteilserweiterung zurückgenommen wird, insoweit ist auf die Vollziehung der Beschlussverfügung abzustellen.

GRUR 2003, 873: § 926 ZPO wird durch Art. 50 Abs. 6 TRIPS nicht verdrängt.

MDR 2002, 1029: Wird im eV-Verfahren in der Widerspruchsverhandlung unter Rücknahme des Widerspruchs eine Abschlusserklärung abgegeben, so ermäßigt sich die Verfahrensgebühr auf den Satz von 1,0.

GRUR-RR 2002, 277 f.: Wenn der Parallelimporteur eines Arzneimittels, der die Gebrauchsinformation des Pharmaunternehmens übernommen hatte, nach mehr als sechs Monaten nach Erhalt wegen eines fehlenden Hinweises in der Gebrauchsinformation, den er nicht bemerkt hatte, gegen das Pharmaunternehmen vorgeht, kann die Eilbedürftigkeit noch gegeben sein.

ZUM-RD 2002, 544 f.: Frühere Werbung mit ähnlicher Aussage nicht dringlichkeitsschädlich, da diese einen anderen Inhalt hatte, als der nunmehr beanstandete Slogan („e-Sixt-günstixt").

ZUM-RD 2002, 432, 433 f.: Kenntnis von Aufschrift auf Tonträger bereits seit 4 Monaten als dringlichkeitsschädlich (offen gelassen).

GRUR-RR 2002, 345, 346: Dringlichkeit ist nicht widerlegt, wenn der Verletzte zwar zunächst zögerlich gegen ein Verhalten des Verletzers vorgeht, welches geeignet ist, Erstbegehungsgefahr zu begründen (Markeneintragung; Kenntnis 18.6.2001), er jedoch nachfolgend zügig gegen den Verletzer vorgeht (eV-Antrag 13.9.2001), sobald ihm ein weiteres Verhalten bekannt wird (Nutzung von Domains), welches geeignet ist, eine entsprechende Wiederholungsgefahr zu begründen.

MD 2002, 500, 502 f.: 6 Wochen auch ohne Abmahnung nicht zu lange; frühere Kenntnis als von Antragsteller vorgetragen, muss Antragsgegner glaubhaft machen. In Sonderfällen kann eine Werbung für die Konkurrenz so offenkundig sein, sodass von einer Wahrscheinlichkeit einer Kenntnisnahme ausgegangen werden kann; Ausschöpfung der Rechtsmittelfristen ist nicht dringlichkeitsschädlich (NJW-RR 1998, 402; MD 1999, 979; GRUR 2000, 319).

MD 2002, 490: Unterwerfungserklärung als Aufhebungsgrund nach § 927; erneute Vollziehung erforderlich, wenn eV mit erweitertem Inhalt bestätigt; durch ordnungsgemäße Zustellung des Urteils im Parteibetrieb wird ein etwaiger Zustellungsmangel hinsichtlich der Beschlussverfügung überholt; Zustellung an Prozessbevollmächtigten; Bestellung in Antwort auf Abmahnung.

MDR 2002, 965: Der Zulässigkeit einer negativen Feststellungsklage steht in der Regel nicht entgegen, dass der Kläger nach Zustellung einer gegen ihn gerichteten eV zugleich einen Antrag nach § 926 ZPO eingereicht hat.

ZUM 2001, 881, 882: Verfügungsgrund für einen Anspruch aus § 1004 BGB ist zu verneinen, wenn das beanstandete Verhalten zu lange (mehr als 6 Monate) hingenommen wurde.

MD 2001, 1267: Prozessvollmacht muss für Anwendbarkeit des § 176 ZPO a. F. tatsächlich bestehen, nicht bei Irrtum des Gerichts; § 93 ZPO kommt auch bei § 91a in Betracht; Antragsgegner ist nicht gehalten, nach Abgabe der Unterwerfungserklärung Kostenwiderspruch einzulegen.

MD 2001, 1254, 1255: Allgemeine Marktbeobachtungspflicht besteht nicht. Kein Vortrag von Anhaltspunkten durch Antragsgegner, dass Antragstellerin von (der seit 2 Monaten geschalteten) beanstandeten Werbung bereits früher Kenntnis hatte.

MD 2001, 1010, 1012f.: Für die Dringlichkeit ist bei einer Arzneimittelwerbung auf diese in Deutschland abzustellen, nicht auf frühere Werbemaßnahmen in anderen Ländern.

MD 2001, 853: Antragsteller kann nacheinander in zwei eV-Verfahren vorgehen, wenn dafür ein einleuchtender Grund besteht; Abgrenzung zu WRP 1985, 323.

MD 2001, 855: eV muss an Prozessbevollmächtigten zugestellt werden. Für Bestellung reicht formlose Mitteilung der Prozessvollmacht gegenüber der Gegenseite, so in der Antwort auf eine wettbewerbsrechtliche Abmahnung. Gibt der Anwalt in der Antwort auf die Abmahnung an, für etwaige gerichtliche Schritte zustellungsbevollmächtigt zu sein, ist dies als Prozessvollmacht für das Verfügungsverfahren zu verstehen.

WRP 2001, 956, 957: Für Ansprüche gemäß § 1 UWG a. F. wird die Dringlichkeit vermutet, § 25 UWG a. F.; für Ansprüche gemäß § 823 Abs. 1 BGB wird ein Verfügungsgrund gemäß § 935 geprüft; ein Zuwarten von 7 Wochen wurde angesichts der Umstände nicht als zu lange angesehen.

GRUR-RR 2001, 308: § 25 UWG a. F. gilt auch in Markenrechtsstreitigkeiten sowie für Ansprüche aus § 12 BGB bei wirtschaftlicher Verwertung des Namens.

GRUR 1999, 739: § 25 UWG a. F. gilt auch bei markenrechtlichen Ansprüchen.

NJWE-WettbR 1999, 264 = WRP 1999, 683: Dringlichkeit ist auch dann noch zu bejahen, wenn der Antragsteller glaubhaft macht, dass er von der bereits drei Jahre währenden Benutzung keine Kenntnis hatte.

OLG Report 2000, 13: Die Dringlichkeit ist nicht widerlegt, wenn der Verband gegen früherer gleiche oder ähnliche Verstöße Dritter nicht vorgegangen ist.

OLG Report 1998, 69: § 25 UWG a. F. gilt auch bei markenrechtlichen Ansprüchen. Die Gewährung von Umstellungs- und Aufbrauchfristen ist auch im eV-Verfahren möglich.

CR 1997, 355 = OLG Report 1997, 26: Die Dringlichkeit entfällt nicht schon dadurch, dass im gleichzeitig eingeleiteten Hauptsacheverfahren bereits ein vorläufig vollstreckbares Urteil vorliegt. Der Antragsteller ist nicht gehalten, das eV-Verfahren in der Berufungsinstanz für erledigt zu erklären, solange noch die Möglichkeit besteht, dass die Zwangsvollstreckung aus dem vorläufig vollstreckbaren Urteil in der Hauptsache einstweilen eingestellt wird.

WRP 1996, 774: Für die Frage, welcher Zeitablauf seit der Kenntnis des Verletzten die Vermutung der Dringlichkeit widerlegt, ist eine feste Zeitgrenze unterhalb von sechs Monaten als ungeeignet anzusehen, um generell deswegen die Eilbedürftigkeit als widerlegt anzusehen. Hieraus kann aber nicht abgeleitet werden, dass ein Zuwarten über einen Zeitraum von unter zwei Monaten regelmäßig keine Widerlegung rechtfertigen könnte.

WRP 1995, 854: Die Vermutung der Dringlichkeit kann nicht schematisch wegen eines Zeitablaufs von zwei Monaten als widerlegt angesehen werden. Dagegen stellt ein Hinweis auf eine besondere Dringlichkeit im Sinne von § 937 Abs. 2 ZPO keinen durchgreifenden Einwand dar. Diese besondere Dringlichkeit ist bei wettbewerbsrechtlichen Ansprüchen grundsätzlich anzunehmen.

WRP 1992, 493: Auch bei warenzeichen- und firmenrechtlichen Ansprüchen hat der Verletzer die Dringlichkeit zu widerlegen.

WRP 1987, 682: „vorgeschobener Verband": Bei Ansprüchen aus § 3 UWG können öffentliche Interessen nur dann zur Begründung der fortbestehenden Eilbedürftigkeit herangezogen werden, wenn diese zum Zeitpunkt der gerichtlichen Entscheidung immer noch in ernst zu nehmender und in erheblicher Weise beeinträchtigt werden.

NJW-RR 1987, 36: Die Parteien können im Termin neue Tatsachen vortragen. Eine Zurückweisung als verspätet kommt nicht in Betracht; da kein Anspruch auf Vertagung besteht, tritt keine Verzögerung ein. Die Eilbedürftigkeit kann nicht deshalb verneint werden, weil der Antragsteller entgegen einer ihm gesetzten Frist sein Vorbringen im Termin ergänzt.

NJW-RR 1986, 290 = WRP 1986, 716: Vermutung ist dann als widerlegt anzusehen, wenn der Verletzte das wettbewerbswidrige Verhalten in Kenntnis der maßgebenden Umstände längere Zeit hingenommen hat. Dazu gehören auch die tatsächlichen Umstände, die die Wettbewerbswidrigkeit begründen (WRP 1981, 326; gegen KG WRP 1980, 262).

NJW-RR 1986, 200: Dringlichkeit ist auch bei Unrichtigwerden einer Alleinstellungswerbung zu bejahen, da auf den Eintritt der Veränderung abzustellen ist.

WRP 1985, 223: Vorgehen gegen ein Gewinnspiel in mehreren Verfügungsverfahren als Rechtsmissbrauch („Salamitaktik").

WRP 1984, 418: Widerlegung kann auch bei einem Zuwarten von weniger als sechs Monaten angenommen werden.

GRUR 1983, 134f. = WRP 1983, 101, 102: Vermutung ist widerlegt, wenn Verhalten in Kenntnis aller maßgeblichen Umstände längere Zeit hingenommen wurde (WRP 1974, 641; GRUR 1977, 175). Von einer Widerlegung ist bei einer Frist von sechs Monaten auszugehen. Daraus folgt jedoch nicht, dass dem Verletzten stets sechs Monate zur Verfügung stünden. Aufgrund besonderer Umstände des Einzelfalls kann die Vermutung auch schon früher als widerlegt angesehen werden (WRP 1982, 161).

WRP 1982, 478: Überlegungsfrist beginnt nicht erst mit der tatsächlichen Markteinführung des verletzenden Produkts zu laufen, sondern bereits zu dem Zeitpunkt, zu dem der Antragsteller zuverlässig von der bevorstehenden Markteinführung wusste.

WRP 1982, 161: Dringlichkeitsschädliches widersprüchliches Verhalten, wenn zunächst nur gegen einen Teil der bekannten Werbung vorgegangen wird.

WRP 1981, 589: Es fehlt am Rechtsschutzinteresse für das eV-Verfahren, wenn damit primär die Verursachung von Kosten angestrebt wird.

WRP 1981, 326: Dringlichkeit ist gegeben, auch wenn sich die angegriffene Werbung auf einen bereits abgeschlossenen Totalausverkauf bezieht.

OLG Hamm

Urt. v. 13.2.2014 – 4 U 172/13, juris: Die Einreichung des Verfügungsantrags bei einem möglicherweise unzuständigen Gericht widerlegt nicht die Dringlichkeit; bei Vorliegen sich widersprechender Privatgutachten, kann die Behauptung (Gefahr eines Stromschlags bei Benutzung von Absauggeräten) nicht als glaubhaft gemacht angesehen werden. **927**

GRUR-RR 2013, 306: § 12 Abs. 2 UWG ist auf den Besichtigungsanspruch gemäß § 809 BGB sowie auf den wettbewerbsrechtlichen Schadensersatzanspruch nicht anwendbar.

NJW 2012, 1156: Dringlichkeit ist nicht widerlegt, wenn nach Kenntnis vom Inhalt des Testkaufs (2.3.2011) nach etwas mehr als einem Monat (7.4.2011) der Verfügungsantrag eingereicht wird.

WRP 2012, 508: Kenntnis eines älteren, mehrseitigen Werbeprospekts begründet keine positive Kenntnis einer später beanstandeten konkreten Stelle in dem Prospekt.

Urt. v. 15.3.2011 – 4 U 200/10, juris: Ein Antrag des Antragstellers auf Terminsverlegung, der ohne ausdrückliche anderweitige Erklärung auch eine Verlegung auf einen späteren Zeitpunkt beinhaltet, widerlegt die Dringlichkeit; ebenso Urt. v. 15.9.2009 – 4 U 103/09, juris (Verhinderung des sachbearbeitenden Rechtsanwalts rechtfertigt nicht die Verschiebung des Termins unter Wahrung der Eilbedürftigkeit) und Urt. v. 30.6.2009 – 4 U 74/09, juris.

Urt. v. 15.1.2011 – 4 U 144/10, juris: § 12 Abs. 2 UWG ist auf markenrechtliche Ansprüche nicht anwendbar.

Beschl. v. 9.9.2010 – 4 W 97/10, juris: Die Dringlichkeitsfrist ist widerlegt, wenn der Antragsteller länger als einen Monat mit der Stellung des Verfügungsantrags zuwartet. Dabei handelt es sich um einen der Orientierung dienenden Richtwerte, eine starre Anwendung der §§ 186ff. BGB und des § 193 BGB ist nicht gerechtfertigt; ebenso PharmaR 2009, 564.

Urt. v. 13.4.2010 – 4 U 7/10, juris: Ein Zuwarten von sechs Wochen widerlegt die Dringlichkeit; da das Gericht erster Instanz ausschließlich zuständig ist, kann in zweiter Instanz der Verbotsgrund nicht ausgetauscht werden.

Beschl. v. 3.2.2010 – 4 W 3/10, juris: § 12 Abs. 2 UWG findet auf Unterlassungsansprüche aus dem Urheberrecht keine analoge Anwendung; zu den Anforderungen an einen Verfügungsgrund bei urheberrechtlichen Ansprüchen.

Urt. v. 1.10.2009 – 4 U 119/09: Die Dringlichkeitsvermutung wird widerlegt, wenn der Antragsteller zunächst nur gegen einen von mehreren Verstößen vorgeht.

MMR 2009, 628: Die Dringlichkeitsvermutung ist widerlegt, wenn der Antragsteller ab Kenntnis von dem Verstoß mehr als einen Monat bis zur Einreichung des Verfügungsantrags bei Gericht zuwartet. Durch nicht erforderliche Recherchen wird die Frist nicht verlängert.

GRUR 2007, 173: Dringlichkeitsvermutung wird widerlegt, wenn der Antragsteller vor Erlass der einstweiligen Verfügung ein Versäumnisurteil gegen sich ergehen lässt.

MMR 2005, 469: Kenntnis der beanstandeten Werbung ist dann nicht dringlichkeitsschädlich, wenn der Text und die Aufmachung in einer die Irreführungsgefahr begründenden und verstärkenden Weise innerhalb eines Monats vor Beantragung der einstweiligen Verfügung geändert wurde.

MD 2003, 892: Anforderungen an die Vollziehung; Heilung von Mängeln auch bei Beschlussverfügung möglich.

WRP 2002, 747, 750: Die Dringlichkeit ist gewahrt, da der Antrag binnen Monatsfrist nach Kenntnis des Verstoßes gestellt wurde.

MMR 2001, 695: § 25 UWG a. F. gilt nicht bei einem Streit um die Einwilligung in die Änderung der Eintragung einer Domain.

K&R 2000, 90: § 25 UWG a. F. gilt für Markensachen nicht entsprechend; vgl. auch Bericht GRUR 2003, 865.

Urt. v. 24.3.1998 – 4 U 18/98 (Juris): Für den Zeitpunkt der Kenntniserlangung eines Verbandes kommt es nicht auf den Zeitpunkt an, in dem der spätere Informant des Verbandes Kenntnis erlangt hat.

NJWE-WettbR 1996, 164: Dringlichkeitsschädliche Verzögerung um drei Monate aufgrund eines Tatbestandsberichtigungsantrags des unterlegenen Antragsstellers.

NJWE-WettbR 1996, 164: Das Einverständnis des Antragstellers mit dem Terminsverlegungsantrags von Seiten des Antragsgegners vor Verhandlung über den eV-Antrag um etwa vier Wochen widerlegt die Vermutung. Die hiergegen eingelegte Verfassungsbeschwerde wurde nicht angenommen, BVerfG, Beschl v. 3.4.1998 – 2 BvR 415/96 (Juris) – auch zur Vermutung des § 25 UWG a. F.

Urt. v. 8.11.1994 – 4 U 163/94 (Juris): Monatsfrist.

Urt. v. 19.9.1994 – 4 U 77/94 (Juris): Anwendbarkeit von § 25 UWG a. F. auf Ansprüche nach dem WZG wurde offen gelassen.

OLG Report 1994, 221 = GRUR 1995, 230 (LS): Zuwarten von einem Monat seit Kenntnis des Verstoßes bis zur Begehrung um einstweiligen Rechtsschutz lässt die Vermutung als widerlegt erscheinen.

Urt. v. 2.9.1994 – 4 U 90/94: Einem in der Berufungsinstanz gestellten Hilfsantrag – mangels Vorliegens eines erledigenden Ereignisses – eine eV zu erlassen, fehlt fünf Monate nach der Erledigungserklärung die Dringlichkeit.

OLG Report 1994, 103: Vermutung ist widerlegt, wenn eV-Antrag zwei Monate nach Kenntnis des Verstoßes gestellt wird, ohne dass sich diese Zeitspanne durch erfolgversprechende Vergleichsverhandlungen erklären ließe.

OLG Report 1994, 105: Vermutung ist widerlegt, wenn mehr als ein Monat ab Kenntnis der beanstandeten Werbung zugewartet wird.

NJW-RR 1994, 48 = GRUR 1993, 855 (LS) = OLG Report 1994, 32: Vermutung ist widerlegt, wenn Gläubiger infolge des zweiwöchigen Sommerurlaubs seines Anwalts mehr als 1 Monat untätig bleibt (Ablauf der Frist für Unterwerfung: 30.7.1992; Eingang eV-Antrag: 1.9.1992).

OLG Report 1993, 56: Vermutung nicht widerlegt, wenn Abmahnung deshalb mehr als 1 Monat nach Kenntniserlangung ausgesprochen wird, weil Antragsteller noch einen Gerichtstermin abwarten will, in dem ein Sachverständiger zur Fragen vernommen werden soll, die mit dem Gegenstand der Abmahnung in Zusammenhang stehen.

WM 1993, 2050: Sicherheitsleistung; erneuter Verfügungsantrag bei bereits anhängigem Verfügungsverfahren als zulässiger Hilfsantrag; Rechtshängigkeit steht dem nicht entgegen, sodass zunächst gestellter Antrag nicht zurück genommen werden muss. Dringlichkeit muss aber für diesen Zeitpunkt erneut geprüft werden. Widerlegung nicht bereits deshalb, weil bei Sicherheitsleistung Fehler unterlaufen sind.

GRUR 1992, 864: Widerlegung der Vermutung, wenn nach Ausschöpfung der Rechtsmittelfristen Verlegung des Termins – alternativ auch auf späteren Termin – beantragt wird, um einem auswärtigen Anwalt die Teilnahme am Termin zu ermöglichen.

GRUR 1992, 888: Erfordernis der Vollziehung der auf Sequestrierung lautenden eV durch Auftrag an GVZ; Schreibfehler in der Ausfertigung; Ergehen eines VU gegen den in erster Instanz unterlegenen Antragsteller im Berufungsverfahren widerlegt die Dringlichkeit.

GRUR 1992, 889 = CR 1993, 287: Widerlegung der Dringlichkeit wegen Unterlassen eines mit hohen Kosten (DM 30 000,–) verbundenen Testkaufs.

NJW-RR 1993, 366 = GRUR 1993, 512 LS: Ausschöpfung der Rechtsmittelfristen allein widerlegt die Dringlichkeit nicht; Widerlegung aber zu bejahen, wenn Antragsteller Schriftsatzfrist beantragt und wegen einer Geschäftsreise um Verlegung des Verkündungstermins bittet und die Berufungs- und Begründungsfrist (fast) voll ausschöpft.

OLG Report 1992, 622: Ein Feststellungsinteresse nach übereinstimmender Erledigungserklärung, dass Unterlassungsanspruch bestanden hat und eV zu Recht erlassen wurde, ist zu verneinen.

NJW-RR 1992, 622: Widerlegung der Dringlichkeit nicht allein durch Ausschöpfung der Rechtsmittelfristen. Widerlegung durch Antrag auf Verlängerung der Begründungsfrist, wenn nicht sachlich erforderlich – Beschaffung noch fehlender eidesstattlicher Versicherung. Anwaltserkrankung kein sachlich hinreichender Grund, wenn lediglich Behinderung der Arbeitskraft.

GRUR 1991, 635: Unterlassenes Vorgehen gegen alle Verletzer steht Dringlichkeit nicht entgegen; auch nicht dass Rechtsfrage demnächst vom BGH entschieden wird.

GRUR 1991, 480: In der Berufungsinstanz können nur die bereits in 1. Instanz erhobenen Ansprüche weiter verfolgt werden (2. Instanz: Urheberrechte). Unterlassenes Vorgehen gegen Dritten beseitigt Dringlichkeit nicht; auch nicht Antrag auf Verlängerung der Berufungsbegründungsfrist um zwei Wochen in einer tatsächlich und rechtlich verwickelten Sache, wenn Akten mit Beweismitteln erst sechs Tage vor Ablauf der Frist zur Verfügung gestellt werden.

GRUR 1990, 470: Aufhebung eines Verbots nach Ablauf des Zeitraums bei befristetem Räumungsverkauf kommt nicht in Betracht, da eV von vorneherein befristet war.

GRUR 1990, 309: Ein Widerspruch gegen eV, verbunden mit einem eingeschränktem Anerkenntnis, stellt keinen Kostenwiderspruch dar, selbst wenn lediglich fehlende Abmahnung geltend gemacht wird; Anerkenntnis im Termin ist kein sofortiges i. S. v. § 93 ZPO.

GRUR 1988, 717: keine Widerlegung bei zwölf Wochen zwischen Kenntnis und Einreichung des eV-Antrags, wenn dieser Zeitraum zu den notwendigen Recherchen erforderlich war.

WRP 1986, 175 (LS): Wenn nach Erledigungserklärung nur noch über die Kosten gestritten wird, ist eine Fristverlängerung unschädlich.

WRP 1985, 435: Dringlichkeit ist zu verneinen, wenn aus Zeitgründen ein Gebrauchmachen von dem Titel nicht mehr in Betracht kommt.

GRUR 1985, 454: Fehlen des Verfügungsgrundes, wenn nach vergeblicher Abmahnung sofort Hauptsacheklage erhoben wird. Anders, wenn nach Erhebung der Hauptsacheklage neue Gesichtspunkte zu Tage treten, die nunmehr eine einstweilige Regelung geboten erscheinen lassen.

Urt. v. 28.2.1984 – 4 U 411/83: Einlegung der Berufung erst kurz vor Ablauf der Frist des § 516 ZPO a. F. widerlegt die Dringlichkeit.

GRUR 1984, 140: Ausschöpfung der Rechtsmittelfristen ist unschädlich.

WRP 1981, 473: Maßgeblich ist der Zeitpunkt der Kenntniserlangung von der beanstandeten Werbung. Ein erst nachträglich erlangtes „kritisches Bewusstsein" ist bei branchenkundigen Konkurrenten ohne Bedeutung.

WRP 1981, 224: Vermutung ist widerlegt, wenn seit Erscheinen der Anzeige 2–3 Monate zugewartet wird. Das vergebliche Einschalten eines Verbandes ändert daran nichts.

OLG Jena

Beschl. v. 4.3.2013 – 2 W 502/12, juris: Ausnahmsweise keine Zustellung der im Tenor erwähnten Anlagen für eine ordnungsgemäße Vollziehung erforderlich, wenn diese der gerichtliche Ausfertigung nicht beigefügt waren und die Anlagen für die Verständlichkeit des Tenors nicht erforderlich sind. **928**

WRP 2012, 845: Grob fahrlässige Unkenntnis eines früheren identischen Verstoßes widerlegt die Dringlichkeit.

MD 2011, 755: Eine starre Monatsfrist bei der Frage der Selbstwiderlegung der Dringlichkeit bei nicht routinemäßig zu erledigenden Wettbewerbsstreitigkeiten ist nicht anzuwenden.

MD 2009, 184 = GRUR-RR 2009 (LS): Die Einlegung einer Anschlussberufung gegen den aufgehobenen Teil der einstweiligen Verfügung nach etwa vier Monaten widerlegt die Dringlichkeitsvermutung.

WRP 2008, 144 LS: Bei der Durchsetzung einer nachvertraglichen Wettbewerbsabrede (Unterlassen der Vermietung an ein Konkurrenzunternehmen) fehlt es grundsätzlich an dem für die Geltendmachung im Verfügungsverfahren erforderlichen Verfügungsgrund.

OLG-NL 1999, 228: Erledigung des Verfügungsverfahrens bei Eintritt der Verjährung.

WRP 1997, 363: Zeitlich befristetes Beschäftigungsverbot bei unzulässigem Abwerben von Arbeitskräften kann auch im eV-Verfahren verhängt werden.

Urt. v. 23.10.1996 – 2 U 841/96, bei *Orth* WRP 1997, 702, 703 unter 3.: Vermutung der Dringlichkeit ist widerlegt, wenn der Antragsteller nach Kenntnis der beanstandeten Wettbewerbshandlung länger als einen Monat mit seinem Antrag zuwartet.

Urt. v. 12.2.1997 – 2 U 997/96 – Vollziehungsfrist beginnt mit Verkündung des Urteils zu laufen (bei *Orth* a. a. O. unter 3.25).

OLG Karlsruhe

GRURPrax 2015, 463: Zu den Anforderungen an eine Unterlassungsverfügung wegen Patentverletzung. **929**

GRUR-RR 2010, 793: Die Zuständigkeit des Gerichts wird durch die Erhebung der Hauptsacheklage bei einem anderen Gericht nicht in Frage gestellt. Durch die Anhängigkeit der Hauptsache wird die Dringlichkeitsvermutung nicht widerlegt, auch wenn mit einer baldigen Entscheidung zu rechnen ist.

WRP 2007, 822: Die Dringlichkeitsvermutung ist im Regelfall widerlegt, wenn der Antragsteller länger als einen Monat seit Kenntnis der beanstandeten Wettbewerbshandlung und des Verletzers zuwartet, bevor er den Verfügungsantrag stellt.

WRP 2002, 264: Bestellung im Sinne von § 176 ZPO a. F., Einreichung einer Schutzschrift; Erledigung durch bloßen Zeitablauf des beabsichtigten Ausverkaufs (anders OLG Zweibrücken NJWE-WettbR 1997, 25).

WRP 2001, 425, 426: Erhebung der Hauptsacheklage beseitigt die Dringlichkeitsvermutung, sofern seither keine neue Umstände eingetreten sind.

NJWE-WettbR 1998, 72: Zur Beseitigung der Wiederholungsgefahr kann der Unterlassungsschuldner zwischen Abschlusserklärung und Unterwerfung frei wählen (gegen OLG Köln WRP 1996, 333, 338).

WRP 1996, 1198: Solange ein Unterlassungsanspruch besteht, ist seine Durchsetzung grundsätzlich eilbedürftig. Keine Darlegungen zu §§ 935, 940 ZPO erforderlich.

GRUR 1995, 510: Eine Marktbeobachtungspflicht besteht nicht. Es kommt deshalb nur auf positive Kenntnis an. Für die Ausräumung der Dringlichkeitsvermutung ist der Antragsgegner verantwortlich. Im Falle längerer unbeanstandeter Werbung kann die Vermutung aber so stark erschüttert sein, dass vom Antragsteller eine Darlegung oder Glaubhaftmachung erwartet werden kann, wann er bzw. seine Mitarbeiter von dem Verstoß Kenntnis erlangt haben.

WRP 1995, 649: Zuwarten von etwas mehr als zwei Monaten bei Einschalten eines Rechtsanwalts und vergeblicher Abmahnung nicht zu lange.

WRP 1995, 398: Wiederaufleben der Dringlichkeit bei erheblicher Intensivierung des Verstoßes nach Erhebung der Hauptsacheklage.

GRUR 1994, 726 = NJW-RR 1995, 176: § 25 UWG a. F. gilt auch für urheberrechtliche Ansprüche.

NJW-RR 1993, 1470: Vermutung des § 25 UWG a. F. entfällt, wenn ein Verband im Interesse eines bestimmten Mitbewerbers vorgeht, der seinerseits in Kenntnis des Verstoßes so lange zugewartet hat, dass in seiner Person die Vermutung nicht mehr gelten könnte (unter Hinweis auf OLG Hamburg WRP 1987, 682, 683; OLG Frankfurt GRUR 1991, 471).

GRUR 1993, 135 = WRP 1993, 257: Vermutung wird widerlegt, wenn der Antragsteller seinen Antrag zurücknimmt und ihn vor einem anderen Gericht in erster Instanz erneuert.

WRP 1991, 670: Nimmt der Antragsteller gleichartige Verstöße Dritter hin, so lässt dies den Schluss zu, dass der beanstandete Wettbewerbsverstoß nicht als so schwerwiegend angesehen wird, dass seine eilige Unterbindung unerlässlich wäre, so wenn mit anderen Wettbewerbern bzgl. eines gleichartiges Verhaltens ein Stillhalteabkommen vereinbart wurde.

WRP 1986, 232: Keine erneute Vollziehung, wenn sachlicher Gehalt der eV sich nicht ändert, auch wenn in abändernder Fassung aufrechterhalten. Wenn Antragsteller bereits über eV verfügt, geht die Mitwirkung an der Verzögerung des Widerspruchsverfahrens nicht zu seinen Lasten. Ebenso wenn er aus vernünftigen Gründen zeitweilig auf eine Vollstreckung aus der Beschlussverfügung verzichtet.

WRP 1984, 221: Dringlichkeit entfällt nicht bereits bei einer weitgehenden Ausschöpfung der Rechtsmittelfristen.

OLG Koblenz

930 GRUR 2011, 451 m. Anm. Demuth, S. 404: Vermutung ist im Regelfall widerlegt, wenn der Antragsteller erst mehr als einen Monat nach Kenntniserlangung einen Antrag stellt und kein die Verzögerung rechtfertigenden Gründe bestehen (Abweichung von bisheriger Rspr.).

CR 2003, 766: Verfügungsgrund bei E-Mail-Werbung (verneint).

GRUR 1995, 499: Kommt es zu einer Änderung der Konkurrenzlage, die zu einer völlig neuen Verletzungssituation führt, so kann die verloren gegangene Dringlichkeit wieder aufleben; Gewährung einer Aufbrauchfrist dann möglich, wenn keine Einwendungen erhoben werden.

WRP 1993, 343: § 938 Abs. 1 ZPO findet auf wettbewerbsrechtliche Unterlassungsansprüche keine Anwendung, da keine inhaltliche Veränderung des Antrags möglich.

WRP 1988, 479: Fraglich, ob § 25 UWG a. F. auch für warenzeichenrechtliche Ansprüche anwendbar; Dringlichkeit nicht mehr gegeben, wenn mehr als 1 Jahr nach Kenntnis untätig geblieben.

GRUR 1985, 300: Widerlegung setzt positive Kenntnis voraus. Unerheblich ist, ob Antragsteller im Falle einer Marktbeobachtung den Verstoß früher hätte erkennen können.

WRP 1982, 668: § 938 Abs. 1 ZPO gilt bei Unterlassungsverfügungen nicht. Es liegt keine Klageänderung vor, wenn ein unbestimmter Antrag in eine zulässige Form gebracht wird. Hierdurch wird auch die Dringlichkeit nicht beseitigt. Bei einem Kostenwiderspruch ist eine Entscheidung in der Sache nicht zulässig. Gegen eine dennoch ergangene Sachentscheidung ist Berufung gegeben.

OLG Köln

931 WRP 2015, 1385: Zum Missbrauch des Verfügungsverfahrens (§ 8 Abs. 4 UWG) bei gerichtlichem Vorgehen, um ein Einlenken des Gegners in einer anderen Auseinandersetzung zu erreichen.

GRUR-RR 2014, 127: Eine grob fahrlässige Unkenntnis (bewusstes Sich-Verschließen) liegt nur dann vor, wenn eine fehlende Reaktion auf offensichtliche Rechtsverstöße ein völliges Desinteresse am Wettbewerbsgeschehen indiziert.

MD 2015, 470, 473 ff. und WRP 2014, 1085: § 12 Abs. 2 UWG ist im Markenrecht nicht analog anwendbar;

WRP 2011, 109, 110: Positive Kenntnis der Entscheidungsträger bzw. ein bewusstes Verschließen der Kenntnis zur Widerlegung der Dringlichkeit erforderlich.

WRP 2010, 562: maßgebliche Kenntnis bei arbeitsteiligen Unternehmen (GmbH).

MD 2004, 229 f.: Bedeutung der Dringlichkeitsvermutung; Anforderungen an den Sachvortrag zur Darlegung einer früheren Kenntnis auf Seiten des Antragsstellers bzw. zum rechtsmissbräuchlichen Vorschieben durch einen Dritten.

WRP 2003, 1008: Dringlichkeitsvermutung gilt nicht bei der Verfolgung von Auskunftsansprüchen.

MD 2004, 80 f.: wie vorstehend; die Anordnung der Auskunftserteilung im Verfügungsverfahren setzt regelmäßig die Anhörung des Antragsgegners voraus.

GRUR-RR 2003, 187: Auch nach der Neuregelung des Verjährungsrechts besteht keine Marktbeobachtungspflicht zur Wahrung der Dringlichkeit.

MD 2003, 352, 354: Aus der fast vollständigen Ausnutzung der Frist zur Berufungsbegründung kann nicht auf eine mangelnde Dringlichkeit geschlossen werden. Das Ausnutzen der zweimonatigen Frist nach neuem Recht kann in der Regel nicht als dringlichkeitsschädlich angesehen werden.

OLG Report 2002, 468 (16. ZS): Die Gestaltungswirkung eines einen Arrest aufhebenden Urteils kann nicht dadurch (mit Wirkung der Wiederbegründung des Arrestes) beseitigt werden, dass das Berufungsgericht die Zwangsvollstreckung aus dem aufhebenden Urteil einstweilen einstellt.

GRUR-RR 2002, 309: Zur Unbeachtlichkeit der Schiedseinrede im eV-Verfahren; S. 310: zur Anwendbarkeit im Markenrecht.

MD 2002, 1191: Zur Dringlichkeit bei einem Vorgehen gegen eine bestimmte Werbung, obwohl die fraglichen Produkte bereits seit langem in eine bestimmte Produktgruppe eingeordnet werden.

MD 2002, 528, 530f.: Zur Wissenszurechnung im Rahmen der Widerlegung der Dringlichkeitsvermutung.

MD 2001, 1399: Kommt das Gericht in seinem eine Beschlussverfügung bestätigenden Entscheidungsgründen auf eine von zwei in dem Beschluss angeführten Argumentationen nicht mehr zurück, bedarf es keiner erneuten Vollziehung des Titels (m. w. N.).

NJW-RR 2001, 1486: Zur Frage etwaigen Dringlichkeitsverlusts bei der Anpassung eines Verfügungsantrags an die konkrete Verletzungsform (verneint).

MD 2001, 1001, 1004: Dringlichkeitserfordernis als besondere Ausprägung des allgemeinen Rechtsschutzbedürfnisses kann offen bleiben, wenn Antrag unbegründet (unter Hinweis auf BGH NJW 1978, 2032).

MD 2001, 1012, 1013: Zustellung einer eV von Amts wegen reicht nicht als Vollziehungsakt im Sinne von § 929 Abs. 2 ZPO.

WRP 2001, 1099: Erledigung der Hauptsache kann auch dann festgestellt werden, wenn das erledigende Ereignis vor Zustellung der Beschlussverfügung eingetreten ist. Zur Marktbeobachtungspflicht einschließlich der Register.

GRUR 2000, 167: Ein Zuwarten von fünf Wochen ohne zwingende Gründe beseitigt die Vermutung.

GRUR 2000, 154: Vermutung entfällt nicht deswegen, weil Antrag von „und" in „und/oder" geändert wird, sofern sich aus der Anspruchsbegründung ergibt, dass entsprechender Titel von Anfang an begehrt wurde.

NJWE-WettbR 2000, 173: Zuwarten von mehr als sechs Wochen mit Beschwerde gegen teilweise Abweisung des Antrags widerlegt die Dringlichkeit.

NJWE-WettbR 1999, 252: Die dringlichkeitschädliche Kenntnis setzt positive Kenntnis voraus. Selektives Vorgehen gegen den Einzelhandel, nicht jedoch gegen den Groß- und Zwischenhandel ist nicht dringlichkeitsschädlich, sondern kann allenfalls unter dem Gesichtspunkt des Rechtsmissbrauchs berücksichtigt werden.

WRP 1999, 222: Maßgeblich ist die Kenntnis des nach der betrieblichen Organisation zuständigen Mitarbeiters.

GRUR 1999, 376: Vermutung der Dringlichkeit besteht nicht mehr, wenn nach Erhebung einer negativen Feststellungsklage neun Monate mit dem eV-Antrag zugewartet wird.

GRUR 1999, 66: Zur Zustellung im Ausland, § 207 Abs. 1 ZPO a. F.; Wirksamkeit der Zustellung steht nicht entgegen, dass eV entgegen § 922 Abs. 2 ZPO keine Begründung enthält.

NJWE-WettbR 1998, 247 = GRUR 1999, 94 (LS): § 25 UWG a. F. gilt nicht bei einer Telefax-Werbung, wenn kein Handeln zu Zwecken des Wettbewerbs.

GRUR 1999, 98 (LS 1): Vermutung nicht widerlegt, wenn die als irreführend beanstandete Werbung in einer Publikumszeitschrift bereits vorher im Beipackzettel enthalten war.

InVO 1998, 198: Zur Rückwirkung einer nach Ablauf der Vollziehungsfrist vorgenommenen Zustellung nach Scheitern einer Zustellung im Ausland – Abgrenzung zu RGZ 70, 291; zur Zustellungsbevollmächtigung eines Patentanwalts in UWG-Sachen.

NJWE-WettbR 1998, 138: Keine allgemeine Verpflichtung zur Überprüfung der Werbung von Konkurrenten. Bei ernsthaften Zweifeln an der Rechtmäßigkeit müssen die gebotenen Ermittlungen zügig vorgenommen werden. Ein Zuwarten von 6 Wochen ist dringlichkeitsschädlich.

NJWE-WettbR 1998, 145 = CR 1998, 199: Zuwarten von eineinhalb bzw. drei Monaten mit eV-Antrag nach Erstattung einer Strafanzeige wegen Geheimnisverrats dringlichkeitsschädlich, wenn zwischenzeitlich keinerlei weiteren Erkenntnisse gewonnen werden konnten.

WRP 1997, 872: Zuwarten von 12 Monaten nach Eintragung einer jüngeren Marke ist dringlichkeitsschädlich, auch wenn zuvor Widerspruch gegen Markeneintragung eingelegt wurde.

NJWE-WettR 1997, 176: Ausschöpfung der Berufungsfrist beseitigt Vermutung nicht; auch nicht die Neufassung des Verfügungsantrags.

NJW-RR 1997, 59f. (18. Senat): eV auf Abgabe einer Willenserklärung (Zustimmung zur Grundschuldbestellung) möglich, wenn Zurückweisung einer Rechtsverweigerung gleichkäme.

NJW 1997, 3139: Vermutung nicht widerlegt, auch wenn eine zur Überprüfung von Verstößen beschaffte Diskette nicht sofort ausgewertet wird, aber dann nach Entdeckung eines Verstoßes, mit dem zunächst nicht zu rechnen war, zügig vorgegangen wird.

WRP 1996, 781: Dass gegen einen Hersteller nicht vorgegangen wurde, ist unschädlich, wenn von einem Händler eine neue Werbeform verwendet wird, derer sich der Hersteller noch nicht bedient hatte.

NJWE-WettbR 1996, 32: Keine Aussetzung und Vorlage an den EuGH im eV-Verfahren.

GRUR 1995, 508 = NJW-RR 1995, 1003: Zur Widerlegung der Vermutung.

GRUR 1995, 520: Ein Zeitraum von vier Wochen, der für Recherchen im Hinblick auf die fachwissenschaftliche Absicherung von wissenschaftlichen Aussagen erforderlich ist, ist unschädlich. Dringlichkeitsschädliche Kenntnis einer wettbewerbswidrigen Produktgestaltung liegt nur dann vor, wenn dem Antragsteller die tatsächlich für den Markt bestimmte Ausstattung konkret bekannt ist.

Pharma Recht 1995, 164: Vollziehung setzt Zustellung in vollständiger Form, d. h. einschließlich der in den Tenor aufgenommenen Werbung voraus. Zum Rechtsschutzbedürfnis für ein weiteres selbständiges Verbot unter anderem rechtlichen Gesichtspunkt.

NJW-RR 1995, 1088 (16. Senat): Zur Zulässigkeit einer Leistungsverfügung.

WRP 1994, 197: Widerlegung durch Untätigbleiben.

GRUR 1994, 138, 140: Keine feste zeitliche Grenze, fünf Monate jedoch zu lange.

GRUR 1993, 685: Widerlegung der Dringlichkeit bei Kenntnis der Werbung über einen Zeitraum von acht Wochen bis zur Antragstellung.

GRUR 1993, 567 = NJW-RR 1993, 819: Keine feste zeitliche Grenze. Vielmehr ist jeweils auf die Umstände des Einzelfalls abzustellen, wobei außer dem konkreten Verstoß notwendige Ermittlungen, aber auch die Reaktion des Verletzers sowie andere Gesichtspunkte eine Rolle spielen (2 Monate bei zwischenzeitlichen Verhandlungen unschädlich).

WRP 1984, 642: Zur Dringlichkeit eines eV-Antrags.

WRP 1981, 339: Abmahnungserfordernis.

WRP 1980, 503: Die volle Ausschöpfung der Berufungseinlegungs- und -begründungsfrist kann die Dringlichkeit widerlegen (a. A. GRUR 1979, 172).

WRP 1980, 502: Dringlichkeit nicht widerlegt, wenn dem Antragsgegner die Möglichkeit eingeräumt wird, sich im Interesse einer gütlichen Einigung die Berechtigung des Unterlassungsbegehrens innerhalb angemessener begrenzter Frist zu informieren.

OLG München

932 Beschl. v. 4.8.2015 – 6 U 2258/15: § 12 Abs. 2 UWG ist auf bürgerlich-rechtliche Ansprüche sowie auf urheberrechtliche Ansprüche nicht entsprechend anwendbar.

GRUR 2015, 590 Tz. 67: Unzulässigkeit der Einführung eines neuen Streitgegenstands in 2. Instanz

Urt. v. 21.5.2015 – 6 U 4801/14: Widerlegung der Dringlichkeitsvermutung aufgrund unterlassener Vollstreckung aus früherer inhaltsgleicher einstweiliger Verfügung; Unterlassen der Hauptsacheklage; unzulässige Antragserweiterung in 2. Instanz.

Beschl. v. 13.3.2015 – 6 W 300/15: § 12 Abs. 2 UWG ist auf geschmacksmusterrechtliche Ansprüche nicht entsprechend anwendbar (ebenso BeckRS 2014, 18450).

Urt. v. 29.1.2015 – 6 U 3823/14: Grob fahrlässige Unkenntnis steht der positiven Kenntnis in Bezug auf den Beginn der Dringlichkeitsfrist gleich; keine allgemeine Marktbeobachtungspflicht.

BeckRS 2014, 18450: Dem Verletzten bleibt es überlassen, ob er aufgrund einer Erstbegehungsgefahr gerichtlich vorgeht oder ob eine Verletzungshandlung abwartet.

GRUR-RR 2013, 388, 370: § 12 Abs. 2 UWG ist auf markenrechtliche Ansprüche nicht entspr. anwendbar.

WRP 2012, 1298: § 12 Abs. 2 UWG findet im Urheberrecht keine Anwendung.

BeckRS 2008, 42019: § 12 Abs. 2 UWG ist auf urheberrechtliche Ansprüche nicht analog anwendbar.

Beschl. v. 16.8.2007 – 29 U 3340/07: Antrag auf Verlängerung der Frist zur Berufungsbegründung um einen Monat als dringlichkeitsschädlich, auch wenn die beantragte Frist nicht ausgeschöpft wird – Abgrenzung zu OLGR 2002, 222f.

MD 2007, 973, 975f: Zum Beginn der Monatsfrist.

Beschl. v. 17.4.2007 – 29 W 1295/07: § 12 Abs. 2 gilt nicht entsprechend bei Urheberrechtsstreitigkeiten; die Einhaltung der Monatsfrist sowie die Darlegung und Glaubhaftmachung eines Verfügungsanspruchs sind für die Darlegung und Glaubhaftmachung eines Verfügungsgrundes gemäß §§ 935, 940 ZPO nicht ausreichend.

WRP 2007, 349, 350: Verfahren der Richterablehnung nicht als dringlichkeitsschädlich.

GRUR 2007, 174 = WRP 2007, 201: § 12 Abs. 2 gilt nicht analog in Kennzeichenstreitigkeiten.

MD 2006, 916, 921f: Ablehnung einer allgemeinen Marktbeobachtungspflicht, keine Analogie zu § 11 Abs. 2 Nr. 2 UWG.

MD 2005, 560: Die (teilweise) Rücknahme eines Verfügungsantrags und dessen spätere erneute Einreichung bei demselben Gericht widerlegt die Dringlichkeitsvermutung.

InstGE 6, 53: Unterlassene Informationsbeschaffung über den Täter einer Urheberrechtsverletzung, obwohl unschwer möglich ist dringlichkeitsschädlich.

Kartellsenat GRUR-RR 2003, 193: Zum Rechtsschutzbedürfnis für Durchsetzung des Anspruchs auf Netzzugang.

CR 2003, 838 LS (14. Senat): Fehlendes Rechtsschutzbedürfnis für ein Vorgehen gegen die von einer Mobilfunkanlage ausgehende Gesundheitsgefährdung bei Zuwarten über einen Zeitraum von länger als einen Monat.

Beschluss vom 22.2.2002 – 6 W 3101/01: Zur Frage der Kenntniszurechnung (wie LG München I WRP 1997, 123, 126).

GRUR-RR 2002, 357, 358: Untätigkeit in Kenntnis konkreter Umstände, die eine Verwendung der beanstandeten Etiketten einer Brauerei im Getränkehandel nahe legten.

OLG Report 2002, 390 (21. Senat): Vollziehung einer eV auf Gegendarstellung.

OLG Report 2002, 222 f.: Ein dringlichkeitsschädliches Zuwarten setzt die positive Kenntnis aller anspruchsbegründender Umstände (Verletzungshandlung, Verletzer) voraus. Etwas anderes gilt nur dann, wenn Umstände bekannt sind, die eine Verletzung nahe legen und sich der Antragsteller ohne erheblichen Aufwand Gewissheit über eine Verletzung verschaffen kann. Verlängerung der Berufungsbegründungsfrist um zwei Wochen steht der Dringlichkeit nicht entgegen, wenn die Berufungsbegründung wegen Nichtausschöpfung der Frist zur Einlegung vor Ablauf von zwei Monaten nach Zustellung des Urteils bei Gericht eingeht.

OLG Report 2002, 14 f. (Landwirtschaftssenat): Mit der nachträglichen Androhung von Ordnungsmaßnahmen nach § 890 Abs. 2 ZPO für den Fall der Verletzung von Unterlassungspflichten aus einem vollstreckbaren Vergleich beginnt die Zwangsvollstreckung.

Mitt. 2001, 85, 89 = MD 2000, 660, 667 ff.: Dem Antragsteller steht ab positiver Kenntnis der Verletzungshandlung und des Verletzers ein Monat zur Verfügung, um im Wege der eV vorzugehen. Ist diese Zeitspanne zu kurz – etwa im Hinblick auf die erforderliche Beschaffung von Glaubhaftmachungsmitteln –, kann diese Zeitspanne überschritten werden. In diesen Fällen ist darzulegen, warum er hierzu innerhalb der Monatsfrist nicht in der Lage war. Hat er alle erforderlichen Glaubhaftmachungsmittel, muss er den Antrag alsbald einreichen (anders noch GRUR 1980, 1017, 1019). Einzelheiten der Münchner Rechtsprechung bezüglich Beginn und eventueller Ausdehnung der Monatsfrist im gewerblichen Rechtsschutz.

OLG Report 1999, 245 und Urt. v. 19.4.2001 – 29 U 1974/01: § 25 UWG a. F. gilt nicht in Geschmacksmusterverletzungsverfahren.

OLG Report 1999, 155: Zum Abmahnungserfordernis bei Sequestration.

Mitt. 1999, 223, 226 f.: Die tatsächliche Verletzung ist ein neuer unter Beachtung der Dringlichkeitsregeln angreifbarer Tatbestand. Dem möglicherweise künftig Verletzten muss es überlassen bleiben, ob er bei Erstbegehungsgefahr sofort vorgeht oder eine Verletzungshandlung abwartet.

Urt. v. 1.10.1998 – 29 U 4715/98: Es ist in der Regel Sache des Antragsgegners, die Vermutung der Dringlichkeit zu widerlegen. Dabei kann auch auf allgemeine Erfahrungssätze zurückgegriffen werden. Ein allgemeiner Erfahrungssatz, dass jemand, der auf einem lokalen Markt wirbt, die dort von seinen Wettbewerbern betriebene Werbung kennt, besteht jedoch nicht.

OLG Report 1998, 376: Die Dringlichkeit ist nicht widerlegt, wenn infolge „unglücklicher" Antragsformulierung vom LG jeweils nur Teilbereiche verboten werden. Für die Frage, ob ein anderweitiger Verstoß gerügt wird, kommt es auf die Antragsbegründung und den Antragsvorschlag an.

Urt. v. 25.2.1998 – 29 U 6463/98: Antragsteller muss sich die erforderliche Kenntnis verschaffen und darf nicht tatenlos zuwarten, wenn ihm konkrete Umstände bekannt geworden sind, die die Verletzung seiner Rechte nahe legen.

Urt. v. 12.6.1997 – 29 U 3015/97: Vollziehung der eV – § 176 ZPO a. F. „bestellt".

Urt. v. 19.9.1995 – 29 U 3707/95: Zu den Voraussetzungen eines Leistungsverfügung; Verbot der Weigerung der Anerkennung eines Prüfsystems = Leistungsbegehren.

WRP 1996, 231 f.: Auch im Interesse der Allgemeinheit kann auf ein eigenes Rechtsschutzbedürfnis des Antragstellers für das Verfügungsverfahren nicht verzichtet werden.

OLG Report 1996, 261 = MD 1996, 1027, 1029 f.: Ein Vorgehen gegen einen bestimmten Verletzer ist nicht erst dann möglich und geboten, wenn wegen einer gleichartigen Wettbewerbshandlung eines anderen Verletzers ein rechtskräftiges Unterlassungsgebot vorliegt.

Mitt. 1996, 312 = OLG Report 1996, 105: Die Kenntnis, dass ein Zulassungsverfahren betrieben wird, begründet noch keine Verpflichtung, zum Erhalt der Eilbedürftigkeit wegen der drohenden Patentverletzung gerichtlich vorzugehen.

OLG Report 1996, 99: Es ist auf den Zeitpunkt abzustellen, zu welchem ein möglicher Entscheidungsträger Kenntnis erlangt hat.

OLG Report 1995, 56 = MD 1995, 224 f.: Antragsteller ist berechtigt, vor Anrufung der Gerichte sich durch Beschaffung des fraglichen Produkts über die Rechtsverletzung aus seiner Sicht Gewissheit zu verschaffen. Erst dann hat er mit der gebotenen Eile vorzugehen, wenn er nach seiner Einschätzung einen Antrag bei Gericht mit Erfolg stellen kann. Dies kann die Dringlichkeitsfrist verlängern.

ZUM 1994, 651, 652 – Zur Frage der Erforderlichkeit der Beschaffung von Glaubhaftmachungsmittel.

OLG Report 1994, 233 = MD 1994, 1008 (LS): Untätigkeit gegenüber Alleinimporteur beseitigt die Dringlichkeit für ein Vorgehen gegen dessen Abnehmer.

MD 1994, 1022: Untätigkeit trotz konkreter Kenntnis einer möglichen Verletzung beseitigt die Dringlichkeit. Dies gilt auch dann, wenn der Antrag neben UWG auch auf das PatG gestützt wird. Nach der mündlichen Verhandlung eingereichte Schriftsätze bleiben grundsätzlich außer Betracht. Eine Wiedereröffnung der mündlichen Verhandlung ist nur in Ausnahmefällen möglich. Maßgeblich ist die Kenntnis des Geschäftsführers sowie des Generalbevollmächtigten der Antragstellerin.

OLG Report 1994, 19 = MDR 1994, 152: Verzögerungen sind nur dann beachtlich, wenn Monatsfrist dadurch verstrichen ist.

MD 1994, 400: Zu durch den Antragsteller veranlasste Verfahrensverzögerung als dringlichkeitsschädlich.

NJW 1993, 1604: Beteiligung des Antragsgegners bei Einreichung einer Schutzschrift – entsprechende Anwendung von § 269 Abs. 3 ZPO.

OLG Report 1993, 120 = GRUR 1994, 670 (LS): Bei objektiven Anhaltspunkten für frühere Kenntnis sind vom Antragsteller hierzu Darlegungen erforderlich.

OLG Report 1993, 120: Sachgerechte Erweiterung des ursprünglichen Antrags ist auf die Dringlichkeit ohne Einfluss.

WRP 1993, 49, 50f.: Zuwarten länger als 1 Monat nach Kenntnis der Verletzungshandlung; Vorgehen gegen einen weiteren Verletzer, nachdem von dem zuerst in Anspruch genommenen Teilnehmer an einer beanstandeten Aktion (Fahrpreiserstattung durch Einzelhandelsgeschäfte) ein Anerkenntnis abgegeben worden war.

WRP 1992, 264: Zur erforderlichen Kenntnis der Einzelheiten des beanstandeten Verhaltens.

GRUR 1992, 328 = NJW-RR 1991, 624: Die volle Ausschöpfung der Berufungseinlegungs- und -begründungsfrist widerlegt die Dringlichkeit nicht (Aufgabe von WRP 1981, 49), anders die Verlängerung der Begründungsfrist (um 3 Wochen).

MDR 1992, 251 = OLG Report 1992, 103: Ist für ein Arzneimittel ein Warenzeichen bereits eingetragen, so setzt der Antrag auf Zulassung des Arzneimittels beim BGA eine neue Dringlichkeitsfrist für den Antrag auf Unterlassung des Verwendung des Arzneimittels in Lauf.

WRP 1991, 51, 53 (Vorabmeldung WRP 1990, 719): Positive Kenntnis auch bei einem Verband maßgeblich, nicht seiner Mitglieder, die möglicherweise das Vorgehen initiiert haben. Keine Verweisung auf das für die Klärung von Grundsatzfragen besser geeignete Hauptsacheverfahren.

AfP 1990, 58: Eine frühere Kenntnis als vom Antragsteller behauptet, muss der Antragsgegner glaubhaft machen.

GRUR 1988, 709: Zur Frage der Anordnung einer Sicherheitsleistung.

GRUR 1988, 715: Verjährung, Berühmung.

WRP 1984, 644: Die Dringlichkeit wird widerlegt, wenn der Antragsteller nicht binnen eines Monat ab positiver Kenntnis des beanstandeten Verhaltens den Antrag stellt, sofern er im Besitz aller erforderlicher Glaubhaftmachungsmittel ist, um deren Beschaffung er sich mit der gebotenen Eile und dem gehörigen Nachdruck bemühen muss.

WRP 1983, 643: wie vor.

WRP 1980, 506, 507f.: Zeitraum von vier Jahren seit erster Verletzungshandlung allein widerlegt Dringlichkeit nicht.

GRUR 1980, 329 = WRP 1980, 172 (aufgegeben, bzgl. Rechtsmittelfristen).

WRP 1981, 340: zur Widerlegung bei 20 Jahre andauerndem Verhalten.

Auf die Monatsfrist finden die § 193 BGB, § 222 Abs. 2 ZPO entsprechende Anwendung:

Die Einreichung des Verfügungsantrags per Telefax ohne Anlagen am letzten Tag der Monatsfrist wurde für ausreichend erachtet.

BayVerfGH NJW-RR 1993, 365: Die strenge Handhabung der Monatsfrist wurde für verfassungsrechtlich unbedenklich angesehen.

OLG Naumburg

933 GRUR-RR 2013, 135: § 12 Abs. 2 UWG ist im Urheberrecht nicht entsprechend anwendbar; zu den Anforderungen an einen Verfügungsgrund.

WRP 1997, 885: Die Vermutung ist nicht dadurch widerlegt, dass der Verstoß erst nach längerer Zeit (nächstes Weihnachten) wiederholbar ist.

NJWE-WettbR 1996, 155: Durchsetzung eines Beseitigungsanspruchs – Niederlegung von Mandaten durch nicht zugelassenen Rechtsanwalt – möglich, nicht dagegen die Verpflichtung, die entstandenen Gebührenforderungen niederzuschlagen.

OLG Nürnberg

934 OLG Nürnberg GRUR-RR 2016, 108: Für den Erlass einer Besichtigungsverfügung bedarf es nach allgemeinen Grundsätzen eines Verfügungsgrundes; offengelassen, ob § 12 Abs. 2 UWG auf urheberrechtliche Unterlassungs- und Besichtigungsansprüche anwendbar ist.

MD 2007, 313, 315: Der erforderliche Verfügungsgrund muss zusätzlich neben der Wiederholungsgefahr vorliegen.

MD 2002, 197, 198: Die Dringlichkeitsvermutung ist im Regelfall widerlegt, wenn der Verletzte mit seinem Antrag mehr als einen Monat seit Kenntnis der Verletzungshandlung zuwartet.

MDR 2002, 232: Auch wenn sich ein Prozessvertreter für ein Hauptsacheverfahren angezeigt hat, können ungeachtet von § 82 ZPO Zustellungen im Verfügungsverfahren wirksam an die Partei vorgenommen werden.

GRUR-RR 2002, 68: § 25 UWG a. F. gilt entsprechend für markenrechtliche Ansprüche; Sequestration.

Mitt. 1993, 118f.: § 25 UWG a. F. ist auf eV-Antrag nur gegen gewerbliche Benutzung eines patentgeschützten Erzeugnisses nicht anwendbar.

GRUR 1987, 727: Die Verlängerung der Berufungsbegründungsfrist widerlegt die Dringlichkeitsvermutung.

GRUR 1983, 134: Ein Vorgehen nach 10 Wochen ist bei Einholung einer erforderlichen Meinungsumfrage noch dringlich.

OLG Oldenburg

MDR 2002, 290: Der Antragsteller ist nur berechtigt, nicht jedoch verpflichtet die eV an die für die **935**
Hauptsache bevollmächtigten Rechtsanwälte zuzustellen.

WRP 1996, 612: Beschäftigungsverbot für abgeworbene Mitarbeiter im eV-Verfahren.

WRP 1996, 461, 463f.: Zuwarten von 4 Monaten zu lang, sogar ein Zuwarten von 1 Monat (wie von Antragsteller behauptet) wäre zu lang gewesen. Widersprechende eidesstattliche Versicherungen zur Kenntniserlangung.

WRP 1971, 181: zweimalige Verlängerung der Berufungsbegründungsfrist dringlichkeitsschädlich.

OLG Rostock

Beschl. v. 10.6.2015 – 2 W 8/15, juris Tz. 13f.: Die durch eine Verweisung wegen örtlicher Unzu- **936**
ständigkeit eingetretene Verzögerung von acht Tagen ist nicht dringlichkeitsschädlich. Nach Kenntniserlangung am 15.12.2014 wurde der Antrag am 13.1.2015 eingereicht und ging nach Verweisung am 21.1.2015 beim zuständigen Gericht ein.

Urt. v. 3.11.1993 – 2 U 19/93, bei *Koch* WRP 2002, 191, 195: § 938 Abs. 1 ZPO findet bei Unterlassungsverfügungen keine Anwendung. Es fehlt an der Dringlichkeit, wenn die befristete Aktion vor Erlass der eV abgeschlossen ist.

Urt. v. 16.6.1993 – 2 U 28/93, bei *Koch* a. a. O. S. 196: 2–3 Monate ab Kenntniserlangung von der Verletzungshandlung angemessen. Kein Aufleben der Dringlichkeit durch weitere Auflage des beanstandeten Branchenverzeichnisses.

Urt. v. 21.7.1993 – 2 U 53/93, bei *Koch* a. a. O. S. 196: Für weiteren eV-Antrag fehlt es nicht an der Dringlichkeit, da der frühere Antrag erfolglos geblieben ist und der neue Antrag auf eine neue Werbung mit der beanstandeten Bezeichnung gestützt wird.

Urt. v. 18.12.1996 – 2 U 33/96, bei *Koch* a. a. O. S. 196: Zweimalige Verlängerung der Berufungsbegründungsfrist lässt die Dringlichkeit entfallen.

Urt. v. 17.3.1999 – 2 U 81/98 bei *Koch* a. a. O. S. 197: Wiederaufleben der Dringlichkeit durch neue Verletzungshandlung.

Urt. v. 16.2.2000 – 2 U 5/99, bei *Koch* a. a. O. S. 197: entsprechende Anwendung von § 25 UWG a. F. auf Streit wegen Domainbenutzung.

OLG Saarbrücken (weitere Nachweise bei *Berneke/Schüttpelz* Rdn. 174)

GRUR-RR 2001, 71 (LS): 7 Wochen in einfach gelagerten Fällen zu lange. **937**

OLG Report 1997, 140: Ausschöpfung der um zwei Monate verlängerten Berufungsbegründungsfrist widerlegt die Dringlichkeitsvermutung jedenfalls dann, wenn die Sache in tatsächlicher und rechtlicher Hinsicht keine besonderen Schwierigkeiten aufwirft.

WRP 1981, 418: volle Ausschöpfung der Berufungseinlegungs- und -begründungsfrist dringlichkeitsschädlich.

OLG Schleswig (weitere Nachweise bei *Kuthning* WRP 1989, 82 und 83 unter 3.3)

Urt. v. 10.1.2012 – 6 U 31/11: Bei einfach gelagertem Sachverhalt und klarer Rechtslage ist ein Zu- **938**
warten von fast 6 Wochen dringlichkeitsschädlich.

WRP 2014, 879: Die analoge Anwendung des § 12 Abs. 2 UWG im Markenrecht blieb ungeklärt.

MMR 2002, 161: entgegenstehende Rechtshängigkeit bei mehreren inhaltlich übereinstimmenden Verfügungsanträgen; Widerspruch nach $1^1/_2$ Jahren; Abschlusserklärung gegenüber Dritten; Kostenwiderspruch.

MD 2002, 211, 213: Zur Glaubhaftmachung der Klagebefugnis eines Verbandes.

OLG Report 1997, 333f.: Eine Verpflichtung den Markt zu überwachen, besteht nicht. Dass der Antragsteller den Verstoß früher hätte erkennen können, führt lediglich dazu, dass er seinerseits bei einer über einen längeren Zeitraum betriebenen Werbung seine Unkenntnis glaubhaft machen muss.

OLG Report 1997, 314: Das Einstellen des Anzeigenblattes bei einer als unzulässig beanstandeten redaktionellen Werbung führt nicht zum Wegfall der Dringlichkeitsvermutung.

OLG Report 1997, 194: Wird die Berufung innerhalb der nicht verlängerten Frist begründet, ist ein Antrag auf Verlängerung um 2 Monate nicht dringlichkeitsschädlich.

OLG Report 1996, 102: Entfallen der Dringlichkeitsvermutung durch strafbewehrte Unterlassungserklärung; zweimonatiges Zuwarten bis zur Abmahnung nicht zu lange.

GRUR 1986, 840: § 93 ZPO ist nicht anwendbar, wenn trotz Anerkenntnis Verletzungshandlung bestritten wird.

SchlHA 1979, 191f.: Die Dringlichkeitsvermutung kann auch bei Ansprüchen aus § 3 UWG a. F. widerlegt werden. Die maßgebliche Zeitspanne bemisst sich nach den Umständen des Einzelfalls (Nachforschungen, Einschaltung eines Anwalts, Abmahnversuche).

OLG Stuttgart

939 MDR 2015, 1096: Gegen eine ohne mündliche Verhandlung ergangene sog. Zwischenverfügung, mit der zeitlich beschränkt dem Antrag entsprochen wird, ist eine sofortige Beschwerde nicht statthaft.

GRUR-RR 2014, 251: § 12 Abs. 2 UWG ist im Markenrecht analog anwendbar (ebenso: Mitt. 2012, 189 für den Unterlassungsanspruch, nicht jedoch für den Auskunftsanspruch nach § 19 MarkenG). Bloß fahrlässige Unkenntnis ist nicht dringlichkeitsschädlich.

MD 2010, 876: Die Ausschöpfung von Rechtsmittelfristen ist regelmäßig nicht dringlichkeitsschädlich.

NZBau 2010, 639 und juris: Ein Zuwarten von mehr als acht Wochen/zwei Monaten ist regelmäßig dringlichkeitsschädlich, jedenfalls fehlt es nach drei Monaten an der Dringlichkeit.

ZUM-RD 2009, 455 = GRUR-RR 2009, 633: § 12 Abs. 2 UWG findet auf Unterlassungsansprüche nach dem UWG keine entsprechende Anwendung. Ein Zuwarten von mehr als acht Wochen/zwei Monaten ist regelmäßig zu lang. Die Frist wird auch durch die Kenntnis von Umständen in Lauf gesetzt, die eine Erstbegehungsgefahr begründen. Eine Verletzungshandlung begründet keine neue Dringlichkeit, wenn sie keine andere Qualität aufweist.

GRUR-RR 2009, 343: Die Dringlichkeitsfrist beginnt erst mit der Kenntnis der fraglichen Werbung. Es ist Sache des Antragsgegners die Dringlichkeitsvermutung zu widerlegen.

GRUR-RR 2009, 337: Auch eine Urteilsverfügung bedarf der Parteizustellung (Aufgabe der früheren Rspr.)

GRUR-RR 2005, 307: Ob eine Dringlichkeit besteht, ist allein im Verhältnis der Parteien zu beurteilen, ob der Antragsteller gegen ähnliche Verletzungshandlungen Dritter vorgegangen ist, ist nicht maßgeblich.

GRUR-RR 2002, 381, 383: § 25 UWG a. F. gilt auch für markenrechtliche Ansprüche (unter Hinweis auf Beschl. v. 19.12.2000 – 2 W 81/00); fahrlässige Unkenntnis schadet nicht; Kenntnis hat Verletzer glaubhaft zu machen.

OLG Report 2001, 182: keine Beschwerde gegen zurückweisenden Beschluss mit dem Ziel der Erledigungserklärung.

OLG Report 1999, 324f.: Dringlichkeit wird nicht dadurch widerlegt, dass örtliche Telefonbücher üblicherweise nur einmal jährlich erscheinen.

WRP 1998, 433: Dringlichkeit bleibt bei einer seit längerer Zeit betriebenen Alleinstellungswerbung auch dann widerlegt, wenn im Rahmen einer Jubiläumsveranstaltung verstärkt mit diesen Angaben geworben wird.

WRP 1997, 355, 357: Zuwarten von 10 Monaten zu lange, auch wenn zwischenzeitlich eine eingeschränkte Unterlassungserklärung abgegeben wurde.

WRP 1997, 118: § 25 gilt entsprechend auch für Ansprüche aus WZG und MarkenG.

NJW-RR 1997, 1331: Dringlichkeit wird nicht dadurch ausgeräumt, dass der Antragsteller gegen eine frühere Werbung vorgegangen ist, ohne damals den Hinweis auch in Alleinstellung anzugreifen. Auch nicht dadurch, dass der Hinweis schon früher unauffällig in einer Produktinformation enthalten war, jetzt aber in einer Zeitschriftenanzeige in der Überschrift erscheint.

WRP 1996, 469: Dass die beanstandete Aktion im Verlauf des Verfügungsverfahrens abgeschlossen wird, steht der Dringlichkeit nicht entgegen. Antragsteller muss auch nicht Antrag für erledigt erklären, wenn er das Verfahren rechtzeitig eingeleitet hat, auch wenn die angegriffene Maßnahme nicht kurzfristig wiederholt werden kann.

WRP 1996, 147: Dringlichkeit wird nicht dadurch widerlegt, dass Antragsteller nur gegen einen von mehreren Teilnehmern an einer beanstandeten Aktion (Lagerverkauf) vorgeht, da die Verurteilung erwarten lässt, dass sich auch die anderen an das Verbot halten.

WRP 1993, 628, 629: Maßgeblich sind die Umstände des Einzelfalles ab Kenntnis der Verletzungshandlung. 7 Wochen nicht zu lange.

WRP 1983, 708: Verfügungsgrund für eV fehlt nicht deshalb, weil Antragsteller bereits eine eV erwirkt hat, die sich auf eine andere in der nunmehrigen Verletzungshandlung enthaltene Verletzungsform bezieht.

WRP 1983, 647: Bestätigung der eV mit der Maßgabe einer Sicherheitsleistung muss diese erneut vollzogen werden. Es fehlt am Verfügungsgrund, wenn Antragsteller bereits im Besitz eines vorläufig vollstreckbaren Hauptsachetitels ist, auch wenn von höherer Sicherheitsleistung abhängig.

WRP 1982, 604: Ausnutzen der Rechtsmittel und der verlängerten Begründungsfrist ist grundsätzlich nicht geeignet, die Vermutung zu widerlegen. Bei rechtzeitig eingeleitetem Verfahren muss bei befristeter Veranstaltung nicht für erledigt erklärt werden.

WRP 1981, 668: Rechtskraft des abweisenden Urteils steht einem neuen Antrag nicht entgegen. Auch bei einem Zeitablauf von fünf Monaten kann die Eilbedürftigkeit zu bejahen sein, wenn eine Veränderung des bestehenden Zustands die Verwirklichung eines Rechts des Verfügungsklägers zu erschweren droht.

WRP 1980, 508: Die Bereitschaft an einem Einigungsstellenverfahren mitzuwirken, räumt weder die Wiederholungsgefahr aus, noch steht sie der Einleitung eines eV-Verfahrens entgegen.

OLG Thüringen: siehe OLG Jena **940**

OLG Zweibrücken

WRP 2016, 280: Die wirksame Zustellung einer Beschlussverfügung im Parteibetrieb erfordert die **941** Zustellung einer Ausfertigung oder einer beglaubigten Abschrift einer Ausfertigung. Das Berufungsgericht kann unter besonderen Umständen aus Gründen der Prozesswirtschaftlichkeit eine neue einstweilige Verfügung erlassen.

GRUR-RR 2008, 808: § 12 Abs. 2 UWG gilt entsprechend bei Kennzeichenrechtsverletzungen. Es hängt vom Einzelfall ab, ob ein Zuwarten dringlichkeitsschädlich ist. Die Frist muss aber in jedem Fall deutlich unter der sechsmonatigen Verjährungsfrist liegen.

GRUR-RR 2001, 288: Ist nach Erlass einer eV die durch Parteizustellung zu wahrende Vollziehungsfrist nicht gewahrt, so kommt eine Heilung nach § 187 ZPO a. F. jedenfalls dann nicht in Betracht, wenn es sich um eine sanktionsbewehrte Untersagungs- bzw. Unterlassungsverfügung aus dem Bereich des Wettbewerbsrechts handelt.

NJW-RR 2002, 344: Zur Vermeidung der Kostenfolge aus § 93 ZPO ist eine Aufforderung, die einstweilige Verfügung als Hauptsacheentscheidung anzuerkennen, ausreichend. Eine ausdrückliche Klageandrohung und Fristsetzung ist nicht erforderlich.

§ 13 Sachliche Zuständigkeit

(1) [1]**Für alle bürgerlichen Rechtsstreitigkeiten, in denen ein Anspruch auf Grund dieses Gesetzes geltend gemacht wird, sind die Landgerichte ausschließlich zuständig.** [2]**Es gilt § 95 Abs. 1 Nr. 5 des Gerichtsverfassungsgesetzes.**

(2) [1]**Die Landesregierungen werden ermächtigt, durch Rechtsverordnung für die Bezirke mehrerer Landgerichte eines von ihnen als Gericht für Wettbewerbsstreitsachen zu bestimmen, wenn dies der Rechtspflege in Wettbewerbsstreitsachen, insbesondere der Sicherung einer einheitlichen Rechtsprechung, dienlich ist.** [2]**Die Landesregierungen können die Ermächtigung auf die Landesjustizverwaltungen übertragen.**

§ 95 GVG Begriff der Handelssachen

(1) Handessachen im Sinne dieses Gesetzes sind die bürgerlichen Rechtsstreitigkeiten, in denen durch die Klage ein Anspruch geltend gemacht wird:

1. gegen einen Kaufmann im Sinne des Handelsgesetzbuches, sofern er in das Handelsregister oder Genossenschaftsregister eingetragen ist oder auf Grund einer gesetzlichen Sonderregelung für juristische Personen des öffentlichen Rechts nicht eingetragen zu werden braucht, aus Geschäften, die für beide Teile Handelsgeschäfte sind;

...

4. aus einem der nachstehend bezeichneten Rechtsverhältnisse:

...

b) aus dem Rechtsverhältnis, welches das Recht zum Gebrauch der Handelsfirma betrifft;

c) aus den Rechtsverhältnissen, die sich auf den Schutz der Marken und sonstigen Kennzeichen sowie der Muster und Modelle beziehen;

...

5. auf Grund des Gesetzes gegen den unlauteren Wettbewerb;

§ 87 (i. V. m. § 96) GWB

...

(2) Die Rechtsstreitigkeiten sind Handelssachen im Sinne der §§ 93 bis 114 des Gerichtsverfassungsgesetzes.

Inhaltsübersicht

Rdn.

I. Entwicklung ... 1
II. Geltungsbereich des § 13 Abs. 1 Satz 1 ... 2
1. „Für alle Bürgerliche Rechtsstreitigkeiten" ... 2
a) Zuständigkeit der Arbeitsgerichte ... 3
b) Zuständigkeit der Sozialgerichte ... 5
2. „Anspruch aufgrund dieses Gesetzes" ... 6
a) UWG-Norm als Anspruchsgrundlage ... 6
aa) Vertragliche Ansprüche ... 9
bb) Verbraucherklagen ... 10
cc) „Folgeverfahren" ... 11
b) Klageart ... 13
III. § 13 Abs. 1 Satz 2 – Zuständigkeit der Kammer für Handelssachen ... 14
1. Bedeutung der Verweisung auf § 95 Abs. 1 Nr. 5 GVG ... 14
2. Kammer für Handelssachen – Zivilkammer ... 15
a) Funktionelle Zuständigkeit ... 15
b) Antragserfordernis ... 19
c) Verweisung von Amts wegen ... 27
d) Bindungswirkung ... 28
3. Zuständigkeit der Kammer für Handelssachen ... 30
a) § 95 Abs. 1 Nr. 5 GVG ... 30
b) § 95 Abs. 1 Nr. 1 GVG ... 31
c) Zuständigkeit bei mehreren Streitgegenständen bzw. mehreren Anspruchsgrundlagen ... 32
aa) Klagehäufung ... 32
bb) Mehrere Anspruchsgrundlagen ... 33
cc) Stellungnahme ... 34
d) UKlaG ... 39
e) Einzelfragen ... 40
aa) „Folgeverfahren" ... 41
bb) Zuständigkeit der Kammer ... 43
cc) Zur Zuständigkeit als Gericht der Hauptsache ... 44
4. Besetzung ... 45
a) § 105 GVG, § 349 Abs. 2, 3, § 944 ZPO ... 45
b) Vorsitzender der Kammer für Handelssachen als Einzelrichter i. S. v. § 568 ZPO? ... 46
IV. Zuständigkeitskonzentration, § 13 Abs. 2 ... 47
1. § 27 Abs. 2 bis 4 UWG a. F. ... 47
2. Zuständigkeitskonzentrationen ... 48

Schrifttum: *Asendorf,* Wettbewerbs- und Patentsachen vor Arbeitsgerichten?, GRUR 1990, 229; *Brandi-Dohrn,* Die Zuständigkeit der Kammer für Handelssachen bei mehrfacher Klagebegründung, NJW 1981, 2453; *Bumiller,* Zur Zuständigkeit der Sozialgerichte für kartellrechtliche Streitigkeiten, GRUR 2000, 484; *Fischer,* Der Rechtsweg zu den Arbeitsgerichten in UWG-Sachen, DB 1998, 1182; *Gaul,* Das Zuständigkeitsverhältnis der Zivilkammer zur Kammer für Handelssachen bei gemischter Klagehäufung und handelsrechtlicher Widerklage, JZ 1984, 57; *Goldbeck,* Zur Ermittlung des sachlich zuständigen Gerichts bei der Vertragsstrafenklage wettbewerbsrechtlichen Ursprungs, WRP 2006, 37; *Hess,* Vertragsstrafenklage und wettbewerbsrechtliche Gerichtszuständigkeit, in: FS Ullmann, S. 927; *ders.,* Aktuelles Wettbewerbsverfahrensrecht, WRP 2015, 317; *Kamlah,* Zum Konkurrenzverhältnis des UWG zum UKlaG, WRP 2006, 33; *Lindacher,* Streitwertunabhängige landgerichtliche Zuständigkeit für Vertragsstrafenklagen, in: FS Ullmann, S. 977; *Nill,* Sachliche Zuständigkeit bei Geltendmachung der Abmahnkosten, GRUR 2005, 740; *Nippes,* Notarielle Unterlassungserklärung und Gerichtszuständigkeit für die Androhung gesetzlicher Ordnungsmittel, WRP 2015, 532; *Rieble,* Vertragsstrafenklage und gerichtliche Zuständigkeit, JZ 2009, 716; *Teplitzky,* Die Regelung der Abmahnung in § 12 Abs. 1 UWG, ihre Reichweite und einige ihrer Folgen, in: FS Ullmann, S. 999; *ders.,* Probleme der notariell beurkundeten und für vollstreckbar erklärten Unterlassungsverpflichtungserklärung (§ 794 Abs. 1 Nr. 5 ZPO), WRP 2015, 527; *Tetzner,* Die Änderung des UWG durch das Gesetz v. 26.6.1969, NJW 1969, 1701.

I. Entwicklung

1 In § 13 wurde im Anschluss an die Vorgängerregelung in § 27 UWG a. F. einem Vorschlag des Bundesrats[1] folgend in Anlehnung an die Regelung in anderen Gesetzen eine **ausschließliche sachliche Zuständigkeit der Landgerichte unabhängig vom Streitwert** vorgesehen. Dies

[1] BR-Drucks. 301/03, S. 19.

bedeutet, dass die Zuständigkeit eines Amtsgerichts auch nicht mehr durch eine Gerichtstandsvereinbarung (§ 40 Abs. 2 Satz 1 Nr. 2 ZPO) oder aufgrund rügelosen Einlassens (§ 40 Abs. 2 Satz 2 ZPO) begründet werden kann. Darüber hinaus unterliegen seither alle Klagen dem **Anwaltszwang** (§ 78 Abs. 1 Satz 1 ZPO). Streitigkeiten aus Handelssachen im Sinne von § 95 GVG und damit auch UWG-Sachen im Sinne von § 13 Abs. 1 Satz 1 (§ 95 Abs. 1 Nr. 5 GVG) sind von der **originären Einzelrichterzuständigkeit ausgenommen** (§ 348 Abs. 1 Satz 2 lit. f bzw. auch lit. k ZPO). An der bisherigen Handhabung der nach der Geschäftsverteilung bei vielen Gerichten spezialisierten Zivilkammern, bei denen eine Übertragung auf den Einzelrichter die Ausnahme darstellt, hat sich durch das ZPO-Reformgesetz nichts Wesentliches geändert.

II. Geltungsbereich des § 13 Abs. 1 Satz 1

1. „Für alle bürgerlichen Rechtsstreitigkeiten"

§ 13 Abs. 1 UWG beinhaltet – ebenso wenig wie die §§ 93ff. HGB – eine Regelung hinsichtlich des Rechtsweges, sondern **setzt das Vorliegen einer bürgerlichen,** den ordentlichen Gerichten zugewiesenen **Rechtsstreitigkeit** im Sinne von § 13 GVG **voraus** (s.o. Vor § 12 Rdn. 2ff.). Hierzu gehören jedoch nicht die in die ausschließliche Zuständigkeit der **Arbeitsgerichte** fallenden sowie die den **Sozial-** oder den **Verwaltungsgerichten** zugewiesenen Streitigkeiten.[2] 2

a) Zuständigkeit der Arbeitsgerichte. Eine den Rechtsweg (vgl. § 48 Abs. 1 ArbGG)[3] zu den ordentlichen Gerichten ausschließende Zuweisung an die Arbeitsgerichte gemäß § 2 Abs. 1 ArbGG[4] besteht für 3

3. bürgerliche Rechtsstreitigkeiten zwischen Arbeitnehmern und Arbeitgebern
   a) aus dem Arbeitsverhältnis;
   c) aus Verhandlungen über die Eingehung eines Arbeitsverhältnisses und aus dessen Nachwirkungen;[5]
   d) aus unerlaubten Handlungen, soweit diese mit dem Arbeitsverhältnis im Zusammenhang stehen;[6]
4. bürgerliche Rechtsstreitigkeiten zwischen Arbeitnehmern oder ihren Hinterbliebenen und
   a) Arbeitgebern über Ansprüche, die mit dem Arbeitsverhältnis in rechtlichem oder unmittelbar wirtschaftlichem Zusammenhang stehen.

Trotz der danach eröffneten Zuständigkeit der Arbeitsgerichte für **Streitigkeiten zwischen ehemaligen Arbeitgebern und ehemaligen Arbeitnehmern** vor allem wegen einer während oder auch nach Beendigung des Arbeitsverhältnisses – einschließlich des Streits über das Vorliegen einer Arbeitnehmerstellung[7] – aufgenommenen Konkurrenztätigkeit, Abwerbung von Mitarbeitern bzw. Kunden,[8] Verwertung von während der Betriebszugehörigkeit erlangtem Wissen,[9] Mitnahme von Arbeitsgeräten[10] etc. wird von den **ordentlichen Gerichten** in der Praxis oftmals **die eigene Zuständigkeit zu Unrecht angenommen,**[11] zumal die meist klagenden (ehemaligen) Arbeitge- 4

---

[2] Teplitzky/*Schaub* Kap. 45 Rdn. 2a; Gloy/Loschelder/Erdmann/*Spätgens,* HdbWettbR, § 85 Rdn. 4ff.; MünchKommUWG/*Ehricke,* § 13 Rdn. 4; Zöller/*Lückemann* § 13 GVG Rdn. 1, Vor §§ 17–17b GVG Rdn. 10.

[3] Vgl. zum Verhältnis der ordentlichen Gerichte zu den Arbeitsgerichten BGH NJW 2003, 1989, 2990 m.w.N.

[4] Zur Zuständigkeit nach § 2 Abs. 2 lit. b ArbGG/§ 104 UrhG für Urheberrechtsstreitsachen aus Arbeitsverhältnissen vgl. BAG NJW 1997, 1026; zur Zuständigkeit für Patentstreitsachen einschließlich Klagen wegen Arbeitnehmererfindungen, § 143 PatG, § 39 Abs. 1, 2 ArbEG/§ 2 Abs. 2 lit. a ArbGG vgl. BAG NZA 1997, 1181; zu § 2 Abs. 1 Nr. 9 ArbGG betreffend eine Streitigkeit von Chefärzten BAG NJW 1998, 2745.

[5] Verletzung nachvertraglicher Pflichten, die zugleich Wettbewerbsverstöße darstellen, Ohly/*Sosnitza* § 12 Rdn. 50.

[6] KG NJWE-WettbR 1998, 283, 284.

[7] Vgl. z.B. BGH NJW 1999, 218; Mitt. 2003, 235, 237f. m.w.N.: zur Arbeitnehmereigenschaft eines Franchisenehmers; BAG BB 2001, 2220 mit Besprechung *Linnenkohl* BB 2002, 622f.: Kurierdienstfahrer als selbständiger Gewerbetreibender; BAG NJW 1996, 2533 zu den für die Prüfung der Rechtswegfrage entwickelten Fallgruppen; *Hromadka* NJW 2003, 1847.

[8] BGH GRUR 1964, 215 – *Milchfahrer;* BAG ZIP 1988, 733, 736; KG NJWE-WettR 1998, 283f.

[9] Verletzung von Betriebsgeheimnissen durch ehemalige Mitarbeiter: BGH GRUR 2003, 356, 358 – *Präzisionsmessgeräte;* GRUR 2002, 91 – *Spritzgießwerkzeuge;* GRUR 1985, 294 – *Füllanlage:* GRUR 1983, 179 – *Stapelautomat;* GRUR 1963, 367 – *Industrieböden;* BAG NJW 1983, 134, 135; DB 1986, 2289.

[10] BGH NJW 1993, 1991 – *Maschinenbeseitigung:* Der Beklagte hatte die fraglichen Maschinen noch während des bestehenden Arbeitsverhältnisses an sich gebracht.

[11] Vgl. *Fischer* DB 1998, 1182ff.; Ahrens/*Bornkamm,* Kap. 15 Rdn. 11.

ber im Hinblick auf die vermeintlich arbeitnehmerfreundliche Rechtsprechung der Arbeitsgerichte und die Kostenregelung in § 12a ArbGG den Weg zu den ordentlichen Gerichten bevorzugen. Nach überwiegend vertretener Auffassung kann für die Frage, ob hinsichtlich der geltend gemachten Wettbewerbsverstöße – unerlaubte Handlungen im Sinne von § 2 Abs. 1 lit. d ArbGG – ein Zusammenhang mit dem Arbeitsverhältnis besteht, nicht darauf abgestellt werden, ob dieses noch fortbesteht bzw. ob der fragliche Wettbewerbsverstoß vor oder nach Beendigung des Arbeitsverhältnisses stattgefunden hat[12] und sich somit gleichzeitig als Verletzung des Arbeitsvertrages bzw. daraus folgender nachvertraglicher Treuepflichten darstellt.[13] Allerdings wird durch § 13 Abs. 1 die Erhebung einer Zusammenhangsklage i. S. von § 2 Abs. 3 ArbGG gegen Nichtarbeitnehmer vor dem Arbeitsgericht ausgeschlossen.[14]

5 **b) Zuständigkeit der Sozial- und der Verwaltungsgerichte.** Maßgeblich für die Abgrenzung der Zuständigkeit der ordentlichen Gerichte von der Zuständigkeit der Sozialgerichte ist **§ 51 Abs. 2 Satz 1 SGG**[15]

„Die Gerichte der Sozialgerichtsbarkeit entscheiden auch über privatrechtliche Streitigkeiten in Angelegenheiten der Zulassung von Trägern und Maßnahmen durch fachkundige Stellen nach dem Fünften Kapitel des Dritten Buches Sozialgesetzbuch und in Angelegenheiten der gesetzlichen Krankenversicherung, auch soweit durch diese Angelegenheiten Dritte betroffen werden."

[16] Wegen der Einzelheiten wird auf die eingehende Darstellung bei *Brüning* Vor § 12 Rdn. 5ff. verwiesen.[17]

5a Nach § 40 Abs. 1 VwGO sind **öffentlich-rechtliche Streitigkeiten** den **Verwaltungsgerichten** zugewiesen. Dazu soll – weil es sich um eine Frage des Marktzutritts handelt – ein Rechtsstreit gehören, bei der die Frage zu entscheiden ist, ob es einer Kommune erlaubt ist, ihren Kunden die kostenlose Anfertigung von Fotografien zur Erteilung von Pässen anzubieten.[18]

2. „Anspruch aufgrund dieses Gesetzes"

6 **a) UWG-Norm als Anspruchsgrundlage.** § 13 Abs. 1 Satz 1 setzt weiter voraus, dass ein „Anspruch aufgrund dieses Gesetzes geltend gemacht wird". Der prozessuale Anspruch muss auf eine Anspruchsgrundlage des UWG gestützt werden, wobei es jedoch nicht erforderlich ist, dass eine solche Anspruchsgrundlage ausdrücklich in der Klage angeführt wird; ausreichend ist, wenn sich dies aus dem Klageantrag und dem Klagevorbringen schlüssig entnehmen lässt. Dementsprechend kann selbst die ausdrückliche Nennung einer solchen Anspruchsgrundlage nicht als maßgebend angesehen werden, wenn ein solcher Anspruch nach dem eigenen Sachvortrag des Klägers nicht in Betracht kommt; so etwa die oftmalige Nennung von UWG-Tatbeständen bei Anträgen/Klagen von Privatpersonen, die sich gegen unerbetene Telefax-, Telefon- oder E-mail-Werbung

---

[12] OLG Düsseldorf GRUR-RR 2003, 63; OLG München MD 2004, 431; KG NJWE-WettbR 1998, 282, 284; MD 2005, 138, 139f.: Klage gegen eine von einem ehemaligen Arbeitnehmer gegründete GmbH; OLG Stuttgart NZA-RR 1997, 267: Klage gegen ausgeschiedenen Mitarbeiter auf Schadensersatz wegen Geheimnisverrats wegen Weitergabe unerlaubt mitgenommener Unterlagen an den neuen Arbeitgeber; OLG Frankfurt GRUR 2005, 792; OLG Zweibrücken OLG Report 1997, 298; Gloy/Loschelder/Erdmann/*Spätgens*, HdbWettbR, § 85 Rdn. 11; a. A. OLG Frankfurt GRUR 1992, 209, das entscheidend darauf abstellt, dass das fragliche Verhalten nach dem Ausscheiden des Arbeitnehmers stattgefunden haben soll; OLG Hamm NJW-RR 1988, 1022; *Asendorf* GRUR 1990, 229, 231 f.; *Busse/Keukenschrijver* § 143 Rdn. 44, der danach differenziert, ob die Klage ausschließlich auf die Verletzung arbeitsvertraglicher Geheimhaltungspflichten gestützt wird bzw. wenn die Know-How-Verletzung während des Bestehens des Arbeitsvertrags erfolgt.

[13] Oben Vor § 12 Rdn. 4; vgl. auch Ahrens/*Bornkamm* Kap. 15 Rdn. 11ff.

[14] BAG NJW 2010, 3387 m. Anm. *Möller* juris-PR-WettbR 12/2010 Anm. 4.

[15] Vgl. BGH GRUR 2004, 444 – *Arzneimittelsubstitution;* WRP 2006, 517 – *Blutdruckmessungen;* OLG Hamburg MD 2003, 634, 636f. unter Hinweis auf die Amtl. Begründung BT-Drucks. 14/5943, S. 24, wonach es sich lediglich um eine redaktionelle Änderung – Zusammenfassung der bisher in § 51 Abs. 2 Satz 1 und 2 SGG genannten privaten Streitigkeiten – handelt; OLG München WRP 2004, 406 LS.

[16] Siehe die Nachweise bei BGH GRUR 2003, 979, 980 – *Wiederverwendbare Hilfsmittel* und bei *Teplitzky* GRUR 2003, 272, 277; OLG Düsseldorf GRUR-RR 2003, 378; *Eichenhöfer* JZ 2002, 783, 784; *König/Engelmann* WRP 2002, 1244, 1245; *Engelmann* NZS 2000, 213 eingehend auch Ahrens/*Bornkamm* Kap. 15 Rdn. 29ff. m.w.N.

[17] Vgl. auch BGH NJW 2003, 1192; OLG Hamm WRP 2002, 753; OLG Celle WRP 2002, 858; OLG Hamburg MD 2001, 1138, 1139; OLG Frankfurt, Beschl. v. 2.8.2000 – 6 U 27/00; zur Mitgliederwerung von Krankenkassen BGH WRP 2007, 641 – *Gesamtzufriedenheit;* GRUR 2012, 94 – *Radiologisch-diagnostische Untersuchungen;* OLG München MD 2007, 389, 395f.

[18] OLG Hamm WRP 2014, 333.

wenden. **Einwendungen** des Beklagten, die auf UWG-Tatbestände gestützt werden, sind ohne Bedeutung.[19]

7 Soweit nach früherem Recht aus **Verstößen gegen Vorschriften außerhalb des UWG** (z. B. HWG, LMBG, PAngVO) Ansprüche hergeleitet wurden, musste ohnehin auf § 1 UWG a. F. als Anspruchsgrundlage zurückgegriffen werden.[20] Dem entspricht nunmehr der Tatbestand des § 3a VWG Nr. 11.

8 Ansprüche auf Erstattung der **Abmahnkosten** gemäß § 12 Abs. 1 Satz 2 unterfallen entsprechend der Intention des Gesetzgebers der ausschließlichen sachlichen Zuständigkeit der Landgerichte. Dies gilt nicht, wenn der Anspruch ausschließlich auf eine andere Grundlage (Geschäftsführung ohne Auftrag) gestützt wird.[21] Gleiches gilt für die Erstattung der Kosten des **Abschlussschreibens,** da eine analoge Anwendung von § 12 Abs. 1 Satz 2 abzulehnen ist.[22]

9 *aa) Vertragliche Ansprüche.* Ausschließlich auf vertraglicher Grundlage geltend gemachte Ansprüche **(Vertragsstrafe, vertraglicher Unterlassungsanspruch)** werden **von § 13 Abs. 1 Satz 1 nicht erfasst.** In der obergerichtlichen Rechtsprechung[23] ebenso wie im Schrifttum[24] wird diese Frage allerdings, insbesondere in Bezug auf die Geltendmachung von Vertragsstrafen, uneinheitlich beantwortet. Jedenfalls können derartige Ansprüche (z. B. Anspruch auf Zahlung einer verwirkten Vertragsstrafe, Unterlassungsklage gestützt auf den vertraglichen und/oder gesetzlichen Anspruch) in den Fällen der objektiven Klagehäufung (§ 260 ZPO; siehe *Brüning* Vor § 12 Rdn. 30) zusammen mit Ansprüchen, die in die ausschließliche sachliche Zuständigkeit der Landgerichte fallen, geltend gemacht werden, unabhängig davon, dass der zusammenzurechnende Zuständigkeitsstreitwert (§ 5 Halbsatz 1 ZPO) ohnehin in der Regel auch die Wertgrenze der §§ 23 Nr. 1, 71 GVG erreichen wird. Die Androhung von Ordnungsmitteln nach Abgabe einer **notariell beurkundeten Unterlassungserklärung** stellt ebenfalls keinen „Anspruch auf Grund dieses Gesetzes" dar; sachlich zuständig ist in entsprechender Anwendung des § 797 Abs. 3, 6 ZPO das **Amtsgericht am Sitz des Notars.**[25]

10 *bb) Verbraucherklagen.* Eine **ausschließliche Zuständigkeit der Landgerichte** ist auch **bei Klagen von Verbrauchern zu verneinen,** die wegen (vermeintlicher) Ansprüche wegen der Verletzung von UWG-Tatbeständen unter dem Gesichtspunkt der Schutzgesetzverletzung (§ 823 Abs. 2 BGB) geltend gemacht werden, da eine entsprechende Klagebefugnis im Gesetz nicht vorgesehen ist und auch eine Schutzlücke zu verneinen ist.[26]

11 *cc) "Folgeverfahren". (1)* **Gebührenklagen von Anwälten** betreffend Gebühren und Auslagen, die in einem Rechtsstreit entstanden sind, können nach § 34 ZPO auch (§ 35 ZPO)[27] beim Gericht

---

[19] Offen gelassen von BGH GRUR 2006, 158 Tz. 15 – *segnitz.de,* zu § 140 Abs. 1 MarkenG.

[20] Zum HWG vgl. *Doepner,* HWG, Einl. Rdn. 41 m. w. N.

[21] Teplitzky/*Schaub* Kap. 45 Rdn. 5, 5a; Köhler/Bornkamm/*Köhler/Feddersen* § 13 Rdn. 2; bejahend für sog. Annex-Ansprüche MünchKommUWG/*Ehricke* § 13 Rdn. 8; Fezer/*Büscher* § 13 Rdn. 10.

[22] Siehe § 14 Rdn. 19.

[23] Wie hier gegen die Anwendbarkeit des § 13 UWG: OLG Rostock GRUR 2014, 304; OLG Köln WRP 2014, 1369; aA OLG Jena GRUR-RR 2011, 199; von BGH GRUR 2012, 730 Tz. 23 – *Bauheizgerät* (I. Zivilsenat) und MDR 2015, 51 (X. Zivilsenat) offen gelassen.

[24] Wie hier Köhler/Bornkamm/*Köhler/Feddersen* § 13 Rdn. 2; Teplitzky/*Schaub* Kap. 45 Rdn. 5; *Rieble* JZ 2009, 716; jeweils mit eingehender Darstellung des Meinungsstandes; a. A. GroßKommUWG/Zülch § 13 Rdn. 9 ff. mit eingehender Darstellung des Meinungsstandes; MünchKommUWG/*Ehricke* § 13 Rdn. 10; Fezer/*Büscher* § 13 Rdn. 7 mit Verweis auf den Zweck der Vorschriften des § 13, die besondere Sachkunde der Landgerichte zu nutzen; Götting/Nordemann/*Albert* § 13 Rdn. 10; Ohly/*Sosnitza* § 13 Rdn. 2; *Schmitt-Gaedke/Arz* WRP 2015, 1196, 1200.

[25] OLG Köln WRP 2014, 1369; OLG Düsseldorf WRP 2015, 71; OLG München WRP 2015, 646; Ahrens/*Spätgens* Kap. 67 Rdn. 8; Hess WRP 2015, 317; a. A. OLG Schleswig GRUR-RR 2015, 358; LG Mannheim GRUR-RR 2015, 454 (auch zu § 95 Abs. 1 Nr. 5 GVG); *Nippe* WRP 2015, 532; *Teplitzky* WRP 2015, 527, 529, welche die Anwendbarkeit der §§ 13, 14 rechtstechnisch mit einer analogen Anwendung der §§ 796a Abs. 1, 796b Abs. 1 ZPO, in der Sache aber mit der besonderen Sachkunde der nach §§ 13, 14 zuständigen Landgerichte begründen. Die weitere, von Teplitzky aufgeworfene Frage, ob dem Verletzten anderenfalls ein Gerichtsstand aufgezwungen werden kann, ist eine Folgefrage, die überhaupt nur dann relevant wird, wenn man der notariell beurkundeten Unterlassungsverpflichtungserklärung überhaupt die – nach zutreffender Auffassung ohne Ordnungsmittelandrohung allerdings nicht bestehende – Eignung zuspricht, die Wiederholungsgefahr auszuräumen. Liegt es danach in der Hand des Gläubigers, von der Möglichkeit, einen solchen Titel zu erlangen, Gebrauch zu machen (statt Klage am Gerichtsstand seiner Wahl zu erheben), so besteht kein Bedürfnis, ihn im Hinblick auf den zwangsvollstreckungsrechtlichen Gerichtsstand gegenüber sonstigen Vollstreckungsgläubigern zu privilegieren. Eingehend zur notariellen Unterwerfung oben *Goldmann* § 8 Rdn. 66 ff.

[26] Vgl. *Köhler* GRUR 2003, 265, 271 f.; *Sack* BB 2003, 1073, 1078 ff.; *Engels/Salomon* WRP 2004, 42, 41; *Keßler* WRP 2005, 264.

[27] Vgl. BGH NJW 2004, 54, wonach der Gerichtsstand des § 29 ZPO i. d. R. nicht gegeben ist.

des Hauptprozesses erhoben werden, wobei nach der Geschäftsverteilung der Gerichte oftmals der Spruchkörper des Hauptprozesses als zuständig bestimmt ist (siehe zur Zuständigkeit der Kammer für Handelssachen Rdn. 32ff.). Stellt man auf die Auslegung der als „Vorbild" dienenden Bestimmungen ab, so könnte die Entstehungsgeschichte dafür sprechen, derartige (auch eine rein außerprozessuale Tätigkeit, z.B. eine Abmahntätigkeit betreffende) Gebührenklagen, die aus der Bearbeitung eines Wettbewerbsfalles resultieren, von § 13 Abs. 1 Satz 1 UWG als erfasst anzusehen, da der Begriff der Patentstreitsache im Sinne von § 143 Abs. 1 PatG bzw. der Kennzeichenstreitigkeit im Sinne von § 140 Abs. 1 MarkenG nach umstrittener Auffassung auch derartige Gebührenklagen umfassen soll.[28] Dabei ist aber zu berücksichtigen, dass die zum Begriff der Patentstreitsache und der Kennzeichenstreitsache vorgenommene Auslegung wesentlich auf der dem Normzweck entsprechenden weiten Fassung der Bestimmungen („ein Anspruch aus einem der in diesem Gesetz geregelten Rechtsverhältnisse") beruht.[29] Aufgrund der wesentlich engeren Fassung des § 13 Abs. 1 Satz 1 („ein Anspruch aufgrund dieses Gesetzes") ist eine Auslegung, dass hierunter auch Ansprüche aus dem Geschäftsbesorgungsvertrag zwischen Anwalt und Mandant fallen, **nicht mehr gerechtfertigt,**[30] auch wenn nicht zu verkennen ist, dass auch in derartigen Verfahren – etwa wenn eine unzutreffende Beratung eingewendet wird – wettbewerbsrechtliche Sachverhalte zu beurteilen sind.[31]

12 *(2)* Vom Wortlaut ausgehend handelt es sich auch bei einem **Schadensersatzanspruch gemäß § 945 ZPO** bzw. einem Anspruch nach **§ 717 Abs. 2 ZPO,** wenn dieser isoliert geltend gemacht wird, **nicht** um einen UWG-Anspruch im vorstehenden Sinne,[32] auch wenn die einstweilige Verfügung bzw. das Urteil auf einen UWG-Anspruch gestützt war. Anspruchsgrundlage sind die Bestimmungen der ZPO, die an eine rechtswidrige Vollziehung einer einstweiligen Verfügung bzw. die Vollstreckung aus einem später aufgehobenen Urteil anknüpfen. Zur Zuständigkeit der Kammer für Handelssachen siehe Rdn. 41f.

13 **b) Klageart.** Welcher Anspruch (Unterlassung, Schadensersatz(feststellung), Auskunft, Beseitigung, Widerruf etc.) geltend gemacht wird, ist nicht entscheidend. Um einen Anspruch aufgrund des UWG handelt es sich folglich auch, wenn das Nichtbestehen eines solchen Anspruches im Wege der **negativen Feststellungsklage** geltend gemacht wird.[33] Hinsichtlich des Anwendungsbereichs (erfasste Ansprüche, Klagearten) im Übrigen kann auf die Ausführungen zu § 14 (Rdn. 17ff.) verwiesen werden.

III. § 13 Abs. 1 Satz 2 – Zuständigkeit der Kammer für Handelssachen

1. Bedeutung der Verweisung auf § 95 Abs. 1 Nr. 5 GVG

14 Die ausschließliche Zuweisung der vorstehend behandelten Rechtsstreitigkeiten an die Landgerichte in § 13 Abs. 1 Satz 1 enthält noch keine Regelung hinsichtlich der Zuständigkeit der Zivilkammer oder der Kammer für Handelssachen. Diese richtet sich nach den Bestimmungen des GVG, das in § 95 Abs. 1 Nr. 5 bürgerliche Rechtsstreitigkeiten aufgrund des Gesetzes gegen den unlauteren Wettbewerb als **Handelssachen** definiert. Aufgrund dieser Vorschrift hätte es an sich der Regelung in § 13 Abs. 1 Satz 2 nicht bedurft. Ihr kommt lediglich klarstellende Bedeutung dahingehend zu, dass sich die **Abgrenzung** der Zuständigkeit der Zivilkammern und der Kammern für Handelssachen **nach den Bestimmungen des GVG** richtet. Es gibt keine Anhaltspunkte dafür, dass in § 13 Abs. 1 Satz 2 eine ausschließliche gesetzliche funktionelle Zuständigkeit der Kammern für Handelssachen – wie sie etwa umgekehrt für die Zivilkammern in § 143 Abs. 1 PatG, § 27 Abs. 1 GebrMG, § 98 Abs. 1 AktG vorgesehen ist – geregelt wurde.

2. Kammer für Handelssachen – Zivilkammer

15 **a) Funktionelle Zuständigkeit.** Bei der Kammer für Handelssachen handelt es sich um eine „Spezial-Zivilkammer" des Landgerichts, die nicht von Gesetzes wegen bei jedem Landgericht besteht (§ 93 GVG), und die sich von ihrer Besetzung her von der Zivilkammer unterscheidet (§ 105

---

[28] Siehe zum Meinungsstand *Horak* Mitt. 2007, 449; *Ingerl/Rohnke* § 140 Rdn. 11, *Ströbele/Hacker* § 140 Rdn. 7 jeweils m.w.N.

[29] BGH GRUR 2004, 622 – *ritter.de; Ingerl/Rohnke* § 140 Rdn. 5; *Ströbele/Hacker,* § 140 Rdn. 3.

[30] Vgl. *Ingerl/Rohnke* § 140 Rdn. 11; MünchKommUWG/*Ehricke* § 13 Rdn. 9; Götting/Nordemann/*Albert* § 13 Rdn. 11.

[31] Vgl. BGH GRUR 2013, 757 Rdn. 4 zum weiter gefassten Begriff der Urheberrechtsstreitsache im Sinne des § 107 – urheberrechtliche Honorarklage UrhG.

[32] A.A. zu § 140 MarkenG *Ströbele/Hacker* § 140 Rdn. 5.

[33] OLG Frankfurt WRP 1981, 112f.

GVG).[34] Soweit bei den Landgerichten eine (oder wie bei größeren Gerichten mehrere, zum Teil auf bestimmte Materien spezialisierte)[35] Kammern für Handelssachen gebildet sind, tritt bzw. treten sie gemäß § 94 GVG für Handelssachen (hierzu nachfolgend Rdn. 32ff.) an die Stelle der Zivilkammern. Die Verteilung der Zuständigkeit zwischen den Kammern für Handelssachen und den Zivilkammern, d.h. zwischen verschiedenen Spruchkörpern desselben Gerichts, wird somit unmittelbar durch das Gesetz selbst vorgenommen, sodass die h.M. zutreffend von einer **„gesetzlichen Geschäftsverteilung"**[36] bzw. einer **funktionellen,**[37] **nicht von einer sachlichen Zuständigkeitsregelung** ausgeht. Die Zuständigkeit der Handelskammer ist damit unmittelbar dem Gesetz (z.B. § 95 GVG, § 13 Abs. 1 Satz 2 UWG, § 87 Abs. 2, § 97 Satz 1 Halbsatz 1 GWB) zu entnehmen. Dies bedeutet:

Die Zuständigkeit der Kammern für Handelssachen kann durch die **gerichtliche Geschäftsverteilung (§ 21e GVG) weder eingeschränkt noch erweitert** werden. Regelungen in der gerichtlichen Geschäftsverteilung müssen sich daher im vom Gesetz gezogenen Rahmen halten. Auch wenn im Geschäftsverteilungsplan eine von § 95 Abs. 1 Nr. 5 GVG abweichende Definition von Wettbewerbssachen vorgenommen wurde bzw. auch Einwendungen des Beklagten für die Zuständigkeit nach dem Geschäftsverteilungsplan als maßgeblich bestimmt werden, berührt dies nicht die **gesetzliche** Zuständigkeit der Kammer für Handelssachen.[38] Die Kammer für Handelssachen kann folglich – von Fällen des § 95 Abs. 1 Nr. 1 GVG abgesehen – in Urheberrechtssachen nicht durch den Geschäftsverteilungsplan als zuständig bestimmt werden.[39] 16

Die Zuständigkeit der Kammer für Handelssachen kann durch eine **Parteivereinbarung** nicht erweitert bzw. begründet werden.[40] 17

– Im Falle eines Kompetenzkonfliktes zwischen einer Kammer für Handelssachen und einer Zivilkammer entscheidet nicht das Präsidium des Gerichts, sondern die Zuständigkeitsfrage ist im Verfahren nach § 36 Abs. 1 Nr. 6 GVG (entsprechend) zu klären.[41] 18

b) Antragserfordernis. Auch wenn beim Landgericht eine Kammer für Handelssachen besteht und eine Handelssache vorliegt, wird hierdurch die Zuständigkeit der Zivilkammer nur in den Fällen des § 96 Abs. 1 und des § 98 Abs. 1 GVG eingeschränkt. 19

aa) Nach **§ 96 Abs. 1 GVG** muss der Kläger **bereits in der Klageschrift/Antragsschrift** (oder einem gleichzeitig bei Gericht eingehenden Schriftsatz)[42] den **Antrag** stellen, den Rechtsstreit vor der Kammer für Handelssachen zu verhandeln, was zweifelsfrei auch durch die Adressierung (Landgericht … „Kammer für Handelssachen") zum Ausdruck kommt.[43] Es muss auch als ausreichend angesehen werden, wenn dies an anderer Stelle in der Klage mit der erforderlichen Eindeutigkeit zum Ausdruck gebracht wird. Mit Eingang der Klage bei der Zivilkammer ist das dem Kläger grundsätzlich zustehende Wahlrecht, eine Handelssache entweder bei der Kammer für Handelssachen oder bei der Zivilkammer anhängig zu machen, verloren.[44] Im Falle der Verweisung vom Amtsgericht an das Landgericht muss der Antrag auf Verhandlung vor der Kammer für Handelssachen bereits vor dem Amtsgericht gestellt werden (§ 96 Abs. 2 GVG). 20

---

[34] Hierzu eingehend *Kissel*/Mayer, GVG, § 93 Rdn. 2ff.

[35] Dies betrifft vor allem den Bereich des gewerblichen Rechtsschutzes, worauf auch in der Stellungnahme des Bundesrates (Rdn. 4) abgestellt wurde. Ebenso sind aber auch bei einigen Gerichten auf Wettbewerbs- und/oder Kennzeichensachen spezialisierte Zivilkammern eingerichtet worden, vgl. *Bopp/Sonntag* in: Münchener Prozessformularbuch, Bd. 5 A. 4 Anm. 2 a.E.; *Ingerl/Rohnke* § 140 Rdn. 16.

[36] RGZ 48, 27, 28; OLG München NJW 1967, 2165; OLG Düsseldorf OLGZ 1973, 243, 244; OLG Nürnberg NJW 1975, 2345; OLG Braunschweig NJW 1979, 223; *Kissel* § 94 Rdn. 8 m.w.N.; eingehend hierzu *Gaul* JZ 1984, 57f.; vgl. auch BGHZ 63, 214, 217: „und dass es sich insoweit auch nicht um eine Frage der sachlichen Zuständigkeit im üblichen Sinne der ZPO handelt …"

[37] So BGH WM 1992, 415, 416; OLG Bremen MDR 1980, 410; Teplitzky/*Schaub* Kap. 45 Rdn. 9ff.

[38] Vgl. OLG München, Urt. v. 12.9.1985 – 5 U 4430/85, insoweit in OLGZ 1985, 444 und NJW 1986, 1880 nicht abgedruckt.

[39] Wandtke/Bullinger/*Kefferpütz,* UrhR, § 104 Rdn. 12; a.A. *Dreier/Schulze* § 105 Rdn. 4; § 104 Rdn. 10.

[40] GroßKommUWG/Zülch § 13 Rdn. 34; *Kissel,* GVG, § 94 Rdn. 3 m.w.N.; *Gaul* JZ 1984, 57, 58; Zöller/*Lückemann* § 95 GVG Rdn. 1, Vor § 93 GVG Rdn. 4; MünchKommUWG/*Ehricke* § 13 Rdn. 27.

[41] BGHZ 71, 264, 271 = NJW 1978, 1532; OLG Braunschweig NJW-RR 1995, 1535; OLG Frankfurt NJW 1992, 2900; OLG Schleswig NJW-RR 2003, 1650; OLG Düsseldorf MDR 1996, 524; *Kissel* § 94 Rdn. 8 m.w.N.

[42] *Kissel* § 96 Rdn. 2 m.w.N.

[43] OLG Brandenburg NJW-RR 2001, 419; Zöller/*Lückemann* § 96 GVG Rdn. 1 m.w.N.

[44] Allgemeine Meinung: OLG Frankfurt Rpfleger 1980, 231; *Kissel* § 96 Rdn. 4, 6; *Bergerfurth* NJW 1974, 221; zu Ausnahmen (Mahnverfahren, nachträgliche Bildung einer Kammer für Handelssachen oder Verweisung an ein Landgericht bei dem eine Kammer für Handelssachen besteht) vgl. *Kissel* § 96 Rdn. 4f. m.w.N.

21 Der Antrag auf Verhandlung vor der Kammer für Handelssachen kann **nicht** mehr **zurückgenommen** werden.[45]

22 *bb)* Der **Beklagte** kann die Verhandlung einer bei der Zivilkammer erhobenen Klage vor der Kammer für Handelssachen (nur) durch einen **rechtzeitigen Antrag** gemäß **§ 98 Abs. 1 GVG** erreichen.

23 *(1)* Ein solcher Antrag wird auch in der **Rüge der Unzuständigkeit der Zivilkammer** zu sehen sein, wenn darin mit der erforderlichen Eindeutigkeit zum Ausdruck kommt, dass der Beklagte eine Verhandlung vor der Kammer für Handelssachen erreichen will. Daran dürfte kein Zweifel bestehen, wenn die Zuständigkeitsrüge ausdrücklich mit dem Vorliegen einer Handelssache begründet wird.[46] Es empfiehlt sich dennoch, derartige Zweifel erst gar nicht aufkommen zu lassen und von Beklagtenseite einen ausdrücklichen Antrag zu formulieren.[47]

24 *(2)* Der Antrag muss **vor der Verhandlung zur Sache** (§ 101 Abs. 1 Satz 1 GVG)[48] und, falls dem Beklagten eine **Frist zur Klageerwiderung** (§ 275 Abs. 1 Satz 1, § 276 Abs. 1 Satz 2 ZPO) gesetzt war, bereits innerhalb dieser Frist gestellt werden (§ 101 Abs. 1 Satz 2 und 3 GVG). An diesem Erfordernis ändert sich auch dann nichts, wenn dem Beklagten sodann eine nochmalige Erwiderungsfrist eingeräumt wird.[49] Ob der Verweisungsantrag noch innerhalb der verlängerten Klageerwiderungsfrist gestellt werden kann, wird unterschiedlich beurteilt.[50]

25 *(3)* Auch im Verfahren der **einstweiligen Verfügung,** bei dem es an einer Fristsetzung zur Klageerwiderung fehlt, besteht ein Interesse an der möglichst frühzeitigen Klärung der Zuständigkeit der Kammer für Handelssachen. Ist von einer Zivilkammer eine einstweilige Verfügung im Beschlusswege erlassen worden, wird der Antragsgegner in der Regel im eigenen Interesse einen etwaigen Verweisungsantrag schon vor dem Termin zur Verhandlung über den Widerspruch – meist schon mit dessen Einlegung – stellen. Anders kann sich die Interessenlage gestalten, wenn von der Zivilkammer über den Antrag auf Erlass einer einstweiligen Verfügung mündlich verhandelt wird. Hier wird der Verweisungsantrag manchmal erst im Termin zur mündlichen Verhandlung gestellt, was – sofern noch nicht zur Sache verhandelt wurde – als rechtzeitig angesehen werden muss.

26 *(4)* Über den Verweisungsantrag ist gemäß **§ 102 Abs. 2 Satz 1 GVG vorab,** d.h. vor der Verhandlung über die Zulässigkeit und Begründetheit der Klage zu entscheiden. Bis zum Ergehen einer solchen Entscheidung kann der Beklagte seinen Verweisungsantrag noch zurücknehmen.[51]

27 **c) Verweisung von Amts wegen.** Die Kammer für Handelssachen kann ein Verfahren wegen anfänglicher (§ 97 Abs. 1 GVG) – Nichtvorliegen einer Handelssache – oder nachträglicher Unzuständigkeit (§ 97 Abs. 2; § 99 GVG) **von Amts wegen** (unter Beachtung der zeitlichen Schranke des § 97 Abs. 2 GVG) an die Zivilkammer **verweisen.**

28 **d) Bindungswirkung.** Verweisungsbeschlüsse von der Kammer für Handelssachen zur Zivilkammer bzw. umgekehrt – eine formlose Abgabe nach dem Geschäftsverteilungsplan des Gerichts kommt nur im Verhältnis von einer Kammer für Handelssachen zu einer anderen Kammer für Handelssachen bzw. von einer Zivilkammer zu einer anderen Zivilkammer in Betracht[52] – sind **nicht anfechtbar** (§ 102 Satz 1 GVG) und für die Kammer, an die verwiesen wurde, bindend (§ 102 Satz 2 GVG). Damit soll „der Verzögerung und Verteuerung der Prozesse durch unfruchtbare Zuständigkeitsstreitigkeiten … vorgebeugt werden".[53] Ebenso unanfechtbar ist die den Verweisungsantrag zurückweisende Entscheidung. Die Bindungswirkung nach Satz 2 tritt entsprechend der zu § 281 ZPO ergangenen Rechtsprechung nur dann nicht ein, wenn der Beschluss an groben Mängeln leidet.[54]

---

45 Allgemeine Meinung vgl. *Kissel* § 96 Rdn. 7 m. w. N.

46 OLG München, Beschl. v. 14.6.2004 – 22 AR 48/04; Musielak/Voit/*Wittschier* § 101 GVG Rdn. 2 und (noch weitergehend) *van der Hövel* NJW 2001, 354f. mit Nachweisen zur gegenteiligen h. M., die auf den „eindeutigen Wortlaut" des § 98 GVG abstellt unter Hinweis auf RG Gruchot 37, 765, 766.

47 Zöller/*Lückemann* § 98 GVG Rdn. 2.

48 Hierzu *Kissel* § 101 GVG Rdn. 3ff.

49 LG Bonn MDR 274f. m. Anm. *E. Schneider;* Thomas/Putzo/*Hüßtege* § 101 GVG Rdn. 4.

50 Verneinend: LG Heilbronn MDR 2003, 231 m. zust. Anm. *Wilmerdinger;* BLAH § 101 GVG Rdn. 2; bejahend: OLG München, Beschl. v. 16.4.2004 – 22 AR 48/04; OLGR 2009, 636 m. w. N.

51 *Kissel/Mayer* § 101 Rdn. 2 m. w. N.

52 OLG Hamburg MDR 1970, 1019; OLG Nürnberg MDR 1973, 507; OLG Frankfurt WRP 1981, 112, 113; *Kissel/Mayer* § 102 Rdn. 14.

53 BGHZ 63, 214, 217f. Im Hinblick auf die nunmehrige Regelung des § 17a Abs. 4 Satz 3 GVG gilt die Unanfechtbarkeit jedoch nicht mehr hinsichtlich der Frage des Rechtswegs, wie in der Entscheidung noch angenommen.

54 OLG Köln NJW-RR 2002, 426, 427 m. w. N.; OLG München OLGR 2009, 636.

Auch mit einem **Rechtsmittel** in der Hauptsache kann nicht geltend gemacht werden, dass zu Unrecht anstelle der Zivilkammer die Handelskammer (oder umgekehrt) entschieden hat.[55] Hiervon wird auch der Rechtsmittelzug zum OLG (§ 119 GVG) nicht beeinflusst. Etwas anders kann nur bei willkürlicher Zuständigkeitsanmaßung oder Zuständigkeitsleugnung gelten.[56] 29

3. Zuständigkeit der Kammer für Handelssachen

a) § 95 Abs. 1 Nr. 5 GVG. Gemäß § 95 Abs. 1 Nr. 5 GVG sind die Kammern für Handelssachen für bürgerliche Rechtsstreitigkeiten zuständig, in denen durch die Klage ein Anspruch auf Grund des Gesetzes gegen den unlauteren Wettbewerb geltend gemacht wird. Insoweit enthält die Bestimmung keinen von § 13 Abs. 1 Satz 1 UWG abweichenden Regelungsgehalt (siehe Rdn. 10ff.). 30

b) § 95 Abs. 1 Nr. 1 GVG. Die Zuständigkeit der Kammer für Handelssachen wird durch § 95 Abs. 1 Nr. 1 GVG gegenüber Abs. 1 Nr. 5 dahingehend **erweitert,** als eine Zuständigkeit auch für vertragliche Ansprüche aus einem beiderseitigen Handelsgeschäft (§§ 343, 344 HGB) besteht, so etwa für eine Klage mit der ein Anspruch aus einer **Vertragsstrafenvereinbarung** geltend gemacht wird. Liegt dagegen kein beiderseitiges Handelsgeschäft vor, ist die Zuständigkeit der Kammer für Handelssachen nicht gegeben, auch wenn die Vertragsstrafe auf einen behaupteten Wettbewerbsverstoß gestützt wird.[57] 31

c) Zuständigkeit bei mehreren Streitgegenständen bzw. mehreren Anspruchsgrundlagen. *aa) Klagehäufung.* Für die Fallgestaltungen der **objektiven** (§ 260 ZPO)[58] sowie der **subjektiven Klagehäufung auf Aktiv- oder Passivseite** (§ 59 ZPO) besteht im Ausgangspunkt Einigkeit darüber, dass eine Zuständigkeit der Kammer für Handelssachen nur dann gegeben ist, wenn für jeden Streitgegenstand bzw. für die Klage jedes Klägers bzw. gegen jeden Beklagten eine Handelssache vorliegt. Soweit die Kammer für Handelssachen nicht zuständig ist, wird zum Teil nach Prozesstrennung (§ 145 ZPO) eine Verweisung an die Zivilkammer für möglich gehalten.[59] Auch eine Verweisung des gesamten Rechtsstreits wird zum Teil für zulässig angesehen.[60] Eine Zuständigkeit der Zivilkammer kraft Sachzusammenhangs wird abgelehnt.[61] 32

bb) Mehrere Anspruchsgrundlagen. Unterschiedlich beurteilt wird die Zuständigkeit in den Fällen, in denen ein einheitlicher Anspruch auf **mehrere Anspruchsgrundlagen** gestützt wird, für die nicht sämtlich eine Zuständigkeit der Kammer für Handelssachen gegeben ist (z.B. §§ 3, 4 Nr. 7 und 8 UWG, §§ 824, 823 Abs. 1, 1004 BGB; §§ 5, 15 MarkenG, § 12 BGB). Da eine Abtrennung und Teilverweisung des Rechtsstreits wegen einzelner Anspruchsgrundlagen nach zutreffender h.M. nicht in Betracht kommt,[62] kann die Entscheidungsbefugnis der Kammer für Handelssachen nicht auf diese Weise „beschränkt" werden. Sie kann nur damit begründet werden, weil sich der Kläger auch auf zuständigkeitsbegründende Anspruchsgrundlagen stützt. Anderenfalls ist die Zuständigkeit der Kammer für Handelssachen nicht eröffnet und es muss bei der umfassenderen Zuständigkeit der Zivilkammer verbleiben, was von der überwiegend vertretenen Meinung[63] abgelehnt wird, da anderenfalls das Wahlrecht des Klägers in sachlich nicht zu rechtfertigender Weise eingeschränkt würde. Denn die Eigenschaft als Handelssache, im Sinne einer Materie, die den Gesetzgeber dazu veranlasst 33

---

[55] RGZ 48, 27; Gruchot 37, 765; *Kissel* § 94 Rdn. 5 m.w.N.; Zöller/*Lückemann* Vor § 93 GVG Rdn. 3: Grenze ist Willkür.

[56] BGH WRP 2003, 730f. m.w.N. – *rechtsbetreuende Verwaltungshilfe.*

[57] Ahrens/*Bähr* Kap. 17 Rdn. 54; a.A. GroßKommUWG/*Zülch* § 13 Rdn. 33; Gloy/Loschelder/Erdmann/*Spätgens,* HdbWettbR, § 77 Rdn. 9 spricht sich in Bezug auf die Konzentrationsermächtigung des § 13 Abs. 2 gegen ein dahingehendes einengendes Verständnis aus.

[58] Eingehend hierzu MünchKommUWG/*Ehricke* § 13 Rdn. 21f.

[59] Vgl. Musielak/Voit/*Wittschier* § 97 GVG Rdn. 5; *Kissel* § 97 Rdn. 4; *Gaul* JZ 1984, 57, 59; Zöller/*Lückemann* § 97 GVG Rdn. 2.

[60] Zöller/*Lückemann* § 97 GVG Rdn. 8.

[61] *Gaul* JZ 1984, 57, 59; *Kissel/Mayer* § 97 Rdn. 4.

[62] BGH NJW 1952, 619; NJW 1954, 1321; NJW 1961, 72; NJW 1968, 351; NJW 1971, 564; OLG Frankfurt MDR 1982, 1023; BVerwGE 18, 181, 182; GroßKommUWG/*Zülch* § 13 Rdn. 35; *Kissel/Mayer* § 97 Rdn. 4; eingehende Darstellung des Meinungsstandes bei MünchKommZPO/*Patzina* § 12 Rdn. 51ff.

[63] *Brandi-Dohrn* NJW 1981, 2453; *Kissel/Mayer* § 97 GVG Rdn. 4; *Wolf* § 95 Thomas/Putzo/*Hüßtege* § 95 GVG Rdn. 1; OLG Köln Mitt 2012, 294 LS; LG Düsseldorf GRUR 1951, 82; OLG München, Urt. v. 24.1.2002 – 29 U 4932/01; *Melullis* Rdn. 126; a.A. Gloy/Loschelder/Erdmann/*Spätgens,* HdbWettbR, § 85 Rdn. 10; *Gaul* a.a.O. S. 59; *BLAH* § 97 GVG Rdn. 4; *Ingerl/Rohnke* § 140 Rdn. 51; *Rohnke* in: Münchner Prozessformularbuch, 1. Aufl., Bd. 4 B.11 Anm. 3; vgl. auch LG München I CR 1997, 479: Entscheidung durch Kammer für Handelssachen, gestützt auf § 12 BGB.

hat, die Möglichkeit der Anrufung spezialisierter Spruchkörper vorzusehen (vgl. auch §§ 109, 114 GVG), gehe nicht dadurch verloren, dass die Klage nach dem maßgeblichen Klägervorbringen auch auf andere Anspruchsgrundlagen gestützt werden könne.[64] Den Kammern für Handelssachen für andere Anspruchsgrundlagen die Sachkompetenz abzusprechen, sei angesichts des Umfangs und der Komplexität der in § 95 GVG und in Spezialregelungen enthaltenen Materien (z.B. § 87 Abs. 2 GWB) nicht zu begründen und stünde auch im Widerspruch zu dem in § 17 Abs. 2 Satz 1 GVG zum Ausdruck kommenden Grundgedanken der Prozessökonomie.[65]

34 *cc) Stellungnahme.* Zutreffend ist, dass ein auf das UWG und/oder das Markenrecht gestützter Anspruch nicht seine Eigenschaft als UWG-Anspruch im Sinne von § 95 Abs. 1 Nr. 5 bzw. als Kennzeichenstreitigkeit im Sinne von § 95 Abs. 1 Nr. 4 lit. c GVG dadurch verliert, dass daneben auch andere Anspruchsgrundlagen genannt werden. Berücksichtigt werden muss aber auch die Schwierigkeit, die verschiedenen Fallgestaltungen überhaupt voneinander abzugrenzen. Werden **mehrere Streitgegenstände**[66] geltend gemacht oder handelt es sich nur um eine **Anspruchsgrundlagenkonkurrenz?** Auch das „Rangverhältnis" der verschiedenen Rechtsgebiete, wie es in verschiedenen gesetzlichen Regelungen betreffend die Zuständigkeit (vgl. § 141 MarkenG, § 52 GeschmMG, § 88 GWB, § 143 Abs. 1 PatG, § 27 Abs. 1 GebrMG) zum Ausdruck kommt bzw. das (materiellrechtliche) Verhältnis des Sonderrechtsschutzes zu UWG-Tatbeständen darf nicht aus dem Auge verloren werden.

35 Danach kann die Zuständigkeit der Kammer für Handelssachen nicht ohne weiteres bereits dann verneint werden, wenn derselbe Anspruch auf **mehrere Anspruchsgrundlagen** gestützt wird, die nicht sämtlich für sich die Zuständigkeit nach § 95 GVG begründen könnten. Wird der Anspruch neben Bestimmungen des UWG/MarkenG auch auf Bestimmungen des BGB gestützt bzw. kommen auch Bestimmungen des BGB als Anspruchsgrundlagen in Betracht, sind letztere nach der Rechtsprechung ohnehin nur lückenfüllend heranzuziehen.[67] Aber auch soweit diese nicht von den UWG-Normen verdrängt werden – wie etwa § 826 BGB im Verhältnis zu UWG-Tatbeständen[68] – kann die Zuständigkeit der Kammern für Handelssachen nicht verneint werden.[69]

36 Dies bedeutet: Wurde eine solche, auf **mehrere „gemischte" Anspruchsgrundlagen** gestützte Klage zur Kammer für Handelssachen erhoben, kommt eine Verweisung an die Zivilkammer gemäß § 97 GVG nicht in Betracht. Ist die Klage zur Zivilkammer erhoben, muss ein Verweisungsantrag des Beklagten (§§ 98, 101 GVG) ohne Erfolg bleiben, da die Zuständigkeit der Zivilkammer aufgrund der nicht unter § 13 Abs. 1 Satz 1 UWG bzw. § 95 GVG fallenden Anspruchsgrundlagen gegeben ist.[70]

37 Soweit die Klage dagegen auf **verschiedene Anspruchsgrundlagen** – meist wird es sich ohnehin um verschiedene Streitgegenstände handeln – gestützt wird, für die zum Teil eine **vorrangige Zuständigkeit der Zivilkammern** begründet ist (so ausdrücklich in § 143 Abs. 1 PatG und § 27 Abs. 1 GebrMG), scheidet eine Zuständigkeit der Kammer für Handelssachen aus.

38 Dieses **„Rangverhältnis"**[71] muss, auch wenn nach der Regelung des § 5 Abs. 2 nicht mehr uneingeschränkt von einem (materiell-rechtlichen) Vorrang des Sonderrechtsschutzes[72] ausgegangen

[64] Vgl. BGH WRP 2002, 333, 334 – *LDL-Behandlung:* Zur Qualifizierung eines Anspruchs als kartellrechtliche Streitigkeit, auch wenn daneben nichtkartellrechtliche Anspruchsgrundlagen (§ 1 UWG, § 823 Abs. 1 BGB) herangezogen wurden.

[65] GroßKommUWG/*Zülch* § 13 Rdn. 12.

[66] Vgl. hierzu BGH GRUR 2000, 226, 227 – *Planungsmappe:* auf §§ 1, 3 UWG gestützter prozessualer Anspruch neben urheberrechtlichem Anspruch; BGH WRP 1998, 990, 992 unter II.4 – *Alka Seltzer:* UWG-Anspruch neben markenrechtlichem Anspruch als selbständiger Streitgegenstand; GRUR 2001, 755, 757 – *Telefonkarte;* NJW 2002, 442, 443 – *Widerruf der Erledigungserklärung.*

[67] Z.B. BGHZ 36, 252, 256 – *Gründerbildnis;* NJW 1988, 3154, 3155 – *Entfernung von Kontrollnummern:* § 1 UWG a.F. – §§ 823 Abs. 1, 1004 BGB; zum Verhältnis §§ 5, 15 MarkenG zu § 12 BGB vgl. BGH GRUR 2002, 622 – *shell.de.*

[68] BGH GRUR 1964, 218, 220 – *Düngekalkhandel;* GRUR 1977, 539 – *Prozessrechner;* zu § 824 BGB: BGHZ 36, 252, 258 – *Gründerbildnis;* siehe auch BGH GRUR 1999, 364, 365 – *Autovermietung:* zum Verhältnis von wettbewerbsrechtlichen zu deliktsrechtlichen Ansprüchen.

[69] GroßKommentarUWG/*Zülch* § 13 Rdn. 35; a.A. *Ingerl/Rohnke* § 140 Rdn. 51; vgl. demgegenüber LG München I CR 1997, 479: Entscheidung durch Kammer für Handelssachen, gestützt auf § 12 BGB; *Brandi-Dohrn* NJW 1981, 2453f.

[70] *Melullis* Rdn. 126 m.w.N.; a. A. MünchKommZPO/*Zimmermann* § 98 GVG Rdn. 4.

[71] Vgl. zum Vorrang der Kartellgerichte gemäß § 88 GWB: BGH GRUR 1960, 350 – *Malzflocken;* GRUR 1968, 218f. – *Kugelschreiber; Bornkamm* in: Langen/Bunte, GWB, § 88 Rdn. 5; *Ingerl/Rohnke,* MarkenG, § 140 Rdn. 40; *Ekey/Klippel* § 140 Rdn. 6; *Busse/Keukenschrijver* § 143 Rdn. 69.

[72] So die frühere Rspr. BGH GRUR 1993, 34, 37 – *Bedienungsanweisung;* GRUR 1992, 697, 699 – *ALF;* GRUR 1994, 630, 632 – *Cartier Armreif.*

werden kann, auch weiterhin im Verhältnis zu einer auf Urheberrecht und UWG/MarkenG gestützten Klage gelten. Bei Vorliegen mehrerer Streitgegenstände ist zwar grundsätzlich auch eine Abtrennung und Teilverweisung möglich. Eine solche Vorgehensweise wird aber in der Regel ausscheiden. Denn meist werden vorrangig urheberrechtliche Ansprüche verfolgt und nur hilfsweise wettbewerbsrechtliche Ansprüche, sodass bereits im Hinblick auf die bedingte Klagehäufung eine Abtrennung und Teilverweisung nicht in Betracht kommt. Aber auch bei einer kumulativen Klagehäufung ist bei derartigen Fallgestaltungen die Zivilkammer zur Entscheidung des gesamten Prozessstoffes berufen.

d) UKlaG. Für Verfahren nach §§ 1, 2 UKlaG besteht gemäß § 6 Abs. 1 Satz 1 UKlaG eine ausschließliche Zuständigkeit der Landgerichte. Eine funktionelle Zuständigkeit der Kammern für Handelsachen ist nicht gegeben[73] und zwar auch dann nicht, wenn man, wie zum Teil zu §§ 1, 3 UWG a. F. vertreten wurde,[74] das UWG als Verbraucherschutzgesetz ansieht.[75] 39

e) Einzelfragen. Ist die **Zuständigkeit** der Kammer für Handelssachen **begründet,** so tritt sie **in vollem Umfang** an die Stelle der Zivilkammer, d. h. in der Hauptsache sowie für alle Neben- und Folgeentscheidungen einschließlich der dem Prozessgericht obliegenden Vollstreckung (§§ 887–890 ZPO) und Zwangsvollstreckungsgegenklagen,[76] wenn der titulierte Anspruch aus einem Verfahren vor der Kammer für Handelssachen herrührt. 40

aa) „Folgeverfahren". Für **Schadensersatzklagen gemäß § 945 ZPO** ist nach allgemeiner Auffassung die Kammer für Handelssachen zuständig, wenn der geltend gemachte Schaden auf der Vollziehung einer einstweiligen Verfügung (Arrest) einer Kammer für Handelssachen beruht.[77] Folgt man dieser Auffassung, wird dies auch dann zu gelten haben, wenn ein Schadensersatzanspruch gemäß § 717 Abs. 2 Satz 1 ZPO in einem selbständigen Verfahren aufgrund eines von der Kammer für Handelssachen erlassenen Urteils geltend gemacht wird. 41

Ob für **Honorarklagen** nach § 34 ZPO die Kammer für Handelssachen zuständig ist, hat der BGH[78] offen gelassen. Dies ist zu verneinen, da die Frage des sich aus § 34 ZPO ergebenen Gerichtsstandes von der funktionellen Zuständigkeit zu trennen ist.[79] 42

bb) Zuständigkeit der Kammer. Zuständigkeit der Kammer für Handelssachen im **Einigungsstellenverfahren** s. u. § 15 Rdn. 11. 43

cc) Zur Zuständigkeit als Gericht der Hauptsache. Zur Zuständigkeit als **Gericht der Hauptsache** gemäß § 937 Abs. 1, § 943 Abs. 1 ZPO s. o. § 12 Rdn. 351 ff. 44

4. Besetzung

a) § 105 GVG, § 349 Abs. 2, 3, § 944 ZPO. Die Kammer für Handelssachen entscheidet – soweit nicht die Zuständigkeit des Vorsitzenden der Kammer für Handelssachen allein gemäß § 349 Abs. 2, 3 ZPO oder nach § 944 ZPO[80] begründet ist – gemäß § 105 GVG in der Besetzung mit dem **Vorsitzenden und zwei ehrenamtlichen Richtern** (Handelsrichtern, § 109 GVG, § 44 DRiG). 45

b) Vorsitzender der Kammer für Handelssachen als Einzelrichter im Sinne von § 568 ZPO? Der Vorsitzende der Kammer für Handelssachen ist kein Einzelrichter im Sinne von § 568 ZPO.[81] 46

---

[73] Palandt/*Bassenge* § 6 UKlaG Rdn. 2 m. w. N.; Staudinger/*Schlosser,* UKlaG, § 6 Rdn. 1; *Köhler*/Bornkamm § 6 UKlaG Rdn. 2; a. A. LG Dortmund MD 2003, 1182, 1183 das die örtliche Zuständigkeit dem UKlaG i. V. m. der ergangenen ZuständigkeitsVO entnimmt, hinsichtlich der Zuständigkeit der Kammer für Handelssachen aber auf § 95 Abs. 1 Nr. 5 GVG abstellt.

[74] LG Dortmund MD 2003, 1182, 1183; OLG Naumburg MD 2004, 102, 106.

[75] Verneinend *Kamlah* WRP 2006, 33, 34 ff.; differenzierend nach Inkrafttreten der UGP-RiLi *Köhler*/Bornkamm § 2 UklaG Rdn. 11 ff.

[76] BGH LM Nr. 42 zu § 767 ZPO; *Kissel* § 95 Rdn. 25; Zöller/*Lückemann* § 95 GVG Rdn. 17.

[77] LG Oldenburg NJW-RR 2002, 1724; Zöller/*Lückemann* § 95 GVG Rdn. 17.

[78] NJW 1986, 1178, 1179.

[79] Zöller/*Lückemann* § 95 GVG Rdn. 17; a. A. MünchKommZPO/Zimmermann § 95 GVG Rdn. 4.

[80] LG Zweibrücken NJW-RR 1986, 715; Zöller/*Vollkommer* § 944 Rdn. 1; hierzu auch oben § 12 Rdn. 398.

[81] BGH NJW 2004, 856.

IV. Zuständigkeitskonzentration, § 13 Abs. 2

47 1. **§ 13 Abs. 2,** der § 27 Abs. 2 bis 4 UWG a. F. [82] entspricht, soll die **Einheitlichkeit der Rechtsprechung,** insbesondere der Instanzgerichte, **auf diesem Spezialgebiet sichern.**[83] Damit wurde, ähnlich wie in anderen Gesetzen (§ 125e Abs. 3, § 140 Abs. 2 MarkenG, § 143 Abs. 2 PatG, § 27 Abs. 2 GebrMG, § 52 Abs. 2, 3, § 63 Abs. 2–4 DesignG, § 105 Abs. 1, 2 UrhG, § 89 Abs. 1, 2 GWB, § 6 Abs. 2 UKlaG),[84] eine Möglichkeit geschaffen, für die Bezirke mehrerer Landgerichte ein gemeinsames Gericht für Wettbewerbsstreitsachen zu bestimmen. Damit stimmt die geltende Regelung in § 13 Abs. 2 überein. Unter **Wettbewerbsstreitsachen** im Sinne von § 27 Abs. 2 UWG a. F. wurden nicht nur diejenigen Ansprüche, für die nach § 27 Abs. 1 UWG a. F. die Zuständigkeit der Kammer für Handelssachen gegeben war, sondern weitergehend auch Hilfs- und Annexansprüche darunter gefasst,[85] sodass auch Kostenerstattungsansprüche (vor allem Abmahnkosten, die nunmehr von § 13 Abs. 1 Satz 1, § 12 Abs. 1 Satz 2 bereits erfasst werden), Ansprüche aus Vertragsstrafenerklärungen (Unterlassung, Zahlung) sowie auch sonstige Ansprüche auf vertraglicher Grundlage, soweit sie aus einem wettbewerbswidrigen Verhalten hergeleitet werden, darunter fallen. Dies gilt ohne weiteres für § 13 Abs. 2 fort.

48 2. **Zuständigkeitskonzentrationen** auf der Grundlage von § 13 Abs. 2 (§ 27 Abs. 2 a. F.) wurden nur von **Sachsen**[86] und **Mecklenburg-Vorpommern**[87] vorgenommen.

49 Aufgrund dessen sind die Streitfrage, wie die Zuständigkeit eines solchen Gerichts für Wettbewerbsstreitsachen zu qualifizieren ist – überwiegend wird sie im Anschluss an BGHZ 14, 72, 75 *Autostadt* als **ausschließliche** sachliche Zuständigkeit verstanden[88] –, ohne große praktische Relevanz geblieben.

50 Soweit neben einem wettbewerbsrechtlichen Anspruch auch Ansprüche verfolgt werden, hinsichtlich derer, wie z. B. in Marken-,[89] Patent-[90] und Kartellsachen[91] bzw. für Verfahren nach dem UKlaG[92] **anderweitig Zuständigkeitskonzentrationen** vorgenommen wurden, ist dem Rechnung zu tragen.[93]

51 Wird eine Klage bei einem wegen einer Zuständigkeitskonzentration unzuständigen Gericht eingereicht, hat dieses das Verfahren auf Antrag des Klägers gemäß § 281 ZPO zu **verweisen.**[94]

52 Bejaht ein Gericht unter Verkennung der aufgrund der erfolgten Zuständigkeitskonzentration bestehenden ausschließlichen Zuständigkeit seine Zuständigkeit, kann hierauf ein **Rechtsmittel** jedoch **nicht** gestützt werden (§ 513 Abs. 2, § 545 Abs. 2 ZPO).[95]

---

[82] Eingefügt durch das UWG-Änderungsgesetz vom 26.6.1969, BGBl. I S. 633; hierzu *Tetzner* NJW 1969, 1701, 1702; *Borck* WRP 1969, 253, 254.

[83] Schriftlicher Bericht des Rechtsausschusses, BT-Drucks. V/4035, abgedruckt auch WRP 1969, 292, 295.

[84] Vgl. die Übersicht zu den Zuständigkeitskonzentrationen unter www.grur.de unter „Landgerichte".

[85] *Tetzner* NJW 1969, 1701, 1702; Gloy/Loschelder/Erdmann/*Spätgens,* HdbWettbR, § 85 Rdn. 9.

[86] Nach § 1 i. V. m. Anlage 1 Nr. 5 der Zuständigkeitsverordnung vom 6.5.1999, GVBl. S. 281 (mit ÄndVO vom 4.9. und 29.1.2000, GVBl. S. 411 und S. 539) sind Wettbewerbsstreitigkeiten nach § 27 Abs. 1 UWG, soweit sie nicht unter Nr. 4 fallen (Urheberrecht, Patentrecht, Markenstreitsachen ...) für die Landgerichtsbezirke Bautzen, Dresden und Görlitz dem Landgericht Dresden und für die Landgerichtsbezirke Chemnitz, Leipzig und Zwickau dem Landgericht Leipzig zugewiesen.

[87] Nach § 4 Abs. 1 Nr. 7 der Konzentrationsverordnung vom 28.3.1994 (GVOBl S. 514) i. d. F. vom 27.11. 2001 (GVOBl S. 499) sind dem Landgericht Rostock Wettbewerbsstreitigkeiten für den OLG-Bezirk Rostock zugewiesen.

[88] GroßKommUWG/*Zülch* § 13 Rdn. 45 m. w. N.; Teplitzky/*Schaub Kap. 45* Rdn. 7; zu § 140 Abs. 2 MarkenG: *Fezer,* Markenrecht, § 140 Rdn. 7 m. w. N.; *ders.* NJW 1997, 2915; *Ingerl/Rohnke* § 140 Rdn. 35; jeweils gegen die abweichende Rspr. des OLG Dresden GRUR 1997, 468; WRP 1997, 577, 579; Mitt. 1999, 113; vgl. auch BayObLG ZUM 2004, 672, 673 zu § 105 UrhG.

[89] Vgl. *Ingerl/Rohnke* § 140 Rdn. 19 ff.; *Engels* WRP 1997, 78 ff.

[90] *Busse/Keukenschrijver* § 143 Rdn. 99 ff.

[91] Vgl. *Bornkamm* in: Langen/Bunte § 89 Rdn. 3.

[92] Vgl. Palandt/*Bassenge* § 6 UKlaG Rdn. 7.

[93] Hierzu eingehend Ahrens/*Bähr* Kap. 17 Rdn. 40 ff.; *Busse/Keukenschrijver* § 143 Rdn. 70.

[94] *Ingerl/Rohnke* § 140 Rdn. 38; für §§ 104, 105 UrhG geht die Literatur z. T. von einer Abgabe von Amts wegen aus, Fromm/Nordemann/*Nordemann,* Urheberrecht, § 105 Rdn. 1; Wandtke/Bullinger/*Kefferpütz,* UrhR, § 105 Rdn. 4: Verweisung von Amts wegen; vgl. auch die weiteren Nachweise bei *Dreier/Schulze* § 105 Rdn. 7 sowie BayObLG ZUM 2004, 672, 673.

[95] MünchKommZPO/*Rimmelspacher* § 513 Rdn. 15 und a. a. O. *Wenzel* § 545 Rdn. 16; Zöller/*Heßler* § 513 Rdn. 7.

§ 14 Örtliche Zuständigkeit

(1) [1] **Für Klagen auf Grund dieses Gesetzes ist das Gericht zuständig, in dessen Bezirk der Beklagte seine gewerbliche oder selbständige berufliche Niederlassung oder in Ermangelung einer solchen seinen Wohnsitz hat.** [2] **Hat der Beklagte auch keinen Wohnsitz, so ist sein inländischer Aufenthaltsort maßgeblich.**

(2) [1] **Für Klagen auf Grund dieses Gesetzes ist außerdem nur das Gericht zuständig, in dessen Bezirk die Handlung begangen ist.** [2] **Satz 1 gilt für Klagen, die von den nach § 8 Abs. 3 Nr. 2 bis 4 zur Geltendmachung eines Unterlassungsanspruches Berechtigten erhoben werden, nur dann, wenn der Beklagte im Inland weder eine gewerbliche oder selbständige berufliche Niederlassung noch einen Wohnsitz hat.**

Inhaltsübersicht

Rdn.

I. Entstehungsgeschichte
1. UWG-Fassung von 1909 1
2. UWG-Änderungsgesetz 1969 4
3. UWG-Änderungsgesetz 1994 5
4. Neufassung 2004 7
a) Neufassung von § 14 7
b) Neufassung von § 8 Abs. 3 10
5. Geplante Neufassung von § 14 Abs. 2 (2012) 12
II. Allgemeines 14
1. Örtliche Zuständigkeit als Prozessvoraussetzung 14
2. Ausschließlicher Gerichtsstand 16
III. Anwendungsbereich von § 14 17
1. „Klagen aufgrund dieses Gesetzes" 17
a) UWG-Ansprüche 17
b) Vertragliche Ansprüche 18
c) Mehrere Anspruchsgrundlagen 20
d) Mehrere Streitgegenstände 22
2. Klage/einstweilige Verfügung 25
3. Einigungsstellenverfahren 26
4. Gegenstand der Klage 27
5. Feststellungsklage 28
6. Klagehäufung 30
7. Widerklage 32
8. Prozessstandschaft 33
IV. Gerichtsstände des § 14 Abs. 1 34
1. „Gewerbliche oder selbständige berufliche Niederlassung" 34
a) Gewerbebetrieb 37
b) Gewerbetreibender 38
c) Niederlassung 39
d) Maßgeblicher Zeitpunkt 45
e) Kasuistik 46
2. Wohnsitz 47
3. Aufenthaltsort 50
V. Gerichtsstand des Begehungsorts, § 14 Abs. 2 51
1. Keine inhaltliche Änderung durch die gesetzliche Neuregelung 51
2. § 14 Abs. 2 Satz 1 – § 32 ZPO 53
a) Unerlaubte Handlung 53
b) Erstbegehungsgefahr 54
c) Entscheidungsbefugnis 56
d) Mittäter, Teilnehmer, Störer 57
e) Rechtsnachfolge 58
3. Begehungsort 59
a) Handlungsort 60
aa) Absatzkette 61
bb) Durchfuhr 62
cc) Unterlassung 63
dd) Marktort, Ort des wettbewerblichen Interessenkonflikts 64
ee) „Fliegender Gerichtsstand" 65
b) Erfolgsort 67
c) Einzelfälle 68
4. Testkäufe, Rechtsmissbrauch 78

Rdn.
VI. Internationale Zuständigkeit 81
1. Prozessvoraussetzung 82
a) Prüfung von Amts wegen 83
b) Abweisung durch Prozessurteil 84
2. Autonomes deutsches Recht 85
a) Doppelfunktionalität 85
b) Maßgeblicher Zeitpunkt 87
c) Verhältnis zum anwendbaren Recht 88
d) Distanzdelikte 89
3. EuGVVO/EuGVÜ/LGÜ 90
a) Anwendungsbereich 90
b) Einstweiliger Rechtsschutz 92
c) Begehungsort, Art. 7 Nr. 2 EuGVVO (EuGVÜ/LGÜ) 93
d) Ort einer Niederlassung, Art. 5 Nr. 5 100
e) Streitgenossenschaft, Art. 6 Nr. 1 103
f) Widerklage, Art. 6 Nr. 3 104
g) Gerichtsstandsvereinbarung, Art. 23 105
h) Rügeloses Einlassen, Art. 24 106
i) Klagen in verschiedenen Mitgliedstaaten, Art. 27 107
4. Auswirkungen des Herkunftslandprinzips auf die örtliche und internationale Zuständigkeit deutscher Gerichte 108
VII. Weitere gemeinschaftsrechtliche Regelungen 113

Schrifttum: *Ahrens,* Das Herkunftslandprinzip in der E-Commerce-Richtlinie, CR 2000, 835; *Behr,* Internationale Tatortzuständigkeit für vorbeugende Unterlassungsklagen bei Wettbewerbsverstößen, GRUR Int. 1992, 604; *Berger,* Die internationale Zuständigkeit bei Urheberrechtsverletzungen in Interet-Websites aufgrund des Gerichtsstands der unerlaubten Handlung nach Art. 5 Nr. 3 EuGVVO, GRUR Int. 2005, 465; *Bernreuther,* Der Ort der Rechtsdurchsetzung des Herkunftslandsrechtes nach Art. 3 Abs. 2 EC-RiL und das Grundgesetz, WRP 2001, 385 und 513; *Bettinger,* Kennzeichenrecht im Cyberspace: Der Kampf um die Domainnamen, GRUR Int. 1997, 402; *Bettinger/Thum,* Territoriales Markenrecht im Global Village, GRUR Int. 1999, 659; *Brannekämper,* Wettbewerbsstreitigkeiten mit Auslandsbeziehung im Verfahren der einstweiligen Verfügung, WRP 1994, 661; *Bornkamm,* Gerichtsstand und anwendbares Recht bei Kennzeichen- und Wettbewerbsverstößen im Internet, in: Neues Recht für neue Medien, Bartsch/Lutterbeck (Hrsg.); *Dethloff,* Marketing im Internet und Internationales Wettbewerbsrecht, NJW 1998, 1596; *Dieselhorst,* Der „unmittelbar Verletzte" im Wettbewerbsrecht nach der UWG-Novelle, WRP 1995, 1; *Geschke,* Vom EuGVÜ zur EuGVVO – ein Überblick, Mitt. 2003, 249; *Danckwerts,* Örtliche Zuständigkeit bei Urheber-, Marken- und Wettbewerbsverletzungen, GRUR 2007, 104; *Habbe/Wimalasena,* Inanspruchnahme deutscher Gerichte bei rufschädigenden Internet-Äußerungen von Wettbewerbern im Ausland, BB 2015, 520; *Höder,* Die kollisionsrechtliche Behandlung unteilbarer Multistate-Verstöße, 2002; *Hösch,* Die Auswirkungen des § 24 Abs. 2 S. 2 UWG auf Wettbewerbsvereinigungen, WRP 1996, 849; *Johannes,* Markenpiraterie im Internet, GRUR Int. 2004, 928; *Jürgens,* Abgestürzte Gerichtsstände – Der fliegende Gerichtsstand im Presserecht, NJW 2014, 3061; *Kiethe,* Internationale Tatortzuständigkeit bei unerlaubter Handlung – die Problematik des Vermögensschadens, NJW 1994, 222; *Kotthof,* Die Anwendbarkeit des deutschen Wettbewerbsrechts auf Werbemaßnahmen im Internet, CR 1997, 1596; *Kubis,* Das revidierte Lugano-Übereinkommen über die gesetzliche Zuständigkeit und die Vollstreckung gerichtlicher Entscheidungen in Zivil- und Handelssachen, Mitt. 2010, 151; *Kur,* Immaterialgüterrechte im Vollstreckungs- und Gerichtsstandsabkommen, GRUR Int. 2001, 908; *dies.,* Territorialität versus Globalität – Kennzeichenkonflikte im Internet, WRP 2000, 935; *dies.,* Das Herkunftslandprinzip der E-Commerce-Richtlinie: Chancen und Risiken, FS Erdmann, 2002, S. 629; *Lange,* Der internationale Gerichtsstand der unerlaubten Handlung nah dem EuGVÜ bei Verletzung von nationalen Kennzeichen, WRP 2000, 940; *Laucken/Oehler,* Fliegender Gerichtsstand mit gestutzten Flügeln? ZUM 2009, 824; *Lindacher,* Der „Gegenschlag" des Abgemahnten, in: FS v. Gamm, 1990, S. 83; *ders.,* Internationale Zuständigkeit in Wettbewerbssachen. Der Gerichtsstand der Wettbewerbshandlung nach autonomen deutschen IZPR, in: FS Nakamura, 1996, S. 323; *Löffler,* Werbung im Cyberspace – Eine kollisionsrechtliche Betrachtung, WRP 2001, 379; *Loschelder,* Zur wechselvollen Geschichte und zur zweifelhaften Zukunft des § 14 Abs. 2 UWG, in FS Köhler, 2013; *Lüttringhaus,* Der Missbrauch des fliegenden Gerichtsstandes, ZZP 2014, 29; *Mankowski,* Internet und Internationales Wettbewerbsrecht, GRUR Int. 1999, 909; *ders.,* Besondere Formen von Wettbewerbsverstößen im Internet und Internationales Wettbewerbsrecht, GRUR Int. 1999, 995; *ders.,* Wettbewerbsrechtliches Gerichtspflichtigkeits- und Rechtsanwendungsrisiko bei Werbung über Websites, CR 2000, 763; *v. Maltzahn,* Zum sog. fliegenden Gerichtsstand bei Wettbewerbsverstößen durch Zeitungsinserate, GRUR 1983, 711; *Michailidou,* Internationale Zuständigkeit bei vorbeugenden Verbandsklagen, IPRax 2003, 223; *Müller-Feldhammer,* Der Deliktsgerichtsstand des Art. 5 Nr. 3 EuGVÜ im internationalen Wettbewerbsrecht, EWS 1998, 162; *Ohly,* Herkunftslandprinzip und Kollisionsrecht, GRUR Int. 2001, 899; *Peglau,* Zur Behandlung nicht deliktischer Anspruchsgrundlagen im Gerichtsstand nach § 32 ZPO, JA 1999, 140; *Reber,* Die internationale gerichtliche Zuständigkeit bei grenzüberschreitenden Urheberrechtsverletzungen, ZUM 2005, 194; *Ruess,* Die E-Commerce-Richtlinie und das deutsche Wettbewerbsrecht, 2003; *Sack,* Die kollisions- und wettbewerbsrechtliche Beurteilung grenzüberschreitender Werbe- und Absatztätigkeit nach deutschem Recht, GRUR Int. 1988, 320; *ders.,* Art 30, 36 EWGV und das internationale Wettbewerbsrecht, WRP 1994,

281; *ders.,* Die wettbewerbsrechtliche Klagebefugnis des „unmittelbar Verletzten" nach der Neufassung des § 13 Abs. 2 Nr. 1 UWG, BB 1995, 1; *ders.,* Das internationale Wettbewerbs- und Immaterialgüterrecht nach der EGBGB-Novelle, WRP 2000, 269; *ders.,* Das internationale Wettbewerbsrecht nach der E-Commerce-Richtlinie (ECRL) und dem EGG-/TDG-Entwurf, WRP 2001, 1408; *ders.,* Herkunftslandprinzip und internationale Werbung nach der Novellierung des Teledienstgesetzes (TDG), WRP 2002, 271; *Schack,* Internationale Urheber-, Marken- und Wettbewerbsverletzungen im Internet, MMR 2000, 135; *Schmittmann,* Rom II-Verordnung: Neues Internationales Privatrecht innerhalb der Europäischen Union für mediale Distanzdelikte?, AfP 2003, 121; *Schnichels/Stege,* Die Entwicklung des europäischen Zivilprozessrechts im Bereich der EuGVVO im Jahr 2014, EuZW 781; *Schricker,* Die Durchsetzbarkeit deutscher Werberegelungen bei grenzüberschreitender Rundfunkwerbung, GRUR Int. 1982, 720; *Schröder,* Ein Plädoyer gegen den Missbrauch des „Fliegenden Gerichtsstandes" im Online-Handel, WRP 2014, 153; *Spellenberg,* Zuständigkeit bei Anspruchskonkurrenz und kraft Sachzusammenhang, ZZP 95 (1982), 17; *Spindler,* Das Herkunftslandprinzip im neuen Teledienstgesetz, RIW 2002, 183; *ders.,* Herkunftslandprinzip und Kollisionsrecht – Binnenmarktintegration ohne Harmonisierung?, RabelsZ Bd. 66 (2002) S. 633; *Stapenhorst,* Der „fliegende Gerichtsstand" des § 24 Abs. 2 UWG, GRUR 1989, 176; *Thole,* Aktuelle Entwicklungen bei der negativen Feststellungsklage, NJW 2013, 1192; *Traub,* § 24 UWG und die Subsidiarität des Eingriffs in das Recht am Gewerbebetrieb, NJW 1964, 2237; *Ulrich,* Der Mißbrauch der Verbandsklagebefugnis – ein Rückblick, GRUR 1984, 368; *Wahlers,* Die Neuregelung des „fliegenden" Gerichtsstandes in § 24 Abs. 2 UWG, WiB 1994, 902; *Wernicke/Hoppe,* Die neue EuGVVO – Auswirkungen auf die internationale Zuständigkeit bei Internetverträgen, MMR 2002, 643; *Willems,* Wettbewerbsstreitsachen am Mittelpunkt des klägerischen Interesses, GRUR 2013, 462; *Würthwein,* Zur Problematik der örtlichen und internationalen Zuständigkeit aufgrund unerlaubter Handlung, ZZP 106 (1993) 51; *Zigann,* Entscheidungen inländischer Gerichte über ausländische gewerbliche Schutzrechte und Urheberrechte, 2001; *Zöller,* Ansätze zur Bekämpfung des Abmahnvereinunwesens, WRP 1994, 156.

I. Entstehungsgeschichte

1. UWG-Fassung von 1909

§ 24 i. d. F. des UWG von 1909 1

> Für Klagen aufgrund dieses Gesetzes ist ausschließlich zuständig das Gericht, in dessen Bezirke der Beklagte seine gewerbliche Niederlassung oder in Ermangelung einer solchen seinen Wohnsitz hat. Für Personen, die im Inlande weder eine gewerbliche Niederlassung noch einen Wohnsitz haben, ist ausschließlich zuständig das Gericht des inländischen Aufenthaltsorts, oder wenn ein solcher nicht bekannt ist, das Gericht, in dessen Bezirke die Handlung begangen ist.

knüpfte an die Regelung des Wettbewerbsgesetzes von 1896 an, die in § 2 – allerdings nur für den Irreführungstatbestand – eine ausschließliche gerichtliche Zuständigkeit vorsah. Hierdurch sollte eine Konzentration der Klagen am vorrangigen (ausschließlichen) Gerichtsstand der gewerblichen Niederlassung abweichend von den allgemeinen Bestimmungen der ZPO herbeigeführt werden.[1] Bereits das RG[2] ließ jedoch die Ausschließlichkeit des § 24 für die Fälle nicht durchgreifen, in denen die Klage auch auf eine Verletzung von Bestimmungen des BGB (§§ 823 ff.) gestützt wurde. Lediglich für Schutzgesetzverletzungen (§ 823 Abs. 2 BGB i. V. m. UWG-Bestimmungen) sollte es im Hinblick auf die „Abhängigkeit" des Tatbestandes bei dem Vorrang des § 24 bleiben, da dieser ansonsten „restlos entwertet" würde.[3]

1936 wurde mit § 33 WZG eine dem heutigen § 141 MarkenG (siehe Rdn. 5) inhaltlich entsprechende Regelung in das Gesetz aufgenommen, was insbesondere in Bezug auf firmenrechtliche Ansprüche (§ 16 UWG in der bis 31.12.1994 geltenden Fassung) von großer Bedeutung war.[4] 2

Der **BGH** hat, an die Rechtsprechung des Reichsgerichts anknüpfend, § 24 nur dann als andere Gerichtsstände nach den §§ 12 ff. ZPO verdrängende Regelung angesehen, wenn der geltend gemachte Anspruch **nur aus dem UWG zu begründen** war.[5] Danach hatten unmittelbar verletzte Mitbewerber – vor allem unter dem Gesichtspunkt des Eingriffs in den eingerichteten und ausgeübten Gewerbebetrieb (§ 823 Abs. 1 BGB) bzw. gestützt auf § 823 Abs. 2 BGB wegen Schutzgesetzverletzung – ein Wahlrecht zwischen § 24 UWG und § 32 ZPO.[6] Mangels Geschäftsbetrieb bzw. 3

---

[1] Hierzu eingehend GroßKommUWG (1. Aufl.)/*Erdmann* § 24 Rdn. 1–3 sowie Entwurf eines UWGÄndG 1994, BT-Drucks. 12/7345 = WRP 1994, 369, 378 f. unter 6. 1. Abs.

[2] RG GRUR 1931, 1299; GRUR 1939, 407, 409.

[3] Vgl. die Nachweise bei BGH GRUR 1955, 101 re Sp; OLG Köln WRP 1970, 188 sowie *Reimer,* Wettbewerbs- und Warenzeichrecht, Kap. 118 Rdn. 1 m. w. N.; *Godin/Hoth,* Wettbewerbsrecht, § 24 Anm. 1; gegen jedwede einschränkende Anwendung des § 24: *Baumbach,* Kommentar zum Wettbewerbsrecht, 1929, S. 488.

[4] Vgl. *v. Gamm,* WZG, § 32 Rdn. 2 m. w. N.

[5] BGH GRUR 1955, 351, 357 – *Gema;* GRUR 1964, 567, 568 – *Lavamat I;* GRUR 1956, 279, 280 – *Olivin.*

[6] Vgl. *Reimer* GRUR 1964, 569, der die Beibehaltung der Klagemöglichkeit auch am Tatort befürwortete.

unmittelbarer Betroffenheit konnten gemäß § 13 Abs. 1, 1a a. F. klagebefugte Verbände jedoch nicht im Gerichtsstand des § 32 ZPO klagen.[7]

2. UWG-Änderungsgesetz 1969

4 Mit dem UWG-Änderungsgesetz vom 26.6.1969 (BGBl. I S. 663) wurden ein neuer Absatz 2 – „Für Klagen auf Grund dieses Gesetzes ist außerdem nur das Gericht zuständig, in dessen Bezirk die Handlung begangen ist." – angefügt und das Wort „ausschließlich" in Abs. 1 Satz 1 sowie § 24 Satz 2[8] gestrichen. Damit wurde den **Verbänden** neben dem Gerichtsstand des Abs. 1 **auch der Gerichtsstand des Begehungsortes eröffnet.**[9]

3. UWG-Änderungsgesetz 1994

5 Diese **Ausweitung der Gerichtsstandswahl** wurde mit dem UWG-Änderungsgesetz vom 25.7.1994 (BGBl. I 1374) wegen „intensiver" Handhabung des so genannten fliegenden Gerichtsstands[10] **wieder „korrigiert".** Neben der Änderung des § 13 Abs. 2 wurde in § 24 Abs. 2 ein zweiter Satz angefügt: „Satz 1 gilt für Klagen, die von den in § 13 Abs. 2 Nr. 1 bis 4 genannten Gewerbetreibenden, Verbänden oder Kammern erhoben werden, nur dann, wenn der Beklagte im Inland keinen Wohnsitz hat."

6 Da die Neufassung zum 1.8.1994 sowohl für die örtliche Zuständigkeit als auch für die Begründetheit der Klage entscheidende Bedeutung erlangte, waren die Literatur und Instanzgerichte bemüht, Kriterien für die **Abgrenzung des „unmittelbar Verletzten" von den lediglich „abstrakt" Klagebefugten** im vorstehenden Sinne zu erarbeiten. Dabei wurde zum Teil nicht ohne Berechtigung darauf abgestellt, dass der „unmittelbar Verletzte" durch das beanstandete Verhalten in seiner Stellung im Wettbewerb „mehr" betroffen sein müsse als der Mitbewerber im Sinne von § 13 Abs. 2 Nr. 1 UWG a. F., bei dem die Tätigkeit auf demselben räumlichen und sächlichen Markt nur eine „abstrakte" Mitbewerbereigenschaft begründe.[11] Der **BGH** ist dieser **einschränkenden Definition des „unmittelbar Verletzten" nicht gefolgt.** Als solche sind danach grundsätzlich (bereits) diejenigen Mitbewerber anzusehen, die zum Verletzer (oder dem von ihm Geförderten) in einem konkreten Wettbewerbsverhältnis[12] stehen, d. h. gleichartige Waren innerhalb desselben Endverbraucherkreises abzusetzen versuchen – mit der Folge, dass das konkret beanstandete Wettbewerbsverhalten den anderen beeinträchtigen, d. h. im Absatz behindern oder stören kann.[13] Nach der Neufassung des § 13 Abs. 2 Nr. 1 im Jahre 1994 wurden somit keine strengeren Anforderungen an die unmittelbare Betroffenheit gestellt, auch wenn damit der Regelung des § 13 Abs. 2 Nr. 1 („Wesentlichkeit") und der Einschränkung in § 24 Abs. 2 Satz 2 für Wettbewerber in der Praxis kaum mehr Bedeutung zukam.[14]

4. Neufassung 2004

7 **a) Neufassung von § 14.** Der Vorschlag für eine Richtlinie zum Lauterkeitsrecht und eine UWG-Reform von *Köhler/Bornkamm/Henning-Bodewig*[15] sah eine weitgehend unveränderte Übernahme der Regelung über die örtliche Zuständigkeit in § 12-E vor.

[7] GroßkommUWG (1. Aufl.)/*Erdmann* § 24 Rdn. 3 m. w. N.; a. A. *Hösch* WRP 1996, 849, 859.

[8] „Zuständig ist auch das Amtsgericht, in dessen Bezirk die den Anspruch begründende Handlung begangen ist; im Übrigen finden die Vorschriften des § 942 der ZPO Anwendung."

[9] Bericht des Rechtsausschusses BT-Drucks. V/4035 = GRUR 1969, 338, 340.

[10] Vgl. BT-Drucks. 12/7345 = WRP 1994, 369, 372 li Sp, 370 f., 379 li. Sp. 4. und 5. Abs; *Zöller* WRP 1994, 156, 161 f.

[11] OLG Hamburg WRP 1994, 884; KG GRUR 1995, 141; OLG Düsseldorf GRUR 1994, 837 = NJW 1995, 60; OLG Bremen WRP 1996, 19; *Sack* BB 1995, 1, 2 ff.; *v. Linstow* WRP 1994, 787; *Dieselhorst* WRP 1995, 1 ff.; *Wahlers* WiB 1994, 902; gegen eine einschränkende Auslegung des Begriffs *Melullis* Rdn. 105 und 106.

[12] Vgl. hierzu BGH GRUR 1966, 445, 446 – *Glutamal;* GRUR 1977, 505, 504 – *Datenzentrale;* GRUR 1990, 375, 376 – *Steuersparmodell.*

[13] BGH GRUR 1998, 1039 f. – *Fotovergrößerungen;* seither st. Rspr., vgl. nur GRUR 1999, 69 – *Preisvergleichsliste II;* GRUR 1999, 177, 178 – *Umgelenkte Auktionskunden;* WRP 2000, 1258 – *Filialleiterfehler;* GRUR 2001, 78 – *Falsche Herstellerpreisempfehlung;* GRUR 2001, 260 – *Vielfachabmahner;* GRUR 2002, 75 – *SOOO ... BILLIG;* so auch bereits zuvor teilweise die Instanzrechtsprechung: OLG Stuttgart WRP 1995, 347, 350; WRP 1996, 96 und 469, 473; OLG Frankfurt WRP 1995, 411; OLG München WRP 1995, 1054, 1055 f.

[14] Vgl. aber BGH (vorherige Fn.) – *Immobilienpreisangaben;* LG Hamburg GRUR 2001, 95; *Melullis* Rdn. 105 sieht die Abgrenzung zu Recht als unscharf an.

[15] WRP 2002, 1317, 1323, 1328 Rdn. 31.

Dem entsprach auch der **Referentenentwurf** vom Januar 2003 in § 13, bzw. der Regierungsentwurf in § 14, die lediglich auf das klarstellende Wort „nur" in Abs. 2 verzichteten, obwohl sich an der Ausschließlichkeit der Gerichtsstände nichts ändern sollte: „Die Vorschrift entspricht § 24 UWG a. F. Bei den genannten Gerichtsständen handelt es sich um ausschließliche Gerichtsstände."[16] Im Regierungsentwurf heißt es zudem in Abs. 1 anstelle von „seine gewerbliche Niederlassung" „seine gewerbliche oder selbständige berufliche Niederlassung". 8

Aufgrund der **Stellungnahme des Bundesrates** vom 20.6.2003[17] wurde in § 14 Abs. 2 Satz 1 wiederum das Wort „nur" aufgenommen, um keine Zweifel an der weiteren Qualifizierung als ausschließliche Gerichtsstände aufkommen zu lassen. 9

b) Neufassung von § 8 Abs. 3. § 14 Abs. 2 Satz 2 bezieht sich nur mehr auf **die in § 8 Abs. 3 Nr. 2 bis 4** (= § 13 Abs. 2 Nr. 2 bis 4 UWG a. F.) **genannten Verbände,** nicht mehr auf lediglich „abstrakte" Mitbewerber im Sinne von oben Rdn. 6, denen nach der gesetzlichen Neuregelung eine Klagebefugnis überhaupt nicht mehr zukommt, da § 8 Abs. 3 Nr. 1 nur mehr eine Anspruchsberechtigung der „unmittelbar Verletzten" vorsieht.[18] 10

Bei der **Mitbewerbereigenschaft** im Sinne von § 8 Abs. 3 Nr. 1 handelt es sich um eine doppelrelevante Tatsache, wenn der Kläger im Gerichtsstand des § 14 Abs. 2 Satz 1 vorgeht. Wird die Mitbewerbereigenschaft verneint, führt dies zur Abweisung der Klage als unbegründet (siehe Rdn. 14). 11

5. Gesetz gegen unseriöse Geschäftspraktiken (2013)

Art. 7 Nr. 4 des Entwurfs eines Gesetzes gegen unseriöse Geschäftspraktiken sah zunächst noch eine weitgehende Abschaffung des Gerichtstands der unerlaubten Handlung vor: 12

„(2) Für Klagen aufgrund dieses Gesetzes ist außerdem nur das Gericht zuständig, in dessen Bezirk die Handlung begangen ist, wenn der Beklagte im Inland weder eine gewerbliche oder selbständige berufliche Niederlassung noch einen Wohnsitz hat."

Dieses Vorhaben wurde mit der **missbräuchlichen Ausnutzung des „fliegenden Gerichtsstands"** begründet.[19] Der Entwurf stieß, was die geplante Neufassung des § 14 Abs. 2 UWG betrifft, jedoch auf nachhaltige Kritik,[20] woraufhin der Gesetzgeber von einer Neufassung des § 14 Abstand nahm.[21] 13

II. Allgemeines

1. Örtliche Zuständigkeit als Prozessvoraussetzung

Ob das angegangene Gericht örtlich zuständig ist, ist als Prozessvoraussetzung **von Amts wegen** auf der Grundlage des vom Kläger vorgetragenen Sachverhalts – unter dem Gesichtspunkt des in Art. 101 Abs. 1 Satz 2 GG verbürgten gesetzlichen Richters[22] – zu prüfen. Seine rechtliche Begründung und die rechtliche Bewertung der von ihm vorgetragenen Tatsachen sind dabei nicht entscheidend.[23] Maßgeblich ist die objektiv rechtliche Einordnung seines Klagebegehrens.[24] Sind allein die zuständigkeitsbegründenden Tatsachen streitig – etwa der Wohnsitz oder das Bestehen einer Niederlassung –, ist hierüber Beweis zu erheben;[25] anders bei sogenannten **doppelrelevanten Tatsachen.**[26] In diesen Fällen, in denen die streitige zuständigkeitsbegründende Tatsache zugleich 14

---

[16] So die Begründung des Referentenentwurfs S. 51 und die Begründung des Regierungsentwurfs S. 56.

[17] BR-Drucks. 301/03.

[18] Siehe S. 47f. der Begründung des Regierungsentwurfs; vgl. oben § 8 Rdn. 274ff.; *Engels/Salomon* WRP 2004, 32, 41.

[19] Entwurf S. 45: „Anträge auf Erlass einer einstweiligen Verfügung werden oft bei Gerichten gestellt, von denen der Antragsteller weiß, dass sie seiner Rechtsauffassung zuneigen, einstweilige Verfügungen bereitwillig und ohne Anhörung des Gegners erlassen oder regelmäßig hohe Streitwerte festsetzen. Häufig wählen Antragsteller auch Gerichte, die weit entfernt vom Wohn- oder Geschäftssitz des Antragsgegners liegen, da sie hoffen, dass der Antragsgegner aufgrund der Entfernung keinen Widerspruch mit der Folge einer mündlichen Verhandlung (§ 924 ZPO) einlegt …", s. dazu *Schröder* WRP 2013, 153ff.; *Willems* GRUR 2013, 462.

[20] So etwa in einer GRUR-Stellungnahme vom 19. April 2012; ebenso *Buchmann,* WRP 2012, 1345, 1354.

[21] Vgl. Gesetz gegen unseriöse Geschäftspraktiken, BGBl. 2013 I vom 8.10.2013.

[22] Ahrens/*Bähr* Kap. 17 Rdn. 1.

[23] RGZ 95, 268, 270; BGHZ 16, 275, 280f.

[24] BGH NJW 1994, 1413f. m. w. N.; Stein/Jonas/*Roth* § 1 Rdn. 18.

[25] MünchKommZPO/*Patzina* § 12 Rdn. 55.

[26] Vgl. BGH GRUR 1987, 172, 173 – *Unternehmensberatungsgesellschaft;* BGH NJW 1994, 1413f. m. w. N.; OLG München GRUR 1990, 677f. – *Postervertrieb;* NJW 1996, 2382 (LS 2); *Melullis* Rdn. 117; MünchKommZPO/*Patzina* § 12 Rdn. 56; Zöller/*Vollkommer* § 12 Rdn. 14.

für die materiell-rechtliche Beurteilung des Rechtsstreits erheblich ist, wird die Zuständigkeit des Gerichts aufgrund des schlüssigen Vortrags eines Verstoßes im Gerichtsbezirk begründet, ohne dass eine Begründetheitsprüfung anzustellen wäre.[27] Beim Handlungs- oder Erfolgsort handelt es sich allerdings nicht notwendigerweise um eine solche doppelrelevante Tatsache. So wird der Vortrag des Klägers, der Beklagte habe eine unerlaubte Handlung begangen, zwar unterstellt; dass dies aber (auch) im Bezirk des angerufenen Gerichts der Fall war, muss der Kläger im Bestreitensfall beweisen.[28] Kann der Kläger den Nachweis einer doppelrelevanten Tatsache nicht führen, ist die Klage nach h. M.[29] als unbegründet und nicht als unzulässig abzuweisen.

15 **Fehlt** es **nach dem** im Bereich der Zulässigkeitsprüfung zugrunde zu legenden **Klägervortrag an der örtlichen Zuständigkeit,** ist die Klage, falls kein **Verweisungsantrag** (§ 281 ZPO) gestellt wird, **als unzulässig abzuweisen.** Hiergegen steht dem Kläger die **Berufung** offen,[30] **nicht jedoch die Revision** (§ 545 Abs. 2 ZPO).[31] Wird die örtliche Zuständigkeit in erster Instanz bejaht, unterliegt diese im Interesse der Verfahrensbeschleunigung weder in der Berufungs- (§ 513 Abs. 2 ZPO) noch in der Revisionsinstanz (§ 545 Abs. 2 ZPO) der Nachprüfung.[32] Die Revision kann nicht darauf gestützt werden, dass das Berufungsgericht seine Zuständigkeit zu Unrecht angenommen hat.[33] Wird die Revision dennoch wegen der Frage der örtlichen Zuständigkeit zugelassen, ist die Revision als unbegründet zurück zu weisen.[34] Ein Verweisungsbeschluss ist gemäß § 281 Abs. 2 Satz 2 ZPO unanfechtbar. Dies gilt auch dann, wenn sie – auf einen Hilfsantrag hin – mit Urteil erfolgt ist.[35]

2. Ausschließlicher Gerichtsstand

16 § 14 begründet – auch wenn dies im Wortlauft der Vorschrift nicht hinreichend zum Ausdruck kommt (Abs. 2: „außerdem nur“) – **zwei ausschließliche Gerichtsstände.** Dies galt auch schon für § 24 UWG a. F.[36] Daran wollte die gesetzliche Neufassung nichts ändern (siehe Rdn. 7). Die Folge ist, dass weder durch Gerichtsstandsvereinbarungen (§ 38 ZPO) noch durch rügeloses Verhandeln zur Hauptsache (§ 39 ZPO)[37] die Zuständigkeit eines anderen Gerichts begründet werden kann. Das **Wahlrecht** des § 35 ZPO zwischen den von § 14 eröffneten Gerichtsständen besteht im Grundsatz allerdings **nur für die Mitbewerber** im Sinne des § 8 Abs. 3 Nr. 1. Berufs- und Verbraucherverbänden sowie Industrie- und Handwerkskammern steht die Wahlrecht nur zu, wenn der Beklagte gemäß § 14 Abs. 2 Satz 2 im Inland weder eine gewerbliche oder selbständige berufliche Niederlassung noch einen Wohnsitz hat.

III. Anwendungsbereich von § 14

1. „Klagen aufgrund dieses Gesetzes“

17 **a) UWG-Ansprüche.** Nach allgemeiner Auffassung steht dem Kläger (wahlweise, § 35 ZPO) nur der Gerichtsstand der gewerblichen Niederlassung (bzw. des Wohnsitzes bzw. des inländischen Aufenthaltsorts) oder des Begehungsortes zur Verfügung (den nur nach § 8 Abs. 3 Nr. 2 bis 4 Klagebefugten letzterer nur unter den Voraussetzungen des § 14 Abs. 2 Satz 2, vgl. Rdn. 5), wenn die

---

[27] BGH NJW 1994, 1413, 1414; NJW-RR 2004, 1146 – *Produktvermarktung;* jeweils m. w. N.; zu Missbrauchsfällen vgl. Rdn. 66.

[28] BGH GRUR 2015, 689 Rdn. 21 – *Parfumflakon III* (dort zur internationalen Zuständigkeit); MünchKommZPO/*Patzina* § 12 Rdn. 56; Stein/Jonas/*Roth* § 1 Rdn. 28f.; Zöller/*Vollkommer* § 32 Rdn. 19; *Würthwein* ZZP 106 (1993) 51, 56.

[29] BGH NJW 1994, 1413, 1414; Zöller/*Vollkommer* § 32 Rdn. 19.

[30] MünchKommZPO/*Rimmelspacher* 2002, § 513 Rdn. 14.

[31] BGH WM 2003, 2251.

[32] Vgl. zu § 549 Abs. 2 ZPO a. F. BGH GRUR 1988, 785 – *Örtliche Zuständigkeit I* m. Anm. *Jacobs;* NJW 1998, 3205, 3206; GRUR 2001, 368 – *Örtliche Zuständigkeit II;* GRUR 1996, 800, 801 – *EDV-Geräte;* Teplitzky/*Schaub* Kap. 45 Rdn. 22; unklar BGH NJW 2002, 2029f. zu § 7 Abs. 1 HWiG, ohne auf § 549 Abs. 2 ZPO a. F. einzugehen; MünchKommZPO/*Krüger* § 545 Rdn. 15; zu § 545 Abs. 2 ZPO: BGH WM 2003, 2251; zu § 513 Abs. 2 ZPO OLG Koblenz WRP 2015, 221.

[33] BGH WRP 2005, 628.

[34] BGH NJW-RR 2006, 930; vgl. auch BGH NJW 2004, 54.

[35] BGH, Beschl. v. 8.12.2012 – I ZR 55/11 Tz. 2 m. w. N.

[36] Vgl. BGH GRUR 1986, 325, 328 – *Peters;* KG WRP 1994, 868, 870; Teplitzky/*Schaub* Kap. 45 Rdn. 13; *Melullis* Rdn. 93 Fn. 1; Ahrens/*Bähr* Kap. 17 Rdn. 8; *Nirk/Kurtze* Rdn. 431; a. A. *Graf Lambsdorff* Rdn. 164; *Borck* WRP 1994, 719, 726.

[37] A. A. offensichtlich OLG Brandenburg GRUR-RR 2015, 80, 83.

Klage nur auf Bestimmungen des UWG – „aufgrund dieses Gesetzes" – **gestützt werden kann.**[38] Es kommt dabei nicht entscheidend darauf an, welche Anspruchsnormen in der Klage angeführt werden. Die ausdrückliche Nennung von UWG-Bestimmungen ist nicht erforderlich.[39] Maßgeblich ist vielmehr, ob das Klagevorbringen schlüssig einen Anspruch aufgrund des UWG zu begründen vermag.[40] Eine Begründetheitsprüfung ist nicht anzustellen. Die Ordnungsmittelandrohung nach Abgabe einer notariell beurkundeten Unterlassungserklärung ist eine Vollstreckungsmaßnahme und fällt somit weder unter § 13 im Hinblick auf die sachliche noch unter § 14 im Hinblick auf die örtliche Zuständigkeit.[41]

b) Vertragliche Ansprüche. Dass die Klage auch nach anderen als UWG-Bestimmungen begründet sein kann, ist ohne Bedeutung[42] (siehe auch Rdn. 15). § 14 kommt nicht zur Anwendung, wenn das Klagebegehren nicht (auch) auf UWG-Bestimmungen gestützt werden kann, so etwa bei rein vertraglichen Ansprüchen. Macht der Kläger lediglich einen Anspruch auf **Vertragsstrafe** oder einen (nur) auf Vertrag gestützten Unterlassungsanspruch[43] geltend, regelt sich die **Zuständigkeit allein nach den allgemeinen Bestimmungen** der §§ 12 ff. ZPO. Dass die Vertragsstrafenvereinbarung (§ 339 BGB)[44] aufgrund eines (behaupteten) Verstoßes gegen eine UWG-Bestimmung zustande gekommen ist, führt nicht dazu, dass der Anspruch auf Zahlung der Vertragsstrafe als Anspruch aufgrund des UWG qualifiziert werden könnte.[45] Hierfür ist es auch ohne Bedeutung, ob die Zuwiderhandlung gegen die Vertragsstrafenvereinbarung sich gleichzeitig als Verstoß gegen eine UWG-Bestimmung darstellt oder nicht (siehe dazu auch § 13 Rdn. 6). **18**

Konnten **Abmahnkosten** früher nur unter dem rechtlichen Gesichtspunkt der Geschäftsführung ohne Auftrag (s. o. § 12 Rdn. 90 ff.) und nicht als Schadensersatz (Rechtsverfolgungskosten)[46] geltend gemacht werden (wie von Verbänden im Sinne von § 13 Abs. 2 Nr. 2–4 UWG a. F.), war der Gerichtsstand des § 24 UWG a. F. nicht eröffnet; anders dagegen bei Klagen auf Ersatz der erforderlichen Aufwendungen für Abmahnungen nach Inkrafttreten der gesetzlichen Neuregelung, für die im Hinblick auf die ausdrückliche Regelung in § 12 Abs. 1 Satz 2 (s. o. § 12 Rdn. 77 ff.) nunmehr die Zuständigkeitsregelung des § 14 eingreift. Kommt dagegen nur ein Anspruch nach den Grundsätzen der GoA in Anspruch, verbleibt es bei den Gerichtsständen der §§ 12 ff. ZPO.[47] Dies gilt auch für die Kosten des Abschlussschreibens.[48] **19**

c) Mehrere Anspruchsgrundlagen. Wird der einheitliche prozessuale Anspruch auch auf Bestimmungen außerhalb des UWG gestützt (mehrere Anspruchsgrundlagen), ist dies für die Bejahung der örtlichen Zuständigkeit nach § 14 unschädlich. Bei einer **Konkurrenz zwischen UWG und BGB-Ansprüchen** kann der Kläger daneben wahlweise (§ 35 ZPO) auch die allgemeinen Gerichtsstände in Anspruch nehmen.[49] **20**

Nach einer in Teilen der Literatur und der Instanzrechtsprechung vertretenen Auffassung, die sich vor allem auf die Regelung in § 17 Abs. 2 Satz 1 GVG stützt, hat das für einen Klagegrund **21**

---

[38] RG GRUR 1939, 407, 409 – *Schüßler-Salze;* BGH GRUR 1955, 351, 357 – *Gema;* GRUR 1964, 567, 568 – *Lavamat I;* Großkomm/*Zülch* § 14 Rdn. 15; Ahrens/*Bähr* Kap. 17 Rdn. 2; *Melullis* Rdn. 93.

[39] Vgl. *Ingerl/Rohnke* § 140 Rdn. 6 m. w. N. zur Frage der Einordnung als Kennzeichenstreitsache.

[40] BGH GRUR 1964, 567, 568 – *Lavamat I;* zu § 32 ZPO: BGH NJW 2002, 1425, 1426; JZ 2003, 1120, 1121; BGHZ 132, 105, 110; 124, 137, 240 f.; zur internationalen Zuständigkeit: BGH NJW-RR 2004, 1146 – *Produktvermarktung.*

[41] Ahrens/*Spätgens* Kap. 67 Rdn. 8; wohl auch *Hess* WRP 2015, 317; a. A. *Nippe* WRP 2015, 532; *Teplitzky* WRP 2015, 527, 529, s. a. Fußnote 45.

[42] GroßkommUWG/*Zülch* § 14 Rdn. 20.

[43] BGH NJW 1974, 410, 411.

[44] Siehe *Brüning* § 12 Abs. 1 Rdn. 120 ff.

[45] OLG Rostock GRUR 2014, 304; OLG Köln WRP 2014, 1369; OLG Düsseldorf WRP 2015, 71; OLG München WRP 2015, 646 (zur Androhung von Ordnungsmitteln nach notarieller Unterwerfungserklärung), Stein/Jonas/*Roth* § 32 Rdn. 21; Zöller/*Vollkommer* § 32 Rdn. 12; Teplitzky/*Schaub* Kap. 45 Rdn. 15; *Nieder* Außergerichtliche Streitschlichtung S. 67; *Hess* in: FS Ullmann, S. 927, 937 f.; a. A. Ohly/*Sosnitza,* § 14 Rdn. 2; GroßKommUWG/*Zülch § 14 Rdn. 32;* MünchKommUWG/*Ehricke* § 14 Rdn. 20; *Lindacher* in: FS Ullmann S. 977, zu § 13 Abs. 1; *Goldbeck* WRP 2006, 37; dagegen werden Vertragsstrafenklagen als Patentstreitsachen im Sinne von § 143 PatG (vgl. OLG Düsseldorf GRUR 1984, 650) bzw. als Kennzeichenstreitsachen im Sinne von § 140 MarkenG eingestuft, OLG München GRUR-RR 2004, 190; § 140 Rdn. 13; *Ströbele/Hacker* § 140 Rdn. 5; hierzu auch § 13 Rdn. 11.

[46] BGH GRUR 1995, 338, 342 – *Kleiderbügel;* oben § 12 Rdn. 101 m. w. N.

[47] Ahrens/*Bähr* Kap. 17 Rdn. 37; Teplitzky/*Schaub* Kap. 45 Rdn. 16.

[48] Siehe § 13 Rdn. 10.

[49] Ahrens/*Bähr* Kap. 17 Rdn. 2; Teplitzky/*Schaub* Kap. 45 Rdn. 15; Zöller/*Vollkommer* § 32 Rdn. 10 m. w. N.; einschränkend GroßKommUWG/*Zülch* § 14 Rdn. 21.

örtlich zuständige Gericht das Klagebegehren unter allen rechtlichen Gesichtspunkten zu prüfen,[50] während die Gegenansicht einen derartigen Gerichtsstand des Sachzusammenhangs nicht anerkennt.[51] Diese Streitfrage hat der BGH[52] dahingehend entschieden, dass das zulässigerweise im Gerichtstand der unerlaubten Handlung angegangene Gericht den Rechtsstreit **umfassend entscheidet** und nicht nur über die deliktischen Anspruchsgrundlagen.

22 **d) Mehrere Streitgegenstände.** Werden dagegen mehrere Streitgegenstände (auch hilfsweise) zur Entscheidung gestellt,[53] **muss die örtliche Zuständigkeit für jeden gegeben sein.**[54] Verlangt der Kläger Zahlung einer verwirkten Vertragsstrafe und macht er daneben einen Unterlassungsanspruch, gestützt (auch) auf einen gesetzlichen Anspruch nach dem UWG, geltend, liegt eine objektive Klagehäufung (§ 260 ZPO) vor. Die örtliche Zuständigkeit des Gerichts muss für jeden Streitgegenstand eigenständig geprüft werden.[55]

23 Aufgrund der (mit dem früheren § 33 WZG übereinstimmenden) Regelung des § 141 MarkenG[56]

Ansprüche, welche die in diesem Gesetz geregelten Rechtsverhältnisse betreffen und auf Vorschriften des Gesetzes gegen den unlauteren Wettbewerb begründet werden, brauchen nicht im Gerichtsstand des § 14 des Gesetzes gegen den unlauteren Wettbewerb geltend gemacht zu werden.

kommt § 14 nicht zur Anwendung, wenn in **Zusammenhang mit kennzeichenrechtlichen Ansprüchen** (Marke, Unternehmenskennzeichnung, Titel, geografische Herkunftsangaben)[57] auch UWG-Ansprüche geltend gemacht werden.[58] Hierbei sind die aufgrund von § 140 Abs. 2 und 3 MarkenG erfolgten Zuständigkeitskonzentrationen zu beachten[59] wobei teilweise nicht alle Kennzeichengerichte auch für Streitigkeiten aus Gemeinschaftsmarken zuständig sind.[60] Ebenso kann die ausschließliche Zuständigkeit der für UWG-Ansprüche zuständigen Landgerichte (oben § 13 Rdn. 4) mit den ausschließlichen Zuständigkeiten der Kartellgerichte (§§ 87, 89, 95 GWB), der Gerichte für Patentstreitsachen (§ 143 PatG) oder mit anderen (ausschließlichen) Zuständigkeiten (§ 27 GebrMG; § 39 ArbEG; ArbGG) kollidieren (s. o. § 13 Rdn. 48).

24 Das Kennzeichengericht kann nach allgemeiner Auffassung auch über nichtkennzeichenrechtliche Anspruchsgrundlagen (UWG, BGB) entscheiden, soweit keine vorrangige ausschließliche Zuständigkeit besteht.[61] Gleiches gilt für die **Kartellgerichte** (vgl. § 88 GWB) sowie für die **Gerichte für Patent-,**[62] **Gebrauchs- und Geschmacksmusterstreitsachen,** soweit derselbe Streitgegenstand betroffen ist; nicht jedoch beim Zusammentreffen von mehreren Streitgegenständen, für die unterschiedliche ausschließliche örtliche Zuständigkeiten begründet sind.[63] Die fehlende örtliche Zuständigkeit kann in diesen Fällen auch nicht unter Hinweis auf § 17 Abs. 2 Satz 1 GVG als unbeachtlich angesehen werden, da sich die Zuständigkeit „kraft Sachzusammenhang" nur auf „alle in Betracht kommenden rechtlichen Gesichtspunkte" erstreckt.[64]

---

[50] BayObLG NJW-RR 1996, 508; Ahrens/*Bähr* Kap. 17 Rdn. 3f.; eingehend MünchKommZPO/*Patzina* § 12 Rdn. 37ff. und Zöller/*Vollkommer* § 12 Rdn. 20, 21, § 32 Rdn. 20 jeweils m. w. N.; *Spellenberg* ZZP 95 (1982), 17ff.; vgl. auch die weiteren Nachweise bei BGH NJW 2002, 1425, 1426.

[51] RGZ 27, 385, 386ff.; BGH NJW 1971, 564; NJW 1974, 411 (Delikt/Vertrag); NJW 1986, 2437; offen gelassen von BGH NJW 1996, 1411, 1413 da nur die internationale Zuständigkeit betreffend; ebenso BGH NJW 1998, 988; OLG Hamm NJW-RR 2002, 1291; zur Vorfragenkompetenz des Tatortgerichts vgl. BGH GRUR 1988, 483 – *AGIAV.*

[52] NJW 2003, 828; vgl. weiter Götting/Nordemann/*Albert* § 14 Rdn. 6; Zöller/*Vollkommer* § 32 Rdn. 20, § 12 Rdn. 20; *Kiethe* NJW 2003, 1294.

[53] Vgl. zur in der Praxis oft schwierigen Abgrenzung zur Anspruchskonkurrenz oben Vor § 12 Rdn. 19ff.

[54] Ahrens/*Bähr* Kap. 17 Rdn. 6; GroßKomm/*Zülch* § 14 Rdn. 22; Ohly/*Sosnitza,* § 14 Rdn. 4.

[55] Zöller/*Vollkommer* § 12 Rdn. 21; vgl. auch OLG Köln GRUR 2002, 104: Aufgrund der Zuständigkeit zur Entscheidung über die geltend gemachten nationalen Marken durfte eine Abtrennung und Verweisung nur hinsichtlich der klagegegenständlichen Gemeinschaftsmarken erfolgen.

[56] Eine inhaltlich übereinstimmende Regelung enthalten § 53, § 63 Abs. 4 DesignG n. F.; vgl. auch § 88 GWB.

[57] Zum Begriff der Kennzeichenstreitsache im Sinne von § 140 MarkenG BGH GRUR 2004, 622 – *ritter.de; Ingerl/Rohnke* § 140 Rdn. 5ff.; *Ströbele/Hacker,* § 140 Rdn. 3f.; siehe auch Ahrens/*Bähr* Kap. 17 Rdn. 40ff.

[58] BGH GRUR 1998, 697, 698 – *VENUS MULTI* und GRUR 1998, 942, 943 re. Sp. unter 4. – *Alka Selzer:* UWG-Ansprüche jeweils als eigene Streitgegenstände neben markenrechtlichen Ansprüchen; GRUR 1999, 1017 – *Kontrollnummernbeseitigung I;* GRUR 2000, 226, 227 – *Planungsmappe* (§§ 1, 3 UWG a. F. – § 97 UrhG); GRUR 2002, 755, 757 – *Telefonkarte.*

[59] Vgl. die Übersicht bei Ströbele/*Hacker* § 140 Rdn. 36ff.

[60] Vgl. für Nordrhein-Westphalen *Ingerl/Rohnke,* MarkenG, § 125e Rdn. 5; OLG Köln GRUR 2002, 104.

[61] Vgl. *Ingerl/Rohnke* § 140 Rdn. 7 m. w. N.

[62] Vgl. *Busse/Keukenschrijver* § 143 Rdn. 69f.

[63] Vgl. OLG Köln GRUR 2002, 104.

[64] Vgl. Zöller/*Lückemann* § 17 GVG Rdn. 6.

2. Klage/einstweilige Verfügung

Der Gerichtsstand des § 14 gilt für Hauptsacheklagen und aufgrund der Regelung in § 937 Abs. 1, § 802 ZPO auch für Verfahren der einstweiligen Verfügung (siehe hierzu oben § 12 Rdn. 351 ff.);[65] die Zuständigkeit des Amtsgerichts gemäß § 942 ZPO bleibt davon unberührt. Gericht der Hauptsache nach § 937 ZPO ist nicht das Gericht, an dem bereits eine negative Feststellungsklage erhoben ist.[66] 25

3. Einigungsstellenverfahren

Für das Einigungsstellenverfahren verweist § 15 Abs. 4 auf § 14 (siehe auch unten § 15 Rdn. 28). 26

4. Gegenstand der Klage

Welche Ansprüche mit der auf UWG-Bestimmungen gestützten Klage verfolgt werden (Unterlassung, Beseitigung, Auskunft, Schadensersatz), ist – ebenso wie bei einer auf eine unerlaubte Handlung im Sinne von § 32 ZPO gestützten Klage[67] – ohne Bedeutung. 27

5. Feststellungsklagen

Der Gerichtsstand der **positiven** Feststellungsklage richtet sich nach dem Gerichtsstand der entsprechenden Leistungsklage. 28

Für die **negative** Feststellungsklage ist das Gericht örtlich zuständig, das für die Leistungsklage mit umgekehrtem Rubrum zuständig wäre.[68] Daraus folgt aber keine Beschränkung, dass eine negative Feststellungsklage *nur* dort erhoben werden kann, wo auch ein Gerichtsstand für die Leistungsklage mit umgekehrtem Rubrum eröffnet wäre. So kann eine negative Feststellungsklage, etwa gegen einen Verband (§ 8 Abs. 3 Abs. 2 bis 4), auch an dessen Sitz erhoben werden, auch wenn dort für den Verband kein Gerichtsstand gegeben ist.[69] 29

6. Klagehäufung

Bei einer **subjektiven Klagehäufung auf Beklagtenseite** (§§ 59, 60 ZPO) muss die örtliche Zuständigkeit für jeden Beklagten gegeben sein. Ist kein gemeinsamer Gerichtsstand vorhanden, kommt nur eine Gerichtsstandsbestimmung nach § 36 Nr. 3 ZPO in Betracht.[70] 30

Bei **subjektiver Klagehäufung auf Klägerseite** muss ebenfalls für jeden Kläger die Zuständigkeit des angerufenen Gerichts gegeben sein. Dabei dürfte es sich aber um eine eher theoretische Fallgestaltung handeln. Eine Streitgenossenschaft auf Klageseite bestehend aus „unmittelbar Verletzten" und einem lediglich „abstrakt" Klagebefugten kann es nach dem Wegfall der Klageberechtigung von Letzterem nicht mehr geben. 31

7. Widerklage

Bei Erhebung einer Widerklage, die allein auf einen UWG-Anspruch gestützt ist, muss das Gericht gemäß § 14 zuständig sein. Ein bestehender **Zusammenhang mit der Klage** (§ 33 Abs. 1 ZPO) ist im Hinblick auf § 33 Abs. 2 i. V. m. § 40 Abs. 2 ZPO **nicht ausreichend.**[71] Ansonsten gelten für die Widerklage im Wettbewerbsrecht – oftmals als Reaktion auf eine negative Feststellungsklage des vermeintlichen Verletzers – keine Besonderheiten, sodass auch Drittwiderklagen im Rahmen der von der Rechtsprechung hierzu entwickelten Grundsätze[72] zulässig sind. Auch die 32

---

[65] MünchKommUWG/*Ehricke* § 14 Rdn. 16.

[66] OLG Frankfurt WRP 2014, 106.

[67] Zöller/*Vollkommer* § 32 Rdn. 14.

[68] OLG Hamburg WRP 1995, 851, 852; OLG Köln GRUR 1978, 658; OLG München OLGR 2009, 911; GroßKomm/Zülch § 14 Rdn. 24; Teplitzky/*Bacher* Kap. 41 Rdn. 71; *Melullis* Rdn. 1165; *Köhler*/Bornkamm, § 14 Rdn. 3; *Nirk/Kurtze* Rdn. 343; Ahrens/*Bähr* Kap. 17 Rdn. 28 f. unter Hinweis auf BGH GRUR 1994, 846 – *Parallelverfahren II; Keller* WRP 2000, 908, 910; *Deutsch* WRP 1999, 25, 27; einschränkend *Lindacher* in: FS v. Gamm, S. 83, 89, der den Feststellungskläger als Reaktion auf eine Abmahnung i. d. R. auf den Heimatgerichtsstand des Abmahnenden verweisen will.

[69] OLG München, Beschl. v. 20.2.2003 – 29 W 1954/02.

[70] Vgl. aber auch zu Art. 8 Nr. 1 EuGVO unten Rdn. 103.

[71] Ahrens/*Bähr* Kap. 17 Rdn. 30; GroßKommUWG/Zülch § 14 Rdn. 23; Teplitzky/*Schaub* Kap. 45 Rdn. 17.

[72] Vgl. BGHZ 40, 185; NJW 2001, 2094, 2095 m. w. N.

internationale Zuständigkeit kann nach dem autonomen deutschen Recht durch § 33 ZPO begründet werden,[73] nicht jedoch im Falle der Drittwiderklage.[74]

8. Prozessstandschaft

33 Für eine **Klage in Prozessstandschaft** ist der Gerichtsstand maßgeblich, der für die Klage des Rechtsinhabers gelten würde.[75] Dieser allgemeine Grundsatz hat jedoch durch das UWG-Änderungsgesetz 1994 eine Begrenzung erfahren, als die Klagemöglichkeiten der lediglich „abstrakt" Klagebefugten auch in Bezug auf die Wahl des Gerichtsstands (siehe Rdn. 5) eingeschränkt wurden. Nachdem der BGH in Übereinstimmung mit der in der Literatur[76] hierzu vertretenen Auffassung, das Vorgehen im Wege der **gewillkürten Prozessstandschaft** durch selbst nicht klagebefugte Verbände nach der Neufassung des § 13 Abs. 2 UWG a. F. für unzulässig angesehen hat,[77] ist die Klage aus diesem Grund bereits als unzulässig abzuweisen. Ebenso ist es einem Verband, der selbst nur im Gerichtsstand des § 14 Abs. 1 vorgehen kann, versagt, den Anspruch eines „unmittelbar Verletzten" (= Mitbewerber im Sinne von § 8 Abs. 3 Nr. 1) im Gerichtsstand des Begehungsortes geltend zu machen, denn auch dies stellt sich als nicht vereinbar mit der Einschränkung der Klagemöglichkeiten durch das UWG-Änderungsgesetz von 1994 dar[78] und müsste jedenfalls als unzulässige Umgehung angesehen werden. Ob es sich dabei um einen „etablierten" Verband handelt oder nicht, ist dabei ohne Bedeutung.

IV. Gerichtsstände des § 14 Abs. 1

1. „Gewerbliche oder selbständige berufliche Niederlassung"

34 Vorrangig maßgebend ist der Gerichtsstand der **gewerblichen Niederlassung;** ist eine solche im Inland nicht vorhanden, kommt es auf den inländischen Wohnsitz an, in Ermangelung beider auf den inländischen Aufenthaltsort (Abs. 1 Satz 2).

35 Der ausschließliche Gerichtsstand der gewerblichen Niederlassung in Abs. 1 deckt sich von den Voraussetzungen her mit dem besonderen Gerichtsstand in § 21 ZPO,[79] der für eine Niederlassung den „Betrieb einer Fabrik, einer Handlung oder eines anderen Gewerbes" verlangt. Von dieser Niederlassung aus müssen **unmittelbar Geschäfte abgeschlossen** werden und die erhobene Klage muss einen Bezug zum Geschäftsbereich der Niederlassung haben.

36 Soweit der **Begriff der Niederlassung in anderen gesetzlichen Regelungen** (wie z. B. § 269 Abs. 2 BGB, HGB, InsO, § 48 VVG, § 6 UKlaG (früher § 14 AGBG), Art. 2c E-Commerce-RL,[80] § 2 Nr. 2 TMG, Art. 7 Nr. 5,[81] 11 Abs. 2 und 17 Abs. 2 EGVVO,) Verwendung findet, ist deren Regelungsgehalt jeweils aus deren Normzweck heraus zu bestimmen und muss mit dem Begriff der Niederlassung im Sinne von § 21 ZPO nicht übereinstimmen.

37 **a) Gewerbebetrieb.** Ein Gewerbebetrieb verlangt eine auf gewisse **Dauer** angelegte und **auf Erwerb abzielende wirtschaftliche Tätigkeit** einer natürlichen oder juristischen Person unabhängig von den Anforderungen des Handels- oder Gewerberechts (Anmeldung oder Eintragung in Register);[82] folglich wurden auch bisher bereits die freien Berufe[83] und landwirtschaftliche Betriebe davon erfasst; ebenso öffentlich-rechtliche Körperschaften, sofern sie sich erwerbswirtschaftlich betätigen.[84] Insoweit enthält die Vorschrift lediglich eine Klarstellung der bestehenden Rechtslage.

38 **b) Gewerbetreibender.** Gewerbetreibender und damit Beklagter ist derjenige, auf dessen **Namen** und für dessen **Rechnung** die **Niederlassung betrieben** wird (auch ein Pächter oder Nieß-

---

[73] BGH NJW-RR 1987, 228; Zöller/*Vollkommer* § 33 Rdn. 4 m. w. N.

[74] BGH NJW 1981, 2642, 2643.

[75] Ahrens/*Bähr* Kap. 17 Rdn. 26; vgl. BGH GRUR 1956, 279, 280 re. Sp. unter 2. – *Olivin.*

[76] *Ulrich* WRP 1995, 441 ff.; *Hinz* in: FS Piper, S. 257; *Melullis* Rdn. 107a; *Köhler* Anm. zu BGH LM § 13 UWG Nr. 76 – *Preisrätselgewinnauslobung III;* vgl. auch Wettbewerbszentrale WRP 1996, 410; auch das KG hält an seiner in GRUR 1995, 141 vertretenen Auffassung nicht mehr fest, vgl. KG GRUR-RR 2001, 159.

[77] BGH GRUR 1998, 417 – *Verbandsklage in Prozessstandschaft.*

[78] OLG Nürnberg WRP 1996, 358, 361 f.

[79] OLG München OLG Report 2001, 254; LG Berlin WRP 1979, 823; GroßKomm/*Zülch* § 14 Rdn. 33; *Melullis* Rdn. 100; Köhler/Bornkamm/*Köhler/Feddersen* § 14 Rdn. 6; Ohly/*Sosnitza* § 14 Rdn. 7.

[80] Hierzu *Sack* WRP 2001, 1408, 1410; *Thode* NZBau 2001, 345, 350; *Moritz/Hermann* in: Moritz/Dreier, Rechtshandbuch zum E-Commerce, Rdn. D 613.

[81] EuGH NJW 1977, 490 f.; OLG München RIW 1999, 872; vgl. weiter Rdn. 85.

[82] BayObLG RPfleger 1980, 486 zu § 71 KO.

[83] Vgl. BGH NJW 1984, 739 f. zu § 21 ZPO.

[84] Großkomm/*Zülch* § 14 Rdn. 35; Zöller/*Vollkommer* § 21 Rdn. 2, 5.

braucher).[85] Wird die Niederlassung von einer rechtlich selbständigen natürlichen oder juristischen Person betrieben, kann nicht aufgrund einer gesellschaftsrechtlichen oder verbandsrechtlichen Abhängigkeit oder sonstigen Verbindung mit einem anderen rechtlich selbständigen Unternehmen für die Klage gegen dieses ein Gerichtsstand der Niederlassung begründet werden, etwa im Verhältnis einer abhängigen Tochtergesellschaft zur Muttergesellschaft.[86] § 21 ZPO setzt jedoch nicht voraus, dass die Niederlassung rechtlich unselbständig ist.[87] Die Niederlassung muss jedoch der **Aufsicht und Leitung des Stammhauses** unterliegen, was bei Eigenhändlern, Handelsvertretern und Franchisenehmern im Hinblick auf deren fehlende Weisungsabhängigkeit in der Regel nicht gegeben sein wird.[88]

c) Niederlassung. In **gegenständlicher Hinsicht** müssen für die Annahme einer Niederlassung äußere Einrichtungen (Geschäftsräume etc.)[89] zumindest für eine gewisse Dauer[90] tatsächlich vorhanden sein. Die Existenz eines Servers, von dem aus ein Online-Angebot vermittelt wird, reicht dafür nicht.[91] 39

§ 14 Abs. 1 Satz 1 UWG stellt ebenso wie § 21 ZPO nicht auf den **„Sitz" im Sinne von § 17 ZPO** ab.[92] Bei Handelsgesellschaften und juristischen Personen wird die gewerbliche (Haupt-)Niederlassung zwar meist an ihrem Sitz im Sinne von § 17 Abs. 1 Satz 1 ZPO oder am Sitz der Verwaltung bestehen.[93] Nach allgemeiner Meinung kann es sich bei einer Niederlassung im Sinne von § 21 ZPO auch um eine neben der Hauptniederlassung bestehende Zweigniederlassung oder Nebenstelle handeln.[94] Gerichtsstand der Niederlassung im Sinne von § 24 Abs. 1 ist in diesen Fällen der Sitz der (Haupt-)Verwaltung. Auch bei einem einzigen Gewerbebetrieb des Beklagten kann es sich um eine Niederlassung im Sinne von § 21 ZPO, § 24 Abs. 1 handeln.[95] 40

Eine **Zweigniederlassung** eröffnet den Gerichtsstand der Niederlassung, wenn sie eine im wesentlichen selbständige Leitung mit dem Recht hat, aus eigener Entschließung Geschäfte abzuschließen, deren Abschluss der Niederlassung auch übertragen wurden.[96] Dabei ist nicht auf die internen Verhältnisse zum Hauptunternehmen abzustellen, sondern ob nach außen der Anschein einer selbständigen Niederlassung erweckt wird.[97] Der Beklagte muss daher die Eintragung einer Zweigniederlassung im Handelsregister (§ 13 HGB) gegen sich gelten lassen.[98] 41

---

[85] Wieczorek/Schütze/*Smid/Hartmann* § 21 Rdn. 8 m. w. N.; MünchKommZPO/*Patzina* § 21 Rdn. 11.

[86] Vgl. OLG München NJW-RR 1993, 701, 704; OLG Report 1996, 96 = NJW 1996, 2382, LS: Nationaler Leichtathletikverband ist keine Niederlassung des Internationalen Leichtathletikverbandes; *Melullis* Rdn. 100; Wieczorek/Schütze/*Smid/Hartmann* § 21 Rdn. 22; Zöller/*Vollkommer* § 21 Rdn. 2 m. w. N. auch zur Gegenansicht; Ahrens/*Bähr* Kap. 17 Rdn. 11 zum Begriff der Zweigniederlassung.

[87] Wieczorek/Schütze/*Smid/Hartmann* § 21 Rdn. 12.

[88] Stein/Jonas/*Roth* § 21 Rdn. 17.

[89] Wieczorek/Schütze/*Smid/Hartmann* § 21 Rdn. 14; vgl. LG Berlin MD 2001, 897, 898 f.: Ein gemieteter Schreibtischplatz in einem Sammelbüro, ohne nach außen (Schild, Kommunikationsmittel) in Erscheinung zu treten, ist unzureichend; MD 2004, 1165, 1169 f.

[90] Verneint für ein Wanderlager von OLG Hamm GRUR 1965, 103; ebenso *Melullis* Rdn. 100; bei einem Saisonbetrieb kann dies dagegen zu bejahen sein, so Stein/Jonas/*Roth* § 21 Rdn. 13; Wieczorek/Schütze/*Smid/Hartmann* § 21 Rdn. 12; verneint für einen bloßen Messestand, RGZ 69, 308; anders *Roth* und *Erdmann* jeweils a. a. O.

[91] Wieczorek/Schütze/*Smid/Hartmann* § 21 Rdn. 14.

[92] Vgl. auch GroßKommUWG/*Zülch* § 14 Rdn. 33; a. A. Ahrens/*Bähr* Kap. 17 Rdn. 12.

[93] Bei einer BGB-Gesellschaft, der im Hinblick auf BGH NJW 2001, 1056 Parteifähigkeit zuzuerkennen ist, ist als Sitz der Ort anzusehen, an dem die Verwaltung geführt wird, *Wertenbruch* NJW 2002, 324, 325 f. unter II.3; Zöller/*Vollkommer* § 17 Rdn. 5, 10; anders *Müller* MDR 2002, 987, 988 f.: Maßgeblich ist die Regelung im Gesellschaftsvertrag, hilfsweise der Ort der Verwaltung.

[94] Wieczorek/Schütze/*Smid/Hartmann* § 21 Rdn. 30; GroßkommUWG/*Zülch* § 14 Rdn. 36; Ohly/*Sosnitza* § 14 Rdn. 7; Köhler/Bornkamm/*Köhler/Feddersen* § 14 Rdn. 8; a. A. Ahrens/*Bähr* Kap. 17 Rdn. 13, wonach als gewerbliche Niederlassung im Sinne von § 24 Abs. 1 UWG a. F. nur der Hauptsitz des Beklagten maßgeblich sein soll, mit der Folge, dass eine Zweigniederlassung nach § 24 Abs. 2 UWG a. F. einen Gerichtsstand begründen könnte.

[95] KG OLG Report 2000, 69.

[96] RGZ 50, 396, 398 f.; 50, 428, 429 f.; BGH NJW 1987, 3081, 3082; BAG NJW 1985, 2910, 2911; OLG München NJW 1993, 701, 704; OLG Düsseldorf NJW-RR 1989, 432; Rpfleger 1997, 32; OLG Köln VersR 1993, 1172.

[97] BGH NJW 1987, 3081, 3082; BayObLG MDR 1989, 459; OLG Karlsruhe WRP 1998, 329; KG OLG Report 2000, 69; OLG Frankfurt OLG-Report 2002, 351; Stein/Jonas/*Roth* § 21 Rdn. 11; Zöller/*Vollkommer* § 21 Rdn. 8; Musielak/Voit/*Smid* § 21 Rdn. 2 m. w. N.

[98] RGZ 50, 428, 429 f.; OLG Düsseldorf Rpfleger 1997, 32; Wieczorek/Schütze/*Smid/Hartmann* § 21 Rdn. 12 m. w. N.; Zöller/*Vollkommer* § 21 Rdn. 6.

42 Bei dieser dem äußeren Anschein nach zu fordernden **Selbständigkeit** kann es allerdings nicht um eine unternehmerische Selbständigkeit im Verhältnis zur Hauptniederlassung gehen.[99] Es muss als ausreichend angesehen werden, dass von der Niederlassung nicht nur gelegentlich und ausnahmsweise oder untergeordnete, dem eigenen Geschäftsbetrieb dienende Hilfsgeschäfte ausgeführt werden.

43 Als Niederlassung kann nach der Rspr. des **EuGH zu Art. 7 Nr. 5 EuGVÜ** auch eine **inländisch rechtlich selbständige Gesellschaft** anzusehen sein,[100] wenn durch deren Auftreten der Eindruck erweckt wird, dass es sich dabei um eine Außenstelle der ausländischen Gesellschaft handelt oder wenn die im Inland ansässige Konzerngesellschaft für Rechnung der Mutter tatsächlich selbständig geschäftliche Entscheidungen trifft (Rdn. 101).[101]

44 Darüber hinaus muss die Klage eine **Beziehung zum Geschäftsbetrieb der Niederlassung** aufweisen,[102] was in der Regel dann gegeben sein wird, wenn die beanstandete Verhaltensweise von der Niederlassung vorgenommen wurde.[103] Es genügt aber schon irgendeine Beziehung zum Geschäftsbetrieb.[104] Besteht eine solche Beziehung zu mehreren Niederlassungen, hat der Kläger ein Wahlrecht (§ 35 ZPO).[105] Existieren mehrere Niederlassungen, besteht aber nur zu einer von ihnen eine Beziehung der Klage zum Geschäftsbetrieb, so ist nur dort der Gerichtsstand eröffnet.[106] Streitig ist, ob daneben auch noch der Gerichtsstand der Hauptniederlassung eröffnet ist.[107]

45 **d) Maßgeblicher Zeitpunkt.** Die Niederlassung muss zum **Zeitpunkt der Klagezustellung** noch bestehen.[108] Danach eintretende Änderungen haben auf die Zuständigkeit des angerufenen Gerichts keinen Einfluss (§ 261 Abs. 3 Nr. 2 ZPO), und zwar auch dann nicht, wenn diese bei einem Eintritt vor Rechtshängigkeit eine anderweitige ausschließliche Zuständigkeit begründet hätten.[109] Die Zuständigkeit ist auch dann gegeben, wenn die Anforderungen an eine Niederlassung erst nach Klageerhebung erfüllt werden.[110]

46 **e) Kasuistik.** Hinsichtlich der Kasuistik kann auf die Kommentar-Literatur zu § 21 ZPO verwiesen werden.[111]

2. Wohnsitz

47 Besteht im Inland keine gewerbliche oder selbständige berufliche Niederlassung, so ist gemäß § 14 Abs. 1 Satz 1 als erster (ausschließlicher) **Hilfsgerichtsstand des inländischen Wohnsitzes** maßgeblich, der sich bei natürlichen Personen nach den §§ 7–9, 11 BGB, § 13 ZPO bestimmt.[112] Bei Parteien kraft Amtes (Insolvenzverwalter, Testamentsvollstrecker, Nachlassverwalter, Grundstückseigentümer im Falle der Zwangsverwaltung) stellt die herrschende Meinung auf deren Wohnsitz ab. Für den Insolvenzverwalter ist dies jedoch im Hinblick auf den Gerichtsstand in § 19a ZPO (für den Masseprozess) nicht mehr aufrecht zu erhalten,[113] der jedoch nur eine Zuständigkeit für

---

[99] OLG München OLG Report 2001, 254.

[100] EuGH NJW 1988, 625; vgl. auch OLG München NJW-RR 1993, 703; OLG Düsseldorf WM 1995, 1350; Zöller/*Vollkommer* § 21 Rdn. 4; Zöller/*Geimer* Art. 7 EuGVVO Rdn. 12.

[101] Wieczorek/Schütze/*Smid/Hartmann* § 21 Rdn. 22.

[102] RGZ 23, 424, 428; 30, 328; 44, 361, 362f.; BGH NJW 1975, 2142; NJW 1995, 1225, 1226; Wieczorek/Schütze/*Smid/Hartmann* § 21 Rdn. 34, 21; GroßkommUWG/*Zülch* § 14 Rdn. 38.

[103] RGZ 44, 361, 362 (noch zu § 2 des WettbewerbsG 1896): unlautere Werbung; GroßKommUWG/*Zülch* § 14 Rdn. 38; *Melullis* Rdn. 100; Köhler/Bornkamm/*Köhler/Feddersen* § 14 Rdn. 10; OLG München, Beschl. v. 20.2.2003 – 29 W 1954/02: negative Feststellungsklage am Ort der Zweigniederlassung eines bundesweit tätigen Verbandes im Sinne von § 13 Abs. 2 Nr. 2 UWG a.F. unzulässig, da Abmahnung nicht von dieser Zweigniederlassung ausgesprochen worden war.

[104] BGH NJW 1975, 2142, wonach es nicht erforderlich ist, dass die Klage aus dem Geschäftsbetrieb Niederlassung hervorgegangen sein muss.

[105] AG Köln NJW-RR 1993, 1504; Zöller/*Vollkommer* § 21 Rdn. 11 a.E.

[106] Fezer/*Büscher* § 14 Rdn. 19.

[107] Verneinend OLG Karlsruhe WRP 1998, 329 unter Hinweis auf RGZ 44, 361, 363 und Köhler/Bornkamm/*Köhler/Feddersen* § 14 Rdn. 10; MünchKommUWG/*Ehricke* § 14 Rdn. 31f.; a.A. *Melullis* Rdn. 100; Ahrens/*Bähr* Kap. 17 Rdn. 123.

[108] BayObLG WM 1989, 871; OLG München, Urt. v. 25.10.2001 – 29 U 3171/01; Stein/Jonas/*Roth* § 21 Rdn. 11; Zöller/*Vollkommer* § 21 Rdn. 6.

[109] BGH MDR 2001, 1190.

[110] Fezer/*Büscher* § 14 Rdn. 12 m.w.N.

[111] Weitere Darstellungen finden sich etwa bei Wieczorek/Schütze/*Smid/Hartmann* Rdn. 8, 9; MünchKommZPO/*Patzina* Rdn. 9; Zöller/*Vollkommer* Rdn. 8, 9 jeweils zu § 21 ZPO.

[112] GroßKommUWG/*Zülch* § 14 Rdn. 42; Ohly/*Sosnitza* § 14 Rdn. 8.

[113] Zöller/*Vollkommer* § 19a Rdn. 1, 6 m.w.N.

Klagen **gegen** den Insolvenzverwalter und nicht auch für Klagen des Insolvenzverwalters begründet.[114]

48 Bei **juristischen Personen** oder sonstigen parteifähigen Personenvereinigungen kann – weil § 14 Abs. 1 vorrangig ist – auf ihren („Wohn"-)Sitz im Sinne von § 17 ZPO nur dann abgestellt werden, wenn dort keine gewerbliche Niederlassung im obigen Sinne betrieben wird, was im Hinblick auf § 17 Abs. 1 Satz 2 ZPO („Ort, wo die Verwaltung geführt wird") allerdings kaum in Betracht kommen dürfte.

49 Hat der Beklagte zum Zeitpunkt der Klageerhebung (§ 261 Abs. 3 Nr. 2 ZPO) **mehrere Wohnsitze** (§ 7 Abs. 2 BGB), kann der Kläger unter diesen wählen (§ 35 ZPO).

3. Aufenthaltsort

50 Kann der Kläger dartun (und gegebenenfalls nachweisen), dass der Beklagte im Inland weder über eine gewerbliche Niederlassung noch über einen Wohnsitz verfügt, wird ein weiterer (ausschließlicher) **Hilfsgerichtsstand am inländischen Aufenthaltsort** im Sinne von § 16 ZPO begründet. Neben Darlegungen zum Fehlen einer gewerblichen Niederlassung sowie eines Wohnsitzes bedarf es vor allem eines Vortrags dazu, wo sich der Beklagte für eine gewisse Dauer im Inland (z.B. Durchreise, Ausstellung auf Messe) aufhält, damit ihm die Klage zugestellt werden kann.[115] Ein kurzfristiger, auch nur vorübergehender Aufenthalt genügt.[116] Der Gerichtsstand des letzten Wohnsitzes bei unbekanntem Aufenthalt (als allgemeiner Gerichtsstand) greift nicht ein.

V. Gerichtsstand des Begehungsortes, § 14 Abs. 2

51 Dem **Mitbewerber** im Sinne von § 8 Abs. 3 Nr. 1 steht es nach § 14 Abs. 2 Satz 1 frei (§ 35 ZPO), ob er den Beklagten im Gerichtsstand des Abs. 1 oder im Gerichtsstand des Begehungsortes in Anspruch nimmt.[117]

52 **Verbänden** im Sinne des Abs. 2 Satz 2 steht dieser Gerichtsstand nur dann offen, wenn sie dartun und gegebenenfalls nachweisen, dass der Beklagte im Inland keine gewerbliche oder selbständige berufliche Niederlassung und keinen Wohnsitz hat. Diese Einschränkung können die Verbände auch nicht dadurch umgehen, dass sie ihre Klage neben Ansprüchen aus dem UWG auch auf Ansprüche aus unerlaubter Handlung stützen. § 14 Abs. 2 Satz 2 verdrängt insofern § 32 ZPO.[118]

1. § 14 Abs. 2 Satz 1 – § 32 ZPO

53 **a) Unerlaubte Handlung.** Da unter einer unerlaubten Handlung im Sinne von § 32 ZPO **jeder rechtswidrige Eingriff in eine fremde Rechtssphäre** zu verstehen ist,[119] § 14 Abs. 2 Satz 1 bewusst an den deliktischen Gerichtsstand des Begehungsortes anknüpft und Wettbewerbsverstöße in ständiger Rechtsprechung als unerlaubte Handlungen im weiteren Sinne zu qualifizieren sind, werden beide Bestimmungen nach denselben Grundsätzen gehandhabt.[120] Stellt sich jeder Wettbewerbsverstoß im Verhältnis zu dem „unmittelbar Verletzten" (= Mitbewerber im Sinne von § 8 Abs. 3 Nr. 1) als unerlaubte Handlung dar, kann dieser auch immer auf den Gerichtsstand des § 32 ZPO zugreifen.[121] Diese Privilegierung gegenüber dem allgemeinen Gerichtsstand des Beklagten beruht einerseits auf dem Gedanken der Sachnähe, dass nämlich am Ort der Begehung einer unerlaubten/wettbewerbswidrigen Handlung die Sachaufklärung und Beweiserhebung am besten erfolgen kann,[122] andererseits auf der Erwägung, dem Deliktsgläubiger mit dem Ziel der Waffengleichheit die Prozessführung gegenüber dem weniger schutzwürdigen Deliktsschuldner zu erleichtern. Diese Rechtfertigung ist in jüngerer Zeit verstärkt in Zweifel gezogen worden.[123] Von der ur-

---

[114] BGH NJW 2003, 2916f.

[115] GroßKommUWG/*Zülch* § 14 Rdn. 46; Köhler/Bornkamm/*Köhler/Feddersen* § 14 Rdn. 12.

[116] BGH NJW 2008, 3288 Rdn. 15.

[117] Wird die Klage auch auf Anspruchsgrundlagen außerhalb des UWG gestützt, stehen ihm nach den obigen Ausführungen unter Rdn. 18 die allgemeinen Gerichtsstände der §§ 12ff. ZPO zur Verfügung.

[118] Stein/Jonas/*Roth* § 32 Rdn. 11.

[119] Stein/Jonas/*Roth* § 32 Rdn. 10; Zöller/*Vollkommer* § 32 Rdn. 4ff.

[120] Vgl. BGH GRUR 1998, 1039, 1040 – *Fotovergrößerungen;* OLG Köln WRP 1970, 188; GRUR 1978, 658; *Bornkamm* GRUR 1996, 527, 528f.

[121] GroßKommUWG/*Zülch* § 14 Rdn. 47; *Melullis* Rdn. 93 a.E., 112.

[122] Zöller/*Vollkommer* § 32 Rdn. 1 m.w.N.; *Borck* WRP 1984, 583, 586; so auch für Art. 5 Nr. 3 EuGVÜ EuGH NJW 2002, 3617, 3619 – *Henkel.*

[123] *Jürgens* NJW 2014, 3061 mit besonderem Blick auf das Presserecht; dagegen *Dölling* NJW 2015, 124; s. a *Lüttringhaus* ZZP 2014, 29.

sprünglich mit dem Entwurf eines Gesetzes gegen unseriöse Geschäftspraktiken geplanten Abschaffung des „fliegenden" Gerichtsstandes hat der Gesetzgeber indes zurecht abgesehen.[124]

54 **b) Erstbegehungsgefahr.** Der Gerichtsstand des **Begehungsortes** nach § 14 Abs. 2 Satz 1 gilt für **alle auf UWG gestützten Klagearten** (s. o. Rdn. 25 ff.) und für **alle daraus hergeleiteten Ansprüche,** etwa Unterlassung,[125] Schadensersatz(feststellung),[126] Auskunft,[127] Rechnungslegung, Widerruf, Beseitigung, Löschung.[128]

55 Wird die (vorbeugende) Unterlassungsklage auf **Erstbegehungsgefahr** gestützt, so ist überall dort der Gerichtsstand des Begehungsortes begründet, **wo eine erstmalige Zuwiderhandlung ernsthaft** droht oder **wo das geschützte Rechtsgut belegen ist.** Dabei ist es nicht entscheidend, ob eine Verletzungshandlung im Inland – wettbewerbswidrige Handlungen im Ausland können für das Inland allenfalls eine Erstbegehungsgefahr begründen[129] – bereits begangen wurde oder erst droht.[130] Insoweit sind die Wiederholungsgefahr und die (Erst-)Begehungsgefahr in Bezug auf die Begründung eines Gerichtstands des Begehungsorts nach allgemeiner Auffassung „gleichwertig". Deshalb kann die Zuständigkeit eines Gerichts, in dessen Bezirk eine solche Zuwiderhandlung lediglich droht, nicht deshalb verneint werden, weil in einem anderen Gerichtsbezirk bereits eine Verletzungshandlung begangen wurde. Eine zunächst bestehende (Erst-)Begehungsgefahr wird durch eine in einem anderen Gerichtsbezirk begangene Zuwiderhandlung also nicht beseitigt. Maßgeblich bleibt, ob im Hinblick auf bereits vorgekommene Zuwiderhandlungen auch anderen Orts (noch) mit solchen Zuwiderhandlungen ernsthaft zu rechnen ist.[131] Dass bereits Zuwiderhandlungen vorgekommen sind, ist für sich allein jedoch nicht geeignet, auch anderen Orts eine Wiederholungsgefahr oder eine (Erst-)Begehungsgefahr zu begründen;[132] hierzu bedarf es vielmehr des Vortrags entsprechender Umstände, aus denen mit der erforderlichen Wahrscheinlichkeit auf eine örtliche „Ausweitung" der beanstandeten Verhaltensweise geschlossen werden kann.

56 **c) Entscheidungsbefugnis.** Die Entscheidungsbefugnis des Gerichts des Begehungsortes kann bei einem einheitlichen Geschehen[133] nicht auf diejenigen Einzelhandlungen begrenzt werden, die im Gerichtsbezirk begangen wurden,[134] denn anderenfalls müsste der Kläger, insbesondere bei Fehlen eines allgemeinen Gerichtsstands im Inland, mehrere Prozesse führen. Der Kläger kann bei jedem der nach § 35 ZPO in Betracht kommenden Gerichte **Unterlassung für das gesamte Bundesgebiet** verlangen und seinen Gesamtschaden geltend machen.[135] Bei mehreren selbständigen Handlungen gilt diese umfassende Zuständigkeit jedoch nicht.[136]

---

[124] Vgl. dazu ausführlich *Loschelder* in FS Köhler 465 ff.; *Sosnitza* GRUR-Beilage 2014, 93, 99 f.

[125] Auch im Geltungsbereich des § 32 ZPO bedarf es keines Verschuldens, zur Anwendbarkeit von § 32 ZPO, wenn die Klage auf § 1004 BGB gestützt wird: OLG München BB 1986, 425; MünchKommZPO/*Patzina* § 32 Rdn. 37; Zöller/*Vollkommer* § 32 Rdn. 14.

[126] OLG Hamburg MD 2004, 594, 597.

[127] Sehr weitgehend OLG Hamburg GRUR-RR 2005, 31, für Klage auf Auskunft- und Schadensersatz im Gerichtsstand der vorbeugenden Unterlassungsklage.

[128] GroßKommUWG/*Zülch* § 14 Rdn. 32; Stein/Jonas/*Roth* § 32 Rdn. 22.

[129] OLG Hamburg GRUR 1987, 403; OLG Düsseldorf WRP 1994, 877, 879.

[130] BGH GRUR 1994, 530, 531 f. m. w. N. – *Beta;* KG NJW 1997, 3321; vgl. auch EuGH NJW 2002, 3617, 3618 f. – *Henkel,* zu Art. 5 Nr. 3 EuGVÜ aF m. Anm. *Michailidou* IPRax 2003, 223; vgl. weiter OLG Hamburg NJWE-WettbR 1999, 138: Messepräsentation gegenüber potentiellen Kunden aus dem Gerichtsbezirk; KG NJW 1997, 3321; OLG Köln MD 2012, 301, 305 = WRP 2012, 499 (LS); LG Hamburg MD 2003, 921, 924: bundesweiter Vertrieb der Software, deshalb auch Erstbegehungsgefahr im Gerichtsbezirk.

[131] Vgl. OLG Stuttgart WRP 1988, 331, 332; OLG Düsseldorf WRP 1991, 728, 729; Teplitzky/*Schaub* Kap. 45 Rdn. 13; *Ingerl/Rohnke* § 140 Rdn. 48.

[132] Vgl. OLG München WRP 1986, 172; OLG Köln WRP 1988, 126, 127; MD 2012, 301, 305 = WRP 2012, 499 (LS); *Melullis* Rdn. 114; krit. *Ingerl/Rohnke* § 140 Rdn. 48.

[133] Insoweit ist die Anlegung eines großzügigen Maßstabes angezeigt, vgl. Benkard/Rogge/*Grabinski* § 139 Rdn. 98 unter Hinweis auf RG GRUR 1938, 602, 603 (Patentverletzung); Stein/Jonas/*Roth* § 32 Rdn. 48 (aus kollisionsrechtlicher Sicht); BGH GRUR 1980, 130, 132 – *Kfz-Händler* zur Frage der internationalen Zuständigkeit: „Teile eines zusammenhängenden Vorgehens".

[134] So aber noch RGZ 60, 363, 365, wonach das Gericht nur den Ersatz desjenigen Schadens zusprechen kann, der durch die Verbreitung des beanstandeten Presseerzeugnisses im Gerichtsbezirk entstanden ist; aufgegeben durch RGZ (VZS) 72, 41, 44.

[135] Wieczorek/Schütze/*Smid/Hartmann* § 32 Rdn. 72; Benkard/Rogge/*Grabinski* § 139 Rdn. 98; RG GRUR 1938, 602, 603; OLG Hamburg NJW-RR 1993, 173: Ankündigen und Durchführen einer Verkaufsveranstaltung an verschiedenen Orten unter Hinweis auf RGZ 72, 41, 44; OLG München, Beschl v 25.1.2001 – 29 U 4248/00, S. 3 f.

[136] Stein/Jonas/*Roth* § 32 Rdn. 15 a. E., 32; *Würthwein* ZZP 106 (1993), 51, 73 f.; *Geimer/Schütze* EuZVR Rdn. 182; vgl. auch OLG München NJW 1990, 3097 f., zur Frage der internationalen Zuständigkeit für alle Verletzungshandlungen im Sinne von § 15 UrhG.

d) Mittäter, Teilnehmer. Der Gerichtsstand des Begehungsortes erfasst nicht nur die Klage gegen den unmittelbar Handelnden, sondern begründet auch einen Gerichtsstand gegenüber **Mittätern,**[137] **Teilnehmern** (§ 830 BGB),[138] sowie gegenüber den nach Gesetz **Haftenden** (§§ 31, 89, 831[139] BGB; § 8 Abs. 2 UWG;[140] § 128, § 161 Abs. 2 HGB),[141] ebenso gegenüber (Gesamt- oder Einzel-)Rechtsnachfolgern.[142] Sollen Teilnehmer in Anspruch genommen werden, ist maßgeblich, wo der Wettbewerbsverstoß, an dem sie sich beteiligt haben oder den sie für sich ausgenutzt haben, als begangen anzusehen ist.[143] Alle an einer wettbewerbswidrigen Handlung Beteiligten können an dem Ort verklagt werden, an dem auch nur einer von ihnen gehandelt hat, weil alle Tatbeiträge über § 830 Abs. 1 Satz 1 BGB **wechselseitig zugerechnet** werden.[144] Hat der Beklagte für das Handeln Dritter einzustehen (z.B. nach § 8 Abs. 2 UWG bzw. § 831 BGB), kommt es darauf an, wo diese Dritten gehandelt haben.[145] 57

e) Rechtsnachfolger. Da es – von den obigen Einschränkungen bezüglich eines Vorgehens in Prozessstandschaft abgesehen (siehe Rdn. 33) – nicht darauf ankommt, wer den (quasi-)deliktischen Anspruch verfolgt, kann auch der Rechtsnachfolger des Verletzten den Gerichtsstand des Begehungsortes für sich in Anspruch nehmen.[146] 58

3. Begehungsort

Begehungsort ist jeder Ort, an dem zumindest ein wesentliches Tatbestandsmerkmal (Teilakt) des in Rede stehenden Verbotstatbestandes begangen wurde.[147] Begehungsort kann bei mehraktigen Tatbeständen sowohl der Ort sein, an dem der Täter gehandelt hat – **Handlungsort** – als auch der Ort, an dem das geschützte Rechtsgut belegen ist – **Erfolgsort** – mit der Folge, dass der Kläger gegebenenfalls zwischen mehreren Gerichtsständen wählen kann[148] (§ 35 ZPO). Dagegen ist der Ort des Schadenseintrittes nur in den Fällen zur Begründung eines Gerichtsstandes geeignet, in denen der Schadenseintritt zum Tatbestand der Rechtsverletzung gehört,[149] wie dies in den Fällen des Betrugs bzw. der sittenwidrigen Schädigung sowie der Diskriminierung für den Wohnsitz/Sitz des Geschädigten/Diskriminierten angenommen wurde.[150] 59

a) Handlungsort. Der Handlungsort wird durch die Vornahme von **tatbestandsmäßigen Ausführungshandlungen,** auch Teilakten,[151] mit Außenwirkung begründet, sofern diese über bloße Vorbereitungshandlungen hinausgehen,[152] wie dies auch für die ernsthafte Drohung mit einer 60

---

[137] BGH NJW 1995, 1225f.; NJW-RR 1990, 604; jeweils zu § 823 Abs. 2 BGB, § 32 ZPO.

[138] BGH NJW 1995, 1225, 1226; ZIP 2010, 749 Tz. 19; OLG München WRP 2012, 501 (LS); vgl. auch High Court of Justice GRUR Int. 1999, 784, 786f. – *Telfast* zu den Anforderungen an die Feststellung einer mittäterschaftlichen Patentverletzung bei internationalen Unternehmenverbünden.

[139] BGH IPRax 1989, 409f. m. Anm. *Ahrens* IPRax 1990, 128.

[140] RGZ 150, 270.

[141] BayObLGZ 1980, 13, 15 = Rpfleger 1980, 156.

[142] Zöller/Vollkommer § 32 Rdn. 13 m.w.N.

[143] Ahrens/*Bähr* Kap. 22 Rdn. 14.

[144] BGH NJW 1995, 1225, 1226; NJW-RR 1990, 604: zur Frage des Begehungsorts bei betrügerischem Zusammenwirken von Mittätern; BayObLGZ 1995, 301, 303 zu § 17 Abs. 2 GVG; Fezer/*Büscher* § 14 Rdn. 27; Stein/Jonas/*Roth* § 32 Rdn. 24; anders allerdings im Anwendungsbereich von Art. 7 Nr. 2 EuGVVO, wenn nur ein im Ausland handelnder Teilnehmer im Inland in Anspruch genommen wird – in diesem Fall kann im Inland eine internationale Zuständigkeit allein auf Grundlage des Erfolgsortes begründet werden, wenn und soweit sich der Schaden im Inland auswirkt (siehe dazu unten Rdn. 97).

[145] GroßKommUWG/*Zülch* § 14 Rdn. 51. In der Entscheidung BGH GRUR 1987, 172, 173 – *Unternehmensberatungsgesellschaft I* wurden der Beklagten die Handlungen ihres im Inland ansässigen Erfüllungsgehilfen als eigene Handlungen zugerechnet.

[146] BGH NJW 1990, 2316.

[147] RGZ 72, 41, 44; BGH GRUR 1994, 530, 532 – *Beta;* BGH GRUR 1962, 243, 245f. – *Kindersaugflaschen;* BGH GRUR 1964, 316, 318 – *Stahlexport;* GRUR 1978, 194, 195 – *profil;* OLG Hamburg GRUR 1994, 143, 144; OLG Hamm NJW-RR 1987, 1047; Fezer/*Büscher* § 14 Rdn. 27.

[148] Vgl. OLG Köln MD 2012, 301, 303f. = WRP 2012, 499 (LS), wonach auch bei bundesweiter Tätigkeit ein Begehungsort nur dort angenommen werden kann, an dem die behauptete Verletzungshandlung begangen wurde bzw. deren Erfolg eingetreten ist.

[149] BGHZ 98, 263, 275; GRUR 1969, 564, 565 – *Festzeltbetrieb;* GRUR 1964, 316, 318 – *Stahlexport* (§ 826 BGB) und GRUR 1978, 194, 195 – *profil;* GRUR 1980, 130, 131 – *Kfz-Händler;* NJW 1990, 1533; GRUR 1977, 740 = NJW 1977, 1590.

[150] BGH GRUR 1980, 130, 131 – *Kfz-Händler;* Zöller/*Vollkommer* § 32 Rdn. 16 m.w.N.

[151] RGZ 72, 41, 44; BGH GRUR 1964, 316, 318 – *Stahlexport.*

[152] BGH GRUR 1962, 243, 245f. – *Kindersaugflaschen;* BGH NJW 1954, 1931 – *Farina Belgien:* Auftrag an ausländischen Anwalt als „Initiativhandlung"; BGH GRUR 1957, 231, 235 – *Pertussin I;* GRUR 1982, 495,

unerlaubten Handlung bejaht wurde.[153] Dagegen handelt es sich bei der Entwicklung und Herstellung von Maschinen oder sonstigen Produkten, sofern darin nicht bereits ausnahmsweise eine wettbewerbswidrige Handlung gesehen werden kann,[154] i. d. R. um bloße **Vorbereitungshandlungen;**[155] wie die Herstellung der nachgeahmten Waren in Fällen des § 4 Nr. 3,[156] ebenso bei der Herstellung von Werbematerial. Derartige Vorbereitungshandlungen können jedoch u. U. auch am Ort ihrer Vornahme eine Erstbegehungsgefahr begründen, wenn aufgrund der Gegebenheiten zu erwarten ist, dass auch dort die fraglichen Gegenstände in Verkehr gebracht werden.

61 *aa) Absatzkette.* Bei einem Vertrieb von Waren über **verschiedene Wirtschaftsstufen** (Hersteller – Großhandel – Einzelhandel – Käufer) wurde allerdings ein Gerichtsstand nicht nur am Ort des Verkaufs an den Endverbraucher als begründet angesehen,[157] sondern auch am Herstellungsort.[158]

62 *bb) Durchfuhr.* Ob die bloße **Durchfuhr** von Waren im Inland einen Gerichtsstand begründet, wird für kennzeichenrechtliche Tatbestände überwiegend im Gegensatz zu der früher vertretenen Auffassung[159] verneint.[160] Auf rein wettbewerbsrechtliche Tatbestände konnte auch die frühere Sichtweise mangels Außenwirkung („Marktort", siehe nachfolgend; auch beim ergänzenden Leistungsschutz ist erst das Anbieten bzw. Inverkehrbringen tatbestandsmäßig) bereits nicht übertragen werden.[161]

63 *cc) Unterlassung.* Besteht das beanstandete Verhalten in einem Unterlassen, so ist als Begehungsort der Ort anzusehen, wo die **pflichtwidrig unterlassene Handlung** hätte vorgenommen werden müssen.[162] Wird dagegen ein positives Tun beanstandet, so ist der Gerichtsstand des Begehungsortes nicht dort begründet, an dem pflichtgemäß hätte gehandelt werden müssen (z. B. Einholung einer Lizenz),[163] da es sich um kein Unterlassungsdelikt handelt.

64 *dd) Marktort, Ort des wettbewerblichen Interessenkonflikts. (1)* Als Begehungsort ist bei marktbezogenen Wettbewerbshandlungen (Werbung, Verkauf etc.) derjenige Ort anzusehen, wo die Erzeugnisse beworben und dadurch irrige Vorstellungen über die Herkunft und Güte erzeugt werden bzw. eine Ausnutzung des Rufs der nachgeahmten Ware stattfindet[164] – **Marktort, bzw. Ort des wettbewerblichen Interessenkonflikts.**[165] Wo der Leistungsaustausch (Warenabsatz) dann später stattfindet, ist nicht entscheidend.[166] Nach ständiger Rechtsprechung wird im Hinblick auf die Besonderheiten des (handlungsbezogenen) Wettbewerbsrechts als Begehungsort nur der Ort angesehen, an dem die wettbewerblichen Interessen der Mitbewerber aufeinander treffen, da bei Verstößen mit Kundenkontakt maßgeblich auf den Absatzmarkt abzustellen ist, auf dem auf die Kunden eingewirkt wird. Handlungs- und Erfolgsort fallen somit am Ort der wettbewerblichen Interessenkollision zusammen.

---

497 – *Domgarten-Brand* (Etikettierung eines zum Export bestimmten Weins); BGH WRP 2008, 236 Tz. 42 – *THE HOME STORE:* Steuerung der Markenverwendung in anderen Ländern von Deutschland aus stellt noch keine Benutzungshandlung dar.

[153] OLG Hamburg GRUR 1987, 403.

[154] Vgl. BGH GRUR 2002, 91, 94 re. Sp. unten, 95 – *Spritzgießwerkzeuge.*

[155] Zöller/Vollkommer § 32 Rdn. 16.

[156] Vgl. MünchKommUWG/*Ehricke* § 14 Rdn. 53.

[157] Vgl. auch BGH GRUR 2002, 599 – *Funkuhr,* zur Verantwortlichkeit des ausländischen Lieferanten.

[158] LG Mainz BB 1971, 143 f.; a. A. im Hinblick auf Nachahmungstatbestände GroßkommUWG/*Zülch* § 14 Rdn. 55.

[159] Vgl. BGH GRUR 1957, 231, 233 f. – *Pertussin I;* BGH GRUR 1958, 189, 197– *Zeiß* mit Anm. *Hefermehl.*

[160] Vgl. EuGH GRUR 2007, 146 – *Montex Holdings/Diesel;* BGH GRUR 2007, 876 – *Diesel II;* GRUR 2007, 875 – Durchfuhr von Originalware; GRUR 2012, 1263 – *Clinique happy; Ströbele/Hacker,* MarkenG, § 14 Rdn. 155 ff.; *Hacker,* MarkenR 2004, 257 ff.; *Leitzen* GRUR 2006, 89, 95.

[161] Köhler/Bornkamm/*Köhler/Feddersen § 14* Rdn. 17; Fezer/*Büscher* § 14 Rdn. 28.

[162] OLG Karlsruhe MDR 1960, 56; OLG Hamm NJW-RR 1989, 305 und 1987, 1337; Großkomm/Zülch § 14 Rdn. 51; Stein/Jonas/*Roth* § 32 Rdn. 27; MünchKommZPO/*Patzina* § 32 Rdn. 17.

[163] BGH GRUR 1969, 564, 565 – *Festzeltbetrieb;* Stein/Jonas/*Roth* § 32 Rdn. 27.

[164] *Köhler*/Bornkamm, Einl. Rdn. 5.18 zum anwendbaren Recht.

[165] *Glöckner* Einl. D Rdn. 19 ff.; vgl. zur Frage des anwendbaren Rechts: BGH GRUR 1962, 243, 245 f. – *Kindersaugflaschen;* GRUR 1964, 316, 318 – *Stahlexport;* GRUR 1982, 495, 497 – *Domgarten-Brand;* GRUR 1988, 453, 454 – *Ein Champagner unter den Mineralwässern;* GRUR 1988, 916, 917 – *PKW-Schleichbezug;* BGH GRUR 1991, 463 – *Kauf im Ausland;* GRUR 1994, 447, 448 – *Sistierung von Aufträgen;* GRUR 1995, 424, 425 – *Abnehmerverwarnung;* GRUR 1998, 419, 420 – *Gewinnspiel im Ausland;* GRUR 1998, 945, 946 – *Co-Verlagsvereinbarung;* GRUR 2014, 601 Rdn. 16 ff. – *englischsprachige Pressemitteilung,* zu Art. 7 Nr. 2 EuGVVO und Art. 6 Abs. 1 ROM-II; OLG München MD 2003, 679, 689; MD 2004, 88, 90.

[166] BGH GRUR 1991, 463, 464 f. – *Kauf im Ausland;* GRUR 1998, 419, 420 – *Gewinnspiel im Ausland;* jeweils zum anwendbaren Recht.

(2) Von der Rechtsprechung werden für die Frage der örtlichen und der internationalen Zuständigkeit und des anwendbaren Rechts dieselben Kriterien – **„Ort der Interessenkollision“** bzw. **„kollisionsrechtliche Spürbarkeitsgrenze“** – angelegt,[167]

„Die internationale und örtliche Zuständigkeit der deutschen Gerichte, ferner hier die Anwendung des deutschen Rechts und den Unterlassungsanspruch materiell begründenden Umstände sind dieselben; hat die Beklagte auf dem Gebiet der BRD zu Zwecken des Wettbewerbs gehandelt und durch dieses Handeln gegen die Vorschriften der §§ 1, 3 UWG verstoßen, dann ist damit nach § 32 ZPO die internationale und örtliche Zuständigkeit der deutschen Gerichte und nach dem dann anzuwendenden deutschen internationalen Privatrecht die Anwendbarkeit des deutschen Rechts gegeben …“

was von einem Teil der Literatur[168] als unzulässige Vermengung von inländischer Deliktszuständigkeit und deutschem Deliktsrecht kritisiert wird, da der Handlungsort im Sinne der kollisionsrechtlichen Anknüpfung nicht identisch sei mit dem für die Kompetenzanknüpfung nach § 32 ZPO bzw. § 14 relevanten. Dieser Gleichlauf zeichnet sich auch in der Rechtsprechung zu Art. 7 Nr. 2 EuGVVO einerseits und Art. 6 Abs. 2 Rom-II andererseits ab (siehe dazu unten Rdn. 97).[169]

ee) „Fliegender Gerichtsstand“. Bei Druckschriften (Bücher, Zeitungen, Zeitschriften, Anzeigeblättern, Prospekten, einschließlich CD-ROM) wird in ständiger Rechtsprechung als Begehungsort[170] nicht nur der Erscheinungsort, sondern auch **jeder Ort** angesehen, **an dem die Druckschrift verbreitet wird.**[171] Zur Eingrenzung des „fliegenden Gerichtsstands“ wird der Begriff des Verbreitens einschränkend dahingehend ausgelegt, dass die Druckschrift Dritten **bestimmungsgemäß** und nicht bloß zufällig zur Kenntnis gebracht wird. Maßgeblich ist also das Gebiet, das der Verleger bzw. Herausgeber erreichen will bzw. in dem er mit einer Verbreitung rechnen muss,[172] wobei hierunter auch die bestimmungsgemäße Weiterverbreitung durch die Empfänger und Bezieher fällt (Weitergabe durch Pressedienste; Weitergabe innerhalb von Behörden etc.).[173] Dieses regelmäßige Verbreitungsgebiet wird bei Zeitungen und Zeitschriften durch das Gebiet bestimmt, das der Verleger regelmäßig zu beliefern pflegt.[174] Gleiches gilt für die Verbreitung von Werbematerial.[175] Ein solches bestimmungsgemäßes Verbreiten wurde verneint, wenn ein Exemplar einer Druckschrift ausnahmsweise an einen Ort außerhalb des regelmäßigen Verbreitungsgebietes versandt wurde[176] oder wenn die zugrunde liegende Anforderung nur dem Zweck diente, um am Empfangsort den Gerichtsstand des Begehungsorts zu begründen.[177] 65

Ist eine bestimmungsgemäße Verbreitung im Gerichtsbezirk im vorstehenden Sinne gegeben, wird von einem Teil der Rechtsprechung und Literatur darüber hinaus zu Recht gefordert, dass die Druckschrift **in wettbewerbsrechtlich relevanter Weise**[178] verbreitet sein muss, während nach 66

---

[167] BGH GRUR 1971, 153, 154 – *Tampax;* zustimmend Gloy/Loschelder/Erdmann/*Schütze,* HdbWettbR, § 11 Rdn. 16; *Koch* CR 1999, 121, 124f.

[168] *Geimer* IZPR Rdn. 1517a, 1527; *Lindacher* in: FS Nakamura, S. 323, 325ff.; *Melullis* Rdn. 131 mit Fn. 1, der darauf abstellt, dass eine Handlung im Inland – wie in sonstigen Fällen auch – zur Begründung der Zuständigkeit ausreichend sein müsse, auch wenn sich diese nur im Ausland auswirke; Stein/Jonas/*Roth* § 32 Rdn. 26, allgemein zum Verhältnis zwischen lex fori und lex cause in Bezug auf die Auslegung des § 32 ZPO.

[169] BGH GRUR 2014, 601 Rdn. 16ff. – englischsprachige Pressemitteilung m. w. N.

[170] Als Handlungsort ist der Verlagssitz anzusehen, *Ehmann/Thorn* AfP 1996, 20, 23; *Koch* CR 1999, 121, 122; vgl. auch EuGH NJW 1995, 1881 – *Shevill,* zu Art. 5 Nr. 3 EuGVÜ aF.

[171] BGH NJW 1996, 1128; GRUR 1978, 194f. – *profil.*

[172] BGH GRUR 1978, 194f. – *profil;* GroßkommUWG/*Zülch* § 14 Rdn. 57 m. w. N.; *Melullis* Rdn. 118; anders bei Kennzeichenstreitigkeiten *Ingerl/Rohnke* § 140 Rdn. 44.

[173] OLG Hamburg WRP 1985, 351; OLG Düsseldorf WRP 1987, 476, 477 verneint bei einem Nachsenden an den Urlaubsort.

[174] BGH GRUR 1971, 153, 154 – *Tampax;* GRUR 1978, 194f. – *profil;* GRUR 2005, 431 – HOTEL MARITIME.

[175] OLG München WRP 1986, 172f.: Versendung eines Prospekts.

[176] OLG Düsseldorf GRUR 1971, 82; OLG Köln WRP 1972, 590, 591; OLG Karlsruhe WRP 1976, 490; vgl. auch OLG Brandenburg OLG Report-NL 2002, 180f.: kein Verbreiten bei nur vorstellbarer Verbreitung auch im Gerichtsbezirk.

[177] BGH GRUR 1978, 194f. – *profil:* Bestellung der in Wien erscheinenden Zeitschrift, um in Berlin einen Gerichtsstand zu begründen unter Hinweis auf OLG Köln MDR 1973, 143; OLG Köln WRP 1988, 126, 127: nachträgliche Anforderung einer Werbebeilage durch den Prozessbevollmächtigten; vgl. auch BGH GRUR 1980, 227, 230 li. Sp. – *Monumenta Germaniae Historica,* wo eine Einzellieferung eines umfangreichen Werkes von der Schweiz nach Deutschland als Ausdruck einer allgemeinen Lieferbereitschaft und nicht als unbeachtliche Provokationsbestellung angesehen wurde; OLG Karlsruhe GRUR 1985, 556, 557; OLG München WRP 1986, 357.

[178] OLG Köln WRP 1972, 590; GRUR 1991, 775, 776; OLG Düsseldorf GRUR-RR 2006, 33; OLG Karlsruhe GRUR 1985, 556, 557; OLG München WRP 1986, 357, 358; OLG Stuttgart GRUR 1985, 125; *Stapenhorst* GRUR 1989, 176, 177f.; Köhler/Bornkamm/*Köhler/Feddersen* § 14 Rdn. 15; Ohly/*Sosnitza* § 14 Rdn. 11; Teplitzky/*Schaub* Kap. 45 Rdn. 13; *v. Ungern-Sternberg* in: FS Klaka, S. 73, 85f.

anderer Auffassung ein rein tatsächliches Verbreiten von wenigen Exemplaren oder auch nur einem Exemplar ausreichend ist.[179] Nach der erstgenannten Auffassung, die der gesetzgeberischen Intention des sachnahen Gerichtsstandes zutreffend Rechnung trägt, kommt es darauf an, ob die Verbreitungshandlungen objektiv geeignet sind, den Wettbewerb im Bezirk des angerufenen Gerichts zu beeinflussen, was nicht erfordert, dass der Beklagte (oder der von ihm geförderte Dritte) dort auch einen Wettbewerbsvorteil erlangt hat.[180] Danach bestimmt sich die örtliche Zuständigkeit nach denselben Regeln, wie sie von der Rechtsprechung für die Bestimmung des anwendbaren Rechts zugrunde gelegt werden,[181] d. h. ein Gerichtsstand ist nur dort begründet, wo wettbewerbliche Interessen der Mitbewerber aufeinander stoßen. Ob diese Voraussetzungen gegeben sind, kann nur anhand der jeweiligen Umstände des Einzelfalls[182] beurteilt werden, wobei eine bestimmte Intensität der Interessenbeeinträchtigung allerdings nicht gefordert wird.[183] Diese für „Pressedelikte" entwickelten Grundsätze finden auch bei der Beurteilung von Wettbewerbsverstößen Anwendung, die über das Internet begangen werden (unten Rdn. 75 ff.). Daraus folgt, dass nicht in jedem dieser Fälle eine bundesweite Zuständigkeit gegeben ist, insbesondere dann nicht, wenn der wettbewerbliche Wirkungskreis eines Verletzers lokal oder regional beschränkt ist.[184]

67 **b) Erfolgsort.** Erfolgsort ist der Ort, an dem das durch die fragliche Norm geschützte Rechtsgut nach dem Vortrag des Klägers verletzt wurde, sofern ohne den Erfolg die Handlung nicht vollendet wäre.[185]

68 **c) Einzelfälle.** Richtet sich eine Maßnahme gezielt gegen einen Mitbewerber **(individuelle Behinderung)** ist auf den Ort abzustellen, wo der Mitbewerber gehindert wird, tätig zu werden bzw. seine Leistung zur Geltung zu bringen:[186]

69 Bei der **Abwerbung von Kunden** wird auf den **Sitz der Kunden** abgestellt;[187] anders bei betriebsbezogenen Eingriffen (Boykott;[188] Diskriminierung;[189] Geschäftsehrverletzung;[190] unberechtigte Schutzrechtsverwarnung;[191] wettbewerbsrechtliche Abmahnung,[192] Betriebsspionage;[193] Abwerbung von Mitarbeitern),[194] bei denen der **Sitz des betroffenen Unternehmens** als Handlungs- und/oder Erfolgsort einen Gerichtsstand begründet.

70 Da das bloße **Ausnutzen eines Vertragsbruchs** noch nicht als relevanter Teilakt eines Wettbewerbsverstoßes angesehen werden kann, sondern erst bei Hinzutreten besonderer Umstände zur

[179] KG GRUR 1989, 134, 135; OLG Hamburg GRUR 1982, 174, 175; OLG Düsseldorf; GRUR 1987, 476, 477 (unter Aufgabe von WRP 1981, 278, 279); OLG München GRUR 1984, 830, 831; *Melullis* Rdn. 119 f.; Ahrens/*Bähr* Kap. 17 Rdn. 16 unter Hinweis auf die Einschränkung in § 24 Abs. 2 Satz 2 a. F., mit der dem Missbrauch des „fliegenden Gerichtsstands" bereits hinreichend Rechnung getragen worden sei.

[180] Köhler/Bornkamm/*Köhler/Feddersen* § 14 Rdn. 15; Fezer/*Büscher* § 14 Rdn. 28; GroßKommUWG/*Zülch* § 14 Rdn. 59. und *Melullis* Rdn. 119 jeweils mit Darstellung des Meinungsstandes.

[181] Hierzu eingehend MünchKommBGB/*Drexl* Intern. Lauterkeitsrecht Rdn. 102 ff.

[182] Verhältnis des Verbreitungsorts zum Marktort: vgl. OLG Frankfurt GRUR 1989, 136; OLG Köln GRUR 1988, 148, 149; OLG München WRP 1986, 357, 358.

[183] BGH GRUR 1978, 194, 196 – *profil;* KG GRUR 1989, 134, 135; OLG Düsseldorf WRP 1987, 476, 477; OLG München GRUR 1984, 830, 831; im Ansatz kritisch, im Ergebnis wohl zustimmend *Melullis* Rdn. 120.

[184] Fezer/*Büscher* § 14 Rdn. 29; vgl. zum Kennzeichenrecht BGH GRUR 2005, 262, 265 – *soco.de.*

[185] BGH GRUR 1964, 316, 318 m. w. N. – *Stahlexport;* Wieczorek/Schütze/*Smid/Hartmann* § 32 Rdn. 36.

[186] *Köhler*/Bornkamm, Einl. Rdn. 5.16.

[187] Ohly/*Sosnitza,* UWG, Einf. Rdn. 95; vgl. auch BGH GRUR 1994, 447, 448 – *Sistierung von Aufträgen,* wo für die Frage des anwendbaren Rechts auf die im Inland befindliche Niederlassung der ausländischen Klägerin abgestellt wurde.

[188] BGH GRUR 1980, 130 f. – *Kfz-Händler:* Sitz des boykottierten Unternehmens als Erfolgsort; OLG Hamburg GRUR-RR 2008, 31; a. A. OLG Frankfurt NJW-RR 1986, 1189, wonach maßgeblich nur der Ort sein kann, wo die Aufforderung verlautbart wurde und wo sie dem Adressaten zugegangen ist.

[189] OLG Stuttgart BB 1979, 390; *Winkler* BB 1979, 402: Sitz des auf Belieferung klagenden Unternehmens maßgebend, da dort hätte gehandelt werden müssen.

[190] Ohly/*Sosnitza* Einf. B Rdn. 16 und *Sack* WRP 2000, 269, 273, Erfolgsort; Handlungsort, wo auf den Dritten eingewirkt wird.

[191] Sitz des betroffenen Unternehmens als Erfolgsort: OLG Celle GRUR Int. 1977, 238, 239; LG Mannheim IPRspr. 1980, 143; OLG Karlsruhe GRUR 1984, 143, 144; Ohly/*Sosnitza,* Einf. B Rdn. 17; *Sack* GRUR Int. 1988, 320, 330.

[192] Ort der Absendung als Handlungsort, Empfangsort als Erfolgsort; vgl. BGH GRUR 1964, 316, 317 f. – *Stahlexport;* OLG Karlsruhe GRUR 1984, 422, 423; Musielak/Voit/*Heinrich* § 32 Rdn. 16.

[193] *Ohly*/Sosnitza Einf. Rdn. 97.

[194] Vorige Fn.

Sittenwidrigkeit führt, will *Hefermehl* darauf abstellen, wo diese besonderen Umstände verwirklicht werden.[195]

Wird das wettbewerbswidrige Verhalten mit einem **Verstoß gegen Rechtsnormen** begründet, kommt es auf den Ort an, wo die Gesetzesverletzung stattgefunden hat (bzw. droht). **71**

Bei der **Einwirkung auf** im Rahmen eines Vertriebssystems **gebundene Lieferanten** durch Ankäufe von „Strohmännern" ist für die Frage des Begehungsortes darauf abgestellt worden, wo diese Einkäufe getätigt werden.[196] **72**

Bei der **Versendung** von **(Telefax-)Schreiben, Prospekten** etc. mit wettbewerbswidrigem Inhalt wird sowohl am Ort der Absendung als auch am Empfangsort ein Gerichtsstand begründet; nicht entscheidend ist, wo der Brief geschrieben bzw. der Prospekt hergestellt wurde.[197] Ebenso ist bei der Versendung von E-mails (SMS) und bei Äußerungen am Telefon[198] auf den Absende- und Empfangsort bzw. die Aufenthaltsorte der Gesprächsteilnehmer abzustellen. **73**

Bei **Rundfunk- und Fernsehsendungen** ist der Sitz der betreffenden Sendeanstalt als Handlungsort[199] und jeder Ort im Gebiet, in dem die Sendung bestimmungsgemäß[200] ausgestrahlt wird, als Erfolgsort[201] anzusehen. **74**

Bei der Verbreitung von Informationen über das **Internet** wird überwiegend zu Recht die Auffassung vertreten, dass es für die Bestimmung des Handlungsortes nicht auf den Belegenheitsort des Servers ankommt[202] (vgl. auch § 2 Abs. 1 Nr. 2 TMG), sondern als Ort der Handlung der Ort (Sitz) des Informationsanbieters anzusehen ist, da von dort das Inverkehrbringen der Daten willentlich gesteuert wird.[203] **75**

Da Internetinhalte nicht nur bundesweit, sondern auch weltweit von jedem Computer aufgerufen werden können, sieht sich der Betreiber einer Homepage unabhängig von der Frage, an welchem materiellen Recht er seinen Internet-Auftritt messen lassen muss,[204] auch einer Inanspruchnahme bei jedwedem deutschen oder ausländischen Gericht ausgesetzt, wenn durch die Aufrufbarkeit der Homepage allein ein Gerichtsstand begründet wird.[205] Die **bloße Zugriffsmöglichkeit** auf eine Web-Site wurde bislang jedoch **nicht als ausreichend angesehen,** um eine örtliche (§ 14 Abs. 2 UWG, § 32 ZPO) bzw. internationale Zuständigkeit (§ 32 ZPO, Art. 7 Nr. 2 EuGVVO/EuGVÜ) deutscher Gerichte aufgrund eines Begehungsortes zu begründen.[206] Anders als dies in der Rechtsprechung zu Art. 7 Nr. 2 EuGVVO bei der Verletzung von Urheberrechten[207] oder sonstigen gewerblichen Schutzrechten im Internet[208] vertreten wird, muss im Wettbewerbs- **76**

---

[195] *Baumbach/Hefermehl,* Wettbewerbsrecht, 23. Aufl., Einl. Rdn. 188.

[196] *Ohly/Sosnitza* Einf. Rdn. 93 unter Hinw. auf BGH GRUR 1988, 916, 917 – *PKW-Schleichbezug.*

[197] RGZ 27, 418, 419f.; BGH GRUR 1964, 316, 317f. – *Stahlexport;* OLG Karlsruhe WRP 1976, 381; OLG Oldenburg NJW 1989, 400; OLG Rostock OLG-NL 2001, 143; Stein/Jonas/*Roth* § 32 Rdn. 32; GroßkommUWG/*Zülch* § 14 Rdn. 53; Gloy/Loschelder/Erdmann/*Schütze,* HdbWettbR, § 11 Rdn. 17.

[198] MünchKommZPO/*Patzina* § 32 Rdn. 34 Stichwort „Telekommunikation"; einschränkend OLG München NJW-RR 1994, 190: Angabe eines unzutreffenden Gesprächsort kann nicht dazu führen, dass eine bei dem Gespräch gemachte Äußerung am tatsächlichen Gesprächsort als Erfolgsort einen Gerichtsstand begründet.

[199] Vgl. BGH GRUR 2003, 328, 329f. – Sender Felsberg, zur ähnlich gelagerten Frage des anwendbaren Rechts.

[200] OLG Düsseldorf GRUR-RR 2006, 33, betreffend Ausstrahlung eines Werbespots.

[201] BGH GRUR 1994, 530, 531f. – *Beta;* GRUR 2012, 621 Rdn. 21 – *OSCAR;* OLG München OLGZ 1987, 216, 217; Köhler/Bornkamm/*Köhler/Feddersen* § 14 Rdn. 16; Ohly/*Sosnitza* § 14 Rdn. 12.

[202] Vgl. MünchKommUWG/*Ehricke* § 14 Rdn. 51 m.w.N.

[203] *Koch* CR 1999, 121, 124; *Pfeiffer* NJW 1997, 1207, 1215; *Bachmann* IPRax 1998, 179, 182f.; MünchKommZPO/*Patzina* § 32 Rdn. 26; *Terlau* Rdn. D 780; LG Düsseldorf GRUR 1998, 159, 160 – *epson.de.*

[204] Siehe hierzu oben Einl. C Rdn. 156f.; vgl. auch KG GRUR 2002, 448, 449 m.w.N.

[205] Vgl. statt vieler *Bettinger/Thum* GRUR Int. 1999, 659, 662f.; *Kuner* CR 1996, 453ff.; *Koch* CR 1999, 121; *Mankowski* GRUR Int. 1999, 995ff.

[206] BGH GRUR 2006, 513, 515 – *Arzneimittelwerbung im Internet;* BGH GRUR 2005, 431 – *HOTEL MARITIME;* GRUR 2005, 519 – *Vitamin-Zell-Komplex;* GRUR 2007, 245 – *Schulden Hulp;* Urt. v. 8.3.2011 – I ZR 75/10 – *OSCAR; Danckwerts* GRUR 2007, 104; vgl. dazu auch Habbe/Wimalasena BB 2015, 520.

[207] Vgl. hierzu EuGH, GRUR 2015, 296 – *Hejduk,* zur Auslegung des § 32 ZPO, daran anknüpfend LG Hamburg, Urt. 19.6.2015 – 308 O 161/13, BeckRS 2015, 18942; *Thum* GRUR Int. 2001, 9, 23f.; *Koch* CR 1999, 121, 123f.; *Schack* MMR 2000, 135, 138; LG Hamburg ZUM-RD 2003, 547ff.; OLG Köln WRP 2007, 205f.

[208] Zu Kennzeichenverletzung wird zum Teil die Auffassung vertreten, dass es für die Begründung der Zuständigkeit ausreichen müsse, dass die Verletzung eines im Inland bestehenden Kennzeichens vorgetragen wird, vgl. BGH GRUR 2005, 431 – HOTEL MARITIME; siehe auch BGH GRUR 2012, 621 – OSCAR, der die Frage, ob die Begründung der internationalen Zuständigkeit eine bestimmungsgemäße Abrufbarkeit oder ein bestimmungsgemäßes Senden voraussetzt, für das Kennzeichenrecht offen lässt. Allerdings dürfte dies nach der vorstehend angeführten Rechtsprechung des EuGH zum Urheberrecht zu verneinen sein.

recht ein darüber hinausgehender Bezug zum Inland, bzw. zum Bezirk des angerufenen Gerichts gegeben sein.[209] Dazu sind aber nicht die Grundsätze heranzuziehen, die der BGH (namentlich der VI. Zivilsenat) für Persönlichkeitsverletzungen entwickelt hat.[210] Vielmehr muss der Inhalt der Web-Site im Sinne der obigen Ausführungen zum fliegenden Gerichtsstand (Rdn. 65) nach dem Vorbringen des Klägers[211] geeignet sein, zu einer wettbewerblichen Interessenüberschneidung zu führen.[212] Dies ist nur dann anzunehmen, wenn sich der beanstandete Internetauftritt bestimmungsgemäß im Inland auswirken soll.[213]

77 Ob die **bestimmungsgemäße Abrufbarkeit** zu einer **spürbaren Marktbeeinflussung** führen kann, bestimmt sich in erster Linie nach objektiven Kriterien nämlich nach Inhalt und Aufmachung der Internet-Darstellung. Für welches Territorium die Homepage „bestimmt" ist, richtet sich zum einen nach der Sprache,[214] der Toplevel-Domain,[215] Angaben von Kontaktadressen,[216] landestypischen Besonderheiten,[217] Zahlungs- und Versandmodalitäten[218] vor allem aber nach der inhaltlichen Reichweite einer Werbung,[219] d. h. welche Interessenten von der Werbung angesprochen werden, was sich bei einem nur regional tätigen Unternehmen[220] anders darstellt als bei einem bundesweit oder weltweit tätigen Unternehmen.[221] Für die Frage, auf welchem räumlichen und gegenständlichen Markt sich die Internetwerbung auswirken kann, kommt es auf die objektiven Gegebenheiten an, sodass ein **Disclaimer** („Keine Lieferungen nach ..." etc.) das Verbreitungsgebiet nur dann einschränken kann, wenn er eindeutig gestaltet und aufgrund seiner Aufmachung als ernst gemeint aufzufassen ist und vom Werbenden auch tatsächlich beachtet wird.[222] Wie bei der Verbreitung von

---

[209] Vgl. Fn. 203 sowie *Bettinger* GRUR Int. 1997, 402, 416; *Ubber* WRP 1997, 497, 402 f.; *Omsels* GRUR 1997, 328, 336 f.; *Renck* NJW 1999, 3587, 3592 f.; bloße Abrufbarkeit lassen genügen: OLG Hamburg K & R 2000, 138, 140 – *Goldenjackpot.com;* OLG Hamburg CR 2003, 286: Internet-Werbung kann sich auf potentielle Kunden im Gerichtsbezirk auswirken, da es sich um ein Warenangebot und nicht lediglich um ein rein örtliches Dienstleistungsangebot wie etwa Reparaturarbeiten handelte.

[210] BGH GRUR 2014, 601 Rdn. 23 – *englischsprachige Pressemitteilung,* mit Verweis auf BGH GRUR 2012, 812 – *rainbow.at II;* siehe auch GRUR 2010, 461 – *The New York Times;* GRUR 2011, 558 – *Sieben Tage in Moskau.*

[211] BGH GRUR 2005, 519 – *Vitamin-Zell-Komplex; Bachmann* IPRax 1998, 179, 186 verlangt abweichend vom Ausgangspunkt der h. M. zu den doppelrelevanten Tatsachen den Nachweis einer Interessenverletzung.

[212] KG NJW 1997, 3321 und GRUR Int. 2002, 448, 449: „bestimmungsgemäß abrufbar"; OLG Bremen CR 2000, 770, 771: „bestimmungsgemäß auswirken sollte"; OLG Frankfurt CR 1999, 450: „Begehungsort ..., an dem die Homepage bestimmungsgemäß abgerufen werden kann und eine Interessenkollision bewirkt; OLG Hamburg MD 2003, 317, 318; OLG München GRUR-RR 2009, 320, 321; InstGE 12, 190; LG Hamburg CR 1999, 785, 786 – *Animal Planet;* LG München I ZUM-RD 2002, 105, 107 – *fordboerse:* bundesweite Zuständigkeit sowohl für Unterlassungs- als auch für den Beseitigungsanspruch, da keine regionale Beschränkung des Angebots; ZUM-RD 2002, 107 – *neuschwanstein-de:* Aufrufbarkeit auch im Gerichtsbezirk ausreichend; *Dethloff* NJW 1998, 1596, 1599; *Bachmann* IPRax 1998, 179, 184, 186; *Hoeren* NJW 1998, 2849, 2851; ebenso im Zusammenhang mit der kollisionsrechtlichen Spürbarkeitsgrenze; *Mankowski* GRUR Int. 1999, 909, 911; *Terlau* Rdn. D 786; krit. *Löffler* WRP 2001, 379, 381 ff., der für die kollisionsrechtliche Betrachtungsweise ausreichen lässt, dass die Website abrufbar und es nicht ausgeschlossen ist, dass die beworbene Ware oder Dienstleistung von den dort befindlichen Personen auch bezogen werden können.

[213] BGH GRUR 2014, 601 Rdn. 23 f. – *englischsprachige Pressemitteilung.*

[214] BGH GRUR 2005, 431 – *HOTEL MARITIME;* LG Köln CR 2002, 58 f. Bei weit verbreiteten Sprachen wie etwa Englisch und Französisch kann hieraus jedoch nicht ohne weiteres eine entsprechende territoriale Beschränkung hergeleitet werden, OLG Frankfurt CR 1999, 450; OLG Köln MD 2008, 205.

[215] OLG Köln GRUR-RR 2008, 748.

[216] *Cichon* Anm. zu LG Köln CR 2002, 59 f.

[217] LG Köln CR 2003, 58; *Mankowski* GRUR Int. 1999, 909, 919.

[218] *Mankowski* GRUR Int. 1999, 909, 918.

[219] BGH GRUR 2005, 431 – *HOTEL MARITIME;* OLG Frankfurt CR 1999, 450; LG Hamburg GRUR Int. 2002, 163, 164, da die Leistung im Inland nicht in Anspruch genommen werden konnte; *Mankowski* GRUR Int. 1999, 909, 918.

[220] Eine Internet-Werbung für ein Kombinationsangebot (Strom und Telefon) eines in Bayern ansässigen regionalen Stromversorgungsunternehmens führt nicht zu einer wettbewerblichen Interessenkollison ausserhalb des räumlichen Bereichs, in dem das Kombinationsangebot nur in Anspruch genommen werden kann, LG Köln (Verweisungs-)Beschl. v. 25.7.2000 – 28 O (Kart) 370/00; OLG Hamburg MD 2003, 317, 318 für rein örtliche, im Internet beworbene Dienstleistungen wie Reparaturen; vgl. die weiteren Beispiele bei *Sack* WRP 2000, 269, 278 Fn. 96; *Dethloff* NJW 1998, 1596, 1600; *Reuss* S. 141 f.

[221] *Mankowski* GRUR Int. 1999, 909, 918.

[222] BGH GRUR 2006, 513, 515 – *Arzneimittelwerbung im Internet;* Urt. v. 8.3.2012 – I ZR 75/10 – *OSCAR;* KG GRUR Int. 2002, 448, 449 f.; MD 2006, 1351; OLG Bremen CR 2000, 770, 771; OLG Frankfurt CR 1999, 450, 451; *Mankowski* GRUR Int. 1999, 909, 917 und 2006, S. 609 ff.; vgl. auch Cour de Cassation GRUR Int. 2006, 158.

Druckwerken[223] sind auch für die netzbezogenen Sachverhalte keine strengen Anforderungen an die wettbewerbliche Inlandsrelevanz zu stellen.

4. Testkäufe, Rechtsmissbrauch

Nach dem auch im Prozessrecht von Amts wegen zu beachtenden Grundsatz von **Treu und Glauben** (§ 242 BGB), kann sich die Anrufung eines Gerichts als rechtsmissbräuchlich darstellen.[224] 78

Die Inanspruchnahme des Gerichtsstands des Begehungsorts ist aber nicht bereits deshalb zu beanstanden, wenn die im Gerichtsbezirk begangene Handlung vom Kläger selbst veranlasst wurde. In der Entscheidung *„profil"*[225] hat der BGH allerdings die Bestellung der in Wien erscheinenden Zeitschrift, um hierdurch in Berlin einen Gerichtsstand zu begründen, als nicht ausreichend angesehen (unter Hinweis auf OLG Köln MDR 1973, 143), da hierin kein bestimmungsgemäßer Vertrieb gesehen wurde. Hiervon zu unterscheiden sind allerdings **Testkäufe,** die der Kläger zum Nachweis anderen Orts bereits begangener Verletzungshandlungen vornehmen lässt, wenn sich hierdurch eine ohnehin bestehende allgemeine Begehungsgefahr konkretisiert.[226] Unter dem Gesichtspunkt des Rechtsmissbrauchs – Zuständigkeitserschleichung – kann die Klage nur dann als unzulässig abgewiesen werden, wenn die Verletzungshandlung unter Verstoß gegen Treu und Glauben im Bezirk des angerufenen Gerichts provoziert wurde.[227] 79

Ist bei mehreren Gerichten eine örtliche Zuständigkeit begründet, kann die **Wahl** eines aus Sicht des Klägers „günstigen" Gerichtsstandes im Hinblick auf die vom Gesetz angenommene „Gleichwertigkeit" mehrerer zuständiger Gerichte (§ 35 ZPO) ohne das Hinzutreten weiterer zu missbilligender Umstände nicht den Einwand des Rechtsmissbrauchs begründen oder das grundsätzlich anzunehmende Rechtsschutzbedürfnis entfallen lassen.[228] 80

Der Kläger muss sich im Rahmen der Kostenerstattung auch nicht entgegen halten lassen, dass bei der Anrufung eines anderen (ortsnäheren) Gerichts geringere Kosten angefallen wären.[229]

VI. Internationale Zuständigkeit

Die internationale Zuständigkeit wird von *Glöckner* Einl. D Rdn. 1 bis 42 behandelt. Nachfolgend sollen daher nur noch einige Punkte hervorgehoben werden. 81

1. Prozessvoraussetzung

Die **internationale Zuständigkeit** betrifft eine von den weiteren Prozessvoraussetzungen (Gerichtsbarkeit, §§ 18–20 GVG; örtliche und sachliche Zuständigkeit) **zu unterscheidende** – die fehlende örtliche Zuständigkeit des erstinstanzlich befassten Gerichts lässt die internationale Zuständigkeit unberührt, wenn stattdessen ein anderes deutsches Gericht zuständig ist[230] – **Prozessvoraussetzung.**[231] Danach beantwortet sich die Frage, ob ein Sachurteil eines deutschen Gerichts ergehen darf oder ob die Gerichte eines anderen Staates zur Entscheidung berufen sind.[232] 82

a) Prüfung von Amts wegen. Seit der Entscheidung des Großen Senats für Zivilsachen[233] entsprach es der allgemeinen Auffassung,[234] dass die internationale Zuständigkeit in allen Instanzen – 83

---

[223] Siehe Fezer/*Büscher* § 14 Rdn. 28.

[224] BGH VersR 1984, 77, 78; OLG Köln MDR 1974, 310, 311; GRUR 1978, 658; *Ingerl/Rohnke,* MarkenG, § 140 Rdn. 7.

[225] GRUR 1978, 194, 195 f.

[226] BGH GRUR 1980, 227, 230 – *Monumenta Germaniae Historica;* ebenso Benkard/Rogge/*Grabisnki* § 139 Rdn. 98 m. w. N.

[227] OLG Düsseldorf GRUR 1951, 516; LG Hamburg GRUR 1951, 391; *Melullis* Rdn. 111; Geimer/Schütze EuZVR Rdn. 199; *Schack* MMR 2000, 135, 139.

[228] KG GRUR 1991, 944, 945 f.; OLG Hamburg WRP 1994, 125, 127; *Jacobs* Anm. zu BGH GRUR 1988, 785, 787; *Melullis* Rdn. 98; *Geimer* IZPR Rdn. 1105 ff.; a. A. für die Anrufung eines Gerichts, um sich dessen „Rechtsprechungsgewohnheiten" zu Nutze zu machen OLG Hamm GRUR 1987, 569, 570 = NJW 1987, 138; vgl. dazu auch Ahrens/*Bähr* Kap. 17 Rdn. 18 ff.

[229] OLG Hamburg MDR 1999, 638; *Melullis* Rdn. 112.

[230] KG GRUR-RR 2001, 159, 160 – *EURO-Paletten;* Zöller/*Geimer* IZPR Rdn. 38 m. w. N.

[231] Vgl. BGHZ 44, 46, 47; GRUR 1978, 194 – *profil;* MünchKommZPO/*Patzina* § 12 Rdn. 68.

[232] MünchKommZPO/*Patzina* § 12 Rdn. 57; *Geimer* IZPR Rdn. 1816, 844 ff.

[233] BGHZ 44, 46 = NJW 1965, 1665.

[234] Vgl. z. B. aus der Rechtsprechung BGH GRUR 1978, 153 – *Tampax;* GRUR 1988, 483, 485 – *AGIAV;* GRUR 1998, 530, 531 – *Beta;* BGH NJW 1987, 592, 594; NJW-RR 2002, 1149, 1150; aus der Literatur MünchKommZPO/*Patzina* § 12 Rdn. 69; *Staudinger* IPRax 2001, 298 jeweils m. w. N.

anders als die Frage der örtlichen Zuständigkeit gemäß § 512a, § 549 Abs. 2 ZPO a. F. – von Amts wegen zu prüfen ist.[235] Hieran ist festzuhalten, zumal eine andere Auslegung auch im Widerspruch zu Art. 19 LUGÜ und zu Art. 27 EuGVVO stünde, die jeweils eine Prüfung von Amts wegen vorschreiben. Die internationale Zuständigkeit ist weiterhin von Amts wegen zu prüfen und wird von den § 513 Abs. 2, § 545 Abs. 2 ZPO nicht erfasst.[236]

84 **b) Abweisung durch Prozessurteil.** Ist eine internationale Zuständigkeit deutscher Gerichte nicht gegeben, ist die Klage als unzulässig abzuweisen. Eine Verweisung an ein ausländisches Gericht ist ausgeschlossen.[237]

2. Autonomes deutsches Recht (siehe auch oben Einl. C Rdn. 76–85)

85 **a) Doppelfunktionalität.** Die ZPO enthält – von § 613a abgesehen – keine Regelungen über die internationale Zuständigkeit, vielmehr folgt sie – sofern der Anwendungsbereich der Bestimmungen der **EuGVVO/LGÜ** nicht eröffnet ist[238] – aus den Regelungen über die örtliche Zuständigkeit (§ 14 UWG, §§ 12ff. ZPO), so dass ein nach den obigen Grundsätzen **örtlich zuständiges Gericht** auch grundsätzlich **international zuständig** ist – Doppelfunktionalität der Gerichtsstandsvorschriften nach deutschem Recht.[239] Daraus folgt, dass auch für die an die örtliche Zuständigkeit anknüpfende internationale Zuständigkeit die einseitige Behauptung aller erforderlichen Tatsachen von Seiten des Klägers ausreicht.[240]

86 Bloße **Vorbereitungshandlungen** genügen nicht, da diese weder kollisionsrechtlich noch zuständigkeitsrechtlich von Bedeutung sind.[241] Welche Tathandlungen relevant sind, lässt sich ohne einen Rückgriff auf das anzuwendende materielle Recht nicht beurteilen.[242] In den meisten Fällen wird sich jedoch die internationale Tatortzuständigkeit mit dem anzuwendenden Deliktsrecht decken (siehe hierzu oben Rdn. 53f.).

87 **b) Maßgeblicher Zeitpunkt.** Für die Bejahung der internationalen Zuständigkeit deutscher Gerichte ist es ausreichend, wenn die zuständigkeitsbegründenden Tatsachen am **Schluss der mündlichen Verhandlung in der Tatsacheninstanz** vorliegen; dahin gehende Änderungen der Sachlage während des Verfahrens sind also zu beachten.[243] Dagegen bleibt ein zum Zeitpunkt der Rechtshängigkeit international zuständiges Gericht nach dem Grundsatz der perpetuatio fori weiterhin zuständig, auch wenn die zuständigkeitsbegründenden Tatsachen während des Verfahrens wegfallen (z. B. Aufgabe des Wohnsitzes).[244]

88 **c) Verhältnis zum anwendbaren Recht.** Eine Beschränkung der internationalen Zuständigkeit auf die Gerichte des Staates, dessen Recht in der Hauptsache anzuwenden ist, besteht nicht.[245] Ist ein **inländischer Gerichtsstand** (§ 14 Abs. 1 – Niederlassung, bzw. Sitz, Wohnsitz) gegeben, so kann vor deutschen Gerichten auch ein **im Ausland unter Verletzung ausländischen Rechts begangener Wettbewerbsverstoß** verfolgt werden. In diesen Fällen erlangt der Begehungsort („Marktort", „Ort der wettbewerblichen Interessenkollision") nur für die Frage des anwendbaren

---

235 Diese Amtsprüfung wird durch die Möglichkeit des Beklagten, sich rügelos zur Sache einzulassen (§ 39 ZPO), abgeschwächt, MünchKommZPO/*Patzina* § 12 Rdn. 69 m. w. N.; *Piltz* NJW 2002, 789, 794 unter Hinweis auf EuGH NJW 1982, 507 – *Elefanten Schuh/Pierre Jacqmein.*

236 BGH GRUR 2007, 705 Tz. 13 – *Aufarbeitung von Fahrzeugkomponenten* – m. w. N.; OLG Celle, Urt. v. 14.8.2002 – 9 U 67/02 für den sachlichen Anwendungsbereich des EuGVÜ; Teplitzky/*Schaub* Kap. 45 Rdn. 22; *Staudinger* IPRax 2001, 298, 299f.; *Geimer* IZPR Rdn. 1009, 1855; Thomas/Putzo/*Hüßtege* Vorbem. § 1 Rdn. 7; § 513 Rdn. 3; Zöller/Heßler § 513 Rdn. 8 und § 545 Rdn. 15.

237 OLG Köln RIW 1988, 556; Zöller/*Geimer* IZPR Rdn. 95.

238 Siehe hierzu oben Einl. D Rdn. 9ff.

239 RGZ 126, 196, 199; 150, 265, 268; BGHZ 44, 46f.; 94, 156, 157; NJW 1991, 3092, 3093 (zu § 23 Satz 1 1. Alt ZPO); NJW 1997, 397; NJW 2001, 1936; GRUR 1971, 153, 154 – *Tampax;* GRUR 1986, 325, 327f. – *Peters;* GRUR 1987, 172, 173 – *Unternehmensberatungsgesellschaft I;* NJW 1979, 1104 m. Anm. *Geimer* S. 1784; NJW 1997, 2245; NJW 1999, 1395, 1396.

240 BGH NJW 1996, 1413; GRUR 1987, 172, 173 – *Unternehmensberatungsgesellschaft I;* RGZ 95, 268, 270; KG GRUR-RR 2001, 159, 160 – *EURO-Paletten;* OLG München MD 2003, 679, 685; *Melullis* Rdn. 128; MünchKommZPO/*Patzina* § 12 Rdn. 89f. m. w. N.

241 *Schack* MMR 2000, 135, 137.

242 *Schack* IZVR Rdn. 339 m. w. N.

243 BGH NJW 2011, 2515.

244 BGH vorige Fn.; MünchKommZPO/*Patzina* § 12 Rdn. 80 m. w. N.

245 BGH WRP 2009, 1545; *Schack* MMR 2000, 135, 138; vgl. auch die weiteren Nachweise bei LG München I ZUM-RD 2002, 21, 23; Zöller/*Geimer* IZPR Rdn. 50f.

Rechts Bedeutung.[246] In vielen Fällen kann eine Zuständigkeit im Inland nur aufgrund eines im Gerichtsbezirk bzw. im Inland gelegenen Begehungsortes begründet werden.

d) Distanzdelikte. Bei **Distanz-** bzw. sogenannten **Streudelikten** (auch Multi-State-Delikte genannt, vgl. hierzu oben Einl. D Rdn. 24) kann ein deutsches Gericht sowohl unter dem Gesichtspunkt des Handlungsortes als auch des Erfolgsortes zuständig sein.[247] § 35 ZPO gibt auch insoweit dem Kläger ein Wahlrecht.[248] Ist aufgrund einer (Teil-)Handlung im Inland ein Gerichtsstand begründet, knüpft sich hieran die Streitfrage, ob die deutschen Gerichte international für den gesamten (einheitlichen) Lebenssachverhalt zuständig sind, einschließlich der im Ausland begangenen Teilhandlungen.[249] 89

3. EuGVVO/LGÜ[250]

a) Anwendungsbereich. Im Anwendungsbereich der in allen Mitgliedsstaaten der EU – mit Ausnahme von Dänemark[251] – **unmittelbar geltenden EuGVVO**[252] sowie des **LGÜ**[253] bestimmt sich die internationale Zuständigkeit vorrangig nach diesen Bestimmungen. Die EuGVVO ist mit Wirkung zum 10.1.2015 neu gefasst worden (und wird seitdem zum Teil auch als Brüssel-Ia-Verordnung bezeichnet).[254] Für die hier relevanten Aspekte ergeben sich aus der Neufassung allerdings keine wesentlichen Änderungen. 90

Die EuGVVO geht in Art. 4 Abs. 1 – ebenso wie das LGÜ – von dem Grundsatz aus, dass die Gerichte des Mitgliedsstaats im sachlichen Anwendungsbereich – Art. 1 Abs. 1: Zivil- und Handelssachen – bei Fällen mit Auslandsbezug[255] international zuständig sind, in dem der **Beklagte,** unabhängig von seiner Staatsangehörigkeit, seinen **Wohnsitz** (gleichgestellt ist der Sitz, Art. 59, 60 Abs. 1 EuGVVO) hat[256] und zwar auch dann, wenn der Kläger in einem Drittland ansässig ist.[257] Gerichte anderer Staaten sind daneben (vgl. Art. 5, 6) oder ausschließlich (Art. 22) nur unter den Voraussetzungen der **Art. 5 bis 24** zuständig (Art. 3 Abs. 1). Ist die Zuständigkeit eines Gerichts gegeben, so kann die Zuständigkeit nicht mit der Begründung verneint werden, dass ein Gericht eines Nichtvertragsstaates geeigneter ist, über den Rechtsstreit zu befinden – forum non conveniens.[258] Eine solche ausschließliche Zuständigkeit besteht gemäß Art. 24 Nr. 4 EuGVVO für **Bestandsklagen,** welche die Eintragung oder die Gültigkeit von Patenten, Marken, Mustern und Modellen sowie ähnlicher Rechte, die einer Hinterlegung oder Registrierung bedürfen, zum Gegenstand haben.[259] Ebenso greift nach der Rechtsprechung des EuGH diese ausschließliche Zuständigkeit bei Klagen, die auf ausländische Schutzrechte gestützt werden, wenn deren Rechtsbeständigkeit bestritten wird.[260] 91

---

[246] Vgl. *Schack* IZVR Rdn. 340 und *Geimer* IZPR Rdn. 1517b, 1527.

[247] BGH NJW 1981, 1516f. – zum Begehungsort bei § 831 BGB und § 22 Abs. 2 WHG; *Geimer* IZPR Rdn. 1500.

[248] BGH NJW 1985, 552; *Geimer* IZPR Rdn. 1105.

[249] RG JW 1936, 1291; OLG Frankfurt SpuRt 1999, 200; OLG München GRUR 1990, 677 – *Postervertrieb;* vgl. auch Rdn. 82 zu Art. 5 Nr. 3 EuGVÜ aF; OLG München MD 2004, 88, 91.

[250] Vgl. hierzu oben Einl. D Rdn. 9ff.

[251] Im Verhältnis zu Dänemark gilt das Parallelabkommen über die gerichtliche Zuständigkeit und die Anerkennung und Vollstreckung von Entscheidungen in Zivil- und Handelssachen, Abl. 2005 Nr. L 299, 62, mit dem die Anwendbarkeit der EuGVVO auch auf das Verhältnis zu Dänemark vereinbart wurde. Dänemark steht es nach Art 3 dieses Abkommens frei, auch die Neufassung der EuGVVO anzuwenden.

[252] Hierzu *Piltz* NJW 2002, 789, 790f.; *Micklitz/Roth* EuZW 2001, 325 und 2002, 15; *Kubis* Mitt. 2010, 151, zur revidierten Fassung.

[253] Im Verhältnis zu Norwegen, Island, Polen und der Schweiz, das aber im Wesentlichen inhaltsgleich mit der EuGVVO aF ist.

[254] Verordnung (EU) Nr. 1215/2912 des Europäischen Parlaments und des Rates vom 12. Dezember 2012 über die gerichtliche Zuständigkeit und die Anerkennung und Vollstreckung von Entscheidungen in Zivil- und Handelssachen, Abl. L 351, 1ff.; die im Verhältnis zu Dänemark geltende EuGVÜ ist an die Neufassung der EuGVVO angepasst, vgl. Parallelabkommen ABl. 2013 L 79, 1.

[255] Vgl. *Grabinski* GRUR Int. 2001, 199, 201.

[256] *Piltz* NJW 2002, 789, 792; *Wernicke/Hoppe* MMR 2002, 643, 644.

[257] EuGH NJW 2000, 3121.

[258] EuGH EuZW 2005, 345; Nagel/Gottwald § 3 Rdn. 21 mwN.

[259] BGH GRUR 2006, 941 Tz. 10 – *TOSCA BLU;* OLG München Mitt. 2003, 428f., zu Art. 16 Nr. 4 LGÜ; *Schack* MMR 2000, 135, 136.

[260] EuGH Mitt. 2006, 361 – *GAT/Luk;* zum Streitstand bis dahin siehe Vorauflage; a. A. für das Verfügungsverfahren EuGH GRUR 2012, 1169 – *Solvay;* Den Haag Mitt. 2007, 285 m. Anm. *Bisschop* S. 247ff.; zur Kritik vgl. die Nachw. bei *McGuire* WRP 2011, 983.

92 **b) Einstweiliger Rechtsschutz.** Der **Vorrang der EuGVVO** gilt jedoch **nicht für das Verfahren des einstweiligen Rechtsschutzes,** Art. 35 EuGVVO (Art. 31 LGÜ).[261] Einstweilige Maßnahmen[262] nach dem Recht eines Mitgliedsstaates (Arrest, einstweilige Verfügung, einschließlich der Unterlassungsverfügung)[263] können auch dann beantragt werden, wenn für die Entscheidung in der Hauptsache die Zuständigkeit des Gerichts eines anderen Mitgliedsstaats begründet ist. Insoweit bleiben die nationalen deutschen Bestimmungen über die örtliche Zuständigkeit neben der EuGVVO (LGÜ) maßgeblich.[264]

93 **c) Begehungsort, Art. 7 Nr. 2 EuGVVO (Art. 5 Nr. 3 LGÜ).**[265] Art. 7 Nr. 2 EuGVVO enthält einen dem § 32 ZPO/§ 14 Abs. 2 UWG vergleichbaren **Wahlgerichtsstand,** wobei Art. 7 Nr. 2 nicht nur eine Regelung für die internationale, sondern auch für die örtliche Zuständigkeit enthält.[266] Die Vorschrift des Art. 7 EuGVVO ist als Ausnahmevorschrift im Hinblick auf den allgemeinen (Wohn-)Sitzgerichtstand grundsätzlich eng auszulegen; sie erlaubt nach der Rechtsprechung des EuGH keine Auslegung, nach der andere als ausdrücklich geregelte Zuständigkeiten begründet werden.[267]

94 Die Begriffe **„unerlaubte Handlung"** und der „Handlung, die einer unerlaubten Handlung gleichsteht" sind nicht anhand der lex fori oder der lex causae, sondern nach der ständigen Rechtsprechung des EuGH zu Art. 5 Nr. 3 EuGVVO aF und zur EuGVÜ **autonom auszulegen,**[268] um eine einheitliche Anwendung der EuGVVO sicherzustellen. Die besondere Zuständigkeit beruht darauf, dass zwischen der Streitigkeit und anderen Gerichten als denen des Staates, in dem der Beklagte seinen Wohnsitz hat, eine **besonders enge Beziehung** besteht, die aus Gründen einer geordneten Rechtspflege und einer sachgerechten Gestaltung des Prozesses eine Zuständigkeit dieser Gerichte rechtfertigt, wobei insbesondere die erleichterte Beweisaufnahme und eine Rechtsnähe, weniger der Schutz der Schutz des Verletzten von Bedeutung sind.[269] Damit sollen alle Klagen, mit denen eine Schadensersatzhaftung des Beklagten einschließlich der daraus folgenden Nebenansprüche (Auskunft und Rechnungslegung)[270] geltend gemacht wird und die nicht an einen Vertrag i. S. v. Art. 5 Nr. 1 anknüpfen oder trotz Einordnung als Delikt im nationalen als Vertragsverletzung angesehen werden können,[271] erfasst werden somit **alle außervertraglichen Rechtsverletzungen,** wobei es auf ein Verschulden nicht ankommt. Als solche werden nach dem u. a. angesehen:
– Unlauterer Wettbewerb[272]
– Kartellrechtsverstöße[273]

---

[261] Vgl. oben Einl. D Rdn. 30 ff.

[262] Zum Begriff oben Einl. D Rdn. 30 ff.; Thomas/Putzo/*Hüßtege* Art. 35 EuGVVO Rdn. 2.

[263] Thomas/Putzo/*Hüßtege* Art. 35 EuGVVO Rdn. 2; vgl. auch oben § 12 Rdn. 359.

[264] Thomas/Putzo/*Hüßtege* Art. 35 Rdn. 3 m. w. N.; OLG Karlsruhe MDR 2002, 231 f.; vgl. jedoch § 12 Rdn. 379 zur Frage der Anerkennungsfähigkeit von Beschlussverfügungen.

[265] S. o. Einl. D Rdn. 16 ff.

[266] Musielak/Voit/*Heinrich* § 32 Rdn. 24; vgl. auch BayObLG NJW-RR 2002, 1502, 1503; ZUM 2004, 672, 673; LG Hamburg GRUR Int. 2002, 163; BGH NJW 1982, 1226 (zu Art. 5 Nr. 1 EuGVÜ).

[267] EuGH, EuZW 2013, 703 Tz. 31 – ÖFAB m. w. N.; GRUR 2014, 806 Tz. 45 – *Coty Germany/First Note.*

[268] NJW 1977, 493 – *Bier/Mines de Potasse;* NJW 1988, 3088 m. Anm. *Geimer* – *Kafelis/Schröder* = RIW 1988, 901 m. Anm. *Schlosser;* NJW 1991, 631 – *Dumez France;* NJW 1995, 1881 – *Shevill;* EuZW 1995, 765 – *Marinari;* EuZW 1999, 59, 60 – *Réunion européene;* NJW 2002, 2697 – *Gabriel;* NJW 2002, 3159 *Fonderie Officine/Wagner Sinto;* NJW 2002, 3617, 3618 f. – *Henkel;* NJW 2005, 811 Tz. 29 – *Engler;* NJW 2014, 1648 Tz. 21 ff. – *Marc Brogsitter;* BGH GRUR 2012, 851 Rdn. 13 – *rainbow.at II.*

[269] EuGH GRUR 2014, 806 Tz. 48 – *Coty/First Note;* GRUR 2015, 296 Tz. 19 und 37 – *Hejduk/EnergieAgentur.NRW.*

[270] *Grabinski* GRUR Int. 2001, 199, 203 Fn. 52.

[271] EuGH NJW 2014, 1648 Rdn. 21 ff. – *Marc Brogsitter,* wonach die Abgrenzung danach zu erfolgen hat, ob es für die Entscheidung, ob eine deliktische Rechtsverletzung rechtmäßig oder rechtswidrig ist, maßgeblich auf die Auslegung eines zwischen den Parteien geschlossenen Vertrages ankommt. Ist dies der Fall, richtet sich die Zuständigkeit nach Art. 7 Nr. 1 EuGVVO. Diese Frage wird allerdings weniger für das Wettbewerbsrechts als für die Immaterialgüterrechte bedeutsam, wenn zwischen den Streitparteien Lizenzvereinbarungen bestehen.

[272] BGH GRUR 2015, 607 Rdn. 11 – *Uhrenankauf im Internet;* GRUR 2014, 601 Rdn. 16 – *englischsprachige Pressemitteilung;* GRUR 2005, 519 – *Vitamin-Zell-Komplex;* GRUR 2005, 431 – *HOTEL MARITIM;* GRUR 1988, 483, 485 = IPRax 1989, 98 m. Anm. *Mansel* S. 84 – *AGIAV;* ÖOGH GRUR Int. 2002, 344, 345 – *BOSS-Zigaretten;* GRUR Int. 2002, 936, 937 – *Universal-Stein;* OLG München NJW-RR 1994, 190; Gloy/Loschelder/Erdmann/*Schütze,* HdbWettbR, § 112 Rdn. 20.

[273] EuGH GRUR Int. 2015, 1176 – *CDC Hydrogen Peroxide;* BGH GRUR-RR 2013, 228 Rdn. 12 – *Trägermaterial für Kartenausschnitte;* OLG Hamburg GRUR-RR 2008, 31; LG Dortmund IPRAx 2005, 542; Gloy/Loschelder/Erdmann/*Schütze,* HdbWettbR, § 112 Rdn. 18.

- Verletzungen von Immaterialgüterrechten[274]
- Persönlichkeitsverletzungen[275]
- Eigentumsverletzungen[276]
- Schutzgesetzverletzungen[277]
- Vorsätzliche Schädigungen (§ 826 BGB)[278]
- Beseitigungs- und Unterlassungsansprüche (§§ 906, 1004 BGB)[279]
- Unterlassungsansprüche von Verbraucherschutzvereinen[280]
- Folgeansprüche (Auskunft[281] und Schadensersatz und zwar auch soweit ein Ausgleich im Wege der Lizenzanalogie sowie der Gewinnherausgabe geltend gemacht wird),[282] nicht jedoch Ansprüche aus GoA[283]
- Ersatzansprüche wegen ungerechtfertigter Vollstreckung (§§ 945, 717 Abs. 2 und 3 ZPO)[284]
- Regressansprüche (§§ 426 Abs. 2, 840 BGB)[285]
- Ansprüche aus vorvertraglicher Haftung (c. i. c.),[286] wenn ein Vertrag nicht zustande gekommen ist.[287]

Trotz der im Grundsatz gebotenen engen Auslegung des Art. 7 EuGVVO wird der Begriff der unerlaubten Handlung damit im weitesten Sinne verstanden.

Art. 7 Nr. 2 EuGVVO gilt auch für **alle Klagearten** einschließlich negativer Feststellungsklagen;[288] ebenso wurde die Anwendbarkeit auf eine positive Feststellungsklage bejaht.[289] Dies hat zur Folge, dass der Verletzer einen für ihn günstiger erscheinenden Gerichtsstand im Sinne des Art. 7 Nr. 2 EuGVVO wählen und der Verletzungsklage zuvor kommen kann **(„Torpedo“).** Nach Art. 29 EuGVVO (Rdn. 107) ist – weil die negative Feststellungsklage und die positive Leistungsklage nach der Rechtsprechung des EuGH denselben Anspruch zum Gegenstand haben,[290] die Verletzungsklage zunächst gesperrt und das Verfahren im Hinblick auf die negative Feststellung bis zur rechtskräftigen Entscheidung darüber auszusetzen. Dies gilt nicht nur im Verhältnis zu negativen Feststellungsklagen, die an einem gegebenen Gerichtsstand des Art. 7 Nr. 2 EuGVVO erhoben werden, sondern auch in Bezug auf solche, die an einem in Wahrheit nicht gegebenen Gerichtstand erhoben werden und daher als unzulässig abzuweisen sind.[291] Art. 7 Nr. 2 EuGVVO stellt im Übrigen klar („... oder einzutreten droht.“), dass im Gerichts- 95

---

274 Patentverletzungen: EuGH GRUR Int. 1984, 693 – *Duijnste/Goderbauer; Grabinski* GRUR Int. 2001, 199, 201; Kennzeichenverletzungen: EuGH, *Wintersteiger;* BGH GRUR 2005, 431 – *HOTEL MARITIM;* GRUR 2007, 705 – *Aufarbeitung von Fahrzeugkomponenten;* ÖOGH GRUR Int. 2002, 344, 345 – *BOSS-Zigaretten;* Urheber- und Leistungsschutzrechte: vgl. nur EuGH GRUR 2015, – *Hejduk m. w.N.; Kieninger* GRUR Int. 1998, 280, 283.

275 EuGH NJW 1995, 1881 – *Fiona Shevill;* OLG München OLGZ 1987, 216 = RIW 1988, 397; AG Hamburg RIW 1990, 319.

276 BGH WRP 2006, 374, betr. Berühmung.

277 BGHZ 98, 263 = NJW 1987, 592 = IPRax 1988, 159 m. Anm. *Hausmann* S. 140.

278 *Kiethe* NJW 1994, 222, 223; Schütze/Geimer EuZVR Rdn. 155.

279 MünchKommZPO/*Gottwald* Art. 5 Rdn. 63.

280 BGH NJW 2010, 1958 Rdn. 10; EuGH NJW 2002, 3617 – *Henkel,* auf Vorlage des ÖOGH RIW 2001, 144; *Micklitz/Rott* EuZW 2001, 325; Thomas/Putzo/*Hüßtege* Art. 7 EGVVO Rdn. 17.

281 Musielak/Voit/Stadler Art. 7 EuGVVO Rdn. 17; *Geimer/Schütze* EuZVR Art. 5 Rdn. 159; MünchKommZPO/*Gottwald* Art. 5 Rdn. 62.

282 MünchKommZPO/*Gottwald* Art. 5 Rdn. 62; *Terlau* in: *Moritz-Dreier* Rdn. D 795.

283 OLG Köln MD 2010, 210, 211, betreffend Abmahnkosten.

284 BGH 5.5.2011 – IX ZR 176/10, zum Gerichtstand des § 32 ZPO bei § 717 Abs. 3 ZPO; zu § 717 ZPO: *Geimer/Schütze* EuZVR Art. 5 Rdn. 157; MünchKommZPO/*Gottwald* Art. 5 Rdn. 63.

285 OLG Celle VersR 1991, 234; *Geimer/Schütze* EuZVR Art. 5 Rdn. 160.

286 EuGH NJW 2002, 3159 – *Fonderie Officine/Wagner Sinto.*

287 Vgl. EuGH NJW 2005, 811 Tz. 45 – *Engler,* für Ansprüche aus § 661a BGB; vgl. BGH NJW 2006, 230, 232; NJW 2004, 1652, 1653; NJW 2003, 426.

288 EuGH GRUR 2013, 98 Rdn. 41 ff. – *Folien Fischer;* BGH GRUR-RR 2013, 228 – *Trägermaterial für Kartenausschnitte;* vgl. die weiteren Nachweise im Vorlagebeschluss des BGH GRUR 2011, 554 – *Trägermaterial für Kartenformulare* m. Anm. *Sujecki* GRURInt. 2012, 18; instruktiv *Thole* NJW 2013, 1129; s. a. LG München I InstGE 1, 236; MünchKommZPO/*Gottwald* Art. 5 Rdn. 66; *Geimer/Schütze* EuZVR Art. 5 Rdn. 180; a. A. OLG München InstGE 2, 61; OLG Dresden InstGE 11, 163 (LS).

289 EuGH IPRax 2006, 161 = RIW 2004, 543 – *DFDS Torline:* Feststellungsklage über die Rechtmäßigkeit angekündigter kollektiver Kampfmaßnahmen zur Herbeiführung einer Vereinbarung über Seemannsarbeit vor dem Gericht, bei dem eine spätere Schadensersatzklage erhoben werden könnte, vgl. *Jayme/Kohler* IPRax 2002, 461, 467.

290 Vgl. nur EuGH GRUR 2013, 98 Tz. 54 f. – *Folien Fischer* – m. w. N.

291 Siehe dazu Teplitzky/*Schaub* Kap. 45 Rdn. 21b.

stand der unerlaubten Handlung auch **vorbeugende Unterlassungsklagen** erhoben werden können.[292]

96 Nach der Rechtsprechung des EuGH[293] und des BGH[294] kann für **konkurrierende „nichtdeliktische" Ansprüche keine Annex-Zuständigkeit** im Gerichtsstand des Art. 7 Nr. 2 EuGVVO in Anspruch genommen werden.[295] Das Gericht kann allerdings darüber entscheiden, ob wegen des Bestehens einer vertraglichen Vereinbarung die Rechtswidrigkeit des beanstandeten Verhaltens entfällt.[296] Demgegenüber spricht sich ein Teil der Literatur[297] für eine Annexkompetenz kraft Sachzusammenhangs für vertragliche Ansprüche aus.

97 Der Begriff **„Ort, an dem das schädigende Ereignis eingetreten ist,"** ist nach der Entscheidung des EuGH vom 30.11.1976 (NJW 1977, 493 – *Bier/Mines de Potasse d'Alsace*) – und seit dem in ständiger Rechtsprechung[298] – vertragsautonom in dem Sinne auszulegen, dass sowohl der Ort, an dem der Schaden eingetreten ist **(Erfolgsort),**[299] als auch der Ort des ursächlichen Geschehens **(Handlungsort)** gemeint ist. Der Kläger hat ein Wahlrecht zwischen den verschiedenen Gerichten.[300] Der Begriff „Ort, an dem das schädigende Ereignis eingetreten ist" ist weit zu verstehen;[301] es genügt, wenn bloß eine Gefahr besteht, dass sich der aus einem Wettbewerbsverstoß herrührende Schaden im Mitgliedstaat des angerufenen Gerichts verwirklicht.[302] Die Bestimmung des so verstandenen Erfolgsorts kann insbesondere bei **Distanz- und Streudelikten** Schwierigkeiten bereiten. Für die hier interessierenden lauterkeitsrechtlichen Sachverhalte ist nach der Rechtsprechung des BGH allerdings davon auszugehen, dass der Ort des Schadenseintritts nur dann nach Art. 7 Nr. 2 EuGVVO einen Gerichtsstand im Inland begründet, wenn sich die beanstandete Wettbewerbshandlung bestimmungsgemäß im Inland auswirken soll, mithin überhaupt eine Beeinträchtigung der durch das Wettbewerbsrecht (nur) auf dem Inlandsmarkt geschützten Interessen des Mitbewerbers in Betracht kommt.[303] Ob dies der Fall ist, entscheidet sich nach objektiven Kriterien (siehe oben Rdn. 67 ff.). Eine **bloße Abrufbarkeit irgendeines Internetangebots** im Inland genügt für die Begründung der internationalen Zuständigkeit der deutschen Gerichte nicht.[304] Für hinreichend hat es der BGH allerdings erachtet, dass im Rahmen eines deutschsprachigen Internetauftritts statt der dort angezeigten (nicht beanstandeten) deutschsprachigen Pressemitteilung der Nutzer auch die (beanstandete) englischsprachige Version auswählen konnte.[305] Hat der Beklagte als einer von mehreren **Mittätern oder Teilnehmern** allein im Ausland gehandelt, ein anderer nicht mitverklagter Mittäter oder Teilnehmer hingegen im Inland, so begründet die Handlung des Dritten im Inland **keinen Inlandsgerichtsstand für die im Ausland handelnde Partei.**[306] Das bedeutet, dass unterschiedliche Handlungen von mehreren Verursachern eines Wettbewerbsverstoßes unter dem Gesichtspunkt des Handlungsortes **nicht wechselseitig zugerechnet** werden.

---

[292] BGH NJW 2006, 689; GRUR 1994, 530, 532 m. w. N. – *Beta; Geimer* IZPR Rdn. 1522; *Grabinski* GRUR Int. 2001, 199, 203; LG Düsseldorf GRUR Int. 1999, 775, 778 m. w. N. – *Impfstoff II;* in der Entscheidung NJW 2002, 3617, 3618 f. – *Henkel* – hat der EuGH dies auch für den Anwendungsbereich des EuGVÜ und LGÜ bestätig.

[293] EuGH a. a. O. – *Kafelis/Schröder.*

[294] BGH NJW-RR 2005, 581; NJW 1996, 1413; NJW-RR 2010, 1554 Rdn. 12, zu § 32 ZPO.

[295] Ausführlich dazu Geimer Rdn. 1523 ff.

[296] BGH a. a. O. – *AGIAV;* allgemeine Meinung.

[297] Zöller/*Geimer* Art. 7 EUGVVO Rdn. 106 m. w. N.

[298] GRUR Int 1998, 298 Tz. 20 – *Shevill;* GRUR 2012, 300 Tz. 41 – *eDate Advertising und Martinez;* GRUR 2012, 654 Rn. 19 – *Wintersteiger/Products 4U;* im Anschluss daran BGH GRUR 2006, 513, 2630 – *Arzneimittelwerbung im Internet;* GRUR 2014, 601 Tz. 17 – *englischsprachige Pressemitteilung;* GRUR 2014, 806 Tz. 47 – *Coty Germany/First Note;* GRUR 2015, 296 Tz. 18 – *Hejduk/Energieagentur NRW.*

[299] Hierunter fällt nicht der bloße Ort des Schadenseintritts sowie der Ort, an dem eine mittelbare Schädigung oder ein Folgeschaden eingetreten ist, EuGH NJW 1991, 631 – *Dumez France/Hessische Landesbank;* EuZW 1995, 765 = JZ 1995, 1107 m. Anm. *Geimer – Marinari/Lloyds Bank;* EuZW 1999, 59, 61 – *Réunion Européene;* NJW 2004, 2441 – *Kronhofer.*

[300] EuGH NJW 1977, 493; *Geimer/Schütze* EuZVR Art. 5 Rdn. 180–182.

[301] Musielak/Voit/*Stadler* EuGVVO Art. 7 Rdn. 19.

[302] EuGH GRUR 2014, 808 Tz. 53 – *Coty/First Note;* GRUR 2014, 599 Tz. 35 – *HiHotel/Spoering,* zum Urheberrecht.

[303] BGH GRUR 2014, 601 Rdn. 24 – *englischsprachige Pressemitteilung;* dazu *Rauscher/Leible* Art. 7 Brüssel Ia-VO Rdn. 131.

[304] Ob daran angesichts der Rechtsprechung des EuGH zum Urheberrecht, vgl. GRUR 2015, 296 Tz. 32 f. – *Hejduk/Energieagentur NRW,* wonach bereits die Abrufbarkeit im Inland für die Begründung des Inlandgerichtsstandes genügt, festgehalten werden kann, ist mehr als offen; für das Markenrecht hat der BGH diese Frage bislang offen gelassen, vgl. GRUR 2012, 621 Rdn. 21 – Oscar; GRUR 2015, 1004 Rdn. 15 – *IPS/ISP.*

[305] BGH GRUR 2014, 601 Rdn. 31 – *englischsprachige Pressemitteilung.*

[306] EuGH NJW 2013, 2099 *Melzer/MF Global.*

Möglich ist dies allerdings unter dem Gesichtspunkt des Erfolgsortes: ein ausschließlich in einem anderen Mitgliedsstaat (aktiv) handelnder Teilnehmer einer im Inland begangenen Haupttat kann im Inland verklagt werden, wenn sich der Schadenserfolg insgesamt (auch) im Inland ausgewirkt hat.[307] Die Gerichte am Erfolgsort sind insoweit jedoch nur befugt, über den Teil des Schadens zu urteilen, der in dem betreffenden Staat eingetreten ist.[308] Es ist allerdings noch offen, ob diese Grundsätze auch auf **grenzüberschreitende Wettbewerbsverstöße** Anwendung finden, **die in mehreren Jurisdiktionen Schäden verursachen.**[309]

Art. 7 Nr. 2 EGVVO stellt nicht darauf ab, ob der unmittelbar Geschädigte selbst Kläger ist bzw. ob die Klage gegen den Schädiger erhoben wird; er erfasst auch die **Klagen von Rechtsnachfolgern auf Aktivseite.** 98

Auch wenn die zuständigkeitsbegründenden Tatsachen (im Anwendungsbereich der EuGVVO, LGÜ unbestreitbar) von Amts wegen zu prüfen sind (vgl. Art. 27, Art. 28 Abs. 1 EuGVVO), hat das Gericht hierbei den schlüssigen Vortrag des Klägers zu einem (drohenden) schädigenden Ereignis im Inland zugrunde zu legen, da es sich dabei um eine doppelrelevante Tatsachen handelt (siehe hierzu oben Rdn. 14).[310] Dies gilt aber nach der Rechtsprechung des BGH **nicht** für den **Ort der Verletzungshandlung,** da dieser Umstand für die Begründetheit des Anspruchs unerheblich ist.[311] 99

d) Ort einer Niederlassung, Art. 7 Nr. 5. Hat das beklagte Unternehmen seinen Hauptsitz – Art. 63 Abs. 1 EuGVVO enthält dazu eine autonome Definition – in einem Mitgliedsstaat – anderenfalls ist nach autonomen deutschen Recht § 14 Abs. 1 UWG/§ 21 ZPO anwendbar – kann es unter den autonom zu bestimmenden Voraussetzungen am **Ort einer sonstigen Niederlassung** (als Oberbegriff;[312] EuGH NJW 1977, 490, 491 – *Bloss/Bouyer*), einer Zweigniederlassung oder Agentur in einem anderen Mitgliedsstaat verklagt werden. Die Anforderungen wurden vom EuGH in der Entscheidung *Somafer/Saar-Ferngas*[313] wie folgt umschrieben: 100

> „Mit dem Begriff der Zweigniederlassung, der Agentur oder der sonstigen Niederlassung ist ein Mittelpunkt geschäftlicher Tätigkeit gemeint, der auf Dauer[314] als Außenstelle eines Stammhauses hervortritt, eine Geschäftsführung hat und sachlich so ausgestattet ist, dass er in der Weise Geschäfte mit Dritten betreiben kann, dass diese, obgleich sie wissen, dass möglicherweise ein Rechtsverhältnis mit dem im Ausland ansässigen Stammhaus begründet wird, sich nicht unmittelbar an dieses zu wenden brauchen, sondern Geschäfte an dem Mittelpunkt geschäftlicher Tätigkeit abschließen können, der dessen Außenstelle ist."

Da die Zweigniederlassung oder Agentur ebenso wie die Niederlassung dadurch charakterisiert werden, dass sie der **Aufsicht und Leitung des Stammhauses** unterliegen, findet Art. 7 Nr. 5 auf Alleinvertriebshändler[315] und selbständige Handelsvertreter[316] keine Anwendung. Die Tätigkeit einer rechtlich selbständigen Tochtergesellschaft wurde einer Niederlassung im vorstehenden Sinne unter Gesichtspunkten des Rechtsscheins gleichgestellt, wenn die Muttergesellschaft ihre Tätigkeiten mit Hilfe einer gleichnamigen selbstständigen Gesellschaft mit identischer Geschäftsführer entfaltet, die in ihrem Namen verhandelt und Geschäfte abschließe und deren sie sich wie einer Außenstelle bedient.[317] 101

---

[307] EuGH GRUR 2014, 808 Tz. 53ff. – *Coty/First Note;* GRUR 2014, 599 Tz. 34ff. – *Hi Hotel/Spoering.* Diese Zurechnung gilt allerdings nicht für die speziellen Vorschriften der Art. 93 Abs. 5 GMV und Art. 89 GGV, weil diese nach der Rechtsprechung des EuGH ein eigenes aktives Handeln im Mitgliedstaat des angerufenen Gerichts voraussetzen, vgl. GRUR 2014, 808 Tz. 34ff.; vgl dazu auch *Rauscher/Leible* Brüssel-Ia-VO Art. 7 Rdn. 137.

[308] Vgl. nur EuGH GRUR 2015, 296 Tz. 36 – *Hejduk/Energieagentur NRW;* GRUR 2014, 100 Tz. 46 – *Pinckney/KDG Mediatech.*

[309] Vgl. zum ganzen *Rauscher/Leible* Brüsssel-Ia-VO Rdn. 131 m. w. N.

[310] BGH NJW-RR 2004, 1146 – *Produktvermarktung;* EuGH GRUR 2014, 806 Rdn. 55ff. – Coty/First Note; BGH GRUR 2015, 689 Rdn. 30 – Parfumflakon III; MünchKommZPO/*Gottwald* Art. 5 Rdn. 75; jeweils m. w. N.; einschränkend: *Geimer/Schütze* EuZVR Art. 5 Rdn. 198 und *Geimer* IZVR Rdn. 1526, wonach der äußere Tatbestand einer unerlaubten Handlung festgestellt werden müsse, wenn der Beklagte am Verfahren nicht teilnehme; noch weitergehend *Bachmann* IPRax 1998, 179, 186.

[311] BGH GRUR 2015, 689 Rdn. 21 – Parfumflakon III.

[312] EuGH NJW 1977, 490, 491 – *Bloss Bouyer; Michailidou* IPRax 2003, 223.

[313] IPrax 1980, 96; vgl. auch EuGH IPrax 1982, 64 – *Blanckert/Trost;* OLG Düsseldorf, Urt. v. 2.3.2004 – 4 U 141/03.

[314] Nur kurzfristige Betätigungen, wie etwa auf Messen, reichen daher nicht, OLG Düsseldorf IPrax 1998, 210.

[315] EuGH NJW 1977, 490, 491 – *Bloss Bouyer.*

[316] EuGH NJW 1982, 507 (L) = RIW 1981, 709 – *Elefanten Schuh/Jacqmain.*

[317] EuGH NJW 1988, 625 – *Schotte/Parfum Rothschild;* hierzu *Geimer* IZPR Rdn. 1445; noch weitergehend OLG Düsseldorf IPrax 1997, 115; vgl. auch *Feuchtmeyer* NJW 2002, 3598, 3599 li. Sp. betreffend Gewinnzusa-

102 Der Gegenstand des Rechtsstreits muss sich zwar auf den **Betrieb der Niederlassung beziehen,** d.h. es muss sich um Rechtsstreitigkeiten handeln, in denen es um vertragliche oder außervertragliche Rechte und Pflichten in Bezug auf die eigentliche Führung der Agentur, der Zweigniederlassung oder der sonstigen Niederlassung selbst geht,[318] also auch bei mit der entfalteten Geschäftstätigkeit zusammen hängenden deliktischen Ansprüchen. Nicht notwendig ist aber, dass die von der Zweigniederlassung im Namen des Stammhauses eingegangenen Verpflichtungen in dem Mitgliedsstaat der Zweigniederlassung zu erfüllen sind.[319]

103 **e) Streitgenossenschaft, Art. 8 Nr. 1.** Mehrere Beklagte, die jeweils in einem Mitgliedsstaat der EU wohnen,[320] können in dem besonderen Gerichtsstand des Art. 8 Nr. 1 EuGVVO am **Wohnsitz (Sitz) eines der Beklagten** verklagt werden, wenn eine so enge Beziehung gegeben ist, dass eine gemeinsame Verhandlung und Entscheidung geboten erscheint, um zu vermeiden, dass in getrennten Verfahren unterschiedliche Entscheidungen ergehen könnten.[321] Der danach zu fordernde Zusammenhang (Art. 30 Abs. 3 EuGVVO/28 LGÜ) besteht jedoch nicht, wenn eine Schadensersatzklage gegen einen Beklagten auf Vertrag und gegen den weiteren Beklagten auf Delikt gestützt wird.[322] Allerdings kann auch trotz gebotener Anwendung unterschiedlicher Rechtsordnungen eine den Gerichtsstand des Sachzusammenhangs (mit-)begründende einheitliche Sach- und Rechtslage gegeben sein, was allerdings eine – im Lauterkeitsrecht gegebene – Harmonisierung des sachlich anwendbaren Rechts voraussetzen dürfte.[323] Art. 8 Nr. 1 EuGVVO ist auch dann anwendbar, wenn alle Beklagten ihren Wohnsitz im Inland haben.[324] Wegen der weiteren Einzelheiten, kann auf die Ausführungen von *Glöckner* Einl. D Rdn. 26ff. verwiesen werden.

104 **f) Widerklage, Art. 8 Nr. 3.**[325] Nach Art. 8 Nr. 3 kann eine Person (bzw. juristische Person), die ihren Wohnsitz (Sitz) im Hoheitsgebiet eines Mitgliedstaats hat, im Wege einer Widerklage – nicht im Falle einer Drittwiderklage[326] –, die auf denselben Vertrag oder Sachverhalt gestützt wird, vor dem Gericht verklagt werden, bei dem die Klage selbst anhängig ist. Voraussetzung hierfür ist zunächst, dass die Klage bei einem nach der EuGVVO zuständigen Gericht anhängig ist.[327] Die daneben zu fordernde **Konnexität** muss sich aus demselben Vertrag oder demselben Sachverhalt ergeben und ist folglich enger zu verstehen als der bei § 33 ZPO ausreichende Sachzusammenhang.[328]

105 **g) Gerichtsstandsvereinbarung, Art. 23:** s.o. Einl. D Rdn. 36.

106 **h) Rügeloses Einlassen, Art. 26.**[329] Die internationale Zuständigkeit kann auch durch rügeloses Einlassen begründet werden. Allerdings ist die Vorschrift autonom[330] und enger als § 39 ZPO auszulegen; jedes Verteidigungsvorbringen, das auf Klagabweisung gerichtet ist, führt, wenn nicht gleichzeitig die Unzuständigkeit gerügt wird, zur Zuständigkeit nach Art. 26. Ob der Beklagte bis zum Beginn der mündlichen Verhandlung die Rüge der Unzuständigkeit erheben kann, ist umstritten.[331]

---

gen (§ 661a BGB) von Unternehmen mit Sitz im Ausland, die allerdings nunmehr unter den Verbrauchergerichtsstand des Art. 18 EuGVVO fallen.

318 EuGH IPRax 1980, 96 – *Somafer/Saar-Gas;* OLG München RIW 1999, 872.

319 EuGH EuZW 1995, 409 – *Lyod's/Campenon Bernard.*

320 Zur entsprechenden Anwendung von Art. 6 Nr. 1 EuGVÜ auf Streitgenossen ohne Wohnsitz in einem Vertragsstaat *Grabinski* GRUR Int. 2001, 199, 206 m. Fn. 75.

321 EuGH GRUR Int. 2006, 836 Tz. 25ff. – *Roche/Primus;* GRUR 2012, 167 Tz. 73ff. – *Painer/Standard;* GRUR 2012, 1169 – *Solvay;* BGH GRUR 2007, 705 Tz. 16ff. – *Aufarbeitung von Fahrzeugkomponenten.*

322 EuGH EUZW 1999, 59, 61f. – *Réunion européene;* ebenso BGH NJW-RR 2002, 1149, 1150 bei Haftung aus Delikt einerseits sowie Inanspruchnahme aus Vertrag bzw. wegen ungerechtfertigter Bereicherung andererseits; vgl. aber nunmehr EuGH EuZW 2007, 703 – *Freeport/Arnoldson,* wonach unterschiedliche Rechtsgrundlagen der Anwendbarkeit nicht entgegenstehen; BGH ZIP 2010, 347.

323 EuGH GRUR 2012, 161 Tz. 71ff. – *Painer/Standard,* siehe zu diesem Problemkreis ausführlich *Rauscher/Leible* Brüssel-Ia-VO Art. 8 Rdn. 12ff.

324 KG IPRax 2002, 515 m. Anm. *Brand/Scherber* S. 500; LG Düsseldorf GRUR Int. 1999, 775, 776 – *Impfstoff III; Grabinski* GRUR Int. 2001, 199, 201; *Tetzner* GRUR 1976, 669, 671; *Stauder* GRUR Int. 1976, 465, 476; Teplitzky/*Schaub* Kap. 45 Rdn. 21.

325 Entsprechende Anwendbarkeit bei der Aufrechnung offengelassen vom BGH NJW 2002, 2182, 2183f. im Anschluss an EuGH NJW 1996, 42 – *Danvaern Produktion/Schuhfabriken Otterbeck.*

326 OLG München Mitt. 2012, 46 (LS); Thomas/Putzo/*Hüßtege* Art. 8 Rdn. 8.

327 Thomas/Putzo/*Hüßtege* Art. 6 Rdn. 4; MünchKommZPO/*Gottwald* Art. 6 Rdn. 14.

328 Für eine großzügige Bestimmung der Konnexität *Schack* IZVR Rdn. 400.

329 Siehe oben Einl. D Rdn. 37.

330 *Rauscher/Leible* Brüssel-Ia-VO Art. 26 Rdn. 7.

331 Dafür BGH NJW 1997, 397; NJW 2007, 3501, 3502f., zu Art. 18 LGÜ; *Rauscher/Leible* Brüssel-Ia-VO Art. 26 Rdn. 16ff., allerdings kritisch zur Begründung des BGH; dagegen OLG Frankfurt IPrax 2000, 525; Musielak/Voit/*Stadler* EuGVVO aF Art. 24 Rdn. 3 m.w.N.

i) Klagen in verschiedenen Mitgliedstaaten, Art. 29. Art. 29 EuGVVO regelt das **Verhältnis von Klagen,**[332] die in verschiedenen Mitgliedsstaaten **in Bezug auf „denselben Anspruch“**[333] anhängig gemacht werden. Der Umstand, dass – anders als nach der Rechtsprechung zum deutschen Recht[334] – ein Vorrang einer später anhängig gemachten Leistungsklage vor einer negativen Feststellungsklage nicht besteht,[335] führt dazu, dass die Rechtsverfolgung durch den (vermeintlichen) Verletzer durch die Wahl eines „langsamen“ Gerichtssystems für erhebliche Zeit blockiert werden kann.[336] Derartige Praktiken haben in Wettbewerbsverfahren bisher – soweit ersichtlich – noch keine große Bedeutung erlangt. Aufgrund der nunmehrigen einheitlichen Definition der Anhängigkeit in Art. 30 Nr. 1 EuGVVO ist im Geltungsbereich der EuGVVO nicht mehr auf das nationale Recht zurückzugreifen. Extremfällen mit dem Einwand des **Rechtsmissbrauchs** zu begegnen, könnte mit der in der Vergangenheit restriktiven Rechtsprechung des EuGH,[337] die bislang nur bei Kollision mit einem ausschließlichen Gerichtsstand des Zweitgerichts Ausnahmen zulässt,[338] allenfalls im Bereich der Durchsetzung von Immaterialgüterrechten mit kurzen Schutzristen zu vereinbaren sein.[339] 107

4. Auswirkungen des Herkunftslandprinzips auf die örtliche und internationale Zuständigkeit deutscher Gerichte

Die Art. 34 ff. AEUV können zwar der Anwendbarkeit der materiellen nationalen Rechts Grenzen setzen,[340] sie haben in der Regel aber **keinen Einfluss auf das anwendbare Wettbewerbskollisonsrecht** sowie die örtliche bzw. internationale Zuständigkeit. Gleiches gilt für das Sekundärrecht. [341] **Regelungen über das zur Anwendung kommende Recht enthalten:** 108

- die Fernseh-RL 89/552/EWG (ABl. EG L 298/23 v. 17.10.1989) i. d. F. der RL 97/36/EG (ABl. EG L 202 v. 30.7.1997) hinsichtlich der **Fernsehwerbung,** wonach im Umfang des koordinierten Wettbewerbs- und Werberechts ausschließlich das Recht des Sendestaats zur Anwendung (Sendelandprinzip) kommt;[342] 109
- die Richtlinie über den **elektronischen Geschäftsverkehr** vom 4.5.2000,[343] die in Art. 3 zwischen der Kontrolle des Diensteanbieters durch seinen Niederlassungsstaat (**„Herkunftslandprinzip“;** vgl. hierzu oben Einl. C Rdn. 3, 21) und der Kontrolle durch andere Mitgliedsstaaten unterscheidet und zudem verschiedene Ausnahmen vom Herkunftslandprinzip vorsieht. 110

Welche Bedeutung dem **Herkunftslandprinzip in Art. 3 Abs. 1 (§ 3 TMG)** zukommt – Gesamtverweisung auf das Recht des Herkunftslandes oder Anwendbarkeit von ausländischem materiellen Recht, soweit dieses keine strengeren Anforderungen aufstellt – wird in der Literatur eingehend und kontrovers diskutiert.[344] Aus dem mit der Richtlinie verfolgten Zweck, den Diensteanbieter grundsätzlich nur dem Recht seines Herkunftslandes zu unterwerfen,[345] kann aber nicht hergeleitet werden, dass er auch nur vor den Gerichten des Niederlassungsstaats verklagt werden kann,[346] zumal nach Art. 1 Abs. 4 i. V. m. Erwägungsgrund 23 (jetzt § 1 Abs. 5 TMG) der Richt- 111

---

[332] Er findet keine Anwendung auf Verfahren der einstweiligen Verfügung, *Jayme* IPRax 2000, 547; vgl. aber auch oben Einl. D Rdn. 30 ff.; s. o. § 12 Abs. 2 Rdn. 359.

[333] Vgl. BGH NJW 2002, 2795; OLG Köln GRUR-RR 2007, 37 m. w. N.; ÖOGH GRUR Int. 2005, 1039.

[334] BGH GRUR 1994, 846, 848 m. w. N. – *Parallelverfahren II.*

[335] EuGH EuZW 1995, 309 – *Tatry;* BGH NJW 1997, 870; *Kropholler* Art. 5 Rdn. 10 m. w. N.

[336] Vgl. zu den so genannten italienischen oder belgischen Torpedos *Pitz* GRUR Int. 2001, 32; *Leitzen* GRUR Int. 2004, 1010; *Grabinski* GRUR 2001, 199, 209; *Musmann/von der Osten* Mitt. 2001, 99; BVerwG Mitt. 2001, 136, 137.

[337] EuZW 2004, 188 – *Gasser;* EuZW 2004, 468 – *Turner; Leitzen* GRUR Int. 2004, 1010, 1013.

[338] EuGH NJW 2014, 1871 Tz. 54 ff. – *Weber;* BGH NJW 2015, 2745, vgl. dazu *Schnichels/Stege,* EuZW 2015, 2015, 781, 786.

[339] LG Hamburg BeckRS 2015, 16872; ebenso LG Düsseldorf BeckRS 2015, 08356.

[340] *Sack* WRP 1994, 281, 288 ff.; *ders.,* WRP 2000, 269, 282.

[341] EuGH GRUR 2012, 300 Tz. 53 ff. – *eDate Advertising.*

[342] EuGH GRUR Int. 1997, 913, 916 – *de Agostini;* hierzu *Sack* WRP 2000, 269, 284; *Henning-Bodewig* WRP 2001, 771, 774.

[343] ABl. EG Nr. 178 v. 17.7.2000.

[344] Vgl. die Nachweise bei *Sack* WRP 2001, 1408, 1410 Rdn. 16 sowie *Ohly* GRUR Int. 2001, 899, 900 f.; *Kur* in: FS Erdmann, S. 629 ff.; *Reuss* S. 42 ff.; *Gamerith* WRP 2003, 143, 149; *Piepenbrok* GRUR Int. 2005, 997.

[345] Vgl. OLG Hamburg ZUM 2008, 63; *Bornkamm/Seichter* CR 2005, 747, 748 zum Günstigkeitsprinzip, wonach das Marktortprinzip greife, wenn die Rechtslage im Herkunftsland nicht günstiger.

[346] Vgl. KG GRUR-RR 2001, 244, 245; OLG Hamburg GRUR 2004, 880 m. Anm. *Henning-Bodewig* S. 882; ZUM 2008, 63.

linie diese keine „zusätzlichen Regeln im Bereich des internationalen Privatrechts festgelegt und sich auch nicht mit der Zuständigkeit der Gerichte befasst".

112 Für **Klagen in anderen Ländern als dem Niederlassungsstaat des Diensteanbieters** kann eine Zuständigkeit nur über Art. 7 Nr. 2 EuGVVO hergeleitet werden;[347] bei Klage eines inländischen Unternehmens oder eines Verbandes richtet sich dies danach, ob eine wettbewerbswidrige Handlung oder ein wettbewerbswidriger Erfolg im Inland schlüssig vorgetragen ist. Art. 3 nicht als eine kollisionsrechtliche Norm zu verstehen. Vielmehr ist bei Anwendung des nationalen Kollisionsrechts des Empfangsstaats das zwingende Sachrecht des Herkunftsstaats zu berücksichtigen. [348]

VII. Weitere gemeinschaftsrechtliche Regelungen

113 Regelungen über die internationale Zuständigkeit enthalten auch die durch die **Unionsmarkenverordnung**[349] geänderte Gemeinschaftsmarkenverordnung sowie die Verordnung (EG) Nr. 6/2002 des Rates über das **Gemeinschaftsgeschmacksmuster.**[350]

§ 15 Einigungsstellen

(1) **Die Landesregierungen errichten bei Industrie- und Handelskammern Einigungsstellen zur Beilegung von bürgerlichen Rechtsstreitigkeiten, in denen ein Anspruch auf Grund dieses Gesetzes geltend gemacht wird (Einigungsstellen).**

(2) **[1]Die Einigungsstellen sind mit einer vorsitzenden Person, die die Befähigung zum Richteramt nach dem Deutschen Richtergesetz hat, und beisitzenden Personen zu besetzen. [2]Als beisitzende Personen werden im Falle einer Anrufung durch eine nach § 8 Abs. 3 Nr. 3 zur Geltendmachung eines Unterlassungsanspruchs berechtigte qualifizierte Einrichtung Unternehmer und Verbraucher in gleicher Anzahl tätig, sonst mindestens zwei sachverständige Unternehmer. [3]Die vorsitzende Person soll auf dem Gebiet des Wettbewerbsrechts erfahren sein. [4]Die beisitzenden Personen werden von der vorsitzenden Person für den jeweiligen Streitfall aus einer alljährlich für das Kalenderjahr aufzustellenden Liste berufen. [5]Die Berufung soll im Einvernehmen mit den Parteien erfolgen. [6]Für die Ausschließung und Ablehnung von Mitgliedern der Einigungsstelle sind die §§ 41 bis 43 und § 44 Abs. 2 bis 4 der Zivilprozessordnung entsprechend anzuwenden. [7]Über das Ablehnungsgesuch entscheidet das für den Sitz der Einigungsstelle zuständige Landgericht (Kammer für Handelssachen oder, falls es an einer solchen fehlt, Zivilkammer).**

(3) **[1]Die Einigungsstellen können bei bürgerlichen Rechtsstreitigkeiten, in denen ein Anspruch auf Grund dieses Gesetzes geltend gemacht wird, angerufen werden, wenn der Gegner zustimmt. [2]Soweit die Wettbewerbshandlungen Verbraucher betreffen, können die Einigungsstellen von jeder Partei zu einer Aussprache mit dem Gegner über den Streitfall angerufen werden; einer Zustimmung des Gegners bedarf es nicht.**

(4) **Für die Zuständigkeit der Einigungsstellen ist § 14 entsprechend anzuwenden.**

(5) **[1]Die der Einigungsstelle vorsitzende Person kann das persönliche Erscheinen der Parteien anordnen. [2]Gegen eine unentschuldigt ausbleibende Partei kann die Einigungsstelle ein Ordnungsgeld festsetzen. [3]Gegen die Anordnung des persönlichen Erscheinens und gegen die Festsetzung des Ordnungsgeldes findet die sofortige Beschwerde nach den Vorschriften der Zivilprozessordnung an das für den Sitz der Einigungsstelle zuständige Landgericht (Kammer für Handelssachen oder, falls es an einer solchen fehlt, Zivilkammer) statt.**

---

[347] *Sack* WRP 2001, 1408, 1420 und 2002, 271, 277 f.; *Henning-Bodewig* WRP 2001, 771, 774; *Mankowski* CR 2000, 834, 835; Fezer/*Koos* IPRax 2000, 349, 350; *Ahrens* CR 2000, 835.

[348] EuGH GRUR 2012, 300 Tz. 53 ff. – *eDate Advertising;* BGH GRUR 2013, 850 Rdn. 53 ff. – *rainbow.at II;* nicht ganz eindeutig, wenn auch im Ergebnis ebenso BGH GRUR 2012, 621 Rdn. 23 ff. – *Oscar* – zum Herkunftslandprinzp der urheberrechtlichen Kabel- und Satellitenrichtlinie (RL 93/13/EWG).

[349] Verordnung (EU) 2015/2424 des Europäischen Parlaments und des Rates zur Änderung der Gemeinschaftsmarkenverordnung, ABl. Nr. L 341/21 v. 24.12.2015.

[350] ABl. EG Nr. L v. 5.1.2002, S. 1; vgl. *Haberl* WRP 2002, 905, 909 sowie Erwägungsgrund 30.

(6) [1]Die Einigungsstelle hat einen gütlichen Ausgleich anzustreben. Sie kann den Parteien einen schriftlichen, mit Gründen versehenen Einigungsvorschlag machen. [2]Der Einigungsvorschlag und seine Begründung dürfen nur mit Zustimmung der Parteien veröffentlicht werden.

(7) [1]Kommt ein Vergleich zustande, so muss er in einem besonderen Schriftstück niedergelegt und unter Angabe des Tages seines Zustandekommens von den Mitgliedern der Einigungsstelle, welche in der Verhandlung mitgewirkt haben, sowie von den Parteien unterschrieben werden. [2]Aus einem vor der Einigungsstelle geschlossenen Vergleich findet die Zwangsvollstreckung statt; § 797a der Zivilprozessordnung ist entsprechend anzuwenden.

(8) Die Einigungsstelle kann, wenn sie den geltend gemachten Anspruch von vornherein für unbegründet oder sich selbst für unzuständig erachtet, die Einleitung von Einigungsverhandlungen ablehnen.

(9) [1]Durch die Anrufung der Einigungsstelle wird die Verjährung in gleicher Weise wie durch Klageerhebung gehemmt. [2]Kommt ein Vergleich nicht zustande, so ist der Zeitpunkt, zu dem das Verfahren beendet ist, von der Einigungsstelle festzustellen. [3]Die vorsitzende Person hat dies den Parteien mitzuteilen.

(10) [1]Ist ein Rechtsstreit der in Absatz 3 Satz 2 bezeichneten Art ohne vorherige Anrufung der Einigungsstelle anhängig gemacht worden, so kann das Gericht auf Antrag den Parteien unter Anberaumung eines neuen Termins aufgeben, vor diesem Termin die Einigungsstelle zur Herbeiführung eines gütlichen Ausgleichs anzurufen. [2]In dem Verfahren über den Antrag auf Erlass einer einstweiligen Verfügung ist diese Anordnung nur zulässig, wenn der Gegner zustimmt. [3]Absatz 8 ist nicht anzuwenden. [4]Ist ein Verfahren vor der Einigungsstelle anhängig, so ist eine erst nach Anrufung der Einigungsstelle erhobene Klage des Antragsgegners auf Feststellung, dass der geltend gemachte Anspruch nicht bestehe, nicht zulässig.

(11) [1]Die Landesregierungen werden ermächtigt, durch Rechtsverordnung die zur Durchführung der vorstehenden Bestimmungen und zur Regelung des Verfahrens vor den Einigungsstellen erforderlichen Vorschriften zu erlassen, insbesondere über die Aufsicht über die Einigungsstellen, über ihre Besetzung unter angemessener Beteiligung der nicht den Industrie- und Handelskammern angehörenden Unternehmern (§ 2 Abs. 2 bis 6 des Gesetzes zur vorläufigen Regelung des Rechts der Industrie- und Handelskammern in der im Bundesgesetzblatt Teil III, Gliederungsnummer 701-1, veröffentlichten bereinigten Fassung) und über die Vollsteckung von Ordnungsgeldern sowie Bestimmungen über die Erhebung von Auslagen durch die Einigungsstelle zu treffen. [2]Bei der Besetzung der Einigungsstellen sind die Vorschläge der für ein Bundesland errichteten, mit öffentlichen Mitteln geförderten Verbraucherzentralen zur Bestimmung der in Abs. 2 Satz 2 genannten Verbraucher zu berücksichtigen.

(12) Abweichend von Absatz 2 Satz 1 kann in den Ländern Brandenburg, Mecklenburg-Vorpommern, Sachsen, Sachsen-Anhalt und Thüringen die Einigungsstelle auch mit einem Rechtskundigen als Vorsitzendem besetzt werden, der die Befähigung zum Berufsrichter nach dem Recht der Deutschen Demokratischen Republik erworben hat.

§ 12 UKlaG Einigungsstelle

Für Klagen nach § 2 gelten § 15 des Gesetzes gegen den unlauteren Wettbewerb und die darin enthaltene Verordnungsermächtigung entsprechend

Inhaltsübersicht

	Rdn.
I. Entstehungsgeschichte	1
II. Organisation, Rechtsstellung und Besetzung der Einigungsstellen	2
1. Errichtung der Einigungsstellen	2
2. Rechtsstellung	4
3. Besetzung	8
III. Zuständigkeit	12
1. Sachliche Zuständigkeit	12
a) UWG-Anspruch	12
b) § 12 UKlaG	14
c) Gerichtliche Anordnung	15
d) Parteivereinbarungen	16
2. Örtliche Zuständigkeit	17

Rdn.
IV. Verfahren ... 18
1. Unvollständigkeit der Verfahrensregeln ... 18
2. Antragserfordernis ... 19
3. Form, Inhalt, Vertretung ... 20
4. Einleitung des Verfahrens ... 23
5. Anordnung des persönlichen Erscheinens ... 27
6. Mündliche Verhandlung ... 32
7. Beendigung des Verfahrens ... 37
V. Hemmung der Verjährung ... 38
VI. Anrufung aufgrund gerichtlicher Anordnung ... 41
VII. Klageerhebung nach Einleitung des Einigungsverfahrens ... 44
1. Negative Feststellungsklage des Antragsgegners ... 44
2. Leistungsklage, positive Feststellungsklage ... 45
3. Einstweilige Verfügung ... 49
VIII. Kosten ... 50
1. Gebühren, Auslagen der Einigungsstelle ... 50
2. Kosten der Parteien ... 51
a) Kostenerstattung ... 51
b) Anwaltsgebühren ... 54

Schrifttum: *Bernreuther,* Zur Zuständigkeit der Einigungsstelle gemäß § 27a UWG und der dort gegebenen Möglichkeit der Erörterung wettbewerbswidriger AGB, WRP 1994, 853; *Katzenmeier,* Zivilprozess und außergerichtliche Streitbeilegung, ZZP 115 (2002), S. 50; *Köhler,* Das Einigungsverfahren nach § 27a UWG: Rechtstatsachen, Rechtsfragen, Rechtspolitik, WRP 1991, 617; *Krieger,* Die Wiedererrichtung von Einigungsstellen zur Beilegung von Wettbewerbsstreitigkeiten, GRUR 1957, 197; *Lukes,* Die freiwilligen Einigungsstellen bzw. Einigungsämter bei den Industrie- und Handelskammern, in: FS Nipperdey (1965), S. 365; *Nieder,* Außergerichtliche Konfliktlösung im gewerblichen Rechtsschutz, S. 68 ff., 159 ff.; *Ottofülling,* Außergerichtliches Konfliktmanagement nach § 15 UWG, WRP 2006, 410; *Pohlmann,* Das Rechtsschutzbedürfnis bei der Durchsetzung wettbewerbsrechtlicher Ansprüche, GRUR 1993, 361, 364; *Probandt,* Die Einigungsstelle nach § 27a UWG, 1993; *Tetzner,* Die Neuregelung der Einigungsstellen für Wettbewerbsstreitigkeiten, GmbHR 1957, 129; *von Thenen,* Tätigkeit und Aufgaben der Wettbewerbseinigungsämter, GRUR 1937, 105.

I. Entstehungsgeschichte

1 Die Tätigkeit von Einigungsstellen (damals „Einigungsämter") geht auf das Jahr 1932 zurück. Sie kam nach dem zweiten Weltkrieg zunächst zum Erliegen. Eine Neuregelung erfolgte erst im Jahre 1957. Nach verschiedenen Ergänzungen und Änderungen – unter anderem durch das SchuldrechtsmodernisierungsG von 2001 – wurde der **heutige Gesetzestext** durch das **UWG 2004** in Kraft gesetzt. Zu Einzelheiten der Entwicklungsgeschichte wird auf die 2. Auflage (dort § 15 Rdn. 1 bis 10) verwiesen.[1]

II. Organisation, Rechtsstellung und Besetzung der Einigungsstellen

1. Errichtung der Einigungsstellen

2 Gemäß § 15 Abs. 1 sind die Landesregierungen verpflichtet, Einigungsstellen bei den Industrie- und Handelskammer einzurichten. Aufgrund der Ermächtigung in § 27a Abs. 11 a. F. haben **alle Landesregierungen** entsprechende **Durchführungsverordnungen erlassen,**

Baden-Württemberg, vom 9.2.1987, GVBl. S. 64, berichtigt S. 158, geändert durch VO vom 19.10.2004, GBl. S. 774

Bayern, vom 17.5.1988, GVBl. S. 115, geändert durch VO vom 15.3.2005, GVBl. S. 80, und vom 22.7.2014, GVBl. S. 286

Berlin, vom 29.7.1958, GVBl. B. 1958 S. 732, geändert durch VO vom 4.12.1974, GVBl. S 2785, vom 28.10.1987, GVBl. S. 2577, vom 22.12.1998, GVBl. 1999 S. 2, vom 19.6.2006, GVBl. S. 573 und vom 6.3.2012, GVBl. S. 85

Brandenburg, vom 16.8.1991, GVBl. S. 376, geändert durch VO vom 8.2.1994, GVBl. S. 78 und vom 20.10.2006, GVB. II, S. 450

Bremen, vom 16.2.1988, GVBl. S. 17, geändert durch VO vom 13.10.1992, GBl. S. 607, 29.6.1999, GBl. S. 237 und vom 18.10.2005, GBl. S. 549 und vom 24.12.2012, GBl. S. 24

---

[1] Ferner u. a. Ahrens/*Ahrens,* Kap. 13 Rdn. 1 ff., und MünchKommUWG/*Ottofülling,* § 15 Rdn. 2 ff.

Hamburg, vom 27.1.1959, GVBl. S. 11 geändert durch VO vom 23.12.1986, GVBl. S. 368
Hessen, vom 13.2.1959, GVBl. S. 3, geändert durch VO vom 16.12.1974, GVBl. S. 672, vom 7.4.1987, GVBl. S. 59, vom 16.11.2005, GVBl. S. 738 und vom 29.11.2010, GVBl. I, S. 450.
Mecklenburg-Vorpommern, vom 19.9.1991, GVBl. S. 384
Niedersachsen, vom 21.2.1991, GVBl. S. 139
Nordrhein-Westfalen, vom 15.8.1989, GVBl. S. 460, geändert durch VO vom 5.4.2005, GVBl. S. 408 und vom 21.10.2012, GVBl. S. 139
Rheinland-Pfalz, vom 2.5.1988, GVBl. S. 102, geändert durch VO vom 28.8.2001, GVBl. S. 210 und vom 19.10.2005, GVBl. S. 489
Saarland, vom 21.1.1988, AmtsBl. 1989, 89, geändert durch G. vom 26.1.1994, AmtsBl. S. 587
Sachsen, vom 10.4.2006, GVBl. S. 97
Sachsen-Anhalt, vom 21.1.1992, GVBl. S. 30, geändert durch VO vom 18.11.2005, GBl. S. 707 und vom 14.2.2008, GVBl. S. 58
Schleswig-Holstein, vom 19.7.1991, GVBl. S. 390, geändert durch VO vom 24.10.1996, GVBl. S. 652, vom 15.3.2006, GVBl. S. 84 und vom 4.4.2013, GBVOl. S. 143
Thüringen, vom 10.12.1991, GVBl. S. 666

die bei *Nieder*[2] mit Stand von 1998 sowie bei *Ottofülling*[3] abgedruckt sind. Ebenso finden sich dort jeweils die Anschriften der 83 Einigungsstellen.[4]

Zur Bedeutung der Tätigkeit der Einigungsstellen ist auf die bei *Köhler,*[5] *Melullis,*[6] *Ahrens*[7] *Ottofülling,*[8] *Mees*[9] und insbesondere in den Tätigkeitsberichten der Zentrale zur Bekämpfung des unlauteren Wettbewerbs[10] zu verweisen. 3

2. Rechtsstellung

Die Einigungsstellen sind aufgrund der gesetzlichen Verpflichtung in § 15 Abs. 1 bei den als öffentlichrechtliche Körperschaften bestehenden Industrie- und Handelskammern von den Landesregierungen errichtet worden. Sie sind, wie sich aus Abs. 5 Satz 1 und 2 ergibt, (weiterhin) **mit hoheitlichen Befugnissen ausgestattet** und unterliegen gemäß Abs. 11 (i. V. m. den Durchführungsverordnungen) der **staatlichen (Rechts-)Aufsicht.**[11] Sie werden daher zu Recht als **Träger öffentlicher Verwaltung** qualifiziert,[12] nicht lediglich als privatrechtliche Schlichtungsstellen. Auch wenn die Mitglieder der Einigungsstelle gegenüber ihrem Träger, der jeweiligen Industrie- und Handelskammer, die für sie die Geschäfte führt, nicht weisungsabhängig sind,[13] kommt der Einigungsstelle **nicht die Stellung eines Gerichts** zu,[14] da ihr die Kompetenz fehlt, einen ihr unterbreiteten Streitfall kraft dahingehender hoheitlicher Befugnis verbindlich zu entscheiden (Abs. 3 Satz 1 „... zu einer Aussprache mit dem Gegner über den Streitfall angerufen werden.“; Abs. 6 Satz 1: „... hat einen gütlichen Ausgleich anzustreben.“).[15] Sie besitzt auch **nicht die Stellung eines (institutionellen[16]) Schiedsgerichts** (§§ 1065 ff. ZPO), da sie nicht aufgrund eines mit den Parteien abgeschlossenen Schiedsvertrages tätig wird.[17] Ihre Aufgabe besteht darin, eine **gütliche Einigung** über den Streitfall **aufgrund einer Aussprache mit den Parteien herbei zu führen.**[18] Es wird allerdings als zulässig angesehen, dass die Parteien übereinstimmend die Eini- 4

[2] A. a. O. Anhang 4, S. 177 ff.
[3] MünchKommUWG/*Ottofülling* § 15 Rdn. 155 ff.
[4] *Nieder* Anhang 3, S. 159 ff.; MünchKommUWG/*Ottofülling* § 15 Rdn. 171.
[5] GroßKommUWG (1. Aufl.) § 27a Rdn. 14–16; *ders.* WRP 1991, 617 f.
[6] Rdn. 53.
[7] Ahrens/*Ahrens,* Kap. 13 Rdn. 4 f.
[8] MünchKommUWG/*Ottofülling* § 15 Rdn. 25 ff. und WRP 2006, 410, 426 f.
[9] Fezer/*Mees* § 15 Rdn. 10.
[10] WRP 2005, 768; WRP 2006, 916.
[11] *Nieder* S. 67 f.; Ahrens/*Ahrens* Kap. 13 Rdn. 7.
[12] OLG Hamm DB 1961, 1288 („Diese Einigungsstellen als Behörden, ...“); GroßkommUWG/*Nippe* § 15 Rdn. 35; MünchKommUWG/*Ottofülling* § 15 Rdn. 10.
[13] Vgl. OLG Stuttgart NJWE-WettbR 1996, 197, 200.
[14] Vgl. zur Amtshaftung der Industrie- und Handelskammer und zum fehlenden Spruchrichterprivileg der Mitglieder der Einigungsstelle GroßKommUWG/*Nippe* § 15 Rdn. 66 f.; Teplitzky/*Bacher* Kap. 42 Rdn. 53.
[15] GroßKommUWG/*Nippe* § 15 Rdn. 38; Bericht (ohne Verfasser) BB 1957, 278, 279.
[16] Vgl. hierzu *Schwab/Walter,* Schiedsgerichtsbarkeit 6. Aufl. Kap. 1 Rdn. 10.
[17] OLG Frankfurt GRUR 1988, 150 – *Einigungsstelle;* GroßKommUWG/*Nippe* § 15 Rdn. 40; MünchKommUWG/*Ottofülling* § 15 Rdn. 12.
[18] OLG Stuttgart NJWE-WettbR 1997, 197, 200; Köhler/Bornkamm/*Köhler/Feddersen* § 15 Rdn. 2; Ahrens/*Ahrens* Kap. 13 Rdn. 8; *Ottofülling* WRP 2006, 410, 427.

gungsstelle als Schiedsgericht vereinbaren[19] bzw. diese in einem Vergleich als Schiedsgutachter einsetzen, um gegebenenfalls das Vorliegen von Verstößen gegen eine strafbewehrte Unterlassungserklärung verbindlich festzustellen.[20]

5 Die Einigungsstelle wird auch **nicht als Schlichtungsstelle** tätig, wie sie – auch von den Industrie- und Handelskammern – für die Beilegung von Beschwerden von Kunden (Patienten) zwischenzeitlich in vielen Bereichen eingerichtet wurden.[21]

6 Sie ist auch von den **gemäß § 15a EGZPO** (i. V. m. den Schlichtungsgesetzen der Länder) durch die **Landesjustizverwaltung eingerichteten und anerkannten Gütestellen** zu **unterscheiden.**[22] Denn unabhängig davon, dass ihre Anrufung keine Zulässigkeitsvoraussetzung für eine Klage („obligatorische Schlichtung") darstellt, sind Einigungsstellen nicht durch die Landesjustizverwaltungen eingerichtet worden. Aus diesem Grund, erfüllen sie auch nicht die Voraussetzungen einer Gütestelle im Sinne von § 91 Abs. 3,[23] § 794 Abs. 1 Nr. 1, § 797a ZPO (vgl. aber Rdn. 31; Abs. 7 S. 2 2. HS) sowie von § 204 Abs. 1 Nr. 4 und Nr. 12 BGB.

7 Dagegen bestehen keine Bedenken, die Einigungsstellen als **Gütestellen im Sinne von § 278 Abs. 2 Satz 1 ZPO** anzusehen,[24] wie bereits der von § 794 Abs. 1 Nr. 1 ZPO abweichende Wortlaut („außergerichtliche Gütestelle") nahe legt. Auch der Sache nach besteht zwischen einem erfolglosen Einigungsversuch vor der Einigungsstelle und einer „anerkannten" Gütestelle im vorstehenden Sinne kein Unterschied.

3. Besetzung

8 Anstelle der Begriffe „Vorsitzender" und „Beisitzer" – die nachfolgend allerdings aus Vereinfachungsgründen beibehalten werden – verwendet das Gesetz nunmehr geschlechtsneutrale Formulierungen – **vorsitzende und beisitzende Person(en)** –, ohne dass damit eine inhaltliche Änderung verbunden wäre. Gleiches gilt für den Begriff des „Unternehmers" (vgl. § 14 BGB i. V. m. § 2 Abs. 2 UWG) anstelle des „Gewerbetreibenden". Die vorsitzende Person muss die Befähigung zum Richteramt nach dem DRiG (Abs. 2 Satz 1) bzw. nach dem Recht der DDR (Abs. 12)[25] aufweisen.

9 Bei der Besetzung unterscheidet das Gesetz danach, ob die Einigungsstellen von einem **Verbraucherverband** im Sinne von § 8 Abs. 3 Nr. 3, d. h. einer qualifizierten Einrichtungen im Sinne von § 4 UKlaG[26] oder von einem **sonstigen Antragsberechtigten** angerufen werden. Im ersteren Fall – dem steht nach überwiegender Meinung[27] gleich, wenn ein Verbraucherverband Antragsgegner ist – setzt sich die Einigungsstelle neben dem Vorsitzenden und aus einer gleichen Anzahl von Unternehmern und Verbrauchern (§ 13 BGB i. V. m. § 2 Abs. 2 UWG) als Beisitzern zusammen; im Übrigen aus der Vorsitzenden und mindestens zwei sachverständigen Unternehmern als Beisitzer. Der Vorsitzende, der auf dem Gebiet des Wettbewerbsrechts erfahren sein soll (Abs. 2 Satz 3), muss die Befähigung zum Richteramt besitzen.[28] Die Industrie- und Handelskammern haben für jedes Kalenderjahr eine **Liste der Beisitzer** aufzustellen und nach den Bestimmungen der jeweiligen Durchführungsverordnung bekannt zu machen. Hinsichtlich der Besetzung mit Verbrauchern sind die Vorschläge der in dem jeweiligen Bundesland errichteten Verbraucherzentrale zu berücksichtigen (Abs. 2 Satz 2, Abs. 11 Satz 2). Die Berufung der Vorsitzenden (Stellvertreter) sowie der Beisitzer erfolgt aufgrund der näheren Bestimmungen in den Durchführungsverordnungen der Länder bisher üblicherweise für zwei oder drei Jahre.[29]

10 Die **Beisitzer** werden vom Vorsitzenden **für den jeweiligen Streitfall berufen** (Abs. 2 Satz 4). Dies soll im Einvernehmen mit den Parteien erfolgen (Abs. 2 Satz 5), was bedeuten würde,

---

19 *Ottofülling* WRP 2006, 410, 411; a. A. GroßKommUWG/*Nippe* § 15 Rdn. 11.

20 OLG Hamm WRP 1991, 135 f.

21 Vgl. *Prütting* JZ 1985, 261, 265; *Schwab/Walter* Kap. 1 Rdn. 6; Stein/Jonas/*Leipold* § 279 Rdn. 38 m. w. N.; *Lukes* in: FS Nipperdey S. 365 ff.

22 Vgl. MünchKommUWG/*Ottofülling* § 15 Rdn. 11.

23 OLG München NJW 1965, 2112 geht aber von einer ähnlichen Rechtsstellung aus; vgl. auch Stein/Jonas/*Bork* § 91 Rdn. 43 und a. a. O. *Leipold* § 279 Rdn. 29 ff., 35.

24 Vgl. Zöller/*Greger* § 278 Rdn. 22.

25 Abs. 12 wurde eingefügt durch Art. 165 des Gesetzes vom 19.4.2006, BGBl. S. 866; vgl. auch Einigungsvertrag Anl. I Kap. III Sachgebiet E Abs. III.

26 Siehe hierzu oben § 8 Rdn. 299 ff.

27 *Nieder* S. 68; a. A. GroßKommUWG/*Nippe* § 15 Rdn. 99; *Melullis* Rdn. 57: Entscheidend ist nur, wer Antragsteller ist.

28 Zur Bedeutung der Stellung des Vorsitzenden Teplitzky/*Bacher* Kap. 42 Rdn. 7 und GroßKommUWG/*Nippe* § 15 Rdn. 70 ff.

29 GroßKommUWG/*Nippe* § 15 Rdn. 77; *Nieder* S. 69 f.

dass den Parteien vorher mitgeteilt wird, die Berufung welcher Beisitzer vorgesehen ist bzw. zumindest zusammen mit der Ladung die Besetzung der Einigungsstelle für den konkreten Streitfall mitgeteilt wird.[30] Eine abweichende Handhabung – wie in der Praxis allgemein üblich – begründet aber keinen Verfahrensfehler („soll").[31]

Hinsichtlich der **Ausschließung oder Ablehnung wegen Befangenheit** von einzelnen Mitgliedern der Einigungsstelle – nicht der Einigungsstelle als solcher[32] – sieht Abs. 2 Satz 6 eine entsprechende Anwendung der für Richter geltenden Bestimmungen der §§ 41 bis 43 und § 42 Abs. 2 bis 4 ZPO vor.[33] Über den Antrag, der hinsichtlich eines Beisitzers erst nach dessen Berufung gemäß Abs. 2 Satz 4 gestellt werden kann,[34] entscheidet das für den Sitz der Einigungsstelle zuständige Landgericht (§ 15 Abs. 2 Satz 7). Gesetzlich[35] funktionell zuständig ist die Kammer für Handelssachen, wenn bei dem zuständigen Landgericht, wovon in der Regel auszugehen sein wird, eine solche gebildet ist.[36] Da es an einer Verweisung auf § 46 Abs. 2 ZPO fehlt, ist eine sofortige Beschwerde gegen die Entscheidung des Landgerichts nicht statthaft.[37] Für eine entsprechende Anwendung des § 567 Abs. 1 Nr. 2 ZPO fehlt es an einer Regelungslücke. 11

III. Zuständigkeit

1. Sachliche Zuständigkeit

a) UWG-Anspruch. Die Einigungsstellen können in **„bürgerlichen Rechtsstreitigkeiten, in denen ein Anspruch auf Grund dieses Gesetzes geltend gemacht wird, angerufen werden"** (Abs. 1 und Abs. 3 Satz 1). Damit ergibt sich bereits aus dem Wortlaut („Anspruch"), dass es sich um einen **konkreten Streitfall** und nicht lediglich um eine abstrakte Rechtsfrage handeln muss. 12

Es kommt seit der UWG-Novelle 2004 gemäß 15 Abs. 1 und Abs. 3 Satz 1 ebenso wie nach § 13 Abs. 1 nur mehr darauf an, dass ein bürgerlich-rechtlicher Anspruch aufgrund dieses Gesetzes geltend gemacht wird. Insoweit kann auf die Kommentierung zu § 13 (*Retzer* § 13 Rdn. 1 ff., 10 ff.) verwiesen werden. Für eine einschränkende Auslegung in dem Sinne, dass die Einigungsstelle nicht zuständig ist, wenn der Anspruch ausschließlich auf Bestimmungen gestützt ist, die nur Individualinteressen eines unmittelbar Verletzten und nicht gleichzeitig auch Interessen der Allgemeinheit schützen, gibt weder der Wortlaut noch das Gesetzgebungsverfahren einen Anhalt. Es besteht aber weiterhin – wie schon vor dem UWG 2004 – **keine Grundlage für die Einbeziehung von vertraglichen Ansprüchen**[38] sowie von Ansprüchen nach dem **BGB, GWB, MarkenG.** Soweit dies für mit UWG-Ansprüchen konkurrierende Ansprüche[39] allgemein abweichend beurteilt wird, wird nicht berücksichtigt, dass es dabei in den meisten Fällen nicht um die Frage einer Anspruchskonkurrenz im Sinne einer Anspruchsgrundlagenkonkurrenz geht, sondern unterschiedliche Streitgegenstände vorliegen können. Da es ebenso wenig wie einen Anspruch auf Abgabe einer Unterlassungserklärung einen Anspruch auf Abgabe einer Abschlusserklärung gibt, ist eine Zuständigkeit der Einigungsstelle für ein dahin gehendes Verlangen nicht gegeben. Gibt es keinen durchsetzbaren Anspruch, kann es sich dabei um keinen Anspruch aufgrund des UWG handeln.[40] 13

---

[30] Vgl. Ahrens/*Ahrens* Kap. 13 Rdn. 23.

[31] *Melullis* Rdn. 60, 68; GroßKommUWG/*Nippe* § 15 Rdn. 97; MünchKommUWG/*Ottofülling* § 15 Rdn. 49; Fezer/*Mees* § 15 Rdn. 25.

[32] LG Dresden WRP 2007, 359, 360; LG Hannover WRP 2007, 1520 (LS); LG Lübeck WRP 1993, 642; *Melullis* Rdn. 61; Ahrens/*Ahrens* Kap. 13 Rdn. 24.

[33] Rspr.-Beispiele: OLG Stuttgart NJW-RR 1990, 245 und WRP 1996, 951; LG Braunschweig WRP 1995, 670; LG Lübeck WRP 1993, 642.

[34] OLG Frankfurt WRP 1969, 387 f.; Ahrens/*Ahrens* Kap. 13 Rdn. 24.

[35] D. h. es bedarf weder eines Antrags von Seiten des Antragstellers noch eines Verweisungsantrags des Antragsgegners.

[36] Hiervon allerdings unberührt bleibt die ausschließliche Zuständigkeit der Landgerichte gemäß § 6 UklaG für Ansprüche gemäß § 2 UKlaG; vgl. Palandt/*Bassenge* § 12 UKlaG Rdn. 2; vgl. oben § 13 Rdn. 14 ff.

[37] OLG Stuttgart NJW-RR 1990, 245; Teplitzky/*Bacher* Kap. 42 Rdn. 34; ausführlich GroßKommUWG/*Nippe* § 15 Rdn. 106; Ahrens/*Ahrens* Kap. 13 Rdn. 25; a. A. OLG Frankfurt WRP 1969, 367 f.

[38] Vgl. MünchKommUWG/*Ottofülling* § 15 Rdn. 59, 60; *ders.* WRP 2006, 410, 414 f.; Köhler/Bornkamm/*Köhler/Feddersen* § 15 Rdn. 6.

[39] MünchKommUWG/*Ottofülling* § 15 Rdn. 57 m. w. N.

[40] A. A. MünchKommUWG/*Ottofülling* § 15 Rdn. 58; *ders.* WRP 2006, 410, 415; Fezer/*Mees* § 15 Rdn. 38; *Bernreuther* WRP 1993, 853, 854.

14 **b) § 12 UKlaG.** Die Zuständigkeit der Einigungsstellen wird durch die Regelung in § 12 UKlaG auf **Unterlassungsansprüche wegen verbrauchergesetzwidriger Praktiken** gemäß § 2 UKlaG ausgedehnt.[41]

15 **c) Gerichtliche Anordnung.** Die Zuständigkeit der Einigungsstelle ist darüber hinaus auch dann begründet, wenn das Gericht bei Wettbewerbsstreitigkeiten, die Verbraucher betreffen, den Parteien auf Antrag aufgegeben hat, die **Einigungsstelle zur Herbeiführung eines gütlichen Ausgleichs anzurufen** (Abs. 10 Satz 1 i. V. m. Abs. 3 Satz 2; siehe Rdn. 52). In diesen Fällen kann die Einigungsstelle ihre Zuständigkeit nicht gemäß Abs. 8 ablehnen.[42]

16 **d) Parteivereinbarungen.** Dagegen kann die Zuständigkeit der Einigungsstelle entgegen § 15 Abs. 3 und 4 **nicht durch Parteivereinbarung** begründet werden.[43] Eine entsprechende Vereinbarung könnte allenfalls in eine Schiedsvereinbarung bzw. einen Schiedsgutachenvertrag umgedeutet werden.

2. Örtliche Zuständigkeit

17 Hinsichtlich der örtlichen Zuständigkeit verweist § 15 Abs. 4 auf eine entsprechende Anwendung von § 14, d. h. zuständig ist die Einigungsstelle, in deren Bezirk der **Anspruchsgegner** (dies kann auch der Antragsteller des Einigungsverfahrens sein) seine **gewerbliche Niederlassung,** hilfsweise seinen Wohnsitz und weiter hilfsweise seinen inländischen Aufenthaltsort hat (§ 14 Abs. 1; s. o. § 14 Rdn. 27 ff.). Daneben ist gemäß § 14 Abs. 2 (gegebenenfalls, siehe Satz 2) auch der **Begehungsort** (s. o. § 14 Rdn. 41 ff.) maßgeblich, wobei durch die Einschränkung des Gerichtsstands des Begehungsorts aufgrund des UWG-ÄnderungsG von 1994 (s. o. § 14 Rdn. 5) auch der Gefahr von Missbräuchen bei der Anrufung der Einigungsstelle weitgehend der Boden entzogen wurde.[44]

IV. Das Verfahren

1. Unvollständigkeit der Verfahrensregeln

18 Das Einigungsstellenverfahren ist in § 15 Abs. 3 bis 10 sowie den aufgrund der Ermächtigung in Abs. 11 erlassenen Durchführungsverordnungen nur **unvollständig (und nicht einheitlich)** geregelt, sodass verbleibende Lücken unter Rückgriff auf den Charakter des Einigungsverfahrens als Güteverfahren zu schließen sind.[45]

2. Antragserfordernis

19 Die Einigungsstelle wird **nicht von Amts wegen,** sondern nur auf einen entsprechenden **Antrag**[46] hin tätig (Abs. 3). Die Antragsbefugnis setzt eine Stellung als Gläubiger oder Schuldner eines in § 15 Abs. 3 genannten Anspruchs voraus.[47] Dabei wird zwischen Wettbewerbshandlungen, die den geschäftlichen Verkehr mit dem letzten Verbraucher betreffen (Satz 2), und sonstigen bürgerlichen Rechtsstreitigkeiten differenziert (Satz 1). Bei letzteren kann sowohl der Gläubiger als auch der Schuldner des gegenständlichen Begehrens die Einigungsstelle unabhängig von einer Zustimmung der Gegenseite anrufen. Der geschäftliche Verkehr mit dem letzten Verbraucher ist in diesem Sinne betroffen, wenn es um Umsatzgeschäfte mit dem Endverbraucher geht, ebenso wenn dieser unmittelbar oder auch nur mittelbar Adressat von Werbemaßnahmen ist;[48] anders, wenn sich das beanstandete Verhalten auf vorgeordnete Wirtschaftsstufen beschränkt. In diesen Fällen bedarf es der Zustimmung des Gegners, die gegenüber dem Antragsteller oder der Einigungsstelle (unwiderruflich) erklärt werden kann. Lässt sich der Gegner widerspruchslos auf das Verfahren ein, kann darin

---

[41] Palandt/*Bassenge* § 12 UKlaG Rdn. 2; *Ottofülling* WRP 2006, 410, 415 sowie in MünchKommUWG § 15 Rdn. 61 ff.

[42] Ahrens/*Ahrens* Kap. 13 Rdn. 14; GroßKommUWG/*Nippe* § 15 Rdn. 129; Teplitzky/*Bacher* Kap. 42 Rdn. 8.

[43] Allgemeine Meinung; vgl. statt vieler GroßKommUWG/*Nippe* § 15 Rdn. 130; MünchKommUWG/*Ottofülling* § 15 Rdn. 65; a. A. nur *Tetzner* UWG 2. Aufl. § 27a Rdn. 14.

[44] GroßKommUWG/*Nippe* § 15 Rdn. 109.

[45] GroßKommUWG/*Nippe* § 15 Rdn. 132.

[46] Vgl. das Beispiel bei *Völker/Zecher* in: Münchner Prozessformularbuch, Bd. 5, A. 3.

[47] *Nieder* S. 71.

[48] *Krieger* GRUR 1957, 197, 202; *Ottofülling* WRP 2006, 410, 415 f.; GroßKommUWG/*Nippe* § 15 Rdn. 123.

nur dann eine (konkludente) Zustimmung gesehen werden, wenn er sich eines solchen Erklärungsgehalts bewusst ist.[49]

3. Form, Inhalt, Vertretung

Die einzuhaltende **Form** und der erforderliche **Inhalt** eines Antrags ergeben sich aus den Bestimmungen der jeweils einschlägigen Durchführungsverordnung. Nach den (insoweit weitgehend übereinstimmenden) Regelungen ist der Antrag schriftlich (unter Beifügung der vorgeschriebenen 3 bzw. 5 Abschriften) einzureichen. Der Antrag kann auch zu Protokoll der Geschäftsstelle der Einigungsstelle erklärt werden.[50] Er muss – im Hinblick auf die verjährungshemmende Wirkung (Abs. 9 Satz 1; siehe Rdn. 35) und zur Ermöglichung der in Abs. 8 vorgesehenen „Vorprüfung“ – hinreichende Angaben zu den Parteien und zum Gegenstand des Verfahrens, gegebenenfalls unter Beifügung von aussagekräftigen Unterlagen beinhalten. Änderungen des Antrags – gegebenenfalls nach entsprechendem Hinweis von Seiten der Einigungsstelle – sind möglich, soweit diese von einer etwaig erforderlichen Zustimmung (noch) gedeckt ist. 20

Für das Verfahren besteht **kein Anwaltszwang;** die Parteien können sich jedoch durch Anwälte, und in den Grenzen des RBerG, auch von **sonstigen Dritten vertreten** lassen.[51] 21

Der Antrag kann auch nach bereits erfolgter mündlicher Verhandlung ohne Zustimmung des Gegners **zurückgenommen** werden, sofern nicht die maßgebliche Durchführungsverordnung (z. B. § 6 Abs. 7 BayDVO) die entsprechende Anwendung von § 269 ZPO vorsieht.[52] 22

4. Einleitung des Verfahrens

Anhand des vom Antragsteller vorgetragenen Sachverhalts hat der Vorsitzende die (sachliche und örtliche) **Zuständigkeit der Einigungsstelle zu prüfen,** ebenso das Vorliegen einer nach Abs. 3 Satz 1 erforderlichen **Zustimmung.** Ist danach die Zuständigkeit nicht gegeben, kann die Einigungsstelle – nicht die vorsitzende Person allein – die **Einleitung von Einigungsverhandlungen,** von den Fällen einer gerichtlichen Anordnung nach Abs. 10 Satz 1 abgesehen, durch Beschluss, gegen den, mangels Rechtsgrundlage, kein Rechtsmittel stattfindet,[53] **ablehnen** (Abs. 8).[54] Fehlt es lediglich an der Zustimmung des Antragsgegners, wird eine solche Vorgehensweise nur dann in Betracht kommen, wenn mit einer Zustimmung auch nicht mehr zu rechnen ist. Die Ablehnung steht im pflichtgemäßen Ermessen der Einigungsstelle („kann“).[55] Wird die Zustimmung nicht erteilt oder beruft sich eine Partei auf die örtliche oder sachliche Unzuständigkeit, muss die Einigungsstelle die weitere Tätigkeit ablehnen.[56] Dagegen soll es in ihrem Ermessen liegen, das Verfahren fortzusetzen, wenn beide Parteien mit der Durchführung des Einigungsverfahrens trotz der Unzuständigkeit einverstanden sind.[57] 23

Die Einleitung von Einigungsverhandlungen kann – von dem Fall des Abs. 10 Satz 1 und 3 abgesehen – auch dann abgelehnt werden, wenn die Einigungsstelle den geltend gemachten **Anspruch von vorneherein für unbegründet erachtet,** etwa wenn der vom (angeblichen) Gläubiger behauptete Anspruch offensichtlich nicht gegeben ist; ebenso kann die Einigungsstelle die Einleitung des Verfahrens ablehnen, wenn sich der Antrag offensichtlich als **rechtsmissbräuchlich** im Sinne von § 8 Abs. 4 darstellt.[58] Dem Wortlaut („den geltend gemachten Anspruch“) kann nicht zwingend entnommen werden, dass die Einigungsstelle, falls sie vom Anspruchsgegner angerufen wird, die Einleitung eines Einigungsverfahrens deshalb ablehnen kann, weil der Antragsteller des Verfahrens offensichtlich zu Unrecht vom Antragsgegner in Anspruch genommen wird. Eine solche Auslegung stünde in erkennbarem Widerspruch zu dem Sinn und Zweck des Einigungsverfahrens; die 24

---

[49] GroßKommUWG/*Nippe* § 15 Rdn. 125; *Nieder* S. 71 f., die hierfür eine ausdrückliche Belehrung über das Zustimmungserfordernis verlangen, was aber nicht zwingend erforderlich erscheint; so etwa, wenn dem (anwaltlich vertretenen) Gegner dieses, z. B. aus vorangegangenen Verfahren, bekannt ist.

[50] Vgl. z. B. § 4 BayDVO: „Anträge sind schriftlich mit Begründung in fünffacher Fertigung unter Bezeichnung der Beweismittel und unter Beifügung etwa vorhandener Unterlagen in Urschrift oder Abschrift und sonstiger Beweisstücke einzureichen; sie können auch zur Niederschrift der Einigungsstelle gestellt werden.“

[51] Teplitzky/*Bacher* Kap. 42 Rdn. 16; MünchKommUWG/*Ottofülling* § 15 Rdn. 72.

[52] *Ottofülling* WRP 2006, 410, 417; a. A. GroßKommUWG/*Nippe* § 15 Rdn. 124 m. w. N.

[53] Teplitzky/*Bacher* Kap. 42 Rdn. 23; Köhler/Bornkamm/*Köhler/Feddersen* § 15 Rdn. 18.

[54] MünchKommUWG/*Ottofülling* § 15 Rdn. 77.

[55] GroßKommUWG/*Nippe* § 15 Rdn. 144; Teplitzky/*Bacher* Kap. 42 Rdn. 14.

[56] Einschränkend *Ottofülling* WRP 2006, 410, 418, wenn die Rüge der örtlichen Unzuständigkeit erst im Termin erhoben wird.

[57] GroßKommUWG/*Nippe* § 15 Rdn. 146; Teplitzky/*Bacher* Kap. 42 Rdn. 14.

[58] GroßKommUWG/*Nippe* § 15 Rdn. 143; MünchKommUWG/*Ottofülling* § 15 Rdn. 77.

anzustrebende einvernehmliche Regelung kann nämlich auch darin bestehen, dass der Anspruchsteller davon überzeugt wird, einen unbegründeten Anspruch nicht weiter zu verfolgen.[59] Zwangsbefugnisse nach Abs. 5 stehen ihr in diesem Fall aber nicht zu.[60]

25 Gelangt die Einigungsstelle **nach der Einleitung des Verfahrens** zu der Auffassung, dass ihre Zuständigkeit bzw. der geltend gemachte Anspruch offensichtlich nicht gegeben ist, hat sie die Parteien auf diesen Umstand hinzuweisen. Sie kann nach allgemeiner Auffassung die weitere Tätigkeit aber nicht mehr nach Abs. 8 (entsprechend) ablehnen.[61] Ob sie berechtigt ist, sich weiterhin um einen einvernehmlichen Ausgleich zu bemühen, hängt von der Bereitschaft der Parteien ab, trotz der fehlenden Zuständigkeit der Einigungsstelle eine vergleichsweise Regelung anzustreben.[62]

26 Kommt es zur Einleitung eines Einigungsverfahrens, so hat der Vorsitzende die für den Fall hinzuziehenden **Beisitzer (im Einvernehmen mit den Parteien) zu bestimmen** (Abs. 2 Satz 3). Das hinsichtlich der Ladung, Terminsbestimmung und Fristen einzuhaltende Verfahren richtet sich nach den Regelungen in den einzelnen Durchführungsverordnungen der Länder. In der Regel ist die Einhaltung einer Mindestfrist (3 Tage) ab Zustellung der Ladung, die gegebenenfalls abgekürzt werden kann, vorgeschrieben.

5. Anordnung des persönlichen Erscheinens

27 Zu dem anzuberaumenden Termin vor der Einigungsstelle kann vom Vorsitzenden das **persönliche Erscheinen** einer oder auch beider Parteien angeordnet werden (Abs. 5 Satz 1). Die Anordnung muss nach den Regelungen in den Durchführungsverordnungen (bzw. i. V. m. § 141 Abs. 2 Satz 2 ZPO) auch dann der Partei selbst zugestellt werden, wenn sie einen Vertreter bestellt hat.[63] Sie muss einen Hinweis auf die möglichen Folgen eines unentschuldigten Ausbleibens[64] sowie die Möglichkeit der sofortigen Beschwerde nach Abs. 5 Satz 3 (hierzu Rdn. 40) enthalten.[65] Ob das persönliche Erscheinen angeordnet wird, hat sich in erster Linie anhand der in § 141 Abs. 1 Satz 2 ZPO genannten Kriterien – große Entfernung oder sonstige wichtige Gründe – aber auch der Bedeutung der Angelegenheit für die Parteien, deren Stellung im Wettbewerb und anhand der Umstände des Einzelfalls zu orientieren.[66] Auch wenn der Antragsgegner bereits zu erkennen gegeben hat, dass er an einer einvernehmlichen Regelung nicht interessiert ist, kann die Anordnung des persönlichen Erscheinens nicht ohne weiteres als ermessensfehlerhaft angesehen werden, da es auch bei einer solchen ablehnenden Haltung nicht von vorneherein ausgeschlossen erscheint, dass nach Erörterung der Sachargumente doch noch eine einvernehmliche Regelung zustande kommt.[67]

28 **Bleibt eine Partei unentschuldigt[68] dem Termin fern** und erscheint für sie auch kein mit der Sache vertrauter und zum Abschluss eines Vergleichs bevollmächtigter Vertreter[69] (vgl. § 141 Abs. 3 Satz 2 ZPO), so kann gegen sie ein Ordnungsgeld[70] festgesetzt werden (Abs. 5 Satz 2). Umstritten ist die Frage, ob die Einigungsstelle von dieser Möglichkeit überhaupt Gebrauch machen soll bzw. ob sie sich im Rahmen einer pflichtgemäßen Ermessensausübung hält, wenn gegen eine nicht erschienene Partei, die bereits erklärt hat, nicht verhandlungs- und vergleichsbereit zu sein,

---

[59] A. A. GroßKommUWG/*Nippe* § 15 Rdn. 143; Köhler/Bornkamm/*Köhler/Feddersen* § 15 Rdn. 18.

[60] MünchKommUWG/*Ottofülling* § 15 Rdn. 46; *ders.* WRP 2006, 410, 418 f.; Fezer/*Mees* § 15 Rdn. 46.

[61] GroßKommUWG/*Nippe* § 15 Rdn. 147; Teplitzky/*Bacher* Kap. 42 Rdn. 15.

[62] GroßKommUWG/Nippe § 15 Rdn. 147.

[63] Vgl. LG Magdeburg WRP 1996, 1134.

[64] Vgl. *Ottofülling* WRP 2006, 410, 419 Fn. 129.

[65] LG Hannover NJW-RR 1987, 817; WRP 1988, 574; GroßKommUWG/*Nippe* § 15 Rdn. 170.

[66] Hierzu eingehend GroßKomm/*Nippe* § 15 Rdn. 163 ff. m. w. N.

[67] OLG Hamm WRP 1984, 336; *Ottofülling* WRP 2006, 410, 419; *Krieger* GRUR 1957, 197, 203; anders wohl *Nieder* S. 76 für den Fall, dass ein Nichterscheinen ohne Sanktion bliebe.

[68] Ob ein hinreichender Grund für das Nichterscheinen vorliegt, richtet sich ebenfalls nach den Umständen des Einzelfalles (Entfernung, anfallende Reise- oder Vertretungskosten, Krankheit oder sonstige Verhinderungsgründe); vgl. GroßKomm/*Nippe* § 15 Rdn. 178; Rspr.-Beispiele: OLG Koblenz GRUR 1988, 560: Anordnung des persönlichen Erscheinens auch dann möglich, wenn die Partei erklärt, sich dem Einigungsverfahren nicht unterwerfen zu wollen oder wenn sie erklärt, nicht zu einem Vergleich bereit zu sein; ebenso OLG Hamm GRUR 1984, 600 (offen bei wiederholtem Fernbleiben); LG Schwerin WRP 1997, 881 f.: Für die Festsetzung eines Ordnungsgeldes wegen unentschuldigten Ausbleibens ist es ohne Bedeutung, ob ein Wettbewerbsverstoß vorliegt; zu den erforderlichen organisatorischen Vorkehrungen bei Urlaub bzw. sonstiger Abwesenheit vgl. LG Hannover WRP 1991, 64; weitere Nachw. aus der unveröffentlichten Rspr. bei *Ottofülling* WRP 2006, 410, 420 und in MünchKommUWG § 15 Rdn. 92 ff.; zustimmend Fezer/*Mees* § 15 Rdn. 58.

[69] Inwieweit eine entsprechende Anwendung von § 85 Abs. 2 ZPO in Betracht kommt, ist streitig; bejahend: LG Münster WRP 1984, 302; vgl. Großkomm/*Nippe* § 15 Rdn. 178 m. w. N.

[70] Dieses bestimmt sich nach Art. 6 Abs. 1 Satz 1 EGStGB und wird von der IHK als Träger der Einigungsstellen wie Beiträge eingezogen (z. B. § 6 Abs. 2 Satz 2 BayDVO).

ein Ordnungsgeld festgesetzt wird. Liegt eine ausdrücklich **ablehnende Erklärung des Antragsgegners** vor, so sollte kein Ordnungsgeld festgesetzt werden.[71] Denn die bestehende „theoretische" Möglichkeit, dass der Antragsgegner zu einem zweiten Termin erscheinen wird und seine Meinung ändert, kann hierfür nicht ausreichen. Ebenso ist nicht ohne weiteres zu begründen, wieso erst beim Nichterscheinen im zweiten oder sogar dritten Termin[72] von einem Scheitern des Einigungsverfahrens ausgegangen werden soll. Zwar sieht § 278 Abs. 3 Satz 2 ZPO seit dem 1.1.2002 die entsprechende Anwendung von § 141 Abs. 3 ZPO vor. Der ansonsten obligatorischen Güteverhandlung bedarf es jedoch nicht, wenn sie **„erkennbar aussichtslos"** erscheint (§ 278 Abs. 2 Satz 1 Alt. 2 ZPO), wovon bei Vorliegen entsprechend eindeutiger Parteierklärungen und auch dann, wenn der Beklagte (etwa in der Klageerwiderung) jegliche Vergleichsbereitschaft in Abrede stellt, in der Regel auszugehen sein wird.

Gegen die **Anordnung des persönlichen Erscheinens** sowie gegen die **Verhängung eines Ordnungsgeldes** findet die **sofortige Beschwerde** statt (Abs. 5 Satz 3, § 567 Abs. 1 Nr. 1 ZPO). 29
Hierüber entscheidet das für den Sitz der Einigungsstelle zuständige Landgericht (Abs. 5 Satz 2). Die einzuhaltende Frist und Form ergibt sich aus § 569 Abs. 1 Satz 1 und 2, Abs. 2, Abs. 3 Nr. 1 ZPO. Der sofortigen Beschwerde gegen die Festsetzung eines Ordnungsgeldes kommt aufschiebende Wirkung zu (§ 570 Abs. 1 ZPO). Nach der Neuregelung des Beschwerderechts – Einführung einer Abhilfemöglichkeit auch bei der sofortigen Beschwerde (§ 572 Abs. 1 ZPO) – muss diese Möglichkeit auch für den Vorsitzenden (im Falle der Anordnung des persönlichen Erscheinens) sowie für die Einigungsstelle (bei der Verhängung eines Ordnungsgeldes) bestehen.[73] Die Besonderheiten des Einigungsverfahrens stehen einer derartigen Maßnahme der „Selbstkontrolle" nicht entgegen.[74]

Gegen die Entscheidung des Landgerichts findet die **Rechtsbeschwerde** nur im Falle ihrer Zulassung statt (§ 574 Abs. 1 Nr. 2, Abs. 3 ZPO).[75] 30

Im Falle der Aufhebung des durch die Einigungsstelle festgesetzten Ordnungsgeldes durch das Landgericht ist weder für den Gegner[76] noch für die Industrie- und Handelskammer[77] eine Beschwerdemöglichkeit eröffnet. Unter den Voraussetzungen des § 574 ZPO kann die Rechtsbeschwerde zugelassen werden.[78] 31

6. Mündliche Verhandlung

§ 15 enthält keine Bestimmungen über den **Ablauf der mündlichen Verhandlung.** Hierzu bestimmen die Durchführungsverordnungen der Länder übereinstimmend die **Nichtöffentlichkeit** der Verhandlung;[79] jedoch kann der Vorsitzende im Falle eines berechtigten Interesses Dritten die Anwesenheit gestatten (z.B. § 5 Abs. 1 BayDVO). Über die mündliche Verhandlung, zu der ein Schriftführer hinzugezogen werden kann, ist eine **Niederschrift** anzufertigen, die die wesentlichen Formalien (Ort, Zeit, Beteiligte etc.) enthalten soll und von dem Vorsitzenden und gegebenenfalls dem Schriftführer zu unterzeichnen ist. Die Mitglieder der Einigungsstelle sind zur Verschwiegenheit verpflichtet (zum Teil erklären die Durchführungsverordnungen § 43 DRiG für entsprechend anwendbar, so § 6 Abs. 4 BayDVO). 32

Wie sich aus dem Zweck des Einigungsverfahrens ergibt, soll in der mündlichen Verhandlung aufgrund einer Aussprache ein **gütlicher Ausgleich** zwischen den Parteien herbeigeführt werden (Abs. 6 Satz 1). Die Parteien sind aber nicht verpflichtet, sich zur Sache zu äußern; sie unterliegen auch nicht der prozessualen Wahrheitspflicht.[80] Bei ihren Bemühungen um einen gütlichen Aus- 33

---

[71] Köhler/Bornkamm/*Köhler/Feddersen* § 1 Rdn. 19; vgl. ausführlich und zur Gegenauffassung Großkomm-UWG/*Nippe* § 15 Rdn. 184ff. m.w.N.

[72] So *Ottofülling* WRP 2006, 410, 423.

[73] OLG Frankfurt GRUR-RR 2003, 358; OLG Köln Mitt. 2010, 317 (LS); Teplitzky/*Bacher* Kap. 42 Rdn. 31; Fezer/*Mees* § 15 Rdn. 59, 98.

[74] Vgl. aber *Ottofülling* WRP 2006, 410, 419 und in MünchKommUWG § 15 Rdn. 88, wonach für die Einigungsstelle nur eine Aussetzung in Betracht kommt.

[75] OLG Köln Mitt. 2010, 317 (LS); vgl. auch OLG Hamburg GRUR 1991, 78 und OLG Stuttgart WRP 1994, 280 (LS) zur Frage der Zulässigkeit der weiteren Beschwerde nach altem Recht.

[76] Vgl. OLG Frankfurt GRUR 1991, 249f.; OLG Hamm WRP 1989, 190f.; *Nieder* S. 77 a.A. OLG Frankfurt GRUR 1988, 150f.

[77] OLG Frankfurt GRUR 1988, 150; OLG Hamm WRP 1987, 187; OLG Hamburg GRUR 1991, 78; *Nieder* S. 77.

[78] OLG Frankfurt GRUR-RR 2003, 358.

[79] MünchKommUWG/*Ottofülling* § 15 Rdn. 99; Fezer/*Mees* § 15 Rdn. 64.

[80] RG GRUR 1937, 236, 237; Teplitzky/*Bacher* Kap. 42 Rdn. 20; GroßKommUWG/*Nippe* § 15 Rdn. 210.

gleich ist die Einigungsstelle zur Objektivität und Neutralität verpflichtet[81] und hat sich jeder unsachlichen Einwirkung auf die Parteien oder eine Partei zu enthalten. Dies bedeutet allerdings nicht, dass sie nicht aufgrund der objektiven Einschätzung der Sach- und Rechtslage auf ein sachgerechtes Ergebnis des Einigungsverfahrens hinwirken dürfte, auch wenn dies darin besteht, dass dem Antragsteller nahe gelegt wird, seinen unbegründeten Antrag zurückzunehmen.[82] Die Einigungsstelle kann den Parteien auch einen schriftlichen Vergleichsvorschlag, als Ergebnis der mündlichen Verhandlung aber auch schon vor dem Termin, unterbreiten, der nur mit Zustimmung der Parteien veröffentlicht werden darf (Abs. 6).

34 Über die Erörterung der Angelegenheit hinaus gehört die **Sachaufklärung** nicht zur Aufgabe der Einigungsstelle. Zur Ladung von Zeugen und Sachverständigen ist die Einigungsstelle nicht befugt. Sie kann jedoch Zeugen und Sachverständige („Auskunftspersonen", so § 5 Abs. 2 BayDVO), die freiwillig zum Termin (in der Regel auf Veranlassung einer der Parteien) erschienen, sind, anzuhören. Deren Vereidigung (bzw. einer Partei) ist nicht zulässig. Soweit die Zulässigkeit der Inanspruchnahme von Amtshilfe entsprechend § 1050 ZPO (früher § 1036 ZPO) diskutiert wird, erscheint dies – von der offensichtlichen fehlenden Relevanz in der Praxis abgesehen – mit der Aufgabenstellung der Einigungsstelle nicht vereinbar.[83]

35 Kommt es zum Abschluss eines **Vergleichs** – im Anschluss an *Köhler*[84] wird der Begriff von der allgemeinen Meinung nicht im Sinne von § 779 BGB als das Ergebnis eines beiderseitigen Nachgebens verstanden, sondern eigenständig als Ergebnis einer einvernehmlichen Regelung –, der in entsprechender Anwendung von Abs. 6 Satz 2 ebenfalls nur mit Zustimmung der Parteien veröffentlicht werden darf, muss dieser gemäß § 15 Abs. 7 Satz 1 in einem besonderen Schriftstück unter Angabe des Datums niedergelegt und von den Mitgliedern der Einigungsstelle und den Parteien unterschrieben werden (gesetzliche Schriftform im Sinne von § 125 Satz 1 BGB). Eine entsprechende Anwendung von § 278 Abs. 6 ZPO kommt nicht in Betracht; ein vor der mündlichen Verhandlung von der Einigungsstelle gemachter Einigungsvorschlag kann von den Parteien daher nicht durch schriftliche Erklärung angenommen werden.[85] Die Regelung in Absatz 7 setzt ferner eine schriftliche Abfassung aufgrund mündlicher Vorhandlung voraus. Zwar ist es den Parteien unbenommen, sich über den Streitfall anderweitig zu vergleichen (§ 779 BGB); ein solcher Vergleich erfüllt aber nicht die Voraussetzungen des § 15 Abs. 7 und kann daher kein Vollstreckungstitel nach Satz 2 1. Halbsatz sein.[86]

36 Aus dem Vergleich findet die **Vollstreckung** statt.[87] Für die Erteilung der Vollstreckungsklausel ist der Urkundsbeamte des Amtsgerichts am Sitz der Einigungsstelle zuständig (Abs 7 Satz 2 2. Halbsatz, § 797a ZPO). Im Übrigen bestimmt sich das ausschließlich (§ 802 ZPO) zuständige Vollstreckungsgericht nach dem Inhalt des Vergleichs. Beinhaltet er eine Unterlassungspflicht, ist für die Vollstreckung sowie für die vorherige Androhung von Ordnungsmitteln nach § 890 Abs. 2 ZPO das Prozessgericht erster Instanz (§ 890 Abs. 1 ZPO) zuständig, das für eine entsprechende gerichtliche Geltendmachung zuständig gewesen wäre; ebenso bei einer Vollstreckung nach §§ 887, 888 ZPO.[88]

7. Beendigung des Verfahrens

37 Kommt es nicht zum Abschluss eines Vergleichs, so hat der Vorsitzende den **Zeitpunkt der Beendigung des Verfahrens** wegen

- der Rücknahme des Antrags (die, soweit in den Durchführungsverordnungen nicht auf § 269 ZPO verwiesen wird, § 6 Abs. 7 BayDVO, auch ohne Zustimmung des Gegners möglich ist),[89]
- der Ablehnung der Einleitung von Einigungsverhandlungen nach Abs. 8,
- einer anderweitigen Regelung der Parteien außerhalb des Einigungsverfahrens, oder
- Scheiterns der Verhandlungen (einschließlich des Nichterscheinens einer Partei)

[81] OLG Frankfurt GRUR 1988, 150, 151; GroßKommUWG/*Nippe* § 15 Rdn. 209.
[82] GroßKommUWG/*Nippe* vorige Fn.
[83] Teplitzky/*Bacher Kap. 42* Rdn. 21.
[84] Teplitzky/*Bacher* Kap. 42 Rdn. 24; *Melullis* Rdn. 78; *Nieder* S. 78.
[85] Vgl. auch Teplitzky/*Bacher* Kap. 42 Rdn. 19.
[86] Die Unzuständigkeit der Einigungsstelle, Mängel bei deren Anrufung oder Besetzung stehen der Bejahung eines wirksamen Vollstreckungstitels allerdings nicht entgegen, GroßKommUWG/*Nippe* § 15 Rdn. 229; *Nieder* S. 79.
[87] Vgl. OLG Schleswig OLG Report 1999, 267 = WRP 1999, 1320 (LS) zur Bejahung eines Rechtsschutzbedürfnisses für eine Unterlassungsklage trotz Bestehens eines vollstreckbaren Vergleichs, wenn die neue Werbung Abweichungen gegenüber der im Einigungsverfahren gegenständlichen aufweist.
[88] Köhler/Bornkamm/*Köhler/Feddersen* § 15 Rdn. 26.
[89] MünchKommUWG/*Ottofülling* § 15 Rdn. 74, 113.

festzustellen und den Parteien mitzuteilen (Abs. 9 Satz 2 und 3). Ein Rechtsmittel gegen diese Festlegung ist nicht gegeben, was unbedenklich ist, da damit keine – für ein streitiges Verfahren – verbindliche Feststellung in Bezug auf die Hemmung der Verjährung (§ 209 BGB) verbunden ist.[90] Eine dahingehende Wirkung kann Abs. 9 nicht entnommen werden.

V. Hemmung der Verjährung (Abs. 9 Satz 1)

Durch die Anrufung der Einigungsstelle wird gemäß Abs. 9 Satz 1 die **Verjährung in gleicher Weise wie durch Klageerhebung gehemmt.** Entsprechend der Regelung in § 204 Abs. 1 Nr. 1 BGB tritt die Hemmungswirkung danach nicht bereits mit Eingang des Antrags bei der Einigungsstelle sondern mit dessen Zustellung an den Gegner ein,[91] wobei jedoch § 167 ZPO (vgl. auch § 204 Abs. 1 Nr. 4 2. Halbsatz BGB) entsprechend anzuwenden ist. Im Hinblick auf die vorgesehene „Gleichwirkung" zur Klageerhebung – die Verteidigung gegen eine negative Feststellungsklage ist zur Hemmung der Verjährung nicht geeignet[92] – wird auch der Anrufung einer unzuständigen Einigungsstelle eine Hemmungswirkung zukommen,[93] sofern im Übrigen ein wirksamer Antrag, insbesondere in den Fällen des Abs. 3 Satz 1 die Zustimmung des Gegners vorliegt. 38

Aufgrund der vorgesehenen Gleichwirkung zur Klageerhebung besteht allerdings keine Veranlassung, eine Hemmung auch bei Anrufung durch den **Schuldner** des fraglichen Anspruchs eintreten zu lassen, vielmehr ist der Auffassung beizupflichten, dass ein vom Schuldner eingeleitetes Verfahren nur dann eine Hemmung herbeiführt, wenn sich der Gläubiger hierauf einlässt,[94] auch wenn die frühere Regelung in Abs. 9 Satz 5 (siehe Rdn. 6) hierfür nicht mehr mit als Argument herangezogen werden kann. 39

Der **Ablauf der Hemmung** richtet sich nach § 204 Abs. 2 Satz 1, 2 BGB, die erneute Hemmung nach Satz 3. 40

VI. Anrufung aufgrund gerichtlicher Anordnung

In **„Verbraucherstreitigkeiten"** im Sinne von Abs. 3 Satz 2 (siehe oben Rdn. 21) ohne vorherige Durchführung eines Einigungsverfahrens kann das Gericht auf Antrag einer der Parteien, diesen aufgeben, die Einigungsstelle zur Herbeiführung eines gütlichen Ausgleichs anzurufen (Abs. 10 Satz 1). Eine solche im **Ermessen des Gerichts** stehende Entscheidung wird (nur) dann in Betracht kommen, wenn dies von beiden Parteien beantragt wird oder – bei nur einseitigem Antrag – wenn Umstände dargetan oder sonst ersichtlich sind, wonach von einer Befassung der Einigungsstelle eine vergleichsweise schnellere und/oder kostengünstigere Erledigung der Streitigkeit zu erwarten ist.[95] Hierbei ist auch zu berücksichtigen, dass die Anordnung vom Gericht nicht durchgesetzt werden kann, sodass auch darauf zu achten ist, ob mit einseitigen Anträgen nicht lediglich eine Verfahrensverzögerung verbunden ist. Das Gesetz[96] geht ersichtlich davon aus, dass diese Anordnung **aufgrund mündlicher Verhandlung** ergeht, da vorgesehen ist, dass mit der Anordnung ein neuer Termin anberaumt wird. Im Falle eines übereinstimmenden Antrags vor dem Termin zur mündlichen Verhandlung erscheint es auch sachgerecht, einen bereits anberaumten Termin zu verlegen oder einen entsprechend weit hinausgeschobenen Termin zur mündlichen Verhandlung zu bestimmen. Eine Anfechtbarkeit der Anordnung (sofortige Beschwerde) ist entsprechend § 252 ZPO nur dann gegeben, wenn mit der entsprechenden Vertagung bzw. Terminierung im Ergebnis eine Rechtsverweigerung verbunden ist.[97] 41

---

[90] GroßKommUWG/*Nippe* § 15 Rdn. 239.

[91] A. A. Ohly/*Sonitza* § 15 Rdn. 16; Fezer/*Mees* § 15 Rdn. 111; Ahrens/*Ahrens* Kap. 13 Rdn. 18; MünchKommUWG/*Ottofülling* § 15 Rdn. 146 unter Hinweis auf die kurze Verjährungsfrist.

[92] BGHZ 72, 23, 28; NJW 1972, 157, 159 und 1043.

[93] Teplitzky/*Bacher Kap. 42* Rdn. 48 mit Darstellung des Meinungsstandes; offen gelassen von OLG Köln NJWE-WettbR 1997, 282, 284; vgl. auch BGH NJW-RR 1993, 1495; NJW 1978, 1058; Palandt/*Heinrichs* § 204 Rdn. 19, 5; Staudinger/*Eidenmüller* NJW 2004, 23; *Friedrich* NJW 2003, 1781, 1782.

[94] *Köhler* WRP 1991, 617, 620f.; Ohly/*Sosnitza* § 15 Rdn. 17; Teplitzky/*Bacher* Kap. 42 Rdn. 48; Köhler/Bornkamm/*Köhler/Feddersen* § 15 Rdn. 34; Fezer/*Mees* § 15 Rdn. 112; *Melullis* Rdn. 87; a. A. OLG Koblenz GRUR 1988, 566 mit zust. Anm. *Ahrens* EWiR 1988, 723f.; Ahrens/*Ahrens* Kap. 13 Rdn. 18: jedenfalls Hemmung gemäß § 203 BGB; offen gelassen von OLG Köln NJWE-WettbR 1997, 282, 284.

[95] Vgl. hierzu GroßKommUWG/*Nippe* § 15 Rdn. 335; Teplitzky/*Bacher* Kap. 42 Rdn. 35.

[96] Bisher ist die Regelung ohne praktische Bedeutung geblieben, MünchKommUWG/*Ottofülling* § 15 Rdn. 144.

[97] Vgl. Zöller/*Stöber* § 227 Rdn. 28 zur Anfechtbarkeit von Entscheidungen gemäß § 227 ZPO; vgl. auch-Teplitzky/*Bacher* Kap. 42 Rdn. 35; vgl. auch OLG Stuttgart WRP 1997, 350; weiter GroßKommUWG/*Nippe*

42 In einstweiligen Verfügungsverfahren ist eine solche Anordnung nur auf übereinstimmenden Antrag zulässig (Abs. 10 Satz 2). Eine derartige Vorgehensweise birgt aber für den Antragsteller des Verfügungsverfahrens die Gefahr, dass eine damit verbundene Verzögerung des gerichtlichen Verfahrens als dringlichkeitsschädlich angesehen wird.[98]

43 Ist eine gerichtliche Anordnung nach Abs. 10 Satz 1 ergangen, kann die in der Anordnung vom Gericht zu benennende Einigungsstelle die Einleitung von Einigungsverhandlungen nicht gemäß Abs. 8 ablehnen (Absatz 10 Satz 3).

VII. Klageerhebung nach Einleitung eines Einigungsverfahrens

1. Negative Feststellungsklage des Antragsgegners

44 Das Gesetz trifft in Abs. 10 Satz 4 nur für den Fall der negativen Feststellungsklage von Seiten des Anspruchsgegners eine Regelung. Nach Anrufung der Einigungsstelle (Eingang des Antrags) durch den Anspruchsteller und erst Recht durch den Anspruchsgegner selbst soll diesem durch die Erhebung[99] einer negativen Feststellungsklage nicht die Grundlage für die angestrebte gütliche Streitbeilegung entzogen werden.[100] Eine negative Feststellungsklage ist für die Dauer des Einigungsstellenverfahrens unzulässig[101] und daher abzuweisen. Eine Aussetzung gemäß § 148 ZPO kommt nicht in Betracht.[102]

2. Leistungsklage, positive Feststellungsklage

45 Für die Fälle der Erhebung einer Leistungsklage bzw. einer positiven Feststellungsklage während der Anhängigkeit eines Einigungsverfahren wird hinsichtlich der Zulässigkeit einer solchen Vorgehensweise zu Recht danach differenziert, wer die Einigungsstelle angerufen hat.[103]

46 Wurde die Einigungsstelle vom **Anspruchsgegner** angerufen, ist der Anspruchsteller nur dann an einer gerichtlichen Rechtsverfolgung gehindert, wenn er der Anrufung der Einigungsstelle als Voraussetzung für deren Tätigwerden (Abs. 3 Satz 1) zugestimmt hat.[104] Dies wird damit begründet, dass dem Anspruchsteller eine Verzögerung der gerichtlichen Durchsetzung im Hinblick auf die nur beschränkten Erkenntnismöglichkeiten des Einigungsverfahrens nicht zumutbar sei.

47 Hat der **Anspruchsteller** selbst die Einigungsstelle angerufen, wird es für die Bejahung eines Rechtsschutzbedürfnisses für eine danach erhobene, denselben Streitgegenstand betreffende Klage zu verlangen sein, dass er Umstände dartut,[105] die es ihm nicht (mehr) zumutbar erscheinen lassen, dass er den Ausgang des eingeleiteten Einigungsverfahrens abwartet.[106]

48 Die bloße Erklärung der Bereitschaft einer Partei zur Durchführung des Einigungsstellenverfahren lässt das Rechtsschutzbedürfnis für eine gerichtliche Durchsetzung nicht entfallen.[107]

3. Einstweilige Verfügung

49 Einigkeit besteht, dass die Zulässigkeit einer gerichtlichen Geltendmachung im Wege der einstweiligen Verfügung durch die Anhängigkeit eines Einigungsverfahrens nicht eingeschränkt wird.[108]

---

§ 15 Rdn. 337 und Köhler/Bornkamm/*Köhler/Feddersen* § 15 Rdn. 33, wonach Gegenstand der Überprüfung auch das Vorliegen der gesetzlichen Voraussetzungen und die ordnungsgemäße Ausübung des Ermessens sein sollen.

[98] Vgl. auch *Melullis* Rdn. 90; GroßKommUWG/*Nippe* § 15 Rdn. 334.

[99] Maßgeblich ist die Zustellung, OLG Hamburg WRP 1994, 315, 321; Teplitzky/*Bacher* Kap. 42 Rdn. 36.

[100] Vgl. die Amtl. Begr. oben Fn. 10.

[101] OLG Hamburg WRP 1994, 315, 321; GroßKommUWG/*Nippe* § 15 Rdn. 319.

[102] OLG Stuttgart WRP 1997, 350.

[103] Teplitzky/*Bacher* Kap. 42 Rdn. 39ff.; GroßKommUWG/*Nippe* § 15 Rdn. 127ff.; *Melullis* Rdn. 90.

[104] KG MD 1985, 770 = DB 1985, 2403; OLG München WRP 1971, 487; OLG Stuttgart WRP 1980, 508, 509; Köhler/Bornkamm/*Köhler/Feddersen* § 15 Rdn. 30; Teplitzky/*Bacher* Kap. 42 Rdn. 41 m. w. N.

[105] Vgl. LG Magdeburg WRP 1998, 540: Klageerhebung nach Fristsetzung gemäß § 926 ZPO.

[106] Köhler/Bornkamm/*Köhler/Feddersen* § 15 Rdn. 30; Teplitzky/*Bacher* Kap. 42 Rdn. 40; jeweils m. w. N.; *Melullis* Rdn. 90; a. A. *Pohlmann* GRUR 1993, 361, 364; vgl. auch OLG Hamm WRP 1982, 233, 234f. zum Fehlen des Rechtsschutzbedürfnisses für ein gerichtliches Vorgehen nach Abschluss des Einigungsverfahrens in einem besonders gelagerten Fall – Koppelung von Kostenübernahme und Unterlassungserklärung.

[107] LG Rostock, Urt. vom 11.4.2014, Az- 5 HK O 193/13 – juris.

[108] KG DB 1985, 2403 = MD 1985, 770, 774; OLG Stuttgart WRP 1980, 508, 509; OLG München WRP 1971, 487; MD 1985, 616, 618; Teplitzky/*Bacher* Kap. 42 Rdn. 38; GroßKommUWG/*Nippe* § 15 Rdn. 318; Ahrens/*Probandt* Kap. 13 Rdn. 16; a. A. OLG Koblenz NJW-RR 1989, 38, 39.

VIII. Kosten

1. Gebühren, Auslagen der Einigungsstelle

Im Hinblick auf den Wegfall der Ermächtigung zur Erhebung von **Gebühren** (siehe Rdn. 1) enthalten die Durchführungsverordnungen keine Bestimmungen zur Erhebung von Gebühren mehr.[109] Das Verfahren vor der Einigungsstelle ist **gebührenfrei.** Es werden zum Teil lediglich **Auslagen** entsprechend der Regelung im GKG erhoben (§ 8 BayDVO; § 12 Abs. 2 Hamburger DVO), zum Teil erfassen die zu ersetzenden Auslagen auch Vergütungen und Aufwendungen für die Mitglieder der Einigungsstelle (z.B. § 13 Abs. 3 DVO Mecklenburg-Vorpommern). Diese unterschiedlich definierten Aufwendungen werden vom Vorsitzenden festgestellt bzw. von der Einigungsstelle festgesetzt,[110] zum Teil nur auf entsprechenden Antrag. Auch wenn eine Einigung in der Sache nicht zustande kommt, soll die Einigungsstelle eine gütliche Einigung der Parteien über die Kosten herbeiführen.[111] Kommt eine Einigung nicht zustande, entscheidet die Einigungsstelle hierüber nach billigem Ermessen[112] (Ausnahme: § 13 Abs. 4 Satz 1 DVO Rheinland-Pfalz, wonach jede Partei die Hälfte der Kosten zu tragen hat[113]). Gegen die Entscheidung ist nach den Durchführungsverordnungen die sofortige Beschwerde eröffnet, über die das für den Sitz der Einigungsstelle zuständige Landgericht – Kammer für Handelsachen bzw. die Zivilkammer – entscheidet. Die Aufwendungen werden von der Industrie- und Handelskammer wie Beiträge eingezogen. 50

2. Kosten der Parteien

a) Kostenerstattung. Eine Erstattung der Kosten der Parteien ist in den Durchführungsverordnungen nicht vorgesehen. Soweit Regelungen in den Durchführungsverordnungen enthalten sind, lauten diese dahin, dass die Parteien ihre entstandenen Kosten selbst zu tragen haben (z.B. § 12 Abs. 4 EinigungsstellenVO Baden-Württemberg[114]). Eine Erstattungspflicht kann für den **Antragsteller** aufgrund materiell-rechtlicher Grundlage unter dem Gesichtspunkt der Geschäftsführung ohne Auftrag (§ 683 Satz 1, § 677, 670 BGB)[115] oder des Schadensersatzes (Rechtsverfolgungskosten[116]) begründet werden. Die Einleitung eines Einigungsverfahrens nach einer erfolglosen Abmahnung entspricht allerdings nicht mehr dem mutmaßlichen Willen des Schuldners.[117] Demgegenüber wird die Auffassung vertreten, dass bei bestimmten Fallgestaltungen – eindeutige Verstöße – dennoch ein Anspruch gemäß § 12 Abs. 1 Satz 2 analog zu bejahen sei, da die Rspr. des BGH zur Geschäftsführung ohne Auftrag auf die neue Rechtslage nicht übertragbar sei.[118] Eine analoge Anwendung von § 12 Abs. 1 Satz 2 für derartige Fallgestaltung wird zu Recht überwiegend abgelehnt.[119] Wenn die Einigungsstelle ohne vorherige Abmahnung angerufen wird, wird eine Kostenerstattung gemäß § 12 Abs. 1 Satz 2 analog angenommen, wenn sich der Antragsgegner unterwirft und der Anspruch begründet war.[120] 51

Von den **Ausnahmefällen** einer vorsätzlichen **sittenwidrigen Schädigung** (§ 826 BGB) abgesehen, kann der Antragsgegner seine **Aufwendungen nicht ersetzt verlangen,** auch wenn der geltend gemachte Anspruch für unbegründet erachtet wurde.[121] 52

---

[109] Die frühere Regelung § 11 DVO Bremen wurde bereits 1999 aufgehoben, worauf von *Ottofülling* WRP 2006, 410, 424 Fn. 200 zutreffend hingewiesen wird.

[110] Vgl. LG Hannover WRP 1993, 852 (LS) zur Frage der Zulässigkeit einer sofortigen Beschwerde gegen einen Kostenbeschluss; *Nieder* S. 80.

[111] *Steinmetz* S. 131.

[112] OLG Stuttgart NJWE-WettbR 1996, 197, 200.

[113] Hierzu Teplitzky/*Bacher* Kap. 42 Rdn. 29 Fn. 75 gegen die einschränkende Anwendung der Regelung im Falle der Antragsrücknahme bei GroßKommUWG/*Nippe* § 15 Rdn. 251; Ahrens/*Ahrens* Kap. 13 Rdn. 52.

[114] Vgl. OLG Stuttgart NJWE-WettbR 1996, 197, 200.

[115] BGH GRUR 2001, 1166, 1169f. – *Fernflugpreise;* OLG Hamm GRUR 1988, 715; GroßKommUWG/*Nippe* § 15 Rdn. 266ff.; Ohly/*Sosnitza* § 15 Rdn. 12.

[116] MünchKommUWG/*Ottofülling* § 15 Rdn. 118; *Melullis* Rdn. 84.

[117] BGH GRUR 2001, 1166, 1169f. – *Fernflugpreise;* OLG Hamm GRUR 1988, 715; *Brüning* § 12 Abs. 1 Rdn. 93; *Köhler* WRP 1991, 617, 622.

[118] *Ottofülling* WRP 2006, 410, 424f.; *ders.* in: MünchKommUWG § 15 Rdn. 120; jeweils unter Bezugnahme auf unveröffentlichte Instanzrechtsprechung.

[119] Köhler/Bornkamm/*Köhler/Feddersen,* § 15 Rdn. 29; Fezer/*Mees* § 15 Rdn. 89.

[120] MünchKommUWG/*Ottofülling* § 15 Rdn. 119; Köhler/Bornkamm/*Köhler/Feddersen § 15* Rdn. 29.

[121] *Melullis* Rdn. 85; vgl. auch OLG München NJWE-WettbR 1999, 185; OLG Stuttgart NJWE-WettbR 1997, 197, 200; weitergehend *Köhler* WRP 1991, 617, 622: Anspruch aus c.i.c.; ablehnend *Melullis* Rdn. 85.

53 Die mit dem Einigungsstellenverfahren verbundenen Kosten der Parteien können **nicht** aufgrund einer Kostenentscheidung **in einem nachfolgenden Gerichtsverfahren erstattet verlangt** werden,[122] auch dann nicht, wenn dieses wegen des Einigungsstellenverfahrens ausgesetzt worden war.

54 **b) Anwaltsgebühren.** Die Vergütung für die anwaltliche Tätigkeit richtet sich nach Nr. 2303 Nr. 4 VV-RVG (1,5 Gebühr). Es handelt sich um eine **eigene Angelegenheit** im Sinne von § 17 Nr. 7 RVG. Im Falle einer Einigung kann eine **Einigungsgebühr** gemäß Nr. 1000 VV-RVG in Ansatz gebracht werden.[123]

---

[122] OLG München NJWE-WettbR 1999, 185; vgl. auch OLG München NJW 1965, 2212.

[123] Vgl. MünchKommUWG/*Ottofülling* § 15 Rdn. 37 Fn. 66; *ders.* WRP 2006, 410, 412 Fn. 26.

Kapitel 4. Strafvorschriften

§ 16 Strafbare Werbung

(1) **Wer in der Absicht, den Anschein eines besonders günstigen Angebots hervorzurufen, in öffentlichen Bekanntmachungen oder in Mitteilungen, die für einen größeren Kreis von Personen bestimmt sind, durch unwahre Angaben irreführend wirbt, wird mit Freiheitsstrafe bis zu zwei Jahren oder mit Geldstrafe bestraft.**

(2) **Wer es im geschäftlichen Verkehr unternimmt, Verbraucher zur Abnahme von Waren, Dienstleistungen oder Rechten durch das Versprechen zu veranlassen, sie würden entweder vom Veranstalter selbst oder von einem Dritten besondere Vorteile erlangen, wenn sie andere zum Abschluss gleichartiger Geschäfte veranlassen, die ihrerseits nach der Art dieser Werbung derartige Vorteile für eine entsprechende Werbung weiterer Abnehmer erlangen sollen, wird mit Freiheitsstrafe bis zu zwei Jahren oder mit Geldstrafe bestraft.**

Gesamtinhaltsübersicht

	Rdn.
A. Allgemeines zu § 16 Abs. 1 und Abs. 2	1
I. Einfluss des europäischen Rechts	1
II. Gesetzesgeschichte	5
III. Zuständigkeit	8
B. Strafbare irreführende Werbung (§ 16 Abs. 1 UWG)	9
I. Auslegungsmaßstab und Normzweck	9
II. Objektiver Tatbestand	10
1. Irreführende Werbung durch unwahre Angaben	10
a) Werbung	11
b) Angabe	12
c) Bezugspunkte	13
d) Unwahr und täuschend	14
e) Verschweigen	18
2. In öffentlichen Bekanntmachungen oder in Mitteilungen für einen größeren Personenkreis	20
3. Relevanz bzw. Erheblichkeit	25
4. Entbehrliche Voraussetzungen	26
a) Wettbewerbsbezug	26
b) Vermögensschaden	28
III. Subjektiver Tatbestand	29
1. Vorsatz	29
2. Absichtserfordernis	31
IV. Rechtswidrigkeit und Schuld	34
V. Täter und Teilnehmer	35
VI. Konkurrenzen	36
1. Strafrecht	36
2. Zivilrecht	37
VII. Versuch, Strafmaß und -verfolgung, Verfall und Einziehung	38
1. Versuch	38
2. Strafmaß	39
3. Verfall und Einziehung	41
4. Strafverfolgung	45
C. Progressive Kundenwerbung (§ 16 Abs. 2 UWG)	46
I. Auslegungsmaßstab und Gesetzeszweck	46
1. Auslegungsmaßstab	46
2. Gesetzeszweck	47
II. Objektiver Tatbestand	48
1. Voraussetzungen	48
a) Versuch der Teilnehmergewinnung	49
b) Im geschäftlichen Verkehr	50
c) Verbraucher	53
d) Vorteilsversprechen mit dem Ziel der Veranlassung zur Abnahme von Waren, Dienstleistungen oder Rechten	56
e) Abgrenzung	65

Rdn.

2. Haupterscheinungsformen ... 66
3. Arten ... 67
a) Pyramidenspiele ... 67
b) Kettenbriefsysteme ... 68
c) Schenkkreise ... 69
d) Powershopping ... 70
e) Reverse auctions ... 71
f) Multi-Level-Marketing ... 72
g) Ponzi-Schemes ... 73a
III. Subjektiver Tatbestand ... 74
IV. Rechtswidrigkeit und Schuld ... 75
V. Täter und Teilnehmer ... 76
VI. Konkurrenzen ... 77
1. Strafrecht ... 77
2. Zivilrecht ... 78
VII. Versuchsstrafbarkeit ... 79
VIII. Strafmaß ... 80
IX. Verfall und Einziehung ... 82
X. Strafverfolgung ... 83

Schrifttum: *Achenbach,* Das zweite Gesetz zur Bekämpfung der Wirtschaftskriminalität, NJW 1986, 1835; *ders.,* Aus der veröffentlichten Rechtsprechung zum Wirtschaftsstrafrecht, NStZ 1991, 409 und 1993, 477; *Alexander,* Die strafbare Werbung in der UWG-Reform, WRP 2004, 407; *Beckemper,* Die Strafbarkeit des Veranstaltens eines Pyramidenspiels nach § 6c UWG, wistra 1999, 169; *Brammsen,* Zur Frage der strafbaren Werbung durch unzutreffende Gewinnversprechen – Anm. zu BGH Urt. v. 30.5.2008, Az. 1 StR 166/07, NStZ 2009, 279; *Brammsen/Apel,* Anm. zum Beschluss des BGH vom 24.2.2011, Az. 5 StR 514/09 – Zum Verbraucherbegriff bei der progressiven Kundenwerbung, EWiR 2011, 439; *dies.,* Madoff, Phoenix, Ponzi und Co. – Bedarf das „Schneeballverbot" der progressiven Kundenwerbung in § 16 II UWG der Erweiterung? WPR 2011, 400; *dies.,* Schneeballsysteme nach der 4finance-Entscheidung des EuGH – Abstimmungsprobleme im Verhältnis von Nr. 14 Anh. I UGP-RL und Nr. 14 Anhang zu § 3 Abs. 3 UWG untereinander und zu § 16 Abs. 2 UWG, GRUR Int. 2014, 1119; *dies.,* Strafbare Werbung für „Abo-Fallen", WRP 2011, 1254; *Brammsen/Leible,* Multi-Level-Marketing im System des deutschen Lauterkeitsrechts, BB 1997 Beilage 10 zu Heft 32, S. 1; *Claus,* Die Strafbarkeit der Lüge nach § 16 I UWG, Jura 2009, 439; *Dannecker,* Die Dynamik des materiellen Strafrechts unter dem Einfluss europäischer und internationaler Entwicklungen, ZStW 177 (2005), 697; *ders.,* in: Eser/Huber, Strafrechtsentwicklung in Europa 4.3, 1995, S. 64; *Dierlamm,* Strafbarkeit falscher Versprechungen bei Kaffeefahrten, NStZ 2003, 268; *Dornis,* Der „Schenkkreis" in der Strafbarkeitslücke? – Zum Tatbestandsmerkmal des „geschäftlichen Verkehrs" in § 16 Abs. 2 UWG, WRP 2007, 1303; *ders.,* Der „Anschein eines besonders günstigen Angebots" im Sinne des § 16 Abs. 1 UWG, GRUR 2008, 742; *Ebbing,* Strukturvertrieb oder Schneeballsystem? – Zur Zulässigkeit des Multilevel Marketing im US-amerikanischen Recht, GRUR Int. 1998; 15; *Eisele,* Europäisches Strafrecht – Systematik des Rechtsgüterschutzes durch die Mitgliedstaaten, JA 2000, 991; *Erbs/Kohlhaas,* Strafrechtliche Nebengesetze, Std. 186. Erg.l. Sept. 2011; *Finger,* Strafbarkeitslücken bei so genannten Kettenbrief-, Schneeball- und Pyramidensystemen, ZRP 2006, 159; *Fromm,* Ist gekennzeichnete redaktionelle Werbung auf Webseiten strafbar? Strafrechtliche Relevanz des Verschleierns von Werbehandlungen, MMR 2011, 359; *Granderath,* Das Zweite Gesetz zur Bekämpfung der Wirtschaftskriminalität, DB 1986, Beilage 18, S. 1; *ders.,* Strafbarkeit von Kettenbriefaktionen!, wistra 1988, 173; *Hartlage,* Progressive Kundenwerbung – immer wettbewerbswidrig? – zugleich Anmerkung zu OLG München, WRP 1996, 42 – Vertriebssystem –, WRP 1997, 1; *Joecks,* Anleger- und Verbraucherschutz durch das 2. WiKG, wistra 1986, 142; *Kempf/Schilling,* Nepper, Schlepper, Bauernfänger – zum Tatbestand strafbarer Werbung (§ 16 Abs. 1 UWG), wistra 2007, 41; *Kiethe/Groeschke,* Die Mogelpackung – Lebensmittel- und wettbewerbsrechtliche Risiken der Produkteinführung, WRP 2003, 962; *Kilian,* Strafbare Werbung (§ 16 UWG), 2011; *ders.,* Zur Strafbarkeit von Ponzi-schemes – Der Fall Madoff nach deutschem Wettbewerbs- und Kapitalstrafrecht, HHRS 2009, 285; *Kisseler,* Ein Meilenstein für den Verbraucherschutz, WRP 1997, 625; *Klug,* Zur Strafbarkeit irreführender Werbeangaben, GRUR 1975, 217 und 289; *Krack,* Legitimationsdefizite des § 16 Abs. 2 UWG, in: FS für Harro Otto, 2007, S. 609; *Kugeler,* Die strafbare Werbung (§ 16 Abs. 1 UWG) nach der UWG-Reform 2004, Konstanz 2008; *Kunkel,* Zur praktischen Bedeutung der strafbaren Werbung gemäß § 16 Abs. 1 UWG vor dem Hintergrund der Ausgestaltung als Privatklagedelikt, WRP 2008, 292; *Lagodny,* Anm. zu BGH, Urt. v. 30.5.2008, Az. 1 StR 166/2008, JR 2009, 36; *Lange,* Steht das Powershopping in Deutschland vor dem Aus?, WRP 2001, 888; *Lange/Spätgens,* Rabatte und Zugaben im Wettbewerb, 2001; *Lindloff/Fromm,* Ist gekennzeichnete redaktionelle Werbung auf Webseiten strafbar?, MMR 2011, 359; *Lhose,* Verfall (von Wertersatz) bei Vertragsschluss aufgrund Korruption – zugleich Anmerkung zu BGH v. 30.5.2008 – 1 StR 166/07 -, JR 2009, 188; *ders.,* Zur strafbaren Werbung (§ 16 Abs. 1 UWG) in Fällen der Gewinnmitteilungen. Zugleich Besprechung von BGH, Urteil vom 30. Mai 2008 – 1 StR 166/07 = BGH HRRS 2008 Nr. 591, HRRS 2008 418; *Mäsch/Hesse,* Multi-Level-Marketing im straffreien Raum, GRUR 2010, 10; *Majer/Buchmann,* Die „Abo-Falle" im Internet – Mitverschulden des Betrogenen und Europarecht, NJW 2014, 3342; *Mankowski,* Besondere Formen von Wettbewerbsverstößen im Internet und Internationales Wettbewerbsrecht, GRUR Int. 1999, 995; *Meyer/Möhrenschlager,* Möglichkeiten des Straf- und Ordnungswidrigkeitenrechts zur Bekämpfung unlauteren Wettbewerbs, WiVerw.

1982, 21; *Olesch,* § 16 II UWG – Ein Schiff ohne Wasser, WRP 2007, 908; *Otto,* Die strafrechtliche Bekämpfung unseriöser Geschäftstätigkeit, 1990; *ders.,* „Geldgewinnspiele" und verbotene Schneeballsysteme nach § 6c UWG, wistra 1997, 81; *Pluskat,* Die Tücken von „Kaffeefahrten" – Zugleich Besprechung des Urteils des BGH vom 15.8.2002 – 3 StR 11/02, – WRP 2002, 1432, WRP 2003, 18; *Prütting,* Der Vermögensschutz von Gesellschaften gegenüber externer Einflussnahme – geprüft am Beispiel der GmbH, ZGR 2015, 849; *Rengier,* Strafbare Werbung durch Unterlassen, FS Otto, 2007, S. 727; *Richter,* Kettenbriefe doch straflos?, wistra 1990, 216; *Rose,* Verkaufswerbung mit (unzutreffenden) Gewinnversprechen – Möglichkeiten und Grenzen eines strafrechtlichen Verbraucherschutzes, wistra 2002, 370; *Schorsch,* Ponzi-Schemes und Prime Bank Instruments Fraud, Kriminalistik 2007, 236; *Schricker,* Die Rolle des Zivil-, Straf- und Verwaltungsrechts bei der Bekämpfung unlauteren Wettbewerbs, GRUR Int. 1973, 694; *ders.,* Rechtsvergleichende Bemerkungen zum strafrechtlichen Schutz gegen unlauteren Wettbewerb – Ein Beitrag zur Reform des § 4 UWG, GRUR Int. 1975, 33; *Schricker/Henning-Bodewig,* Elemente einer Harmonisierung des Rechts des unlauteren Wettbewerbs in der Europäischen Union, WRP 2001, 1367; *Sosnitza,* Der Regierungsentwurf zur Änderung des Gesetzes gegen unlauteren Wettbewerb, GRUR 2015, 318; *Soyka,* Einschränkungen des Betrugstatbestands durch sekundäres Gemeinschaftsrecht am Beispiel der Richtlinie 2005/29/EG über unlautere Geschäftspraktiken, wistra 2007, 127; *ders.,* Zur strafbaren Werbung (§ 16 Abs. 1 UWG) in Fällen der Gewinnmitteilungen. Zugleich Besprechung von BGH, Urteil vom 30. Mai 2008 – 1 StR 166/07 = BGH HRRS 2008 Nr. 591, HRRS 2008, 418; *Thomas,* Die Anwendung europäischen materiellen Rechts im Strafverfahren, NJW 1991, 2232; *Thume,* Multi-Level-Marketing, ein stets sittenwidriges Vertriebssystem?, WRP 1999, 280; *Tiedemann,* Europäisches Gemeinschaftsrecht und Strafrecht, NJW 1992, 23; *Tilmann,* Irreführende Werbeangaben und täuschende Werbung, GRUR 1976, 544; *Többens,* Straftaten nach dem Gesetz gegen den unlauteren Wettbewerb (§§ 16–19 UWG), WRP 2005, 552; *Wegner,* Reform der Progressiven Kundenwerbung (§ 6c), wistra 2001, 171; *Willingmann,* Sittenwidrigkeit von Schneeball-Gewinnspielen und Kondiktionsausschluss, NJW 1997, 2932; *Wünsche,* Abgrenzung zulässiger Multi-Level-Marketing-Systeme von unzulässiger progressiver Werbung, BB 2012, 273; *Würtenberger/Loschelder,* Stellungnahme der Deutschen Vereinigung für gewerblichen Rechtsschutz und Urheberrecht zum Entwurf eines Zweiten Gesetzes zur Änderung des Gesetzes gegen den unlauteren Wettbewerb, GRUR 2014, 1185.

A. Allgemeines zu § 16 Abs. 1 und Abs. 2

I. Einfluss des europäischen Rechts

1 Der zivilrechtliche Schutz der Verbraucher vor irreführenden Wettbewerbshandlungen ist in der **Richtlinie über unlautere Geschäftspraktiken (UGP-RL)**[1] abschließend geregelt.[2] Zu den irreführenden Geschäftspraktiken, die stets unzulässig sind, wenn sie gegenüber Verbrauchern vorgenommen werden, gehören nach **Nr. 14 der im Anhang I enthaltenen „Schwarzen Liste"** auch:

> „Einführung, Betrieb oder Förderung eines Schneeballsystems zur Verkaufsförderung, bei dem der Verbraucher die Möglichkeit vor Augen hat, eine Vergütung zu erzielen, die hauptsächlich durch die Einführung neuer Verbraucher in ein solches System und weniger durch den Verkauf oder Verbrauch von Produkten zu erzielen ist."

Auf die **Kommentierung der Nr. 14 des Anhangs zu § 3 Abs. 3** wird verwiesen.

2 Die **Werberichtlinie**[3] sieht darüber hinaus einen Mindestschutz der Gewerbetreibenden vor irreführender Werbung vor. Zu den Richtlinien s. näher die ausführliche Kommentierung bei *Glöckner,* Einl. B.

3 Beide Richtlinien verpflichten die Mitgliedstaaten dazu, geeignete und wirksame Mittel bereitzustellen, um die Einhaltung der Richtlinien durchzusetzen, und geeignete Sanktionen bei Verstößen festzulegen, überlassen dem nationalen Gesetzgeber aber die Entscheidung über die **Rechtsbehelfe,** das **Verfahren** und die **zuständigen Stellen** (Art. 11, 13 UGP-RL, Art. 5 Irreführungsrichtlinie).

4 **§ 16 Abs. 1 und Abs. 2 UWG sind unionskonform anhand der UGP-RL auszulegen.** Der **Vorrang des Europarechts** einschließlich der **Pflicht zur richtlinienkonformen Auslegung schließt das Strafrecht ein.**[4] Richtlinienform auszulegen sind zunächst diejenigen Vor-

[1] Richtlinie 2005/29/EG vom 11.5.2005, ABl.EG Nr. L 149/22 v. 11.6.2005.

[2] EuGH, Urteil v. 14.1.2010, *Plus Warenhandelsgesellschaft,* C-304/08, EU:C:2010:12, Rdn. 41; BGH GRUR 2011, 532, 534 – *Millionen-Chance II.* Zum Strafrecht s. sogleich Rdn. 4.

[3] Richtlinie 2006/114/EG vom 12.12.2006 über irreführende und vergleichende Werbung (kodifizierte Fassung), ABl.EG Nr. L 376/21 v. 27.12.2006.

[4] BGH GRUR 2014, 886, 887/888 Rdn. 25; *Dannecker* in: Eser/Huber, S. 64; *ders.,* ZStW 177 (2005), 697 ff.; *Eisele* JA 2000, 991, 998; *Hecker,* Europäisches Strafrecht, 4. Aufl., § 10 Rdn. 10 ff.; *Satzger,* Europäisierung des Strafrechts, 2001, 560; *ders.,* Internationales und Europäisches Strafrecht § 9 Rd. 104; *Soyka* wistra 2007, 127, 128; *Tiedemann* in: LK-StGB, Vor § 263 Rdn. 98; *ders.,* NJW 1993, 23, 24 f.; *Thomas* NJW 1991, 2233, 2235.

schriften, die **unmittelbar der Umsetzung einer EU-Richtlinie dienen.**[5] Die Verpflichtung zur richtlinienkonformen Auslegung besteht jedoch darüber hinaus auch hinsichtlich nationaler Vorschriften, die vor oder unabhängig von dem Erlass der Richtlinie ergangen sind.[6] Zu prüfen ist ferner, ob der **Regelungsinhalt der Richtlinie nach deren Sinn und Zweck auf die Strafnorm durchschlägt.**[7] Dabei ist zu beachten, dass der normative Gehalt einer nationalen Vorschrift im Wege der richtlinienkonformen Auslegung nicht grundlegend neu bestimmt werden darf.[8] Nach Maßgabe dieser Grundsätze besteht sowohl bei § 16 Abs. 1 als auch bei § 16 Abs. 2 UWG eine Verpflichtung zur richtlinienkonformen Auslegung. § 16 Abs. 1 und 2 UWG **ergänzen die zivilrechtlichen Schutzmechanismen** gegen irreführende Werbung im Hinblick auf die Durchsetzung des europäischen Irreführungsschutzstandards.[9] Anders als § 263 StGB, für den der BGH eine richtlinienkonforme Auslegung abgelehnt hat,[10] zielen sie als flankierende Strafvorschriften in erster Linie auf eine Ergänzung und Absicherung des lauterkeitsrechtlichen Täuschungsschutzes.

5 Diese **Annexfunktion des Wettbewerbsstrafrechts** zum UWG[11] wird auch daran deutlich, dass beide Strafbestimmungen eng auf den lauterkeitsrechtlichen Irreführungsschutz abgestimmt und auf die damit verfolgten Ziele zugeschnitten sind. Die in § 16 Abs. 1 und 2 UWG geregelten Bereiche fallen in den unmittelbaren Anwendungsbereich der UGP-RL und **setzen deren Regelungsgehalt mithilfe strafrechtlicher Sanktionen um.** Eine autonome Auslegung und Anwendung der § 16 Abs. 1 und 2 UWG würde damit aber zur **„Stellschraube", über die der Lauterkeitsschutz im vollharmonisierten Regelungsbereich national abweichend von der UGP-RL ausgestaltet und insbesondere auch über das vorgegebene Schutzniveau hinaus verstärkt werden kann.** Das Ziel der UGP-RL, durch die Angleichung der Rechts- und Verwaltungsvorschriften der Mitgliedsstaaten über unlautere Geschäftspraktiken zu einem reibungslosen Funktionieren des Binnenmarkts und zu einem hohen Verbraucherschutzniveau beizutragen, lässt sich daher nur im Wege einer richtlinienkonformen Auslegung erreichen, die die UGP-RL berücksichtigt.

II. Gesetzesgeschichte

6 Im Zuge des **UWG 2008** ist § 16 UWG, der die früheren Strafvorschriften in §§ 4 und 6c UWG a. F. umfasst, unverändert geblieben. Die deutschen **Sanktionssysteme** in §§ 8 bis 10 UWG bzw. §§ 16–19 UWG erfüllten nach Auffassung des deutschen Gesetzgebers bereits die vom europäischen Recht geforderten Voraussetzungen.[12] Erhebliche Änderungen wurden hingegen an § 5 UWG vorgenommen. Darüber hinaus hat das deutsche Gesetz in einem neuen § 3 Abs. 3 UWG die „Schwarze Liste" in Anhang I der UGP-RL und die darin enthaltene Nummer 14 über Schneeballsysteme übernommen. Durch diese Veränderungen sind in §§ 5, 16 UWG gemeinsam enthaltene Tatbestandsmerkmale (z. B. „Werbung") teilweise entfallen.

7 Durch das Zweite Gesetz zur Änderung des Gesetzes gegen den unlauteren Wettbewerb[13] **(UWG 2015)** wurde lediglich der Wortlaut von Nr. 14 des Anhangs zu § 3 Abs. 3 an die Rspr. des EuGH in der „4finance"-Entscheidung[14] angeglichen; § 16 Abs. 2 blieb zwar sprachlich unverändert,[15] ist jedoch im Lichte der Rspr. des EuGH unionskonform auszulegen, s. dazu Rdn. 4, 46.

III. Zuständigkeit

8 Zuständig für die Entscheidung nach § 16 UWG sind die **Strafgerichte.** Systematisch handelt es sich bei § 16 UWG um einen **sondergesetzlichen Straftatbestand.** Ergänzend finden die allge-

---

[5] BGH GRUR 2014, 886, 887 Rdn. 24 – *Routenplaner; Satzger* in *Sieber,* § 9 Rn. 63; *Hecker,* § 10 Rn. 10.

[6] EuGH, Urt. v. 13.11.1990, Rs. C-106/99, BeckRS 2004, 74075; NJW 1994, 2473, 2474; NJW 1998, 3185, 3187; BGH GRUR 2014, 886, 887 Rdn. 24.

[7] BGH GRUR 2014, 886, 888 Rdn. 27 – *Routenplaner* m. w. N.; *Schröder,* Europäische Richtlinien und deutsches Strafrecht, 2002, 434, 452 f.

[8] BGH GRUR 2014, 886, 888 Rdn. 27 – *Routenplaner* m. w. N.; *Satzger,* Die Europäisierung des Strafrechts, S. 533.

[9] Vgl. Amtl. Begr., BT-Drucks. 16/10145, S. 18; s. schon zur UWG-Reform 2004 Amtl. Begr., BT-Drucks. 15/1487, S. 26.

[10] BGH GRUR 2014, 886 ff. – *Routenplaner.*

[11] Vgl. *Janssen/Maluga* in: MüKoNebenstrafR II, 2. Aufl. 2015, § 16 UWG Rdn. 74 (zu § 16 Abs. 1).

[12] Amtl. Begr., BT-Drucks. 16/10145, S. 18.

[13] BGBl. 2015 I S. 2158.

[14] EuGH, Urt. v. 3.4.2014, *4finance,* C-515/12, EU:2014:211.

[15] Vgl. Amtl. Begr. zum Gesetzentwurf der BReg., BT-Drucks. 18/4535, S. 17.

meinen Vorschriften des StGB Anwendung. Soweit es um **wettbewerbsrechtliche Vorfragen,** etwa darum geht, ob eine Werbung irreführend war, sind die Bestimmungen des UWG maßgeblich.

B. Strafbare irreführende Werbung (§ 16 Abs. 1 UWG)

I. Auslegungsmaßstab und Normzweck

9 Die Vorschrift ist **richtlinienkonform auszulegen** (oben Rdn. 4). **Zweck** des § 16 Abs. 1 UWG ist der Schutz der **Verbraucher** und **Mitbewerber** vor bestimmten Formen irreführender Werbung. Die besondere Gefährlichkeit der erfassten Sachverhalte ergibt sich insbesondere daraus, dass eine Vielzahl von Abnehmern betroffen ist.[16] Die Vorschrift ist als **abstraktes Gefährdungsdelikt** ausgestaltet, so dass nicht nachgewiesen werden muss, dass tatsächlich Personen getäuscht wurden; das Herbeiführen der gefahrenvollen Situation genügt.[17] § 16 Abs. 1 UWG ist **im Vorfeld des Betrugs angesiedelt;** einen Vermögensschaden setzt die Vorschrift nicht voraus.

II. Objektiver Tatbestand

1. Irreführende Werbung durch unwahre Angaben

10 § 16 Abs. 1 UWG findet auf die irreführende Werbung mit unwahren Angaben Anwendung.

11 **a) Werbung.** Der Begriff der „Werbung" ist im Sinne von Art. 2 lit. a der Irreführungsrichtlinie auszulegen als „jede Äußerung bei der Ausübung eines Handels, Gewerbes, Handwerks oder freien Berufs mit dem Ziel, den Absatz von Waren oder die Erbringung von Dienstleistungen einschließlich unbeweglicher Sachen, Rechte und Verpflichtungen, zu fördern." Während § 5 UWG von der irreführenden Werbung auf irreführende Wettbewerbshandlungen allgemein erweitert wurde, ist es in § 16 Abs. 1 UWG dabei geblieben, dass sich nur derjenige strafbar macht, der mit unwahren und täuschenden Angaben „wirbt".

12 **b) Angabe.** Der Begriff der „Angabe" entspricht dem des § 5 Abs. 1 S. 2 und ist weit zu verstehen, s. zu den Einzelheiten § 5 B Rdn. 50ff. Erfasst wird jede **Information mit Tatsachengehalt;** reine Werturteile fallen nicht darunter. Ob die Information mündlich oder schriftlich, durch Wort oder Bild, ausdrücklich oder konkludent gegeben wird, ist ohne Belang. So enthält z.B. eine „Mogelpackung" eine Angabe über die Menge/Größe des verpackten Produkts.[18] § 16 Abs. 1 greift ungeachtet des um die „Vorrangthese" geführten Streits (§ 5 J Rdn. 2ff.) auch bei irreführender Werbung mit objektiv unwahren geografischen Herkunftsangaben; nach der Amtlichen Begründung zum MarkenG[19] sollte eine strafbare irreführende Werbung auch bei der Irreführung über geografische Herkunftsangaben in Betracht kommen.

13 **c) Bezugspunkte.** Die Angaben **müssen einen der in § 5 Abs. 1 S. 2 UWG genannten Umstände betreffen,** also die wesentlichen Merkmale der Ware oder Dienstleistung einschließlich ihrer Zwecktauglichkeit,[20] Preise bzw. Preisvorteile, die Person des Unternehmers,[21] Eigenschaften oder Rechte des Unternehmers, Aussagen und Symbole, die Notwendigkeit einer Leistung, eines Austauschs oder einer Reparatur, Verhaltenskodizes oder die Rechte des Verbrauchers. Auch die Zusendung von Serien-Werbeschreiben mit rechnungsähnlich aufgemachten Angeboten kann nach § 16 Abs. 1 UWG strafbar sein,[22] wenn sie bei objektiver Betrachtung die Angabe enthält, dass der Vertrag schon geschlossen und der Rechnungsbetrag geschuldet sei. Sie führt den Adressaten in relevanter Weise über die Vertragsbedingungen irre.[23] Im Hinblick auf den abschließenden Charak-

---

[16] Amtl. Begr., BT-Drucks. 15/1487, S. 26; *Többen,* WRP 2005, 552, 553.

[17] *Alexander* WRP 2004, 407, 411 m.w.N.; vgl. BGH NJW 2002, 3415, 3416; GRUR 2008, 818, 822 – *Strafbare Werbung im Versandhandel.*

[18] Zu Letzterem *Kiethe/Groschke* WRP 2003, 962, 967.

[19] Zu Teil 6 (geografische Herkunftsangaben), BT-Drucks. 12/6581, S. 116.

[20] *Diemer* in: Erbs/Kohlhaas, § 16 Rdn. 13; vgl. AG Dortmund VuR 2002, 143: Einwerben von Anzeigen für eine Zeitschrift, die nur den Zweck erfüllt, Anzeigen zu veröffentlichen.

[21] Vgl. AG Achim wistra 2002, 172: Täuschung über Vertragspartner.

[22] A.A. *Alexander* DB 2001, 1133, 1135.

[23] Vgl. Köhler/*Bornkamm* 34. Aufl.2016, § 5 Rdn. 7.138.

ter der Richtlinie unlautere Geschäftspraktiken können innerhalb ihres Anwendungsbereichs dort nicht genannte Umstände eine Irreführung nicht begründen (vgl. oben Rdn. 4). Wegen der Einzelheiten der **Bezugspunkte** wird auf die **Kommentierung zu § 5 UWG** verwiesen. Die ausdrückliche Regelung in § 4 UWG a. F., nach der sich die Angaben auf geschäftliche Verhältnisse beziehen musste,[24] wurde in § 16 Abs. 1 UWG n. F. nicht übernommen. Liegen die genannten Voraussetzungen vor, erfasst § 16 Abs. 1 daher auch die Täuschung über die persönlichen Lebensverhältnisse des Unternehmers.[25] Allerdings wird es dann häufig an der Absicht fehlen, den Anschein eines besonders günstigen Angebots hervorzurufen (Rdn. 31).[26]

14 **d) Unwahr und täuschend.** Im Sinne der Vorschrift „**durch unwahre Angaben irreführend** wirbt", wer Angaben macht, die **unwahr und täuschend** sind. Seit dem UWG 2008 besteht zwar bei § 5 UWG zwischen der Herbeiführung einer Irreführung durch unwahre und durch täuschende Angaben ein Alternativverhältnis (näher § 5 B Rdn. 97 ff., 180 ff.). Für § 16 Abs. 1 UWG ist es aber dabei geblieben, dass wie zuvor[27] nur Angaben erfasst werden, die **objektiv** unwahr und zugleich täuschend sind.[28] § 16 UWG sollte durch die Änderungen des § 5 UWG nicht berührt werden (s. schon oben Rdn. 6).

15 Unwahr i. S. d. § 16 Abs. 1 ist die Angabe somit, wenn sie **objektiv falsch** ist,[29] s. näher auch § 5 B Rdn. 174 ff. Entsteht durch richtige Angaben beim Verkehr ein Irrtum, greift § 16 Abs. 1 UWG nicht ein. Die Gesetzesmaterialien zu § 16 UWG zeigen, dass die Einbeziehung wahrer, aber irreführender Angaben erwogen und abgelehnt worden war.

16 Als **zusätzliche** Voraussetzung muss beim Straftatbestand des § 16 Abs. 1 hinzutreten, dass die unwahre Angabe **täuschend** ist. Unwahre Angaben sind täuschend, wenn sie geeignet sind, beim durchschnittlich informierten, verständigen und aufmerksamen Verbraucher eine **Fehlvorstellung** zu erwecken. Entscheidend ist wie bei § 5 der Gesamteindruck.[30] Die **Eignung** zur Irreführung reicht aus.[31] Im Geltungsbereich von § 4 UWG a. F., dem Vorgänger von § 16 Abs. 1 UWG, wurde z. T. angenommen, dass für eine strafrechtliche Sanktion eine höhere Mindestirreführungsquote zu fordern sei als bei dem zivilrechtlichen Irreführungstatbestand.[32] Dafür besteht aber nach Zugrundelegung des neuen Leitbilds des **Durchschnittsumworbenen** kein Raum, denn der lauterkeitsrechtliche Schutz vor Irreführung ist abschließend in der UGP-RL geregelt. Abzustellen ist auf die Sicht eines durchschnittlich (angemessen) aufmerksamen, verständigen und informierten Verbrauchers des Kreises, an den sich die Werbung richtet,[33] also z. B. eines Kreises von älteren Personen mit geringem Bildungsniveau und besonderer Empfänglichkeit für die Werbeaussage, wenn sich die Werbung vorwiegend an diese Personen wendet.[34] Richtet sich die Werbung an einen aus mehreren Personengruppen zusammengesetzten, inhomogenen Personenkreis, ist für den Werbenden aber vernünftiger Weise vorhersehbar, dass sie wesentlichen Einfluss auf das wirtschaftliche Verhalten nur einer dieser Personengruppen haben wird, deren Mitglieder infolge geistiger oder körperlicher Gebrechen, Alter oder Leichtgläubigkeit im Hinblick auf die Praktiken des Werbenden oder die ihnen zugrunde liegenden Produkte **besonders schutzbedürftig** sind, ist auf ein durchschnittlich (angemessen) aufmerksames, verständiges und informiertes Mitglied dieses Kreises abzustellen, s. näher § 5 B Rdn. 29 ff.

17 Häufig wird dem Strafverfahren ein Zivilverfahren über denselben Sachverhalt vorangegangen sein. Einem Urteil, das den Angeklagten gemäß §§ 3, 5, 8 bzw. 9 UWG zur Unterlassung oder zum Schadenersatz verpflichtet, kommt für den Strafprozess jedoch **keine Bindungswirkung** zu; das Strafgericht entscheidet über die wettbewerbsrechtlichen Vorfragen nach den für das Verfahren und den Beweis in Strafsachen geltenden Vorschriften (§ 262 StPO).

---

[24] Dazu BGH NJW 1990, 2395; BayObLG wistra 1991, 119.

[25] Köhler/*Bornkamm* § 16 Rdn. 8; vgl. auch BGH NJW 2008, 818, 822 – *Strafbare Werbung im Versandhandel,* wo die Frage im Ergebnis jedoch offen bleiben konnte.

[26] Köhler/*Bornkamm* § 16 Rdn. 8.

[27] Vgl. zum früheren Recht Hefermehl/Köhler/*Bornkamm,* 26. Aufl.2008, § 16 Rdn. 9 f.; Piper/Ohly/*Sosnitza* 5. Aufl.2010, § 16 Rdn. 9 f.

[28] Köhler/*Bornkamm* § 16 Rdn. 9/10.

[29] *Alexander* WRP 2004, 407, 415; *Lindloff/Fromm* MMR 2011, 359, 362; MüKoUWG/*Brammsen,* § 16 Rdn. 32; Ohly/*Sosnitza* 6. Aufl.2014, § 16 Rdn. 9; *Többens* WRP 2005, 552, 553; Köhler/*Bornkamm* § 16 Rdn. 11.

[30] Vgl. BGH GRUR 2008, 818, 822 – *Strafbare Werbung im Versandhandel.*

[31] BGH GRUR 2008, 818, 822 – *Strafbare Werbung im Versandhandel;* Köhler/*Bornkamm* § 16 Rdn. 9; Ohly/*Sosnitza* § 16 Rdn. 8.

[32] *Tilmann/Ohde* GRUR 1989, 229.

[33] Vgl. BGH GRUR 2008, 818, 822 – *Strafbare Werbung im Versandhandel; Diemer* in: Erbs/Kohlhaas § 16 Rdn. 35.

[34] Vgl. BGH GRUR 2008, 818, 822 – *Strafbare Werbung im Versandhandel.*

e) Verschweigen. § 16 UWG kann auch durch das **Verschweigen** von Informationen begangen werden. Hierfür ist eine **Garantenstellung** zu verlangen;[35] klärt der Unternehmer den Verkehr trotz bestehender **Garantenstellung** nicht über bestimmte Umstände auf, wird § 16 Abs. 1 UWG durch **Unterlassen** begangen, § 13 StGB.[36] Eine Garantenstellung kann sich grundsätzlich sowohl aus vorangegangenen Werbemaßnahmen[37] als auch daraus ergeben, dass der Werbende rechtlich verpflichtet ist, nicht durch Weglassen wesentlicher Umstände eine Irreführung herbeizuführen.[38] Dabei darf allerdings der für den Bereich B2C abschließend in der UGP-RL geregelte wettbewerbliche Irreführungsschutz für Verbraucher nicht mit den Mitteln des Wettbewerbstrafrechts weiter ausgedehnt werden als dort vorgesehen, s. schon oben Rdn. 4. Das **bloße Fehlen von Informationen** vermag folglich nur unter den in **§ 5a** geregelten Voraussetzungen eine Tatbegehung durch Unterlassen zu begründen. Darüber hinaus wird man angesichts der Ausweitung der Informationspflichten durch § 5a nicht schon in jeder Verletzung einer Informationspflicht nach § 5a die Verletzung einer **Garantenstellung** sehen können, sondern für die Strafbarkeit der Irreführung durch Unterlassen von **höhere Anforderungen** ausgehen müssen.[39] 18

Kein Fall der Irreführung durch Unterlassen, sondern durch **positives Handeln** ist die **unterbliebene Richtigstellung** einer unwahren und täuschenden Angabe, s. zur Abgrenzung ausführlich unter § 5 B Rdn. 77 ff. So ist § 16 Abs. 1 UWG bei einer Werbeanzeige in einer russischsprachigen Zeitschrift „... Kostenlos! Zum Zwecke der Werbung unserer Telefongesellschaft bieten wir Ihnen an, die Qualität der neuen Telefonleitungen zu testen ... Die Gesprächsdauer ist auf 10 Minuten eingeschränkt ...“ durch positives Tun erfüllt, wenn die Einschränkung, dass lediglich die ersten beiden Minuten kostenlos sind und anschließend 20 € pro Verbindung zzgl. 2,49 €/Minute anfallen, sich nur aus einem kaum lesbaren Hinweis in deutscher Sprache auf der Seite der Anzeige ergibt, auf den im Übrigen, in russischer Sprache gehaltenen Text nicht, etwa durch Sternchen, Bezug genommen wird.[40] Auch das Verschweigen, dass kein Arbeitsangebot, sondern nur eine Arbeitsvermittlung, zudem unter einer kostenpflichtigen Telefonnummer, stattfinden würde, wurde als strafbare Irreführung durch positives Tun angesehen.[41] 19

2. In öffentlichen Bekanntmachungen oder in Mitteilungen für einen größeren Personenkreis

Nur Werbung in öffentlichen Bekanntmachungen bzw. in Mitteilungen, die für einen größeren Kreis von Personen bestimmt sind, wird erfasst. Dahinter steht die Erwägung, die schon § 4 UWG a. F. zugrunde lag, dass nämlich der schwere Vorwurf unrechten Handelns mit den gravierenden Folgen einer Freiheitsstrafe von immerhin bis zu zwei Jahren nur gerechtfertigt ist, wenn die Werbung ihrer Art nach geeignet ist, das **Vertrauen der Bevölkerung erheblich zu erschüttern.** Beschränkt sie sich auf eine oder einige wenige Personen, ist das regelmäßig nicht der Fall. 20

Eine **öffentliche Bekanntmachung** richtet sich an einen nicht näher abgegrenzten bzw. abgrenzbaren Personenkreis, der mit dem Werbenden nicht durch persönliche Beziehungen verbunden ist. Ausreichend ist, dass die Mitteilung in solchen Bekanntmachungen enthalten ist. Es kommt nicht darauf an, ob die Öffentlichkeit sie auch **zur Kenntnis nimmt.**[42] Dadurch wird die **Strafbarkeit** auf bestimmte Bereiche des Versuchs **vorverlagert.** 21

Auch werbende **Mitteilungen für einen größeren Personenkreis,** der nicht öffentlich ist, weil er bestimmt abgegrenzt oder mit dem Werbenden durch persönliche Beziehungen verbunden ist, sind ausreichend. Im Hinblick auf die sich hier ergebenden Abgrenzungsschwierigkeiten sind Zweifel an der Vereinbarkeit der Vorschrift mit dem verfassungsrechtlichen Bestimmtheitsgebot geäußert worden.[43] Die h. M. stellt darauf ab, dass es sich um eine nach Zahl und Persönlichkeit im Voraus unbestimmte und unbegrenzte Mehrheit von Personen handeln müsse, so dass geschlossene 22

---

[35] Köhler/*Bornkamm* § 16 Rdn. 12a.

[36] Fezer/*Rengier,* § 16 Rdn. 72; Köhler/*Bornkamm* § 16 Rdn. 12 f.; *Rengier* in: FS Otto, S. 727, 740 f.

[37] Ohly/*Sosnitza* § 16 Rdn. 7; Fezer/*Rengier* § 16 Rdn. 72 ff.

[38] *Diemer* in: Erbs/Kohlhaas, § 16 Rdn. 20; Köhler/*Bornkamm* § 16 Rdn. 12 f.

[39] *Rengier* in: FS Otto, S. 727, 740 f.; *ders.* in: Fezer, Lauterkeitsrecht, § 16 Rdn. 70: Täter erklärt konkludent etwas Falsches; MüKoUWG/*Brammsen* § 16 Rdn. 21: Manipulation des Empfängers durch Weglassen inhaltsrelevanter Schlüsselinformationen; *Kugeler* S. 199: Täter muss objektiv eine Halbwahrheit erklärt haben; Köhler/*Bornkamm* § 16 Rdn. 12a.

[40] OLG Celle MMR 2004, 821.

[41] AG Achim wistra 2002, 272 ff.

[42] *Diemer* in: Erbs/Kohlhaas, § 16 Rdn. 80; *Többens* WRP 2005, 552, 553 m. w. N.

[43] *Kempf/Schilling* wistra 2007, 41, 42 ff.

Personenkreise nicht erfasst würden,[44] schränkt dies aber dadurch ein, dass sehr große Personenkreise wie die Mitglieder eines größeren Vereins nicht als geschlossener Personenkreis anzusehen seien.[45] Entscheidend ist jedoch nicht die Geschlossenheit des Personenkreises, sondern ob dieser **so groß ist, dass er für den Täter nicht mehr kontrollierbar ist.** Hierfür kommt es zum einen auf das Maß der individuellen Beziehungen der Teilnehmer untereinander bzw. zum Veranstalter an, und andererseits auf die absolute Größe des Personenkreises. Ist nach Art und Struktur des Kreises mit der Weitergabe der Informationen an einen größeren Personenkreis zu rechnen, ist das ausreichend;[46] allerdings muss der Täter auch insoweit vorsätzlich handeln.

23 Nicht erforderlich ist, dass die Werbung alle Adressaten **gleichzeitig** erreicht,[47] so dass auch die Werbung auf Briefbögen, die der Werbende für seine Korrespondenz an einen größeren Personenkreis während eines bestimmten Zeitraums verwendet, erfasst wird. Von der Einzelwerbung grenzt sich die für einen größeren Personenkreis bestimmte Werbung dadurch ab, dass die Einzelwerbung, obgleich sich der Werbende immer wiederholender Phrasen bedienen mag, prinzipiell für jeden Kunden individuell gestaltet wird, während bei der Mitteilung für einen größeren Personenkreis für alle Umworbenen dieselbe Werbung verwandt wird. Entscheidend ist nicht die äußere Form, sondern der sachliche Gehalt der Werbung.[48] Ausreichend ist, dass die Mitteilung für einen größeren Kreis von Personen bestimmt ist. Dadurch wird die Strafbarkeit auf bestimmte Bereiche des Versuchs vorverlagert. Ob der beworbene Personenkreis die Werbung dann tatsächlich **zur Kenntnis nimmt** oder auch nur zur Kenntnis nehmen kann, ist unerheblich.[49] Wer in Unkenntnis eines auf Seiten des Umworbenen aufgetretenen Providerausfalls, welcher dem Empfang der E-Mail entgegen steht, in der von § 16 Abs. 1 UWG geforderten Absicht irreführend wirbt, macht sich daher genauso strafbar wie derjenige, der die Werbeveranstaltung während einer Busreise durchführt, obgleich nur eine einzige Person an dem der Werbung dienenden Teil der Verkaufsfahrt teilnimmt. Scheitert das Projekt hingegen, bevor der Werbende die Mitteilung „aus der Hand gibt“, lassen sich etwa durch einen Providerausfall beim Werbenden die E-Mails nicht absenden oder führt dieser den werbenden Teil der Verkaufsfahrt im Hinblick auf die geringe Teilnehmerzahl nicht durch, liegt schon gar keine Mitteilung vor.

24 Öffentliche Bekanntmachungen bzw. Mitteilungen für einen größeren Personenkreis sind **zum Beispiel die werbenden Angaben** auf der (nicht durch ein Passwort oder auf ähnliche Weise geschützten) Homepage im **Internet,** in **Tageszeitungen** und **Zeitschriften;**[50] in **Werbebeilagen,** auf an öffentlich zugänglichen Orten und Plätzen angebrachten **Plakaten,** auf Heißluftballonen, durch Kurzfilm oder Werbeeinblendung im **Fernsehen** bzw. Kino, auf **Speisekarten,** im **Telefonbuch,** mittels **Handzetteln** bzw. durch Lichtwerbung in der Fußgängerzone, auf einer **Verkaufsveranstaltung für Busreisende,**[51] während einer Tagung, an der ein großer, aber namentlich bekannter und abgegrenzter Kreis von Personen teilnimmt, im Unternehmensnetzwerk oder im unternehmenseigenen „Informationsblatt“,[52] in **Netzwerken,** an die ein größerer Personenkreis angeschlossen ist, auf der Aktionärsversammlung, im Geschäftsbericht des Unternehmens und per zielgerichtet an eine größere Zahl ausgewählter Geschäftskunden oder die gesamten Verwandten des Werbenden versandte Serien-E-Mails oder **Serien-Briefe,** auf dem **Geschäftspapier,** auf **Etiketten** oder durch eine **„Mogelpackung“.**[53]

3. Relevanz bzw. Erheblichkeit

25 Ungeschriebenes Tatbestandsmerkmal ist die **Relevanz der unwahren und täuschenden Angaben,**[54] denn nach Art. 6 der bei der Auslegung heranzuziehenden **(oben Rdn. 4)** Richtlinie unlautere Geschäftspraktiken können selbst unwahre und täuschende Angaben nur als irreführend verboten werden, wenn sie geeignet sind, die geschäftliche Entscheidung des Verkehrs zu beeinflus-

---

[44] RGSt. 40, 122, 129f.; 63, 107, 110; Köhler/*Bornkamm* 34. Aufl.2016, § 16 Rdn. 14; *Diemer* in: Erbs/Kohlhaas, § 16 Rdn. 98. – A. A. MüKoUUWG/*Brammsen* § 16 Rdn. 14; *Kugeler,* S. 104 m. w. N.

[45] RG LZ 1932, 186; BayObLG GA 76, 105; Köhler/*Bornkamm* § 16 Rdn. 14.

[46] Köhler/*Bornkamm* § 16 Rdn. 14.

[47] BGH GRUR 1972, 479 – *Vorführgeräte.*

[48] BGHSt. 24, 272; OLG Frankfurt GA 1977, 153; OLG Köln GA 1977, 188; BayObLG NStZ 1990, 133; *Diemer* in: Erbs/Kohlhaas § 16 Rdn. 83 m. w. N.

[49] AG Achim wistra 2002, 272; *Diemer* in: Erbs/Kohlhaas § 16 Rdn. 80; *Kugeler,* S. 99.

[50] Vgl. OLG Celle, MMR 2004, 821.

[51] BGH NJW 2002, 3415 betraf nur den Fall der öffentlichen Werbung für eine solche Verkaufsveranstaltung und setzt sich mit den auf derselben getätigten Äußerungen nicht auseinander.

[52] Vgl. OLG Celle, MMR 2004, 821.

[53] Zu Letzterem *Kiethe/Groschke* WRP 2003, 962, 967.

[54] *Dornis,* GRUR 2008, 742, 747 m. w. N.

sen. Im Hinblick auf die jedenfalls im Verhältnis zwischen Unternehmer und Verbraucher abschließende Regelung durch die Richtlinie kann hiervon nicht abgewichen werden, s. näher oben Rdn. 4.[55] Zum Relevanzerfordernis allgemein sowie zu Beispielsfällen ausführlich § 5 B Rdn. 196ff.

4. Entbehrliche Voraussetzungen

a) Wettbewerbsbezug. Ob der Werbende im Sinne von § 2 Abs. 1 Ziff. 1 UWG eine **geschäftliche Handlung** vornehmen muss, damit § 16 Abs. 1 UWG zur Anwendung kommt,[56] ist ohne praktische Relevanz, da ohnehin jede „Werbung“ auch „geschäftliche Handlung“ ist.[57] Ein **Wettbewerbsverhältnis** kann jedenfalls nicht gefordert werden,[58] da dies seit der UWG-Reform 2004 nicht mehr Voraussetzung einer geschäftlichen Handlung ist;[59] deshalb können sich nach § 16 Abs. 1 UWG auch Monopolisten strafbar machen. 26

Während sich die Angaben nach der Vorgängervorschrift des § 16, § 4 UWG a.F., auf „geschäftliche Verhältnisse“ beziehen mussten, ist dieses Erfordernis für § 16 Abs. 1 UWG entfallen.[60] **Angaben über nicht-geschäftliche Verhältnisse** werden aber nach Umsetzung der Richtlinie unlautere Geschäftspraktiken in deutsches Recht dann nicht erfasst, wenn die unwahren und täuschenden Angaben keinen der in § 5 Abs. 1 S. 2 UWG aufgezählten Bezugspunkte betreffen.[61] Zur **unterbliebenen Erweiterung** des § 16 Abs. 1 UWG auf Wettbewerbshandlungen, die keine „Werbung“ sind, schon oben Rdn. 11. 27

b) Vermögensschaden. Der Eintritt eines Vermögensschadens ist anders als beim Betrug **nicht Voraussetzung.**[62] 28

III. Subjektiver Tatbestand

1. Vorsatz

Nur **vorsätzliches Handeln** steht unter Strafe **(§ 15 StGB).** Eine Strafbarkeit wegen fahrlässig irreführender Werbung sieht das Gesetz nicht vor. Daher liegt in der Streichung des in der Vorgängervorschrift des § 16, § 4 Abs. 1 Satz 1 UWG a.F., enthaltenen Tatbestandsmerkmals „wissentlich“, für dessen Erfüllung schon vor der Reform Eventualvorsatz als ausreichend angesehen wurde, keine inhaltliche Abweichung vom früheren Recht. Vom Vorsatz umfasst sein müssen alle Tatbestandsvoraussetzungen. Der Täter muss also auch wissen und zumindest billigend in Kauf nehmen, dass die Werbung unrichtig und zur Täuschung des Verkehrs geeignet ist.[63] **Bedingter Vorsatz** genügt auch hinsichtlich der Unwahrheit der Angaben.[64] 29

Stellt sich der Werbende **irrig** Umstände vor, welche den **objektiven** Tatbestand des § 16 Abs. 1 UWG eröffnen würden, beurteilt er die Werbung z.B. fälschlich als unwahr, begründet dieser Irrtum nicht die Strafbarkeit. Da § 16 Abs. 1 UWG ein Vergehen ist, ist der Versuch der Tat nicht strafbar. Hingegen reicht für das **Absichtserfordernis** (Rdn. 31ff.) die irrige Annahme aus, s. näher Rdn. 33. 30

2. Absichtserfordernis

Neben dem Vorsatz erfordert der subjektive Tatbestand die Absicht, den **Anschein eines besonders günstigen Angebots** hervorzurufen. Erforderlich ist direkter Vorsatz (*dolus directus* ersten Grades).[65] Aus dem Absichtserfordernis ergibt sich, dass ein **Zusammenhang zwischen Werbung und beworbenem Produkt** bestehen muss.[66] Dieser ist jedenfalls dann gegeben, wenn im 31

---

[55] Ebenso *Diemer* in: Erbs/Kohlhaas, § 16 Rdn. 31.
[56] Ausführlich *Alexander* WRP 2004, 407, 413; 2. Aufl. Rdn. 5.
[57] Köhler/*Bornkamm* § 16 Rdn. 5; Ohly/*Sosnitza* § 16 Rdn. 5; s. auch oben § 5 B Rdn. 2ff.
[58] Anders *Diemer* in: Erbs/Kohlhaas § 16 Rdn. 13.
[59] Siehe die Kommentierung bei *Keller* § 2 Nr. 1.
[60] BGH GRUR 2008, 818, 822 – *Strafbare Werbung im Versandhandel;* – A.A. *Diemer* in: Erbs/Kohlhaas § 16 Rdn. 13.
[61] Ebenso *Diemer* in Erbs/Kohlhaas § 6 Rdn. 44.
[62] Amtl. Begr. zum RegE zu § 16 Abs. 1, BT-Drucks. 15/1487, S. 26; ebenso *Többens* WRP 2005, 552, 553.
[63] BayObLG ZLR 1993, 404.
[64] OLG Hamm WRP 1959, 53; OLG Köln NJW 1957, 1042; KG GA 1973, 346, 347; AG Achim wistra 2002, 172ff.; Köhler/*Bornkamm* § 16 Rdn. 16.
[65] Fezer/*Rengier* § 6 Rdn. 94; *Többens* WRP 2005, 552, 553.
[66] BGH NJW 2002, 3415, 3416; Erbs/Kohlhaas/*Diemer* § 16 UWG Rdn. 106; Köhler/*Bornkamm* § 16 Rdn. 18b; Fezer/*Rengier* § 16 Rdn. 98. A.A. *Dornis* GRUR 2008, 742, 746, 749.

Sinne eines **rechtlichen Zusammenhangs** der in der Werbeaussage versprochene Vorteil vom beabsichtigten Erwerbsgeschäft abhängig gemacht wird, so dass die Vorteilserlangung im Sinne einer vertraglichen Gegenleistung an die Bestellung gekoppelt ist.[67] Daran fehlt es, wenn nicht über das verkaufte Produkt, sondern nur über die persönlichen Verhältnisse des Werbers getäuscht wird, z.B. indem dieser eine Behinderung vortäuscht.[68] In seiner „Kaffeefahrtenentscheidung“ hat der BGH der Auffassung zugeneigt, dass auch ein sog. **wirtschaftlicher Zusammenhang** zwischen dem Vorteil und dem Produkt ausreichen könnte, weil die Anpreisung der geldwerten Vorteile als Werbemaßnahme zur Förderung des Absatzes eingesetzt werden, aus deren Erlös wiederum die Kosten der Werbung zu finanzieren sind, dies aber im Ergebnis offen gelassen.[69] Für Sachverhalte, in denen Verbraucher durch Werbesendungen mit unzutreffenden Gewinnmitteilungen und Geschenkversprechen zur Abnahme von Waren veranlasst werden, hat der BGH entschieden, dass ein rechtlicher Zusammenhang nicht zwingend erforderlich ist, sondern es im Sinne eines wirtschaftlichen Zusammenhangs darauf ankomme, dass nach den Vorstellungen des Täters („Absicht“) die Entscheidung der Adressaten für das Erwerbsgeschäft unter wirtschaftlichen Gesichtspunkten von dem angepriesenen geldwerten Vorteil beeinflusst werde.[70]

32 **Es muss dem Täter darum gehen,** dass der Verkehr die Leistung, die der Täter tatsächlich erbringen kann bzw. will,[71] für besonders günstig hält. Verspricht der Werbende hingegen eine Leistung, die er überhaupt nicht erbringen kann oder will, so liegt nur eine Täuschung über die Vertragstreue vor.[72] **„Günstig“** ist ein Angebot nicht nur dann, wenn es materiell besonders vorteilhaft ist (z.B. in Bezug auf Preis oder Qualität), sondern auch, wenn es die Bedürfnisse des angesprochenen Verkehrs in Bezug auf das angebotene Produkt aus anderen Gründen besonders befriedigt (z.B. weil vorgespiegelt wird, dass das auf Medizinschadensfälle spezialisierte Institut unter ärztlicher Verantwortung für die Beurteilung von Problemfällen besonders qualifiziert sei).[73] Welche Vorteile der Leistung (Preis, Güte, fachliche Kompetenz des werbenden Arztes, Lukrativität der beworbenen Kapitalanlage[74]) der Täter zu diesem Zweck herausstellt, ist unerheblich.[75] Es muss sich aber um Vorteile des Produktangebots handeln (also nicht: unwahre Angaben über die Lebenssituation des Werbenden, um Mitleid zu erwecken).[76] Das „bloße“ Versprechen einer (Gesamt-)Leistung, die der Täter überhaupt nicht erbringen will, verstößt für sich genommen nicht gegen § 16 Abs. 1 UWG,[77] wohl aber das Vorspiegeln von Leistungsbestandteilen, die der Täter nicht oder nicht so erbringen will.[78] Selbst durch unwahre und täuschende Angaben über **tatsächlich vorhandene Vorteile** kann der Anschein eines besonders günstigen Angebots hervorgerufen werden; so wenn der Täter den Verkehr darüber täuscht, dass diese Vorteile von Mitbewerbern nicht geboten werden. Verhindert wird so, dass der Täter in unredlich-irreführender Weise mit tatsächlich vorhandenen oder vermeintlichen Vorteilen wirbt.[79] Eine bestehende Möglichkeit der Kunden, ihre Bestellung später zu **widerrufen** oder von dem Vertrag zurückzutreten, hat der BGH als unerheblich angesehen.[80]

33 Entscheidend ist, ob der **Täter** seine Ankündigung für geeignet hält, beim Verkehr den Anschein eines besonders günstigen Angebots zu erwecken.[81] Davon kann bei einer Werbung mit unrichtigen Gewinnmitteilungen ausgegangen werden, wenn der Täter erkennt, dass „dieses Geschäft im Wesentlichen ohne Gewinnspiele nicht läuft“.[82] Dass der Täter Erfolg hat, ist nicht erforderlich. Es reicht aus, wenn er seine Ankündigung nur **irrig** für geeignet hält, beim Verkehr den Anschein

---

[67] BGH NJW 2002, 3415, 3416; BGH GRUR 2008, 818, 822 – *Strafbare Werbung im Versandhandel.*

[68] BGHSt. 36, 389, 395; BayObLG wistra 1991, 119; *Alexander* WRP 2004, 407, 416; *Diemer* in: Erbs/Kohlhaas § 16 Rdn. 105; Köhler/*Bornkamm* § 16 Rdn. 18b.

[69] BGH NJW 2002, 3415, 3416.

[70] BGH GRUR 2008, 818, 822 – *Strafbare Werbung im Versandhandel;* s. dazu *Lhose* JR 2009, 188ff.

[71] BayObLG WRP 1989, 521, 522; Ohly/*Sosnitza* § 16 Rdn. 17.

[72] BGH NJW 1978, 173 – *Branchen- und Telexverzeichnis;* Köhler/*Bornkamm* § 16 Rdn. 18.

[73] BGH wistra 1987, 221.

[74] Vgl. *Richter* wistra 1987, 117, 118; *Otto* WM 1988, 729, 735.

[75] BGHSt. 4, 44, 45: Herstellung durch Blinde.

[76] BGHSt. 36, 389, 395; BayObLG wistra 1991, 119; *Alexander,* WRP 2004, 407, 416; *Diemer* in: Erbs/Kohlhaas § 16 Rdn. 105; Köhler/*Bornkamm* § 16 Rdn. 18b.

[77] BGHSt. 27, 293ff.; *Dierlamm* NStZ 2003, 268.

[78] Vgl. BGH NStZ 2003, 39f. m. Anm. *Dierlamm* NStZ 2003, 268.

[79] BGH LRE 1, 19, 20; OLG Celle NJW 1987, 78, 79; Ohly/*Sosnitza* 6. Aufl.2014, § 16 Rdn. 17.

[80] Vgl. BGH GRUR 2008, 818, 823 – *Strafbare Werbung im Versandhandel.*

[81] BGH LRE 1, 19, 20; OLG Celle NJW 1987, 78; *Diemer* in: Erbs/Kohlhaas § 16 Rdn. 104; *Kempf/Schilling* wistra 2007, 41, 44.

[82] Vgl. BGH GRUR 2008, 818, 823 – *Strafbare Werbung im Versandhandel.*

eines besonders günstigen Angebots zu erwecken.[83] Auch muss der Täter den **Erfolg** seines Handelns nicht sicher voraussehen; es reicht, wenn er ihn nur möglich hält.[84] Die **Absicht** muss sich nur auf das **Erwecken des Anscheins** eines besonders günstigen Angebots beziehen. Bezüglich der anderen Tatbestandsmerkmale reicht Vorsatz aus.

IV. Rechtswidrigkeit und Schuld

Für das **Unrechtsbewusstsein** genügt es, wenn der Täter bei der Tat mit der Möglichkeit rech- 34
net, sein Verhalten könnte verboten sein, und diese Möglichkeit in seinen Willen aufnimmt.[85] Ein **Verbotsirrtum** liegt deshalb nicht schon dann vor, wenn der Täter von der Strafbarkeit seines Verhaltens und von der Anwendbarkeit (konkret) des § 16 Abs. 1 keine Kenntnis hat, sondern nur dann, wenn ihm die Einsicht fehlt, dass sein Tun überhaupt gegen verbindliches Recht verstößt.[86]

V. Täter und Teilnehmer

Als Täter wird bestraft, wer die Tat **selbst oder durch einen anderen** begeht (§ 25 Abs. 1 35
StGB). Werben mehrere gemeinschaftlich i. S. d. § 16 Abs. 1 UWG, werden sie als Mittäter bestraft (§ 25 Abs. 2 StGB). **Anstifter** und **Gehilfen** machen sich nach allgemeinen Grundsätzen strafbar (§§ 26f. StGB). Die vormals in § 4 Abs. 2 UWG geregelte Haftung des **Inhabers bzw. Leiters eines Betriebs** für eine mit seinem Wissen verübte irreführende Werbung i. S. d. § 16 Abs. 1 UWG ist entfallen, so dass der Betriebsinhaber bzw. Betriebsleiter sich nach neuem Recht nur strafbar macht, wenn er die Tat begeht oder an ihr mitwirkt. Der Gesetzgeber ging aber von einer Garantenpflicht des Betriebsinhabers des Inhalts aus, dass in seinem Betrieb keine irreführenden Werbeangaben gemacht werden.[87]

VI. Konkurrenzen

1. Strafrecht

Für das Verhältnis von § **16 Abs. 1 und Abs. 2** UWG wird inzwischen überwiegend von **Tat-** 36
einheit ausgegangen.[88] Handelt der Täter in der Absicht, sich durch die Tat einen Vermögensvorteil zu verschaffen, so kann neben der strafbaren irreführenden Werbung auch ein **Betrug (§ 263 StGB)** vorliegen.[89] Liegt der Betrug in der Täuschungshandlung, die auch den Irreführungsvorwurf begründet, ist Tateinheit gegeben.[90] Nicht jede falsche Werbeversprechung ist allerdings auf die Erlangung eines Vermögensvorteils gerichtet. Werden Dritte durch falsche Angaben zur Teilnahme an einer „Butterfahrt" bewogen, so begründet das für sich genommen beispielsweise noch nicht einen versuchten oder vollendeten Vermögensnachteil.[91] Tateinheit kann ferner bestehen mit § 287 StGB,[92] § 143 MarkenG,[93] §§ 11, 59 Abs. 1 Nr. 7 und 9 LFBG, §§ 19, 59 Abs. 1 Nr. 11 LFBG, §§ 27, 59 Abs. 1 Nr. 13 LFBG, §§ 33, 59 Abs. 1 Nr. 18 LFBG,[94] §§ 8 Abs. 1 Nr. 2, 96 Nr. 3 AMG, §§ 25, 49 Nr. 4 WeinG,[95] §§ 3, 14 HWG.[96] Hinter § 264a StGB[97] und §§ 399 Abs. 1 Nr. 3,

---

[83] BGH LRE 1, 19, 20; OLG Celle NJW 1987, 78; *Diemer* in: Erbs/Kohlhaas § 16 Rdn. 103; *Kempf/Schilling* wistra 2007, 41, 44.

[84] BayObLGSt 1971, 199, 207; *Richter* wistra 1987, 117, 118; *Diemer* in: Erbs/Kohlhaas § 16 Rdn. 102.

[85] BGH NJW 1953, 431, 432; NJW 2002, 3415, 3417.

[86] BGH GRUR 2008, 818, 823 – *Strafbare Werbung im Versandhandel.*

[87] Amtl. Begr. BT-Drucks. 8/2145, S. 11f.; *Alexander* WRP 2004, 407, 411; anders *Janssen/Maluga* in: MüKo-NebenstrafR II, 2. Aufl. 2015, § 16 UWG Rdn. 58: unmittelbare Zurechnung nach § 14 StGB.

[88] So *Alexander* WRP 2004, 407, 417; *Janssen/Maluga* in: MüKo-NebenstrafR II, 2. Aufl. 2015, § 16 UWG Rdn. 76; Ohly/*Sosnitza* § 16 Rdn. 28. A. A. *Diemer* in: Erbs/Kohlhaas, § 16 Rdn. 118.

[89] BGH NJW 1972, 594.

[90] BGH NJW 2002, 3415, 3417.

[91] Vgl. hierzu *Pluskat* WRP 2003, 18, 22.

[92] BGHSt. 2, 139, 145; *Janssen/Maluga* in: MüKo-NebenstrafR II, 2. Aufl. 2015, § 16 UWG Rdn. 76.

[93] *Janssen/Maluga* in: MüKo-NebenstrafR II, § 16 UWG Rdn. 76.

[94] *Janssen/Maluga* in: MüKo-NebenstrafR II, § 16 UWG Rdn. 76; Köhler/*Bornkamm* § 16 Rdn. 30.

[95] LG Bad Kreuznach ZLR 1999, 60; *Diemer* in: Erbs/Kohlhaas § 16 Rdn. 118; *Janssen/Maluga* in: MüKo-NebenstrafR II, 2. Aufl. 2015, § 16 UWG Rdn. 76; Köhler/*Bornkamm* § 16 Rdn. 30. A. A. *Meyer/Möhrenschlager* Wiverw. 1982, 21, 27f.

[96] *Janssen/Maluga* in: MüKo-NebenstrafR II, § 16 UWG Rdn. 76.

[97] Park/*Park* Kapitalmarktstrafrecht, 3. Aufl. 2013, § 264a StGB Rdn. 25; vgl. *Diemer* in: Erbs/Kohlhaas, § 16 Rdn. 118 m. w. N. – A. A. *Janssen/Maluga* in: MüKo-NebenstrafR II, § 16 UWG Rdn. 77.

400 Abs. 1 Nr. 1 AktG, § 82 Abs. 2 Nr. 2 GmbHG, §§ 26 Abs. 1, 49 BörsG tritt § 16 Abs. 1 UWG zurück, soweit die genannten Vorschriften den Sachverhalt erfassen, im Übrigen kann Tateinheit bestehen.

2. Zivilrecht

37 Für die Getäuschten sind oftmals die zivilrechtlichen Folgen wichtiger als die Strafverfolgung des Täters.[98] **Wettbewerbsrechtlich** kommt bei Erfüllung des Straftatbestandes aus § 16 Abs. 1 UWG neben der Irreführung nach §§ 3, 5 UWG ein Verstoß gegen § 3a UWG in Betracht. § 16 Abs. 1 UWG ist gesetzliche Vorschrift zur Regelung des Marktverhaltens im Interesse der Marktteilnehmer i. S. d. § 3a UWG.[99] Richtet sich die Werbung an Verbraucher, kann § 3 Abs. 3 UWG einschlägig sein, so z. B. bei rechnungsähnlich aufgemachten Werbeschreiben an Verbraucher Nummer 22 des Anhangs zu § 3 Abs. 3. Wettbewerbsrechtliche Ansprüche auf Unterlassung und Schadensersatz stehen aber nur den in §§ 8 Abs. 3, 9 UWG Genannten zu. Die gemäß § 8 Abs. 3 Nr. 2–4 UWG zur Geltendmachung eines Unterlassungsanspruchs Befugten können den Werbenden darüber hinaus auch auf Herausgabe des erzielten Gewinnes in Anspruch nehmen (§ 10 Abs. 1 UWG). **Getäuschte Verbraucher** können sich **mit den Mitteln des BGB** gegen die Täuschung zur Wehr setzen. § 16 Abs. 1 UWG wird von der h. M. als Schutzgesetz i. S. d. § 823 Abs. 2 BGB angesehen.[100] Das hat die Folge, dass Ansprüche aus § 823 Abs. 2 BGB i. V. m. § 16 Abs. 1 UWG nicht in der kurzen Frist des § 11 UWG verjähren, sondern die dreijährige Verjährungsfrist der §§ 195, 199 BGB gilt.[101] Die **Pressegesetze** der Länder enthalten teilweise deliktsrechtliche Sondervorschriften. Unter Einfluss von Täuschung abgeschlossene Verträge können außerdem **nichtig** (§ 138 BGB) oder **anfechtbar** sein (§ 123 BGB). Wurde der Vertrag auf einer im Interesse des Unternehmers durchgeführten Freizeitfahrt oder im Anschluss an ein überraschendes Ansprechen in Verkehrsmitteln oder auf öffentlichen Flächen geschlossen, kann ihn der Verbraucher unter bestimmten Umständen **widerrufen** (§§ 312, 355 BGB). Auch bei Fernabsatzverträgen kommt ein Widerruf in Betracht (§§ 312d, 355 BGB). Öffentlich falsche Äußerungen des Verkäufers, des Herstellers oder seines Gehilfen insbesondere in der Werbung oder bei der Kennzeichnung über bestimmte Eigenschaften der Sache begründen u. U. einen Sachmangel (vgl. § 434 Abs. 1 Satz 3 BGB) mit der Folge von **Mängelgewährleistungsansprüchen.**

VII. Versuch, Strafmaß und -verfolgung, Verfahren und Einziehung

1. Versuch

38 Die Tat ist ein **Vergehen.** Der **Versuch** ist daher **nicht strafbar** (§ 23 Abs. 1 a. E. StGB). **Vollendet** ist die Tat, wenn die unwahren Angaben der Öffentlichkeit bzw. dem größeren Personenkreis zugänglich geworden sind (z. B. Abdruck in der Zeitung, nicht schon Aufgabe der Anzeige).[102] Ob sie dort tatsächlich zur Kenntnis genommen werden, spielt keine Rolle.[103] Beendet ist die Tat, wenn sie tatsächlich abgeschlossen ist, also spätestens, wenn die Möglichkeit der Kenntnisnahme weggefallen ist.[104]

2. Strafmaß

39 Die allgemeinen Vorschriften des StGB über die Strafen (§§ 38 ff. StGB) und die Strafbemessung (§§ 46 ff. StGB) finden Anwendung. Das Gericht verhängt gegen den Täter eine **Freiheitsstrafe von bis zu zwei Jahren** oder **Geldstrafe.** Für deren Bemessung gelten die Vorschriften des StGB. Neben die Freiheitsstrafe, nicht aber neben eine Geldstrafe, kann nach § 41 StGB eine Geldstrafe treten, wenn sich der Angeklagte durch die Tat bereichert oder zu bereichern versucht hat und dies auch unter Berücksichtigung der persönlichen und wirtschaftlichen Verhältnissen des Angeklagten angebracht ist. Zahlungserleichterungen können gewährt werden (§ 42 StGB).

---

[98] Amtl. Begr. (zu § 16) zum Gesetzentwurf der Bundesregierung, BT-Drucks. 15/1487, S. 26; ebenso zu § 6c UWG a. F. zutreffend *Hartlage* WRP 1997, 1, 2.

[99] Amtl. Begr. (zu § 16) zum Gesetzentwurf der Bundesregierung, BT-Drucks. 15/1487, S. 26.

[100] BGH GRUR 2008, 818, 825 – *Strafbare Werbung im Versandhandel; Diemer* in: Erbs/Kohlhaas, Vor § 16; siehe ferner Amtl. Begr. zu § 8 des Gesetzentwurfs der Bundesregierung, BT-Drucks. 15/1487, S. 22.

[101] BGH GRUR 2008, 818, 825 – *Strafbare Werbung im Versandhandel.*

[102] *Diemer* in: Erbs/Kohlhaas, § 16 Rdn. 111.

[103] Näher schon oben Rdn. 4, 15.

[104] *Diemer* in: Erbs/Kohlhaas, § 16 Rdn. 112.

Die **Schuld des Täters** ist **Grundlage für die Strafbemessung** (§ 46 Abs. 1 Satz 1 StGB). Eine kurze Freiheitsstrafe von unter sechs Monaten wird nur in Ausnahmefällen verhängt (§ 47 StGB). Eine Geldstrafe beträgt mindestens fünf und höchstens 360 Tagessätze, wobei sich die Höhe der Tagessätze nach den persönlichen und wirtschaftlichen Verhältnissen des Täters richtet und mindestens einen und höchstens 5000 Euro beträgt (§ 40 StGB). **40**

3. Verfall und Einziehung

Hat der **Täter** für die irreführende Werbung oder aus ihr etwas erlangt, kann das Gericht den **41** **Verfall** anordnen (§§ 73ff. StGB). Dies gilt auch gegenüber einem **Drittbegünstigten,** der aufgrund dazwischen geschalteter Rechtsgeschäfte als weitergeleiteten Gewinn etwas „aus" der Tat erlangt hat.[105] Der Umfang des **„Erlangten"** ist nach Maßgabe des **Bruttoprinzips** zu bestimmen. Es gilt auch für den Drittbegünstigten. Hinter dem Bruttoprinzip steht der Gedanke, dass sich die Tat für den Täter nicht lohnen darf und der Drittbegünstigte gezwungen werden soll, zur Verhinderung solcher Taten wirksame Kontrollmechanismen zu errichten oder aufrechtzuerhalten. Abzuschöpfen sind nach dem Bruttoprinzip alle Vermögenswerte, die der Täter oder Teilnehmer in irgendeiner Phase des Tatablaufs unmittelbar erlangt hat, ohne dass Gegenleistungen oder sonstige Aufwendungen in Abzug gebracht werden. Ein „Wettbewerbsvorteil" ist als solcher kein tauglicher Anknüpfungspunkt für einen Verfall.[106]

Die Eröffnung des **Insolvenzverfahrens** hindert den Verfall nicht, solange nicht feststeht, dass **42** kein verwertbares Vermögen vorhanden ist.[107]

Für den Verfall des **für die Tat Erlangten** gilt der Vorrang von Ansprüchen Verletzter nach **43** § 73 Abs. 1 S. 2 regelmäßig nicht.[108] Hingegen stehen zivilrechtliche Ansprüche von Verletzten dem Wertersatzverfall des **durch die Tat Erlangten** entgegen (§ 73 Abs. 1 S. 2 StGB). Dies gilt auch gegenüber dem Drittbegünstigten.[109] Für den Ausschluss kommt es auf die rechtliche Existenz der Ansprüche an, nicht auf das bisherige Unterbleiben und die fehlende Erwartung der Geltendmachung.[110] Nach der Rspr. und h.M., die § 16 Abs. 1 als Schutzgesetz ansieht, sind jedenfalls die noch nicht verjährten Ansprüche der irregeführten Kunden aus § 823 Abs. 2 BGB i.V.m. § 16 Abs. 1 UWG als Abzugsposten zu berücksichtigen.[111] In der Literatur wird überwiegend vertreten, Gleiches gelte auch für den Gewinnabschöpfungsanspruch aus § 10 UWG.[112] Der BGH hat sich dem nicht angeschlossen, weil der Gewinn dem Bundeshaushalt zufließe und es sich daher nicht um einen dem Verletzten aus der Tat erwachsenen Anspruch handele. Der Gefahr der doppelten Inanspruchnahme könne sowohl im Zivil- als auch im Strafverfahren, namentlich mit § 10 Abs. 2 UWG und § 73c Abs. 1 StGB, wirksam entgegen getreten werden.[113]

Durch die Tat hervorgebrachte oder zu ihrer Begehung oder Vorbereitung gebraucht oder bestimmt gewesene Gegenstände kann das Gericht für **eingezogen** erklären (§§ 74ff. StGB). **44**

4. Strafverfolgung

§ 16 Abs. 1 UWG ist **kein Antragsdelikt.** Die **öffentliche Klage** wird aber nur dann erhoben, **45** wenn dies im **öffentlichen Interesse** liegt (§§ 376, 374 Abs. 1 Nr. 7 StPO). Das Delikt kann im Wege der **Privatklage** verfolgt werden (§ 374 Abs. 1 Nr. 7 StPO). Die Strafverfolgung **verjährt** in fünf Jahren beginnend ab Beendigung der Tat (§§ 78 Abs. 3 Nr. 4, 78a StGB), also i.d.R. dem ersten Verbreitungsakt.[114]

---

[105] BGH GRUR 2008, 818, 824 – *Strafbare Werbung im Versandhandel.*
[106] BGH GRUR 2008, 818, 826 – *Strafbare Werbung im Versandhandel.*
[107] BGH GRUR 2008, 818, 826 – *Strafbare Werbung im Versandhandel.*
[108] BGH GRUR 2008, 818, 824 – *Strafbare Werbung im Versandhandel.*
[109] BGH GRUR 2008, 818, 824 – *Strafbare Werbung im Versandhandel.*
[110] BGH GRUR 2008, 818, 825 – *Strafbare Werbung im Versandhandel.*
[111] BGH GRUR 2008, 818, 825 – *Strafbare Werbung im Versandhandel; Brammsen* NStZ 2009, 279; *Dornis* GRUR 2008, 742; *Fischer* StGB, 62. Aufl. 2015, § 73 Rdn. 20; *Lagodny* JR 2009, 26; *Lohse* JR 2009, 188.
[112] *Alexander* WRP 2004, 407, 418; Köhler/*Bornkamm* § 16 Rdn. 27f.; a.A. *Sack* WRP 2003, 549, 553.
[113] BGH GRUR 2008, 818, 829 – *Strafbare Werbung im Versandhandel.*
[114] BGH NJW 1974, 2140.

C. Progressive Kundenwerbung (§ 16 Abs. 2 UWG)

I. Auslegungsmaßstab und Gesetzeszweck

1. Auslegungsmaßstab

46 Anders als Nr. 14 des Anhangs zu § 3 Abs. 3 ist § 16 Abs. 2 durch das UWG 2015 nicht sprachlich an die „4finance"-Entscheidung des EuGH[115] angeglichen worden. Aufgrund des Erfordernisses der **unionskonformen Auslegung des § 16 Abs. 2** anhand der Vorgaben von Nr. 14 der „schwarzen Liste" der UGP-RL im Lichte der Rspr. des EuGH ist diese Entscheidung jedoch auch bei der Auslegung von § 16 Abs. 2 zu berücksichtigen. Die Tatbestandsvoraussetzungen des § 16 Abs. 2 entsprechen daher abgesehen von dem Erfordernis von Vorsatz, Rechtswidrigkeit und Schuld bei § 16 Abs. 2 inhaltlich jenen von Nr. 14 des Anhangs zu § 3 Abs. 3.[116]

Neben § 16 Abs. 2 bleibt **Nr. 14 des Anhangs zu § 3 Abs. 3 UWG** anwendbar. Nach der Rspr. und Teilen der Literatur decken sich bis auf die bei § 16 Abs. 2 zusätzlich zu prüfende Frage von Vorsatz, Rechtswidrigkeit und Schuld die Anwendungsbereiche beider Vorschriften, sodass (zivilrechtlich) Gesetzeskonkurrenz besteht.[117] Die Gegenmeinung geht davon aus, dass Nr. 14 (zivilrechtlich) vorrangig zu prüfen sei.[118]

2. Gesetzeszweck

47 Die besondere Gefährlichkeit, der § 16 Abs. 2 UWG Rechnung tragen will, folgt aus der **Einbeziehung der Kunden in die Vertriebsorganisation des Unternehmers** und der sich daraus ergebenden **lawinenähnlichen Absatzstruktur.** Ein System, das seine Umsätze in größerem Umfang durch den eigenen Ausbau erwirtschaftet, das also **nicht produktiv tätig ist,** ist auf eine rapide Verengung des Absatzkanals bis hin zur Marktverstopfung angelegt. Weil es die Abnehmer zu Verkäufern „des Systems" macht und darauf angelegt ist, dass jeder „Verkäufer" mehrere Abnehmer wirbt, gibt es bei einem funktionierenden System zwangsläufig nach einiger Zeit nur noch eine große Schicht von „Verkäufern" und keine Abnehmer mehr. Das System fällt dann in sich zusammen, wobei die große Masse der zuletzt Geworbenen, deren „Einsatz" sich noch nicht amortisiert hat, Verluste erleidet.[119] Weil der Umworbene seine Stellung im System nicht genau kennt und nicht weiß, ob ihm die Anwerbung einer für die Amortisierung seines „Einsatzes" hinreichend großen Kreises von Abnehmern gelingen wird, hat das System auch stark aleatorischen Charakter. Da nur wenige Verbraucher bereit sind, sich an einem System zu beteiligen, das sich auf Dauer nicht amortisieren kann, werden bei der Anwerbung von Systemteilnehmern häufig unwahre oder jedenfalls irreführende Angaben gemacht. Diese Verbindung aleatorischer, irreführungsgeeigneter und vermögensgefährdender Elemente ist bezeichnend für ein System progressiver Kundenwerbung **(„Schneeballsystem")** i. S. v. Nr. 14 UGP-RL Anh.[120] Es macht seine abstrakte Gefährlichkeit und auch seine Strafwürdigkeit aus.[121]

§ 16 Abs. 2 UWG **schützt** in erster Linie die **Verbraucher** vor **Täuschung, glücksspielartiger Willensbeeinflussung und Vermögensgefährdung,**[122] dient mittelbar aber auch dem Interesse der Mitbewerber und der Allgemeinheit, da die genannten Praktiken den lauteren Wettbewerb beeinträchtigen.[123] Bei § 16 Abs. 2 UWG handelt es sich um ein **abstraktes Gefährdungsdelikt,** so dass das Herbeiführen der gefahrenvollen Situation genügt.[124] Ob Abnehmer auf das System „hereinfallen"[125] oder geschädigt werden, ist ohne Belang.

---

[115] EuGH (C-515/12) GRUR Int. 2014, 594 – *4finance.*.

[116] OLG Frankfurt, Urt. v. 12.5.2011, Az. 6 U 29/11 beckRS 2011, 16036; *Wünsche* BB 2012, 273, 276; *Mäsch* GRUR-Prax. 2011, 385; *Olesch* WRP 2007, 908, 911.

[117] OLG Frankfurt, Urt. v. 12.5.2011, Az. 6 U 29/11 beckRS 2011, 16036; *Wünsche* BB 2012, 273, 276; *Mäsch* GRUR-Prax. 2011, 385; *Olesch* WRP 2007, 908, 911.

[118] *Brammsen/Apel* GRUR Int. 2014, 1119, 114f.; *Dau/Franke,* in: Flohr/Wauschkuhn, Vertriebsrecht, 2014, § 3 Abs. 1, 3 UWG Rdn. 8; *Hoeren* BB 2008, 1182, 1189; Köhler/*Bornkamm* § 16 Rdn. 51.

[119] Vgl. EuGH (C-515/12) GRUR Int. 2014, 592, 594 Rdn. 22 – *4finance.*

[120] Vgl. EuGH GRUR Int. 2014, 592, 594 Rdn. 22 – *4finance.*

[121] Amtl. Begr. BR-Drucks. 60/82, S. 13f.; BT-Drucks. 9/1707, S. 14f.; BT-Drucks. 10/5058, S. 38. Dagegen *Krack* in: FS Otto, S. 609ff.

[122] Amtl. Begr. BT-Drucks. 10/5058, S. 39; *Diemer* in: Erbs/Kohlhaas, § 16 Rdn. 104.

[123] Vgl. *Diemer* in: Erbs/Kohlhaas, § 16 Rdn. 124.

[124] BGH GRUR 2011, 941, 942; *Alexander* WRP 2004, 407, 411 m. w. N.

[125] BGH GRUR 2011, 941, 942.

II. Objektiver Tatbestand

1. Voraussetzungen

Der Täter muss es im geschäftlichen Verkehr unternehmen, Verbraucher zur Abnahme von Waren, Dienstleistungen oder Rechten durch das **Versprechen** zu veranlassen, sie würden entweder vom Veranstalter oder von Dritten **besondere Vorteile** erlangen, wenn sie **andere zum Abschluss gleichartiger Geschäfte veranlassen.** 48

a) Versuch der Teilnehmergewinnung. Strafbar ist bereits das „Unternehmen", also der **Versuch der Gewinnung von Kunden** (§ 11 Nr. 6 StGB), wenn es im geschäftlichen Verkehr erfolgt. Ausreichend ist, dass es der Täter unternimmt, Verbraucher durch entsprechende Vorteilsversprechen zu veranlassen, Waren oder Leistungen abzunehmen, sie also zur Teilnahme am System zu bewegen. Nicht erforderlich ist, dass nachgewiesener Maßen Kunden gewonnen wurden, s. schon oben Rdn. 47. 49

b) Im geschäftlichen Verkehr. Nur der **im geschäftlichen Verkehr erfolgende Aufbau** bzw. Versuch des Aufbaus eines Systems progressiver Kundenwerbung ist strafbar. Unter den Begriff des Handelns im geschäftlichen Verkehr fällt jede selbständige, wirtschaftliche Zwecke verfolgende Tätigkeit, in der eine Teilnahme am Erwerbsleben zum Ausdruck kommt.[126] Zu den geschäftlichen Verhältnissen zählen alle Umstände, die eine gewerbliche Tätigkeit im Wettbewerb irgendwie zu fördern vermögen.[127] Der Begriff ist weit zu fassen;[128] unerheblich ist, ob ein Gewinn erzielt wird.[129] Dass der Initiator einer **Kettenbriefaktion** einen Gewerbebetrieb besitzt, ist für ein Handeln im geschäftlichen Verkehr nicht erforderlich. Im geschäftlichen Verkehr handelt auch derjenige, der sich durch das System – z.B. durch eine anteilsmäßige Beteiligung an jedem neu geworbenen Teilnehmer – eine auf längere Zeit angelegte Erwerbsquelle schaffen will.[130] Daran fehlt es allerdings, wenn sich die fragliche Tätigkeit auf das In-Gang-Setzen einer Aktion beschränkt, im Übrigen aber die Veranstaltung allein in der Verantwortung der privaten Teilnehmer liegt und eine den Spielfluss kontrollierende Einwirkung nicht stattfindet.[131] Außerhalb des geschäftlichen Verkehrs liegen rein private Tätigkeiten außerhalb von Erwerb und Berufsausübung[132] sowie rein betriebs- und dienstinterne oder hoheitliche Handlungen.[133] 50

Ein darüber hinausgehendes **Handeln** gerade **zu Zwecken des Wettbewerbs** wird **nicht verlangt.**[134] Es ergibt sich auch nicht im Umkehrschluss aus §§ 17–19 UWG, die alternativ ein Handeln zu Zwecken des Wettbewerbs oder aus den genannten sonstigen Gründen (aus Eigennutz, in schädigender Absicht usw.) verlangen. Denn während es dort um den Schutz von Geschäfts- bzw. Betriebsgeheimnissen geht, der besonders gegenüber Mitbewerbern gewahrt werden muss, dient § 16 Abs. 2 UWG in besonderem Maße auch dem Schutze der Verbraucher bzw. Abnehmer. Er ist bei progressiven Kundenwerbungssystemen aber gerade dann besonders nötig, wenn das System wegen seiner Unlauterkeit konkurrenzlos ist. Dementsprechend fordert auch Nummer 14 des Anhangs I der UPG-RL nur, dass es sich um eine „Geschäftspraxis", also eine unmittelbar mit der Absatzförderung, dem Verkauf oder der Lieferung eines Produkts an Verbraucher zusammen hängende Maßnahme, und ein System „zur Verkaufsförderung" handeln müsse. 51

Ein **„spezifischer Wettbewerbsbezug"**, wie er vom OLG Rostock verlangt wurde,[135] ist für § 16 Abs. 2 UWG **nicht erforderlich.**[136] Die Unterordnung der Vorschrift unter den Schutzzweck des UWG (§ 1 UWG) ist schon dadurch gewahrt, dass ein Handeln im geschäftlichen Verkehr erforderlich ist. 52

c) Verbraucher. Es müssen Verbraucher zur Abnahme von Waren, Dienstleistungen oder Rechten durch das Versprechen besonderer Vorteile für die Veranlassung Dritter zum Abschluss gleichar- 53

---

[126] BGH NJW 1998, 390ff. (zu LIFE); wistra 1994, 24; BayObLG NJW 1990, 1862.
[127] BGH GRUR 1964, 33, 36 – *Bodenbeläge;* OLG Karlsruhe GRUR 1989, 615.
[128] BGH GRUR 1964, 33, 36 – *Bodenbeläge.*
[129] OLG Karlsruhe GRUR 1989, 615.
[130] OLG Karlsruhe GRUR 1989, 615; BayObLG NJW 1990, 1862.
[131] BGH NJW 1987, 851, 853.
[132] BGHSt 2, 396, 403; *Diemer* in: Erbs/Kohlhaas, § 16 Rdn. 128; *Dornis* WRP 2007, 1303, 1305; *Többens* WRP 2005, 552, 554.
[133] *Dornis* WRP 2007, 1303, 1305; Ohly/*Sosnitza* 6. Aufl.2014, § 16 Rdn. 37.
[134] A. A. *Alexander* WRP 2004, 407, 413.
[135] OLG Rostock wistra 1998, 234 (betr. Titan).
[136] Thüringer OLG OLGSt. UWG § 6c Nr. 1; *Alexander* WRP 2004, 407, 413f.

tiger Geschäfte veranlasst werden. Im Gegensatz zum früheren Recht (§ 6c UWG a. F.), das alle Nichtkaufleute schützte, beschränkt sich der Schutz des § 16 Abs. 2 UWG auf Verbraucher i. S. d. § 13 BGB.[137] Der Gesetzgeber ging davon aus, dass nur insoweit ein erhebliches Gefährdungspotenzial gegeben sei.[138]

54 Maßgeblich bleibt auch nach Umsetzung der UGP-RL durch das UWG 2008 der **deutsche Verbraucherbegriff i. S. v. § 2 Abs. 2 UWG i. V. m. § 13 BGB.**[139] Diese Auslegung ist mit europäischem Recht vereinbar.[140] Zwar ist der im Verhältnis zu dem der UGP-RL zu Grunde liegenden Verbraucherbegriff möglicherweise umfassender, s. näher die Kommentierung zu § 2 Rdn. 110 ff. Da der europäische Verbraucherbegriff jedoch zugleich den Anwendungsbereich der UGP-RL begrenzt und die im Übrigen einschlägige Irreführungsrichtlinie nur einen Mindest-, aber keinen Höchstschutz vorgibt, war der deutsche Gesetzgeber in der Beibehaltung des dem BGB entlehnten Verbraucherbegriffs frei; hiervon hat er Gebrauch gemacht.[141]

55 Da das Verhalten im Vorgriff auf den Abschluss eines Rechtsgeschäfts pönalisiert werden soll, ist für die **Beurteilung der Verbrauchereigenschaft** nicht der Zeitpunkt des Vertragsschlusses maßgeblich, sondern derjenige **Zeitpunkt,** in dem der Geworbene erstmals durch das Absatzkonzept des Veranstalters in der Weise angesprochen wird, dass die Werbung unmittelbar in die Abnahme des Produkte einmünden soll.[142] Das ist der Zeitpunkt der Kontaktaufnahme, spätestens der Zeitpunkt, zu dem die Teilnehmer zu den Präsentationsveranstaltungen gefahren werden.[143] Damit unterfallen auch Vertriebssysteme § 16 Abs. 2, die auf den Aufbau eines selbständigen, gewinnorientierten Gewerbes als „Verkaufsberater“ bzw. „Vertriebsrepräsentanten“ gerichtet sind, solange die Interessenten erst durch die Veranstalter (z. B. auf der Verkaufsveranstaltung) für die selbständige unternehmerische Tätigkeit gewonnen werden.[144]

56 **d) Vorteilsversprechen mit dem Ziel der Veranlassung zur Abnahme von Waren, Dienstleistungen oder Rechten.** Das Verbot der Schneeballsysteme basiert nach der zu Nr. 14 der „schwarzen Liste“ ergangenen „4finance“-Entscheidung des **EuGH,** die bei der richtlinienkonformen Auslegung zu berücksichtigen ist, auf vier Voraussetzungen: (1) Zusage, dass der Verbraucher die Möglichkeit haben wird, einen wirtschaftlichen Vorteil zu erlangen.[145] (2) Die Einhaltung dieser Zusage hängt von der Einführung weiterer Verbraucher in das System ab.[146] (3) Der Großteil der Einkünfte, mit denen die den Verbrauchern zugesagte Vergütung finanziert werden kann, stammt nicht aus einer tatsächlichen wirtschaftlichen Tätigkeit.[147] (4) Das System verlangt von dem Verbraucher einen finanziellen Beitrag gleich welcher Höhe im Austausch für die Möglichkeit, eine Vergütung zu erzielen, die hauptsächlich für die Einführung neuer Verbraucher in ein solches System zu erzielen ist und weniger durch den Verkauf oder Verbrauch von Produkten.[148]

57 **„Besondere Vorteile“** sind alle **wirtschaftlichen**[149] Vorteile, die nach ihrer Beeinflussungswirkung geeignet sind, die typische Dynamik eines Systems der progressiven Kundenwerbung in Gang zu setzen.[150] Die **Ware bzw. Leistung selbst** scheidet damit als „besonderer Vorteil“ aus.[151] Erfasst werden alle nicht nur unerheblichen geldwerten Zuwendungen (Geld, Kaufpreisminderung, Ware, Provision, Prämie usw.), die dem Umworbenen nicht aus anderem Rechtsgrund, z. B. einem zum Werbenden bestehenden Dienstleistungsverhältnis, zustehen.[152] Ein „besonderer Vorteil“ kann auch

---

[137] BGH GRUR 2011, 941, 942.
[138] Amtliche Begründung zum Regierungsentwurf (zu § 16 Abs. 2), BT-Drucks. 15/1487, S. 26.
[139] BGH GRUR 2011, 941, 942; *Brammsen/Apel* GRUR Int. 2014, 1119, 1122; *Alexander* in: MüKoUWG, § 3 Abs. 3 Nr. 14 Rdn. 15; GroßKommUWG/*Lindacher* § 3 (E) Anh. Nr. 14 Rdn. 3.
[140] BGH GRUR 2011, 941, 942.
[141] Amtl. Begr., BT-Drucks. 16/10145, S. 17 f.
[142] BGH GRUR 2011, 941, 942; Köhler/*Bornkamm* 34. Aufl.2016, § 16 Rdn. 36; *Brammsen/Apel* GRUR Int. 2014, 1119, 1122 m. w. N. auch zur Gegenmeinung.
[143] BGH GRUR 2011, 941, 942.
[144] BGH GRUR 2011, 941, 942 und zu § 263 StGB in: GRUR 2014, 886, 888 – *Routenplaner; Brammsen/Apel,* GRUR Int. 2014, 1119, 1122 m. w. N.; Köhler/*Bornkamm* § 16 Rdn. 36; a. A. OLG Sachsen-Anhalt, Beschluss v. 18.11.2009, Az. 1 Ws 673/09; *Mäsch/Hesse* GRUR 2010, 10.
[145] EuGH (C-515/12) GRUR Int. 2014, 592, 594 Rdn. 20 – *4finance.*
[146] EuGH GRUR Int. 2014, 592, 594 Rdn. 20- *4finance.*
[147] EuGH GRUR Int. 2014, 592, 594 Rdn. 20- *4finance.*
[148] EuGH GRUR Int. 2014, 592, 595 Rdn. 34- *4finance.*
[149] Vgl. EuGH GRUR Int. 2014, 592, 594 Rdn. 20 – *4finance.*
[150] BGH NJW 1998, 390 ff.; vgl. Amtl. Begr. BT-Drucks. 10/5058, S. 39.
[151] *Wegner* wistra 2001, 171, 172; Köhler/*Bornkamm* § 16 Rdn. 39.
[152] BT-Drucks. 10/5058, S. 39; *Janssen/Maluga* in: MüKo-NebenstrafR II, § 16 UWG Rdn. 109; *Wünsche* BB 2012, 273, 275;

die Möglichkeit sein, unentgeltlich oder verbilligt Waren zu beziehen.[153] Im Verhältnis zu dem vom Abnehmer zu zahlenden Entgelt ganz geringwertige Vorteile, die nicht geeignet sind, jemanden zum Eintritt in das Werbe- und Absatzsystem zu veranlassen, sind keine „besonderen" Vorteile.[154] Eine allgemeingültige feste Wertgrenze lässt sich mit dem Zweck der Einschränkung, nämlich die typische Dynamik einer progressiven Kundenwerbung in Gang zu setzen, nicht in Einklang bringen.[155]

Der tätigkeits- und erfolgsbedingte Anspruch des Teilnehmers auf Zahlung von Provision bzw. Folgeprovision für die Anwerbung weiterer Mitglieder ist dabei **vom Mitgliedschaftsrecht und der Anwartschaft auf Provision zu unterscheiden.** Gegenstand der Abnahme des Teilnehmers ist das Mitgliedschaftsrecht samt Anwartschaften; versprochener Vorteil hingegen die Prämie, Provision oder der sonstige Vorteil, der für das Anwerben anderer Teilnehmer gewährt wird.[156] Deshalb können auch Kettenbriefsysteme unter § 16 Abs. 2 UWG fallen.[157] **58**

Ist der „besondere Vorteil" **im Entgelt enthalten,** das für die Ware, die Dienstleistung bzw. das Recht zu zahlen ist, muss er **„herausgerechnet"** werden. Dies geschieht dadurch, dass der Wert der Ware, der Dienstleistung bzw. des Rechtes dem dafür zu zahlenden Entgelt gegenüber gestellt wird. Rechte, die dem Teilnehmer nur eine Stellung innerhalb des Systems oder einen Anteil am Umsatz nachfolgender Teilnehmer verbriefen, sind in einem auf den eigenen Ausbau angelegten System mit Null anzusetzen. **59**

§ 16 Abs. 2 UWG stellt ausdrücklich klar, dass auch **von Dritten stammende Vorteile** ausreichend sind.[158] Deshalb genügt es, wenn dem Verbraucher ein Anteil am Einsatz oder Umsatz der von ihm geworbenen Personen versprochen wird. Deshalb können auch **Kettenbriefsysteme,** bei denen der effektive Vorteil in der Zahlung der nachfolgenden Teilnehmer an früher eingetretene Spieler besteht, strafbar sein.[159] Die einseitige verbindliche Ankündigung eines Vorteils reicht aus. Weder ist die Annahme des Angebots durch den Privaten erforderlich noch kommt es auf die Einklagbarkeit des Versprechens an. Ohnehin werden solche Systeme i. d. R. sittenwidrig sein.[160] Ob der versprochene Vorteil später erbracht wird oder der Werbende überhaupt bereit ist, ihn zu gewähren, ist ohne Belang. Auch ob die Umworbenen oder die von ihnen Geworbenen von der Möglichkeit der Gewinnung weiterer Kunden Gebrauch machen, spielt keine Rolle. **60**

Der Vorteil muss dafür in Aussicht gestellt werden, dass die Verbraucher andere zum Abschluss gleichartiger Geschäfte veranlassen. Der Begriff des **Veranlassens** ist weit zu verstehen. Erfasst werden alle Tätigkeiten, die aus der Sicht des Täters auf den Willen des vorgestellten Personenkreises Einfluss ausüben können, sich zur Abnahme der angebotenen Gegenstände zu entschließen.[161] Völlige Gleichheit der von den Erstkunden und den Zweitkunden, Drittkunden usw. geschlossenen Verträge ist nicht erforderlich; ihre **Gleichartigkeit** reicht aus. Sie setzt voraus, dass auch den Zweit- bzw. Drittgeworbenen usw. gekoppelt mit dem Absatz besondere Vorteile für die Anwerbung weiterer Personen geboten werden. Ist die Tätigkeit, zu welcher der Vorteil die Erstumworbenen bestimmen soll, hingegen auf den reinen Warenabsatz beschränkt, scheidet eine Strafbarkeit nach § 16 Abs. 2 UWG aus. Dadurch fällt der bloße Vertrieb von Waren über Laienwerber aus dem Anwendungsbereich der Norm. **61**

Der in Aussicht gestellte Vorteil muss dazu dienen, die Umworbenen zur Abnahme von **Waren, Dienstleistungen oder Rechten** zu veranlassen. Vom Begriff der „Rechte" umfasst werden neben geistigen Eigentumsrechten auch alle Arten von **Forderungen einschließlich der Mitgliedschaft und des Rechts auf eine Gewinnchance.**[162] Deshalb sind auch Systeme strafbar, deren alleiniges Ziel in der Werbung neuer „Spieler" besteht und bei denen der Verbraucher einen Geldbetrag als „Spieleinsatz" aufbringen muss, um sich dadurch die Möglichkeit zu erkaufen, an den „Spieleinsätzen" der von ihnen geworbenen neuen „Spieler" anteilsmäßig beteiligt zu wer- **62**

---

[153] Vgl. *Diemer* in: Erbs/Kohlhaas, § 16 Rdn. 137; Köhler/*Bornkamm* § 16 Rdn. 38; *Többens* WRP 2005, 552, 554; a. A. offenbar BayObLG wistra 1990, 240, 241 und ihm folgend *Richter* wistra 1990, 216, 217.

[154] *Janssen/Maluga* in: MüKo-NebenstrafR II, § 16 UWG Rdn. 111.

[155] *Janssen/Maluga* in: MüKo-NebenstrafR II, 2. Aufl. 2015, § 16 UWG Rdn. 111.

[156] BGH NJW 1998, 390 ff.

[157] *Diemer* in: Erbs/Kohlhaas, § 16 Rdn. 125; vgl. auch BGH NJW 1987, 851, 853; a. A. Ohly/*Sosnitza* 6. Aufl.2014, § 16 Rdn. 48.

[158] BGH NJW 1998, 390 ff.

[159] Ebenso *Janssen/Maluga* in: MüKo-NebenstrafR II, 2. Aufl. 2015, § 16 UWG Rdn. 95.

[160] Vgl. BGH NJW 1997, 2314 f. – *„World Trading System" – WTS.*

[161] *Otto* wistra 1997, 81, 85; s. auch Köhler/*Bornkamm* § 16 Rdn. 36a: psychische Beeinflussung.

[162] BGH NJW 1998, 390 ff.; OLG Bamberg wistra 1997, 114 f.; BayObLG NJW 1990, 1862; LG Rostock wistra 2002, 75.

den.[163] Gleichermaßen unterfällt § 16 Abs. 2 UWG ein System, das darauf angelegt ist, Verbrauchern Anteile an der werbenden „Gesellschaft" zu verkaufen, deren Wert mit der Zahl der von ihnen geworbenen „Mitglieder" steigt. In welcher Weise die **Abnahme** der Waren, Dienstleistungen oder Rechte erfolgt, ist unerheblich. Nicht nur die auf deren Verkauf, sondern genauso die auf Vermietung, Verleihung oder Leasing gerichteten Systeme werden erfasst.

63 Durch die „4finance"-Entscheidung des **EuGH** ist geklärt, dass das System von dem Verbraucher einen finanziellen Beitrag verlangen muss.[164] Erfasst wird **jeglicher finanzielle Beitrag gleich welcher Höhe, der im Austausch für die Möglichkeit der Vorteilserziehung verlangt wird.**[165]

Ausreichend ist **jeglicher** Beitrag, wobei „finanziell" im Sinne von **„geldwert"** zu verstehen ist,[166] sodass auch andere Einsätze als Geldleistungen wie **immaterielle Leistungen** oder **Arbeitsleistungen** ausreichen.[167] Das Erfordernis eines „Beitrags" enthält keine Einschränkung in zeitlicher Hinsicht, sondern ist im Sinne eines **konzeptionellen Zusammenhangs** zwischen dem Beitrag und einer im **Austausch** gewährten Möglichkeit der Vorteilserzielung zu verstehen.[168] Nicht nur bei Eintritt in das System zu erbringende Leistungen, sondern auch **„Austrittsgelder"** und andere für die Partizipation am System geschuldete Leistungen werden daher erfasst.[169] Auch auf die Bezeichnung des Entgelts kommt es nicht an.[170]

64 Die Verbraucher müssen gerade durch das Versprechen von Vorteilen für die Anwerbung Dritter, die ihrerseits durch ein Vorteilsversprechen **zu einer gleichartigen Tätigkeit bestimmt** werden sollen, zur Abnahme der Waren, Dienstleistungen bzw. Rechte veranlasst werden.[171] Das **Vorteilsversprechen muss also das Bindeglied bilden** zwischen der Abnahme der Waren, Dienstleistungen oder Rechte und der Gewinnung weiterer Personen, die ihrerseits gleichartige Verträge schließen, also Systemteilnehmer werden sollen.[172] Diese Verknüpfung von Warenbezug und Vorteilsgewährung für die Werbung Dritter macht das **Progressive** des Systems aus und unterscheidet die (strafbare) progressive Kundenwerbung von der (ohne Hinzutreten weiterer Umstände nicht strafbaren) Gewinnung von Laienwerbern.[173] Daraus ergibt sich nach der Rspr. des **EuGH** das Erfordernis, dass die den Teilnehmern im Aussicht gestellte **Vergütung hauptsächlich durch die Einführung neuer Verbraucher in das System (Systemausbau) und weniger durch den Verkauf oder Verbrauch von Produkten** zu erzielen sein muss.[174] Dies hielt der EuGH bei der zugrunde liegenden Werbemaßnahme, bei der eine Gesellschaft, die kurzfristig im Fernabsatz Kleinkredite gewährte, jedem neuen Kunden eine Prämie von 20 LTL (rd. 5,80 EUR) für die Anmeldung jedes anderen durch ihn angeworbenen Kunden anbot, für unwahrscheinlich, weil die Anmeldung als neuer Kunde auf der Internetseite lediglich mit Anmeldekosten in Höhe von 0,01 LTL möglich war.[175] Die Abgrenzung ist durch eine **Gesamtbetrachtung** des Vergütungssystems möglich. Es kommt darauf an, ob dessen Ausgestaltung in erster Linie dem Waren(ab)verkauf dient oder ob es typischerweise darauf zielt, neue Teilnehmer in die Absatzstruktur einzubinden.[176] Letzteres ist dann der Fall, wenn dem Teilnehmer durch das Vergütungssystem besondere Vorteile versprochen werden, die nach ihrer Beeinflussungswirkung geeignet sind, die **typische Dynamik** eines Systems der progressiven Kundenwerbung in Gang zu setzen.[177] Ein wichtiger Gesichtspunkt für bzw. gegen die **Progressivität** des Systems ist es, ob nur einmal eine „Marge" verdient werden

[163] Köhler/*Bornkamm* § 16 Rdn. 37; *Janssen/Maluga* in: MüKo-NebenstrafR II, 2. Aufl. 2015, § 16 UWG Rdn. 95, 98., 102.

[164] EuGH (C 515/12) GRUR Int. 2014, 592, 595 Rdn. 34 – *4finance.*

[165] Vgl, EuGH (C 515/12) GRUR Int. 2014, 592, 595 Rdn. 34 – *4finance.*

[166] *Brammsen/Apel* GRUR Int. 2014, 1119, 1121/1122.

[167] *Brammsen/Apel* GRUR Int. 2014, 1119, 1121/1122.

[168] Vgl. EuGH (C 515/12) GRUR Int. 2014 592, 595 Rdn. 34 – *4finance:* „... wenn ein solches System vom Verbraucher einen finanziellen Beitrag gleich welcher Höhe im Austausch für die Möglichkeit verlangt, eine Vergütung zu erzielen, die ...".

[169] A. A. *Brammsen/Apel* GRUR Int. 2014, 1119, 1121.

[170] MüKoUWG/*Brammsen,* § 16 Rdn. 81; Götting/Nordemann/*A. Nordemann* § 16 Rdn. 28.

[171] Ebenso *Janssen/Maluga* in: MüKo-NebenstrafR II, § 16 UWG Rdn. 105.

[172] Vgl. EuGH (C 515/12) GRUR Int. 2014, 592, 594/595 Rdn. 27, 33, 34 – *4finance.*

[173] Ebenso *Janssen/Maluga* in: MüKo-NebenstrafR II, 2. Aufl. 2015, § 16 UWG Rdn. 105.

[174] EuGH (C 515/12) GRUR Int. 2014, 592, 594/595 Rdn. 27ff., 33, 34 – *4finance.*

[175] EuGH (C 515/12) GRUR Int. 2014, 592ff., insbes. Rdn. 12, 33 – *4finance.*

[176] Vgl. OLG Frankfurt Urt. v. 12.5.2011, Az. 6 U 29/11, Tz. 7, zitiert nach juris; krit. dazu *Mösch* GRUR-Prax 2011, 385. Wie hier Köhler/*Bornkamm* § 16 Rdn. 42; *Hartlage* WRP 1997, 1; *Leible* WRP 1998, 18; *Thume* WRP 1999, 280; *Wünsche* BB 2012, 273, 275.

[177] BGH GRUR 2011, 941, 943; OLG Frankfurt Urt. v. 12.5.2011, Az. 6 U 29/11, Tz. 7, zitiert nach juris.

kann, oder ob Gratifikationen innerhalb der Absatzlinie „nach oben" gereicht werden müssen, also eine Verteuerung des Produkts innerhalb der Absatzstruktur droht.[178]

65 **e) Abgrenzung.** Die Abgrenzung (strafbarer) Systeme progressiver Kundenwerbung **von nicht strafbaren Systemen,** in die ebenfalls Laienwerber eingeschaltet sind, ist anhand dieser Kriterien vorzunehmen. Findet sich die Koppelung des Absatzes von Waren, Dienstleistungen bzw. Rechten nur auf der ersten Stufe des Systems, werden die Erstgeworbenen also nur im Warenabsatz tätig, ohne dass „ihren" Kunden Vorteile für eine entsprechende Werbung weiterer Abnehmer geboten werden, so scheidet eine Strafbarkeit nach § 16 Abs. 2 UWG aus. Bei Systemen, in denen der Warenabsatz prinzipiell auf allen Stufen mit der Einbindung von Laien verbunden ist, kommt es vor allem darauf an, ob Absatz und Teilnahme gerade mittels des versprochenen Vorteils aneinander gekoppelt werden. Daran kann es fehlen, wenn reale, nicht nur auf dem Papier bestehende Rückgaberechte für den Fall des Nichtabsatzes abgenommener Waren bestehen. Auch die abstrakte Höhe des für die Anwerbung Dritter zu erhaltenden Vorteils und dessen Verhältnis zu den bezogenen Waren oder Dienstleistungen spielt eine Rolle. Von im Verhältnis zum Wert der Waren, Dienstleistungen oder Rechte ganz geringfügigen Vorteilen geht hingegen meist keine nennenswerte Anlockwirkung aus. Umgekehrt spricht es für eine progressive Kundenwerbung, wenn sich die „Einsätze" der Verbraucher („Kaufpreis", „Teilnahmegebühr", „Spieleinsatz" o. Ä.) nur im Falle einer Tätigkeit als Anwerber amortisieren können.

2. Haupterscheinungsformen

66 Die progressive Kundenwerbung kann in Form des Schneeballsystems oder in Form des Pyramidensystems auftreten. Beim **Schneeballsystem** basiert der Absatz darauf, dass der Unternehmer mit allen Kunden kontrahiert, also auch mit den von den Erstkunden geworbenen Zweitkunden, mit den von den Zweitkunden geworbenen Drittkunden usw. Beim **Pyramidensystem** kontrahiert der Unternehmer nur mit der ersten „Schicht" von Kunden, den sog. Erstkunden. Diese schließen ihrerseits Verträge mit den von ihnen geworbenen Zweitkunden ab, die Zweitkunden mit den Drittkunden usw. Bildlich betrachtet ergibt sich so die Pyramidenform, weil jeder Kunde i. d. R. mehrere Abnehmer wirbt. Bezeichnend für beide Haupterscheinungsformen der progressiven Kundenwerbung ist die Einbindung der Umworbenen als Werber in das Vertriebssystem, die notwendig ist, damit sich deren Einsatz amortisiert.

3. Arten

67 **a) Pyramidenspiele.** Zahlreich sind verschiedene Formen von **Pyramidenspielen,** bei denen der Umworbene durch einen „Spielbeitrag" eine „Spielerfigur", eine „Mitgliedschaft" oder eine „Beteiligung an der Spielerorganisation" und damit das Recht auf einen Anteil an den „Spielbeiträgen" später Geworbener erwirbt.[179] Im Allgemeinen sind solche „Spiele" darauf angelegt, Verbraucher durch den Erwerb dieser „Berechtigung" dazu zu veranlassen, weitere Personen anzuwerben, von deren „Beiträgen" der Initiator sich eine dauerhafte Einnahmequelle erhofft. Typischerweise bleibt dem Umworbenen seine Stellung – meist ganz am Ende einer schon großen Lawine – innerhalb des Spiels verborgen. Üblicherweise werden die Teilnehmer mittels falscher Angaben angeworben, etwa dergestalt, dass sie „die Chance ihres Lebens haben könnten" und es sich „keinesfalls um ein Schneeballsystem" handele. Hierin liegt wegen der typischen Gefahren und Unwägbarkeiten für den Umworbenen eine Urform der strafbaren progressiven Kundenwerbung. Die Rspr. sieht daher in derartigen Gewinnspielen meist einen Verstoß gegen § 16 Abs. 2 UWG.[180] Neben § 16 Abs. 2 UWG können die „Spiele" nach § 284 StGB strafbar sein.

68 **b) Kettenbriefe.** Sie werden heute meist über soziale Netzwerke versandt und enthalten die mit dem Versprechen von Belohnungen oder der Androhung schwerwiegender Folgen im Falle der Nichtbefolgung versehene Aufforderung, den Brief an mehrere weitere Empfänger weiterzusenden. Bei ihnen geht es nicht um den Produktabsatz, sondern der versprochene Vorteil besteht in der Gewinnchance durch Teilnahme am System; das ist für § 16 Abs. 2 ausreichend **(oben Rdn. 58,**

---

[178] BGH GRUR 2011, 041, 943; OLG Frankfurt Urt. v. 12.5.2011, Az. 6 U 29/11, Tz. 9; vgl. auch OLG Hamm, Az. 3 Ws 399–402/10, Tz. 17, jeweils zitiert nach juris.

[179] Siehe *Otto* wistra 1997, 81 ff.

[180] BGH NJW 1998, 390 (LIFE); OLG Bamberg wistra 1997, 114 f.; Thüringer OLG OLGSt. UWG § 6c Nr. 1; LG Hamburg NStZ-RR 1997, 57 (Titan); LG Rostock wistra 2002, 75 (LIFE, Jump, Titan); differenzierend OLG Rostock wistra 1998, 234 ff.; OLG Brandenburg wista 2003, 74; s. auch die Rechtsprechungsübersicht bei *Achenbach* NStZ 1997, 539; NStZ 1998, 563.

60).[181] Ferner werden von § 16 Abs. 2 auch solche Systeme erfasst, bei denen der effektive Vorteil in der Zahlung der nachfolgenden Teilnehmer an früher eingetretene Spieler besteht (s. Rdn. 60).[182] Kettenbriefsysteme können daher unter § 16 Abs. 2 fallen, wenn das konkrete System aufgrund seiner Konzeption und Ausgestaltung die o. g. Tatbestandsvoraussetzungen erfüllt, was im Einzelfall zu prüfen ist. § 16 Abs. 2 erfordert das Versprechen eines besonderen Vorteils; **Druck** oder Drohungen sind nicht ausreichend, können aber die Strafbarkeit nach anderen Vorschriften begründen. An einem Vorteilsversprechen fehlt es auch, wenn lediglich **vage Chancen** oder unerhebliche geldwerte Zuwendungen in Aussicht gestellt werden (s. Rdn. 57).[183] Die Abgrenzung zwischen **geschäftlichem** und privatem Handeln erweist sich auch deshalb als schwierig, weil hinter einem augenscheinlich altruistischen Anlass des Kettenbriefes ein wirtschaftliches Interesse des Veranstalters an der Generierung von **Adressen** und Einwilligungserklärungen als handelbares Gut stecken kann.[184] Von Privaten gestartete Kettenbriefaktionen, bei denen es nur darum geht, auf bestimmte Themen aufmerksam zu machen oder einer anderen Person eine Vielzahl von Briefen zukommen zu lassen, erfüllen nicht die Voraussetzungen eines Handelns im geschäftlichen Verkehr;[185] anders wenn der Veranstalter das System zentral steuert und eine vom Spielgewinn unabhängige Bearbeitungsgebühr verlangt.[186]

69 **c) Schenkkreisen.** Bei Schenkkreisen[187] kommt eine Strafbarkeit jedenfalls derjenigen Personen in Betracht, die mit der Kontrolle von Ablauf und Organisation des Systems gehören, insbes. wenn Bearbeitungsgebühren nach § 16 Abs. 2 UWG erhoben werden.[188] Darüber hinaus kommt aber auch eine Strafbarkeit derjenigen Personen in Betracht, die über die bloße Teilnahme am System hinaus **aktiv an dessen Erhaltung oder Förderung mitwirken,** etwa indem sie Räume für Veranstaltungen zur Verfügung stellen sie oder über mehrere Spielrunden hinweg immer wieder am System teilnehmen.[189]

70 **d) Powershopping.** Unter § 16 Abs. 2 UWG fällt **nicht** das **reguläre Powershopping.**[190] Dabei schließen sich mehrere Interessierte zusammen, um unter Ausnutzung der so gebündelten Nachfragemacht günstigere Preise zu erzielen. Der Zusammenschluss erfolgt nicht auf die Initiative eines einzelnen, der den Sich-Zusammenschließenden entsprechende Vorteile in Aussicht stellt, sondern ist auf die Anlockwirkung des Angebots selbst zurückzuführen.

71 **e) Reverse auction.** Von § 16 Abs. 2 UWG **nicht** erfasst werden **die regulären reverse auctions.**[191] Darunter versteht man die – meist im Internet stattfindenden – Auktionen, bei denen das Exponat umso billiger wird, je mehr Tage ohne Zuschlag verstreichen. Die Teilnehmer werden hier vom Angebot selbst angelockt und nicht durch Verbraucher, denen für diesen Fall ein Vorteil vom Werbenden versprochen wird, zur Teilnahme veranlasst.

72 **f) Multi-Level-Marketing. MLM (Strukturvertrieb)** tritt in unterschiedlichen Formen auf. Im Unterschied zum klassischen Direktverkauf werden den Kunden je nach Ausgestaltung des Systems teils hohe wirtschaftliche Anreize und u. U. auch Aufstiegsmöglichkeiten im System für das Anwerben weiterer Neukunden gewährt.[192]

73 Aufgrund der unterschiedlichen Konzeption und Ausgestaltung ist eine **differenzierte** Betrachtung erforderlich und muss jeweils im Einzelfall geprüft werden, ob die o. g. Voraussetzungen erfüllt sind.[193] Es kommt darauf an, ob die Ausgestaltung des Vergütungssystems in erster Linie dem Wa-

---

[181] Köhler/*Bornkamm* § 16 Rdn. 37; *Janssen/Maluga* in: MüKoNebenstrafR II, § 16 UWG Rdn. 95, 98, 102; a. A. Ohly/*Sosnitza* § 16 Rdn. 48.

[182] *Diemer* in: Erbs/Kohlhaas, § 16 Rdn. 128; Köhler/*Bornkamm* § 16 Rdn. 39, § 16 Rdn. 37, 40.

[183] Vgl. *Janssen/Maluga* in: MüKoNebenstrafR II, 2. Aufl. 2015, § 16 UWG Rdn. 110.

[184] Vgl. *Janssen/Maluga* in: MüKoNebenstrafR II, 2. Aufl. 2015, § 16 UWG Rdn. 98 f.

[185] Vgl. BGH NJW 1987, 851, 853.

[186] *Diemer* in: Erbs/Kohlhaas, § 16 Rdn. 128.

[187] Zum Begriff BGH Urt. v. 6.11.2008, III ZR 121/08, Tz. 10; NJW 2008, 1942; *LG Bonn* NJW-RR 2005, 490; *Dornis* WRP 2007, 1303.

[188] *Dornis* WRP 2007, 1303, 1306.

[189] *Dornis* WRP 2007, 1303, 1306.

[190] Wie hier *Janssen/Maluga* in: MüKo-NebenstrafR II, § 16 UWG Rdn. 96 m. w. N.

[191] *Lange/Spätgens,* Rabatte und Zugaben im Wettbewerb, 2001, § 4 Rdn. 133; *Janssen/Maluga* in: MüKoNebenstrafR II, § 16 UWG Rdn. 96.

[192] Siehe näher *Brammsen/Leible* BB 1997 Beilage 10, S. 1, 3; *Leible* WRP 1998, 18 ff.; *Thume* WRP 1999, 280, 283.

[193] *Brammsen/Apel* WRP 2011, 400, 407; *Brammsen/Leible* BB 1997 Beilage 10 zu Heft 32, S. 1 ff.; *Leible* WRP 1998, 18 ff.; *Thume* WRP 1999, 280 ff.; Ohly/*Sosnitza* § 16 Rdn. 35.

ren(ab)verkauf dient oder ob es typischerweise darauf zielt, neue Teilnehmer in die Absatzstruktur einzubinden.[194] Letzteres ist dann der Fall, wenn dem Teilnehmer durch das Vergütungssystem besondere Vorteile versprochen werden, die nach ihrer Beeinflussungswirkung geeignet sind, die typische Dynamik eines Systems der progressiven Kundenwerbung in Gang zu setzen.[195] Häufig fehlt es bei Multi-Level-Marketing an mehreren Tatbestandsmerkmalen des § 16 Abs. 2 UWG:[196] Erfolgt der Absatz zwar von Verbrauchern an Verbraucher, sollen die Letzteren aber nicht als Laienwerber gewonnen werden, so scheidet § 16 Abs. 2 UWG aus. Werden zwar in größerem Umfang multiplikative Strukturen unter Einbindung in den Warenabsatz entwickelt, sind die Kunden aber nicht veranlasst, mehr Waren (Dienstleistungen, Rechte) als von ihnen benötigt abzunehmen und an Dritte weiter zu veräußern, um sich die versprochenen Vorteile zu sichern, so ist der Straftatbestand ebenfalls nicht erfüllt. Gleiches gilt bei einer Werbung, bei der eine Gesellschaft, die kurzfristig im Fernabsatz Kleinkredite gewährt, jedem neuen Kunden eine Prämie von 20 LTL (rd. 5,80 EUR) für die Anmeldung jedes anderen durch ihn angeworbenen Kunden verspricht, wenn die Anmeldung als neuer Kunde auf der Internetseite lediglich Anmeldekosten in Höhe von 0,01 LTL verursacht und weitere Verbindlichkeiten nicht auslöst.[197] In beiden Fällen dient das Versprechen der Gewährung von Vorteilen nicht dazu, die Kunden zur Abnahme zu veranlassen, sondern soll ihnen nur einen Anreiz bieten, als Laienwerber tätig zu werden. Enthält die vom Verbraucher als „Startkapital" zu erwerbende Beratergrundausstattung neben anderen Dingen auch Waren, ist zwar das Tatbestandsmerkmal der Veranlassung zur Abnahme von Waren durch In-Aussichtstellen eines Vorteils erfüllt. Es fehlt aber an der Verknüpfung mit der Veranlassung Dritter zum Abschluss gleichartiger Geschäfte, wenn der Laienwerber die Waren üblicherweise nur an Dritte absetzen, diese aber nicht auch als weitere Laienwerber gewinnen soll.

g) Ponzi-Schemes. Bei Ponzi-Schemes handelt es sich in aller Regel darum, dass durch **unrealistisch hohe Renditeversprechen** Anleger gewonnen werden, deren Gelder für eigene Zwecke und nach Art eines Schneeballsystems zur **Befriedigung von Rendite- sowie Rückzahlungsforderungen der Altinvestoren** verwandt werden, um so Investoren in Sicherheit zu wiegen und zu weiteren Einzahlungen zu bewegen, bis das System schließlich zusammenbricht.[198] Ponzi-Schemes treten in unterschiedlichen Ausgestaltungen auf.[199] Es ist daher jeweils im Einzelfall zu prüfen, ob in der konkreten Ausgestaltung die Voraussetzungen des § 16 Abs. 2 vorliegen. Die typische Dynamik eines Schneeballsystems liegt bei Ponzi-Schemes zwar vor, in bekannt gewordenen Fällen wurden von den Betreibern neue Investoren jedoch selbst bzw. durch Mitarbeiter angeworben und in der Vergangenheit eine Strafbarkeit nach § 16 Abs. 2 daher verneint, weil nicht Anleger gegen Inaussichtstellung besonderer Vorteile als Werber eingesetzt wurden.[200] Es kommt jedoch eine Strafbarkeit nach § 263 StGB, § 264a StGB und § 266 StGB in Betracht.[201] 73a

III. Subjektiver Tatbestand

§ 16 Abs. 2 UWG verlagert die Strafbarkeit ins **Versuchsstadium** vor („Wer es … unternimmt …", vgl. § 11 Nr. 6 StGB). Vom **Vorsatz** umfasst sein müssen alle Tatbestandsmerkmale einschließlich jenes des Handelns im geschäftlichen Verkehr. Ein Tatbestandsirrtum, etwa über die Stellung des Umworbenen als „Verbraucher", schließt den Vorsatz aus. 74

IV. Rechtswidrigkeit und Schuld

Kein Rechtfertigungsgrund ist es, dass der Täter selbst durch einen Dritten zum fraglichen System hinzugeworben wurde. Die ihm durch den Beitritt entstehenden Nachteile darf er nicht auf Kosten Dritter kompensieren. 75

---

[194] OLG Frankfurt Urt. v. 12.5.2011, Az. 6 U 29/11, Tz. 7, zitiert nach juris.

[195] BGH GRUR 2011, 941, 943; OLG Frankfurt Urt. v. 12.5.2011, Az. 6 U 29/11, Tz. 7, zitiert nach juris; Köhler/*Bornkamm* § 16 Rdn. 39.

[196] Näher *Brammsen/Leible* BB 1997 Beilage 10 zu Heft 32, S. 1, 5 ff.; *Finger* ZRP 2006, 159 ff.

[197] Vgl. EuGH (C 515/12) GRUR Int. 2014, 592 ff. – *4finance.*

[198] Vgl. BGH JR 2009, 294; *Brammsen/Apel* WRP 2011, 400 ff.; *Kilian* HRSS 2009, 285 ff.; Köhler/*Bornkamm* 34. Aufl. 2016, § 16 Rdn. 39.

[199] S. zu verschiedenen Fällen näher *Brammsen/Apel* WRP 2011, 400, 407 ff.

[200] *Brammsen/Apel* WRP 2011, 400, 409 f.; *Kilian* HRSS 2009, 285, 289.

[201] Vgl. BGH JR 2009, 294; *Brammsen/Apel* WRP 2011, 400 ff.; *Kilian* HRSS 2009, 285 ff.

V. Täter und Teilnehmer

76 **Täter** ist, wer es im geschäftlichen Verkehr unternimmt, Verbraucher zur Abnahme der Waren unter dem Versprechen besonderer Vorteile für die Veranlassung zum Abschluss gleichartiger Geschäfte zu bestimmen. Das ist der im geschäftlichen Verkehr handelnde Veranstalter des Systems, selbst wenn er die Einleitung und Durchführung des Systems durch andere besorgen lässt und selbst im Hintergrund bleibt.[202] Ist dies eine juristische Person, ist der jeweils im Namen der Gesellschaft Handelnde verantwortlich.[203] Der Veranstalter kann auch durch andere handeln, z.B. die der Anwerbung dienenden Veranstaltungen seinen Handlangern überlassen. Dritte, auch die auf den verschiedenen Stufen werbend Tätigen, können aber u.U. **Mittäter oder Gehilfen** sein. Nach der Amtlichen Begründung zu § 6c UWG a.F. sind Personen, die „im Einzelfall Opfer dieser Art von Werbung geworden sind, ... straflos, da sie allenfalls als **notwendige Teilnehmer** angesehen werden können".[204] Dem lässt sich aber nur entnehmen, was ohnehin selbstverständlich ist: dass die notwendige Mitwirkung an der Tat durch das Sich-Anwerben-Lassen nicht strafbegründend wirkt. Wirbt der Angeworbene hingegen Dritte an, kommt seine Strafbarkeit durchaus in Betracht.[205] Für eine Strafbarkeit als Gehilfe ist nicht erforderlich, dass er selbst im geschäftlichen Verkehr handelt.

VI. Konkurrenzen

1. Strafrecht

77 Durch die **Veranstaltung mehrerer Präsentationen,** die demselben System der Kundenwerbung dienen, wird der Tatbestand der progressiven Kundenwerbung nur einmal verwirklicht;[206] allerdings bewirkt dies keine Verklammerung mehrerer selbständiger Betrugstaten, s. hierzu sogleich. Für das Verhältnis von **§ 16 Abs. 1** und Abs. 2 UWG wird inzwischen überwiegend von Tateinheit ausgegangen.[207] Tateinheit besteht zum Betrug **(§ 263 StGB);** eine Verklammerung mehrerer im Zusammenhang mit § 16 Abs. 2 verwirklichter Betrugstaten zu einer einheitlichen Tat wird angesichts der im Vergleich zum Strafrahmen des § 263 StGB erheblich niedrigeren Strafandrohung des § 16 Abs. 2 aber nicht bewirkt.[208] Tateinheit besteht ferner zum unerlaubten Glücksspiel **(§ 284 StGB)** und zur unerlaubten Veranstaltung einer Lotterie bzw. Ausspielung **(§ 287 StGB).**[209]

2. Zivilrecht

78 Lauterkeitsrechtliche Ansprüche kommen insbesondere aus § 3 Abs. 3 UWG i.V.m. Nr. 14 der Anlage, aus §§ 3, 4 Nr. 11 i.V.m. §§ 8ff. UWG und aus §§ 3, 5 i.V.m. §§ 8ff. UWG in Betracht. § 16 Abs. 2 UWG ist gesetzliche Vorschrift zur Regelung des Marktverhaltens im Interesse der Marktteilnehmer i.S.d § 4 Nr. 11 UWG.[210] Neben § 16 Abs. 2 bleibt **Nr. 14 des Anhangs zu § 3 Abs. 3 UWG** grundsätzlich anwendbar. Nach der Rspr. und Teilen der Literatur decken sich bis auf die bei § 16 Abs. 2 zusätzlich zu prüfende Frage von Vorsatz, Rechtswidrigkeit und Schuld die Anwendungsbereiche beider Vorschriften;[211] die Gegenmeinung geht davon aus, dass Nr. 14

---

[202] *Többens* WRP 2005, 552, 555.

[203] *Diemer* in: Erbs/Kohlhaas, § 16 Rdn. 125.

[204] BR-Drucks. 60/82, S. 15; BT-Drucks. 9/1707, S. 16; BT-Drucks. 10/5058, S. 39.

[205] *Diemer* in: Erbs/Kohlhaas, § 16 Rdn. 125; *Többens* WRP 2005, 552, 555; vgl. LG Halle, Urt. v. 4.7.2013, Az. 2 KLs 3/12, 2 KLs 927 Js 25257/10 (3/12), juris-Tz. 57: Über bloße Teilnahme hinausgehende, aktive Tätigkeit, das System aufrecht zu erhalten und zu fördern, durch Organisation und Leitung des laufenden Betriebs einer Untergruppe, Besuch von Schulungen und Weiterreichung der daraus erlangten Verhaltensanweisungen, Teilnahme an Beschenkungsveranstaltungen, Verauslagung von Geld sowie durch Vorhalten, Hinweise und durch Hilfsangebote an Teilnehmer des Kreises.

[206] BGH Beschluss v. 9.11.2011, Az. 4 StR 252/11; KG NStZ-RR 2005, 26, 27f.; Thüringer OLG OLGSt. UWG § 6c Nr. 1.

[207] So *Alexander* WRP 2004, 407, 417; Köhler/*Bornkamm* § 16 Rdn. 30; Ohly/*Sosnitza* 6. Aufl.2014 § 16 Rdn. 28; a.A. *Diemer* in: Erbs/Kohlhaas, § 16 Rdn. 144.

[208] BGH Beschluss v. 9.11.2011, Az. 4 StR 252/11, Tz. 12.

[209] Köhler/*Bornkamm* § 16 Rdn. 52.

[210] Amtl. Begr. (zu § 16) zum Gesetzentwurf der Bundesregierung, BT-Drucks. 15/1487, S. 26.

[211] OLG Frankfurt, Urt. v. 12.5.2011, Az. 6 U 29/11 beckRS 2011, 16036; *Wünsche,* BB 2012, 273, 276; *Mäsch* GRUR-Prax. 2011, 385; *Olesch* WRP 2007, 908, 911.

(zivilrechtlich) vorrangig zu prüfen sei.[212] Gegen Letzteres spricht, dass abgesehen von bei § 16 Abs. 2 zusätzlich zu prüfenden Merkmalen (Vorsatz, Rechtswidrigkeit, Schuld) die tatbestandlichen Voraussetzungen identisch sind, insbesondere auch § 16 Abs. 2 richtlinienkonform auszulegen ist.[213] Bedeutung gewinnt die Frage für Schadenersatzansprüche von Verbrauchern. Nach h. M. ist § 16 Abs. 2 (anders als § 3)[214] Schutzgesetz i. S. d. **§ 823 Abs. 2 BGB,**[215] die Individualansprüche der Geschädigten unterliegen somit der längeren dreijährigen Verjährungsfrist des § 195 BGB. Da es nach Art. 13 UGP-RL den Mitgliedstaaten vorbehalten bleibt, die anzuwendenden Sanktionen festzulegen, besteht jedenfalls keine Notwendigkeit, bislang gewährte **Ersatzansprüche der geschädigten Verbraucher** einzuschränken. Für die Ersatzpflicht zu Gunsten der Mitbewerber wurde schon bislang von einer abschließenden Regelung im UWG ausgegangen.[216] Vertragliche Beziehungen zwischen dem Veranstalter und den Teilnehmern sowie unter den Teilnehmern sind nach **§§ 134, 138 Abs. 1 BGB** nichtig.[217] Das Geleistete kann gemäß **§§ 812 ff. BGB** zurückgefordert werden.[218] Die Kondiktionssperre des § 817 S. 2 BGB greift nach der Rspr. nicht.[219] Die „generalpräventive" Funktion der generellen Rückforderbarkeit sei allein geeignet, dem sozialschädlichen Treiben entgegenzuwirken.[220]

VII. Versuchsstrafbarkeit

Strafbar ist schon das **„Unternehmen" der Tat,** also deren Versuch (§ 11 Nr. 6 StGB). Vollendet ist die Tat, wenn der Täter unmittelbar dazu angesetzt hat (§ 22 StGB), das Werbe- und Vertriebssystem in Gang zu setzen.[221] Das Verhalten des Täters muss darauf gerichtet gewesen sein, den geschützten Personenkreis zur Abnahme von Waren, Dienstleistungen oder Rechten zu veranlassen.[222] Ob es gelingt, auch nur einen Kunden zu werben, ist für die Strafbarkeit als solche ohne Belang, kann aber beim Strafmaß eine Rolle spielen. **79**

VIII. Strafmaß

Die allgemeinen Vorschriften des StGB über die Strafen (§§ 38 ff. StGB) und die Strafbemessung (§§ 46 ff. StGB) finden Anwendung. Das Gericht verhängt gegen den Täter eine **Freiheitsstrafe von bis zu zwei Jahren** oder **Geldstrafe.** Neben die Freiheitsstrafe, nicht aber neben eine Geldstrafe, kann nach § 41 StGB eine Geldstrafe treten, wenn sich der Angeklagte durch die Tat bereichert bzw. zu bereichern versucht hat und dies auch unter Berücksichtigung der persönlichen und wirtschaftlichen Verhältnissen des Angeklagten angebracht ist. Zahlungserleichterungen können gewährt werden (§ 42 StGB). **80**

Die Schuld des Täters ist Grundlage für die **Strafbemessung** (§ 46 Abs. 1 Satz 1 StGB). Eine kurze Freiheitsstrafe von unter sechs Monaten wird nur in Ausnahmefällen verhängt (§ 47 StGB). Eine Geldstrafe beträgt mindestens fünf und höchstens 360 Tagessätze, wobei sich die Höhe der Tagessätze nach den persönlichen und wirtschaftlichen Verhältnissen des Täters richtet und mindestens einen und höchstens 5000 Euro beträgt (§ 40 StGB). **81**

IX. Verfall und Einziehung

Hat der Täter für die Tat oder aus ihr etwas erlangt, kann das Gericht den **Verfall** anordnen (§§ 73 ff. StGB). Ob im Hinblick auf die Möglichkeiten der Gewinnabschöpfung eine Verfallsanordnung noch in Betracht kommt, ist streitig **(s. näher oben Rdn. 41 ff.).** Durch die Tat hervor- **82**

---

[212] *Brammsen/Apel* GRUR Int. 2014, 1119, 114 f.; *Dau/Franke* in: Flohr/Wauschkuhn, Vertriebsrecht, 2014, § 3 Abs. 1, 3 UWG Rdn. 8; *Hoeren* BB 2008, 1182, 1189; Köhler/*Bornkamm* § 16 Rdn. 51.

[213] OLG Frankfurt, Urt. v. 12.5.2011, Az. 6 U 29/11 BeckRS 2011, 16036; *Wünsche* BB 2012, 273, 276.

[214] Vgl. Amtl. Begr. Zu § 8, BT-Drucks. 15/1487, S. 22; MüKoUWG/*Fritzsche,* § 9 Rdn. 48 f.; Harte/Henning/*Goldmann,* § 9 Rdn. 13; a. A. Fezer/*Koos* § 9 Rdn. 3; *Sack* in FS Ullmann, 2006, S. 825, 841 ff.

[215] *Alexander* WRP 2004, 407, 420; Köhler/*Bornkamm* § 16 Rdn. 51.

[216] *Alexander* WRP 2004, 407, 420.

[217] BGHZ 71, 358, 366 – *Golden Products;* WRP 1997, 783, 784 – *World Trading System;* OLG München NJW 1986, 1881; OLG Celle NJW 1996, 2660; Köhler/*Bornkamm* § 16 Rdn. 51.

[218] BGH NJW 2008, 1942; Urt. v. 6.11.2008, III ZR 121/08.

[219] BGH NJW 2008, 1942.

[220] BGH NJW 2008, 1942.

[221] BGH GRUR 2011, 941, 942; *Többens* WRP 2005, 552, 554 m. w. N.

[222] BGH GRUR 2011, 941, 942; vgl. Köhler/*Bornkamm* § 16 Rdn. 36; *Janssen/Maluga* in: MüKoNebenstrafR II, § 16 UWG Rdn. 100; Erbs/Kohlhaas/*Diemer,* § 16 Rdn. 143; Ohly/*Sosnitza* § 16 Rdn. 36.

gebrachte oder zu ihrer Begehung oder Vorbereitung gebraucht oder bestimmt gewesene Gegenstände können **eingezogen** werden (§§ 74 ff. StGB). Zu den Einzelheiten kann auf die Ausführungen zu § 16 Abs. 1 (Rdn. 41 ff.) verwiesen werden.

X. Strafverfolgung

83 § 16 Abs. 2 UWG ist **kein Antragsdelikt.** Die **öffentliche Klage** wird aber nur dann erhoben, wenn dies im **öffentlichen Interesse** liegt (§§ 376, 374 Abs. 1 Nr. 7 StPO). Das Delikt kann im Wege der **Privatklage** verfolgt werden (§ 374 Abs. 1 Nr. 7 StPO). Die Strafverfolgung **verjährt** in fünf Jahren beginnend mit der Beendigung der Tat (§§ 78 Abs. 3 Nr. 4, 78a StGB).

Vorbemerkungen zu §§ 17–19 UWG

Inhaltsübersicht

	Rdn.
A. Bedeutung geheimen Know-hows	1
B. Beteiligte Interessen	4
C. Entwicklung des Geheimnisschutzes	6
D. Spezialnormen des Geheimnisschutzes	9
E. Einfluss des europäischen Rechts	10

Schrifttum: *Ann,* Know-how – Stiefkind des geistigen Eigentums? GRUR 2007, 39; *ders.*, Geheimnisschutz – Kernaufgabe des Informationsmanagements im Unternehmen, GRUR 2014, 12; *Ann/Loschelder/Grosch,* Praxishandbuch Know-how-Schutz, 2010; *Bauer/Diller,* Wettbewerbsverbote, 7. Aufl. 2015; *Beyerbach,* Die geheime Unternehmensinformation, 2012; *Bently,* Trade Secrets – ‚Intellectual Property' but not ‚property'? In: *Howe/Griffiths,* Concepts of ‚Property' in Intellectual Property (Cambridge 2013); *Bornkamm,* Der Schutz vertraulicher Informationen zur Durchsetzung von Rechten des geistigen Eigentums – In-camera-Verfahren im Zivilprozess? in: FS Ullmann, 2006, S. 893 ff.; *Brammsen,* Rechtsgut und Täter der Vorlagenfreibeuterei, wistra 2006, 201; *Brammsen/Apel,* „Kunst kommt von Können…" Zur Auslegung des § 18 Abs. 1 UWG („Vorlagenfreibeuterei"), insbesondere zum „Anvertrauen", WRP 2016, 18; *Callmann,* Betriebsgeheimnis und Arbeitnehmer, in *Wassermann* (s. u.), 67, und MuW 1931, 310; *Deichfuß,* Die Entwendung von technischen Betriebsgeheimnissen, GRUR-Prax 2012, 337194; *Doepner,* Anmerkungen zum wettbewerbsrechtlichen Geheimnisschutz im Zivilprozess, in: FS Tilmann, 2003, S. 105; *Dorner,* Know-how-Schutz im Umbruch, 2013; *Enders,* Know How Schutz als Teil des geistigen Eigentums, GRUR 2012, 25; *Fezer,* Der zivilrechtliche Geheimnisschutz im Wettbewerbsrecht, in: FS Traub, 1994, S. 81; *Gaugenrieder/Unger-Hellmich,* Know-how-Schutz – Gehen mit dem Mitarbeiter auch die Unternehmensgeheimnisse?, WRP 2011, 1364; *Harte-Bavendamm,* Wettbewerbsrechtliche Aspekte des Reverse Engineering von Computerprogrammen, GRUR 1995, 657; *ders.*, Reform des Geheimnisschutzes: naht Rettung aus Brüssel? Zum Richtlinienvorschlag zum Schutz von Geschäftsgeheimnissen, in: FS Köhler, 2014, 235; *Hogan Lovells;* Study on Trade Secrets and Parasitic Copying (Look-alikes) – Report on Trade Secrets for the European Commission (2012), http://ec.europa.eu/internal_market/ipenforcement/docs/trade/Study_Trade_Secrets_en.pdf; *Jerschek/Kölbel,* Souveräne Strafverfolgung, NJW 2001, 1601; *Kalbfus,* Know-how-Schutz in Deutschland zwischen Strafrecht und Zivilrecht – welcher Reformbedarf besteht?, 2011, Geistiges Eigentum und Wettbewerb Bd. 25; *Kiethe/Groeschke,* Die Durchsetzung von Schadensersatzansprüchen in Fällen der Betriebs- und Wirtschaftsspionage, WRP 2005, 1358; *Kiethe/Hohmann,* Der strafrechtliche Schutz von Geschäfts- und Betriebsgeheimnissen, NStZ 2006, 185; *Kochmann,* Schutz des „Know-how" gegen ausspähende Produktanalysen („Reverse Engineering"), 2009; *Kraßer,* Grundlagen des zivilrechtlichen Schutzes von Geschäfts- und Betriebsgeheimnissen sowie von Know-how, GRUR 1977, 177; *ders.*, Der Schutz des Know-how nach deutschem Recht, GRUR 1970, 587; *Lieberknecht,* Die Behandlung von Geschäftsgeheimnissen im deutschen und EG-Recht, WuW 1988, 833; *Liebl* (Hrsg.), Betriebsspionage, 1987; *Maier,* Der Schutz von Betriebsgeheimnissen im schwedischen, englischen und deutschen Recht, Schriftenreihe zum gewerblichen Rechtsschutz Bd. 104, Köln 1998; *von Maltzahn,* Wettbewerbsrechtliche Probleme beim Arbeitsplatzwechsel, GRUR 1981, 788; *Mautz/Löblich,* Nachvertraglicher Verrat von Betriebs- und Geschäftsgeheimnissen, MRD 2000, 67; *Mayer,* Geschäfts- und Betriebsgeheimnis oder Geheimniskrämerei?, GRUR 2011, 884; *McGuire,* Know-how: Stiefkind, Störenfried oder Sorgenkind? Lücken und Regelungsalterativen vor dem Hintergrund des RL-Vorschlags, GRUR 2015, 424; *McGuire/Joachim/Künzel/Weber,* Der Schutz von Geschäftsgeheimnissen durch Rechte des geistigen Eigentums und durch das Recht des unlauteren Wettbewerbs (Q215), GRUR Int. 2010, 829; *Meincke,* Geheimhaltungspflichten im Wirtschaftsrecht, WM 1998, 741; *Meitinger,* Der Schutz von Geschäftsgeheimnissen im globalen und regionalen Wirtschaftsrecht, Bern 2001; *Mes,* Arbeitsplatzwechsel und Geheimnisschutz, GRUR 1979, 584; *Mitsch,* Wertungswidersprüche bei § 18 UWG n. F., GRUR 2004, 824; *Müller-Stoy,* Durchsetzung des Besichtigungsanspruchs – Kritische Überlegungen zu OLG München (GRUR-RR 2009, 191) – Laser-Hybrid-Schweißverfahren; *Nastelski,* Der Schutz des Betriebsgeheimnisses, GRUR 1957, 1 f.; *Ohly,* Reverse Engineering: Unfair Competition or Catalyst for Innovation?, in: *Prinz zu Waldeck und Pyrmont/Adelmann/Brauneis/Drexl/Nack,* Patents and Technological Progress in a Globalized World, Liber amicorum Joseph Straus, 2009, 535; *ders.*, Geheimnisschutz im deutschen Recht: Heutiger Stand und Perspektiven, GRUR 2014, 1; *Pfaff/Osterrieth,* Lizenzverträge, 3. Aufl. 2010; *Pfeiffer,* Der strafrechtliche Verrat von Betriebs- und Geschäftsgeheimnissen nach § 17 UWG, in: FS Nirk, 1992, S. 681; *Ploch-Kumpf,* Unternehmensgeheimnisse im Zivilprozess unter besonderer Berücksichtigung ihrer Bedeutung in der Gesamtrechtsordnung, 1996; *Redeker/Pres/Gittinger,* Einheitlicher Geheimnisschutz in Europa, WRP 2015, 681 (Teil I) und 812 (Teil 2); *Reger,* Der internationale Schutz gegen unlauteren Wettbewerb und das TRIPS-Übereinkommen, Köln 1999; *Reimann,* Einige Überlegungen zur Offenkundigkeit im Rahmen von §§ 17 ff. UWG und von § 3 PatG, GRUR 1998, 298; *Richters/Wodtke,* Schutz von Betriebsgeheimnissen aus Unternehmenssicht – „Verhinderung von Know-how-Abfluss durch eigene Mitarbeiter", NZA-RR 2003, 281; *Rützel,* Illegale Unternehmensgeheimnisse?, GRUR 1995, 557; *Salger/Breitfeld,* Regelungen zum Schutz von betrieblichem Know-how – die Sicherung von Betriebs- und Geschäftsgeheimnissen, DB 2005, 154; *Sander,* Schutz nicht offenbarter be-

[173] S. einerseits *Alexander* WRP 2004, 407, 419 und andererseits *Sack* WRP 2003, 549, 553. Näher hierzu Rdn. 43.

trieblicher Informationen nach Beendigung des Arbeitsverhältnisses im deutschen und amerikanischen Recht, GRUR Int. 2013, 217; *Schaub,* Arbeitsrechts-Handbuch, 16. Aufl. 2015; *Schlötter,* Der Schutz von Betriebs- und Geschäftsgeheimnissen und die Abwerbung von Arbeitnehmern, 1997; *Schmidt,* Bedarf das Betriebsgeheimnis eines verstärkten Schutzes? Gutachten, 36. Deutscher Juristentag Bd. 1 (1931), 101; *C. Schramm,* Betriebsspionage und Geheimnisverrat, 1930; *F. Schweyer,* Die rechtliche Bewertung des Reverse Engineering in Deutschland und den USA, 2012; *Siebert,* Geheimnisschutz und Auskunftsansprüche im Recht des geistigen Eigentums, Tübingen 2011; *Stadler,* Der Schutz des Unternehmensgeheimnisses im deutschen und U. S.-amerikanischen Zivilprozess und im Rechtshilfeverfahren, 1989; *Taeger,* Die Offenbarung von Betriebs- und Geschäftsgeheimnissen, 1988; *Tiedemann,* Rechtsnatur und strafrechtliche Bedeutung von technischem know how, in: FS von Caemmerer (1978), S. 643; *Tilmann,* Schadensersatz nach der Durchsetzungsrichtlinie, in: FS Schilling (2007), S. 367; *Tilmann/Schreibauer,* Beweissicherung vor und im Patentverletzungsprozess, in: FS Erdmann, 2002, S. 901; *Többens,* Wirtschaftsspionage und Konkurrenzausspähung in Deutschland, NStZ 2000, 506; *ders.,* Die Straftaten nach dem Gesetz gegen den unlauteren Wettbewerb (§§ 16–19 UWG), WRP 2005, 552; *Wabnitz/Janowsky,* Handbuch des Wirtschafts- und Steuerstrafrechts, 4. Aufl. 2014; *Wassermann* (Hrsg.), Werkspionage und Vorschläge zu ihrer Bekämpfung, Berlin 1931; *Westermann,* Handbuch Know-how-Schutz, 2007; *Witt/Freudenberg,* Der Entwurf der Richtlinie über den Schutz von Geschäftsgeheimnissen im Spiegel zentraler deutscher Verbotstatbestände, WRP 2014, 374; *Witz,* Grenzen des Geheimnisschutzes, in FS Bornkamm, 2014, 513; *Würzer/Kaiser* (Hrsg.), Internationaler Know-how-Schutz, 2007.

A. Bedeutung geheimen Know-hows

1 Der **hohe wirtschaftliche Wert,** der sich im geheimen betrieblichen Know-how verkörpern kann und denjenigen gewerblicher Schutzrechte (insbesondere Patente) oft deutlich übersteigt, ist seit langem anerkannt.[1] Im Rahmen der Entwicklung von der Industriegesellschaft zur **„Informationsgesellschaft“**[2] verlagert sich der wirtschaftliche Schwerpunkt immer stärker von der „Hardware“ zur „Software“, vom Handel mit greifbaren Fertigerzeugnissen auf die Erarbeitung, Vertiefung, Sicherung, Veräußerung und Lizenzierung von vertraulichen Informationen wissenschaftlicher, technischer und wirtschaftlicher Art. Das gestiegene Tempo der Innovationszyklen hat die Bedeutung firmeneigenen Know-hows weiter verstärkt. Für die Zukunftssicherung des Unternehmens kommt dem wirksamen Schutz solcher geheimen Kenntnisse und Erfahrungen entscheidende Bedeutung zu.[3] Sie bilden die „Währung der wissensbasierten Wirtschaft“.[4] Ungeachtet dessen, dass geheimes Know-how weder nach deutschem Recht noch nach anderen Rechtsordnungen[5] einen absoluten, etwa den patentgeschützten Erfindungen vergleichbaren Schutz genießt, wurde das **dringende Schutzbedürfnis** für „nicht offenbarte Informationen“ auf globaler Ebene schon durch **Art. 39 TRIPS** unterstrichen. Das **TRIPS-Übereinkommen**[6] von 1994 hat einen für die Mitglieder – darunter sowohl die Europäische Union als auch deren Mitgliedstaaten – verbindlichen Mindeststandard für den Schutz des geistigen Eigentums geschaffen, dem das geheime Know-how mit weltweitem Geltungsanspruch an die Seite gestellt worden ist. Hinsichtlich des Schutzes nicht offenbarter Informationen[7] bestimmt Art. 39 Abs. 2 TRIPS Folgendes:

> Natürliche und juristische Personen haben die Möglichkeit zu verhindern, dass Informationen, die rechtmäßig unter ihrer Kontrolle stehen, ohne ihre Zustimmung auf eine Weise, die den anständigen Gepflogenheiten in Gewerbe und Handel zuwiderläuft, Dritten offenbart, von diesen erworben oder benutzt werden, so lange diese Informationen

---

[1] Vgl. etwa BGH GRUR 1955, 388 – *Dücko* – und GRUR 1963, 207, 210 – *Kieselsäure; Doepner* in: FS Tilmann, S. 105.

[2] Vgl. etwa den Titel der „Richtlinie des Europäischen Parlaments und des Rates über bestimmte rechtliche Aspekte der Dienste der Informationsgesellschaft, insbesondere des elektronischen Geschäftsverkehrs, im Binnenmarkt“ vom 8.6.2000, ABl. EG Nr. L 178 S. 1.

[3] *Huber* in Ann/Loschelder/Grosch, Kap. 1 Rdn. 237 f.; ausführlich und sehr anschaulich *Ann* GRUR 2014, 12 ff.

[4] So der 1. Erwägungsgrund der Richtlinie (EU) 2016/943 des Europäischen Parlaments und des Rates vom 8. Juni 2016 über den Schutz vertraulichen Know-hows und vertraulicher Geschäftsinformationen (Geschäftsgeheimnisse) vor rechtswidrigem Erwerb sowie rechtswidriger Nutzung und Offenlegung ABl. Nr. L 157/1 vom 15.6.2016 im Folgenden „Geheimnisschutz-RL siehe unten Rdn. 2.

[5] Vgl. *Schlötter,* Der Schutz von Betriebs- und Geschäftsgeheimnissen von Arbeitnehmern, Köln 1997; *Reger,* Der internationale Schutz unlauteren Wettbewerb und das TRIPS-Übereinkommen, Köln 1999; *Westermann* S. 135 ff.; *Ohly* in Liber Amicorum Joseph Straus, 535 ff. (bezgl. USA); zum US-Recht auch *Sander* GRUR Int. 2013, 217, 220 ff.

[6] BGBl. II S. 1730; hierzu eingehend *Meitinger,* S. 51 ff.; sowie *Ann* GRUR 2007, 39, 41 f.; *Busche/Stoll,* TRIPs, Internationales und europäisches Recht des geistigen Eigentums, Köln 2007.

[7] Zu diesem Begriff Busche/Stoll/*Peter,* a. a. O. (Fn. 6), TRIPS Art. 39 Rdn. 2; *Ann*/Loschelder/Grosch, Kap. 1 Rdn. 7 ff.

a) in dem Sinne geheim sind, dass sie entweder in ihrer Gesamtheit oder in der genauen Anordnung oder Zusammenstellung ihrer Bestandteile Personen in den Kreisen, die üblicherweise mit den fraglichen Informationen zu tun haben, nicht allgemein bekannt oder leicht zugänglich sind,

b) wirtschaftlichen Wert haben, weil sie geheim sind,

c) Gegenstand von den Umständen nach angemessenen **Geheimhaltungsmaßnahmen** seitens der Person waren, unter deren Kontrolle sie rechtmäßig stehen.

Für entsprechende Handlungen, die im Sinne dieser Vorschrift „den anständigen Gepflogenheiten in Gewerbe und Handel zuwiderlaufen" („contrary to honest commercial practices"), werden in einer Anmerkung zu Art. 39 Abs. 2 die folgenden (nicht abschließenden Beispiele) genannt: Vertragsbruch; Vertrauensbruch und Verleitung dazu; Erwerb nicht offenbarter Informationen durch Dritte, die wussten oder grob fahrlässig nicht wussten, dass solche Handlungen beim Erwerb eine Rolle spielten.

Der wirtschaftlichen Bedeutung dieses Rechtsguts steht insofern eine ungewöhnliche **Verletzlichkeit** gegenüber, als es durch eine einzige Verratshandlung unwiederbringlich zerstört werden kann.[8] Es ist in dieser Hinsicht den technischen Schutzrechten deutlich unterlegen. Auf der anderen Seite entscheiden sich Unternehmen auch dann, wenn sie über an sich patentierbare Erfindungen verfügen, nicht selten gegen die – zur Offenkundigkeit des Wissens führende – Patentanmeldung und für die möglichst sichere und langfristige Geheimhaltung solchen die Wettbewerbsposition u. U. nachhaltig beeinflussenden Wissens.[9] Diese unternehmerisch häufig sehr sinnvolle Entscheidung ist – ebenso wie die Schutzbedürftigkeit wettbewerbsrelevanter sonstiger (nicht technischer) Informationen – von der Rechtsordnung gerade auch im Lichte des TRIPS-Abkommens zu respektieren, spricht also in keiner Weise dagegen, dem Know-how-Inhaber auf anderer – nach deutscher Tradition straf- und wettbewerbsrechtlicher – Ebene effektiven und dem Wert des Wissens adäquaten Schutz zu gewähren. Auch ist **technologiebezogenes Know-how** (nach der herkömmlichen deutschen Terminologie oft als *Betriebs*geheimnis bezeichnet) keineswegs generell wertvoller und schutzbedürftiger als das **unternehmensinterne kaufmännische Wissen** (bisher häufig als *Geschäfts*geheimnis tituliert) – das Gegenteil kann der Fall sein.[10] 2

Unternehmensgeheimnisse sind bei wirtschaftlicher Betrachtung Immaterialgüter, denn sie weisen einen wirtschaftlichen Wert auf und sind durch den Unternehmer selbst oder durch Lizenzerteilung verwertbar; sie sind allerdings nicht Gegenstand eines vollständigen Immaterialgüterrechts.[11] Die dennoch bestehende **Verwandtschaft zwischen Geheimnisschutz und Immaterialgüterrecht**[12] wird unter anderem durch die Aufnahme der „nicht offenbarten Informationen" in den Schutzkatalog des TRIPS-Abkommens unterstrichen. **Geschützt** ist hier – wie im deutschen Recht – allerdings **nicht die Information als solche,** sondern nur deren **unlautere Aneignung, Verwertung oder Offenlegung.** Die Nähe zu den gewerblichen Schutzrechten findet etwa auch in den von der deutschen Rechtsprechung gewährten drei Optionen der Schadensberechnung Ausdruck.[13] Seit 2011 hat sich auch die Europäische Union des Schutzes von **Geschäftsgeheimnissen** angenommen. Zunächst hatte die Kommission in ihrer Mitteilung zum „Binnenmarkt für Rechte des geistigen Eigentums" [14] die Absicht angekündigt, eine Studie und anschließend Konsultationen durchzuführen, um die wirtschaftlichen Auswirkungen der rechtliche „Fragmentierung" des Schutzniveaus für Geschäftsgeheimnisse zu untersuchen und anschließend einen einheitlichen Rechtsrahmen zu schaffen.[15] Diese und weitere Vorarbeiten mündeten in den 2a

---

[8] Zu den „Bedrohungen, denen Know-how ausgesetzt sein kann", *Ann*/Loschelder/Grosch, Kap. 1 Rdn. 27 ff.; 15. Erwägungsgrund der Geheimnisschutz-RL; vgl. schon *Josef Kohler,* Der unlautere Wettbewerb (2014), S. 259 f.: „Hört das Geheimnis auf, so hört auch der Geheimnisschutz auf."

[9] *Ohly*/Sosnitza, Vor §§ 17–20a UWG Rdn. 4; *Westermann,* S. 29 f.; *Huber* a. a. O. (oben Fn. 3), Rdn. 239, auch unter Hinweis auf die bei manchen großen Patentämtern oft prohibitiv lange Bearbeitungsdauer; zum Pro und Contra der technischen Schutzrechte einerseits und der Geheimhaltung unternehmensinternen Know-hows anderseits auch *Ann*/Loschelder/Grosch, Kap. 1 Rdn. 37 ff., sowie *Huber,* ebd., Kap. 1 Rdn. 375 ff.

[10] Ebenso *Ann* GRUR 2014, 12.

[11] *Ohly*/Sosnitza, Vor §§°17–20a, Rdn. 3 f.; hierzu auch *Ann* GRUR 2007, 39 ff.

[12] *Ohly*/Sosnitza, Vor §§°17–20a Rdn. 4: „unvollkommenes Immaterialgüterrecht". Auch im „Modellgesetz für Geistiges Eigentum" von 2011 (verfasst von *Ahrens/McGuire* im Auftrag der Deutschen Vereinigung für gewerblichen Rechtsschutz und Urheberrecht e. V.) werden die Geschäfts- und Betriebsgeheimnisse dem Geistigen Eigentum zugerechnet, dies allerdings nicht als absolute Schutzrechte, sondern als „sonstige Schutzposition"; zur Begründung *McGuire* GRUR 2015, 424, 426 f.

[13] Hierzu Rdn. 63.

[14] „Förderung von Kreativität und Innovation zur Gewährleistung von Wirtschaftswachstum, hochwertigen Arbeitsplätzen sowie erstklassigen Produkten und Dienstleistungen in Europa", KOM(2011) 287 v. 24. Mai 2011.

[15] Die Studie wurde im Auftrag der Kommission von *Hogan Lovells International LLP* angefertigt und am 13. Jan. 2012 vorgelegt (Fundstelle s. o. im Literaturverzeichnis).

Entwurf einer Richtlinie zum Schutz von Geschäftsgeheimmnissen.[16] Nach einigen nicht unwesentlichen, im Laufe des Gesetzgebungsverfahrens teils vom Rat, teils vom Europäischen Parlament vorgeschlagenen Änderungen wurde die **Richtlinie (EU) 2016/943 des Europäischen Parlaments und des Rates vom 8. Juni 2016 über den Schutz vertraulichen Know-hows und vertraulicher Geschäftsinformationen (Geschäftsgeheimnisse) vor rechtswidrigem Erwerb sowie rechtswidriger Nutzung und Offenlegung** (im Folgenden **„Geheimnisschutz-RL"**) am 15. Juni 2016 veröffentlicht.[17] Sie trat am 5. Juli 2016 in Kraft und ist innerhalb von 24 Monaten in nationales Recht umzusetzen. Die Geheimnisschutz-RL wird die Rechtslage (auch) in Deutschland nachhaltig verändern (siehe unten Rdn. 10, 10aff.). Wo das geltende deutsche Recht entsprechenden Auslegungsspielraum gewährt, etwa in Gestalt des Tatbestandsmerkmals **„unbefugt"**, können bestimmte Vorschriften und Wertungen der Richtlinie bereits vor Inkrafttreten der deutschen Umsetzungsregelungen berücksichtigt werden.

3 **Der durch Betriebsspionage** (im Sinne des Auskundschaftens und Verwertens von Unternehmensgeheimnissen durch Wettbewerber oder durch fremde Mächte und Nachrichtendienste) **verursachte Schaden** ist enorm; auf Deutschland bezogene Schätzungen beliefen sich schon zur Jahrtausendwende auf eine Bandbreite von jährlich 10 bis 25 Mrd. Euro.[18] Für einzelne Unternehmen kann der Zugriff auf ihr geheimes Know-how Existenz bedrohend sein; für die Volkswirtschaft stellt die Betriebsspionage eine schwere Belastung dar.[19] Wegen der immensen Schadenshöhe und damit erwiesener gesteigerter Sozialschädlichkeit der Spionagedelikte hat sich *Többens*[20] dafür ausgesprochen, der strafrechtliche Schutz der **Geschäfts- und Betriebsgeheimnisse** müsse seinen angemessenen Platz an sich im Strafgesetzbuch statt in einem „strafrechtlichen Nebengesetz" finden.

B. Beteiligte Interessen

4 Der Schutz von Geschäfts- und Betriebsgeheimnissen bewegt sich in einem **Spannungsfeld** zwischen dem Interesse der **Unternehmen** an der Wahrung ihres für die Wettbewerbsfähigkeit wesentlichen Wissens und dem Wunsch der **Arbeitnehmer,** ihren Arbeitsplatz frei wechseln zu können und nach ihrem Ausscheiden aus den Diensten des Unternehmens ihre dort gewonnenen Kenntnisse und Erfahrungen möglichst ungehindert zu verwerten.[21] Dieser Interessengegensatz zieht sich wie ein roter Faden durch die hundertjährige rechtspolitische Diskussion[22] ebenso wie durch zahlreiche für den heutigen Rechtszustand maßgebliche höchstrichterliche Entscheidungen. In der **Geheimnisschutz-RL** klingt er in Art. 1 Abs. 3 lit. b an, wenn dort statuiert wird, **Arbeitnehmer** sollten **nicht daran gehindert** werden, diejenigen **Erfahrungen und Fähigkeiten zu nutzen,** die sie **in Wahrnehmung ihrer üblichen Aufgaben auf lautere Weise erworben** hätten.[23] Die Rücksicht auf das berufliche Fortkommen der Arbeitnehmer spiegelt sich vor allem in dem Grundsatz wider, dass redlich erlangte Kenntnisse und Fähigkeiten nach Beendigung des Dienstverhältnisses in der Regel frei verwertet werden können. Dies gilt in strafrechtlicher Hinsicht uneingeschränkt, nach überwiegender Meinung im Grundsatz auch zivilrechtlich. Allerdings erscheint ein formelhafter Umgang mit den hier erwähnten grundsätzlichen Belangen, denen auf beiden Seiten **Verfassungsrang** zukommt, schon deshalb nicht angebracht, weil unter dem gemeinsamen Nenner der Geschäfts- und Betriebsgeheimnisse sehr heterogene Dinge von durchaus unterschiedlichem Gewicht zusammengefasst werden[24] und weil auf der anderen Seite keinesfalls jede Geheimnisver-

---

[16] Dokument COM(2013) 813 endg.; hierzu die Stellungnahme des Max-Planck-Instituts für Innovation und Wettbewerb, GRUR Int. 2014, 554; *Harte-Bavendamm* in FS Köhler, 2014, 235, 240ff.; *McGuire* GRUR 2015, 424.

[17] ABl. Nr. L 157 vom 15. Juni 2016, S. 1.

[18] *Többens* NStZ 2000, 506 m. w. N.; zur Wirtschaftsspionage durch Geheimdienste *Jerouschek/Kölbel* NJW 2001, 1601.

[19] *Möhrenschläger* in Wabnitz/Janovsky, Kap. 15 Rdn. 2; *Doepner* in: FS Tilmann, S. 105.

[20] *Többens,* WRP 2005, 552, 561.

[21] RGZ 65, 333, 337 – *Pomril;* BGH GRUR 1963, 367, 369 – *Industrieböden;* BGH GRUR 2002, 91 – *Spritzgießwerkzeuge; Nastelski* GRUR 1957, 1f.; *Kraßer* GRUR 1977, 177, 186; *Mes* GRUR 1979, 584, 586.

[22] Vgl. die Eingabe betreffend den Verrat von Geschäfts- und Betriebsgeheimnissen vom 6.3.1930 des Deutschen Vereins für den Schutz des gewerblichen Eigentums, GRUR 1930, 425f. und schon *Eberhard Schmidt,* Verhandlungen des 36. Deutschen Juristentages Bd. 1, 1931, 101ff.

[23] Vgl. auch den 14. Erwägungsgrund: Hiernach soll die Definition des Geschäftsgeheimnisses „keine belanglosen Informationen enthalten und auch nicht das Wissen und die Qualifikationen einschließen, die Beschäftigte im Zuge der Ausübung ihrer üblichen Tätigkeiten erwerben und die den Personenkreisen, die üblicherweise mit derartigen Informationen umgehen, bekannt sind bzw. für sie zugänglich sind".

[24] *Nastelski* GRUR 1957, 1; näher § 17 Rdn. 1 u. 7.

wertung oder gar -weitergabe nach dem Ende des Dienstverhältnisses wirklich durch den Wunsch nach ungehindertem beruflichen Fortkommen erklärt und gerechtfertigt werden kann.[25]

In die Abwägung einzubeziehen sind neben den im Einzelfall aufeinander treffenden individuellen Belangen des Unternehmens und des früheren Arbeitnehmers das **kollektive Interesse der** 5
vom Unternehmen beschäftigten **Mitarbeiter an der Erhaltung der Unternehmenssubstanz und Wettbewerbsfähigkeit,** die mit dem Erhalt der vorhandenen Arbeitsplätze unmittelbar korreliert. Dieser Gesichtspunkt wird in der Rechtsprechung nicht immer hinreichend berücksichtigt.[26] Ferner liegt der Schutz des häufig mit großen Kosten erarbeiteten oder erworbenen geheimen Know-hows vor unbefugter Weitergabe und Nutzung nicht nur im Interesse des Unternehmens, sondern auch der **Wettbewerbsordnung.**[27] Erst ein angemessener, nicht durch jede Beendigung einzelner Arbeitsverhältnisse in Frage gestellter rechtlicher Schutz gibt Ansporn zur Schaffung und Nutzung von Know-how und dient damit der Investitionsförderung.[28]

C. Entwicklung des Geheimnisschutzes

Die besondere Verletzlichkeit von Geschäfts- und Betriebsgeheimnissen sowie die Tatsache, dass 6
Schadensersatzansprüche oft schon wegen Vermögenslosigkeit der für den Verrat allein oder neben anderen Beteiligten verantwortlichen Arbeitnehmern nur höchst unvollkommen Abhilfe schaffen können, lassen es erklärlich erscheinen, dass sich das gesetzgeberische Augenmerk im Wesentlichen auf die Entwicklung **strafrechtlicher Normen** gerichtet hat.[29] Mit dem Gesetz zur Bekämpfung des unlauteren Wettbewerbs vom 27.5.1896 wurden Strafvorschriften eingeführt, die trotz verschiedener späterer Erweiterungsvorschläge[30] noch heute die Grundzüge der strafrechtlichen Regelung bestimmen. **Angestellte** wurden für den Fall mit Strafe bedroht, dass sie zu Wettbewerbszwecken oder mit Schädigungsabsicht ein ihnen vermöge des Dienstverhältnisses anvertrautes oder zugänglich gewordene Geheimnisses anderen während der Dauer des Dienstverhältnisses unbefugt mitteilten oder dass sie ein ihnen aufgrund gesetz- oder sittenwidriger Handlung bekannt gewordenes Geheimnis während oder nach Beendigung des Dienstverhältnisses zu Wettbewerbszwecken selbst verwerteten oder an andere weitergaben. **Dritte** setzten sich der Bestrafung aus, wenn sie zu Wettbewerbszwecken ein Geschäftsgeheimnis verwerteten oder verrieten, von dem sie entweder durch Verrat seitens eines Angestellten oder durch eine eigene gesetz- oder sittenwidrige Handlung Kenntnis erlangt hatten. Das UWG vom 7.6.1909 fügte die heute in § 18 UWG enthaltene Bestimmung über die so genannte „Vorlagenfreibeuterei" hinzu, um auch die unbefugte Verwertung oder Weitergabe durch außenstehende **Geschäfts- oder Vertragspartner** zu erfassen, denen der Unternehmer das Geheimnis mitgeteilt und anvertraut hatte.

Die Konzentration des Gesetzgebers auf den strafrechtlichen Geheimnisschutz – so bedeutsam 7
dieser ist – hat sich in Bezug auf die Schaffung eines effektiven zivilrechtlichen Schutzes eher als Hemmnis erwiesen. Die Feststellung *Eberhard Schmidts,* man könne nicht behaupten, dass die mannigfaltigen Bestrebungen, die mit dem Schutz des Betriebsgeheimnisses verbundenen Probleme zu lösen, von Erfolg gekrönt seien, ist in späteren Jahrzehnten zu recht wiederholt worden[31] und auch heute nicht ausgeräumt. So ist von einem „Aschenputteldasein" des Geheimnisschutzrechts gespro-

---

[25] So hat schon *Callmann* (in: *Wassermann,* Werkspionage und Vorschläge zu ihrer Bekämpfung, 1931, S. 70 f. = MuW 1931, 310) vorgeschlagen, hinsichtlich der Geheimhaltung von Unternehmensgeheimnissen durch ausgeschiedene Arbeitnehmer nach dem Gewicht des Geheimnisses für das Unternehmen sowie nach der (eher hinzunehmenden eigenen) Verwertung einerseits und der (bedenklicheren) Weitergabe an Dritte anderseits zu differenzieren. Instruktiv auch ein Beispiel von *Heydt,* GRUR 1939, 228, 236: Ein Arbeitnehmer, der sich zur Ruhe gesetzt hat, veräußert ein Geheimnis des früheren Betriebes an einen Konkurrenten, um sich eine zusätzliche Einnahme zu verschaffen. Die Möglichkeit, im Rahmen einer Interessenabwägung danach zu differenzieren, ob der ehemalige Mitarbeiter das Geheimnis seines früheren Arbeitgebers selbst verwertet oder an Dritte veräußert, klingt auch in BGH GRUR 2002, 91 – *Spritzgießwerkzeuge* – an. Ähnlich *McGuire/Joachim/Künzel/Weber,* GRUR Int. 2010, 829, 838 f.

[26] S. jedoch BAG NJW 1983, 143.

[27] *Ohly*/Sosnitza, Vor §§ 17–20a Rdn. 4; *Többens* NStZ 2000, 506, 512.

[28] *Ohly*/Sosnitza, a. a. O.; vgl. *Beater,* UnlWettb § 18 Rdn. 6.

[29] *Nastelski* GRUR 1957, 2 ff.; In der Praxis der Strafverfolgung spielen die §§ 17 ff. UWG dennoch eine untergeordnete Rolle, die krassem Missverhältnis zur wirtschaftlichen Brisanz dieses Bereichs der Wirtschaftskriminalität steht, vgl. Großkomm/*Otto* § 17 UWG Rdn. 2 m. w. N.; zur Historie der deutschen Geheimnisschutzbestimmungen auch *Harte-Bavendamm* in FS Köhler, 2014, 235 f.

[30] S. o. Fn. 7.

[31] *Eberhard Schmidt,* Verhandlungen des 36. Deutschen Juristentages Bd. 1, 1931, 101 ff.; *Nastelski* GRUR 1957, 1; *Mes* GRUR 1979, 584, 588, 593; *Doepner* in: FS Tilmann, S. 105 f.

chen worden[32]; *McGuire*[33] hat die rhetorische Frage gestellt, ob das Know-how „Stiefkind, Störenfried oder Sorgenkind" der Gesetzgebung sei. In der höchstrichterlichen Rechtsprechung ist der aus § 823 Abs. 2 BGB in Verbindung mit den Strafvorschriften des UWG folgende **Zivilrechtschutz** vorsichtig erweitert worden, dies im Ergebnis jedoch nur in wenigen Ausnahmefällen.[34] Durch das Zweite Gesetz zur Bekämpfung der Wirtschaftskriminalität (2. WiKG) vom 15.5.1986 wurden die §§ 17, 18 und 20 UWG a. F. neu gefasst. Der Geheimnisschutz wurde durch die neuen Regeln des § 17 Abs. 2 Ziff. 1 UWG auf eine Reihe von Ausspähungs- und Vorbereitungshandlungen vorverlagert. Für Mitteilungs- oder Verwertungshandlungen nach Ablauf des Beschäftigungsverhältnisses ist es allerdings bei dem Grundsatz geblieben, dass redlich erlangte Kenntnisse über Betriebsgeheimnisse frei genutzt werden können.[35] Der Möglichkeit, den zivilrechtlichen Geheimnisschutz durch – allerdings mit Bedacht zu gestaltende[36] – Vereinbarungen zwischen den Beteiligten auszudehnen, kommt deshalb besondere Bedeutung zu.

8 Durch das **UWG 2004** hat der wettbewerbsrechtliche Geheimnisschutz **keine wesentliche Änderung** erfahren. Der Gesetzgeber beschränkte sich auf eine äußere Neuordnung, eine leicht (inhaltlich aber nicht nennenswert) modifizierte Begriffswahl, die Streichung der überflüssigen Schadensersatzvorschrift des § 19 UWG a. F. und – in Einzelaspekten – eine Angleichung an andere strafrechtliche Normen. Die **Novelle von 2008** hatte auf diesen Bereich keine Auswirkungen. Aufgrund der **Geheimnisschutz-RL von 2016** werden die **Voraussetzungen und Grenzen des zivilrechtlichen Geheimnisschutzes vollständig neu zu ordnen** sein.[37] Ob dies im Rahmen des UWG oder in Form eines eigenständigen Gesetzes geschieht, ist noch offen. Wegen der Vielzahl der auch in das Verfahrensrecht hineinreichenden Regelungsbereiche und zur Verdeutlichung des autonomen Charakters der von der Richtlinie vorgegebenen Bestimmungen wäre der Erlass eines **Geheimnisschutzgesetzes** vorzuziehen. In ihm stünde die zivilrechtliche Normierung ganz im Vordergrund; die Strafvorschriften könnten wie in den Gesetzen des geistigen Eigentums als Annex hinzukommen.

D. Spezialnormen des Geheimnisschutzes

9 Geschäfts- und Betriebsgeheimnisse werden ferner in zahlreichen **Spezialzusammenhängen** geschützt, von denen hier nur folgende genannt seien:[38] Zunächst lässt sich sagen, dass der Gesetzgeber gewissen Personen, denen er besondere Prüfungs- und Aufsichtsrechte eingeräumt hat, zugleich auch ausdrücklich die Verpflichtung zur Wahrung von Betriebs- und Geschäftsgeheimnissen auferlegt, die sie im Rahmen ihrer beruflichen Tätigkeit erfahren haben.[39] Geheimhaltungspflichten ergeben sich für die Betriebsratsmitglieder und ähnliche Funktionsträger aus **§ 79 BetrVG,** für Aufsichtsratsmitglieder aus **§§ 93 Abs. 1 und 116 AktG**[40] sowie für Personen, die Aufgaben oder Befugnisse nach dem Bundespersonalvertretungsgesetz wahrzunehmen haben, aus **§ 10 BPersVG.** Nach **§ 17 ArbnErfG** kann der Arbeitgeber von der Erwirkung eines Schutzrechts absehen, wenn berechtigte Belange des Betriebes es erfordern, die betreffende Diensterfindung nicht bekannt werden zu lassen.[41] **§ 24 Abs. 2 ArbnErfG** verpflichtet den Arbeitnehmer, eine Diensterfindung so lange geheim zu halten, als sie nicht nach § 8 Abs. 1 ArbnErfG frei geworden ist. Schutzvorkehrungen gegen die Enthüllung von Geschäfts- und Betriebsgeheimnissen werden ferner für die verschiedensten **gerichtlichen und behördlichen Verfahren** getroffen.[42]

---

[32] Vgl. *Ohly* GRUR 2014, 1.

[33] GRUR 2015, 424.

[34] RG GRUR, 1936, 573, 578 – *Albertus Stehfix;* BGH GRUR 1963, 367, 369 – *Industrieböden;* GRUR 1983, 179, 181 – *Stapel-Automat; Heydt* GRUR 1939, 228, 234; *Mes* GRUR 1979, 584, 587.

[35] Erneut betont in BGH GRUR 2002, 91 – *Spritzgießwerkzeuge.*

[36] Hierzu unten § 17 Rdn. 56.

[37] Siehe oben Rdn. 2 und unten Rdn. 10 ff.

[38] Ausführlich Ann/*Loschelder*/Grosch, Kap. 1 Rdn. 152–204.

[39] U. a. § 139b I GewO, § 30 AO, § 9 LMGB, § 9 KWG, § 323 HGB, § 39 BRRG, § 43a Abs. 2 BRAO, § 43 Abs. 1 WiPrO, § 57 Abs. 1 StBerG.

[40] Dies gilt auch für die Arbeitnehmervertreter im Aufsichtsrat, vgl. BGH Betr. 1975, 1308 ff. und *Stege,* Betr. 1977, Beilage Nr. 8, 77 zu Heft 23; *Meincke* WM 1998, 749, 751.

[41] Hierzu *Bartenbach* und *Volz* GRUR 1982, 133 ff.

[42] § 172 Nr. 2 GVG – Ausschluss der Öffentlichkeit; § 384 Nr. 3 ZPO – Zeugnisverweigerungsrecht; *Gottwald* BB 1979, 1780; s. auch *Taeger* CR 1991, 449/454. § 30 VVerfG, hierzu *Knemeyer* NJW 1984, 2241 ff.; BGH GRUR 2002, 1046 – *Faxkarte;* OLG München GRUR 1987, 33 f.: Besichtigung/Begutachtung eines elektronischen Datenträgers durch einen Sachverständigen statt durch den Gläubiger selbst; *Leppin* GRUR 1984, 552 ff.; *Tilmann/Schreibauer* in: FS Erdmann, S. 901; *Bornkamm* in: FS Ullmann, 2006, S. 893 ff.; hierzu auch unten Rdn. 65.

§ 90 HGB verpflichtet Handelsvertreter zu einer die Vertragslaufzeit überdauernden Geheimhaltung. Nach der Rechtsprechung des BGH ist hier für eine Abwägung mit einem Verwertungsinteresse des Handelsvertreters kein Raum. Der Handelsvertreter hat nach Beendigung des Vertragsverhältnisses sämtliche aus der Tätigkeit für den Unternehmer stammenden Unterlagen und Informationen herauszugeben, und zwar einschließlich der Daten solcher Kunden, die er selbst geworben hat; er darf danach nur solche Namen und Anschriften zu eigenen Zwecken verwenden, die er im Gedächtnis behalten hat oder leicht anderweitig ermitteln kann.[43]

In engem sachlichen Zusammenhang mit §§ 17, 18 und 20 UWG stehen ferner **§ 96 StGB** 9a
(landesverräterisches Ausspähen und Auskundschaften von Staatsgeheimnissen), **§ 99 StGB** (geheimdienstliche Agententätigkeit), § 202a StbG (Ausspähen von Daten) und **§§ 203 und 204 StGB** (Verletzung und Verwertung von Privatgeheimnissen).

E. Einfluss des europäischen Rechts

Die Richtlinie zur Durchsetzung der Rechte des geistigen Eigentums hatte noch keine unmittel- 10
baren Auswirkungen auf den Schutz von Betriebs- und Geschäftsgeheimnissen.[44] Anders als das TRIPS-Abkommen (s. o. Rdn. 1) hatte die Durchsetzungsrichtlinie die vertraulichen Informationen nicht nicht in den Kreis der Rechte des geistigen Eigentums aufgenommen. Mit der **Geheimnisschutz-RL wird** jedoch ein **einheitlicher unionsweiter Rechtsrahmen** für die Voraussetzungen und Grenzen des Geheimnisschutzes und für einen wesentlichen Teil der Rechtsfolgen rechtswidriger Eingriffe geschaffen.

Anders als dem ursprünglichen Richtlinienvorschlag der Kommission[45] ist Art. 1 der Geheim- 10a
nisschutz-RL nunmehr genau zu entnehmen, inwieweit eine **Vollharmonisierung** gelten soll und **wo den Mitgliedstaaten demgegenüber die Möglichkeit verbleibt, über das Schutzniveau der Richtlinie hinauszugehen.** Naheliegend war es, im Interesse der Rechtsangleichung künftig von einem **einheitlichen Geheimnisbegriff** auszugehen (Art. 2 Abs. 1). Eigener **Regelungsspielraum** bleibt den Mitgliedstaaten in Bezug auf die **Definition der rechtswidrigen Handlungen** (Art. 4). Dagegen enthält Art. 5 eine **verbindliche Liste von Ausnahmefällen,** in denen die in Art. 4 definierten Verbotstatbestände nicht eingreifen und die Mitgliedstaaten auch sonst keine Rechtsbehelfe gewähren dürfen. **Nicht abweichen** darf der nationale Gesetzgeber ferner von den **klarstellenden Eingrenzungen** des Art. 1 Abs. 2, den Vorschriften über die **Gewährleistung angemessener, effektiver und abschreckender, gleichzeitig jedoch den Grundsatz der Verhältnismäßigkeit wahrender Rechtsbehelfe und Verfahren** (Art. 6 und 7 Abs. 1) und von weiteren Richtlinienbestimmungen, die einerseits die wirksame Rechtsdurchsetzung ermöglichen, anderseits einen **fairen Interessenausgleich** herbeiführen sollen (weite Teile des Art. 9, Art. 10 Abs. 2, Art. 11, Art. 13 und Art. 15 Abs. 3). **Flexibilität** (im Sinne der Möglichkeit, zusätzliche Schutzmaßnahmen einzuführen) besteht für die Mitgliedstaaten demgegenüber vor allem **hinsichtlich der meisten Rechtsbehelfe.** Die wesentlichen Grundzüge der Geheimnisschutz-RL seien im Folgenden kurz zusammengefasst. Einzelaspekte werden darüber hinaus in den Erläuterungen zum derzeit noch geltenden deutschen Recht aufgegriffen, zumal sich dort, wo die herkömmlichen deutschen Bestimmungen Interpretationsspielraum lassen, schon **vor formeller Umsetzung in nationales Recht eine richtlinienkonforme Auslegung** anbietet. Dies gilt ungeachtet dessen, dass voraussichtlich bei weitem nicht alle nationalen Gerichte eine so „unionsfreundliche" Haltung an den Tag legen werden, wie dies der BGH seinerzeit mit Blick auf die Markenrechts-RL vor Inkrafttreten des MarkenG befürwortet hat.[46] Zu berücksichtigen ist allerdings zweierlei: Zum einen **harmonisiert** die Geheimnisschutz-RL **ausschließlich die zivilrechtliche Seite.** Bei Anwendung der **strafrechtlichen** Bestimmungen, wie sie im Vordergrund des traditionellen deutschen Ansatzes stehen, ist besondere Vorsicht geboten; hier wird eine „vorauseilende" Berücksichtigung von Richtlinienbestimmungen nur dort in Betracht kommen, wo diese weniger streng sind als die deutsche Regelung. Zum anderen ist eine frühzeitige Orientierung an der Geheimnisschutz-RL dort nicht angebracht, wo die Mitgliedstaaten – wie insbesondere bei der Definition der rechtswidrigen Handlungen (Art. 4) – erheblichen Umsetzungsspielraum besitzen, dessen konkrete Nutzung noch nicht feststeht.

---

43 BGH WRP 2009, 613, 615f. – *Versicherungsuntervertreter* – mit Hinweisen auf die z. T. abweichenden Auffassungen in der Literatur.

44 ABl. EG Nr. L 195/16 vom 2.6.2004.

45 S. o. Rdn. 2 und Fn. 17.

46 Vgl. BGH GRUR 1993, 825 – *Dos;* BGH GRUR 1998, 824 – *Testpreisangebot;* zur richtlinienkonformen Auslegung näher *Ahrens,* oben Einl. G Rdn. 13 und 27.

10b **Geschäftsgeheimnisse** im **Sinne der RL** sind **alle Informationen,** die **geheim** (d. h. weder in ihrer Gesamtheit noch in ihrer genauen Anordnung und Zusammensetzung denjenigen Personenkreisen, die üblicherweise mit dieser Art von Informationen umgehen, allgemein bekannt oder ohne weiteres zugänglich) sind, **aufgrund ihres vertraulichen Charakters wirtschaftlichen Wert** haben und **Gegenstand angemessener Geheimhaltungsmaßnahmen** des Berechtigten sind. Diese Definition deckt sich mit Art. 39 Abs. 2 TRIPS (s. o. Rdn. 1) und sehr weitgehend mit dem von der deutschen Rechtsprechung entwickelten Geheimnisbegriff. Dieser ist tendenziell insoweit etwas weiter, als er in der Regel keinen konkreten Nachweis „angemessener Geheimhaltungsmaßnahmen" voraussetzt (hierzu unten § 17 Rdn. 5f.).[47] In Art. 1 Abs. 3 lit. b wird in allgemeinen Formulierungen der Versuch unternommen, die auf lautere Weise (honestly) erworbenen Erfahrungen und Fähigkeiten der Arbeitnehmer von den geschützten Geschäftsgeheimnissen ihrer Arbeitgeber abzugrenzen.

10c **Art. 3** stellt zunächst die Selbstverständlichkeit klar, dass **unabhängig entwickeltes Wissen frei verwendet** werden kann (gleichviel, ob es sich mit vorher geschaffenen Geschäftsgeheimnissen eines anderen deckt oder überschneidet). Weiter enthält er die an den 16. Erwägungsgrund anknüpfende Regelung, dass die vollständige („Rückwärts"-)Analyse von Produkten, die der Geheimnisinhaber auf den Markt gebracht hat, als rechtmäßig gilt **(„Reverse Engineering").** Geschützt wird ferner die **freie Kommunikation zwischen Arbeitnehmern und ihren Vertretungen.** Es folgt eine **Auffangklausel,** nach der auch jede sonstige Handlung rechtmäßig ist, die unter den Umständen des Einzelfalls **mit seriöser Geschäftspraxis („honest commercial practices") vereinbar** erscheint. Sie dürfte als Ausnahmeregelung zu verstehen sein. Sollte sie demgegenüber in einer Vielzahl von Fällen Anlass zu einer freien, gewissermaßen „bei Null" beginnenden Interessenabwägung geben, drohte diese Regelung sowohl den Geheimnisschutz als solchen wie auch die Einheitlichkeit der Rechtsanwendung in den Mitgliedstaaten auszuhöhlen. Hierüber wie über die Auslegung zahlreicher weiterer Richtlinienbestimmungen wird letztlich der Gerichtshof entscheiden müssen. Abschließend bestimmt Art. 3, dass der Erwerb, die Offenlegung und die Verwendung fremder Geschäftsgeheimnisse als rechtmäßig gelten, soweit diese Handlungen **nach dem Recht der Union oder des jeweiligen Mitgliedstaates vorgeschrieben** oder (man wird wohl sagen müssen: ausdrücklich) **erlaubt** werden.

10d **Art. 4** regelt (in einer gemäß Art. 1 wie erwähnt nicht abschließenden Weise), unter welchen Umständen der **Erwerb, die Nutzung oder die Offenlegung fremder Geschäftsgeheimnisse** als **rechtswidrig** anzusehen sind. In Bezug auf den rechtswidrigen **Erwerb** knüpft Art. 4 Abs. 2 zunächst an die unbefugte Aneignung oder Vervielfältigung von Dokumenten, Gegenständen, Materialien, Stoffen oder elektronischen Dateien an, die der rechtmäßigen Kontrolle des Geheimnisinhabers unterliegen und die ein Geschäftsgeheimnis enthalten oder aus denen sich ein Geschäftsgeheimnis ableiten lässt. Ergänzt wird diese konkrete Bestimmung durch eine **Generalklausel,** die **jedes sonstige Verhalten erfasst, das „unter den jeweiligen Umständen als mit einer seriösen Geschäftspraxis nicht vereinbar gilt"** („which, under the circumstances, is considered contrary to honest commercial practices"). Abs. 3 bestimmt die Voraussetzungen, unter denen die **Nutzung oder Offenlegung fremder Geheimnisse** rechtswidrig ist. Dies ist dann der Fall, wenn die betreffende Person auf rechtswidrige Weise in den Besitz des Geheimnisses gelangt ist oder gegen eine vertragliche oder sonstige Geheimhaltungsvereinbarung oder Nutzungsbeschränkung verstößt. Diese Bestimmung der RL deckt auch denjenigen Bereich mit ab, der nach deutschem Recht traditionell von **§ 18 UWG (Missbrauch anvertrauter Vorlagen)** erfasst wird. Ebenfalls als rechtswidrig anzusehen ist gemäß **Abs. 4** die Nutzung oder Offenlegung dann, wenn der Handelnde über eine andere Person, die gegen Abs. 3 verstoßen hat, in den Besitz des Geheimnisses gekommen ist. **Abs. 5** schließlich stellt klar, dass eine rechtswidrige Nutzung auch in der Herstellung, Vermarktung, Einfuhr, Ausfuhr oder Lagerung „rechtsverletzender Produkte" gemäß Definition in Art. 2 Abs. 4 liegt.

10e Entgegen dem ursprünglichen Entwurf der Kommission nimmt die Geheimnisschutz-RL **keine Verknüpfung der** in Art. 4 geregelten **Rechtswidrigkeit mit Verschuldenselementen** mehr vor, was zu erheblichen Problemen geführt und das Schutzniveau in Deutschland spürbar gesenkt hätte.[48]

10f In abschließender, für die Mitgliedstaaten verbindlicher Weise legt **Art. 5 Ausnahmen** fest, bei deren Vorliegen dem Geheimnisinhaber **keine Rechtsbehelfe** zustehen. An erster Stelle stehen die

---

[47] Hierin liegt in Bezug auf TRIPS insofern kein Problem, weil das TRIPS-Abkommen lediglich einen völkerrechtlichen Mindeststandard geschaffen hat, der die Vertragsstaaten nicht daran hindert, z.B. auch sonstige Informationen unter den Schutz ihres nationalen Rechts zu stellen.

[48] Vgl. nur *Harte-Bavendamm* in FS Köhler, 2014, S. 235, 241 ff.

Wahrnehmung des Rechts auf **Freiheit der Meinungsäußerung und Informationsfreiheit** und der Schutz der **Medienfreiheit und -vielfalt.** Freigegeben wird auch die Aufdeckung rechtswidrigen Verhaltens des Geheimnisinhabers (soweit erforderlich und im öffentlichen Interesse liegend) **(Whistleblowing).** Zu nennen sind weiter die legitime **freie Kommunikation zwischen Arbeitnehmern und ihren Interessenvertretungen** sowie jede **Verfolgung eines legitimen, vom Unionsrecht oder nationalen Recht anerkannten Interesses.**

Art. 6 und Art. 7 enthalten **allgemeine Bestimmungen über diejenigen Maßnahmen,** die **zum Schutz vor rechtswidriger Erlangung, Nutzung uoder Offenlegung fremder Geschäftsgeheimnisse** gewährleistet werden müssen. Wie in der **Durchsetzungsrichtlinie** wird eingangs (in **Art. 6 Abs. 2**) betont, diese Maßnahmen müssten fair und gerecht, wirksam und abschreckend sein und dürften weder unnötig kompliziert oder kostspielig noch mit unangemessenen Fristen oder Verzögerungen verbunden sein. **Art. 7** zielt auf die Wahrung der **Verhältnismäßigkeit** und die **Verhinderung missbräuchlichen Vorgehens** ab. **Art. 8** steckt (überflüssigerweise) einen **Rahmen für die Verjährung** ab; die Verjährungsfrist darf sechs Jahre nicht überschreiten. **Art. 9** trifft umfassende, auch auf die künftige deutsche Verfahrenspraxis nachhaltig einwirkende Bestimmungen über die **Wahrung der Vertraulichkeit von Geschäftsgeheimnissen im Verlauf von Gerichtsverfahren.**[49] 10g

Art. 10 und Art. 11 legen einen überwiegend verbindlichen **Standard für die gegen den (angeblichen) Rechtsverletzer anzuordnenden vorläufigen und vorbeugenden Maßnahmen** fest, betreffen also nach deutschem Verfahrensrecht in erster Linie das **Verfügungsverfahren.** Die Liste der in **Art. 10 Abs. 1** genannten Maßnahmen (insbesondere vorübergehende Nutzungs- und Offenlegungsverbote, Verbote der Herstellung, Vermarktung oder Nutzung sowie der Einfuhr, Ausfuhr oder Lagerung rechtsverletzender Produkte) können die Mitgliedstaaten im Rahmen der Umsetzung ggf. noch erweitern. 10h

In **Art. 12 bis Art. 15** werden Maßnahmen aufgrund einer Sachentscheidung – nach deutschem Verfahrensrecht also wohl nur Entscheidungen im **Hauptsacheverfahren** – beschrieben. Diese sollen nur zum Teil (nämlich in Bezug auf Art. 13 und Art. 15 Abs. 3) vollharmonisiert werden; ansonsten können die Mitgliedstaaten zusätzliche Rechtsbehelfe einführen oder aufrechterhalten. Insbesondere sieht Art. 12 die gleichen – nunmehr endgültigen – Verbote wie Art. 10 Abs. 1 vor. Darüber werden **„Abhilfemaßnahmen hinsichtlich der rechtsverletzenden Produkte“** aufgeführt. Zu ihnen zählen vor allem der **Rückruf und die Vernichtung der betreffenden Produkte** sowie die **Vernichtung oder Herausgabe aller Dokumente, Materialien und Dateien,** die das Geschäftsgeheimnis enthalten. 10i

Die Richtlinie 2004/48/EG zur **Durchsetzung der Rechte des geistigen Eigentums** erfasst das Lauterkeitsrecht nicht unmittelbar. Ihre Wertungen aber sollten bei der richtlicherlichen Ausgestaltung der zivilrechtlichen Folgen der Geheimnisverletzung berücksichtigt werden.[50] Auch liegt es nahe, dass sich die Mitgliedstaaten im Rahmen der Umsetzung der Geheimnisschutz-RL auch in den in der Durchsetzungs-RL geregelten Sanktionen orientieren, ihren Umsetzungsspielraum also entsprechend nutzen. 10j

Der letzte Abschnitt der Geheimnisschutz-RL regelt **Sanktionen** für den Fall, dass **Mitgliedstaaten ihre Verpflichtungen aus der RL nicht einhalten** (Art. 16), ferner den **Informationsaustausch** über die Durchführung der RL (Art. 17), verschiedene **Berichtspflichten** bezüglich der mit der RL gesammelten Erfahrungen (Art. 18), die **Umsetzungsfrist,** die 24 Monate nach Erlass der RL abläuft (Art. 19) sowie das **Inkrafttreten der RL** (Art. 20). 10k

§ 17 Verrat von Geschäfts- und Betriebsgeheimnissen

(1) **Wer als eine bei einem Unternehmen beschäftigte Person ein Geschäfts- oder Betriebsgeheimnis, das ihr im Rahmen des Dienstverhältnisses anvertraut worden oder zugänglich geworden ist, während der Geltungsdauer des Dienstverhältnisses unbefugt an jemand zu Zwecken des Wettbewerbs, aus Eigennutz, zu Gunsten eines Dritten oder in der Absicht, dem Inhaber des Unternehmens Schaden zuzufügen, mitteilt, wird mit Freiheitsstrafe bis zu drei Jahren oder mit Geldstrafe bestraft.**

(2) **Ebenso wird bestraft, wer zu Zwecken des Wettbewerbs, aus Eigennutz, zu Gunsten eines Dritten oder in der Absicht, dem Inhaber des Unternehmens Schaden zuzufügen,**
1. sich ein Geschäfts- oder Betriebsgeheimnis durch

---

[49] Hierzu eingehend *McGuire* GRUR 2015, 424, 427 ff.
[50] *Ohly*/Sosnitza (7. Aufl. 2016) vor §§ 17–19 UWG Rdn. 7a.

a) Anwendung technischer Mittel,
b) Herstellung einer verkörperten Wiedergabe des Geheimnisses oder
c) Wegnahme einer Sache, in der das Geheimnis verkörpert ist, unbefugt verschafft oder sichert oder

2. ein Geschäfts- oder Betriebsgeheimnis, das er durch eine der in Abs. 1 bezeichneten Mitteilungen oder durch eine eigene oder fremde Handlung nach Nummer 1 erlangt oder sich sonst unbefugt verschafft oder gesichert hat, unbefugt verwertet oder jemandem mitteilt.

(3) **Der Versuch ist strafbar.**

(4) [1]**In besonders schweren Fällen ist die Strafe Freiheitsstrafe bis zu fünf Jahren oder Geldstrafe.** [2]**Ein besonders schwerer Fall liegt in der Regel vor, wenn der Täter**
1. gewerbsmäßig handelt,
2. bei der Mitteilung weiß, dass das Geheimnis im Ausland verwertet werden soll, oder
3. eine Verwertung nach Absatz 2 Nr. 2 im Ausland selbst vornimmt.

(5) **Die Tat wird nur auf Antrag verfolgt, es sei denn, dass die Strafverfolgungsbehörde wegen des besonderen öffentlichen Interesses an der Strafverfolgung ein Einschreiten von Amts wegen für geboten hält.**

(6) **§ 5 Nr. 7 des Strafgesetzbuches gilt entsprechend.**

Inhaltsübersicht

Rdn.

A. Geschäfts- und Betriebsgeheimnisse
I. Weiter Geheimnisbegriff ... 1
II. Beziehung zum Unternehmen ... 2
III. Nichtoffenkundigkeit ... 3
IV. Geheimhaltungswille ... 5
V. Geheimhaltungsinteresse ... 6
VI. Beispiele für Betriebs- und Geschäftsgeheimnisse ... 7
B. Geheimnisverrat
I. Täter ... 8
II. Tatobjekt ... 9
III. Tathandlung ... 10
1. Unbefugte Mitteilung ... 10
2. Während der Geltungsdauer des Dienstverhältnisses ... 12
IV. Subjektiver Tatbestand ... 13
C. Betriebsspionage (§ 17 Abs. 2 Nr. 1)
I. Normzweck ... 18
II. Täter ... 19
III. Tathandlung ... 20
1. Unbefugtes Sichverschaffen oder Sichern ... 20
2. Anwendung technischer Mittel ... 22
3. Herstellung einer verkörperten Wiedergabe ... 23
4. Wegnahme einer Sache ... 24
IV. Subjektiver Tatbestand ... 25
D. Geheimnisverwertung (§ 17 Abs. 2 Nr. 2)
I. Normzweck ... 26
II. Täter ... 27
III. Tatobjekt ... 28
1. Durch Verrat erlangtes Geheimnis ... 29
2. Durch Betriebsspionage erlangtes Geheimnis ... 30
3. Auf sonstige unbefugte Weise erlangtes Geheimnis ... 31
IV. Tathandlung ... 35
V. Subjektiver Tatbestand ... 36
E. Versuch (§ 17 Abs. 3) ... 37
F. Besonders schwere Fälle (§ 17 Abs. 4) ... 38
G. Antragsdelikt (§ 17 Abs. 5) ... 39
H. Auslandstaten (§ 17 Abs. 6) ... 41
I. Sonstige strafrechtliche Aspekte ... 42
J. Zivilrechtlicher Geheimnisschutz
I. Überblick ... 43
II. Deliktsrecht ... 44
1. § 3 UWG/§ 826 BGB ... 45
2. § 823 Abs. 1 BGB ... 50

Rdn.
a) Nachwirkung arbeitsvertraglicher Pflichten 53
b) Ausdrückliche Geheimhaltungsvereinbarungen 56
III. Vertragsrecht 51
1. Geheimhaltungspflichten im Dienstverhältnis 51
2. Geheimhaltungspflichten nach Ende des Dienstverhältnisses 52
3. Geheimhaltungspflichten Dritter 57
IV. Ansprüche 58
1. Unterlassung 59
2. Beseitigung 62
3. Schadensersatz 63
4. Auskunft 64
5. Besichtigung 65

A. Geschäfts- und Betriebsgeheimnisse

I. Weiter Geheimnisbegriff

Unter dem in Deutschland bisher gesetzlich nicht definierten **Begriff des Geschäfts- und Betriebsgeheimnisses** wird nach ständiger Rechtsprechung jede im **Zusammenhang mit einem Betrieb** stehende Tatsache verstanden, die **nicht offenkundig,** sondern nur einem eng begrenzten Personenkreis bekannt ist und nach dem **Willen** des Betriebsinhabers aufgrund eines berechtigten wirtschaftlichen **Interesses** geheim gehalten werden soll.[1] Der Begriff des Betriebsgeheimnisses zielt auf Kenntnisse und Tatsachen im Bereich der Technik ab, während Geschäftsgeheimnisse primär im kaufmännischen Bereich angesiedelt sind. Außerhalb des Rahmens von § 18 Nr. 1 GWB, der nur Betriebsgeheimnisse betrifft, ist wegen der rechtlichen Gleichbehandlung beider Begriffe eine genaue Grenzziehung entbehrlich. Als Oberbegriff ließe sich auch von „Unternehmensgeheimnissen" oder „Wirtschaftsgeheimnissen" sprechen.[2] Die **Weite des Geheimnisbegriffs,** der Tatsachen von sehr unterschiedlichem Gewicht – von einzelnen Geschäftsvorgängen bis zu dem für den Betrieb bedeutsamsten Fabrikationsverfahren – umfasst, bringt es mit sich, dass gerade im schwierigsten Bereich des Geheimnisschutzes, der Verwertung von redlich erlangten Geheimnissen nach Ende eines Beschäftigungsverhältnisses, eine umfassende und in ihrem Ergebnis oft schwer kalkulierbare Abwägung aller Umstände des Einzelfalls erforderlich ist, um den Konflikt zwischen den aufeinander stoßenden Interessen angemessen zu lösen. Die in der Literatur zum Teil vorgeschlagene Unterscheidung zwischen den dem Unternehmen eigentümlichen Geschäfts- und Betriebsgeheimnissen einerseits und den während der Beschäftigungsdauer gewonnenen allgemeinen Berufserfahrungen und Fähigkeiten des Beschäftigten andererseits[3] hat sich in Deutschland nicht durchgesetzt. Zutreffend hat *Mes*[4] allerdings darauf hingewiesen, dass die von der Rechtsprechung vorgenommene Abwägung im Einzelfall häufig an durchaus ähnlichen Kriterien ausgerichtet ist, wie es der im Grundsatz abgelehnten Trennbarkeitstheorie entsprechen würde. Die Geheimnisschutz-RL greift aber in Art. 1 Abs. 3 lit. b das Konzept auf, von den geschützten Geschäftsgeheimnissen des Arbeitgebers diejenigen **Erfahrungen und Fähigkeiten** abzugrenzen, welche die **Arbeitnehmer** „im normalen Verlauf ihrer Tätigkeit ehrlich erworben haben". 1

Maßgeblich sind also die Beziehung des Geheimnisses zum Geschäftsbetrieb (Unternehmen), die Nichtoffenkundigkeit, der Geheimhaltungswille und das Geheimhaltungsinteresse. Nach Art. 2 Abs. 1 lit. c der Geheimnisschutz-RL wird zusätzlich verlangt, dass der Berechtigte **angemessene Maßnahmen zur Geheimhaltung der betreffenden Informationen** ergriffen hat. Man mag dies weitgehend als eine Manifestation des Geheimhaltungswillens und -interesses betrachten. In welchem Umfang künftig der Nachweis erforderlich wird, dass nicht nur rechtliche, sondern auch faktische „Vorsorgemaßnahmen" getroffen wurden, muss die weitere Entwicklung zeigen.[5] Nach 1a

---

[1] RGZ 149, 329, 333; BGH GRUR 1955, 424 – *Möbelpaste;* GRUR 1961, 40, 43 – *Wurftaubenpresse;* GRUR 2006, 1044, 1046 – *Kundendatenprogramm;* BAG NJW 1983, 134; BayObLG WRP 2001, 285.

[2] *Degen,* Fabrikspionage und Geheimnisverrat, MuW XXVII, 431, 432; zu den Begriffen „Know-how", „nicht offenbarte Informationen", „Betriebs- und Geschäftsgeheimnisse" und „Trade Secrets" (im amerikanischen Recht) ausführlich *Ann*/Loschelder/GroschKap. 1 Rdn. 1–26; GroßKommUWG/*Wolters* § 17 Rdn. 11 f.

[3] U. a. *Eberhard Schmidt,* a. a. O. (Fn. 8), 140 ff.; *Dietz* in: FS Hedemann (1938), S. 330, 337 ff.

[4] GRUR 1979, 584, 591; vgl. auch unten Rdn. 46 ff., 53.

[5] Zu den möglichen Auswirkungen dieser Richtlinienbestimmung *Redeker/Pres/Gittinger,* Einheitlicher Geheimnisschutz in Europa, Teil 1, WRP 2015, 681, 683 ff.

deutschem Arbeitsrecht unterliegen alle Arbeitnehmer zumindest während des Beschäftigungsverhältnisses ohnehin einer **strengen Pflicht, alle als Geschäftsgeheimnisse erkennbaren vertraulichen Informationen des Unternehmens geheim zu halten.** Aus deutscher Sicht könnte es eher als „unnütze Förmelei" erscheinen, wollte man vom Arbeitgeber verlangen, zusätzliche technische und organisatorische Vorkehrungen zu treffen und elaborierte rechtliche Verhaltensanweisungen zu geben, die vermeintlich Selbstverständliches explizit und detailliert untermauern. Da jedoch sämtliche Richtlinienvorschriften autonom, also ohne Rückgriff auf das bisherige nationale Verständnis auszulegen sind, kann es aufgrund der Richtlinie tendenziell zu einer gewissen Einschränkung des Geheimnisbegriffs kommen. Im Interesse einer „Risikovorsorge" werden Unternehmen und Forschungseinrichtungen gut beraten sein, **Compliance-Regeln** aufzustellen, die auf ihren jeweiligen Betrieb und die Art der typischerweise geheimhaltungsbedürftigen Informationen, Unterlagen und Dateien möglichst individuell abgestimmt sind.

1b Soweit die **Umsetzung** und **richtlinienkonforme Anwendung** der **Geheimnisschutz-RL** zu einer leichten Einschränkung des Geheimnisbegriffs führen sollte (s. u. Rdn. 5) oder andere Richtlinienbestimmungen den Kreis rechtswidriger Handlungen in bestimmten Sondersituationen zurückschneiden, werden diese Wertungen **auch auf der strafrechtlichen Seite zu beachten** sein – dies ungeachtet dessen, dass die Geheimnisschutz-RL an sich nur den zivilrechtlichen Rahmen harmonisiert.

II. Beziehung zum Unternehmen

2 Erst eine konkrete **Beziehung des Geheimnisses zum Unternehmen** macht eine nicht offenkundige Tatsache zum **Geschäfts-** oder **Betriebs**geheimnis. Schutzobjekt ist die **ungestörte Ausübung des Gewerbebetriebs,**[6] der seine Position im Wettbewerb gerade auch aufgrund geheimer Kenntnisse und Erfahrungen erlangt und hält. Es geht nicht um den Schutz unbekannter Tatsachen als solcher, sondern um die Geheimhaltung dessen, dass eine bestimmte Tatsache, z. B. ein Herstellungsverfahren, welches nicht ausschließlich in einem bestimmten Unternehmen oder Betrieb angewendet zu werden braucht, in ihm vorgekommen ist, vorkommt oder vorkommen wird.[7] Zu fragen ist also, ob das Geheimnis **hinreichend eindeutig einem konkreten Unternehmen zuzuordnen** ist oder diese Beziehung entweder von vornherein fehlt oder sich so gelockert hat, dass die betreffende Tatsache den allgemeinen Marktverhältnissen oder anderen Unternehmen zuzurechnen ist; beispielsweise besteht kein ausreichend enger **Zusammenhang mit dem Geschäftsbetrieb** eines Gerätelieferanten in Bezug auf die Frage, wie sich dessen Geräte bei ihren Verwendern bewähren, wie störanfällig sie sind und wie sich unter Berücksichtigung der Arbeitsweise des Reparaturdienstes solche Störungen auf die Verwender auswirken.[8]

2a Dagegen kommt es, was die Beziehung zum Geschäftsbetrieb und die Erhaltung der **Nichtoffenkundigkeit** betrifft, nicht darauf an, ob die in einer Maschine verkörperten geheimen Konstruktionskenntnisse von einem Dritten im Betrieb des Herstellers selbst aufgedeckt und verwertet werden, oder ob dies mit Hilfe genauen Zerlegens, Nachmessens und Nachbauens eines vom Hersteller bereits an einen Kunden verkauften Exemplars geschieht.[9] Nach Ansicht des OLG Düsseldorf[10] verlieren allerdings die in einer Maschine verkörperten Betriebsgeheimnisse, die sich auf die Beschaffenheit und das Zusammenwirken mechanischer Teile beziehen, so dass man sie durch Zerlegung der Maschine erkennen kann, ihren Geheimnischarakter dadurch, dass die Maschine ohne irgendwelche vertraglichen Beschränkungen an Dritte ausgeliefert worden ist. Richtigerweise wird es für den Erhalt des Geheimnischarakters einschließlich der Beziehung zum Geschäftsbetrieb aber darauf ankommen, ob diese Konstruktionsgeheimnisse ohne erheblichen Aufwand erschlossen werden können,[11] vgl. Art. 39 Abs. 2 TRIPS und unten Rdn. 3). Hiervon zu unterscheiden ist die Frage, ob die **„Rückwärtsanalyse"**, das **„Reverse Engineering"** des in einem vom Berechtigten in den Verkehr gebrachten Erzeugnisses **„unbefugt"** (rechtswidrig) ist; unter Geltung der Geheimnisschutz-RL (Art. 3 Abs. 1 lit. b) wird dies in aller Regel zu verneinen sein.[12]

2b Die Tatsache, dass ein anonymer, der Presse zugespielter Schmähbrief, durch den ein Unternehmensinhaber herabgesetzt werden soll, von einem Konkurrenten stammt, bleibt auch dann ein (al-

---

[6] So schon RGZ 149, 329, 332 – *Stiefeleisenpresse.*
[7] RGZ 149, 329, 332 – *Stiefeleisenpresse.*
[8] OLG Stuttgart GRUR 1982, 315 f. – *Gerätewartung.*
[9] RGZ 149, 329, 332 – *Stiefeleisenpresse; Reimann* GRUR 1998, 298; Fezer/*Rengier* § 17 Rdn. 10.
[10] OLG Düsseldorf OLGR 1999, 55.
[11] Ebenso *Ohly*/Sosnitza § 17 Rdn. 6.
[12] Hierzu unten Rdn. 11.

lerdings u. U. nicht mehr schützenswertes) Geschäftsgeheimnis dieses Konkurrenten, wenn der Inhalt von der Presse schon veröffentlicht worden ist und alle betriebsinternen Kopien und Entwürfe geschreddert und als Papiermüll außer Haus zur Entsorgung gegeben worden sind.[13] Auch ein an sich bekanntes Verfahren kann für ein bestimmtes Unternehmen Gegenstand eines Betriebsgeheimnisses sein, sofern geheim ist, dass sich dieses Unternehmen dieses Verfahrens bedient und dadurch möglicherweise besondere Erfolge erzielt.[14]

III. Nichtoffenkundigkeit

Ein Geheimnis besteht, solange sein Gegenstand nicht offenkundig ist. Schon die Verwendung 3
dieses Begriffs zeigt, dass an die Anerkennung als Geheimnis keine strengen Anforderungen gestellt werden. **Offenkundigkeit** tritt erst dann ein, wenn die Kenntnis der betreffenden Tatsache auf normalem Weg allgemein erlangt werden kann, der Gegenstand also **beliebigem Zugriff preisgegeben** ist.[15] Die hierzu in der deutschen Rechtsprechung und -lehre entwickelten Maßstäbe dürften sich mit einer gewissen Vorsicht auch im Lichte des in der **Geheimnisschutz-RL**[16] verwendeten Begriffs „ohne weiteres zugänglich" aufrechterhalten lassen. Zurückhaltung beim Rückgriff auf ältere deutsche Entscheidungen ist insoweit geboten, als aufgrund der immer weiter **perfektionierten Analysemöglichkeiten** der konkrete Aufwand für die Aufdeckung fremden, im Produkt verkörperten Know-hows heute ungleich geringer sein kann als noch vor Jahren und Jahrzehnten.[17] Die **Schwelle des „beliebigen Zugriffs"** (oder, nach Art. 39 Abs. 2 TRIPS und dem englischen Text der Geheimnisschutz-RL dasjenige, was „readly accessible" ist) wird deshalb oft **deutlich niedriger** liegen als im Rahmen früher beurteilter Sachverhalte. Was in seiner konkreten Erscheinungsform von jedem Interessenten ohne größere Schwierigkeiten und Opfer in Erfahrung gebracht werden kann, ist nicht geheim;[18] maßgeblich sind die Kenntnisse und Fähigkeiten der jeweiligen **Fachkreise.** Wie hoch der Erschließungsaufwand ist, bemisst sich vor allem nach den Aufwendungen für eine unabhängige Erarbeitung inhaltsgleicher Informationen oder für die Analyse körperlicher Gegenstände oder elektronischer Dateien auf die in ihnen verkörperten oder gespeicherten Kenntnisse.[19] Die Offenkundigkeit entfällt nicht schon aufgrund des Umstands, dass andere durch eigene Arbeit ähnliche Leistungsergebnisse hätten herstellen und damit ohne den Rückgriff auf die in Frage stehenden Unterlagen hätten auskommen können.[20] Kann ein auf dem Markt befindliches Produkt – etwa eine Maschine – hinsichtlich ihrer genauen Maße und Konstruktionsmerkmale nur durch eine an sich nicht vorgesehene Zerlegung und ein genaues Nachmessen der Einzelteile analysiert werden, so führt der Vertrieb dieses Produktes jedenfalls dann nicht zur Offenkundigkeit der in diesem verkörperten Konstruktionsgeheimnisse, wenn diese Rückerschließung mit erheblichem Aufwand verbunden ist.[21]

Eine andere, mittlerweile jedenfalls aufgrund der Geheimnisschutz-RL grundsätzlich zu vernei- 3a
nende Frage ist es, ob die betreffenden Handlungen als rechtswidrig **(unbefugt)** anzusehen sind.[22] Dies ergibt sich aus Art. 3 Abs. 1 lit. b und aus dem 16. Erwägungsgrund. In einem in der letzten Phase des Gesetzgebungsverfahrens eingefügten Erwägungsgrund 17 wird allerdings darauf hinge-

---

[13] Vgl. hierzu den bemerkenswerten Sachverhalt der Entscheidung de s OLG Hamm, WRP 1993, 118 – *Mitarbeiterbrief aus dem Müll II;* das im Ergebnis zutreffende Urteil ist in diesem Punkt nicht überzeugend, da nur untersucht wird, ob der Briefinhalt nach der Publikation noch geheim war.

[14] BGH GRUR 1955, 424 – *Möbelpaste;* OLG Hamm WRP 1993, 36 – *Tierohrmarken;* OLG Stuttgart wistra 1990, 277 f.; *Ohly*/Sosnitza, § 17 Rdn. 6.

[15] Vgl. BGH GRUR 2002, 91 – *Spritzgießwerkzeuge; Reimann,* GRUR 1998, 298, mit Nachweisen aus der Rechtsprechung des RG und des BGH und zu den unterschiedlichen Maßstäben nach Patent- und Wettbewerbsrecht; ebenso Art. 39 TRIPS, s. Vor §§ 17–19 UWG Rdn. 1.

[16] S. o. Rdn. 2.

[17] Zutreffend *Mayer* GRUR 2011, 884, 886; *Köhler*/Bornkamm § 17 Rdn. 8; GroßKommUWG/*Wolters* § 17 Rdn. 25.

[18] RG GRUR 1936, 573, 576 – *Kernöl;* BAG AP Nr. 1 zu § 611 BGB – *Betriebsgeheimnis.*

[19] Vgl. *Westermann* S. 10.; zum Geheimnischarakter einer Vielzahl bereits veröffentlichter wissenschaftlicher Studien und zur Ermittlung des mit ihrer Analyse verbundenen Aufwands OLG Celle WRP 2015, 1009 – *MOVICOL-Zulasssungsantrag* – mit Anm. *Kalbfus.*

[20] So auch BGH GRUR 1958, 297, 299 – *Petromax I.*

[21] RGZ 149, 329, 331 – *Stiefeleisenpresse; Ohly*/Sosnitza § 17 Rdn. 7 ff., 10, der jedoch ein *Reverse Engineering* bezüglich frei auf dem Markt erhältlicher Produkte schon unabhängig von der Geheimnisschutz-RL nicht als „unbefugt" betrachtet hatte, hierzu sogleich Rdn. 3a; abweichend OLG Düsseldorf OLGR 1999, 55, und tendenziell wohl auch GroßKommUWG/*Wolters* § 17 Rdn. 25.

[22] Siehe unten Rdn. 11.

wiesen, dass bestimmte Erscheinungsformen des Reverse Engineering nach dem Recht mancher Mitgliedstaaten als „parasitic copying or slavish imitations" erfasst werden könnten und die Kommission sich damit befassen sollte, ob insoweit eine Regelung auf Unionsebene erforderlich sein könnte. Wenn, was (vorbehaltlich späterer Leitentscheidungen des Gerichtshofs) vorzugswürdig erscheint, die **Zulässigkeit der Rückwärtsanalyse** frei vermarkteter Produkte **auf der Ebene der Rechtswidrigkeit geprüft** wird, statt bereits den Geheimnischarakter entfallen zu lassen, ist dies deshalb folgenreich, weil dann alle anderen Personen (insbesondere die Mitarbeiter des Geheimnisinhabers) nicht etwa allein deshalb zur beliebigen eigenen Verwertung und zur weiteren Preisgabe der vertraulichen Informationen berechtigt sind, weil beispielsweise ein – nicht „unbefugt" handelnder – Forscher eine **Rückwärtsanalyse** durchgeführt, das hierdurch erlangte Wissen aber (einstweilen) für sich behalten hat.

3b Die **Rezeptur** eines Reagenzes ist als **nicht offenkundig** angesehen worden, wenn die quantitative Analyse für ausgebildete Chemiker einen mittleren Schwierigkeitsgrad bot und die sinnvolle Verwendung der Bestandteile nicht ohne Detailkenntnisse und erst nach entsprechenden Überlegungen und Untersuchungen möglich wurde.[23] Dass von einer bekannten Rezeptur Hinweise ausgehen, die es dem Durchschnittsfachmann ermöglichen, ohne erfinderisches Bemühen ein ebenbürtiges Medikament zu entwickeln, nimmt allein weder dem Präparat noch dem Herstellungsverfahren den Geheimnischarakter. Erst dann, wenn der Fachmann nicht nur ohne erhebliche Schwierigkeiten ermitteln kann, aus welchen Stoffen das Medikament besteht, sondern wenn sich ihm auch erschließt, in welchen Mengen- und Gewichtsverhältnissen diese zu verwenden sind, welche Beschaffenheit im Einzelnen sie aufweisen müssen und wie das Herstellungsverfahren abläuft, kann von der Offenkundigkeit dieses Know-hows ausgegangen werden.[24] Der Charakter eines tabellarisch aufgebauten und sich wiederholenden Computerprogramms zur Steuerung eines Geldspielautomaten als Betriebsgeheimnis des Automatenherstellers wurde nicht dadurch in Frage gestellt, dass das Programm durch Beobachtung des Spielablaufs mit einem Zeitaufwand von 70 Stunden und unter Einsatz von ca. 5000 DM Spielgeld entschlüsselt werden konnte – diese Kenntnis unter den damaligen Gegebenheiten nicht „ohne größere Schwierigkeiten und Opfer" erlangt.[25]

4 Der **Personenkreis,** dem der Gegenstand des Geheimnisses auch ohne schwierigere Nachforschungen der eben genannten Art bekannt ist, muss **begrenzt** sein. Eine ziffernmäßige Festlegung ist hier nicht möglich.[26] Maßgeblich ist weniger die Personenzahl als der Umstand, dass der Mitwisserkreis unter Kontrolle gehalten wird.[27] Entscheidend ist, ob den Umständen nach mit einer Geheimhaltung durch die betreffenden Personen oder mit einer Weitergabe an beliebige Dritte, insbesondere Wettbewerber zu rechnen ist.[28] Für die eigenen Beschäftigten des Betriebsinhabers ergibt sich eine generelle **Schweigepflicht** aus dem Arbeitsvertrag.[29] Auch die Einweihung Außenstehender ist unschädlich, wenn dies ausdrücklich oder aus den Umständen ableitbar unter dem Siegel der Verschwiegenheit geschieht.[30] Anders als im Falle eines Patents ist die durch ein Betriebsgeheimnis begründete Vorzugsstellung nicht an das Bestehen eines – befristeten – rechtlichen Monopols geknüpft, sondern eine Folge der Geheimhaltung. Diese **faktische Vorzugsstellung im Wettbewerb** bleibt erhalten, solange das Geheimnis gewahrt bleibt;[31] allein durch Zeitablauf ent-

---

[23] Vgl. BAG NJW 1983, 134; vgl. auch OLG Frankfurt CR 1990, 589 f.: Dichtstoff-Rezeptur.

[24] Vgl. BGH GRUR 1980, 750, 751 – *Pankreaplex II;* BAG AP Nr. 1 zu § 611 BGB – *Betriebsgeheimnis.*

[25] Vgl. BayObLG GRUR 1991, 694 – *Geldspielautomat;* sehr instruktiv zur Ermittlung und Bewertung des erforderlichen Aufwands und den Schwierigkeiten der Beweisführung OLG Celle WRP 2015,1009 – *MOVICOL-Zulassungsantrag* – mit Anm. *Kalbfus.*

[26] RGSt 42. 394, 396.

[27] *Kraßer* GRUR 1977, 177, 179; *Westermann* S. 14 ff.; *Ohly*/Sosnitza § 17 Rdn. 8.

[28] So schon *Kraßer* GRUR 1977, 177, 179; vgl. auch BGH GRUR 2012, 1048, 1049 (Tz. 31) – *MOVICOL-Zulassungsantrag.*

[29] Vgl. BAG AP Nr. 1 zu § 611 BGB – *Schweigepflicht;* Staudinger/*Richardi* § 611 Rdn. 492 (unter Hinweis darauf, dass eine Mitteilung auch dann eine Pflichtverletzung darstellt, wenn sie nicht zu Zwecken des Wettbewerbs oder in Schädigungsabsicht erfolgt); Schaub/*Linck,* § 53 Rdn. 47 ff.; *Ohly*/Sosnitza § 17 Rdn. 8; zur Verschwiegenheitspflicht nach Vertragsende unten Rdn. 52 ff.

[30] Vgl. BGH GRUR 1964, 31 – *Petromax II:* Überlassung technischer Zeichnungen im Rahmen eines durch Anbahnung eines Vertrages geschaffenen Vertrauensverhältnisses; GRUR 1963, 367, 371 a. E. – *Industrieböden:* stillschweigende Vereinbarung, dass der Werkunternehmer nicht berechtigt war, die von ihm im Auftrag des Geheimnisinhabers gebaute Anlage auch für Dritte zu bauen; GRUR 1985, 1041, 1044 – *Inkasso-Programm:* Geheimhaltungspflicht aus Softwarevertrag; *Kraßer* GRUR 1977, 177, 179: Weitergabe an Lizenznehmer oder Lohnhersteller: RG MuW XI, 473: Vorlage von Mustern gegenüber einem beschränkten Kreis künftiger Abnehmer; OLG Hamm WRP 1993, 36: Überlassung betriebsinterner Zeichnungen an einen Auftragnehmer, der weitere Werkzeuge für die Produktion von Tierohrmarken herstellen sollte.

[31] BGH GRUR 1980, 750, 751 – *Pankreaplex II.*

fällt der Geheimnischarakter nicht.[32] Ebenso lässt sich umgekehrt sagen, dass eine vom Betrieb als Geheimnis behandelte Tatsache, die für die Wettbewerbsfähigkeit Bedeutung hat, bis zum klaren Beweis des Gegenteils als Geheimnis anerkannt werden sollte. Zutreffend hat *Hefermehl* hervorgehoben, „die schablonenhafte Einwendung", es habe kein Geheimnis vorgelegen, sei misstrauisch zu betrachten, ohne Förmelei sei auf die wahre wirtschaftliche Gestaltung Rücksicht zu nehmen.[33] Der Geheimnisbegriff ist also anders als im **Patentrecht** nicht abstrakt, sondern **konkret** zu beurteilen. Eine im Patentrecht neuheitsschädliche Tatsache schließt den Geheimnisschutz nicht ohne weiteres aus. Auch was im patentrechtlichen Sinne zum Stand der Technik gehört, kann Gegenstand eines Betriebsgeheimnisses sein;[34] hier kommt es auch auf die Wahrscheinlichkeit an, die für eine tatsächliche Benutzung der theoretisch allgemein zugänglichen Quelle spricht. Die Offenbarung in einer Fachzeitschrift beseitigt allerdings in der Regel den Geheimnischarakter. Auch ist eine Zusammenstellung verstreut veröffentlichter Studien und Informationen nicht schon deshalb als Betriebsgeheimnis schützenswert, weil sie auf einer nicht auf dem freien Markt erhältlichen wissenschaftlichen Leistung beruht; für die Qualität als Betriebsgeheimnis bleibt auch hier maßgeblich, ob die Zusammenstellung der veröffentlichten Unterlagen einen **großen Zeit- oder Kostenaufwand** erfordert.[35] Die Offenlegung der Anmeldeunterlagen einer inländischen Patentanmeldung schließt den fortdauernden Schutz als Betriebsgeheimnis aus.[36] **Offenkundigkeit** kann auch dann eintreten, wenn der Unternehmer das geheime Know-how gegenüber interessierten Fachkreisen oder Behörden offen legt, ohne erkennbar auf vertrauliche Behandlung Wert zu legen.[37] Dagegen folgt die Offenkundigkeit von Zulassungsunterlagen nicht schon aus der in § 24d AMG vorgesehenen Befugnis der Behörde, zur Erfüllung ihrer Aufgaben Teile der Zulassungsunterlagen amtsintern zu verwerten; einem Akteneinsichtsrecht Dritter steht grundsätzlich § 29 II VwVfG entgegen.[38] Durch einen Verrat verliert eine Tatsache ihren Geheimnischarakter erst dann, wenn sie in entsprechend weiten Kreisen bekannt und damit **allgemein zugänglich** wird; eine unbefugte Enthüllung gegenüber wenigen Außenstehenden führt nicht generell zur Offenkundigkeit.[39]

IV. Geheimhaltungswille

Zu den wesentlichen Merkmalen des Geschäfts- und Betriebsgeheimnisses gehört der bekundete, 5
auf wirtschaftlichen Interessen beruhende Geheimhaltungswille des Betriebsinhabers.[40] Er unterscheidet das Geheimnis vom bloßen Unbekanntsein einer Tatsache.[41] Der Wille zur Geheimhaltung kann mündlich oder schriftlich – etwa durch ausdrückliche Geheimhaltungsvereinbarung mit dem Leiter des Entwicklungslabors[42] – bekundet werden, wird sich in der Mehrzahl der Fälle jedoch lediglich aus den Umständen ergeben.[43] Er muss zwar erkennbar sein.[44] Jedoch muss sich jeder durchschnittlich gewissenhafte Arbeitnehmer darüber im Klaren sein, dass **im Zweifel alle innerbetrieblichen Kenntnisse und Vorgänge,** deren Existenz im Betrieb der Außenwelt unbekannt sind und die einen Einfluss auf die Position des Unternehmens im Wettbewerb haben können, **nach dem Willen des Betriebsinhabers geheim zu halten sind.** Gegenüber dem zu vermutenden Willen des Betriebsinhabers zur Geheimhaltung wettbewerbsrelevanter Tatsachen muss der Arbeitnehmer im Streitfall den **Gegenbeweis** führen, dass eine Geheimhaltung nicht gewollt war.[45]

---

[32] Vgl. BGH GRUR 2002, 91 – *Spritzgießwerkzeuge.*

[33] *Baumbach/Hefermehl,* Wettbewerbsrecht, 22. Aufl. 2001, § 17 Rdn. 2 u. 5. Zu den möglichen Auswirkungen des Art. 2 Abs. 1 lit. c der Geheimnisschutz-RL (Erfordernis angemessener Geheimhaltungsmaßnahmen) oben Rdn. 1a.

[34] BGH WRP 2008, 1085 f. – *Schweißmodulgenerator; Kraßer* GRUR 1977, 177.

[35] BGH GRUR 2012, 1048, 1049 – *MOVICOL-Zulassungsantrag.* Vgl. auch oben Rdn. 3.

[36] BGH GRUR 1975, 206/207 – *Kunststoffschaum-Bahnen;* Gleiches gilt in Bezug auf die Unterlagen eingetragener Gebrauchsmuster: OLG Celle GRUR 1969, 548 – Abschaltplatte; zum Einfluss einer US-Patentschrift auf die Offenkundigkeit vgl. BGH GRUR 1963, 207/210 – *Kieselsäure.* Zum Offenkundigkeitsbegriff im Patentrecht auch *Reimann* GRUR 1998, 298 ff.

[37] Vgl. BGHZ 82, 369, 373 – *Straßendecke II;* OLG München NJWE-WbR 1997, 38.

[38] BGH GRUR 2012, 1048, 1049 – *MOVICOL-Zulassungsantrag.*

[39] BayObLG ZIP 2000, 2178; *Köhler*/Bornkamm § 17 Rdn. 7a; zu weitgehend die Formulierung bei *Westermann* (S. 16), erst mit regelmäßiger Kenntnis undefinierter Kreise würden gezielt offengelegte Informationen offenkundig.

[40] BGH WRP 2009, 613, 614 – *Versicherungsuntervertreter.*

[41] BGH GRUR 1964, 31 – *Petromax II.*

[42] Vgl. BAG NJW 1983, 134.

[43] Vgl. BGH NJW 1995, 2301.

[44] Vgl. BGH GRUR 1969, 341, 343 – *Räumzange.*

[45] Ebenso GroßKommUWG/*Otto* (1. Aufl.) § 17 UWG Rdn. 17 f.; *Köhler*/Bornkamm § 17 Rdn. 10.

Die Bejahung des Geheimhaltungswillens setzt nicht einmal voraus, dass der Unternehmer von den in Frage stehenden Tatsachen – beispielsweise technischen Verbesserungen für ein bestimmtes Gerät[46] oder Entwicklungsarbeiten an einem Computer[47] – **Kenntnis** hat. Es genügt, wenn aus der Bedeutung, die der betreffende Gegenstand für den Geschäftsbetrieb und dessen Stellung im Wettbewerb hat, darauf zu schließen ist, dass der Unternehmer die Tatsache bei erlangter Kenntnis als Geheimnis behandelt hätte. Der Wille zur Geheimhaltung ist nicht schon dadurch ausgeschlossen, dass ein aktuelles Nutzungsinteresse des Unternehmers zweifelhaft ist. Der zukünftige Wettbewerbswert des Betriebsgeheimnisses – und damit auch der zu vermutende Geheimhaltungswille – bleibt hiervon unberührt; erst wenn der Unternehmer den Gedanken einer Nutzung der betreffenden Kenntnisse vollständig und für immer aufgibt, entfallen die Voraussetzungen für die Annahme eines Betriebsgeheimnisses.[48] Inwieweit unter Geltung der Geheimnisschutz-RL künftig zu verlangen ist, das sich der Geheimhaltungswille auch in **konkreten rechtlichen, organisatorischen und/oder technischen Schutzmaßnahmen niedergeschlagen** hat, ist noch offen.[49] Auch wenn die Geheimhaltungs-RL nur den zivilrechtlichen Geheimnisschutz harmonisiert, erscheint es geboten, die in ihr vorgesehenen Beschränkungen des Geheimnisschutzes auch bei der Auslegung der deutschen Strafvorschriften der §§ 17 und 18 UWG zu berücksichtigen.

V. Geheimhaltungsinteresse

6 Außer dem Willen zur Geheimhaltung ist ein **berechtigtes wirtschaftliches Interesse** des Unternehmens **an der Geheimhaltung** erforderlich. Gerade im Hinblick auf den strafrechtlichen Charakter der §§ 17–19 UWG ist damit ein Korrektiv geschaffen, welches eine objektive Überprüfung des Geheimhaltungswillens ermöglicht.[50] Dieses Merkmal hat jedoch im Wesentlichen die Funktion eines **Willkürausschlusses.** Der Unternehmer soll nicht berechtigt sein, aus willkürlichen subjektiven Erwägungen die Geheimhaltung zu verlangen, wenn dafür schlechthin kein begründetes Interesse gegeben ist.[51] Das berechtigte Interesse darf jedoch nicht engherzig beurteilt werden.[52] Die Erwägungen werden sich weitgehend mit den Kriterien decken, nach denen aus den Umständen des Falles auf einen Geheimhaltungswillen des Unternehmers geschlossen werden kann. Immer dort, wo die Geheimhaltung einer Tatsache eine spürbare **Auswirkung auf die Wettbewerbsfähigkeit** des Unternehmens hat oder haben kann, ist das Geheimhaltungsinteresse zu bejahen.[53] Ob sich das Geheimnis auf ein **rechtswidriges Verhalten** bezieht, wurde überwiegend als irrelevant angesehen.[54] Nach neuem europäischem Recht muss der Geheimnisschutz in solchen Fällen aber unter den in Art. 5 genannten Voraussetzungen zurücktreten. Schon nach bisherigem deutschem Rechtsverständnis war eine Rechtfertigung nach § 34 StGB denkbar, wenn es bei der Enthüllung unternehmensinterner Vorgänge um höherrangige Interessen Dritter ging.[55] Die auf die Verhinderung schwerer Straftaten abzielende Anzeigepflicht gemäß § 138 StGB geht einem eventuellen Geheimhaltungsinteresse des Unternehmens in jedem Falle vor.

---

[46] BGH GRUR 1955, 402 – *Anreißgerät.*

[47] BGH GRUR 1977, 539 – *Prozessrechner.*

[48] Vgl. BGH GRUR 1983, 179, 181 – *Stapel-Automat;* einen bestimmten Vermögenswert braucht ein Geschäftsgeheimnis ohnehin nicht zu besitzen, BGH GRUR 2006, 2914, 2016 – *Kundendatenprogramm* – und *Köhler/* Bornkamm § 17 Rdn. 11.

[49] Hierzu oben Rdn. 1a.

[50] Vgl. *Eberhard Schmidt* S. 146; *Ernst* in Ullmann jurisPK-UWG, § 17 Rdn. 17.

[51] BGH GRUR 1955, 424, 426 – *Möbelpaste;* LAG Hamm DB 1989, 783 f.: Kein Unterlassungsanspruch des Arbeitgebers dagegen, dass der Arbeitnehmer seinen Prozessbevollmächtigten über bestimmte betriebliche Verhältnisse und über die Maschine an seinem Arbeitsplatz unterrichtet.

[52] *Ulmer/Reimer* Nr. 311.

[53] Vgl. auch KG WuW/E OLG 3539.

[54] *Ohly*/Sosnitza § 17 Rdn. 12; MüKoUWG/*Brammsen* § 17 Rdn. 22; *Mayer* GRUR 2011, 884, 886; a. M. *Beater,* UnlWettb, § 18 Rdn. 19; HK/*Kotthoff/Gabel* § 17 Rdn. 8; einschränkend Schaub/*Linck,* Arbeitsrechtshandbuch, § 53 Rdn. 51: „illegale Geheimnisse" dürfen offenbart werden, wenn öffentliche Interessen berührt werden und im Betrieb keine Abhilfe erreicht werden konnte.

[55] *Ohly*/Sosnitza § 17 Rdn. 12; *Mayer* a. a. O.; zu den arbeitsrechtlichen Aspekten des „Whistleblowing" BAG NJW 2004, 1547, sowie *Herbert/Oberrath* NZA 2003, 193 ff., und *Gaugenrieder/Unger-Hellmich* WRP 2011, 1364, 1378 f.

VI. Beispiele für Betriebs- und Geschäftsgeheimnisse

Anzeigenaufträge,[56] Ausschreibungsunterlagen,[57] Bezugsquellen,[58] **Computerprogramme,**[59] Entwicklungsunterlagen für einen Computer,[60] Gehaltslisten,[61] Geschäftsplanungen,[62] Herstellungsverfahren,[63] **Kalkulationsunterlagen** und einzelne Umstände konkreter Geschäftsbeziehungen zu bestimmten Kunden,[64] **Konstruktionsgedanken,**[65] erst durch aufwändiges Zerlegen und Nachmessen feststellbare **Konstruktionsmerkmale,**[66] Konstruktionszeichnungen,[67] Listen von Empfängern eines Werbebriefs,[68] **Kundenlisten und -daten,**[69] Kunstgriffe bei der Anwendung eines an sich bekannten Verfahrens,[70] Modellskizzen für die Kollektionsplanung,[71] Musterbücher,[72] **Rezepturen** eines Reagenzes oder Medikaments,[73] Schaltpläne,[74] Skizzenheft mit Angaben über Maße, Gewichte, Wirkungsgrad und Kraftverbrauch einzelner Maschinen,[75] Zahlungsbedingungen,[76] **Zulassungsunterlagen.**[77] 7

---

[56] OLG München MDR 1996, 932 = NJW-RR 1996, 1134; BayObLG ZIP 2000, 2177.

[57] BGH GRUR 1976, 367 – *Ausschreibungsunterlagen;* BGHSt 41, 140 = NJW 1995, 2300: durch eine öffentliche Ausschreibung erlangte Angebote als Geschäftsgeheimnisse des Ausschreibenden.

[58] RG MuW XIV, 364 und GRUR 1936, 573.

[59] Dazu ausführlich *Harte-Bavendamm/Schöler* in Gloy/Loschelder/Erdmann, HdbWettbR, § 64 Rdn. 23 ff.; zum einen können Computerprogramme sowie deren konkreter Einsatz im Betrieb selbst Geschäftsgeheimnisse darstellen, zum anderen dienen Computersysteme zur Speicherung großer Mengen vertraulicher Daten, die in erheblichem Umfang das Objekt von Spionagehandlungen bilden, oft in engem zeitlichen Zusammenhang mit dem Arbeitsplatzwechsel von Mitarbeitern, vgl. u. a. OLG Celle CR 1989, 1002; *Taeger* CR 1991, 449 ff.; BayObLG GRUR 1991, 694 – *Geldspielautomat; Wiebe* CR 1992, 134 ff.

[60] BGH GRUR 1977, 539 – *Prozessrechner.*

[61] BAG AP Nr. 2 zu § 79 BetrVerfG 1972 m. Anm. *Teplitzky.*

[62] RG JW 1906, 497 Nr. 51 und RGSt 48, 12.

[63] BGH GRUR 1955, 388 – *Dücko;* GRUR 1955, 424 – *Möbelpaste;* GRUR 1963, 367 – *Industrieböden.*

[64] OLG Stuttgart GRUR 1982, 315 – *Gerätewartung;* OLG Hamm WRP 1959, 182.

[65] BGH GRUR 1983, 179 – *Stapel-Automat.*

[66] RGZ 149, 329. Anders OLG Düsseldorf OLGR 1999, 55; s. schon oben Rdn. 3 und Fn. 18.

[67] BGH GRUR 1964, 31 – *Petromax II;* WRP 2008, 938 – *Entwendete Datensätze mit Konstruktionszeichnungen.*

[68] OLG Köln GRUR 2010, 480 – *Datei mit Adressen von Serienschreiben:* Regional geordnete, mehrere hundert Adressen umfassende Datensammlung von Empfängern eines Werbebriefes.

[69] RG MuW XII, 561 und XV, 28; BGH CR 1993, 236 – *Kundenadressen;* BGH WRP 1999, 212 – *Kundenlisten;* BGH NJW-RR 2003, 833 – *Weinberater* (Verwertung von Kundenlisten); GRUR 2006, 1044, 1046 – *Kundendatenprogramm* (Kundenlisten mit Daten von Kunden, zu denen bereits eine Geschäftsbeziehung besteht); GRUR 2009, 603 f. – *Versicherungsuntervertreter* (Geheimhaltungspflicht entfällt nicht schon deshalb, weil der ausgeschiedene Handelsvertreter die Kunden während des früheren Handelsvertreterverhältnisses selbst geworben hatte); OLG Köln GRUR-RR 2010, 480 – *Werbeadressen als Geschäftsgeheimnis* (auch soweit es sich bei den Empfängern lediglich um potenzielle Kunden handelt); eine Befristung des Geheimnisschutzes von Kundenlisten auf zwei Jahre kommt – entgegen OLG Celle WRP 1995, 114 – jedenfalls dann nicht in Betracht, wenn die Dateien sich nicht in Namen und Anschriften erschöpfen, sondern zusätzliche Informationen enthalten, etwa über den Bestellbedarf und das Bestellverhalten. Ein Beschäftigter, der vor seinem Ausscheiden aus dem Arbeitsverhältnis das ihm vom Arbeitgeber anvertraute wertvolle Adressenmaterial für ein Verabschiedungsschreiben verwendet, um die von ihm betreuten Kunden direkt oder indirekt (hier u. a. durch Angabe seiner privaten Telefonnummer und Adresse) auf seine künftige Tätigkeit als Wettbewerber hinzuweisen, handelt unlauter, BGH GRUR 2004, 704 – *Verabschiedungsschreiben* – (zu § 1 UWG a. F.). Nach dem Unternehmenswechsel erfolgende Anrufe bei Kunden, die dem ausgeschiedenen Angestellten (aus dem Gedächtnis heraus) bekannt waren, stellt jedenfalls keine Belästigung gemäß § 7 Abs. 1 UWG dar, BGH GRUR 2010, 939 – *Telefonwerbung nach Unternehmenswechsel.*

[70] RG MuW XXXIV, 63.

[71] BGH GRUR 1980, 296 – *Konfektions-Stylist.*

[72] RGSt 42, 394.

[73] BGH GRUR 1980, 750 – *Pankreaplex II;* BAG NJW 1983, 134.

[74] BGH GRUR 2008, 727 – *Schweißmodulgenerator.*

[75] RG GRUR 1927, 131.

[76] RG JW 1936, 3471.

[77] Aber nicht, soweit diese lediglich eine Auswahl und Zusammenstellung verstreut bereits veröffentlichter Studien und Informationen enthalten, vgl. BGH GRUR 2012, 1048, 1049 – *MOVICOL-Zulassungsantrag;* instruktiv auch das Folgeurteil des OLG Celle WRP 2015, 1009 mit Anm. *Kalbfus.*

B. Geheimnisverrat

I. Täter

8 Täter des Geheimnisverrats nach § 17 Abs. 1 kann **jede bei einem Unternehmen beschäftigte Person** sein. Als Täter kommt jeder in Betracht, der seine Arbeitskraft ganz oder teilweise dem Unternehmen eines anderen widmet. Es spielt keine Rolle, ob es sich um hoch qualifizierte Tätigkeit oder um Verrichtungen einfachster Art handelt, ob die Bezahlung hoch oder niedrig ist oder die Beschäftigung gar unentgeltlich erfolgt. Schon im Rahmen der in § 17 Abs. 1 a. F. gewählten Formulierung war der Kreis der zur Geheimhaltung Verpflichteten weit zu ziehen.[78] Praktikanten, Boten oder Reinigungspersonal gehören ebenso zu den **Normadressaten** wie die Mitglieder der Geschäftsleitung oder des Aufsichtsrats.[79] Handelsvertreter können Täter sein, wenn sie nach § 84 Abs. 2 HGB als Angestellte gelten.[80] Nicht zum erfassten Täterkreis gehören demgegenüber Gesellschafter einer OHG oder KG oder die Aktionäre einer AG, ebenso wenig Freiberufler wie Wirtschaftsprüfer oder Steuerberater, die selbständig (nicht weisungsgebunden) Angelegenheiten des Unternehmens betreuen. Außenstehende können sich aber als Anstifter oder Gehilfen strafbar machen. Weit auszulegen ist das Merkmal des **Unternehmens.** Es schließt beispielsweise die Unternehmen von **Freiberuflern** ein, desgleichen die mit dem beschäftigenden Unternehmen konzernmäßig verbundenen Unternehmen.[81]

II. Tatobjekt

9 Der Verstoß gegen § 17 Abs. 1 betrifft ein **Geschäfts- oder Betriebsgeheimnis,** das dem Täter **im Rahmen des Dienstverhältnisses** anvertraut worden oder zugänglich geworden ist. Maßgeblich ist danach, ob der Täter das Geheimnis ohne das Dienstverhältnis nicht erlangt hätte, etwa weil er es schon vorher kannte oder es unabhängig vom Dienstverhältnis erfahren hätte.[82] **Anvertraut** wird eine geheim zu haltende Tatsache dadurch, dass sie der bei einem Unternehmen beschäftigten Person vom Betriebsinhaber oder einem für diesen handelnden Beauftragten mit der ausdrücklichen oder aus den Umständen abzuleitenden **Auflage der Geheimhaltung** überlassen wird. Dem steht es gleich, wenn der Beschäftigte ein Geheimnis selbst in das Unternehmen (etwa gegen Entgelt) einbringt und sich ausdrücklich oder konkludent zur Geheimhaltung verpflichtet.[83] **Zugänglich** kann das Geheimnis dem Beschäftigten durch jede eigene oder fremde Handlung oder Unterlassung werden, die in Beziehung zum Dienstverhältnis steht. Unerheblich ist, ob der Betriebsinhaber oder die Unternehmensleitung von der geheimhaltungsbedürftigen Tatsache überhaupt Kenntnis hat.[84] Für die Frage, ob dem Arbeitnehmer das Geheimnis zugänglich gemacht worden ist, spielt es auch keine Rolle, ob dieser im Rahmen seiner üblichen Aufgaben oder erst dadurch Kenntnis erlangt hat, dass er heimlich und jenseits seines Tätigkeitskreises im Betrieb Ermittlungen angestellt oder andere Beschäftigte zur Mitteilung veranlasst hat.[85] Auch eine vom Beschäftigten selbst stammende **Diensterfindung** ist ihm „im Rahmen des Dienstverhältnisses“ zugänglich geworden und unterliegt deshalb der **Geheimhaltungspflicht.**[86]

III. Tathandlung

1. Unbefugte Mitteilung

10 § 17 Abs. 1 UWG erfasst nur die unbefugte **Mitteilung,** dagegen keine anderen Handlungen, mit denen in das Geschäfts- oder Betriebsgeheimnis eingegriffen wird, nämlich weder die ei-

---

[78] Vgl. GroßKommUWG/*Wolters* § 17 UWG Rdn. 33.
[79] *Köhler*/Bornkamm § 17 Rdn. 14.
[80] BGH GRUR 2009, 603, 604 – *Versicherungsuntervertreter.*
[81] *Köhler*/Bornkamm § 17 Rdn. 14.
[82] *Köhler*/Bornkamm § 17 Rdn. 15.
[83] Ebenso *Köhler*/Bornkamm § 17 Rdn. 16; a. M. *Ohly*/Sosnitza § 17 Rdn. 14.
[84] Vgl. BGH GRUR 1977, 539, 541 – *Prozessrechner.*
[85] Vgl. RGSt 33, 356 und BGH GRUR 1983, 179, 181 – *Stapelautomat.*
[86] BGH GRUR 1955, 402 f. – *Anreißgerät;* GRUR 1977, 439 f. – *Prozessrechner.*

gene Verwertung,[87] noch Vorbereitungshandlungen für eine spätere **Weitergabe** oder **eigene Nutzung.**[88] Mitteilung ist **jede beliebige Bekanntgabe,** die irgendeine Verwertung oder Weitergabe des Geheimnisses durch den unmittelbaren Empfänger oder einen Dritten nach sich ziehen kann.[89] Die Mitteilung ist **empfangsbedürftig,** die tatsächliche Ausnutzung durch den Empfänger gehört jedoch nicht mehr zum Tatbestand. Die Mitteilung kann auch durch **Unterlassung** begangen werden, wenn – wie es zumindest für höhere Angestellte die Regel ist – eine vertragliche Pflicht besteht, es zu verhindern, dass Nichtberechtigte das Geheimnis erfahren.[90] Kennt der Empfänger das Geheimnis schon oder ist er berechtigt, es kennen zu lernen, so liegt kein Geheimnisverrat vor, wenn der Täter dies weiß. Für den Fall, dass er sich hierüber nicht im Klaren ist, kommt eine Bestrafung wegen Versuchs nach § 17 Abs. 3 UWG in Frage.

In Anbetracht der jedem Arbeitsverhältnis immanenten **Verschwiegenheitspflicht**[91] ist jeder **11** Verrat eines Geschäfts- oder Betriebsgeheimnisses **unbefugt,** falls dem Handelnden nicht ein **Rechtfertigungsgrund** nach herkömmlichem deutschen Verständnis zur Seite steht und/oder einer der in Art. 5 der **Geheimnisschutz-RL** aufgeführten Ausnahmetatbestände wie die legitime **Wahrnehmung der Meinungs- und Informationsfreiheit** oder das **„Whistleblowing"** eingreift. Auch das **Reverse Engineering** von Produkten, die mit Zustimmung des Geheimnisinhabers auf den Markt gelangt sind, ist im Hinblick auf Art. 3 Abs. 1 lit. b der Geheimnisschutz-RL in der Regel nicht (mehr) als unbefugt anzusehen.[92] Nicht unbefugt ist die Mitteilung eines Geschäftsgeheimnisses mit Einwilligung des Unternehmensinhabers oder Organs oder einer von diesen zur Erteilung solcher Einwilligungen autorisierten Person (soweit diese mit dem Handelnden nicht erkennbar pflichtwidrig handelt). Gleiches gilt für eine **Strafanzeige,** deren Unterlassung nach § 138 StGB strafbar wäre oder der aufgrund besonderer Verhältnisse und einer sorgfältigen **Güterabwägung** im Einzelfall (insbesondere nach § 34 StGB) Vorrang vor dem Geheimhaltungsinteresse des Unternehmens einzuräumen ist. Auf einen **rechtfertigenden Notstand** (§ 34 StGB) kann sich ein Mitarbeiter berufen, wenn ein höherrangiges eigenes oder fremdes Rechtsgut nicht mit milderen Mitteln geschützt werden kann.[93]

Im **Zivilprozess** wird sich der Zeuge oder Gutachter zum Schutz der ihm im Rahmen eines **11a** Dienstverhältnisses zugänglich gewordenen Geheimnisse auf sein **Zeugnisverweigerungsrecht** (§§ 383 Abs. 1 Nr. 6, 384 Nr. 3, 408 Abs. 1 ZPO) berufen können und müssen,[94] es sei denn, dass die Geheimhaltung im Prozess sichergestellt ist (§ 172 Nr. 2 GVG). Es ist nicht vertretbar, dass der als Zeuge benannte Beschäftigte in einer zivilrechtlichen Auseinandersetzung Dritter die Geheimhaltungsbelange des eigenen Arbeitgebers nachrangig behandelt.[95] Erkennt er dies nicht, kann allerdings eine Strafbarkeit an den subjektiven Tatbestandsmerkmalen scheitern. Im **Strafprozess** überwiegt das öffentliche Interesse an der Wahrheitsfindung. Dem Geheimnisschutz kann allerdings – wie im Zivilprozess – durch **Ausschluss der Öffentlichkeit** nach § 172 Nr. 2 GVG und durch

---

[87] Vgl. BGH GRUR 1983, 179 f. – *Stapel-Automat;* die Verwertung unredlich erlangter Kenntnisse über Geschäfts- und Betriebsgeheimnisse kann jedoch auch während der Dauer des Dienstverhältnisses gegen § 17 Abs. 2 Nr. 2 UWG verstoßen.

[88] Durch das 2. WiKG von 1986 wurde mit § 17 Abs. 2 Nr. 1 UWG der Geheimnisschutz jedoch auf bestimmte Ausspähungshandlungen vorverlagert, hierzu Rdn. 18 ff.

[89] Vgl. OLG Hamm WRP 1959, 182: Verwahrung von Unterlagen in einer Weise, die einen anderen, welcher von dem Vorhandensein der Unterlagen wusste, in die Lage versetzte, hiervon Gebrauch zu machen.

[90] *Ulmer/Reimer* Nr. 323.

[91] Schaub/*Linck,* Kap. 53 Rdn. 47 ff.; BAG NJW 1988, 1686.

[92] Für eine Freigabe im Sinne eines befugten Handelns schon nach bisherigem deutschen Recht u. a. *Ohly* GRUR 2014, 1, X; *Beater,* Unlauterer Wettbewerb, S. 693 (es geht allein um die „Sicherung der betriebsinternen Brutstätte"); *Kalbfus* S. 319 ff.; vgl. auch *Schweyer* S. 39 ff., 87 ff., 287 ff.; statt das Reverse Engineering so gut wie uneingeschränkt freizugeben, hätte der europäische Gesetzgeber allerdings auch eine differenzierte Lösung wählen können, wie sie etwa auch in der Computer-RL und in der Halbleiterschutz-RL angelegt ist, vgl. *Harte-Bavendamm* in FS Köhler, 2014, S. 235, 245 ff.; eine „purpose-based distinction" hatte auch *Ohly* diskutiert, vgl. Liber Amicorum Joseph Straus, S. 535, 549 ff.

[93] *Ohly*/Sosnitza § 17 Rdn. 30, unter Hinweis auf OLG München GRUR-RR 2004, 145 ff. – *Themen-Placement* (verdeckte journalistische Recherche über Schleichwerbung); zur arbeitsrechtlichen Bewertung des „Whistleblowing" BAG NJW 2004, 1547 und *Herbert/Oberrath* NZA 2005, 193 ff.; zum rechtfertigenden Notstand (§ 34 StGB) GroßKommUWG/*Wolters* § 17 Rdn. 66 ff.

[94] Vgl. *Gottwald* BP 1979 ff.; Baumbach/Lauterbach/Albers/*Hartmann,* ZPO, § 384 Anm. 9; vgl. ferner OLG Stuttgart WRP 1977, 127 f.; Zöller/*Stephan,* ZPO, § 384 Anm. 7.

[95] *Stadler,* Der Schutz des Unternehmensgeheimnisses im deutschen und U. S.-amerikanischen Zivilprozess und Rechtshilfeverfahren (1989), S. 112; *Stürner* JZ 1885, 453 f.; Zöller/*Greger* ZPO § 384 Rdn. 7; *Ohly*/Sosnitza § 17 Rdn. 28; sehr eingehend und überzeugend zum Know-how Schutz im Zivil-, Straf- und Verwaltungsverfahren *Ann*/Loschelder/Grosch Kap. 7 Rdn. 5–94; a. A. – m. E. unvertretbar – Schaub/*Linck,* § 53 Rdn. 54.

ein Schweigegebot gemäß § 174 Abs. 3 GVG Rechnung getragen werden; selbst dann sollten entbehrliche, zur **Offenbarung von Geheimnissen** zwingende Fragen nicht zugelassen und die Geheimhaltungsbelange gegen das Strafverfolgungsinteresse abgewogen werden, wobei nicht zuletzt die Schwere der in Rede stehenden Tat ins Gewicht fällt.[96] **Wesentliche Neuerungen zum Schutz von Geschäftsgeheimnissen im Verletzungsprozess** und zum Ausgleich der widerstreitenden Interessen des Berechtigten einerseits und des mutmaßlichen Verletzers anderseits wird die Umsetzung von **Art. 9 der Geheimnisschutz-RL** nach sich ziehen. Diese autonom auszulegenden Bestimmungen in Einklang **mit dem Verfahrensrecht** der einzelnen Mitgliedstaaten zu bringen, wird die jeweiligen nationalen Gesetzgeber noch vor erhebliche Schwierigkeiten stellen; auch im Einzelnen wirft Art. 9 eine Vielzahl von Fragen auf.[97]

2. Während der Dauer des Dienstverhältnisses

12 Ob die unbefugte Mitteilung während der Geltungsdauer des Dienstverhältnisses erfolgt, hängt vom **rechtlichen Bestand des Dienstvertrages** ab, nicht dagegen davon, ob der Arbeitnehmer seine Tätigkeit beispielsweise wegen Krankheit oder willkürlich eingestellt oder seine Stelle pflichtwidrig nicht angetreten hat. Im Falle einer **fristlosen Kündigung** ist grundsätzlich deren Wirksamkeit auch für die Fortdauer des strafrechtlichen Geheimnisschutzes ausschlaggebend. Selbstverständlich kann sich der Arbeitnehmer durch eine unbegründete fristlose Kündigung nicht seiner Geheimhaltungspflicht entziehen. Auf der anderen Seite läuft der Geschäftsinhaber, der dem Beschäftigten fristlos kündigt, Gefahr, zumindest in strafrechtlicher Hinsicht den Geheimnisschutz selbst zu beseitigen. Zivilrechtlich können jedoch weitergehende Mitteilungs- und Verwertungsverbote bestehen bleiben, wenn der Beschäftigte die Lösung des Dienstverhältnisses provoziert hat, um die Geheimnisse zu Wettbewerbszwecken auszunutzen.[98] Eine dienstvertragliche Verlängerung der Schweigepflicht über das Ende der Beschäftigung hinaus verlängert nicht die „Geltungsdauer des Dienstverhältnisses", sondern tritt überhaupt erst mit dessen Beendigung in Kraft; eine strafrechtliche Sanktion gegen die Verletzung einer Abrede über die **nachvertragliche Geheimhaltung** besteht also nicht.[99] Wenn ein Mitarbeiter sich während des Dienstverhältnisses befugtermaßen Aufzeichnungen über vertrauliche Informationen seines Arbeitgebers angefertigt hat, handelt er dennoch unbefugt i. S. d. § 17 Abs. 2 Nr. 2, wenn er diese Geschäftsgeheimnisse **nach seinem Ausscheiden** dank eines Rückgriffs auf solche Aufzeichnungen einem Dritten mitteilt.[100]

IV. Subjektiver Tatbestand

13 Bestraft wird nur der **vorsätzliche Geheimnisverrat.** Erforderlich ist also die Kenntnis aller Merkmale des objektiven Tatbestands. Insbesondere muss der Täter wissen, dass es sich um ein Geheimnis handelt; unerheblich ist dabei, ob er das Geheimnis sachlich durchdrungen und inhaltlich verstanden hat.[101] **Bedingter Vorsatz** ist ausreichend. Zusätzlich muss mindestens eines von vier **zusätzlichen subjektiven Merkmalen** vorliegen, nämlich ein Handeln zu Zwecken des Wettbewerbs, aus Eigennutz, zu Gunsten eines Dritten oder in Schädigungsabsicht.

14 **Zu Zwecken des Wettbewerbs** erfolgt jede Handlung, die geeignet und von der Absicht getragen ist, den eigenen oder fremden Wettbewerb zum Nachteil eines anderen Unternehmens zu fördern.[102] Das Mitschwingen sonstiger Motive und Beweggründe ist irrelevant, soweit der Wettbewerbszweck hinter diese nicht deutlich zurücktritt.

15 Ein Handeln aus **Eigennutz** liegt vor, wenn es dem Täter – sei es auch neben sonstigen Erwägungen – darum geht, irgendeinen persönlichen Vorteil zu erlangen, sei es direkt oder indirekt, sei es in materieller oder immaterieller Hinsicht. Der immaterielle Vorteil muss allerdings einem materiellen Gewinn zumindest vergleichbar sein.[103]

16 **Zu Gunsten eines Dritten** handelt derjenige, der weder wettbewerbsrechtliche Interessen verfolgt noch aus Eigennutz oder in Schädigungsabsicht, sondern beispielsweise aus ideologischen Motiven im Interesse eines anderen Staates vorgeht. Hierdurch wird der seit langem beklagten Tatsache

---

[96] *Ohly*/Sosnitza § 17 Rdn. 30; Fezer/*Rengier* § 17 Rdn. 47.
[97] Vgl. nur *McGuire* GRUR 2015, 424, 427 ff..
[98] Hierzu BGH GRUR 1955, 402, 404 f. – *Anreißgerät.*
[99] Vgl. RG GRUR 1939, 706.
[100] Vgl. BGH GRUR 2006, 1044, 1046 – *Kundendatenprogramm* – für den Fall unbefugter Verwertung.
[101] MünchKommUWG/*Brammsen* § 17 Rdn. 72.
[102] Vgl. BGHZ 3, 270 – *Constanze I.* Zur Definition der „Wettbewerbshandlung" s. § 2 Abs. 1 Nr. 1.
[103] Fezer/*Rengier* § 17 Rdn. 42; *Ohly*/Sosnitza § 17 Rdn. 25.

Rechnung getragen, dass der deutschen Wirtschaft durch Betriebsspionage seitens ausländischer Nachrichtendienste und Industrien beträchtlicher Schaden zugefügt wird.[104]

Die **Absicht, dem Inhaber des Unternehmens Schaden zuzufügen,** kann unabhängig davon erfüllt sein, ob daneben auch andere Ziele verfolgt werden.[105] Der Eintritt eines Schadens muss allerdings gewollt sein; bedingter Vorsatz reicht hierfür nicht aus.[106] Denkbar weit ist hier jedoch der Begriff des Schadens. Erfasst wird nicht nur jede nachteilige Einwirkung auf die Vermögenslage, sondern auch eine Beeinträchtigung anderer rechtlich anerkannter Interessen, etwa des guten Rufs.[107] 17

C. Betriebsspionage (§ 17 Abs. 2 Nr. 1)

I. Normzweck

§ 17 Abs. 2 Nr. 1 UWG soll den Schutz von Betriebs- und Geschäftsgeheimnissen **auf bestimmte Ausspähungshandlungen vorverlagern.** Strafbar macht sich hiernach schon derjenige, der sich ein Geheimnis durch **Anwendung technischer Mittel,** durch Herstellung einer **verkörperten Wiedergabe des Geheimnisses** oder durch **Wegnahme einer Sache,** in der das Geheimnis verkörpert ist, unbefugt verschafft oder sichert. Die Vorschrift stellt damit auf einzelne als typisch und besonders gefährlich angesehene Erscheinungsformen der **Wirtschaftsspionage** ab und greift unabhängig davon ein, ob es anschließend tatsächlich noch zu einer Verwertung oder Weiterabe der unbefugt erlangten Kenntnisse kommt. Der Gesetzgeber hat bei Einführung dieser Vorschriften durch das 2. WiKG (1986) davon abgesehen, über die in Nr. 1 konkret aufgezählten Fälle hinaus bereits die Kenntnisnahme oder jedes schlichte **Ausspähen** von **Wirtschaftsgeheimnissen** unter Strafe zu stellen.[108] 18

II. Täter

Als Täter kommen **betriebsfremde Personen** ebenso in Betracht wie die im Unternehmen beschäftigten **Arbeitnehmer.** In der großen Mehrzahl der Fälle werden die unter § 17 Abs. 2 Nr. 1 fallenden Vorbereitungshandlungen von (noch) Beschäftigten begangen, die erleichterten Zugang zu den betrieblichen Geheimnissen haben. 19

III. Tathandlung

1. Unbefugtes Sichverschaffen oder Sichern

Das Geschäfts- oder Betriebsgeheimnis **verschafft sich** der Täter, indem er den Gegenstand an sich bringt, in dem das Geheimnis verkörpert ist, oder indem er – bei nichtverkörperten Geheimnissen – aktiv Kenntnis erwirbt und dementsprechend in der Lage ist, dieses künftig selbst zu nutzen oder an Dritte weiterzugeben.[109] Dadurch, dass dem Merkmal des „Sichverschaffens" auch das **„Sichern"** zur Seite gestellt worden ist, wird deutlich, dass auch derjenige bestraft werden soll, der das Geheimnis zwar schon kennt, sich jedoch eine genauere oder bleibende Kenntnis – etwa in der Form einer **verkörperten Wiedergabe** – verschafft.[110] Weder für das Sichverschaffen noch für das Sichern kommt es darauf an, ob der Täter vom Inhalt des Geheimnisses schon Kenntnis genommen, also etwa eine von ihm heimlich angefertigte Fotokopie von **Konstruktionsunterlagen** oder eine auf einen Datenträger überspielte **Programmkopie** überhaupt im Einzelnen studiert hat. Entscheidend ist, dass der Täter Verfügungsgewalt über das Geheimnis erlangt hat und es ihm (für eventuelle spätere Verwendung) zugänglich ist. 20

---

[104] S. o. Vor §§ 17–19 UWG Rdn. 3.

[105] Vgl. RGSt 51, 184, 194.

[106] RGZ 92, 132, 136.

[107] Ebenso GroßKommUWG/*Wolters* § 17 Rdn. 57; *Ohly*/Sosnitza § 17 Rdn. 25.

[108] GroßKomm./*Otto* (1. Aufl.) § 17 Rdn. 64.

[109] Vgl. GroßKommUWG/*Wolters* § 17 Rdn. 74; keine Geschäftsgeheimnisse verschafft sich und keiner unlauteren Behinderung nach § 4 Nr. 4 UWG macht sich schuldig, wer ein von öffentlicher Straße einsehbares Betriebsgrundstück beobachtet und sich – sei es auch „systematisch" – Notizen über An- und Abfahrten und damit verbundene Aktivitäten auf dem Betriebsgelände macht, BGH GRUR 2009, 1075 – *Betriebsbeobachtung.*

[110] BGH GRUR 2012, 1048, 1049 (Tz. 14) – *MOVICOL-Zulassungsantrag.*

21 **Unbefugt** handelt derjenige, der weder ermächtigt worden ist, sich das Geheimnis zu verschaffen oder zu sichern, noch einen besonderen **Rechtfertigungsgrund**[111] nach herkömmlichem deutschem Verständnis besitzt und/oder sich auf eine der in der **Geheimnisschutz-RL** errichteten Schranken (insbesondere auf Art. 3 oder Art. 5) berufen kann.[112] Das Gleiche gilt für denjenigen, der sich die Zustimmung des Geheimnisinhabers auf unredliche Weise erschlichen hat.[113] Nach einer Entscheidung des BayObLG[114] liegt (jedenfalls im strafrechtlichen Anwendungsbereich der Vorschrift) kein unbefugtes Handeln vor, wenn der Täter einen zivilrechtlichen Anspruch auf Überlassung des Geheimnisses hat. Unbefugt verschafft sich das Geheimnis seines ehemaligen Arbeitgebers auch der ausgeschiedene Mitarbeiter, der die Informationen aus früheren eigenen Aufzeichnungen entnimmt, welche er während der Beschäftigungszeit angefertigt hat.[115]

2. Anwendung technischer Mittel

22 § 17 Abs. 2 Nr. 1 lit. a stellt in sehr allgemeiner Weise „den technisch vermittelten Zugriff auf wirtschaftliche Daten"[116] unter Strafe. Das Merkmal „Anwendung technischer Mittel" soll den **Einsatz aller im weitesten Sinne der Technik zuzurechnenden Vorrichtungen** erfassen, die der Erlangung oder Sicherung von Unternehmensgeheimnissen dienen können. Als Beispiele erwähnte der Bericht des Rechtsausschusses[117] den Einsatz von Ablichtungsgeräten, Fotoapparaten, Filmkameras,[118] Abhörvorrichtungen, Kleinsende- oder Empfangsgeräten sowie das Abrufen von in Datenverarbeitungsanlagen gespeicherten Daten. Auch die Benutzung des Telefons oder von Vorrichtungen zum Anzapfen von Datenfernleitungen oder zur Erfassung abgestrahlter Informationen[119] sind hierzu zu rechnen. Erfasst werden zahlreiche Fälle der unbefugten Aneignung von **Computersoftware** oder elektronisch gespeicherten **Dateien.** Die Täter setzen hier fast ausnahmslos Computer und/oder Spezialprogramme ein, um sich Kenntnis von dem in Rede stehenden Programm oder den gespeicherten Daten zu verschaffen oder ein bis zu einem gewissen Grade bereits vorhandenes Wissen endgültig zu sichern.[120] Der Einsatz von Computern, von Kopierschutzentfernern oder sonstigen „Tools" zur **Dekompilierung** und Analyse **fremder Software**[121] stellt eine „Anwendung technischer Mittel" dar. Auch bei Missbrauch der Datenfernverarbeitung oder des Time-Sharing-Verfahrens ist der Einsatz technischer Mittel praktisch unvermeidlich.[122]

3. Herstellung einer verkörperten Wiedergabe

23 Eine verkörperte Wiedergabe liegt in **jeder Vergegenständlichung eines Geheimnisses,** die dazu bestimmt ist, das Geheimnis festzuhalten, damit es später für den Täter oder andere verfügbar ist. Die **„Verkörperung"** setzt keine physische Manifestation voraus, sondern kann auch auf elektronische Weise erfolgen. In Betracht kommen technische Mittel (wie Ablichtungen, Fotografien, Ausdrucke von Computerprogrammen, Mitschnitte abgehörter Telefongespräche sowie die Speicherung auf elektronischen Datenträgern) ebenso wie Zeichnungen oder Abschriften. Eine Verkörperung des Geheimnisses kann auch im **Nachbau einer Maschine**[123] oder einzelner Bauelemente

---

[111] S. o. Rdn. 11; *Ohly*/Sosnitza § 17 Rdn. 26ff.

[112] Hierzu schon oben Rdn. 11.

[113] *Köhler*/Bornkamm § 17 Rdn. 21.

[114] GRUR 1988, 634; zustimmend *Ohly*/Sosnitza § 17 Rdn. 29, und *Köhler*/Bornkamm § 17 Rdn. 36.

[115] BGH GRUR 2006, 1044f. – *Kundendatenprogramm.;* BGH WRP 2009, 613, 615 – *Versicherungsuntervertreter.*

[116] *Jerouschek/Kölbel* NJW 2001, 1601, 1603 unter Hinweis auf § 202a StGB, dessen Tatbestand wesentlich enger, nämlich auf spezifische Ausforschungsmittel im Rahmen der Computerspionage beschränkt ist.

[117] BT-Drucks. 10/5058 vom 19.2.1986, S. 40.

[118] OLG Hamm, WRP 1993, 36, 86: Videoaufnahme des Produktionsablaufs.

[119] GroßKommUWG/*Wolters* § 17 Rdn. 78f..

[120] Vgl. *Rupp* WRP 1985, 676, 679f.; OLG Zelle CR 1989, 1002: Verwendung von Computer-Hardware und -Software zur Entschlüsselung eines Geldspielautomaten-Programms; vgl. hierzu auch BayObLG GRUR 1991, 693 – *Geldspielautomat;* siehe aber den 10. Erwägungsgrund der Geheimnisschutz-RL.

[121] Zur Beurteilung des Reverse Engineering nach bisherigem deutschen Recht *Harte-Bavendamm* GRUR 1990, 657, und in Gloy/Loschelder/Erdmann, HdbWettbR, § 64 Rdn. 32, 57; für eine großzügigere Behandlung des Reverse Engineering von frei auf dem Markt erhältlichen Produkten *Ohly*/Sosnitza § 17 Rdn. 26a; vgl. ferner die im Literaturverzeichnis vor §§ 17 bis 19 UWG genannten Dissertationen von *Kalbfus,* S. 319ff. und *F. Schweyer;* S. 100ff., 188ff.; zur Situation im Lichte der Geheimnisschutz-RL oben Rdn. 11 und vor §§ 17 bis 19 Rdn. 10c.

[122] Vgl. *Rupp* WRP 1985, 676, 679f.

[123] Vgl. BGH NJW 1984, 240; GroßKommUWG/*Wolters* § 17 UWG Rdn. 70.

bestehen. Wer sich das Geheimnis durch reine Gedächtnisleistung verschafft oder gemerkt hat, macht sich nach § 17 Abs. 2 Nr. 1 lit. a erst dann strafbar, wenn er das Erinnerte später aufzeichnet.[124]

4. Wegnahme einer Sache

§ 17 Abs. 2 Nr. 1 lit. c betrifft die **Wegnahme einer Sache, in der das Geheimnis verkörpert** ist (zu letzterem s. die unter Rdn. 23 erwähnten Beispiele). Der Bericht des Rechtsausschusses bezog sich hinsichtlich dieses Merkmals auf alle Maßnahmen, mit denen der Täter ein Geheimnis so an sich bringt, dass er in die Lage versetzt wird, es selbst zu verwerten oder an andere weiterzugeben. Dies setzt voraus, dass der Täter ohne diese Handlung noch nicht ohne weiteres in der Lage war, das Geheimnis gegen den ausdrücklichen oder mutmaßlichen Willen des (mittelbaren oder unmittelbaren, alleinigen oder Mit-)Besitzers in seinen Verfügungsbereich zu überführen.[125] Eine Wegnahme liegt demgegenüber nicht vor, wenn der Täter bereits Alleingewahrsam an der Verkörperung hatte.[126] 24

IV. Subjektiver Tatbestand

Hinsichtlich der **subjektiven Beweggründe** kann auf Rdn. 13 bis 17 verwiesen werden. Der **Vorsatz** des Täters – **bedingter Vorsatz genügt** – muss alle Tatbestandsmerkmale umfassen. Der Täter muss wissen oder konkret damit rechnen, dass er sich ein fremdes Geheimnis (s. o. Rdn. 1 bis 7) mit den in § 17 Abs. 2 Nr. 1 genannten speziellen Mitteln und Maßnahmen verschafft oder sichert. Der Begriff **„unbefugt"**[127] ist in diesem Zusammenhang allgemeines Verbrechensmerkmal, nicht Tatbestandsmerkmal; auf die ihm im Einzelfall zugrunde liegenden Umstände braucht sich der Vorsatz also nicht zu erstrecken. Der Gesetzgeber wollte mit diesem Merkmal klarstellen, dass „nicht jede Informationssammlung in einem Betrieb, die die übrigen Voraussetzungen der Nr. 1 erfüllt, die berechtigten Geheimhaltungsinteressen des Geheimnisinhabers in strafwürdiger Weise verletzt".[128] 25

D. Geheimnisverwertung (§ 17 Abs. 2 Nr. 2)

I. Normzweck

Nach § 17 Abs. 2 Nr. 2 UWG wird derjenige bestraft, der ein Geschäfts- oder Betriebsgeheimnis unbefugt verwertet oder einem anderen mitteilt, das er durch eine der in § 17 Abs. 1 bezeichneten Mitteilungen (also den Verrat seitens eines Beschäftigten) oder durch eine eigene oder fremde Handlung nach § 17 Abs. 2 Nr. 1 (also eine vorbereitende Spionagehandlung der in Rdn. 18ff. angesprochenen Art) erlangt oder sich auf andere Weise unbefugt verschafft oder gesichert hat. Die Vorschrift deckt **alle Fälle unbefugter Geheimniserlangung** ab.[129] Auch § 17 Abs. 2 Nr. 2 führt jedoch nicht zu einem „absoluten" Geheimnisschutz, sondern greift nur dann ein, wenn die Art und Weise zu beanstanden ist, in der der Täter von den geheimhaltungsbedürftigen Tatsachen Kenntnis erhalten hat. Der bisweilen verwendete Begriff **„Geheimnishehlerei"**[130] erscheint dennoch nicht ganz passend, denn nicht bei jeder Variante des Tatbestands muss das Wissen um das Geheimnis auf eine strafbare Handlung zurückgehen, geschweige denn auf die Straftat eines anderen (vgl. § 259 StGB). 26

---

[124] GroßKommUWG/*Wolters* § 17 UWG Rdn. 70.

[125] Vgl. BT-Drucksache 10, 5058 v. 19.2.1986, S. 40; BGH CR 1993, 236: Unbefugte Mitnahme eines Magnetbandes mit Kundenadressen.

[126] BGH GRUR 2012, 1048, 1049 – *MOVICOL-Zulassungsantrag;* OLG München WRP 1992, 174, 175f.; im Einzelfall kritisch zu prüfen sein wird allerdings, ob der Angestellte vor seinem Ausscheiden tatsächlich *Allein*gewahrsam an den dann mitgenommenen Unterlagen hatte.

[127] Hierzu schon oben Rdn. 11 und 21.

[128] BTDrucks. 10/5058 S. 40; ausführlich zum Merkmal des „unbefugten" Handlens in diesem Zusammenhang GroßKommUWG/*Wolters* § 17 Rdn. 88ff.

[129] GroßKommUWG/*Otto* (1. Aufl.) § 17 UWG Rdn. 83.

[130] GroßKommUWG/*Wolters* § 17 UWG Rdn. 95, 97; *Ohly*/Sosnitza § 17 Rdn. 20.

II. Täter

27 Täter können Beschäftigte oder beliebige Dritte sein. Praktisch besonders weit reichende Bedeutung hat die Vorschrift dort, wo **frühere Arbeitnehmer** Geheimnisse ihres ehemaligen Arbeitgebers verwerten, die sie sich noch während der Beschäftigungsdauer auf unredliche Weise verschafft haben oder die sie ihren eigenen, seinerzeit angefertigten Unterlagen entnehmen.[131] Anders liegt es im Falle von Dokumenten, die der Angestellte im Rahmen des **Dienstverhältnisses** befugt angefertigt oder erhalten hat.[132] **Dritte** kommen als Täter beispielsweise dort in Betracht, wo sie sich planmäßig durch **Ausforschen früherer Angestellter** eines Wettbewerbers Kenntnis von dessen Geheimnissen verschaffen, um diese zum Schaden des anderen für sich auszubeuten.[133] Das gleiche gilt, wenn sich jemand unter dem Vorwand, Kunde zu sein, Zugang zu einer vom Wettbewerber ausgestellten Maschine verschafft,[134] oder andere zum Bruch vertraglich oder satzungsgemäß übernommener **Geheimhaltungspflichten** veranlasst, vor allem wenn dies im Wege systematischer Ausforschung geschieht.[135] *Tiedemann*[136] erklärt jede auf Erlangung von Geschäfts- oder Betriebsgeheimnissen gerichtete Handlung Außenstehender für strafwürdig.

III. Tatobjekt

28 Gegenstand der Tat ist ein fremdes Geschäfts- oder Betriebsgeheimnis, welches der Täter durch Verrat nach § 17 Abs. 1, durch Betriebsspionage nach § 17 Abs. 2 Nr. 1 oder auf sonstige unbefugte Weise erlangt hat.

1. Durch Verrat erlangtes Geheimnis

29 Die erste in § 17 Abs. 2 Nr. 2 erwähnte Ausführungsform (Kenntniserwerb durch Geheimnisverrat seitens eines Beschäftigten) greift nur ein, wenn auf Seiten des Verräters der volle Tatbestand des § 17 Abs. 1 erfüllt ist.[137] Dieser Umstand hat allerdings dadurch an Bedeutung verloren, dass häufig ohnehin die dritte Begehungsform des § 17 Abs. 2 Nr. 2 eingreifen wird, wenn es im Zusammenhang mit der ersten Variante an einzelnen Aspekten der vollen Tatbestandsverwirklichung auf Seiten des in einem Dienstverhältnisses stehenden Verräters fehlt.

2. Durch Betriebsspionage erlangtes Geheimnis

30 Die zweite Begehungsform des § 17 Abs. 2 Nr. 2 betrifft den Kenntniserwerb durch eine der in § 17 Abs. 1 Nr. 1 herausgegriffenen Formen des Zugriffs auf fremde Unternehmensgeheimnisse. Auch hier muss der gesamte Tatbestand des § 17 Abs. 2 Nr. 1 erfüllt sein, sei es auf Seiten des Täters oder durch eine **Vorbereitungshandlung** desjenigen, von dem dieser seinerseits den Gewahrsam über den betreffenden Gegenstand oder die Kenntnis von den (nicht verkörperten) vertraulichen Informationen erlangt hat.

3. Auf sonstige unbefugte Weise erlangtes Geheimnis

31 Der dritte in § 17 Abs. 2 Nr. 2 enthaltene Tatbestand erfasst **generalklauselartig**[138] jeden sonstigen Fall, in dem sich der Täter das Geheimnis zu Zwecken des Wettbewerbs, aus Eigennutz, zu Gunsten eines Dritten oder in Schädigungsabsicht **unbefugt verschafft oder gesichert**[139] hat. Auch Art. 4 Abs. 2 lit. b der **Geheimnisschutz-RL** enthält eine – allerdings nur zivilrechtlich maßgebliche – Auffassungklausel in Bezug auf den **Geheimniserwerb** durch „jedes sonstige Ver-

---

131 BGH GRUR 2006, 1044f. – *Kundendatenprogramm;* GRUR 2009, 603, 604f. – *Versicherungsuntervertreter.*
132 S. o. Rdn. 24 und Fn. 116.
133 Vgl. RG GRUR 1939, 308, 312f. – *Filtersteine.*
134 SächsOLG MuW XXVI, 57.
135 OLG Düsseldorf WRP 1959, 182, 184; im Rahmen der Antragstellung wäre allerdings der Begriff des „systematischen" Ausspähens zu unbestimmt, vgl. BGH GRUR 2009, 1075 – *Betriebsbeobachtung.*
136 ZStW 86 (1974), 1030.
137 BGH GRUR 1977, 539ff. – *Prozessrechner.*
138 GroßKommUWG/*Wolters* § 17 UWG Rdn. 102; vgl. auch BGH CR 1993, 236 – *Kundenadressen als Geschäftsgeheimnis;* Bedenken gegen die Weite dieses Merkmals äußern jedenfalls hinsichtlich der strafrechtlichen Seite Fezer/*Rengier,* § 17 Rdn. 68, und *Ohly*/Sosnitza, § 17 Rdn. 21.
139 Hierzu o. Rdn. 20f.; eingehend zum Verständnis „unbefugten" Handelns in diesem Zusammenhang *Dorner,* Know-how-Schutz im Umbruch (2013), S. 149ff.

halten, das unter den jeweiligen Umständen als mit einer seriösen Geschäftspraxis nicht vereinbar gilt". In Betracht kommen zum einen Straftaten (wie Diebstahl, Unterschlagung, Untreue, Erpressung, Nötigung, Hausfriedensbruch), zum anderen auch Verstöße gegen das Zivilrecht, so das von *Ulmer/Reimer*[140] angeführte Beispiel des schuldhaften **Verhaltens bei Vertragsverhandlungen,** in deren Verlauf der Verhandlungspartner das Geheimnis offenbart, weil ihm der Täter entgegen einer Aufklärungspflicht vorsätzlich oder fahrlässig bestimmte Tatsachen verschwiegen hat. Auch vertragswidriges Verhalten[141] oder bestimmte Wettbewerbsverstöße[142] können einen **unbefugten Zugriff** auf fremde Unternehmensgeheimnisse darstellen. **Unbefugt** ist letztlich jede gegen irgendeine deutsche Rechtsnorm (einschließlich allgemeiner zivilrechtlicher Vorschriften) verstoßende Handlung, jede dem Geheimhaltungsinteresse des Geheimnisinhabers widersprechende Benutzung,[143] soweit nicht ein **besonderer Rechtfertigungsgrund** und/oder eine der **von der Geheimnisschutz-RL errichteten Schranken** (vgl. insbesondere Art. 3 und Art. 5) eingreifen.

Wie unter Rdn. 27 angesprochen, hat § 17 Abs. 2 Nr. 2 besondere praktische Bedeutung für die Verwertung oder den Verrat von Geschäftsgeheimnissen durch ausscheidende oder ausgeschiedene Arbeitnehmer. Die **Verwertung** einwandfrei erlangter Kenntnisse, die der Betreffende im Gedächtnis behalten hat,[144] ist nach Beendigung des Dienstverhältnisses in der Regel (auch) zivilrechtlich zulässig, kann allerdings im Einzelfall einer umfassenden Güter- und **Interessenabwägung** unterliegen.[145] Dies gilt nicht für Unternehmensgeheimnisse, die sich der Täter **während der Beschäftigungsdauer auf unredliche Weise verschafft** hat. Um unredlichen Kenntniserwerb geht es beispielsweise dann, wenn der Beschäftigte noch während des Dienstverhältnisses seine Eingliederung in den Betrieb und den Zugang zu Unterlagen und Geheimnisträgern dazu missbraucht hat, außerhalb seines eigenen Tätigkeitsbereichs Betriebsgeheimnisse **auszuspionieren,** sei es durch heimliches Herumschnüffeln, sei es durch das Einspannen argloser oder gleichgültiger Kollegen. Zum anderen hat die Rechtsprechung in zahlreichen Fällen einen unbefugten Kenntniserwerb auch dann angenommen, wenn der Beschäftigte von den geheimzuhaltenden Tatsachen durchaus im Rahmen seines normalen eigenen Aufgabenkreises erfahren hatte.[146] Ein besonderer Vertrauensbruch ist also nicht erforderlich. Jede außerhalb des üblichen Weges erfolgende Kenntnisverschaffung und jedes in diese Richtung zielende Vorgehen, welches **keinen inneren Zusammenhang mit einer aus dem Arbeitsvertrag fließenden Pflicht zur Wahrung der Belange des Dienstherrn** hat, ist als unredlich einzustufen. So ist es beispielsweise sittenwidrig, von Geheimrezepten einer chemischen Fabrik oder von Rabattkundenlisten eigenmächtig Abschriften anzufertigen.[147] Unredlicher Erwerb der Kenntnis liegt auch dann vor, wenn diese durch eine nicht im Rahmen der dienstvertraglichen Tätigkeit liegende nähere Beschäftigung mit **Konstruktionsunterlagen,** sei es durch Zuhilfenahme **technischer Mittel,** sei es auch durch Anfertigung von Zeichnungen oder bloßes **Sicheinprägen** derart gefestigt wird, dass der Beschäftigte imstande ist, nach seinem Ausscheiden aus dem Betrieb davon Gebrauch zu machen.[148] Verfestigt der Angestellte durch geflissentliches Auswendiglernen oder ähnliche **betrieblich nicht veranlasste Handlungen** seine Kenntnis in der für die nach seinem Ausscheiden erfolgende Verwertung erforderlichen Weise, so ist es unerheblich, ob ihm die geheim zu haltende Tatsache ursprünglich ohne weiteres zugänglich war oder ob er sich diesen Zugang zunächst durch weitere, schon per se zu missbilligende Handlungen verschafft hat. **Unredlichen Erwerb** muss sich auch ein Angestellter vorwerfen lassen, der bei seinem Ausscheiden vertragswidrig geheime **Konstruktionszeichnungen** zurückbehalten 32

---

[140] Bd. III Nr. 328.

[141] Eingehend GroßKommUWG/*Otto* § 17 UWG Rdn. 105; LAG Hamm (7 S 76/03), Urteil vom 23.5. 2003: Zurückbehaltung von rund 100 Konstruktionszeichnungen entgegen einer vertraglichen Herausgabepflicht des aus dem Dienstverhältnis ausscheidendem Mitarbeiters.

[142] *v. Gamm* Kap. 50 Rdn. 47; *Baumbach/Hefermehl,* Wettbewerbsrecht, 22. Aufl. 2001, § 17 Rdn. 33: Einschleusen von Mitarbeitern mit dem Auftrag, Betriebsspionage zu betreiben; BGH GRUR 1973, 484 – *Betriebsspionage.*

[143] *Baumbach/Hefermehl,* a. a. O., § 17 Rdn. 33 und 38; GroßkommUWG/*Wolters* § 17 Rdn. 104f., der „unbefugt" hier zutreffend als echtes Tatbestandsmerkmal, nicht als allgemeines Verbrechensmerkmal bezeichnet.

[144] Der spätere Rückgriff auf ursprünglich rechtmäßig angefertigte Aufzeichnungen ist demgegenüber nicht zulässig, BGH GRUR 2006, 1044, 1066 – *Kundendatenprogramm;* hierzu Anm. *Westermann* GRUR 2007, 116ff.; BGH GRUR 2009, 603, 605 – *Versicherungsuntervertreter.*

[145] Hierzu ausführlich u. Rdn. 45ff., 51. Zur Gewährleistung der Mobilität der Arbeitnehmer siehe Art. 1 Abs. 3 der Geheimnisschutz-RL.

[146] Vgl. etwa BGH NJW-RR 2003, 833 – *Weinberater.*

[147] Vgl. RG JW 1928, 1227; RGSt 33, 62, 64.

[148] RGSt 33, 62, 66; RG GRUR 1936, 573, 577 – *Albertus Stehfix;* BGH GRUR 1960, 294 – *Kaltfließpressverfahren;* GRUR 1963, 367, 369 – *Industrieböden;* GRUR 1983, 179, 181 – *Stapel-Automat.*

hat, die er später zur Herstellung von Konkurrenzprodukten benutzt.[149] Die Berechtigung, erworbene Kenntnisse nach Beendigung des Dienstverhältnisses auch zum Nachteil des früheren Dienstherrn einzusetzen, erstreckt sich nicht auf Informationen, die dem ausgeschiedenen Mitarbeiter nur aufgrund eines **Rückgriffs auf schriftliche Unterlagen** bekannt sind, die er während der Beschäftigungszeit angefertigt hat. Liegen ihm derartige Unterlagen – beispielsweise in Form privater Aufzeichnungen oder abgespeicherter Dateien – vor und entnimmt er ihnen ein Geschäftsgeheimnis seines früheren Arbeitgebers, so verschafft er sich dieses unbefugt.[150]

33 Praktisch von besonderer Wichtigkeit ist der vom BGH gegebene Hinweis, dass die **Anforderungen an den Nachweis des unredlichen Erwerbs nicht überspannt** werden dürfen.[151] Wenn ein ehemaliger Angestellter nach mehreren Jahren unter Ausnutzung geheimer Kenntnisse seines früheren Arbeitgebers eine von diesem entwickelte komplizierte technische Konstruktion so nachbaut, dass die Übereinstimmung in einer Fülle von Einzelheiten verblüffend ist, so liegt nach der Lebenserfahrung der Schluss nahe, dass die Konstruktionsideen für die spätere Verwertung in sittenwidriger Weise planmäßig in Zeichnungen oder durch den heimlichen Bau eines Modells festgehalten worden sind.[152] Finden sich im Betrieb eines Wettbewerbers, zu dem mehrere Konstrukteure eines Armaturenherstellers übergewechselt sind, nahezu sämtliche internen Konstruktionsunterlagen dieses früheren Arbeitgebers wieder, so spricht alles dafür, dass die ausgeschiedenen Mitarbeiter dieses Material unredlich gesammelt und mitgenommen haben.[153] Wenn ein ehemaliger Angestellter ein komplexes **Computerprogramm** anbietet, welches in 6500 von 7000 Programmschritten einschließlich kleiner Fehler mit einem betriebsinternen Computerprogramm des früheren Arbeitgebers übereinstimmt, so muss auf die unerlaubte Anfertigung eines Programmausdrucks oder die Mitnahme eines entsprechenden Datenträgers geschlossen werden. Desgleichen ist nach der Lebenserfahrung ein unredlicher Kenntniserwerb anzunehmen, wenn ein Unternehmen mit Tausenden von Kunden, deren Namen und Anschriften in dieser Zusammenstellung aus allgemein zugänglichen Quellen nicht erhältlich sind, nachweisen kann, dass der soeben aus seinem Dienst ausgeschiedene Vertriebsleiter fast alle diese Kunden angeschrieben und auf die Gründung eines Konkurrenzunternehmens hingewiesen hat.[154] Ein ehemaliger Handelsvertreter verstößt gegen § 17 Abs. 2 Nr. 2, wenn er Briefe an ca. 200 Kunden verschickt, deren Namen und Anschriften auf Aufzeichnungen aus der ihm von seinem früheren Vertragspartner während der und für die Zusammenarbeit überlassenen Kundenkartei beruhen.[155] **Einer Berufung auf herausragende Gedächtnisfähigkeiten** und einer Verteidigung mit einzelnen nicht nachprüfbaren Angaben **ist mit Skepsis zu begegnen.**[156]

34 Das **Verhalten des Täters** muss für den unredlichen Kenntniserwerb zwar **ursächlich** sein, Mitursächlichkeit reicht jedoch aus. Der eigene Beitrag des Täters kann auch darin liegen, dass dieser einen anderen als Werkzeug benutzt oder dass er einen zum Verrat schon bereiten Angestellten in diesem Vorhaben bestärkt. Nur wenn der Empfänger passiv bleibt und die Kenntnis rein zufällig oder vollkommen einwandfrei erlangt, entfällt der Vorwurf, der Betreffende habe sich sein Wissen unbefugt verschafft oder gesichert. Maßgeblich für die Bewertung bleibt der **Zeitpunkt des Kenntniserwerbs:** Wer die Kenntnis ursprünglich auf eine zu missbilligende Weise erhalten hat, bleibt dauerhaft an der Ausnutzung dieses Wissens gehindert. Dieser Makel wird nicht durch Zeitablauf oder eine Veränderung der Verhältnisse geheilt.[157] Allerdings gilt dies nicht mehr, wenn das Geheimnis später ohne das Zutun des Täters **offenkundig** geworden ist, denn in diesem Falle verwertet dieser am Ende nicht mehr die unredlich erlangten Kenntnisse, sondern zum Allgemeingut gehörendes Wissen.

---

[149] LAG Hamm v. 23.5.2003 (7 Sa 76/03).

[150] Vgl. BGH GRUR 2003, 453f. – *Verwertung von Kundenlisten;* GRUR 2006, 1044, 1046 – *Kundendatenprogramm* – und GRUR 2009, 603, 605 – *Versicherungsuntervertreter.*

[151] BGH GRUR 1963, 367, 369 – *Industrieböden;* GRUR 1983, 179, 181 – *Stapel-Automat;* bestätigt auch in GRUR 2006, 1044f. – *Kundendatenprogramm.*

[152] Vgl. BGH GRUR 1983, 179, 181 – *Stapel-Automat.*

[153] Vgl. OLG Köln WRP 1994, 197 – *Übergewechselte Mitarbeiter* (das Gericht ließ diesen Punkt offen und stützte ein gegen den neuen Arbeitgeber gerichtetes Verwertungsverbot auf § 1 UWG a. F.).

[154] Das Eindringen des ausgeschiedenen Angestellten in den Kundenkreis seines bisherigen Dienstherrn verstößt ferner jedenfalls dann gegen §§ 3, 4 Nr. 10 UWG, wenn der Angestellte unmittelbar nach seinem Ausscheiden mit einem Schlag nahezu den gesamten Kundenkreis an sich zieht und damit die wirtschaftliche Grundlage des früheren Dienstherrn vernichtet, vgl. zu § 1 UWG a. F. BGH GRUR 1964, 215 – *Milchfahrer.*

[155] BGH WRP 1999, 912 – *Kundenanschriften;* vgl. auch GRUR 2009, 603, 605 – *Versicherungsuntervertreter* – und OLG Köln GRUR-RR 2010, 480 – *Datei mit Adressen von Serienschreiben.*

[156] Vgl. *Baumbach/Hefermehl,* Wettbewerbsrecht, 22. Aufl. 2001, § 17 Rdn. 34.

[157] Vgl. RG GRUR 1934, 379; GRUR 1936, 573, 579 – *Albertus Stehfix;* BGH GRUR 1985, 284, 286 – *Füllanlage;* WRP 2008, 938f. – *Entwendete Datensätze mit Konstruktionszeichnungen.*

IV. Tathandlung

Eine **Verwertung** liegt in jeder Handlung, durch die der Täter sich oder anderen den im **Unternehmensgeheimnis** verkörperten Wert ganz oder teilweise zu Nutze macht.[158] In der Regel wird es sich um eine Verwendung zu wirtschaftlichen Zwecken handeln. Begriffsnotwendig ist dies jedoch nicht.[159] Eine vom Handlungszweck abhängige Einengung des Tatbestands erfolgt durch die vier subjektiven Merkmale, nicht durch eine restriktive Auslegung des objektiven Tatbestandsmerkmals „Verwertung". Deshalb kann beispielsweise auch jede aus Eigennutz oder in Schädigungsabsicht erfolgende Verwendung des Geheimnisses, etwa die wissenschaftliche Publikation oder die rein schikanöse Streuung in der Fachwelt als Verwertung im Sinne von § 17 Abs. 2 Nr. 2 angesehen werden. Eine Verwertung **setzt keine identische Benutzung des Geheimnisses voraus.**[160] Es genügt, wenn die unbefugt erlangten Kenntnisse in einer Weise mitursächlich geworden sind, die wirtschaftlich oder technisch nicht als bedeutungslos angesehen werden kann.[161] Eine Verwertung liegt schon in der Herstellung eines das Geheimnis verkörpernden Satzes von Produktionszeichnungen des Modells oder Produkts, nicht erst im tatsächlichen Verkauf des Erzeugnisses.[162] Zur unbefugten **Mitteilung** s. o. Rdn. 10. Die Verwertung oder Mitteilung durch den Täter muss **unbefugt** sein (s. o. Rdn. 10, 11, 21, 31). 35

V. Subjektiver Tatbestand

Subjektiv ist erforderlich, dass der Täter **(bedingt) vorsätzlich** und aus einem der vier **besonderen Beweggründe** (zu Zwecken des Wettbewerbs, aus Eigennutz, zu Gunsten eines Dritten oder in der Absicht, dem Inhaber des Unternehmens Schaden zuzufügen)[163] handelt. 36

E. Versuch (§ 17 Abs. 3)

Der **Versuch des Geheimnisverrats** nach § 17 Abs. 1 oder der verbotenen Ausspähung, Verwertung oder Mitteilung nach § 17 Abs. 2 ist strafbar.[164] Gemäß **§ 23 StGB** versucht eine Straftat, wer nach seiner Vorstellung von der Tat zur Verwirklichung des Tatbestandes unmittelbar ansetzt. Letzteres gilt für Handlungen, die bei ungestörtem Fortgang in die Tatbestandsverwirklichung einmünden sollen oder die in einem so engen räumlichen und zeitlichen Zusammenhang mit ihr stehen,[165] dass das Geheimnis als geschütztes Rechtsgut bereits konkret gefährdet wird. Strafbar ist auch der untaugliche Versuch, also etwa der „Verrat" eines Geheimnisses an jemanden, der diese Kenntnis bereits besitzt, oder die heimliche Sicherung von Datenträgern, Unterlagen oder sonstigen Gegenständen, in denen das dort vermutete Geheimnis überhaupt nicht gespeichert, verkörpert oder niedergelegt ist. Die **versuchte Anstiftung** zu einer Straftat nach § 17 oder § 18 UWG wird nach **§ 19 Abs. 1 UWG** mit Strafe bedroht. 37

F. Besonders schwere Fälle (§ 17 Abs. 4)

In **besonders schweren Fällen** kann die Freiheitsstrafe fünf Jahre betragen. Die beiden schon in § 17 Abs. 4 UWG a. F. enthaltenen Regelbeispiele (der Täter weiß bei der Mitteilung, dass das 38

---

[158] BGH CR 1993, 236: Ein Firmeninhaber erhält ein rechtswidrig beschafftes Magnetband mit Kundenadressen seines Wettbewerbers und gibt diese an die eigenen Vertreter mit der Aufforderung weiter, entsprechende Abwerbungsversuche zu unternehmen.

[159] Ebenso MünchKommUWG/*Brammsen* § 17 Rdn. 112, und GroßKommUWG/*Wolters* § 17 Rdn. 108; a. A. *Ohly*/Sosnitza § 17 Rdn. 22, der die „rein ideelle Nutzung, etwa in einer wissenschaftlichen Publikation", ausklammern will.

[160] Vgl. BGH GRUR 1985, 294, 296 – *Füllanlage;* GRUR 2002, 91, 93 – *Spritzgießwerkzeuge.*

[161] Vgl. BGH GRUR 1960, 554 – *Handstrickverfahren;* GRUR 1985, 294, 296 – *Füllanlage;* GRUR 2002, 91, 93 – *Spritzgießwerkzeuge;* WRP 2008, 938 f. – *Entwendete Datensätze mit Konstruktionszeichnungen;* OLG Frankfurt CR 1990, 589 f.

[162] Vgl. RGSt 40, 406, 408.

[163] S. o. Rdn. 13 bis 17.

[164] Zu den Einzelheiten des Versuchs in den drei Fällen des Abs. 1 und des Abs. 2 Nr. 1 und 2 eingehend GroßKommUWG/*Wolters* § 17 Rdn. 117 ff.

[165] Vgl. BGHSt 30, 363 f.

Geheimnis im **Ausland** verwertet werden soll, oder nimmt eine Verwertung im Ausland selbst vor) wurden im Zuge der UWG-Reform 2004 um das **gewerbsmäßige Handeln** ergänzt. Hierin liegt eine weitere Angleichung an die strafrechtlichen Sanktionen bei Verletzung gewerblicher Schutzrechte und des Urheberrechts.[166] Gewerbsmäßig handelt, wer sich durch wiederholte Tatbegehung eine nicht nur vorübergehende **Einnahmequelle** von einigem Umfang verschaffen will.[167] Ob im Einzelfall der erweiterte Strafrahmen des § 17 Abs. 4 heranzuziehen ist, bemisst sich danach, ob das **gesamte Tatbild** einschließlich aller subjektiven Momente und der Täterpersönlichkeit vom Durchschnitt der gewöhnlich vorkommenden Fälle in einem Maße abweicht, das einen Ausnahmestrafrahmen geboten erscheinen lässt.[168] In den drei Regelfällen wird dies so gut wie stets zutreffen. In anderen Fällen – die Regelbeispiele sind nicht abschließend – wird eine offenere **Gesamtabwägung** stattzufinden haben. Letzteres gilt im Zusammenhang mit den beiden Tatbeständen der Auslandsverwertung auch dann, wenn es um andere EU-Mitgliedstaaten geht.[169]

G. Antragsdelikt (§ 17 Abs. 5)

39 Vergehen nach § 17 Abs. 1 bis Abs. 4 werden grundsätzlich nur auf **Strafantrag** verfolgt, es sei denn, dass ein **besonderes öffentliches Interesse** das Einschreiten von Amts wegen erfordert. Die letztgenannte Möglichkeit wurde durch das 2. WiKG (1986) eröffnet, da der Schutz geheimen Know-hows und die Bekämpfung der Betriebsspionage auch im Allgemeininteresse liegen und die betroffenen Unternehmen unter Umständen zögern, Strafantrag zu stellen.[170] Der Beurteilungsspielraum der **Staatsanwaltschaft** hinsichtlich der Bejahung des öffentlichen Interesses wird durch Ziffern 255, 260 und 260a der **Richtlinien für das Strafverfahren und das Bußgeldverfahren** konkretisiert.[171] Das in § 17 Abs. 5 vorausgesetzte „besondere" öffentliche Interesse stellt allerdings eine noch höhere Schwelle dar. Es ist zu bejahen, wenn die Betriebsspionage gleichzeitig wichtige Allgemeininteressen verletzt[172] oder Ziffer 260a der Richtlinien eingreift.

40 **Antragsberechtigt** ist nach § 77 Abs. 1 StGB der **unmittelbar Verletzte.**[173] Der Strafantrag ist innerhalb der **Dreimonatsfrist** des § 77b StGB zu stellen. Dem geschädigten Unternehmen ist dringend zu empfehlen, zur Sicherung von Beteiligungs- und Mitwirkungsrechten frühzeitig eine Anschlusserklärung als **Nebenklägerin** zu den Akten zu reichen.[174] Anstelle oder neben der öffentlichen Klage ist die **Privatklage** möglich (§ 374 Abs. 1 Nr. 7 StGB).

H. Auslandstaten (§ 17 Abs. 6)

41 § 5 Nr. 7 StGB gilt entsprechend. Unabhängig vom Recht des Tatorts gelten § 17 Abs. 1 bis Abs. 5 für die im Ausland begangene Verletzung von Betriebs- oder Geschäftsgeheimnisses eines inländischen Unternehmens oder eines Unternehmens mit Sitz im Ausland, das von einem inländischen Unternehmen abhängig ist und mit diesem einen Konzern bildet.

---

[166] Vgl. u. a. § 142 II PatG, §§ 143 II, 143a II MarkenG und § 108a UrhG.

[167] In diesem Fall ist schon die erste der ins Auge gefassten Tathandlungen als gewerbsmäßig anzusehen, BGH NJW 1998, 2913 f.; *Többens* WRP 2005, 552, 558.

[168] Vgl. GroßkommUWG/*Wolters* § 17 UWG Rdn. 124.

[169] MünchKommUWG/*Brammsen* § 17 Rdn. 130; zustimmend *Ohly*/Sosnitza § 17 Rdn. 32; *Köhler*/Bornkamm § 17 Rdn. 66 mit dem Hinweis, dass in diesen Fällen besonders zu prüfen ist, ob ein „Regelfall" vorliegt.

[170] Vgl. BT-Drucksache 10, 5058 S. 41; zur hohen Dunkelziffer und zum restriktiven Anzeigeverhalten der geschädigten Unternehmen *Kiethe/Hohmann* NStZ 2006, 185.

[171] RiStBV v. 1.1.1977 (i. d. F. v. 1.11.2007): auch die Straftaten des Nebenstrafrechts sind Zuwiderhandlungen, die ein sozialethisches Unwerturteil verdienen; sie sind deshalb nach den gleichen Grundsätzen und mit dem gleichen Nachdruck zu verfolgen wie Zuwiderhandlungen gegen Vorschriften des Strafgesetzbuchs (Nr. 255). Ein besonderes öffentliches Interesse wird insbesondere dann anzunehmen sein, wenn der Täter wirtschaftsstrafrechtlich vorbestraft ist, ein erheblicher Schaden droht oder eingetreten ist, die Tat Teil eines gegen mehrere Unternehmen gerichteten Ausspähungsplans ist oder den Verletzten in seiner wirtschaftlichen Existenz bedroht (Nr. 260a).

[172] *Köhler*/Bornkamm § 17 Rdn. 71.

[173] Hierzu BGH GRUR 1983, 330 – *Antragsrecht.*

[174] *Kiethe/Groeschke* WRP 2005, 1358, 1367.

I. Sonstige strafrechtliche Aspekte

Als **Nebenfolgen** des Geheimnisverrats und der Betriebsspionage kommen **Verfall** und **Einziehung** nach §§ 370ff. StGB in Betracht. Die **Verjährung** tritt fünf Jahre nach Beendigung der Tat ein (§§ 78 Abs. 3 Nr. 4 und 78a StGB). **Idealkonkurrenz** kann mit verschiedensten anderen Straftaten bestehen, insbesondere mit einer vorsätzlichen Verletzung gewerblicher Schutzrechte und des Urheberrechts, mit Diebstahl, Unterschlagung, Untreue, Erpressung und Betrug. Zwischen § 17 Abs. 2 und § 18 UWG sind **Tateinheit** und **Tatmehrheit** denkbar, zwischen § 17 Abs. 1 und § 17 Abs. 2 Nr. 2 kann Tatmehrheit in Betracht kommen. 42

J. Zivilrechtlicher Geheimnisschutz

I. Überblick

Die §§ 17 bis 19 erfassen besonders krasse Fälle unlauteren Wettbewerbsverhaltens. Soweit im Einzelfall geschäftliche Handlungen vorliegen, stellt jede Verletzung eines der in §§ 17 bis 19 UWG enthaltenen Tatbestände zugleich einen Verstoß gegen **§ 3 UWG** dar.[175] Straftatbestandliches Verhalten im Sinne der §§ 17 bis 19 und – auch unabhängig von der Erfüllung des vollen Straftatbestands – das Ausspähen von Geschäftsgeheimnissen eines Mitbewerbers lassen sich konkreter auch als **Mittel wettbewerbsfremder Behinderung** im Sinne von **§ 4 Nr. 4** deuten.[176] Unabhängig hiervon verstoßen derartige Handlungen gegen das Verbot des **§ 3a,** sich oder anderen durch Verletzung von Normen mit Wettbewerbsbezug einen zumindest abstrakten **Marktvorsprung** zum Nachteil anderer zu verschaffen. Darüber hinaus kann nach allgemeiner Meinung jede Verletzung der Straftatbestände der §§ 17 bis 19 UWG zivilrechtlich über § 823 Abs. 2 BGB verfolgt werden.[177] Zur weitreichenden **Neuordnung des zivilrechtlichen Geheimnisschutzes durch die Geheimnisschutz-RL** siehe oben vor §§ 17 bis 19 Rdn. 10aff. 43

Der aus den Strafvorschriften abgeleitete zivilrechtliche Schutz wird unter bestimmten Voraussetzungen **vertraglich** und – vornehmlich über § 3 UWG/§ 826 BGB und § 823 Abs. 1 BGB – **außervertraglich erweitert.** § 3 UWG und/oder die allgemeinen deliktsrechtlichen Vorschriften können u.U. auch Handlungen erfassen, die den objektiven oder subjektiven Tatbestand der §§ 17 bis 19 nicht erfüllen.[178] Zum anderen führt die Anwendbarkeit der §§ 823ff. BGB zu längeren Verjährungsfristen (§§ 195, 199 BGB gegenüber § 11 UWG). Der vertraglich oder außervertraglich erweiterte Geheimnisschutz kann grundsätzlich sowohl gegenüber Eingriffen Außenstehender als auch für Geheimnisverrat und -verwertung durch frühere Mitarbeiter des Unternehmens gelten. Außerhalb des durch § 17 Abs. 2 vorgezeichneten Bereichs stellt allerdings die Geheimhaltungspflicht ausgeschiedener Arbeitnehmer das umstrittenste Thema im Rahmen des zivilrechtlichen Geheimnisschutzes dar, denn hier erhält der Vor §§ 17 bis 19 UWG Rdn. 4f. angesprochene Interessengegensatz seine besondere Schärfe. 43a

II. Deliktsrecht

1. § 3 UWG/§ 826 BGB

Die **Verwertung** oder **Weitergabe** fremder Geschäfts- oder Betriebsgeheimnisse kann gegen § 3 Abs. 1 (und § 3a oder § 4 Nr. 4 UWG) sowie gegen § 826 BGB verstoßen.[179] Wer ein Geheimnis auf einwandfreie Art erhalten hat und keinen vertraglichen oder vertragsähnlichen Treuepflichten unterliegt, darf seine Wettbewerbsposition durch dessen Nutzung verbessern. Wer jedoch **wettbewerbsfremde Mittel** benutzt, um das Geheimnis zu erfahren oder für eigene Zwecke einzusetzen, handelt unlauter. Grundsätzlich unlauter ist die **Betriebsspionage,** und zwar schon das Einschleusen von Arbeitnehmern, die im Konkurrenzbetrieb Beobachtungen anstellen 44

[175] Ebenso schon zu § 1 UWG a.F. BGH GRUR 1966, 152f. – *Nitrolingual;* BGH GRUR 2002, 91 – *Spritzgießwerkzeuge; Ulmer/Reimer* Nr. 343.
[176] Vgl. BGH GRUR 2009, 1075f. – *Betriebsbeobachtung; Köhler*/Bornkamm § 17 Rdn. 52.
[177] BGH GRUR 1966, 152f. – *Nitrolingual;; Ohly*/Sosnitza § 17 Rdn. 48.
[178] BGH GRUR 1963, 367, 369 – *Industrieböden;* GRUR 1964, 31f. – *Petromax II;* GRUR 1983, 179, 181 – *Stapel-Automat.*
[179] *Ulmer/Reimer* Nr. 346 m. Nachw. aus der älteren Rechtsprechung.

sollen.[180] Desgleichen ist der Versuch unlauter, sich durch planmäßiges **Ausforschen** oder **Ausnutzen früherer Arbeitnehmer** eines Wettbewerbers Kenntnisse von dessen Betriebsgeheimnissen zu verschaffen;[181] in derartigen Fällen wird allerdings meist schon § 17 Abs. 2 Nr. 2 eingreifen. Unabhängig von jeder Beteiligung von (früheren) Beschäftigten des Geheimnisinhabers kann ferner die Weitergabe oder Verwertung fremder Unternehmensgeheimnisse in solchen Fällen zu beanstanden sein, in denen ein dem Täter vom Geheimnisinhaber entgegengebrachtes **Vertrauen ursächlich für die Kenntniserlangung** war.[182] Die **Geheimnisschutz-RL** enthält in Art. 4 Abs. 2 lit. b eine Auffangklausel in Bezug auf den Geheimniserwerb durch jedwedes „Verhalten, das unter den jeweiligen Umständen als mit einer seriösen Geschäftspraxis nicht vereinbar gilt".

45 Auch im Falle **früherer Mitarbeiter** des Geheimnisinhabers kann nach ständiger Rechtsprechung des RG und des BGH die Verwertung eines auf redliche Weise erfahrenen Betriebsgeheimnisses unabhängig vom Bestand gewerblicher Schutzrechte und unabhängig von der Reichweite des § 17 Abs. 1 UWG „unter ganz besonderen Umständen"[183] als Wettbewerbsverstoß aufgefasst werden. Der Gesetzgeber hat in den §§ 17ff. UWG lediglich eine strafrechtliche Entscheidung getroffen. Die zivilrechtlichen Ansprüche sind selbstständig und ohne Rücksicht auf die strafrechtlichen Tatbestände zu prüfen. Erscheint das Verhalten des früheren Arbeitnehmers unlauter, so kann im Falle geschäftlichen Handelns § 3 Abs. 1 UWG und bei Nachweis einer **Schädigungsabsicht** § 826 BGB zur Anwendung kommen. Des Rückgriffs auf die „ganz besonderen Umstände" bedarf es allerdings nicht in dem praktisch wichtigen Fall, dass der Arbeitnehmer nach seinem Ausscheiden zuvor (sei es auch rechtmäßig) angefertigte Aufzeichnungen heranzieht.[184]

46 Aus der **BGH-Rechtsprechung** sind dagegen folgende **Beispiele** zu nennen, in denen ein **Verstoß gegen die guten Sitten** bejaht wurde: In der Entscheidung **„Industrieböden"** sah es der BGH als ausschlaggebend an, dass es sich um das zentrale Betriebsgeheimnis handelte, der ausgeschiedene Angestellte eine besonders hochbezahlte Position ausgefüllt, jedoch zur Begründung des Betriebsgeheimnisses nichts beigetragen hatte und dass das Beschäftigungsverhältnis nur von relativ kurzer Dauer gewesen war. Nach Auffassung des BGH war der frühere Mitarbeiter auf die weitere Verwendung des Geheimnisses für sein berufliches Fortkommen billiger Weise nicht angewiesen.[185]

47 Im Falle **„Stapel-Automat"** gab zu Lasten des früheren Angestellten den Ausschlag, dass dieser noch während der Vertragsdauer begonnen hatte, unter Verwendung eines Betriebsgeheimnisses und unter Verleitung anderer Mitarbeiter zum Vertragsbruch einen für einen späteren eigenen Kunden bestimmten Prototyp einer Maschine konstruieren und herstellen zu lassen, wobei er unter Ausnutzung seiner eigenen Vertrauensposition als Vertriebsleiter und unter täuschender Einschaltung von Mittelsleuten Motoren, Bleche und andere Teile bestellt hatte, die er für das eigene Konkurrenzprodukt benötigte. In der Entscheidung **„Anreißgerät"** sah der BGH zwar in der nachvertraglichen Verwertung eines Geschäftsgeheimnisses durch den Arbeitnehmer keinen Verstoß gegen § 1 UWG a. F., nahm jedoch im Hinblick auf eine vom Arbeitnehmer selbst provozierte Kündigung eine Verlängerung der Geltung des Dienstverhältnisses an und kam so zur Anwendung des § 17 Abs. 1 UWG. Sittenwidrigkeit liegt auch vor, wenn ein Angestellter unmittelbar nach seinem Ausscheiden mit einem Schlag nahezu den gesamten Kundenkreis seines früheren Arbeitgebers an sich zieht und damit dessen wirtschaftliche Grundlage vernichtet.[186] Ob § 3 Abs. 1 UWG oder § 826 BGB unter derartigen besonderen Umständen eingreifen, ist nicht unbedingt davon abhängig, ob auch ein Anspruch wegen Verletzung nachvertraglicher Pflichten besteht.[187] Die Verletzung einer für die Zeit nach Ende des Beschäftigungsverhältnisses vereinbarten **Geheimhaltungspflicht** bildet jedoch einen wesentlichen Anhaltspunkt für einen Wettbewerbsverstoß.[188] So hat das OLG Frankfurt[189] es als wettbewerbswidrig angesehen, dass zwei ehemalige Angestellte, die sich dauerhaft zur Geheimhaltung der Rezepturen und des Produktions-Know-hows ihres Arbeitgebers verpflichtet hatten, kurz nach ihrem Ausscheiden einen nahezu identischen und wirkungsgleichen Zwei-Kom-

---

[180] BGH GRUR 1973, 483 – *Betriebsspionage.*

[181] RG GRUR 1939, 308, 312f. – *Filtersteine.*

[182] Hierzu näher § 18 Rdn. 11.

[183] RGZ 65, 333, 337 – *Pomril;* BGH GRUR 1983, 179, 181 – *Stapel-Automat;* vgl. auch GRUR 2002, 91 – *Spritzgießwerkzeuge.*

[184] BGH GRUR 2006, 1044, 1046 – *Kundendatenprogramm* – mit Anm. *Westermann* GRUR 2007, 116ff.; GRUR 2009, 603, 605 – *Versicherungsuntervertreter.*

[185] BGH GRUR 1963, 376, 369; vgl. hierzu auch *Mes* GRUR 1979, 584, 587.

[186] Vgl. BGH GRUR 1964, 215 – *Milchfahrer.*

[187] BGH GRUR 1983, 179, 181 – *Stapel-Automat.*

[188] Vgl. *v. Gamm* Kap. 50 Rdn. 4, 10; zur Wirksamkeit von Geheimhaltungsvereinbarungen für die Zeit nach Beendigung des Dienstverhältnisses s. u. Rdn. 56.

[189] CR 1990, 589, 591.

ponenten-Dichtstoff wie ihr bis dahin mit seinem Produkt konkurrenzloser Arbeitgeber auf den Markt brachten; die Beweisaufnahme hatte ergeben, dass es für die Beklagten völlig ausgeschlossen gewesen wäre, ohne Rückgriff auf die als Betriebsgeheimnis gehütete konkrete Rezeptur den von ihnen angebotenen Dichtstoff herzustellen.

Die Bestimmung der Reichweite des zivilrechtlichen Schutzes hängt von einer **sorgfältigen Güter- und Interessenabwägung aufgrund aller Umstände des Einzelfalls**[190] ab. Dies wird sich im Grundsatz auch unter Geltung der Geheimnisschutz-RL nicht ändern, vgl. die Generalklauseln in Art. 3 Abs. 1 lit. d und in Art. 4 Abs. 2 lit. b. Die hier miteinander kollidierenden Rechtsgüter und Interessen[191] haben gleichermaßen Verfassungsrang. Auch das **kollektive Interesse der für das Unternehmen tätigen anderen Mitarbeiter** an der Erhaltung der Wettbewerbsposition und damit ihres eigenen Arbeitsplatzes und beruflichen Fortkommens kann dafür sprechen, einzelnen ausgeschiedenen Kollegen nicht ohne weiteres die eigennützige Verwertung zentraler, wenn auch redlich erworbener Geschäfts- und Betriebsgeheimnisse zuzugestehen. Auch in Bezug auf die **nachvertragliche Weitergabe und Verwertung von Betriebsgeheimnissen** sollte deshalb der Bereich, in dem sich das Geheimhaltungsinteresse durchsetzt, nicht von vornherein – wie es allerdings eher der Wortlaut als die Ergebnisse der zitierten BGH-Entscheidungen andeuten – auf einen Kern mit ganz besonderem Ausnahmecharakter zurückgedrängt werden. Im Rahmen der Interessenabwägung ist sehr **konkret** zu untersuchen, welche tatsächliche Bedeutung die **Geheimnisverwertung** oder erst recht der **Geheimnisverrat** für das **berufliche Fortkommen des Arbeitnehmers** haben.[192] Man muss deshalb nicht so weit gehen, dem ausgeschiedenen Arbeitnehmer die Verwertung oder Mitteilung von Geheimnissen nur insoweit zu gestatten, als sie im Interesse seines beruflichen Fortkommens geboten sind,[193] oder von einer Vermutung zu sprechen, dass der ausgeschiedene Arbeitnehmer in der Verwertung seiner die Unternehmensgeheimnisse des früheren Arbeitgebers betreffenden Kenntnisse nicht frei ist.[194] Ob jede für das eigene Fortkommen nicht erforderliche Benutzung eines Geheimnisses bereits als unlauter anzusehen ist, erscheint zweifelhaft; im Rahmen der Interessenabwägung ist dieser Punkt dennoch von erheblicher Bedeutung. Zumindest der Geheimnisverrat, der **keinen inneren Zusammenhang mit dem beruflichen Fortkommen des Arbeitnehmers** hat, wird **in der Regel** als **unlauter** angesehen werden müssen;[195] die eigene Verwertung durch den ausgeschiedenen Arbeitnehmer wird sich dagegen in weiterem Umfang als der Verrat an Dritte gegenüber dem **Geheimhaltungsinteresse** des Unternehmens durchsetzen können. 48

Bei der Interessenabwägung im Einzelfall ist danach in erster Linie die **konkrete Bedeutung des Geheimnisses für den Betrieb** einerseits und für den weiteren **beruflichen Werdegang** des Arbeitnehmers andererseits zu berücksichtigen. Für die Fortwirkung der Geheimhaltungspflicht spricht es außerdem, wenn die **Betriebszugehörigkeit von relativ kurzer Dauer** war und der Arbeitnehmer **keinen wesentlichen Beitrag** zur Entwicklung der geheimhaltungsbedürftigen Tatsachen geleistet hat.[196] Ferner können besondere Umstände wie die gleichzeitige Verleitung anderer Mitarbeiter zum Vertragsbruch, die Zweckentfremdung betrieblicher Arbeitsmittel oder Kontakte zur systematischen Vorbereitung der Konkurrenztätigkeit oder ein besonderer **Vertrauensbruch** ins Gewicht fallen.[197] Handelt es sich um einen besonders hochbezahlten und dem Geheimnis sehr nahestehenden Angestellten, so wird bei anschließender Geheimnisverwertung oder -weitergabe meist Unlauterkeit (§ 3 Abs. 1 UWG) oder Sittenwidrigkeit (§ 826 BGB) anzunehmen sein; auf der anderen Seite schließt eine weniger herausgehobene Position des Arbeitnehmers, der mit einem für den Betrieb entscheidenden Geheimnis in Berührung kommt, keineswegs die Fortdauer eines Mitteilungs- und Verwertungsverbots von vornherein aus.[198] Von Bedeutung kann auch sein, ob der betreffende Arbeitnehmer seinerzeit eine besondere Vergütung für die Erarbeitung des geheimen Wissens (vgl. §§ 9ff. ArbNErfG) erhalten hat oder ob er seit seinem Aus- 49

---

190 *Baumbach/Hefermehl* § 17 Rdn. 55ff.; *Ohly*/Sosnitza § 17 Rdn. 40; *Köhler*/Bornkamm § 17 Rdn. 53.

191 Vgl. oben Vor §§ 17 bis 19 UWG Rdn. 4f.

192 *Nastelski* GRUR 1957, 1, 6 in Bezug auf § 823 Abs. 1 BGB – dazu unten Rdn. 50; *Ohly*/Sosnitza, § 17 Rdn. 40.

193 Vgl. *Heydt* GRUR 1939, 228, 236ff.

194 *Mes* GRUR 1979, 584, 539; kritisch hierzu *Köhler*/Bornkamm § 17 Rdn. 59.

195 So schon *Ulmer/Reimer* Nr. 345; *Nastelski* GRUR 1957, 1, 5; vgl. ferner die Nachweise Vor §§ 17–19 Fn. 19; laut *Köhler*/Bornkamm § 17 Rdn. 59, fließt die Frage, ob es um eine eigene berufliche Nutzung oder um eine Weiterveräußerung geht, jedenfalls in die Interessenabwägung mit ein.

196 Vgl. BGH GRUR 2002, 91 – *Spritzgießwerkzeuge.*

197 Ähnlich *Köhler*/Bornkamm § 17 Rdn. 59. Eine sehr instruktive Gesamtabwägung findet sich in BGH GRUR 2002, 91 – *Spritzgießwerkzeuge.*

198 Vgl. *Mes* GRUR 1979, 584, 587.

scheiden eine Betriebsrente des Geheimnisinhabers bezieht. Spürbar eingeschränkt worden ist der Bedarf, auf allgemeinere deliktsrechtliche Vorschriften (§ 3 Abs. 1 UWG, §§ 826, 823 Abs. 1 BGB) zurückzugreifen, durch die neueren BGH-Entscheidungen, nach denen sich ausgeschiedene Mitarbeiter, die Geheimnisse ihres früheren Arbeitgebers verwerten oder gar weitergeben wollen, ohnehin nur auf solche Kenntnisse stützen dürfen, die sie auf natürliche Weise im Gedächtnis behalten haben.[199]

49a **Art. 1 Abs. 3 der Geheimnisschutz-RL** will gewährleisten, dass die **Mobilität der Arbeitnehmer** nicht beschränkt wird. Insbesondere sollen **Arbeitnehmer** diejenigen **Erfahrungen und Fähigkeiten,** die sie „im normalen Verlauf ihrer Tätigkeit ehrlich erworben haben", frei nutzen können. Da dieser Programmsatz auch der deutschen Rechtsprechung und Lehre zugrunde lag, dürften sich die Auswirkungen der RL in diesem Bereich in Grenzen halten. Dennoch ist denkbar, dass er künftig im Rahmen einzelfallbezogener Abwägung hier und da größeres Gewicht erhält.

2. § 823 Abs. 1 BGB

50 In der Literatur[200] und Rechtsprechung[201] wird z. T. auch § 823 Abs. 1 BGB für den Schutz des Betriebsgeheimnisses gegen Preisgabe durch frühere Angestellte herangezogen. Dieser Ansatz hat nach Auffassung von *Mes* zur Folge, dass – in Umkehrung des in der Rechtsprechung meist vertretenen Grundsatzes – eine **Vermutung dafür spricht, dass der ausgeschiedene Arbeitnehmer in der Verwertung seiner die Unternehmensgeheimnisse des früheren Arbeitgebers betreffenden Kenntnisse nicht frei ist** oder, um mit *Nastelski*[202] zu sprechen, dass jede Verwertung oder Mitteilung eines fremden Unternehmensgeheimnisses rechtswidrig ist und die Ansprüche aus § 823 Abs. 1 BGB auslöst, es sei denn, dass ein **Rechtfertigungsgrund** für die Verwertung oder Mitteilung des Geheimnisses vorliegt. Die Bedeutung dieses – unter Geltung der **Geheimnisschutz-RL** wohl nicht aufrecht zu erhaltenden – Lösungsansatzes liegt primär darin, dass er ein Gegengewicht gegen den nicht selten zu pauschal betonten Grundsatz mit sich bringt, der ausgeschiedene Arbeitnehmer sei in der Mitteilung und Verwertung redlich erlangter Kenntnisse von Geschäfts- und Betriebsgeheimnissen frei. Die Kardinalfrage, wie weit man das Unternehmen mit einer geschützten Geheimsphäre umgeben darf, ohne dadurch die Arbeitnehmer in der Benutzung der im Unternehmen erlangten Kenntnisse, Fertigkeiten und Erfahrungen ungebührlich zu beeinträchtigen, lässt sich jedoch nur im Einzelfall nach dem Grundsatz der **Güter- und Pflichtenabwägung** beantworten.[203] Das Geheimnis ist als Bestandteil des **Rechts am Gewerbebetrieb** grundsätzlich gemäß § 823 Abs. 1 BGB zu schützen, so dass auch ein **fahrlässiger Eingriff** die Rechtsfolgen dieser Vorschrift auslösen kann und weder Sittenwidrigkeit noch eine Wettbewerbshandlung vorliegen müssen.[204] Eine generelle Sperrwirkung ist jedoch nicht anzunehmen. Die Interessen- und Güterabwägung wird meist von ähnlichen Faktoren abhängen und zu ähnlichen Ergebnissen führen wie die Prüfung einer nachwirkenden **Verschwiegenheitspflicht**[205] oder eines Verstoßes gegen § 3 Abs. 1 UWG/§ 826 BGB.[206] *Ulmer/Reimer*[207] haben folgende Beispiele genannt: Eine Stadtgemeinde, der bei einer Auftragswerbung ein technisch besonders konstruierter Stuhl angeboten worden war, macht das ihr überlassene Muster in einer öffentlichen Ausschreibung zur Ermittlung des billigsten Angebots bekannt und erteilt den Zuschlag dann einem Wettbewerber.[208] Vor Bekanntmachung einer Patentanmeldung wird diese zurückgewiesen; ein Mitglied des Patentamts übergibt von sich aus die Entscheidung, die den vollen technischen Tatbestand offenbart, einer Fachzeitschrift, die die Entscheidung veröffentlicht und das Geheimnis dadurch zerstört (hier kommt gegen den Verlag ein Schadensersatzanspruch nach § 823 Abs. 1 BGB in Betracht). Zu den möglichen Auswirkungen der Geheimnisschutz-RL siehe Rdn. 49a.

---

[199] BGH GRUR 1999, 934 f. – *Weinberater;* GRUR 2003, 356, 358 – *Präzisionsmessgeräte;* GRUR 2006, 1044, 1046 – *Kundendatenprogramm.*

[200] U. a. *Nastelski* GRUR 1957, 1, 6 ff.; *Mes* GRUR 1979, 584, 590 ff.; *U. Krieger* GRUR 1977, 543 Anm. zur BGH-Entscheidung „Prozessrechner"; *Köhler*/Bornkamm Vor §§ 17–20a UWG Rdn. 5 und § 17 UWG Rdn. 53; zweifelnd *Ann* GRUR 2007, 39, 43.

[201] BGHZ 16, 172, 175 – *Dücko;* andeutungsweise auch BGHZ 17, 41, 50 f. – *Kokillenguss* – und NJW 1981, 1089 ff.; OLG Hamburg WRP 1959, 85 f.; offen gelassen in BGH GRUR 1963, 367, 369 – *Industrieböden;* vgl. auch BGHZ 107, 117, 122 – *Forschungskosten.*

[202] GRUR 1957, 1, 6.

[203] Vgl. BGH GRUR 1963, 367 – *Industrieböden;* GRUR 2002, 91 – *Spritzgießwerkzeuge.*

[204] *Köhler*/Bornkamm § 17 Rdn. 53.

[205] Hierzu unten Rdn. 53.

[206] BGH GRUR 1963, 367 – *Industrieböden* a. a. O.

[207] Nr. 347, 352.

[208] Vgl. hierzu RGZ 83, 37, 40 f. unter Hinweis auf einen möglichen Verstoß gegen § 826 BGB.

III. Vertragsrecht

1. Geheimhaltungspflichten im Dienstverhältnis

Eine umfassende Verschwiegenheitspflicht als Ausprägung der allgemeinen arbeitsvertraglichen **Rücksichtnahmepflicht** ist jedem Arbeitsverhältnis immanent.[209] Die Geheimnisschutz-RL ändert hieran grundsätzlich nichts. Sie nimmt auf das Arbeitsrecht der Mitgliedstaaten keinen Einfluss, auch wenn sie klarstellt, dass der in ihr verwendete Geheimnisbegriff keine trivialen Informationen erfasst und von Kenntnissen abzugrenzen ist, die Arbeitnehmer auf lautere Weise im Rahmen ihrer üblichen Tätigkeit erlangt haben.[210] Die allgemeine Pflicht zur vertraulichen Behandlung betriebsinterner Kenntnisse und Vorgänge ist nicht unbedingt auf Informationen beschränkt, die nach bisherigem oder künftigem Recht von der Definition des Geschäftsgeheimnisses erfasst werden. Der Arbeitnehmer hat über alle internen Vorgänge und Tatsachen, die ihm im Zusammenhang mit seiner Dienststellung zugänglich geworden sind und deren Geheimhaltung im Interesse des Unternehmens liegt, Stillschweigen zu bewahren. Ob es sich um ihm speziell anvertraute Geheimnisse oder um sonstige, zufällig oder durch Indiskretion anderer Arbeitnehmer aufgedeckte Vorgänge handelt, ist unerheblich. Nicht nur der **Geheimnisverrat,** sondern auch die eigene **Geheimnisverwertung** während der Fortdauer des **Dienstverhältnisses** stellt eine Verletzung der **Treuepflicht** dar. Leichte Fahrlässigkeit reicht zur Auslösung vertraglicher Ansprüche des Arbeitgebers aus. Der Arbeitnehmer ist ferner verpflichtet, den Arbeitgeber über eingetretene, drohende oder voraussehbare Schäden zu informieren.[211] Er hat deshalb Schaden vom Betrieb auch dadurch abzuwenden, dass er das ihm Mögliche tut, um Geheimnisverrat und -verwertung durch andere Arbeitnehmer zu verhindern, insbesondere wenn es sich um Geheimnisse aus seinem eigenen Arbeitsbereich handelt. Sorgfaltsanforderungen und Reichweite der **Garantenstellung** variieren allerdings je nach Vorbildung, Stellung, Aufgabenkreis und Verantwortungsbereich des Beschäftigten.[212] Der Leiter der Forschungs- und Entwicklungsabteilung hat einen ungleich weiteren Pflichtenkreis als ein einfacher Sachbearbeiter. Die vertragliche Nebenpflicht zur Geheimhaltung kann durch ausdrückliche Abreden noch konkretisiert und erweitert werden.[213] Der Arbeitgeber darf allerdings seine Geheimhaltungsansprüche nicht im Einzelfall willkürlich so weit ausdehnen, dass der Arbeitnehmer an der Wahrnehmung berechtigter eigenen Interessen gehindert wird.[214] 51

2. Geheimhaltungspflichten nach Ende des Dienstverhältnisses

Nach der an das RG anknüpfenden Rechtsprechung des BGH sind Arbeitnehmer nach ihrem Ausscheiden aus den Diensten des Geheimnisinhabers im Grundsatz frei, redlich erworbene Kenntnisse auch dann zu verwerten, wenn es sich hierbei um Geschäfts- oder Betriebsgeheimnisse des früheren Arbeitgebers handelt.[215] Dies gilt allerdings nur für geheime Informationen, die sie noch im Gedächtnis haben.[216] Zu berücksichtigen ist weiter, dass diese Regel im Falle **unredlicher Vorbereitungs- oder Begleithandlungen** von vornherein nicht gilt und dass die Anforderungen an den Nachweis unredlichen Kenntniserwerbs nicht überspannt werden dürfen.[217] Außerdem können im Einzelfall **arbeitsvertragliche Geheimhaltungspflichten nachwirken.** Ferner lässt sich zivilrechtlich (d.h. ohne Auswirkungen auf die strafrechtliche Beurteilung) die Geheimhaltungspflicht ausgeschiedener Arbeitnehmer in gewissen, sorgfältig abzusteckenden Grenzen erweitern. Im Rahmen der AIPPI (Q215 – Der Schutz von Geschäftsgeheimnissen durch Rechte des Geistigen Eigen- 52

---

[209] BAG AP Nr. 1 zu § 611 BGB – *Schweigepflicht; Kraßer* GRUR 1977, 177, 185; Schaub/*Linck,* Arbeitsrechtshandbuch, § 53 Rdn. 47ff.; *Ohly*/Sosnitza § 17 Rdn. 37; *Gaugenrieder/Unger-Hellmich* WRP 2011, 1364, 1373.

[210] Vgl. den 13. Erwägungsgrund sowie Art. 1 Abs. 3 lit. b.

[211] Schaub/*Linck* , § 53 Rdn. 9, 38.

[212] Vgl. *Kraßer* GRUR 1977, 177, 185; Schaub/*Linck* § 53 Rdn. 4.

[213] Vgl. Schaub/*Linck* § 53 Rdn. 50.

[214] LAG Hamm DB 1989, 783f.: Kein Unterlassungsanspruch des Arbeitgebers gegen die Unterrichtung des für den Arbeitnehmer tätigen Prozessbevollmächtigten über bestimmte betriebliche Verhältnisse und den Arbeitsplatz des Mandanten einschließlich des an diesem Arbeitsplatz installierten Maschine.

[215] Hierzu schon oben Rdn. 45ff.

[216] Im Gegensatz zu Informationen, auf die sie nur anhand von Aufzeichnungen oder elektronisch gespeicherten Dateien zurückgreifen können, vgl. BGH GRUR 2006, 1044, 1046 – *Kundendatenprogramm* – und BGH GRUR 2009, 603, 605 – *Versicherungsuntervertreter.*

[217] Hierzu schon Rdn. 32f. m.w.N.

tums und durch das Recht des unlauteren Wettbewerbs) haben sich die deutschen Berichterstatter dafür ausgesprochen, den Geheimnisschutz zeitlich begrenzt auch über die Beendigung des Dienstverhältnisses hinaus zu erstrecken.[218] In der Geheimnisschutz-RL findet sich jedoch keine Regelung dieser Art.

53 **a) Nachwirkung arbeitsvertraglicher Pflichten.** Der Arbeitsvertrag kann den Arbeitnehmer auch ohne ausdrückliche Vertragsbestimmungen verpflichten, Geschäfts- und Betriebsgeheimnisse des Unternehmens weiter zu wahren.[219] Der Gegenansicht, der zufolge die **Verschwiegenheitspflicht** generell mit der Beendigung des Arbeitsverhältnisses ausläuft, ist nicht zu folgen. In der Entwicklung des strafrechtlichen Geheimnisschutzes ist zwar immer wieder der Grundsatz betont worden, der Arbeitnehmer müsse redlich erworbene Kenntnisse nach seinem Ausscheiden frei verwerten können;[220] der zivilrechtliche Schutz geht jedoch über den strafrechtlichen Bereich hinaus. Unter welchen Voraussetzungen und in welchem Ausmaß die Verschwiegenheitspflicht nachwirkt, hängt vom **Einzelfall** ab. In aller Regel wird sie sich mit dem Vertragsende zumindest abschwächen. Der BGH betont ausdrücklich den eng begrenzten Umfang einer solchen Nachwirkung, kam aber etwa in der Entscheidung **„Industrieböden"**[221] im Rahmen einer **umfassenden Interessenabwägung** zum Verwertungsverbot. Die **Geheimnisschutz-RL** stellt lediglich klar, dass Arbeitnehmer frei bleiben müssen, **Erfahrungen und Fähigkeiten** zu nutzen, die sie „im normalen Verlauf ihrer Tätigkeit ehrlich erworben haben".[222]

54 Vorzugswürdig erscheint die Auffassung, die sowohl darauf abstellt, welche Wichtigkeit das betreffende Geheimnis für den Betrieb hat, als auch berücksichtigt, welchen Beitrag der Arbeitnehmer zur Begründung oder Weiterentwicklung des betriebsinternen Know-hows geleistet hat, wie weit dieses geheime Wissen seinen eigenen Tätigkeitsbereich berührte und ob der Arbeitnehmer bei einer Respektierung des Geheimnisses tatsächlich unbillig in seinem Fortkommen gehindert wäre.[223] Ebenso wie die **„Industrieböden"**-Entscheidung führt dieser Ansatz zu einer – schon angesichts der Weite des **Geheimnisbegriffs**[224] unerlässlichen – **einzelfallbezogene Interessenabwägung.**[225] Wenn es um **entscheidende Betriebsgeheimnisse** geht, bildet ein vorübergehendes Beschäftigungsverhältnis eines einzelnen Arbeitnehmers nicht unbedingt einen hinreichenden Anknüpfungspunkt dafür, dieses Geheimnis **ohne sehr gewichtigen Grund einem Wettbewerber oder der Öffentlichkeit preiszugeben.** Es wird allzu leicht übersehen, in der Diskussion jedenfalls selten erwähnt, dass eine ungehemmte Öffnung zugunsten ausgeschiedener Arbeitnehmer keineswegs für sich in Anspruch nehmen kann, generell Arbeitnehmerinteressen zu fördern, kann doch der Abfluss betriebswesentlichen, über Jahre erarbeiteten Spezialwissens an in- oder ausländische Konkurrenten nicht nur die Inhaber oder Gesellschafter des Unternehmens, sondern auch die dort vorhandenen **Arbeitsplätze** und damit die **Interessen der Belegschaft** stark beeinträchtigen. Angebracht erscheint es insbesondere, den Verrat wichtiger Geschäftsgeheimnisse dann durch eine Fortdauer der Schweigepflicht zu verbieten, **wenn kein innerer Zusammenhang zwischen dem Verrat und der Förderung des beruflichen Fortkommens** vorhanden ist, beispielsweise weil der Arbeitnehmer gar nicht selbst auf dem fraglichen Sektor beruflich tätig bleiben will, sondern sein Wissen um das Betriebsgeheimnis wie ein „Informationshändler" gegen Entgelt an einen Wettbewerber verrät.[226]

---

[218] *McGuire/Joachim/Künzel/Weber* GRUR Int. 2010, 829, 838.

[219] So auch BAGE 3, 139, 141 = NJW 1957, 57; BGH NJW 1955, 463; GRUR 1963, 367, 369 – *Industrieböden;* BAG NJW 1983, 134f. und NJW 1988, 1686; *Schlegelberger/Schröder* § 59 Rdn. 41a; vgl. auch BGH NJW 1981, 1089f.; *Soergel/Kraft* § 611 Rdn. 82; a.A. RGZ 65, 333; *Kraßer* GRUR 1977, 177, 187; einschränkend Schaub/*Linck* § 53 Rdn. 53: nachvertragliche Verschwiegenheitspflicht nur in Bezug auf einzelne, konkret bezeichnete Geheimnisse; zum Stand der BAG- und BGH-Rechtsprechung *Gaugenrieder/Unger-Hellmich* WRP 2011, 1364, 1372ff.

[220] Vgl. Rdn. 1–3.

[221] BGH GRUR 1963, 367, 369; zur näheren Begründung oben Rdn. 46.

[222] Art. 1 Abs. 3 lit. b.

[223] *Soergel/Kraft* § 611 Rdn. 82; im Ergebnis ähnlich *Köhler*/Bornkamm § 17 Rdn. 59, und als Berichterstatter der Deutschen Landesgruppe der AIPPI *McGuire/Joachim/Künzel/Weber* GRUR Int. 2010, 829, 838.

[224] Vgl. oben Rdn. 8–14.

[225] Ebenso *Ohly*/Sosnitza § 17 Rdn. 40a unter Aufzählung möglicher Abwägungskriterien, allerdings ohne Einbeziehung der Belange der übrigen Belegschaft.

[226] *Gaugenrieder/Unger-Hellmich* WRP 2011, 364, 1376, unter Hinweis auf *Preis,* Der Arbeitsvertrag, 4. Aufl. 2011 – Verschwiegenheitspflicht Rdn. 54; eine ähnliche Differenzierung klingt auch in BGH GRUR 2002, 91, 94 – *Spritzgießwerkzeuge* – und bei *Köhler*/Bornkamm § 17 Rdn. 59 an; s. auch vor §§ 17–19 Fn. 19 m. w. N.; für eine zeitlich begrenzte Schutzerstreckung über das Ende des Beschäftigungsverhältnisses hinaus auch *McGuire/Joachim/Künzel/Weber* in ihrem für die AIPPI erstellten Bericht (Q215 – GRUR Int. 2010, 829, 838) zumindest für den Fall, dass das Fortkommen des Arbeitnehmers dadurch nicht behindert wird.

In die gleiche Richtung geht die **Rechtsprechung des BAG.**[227] In der Entscheidung „Thrombosol“[228] nahm das BAG eine fortdauernde Pflicht des früheren leitenden Angestellten an, das Betriebsgeheimnis zu wahren. Die freie Entfaltung und Weiterentwicklung im Berufsleben könne regelmäßig nicht daran scheitern, dass es dem Arbeitnehmer verwehrt sei, seinen künftigen beruflichen Erfolg gerade auf die Preisgabe oder Verwertung eines bestimmten Betriebsgeheimnisses zu gründen. In späteren Entscheidungen[229] grenzte das BAG diese **nachwirkende Geheimhaltungspflicht** von einem **(nur in den Grenzen der §§ 74 ff. HGB zulässigen) Wettbewerbsverbot** ab.[230] Hiernach kann der ausgeschiedene Arbeitnehmer beispielsweise die ihm bekannt gewordenen Kunden und seine diesbezüglich erworbenen Kenntnisse frei einsetzen (soweit dies ohne Rückgriff auf zurückbehaltene betriebsinterne Kundenlisten geschieht); in der eigennützigen Verwertung und insbesondere in der Mitteilung zentraler Betriebsgeheimnisse sieht das BAG ausgeschiedene Arbeitnehmer aber offenbar nach wie vor als beschränkt an. Dieser Versuch, ein allgemeineres, für die künftige berufliche Entwicklung relevantes **Erfahrungswissen** anders zu behandeln als den Zugriff auf bedeutende konkrete Betriebsgeheimnisse des früheren Arbeitgebers, ist zwar wegen der hier auftretenden schwierigen Abgrenzungsfragen kritisiert worden.[231] Diese Abgrenzung ist aber angesichts der Weite des **Geheimnisbegriffs**[232] schwer vermeidbar und klingt mittlerweile auch in Art. 1 Abs. 3 lit. b und in Erwägungsgrund 13 der **Geheimnisschutz-RL** an. Sie führt – auf etwas anderem dogmatischen Wege – zu einer Interessenabwägung, deren Ergebnisse häufig von ähnlichen Erwägungen abhängig sind wie der vom BGH gewählte Ansatz.[233] Insgesamt reicht die nachvertragliche arbeitsrechtliche Rücksichtnahmepflicht nach bisherigem Stand eher weiter, weil zum einen (anders als bei der Lösung über § 3 UWG/§ 826 BGB) weder eine geschäftliche Handlung noch Schädigungsabsicht erforderlich sind und zum anderen die Pflichtenstellung des (früheren) Arbeitnehmers immer noch auf andere, engere Weise mit den Interessen des Unternehmens verbunden sein kann als diejenige eines beliebigen Dritten.[234] Es spricht jedoch einiges für den Vorschlag von *Ohly,*[235] die nachvertraglichen Pflichten ausgeschiedener Arbeitnehmer im Arbeitsrecht und nach § 3 Abs. 1 UWG nach einheitlichen Kriterien zu beurteilen. 55

b) Ausdrückliche Geheimhaltungsvereinbarungen. Zu welchem Ergebnis die Interessenabwägung – sei es in Bezug auf die Fortwirkung einer vertraglichen Verschwiegenheitspflicht, sei es im Rahmen der §§ 3 Abs. 1 UWG, 826 BGB oder 823 Abs. 1 BGB – im Einzelfall führt, wird meist schwer vorherzusehen sein.[236] Für das Unternehmen ist deshalb eine **ausdrückliche Regelung einer nachvertraglichen Geheimhaltungspflicht** von größter Bedeutung, insbesondere wenn es um den Kern der für den Betrieb besonders wichtigen Geheimnisse geht.[237] Hierbei sind allerdings die **Grenzen der §§ 138, 242 und 307 BGB sowie der §§ 74 ff. HBG** zu beachten. Um eine **unangemessene Benachteiligung der Arbeitnehmer** und eine **Aushöhlung der Regeln über das nachvertragliche Wettbewerbsverbot zu vermeiden,**[238] ist es erforderlich, solche **Geheimhaltungsklauseln** – sei es schon im Anstellungsvertrag, sei es im Rahmen einer Aufhebungsvereinbarung – so konkret wie möglich zu fassen und auf das im Interesse des Unternehmens und seiner Belegschaft notwendige Maß zu begrenzen. Allgemeine, in der Praxis verbreitete Klauseln, die sachlich, räumlich und zeitlich unbeschränkt die vertrauliche Behandlung aller 56

---

[227] Hierzu eingehend *Richters/Wodtke* NZA-RR 2003, 281 ff.; *Mautz/Löblich* MDR 2000, 67 ff.; *Gaugenrieder/Unger-Hellmich* WRP 2011, 1364, 1373 ff.

[228] NJW 1983, 143 = AP Nr. 1 zu § 611 BGB Betriebsgeheimnis: Verwertung eines vom früheren Arbeitgeber entwickelten medizinischen Rezepts durch einen leitenden Angestellten.

[229] NZA 1988, 502 = AP Nr. 5 zu § 611 BGB Betriebsgeheimnis (Kundenlisten); NZA, 1994, 502 = AP Nr. 40 zu § 611 BGB (Konkurrenzklausel/Titandioxid); NZA 1999, 200 = BB 1999, 212 = AP Nr. 11 zu § 611 BGB Treuepflicht (Kantenbänder).

[230] Hierzu *Richters/Wodtke* a. a. O. S. 284 f.; *Gaugenriedeer/Unger-Hellmich* WRP 2010, 1364, 1376; BAG NZA 1999, 200 f.

[231] *Kraßer* GRUR 1977, 177, 186.

[232] S. o. Rdn. 1 ff.

[233] BGH GRUR 1963, 367, 369 – *Industrieböden;* BAG NZA 1994, 502 = AP Nr. 40 zu § 611 BGB (Konkurrenzklausel); *Ulmer/Reimer* Nr. 353; ähnlich wie hier *Ohly*/Sosnitza § 17 Rdn. 40 und 40a mit eingehenden, instruktiven Beispielen für die Kriterien der Interessenabwägung.

[234] Vgl. BGH NJW 1981, 1089 f.; zu nachvertraglichen Loyalitätspflichten von Nicht-Arbeitnehmern s. BGH WRP 2005, 349 – *Wettbewerbsverbot für GmbH-Alleingesellschafter;* GRUR 1998, 1047 – *Subunternehmervertrag;* KG GRUR-RR 2012, 16, 17 – *Kundendaten nach Vertragsende.*

[235] *Ohly*/Sosnitza § 17 Rdn. 40a.

[236] Vgl. etwa BGH GRUR 2002, 91 – *Spritzgießwerkzeuge.*

[237] Vgl. BAG NJW 1983, 143 f.; *Kraßer* GRUR 1977, 177, 178; *Richters/Wodtke* NZA-RR 2003, 281, 284.

[238] Vgl. BAG NZA 1999, 200 f.; KG GRUR-RR 2012, 16, 17 – *Kundendaten nach Vertragsende; Gaugenrieder/Unger-Hellmich* WRP 2011, 1364, 1377 m. w. N.

Geschäfts- und Betriebsgeheimnisse (oder gar sämtlicher geschäftlichen und betrieblichen Gegebenheiten) des Unternehmens fordern, drohen leer zu laufen; sie würden einen erheblichen Bereich mit erfassen, der nur unter den zeitlichen, finanziellen und gegenständlichen Restriktionen der §§ 74 ff. HGB freigehalten werden kann,[239] und die ausscheidenden Arbeitnehmer selbst darin behindern, die gewonnenen Erfahrungen in beruflich angemessener und die Belange des früheren Arbeitgebers nicht greifbar beeinträchtigender Weise zu nutzen. Wirksam sind Geheimhaltungsklauseln, soweit sie eine Eingrenzung auf konkrete und bedeutsame Betriebs- oder Geschäftsgeheimnisse vorsehen, die für das Unternehmen besonders wichtig sind.[240] **Unrealistisch** wäre es allerdings in vielen Fällen, eine **detaillierte Fixierung all dieser Geheimnisse** zu verlangen. Zum einen werden sich diese bei Abschluss des Anstellungsvertrages kaum lückenlos vorhersehen lassen; zum anderen könnten solche Unterlagen in hoch spezialisierten, forschungs- und entwicklungsintensiven Unternehmen Bände oder gar Räume füllen – und eine lückenlose Erfassung in digitalisierten Dateien drohte im Ergebnis das Risiko missbräuchlicher Verwendung eher zu erhöhen als zu senken. Mit weiterem Zeitablauf und fortschreitender technischer Entwicklung mag sich das Geheimhaltungsinteresse des Unternehmens abschwächen. Im Falle zentraler Betriebs- oder Geschäftsgeheimnisse[241] besteht jedoch kein Grund, die langfristige Wirksamkeit gegenständlich hinreichend bestimmter Geheimhaltungsvereinbarungen auf starre Fristen (etwa zwei oder fünf Jahre) zu reduzieren. Eine im Einzelfall unwirksame, weil zu weit gefasste und damit einem Wettbewerbsverbot nahe kommende Vertragsklausel muss nicht ohne weiteres dazu führen, dass mit ihr auch die schon von Gesetzes wegen, also nach §§ 3, 17 UWG oder ggf. §§ 826, 823 Abs. 1 BGB geltenden Pflichten entfallen.

3. Vertragliche Geheimhaltungspflichten Dritter

57 **Gesellschafter** trifft während ihrer Zugehörigkeit zur Gesellschaft in der Regel eine vertragliche Treuepflicht, die die Preisgabe ebenso wie die eigennützige Verwertung von Geschäfts- und Betriebsgeheimnissen verbietet. Für die Zeit **nach dem Ausscheiden aus der Gesellschaft** können Vertraulichkeitspflichten wirksam vereinbart werden, soweit das Maß des Erforderlichen nicht überschritten und unangemessene Wettbewerbsbeschränkungen (§ 1 GWB) vermieden werden.[242] Ohne ausdrückliche vertragliche Regelungen kommt es zur Ermittlung einer eventuell nachwirkenden Treuepflicht und/oder eines Verstoßes gegen §§ 3 Abs. 1 UWG, 242, 823 Abs. 1 oder 826 BGB wiederum zu einer **Interessenabwägung.** Diese ist einzelfallbezogen und richtet sich nach Erwägungen der bereits angesprochenen Art,[243] wobei allerdings das zugunsten von Arbeitnehmern so stark betonte Interesse an ungehindertem beruflichen Fortkommen hier in der Regel nicht oder kaum ins Gewicht fallen wird.

57a Ausdrückliche oder implizierte **Geheimhaltungspflichten** ergeben sich ferner aus einer Vielzahl **sonstiger Verträge** sowie häufig schon aus deren **Anbahnung,** etwa bei Aufdeckung bestimmter Geheimnisse im Rahmen von Vertragsverhandlungen und zur Förderung des angestrebten Vertragsabschlusses. Die Bekanntgabe vertraulicher betriebsinterner Kenntnisse, die im Rahmen solcher Vertragsverhandlungen oder -beziehungen erlangt wurden, wird häufig von **§ 18 UWG** erfasst werden und ist dann nicht nur strafrechtlich relevant, sondern unter erleichterten Voraussetzungen auch zivilrechtlich zu verfolgen.[244]

IV. Ansprüche

58 Jeder Verstoß gegen § 17 (wie auch § 18) ist auch als **unlautere Wettbewerbshandlung nach § 3a UWG** (**Rechtsbruch,** vgl. § 4 Nr. 11 UWG 2004/2008) anzusehen.[245] Wenn die Geheimnisverletzung zum Zweck einer **Produktnachahmung** erfolgt, kann separat auch **§ 4 Nr. 3 lit. c** eingreifen. [246] In besonderen Fällen kann gleichzeitig ein Verstoß gegen **§ 4 Nr. 4 (gezielte Be-**

[239] BGH GRUR 2002, 91 – *Spritzgießwerkzeuge;* BAG NZA 1999, 200 = AP Nr. 11 zu § 611 BGB – *Treuepflicht; Richters/Wodtke* NZA-RR 2003, 281, 288.

[240] Vgl. LAG Hamm DB 1989, 783; *Richters/Wodtke* a. a. O.

[241] Vgl. das von *Doepner* erwähnte Beispiel der Coca-Cola-Rezeptur, FS Tilmann (2003), S. 105.

[242] *Ohly*/Sosnitza § 17 Rdn. 42.; *Köhler*/Bornkamm § 17 Rdn. 60; vgl. auch BGH WRP 2005, 349 – *Wettbewerbsverbot für GmbH-Alleingesellschafter;* WRP 2015, 457 zur zeitlichen Grenze einer Kundenschutzklausel in einem Auseinandersetzungsvertrag mit einem ausscheidenden Gesellschafter.

[243] Vgl. o. Rdn. 46 ff.; *Ohly*/Sosnitza und *Köhler*/Bornkamm a. a. O. (Fn. 219).

[244] Hierzu § 18 Rdn. 11 f.

[245] BGH GRUR 2006, 1044 – *Kundendatenprogramm* – zu § 4 Nr. 11 a. F.; *Ohly*/Sosnitza § 17 Rdn. 44.

[246] BGH GRUR 2008, 727 – *Schweißmodulgenerator* – zu § 4 Nr. 9 lit. c a. F.; *Ohly*/Sosnitza § 17 Rdn. 44.

hinderung) vorliegen. Die §§ 17 und 18 UWG entfalten **keine Sperrwirkung.**[247] Im Rahmen einer umfassenden Interessenabwägung kann der Missbrauch fremder Geschäftsgeheimnisse auch von § 3 Abs. 1 erfasst werden.[248] §§ 17 und 18 stellen ferner Schutzgesetze im Sinne des § 823 Abs. 2 BGB dar. In Sonderfällen greifen darüber hinaus § 823 Abs. 1 und § 826 BGB ein.[249] In allen Fällen kommen für den Verletzten insbesondere **Ansprüche auf Unterlassung und Beseitigung** sowie im Falle (sei es auch nur leichten) Verschuldens auf **Schadensersatz** in Betracht. Weiter ist unter anderem[250] an **Auskunft, Besichtigung und Begutachtung von Gegenständen** (wie Maschinen, Anlagen, Computerprogrammen, Rezepturen oder Konstruktionszeichnungen) zu denken, die sich im Besitz des Gegners befinden und bei denen eine gewisse Wahrscheinlichkeit besteht, dass sie auf unbefugte Weise erlangte Betriebsgeheimnisse des Geheimnisinhabers und Anspruchsteller enthalten. Hinsichtlich der Voraussetzungen und Durchsetzung dieser Ansprüche ist im Wesentlichen **auf die Kommentierung zu §§ 8, 9 und 12 zu verweisen.** Im Folgenden werden lediglich einige besondere Aspekte hervorgehoben, die die Aufklärung und Verfolgung von Geheimnisverrat und -verwertung betreffen.

Die **Aktivlegitimation** soll entgegen dem Wortlaut des § 8 Abs. 3 auf dasjenige Unternehmen **58a**
beschränkt sein, das als Geheimnisinhaber oder Lizenznehmer[251] die Dispositionsbefugnis über das Geheimnis besitzt.[252]

1. Unterlassung

Der Unterlassungsanspruch ist begründet, solange das Geheimnis **nicht schlechthin offenkundig** **59**
geworden ist, der Verletzte also ein Interesse daran hat, dass das Geheimnis gewahrt oder – nach unbefugter Bekanntgabe an einen noch begrenzten Kreis Außenstehender – zumindest nicht noch weiter verbreitet und generell publik gemacht wird.[253] Vom Einzelfall abhängig ist, ob ein nicht mehr heilbarer Verrat eines bestimmten Geheimnisses gleichzeitig die **Begehungsgefahr** für die Verletzung weiterer, dem Täter bekannter Geheimnisse des Unternehmens begründet. Der Unterlassungsanspruch betrifft nicht nur die unbefugte Mitteilung oder Verwertung, sondern erstreckt sich auch auf (eventuell abgewandelte) **Ergebnisse des unbefugten Zugriffs,** soweit diese in nicht unwesentlichem Umfang auf der unlauter erlangten Kenntnis beruhen.[254] Es kann also auch Unterlassung der kommerziellen Herstellung und Benutzung von unlauter nachgebauten Maschinen usw. verlangt werden.[255] In der Regel dürfen Kenntnisse, die durch Verstoß gegen § 17 UWG erlangt wurden, in keiner Weise verwendet werden; sie bleiben **dauerhaft mit dem Makel der Wettbewerbswidrigkeit behaftet.**[256] Nur **ausnahmsweise** wird eine **Befristung des Verbots** in Frage kommen. Dies kann beispielsweise dann gelten, wenn im Rahmen einer einzelfallbezogenen Interessenabwägung im Sinne der §§ 3 Abs. 1 UWG und 823 oder 826 BGB ein Verwertungsverbot nur für einen begrenzten Zeitraum berechtigt erscheint. An eine Befristung mag auch dort zu denken sein, wo die unbefugte Geheimnisverwertung lediglich zu einem zeitlichen Vorsprung gegenüber einem rechtmäßigen Kenntniserwerb führt, etwa bei unbefugter Ausnutzung der Kenntnisse über einen Kundenstamm.[257] Dies kann allerdings nur dann gelten, wenn sich zum Zeitpunkt der letzten mündlichen Verhandlung absehen lässt, dass von einem bestimmten, objektiv feststehenden künftigen Zeitpunkt an das Handeln des Verletzers nicht mehr rechtswidrig sein wird.[258]

Der Unterlassungsanspruch setzt **kein Verschulden** voraus. Dies gilt nach einhelligem Verständ- **59a**
nis im Bereich des Geheimnisschutzes ebenso wie für andere Aspekte des Wettbewerbsrechts, für die Verletzung von Immaterialgüterrechten und schließlich für Abwehransprüche im Allgemeinen.

---

[247] Vgl. oben Rdn. 45 bis 50 mit weiteren Nachweisen; *Ohly*/Sosnitza § 17 Rdn. 45.

[248] Vgl. oben Rdn. 45 bis 50 mit weiteren Nachweisen; *Ohly*/Sosnitza § 17 Rdn. 45.

[249] Vgl. oben Rdn. 45 bis 50 mit weiteren Nachweisen; *Köhler*/Bornkamm § 17 Rdn. 53; *Ohly*/Sosnitza § 17 Rdn. 49.

[250] Unbeschadet weiterer Rechtsbehelfe wie Bereicherungs- oder Geschäftsführungsansprüchen oder der Veröffentlichungsbefugnis nach § 12 III.

[251] Ann/Loschelder/*Grosch* Kap. 6 Rdn. 139.

[252] *Ohly*/Sosnitza § 17 UWG Rdn. 46.

[253] Ähnlich *Ulmer/Reimer* Nr. 354.

[254] BGH GRUR 1985, 294, 296 – *Füllanlage*.

[255] Vgl. BGB GRUR 2002, 91, 94 f. – *Spritzgießwerkzeuge*.

[256] BGH GRUR 1985, 294, 296 – *Füllanlage;* bestätigt durch BGH WRP 2008, 938 f. – *Entwendete Datensätze mit Konstruktionszeichnungen*.

[257] Vgl. *Bussmann* in seiner Anm. zur Entscheidung *„Milchfahrer"* GRUR 1964, 217 f.: der BGH ließ in dieser Entscheidung und in GRUR 1983, 179, 181 – *Stapel-Automat* – diese Frage offen; vgl. auch KG WRP 1982, 153, 157.

[258] Hierzu KG WRP 1982, 153, 157; *Köhler*/Bornkamm § 17 Rdn. 64.

So braucht beispielsweise derjenige, der ein ihm zugänglich gemachtes fremdes Geheimnis verwertet, nicht gewusst zu haben, dass der Mitteilende gegen eine Vertragspflicht verstoßen hat.[259]

60 Die **Antragsfassung** und die **Tenorierung** unterliegen dem allgemeinen **Bestimmtheitserfordernis** des § 253 Abs. 2 Nr. 2 ZPO. Der Streitgegenstand und der Umfang der Prüfungs- und Entscheidungsbefugnis des Gerichts müssen klar umrissen sein; der Beklagte muss erkennen können, wogegen er sich zu verteidigen hat und welche Unterlassungspflichten sich aus einer dem Unterlassungsantrag folgenden Verurteilung ergeben; die Entscheidung darüber, was dem Beklagten verboten ist, darf grundsätzlich nicht dem Vollstreckungsgericht überlassen werden.[260] So wurde ein Antrag als zu unbestimmt befunden, demzufolge dem Beklagten das „systematische" **Ausspähen** des Geschäftsbetriebs des Klägers durch „systematisches" Beobachten des Kunden und Lieferantenverkehrs untersagt werden sollte.[261] Wo dies wegen der Besonderheiten des Geheimnisschutzes geboten erscheint, führt eine Abwägung der materiell- und verfahrensrechtlichen Gesichtspunkte allerdings zu etwas großzügigeren Maßstäben. Im Antrag und Tenor müssen deshalb nicht stets alle Merkmale beschrieben werden, die das Geheimnis charakterisieren. Im Wettbewerbsinteresse des Geheimnisinhabers braucht die Beschreibung im Antrag nur so weit zu gehen, wie dies für die Zwangsvollstreckung unerlässlich ist.[262] Der BGH hat wiederholt relativ allgemein formulierte Unterlassungsanträge unbeanstandet gelassen.[263] Auch das BAG[264] hat anerkannt, dass der Kläger das zu schützende Geheimnis nicht ausgerechnet im Klagantrag zu offenbaren braucht. Es wäre in der Tat widersinnig, wenn gerade durch allzu konkrete Beschreibung der das Geheimnis begründenden Tatsachen im Urteil eine zusätzliche Gefährdung des durch den erfolgten Eingriff noch nicht schlechthin offenkundig gewordenen Geheimnisses herbeigeführt würde. Allerdings werden durch diese Überlegungen die allgemeinen Anforderungen an die Bestimmtheit von Klageanträgen auch für den Geheimnisschutz nicht etwa generell außer Kraft gesetzt[265] – auf eine konkrete Bezeichnung kann nur in demjenigen Umfang verzichtet werden, der zur Wahrung der eben genannten berechtigten Belange des Klägers notwendig ist. Generell wird hier **ein im Einzelfall angemessener Ausgleich zwischen Bestimmtheitsanforderungen und** Entlastung der Vollstreckungsinstanz einerseits und den objektiven **Interessen des rechtssuchenden Geheimnisinhabers** andererseits gefunden werden müssen, wenn ein hinreichend effektiver Schutz dieser besonders verletzlichen und gleichermaßen wertvollen wie oft schwer fassbaren Rechtsgüter und Vermögensgegenstände gewährleistet werden soll.[266] So kann ein Mittelweg darin bestehen, eine nähere Beschreibung der verbotenen Handlungen zu einem wesentlichen Teil in **begleitendes Aktenmaterial** zu verlagern, **auf das im Tenor** dann **Bezug genommen wird.**[267] Beispielsweise bei umfangreichen Rezeptursammlungen oder komplexen Herstellungsvorschriften kann dies aus zwei verschiedenen Gründen unerlässlich sein. Neben der Entlastung der **Urteilsformel** fällt vor allem ins Gewicht, dass auf diesem Wege eher die oben angesprochene weitreichende Aufdeckung der zu schützenden Geheimnisse vermieden werden kann (wobei gemäß § 299 Abs. 2 GVG die mögliche künftige Akteneinsicht Dritter zu sperren ist). Wenn beispielsweise ein bestimmter Schaltplan ein

---

259 Vgl. BGH GRUR 1961, 40, 42 – *Wurftaubenpresse.*

260 St. Rspr.; vgl BGH GRUR 2008, 357 – *Planfreigabesystem;* Ahrens/*Ahrens* Kap. 36 Rdn. 6f.

261 BGH GRUR 2009, 1075 – *Betriebsbeobachtung.*

262 Ebenso *Köhler*/Bornkamm § 17 Rdn. 64; *Ohly*/Sosnitza § 17 Rdn. 53. Zu dieser Problematik eingehend und überzeugend *Doepner* in FS Tilmann (2003), S. 105, 112ff.

263 Vgl. etwa GRUR 1961, 40, 42 – *Wurftaubenpresse;* GRUR 1963, 367 – *Industrieböden:* „... es zu unterlassen, zur Herstellung von IBO-Hartbetonstoff-Metallisch eine Maschinenanlage zu benutzen, die in der Konstruktion der Aufbereitungsanlage der Klägerin zur Herstellung von Stelcon-Panzer-Hartbetonstoff entspricht"; BGH GRUR 1973, 484 – *Betriebsspionage:* „... es zu unterlassen, in den Betrieb der Kläger Beauftragte als Arbeitnehmer zu dem Zweck einzuschleusen, dort irgendwelche Betriebsvorgänge auszukundschaften"; GRUR 1985, 294 – *Füllanlage.*

264 NJW 1988, 1686f. = AP Nr. 5 zu § 611 BGB – *Betriebsgeheimnis.*

265 So hat der BGH in GRUR 2009, 1075 – *Betriebsbeobachtung* – zu recht einen Antrag für zu unbestimmt befunden, der sich gegen das „systematische" Ausspähen des Geschäftsbetriebs richtete: der Sinngehalt dieses Begriffes erschließe sich weder aus dem Antrag noch aus der Klagebegründung; damit bleibe die Reichweite von Antrag und Urteil unklar. Allgemeiner zum Bestimmtheitsgebot BGH GRUR 1998, 489, 491 – *unbestimmter Unterlassungsantrag III* – und oben Vor § 12 Rdn. 75ff. *(Brüning)* m. w. N., sowie Teplitzky/*Schwippert,* Wettbewerbsrechtliche Ansprüche und Verfahren, 10. Aufl. 2011, Kap. 51 Rdn. 8ff.

266 Einige Ergebnisse solcher Interessenabwägung finden sich – in nicht abschließender Form – bei *Doepner* a. a. O.; aufschlussreich zur sachverhaltsabhängigen Abstufung verschiedener Antragsfassungen *Deichfuß* GRUR-Prax. 2012, 337194.

267 *Doepner* a. a. O. S. 118 unter Hinweis auf die Bereitschaft des BGH, in Sonderkonstellationen eine Bezugnahme auf Anlagen oder Gegenstände außerhalb des Urteilstenors zuzulassen, vgl. etwa BGH NJW 1999, 356f. – *Musical-Gala* – und WRP 2008, 1085f. – *Schweißmodulgenerator.*

Betriebsgeheimnis darstellt, braucht der geschädigte Kläger weder im Prozess darzulegen, noch zum Gegenstand des Unterlassungsantrages zu machen, hinsichtlich welcher einzelnen Schaltung ein Betriebsgeheimnis besteht.

Meist wird es nicht genügen, die das Geheimwissen des *Klägers* charakterisierenden Merkmale in Antrag und Urteilsformel wiederzugeben; vielmehr ist in der Regel die **Verletzungsform** zu beschreiben.[268] Dem kann auch dadurch Rechnung getragen werden, dass die beanstandeten Schaltpläne, die Betriebsgeheimnisse des Klägers enthalten, mit dem Urteil verbunden und im Tenor in Bezug genommen werden; es ist dann nicht erforderlich, im Antrag und Tenor zu spezifizieren, welche Elemente dieser Schaltpläne für die Rechtsverletzung maßgeblich sind. [269] Es bleiben jedoch Konstellationen denkbar, in denen eine andere Lösung gefunden werden muss. Beispiel: Der Kläger ist nicht im Besitz der unter Verletzung seiner Geheimnisse hergestellten Gegenstände oder Aufzeichnungen, hat jedoch seinen Besichtigungsanspruch insoweit erfolgreich durchgesetzt, als ein neutraler Sachverständiger Einblick in die Interna des Verletzers genommen und die Übereinstimmung konkreter Merkmale bestätigt hat: In diesem Falle werden Verletzungstatbestand und Verbot zuverlässig beschrieben, wenn der Kläger die betreffenden Merkmale auf der Basis seiner eigenen Kenntnisse und Aufzeichnungen beschreibt.[270] Nicht ausreichend ist es allerdings, die auf einem geheimen Herstellungsverfahren beruhenden Produkte zu beschreiben, zumal wenn sich diese auch mit allgemein zugänglichen Methoden herstellen lassen.[271] Einen **angemessenen Schutz des Geheimnisses im Prozess** hat **Art. 9 der Geheimnisschutz-RL** im Auge. In welcher konkreten Form der deutsche Gesetzgeber die beteiligten Interessen im Rahmen der Richtlinienumsetzung austarieren wird, erscheint derzeit offener – und wird jedenfalls erheblich anspruchsvoller[272] – als die Transformation vieler anderer Richtlinienbestimmungen. 61

2. Beseitigung

Entwendetes Geheimmaterial ist dem Eigentümer schon nach §§ 985, 823 BGB herauszugeben. 62
Ein Anspruch auf Herausgabe resultiert darüber hinaus aus dem Recht des Verletzten, **Beseitigung des durch den Eingriff geschaffenen Zustands** zu verlangen, beispielsweise dem Verletzer unbefugt angefertigte Aufzeichnungen oder die durch die unbefugte Verwertung hergestellten Gegenstände wegnehmen zu lassen.[273] Der Verletzte kann Vernichtung oder Herausgabe zum Zwecke der Vernichtung verlangen.[274] Ist der Geheimnisinhaber dem Verräter rechtzeitig auf die Spur gekommen, so ist eine **ohne Abmahnung erwirkte einstweilige Verfügung,** die auf **Unterlassung und Beschlagnahme** gerichtet ist, angezeigt; die vorherige Abmahnung wäre dem Verletzten wegen der dringenden Gefahr, dass die infrage stehenden Unterlagen und Beweismittel noch beiseite geschafft werden, nicht zumuten. Wenn der Verletzer das Geheimnis einem Dritten verraten hat, kann sich der Beseitigungsanspruch auch auf Benennung dieses Dritten richten, damit der Geheimnisinhaber den rechtswidrigen Zustand durch entsprechendes weiteres Einschreiten beenden kann.[275] Auch der Beseitigungsanspruch ist verschuldensunabhängig.

Die **Geheimnisschutz-RL**[276] sieht in Art. 12 Abs. 2 vor, dass zu den von den Gerichten der 62a
Mitgliedstaaten zuzusprechenden Abhilfemaßnahmen auch der **Rückruf** und die **Beseitigung der „rechtsverletzenden Qualität"** der rechtsverletzenden Produkte gehören. Weitergehend kann jedoch auch die **Vernichtung rechtsverletzender Produkte** sowie die **Vernichtung oder Herausgabe der Dokumente, Gegenstände, Materialien, Stoffe und elektronischen Dateien** verlangt werden, die das Geschäftsgeheimnis enthalten. Diese Sanktionen lassen sich auch schon vor formeller Umsetzung der RL in das geltende deutsche Recht integrieren.

3. Schadensersatz

Der Verletzte ist nicht darauf beschränkt, seinen **konkreten Schaden einschließlich des ent-** 63
gangenen Gewinns geltend zu machen. Der BGH[277] gewährt dem Verletzten auch hier die **drei-**

---

[268] BGH GRUR 2002, 91, 95 – *Spritzgießwerkzeuge.*
[269] BGH GRUR 2008, 727 (= WRP 2008, 1085) – *Schweißmodulgenerator.*
[270] Hierzu BGH 2002, 1046 – *Faxkarte* und u. Rdn. 65.
[271] Vgl. BAG CR 1990, 336 mit Anm. von *Gernot Schulze.*
[272] Vgl. nur *McGuire* GRUR 2015, 424 ff..
[273] Vgl. Köln GRUR 1958, 300 f.: Beseitigung einer Leuchtröhrenanlage, die mittels vertraulich überlassener Entwürfe hergestellt worden war.
[274] BGH GRUR 2006, 1044, 1046 – *Kundendatenprogramm; Köhler*/Bornkamm § 17 Rdn. 65.
[275] BGH GRUR 2012, 1048, 1049 – *MOVICOL-Zulassungsantrag.*
[276] S. o. Rdn. 2 und Vor §§ 17–19 Rdn. 10 ff.
[277] GRUR 1977, 539, 541 f. – *Prozessrechner;* ihm folgend KG GRUR 1988, 702 f. – *Corporate Identity.*

fache Möglichkeit der Schadensberechnung,[278] wie sie zunächst bei Eingriffen in ausschließliche Immaterialgüterrechte und später auch bei wettbewerbsrechtlich unzulässigen Nachahmungen anerkannt worden war. Betriebsgeheimnisse verschaffen dem Unternehmer oft eine Rechtsposition, die sich dem Immaterialgüterrecht in besonders starkem Maß nähert; das Schutzbedürfnis des Geheimnisinhabers und die Verletzlichkeit seiner Rechtsposition rechtfertigen es, auch bei Verletzung von Geschäfts- oder Betriebsgeheimnissen den Anspruch auf eine angemessene Lizenz oder den Verletzergewinn zuzuerkennen. Hierdurch „wird der im Einzelfall dornenvolle, weil von zahlreichen objektiven und subjektiven Tatbestandsmerkmalen abhängige Schutz des Betriebsgeheimnisses in willkommener Weise ergänzt".[279] Soweit es in der betreffenden Branche üblich ist, in Know-How-Lizenzverträgen sowohl einen Pauschalbetrag bei Vertragsschluss als auch laufende Gebühren für die anschließende Verwertung vorzusehen, eröffnet die **Lizenzanalogie** dem Geheimnisinhaber die Möglichkeit, sowohl einen vom Gericht nach pflichtgemäßem Ermessen zu beziffernden einmaligen Betrag als auch zusätzliche wiederkehrende Beträge für die Fälle fortlaufender Verwertung einzuklagen.[280] Entscheidet sich der Geschädigte für die **Herausgabe des vom Verletzer erzielten Gewinns,** so kann er den **gesamten Gewinn** verlangen, für den der Verstoß gegen § 17 oder § 18 UWG mitursächlich gewesen ist, also nicht nur den auf der Rechtsverletzung beruhenden Anteil.[281] Ob der Verletzer die geheimen Informationen auch auf andere – redliche – Weise hätte beschaffen können, spielt keine Rolle.[282] Auch kann der Verletzer nur denjenigen Teil der Gemeinkosten in Ansatz bringen, der den betreffenden Umsatzgeschäften direkt zuzuordnen ist.[283] In Umsetzung der **„Durchsetzungsrichtlinie"**[284] wurden im Jahre 2008 u. a. die Schadensersatzansprüche wegen Verletzung von Rechten des geistigen Eigentums neu normiert.[285] Auch diese Neuregelung ist auf die Folgen einer Geheimnisverletzung analog anwendbar. Welche Änderungen sich gegenüber der bisherigen deutschen Praxis ergeben werden, ist weitgehend noch offen.[286] Dies gilt insbesondere für die Frage, ob und inwieweit einzelne Berechnungsmethoden miteinander kombiniert werden können.[287] Am ehesten dürfte in Betracht kommen, im Rahmen der Lizenzanalogie zwar nach wie vor keinen pauschalierten „Verletzerzuschlag" zu gewähren, wohl aber einzelfallbezogen höhere als die marktüblichen Durchschnittssätze in Betracht zu ziehen.[288] Zum einen erbringt der Verletzer keine Leistungen, wie sie der „echte" Lizenznehmer auf sich zu nehmen pflegt; zum anderen verfolgt die Durchsetzungsrichtlinie auch präventive Ziele.

63a Der Anspruch auf Gewinnherausgabe folgt bei wissentlich unerlaubter Benutzung anvertrauter Vorlagen oder fremder Geheimnisse auch aus § 687 Abs. 2 BGB. Herausgabe des Gewinns oder Zahlung einer ersparten fiktiven Lizenzgebühr kann ferner nach **Bereicherungsrecht** verlangt werden.

63b Die **Geheimnisschutz-RL**[289] lehnt sich in **Art. 14** eng an Art. 10 der Durchsetzungsrichtlinie an. Im Falle vorsätzlicher oder fahrlässiger Geheimnisverletzung (in Form unbefugter Erlangung,

---

278 Hierzu eingehend *Goldmann* oben § 9 Rdn. 141 ff.

279 *Ulrich Krieger* in seiner Anmerkung zur *„Prozessrechner"*-Entscheidung GRUR 1977, 543.

280 Vgl. BGH a. a. O.

281 BGH GRUR 1885, 294, 296 – *Füllanlage;* WRP 2008, 938 f. – *Entwendete Datensätze mit Konstruktionszeichnungen;* anders die jüngere Rechtsprechung zur Gewinnherausgabe bei Verletzung gewerblicher Schutzrechte, vgl. BGH GRUR 2006, 419 – *Noblesse* – und GRUR 2007, 533 – *Steckverbindergehäuse,* ferner schon BGHZ 119, 12, 29 – *Tchibo/Rolex II.*

282 BGH WRP 2008, 938 – *Entwendete Datensätze mit Konstruktionszeichnungen; Ohly*/Sosnitza § 17 Rdn. 51.

283 Die Analogie zur Schadensberechnung bei Eingriffen in Sonderschutzrechte dürfte auch in diesem Punkt gelten, vgl. BGH GRUR 2001, 329 – *Gemeinkostenanteil;* oben *Goldmann* § 9 Rdn. 116, 126.

284 Richtlinie zur Durchsetzung der Rechte des geistigen Eigentums, ABl. EG Nr. L 195/16 v. 2.6.2004.

285 BGBl. I 2008, 1191. S. etwa die hieraus resultierende Neufassung des § 14 Abs. 6 MarkenG.

286 Erste Bewertungen bei *Tilmann* in: FS Schilling, 2007, S. 367 ff.; oben § 9 Rdn. 126; *v. Ungern-Sternberg* GRUR 2009, 460; Teplitzky/*Schaub* Kap. 34 Rdn. 30a ff. mit umfangreichsten Nachweisen; *Goldmann* WRP 2011, 950.

287 Laut BGH GRUR 2010, 237 – *Zoladex* – spricht viel für die Beibehaltung des Vermengungsverbots; *Mellulis* in Gloy/Loschelder/Erdmann § 80 Rdn. 73; *Meier-Beck* in: FS Loschelder (2010), S. 221, 225; ebenso („im Grundsatz") *Büscher*/Dittmer/Schiwy, (Gewerblicher Rechtsschutz, Urheberrecht, Medienrecht, 3. Aufl. 2015, § 18 MarkenG Rdn. 661), der jedoch die Elemente anderer Berechnungsarten mit einbeziehen will, wenn andernfalls ein angemessener Schadensersatz nicht zu erzielen ist; Teplitzky/*Schaub* Kap. 34 Rdn. 21 ff.; zweifelnd *Stieper* WRP 2010, 624, 627; *Goldmann* WRP 2011, 950, 965: teilweise Lockerung des Vermengungsverbots (Lizenzanalogie und entgangener Gewinn schließen sich weiterhin aus); eingehend *Goldmann* oben § 9 Rdn. 116 ff.

288 So auch die Gesetzesbegründung zum deutschen Umsetzungsgesetz, BT-Drucks. 16/5048 S. 37, 48; *Goldmann* WRP 2011, 950, 970; Teplitzky/*Schaub* Kap. 34 Rdn. 30a ff. m. w. N.

289 S. o. Rdn. 2 und Vor §§ 17–19 Rdn. 10 ff.

Benutzung oder Offenlegung eines fremden Geschäftsgeheimnisses) ist dem Verletzten der von ihm tatsächlich erlittene Schaden zu ersetzen. Bei Bestimmung der **Schadenshöhe** sind **„alle relevanten Faktoren" zu berücksichtigen.** Hierzu zählen die negativen wirtschaftlichen Folgen einschließlich des entgangenen Gewinns des Geschädigten, etwaige durch den Rechtsverletzer erzielte unlautere Gewinne sowie ggf. "andere als wirtschaftliche Faktoren wie der moralische Schaden", der dem Geheimnisinhaber zugefügt worden ist. In „geeigneten Fällen" kann der Schadensersatz jedoch auch in Form eines Pauschalbetrages festgesetzt werden, der mindestens der Gebühr oder Vergütung entspricht, die der Rechtsverletzer bei Einholung einer Nutzungsgenehmigung hätte entrichten müssen. Es liegt nahe, diese Maßstäbe bereits vor formeller Umsetzung der RL in deutsches Recht anzuwenden und sich bei deren Interpretation auch daran zu orientieren, was bereits unter Geltung der Durchsetzungsrichtlinie entwickelt worden ist.

4. Auskunft

Wer ein Geschäfts- oder Betriebsgeheimnis unbefugt verrät oder verwertet, hat Auskunft über 64 Art, Zeitpunkt/Zeitraum und Umfang der Verletzungshandlung zu erteilen. Aus der Möglichkeit der dreifachen Schadensberechnung folgt ein Auskunftsrecht in Bezug auf solche Angaben, die der Verletzte benötigt, um den Verletzergewinn zu beurteilen. Entsprechende Auskunftsrechte gelten für anders nicht zu erlangende Berechnungs- und Schätzungsgrundlagen für den nach Art. 13 der Geheimnisschutz-RL zuzusprechenden Schadensersatz; die RL selbst regelt den Auskunftsanspruch nicht, schließt ihn gemäß Art. 1 aber auch nicht aus. Die **Abwägung der gegenseitigen Belange** kann gerade bei schwerwiegendem Vertrauensbruch, wie er beim Verrat von Geschäfts- oder Betriebsgeheimnissen häufig vorliegt, als Teil des Schadensersatz- oder Beseitigungsanspruchs[290] zu dem Ergebnis führen, dass der Verräter auch angeben muss, wem er das Geheimnis enthüllt hat. Der Anspruch auf **Nennung des „Abnehmers"** der geheimzuhaltenden Tatsachen kann auch daraus folgen, dass dies im Einzelfall sinnvoll ist, um eine Kontrolle der vom Verletzer gemachten Angaben zu ermöglichen.[291] Umstritten ist, in welcher Situation ein Außenstehender, der in ein Geheimnisschutzsystem eingebrochen ist, dazu verpflichtet werden kann, diejenigen Personen zu nennen, von denen er das Geheimnis erfahren hat. Der BGH hat diesen Auskunftsanspruch in der Entscheidung „Ausschreibungsunterlagen"[292] nicht gewährt. *Fritze* hat in seiner Anmerkung gewichtige Einwände gegen die vom BGH angeführte Begründung erhoben. Die BGH-Entscheidung lässt allerdings für besondere Sachverhaltskonstellationen die Möglichkeit eines derartigen Auskunftsanspruch offen: Dies gilt insbesondere für den Fall, dass der Außenstehende mit dem Verräter vorsätzlich zusammengewirkt hat und der Verletzte dartun kann, von sich aus alles zur Geheimhaltung der betreffenden Tatsachen getan zu haben und sein System zur Geheimnissicherung nicht anders als mit Hilfe der Auskunft wieder lückenlos gestalten zu können. Analog heranzuziehen sind die durch die **Durchsetzungsrichtlinie** und deren Umsetzung[293] erheblich erweiterten Auskunftsansprüche gegenüber Rechtsverletzern und Dritten (vgl. etwa § 19 MarkenG).[294] Ferner kann sich im Interesse der **Folgenbeseitigung** ein Anspruch auf Auskunft darüber ergeben, wem der Verletzer die Betriebsgeheimnisse des Gläubigers angeboten hat.[295]

5. Besichtigung

Eine praktisch sehr wichtige Frage geht dahin, ob und unter welchen Voraussetzungen der 65 Rechtsinhaber zur Überprüfung einer (von ihm vermuteten) Rechtsverletzung einen **vorbereitenden Besichtigungsanspruch** aus § 809 BGB ableiten kann. Grundlagen und Reichweite eines solchen Besichtigungsanspruchs wurden in der Vergangenheit vor allem im Zusammenhang mit Patentverletzungen erörtert. Der BGH gewährte einen Anspruch dieser Art zunächst nur unter sehr restriktiven Voraussetzungen.[296] Großzügiger zeigte sich das OLG München[297] im Bereich des **Softwareschutzes:** Einem Händler wurde durch einstweilige Verfügung u. a. aufgegeben, in seinen Geschäftsräumen einem von einem Gerichtsvollzieher begleiteten Sachverständigen bestimmte Datenträger zum Zwecke der Vorführung und zur Erstellung eines Sachberichts vorzulegen, um zu

---

290 *Köhler*/Bornkamm § 17 Rdn. 65.
291 Vgl. RG GRUR 1942, 79, 88.
292 GRUR 1976, 367 ff.
293 S. o. Rdn. 63.
294 Hierzu *Tilmann* in: FS Ullmann (2006), S. 1013 ff.; *Dörre/Maaßen* GRUR RR 2008, 217, 219 ff.
295 BGH GRUR 2012, 1048, 1049 (Tz. 27) – *MOVICOL-Zulassungsantrag.*
296 BGH GRUR 1985, 512 – *Druckbalken; Brandi-Dohrn* GRUR 1985, 179, 186; *Tilmann* GRUR 1987, 251, 256 ff.; *Tilmann/Schreibauer* in: FS Erdmann (2002), S. 901; *Ohly*/Sosnitza § 17 Rdn. 55.
297 GRUR 1987, 33 – *Besichtigungskosten.*

klären, inwieweit die auf diesen Datenträgern gespeicherten Programme mit bestimmten Programmen der Verfügungsklägerin übereinstimmten. Später hat der BGH in einer Richtung weisenden Entscheidung[298] einen auf § 809 BGB gestützten Anspruch auf **Zugang zum Source Code** des die urheberrechtlichen Nutzungsbefugnisse des Klägers (vermutlich) verletzenden Computerprogramms bejaht. Der Kläger hatte zum einen seine Rechtsposition in Bezug auf das Originalprogramm nachgewiesen, zum anderen erhebliche Indizien dafür anführen können, dass das von ihm beanstandete Programm des Beklagten auf einer unbefugten Übernahme des Originalprogramms beruhte. Eine eindeutige Beweisführung war nur durch Prüfung des in den Händen des Beklagten befindlichen Source Codes möglich. Berechtigten Geheimhaltungs- und Sicherungsbelangen des Beklagten wurde durch Einschaltung eines neutralen Sachverständigen Rechnung getragen, der der Klägerin und dem Gericht nur in Bezug auf bestimmte Übereinstimmungen oder Nicht-Übereinstimmungen Auskunft zu geben hatte. Diese Entscheidung betrifft zwar die (vermutete) Verletzung eines gesetzlichen Schutzrechts, wird jedoch in ihren Grundgedanken auch auf Fälle übertragbar sein, in denen zu verifizieren ist, ob der Gegner Geschäfts- oder Betriebsgeheimnisse des Berechtigten unbefugt verwertet oder gar gespeichert hat. Auf der gleichen Linie liegt eine Entscheidung des Patentsenats zur Urkundenvorlegung im Rechtsstreit über technische Schutzrechte: Wenn eine Benutzung des Schutzrechtsgegenstands wahrscheinlich ist, kann der betreffende Verwender nach § 142 ZPO zur Vorlage interner Unterlagen aufgefordert werden, falls dies zur Aufklärung des Sachverhalts geeignet, erforderlich und angemessen, d. h. dem Vorlagepflichtigen nach Abwägung der kollidierenden Interessen zumutbar ist. Auf diese Weise ist „dem **Beweisnotstand** zu begegnen, wie er sich gerade im Bereich der besonders verletzlichen technischen Schutzrechte in besonderem Maße ergeben kann".[299] Der BGH hat sich hierbei auch von Art. 43 des TRIPS-Abkommens leiten lassen. Aufgrund der **Durchsetzungsrichtlinie,** die dem in Beweisnotstand geratenen Rechtsinhaber **wesentliche zusätzliche Vorlage- und Besichtigungsansprüche** zuerkannt hat[300] (vgl. etwa die Umsetzung in § 19a MarkenG und in § 140c PatG[301]) sind die eben genannten Ausdehnungstendenzen der höchstrichterlichen Rechtsprechung weitgehend abgelöst und teilweise noch verstärkt worden. Auch diese gemeinschaftsrechtlich veranlassten Neuerungen lassen sich analog auf den Geheimnisschutz anwenden.[302] Kann eine Schutzrechtsverletzung nur durch Besichtigung von Gegenständen im Besitz des mutmaßlichen Verletzers bewiesen werden und werden dabei vertrauliche Informationen aus dessen Sphäre offenbart, so kommt ein „in camera"-Verfahren in Betracht, um unter unumgänglicher Einschränkung des rechtlichen Gehörs des Durchsetzungs- und das Geheimhaltungsinteresse auszubalancieren.[303] **Art. 9 der Geheimnisschutz-RL**[304] enthält umfassende **Vorgaben zur Ausbalancierung der widerstreitenden Offenlegungs- und Geheimhaltungsinteressen** der Parteien. Die Umsetzung dieser auf die nationalen Verfahrensrechte ausstrahlenden Bestimmungen wird mit erheblichen Schwierigkeiten verbunden sein.[305]

§ 18 Verwertung von Vorlagen

(1) **Wer die ihm im geschäftlichen Verkehr anvertrauten Vorlagen oder Vorschriften technischer Art, insbesondere Zeichnungen, Modelle, Schablonen, Schnitte, Rezepte, zu Zwecken des Wettbewerbs oder aus Eigennutz unbefugt verwertet oder jemandem mitteilt, wird mit Freiheitsstrafe bis zu zwei Jahren oder mit Geldstrafe bestraft.**

(2) **Der Versuch ist strafbar.**

---

298 WRP 2002, 1173 – *Faxkarte.*

299 BGH GRUR 2006, 962, 966 – *Restschadstoffentfernung.* Die hier hervorgehobene „besondere Verletzlichkeit" gilt für Geschäfts- und Betriebsgeheimnisse in noch stärkerem Maße als für Patente und Gebrauchsmuster.

300 Hierzu *Tilmann* in: FS Ullmann (2006), S. 1013 ff., und *Bornkamm* in: FS Ullmann, S. 893 ff.

301 Zu den Voraussetzungen des Besichtigungsanspruchs und der Vorlageverpflichtung sowie zur einzelfallbezogenen Abwägung der Aufklärungsinteressen des Rechteinhabers einerseits und der Geheimhaltungsbelange des mutmaßlichen Verletzers anderseits: *Kühnen,* Handbuch der Patentverletzung, 8. Aufl. 2016, B. II. Rdn. 254 ff.; zu dem von den Düsseldorfer Instanzgerichten entwickelten „Düsseldorfer Besichtigungsverfahren": OLG Düsseldorf BeckRS 2010, 16065; *Kühnen* GRUR 2005, 185; *Ann*/Loschelder/Grosch, Praxishandbuch Know-how-Schutz, Kap. 7 Rdn. 27 ff.; *Müller-Stoy* GRUR-RR 2009, 161 (kritische Überlegungen zur abweichenden Entscheidung OLG München GRUR-RR 2009, 191 – *Laser-Hybrid-Schweißverfahren*).

302 Ebenso *Ohly*/Sosnitza § 17 Rdn. 55.

303 *Bornkamm* a. a. O., S. 909 ff.

304 S. o. Rdn. 2.

305 Vgl. nur *McGuire* GRUR 2015, 424.

(3) **Die Tat wird nur auf Antrag verfolgt, es sei denn, dass die Strafverfolgungsbehörde wegen des besonderen öffentlichen Interesses an der Strafverfolgung ein Einschreiten von Amts wegen für geboten hält.**

(4) **§ 5 Nr. 7 des Strafgesetzbuches gilt entsprechend.**

Inhaltsübersicht

	Rdn.
A. Missbrauch anvertrauter Vorlagen oder technischer Informationen (§ 18 Abs. 1)	
I. Normzweck	1
II. Einfluss des europäischen Rechts	1a
III. Täter	2
IV. Tatobjekt	3
IV. Tathandlung	7
B. Versuch (§ 18 Abs. 2)	8
C. Antragsdelikt (§ 18 Abs. 3)	9
D. Auslandstaten (§ 18 Abs. 4)	10
E. Zivilrechtlicher Schutz	11

Schrifttum: *Brammsen,* Rechtsgut und Täter der Vorlagenfreibeuterei (§ 18 UWG), wistra 2006, 201; *Brammsen/Apel,* „Kunst kommt von „Können…" – Zur Auslegung des § 18 Abs. 1 UWG („Vorlagenfreibeuterei"), insbesondere zum „Anvertrauen", WRP 2016, 18; Fezer/*Hertin* § 4-S 6 (insbes. Rdn. 88 ff.): Formatschutz; *Schumacher,* Missbrauch von nicht schutzfähigen Vorlagen, WRP 2006, 1072; *Wüterich/Breucker,* Wettbewerbsrechtlicher Schutz von Werbe- und Kommunikationskonzepten, GRUR 2004, 389; *Zentek,* Präsentationsschutz, WRP 2007, 507. Siehe ansonsten das Literaturverzeichnis vor §§ 17–19 UWG.

A. Missbrauch anvertrauter Vorlagen oder technischer Informationen (§ 18 Abs. 1)

I. Normzweck

1 Anlass für die Aufnahme einer Bestimmung gegen den Missbrauch anvertrauter Vorlagen im Jahre 1909 war die in der Stickerei- und Spitzenindustrie zu verzeichnende **„Vorlagenfreibeuterei"**, begangen durch Geschäftspartner der Geheimnisinhaber, die die ihnen zum Zwecke der Lohnherstellung überlassenen geheimen Schablonen und Muster unter der Hand auch für die Eigenproduktion verwendeten.[1] Erhebliche Bedeutung hat § 18 heute vor allem für den Schutz technischen Wissens, das anderen Unternehmen **im Rahmen von Know-how-Verträgen oder** von – später gescheiterten – **Vertragsverhandlungen zur Verfügung gestellt** wird. § 18 schützt das Interesse des Unternehmens an der unbeeinträchtigten Nutzung bestimmten Wissens und richtet sich – zugleich im Interesse der Allgemeinheit – gegen die **Erzielung eines Wettbewerbsvorsprungs durch Vertrauensbruch.**[2] Auf der zivilrechtlichen Seite ergeben sich Überschneidungen mit § 4 Nr. 3 lit. c UWG (Anbieten nachgeahmter Waren oder Dienstleistungen, wenn die für die Nachahmung erforderlichen Kenntnisse auf unredliche Weise – durch Erschleichen oder Vertrauensbruch – erlangt wurden).[3]

II. Einfluss des europäischen Rechts

1a Zum Einfluss des europäischen Rechts siehe zunächst vor §§ 17 – 19 Rdn. 10a ff. Zu denjenigen Fällen, in denen die ohne Zustimmung des Berechtigten erfolgende **Verwertung oder Offenlegung fremder Geschäftsgeheimnisse** rechtswidrig ist, zählen **Art. 4 Abs. 3 lit. b und c der Geheimnisschutz-RL**[4] den Bruch vertraglicher oder sonstiger rechtlicher Pflichten. Dies deckt den typischen Anwendungsbereich des § 18 UWG mit ab, also den Missbrauch oder Verrat von nicht offenkundigen Unterlagen und Informationen, die dem Empfänger vertraulich (nur) zu be-

---

[1] Weitere Nachweise bei *Harte-Bavendamm* in FS Köhler, 2014, S. 235, f.

[2] BGH GRUR 1982, 225 f. – *Straßendecke II; Ohly*/Sosnitza § 18 Rdn. 1; *Köhler*/Bornkamm § 18 Rdn. 2; a. A. *Brammsen* wistra 2006, 201, 202 f., und *Brammsen/Apel* WRP 2016, 18, 20 (reines Vermögensdelikt).

[3] Hierzu oben § 4 Nr. 3 *(Sambuc)* Rdn. 167 ff.; *Köhler*/Bornkamm § 4 Rdn. 9.60; speziell zum Formatschutz Fezer/*Hertin* § 4-S 6 Rdn. 88 ff.

[4] S. o. Rdn. 2 und Vor §§ 17–19 Rdn. 10 ff.

stimmten Zwecken überlassen wurden. Da die Geheimnisschutz-RL nur die zivilrechtliche Seite betrifft, bleibt es dem deutschen Gesetzgeber unbenommen, die Anwendung des § 18 in **strafrechtlicher** Hinsicht wie bisher davon abhängig zu machen, dass der Täter vorsätzlich und zudem zu Zwecken des Wettbewerbs oder aus Eigennutz handelt. **Zivilrechtlich** schafft Art. 4 Abs. 3 der Geheimnisschutz-RL dagegen einen **Mindeststandard.** Nach der RL liegt zivilrechtlich eine Verletzung des von Art. 4 Abs. 3 lit. b und c eingeschlossenen Verbots, anvertraute Unterlagen und Informationen zu anderen Zwecken zu verwerten oder zu verraten, unabhängig davon vor, ob die in § 18 erwähnten subjektiven Tatbestandsmerkmale erfüllt sind oder der Täter überhaupt schuldhaft handelt.[5]

III. Täter

2 Da sich der Wortlaut des § 18 Abs. 1 ausschließlich auf **im geschäftlichen Verkehr** anvertraute Vorlagen oder Vorschriften technischer Art bezieht, kommen nur **Außenstehende** als Täter in Betracht, **nicht** dagegen die **Arbeitnehmer** des Unternehmens.

IV. Tatobjekt

3 Der sehr spezielle Anlass für die Einführung des § 18 UWG brachte es mit sich, dass Formulierung und Regelungsbereich nicht auf § 17 UWG abgestimmt sind; dies hat sich auch durch die UWG-Novellen von 2004, 2008 und 2015 nicht geändert. § 18 UWG erfasst nicht alle Geschäfts- und Betriebsgeheimnisse, sondern betrifft nur **Vorlagen** sowie **Vorschriften technischer Art. Vorlagen** sind beispielsweise die im Gesetz erwähnten Zeichnungen, Modelle, Schablonen und Schnitte sowie alle sonstigen als Grundlage oder Vorbild für die Herstellung von neuen Produkten (Waren- oder Dienstleistungen) geeigneten Muster, Darstellungen und Beschreibungen.[6] Einen wesentlichen wirtschaftlichen Wert oder eine neue technische Erkenntnis braucht die Vorlage nicht zu enthalten; der Verletzer kann sich nicht darauf berufen, er hätte durch eigene Arbeit ähnliche Vorlagen herstellen können.[7]

4 **Vorschriften technischer Art** sind mündliche oder schriftliche Anweisungen oder Erläuterungen über technische Vorgänge im weitesten Sinne – im Gegensatz insbesondere zu Vorschriften und Informationen im rein kaufmännischen Bereich. Wie schon die im Gesetzestext erwähnten Beispiele andeuten, genügt es für die Anwendbarkeit der Vorschrift, wenn der technische Aspekt einer unter mehreren ist. Der Technikbegriff ist hier weiter als im Patentrecht; er kann wissenschaftliche oder künstlerische Arbeiten einschließen.[8] Eine Verkörperung oder schriftliche Niederlegung ist bei Vorschriften technischer Art – im Gegensatz zu Vorlagen – nicht Voraussetzung. Allgemeine Ideen und vage Einfälle ohne konkrete Ausformulierung werden dagegen nicht erfasst.[9]

5 **Anvertraut** sind dem Täter solche Gegenstände, die er mit der **ausdrücklichen oder aus den Umständen abzuleitenden Auflage** erhalten hat, sie **vertraulich zu behandeln.**[10] Die vertrauliche Behandlung erfordert primär die Geheimhaltung solcher Vorlagen und Vorschriften technischer Art; darüber hinaus ist jede Verwendung unzulässig, die dem erkennbaren Interesse des Anvertrauenden zuwiderläuft.[11] Als von vornherein **nicht „anvertraut"** gelten Vorlagen und Vor-

[5] Diese Differenzierung zwischen der zivil- und der strafrechtlichen Betrachtung lassen *Witt/Freudenberg* WRP 2014, 374, 379, vermissen; ebenso wird hier verkannt, dass § 18 im Ergebnis schon bisher nur auf nicht offenkundige Informationen anzuwenden ist, siehe unten Rdn. 5.

[6] RGSt 45, 385 f.: Möbelentwurfszeichnungen; BGH GRUR 1960, 554-*Handstrickverfahren:* Zeichnungen in einer Patentanmeldung; GRUR 1958, 346 – *Spitzenmuster:* Originalspitze zur Musterherstellung; KG GRUR 1988, 702 f. – *Corporate Identity:* Firmensignet; OLG Karlsruhe WRP 1986, 623: Baupläne; OLG Hamm NJW-RR 1990, 1380: Modellkostüme; Sendeformate kommen als Vorlagen in Betracht, wenn sie nicht offenkundig sind und deutlich über abstrakte Handlungs- oder Spielideen hinausgehen, das „Konzeptpapier" also einen erheblichen Konkretisierungsgrad erreicht hat, hierzu Fezer/*Hertin* § 4-S 6 Rdn. 88 ff., 93 f., sowie (zum Urheberrecht) BGH GRUR 2003, 876 – *Sendeformat* – und OLG München GRUR 1990, 674 – *Forsthaus Falkenau;* zu Werbekonzepten *Wüterich/Breucker* GRUR 2004, 389.

[7] *Köhler*/Bornkamm, § 17 Rdn. 9.

[8] So schon *Rosenthal,* Wettbewerbsgesetz, § 18 Note 12.

[9] OLG München GRUR 1990, 674, 676 – *Forsthaus Falkenau* (primär zum Urheberrecht); *Ohly*/Sosnitza § 18 Rdn. 4.

[10] Ausführlich zur Auslegung dieses Tatbestandsmerkmals *Brammsen/Apel* WRP 2016, 18, 20 ff.

[11] KG GRUR 1988, 702 f. – *Corporate Identity;* vgl. auch OLG Hamm WRP 1993, 36, 38 – *Tierohrmarken; Brammsen,* wistra 2006, 201, 205, spricht von der „kooperativ-partnerschaftlichen Handlungsstruktur des Anvertrauens".

schriften, die **offenkundig** sind.[12] Angesichts der Weite des Geheimnisbegriffs geht es auch im Falle der nach § 18 anvertrauten Vorlagen und Vorschriften fast immer um den Schutz von Unternehmensgeheimnissen. Ausnahmsweise mag es am Geheimhaltungswillen fehlen, ohne dass die Anwendbarkeit des § 18 entfiele.[13] Wird das in den Vorlagen oder Vorschriften technischer Art verkörperte Wissen später ohne Zutun des Empfängers **offenkundig,** so braucht auch dieser es fortan nicht mehr geheim zu halten. Nach *Ulmer/Reimer*[14] können die betreffenden Gegenstände von diesem Zeitpunkt an nicht mehr als anvertraut gelten; treffender erscheint es, unter solchen Umständen die Verwertung oder Mitteilung nicht mehr als unbefugt anzusehen. Die Anwendbarkeit der Vorschrift entfällt auch dann, wenn der fragliche Gegenstand zwar nicht allgemein, wohl aber dem Empfänger bekannt ist; dieser verwertet dann nicht das Anvertraute, sondern die bei ihm schon vorhandene Kenntnis. Das Bestehen eines Vertragsverhältnisses zwischen Anvertrauendem und Mitteilungsempfänger ist nicht erforderlich. Insbesondere im Vorfeld des angestrebten Vertragsabschlusses werden dem potenziellen Vertragspartner häufig bereits Geschäfts- und Betriebsgeheimnisse offenbart. Hier ist in der Regel ein Geheimhaltungswille und -interesse des Geheimnisinhabers ebenso anzunehmen wie ein für die Anwendbarkeit des § 18 ausreichendes Vertrauensverhältnis. Unabhängig hiervon ist der schriftliche Abschluss einer möglichst konkreten Geheimhaltungsvereinbarung zu empfehlen.

Im geschäftlichen Verkehr sind die Vorschriften und Vorlagen dann anvertraut, wenn zwi- 6
schen dem Unternehmen des Anvertrauenden und dem Empfänger ein **Außenverhältnis** besteht. Im Ergebnis hat dieses Merkmal primär die Funktion, die eigenen Arbeitnehmer des Unternehmens als Täter auszuschließen. Zum geschäftlichen Verkehr sind in diesem Zusammenhang Beziehungen zu gewerblichen und zu freiberuflichen Unternehmen und deren Beschäftigten zu rechnen, desgleichen auch solche zu privaten Abnehmern.[15]

IV. Tathandlung

Tathandlungen sind die **unbefugte Verwertung**[16] sowie die unbefugte **Mitteilung**[17] an einen 7
beliebigen Dritten. Eine Verwertung liegt schon vor, wenn der Verwender der anvertrauten Vorlage wesentliche, zuvor weder ihm selbst noch der Allgemeinheit bekannte Informationen entnimmt; eine identische oder so gut wie unveränderte Benutzung ist nicht erforderlich.[18] Auf der **subjektiven Seite** ist strafrechtlich (aber nicht zivilrechtlich, siehe oben Rdn. 1a und unten Rdn. 12) neben (bedingtem) Vorsatz ein Handeln zu Zwecken des Wettbewerbs oder aus Eigennutz erforderlich.[19]

B. Versuch (§ 18 Abs. 2)

Der Versuch ist strafbar. Verwiesen wird auf Rdn. 37 zu § 17. Die Strafbarkeit des Versuchs wur- 8
de eingeführt, um Wertungswidersprüche zu § 19 zu vermeiden, der bereits Handlungen im Vorfeld des Versuchs unter Strafe stellt.[20]

C. Antragsdelikt (§ 18 Abs. 3)

Im Gleichklang mit § 17 Abs. 5[21] wird auch der Missbrauch anvertrauter Vorlagen und Vor- 9
schriften nur auf **Antrag** verfolgt, soweit nicht die Strafverfolgungsbehörde wegen des **besonderen öffentlichen Interesses** an der Strafverfolgung ein Einschreiten von Amts wegen für geboten hält.

---

[12] BGH GRUR 1958, 346, 349 – *Spitzenmuster;* GRUR 1958, 297 ff. – *Petromax I* – und GRUR 1964, 31 – *Petromax II;* GRUR 1960, 554 – *Handstrickverfahren;* GRUR 1982, 225 f. – *Straßendecke II;* OLG München NJWE-WbR 1997, 38 f.
[13] Vgl. BGH GRUR 1964, 31 f. – *Petromax II;* differenzierend *Brammsen/Apel* WRP 2016, 18, 22.
[14] Nr. 336; vgl. auch BGH GRUR 1958, 346, 349 – *Spitzenmuster.*
[15] Beispiel bei *Ulmer/Reimer* Nr. 338: Architekt/Bauinteressent.
[16] Hierzu o. § 17 Rdn. 31 ff.
[17] Hierzu o. § 17 Rdn. 10 ff.
[18] *Ohly*/Sosnitza § 18 Rdn. 8; noch weiter gehend *Zentek* WRP 2007, 507, 515.
[19] Hierzu Fn. 13.
[20] Begr. RegE zu § 19, BT-Drucks. 15/1587.
[21] S. o. § 17 Rdn. 39.

D. Auslandstaten (§ 18 Abs. 4)

10 In Bezug auf Auslandstaten (§ 5 Nr. 7 StGB) kann auf Rdn. 41 zu § 17 verwiesen werden.

E. Zivilrechtlicher Schutz

11 Wie bei § 17 (dort Rdn. 41 ff.) gilt, dass jeder Verstoß gegen § 18 zivilrechtlich nach **§ 823 Abs. 2 BGB** und – im Falle wettbewerblichen Handelns – nach **§ 3 Abs. 1 UWG** und/oder nach **§ 3a** oder **§ 4 Nr. 4** verfolgt werden kann und die entsprechenden Ansprüche (§ 17 Rdn. 58 ff.) begründet. Auch hier hat der Verletzte die Möglichkeit der dreifachen Schadensberechnung in der durch Art. 10 der Durchsetzungsrichtlinie und Art. 13 der Geheimnisschutz-RL modifizierten Form.[22]

12 Wie bei § 17 (dort Rdn. 43 ff.) findet u. U. eine **zivilrechtliche Erweiterung** des vom Straftatbestand erfassten Bereichs statt, und zwar nicht nur auf der subjektiven Seite (die zivilrechtlich keinen Vorsatz erfordert), sondern ausnahmsweise auch bei nicht vollständiger Erfüllung des objektiven Tatbestands. Greift § 18 aus besonderen Gründen nicht ein, erscheint das Verhalten des Wettbewerbers aber gleichwohl nicht weniger unlauter, so können **§§ 3 Abs. 1 UWG/826 BGB** zum Zuge kommen: In *„Petromax II“*[23] ließ der BGH offen, ob das Merkmal des „Anvertrauens“ im Sinne des § 18 erfüllt war und verurteilte nach § 1 UWG a. F., weil die Beklagte, der technische Zeichnungen im Rahmen eines Vertrauensverhältnisses überlassen worden waren, diese Zeichnungen unter Ersparung eines erheblichen eigenen Konstruktionsaufwands unmittelbar zur Herstellung entsprechender Wettbewerbsprodukte verwendet hatte. Die eigenmächtige Verwertung von Kenntnissen, die ein Anbieter im Rahmen später gescheiterter **Vertragsverhandlungen** über die Lizenzierung ungeschützter Erfindungen, Pläne und dergleichen vermittelt hat, spielt in der Praxis eine erhebliche Rolle. § 3 Abs. 1 UWG/§ 826 BGB können den Schutzbereich des § 18 beispielsweise auch dann erweitern, wenn es nicht um Vorlagen oder Vorschriften technischer Art, sondern um Preiskalkulationen oder andere im kaufmännischen Bereich anzusiedelnde Geheimnisse geht.[24] Im Rahmen des § 826 BGB genügt bedingter Vorsatz.[25] Die Verwertung der fremden Vorlagen kann im Einzelfall gleichzeitig gegen **§ 4 Nr. 3 lit. c UWG** oder gegen **Gesetze des geistigen Eigentums** verstoßen.[26]

§ 19 Verleiten und Erbieten zum Verrat

(1) **Wer zu Zwecken des Wettbewerbs oder aus Eigennutz jemanden zu bestimmen versucht, eine Straftat nach § 17 oder § 18 zu begehen oder zu einer solchen Straftat anzustiften, wird mit Freiheitsstrafe bis zu zwei Jahren oder mit Geldstrafe bestraft.**

(2) **Ebenso wird bestraft, wer zu Zwecken des Wettbewerbs oder aus Eigennutz sich bereit erklärt oder das Erbieten eines anderen annimmt oder mit einem anderen verabredet, eine Straftat nach § 17 oder § 18 zu begehen oder zu ihr anzustiften.**

(3) **§ 31 des Strafgesetzbuches gilt entsprechend.**

(4) **Die Tat wird nur auf Antrag verfolgt, es sei denn, dass die Strafverfolgungsbehörde wegen des besonderen öffentlichen Interesses an der Strafverfolgung ein Einschreiten von Amts wegen für geboten hält.**

(5) **§ 5 Nr. 7 des Strafgesetzbuches gilt entsprechend.**

---

22 KG GRUR 1988, 702 f. – *Corporate Identity; Ohly*/Sosnitza § 19 Rdn. 11; a. A. noch BGH GRUR 1960, 554, 556 – *Handstrickverfahren* (vor Anerkennung der dreifachen Schadensberechnung bei § 17 UWG durch BGH GRUR 1977, 539, 541 – *Prozessrechner*); zur dreifachen Schadensberechnung und den Auswirkungen der Durchsetzungsrichtlinie und der Geheimnisschutz-RL oben § 17 Rdn. 63 sowie oben *Goldmann* § 9 Rdn. 141 ff.

23 BGH GRUR 1964, 31.

24 Ebenso *Ulmer/Reimer* Nr. 347.

25 BGH GRUR 1977, 539, 541 – *Prozessrechner.*

26 *Ohly*/Sosnitza § 18 Rdn. 12.

Inhaltsübersicht

Rdn.
A. Versuchte Verleitung zum Geheimnisverrat (§ 19 Abs. 1) 1
B. Erbieten oder Verabredung zum Verrat (§ 19 Abs. 2) 2
C. Rücktritt vom Versuch der Beteiligung (§ 19 Abs. 3) 3
D. Antragsdelikt (§ 19 Abs. 4) 4
E. Auslandstaten (§ 19 Abs. 5) 5
F. Zivilrechtlicher Schutz 6

A. Versuchte Verleitung zum Geheimnisverrat (§ 19 Abs. 1)

§ 19 Abs. 1 bis Abs. 3 (in ihrer seit dem UWG 2004 geltenden Fassung) entsprechen inhaltlich § 20 Abs. 1 bis Abs. 3 UWG a. F. Die Formulierungen wurden stärker an die Grundnorm des § 30 StGB angelehnt. § 19 Abs. 4 entspricht § 22 Abs. 1 UWG a. F., § 19 Abs. 5 entspricht § 20a UWG a. F.[1] 1

§ 19 Abs. 1 betrifft den **erfolglosen Versuch der Anstiftung** zu einer Straftat nach §§ 17 oder 18. Auf Seiten des Anstifters muss ein Handeln zu Zwecken des Wettbewerbs oder aus Eigennutz vorliegen.[2] Täter kann jedermann sein, auch der beim Geheimnisinhaber Beschäftigte. Gegenüber den §§ 17 und 18 ist § 19 subsidiäre äree Verleitung zum Geheimnisverrat Erfolg, so wird wegen Anstiftung zum Vergehen nach § 17 oder § 18 bestraft und § 19 konsumiert. 1a

Versuchte Anstiftung liegt vor, wenn der Anstiftende über das Stadium bloßer Vorbereitungshandlungen hinaus den ernst gemeinten, jedoch aus irgendeinem Grunde erfolglos bleibenden Versuch unternimmt, einen anderen zu einem Verstoß gegen die §§ 17 oder 18 zu bewegen. Die **Abgrenzung von der Vorbereitungshandlung** ergibt sich aus **§ 22 StGB.** Wegen der Strafbarkeit des untauglichen Versuchs ist es unerheblich, ob das vom Täter angenommene Geheimnis tatsächlich existiert[3] und ob der Angesprochene hierzu Zugang hat. 1b

B. Erbieten oder Verabredung zum Verrat (§ 19 Abs. 2)

Ebenso wird bestraft, wer mit (bedingtem) Vorsatz und zu Zwecken des Wettbewerbs oder aus Eigennutz seine eigene Bereitschaft erklärt, eine Straftat nach §§ 17 oder 18 zu begehen oder zu ihr anzustiften. Die beiden weiteren Tatbestandsvarianten betreffen die Annahme eines entsprechenden Erbietens eines anderen sowie die Verabredung zu einer Straftat der genannten Art. Zum Vergehen **erbietet** sich, wer von sich aus eine ernst gemeinte[4] Erklärung abgibt, einen Verstoß gegen die §§ 17 oder 18 begehen zu wollen. Ernst gemeint sein muss auch die Erklärung desjenigen, der das Erbieten eines anderen **annimmt,** wobei unerheblich ist, ob es der Erbietende seinerseits ernst gemeint hatte.[5] Mit Strafe bedroht wird schließlich auch die **Verabredung** zu einer im Sinne der Mittäterschaft auszuführenden Tat nach §§ 17 oder 18. 2

C. Rücktritt vom Versuch der Beteiligung (§ 19 Abs. 3)

§ 19 Abs. 1 und Abs. 2 betreffen Versuchs- und weitere Handlungen im Vorfeld des Geheimnisverrats oder -missbrauchs. Gemäß § 19 Abs. 3 wird deshalb § 31 StGB (Rücktritt vom Versuch der Beteiligung) für entsprechend anwendbar erklärt. 3

D. Antragsdelikt (§ 19 Abs. 4)

Die Straftaten gemäß § 19 Abs. 1 und Abs. 2 werden in der Regel nur auf Antrag verfolgt. Hierzu und zum „besonderen öffentlichen Interesse an der Strafverfolgung" oben Rdn. 39. 4

[1] „Strafrechtsdogmatische Ungereimtheiten" der Neufassung von 2004 beklagt *Mitsch* wistra 2004, 161.
[2] Siehe oben § 17 Rdn. 13 ff.
[3] Vgl. OLG Celle GRUR 1969, 548 f.
[4] Vgl. BGHSt 6, 346.
[5] Vgl. BGHSt 10, 388 f.

E. Auslandstaten (§ 19 Abs. 5)

5 Zum Verweis auf § 5 Nr. 7 StGB s. o. § 17 Rdn. 41.

F. Zivilrechtlicher Schutz

6 **Unterlassungs- und Beseitigungsansprüche** können im Falle wettbewerblichen Handelns über **§ 3 Abs. 1** und in Sonderfällen über **§ 3a oder § 4 Nr. 4 UWG,** ansonsten über **§§ 823 Abs. 1 und Abs. 2, 826 und 1004 BGB** geltend gemacht werden. Weil § 19 Handlungen im Vorfeld tatsächlichen Geheimnisverrats und Geheimnismissbrauchs betrifft, wird ein hinreichend konkretisierbarer (d.h. bezifferbarer oder nach § 287 ZPO schätzbarer) **Schaden** meist nicht eingetreten sein. Denkbar ist aber beispielsweise der Ersatz von Aufwendungen zur Gefahrenabwehr[6] oder zur Aufklärung des Vorgangs und zu dessen rechtlicher Verfolgung. Auch hier greifen dann § 3 Abs. 1, § 3a oder § 4 Nr. 3 UWG sowie – auch außerhalb des Bereichs der geschäftlichen Handlungen – §§ 823 Abs. 1 und Abs. 2 sowie ggf. 826 BGB ein.

---

6 *Köhler*/Bornkamm § 19 Rdn. 18.

Kapitel 5. Schlussbestimmungen

§ 20 Bußgeldvorschriften

(1) **Ordnungswidrig handelt, wer vorsätzlich oder fahrlässig entgegen § 7 Absatz 1 in Verbindung mit Absatz 2 Nummer 2 gegenüber einem Verbraucher ohne dessen vorherige ausdrückliche Einwilligung mit einem Telefonanruf wirbt.**

(2) **Die Ordnungswidrigkeit kann mit einer Geldbuße bis zu fünfzigtausend Euro geahndet werden.**

(3) **Verwaltungsbehörde im Sinne des § 36 Absatz 1 Nummer 1 des Gesetzes über Ordnungswidrigkeiten ist die Bundesnetzagentur für Elektrizität, Gas, Telekommunikation, Post und Eisenbahnen.**

I. Hintergrund der Norm und Normzweck

Die Norm wurde durch das **Gesetz zur Bekämpfung unerlaubter Telefonwerbung** und zur **Verbesserung des Verbraucherschutzes** bei besonderen Vertriebsformen vom 29. Juli 2009, das am 4. August 2009 in Kraft getreten ist,[1] in das UWG eingefügt und durch das Gesetz gegen unseriöse Geschäftspraktiken vom 20. September 2013, in Kraft getreten am 9. Oktober 2013,[2] ergänzt und verschärft. § 20 ermöglicht der **Bundesnetzagentur,** unmittelbar und ohne vorherige Abmahnung **strafrechtliche Sanktionen gegen unerlaubte Telefonwerbung** im Sinne des **§ 7 Abs. 2 Nr. 2, Alt. 1 und Nr. 3 Alt. 1** zu verhängen.[3] Die auch der Prävention dienende Norm stellt einen Sonderfall innerhalb des UWG dar, da wettbewerbsrechtlich unlautere Handlungen im Übrigen mit Ausnahme von §§ 16 bis 19 nur zivilrechtliche Sanktionen auslösen. Dabei beschränkt sich § 20 auf den Tatbestand der unerwünschten Telefonwerbung einschließlich der Verwendung automatischer Anrufmaschinen gegenüber Verbrauchern, während die übrigen in § 7 geregelten Fälle unzumutbarer Belästigungen nicht erfasst sind. Die Werbung mittels automatischer Anrufmaschinen im Sine des § 7 Abs. 2 Nr. 3 Alt. 1 ist seit der Gesetzesänderung 2013 von § 20 mit erfasst. 1

II. Tatbestandsvoraussetzungen

1. Allgemeines

Voraussetzung des akzessorischen § 20 ist die vollständige Erfüllung des Tatbestands der unerlaubten Telefonwerbung nach § 7 Abs. 2 Nr. 2, Alt. 1 oder Nr. 3 Alt. 1, also ein **vorsätzlicher oder fahrlässiger Telefonanruf zu Werbezwecken gegenüber einem Verbraucher,** ohne dass dessen vorherige ausdrückliche Einwilligung vorliegt[4] oder die Werbung mittels automatischer Anrufmaschinen gegenüber einem Verbraucher. Nicht erfasst ist die in § 7 Abs. 2 Nr. 2 Alt. 2 geregelte Telefonwerbung gegenüber sonstigen Marktteilnehmern. Der Geltungsbereich des § 20 ist – entgegen den Bestimmungen des § 7 Abs. 2 Nr. 2 und Nr. 3 – ausdrücklich auf die Werbung gegenüber einem Verbraucher beschränkt. 2

2. Täter

Täter der Ordnungswidrigkeit im Sinne des § 14 Abs. 1 OWiG ist der Werbende. In Betracht **kommen alle Personen, die den Anruf selbst tätigen,** insbesondere auch Mitarbeiter in Call-Centern. Daneben sollen nach der Gesetzesbegründung aber auch sämtliche Personen als Täter in Frage kommen, die an der Tat, etwa durch Bereitstellung der technischen Voraussetzungen oder Übernahme der Organisation, **wesentlich mitwirken.** Zu denken ist dabei insbesondere an den Betreiber sowie den Auftraggeber des **Call-Centers.**[5] Dabei kommt es wegen des im Ordnungswidrigkeitenrecht im Rahmen des § 14 OWiG anerkannten **Einheitstäterbegriffs** auf die Abgren- 3

---

[1] BGBl. I, S. 2413.
[2] BGBl. I, S. 3714.
[3] Begr RegE, BT-Drucks. 16/10734, S. 13.
[4] Siehe hierzu oben, § 7 Rdn. 149 ff.
[5] Begr RegE, BT-Drucks. 16/10734, S. 13.

zung zwischen Mittäterschaft (§ 25 Abs. 2 StGB) oder Teilnehmer (§§ 26, 27 StGB) im Ergebnis nicht an. Handelt der Auftraggeber des Call-Centers ebenso wie die weitere beteiligte Person vorsätzlich, ist er als Anstifter anzusehen; fahrlässig handelnde Täter haften unabhängig voneinander als Nebentäter. Daneben kommen auch ein Begehen durch Unterlassen sowie eine mittelbare Täterschaft in Betracht.

3. Vorsatz oder Fahrlässigkeit

4 Der Täter muss vorsätzlich oder fahrlässig handeln. **Vorsatz** setzt Wissen und Wollen aller objektiven Tatbestandsmerkmale voraus. Fahrlässigkeit liegt vor, wenn der Täter die im Verkehr erforderliche Sorgfalt außer Acht lässt und die Verwirklichung des Tatbestands für ihn vorhersehbar und vermeidbar ist.[6] Die Erfüllung der Sorgfaltspflicht setzt voraus, dass der Anrufer sich vor dem Anruf **darüber Sicherheit verschafft,** ob es sich bei dem Angerufenen um einen **Verbraucher** handelt, ob dessen **wirksame vorherige ausdrückliche Einwilligung** vorliegt und ob deren Reichweite den **konkreten Werbeanruf umfasst.**[7] Call-Center haben darüber hinaus eine ordnungsgemäße **Dokumentation** der vorliegenden Einwilligungserklärungen vorzuweisen. Wird ihnen eine entsprechende Liste vom Auftraggeber zur Verfügung gestellt, haben die Betreiber von Call-Centern diese jedenfalls dann zu überprüfen, wenn Anlass besteht, an der Richtigkeit der Angaben zu zweifeln. Eine Entlastung wegen des guten Glaubens an das Vorliegen einer Einwilligung kommt nicht in Betracht.[8]

5 Nimmt der Betreiber des Call-Centers Verstöße seiner Mitarbeiter gegen § 7 Abs. 2 Nr. 2 Alt. 1 billigend in Kauf, handelt er vorsätzlich. Der einzelne Mitarbeiter des Call-Centers wird in der Regel auf die Richtigkeit der ihm zur Verfügung gestellten Liste vertrauen dürfen. Wählt er die Adressaten seiner Anrufe allerdings selbständig aus, ist **bedingter Vorsatz** anzunehmen. Dasselbe gilt in diesem Fall freilich für den Betreiber des Call-Centers, der seinen Mitarbeitern bei der Auswahl der Anzurufenden freie Hand lässt.

6 Der **Auftraggeber** hat eine **Liste über die zumeist schriftlich erteilten Einwilligungserklärungen** zu führen und diese regelmäßig zu **kontrollieren,** um gewährleisten zu können, dass im Zeitpunkt des Anrufs tatsächlich eine aktuelle Einwilligung vorliegt. Darüber hinaus trifft den Auftraggeber die Pflicht, das **Call-Center sorgfältig auszuwählen** und im Zweifel Nachforschungen anzustellen, ob dieses unerlaubte Telefonwerbung durchführt.

III. Sanktionen

7 Ordnungswidrigkeiten nach § 20 können seit der Gesetzesänderung aus dem Jahr 2013 mit einer **Geldbuße von bis zu 300 000 €** geahndet werden. Dies stellt eine drastische Erhöhung gegenüber der vorherigen Gesetzeslage dar, die eine Geldbuße lediglich bis zu einer Höhe von 50 000 € vorsah. Sie dient der Abschreckung und damit dem wirksameren Schutz der Verbraucher gegen unerwünschte Telefonwerbung und findet ihre Rechtfertigung insbesondere in der Praxis werbender Unternehmen, Call-Center durch nur eine ordnungswidrigkeitsrechtliche relevante Handlung mit einer Vielzahl von unerlaubten Werbeanrufen zu beauftragen.[9] Im Einzelfall bestimmt sich der Umfang der Geldbuße nach § 17 OWiG. Als Anhaltspunkte für die Bemessung der Höhe dienen nach § 17 Abs. 3 Satz 1 OWiG die Bedeutung der Ordnungswidrigkeit und der Vorwurf, der den Täter trifft. Im Falle **fahrlässigen Handelns** kann sich die Geldbuße nach § 17 Abs. 2 OWiG höchstens auf **150 000 €** belaufen. Die **wirtschaftlichen Umstände des Täters** bleiben bei geringfügigen Ordnungswidrigkeiten in der Regel außer Betracht (§ 17 Abs. 3 Satz 2 OWiG), können jedoch ansonsten berücksichtigt werden. Sofern gegen den Täter keine Geldbuße festgelegt wird, kann nach § 29a OWiG der Verfall eines Geldbetrages bis zu einer Höhe angeordnet werden, die dem Wert des Erlangten entspricht. Hat der Täter für eine juristische Person oder eine rechtsfähige Personengesellschaft gehandelt, so kann die Geldbuße auch gegen dieses **Unternehmen** festgesetzt werden (§ 30 OWiG).

8 Zuständig für die **Verfolgung der Ordnungswidrigkeit** ist nach § 20 Abs. 3 i. V. m. § 36 Abs. 1 Nr. 1 die **Bundesnetzagentur für Elektrizität, Gas, Telekommunikation, Post und Eisenbahn** mit Sitz in Bonn. Zuständig für **Einsprüche** gegen **Bußgeldbescheide ist das Amtsgericht Bonn** (§ 68 Abs. 1 Satz 1 OWiG).

---

6 Karlsruher Kommentar zum OWiG/*Rengier,* § 14 Rdn. 3, 16.

7 Vgl. Begr RegE, BT-Drucks 16/10734, S. 14.

8 Begr RegE, BT-Drucks 16/10734, S. 14.

9 Vgl. Begr RegE, BT-Drucks. 17/13057, S. 28; siehe hierzu auch MünchKommUWG/*Brammsen,* § 20 Rdn. 47.

Die Bundesnetzagentur hat **zusätzliche Befugnisse nach § 67 Abs. 1 TKG;** insbesondere kann sie unter bestimmten Voraussetzungen **Rufnummern abschalten oder entziehen** (§ 67 Abs. 1 Satz 4 und 5 TKG). Zusätzliche Sanktionen zieht die vorsätzliche oder fahrlässige **Rufnummernunterdrückung** nach sich, sie kann nach § 149 Abs. 1 Nr. 17c, Abs. 2 Nr. 3 i. V. m. § 102 Abs. 2 TKG mit einer Geldbuße bis zu 100 000 € geahndet werden.

Preisangabenverordnung (PAngV)

in der Fassung der Bekanntmachung vom 18. Oktober 2002 (BGBl. I S. 4197), die zuletzt durch Art. 11 des Gesetzes vom 11. März 2016 (BGBl. I S. 396) geändert worden ist

FNA 720-17-1

Einführung

Inhaltsübersicht

	Rdn.
A. Ziele der Preisangabenverordnung	1
B. Räumlicher Geltungsbereich	2
C. Persönlicher und sachlicher Anwendungsbereich	5
D. Verhältnis zum Wettbewerbsrecht	7
E. Verhältnis zum sonstigen Zivilrecht	9
I. Vertragsrecht	9
II. § 823 Abs. 2 BGB; § 831 BGB	10
III. Artt. 246, 246a, 247, 248 EGBGB, BGB-InfoV: § 66a ff. TKG	11
F. Verhältnis zum Strafrecht	13
G. Verhältnis zum Unionsrecht	14

Schrifttum: *Buchmann,* Die Angabe von Grundpreisen im Internet, K&R 2012, 90; *Eckert,* Grundsätze der Preisangabenverordnung im Lichte der neuesten BGH-Entscheidungen, GRUR 2011, 678; *Goldberg,* (K)ein „Haircut" bei der Preisangabenverordnung?, WRP 2013, 1561; *Jacobs,* Die optische Vergrößerung der Grundpreisangabe – Notwendigkeit und Umsetzung, WRP 2010, 1217; *Köhler,* „Haircut" bei der Preisangabenverordnung am 12.6.2013, WRP 2013, 723; *Omsels,* Die Auswirkungen einer Verletzung richtlinienwidriger Marktverhaltensregelungen auf § 4 Nr. 11 UWG, WRP 2013, 1286; *Tonner,* Preisangaben bei Online-Buchungen, VuR 2015, 454; *Widmann,* Die Preisangabenverordnung im Handwerk, WRP 2010, 1443; *Willems,* Preisangaben vor dem „Frisierspiegel" des Europarechts?, GRUR 2014, 734.

A. Ziele der Preisangabenverordnung[1]

Zweck der Preisangabenverordnung ist es, durch eine sachlich zutreffende und vollständige Verbraucherinformation **Preiswahrheit und Preisklarheit** zu gewährleisten und durch optimale Preisvergleichsmöglichkeiten die Stellung der Verbraucher gegenüber Handel und Gewerbe zu stärken und den Wettbewerb zu fördern.[2] Daher soll verhindert werden, dass der Verbraucher seine Preisvorstellungen anhand untereinander nicht vergleichbarer Preise gewinnen muss.[3] Das bedeutet nicht, dass der Unternehmer stets mit Preisen werben muss. Wenn er aber mit Preisen wirbt, bzw. Produkte anbietet, dann sind die Regelungen der PAngV zu beachten. 1

B. Räumlicher Geltungsbereich

Der räumliche Anwendungsbereich der PAngV entspricht dem des UWG. Die PAngV gilt somit im Ansatz grundsätzlich **für alle Angebote und jede Werbung unter Angabe von Preisen i. S. v. § 1 Abs. 1 S. 1 im Inland,** und zwar unabhängig davon, ob es sich beim Anbieter/ 2

Die Kommentierung der Preisangabenverordnung erfolgte in den beiden ersten Auflagen dieses Kommentars durch Herrn ***Dr. Stefan Völker,*** dessen Vorarbeiten auch in der aktuellen Auflage noch an vielen Stellen von maßgeblicher Bedeutung sind.

[1] Zu Begriff und Bedeutung des Preisangabenrechts *Völker,* PreisangabenR, Einf. PAngV, Rdn. 1 ff.

[2] BGH GRUR 2003, 971, 972 – *Telefonischer Auskunftsdienst;* GRUR 2008, 84, Tz. 25 – *Versandkosten;* GRUR 2013, 850, Tz. 13 – *Grundpreisangabe im Supermarkt;* GRUR 2014, 576, Tz. 19 – *2 Flaschen GRATIS.*

[3] Vgl. BGHZ 108, 39, 40 f. – *Stundungsangebote;* BGH GRUR 1995, 274, 275 – *Dollar-Preisangaben;* GRUR 2001, 1166, 1168 – *Fernflugpreise;* GRUR 2010, 652, Tz. 11 – *Costa del Sol.* Ähnlich EuGH Rs. C-476/14 Tz. 26 - *Citroen ./. ZLW* zur Richtlinie 98/6.

Werbenden um Inländer oder Ausländer handelt; sie gilt also z. B. auch für ausländische Werbeinserate in inländischen Zeitschriften.[4] Damit findet die PAngV auf Werbeunterlagen, die zwar im Ausland hergestellt, aber (zumindest auch) im Inland vertrieben werden, grundsätzlich jedenfalls dann Anwendung, wenn von einer gezielten Verbreitung auch im Inland ausgegangen werden kann, also nicht nur da und dort Einzelstücke über die Grenze gelangen.[5] Die PAngV gilt grundsätzlich auch für Angebote und Preiswerbung im Inland, wenn sich diese gezielt an im Inland ansässige Angehörige anderer Staaten richtet. **Besonderheiten** gelten allerdings für die Werbung in **Telemedien und in audiovisuellen Medien.** Bei **Telemedien,** insbesondere also bei der Werbung im Internet, ist gegenüber EU-Anbietern das sog. **Herkunftslandprinzip** zu beachten, § 3 TMG. Die Regelung dient der Umsetzung von Art. 3 der Richtlinie 2001/31/EG (E-Commerce-Richtlinie), so dass Rechtsnatur und Reichweite der Regelung in Einklang mit der E-Commerce-Richtlinie zu bestimmen sind.[6] Bei dieser Norm handelt es sich nach der Rechtsprechung des EuGH, der auch der BGH folgt, nicht um eine Kollisionsnorm, d. h. es ist nicht von vornherein nur das Recht des Heimatlandes des Diensteanbieters anzuwenden, sondern um ein sachrechtliches Beschränkungsverbot.[7] Es ist mithin sicherzustellen, dass ein Diensteanbieter mit Sitz in der EU im elektronischen Verkehr nicht strengeren Anforderungen in Deutschland unterliegt als es in seinem Sitzmitgliedstaat der Fall wäre. Nach § 3 Abs. 2 TMG kann daher eine Werbung, die nach deutschem Recht verboten wäre, trotzdem hinzunehmen sein, wenn sie nach dem Recht des Sitzlandes des jeweiligen EU-Diensteanbieters erlaubt wäre. Zu beachten ist jedoch, dass das Herkunftslandprinzip nur für Anbieter mit Sitz in einem EU-Mitgliedstaat gilt.

3 Für Werbung in **audiovisuellen Mediendiensten,** insbesondere im Fernsehen, gilt nach Art 2 I Richtlinie 2010/13/EU grundsätzlich ebenfalls das Herkunftslandprinzip, d. h. maßgeblich wäre das Recht des Sendelandes. Allerdings greift das Herkunftslandprinzip nur in Rechtsbereiche ein, die durch die Richtlinie selbst harmonisiert werden, da sein Zweck lediglich ist, eine Doppelkontrolle zu verhindern. Die Fernsehrichtlinie als Vorgängerin der Richtlinie 2010/13/EU regelte auch werberechtliche Fragen, koordinierte aber das Lauterkeitsrecht nicht abschließend. Sie stand daher einer nationalen Regelung nicht entgegen, die allgemein dem Verbraucherschutz diente, dabei aber keine zweite Kontrolle der Fernsehsendungen zusätzlich zu der vom Sendestaat durchzuführenden Kontrolle einführte.[8] Diese Rechtsprechung behält auch unter Geltung der Richtlinie über audiovisuelle Mediendienste ihre Bedeutung,[9] zumal auch diese Richtlinie keine Vorschriften für die Werbung unter Angabe von Preisen enthält. Damit können auch im Ausland ausgestrahlte Fernsehsendungen, die im Inland spürbar empfangen werden können, dennoch dem deutschen Lauterkeitsrecht unterliegen.[10]

4 Umgekehrt ist die PAngV grundsätzlich nicht auf Angebote und Werbung inländischer oder ausländischer **Wirtschaftsteilnehmer im Ausland** anwendbar, selbst wenn sie sich im Einzelfall an Adressaten richtet, die ihren gewöhnlichen Aufenthalt im Inland haben, z. B. deutsche Urlauber im Ausland.[11] Allerdings gibt es auch hier Ausnahmen: Telemediendiensten und in der Bundesrepublik Deutschland niedergelassenen Diensteanbietern dürfen im Europäischen Ausland nicht Verhaltensweisen verboten werden, die nach der PAngV erlaubt wären.[12]

C. Persönlicher und sachlicher Anwendungsbereich

5 Die PAngV gilt nicht für alle Preisangaben. Auf **Anbieterseite** ist ihr persönlicher und sachlicher Anwendungsbereich durch § 1 Abs. 1 S. 1 auf diejenigen beschränkt, die gewerbs- oder geschäftsmäßig oder regelmäßig in sonstiger Weise Waren oder Leistungen anbieten oder dafür als Anbieter unter Angabe von Preisen werben. Keine Normadressaten sind also insbesondere Privatleute, die gelegentlich und vereinzelt etwas veräußern. Auch rein betriebsinterne oder hoheitliche Angebote sind ausgenommen. Ferner ergeben sich auf der Anbieterseite Einschränkungen aus der E-Commerce-Richtlinie und deren Umsetzung im TMG.[13]

---

[4] Vgl. BGH GRUR 1993, 53 ff. – *Ausländischer Inserent.*

[5] Vgl. BGH GRUR 1971, 153, 154 – *Tampax,* zum Wettbewerbsrecht; Art. 6 Abs. 1 VO (EG) Nr. 864/2007 („Rom II“).

[6] BGH GRUR 2012, 850, Tz. 23 – *rainbow.at II.*

[7] EuGH GRUR Int. 2012, 47, Tz. 63 – *eDate Advertising;* BGH GRUR 2012, 850, Tz. 27 – *rainbow.at II.*

[8] EuGH GRUR Int 1997, 913, Tz. 34 – *De Agostino.*

[9] MünchKommBGB/*Drexl,* Internationales Recht gegen den unlauteren Wettbewerb, Rdn. 55.

[10] *Köhler*/Bornkamm Einl. Rdn. 5.23; *Sack* WRP 2000, 269, 284.

[11] Vgl. BGH GRUR 1991, 463, 464 f. – *Kauf im Ausland,* zum ehemaligen HWiG i. V. m. § 1 UWG a. F.

[12] Vgl. EuGH GRUR 2012, 300, 303, Tz. 68 – *eDate Advertising* (zu Art. 3 RL 2001/31/EG). Art. 6 Abs. 2 der Rom II VO dürfte hingegen bei Verstößen gegen die PAngV im Regelfall nicht anwendbar sein.

[13] Näher *Völker,* PreisangabenR, Einf. Rdn. 47 ff. noch zur Vorgängerregelung im TDG.

Hinsichtlich der **Nachfrageseite** beschränkt sich der Anwendungsbereich der PAngV nach § 1 Abs. 1 S. 1 i. V. m. § 9 Abs. 1 Nr. 1 auf Angebote und Preiswerbung gegenüber **Verbrauchern** im Sinne von § 13 BGB. Bis März 2016 war noch von **„Letztverbrauchern"** die Rede.[14] Gemeint waren damit Personen, die die Ware oder Leistung nicht weiter umsetzten, sondern für sich verwandten.[15] Nicht erfasst wurden insbesondere Preisangaben im Verhältnis zum Groß- und Einzelhandel. Wohl aber hätten Letztverbraucher auch gewerbliche oder selbständig beruflich tätige Personen oder die öffentliche Hand sein können. Der Begriff war somit nicht identisch mit dem Begriff des Verbrauchers in § 13 BGB oder § 2 Abs. 2 UWG. § 9 Abs. 1 Nr. 1 PAngV schränkte den Anwendungsbereich allerdings dergestalt weiter ein, dass Preisangaben gegenüber Abnehmern, die die Ware/Leistung (nur) in ihrer selbstständigen beruflichen, gewerblichen oder behördlich/dienstlichen Tätigkeit verwandten, nicht erfasst waren. Im Ergebnis fand die PAngV daher nur auf private Endverbraucher Anwendung. Mit dem Inkrafttreten des Gesetzes zur Umsetzung der Wohnimmobilienkreditrichtlinie ist nur noch von „Verbraucher" i. S. v. § 13 BGB die Rede. Dadurch soll das Nebeneinander der Begriffe „Endverbraucher", „Verbraucher" und „Kreditnehmer" in der PAngV beseitigt werden.[16] Es ist in Zukunft mithin unerheblich, ob der Erwerber ein Letztverbraucher ist oder ob er die erworbene Ware weiter verarbeitet oder veräußert, solange nur die Kriterien des Verbraucherbegriffs erfüllt sind. Allerdings ist derjenige, der Ware erwirbt, um sie weiter zu veräußern, in der Regel kein Verbraucher im Sinne des § 13 BGB. Bei sog. Dual-Use Verträgen, die sowohl zu gewerblichen als auch zu privaten Zwecken geschlossen werden, kommt es darauf an, welcher Zweck überwiegt. Überwiegt nicht der gewerbliche Zweck, so ist nach Erwägungsgrund 17 der Richtlinie 2011/83/EG der Erwerber als „Verbraucher" zu betrachten. Durch das Abstellen auf den Verbraucherbegriff des § 13 BGB hat die Ausnahmeregelung in § 9 Abs. 1 Nr. 1 PAngV an praktischer Bedeutung verloren. Denn eine Person, die die erworbene Ware (überwiegend) in ihrer selbständigen beruflichen Tätigkeit verwendet, ist kein „Verbraucher" i. S. d. § 13 BGB. Von Bedeutung ist die Ausnahmeregelung in § 9 Abs. 1 Nr. 1 allerdings weiterhin für den Fall, dass Gewerbetreibende ihren privaten Bedarf mit Mitteln decken, die für betriebliche Zwecke erworben wurden und die im Betrieb verwendbar sind. Hier findet die PAngV keine Anwendung (siehe hierzu auch die Kommentierung in § 9). Zugleich haben die Handelsbetriebe nach § 9 Abs. 1 Nr. 1 HS 2 weiterhin sicherzustellen, dass Gewerbetreibende den Einkauf nicht zum Erwerb betriebs**fremder** Mittel nutzen, denn solche Einkäufe sollen nicht privilegiert sein. Die übrigen Bestimmungen von § 9 enthalten **weitere sektorale Ausnahmen** vom Anwendungsbereich der PAngV. Die Frage, ob sich ein Angebot oder eine Werbung nur an Wiederverkäufer, Gewerbetreibende oder selbständig beruflich Tätige oder zumindest auch an Verbraucher i. S. d. § 13 BGB richtet, ist aus der **Sicht der Adressaten der Werbung** zu beurteilen. Es kommt nicht darauf an, an welchen Abnehmerkreis der Werbende die Anzeige richten wollte.[17] Bei **Internetangeboten,** die für jedermann zugänglich sind, ist daher davon auszugehen, dass sie zumindest **auch Verbraucher** i. S. d. § 13 BGB ansprechen, wenn sie nicht eindeutig und unmissverständlich eine Beschränkung auf Wiederverkäufer, andere Gewerbetreibende oder selbständig beruflich Tätige und auf dafür überwiegende Zwecke enthalten und dies in der Praxis auch entsprechend umgesetzt wird. Richtet sich die Werbung nach dem Verständnis der Adressaten auch an Verbraucher, so kann sich der Anbieter der Anwendung der PAngV nicht mit dem Argument entziehen, dass er seine Waren/Dienstleistungen nicht an Verbraucher verkaufe/erbringe.[18] 6

D. Verhältnis zum Wettbewerbsrecht

Die PAngV ist, ebenso wie Art. 23 Abs. 1 der Luftverkehrsdiensteverordnung, eine **Marktverhaltensregelung zum Schutze der Verbraucher** i. S. d. **§ 3a UWG (4 Nr. 11 UWG a. F.).**[19] 7

[14] Die Änderung erfolgte durch Art. 11 des Gesetzes zur Umsetzung der Wohnimmobilienkreditrichtlinie, BGBl. I 2016, 396.

[15] BGH GRUR 2011, 82, 83, Tz. 23 – *Preiswerbung ohne Umsatzsteuer;* GRUR 1974, 477 – *Großhandelshaus.* Siehe auch § 1 Rdn. 3.

[16] Begründung des Gesetzentwurfs, BT Drs. 18/5922, S. 60, 130

[17] BGH GRUR 2011, 82, 83, Tz. 23 – *Preiswerbung ohne Umsatzsteuer;* GRUR 1990, 617, 623 – *Metro III.*

[18] BGH GRUR 2011, 82, 83, Tz. 23 – *Preiswerbung ohne Umsatzsteuer.*

[19] BGH GRUR 2008, 84, Tz. 25 – *Versandkosten;* GRUR 2009, 1180, Tz. 24 – *0,00 Grundgebühr;* GRUR 2010, 744, Tz. 25 – *Sondernewsletter;* GRUR 2012, 1159 – *Preisverzeichnis bei Mietwagenangebot;* GRUR 2013, 186, 187– *Traum-Kombi;* GRUR 2014, 576, Tz. 18 – *2 Flaschen GRATIS;* KG MD 2012, 994, 995. Zur Luftverkehrsdiensteverordnung siehe BGH GRUR 2016, 392 Tz. 15 – *Buchungssystem II;* GRUR 2016, 716 Tz. 16 – *Flugpreise* sowie *Deutsch,* GRUR 2011, 187, 190 m. w. N. in Fn. 23.

Verstöße gegen die materiellen Bestimmungen der PAngV stellten daher regelmäßig auch eine Verletzung von § 4 Nr. 11 UWG a. F. dar.[20] Darüber hinaus ist nach der Neuregelung des § 3a UWG erforderlich, dass der Verstoß geeignet ist, die Interessen von Verbrauchern, sonstigen Marktteilnehmern oder Mittbewerbern spürbar zu beeinträchtigen Das galt auch schon nach dem alten Recht, so dass Bagatellverstöße nicht relevant waren.[21] An die **Wesentlichkeitsschwelle** waren und sind dabei jedoch keine allzu hohen Anforderungen zu stellen.[22] Was Preise und Preisangaben anbelangt, ist für die Wertung zu berücksichtigen, dass sowohl für die Anbieter- als auch für die Nachfrageseite der Preisgestaltung (und damit auch der Preisangabe) zentrale Bedeutung zukommt. Für die Verbraucher ist der Preis neben der Beschaffenheit und Qualität der Ware oder Leistung regelmäßig das entscheidende Kriterium für die Marktorientierung und die Bewertung der verschiedenen Angebote. Preisangaben und Preiswerbung haben daher häufig für die angesprochenen Verkehrskreise einen **besonders hohen Anlockeffekt.**[23] Bei Verstößen gegen die PAngV wird daher häufig von einer wesentlichen Beeinflussung auszugehen sein, da hierdurch die Möglichkeit des Preisvergleichs, der ein unerlässlicher Bestandteil wirtschaftlichen Wettbewerbs ist, erschwert wird.[24] Auch kann eine ernsthafte und konkret feststellbare Nachahmungsgefahr ein Überschreiten der Bagatellgrenze begründen.[25] Ein solches Ergebnis ist im Einzelfall auch aufgrund einer richtlinienkonformen Auslegung geboten. Werden nämlich Informationen vorenthalten, die das Unionsrecht als wesentlich einstuft, so war und ist das Erfordernis der Spürbarkeit erfüllt.[26]

8 Besonderheiten können allerdings gelten, wenn und soweit die Regelungen der PAngV nicht mehr in Einklang stehen mit den Vorgaben des Unionsrechts.[27] Außerdem kann eine täuschende preisbezogene Aussage nicht nur indirekt über einen Verstoß gegen die PAngV, sondern auch unmittelbar gegen das wettbewerbsrechtliche **Irreführungsverbot in § 5 UWG** verstoßen; ferner kommt bei Nichtnennung oder nicht rechtzeitiger Nennung des Endpreises (nunmehr „Gesamtpreis") auch eine **Irreführung durch Unterlassen** i. S. v. § 5a Abs. 2, 3 Nr. 3 UWG in Betracht.[28] Dabei ist bei der Irreführung durch Unterlassen allerdings auch zu berücksichtigen, dass nach Erwägungsgrund 15 der UGP-Richtlinie das Vorenthalten von Anforderungen, die nur aufgrund von sog. Mindestanpassungsklauseln bestehen und die über das Unionsrecht hinausgehen, keine Irreführung durch Unterlassen darstellen soll. § 5a Abs. 4 UWG verweist darüber hinaus zur Bestimmung wesentlicher Informationspflichten ausdrücklich auf unionsrechtliche Richtlinien zur Regelung kommerzieller Kommunikation, einschließlich Werbung und Marketing, was insbesondere die UGP-Richtlinie umfasst bzw. zur Umsetzung der UGP-Richtlinie dient. Dabei wird z. B. die Preisangabenrichtlinie (RL 98/6) in Anhang II zur UGP-Richtlinie aufgeführt.[29] Dies hat nach Ansicht des BGH zur Folge, dass ein Verstöße gegen Regelungen der PAngV, die der Umsetzung der Preisangabenrichtlinie dienen, grundsätzlich gleichrangig sowohl nach §§ 3, 3a (4 Nr. 11 UWG a. F.) als auch nach § 5a Abs. 4 UWG verfolgt werden können, ohne dass ein Konkurrenzverhältnis zwischen den beiden Normen besteht.[30] Demgegenüber hat der EuGH festgestellt, dass im Anwendungsbereich der Preisangabenrichtlinie 98/6 eine gleichzeitige Anwendung der UGP-Richtlinie nicht in Betracht kommt, da die RL 98/6 insoweit vorrangig sei.[31] Praktisch hat das aber keine

---

[20] Vgl. hinsichtlich § 3 UWG a. F. BGH GRUR 2008, 84, 86 – *Versandkosten;* BGH GRUR 2010, 652, Tz. 11 – *Costa del Sol;* OLG Köln GRUR 2007, 329. So auch schon zu § 1 UWG a. F. BGH GRUR 2003, 971, 972 – *Telefonischer Auskunftsdienst;* GRUR 2004, 435, 436 – *FrühlingsgeFlüge.*

[21] BGH GRUR 2008, 442, Tz. 15 – *Fehlerhafte Preisauszeichnung;* GRUR 2011, 82, Tz. 27 – *Preiswerbung ohne Umsatzsteuer.*

[22] OLG Hamburg MMR 2007, 321; zu Einzelfragen der Erheblichkeit bei Verstößen gegen die PAngV, *Willems* GRUR 2014, 734, 737 ff.

[23] BGH GRUR 1995, 353, 354 – *Super-Spar-Fahrkarten.*

[24] Vgl. BGH GRUR 1997, 767, 770 – *Brillenpreise II;* GRUR 1999, 762, 763 – *Herabgesetzte Schlussverkaufspreise;* differenzierend BGH GRUR 2001, 1166, 1168 f. – *Fernflugpreise.*

[25] OLG Jena GRUR 2006, 246; a. A. *Köhler* GRUR 2005, 1, 5; *Köhler*/Bornkamm § 3 Rdn. 130 ff.; für eine Berücksichtigung als Teil der Gesamtumstände, aber gegen ein Ausreichenlassen der Nachahmungsgefahr zur Überschreitung der Bagatellgrenze OLG Koblenz GRUR-RR 2007, 23, 24.

[26] BGH GRUR 2015, 1240, Tz. 46 – *Der Zauber des Nordens;* GRUR 2010, 852 – *Gallardo Spyder.*

[27] Siehe nachfolgend Rdn. 9zum Verhältnis zum Unionsrecht.

[28] BGH GRUR 2009, 1180, Tz. 30 – *0,00-Grundgebühr;* GRUR 2010, 251, Tz. 17 – *Versandkosten bei Froogle;* GRUR 2010, 744, Tz. 42 – *Sondernewsletter;* GRUR 2010, 1110, Tz. 29 – *Versandkosten bei Froogle II;* GRUR 2014, 576, Tz. 15 – *2 Flaschen GRATIS.*

[29] Allerdings ist diese Aufzählung nicht abschließend, so dass bspw. auch die Dienstleistungsrichtlinie 2006/123/EG ebenfalls erfasst ist, BGH GRUR 2015, 1240, Tz. 25 – *Zauber des Nordens.*

[30] BGH GRUR 2014, 576, Tz. 15 – *2 Flaschen GRATIS.*

[31] EuGH Rs. C-476/14 Tz. 45 – *Citroen ./. ZLW;* ebenso BGH GRUR 2014, 1208 Tz. 17 ff. – Preis zzgl. Überführung: Vorrang der RL 98/6.

Auswirkung, solange eine Regelungen der PAngV und im UWG auch der Umsetzung der RL 98/6 dienen und nicht allein der UGP-Richtlinie (zum Unionsrecht siehe auch nachfolgend Punkt G).

E. Verhältnis zum sonstigen Zivilrecht

I. Vertragsrecht

Die PAngV ist Teil des **formellen Preisrechts** bzw. **Preisordnungsrechts** und regelt ausschließlich die Art und Weise der Preisangabe, nicht aber die Preisgestaltung. Sie enthält keine Bestimmungen des materiellen Preisrechts (das die Zulässigkeit von bestimmten Preisen regelt), insbesondere kein **gesetzliches Verbot i. S. v. § 134 BGB,** das – als Einschränkung der Vertragsfreiheit – Vereinbarungen untersagt, die auf unzureichend gekennzeichneten Angeboten beruhen.[32] Dementsprechend hat ein Verstoß gegen die PAngV, z. B. eine inkorrekte Preisauszeichnung der Ware, ein preisangabenrechtlich nicht zulässiger Preisänderungsvorbehalt oder eine sonst nicht den Anforderungen der PAngV genügende Preisangabe bei einem Vertragsangebot nicht ohne Weiteres die Unwirksamkeit der davon betroffenen Klauseln oder gar die Gesamtnichtigkeit des Vertrags zur Folge.[33] Allerdings kann, z. B. bei der Gesamtwürdigung eines Verbraucherdarlehensvertrags nach § 138 BGB, auch das Fehlen der in § 6 PAngV vorgeschriebenen Angabe des effektiven Jahreszinses ein zum Nachteil des Darlehensgebers zu berücksichtigender Einzelfaktor sein.[34] Ferner können die Bestimmungen der PAngV (bzw. die daran orientierte Praxis im Geschäftsverkehr) bei der **Auslegung von Willenserklärungen** und Vertragsklauseln von Relevanz sein (§§ 133, 157 BGB), weil es z. B. im Verhältnis zu Verbrauchern vorgeschrieben und üblich ist – und daher auch erwartet werden darf –, dass sich Preise als Gesamtpreise (einschließlich der Mehrwertsteuer) verstehen.[35] Dies kann bei Preisangaben, die sich offensichtlich an die Allgemeinheit richten, auch für die Auslegung gegenüber vorsteuerabzugsberechtigten Unternehmen gelten.[36] Zu beachten ist zudem Art. 6 Abs. 6 der Richtlinie 2011/83/EG, nach dem ein Verbraucher zusätzliche Kosten, die im E-Commerce nicht entsprechend den Vorgaben in der Richtlinie angegeben sind, nicht tragen muss. 9

II. § 823 Abs. 2 BGB; § 831 BGB

Die Bestimmungen der PAngV sind **keine Schutzgesetze** i. S. v. § 823 Abs. 2 BGB.[37] Die Entlastungsmöglichkeit nach § 831 Abs. 1 S. 2 BGB ist ebenfalls nicht anwendbar; der Unternehmer haftet vielmehr auf Unterlassung gemäß § 8 Abs. 2 UWG für die Richtigkeit und Vollständigkeit von Preisangaben auch bei Versehen und Nachlässigkeiten von ansonsten zuverlässigen Mitarbeitern und Beauftragten, wie sie im Massengeschäft immer wieder vorkommen können; dies gilt für stationäre Händler genauso wie für Internetversandhändler.[38] 10

III. Artt. 246, 246a, 247, 248 EGBGB, BGB-InfoV; §§ 66a ff. TKG

Zusätzlich bzw. zumeist vorrangig sind die Informationspflichten nach Artt. 246, 246a, 247, 248 EGBGB und der BGB-InfoV (soweit diese nicht aufgehoben wurde) zu beachten, wobei zahlreiche Querverweise bestehen. So verweist § 6b PAngV für Dispositionskredite auf § 504 BGB und Art. 247 § 3 II 3 EGBGB verweist auf § 6 PAngV. In den meisten Fällen ergänzt die PAngV die Regelungen des EGBGB,[39] allerdings sind die Anwendungsbereiche der jeweiligen Normen nicht immer deckungsgleich, so dass es stets auf den Einzelfall ankommt. So ist beispielsweise der Begriff des „Unternehmers“ in Art. 2 Nr. 2 der Richtlinie 2011/83/EU und in § 312j BGB dem Wortlaut nach weitgehend gleich, als ausdrücklich neben den gewerblichen und geschäftlichen Tätigkeiten 11

---

[32] Vgl. BGH GRUR 1974, 416, 417 – *Tagespreis;* NJW 1979, 540, 541.
[33] BGH a. a. O. und BGH NJW 1979, 805, 807.
[34] Vgl. BGH NJW 1979, 2089, 2091.
[35] *Köhler*/Bornkamm, Vorb. PAngV Rdn. 7.
[36] OLG Zweibrücken GRUR-RR 2002, 306, 307.
[37] Ohly/*Sosnitza,* Einf. PAngV, Rdn. 27.
[38] OLG Köln GRUR-RR 2013, 116, 118 – *Versandhandelausreißer.*
[39] BGH GRUR 2010, 652, Tz. 15 – *Costa del Sol* zu § 4 BGB-Info VO.

auch berufliche und handwerkliche erfasst werden. Zudem müssen Angaben „klar und verständlich" und „unmittelbar" vor der Bestellung gemacht werden.

12 Weitere **Sonderregelungen** enthalten §§ 66aff. TKG für **Telekommunikationsdienstleistungen,** § 19 FahrlG für **Fahrschulen** und Art. 23 Abs. 1 der VO (EG) Nr. 1008/2008 für **Flugpreise.**

F. Verhältnis zum Strafrecht

13 Für das Verhältnis zum Strafrecht gelten keine Besonderheiten. Die PAngV selbst regelt in § 10 Ordnungswidrigkeiten, enthält aber keine Straftatbestände. Jedoch kann Verhaltensweisen, die nach der PAngV verboten sind, im Rahmen der Prüfung von allgemeinen Straftatbeständen, wie etwa Betrug, eine inzidentelle Wirkung zukommen, z. B. zur Beurteilung eines Vorsatzes zur Täuschung, wenn auf einer Webseite Angaben zur Kostenpflicht nur an versteckter Stelle gemacht werden.[40]

G. Verhältnis zum Unionsrecht

14 Wie zahlreiche andere Rechtsgebiete ist auch das Preisangabenrecht stark von **unionsrechtlichen Vorgaben** geprägt. Soweit EU-Verordnungen unmittelbar anwendbar sind, wie z. B. Art. 23 Abs. 1 **VO (EG) Nr. 1008/2008 für Flugpreise,** haben sie direkt und unmittelbar Vorrang vor etwaigen entgegenstehenden Regelungen der PAngV. Richtlinien erfordern eine **richtlinienkonforme Auslegung** der PAngV, jedenfalls soweit Vorgaben in Richtlinien im Hinblick auf Art. 3 Abs. 5 UGP-Richtlinie noch relevant sind und es sich nicht nur um Mindestklauseln handelt, die nach dem 12. Juni 2013 nicht weiter aufrecht erhalten werden dürfen. Die wichtigsten unionsrechtlichen Regelungen zu Preisangaben finden sich in folgenden Normen: Die Auslegung des „Verbraucher"-Begriffs, auf den die PAngV nunmehr ausdrücklich abstellt, hat sich zu orientieren an den Regelungen der **Richtlinie 2011/83/EG (Verbraucherrechterichtlinie).** Eine allgemeine Informationspflicht gegenüber Verbrauchern mit Bezug auf „wesentliche Informationen" ergibt sich zunächst aus Art. 7 Abs. 1, 2 der **Richtlinie 2005/29/EG über unlautere Geschäftspraktiken (UGP-Richtlinie).**[41] Art. 7 Abs. 4 lit c) der UGP-Richtlinie nennt dabei als wesentliche Information den Preis eines Produktes bzw. die Art der Preisberechnung, falls ein Endpreis nicht angegeben werden kann, Art. 7 Abs. 5 i. V. m. Anhang II integriert außerdem spezielle unionsrechtliche Informationsanforderungen, welche ebenfalls als „wesentliche Informationen" gelten sollen. Solche speziellen Informationspflichten i. S. v. Art. 7 Abs. 5 UGP-Richtlinie finden sich für „Erzeugnisse" – das betrifft nur Waren[42] – in der **Preisangabenrichtlinie (RL 98/6).**[43] Der EuGH hatte die Preisangabenrichtlinie zwischenzeitlich sehr eng auslegt und hielt sie anscheinend nur für anwendbar zum Schutz der Verbraucher bei der Preisangabe von Waren unter Bezugnahme auf unterschiedliche Maßeinheiten, nicht aber bei der Angabe der Preise im Allgemeinen oder hinsichtlich der wirtschaftlichen Realität der Ankündigung von Preisermäßigungen.[44] Mittlerweile ist der EuGH von dieser Auslegung aber wieder abgerückt und hat erläutert, dass er mit dieser Aussage nur auf eine frühere Stellungnahme der belgischen Regierung eingehen wollte.[45] Weitere Informationspflichten finden sich für Dienstleistungen in Art. 22 Abs. 1 lit. i), Abs. 3 lit. a) der **Dienstleistungsrichtlinie,**[46] für Verträge mit Verbrauchern in der **Verbraucherrechterichtlinie,**[47] – und zwar sowohl bei Fernabsatzverträgen, Art. 6 Abs. 1 lit. c) als auch bei anderen als Fernabsatzverträgen, Art. 5 Abs. 1 lit. c) – für Fernabsatzverträge für Finanzdienstleistungen in

[40] BGH GRUR 2014, 886, Tz. 18 – *Routenplaner.*

[41] Richtlinie 2005/29/EG des Europäischen Parlaments und des Rates vom 11. Mai 2005 über unlautere Geschäftspraktiken von Unternehmen gegenüber Verbrauchern im Binnenmarkt, ABl. Nr. L 149, S. 22.

[42] BGH GRUR 2015, 1240, Tz. 24 – *Zauber des Nordens.*

[43] Richtlinie 98/6/EG des Europäischen Parlaments und des Rates vom 16. Februar 1998 über den Schutz der Verbraucher bei der Angabe der Preise der ihnen angebotenen Erzeugnisse, ABl. Nr. L 80, S. 27.

[44] EuGH GRUR Int 2014, 964 Tz. 59 – *Kommission / Belgien.*

[45] EuGH Rs. C-476/14 Tz. 33, 34 – *Citroen ./. ZLW.* Anders noch Generalanwalt Mengozzi in seinen Schlussanträgen vom 16. Dezember 2015.

[46] Richtlinie 2006/123/EU des Europäischen Parlaments und des Rates vom 12. Dezember 2006 über Dienstleistungen im Binnenmarkt, ABl. Nr. L 376, S. 36.

[47] Richtlinie 2011/83/EG des Europäischen Parlaments und des Rates vom 25. Oktober 2011 über die Rechte der Verbraucher (. . .), ABl. Nr. L 304, S. 64.

Art. 3 der **Fernabsatzfinanzdienstleistungsrichtlinie,**[48] für den elektronischen Geschäftsverkehr in Art. 5 Abs. 2 der **E-Commerce Richtlinie,**[49] für Pauschalreisen in Art. 3 der **Pauschalreisenrichtlinie,**[50] für Zahlungsdienste in Art. 36ff. und Art. 46ff. der **Zahlungsdiensterichtlinie,**[51] für (allgemeine) Verbraucherkreditverträge in Art. 5, 6 der **Verbraucherkreditrichtlinie,**[52] speziell für Wohnimmobilienkredite in Artt. 11ff, Art. 17 der **Wohnimmobilienkreditrichtlinie**[53] und für Flugpreise in Art. 23 Abs. 1 der **VO (EG) Nr. 1008/2008 (LuftverkehrsdiensteVO),**[54] wobei letztgenannte Regelung unmittelbar anwendbar ist und damit in ihrem Anwendungsbereich nicht nur vor der PAngV, sondern auch vor der UGP-Richtlinie Vorrang hat (Art. 3 Abs. 4 UGP-Richtlinie), mit der Folge, dass einige der älteren BGH-Entscheidungen, die sich mit Flugreisen und der PAngV befassen, mittlerweile durch die Luftverkehrsdiensteverordnung überholt sind.[55] Ebenso hat die Preisangabenrichtlinie in ihrem Kernbereich, soweit es nicht allein um Mindestanpassungen geht, Vorrang vor den Regelungen zu Preisangaben in Art. 7 Abs. 4 der UGP-Richtlinie.[56]

Bei den Regelungen des Art. 23 Abs. 1 **VO (EG) Nr. 1008/2008 (LuftverkehrsdiensteVO)** 15
handelt sich auch um Marktverhaltensregelungen i.S.v. § 4 Nr. 11 UWG a.F. bzw. § 3a UWG.[57] Nach Art. 23 Abs. 1 S. 2 dieser Verordnung muss der zu zahlende **Endpreis** stets ausgewiesen werden und den anwendbaren Flugpreis sowie alle anwendbaren Steuern und Gebühren, Zuschläge und Entgelte einschließen, die unvermeidbar und zum Zeitpunkt der Veröffentlichung vorhersehbar sind.[58] Nach Art. 23 Abs. 1 S. 3 sind „neben" dem Endpreis mindestens der Flugpreis, Steuern, Flughafengebühren, Kraftstoff und Sicherheitsgebühren und sonstige Gebühren, Zuschläge und Entgelte auszuweisen, was den BGH nunmehr zur Vorlage an den EUGH veranlasste mit der Frage, ob die in Art. 23 Abs. 1 Satz 3 lit. b), c) und d) genannten Steuern, Flughafengebühren und sonstigen Gebühren (z.B. Sicherheitsgebühren) stets in tatsächlich entstehender Höhe gesondert auszuweisen sind (so die Auffassung des BGH), oder ob sie allein in den Endpreis einbezogen werden dürfen.[59] Praktische Bedeutung kann das insbesondere bei einer Stornierung eines Flugs haben. Die Preisangaben-Regelung der Luftverkehrsdienste-VO gilt auch für bzw. mit Bezug auf Vermittler, so dass etwaig von ihnen zusätzlich geforderte oder an sie zu zahlende und für den Kunden unvermeidbare Servicegebühren ebenfalls im Endpreis ausgewiesen werden müssen.[60] Der Endpreis muss „stets", d.h. bei jeder Angabe von Preisen für Flüge angezeigt werden. Das gilt somit auch schon für die erstmalige Angabe und nicht erst bei der Auswahl des Flugs durch den Kunden[61] und betrifft jeden Flug, dessen Preis angezeigt wird (z.B. in einer Übersicht) und nicht nur den vom Kunden

[48] Richtlinie 2002/65/EG des Europäischen Parlaments und des Rates vom 23. September 2002 über den Fernabsatz von Finanzdienstleistungen an Verbraucher, ABl. Nr. L 271, S. 16, zuletzt geändert durch Richtlinie 2007/64/EG des Europäischen Parlaments und des Rates vom 13. November 2007, ABl. Nr. L 319, S. 1.

[49] Richtlinie 2000/31/EG des Europäischen Parlaments und des Rates vom 8. Juni 2000 über bestimmte rechtliche Aspekte der Dienste der Informationsgesellschaft, insbesondere des elektronischen Geschäftsverkehrs, im Binnenmarkt, ABl. Nr. L 178, S. 1.

[50] Richtlinie 90/314/EWG des Rates vom 13. Juni 1990 über Pauschalreisen, ABl. Nr. L 158, S. 59.

[51] Richtlinie 2007/64/EG des Europäischen Parlaments und des Rates vom 13 November 2007 über Zahlungsdienste im Binnenmarkt, ABl. Nr. L 319, S. 1, geändert durch Richtlinie 2009/211/EG des Europäischen Parlaments und des Rates vom 16. September 2009, ABl. Nr. L 302, S. 97.

[52] Richtlinie 2008/48/EG des Europäischen Parlaments und des Rates vom 23. April 2008 über Verbraucherkreditverträge, ABl. Nr. L 133, S. 66, zuletzt geändert durch Richtlinie 2014/178/EU des Europäischen Parlaments und des Rates vom 4. Februar 2014, ABl. Nr. L 60, S. 34.

[53] Richtlinie 2014/17/EU des Europäischen Parlaments und des Rates vom 4. Februar 2014 über Wohnimmobilienkreditverträge für Verbraucher, ABl. Nr. L 60. S. 34.

[54] Verordnung (EG) Nr. 1008/2008 des Europäischen Parlaments und des Rates vom 24. September 2008 über gemeinsame Vorschriften für die Durchführung von Luftverkehrsdiensten in der Gemeinschaft, ABl. Nr. L 293, S. 3.

[55] A.A. anscheinend *Deutsch* GRUR 2011, 187, 191.

[56] EuGH Rs. C-476/14 Tz. 45 – *Citroen ./. ZLW.*

[57] BGH GRUR 2016, 392 Tz. 15 – *Buchungssystem II;* GRUR 2016, 716 Tz. 16 – *Flugpreise; Deutsch* GRUR 2011, 187, 190.

[58] KG WRP 2015, 223, Tz. 31ff.

[59] BGH GRUR 2016, 716 Tz. 16 – *Flugpreise.*

[60] OLG Dresden GRUR 2011, 248, 249; OLG Frankfurt GRUR-RR 2012, 392, 395 (dazu nachfolgend BGH NJW 2014, 2504 allerdings nicht zu den hier relevanten Fragen der Preisgestaltung); OLG Hamburg BeckRS 2014, 00351; *Müggenborg/Frenz,* NJW 2012, 1537. Vgl. auch § 108 LuftVZO.

[61] EuGH GRUR 2015, 281, Tz. 35 – *Air Berlin/Bundesverband Verbraucherzentrale,* auf Vorlage durch den BGH, GRUR 2013, 1247 – *Buchungssystem;* dem folgend dann BGH GRUR 2016, 392 Tz. 18 – *Buchungssystem II.*

ausgewählten Flug.[62] **Fakultative Zusatzkosten** hingegen, wie etwa die Kosten für eine Reiserücktrittsversicherung oder für eine Sitzplatzreservierung, müssen nach Art. 23 Abs. 1 S. 4 LuftverkehrsdiensteVO zwar auf klare, transparente und eindeutige Art und Weise mitgeteilt werden, und zwar unabhängig davon, wer Anbieter des jeweiligen Zusatzangebotes ist.[63] Jedoch muss diese Angabe nicht stets, sondern nur einmalig erfolgen, und zwar am Beginn jedes Buchungsvorgangs. Gemeint ist damit der „eigentliche Buchungsvorgang" d. h. zu dem Zeitpunkt, zu dem die jeweilige Zusatzoption gebucht werden kann.[64] Die Angabe muss somit nicht bereits bei erstmaliger Angabe des Endpreises erfolgen. Die Buchung solcher Dienste darf zudem nicht voreingestellt sein, sondern muss auf Opt-In Basis erfolgen,[65] was eine bewusste Auswahlentscheidung des Kunden erfordert.[66] Durch diese Regelung soll der Verbraucher vor einer Überrumpelung geschützt werden, damit er nicht Leistungen in Anspruch nimmt, die er freiwillig nicht bzw. nicht zu den relevanten Preisen ausgewählt hätte.[67] In welcher **Währung** der Endpreis oder die Zusatzpreise angegeben werden müssen, regelt Art. 23 nicht. Maßgeblich ist der Preis, der für den Flug zu bezahlen ist. Das kann bei Flügen von Abflughäfen in Nicht-Euroländern auch eine andere Währung als der Euro sein.[68]

16 Unklar ist der Umgang mit Vorschriften der PAngV, die dem Regelungsbereich der UGP-RL unterfallen[69] und die **strengere oder restriktivere Regelungen** als das **Unionsrecht** vorsehen. Falls und soweit Vorschriften in der PAngV auf einer anderen Richtlinie, die besondere Aspekte unlauterer Geschäftspraktiken unmittelbar regelt (wie z. B. in der Preisangabenrichtlinie oder der E-Commerce Richtlinie), beruhen, so gilt nach Art. 3 Abs. 4 UGP-RL der Vorrang dieser spezielleren Regelung, d. h. die entsprechende Regelung im deutschen Recht kann beibehalten werden und ist nach Maßgabe des Unionsrechts auszulegen. So sind beispielsweise die Regelungen zu Preisangaben in Art. 3 der Preisangabenrichtlinie 98/6 vorrangig gegenüber Art. 7 Abs. 4 lit. c) UGP-Richtlinie.[70] Ob das auch für die Vorschriften zu Preisangaben in der Dienstleistungsrichtlinie 2006/123/EG gilt – gegebenenfalls mit Ausnahme des Art. 22 Abs. 5, der eine Mindestangleichungsklausel enthält – ist noch offen. Der BGH hat diese Frage bislang pragmatisch entschieden, indem er urteilte, dass es ausreiche, wenn sich ein Verbot bzw. ein Gebot bestimmter Preisangaben im deutschen Recht nach einer der Regelungen in Art. 7 Abs. 4 lit. c) UGP-RL oder nach Art. 22 Abs. 1 bis 4 Dienstleistungsrichtlinie ergebe.[71] Nach Ansicht des BGH sind die Regelungen des Art. 22 Abs. 1 bis 4 Dienstleistungsrichtlinie neben den Regelungen der UGP-RL anwendbar.[72] Ob sich das auch noch nach der EuGH Entscheidung Citroen ./. ZLW halten lässt, erscheint fraglich, bedarf aber so lange keiner Entscheidung, wie die Regelungen in der Dienstleistungsrichtlinie nicht strenger oder restriktiver sind als die Regelungen in der UGP-Richtlinie (wovon die Dienstleistungsrichtlinie nach ihrem Ewgrd. 32 auch selbst ausgeht). Sind strengere oder restriktivere Vorschriften in der PAngV hingegen lediglich von sog. **Mindestangleichungsklauseln** in anderen Richtlinien gedeckt, so durften die Mitgliedsstaaten nach Art. 3 Abs. 5 S. 1 der UGP-RL solche Regelungen im Anwendungsbereich der UGP-RL (also insbesondere B2C) nur bis zum 12. Juni 2013 beibehalten.[73] Diese Verfallsklausel gilt – erst recht – auch für solche Vorschriften, die nicht zur Umsetzung von EU-Richtlinien erlassen wurden, aber dem Regelungsbereich der UGP-Richtlinie unterfallen.[74] Denn wenn Art. 3 Abs. 5 UGP-RL bereits strengere oder restriktivere Regelungen ausschließt, die von einer Mindestangleichungsklausel einer anderen Richtlinie erfasst sind, muss dies erst recht für eine Vorschrift gelten, die überhaupt nicht der Umsetzung unions-

---

[62] EuGH GRUR 2015, 281, Tz. 45 – *Air Berlin/Bundesverband Verbraucherzentrale* auf Vorlage durch den BGH, GRUR 2013, 1247 – *Buchungssystem;* dem folgend dann BGH GRUR 2016, 392 Tz. 18 – *Buchungssystem II.*

[63] OLG München WRP 2015, 1522, Tz. 34 – *Ticketschutz.*

[64] KG BeckRS 2015, 19934, Tz. 29, 31.

[65] EuGH NJW 2012, 2867, Tz. 20 – *ebookers.com;* a. A. *Deutsch* GRUR 2011, 187, 190 f.

[66] OLG München WRP 2015, 1522, Tz. 35 – *Ticketschutz.*

[67] KG BeckRS 2015, 19934, Tz. 22.

[68] OLG Köln WRP 2016, 88, Tz. 20 f. – *Flugpreisangabe in GBP.*

[69] Vorschriften, die nicht dem Regelungsbereich der UGP-Richtlinie unterfallen, unterliegen auch nicht der Vollharmonisierung durch die UGP-Richtlinie und können daher insoweit beibehalten bleiben.

[70] So ausdrücklich zum Vorrang der Richtlinie 98/6 EUGH gegenüber der UGP-Richtlinie EuGH Rs. C-476/14 Tz. 45 – *Citroen ./. ZLW.*

[71] BGH GRUR 2016, 516. Tz. 25 – *Wir helfen im Trauerfall.*

[72] BGH GRUR 2015, 1240, Tz. 29 – *Zauber des Nordens;* GRUR 2016, 516. Tz. 21 – *Wir helfen im Trauerfall.*

[73] Nicht dem Anwendungsbereich der UGP-Richtlinie unterfallen die Regelungen zum Flaschenpfand; ebenso wenig Regelungen im B2B-Bereich.

[74] A. A. *Goldberg* WRP 2013, 1561.

rechtlicher Vorgaben dient. Nur durch ein solches Verständnis kann die von der UGP-RL bezweckte Vollharmonisierung und damit ein einheitliches Verbraucherschutzniveau erreicht werden.[75] Ob der Vorrang auch für Mindestangleichungsklauseln gilt, die zeitlich erst *nach* Inkrafttreten der UGP-RL erlassen wurden, ist hingegen umstritten.[76]

Damit stellt sich die Frage, was aus der Regelung des Art. 3 Abs. 5 S. 1 UGP-RL für strengere oder restriktivere Regelungen in der PAngV im Einzelfall konkret folgt. Die Bundesregierung will diese Frage umgehen, indem sie behauptet, dass die PAngV strengere oder restriktivere Regelungen nicht aufstelle.[77] Dies ist jedoch nicht zutreffend. So enthalten beispielsweise die Pflicht zur hervorgehobenen Angabe des Gesamtpreises, wenn Preise aufgegliedert werden (§ 1 Abs. 6 S. 3 PAngV), und die Pflicht, den Grundpreis (Preis je Mengeneinheit) in unmittelbarer Nähe zum Gesamtpreis anzugeben (§ 2 Abs. 1 PAngV), strengere als vom Unionsrecht vorgeschriebene Regelungen, da die Preisangabenrichtlinie (RL 98/6) in Art. 4 Abs. 1 nur vorsieht, dass der Verkaufspreis und der Preis je Maßeinheit unmissverständlich, klar erkennbar und gut lesbar sein müssen. Eine Pflicht zur Hervorhebung des Gesamtpreises (Verkaufspreises) oder zur Angabe des Grundpreises in unmittelbarer Nähe zum Gesamtpreis ist dagegen nicht vorgesehen.[78] Ebenso wenig gibt es in der Preisangabenrichtlinie spezielle Vorschriften zu Preisangaben in Schaufenstern, so wie § 4 Abs. 1 PAngV es fordert. 17

Für die Regelungen der PAngV ergibt sich somit folgendes Prüfungsschema: Es ist für jede einzelne Regelung der PAngV zu prüfen, ob sie im Anwendungsbereich der UGP-RL oder einer anderen vorrangigen EU-Regelung liegt. Ist das der Fall, so ist zu prüfen, ob die Regelung mit den Vorgaben der UGP-RL oder der anderen privilegierten EU-Regelung (außerhalb von Mindestklauseln) übereinstimmt. Handelt es sich dabei um eine Verordnung, so gelten die entsprechenden Regelungen unmittelbar im nationalen Recht. Bei Richtlinien hingegen sind das Gebot, aber auch die Beschränkungen, einer **richtlinienkonformen Auslegung** zu beachten.[79] Das bedeutet konkret, dass die Auslegung mit den allgemeinen Rechtsgrundsätzen des innerstaatlichen Rechts in Einklang stehen muss, sie nicht contra legem gegen den erkennbaren Willen des nationalen Gesetzgebers erfolgen darf[80] und die Auslegung ihre Grenze im Wortlaut der nationalen Regelung findet.[81] Das ist angesichts der Äußerungen des deutschen Gesetzgebers bzw. der Bundesregierung, die bewusst keine Änderung der PAngV vornehmen will, von Bedeutung. 18

Ist eine richtlinienkonforme Auslegung nicht möglich, so würde sich grds. die Frage stellen, ob die jeweiligen Bestimmungen der relevanten Richtlinie unmittelbar anwendbar sind. Das erfordert, dass die Bestimmung inhaltlich unbedingt und hinreichend genau ist.[82] Allerdings kommt die unmittelbare Anwendung einer Richtlinie nicht im Verhältnis zwischen Privaten oder zu Lasten von Privatpersonen in Betracht[83] und darum wird es bei der PAngV zumeist gehen. 19

Somit stellt sich die Frage, ob eine Regelung der PAngV, die strenger oder weniger streng ist als die Regelungen der UGP-RL und die auch im Rahmen richtlinienkonformer Auslegung nicht mit anderen Vorgaben des Unionsrechts außerhalb von Mindestklauseln in Einklang zu bringen ist, von den nationalen Gerichten schlichtweg unangewendet bleiben soll oder gar muss.[84] Immerhin hat der EuGH in Sachen *Unilever Italia/Central Food*[85] die Anwendung richtlinienwidriger nationaler Vorschriften untersagt. Dort ging es jedoch um einen Spezialfall, nämlich um technische Vorschriften, 20

---

[75] *Köhler* WRP 2013, 723 f.

[76] Offen gelassen in BGH GRUR 2015, 1240, Tz. 34 – *Zauber des Nordens* und in GRUR 2016, 516. Tz. 25 – *Wir helfen im Trauerfall.*

[77] BT-Drucks. 16/10145, S. 14.

[78] Ebenso im Ergebnis *Omsels* WRP 2013, 1286; für weitere Beispiele für strengere als vom Unionsrecht vorgesehene Regelungen der PAngV siehe *Köhler,* WRP 2013, 723; *Goldberg* WRP 2013, 1561. Siehe auch die Vorlagefragen in BGH GRUR 2014, 1208 – *Preis zuzüglich Überführung.*

[79] Vgl. BGH GRUR 2014, 1208, Tz. 17 ff. – *Preis zuzüglich Überführung.* Zur richtlinienkonformen Auslegung eingehend *Glöckner* oben Einl. B Rdn. 183, 217.

[80] BGH MDR 2015, 1350, Tz. 17, 45; BGH NJW 2013, 2674, Tz. 42; BVerfG NJW 2012, 669, Tz. 56; EuGH NZA 2016, 537, 539.

[81] EuGH NJW 2012, 509, Tz. 44 – *Maribel Dominguez/Centre informatique du Centre Ouest Atlantique, Préfet de la région Centre;* BGH MDR 2015, 1350, Tz. 41; BGH NJW 2013, 2674, Tz. 42; BVerfG NJW 2012, 669, Tz. 56.

[82] EuGH NJW 2012, 509, Tz. 33 – *Maribel Dominguez ;* EuGH NJW 1992, 165, Tz. 11 – *Francovich u. a. ;* BGH MDR 2015, 1350, Tz. 65.

[83] EuGH NJW 2012, 509, Tz. 37 – *Maribel Dominguez;* EuGH NJW 1986, 2178, Tz. 48 – *Marshall;* BGH MDR 2015, 1350, Tz. 66.

[84] Dafür *Omsels* WRP 2013, 1286, 1289; im Ergebnis ebenso Ohly/*Sosnitza,* Einf. PAngV, Rn. 13; aA wohl *Köhler,* WRP 2013, 723, 727.

[85] EuGH EuZW 2001, 153, Tz. 48 ff. – *Unilever Italia/Central Food.*

bei deren Erlass bestimmte, von der Richtlinie vorgeschriebene Verfahren nicht beachtet wurden. Aufgrund eines wesentlichen Verfahrensfehlers bei der Erstellung der technischen Vorschriften waren die nationalen Regelungen daher unbeachtlich. Entsprechend betonte der EuGH den Ausnahmecharakter, weshalb die Entscheidungen nicht verallgemeinert werden dürfen.[86] Der Nichtanwendung steht zudem entgegen, dass es sich bei der PAngV um geltendes Recht handelt, welches durch die Gerichte nicht einfach ignoriert werden darf, indem sich diese entgegen Art. 20 Abs. 3 GG aus der Rolle des Normanwenders in die einer normsetzenden Instanz begeben und sich damit der Bindung an Recht und Gesetz entziehen.[87]

21 Stattdessen ist zu beachten, dass die nationalen Gerichte nach der Rechtsprechung des EuGH unter Berücksichtigung des gesamten innerstaatlichen Rechts und unter Anwendung der dort anerkannten Auslegungsmethoden alles tun müssen, was in ihrer Zuständigkeit liegt, um die volle Wirksamkeit einer Richtlinie zu gewährleisten und zu einem Ergebnis zu gelangen, das mit dem von der Richtlinie verfolgten Zweck in Einklang steht.[88] Mit anderen Worten ist nach anderen Wegen aus der Richtlinienwidrigkeit zu suchen. Unter dem Regierungsentwurf zur Änderung des § 4 Nr. 11 UWG a. F. im Rahmen der UWG-Reform 2008[89] hätte es sich angeboten, dieses Problem über die dort vorgesehene *Vermutung* der Unlauterkeit bzw. deren Widerlegung zu regeln. § 3a UWG n. F. sieht eine solche Vermutung jedoch nicht mehr vor. Gleichwohl sind auch mit Blick auf § 3a UWG zwei Ansatzpunkte denkbar, wie bei einem Verstoß gegen richtlinienwidrige Vorschriften der PAngV ein unlauteres Verhalten im Ergebnis verneint werden kann: Zum einen könnte erwogen werden, einen Verstoß gegen richtlinienwidrige Vorschriften der PAngV an der fehlenden Spürbarkeit scheitern zu lassen, da durch den Verstoß gegen solche Normen kein wettbewerbswidriger Vorteil erlangt wird, und zwar allein schon deshalb weil – jedenfalls der europäische Normgeber – die in Rede stehende geschäftliche Handlung nicht als unzulässig ansieht. Überzeugender ist jedoch eine **doppelte Lauterkeitsprüfung.** Selbst wenn der Tatbestand des § 3a UWG grundsätzlich erfüllt sein mag, ist zusätzlich zu prüfen, ob das Verhalten im Sinne von § 3 Abs. 1 UWG generell unlauter ist. Dies hat seinen Grund darin, dass § 3a UWG – ebenso wie § 4 UWG a. F. – auf § 3 Abs. 1 UWG zurückzuführen ist.[90] Hieran ändert auch die Neuregelung des § 3a UWG nichts. Im Falle einer richtlinienwidrigen Marktverhaltensregel kann man einen Wettbewerbsverstoß nicht annehmen. Insoweit eröffnet die Generalklausel die Möglichkeit, europarechtliche Wertungen in das Lauterkeitsrecht einzubeziehen.[91]

§ 1 Grundvorschriften

(1) [1]**Wer Verbrauchern gemäß § 13 des Bürgerlichen Gesetzbuchs gewerbs- oder geschäftsmäßig oder wer ihnen regelmäßig in sonstiger Weise Waren oder Leistungen anbietet oder als Anbieter von Waren oder Leistungen gegenüber Verbrauchern unter Angabe von Preisen wirbt, hat die Preise anzugeben, die einschließlich der Umsatzsteuer und sonstiger Preisbestandteile zu zahlen sind (Gesamtpreise).** [2]**Soweit es der allgemeinen Verkehrsauffassung entspricht, sind auch die Verkaufs- oder Leistungseinheit und die Gütebezeichnung anzugeben, auf die sich die Preise beziehen. Auf die Bereitschaft, über den angegebenen Preis zu verhandeln, kann hingewiesen werden, soweit es der allgemeinen Verkehrsauffassung entspricht und Rechtsvorschriften nicht entgegenstehen.**

(2) [1]**Wer Verbrauchern gewerbs- oder geschäftsmäßig oder wer ihnen regelmäßig in sonstiger Weise Waren oder Leistungen zum Abschluss eines Fernabsatzvertrages anbietet hat zusätzlich zu Abs. 1 und § 2 Absatz 2 anzugeben,**

1. dass die für Waren oder Leistungen geforderten Preise die Umsatzsteuer und sonstige Preisbestandteile enthalten und

2. ob zusätzlich Fracht-, Liefer- oder Versandkosten oder sonstige Kosten anfallen.

[2]**Fallen zusätzlich Liefer- und Versandkosten an, so ist deren Höhe anzugeben, soweit diese Kosten vernünftigerweise im Voraus berechnet werden können.**

---

[86] *Omsels,* WRP 2013, 1286, 1287.

[87] BVerfG NJW 2012, 669, Tz. 44 m. w. N.

[88] EuGH NJW 2004, 3547, Tz. 115 – *Bernhard Pfeiffer u. a./Deutsches Rotes Kreuz, Kreisverband Waldshut e. V.*

[89] Vgl. BT-Drs. 18/4535, S. 6.

[90] OLG Hamburg PharmR 2009, 40, 46 *Nichts hilft schneller;* ähnlich auch BGH GRUR 1998, 824, 827 – *Testpreisangebot;* zust. *Omsels* WRP 2013, 1286, 1287 f.

[91] So für § 1 UWG a. F. auch schon BGH GRUR 1998, 824, 827 – *Testpreisangebot.*

(3) [1] **Bei Leistungen können, soweit es üblich ist, abweichend von Absatz 1 Satz 1 Stundensätze, Kilometersätze und andere Verrechnungssätze angegeben werden, die alle Leistungselemente einschließlich der anteiligen Umsatzsteuer enthalten.** [2] **Die Materialkosten können in die Verrechnungssätze einbezogen werden.**

(4) **Wird außer dem Entgelt für eine Ware oder Leistung eine rückerstattbare Sicherheit gefordert, so ist deren Höhe neben dem Preis für die Ware oder Leistung anzugeben und kein Gesamtbetrag zu bilden.**

(5) **Die Angabe von Preisen mit einem Änderungsvorbehalt ist abweichend von Absatz 1 Satz 1 nur zulässig**

1. **bei Waren oder Leistungen, für die Liefer- oder Leistungsfristen von mehr als vier Monaten bestehen, soweit zugleich die voraussichtlichen Liefer- und Leistungsfristen angegeben werden,**
2. **bei Waren oder Leistungen, die im Rahmen von Dauerschuldverhältnissen erbracht werden, oder**
3. **in Prospekten eines Reiseveranstalters über die von ihm veranstalteten Reisen, soweit der Reiseveranstalter gemäß § 4 Absatz 2 der BGB-Informationspflichten-Verordnung in der Fassung der Bekanntmachung vom 5. August 2002 (BGBl. I S. 3002), die zuletzt durch die Verordnung vom 23. Oktober 2008 (BGBl. I S. 2069) geändert worden ist, den Vorbehalt einer Preisanpassung in den Prospekt aufnehmen darf und er sich eine entsprechende Anpassung im Prospekt vorbehalten hat.**

(6) [1] **Die Angaben nach dieser Verordnung müssen der allgemeinen Verkehrsauffassung und den Grundsätzen von Preisklarheit und Preiswahrheit entsprechen.** [2] **Wer zu Angaben nach dieser Verordnung verpflichtet ist, hat diese dem Angebot oder der Werbung eindeutig zuzuordnen sowie leicht erkennbar und deutlich lesbar oder sonst gut wahrnehmbar zu machen.** [3] **Bei der Aufgliederung von Preisen sind die Gesamtpreise hervorzuheben.**

Inhaltsübersicht

	Rdn.
A. Allgemeines, unionsrechtliche Vorgaben	1
B. Pflicht zur Angabe der Gesamtpreise (Abs. 1)	3
I. Grundvoraussetzungen und Verhältnis zum Unionsrecht	3
1. Grundvoraussetzungen	3
2. Verhältnis zum Unionsrecht	4
II. Verbraucher (vormals: „Letztverbraucher“)	6
III. Gewerbs- oder geschäftsmäßig oder regelmäßig in sonstiger Weise	7
IV. Waren oder Leistungen	8
1. Waren	8
2. Leistungen	9
V. Anbieten, Anbieter	10
1. Anbieten in Abgrenzung zur Werbung unter Angabe von Preisen	10
2. Verhältnis zur UGP-Richtlinie und zur Preisangabenrichtlinie	11
3. Anbieter	18
VI. Werbung als Anbieter unter Angabe von Preisen	19
VII. Verpflichtung zur Angabe des Gesamtpreises	24
1. Bestimmung des „Gesamtpreises“	24
a) Maßgeblichkeit des jeweiligen Vertragsgegenstands	25
b) Einheitliches Leistungsangebot/ Kopplungsgeschäfte	26
c) Nebenleistungen	29
d) Ausnahmen	31
e) Weitere Einzelfälle	34
2. Umsatzsteuer	37
3. Sonstige Preisbestandteile	38
4. Preisnachlässe	42
VIII. Zusätzliche Angaben (Abs. 1 S. 2)	44
1. Allgemeines und Vereinbarkeit mit Unionsrecht	44
2. Verkaufs- oder Leistungseinheit	47
3. Gütebezeichnung	48
4. Allgemeine Verkehrsauffassung	49
IX. Verhandlungsbereitschaft über den Preis (S. 3)	50

Rdn.
C. Zusatzangaben bei Fernabsatzverträgen (Abs. 2) ... 52
I. Allgemeines ... 52
1. Zweck und wesentlicher Inhalt der Vorschrift, Vereinbarkeit mit Unionsrecht ... 52
2. Anwendungsbereich ... 55
3. Verhältnis zum sonstigen Fernabsatzrecht ... 58
II. Hinweis auf enthaltene Umsatzsteuer (S. 1 Nr. 1) ... 59
III. Zusätzliche Fracht-, Liefer- und Versandkosten oder sonstige Kosten (S. 1 Nr. 2 und S. 2) ... 61
D. Verrechnungssätze bei Leistungen (Abs. 3) ... 64
I. Allgemeines ... 64
1. Zweck der Vorschrift ... 64
2. Vorgaben des Unionsrechts ... 65
II. Verrechnungssätze ... 67
1. Stundensätze ... 67
2. Kilometersätze ... 68
3. Andere Verrechnungssätze ... 69
III. Alle Leistungselemente ... 70
IV. Materialkosten (S. 2) ... 71
E. Rückerstattbare Sicherheiten (z. B. Flaschenpfand) (Abs. 4) ... 72
I. Rückerstattbare Sicherheit ... 72
II. Angaben neben dem Preis der Ware oder Leistung ... 74
F. Änderungsvorbehalte (Abs. 5) ... 75
I. Liefer- oder Leistungsfristen von mehr als vier Monaten (Nr. 1) ... 76
II. Dauerschuldverhältnisse (Nr. 2) ... 77
III. Prospekte eines Reiseveranstalters ... 78
G. Preisklarheit und Preiswahrheit (Abs. 6) ... 79
I. Preisklarheit ... 80
II. Preiswahrheit ... 86
III. Allgemeine Verkaufsauffassung ... 88
IV. Form der Angabe (S. 2) ... 89
1. Eindeutige Zuordnung ... 90
2. Leicht erkennbar ... 92
3. Deutlich lesbar oder sonst gut wahrnehmbar ... 93
V. Hervorhebung der Gesamtpreise (S. 3) ... 96

A. Allgemeines, unionsrechtliche Vorgaben

1 § 1 ist die **Grundnorm** der PAngV und des Preisangabenrechts insgesamt. Die in Abs. 1 enthaltene Regelung der **Gesamtpreisangabe** gegenüber Verbrauchern ist die zentrale Pflicht der PAngV. Die weiteren Vorschriften in den folgenden Absätzen sowie in §§ 2 bis 8 sind grundsätzlich nur anwendbar, wenn die in Abs. 1 S. 1 normierten Tatbestandsvoraussetzungen gegeben sind.[1] Abs. 2 bis 6 enthalten Einzelbestimmungen zu den Modalitäten der Preisangaben und bestimmte Ausnahmen. Neben Abs. 1 ist insbesondere noch Abs. 6 S. 1 von besonderer Bedeutung. Er bestimmt, dass alle Angaben nach der PAngV sowohl der **allgemeinen Verkehrsauffassung** als auch den **Grundsätzen von Preisklarheit und Preiswahrheit** entsprechen müssen.

2 Soweit nicht spezielle Richtlinien oder Verordnungen gelten, wie z. B. die unmittelbar und vorrangig geltende Luftverkehrsdiensteverordnung (siehe oben Vorbemerkung Rdn. 9, 9a), ergeben sich **unionsrechtliche Vorgaben** aus Art. 7 Abs. 4 lit. c) UGP-RL sowie für Waren insbesondere aus der Preisangabenrichtlinie und für Dienstleistungen aus der Dienstleistungsrichtlinie, wobei allerdings im Hinblick auf die abschließende Harmonisierung und die Ausschlussklausel des § 3 Abs. 5 UGP-RL nach dem 12. Juni 2013 genau zu prüfen ist, durch welche Regelung und in welchem Umfang die Regelungen des § 1 PAngV durch die Richtlinien gedeckt sind oder jedenfalls richtlinienkonform ausgelegt werden können (s. o. Vorbemerkung Rdn. 10 ff.). Soweit Regelungen in § 1 PAngV im Anwendungsbereich der UGP-RL auch nach richtlinienkonformer Auslegung strengere Anforderungen aufstellen als Art. 7 Abs. 4 UGP-RL und sie nicht auf privilegierte Regelungen in vorrangigen anderen Bestimmungen des Unionsrechts (wie z. B. der Luftverkehrsdiensteverordnung oder der Preisangabenrichtlinie) sondern nur auf Mindestanpassungsklauseln im Unionsrecht zurückzuführen sind, kann aus ihnen gem. Art 3 Abs. 5 UGP-RL kein Wettbewerbsverstoß mehr abgeleitet werden. Insbesondere die Tatbestände des Anbietens von Leistungen sowie die

[1] Allg. M., z. B. *Ambs*, PAngV, in: Erbs/Kohlhaas (Hrsg.), Strafr. NebenG, Abschn. P 183, § 1 Rdn. 2.

Werbung für Waren oder Leistungen unter Angabe von Preisen sind daher richtlinienkonform auszulegen.

B. Pflicht zur Angabe der Gesamtpreise (Abs. 1)

I. Grundvoraussetzungen und Verhältnis zum Unionsrecht

1. Grundvoraussetzungen

Abs. 1 S. 1 ist die zentrale Vorschrift des Preisangabenrechts. Sie enthält die **Pflicht zur Angabe des Gesamtpreises gegenüber Verbrauchern,** soweit Waren oder Leistungen **angeboten** oder **unter Angabe von Preisen beworben** werden. Die Tatbestandsmerkmale der Vorschrift sind bewusst weit gefasst. Die PAngV zielt darauf ab, die Anbahnung des gesamten geschäftlichen Verkehrs mit dem Verbraucher zu erfassen. Aus dieser Vorschrift ergeben sich bei genauer Betrachtung zwei Pflichten: Zum einen besteht unter den Tatbestandsvoraussetzungen der Norm eine **Verpflichtung zur Preisangabe.** Wer also Verbrauchern Waren oder Leistungen anbietet, ist zur Angabe eines Preises verpflichtet. In diesen Fällen ist es nicht in das Belieben von Anbietern gestellt, ob sie überhaupt einen Preis angeben oder nicht.[2] Wenn also ein Angebot für eine Ware im Sinne von Abs. 1 S. 1 vorliegt, kann man sich der Pflicht zur Angabe des Gesamtpreises nicht durch einen Hinweis wie *„Preis auf Anfrage"* entziehen.[3] Zum anderen muss unter den Voraussetzungen des Abs. 1 S. 1 nicht irgendein Preis, sondern der **Gesamtpreis** (vormals als **„Endpreis"** bezeichnet) angegeben werden. 3

2. Verhältnis zum Unionsrecht

Genau betrachtet umfasst der Tatbestand des Abs. 1 S. 1 PAngV somit vier Varianten: 1. Das Angebot einer Ware. 2. Die Werbung für eine Ware unter Angabe von Preisen. 3. Das Angebot einer Leistung. 4. Die Werbung für eine Leistung unter Angabe von Preisen. Das Unionsrecht spiegelt die vier Varianten des deutschen Rechts nicht ohne weiteres wieder. Art. **7 Abs. 4 lit. c) UGP-RL** regelt nur die Angabe des Preises einschließlich aller Steuern und Abgaben bei einer **„Aufforderung zum Kauf".** Nach der Rechtsprechung des EuGH,[4] die der BGH übernimmt mit dem Hinweis, dass dieser Begriff nicht restriktiv ausgelegt werden darf,[5] liegt eine solche Aufforderung vor, wenn der Verkehr über das beworbene Produkt und dessen Preis hinreichend informiert ist, um eine geschäftliche Entscheidung treffen zu können, ohne dass die kommerzielle Kommunikation auch eine tatsächliche Möglichkeit bieten muss, das Produkt zu kaufen oder dass sie im Zusammenhang mit einer solchen Möglichkeit steht. Dabei wird auch der Begriff der geschäftlichen Entscheidung weit ausgelegt als jede Entscheidung eines Verbrauchers darüber, ob und wie und unter welchen Bedingungen er den Kauf tätigen will, einschließlich einer Entscheidung über das Betreten eines Geschäfts.[6] **Art. 3 der Preisangabenrichtlinie** regelt in Abs. 1 bei Erzeugnissen, die im Sinne von Art. 1 *angeboten* werden, die Angabe des Verkaufspreises. Für die Werbung gibt es eine entsprechende Verpflichtung nicht, allerdings erwähnt die Preisangabenrichtlinie in Abs. 4 eine Werbung, bei der der Verkaufspreis genannt ist. Generalanwalt Mengozzi war daher in seinen Schlussanträgen in Sachen Citroen ./. ZLW der Meinung, dass es nach dem Unionsrecht keine Verpflichtung zur Angaben eines Endpreises bei der Werbung für Erzeugnisse gebe. Der EuGH ist dem jedoch nicht gefolgt, sondern hat u. a. unter Hinweis auf Art. 3 Abs. 4 entschieden, dass die Preisangabenrichtlinie auch für bestimmte Aspekte der Werbung, in der ein Verkaufspreis genannt wird, gilt.[7] Für Dienstleistungen regelt **Art. 22 der Dienstleistungsrichtlinie** ein differenziertes Geflecht unterschiedlicher Angaben, je nachdem ob der Preis für eine Dienstleistung bereits im Voraus festgelegt wurde oder nicht. Die Regelung des § 1 Abs. 1 S. 1 PAngV geht somit, soweit sie das Anbieten von und das Werben unter Angabe von Preisen für Leistungen betrifft, über den Re- 4

---

[2] Vgl. OLG Düsseldorf WRP 2001, 291; LG Landau/Pfalz MD 1997, 801, 804.

[3] Anders sieht es nunmehr allerdings mit Bezug auf *Leistungen* aus, bei denen nach Art. 22 Abs. 3 lit. a) Dienstleistungsrichtlinie ein Preis erst auf Anfrage mitgeteilt werden muss, wenn dieser Preis noch nicht im Vornhinein festgelegt wurde; siehe dazu nachfolgend Rdn. 2.

[4] EuGH GRUR 2011, 930, Tz. 33 und 49 – *Ving Sverige.*

[5] Z. B. BGH GRUR 2016, 516 Tz. 28 – *Wir helfen im Trauerfall;* ebenso BGH GRUR 2015, 1240 Tz 37 – *Der Zauber des Nordens;* GRUR 2014, 580 Tz. 12 – *Alpenpanorama.*

[6] EuGH GRUR 2014, 196 Tz. 36 – *Trento Sviluppo;* BGH GRUR 2016, 516 Tz. 28 – *Wir helfen im Trauerfall.*

[7] EuGH Rechtssache C-476/14 Tz. 29 – *Citroen ./. ZLW.*

gelungsgehalt des Art. 22 Dienstleistungsrichtlinie hinaus, da dem Dienstleistungserbringer in Abs. 2 mehrere Möglichkeiten eingeräumt werden, wie er die Informationen nach Abs. 1 lit. i) zur Verfügung stellen kann. Wurde der Preis nicht von vornherein festgelegt, ist er zudem gemäß Art. 22 Abs. 3 lit. a) Dienstleistungsrichtlinie vom Dienstleister nur auf Anfrage mitzuteilen. Die Regelung im deutschen Recht konnte in der Vergangenheit über die Mindestanpassungsklausel des Art. 22 Abs. 5 Dienstleistungsrichtlinie beibehalten bleiben. Nach dem 12. Juni 2013 ist das hingegen nicht mehr möglich.

5 Eine (theoretisch) einfache Lösung, um die Regelungen des deutschen Rechts auch weiterhin beizubehalten, wäre die **richtlinienkonforme Auslegung** aller vier o. g. Varianten unter den Begriff **„Aufforderung zum Kauf"** i. S. v. Art. 7 Abs. 4 UGP-RL, was angesichts der weiten Definition des Begriffs durch den EuGH durchaus naheliegt.[8] Der BGH geht diesen Weg aber nicht bzw. nicht mehr, jedenfalls nicht für alle Varianten. Während er in der Entscheidung „DER NEUE" im September 2013 den Begriff des „Angebots von Waren" in § 1 Abs. 1 PAngV noch in Übereinstimmung mit Art. 7 Abs. 4 UGP-RL („Aufforderung zum Kauf") auslegte,[9] betonte er in der Entscheidung „Preis zzgl. Überführungskosten" im Jahr 2014, dass die Regelungen der Preisangabenrichtlinie – soweit sie die Angabe des Verkaufspreises bei Erzeugnissen zum Gegenstand haben – gegenüber Art. 7 Abs. 4 UGP-RL vorrangig seien, und legte dem EuGH die Frage vor, ob eine Werbung für ein Erzeugnis unter Angabe des dafür zu zahlenden Preises ein Anbieten im Sinne des Art. 1 der Preisangabenrichtlinie darstellt.[10] Für den Begriff des „Angebots von **Waren**" in der PAngV hätte das bedeutet, dass er ebenfalls entsprechend dem Begriff des „Angebots" in der Preisangabenrichtlinie auszulegen wäre und nicht entsprechend Art. 7 Abs. 4 UGP-RL. Allerdings hatte der EuGH gut 2 Monate vor der Vorlage-Entscheidung des BGH im Fall Kommission ./. Belgien geurteilt, dass der Anwendungsbereich der Preisangabenrichtlinie eng sei und diese Richtlinie nur dem Schutz der Verbraucher bei der Preisangabe für Waren unter Bezugnahme auf unterschiedliche Maßeinheiten diene, nicht aber nicht bei der Angabe von Preisen im Allgemeinen.[11] Damit wäre es für die Auslegung des § 1 PAngV – jedenfalls soweit es nicht um Preisangaben für unterschiedliche Maßeinheiten geht - auf die Preisangabenrichtlinie nicht angekommen und entscheidend wäre allein Art. 7 Abs. 4 UGP-Richtlinie gewesen. Nach Auffassung des Generalanwalts Mengozzi in seinen Schlussanträgen in Sachen Citroen ./. ZLW (unter diesem Titel wurde die Vorlage des BGH im Fall „Preis zuzüglich Überführungskosten" geführt) verpflichtet allerdings auch Art. 7 Abs. 4 UGP-Richtlinie nicht zur Angabe eines Gesamtpreises unter Einbeziehung nicht nur von Steuern, sondern auch von anderen Preiskomponenten, wie z. B. Überführungskosten eines KfZ. Die Folge wäre gewesen, dass die zentrale Bestimmung der PAngV, die Verpflichtung zur Angabe eines Endpreises, weitgehend leer gelaufen wäre. Zum Glück folgte der EuGH nicht der Auffassung des Generalanwalts, sondern bestätigte die Auffassung des BGH, dass die Preisangabenrichtlinie eine gegenüber Art. 7 Abs. 4 UGP-Richtlinie vorrangige Spezialregelung sei. Die einschränkende Auslegung zum Anwendungsbereich der Preisangabenrichtlinie aus dem Fall Kommission ./. Belgien nahm er zurück und zur Anwendbarkeit der Preisangabenrichtlinie auf Werbung führte er aus, dass die Preisangabenrichtlinie auch für bestimmte Aspekte der Werbung anwendbar sei.[12] Das betrifft insbesondere eine Werbung, in der Folgendes genannt wird: die Besonderheiten des Produkts; ein Preis der aus Sicht eines normal informierten, angemessen aufmerksamen und verständigen Durchschnittsverbrauchers dem Verkaufspreis gleichkommt; sowie ein Datum, bis zu dem das „Angebot" des Gewerbetreibenden gültig bleibt. In diesem Fall unterliegt die Preisangabe den Anforderungen der Preisangabenrichtlinie.[13] Jedoch ist diese Aufzählung keinesfalls abschließend. Der BGH scheint sogar noch einen Schritt weiter zu gehen. In seiner Vorlage-Entscheidung zum EuGH-Fall Citroen ./. ZLW hat der BGH hilfsweise auch nach der Auslegung des Art. 7 Abs. 4 UGP-RL gefragt, was bedeutet, dass er anscheinend bei Erzeugnissen die Werbung unter Angabe des Preises als einen Unterfall der „Aufforderung zum Kauf" i. S. v. Art. 7 Abs. 4 UGP-RL sieht. Bestätigt wird das durch die Entscheidung „Wir helfen im Trauerfall". Hier führt der BGH aus, dass eine „Aufforderung zum Kauf" eine besondere Form der Werbung sei.[14] Ob der BGH dies auch so sieht, muss erst noch entschieden werden. Sicherlich ist jedenfalls, dass unter den von EuGH genannten Vor-

---

[8] *Köhler*/Bornkamm § 1 PAngV Rn. 1c; anders noch *Köhler*, WRP 2013, 723, 725.

[9] BGH GRUR 2014, 403, Tz. 8 – *DER NEUE*.

[10] BGH GRUR 2014, 1208, Tz. 17 ff. – *Preis zzgl. Überführung*. Ähnlich *Goldberg* WRP 2013, 1561, 1562 f.; a. A. *Köhler* WRP 2013, 1561, 1562 f.

[11] EuGH GRUR Int. 2014, 964 Tz. 59 – *Kommission/Belgien*.

[12] EuGH Rechtssache C-476/14 Tz. 29 ff. – *Citroen ./. ZLW*.

[13] EuGH Rechtssache C-476/14 Tz. 30 – *Citroen ./. ZLW*.

[14] BGH GRUR 2016, 516, Tz. 28 – *Wir helfen im Trauerfall*.

aussetzungen (Angabe eines Verkaufspreises und eines Gültigkeitsdatums für ein Angebot) bei einer Werbung ein Gesamtpreis anzugeben ist. Aber auch unter anderen Umständen kann der Verbraucher eine Werbung unter Angabe eines Preises als ein „Angebot" eines Gewerbetreibenden für ein Produkt verstehen, für das dann auch ein Gesamtpreis anzugeben ist.

Für das Anbieten oder die Preiswerbung für *Leistungen* geht hingegen kein Weg an einer richtlinienkonformen Auslegung gemäß Art. 7 Abs. 4 UGP-Richtlinie vorbei,[15] um zu vermeiden, dass es sich um eine ansonsten strengere oder restriktivere Regelung handelt, die der Ausschlussregelung des Art. 3 Abs. 5 UGP-RL unterfällt. Besonderheiten gelten für Flugpreise: Hier besteht die Pflicht zur Angabe von Gesamtpreisen unter Geltung von Art. 23 LuftverkehrsdiensteVO bereits bei einer bloßen **„Veröffentlichung" von Flugpreisen** (s. Einf. Rdn. 15). **5a**

II. Verbraucher (vormals: „Letztverbraucher")

Siehe Vorbemerkung Rdn. 3. Maßgeblich ist nicht mehr das Geschäft mit dem „Letztverbraucher", sondern mit einem Verbraucher i. S. v. § 13 BGB. Nach bisherigem Verständnis war im Bereich der **Leistungen** Letztverbraucher derjenige, der die Leistung **unmittelbar in Anspruch nahm** bzw. dem die **Leistung oder ihr Ergebnis unmittelbar zugutekam.** Bei **Waren war Letztverbraucher jeder, der die Ware erwarb, ohne** sie **weiterverkaufen** oder im Wege der **Be- oder Verarbeitung** weiterveräußern oder sonst wie umzusetzen zu wollen, sondern um sie **für sich zu verwenden.**[16] Der Letztverbraucher erwarb die Ware also zum eigenen Gebrauch oder zum Verbrauch ohne Weiterveräußerung (vgl. auch § 9 Rdn. 4). Die PAngV galt nicht für Angebote und Werbung unter Angabe von Preisen gegenüber Herstellern, Importeuren, Groß- und Einzelhändlern, soweit sie nicht als Letztverbraucher in diesem Sinne angesprochen wurden. Wegen der Ausnahmevorschrift in § 9 Abs. 1 Nr. 1 fand die PAngV jedoch letztlich nur gegenüber **privaten Letztverbrauchern** Anwendung (näher § 9 Rdn. 3 ff.). Mit dem Verweis auf § 13 BGB hat sich das im Ergebnis nicht geändert. Zwar ist nicht mehr maßgeblich, ob der Verbraucher die Ware oder Leistung weiter umsetzen oder nur für sich verwenden will. Maßgeblich ist vielmehr, ob das Geschäft zu einem Zweck abgeschlossen werden soll, der **nicht überwiegend** der **gewerblichen oder selbständigen beruflichen Tätigkeit** des Werbeadressaten zugerechnet werden kann. Gegenüber Importeuren, Groß- und Einzelhändlern bewirkt das mit Bezug auf Handelsware im Ergebnis aber keinen Unterschied, weil diese keine Verbrauchergeschäfte i. S. v. § 13 BGB tätigen. Bei sog. Dual-Use Verträgen kommt es darauf an, welcher Zweck überwiegt. Das entspricht möglicherweise nicht der ursprünglichen Konzeption der PAngV - wie insbesondere die Ausnahmeregelung in § 9 Abs. 1 Nr. 1 PAngV vermuten lässt - war aber aufgrund der Vorgaben in der Verbraucherrechterichtlinie (Speziell Erwgrd. 17) auch schon seit längerem zu beachten. Ob sich ein Angebot oder eine Werbung nur an Wiederverkäufer, Gewerbetreibende oder sonstige Unternehmer oder zumindest auch an Verbraucher richtet, ist dabei aus der Sicht der Adressaten der Werbung zu beurteilen. Es kommt nicht darauf an, an welchen Abnehmerkreis der Werbende die Anzeige richten wollte.[17] Bei Internetangeboten, die für jedermann zugänglich sind, ist daher davon auszugehen, dass sie zumindest auch Verbraucher ansprechen, wenn sie nicht eindeutig und unmissverständlich eine Beschränkung auf Unternehmer enthalten.[18] **6**

III. Gewerbs- oder geschäftsmäßig oder regelmäßig in sonstiger Weise

Auf **Anbieterseite** setzt die Anwendung der PAngV ein **gewerbs- oder geschäftsmäßiges** Handeln oder ein Handeln **„regelmäßig in sonstiger Weise"** voraus. Nicht in den Anwendungsbereich der PAngV fallen namentlich rein privates Handeln und innerbetriebliche Vorgänge.[19] **Gewerbsmäßig** handelt, wer sich bei seinem Handeln von der **Absicht** leiten lässt, **durch wiederholte Tätigkeit dauernd Gewinn von einigem Umfang zu erzielen.**[20] Ob es sich um eine Haupt- oder Nebentätigkeit handelt, spielt keine Rolle. Erfasst werden alle Tätigkeiten in Gewinnerzielungsabsicht, gleich, ob es sich um eine private oder um eine wirtschaftliche Betätigung **7**

---

[15] So auch BGH GRUR 2015, 1240, Tz. 37 – *Der Zauber des Nordens.*

[16] BGH GRUR 2011, 82, 83, Tz. 23 – *Preiswerbung ohne Umsatzsteuer;* GRUR 1974, 477 – *Großhandelshaus;* BGHZ 70, 18, 34 – *Metro I.*

[17] BGH GRUR 2011, 82, 83, Tz. 23 – *Preiswerbung ohne Umsatzsteuer;* GRUR 1990, 617, 623 – *Metro III.*

[18] BGH GRUR 2011, 82, 83, Tz. 23 – *Preiswerbung ohne Umsatzsteuer.*

[19] Vgl. Ohly/*Sosnitza* Einf. PAngV Rdn. 19.

[20] Vgl. BGHZ 49, 258, 260 sowie BGHSt 19, 63, 76; BGH MDR 1975, 725.

der öffentlichen Hand handelt. **Geschäftsmäßig** i. S. d. PAngV handelt, wer bestimmte Geschäftsabschlüsse mit einer gewissen **Regelmäßigkeit** tätigt oder dies wenigstens beabsichtigt, und diese Tätigkeit dadurch zu einem **dauernden oder wenigstens zu einem wiederkehrenden Bestandteil seiner Beschäftigung** macht.[21] Ein geschäftsmäßiges Handeln in diesem Sinn setzt allerdings keine Gewinnerzielungsabsicht voraus.[22] Nicht erfasst werden also einmalige oder seltene, ganz unregelmäßige Vorgänge, z. B. der Verkauf eines Eigenheims oder Privatfahrzeugs durch eine Privatperson. Im Ergebnis nähert man sich somit dem Begriff der geschäftlichen Handlung gem. § 2 Abs. 1 Nr. 1 UWG an. Bei **„regelmäßig in sonstiger Weise"** handelt es sich um einen Auffangtatbestand, dem angesichts der weiten Begriffe „gewerbsmäßig" und „geschäftsmäßig" kaum praktische Bedeutung zukommt. Unter diesen Begriff lassen sich im Regelfall allerdings auch Angebote subsumieren, die von einem „Unternehmer" i. S. v. Art. 2 Nr. 2 der Richtlinie 2011/83/EU in Ausübung seiner beruflichen oder handwerklichen Tätigkeit gemacht werden.

IV. Waren oder Leistungen

1. Waren

8 Der Begriff ist im Interesse einer umfassenden Anwendbarkeit der Vorschrift weit auszulegen. „Waren" sind **alle verkehrsfähigen Wirtschaftsgüter,**[23] also nicht nur Sachen i. S. v. § 90 BGB, sondern **auch unkörperliche Gegenstände** (z. B. elektrische Energie, Betriebsgeheimnisse, Goodwill), Immobilien wie Grundstücke und Eigentumswohnungen,[24] Software,[25] gewerbliche Schutzrechte (z. B. Patente, Marken) und andere immaterielle Güter und übertragbare Rechte (z. B. urheberrechtliche Nutzungsrechte). Erfasst werden auch Hörgeräte oder andere Produkte, selbst wenn der zu zahlende Preis sich regelmäßig erst am Ende eines Anpassungsprozesses ergibt.[26] Allgemein ausgedrückt umfasst der Warenbegriff jeden wirtschaftlich eigenständigen Wert, der im Geschäftsverkehr Gegenstand von entgeltlichen Umsatzgeschäften sein kann.[27] Für die Zukunft ist zur richtlinienkonformen Auslegung des Begriffs auch und vor allem die Rechtsprechung des EuGH zum Begriff „Produkt" in Art. 2 lit c) UGP-Richtlinie zu beachten.

2. Leistungen

9 Auch dieser Begriff ist weit zu verstehen und zukünftig richtlinienkonform entsprechend der jeweils relevanten Richtlinie, insb. der Dienstleistungsrichtlinie auszulegen. Er erfasst **alle geldwerten und wirtschaftlich verwertbaren Leistungen,**[28] die nicht bereits unter den Warenbegriff fallen, gleichgültig, ob es sich um den Hauptgegenstand eines Vertrags bzw. Leistungsaustausches oder um eine „Nebenleistung" handelt.[29] Das umfasst auch Telekommunikationsdienstleistungen,[30] Maklerleistungen,[31] Kreuzfahrten, die Vermietung von Ferienwohnungen, die Vergabe von Verbraucherdarlehen (inkl. Wohnimmobilienkrediten) (siehe §§ 6 bis 6b PAngV) und die entgeltliche Überlassung einer Ware ohne Eigentumserwerb des Empfängers (z. B. Miete,[32] Leasing).

V. Anbieten, Anbieter

1. Anbieten in Abgrenzung zur Werbung unter Angabe von Preisen

10 Die PAngV verpflichtet den Händler nicht schlechthin zu Preisangaben, sondern nur dann, wenn er Waren oder Leistungen **anbietet** oder als Anbieter **unter Preisangaben dafür wirbt.**[33] Die

---

[21] Vgl. OLG München WRP 1983, 705.

[22] Vgl. *Gimbel/Boest,* Die neue Preisangabenverordnung, 1985, § 1 Anm. 4.

[23] Vgl. z. B. GroßKommUWG-*Peukert,* § 2 UWG Rdn. 115 ff. m. w. N. u. Bsp.

[24] BGH GRUR 1982, 493, 494 – *Sonnenring;* GRUR 1983, 665, 666 – *qm-Preisangaben I.*

[25] Vgl. BGH GRUR 1985, 1055 – *Datenverarbeitungsprogramme als „Ware";* GRUR 1990, 517, 518 – *SMARTWARE;* BGHZ 94, 276, 286 ff. – *Inkasso-Programm.*

[26] LG München, WRP 2014, 358, 359; LG Berlin GewArch 2013, 414.

[27] KG WRP 1980, 414, 415.

[28] *Gimbel/Boest,* Die neue Preisangabenverordnung, 1985, § 1 Anm. 7; Ohly/*Sosnitza* § 1 PAngV Rdn. 22.

[29] Bsp. bei GroßKommUWG-*Peukert,* § 2 UWG Rdn. 120 ff. m. w. N.

[30] BGH GRUR 2003, 971, 972 – *Telefonischer Auskunftsdienst.*

[31] LG Bielefeld GRUR-RR 2014, 259 (LS); LG Berlin WRP 2014, 892.

[32] Z. B. OlG Rostock WRP 2014, 985; OLG Schleswig GRUR-RR 2013, 295: jeweils Vermietung einer Ferienwohnung ohne Angabe der Kosten für die Endreinigung.

[33] Vgl. BGH GRUR 1983, 661, 663 – *Sie sparen 4000,– DM.*

Abgrenzung zwischen Angebot und Werbung ist nicht immer einfach. Sie ist dennoch von Bedeutung, weil die reine Werbung dem Anwendungsbereich der PAngV nur dann unterfällt, wenn sie unter Angaben von Preisen erfolgt; wer hingegen nur wirbt, muss auch keine Preise angeben; wirbt er mit Preisen, muss er die Gesamtpreise nennen.

2. Verhältnis zur UGP-RL und zur Preisangabenrichtlinie

Für die Zukunft ist allerdings zu beachten, dass die deutschen Regelungen zur Werbung unter Preisangaben nur dann aufrecht erhalten bleiben können, wenn sie sich entsprechend den Regelungen zur Aufforderung zum Kauf i. S. v. Art. 7 Abs. 4 UGP-RL bzw. zum Angebot eines Erzeugnisses im Sinne von Art. 1 der Preisangabenrichtlinie und der dazugehörigen Auslegung durch den EuGH richtlinienkonform auslegen lassen (siehe oben Rdn. 4 und Einführung Rdn. 14 und 16 ff.). Der Begriff des Anbietens sollte daher jede gezielt auf den Absatz eines bestimmten Produkts oder einer bestimmten Leistung gerichtete werbliche Ankündigung umfassen.[34] Unter einer solchen gezielten Ankündigung ist nach der Rechtsprechung des EuGH (zu Art. 7 Abs. 4 UGP-Richtlinie) und des BGH jede Form der Werbung zu verstehen, durch die der Verbraucher so viel über das Produkt (oder die Leistung) und dessen Preis erfährt, dass er sich für den Kauf entscheiden kann, ohne dass er durch die Art der kommerziellen Kommunikation schon die tatsächliche Möglichkeit zum Kauf erlangt oder die Auswahl anderer Ausführungen des Produkts (der Leistung) aufgegeben haben muss bzw. nach der Rechtsprechung des EuGH zur Preisangabenrichtlinie jede Werbung für ein Produkt (für Dienstleistungen gilt die Preisangabenrichtlinie nicht) unter Angabe eines vermeintlichen Verkaufspreises, das der normal informierte, angemessen aufmerksame und verständige Durchschnittsverbraucher als Angebot auffasst, das Erzeugnis zu den genannten Konditionen zu verkaufen.[35] Dabei ist es Aufgabe des jeweiligen (nationalen) Gerichts, im Einzelfall unter Berücksichtigung der Beschaffenheit und der Merkmale des Produkts sowie des verwendeten Kommunikationsmediums zu ermitteln, ob der Verbraucher hinreichend informiert ist, um das Produkt im Hinblick auf eine geschäftliche Entscheidung identifizieren und unterscheiden zu können[36] bzw. ob er die Werbung als Angebot versteht.[37] 11

Erfasst wird somit **grundsätzlich jede Form der Kommunikation,** ob mündlich oder schriftlich, ob allgemein und an eine unbestimmte Vielzahl von Personen gerichtet (z. B. im Fernsehen oder Internet) oder bei einer gezielten Ansprache von Individuen, z. B. in einem Beratungs- oder Verkaufsgespräch oder in einem Telefonat.[38] Auch Angebote über elektronische Medien (Videotext, E-Mail, Internet) werden erfasst.[39] Selbst **mündliche und fernmündliche Angebote** unterliegen grundsätzlich der Pflicht zur Gesamtpreisangabe, es sei denn, das mündliche Angebot wird ohne Angabe von Preisen oder Preisbestandteilen abgegeben (vgl. § 9 Abs. 1 Nr. 4). Auf die „Üblichkeit" oder „Unüblichkeit" der Preisangabe kommt es nicht an.[40] 12

Der Begriff des Anbietens ist somit auch (weiterhin) nicht auf gezielte Vertragsanträge im Sinne von § 145 BGB beschränkt. Er umfasst vielmehr im Sinne des allgemeinen Sprachgebrauchs jede Erklärung oder Handlung eines Kaufmanns, die im Verkehr üblicherweise als Angebot an den Verbraucher verstanden wird. Ein Anbieten liegt in **jedem Verhalten, das die Bereitschaft zum Ausdruck bringt, eine bestimmte Ware oder Leistung gegen Entgelt zur Verfügung zu stellen,**[41] wobei im Interesse eines effektiven Verbraucherschutzes von der Rechtsprechung bislang keine hohen Anforderungen an die Bestimmtheit des Leistungsangebots gestellt wurden.[42] Erfasst sind z. B. auch das Aufstellen und der Betrieb von Warenautomaten oder Münzschließfächern. Auch in den Fällen der invitatio ad offerendum wird häufig ein Angebot im preisangabenrechtlichen Sinne vorliegen. Hierunter versteht die zivilrechtliche Rechtsgeschäftslehre die bloße Aufforderung zur Abgabe von Angeboten, wozu in aller Regel Kataloge, Preislisten, Speisekarten, Ankündigungen von Theatervorstellungen wie auch Warenauslagen in Schaufenstern gerechnet werden. 13

---

[34] BGH GRUR 2014, 403, Tz. 8 – *DER NEUE,* mit Verw. auf BGH GRUR 2010, 248, Tz. 16 - *Kamerakauf im Internet.*

[35] EuGH GRUR 2011, 930, Tz. 33 und 41 – *Ving Sverige;* BGH GRUR 2015, 1240, Tz. 37 – *Der Zauber des Nordens;* GRUR 2016, 516 Tz. 28 – *Wir helfen im Trauerfall;* GRUR 2014, 580 Tz. 12 – *Alpenpanorama.*

[36] EuGH GRUR 2011, 930, Tz. 48 und 49 - *Ving Sverige;* BGH GRUR 2014, 403, Tz. 10 – *DER NEUE.*

[37] EuGH Rs C-476/14 – *Citroen ./. ZLW.*

[38] Vgl. OLG Hamburg WRP 1983, 279, 280 f.

[39] Z. B. OLG Oldenburg ZUM-RD 2001, 354.

[40] A. A. *Gimbel/Boest,* Die neue Preisangabenverordnung, 1985, § 1 Anm. 8 e.

[41] BGH GRUR 1980, 304, 306 – *Effektiver Jahreszins.*

[42] OLG Hamburg NJW-RR 2011, 1674, 1675.

14 Erforderlich ist allerdings auf jeden Fall, dass der Kunde **gezielt** auf den Kauf einer Ware, die Abnahme einer Leistung oder die Inanspruchnahme eines Kredits/Darlehens angesprochen wird. **Bedarf es für ein Geschäft (aus Sicht des Verbrauchers) noch weiterer Angaben und Verhandlungen, liegt noch kein Angebot vor.**[43] Die Ankündigung muss ihrem Inhalt nach also so **konkret** gefasst sein, dass sie den Abschluss des Geschäfts auch **aus Kundensicht ohne Weiteres zulässt,**[44] also z. B. bei Warenkatalogen mit Bestellzettel und in aller Regel auch bei Schaufensterauslagen,[45] zumindest wenn detaillierte Informationen zur Ware gemacht werden, die eine unmittelbare Kaufentscheidung ermöglichen,[46] sowie beim Teleshopping, also Fernsehsendungen, bei denen Waren/Leistungen werblich präsentiert werden und vom Zuschauer unmittelbar (i. d. R. telefonisch) bestellt werden können. Entsprechendes gilt z. B. auch für durch Typbezeichnungen genau individualisierte Geräte der Unterhaltungselektronik bzw. Navigationsgeräte, die im Internet angeboten werden. Noch kein „Angebot" (und auch keine Werbung mit Preisangaben) sind hingegen bei Gemeinschaftsanzeigen für ein bestimmtes PKW-Modell mit Angabe (nur) der unverbindlichen Preisempfehlung des Herstellers bei gleichzeitiger Angabe, dass die individuellen Gesamtpreise bei den jeweiligen Händlern zu erfahren sind[47] oder die Präsentation von Fahrzeugen auf einer Automobil Fachmesse, die nur an besonderen Tagen für Endverbraucher geöffnet ist und bei der die ausgestellten Fahrzeuge daher nicht als Angebot zum Kauf aufgefasst werden.[48]

15 Die früher gültige Aussage, dass Anzeigen in Zeitungen und Zeitschriften, Prospekte, Plakate, Rundfunk- und Fernsehspots im Grundsatz noch nicht als **Angebot,** sondern als **Werbung** i. S. d. Vorschrift zu werten sind,[49] lässt sich so ohne weiteres nicht mehr aufrecht erhalten. Genauer gesagt: Sie mögen zwar weiterhin „Werbung" im Sinne des deutschen Rechts sein, können aber durchaus ein „Angebot" im Sinne des Unionsrechts sein. Etwas anderes gilt für Angaben, bei denen es noch ergänzender Angaben und Verhandlungen bedarf, bevor es zu einem Vertragsschluss kommen kann. So ist z. B. der bloße werbliche Hinweis eines Fahrschulunternehmens, jeder Fahrschüler erhalte zur bestandenen Prüfung einen Gutschein in Höhe von (damals noch) 500,00 DM für einen Fahrzeugkauf bei einem bestimmten Autohaus, lediglich Werbung[50] und noch kein „Angebot" im Sinne des Unionsrechts. Anders kann es sein, wenn die Anzeige – über die bloße Anpreisung hinausgehend – bereits auf einen konkreten Vertragsabschluss gerichtete Gestaltungselemente enthält: Eine Anzeige mit einer Postkarte als Antragsformular für einen Kredit ist ein Angebot,[51] ebenso ein vom Verkäufer ausgefüllter Kaufantrag, den der Käufer eines Gebrauchtwagens unterschreiben soll.[52] Entsprechendes gilt für eine Internet-Website, die konkrete Flugreisen mit allen für eine Buchungsentscheidung notwendigen Angaben aus dem Flugplan der Fluggesellschaft auflistet; hierin liegt ein Angebot, weshalb es nicht dem interessierten Kunden überlassen werden kann, seinerseits für einen bestimmten Flug einen Preis zu benennen, den zu zahlen er bereit wäre und über dessen Annahme die Fluggesellschaft entscheidet.[53] Eine Anzeige ist auch dann ein Angebot, wenn sie bereits alle für die Inanspruchnahme einer Leistung erforderlichen Informationen enthält, z. B. die Werbung mit der Telefonnummer für einen telefonischen Auskunftsdienst, mit deren Wahl auf die angebotene Dienstleistung unmittelbar zugegriffen werden kann.[54] Eine Immobilienwerbung, bei der noch wesentliche Angaben (z. B. Größe der Eigentumswohnungen in Quadratmetern) fehlen, ist dagegen kein Angebot.[55] Ebenso sind in der Regel allgemein gehaltene Kfz-Anzeigen kein Angebot, da zahlreiche für den Kaufentschluss wesentliche Faktoren meist unerwähnt bleiben.[56]

---

[43] BGH GRUR 1982, 493, 494 – *Sonnenring;* BGH GRUR 1994, 222, 223 – *Flaschenpfand.;* OLG Hamburg WRP 2013, 1212, Tz. 16.

[44] BGH GRUR 2014, 403, 404, Tz. 10 – *DER NEUE;* BGH GRUR 1983, 658, 659 f. – *Hersteller-Preisempfehlungen in Kfz-Händlerwerbung;* BGH GRUR 1983, 661, 662 – *Sie sparen 4000,– DM;* BGH GRUR 2003, 971, 972 – *Telefonischer Auskunftsdienst.*

[45] Vgl. *Gimbel/Boest,* Die neue Preisangabenverordnung, 1985, § 1 Anm. 8d; *Köhler*/Bornkamm § 1 PAngV Rdn. 7; LG Berlin GewArch 2013, 414; LG München WRP 2014, 358, 359.

[46] OLG Düsseldorf WRP 2015, 467, Tz. 19 ff.

[47] BGH GRUR 2014, 403, 404, Tz. 10 – *DER NEUE* ; anders noch OLG Hamburg MD 2004, 324, 327; OLG Köln MD 2012, 1060, 1062.

[48] OLG Frankfurt GRUR-RR 2014, 121 – *IAA.*

[49] Vgl. GA WRP 1981, 609; OLG Koblenz WRP 1987, 264 f.

[50] BGH GRUR 2004, 960 – *500 DM-Gutschein für Autokauf.*

[51] BGH a. a. O. – *Effektiver Jahreszins.*

[52] BayObLG GewArch 1977, 101 f.

[53] OLG Düsseldorf WRP 2001, 291, 293 und *Mankowski* K & R 2001, 257; vgl. für ein zulässiges Internet-Reservierungssystem BGH GRUR 2003, 889 f. – *Internet-Reservierungssystem.*

[54] BGH GRUR 2003, 971, 972 – *Telefonischer Auskunftsdienst.*

[55] BGH GRUR 1982, 493 – *Sonnenring;* OLG München GRUR 1981, 916 f. – *Immobilien-Anzeige;* KG NJW 1983, 894 f.; GRUR 1983, 667 f. – *Preis VB bei Einfamilienhaus;* OLG Hamm MD 1994, 914, 916; vgl. aller-

Bei reinen – als solche erkennbaren - **Dekorationsstücken** handelt es sich zwar um Waren i. S. v. Abs. 1;[57] sie werden jedoch nicht angeboten.[58] Das gleiche gilt für Waren, bei denen der Verbraucher erkennt, dass sie erst noch umfangreicher Zwischenschritte, z. B. Anpassungen von Hörgeräten, bedarf, ehe die Ware erworben werden kann. Daher bedarf es keiner Preisauszeichnung.[59] Dagegen treten Schaufensterauslagen, zur Schau gestellte **Attrappen,** ebenso wie **leere Verpackungen** (z. B. Schallplattenhüllen), die stellvertretend für eine konkrete Ware ausgestellt werden, an die Stelle des Originals und können daher Gegenstand eines zur Preisangabe verpflichtenden Angebots sein.[60] 16

Zur Unterscheidung zwischen einheitlichen Leistungsangeboten und kombinierten Leistungen siehe nachfolgend Rdn. 26. 17

3. Anbieter

Die Verpflichtung zur Gesamtpreisangabe in S. 1, 1. Alt. trifft grundsätzlich nur denjenigen, der **als Anbieter** von Waren oder Leistungen gegenüber Verbrauchern auftritt. Diese Pflicht soll also denjenigen treffen, der letztlich auch den **Gesamtpreis gegenüber dem Verbraucher festsetzt bzw. von ihm fordert.**[61] „Anbieter" in diesem Sinne ist auch, wer als **Vertreter** eines anderen oder als (ein Angebot abgebender) **Vermittler** auftritt, also z. B. der Immobilienmakler.[62] Entsprechendes gilt auch für Kommissionäre und Reiseveranstalter bzw. Reisevermittler,[63] ebenso für Kreditvermittler, wenn diese Offerten machen, die der Verbraucher in einem rein tatsächlichen Sinn als Angebot versteht (auch wenn der Kredit rechtlich dann von einem Dritten gewährt wird).[64] 18

VI. Werbung als Anbieter unter Angabe von Preisen

Auch für die Werbung unter Angabe von Preisen sind zukünftig die Vorgaben des Unionsrechts zu beachten. Die Regelungen in § 1 Abs. 1 zur Werbung unter Preisangaben können nur dann aufrecht erhalten bleiben, wenn sie sich richtlinienkonform auslegen lassen und die jeweilige Werbung entweder als „Aufforderung zum Kauf" i. S. v. Art. 7 Abs. 4 UGP-Richtlinie oder als Angebot von Waren i. S. v. Art. 1 Preisangabenrichtlinie[65] qualifiziert werden kann. Umgekehrt unterfällt eine Werbung ohne Preisangaben auch weiterhin nicht der PAngV. 19

Ob Werbung im Verhältnis zum „Angebot" weiterhin kein *aliud,* sondern ein *minus* im Sinne einer **Vorstufe** darstellt, so wie der BGH meint,[66] ist nach der jüngsten Rechtsprechung des EuGH fraglich. Der Begriff ist jedenfalls enger zu verstehen als die Definition von Werbung in Art. 2 lit. a der Werbe-Richtlinie (zunächst Richtlinie 84/450/EWG, dann geändert durch die Richtlinie 97/55/EG, jetzt Richtlinie 2006/114/EG). Auch diese Tatbestandsalternative betrifft zudem nur solche Werbenden, die selbst **Anbieter** der beworbenen Waren oder Leistungen im oben (Rdn. 18) beschriebenen Sinne sind. Auch im Bereich der Werbung unter Angabe von Preisen ist eine Werbung des Anbieters selbst der Werbung durch seine **Vertreter** oder **Vermittler** gleichzustellen, die gleichfalls zur Angabe des Gesamtpreises verpflichtet sind. 20

Der Begriff des **„Werbens"** umfasst **jede auf Absatz zielende waren- oder leistungsbezogene Kommunikation im geschäftlichen Verkehr,** ob visuell oder akustisch, die hinreichende Angaben über das Produkt enthält, sodass der Verbraucher eine geschäftliche Entscheidung treffen kann. Eine **Angabe von Preisen** in diesem Sinne liegt vor, wenn sie geeignet ist, beim Publikum 21

---

dings KG GRUR 1983, 668 f. – *Traumbauplatz – Kaufpreis VB:* bei genau beschriebenem unbebautem Grundstück Angebot bejaht; näher *Jacobs* GRUR 1983, 619, 620 f.

[56] Vgl. BGH GRUR 1983, 658, 660; GRUR 1983, 661, 662 f.; OLG Köln MD 2004, 791, 792.

[57] A. A. *Gelberg,* Kommentar zur Preisangabenverordnung, 1975, § 1 Anm. 3.2.

[58] LG Berlin GewArch 2013, 414; a. A. LG München WRP 2014, 358, 360.

[59] Ohly/*Sosnitza* § 1 PAngV Rdn. 21; im Ergebnis auch *Gelberg,* Kommentar zur Preisangabenverordnung, 1975, § 1 Anm. 3.2.

[60] LG München I WRP 2014, 358, 360; Ohly/*Sosnitza* § 1 PAngV Rdn. 21; *Gimbel/Boest,* Die neue Preisangabenverordnung, 1985, § 2 Anm. 2.

[61] BGH GRUR 1990, 1022, 1023 – *Importeurwerbung;* GRUR 1994, 224, 225 – *Teilzahlungspreis III*

[62] Vgl. OLG Düsseldorf WRP 1981, 150 f.; BGH GRUR 1983, 665 und GRUR 1988, 699 – *qm-Preisangaben I, II;* OLG Bremen WRP 1992, 111, 112 – *qm-Preis;* LG Berlin WRP 2014, 892; LG Bielefeld GRUR-RR 2014, 259 – *Maklercourtage.*

[63] Vgl. BGH GRUR 1991, 845, 846 – *Nebenkosten;* GRUR 2001, 1166, 1168 – *Fernflugpreise.*

[64] Vgl. BGH GRUR 1980, 304, 306 – *Effektiver Jahreszins.*

[65] Siehe oben Rdn. 11.

[66] BGH GRUR 2009, 982 (LS) – *Dr. Clauder's Hufpflege.*

konkrete Vorstellungen über den Preis oder zumindest das Preisniveau der beworbenen Ware/Leistung hervorzurufen. Allgemeine Hinweise, die den Preis gerade offen lassen[67] oder nur auf die Verhandlungsfähigkeit des Preises hinweisen,[68] ohne einen Preis zu nennen,[69] sind – für sich genommen – keine Angabe von Preisen in diesem Sinn, ebenso wenig wie ganz abstrakte werbliche Äußerungen zur Preisgestaltung (z. B. *„Superpreise"*). Dasselbe gilt für die Angabe von unverbindlichen Preisempfehlungen des Herstellers in einer gemeinschaftlichen Werbung mehrerer Händler für KfZ bei gleichzeitigem Hinweis auf die individuell bei den jeweiligen Händlern zu erfragenden Preise.[70] Dagegen ist die Angabe eines bestimmten **Preisbestandteils** oder eines **Einzelpreises** (bei Preisaufgliederung) regelmäßig eine Angabe von Preisen in diesem Sinne, da der Verkehr hieraus Rückschlüsse auf den vermutlichen Gesamtpreis zieht. Wer etwa als Telefon-Anbieter mit der Angabe *„Telefonieren für 0 Cent"* wirbt und zugleich angibt, um welchen Betrag sich der monatliche Grundpreis bei dieser Tarifoption erhöht, der wirbt unter Angabe von Preisen und muss den Gesamtpreis angeben, d. h. er muss auch ein etwaiges Bereitstellungsentgelt und monatlich anfallende Grundgebühren in der Werbung angeben.[71] Entsprechendes gilt für die Werbung für mehrere Waren mit einem „ab ...-Preis".[72] Eine Werbeanzeige für Eigentumswohnungen, welche die **monatliche Belastung** (unter Annahme eines bestimmten Eigenkapitals, eines „bankeigenen Aufwandsdarlehens" und bestimmter Steuervorteile) benennt, ist eine (Einzel-)Preisangabe, die zur Angabe des Gesamtpreises verpflichtet.[73] Dementsprechend ist auch bei **Immobilien** die Angabe des **qm-Preises** eine Einzelpreisangabe für einen Teil des gesamten Kaufobjekts, die zur Gesamtpreisangabe verpflichtet,[74] und zwar auch bei der Werbung für unbebaute Grundstücke,[75] ebenso die Nennung eines notwendigen Eigenkapitalbetrags.[76] In diesen Fällen besteht die Pflicht zur Gesamtpreisangabe auch, wenn die Werbung alle für die Ermittlung des Gesamtpreises außerdem erforderlichen Angaben enthält.[77]

22 Eine **unverbindliche Preisempfehlung** durch den *Hersteller* bzw. *Vorlieferanten* der Ware (z. B. auf der Packung) ist im Verhältnis zum Endverbraucher keine Werbung unter Angabe von Preisen (der Hersteller ist nicht der Anbieter; es handelt sich zudem um eine Empfehlung, nicht um eine Angabe) und unterliegt daher nicht der PAngV. Ob die **Bezugnahme auf eine unverbindliche Preisempfehlung** des Herstellers bzw. Lieferanten aus Sicht der angesprochenen Verkehrskreise als Preisangabe des *Händlers* empfunden wird, hängt im Einzelfalls jeweils davon ab, ob die angesprochenen Verkehrskreise nach dem Gesamteindruck der Anzeige den angegebenen Preis als auf die eigene Preisgestaltung bezogene Angabe des Händlers (etwa im Sinne eines „Basispreises" oder einer „ca.-Preisangabe" des Händlers) oder lediglich als eine neutrale Information über den Inhalt der Preisempfehlung eines Dritten verstehen.[78] In aller Regel wird die **Bezugnahme in der Gemeinschaftswerbung mehrerer Händler** auf die unverbindliche Preisempfehlung des Herstellers bzw. Lieferanten vom Verkehr zumindest dann als bloße „neutrale Information" verstanden werden, wenn die Anzeige zugleich einen Hinweis auf den individuell beim jeweiligen Händler zu erfragenden Preis enthält.[79] Dies gilt selbst dann, wenn der Hinweis lediglich in einer Fußnote enthalten ist und die unverbindliche Preisempfehlung blickfangartig herausgestellt ist.[80] Etwas anderes kann jedoch gelten, wenn ein Händler ausgelegte Herstellerlisten mit unverbindlichen Preisempfehlungen mit seinem Stempel versehen hat[81] oder bei Händleranzeigen, die eine Preisempfehlung des Herstellers herausstellen, ohne dass ihr ein eigener Preis gegenübergestellt wird und die auch

---

[67] Z. B. „Preis auf Anfrage"; vgl. OLG Koblenz WRP 1987, 264 f.; OLG Stuttgart WRP 1989, 277, 280.
[68] Z. B. „Preis Verhandlungssache" oder „Preis VB"; vgl. KG NJW 1983, 894 f.
[69] Sonst Werbung unter Angabe von Preisen, *Helm* in: Gloy/Loschelder/Erdmann, HdbWettbR, § 75 Rdn. 9.
[70] BGH GRUR 2014, 403, 404, Tz. 10 – *DER NEUE.*
[71] BGH GRUR 2009, 73, Tz. 16 – *Telefonieren für 0 Cent.*
[72] BGH GRUR 2015, 1240, Tz. 41 – *Der Zauber des Nordens;* OLG Stuttgart NJW-RR 1988, 358.
[73] BGH GRUR 1982, 493, 494 f. – *Sonnenring;* vgl. auch KG NJW-RR 1987, 1128 und 1129.
[74] BGH GRUR 1983, 665, 666 – *qm-Preisangaben I.*
[75] BGH a. a. O.
[76] Vgl. LG Leipzig MD 1996, 582, 585.
[77] BGH GRUR 1988, 699 f. – *qm-Preisangaben II.*
[78] BGH GRUR 2014, 403, Tz. 15 f. – *DER NEUE;* GRUR 1983, 658, 659 f. – *Hersteller-Preisempfehlung in Kfz-Händlerwerbung;* GRUR 1989, 606, 607 f. – *Unverb. Preisempfehlung;* GRUR 1990, 1022, 1023 f. – *Importeurwerbung;* krit. *Gimbel/Boest,* Die neue Preisangabenverordnung, 1985, § 1 Anm. 10 m. w. N.; Vgl. auch BGH GRUR 1985, 983, 984 f. – *Kraftfahrzeug-Rabatt.*
[79] BGH GRUR 2014, 403, Tz. 15 f. – *DER NEUE.*
[80] BGH GRUR 2014, 403, Tz. 15 f. – *DER NEUE.*
[81] *Helm* in: Gloy/Loschelder/Erdmann, HdbWettbR, § 75 Rdn. 9.

sonst keine Hinweise auf einen abweichenden Händlerpreis enthalten.[82] Andererseits schließt allein der Umstand, dass ein Hinweis auf die unverbindliche Herstellerpreisempfehlung in einer Gemeinschaftsanzeige mehrerer Händler erfolgt, den Eindruck einer Preisangabe nicht von vornherein aus.

Die bloße **Angabe einer Preisersparnis** ist für sich allein keine Preisangabe, gleich ob die Angabe in Prozenten oder als bestimmter Betrag erfolgt.[83] Dies gilt jedoch nur, wenn die Werbung sonst keine Informationen enthält, die Rückschlüsse auf den vom Werbenden geforderten Preis zulassen. **Anders** dagegen, wenn in einer Anzeige z. B. mit den **alten durchgestrichenen Preisen** und einer blickfangmäßig herausgestellten Preisherabsetzung („bis zu ca. 50% billiger") geworben wird: Diese Kombination gibt dem Verbraucher die Möglichkeit einer überschlägigen Preisberechnung und ist daher eine Werbung mit Angaben von Preisen.[84] Entsprechendes gilt auch, wenn nur mit dem früheren durchgestrichenen Preis geworben wird.[85] 23

VII. Verpflichtung zur Angabe des Gesamtpreises

1. Bestimmung des „Gesamtpreises"

Nach der Legaldefinition in § 1 S. 1 ist "Gesamtpreis" (bis zum 12. Juni 2013 wurde der Begriff „Endpreis" verwendet, der so heute auch noch in der Luftverkehrsdiensteverordnung, VO (EG) Nr. 1008/2008, steht) der **tatsächlich zu zahlende Preis** einschließlich der **Umsatzsteuer** und **sonstiger Preisbestandteile,** also der Preis, der für die jeweils angebotene oder unter Preisangabe beworbene Ware oder Leistung insgesamt zu zahlen ist.[86] Verkürzt gesagt ist der Gesamtpreis somit das **tatsächlich und zwingend zu zahlende Gesamtentgelt.** Die Pflicht zur Gesamtpreisangabe besteht dabei unabhängig davon, ob der Gesamtpreis aus den angegebenen Einzelpreisen oder sonstigen Daten einfach oder nur unter Schwierigkeiten errechenbar ist[87] und ob sich die Werbung an geschäftserfahrene Kunden oder an das allgemeine Publikum richtet.[88] Es genügt daher nicht, nur sämtliche Einzelpreise anzugeben, auch wenn der Kunde deren Summe leicht ausrechnen kann.[89] Unerheblich ist im Grundsatz auch, ob der Verkehr bei Angeboten einer bestimmten Art gewöhnt ist, den Gesamtpreis anhand angegebener Preisbestandteile zusammenzurechnen.[90] Daher ist beispielsweise bei Zeitungs- und Zeitschriftenabonnements nicht lediglich der Preis einer einzelnen Zeitung oder Zeitschrift im Abonnement anzugeben, sondern der Gesamtpreis für den Abonnementzeitraum bis zum frühestmöglichen Termin der Beendigung des Abonnements.[91] Kann ein Gesamtpreis im Einzelfall nicht im Voraus angegeben werden, weil z. B. einzelne Preiskomponenten zeit- oder verbrauchsabhängig sind, so ist zumindest anzugeben, dass solche zusätzlichen Kosten anfallen können und es sind die maßgeblichen Berechnungsparameter und deren Höhe anzugeben. Das ergibt sich aus Art. 7 Abs. 4 lit. c UGP-RL.[92] 24

a) Maßgeblichkeit des jeweiligen Vertragsgegenstands. Grundsätzlich ist für **jede einzelne Ware bzw. Leistung,** die angeboten oder für die unter Angabe von Preisen geworben wird, der jeweilige Gesamtpreis anzugeben. Dabei ist der Gesamtpreis **genau** zu beziffern. Eine Angabe von **Eckpreisen („ab"-Preisen)** und **Preismargen („von-bis"-Preise)** ist allerdings **zulässig,** wenn in allgemeiner Form für eine bestimmte **Warengattung geworben** wird, soweit für die Einzelstücke unterschiedliche Preise verlangt werden,[93] **nicht** aber in **Angeboten,** z. B. Preisverzeichnis- 25

---

[82] BGH GRUR 1989, 606, 607 f. – *Unverb. Preisempfehlung;* OLG Köln MD 2000, 1232, 1236 f.; LG München I WRP 2013, 1666, 1667.

[83] BGH GRUR 1983, 661, 663 – *Sie sparen 4000,– DM;* OLG Stuttgart NJW-RR 1991, 1451 f.; anders OLG München WRP 1979, 890 f. für die Angabe „bis zu 20% unter der unverbindlichen Preisempfehlung!"; *Helm* in: Gloy/Loschelder/Erdmann, HdbWettbR, § 75 Rdn. 9.

[84] BGH GRUR 1991, 685 f. – *Zirka-Preisangabe.*

[85] OLG München WRP 1978, 312.

[86] BGH GRUR 1983, 665, 666 – *qm-Preisangaben I.*

[87] BGH GRUR 2015, 1240, Tz. 44 – *Der Zauber des Nordens.*

[88] Vgl. BGH GRUR 1983, 665, 666 – *qm-Preisangaben I;* GRUR 2001, 1166, 1168 – *Fernflugpreise.*

[89] OLG Köln WRP 2013, 192.

[90] BGH a. a. O. – *Fernflugpreise.*

[91] Vgl. OLG Köln NJWE-WettbR 1997, 9.

[92] BGH GRUR 2016, 516 Tz. 36 – *Wir helfen im Trauerfall.* Hierzu nachfolgend Rdn. 31.

[93] Vgl. *Gimbel/Boest,* Die neue Preisangabenverordnung, 1985, § 1 Anm. 12; Ohly/*Sosnitza* § 1 PAngV Rdn. 30; *Knauth,* Preisangabenverordnung, in: *Amann/Japsers* (Hrsg.), RWW, Abschn. 5.0 Rdn. 28; OLG Stuttgart WRP 1983, 51, 52 und NJW-RR 1988, 358; anders für komplexe Kopplungsangebote im Telekommunikationsbereich hinsichtlich der verbrauchsabhängigen Preiskomponenten mit Recht KG MMR 2000, 220 sowie für Hotelzimmer OLG Schleswig-Holstein WRP 2007, 1127, 1129.

sen.[94] Ebenso zulässig sind „ab"-Preise, wenn das Produkt aufgrund seiner Beschaffenheit und Merkmale vernünftigerweise nicht im Voraus berechnet werden kann, weil es z. B. auf variable Faktoren ankommt.[95] Grundsätzlich **unzulässig** ist dagegen die bloße Angabe eines **„ca."-Preises,** da dies kein fester Gesamtpreis ist und mangels Ober- und Untergrenze auch keinen Preisvergleich zulässt.[96] Ausnahmen sind allerdings bei Ankündigung geplanter Neuerscheinungen im Buchhandel denkbar, bei denen der genaue Preis noch nicht feststeht, allerdings dürfte dann auch noch keine konkrete Bestellmöglichkeit gegeben sein, sondern bloße Werbung vorliegen.[97]

26 **b) Einheitliches Leistungsangebot/Kopplungsgeschäfte.** Die Verpflichtung zur Angabe des Gesamtpreises besteht grundsätzlich allein mit Blick auf die unmittelbar angebotenen oder beworbenen Produkte. Bei einer Mehrzahl von Waren oder Leistungen ist maßgeblich, ob das Angebot sich aus Sicht der Verbraucher – die Sicht des Anbieters ist insoweit unerheblich – als **einheitliches Leistungsangebot** und Gegenstand eines **einheitlichen Vertragsentschlusses** darstellt.[98] Denn der Verbraucher soll wissen, wie viel er bezahlen muss, wenn er das konkrete Angebot in Anspruch nimmt. Ein einheitliches Leistungsangebot liegt nach der Verkehrsauffassung in aller Regel jedenfalls bei Waren und/oder Leistungen vor, die nur zusammen erworben werden können oder wenn die Inanspruchnahme der angebotenen/beworbenen Leistung zwangsläufig die Inanspruchnahme einer weiteren Leistung voraussetzt.[99] Dies gilt nicht nur für die Preiswerbung, sondern auch für entsprechende Angebote. Daher ist bei sog. **Kopplungsgeschäften** und **Vorspannangeboten,** bei denen bestimmte Waren/Leistungen nur zusammen angeboten werden, grundsätzlich (zumindest auch) der Gesamtpreis anzugeben.

27 Bei der Gestaltung bzw. Zusammenstellung des einheitlichen Leistungsangebots, für das der Gesamtpreis anzugeben ist, ist der Anbieter – jedenfalls preisangabenrechtlich – im Rahmen der jeweiligen Verkehrsanschauungen zu solchen Leistungsangeboten zwar prinzipiell frei. Er muss nicht alle eventuellen zusätzlichen Leistungen in ein Gesamtangebot einbeziehen, die der Kunde möglicherweise von sich aus, d. h. freiwillig ergänzend in Anspruch nehmen will. So muss z. B. bei einem Mietwagenangebot mit einer für den normalen Bedarf ausreichenden Kilometerpauschale im Grundsatz nicht der Preis für eventuelle Mehrkilometer angegeben werden.[100] Entschließt sich der Anbieter jedoch zu einem für den Kunden verpflichtendem Gesamtangebot, so hat er den jeweiligen Gesamtpreis anzugeben.

28 **Kein einheitliches Leistungsangebot** besteht in der Regel bei Waren/Dienstleistungen, die aus Sicht der angesprochenen Verkehrskreise aufgrund mehrerer, gesondert und **nach freier Wahl** abzuschließender Verträge zu erhalten sind. Entsprechendes gilt für Produkte, die für die Verwendung (nicht für den Erwerb) der beworbenen oder angebotenen Produkte (faktisch) erforderlich oder mit diesen kompatibel sind – wie z. B. **Zubehör, Ersatzteile oder Verbrauchsmaterialien** – oder die lediglich Gegenstand von möglichen **Folgegeschäften** (z. B. Wartungsverträge) sind, und die **freiwillig** und gesondert erworben werden können, ohne dass eine Verpflichtung zum Eingehen eines solchen Folgegeschäfts besteht. Der Anbieter oder Werbende muss die Preise für diese Produkte nicht bei der Angabe des Gesamtpreises berücksichtigen, und zwar auch dann nicht, wenn er diese Produkte selbst anbietet und mittelbar mitbewirbt.[101] Allerdings kann sich eine Verpflichtung zum deutlichen **Hinweis** auf diese Kosten aus § 1 Abs. 6 PAngV ergeben. Entsprechendes gilt für den Fall, dass nicht von vornherein feststeht, ob bzw. welche konkreten Leistungen der Kunde aus einem bestimmten Leistungspaket benötigt bzw. welche Kosten von ihm zu tragen sind.[102] Wenn z. B. ein günstiger Telefonanschluss und eine günstige Internet-Flatrate (nur) in Verbindung mit einem Kabelanschluss angeboten werden, so handelt es sich zwar um ein einheitliches Leistungsangebot. Da jedoch der Anschlussnehmer des Telefonanschlusses oder der Internet-Flatrate und der Anschlussnehmer des Kabelanschlusses oft nicht miteinander identisch sind, steht es nicht von vornherein fest, ob und gegebenenfalls in welcher Höhe derjenige, der sich für den Telefonanschluss oder die Internet-Flatrate entscheidet, auch die Kosten für den Kabelanschluss zu tragen hat.

---

[94] Vgl. OLG Saarbrücken NJW 1961, 743, 744.

[95] BGH GRUR 2015, 1240, Tz. 41 – *Der Zauber des Nordens.*

[96] *Gimbel/Boest,* Die neue Preisangabenverordnung, 1985, § 1 Anm. 12.

[97] Vgl. *Gelberg* GewArch 1981, 1, 3, 6.

[98] BGH GRUR 1991, 845, 846 – *Nebenkosten;* GRUR 2001, 1166, 1168 – *Fernflugpreise;* GRUR 2009, 73, Tz. 21 ff. – *Telefonieren für 0 Cent.*

[99] BGH GRUR 2010, 744, Tz. 30 – *Sondernewsletter;* GRUR 2009, 73, Tz. 23 – *Telefonieren für 0 Cent.*

[100] OLG Köln GRUR 1991, 59 f. – *Pauschale mit Freikilometern.*

[101] BGH GRUR 2010, 744, Tz. 29 – *Sondernewsletter;* GRUR 2008, 729, Tz. 15 – *Werbung für Telefondienstleistungen;* GRUR 2009, 73, Tz. 17 – *Telefonieren für 0,00 Cent;* GRUR 2009, 690, Tz. 9 – *XtraPac.*

[102] Vgl. BGH GRUR 2010, 744, Tz. 33 – *Sondernewsletter;* GRUR 2011, 742, Tz. 29 – *Leistungspakete im Preisvergleich.*

Daher muss zwar kein Gesamtpreis für das Gesamtangebot angegeben werden, wohl aber sind die Kosten des Kabelanschlusses neben den Kosten des Telefonanschlusses und der Internet-Flatrate kenntlich zu machen.[103] Dies kann auch durch einen **Sternchenhinweis** erfolgen.[104] Demgegenüber genügte es nicht der Pflicht zur Gesamtpreisangabe, wenn Foto-Farbabzüge blickfangmäßig zu einem Preis von einem Pfennig/Cent beworben wurden, ohne dass auf die erheblich höheren Kosten der Erstentwicklung und des Indexabzugs hingewiesen bzw. für (damals) ebenfalls übliche Filme mit vierundzwanzig und sechsunddreißig Aufnahmen entsprechende Gesamtpreise angegeben wurden.[105]

c) Nebenleistungen. Auch die Kosten für **Nebenleistungen** sind in den Gesamtpreis einzubeziehen, wenn sie auf jeden Fall und **ohne Wahlmöglichkeit des Kunden anfallen**[106] und aus Sicht der angesprochenen Verkehrskreise ein Teil des einheitlichen Leistungsangebots des Anbieters sind. In den Worten des EuGH muss der Endpreis/Gesamtpreis die „**unvermeidbaren und vorhersehbaren** Bestandteile des Preises enthalten, die **obligatorisch vom Verbraucher zu tragen** sind und die Gegenleistung in Geld für den Erwerb des betreffenden Erzeugnisses bilden."[107] Eine entsprechende Formulierung („unvermeidbar und vorhersehbar") findet sich übrigens in Art. 23 Abs. 1 der VO (EG) Nr. 1008/2008 zu Flugdienstleistungen. Daher muss der Mietpreis für **Ferienwohnungen** auch die pauschal und in jedem Fall zu zahlenden **Tourismusabgaben/Bettensteuern**[108] (auch wenn diese Abgabe eigentlich vom Hotelbetreiber zu leisten ist, er sie aber an seine Kunden weitergibt) sowie **Nebenkosten** für Strom, Wasser, Gas und Heizung enthalten, ebenso die von vornherein festgelegten Kosten für Bettwäsche und Endreinigung, soweit die Inanspruchnahme dieser Leistungen nicht ausdrücklich freigestellt ist, sie also für den Kunden obligatorisch sind.[109] Dies gilt auch dann, wenn im Rahmen eines solchen einheitlichen Leistungsangebots bestimmte Nebenleistungen von Dritten erbracht und an Dritte zu zahlen sind (wie z. B. die obligatorische Endreinigung einer Ferienwohnung).[110] Ebenso sind sog. **Saisonzuschläge** in den Gesamtpreis einzuberechnen, da sie in einem bestimmten Zeitraum allgemein und ohne Wahlmöglichkeit des Kunden berechnet werden.[111] Dagegen sind die Preise für **fakultative Zusatzleistungen,** die der Kunde beliebig auswählen kann, in der Regel **nicht** Teil des einheitlichen Leistungsangebots.[112] Somit sind z. B. die Kosten der **Überführung** eines Fahrzeugs zum Sitz des verkaufenden Händlers in den Gesamtpreis einzubeziehen, wenn und soweit diese Kosten für den Verbraucher zwingend anfallen und er sich nicht für eine Selbstabholung entscheiden kann. Demgegenüber sind die Kosten für den freiwilligen **Transport** eines Fahrzeugs zum Kunden eine nicht obligatorische Extraleistung, deren Preis daher nicht in den Gesamtpreis einzubeziehen ist.[113] Ebenso nicht Teil des Gesamtpreises sind freiwillige Extras wie z. B. Seitenairbag, Metalliclackierung oder andere nicht serienmäßige „Extras" bei einem Fahrzeug oder z. B. Kosten für eine freiwillige Sitzplatzreservierung in einem Zug. Entsprechendes gilt für Kosten, die aufgrund eines gesonderten Vertrags mit einem Dritten anfallen und die aus Sicht des Verbrauchers nicht Teil des einheitlichen Leistungsangebots des Anbieters sind (wie z. B. Notarkosten oder Maklerprovisionen beim Erwerb einer Wohnung oder die Kurtaxe, die der jeweilige Ferienort von den Urlaubern erhebt[114]). Der Umstand, dass Kosten möglicherweise nicht bei allen Kunden/Waren anfallen macht sie noch nicht insgesamt zu fakultativen Kosten. Vielmehr sind solche Kosten in den Fällen, in denen sie obligatorisch anfallen auch bei der Angabe des Gesamtpreises zu berücksichtigen. Fallen z. B. für Reisen in die USA obligatorisch Servicegebühren an, für Reisen nach China hingegen nicht, so sind diese Gebühren in den Angeboten für die USA-Reisen in den Gesamtpreis einzubeziehen. 29

Ob ein Reiseveranstalter ein **„Serviceentgelt"** beim Gesamtpreis zu berücksichtigen hat, hängt davon ab, ob das Entgelt verbrauchs- oder bedingungsabhängig ist und richtet sich folglich nach den 30

---

[103] BGH GRUR 2010, 744, Tz. 33 – *Sondernewsletter.*
[104] OLG Köln WRP 2012, 1285, 1286 f.
[105] BGH GRUR 2001, 446, 447 – *1-Pfennig-Farbbild.*
[106] OLG Dresden MD 2013, 1022, 1024.
[107] EuGH Rs. C-476/14 Tz. 37 – *Citroen ./. ZLW.*
[108] OLG Köln GRUR-RR 2014, 298, 299 – *Tourismusabgabe;* LG Hamburg MD 2014, 489, 494 – *City Tax.*
[109] BGH GRUR 1991, 845, 846 – *Nebenkosten;* OLG Schleswig, GRUR-RR 2013, 295, 296 – *Endreinigung;* LG München WRP 2008, 273 f.; OLG Rostock WRP 2014, 985 f.
[110] BGH a. a. O.
[111] A. A. *Ambs,* PAngV, in: Erbs/Kohlhaas (Hrsg.), Strafr. NebenG, Abschn. P 183, § 1 Rdn. 16 b.
[112] Vgl. BGH GRUR 1981, 140, 141 – *Flughafengebühr.*
[113] EuGH Rs. C-476/14 – *Citroen ./. ZLW.*
[114] OLG Köln GRUR-RR 2014, 298, 299 – *Tourismusabgabe.* Anders LG Hamburg zur Amsterdamer „City Tax", die unabhängig von der Personenanzahl zunächst an den Hotelbetreiber zu entrichten ist, MD 2014, 489.

Geschäftsbedingungen des Reiseveranstalters.[115] Die bloße Möglichkeit, dass bei Beanstandungen ein ansonsten fälliges „Serviceentgelt" wegfällt, genügt nach Ansicht des BGH nicht, um dieses Entgelt von vornherein nicht im Gesamtpreis anzugeben, d. h. ein solches Entgelt muss bei der Gesamtpreisangabe berücksichtigt werden.[116] Ein solches Service-Entgelt ist nach Auffassung des BGH kein variabler Faktor, sondern kann im Voraus berechnet werden. Dass es bei etwaigen Mängeln nicht berechnet wird, spielt keine Rolle, weil der mit dem Preis werbende Veranstalter zu einer mangelfreien Leistung verpflichtet ist.

31 **d) Ausnahmen. Nicht in den Gesamtpreis einzubeziehen** sind nach der amtlichen Begründung[117] Belastungen, von denen zwar sicher ist, dass der Verbraucher sie im Zusammenhang mit dem Erwerbsvorgang zu übernehmen hat, deren **Höhe** aber von **Umständen** abhängt, die zum Zeitpunkt des Angebots oder der Werbung **noch nicht bekannt sind.** Als Beispiel nennt die amtliche Begründung Erschließungskosten beim Verkauf eines noch nicht erschlossenen Baugrundstücks.[118] Die Rechtsprechung hatte dieses Kriterium bereits leicht modifiziert. Insoweit stellte der BGH darauf ab, ob ein Gesamtpreis wegen der **Zeit- und Verbrauchsabhängigkeit** einzelner Preiskomponenten oder anderen variablen Faktoren nicht gebildet werden kann.[119] Bei **Flugreisen** ist die Gesamtpreisbildung allerdings nicht schon wegen unterschiedlicher Flughafenzu- und -abschläge ausgeschlossen,[120] selbst wenn die relevanten Preise je nach Abflughafen, Abreisetermin und Fluggesellschaft um bis zu 50 Euro steigen oder sinken können. Dies gilt umso mehr, als Art. 23 Abs. 1 S. 2 **VO (EG) Nr. 1008/2008** die Pflicht statuiert, einen Gesamtpreis (in der VO: „Endpreis") anzugeben, der alle anwendbaren Steuern und Gebühren, Zuschläge und Entgelte enthält, die unvermeidbar und zum Zeitpunkt der Veröffentlichung vorhersehbar sind und dabei ausdrücklich in lit. c) die Flughafengebühren aufführt. Dies bestätigt (zumindest in diesem Punkt) die frühere Rechtsprechung des BGH zur Gesamtpreisangabe bei Flugreisen.[121] Kann hingegen wegen der **Zeit- und Verbrauchsabhängigkeit** ein Gesamtpreis nicht gebildet werden, so muss der „Gesamtpreis" auch nicht nur aufgrund der (teilweisen) Komponenten gebildet werden, die bereits bei Vertragsschluss feststehen. Stattdessen sind die **einzelnen Preisbestandteile** anzugeben und hinreichend deutlich zu machen, einschließlich der **maßgeblichen Berechnungsparameter** (Art der Berechnung) und deren **Höhe.** Dieses Erfordernis ergibt sich aus **Art. 7 Abs. 4 lit. c) UGP-RL:** Danach ist in Fällen, in denen der (Gesamt-)Preis aufgrund der Beschaffenheit des Produkts[122] vernünftigerweise nicht im Voraus berechnet werden kann, die Art der Preisberechnung anzugeben. Wenn z. B. bei einer Beerdigung neben den jeweiligen Bestattungsleistungen auch Überführungskosten abgerechnet werden und diese Überführungskosten entweder in Form von Entfernungspauschalen oder anhand eines Kilometerpreises berechnet werden (so dass ihre konkrete Höhe jeweils vom Einzelfall abhängt), so sind in einer Werbung für die Bestattungsleistungen unter Angabe von Preisen zumindest auch die maßgeblichen Parameter für die Berechnung der Überführungskosten und deren Höhe (z. B. „x Euro je km") anzugeben.[123] Ein weiteres Musterbeispiel ist weiterhin das (im Prinzip zulässige) **gekoppelte Angebot eines Netzkartenvertrags mit der Abgabe eines Mobiltelefons (Handy),** wobei Letzteres zu einem sehr günstigen Preis oder ohne zusätzliche Vergütung abgegeben wird. Hier besteht keine Pflicht zur Bildung eines einheitlichen „Gesamtpreises" für Handy und Netzkartenvergütung, da die Höhe Letzterer verbrauchsabhängig ist.[124] Für die einzelnen Preisbestandteile muss aber dennoch – soweit möglich – ein Betrag ausgewiesen werden.[125] Die Angaben über die Kosten des Netzzugangs müssen nach § 1 Abs. 6 PAngV ausgewiesen

---

[115] LG Rostock MD 2009, 108 (LS); OLG Hamburg MD 2009, 328, 329.

[116] BGH GRUR 2015, 1240, Tz. 43 – *Der Zauber des Nordens;* ebenso OLG Frankfurt WRP 2015, 1244, Tz. 9 ff.; OLG München MD 2014, 842, 849; OLG Jena GRUR-RR 2014, 294, 295 – *Serviceentgelt;* Thüringer OLG MD 2014, 383, 384 f.; KG MD 2014, 1276, 1277; KG GRUR-RR 2013, 309; OLG Dresden MD 2013, 1022, 1024.

[117] BAnz. 1985 Nr. 70, S. 3730, Ziff. 3 zu § 1 Abs. 1.

[118] So auch KG WRP 1989, 168, 170; *Gelberg* GewArch 1986, 281, 285.

[119] BGH GRUR 2010, 652, Tz. 18 – *Costa del Sol;* GRUR 2010, 744, Tz. 30 – *Sondernewsletter.* Ebenso BGH GRUR 2016, 516 Tz. 34 – *Wir helfen im Trauerfall.*

[120] BGH GRUR 2010, 652, Tz. 18 – *Costa del Sol.*

[121] OLG Hamburg BeckRS 2014, 00351. Vgl. zu weiteren Anforderungen auch EuGH GRUR 2015, 281 – *Air Berlin.*

[122] Wobei die Definition von „Produkt" nach Art. 2 lit c) der UGP-RL ausdrücklich auch Dienstleistungen umfasst.

[123] BGH GRUR 2016, 516 Tz. 37 ff. – *Wir helfen im Trauerfall.*

[124] BGHZ 139, 368 *Handy für 0,00 DM;* GRUR 1999, 261, 262 f. – *Handy-Endpreis;* ebenso für den Verkauf eines Mobiltelefons zusammen mit einer Prepaid-Karte: BGH GRUR 2009, 690 – *XtraPac.*

[125] Als unzulässig wurde bspw. die Aufsplittung des Preises für das Mobiltelefon in eine Anzahlung und in monatliche Raten ohne Angabe der Summe angesehen, KG GRUR Prax 2012, 148.

und dabei räumlich eindeutig dem (blickfangmäßig herausgestellten) Preis für das Mobiltelefon zugeordnet sein.[126] Dies kann auch durch einen entsprechend klaren und unmissverständlichen **Sternchenhinweis** geschehen.[127] Die für die Freischaltung des Kartenvertrags anfallenden (fixen) Aktivierungskosten dürfen nicht zwischen untergeordneten Informationen versteckt werden.[128] Die Angaben müssen gut lesbar und grundsätzlich vollständig sein. Die Angabe der zusätzlichen Preisbestandteile in sehr kleiner Schrift genügt diesen Anforderungen nicht, sie kommt vielmehr einem 32
Verschweigen der Angaben gleich.[129] Dabei muss der Anbieter zwar ein komplexes Tarifsystem nicht in jedem Fall vollständig wiedergeben; es besteht auch keine Pflicht, ein Tarifsystem einfach und übersichtlich zu gestalten.[130] Für die **verbrauchsabhängigen Preise** ist vielmehr eine **vereinfachte Darstellung** (z.B. durch Preismargen wie „von ... bis ...“ oder „max. ...“) zulässig;[131] nach (zweifelhafter) Auffassung des Kammergerichts soll hingegen die bloße Angabe der günstigsten Tarifstufe für ein Ortsgespräch, verbunden mit dem Hinweis „ab ...“ in der Regel nicht ausreichend sein,[132] obwohl „ab...“ Preise per se nicht grds. verboten sind und insbesondere in Betracht kommen, weil die Berechnung des Gesamtpreises aufgrund diverser variabler Faktoren nicht von vornherein möglich ist. Die **verbrauchsunabhängigen festen Entgelte** (Einmalzahlungen, Mindestumsätze, monatliche Grundgebühren) sowie die **Mindestlaufzeit** sind auf jeden Fall anzugeben,[133] ebenso das Erfordernis eines Mindest-Prepaidkontos.[134] Im Übrigen sollte auch die grafische Gestaltung der gesamten Anzeige das richtige Verständnis der Preisangaben nicht erschweren.[135] Wird allerdings ein Mobiltelefon mit einer Pre-paid-Card mit einem ausgewiesenen, relativ geringfügigen Startkapital gekoppelt zu einem bestimmten Festpreis angeboten, wobei die Höhe des Startguthabens ausgewiesen wird, ist daneben nicht auch noch eine Aufschlüsselung der Tarifstruktur des Mobilfunkdienstleisters erforderlich.[136] Ist das Mobiltelefon mit einem SIM-Lock verriegelt, so ist auf die Dauer der Verriegelung und die Kosten einer vorzeitigen Freischaltung hinzuweisen.[137] Die vorstehend dargestellten Grundsätze gelten auch für vergleichbare **gekoppelte Angebote,** die zum einen aus Verträgen über die **Internetnutzung** bzw. einen ISDN-Anschluss und zum anderen aus dem Angebot hiermit zusammenhängender Produkte (Softwarepaket, ISDN-Box, PC-Karte, Adapter) bestehen,[138] ebenso bei der Kopplung von **Internetzugang** und **Telefonvertrag**[139] oder **Telefonanschluss**/Internet-Flatrate mit einem **Kabelanschluss**[140] sowie beim gekoppelten Angebot von **Stromverträgen** mit Elektrogeräten (z.B. Fernsehern).[141]

Weitere Konstellationen aus dem **Telekommunikationsbereich,** bei denen die letztlich zu leis- 33
tende Vergütung regelmäßig[142] nicht von vornherein feststeht, betreffen die sogenannten **„Mehrwertdienste“** mit den Vorwahlen „0900“ und „0180“, die – anders als die Sondernummern mit der Vorwahl „0800“ – **gebührenpflichtig** sind, wobei die anfallenden Gebühren meist höher als die üblichen Gebühren für ein normales Telefonat sind. Eine Regelung zu Preisangaben bei Mehrwertdiensten findet sich in **§ 66a TKG,** nach dem der Preis für die Inanspruchnahme des Dienstes

---

[126] BGH GRUR 2009, 1180, 1182, Tz. 26 – *0,00 Grundgebühr;* OLG Stuttgart WRP 2005, 919f.; vgl. auch OLG Karlsruhe GRUR-RR 2002, 168, 169 zur Koppelung von Fernseher und Stromvertrag.

[127] Vgl. auch BGH GRUR 1983, 661, 663 – *Sie sparen 4000,– DM;* GRUR 1990, 1027, 1028 – *inkl. MwSt. I;* GRUR 2002, 976, 978f. – *Koppelungsangebot I;* OLG Köln WRP 2012, 1285, 1286f. Negativbeispiel OLG Hamburg MD 2007, 129, 133f. (bei Blickfang auf Prospektvorderseite reicht aufklärender Hinweis auf hinteren Blättern nicht aus).

[128] BGH GRUR 2006, 164, 166 – *Aktivierungskosten II.*

[129] BGH GRUR 2009, 1180, 1182f., Tz. 29 – *0,00 Grundgebühr.*

[130] BGH a. a. O. – *Handy für 0,00 DM.*

[131] BGH a. a. O. – *Handy für 0,00 DM.*

[132] KG MMR 2000, 220.

[133] BGH GRUR 1999, 264, 267 – *Handy für 0,00 DM;* GRUR 2009, 73, 75, Tz. 21ff. – *Telefonieren für 0 Cent!;* OLG Frankfurt GRUR-RR 2002, 113; OLG Düsseldorf GRUR-RR 2005, 87, 88f.

[134] OLG Frankfurt GRUR-RR 2005, 355 (LS).

[135] OLG Köln WRP 1999, 1198.

[136] BGH GRUR 2009, 690 – *XtraPac;* OLG Köln MMR 2000, 753; MMR 2006, 466.

[137] BGH GRUR 2009, 690, Tz. 18 – *XtraPac.*

[138] OLG Hamburg NJWE-WettbR 2000, 57 und MD 2007, 129, 133f.; großzügiger OLG Hamburg ZUM-RD 2001, 531 für Online-Dienst-Werbung ohne Kopplung mit Hardware und ohne Nennung der Grundgebühr im Blickfang.

[139] OLG Frankfurt GRUR-RR 2007, 165, 167 – *Sparpaket Surf + Phone.*

[140] BGH GRUR 2010, 744 – *Sondernewsletter.*

[141] BGH GRUR 2002, 976ff. – *Koppelungsangebot I* und 979ff. – *Koppelungsangebot II.*

[142] Anders, wenn die Abrechnung des Dienstes zeitunabhängig je Inanspruchnahme erfolgt, vgl. § 66a S. 1 TKG.

zeitabhängig je Minute oder zeitunabhängig je Inanspruchnahme einschließlich der Umsatzsteuer und sonstiger Preisbestandteile anzugeben ist. Neben dieser Regelung sind die Vorschriften der PAngV weiterhin anwendbar.[143] Die Pflicht aus § 66a S. 1 TKG, bei zeitabhängiger Abrechnung Minutenpreise anzugeben, entspricht der bisherigen Rechtsprechung zur PAngV. Dies wird sowohl für die „0900“-Nummern (früher „0190“), über die üblicherweise gewerblich bestimmte Informationen oder andere Leistungen angeboten werden, bejaht,[144] als auch für Fälle, in denen Unternehmen ihrem Kunden als zusätzlichen ergänzenden Service – z. B. mit der Vorwahl „0180“ – Informationen bzw. Unterstützung oder andere Serviceleistungen zum Hauptangebot anbieten.[145] Entsprechendes gilt auch für telefonische Auskunftsdienste, die unter anderen Nummern angeboten werden.[146] Der anzugebende Minutenpreis ist Verrechnungssatz im Sinne von Abs. 1 S. 2. Soweit ein „**Webhosting**-Dienstleistungspaket“ mit einem bestimmten monatlichen Datentransfervolumen zu einem Festpreis angeboten wird, muss jedenfalls dann in leicht erkennbarer Weise über das (volumenabhängige) Zusatzentgelt bei Überschreiten des monatlich fest vergüteten Volumens informiert werden, wenn sich dieses Überschreiten für den Verbraucher im Rahmen üblicher Nutzungen unbemerkt und letztlich nicht steuerbar vollzieht.[147]

34 **e) Weitere Einzelfälle.** Bei der Werbung für **bebaute Immobilien** (Häuser, Eigentumswohnungen) ist **„Gesamtpreis“** der Preis, der nach der Vorstellung des Werbenden, wie sie in der Werbung aus Sicht des angesprochenen Durchschnittsverbrauchers zum Ausdruck kommt, **im Grundstückskaufvertrag als Kaufpreis beurkundet werden soll.**[148] Die Angabe des Quadratmeterpreises reicht nicht aus,[149] kann aber bei Hervorhebung des Gesamtpreises zusätzlich erfolgen. Bei **bebauten** Grundstücken umfasst dieser Gesamtpreis in aller Regel den **Preis für Gebäude und Grundstück**[150] oder für eine Eigentumswohnung,[151] **nicht** dagegen die auf **Drittleistungen** entfallenden Entgelte wie **Maklerprovision,**[152] **Grundbuch-** und **Notariatskosten** sowie **Grunderwerbsteuer**[153] sowie die noch nicht angefallenen **Erschließungskosten.**[154] Bei **zu vermietenden Immobilien** ist Gesamtpreis der Preis, der nach der Vorstellung des Anbieters im Mietvertrag als das Gesamtentgelt für die Gebrauchsüberlassung vereinbart werden soll, allerdings ohne die erst später entstehenden verbrauchsabhängigen Kosten wie Heiz- und Warmwasserkosten und ohne die auf Drittleistungen entfallenden Entgelte wie Maklergebühren.[155] Bei einer Immobilie, die aufgrund eines Erbbaurechts errichtet worden ist, zählt als sonstiger Preisbestandteil auch der wiederkehrende Erbbauzins, der damit in den Gesamtpreis aufzunehmen ist.[156] Zu Ferienwohnungen siehe oben Rdn. 29.

35 Bei der Werbung für Waren, die in **Fertigpackungen unterschiedlicher Größe** bzw. verschiedenen Gewichts angeboten werden (z. B. vorverpackte Fleischwaren und Geflügel) ist in der Werbung neben dem Kilopreis im Grundsatz auch der Gesamtpreis für die konkreten Packungen anzugeben. Da dies bei zahlreichen verschiedenen Packungen unmöglich ist, gestattet die Rechtsprechung neben der Angabe des Kilogrammpreises die beispielhafte Angabe des Gesamtpreises für ein Gebinde (z. B. 1,4 kg = 6,98 Euro) oder die Angabe der Marge für die Preise der einzelnen Fertigpackungen.[157] Bei der letztgenannten Alternative können also in einer „von … bis“-Formulierung der Preis der jeweils kleinsten und größten Packungen angegeben werden. Der Preis-

---

143 *Dittscheid/Rudloff*/Beck'scher TKG Kommentar, § 66a, Rn. 18.

144 OLG Frankfurt NJW-RR 1999, 409, für Finanz-Service mit Angebot und Informationen zum Telefax-Abruf.

145 OLG Frankfurt NJWE-WettbR 1997, 217; LG München I WRP 1999, 247; OLG Karlsruhe OLGR 2000, 76; a. A. *Enßlin* WRP 2001, 359: kein Angebot.

146 OLG München MD 2001, 494, 496 f.; a. A. OLG Köln MD 2001, 1409, 1413: kein Angebot.

147 OLG Hamburg MD 2006, 1361; großzügiger zuvor OLG Hamburg MD 2005, 452.

148 Vgl. BGH GRUR 1983, 665, 666 – *qm-Preisangaben I.*

149 Vgl. BGH GRUR 1983, 665, 666 – *qm-Preisangaben I;* GRUR 1988, 699 f. – *qm-Preisangaben II;* GRUR 2001, 258, 259 – *Immobilienpreisangaben;* OLG Düsseldorf WRP 1982, 62; KG MD 1995, 133, 135; MD 1995, 553, 555; OLG München NJWE-WettbR 1998, 275.

150 Vgl. OLG Hamm GRUR 1989, 362 f. mit Nichtannahmebeschluss BGH S. 363 f.; der Hinweis auf die Einbeziehung des Grundstücks ist aber keine irreführende Werbung mit Selbstverständlichkeiten, OLG Hamm WRP 1987, 488 f.

151 Vgl. KG WRP 1980, 414, 415.

152 OLG Frankfurt WRP 1992, 67, 69.

153 BGH GRUR 1983, 665, 666; KG WRP 1980, 414, 416.

154 Z. B. Ohly/*Sosnitza* § 1 PAngV Rdn. 33; anders für bereits bekannte Erschließungskosten KG WRP 1988, 167, 169. Näher zu unvermessenem Bauland *Völker,* PreisangabenR, § 1 Rdn. 51.

155 BGH GRUR 1988, 699 – *qm-Preisangaben II.*

156 LG Karlsruhe WRP 2014, 1120, 1121 f.

157 BGH GRUR 1991, 847, 848 – *Kilopreise II.*

transparenz und Preisvergleichsmöglichkeit wird im Übrigen durch die Angabe des Grundpreises nach § 2 Rechnung getragen.

Bei **Brillen** ist der anzugebende Gesamtpreis grundsätzlich der sog. **„Selbstzahlerpreis"**, auch wenn bei Krankenkassenmitgliedern ein Teil des Preises von der Kasse gezahlt wird; die Angabe der Selbstbeteiligung des Kunden genügt nicht,[158] selbst wenn der Optiker nur an Kassenpatienten verkauft.[159] Weiterer Angaben bedarf es nach der PAngV grundsätzlich nicht. Zulässig ist die Angabe von Einzelpreisen für zuzahlungspflichtige Sonderleistungen, soweit nicht für bestimmte Brillengläser unter Angabe von Preisen geworben wird.[160] Im Allgemeinen sind Vergütungen, die auf jeden Fall von einem **Dritten** geleistet werden und den Kunden nicht belasten, grundsätzlich nicht Bestandteil des Gesamtpreises.[161] Bei **Preisänderungen,** z. B. Preisherabsetzungen, ist der Gesamtpreis entsprechend der Änderung anzugeben. So reicht es, z. B. bei einer generellen Herabsetzung aller Preise eines größeren Warensortiments um 10% (etwa im Schlussverkauf), nicht aus, auf diese prozentuale Herabsetzung hinzuweisen. Vielmehr ist, soweit eine Pflicht zur Gesamtpreisangabe besteht, der **konkrete geänderte Gesamtpreis** unter Berücksichtigung der Preisherabsetzung anzugeben.[162] 36

2. Umsatzsteuer

Die (nationale oder ausländische) Umsatzsteuer ist in den Gesamtpreis einzurechnen. Anzugeben sind also Bruttopreise, nicht Nettopreise. Die alleinige Angabe des Nettopreises mit dem Zusatz *„+ MwSt"* oder *„zzgl. Steuern und Gebühren"* oder mit anderen Hinweisen, dass die Mehrwertsteuer noch hinzukomme, genügt § 1 Abs. 1 somit nicht.[163] Wohl aber ist die *zusätzliche* Angabe von Nettopreisen preisangabenrechtlich zulässig, wenn der Bruttopreis als Gesamtpreis gemäß Abs. 6 S. 3 hervorgehoben wird. Im Fernabsatz ist außerdem § 1 Abs. 2 Nr. 1 PAngV zu beachten. Danach ist zusätzlich anzugeben, ob die geforderten Preise die Umsatzsteuer und sonstige Preisbestandteile enthalten. 37

3. Sonstige Preisbestandteile

Hierzu gehören neben den bereits erörterten Preiskomponenten z. B. **bei Reisen Bearbeitungskosten** einer Reisebuchung[164] bzw. eine „Buchungsgebühr".[165] Nach Art. 23 Abs. 1 der VO (EG) Nr. 1008/2008 muss der anzugebende Endpreis alle anwendbaren Steuern, Gebühren, Zuschläge und Entgelte, die unvermeidbar und vorhersehbar sind, enthalten. Die zuvor zur PAngV ergangene Rechtsprechung verlangte insbesondere die Angabe der Flughafengebühr,[166] sowie Einreise- und Sicherheitsgebühren und Einreisesteuern[167] außerdem eine Ausweisung der Zusatzgebühren für die (zwingende) Zahlung mit Kreditkarte,[168] also allgemein gesprochen alle Entgelte für solche Leistungen Dritter, die bei jeder Reise in Anspruch genommen werden müssen.[169] Obwohl diese Entscheidungen damit vergleichbaren Grundsätzen folgen, sind sie seit Geltung von **Art. 23 Abs. 1 VO (EG) Nr. 1008/2008 allein** an den Vorgaben der Verordnung zu messen (siehe Einführung Rdn. 15). 38

Unklarheiten bei einzelnen Preiskomponenten ändern grundsätzlich nichts an der Verpflichtung, einen bestimmten Gesamtpreis anzugeben. So ist eine Preisangabe mit dem Hinweis, dass je nach Abflughafen, Abreisetermin und Fluggesellschaft die Preise um bis zu 50 Euro steigen oder sinken können, nicht zulässig.[170] Ob der früher hinsichtlich etwaiger Kostenerhöhungen (z. B. 39

---

[158] BGH NJW-RR 1989, 101, 102 f. – *Brillenpreise I;* vgl. auch OLG Düsseldorf WRP 1983, 157, 158; vgl. zu Einzelheiten der Optikerpreisangaben *Gelberg* GewArch 1994, 457 ff.; *Schricker* GewArch 1996, 137 ff.

[159] BGH GRUR 1997, 767 ff. – *Brillenpreise II.*

[160] OLG Düsseldorf WRP 1988, 678 ff.

[161] Vgl. OLG Stuttgart WRP 1995, 757, 762.

[162] BGH GRUR 1999, 762, 763 – *Herabgesetzte Schlussverkaufspreise.* Zur Ausnahme nach § 9 Abs. 2 vgl. § 9 Rdn. 17 ff.

[163] BGH GRUR 2001, 1167, 1168 – *Fernflugpreise;* BGH GRUR 1979, 553 – *Luxus-Ferienhäuser.*

[164] OLG Frankfurt GRUR 1988, 49 f.

[165] OLG Karlsruhe WRP 2005, 1188.

[166] BGH GRUR 1981, 140, 141 f. – *Flughafengebühr;* GRUR 2001, 1166 – *Fernflugpreise;* GRUR 2003, 889 f. – *Internet-Reservierungssystem;* BGH GRUR 2004, 435, 436 – *FrühlingsgeFlüge;* GRUR 2010, 652, Tz. 15 – *Costa del Sol.*

[167] BGH GRUR 2001, 1166, 1168 – *Fernflugpreise;* BGH a. a. O. – *Internet-Reservierungssystem* und *FrühlingsgeFlüge.*

[168] OLG Hamburg, GRUR-RR 2014, 170 - *Kreditkartenzuschlag;* LG Berlin WRP 2005, 1569.

[169] BGH a. a. O. – *Fernflugpreise* und *Internet-Reservierungssystem.*

[170] BGH GRUR 2010, 652, Tz. 18 – *Costa del Sol.*

Flughafengebühren) vom BGH zugelassene[171] Vorbehalt einer Preisanpassung nach § 4 Abs. 2 S. 3 BGB-InfoV mit Art. 23 Abs. 1 VO (EG) Nr. 1008/2008 vereinbar ist, ist noch nicht geklärt und muss letzten Endes vom EuGH entschieden werden, wenngleich Einiges für die Zulässigkeit eines Anpassungsvorbehalts spricht.

40 Bei der Werbung für aus dem Ausland **importierte Kraftfahrzeuge** sind auch die Kosten für die **Umrüstung** und **TÜV-Abnahme** in den Gesamtpreis aufzunehmen, soweit die Gestaltung der Werbung den Eindruck erweckt, diese Kosten seien im Gesamtpreis enthalten[172] oder soweit diese Kosten von dem Kunden obligatorisch zu entrichten sind. Bei einer Werbung für ein beim inländischen Händler bereitstehendes, für den Verkehr im Inland fertig hergerichtetes Fahrzeug wird in der Regel eine solche Verkehrserwartung bestehen.[173] Entsprechendes gilt für **im Inland hergestellte Fahrzeuge.** Für **Überführungskosten** ist die gesonderte Angabe nur dann zulässig, wenn dem Kunden die Wahl zwischen Selbstabholung und Überführung überlassen und auf das bestehende Wahlrecht in der Werbung unmissverständlich hingewiesen wird.[174] Die Preise für die Überführung sind dann lediglich gemäß § 5 Abs. 1 (bzw. bei Fernabsatzgeschäften gemäß § 1 Abs. 2 S. 2) anzugeben. Besteht ein Wahlrecht hingegen nicht, so sind nach bisheriger Rechtsprechung auch die Kosten der Überführung vom Hersteller zum Händler in den Gesamtpreis aufzunehmen, weil der Verkehr solche Nebenkosten nicht als zusätzliche Frachtkosten, sondern als Bestandteile des Gesamtpreises auffasst.[175] Daran hat sich auch nichts dadurch geändert, dass in Art. 7 Abs. 4 UGP-Richtlinie „alle zusätzlichen Fracht-, Liefer- oder Zustellkosten“ ausdrücklich neben dem „Preis einschließlich aller Steuern und Abgaben“ erwähnt werden, was dafür sprechen könnte, dass diese Fracht- und Lieferkosten gerade nicht Teil des (Gesamt-)Preises sind. Jedoch sieht der EuGH insoweit, ebenso wie der BGH,[176] die Preisangabenrichtlinie als vorrangige Regelung an und bestätigt im Ergebnis die o. g. Rechtsprechung.[177] Definitiv **nicht** in den Gesamtpreis einzubeziehen sind die **Zulassungskosten** als Entgelt für eine Drittleistung.[178] Das vorstehend Ausgeführte gilt im Grundsatz auch für Kfz-Leasingangebote.[179] Ebenfalls nicht in den Gesamtpreis einzubeziehen sind nach dem o. g. gesonderte **Frachtkosten** für eine Lieferung an einen anderen Ort als den Sitz des Händlers, die nicht zwingend sind, sondern nur bei (freiwilliger) Anfrage durch den Kunden anfallen. Auch Art. 7 Abs. 4 UGP-RL unterscheidet (sogar unabhängig von einer etwaigen Freiwilligkeit) klar zwischen dem Preis einschließlich aller Steuern und Abgaben und den zusätzlichen Fracht-, Liefer- oder Zustellkosten.[180]

41 **Versandkosten** werden grundsätzlich nicht auf die Ware, sondern auf die Sendung erhoben. Daher stuft der BGH sie als in aller Regel nicht auf den Gesamtpreis anzurechnenden Preisbestandteil ein.[181] Nach dem Wortlaut von Art. 7 Abs. 4 UGP-RL gilt das nunmehr erst recht. Es gilt auch für **Warenversicherungen** im Versandhandel.[182] Im Versandhandel ist allerdings nach Abs. 2 S. 1 Nr. 2 anzugeben, ob Liefer- und Versandkosten anfallen. **Mindermengenzuschläge** hingegen sind wie sonstige Preisbestandteile anzugeben.[183]

4. Preisnachlässe

42 Preisnachlässe sind ein Unterfall der Preisänderung. Bei Preisänderungen ist selbstverständlich ab dem Zeitpunkt der Änderung der geänderte Preis anzugeben. Dies gilt im Grundsatz auch

---

[171] BGH GRUR 2010, 652, Tz. 19 – *Costa del Sol.*

[172] BGH GRUR 1983, 443, 444 f. – *Kfz-Endpreis;* OLG Düsseldorf WRP 1995, 732, 734; WRP 1997, 260, 261 und MD 2007, 1161, 1163.

[173] Vgl. OLG Schleswig-Holstein MD 2007, 505.

[174] EuGH Rs. C-476/14 Tz. 37 – *Citroen ./. ZLW;* BGH a. a. O. – *Kfz-Endpreis;* BGH GRUR 1983, 658, 661 – *Hersteller-Preisempfehlung in Kfz-Händlerwerbung;* OLG Stuttgart NJWE-WettbR 1998, 78, 79. Kein Wahlrecht bestand bei KG MD 2012, 994, 996; MD 1424, 1426.

[175] St. Rspr. BGH GRUR 1983, 443, 445 – *Kfz-Endpreis.*

[176] BGH GRUR 2014, 1208, Tz. 27 – *Preis zuzüglich Überführung.* A. A. im Ergebnis OLG München WRP 2012, 736, Tz. 21.

[177] EuGH Rs. 476/14 Tz. 29 ff., 45 – *Citroen ./. ZLW.*

[178] *Gelberg,* Kommentar zur Preisangabenverordnung, 1975, § 1 Abs. 1 Anm. 8.4.1.2 c.

[179] OLG Frankfurt WRP 1998, 324; KG MD 1998, 167.

[180] Die gesonderte Angabe der Frachtkosten nur auf den Fall zu beziehen, dass der Preis aufgrund der Beschaffenheit des Produktes nicht im Voraus berechnet werden kann, macht wenig Sinn. Dagegen sprechen auch die Formulierungen der englischen und der französischen Fassung der UGP-Richtlinie, welche die jeweiligen Bestandteile durch Kommata trennen.

[181] BGH GRUR 1997, 479, 480 – *Münzangebot.* Näher unter Rdn. 61 ff.

[182] Ohly/*Sosnitza* § 1 PAngV Rdn. 33.

[183] OLG Hamm MMR 2012, 825, 826.

für Preisnachlässe. Allerdings ist der Preisnachlass per se, d. h. ohne Angabe des Bezugspreises, noch keine Preisangabe, weil er für sich allein gesehen noch keinen Preisvergleich ermöglicht.[184]

Für **individuelle Preisnachlässe** und bestimmte, **zeitlich begrenzte generelle Preisnachlässe** ist zudem die Ausnahmevorschrift in **§ 9 Abs. 2** zu berücksichtigen (vgl. § 9 Rdn. 17). 43

VIII. Zusätzliche Angaben (Abs. 1 S. 2)

1. Allgemeines und Vereinbarkeit mit Unionsrecht

Grundsätzlich steht es dem Anbieter preisangabenrechtlich frei, ob er in seinen Angeboten und der Werbung auch bestimmte **Verkaufs- oder Leistungseinheiten** oder **Gütebezeichnungen** angeben will, auf die sich die Preise beziehen. Nach S. 2 ist diese Angabe jedoch **zusätzlich erforderlich,** soweit es der **allgemeinen Verkehrsauffassung** entspricht. Diese Vorschrift hat nur insoweit Bedeutung, als derartige Angaben **nicht ohnehin gesetzlich zwingend vorgeschrieben** sind; sind sie hingegen bereits anderweitig vorgeschrieben, müssen die Angaben in der gesetzlich vorgeschriebenen Weise erfolgen, und zwar unabhängig von der tatsächlich bestehenden Verkehrsauffassung.[185] 44

Das Erfordernis, die **„Verkaufseinheit"** anzugeben, bezieht sich auf Waren und entspricht Art. 3 Abs. 1 S. 1 Preisangabenrichtlinie. Wenn die Richtlinie verlangt, dass der „Preis einer Maßeinheit" anzugeben ist, setzt dies zwingend auch die Angabe dieser Maßeinheit voraus. Ein qualitativer Unterschied zwischen der Angabe einer Maßeinheit und der Angabe einer Verkaufseinheit ist insbesondere unter Berücksichtigung der Definition einer Maßeinheit in Art. 2 lit b) Preisangabenrichtlinie, die über die in § 2 Abs. 3 PAngV genannten Einheiten hinausgeht („anderen Mengeneinheiten"), nicht ersichtlich. Das Erfordernis der Angabe einer Verkaufseinheit lässt sich daher richtlinienkonform aus Art. 3 der Preisangabenrichtlinie ableiten. Eines Rückgriffs auf die Mindestangleichungsklausel des Art. 10 der Preisangabenrichtlinie bedarf es nicht, so dass auch die Verfallsregelung des Art. 3 Abs. 5 S. 1 UGP-Richtlinie nicht einschlägig ist.[186] Auch die (zwischenzeitlich) eingeschränkte Auslegung des Anwendungsbereichs der Preisangabenrichtlinie durch den EuGH (siehe Einl. Rdn. 14) schadet insoweit nicht, weil es hier gerade um Preisangaben unter Bezugnahme auf Maßeinheiten geht. Abgesehen davon ist der EuGH von dieser Auslegung mittlerweile schon wieder abgerückt.[187] 45

Die Angabe der **„Leistungseinheit"** bezieht sich auf Dienstleistungen, wird hingegen weder von der Dienstleistungsrichtlinie noch von der UGP-Richtlinie gefordert, wenn dies (nur) der Verkehrsauffassung entspricht. Als zusätzliche Voraussetzung bei der Preisangabe handelt es sich um eine strengere Vorschrift im Sinne des Art. 3 Abs. 5 UGP-RL.[188] Gleiches gilt für das Erfordernis, bei bloßer Verkehrsauffassung die **Gütebezeichnung** angeben zu müssen. Weder in der Preisangabenrichtlinie noch in der Dienstleistungsrichtlinie findet sich hierzu eine Entsprechung, weshalb die Bestimmung lediglich von den Mindestangleichungsklauseln gedeckt ist und als strengere Regelung daher Art. 3 Abs. 5 S. 1 UGP-RL unterfällt.[189] Die fehlende Angabe der Leistungseinheit und der Gütebezeichnung ist daher seit dem 13. Juni 2013 nicht mehr unlauter i. S. v. §§ 3, 3a UWG. Die Pflicht zur Angabe kann sich allenfalls – aber auch immerhin – aus Gründen der Klarheit und Eindeutigkeit gem. § 1 Abs. 6 S. 2 PAngV ergeben. 46

2. Verkaufs- oder Leistungseinheit

Der Begriff **„Verkaufseinheit"** bezieht sich auf Waren. Man versteht hierunter eine bestimmte Menge der Ware, die sich nach Gewicht (z. B. Kilogramm/kg oder Gramm/g), Volumen (z. B. Liter/l), nach der Fläche, der Länge oder der Stückzahl bemisst.[190] Eine **„Leistungseinheit"** ist eine Maßeinheit zur Quantifizierung von Leistungen, z. B. für elektrische Energie die Kilowattstunde (kWh), beim Bearbeiten von Flächen (z. B. Tapezieren, Verlegen von Fußböden) der Quadratmeter/qm.[191] 47

---

[184] BGH GRUR 1983, 661, 663 – *Sie sparen 4000,– DM.*

[185] Ohly/*Sosnitza* § 1 PAngV Rdn. 39; Beispiele bei *Völker,* PreisangabenR, § 1 Rdn. 62 ff.

[186] *Goldberg* WRP 2013, 1561, 1563; a. A. *Köhler*/Bornkamm § 1 PAngV Rdn. 20.

[187] EuGH Rs. 476/14 Tz. 33, 34 – *Citroen ./ ZLW.*

[188] *Köhler* WRP 2013, 723, 726.

[189] *Köhler* WRP 2013, 723, 726. A. A. *Goldberg* WRP 2013, 1561, 1563, der in der Bestimmung eine zulässige Konkretisierung der Generalklausel der Preisangabenrichtlinie sieht.

[190] *Gelberg* GewArch 1982, 286; *Gimbel/Boest,* Die neue Preisangabenverordnung, 1985, § 1 Anm. 16; Ohly/*Sosnitza,* UWG, § 1 PAngV Rdn. 40.

[191] *Gimbel/Boest,* Die neue Preisangabenverordnung, 1985, § 1 Anm. 17.

3. Gütebezeichnung

48 Hierunter versteht man alle Angaben, die eine Aussage über die **Qualität** der Ware oder Leistung enthalten. Dabei muss es sich nicht unbedingt um eine besonders „kurze" oder „einprägsame" Bezeichnung handeln, die „möglichst umfassend" über die Qualität der angebotenen Ware/Leistung informiert.[192] Erfasst werden neben sprachlichen Angaben auch entsprechende Symbole, insbesondere sog. **Gütezeichen.** Hierunter versteht man Kollektivzeichen (Wort- und/oder Bildzeichen), die von einer Mehrheit von Gewerbetreibenden zur Kennzeichnung ihrer Ware verwendet werden, um auf die Einhaltung bestimmter qualitativer Standards hinzuweisen. Träger der Gütezeichen und im Regelfall auch Inhaber entsprechender Marken[193] sind häufig sog. **Gütegemeinschaften,** die Gütebedingungen aufstellen und deren Erfüllung durch die Mitglieder/Benutzer der Zeichen überwachen.[194] Der Begriff der Gütebezeichnung – der weiter ist als derjenige des „Gütezeichens" – erfasst nicht nur Hinweise auf eine besonders gute, sondern auch Hinweise auf eine **mindere oder unterdurchschnittliche Qualität** (z. B. „2. Wahl"; „Mängelexemplar"). In Betracht kommen hier nur verkehrsübliche oder in Rechtsvorschriften definierte Gütebezeichnungen; andere können nicht der allgemeinen Verkehrsauffassung entsprechen.

4. Allgemeine Verkehrsauffassung

49 Die ergänzende Angabe der Verkaufseinheit neben der Preisangabe ist nur erforderlich, soweit dies der allgemeinen Verkehrsauffassung entspricht. Wann dies der Fall ist, lässt sich nicht allgemeingültig bestimmen. Ob **regional unterschiedliche Verkehrsauffassungen** (innerhalb eines Mitgliedstaats) weiterhin möglich sind oder ob die relevante Verkehrsauffassung in dem gesamten Mitgliedstaat bestehen muss, ist angesichts des Wortlauts der Regelung in Art. 2 lit. b Preisangabenrichtlinie *(„in dem betreffenden Mitgliedstaat allgemein verwendet und üblich")* fraglich und letzten Endes durch den EuGH zu entscheiden. Maßgeblich sind jeweils die Umstände des Einzelfalls. Die Angabe der Verkaufseinheit wird sich jedenfalls erübrigen, wenn sie aus den Umständen offensichtlich bzw. eindeutig erkennbar ist, z. B. bei Preisangaben für Fertigpackungen gleicher Nennfüllmenge im Einzelhandelsgeschäft.[195] Bei der **Verkaufseinheit** kommt es entscheidend darauf an, in welchen Verkaufseinheiten die Waren üblicherweise abgegeben werden. Bei einem Verkauf von Ware, die meterweise zugemessen und abgegeben wird (Meterware), muss die Preisangabe meterbezogen erfolgen; Kilopreise sind dann unzulässig,[196] ebenso Quadratmeterpreise[197] und Quadratmillimeterpreise.[198] Dagegen ist die Werbeankündigung „1 kg CDs zum Preis von 25 Euro" zulässig, soweit gleichzeitig die Erläuterung erfolgt, mit 1 kg CDs sei die Anzahl von 10 CDs gemeint,[199] weil dem Verbraucher hierdurch letztlich doch die zu erwerbende Menge in der für diese Ware üblichen Einheit (Anzahl) verdeutlicht wird. **Weitere Beispiele für Verkaufseinheiten nach Verkehrsauffassung:** Bei Kerzen ist nach der Verkehrsauffassung die Verkaufseinheit entweder eine einzelne Kerze oder eine Packung mit einer bestimmten Anzahl (gleicher) Kerzen, nicht aber das Gewicht.[200] Beim Verkauf einzelner Kerzen ist also der Stückpreis anzugeben; daneben kann auch der Kilopreis genannt werden. Bei Handtüchern, Badetüchern, Waschlappen und anderen flächigen Textilwaren, die unverpackt verkauft werden, ist nach der Verkehrsauffassung die Verkaufseinheit grundsätzlich nach Fläche, nicht nach Gewicht zu bezeichnen; unzulässig ist daher z. B. das Angebot loser flächiger Frottierware zu Kilopreisen.[201]

---

192 So aber BayObLG ZLR 1983, 147, 148 m. zust. Anm. *Hahn.*

193 Kollektivmarken i. S. v. §§ 97 ff. MarkenG.

194 Zu Gütezeichen siehe auch § 5 Abschn. C Rdn. 260 ff. UWG.

195 Siehe auch Art. 3 Abs. 1 S. 2 Preisangabenrichtlinie: „Der Preis je Maßeinheit muss nicht angegeben werden, wenn er mit dem Verkaufspreis identisch ist."

196 BGH GRUR 1981, 289 f. – *Kilopreise I.*

197 OLG München WRP 1977, 819 zu Gardinen.

198 LG Mannheim/OLG Karlsruhe WRP 1981, 551 f. zur Werbung „100 qm Teppichbodenbelag ab 0,05 Pfennige".

199 OLG Frankfurt WRP 1995, 848 f.

200 BGH GRUR 1993, 62, 63 – *Kilopreise III.*

201 BGH GRUR 1992, 856 f. – *Kilopreise IV.*

IX. Verhandlungsbereitschaft über den Preis (S. 3)

Auf die **Bereitschaft, über den angegebenen Preis zu verhandeln,** kann hingewiesen werden, soweit dem nicht gesetzliche Vorschriften entgegenstehen (z. B. bei Arzneimitteln) und dies der allgemeinen Verkehrsauffassung in der betreffenden Branche oder für die fraglichen Waren oder Leistungen entspricht; das ist z. B. von jeher bei **Immobilien** und **Gebrauchtwagen** der Fall.[202] Auch bei anderen Branchen kommt eine entsprechende Verkehrsauffassung in Betracht, soweit es üblich ist oder wird, dass der Preis vom Käufer nicht in der Regel akzeptiert, sondern durch Verhandlungen zwischen den Parteien festgelegt wird. Gerade nach Abschaffung des Rabattgesetzes haben sich in zusätzlichen Branchen und Warenbereichen Handelsübungen herausgebildet, über den Preis zu verhandeln und eine entsprechende Bereitschaft von Seiten des Händlers auch anzukündigen. Verstärkt wird dieser Trend durch die zunehmend populäreren Preisgarantien. Mittlerweile gibt es sogar Einzelhandelsketten, die damit werben, dass man mit ihnen über den Preis verhandeln soll *(„wir unterbieten fast jeden Preis")*. 50

Auch **der Hinweis auf die Verhandlungsbereitschaft selbst muss der allgemeinen Verkehrsauffassung entsprechen,** was z. B. bei Immobilien und im Kfz-Bereich für den Zusatz **„VB"** oder **„VHB"** (für „Verhandlungsbasis") zur Preisangabe der Fall ist. Selbstverständlich darf der Hinweis selbst auch nicht irreführend sein. Der Hinweis auf die Verhandlungsbereitschaft kann nicht die nach Abs. 1 S. 1 für Angebote vorgeschriebene Angabe des Gesamtpreises ersetzen.[203] Auch wenn also der (Ausgangs-)Preis, der dem Veräußerer vorschwebt, in Verhandlungen zur Disposition steht, ist er zunächst anzugeben. 51

C. Zusatzangaben bei Fernabsatzverträgen (Abs. 2)

I. Allgemeines

1. Zweck und wesentlicher Inhalt der Vorschrift; Vereinbarkeit mit Unionsrecht

Die Bestimmung schreibt für Fernabsatzverträge zusätzlich folgende Angaben vor: Zum einen ist anzugeben, dass die Preise die Umsatzsteuer und sonstige Preisbestandteile enthalten. Zum anderen ist anzugeben, ob zusätzliche Liefer- oder Versandkosten oder sonstige Kosten anfallen. Lassen sich die zusätzlichen Liefer- und Versandkosten vernünftigerweise im Voraus berechnen, so ist deren konkrete Höhe anzugeben. Lassen sich diese Kosten nicht vernünftigerweise im Voraus berechnen, so sind zwar nicht mehr Einzelheiten zu deren Berechnung anzugeben, wohl aber ist anzugeben, dass solche Kosten anfallen. Das ergibt sich aus einer richtlinienkonformen Auslegung der Norm (siehe unten Rdn. 62). 52

Abs. 2 wurde durch die Vierte ÄnderungsVO vom 18. Oktober 2002[204] eingeführt und zuletzt im Zuge der Umsetzung der Verbraucherrechterichtlinie neu gefasst. Durch die seit dem 13. Juni 2014 geltende Neufassung ist der Wortlaut der Vorschrift der Verbraucherrechterichtlinie, dort speziell Art. 6 Abs. 1 lit. e) angeglichen worden. Da diese Richtlinie Vertragsrecht regelt und damit Informationspflichten bei der Durchführung von Verträgen erfasst, unterfällt die Bestimmung nicht dem durch die UGP-Richtlinie vollharmonisierten Bereich, so dass auch die Verfallsklausel des Art. 3 Abs. 5 UGP-RL nicht anwendbar ist. Somit ist es möglich, sich im Bereich des § 1 Abs. 2 PAngV weiterhin auf die Mindestangleichungsklausel des Art. 6 Abs. 8 UAbs. 1 Verbraucherrechterichtlinie zu berufen.[205] Zugleich dient die Regelung aber auch der Umsetzung von Art. 5 Abs. 2 der E-Commerce Richtlinie 2000/31/EG, wobei der deutsche Verordnungsgeber sie richtlinienüberschießend umgesetzt und auf sämtliche Fernabsatzverträge erstreckt hat, nicht nur auf solche des E-Commerce. Hinzu kommen Erweiterungen in der Auslegung durch die Rechtsprechung und die Erstreckung auf Werbung mit Preisen, was zunächst auch vom Verordnungsgeber übernommen, mittlerweile aber wieder zurückgesetzt wurde. 53

---

[202] Z. B. OLG Köln GRUR 1986, 177 – *Zusatz VB,* für Immobilien; OLG Koblenz WRP 1983, 438 für Gebrauchtwagen; *Gimbel/Boest,* Die neue Preisangabenverordnung, 1985, § 1 Rdn. 17.

[203] LG Berlin WRP 2014, 892.

[204] BGBl. I S. 4195.

[205] *Köhler*/Bornkamm § 1 PAngV Rdn. 25. Soweit in europarechtskonformer Auslegung auch die Preiswerbung im E-Commerce vom Anwendungsbereich des § 1 Abs. 2 PAngV erfasst wird, entsprechen die Anforderungen Art. 5 Abs. 2 E-Commerce-Richtlinie und unterfallen bereits wegen Art. 3 Abs. 4 UGP-RL nicht Abs. 5 UGP-RL.

54 Bei Flügen ist vorrangig die Regelung in **Art. 23 Abs. 1 S. 4 der VO 1008/2008 (Luftverkehrsdienste VO)** zu beachten, nach der fakultative Zusatzkosten auf klare, transparente und eindeutige Weise am Beginn jedes Buchungsvorgangs mitgeteilt werden müssen (siehe Einleitung Rdn. 15).

2. Anwendungsbereich

55 Die Bestimmung gilt für **Fernabsatzverträge,** also für Verträge über die Lieferung von Waren oder über die Erbringung von Dienstleistungen, die zwischen einem Unternehmen und einem Verbraucher unter ausschließlicher Verwendung von Fernkommunikationsmitteln abgeschlossen werden, es sei denn, dass der Vertragsschluss nicht im Rahmen eines für den Fernabsatz organisierten Vertriebs- oder Dienstleistungssystems erfolgt. Dies ist die Legaldefinition der Fernabsatzverträge in **§ 312c** Abs. 1 BGB (auf die auch die amtl. Begr.[206] verweist). Ausgenommen sind nach § 9 Abs. 3 PAngV allerdings die in § 312 Abs. 2 Nr. 2, 3, 6, 9 und 10 und Abs. 6 BGB genannten Verträge (insb. über Veräußerung von Grundstücken, Bau und Teilzeitnutzung von Gebäuden, Verträge an Warenautomaten, Versicherungen und deren Vermittlung).

56 Die Regelung dient dabei nicht allein der Umsetzung von Art. 6 Abs. 1 lit. e) der Verbraucherrechterichtlinie, sondern auch von Art. 5 Abs. 2 der Richtlinie 2000/31/EG, der sog. E-Commerce Richtlinie. Zwar gilt die E-Commerce Richtlinie nur für elektronische Fernabsatzverträge. Der Verordnungsgeber hat die Regelung jedoch richtlinienüberschießend umgesetzt und bewusst auf alle Fernabsatzverträge erstreckt, was durch die Mindestangleichungsklausel des Art. 6 Abs. 8 UAbs. 1 der Verbraucherrechterichtlinie auch gedeckt ist.[207] Die Rechtsprechung ist darüber hinaus dann noch einen Schritt weiter gegangen: Der Anwendungsbereich des § 1 Abs. 2 beschränkte sich nach dem Wortlaut der ursprünglichen Fassung vom 18. Oktober 2002 auf Sachverhalte, in denen gegenüber Verbrauchern gewerbs- oder geschäftsmäßig oder regelmäßig in sonstiger Weise Waren oder Leistungen **angeboten** wurden. Die Rechtsprechung erweiterte den Anwendungsbereich auf Fälle, bei denen unter Angabe von Preisen **geworben** wurde, um auch insoweit den Vorgaben von Art. 5 Abs. 2 der Richtlinie 2000/31/EG über den elektronischen Geschäftsverkehr im Binnenmarkt gerecht zu werden.[208] Diese Bestimmung sieht im Bereich des E-Commerce vor, dass bestimmte Angaben erforderlich sind, soweit „Dienste der Informationsgesellschaft auf Preise Bezug nehmen." Der Verordnungsgeber selbst übernahm eine entsprechende Erweiterung sodann auch zunächst in den Text des § 1 Abs. 2 S. 1 PAngV in der Fassung vom 01. August 2012. Die seit dem 13. Juni 2014 geltende Neufassung des § 1 Abs. 2 S. 1 PAngV hat diese Erweiterung des Anwendungsbereichs auf die Werbung dann allerdings wieder zurückgenommen. Der Verordnungsgeber wollte damit den Wortlaut der Vorschrift an die Verbraucherrechterichtlinie angleichen.[209] Ob auch weiterhin die Preis**werbung** bei Fernabsatzverträgen die zusätzlichen Informationspflichten nach § 1 Abs. 2 PAngV auslöst, ist mit Blick auf den Wortlaut der Norm und die Beschränkung des Anwendungsbereiches gegenüber der Vorfassung somit zweifelhaft. Wenn der Gesetzgeber den Anwendungsbereich zunächst sprachlich erweitert, diese Erweiterung dann jedoch zurücknimmt, kann nicht davon ausgegangen werden, dass damit keine Änderung des Regelungsgehaltes einhergehen sollte.[210] Andererseits dürfen die Vorgaben der E-Commerce-Richtlinie nicht außer Acht gelassen werden. Daher ist wenigstens im Regelungsbereich der E-Commerce-Richtlinie auch weiterhin eine richtlinienkonforme Auslegung geboten. Denn augenscheinlich hat der Gesetzgeber bei der letzten Änderung übersehen, dass § 1 Abs 2 PAngV nicht nur Vorgaben der Verbraucherrechterichtlinie sondern auch Vorgaben der E-Commerce-Richtlinie umsetzt. Zumindest sofern ein Fernabsatz daher im Rahmen des E-Commerce erfolgt, erstreckt sich der Anwendungsbereich des § 1 Abs. 2 PAngV weiterhin auch auf das Werben unter Angabe von Preisen und, für jeglichen Fernabsatz, auf das Anbieten von Produkten unter Angabe von Preisen.

57 Somit findet die Bestimmung auf alle Angebote und bei E-Commerce auch auf Preiswerbung im Sinne von Abs. 1 S. 1 Anwendung (soweit auf den Abschluss eines Fernabsatzvertrages gerichtet). Die Informationspflichten nach Abs. 2 gelten bei Angabe des Gesamtpreises im Sinne von Abs. 1 S. 1 sowie bei der Angabe von Grundpreisen gemäß § 2 Abs. 2 (weil hier kein Gesamtpreis angege-

---

206 A. a. O., S. 7.

207 BR-Drucks. 579/02, S. 7; ebenso noch *Köhler*/Bornkamm 31. Auflage 2013 § 1 PAngV Rdn. 24.

208 BGH GRUR 2010, 251, Tz. 12 – *Versandkosten bei Froogle;* GRUR 2008, 532, Tz. 28 – *Umsatzsteuerhinweis;* OLG Hamburg GRUR-RR 2005, 236, 238 – *madeleine.de;* MMR 2005, 467; MD 2007, 444, 446.

209 BT-Drucks. 17/12637, S. 80.

210 Daran ändert auch die Vorlage des BGH an den EuGH, ob eine „Werbung" für ein Erzeugnis unter Angabe des Preises nicht ein „Anbieten" darstellt, nichts, weil dieser Fall die Preisangabenrichtlinie betraf, BGH GRUR 2014, 1208, Tz. 25 – *Preis zuzügl. Überführung.*

ben werden muss). Die Bestimmung gilt somit nicht bei Angaben nach § 1 Abs. 3 und 4 sowie §§ 3–8.

3. Verhältnis zum sonstigen Fernabsatzrecht

Die preisangabenrechtlichen Bestimmungen bei Fernabsatzverträgen und im elektronischen Geschäftsverkehr in **Art. 246a § 1 Abs. 1 Nr. 4, 5, 6, 1 EGBGB (i. V. m. § 312d Abs. 1 BGB** bzw. § 312j Abs. 2 BGB) gelten neben der PAngV. Soweit jedoch im Vorfeld des Abschlusses eines Fernabsatzvertrages für das entsprechende Angebot des Unternehmens die nach der PAngV erforderliche Preisinformation gegenüber dem Verbraucher zu erfolgen hat, wird hierdurch die Pflicht zur Preisangabe nach den erwähnten Bestimmungen in der Regel verdrängt. Wer also bei einem entsprechenden Angebot gemäß § 1 Abs. 2 PAngV z. B. die Liefer- und Versandkosten angegeben hat, muss dies nicht noch einmal gemäß Art. 246a § 1 Abs. 1 Nr. 4 EGBGB tun. Zu beachten ist allerdings, dass § 312j Abs. 2 BGB zusätzlich noch ein „unmittelbar"-Erfordernis enthält. 58

II. Hinweis auf enthaltene Umsatzsteuer (S. 1 Nr. 1)

Bei Angeboten und bei Preiswerbung im E-Commerce, die jeweils auf den Abschluss eines Fernabsatzvertrages gerichtet sind, ist anzugeben, dass die Preise die **Umsatzsteuer und sonstige Preisbestandteile** enthalten. Nachdem gegenüber Verbrauchern bereits seit Jahrzehnten die Gesamtpreise einschließlich Umsatzsteuer und sonstige Preisbestandteile anzugeben sind, erscheint dies überflüssig, weil hier letztlich ein Hinweis auf etwas Selbstverständliches vorgeschrieben wird. Dementsprechend wurde der Hinweis darauf, dass der angegebene Gesamtpreis auch die Umsatzsteuer enthält, vor Einführung des § 1 Abs. 2 auch als irreführende Werbung mit Selbstverständlichkeiten angesehen. Heute könnte das allerdings nur noch der Fall sein, wenn der Hinweis besonders hervorgehoben wird. Aber selbst das ist fraglich, weil nach § 312j Abs. 2 BGB die Informationen zumindest im E-Commerce „in hervorgehobener Weise" zur Verfügung gestellt werden müssen. Umgekehrt ist der Hinweis nach § 1 Abs. 2 S. 1 Nr. 1 auf die Umsatzsteuer aber auch nicht nur eine bloße unbedeutende Bagatelle. Unterbleibt er, so beurteilt sich die Unlauterkeit des Verhaltens i. S. v. §§ 3, 3a UWG vielmehr nach den besonderen Umständen des Einzelfalls; es kann nicht grundsätzlich ein Bagatellfall angenommen werden.[211] 59

Die **Formulierung** und die **Platzierung** des Hinweises werden in der PAngV nicht vorgeschrieben. Nach der Rechtsprechung des BGH ist es nicht erforderlich, dass der Hinweis in unmittelbarem Zusammenhang mit dem angegebenen Preis erfolgt. In der **Anzeigenwerbung** (und im Internet) reicht es vielmehr aus, wenn der Hinweis räumlich eindeutig dem Preis zugeordnet wird, z. B. durch **Sternchenhinweis.**[212] Bei Preisangaben im **Internet** ließ es der BGH (als Alternative zum Sternchenhinweis) ausreichen, wenn der Hinweis auf einer dem Angebot nachgeordneten Seite gegeben wurde, sofern diese Seite vom Kunden zwingend vor Einleiten des Bestellvorgangs durch Einlegen in den Warenkorb aufzurufen war.[213] Als Formulierung ausreichend war z. B. die Angabe *„einschließlich Umsatzsteuer und sonstiger Preisbestandteile"*. Abkürzungen sind ebenfalls zulässig, soweit allgemein verständlich und nicht irreführend. So haben sich z. B. für den Hinweis *„einschließlich Umsatzsteuer"* Abkürzungen wie *„incl. MwSt."* eingebürgert und sind dem Verbraucher geläufig. Für „sonstige Preisbestandteile" gibt es bislang noch keine gängige Abkürzung. Für den E-Commerce ergibt sich allerdings insoweit eine Verschärfung, als § 312j Abs. 2 BGB verlangt, dass die Preisangaben „unmittelbar" vor Abgabe der Bestellung und „in hervorgehobener Weise" zur Verfügung zu stellen sind. 60

III. Zusätzliche Fracht-, Liefer- oder Versandkosten oder sonstige Kosten (S. 1 Nr. 2 und S. 2)

Nach diesen Bestimmungen (ergänzt durch Art. 246a § 1 Abs. 1 Nr. 4 EGBGB) ist anzugeben, ob zusätzliche **Fracht-, Liefer- oder Versandkosten** oder **sonstige Kosten** anfallen, sowie deren **konkrete Höhe,** soweit die Kosten vernünftigerweise im Voraus berechnet werden können. Durch 61

---

[211] OLG Hamburg MD 2009, 560 (LS).

[212] BGH GRUR GRUR 2008, 532, Tz. 23 – *Umsatzsteuerhinweis.*

[213] BGH GRUR GRUR 2010, 251, Tz. 13 – *Versandkosten bei Froogle;* GRUR 2010, 248, Tz. 24 ff. – *Kamerakauf im Internet;* GRUR 2008, 84, Tz. 34 – *Versandkosten.*

die Angabe der konkreten Höhe von Liefer- und Versandkosten im Sinne von S. 2 ist dabei gleichzeitig auch gesagt, dass solche zusätzlichen Kosten anfallen. Diese Kosten sind somit nicht in den Gesamtpreis einzubeziehen. Vom BGH wurden Versandkosten seit jeher als nicht in den Gesamtpreis einzubeziehender Preisbestandteil eingestuft.[214]

62 Diese Regelungen stehen in Einklang mit Art. 7 Abs. 4 lit. c) UGP-RL. In richtlinienkonformer Auslegung (vgl. Art. 7 Abs. 4 lit. c) letzter Halbsatz UGP-Richtlinie) ist außerdem zu ergänzen, dass in Fällen, in denen die Kosten vernünftigerweise nicht im Voraus berechnet werden können, zumindest die Angabe erfolgen muss, **dass** solche zusätzlichen Kosten anfallen können[215] (siehe auch die nachfolgende Kommentierung). Wann Kosten „vernünftigerweise" nicht mehr im Voraus berechnet werden können, muss durch die Rechtsprechung entschieden werden.[216] In der Sache geht es um Zumutbarkeit und Verhältnismäßigkeit. Bei Flügen gelten vorrangig die Regelungen in **Art. 23 Abs. 1 S. 4 VO (EU) 1008/2008** (LuftverkehrsdiensteVO; siehe Einl. Rdn. 15).

63 Bei mehreren Preisangaben in einer Werbung kommt ein einmaliger Hinweis in geeigneter Form in Betracht.[217] Im **Internet** gilt folgendes: Es besteht keine gesetzliche Verpflichtung, die Angaben zu zusätzlichen Liefer- und Versandkosten jeweils räumlich *unmittelbar* neben der Preisangabe zu platzieren. Denn der Verbraucher rechnet beim Versandhandel damit, dass zusätzlich zum Warenpreis noch Versandkosten anfallen können. Es reichte daher nach der Rechtsprechung des BGH aus, dass die Versandkosten **„alsbald** sowie **leicht erkennbar und gut wahrnehmbar"** auf **einer gesonderten Seite** angegeben wurden; allerdings musste diese Seite noch **vor** Einlegen der Ware in den virtuellen Warenkorb notwendig aufgerufen werden.[218] Denn das Einlegen der Ware in den virtuellen Warenkorb leitet bereits die Bestellung ein und der Verordnungsgeber will, dass der Kunde eine informierte Entscheidung über die Bestellung trifft. Der erstmalige Hinweis auf die Versandkosten *nach* dem Einlegen der Ware in den Warenkorb genügte daher nicht.[219] Da bei mehreren Waren die Fracht-, Liefer- oder Versandkosten je nach Umfang der Gesamtbestellung variieren können, reichte es nach der Rechtsprechung sogar aus, bei der Werbung für das einzelne Produkt nur den Hinweis **„zzgl. Versandkosten"** aufzunehmen, wenn sich beim **Anklicken** oder Ansteuern dieses Hinweises ein Bildschirmfenster mit einer übersichtlichen und verständlichen Erläuterung der allgemeinen **Berechnungsmodalitäten** für die Versandkosten öffnete und außerdem die tatsächliche Höhe der für den jeweiligen Einkauf konkret anfallenden Versandkosten jeweils bei Aufruf des virtuellen Warenkorbs in der Preisaufstellung gesondert ausgewiesen wurde.[220] Ob diese (ohnehin schon gelockerten) Anforderungen der Rechtsprechung zur Erläuterung der Berechnungsmodalitäten auch weiterhin gelten, nachdem die Verpflichtung zur Angabe der Berechnungsmodalitäten in § 1 Abs. 2 S. 3 PAngV gestrichen wurde, bleibt abzuwarten, ist aber eher zu verneinen. Der BGH hat die entsprechende Anforderung zwar nicht ausdrücklich auf Abs. 2 S. 3 a. F. gestützt, aber auch nicht mit einer anderen Norm konkret begründet. Auch Art. 7 Abs. 4 lit. c) UGP-Richtlinie erfordert nur die Angabe, *dass* zusätzliche Kosten anfallen können, aber nicht die Angabe wie diese berechnet werden; Art. 5 Abs. 2 E-Commerce Richtlinie verlangt ebenfalls nur ein Ob, kein Wie. Das spricht dafür, dass in Fällen, in denen diese Kosten vernünftigerweise nicht im Voraus berechnet werden können, nunmehr der Hinweis „zzgl. Versandkosten" ausreicht und ein Bildschirmfenster mit einer übersichtlichen und verständlichen Erläuterung der allgemeinen Berechnungsmodalitäten nicht mehr erforderlich ist. Ebenso ist bei der Angabe der Lieferkosten nicht erforderlich, dass dieser Hinweis räumlich *unmittelbar* bei der *Preisangabe* zu geben ist.[221] Zwar ist in der BGH-Entscheidung *„Kamerakauf im Internet"* von einem Hinweis „unmittelbar bei der Werbung" die Rede, aber eben nur „bei der Werbung" und nicht „bei der Preisangabe". Hinzu kommt, dass in der zeitlich nachfolgenden Entscheidung *„Versandkosten bei Froogle II"* das Wort

---

[214] BGH GRUR 1997, 479, 480 – *Münzangebot;* GRUR 2008, 84, 86f. – *Versandkosten.*

[215] KG WRP 2015, 1535, Tz. 6.

[216] Siehe Beispiele dazu bei KG WRP 2015, 1535.

[217] Vgl. OLG Hamburg MD 2008, 1208ff. für Versandkataloge.

[218] BGH GRUR 2008, 84, Tz. 31 – *Versandkosten;* GRUR 2010, 251, Tz. 13 – *Versandkosten bei Froogle;* GRUR 2010, 248, Tz. 24 – *Kamerakauf im Internet;* GRUR 2010, 1110, Tz. 23 – *Versandkosten bei Froogle II;* OLG Stuttgart MMR 2008, 754; OLG Hamburg MMR 2007, 723.

[219] BGH GRUR 2010, 248, Tz. 24 – *Kamerakauf im Internet;* ebenso OLG Hamm MMR 2009, 850, Tz. 23; KG GRUR-RR 2009, 316. Dagegen *Föhlisch* MMR 2010, 246ff.; *Rohnke* GRUR 2007, 381, 383; *Schlegel* MDR 2008, 417, 419.

[220] BGH GRUR 2010, 248, Tz. 27 – *Kamerakauf im Internet;* GRUR 2008, 84 – *Versandkosten;* zu den strengeren Anforderungen an die Angabe der Versandkosten im Rahmen einer Suchmaschinenwerbung siehe allerdings BGH GRUR 2012, 1110, Tz. 25 – *Versandkosten bei Froogle II.*

[221] A. A. *Eckert* GRUR 2011, 678, 683.

„unmittelbar" in diesem Zusammenhang schon nicht mehr erwähnt wird.[222] Allerdings reicht es auch nicht aus, wenn die Hinweise ohne Zuordnung zu den Warenangeboten erfolgen und nur am unteren Ende der Internetseite nach Herabscrollen zum Seitenende sichtbar werden.[223] Auch ist es **nicht** genügend, wenn Angaben zu Liefer- und Versandkosten sowie zur Umsatzsteuer **nur in allgemeinen Rubriken** oder gar nur in den **AGB** des Anbieters erscheinen, die über allgemeine Links erreichbar sind.[224] Noch strengere Anforderungen gelten für Preisangaben in **Preissuchmaschinen** und Preisvergleichslisten. Denn hier geht es erstens nicht um mehrere Waren, sondern immer nur um verschiedene Preise für eine Ware und anders als bei Angeboten auf „normalen" Webseiten erwartet (und erhält im Regelfall) der Verbraucher hier einen Preis zuzüglich der konkreten Versandkosten, weil er nur dann effektiv die Preise vergleichen kann. Dementsprechend sind hier die Versandkosten und sonstige Kosten **bereits in der Preisvergleichsliste** mit aufzuführen und ein Verweis auf die Internetseiten des Händlers genügt nicht,[225] und zwar auch dann nicht, wenn die entsprechende Angabe noch vor dem Einleiten des Bestellvorgangs aufgerufen werden müsste. Für die fehlende Angabe der Versandkosten in der Preisvergleichsliste ist dabei sogar der Anbieter der Ware selbst verantwortlich, wenn er dem Suchmaschinenbetreiber den Kaufpreis der Ware ohne die Versandkosten übermittelt hat.[226] Auch hier ist im E-Commerce allerdings die Verschärfung gem. § 312j Abs. 2 BGB zu beachten, als die Angaben zeitlich unmittelbar vor der Bestellung anzugeben sind.

D. Verrechnungssätze bei Leistungen (Abs. 3)

I. Allgemeines

1. Zweck der Vorschrift

Abs. 3 enthält eine **Ausnahme** von der grundsätzlichen Pflicht zur Angabe von Gesamtpreisen 64
gem. Abs. 1 für bestimmte Leistungen. Die Vorschrift gilt für Vertragsverhältnisse, bei denen die **Hauptleistung** des Anbieters in einer **Dienstleistung** besteht. Sie trägt dem Umstand Rechnung, dass bei vielen Leistungen der erforderliche Aufwand (insbesondere Zeitaufwand) sich nicht von vornherein, also zum Zeitpunkt des Angebots bzw. Vertragsschlusses, genau bestimmen lässt, wie es namentlich im Bereich des **Handwerks** (z.B. bei Reparaturen) häufig der Fall ist. In derartigen Fällen kann daher anstelle des Gesamtpreises auch ein **Verrechnungssatz** angegeben werden. Im Bereich der **Telekommunikation** sind die Sondervorschriften für die Preisangabe, -ansage und -anzeige in **§§ 66a–c TKG** zu berücksichtigen. Darüber hinaus sind im Wege richtlinienkonformer Auslegung die Vorgaben und Möglichkeiten nach Art. 22 Abs. 3 lit. a und Abs. 5 der Dienstleistungsrichtlinie sowie Art. 7 Abs. 4 lit. c UGP-RL zu berücksichtigen. Zum Verhältnis zwischen § 5a Abs. 3 Nr. 3 UWG und § 1 Abs. 3 PAngV siehe (Dreyer, 5 Kap. A Rdn. 110ff.; 5a Rdn. 155).

2. Vorgaben des Unionsrechts

Nach Art. 7 Abs. 4 lit. c) UGP-RL ist in Fällen, in denen aufgrund der Beschaffenheit der Leis- 65
tung der Preis vernünftigerweise nicht im Voraus *berechnet* werden *kann,* zumindest die **Art** der Preisberechnung anzugeben. Dem entspricht Abs. 3 nicht, weil dort darauf abgestellt wird, ob es üblich ist, bestimmte Verrechnungssätze anzugeben. Die Regelung in Abs. 3 geht somit über Art. 7 UGP-RL hinaus, soweit sie die Angabe von Verrechnungssätzen selbst für den Fall ermöglicht, dass ein Preis angegeben werden kann (sofern die Angabe der Verrechnungssätze nur üblich ist). Da umgekehrt aber § 5a Abs. 3 Nr. 3 UWG die Anforderungen der UG-RL fast wörtlich übernimmt und vom Unternehmer zu beachten ist, wird der Anwendungsbereich von § 1 Abs. 3 PAngV insoweit leer laufen.[227] Andererseits bleibt die Regelung in Abs. 3 hinter Art. 7 UGP-RL zurück, als selbst in Fällen, in denen kein Preis im Voraus berechnet werden kann, die Angabe zur Art der Preisberechnung nicht möglich ist, wenn sie nicht üblich ist. Dem ist angesichts der abschließenden

---

[222] BGH GRUR 2010, 1110, Tz. 24 – *Versandkosten bei Froogle II,* unter Verweis auf BGH GRUR 2010, 248, Tz. 27 – *Kamerakauf im Internet.*

[223] OLG Hamburg GRUR-RR 2009, 268; hierzu auch *Blasek* GRUR-RR 2009, 241, 243.

[224] BGH GRUR 2008, 84, Tz. 32 – *Versandkosten;* OLG Hamburg MMR 2005, 108; OLG Frankfurt K&R 2008, 462, Tz. 17ff.

[225] BGH GRUR 2010, 251, Tz. 14 – *Versandkosten bei Froogle,* wobei der BGH dieses Ergebnis vor allem aus § 1 Abs. 6 PAngV ableitet.

[226] OLG Hamburg GRUR-RR 2015, 14, Tz. 43 – *Versteckte Verpackungskosten.*

[227] Ebenso *Köhler*/Bornkamm § 1 PAngV Rdn. 27a

Harmonisierung durch die UGP-Richtlinie durch eine richtlinienkonforme Auslegung Rechnung zu tragen.

66 Nach Art. 22 Abs. 3 lit. a Dienstleistungsrichtlinie ist dem Dienstleistungsempfänger auf Anfrage die Vorgehensweise zur Berechnung des Preises mitzuteilen, wenn kein genauer Preis angegeben werden kann. Alternativ kann der Dienstleistungserbringer einen Kostenvoranschlag unterbreiten. Auch diese Regelung wurde nicht umgesetzt bzw. nicht gegenüber Verbrauchern, sondern nur in § 4 Abs. 1 Nr. 2 DL-InfoV. Da davon auszugehen ist, dass der Verordnungsgeber die Regelung bewusst nicht gegenüber Endverbrauchern umsetzen wollte, kommt *contra legem* insoweit auch keine richtlinienkonforme Auslegung in Betracht.

II. Verrechnungssätze

1. Stundensätze

67 Die Vorschrift nennt als praktisch wichtigste Beispiele der zulässigen Verrechnungssätze die Stundensätze und Kilometersätze. Stundensätze sind **Verrechnungssätze für den Zeitaufwand.** Der Begriff des „Stundensatzes" geht vom Regelfall der Angabe eines Kostensatzes pro Stunde aus. Zulässig sind jedoch auch Kostensätze für andere Zeiteinheiten, sofern sie für die betreffende Leistung üblich[228] oder durch Rechtsvorschrift ausdrücklich vorgeschrieben sind.[229]

2. Kilometersätze

68 Dies sind **Verrechnungssätze für einen Fahrtaufwand auf Kilometerbasis.** Soweit üblich, können sie sowohl für Hauptleistungen (insbesondere Transportleistungen) als auch Nebenleistungen (z. B. Anfahrten für handwerkliche Arbeiten) verwendet werden, bei Nebenleistungen allerdings nur, soweit auch die Hauptleistung zulässigerweise als Verrechnungssatz angegeben wird. Im Rahmen des Üblichen ist also eine Kombination von Teil-Verrechnungssätzen (also z. B. bei Reparaturen die Bildung eines Kilometersatzes für die Anfahrt und eines Stundensatzes für die eigentliche Reparaturleistung) möglich.

3. Andere Verrechnungssätze

69 Hierzu gehören z. B. die sog. **Arbeitswerte** für standardisierte Reparaturleistungen im Kfz-Handwerk, die auf vorgegebenen Arbeitszeiten für die Reparatur basieren, aber von der tatsächlichen Reparaturdauer unabhängig berechnet werden.[230] Zu den anderen Verrechnungssätzen gehört beispielsweise auch der Tagestarif bei der Autovermietung; die Angabe des Tagestarifs ist auch dann ausreichend, wenn generell oder zu bestimmten Zeiten eine Mindestmietzeit von mehr als einem Tag vorgesehen ist,[231] soweit auf diesen Umstand im Zusammenhang mit der Angabe des Tagestarifs hingewiesen wird.

III. Alle Leistungselemente

70 Die Verrechnungssätze müssen **alle Leistungselemente einschließlich der Umsatzsteuer** enthalten. Der Begriff „Leistungselemente" umfasst sowohl alle Bestandteile der zu erbringenden Leistung als auch alle Elemente der Gegenleistung (also alle Preisbestandteile), mit Ausnahme der Materialkosten (dazu nachfolgend Rdn. 71).

IV. Materialkosten (S. 2)

71 Nach S. 2 **können** die **Materialkosten** in die Verrechnungssätze für die Leistungen **einbezogen werden.** Daraus ergibt sich im Umkehrschluss, dass sie **grundsätzlich nicht einbezogen werden müssen,** da sie – insbesondere bei Reparaturleistungen – häufig vorab nicht überschaubar sind. Aus dem Zweck der Regelung ergibt sich jedoch auch, dass „Material" in diesem Sinne nur die vom Leistungserbringer bei Durchführung der Leistung verarbeiteten und anschließend im Leistungser-

---

[228] So auch *Ambs,* PAngV, in: Erbs/Kohlhaas (Hrsg.), Strafr. NebenG, Abschn. P 183, § 1 Rdn. 27; a. A. *Gimbel/Boest,* Die neue Preisangabenverordnung, 1985, § 1 Anm. 18.

[229] Z. B. Preisangabe für 45 Minuten bei Fahrstunden, § 19 FahrlG.

[230] *Gimbel/Boest,* Die neue Preisangabenverordnung, 1985, § 1 Anm. 19 und § 3 Anm. 12.

[231] OLG München MD 1996, 1019, 1020.

gebnis verkörperten Gegenstände sind, nicht aber z. B. das bei Transportleistungen verbrauchte Benzin.

E. Rückerstattbare Sicherheiten (z. B. Flaschenpfand) (Abs. 4)

I. Rückerstattbare Sicherheit

Die Vorschrift gilt für alle Fälle, in denen außer dem Entgelt für eine Ware oder Leistung eine sog. „rückerstattbare Sicherheit" gefordert wird. Der praktisch wichtigste Anwendungsbereich ist der Getränkeeinzelhandel. Für diesen Bereich stellt Abs. 4 klar, dass eine rückerstattbare Sicherheit – im Volksmund auch **„Flaschenpfand"** genannt – nicht zum Preis der Ware zählt und daher kein Gesamtbetrag zu bilden ist. Nach dem klaren Wortlaut der Bestimmung ist daher die Einbeziehung der Sicherheit in den Gesamtpreis i. S. v. Abs. 1 S. 1 auch nicht zulässig. 72

Die Vorschrift findet in der Preisangabenrichtlinie, der Dienstleistungsrichtlinie oder der UGP-RL keine Entsprechung und könnte daher als strengere Klausel als Art. 7 Abs. 4 lit. c) UGP-RL der Verfallsklausel des Art. 3 Abs. 5 S. 1 UGP-RL unterfallen.[232] Dagegen spricht jedoch, dass mit der Pfandregelung insbesondere auch umweltpolitische Zielsetzungen verfolgt wurden,[233] die außerhalb des Regelungsbereiches der UGP-RL liegen.[234] Die Vorschrift fällt daher nicht in den von der UGP-RL vollharmonisierten Bereich und Art. 3 Abs. 5 S. 1 UGP-RL steht der Anwendung nach dem 12. Juni 2013 nicht entgegen. 73

II. Angabe neben dem Preis der Ware oder Leistung

Die Höhe der rückerstattbaren Sicherheit ist **„neben" dem Preis** für die Ware oder Leistung anzugeben. Damit ist zum einen – und in erster Linie – die Nichteinbeziehung der Sicherheit in den Gesamtpreis der Ware oder Leistung im Sinne von Abs. 1 S. 1 gemeint. Zum anderen wird man der Formulierung aber auch das Erfordernis entnehmen können, dass die Höhe der Sicherheit in ausreichender **räumlicher Nähe** zur Angabe des Gesamtpreises erfolgt und diesem in der Verbraucherwahrnehmung eindeutig zugeordnet werden kann (vgl. Abs. 6 S. 2), so dass für das Publikum die Notwendigkeit einer neben dem Gesamtpreis zunächst (wenn auch nur vorübergehend) zusätzlich zu leistenden Summe ohne weiteres deutlich wird. Daher muss die Angabe der Höhe der Sicherheit auch leicht erkennbar und deutlich lesbar im Sinne von Abs. 6 S. 2 sein. 74

F. Änderungsvorbehalte (Abs. 5)

Abs. 5 gestattet in drei bestimmten, **konkret definierten Ausnahmefällen** die Angabe von Preisen mit einem Änderungsvorbehalt. Diese Ausnahmen tragen dem Umstand Rechnung, dass bei längeren Liefer- oder Leistungsfristen ein Festhalten des Anbieters an einem auszuzeichnenden Festpreis wegen der schwierigen Preiskalkulation zu unzumutbaren Härten führen könnte.[235] Entsprechendes gilt für Dauerschuldverhältnisse sowie für die Prospekte von Reiseveranstaltern. Aus dieser Ausnahmeregelung ergibt sich im Umkehrschluss, dass derartige **Vorbehalte einer eventuellen Preisänderung im Anwendungsbereich der PAngV im Übrigen** im Interesse von Preisklarheit und Preiswahrheit **grundsätzlich unzulässig** sind. Nicht gestattet ist insbesondere die Angabe von **Tagespreisen,** welche die Höhe des Kaufpreises von der Preisentwicklung abhängig machen und damit den letztlich zu zahlenden Preis ins Ungewisse rücken.[236] Selbstverständlich werden durch die PAngV **Preisänderungen** – auch wenn sie häufiger und (z. B. bei „Saisonangeboten", also etwa Obst und Gemüse) kurzfristig erfolgen – **nicht ausgeschlossen.** Entsprechende Hinweise und Vorbehalte im Hinblick auf mögliche Preisänderungen sind jedoch nur nach Maßgabe von Abs. 5 zulässig. 75

---

232 *Köhler* WRP 2013, 723, 726.
233 BR-Drucks. 238/97, S. 7 f.
234 *Goldberg* WRP 2013, 1561, 1564.
235 Vgl. BGH GRUR 1974, 416, 417 – *Tagespreis,* m. Anm. *Schwanhäusser.*
236 Vgl. BGH GRUR 1981, 206, 207 – *4 Monate Preisschutz.*

I. Liefer- oder Leistungsfristen von mehr als vier Monaten (Nr. 1)

76 Nach **Nr. 1** ist ein Änderungsvorbehalt für angegebene Preise zulässig, soweit die vereinbarte **Liefer- oder Leistungsfrist mehr als vier Monate** nach dem Vertragsabschluss beträgt und die voraussichtlichen Liefer- oder Leistungsfristen angegeben werden. Insoweit besteht Gleichklang mit § 309 Nr. 1 BGB, wonach in Allgemeinen Geschäftsbedingungen Klauseln grundsätzlich unwirksam sind, die außerhalb von Dauerschuldverhältnissen (dazu nachfolgend Nr. 2) die Erhöhung des Entgelts für Waren oder Leistungen vorsehen, welche innerhalb von vier Monaten nach Vertragsabschluss geliefert und erbracht werden sollen; der Begriff des Entgelts ist hier gleich zu verstehen wie der des Preises i. S. v. § 1 Abs. 4 PAngV und erfasst daher auch hier die Umsatzsteuer und auf deren mögliche Erhöhung bezogene Änderungsvorbehalte.[237] Mit anderen Worten: Beträgt die Lieferfrist weniger als vier Monate, so ist eine Preisanpassungsklausel in AGB unwirksam; beträgt die Frist mehr als vier Monate, so kann die Anpassungsklausel wirksam sein und dann ist ein entsprechender Hinweis auch nach der PAngV erlaubt. Voraussetzung ist allerdings, dass zugleich auch die voraussichtlichen Liefer- oder Leistungsfristen angegeben werden. Die Regelung unterfällt auch nicht dem Anwendungsbereich der UGP-RL, da es um Vertragsrecht geht.

II. Dauerschuldverhältnisse (Nr. 2)

77 Dauerschuldverhältnisse i. S. v. Nr. 2 sind entsprechend der Nomenklatur für das BGB alle auf ein **dauerndes Verhalten** oder auf **wiederkehrende Leistungen** gerichteten vertraglichen Leistungsbeziehungen, insbesondere Miete, Pacht, Versicherungsverträge sowie Dienst- und Darlehensverträge, ebenso Abonnementverträge, sog. **Sukzessivlieferungsverträge** und **Wiederkehrschuldverhältnisse** (z. B. beim Bezug von Strom, Gas oder Wasser). Verträge, bei denen ein von vornherein bestimmter Leistungsgegenstand in Teilen oder Raten zu liefern oder herzustellen ist, sind dagegen keine Dauerschuldverhältnisse. Auch hier besteht ein Einklang zum AGB-Recht, nämlich zu § 309 Nr. 1 HS 2 BGB. Und auch diese Regelung unterfällt nicht dem Anwendungsbereich der UGP-RL, da es um Vertragsrecht geht.

III. Prospekte eines Reiseveranstalters

78 Die Regelung in Nr. 3 wurde in der Sache durch die VO vom 23.3.2009 eingeführt. Sie entspricht den Vorgaben in der Pauschalreiserichtlinie. Danach sind Änderungsvorbehalte in Prospekten eines Reiseveranstalters möglich, soweit die Voraussetzungen von § 4 Abs. 2 BGB-InfoVO gegeben sind.[238] Hiernach kann z. B. ein „tagesaktuelles Preissystem", bei dem sich der Reiseveranstalter Flughafenzu- oder -abschläge von bis zu 50 € vorbehält, zulässig sein, sofern dies im Prospekt angegeben wird.[239] Das bedeutet umgekehrt aber auch, dass die bei der Prospekterstellung gegebenen Zuschläge in den anzugebenden Gesamtpreis einzubeziehen sind.

G. Preisklarheit und Preiswahrheit (Abs. 6)

79 § 1 Abs. 6 ist neben Abs. 1 die zentrale Norm der PAngV. Fast alle jüngeren Entscheidungen des BGH zur PAngV berufen sich neben der jeweiligen Spezialregelung auch auf Abs. 6. S. 1 enthält dabei das **allgemeine Gebot von Preisklarheit und Preiswahrheit** und die **Maßgeblichkeit der allgemeinen Verkehrsauffassung.** S. 2 präzisiert diese Preisklarheit dahingehend, dass Pflichtangaben eindeutig zuzuordnen, leicht erkennbar und deutlich lesbar oder sonst gut wahrnehmbar sein müssen. S. 3 fordert die Hervorhebung von Gesamtpreisen bei der Aufgliederung von Preisen. Diese Regelungen gelten für alle nach der PAngV zu machenden Preisangaben.[240] Weitergehende Anforderungen enthalten § 2 Abs. 1, wo Angaben „in unmittelbarer Nähe" gefordert werden, sowie § 312j Abs. 2 BGB bei Angaben im E-Commerce. Eine Ergänzung findet sich darüber

---

[237] BGHZ 77, 79 ff.

[238] Z. B. nach Erstellung des Prospekts eintretende Erhöhung von Flughafengebühren, Änderung von Wechselkursen, Einkauf zusätzlicher Kontingente. Die Aufzählung ist nicht abschließend, BGH GRUR 2010, 652, Tz. 20 – *Costa del Sol*.

[239] BGH GRUR 2010, 652 (LS) – *Costa del Sol*.

[240] BGH GRUR 2009, 982, Tz. 12 – *Dr. Clauder's Hufpflege*.

hinaus in § 6a Abs. 1 PAngV mit Anforderungen an die Werbung für Verbraucherdarlehen. Auch für § 1 Abs. 6 gilt, dass die Vorgaben des Unionsrechts zu beachten sind, insbesondere Art. 4 Abs. 1 der Preisangabenrichtlinie und Art. 22 Abs. 4 der Dienstleistungsrichtlinie.

I. Preisklarheit

Preisklarheit bedeutet, dass der angesprochene **Verbraucher** den angegebenen **Preis sofort** und ohne weiteres Nachdenken und Nachlesen, gewissermaßen **„auf einen Blick"**, richtig **versteht.** Dem entspricht das Kriterium „klar und verständlich" in § 312j Abs. 2 BGB. Dieser Grundsatz wird in Abs. 6 S. 2 noch weiter präzisiert. **Preisdifferenzierungen** werden durch den Grundsatz der Preisklarheit nicht ohne weiteres ausgeschlossen, wenn die Voraussetzungen für die Gültigkeit des einen oder anderen Preises klar zum Ausdruck gebracht werden. Auch eine Preisdifferenzierung in der Form, dass die Höhe des zu zahlenden Preises bei Internet-Angeboten davon abhängt, wie viele Käufer sich bereitfinden, das Produkt zu einem bestimmten Preis zu erwerben (sog. **Powershopping** oder **Community Shopping**), ist preisangabenrechtlich nicht von vornherein unzulässig, soweit der Kaufinteressent sich für eine bestimmte Preisstufe entscheiden kann und damit sicher ist, das Produkt bei Zustandekommen des Kaufvertrags auch tatsächlich zu diesem Preis (oder zu einem noch günstigeren Preis) zu erhalten; bei einer solchen Gestaltung besteht keine Unklarheit über den Preis. Es ist lediglich ungewiss, ob ein Kaufvertrag mit diesem Preis überhaupt zustande kommt; die Verhinderung einer solchen Ungewissheit ist aber nicht Aufgabe des Preisangabenrechts.[241] 80

Ebenso ist es im Grundsatz preisangabenrechtlich zulässig, als **Preisvergleich** neben dem aktuellen Preis auch den eigenen früheren Preis anzugeben (um etwa auf eine Preisherabsetzung aufmerksam zu machen), soweit eindeutig erkennbar ist, welches der frühere und welches der aktuelle Preis ist, z. B. indem der alte Preis deutlich sichtbar **durchgestrichen** wird.[242] Auch ist der Vergleich mit anderen Preisen zulässig, allerdings muss klar sein, um welchen Preis es sich bei dem durchgestrichenen Preis handelt. Es darf neben dem Gesamtpreis auch eine **unverbindliche Preisempfehlung** des Herstellers für diese Ware angegeben werden; letztere ist aber unmissverständlich als unverbindliche Preisempfehlung zu kennzeichnen und der geforderte Gesamtpreis ist aus Gründen der Preisklarheit hervorzuheben. Dagegen ist die scheinbar gleichwertige Angabe von zwei verschiedenen (aktuellen) Preisen für ein und dieselbe Ware oder Leistung ohne jeden Unterschied und ohne sonstige sachliche Rechtfertigung weder mit dem Grundsatz der Preisklarheit noch mit dem der Preiswahrheit zu vereinbaren.[243] Zur Irreführung durch Werbung mit durchgestrichenen Preisen siehe § 5 Abschn. D Rdn. 36. 81

Bei **Kopplungsangeboten** kann es leicht zu einem Verstoß gegen § 1 Abs. 6 PAngV und zu einer Irreführung über die Preiswürdigkeit einer Waren oder Dienstleistung i. S. v. § 5 UWG kommen.[244] Werden kombinierte Produkte angeboten, die aus Sicht des angesprochenen Verkehrs als einheitliches Leistungsangebot und Gegenstand eines einheitlichen Vertragsschlusses erscheinen, so ist grundsätzlich ein Gesamtpreis für das Gesamtangebot anzugeben.[245] Ist die Angabe eines Gesamtpreises nicht möglich, z. B. weil Einzelteile des Gesamtangebots verbrauchsabhängig und damit variabel sind, so sind zumindest die einzelnen Preisbestandteile anzugeben.[246] Das betraf beispielsweise den Erwerb **eines Handys** zu einem günstigen Preis bzw. für 0 DM bei gleichzeitigem Abschluss eines entgeltpflichtigen **Netzkartenvertrags.**[247] In solchen Fällen darf jedenfalls nicht nur mit der Preiswürdigkeit eines Bestandteils geworben werden, während der Gesamtpreis für die weiteren Teile verschwiegen wird oder aufgrund der Darstellung untergeht. Ebenso wenig darf nur eine unentgeltliche oder besonders günstige Teilleistung herausgestellt werden, ohne gleichzeitig in klarer Zuordnung auf das Entgelt für andere Teilleistungen des Gesamtangebots hinzuweisen. Diese Grundsätze gelten auch dann, wenn zwar konkret nur bestimmte Waren oder Leistungen beworben werden, mit dem Erwerb dieser Produkte aber zugleich eine Entscheidung oder eine nicht ohne 82

---

[241] Vgl. *Menke* WRP 2000, 337, 343 f.; *Leible/Sosnitza* ZIP 2000, 732, 738 f.; *Lange* WRP 2001, 888; zur wettbewerbsrechtlichen Beurteilung OLG Köln GRUR-RR 2002, 40, 41 f. mit krit. Anm. *Hucke* ZUM 2001, 770; durch Abschaffung des RabattG überholt OLG Hamburg WRP 2000, 412.

[242] Vgl. BGH GRUR 1988, 836, 837 f. – *Durchgestrichener Preis.*

[243] Vgl. KG LRE 27, 246.

[244] Siehe z. B. BGH GRUR 2011, 742, Tz. 31 und 34 – *Leistungspakete im Preisvergleich;* GRUR 2010, 744, Tz. 33 und 43 – *Sondernewsletter;* ebenso BGHZ 139, 368, 375 – *Handy für 0,00 DM.*

[245] BGH GRUR 2010, 744, Tz. 30 – *Sondernewsletter;* GRUR 2009, 73, Tz. 18 – *Telefonieren für 0,00 Cent!.*

[246] BGH GRUR 2009, 73, Tz. 24 – *Telefonieren für 0 Cent;* BGHZ 139, 368, 375 f. – *Handy für 0,00 DM.*

[247] BGHZ 139, 368, 375 f. – *Handy für 0,00 DM.*

weiteres abzuändernde **Vorentscheidung** im Hinblick auf ein anderes Produkt des Anbieters verbunden ist. In diesem Fall sind auch die für dieses weitere Produkt entstehenden Kosten deutlich kenntlich zu machen.[248] Bejaht wurde das beispielsweise für die Kosten eines **Kabelanschlusses** in Ergänzung zur Werbung für ein Leistungspaket bestehend aus einem Internet- und Telefonanschluss und einer Internet- und Telefon-Flatrate, die nur bei Bestehen eines entsprechenden Kabelanschlusses genutzt werden können. In einem solchen Fall ist zumindest ein hinreichend deutlicher Hinweis erforderlich, dass für die Inanspruchnahme des Leistungspakets ein Kabelanschluss erforderlich ist und dass dafür monatliche Gebühren und eine Installationspauschale anfallen. Dabei kommt es nach der Rechtsprechung des BGH noch nicht einmal darauf an, wer die Kosten für diesen Kabelanschluss zu tragen hat (z.B. der Vermieter eines Mehrparteien-Mietshauses) und ob ein solcher Anschluss im Einzelfall schon besteht, sofern die Werbung auch an Dritte gerichtet ist, die noch keinen entsprechenden Kabelanschluss haben.[249] Entsprechendes gilt auch für andere gekoppelte Produkte, die sich aus Sicht der angesprochenen Adressaten als ein einheitliches Leistungsangebot darstellen; etwa weil die Inanspruchnahme der beworbenen Leistung zwangsläufig die Inanspruchnahme einer anderen Leistung voraussetzt.[250] So z.B. das Angebot, für 0 Cent am Wochenende zu telefonieren, wenn dies die Bestellung eines bestimmten Telefontarifs voraussetzt, für den ein Bereitstellungsentgelt und monatliche Kosten anfallen.[251]

83 Gegen das Gebot der Preisklarheit verstößt es auch, **Meterware** (z.B. Textilstoffe) **nach Kilopreisen** anzubieten, da der Kunde seinen Bedarf z.B. nach Metern (also Länge, nicht Gewicht) bemisst und die Ware auch in dieser Form abgegeben wird.[252] Unzulässig ist es auch, wenn ein Einzelhändler äußerlich völlig gleiche Kleidungsstücke auf dem einen Ständer (II. Wahl) einheitlich mit sofort auffallenden, außen angebrachten Etiketten auszeichnet, auf dem anderen Ständer dagegen (I. Wahl) mit innen in den Kleidungsstücken angebrachten Etiketten.[253] Ein Verstoß ist außerdem gegeben, wenn die ein bestimmtes Angebot einschränkenden Bedingungen nur **unleserlich** angegeben werden.[254]

84 Sog. **Kostenfallen** im Internet verstoßen ebenfalls gegen das Gebot der Preisklarheit.[255] Hierbei handelt es sich um Angebote, die im konkreten Fall entgeltpflichtig sind, ohne dass dies hinreichend deutlich gemacht wird, obwohl der Verkehr bei entsprechenden Angeboten üblicherweise von einer Unentgeltlichkeit ausgeht (z.B. bei Download von grundsätzlich frei verfügbarer Software oder Updates dazu).[256]

85 Zu **Preisangaben im Internet,** insbesondere zur Angabe der Versandkosten und deren Berechnungsmodalitäten sowie zu Preisangaben bei **Suchmaschinen** siehe vorstehend Rdn. 63.

II. Preiswahrheit

86 Preiswahrheit bedeutet allgemein, dass der **angegebene Preis** den Tatsachen entsprechen muss, also **tatsächlich verlangt wird und zu bezahlen ist.**[257] Ansonsten verstößt die Angabe nicht nur gegen § 1 Abs. 6 PAngV, sondern ist auch irreführend i.S.v. § 5 Abs. 1 S. 2 Nr. 2 UWG.[258] Bei einer Händlerwerbung mit **herabgesetzten Preisen** gebietet es der Grundsatz der Preiswahrheit z.B., dass im Geschäft durch organisatorische Maßnahmen die Übereinstimmung des an der Ware ausgezeichneten Preises mit dem Werbepreis sichergestellt wird.[259] Wird allerdings an der Ware ein höherer als der tatsächlich verlangte Preis ausgezeichnet, liegt zwar ein Verstoß gegen § 1 Abs. 6 vor; in der Vergangenheit wurde dieser jedoch als bloßer Bagatellverstoß i.S.v. § 3 Abs. 1 UWG

---

[248] BGH GRUR 2011, 742, Tz. 26ff. – *Leistungspakete im Preisvergleich;* GRUR 2010, 744, Tz. 30 – *Sondernewsletter.*

[249] BGH GRUR 2011, 742, Tz. 29 – *Leistungspakete im Preisvergleich;* GRUR 2010, 744, Tz. 30 – *Sondernewsletter.*

[250] BGH GRUR 2010, 744, Tz. 30 – *Sondernewsletter.*

[251] BGH GRUR 2009, 73, Tz. 24 – *Telefonieren für 0 Cent.* Ähnlich OLG Frankfurt WRP 2005, 635: Günstige Minutenpreise bei gesonderter Einrichtung eines Prepaid-Kontos.

[252] BGH GRUR 1981, 289f. – *Kilopreise I.*

[253] Vgl. OLG Hamm GRUR 1990, 629ff. – *Blusen von der Stange.*

[254] OLG Köln MD 2009, 152, 154.

[255] OLG Frankfurt K&R 2009, 197; GRUR-RR 2009, 265; OLG Hamburg WRP 2009, 1305 (LS).

[256] Inzwischen findet sich eine sog. „Buttonlösung" in § 312j Abs. 3 und 4 BGB. Siehe hierzu *Bierekoven* ITRB 2012, 186.

[257] BGH WRP 2008, 659, 660f. – *Fehlerhafte Preisauszeichnung;* BGHSt 31, 91, 92; BayObLG NStZ 1982, 74.

[258] LG Hamburg WRP 2013, 237, Tz. 21ff., 29.

[259] Vgl. BGH GRUR 1988, 629, 630 – *Konfitüre,* zum wettbewerbsrechtlichen Irreführungsverbot.

angesehen, wenn sichergestellt war, dass an der Kasse nur der niedrigere Preis berechnet wird.[260] Es spricht viel dafür, diese Beurteilung im Ergebnis beizubehalten und einen Verstoß gegen die fachliche Sorgfalt mangels Relevanz abzulehnen. Zur möglichen Irreführung durch solche Preisangaben siehe § 5 Abschn. D Rdn. 18 ff.

Preiswahrheit bedeutet auch, dass der Preis in der **Währung** anzugeben ist, in der bezahlt werden 87 muss. Das ist im Regelfall der **Euro** als maßgebliche inländische Währung. Ein ausdrücklicher Hinweis auf den Euro als maßgebliche Währung ist dabei im Regelfall nicht mehr erforderlich. Soweit dennoch ein Hinweis auf die Währung erfolgt, kann dies durch die Angaben *„Euro“*, *„EUR“* oder durch das grafische Symbol *„€“* geschehen.[261] Für den Cent hat sich bislang noch keine Abkürzung eingebürgert. Wegen § 244 Abs. 1 BGB ist der Preis in aller Regel zumindest in **inländischer Währung** anzugeben. Die Angabe eines in Euro zu bezahlenden Preises allein in einer Fremdwährung verstößt demgegenüber gegen den Grundsatz der Preiswahrheit.[262] Ist der Preis allerdings im Ausnahmefall zulässigerweise in ausländischer Währung zu bezahlen (etwa bei Zahlung im Ausland), ist der Preis in der jeweiligen Fremdwährung anzugeben, selbst wenn die Geldschuld nach § 244 BGB auch in inländischer Währung beglichen werden kann.[263] In diesen Fällen ist eine ergänzende Angabe des in Euro umgerechneten Preises nicht erforderlich.[264] Eine solche zusätzliche Angabe wäre der Preiswahrheit eher abträglich, da die Währungskurse Schwankungen unterliegen.[265] Nichts anderes gilt auch in Fällen des Art. 23 Abs. 1 VO (EG) Nr. 1008/2008 (Luftverkehrsdiensteverordnung).[266]

III. Allgemeine Verkehrsauffassung

Dies ist ein **zentraler Begriff** der PAngV, die in zahlreichen Einzelbestimmungen auf dieses Kri- 88 terium Bezug nimmt (z. B. § 1 Abs. 1, S. 2 und 3; § 2 Abs. 3 S. 3 und 4; § 5 Abs. 2). Durch diesen flexiblen Maßstab wird den verschiedenen – auch dem Wandel unterworfenen – Anschauungen des Verkehrs zur Gestaltung von Preisangaben Rechnung getragen. Für die Feststellung der allgemeinen Verkehrsauffassung sind in erster Linie die Auffassung und Erwartungen der **angesprochenen Verkehrskreise,** also der **Verbraucher, an die sich Angebot und Werbung richten,** maßgeblich.[267] Dabei ist – entsprechend der Rechtsprechung des EuGH und des BGH zum Verbraucherleitbild – **auf den durchschnittlich informierten, situationsadäquat aufmerksamen und verständigen Verbraucher abzustellen.** Richtet sich das Angebot an eine bestimmte Gruppe, so kommt es auf das Verständnis eines durchschnittlichen Mitglieds dieser Gruppe an (§ 3 Abs. 4 UWG), bei Preisangaben im Internet also z. B. des durchschnittlichen Nutzers des Internets.[268]

IV. Form der Angabe (S. 2)

Die Angaben nach der PAngV müssen dem Angebot oder der Preiswerbung eindeutig zugeord- 89 net, leicht erkennbar und deutlich lesbar oder sonst gut wahrnehmbar sein. Dies kann, je nach Einzelfall, auf unterschiedliche Weise geschehen.[269] Maßstab ist aber auch hier die allgemeine Verkehrsauffassung (siehe oben Rdn. 88). Im Einzelnen wird häufig nicht genau unterschieden, welches konkrete Merkmal verletzt ist, was auch grundsätzlich zulässig ist, weil sich die einzelnen Merkmale nicht immer scharf trennen lassen.

---

[260] BGH WRP 2008, 659, 660 f. – *Fehlerhafte Preisauszeichnung.*

[261] Vgl. zum Euro-Zeichen „€“ OLG Köln GRUR 2000, 823.

[262] OLG Frankfurt GRUR 1987, 554 f.; GRUR 1989, 841 ff.; vgl. auch LG Frankfurt WRP 1990, 724.

[263] BGH GRUR 1995, 274, 275 – *Dollar-Preisangaben;* OLG Köln WRP 2014, 88, Tz. 32 – *Flugpreisangabe in GBP;* OLG Hamburg AfP 1993, 491; krit. *Mankowski* GRUR 1995, 539 ff. a. A. *Köhler*/Bornkamm § 1 PAngV Rdn. 39, die eine Angabe in ausländischer Währung nur befürworten, wenn ausschließlich in dieser Währung gezahlt werden kann.

[264] BGH und OLG Hamburg a. a. O.

[265] BGH a. a. O. – *Dollar-Preisangaben.*

[266] OLG Köln WRP 2014, 88, Tz. 32 – *Flugpreisangabe in GBP.*

[267] BGH GRUR 1997, 479, 480 – *Münzangebot* m. w. N.; OLG Köln GRUR 1984, 71, 72.

[268] BGH GRUR 2008, 84, Tz. 30 – *Versandkosten.*

[269] BGH GRUR 2010, 744, Tz. 35 – *Sondernewsletter;* GRUR 2008, 84, Tz. 30 – *Versandkosten;* BGH GRUR 2013, 850, Tz. 13 – *Grundpreisangabe im Supermarkt.*

1. Eindeutige Zuordnung

90 Das Gebot der eindeutigen Zuordnung gilt für **alle Pflichtangaben im Sinne der PAngV,** also für Angaben, wenn sie im Einzelfall durch die PAngV zwingend vorgeschrieben sind, nicht aber, wenn sie freiwillig erfolgen.[270] Das Erfordernis der eindeutigen Zuordnung ist eine Ausprägung **des Grundsatzes der Preisklarheit.** Die Verbraucher müssen **sofort und mühelos erkennen** können, auf welche Ware oder Leistung sich eine Angabe bezieht. Dementsprechend ist z.B. eine blickfangmäßig herausgestellte Preisangabe unvollständig, wenn in der entsprechenden Werbung die weiteren Preisbestandteile nicht so dargestellt werden, dass sie dem **Blickfang** eindeutig zugeordnet, leicht erkennbar und deutlich lesbar sind.[271]

91 Bei der Beurteilung ist zwischen der Zuordnung des Preises und der weiteren Angaben zu unterscheiden: Die Preisangabe muss nach § 4 Abs. 4 PAngV bei Katalogwaren oder Internetangeboten unmittelbar bei den Abbildungen der Ware oder deren Beschreibungen stehen oder in Preisverzeichnissen angegeben werden (siehe aber die Kommentierung dort). Zwischen den Angaben nach § 1 und der Ware oder deren Abbildung ist hingegen kein unmittelbarer räumlicher Bezug erforderlich. Die Zuordnung kann vielmehr auch durch einen klaren und eindeutigen **Sternchenhinweis** erfolgen.[272] Zur Angabe der Versand- und Lieferkosten im Internet und bei Suchmaschinen siehe § 1 Rdn. 63.

2. Leicht erkennbar

92 Dieses Merkmal bezieht sich (ebenso wie die Merkmale „deutlich lesbar oder sonst gut wahrnehmbar") auf die **sinnliche Wahrnehmbarkeit der Angaben.**[273] Grob gesprochen betrifft die Anforderung der leichten Erkennbarkeit eher das **„Wo"** (also die Platzierung), das Kriterium der deutlichen Lesbarkeit eher das „Wie" (also z.B., aber nicht nur die Schriftgröße) der Preisangabe. Beide Anforderungen sind jedoch nicht völlig unabhängig voneinander, sondern stets im Rahmen einer **Gesamtwürdigung** zu beurteilen. Beide Merkmale beziehen sich auf alle Formen der Preisangabe (schriftlich oder mündlich, in Annoncen, Werbung in Rundfunk und Fernsehen, im Internet usw.). Die **Preisangabe** ist nur dann leicht erkennbar, wenn der Verbraucher sie **ohne Schwierigkeiten auffinden kann.**[274] Die Preisangabe darf also **nicht versteckt** werden. Auch die Preisangabe oder der Hinweis auf die Mehrwertsteuer in den AGB des Anbieters wären nicht leicht erkennbar. [275] Bei **Schaufensterauslagen** müssen Preisangaben nach außen gewandt sein, so dass Passanten sie erkennen können, ohne das Geschäft betreten zu müssen, wenn die Auslage als Angebot im Sinne von § 1 Abs. 1 S. 1 PAngV zu qualifizieren ist;[276] hiergegen wird nicht selten verstoßen. Angaben sind schließlich in der Regel nur dann leicht erkennbar, wenn sie aus Sicht des Betrachters **senkrecht** sind, also bei Schaufensterauslagen z.B. nicht auf dem Kopf stehen oder bei Zeitungsanzeigen zu einer Drehung der Werbeanzeige nötigen.[277] Außerdem muss der tatsächlich an der Kasse berechnete Preis den Preisangaben an der Ware entsprechen. Das Aufstellen eines Schildes mit dem Hinweis auf einen in Prozent angegebenen Abzug an der Kasse genügt – zumindest außerhalb der Ausnahmeregelung des § 9 Abs. 2 – dem Gebot der Preistransparenz nicht, da hierdurch ein Preisvergleich erheblich erschwert wird.[278]

---

[270] BGH GRUR 2009, 982, Tz. 12 – *Dr. Clauder's Hufpflege.*

[271] BGH GRUR 2011, 742, Tz. 31 – *Leistungspakete im Preisvergleich;* GRUR 2010, 744, Tz. 35 – *Sondernewsletter;* BGHZ 139, 368, 376 – *Handy für 0,00 DM;* GRUR 2008, 164, Tz. 21 *Aktivierungskosten II.* Zur Irreführung über die Preiswürdigkeit siehe § 5 Abschn. D Rdn. 36.

[272] Siehe § 1 Rdn. 17 und 19, Fn. 88.

[273] OVG Rhld.-Pf. GRUR 1983, 458; *Ambs,* PAngV, in: Erbs/Kohlhaas (Hrsg.), Strafr. NebenG, Abschn. P 183, § 1 Rdn. 24.

[274] Vgl. OLG Hamm GRUR 1990, 629, 630 – *Blusen von der Stange;* OLG Düsseldorf WRP 1988, 40, 42; *Gimbel/Boest,* Die neue Preisangabenverordnung, 1985, § 1 Anm. 36.

[275] BGH GRUR 2008, 84, Tz. 32 – *Versandkosten;* OLG Hamburg MMR 2005, 108; OLG Frankfurt K&R 2008, 462, Tz. 17 ff.

[276] OLG Düsseldorf WRP 2015, 467, Tz. 16 ff.; Ohly/*Sosnitza* § 1 PAngV Rdn. 53; s. o. § 1 Rdn. 7.

[277] Vgl. BGH GRUR 2002, 979, 981 f. – *Koppelungsangebot II;* GRUR 1991, 859, 860 – *Leserichtung bei Pflichtangaben,* zu § 4 Abs. 4 HWG.

[278] BGH GRUR 1999, 762, 763 – *Herabgesetzte Schlussverkaufspreise.*

3. Deutlich lesbar oder sonst gut wahrnehmbar

93 Eine Angabe ist **deutlich lesbar,** wenn sie **von einem Verbraucher mit normaler Sehkraft aus angemessener Entfernung ohne Hilfsmittel und ohne Mühe gelesen werden kann.**[279] Ähnliche Anforderungen an die Lesbarkeit sind auch für die Grundpreisangabe bei **Fertigpackungen,**[280] die Pflichtangaben bei **Lebensmitteln** in Fertigpackungen[281] und bei **Fertigarzneimitteln**[282] gesetzlich vorgeschrieben. Der Begriff „deutlich lesbar" ist in der PAngV gleich zu verstehen wie in § 18 FertigPackV *(„leicht erkennbar, deutlich lesbar und unverwischbar"),*[283] und wie in § 66a S. 2 TKG. Ob eine Angabe **deutlich lesbar** ist, ist unter Berücksichtigung aller relevanten Umstände festzustellen. Neben der **Schriftgröße** spielt auch das **Druckbild** (Wort- und Zahlenanordnung, Gliederung, Papier, Farbe, Hintergrund, Kontrast, Umrandungen, Länge des Textes, Anzahl der Zeilen usw.) eine Rolle.[284] Weiterhin ist der **Abstand** zu berücksichtigen, aus dem der Kunde nach Lage des Falls die Angabe liest.[285] Bei Waren, die im Selbstbedienungs-Einzelhandel ohne besondere Herausstellung in Regalen **zur Entnahme bereitgehalten** werden, sind **Preisetiketten in der üblichen Größe von 1 bis 2 cm normalerweise ausreichend,** soweit der Verbraucher nach der Platzierung der Ware den Preis auf dem Etikett mühelos lesen kann, wenn er sich direkt vor dem Regal mit der Ware befindet;[286] es ist nicht erforderlich, dass in solchen Fällen die Preise aus einem oder mehreren Metern Entfernung erkennbar sind.[287] Andererseits soll eine Preisangabe auf einem Werbeplakat in einer umfangreichen Fußnote wenige Zentimeter über dem Boden den Anforderungen an die deutliche Lesbarkeit nicht genügen.[288] **Grundpreise** können deutlich kleiner sein, um noch deutlich lesbar zu sein – **2 mm** Höhe können je nach Gestaltung und sonstigen Umständen schon genügen,[289] wobei 2 mm nicht das absolute Mindestmaß ist, sondern es vielmehr auf die Gesamtumstände des Einzelfalls ankommt.[290] Die Lesbarkeit aus **50 cm** Entfernung genügt.[291] Dass der Verbraucher sich bücken muss, um Grundpreise auf Schildern an unteren Regalebenen lesen zu können, spricht nicht gegen die deutliche Lesbarkeit.[292]

94 Die Lesbarkeit ist stets anhand der konkreten Gegebenheiten des Einzelfalls zu beurteilen, abstrakt gültige Vorgaben, wie z. B. eine bestimmte Schriftgröße, können nicht aufgestellt werden.[293] Auch die DIN 1450 „Schriften – Leserlichkeit" ist nicht anwendbar.[294] Die Anforderungen an Preisangaben sind nicht so streng wie diejenigen für die Pflichtangaben zu Arzneimitteln gemäß § 4 Abs. 1, 4 HWG.[295]

95 Das Tatbestandsmerkmal **„sonst gut wahrnehmbar"** ist ein **Auffangtatbestand.**[296] Da schriftliche Angaben in erster Linie durch das Merkmal „deutlich lesbar" erfasst werden und dieser Anforderung stets genügen müssen, kommt diesem Tatbestand in erster Linie im Hinblick auf die **akustische Werbung** Bedeutung zu.[297] Daneben kann dieses Merkmal bei nur **vorübergehend wahrnehmbaren Preisangaben** eine Rolle spielen. So müssen z. B. **Preisangaben in der Kino- und Fernsehwerbung** lange genug eingeblendet werden, um eine mühelose Kenntnisnahme zu

---

[279] BGH GRUR 2013, 850, Tz. 13 – *Grundpreisangabe im Supermarkt; Gimbel/Boest,* Die neue Preisangabenverordnung, 1985, § 1 Anm. 37; Ohly/*Sosnitza* § 1 PAngV, Rdn. 55.

[280] §§ 2 Abs. 1, 1 Abs. 6 PAngV.

[281] § 3 Abs. 3 S. 1 LMKV.

[282] § 10 Abs. 1 AMG.

[283] Zu dieser Vorschrift z. B. *Zipfel/Rathke,* Lebensmittelrecht, Abschn. C 116 § 18 Rdn. 15 f.

[284] BGH GRUR 2013, 850, Tz. 13, 14 – *Grundpreisangabe im Supermarkt;* GRUR 2016, 295 Tz. 20 – *Preisangabe für Telekommunikationsleistung;* instruktiv OLG Köln GRUR-RR 2012, 32, 33.

[285] BGH GRUR 2013, 850, Tz. 13 – *Grundpreisangabe im Supermarkt.*

[286] A. A. insoweit BayObLG BB 1973, 352 = ZLR 1974, 66, 68.

[287] OVG Rhld.-Pf. GRUR 1983, 458 – *Preisauszeichnung in SB-Geschäft,* mit Anm. *Warzacha* ZLR 1983, 422 und Strecker ZLR 1984, 53.

[288] OLG Köln WRP 2013, 655.

[289] BGH GRUR 2013, 850, LS – *Grundpreisangabe im Supermarkt.*

[290] Vgl. GRUR 2016, 295 Tz. 20 – *Preisangabe für Telekommunikationsleistung.*

[291] BGH GRUR 2013, 850, Tz. 14 – *Grundpreisangabe im Supermarkt.*

[292] BGH GRUR 2013, 850, Tz. 15 – *Grundpreisangabe im Supermarkt.*

[293] OLG Köln WRP 2012, 89, Tz. 19.

[294] BGH GRUR 2013, 850, Tz. 13 – *Grundpreisangabe im Supermarkt.*

[295] BGH GRUR 2013, 850, Tz. 16 – *Grundpreisangabe im Supermarkt.*

[296] A. A. *Köhler*/Bornkamm § 1 PAngV Rdn. 51, der offenbar in der sonstigen guten Wahrnehmbarkeit ein zusätzliches Erfordernis sieht, welches sich auf das Umfeld bezieht, in dem die Angaben gemacht werden. Mit Blick auf den Wortlaut des § 1 Abs. 6 PAngV ist dies jedoch anders als bei § 66a TKG, zu dem das OLG Düsseldorf WRP 2014, 1094, Tz. 28 eine Parallele zieht, abzulehnen.

[297] Vgl. Amtl. Begr. BAnz 1985, Nr. 70, 3731.

ermöglichen.[298] Auch dürfen die relevanten Angaben in einem **Umfeld** mit vielen anderen Informationen nicht so „erdrückt" werden, dass der Verbraucher sie letzten Endes – trotzdem isoliert betrachtet von der Lesbarkeit auszugehen wäre – kaum noch wahrnimmt.[299]

V. Hervorhebung der Gesamtpreise (S. 3)

96 Bei einer **Aufgliederung** von Preisen ist der **Gesamtpreis** hervorzuheben. Daraus ergibt sich zugleich, dass eine etwaige Aufgliederung von Preisen den Anbieter nicht von der Verpflichtung zur Angabe eines Gesamtpreises befreit. Die Angabe des Grundpreises nach § 2 neben dem Gesamtpreis ist noch keine „Aufgliederung" in diesem Sinn.[300] Hervorzuheben ist (nur) der Gesamtpreis. Die Hervorhebung weiterer Preisbestandteile neben dem Gesamtpreis genügt daher nicht den Anforderungen. Erst recht reicht es nicht, nur andere Preisbestandteile hervorzuheben, wie z. B. den qm-Preis für eine Immobilie.[301] Die **Art und Weise der Hervorhebung** bleibt **dem Anbieter überlassen.** Bei schriftlichen Angaben kommen als **Hervorhebungsmittel** z. B. **Fettdruck, größere Schrift** bzw. **Unterstreichung** oder **Einrahmung** in Betracht. Während eine bloße farblich unterschiedliche Gestaltung des Gesamtpreises und anderer Preisangaben (bei gleichem Schriftbild und gleicher Schrifthöhe) für eine Hervorhebung nicht ohne weiteres ausreicht,[302] kann eine ausreichende Hervorhebung vorliegen, wenn sich die Angabe des Gesamtpreises z. B. durch Verwendung einer **Signalfarbe** (etwa leuchtendes Rot gegenüber sonstigem schwarzen Text) deutlich abhebt. Die Hervorhebung kann auch dadurch erfolgen, dass zwar nicht die Preisangabe selbst, wohl aber ein ihr unmittelbar beigefügter Hinweis wie „Gesamtpreis", „Endpreis" oder „Kaufpreis" hervorgehoben wird.[303] Die bloße Beifügung eines solchen Hinweises ohne weitere Hervorhebung reicht jedoch nicht ohne weiteres aus.[304] Der Gesamtpreis wird ferner nicht i. S. v. § 1 Abs. 6 „hervorgehoben", wenn der sich nach dem rechnerischen Abzug einer nur erwarteten staatlichen Vergünstigung ergebende Preis in Fettschrift genannt wird, der vertraglich maßgebliche Gesamtpreis sich aber nur in kleiner Schrift in einer Sternchen-Auflösung findet.[305]

97 Die Pflicht zur Hervorhebung des Gesamtpreises findet keine Entsprechung in der Preisangabenrichtlinie oder der Dienstleistungsrichtlinie und ist damit nur durch die jeweiligen Mindestangleichungsklauseln gedeckt. Auch Art. 7 Abs. 4 lit. c) i. V. m. Abs. 2 UGP-RL verlangt lediglich die Angabe des Preises in klarer, verständlicher und eindeutiger Form. Da eine solche Form auch ohne die Hervorhebung des Gesamtpreises sichergestellt werden kann, wird durch § 1 Abs. 6 S. 3 PAngV die unternehmerische Flexibilität bei der Angabe von Preisen beschränkt. Eine richtlinienkonforme Auslegung im Sinne einer teleologischen Reduktion ist mit Blick auf den Wortlaut, der die Hervorhebung ausdrücklich als zusätzliche Voraussetzung nennt, den Gesetzeszweck, der gerade ein höheres Maß an Verbraucherschutz beabsichtigte, und die Entstehungsgeschichte der Norm nicht möglich.[306] Damit handelt es sich um eine strengere Regelung i. S. d. Art. 3 Abs. 5 S. 1 UGP-RL.[307] Ein Verstoß gegen § 1 Abs. 6 S. 3 PAngV ist daher seit dem 13. Juni 2013 nicht mehr unlauter i. S. v. §§ 3a, 3 UWG.

§ 2 Grundpreis

(1) [1]**Wer Verbrauchern gewerbs- oder geschäftsmäßig oder regelmäßig in sonstiger Weise Waren in Fertigpackungen, offenen Packungen oder als Verkaufseinheiten ohne Umhüllung nach Gewicht, Volumen, Länge oder Fläche anbietet, hat neben dem Gesamtpreis auch den Preis je Mengeneinheit einschließlich der Umsatzsteuer und sonstiger Preisbestandteile (Grundpreis) in unmittelbarer Nähe des Gesamtpreis gemäß Abs. 3 Satz 1, 2, 4 oder 5 anzugeben.** [2]**Dies gilt auch für denjenigen, der als Anbieter dieser**

---

[298] Vgl. *Gimbel/Boest,* Die neue Preisangabenverordnung, 1985, § 1 Anm. 39.

[299] OLG Düsseldorf WRP 2014, 1094 Tz. 28, bestätigt durch BGH GRUR 2016, 295 – *Preisangabe für Telekommunikationsleistungen.*

[300] BGH GRUR 2009, 982, Tz. 12 – *Dr. Clauder's Hufpflege.*

[301] BGH GRUR 2001, 258, 259 – *Immobilienpreisangaben.*

[302] BGH GRUR 2001, 846, 849 – *Metro V.*

[303] Vgl. KG WRP 1983, 56 (LS).

[304] OLG Köln CR 1997, 410, 411 f.; KG WRP 1990, 39, 42; großzügiger offenbar Ohly/*Sosnitza,* UWG, § 1 PAngV, Rdn. 60 und *Köhler*/Bornkamm, § 1 PAngV Rdn. 51.

[305] OLG Köln MD 2010, 200 (LS).

[306] Vgl. *Omsels,* WRP 2013, 1286, 1287 f.

[307] *Köhler,* WRP 2013, 723, 727; *Omsels,* WRP 2013, 1286, 1287 f.; *Sosnitza*/Ohly, § 1 PAngV Rdn. 58; a. A. *Goldberg,* WRP 2013, 1564, 1565.

Waren gegenüber Verbrauchern unter Angabe von Preisen wirbt. [3]Auf die Angabe des Grundpreises kann verzichtet werden, wenn dieser mit dem Gesamtpreis identisch ist.

(2) **Wer Verbrauchern gewerbs- oder geschäftsmäßig oder regelmäßig in sonstiger Weise unverpackte Waren, die in deren Anwesenheit oder auf deren Veranlassung abgemessen werden (lose Ware), nach Gewicht, Volumen, Länge oder Fläche anbietet oder als Anbieter dieser Waren gegenüber Verbrauchern unter Angabe von Preisen wirbt, hat lediglich den Grundpreis gemäß Abs. 3 anzugeben.**

(3) **[1]Die Mengeneinheit für den Grundpreis ist jeweils ein Kilogramm, ein Liter, ein Kubikmeter, ein Meter oder ein Quadratmeter der Ware. [2]Bei Waren deren Nenngewicht oder Nennvolumen üblicherweise zweihundertfünfzig Gramm oder Milliliter nicht übersteigt, dürfen als Mengeneinheit für den Grundpreis einhundert Gramm oder Milliliter verwendet werden. [3]Bei nach Gewicht oder nach Volumen angebotener loser Ware ist als Mengeneinheit für den Grundpreis entsprechend der allgemeinen Verkehrsauffassung entweder ein Kilogramm oder einhundert Gramm oder ein Liter oder einhundert Milliliter zu verwenden. [4]Bei Waren, die üblicherweise in Mengen von 100 Liter und mehr, 50 Kilogramm und mehr oder 100 Meter und mehr abgegeben werden, ist für den Grundpreis die Mengeneinheit zu verwenden, die der allgemeinen Verkehrsauffassung entspricht. [5]Bei Waren, bei denen das Abtropfgewicht anzugeben ist, ist der Grundpreis auf das angegebene Abtropfgewicht zu beziehen.**

(4) **[1]Bei Haushaltswaschmitteln kann als Mengeneinheit für den Grundpreis eine übliche Anwendung verwendet werden. [2]Dies gilt auch für Wasch- und Reinigungsmittel, sofern sie einzeln portioniert sind und die Zahl der Portionen zusätzlich zur Gesamtfüllmenge angegeben ist.**

Inhaltsübersicht

	Rdn.
A. Allgemeines, Inhalt der Regelung, unionsrechtliche Vorgaben, Konsequenz bei Verstößen	1
B. Pflicht zur Angabe des Grundpreises (Abs. 1)	4
I. Betroffene Produkte	4
1. Fertigpackungen	4
2. Offene Packungen	5
3. Verkaufseinheiten, die ohne Umhüllung nach Gewicht, Volumen, Länge oder Fläche angeboten werden	6
4. Angebot nach Gewicht, Volumen, Länge oder Fläche	7
II. Weitere Tatbestandsvoraussetzungen	8
III. Angabe des Grundpreises	9
IV. Pflicht zur doppelten Preisangabe in unmittelbarer Nähe?	10
V. Identität von Grundpreis und Gesamtpreis (S. 3)	13
C. Lose Ware (Abs. 2)	14
I. Begriff der „losen Ware“	14
II. Abgabe nach Gewicht, Volumen, Länge oder Fläche	15
III. Beschränkung auf die Grundpreisangabe	16
D. Mengeneinheiten für die Grundpreisangabe (Abs. 3)	17
I. Grundsatz (S. 1)	17
II. Grundpreisangabe pro hundert Gramm/Milliliter (S. 2)	18
III. Mengeneinheit bei nach Gewicht oder Volumen angebotener loser Ware (S. 3)	21
IV. Großmengen (S. 4)	22
V. Waren mit Pflichtangabe des Abtropfgewichts (S. 5)	23
E. Ausnahme für Wasch- und Reinigungsmittel (Abs. 4)	24
I. Haushaltwaschmittel (S. 1)	24
II. Sonstige Wasch- und Reinigungsmittel (S. 2)	25

A. Allgemeines, Inhalt der Regelung, unionsrechtliche Vorgaben, Konsequenz bei Verstößen

Die Regelung des § 2 schreibt in seinem Anwendungsbereich im Grundsatz die **Angabe eines Grundpreises neben dem Gesamtpreis** für alle **Waren im Verkehr mit Verbrauchern** vor, die **in Fertigpackungen, offenen Packungen oder als Verkaufseinheiten ohne Umhüllung** 1

nach Gewicht, Volumen, Länge oder Fläche angeboten werden. Es sollen also **zwei Preise** angegeben werden. Dabei handelt es sich allerdings nicht um eine Aufgliederung von Preisen i. S. v. § 1 Abs. 6 S. 3, so dass der Gesamtpreis nicht hervorzuheben ist.[1] Durch diese Regelung soll dem Verbraucher im Interesse der Preisklarheit eine leichtere Übersicht über die Preisgestaltung für vergleichbare Warenanagebote und damit eine vereinfachte Möglichkeit zum Preisvergleich verschafft werden.[2]

2 Die gesamte Grundpreisregelung gilt **ausschließlich für Waren, nicht für Leistungen.** Abgesehen von der Sonderregelung für Haushaltswaschmittel in Abs. 4 gibt es eine Reihe von grundsätzlichen Ausnahmen von der Pflicht zur Grundpreisangabe, die in § 9 Abs. 4–6 enthalten sind, z. B. für Kombinationsangebote. Ebenso wenig besteht eine Pflicht zur Grundpreisangabe in den Fällen, welche § 9 Abs. 1 generell von der Anwendbarkeit der PAngV ausnimmt. Allerdings führt der Umstand, dass eine Ware in einer Fertigverpackung an den Endkunden geliefert wird, nicht dazu, dass eine Leistung vorliegt und daher § 2 nicht anwendbar oder die Leistung nach § 9 Abs. 4 Nr. 4 privilegiert wäre.[3] Der Verkauf und die Lieferung von Waren in einer Fertigverpackung durch einen Lieferservice unterliegen daher grds. ebenfalls dem Anwendungsbereich des § 2.[4] Keine Pflicht zur Grundpreisangabe besteht ferner bei den in § 7 Abs. 1 und 2 geregelten Angeboten von Speisen und Getränken in Gaststätten. Die relativ lockere Regelung des § 4 Abs. 4 zur Preisauszeichnung bei Angeboten im Versandhandel/Internet ist auf die Verpflichtung nach § 2 zur Angabe des Grundpreises nicht übertragbar.[5] Bei eBay-Angeboten ist deshalb die Grundpreisangabe auch im Rahmen der Angebotsübersicht erforderlich, eine Angabe erst auf der eigentlichen Angebotsseite genügt dagegen nicht.[6]

3 Die Regelung des § 2 beruht auf Art 3 Abs. 1, 4 der Preisangabenrichtlinie, wobei in der Richtlinie von „Preis je Maßeinheit" die Rede und dieser Begriff in Art. 2 lit. b) definiert ist. Ausnahmemöglichkeiten für die einzelnen Mitgliedstaaten von dieser Verpflichtung erlauben Art. 5 und 6 der Richtlinie. Soweit die Regelung in § 2 mit Art. 3 Abs. 1, 4 Preisangabenrichtlinie in Einklang steht, unterfällt sie nicht der Regelung des Art. 3 Abs. 5 der UGP-Richtlinie und wäre somit auch nach dem 12. Juni 2013 noch anwendbar. Ob das allerdings für sämtliche Anforderungen des § 2 gilt, ist fraglich. Nach Art. 4 der Preisangabenrichtlinie muss der Preis je Maßeinheit nämlich (nur) „unmissverständlich, klar erkennbar und gut lesbar" sein. Er muss nicht „in unmittelbarer Nähe" zum Gesamtpreis stehen. Das wirft die Frage auf, ob die Regelung insgesamt, im Wege richtlinienkonformer teleologischer Reduktion noch aufrecht erhalten werden kann (siehe hierzu nachfolgend Rdn. 8a). Zwar ergibt sich eine entsprechende Informationspflicht über den Grundpreis (ohne das Erfordernis unmittelbarer Nähe) auch aus § 5a Abs. 4 UWG. Denn § 5a Abs. 4 UWG verweist zur Bestimmung wesentlicher Informationspflichten ausdrücklich auf unionsrechtliche Richtlinien zur Regelung kommerzieller Kommunikation einschließlich Werbung und Marketing, was insbesondere die UGP-Richtlinie umfasst bzw. zur Umsetzung der UGP-Richtlinie dient. Allerdings ist die Preisangabenrichtlinie gegenüber der UGP-Richtlinie vorrangig (siehe Einf. Rdn. 8). Falls und soweit die Regelung des § 2 PAngV weiterhin anwendbar ist, stellt ein Verstoß hiergegen grundsätzlich auch einen Verstoß gegen § 3a UWG (§ 4 Nr. 11 UWG a. F.) dar[7] und kann grundsätzlich gleichrangig sowohl nach §§ 3, 3a (4 Nr. 11 UWG a. F.) als auch nach § 5a Abs. 4 UWG verfolgt werden.[8]

---

[1] BGH GRUR 2009, 982, Tz. 12 – *Dr. Clauder's Hufpflege.*

[2] BGH GRUR 2014, 576 Tz. 15 – *2 Flaschen GRATIS; Jacobi,* WRP 2010, 1217, 1219.

[3] BGH GRUR 2013, 186 Tz. 13 – *Traum Kombi.*

[4] BGH GRUR 2013, 186 Tz. 13 – *Traum Kombi.* Daran ändert auch ein etwaiges Erfordernis eines Mindestbestellwerts nichts, der nur durch die Bestellung von Waren (z. B. individuell zuzubereitenden Speisen) erreicht werden kann, für die unstrittig kein Grundpreis angegeben werden muss.

[5] BGH a. a. O. – *Dr. Clauder's Hufpflege.*

[6] OLG Hamburg MMR 2013, 173, 174.

[7] BGH GRUR 2013, 186, Tz. 9 – *Traum Kombi;* OLG Köln WRP 2016, 90, Tz. 20.

[8] BGH GRUR 2014, 576, Tz. 15 – *2 Flaschen GRATIS.*

B. Pflicht zur Angabe des Grundpreises (Abs. 1)

I. Betroffene Produkte

1. Fertigpackungen

Maßgeblich als **Legaldefinition** ist **§ 42 MessEG**[9] (vormals 6 Abs. 1 EichG), während Einzelheiten zu den Füllmengen und deren Kennzeichnung in der **Fertigpackungsverordnung** (FertigPackV)[10] geregelt sind. § 42 MessEG definiert Fertigpackungen als Verpackungen beliebiger Art, in die in Abwesenheit des Käufers Erzeugnisse abgepackt und die in Anwesenheit des Käufers verschlossen werden, wobei die Menge des darin enthaltenen Erzeugnisses ohne Öffnen oder merkliche Änderung der Verpackung nicht verändert werden kann.[11] Die Pflicht zur Grundpreisangabe gilt somit für vorverpackte Produkte in geschlossenen Packungen. Keine Fertigpackungen sind also etwa Erzeugnisse, die in Anwesenheit des Käufers verpackt werden (z. B. Fleisch- und Wurstwaren in Metzgereien oder Backwaren in Bäckereien) sowie offene Packungen (dazu nachfolgend). Für Kombiangebote siehe allerdings § 9 Rdn. 24. 4

2. Offene Packungen

Es handelt sich um das begriffliche Gegenstück zu Fertigpackungen im Sinne von § 42 MessEG. Man versteht hierunter **Packungen, die nicht oder nicht völlig geschlossen** sind, so dass der Packungsinhalt ohne Öffnen der Verpackung oder deren merkliche Veränderung zugänglich ist.[12] Ein Beispiel für von dieser Vorschrift erfasste Packungen sind offene Obstkörbchen im Einzelhandel, die für die Käufer mitnahmebereit angeboten werden. Auch hier erfolgt die Abfüllung der Packung in Abwesenheit des Käufers, § 31a FertigPackV. Bei einer Abfüllung der Ware in Anwesenheit des Käufers handelt es sich hingegen in der Regel um lose Ware im Sinne von Abs. 2, §§ 32, 33 FertigPackV. 5

3. Verkaufseinheiten, die ohne Umhüllung nach Gewicht, Volumen, Länge oder Fläche angeboten werden

Hierdurch wird **unverpackte Ware** erfasst, die aber **bereits in bestimmten festen Verkaufseinheiten angeboten** (also nicht erst in Anwesenheit und nach den Wünschen des Käufers abgemessen) wird, wobei die Menge der Ware nach Gewicht, Volumen, Länge oder Fläche angegeben wird. Die andere Variante unverpackter Ware, welche die Vorschrift behandelt, ist **lose Ware** im Sinne von Abs. 2, die dadurch charakterisiert ist, dass sie in Anwesenheit des Kunden abgemessen wird. Nicht von dieser Begriffsbestimmung erfasst werden insbesondere Waren, die stückweise abgegeben werden (beispielsweise Ananas). Typische Beispiele für unverpackte Waren im Sinne dieser Vorschrift sind Garne, Draht, Kabel, Schläuche, flächige Gewebe und Geflechte usw.[13] Da Tapeten zumindest im Selbstbedienungseinzelhandel (Baumärkte usw.) inzwischen fast ausschließlich als sog. Euro-Rolle (10,05 m lang, 0,53 m breit) angeboten werden, dürfte die Rolle als Verkaufseinheit der allgemeinen Verkehrsauffassung entsprechen, weshalb keine Grundpreisangabe erforderlich ist. 6

4. Angebot nach Gewicht, Volumen, Länge oder Fläche

§ 2 (mit Ausnahme von Abs. 4) gilt insgesamt nur für Ware, die **nach Gewicht, Volumen, Länge oder Fläche angeboten** wird. Keine Pflicht zur Grundpreisangabe besteht also bei Waren, die nach anderen Mengeneinheiten – insbesondere stückweise oder je Paar – abgegeben werden. Die Verpflichtung zur Angabe einer Verkaufseinheit ergibt sich aus den Kennzeichnungsregeln in allgemeinen Vorschriften (FertigPackV) oder Spezialvorschriften (z. B. Handelsklassenrecht) oder auf der Grundlage der allgemeinen Verkehrsauffassung nach § 1 Abs. 1 S. 2 PAngV.[14] Nicht erfasst wer- 7

---

[9] Gesetz über das Inverkehrbringen und die Bereitstellung von Messgeräten auf dem Markt, ihre Verwendung und Eichung sowie über Fertigpackungen (Mess- und EichG – MessEG) vom 25. Juli 2013 (BGBl. I S. 2722, 2723).

[10] Fertigpackungsverordnung in der Fassung der Bek. v. 8.3.1994 (BGBl. I S. 451, 1307).

[11] Näher *Strecker* (Hrsg.), Kommentar Fertigpackungsrecht (Loseblatt), § 6 EichG, Anm. 3.

[12] Näher *Strecker* (Hrsg.), Kommentar Fertigpackungsrecht (Loseblatt), § 31a FertigPackV, Anm. 3; *Zipfel/Rathke,* Lebensmittelrecht (Loseblattsammlung), Abschn. C 119, § 2 PAngV Rdn. 30.

[13] Vgl. § 33 FertigPackV.

[14] Amtl. Begr., BT-Drucks. 180/00, S. 23.

den Produkte, bei denen eine Angabe über Gewicht, Volumen, Länge oder Fläche zur Information des Verbrauchers bzw. Erläuterung des Produkts erfolgt. Die amtliche Begründung[15] nennt als Beispiel die Angabe von Länge und Breite bei Handtüchern und Bettwäsche, die Angabe der Länge bei Reißverschlüssen und Gürteln, die Angabe des Volumens bei Töpfen. Soweit diese Produkte trotz der Maßinformation nach anderen Mengeneinheiten (insbesondere Stückzahl) vertrieben werden, findet die Pflicht zur Grundpreisangabe keine Anwendung. Dies gilt auch für bebaute und unbebaute Grundstücke; diese werden in aller Regel als selbstständige Gesamteinheiten angeboten, auch wenn über die qm-Zahl informiert wird.

II. Weitere Tatbestandsvoraussetzungen

8 Die weiteren Tatbestandsvoraussetzungen in Abs. 1 entsprechen im Prinzip denjenigen der Grundnorm in § 1 Abs. 1: Die Pflicht zur Grundpreisangabe besteht also im Verkehr mit Verbrauchern für Verkäufer, die gewerbs- oder geschäftsmäßig oder regelmäßig in sonstiger Weise tätig werden, und zwar sowohl beim „Anbieten" der Ware als auch (nach Abs. 1 S. 2) für die Werbung als Anbieter unter Angabe von Preisen.

III. Angabe des Grundpreises

9 Nach der Legaldefinition in S. 1 ist der Grundpreis der **Preis je Mengeneinheit.** Art. 2 lit. b) Preisangabenrichtlinie definiert den „Preis je Maßeinheit" als den Gesamtpreis, der die Mehrwertsteuer und alle sonstigen Steuern einschließt, für ein Kilogramm, einen Liter, einen Meter, einen Quadratmeter oder einen Kubikmeter des Erzeugnisses oder eine einzige andere Mengeneinheit, die beim Verkauf spezifischer Erzeugnisse in dem betreffenden Mitgliedstaat allgemein verwendet wird und üblich ist. Gemeint ist also nicht der Preis für das angebotene bzw. beworbene Gesamtprodukt, sondern für eine bestimmte (stets gleiche) Menge dieses Produkts. Dadurch soll ein Preisvergleich auch in solchen Fällen ermöglicht werden, in denen das Produkt auf dem Markt in verschiedenen Quantitäten angeboten wird.[16] Die Mengeneinheit, für die der Grundpreis anzugeben ist, kann der Anbieter nicht beliebig auswählen. Vielmehr ist er an die in Abs. 3 bestimmten Mengeneinheiten gebunden (unten Rdn. 17 ff.). Zwar erwähnt die Definition in Art. 2 lit. b) Preisangabenrichtlinie auch die Möglichkeit, eine andere Mengeneinheit zu wählen, sofern diese Einheit in dem jeweiligen Mitgliedstaat allgemein verwendet wird und üblich ist. Jedoch ist das ausweislich Erwägungsgrund 8 und der Regelung in Art. 4 Abs. 2 Preisangabenrichtlinie nur als Öffnungsklausel für die Mitgliedstaaten gedacht und nicht als Wahlrecht des einzelnen Unternehmers. Ähnlich wie der Gesamtpreis ist der Grundpreis einschließlich der Umsatzsteuer und sonstiger Preisbestandteile und Steuern anzugeben. Die **Berechnungsmethode** für den Grundpreis ist weder in der PAngV noch in der Preisangabenrichtlinie vorgegeben.[17] Bei Waren, die mit einer identischen, als „gratis" bezeichneten Zugabe angeboten werden, ist es zulässig, den Grundpreis auf Basis der Gesamtmenge, die der Kunde erhält (also Verkaufsmenge inklusive der Gratiszugabe) zu berechnen, auch wenn sich dadurch der Grundpreis reduziert.[18] Dies folgt aus dem Zweck der Vorschrift, die Vergleichbarkeit der Preise auch bei unterschiedlichen Mengen zu ermöglichen.[19] Den Verbraucher interessiert letzten Endes, welche Gesamtmenge an Waren er für einen bestimmten Preis erhält.

IV. Pflicht zur doppelten Preisangabe in unmittelbarer Nähe?

10 Der Grundpreis ist gemäß § 2 Abs. 1 S. 1 PAngV **in unmittelbarer Nähe** des Gesamtpreises anzugeben. Der Verbraucher soll also beide Preise stets gemeinsam wahrnehmen. Diese Anforderung ist strenger als die Regelung zu Liefer- und Versandkosten nach § 1 PAngV. „Unmittelbare Nähe" ist nach der bisherigen (so allerdings nicht länger aufrecht zu erhaltenden) Rechtsprechung so zu verstehen, dass zwischen beiden Preisangaben nur ein geringer (bei optischen Angaben räumlicher, bei akustischen Angaben zeitlicher) Abstand besteht.[20] Insbesondere dürfen sich zwischen beiden

---

[15] A. a. O. S. 24.
[16] OLG Köln GRUR-RR 2002, 304, 305.
[17] BGH GRUR 2014, 576, Tz. 21 – *2 Flaschen GRATIS.*
[18] BGH GRUR 2014, 576, Tz. 26 – *2 Flaschen GRATIS.*
[19] BGH GRUR 2014, 576, Tz. 23, 25 – *2 Flaschen GRATIS.*
[20] Als unzureichend wurde daher auch eine Grundpreisangabe angesehen, die lediglich über eine Mouse-Over-Anzeige erfolgte, LG Bochum K&R 2013, 754.

Preisangaben im Normalfall keine weiteren Angaben befinden. Der Verbraucher muss Grundpreis und Gesamtpreis **auf einen Blick** wahrnehmen können;[21] andere Gerichte sprechen von „direkt dabei" oder „so nah wie möglich".[22] Nicht ausreichend ist es demnach, wenn die Grundpreisangabe erst durch ein „Herunterscrollen" sichtbar wird.[23] Die Erleichterung des § 4 Abs. 4, der bei Katalogware oder Warenlisten auch eine Angabe in Preisverzeichnissen genügen lässt, ist auf die Verpflichtung zur Angabe des Grundpreises nicht übertragbar.[24]

Eine Pflicht, die Gesamtpreise gegenüber den Grundpreisen **hervorzuheben,** besteht im Normalfall hingegen nicht, da es sich bei dieser doppelten Preisangabe nicht um eine „Preisaufgliederung" im Sinne von § 1 Abs. 6 S. 3 handelt.[25] Die beiden Preise müssen auch nicht gleich groß angegeben werden. Der Grundpreis kann kleiner angegeben werden. Er kann auch grafisch anders als der Gesamtpreis gestaltet werden.[26] Bedenklich wären aber im Hinblick auf die Grundsätze von Preisklarheit und Preiswahrheit (§ 1 Abs. 6 S. 1) Gestaltungen, bei denen der Grundpreis gegenüber dem Gesamtpreis in einer Weise hervorgehoben würde, die Letzteren in den Hintergrund treten lässt (mit der Folge einer möglichen Verbrauchertäuschung).[27] 11

Die Pflicht zur **Wahrnehmbarkeit des Grundpreises auf einen Blick,** nämlich „in unmittelbarer Nähe" des Gesamtpreises, hat allerdings keine Entsprechung in der Preisangabenrichtlinie, nach der Grundpreise lediglich „unmissverständlich, klar erkennbar und gut lesbar" sein müssen. Etwas anderes würde nur dann gelten, wenn der EuGH die Merkmale „unmissverständlich, klar erkennbar und gut lesbar" in Art. 4 Abs. 1 S. 1 Preisangabenrichtlinie so auslegt, dass er daraus ebenfalls einen räumlichen Zusammenhang zwischen Gesamtpreis und Grundpreis herleitet, zumal es nach Erwägungsgrund 6 das Ziel dieser Richtlinie sein soll, „auf einfachste Weise optimale Möglichkeiten" zu bieten, um die Preise von Waren zu beurteilen und miteinander zu vergleichen. Geschieht das allerdings nicht, so handelt es sich bei dem Näheerfordernis um eine zusätzliche Voraussetzung, die über die Vorgaben des Art. 4 Abs. 1 S. 1 Preisangabenrichtlinie hinausgeht,[28] daher nur durch die Mindestangleichungsklausel des Art. 10 Preisangabenrichtlinie gedeckt war und somit seit dem 13. Juni 2013 nicht mehr durch diese Regelung gedeckt ist. Insoweit wäre eine Änderung durch den Verordnungsgeber wünschenswert und erforderlich, nur ist diese bislang nicht erfolgt. Teilweise wird vorgeschlagen, dem durch eine richtlinienkonforme Auslegung mittels teleologischer Reduktion Rechnung zu tragen,[29] was allerdings angesichts des klaren (und unveränderten) Wortlauts und dem bisherigen Telos der Regelung nach der Rechtsprechung des EuGH nicht unproblematisch ist.[30] Jedenfalls das Näheerfordernis würde sich damit nicht mehr unter Berufung auf § 2 aufrecht erhalten lassen.[31] Aber auch selbst wenn die gesamte Regelung des § 2 Abs. 1 PAngV insgesamt nicht mehr anwendbar wäre,[32] ergibt sich eine entsprechende Verpflichtung zur doppelten Preisangabe von Gesamtpreis und Grundpreis weiterhin – allerdings ohne das Näheerfordernis – aus § 5a UWG i. V. m. der Preisangabenrichtlinie und Art. 3 Abs. 4, Anhang II der UGP-Richtlinie. 12

V. Identität von Grundpreis und Gesamtpreis (S. 3)

Wird ein Produkt gerade in der Quantität vertrieben, die der für die Kalkulation des Grundpreises zugrunde zu legenden Mengeneinheit entspricht, sind Grundpreis und Gesamtpreis für das Produkt identisch. Daher kann in solchen Fällen nach S. 3 **auf die Angabe des Grundpreises ver-** 13

[21] BGH GRUR 2009, 982, Tz. 12 – *Dr. Clauder's Hufpflege; Buchmann* K&R 2012, 90, 93.

[22] OLG Hamburg MMR 2013, 173, 174.

[23] OLG Celle WRP 2013, 934 Tz. 6.

[24] BGH GRUR 2009, 982 (LS) – *Dr. Clauder's Hufpflege.*

[25] BGH a. a. O. *Zipfel/Rathke,* Lebensmittelrecht (Loseblattsammlung), Abschn. C 119, § 2 PAngV Rdn. 35; Ohly/*Sosnitza* § 2 PAngV Rdn. 5; Fezer/*Wenglorz,* UWG, § 4-S 14 Rdn. 175; *Köhler*/Bornkamm § 2 PAngV Rdn. 4.

[26] *Zipfel/Rathke,* Lebensmittelrecht (Loseblattsammlung), Abschn. C 119, § 2 PAngV Rdn. 35.

[27] Ohly/*Sosnitza,* UWG, § 2 PAngV Rdn. 5; Fezer-*Wenglorz,* UWG, § 4-S 14 Rdn. 175.

[28] Ohly/*Sosnitza,* § 2 PAngV Rdn. 5; *Goldberg* WRP 2013, 1561, 1565; *Köhler* WRP 2013, 723, 727; *Omsels* WRP 2013, 1286, 1288; im Fall BGH GRUR 2014, 476, Tz. 18 – *2 Flaschen GRATIS* spielte dieser Aspekt keine Rolle; die pauschale Aussage, dass die Regelungen in § 2 Abs. 1 S. 1 PAngV nicht von Art. 3 Abs. 5 UGP-Richtlinie betroffen seien, geht allerdings zu weit.

[29] *Willems* GRUR 2014, 734, 736 f., in Anlehnung an BGH NJW 2012, 1073. Ebenso OLG Köln WRP 2016, 90, Tz. 19.

[30] Vgl. EuGH BeckRS 2006, 70506, Tz. 110 - *Adeneler.*

[31] *Willems* GRUR 2014, 734, 738 f.; in diese Richtung gehend wohl auch OLG Düsseldorf BeckRS 2014, 17710.

[32] So wohl Ohly/*Sosnitza* § 2 PAngV, Rn. 5; *Köhler* WRP 2013, 723, 727. A. A. OLG Köln WRP 2016, 90.

zichtet werden. Der Anbieter darf also auch den Grundpreis angeben, er muss aber nicht (ebenso Art. 3 Abs. 1 S. 2 Preisangabenrichtlinie).

C. Lose Ware (Abs. 2)

I. Begriff der „losen Ware"

14 Die Definition der **„losen Ware"** in Abs. 2 ist relativ einfach: Es muss sich um Ware handeln, die **unverpackt** ist und **in Anwesenheit des Verbrauchers abgemessen** wird. Dies entspricht der Definition von „in losem Zustand zum Verkauf angebotenen Erzeugnissen" gemäß Art. 2 lit. c) Preisangabenrichtlinie. Nicht unter den Begriff der „unverpackten" Ware fallen insbesondere Waren in Fertigpackungen (oben Rdn. 2) oder in offenen Packungen (oben Rdn. 3). Maßgeblich ist der Zeitpunkt, zu dem die Ware Verbrauchern angeboten wird. Auch das Tatbestandsmerkmal **„in deren Anwesenheit"** abgemessen ist klar. Dies bedeutet, dass die Abgabemenge sich nach den Wünschen des Verbrauchers im Einzelfall bestimmt. Entsprechendes gilt für die Tatbestandsalternative **„oder auf deren Veranlassung".** Der einzige Unterschied besteht darin, dass der Verbraucher beim Abmessen nicht anwesend ist, dem Abmessenden aber die gewünschte Abgabemenge mitgeteilt hat (entweder zu einem früheren Zeitpunkt mündlich oder auf andere Weise, z.B. schriftlich, telefonisch, per E-Mail usw.). Zu beachten ist allerdings, dass die Preisangabenrichtlinie die Variante einer Abmessung „auf Veranlassung der Verbraucher" so wie in § 2 PAngV, nicht kennt. Sollte daher im Einzelfall die Preisangabe bei unverpackter Ware, die zwar nicht in Anwesenheit wohl aber auf Veranlassung des Verbrauchers abgemessen wird, in Frage stehen, so muss durch den EuGH entschieden werden, ob dies der Richtlinie unterfällt. Unter das **„Abmessen"** fällt bei nach Gewicht abgegebener Ware auch das Abwiegen. Unerheblich ist, ob die Werbung oder das Angebot auf das Vorhandensein oder Fehlen einer Verpackung hinweist oder dies offen lässt. Maßgeblich ist, in welcher Form die Ware (auf die sich die Werbung oder das Angebot bezieht) tatsächlich abgegeben wird.[33] Als lose Waren werden z.B. unverpackte Lebensmittel (vor allem Obst und Gemüse), daneben etwa Nägel, Farben, Teppichböden, Holze, Stoffe, Kabel, Schrauben, nicht abgepackte Schreibwaren und ähnlicher Bürobedarf angeboten.[34]

II. Abgabe nach Gewicht, Volumen, Länge oder Fläche

15 Die Bestimmung gilt nicht für jede Art von loser Ware. Voraussetzung für deren Anwendbarkeit ist das **Angebot** (und regelmäßig die Abgabe) **nach Gewicht, Volumen, Länge oder Fläche.** Dabei steht es auch hier nicht im Belieben des Anbieters, nach welcher Einheit er die Ware anbietet. Das Angebot nach Gewicht, Volumen, Länge oder Fläche und hierauf bezogene Preisangaben sind also nicht zulässig, wenn dies nicht der allgemeinen Verkehrsauffassung im Sinne von § 1 Abs. 6 S. 1 entspricht. Umgekehrt entfällt die Anwendbarkeit der Vorschrift nicht dadurch, dass der Verkäufer die Ware nach einer anderen Einheit anbietet, obgleich sie unter Berücksichtigung der allgemeinen Verkehrsauffassung nach Gewicht, Volumen, Länge oder Fläche anzubieten ist. Damit fallen Angebote loser Waren nicht unter diese Vorschrift, wenn sie zulässigerweise nach anderen Einheiten abgegeben (und preislich berechnet) werden, insbesondere die Abgabe nach der Stückzahl. In solchen Fällen ist als Gesamtpreis der Stückpreis und als Grundpreis der Preis pro Mengeneinheit nach Abs. 3 anzugeben.

III. Beschränkung auf die Grundpreisangabe

16 Bei loser Ware im Sinne dieser Bestimmung, die nach Gewicht, Volumen, Länge oder Fläche angeboten wird, ist lediglich der Grundpreis gemäß Abs. 3 anzugeben. Das entspricht Art. 3 Abs. 3 Preisangabenrichtlinie. Es handelt sich systematisch um eine privilegierende Ausnahmevorschrift. Bei loser Ware, die in dieser Art angeboten wird, muss der Gesamtpreis nicht angegeben werden. Dies ist auch sinnvoll, weil in diesen Fällen der Gesamtpreis sich aus der vom Verbraucher beim Kauf individuell bestimmten Abgabemenge berechnet. Bei Fernabsatzverträgen sind neben dem Grundpreis auch die Angaben nach § 1 Abs. 2 erforderlich.

---

[33] Vgl. BGH GRUR 1991, 847 – *Kilopreise II.*

[34] Vgl. *Gimbel/Boest,* Die neue Preisangabenverordnung 1985, § 1 Anm. 27.

D. Mengeneinheiten für die Grundpreisangabe (Abs. 3)

I. Grundsatz (S. 1)

Im Prinzip ist nach S. 1 die Mengeneinheit für den Grundpreis jeweils ein Kilogramm, ein Liter, ein Kubikmeter, ein Meter oder ein Quadratmeter der Ware (je nachdem, ob die Ware nach Gewicht, Volumen, Länge oder Fläche angeboten wird). Selbstverständlich ist der Grundpreis anhand der Mengeneinheit anzugeben, in welcher die Ware angeboten wird, bei Getränken also z.B. in Litern. **17**

II. Grundpreisangabe pro hundert Gramm/Milliliter (S. 2)

Bei Waren, deren Nenngewicht oder Nennvolumen üblicherweise zweihundertfünfzig Gramm oder Milliliter nicht übersteigt, dürfen als Mengeneinheit für den Grundpreis hundert Gramm oder Milliliter verwendet werden. Diese privilegierende Ausnahmebestimmung betrifft lediglich Ware, die nach Gewicht oder Volumen abgegeben wird, nicht aber nach Länge oder Fläche angebotene Ware. Es handelt sich um eine Kannvorschrift; der Anbieter kann die Mengeneinheit auch bezogen auf ein Kilogramm oder einen Liter angeben. Nicht verboten ist auch die kumulative Angabe des Grundpreises pro Kilogramm/Liter und pro Gramm/Milliliter, soweit die konkrete Form der Angabe nicht zu einer Irreführung im Sinne des Wettbewerbsrechts führt. Die Bestimmung gilt nicht für lose Ware im Sinne von Abs. 2 (bei der es kein Nenngewicht oder Nennvolumen gibt). Hier gilt S. 3. **18**

Das Nenngewicht oder Nennvolumen darf „üblicherweise" nicht zweihundertfünfzig Gramm oder Milliliter übersteigen. Es kann also durchaus einzelne Fälle geben, in denen diese Grenzen überschritten werden. Erforderlich ist lediglich, dass dies bei der überwiegenden Mehrzahl der zum gegebenen Zeitpunkt am Markt erhältlichen Angebote dieser Warenart nicht der Fall ist. **19**

Da nach S. 5 bei Waren mit Pflichtangabe des Abtropfgewichts der Grundpreis auf dieses zu beziehen ist (dazu unten Rdn. 23), gilt S. 2 auch dann, wenn das Abtropfgewicht üblicherweise zweihundertfünfzig Gramm oder Milliliter nicht übersteigt. Der Begriff des „Nenngewichts" bzw. „Nennvolumens" ist bei Fertigpackungen im Sinne der Nennfüllmenge gemäß §§ 6ff. FertigPackV zu verstehen. Bei sonstigen nach Gewicht oder Volumen angebotenen offenen Verpackungen oder als Verkaufseinheiten angebotenen Waren ist die für das Angebot bzw. in der Preiswerbung genannte Füllmenge gemeint. **20**

III. Mengeneinheit bei nach Gewicht oder Volumen angebotener loser Ware (S. 3)

Für nach Gewicht oder Volumen angebotene lose Ware gilt ausschließlich die Sonderbestimmung in S. 3 (außer bei üblicherweise in großen Mengen abgegebenen Waren). Danach entscheidet die allgemeine Verkehrsauffassung darüber, ob der Grundpreis entweder für ein Kilogramm oder für hundert Gramm bzw. entweder für ein Liter oder hundert Milliliter anzugeben ist.[35] Wird eine Ware im Einklang mit der allgemeinen Verkehrsauffassung nach Gewicht vermarktet, ist der Preis entweder auf 1 Kilogramm oder auf 100 Gramm zu beziehen. Dies gilt auch, wenn die Ware nur in anderen Einheiten abgegeben wird.[36] Allerdings ist dann aus Gründen der Preisklarheit der Preis für diese Einheiten anzugeben. Entspricht eine auf das Volumen bezogene Preisangabe der allgemeinen Verkehrsauffassung, hat die Preisangabe für 1 Liter (l)/100 Milliliter (ml) zu erfolgen. **21**

---

[35] Näher *Völker,* PreisangabenR, § 2 Rdn. 34ff.

[36] BVerwG GewArch 1996, 254ff. für die Abgabe von Kaffee ausschließlich in Einheiten von 250 g und 500 g.

IV. Großmengen (S. 4)

22 Die Bestimmung für Großmengen in S. 4 gilt zwar im Prinzip sowohl für Waren im Sinne von Abs. 1 als auch von Abs. 2, dürfte aber in der Regel hauptsächlich für lose Waren von Relevanz sein. Manche losen Waren werden üblicherweise in größeren Mengen abgegeben, und zwar auch an private Verbraucher (z. B. Brennstoffe wie Heizöl oder Kohle, teilweise auch Kartoffeln, die direkt beim Bauern gekauft werden). Hier ist bei Abgabe nach Gewicht eine Angabe des Preises pro kg häufig nicht üblich und im Interesse der Preisklarheit auch nicht sinnvoll. Daher gestattet S. 2 für Waren, die üblicherweise in Mengen von 100 l und mehr oder 50 kg und mehr abgegeben werden, den Bezug der Preisangabe auf die nach allgemeiner Verkehrsauffassung übliche Verkaufseinheit. Bei in größeren Mengen abgegebenen Kartoffeln und festen Brennstoffen ist dies in der Regel ein Zentner oder Doppelzentner. Dagegen entspricht bei Heizöl nach wie vor der Preis pro Liter der allgemeinen Verkehrsauffassung. Auch bestimmten der Länge nach angebotenen Waren eröffnet die Vorschrift die Möglichkeit einer auf eine andere Längeneinheit als ein Meter bezogenen Grundpreisangabe. Die amtliche Begründung[37] nennt als Beispiele Nähgarne und Angelschnüre. Es habe sich gezeigt, dass sich Preisunterschiede bei solchen Waren auf den Grundpreis bezogen auf ein Meter erst ab der dritten Stelle nach dem Komma auswirkten. Soweit also solche Waren tatsächlich in Mengen von 100 Metern und mehr abgegebenen werden, kann die Grundpreisangabe auf der Basis einer größeren Mengeneinheit als ein Meter (z. B. 100 Meter) stattfinden, wenn es der allgemeinen Verkehrsauffassung entspricht.

V. Waren mit Pflichtangabe des Abtropfgewichts (S. 5)

23 Für bestimmte Waren ist nach § 11 Abs. 1 S. 1 FertigPackV neben der gesamten Füllmenge auch das Abtropfgewicht anzugeben. Dies betrifft **feste Lebensmittel, die in Fertigpackungen in einer Aufgussflüssigkeit** vertrieben werden. Da diese in der Regel nicht verzehrt wird und somit nicht wertbestimmend ist, soll der Verbraucher die Gewichtsinformation über das Produkt ohne Aufgussflüssigkeit erhalten. Beispiele hierfür sind bestimmte Obst- und Gemüsedosen sowie manche Fischkonserven.[38] In solchen Fällen ist daher der Grundpreis nicht auf die – ebenfalls auf der Fertigpackung angegebene – gesamte Füllmenge, sondern lediglich auf das angegebene Abtropfgewicht (und damit auf den für die Verbraucher letztlich im Normalfall relevanten Teil des Gesamtprodukts) zu beziehen. Diese Regelung entspricht Art. 4 Abs. 2 S. 2 Preisangabenrichtlinie. Bei konzentrierten Waren (z. B. konzentrierte Suppen, Brühen, Saucen usw.) ist der Grundpreis für das Trockengewicht anzugeben.

E. Ausnahme für Wasch- und Reinigungsmittel (Abs. 4)

I. Haushaltswaschmittel (S. 1)

24 Die Ausnahmeregelung in Abs. 4 lässt es zu, dass bei Haushaltswaschmitteln an Stelle der in Abs. 3 vorgesehenen Mengeneinheit eine „übliche Anwendung" verwendet werden kann. Eine „übliche Anwendung" wird in der Regel eine **Messbecherfüllung** bzw. **Produkteinheit für einen Waschgang** sein. Hierdurch wird nach Auffassung des Verordnungsgebers eine höhere Preistransparenz erreicht, weil die Ergiebigkeit der Produkte sich unterscheide und die auf das Gewicht bezogene Grundpreisangabe daher einen geringeren Informationswert habe. Damit soll letztlich auch verhindert werden, dass besonders umweltgerechte (also besonders ergiebige) Produkte durch eine rein gewichtsbezogene Grundpreisangabe benachteiligt werden. Es handelt sich um eine Kannvorschrift. Der Grundpreis kann also auch nach Maßgabe von Abs. 3 angegeben werden. Zulässig ist auch eine Angabe des Grundpreises bezogen auf beide Größenordnungen, soweit die konkrete Art der Darstellung nicht zu einer Irreführung führen kann und den Grundsätzen von Preisklarheit und Preiswahrheit entspricht. Die Regelung ist durch Art. 5 Abs. 1 Preisangabenrichtlinie gedeckt.

---

[37] BR-Drucks. 579/02, S. 8.

[38] Näher *Zipfel/Rathke*, Lebensmittelrecht (Loseblattsammlung), Abschn. C 116, § 11 FertigPackV Rdn. 4 ff.

II. Sonstige Wasch- und Reinigungsmittel (S. 2)

Entsprechendes gilt auch für sonstige Wasch- und Reinigungsmittel, allerdings nur, sofern sie einzeln **portioniert** sind und die Zahl der Portionen zusätzlich zur Gesamtfüllmenge angegeben ist. „Portioniert" ist das Produkt nicht nur, wenn eine Anwendung gesondert abgepackt ist,[39] sondern auch dann, wenn das Produkt in unverpackten Produkteinheiten abgeben wird, die der üblichen Anwendung entsprechen und vom Verbraucher einfach entnommen und verwendet werden können; entscheidend ist, dass nicht der Verbraucher selbst (z. B. mit einem Messbecher oder -löffel) das Produkt portionieren muss. Wegen der Bezugnahme auf S. 1 muss die portionierte Menge zudem einer „üblichen Anwendung" entsprechen. Dies setzt voraus, dass zumindest die Mehrzahl der Hersteller der betreffenden Art von Wasch- und Reinigungsmitteln die Anwendung einer Portion des Produkts für eine vergleichbare Bezugsgröße (z. B. eine bestimmte Wäschemenge oder bei Reinigungsmitteln eine gewisse Wassermenge) empfehlen.[40] Unter den Begriff der Wasch- und Reinigungsmittel fallen insbesondere Waschmittel für Wäsche (einschließlich Bleichmittel und Weichspüler), Geschirrspülmittel und Scheuerpulver. 25

§ 3 Elektrizität, Gas, Fernwärme und Wasser

[1] Wer Verbrauchern gewerbs- oder geschäftsmäßig oder wer ihnen regelmäßig in sonstiger Weise Elektrizität, Gas, Fernwärme oder Wasser leitungsgebunden anbietet oder als Anbieter dieser Ware gegenüber Verbrauchern unter Angabe von Preisen wirbt, hat den verbrauchsabhängigen Preis je Mengeneinheit einschließlich der Umsatzsteuer und aller spezifischen Verbrauchssteuern (Arbeits- oder Mengenpreis) gemäß Satz 2 im Angebot oder in der Werbung anzugeben. [2] Als Mengeneinheit für den Arbeitspreis bei Elektrizität, Gas und Fernwärme ist eine Kilowattstunde und für den Mengenpreis bei Wasser ein Kubikmeter zu verwenden. [3] Wer neben dem Arbeits- oder Mengenpreis leistungsabhängige Preise fordert, hat diese vollständig in unmittelbarer Nähe des Arbeits- oder Mengenpreises anzugeben. [4] Satz 3 gilt entsprechend für die Forderungen nicht verbrauchsabhängiger Preise.

Inhaltsübersicht

	Rdn.
A. Allgemeines	1
B. Angabe des Arbeits- oder Mengenpreises (S. 1 und 2)	2
C. Zusätzliche Angabe leistungsabhängiger Preise (S. 3)	3
D. Zusätzliche Angabe nicht verbrauchsabhängiger Preise (S. 4)	4

A. Allgemeines

Die Vorschrift betrifft konkret lediglich vier Waren im Sinne des Preisangabenrechts, nämlich **Elektrizität, Gas, Fernwärme oder Wasser,** wenn diese **leitungsgebunden angeboten** werden. Sie trägt dem Umstand Rechnung, dass bei diesen Versorgungsangeboten in der Regel die vom Verbraucher zu zahlende Vergütung sich aus einer **verbrauchsunabhängigen Komponente** (in der Branchensprache meist „Grundpreis" genannt) und einem **verbrauchsabhängigen Preisbestandteil** zusammensetzt. Die Bestimmung gilt nur, soweit diese Waren leitungsgebunden angeboten werden. Sie gilt also nicht z. B. für das Angebot von Elektrizität in Batterieform oder von Gas bzw. Wasser in anderen Behältnissen (insbesondere Flaschen). Die Pflicht zur Preisangabe nach § 3 besteht bei jedem Angebot dieser leitungsgebundenen Waren sowie bei jeder Werbung unter Angabe von Preisen (§ 1 Abs. 1 S. 1). Auch ansonsten sind die allgemeinen Bestimmungen der PAngV zu beachten (insbesondere § 1 Abs. 6 S. 1 und 2). Da es sich beim Bezug leitungsgebundener Angebote im Sinne der Vorschrift meist um Dauerschuldverhältnisse handelt, ist die Angabe von Preisen mit einem Änderungsvorbehalt zulässig (§ 1 Abs. 5 S. 2). Dagegen finden die Bestimmungen über den Grundpreis in § 2 auf leitungsgebundene Angebote im Sinne von § 3 keine Anwendung, 1

---

[39] So *Zipfel/Rathke,* Lebensmittelrecht (Loseblattsammlung), Abschn. C 119, § 2 PAngV Rdn. 22.

[40] *Zipfel/Rathke,* Lebensmittelrecht (Loseblattsammlung), Abschn. C 119, § 2 PAngV Rdn. 21.

ebenso wenig die Vorschriften über den Handel in § 4 Abs. 1 bis 4, wohl aber theoretisch § 4 Abs. 5 i. V. m. § 5 Abs. 1 und 2 hinsichtlich des Erfordernisses von Preisverzeichnissen in Geschäftslokalen bzw. an sonstigen Orten des Leistungsangebots, allerdings gelten die Bedenken hinsichtlich der Fortgeltung dieser Regelung nach dem 12. Juni 2013 entsprechend auch für leitungsgebundene Angebote.

B. Angabe des Arbeits- oder Mengenpreises (S. 1 und 2)

2 S. 1 regelt in Verbindung mit S. 2 die Preisangabe im Hinblick auf den **Preisbestandteil des leitungsgebundenen Warenangebots,** der **verbrauchsabhängig** ist. Ähnlich wie bei der Angabe von Verrechnungssätzen bei Leistungen ist insoweit also nicht der Gesamtpreis für die gesamte in Anspruch genommene Warenmenge anzugeben, da diese zum Zeitpunkt des Angebots bzw. der Preiswerbung noch nicht feststeht. In der Sache entspricht der anzugebende Preis je Mengeneinheit dem für die meisten anderen Waren in § 2 geregelten Grundpreis. Allerdings wird dieser Preis je Mengeneinheit für die leitungsgebundenen Angebote gerade nicht als Grundpreis bezeichnet. Vielmehr bildet der Verordnungsgeber für den Preis je Mengeneinheit bei Elektrizität, Gas und Fernwärme den Begriff **„Arbeitspreis"** und bei Wasser den Begriff **„Mengenpreis".** Der Grund für diese von § 2 abweichende Terminologie liegt darin, dass in diesen Branchen der Begriff „Grundpreis" häufig für den verbrauchsunabhängigen Preis verwendet wird, der neben dem verbrauchsabhängigen Teil des Preises zu zahlen ist (also insbesondere für eine monatlich anfallende „Grundgebühr"). Nach S. 2 ist als Mengeneinheit für den Arbeitspreis bei Elektrizität, Gas und Fernwärme eine Kilowattstunde und für den Mengenpreis bei Wasser ein Kubikmeter zu verwenden. Dies entsprach bislang bereits der Übung. Wie der Gesamtpreis nach § 1 Abs. 1 S. 1 und der Grundpreis nach § 2 ist auch der Arbeits- bzw. Mengenpreis im Sinne von § 3 stets einschließlich der Umsatzsteuer und aller spezifischen Verbrauchssteuern anzugeben. Es ist also der Arbeits- oder Mengenpreis zu nennen, der den Verbrauchern später bei der Abrechnung auch tatsächlich in Rechnung gestellt wird. Aus der Pflicht zur Angabe des Arbeits- oder Mengenpreises ergibt sich aber keine Pflicht der Anbieter, nur einen einzigen Arbeits- oder Mengenpreis anzugeben. Es bleibt nach wie vor zulässig, nach der Menge der Gesamtabnahme zu differenzieren. Dies kann z. B. in der Form geschehen, dass – berechnet auf den Jahresverbrauch – für den Verbraucher von ein bis eintausend Kilowattstunden ein Betrag von x Euro und für den weiteren Verbrauch ab tausendeins Kilowattstunden ein Preis von y Euro pro Kilowattstunde berechnet wird usw. Die Bestimmung erfordert lediglich – in Verbindung mit den Grundsätzen von Preisklarheit und Preiswahrheit (§ 1 Abs. 6 S. 1) –, dass in solchen Fällen durch Verwendung entsprechender Tabellen oder Hinweise für die Verbraucher in unzweideutiger verständlicher Form verdeutlicht wird, unter welchen Bedingungen welcher Preis berechnet wird.

C. Zusätzliche Angabe leistungsabhängiger Preise (S. 3)

3 Die Bestimmung ist ausschließlich durch den **Elektrizitätsbereich** motiviert.[1] Zur Begründung wurde ausgeführt, Energielieferungen für Endverbraucher würden nicht ausschließlich nach Kilowattstunden abgerechnet, sondern – wie etwa nach den Vorschriften der Bundestarifordnung Elektrizität – in einzelnen Fällen auch nach verbrauchsabhängigen Leistungspreisen. Dabei bezögen die Abnehmer Energie über Zähler mit Leistungsmessung. Die Leistungspreise würden (so die damalige Gesetzesbegründung) in den entsprechenden Preisblättern unter der Mengeneinheit „DM (Euro)/Leistungswert und Jahr" bzw. mit „DM (Euro)/Kilowatt und Jahr" angegeben. Der leistungsabhängige Preis ist in unmittelbarer Nähe des Arbeits- oder Mengenpreises (bei Elektrizität also des Arbeitspreises) anzugeben. Eine besondere Hervorhebung des Arbeitspreises oder des leistungsabhängigen Preises ist nicht erforderlich, da es sich weder bei dem einen noch dem anderen Preis um einen Gesamtpreis im Sinne von § 1 Abs. 6 S. 3 handelt. Die freiwillige Hervorhebung des einen oder anderen Preises ist aber auch nicht von vornherein unzulässig, soweit die Gestaltung im Einzelfall nicht der allgemeinen Verkehrsauffassung und den Grundsätzen von Preisklarheit und Preiswahrheit (§ 1 Abs. 6 S. 1) widerspricht.

---

[1] Vgl. BR-Drucks. 180/1/00 vom 30.5.2000 und BR-Drucks. 180/00 (Beschluss) vom 9.6.2000.

D. Zusätzliche Angabe nicht verbrauchsabhängiger Preise (S. 4)

Neben den verbrauchs- bzw. leistungsabhängigen Preisbestandteilen, die in S. 1 bis 3 geregelt sind, werden dem Verbraucher häufig auch **verbrauchsunabhängige Beträge** in Rechnung gestellt. Diese können entweder einmalig anfallen (z. B. eine **Anschlussgebühr**) oder periodisch (z. B. eine **monatliche Grundvergütung**). Diese zusätzliche Berechnung verbrauchsunabhängiger Entgelte bleibt auch weiterhin zulässig. S. 4 in Verbindung mit S. 3 schreibt für diese verbrauchsunabhängigen Preiskomponenten allerdings vor, dass sie in Angeboten und in der Preiswerbung vollständig anzugeben sind. Es sind also jeweils alle verbrauchsunabhängigen Preiskomponenten komplett aufzuführen. 4

§ 4 Handel

(1) **Waren, die in Schaufenstern, Schaukästen, innerhalb oder außerhalb des Verkaufsraumes auf Verkaufsständen oder in sonstiger Weise sichtbar ausgestellt werden, und Waren, die vom Verbraucher unmittelbar entnommen werden können, sind durch Preisschilder oder Beschriftung der Ware auszuzeichnen.**

(2) **Waren, die nicht unter den Voraussetzungen des Absatzes 1 im Verkaufsraum zum Verkauf bereitgehalten werden, sind entweder nach Absatz 1 auszuzeichnen oder dadurch, dass die Behältnisse oder Regale, in denen sich die Waren befinden, beschriftet werden oder dass Preisverzeichnisse angebracht oder zur Einsichtnahme aufgelegt werden.**

(3) **Waren, die nach Musterbüchern angeboten werden, sind dadurch auszuzeichnen, dass die Preise für die Verkaufseinheit auf den Mustern oder damit verbundenen Preisschildern oder Preisverzeichnissen angegeben werden.**

(4) **Waren, die nach Katalogen oder Warenlisten oder Bildschirmen angeboten werden, sind dadurch auszuzeichnen, dass die Preise unmittelbar bei den Abbildungen oder Beschreibungen der Waren oder in mit den Katalogen oder Warenlisten im Zusammenhang stehenden Preisverzeichnissen angegeben werden.**

(5) **Auf Angebote von Waren, deren Preise üblicherweise auf Grund von Tarifen oder Gebührenregelungen bemessen werden, ist § 5 Abs. 1 und 2 entsprechend anzuwenden.**

Inhaltsübersicht

Rdn.

A. Allgemeines, Vereinbarkeit mit Unionsrecht ... 1
B. Sichtbar ausgestellte und von Kunden entnehmbare Waren (Abs. 1) ... 5
I. Sichtbar ausgestellte Ware ... 5
1. Begriff ... 5
2. Schaufenster, Schaukästen, Verkaufsstände ... 6
II. Waren, die vom Verbraucher unmittelbar entnommen werden können ... 7
III. Form der Preisauszeichnung ... 8
1. Allgemeines ... 8
2. Preisschilder ... 9
3. Beschriftung der Ware ... 10
IV. Beginn und Dauer der Auszeichnungspflicht ... 11
C. Sonstiges präsentes Warenangebot (Abs. 2) ... 12
I. Form der Präsentation ... 12
II. Form der Preisangabe ... 14
1. Allgemeines ... 14
2. Beschriftung der Behältnisse oder Regale ... 15
3. Preisverzeichnisse ... 16
D. Nach Musterbüchern angebotene Waren (Abs. 3) ... 17
E. Nach Katalogen oder Warenlisten oder auf Bildschirmen angebotene Waren (= Versandhandelsware) (Abs. 4) ... 18
I. Form des Warenangebots ... 18
II. Form der Preisangabe ... 20
F. Preise aufgrund von Tarifen oder Gebührenregelungen (Abs. 5) ... 21

A. Allgemeines, Vereinbarkeit mit Unionsrecht

1 § 4 enthält nähere Regelungen für die **Form der Preisauszeichnung bei Waren.** Dabei geht es um Situationen, in denen grds. der Verbraucher ein Kaufangebot an den Händler richtet, möglicherweise aufgrund von dessen vorheriger Werbung. Weil in der Werbung aber nicht Preise genannt werden müssen, will § 4 für bestimmte Situationen verhindern, dass der Verbraucher sich über den von ihm zu entrichtenden Preis nicht im Klaren ist. Die Regelung betrifft die Hauptvarianten des Warenangebots im Einzelhandel, nämlich insbesondere präsent angebotene Waren im Einzelhandel (Abs. 1 und 2), aber auch in Musterbüchern angebotene Waren (Abs. 3) und den Versandhandel einschließlich des Internethandels sowie andere Formen des E-Commerce (Abs. 4), wobei sich die konkrete Form (das Wie) der Auszeichnung je nach Variante unterscheidet. § 4 gilt nicht nur für den „klassischen" Einzelhandel, sondern generell für alle Anbieter, bei denen die Tatbestandsvoraussetzungen erfüllt sind, also z. B. auch für Verkaufsstände mit sichtbar ausgestellten Waren auf Messen und Märkten mit Verkauf an Verbraucher. Die Vorschrift findet also grds. auch auf Tankstellen und Gaststättenbetriebe Anwendung, wenn sie in entsprechender Weise Waren zum Verkauf anbieten,[1] allerdings gilt für das eigentliche Angebot im Gaststättengewerbe § 7 und für die Angabe von Kraftstoffpreisen bei Tankstellen § 8 Abs. 1. Die Vorschrift erfasst nur das Angebot von Waren gegenüber Verbrauchern i. S. v. § 1 Abs. 1. Auf das Angebot von Leistungen findet die Vorschrift keine Anwendung, sondern gegebenenfalls § 5. In den in § 9 Abs. 1 und 7 geregelten Fällen ist § 4 nicht anzuwenden.[2] Das führt dazu, dass für Hörfunkwerbung einerseits und Fernseh- oder Internetwerbung andererseits unterschiedliche Anforderungen gelten können, denn für Hörfunkwerbung ohne Preisangaben gilt nach § 9 Abs. 1 Nr. 4 die PAngV nicht, während dies für Internetangebote sehr wohl der Fall ist, wie §§ 4 Abs. 4 und 5 Abs. 1 S. 3 belegen.[3] Bei mehrfachen Preisreduktionen im Rahmen zulässiger Sonderveranstaltungen ist die Ausnahmevorschrift in § 9 Abs. 2 von Relevanz.

2 Allerdings ist seit dem 13. Juni 2013 fraglich, ob und in welchem Umfang die Regelungen des § 4 PAngV überhaupt noch angewendet werden dürfen bzw. ob bei Verletzungen gegen diese Normen eine Unlauterkeit i. S. v. §§ 3, 3a UWG (4 Nr. 11 UWG a. F.) gegeben ist. Zwar gehen die Regelungen des § 4 PAngV rechtstechnisch auf § 2 Abs. 3 der Preisauszeichnungsverordnung vom 18. September 1969 (BGBl. I 1733) zurück. Sie dienen aber auch der Umsetzung der Preisangabenrichtlinie, da sie auch nach Inkrafttreten der Richtlinie unverändert beibehalten wurden. Dabei gehen einige Bestimmungen in § 4 PAngV offensichtlich über die Vorgaben der Preisangabenrichtlinie hinaus. Diese Regelungen waren in der Vergangenheit nach h. M. durch die Mindestangleichungsklausel des Art. 10 Preisangabenrichtlinie gedeckt, wegen Art. 3 Abs. 5 UGP-Richtlinie allerdings nur bis zum 12. Juni 2013. Somit ist bei den Regelungen des § 4 PAngV jeweils konkret zu fragen, ob und in welchem Umfang sie über die Vorgaben der UGP-RL und der Preisangabenrichtlinie hinausgehen.[4]

3 Über die Vorgaben der Richtlinien hinaus geht § 4 Abs. 1 PAngV, der für in Schaufenstern ausgestellte Waren die Preisauszeichnung durch Preisschilder oder Beschriftung der Ware fordert, da hierdurch einerseits die Preisangabenpflicht auf nicht „angebotene" Waren ausgedehnt wird und andererseits die vorgeschriebene Art und Weise der Preisangabe strenger ist, als in Art. 4 Abs. 1 Preisangabenrichtlinie gefordert.[5] Zwar hätte sich theoretisch eine richtlinienkonforme Auslegung von § 4 Abs. 1 PAngV dahingehend vertreten lassen, dass „ausgestellte" Waren nur solche seien, die auch „angeboten" würden, und auch die Vorgaben zur Art und Weise der Preisangabe nicht verbindlich, sondern nur als Beispiele aufzufassen seien. Einen im Vergleich zu § 1 Abs. 1 S. 1 PAngV eigenständigen Anwendungsbereich hätte § 4 Abs. 1 PAngV bei dieser Auslegung dann allerdings nicht mehr. Praktisch dürfte die Norm damit bedeutungslos sein.

4 § 4 Abs. 2 PAngV ist richtlinienkonform dahin auszulegen, dass sein Anwendungsbereich nur eröffnet ist, wenn das „Bereithalten" der Ware zugleich als „Anbieten" bzw. als eine Aufforderung zum Kauf zu qualifizieren ist und die genannten Vorgaben hinsichtlich der Art und Weise der Preis-

---

[1] BayObLG NJW 1973, 1088; *Ambs,* PAngV, in: Erbs/Kohlhaas (Hrsg.), Strafr. NebenG, Abschn. P 183, § 2 Rdn. 1; *Gimbel/Boest,* Die neue Preisangabenverordnung, 1985, § 2 Anm. 1; Ohly/*Sosnitza* § 4 PAngV Rdn. 2; *Gelberg,* Kommentar zur Preisangabenverordnung, 1975, § 2 Abs. 1 Anm. 1.1, 1.2.

[2] Zur Verfassungsmäßigkeit von § 9 Abs. 7 Nr. 1 siehe BVerfG NJW-RR 2010, 338.

[3] BGH GRUR 2003, 971, 972 – *Telefonischer Auskunftsdienst.*

[4] Laut *Köhler* WRP 2013, 723, 727, und *Köhler*/Bornkamm § 4 PAngV Rdn. 4, betrifft das den gesamten § 4 PAngV.

[5] OLG Düsseldorf WRP 2015, 467, Tz. 29 ff.

angabe nicht abschließend sind. Letzteres gilt auch für § 4 Abs. 3 und 4 PAngV, die zwar ein Angebot voraussetzen, jedoch ebenfalls über die Vorgaben der Preisangabenrichtlinie (und Art. 7 Abs. 4 UGP-Richtlinie) hinausgehende Vorgaben zur Art und Weise der Preisangabe enthalten. Auch bei diesen Vorschriften ist der Verbleib eines eigenständigen Anwendungsbereichs selbst bei richtlinienkonformer Auslegung somit fraglich. Mit dieser Maßgabe ist die nachfolgende Kommentierung zu lesen.

B. Sichtbar ausgestellte und von Kunden entnehmbare Waren (Abs. 1)

I. Sichtbar ausgestellte Waren

1. Begriff

Abs. 1 betrifft in erster Linie sichtbar ausgestellte Waren, für welche die Vorschrift an die Preisauszeichnung verhältnismäßig strenge (und wegen ihrer Unvereinbarkeit mit Unionsrecht nicht mehr anwendbare) Anforderungen stellt. Da von sichtbar präsentierter Ware ein besonderer Werbe- und Anlockeffekt ausgeht, soll der Kunde gerade in solchen Fällen die Möglichkeit haben, möglichst gleichzeitig mit Betrachtung der Ware deren Preis zu erfahren.[6] Nicht jede für den Kunden sichtbare Ware ist jedoch „sichtbar ausgestellt". Die Ware muss den Kunden besonders präsentiert, also „zur Schau gestellt" werden. Dies ist der Fall, wenn sie aus Werbezwecken in auffallender Form, die über den bloßen Zweck der Lagerung oder Aufbewahrung hinausgeht und die Kauflust des Publikums anregen soll, als dekorativer Blickfang zur Schau gestellt und damit zum Verkauf angeboten wird.[7] 5

2. Schaufenster, Schaukästen, Verkaufsstände

In **Schaufenstern** und **Schaukästen** präsentierte Waren sind stets sichtbar ausgestellt. Nach ihrem Sinn und Zweck gilt die Vorschrift auch für Schaukästen außerhalb des Verkaufsraums, also z. B. für Glasvitrinen vor dem Geschäft. Auch Waren, die nicht unmittelbar „im" Schaufenster ausgestellt sind, sich also nicht auf einer unmittelbar am Schaufenster angebrachten Konsole zur Warenpräsentation befinden, fallen unter diese Tatbestandsvariante, wenn sie durch das Fenster von der Straße aus sichtbar sind.[8] Eine besondere Trennung von Fenster und Verkaufsraum setzt der Begriff des „Schaufensters" nicht voraus. Erfasst werden jedoch nur Waren, die durch die Fenster des Geschäfts von außen sichtbar sind und dadurch eine Werbewirkung entfalten.[9] Nicht jedes Fenster zu einem Ladengeschäft ist somit auch ein Schaufenster. Nicht um Schaufenster handelt es sich insbesondere, wenn zwar Einblicke in Geschäftsräume mit Büromobiliar, typischen Utensilien zur Leistungserbringung und dem Geschäftsgegenstand angepasster Dekoration (z. B. Weihnachtsdekoration) möglich sind, die dort erbrachten oder angebotenen Leistungen aber nicht „zur Schau gestellt", also nicht in Kauflust anregender Weise präsentiert werden und der potentielle Kunde somit auch nicht mit dem konkreten Leistungsangebot des Unternehmers konfrontiert wird.[10] **Verkaufsstände** sind insbesondere Regale, in denen die Ware dem Verbraucher in besonders werbewirksamer und aufmerksamkeitsheischender Weise präsentiert wird, aber auch Verkaufstische. Auf den Wert der ausgestellten Ware kommt es nicht an. Die Pflicht zur Preisauszeichnung gilt daher auch für hochwertige Luxuswaren wie z. B. Schmuck; die fehlende Möglichkeit eines Preisvergleichs, ein generell bestehender Verhandlungsspielraum oder versicherungstechnische Notwendigkeiten können der Anwendung nicht entgegen gehalten werden.[11] Die dadurch bewirkte Unterscheidung zwischen Schmuck 6

---

[6] Vgl. BayObLG BB 1973, 353.

[7] Vgl. BayObLG a. a. O.; OLG Köln BB 1957, 981; OLG Düsseldorf WRP 1978, 460, 461; *Gimbel/Boest,* Die neue Preisangabenverordnung, 1985, § 1 Anm. 2; *Gelberg,* Kommentar zur Preisangabenverordnung, 1975, § 2 Abs. 1, Anm. 2.1.1. m. w. N.

[8] OLG Köln GewArch 1980, 196 f.; VG Stade GewArch 1993, 33; *Ambs,* PAngV, in: Erbs/Kohlhaas (Hrsg.), Strafr. NebenG, Abschn. P 183, § 2 Rdn. 2; Ohly/*Sosnitza* § 4 Rdn. 4; *Gimbel/Boest,* Die neue Preisangabenverordnung, 1985, § 2 Anm. 2; sog. „Durchschau-Fenster".

[9] Vgl. VG Stade NJW-RR 1993, 299 f.

[10] OLG Hamburg WRP 2013, 1212, Tz. 13, 14 (zu § 5 Abs. 1 S. 2 PAngV), mit Bezugnahme auf OLG Hamburg, 5 U 27/11. *Widmann,* WRP 2010, 1443, 1449.

[11] OLG Hamburg MD 2010, 611.

einerseits und Antiquitäten und Kunstgegenständen andererseits, für die nach § 9 Abs. 7 Nr. 1 die Regelung des § 4 nicht gilt, ist verfassungsgemäß.[12]

II. Waren, die vom Verbraucher unmittelbar entnommen werden können

7 Dies sind Waren, die der Verbraucher ohne Hilfe des Personals und ohne Überwindung besonderer Hindernisse (z.B. Öffnung einer Packung) entnehmen kann, insbesondere dem Publikum unmittelbar zugängliche **Regalware.** Hierunter fallen z.B. auch Waren in **Tiefkühlvitrinen,** die der Verbraucher selbst zur Entnahme der Ware öffnen kann und darf. Damit sind im Grundsatz alle in Selbstbedienungsgeschäften angebotenen Waren erfasst, auch wenn sie im Einzelfall nicht „sichtbar ausgestellt" sind.

III. Form der Preisauszeichnung

1. Allgemeines

8 Der Begriff des „Auszeichnens" von Preisen wird in §§ 4 und 8 verwendet. Er ist enger als der allgemeine Begriff der „Angabe" von Preisen und beschreibt lediglich die in diesen Bestimmungen näher geregelten Formen der Preisangabe. Preiswerbung in Zeitungsanzeigen fällt daher nicht unter den Begriff des „Auszeichnens".[13] Bei Waren im Sinne von Abs. 1 hat der Anbieter die Wahl, die Preisauszeichnung auf Preisschildern oder durch Beschriftung der Ware vorzunehmen. Er kann diese beiden Varianten auch kombinieren. Er kann sie jedoch nicht durch eine andere Form der Preisangabe (z.B. Preisverzeichnisse) ersetzen.[14] Andere Formen der Preisangabe sind also nur ergänzend neben den vorgeschriebenen Formen der Preisauszeichnung zulässig. Bei mehreren Preisangaben für dieselbe Ware müssen alle Preisangaben (auch die ergänzende „freiwillige") den Grundsätzen von Preisklarheit und Preiswahrheit i.S.v. § 1 Abs. 6 genügen und auch sonst müssen selbstverständlich die allgemeinen Anforderungen an Preiswahrheit und Preisklarheit erfüllt sein.

2. Preisschilder

9 Hierunter fallen namentlich an der Ware befestigte Anhänger und insbesondere Preisaufkleber (Preisetikette). Das Preisschild muss nicht unmittelbar an der Ware befestigt oder angebracht sein, sich aber unmittelbar bei ihr befinden. Die Gestaltung des Preisschilds ist nicht speziell geregelt. Auch Preisschilder in Form von Stelltafeln sind grundsätzlich zulässig, soweit die eindeutige Zuordnung zur Ware gewährleistet ist. Das Preisschild muss grundsätzlich auch die Preisangabe selbst enthalten. Dies ist z.B. nicht der Fall, wenn auf der Ware angebrachte Etikette nicht den Preis selbst, sondern nur einen Kennbuchstaben oder ein Symbol für eine bestimmte Preisgruppe enthalten.[15] Zusammengestellte Waren gleicher Art, Verkaufseinheit und Güte (z.B. Konservendosen mit einem bestimmten Essen eines Herstellers) können durch ein Preisschild ausgezeichnet werden;[16] entsprechendes gilt aber auch für andere Warenmengen, sofern für diese der gleiche Preis gilt und sich dies aus dem Preisschild unzweideutig ergibt.

3. Beschriftung der Ware

10 Anders als bei der Preisauszeichnung durch Preisschilder muss die Preisauszeichnung durch Beschriftung der Ware stets auf jedem einzelnen Artikel erfolgen.

IV. Beginn und Dauer der Auszeichnungspflicht

11 Die Preisauszeichnungspflicht besteht, sobald und solange die Ware **sichtbar ausgestellt** wird bzw. **vom Verbraucher unmittelbar entnommen** werden kann. In Fällen neu ausgestellter Ware bzw. bei einer Umdekoration ist die erforderliche Preisauszeichnung daher umgehend vorzuneh-

---

[12] BVerfG NJW-RR 2010, 338.
[13] OLG Hamburg BB 1989, 937.
[14] Vgl. OLG Hamm BB 1967, 1264.
[15] OLG München GRUR 1983, 76f. – *Schuhwaren.*
[16] OLG Hamm BB 1967, 1264f.

men.[17] Auch bei einer Preisänderung ist die Preisauszeichnung umgehend anzupassen.[18] Dies gilt grundsätzlich auch bei vorübergehenden und kurzfristigen Preisherabsetzungen.[19] Soweit allerdings bei zulässigen Sonderveranstaltungen (Winter- und Sommerschlussverkäufe sowie Jubiläumsverkäufe) auf die bereits ausgezeichneten reduzierten Preise generell tageweise eine weitere Preisherabsetzung erfolgt, muss diese nach § 9 Abs. 2 nicht nochmals ausgezeichnet werden.

C. Sonstiges präsentes Warenangebot (Abs. 2)

I. Form der Präsentation

12 Abs. 2 gilt für Waren, die **im Verkaufsraum zum Verkauf bereitgehalten** werden, ohne den Voraussetzungen von Abs. 1 zu genügen. Negativ ausgedrückt geht es also um präsente verkaufsbereite Ware, die nicht sichtbar ausgestellt wird und auch nicht vom Verbraucher unmittelbar entnommen werden kann. Positiv formuliert handelt es sich in der Regel um Ware, die – für das Publikum sichtbar oder unsichtbar – in geschlossenen Schränken, Vitrinen oder Schubladen oder in Regalen hinter dem Verkaufstresen im Verkaufsraum aufbewahrt wird.[20] Unionsrechtskonform ist die Vorschrift dahin auszulegen, dass das „Bereithalten" der Waren zugleich ein „Anbieten" darstellen muss.

13 Erfasst wird nur Ware im Verkaufsraum, also in den dem Publikum zugänglichen Teilen des Geschäfts. Die Vorschrift gilt **nicht für Ware in Lagerräumen,** die **dem Publikum nicht zugänglich** sind. Findet jedoch auch im Lager ein Warenvertrieb statt, ist § 4 anwendbar, auch wenn der Verkauf nur an bestimmte Personengruppen (z. B. Betriebsangehörige) erfolgt. Die Vorschrift gilt nur für „zum Verkauf bereitgehaltene" Waren. Ob Waren im Verkaufsraum zum Verkauf bereitgehalten werden, ist aus Sicht der angesprochenen Verkehrskreise zu bestimmen, also nicht in das Belieben des Händlers gestellt. Aus Sicht des Publikums ist Ware, die in den ihm zugänglichen Verkaufsräumen vorhanden ist, in aller Regel auch zum Verkauf bestimmt.[21] Erkennbar nicht zum Verkauf bestimmt sind dagegen z. B. im normalen Einzelhandel Waren in Umverpackungen auf Paletten, die offensichtlich erst noch zu ihrem Regalstandort transportiert, ausgepackt und aufgestellt werden sollen.

II. Form der Preisangabe

1. Allgemeines

14 Hier hat der Händler die **Wahl zwischen vier Möglichkeiten,** die jedoch – in unionsrechtskonformer Auslegung – als **nicht abschließend** anzusehen sind: Er kann die Ware i. S. v. Abs. 1 durch Preisschilder oder Beschriftung auszeichnen; er kann aber auch die Behältnisse oder Regale, in denen sich die Waren befinden, beschriften oder entsprechende Preisverzeichnisse anbringen oder zur Einsichtnahme auflegen. Alle Varianten sind gleichwertig. Der Händler kann sich auch für eine differenzierte Preisangabe unter Einsatz verschiedener Varianten entscheiden, also z. B. einen Teil dieser Waren durch Preisschilder, andere Waren durch Beschriftung der Behältnisse auszuzeichnen, soweit insgesamt und im Einzelfall eine eindeutige Zuordnung und die leichte Erkennbarkeit der Preisangaben gewahrt bleibt.

2. Beschriftung der Behältnisse oder Regale

15 **„Beschriftung"** bedeutet die Preisangabe und alle sonstigen nach der PAngV erforderlichen Angaben. Der **Unterschied zum „Preisschild"** i. S. v. Abs. 1 ist marginal. Bei für den Verbraucher nicht sichtbaren Waren wird zudem eine weitere Konkretisierung (Beschreibung bzw. Benennung) der Ware durch die Beschriftung erforderlich sein, um ihre eindeutige Zuordnung zur Preis-

---

[17] Vgl. BGH GRUR 1973, 655 ff. – *Möbelauszeichnung; Gimbel/Boest,* Die neue Preisangabenverordnung, 1985, § 2 Anm. 3.

[18] BGH GRUR 1999, 762, 763 – *Herabgesetzte Schlussverkaufspreise;* vgl. auch BGH GRUR 1988, 629, 630 – *Konfitüre,* zu § 3 UWG.

[19] BGH a. a. O. – *Herabgesetzte Schlussverkaufspreise.*

[20] Vgl. BayObLG BB 1973, 353.

[21] Vgl. BGH GRUR 1973, 655 ff. – *Möbelauszeichnung,* zu neu angelieferten Möbeln in Verkaufshallen.

angabe i. S. v. § 1 Abs. 6 S. 2 zu gewährleisten. Die Beschriftung ist jeweils an dem Regal/Behältnis anzubringen, in dem sich die jeweilige Ware befindet.

3. Preisverzeichnisse

16 Hierunter versteht man Listen verschiedener Waren, in denen neben der Bezeichnung der Ware (oder Leistung) jeweils ihr Preis und gegebenenfalls die sonstigen in der PAngV geregelten Angaben (z. B. gem. § 1 Abs. 1 S. 2 sowie § 2) enthalten sind.[22] Die Preisverzeichnisse sind entweder an den Behältnissen oder Regalen anzubringen, in denen sich die Waren befinden, oder zur Einsichtnahme aufzulegen. Letzteres bedeutet, dass das Preisverzeichnis im Geschäft sichtbar ausgelegt oder aufgehängt wird, so dass die Kunden ohne Schwierigkeiten und Rückfragen Einsicht nehmen können.

D. Nach Musterbüchern angebotene Waren (Abs. 3)

17 Hierunter versteht man **Druckerzeugnisse, die Muster der Ware selbst enthalten.** Nicht gemeint sind Druckerzeugnisse mit Warenabbildungen; dies sind Kataloge i. S. v. Abs. 4. Musterbücher finden sich vor allem im Handel mit Tapeten, Stoffen, Gardinen, Teppichböden und Bodenbelägen.[23] Bei Angeboten nach Musterbüchern ist der Preis stets für eine bestimmte Verkaufseinheit anzugeben. Die Verkaufseinheit muss der allgemeinen Verkehrsauffassung i. S. v. § 1 Abs. 1 S. 2 und Abs. 6 entsprechen. Die Preisangabe mit der jeweiligen Verkaufseinheit muss sich entweder auf den Mustern selbst oder auf Preisschildern/Preisverzeichnissen befinden, wobei das Preisschild mit dem Muster und das Preisverzeichnis mit dem Musterbuch körperlich fest verbunden sein muss. Auch diese Vorgaben sind in unionsrechtskonformer Auslegung als **nicht abschließend** anzusehen.

E. Nach Katalogen oder Warenlisten oder auf Bildschirmen angebotene Waren (= Versandhandelsware) (Abs. 4)

I. Form des Warenangebots

18 Die Vorschrift war in der Praxis bis vor einigen Jahren vor allem für die Angebote des Versandhandels und der Buch- und Schallplattenclubs sowie im Neuwagenhandel von Bedeutung. Erfasst werden zum einen Angebote in Katalogen. Hierunter versteht man Druckerzeugnisse mit Abbildungen einer größeren Anzahl abgebildeter Waren. Daneben werden auch Angebote nach Warenlisten erfasst. Hierunter versteht man schriftliche Aufstellungen verschiedener Waren. Durch die dritte ÄnderungsVO zur PAngV vom 22.7.1997[24] wurde der rasanten Entwicklung des elektronischen Geschäftsverkehrs (E-Commerce) dadurch Rechnung getragen, dass die Anwendbarkeit der Vorschrift auch auf Waren erstreckt wurde, die „auf Bildschirmen angeboten" werden. Die Art des **Bildschirms** ist gleichgültig. Es kann sich ebenso um einen Fernsehbildschirm oder Computermonitor wie um den Bildschirm eines Tablet PC oder eines Smartphones handeln. Hörfunkwerbung hingegen ist nicht erfasst; sie kann nach § 9 Abs. 1 Nr. 4 als mündliches Angebot vielmehr privilegiert sein, was für Fernsehwerbung oder andere Bildschirmwerbung nicht der Fall ist.[25] Auch die Form des Datenabrufs spielt keine Rolle. Erfasst werden Angebote, die online (insbesondere über das Internet) oder offline (etwa über eine DVD) auf Bildschirmen abrufbar sind.[26] Nicht entscheidend ist auch, ob das Angebot interaktiv ist, man also auch gleich per Bildschirm bestellen kann (wie etwa im Internet) oder hierfür auf andere Formen der Kommunikation angewiesen ist (wie etwa bei Teleshopping oder Videotext). Kein „Bildschirm" im Sinne der Vorschrift ist die Kinoleinwand.[27]

19 Es muss sich um ein Angebot i. S. v. § 1 Abs. 1 handeln. Dies ist bei **Printmedien** vor allem dann der Fall, wenn dem Kunden (z. B. durch einen Bestellzettel, ein Bestellformular oder die An-

---

[22] Vgl. *Gelberg,* Kommentar zur Preisangabenverordnung, 1975, § 2 Abs. 2, Anm. 1.3.
[23] *Gimbel/Boest,* Die neue Preisangabenverordnung, 1985, § 2 Anm. 6; Ohly/*Sosnitza* § 4 Rdn. 8.
[24] BGBl. I S. 1910.
[25] BGH GRUR 2003, 971, 972 – *Telefonischer Auskunftsdienst.*
[26] *Ambs,* PAngV, in: Erbs/Kohlhaas (Hrsg.), Strafr. NebenG, Abschn. P 183, § 2 Rdn. 7.
[27] *Zipfel/Rathke,* Lebensmittelrecht (Loseblattsammlung), Abschn. C 119, § 4 PAngV Rdn. 12.

gabe einer entsprechenden Anschrift/Telefonnummer) die Möglichkeit gegeben wird, mit Hilfe des Katalogs/der Warenliste ohne Weiteres Ware zu bestellen. Bei über **Bildschirm** abrufbaren Ankündigungen gelten für die Beurteilung der Frage, ob ein Angebot vorliegt, die allgemeinen Grundsätze: Die Ankündigung muss ihrem Inhalt nach also so konkret gefasst sein, dass sie den Abschluss des Geschäfts auch aus Kundensicht ohne Weiteres zulässt.[28] Dies ist im **Internet** auf jeden Fall dann zu bejahen, wenn die Kunden auf einer Website angebotene Waren ohne Weiteres online bestellen können. Eine Übertragung dieser (lockeren) Grundsätze auf die Verpflichtung zur Angabe des Grundpreises bereits in der Werbung gem. § 2 ist allerdings nicht möglich.[29] Außerdem ist zu beachten, dass § 4 Abs. 4 allein die Angabe der Preise regelt und nicht auch für die etwaig erforderlichen Angaben von Versandkosten gem. § 1 Abs. 2 (hierzu § 1 Rdn. 61 ff.) gilt. Zudem sind die Anforderungen des § 312j Abs. 2 BGB i. V. m. Art. 246a § 1 Nr. 4, 5 EGBGB zu beachten. Für Leistungsangebote im Internet gilt § 5 Abs. 1 S. 3; hier kommt auch ein Link auf Preislisten in Betracht.

II. Form der Preisangabe

Die Form der Preisangabe ist hier relativ großzügig geregelt. Sie kann unmittelbar bei der jewei- 20
ligen Warenabbildung oder Warenbeschreibung erfolgen, bei Katalogen oder Warenlisten aber auch in Preisverzeichnissen (zum Begriff oben Rdn. 12). Die Preisverzeichnisse müssen nicht zwingend im Katalog oder in der Warenliste enthalten oder auch nur damit fest verbunden sein; es kann im Einzelfall ausreichen, wenn sie lose beigelegt sind.[30] Dabei muss jedoch stets eine **eindeutige Zuordnung der Preisangabe zum Angebot** gewährleistet sein (§ 1 Abs. 6 S. 2). Bei Angeboten auf Bildschirmen, insbesondere also bei der Internetwerbung, ist hingegen darauf zu achten, dass die Preisangabe – entsprechend dem Wortlaut der Regelung in § 4 Abs. 4 – „unmittelbar" bei der Abbildung oder der Beschreibung der Ware erfolgt. Ein bloßer Link, der auf ein entsprechendes Preisverzeichnis verweist, ist danach – anders als bei dem Hinweis auf etwaige Versand- und Lieferkosten, der ggf. nach § 1 Abs. 2 zu machen ist – nicht ausreichend.[31] Auch die in Abs. 4 genannten Anforderungen an die Form der Preisangabe sind wegen der gebotenen unionsrechtskonformen Auslegung als nicht abschließend zu betrachten.

F. Preise aufgrund von Tarifen oder Gebührenregelungen (Abs. 5)

Nach Abs. 5 ist auf Angebote von Waren, deren Preise **üblicherweise aufgrund von Tarifen** 21
oder Gebührenregelungen bemessen werden, § 5 Abs. 1 und 2 entsprechend anzuwenden. Es sind also Preisverzeichnisse aufzustellen. Die Vorschrift betrifft in der Praxis in erster Linie **leitungsgebundene Angebote** i. S. v. § 3. Bei diesen hat also in allen Angeboten und in der Preiswerbung die Angabe des Arbeits- oder Mengenpreises (i. S. v. § 3 S. 1 und 2) und gegebenenfalls auch des leistungsabhängigen bzw. verbrauchsunabhängigen Preises (i. S. v. §§ 3 und 4) zu erfolgen; daneben gelten für entsprechende Geschäftslokale bzw. den sonstigen Ort des Leistungsangebots die Bestimmungen über Preisverzeichnisse in § 5 Abs. 1 und 2.

§ 5 Leistungen

(1) **[1]Wer Leistungen anbietet, hat ein Preisverzeichnis mit den Preisen für seine wesentlichen Leistungen oder in den Fällen des § 1 Abs. 3 mit seinen Verrechnungssätzen aufzustellen. [2]Dieses ist im Geschäftslokal oder am sonstigen Ort des Leistungsangebots und, sofern vorhanden, zusätzlich im Schaufenster oder Schaukasten anzubringen. [3]Ort des Leistungsangebots ist auch die Bildschirmanzeige. [4]Wird eine Leistung über Bildschirmanzeige erbracht und nach Einheiten berechnet, ist eine gesonderte Anzeige über den Preis der fortlaufenden Nutzung unentgeltlich anzubieten.**

---

[28] Vgl. § 1 Rdn. 5, 10.

[29] BGH GRUR 2009, 982 (LS) – *Dr. Clauder's Hufpflege.*

[30] *Gimbel/Boest,* Die neue Preisangabenverordnung, 1985, § 2 Anm. 8.

[31] Das ergibt sich im Umkehrschluss aus BGH GRUR 2008, 84, Tz. 29 – *Versandkosten,* wo eine Anwendung des § 4 Abs. 4 auf die Versandkostenangabe nach § 1 Abs. 2 ausdrücklich abgelehnt und ein Link erlaubt wird.

(2) **Werden entsprechend der allgemeinen Verkehrsauffassung die Preise und Verrechnungssätze für sämtliche angebotenen Leistungen in Preisverzeichnisse aufgenommen, so sind diese zur Einsichtnahme am Ort des Leistungsangebots bereitzuhalten, wenn das Anbringen der Preisverzeichnisse wegen ihres Umfangs nicht zumutbar ist.**

(3) **Werden die Leistungen in Fachabteilungen von Handelsbetrieben angeboten, so genügt das Anbringen der Preisverzeichnisse in den Fachabteilungen.**

Inhaltsübersicht

Rdn.

A. Allgemeines, Vereinbarkeit mit Unionsrecht ... 1
I. Allgemeines ... 1
II. Verhältnis zu anderen Regelungen der PAngV ... 2
III. (Un-)Vereinbarkeit mit Unionsrecht ... 3
B. Grundvorschrift (Abs. 1) ... 4
I. Anbieten von Leistungen ... 4
II. Preisverzeichnis für wesentliche Leistungen ... 5
1. Wesentliche Leistungen ... 5
2. Preisverzeichnis ... 6
III. Anbringung am Ort des Leistungsangebots (S. 2) ... 8
IV. Bildschirmanzeige als Ort des Leistungsangebots (S. 3) ... 10
V. Erbringung der Leistung über Bildschirmanzeige (S. 4) ... 12
C. Sondervorschrift (Ausnahme) für umfassende Preisverzeichnisse (Abs. 2) ... 14
D. Sondervorschrift für Fachabteilungen von Handelsbetrieben (Abs. 3) ... 17

A. Allgemeines, Vereinbarkeit mit Unionsrecht

I. Allgemeines

1 Als Pendant zur Regelung des § 4 für den Handel mit Waren, enthält § 5 nähere Regelungen für die **Preisangaben beim Angebot von Leistungen.** Der Begriff der Leistungen ist wie in § 1 auszulegen (vgl. § 1 Rdn. 9). Auf das Angebot von Waren findet die Vorschrift grundsätzlich keine Anwendung (Ausnahme § 4 Abs. 5: Waren, deren Preise üblicherweise aufgrund von Tarifen oder Gebührenregelungen bemessen werden). Grundsätzlich haben Anbieter von Leistungen ein Preis- und Leistungsverzeichnis auszuhängen. Die Grundvorschrift befindet sich in Abs. 1; Absätze 2 und 3 regeln Sonderfälle (umfassende Preisverzeichnisse und das Leistungsangebot in Fachabteilungen). § 5 gilt nicht nur für Angebote von Unternehmen, die ausschließlich oder schwerpunktmäßig Leistungen i. S. d. Vorschrift anbieten. Er gilt auch für Angebote von Leistungen im Einzelhandel und in Mischbetrieben, die gleichermaßen Waren und Leistungen anbieten, z. B. für Änderungsleistungen im Bekleidungshandel sowie für gewerbliche und freiberufliche Leistungen. Die Pflichten aus § 5 bestehen allerdings nur während der Öffnungszeiten des Betriebs bzw. für die Dauer des Angebots am Ort des Leistungsangebots.[1] Wie alle Vorschriften der PAngV ist § 5 zudem nur anwendbar, wenn die Tatbestandsvoraussetzungen des § 1 Abs. 1 S. 1 gegeben sind, also nur im geschäftlichen Verkehr mit dem Verbraucher. § 5 ist nicht anwendbar in den in § 9 Abs. 1 und Abs. 6 geregelten Fällen. Im Verkehr mit Unternehmen gilt allerdings § 4 Abs. 1 DL-InfoV. Wie § 4 regelt die Vorschrift nur das Anbieten von Leistungen, nicht aber die Werbung (einschließlich der „Werbung unter Angabe von Preisen" i. S. v. § 1 Abs. 1 S. 1).

II. Verhältnis zu anderen Regelungen der PAngV

2 § 5 ist keine abschließende Spezialvorschrift mit Ausschlusswirkung für die allgemeineren Bestimmungen in § 1; diese werden lediglich **ergänzt.** Auch im Bereich von § 5 gilt daher z. B. die Pflicht zur Angabe der Gesamtpreise (§ 1 Abs. 1 S. 1). Die Preisangaben i. S. v. § 5 müssen ebenfalls der allgemeinen Verkehrsauffassung und den Grundsätzen von Preisklarheit und Preiswahrheit entsprechen (§ 1 Abs. 6 S. 1) usw. Insbesondere entfällt im Anwendungsbereich von § 5 nicht die Pflicht zur individuellen Preisangabe bei jedem Angebot (bzw. jeder Werbung unter Angabe

[1] Vgl. BayObLG NJW 1976, 984 f.

von Preisen), z.B. auch beim individuellen mündlichen Angebot einer („wesentlichen" oder anderen) Leistung im Geschäftslokal, etwa im Gespräch zwischen dem Kunden und dem Anbieter, sofern dabei Preise genannt werden. Für bestimmte Leistungen enthält die PAngV noch **Spezialvorschriften,** die in ihrem Regelungsbereich vor § 5 Vorrang haben, nämlich für Gaststätten- und Beherbergungsbetriebe (§ 7), die kurzfristige Vermietung von Abstellflächen für Kraftfahrzeuge sowie deren Bewachung und Verwahrung (§ 8 Abs. 2) und für Kredite (§ 6).

III. (Un-)Vereinbarkeit mit Unionsrecht

Ebenso wie die besonderen Anforderungen des § 4 PAngV gehen auch die Vorgaben des § 5 PAngV über die Anforderungen des Art. 22 Abs. 1 lit. i), Abs. 2 und 3 Dienstleistungsrichtlinie hinaus und sind lediglich von der Mindestangleichungsklausel des Art. 22 Abs. 5 Dienstleistungsrichtlinie gedeckt.[2] Eine richtlinienkonforme Auslegung entsprechend den Vorgaben in Art. 7 Abs. 2, 4 lit. i) UGP-RL verbietet sich aufgrund des Wortlautes des § 5 PAngV. Denn eine Auslegung, dass Preisverzeichnisse nur dann aufzustellen sind, sofern dies für eine klare, verständliche und eindeutige Darstellung im Sinne des Art. 7 Abs. 2 UGP-RL erforderlich ist, widerspricht bereits dem unbedingten Wortlaut der Norm und würde bedeuten, dass ihr gegenüber § 1 Abs. 6 PAngV kein eigenständiger Anwendungsbereich mehr zukäme. Da es sich um strengere Anforderungen als die in Art. 7 Abs. 4 lit. c) i.V.m. Abs. 2 UGP-RL aufgestellten Anforderungen handelt, unterfällt § 5 PAngV damit der Verfallklausel des Art. 3 Abs. 5 UGP-RL.[3] Ein Verstoß gegen die Marktverhaltensregel[4] des § 5 PAngV begründet daher seit dem 13. Juni 2013 nicht mehr automatisch die Wettbewerbswidrigkeit gem. §§ 3, 3a UWG (4 Nr. 11 UWG a.F.), weil seit diesem Zeitpunkt Regelungen allein aufgrund der Mindestangleichungsklauseln nicht mehr aufrechterhalten werden dürfen. 3

B. Grundvorschrift (Abs. 1)

I. Anbieten von Leistungen

Die Begriffe „Anbieten" und „Leistungen" sind **wie in § 1 Abs. 1 S. 1 auszulegen** (vgl. § 1 Rdn. 6ff.). 4

II. Preisverzeichnis für wesentliche Leistungen

1. Wesentliche Leistungen

Die Grundvorschrift des Abs. 1 beschränkt im Regelfall die Preisauszeichnungspflicht auf die „wesentlichen" Leistungen. Wesentliche Leistungen sind nach allgemeiner Auffassung alle Leistungen, die vom Publikum erfahrungsgemäß häufig in Anspruch genommen werden.[5] Welche Leistungen in diesem Sinne „wesentlich" sind, bestimmt sich grundsätzlich nach den individuellen Gegebenheiten des einzelnen Betriebs,[6] also nicht abstrakt leistungs- oder branchenbezogen; allerdings wird innerhalb einer Branche häufig eine Identität oder zumindest Ähnlichkeit der „wesentlichen" Leistungen bestehen. Wird eine Gesamtleistung (z.B. Bestattung) angeboten, die aus mehreren Teilleistungen besteht, so kommt es nicht darauf an, ob einzelne Teilleistungen häufig nachgefragt werden, sondern ob bestimmte Kombinationen dieser Teilleistungen als Gesamtleistung häufig in Anspruch genommen werden.[7] Für die Bestimmung der Wesentlichkeit ist stets eine **Gesamtwürdigung des Angebots** erforderlich. Dies gilt insbesondere für Handelsbetriebe, die neben 5

---

[2] BGH GRUR 2012, 1159, Tz. 10 – *Preisverzeichnis bei Mietwagenangebot.*

[3] *Köhler,* WRP 2013, 723, 727.

[4] BGH GRUR 2012, 1159, Tz. 9 – *Preisverzeichnis bei Mietwagenangebot;* OLG Hamburg WRP 2013, Tz. 11.

[5] OLG Saarbrücken NJW 1961, 743, 744; *Gimbel/Boest,* Die neue Preisangabenverordnung, 1985, § 3 Anm. 1; *Gelberg,* Kommentar zur Preisangabenverordnung, 1975, Anm. 2.2 zu § 3 Abs. 1; *Ambs,* PAngV, in: Erbs/Kohlhaas (Hrsg.), Strafr. NebenG, Abschn. P 183, § 3 Rdn. 2.

[6] LG Hamburg WRP 2012, 605, Tz. 21; *Gimbel/Boest;* Die neue Preisangabenverordnung, 1985; *Ambs,* PAngV, in: Erbs/Kohlhaas (Hrsg.), Strafr. NebenG, Abschn. P 183.

[7] LG Hamburg WRP 2012, 605, Tz. 21.

schwerpunktmäßig angebotenen Waren auch Leistungen anbieten. Würde hier nur auf die Leistungen abgestellt, unterläge der Handelsbetrieb unter Umständen der Preisauszeichnungspflicht nach Abs. 1 auch für Leistungen, die im Rahmen eines reinen Dienstleistungsbetriebs vergleichbarer Art als unwesentlich angesehen würden.[8] Bei einem Angebot in Fachabteilungen von Handelsbetrieben (Abs. 3) ist nur auf das Angebot in der Fachabteilung abzustellen.[9] Entsprechendes gilt für Betriebe nach dem „shop in the shop"-Prinzip.

2. Preisverzeichnis

6 Für die Preise der wesentlichen Leistungen ist ein **Preisverzeichnis** aufzustellen. Die jeweilige Leistung ist möglichst präzise und unmissverständlich zu benennen bzw. zu beschreiben, wobei insbesondere ähnliche Leistungen klar voneinander abzugrenzen sind. Die Preise und sonstige nach der PAngV vorgeschriebene Angaben sind **der jeweiligen Leistung eindeutig zuzuordnen.** Soweit bei einer bestimmten Art von Leistung preislich differenziert wird (z. B. nach Größe des zu bearbeitenden Gegenstands oder bei Reinigungen, Schneidern, Schuhmachern), müssen mehrere bestimmte Preise angegeben und einer konkret definierten Leistung zugeordnet werden. Die Angabe von „ab" oder „von-bis"-Preisen widerspräche dem Grundsatz der Preisklarheit.[10] Der pauschale Hinweis auf die gesonderte Vergütungspflicht für Sonderwünsche ist stets zulässig. Standardisierte fakultative Zusatzleistungen unterliegen hingegen der Preisangabenpflicht, soweit sie zu den „wesentlichen" Leistungen zählen, also von der Kundschaft häufig in Anspruch genommen werden. Änderungsvorbehalte sind unter den Voraussetzungen des § 1 Abs. 5 möglich (vgl. § 1 Rdn. 75 f.), werden im Bereich der Leistungen jedoch nur selten in Betracht kommen. Nicht wesentliche Leistungen im oben beschriebenen Sinne müssen nicht, dürfen aber in das Preisverzeichnis einbezogen werden.

7 Anstelle der Preise für die Leistungen können, soweit üblich, im Preisverzeichnis nach Maßgabe von § 1 Abs. 3 **Verrechnungssätze** angegeben werden (näher § 1 Rdn. 64 ff.). Aus Gründen der Preisklarheit ist darauf hinzuweisen, ob die Verrechnungssätze die Materialkosten enthalten oder nicht.[11] Auch bei Verrechnungssätzen muss das Preisverzeichnis lediglich die wesentlichen Verrechnungssätze umfassen.[12]

III. Anbringung am Ort des Leistungsangebots (S. 2)

8 Das Preisverzeichnis ist – vorbehaltlich der Ausnahmeregelung in § 5 Abs. 2 – am **Ort des Leistungsangebots** anzubringen und sofern Schaufenster oder Schaukästen vorhanden sind, zusätzlich auch dort. Leistungsort ist der Ort, an dem der Kunde bzw. das angesprochene Publikum mit dem Leistungsangebot konfrontiert wird. Als klassischen Regel- und Beispielsfall definiert die Vorschrift daher das Geschäftslokal des Anbieters als (praktisch wesentlichsten) Ort des Leistungsangebots. Hierunter ist – ähnlich wie beim „Verkaufsraum" in § 4 (vgl. § 4 Rdn. 9) – der dem Publikum bestimmungsgemäß zugängliche Teil des Betriebs zu verstehen,[13] in dem der Kunde regelmäßig mit dem Angebot konfrontiert wird und auch häufig (aber nicht notwendig) der Vertrag geschlossen wird. Der Ort des Leistungsangebots ist zwar häufig, aber keineswegs notwendig der Ort der Leistungserbringung. Auch die Annahmestelle einer chemischen Reinigung ist daher Ort des Leistungsangebots.[14] Im Abschlepp- und Bergungsgewerbe ist – neben dem Geschäftslokal – auch das Abschleppfahrzeug Ort des Leistungsangebots,[15] da der Kunde häufig nur oder jedenfalls erstmals bei Eintreffen des Fahrzeugs mit dem Angebot konfrontiert wird; das Preisverzeichnis ist daher grundsätzlich außen am Fahrzeug anzubringen. Auch Geldautomaten sind Ort des Leistungsangebots; die Gebühr für eine Auszahlung ist daher grds. (auch hier gilt: vorbehaltlich der Ausnahmeregelung in

---

[8] Vgl. *Gimbel/Boest,* Die neue Preisangabenverordnung, 1985, § 3 Anm. 2; *Ambs,* PAngV, in: Erbs/Kohlhaas (Hrsg.), Strafr. NebenG, Abschn. P 183, § 3 Rdn. 2.

[9] *Gimbel/Boest,* Die neue Preisangabenverordnung, 1985, § 3 Anm. 2.

[10] Vgl. *Gimbel/Boest,* Die neue Preisangabenverordnung, 1985, § 3 Anm. 7.

[11] *Gimbel/Boest,* Die neue Preisangabenverordnung, 1985, § 3 Anm. 7.

[12] Arg. e Abs. 2; *Ambs,* PAngV, in: Erbs/Kohlhaas (Hrsg.), Strafr. NebenG, Abschn. P 183, § 3 Rdn. 2.

[13] *Gimbel/Boest,* Die neue Preisangabenverordnung, 1985, § 3 Anm. 8.

[14] BayObLGSt 1972, 279 ff.

[15] *Gimbel/Boest,* Die neue Preisangabenverordnung, 1985, § 3 Anm. 8; *Ambs,* PAngV, in: Erbs/Kohlhaas (Hrsg.), Strafr. NebenG, Abschn. P 183, § 3 Rdn. 2.

Abs. 2) am Geldautomaten anzugeben.[16] Dagegen müssen die Kreditinstitute eigene Kunden an Geldautomaten nicht darauf hinweisen, falls bei Abhebungen (wie auch bei anderen Kontobewegungen) Buchungskosten in bestimmter Höhe anfallen,[17] weil dies kein Entgelt zur Benutzung des Geldautomaten, sondern für die Führung des Kontos ist.

Das Preisverzeichnis ist im Geschäftslokal **„anzubringen“.** Hierfür reicht es in der Regel nicht aus, wenn das Preisverzeichnis lediglich zur Einsicht bereitgehalten wird (arg. e § 4 Abs. 3). Vielmehr wird es in der Regel ausgehängt werden müssen, um für den Kunden hinreichend leicht erkennbar i. S. v. § 1 Abs. 6.5.2 zu sein. Hierfür spricht auch, dass der Begriff „anzubringen“ gleichzeitig für Schaufenster oder Schaukästen verwendet wird. Bei größeren Geschäftslokalen oder solchen, die aus mehreren Räumen bestehen, ist das Preisverzeichnis (zumindest) in dem Bereich anzubringen, in dem der Kunde regelmäßig seinen Auftrag erteilt.[18] Soweit vorhanden, ist das Preisverzeichnis auch im **Schaufenster** oder **Schaukasten** (vgl. § 4 Rdn. 3 und Kommentierung dort) anzubringen (also auszuhängen).[19] Diese Pflicht besteht **zusätzlich** und neben der Pflicht zur Anbringung des Preisverzeichnisses im Geschäftslokal und am Ort des Leistungsangebots. Soweit allerdings an einem Geschäftslokal bzw. einem Ort sowohl ein Schaukasten als auch ein Schaufenster oder mehrere Schaufenster/Schaukästen vorhanden sind, genügt der Aushang in einem Schaufenster oder einem Schaukasten. 9

IV. Bildschirmanzeige als Ort des Leistungsangebots (S. 3)

Nach dieser Vorschrift kann der Ort des Leistungsangebots auch eine Bildschirmanzeige sein. Dadurch soll erreicht werden, dass insbesondere auch bei **vergütungspflichtigen Leistungsangeboten durch Telemedien** i. S. d. TMG eine Preisangabe erfolgen muss. Nach seinem Wortlaut erfasst S. 3 allerdings nicht nur Online-Bildschirmangebote, sondern auch Leistungsangebote, die Offline erfolgen (etwa über DVD).[20] Nicht erforderlich für die Anwendung des S. 3 ist also, dass die Leistung auch „per Bildschirm“ erbracht wird (das regelt S. 4). Vielmehr unterliegen der Bestimmung auch nicht-interaktive Angebote, z. B. über Videotext. Voraussetzung für die Anwendbarkeit der Vorschrift ist allerdings, dass per Bildschirm tatsächlich eine Leistung **„angeboten“** wird. Insoweit gelten die allgemeinen Voraussetzungen (vgl. § 1 Rdn. 7 ff.). Nicht unter die Bestimmung (wie die gesamte Regelung des § 5) fällt die bloße Werbung für Leistungen; soweit allerdings für Leistungen per Bildschirm unter Angabe von Preisen geworben wird, ergeben sich dieselben preisangabenrechtlichen Pflichten aus den allgemeinen Grundbestimmungen in § 5 Abs. 1 und 2. 10

Betrifft das Bildschirmangebot lediglich eine **einzige Leistung,** ist für diese der Gesamtpreis im Sinne von § 1 Abs. 1 S. 1 oder, soweit es üblich ist, der Verrechnungssatz im Sinne von § 1 Abs. 2 anzugeben. Umfasst das Leistungsspektrum **verschiedene Leistungen,** ist das Angebot so zu gestalten, dass über die Bildschirmanzeige auch ein den Anforderungen von § 5 genügendes Preisverzeichnis abgerufen werden kann. Die Art und Weise des Abrufs des Preisverzeichnisses ist nicht näher geregelt, muss aber den allgemeinen Anforderungen in § 1 Abs. 6 genügen, also namentlich den Grundsätzen von Preisklarheit und Preiswahrheit entsprechen;[21] ferner muss das Preisverzeichnis dem Angebot eindeutig zuzuordnen sein sowie leicht erkennbar und deutlich lesbar bzw. sonst gut wahrnehmbar gemacht werden. Dies setzt allerdings nicht stets voraus, dass das Preisverzeichnis gleichzeitig und somit unmittelbar mit dem Leistungsangebot auf dem Bildschirm erscheint. Bei einer entsprechend transparenten und leicht verständlichen Gestaltung kann den Anforderungen der Vorschriften durchaus auch genügt sein, wenn vom Angebot einzelner Leistungen aus eine **elektronische Verknüpfung (Link) zu einem allgemeinen Preisverzeichnis** besteht, der Verbraucher also – durch Anklicken des Links – vom Leistungsangebot unschwer zum Preisverzeichnis (und gegebenenfalls wieder zurück) gelangen kann. 11

---

[16] *Gelberg,* GewArch 1994, 54, 56; *Gimbel/Boest,* Die neue Preisangabenverordnung, 1985, § 3 Anm. 8; a. A. *Knauth,* PAngV, in: *Amann/Jaspers* (Hrsg.), RWW, Abschn. 5.0 (198) Rdn. 71.

[17] OLG Frankfurt NJW-RR 1999, 1347.

[18] Vgl. *Gelberg,* Kommentar zur Preisangabenverordnung, 1975, § 3 Abs. 1 Anm. 3.1.1; *Ambs,* PAngV, in: Erbs/Kohlhaas (Hrsg.), Strafr. NebenG, Abschn. P 183, § 3 Rdn. 2.

[19] OLG Hamburg WRP 2013, 1212, Tz. 13 ff.

[20] Fezer-*Wenglorz* § 4-S 14 Rdn. 212.

[21] Vgl. BGH GRUR 2003, 889 f. – *Internet-Reservierungssystem;* OLG Köln GRUR 2007, 329; OLG Frankfurt NJW-RR 2001, 1696 f.; OLG Hamburg MD 2004, 314 ff.

V. Erbringung der Leistung über Bildschirmanzeige (S. 4)

12 Während S. 3 das Angebot einer Leistung per Bildschirm erfasst, regelt S. 4 die Erbringung einer Leistung „über Bildschirmanzeige". Wird eine Leistung somit sowohl über den Bildschirm angeboten als auch erbracht (und „nach Einheiten berechnet"), sind also beide Vorschriften anwendbar.

13 S. 4 setzt zunächst eine **„Leistung über Bildschirmanzeige"** voraus. Hierunter fällt vor allem der entgeltliche Online-Abruf von Daten bzw. Informationen aus dem Internet. Ferner muss das Entgelt **„nach Einheiten berechnet"** werden; dies ist etwa der Fall, wenn sich die Höhe des Entgelts nach bestimmten Zeiteinheiten oder der Menge der abgerufenen Daten richtet. Das Entgelt darf also nicht von vornherein feststehen (insbesondere im Sinne eines vor Inanspruchnahme der Leistung angegebenen bzw. vereinbarten Pauschalbetrags), sondern muss vielmehr zum Zeitpunkt des Beginns der Inanspruchnahme der Leistung noch offen sein und von der Dauer der Leistung (die vom Verbraucher bestimmt wird) abhängen. Voraussetzung ist also letztlich, dass die Höhe des Entgelts von der Dauer der Inanspruchnahme der Leistung bzw. der Dauer der Nutzung abhängt. Anzugeben ist der „**Preis der fortlaufenden** Nutzung". Gemeint ist der zum jeweiligen Zeitpunkt für die bislang beanspruchte Leistungszeit angefallene Gesamtpreis im Sinne von § 1 Abs. 1 S. 1. Weitere Angaben (z. B. der zugrunde liegende Verrechnungssatz) sind nicht vorgeschrieben. Diese fortlaufende Preisinformation hat in Form einer **„gesonderten Anzeige"** zu erfolgen. Gemeint ist eine Bildschirmanzeige, die von der eigentlichen Leistung (also z. B. der Wiedergabe von Daten auf dem Bildschirm) gesondert erfolgt, wobei das nicht zwingend auf einer eigenen Website erfolgen muss, sondern z. B. auch über Banner o. ä. geschehen kann. Diese Anzeige über den Preis der fortlaufenden Nutzung ist den Verbrauchern **„anzubieten".** Dies bedeutet, dass der (sich ständig erhöhende) Preis der fortlaufenden Nutzung nicht kontinuierlich angezeigt werden muss, wenn der Kunde dies nicht wünscht. Da eine solche kontinuierliche Preisanzeige unter Umständen als optisch störend empfunden werden könnte, soll der Verbraucher die Möglichkeit haben, auf die Anzeige zu verzichten.[22] Den Verbrauchern muss also eine technische Möglichkeit geboten werden, diese Preisinformation jederzeit während der Leistungserbringung aufzurufen oder (z. B. durch „Anklicken" eines Feldes) auszublenden. Diese Anzeigemöglichkeit ist **„unentgeltlich"** anzubieten. Der Anbieter der Leistung darf also für die Anzeige des Preises keine zusätzliche Vergütung neben dem für die Leistung selbst zu zahlenden Entgelt verlangen.

C. Sondervorschrift (Ausnahme) für umfassende Preisverzeichnisse (Abs. 2)

14 Abs. 2 privilegiert als **Ausnahmevorschrift** zur Regelung in Abs. 1 unter bestimmten Voraussetzungen umfassende Preisverzeichnisse, welche die Preise und/oder Verrechnungssätze für sämtliche angebotenen Leistungen enthalten. Es muss sich um **sämtliche Leistungen** handeln, die im Geschäftslokal bzw. am Ort des Leistungsangebots angeboten werden. Auch alle auf Wunsch möglichen Sonder- und Zusatzleistungen müssen enthalten sein. Die Privilegierung greift dann unter zwei kumulativen Voraussetzungen ein: Zum einen muss das umfassende Preisverzeichnis für den fraglichen Geschäftsbetrieb der **allgemeinen Verkehrsauffassung** (zum Begriff § 1 Rdn. 63) entsprechen; individuelle Vorstellungen des Anbieters genügen also nicht. Bejaht wurde das z. B. für überregional tätige Autovermieter.[23] Zum anderen muss das Anbringen der (mehreren) Preisverzeichnisse wegen ihres Umfangs **unzumutbar** sein. Dadurch soll verhindert werden, dass umfassende Preisverzeichnisse lediglich mit der Absicht erstellt werden, der Aushangpflicht nach Abs. 1 zu entgehen. Nach allgemeiner Verkehrsauffassung wird dies nur bei Leistungen in Betracht kommen, zwischen denen wegen ihrer ähnlichen Nachfrageintensität eine Unterscheidung unter dem Gesichtspunkt der Wesentlichkeit nicht möglich ist. Dabei ist grundsätzlich ein strenger Maßstab anzulegen, um eine Umgehung der Aushangpflicht nach Abs. 1 zu verhindern.[24] Bei nur aus Verrechnungssätzen bestehenden Preisverzeichnissen ist der Aushang in der Regel zumutbar.[25]

15 Greift die Privilegierung ein, muss das Preisverzeichnis nicht im Geschäftslokal/am Ort des Leistungsangebots „angebracht" werden. Es genügt die „Bereithaltung" des Preisverzeichnisses. Be-

[22] Vgl. Begr. zum Gesetzentwurf der Bundesregierung zum IuKDG, BT-Drucks. 13/7385 v. 9.4.1997, S. 49.
[23] BGH GRUR 2012, 1159, 1160 – *Preisverzeichnis bei Mietwagenangebot.*
[24] *Gelberg,* Kommentar zur Preisangabenverordnung, 1975, § 3 Abs. 2 Anm. 1.2; *Ambs,* PAngV, in: Erbs/Kohlhaas (Hrsg.), Strafr. NebenG, Abschn. P 183, § 3 Rdn. 6.
[25] *Gimbel/Boest,* Die neue Preisangabenverordnung, 1985, § 3 Anm. 9.

reithalten ist weniger als „zur Einsichtnahme auflegen" i. S. v. § 2 Abs. 2. Das Preisverzeichnis muss dem Publikum nicht unmittelbar zugänglich sein.[26] Es reicht aus, wenn dem Kunden auf Verlangen Einsicht gewährt wird. Bereitgehalten wird ein Preisverzeichnis, wenn es dem Kunden jederzeit und von jedem Betriebsangehörigen mit Publikumskontakt zur Einsichtnahme vorgelegt werden kann, ohne dass er sich durchfragen muss. Selbstverständlich muss das Preisverzeichnis unmittelbar im Geschäftslokal bzw. am Ort des Leistungsangebots entweder körperlich vorhanden oder (z. B. auf einem Bildschirm) abrufbar sein.[27] Ein Hinweis auf die Einsichtsmöglichkeit in das umfassende Preisverzeichnis ist preisangabenrechtlich grundsätzlich nicht erforderlich.

Die Beweislast für das Vorliegen der Voraussetzungen für die Ausnahmeregelung trägt der Unternehmer, der sich darauf beruft. Dabei kann ein Gericht eine Verkehrsauffassung auch aus eigener Sachkunde beurteilen. Dem Unternehmer obliegt daher nicht der Beweis, dass umfassende Preisverzeichnisse unüblich sind.[28] **16**

D. Sondervorschrift für Fachabteilungen von Handelsbetrieben (Abs. 3)

Abs. 3 betrifft Handelsbetriebe, welche Fachabteilungen für Leistungen unterhalten. Hier genügt das **Anbringen der Preisverzeichnisse in den Fachabteilungen.** Ein **Handelsbetrieb** i. S. dieser Vorschrift liegt nur vor, wenn das Warenangebot aus Sicht der angesprochenen Verkehrskreise bei einer Gesamtbetrachtung klar im Vordergrund steht und im Vergleich zum Leistungsangebot eindeutig überwiegt. So wird ein Kfz-Reparaturbetrieb z. B. nicht dadurch zum Handelsbetrieb i. S. dieser Vorschrift, dass er als Nebengeschäft auch Zubehör oder Ersatzteile verkauft. Eine Fachabteilung liegt nur vor, wenn es innerhalb des gesamten Handelsbetriebs einen abgegrenzten Bereich gibt, in dem die fraglichen Leistungen ausschließlich angeboten werden. Dieser Bereich ist dann Ort des Leistungsangebots, weil der Kunde nur hier mit dem Leistungsangebot konfrontiert wird. Eine „Ausgliederung" aus dem Gesamtbetrieb oder eine besondere räumliche Trennung ist allerdings nicht erforderlich.[29] Erfasst werden zudem auch Fachabteilungen, in denen sowohl Waren als auch Leistungen angeboten werden, z. B. eine Fachabteilung für Elektroartikel mit angeschlossenem Reparatur- und Servicebetrieb.[30] Weitere Beispiele sind etwa Friseursalons oder -abteilungen, Reisebüros, Schlüssel- oder Schuhreparaturdienste in Kaufhäusern.[31] Liegen die Tatbestandsvoraussetzungen vor, genügt das Anbringen des Preisverzeichnisses in der Fachabteilung. Es muss also nicht auch in den Schaufenstern oder Schaukästen des Handelsbetriebs ausgehängt werden. Ein Aushang des Preisverzeichnisses für Leistungen ist im Schaufenster oder Schaukasten nur dann erforderlich, wenn der Handelsbetrieb dort auf die in der jeweiligen Fachabteilung angebotenen Leistungen ausdrücklich hinweist.[32] Werden Dienstleistungsbetriebe innerhalb von Kaufhäusern von selbständigen Unternehmern betrieben (nach dem **„shop in the shop"**-System), handelt es sich bereits begrifflich nicht um eine Fachabteilung des Handelsbetriebs, sondern um einen selbständigen Betrieb. Bereits aus diesem Grund entfällt für den „shop in the shop" die Pflicht zum Aushang eines Preisverzeichnisses in den Schaufenstern des Kaufhauses. Andererseits greift die Privilegierung des Abs. 3 auch nicht ein. Hat also der „shop in the shop" ein eigenes Schaufenster oder einen Schaukasten, hat auch hier der Aushang des Preisverzeichnisses zu erfolgen. **17**

§ 6 Verbraucherdarlehen

(1) **Wer Verbrauchern gewerbs- oder geschäftsmäßig oder wer ihnen regelmäßig in sonstiger Weise den Abschluss von Verbraucherdarlehen im Sinne des § 491 des Bürgerlichen Gesetzbuchs anbietet, hat als Preis die nach den Absätzen 2 bis 6 und 8 berechneten Gesamtkosten des Verbraucherdarlehens für den Verbraucher, ausgedrückt als**

---

[26] BGH GRUR 2012, 1159, 1160 – *Preisverzeichnis bei Mietwagenangebot.*

[27] BGH GRUR 2012, 1159, 1160 – *Preisverzeichnis bei Mietwagenangebot.*

[28] BGH GRUR 2012, 1159, 1160 – *Preisverzeichnis bei Mietwagenangebot.*

[29] So aber *Gimbel/Boest,* Die neue Preisangabenverordnung, 1985, § 3 Anm. 10; *Ambs,* PAngV, in: Erbs/Kohlhaas (Hrsg.), Strafr. NebenG, Abschn. P 183, § 3 Rdn. 7.

[30] A. A. *Gimbel/Boest,* Die neue Preisangabenverordnung, 1985, § 3 Anm. 10; *Ambs,* PAngV, in: Erbs/Kohlhaas (Hrsg.), Strafr. NebenG, Abschn. P 183, § 3 Anm. 4: nur „reine Dienstleistungssparten".

[31] *Gimbel/Boest,* Die neue Preisangabenverordnung, 1985, § 3 Anm. 10.

[32] *Gimbel/Boest,* Die neue Preisangabenverordnung, 1985, § 3 Anm. 10; *Ambs,* PAngV, in: Erbs/Kohlhaas (Hrsg.), Strafr. NebenG, Abschn. P 183, § 3 Rdn. 7.

jährlicher Prozentsatz des Nettodarlehensbetrags, soweit zutreffend, einschließlich der Kosten gemäß Absatz 3 Satz 2 Nummer 1, anzugeben und als effektiven Jahreszins zu bezeichnen.

(2) [1]**Der anzugebende effektive Jahreszins gemäß Absatz 1 ist mit der in der Anlage angegebenen mathematischen Formel und nach den in der Anlage zugrunde gelegten Vorgehensweisen zu berechnen.** [2]**Bei der Berechnung des effektiven Jahreszinses wird von der Annahme ausgegangen, dass der Verbraucherdarlehensvertrag für den vereinbarten Zeitraum gilt und dass Darlehensgeber und Verbraucher ihren Verpflichtungen zu den im Verbraucherdarlehensvertrag niedergelegten Bedingungen und Terminen nachkommen.**

(3) **In die Berechnung des anzugebenden effektiven Jahreszinses sind als Gesamtkosten die vom Verbraucher zu entrichtenden Zinsen und alle sonstigen Kosten einschließlich etwaiger Vermittlungskosten einzubeziehen, die der Verbraucher im Zusammenhang mit dem Verbraucherdarlehensvertrag zu entrichten hat und die dem Darlehensgeber bekannt sind. Zu den sonstigen Kosten gehören:**

1. **Kosten für die Eröffnung und Führung eines spezifischen Kontos, Kosten für die Verwendung eines Zahlungsmittels, mit dem sowohl Geschäfte auf diesem Konto getätigt als auch Verbraucherdarlehensbeträge in Anspruch genommen werden können, sowie sonstige Kosten für Zahlungsgeschäfte, wenn die Eröffnung oder Führung eines Kontos Voraussetzung dafür ist, dass das Verbraucherdarlehen überhaupt oder nach den vorgesehenen Vertragsbedingungen gewährt wird;**
2. **Kosten für die Immobilienbewertung, sofern eine solche Bewertung für die Gewährung des Verbraucherdarlehens erforderlich ist.**

(4) **Nicht in die Berechnung der Gesamtkosten einzubeziehen sind, soweit zutreffend:**

1. **Kosten, die vom Verbraucher bei Nichterfüllung seiner Verpflichtungen aus dem Verbraucherdarlehensvertrag zu tragen sind;**
2. **Kosten für solche Versicherungen und für solche anderen Zusatzleistungen, die keine Voraussetzung für die Verbraucherdarlehensvergabe oder für die Verbraucherdarlehensvergabe zu den vorgesehenen Vertragsbedingungen sind;**
3. **Kosten mit Ausnahme des Kaufpreises, die vom Verbraucher beim Erwerb von Waren oder Dienstleistungen unabhängig davon zu tragen sind, ob es sich um ein Bar- oder Verbraucherdarlehensgeschäft handelt;**
4. **Gebühren für die Eintragung der Eigentumsübertragung oder der Übertragung eines grundstücksgleichen Rechts in das Grundbuch;**
5. **Notarkosten;**

(5) **Ist eine Änderung des Zinssatzes oder sonstiger in die Berechnung des anzugebenden effektiven Jahreszinses einzubeziehender Kosten vorbehalten und ist ihre zahlenmäßige Bestimmung im Zeitpunkt der Berechnung des anzugebenden effektiven Jahreszinses nicht möglich, so wird bei der Berechnung von der Annahme ausgegangen, dass der Sollzinssatz und die sonstigen Kosten gemessen an der ursprünglichen Höhe fest bleiben und bis zum Ende des Kreditvertrages gelten.**

(6) **Erforderlichenfalls ist bei der Berechnung des anzugebenden effektiven Jahreszinses von den in der Anlage niedergelegten Annahmen auszugehen.**

(7) **Ist der Abschluss eines Vertrags über die Inanspruchnahme einer Nebenleistung, insbesondere eines Versicherungsvertrags oder allgemein einer Mitgliedschaft, zwingende Voraussetzung dafür, dass das Verbraucherdarlehen überhaupt oder nach den vorgesehenen Vertragsbedingungen gewährt wird, und können die Kosten der Nebenleistung nicht im Voraus bestimmt werden, so ist in klarer, eindeutiger und auffallender Art und Weise darauf hinzuweisen,**

1. **dass eine Verpflichtung zum Abschluss des Vertrages über die Nebenleistung besteht und**
2. **wie hoch der effektive Jahreszins des Verbraucherdarlehens ist.**

(8) [1]**Bei Bauspardarlehen ist bei der Berechnung des anzugebenden effektiven Jahreszinses davon auszugehen, dass im Zeitpunkt der Verbraucherdarlehensauszahlung das vertragliche Mindestsparguthaben angespart ist.** [2]**Von der Abschlussgebühr ist im Zweifel lediglich der Teil zu berücksichtigen, der auf den Verbraucherdarlehensanteil der Bausparsumme entfällt.** [3]**Bei Verbraucherdarlehen, die der Vor- oder Zwischenfinanzierung von Leistungen einer Bausparkasse aus Bausparverträgen dienen und deren preis-**

bestimmende Faktoren bis zur Zuteilung unveränderbar sind, ist als Laufzeit von den Zuteilungsfristen auszugehen, die sich aus der Zielbewertungszahl für Bausparverträge gleicher Art ergeben. [4]Bei vor- oder zwischenfinanzierten Bausparverträgen gemäß Satz 3 ist für das Gesamtprodukt aus Vor- oder Zwischenfinanzierungsdarlehen und Bausparvertrag der effektive Jahreszins für die Gesamtlaufzeit anzugeben.

Inhaltsübersicht

Rdn.
A. Allgemeines ... 1
I. Zweck der Vorschrift ... 5
II. Verbraucherdarlehen, Darlehensvertrag, Darlehensgeber ... 6
III. Angebot des Abschlusses von Verbraucherdarlehen ... 9
IV. Verhältnis zum Verbraucherdarlehensrecht und zu den vorvertraglichen Informationspflichten ... 1
B. Pflicht zur Angabe des effektiven Jahreszinses (Abs. 1) ... 13
I. Angabe als jährlicher Prozentsatz des Verbraucherdarlehens ... 13
II. Bezeichnung als „effektiver Jahreszins" ... 14
C. Berechnung des effektiven Jahreszinses (Abs. 2) ... 16
D. Berechnungsgrundlagen für die Ermittlung des effektiven Jahreszinses (Abs. 3) ... 17
I. Zu berücksichtigende Kosten ... 17
1. Grundsatz ... 17
2. Kenntnis des Darlehensgebers ... 20
II. Ausnahmen, d. h. nicht zu berücksichtigende Kosten ... 21
1. Kosten, die vom Verbraucher bei Nichterfüllung seiner Vertragspflichten aus dem Darlehensvertrag zu tragen sind (Nr. 1) ... 22
2. Kosten für solche Versicherungen und für solche anderen Zusatzleistungen, die keine Voraussetzung für die Darlehensvergabe oder für die Darlehensvergabe zu den vorgesehenen Vertragsbedingungen sind (Nr. 2) ... 23
3. Kosten mit Ausnahme des Kaufpreises, die vom Verbraucher beim Erwerb von Waren oder Dienstleistungen unabhängig davon zu tragen sind, ob es sich um ein Bar- oder Verbraucherdarlehensgeschäft handelt (Kreditunabhängige Kosten) (Nr. 3) ... 25
4. Gebühren für die Eintragung der Eigentumsübertragung oder der Übertragung eines grundstücksgleichen Rechts in das Grundbuch (Nr. 4) ... 26
5. Notarkosten (Nr. 5) ... 27
6. Keine Ausnahme mehr für Kontoführungsgebühren und Kosten für Sicherheiten bei Immobiliendarlehensverträgen ... 28
E. Berechnung des effektiven Jahreszinses bei variablen Konditionen, Änderungsvorbehalt; Annahme des beibehaltenen Sollzinssatzes (Abs. 5) ... 30
F. Berechnungsvorgaben bei variablen Darlehenskonditionen (Abs. 6) ... 32
G. Hinweispflicht auf Erforderlichkeit einer zwingenden Nebenleistung, deren Kosten nicht im Voraus bestimmt werden können (Abs. 7) ... 33
H. Sonderbestimmungen für Bauspardarlehen und mit ihnen zusammenhängende Darlehen (Abs. 8) ... 37
I. Allgemeines ... 37
II. Berechnung der Darlehenssumme (S. 1) ... 38
III. Berücksichtigung der Abschlussgebühr (S. 2) ... 39
IV. Laufzeitfiktion für Verbraucherdarlehen zur Vor- und Zwischenfinanzierung von Bauspardarlehen (S. 3) ... 40
V. Angabe des effektiven Jahreszinses für Gesamtlaufzeit bei Vor- oder Zwischenfinanzierungsdarlehen (S. 4) ... 41
Anlage: Berechnungsformel ... 42

A. Allgemeines

Die Regelung wurde in letzter Zeit mehrfach geändert – zuletzt mit Wirkung zum 11.3.2016 zur Umsetzung der **Wohnimmobilienkreditrichtlinie 2014/17/EU,**[1] die in ihrem Anwendungsbereich teilweise – zu den Ausnahmen siehe insbesondere Erwägungsgrund 9 – eine vollständige Harmonisierung bezweckt und deren Vorgaben daher im Wege richtlinienkonformer Ausle- 1

[1] Art. 11 des Gesetzes zur Umsetzung der Wohnimmobilienkreditrichtlinie, BGBl. I 2016, 396.

gung zu berücksichtigen sind. Mit der Umsetzung der Wohnimmobilienkreditrichtlinie wurde insbesondere der früher verwendete Terminus „Kredit" aufgegeben; nunmehr ist von **„Verbraucherdarlehen"**, konkret von „Verbraucherdarlehen i. S. d. § 491 BGB", die Rede, obwohl in der Richtlinie von „Kreditvertrag" gesprochen wird. Nachfolgend bezieht sich der Ausdruck **„Kreditvertrag"** somit auf die Regelungen in der Richtlinie und der Ausdruck „Verbraucherdarlehen" auf die Regelungen im deutschen Recht.

2 § 6 regelt die Angaben, die bei Angeboten zum Abschluss von Verbraucherdarlehen zu machen sind. § 6a die Angaben in der Werbung für Verbraucherdarlehen mit Zinssätzen oder sonstigen Kosten; § 6b betrifft die Angaben bei Überziehungsmöglichkeiten und § 6c entgeltliche Finanzierungshilfen.

3 Ergänzend sind die Bestimmungen in der **Anlage** zu § 6 zum effektiven Jahreszins zu berücksichtigen. Die in dieser Anlage enthaltenen Regelungen wurden durch die Umsetzungen der Verbraucherkreditrichtlinie 2008/48/EG und der Wohnimmobilienkreditrichtlinie im Laufe der Zeit erheblich erweitert.

4 Weitergehende Pflichten aus der UGP-Richtlinie bleiben gem. Art. 11 Abs. 7 durch die Richtlinie 2014/17/EU ausdrücklich unberührt.

I. Zweck der Vorschrift

5 Die Preisermittlung und der Preisvergleich sind bei Darlehen besonders schwierig. Dies liegt zum einen an der erheblichen Zahl von Kostenfaktoren, die für die Ermittlung der Gesamtbelastung des Darlehensnehmers zu berücksichtigen sind. Zum anderen sind die verschiedenen Darlehensangebote, denen der Verbraucher begegnet, sehr unterschiedlich strukturiert, was einen Preisvergleich zusätzlich erschwert. § 6 enthält daher eine Sonderregelung, die vom Prinzip der Gesamtpreisangabe (§ 1 Abs. 1) abweicht. Stattdessen ist die **Angabe des „effektiven Jahreszinses" als Vergleichsgröße** vorgeschrieben. Durch die Angabe des effektiven Jahreszinses, bei dessen Berechnung alle wesentlichen Kostenfaktoren für die Inanspruchnahme des Darlehens einzubeziehen sind, soll die Preistransparenz für Darlehen erhöht, die finanzielle Gesamtbelastung voraussehbar gemacht und ein Preisvergleich zwischen verschiedenen Angeboten erleichtert werden.[2] Ob das gelingt, ist allerdings umstritten.[3]

II. Verbraucherdarlehen, Darlehensvertrag, Darlehensgeber

6 § 6 gilt für **Verbraucherdarlehen.**[4] Hierunter sind nach § 491 Abs. 2 S. 1 BGB entgeltliche Darlehensverträge zwischen einem Unternehmer als Darlehensgeber und einem Verbraucher als Darlehensnehmer zu verstehen. Der Anwendungsbereich erstreckt sich dabei aber nicht nur auf die entgeltliche Überlassung von Geld (nicht von vertretbaren Sachen i. S. eines Sachdarlehens, §§ 607–609 BGB) als Darlehen (§§ 488 ff. BGB), sondern erfasst nach dem im Jahr 2016 neu eingefügten § 6c auch den **entgeltlichen Zahlungsaufschub** (§ 506 Abs. 1 BGB) sowie sonstige entgeltliche ähnliche Finanzierungshilfen (§ 506 Abs. 1, 2 BGB). Hierdurch wird die Definition des Begriffs **„Kreditvertrag"** in Art. 3 lit. c) der Richtlinie 2008/48/EG bzw. Art. 4 Nr. 3 der Richtlinie 2014/17/EU umgesetzt. Die Vorschrift bezieht sich somit allgemein auf entgeltliche Geldkreditgeschäfte.

7 Praktisch bedeutsam ist § 6 (i. V.m § 6c) vor allem für Verbraucherdarlehen, private Immobiliendarlehen und Bauspardarlehen. Der nur **unentgeltliche** Zahlungsaufschub wird hingegen nicht erfasst.[5] Auf die Art der Darlehensgewährung (-auszahlung), deren Höhe oder die Modalitäten der Rückzahlungsverpflichtung kommt es im Einzelnen hingegen nicht an. Ebenso ist unerheblich, ob die Tilgung oder Zinszahlung in Raten oder als einmaliger Betrag fällig wird.[6] Eine Pflicht zur Angabe des effektiven Jahreszinses besteht z. B. auch, wenn ein Händler einen zinspflichtigen Zahlungsaufschub anbietet, wobei Kaufpreis und Zinsen als einmaliger Gesamtbetrag nach sechs Monaten fällig werden.[7] In solchen Fällen reicht es daher nicht aus, den Zins als bestimmten Betrag oder

---

[2] Vgl. BGH NJW 1979, 805, 806 und 2089, 2091; GRUR 1989, 59 – *Anfängl. effekt. Jahreszinssatz;* WM 1990, 1307, 1308 – *Mietkauf.*

[3] *Köhler,* WM 2012, 149 ff.; Finanztest 10/2010, S. 48.

[4] Zu Mietkauf und Leasing *Völker,* PreisangabenR, § 6 Rdn. 7.

[5] BGH GRUR 1994, 311, 312 – *Finanzkaufpreis ohne Mehrkosten.*

[6] BGH a. a. O. – *Stundungsangebote.*

[7] Vgl. OLG Düsseldorf WRP 1988, 40, 41 f.; vgl. auch OLG Düsseldorf GRUR 1987, 727, 728 – *6-Monats-Kredit.*

als Prozentsatz des Kaufpreises anzugeben. Die Vorschrift erfasst auch Darlehen und sonstige Finanzierungshilfen, die zur Finanzierung des Warenerwerbs vom Händler selbst angeboten werden, ohne dass ein Dritter als Kreditgeber eingeschaltet wird.[8] Ebenso erfasst wird ein **Mietkauf,** bei dem die zuvor gezahlten Mietraten nicht in voller Höhe auf den nach Ausübung der Kaufoption zu zahlenden Kaufpreis angerechnet werden.[9] Dagegen liegt nicht ohne weiteres ein Darlehen bzw. eine sonstige Finanzierungshilfe im Sinne des § 6 (i. V. m. § 6c) vor, wenn bei einem Ratenlieferungsvertrag (§ 510 BGB) entsprechend der Leistungserbringung in Raten auch die Zahlung in Teilbeträgen erfolgt.[10]

Nach der Definition des Begriffs „Kreditvertrag" in Art. 3 lit. c) der Richtlinie 2008/48/EG 8
bzw. Art. 4 Nr. 3 der Richtlinie 2014/17/EU ist der Kredit von einem **„Kreditgeber"** zu gewähren. Dieser Begriff wird in Art. 3 lit. b der Richtlinie 2008/48/EG bzw. Art. 4 Nr. 2 der Richtlinie 2014/17/EU definiert als eine Person, die in Ausübung ihrer gewerblichen oder beruflichen Tätigkeit einen Kredit gewährt oder zu gewähren verspricht. Demgegenüber gelten die Pflichten der PAngV nach § 1 Abs. 1 S. 1 für einen Anbieter, der „gewerbs- oder geschäftsmäßig oder […] regelmäßig in sonstiger Weise" Verbrauchern i. S. d. § 13 BGB Waren oder Leistungen anbietet oder dafür unter Angabe von Preisen wirbt. Selbst wenn man „geschäftsmäßig" mit „beruflich" gleichsetzt, so wäre die „regelmäßig in sonstiger Weise" erfolgende Tätigkeit, die in § 1 PAngV genannt wird, von der Richtlinie nicht erfasst. Es stellt sich daher die Frage, ob der Anwendungsbereich des § 6 nicht entsprechend richtlinienkonform zu beschränken ist. Dagegen spricht allerdings, dass Erwägungsgrund 14 der Richtlinie 2014/17/EU den Mitgliedstaaten ausdrücklich erlaubt, die Bestimmungen der Richtlinie auch auf „Bereiche" anzuwenden, die nicht in deren Geltungsbereich fallen. Dabei sollen die „Bereiche" durch die Begriffsbestimmungen definiert werden, so dass eine Ausweitung der Definition und damit auch des personellen Anwendungsbereichs möglich erscheint. Zudem kommt dem Merkmal „regelmäßig in sonstiger Weise" in Deutschland kaum praktische Bedeutung zu. Letzten Endes muss das aber durch den EuGH entschieden werden.

III. Angebot des Abschlusses von Verbraucherdarlehen

Nach alter Fassung enthielt § 6 keine eigenständige Verpflichtung, dass bei Verbraucherdarlehen 9
bestimmte Angaben zu machen sind. Stattdessen wurde nur definiert, was bei Krediten als „Preis" im Sinne von § 1 Abs. 1 zu verstehen ist. Die Verpflichtung zur Angabe des Preises leitet sich somit aus § 1 Abs. 1 PAngV ab, der wiederum auf das **Angebot** oder die **Werbung** unter Angabe von Preisen abstellte. § 6 regelt nunmehr eigenständig die Pflichtangaben beim Angebot zum **Abschluss von Darlehensverträgen,** während die **Werbung** für Darlehensverträge in § 6a geregelt ist. **Angebote** in diesem Sinne sind insbesondere vom Kunden zu unterschreibende Darlehensantragsformulare, vor Unterschrift des Kunden auch die Darlehensvertragsformulare der Kreditinstitute, wenn sie zum Zweck des Vertragsabschlusses ausgefüllt werden,[11] ebenso durch Zeitungsanzeigen verbreitete Darlehensantragsformulare.[12] Von Kreditinstituten beworbene Kapitalanlagen sind hingegen für sich genommen bereits begrifflich keine Angebote im preisangabenrechtlichen Sinn, da der Kapitalempfänger – und nicht der Anleger – bei solchen Geschäften der Nachfrager ist und den Preis (nämlich den Zins für das Kapital) zahlt.

Anbieter ist auch bei § 6, wer den Preis (also die Vergütung für die Darlehensgewährung) ge- 10
genüber dem Endverbraucher festsetzt oder von ihm fordert (näher § 1 Rdn. 18). Dabei kommt es nicht zwingend darauf an, wer rechtlich den Kredit gewährt,[13] ob dies also der Handelnde oder ein Dritter ist. Als Anbieter in diesem Sinne kommen daher in erster Linie die eigentlichen Kreditinstitute (vor allem Banken und Sparkassen) in Betracht, daneben aber auch Bausparkassen, Versicherungen und Händler, soweit sie Verbraucherdarlehen anbieten, etwa wenn ein Händler einen (entgeltlichen) Zahlungsaufschub gegen Zahlung einer zusätzlichen Gebühr anbietet. „Anbieter" in diesem Sinn war nach der Rechtsprechung des BGH (unter Berufung auf die alte Gesetzesbegründung) auch ein Kreditvermittler, wenn dieser eine Offerte machte, die der Verkehr rein tatsächlich

---

[8] BGHZ 108, 39 ff. – *Stundungsangebote.*
[9] BGH WM 1990, 1307, 1308 – *Mietkauf.*
[10] Vgl. BGH NJW 1996, 457 f. – *Ausbildungsverträge.*
[11] BGH NJW 1980, 2076, 2078.
[12] BGH GRUR 1980, 304, 305 f. – *Effektiver Jahreszins;* vgl. auch OLG Celle NJW 1978, 1268. Zu Angaben auf Rechnungen vgl. BGH GRUR 1990, 609 ff.
[13] *Köhler*/Bornkamm § 6 PAngV Rdn. 11.

als Angebot verstand.[14] In der Richtlinie 2014/17/EU werden „Kreditvermittler" nunmehr ausdrücklich als Verpflichtete genannt und in Art. 4 Nr. 5 definiert. Danach ist es nicht ausreichend, einen Verbraucher direkt oder indirekt mit einem Kreditgeber in Kontakt zu bringen. Erforderlich ist vielmehr, dass eine Tätigkeit gegen Vergütung erfolgt, und der Betreffende entweder Kreditverträge vorstellt oder anbietet oder für den Kreditgeber mit dem Verbraucher abschließt oder bei Vorarbeiten (außer reiner Vermittlung) behilflich ist.

IV. Verhältnis zum Verbraucherdarlehensrecht und zu den vorvertraglichen Informationspflichten

11 In den meisten Fällen werden neben § 6 zum Schutz der privaten Verbraucher auch die Vorschriften zum **Verbraucherdarlehensvertrag** (§§ 491 ff. BGB) zur Anwendung kommen. Die Anwendungsbereiche sind allerdings keineswegs völlig deckungsgleich: So findet § 6 z. B. keine Anwendung, wenn das Darlehen für eine erst noch aufzunehmende gewerbliche oder selbständige berufliche Tätigkeit bestimmt ist, während das Verbraucherkreditrecht in diesen Fällen bei Nettokreditbeträgen bis zu 75 000 Euro anwendbar ist (§ 513 BGB). Umgekehrt gilt § 6 auch für Kleinkredite unter 200 Euro (anders § 491 Abs. 2 Nr. 1 BGB). Das ist auch durch die Richtlinie 2008/48/EG (Verbraucherkreditrichtlinie) trotz der beabsichtigten Vollharmonisierung und der Ausnahmeregelung in Art. 2 Abs. 2 gedeckt; Erwägungsgrund 10 erwähnt diesen Fall sogar ausdrücklich.

12 Weitere vorvertragliche Informationspflichten sind in **Art. 247 EGBGB** geregelt. Diese Regelungen stehen selbständig neben denen des § 6; teilweise überschneiden sie sich, wie z. B. hinsichtlich der Angabe des effektiven Jahreszinses, teilweise finden Querverweise statt. Die Regelung in Art. 247 EGBGB führte in der Vergangenheit teilweise auch dazu, dass Bestimmungen in § 6 gestrichen wurden (z. B. zu den Änderungsvorbehalten in § 6 Abs. 3 a. F.).

B. Pflicht zur Angabe des effektiven Jahreszinses (Abs. 1)

I. Angabe als jährlicher Prozentsatz des Verbraucherdarlehens

13 Anders als bei anderen Leistungen oder bei Waren ist bei Verbraucherdarlehen nicht der Gesamtpreis (vgl. § 1 Abs. 1 S. 1) anzugeben, den der Darlehensnehmer letztlich insgesamt für das Verbraucherdarlehen zu bezahlen hat. Stattdessen sind als Vergleichszahl die **Gesamtkosten** (siehe Rdn. 13 f.) **des Darlehens für den Verbraucher** als jährlicher Prozentsatz des Nettodarlehensbetrags anzugeben und als „effektiver Jahreszins" zu bezeichnen. Dies entspricht auch der Definition von „effektiver Jahreszins" in Art. 3 lit. i der Richtlinie 2008/48/EG (Verbraucherkreditrichtlinie) bzw. Art. 4 Nr. 15 der Richtlinie 2014/17/EU (Wohnimmobilienkreditrichtlinie). Dieser effektive Jahreszins beziffert den Zinssatz, mit dem sich das Darlehen bei regelmäßigem Darlehensverlauf, ausgehend von den tatsächlichen Zahlungen des Darlehensgebers und des Darlehensnehmers, auf der Grundlage taggenauer Verrechnung aller Leistungen abrechnen lässt. Die Einzelheiten zur Berechnung ergeben sich aus Abs. 2 bis 8 i. V. m. der Anlage zu § 6, wobei es dabei Anfang 2016 mit der Umsetzung der Richtlinie 2014/17/EU zu einigen Änderungen kam, die Einfluss auf die Berechnung des effektiven Jahreszinses haben.[15]

II. Bezeichnung als „effektiver Jahreszins"

14 Abs. 1 schreibt nicht nur eine **einheitliche Berechnung,** sondern auch eine **einheitliche Bezeichnung** vor. Die in einen jährlichen Prozentsatz des Nettodarlehensbetrags umgerechneten Gesamtkosten des Verbraucherdarlehens müssen als „effektiver Jahreszins" bezeichnet werden, um bei den Kunden eine Begriffsverwirrung zu vermeiden und damit die Vergleichbarkeit zu erleichtern. Andere Bezeichnungen (z. B. „Gesamtbelastung", „Bruttozins", „Vergleichszins nach PAngV", „Rate", „effektiver Zinssatz", „Effektivzins",[16] „J. eff."[17] usw.) sind unzulässig. Zulässig bleibt aller-

[14] BGH, a. a. O. – *Effektiver Jahreszins;* OLG Düsseldorf GRUR 1987, 727, 728.

[15] Vgl. Entwurf eines Gesetzes zur Umsetzung der Wohnimmobilienkreditrichtlinie, BT-Drs. 18/5992, S. 139 f.

[16] BGH WM 1996, 838, 839 – *Effektivzins.*

dings die Verwendung allgemein verständlicher Abkürzungen, die für die Verbraucher ebenso verständlich sind wie die ausgeschriebene Bezeichnung „Effektiver Jahreszins".[18] Auch die Richtlinien 2008/48/EG und 2014/17/EU schreiben nicht vor, dass nur die ausgeschriebene Bezeichnung verwendet werden kann.

15 Der Begriff „anfänglicher effektiver Jahreszins", der nach der alten Regelung zu verwenden war, wenn eine Änderung preisbestimmender Faktoren vorbehalten wurde, ist mit der Änderung des Verordnungstextes im Jahr 2010 gestrichen worden.[19] Gleichzeitig entfiel auch die Regelung zur Angabe des frühesten Änderungszeitpunkts bei Änderungsvorbehalten für preisbestimmende Faktoren. Neben den vorvertraglichen Informationspflichten in Art. 247 EGBGB wurde eine doppelte Informationspflicht in der PAngV in solchen Fällen nicht mehr für erforderlich gehalten.

C. Berechnung des effektiven Jahreszinses (Abs. 2)

16 Der effektive Jahreszins ist als **bestimmter Prozentsatz** anzugeben, der unter Berücksichtigung der in § 6 Abs. 3 festgelegten Kosten nach der mathematischen Formel in der Anlage zu § 6 und den dort dargelegten Vorgehensweisen sowie – soweit erforderlich – den dort und in § 6 Abs. 2 festgelegten Annahmen zu berechnen ist. Diese Annahmen wurden zuletzt Anfang 2016 geändert (siehe Anhang I zur Richtlinie 2014/17/EU). Zu diesen Annahmen zählt, dass das Verbraucherdarlehen für den vereinbarten Zeitraum gilt und beide Parteien ihren Verpflichtungen pünktlich nachkommen, § 6 Abs. 2 S. 3 PAngV bzw. Art. 17 Abs. 3 Richtlinie 2017/14/EU. Das Rechenergebnis hat auf zwei Dezimalstellen genau zu erfolgen, wobei aufzurunden ist, wenn die auf die zweite Dezimalstelle folgende Dezimalstelle größer als oder gleich fünf ist (Anlage zu § 6, I lit. d).

D. Berechnungsgrundlagen für die Ermittlung des effektiven Jahreszinses (Abs. 3)

I. Zu berücksichtigende Kosten

1. Grundsatz

17 In die Berechnung des effektiven Jahreszinses sind nach § 6 Abs. 3 grundsätzlich alle vom Verbraucher zu entrichtenden **Gesamtkosten** des Darlehens einzubeziehen, insbesondere die vom Verbraucher zu entrichtenden **Zinsen** und alle **sonstigen Kosten,** einschließlich etwaiger Vermittlungskosten, die dem Darlehensgeber bekannt sind. Ausgenommen sind allerdings die in Abs. 4 Nr. 1 bis 5 abschließend aufgeführten Kosten.

18 Der Begriff „Gesamtkosten" greift dabei auf die Definition in der Verbraucherkreditrichtlinie (2008/48/EG) zurück. Er umfasst grundsätzlich alle finanziellen Verpflichtungen des Verbrauchers, die dieser bei regulärem Vertragsverlauf über die Rückzahlung des Darlehens hinaus zu tragen hat. Neben dem für das Darlehen zu zahlenden Nominalzins sind also auch alle anderen Kosten bzw. Preisbestandteile, die unmittelbar oder mittelbar mit der Inanspruchnahme des Darlehens rechtlich oder wirtschaftlich verbunden sind, zu berücksichtigen.[20] Dabei ist nicht erforderlich, dass diese Kosten ihren rechtlichen Ursprung im Darlehensvertrag selbst haben. Ausdrücklich erwähnt werden insbesondere die Kosten für die **Eröffnung und Führung eines spezifischen Kontos,** für die **Verwendung bestimmter Zahlungsmittel** sowie **sonstiger Zahlungsgeschäfte,** deren Abschluss Voraussetzung für die Zahlung des Verbraucherdarlehens ist, § 6 Abs. 3 Nr. 1. Zu berücksichtigen sind auch die Kosten einer erforderlichen **Immobilienbewertung,** § 6 Abs. 3 Nr. 2. Auch etwaige weitere Kosten für **zwingende Nebenleistungen,** wie z. B. den Abschluss von Versicherungen (z. B. Risiko-Lebensversicherung oder Rentenversicherung, einschließlich etwaiger Abschluss- und Verwaltungskosten aber ohne Berücksichtigung etwaiger Ansparleistungen),[21] sind

---

[17] OLG Frankfurt GRUR 1990, 58.

[18] BGH GRUR 1989, 59 f. – *Anfängl. effekt. Jahreszinssatz;* BGH WM 1996, 838, 839 – *Effektivzins;* OLG Koblenz WRP 1989, 677, 678 für „eff Jahreszins"; a. A. OLG Düsseldorf WRP 1988, 613.

[19] Gesetz zur Umsetzung der Verbraucherkreditrichtlinie, des zivilrechtlichen Teils der Zahlungsdiensterichtlinie sowie zur Neuordnung der Vorschriften über das Widerrufs- und Rückgaberecht vom 29.7.2009, BGBl. I S. 2355.

[20] *Boest* NJW 1993, 40, 41; näher zu einzelnen Kostenfaktoren *Völker,* PreisangabenR, § 6 Rdn. 58 ff.

[21] Vgl. Begründung des Gesetzentwurfs, BT Drucks. 18/5922 S. 132.

zu berücksichtigen, sofern deren Abschluss zur Bedingung des Darlehensvertrages gemacht wird und diese Kosten im Voraus bestimmt werden können (Umkehrschluss aus § 6 Abs. 7);[22] andernfalls ist klar, eindeutig und auffallend auf diese Kosten hinzuweisen. Zivilrechtlich wird die Regelung ergänzt durch die Forderung, dass die Gesamtkosten im Vertrag angegeben sein müssen (§ 492 Abs. 2 BGB) und auf nicht angegebene Kosten kein Anspruch besteht.

19 Die Regelungen in 6 Abs. 3 dienen der Umsetzung von Art. 3 lit. g) der Richtlinie 2008/48/EG bzw. Art. 4 Nr. 13 der Richtlinie 2014/17/EU und der dort definieren **„Gesamtkosten des Kredits für den Verbraucher".** Diese werden definiert als sämtliche Kosten, einschließlich der Zinsen, Provisionen, Steuern und Kosten jeder Art – ausgenommen Notargebühren –, die der Verbraucher im Zusammenhang mit dem Kreditvertrag zu zahlen hat und die dem Kreditgeber bekannt sind. Der erforderliche Kausalzusammenhang ist dabei weit zu verstehen.[23]

2. Kenntnis des Darlehensgebers

20 Die Definition der Gesamtkosten in Art. 3 lit. g) der Richtlinie 2008/48/EG legt fest, dass bei der Berechnung der Gesamtkosten nur solche sonstigen Kosten oder Bestandteile zu berücksichtigen sind, die **dem Kreditgeber bekannt** sind. Das scheint zunächst selbstverständlich zu sein, denn der Kreditgeber kann eigentlich nur das berücksichtigen, was ihm bekannt ist. Die Kenntnis des Kreditgebers ist allerdings nicht subjektiv zu bestimmen – dann wäre sie leicht zu umgehen – sondern sie ist **objektiv** danach **zu beurteilen,** welche Kosten der Kreditgeber kennen muss – wobei die Anforderungen an die berufliche Sorgfalt zu berücksichtigen sind.[24] Auf besondere Sachkenntnis des Kreditgebers bzw. auf eine vermeintliche besondere subjektive Unkenntnis kommt es demnach nicht an. Zu den bekannten Kosten zählen somit im Regelfall alle objektiven Kosten, die nicht von besonderen persönlichen Verhältnissen des Kreditnehmers abhängen, insbesondere die Vermittlungsgebühren.

II. Ausnahmen, d. h. nicht zu berücksichtigende Kosten

21 § 6 Abs. 4 listet in 5 Nummern **abschließend** die Kosten auf, die **bei der Berechnung der Gesamtkosten** und damit bei der Angabe des effektiven Jahreszinses **nicht zu berücksichtigen** sind:

1. Kosten, die vom Verbraucher bei Nichterfüllung seiner Verpflichtungen aus dem Darlehensvertrag zu tragen sind (Nr. 1)

22 Diese Regelung entspricht Art. 19 Abs. 2 S. 1 Alt. 1 der Verbraucherkreditrichtlinie 2008/48/EG und Art. 4 Nr. 13 S. 2 der Wohnimmobilienkreditrichtlinie 2014/17/EU. Die bei einer Nichterfüllung anfallenden Kosten sind im Voraus nicht absehbar und können daher nicht einbezogen werden. Der Begriff der **„Nichterfüllung"** erfasst dabei auch alle Fälle der Schlechterfüllung, wenn also z. B. verspätet oder nicht in voller Höhe bezahlt wird, und die hierdurch entstehenden Kosten (insbesondere Verzugszinsen, Mahn- und Beitreibungskosten). Nr. 1 gilt allerdings nicht für Zinsen, die Kreditinstitute im Rahmen eines sog. geduldeten Überziehungskredits bei Überschreitung des dem Kunden für sein Konto eingeräumten Dispositionsrahmens verlangen (§ 505 BGB).

2. Kosten für solche Versicherungen und für solche anderen Zusatzleistungen, die keine Voraussetzung für die Darlehensvergabe oder für die Darlehensvergabe zu den vorgesehenen Vertragsbedingungen sind (Nr. 2)

23 Nach Art. 3 lit. g) Halbsatz 2 der Verbraucherkreditrichtlinie 2008/48/EG sind **Kosten für Nebenleistungen** im Zusammenhang mit dem Kreditvertrag insbesondere **Versicherungsprämien,** bei der Berechnung der Gesamtkosten des Kredits für den Verbraucher zu berücksichtigen, wenn der Abschluss des Vertrags über diese Nebenleistung eine zusätzliche **zwingende** Voraussetzung für die Kreditvergabe zu den vorgesehenen Konditionen ist. § 6a Abs. 5 enthält eine entsprechende Verpflichtung für die Werbung für Verbraucherdarlehensverträge. Das bedeutet im Umkehrschluss –

---

[22] Siehe auch BT-Drucks. 16/11643, S. 141.

[23] Vgl. Begründung des Gesetzentwurfs zur Umsetzung der Wohnimmobilienkreditrichtlinie, BT Drucks. 18/5922 S. 132.

[24] Erwägungsgrund 20 der RL 2008/48/EG und 50 der RL 2014/17/EU. Zum Begriff der beruflichen Sorgfalt vgl. Art. 2 lit. h der RL 2005/29/EG.

und dem trägt § 6 Abs. 4 Nr. 2 Rechnung – dass die Kosten für **fakultative Nebenleistungen nicht zu berücksichtigen** sind. Um welche **Art der Versicherung** es sich handelt, ist für die Regelung **unerheblich.** Dass die Verbraucherkreditrichtlinie und die Wohnimmobilienkreditrichtlinie dabei von „Nebenleistungen" sprechen, § 6 Abs. 4 Nr. 2 dagegen von **„Zusatzleistungen"**, macht in der Sache ebenfalls keinen Unterschied. Der Begriff der „Zusatzleistungen" wird in Artikel 247 § 8 EGBGB erklärt. Er umfasst sowohl weitere Leistungen innerhalb desselben Vertrages als auch den Abschluss eines weiteren Vertrages.

Die Kosten für fakultative Nebenleistungen sind bei der Berechnung des effektiven Jahreszinses somit grundsätzlich nicht zu berücksichtigen, zwingende Nebenleistungen hingegen schon. Allerdings müssen die Kosten der zwingenden Nebenleistung im Voraus bestimmbar sein. Ist das nicht der Fall, kann der effektive Jahreszins nicht berechnet werden. In diesem Fall ist auf die Kosten in klarer, eindeutiger und auffallender Art und Weise hinzuweisen, vgl. Abs. 7 und Art. 11 Abs. 4 der Richtlinie 2014/17/EU. **24**

3. Kosten mit Ausnahme des Kaufpreises, die vom Verbraucher beim Erwerb von Waren oder Dienstleistungen unabhängig davon zu tragen sind, ob es sich um ein Bar- oder Verbraucherdarlehensgeschäft handelt (Kreditunabhängige Kosten) (Nr. 3)

Diese Regelung entspricht Art. 19 Abs. 2 S. 1 Alt. 2 der Verbraucherkreditrichtlinie 2008/48/EG. Nach Nr. 3 sind für die Berechnung des effektiven Jahreszinses Kosten nicht zu berücksichtigen, die der Kreditnehmer im Hinblick auf die durch den Kredit finanzierten Geschäfte **unabhängig** davon zu tragen hat, ob es sich um ein Bar- oder Verbraucherdarlehensgeschäft handelt. Derartige Kosten gehören bereits begrifflich nicht zu den Darlehenskosten. Gemeint sein dürften z.B. Nebenkosten beim Grundstückskauf (etwa Grundbuchkosten, Maklerkosten). Zu Notarkosten siehe Nr. 5. **25**

4. Gebühren für die Eintragung der Eigentumsübertragung oder der Übertragung eines grundstücksgleichen Rechts in das Grundbuch (Nr. 4)

Ebenfalls nicht zu berücksichtigen sind Gebühren für die Eintragung der Eigentumsübertragung oder der Übertragung eines grundstücksgleichen Rechts. Der Ausschluss der Eintragungskosten in das Grundbuch ergibt sich aus der Definition von „Gesamtkosten des Kredits für den Verbraucher" in Art. 4 Nr. 12 Richtlinie 2014/17/EU. „Kosten für die Übertragung eines grundstücksgleichen Rechts" werden dort allerdings nicht aufgeführt, so dass ihre Erwähnung zwar in der Sache sinnvoll ist, sofern es sich im Einzelfall um Kosten handelt, die unabhängig von dem Verbraucherdarlehensvertrag entstehen. Eindeutig ist ihr Ausschluss allerdings nicht. **26**

5. Notarkosten (Nr. 5)

In Umsetzung von Art. 3 lit. g) der RL 2008/48/EG sind außerdem die **Notarkosten,** die der Darlehensnehmer infolge des Vertragsabschlusses zu entrichten hat, von der Berechnung des effektiven Jahreszinsen ausgenommen. Diese werden in Nr. 5 ausdrücklich genannt. Man hätte sie auch unter Nr. 3 subsumieren können. In der Begründung des deutschen Gesetzentwurfs werden in diesem Zusammenhang zudem auch die Notarkosten und Gebühren im Zusammenhang mit der Bestellung, Eintragung oder Inhaltsänderung eines Grundpfandrechts oder einer Reallast als Ausnahme genannt.[25] Allerdings muss man insoweit unterscheiden: Erfolgt die Änderung nur im Zusammenhang mit dem Eigentumserwerb so gilt für diese Kosten dasselbe wie für die Grundstücksübertragungskosten. Dienen die Rechte hingegen der erforderlichen Sicherung des Verbraucherkreditvertrags, so sind sie bei der Berechnung des effektiven Jahreszinses zu berücksichtigen. Das gilt insbesondere wenn man bedenkt, dass der deutsche Gesetzgeber die Ausnahmeregelung für Kosten für Sicherheiten bei Immobiliendarlehen ausdrücklich aus dem Gesetzestext gestrichen hat, weil eine solche Ausnahme in der Wohnimmobilienkreditrichtlinie nicht vorgesehen ist (siehe nachfolgend Ziff. 6). **27**

6. Keine Ausnahme mehr für Kontoführungsgebühren und Kosten für Sicherheiten bei Immobiliendarlehensverträgen

Infolge der Umsetzung der Wohnimmobilienkreditrichtlinie sind zwei Ausnahmen gestrichen worden: Zum einen wurde die Ausnahme für fakultative Kontoführungsgebühren (vormals Abs. 3 **28**

[25] BT-Drs. 18/5992, S. 132.

Nr. 3) gestrichen. Trotz der Streichung der Ausnahme sind die Kosten einer *fakultativen* Kontoführung aber auch weiterhin nicht einzuberechnen, weil sie eine nicht zwingende Nebenleistung der Kreditgewährung darstellen (vgl. Art. 3 lit. g) der Richtlinie 2008/48/EG). Die Gebühren einer zwingenden Kontoführung sind hingegen nach Abs. 3 Nr. 1 als sonstige Kosten bei der Berechnung des effektiven Jahreszinses zu berücksichtigen. Dieses Regel- Ausnahme-Verhältnis entspricht den Regelungen in Art. 19 Abs. 2 S. 2 der Verbraucherkreditrichtlinie 2008/38/EG und Art. 17 Abs. 2 der Wohnimmobilienkreditrichtlinie 2014/17/EU.

29 Zum anderen wurde die Ausnahme für Kosten der Bestellung von Sicherheiten bei Immobiliendarlehensverträgen gestrichen. Diese Kosten sind bei der Berechnung der Gesamtkosten des Kredits mithin zu berücksichtigen. Siehe hierzu auch Rdn. 21.

E. Berechnung des effektiven Jahreszinses bei variablen Konditionen, Änderungsvorbehalt; Annahme des beibehaltenen Sollzinssatzes (Abs. 5)

30 Die Regelung setzt Art. 19 Abs. 4 der Verbraucherkreditrichtlinie 2008/48/EG und Art. 17 Abs. 4 der Wohnimmobilienkreditrichtlinie 2014/17/EU um. Abs. 5 enthält eine Sondervorschrift für die Berechnung des effektiven Jahreszinses, wenn der Zinssatz oder sonstige für die Berechnung des effektiven Jahreszinses maßgebliche Kosten nicht für die gesamte Darlehenslaufzeit festgeschrieben sind – sei es weil ein Änderungsvorbehalt besteht oder weil die zahlenmäßige Bestimmung zunächst nicht möglich ist. Abs. 5 bestimmt, dass in diesen Fällen bei der Berechnung des effektiven Jahreszinses von der Annahme auszugehen ist, dass der Zinssatz und die sonstigen Kosten gemessen an der ursprünglichen Höhe fest bleiben und bis zum Ende des Darlehensvertrags gelten. Das kann insbesondere dann zu Problemen führen, wenn in einer Niedrigzinsphase ein sehr niedriger fester Zinssatz für eine kurze Laufzeit vereinbart wird und danach für längere Zeit ein variabler Zinssatz gelten soll.[26] Abs. 5 findet keine Anwendung, wenn sich die Darlehenskonditionen zwar während der Darlehenslaufzeit ändern, diese Änderungen jedoch von vornherein fest vereinbart sind (z.B. bei Vereinbarung eines zeitlich gestaffelten Nominalzinses). In diesem Fall sind die Gesamtkosten des Darlehens bereits im Zeitpunkt der Berechnung des effektiven Jahreszinses bestimmbar.

31 Abs. 5 ist anwendbar, wenn eine **Änderung des Zinssatzes** oder sonstiger für die Berechnung des effektiven Jahreszinses relevanter Kosten **vorbehalten** ist. Der Begriff der „einzubeziehenden Kosten" ist gleichbedeutend mit dem der preisbestimmenden Faktoren. Damit ist die Vorschrift auch anwendbar, wenn sich der Änderungsvorbehalt nicht auf die Darlehenskosten im engeren Sinne, sondern z.B. auf die Fälligkeit der Zinszahlungen oder die Verrechnungstermine bezieht. Bei den vom Änderungsvorbehalt betroffenen Konditionen ist im Rahmen der Berechnung zu fingieren, dass sie für die gesamte Darlehenslaufzeit in der ursprünglichen Form gelten.[27]

F. Berechnungsvorgaben bei variablen Darlehenskonditionen (Abs. 6)

32 In der vor Umsetzung der Verbraucherkreditrichtlinie 2008/48/EG geltenden Fassung stellte Abs. 6 zusätzliche **Vermutungen** bei der Berechnung des effektiven Jahreszinses auf. Diese Vermutungen erfuhren durch die Umsetzung der Verbraucherkreditrichtlinie eine erhebliche Erweiterung und werden seitdem in der **Anlage zu § 6** geregelt.[28] Damit folgt der deutsche Gesetzgeber der Regelungssystematik des Unionsrechts. Die Annahmen zu Berechnung des effektiven Jahreszinses sind nach Art. 17 Abs. 7 Richtlinie 2014/17/EU ebenfalls in einer Anlage geregelt.

G. Hinweispflicht auf Erforderlichkeit einer zwingenden Nebenleistung, deren Kosten nicht im Voraus bestimmt werden können (Abs. 7)

33 Nach Abs. 7 besteht die zusätzliche Pflicht des Darlehensanbieters, in klarer, eindeutiger und auffallender Art und Weise auf die **Erforderlichkeit der Inanspruchnahme einer Nebenleistung**

---

[26] Hierzu ausführlich *Köhler* WM 2012, 149, 150.
[27] Näher *Völker,* PreisangabenR, § 6 Rdn. 77f.
[28] Begründung des Gesetzentwurfes der Bundesregierung vom 21.1.2009, BT-Drucks. 16/11643, S. 142.

hinzuweisen, wenn die Darlehensgewährung hiervon allgemein abhängig gemacht wird, es sich also um eine zwingende Nebenleistung handelt,[29] und die Kosten der Nebenleistung nicht im Voraus bestimmt werden können. Können die Kosten hingegen im Voraus bestimmt werden, sind sie bei der Berechnung des effektiven Jahreszinses zu berücksichtigen. Handelt es sich um eine fakultative Nebenleistung, sind die Kosten nicht zu berücksichtigen und es muss auch kein Hinweis erfolgen.

Die Regelung dient der Umsetzung von Art. 11 Abs. 4 der Richtlinie 2014/17/EG. Gleichgültig ist, um welche **Art der Nebenleistung** es sich handelt (vgl. Art. 4 Nr. 4 der Richtlinie 2014/17/EG). Der Abschluss einer Versicherung oder das Eingehen einer Mitgliedschaft sind (nach Umsetzung der Wohnimmobilienkreditrichtlinie) „nur noch" als Beispiele für solche Nebenleistungen genannt. 34

Das Erfordernis einer Mitgliedschaft umfasst z. B. die Mitgliedschaft in einem Verein, einer Genossenschaft, einem Klub oder in jeder anderen Gruppe. Unerheblich ist, ob die Mitgliedschaft mit einer einmaligen Eintrittsgebühr, regelmäßig wiederkehrenden Beiträgen oder anderen Pflichten und Belastungen (z. B. einmalige oder wiederkehrende Pflicht zum Bezug von Waren oder zur Inanspruchnahme von Leistungen) verbunden ist. Bei Versicherungen werden z. B. sowohl Versicherungen erfasst, die der Sicherung der Tilgung (z. B. Risiko-Lebensversicherung, Rentenversicherung) dienen, als auch Versicherungen, die sich auf den mit dem Darlehen erworbenen Gegenstand beziehen (z. B. Kfz-Kaskoversicherung, Gebäudeversicherung usw.). 35

Abs. 7 schreibt allerdings nicht die Pflicht zur Angabe der mit der Nebenleistung verbundenen Kosten vor, was auch schwerlich möglich wäre, weil Voraussetzung für das Eingreifen von Abs. 7 ist, dass die Kosten der Nebenleistung nicht im Voraus bestimmt werden können. Insoweit gelten die allgemeinen Bestimmungen der PAngV.[30] 36

H. Sonderbestimmungen für Bauspardarlehen und mit ihnen zusammenhängende Darlehen (Abs. 8)

I. Allgemeines

Bausparkassen sind Kreditinstitute, deren Geschäftsbetrieb darauf gerichtet ist, Einlagen von Bausparern entgegenzunehmen und aus den angesammelten Beträgen den Bausparern für **wohnungswirtschaftliche Maßnahmen** Gelddarlehen (Bauspardarlehen) zu gewähren.[31] Im Vergleich zu normalen Darlehen sind Bauspardarlehen also durch eine Reihe von Besonderheiten gekennzeichnet, namentlich durch das grundsätzliche Erfordernis für den Bausparer, zunächst in einer **Ansparphase** durch Bauspareinlagen bei der Bausparkasse ein **Guthaben** in bestimmter Höhe zu **akkumulieren,** um durch Leistung dieser Bauspareinlagen einen Rechtsanspruch auf Gewährung eines Bauspardarlehens[32] für wohnungswirtschaftliche Maßnahmen[33] zu erwerben. Wie sich aus Abs. 8 ergibt, besteht auch bei einer Preiswerbung und bei Angeboten für Bauspardarlehen die Pflicht zur Angabe des effektiven Jahreszinses. Zweck der Vorschrift ist es, einigen Besonderheiten des Bauspargeschäfts und mit ihm zusammenhängenden Vor- und Zwischenfinanzierungen Rechnung zu tragen. 37

II. Berechnung der Darlehenssumme (S. 1)

Die dem Bausparer nach Zuteilung des Bauspardarlehens ausbezahlte Bausparsumme setzt sich regelmäßig aus dem **angesparten Guthaben** und einem **Darlehensanteil** zusammen. Da dieser im Verhältnis zum Guthaben von Fall zu Fall unterschiedlich sein kann und dieses Verhältnis von Guthaben zu Darlehen zum Zeitpunkt der Werbung oder des Angebots in der Regel noch nicht absehbar ist, sieht S. 1 vor, dass für die Berechnung des effektiven Jahreszinses von der Ansparung des vertraglich vorgesehenen Mindestsparguthabens zum Zeitpunkt der Darlehensauszahlung (also von der maximal möglichen Darlehenshöhe) auszugehen ist. Die Angabe des Guthabenanteils an der Bausparsumme ist bei Zugrundelegung des Mindestguthabens nicht erforderlich. Wird jedoch 38

[29] Näher *Völker,* PreisangabenR, § 6 Rdn. 90 f.
[30] *Gimbel/Boest,* Die neue Preisangabenverordnung, 1985, § 4 Anm. 22.
[31] § 1 Abs. 1 S. 1 BauSparkG.
[32] Vgl. § 1 Abs. 1 S. 1 BauSparkG.
[33] Vgl. § 1 Abs. 3 BauSparkG.

der effektive Jahreszins ergänzend auch für andere Kreditvarianten mit höherem Guthabenanteil angegeben, muss aus Gründen der Preisklarheit (§ 1 Abs. 6 S. 1) bei allen Varianten neben dem effektiven Jahreszins auch der Guthabenanteil angegeben werden.

III. Berücksichtigung der Abschlussgebühr (S. 2)

39 Der Bausparer muss üblicherweise eine **Abschlussgebühr** zahlen, die (wie das für die Zuteilung erforderliche Mindestsparguthaben) i. d. R. als ein bestimmter Prozentsatz der Bausparsumme berechnet wird. Diese Abschlussgebühr ist als Teil der Gesamtkosten des Bauspardarlehens i. S. v. Abs. 3 bei der Berechnung des effektiven Jahreszinses grundsätzlich zu berücksichtigen. Nach Abs. 8 S. 2 ist für diese Berechnung im Zweifel lediglich der Teil der Abschlussgebühr zu berücksichtigen, der auf den Darlehensanteil der Bausparsumme entfällt; dies ist der Prozentsatz der Abschlussgebühr, der dem Verhältnis des Kreditbetrags zur gesamten Bausparsumme entspricht. In der Werbung kann dabei der sich bei der betreffenden Bausparkasse üblicherweise, also im Normalfall, ergebende Anteil zugrunde gelegt werden.[34] Bei individuellen Angeboten ist der konkrete Darlehensanteil zugrunde zu legen. Dies gilt jedoch nur „im Zweifel", also nicht wenn das Angebot oder die Werbung der Bausparkasse eine andere Verteilung der Abschlussgebühr auf Anspar- und Darlehensanteil des Bauspargeschäfts vorsieht; wird die Abschlussgebühr z. B. bei vorzeitiger Beendigung des Bausparvertrags ohne Inanspruchnahme des Darlehens voll erstattet, bezieht sie sich ausschließlich auf den Darlehensanteil des Geschäfts und ist demgemäß bei der Berechnung des effektiven Jahreszinses in voller Höhe zu berücksichtigen.[35]

IV. Laufzeitfiktion für Verbraucherdarlehen zur Vor- und Zwischenfinanzierung von Bauspardarlehen (S. 3)

40 S. 3 betrifft nicht die Preisangabe für Bauspardarlehen selbst, sondern für **Verbraucherdarlehen,** die ihrer **Vor- oder Zwischenfinanzierung** dienen. Die Vorschrift betrifft also vor allem Fälle, in denen der Bausparer bereits vor Zuteilung der Bausparsumme eine Immobilie erwirbt und bis zu ihrer Auszahlung ein Zwischenfinanzierungsdarlehen aufnimmt. Dabei ist es unerheblich, ob die Vor- bzw. Zwischenfinanzierung durch die Bausparkasse selbst oder ein anderes Kreditinstitut erfolgt. Nach § 4 Abs. 5 BauSparkG können sich Bausparkassen nicht vor Zuteilung eines Bausparvertrags verpflichten, die Bausparsumme zu einem bestimmten Zeitpunkt auszuzahlen. Die Laufzeit eines der Vor- oder Zwischenfinanzierung der Bausparsumme dienenden Darlehens lässt sich daher zum Zeitpunkt des Angebots nicht fest bestimmen. Die Laufzeit ist jedoch für die Berechnung des effektiven Jahreszinses von Bedeutung, da Einmalkosten (Disagio, Vermittlungs-, Bearbeitungskosten usw.) bei einer längeren Laufzeit stärker zu Buche schlagen als bei einer kürzeren. Daher ist nach S. 3 als Laufzeit des der Vor-/Zwischenfinanzierung dienenden Darlehens von der Zuteilungsfrist auszugehen, die sich aus der **Zielbewertungszahl gleichartiger Bausparverträge** ergibt. Dies ist die von der betreffenden Bausparkasse aufgrund der derzeitigen Verhältnisse geschätzte Frist bis zur Zuteilung der Bausparsumme für Bausparverträge der in Rede stehenden Kategorie (unter Berücksichtigung des bereits zurückliegenden Teils der Ansparphase, des vorhandenen Guthabens, der Bausparsumme und anderer relevanter Faktoren), also ein Erfahrungswert.[36]

V. Angabe des effektiven Jahreszinses für Gesamtlaufzeit bei Vor- oder Zwischenfinanzierungsdarlehen (S. 4)

41 Im Zuge der Umsetzung der Wohnimmobilienkreditrichtlinie neu eingefügt wurde S. 4, nach dem bei einer Vor- oder Zwischenfinanzierung der effektive Jahreszins für die **Gesamtlaufzeit** des Vertrags – also auch für die Zeit der Vor- und Zwischenfinanzierung und die Laufzeit des Bauspardarlehens – anzugeben ist. Bausparverträge mit Sofortfinanzierung werden damit den Verbraucherdarlehensverträgen gleichgestellt.[37] Ziel dieser Regelung ist es, Informationsasymmetrien abzubauen

---

[34] Vgl. *Steppeler/Astfalk,* Preisrecht und Preisangaben in der Kreditwirtschaft, 1986, Rdn. 66.
[35] *Gimbel/Boest,* Die neue Preisangabenverordnung, 1985, § 4 Rdn. 24.
[36] Vgl. *Steppeler/Astfalk,* Preisrecht und Preisangaben in der Kreditwirtschaft, 1986, Rdn. 67.
[37] Begründung des Gesetzentwurfs zur Umsetzung der Wohnimmobilienkreditrichtlinie, BT Drucks. 18/5922 S. 133.

und die Regelungen zu Riester-Bausparverträgen auch auf sonstige Bausparverträge zu übertragen, so dass auch ungeförderte Bauparkombidarlehen miteinander und mit anderen Bankangeboten verglichen werden können.

Anlage zu § 6

I. Grundgleichung zur Darstellung der Gleichheit zwischen Verbraucherdarlehens-Auszahlungsbeträgen einerseits und Rückzahlungen (Tilgung, Zinsen und Verbraucherdarlehenskosten) andererseits. 42
Die nachstehende Gleichung zur Ermittlung des effektiven Jahreszinses drückt auf jährlicher Basis die rechnerische Gleichheit zwischen der Summe der Gegenwartswerte der in Anspruch genommenen Verbraucherdarlehens-Auszahlungsbeträge einerseits und der Summe der Gegenwartswerte der Rückzahlungen (Tilgung, Zinsen und Verbraucherdarlehenskosten) andererseits aus:

$$\sum_{k=1}^{m'} Ck\ (1 + X)\text{-}tk = \sum_{l=1}^{m'} Dl\ (1 + X)\text{-}sl$$

Hierbei ist

– X der effektive Jahreszins;
– m die laufende Nummer des letzten Verbraucherdarlehens-Auszahlungsbetrags;
– k die laufende Nummer eines Verbraucherdarlehens-Auszahlungsbetrags, wobei $1 \leq k \leq m$;
– Ck die Höhe des Verbraucherdarlehens-Auszahlungsbetrags mit der Nummer k;
– tk der in Jahren oder Jahresbruchteilen ausgedrückte Zeitraum zwischen der ersten Verbraucherdarlehensvergabe und dem Zeitpunkt der einzelnen nachfolgenden in Anspruch genommenen Verbraucherdarlehens-Auszahlungsbeträge, wobei t1 = 0;
– m' die laufende Nummer der letzten Tilgungs-, Zins- oder Kostenzahlung;
– l die laufende Nummer einer Tilgungs-, Zins- oder Kostenzahlung;
– Dl der Betrag einer Tilgungs-, Zins- oder Kostenzahlung;
– sl der in Jahren oder Jahresbruchteilen ausgedrückte Zeitraum zwischen dem Zeitpunkt der Inanspruchnahme des ersten Verbraucherdarlehens-Auszahlungsbetrags und dem Zeitpunkt jeder einzelnen Tilgungs-, Zins- oder Kostenzahlung.

Anmerkungen:
a) Die von beiden Seiten zu unterschiedlichen Zeitpunkten gezahlten Beträge sind nicht notwendigerweise gleich groß und werden nicht notwendigerweise in gleichen Zeitabständen entrichtet.
b) Anfangszeitpunkt ist der Tag der Auszahlung des ersten Verbraucherdarlehensbetrag.
c) Der Zeitraum zwischen diesen Zeitpunkten wird in Jahren oder Jahresbruchteilen ausgedrückt. Zugrunde gelegt werden für ein Jahr 365 Tage (bzw. für ein Schaltjahr 366 Tage), 52 Wochen oder zwölf Standardmonate. Ein Standardmonat hat 30,41666 Tage (d. h. 365/12), unabhängig davon, ob es sich um ein Schaltjahr handelt oder nicht.
Können die Zeiträume zwischen den in den Berechnungen verwendeten Zeitpunkten nicht als ganze Zahl von Wochen, Monaten oder Jahren ausgedrückt werden, so sind sie als ganze Zahl eines dieser Zeitabschnitte in Kombination mit einer Anzahl von Tagen auszudrücken. Bei der Verwendung von Tagen
aa) werden alle Tage einschließlich Wochenenden und Feiertagen gezählt;
bb) werden gleich lange Zeitabschnitte und dann Tage bis zur Inanspruchnahme des ersten Verbraucherdarlehensbetrags zurückgezählt;
cc) wird die Länge des in Tagen bemessenen Zeitabschnitts ohne den ersten und einschließlich des letzten Tages berechnet und in Jahren ausgedrückt, indem dieser Zeitabschnitt durch die Anzahl von Tagen des gesamten Jahres (365 oder 366 Tage), zurückgezählt ab dem letzten Tag bis zum gleichen Tag des Vorjahres, geteilt wird.
d) Das Rechenergebnis wird auf zwei Dezimalstellen genau angegeben. Ist die Ziffer der dritten Dezimalstelle größer als oder gleich 5, so erhöht sich die Ziffer der zweiten Dezimalstelle um den Wert 1.
e) Mathematisch darstellen lässt sich diese Gleichung durch eine einzige Summation unter Verwendung des Faktors „Ströme“ (Ak), die entweder positiv oder negativ sind, je nachdem, ob sie für Auszahlungen oder für Rückzahlungen innerhalb der Perioden 1 bis n, ausgedrückt in Jahren, stehen:

$$S = \sum_{k=1}^{n} Ak\ (1 + X)\text{-}tl$$

dabei ist S der Saldo der Gegenwartswerte aller „Ströme", deren Wert gleich null sein muss, damit die Gleichheit zwischen den „Strömen" gewahrt bleibt.

43 II. Es gelten die folgenden zusätzlichen Annahmen für die Berechnung des effektiven Jahreszinses:

a) Ist dem Verbraucher nach dem Verbraucherdarlehensvertrag freigestellt, wann er das Verbraucherdarlehen in Anspruch nehmen will, so gilt das gesamte Verbraucherdarlehen als sofort in voller Höhe in Anspruch genommen.

b) Ist dem Verbraucher nach dem Verbraucherdarlehensvertrag generell freigestellt, wann er das Verbraucherdarlehen in Anspruch nehmen will, sind jedoch je nach Art der Inanspruchnahme Beschränkungen in Bezug auf Verbraucherdarlehensbetrag und Zeitraum vorgesehen, so gilt das gesamte Verbraucherdarlehen als zu dem im Verbraucherdarlehensvertrag vorgesehenen frühestmöglichen Zeitpunkt mit den entsprechenden Beschränkungen in Anspruch genommen.

c) Sieht der Verbraucherdarlehensvertrag verschiedene Arten der Inanspruchnahme mit unterschiedlichen Kosten oder Sollzinssätzen vor, so gilt das gesamte Verbraucherdarlehen als zu den höchsten Kosten und zum höchsten Sollzinssatz in Anspruch genommen, wie sie für die Kategorie von Geschäften gelten, die bei dieser Art von Verbraucherdarlehensverträgen am häufigsten vorkommt.

d) Bei einer Überziehungsmöglichkeit gilt das gesamte Verbraucherdarlehen als in voller Höhe und für die gesamte Laufzeit des Verbraucherdarlehensvertrags in Anspruch genommen. Ist die Dauer der Überziehungsmöglichkeit nicht bekannt, so ist bei der Berechnung des effektiven Jahreszinses von der Annahme auszugehen, dass die Laufzeit des Verbraucherdarlehensvertrags drei Monate beträgt.

e) Bei einem Überbrückungsdarlehen gilt das gesamte Verbraucherdarlehen als in voller Höhe und für die gesamte Laufzeit des Verbraucherdarlehensvertrags in Anspruch genommen. Ist die Laufzeit des Verbraucherdarlehensvertrags nicht bekannt, so wird bei der Berechnung des effektiven Jahreszinses von der Annahme ausgegangen, dass sie zwölf Monate beträgt.

f) Bei einem unbefristeten Verbraucherdarlehensvertrag, der weder eine Überziehungsmöglichkeit noch ein Überbrückungsdarlehen beinhaltet, wird angenommen, dass

aa) das Verbraucherdarlehen bei Immobiliar-Verbraucherdarlehensverträgen für einen Zeitraum von 20 Jahren ab der ersten Inanspruchnahme gewährt wird und dass mit der letzten Zahlung des Verbrauchers der Saldo, die Zinsen und etwaige sonstige Kosten ausgeglichen sind; bei Allgemein-Verbraucherdarlehensverträgen, die nicht für den Erwerb oder die Erhaltung von Rechten an Immobilien bestimmt sind oder bei denen das Verbraucherdarlehen im Rahmen von Debit-Karten mit Zahlungsaufschub oder Kreditkarten in Anspruch genommen wird, dieser Zeitraum ein Jahr beträgt und dass mit der letzten Zahlung des Verbrauchers der Saldo, die Zinsen und etwaige sonstige Kosten ausgeglichen sind;

bb) der Verbraucherdarlehensbetrag in gleich hohen monatlichen Zahlungen, beginnend einen Monat nach dem Zeitpunkt der ersten Inanspruchnahme, zurückgezahlt wird; muss der Verbraucherdarlehensbetrag jedoch vollständig, in Form einer einmaligen Zahlung, innerhalb jedes Zahlungszeitraums zurückgezahlt werden, so ist anzunehmen, dass spätere Inanspruchnahmen und Rückzahlungen des gesamten Verbraucherdarlehensbetrags durch den Verbraucher innerhalb eines Jahres stattfinden; Zinsen und sonstige Kosten werden entsprechend diesen Inanspruchnahmen und Tilgungszahlungen und nach den Bestimmungen des Verbraucherdarlehensvertrags festgelegt.

Als unbefristete Verbraucherdarlehensverträge gelten für die Zwecke dieses Buchstabens Verbraucherdarlehensverträge ohne feste Laufzeit, einschließlich solcher Verbraucherdarlehen, bei denen der Verbraucherdarlehensbetrag innerhalb oder nach Ablauf eines Zeitraums vollständig zurückgezahlt werden muss, dann aber erneut in Anspruch genommen werden kann.

g) Bei Verbraucherdarlehensverträgen, die weder Überziehungsmöglichkeiten beinhalten noch Überbrückungsdarlehen, Verbraucherdarlehensverträge mit Wertbeteiligung, Eventualverpflichtungen oder Garantien sind, und bei unbefristeten Verbraucherdarlehensverträgen (siehe die Annahmen unter den Buchstaben d, e, f, l und m) gilt Folgendes:

aa) Lassen sich der Zeitpunkt oder die Höhe einer vom Verbraucher zu leistenden Tilgungszahlung nicht feststellen, so ist anzunehmen, dass die Rückzahlung zu dem im Verbraucherdarlehensvertrag genannten frühestmöglichen Zeitpunkt und in der darin festgelegten geringsten Höhe erfolgt.

bb) Lässt sich der Zeitraum zwischen der ersten Inanspruchnahme und der ersten vom Verbraucher zu leistenden Zahlung nicht feststellen, so wird der kürzestmögliche Zeitraum angenommen.

cc) Ist der Zeitpunkt des Abschlusses des Verbraucherdarlehensvertrags nicht bekannt, so ist anzunehmen, dass das Verbraucherdarlehen erstmals zu dem Zeitpunkt in Anspruch genommen wurde, der sich aus dem kürzesten zeitlichen Abstand zwischen diesem Zeitpunkt und der Fälligkeit der ersten vom Verbraucher zu leistenden Zahlung ergibt.

h) Lassen sich der Zeitpunkt oder die Höhe einer vom Verbraucher zu leistenden Zahlung nicht anhand des Verbraucherdarlehensvertrags oder der Annahmen nach den Buchstaben d, e, f, g, l oder m feststellen, so ist anzunehmen, dass die Zahlung in Übereinstimmung mit den vom Darlehensgeber bestimmten Fristen und Bedingungen erfolgt und dass, falls diese nicht bekannt sind,
  aa) die Zinszahlungen zusammen mit den Tilgungszahlungen erfolgen,
  bb) Zahlungen für Kosten, die keine Zinsen sind und die als Einmalbetrag ausgedrückt sind, bei Abschluss des Verbraucherdarlehensvertrags erfolgen,
  cc) Zahlungen für Kosten, die keine Zinsen sind und die als Mehrfachzahlungen ausgedrückt sind, beginnend mit der ersten Tilgungszahlung in regelmäßigen Abständen erfolgen und es sich, falls die Höhe dieser Zahlungen nicht bekannt ist, um jeweils gleich hohe Beträge handelt,
  dd) mit der letzten Zahlung der Saldo, die Zinsen und etwaige sonstige Kosten ausgeglichen sind.

i) Ist keine Verbraucherdarlehensobergrenze vereinbart, ist anzunehmen, dass die Obergrenze des gewährten Verbraucherdarlehens 170 000 Euro beträgt. Bei Verbraucherdarlehensverträgen, die weder Eventualverpflichtungen noch Garantien sind und die nicht für den Erwerb oder die Erhaltung eines Rechts an Wohnimmobilien oder Grundstücken bestimmt sind, sowie bei Überziehungsmöglichkeiten, Debit-Karten mit Zahlungsaufschub oder Kreditkarten ist anzunehmen, dass die Obergrenze des gewährten Verbraucherdarlehens 1500 Euro beträgt.

j) Werden für einen begrenzten Zeitraum oder Betrag verschiedene Sollzinssätze und Kosten angeboten, so sind während der gesamten Laufzeit des Verbraucherdarlehensvertrags der höchste Sollzinssatz und die höchsten Kosten anzunehmen.

k) Bei Verbraucherdarlehensverträgen, bei denen für den Anfangszeitraum ein fester Sollzinssatz vereinbart wurde, nach dessen Ablauf ein neuer Sollzinssatz festgelegt wird, der anschließend in regelmäßigen Abständen nach einem vereinbarten Indikator oder einem internen Referenzzinssatz angepasst wird, wird bei der Berechnung des effektiven Jahreszinses von der Annahme ausgegangen, dass der Sollzinssatz ab dem Ende der Festzinsperiode dem Sollzinssatz entspricht, der sich aus dem Wert des vereinbarten Indikators oder des internen Referenzzinssatzes zum Zeitpunkt der Berechnung des effektiven Jahreszinses ergibt, die Höhe des festen Sollzinssatzes jedoch nicht unterschreitet.

l) Bei Eventualverpflichtungen oder Garantien wird angenommen, dass das gesamte Verbraucherdarlehen zum früheren der beiden folgenden Zeitpunkte als einmaliger Betrag vollständig in Anspruch genommen wird:
  aa) zum letztzulässigen Zeitpunkt nach dem Verbraucherdarlehensvertrag, welcher die potenzielle Quelle der Eventualverbindlichkeit oder Garantie ist, oder
  bb) bei einem Roll-over-Verbraucherdarlehensvertrag am Ende der ersten Zinsperiode vor der Erneuerung der Vereinbarung.

m) Bei Verbraucherdarlehensverträgen mit Wertbeteiligung wird angenommen, dass
  aa) die Zahlungen der Verbraucher zu den letzten nach dem Verbraucherdarlehensvertrag möglichen Zeitpunkten geleistet werden;
  bb) die prozentuale Wertsteigerung der Immobilie, die die Sicherheit für den Vertrag darstellt, und ein in dem Vertrag genannter Inflationsindex ein Prozentsatz ist, der – je nachdem, welcher Satz höher ist – dem aktuellen Inflationsziel der Zentralbank oder der Höhe der Inflation in dem Mitgliedstaat, in dem die Immobilie belegen ist, zum Zeitpunkt des Abschlusses des Verbraucherdarlehensvertrags oder dem Wert 0 %, falls diese Prozentsätze negativ sind, entspricht.

§ 6a Werbung für Verbraucherdarlehen

(1) [1]**Jegliche Kommunikation für Werbe- und Marketingzwecke, die Verbraucherdarlehen betrifft, hat den Kriterien der Redlichkeit und Eindeutigkeit zu genügen und darf nicht irreführend sein.** [2]**Insbesondere sind Formulierungen unzulässig, die beim Verbraucher falsche Erwartungen in Bezug auf die Möglichkeit, ein Verbraucherdarlehen zu erhalten oder in Bezug auf die Kosten eines Verbraucherdarlehens wecken.**

(2) [1]**Wer gegenüber Verbrauchern für den Abschluss eines Verbraucherdarlehensvertrags mit Zinssätzen oder sonstigen Zahlen, die die Kosten betreffen, wirbt, muss in klarer, verständlicher und auffallender Weise angeben:**

1. **die Identität und Anschrift des Darlehensgebers oder gegebenenfalls des Darlehensvermittlers,**
2. **den Nettodarlehensbetrag,**
3. **den Sollzinssatz und die Auskunft, ob es sich um einen festen oder einen variablen Zinssatz oder um eine Kombination aus beiden handelt, sowie Einzelheiten aller für den Verbraucher anfallenden, in die Gesamtkosten einbezogenen Kosten,**

4. den effektiven Jahreszins.

[2]In der Werbung ist der effektive Jahreszins mindestens genauso hervorzuheben wie jeder andere Zinssatz.

(3) **In der Werbung gemäß Absatz 2 sind zusätzlich, soweit zutreffend, folgende Angaben zu machen:**
1. der vom Verbraucher zu zahlende Gesamtbetrag,
2. die Laufzeit des Verbraucherdarlehensvertrags,
3. die Höhe der Raten,
4. die Anzahl der Raten,
5. bei Immobiliar-Verbraucherdarlehen der Hinweis, dass der Verbraucherdarlehensvertrag durch ein Grundpfandrecht oder eine Reallast besichert wird,
6. bei Immobiliar-Verbraucherdarlehen in Fremdwährung ein Warnhinweis, dass sich mögliche Wechselkursschwankungen auf die Höhe des vom Verbraucher zu zahlenden Gesamtbetrags auswirken könnten.

(4) **[1]Die in den Absätzen 2 und 3 genannten Angaben sind mit Ausnahme der Angaben nach Absatz 2 Satz 1 Nummer 1 und Absatz 3 Nummer 5 und 6 mit einem Beispiel zu versehen. [2]Bei der Auswahl des Beispiels muss der Werbende von einem effektiven Jahreszins ausgehen, von dem er erwarten darf, dass er mindestens zwei Drittel der auf Grund der Werbung zustande kommenden Verträge zu dem angegebenen oder einem niedrigeren effektiven Jahreszins abschließen wird.**

(5) **Verlangt der Werbende den Abschluss eines Versicherungsvertrags oder eines Vertrags über andere Zusatzleistungen und können die Kosten für diesen Vertrag nicht im Voraus bestimmt werden, ist auf die Verpflichtung zum Abschluss dieses Vertrags klar und verständlich an gestalterisch hervorgehobener Stelle zusammen mit dem effektiven Jahreszins hinzuweisen.**

(6) **Die Informationen nach den Absätzen 2, 3 und 5 müssen in Abhängigkeit vom Medium, das für die Werbung gewählt wird, akustisch gut verständlich oder deutlich lesbar sein.**

(7) **Auf Immobiliar-Verbraucherdarlehensverträge gemäß § 491 Absatz 2 Satz 2 Nummer 5 des Bürgerlichen Gesetzbuchs ist nur Absatz 1 anwendbar.**

Inhaltsübersicht

	Rdn.
A. Unionsrechtliche Vorgaben, Aufbau und Zweck der Norm	1
B. Allgemeine Anforderungen an jegliche Kommunikation für Werbe- und Marketingzwecke (Abs. 1)	4
C. Voraussetzungen für die Anwendung des § 6a PAngV (Abs. 2)	7
I. Werbung gegenüber Verbrauchern	7
II. Für den Abschluss eines Verbraucherdarlehensvertrags	8
III. Mit Zinssätzen oder sonstigen Zahlen, die Kosten betreffen	10
D. Folgen: Verpflichtung zu bestimmten Angaben (Abs. 2 und 3) in bestimmter Art und Weise	12
I. Angabe der Identität und Anschrift des Darlehensgebers oder gegebenenfalls des Darlehensvermittlers	13
II. Angabe des Nettodarlehensbetrags	14
III. Angabe des Sollzinssatzes; Auskunft, ob es sich um einen festen oder einen variablen Zinssatz handeln; Einzelheiten aller für den Verbraucher anfallenden, in die Gesamtkosten einbezogenen Kosten	15
IV. Angabe des effektiven Jahreszinses	16
V. Weitere Angaben (Abs. 3)	17
VI. Angabe in klarer, eindeutiger und auffallender Art und Weise, sowie gut verständlich und deutlich lesbar	18
VII. Repräsentatives Beispiel (Abs. 4)	20
VIII. Zusätzliche Angaben bei Zusatzverträgen und Zusatzleistungen	21
E. Teilzahlungsgeschäfte und Immobiliar-Verbraucherdarlehensverträge nach § 491 Abs. 2 S. 2 Nr. 5 BGB (Abs. 7)	24

A. Unionsrechtliche Vorgaben, Aufbau und Zweck der Norm

§ 6a PAngV trat zum 11.6.2010 in Kraft, zunächst zur Umsetzung von Art. 4 der Verbraucherkreditrichtlinie 2008/48/EG. Im Jahr 2016 kam es dann zu einer umfassenden Überarbeitung, indem die Abs. 1–3 neu gefasst und die Abs. 6 und 7 neu eingefügt wurden. Dies dient der Umsetzung von **Art. 10 und 11 der Wohnimmobilienkreditrichtlinie 2014/17/EU,** die wie folgt lauten: 1

Art. 10 Allgemeine Bestimmungen zu Werbung und Marketing

Unbeschadet der Richtlinie 2005/29/EG schreiben die Mitgliedstaaten vor, dass jegliche Kreditverträge betreffend Kommunikation für Werbe- und Marketingzwecke den Kriterien der Redlichkeit und Eindeutigkeit genügt und nicht irreführend ist. Insbesondere werden Formulierungen untersagt, die beim Verbraucher falsche Erwartungen in Bezug auf die Zugänglichkeit oder die Kosten eines Kredits wecken.

Art. 11 Standardinformationen, die in die Werbung aufzunehmen sind

(1) Die Mitgliedstaaten stellen sicher, dass Werbung für Kreditverträge, in der Zinssätze oder sonstige auf die Kosten eines Kredits für den Verbraucher bezogene Zahlen genannt werden, die in diesem Artikel angegebenen Standardinformationen enthält.

Die Mitgliedstaaten können vorsehen, dass Unterabsatz 1 nicht gilt, wenn nationales Recht verlangt, dass bei der Werbung für Kreditverträge, die keine Angaben über den Zinssatz oder Zahlenangaben über dem Verbraucher entstehende Kosten des Kredits im Sinne von Unterabsatz 1 enthält, der effektive Jahreszins anzugeben ist.

(2) Die Standardinformationen nennen folgende Elemente in klarer, prägnanter und auffallender Art und Weise:
a) die Identität des Kreditgebers oder gegebenenfalls des Kreditvermittlers oder des benannten Vertreters,
b) gegebenenfalls den Hinweis, dass der Kreditvertrag durch eine Hypothek oder eine vergleichbare Sicherheit, die in einem Mitgliedstaat gewöhnlich für Wohnimmobilien genutzt wird, oder durch ein Recht an Wohnimmobilien gesichert wird,
c) Sollzinssatz und Angabe, ob es sich um einen festen oder einen variablen Zinssatz oder eine Kombination aus beiden handelt, sowie Einzelheiten aller für den Verbraucher anfallenden, in die Gesamtkreditkosten einbezogenen Kosten,
d) den Gesamtkreditbetrag,
e) den effektiven Jahreszins, der in der Werbung mindestens genauso hervorzuheben ist wie jeder Zinssatz,
f) gegebenenfalls die Laufzeit des Kreditvertrags,
g) gegebenenfalls die Höhe der Raten,
h) gegebenenfalls den vom Verbraucher zu zahlenden Gesamtbetrag,
i) gegebenenfalls die Anzahl der Raten,
j) gegebenenfalls einen Warnhinweis, dass sich mögliche Wechselkursschwankungen auf die Höhe des vom Verbraucher zu zahlenden Betrags auswirken könnten.

(3) [1]Die in Absatz 2 aufgeführten Informationen mit Ausnahme der Angaben nach den Buchstaben a, b und j sind durch ein repräsentatives Beispiel zu veranschaulichen und richten sich durchweg nach diesem repräsentativen Beispiel. [2]Die Mitgliedstaaten erlassen Kriterien für die Festlegung eines repräsentativen Beispiels.

(4) Ist der Abschluss eines Vertrags über die Inanspruchnahme einer Nebenleistung, insbesondere eines Versicherungsvertrags, zwingende Voraussetzung dafür, dass der Kredit überhaupt oder nach den vorgesehenen Vertragsbedingungen gewährt wird, und können die Kosten der Nebenleistung nicht im Voraus bestimmt werden, so ist auf die Verpflichtung zum Abschluss jenes Vertrags in klarer, prägnanter und auffallender Art und Weise zusammen mit dem effektiven Jahreszins hinzuweisen.

(5) Die Informationen nach den Absätzen 2 und 4 müssen gut lesbar bzw. akustisch gut verständlich sein – je nachdem, welches Medium für die Werbung verwendet wird.

(6) Die Mitgliedstaaten können die Aufnahme eines präzisen und verhältnismäßigen Warnhinweises hinsichtlich der mit Kreditverträgen verbundenen spezifischen Risiken vorschreiben. 2Sie teilen diese Anforderungen der Kommission unverzüglich mit.

(7) Dieser Artikel gilt unbeschadet der Richtlinie 2005/29/EG.

1a Zur Umsetzung der Richtlinie 2014/17/EU werden somit die bestehenden Regelungen, die ihrerseits zur Umsetzung der Verbraucherkreditrichtlinie galten, erweitert und konkretisiert.[1] Der deutsche Gesetzgeber geht dabei sogar noch über die Vorgaben der Richtlinien hinaus, indem er die Angaben gem. § 6a Abs. 2 zur Identität des Darlehensgebers und eines etwaigen Darlehensvermittlers nicht nur für Wohnimmobilienkredite verlangt, sondern für alle Verbraucherdarlehen, obwohl eine solche Angabe nur in der Richtlinie 2014/17/EU verlangt wird, nicht aber auch in der Verbraucherkreditrichtlinie.

2 Wie nunmehr bereits die Überschrift der Regelung verdeutlicht, ist es **Zweck** der Vorschrift, ergänzend zu den Regelungen der §§ 1 Abs. 6, 6 PAngV, 5, 5a UWG und der UGP-Richtlinie, allgemeine Anforderungen an die Werbung für Verbraucherdarlehensverträge zu regeln und zusätzlich insbesondere zu gewährleisten, dass Verbraucher bei der **Konditionenwerbung** für Verbraucherdarlehensverträge auf jeden Fall bestimmte **Standardinformationen** erhalten, damit sie verschiedene Darlehensangebote miteinander vergleichen können. Durch § 6a werden die Anforderungen des § 6 PAngV erheblich erweitert. Wird mit Zinssätzen oder sonstigen Zahlen zu den Kosten von Verbraucherdarlehen geworben, so ist die bloße Angabe des effektiven Jahreszinses allein nicht mehr ausreichend, sondern es sind weitere Angaben zu machen. Die Regelung des § 6a PAngV geht dabei in ihrem Anwendungsbereich den Anforderungen des § 6 PAngV vor. Die Regelung des § 1 Abs. 6 PAngV zu Preiswahrheit und Preisklarheit wird durch § 6a Abs. 1 ergänzt, aber auch erheblich erweitert. Die Bestimmungen sind richtlinienkonform auszulegen und etwaige Auslegungsfragen sind letzten Endes vom EuGH zu entscheiden.

3 **§ 6a Abs. 1** regelt die **allgemeinen Anforderungen** an (jegliche) Werbung für Verbraucherdarlehen. **Abs. 2–6** regeln die **Konditionenwerbung.** Dabei bestimmten **Abs. 2 und 3,** welche Angaben bei der **Konditionenwerbung** für Verbraucherdarlehen speziell gemacht werden müssen. **Abs. 6** konkretisiert die Anforderungen an die Wiedergabe für **verschiedene Medientypen. Abs. 4** verlangt zusätzlich die Angabe eines **Beispiels. Abs. 5** regelt die Anforderungen, wenn von dem Werbenden neben dem Darlehensvertrag zusätzlich der Abschluss eines **Versicherungsvertrags** oder eines Vertrags über andere Zusatzleistungen verlangt wird. In **Abs. 7** werden **Immobiliar-Förderdarlehen** gemäß § 491 Abs. 2 S. 2 Nr. 5 BGB vom Anwendungsbereich des § 6a PAngV **ausgenommen,** mit Ausnahme der allgemeinen Regelung in § 6a Abs. 1. Der deutsche Gesetzgeber macht damit von der Option in Art. 3 Abs. 3 lit. c) der Richtlinie 2014/17/EU Gebrauch.

B. Allgemeine Anforderungen an jegliche Kommunikation für Werbe- und Marketingzwecke (Abs. 1)

4 Nach Abs. 1, der der Umsetzung von Art. 10 der Wohnimmobilienkreditrichtlinie 2014/17/EU dient, muss **jede Kommunikation für Werbe- und Marketingzwecke,** die Verbraucherdarlehen betrifft, **redlich und eindeutig** sein. Sie darf zudem **nicht irreführend** sein. Als – nicht abschließende – Beispiele nennt S. 2 das Hervorrufen falscher Erwartungen in Bezug auf die Möglichkeit, ein Verbraucherdarlehen zu erhalten, oder die hervorgerufenen Kosten. Abs. 1 spricht dabei von **jeglicher Kommunikation** für **Werbe- und Marketingzwecke** und übernimmt die Formulierung aus Art. 10 der Richtlinie 2014/17/EU. In Abs. 2 ist hingegen nur von Werbung die Rede. Man könnte daher meinen, dass der Anwendungsbereich des Abs. 1 auch insoweit weiter ist, als er nicht nur Werbung, sondern auch Marketing umfasst.[2] Im Ergebnis dürfte das aber keinen Unterschied machen. Der Begriff Marketing wird in der Wohnimmobilienkreditrichtlinie oder in der UGP-Richtlinie nicht definiert. Und in dem Erwägungsgrund 37 der Richtlinie 2014/17/EU ist die Rede von einer Liste der Punkte, die in „Werbe- und Marketingmaterial" enthalten sein müssen, soweit „in diesem Werbematerial" Zinssätze oder sonstige Kosten genannt werden. Für den Gesetzgeber scheinen daher Werbung und Marketing synonyme Begriffe zu zu sein.

5 Ebenso wie die Regelungen in Abs. 2–6 betrifft auch § 6a Abs. 1 nur **Aussagen gegenüber Verbrauchern.** Das ergibt sich nicht zwingend aus dem Wortlaut der Regelung in Abs. 1 (anders als bei Abs. 2 ist hier nicht von Werbung „gegenüber Verbrauchern" die Rede)[3], wohl aber aus dem

[1] Begründung des Gesetzentwurfs, BT-Drs. 18/5922, S. 133.

[2] Vgl. auch die Überschriften in Art. 10 („... Werbung und Marketing") und Art. 11 („... Werbung ...") der RL 2014/17/EU.

[3] Allerdings ist in Abs. 1 und auch in Art. 10 der Richtlinie 2014/17/EU in dem „insbesondere" Satz die Rede von falschen Erwartungen „beim Verbraucher".

Sinn und Zweck. Auch bei der Wohnimmobilienkreditrichtlinie 2014/17/EU geht es allein um Verbraucherschutz.

6 Im Hinblick auf die Erwartungen des Verbrauchers an die Kosten eines Kredits dient die Vorschrift der Ergänzung der bestehenden Vorgaben zur Preiswahrheit und Preisklarheit aus § 1 Absatz 6 PAngV.[4] Die Regelung in Abs. 1 geht darüber hinaus aber auch deutlich über den Anwendungsbereich des § 1 Abs. 6 und der PAngV im allgemeinen hinaus, indem sie nicht nur Anforderungen an Preisangaben oder an die Werbung mit Kosten für Verbraucherdarlehen stellt, sondern Vorgaben macht für „jegliche Kommunikation für Werbe- und Marketingzwecke, die Verbraucherdarlehen betrifft". Es handelt sich somit um ein **allgemeines Irreführungsverbot** im Zusammenhang mit Verbraucherdarlehen. Insoweit stellt sich die Frage, ob die PAngV der richtige Ort für eine solche Regelung ist oder ob die Umsetzung des Art. 10 der Richtlinie 2014/17/EU nicht besser im UWG erfolgt wäre, zumal die Regelungen des UWG (und die Vorgaben der UGP-Richtlinie) unberührt bleiben.

C. Sonderregelungen für die Konditionenwerbung bei Verbraucherdarlehensverträgen (Abs. 2–6)

I. Werbung gegenüber Verbrauchern

7 § 6a Abs. 2–6 PAngV betrifft **nur die Werbung** gegenüber **Verbrauchern.** Für beide Begriffe kann auf die allgemeinen Grundsätze verwiesen werden (siehe § 1 Rdn. 6, 19ff.). Ein bloßer Preisaushang kann ohne weitere hinzutretende Umstände nicht als Werbung qualifiziert werden und unterliegt demnach nicht dem Regelungsgehalt des § 6a.[5]

II. Für den Abschluss eines Verbraucherdarlehensvertrags

8 Direkt anwendbar ist Abs. 2 S. 1, wenn die Werbung auf den Abschluss eines **Verbraucherdarlehensvertrags** gerichtet ist. Nach **§ 6c** gilt die Vorschrift aber **auch für entgeltliche Zahlungsaufschübe** und **sonstige entgeltliche Finanzierungshilfen.** Dies kann auch entgeltliche Finanzierungsangebote für Waren betreffen.[6] Die Erweiterung des Anwendungsbereichs dient der Umsetzung des Begriffs „Kreditvertrag" nach Art. 3 lit. c) der Richtlinie 2008/48/EG bzw. Art. 4 Nr. 3 der Richtlinie 2014/17/EU. Vom Anwendungsbereich des § 6a **ausgenommen** sind Verträge über die wiederkehrende Erbringung von Dienstleistungen oder über die Lieferung von Waren gleicher Art, bei denen der Verbraucher für die Dauer der Erbringung oder Lieferung Teilzahlungen für diese Dienstleistungen oder Waren leistet. Außerdem muss das Darlehen (bzw. der Zahlungsaufschub oder die sonstige Finanzierungshilfe), wie sich aus dem Gesamtzusammenhang ergibt, **entgeltlich** sein.

9 Vor Umsetzung der Richtlinien 2008/48/EG und 2014/17/EU war der BGH der Auffassung, dass ein Händler, der in seiner Werbung auf die **Möglichkeit der Darlehensfinanzierung des Warenerwerbs durch einen Dritten** hingewiesen hat (ohne selbst tatsächlich ein entsprechendes Angebot zu machen), zwar hinsichtlich des Darlehensangebots zur Angabe des effektiven Jahreszinses nach § 6a verpflichtet war, nicht aber zur Angabe des Finanzierungsendpreises (Teilzahlungspreises), und zwar selbst dann nicht, wenn sich der Finanzierungshinweis auf ein konzernverbundenes Unternehmen bezogen hat und die umworbenen Verbraucher Verkäufer und Bankinstitut als wirtschaftliche Einheit angesehen haben.[7] Nach Umsetzung der Verbraucherkredit- und der Wohnimmobilienkreditrichtlinien sind derartige Fälle anders zu entscheiden: Der Händler ist als Darlehensvermittler anzusehen, weil er in diesen Fällen Verbrauchern Darlehensverträge „vorstellt" (Art. 3 lit. f) der Richtlinie 2008/48/EG bzw. Art. 4 Nr. 5 der Richtlinie 2014/17/EU). Die Informationspflichten aus § 6a treffen den Händler somit unmittelbar. Der „Finanzierungsendpreis" entspricht dem vom Verbraucher zu zahlenden Gesamtbetrag nach Abs. 3 Nr. 1, der sich nach Art. 3 lit. h) der Richtlinie 2008/48/EG bzw. Art. 4 Nr. 14 der Richtlinie 2014/17/EU zusammensetzt aus der Summe des Darlehensbetrags (also dem Preis der finanzierten Ware) und den Gesamtkosten des Darlehens für den Verbraucher (also den Zinsen, Provisionen usw.).

---

[4] Begründung des Regierungsentwurfs für das Gesetz zur Umsetzung der Wohnimmobilienkreditrichtlinie (BT-Drs 18/5992), S. 133.

[5] LG Frankfurt WM 2011, 2322, 2323.

[6] *Amschewitz* DB 2011, 1565.

[7] BGH GRUR 1992, 857f.; GRUR 1993, 127f.; GRUR 1994, 224, 225f. – *Teilzahlungspreis I–III.*

III. Mit Zinssätzen oder sonstigen Zahlen, die Kosten betreffen

10 § 6a Abs. 2 PAngV greift ein, wenn entweder mit **Zinssätzen** geworben wird oder **mit sonstigen Zahlen,** welche die **Kosten des Verbraucherdarlehens** betreffen. Wird mit konkreten Zahlen (seien es Zinssätze oder sonstige Kosten) geworben, dann sollen dem Verbraucher auch weitere Standardinformationen, nämlich wie in § 6a Abs. 2 und 3 aufgeführt, mitgeteilt werden. § 6a Abs. 2 greift hingegen nicht bei der reinen Imagewerbung, ohne Verwendung von Zahlen.

11 **„Zinssatz"** in diesem Sinn kann dabei jeder Zinssatz sein, insbesondere also auch der effektive Jahreszins.[8] Allerdings muss man insoweit eine Einschränkung vornehmen für den Fall, dass ein Angebot für ein Verbraucherdarlehen im Sinne von § 6 Abs. 1 vorliegt, dieses zugleich als Werbung i. S. v. § 6a zu qualifizieren ist, und die Angabe des effektiven Jahreszinses somit nicht auf der freiwilligen Entscheidung des Werbenden, sondern auf der gesetzlichen Vorgabe des § 6 beruht (vgl. Art. 4 Abs. 1 UAbs. 2 Verbraucherkreditrichtlinie sowie Art. 11 Abs. 1 UAbs. 2 Wohnimmobilienkreditrichtlinie).[9] Ob ein solcher Fall überhaupt eintreten kann, hängt vor allem davon ab, ob sich die Begriffe „Angebot" in § 6 und Werbung in § 6a scharf trennen lassen, was vor allem durch die Rechtsprechung des EuGH bestimmt wird. Der BGH scheint jedenfalls nicht von einer scharfen Trennung auszugehen.[10] Seiner Meinung nach stellt „Eine Aufforderung zum Kauf" eine besondere Form der Werbung dar. Beispiele für eine **Werbung mit Zahlen** in diesem Sinne sind z. B.: die Werbung mit Bearbeitungsgebühren oder Monatsraten,[11] eine Darstellung verschiedener Darlehenssummen und Ratenzahlungsmöglichkeiten. Auch bei einer bezifferten Zinssenkungswerbung[12] ist der effektive Jahreszins anzugeben. Erfasst wird nach der Rechtsprechung des BGH auch der Fall, dass ein Einzelhändler in seiner Werbung die Vermittlung eines „soliden Bankdarlehens" zur Finanzierung eines Warenendpreises verspricht, wenn die möglichen Darlehenskosten bereits in den Gesamtpreis eingerechnet sind und dem Kunden das bewusst ist; dass dem Kunden bei Inanspruchnahme des Kredits selbst keine zusätzlichen Kosten berechnet werden, ist dann unerheblich.[13] Eine Werbung für ein Verbraucherdarlehen unter Angabe von Zinssätzen oder sonstigen Zahlen, die die Kosten betreffen, liegt auch vor, wenn ein Anbieter von Immobilien die Möglichkeit einer von ihm vermittelten Darlehensfinanzierung unter Nennung der monatlichen Belastungsrate bewirbt.[14] Dagegen trifft einen Händler keine Pflicht zur Angabe der Pflichtangaben gem. § 6a Abs. 2 (wie z. B. den effektiven Jahreszins), wenn er auf die Finanzierungsmöglichkeit durch eine Bank lediglich hinweist, ohne zu den Kreditkosten Angaben zu machen.[15]

D. Folge: Verpflichtung zu bestimmten weiteren Angaben (Abs. 2 und 3)

12 Sind die Voraussetzungen des Abs. 2 erfüllt, darf sich die Werbung nicht allein auf die Angabe der Zinssätze, der sonstigen Kosten oder des effektiven Jahreszinses beschränken, sondern es sind auch noch weitere Angaben zu machen, nämlich zur **Identität** des Darlehensgebers oder ggf. des Darlehensvermittlers, zum **Nettodarlehensbetrag,** zum **Sollzinssatz** und dazu, ob es sich um einen **festen oder variablen Zinssatz** oder um eine Kombination aus beiden handelt. Außerdem sind Einzelheiten aller für den Verbraucher anfallenden, **in die Gesamtkosten einbezogenen Kosten** mitzuteilen. Außerdem sind, soweit zutreffend, Angaben zu machen zu dem vom Verbraucher zu zahlenden **Gesamtbetrag,** zur **Laufzeit** des Verbraucherdarlehensvertrags sowie zur **Höhe** und zur **Anzahl der Raten.** Speziell bei Immobiliar-Verbraucherdarlehen sind zudem Angaben zu den Sicherungsrechten sowie – bei Fremdwährungsdarlehen – auf etwaige Wechselkursschwankungen zu machen. Dabei sind die Angaben jeweils gesondert und unter Verwendung der jeweiligen Bezeichnungen zu machen und zwar auch dann, wenn einzelne Werte identisch sind, wenn also z. B. der effektive Jahreszins dem Sollzinssatz entspricht.[16] Die Angaben müssen in klarer, eindeutiger und

---

[8] Vgl. OLG Düsseldorf, BeckRS 2016, 03723 Tz. 22, 23, zu § 6a PAngV a. F.

[9] Wobei zu beachten ist, dass die Verbraucherkreditrichtlinie dies unmittelbar als Ausnahme vorsieht, während die Wohnimmobilienkreditrichtlinie nur einen Vorbehalt zur Umsetzung durch die Mitgliedstaaten enthält.

[10] GRUR 2016, 516 Tz. 28 – *Wir helfen im Trauerfall.*

[11] Vgl. OLG Karlsruhe BB 1978, 1379; KG GewArch 1983, 311 und NJW-RR 1987, 1128.

[12] *Ungnade* WM 1975, 1078, 1079.

[13] BGH GRUR 1994, 311, 313 – *Finanzkaufpreis „ohne Mehrkosten"*; a. A. OLG Hamburg GRUR 1990, 289, 290 – *Clever bezahlen.*

[14] OLG Köln WRP 2008, 679 (LS).

[15] OLG Düsseldorf WRP 1988, 34 f.

[16] *Amschewitz* DB 2011, 1565, 1566.

auffallender Art und Weise gemacht werden und sind mit einem repräsentativen Beispiel (Abs. 4) zu versehen.

I. Angabe der Identität und Anschrift des Darlehensgebers oder gegebenenfalls des Darlehensvermittlers

Nach Abs. 2 S. 1 Nr. 1 sind die Identität und Anschrift des Darlehensgebers oder ggf. des Darlehensvermittlers anzugeben. Die Richtlinie erwähnt zusätzlich auch noch den „benannten Vermittler". Erforderlich ist die Angabe des vollständigen Namens bzw. der Unternehmensbezeichnung sowie der Geschäftsanschrift des Darlehensgebers bzw. des Darlehensvermittlers. Ziel der Richtlinie ist es, größtmögliche **Transparenz** bei Verbraucherdarlehen (bzw. -krediten) zu gewährleisten (vgl. Erwägungsgrund 47 der Richtlinie 2014/17/EU) und einen etwaigen Missbrauch infolge möglicher Interessenkonflikte entgegenzuwirken. Denkt man diesen Gedanken konsequent zu Ende, dann sind sowohl die Daten des Darlehensgebers als auch ggfl. des Darlehensvermittlers anzugeben, wenn ein Darlehensvermittler eingeschaltet wird, auch wenn die Richtlinie 2014/17/EU und § 6a Abs. 2 S. 1 Nr. 1 ihrem Wortlaut nach nur die alternative Angabe („oder") vorsieht (Art. 11 Abs. 2 lit. a). Die Verpflichtung zur Angabe des Anbieters ergibt sich nur aus der Wohnimmobilienkreditrichtlinie 2014/17/EU, nicht auch aus der Verbraucherkreditrichtlinie. Der deutsche Gesetzgeber hat diese Anforderung im Interesse des Verbraucherschutzes aber bewusst auf alle Verbraucherdarlehen erstreckt.[17] 13

II. Angabe des Nettodarlehensbetrags

§ 6a Abs. 2 S. 1 Nr. 2 verlangt die Angabe des „Nettodarlehensbetrags". Dies ist nach Art. 247 § 3 Abs. 2 S. 2 EGBGB der **Höchstbetrag,** auf den der Darlehensnehmer aufgrund des Darlehensvertrags Anspruch hat. Er wird in Art. 3 lit. l) der Richtlinie 2008/48/EG (bzw. Art. 4 Nr. 12 der Richtlinie 2014/17/EU) definiert als die Obergrenze oder die Summe aller Beträge, die aufgrund eines Kreditvertrags zur Verfügung gestellt werden. 14

III. Angabe des Sollzinssatzes; Auskunft, ob es sich um einen festen oder einen variablen Zinssatz handeln; Einzelheiten aller für den Verbraucher anfallenden, in die Gesamtkosten einbezogenen Kosten

Der **Sollzinssatz** ist nach der Definition in Art. 3j) Richtlinie 2008/48/EG bzw. Art. 4 Nr. 16 der Richtlinie 2014/17/EU der **als Prozentsatz ausgedrückte Zinssatz,** der auf jährlicher Basis auf die in Anspruch genommenen Kredit-Auszahlungsbeträge angewandt wird. Zusätzlich ist nach Abs. 2 S. 1 Nr. 3 anzugeben, ob der Zinssatz **gebunden** (also fest) oder **veränderlich** oder **eine Kombination** von beidem ist. Ferner ist anzugeben, welche sonstigen Kosten der Beworbene, also der angesprochene Verbraucher, beim Vertragsabschluss als **Gesamtkosten** zusätzlich zu entrichten hätte. Gemeint sind damit insbesondere etwaige **Bearbeitungsentgelte,** die der Darlehensgeber verlangt. Dabei beschränken sich die anzugebenden Kosten auch nicht allein auf solche, die unmittelbar beim Abschluss des Vertrags anfallen; erfasst werden vielmehr auch Kosten, die erst während der Laufzeit des Vertrags anfallen. Die Richtlinie 2008/48/EG spricht insoweit von den „für den Verbraucher anfallenden, in die Gesamtkreditkosten einbezogenen Kosten". Diese Kosten sind „im Einzelnen" anzugeben. Das bedeutet, dass diese Kosten jeweils konkret darzulegen sind;[18] es genügt weder ein Gesamtbetrag bei mehreren Einzelposten noch eine prozentuale Spanne („von x% bis y%"). Das Erfordernis, die sonstigen Kosten „beim" Sollzinssatz, also in dessen räumlicher Nähe, anzugeben, ist mit der Umsetzung der Wohnimmobilienkreditrichtlinie weggefallen, so dass „nur" noch eine Darstellung in klarer, eindeutiger und auffallender Art und Weise erforderlich ist. Soweit der deutsche Gesetzestext von einer „Auskunft" über den Zinssatz und die Gesamtkosten spricht, darf das nicht dahin missverstanden werden, dass diese Angaben nur auf Nachfrage des Verbrauchers gemacht werden müssen. Im Text der Richtlinie ist vielmehr von „Angabe" die Rede. 15

IV. Angabe des effektiven Jahreszinses

Außerdem ist, als eine der Kernpflichten, auch weiterhin der **effektive Jahreszins** anzugeben (§ 6a Abs. 2 S. 1 Nr. 4). Insoweit gibt es im Vergleich zum bisherigen Recht aber keine Neuigkeit. 16

---

[17] Vgl. Begründung des Regierungsentwurfs, BT-Drs. 18/5922, S. 133.
[18] BT-Drucks. 16/11643, S. 143.

Der effektive Jahreszins ist entsprechend der Vorgabe in Art. 17 Abs. 1 Anhang I der Richtlinie 2014/17/EU gem. § 6 Abs. 2 PAngV und der dazugehörigen Anlage mit einer mathematischen Formel als jährlicher Prozentsatz zu berechnen, wobei von bestimmten, in der Anlage genannten Voraussetzungen auszugehen ist. Der Jahreszinssatz muss mindestens genauso hervorgehoben werden wie jeder andere Zinssatz, § 6 Abs. 2 S. 2.

V. Weitere Angaben (Abs. 3)

17 Nach Abs. 3 sind darüber hinaus in einer Werbung, in der Zahlen zu den Kosten eines Verbraucherkredits genannt werden, **zusätzliche Angaben** zu machen über den vom Verbraucher zu zahlenden **Gesamtbetrag,** die **Laufzeit** des Verbraucherdarlehensvertrags sowie über die **Höhe und Anzahl der Raten,** soweit dies jeweils zutrifft. Bei Immobiliar-Verbraucherdarlehen ist ggfls. zusätzlich darauf hinzuweisen, dass das Darlehen durch ein Grundpfandrecht oder eine Reallast besichert wird und im Falle von Fremdwährungswährungsdarlehen ist zu warnen, dass sich Wechselkursschwankungen auf den Gesamtbetrag auswirken können.

VI. Angabe in klarer, eindeutiger und auffallender Art und Weise, sowie gut verständlich und deutlich lesbar

18 Die nach § 6a Abs. 2 erforderlichen Angaben (Identität des Darlehensgebers bzw. des Darlehensvermittlers, Sollzinssatz, Nettodarlehensbetrag und effektiver Jahreszins) sind „in **klarer, eindeutiger und auffallender Art und Weise**" zu machen (Abs. 2 und 6). Die Richtlinien 2008/48/EG und 2014/17/EU sprechen von „klarer, *prägnanter* und auffallender Art und Weise". Beurteilungsmaßstab ist dabei die Wahrnehmung durch den angemessen gut unterrichteten, aufmerksamen und kritischen Durchschnittsverbraucher. In welcher Reihenfolge die Angaben gemacht werden, ist unerheblich.[19] Auch werden nicht bestimmte Darstellungsarten vorgegeben. Nach der Gesetzesbegründung soll eine **„auffallende" Angabe** erfordern, dass diese in besonderer Weise gegenüber anderen Informationen optisch, akustisch oder sonst wahrnehmungsfähig hervorgehoben wird,[20] obwohl dieses Verständnis nach dem Wortlaut der Regelung nicht unbedingt zwingend ist. Die Anforderungen gelten unabhängig davon, welches Medium verwendet wird, was sich nunmehr zusätzlich aus Abs. 6 ergibt. Ausgeschlossen sind somit Fußnoten oder Sternchenhinweise[21] oder die Darstellung auf einer gesonderten Internetseite, auf die der Verbraucher nicht zwangsläufig gelangt.[22] Aber auch ein gewöhnlicher Hyperlink in einem Internettext dürfte nicht ausreichen.[23] Etwas anderes könnte bestenfalls bei einem sog. sprechenden Link gelten, der für sich genommen auffällig gestaltet ist und aus dem deutlich wird, dass er weitergehende Informationen enthält. Maßgeblich muss jeweils der Gesamteindruck der Werbung sein. Dabei ist auch die Gestaltung der einzelnen Pflichtangaben untereinander zu beachten.[24] Die besondere Hervorhebung einer Angabe kann dazu führen, dass die weiteren Angaben nicht mehr auffallend sind, auch wenn sie gegenüber dem üblichen Text bereits hervorgehoben sind. Insbesondere darf der effektive Jahreszins nicht weniger hervorgehoben werden als jeder andere Zinssatz, z.B. der Sollzinssatz (Abs. 2 S. 2). Bei der Art der Darstellung genügen – anders als bei den sonstigen Kosten – die Angaben von Beitragsspannen, also z.B. „Nettodarlehensbetrag von X bis Y Euro" sowie eine „ab x%" Jahreszinsangabe. Konkrete Angaben können insoweit nicht verlangt sein, weil andernfalls die Angabe eines Beispiels nach Abs. 4 sinnlos wäre.

19 Die Anforderung einer Angabe in klarer, eindeutiger und auffallender Art und Weise besteht nicht nur für die in Abs. 2 genannten Angaben, sondern **auch für die Angaben in Abs. 3.** Zwar enthält Abs. 3 keine entsprechende ausdrückliche Verpflichtung. Allerdings kennt die Richtlinie 2014/17/EU die vom deutschen Gesetzgeber vorgenommene Unterteilung nicht (Art. 11 Abs. 2 der Richtlinie 2014/17/EU), so dass sich das Erfordernis aus einer **richtlinienkonformen Auslegung** ergibt. Hinzu kommt, dass nach Abs. 6, der explizit auch für die Angaben nach Abs. 3 gilt, ohnehin eine akustisch gut verständliche oder deutlich lesbare Darstellung erforderlich ist. Mit Umsetzung der Wohnimmobilienkreditrichtlinie ist zudem klargestellt worden, dass

---

[19] BT-Drucks. 16/11 643, S. 143. Anders noch Vorentwürfe der RL 2008/48/EG.
[20] BT-Drucks. 16/11 643, S. 143.
[21] *Torka* WRP 2011, 1247, 1250; *Domke/Sperlich* BB 2010, 2069.
[22] LG Potsdam GRUR-Prax 2013, 522.
[23] A. A. *Torka* WRP 2010, 1247, 1252.
[24] OLG Jena WRP 2013, 822, Tz. 15 ff.

sich die Verpflichtung zur klaren, eindeutigen Angabe in auffallender Art und Weise auch auf die weiteren Angaben erstreckt, die im Zusammenhang mit dem Sollzins (Abs. 2 S. 1 Nr. 3) zu machen sind.[25]

VII. Repräsentatives Beispiel (Abs. 4)

Die nach § 6a Abs. 2 und Abs. 3 erforderlichen Angaben sind – mit Ausnahme der Informationen über die Identität des Darlehensgebers bzw. -vermittlers, die Angaben zur Besicherung von Immobiliar-Verbraucherdarlehen und den Hinweisen bei Fremdwährungsdarlehen – mit einem Beispiel zu versehen, wobei dieses Beispiel nicht zusätzlich gegeben werden muss, sondern die erforderlichen Angaben auch **„anhand" dieses Beispiels** (so der Wortlaut von Art. 4 Abs. 2 der RL 2008/48/EG) bzw. durch dieses Beispiel (Art. 11 Abs. 3 RL 2014/17/EU) gemacht werden können, sofern die weiteren Voraussetzungen des Abs. 2 und Abs. 3 erfüllt sind. Das Beispiel muss **repräsentativ** sein. Nach § 6a Abs. 4 S. 2 muss der Werbende bei seinem Beispiel sogar von einem effektiven Jahreszins ausgehen, von dem er erwarten darf, dass **mindestens zwei Drittel** der auf Grund der Werbung zustande kommenden Verträge zu dem angegebenen oder einem niedrigeren effektiven Jahreszins abgeschlossen werden. Dadurch sollen **Lockvogelangebote verhindert** werden.[26] Dieses zusätzliche Erfordernis ist unionsrechtskonform.[27] Art. 11 Abs. 3 S. 2 der Richtlinie 2014/17/EU erlaubt es den Mitgliedsstaaten, Kriterien für die Festlegung des repräsentativen Beispiels zu erlassen. Nach Erwgrd. 53 kann dabei auch die Verbreitung bestimmter Kreditverträge auf einem speziellen Markt berücksichtigt werden. 20

Erforderlich ist eine objektivierte ex ante **Prognoseentscheidung** aus Sicht des Werbenden. Es kommt weder darauf an, was der Werbende rein subjektiv erwartet hat noch darauf, wie viele Verträge tatsächlich zu dem in dem Beispiel genannten effektiven Jahreszins oder zu einem geringeren Zins zustande gekommen sind. Maßgeblich ist allein, was der Werbende objektiv erwarten durfte. Dabei trifft im Streitfall den Werbenden zumindest die sekundäre Darlegungslast dafür, aus welchen konkreten Gründen er von der Repräsentativität des gewählten Beispiels ausgehen durfte.

VIII. Zusätzliche Angaben bei Zusatzverträgen oder Zusatzleistungen (Abs. 5)

Über die Angaben nach § 6a Abs. 2 und 3 hinaus können in besonderen Fällen noch weitere Angaben erforderlich sein. Das betrifft gem. Abs. 5 Verbraucherdarlehensverträge, die mit anderen Verträgen gekoppelt sein sollen. 21

Will der Werbende den Abschluss des Verbraucherdarlehensvertrags an **den (zwingenden) Abschluss eines zusätzlichen Versicherungsvertrags,** insbesondere eine Kreditversicherung, oder an einen **Vertrag über andere Zusatzleistungen** (gemeint sind „Nebenleistungen" im Sinne von § 6 Abs. 7 bzw. Art. 4 Nr. 4 RL 2014/17/EU) knüpfen, wie z.B. einen Kontoführungsvertrag, und können die Kosten für diesen Vertrag nicht im Voraus bestimmt werden, muss in der Werbung für den Verbraucherdarlehensvertrag auf die **Verpflichtung zum Abschluss** dieses Vertrags **hingewiesen** werden. Auch dieser Hinweis muss **klar, gut verständlich und deutlich lesbar** sein sowie an gestalterisch hervorgehobener Stelle zusammen mit dem effektiven Jahreszins erfolgen. Ist der Abschluss eines solchen Versicherungsvertrags hingegen nur **fakultativ,** so sind die damit verbundenen Kosten beim effektiven Jahreszins gem. § 6 Abs. 4 Nr. 2 nicht zu berücksichtigen. 22

Auffällig ist die andere Terminologie in Abs. 5 (**„an gestalterisch hervorgehobener Stelle"**) im Vergleich zu Abs. 2 („in auffallender Art und Weise"). Unterschiedliche Anforderungen sind damit aber nicht verbunden. Die Richtlinie 2014/17/EU schreibt vor, dass auch auf die zwingenden Nebenleistungen „in klarer, prägnanter und auffallender Art und Weise" hinzuweisen ist (Art. 11 Abs. 4), d.h. die Wohnimmobilienkreditrichtlinie stellt insoweit die gleichen Anforderungen wie an die anderen Elemente. 23

[25] Dies war zuvor noch umstritten; gegen die Verpflichtung etwa *Amschewitz* DB 2010, 1565, 1566.

[26] *Domke/Sperlich* BB 2010, 2069, 2070.

[27] Noch umstritten unter Geltung der RL 2008/48/EG, da die Erlaubnis zur Festlegung weiterer Kriterien dort nicht vorgesehen war; für die Europarechtswidrigkeit etwa: *Torka* WRP 2010, 1247, 1252f.

E. Teilzahlungsgeschäfte und Immobiliar-Verbraucherdarlehensverträge nach § 491 Abs. 2 S. 2 Nr. 5 BGB (Abs. 7)

24 Auf Immobiliar-Verbraucherdarlehensverträge nach § 491 Abs. 2 S. 2 Nr. 5 BGB sind die Regelungen zu den besonderen Pflichtangaben nach Abs. 2 – 6 nicht anwendbar (Abs. 7). Der deutsche Gesetzgeber macht damit von der Option in Art. 3 Abs. 3 lit. c) der Wohnimmobilienkreditrichtlinie Gebrauch. Es gelten insoweit nur, aber auch immerhin, die allgemeinen Anforderungen an die Lauterkeit nach Abs. 1.

25 Die vormals noch bestehenden Informationspflichten bei **Teilzahlungsgeschäften** sind bei der Umsetzung der Wohnimmobilienkreditrichtlinie ebenfalls **gestrichen** worden. Abs. 2 Nr. 1 a.F. hatte noch vorgesehen, dass Angaben über die Sach- oder Dienstleistung, den Barzahlungspreis sowie den Betrag der Anzahlung gemacht werden müssen. Ob derartige Pflichten über die mittelbare Anwendung von § 6a über § 6c, der auch Teilzahlungsgeschäfte erfasst, hergeleitet werden können, erscheint fraglich. Allenfalls könnten solche Informationspflichten aus der allgemeinen Verpflichtung zu redlichen und eindeutigen Angaben (§ 6a Abs. 1) hergeleitet werden.

§ 6b Überziehungsmöglichkeiten

Bei Überziehungsmöglichkeiten im Sinne des § 504 Abs. 2 des Bürgerlichen Gesetzbuchs hat der Darlehensgeber statt des effektiven Jahreszinses den Sollzinssatz pro Jahr und die Zinsbelastungsperiode anzugeben, wenn diese nicht kürzer als drei Monate ist und der Darlehensgeber außer den Sollzinsen keine weiteren Kosten verlangt.

Inhaltsübersicht

	Rdn.
A. Unionsrechtliche Vorgaben und Entstehungsaufgabe	1
B. Regelungsinhalt	2
I. Überziehungsmöglichkeiten i. S. d. § 504 Abs. 2 BGB	3
II. Zinsbelastungsperiode ist nicht kürzer als drei Monate	4
III. Darlehensgeber verlangt keine weiteren Kosten außer den Sollzinsen	5
C. Folgen	6

A. Unionsrechtliche Vorgaben und Entstehungsaufgabe

1 § 6b wurde durch das Gesetz zur Umsetzung der Verbraucherkreditrichtlinie, des zivilrechtlichen Teils der Zahlungsdiensterichtlinie sowie zur Neuordnung der Vorschriften über das Widerrufs- und Rückgaberecht vom 29.7.2009 (BGBl. I 2355) mit Wirkung zum 11.6.2010 eingefügt. Es handelt sich um eine **Ausnahmeregelung,** die zu **Erleichterungen bei Darlehensverträgen** führen soll, die dem Verbraucher eine Überziehungsmöglichkeit einräumen. Der deutsche Gesetzgeber hat insoweit von einer Möglichkeit Gebrauch gemacht, die ihm Art. 4 Abs. 2 lit. c) und Art. 6 Abs. 2 der Richtlinie 2008/48/EG[1] einräumt; danach muss bei Kreditverträgen in Form einer **Überziehungsmöglichkeit,** bei denen der Kredit nach Aufforderung oder innerhalb von drei Monaten zurückzuzahlen ist, **kein effektiver Jahreszins** angegeben werden. § 6 Abs. 9 PAngV a. F., der eine entsprechende Regelung für Kreditrahmen bei laufenden Konten vorsah, wurde dafür gestrichen.

B. Regelungsinhalt

2 § 6b gilt für vereinbarte Überziehungsmöglichkeiten i. S. d. § 504 Abs. 2 BGB (der seinerseits die frühere Regelung in § 493 Abs. 1 BGB ersetzt hat), bei denen zusätzlich zwei weitere Voraussetzungen erfüllt sind: Erstens darf die Zinsbelastungsperiode nicht kürzer als 3 Monate sein. Zweitens darf der Darlehensgeber außer den Sollzinsen keine weiteren Kosten verlangen.

I. Überziehungsmöglichkeiten i. S. d. § 504 Abs. 2 BGB

3 Bei **§ 504 BGB** geht es um eine **eingeräumte Überziehungsmöglichkeit im Rahmen eines laufenden Kontos,** das ein Verbraucher bei einem Kreditinstitut unterhält. Umgangssprach-

[1] Richtlinie 2008/48/EG des Europäischen Parlaments und des Rates vom 23. April 2008 über Verbraucherkreditverträge und zur Aufhebung der Richtlinie 87/102/EWG des Rates, ABl. L Nr. 133 v. 22.5.2008, S. 66, sog. Verbraucherkreditrichtlinie, zuletzt geändert durch VO vom 11. Dezember 2014 (BGBl. 1 S. 2010).

lich ist oft auch von einem **Dispositionskredit** die Rede. Voraussetzung ist somit ein Vertrag zwischen einem Kreditinstitut als Darlehensgeber[2] und einem Verbraucher. Außerdem muss die Überziehungsmöglichkeit **vereinbart** („eingeräumt") worden sein, bevor sie vom Verbraucher in Anspruch genommen wird. Zwar könnte theoretisch auch die geduldete Überziehung als „eingeräumt" angesehen werden. Allerdings ist dieser Fall in § 505 BGB gesondert geregelt und damit von dem Verweis in § 6b PAngV, der sich ausdrücklich nur auf § 504 Abs. 2 BGB bezieht, nicht erfasst. Insoweit gelten die Informationspflichten aus Art. 247 § 17 EGBGB. Erst recht findet § 6b PAngV keine Anwendung auf Überziehungen, die weder im Voraus vereinbart noch nachträglich geduldet werden. § 504 Abs. 2 BGB setzt außerdem voraus, dass die Laufzeit der Überziehungsmöglichkeit nach der Auszahlung höchstens 3 Monate beträgt oder (bei unbestimmter Laufzeit) der Darlehensgeber (das Kreditinstitut) fristlos kündigen kann.

II. Zinsbelastungsperiode ist nicht kürzer als drei Monate

Die Zinsbelastungsperiode ist der **Zeitraum bis zur Fälligkeit der Zinsen.** Diese Periode darf nicht kürzer als drei Monate sein. 4

III. Darlehensgeber verlangt keine weiteren Kosten außer den Sollzinsen

Weitere (kumulative) Voraussetzung ist, dass der Darlehensgeber **keine weiteren Kosten** verlangt **als die Sollzinsen.** Unschädlich sind allerdings auch die **allgemeinen Kontoführungsgebühren,** die für das laufende Konto und somit unabhängig von einer etwaigen Überziehung des Kontos anfallen. Etwaige Provisionen, deren Höhe sich nach dem Kreditrahmen richtet, würden hingegen der Anwendung des § 6b PAngV entgegenstehen. 5

C. Folgen

Sind die Voraussetzungen des § 6b gegeben, so muss der werbende Darlehensgeber nicht den effektiven Jahreszins angeben, sondern „nur" den **Sollzinssatz pro Jahr** und die **Zinsbelastungsperiode.** Zum Begriff des „Sollzinssatzes" siehe § 6a Rdn. 8 und Art. 3j) Richtlinie 2008/48/EG. 6

§ 6c Entgeltliche Finanzierungshilfen

Die §§ 6 und 6a sind auf Verträge entsprechend anzuwenden, durch die ein Unternehmer einem Verbraucher einen entgeltlichen Zahlungsaufschub oder eine sonstige entgeltliche Finanzierungshilfe im Sinne des § 506 des Bürgerlichen Gesetzbuchs gewährt.

Inhaltsübersicht

	Rdn.
A. Unionsrechtliche Vorgaben	1
B. Regelungsinhalte	2
C. Folgen	3

A. Unionsrechtliche Vorgaben

Der neu eingefügte § 6c dient der Umsetzung des Begriffs „Kreditvertrag" in Art. 3 lit. c) der Richtlinie 2008/48/EG bzw. Art. 4 Nr. 3 der Richtlinie 2014/17/EU Art. 6c, der neben Darlehen auch Zahlungsaufschübe und sonstige ähnliche Finanzierungshilfen erfasst. 1

[2] Der „Kreditgeber" im Sinne des § 6b PAngV ist identisch mit dem „Darlehensgeber" i. S. d. § 504 BGB.

B. Regelungsinhalt

2 § 6c erklärt die §§ 6 und 6a auch auf den **entgeltlichen** Zahlungsaufschub (§ 506 Abs. 1 BGB) sowie sonstige entgeltliche ähnliche Finanzierungshilfen (§ 506 Abs. 1, 2 BGB) für anwendbar. Der Anwendungsbereich ist z.B. eröffnet, wenn ein Händler einen **zinspflichtigen Zahlungsaufschub** anbietet, wobei Kaufpreis und Zinsen als einmaliger Gesamtbetrag nach sechs Monaten fällig werden. In solchen Fällen reicht es daher nicht aus, den Zins als bestimmten Betrag oder als Prozentsatz des Kaufpreises anzugeben. Ebenso erfasst wird ein **Mietkauf,** bei dem die zuvor gezahlten Mietraten nicht in voller Höhe auf den nach Ausübung der Kaufoption zu zahlenden Kaufpreis angerechnet werden. Dagegen liegt nicht ohne weiteres eine sonstige Finanzierungshilfe im Sinne des § 6c vor, wenn bei einem Ratenlieferungsvertrag (§ 510 BGB) entsprechend der Leistungserbringung in Raten auch die Zahlung in Teilbeträgen erfolgt.

C. Folgen

3 Die Vorschriften nach §§ 6 und 6a sind **entsprechend** auf entgeltliche Zahlungsaufschübe und sonstige entgeltliche Finanzierungshilfen **anwendbar.** Eine „nur" entsprechende Anwendung der Vorschriften macht einerseits Sinn, um den Besonderheiten dieser Finanzierungshilfen Rechnung zu tragen. Andererseits werden in §§ 6 und 6a bestimmte Pflichten nicht genannt, die auf die weiteren Finanzierungsinstrumente zugeschnitten sind, wie z.B. Informationen zum Barzahlungspreis und etwaigen Anzahlungen bei der Finanzierung in Form eines Zahlungsaufschubs, die auch Art. 4 Abs. 2 lit. e) RL 2008/48/EG nennt. Ob diese Pflichten auch weiterhin gelten, ist ungewiss, was zu einiger Rechtsunsicherheit führt. Jedenfalls bei Informationspflichten, die in den Richtlinien 2008/48/EG und 2014/17/EU genannt sind (wie z.B. das genannte Beispiel beim Zahlungsaufschub), wird man die Vorschriften richtlinienkonform dahin auszulegen haben, dass die Informationspflichten gelten.

§ 7 Gaststätten, Beherbergungsbetriebe

(1) **[1] In Gaststätten und ähnlichen Betrieben, in denen Speisen oder Getränke angeboten werden, sind die Preise in Preisverzeichnissen anzugeben. [2] Die Preisverzeichnisse sind entweder auf Tischen aufzulegen oder jedem Gast vor Entgegennahme von Bestellungen und auf Verlangen bei Abrechnung vorzulegen oder gut lesbar anzubringen. [3] Werden Speisen und Getränke gemäß § 4 Abs. 1 angeboten, so muss die Preisangabe dieser Vorschrift entsprechen.**

(2) **[1] Neben dem Eingang zur Gaststätte ist ein Preisverzeichnis anzubringen, aus dem die Preise für die wesentlichen angebotenen Speisen und Getränke ersichtlich sind. [2] Ist der Gaststättenbetrieb Teil eines Handelsbetriebes, so genügt das Anbringen des Preisverzeichnisses am Eingang des Gaststättenteils.**

(3) **In Beherbergungsbetrieben ist beim Eingang oder bei der Anmeldestelle des Betriebes an gut sichtbarer Stelle ein Verzeichnis anzubringen oder auszulegen, aus dem die Preise der im Wesentlichen angebotenen Zimmer und gegebenenfalls der Frühstückspreise ersichtlich sind.**

(4) **Kann in Gaststätten- und Beherbergungsbetrieben eine Telekommunikationsanlage benutzt werden, so ist der bei Benutzung geforderte Preis je Minute oder je Benutzung in der Nähe der Telekommunikationsanlage anzugeben.**

(5) **Die in den Preisverzeichnissen aufgeführten Preise müssen das Bedienungsgeld und sonstige Zuschläge einschließen.**

Inhaltsübersicht

	Rdn.
A. Allgemeines, (Un-)Vereinbarkeit mit Unionsrecht	1
B. Preisverzeichnis in Gaststätten (Abs. 1)	5
I. Inhaber von Gaststätten	5
II. Preisverzeichnisse für Speisen und Getränke	6
III. Pflicht zur Auslage oder Vorlage	7
IV. Sichtbar ausgestellte Speisen und Getränke (S. 3)	8

Rdn.
C. **Aushang des Preisverzeichnisses (Abs. 2)** 9
I. Allgemeines 9
II. Ort des Aushangs 10
III. Inhalt des Preisverzeichnisses 11
D. **Beherbergungsbetriebe (Abs. 3)** 12
E. **Telekommunikationsanlagen (Abs. 4)** 14
F. **Bedienungsgeld und sonstige Zuschläge (Abs. 5)** 15

A. Allgemeines, (Un-)Vereinbarkeit mit Unionsrecht

1 § 7 enthält eine **Spezialregelung zu § 5 PAngV** im Hinblick auf **Gaststätten,** Gaststätten ähnliche Betriebe und **Beherbergungsbetriebe.** Soweit Leistungen nicht in § 7 geregelt werden, unterfallen sie dem Anwendungsbereich des § 5; ebenso sind in solchen Fällen aber möglicherweise auch die Ausnahmeregelungen des § 9 Abs. 8 anwendbar. Bei § 7 geht es in den Abs. 1 und 2 hauptsächlich um Waren, die in Gaststätten angeboten werden, in Abs. 3 um Leistungen in Beherbergungsbetrieben und in Abs. 4 ebenfalls um Leistungen, nämlich Telekommunikationsleistungen in Gaststätten oder Beherbergungsbetrieben – wobei die Norm heute praktisch überholt ist. In allen Fällen wird allein das jeweilige Angebot geregelt, nicht auch die Werbung. Abs. 5 präzisiert nur die allgemeinen Anforderungen des § 1 Abs. 1 S. 1 PAngV und ist insoweit eigentlich überflüssig, zumal die allgemeinen Anforderungen des § 1 durch § 7 ohnehin unberührt bleiben.

2 Die Regelungen in den **Abs. 1 und 2** gehen über die Bestimmungen zu Preisangaben in Art. 4 Preisangabenrichtlinie hinaus und weil sie zudem auch strenger sind als die Vorgaben in Art. 7 Abs. 4 UGP-Richtlinie waren diese Regelungen nach bisheriger h. M. bis zum 12. Juni 2013 nur aufgrund der Mindestangleichungsklausel des Art. 10 Preisangabenrichtlinie noch zu rechtfertigen (bzw. nach der zwischenzeitlichen Entscheidung des EuGH zum engen Anwendungsbereich der Preisangabenrichtlinie[1] war noch nicht einmal das der Fall). Für die Zeit danach unterfallen sie der Verfallsklausel des Art. 3 Abs. 5 UGP-Richtlinie mit der Folge, dass die Bejahung eines unlauteren Wettbewerbsverstoßes gem. §§ 3, 3a UWG (4 Nr. 11 UWG a. F.) nicht mehr auf diese Bestimmung gestützt werden kann.

3 Die Regelungen in **Abs. 3 und 4** gehen ihrerseits über die Vorgaben des Art. 22 Abs. 2 Dienstleistungsrichtlinie hinaus, weil es an dem nach der Richtlinie vorgesehenen Wahlrecht fehlt. Im Wege richtlinienkonformer Auslegung muss es daher dem Inhaber des Beherbergungsbetriebs möglich sein, den Anforderungen an die Preisangabe entsprechend den Vorgaben der Dienstleistungsrichtlinie (mit entsprechendem Wahlrecht) nachzukommen.[2]

4 **Abs. 5** hingegen steht mit den Vorgaben des Art. 7 Abs. 4 lit. c) UGP-Richtlinie in Einklang, ist für sich genommen aber überflüssig.

B. Preisverzeichnis in Gaststätten (Abs. 1)

I. Inhaber von Gaststätten

5 Der Begriff der **Gaststätte** entspricht im Wesentlichen der Definition des „Gaststättengewerbes" in § 1 Abs. 1 Gaststättengesetz i. d. F. d. Bekanntmachung v. 20.11.1998.[3] Erfasst werden also grundsätzlich alle Geschäftsbetriebe, die im stehenden Gewerbe Getränke und/oder zubereitete Speisen zum Verzehr an Ort und Stelle anbieten (Schankwirtschaften und Speisewirtschaften), wenn der Betrieb jedermann oder bestimmten Personenkreisen zugänglich ist. Erfasst wird auch der Gaststättenteil von Beherbergungsbetrieben (also z. B. Bars und Restaurants in Hotels). Neben diesen sogenannten „eigentlichen" Gaststättenbetrieben gilt die Vorschrift aber auch für alle **„ähnlichen Betriebe",** in denen Speisen oder Getränke angeboten werden. Hierunter fallen Selbstbedienungsgaststätten, Erfrischungshallen, Kioske, Stehbierhallen und Bierzelte. Insbesondere werden hierdurch auch alle Betriebe erfasst, in denen der Kunde sich selbst bedienen kann oder jedenfalls nicht am Tisch bedient wird (also z. B. Speisen und Getränke an einer Theke bestellt und bezahlt und sie selbst zum Tisch bringt) und/oder der Verzehr im Stehen stattfindet. Hierzu zählen z. B. der Kaffee-

---

[1] EuGH GRURInt 2014, 694 Tz. 59 – *Kommission / Belgien.* Mittlerweile relativiert durch EuGH Rs. C-476/14 Tz. 33, 34 – *Citroen ./. ZLW.*
[2] *Köhler*/Bornkamm § 7 PAngV Rdn. 1b.
[3] BGBl. I S. 3418.

ausschank in Kaffeeröstereien, ebenso Schnellimbissstuben und sogenannte Fast-Food-Restaurants.[4] Erfasst werden auch Betriebe, die nur vorübergehend an einem bestimmten Standort tätig sind, insbesondere bei Volksfesten, Jahrmärkten und dergleichen.

II. Preisverzeichnisse für Speisen und Getränke

6 Die Verpflichteten (Rdn. 2) haben Preisverzeichnisse (zum Begriff § 4 Rdn. 16) für Speisen und Getränke aufzustellen (Speise- und Getränkekarten). Ein **einheitliches Preisverzeichnis für Speisen und Getränke** ist ebenso zulässig wie **gesonderte Verzeichnisse** (z. B. auch gesondert für Desserts, Wein, Kinder- oder Tagesgerichte). Die Preisverzeichnisse müssen jedoch in ihrer Gesamtheit **alle im Betrieb angebotenen Speisen und Getränke** enthalten. Anzugeben sind die Gesamtpreise (Abs. 5), daneben gegebenenfalls auch die Verkaufs- oder Leistungseinheit und die Gütebezeichnung (§ 1 Abs. 1 S. 2). „Von-bis", „Ab-" oder „ca."- Preisangaben sind im Preisverzeichnis nicht zulässig, ebenso wenig allgemeine Angaben wie „Preis je nach Gewicht oder Größe".[5] Allerdings kann bei Speisen anstelle der Preisangabe für das Gedeck/Menü oder die Portion auch der Preis für bestimmte Einheiten (z. B. nach Gewicht oder Stückzahl) angegeben werden, wenn der Gast auf dieser Grundlage die Größe der Portion bestimmen kann z. B. bei Hummer oder Steak. Im Rahmen des Verkehrsüblichen ist auch die Preisangabe für eine „große Portion" oder „kleine Portion" zulässig.[6] Hinzuweisen ist auch auf Zuschläge bei Erfüllung von Sonderwünschen oder bei Zahlung mit Kreditkarte.[7] Wird ein Eintrittsgeld und ein Mindestverzehr verlangt (z. B. in Clubs), ist hierauf im Preisverzeichnis am Eingang hinzuweisen. Bei Getränken ist stets die Verkaufseinheit nach Volumen anzugeben (§ 1 Abs. 1 S. 2). Im Prinzip ist der Preis für jede einzelne Speise und jedes einzelne Getränk anzugeben. Dies schließt aber preisangabenrechtlich Gesamtangebote nicht aus (z. B. Mittagsmenüs mit einem bestimmten Getränk). Zulässig ist auch die Preisangabe für Gesamtangebote in Form eines Büffets bzw. sogenannte „Brunch-Angebote", bei denen vom Büffet beliebig viel konsumiert werden kann und im Angebot Getränke (z. B. Kaffee und Säfte) enthalten sind.

III. Pflicht zur Auslage oder Vorlage

7 Die Preisverzeichnisse können dem Publikum **nach Wahl des Anbieters** in drei Varianten zur Verfügung gestellt werden: Zum einen können sie auf den Tischen aufgelegt werden. Bei dieser Variante muss auf jedem Tisch von jedem Preisverzeichnis zumindest ein Exemplar ständig aufliegen. Eine hinreichende Zahl von Preisverzeichnissen liegt dann aus, wenn sich jeder Gast ohne nennenswerte Verzögerung über das Speisen- und Getränkeangebot unterrichten kann.[8] Dies bedeutet, dass je nach Größe des Tisches und Umfang der Verzeichnisse auch die Auflage von mehr als einem Exemplar im Einzelfall erforderlich sein kann. Alternativ können die Preisverzeichnisse auch vor Entgegennahme von Bestellungen den Gästen vorgelegt werden. Die Vorlage hat sowohl bei der ersten Bestellung als auch, wenn der Gast darum bittet, bei weiteren Bestellungen und bei der Abrechnung zu erfolgen. Als dritte Variante (neben dem Auslegen oder Vorlegen der Preisverzeichnisse) gestattet die Vorschrift stattdessen auch, die Preisverzeichnisse gut lesbar anzubringen. Die Art und Weise der Anbringung genügt diesen Voraussetzungen, wenn der Gast von dem Ort aus, von dem er seine Bestellung aufgibt (später bezahlt) das Verzeichnis mühelos lesen kann.

IV. Sichtbar angebotene Speisen und Getränke (S. 3)

8 Diese Bestimmung betrifft den Fall, dass Speisen und Getränke – gewissermaßen als Blickfang – innerhalb oder außerhalb der Gaststätte auf Verkaufsständen oder in sonstiger Weise angeboten werden, das **Publikum** also **durch die Speisen und Getränke selbst angesprochen** werden soll. Da die Vorschrift das „Anbieten" von Speisen und Getränken voraussetzt, ist der Anwendungsbereich nicht eröffnet, wenn Speisen und Getränke in Schaufenstern, Schaukästen oder Vitrinen lediglich „ausgestellt" werden (siehe hierzu oben § 4 Rdn. 1a). Liegt hingegen ein Angebot vor, muss die Preisauszeichnung den Vorgaben des § 4 Abs. 1 PAngV entsprechen. Da die Vorgaben des § 4

[4] LG Hamburg GRUR-RR 2011, 477, 478.
[5] *Gimbel/Boest,* Die neue Preisangabenverordnung, 1985, § 5 Anm. 2.
[6] *Gimbel/Boest,* Die neue Preisangabenverordnung, 1985, § 5 Anm. 2.
[7] *Gelberg* GewArch 1995, 393, 398.
[8] *Ambs,* PAngV, in: Erbs/Kohlhaas (Hrsg.), Strafr. NebenG, Abschn. P 183, § 7 Rdn. 3.

Abs. 1 PAngV, die eine Kennzeichnung durch Preisschilder oder Beschriftungen vorsehen, wiederum strenger als Art. 4 Abs. 1 Preisangabenrichtlinie sind, stellt sich auch im Zusammenhang mit § 7 Abs. 1 S. 3 PAngV die Frage, ob die Vorschrift unionsrechtskonform ausgelegt werden kann bzw. muss. Bei § 4 Abs. 1 PAngV sind die Vorgaben zur Art und Weise der Preisangabe nicht verbindlich, sondern nur als Beispiele aufzufassen. Dasselbe gilt für § 7 Abs. 1 S. 3 PAngV. Im Ergebnis muss der Gastwirt damit lediglich die allgemeinen Anforderungen aus § 1 Abs. 1 S. 1 PAngV erfüllen. Die weiter gehenden Vorgaben nach § 7 Abs. 1 S. 3 i. V. m. § 4 Abs. 1 PAngV sind nicht mit dem Unionsrecht vereinbar.

C. Aushang des Preisverzeichnisses (Abs. 2)

I. Allgemeines

Abs. 2 regelt die Pflicht zum **Aushang** eines Preisverzeichnisses **neben dem Eingang zur Gaststätte.** Durch den Aushang am Eingang wird es dem Gast ermöglicht, sich über Angebot und Preisniveau einen Überblick zu beschaffen, *bevor* er sich zum Betreten der Gaststätte entschließt. Die Pflicht des Abs. 2 gilt nur für Gaststätten, nicht für ähnliche Betriebe im Sinne von Abs. 1 und deshalb insbesondere auch nicht für Schnellrestaurants.[9] 9

II. Ort des Aushangs

Das Preisverzeichnis muss neben dem Eingang, also in seiner unmittelbaren Nähe angebracht werden. **„Eingang“** ist jeder Zugang von öffentlich zugänglichen Flächen zum eigentlichen Gaststättenbereich, bei umzäunten Gartenlokalen also z. B. bereits das Eingangstor.[10] Bei Gaststätten mit mehreren Eingängen gilt die Aushangpflicht für jeden Eingang.[11] Der Aushang des Preisverzeichnisses im Fenster der Gaststätte ist zulässig, wenn es sich unmittelbar neben dem Eingang befindet und mühelos einsehbar ist.[12] Ist der Gaststättenbetrieb Teil eines **Handelsbetriebs,** also z. B. Kaufhaus, Supermarkt oder Möbelhaus, so genügt der Aushang des Preisverzeichnisses am Eingang des Gaststättenteils, Abs. 2 S. 2. Zulässig ist jedoch auch die Anbringung am Eingang des Handelsbetriebs.[13] 10

III. Inhalt des Preisverzeichnisses

Anders als das Preisverzeichnis in der Gaststätte, das nach Abs. 1 umfassend zu sein hat, soll der Aushang am Eingang lediglich einen Überblick verschaffen. Angegeben werden müssen daher nur wesentliche Teile des Angebots. **„Wesentlich“** sind die im jeweiligen Gaststättenbetrieb häufig nachgefragten Speisen und Getränke. Dies entspricht der Auslegung des Begriffs „wesentliche Leistungen“ in § 5 Abs. 1. Maßgeblich ist die Nachfragehäufigkeit im individuellen Betrieb. 11

D. Beherbergungsbetriebe (Abs. 3)

Abs. 3 gilt für **Beherbergungsbetriebe,** also für Betriebe, die Gäste beherbergen, wenn der Betrieb jedermann oder bestimmten Personenkreisen (z. B. Jugendherbergen) zugänglich ist, also insbesondere für Hotels, Motels und Pensionen, ebenso für Gaststätten mit Fremdenzimmern. Unerheblich ist, ob nach § 2 Gaststättengesetz eine Erlaubnispflicht besteht; es kommt darauf an, ob die Beherbergung gewerbs- oder geschäftsmäßig oder sonst regelmäßig i. S. v. § 1 Abs. 1 S. 1 erfolgt.[14] Damit werden auch kleinere Beherbergungsbetriebe (z. B. private Vermieter von Urlaubsquartieren und Ferienwohnungen) erfasst, soweit die allgemeinen Voraussetzungen erfüllt sind.[15] 12

---

[9] LG Hamburg GRUR-RR 2011, 477, 478.
[10] *Ambs,* PAngV, in: Erbs/Kohlhaas (Hrsg.), Strafr. NebenG, Abschn. P 183, § 7 Rdn. 5.
[11] *Ambs,* PAngV, in: Erbs/Kohlhaas (Hrsg.), Strafr. NebenG, Abschn. P 183, § 7 Rdn. 5.
[12] *Gelberg,* Kommentar zur Preisangabenverordnung, 1975, Anm. 3.2.3.3 zu § 4 Abs. 1–3.
[13] *Bülow,* Kennzeichnungsrecht und Produktwerbung für Lebens-, Genuss-, Arzneimittel und Kosmetika, Bd. 2, Abschn. L 1141.
[14] *Gelberg* GewArch 1987, 313 f.; GewArch 1992, 217, 220.
[15] *Köhler*/Bornkamm § 7 PAngV Rdn. 7.

13 Abs. 3 Nr. 2 dient der Information von Verbrauchern bereits im Eingangsbereich der Beherbergungsbetriebe. Hier ist ein Preisverzeichnis (zum Begriff § 4 Rdn. 12 und oben Rdn. 2) anzubringen oder auszulegen (oben Rdn. 3). Es hat die Preise der **„im Wesentlichen angebotenen"** Zimmer (also für die gängigen Zimmerkategorien, die den überwiegenden Teil des Angebots abdecken) und gegebenenfalls den Frühstückspreis zu enthalten, bei zwingenden **Komplettangeboten** zudem den hervorgehobenen Gesamtpreis (§ 1 Abs. 6 S. 3) für Zimmer und Frühstück. Was die Zimmerpreise anbelangt, können einzelne Zimmer oder Suiten, die sich aufgrund ihrer Ausstattung bzw. ihres Preises deutlich vom sonstigen Angebot des Betriebs (nach oben oder unten hin) abheben, außer Betracht bleiben. Der Aushang oder die Auslage des Preisverzeichnisses kann zum einen **„beim Eingang"** (also im Außenbereich am Eingang oder innen im unmittelbaren Eingangsbereich) oder **„bei der Anmeldestelle"** (also an der Rezeption) erfolgen. Es besteht also keine Pflicht für Beherbergungsbetriebe, diese Preisinformationen neben dem Eingang (also an einer von außen einsehbaren Stelle) auszuhängen. **„An gut sichtbarer Stelle"** bedeutet, dass das Preisverzeichnis nicht versteckt oder verdeckt angebracht werden darf, sondern spätestens beim Betreten des Eingangsbereichs bzw. an der Rezeption mühelos und ohne großes Suchen zur Kenntnis genommen werden kann.

E. Telekommunikationsanlagen (Abs. 4)

14 Diese Bestimmung regelt die Preisangabe für **Telekommunikationsanlagen,** die **in Gaststätten und Beherbergungsbetrieben entgeltlich zur Verfügung gestellt** werden. Angesichts der weiten Verbreitung von Handys und Smartphones kommt der Bestimmung eine zunehmend geringere praktische Bedeutung zu. Der Begriff „Telekommunikationsanlagen" ist weit zu verstehen. Er umfasst neben Telefon- und Telefaxgeräten z. B. auch alle Anlagen, die eine Internetbenutzung ermöglichen. Die Höhe des Entgelts muss bezogen auf die Zeiteinheit des Minutentakts oder für jede Benutzung angegeben werden. Dadurch wird für diesen Bereich über die bloße Art und Weise der Angabe hinaus auch die Art und Weise der Berechnung des Preises vorgeschrieben.

F. Bedienungsgeld und sonstige Zuschläge (Abs. 5)

15 Abs. 5 **konkretisiert und ergänzt** für den gesamten Gaststätten- und Beherbergungsbereich die **Pflicht zur Angabe des Gesamtpreises** nach § 1 Abs. 1 S. 1. Der anzugebende Gesamtpreis für alle betreffenden Leistungen hat das **Bedienungsgeld** (also sämtliche anfallenden Personalkosten für die von § 7 erfassten Leistungen) und **alle „sonstigen Zuschläge"** zu erfassen, z. B. in Restaurants die Kosten für das Gedeck/Couvert, bei vermieteten Zimmern die Kosten der Heizung/Klimatisierung. Letztlich müssen die für den Verzehr von Speisen und Getränken bzw. die Beherbergung angegebenen Preise das gesamte mit dem jeweiligen Angebot zwingend verbundene Leistungsprogramm abdecken. Eine Aufgliederung mit Angabe einzelner Preisbestandteile bzw. Positionen ist zulässig, soweit der Gesamtpreis hervorgehoben wird (§ 1 Abs. 6 S. 3). In Restaurants sind Kosten für eine Musikunterhaltung nur einzubeziehen, wenn eine Umlage der hierdurch entstehenden Kosten auf die Getränke- und Speisepreise erfolgt,[16] nicht aber bei einem gesondert zu entrichtenden Eintrittsgeld.[17] Nicht in den Gesamtpreis einzubeziehen – auch nicht als „Zuschlag" – sind von Dritten verlangte Entgelte für deren Leistung, z. B. die Kurtaxe. Stellen Gaststätten- oder Beherbergungsbetriebe nach Wahl des Kunden und gegen gesonderte Vergütung Einstellplätze/Parkplätze zur Verfügung, gilt § 8 Abs. 2.

§ 8 Tankstellen, Parkplätze

(1) [1] **An Tankstellen sind die Kraftstoffpreise so auszuzeichnen, dass sie**
1. für den auf der Straße heranfahrenden Kraftfahrer,
2. auf Bundesautobahnen für den in den Tankstellenbereich einfahrenden Kraftfahrer
deutlich lesbar sind. [2] **Dies gilt nicht für Kraftstoffmischungen, die erst in der Tankstelle hergestellt werden.**

---

[16] *Gimbel/Boest,* Die neue Preisangabenverordnung, 1985, § 5 Anm. 11.
[17] *Gelberg,* Kommentar zur Preisangabenverordnung, 1975, S. 92.

(2) **Wer für weniger als einen Monat Garagen, Einstellplätze oder Parkplätze vermietet oder bewacht oder Kraftfahrzeuge verwahrt, hat am Anfang der Zufahrt ein Preisverzeichnis anzubringen, aus dem die von ihm geforderten Preise ersichtlich sind.**

Inhaltsübersicht

Rdn.
A. Allgemeines, Vereinbarkeit mit Unionsrecht ... 1
B. Preisauszeichnung bei Tankstellen (Abs. 1) ... 4
I. Allgemeines ... 4
II. Autobahntankstellen (Abs. 1 Nr. 2) ... 6
III. Sonstige Tankstellen ... 7
C. Garagen, Einstellplätze, Parkplätze (Abs. 2) ... 8

A. Allgemeines, Vereinbarkeit mit Unionsrecht

1 Ähnlich wie § 7 enthält § 8 branchenspezifische Sondervorschriften, nämlich zum einen für die **Preisauszeichnung für Kraftstoff bei Tankstellen** (Abs. 1) und zum anderen für **Leistungen im Zusammenhang mit der vorübergehenden Unterbringung/Bewachung von Fahrzeugen** (Abs. 2). In ihrem jeweiligen Anwendungsbereich gehen Abs. 1 der Spezialvorschrift § 4 und Abs. 2 der Spezialvorschrift § 5 vor. Für das Angebot anderer Waren und Leistungen gelten jedoch §§ 4 und 5 uneingeschränkt. Bieten also z. B. Tankstellen – wie heute vielfach üblich (sog. **„Tankstellenshops"**) – neben Kraftstoff ein mehr oder minder umfangreiches Warensortiment an, gilt hierfür § 4. Bietet die Tankstelle auch Leistungen an (z. B. Öl- und Reifenwechsel, kleinere Reparaturen, Autowaschstraße), findet § 5 Anwendung (§ 5 Abs. 1 allerdings nur, soweit es sich nach den betrieblichen Gegebenheiten um „wesentliche Leistungen" handelt, vgl. § 5 Rdn. 5). Wird die Tankstelle in Verbindung mit einer Gaststätte betrieben, gilt für den Gaststättenbetrieb § 7. Auf die Zahlungsweise kommt es für die Anwendung von § 8 grundsätzlich nicht an.[1] Verlangt allerdings die Tankstelle bei Zahlung mit Kreditkarte für Kraftstoff und anderes einen pauschalierten Aufschlag, ist hierauf zumindest auf den Zapfsäulen,[2] aber auch im Geschäftslokal durch Aushang hinreichend deutlich hinzuweisen. Wie die anderen besonderen Bestimmungen in §§ 4–7 ist auch § 8 **keine abschließende Spezialvorschrift mit Ausschlusswirkung** für die allgemeineren Bestimmungen in § 1. § 1 ist daher neben § 8 in vollem Umfang anwendbar. Die Pflicht zur Angabe des Grundpreises nach § 2 ist für die in § 8 geregelten Sachverhalte (noch) weitgehend irrelevant, da bei flüssigen Kraftstoffen der Preis ohnehin pro Liter angegeben wird und daher mit dem ebenfalls pro Liter anzugebenden Grundpreis identisch wäre (§ 2 Abs. 1 S. 3) und für die in § 8 Abs. 2 geregelten Dienstleistungen ohnehin keine Pflicht zur Grundpreisangabe besteht. Ändern könnte sich das allerdings in Zukunft z. B. in Zusammenhang mit Elektroautos. Die Ausnahmevorschriften in § 9 spielen im Anwendungsbereich von § 8 keine praktische Rolle.

2 Abs. 1 bewirkt **lediglich eine Präzisierung der Preisangabenpflicht für Waren.** Die Regelung geht nicht über Art. 4 Abs. 1 Preisangabenrichtlinie bzw. Art. 7 Abs. 4 UGP-Richtlinie hinaus und unterfällt daher auch nicht der Verfallsklausel des Art. 3 Abs. 5 UGP-Richtlinie.

3 Die Regelungen in Abs. 2 hingegen betreffen **Dienstleistungen.** Sie gehen über die Vorgaben des Art. 22 Abs. 2 Dienstleistungsrichtlinie hinaus, weil es an dem nach der Richtlinie vorgesehenen Wahlrecht fehlt. Im Wege richtlinienkonformer Auslegung muss es daher dem Betreiber der Tankstelle möglich sein, den Anforderungen an die Preisangabe entsprechend den Vorgaben der Dienstleistungsrichtlinie (mit entsprechendem Wahlrecht) nachzukommen.[3]

B. Preisauszeichnung bei Tankstellen (Abs. 1)

I. Allgemeines

4 **Normadressat** der Preisauszeichnungspflicht nach Abs. 1 ist **derjenige, der die Tankstelle tatsächlich betreibt** und damit als Anbieter i. S. v. § 1 Abs. 1 S. 1 auftritt.[4] Ob er im eigenen Na-

[1] OLG Karlsruhe NJWE-Wettb 1996, 248, 249.
[2] Vgl. *Gelberg* GewArch 1995, 393, 398.
[3] *Köhler/Bornkamm* § 8 PAngV Rdn. 1b.
[4] Z. B. der Eigentümer oder Pächter, OLG Düsseldorf WRP 1988, 170, 172.

men oder, wie zumeist, in fremdem Namen handelt, ist dabei unerheblich. Die Vorschrift regelt die **Preisauszeichnung für Kraftstoffe.** Dies sind alle Stoffe, durch deren Verbrauch Kraftfahrzeuge angetrieben werden (Benzin, Dieselkraftstoff, Gas, Elektrizität).[5] Schmierstoffe sind keine Kraftstoffe; für sie gilt § 4. Nach S. 2 sind von der Anwendbarkeit der Vorschrift Kraftstoffmischungen ausgenommen, die erst an der Tankstelle hergestellt werden; diese Ausnahme gilt allerdings nicht für Gemische, die automatisch gemischt aus der Zapfsäule fließen.[6]

5 Der **Inhalt der Preisauszeichnung** ist **in § 8 nicht näher geregelt.** Hier gilt § 1. Entsprechend der allgemeinen Verkehrsauffassung hat die Preisangabe für die jeweilige Verkaufseinheit (bei Flüssigkraftstoffen also jeweils für einen Liter) zu erfolgen (§ 1 Abs. 1 S. 2). Eine ausdrückliche Nennung der Verkaufseinheit ist bei der Preisauszeichnung zumindest für Flüssigkraftstoffe nach Abs. 1 nicht erforderlich, da diese Verkaufseinheit absolut verkehrsüblich ist und von den Kraftfahrern selbstverständlich zugrunde gelegt wird.[7] Dagegen sind die angebotenen Kraftstoffe nach allgemeiner Verkehrsauffassung durch eine verkehrsübliche Gütebezeichnung (z. B. Benzin, Super, Diesel, E10) zu kennzeichnen.[8] Verkaufseinheit und Gütebezeichnung sind der jeweiligen Preisangabe eindeutig zuzuordnen (§ 1 Abs. 5 S. 2).

II. Autobahntankstellen (Abs. 1 Nr. 2)

6 Abs. 1 S. 1 Nr. 2 enthält eine Privilegierung der **Autobahntankstellen.** Bei Tankstellen auf Bundesautobahnen muss die Preisauszeichnung erst für den in den Tankstellenbereich einfahrenden Kraftfahrer deutlich lesbar sein. Eine Lesbarkeit der Preise von der Autobahn aus wäre wegen der Geschwindigkeit der Fahrzeuge und häufig auch wegen des Abstands der Tankstelle zur Autobahn kaum praktikabel und wegen einer möglichen Ablenkung der Fahrer aus Sicherheitsgründen auch nicht wünschenswert. Die Preisangaben müssen für den Kraftfahrer **beim Einfahren in den Tankstellenbereich** lesbar sein. Dieser Bereich beginnt heute in der Regel nicht zwingend direkt nach dem Ende der Autobahnausfahrt oder dem Beginn des Tankstellengrundstücks, weil sich heute bei vielen großen Tankstellen und Raststätten die Tankstellen nicht immer direkt an die Ausfahrt anschließen. Maßgeblich ist daher nicht das Ende der Autobahnausfahrt, sondern der **Beginn des Tankstellenbereichs im engeren Sinn.** Die Fahrer müssen unmittelbar bei Einfahrt in den Tankstellenbereich die Preise lesen können, und zwar so rechtzeitig, dass sie die Tankstelle gleich wieder verlassen können, falls ihnen die Preise zu hoch sind.[9] Es genügt daher nicht, wenn der Kraftfahrer erst an die Zapfsäule heranfahren muss, um die Preise zu lesen.

III. Sonstige Tankstellen

7 Bei allen anderen Tankstellen (außer Autobahntankstellen) muss die Preisauszeichnung so erfolgen, dass sie bereits **für den auf der Straße heranfahrenden Kraftfahrer deutlich lesbar** ist. Dies betrifft nicht nur die Preisangabe selbst, sondern auch die nach allgemeiner Verkehrsauffassung erforderliche **Angabe der Gütebezeichnungen** (oben Rdn. 3). Die Vorschrift gilt im Hinblick auf alle Straßen, von denen aus eine direkte Zufahrt auf das Tankstellengrundstück möglich ist, bei Tankstellen an Straßenkreuzungen daher häufig für zwei Straßen. Die Bestimmung gilt im Prinzip für alle Tankstellen, auch für reine **Kartentankstellen,** die Kraftstoff ausschließlich an Inhaber codierter Kundenkarten abgeben.[10] Die Preisauszeichnung muss für die heranfahrenden Fahrer zumindest ab dem Abschnitt der Straße ohne Mühe und mit einem kurzen Blick deutlich lesbar sein, an dem er sich ohne Störung des Verkehrsflusses (und selbstverständlich ohne Verkehrsgefährdung) noch auf die Einfahrt in die Tankstelle einrichten kann,[11] also insbesondere ohne ruckartiges Abbremsen. Eine Preisangabe nur an den Zapfsäulen wird diesen Anforderungen kaum je genügen. Die Umstände des Einzelfalls sind zu berücksichtigen, insbesondere die Geschwindigkeit der heranfahrenden Kraftfahrer. Dabei ist von der jeweiligen straßenverkehrsrechtlich zulässigen Höchstge-

---

[5] Vgl. *Köhler*/Bornkamm § 8 PAngV Rdn. 2.

[6] *Gelberg,* Kommentar zur Preisangabenverordnung, 1975, S. 101; *Gimbel/Boest,* Die neue Preisangabenverordnung, 1985, § 6 Anm. 7; *Ambs,* PAngV, in: Erbs/Kohlhaas (Hrsg.), Strafr. NebenG, Abschn. P 183, § 8 Rdn. 5.

[7] Vgl. OLG Düsseldorf WRP 1988, 170, 171.

[8] Näher *Völker,* PreisangabenR, § 8 Rdn. 5.

[9] *Gimbel/Boest,* Die neue Preisangabenverordnung, 1985, § 6 Anm. 4.

[10] OLG Karlsruhe NJWE-WettbR 1996, 248, 249.

[11] *Gimbel/Boest,* Die neue Preisangabenverordnung, 1985, § 6 Anm. 2; *Ambs,* PAngV, in: Erbs/Kohlhaas (Hrsg.), Strafr. NebenG, Abschn. P 183, § 8 Rdn. 3.

schwindigkeit auszugehen.[12] Im Übrigen ist von normalen Straßenverhältnissen (also nicht etwa von vereisten Straßen) und normalen Verkehrsverhältnissen (also z. B. kein Stau) auszugehen.[13] Insbesondere muss der Tankstelleninhaber nicht berücksichtigen, dass auf einer Durchgangsstraße Geschwindigkeitsüberschreitungen zur Regel geworden sind. Die erforderliche Größe der Ziffern und Buchstaben ist unter Berücksichtigung dieser Umstände im Einzelfall, auch unter Berücksichtigung der farblichen Gestaltung, zu bestimmen. In der Regel wird bei rechtwinklig zur Fahrbahn angebrachten Schildern im innerörtlichen Bereich eine Zifferngröße von zumindest 40 cm ausreichen.[14] Auch die Kraftstoffsorten müssen entsprechend gut lesbar sein; hierfür reicht jedenfalls eine Buchstabengröße von 9 cm nicht aus.[15]

C. Garagen, Einstellplätze, Parkplätze (Abs. 2)

Abs. 2 regelt die **Preisauszeichnung bei kurzfristiger Vermietung oder Bewachung von Garagen, Einstellplätzen oder Parkplätzen** und einer **sonstigen kurzfristigen Verwahrung von Kraftfahrzeugen.** Die Vorschrift gilt **auch für Gaststätten und Beherbergungsbetriebe,** soweit sie solche Leistungen auf Wunsch des Kunden und gegen gesonderte Vergütung anbieten. Parkuhren und Parkscheinautomaten (§ 13 StVO) unterfallen der Vorschrift nicht, da es bereits am Tatbestandsmerkmal des „Vermietens" fehlt. Erfasst werden nur Angebote für einen **Zeitraum von weniger als einem Monat.** Werden die Leistungen gleichzeitig auch für Zeiträume von einem Monat oder mehr angeboten, gilt die Preisauszeichnungspflicht nach Abs. 2 für diese längerfristigen Angebote nicht, sondern § 1 und gegebenenfalls § 5. Da sich bei diesen Leistungen die Höhe der Vergütung in der Regel nach der zeitlichen Dauer der Inanspruchnahme der Leistung richtet, hat das Preisverzeichnis entweder aus einer entsprechenden Tabelle oder aus der Angabe entsprechender Verrechnungssätze i. S. v. § 1 Abs. 2 zu bestehen (z. B. „2 Euro je angefangener Stunde"); auch Kombinationen sind zulässig (z. B. „erste Stunde 2 Euro, zweite Stunde 1 Euro, jede weitere angefangene Stunde 50 Cent"). Das Preisverzeichnis ist **am Anfang der Zufahrt** anzubringen. Es muss also nicht bereits für den auf der Straße heranfahrenden Kraftfahrer lesbar sein (wie bei Tankstellen gemäß Abs. 1 S. 1 Nr. 2). Allerdings muss nach Sinn und Zweck der Vorschrift das Preisverzeichnis für den Kraftfahrer, der den Anfang der Zufahrt erreicht hat, leicht erkennbar und deutlich lesbar (§ 1 Abs. 6 S. 2) sein, bevor er in die Zufahrt einfährt, damit er die Preisinformation noch vor seiner Entscheidung über die Einfahrt erhält.[16] Nur wenn dies wegen der besonderen örtlichen Verhältnisse nicht möglich ist, kann das Preisverzeichnis an einem späteren Punkt (z. B. Einfahrt in die Tiefgarage oder das Parkhaus) angebracht werden.[17] An die Zulässigkeit solcher Ausnahmen sind strenge Anforderungen zu stellen; sie sind nur zuzulassen, wenn der Kunde nach Kenntnisnahme des Preisverzeichnisses den Betrieb ohne Kostenfolgen sofort wieder verlassen kann.[18] 8

§ 9 Ausnahmen

(1) **Die Vorschriften dieser Verordnung sind nicht anzuwenden**

1. **auf Angebote oder Werbung gegenüber Verbrauchern, die die Ware oder Leistung in ihrer selbständigen beruflichen oder gewerblichen oder in ihrer behördlichen oder dienstlichen Tätigkeit verwenden; für Handelsbetriebe gilt dies nur, wenn sie sicherstellen, dass als Verbraucher ausschließlich die in Halbsatz 1 genannten Personen Zutritt haben, und wenn sie durch geeignete Maßnahmen dafür Sorge tragen, dass diese Personen nur die in ihrer jeweiligen Tätigkeit verwendbaren Waren kaufen;**
2. **auf Leistungen von Gebietskörperschaften des öffentlichen Rechts, soweit es sich nicht um Leistungen handelt, für die Benutzungsgebühren oder privat-rechtliche Entgelte zu entrichten sind;**

---

[12] A. A. *Gimbel/Boest,* Die neue Preisangabenverordnung, 1985, § 1 Anm. 4.
[13] Vgl. OLG Düsseldorf WRP 1988, 170, 172: „Bei normaler Fahrt".
[14] *Gelberg,* Kommentar zur Preisangabenverordnung, 1975, S. 99; *Gimbel/Boest,* Die neue Preisangabenverordnung, 1985, § 6 Anm. 2; für Mindestgröße 25 cm das BMWi, vgl. *Gelberg* GewArch 1987, 353, 357; GewArch 1989, 177, 182f.
[15] OLG Düsseldorf WRP 1988, 170, 172.
[16] Vgl. *Gimbel/Boest,* Die neue Preisangabenverordnung, 1985, § 6 Anm. 9.
[17] *Gelberg* GewArch 1983, 353, 367.
[18] *Gimbel/Boest,* Die neue Preisangabenverordnung, 1985, § 6 Anm. 9; *Gelberg* GewArch 1989, 177, 183; GewArch 1994, 54, 58.

3. auf Waren und Leistungen, soweit für sie auf Grund von Rechtsvorschriften eine Werbung untersagt ist;
4. auf mündliche Angebote, die ohne Angabe von Preisen abgegeben werden;
5. auf Warenangebote bei Versteigerungen.

(2) **§ 1 Abs. 1 und § 2 Abs. 1 sind nicht anzuwenden auf individuelle Preisnachlässe sowie auf nach Kalendertagen zeitlich begrenzte und durch Werbung bekannt gemachte generelle Preisnachlässe.**

(3) **§ 1 Abs. 2 ist nicht anzuwenden auf die in § 312 Absatz 2 Nummer 2, 3, 6, 9 und 10 und Absatz 6 des Bürgerlichen Gesetzbuchs genannten Verträge.**

(4) **§ 2 Abs. 1 ist nicht anzuwenden auf Waren, die**
1. über ein Nenngewicht oder Nennvolumen von weniger als zehn Gramm oder Milliliter verfügen;
2. verschiedenartige Erzeugnisse enthalten, die nicht miteinander vermischt oder vermengt sind;
3. von kleinen Direktvermarktern sowie kleinen Einzelhandelsgeschäften angeboten werden, bei denen die Warenausgabe überwiegend im Wege der Bedienung erfolgt, es sei denn, dass das Warensortiment im Rahmen eines Vertriebssystems bezogen wird;
4. im Rahmen einer Dienstleistung angeboten werden;
5. in Getränke- und Verpflegungsautomaten angeboten werden.

(5) **§ 2 Abs. 1 ist ferner nicht anzuwenden bei**
1. Kau- und Schnupftabak mit einem Nenngewicht bis fünfundzwanzig Gramm;
2. kosmetischen Mitteln, die ausschließlich der Färbung oder Verschönerung der Haut, des Haares oder der Nägel dienen;
3. Parfüms und parfümierten Duftwässern, die mindestens drei Volumenprozent Duftöl und mindestens siebzig Volumenprozent reinen Äthylalkohol enthalten.

(6) **Die Angabe eines neuen Grundpreises nach § 2 Abs. 1 ist nicht erforderlich bei**
1. Waren ungleichen Nenngewichts oder -volumens oder ungleicher Nennlänge oder -fläche mit gleichem Grundpreis, wenn der geforderte Gesamtpreis um einen einheitlichen Betrag herabgesetzt wird;
2. leicht verderblichen Lebensmitteln, wenn der geforderte Gesamtpreis wegen einer drohenden Gefahr des Verderbs herabgesetzt wird.

(7) **§ 4 ist nicht anzuwenden**
1. auf Kunstgegenstände, Sammlungsstücke und Antiquitäten im Sinne des Kapitels 97 des Gemeinsamen Zolltarifs;
2. auf Waren, die in Werbevorführungen angeboten werden, sofern der Preis der jeweiligen Ware bei deren Vorführung und unmittelbar vor Abschluss des Kaufvertrags genannt wird;
3. auf Blumen und Pflanzen, die unmittelbar vom Freiland, Treibbeet oder Treibhaus verkauft werden.

(8) **§ 5 ist nicht anzuwenden**
1. auf Leistungen, die üblicherweise aufgrund von schriftlichen Angeboten oder schriftlichen Voranschlägen erbracht werden, die auf den Einzelfall abgestellt sind;
2. auf künstlerische, wissenschaftliche und pädagogische Leistungen; dies gilt nicht, wenn die Leistungen in Konzertsälen, Theatern, Filmtheatern, Schulen, Instituten oder dergleichen erbracht werden;
3. auf Leistungen, bei denen in Gesetzen oder Rechtsverordnungen die Angabe von Preisen besonders geregelt ist.

Inhaltsübersicht

Rdn.

A. Allgemeines ... 1
B. Keine Anwendung der PAngV (Abs. 1) ... 2
I. Allgemeines ... 2
II. Verbraucher (vormals „nichtprivate Letztverbraucher") (Nr. 1) ... 3
1. Allgemeines ... 3
2. Verbraucher (vormals „Letztverbraucher") ... 4
a) Begriff ... 4
b) Selbstständige berufliche Tätigkeit ... 5
c) Selbstständige gewerbliche Tätigkeit ... 6
d) Behördliche oder dienstliche Tätigkeit ... 7

Rdn.
3. Verwendung in der nichtprivaten Tätigkeit ... 8
4. Angebote oder Werbung ... 9
5. Kontrollpflicht der Handelsbetriebe (2. Halbsatz) ... 11
III. Gebietskörperschaften (Nr. 2) ... 13
IV. Waren und Leistungen mit Werbeverbot (Nr. 3) ... 14
V. Mündliche Angebote ohne Angabe von Preisen (Nr. 4) ... 15
VI. Versteigerungen (Nr. 5) ... 16
C. Ausnahme von § 1 Abs. 1 nach Abs. 2 (individuelle Preisnachlässe; zeitlich begrenzte generelle Preisnachlässe) ... 17
D. Ausnahme von § 1 Abs. 2 nach Abs. 3 (bestimmte Verträge) ... 19
E. Ausnahme von § 2 Abs. 1 nach Abs. 4 ... 22
I. Allgemeines ... 22
II. Nenngewicht/Nennvolumen von weniger als zehn Gramm/Millilitern (Nr. 1) ... 23
III. Verschiedenartige Erzeugnisse (Nr. 2) ... 24
IV. Kleine Direktvermarkter und Einzelhändler (Nr. 3) ... 26
1. Kleine Direktvermarkter ... 26
2. Kleine Einzelhandelsgeschäfte ... 27
3. Warenausgabe überwiegend im Wege der Bedienung ... 28
4. Warenbezug „im Rahmen eines Vertriebssystems" ... 29
V. Warenangebot im Rahmen einer Dienstleistung (Nr. 4) ... 20
VI. Waren in Getränke- und Verpflegungsautomaten (Nr. 5) ... 31
F. Ausnahmen von § 2 Abs. 1 nach Abs. 5 ... 32
I. Allgemeines ... 32
II. Kau- und Schnupftabak (Nr. 1) ... 33
III. Kosmetische Mittel zur Färbung und Verschönerung (Nr. 2) ... 34
IV. Parfüms und parfümierte Duftwässer (Nr. 3) ... 36
G. Ausnahme von § 2 Abs. 1 nach Abs. 6 ... 37
I. Allgemeines ... 37
II. Waren ungleicher Nennquantität (Nr. 1) ... 38
III. Fertigpackungen mit leicht verderblichen Lebensmitteln (Nr. 2) ... 42
H. Keine Anwendung von § 4 (Abs. 7) ... 44
I. Allgemeines ... 44
II. Kunstgegenstände, Sammlungsstücke und Antiquitäten (Nr. 1) ... 45
III. Werbevorführungen (Nr. 2) ... 46
IV. Blumen und Pflanzen im Direktverkauf beim Produzenten (Nr. 3) ... 50
I. Keine Anwendung von § 5 (Abs. 8) ... 51
I. Allgemeines ... 51
II. Schriftliche Individualangebote (Nr. 1) ... 52
III. Künstlerische, wissenschaftliche und pädagogische Leistungen (Nr. 2) ... 53
IV. Leistungen mit spezialgesetzlichen Preisangabenregelungen (Nr. 3) ... 54

A. Allgemeines

§ 9 enthält einen in mehrfacher Hinsicht recht **heterogenen Ausnahmenkatalog:** Einige Ausnahmen betreffen die PAngV insgesamt (Abs. 1), bei anderen sind nur bestimmte Vorschriften nicht anwendbar (Abs. 2 bis 8). Während Abs. 1 Nr. 1 auf die Verhältnisse beim Kunden abstellt, gehen andere Ausnahmen vom Anbieter (Abs. 1 Nr. 2, Abs. 4 Nr. 3), den Eigenschaften der angebotenen Waren und Leistungen (Abs. 4 Nr. 1, 2, Abs. 5 und 6, Abs. 7 Nr. 1, Abs. 8 Nr. 2) oder von den Umständen des Angebots (Abs. 1 Nr. 4 und 5, Abs. 4 Nr. 5, Abs. 7 Nr. 2 und 3, Abs. 8 Nr. 1) aus; Abs. 1 Nr. 3 und Abs. 8 Nr. 3 tragen anderen Rechtsvorschriften Rechnung. Abs. 1 Nr. 5 und Abs. 4–7 beziehen sich nur auf Waren, Abs. 1 Nr. 2 und Abs. 8 nur auf Leistungen, Abs. 1 Nr. 1, 3 und 4 auf beides. Da es sich um Ausnahmetatbestände handelt, sind sie grundsätzlich eng auszulegen.[1] Im Übrigen sind die Begriffe Verbraucher, Angebot, Werbung, Waren, Leistungen wie in § 1 und den anderen Vorschriften der PAngV auszulegen. Innerhalb der PAngV ist der Ausnahmekatalog in § 9 **abschließend.**[2] Andere Ausnahmen sind jedoch möglich, sei es kraft Gewohnheitsrechts, sei es kraft speziellerer oder höherrangiger Vorschriften. 1

[1] BayObLG GewArch 1983, 35; *Gelberg,* Kommentar zur Preisangabenverordnung, 1975, S. 109.
[2] Insoweit wie Ohly/*Sosnitza* § 9 PAngV Rdn. 1.

B. Keine Anwendung der PAngV (Abs. 1)

I. Allgemeines

2 Bei den in Abs. 1 geregelten Fällen findet die **PAngV insgesamt keine Anwendung.** Die Nichtanwendbarkeit der PAngV bedeutet insbesondere, dass grundsätzlich weder eine Pflicht zur Preisangabe überhaupt noch zur Angabe der Gesamtpreise (einschließlich Umsatzsteuer und sonstiger Preisbestandteile) oder von Grundpreisen besteht (vgl. § 1 Abs. 1 und § 2). Ebenso wenig finden die Bestimmungen Anwendung, die zur Angabe von oder Bezugnahme auf bestimmte Verkaufs- oder Leistungseinheiten verpflichten (vgl. § 1 Abs. 1 S. 2). Schließlich gelten auch die in § 1 Abs. 6 geregelten Grundsätze von Preisklarheit und Preiswahrheit und die Gebote der eindeutigen Zuordnung, leichten Erkennbarkeit und deutlichen Lesbarkeit nicht. Unlautere und irreführende Formen der Preisangabe finden allerdings auch hier ihre Grenzen in den Bestimmungen des UWG.

II. Verbraucher (vormals „nichtprivate Letztverbraucher")(Nr. 1)

1. Allgemeines

3 Abs. 1 Nr. 1 war in der Vergangenheit die praktisch wohl bedeutendste Ausnahmevorschrift. Die Regelung zielt darauf ab, Angebote und Werbung gegenüber nichtprivaten Letztverbrauchern vom Anwendungsbereich der PAngV auszunehmen. Bis zur Umsetzung der Wohnimmobilienkreditrichtlinie im März 2016 war in § 9 noch von „Letztverbrauchern" die Rede denn auch nach nach § 1 Abs. 1 a. F. hatte die PAngV grundsätzlich im geschäftlichen Verkehr mit dem Letztverbraucher gegolten. Durch § 9 Abs. 1 Nr. 1 wurden jedoch Angebote und Werbung gegenüber allen Letztverbrauchern ausgenommen, welche die Ware oder Leistung **in ihrer selbstständigen oder gewerblichen** oder in ihrer **behördlichen oder dienstlichen Tätigkeit** verwandten. Umgekehrt formuliert fand die PAngV damit nur auf Angebote und Werbung gegenüber dem „privaten" Letztverbraucher im Hinblick auf Waren und Leistungen Anwendung, die der privaten Lebensführung und der persönlichen Bedarfsdeckung dienten. Somit sollte auch Gewerbetreibenden der Schutz der PAngV zugutekommen, soweit sie ihren privaten Bedarf als Verbraucher deckten, sofern dies nicht allein durch Abzweigung von Mitteln geschah, die für den Betrieb erworben worden waren.[3] Durch das Abstellen auf den Begriff des Verbrauchers i. S. v. § 13 BGB in § 1 PAngV hat sich die praktische Bedeutung der Ausnahmeregelung in § 9 Abs. 1 Nr. 1 stark reduziert, weil Personen, die Waren zu (überwiegend) selbständig beruflich oder gewerblichen Zwecken erwerben, keine Verbraucher i. S. d. § 13 BGB sind, so dass die PAngV auf Verträge oder Angebote ihnen gegenüber von vornherein nicht anwendbar ist und es daher keiner Ausnahmeregelung bedarf. Leider hat der Gesetzgeber diese Konsequenz aber entweder nicht erkannt oder er wollte sie nicht sauber regeln. Statt dessen hat er einfach den Begriff „Letztverbraucher" durch „Verbraucher" ausgetauscht und hat dadurch streng dogmatisch schwer nachvollziehbare Regelungen geschaffen. Denn Verbraucher, die Waren in ihrer gewerblichen Tätigkeit verwenden, gibt es nicht. Und der zweite Halbsatz in § 9 Abs. 1 Nr. 1 zielt darauf ab, dass Handelsbetriebe, insbesondere im Bereich des sog. SB-Großhandels nur dann von den Regelungen der PAngV abweichen können, wenn sie sicherstellen, dass Kunden nur Zutritt erlangen für den Erwerb von Waren, die für ihre jeweilige gewerbliche Tätigkeit verwendbar sind. Ein Zutritt „als Verbraucher" (so jetzt der Wortlaut in § 9) soll hingegen gerade nicht erlaubt werden.

2. Verbraucher (vormals „Letztverbraucher")

4 **a) Begriff.** Der Gesetzgeber wollte das Nebeneinander von „Verbraucher" und „"Letztverbraucher" beenden und einheitlich auf den Begriff „Verbraucher" im Sinne von § 13 BGB abstellen. Das sollte dem Verbraucherschutz dienen. Bei § 9 ist das jedoch misslungen. Denn einen Verbraucher, der Ware in seiner gewerblichen Tätigkeit verwendet, gibt es nicht. Eine Person, die Ware zu (überwiegend) gewerblichen Zwecken erwirbt, ist von vornherein kein „Verbraucher" i. S. d. § 13 BGB. Der Sinn und Zweck der Regelung in § 9 Abs. 1 Nr. 1 erschließt sich daher nur, wenn man die ursprünglichen Formulierungen berücksichtigt und den Begriff des Verbrauchers nicht im Sinne von § 13 BGB sondern im Sinne der ursprünglichen Formulierung als „Letztverbraucher" versteht. Im Bereich der Leistungen war Letztverbraucher derjenige, an den die **Leistung** erbracht wurde,

[3] BGHZ 70, 18, 38 = GRUR 1978, 173, 178 – *Metro I.*

dem sie also als Leistungsempfänger **unmittelbar zugutekam.** Im Bereich der **Waren** war Letztverbraucher jeder, der die **Ware erwarb, ohne sie weiter umsetzen** – also unverändert weiterverkaufen oder im Wege der Be- oder Verarbeitung weiterveräußern – zu wollen.[4] Letztverbraucher war also auch derjenige, der – namentlich im Rahmen seines Geschäftsbetriebs – Dritten den Gebrauch der erworbenen Ware nur vorübergehend – entgeltlich oder unentgeltlich – gestattete, da keine Weiterveräußerung erfolgte.[5] Wer Ware erwarb, um sie privat zu verschenken, war ebenfalls Letztverbraucher i. S. d. PAngV a. F. Wer die Ware erwarb, um sie in seinem Geschäftsbetrieb als Werbegeschenk einzusetzen, war bei ihrem Erwerb nicht Letztverbraucher, da die Ware im Geschäftsverkehr – wenn auch unentgeltlich – weiter umgesetzt wurde.[6] Somit fielen auch gewerbliche Abnehmer und Großabnehmer von Waren/Leistungen unter den Begriff des Letztverbrauchers im Sinne der PAngV a. F. Da gewerbliche Letztverbraucher jedoch auch im Bereich der PAngV als weniger schutzbedürftig angesehen werden, nahm Abs. 1 Nr. 1 die Personenkreise von ihrem Anwendungsbereich aus, welche die Waren/Leistungen im Rahmen der nachfolgend genannten Tätigkeiten verwendeten. Die entsprechenden Regelungen haben auch weiterhin Bedeutung, nunmehr allerdings schon eine Prüfungsstufe höher bei der Prüfung des Anwendungsbereichs der PAngV und nicht erst bei den Ausnahmeregelungen:

b) Selbstständige berufliche Tätigkeit. Hierunter fallen insbesondere die Angehörigen freier 5
Berufe (Ärzte, Rechtsanwälte, Wirtschaftsprüfer, Architekten usw.) sowie Landwirte. Nicht anwendbar war (und ist) die PAngV daher z. B. auf ein Maklerangebot von Büroräumen für Arzt- oder Anwaltspraxen.[7] Nicht erfasst wird der berufsbedingte Bedarf unselbstständig Beschäftigter (z. B. hinsichtlich deren Arbeitskleidung).

c) Selbstständige gewerbliche Tätigkeit. Dieser Begriff umfasst die Bereiche Industrie, Han- 6
del, Handwerk und Gaststätten und gewerbliche Erbringer anderer Dienstleistungen (z. B. Versicherungen, Kreditinstitute, Transport- und Beförderungsleistungen usw.). Nicht erfasst werden grundsätzlich Idealvereine i. S. v. § 21 BGB, wenn und soweit es sich nicht um Angebote im Hinblick auf einen von ihnen im Rahmen ihres Nebenzweckprivilegs[8] unterhaltenen geschäftlichen Betrieb handelt.[9] Dagegen werden Angebote gegenüber wirtschaftlichen Vereinen i. S. v. § 22 BGB regelmäßig unter Nr. 1 fallen.

d) Behördliche oder dienstliche Tätigkeit. Hierunter fallen alle Tätigkeiten des öffentlichen 7
Dienstes auf staatlicher und kommunaler Ebene sowie bei Körperschaften des öffentlichen Rechts (Universitäten usw.) sowie kirchlichen Einrichtungen.[10] Soweit sich die öffentliche Hand privatwirtschaftlich bzw. als Unternehmer betätigt, unterfällt dies bereits dem Tatbestandsmerkmal der selbständigen gewerblichen Tätigkeit.

3. Verwendung in der nichtprivaten Tätigkeit

Der Verbraucher muss die Ware/Leistung in seiner **selbstständigen beruflichen, gewerbli-** 8
chen, behördlichen oder dienstlichen Tätigkeit verwenden. Dies ist bei Waren stets der Fall, wenn sie im Rahmen dieser Tätigkeiten verarbeitet oder sonst verbraucht werden (Verwertung). Erfasst werden jedoch auch alle anderen Fälle einer Verwendung, bei denen die Waren im Geschäftsbetrieb verbleiben und dort benutzt werden (z. B. Arbeitsgeräte, Büroeinrichtung). Im Bereich der Leistungen gilt die Vorschrift für alle Angebote, die sich ersichtlich ausschließlich an nicht private Abnehmer richten.[11] Dient die fragliche Ware/Leistung im Einzelfall sowohl einer privaten als auch z. B. einer selbstständigen beruflichen Verwendung (Beispiel: Baukredit eines Selbstständigen für Eigenheim mit Büro), findet die PAngV in richtlininenkonformer Auslegung entsprechend der Regelung in Richtlinie 2011/83/EG Anwendung, solange der gewerbliche/selbständig berufliche Zweck nicht überwiegt.[12]

---

[4] Vgl. BGHZ 70, 18, 34 = GRUR 1978, 173, 177 – *Metro I; Gimbel/Boest,* Die neue Preisangabenverordnung, 1985, § 1 Anm. 2; vgl. auch § 1 Rdn. 8 f.

[5] Vgl. BGH GRUR 1977, 264, 267 – *Miniaturgolf.*

[6] Vgl. BGH GRUR 1975, 320 f. – *Werbegeschenk,* zu § 1 Abs. 1 RabG.

[7] Vgl. OLG Düsseldorf WRP 1982, 588 f.

[8] Vgl. BGHZ 85, 89 ff.

[9] A. A. *Steppeler/Astfalk,* Preisrecht und Preisangaben in der Kreditwirtschaft, 1986, Rdn. 175, für den Kreditbereich.

[10] OLG Karlsruhe GRUR-RR 2008, 351 f.

[11] Vgl. OLG Hamburg MD 2005, 445, 448.

[12] So auch schon früher *Gerhard/Langbein,* PAngV 1993 – Die neue Preisangabenverordnung, 1994, S. 35, *Steppeler/Astfalk,* Preisrecht und Preisangaben in der Kreditwirtschaft, 1986, Rdn. 174, für den Kreditbereich: es soll bereits ein Überwiegen des nichtprivaten Verwendungszwecks genügen.

4. Angebote oder Werbung

9 Zum **Begriff des Angebots vgl. § 1 Rdn. 10 ff.** Zum **Begriff der Werbung vgl. § 1 Rdn.** 19 ff. Angebote und Werbung müssen sich nach dem Sinn und Zweck der Regelung (nicht nach dem irritierenden Wortlaut) **gezielt an nicht** private **Letztverbraucher richten.** Dabei kommt es nicht entscheidend darauf an, an welchen Abnehmerkreis die Werbung aus Sicht des werbenden Unternehmens gerichtet sein soll; maßgeblich ist die **Sicht der angesprochenen Verkehrskreise,** die mit der Werbung in Berührung kommen.[13] Eine Qualifizierung als nur an nichtprivate Letztverbraucher gerichtete Werbung scheidet grundsätzlich aus, wenn die Werbung in erheblichem Umfang auch gegenüber Verbrauchern betrieben wird.[14] Bei **Internetangeboten,** die für jedermann zugänglich sind, ist daher davon auszugehen, dass sie zumindest auch Privatkunden und damit Verbraucher ansprechen, sofern sie nicht eindeutig und unmissverständlich eine Beschränkung auf Unternehmer enthalten und dies auch entsprechend in die Praxis umgesetzt wird.[15] Bei der **Werbung in Katalogen und Prospekten** für Waren und Leistungen, die auch im privaten Bereich Verwendung finden können, reicht es ebenfalls nicht aus, wenn lediglich ein Hinweis wie „nur für Industrie, Handel, Handwerk und Gewerbe" o. Ä. erfolgt. Vielmehr muss durch geeignete Maßnahmen (z. B. durch die Adressenbeschaffung bzw. -auswahl bei Mailings) sichergestellt werden, dass (von unvermeidlichen Irrläufern abgesehen) auch tatsächlich nur Nicht-Verbraucher Personenkreise von der Werbung Kenntnis nehmen.[16] Dabei ist es allerdings hinzunehmen, wenn Angestellte, die nicht selbst zu diesem Personenkreis gehören, von der Werbung Kenntnis erlangen können, soweit der Versender allgemein die notwendige strenge Kontrolle ausübt, die auch eine Lieferungsverweigerung bei erkennbar lediglich privaten Bestellungen einschließt.[17] Auch kann der Anwendungsbereich der PAngV nicht allein dadurch umgangen werden, dass Waren tatsächlich nicht an Verbraucher verkauft werden, wenn sich die Werbung zuvor an die Allgemeinheit richtet.[18]

10 Ferner ist zu berücksichtigen, ob das angebotene Sortiment **auf den gewerblichen Bedarf des Adressatenkreises zugeschnitten** ist. Hier darf allerdings im Bereich der Werbung kein übertrieben strenger Maßstab angelegt werden: Kommen Waren ihrer Gattung nach als im gewerblichen Bereich verwendbar in Betracht, ist es für die Anwendung von Abs. 1 Nr. 1 unschädlich, wenn sie außerdem auch als Gegenstände des Privatbedarfs Verwendung finden können.[19] Erforderlich ist jeweils eine **Würdigung des gesamten Angebots.** Je spezieller das Sortiment und der angesprochene Adressatenkreis, desto eher ist von einer Werbung i. S. v. Abs. 1 Nr. 1 auszugehen, während umgekehrt bei einem sehr weiten Adressatenkreis und einem warenhausartigen Sortiment typischer Privatverbrauchsartikel die Annahme einer Werbung i. S. v. Abs. 1 Nr. 1 eher fern liegt.[20] Bei bestimmten Waren/Leistungen kommen ihrer Natur nach nur Nicht-Verbraucher als Abnehmer in Betracht, z. B. bei der Vermietung von Büroräumen, Arzt- oder Anwaltspraxen,[21] beim Handel mit LKWs,[22] juristischen Fachseminaren[23] oder Computern mit nur betrieblich verwendbarer Software;[24] dementsprechend ist es auch unschädlich, wenn entsprechende Angebote/Werbung auch von anderen Personenkreisen zur Kenntnis genommen werden. Die Anwendbarkeit von Abs. 1 Nr. 1 setzt nicht voraus, dass die Adressaten die gewerbliche Tätigkeit im Zeitpunkt des Angebots bzw. der Werbung bereits ausüben. Die Privilegierung gilt vielmehr grundsätzlich auch im Verhältnis zu „Geschäftsgründungswilligen", also für Angebote/Werbung, die sich (auch) an Personen richtet, welche die Ware/Leistung in ihrer beabsichtigten künftigen selbständigen beruflichen oder gewerblichen Tätigkeit verwenden wollen.[25]

---

[13] BGH GRUR 2011, 82, 83, Tz. 23 – *Preiswerbung ohne Umsatzsteuer;* GRUR 1990, 617, 623 – *Metro III.*

[14] BGH GRUR 1979, 61, 62 – *Schäfer-Shop;* vgl. für Internetangebote LG Ellwangen/Jagst CR 2000, 188, 189.

[15] BGH GRUR 2011, 82, 83, Tz. 23 – *Preiswerbung ohne Umsatzsteuer.*

[16] BGH GRUR 1979, 61, 62 – *Schäfer-Shop; Gimbel/Boest,* Die neue Preisangabenverordnung, 1985, § 7 Anm. 1.

[17] BGH a. a. O.

[18] BGH GRUR 2011, 82, 83, Tz. 26 – *Preiswerbung ohne Umsatzsteuer.*

[19] BGH GRUR 1979, 61, 62 – *Schäfer-Shop.*

[20] BGH GRUR 1979, 61, 62 – *Schäfer-Shop;* KG MD 1992, 469 ff.

[21] OLG Düsseldorf WRP 1982, 588 f.; LG München I MD 1991, 649, 657 f.

[22] BayObLG GewArch 1983, 35; nicht bei Werbung für Kombiwagen, die auch von Privatleuten gekauft werden; OLG Oldenburg WRP 1974, 105 sowie MD 2001, 1457, 1458 für „Vans", oder angebliche „Export"-Pkw; KG WRP 1989, 95 ff.

[23] KG NJW-RR 1987, 417 f.

[24] KG WRP 1983, 271 f. = GewArch 1983, 310 f.; anders aber mit Recht für normale Personal Computer/PC und PC-Zeitschrift OLG Frankfurt NJW 1990, 1612.

[25] BGH GRUR 1993, 984 f. – *Geschäftsraumwerbung,* für das Angebot von Büroflächen gegen KG NJW-RR 1990, 1458; vgl. auch BGH NJW 1994, 2759 f. zu § 6 HWiG a. F.

5. Kontrollpflicht der Handelsbetriebe (2. Halbsatz)

Diese Regelung zielt darauf ab, die vom BGH zu §§ 6a und 6b UWG a. F. entwickelte Rechtsprechung zu den **Kontrollpflichten im SB-Großhandel**[26] auch **für den Bereich der PAngV festzuschreiben.**[27] Die Tatsache, dass die Regelungen der §§ 6a und 6b UWG a. F. mittlerweile entfallen sind, ändert dabei nichts am Geltungsbereich und der Auslegung der Norm in der PAngV, die weiterhin fortbesteht und in diesem Punkt ausdrücklich nicht geändert wurde. Auch das geänderte Verbraucherleitbild ändert daran nichts, weil es bei der Ausnahmeregelung nicht auf das Verständnis der angesprochenen Verbraucher ankommt.[28] Sinn und Zweck der Regelung ist es, dass die Regelungen der PAngV nicht anwendbar sein sollen beim Verkauf von Waren an Nicht-Verbraucher für deren jeweiligen gewerblichen oder selbständig beruflichen Zwecke, es aber keine Ausnahme für den Erwerb betriebsfremder Zwecke geben soll und daher zu diesem Zweck Kontrollen durchzuführen sind. Daher können sich Handelsbetriebe auf die Privilegierung von Halbsatz 1 nur berufen, wenn sie zwei Voraussetzungen erfüllen: Sie müssen zum einen sicherstellen, dass nur die in Halbsatz 1 genannten Personen – gemeint sind damit in der Sache nicht private Letztverbraucher – **Zutritt** zum Geschäft haben. Dies setzt eine wirksame **Eingangskontrolle** durch das Handelsunternehmen voraus.[29] Soweit das Handelsunternehmen Ausweise ausgibt, die zum Zutritt berechtigen, muss bei Ausstellung des Ausweises und auch später von Zeit zu Zeit geprüft werden, ob es sich um einen gewerblichen Kunden handelt. Vor Gewährung des Zutritts ist zudem eine **Überprüfung der Identität des Ausweisbenutzers** mit dem Berechtigten erforderlich.[30] Als weitere Maßnahmen kommen eine angemessene **zeitliche Beschränkung der Geltungsdauer** der Ausweise (z. B. auf zwei Jahre) und entsprechende vertragliche Vereinbarungen mit den Kunden[31] in Betracht. 11

Zum anderen muss der Handelsbetrieb auch im Hinblick auf die Kunden, denen er Zutritt zum Geschäft gewährt, dafür Sorge tragen, dass sie nur die in ihrer jeweiligen Tätigkeit verwendbaren Waren kaufen **(Verhinderung des Erwerbs betriebsfremder Ware).** In Betracht kommt namentlich eine entsprechende Ausgangskontrolle. Dadurch soll gewährleistet werden, dass auch gewerblichen Abnehmern im Bereich ihrer privaten Bedarfsdeckung der Schutz der PAngV zugutekommt. Eine Prüfung, ob der Kunde die erworbene Ware auch tatsächlich für gewerbliche Zwecke verwendet, ist dem Handelsunternehmen hingegen nicht möglich. Daher stellt die Vorschrift nicht auf die tatsächliche spätere Verwendung, sondern darauf ab, ob es sich um eine in der jeweiligen Tätigkeit verwend**bare** Ware handelt. Dementsprechend unterfällt der Erwerb von Mitteln, die im jeweiligen Betrieb verwendbar sind, die dann aber tatsächlich für den privaten Gebrauch des Gewerbetreibenden abgezweigt werden, auch weiterhin der Ausnahmeregelung und die PAngV findet hierauf keine Anwendung. Zur Beurteilung der betrieblichen Verwendbarkeit ist ein objektivierender Maßstab anzulegen, der auch der im Handel üblichen Sortimentsdiversifikation Rechnung trägt.[32] Auch eine branchen- oder betriebsfremde Ware ist dann dem gewerblichen Bedarf zuzurechnen, wenn sie tatsächlich zu Betriebszwecken benötigt wird.[33] Die Vorschrift bestimmt nicht näher, welche Maßnahmen zur Verhinderung der Deckung betriebsfremden Eigenbedarfs „geeignet" bzw. erforderlich sind. Dies hängt nicht zuletzt von Struktur und Sortiment des Handelsunternehmens ab. Das Handelsunternehmen hat zum einen sein Warensortiment so zu strukturieren, dass es im Wesentlichen der betrieblichen Bedarfsdeckung der angesprochenen Gewerbetreibenden dient. Namentlich im **SB- bzw. C & C-Großhandel** mit breit gestreutem Warensortiment sind zum anderen **Kontrollvorkehrungen des Handelsunternehmens** erforderlich, die unter Berücksichtigung des Warensortiments und des Verkaufssystems darauf angelegt sein müssen, die Deckung betriebsfremden Eigenbedarfs nach Möglichkeit auszuschließen bzw. auf ein 12

[26] Insbes. BGHZ 70, 18 ff. = GRUR 1978, 173 ff. – *Metro I;* BGH GRUR 1979, 411 ff. – *Metro II;* BGH GRUR 1990, 617 ff. – *Metro III;* zur Kritik an dieser Rspr. z. B. *Leisner,* Selbstbedienungsgroßhandel und Verfassungsrecht, 1986; *Schricker* GRUR 1990, 567 ff. m. w. N.

[27] Vgl. Bericht der Bundesregierung über die Entwicklung der Preisauszeichnung im Großhandel, BT-Drucks. 10/5815.

[28] A. A. *Köhler*/Bornkamm § 9 PAngV Rdn. 2.

[29] Vgl. BGH GRUR 1990, 617, 623 – *Metro III.* A. A. *Köhler*/Bornkamm, § 9 PAngV Rdn. 2.

[30] BGH a. a. O. S. 622; krit. *Gröner/Köhler,* Der Selbstbedienungsgroßhandel zwischen Rechtszwang und Wettbewerb, 1986, S. 126 f.

[31] Z. B. Verbot der Weitergabe des Ausweises, Pflicht zur Rückgabe bei Wegfall der Voraussetzungen; vgl. *Gelberg* GewArch 1986, 281, 289.

[32] BGH GRUR 1979, 411, 412 f. – *Metro II;* GRUR 1990, 617, 619 ff. – *Metro III;* GRUR 2001, 846, 847 – *Metro V.*

[33] BGHZ 70, 18, 29 f. = GRUR 1978, 173, 176 – *Metro I;* GRUR 1990, 617, 619 – *Metro III.*

„unvermeidbares Restrisiko" zu reduzieren.[34] Eine wirkungsvolle Kontrolle im C & C-Großhandel mit Ausweissystem erfordert jedenfalls, dass auf dem Einkaufsberechtigungsschein die jeweilige Branche des Bezugsberechtigten genau erfasst und gegenüber diesem Berechtigten auf den Verkauf von Artikeln verzichtet wird, die ihrer Art nach betriebsfremd oder – als Anhalt für die Betriebsfremdheit – branchenunüblich sind, wofür in aller Regel auch eine geeignete Ausgangskontrolle erforderlich ist.[35] Dies gilt allerdings nicht, wenn bei einem bestimmten Handelsbetrieb die betrieblich nicht verwendbaren Einkäufe nur so marginal sind, dass Kontrollmaßnahmen unterbleiben können.[36] Eine endgültige Bestimmung, wann im Sinne dieser Rechtsprechung lediglich „marginale" Einkäufe betriebsfremder Waren vorliegen, ist noch nicht erfolgt. Aus der Metro V-Entscheidung ergibt sich bislang lediglich, dass der BGH hierfür einen Anteil von weniger als 10% voraussetzt und jedenfalls einen Anteil in der Größenordnung von 3% als marginal einstufen würde.

III. Gebietskörperschaften (Nr. 2)

13 Nach Nr. 2 sind Leistungen (also nicht das Warenangebot) von **Gebietskörperschaften des öffentlichen Rechts** von der Anwendung der PAngV ausgenommen. Hierzu zählen der Bund, die Länder, die Kommunen (Städte und Gemeinden) sowie Landkreise. Auch **gemeindliche Zweckverbände** sind nach Sinn und Zweck Gebietskörperschaften im Sinne dieser Vorschrift; es handelt sich um Verbandskörperschaften, deren Mitglieder ihrerseits Gebietskörperschaften des öffentlichen Rechts sind. Nicht erfasst werden sonstige Körperschaften des öffentlichen Rechts, die nicht Gebietskörperschaften sind, also insbesondere die Berufskammern (z.B. Rechtsanwaltskammern, Handwerksinnungen und -kammern) und Träger der Sozialversicherung (z.B. Allgemeine Ortskrankenkassen, Ersatzkrankenkassen, Jagdgenossenschaften usw.). Leistungen von Gebietskörperschaften des öffentlichen Rechts sind zwar grundsätzlich von der Anwendbarkeit der PAngV ausgenommen. Diese Privilegierung gilt jedoch nicht bei Leistungen, für die Benutzungsgebühren oder privatrechtliche Entgelte zu entrichten sind. Damit ist die praktische Bedeutung der Vorschrift letztlich gering.

IV. Waren und Leistungen mit Werbeverbot (Nr. 3)

14 Nach Abs. 1 Nr. 3 ist die PAngV insgesamt **nicht anzuwenden auf Waren und Leistungen,** soweit für sie aufgrund von Rechtsvorschriften eine **Werbung untersagt** ist. Das Bestreben, mehr Preistransparenz und dadurch einen intensiven Wettbewerb zu erreichen, soll dort zurückstehen, wo aus übergeordneten Gesichtspunkten die Werbung nicht erlaubt ist. Werbeverbote können sich zum einen auf bestimmte Waren und Leistungen als solche beziehen. Hier greift § 9 Abs. 1 Nr. 3 stets ein. Zum anderen können sich Werbeverbote auf Angehörige bestimmter Berufe bzw. deren Tätigkeit beziehen; hier greift § 9 Abs. 1 Nr. 3 nur für die Leistungen bzw. den Teil des Warenangebots ein, auf welche sich das Werbeverbot bezieht.[37] Werbeverbote in diesem Sinne sind im Bereich der Waren relativ selten (z.B. im HWG und im AMG). Im Bereich der Leistungen existieren Werbeverbote bzw. Werbebeschränkungen hauptsächlich für Ausübende bestimmter freier Berufe. Diese Beschränkungen sind zwar in den letzten Jahren namentlich unter verfassungsrechtlichen und kartellrechtlichen Gesichtspunkten in die Kritik geraten und von der Rechtsprechung auch teilweise für unwirksam erklärt bzw. eingeschränkt worden. In ihrem Kern bestehen die Werbeverbote (bezogen auf eine reklamehafte Werbung) bei den freien Berufen aber jedenfalls bislang noch fort. Damit ist § 9 Abs. 1 Nr. 3 PAngV in den meisten Fällen auch noch anwendbar.[38]

---

[34] BGH GRUR 1990, 617ff., 623 – *Metro III.*

[35] BGHZ 70, 18, 38 = GRUR 1978, 173, 178; GRUR 1990, 617, 621 – *Metro III.* A. A. *Köhler*/Bornkamm § 9 PAngV Rdn. 2.

[36] BGH GRUR 2001, 846, 849 – *Metro V* unter Berücksichtigung von BVerfG GRUR 1999, 247, 249.

[37] Vgl. *Gimbel/Boest,* Die neue Preisangabenverordnung, 1985, § 7 Anm. 7.

[38] Näher *Völker,* PreisangabenR, § 9 Rdn. 27ff.

V. Mündliche Angebote ohne Angabe von Preisen (Nr. 4)

Nach Abs. 1 Nr. 4 findet die PAngV insgesamt **keine Anwendung auf mündliche Angebote** 15
von Waren und Leistungen, die ohne Angabe von Preisen erfolgen. Diese Ausnahmevorschrift gilt auch für fernmündliche Angebote ohne Angabe von Preisen[39] sowie für die **Hörfunkwerbung,** nicht aber für Werbesendungen im Fernsehen. Das führt dazu, dass für Hörfunkwerbung einerseits und Fernseh- oder Internetwerbung andererseits unterschiedliche Anforderungen gelten können, denn für Hörfunkwerbung ohne Preisangaben gilt nach § 9 Abs. 1 Nr. 4 die PAngV nicht, während dies für Internetangebote und Werbesendungen im Fernsehen sehr wohl der Fall ist, wie §§ 4 Abs. 4 und 5 Abs. 1 S. 3 belegen.[40] Wird allerdings ein solches mündliches Angebot vom Anbieter schriftlich bestätigt oder wiederholt, findet die PAngV – und damit insbesondere die Pflicht zur Gesamtpreisangabe – Anwendung. Die Ausnahmevorschrift gilt nur für mündliche Angebote ohne Preisangabe. Wird (freiwillig) der Preis angegeben, findet die PAngV uneingeschränkt Anwendung.[41] Insbesondere ist dann der Gesamtpreis i. S. v. § 1 Abs. 1 S. 1 anzugeben. Abs. 1 Nr. 4 gilt nicht für mündliche Werbevorführungen für Waren. Hier hat in systematischer Auslegung die speziellere Vorschrift in Abs. 7 Nr. 2 Vorrang (vgl. unten Rdn. 45).

VI. Versteigerungen (Nr. 5)

Schließlich findet die PAngV insgesamt **keine Anwendung auf Warenangebote bei Versteigerungen.** 16
Erfasst wird nicht nur die Versteigerungsveranstaltung selbst, sondern gegebenenfalls auch die Ankündigungen und entsprechende Versteigerungskataloge. Die Ausnahme gilt jedenfalls für Versteigerungen, die materiell und formell den anwendbaren öffentlich-rechtlichen Rechtsvorschriften entsprechen.[42] Inzwischen gibt es zudem zahlreiche Formen „virtueller Versteigerungen" im Internet.[43] Unabhängig von den Einzelheiten gewerbe- und wettbewerbsrechtlicher Zulässigkeitserfordernisse ist die Grundsituation letztlich nicht anders als bei den bislang lediglich bekannten „klassischen" Versteigerungen im herkömmlichen und bisher üblichen Sinn. Insbesondere hängt die Höhe des Preises letztlich davon ab, wie viel die Teilnehmer an der Versteigerung bieten. Dies gilt im Prinzip auch für die im **Intertnet** stattfindenden sogenannten **„umgekehrten Versteigerungen"** oder **„Rückwärtsauktionen"** („Dutch Auctions").[44] Daher entspricht es Sinn und Zweck der Ausnahmebestimmung (wie auch deren Wortlaut), auch solche Online-Versteigerungen in den Anwendungsbereich der Ausnahmeregelung im Grundsatz einzubeziehen (und damit dem Anwendungsbereich der PreisAngV zu entziehen).[45] Allerdings gilt die Ausnahmevorschrift nur für das Warenangebot, also die durch die Versteigerung zum Verkauf angebotene Ware. Die Ausnahmevorschrift gilt dagegen nicht für die Leistung des Versteigerers und dessen Vergütung, auf welche die PAngV Anwendung findet.[46]

C. Ausnahme von § 1 Abs. 1 nach Abs. 2 (individuelle Preisnachlässe; zeitlich begrenzte generelle Preisnachlässe)

Diese Vorschrift privilegiert **individuelle** und **bestimmte generelle Preisnachlässe:** Zunächst 17
sind individuelle Preisnachlässe von der Pflicht zur Angabe des Gesamtpreises i. S. v. § 1 Abs. 1 S. 1 bzw. Grundpreises i. S. v. § 2 Abs. 1 ausgenommen. Ein **individueller Preisnachlass** liegt vor, wenn von einem ansonsten allgemein geforderten Preis in einem speziellen Einzelfall ein Nachlass

---

[39] OLG Hamburg NJWE-WettbR 2000, 37, 38.

[40] BGH GRUR 2003, 971, 972 – *Telefonischer Auskunftsdienst.*

[41] *Ambs,* PAngV, in: Erbs/Kohlhaas (Hrsg.), Strafr. NebenG, Abschn. P 183, § 9 Rdn. 5; vgl. auch OLG Hamburg WRP 1983, 279 ff.

[42] Insbesondere § 34b GewO und nach der VO über gewerbsmäßige Versteigerungen vom 1.6.1976, BGBl. I S. 1345.

[43] Umfassend dazu *Borges* (Hrsg.), Recht der Internet-Auktion, 2. Aufl. 2012; Zur vertragsrechtlichen Beurteilung BGH ZUM 2002, 134, 135 ff.

[44] Vgl. zur wettbewerbsrechtlicher Beurteilung BGH GRUR 2004, 249 f. – *Umgekehrte Versteigerung im Internet.*

[45] LG Hamburg MMR 1999, 678, 680 = K&R 1999, 424, 426 = DB 1999, 1951, 1953; LG Hof MMR 2007, 460 f.; *Bullinger* WRP 2000, 253/255 f.; *Hollerbach* DB 2000, 2001/2005; *Huppertz* MMR 2000, 65, 68 f.; *Stögmüller* K&R 1999, 391, 396; a. A. offenbar *Berlit* WRP 2001, 349, 354: Vorliegen einer Gewerbeerlaubnis Voraussetzung.

[46] Näher *Völker,* PreisangabenR, § 9 Rdn. 94.

gewährt wird. An der Pflicht zur korrekten Angabe des allgemein geforderten Preises ändert sich hierdurch nichts. Ebenso wenig betrifft diese privilegierende Ausnahmevorschrift die Fälle der Preisspaltung bzw. der **Sonderpreise,** die für bestimmte abstrakt definierte Verbraucherkreise gelten (z. B. besondere Schüler-, Familien- oder Seniorentarife, ebenso Sonderpreise für die Mitarbeiter des Unternehmens und deren Angehörige). Preisangabenrechtlich handelt es sich bei solchen Sonderpreisen um weitere Gesamtpreise i. S. v. § 1 Abs. 1 S. 1; daher besteht jedenfalls dann eine Pflicht, auch diese Sonderpreise anzugeben, wenn sie allgemein und bei jedem Abnehmer, der die Voraussetzung für die Gewährung des Sonderpreises erfüllt, gewährt werden. Bei solchen Sonderpreisen handelt es sich also nicht um „individuelle Preisnachlässe" im Sinne dieser Ausnahmebestimmung.

18 Ferner privilegiert die Ausnahmevorschrift unter bestimmten Voraussetzungen auch **generelle Preisnachlässe,** also Fälle einer allgemeinen – und für alle Abnehmer (oder für einen bestimmten Personenkreis, z. B. Inhaber von Kundenkarten)[47] geltenden – Preisherabsetzung. In solchen Fällen muss der neue (reduzierte) Gesamtpreis i. S. v. § 1 Abs. 1 bzw. Grundpreis i. S. v. § 2 Abs. 1 nicht angegeben werden, wenn die Preisherabsetzung vorübergehend ist, nämlich **nach Kalendertagen zeitlich begrenzt;** der Endtermin, bis zu dem die Preisherabsetzung gilt, muss also für das Publikum durch Datumsangabe erkennbar sein. Dies ist jedenfalls dann der Fall, wenn der Endtermin als Kalendertag angegeben wird; zulässig wäre aber z. B. auch eine Radiowerbung, in der die Aktion als „noch für drei Tage" laufend beworben wird.[48] Dagegen ist eine Bezeichnung nach Wochen nicht ausreichend.[49] Ferner muss diese vorübergehende Preisherabsetzung **durch Werbung bekannt gemacht** worden sein (also z. B. durch Zeitungsanzeigen, Prospekte, aber auch von außen sichtbare Schaufenstertafeln im Geschäft oder entsprechende Internetwerbung). In solchen besonderen Fällen ist es also nicht erforderlich, bei sämtlichen betroffenen Waren im Geschäft die Preisauszeichnung zu ändern. Voraussetzung ist jedoch, dass der Preisnachlass tatsächlich in diesem Sinne zeitlich begrenzt ist; dies bedeutet, dass die betroffene Ware nach Ende der Aktion entweder wieder zum alten Preis oder jedenfalls zu einem höheren Preis (oder überhaupt nicht mehr) angeboten wird. Eine Mindest- oder Höchstdauer solcher Sonderaktionen sieht die Bestimmung nicht ausdrücklich vor. Ein Zeitraum von zehn bis fünfzehn Werktagen ist jedenfalls unbedenklich.[50] Als Höchstgrenze wird man einen Zeitraum ansehen können, in dem der Verkehr unter Berücksichtigung der Gesamtumstände – insbesondere auch der Warenart – noch von einer Preissenkung (also einem Preisnachlass im Sinne der Vorschrift) ausgeht; insoweit kann auf die im Wettbewerbsrecht entwickelten Grundsätze und Maßstäbe für die zeitliche Zulässigkeit einer Preissenkungswerbung zurückgegriffen werden.[51]

D. Ausnahme von § 1 Abs. 2 nach Abs. 3 (bestimmte Verträge)

19 Diese Bestimmung enthält Ausnahmen von der Pflicht, bei Fernabsatzverträgen nach § 1 Abs. 2 anzugeben, dass die Preise die Umsatzsteuer und sonstige Preisbestandteile enthalten und darauf hinzuweisen, ob (und gegebenenfalls in welcher Höhe) zusätzlich Liefer- und Versandkosten anfallen.[52] Durch diese Ausnahmebestimmung wird ein teilweiser Gleichklang mit den Regelungen im BGB über **Fernabsatzverträge** hergestellt: Nach § 312 Abs. 2 BGB finden die BGB-Bestimmungen über Fernabsatzverträge für bestimmte Vertragstypen keine Anwendung. Dies gilt nach § 9 Abs. 3 PAngV für einen Teil dieser privilegierten Vertragstypen auch im Hinblick auf § 1 Abs. 2 PAngV. Allerdings finden auch auf diese Vertragstypen die sonstigen Bestimmungen der PAngV im Grundsatz unverändert Anwendung, also namentlich die Pflicht zur Angabe des Gesamtpreises i. S. v. § 1 Abs. 1 bzw. die Pflicht zur Angabe des effektiven Jahreszinses gemäß § 6.

20 In diesem Sinne privilegiert sind Verträge über die **Teilnutzung von Wohngebäuden** (§ 312 Abs. 2 Nr. 6 BGB), da spezialgesetzliche Regelungen (§§ 481 ff. BGB) bestehen, ebenso wie bei **Versicherungsverträgen und deren Vermittlung** (ausgenommen Darlehensvermittlungsverträge) i. S. v. § 312 Abs. 6 BGB.[53] Auch bei **Immobiliengeschäften** im Sinne von § 312 Abs. 2 Nr. 2 BGB sind die Verbraucher bereits durch anderweitige Bestimmungen hinreichend geschützt, na-

---

[47] *Helm* in: Gloy/Loschelder/Erdmann, HdbWettbR, § 75 Rdn. 13.

[48] A. A. *Köhler*/Bornkamm § 9 PAngV Rdn. 11: Angabe des Anfangs- und Endtermins als Kalendertag erforderlich.

[49] *Köhler*/Bornkamm § 9 PAngV Rdn. 11.

[50] *Helm* in: Gloy/Loschelder/Erdmann, HdbWettbR, § 75 Rdn. 13.

[51] Vgl. § 5 UWG Rdn. 838.

[52] Vgl. § 1 Rdn. 52 ff.

[53] Amtl. Begr. BT-Drucks. 579/02, S. 9.

mentlich durch das Erfordernis der notariellen Beurkundung. Von den Informationspflichten nach § 1 Abs. 2 ausgenommen sind schließlich noch **Automatenverträge** und **öffentliche Fernsprecher** (§ 312 Abs. 2 Nr. 9, 10 BGB).

Dagegen findet die Ausnahmebestimmung keine Anwendung auf die **regelmäßige Hauslieferung von Lebensmitteln und Gegenständen des täglichen Bedarfs** (§ 312 Abs. 2 Nr. 8 BGB) und auf die **weiteren in § 312 Abs. 3 Nr. 1, 4, 5, 7, 8, 11, 12 und 13 BGB genannten Vertragstypen.** Bei solchen Geschäften sind die Angaben nach § 1 Abs. 2 bei Fernabsatzgeschäften erforderlich.[54] 21

E. Ausnahmen von § 2 Abs. 1 nach Abs. 4

I. Allgemeines

Parallel zur Einführung der Regelung für die Grundpreisangabe in § 2 PAngV durch die VO zur Änderung der PAngV und der FertigPackV vom 28.7.2000[55] wurden in § 9 (heute in Abs. 4–6) eine Reihe von Ausnahmeregelungen von der grundsätzlichen Pflicht zur Grundpreisangabe eingefügt. Die Ausnahmebestimmungen beruhen auf entsprechenden Vorgaben in Art. 3 Abs. 2 und 5 der Preisangabenrichtlinie.[56] Der **Ausnahmekatalog in Abs. 4** ist allerdings recht **heterogen.** Alle Ausnahmeregelungen in dieser Bestimmung beschränken sich zwar auf § 2 Abs. 1 und die dort geregelten Warenkategorien, also Waren in Fertigpackungen, offenen Packungen oder als Verkaufseinheiten ohne Umhüllung nach Gewicht, Volumen, Länge oder Fläche angebotene Ware. Dagegen gelten diese Ausnahmebestimmungen nicht für lose Ware im Sinne von § 2 Abs. 2. Auch die sonstigen Bestimmungen der PAngV bleiben unberührt. Dies gilt insbesondere für die preisangabenrechtlichen Grundpflichten in § 1 (namentlich die Pflicht zur Angabe des Gesamtpreises) sowie für die Pflichten zur Preisauszeichnung im Handel gemäß § 4, jeweils vorbehaltlich ihrer Vereinbarkeit mit dem Unionsrecht nach dem 12. Juni 2013. 22

II. Nenngewicht/Nennvolumen von weniger als zehn Gramm/Millilitern (Nr. 1)

Diese Ausnahmeregelung betrifft nur **Fertigpackungen** im Sinne von § 42 MessEG (vormals 6 Abs. 1 EichG), weil der Gesetzgeber allein im Hinblick auf solche Verpackungen den Begriff der „Nennfüllmenge" benutzt. Dies ist nach § 42 Abs. 2 Nr. 2 MessEG die Menge, die die Fertigpackung enthalten soll. Das ist die auf der Fertigpackung auch anzugebende Menge (§ 43 Abs. 1 MessEG, vormals § 7 Abs. 1 EichG). Ob die tatsächliche Menge in jedem Einzelfall dieser Nennfüllmenge entspricht, ist für diese Ausnahmebestimmung ohne Belang.[57] Der Sinn der Bestimmung liegt darin, dass bei derartigen Kleinstmengen eine Grundpreisangabe bezogen z. B. auf einen Liter oder ein Kilogramm (oder auch auf einhundert Gramm/Milliliter) wenig zur Preistransparenz und zur Möglichkeit des Preisvergleichs beitragen würde. Bei Packungen, die aus mehreren einzelnen Fertigpackungen bestehen,[58] ist die Menge des Gesamtinhalts der Sammelpackung maßgeblich. Entsprechendes gilt, wenn die Fertigpackung aus mehreren, nicht zum Einzelverkauf bestimmten Packungen desselben Erzeugnisses besteht.[59] 23

III. Verschiedenartige Erzeugnisse (Nr. 2)

Wie bereits früher nach § 13 Abs. 1 Nr. 2 FertigPackV a. F. besteht keine Pflicht zur Grundpreisangabe bei Waren im Sinne von § 2 Abs. 1, welche verschiedenartige Erzeugnisse enthalten, die nicht miteinander vermischt oder vermengt sind. Hier ist ein Preisvergleich mit anderen Waren durch die Verbindung verschiedener Produkte in einer Packung ohnehin erschwert und würde in der Regel durch die Angabe eines Grundpreises auch nicht nennenswert erleichtert. Die Ausnahmebestimmung gilt (anders als Nr. 1) nicht nur für Fertigpackungen, sondern für alle von § 2 24

[54] KG GRUR-RR 2009, 316, 317.
[55] BGBl. I S. 1238.
[56] Näher *Völker,* PreisangabenR, Einf. Rdn. 23 ff.
[57] *Zipfel/Rathke,* Lebensmittelrecht (Loseblattsammlung), Abschn. C 119, § 9 PAngV, Rdn. 12.
[58] Sammelpackungen, § 6 Abs. 5 Satz 1 FertigPackV.
[59] Vgl. § 6 Abs. 3 FertigPackV.

Abs. 1 erfassten Warenkategorien; sie gilt aber nicht für lose Ware, die in § 2 Abs. 2 geregelt ist. Verschiedenartig sind Erzeugnisse, die nicht in ihren charakteristischen Merkmalen übereinstimmen[60] und sich dementsprechend in ihrer Anwendung, Funktion, ihren Wirkungen und/oder ihrem Geschmack nicht unerheblich unterscheiden. Was in diesem Sinne „verschiedenartig" ist, lässt sich unter Berücksichtigung des Zwecks der Grundpreisangabe und dieser Ausnahmevorschrift nur im Einzelfall entscheiden. Typisches Beispiel ist ein **Kombinationsangebot** aus Pizza (= zubereitete Speise) und Getränk (= fertig abgepackte Ware), das von einem Lieferservice zu einem Preis angeboten wird.[61] Soweit die Getränke daneben allerdings auch einzeln angeboten werden, ist deren Grundpreis zu nennen.

25 Die Vorschrift setzt ferner voraus, dass die verschiedenartigen Erzeugnisse **nicht miteinander vermischt oder vermengt** sind. Anders als bei § 948 BGB muss es sich nicht um eine untrennbare Vermischung oder Vermengung handeln. Bei der Vermischung verlieren die Erzeugnisse ihre körperliche Abgrenzung (insbesondere bei Flüssigkeiten). Eine Vermengung im Sinne der Vorschrift liegt vor, wenn die einzelnen Erzeugnisse nicht voneinander getrennt sind und aus Sicht der angesprochenen Verkehrskreise eine in dieser Form zu verwendende bzw. zu konsumierende Sachgesamtheit bilden (wie z. B. die Zutaten beim sogenannten „Studentenfutter").

IV. Kleine Direktvermarkter und Einzelhändler (Nr. 3)

1. Kleine Direktvermarkter

26 „Direktvermarkter" sind Betriebe, die von ihnen erzeugte Waren unmittelbar an die Verbraucher vertreiben. Gedacht ist offenbar vor allem an **landwirtschaftliche Direktvermarkter.** In Betracht kommen namentlich Winzerbetriebe, Brennereien und Bauernhöfe. Wann ein solcher Betrieb als „klein" einzustufen ist, lässt sich nur mit Rücksicht auf Sinn und Zweck der Ausnahmebestimmung bestimmen: Ein „kleiner" Betrieb liegt dann vor, wenn der mit der Erfüllung der Pflicht zur Grundpreisangabe verbundene Aufwand im Verhältnis zu dem durch den Vertrieb der betreffenden Erzeugnisse erzielten Erlös in keinem angemessenen Verhältnis mehr stünde. In der Regel werden diese Voraussetzungen z. B. bei **Familien-, Freizeit- bzw. Feierabendbetrieben** gegeben sein, ebenso – allgemeiner gesprochen – bei solchen Betrieben, die einen in kaufmännischer Weise eingerichteten Geschäftsbetrieb in Sinne von § 1 Abs. 2 HGB nicht erfordern.

2. Kleine Einzelhandelsgeschäfte

27 Was die Einzelhandelsgeschäfte anbelangt, liegt jedenfalls ein **„kleines Geschäft"** im Sinne der Vorschrift vor, wenn die vorstehend (Rdn. 24) für „kleine Direktvermarkter" beschriebenen Voraussetzungen bei diesem Einzelhandelsgeschäft gegeben sind. Daneben wird vor allem das (im Prinzip auch für die Direktvermarkter geltende) weitere Tatbestandserfordernis für die Abgrenzung privilegierter und nicht privilegierter Betriebe von Relevanz sein, wonach die Warenausgabe überwiegend im Wege der Bedienung erfolgen muss. Damit fällt der gesamte SB-Einzelhandel aus dem Anwendungsbereich der Vorschrift heraus.

3. Warenausgabe überwiegend im Wege der Bedienung

28 Für die Anwendung der Vorschrift in Betracht kommen namentlich **Kioske** und Geschäfte, bei denen sich die **Ware überwiegend hinter dem Verkaufstresen** befindet oder auf sonstige Art dem unmittelbaren Zugriff des Publikums entzogen ist. Damit profitieren auch sehr kleine Einzelhandelsgeschäfte nicht von dieser Ausnahmebestimmung, wenn den Kunden (wie häufiger bei kleinen „Tante-Emma-Läden") die Möglichkeit eröffnet wird, sich die Ware selbst aus den Regalen zu holen und dann an der Kasse zu bezahlen. Gerade deshalb erscheint dieses Kriterium als wenig geeignet, den angestrebten Schutzzweck zu erreichen.

4. Warenbezug „im Rahmen eines Vertriebssystems"

29 Die Ausnahmebestimmung greift nicht ein, wenn das Warensortiment **„im Rahmen eines Vertriebssystems"** bezogen wird. Diese Einschränkung betrifft nur die kleinen Einzelhandelsgeschäfte, da die kleinen Direktvermarkter die vertriebenen Waren selbst erzeugen. Auch diese Gegenausnahme ist unklar formuliert. Alle Waren werden im Wirtschaftsverkehr über „Vertriebssyste-

---

[60] *Zipfel/Rathke,* Lebensmittelrecht (Loseblattsammlung), Abschn. C 119, § 9 PAngV, Rdn. 15.
[61] BGH GRUR 2013, 186, 187 – *Traum-Kombi.*

me“ irgendeiner Art bezogen. Ziel der Formulierung ist es, eine Privilegierung von Filialbetrieben und Franchise-Unternehmen zu vermeiden. Entsprechend restriktiv ist sie auszulegen. Sie betrifft lediglich Fälle, in denen entweder verschiedene Verkaufsstellen (Filialen) eines Unternehmens oder aber zwar rechtlich selbstständige, wirtschaftlich oder organisatorisch aber verbundene Einzelbetriebe aufgrund eines einheitlich organisierten überörtlichen Vertriebssystems ihre Waren beziehen.[62] Dagegen liegt nicht bereits ein „Vertriebssystem“ in diesem Sinne vor, wenn ein Kleinbetrieb das wesentliche Warensortiment von einem einzigen Lieferanten bezieht; hierdurch tritt nicht ohne Weiteres eine Erleichterung der Erfüllung der Pflicht zur Grundpreisangabe ein, zumal der Handelsbetrieb in der Gestaltung seiner Preise unter Berücksichtigung des Kartellrechts frei bleiben muss.[63]

V. Warenangebot im Rahmen einer Dienstleistung (Nr. 4)

Diese Ausnahme beruht auf Art. 3 Abs. 2, 1. Spiegelstrich der Preisangabenrichtlinie, der es den Mitgliedstaaten gestattet, die Pflicht zur **Grundpreisangabe nicht anzuwenden auf „bei Erbringen einer Dienstleistung gelieferte Erzeugnisse“.** Der Wortlaut der deutschen Umsetzungsvorschrift weicht hiervon leicht ab. Nach dem Wortlaut der deutschen Regelung muss die Ware nicht „geliefert“ werden. Vielmehr wird jede Form des Angebots der Ware erfasst. Insoweit ist eine richtlinienkonforme Auslegung geboten, die den Anwendungsbereich der Ausnahme auf gelieferte Erzeugnisse beschränkt. Das Angebot der Ware muss zudem „im Rahmen einer Dienstleistung“ erfolgen. Es ist also nicht zwingend erforderlich, dass sich das Angebot der Ware zeitlich mit dem Erbringen der Dienstleistung deckt bzw. überschneidet. Ein enger sachlicher und zeitlicher Zusammenhang mit der Dienstleistung reicht aus. Ob dies durch die Vorgabe der Preisangabenrichtlinie noch gedeckt ist, muss letzten Endes der EuGH entscheiden. Es spricht aber Einiges dafür, dass auch solche Angebote noch „bei Erbringen“ einer Dienstleistung erfolgen, die mit der Dienstleistung in einem engen sachlichen und zeitlichen Zusammenhang stehen. Bei den Angeboten eines Speisenlieferdienstes erfolgen allerdings nur die frisch zubereiteten Speisen im Rahmen einer Dienstleistung bzw. beim Erbringen einer Dienstleistung. Der Lieferservice selbst stellt hingegen keine hinreichende eigenständige Dienstleistung dar mit der Folge, dass z. B. bei einzeln angebotenen, fertig verpackten Getränken der jeweilige Grundpreis anzugeben ist (anders hingegen bei Kombinationsangeboten mit Speisen, siehe oben Nr. 2).[64] Unerheblich ist, ob die Ware zur Erbringung der Dienstleistung erforderlich ist. 30

VI. Waren in Getränke- und Verpflegungsautomaten (Nr. 5)

Diese Ausnahmebestimmung betrifft ausschließlich Lebensmittel, die in Automaten angeboten werden. Auf die Art, Menge und Verpackungsform des Lebensmittels kommt es nicht entscheidend an. Der Verbraucher muss – wie aus dem Begriff „Automat“ hervorgeht – nach Auswahl und Zahlung am Automaten das Lebensmittel ohne weiteres menschliches Zutun dem Automaten entnehmen können. Wenn nach Entnahme der Ware an einer Kasse bezahlt werden muss, findet die Bestimmung keine Anwendung.[65] Diese Ausnahmebestimmung berücksichtigt die ansonsten unverhältnismäßig hohen Umrüstungskosten bei Getränke- und Verpflegungsautomaten.[66] 31

F. Ausnahmen von § 2 Abs. 1 nach Abs. 5

I. Allgemeines

Vgl. oben Rdn. 21. 32

---

[62] Insbesondere mit entsprechenden Bezugspflichten für das Kernsortiment, vgl. *Zipfel/Rathke,* Lebensmittelrecht (Loseblattsammlung), Abschn. C 119, § 9 PAngV, Rdn. 18.

[63] Anders *Zipfel/Rathke,* Lebensmittelrecht (Loseblattsammlung), Abschn. C 119, § 9 Rdn. 18.

[64] OLG Köln MD 2011, 818, 819 f.; bestätigt durch BGH GRUR 2013, 186, 188 – *Traum-Kombi.*

[65] *Zipfel/Rathke,* Lebensmittelrecht (Loseblattsammlung), Abschn. C 119, § 9 PAngV, Rdn. 20.

[66] Begr. des Bundesrats, vgl. BR-Drucks. 180/00.

II. Kau- und Schnupftabak (Nr. 1)

33 Da diese Ausnahmebestimmung auf **Kau- und Schnupftabak eines gewissen „Nenngewichts"** (als Unterfall der Nennfüllmenge) abstellt, betrifft die Ausnahmebestimmung lediglich Waren dieser Art in **Fertigpackungen** (oben § 2 Rdn. 2). Daher ist für die Anwendbarkeit der Vorschrift im Grundsatz auch nicht das tatsächliche Gewicht der Packung im Einzelfall maßgeblich, sondern das auf der Verpackung angegebene Gewicht.

III. Kosmetische Mittel zur Färbung und Verschönerung (Nr. 2)

34 Für den **Begriff der kosmetischen Mittel** ist die **Legaldefinition in § 2 Abs. 5 LFGB** bzw. **Art. 2 Abs. 1 lit a) der EU Kosmetik-VO (Nr. 1223/2009)** maßgeblich. Danach sind kosmetische Mittel Stoffe oder Gemische aus Stoffen, die ausschließlich oder überwiegend dazu bestimmt sind, äußerlich am Menschen oder in seiner Mundhöhle zur Reinigung, zum Schutz, zur Erhaltung eines guten Zustands, zur Parfümierung, zur Veränderung des Aussehens oder dazu angewendet werden, den Körpergeruch zu beeinflussen. Stoffe oder Gemische aus Stoffen die zur Beeinflussung der Körperformen bestimmt sind, sind keine kosmetischen Mittel (§ 2 Abs. 5 S. 2 LFGB).

35 Die Bestimmung nimmt kosmetische Mittel von der Pflicht zur Grundpreisangabe aus, wenn sie ausschließlich der Färbung oder Verschönerung der Haut, des Haares oder der Nägel dienen. Das betreffende Produkt darf also keine andere Funktion (auch nicht als Nebenfunktion oder erwünschte Nebenwirkung) haben. **Färbung** ist jede (auch geringfügige) Änderung der ursprünglichen bzw. vorherigen Farbe von Haut, Haar oder Nägeln einschließlich der Bleichung.[67] **Verschönerung** ist jede Änderung des äußeren Erscheinungsbilds einer Person, die zumindest von dieser als Verbesserung empfunden wird. Mittel, die gleichzeitig der Pflege von Haut, Haar oder Nägeln dienen, werden nicht erfasst („ausschließlich"). In der Regel werden diese Produkte nur eine kurzfristige Veränderung des Äußeren bewirken; die kurzfristige Wirkung ist aber keine zwingende Voraussetzung der Anwendbarkeit dieser Bestimmung.[68] Parfüms und andere Stoffe zur Beeinflussung des Geruchssinns unterfallen nicht der Bestimmung;[69] vgl. aber Nr. 3 und nachfolgend Rdn. 36.

IV. Parfüms und parfümierte Duftwässer (Nr. 3)

36 Die parfümierten Duftwässer müssen zur äußerlichen Anwendung am Menschen (und nicht an Gegenständen) bestimmt sein; sonst handelt es sich nicht um kosmetische Mittel im Sinne von § 2 Abs. 5 S. 1 LFGB.

G. Ausnahmen von § 2 Abs. 1 nach Abs. 6

I. Allgemeines

37 Vgl. oben Rdn. 21. Die in Abs. 6 geregelten Ausnahmen betreffen Fälle, in denen die Angabe der geänderten Grundpreisauszeichnung **mit unverhältnismäßigem Aufwand verbunden** wäre (Nr. 1) oder sogar den rechtzeitigen **Verkauf der Ware gefährden** könnte (Nr. 2).

II. Waren ungleicher Nennquantität (Nr. 1)

38 Die Bestimmung betrifft Fälle, in denen ein und dieselbe Ware (also nicht verschiedene Waren) **in unterschiedlichen Quantitäten** angeboten wird. Dabei kann es sich entweder um Fertigpackungen im Sinne von § 42 Abs. 1 MessEG (vormals § 6 Abs. 1 EichG) handeln, bei denen die Nennfüllmenge im Sinne von § 42 Abs. 3 Nr. 2 MessEG nach Gewicht oder Volumen angegeben ist (z. B. in Abwesenheit des Verbrauchers fertig abgepackte Fleisch-, Käse- oder Wurstportionen) oder um Waren, die als Verkaufseinheiten ohne Umhüllung im Sinne von § 2 Abs. 1 nach Länge oder Fläche angeboten werden, wobei auf der einzelnen Verkaufseinheit eine bestimmte Länge oder Fläche jeweils individuell benannt ist („Nennlänge oder -fläche"). Voraussetzung ist ferner, dass die

---

[67] *Zipfel/Rathke,* Lebensmittelrecht (Loseblattsammlung), Abschn. C 119, § 9 PAngV Rdn. 25.

[68] A. A. offenbar *Zipfel/Rathke,* Lebensmittelrecht (Loseblattsammlung), Abschn. C 119, § 9 PAngV Rdn. 26.

[69] *Zipfel/Rathke,* Lebensmittelrecht (Loseblattsammlung), Abschn. C 119, § 9 PAngV Rdn. 26f.

einzelnen Packungen bzw. Verkaufseinheiten bislang auf der Grundlage eines einheitlichen Grundpreises – wenn auch wegen der unterschiedlichen Mengen zu unterschiedlichen Gesamtpreisen – angeboten wurden.

Die privilegierende Ausnahmevorschrift in Nr. 1 greift in solchen Konstellationen dann ein, wenn der geforderte **Gesamtpreis um einen einheitlichen Betrag** – also um denselben Betrag für jede Packung oder Verkaufseinheit – **herabgesetzt** wird. Sie greift nicht ein, wenn der Gesamtpreis um unterschiedliche Beträge herabgesetzt wird,[70] ebenso wenig bei einer prozentualen Senkung der Gesamtpreise oder des Grundpreises (und damit mittelbar der Gesamtpreise). Da sich bei einer solchen Senkung der unterschiedlichen Gesamtpreise um jeweils einen einheitlichen Betrag für jede einzelne Packung oder Verkaufseinheit ein anderer Grundpreis ergeben würde, wäre die Ausrechnung und Angabe dieser einzelnen Grundpreise mit einem erheblichen Kosten- und Zeitaufwand verbunden. Zudem wäre die Angabe vieler verschiedener Grundpreise für den Verbraucher eher verwirrend.[71] Daher kann (nicht muss) in solchen Fällen auf die Angabe des neuen Grundpreises verzichtet werden. 39

Nicht geregelt ist, ob die Angabe des bisher geltenden Grundpreises entfallen bzw. entfernt bzw. unkenntlich gemacht werden muss. Streng genommen ist dies im Hinblick auf die Grundsätze von Preisklarheit und Preiswahrheit (§ 1 Abs. 6 S. 1) erforderlich, da der bisherige Grundpreis nicht mehr gilt. Ferner stellt sich die Frage, ob auf jeder Packung bzw. Verkaufseinheit der neue Gesamtpreis anzugeben ist. Streng genommen ist dies nach § 1 Abs. 1 S. 1 und § 4 regelmäßig erforderlich. Da sich die Ausnahmebestimmung ausdrücklich nur auf die Angabe eines neuen Grundpreises nach § 2 Abs. 1 bezieht, wird man von einem Fortbestand der Pflicht zur Angabe des aktuellen Gesamtpreises und zur Entfernung des früheren Grundpreises ausgehen müssen. Dadurch wird allerdings die angestrebte Vereinfachung dieser Art von Preisänderung nur recht unvollkommen erreicht. 40

Die Bestimmung gilt auch für **offene Packungen ungleicher Nennfüllmenge** im Sinne von § 2 Abs. 1 PAngV und § 31a FertigPackV, also z.B. für offene Obstkörbchen ungleicher Nennfüllmenge, deren Preis um einen einheitlichen Betrag herabgesetzt wird. Dagegen gilt die Bestimmung nicht für die in § 2 Abs. 2 geregelte lose Ware, für die ohnehin begrifflich keine vorbestehenden Packungen oder Verkaufseinheiten unterschiedlicher Nennfüllmenge existieren können und für die daher ohnehin nur der Grundpreis anzugeben ist. 41

III. Fertigpackungen mit leicht verderblichen Lebensmitteln (Nr. 2)

Zweck der Vorschrift ist die **Erleichterung des raschen Abverkaufs verderblicher Lebensmittel.** Die Bestimmung bezieht sich auf Fertigpackungen im Sinne von § 42 Abs. 1 MessEG (vormals § 6 Abs. 1 EichG, zum Begriff § 2 Rdn. 4), ferner auf offene Packungen im Sinne von § 2 Abs. 1 PAngV (§ 2 Rdn. 5) und § 31a FertigPackV, ebenso auf Lebensmittel, die als Verkaufseinheiten ohne Umhüllung im Sinne von § 2 Abs. 1 vertrieben werden. Die Fertigpackungen müssen Lebensmittel enthalten, die leicht verderblich sind. Dies ist in der Regel der Fall, wenn sie nicht ihrem Wesen nach oder durch Konservierung bzw. die Art der Verpackung oder auf andere Weise für einen längeren Zeitraum haltbar sind und deshalb in kurzer Zeit (ca. 2 bis 3 Tagen) verderben.[72] 42

Voraussetzung ist ferner eine **drohende Gefahr des Verderbs.** Der Verderb darf also noch nicht eingetreten sein; ansonsten wäre das Lebensmittel ohnehin nicht mehr verkehrsfähig, weil nicht mehr zum Verzehr geeignet. Der Verderb muss allerdings unmittelbar bevorstehen. Es muss mit ihm am selben Tag oder am nächsten Verkaufstag – an Wochenenden dem Montag – zu rechnen sein.[73] Unter „Verderb" wird man jede nachteilige Veränderung des Lebensmittels verstehen können, durch welche seine Tauglichkeit zum Verzehr aufgehoben oder erheblich herabgesetzt wird. Der Gesamtpreis muss wegen dieser drohenden Gefahr des Verderbs (also nicht oder jedenfalls nicht ausschließlich aus anderen Gründen) herabgesetzt werden. Ist dies der Fall, ist die Angabe des neuen Grundpreises nach § 2 Abs. 1 nicht erforderlich. Auch hier stellt sich die Frage, ob dennoch der bislang geforderte Grundpreis entfernt und der neue Gesamtpreis angegeben werden muss. Das oben zu Nr. 1 Ausgeführte (Rdn. 39) gilt entsprechend. 43

---

[70] *Zipfel/Rathke,* Lebensmittelrecht (Loseblattsammlung), Abschn. C 119, § 9 PAngV Rdn. 30.
[71] *Zipfel/Rathke,* Lebensmittelrecht (Loseblattsammlung), Abschn. C 119, § 9 PAngV Rdn. 29.
[72] *Zipfel/Rathke,* Lebensmittelrecht (Loseblattsammlung), Abschn. C 119, § 9 PAngV Rdn. 34.
[73] *Zipfel/Rathke,* Lebensmittelrecht (Loseblattsammlung), Abschn. C 119, § 9 PAngV Rdn. 36.

H. Keine Anwendung von § 4 (Abs. 7)

I. Allgemeines

44 Die in **Abs. 7** enthaltenen **Ausnahmen** betreffen **nur Waren, nicht Leistungen.** Weiter gelten diese Ausnahmebestimmungen nur für die Pflichten gem. § 4, also die besonderen Preisauszeichnungspflichten im Handel. Dies bedeutet, dass die preisangabenrechtlichen Pflichten aus § 1 (insbesondere Abs. 1 und 6) auch in den in § 9 Abs. 7 genannten Fällen weiterhin uneingeschränkt gelten.[74] Es gelten also - vorbehaltlich der Vereinbarkeit mit dem Unionsrecht - die Grundsätze von Preisklarheit und Preiswahrheit, die Pflicht zur Angabe des Gesamtpreises und gegebenenfalls auch des Grundpreises (§ 2), der Verkaufseinheit bzw. Gütebezeichnung sowie prinzipiell die Pflicht zur Preisangabe bei allen Angeboten (mit Ausnahme der in § 4 konkret geregelten Angebotsformen) und jeglicher Werbung unter Angabe von Preisen i. S. v. § 1 Abs. 1 S. 1.

II. Kunstgegenstände, Sammlungsstücke und Antiquitäten (Nr. 1)

45 Nach Abs. 7 Nr. 1 sind Kunstgegenstände, Sammlerstücke und Antiquitäten im Sinne des Kapitels 97 des Gemeinsamen Zolltarifs von der Anwendung des § 4 ausgenommen.[75]

III. Werbevorführungen (Nr. 2)

46 Nach Abs. 7 Nr. 2 findet § 2 keine Anwendung auf **Waren, die in Werbevorführungen angeboten** werden, sofern der Preis der jeweiligen Ware bei deren Vorführung und unmittelbar vor Abschluss des Kaufvertrags genannt wird. Die Vorschrift privilegiert insbesondere sog. „Marktschreier" durch die Befreiung von der Preisauszeichnungspflicht nach § 4. Voraussetzung ist, dass die Ware zum Zwecke der Werbung vorgeführt wird, ihre praktische Anwendung bzw. Benutzung also eingehend erklärt und demonstriert wird. Eine Werbevorführung kann sowohl bei einer Demonstration durch einen präsenten Verkäufer als auch bei einer Videodemonstration der Ware (z. B. in Kaufhäusern oder Supermärkten) vorliegen. Die Anwendung der Vorschrift setzt dabei nicht voraus, dass es sich um neuartige oder besonders erklärungsbedürftige Waren handelt.[76]

47 Die privilegierende Ausnahme von § 4 gilt **nur für die Dauer der Werbevorführung.** Findet also z. B. zwischen gelegentlichen Werbevorträgen an einem Stand ein regelmäßiger Verkauf statt, handelt es sich um ein normales Angebot, für das § 4 gilt,[77] soweit nicht lediglich nach jeder Demonstration der Ware den dann anwesenden Kaufinteressenten Gelegenheit zum Erwerb der Ware vor Beginn der nächsten Demonstration gegeben wird.

48 Der Preis muss **bei der Vorführung (mündlich) genannt** werden. Dies geschieht regelmäßig zum Schluss. Weiter muss der Preis unmittelbar vor Abschluss jedes Kaufvertrags genannt werden. Eine einmalige Preisangabe genügt jedoch, wenn sich der Verkauf unmittelbar an die Vorführung anschließt und der Verkauf an die bei der Vorführung Anwesenden erfolgt.[78]

49 Für die Anwendung der Vorschrift ist **unerheblich,** ob die **Werbevorführung öffentlich** (also jedermann zugänglich) ist oder **in privatem Rahmen** stattfindet (sog. „Hausparties", wie z. B. Tupperware-Parties). Auch bei Hausparties ist die Anwendung von § 9 Abs. 1 Nr. 4 durch Abs. 7 Nr. 2 ausgeschlossen. Die Pflicht zur Preisauszeichnung nach § 4 entfällt also nur, wenn bei der Vorführung und vor Vertragsschluss mündlich die Preise genannt werden, auch wenn der Vertragsschluss erst bei einem gesonderten und späteren Besuch beim Interessenten stattfindet.[79]

---

[74] *Gimbel/Boest,* Die neue Preisangabenverordnung, 1985, § 7 Anm. 10.

[75] Näher *Völker,* PreisangabenR, § 9 Rdn. 75 ff. Zur Verfassungsmäßigkeit dieser Ausnahmeregelung siehe BVerfG NJW 2010, 2501.

[76] Vgl. *Gimbel/Boest,* Die neue Preisangabenverordnung, 1985, § 7 Anm. 12.

[77] *Gimbel/Boest,* Die neue Preisangabenverordnung, 1985, § 7 Anm. 12.

[78] Vgl. *Gelberg,* Kommentar zur Preisangabenverordnung, 1975, S. 117; *Gimbel/Boest,* Die neue Preisangabenverordnung, 1985, § 7 Anm. 12.

[79] Vgl. KG GewArch 1975, 32 ff.; OVG Rhld.-Pf. GewArch 1979, 132 ff.; *Gimbel/Boest,* Die neue Preisangabenverordnung, 1985, § 7 Anm. 12.

IV. Blumen und Pflanzen im Direktverkauf beim Produzenten (Nr. 3)

Nach Abs. 7 Nr. 3 findet § 4 keine Anwendung auf **Blumen und Pflanzen,** die **unmittelbar vom Freiland, Treibbeet oder Treibhaus verkauft** werden, also bei Direktangeboten des Urproduzenten. Die Pflanzen und Blumen müssen sich noch in der Erde befinden bzw. dürfen noch nicht gepflückt sein, denn die Ausnahme knüpft daran an, dass die Blumen/Pflanzen unmittelbar „vom Freiland" und nicht „unmittelbar vom Freiland-Bauern" verkauft werden. Die Ausnahmevorschrift gilt nicht für andere Waren (z.B. Eier, Milch, Geflügel, Obst).[80] 50

I. Keine Anwendung von § 5 (Abs. 8)

I. Allgemeines

Die **Ausnahmen in Abs. 8** betreffen **nur Leistungen, nicht Waren.** Sie enthalten nur Ausnahmen von der Pflicht zur Preisauszeichnung durch Preisverzeichnisse gemäß § 5. Die preisangabenrechtlichen Grundpflichten in § 1 gelten auch in den durch Abs. 8 ausgenommenen Fällen unbeschränkt fort, insbesondere die Pflicht zur Angabe des Gesamtpreises. 51

II. Schriftliche Individualangebote (Nr. 1)

Ein Preisverzeichnis ist nur sinnvoll und möglich bei standardisierten Leistungen, die in einer Vielzahl von Fällen in gleicher Weise angeboten und erbracht werden, nicht bei individuellen Leistungen, die von Fall zu Fall verschieden und an den besonderen Gegebenheiten des Einzelfalls orientiert sind. Daher enthält Abs. 8 Nr. 1 eine **Ausnahme für einzelfallbezogene Leistungsangebote,** wenn folgende Voraussetzungen erfüllt sind: Die Leistungen müssen **üblicherweise** (vgl. § 1 Rdn. 43) **aufgrund von schriftlichen Angeboten** oder schriftlichen Voranschlägen erbracht werden. Eine solche Branchenübung besteht beispielsweise bei Neu-, Ein- und Umbauten im Bau- und Ausbaugewerbe,[81] möglicherweise auch im Bestattergewerbe.[82] Weiterhin muss die Leistung **üblicherweise auf den Einzelfall abgestellt** sein. Dies bedeutet, dass sowohl Umfang und Einzelheiten der Leistungserbringung als auch der Preis üblicherweise auf die Umstände des Einzelfalls abgestimmt werden müssen. Fehlt es an der Üblichkeit, ist bei Leistungen mit variablem und nicht von vornherein abzusehendem Leistungsumfang ein Preisverzeichnis nach § 5 mit Verrechnungssätzen erforderlich.[83] Im Versicherungsbereich findet Abs. 8 Nr. 1 bei Gesprächen über übliche Versicherungen zur Absicherung üblicher Risiken grundsätzlich keine Anwendung. Nur bei Verhandlungen über die Versicherung besonderer Risiken, für die keine Standardtarife bestehen, kann die Ausnahmevorschrift im Einzelfall Anwendung finden.[84] 52

III. Künstlerische, wissenschaftliche und pädagogische Leistungen (Nr. 2)

Nach Abs. 8 Nr. 2 sind künstlerische, wissenschaftliche und pädagogische Leistungen von der Preisauszeichnungspflicht durch Preisverzeichnisse nach § 5 ausgenommen. Beispiele: privater Musikunterricht, Nachhilfestunden, individuelle Privatrepetitorien, wissenschaftliche Gutachten, Portraitmalerei und andere künstlerische Auftragswerke, z.B. auch Leistungen von Tätowierern.[85] Dies gilt allerdings nicht für Leistungen, die in Konzertsälen, Theatern, Filmtheatern, Schulen, Instituten oder dergleichen erbracht werden, also für die Öffentlichkeit oder zumindest eine größere Zahl von Personen zugänglich oder bestimmt sind. Letztlich beschränkt sich die Ausnahme damit im Wesentlichen auf **Leistungen für einzelne Personen oder kleine Personengruppen in privaten Räumen des Leistungsempfängers oder -erbringers.**[86] Allerdings können auch in Gewerbe- 53

---

[80] *Gelberg,* Kommentar zur Preisangabenverordnung, 1975, S. 117; Ohly/*Sosnitza,* UWG, § 9 PAngV Rdn. 22. A.A. *Gimbel/Boest,* Die neue Preisangabenverordnung, 1985, § 7 Anm. 13.
[81] *Gelberg,* Kommentar zur Preisangabenverordnung, 1975, S. 120; *Gimbel/Boest,* Die neue Preisangabenverordnung, 1985, § 7 Anm. 3.
[82] OLG Hamburg WRP 2013, 1212, Tz. 20.
[83] *Gimbel/Boest,* Die neue Preisangabenverordnung, 1985, § 7 Anm. 3.
[84] Vgl. VerBAV 1974, 34, 35.
[85] OLG Hamburg NJW-RR 2011, 1674, 1675f.
[86] Ähnlich *Gimbel/Boest,* Die neue Preisangabenverordnung, 1985, § 7 Anm. 17.

betrieben, deren Räume für jedermann zugänglich sind, Leistungen individuell gegenüber jedem Kunden erbracht werden und dadurch in den Anwendungsbereich von § 9 Abs. 8 Nr. 2 fallen.[87]

IV. Leistungen mit spezialgesetzlicher Preisangabenregelung (Nr. 3)

54 Abs. 8 Nr. 3 regelt an sich eine Selbstverständlichkeit, nämlich den **Vorrang spezialgesetzlicher Vorschriften.** Die Bestimmung bezieht sich jedoch nicht generell auf preisangabenrechtliche Sondervorschriften für Leistungen, sondern auf Sondervorschriften, welche die Pflichten aus § 5 im Hinblick auf Preisverzeichnisse für Leistungen betreffen.[88]

§ 10 Ordnungswidrigkeiten

(1) **Ordnungswidrig im Sinne des § 3 Abs. 1 Nr. 2 des Wirtschaftsstrafgesetzes 1954 handelt, wer vorsätzlich oder fahrlässig**
1. entgegen § 1 Abs. 1 Satz 1 Preise nicht, nicht richtig oder nicht vollständig angibt,
2. entgegen § 1 Abs. 1 Satz 2 die Verkaufs- oder Leistungseinheit oder Gütebezeichnung nicht oder nicht richtig angibt, auf die sich die Preise beziehen,
3. entgegen § 1 Abs. 2 Satz 1 Nr. 1, auch in Verbindung mit Satz 3, eine Angabe nicht, nicht richtig oder nicht vollständig macht,
4. entgegen § 1 Abs. 3 Satz 1 Stundensätze, Kilometersätze oder andere Verrechnungssätze nicht richtig angibt,
5. entgegen § 1 Abs. 4 oder 6 Satz 2 Angaben nicht in der dort vorgeschriebenen Form macht,
6. entgegen § 1 Abs. 6 Satz 3 den Gesamtpreis nicht hervorhebt oder
7. entgegen § 2 Abs. 1 Satz 1, auch in Verbindung mit Satz 2, oder § 2 Abs. 2 oder § 3 Satz 1 oder 3, auch in Verbindung mit Satz 4, eine Angabe nicht, nicht richtig oder nicht vollständig macht.

(2) **Ordnungswidrig im Sinne des § 3 Abs. 1 Nr. 2 des Wirtschaftsstrafgesetzes 1954 handelt auch, wer vorsätzlich oder fahrlässig einer Vorschrift**
1. des § 4 Abs. 1 bis 4 über das Auszeichnen von Waren,
2. des § 5 Abs. 1 Satz 1, 2 oder 4 oder Abs. 2, jeweils auch in Verbindung mit § 4 Abs. 5, über das Aufstellen, das Anbringen oder das Bereithalten von Preisverzeichnissen oder über Anbieten einer Anzeige des Preises,
3. des § 6 Abs. 1 Satz 1 über die Angabe oder die Bezeichnung des Preises bei Verbraucherdarlehen,
4. des § 6 Abs. 7 oder § 6b über die Angabe von Voraussetzungen für die Verbraucherdarlehensgewährung oder des Zinssatzes oder der Zinsbelastungsperiode,
5. des § 6a Abs. 2 Satz 1 oder Absatz 3 über die Pflichtangaben in der Werbung,
6. des § 7 Abs. 1 Satz 1 oder 2, Abs. 2 Satz 1, Abs. 3 oder 4 über die Angabe von Preisen oder über das Auflegen, das Vorlegen, das Anbringen oder das Auslegen eines dort genannten Verzeichnisses,
7. des § 8 Abs. 1 Satz 1 über das Auszeichnen von Kraftstoffpreisen oder
8. des § 8 Abs. 2 über das Anbringen eines Preisverzeichnisses
zuwiderhandelt.

(3) **Ordnungswidrig im Sinne des § 3 Abs. 1 Satz 1 Nr. 3 des Wirtschaftsstrafgesetzes 1954 handelt, wer vorsätzlich oder fahrlässig gegen § 1 Abs. 2 Satz 1 Nr. 2 oder Satz 2, jeweils auch in Verbindung mit Satz 3, eine Angabe nicht, nicht richtig oder nicht vollständig macht.**

Inhaltsübersicht

	Rdn.
A. Allgemeines	1
B. Einzelfragen	5
I. Täterschaft, Beteiligung, Schuld	5
II. Rechtsfolgen, Verfahren, Verjährung	8

[87] So z. B. in einem Tätowierstudio: OLG Hamburg NJW-RR 2011, 1674, 1676.
[88] Näher zu einzelnen spezialgesetzlichen Preisangabenregelungen *Völker,* PreisangabenR, § 9 Rdn. 90 ff.

Rdn.
III. Einzeltatbestände ... 9
1. Grundtatbestand des § 1 Abs. 1 S. 1, Preise nicht, nicht richtig oder nicht vollständig angegeben (Abs. 1 Nr. 1) ... 9
2. Fehlende oder falsche Angabe der Verkaufs- oder Leistungseinheit (Abs. 1 Nr. 2) ... 10
3. Fehlende oder falsche Angabe bei Fernabsatzverträgen (Abs. 1 Nr. 3) ... 11
4. Unrichtige Angaben von Stundensätzen, Kilometersätzen und anderen Verrechnungssätzen (Abs. 1 Nr. 4) ... 12
5. Fehlerhafte Angaben bei rückerstattbaren Sicherheiten und Preisaufgliederungen (Abs. 1 Nr. 5) ... 13
6. Fehlende Hervorhebung des Gesamtpreises (Abs. 1 Nr. 6) ... 14
7. Verstöße bei der Grundpreisangabe und bei leistungsgebundenen Angeboten (Abs. 1 Nr. 6) ... 15
8. Verstöße gegen die Bestimmungen zur Preisauszeichnung beim Warenhandel gem. § 4 Abs. 1 bis 4 (Abs. 2 Nr. 1) ... 16
9. Verstöße gegen die besonderen Bestimmungen für Preisangaben bei Leistungen gem. § 5 Abs. 1 S. 1, 2 oder 4 oder Abs. 2 (Abs. 2 Nr. 2) ... 17
10. Verstöße gegen die Pflicht zur Angabe des effektiven Jahreszinses gem. § 6 Abs. 1 (Abs. 2 Nr. 3) ... 18
11. Angabe von Voraussetzungen für die Verbraucherdarlehensgewährung oder des effektiven Jahreszinses oder der Zinsbelastungsperiode gem. § 6 Abs. 7 oder 6b (Abs. 2 Nr. 4) ... 19
12. Pflichtangaben in der Werbung für Verbraucherdarlehensverträge gem. § 6a Abs. 2 S. 1 oder Abs. 3 (Abs. 2 Nr. 5) ... 20
13. Angabe von Preisen oder über das Auflegen, das Vorlegen, das Anbringen oder das Auslegen eines dort genannten Verzeichnisses (Abs. 2 Nr. 6) ... 21
14. Verstöße bei der Preisauszeichnung von Kraftstoffen an Tankstellen gem. § 8 Abs. 1 S. 1 (Abs. 2 Nr. 7) ... 24
15. Verstöße beim Anbringen eines Preisverzeichnisses gem. § 8 Abs. 2 (Abs. 2 Nr. 8) ... 25
16. Fehlende oder fehlerhafte Angaben zu zusätzlichen Liefer- und Versandkosten bei Fernabsatzverträgen (Abs. 3) ... 26

A. Allgemeines

Verstöße gegen die PAngV sind keine Straftaten, sondern lediglich **Ordnungswidrigkeiten** i. S. v. § 3 Abs. 1 Nr. 2 (bzw. Nr. 3) Wirtschaftsstrafgesetz 1954 (WiStG). Die einzelnen Bußgeldtatbestände sind in zweifacher Hinsicht Blankettvorschriften:[1] § 3 Abs. 1 Nr. 2 WiStG wird durch § 10 PAngV konkretisiert. Die einzelnen Tatbestände in § 10 nehmen wiederum auf die speziellen preisangabenrechtlichen Regelungen der PAngV Bezug. Für die Prüfung sind daher jeweils neben dem relevanten Tatbestand in § 10 auch die Normen der PAngV zu berücksichtigen, auf die konkret verwiesen wird. Weiter ist stets zu prüfen, ob die Grundvoraussetzungen für die Anwendbarkeit der PAngV gemäß § 1 Abs. 1 S. 1 gegeben sind (vgl. § 1 Rdn. 6 ff.). Schließlich sind auch immer die Ausnahmevorschriften zu berücksichtigen (§ 5 Abs. 3, § 7 Abs. 2 S. 2, § 8 Abs. 1 S. 2 und insbesondere § 9). Und es ist zu fragen, ob die jeweilige Norm nach Ablauf des 12. Juni 2013 aufgrund der unionsrechtlich abschließenden Vorgaben und der Ausschlussklausel des § 3 Abs. 5 UGP-Richtlinie überhaupt noch anwendbar ist. 1

§ 10 Abs. 1 und 3 erfassen **Verstöße gegen die Grundvorschriften in § 1 und §§ 2, 3;** dabei werden die relevanten Tatbestände konkret genannt, z. B. „Preise nicht vollständig angibt“ oder „Gütebezeichnung nicht richtig angibt“. Abs. 2 hingegen regelt Verstöße gegen die speziellen Bestimmungen in §§ 4 bis 8, wobei hier allgemein auf die einzelnen Gesetze Bezug genommen und die Verletzung (irgend)einer Vorschrift hieraus als Ordnungswidrigkeit behandelt wird. Der Ordnungswidrigkeitenkatalog des § 10 erfasst nicht nur Verstöße gegen Vorschriften der PAngV, welche die Preisangabe selbst regeln, sondern auch Verstöße gegen vorgeschriebene ergänzende Angaben (z. B. § 1 Abs. 1 S. 2, § 6 Abs. 7 usw.). 2

§ 10 **pönalisiert allerdings nicht alle Verstöße gegen Vorschriften der PAngV.** Nicht erfasst sind z. B. Verstöße gegen § 2 Abs. 3 S. 5. Der Katalog des § 10 deckt aber nahezu alle Bestimmungen der PAngV und damit so gut wie alle wesentlichen Verstöße gegen die PAngV ab. Eine bemerkenswerte Ausnahme bildet allerdings die in § 1 Abs. 6 S. 1 enthaltene Regelung, wonach die 3

[1] Zum Begriff z. B. BVerfGE 37, 201, 208 ff.; BGHSt 28, 213, 215.

Angaben nach der PAngV generell der allgemeinen Verkehrsauffassung und den Grundsätzen von Preisklarheit und Preiswahrheit entsprechen müssen. Bei dieser Generalklausel hat man mit gutem Grund (Art. 103 Abs. 2 GG) von der Sanktionierung von Verstößen als Ordnungswidrigkeit abgesehen.

4 Verstößt ein Täter gegen eine **behördliche Verfügung** (Verwaltungsakt), die der Einhaltung der in § 10 bußgeldbewehrten Vorschriften der PAngV dient, ist auch der Verstoß gegen diese Verfügung eine Ordnungswidrigkeit i. S. v. § 3 Abs. 1 WiStG.[2]

B. Einzelfragen

I. Täterschaft, Beteiligung, Schuld

5 Als **Täter** kommen die **Normadressaten der PAngV** in Betracht, also namentlich alle, die im Sinne von § 1 Abs. 1 S. 1 Waren oder Leistungen anbieten oder für sie unter Angabe von Preisen werben. Bei Unternehmen und Betrieben sind dies in der Regel der oder die Inhaber. Bei juristischen Personen und Personenhandelsgesellschaften kommt eine Haftung der in § 9 Abs. 1 Nr. 1 und 2 OWiG geregelten vertretungsberechtigten natürlichen Personen in Betracht. Weiter kommen als Täter diejenigen natürlichen Personen in Betracht, die beauftragt sind, den Betrieb ganz oder zum Teil zu leiten oder die entsprechenden Aufgaben (also insbesondere Preisauszeichnung/Preiswerbung) in eigener Verantwortung wahrzunehmen (§ 9 Abs. 2 OWiG). **Juristische Personen und Personenhandelsgesellschaften** kommen zwar als Täter nicht in Betracht; gegen sie kann jedoch unter den Voraussetzungen von § 30 OWiG als Nebenfolge eine Geldbuße verhängt werden, unter den Voraussetzungen des § 30 Abs. 4 OWiG auch selbstständig.

6 Erfasst wird auch **jede Form der Beteiligung i. S. v. § 14 OWiG,** also z. B. auch Verstöße gegen die PAngV durch einen selbständigen Handelsvertreter.[3] Soweit Unternehmensinhaber die Erfüllung der preisangabenrechtlichen Verpflichtungen auf andere Betriebsangehörige delegieren und diese nicht ordnungsgemäß überwachen, kommt hinsichtlich des Betriebsinhabers ein Verstoß gegen § 130 OWiG wegen Verletzung der Aufsichtspflicht in Betracht.

7 § 10 erfasst **vorsätzliche und fahrlässige Verstöße.**[4] Der vermeidbare Verbotsirrtum ist grundsätzlich unbeachtlich.[5]

II. Rechtsfolgen, Verfahren, Verjährung

8 Vorsätzliche Verstöße können mit einer **Geldbuße von bis zu 25 000 Euro** (§ 3 Abs. 2 WiStG), fahrlässige mit einer Geldbuße bis zu 12 500 Euro (§ 17 Abs. 2 OWiG) geahndet werden; eine Überschreitung dieser Höchstgrenzen ist unter den Voraussetzungen des § 17 Abs. 4 OWiG möglich. Für **Zuständigkeit, Verfahren und Rechtsbehelfe** gelten die **allgemeinen Bestimmungen des Ordnungswidrigkeitenrechts** (§§ 35 ff. OWiG), ebenso für Konkurrenzen (§§ 19–21 OWiG). **Verfolgungsverjährung** tritt nach drei Jahren ein (§ 31 Abs. 2 Nr. 1 OWG), wobei die Verjährung beginnt, sobald die relevante Handlung beendet ist. Soweit der Verstoß durch Verbreitung eines Druckwerks erfolgt, finden stattdessen die kürzeren presserechtlichen Verjährungsvorschriften analoge Anwendung.[6]

---

[2] *Gimbel/Boest,* Die neue Preisangabenverordnung, 1985, § 8 Anm. 6; a. A. *Ambs,* PAngV, in: Erbs/Kohlhaas (Hrsg.), Strafr. NebenG, Abschn. P 183, § 10 Rdn. 28.

[3] BayObLGSt 1972, 91, 93 f.

[4] Näher *Ambs,* PAngV, in: Erbs/Kohlhaas (Hrsg.), Strafr. NebenG, Abschn. P 183, § 10 Rdn. 22.

[5] Vgl. § 11 Abs. 2 OWiG und *Ambs,* PAngV, in: Erbs/Kohlhaas (Hrsg.), Strafr. NebenG, Abschn. P 183, § 10 Rdn. 24; *Gimbel/Boest,* Die neue Preisangabenverordnung, 1985, § 8 Anm. 4; Ohly/*Sosnitza* § 10 PAngV Rdn. 4.

[6] *Ambs,* PAngV, in: Erbs/Kohlhaas (Hrsg.), Strafr. NebenG, Abschn. P 183, § 10 Rdn. 26 unter Berufung auf BGHSt 28, 53, 55 f.

III. Einzeltatbestände

1. Grundtatbestand des § 1 Abs 1 S. 1, Preise nicht, nicht richtig oder nicht vollständig angegeben (Abs. 1 Nr. 1)

Der Tatbestand erfasst Verstöße gegen § 1 Abs. 1 S. 1, indem **Preise nicht, nicht richtig oder nicht vollständig angegeben** werden. Die erste Variante (Nichtangabe) ist nur beim Angebot von Waren/Leistungen relevant, die beiden anderen auch bei der Werbung unter Angabe von Preisen. Nicht richtig ist eine Preisangabe, wenn nicht der tatsächlich vom Anbieter für die Ware/Leistung verlangte Gesamtpreis angegeben wird. Ein Preis ist auch dann nicht richtig, wenn **wesentliche Preisbestandteile** (z. B. Umsatzsteuer) **nicht angegeben oder nicht in den Gesamtpreis einbezogen** werden. Im erst genannten Fall ist die Preisangabe zugleich auch nicht vollständig. Nicht vollständig ist die Preisangabe auch dann, wenn zwar alle Preisbestandteile aufgeführt werden, der Gesamtpreis aber nicht genannt wird. Die Vorschrift erfasst nicht Verstöße gegen den allgemeinen Grundsatz der Preisklarheit gem. § 1 Abs. 6 S. 1, der ausdrücklich nicht genannt wird.[7] 9

2. Fehlende oder falsche Angabe der Verkaufs- oder Leistungseinheit (Abs. 1 Nr. 2)

Die Vorschrift betrifft Verstöße gegen § 1 Abs. 1 S. 2. Fehlen diese ergänzenden Angaben, liegt ein Verstoß nur vor, soweit die **Angabe nach allgemeiner Verkehrsauffassung erforderlich** war (vgl. § 1 Rdn. 49 ff.). Bei unrichtigen Angaben liegt ein Verstoß auch vor, wenn die Angabe nicht zwingend erforderlich war. 10

3. Fehlende oder falsche Angaben bei Fernabsatzverträgen (Abs. 1 Nr. 3)

Erfasst werden Verstöße gegen die Pflicht nach **§ 1 Abs. 2 S. 1 Nr. 1 und S. 3** bei **Fernabsatzverträgen** anzugeben, dass die **Preise die Umsatzsteuer und sonstige Preisbestandteile enthalten.** Verstöße gegen die zusätzliche Pflicht, bei Fernabsatzverträgen anzugeben, ob zusätzlich Liefer- und Versandkosten anfallen (sowie gegebenenfalls deren Höhe) gemäß § 1 Abs. 2 S. 1 Nr. 2 und S. 2 werden durch § 10 Abs. 3 erfasst. 11

4. Unrichtige Angaben von Stundensätzen, Kilometersätzen und anderen Verrechnungssätzen (Abs. 1 Nr. 4)

Die Vorschrift betrifft Verstöße gegen **§ 1 Abs. 3 S. 1,** etwa durch Angabe von Verrechnungssätzen, die nicht alle Leistungselemente enthalten oder bei denen die Umsatzsteuer fehlt. 12

5. Fehlerhafte Angaben bei rückerstattbaren Sicherheiten und Preisaufgliederungen (Abs. 1 Nr. 5)

Die Vorschrift betrifft zum einen Verstöße gegen **§ 1 Abs. 6 S. 2,** wonach alle Angaben nach der PAngV dem Angebot oder der Werbung eindeutig zugeordnet, leicht erkennbar, und deutlich lesbar oder sonst gut wahrnehmbar sein müssen. Für die Verwirklichung dieses Tatbestands genügt der Verstoß gegen eines dieser Merkmale. Verstöße gegen diese Bestimmungen fallen nicht gleichzeitig unter den Grundtatbestand des Abs. 1 Nr. 1.[8] Zum anderen erfasst die Norm Verstöße gegen **§ 1 Abs. 4,** wonach bei Forderung einer rückerstattbaren Sicherheit (insbesondere Flaschenpfand) die Höhe dieser Sicherheit neben dem Preis für die Ware oder Leistung anzugeben und kein Gesamtbetrag zu bilden ist. Ein Verstoß gegen diese Bestimmung kommt in Betracht, wenn entweder überhaupt kein Hinweis auf die rückerstattbare Sicherheit erfolgt, der Hinweis in der Höhe unrichtig ist oder die Sicherheit und der Preis für die Ware oder Leistung zu einem Gesamtbetrag addiert werden. 13

6. Fehlende Hervorhebung des Gesamtpreises (Abs. 1 Nr. 6)

Erfasst werden Verstöße gegen § 1 Abs. 6 S. 3, wonach bei einer zulässigen Preisaufgliederung die Gesamtpreise hervorzuheben sind. 14

7. Verstöße bei der Grundpreisangabe und bei leistungsgebundenen Angeboten (Abs. 1 Nr. 7)

Hier werden zum einen Verstöße gegen die Pflicht zur Angabe des Grundpreises nach **§ 2 Abs. 1 und 2** geregelt, indem der Grundpreis überhaupt nicht, nicht richtig oder unvollständig 15

---

[7] A. A. *Ambs,* PAngV, in: Erbs/Kohlhaas (Hrsg.), Strafr. NebenG, Abschn. P 183, § 10 Rdn. 6.
[8] A. A. *Ambs,* PAngV, in: Erbs/Kohlhaas (Hrsg.), Strafr. NebenG, Abschn. P 183, § 10 Rdn. 10.

angegeben wird. Zum anderen bezieht sich die Bestimmung auch auf Verstöße gegen die Vorschriften zur Preisangabe bei bestimmten leitungsgebundenen Waren gemäß **§ 3,** und zwar sowohl im Hinblick auf die Angabe des Arbeits- oder Mengenpreises im Sinne von § 3 S. 1 als auch hinsichtlich leistungsabhängiger sowie nicht verbrauchsabhängiger Preise gemäß § 3 S. 3 und 4.

8. Verstöße gegen die Bestimmungen zur Preisauszeichnung beim Warenhandel gem. § 4 Abs. 1 bis 4 (Abs. 2 Nr. 1)

16 Dieser Tatbestand erfasst alle (und nicht nur bestimmte) Verstöße gegen die besonderen Bestimmungen für die Preisangabe von Waren im Einzelhandel gem. **§ 4 Abs. 1 bis 4.** Als Verstöße kommen z. B. in Betracht die fehlende Auszeichnung von Waren durch Preisschilder oder Beschriftung der Ware unter den Voraussetzungen des § 2 Abs. 1. Inhaltlich unrichtige oder unvollständige Preisangaben werden dagegen durch Abs. 1 Nr. 1 erfasst.

9. Verstöße gegen die besonderen Bestimmungen für Preisangaben bei Leistungen gem. § 5 Abs. 1 S. 1, 2 oder 4 oder Abs. 2 (Abs. 2 Nr. 2)

17 Die Vorschrift betrifft alle Verstöße gegen die besonderen Bestimmungen für das Angebot von Leistungen in **§ 5 Abs. 1 und 2** (der nicht erwähnte Abs. 1 S. 3 enthält keinen eigenständigen Verbotstatbestand). Erfasst werden daneben auch Verstöße gegen **§ 4 Abs. 5,** der für Waren, deren Preise üblicherweise aufgrund von Tarifen oder Gebührenregelungen bemessen werden, seinerseits auf § 5 Abs. 1 und 2 verweist. Ein Verstoß liegt vor, wenn das vorgeschriebene Preisverzeichnis entweder überhaupt nicht aufgestellt wird oder nicht die wesentlichen Leistungen enthält, ebenso, wenn es nicht in der vorgeschriebenen Weise angebracht bzw. zur Einsichtnahme bereitgehalten wird. Werden die Preise überhaupt nicht – auch nicht auf andere Weise – angegeben, liegt gleichzeitig ein Verstoß gegen Abs. 1 Nr. 1 vor. Bei inhaltlich unrichtiger oder unvollständiger Angabe der Preise oder Verrechnungssätze verstößt dies nicht gegen Abs. 2 Nr. 2, wohl aber gegen Abs. 1 Nr. 1. Gegen diese Vorschrift verstößt auch, wer entgegen § 5 Abs. 1 S. 4 bei Erbringung einer Leistung über Bildschirmanzeige dem Kunden nicht die gesonderte Anzeige über den Preis der fortlaufenden Nutzung unentgeltlich anbietet oder den Preis der fortlaufenden Nutzung unrichtig oder unvollständig anzeigt.

10. Verstöße gegen die Pflicht zur Angabe des effektiven Jahreszinses gem. § 6 Abs. 1 (Abs. 2 Nr. 3)

18 Die Vorschrift betrifft alle Verstöße gegen **§ 6 Abs. 1.** Erfasst wird vor allem – aber nicht nur – die fehlende, fehlerhafte oder unvollständige Angabe des effektiven Jahreszinses (Gesamtkosten als jährlicher Prozentsatz). Gegen die Vorschrift verstößt auch, wer die Bezeichnung „effektiver Jahreszins" nicht in der vorgeschriebenen Weise verwendet; auch hier wird das Fehlen der Bezeichnungen ebenso wie ihre fehlerhafte Verwendung erfasst.

11. Angabe von Voraussetzungen für die Verbraucherdarlehensgewährung oder des effektiven Jahreszinses oder der Zinsbelastungsperiode gem. § 6 Abs. 7 oder 6b (Abs. 2 Nr. 4)

19 Die Vorschrift erfasst alle Verstöße gegen **§ 6 Abs. 7 oder § 6b,** indem z. B. die Gewährung eines Verbraucherdarlehens von dem Abschluss einer Versicherung abhängig gemacht wird, ohne darauf hinzuweisen, oder wenn der Sollzins pro Jahr entgegen § 6b nicht angegeben wird. Anders als z. B. Abs. 1 Nr. 1 erwähnen dabei weder § 10 Abs. 2 Nr. 4 noch § 6 Abs. 7 ausdrücklich, dass auch unrichtige oder unvollständige Angaben den Tatbestand verwirklichen können. Das könnte so verstanden werden, dass die Handlungen nicht erfasst sind, zumal hier auch ein Rückgriff auf § 10 Abs. 1 Nr. 1 ausscheidet, da es nicht um die Angabe von „Preisen" geht. Allerdings wäre dieses Verständnis falsch. Denn andernfalls wäre selbst die vorsätzlich falsche Angabe, die möglicherweise im Einzelfall noch schlimmer ist als die „nur" fehlende Angabe, vom Tatbestand nicht erfasst. Das kann aber nicht gewollt sein. Dieser Auslegung stehen auch nicht Art. 103 Abs. 2 GG und das Analogieverbot entgegen, denn die Tatbestände des § 6 Abs. 7 und § 6b lassen sich auch ohne ausdrückliche Erwähnung so verstehen, dass die relevanten Angaben nicht nur irgendwie zu machen sind, sondern inhaltlich zutreffend und vollständig.[9] Für diese Auslegung spricht bei § 6 Abs. 7 zudem, dass die Angaben in klarer, eindeutiger und auffallender Art und Weise zu machen sind, was bei falschen Angaben schwerlich der Fall sein wird.

---

[9] So auch *Ambs,* PAngV, in: Erbs/Kohlhaas (Hrsg.), Strafr. NebenG, Abschn. P 183, § 6b Rdn. 2.

12. Pflichtangaben in der Werbung für Verbraucherdarlehensverträge gem. § 6a Abs. 2 S. 1 oder Abs. 3 (Abs. 2 Nr. 5)

Die Norm erfasst Verstöße gegen **§ 6a Abs. 2 S. 1 oder Abs. 3,** also die Nicht-Angabe der dort aufgeführten Informationen. Seit der Umsetzung der Wohnimmobilienkreditrichtlinie im März 2016 nicht mehr erfasst ist hingegen die fehlende Angabe eines Beispiels gem. § 6a Abs. 4, auf den Abs. 2 Nr. 5 (anders als Abs. 2 Nr. 6 a. F.) nicht (mehr) verweist. Auch hier stellt sich die Frage, ob unrichtige oder unvollständige Angaben im Rahmen der Ordnungswidrigkeit der fehlenden Angabe gleichgestellt sind. Insoweit gelten die Ausführungen zu Abs. 2 Nr. 4 (Rdn. 17) entsprechend. 20

13. Angabe von Preisen oder über das Auflegen, das Vorlegen, das Anbringen oder das Auslegen eines dort genannten Verzeichnisses (Abs. 2 Nr. 6)

Nicht sämtliche Regelungen des **§ 7** werden erfasst, sondern nur **Abs. 1 S. 1 und 2** (Angabe von Preisen in Preisverzeichnissen in Gaststätten für Getränke oder Speisen), **Abs. 2 S. 1** (Anbringung am Eingang), **Abs. 3 und Abs. 4.** 21

Die Tatsache, dass § 7 Abs. 2 S. 2 nicht erwähnt wird, bedeutet nicht, dass die fehlende Anbringung eines Preisverzeichnisses bei Gaststätten in Handelsbetrieben keine Ordnungswidrigkeit ist. Die Regelung in § 7 Abs. 2 S. 2 ist vielmehr eine Privilegierung im Verhältnis zu § 7 Abs. 2 S. 1 und daher kein eigenständiges Gebot. D. h. wird das Preisverzeichnis nicht entsprechend § 7 Abs. 2 S. 1 angebracht und sind auch die erleichterten Voraussetzungen des § 7 Abs. 2 S. 2 nicht erfüllt, ist der Tatbestand des § 10 Abs. 2 Nr. 6 erfüllt. 22

Nicht ausdrücklich erwähnt wird allerdings die Vorgabe des § 7 Abs. 5 (Einbeziehung des Bedienungsgeldes und sonstiger Zuschläge). Das bedeutet aber nicht, dass ein Verstoß hiergegen grundsätzlich keine Ordnungswidrigkeit darstellt. Denn bei dieser Regelung in § 7 Abs. 5 handelt es sich um eine Konkretisierung von § 1 Abs. 1,[10] so dass eine Ordnungswidrigkeit nach § 10 Abs. 1 Nr. 1 in Betracht kommt - vorbehaltlich der Frage, ob und in welchem Umfang die Regelungen des § 7 nach dem 12. Juni 2013 überhaupt noch anwendbar sind. 23

14. Verstöße bei der Preisauszeichnung von Kraftstoffen an Tankstellen gem. § 8 Abs. 1 S. 1 (Abs. 2 Nr. 7)

Der Tatbestand erfasst alle Fälle, in denen die Preisauszeichnung für Kraftstoffe an Tankstellen fehlt oder nicht im Sinne von § 8 Abs. 1 S. 1 deutlich lesbar ist. Unrichtige und unvollständige Preisangaben fallen unter Abs. 1 Nr. 1.[11] 24

15. Verstöße beim Anbringen eines Preisverzeichnisses gem. § 8 Abs. 2 (Abs. 2 Nr. 8)

Auch das vorsätzlich oder fahrlässig unterlassene Anbringen eines Preisverzeichnisses für vermietete Garagen- oder Parkplätze am Anfang der Zufahrt stellt eine Ordnungswidrigkeit dar. Auch hier stellt sich die Frage, wie unrichtige oder unvollständige Angaben zu behandeln sind (siehe oben Rdn. 14). 25

16. Fehlende oder fehlerhafte Angaben zu zusätzlichen Liefer- und Versandkosten bei Fernabsatzverträgen (Abs. 3)

Diese Bestimmung erfasst Verstöße gegen die Pflicht, bei Fernabsatzverträgen anzugeben, ob zusätzlich Liefer- und Versandkosten anfallen, sowie gegebenenfalls deren Höhe (§ 1 Abs. 2 S. 1 Nr. 2 und S. 2). Verstöße gegen Abs. 2 S. 1 (Hinweis, dass die Preise die Umsatzsteuer und sonstige Preisbestandteile enthalten) fallen unter § 10 Abs. 1 Nr. 3. 26

---

[10] *Köhler*/Bornkamm, § 7 PAngV Rdn. 11.

[11] A. A. *Ambs,* PAngV, in: Erbs/Kohlhaas (Hrsg.), Strafr. NebenG, Abschn. P 183, § 8 Anm. 3 o.

12. Pflichtangaben in der Werbung [illegible]

[illegible]

13. [illegible]

[illegible]

14. [illegible]

[illegible]

15. [illegible]

[illegible]

16. [illegible]

[illegible]

Anhang

Übersicht

Seite

Anhang I. Texte

1. Gesetz gegen den unlauteren Wettbewerb in der Fassung der Bekanntmachung vom 3. Juli 2004 **(UWG 2004)** mit den Änderungen aus der **1. UWG-Novelle** vom 22. Dezember **2008** 2665

2. Gesetz über Unterlassungsklagen bei Verbraucherrechts- und anderen Verstößen **(Unterlassungsklagengesetz – UKlaG)** in der Fassung der Bekanntma2501chung vom 27. August 2002 2675

3. Gesetz über die Werbung auf dem Gebiet des Heilwesens **(Heilmittelwerbegesetz – HWG)** in der Fassung der Bekanntmachung vom 19. Oktober 1994 2681

4. Lebensmittel-, Bedarfsgegenstände- und Futtermittelgesetzbuch **(Lebensmittel- und Futtermittelgesetzbuch – LFGB)** in der Fassung der Bekanntmachung vom 3. Juni 2013 (BGBl. I 1426) 2686

5. Richtlinie 2005/29/EG des Europäischen Parlaments und des Rates über unlautere Geschäftspraktiken und Unternehmen gegenüber Verbrauchern im Binnenmarkt vom 11. Mai 2005 2715

6. Richtlinie 2006/114/EG des Europäischen Parlaments und des Rates über irreführende und vergleichende Werbung vom 12. Dezember 2006 2726

Anhang II. Materialien

1. Amtliche Begründung zum Entwurf eines Zweiten Gesetzes zur Änderung des Gesetzes gegen den unlauteren Wettbewerb **BT-Drucks. 18/4535** 2733

2. Amtliche Begründung zum Entwurf eines Zweiten Gesetzes zur Änderung gegen den unlauteren Wettbewerb **BT-Drucks. 18/6571** 2751

Anhang III. Fundstellenverzeichnis

1. Fundstellenverzeichnis für Entscheidungen des Europäischen Gerichtshofs **(EuGH)** 2761

2. Fundstellenverzeichnis für Entscheidungen des Bundesgerichtshofs **(BGH)** 2780

Anhang I. Texte

1. Gesetz gegen den unlauteren Wettbewerb (UWG)[1]

In der Fassung der Bekanntmachung vom 3. Juli 2004

(BGBl. I S. 1414)

Zuletzt geändert durch Art. 1 Gesetz vom 22.12.2008 (BGBl. I S. 2949)

FNA 43-7

Der Bundestag hat das folgende Gesetz beschlossen:

Kapitel 1. Allgemeine Bestimmungen

§ 1 Zweck des Gesetzes. Dieses Gesetz dient dem Schutz der Mitbewerber, der Verbraucherinnen und Verbraucher sowie der sonstigen Marktteilnehmer vor unlauteren geschäftlichen Handlungen. Es schützt zugleich das Interesse der Allgemeinheit an einem unverfälschten Wettbewerb.

§ 2 Definitionen. (1) Im Sinne dieses Gesetzes bedeutet

1. „geschäftliche Handlung" jedes Verhalten einer Person zugunsten des eigenen oder eines fremden Unternehmens vor, bei oder nach einem Geschäftsabschluss, das mit der Förderung des Absatzes oder des Bezugs von Waren oder Dienstleistungen oder mit dem Abschluss oder der Durchführung eines Vertrags über Waren oder Dienstleistungen objektiv zusammenhängt; als Waren gelten auch Grundstücke, als Dienstleistungen auch Rechte und Verpflichtungen;
2. „Marktteilnehmer" neben Mitbewerbern und Verbrauchern alle Personen, die als Anbieter oder Nachfrager von Waren oder Dienstleistungen tätig sind;
3. „Mitbewerber" jeder Unternehmer, der mit einem oder mehreren Unternehmern als Anbieter oder Nachfrager von Waren oder Dienstleistungen in einem konkreten Wettbewerbsverhältnis steht;
4. „Nachricht" jede Information, die zwischen einer endlichen Zahl von Beteiligten über einen öffentlich zugänglichen elektronischen Kommunikationsdienst ausgetauscht oder weitergeleitet wird; dies schließt nicht Informationen ein, die als Teil eines Rundfunkdienstes über ein elektronisches Kommunikationsnetz an die Öffentlichkeit weitergeleitet werden, soweit die Informationen nicht mit dem identifizierbaren Teilnehmer oder Nutzer, der sie erhält, in Verbindung gebracht werden können;
5. „Verhaltenskodex" Vereinbarungen oder Vorschriften über das Verhalten von Unternehmern, zu welchem diese sich in Bezug auf Wirtschaftszweige oder einzelne geschäftliche Handlungen verpflichtet haben, ohne dass sich solche Verpflichtungen aus Gesetzes- oder Verwaltungsvorschriften ergeben;
6. „Unternehmer" jede natürliche oder juristische Person, die geschäftliche Handlungen im Rahmen ihrer gewerblichen, handwerklichen oder beruflichen Tätigkeit vornimmt, und jede Person, die im Namen oder Auftrag einer solchen Person handelt;
7. „fachliche Sorgfalt" der Standard an Fachkenntnissen und Sorgfalt, von dem billigerweise angenommen werden kann, dass ein Unternehmer ihn in seinem Tätigkeitsbereich gegenüber Verbrauchern nach Treu und Glauben unter Berücksichtigung der Marktgepflogenheiten einhält.

(2) Für den Verbraucherbegriff gilt § 13 des Bürgerlichen Gesetzbuchs entsprechend.

§ 3 Verbot unlauterer geschäftlicher Handlungen. (1) Unlautere geschäftliche Handlungen sind unzulässig, wenn sie geeignet sind, die Interessen von Mitbewerbern, Verbrauchern oder sonstigen Marktteilnehmern spürbar zu beeinträchtigen.

(2) Geschäftliche Handlungen gegenüber Verbrauchern sind jedenfalls dann unzulässig, wenn sie nicht der für den Unternehmer geltenden fachlichen Sorgfalt entsprechen und dazu geeignet sind, die Fähigkeit des Verbrauchers, sich auf Grund von Informationen zu entscheiden, spürbar zu beeinträchtigen und ihn damit zu einer geschäftlichen Entscheidung zu veranlassen, die er andernfalls nicht getroffen hätte. Dabei

[1] **Amtl. Anm.:** Dieses Gesetz dient der Umsetzung der Richtlinie 2005/29/EG des Europäischen Parlaments und des Rates vom 11. Mai 2005 über unlautere Geschäftspraktiken im binnenmarktinternen Geschäftsverkehr zwischen Unternehmen und Verbrauchern und zur Änderung der Richtlinie 84/450/EWG des Rates, der Richtlinien 97/7/EG, 98/27/EG und 2002/65/EG des Europäischen Parlaments und des Rates sowie der Verordnung (EG) Nr. 2006/2004 des Europäischen Parlaments und des Rates (Richtlinie über unlautere Geschäftspraktiken) (ABl. EG Nr. L 149 S. 22).

ist auf den durchschnittlichen Verbraucher oder, wenn sich die geschäftliche Handlung an eine bestimmte Gruppe von Verbrauchern wendet, auf ein durchschnittliches Mitglied dieser Gruppe abzustellen. Auf die Sicht eines durchschnittlichen Mitglieds einer auf Grund von geistigen oder körperlichen Gebrechen, Alter oder Leichtgläubigkeit besonders schutzbedürftigen und eindeutig identifizierbaren Gruppe von Verbrauchern ist abzustellen, wenn für den Unternehmer vorhersehbar ist, dass seine geschäftliche Handlung nur diese Gruppe betrifft.

(3) Die im Anhang dieses Gesetzes aufgeführten geschäftlichen Handlungen gegenüber Verbrauchern sind stets unzulässig.

§ 4 Beispiele unlauterer geschäftlicher Handlungen. Unlauter handelt insbesondere, wer

1. geschäftliche Handlungen vornimmt, die geeignet sind, die Entscheidungsfreiheit der Verbraucher oder sonstiger Marktteilnehmer durch Ausübung von Druck, in menschenverachtender Weise oder durch sonstigen unangemessenen unsachlichen Einfluss zu beeinträchtigen;
2. geschäftliche Handlungen vornimmt, die geeignet sind, geistige oder körperliche Gebrechen, das Alter, die geschäftliche Unerfahrenheit, die Leichtgläubigkeit, die Angst oder die Zwangslage von Verbrauchern auszunutzen;
3. den Werbecharakter von geschäftlichen Handlungen verschleiert;
4. bei Verkaufsförderungsmaßnahmen wie Preisnachlässen, Zugaben oder Geschenken die Bedingungen für ihre Inanspruchnahme nicht klar und eindeutig angibt;
5. bei Preisausschreiben oder Gewinnspielen mit Werbecharakter die Teilnahmebedingungen nicht klar und eindeutig angibt;
6. die Teilnahme von Verbrauchern an einem Preisausschreiben oder Gewinnspiel von dem Erwerb einer Ware oder der Inanspruchnahme einer Dienstleistung abhängig macht, es sei denn, das Preisausschreiben oder Gewinnspiel ist naturgemäß mit der Ware oder der Dienstleistung verbunden;
7. die Kennzeichen, Waren, Dienstleistungen, Tätigkeiten oder persönlichen oder geschäftlichen Verhältnisse eines Mitbewerbers herabsetzt oder verunglimpft;
8. über die Waren, Dienstleistungen oder das Unternehmen eines Mitbewerbers oder über den Unternehmer oder ein Mitglied der Unternehmensleitung Tatsachen behauptet oder verbreitet, die geeignet sind, den Betrieb des Unternehmens oder den Kredit des Unternehmers zu schädigen, sofern die Tatsachen nicht erweislich wahr sind; handelt es sich um vertrauliche Mitteilungen und hat der Mitteilende oder der Empfänger der Mitteilung an ihr ein berechtigtes Interesse, so ist die Handlung nur dann unlauter, wenn die Tatsachen der Wahrheit zuwider behauptet oder verbreitet wurden;
9. Waren oder Dienstleistungen anbietet, die eine Nachahmung der Waren oder Dienstleistungen eines Mitbewerbers sind, wenn er
   a) eine vermeidbare Täuschung der Abnehmer über die betriebliche Herkunft herbeiführt,
   b) die Wertschätzung der nachgeahmten Ware oder Dienstleistung unangemessen ausnutzt oder beeinträchtigt oder
   c) die für die Nachahmung erforderlichen Kenntnisse oder Unterlagen unredlich erlangt hat;
10. Mitbewerber gezielt behindert;
11. einer gesetzlichen Vorschrift zuwiderhandelt, die auch dazu bestimmt ist, im Interesse der Marktteilnehmer das Marktverhalten zu regeln.

§ 5 Irreführende geschäftliche Handlungen. (1) Unlauter handelt, wer eine irreführende geschäftliche Handlung vornimmt. Eine geschäftliche Handlung ist irreführend, wenn sie unwahre Angaben enthält oder sonstige zur Täuschung geeignete Angaben über folgende Umstände enthält:

1. die wesentlichen Merkmale der Ware oder Dienstleistung wie Verfügbarkeit, Art, Ausführung, Vorteile, Risiken, Zusammensetzung, Zubehör, Verfahren oder Zeitpunkt der Herstellung, Lieferung oder Erbringung, Zwecktauglichkeit, Verwendungsmöglichkeit, Menge, Beschaffenheit, Kundendienst und Beschwerdeverfahren, geographische oder betriebliche Herkunft, von der Verwendung zu erwartende Ergebnisse oder die Ergebnisse oder wesentlichen Bestandteile von Tests der Waren oder Dienstleistungen;
2. den Anlass des Verkaufs wie das Vorhandensein eines besonderen Preisvorteils, den Preis oder die Art und Weise, in der er berechnet wird, oder die Bedingungen, unter denen die Ware geliefert oder die Dienstleistung erbracht wird;
3. die Person, Eigenschaften oder Rechte des Unternehmers wie Identität, Vermögen einschließlich der Rechte des geistigen Eigentums, den Umfang von Verpflichtungen, Befähigung, Status, Zulassung, Mitgliedschaften oder Beziehungen, Auszeichnungen oder Ehrungen, Beweggründe für die geschäftliche Handlung oder die Art des Vertriebs;
4. Aussagen oder Symbole, die im Zusammenhang mit direktem oder indirektem Sponsoring stehen oder sich auf eine Zulassung des Unternehmers oder der Waren oder Dienstleistungen beziehen;
5. die Notwendigkeit einer Leistung, eines Ersatzteils, eines Austauschs oder einer Reparatur;
6. die Einhaltung eines Verhaltenskodexes, auf den sich der Unternehmer verbindlich verpflichtet hat, wenn er auf diese Bindung hinweist oder

7. Rechte des Verbrauchers, insbesondere solche auf Grund von Garantieversprechen oder Gewährleistungsrechte bei Leistungsstörungen.

(2) Eine geschäftliche Handlung ist auch irreführend, wenn sie im Zusammenhang mit der Vermarktung von Waren oder Dienstleistungen einschließlich vergleichender Werbung eine Verwechslungsgefahr mit einer anderen Ware oder Dienstleistung oder mit der Marke oder einem anderen Kennzeichen eines Mitbewerbers hervorruft.

(3) Angaben im Sinne von Absatz 1 Satz 2 sind auch Angaben im Rahmen vergleichender Werbung sowie bildliche Darstellungen und sonstige Veranstaltungen, die darauf zielen und geeignet sind, solche Angaben zu ersetzen.

(4) Es wird vermutet, dass es irreführend ist, mit der Herabsetzung eines Preises zu werben, sofern der Preis nur für eine unangemessen kurze Zeit gefordert worden ist. Ist streitig, ob und in welchem Zeitraum der Preis gefordert worden ist, so trifft die Beweislast denjenigen, der mit der Preisherabsetzung geworben hat.

§ 5a Irreführung durch Unterlassen. (1) Bei der Beurteilung, ob das Verschweigen einer Tatsache irreführend ist, sind insbesondere deren Bedeutung für die geschäftliche Entscheidung nach der Verkehrsauffassung sowie die Eignung des Verschweigens zur Beeinflussung der Entscheidung zu berücksichtigen.

(2) Unlauter handelt, wer die Entscheidungsfähigkeit von Verbrauchern im Sinne des § 3 Abs. 2 dadurch beeinflusst, dass er eine Information vorenthält, die im konkreten Fall unter Berücksichtigung aller Umstände einschließlich der Beschränkungen des Kommunikationsmittels wesentlich ist.

(3) Werden Waren oder Dienstleistungen unter Hinweis auf deren Merkmale und Preis in einer dem verwendeten Kommunikationsmittel angemessenen Weise so angeboten, dass ein durchschnittlicher Verbraucher das Geschäft abschließen kann, gelten folgende Informationen als wesentlich im Sinne des Absatzes 2, sofern sie sich nicht unmittelbar aus den Umständen ergeben:
1. alle wesentlichen Merkmale der Ware oder Dienstleistung in dem dieser und dem verwendeten Kommunikationsmittel angemessenen Umfang;
2. die Identität und Anschrift des Unternehmers, gegebenenfalls die Identität und Anschrift des Unternehmers, für den er handelt;
3. der Endpreis oder in Fällen, in denen solcher ein Preis auf Grund der Beschaffenheit der Ware oder Dienstleistung nicht im Voraus berechnet werden kann, die Art der Preisberechnung sowie gegebenenfalls alle zusätzlichen Fracht-, Liefer- und Zustellkosten oder in Fällen, in denen diese Kosten nicht im Voraus berechnet werden können, die Tatsache, dass solche zusätzlichen Kosten anfallen können;
4. Zahlungs-, Liefer- und Leistungsbedingungen sowie Verfahren zum Umgang mit Beschwerden, soweit sie von Erfordernissen der fachlichen Sorgfalt abweichen und
5. das Bestehen eines Rechts zum Rücktritt oder Widerruf.

(4) Als wesentlich im Sinne des Absatzes 2 gelten auch Informationen, die dem Verbraucher auf Grund gemeinschaftsrechtlicher Verordnungen oder nach Rechtsvorschriften zur Umsetzung gemeinschaftsrechtlicher Richtlinien für kommerzielle Kommunikation einschließlich Werbung und Marketing nicht vorenthalten werden dürfen.

§ 6 Vergleichende Werbung. (1) Vergleichende Werbung ist jede Werbung, die unmittelbar oder mittelbar einen Mitbewerber oder die von einem Mitbewerber angebotenen Waren oder Dienstleistungen erkennbar macht.

(2) Unlauter handelt, wer vergleichend wirbt, wenn der Vergleich
1. sich nicht auf Waren oder Dienstleistungen für den gleichen Bedarf oder dieselbe Zweckbestimmung bezieht,
2. nicht objektiv auf eine oder mehrere wesentliche, relevante, nachprüfbare und typische Eigenschaften oder den Preis dieser Waren oder Dienstleistungen bezogen ist,
3. im geschäftlichen Verkehr zu einer Gefahr von Verwechslungen zwischen dem Werbenden und einem Mitbewerber oder zwischen den von diesen angebotenen Waren oder Dienstleistungen oder den von ihnen verwendeten Kennzeichen führt,
4. den Ruf des von einem Mitbewerber verwendeten Kennzeichens in unlauterer Weise ausnutzt oder beeinträchtigt,
5. die Waren, Dienstleistungen, Tätigkeiten oder persönlichen oder geschäftlichen Verhältnisse eines Mitbewerbers herabsetzt oder verunglimpft oder
6. eine Ware oder Dienstleistung als Imitation oder Nachahmung einer unter einem geschützten Kennzeichen vertriebenen Ware oder Dienstleistung darstellt.

§ 7 Unzumutbare Belästigungen. (1) Eine geschäftliche Handlung, durch die ein Marktteilnehmer in unzumutbarer Weise belästigt wird, ist unzulässig. Dies gilt insbesondere für Werbung, obwohl erkennbar ist, dass der angesprochene Marktteilnehmer diese Werbung nicht wünscht.

(2) Eine unzumutbare Belästigung ist stets anzunehmen
1. bei Werbung unter Verwendung eines in den Nummern 2 und 3 nicht aufgeführten, für den Fernabsatz geeigneten Mittels der kommerziellen Kommunikation, durch die ein Verbraucher hartnäckig angesprochen wird, obwohl er dies erkennbar nicht wünscht;
2. bei einer Werbung mit einem Telefonanruf gegenüber einem Verbraucher ohne dessen Einwilligung oder gegenüber einem sonstigen Marktteilnehmer ohne dessen zumindest mutmaßliche Einwilligung;
3. bei Werbung unter Verwendung einer automatischen Anrufmaschine, eines Faxgerätes oder elektronischer Post, ohne dass eine vorherige ausdrückliche Einwilligung des Adressaten vorliegt, oder
4. bei Werbung mit einer Nachricht, bei der die Identität des Absenders, in dessen Auftrag die Nachricht übermittelt wird, verschleiert oder verheimlicht wird oder bei der keine gültige Adresse vorhanden ist, an die der Empfänger eine Aufforderung zur Einstellung solcher Nachrichten richten kann, ohne dass hierfür andere als die Übermittlungskosten nach den Basistarifen entstehen.

(3) Abweichend von Absatz 2 Nr. 3 ist eine unzumutbare Belästigung bei einer Werbung unter Verwendung elektronischer Post nicht anzunehmen, wenn
1. ein Unternehmer im Zusammenhang mit dem Verkauf einer Ware oder Dienstleistung von dem Kunden dessen elektronische Postadresse erhalten hat,
2. der Unternehmer die Adresse zur Direktwerbung für eigene ähnliche Waren oder Dienstleistungen verwendet,
3. der Kunde der Verwendung nicht widersprochen hat und
4. der Kunde bei Erhebung der Adresse und bei jeder Verwendung klar und deutlich darauf hingewiesen wird, dass er der Verwendung jederzeit widersprechen kann, ohne dass hierfür andere als die Übermittlungskosten nach den Basistarifen entstehen.

Kapitel 2. Rechtsfolgen

§ 8 Beseitigung und Unterlassung. (1) Wer eine nach § 3 oder § 7 unzulässige geschäftliche Handlung vornimmt, kann auf Beseitigung und bei Wiederholungsgefahr auf Unterlassung in Anspruch genommen werden. Der Anspruch auf Unterlassung besteht bereits dann, wenn eine derartige Zuwiderhandlung gegen § 3 oder § 7 droht.

(2) Werden die Zuwiderhandlungen in einem Unternehmen von einem Mitarbeiter oder Beauftragten begangen, so sind der Unterlassungsanspruch und der Beseitigungsanspruch auch gegen den Inhaber des Unternehmens begründet.

(3) Die Ansprüche aus Absatz 1 stehen zu:
1. jedem Mitbewerber;
2. rechtsfähigen Verbänden zur Förderung gewerblicher oder selbständiger beruflicher Interessen, soweit ihnen eine erhebliche Zahl von Unternehmern angehört, die Waren oder Dienstleistungen gleicher oder verwandter Art auf demselben Markt vertreiben, soweit sie insbesondere nach ihrer personellen, sachlichen und finanziellen Ausstattung imstande sind, ihre satzungsmäßigen Aufgaben der Verfolgung gewerblicher oder selbständiger beruflicher Interessen tatsächlich wahrzunehmen und soweit die Zuwiderhandlung die Interessen ihrer Mitglieder berührt;
3. qualifizierten Einrichtungen, die nachweisen, dass sie in die Liste qualifizierter Einrichtungen nach § 4 des Unterlassungsklagengesetzes oder in dem Verzeichnis der Kommission der Europäischen Gemeinschaften nach Artikel 4 der Richtlinie 98/27/EG des Europäischen Parlaments und des Rates vom 19. Mai 1998 über Unterlassungsklagen zum Schutz der Verbraucherinteressen (ABl. EG Nr. L 166 S. 51) eingetragen sind;
4. den Industrie- und Handelskammern oder den Handwerkskammern.

(4) Die Geltendmachung der in Absatz 1 bezeichneten Ansprüche ist unzulässig, wenn sie unter Berücksichtigung der gesamten Umstände missbräuchlich ist, insbesondere wenn sie vorwiegend dazu dient, gegen den Zuwiderhandelnden einen Anspruch auf Ersatz von Aufwendungen oder Kosten der Rechtsverfolgung entstehen zu lassen.

(5) § 13 des Unterlassungsklagengesetzes und die darin enthaltene Verordnungsermächtigung gelten mit der Maßgabe entsprechend, dass an die Stelle der Klageberechtigten nach § 3 Abs. 1 Nr. 1 und 3 des Unterlassungsklagengesetzes die gemäß § 8 Abs. 3 Nr. 3 und 4 zur Geltendmachung eines Unterlassungsanspruches Berechtigten, an die Stelle der Klageberechtigten nach § 3 Abs. 1 Nr. 2 des Unterlassungsklagengesetzes die gemäß § 8 Abs. 3 Nr. 2 zur Geltendmachung eines Unterlassungsanspruches Berechtigten und an die Stelle der in den §§ 1 und 2 des Unterlassungsklagengesetzes geregelten Unterlassungsansprüche die in § 8 bestimmten Unterlassungsansprüche treten. Im Übrigen findet das Unterlassungsklagengesetz keine Anwendung, es sei denn, es liegt ein Fall des § 4a des Unterlassungsklagengesetzes vor.

§ 9 Schadensersatz. Wer vorsätzlich oder fahrlässig eine nach § 3 oder § 7 unzulässige geschäftliche Handlung vornimmt, ist den Mitbewerbern zum Ersatz des daraus entstehenden Schadens verpflichtet. Gegen verantwortliche Personen von periodischen Druckschriften kann der Anspruch auf Schadensersatz nur bei einer vorsätzlichen Zuwiderhandlung geltend gemacht werden.

§ 10 Gewinnabschöpfung. (1) Wer vorsätzlich eine nach § 3 oder § 7 unzulässige geschäftliche Handlung vornimmt und hierdurch zu Lasten einer Vielzahl von Abnehmern einen Gewinn erzielt, kann von den gemäß § 8 Abs. 3 Nr. 2 bis 4 zur Geltendmachung eines Unterlassungsanspruchs Berechtigten auf Herausgabe dieses Gewinns an den Bundeshaushalt in Anspruch genommen werden.

(2) Auf den Gewinn sind die Leistungen anzurechnen, die der Schuldner auf Grund der Zuwiderhandlung an Dritte oder an den Staat erbracht hat. Soweit der Schuldner solche Leistungen erst nach Erfüllung des Anspruchs nach Absatz 1 erbracht hat, erstattet die zuständige Stelle des Bundes dem Schuldner den abgeführten Gewinn in Höhe der nachgewiesenen Zahlungen zurück.

(3) Beanspruchen mehrere Gläubiger den Gewinn, so gelten die §§ 428 bis 430 des Bürgerlichen Gesetzbuchs entsprechend.

(4) Die Gläubiger haben der zuständigen Stelle des Bundes über die Geltendmachung von Ansprüchen nach Absatz 1 Auskunft zu erteilen. Sie können von der zuständigen Stelle des Bundes Erstattung der für die Geltendmachung des Anspruchs erforderlichen Aufwendungen verlangen, soweit sie vom Schuldner keinen Ausgleich erlangen können. Der Erstattungsanspruch ist auf die Höhe des an den Bundeshaushalt abgeführten Gewinns beschränkt.

(5) Zuständige Stelle im Sinn der Absätze 2 und 4 ist das Bundesamt für Justiz.

§ 11 Verjährung. (1) Die Ansprüche aus §§ 8, 9 und 12 Abs. 1 Satz 2 verjähren in sechs Monaten.

(2) Die Verjährungsfrist beginn, wenn
1. der Anspruch entstanden ist und
2. der Gläubiger von den den Anspruch begründenden Umständen und der Person des Schuldners Kenntnis erlangt oder ohne grobe Fahrlässigkeit erlangen müsste.

(3) Schadensersatzansprüche verjähren ohne Rücksicht auf die Kenntnis oder grob fahrlässige Unkenntnis in zehn Jahren von ihrer Entstehung, spätestens in 30 Jahren von der den Schaden auslösenden Handlung an.

(4) Andere Ansprüche verjähren ohne Rücksicht auf die Kenntnis oder grob fahrlässige Unkenntnis in drei Jahren von der Entstehung an.

Kapitel 3. Verfahrensvorschriften

§ 12 Anspruchsdurchsetzung, Veröffentlichungsbefugnis, Streitwertminderung. (1) Die zur Geltendmachung eines Unterlassungsanspruchs Berechtigten sollen den Schuldner vor der Einleitung eines gerichtlichen Verfahrens abmahnen und ihm Gelegenheit geben, den Streit durch Abgabe einer mit einer angemessenen Vertragsstrafe bewehrten Unterlassungsverpflichtung beizulegen. Soweit die Abmahnung berechtigt ist, kann der Ersatz der erforderlichen Aufwendungen verlangt werden.

(2) Zur Sicherung der in diesem Gesetz bezeichneten Ansprüche auf Unterlassung können einstweilige Verfügungen auch ohne die Darlegung und Glaubhaftmachung der in den §§ 935 und 940 der Zivilprozessordnung bezeichneten Voraussetzungen erlassen werden.

(3) Ist auf Grund dieses Gesetzes Klage auf Unterlassung erhoben worden, so kann das Gericht der obsiegenden Partei die Befugnis zusprechen, das Urteil auf Kosten der unterliegenden Partei öffentlich bekannt zu machen, wenn sie ein berechtigtes Interesse dartut. Art und Umfang der Bekanntmachung werden im Urteil bestimmt. Die Befugnis erlischt, wenn von ihr nicht innerhalb von drei Monaten nach Eintritt der Rechtskraft Gebrauch gemacht worden ist. Der Ausspruch nach Satz 1 ist nicht vorläufig vollstreckbar.

(4) Bei der Bemessung des Streitwerts für Ansprüche nach § 8 Abs. 1 ist es wertmindernd zu berücksichtigen, wenn die Sache nach Art und Umfang einfach gelagert ist oder wenn die Belastung einer der Parteien mit den Prozesskosten nach dem vollen Streitwert angesichts ihrer Vermögens- und Einkommensverhältnisse nicht tragbar erscheint.

§ 13 Sachliche Zuständigkeit. (1) Für alle bürgerlichen Rechtsstreitigkeiten, in denen ein Anspruch auf Grund dieses Gesetzes geltend gemacht wird, sind die Landgerichte ausschließlich zuständig. Es gilt § 95 Abs. 1 Nr. 5 des Gerichtsverfassungsgesetzes.

(2) Die Landesregierungen werden ermächtigt, durch Rechtsverordnung für die Bezirke mehrerer Landgerichte eines von ihnen als Gericht für Wettbewerbsstreitsachen zu bestimmen, wenn dies der

Rechtspflege in Wettbewerbsstreitsachen, insbesondere der Sicherung einer einheitlichen Rechtsprechung, dienlich ist. Die Landesregierungen können die Ermächtigung auf die Landesjustizverwaltungen übertragen.

§ 14 Örtliche Zuständigkeit. (1) Für Klagen auf Grund dieses Gesetzes ist das Gericht zuständig, in dessen Bezirk der Beklagte seine gewerbliche oder selbständige berufliche Niederlassung oder in Ermangelung einer solchen seinen Wohnsitz hat. Hat der Beklagte auch keinen Wohnsitz, so ist sein inländischer Aufenthaltsort maßgeblich.

(2) Für Klagen auf Grund dieses Gesetzes ist außerdem nur das Gericht zuständig, in dessen Bezirk die Handlung begangen ist. Satz 1 gilt für Klagen, die von den nach § 8 Abs. 3 Nr. 2 bis 4 zur Geltendmachung eines Unterlassungsanspruches Berechtigten erhoben werden, nur dann, wenn der Beklagte im Inland weder eine gewerbliche oder selbständige berufliche Niederlassung noch einen Wohnsitz hat.

§ 15 Einigungsstellen. (1) Die Landesregierungen errichten bei Industrie- und Handelskammern Einigungsstellen zur Beilegung von bürgerlichen Rechtsstreitigkeiten, in denen ein Anspruch auf Grund dieses Gesetzes geltend gemacht wird (Einigungsstellen).

(2) Die Einigungsstellen sind mit einer vorsitzenden Person, die die Befähigung zum Richteramt nach dem Deutschen Richtergesetz hat, und beisitzenden Personen zu besetzen. Als beisitzende Personen werden im Falle einer Anrufung durch eine nach § 8 Abs. 3 Nr. 3 zur Geltendmachung eines Unterlassungsanspruchs berechtigte qualifizierte Einrichtung Unternehmer und Verbraucher in gleicher Anzahl tätig, sonst mindestens zwei sachverständige Unternehmer. Die vorsitzende Person soll auf dem Gebiet des Wettbewerbsrechts erfahren sein. Die beisitzenden Personen werden von der vorsitzenden Person für den jeweiligen Streitfall aus einer alljährlich für das Kalenderjahr aufzustellenden Liste berufen. Die Berufung soll im Einvernehmen mit den Parteien erfolgen. Für die Ausschließung und Ablehnung von Mitgliedern der Einigungsstelle sind die §§ 41 bis 43 und § 44 Abs. 2 bis 4 der Zivilprozessordnung entsprechend anzuwenden. Über das Ablehnungsgesuch entscheidet das für den Sitz der Einigungsstelle zuständige Landgericht (Kammer für Handelssachen oder, falls es an einer solchen fehlt, Zivilkammer).

(3) Die Einigungsstellen können bei bürgerlichen Rechtsstreitigkeiten, in denen ein Anspruch auf Grund dieses Gesetzes geltend gemacht wird, angerufen werden, wenn der Gegner zustimmt. Soweit die Wettbewerbshandlungen Verbraucher betreffen, können die Einigungsstellen von jeder Partei zu einer Aussprache mit dem Gegner über den Streitfall angerufen werden; einer Zustimmung des Gegners bedarf es nicht.

(4) Für die Zuständigkeit der Einigungsstellen ist § 14 entsprechend anzuwenden.

(5) Die der Einigungsstelle vorsitzende Person kann das persönliche Erscheinen der Parteien anordnen. Gegen eine unentschuldigt ausbleibende Partei kann die Einigungsstelle ein Ordnungsgeld festsetzen. Gegen die Anordnung des persönlichen Erscheinens und gegen die Festsetzung des Ordnungsgeldes findet die sofortige Beschwerde nach den Vorschriften der Zivilprozessordnung an das für den Sitz der Einigungsstelle zuständige Landgericht (Kammer für Handelssachen oder, falls es an eine solchen fehlt, Zivilkammer) statt.

(6) Die Einigungsstelle hat einen gütlichen Ausgleich anzustreben. Sie kann den Parteien einen schriftlichen, mit Gründen versehenen Einigungsvorschlag machen. Der Einigungsvorschlag und seine Begründung dürfen nur mit Zustimmung der Parteien veröffentlicht werden.

(7) Kommt ein Vergleich zustande, so muss er in einem besonderen Schriftstück niedergelegt und unter Angabe des Tages seines Zustandeskommens von den Mitgliedern der Einigungsstelle, welche in der Verhandlung mitgewirkt haben, sowie von den Parteien unterschrieben werden. Aus einem vor der Einigungsstelle geschlossenen Vergleich findet die Zwangsvollstreckung statt; § 797a der Zivilprozessordnung ist entsprechend anzuwenden.

(8) Die Einigungsstelle kann, wenn sie den geltend gemachten Anspruch von vornherein für unbegründet oder sich selbst für unzuständig erachtet, die Einleitung von Einigungsverhandlungen ablehnen.

(9) Durch die Anrufung der Einigungsstelle wird die Verjährung in gleicher Weise wie durch Klageerhebung gehemmt. Kommt ein Vergleich nicht zustande, so ist der Zeitpunkt, zu dem das Verfahren beendet ist, von der Einigungsstelle festzustellen. Die vorsitzende Person hat dies den Parteien mitzuteilen.

(10) Ist ein Rechtsstreit der in Absatz 3 Satz 2 bezeichneten Art ohne vorherige Anrufung der Einigungsstelle anhängig gemacht worden, so kann das Gericht auf Antrag den Parteien unter Anberaumung eines neuen Termins aufgeben, vor diesem Termin die Einigungsstelle zur Herbeiführung eines gütlichen Ausgleichs anzurufen. In dem Verfahren über den Antrag auf Erlass einer einstweiligen Verfügung ist diese Anordnung nur zulässig, wenn der Gegner zustimmt. Absatz 8 ist nicht anzuwenden. Ist ein Verfahren vor der Einigungsstelle anhängig, so ist eine erst nach Anrufung der Einigungsstelle erhobene Klage des Antragsgegners auf Feststellung, dass der geltend gemachte Anspruch nicht bestehe, nicht zulässig.

(11) Die Landesregierungen werden ermächtigt, durch Rechtsverordnung die zur Durchführung der vorstehenden Bestimmungen und zur Regelung des Verfahrens vor den Einigungsstellen erforderlichen

Vorschriften zu erlassen, insbesondere über die Aufsicht über die Einigungsstellen, über ihre Besetzung unter angemessener Beteiligung der nicht den Industrie- und Handelskammern angehörenden Unternehmern (§ 2 Abs. 2 bis 6 des Gesetzes zur vorläufigen Regelung des Rechts der Industrie- und Handelskammern in der im Bundesgesetzblatt Teil III, Gliederungsnummer 701-1, veröffentlichten bereinigten Fassung), und über die Vollstreckung von Ordnungsgeldern, sowie Bestimmungen über die Erhebung von Auslagen durch die Einigungsstelle zu treffen. Bei der Besetzung der Einigungsstellen sind die Vorschläge der für ein Bundesland errichteten, mit öffentlichen Mitteln geförderten Verbraucherzentralen zur Bestimmung der in Absatz 2 Satz 2 genannten Verbraucher zu berücksichtigen.

(12) Abweichend von Absatz 2 Satz 1 kann in den Ländern Brandenburg, Mecklenburg-Vorpommern, Sachsen, Sachsen-Anhalt und Thüringen die Einigungsstelle auch mit einem Rechtskundigen als Vorsitzendem besetzt werden, der die Befähigung zum Berufsrichter nach dem Recht der Deutschen Demokratischen Republik erworben hat.

Kapitel 4. Strafvorschriften

§ 16 Strafbare Werbung. (1) Wer in der Absicht, den Anschein eines besonders günstigen Angebots hervorzurufen, in öffentlichen Bekanntmachungen oder in Mitteilungen, die für einen größeren Kreis von Personen bestimmt sind, durch unwahre Angaben irreführend wirbt, wird mit Freiheitsstrafe bis zu zwei Jahren oder mit Geldstrafe bestraft.

(2) Wer es im geschäftlichen Verkehr unternimmt, Verbraucher zur Abnahme von Waren, Dienstleistungen oder Rechten durch das Versprechen zu veranlassen, sie würden entweder vom Veranstalter selbst oder von einem Dritten besondere Vorteile erlangen, wenn sie andere zum Abschluss gleichartiger Geschäfte veranlassen, die ihrerseits nach der Art dieser Werbung derartige Vorteile für eine entsprechende Werbung weiterer Abnehmer erlangen sollen, wird mit Freiheitsstrafe bis zu zwei Jahren oder mit Geldstrafe bestraft.

§ 17 Verrat von Geschäfts- und Betriebsgeheimnissen. (1) Wer als eine bei einem Unternehmen beschäftigte Person ein Geschäfts- oder Betriebsgeheimnis, das ihr im Rahmen des Dienstverhältnisses anvertraut worden oder zugänglich geworden ist, während der Geltungsdauer des Dienstverhältnisses unbefugt an jemand zu Zwecken des Wettbewerbs, aus Eigennutz, zugunsten eines Dritten oder in der Absicht, dem Inhaber des Unternehmens Schaden zuzufügen, mitteilt, wird mit Freiheitsstrafe bis zu drei Jahren oder mit Geldstrafe bestraft.

(2) Ebenso wird bestraft, wer zu Zwecken des Wettbewerbs, aus Eigennutz, zugunsten eines Dritten oder in der Absicht, dem Inhaber des Unternehmens Schaden zuzufügen,
1. sich ein Geschäfts- oder Betriebsgeheimnis durch
   a) Anwendung technischer Mittel,
   b) Herstellung einer verkörperten Wiedergabe des Geheimnisses oder
   c) Wegnahme einer Sache, in der das Geheimnis verkörpert ist, unbefugt verschafft oder sichert oder
2. ein Geschäfts- oder Betriebsgeheimnis, das er durch eine der in Absatz 1 bezeichneten Mitteilungen oder durch eine eigene oder fremde Handlung nach Nummer 1 erlangt oder sich sonst unbefugt verschafft oder gesichert hat, unbefugt verwertet oder jemandem mitteilt.

(3) Der Versuch ist strafbar.

(4) In besonders schweren Fällen ist die Strafe Freiheitsstrafe bis zu fünf Jahren oder Geldstrafe. Ein besonders schwerer Fall liegt in der Regel vor, wenn der Täter
1. gewerbsmäßig handelt,
2. bei der Mitteilung weiß, dass das Geheimnis im Ausland verwertet werden soll, oder
3. eine Verwertung nach Absatz 2 Nr. 2 im Ausland selbst vornimmt.

(5) Die Tat wird nur auf Antrag verfolgt, es sei denn, dass die Strafverfolgungsbehörde wegen des besonderen öffentlichen Interesses an der Strafverfolgung ein Einschreiten von Amts wegen für geboten hält.

(6) § 5 Nr. 7 des Strafgesetzbuches gilt entsprechend.

§ 18 Verwertung von Vorlagen. (1) Wer die ihm im geschäftlichen Verkehr anvertrauten Vorlagen oder Vorschriften technischer Art, insbesondere Zeichnungen, Modelle, Schablonen, Schnitte, Rezepte, zu Zwecken des Wettbewerbs oder aus Eigennutz unbefugt verwertet oder jemandem mitteilt, wird mit Freiheitsstrafe bis zu zwei Jahren oder mit Geldstrafe bestraft.

(2) Der Versuch ist strafbar.

(3) Die Tat wird nur auf Antrag verfolgt, es sei denn, dass die Strafverfolgungsbehörde wegen des besonderen öffentlichen Interesses an der Strafverfolgung ein Einschreiten von Amts wegen für geboten hält.

(4) § 5 Nr. 7 des Strafgesetzbuches gilt entsprechend.

§ 19 Verleiten und Erbieten zum Verrat. (1) Wer zu Zwecken des Wettbewerbs oder aus Eigennutz jemanden zu bestimmen versucht, eine Straftat nach § 17 oder § 18 zu begehen oder zu einer solchen Straftat anzustiften, wird mit Freiheitsstrafe bis zu zwei Jahren oder mit Geldstrafe bestraft.

(2) Ebenso wird bestraft, wer zu Zwecken des Wettbewerbs oder aus Eigennutz sich bereit erklärt oder das Erbieten eines anderen annimmt oder mit einem anderen verabredet, eine Straftat nach den §§ 17 oder 18 zu begehen oder zu ihr anzustiften.

(3) § 31 des Strafgesetzbuches gilt entsprechend.

(4) Die Tat wird nur auf Antrag verfolgt, es sei denn, dass die Strafverfolgungsbehörde wegen des besonderen öffentlichen Interesses an der Strafverfolgung ein Einschreiten von Amts wegen für geboten hält.

(5) § 5 Nr. 7 des Strafgesetzbuches gilt entsprechend.

Kapitel 5. Schlussbestimmungen

§ 20 Änderungen anderer Rechtsvorschriften. (1) § 3 des Lebensmittelspezialitätengesetzes vom 29. Oktober 1993 (BGBl. I S. 1814), das zuletzt durch Artikel 36 der Verordnung vom 25. November 2003 (BGBl. I S. 2304) geändert worden ist, wird wie folgt geändert:
1. In Absatz 1 wird die Angabe „§ 13 Abs. 2“ durch die Angabe „§ 8 Abs. 3“ ersetzt.
2. In Absatz 4 Satz 2 wird die Angabe „§ 852 Abs. 2“ durch die Angabe „§ 203“ ersetzt.

(2) In § 95 Abs. 1 Nr. 5 des Gerichtsverfassungsgesetzes in der Fassung der Bekanntmachung vom 9. Mai 1975 (BGBl. I S. 1077), das zuletzt durch Artikel 2 des Gesetzes vom 24. Juni 2004 (BGBl. I S. 1354) geändert worden ist, werden die Wörter „mit Ausnahme der Ansprüche der letzten Verbraucher aus § 13a des Gesetzes gegen den unlauteren Wettbewerb, soweit nicht ein beiderseitiges Handelsgeschäft nach Absatz 1 Nr. 1 gegeben ist“ gestrichen.

(3) In § 374 Abs. 1 Nr. 7 der Strafprozessordnung in der Fassung der Bekanntmachung vom 7. April 1987 (BGBl. I S. 1074, 1319), die zuletzt durch Artikel 1 des Gesetzes vom 24. Juni 2004 (BGBl. I S. 1354) geändert worden ist, wird die Angabe „§§ 4, 6c, 15, 17, 18 und 20“ durch die Angabe „§§ 16 bis 19“ ersetzt.

(4) Das Unterlassungsklagengesetz in der Fassung der Bekanntmachung vom 27. August 2002 (BGBl. I S. 3422, 4346), zuletzt geändert durch Artikel 8 des Gesetzes vom 15. Dezember 2003 (BGBl. I S. 2676) wird wie folgt geändert:
1. In § 3 Abs. 1 wird die Nummer 2 wie folgt gefasst:
   „2. Rechtsfähigen Verbänden zur Förderung gewerblicher oder selbständiger beruflicher Interessen, soweit sie insbesondere nach ihrer personellen, sachlichen und finanziellen Ausstattung imstande sind, ihre satzungsgemäßen Aufgaben der Verfolgung gewerblicher oder selbständiger beruflicher Interessen tatsächlich wahrzunehmen, und, bei Klagen nach § 2, soweit ihnen eine erhebliche Zahl von Unternehmern angehört, die Waren oder Dienstleistungen gleicher oder verwandter Art auf demselben Markt vertreiben und der Anspruch eine Handlung betrifft, die die Interessen ihrer Mitglieder berührt und die geeignet ist, den Wettbewerb nicht unerheblich zu verfälschen;“.
2. In § 5 wird die Angabe „die §§ 23a, 23b und 25“ durch die Angabe „§ 12 Abs. 1, 2 und 4“ ersetzt.
3. In § 9 werden in der Nummer 2 nach dem Wort „verwendet“ die Wörter „oder empfohlen“ und in Nummer 3 nach dem Wort „Verwendung“ die Wörter „oder Empfehlung“ eingefügt.
4. In § 12 wird die Angabe „§ 27 a“ durch die Angabe „§ 15“ ersetzt.
5. In § 13a Satz 2 ist die Angabe „§ 13 Abs. 7“ durch die Angabe „§ 8 Abs. 5 Satz 1“ zu ersetzen.

(5) Das Markengesetz vom 25. Oktober 1994 (BGBl. I S. 3082; I 1995, S. 156, 1996 I S. 682), zuletzt geändert durch Artikel 4 Abs. 44 des Gesetzes vom 5. Mai 2004 (BGBl. I S. 718) wird wie folgt geändert:
1. In § 55 Abs. 2 Nr. 3, § 128 Abs. 1 und § 135 Abs. 1 wird die Angabe „§ 13 Abs. 2“ durch die Angabe „§ 8 Abs. 3“ ersetzt.
2. In § 141 wird die Angabe „§ 24“ durch die Angabe „§ 14“ ersetzt.

(6) In § 301 Abs. 2 des Strafgesetzbuches in der Fassung der Bekanntmachung vom 13. November 1998 (BGBl. I S. 3322), das zuletzt durch Artikel 1 des Gesetzes vom 27. Dezember 2003 (BGBl. I S. 3007) geändert worden ist, wird die Angabe „§ 13 Abs. 2 Nr. 1, 2 und 4“ durch die Angabe „§ 8 Abs. 3 Nr. 1, 2 und 4“ ersetzt.

(7) § 9 des Rindfleischetikettierungsgesetzes vom 26. Februar 1998 (BGBl. I S. 380), das zuletzt durch Artikel 162 der Verordnung vom 25. November 2003 (BGBl. I S. 2304) geändert worden ist, wird wie folgt geändert:
1. In Absatz 1 wird die Angabe „§ 13 Abs. 2“ durch die Angabe „§ 8 Abs. 3“ ersetzt.
2. In Absatz 4 Satz 2 wird die Angabe „§ 852 Abs. 2“ durch die Angabe „§ 203“ ersetzt.

(8) In § 1 der Unterlassungsklagenverordnung vom 3. Juli 2002 (BGBl. I 2002, 2565) wird die Angabe „§ 13 Abs. 7“ durch die Angabe „§ 8 Abs. 5 Satz 1“ ersetzt.

(9) Die Preisangabenverordnung in der Fassung der Bekanntmachung vom 18. Oktober 2002 (BGBl. I S. 4197) wird wie folgt geändert:

1. § 1 wird wie folgt geändert:
   a) In Absatz 1 Satz 1 werden die Wörter „unabhängig von einer Rabattgewährung „ gestrichen.
   b) Absatz 2 Sätze 2 und 3 werden wie folgt gefasst:
   „Fallen zusätzlich Liefer- und Versandkosten an, so ist deren Höhe anzugeben. Soweit die vorherige Angabe dieser Kosten in bestimmten Fällen nicht möglich ist, sind die näheren Einzelheiten der Berechnung anzugeben, aufgrund derer der Letztverbraucher die Höhe leicht errechnen kann."
2. In § 2 Abs. 1 Satz 1 werden die Wörter „unabhängig von einer Rabattgewährung" gestrichen.
3. In § 5 Abs. 1 Satz 1 wird die Angabe „§ 1 Abs. 2" durch die Angabe „§ 1 Abs. 3" ersetzt.
4. In § 6 Abs. 1 Satz 1 wird die Angabe „(§ 1 Abs. 4)" durch die Angabe „(§ 1 Abs. 5)" ersetzt.
5. § 7 Abs. 4 wird wie folgt neu gefasst:
   „(4) Kann in Gaststätten- und Beherbergungsbetrieben eine Telekommunikationsanlage benutzt werden, so ist der bei Benutzung geforderte Preis je Minute oder je Benutzung in der Nähe der Telekommunikationsanlage anzugeben."
6. § 9 wird wie folgt geändert:
   a) Absatz 2 wird wie folgt neu gefasst:
   „(2) § 1 Abs. 1 und § 2 Abs. 1 sind nicht anzuwenden auf individuelle Preisnachlässe sowie auf nach Kalendertagen zeitlich begrenzte und durch Werbung bekannt gemachte generelle Preisnachlässe."
   b) Absatz 5 Nummer 1 wird aufgehoben und die bisherigen Nummern 2, 3 und 4 werden die neuen Nummern 1, 2 und 3.
7. § 11 wird aufgehoben.

§ 21 Rückkehr zum einheitlichen Verordnungsrang. Die auf § 20 Abs. 8 und 9 beruhenden Teile der dort genannten Verordnungen, können auf Grund der einschlägigen Ermächtigungen durch Rechtsverordnung geändert werden.

§ 22 Inkrafttreten, Außerkrafttreten. Dieses Gesetz tritt am Tage nach der Verkündung in Kraft. Gleichzeitig tritt das Gesetz gegen den unlauteren Wettbewerb in der im Bundesgesetzblatt Teil III, Gliederungsnummer 43-1, veröffentlichten bereinigten Fassung, zuletzt geändert durch Artikel 6 des Gesetzes vom 23. Juli 2002 (BGBl. I S. 2850), außer Kraft.

Anhang (zu § 3 Abs. 3)

Unzulässige geschäftliche Handlungen im Sinne des § 3 Abs. 3 sind

1. die unwahre Angabe eines Unternehmers, zu den Unterzeichnern eines Verhaltenskodexes zu gehören;
2. die Verwendung von Gütezeichen, Qualitätskennzeichen oder Ähnlichem ohne die erforderliche Genehmigung;
3. die unwahre Angabe, ein Verhaltenskodex sei von einer öffentlichen oder anderen Stelle gebilligt;
4. die unwahre Angabe, ein Unternehmer, eine von ihm vorgenommene geschäftliche Handlung oder eine Ware oder Dienstleistung sei von einer öffentlichen oder privaten Stelle bestätigt, gebilligt oder genehmigt worden, oder die unwahre Angabe, den Bedingungen für die Bestätigung, Billigung oder Genehmigung werde entsprochen;
5. Waren- oder Dienstleistungsangebote im Sinne des § 5a Abs. 3 zu einem bestimmten Preis, wenn der Unternehmer nicht darüber aufklärt, dass er hinreichende Gründe für die Annahme hat, er werde nicht in der Lage sein, diese oder gleichartige Waren oder Dienstleistungen für einen angemessenen Zeitraum in angemessener Menge zum genannten Preis bereitzustellen oder bereitstellen zu lassen (Lockangebote). Ist die Bevorratung kürzer als zwei Tage, obliegt es dem Unternehmer, die Angemessenheit nachzuweisen;
6. Waren- oder Dienstleistungsangebote im Sinne des § 5a Abs. 3 zu einem bestimmten Preis, wenn der Unternehmer sodann in der Absicht, stattdessen eine andere Ware oder Dienstleistung abzusetzen, eine fehlerhafte Ausführung der Ware oder Dienstleistung vorführt oder sich weigert zu zeigen, was er beworben hat, oder sich weigert, Bestellungen dafür anzunehmen oder die beworbene Leistung innerhalb einer vertretbaren Zeit zu erbringen;
7. die unwahre Angabe, bestimmte Waren oder Dienstleistungen seien allgemein oder zu bestimmten Bedingungen nur für einen sehr begrenzten Zeitraum verfügbar, um den Verbraucher zu einer sofortigen geschäftlichen Entscheidung zu veranlassen, ohne dass dieser Zeit und Gelegenheit hat, sich auf Grund von Informationen zu entscheiden;
8. Kundendienstleistungen in einer anderen Sprache als derjenigen, in der die Verhandlungen vor dem Abschluss des Geschäfts geführt worden sind, wenn die ursprünglich verwendete Sprache nicht Amtssprache des Mitgliedstaats ist, in dem der Unternehmer niedergelassen ist; dies gilt nicht, soweit Ver-

braucher vor dem Abschluss des Geschäfts darüber aufgeklärt werden, dass diese Leistungen in einer anderen als der ursprünglich verwendeten Sprache erbracht werden;

9. die unwahre Angabe oder das Erwecken des unzutreffenden Eindrucks, eine Ware oder Dienstleistung sei verkehrsfähig;
10. die unwahre Angabe oder das Erwecken des unzutreffenden Eindrucks, gesetzlich bestehende Rechte stellten eine Besonderheit des Angebots dar;
11. der vom Unternehmer finanzierte Einsatz redaktioneller Inhalte zu Zwecken der Verkaufsförderung, ohne dass sich dieser Zusammenhang aus dem Inhalt oder aus der Art der optischen oder akustischen Darstellung eindeutig ergibt (als Information getarnte Werbung);
12. unwahre Angaben über Art und Ausmaß einer Gefahr für die persönliche Sicherheit des Verbrauchers oder seiner Familie für den Fall, dass er die angebotene Ware nicht erwirbt oder die angebotene Dienstleistung nicht in Anspruch nimmt;
13. Werbung für eine Ware oder Dienstleistung, die der Ware oder Dienstleistung eines Mitbewerbers ähnlich ist, wenn dies in der Absicht geschieht, über die betriebliche Herkunft der beworbenen Ware oder Dienstleistung zu täuschen;
14. die Einführung, der Betrieb oder die Förderung eines Systems zur Verkaufsförderung, das den Eindruck vermittelt, allein oder hauptsächlich durch die Einführung weiterer Teilnehmer in das System könne eine Vergütung erlangt werden (Schneeball- oder Pyramidensystem);
15. die unwahre Angabe, der Unternehmer werde demnächst sein Geschäft aufgeben oder seine Geschäftsräume verlegen;
16. die Angabe, durch eine bestimmte Ware oder Dienstleistung ließen sich die Gewinnchancen bei einem Glücksspiel erhöhen;
17. die unwahre Angabe oder das Erwecken des unzutreffenden Eindrucks, der Verbraucher habe bereits einen Preis gewonnen oder werde ihn gewinnen oder werde durch eine bestimmte Handlung einen Preis gewinnen oder einen sonstigen Vorteil erlangen, wenn es einen solchen Preis oder Vorteil tatsächlich nicht gibt, oder wenn jedenfalls die Möglichkeit, einen Preis oder sonstigen Vorteil zu erlangen, von der Zahlung eines Geldbetrags oder der Übernahme von Kosten abhängig gemacht wird;
18. die unwahre Angabe, eine Ware oder Dienstleistung könne Krankheiten, Funktionsstörungen oder Missbildungen heilen;
19. eine unwahre Angabe über die Marktbedingungen oder Bezugsquellen, um den Verbraucher dazu zu bewegen, eine Ware oder Dienstleistung zu weniger günstigen Bedingungen als den allgemeinen Marktbedingungen abzunehmen oder in Anspruch zu nehmen;
20. das Angebot eines Wettbewerbs oder Preisausschreibens, wenn weder die in Aussicht gestellten Preise noch ein angemessenes Äquivalent vergeben werden;
21. das Angebot einer Ware oder Dienstleistung als „gratis", „umsonst", „kostenfrei" oder dergleichen, wenn hierfür gleichwohl Kosten zu tragen sind; dies gilt nicht für Kosten, die im Zusammenhang mit dem Eingehen auf das Waren- oder Dienstleitungsangebot oder für die Abholung oder Lieferung der Ware oder die Inanspruchnahme der Dienstleistung unvermeidbar sind;
22. die Übermittlung von Werbematerial unter Beifügung einer Zahlungsaufforderung, wenn damit der unzutreffende Eindruck vermittelt wird, die beworbene Ware oder Dienstleistung sei bereits bestellt;
23. die unwahre Angabe oder das Erwecken des unzutreffenden Eindrucks, der Unternehmer sei Verbraucher oder nicht für Zwecke seines Geschäfts, Handels, Gewerbes oder Berufs tätig;
24. die unwahre Angabe oder das Erwecken des unzutreffenden Eindrucks, es sei im Zusammenhang mit Waren oder Dienstleistungen in einem anderen Mitgliedstaat der Europäischen Union als dem des Warenverkaufs oder der Dienstleistung ein Kundendienst verfügbar;
25. das Erwecken des Eindrucks, der Verbraucher könne bestimmte Räumlichkeiten nicht ohne vorherigen Vertragsabschluss verlassen;
26. bei persönlichem Aufsuchen in der Wohnung die Nichtbeachtung einer Aufforderung des Besuchten, diese zu verlassen oder nicht zu ihr zurückzukehren, es sein denn, der Besuch ist zur rechtmäßigen Durchsetzung einer vertraglichen Verpflichtung gerechtfertigt;
27. Maßnahmen, durch die der Verbraucher von der Durchsetzung seiner vertraglichen Rechte aus einem Versicherungsverhältnis dadurch abgehalten werden soll, dass von ihm bei der Geltendmachung seines Anspruchs die Vorlage von Unterlagen verlangt wird, die zum Nachweis dieses Anspruchs nicht erforderlich sind, oder dass Schreiben zur Geltendmachung eines solchen Anspruchs systematisch nicht beantwortet werden;
28. die in eine Werbung einbezogene unmittelbare Aufforderung an Kinder, selbst die beworbene Ware zu erwerben oder die beworbene Dienstleistung in Anspruch zu nehmen oder ihre Eltern oder andere Erwachsene dazu zu veranlassen;
29. die Aufforderung zur Bezahlung nicht bestellter Waren oder Dienstleistungen oder eine Aufforderung zur Rücksendung oder Aufbewahrung nicht bestellter Sachen, sofern es sich nicht um eine nach den Vorschriften über Vertragsabschlüsse im Fernabsatz zulässige Ersatzlieferung handelt, und
30. die ausdrückliche Angabe, dass der Arbeitsplatz oder Lebensunterhalt des Unternehmers gefährdet sei, wenn der Verbraucher die Ware oder Dienstleistung nicht abnehme.

2. Gesetz über Unterlassungsklagen bei Verbraucherrechts- und anderen Verstößen (Unterlassungsklagengesetz – UKlaG)[1, 2]

In der Fassung der Bekanntmachung vom 27. August 2002[3]

(BGBl. I S. 3422, ber. S. 4346)

FNA 402-37

zuletzt geänd. durch Art. 3 G zur Umsetzung der RL über die Vergleichbarkeit von Zahlungskontoentgelten, den Wechsel von Zahlungskonten sowie den Zugang zu Zahlungskonten mit grundlegenden Funktionen v. 11.4.2016 (BGBl. I S. 720)

Abschnitt 1. Ansprüche bei Verbraucherrechts- und anderen Verstößen

§ 1 Unterlassungs- und Widerrufsanspruch bei Allgemeinen Geschäftsbedingungen. Wer in Allgemeinen Geschäftsbedingungen Bestimmungen, die nach den §§ 307 bis 309 des Bürgerlichen Gesetzbuchs unwirksam sind, verwendet oder für den rechtsgeschäftlichen Verkehr empfiehlt, kann auf Unterlassung und im Fall des Empfehlens auch auf Widerruf in Anspruch genommen werden.

§ 1a Unterlassungsanspruch wegen der Beschränkung der Haftung bei Zahlungsverzug. Wer in anderer Weise als durch Verwendung oder Empfehlung von Allgemeinen Geschäftsbedingungen den Vorschriften des § 271a Absatz 1 bis 3, des § 286 Absatz 5 oder des § 288 Absatz 6 des Bürgerlichen Gesetzbuchs zuwiderhandelt, kann auf Unterlassung in Anspruch genommen werden.

§ 2 Ansprüche bei verbraucherschutzgesetzwidrigen Praktiken. (1) Wer in anderer Weise als durch Verwendung oder Empfehlung von Allgemeinen Geschäftsbedingungen Vorschriften zuwiderhandelt, die dem Schutz der Verbraucher dienen (Verbraucherschutzgesetze), kann im Interesse des Verbraucherschutzes auf Unterlassung und Beseitigung in Anspruch genommen werden. Werden die Zuwiderhandlungen in einem Unternehmen von einem Mitarbeiter oder Beauftragten begangen, so ist der Unterlassungsanspruch oder der Beseitigungsanspruch auch gegen den Inhaber des Unternehmens begründet. Bei Zuwiderhandlungen gegen die in Absatz 2 Satz 1 Nummer 11 genannten Vorschriften richtet sich der Beseitigungsanspruch nach den entsprechenden datenschutzrechtlichen Vorschriften.

(2) Verbraucherschutzgesetze im Sinne dieser Vorschrift sind insbesondere

1. die Vorschriften des Bürgerlichen Rechts, die für
   a) außerhalb von Geschäftsräumen geschlossene Verträge,
   b) Fernabsatzverträge,
   c) Verbrauchsgüterkäufe,
   d) Teilzeit-Wohnrechteverträge, Verträge über langfristige Urlaubsprodukte sowie Vermittlungsverträge und Tauschsystemverträge,
   e) Verbraucherdarlehensverträge, Finanzierungshilfen und Ratenlieferungsverträge,
   f) Reiseverträge,
   g) Darlehensvermittlungsverträge sowie
   h) Zahlungsdiensteverträge

   zwischen einem Unternehmer und einem Verbraucher gelten,
2. die Vorschriften zur Umsetzung der Artikel 5, 10 und 11 der Richtlinie 2000/31/EG des Europäischen Parlaments und des Rates vom 8. Juni 2000 über bestimmte rechtliche Aspekte der Dienste der Informationsgesellschaft, insbesondere des elektronischen Geschäftsverkehrs, im Binnenmarkt („Richtlinie über den elektronischen Geschäftsverkehr", ABl. EG Nr. L 178 S. 1),
3. das Fernunterrichtsschutzgesetz,
4. die Vorschriften zur Umsetzung der Artikel 19 bis 26 der Richtlinie 2010/13/EU des Europäischen Parlaments und des Rates vom 10. März 2010 zur Koordinierung bestimmter Rechts- und Verwaltungsvorschriften der Mitgliedstaaten über die Bereitstellung audiovisueller Mediendienste (ABl. L 95 vom 15.4.2010, S. 1),
5. die entsprechenden Vorschriften des Arzneimittelgesetzes sowie Artikel 1 §§ 3 bis 13 des Gesetzes über die Werbung auf dem Gebiete des Heilwesens,
6. § 126 des Investmentgesetzes oder § 305 des Kapitalanlagegesetzbuchs,

---

[1] Siehe hierzu ua Bek. nach § 4 UKlaG v. 2.1.2013 (BAnz AT 02.01.2013 B7).

[2] Die Änderungen durch G v. 19.2.2016 (BGBl. I S. 254) treten teilweise erst **mWv 1.2.2017** in Kraft und sind insoweit im Text noch nicht berücksichtigt.

[3] Neubekanntmachung des UKlaG v. 26.11.2001 (BGBl. I S. 3138, 3173) in der ab 21.8.2002 geltenden Fassung.

7. die Vorschriften des Abschnitts 6 des Wertpapierhandelsgesetzes, die das Verhältnis zwischen einem Wertpapierdienstleistungsunternehmen und einem Kunden regeln,
8. das Rechtsdienstleistungsgesetz,
9. die §§ 59 und 60 Absatz 1, die §§ 78, 79 Absatz 2 und 3 sowie § 80 des Erneuerbare-Energien-Gesetzes,
10. das Wohn- und Betreuungsvertragsgesetz und
11.[4] die Vorschriften, welche die Zulässigkeit regeln
    a) der Erhebung personenbezogener Daten eines Verbrauchers durch einen Unternehmer oder
    b) der Verarbeitung oder der Nutzung personenbezogener Daten, die über einen Verbraucher erhoben wurden, durch einen Unternehmer,

    wenn die Daten zu Zwecken der Werbung, der Markt- und Meinungsforschung, des Betreibens einer Auskunftei, des Erstellens von Persönlichkeits- und Nutzungsprofilen, des Adresshandels, des sonstigen Datenhandels oder zu vergleichbaren kommerziellen Zwecken erhoben, verarbeitet oder genutzt werden,
12. *[Fassung ab 1.2.2017:] § 2 Absatz 2 sowie die §§ 36 und 37 des Verbraucherstreitbeilegungsgesetzes vom 19. Februar 2016 (BGBl. I S. 254) und Artikel 14 Absatz 1 und 2 der Verordnung (EU) Nr. 524/2013 des Europäischen Parlaments und des Rates vom 21. Mai 2013 über die Online-Beilegung verbraucherrechtlicher Streitigkeiten und zur Änderung der Verordnung (EG) Nr. 2006/2004 und der Richtlinie 2009/22/EG (ABl. L 165 vom 18.6.2013, S. 1) und*
13. die Vorschriften des Zahlungskontengesetzes, die das Verhältnis zwischen einem Zahlungsdienstleister und einem Verbraucher regeln.

Eine Datenerhebung, Datenverarbeitung oder Datennutzung zu einem vergleichbaren kommerziellen Zweck im Sinne des Satzes 1 Nummer 11 liegt insbesondere nicht vor, wenn personenbezogene Daten eines Verbrauchers von einem Unternehmer ausschließlich für die Begründung, Durchführung oder Beendigung eines rechtsgeschäftlichen oder rechtsgeschäftsähnlichen Schuldverhältnisses mit dem Verbraucher erhoben, verarbeitet oder genutzt werden.

§ 2a Unterlassungsanspruch nach dem Urheberrechtsgesetz. (1) Wer gegen § 95b Abs. 1 des Urheberrechtsgesetzes verstößt, kann auf Unterlassung in Anspruch genommen werden.

(2) Absatz 1 gilt nicht, soweit Werke und sonstige Schutzgegenstände der Öffentlichkeit auf Grund einer vertraglichen Vereinbarung in einer Weise zugänglich gemacht werden, dass sie Mitgliedern der Öffentlichkeit von Orten und zu Zeiten ihrer Wahl zugänglich sind.

§ 2b Missbräuchliche Geltendmachung von Ansprüchen. Die Geltendmachung eines Anspruchs nach den §§ 1 bis 2a ist unzulässig, wenn sie unter Berücksichtigung der gesamten Umstände missbräuchlich ist, insbesondere wenn sie vorwiegend dazu dient, gegen den Anspruchsgegner einen Anspruch auf Ersatz von Aufwendungen oder Kosten der Rechtsverfolgung entstehen zu lassen. In diesen Fällen kann der Anspruchsgegner Ersatz der für seine Rechtsverteidigung erforderlichen Aufwendungen verlangen. Weitergehende Ersatzansprüche bleiben unberührt.

§ 3 Anspruchsberechtigte Stellen. (1) Die in den §§ 1 bis 2 bezeichneten Ansprüche auf Unterlassung, auf Widerruf und auf Beseitigung stehen zu:
1. qualifizierten Einrichtungen, die nachweisen, dass sie in der Liste qualifizierter Einrichtungen nach § 4 oder in dem Verzeichnis der Europäischen Kommission nach Artikel 4 Absatz 3 der Richtlinie 2009/22/EG des Europäischen Parlaments und des Rates vom 23. April 2009 über Unterlassungsklagen zum Schutz der Verbraucherinteressen (ABl. L 110 vom 1.5.2009, S. 30) eingetragen sind,
2. rechtsfähigen Verbänden zur Förderung gewerblicher oder selbständiger beruflicher Interessen, soweit ihnen eine erhebliche Zahl von Unternehmen angehört, die Waren oder Dienstleistungen gleicher oder verwandter Art auf demselben Markt vertreiben, wenn sie insbesondere nach ihrer personellen, sachlichen und finanziellen Ausstattung imstande sind, ihre satzungsmäßigen Aufgaben der Verfolgung gewerblicher oder selbständiger beruflicher Interessen tatsächlich wahrzunehmen, und soweit die Zuwiderhandlung die Interessen ihrer Mitglieder berührt,
3. den Industrie- und Handelskammern oder den Handwerkskammern.

Der Anspruch kann nur an Stellen im Sinne des Satzes 1 abgetreten werden.

(2) Die in Absatz 1 Satz 1 Nummer 1 bezeichneten Stellen können die folgenden Ansprüche nicht geltend machen:
1. Ansprüche nach § 1, wenn Allgemeine Geschäftsbedingungen gegenüber einem Unternehmer (§ 14 des Bürgerlichen Gesetzbuchs) oder einem öffentlichen Auftraggeber (§ 99 Nummer 1 bis 3 des Gesetzes gegen Wettbewerbsbeschränkungen) verwendet oder wenn Allgemeine Geschäftsbedingungen zur ausschließlichen Verwendung zwischen Unternehmern oder zwischen Unternehmern und öffentlichen Auftraggebern empfohlen werden,

---

[4] Beachte die Überleitungsvorschrift in § 17.

2. Ansprüche nach § 1a, es sei denn, eine Zuwiderhandlung gegen § 288 Absatz 6 des Bürgerlichen Gesetzbuchs betrifft einen Anspruch eines Verbrauchers.

§ 3a Anspruchsberechtigte Verbände nach § 2a. Der in § 2a Abs. 1 bezeichnete Anspruch auf Unterlassung steht rechtsfähigen Verbänden zur nicht gewerbsmäßigen und nicht nur vorübergehenden Förderung der Interessen derjenigen zu, die durch § 95b Abs. 1 Satz 1 des Urheberrechtsgesetzes begünstigt werden. Der Anspruch kann nur an Verbände im Sinne des Satzes 1 abgetreten werden.

§ 4 Qualifizierte Einrichtungen. (1) Das Bundesamt für Justiz führt die Liste der qualifizierten Einrichtungen, die es auf seiner Internetseite in der jeweils aktuellen Fassung veröffentlicht und mit Stand 1. Januar eines jeden Jahres im Bundesanzeiger bekannt macht. Es übermittelt die Liste mit Stand zum 1. Januar und zum 1. Juli eines jeden Jahres an die Europäische Kommission unter Hinweis auf Artikel 4 Absatz 2 der Richtlinie 2009/22/EG.

(2) In die Liste werden auf Antrag rechtsfähige Vereine eingetragen, zu deren satzungsmäßigen Aufgaben es gehört, Interessen der Verbraucher durch nicht gewerbsmäßige Aufklärung und Beratung wahrzunehmen, wenn

1. sie mindestens drei Verbände, die im gleichen Aufgabenbereich tätig sind, oder mindestens 75 natürliche Personen als Mitglieder haben,
2. sie mindestens ein Jahr bestanden haben und
3. auf Grund ihrer bisherigen Tätigkeit gesichert erscheint, dass sie ihre satzungsmäßigen Aufgaben auch künftig dauerhaft wirksam und sachgerecht erfüllen werden.

Es wird unwiderleglich vermutet, dass Verbraucherzentralen und andere Verbraucherverbände, die mit öffentlichen Mitteln gefördert werden, diese Voraussetzungen erfüllen. Die Eintragung in die Liste erfolgt unter Angabe von Namen, Anschrift, Registergericht, Registernummer und satzungsmäßigem Zweck. Sie ist mit Wirkung für die Zukunft aufzuheben, wenn

1. der Verband dies beantragt oder
2. die Voraussetzungen für die Eintragung nicht vorlagen oder weggefallen sind.

Ist auf Grund tatsächlicher Anhaltspunkte damit zu rechnen, dass die Eintragung nach Satz 4 zurückzunehmen oder zu widerrufen ist, so soll das Bundesamt für Justiz das Ruhen der Eintragung für einen bestimmten Zeitraum von längstens drei Monaten anordnen. Widerspruch und Anfechtungsklage haben im Fall des Satzes 5 keine aufschiebende Wirkung.

(2a) Qualifizierte Einrichtungen, die Ansprüche nach § 2 Absatz 1 wegen Zuwiderhandlungen gegen Verbraucherschutzgesetze nach § 2 Absatz 2 Satz 1 Nummer 11 durch Abmahnung oder Klage geltend gemacht haben, sind verpflichtet, dem Bundesamt für Justiz jährlich die Anzahl dieser Abmahnungen und erhobenen Klagen mitzuteilen und über die Ergebnisse der Abmahnungen und Klagen zu berichten. Das Bundesamt für Justiz berücksichtigt diese Berichte bei der Beurteilung, ob bei der qualifizierten Einrichtung die sachgerechte Aufgabenerfüllung im Sinne des Absatzes 2 Satz 1 Nummer 3 gesichert erscheint.

(3) Entscheidungen über Eintragungen erfolgen durch einen Bescheid, der dem Antragsteller zuzustellen ist. Das Bundesamt für Justiz erteilt den Verbänden auf Antrag eine Bescheinigung über ihre Eintragung in die Liste. Es bescheinigt auf Antrag Dritten, die daran ein rechtliches Interesse haben, dass die Eintragung eines Verbands in die Liste aufgehoben worden ist.

(4) Ergeben sich in einem Rechtsstreit begründete Zweifel an dem Vorliegen der Voraussetzungen nach Absatz 2 bei einer eingetragenen Einrichtung, so kann das Gericht das Bundesamt für Justiz zur Überprüfung der Eintragung auffordern und die Verhandlung bis zu dessen Entscheidung aussetzen.

(5) Das Bundesministerium der Justiz und für Verbraucherschutz wird ermächtigt, durch Rechtsverordnung, die der Zustimmung des Bundesrates nicht bedarf, die Einzelheiten des Eintragungsverfahrens, insbesondere die zur Prüfung der Eintragungsvoraussetzungen erforderlichen Ermittlungen, sowie die Einzelheiten der Führung der Liste zu regeln.

§ 4a Unterlassungsanspruch bei innergemeinschaftlichen Verstößen. (1) Wer innergemeinschaftlich gegen Gesetze zum Schutz der Verbraucherinteressen im Sinne von Artikel 3 Buchstabe b der Verordnung (EG) Nr. 2006/2004 des Europäischen Parlaments und des Rates vom 27. Oktober 2004 über die Zusammenarbeit zwischen den für die Durchsetzung der Verbraucherschutzgesetze zuständigen nationalen Behörden (ABl. EU Nr. L 364 S. 1) verstößt, kann auf Unterlassung in Anspruch genommen werden. § 2b ist entsprechend anzuwenden.

(2) Die Ansprüche stehen den Stellen nach § 3 Absatz 1 Satz 1 zu. Es wird unwiderleglich vermutet, dass ein nach § 7 Absatz 1 des EG-Verbraucherschutzdurchsetzungsgesetzes beauftragter Dritter eine Stelle nach Satz 1 ist. § 3 Absatz 1 Satz 2 ist entsprechend anzuwenden.

Abschnitt 2. Verfahrensvorschriften

Unterabschnitt 1. Allgemeine Vorschriften

§ 5 Anwendung der Zivilprozessordnung und anderer Vorschriften. Auf das Verfahren sind die Vorschriften der Zivilprozessordnung und § 12 Abs. 1, 2, 4 und 5 des Gesetzes gegen den unlauteren Wettbewerb anzuwenden, soweit sich aus diesem Gesetz nicht etwas anderes ergibt.

§ 6 Zuständigkeit. (1) Für Klagen nach diesem Gesetz ist das Landgericht ausschließlich zuständig, in dessen Bezirk der Beklagte seine gewerbliche Niederlassung oder in Ermangelung einer solchen seinen Wohnsitz hat. Hat der Beklagte im Inland weder eine gewerbliche Niederlassung noch einen Wohnsitz, so ist das Gericht des inländischen Aufenthaltsorts zuständig, in Ermangelung eines solchen das Gericht, in dessen Bezirk
1. die nach den §§ 307 bis 309 des Bürgerlichen Gesetzbuchs unwirksamen Bestimmungen in Allgemeinen Geschäftsbedingungen verwendet wurden,
2. gegen Verbraucherschutzgesetze verstoßen wurde oder
3. gegen § 95b Abs. 1 des Urheberrechtsgesetzes verstoßen wurde.

(2) Die Landesregierungen werden ermächtigt, zur sachdienlichen Förderung oder schnelleren Erledigung der Verfahren durch Rechtsverordnung einem Landgericht für die Bezirke mehrerer Landgerichte Rechtsstreitigkeiten nach diesem Gesetz zuzuweisen. Die Landesregierungen können die Ermächtigung durch Rechtsverordnung auf die Landesjustizverwaltungen übertragen.

(3) Die vorstehenden Absätze gelten nicht für Klagen, die einen Anspruch der in § 13 bezeichneten Art zum Gegenstand haben.

§ 7 Veröffentlichungsbefugnis. Wird der Klage stattgegeben, so kann dem Kläger auf Antrag die Befugnis zugesprochen werden, die Urteilsformel mit der Bezeichnung des verurteilten Beklagten auf dessen Kosten im Bundesanzeiger, im Übrigen auf eigene Kosten bekannt zu machen. Das Gericht kann die Befugnis zeitlich begrenzen.

Unterabschnitt 2. Besondere Vorschriften für Klagen nach § 1

§ 8 Klageantrag und Anhörung. (1) Der Klageantrag muss bei Klagen nach § 1 auch enthalten:
1. den Wortlaut der beanstandeten Bestimmungen in Allgemeinen Geschäftsbedingungen,
2. die Bezeichnung der Art der Rechtsgeschäfte, für die die Bestimmungen beanstandet werden.

(2) Das Gericht hat vor der Entscheidung über eine Klage nach § 1 die Bundesanstalt für Finanzdienstleistungsaufsicht zu hören, wenn Gegenstand der Klage
1. Bestimmungen in Allgemeinen Versicherungsbedingungen sind oder
2. Bestimmungen in Allgemeinen Geschäftsbedingungen sind, für die nach dem Bausparkassengesetz oder dem Kapitalanlagegesetzbuch eine Genehmigung vorgesehen ist.

§ 9 Besonderheiten der Urteilsformel. Erachtet das Gericht die Klage nach § 1 für begründet, so enthält die Urteilsformel auch:
1. die beanstandeten Bestimmungen der Allgemeinen Geschäftsbedingungen im Wortlaut,
2. die Bezeichnung der Art der Rechtsgeschäfte, für welche die den Unterlassungsanspruch begründenden Bestimmungen der Allgemeinen Geschäftsbedingungen nicht verwendet oder empfohlen werden dürfen,
3. das Gebot, die Verwendung oder Empfehlung inhaltsgleicher Bestimmungen in Allgemeinen Geschäftsbedingungen zu unterlassen,
4. für den Fall der Verurteilung zum Widerruf das Gebot, das Urteil in gleicher Weise bekannt zu geben, wie die Empfehlung verbreitet wurde.

§ 10 Einwendung wegen abweichender Entscheidung. Der Verwender, dem die Verwendung einer Bestimmung untersagt worden ist, kann im Wege der Klage nach § 767 der Zivilprozessordnung einwenden, dass nachträglich eine Entscheidung des Bundesgerichtshofs oder des Gemeinsamen Senats der Obersten Gerichtshöfe des Bundes ergangen ist, welche die Verwendung dieser Bestimmung für dieselbe Art von Rechtsgeschäften nicht untersagt, und dass die Zwangsvollstreckung aus dem Urteil gegen ihn in unzumutbarer Weise seinen Geschäftsbetrieb beeinträchtigen würde.

§ 11 Wirkungen des Urteils. Handelt der verurteilte Verwender einem auf § 1 beruhenden Unterlassungsgebot zuwider, so ist die Bestimmung in den Allgemeinen Geschäftsbedingungen als unwirksam anzusehen, soweit sich der betroffene Vertragsteil auf die Wirkung des Unterlassungsurteils beruft. Er kann sich jedoch auf die Wirkung des Unterlassungsurteils nicht berufen, wenn der verurteilte Verwender gegen das Urteil die Klage nach § 10 erheben könnte.

Unterabschnitt 3. Besondere Vorschriften für Klagen nach § 2

§ 12 Einigungsstelle. Für Klagen nach § 2 gelten § 15 des Gesetzes gegen den unlauteren Wettbewerb und die darin enthaltene Verordnungsermächtigung entsprechend.

§ 12a Anhörung der Datenschutzbehörden in Verfahren über Ansprüche nach § 2. Das Gericht hat vor einer Entscheidung in einem Verfahren über einen Anspruch nach § 2, das eine Zuwiderhandlung gegen ein Verbraucherschutzgesetz nach § 2 Absatz 2 Satz 1 Nummer 11 zum Gegenstand hat, die zuständige inländische Datenschutzbehörde zu hören. Satz 1 ist nicht anzuwenden, wenn über einen Antrag auf Erlass einer einstweiligen Verfügung ohne mündliche Verhandlung entschieden wird.

Abschnitt 3. Auskunft zur Durchsetzung von Ansprüchen

§ 13 Auskunftsanspruch der anspruchsberechtigten Stellen. (1) Wer geschäftsmäßig Post-, Telekommunikations- oder Telemediendienste erbringt oder an der Erbringung solcher Dienste mitwirkt, hat

1. qualifizierten Einrichtungen, die nachweisen, dass sie in die Liste gemäß § 4 oder in das Verzeichnis der Kommission der Europäischen Gemeinschaften gemäß Artikel 4 Absatz 3 der Richtlinie 2009/22/EG eingetragen sind,
2. rechtsfähigen Verbänden zur Förderung gewerblicher oder selbständiger beruflicher Interessen und
3. Industrie- und Handelskammern oder den Handwerkskammern

auf deren Verlangen den Namen und die zustellungsfähige Anschrift eines Beteiligten an Post-, Telekommunikations- oder Telemediendiensten mitzuteilen, wenn diese Stellen schriftlich versichern, dass sie die Angaben zur Durchsetzung ihrer Ansprüche nach den §§ 1 bis 2a oder nach § 4a benötigen und nicht anderweitig beschaffen können.

(2) Der Anspruch besteht nur, soweit die Auskunft ausschließlich anhand der bei dem Auskunftspflichtigen vorhandenen Bestandsdaten erteilt werden kann. Die Auskunft darf nicht deshalb verweigert werden, weil der Beteiligte, dessen Angaben mitgeteilt werden sollen, in die Übermittlung nicht einwilligt.

(3) Der Auskunftspflichtige kann von dem Auskunftsberechtigten einen angemessenen Ausgleich für die Erteilung der Auskunft verlangen. Der Auskunftsberechtigte kann von dem Beteiligten, dessen Angaben mitgeteilt worden sind, Erstattung des gezahlten Ausgleichs verlangen, wenn er gegen diesen Beteiligten einen Anspruch nach den §§ 1 bis 2a oder nach § 4a hat.

§ 13a Auskunftsanspruch sonstiger Betroffener. Wer von einem anderen Unterlassung der Lieferung unbestellter Sachen, der Erbringung unbestellter sonstiger Leistungen oder der Zusendung oder sonstiger Übermittlung unverlangter Werbung verlangen kann, hat die Ansprüche gemäß § 13 mit der Maßgabe, dass an die Stelle eines Anspruchs nach den §§ 1 bis 2a oder nach § 4a sein Anspruch auf Unterlassung nach allgemeinen Vorschriften tritt.

Abschnitt 4. Außergerichtliche Schlichtung

§ 14[5] Schlichtungsverfahren und Verordnungsermächtigung. (1) Bei Streitigkeiten aus der Anwendung

1. der Vorschriften des Bürgerlichen Gesetzbuchs betreffend Fernabsatzverträge über Finanzdienstleistungen,
2. der §§ 491 bis 508, 511 und 655a bis 655d des Bürgerlichen Gesetzbuchs sowie Artikel 247a § 1 des Einführungsgesetzes zum Bürgerlichen Gesetzbuche,
3. der Vorschriften betreffend Zahlungsdiensteverträge in
   a) den §§ 675c bis 676c des Bürgerlichen Gesetzbuchs,
   b) der Verordnung (EG) Nr. 924/2009 des Europäischen Parlaments und des Rates vom 16. September 2009 über grenzüberschreitende Zahlungen in der Gemeinschaft und zur Aufhebung der Verordnung (EG) Nr. 2560/2001 (ABl. L 266 vom 9.10.2009, S. 11), die zuletzt durch Artikel 17 der Verordnung (EU) Nr. 260/2012 (ABl. L 94 vom 30.3.2012, S. 22) geändert worden ist, und
   c) der Verordnung (EU) Nr. 260/2012 des Europäischen Parlaments und des Rates vom 14. März 2012 zur Festlegung der technischen Vorschriften und der Geschäftsanforderungen für Überweisungen und Lastschriften in Euro und zur Änderung der Verordnung (EG) Nr. 924/2009 (ABl. L 94 vom 30.3.2012, S. 22), die durch die Verordnung (EU) Nr. 248/2014 (ABl. L 84 vom 20.3.2014, S. 1) geändert worden ist,
   d) der Verordnung (EU) 2015/751 des Europäischen Parlaments und des Rates vom 29. April 2015 über Interbankenentgelte für kartengebundene Zahlungsvorgänge (ABl. L 123 vom 19.5.2015, S. 1),

[5] Beachte die Überleitungsvorschrift in § 16.

4. des § 2 Absatz 1a Satz 3 und des § 23b des Zahlungsdiensteaufsichtsgesetzes zwischen E-Geld-Emittenten und ihren Kunden,
5. der Vorschriften des Zahlungskontengesetzes, die das Verhältnis zwischen einem Zahlungsdienstleister und einem Verbraucher regeln,
6. der Vorschriften des Kapitalanlagegesetzbuchs, wenn an der Streitigkeit Verbraucher beteiligt sind, oder
7. sonstiger Vorschriften im Zusammenhang mit Verträgen, die Bankgeschäfte nach § 1 Absatz 1 Satz 2 des Kreditwesengesetzes oder Finanzdienstleistungen nach § 1 Absatz 1a Satz 2 des Kreditwesengesetzes betreffen, zwischen Verbrauchern und nach dem Kreditwesengesetz beaufsichtigten Unternehmen

können die Beteiligten unbeschadet ihres Rechts, die Gerichte anzurufen, eine vom Bundesamt für Justiz für diese Streitigkeiten anerkannte private Verbraucherschlichtungsstelle oder die bei der Deutschen Bundesbank oder die bei der Bundesanstalt für Finanzdienstleistungsaufsicht eingerichtete Verbraucherschlichtungsstelle anrufen. Die bei der Deutschen Bundesbank eingerichtete Verbraucherschlichtungsstelle ist für die Streitigkeiten nach Satz 1 Nummer 1 bis 5 zuständig; die bei der Bundesanstalt für Finanzdienstleistungsaufsicht eingerichtete Verbraucherschlichtungsstelle ist für die Streitigkeiten nach Satz 1 Nummer 6 und 7 zuständig. Diese behördlichen Verbraucherschlichtungsstellen sind nur zuständig, wenn es für die Streitigkeit keine zuständige anerkannte Verbraucherschlichtungsstelle gibt.

(2) Jede Verbraucherschlichtungsstelle nach Absatz 1 muss mit mindestens zwei Schlichtern besetzt sein, die die Befähigung zum Richteramt haben. Die Schlichter müssen unabhängig sein und das Schlichtungsverfahren fair und unparteiisch führen. Sie sollen ihre Schlichtungsvorschläge am geltenden Recht ausrichten und sie sollen insbesondere die zwingenden Verbraucherschutzgesetze beachten. Für das Schlichtungsverfahren kann von einem Verbraucher kein Entgelt verlangt werden.

(3) Das Bundesamt für Justiz erkennt auf Antrag eine Schichtungsstelle als private Verbraucherschlichtungsstelle nach Absatz 1 Satz 1 an, wenn
1. der Träger der Schlichtungsstelle ein eingetragener Verein ist,
2. die Schlichtungsstelle für die Streitigkeiten nach Absatz 1 Satz 1 zuständig ist und
3. die Organisation, Finanzierung und Verfahrensordnung der Schlichtungsstelle den Anforderungen dieses Gesetzes und der Rechtsverordnung entspricht, die auf Grund dieses Gesetzes erlassen wurde.

Die Verfahrensordnung einer anerkannten Schlichtungsstelle kann nur mit Zustimmung des Bundesamts für Justiz geändert werden.

(4) Das Bundesamt für Justiz nimmt die Verbraucherschlichtungsstellen nach Absatz 1 in die Liste nach § 33 Absatz 1 des Verbraucherstreitbeilegungsgesetzes auf und macht die Anerkennung und den Widerruf oder die Rücknahme der Anerkennung im Bundesanzeiger bekannt.

(5) Das Bundesministerium der Justiz und für Verbraucherschutz regelt im Einvernehmen mit dem Bundesministerium der Finanzen durch Rechtsverordnung, die nicht der Zustimmung des Bundesrates bedarf, entsprechend den Anforderungen der Richtlinie 2013/11/EU des Europäischen Parlaments und des Rates vom 21. Mai 2013 über die alternative Beilegung verbraucherrechtlicher Streitigkeiten und zur Änderung der Verordnung (EG) Nr. 2006/2004 und der Richtlinie 2009/22/EG (ABl. L 165 vom 18.6.2013, S. 63)
1. die näheren Einzelheiten der Organisation und des Verfahrens der bei der Deutschen Bundesbank und der bei der Bundesanstalt für Finanzdienstleistungsaufsicht nach diesem Gesetz eingerichteten Verbraucherschlichtungsstellen, insbesondere auch die Kosten des Schlichtungsverfahrens für einen am Schlichtungsverfahren beteiligten Unternehmer,
2. die Voraussetzungen und das Verfahren für die Anerkennung einer privaten Verbraucherschlichtungsstelle und für die Aufhebung dieser Anerkennung sowie die Voraussetzungen und das Verfahren für die Zustimmung zur Änderung der Verfahrensordnung,
3. die Zusammenarbeit der behördlichen Verbraucherschlichtungsstellen und der privaten Verbraucherschlichtungsstellen mit
   a) staatlichen Stellen, insbesondere der Bundesanstalt für Finanzdienstleistungsaufsicht, und
   b) vergleichbaren Stellen zur außergerichtlichen Streitbeilegung in anderen Vertragsstaaten des Abkommens über den Europäischen Wirtschaftsraum.

Abschnitt 5. Anwendungsbereich

§ 15 Ausnahme für das Arbeitsrecht. Dieses Gesetz findet auf das Arbeitsrecht keine Anwendung.

Abschnitt 6. Überleitungsvorschriften

§ 16 Überleitungsvorschrift zum Gesetz zur Umsetzung der Richtlinie über alternative Streitbeilegung in Verbraucherangelegenheiten und zur Durchführung der Verordnung über Online-Streitbeilegung in Verbraucherangelegenheiten. (1) Bis zum Inkrafttreten der Rechtsverordnung nach § 14 Absatz 5 gelten ergänzend

1. für die Verbraucherschlichtungsstelle bei der Deutschen Bundesbank und für deren Verfahren die Schlichtungsstellenverfahrensverordnung,
2. für die Verbraucherschlichtungsstelle bei der Bundesanstalt für Finanzdienstleistungsaufsicht und für deren Verfahren die Kapitalanlageschlichtungsstellenverordnung.

Bei ergänzender Anwendung der Kapitalanlageschlichtungsstellenverordnung nach Satz 1 Nummer 2 treten an die Stelle der Streitigkeiten nach dem Kapitalanlagegesetzbuch die Streitigkeiten nach § 14 Absatz 1 Satz 1 Nummer 6 und 7. Schlichter, die für die Schlichtung von Streitigkeiten nach § 14 Absatz 1 Satz 1 Nummer 6 bestellt sind, dürfen nicht zugleich die Aufsicht über Unternehmen wahrnehmen, die den Vorschriften des Kreditwesengesetzes unterliegen. Vor der Bestellung von Schlichtern für Streitigkeiten nach § 14 Absatz 1 Satz 1 Nummer 6 sind abweichend von § 2 Absatz 2 Satz 1 der Kapitalanlageschlichtungsstellenverordnung der BVI Bundesverband Investment und Asset Management e. V. sowie die Ombudsstelle Geschlossene Fonds e. V. nicht zu beteiligen.

(2) Die Schlichtungsstellen der Verbände, denen die Schlichtungsaufgabe nach § 7 Absatz 1 und 2 der Schlichtungsstellenverfahrensverordnung oder nach § 11 Absatz 1 der Kapitalanlageschlichtungsstellenverordnung jeweils in der vor dem 26. Februar 2016 geltenden Fassung wirksam übertragen worden ist, gelten bis zum 1. Februar 2017 als anerkannte private Verbraucherschlichtungsstellen nach § 14 Absatz 1.

§ 17 Überleitungsvorschrift zum Gesetz zur Verbesserung der zivilrechtlichen Durchsetzung von verbraucherschützenden Vorschriften des Datenschutzrechts. § 2 Absatz 2 Satz 1 Nummer 11 in der ab dem 24. Februar 2016 geltenden Fassung findet bis zum Ablauf des 30. September 2016 keine Anwendung auf Zuwiderhandlungen gegen § 4b des Bundesdatenschutzgesetzes, soweit die Datenübermittlung bis zum 6. Oktober 2015 auf der Grundlage der Entscheidung 2000/520/EG der Kommission vom 26. Juli 2000 gemäß der Richtlinie 95/46/EG des Europäischen Parlaments und des Rates über die Angemessenheit des von den Grundsätzen des „sicheren Hafens" und der diesbezüglichen „Häufig gestellten Fragen" (FAQ) gewährleisteten Schutzes, vorgelegt vom Handelsministerium der USA (ABl. L 215 vom 25.8.2000, S. 7) erfolgt ist.

3. Gesetz über die Werbung auf dem Gebiete des Heilwesens (Heilmittelwerbegesetz – HWG)

In der Fassung der Bekanntmachung vom 19. Oktober 1994 (BGBl I 3068),

zuletzt geändert durch Gesetz vom 15. April 2015 (BGBl I 583)

§ 1 [Anwendungsbereich] (1) Dieses Gesetz findet Anwendung auf die Werbung für
1. Arzneimittel im Sinne des § 2 des Arzneimittelgesetzes,
2. Medizinprodukte im Sinne des § 3 des Medizinproduktegesetzes,
3. andere Mittel, Verfahren, Behandlungen und Gegenstände, soweit sich die Werbeaussage auf die Erkennung, Beseitigung oder Linderung von Krankheiten, Leiden, Körperschäden oder krankhaften Beschwerden bei Mensch oder Tier bezieht, sowie operative plastisch-chirurgische Eingriffe, soweit sich die Werbeaussage auf die Veränderung des menschlichen Körpers ohne medizinische Notwendigkeit bezieht.

(2) Andere Mittel im Sinne des Absatzes 1 Nr. 2 sind kosmetische Mittel im Sinne des § 2 Absatz 5 Satz 1 des Lebensmittel- und Futtermittelgesetzbuches. Gegenstände im Sinne des Absatzes 1 Nr. 2 sind auch Gegenstände zur Körperpflege im Sinne des § 2 Absatz 6 Nummer 4 des Lebensmittel- und Futtermittelgesetzbuches.

(3) Eine Werbung im Sinne dieses Gesetzes ist auch das Ankündigen oder Anbieten von Werbeaussagen, auf die dieses Gesetz Anwendung findet.

(4) Dieses Gesetz findet keine Anwendung auf die Werbung für Gegenstände zur Verhütung von Unfallschäden.

(5) Das Gesetz findet keine Anwendung auf den Schriftwechsel und die Unterlagen, die nicht Werbezwecken dienen und die zur Beantwortung einer konkreten Anfrage zu einem bestimmten Arzneimittel erforderlich sind.

(6) Das Gesetz findet ferner keine Anwendung beim elektronischen Handel mit Arzneimitteln auf das Bestellformular und die dort aufgeführten Angaben, soweit diese für eine ordnungsgemäße Bestellung notwendig sind.

(7) Das Gesetz findet ferner keine Anwendung auf Verkaufskataloge und Preislisten für Arzneimittel, wenn die Verkaufskataloge und Preislisten keine Angaben enthalten, die über die zur Bestimmung des jeweiligen Arzneimittels notwendigen Angaben hinausgehen.

(8) Das Gesetz findet ferner keine Anwendung auf die auf Anforderung einer Person erfolgende Übermittlung der nach den §§ 10 bis 11a des Arzneimittelgesetzes für Arzneimittel vorgeschriebenen vollständigen Informationen und des öffentlichen Beurteilungsberichts für Arzneimittel nach § 34 Absatz 1a Satz 1 Nummer 2 des Arzneimittelgesetzes und auf die Bereitstellung dieser Informationen im Internet.

§ 2 [Fachkreise] Fachkreise im Sinne dieses Gesetzes sind Angehörige der Heilberufe oder des Heilgewerbes, Einrichtungen, die der Gesundheit von Mensch oder Tier dienen, oder sonstige Personen, soweit sie mit Arzneimitteln, Medizinprodukten, Verfahren, Behandlungen, Gegenständen oder anderen Mitteln erlaubterweise Handel treiben oder sie in Ausübung ihres Berufes anwenden.

§ 3 [Unzulässigkeit irreführender Werbung] Unzulässig ist eine irreführende Werbung. Eine Irreführung liegt insbesondere dann vor,
1. wenn Arzneimitteln, Medizinprodukten, Verfahren, Behandlungen, Gegenständen oder anderen Mitteln eine therapeutische Wirksamkeit oder Wirkungen beigelegt werden, die sie nicht haben,
2. wenn fälschlich der Eindruck erweckt wird, dass
   a) ein Erfolg mit Sicherheit erwartet werden kann,
   b) bei bestimmungsgemäßem oder längerem Gebrauch keine schädlichen Wirkungen eintreten,
   c) die Werbung nicht zu Zwecken des Wettbewerbs veranstaltet wird,
3. wenn unwahre oder zur Täuschung geeignete Angaben
   a) über die Zusammensetzung oder Beschaffenheit von Arzneimitteln, Medizinprodukten, Gegenständen oder anderen Mitteln oder über die Art und Weise der Verfahren oder Behandlungen oder
   b) über die Person, Vorbildung, Befähigung oder Erfolge des Herstellers, Erfinders oder der für sie tätigen oder tätig gewesenen Personen

gemacht werden.

§ 3a [Unzulässigkeit von Werbung für zulassungspflichtige Arzneimittel] Unzulässig ist eine Werbung für Arzneimittel, die der Pflicht zur Zulassung unterliegen und die nicht nach den arzneimittelrechtlichen Vorschriften zugelassen sind oder als zugelassen gelten. Satz 1 findet auch Anwendung, wenn sich die Werbung auf Anwendungsgebiete oder Darreichungsformen bezieht, die nicht von der Zulassung erfasst sind.

§ 4 [Inhaltliche Anforderungen] (1) Jede Werbung für Arzneimittel im Sinne des § 2 Abs. 1 oder Abs. 2 Nr. 1 des Arzneimittelgesetzes muss folgende Angaben enthalten:
1. den Namen oder die Firma und den Sitz des pharmazeutischen Unternehmers,
2. die Bezeichnung des Arzneimittels,
3. die Zusammensetzung des Arzneimittels gemäß § 11 Abs. 1 Satz 1 Nr. 6 Buchstabe d des Arzneimittelgesetzes,
4. die Anwendungsgebiete,
5. die Gegenanzeigen,
6. die Nebenwirkungen,
7. Warnhinweise, soweit sie für die Kennzeichnung der Behältnisse und äußeren Umhüllungen vorgeschrieben sind,
8. bei Arzneimitteln, die nur auf ärztliche, zahnärztliche oder tierärztliche Verschreibung abgegeben werden dürfen, den Hinweis „Verschreibungspflichtig",
9. die Wartezeit bei Arzneimitteln, die zur Anwendung bei Tieren bestimmt sind, die der Gewinnung von Lebensmitteln dienen.

Eine Werbung für traditionelle pflanzliche Arzneimittel, die nach dem Arzneimittelgesetz registriert sind, muss folgenden Hinweis enthalten: „Traditionelles pflanzliches Arzneimittel zur Anwendung bei … [spezifiziertes Anwendungsgebiet/spezifizierte Anwendungsgebiet[e] ausschließlich auf Grund langjähriger Anwendung".

(1a) Bei Arzneimitteln, die nur einen Wirkstoff enthalten, muss der Angabe nach Absatz 1 Nr. 2 die Bezeichnung dieses Bestandteils mit dem Hinweis: „Wirkstoff:" folgen; dies gilt nicht, wenn in der Angabe nach Absatz 1 Nr. 2 die Bezeichnung des Wirkstoffs enthalten ist.

(2) Die Angaben nach den Absätzen 1 und 1a müssen mit denjenigen übereinstimmen, die nach § 11 oder § 12 des Arzneimittelgesetzes für die Packungsbeilage vorgeschrieben sind. Können die in § 11 Abs. 1 Satz 1 Nr. 3 Buchstabe a und Nr. 5 des Arzneimittelgesetzes vorgeschriebenen Angaben nicht gemacht werden, so können sie entfallen.

(3) Bei einer Werbung außerhalb der Fachkreise ist der Text „Zu Risiken und Nebenwirkungen lesen Sie die Packungsbeilage und fragen Sie Ihren Arzt oder Apotheker" gut lesbar und von den übrigen Werbeaussagen deutlich abgesetzt und abgegrenzt anzugeben. Bei einer Werbung für Heilwässer tritt an die Stelle der Angabe „die Packungsbeilage" die Angabe „das Etikett" und bei einer Werbung für Tierarzneimittel an die Stelle „Ihren Arzt" die Angabe „den Tierarzt". Die Angaben nach Absatz 1 Nr. 1, 3, 5 und 6 können entfallen. Satz 1 findet keine Anwendung auf Arzneimittel, die für den Verkehr außerhalb

der Apotheken freigegeben sind, es sei denn, dass in der Packungsbeilage oder auf dem Behältnis Nebenwirkungen oder sonstige Risiken angegeben sind.

(4) Die nach Absatz 1 vorgeschriebenen Angaben müssen von den übrigen Werbeaussagen deutlich abgesetzt, abgegrenzt und gut lesbar sein.

(5) Nach einer Werbung in audiovisuellen Medien ist der nach Absatz 3 Satz 1 oder 2 vorgeschriebene Text einzublenden, der im Fernsehen vor neutralem Hintergrund gut lesbar wiederzugeben und gleichzeitig zu sprechen ist, sofern nicht die Angabe dieses Textes nach Absatz 3 Satz 4 entfällt. Die Angaben nach Absatz 1 können entfallen.

(6) Die Absätze 1, 1a, 3 und 5 gelten nicht für eine Erinnerungswerbung. Eine Erinnerungswerbung liegt vor, wenn ausschließlich mit der Bezeichnung eines Arzneimittels oder zusätzlich mit dem Namen, der Firma, der Marke des pharmazeutischen Unternehmers oder dem Hinweis: „Wirkstoff:" geworben wird.

§ 4a [Werbung für andere Arzneimittel] (1) Unzulässig ist es, in der Packungsbeilage eines Arzneimittels für andere Arzneimittel oder andere Mittel zu werben.

(2) Unzulässig ist es auch, außerhalb der Fachkreise für die im Rahmen der vertragsärztlichen Versorgung bestehende Verordnungsfähigkeit eines Arzneimittels zu werben.

§ 5 [Werbung für homöopathische Arzneimittel] Für homöopathische Arzneimittel, die nach dem Arzneimittelgesetz registriert oder von der Registrierung freigestellt sind, darf mit der Angabe von Anwendungsgebieten nicht geworben werden.

§ 6 [Werbung mit wissenschaftlichen Veröffentlichungen] Unzulässig ist eine Werbung, wenn

1. Gutachten oder Zeugnisse veröffentlicht oder erwähnt werden, die nicht von wissenschaftlich oder fachlich hierzu berufenen Personen erstattet worden sind und nicht die Angabe des Namens, Berufes und Wohnortes der Person, die das Gutachten erstellt oder das Zeugnis ausgestellt hat, sowie den Zeitpunkt der Ausstellung des Gutachtens oder Zeugnisses enthalten,
2. auf wissenschaftliche, fachliche oder sonstige Veröffentlichungen Bezug genommen wird, ohne dass aus der Werbung hervorgeht, ob die Veröffentlichung das Arzneimittel, das Verfahren, die Behandlung, den Gegenstand oder ein anderes Mittel selbst betrifft, für die geworben wird, und ohne dass der Name des Verfassers, der Zeitpunkt der Veröffentlichung und die Fundstelle genannt werden,
3. aus der Fachliteratur entnommene Zitate, Tabellen oder sonstige Darstellungen nicht wortgetreu übernommen werden.

§ 7 [Verbot von Werbegaben] (1) Es ist unzulässig, Zuwendungen und sonstige Werbegaben (Waren oder Leistungen) anzubieten, anzukündigen oder zu gewähren oder als Angehöriger der Fachkreise anzunehmen, es sei denn, dass

1. es sich bei den Zuwendungen oder Werbegaben um Gegenstände von geringem Wert, die durch eine dauerhafte und deutlich sichtbare Bezeichnung des Werbenden oder des beworbenen Produktes oder beider gekennzeichnet sind, oder um geringwertige Kleinigkeiten handelt; Zuwendungen oder Werbegaben sind für Arzneimittel unzulässig, soweit sie entgegen den Preisvorschriften gewährt werden, die auf Grund des Arzneimittelgesetzes gelten;
2. die Zuwendungen oder Werbegaben in
   a) einem bestimmten oder auf bestimmte Art zu berechnenden Geldbetrag oder
   b) einer bestimmten oder auf bestimmte Art zu berechnenden Menge gleicher Ware gewährt werden;
3. Zuwendungen oder Werbegaben nach Buchstabe a sind für Arzneimittel unzulässig, soweit sie entgegen den Preisvorschriften gewährt werden, die aufgrund des Arzneimittelgesetzes gelten; Buchstabe b gilt nicht für Arzneimittel, deren Abgabe den Apotheken vorbehalten ist
4. die Zuwendungen oder Werbegaben nur in handelsüblichem Zubehör zur Ware oder in handelsüblichen Nebenleistungen bestehen; als handelsüblich gilt insbesondere eine im Hinblick auf den Wert der Ware oder Leistung angemessene teilweise oder vollständige Erstattung oder Übernahme von Fahrtkosten für Verkehrsmittel des öffentlichen Personennahverkehrs, die im Zusammenhang mit dem Besuch des Geschäftslokals oder des Orts der Erbringung der Leistung aufgewendet werden;
5. die Zuwendungen oder Werbegaben in der Erteilung von Auskünften oder Ratschlägen bestehen oder
6. es sich um unentgeltlich an Verbraucherinnen und Verbraucher abzugebende Zeitschriften handelt, die nach ihrer Aufmachung und Ausgestaltung der Kundenwerbung und den Interessen der verteilenden Person dienen, durch einen entsprechenden Aufdruck auf der Titelseite diesen Zweck erkennbar machen und in ihren Herstellungskosten geringwertig sind (Kundenzeitschriften).

Werbegaben für Angehörige der Heilberufe sind unbeschadet des Satzes 1 nur dann zulässig, wenn sie zur Verwendung in der ärztlichen, tierärztlichen oder pharmazeutischen Praxis bestimmt sind. § 47 Abs. 3 des Arzneimittelgesetzes bleibt unberührt.

(2) Absatz 1 gilt nicht für Zuwendungen im Rahmen ausschließlich berufsbezogener wissenschaftlicher Veranstaltungen, sofern diese einen vertretbaren Rahmen nicht überschreiten, insbesondere in bezug auf

den wissenschaftlichen Zweck der Veranstaltung von untergeordneter Bedeutung sind und sich nicht auf andere als im Gesundheitswesen tätige Personen erstrecken.

(3) Es ist unzulässig, für die Entnahme oder sonstige Beschaffung von Blut-, Plasma- oder Gewebespenden zur Herstellung von Blut- und Gewebeprodukten und anderen Produkten zur Anwendung bei Menschen mit der Zahlung einer finanziellen Zuwendung oder Aufwandsentschädigung zu werben.

§ 8 [Werbeverbote für Versandhandel und Teleshopping] Unzulässig ist die Werbung, Arzneimittel im Wege des Teleshopping oder bestimmte Arzneimittel im Wege der Einzeleinfuhr nach § 73 Abs. 2 Nr. 6a oder § 73 Abs. 3 des Arzneimittelgesetzes zu beziehen. Die Übersendung von Listen nicht zugelassener oder nicht registrierter Arzneimittel, deren Einfuhr aus einem anderen Mitgliedstaat oder aus einem anderen Vertragsstaat des Abkommens über den Europäischen Wirtschaftsraum nur ausnahmsweise zulässig ist, an Apotheker oder Betreiber einer tierärztlichen Hausapotheke ist zulässig, soweit die Listen nur Informationen über die Bezeichnung, die Packungsgrößen, die Wirkstärke und den Preis dieses Arzneimittels enthalten.

§ 9 [Werbeverbot für Fernbehandlung] Unzulässig ist eine Werbung für die Erkennung oder Behandlung von Krankheiten, Leiden, Körperschäden oder krankhaften Beschwerden, die nicht auf eigener Wahrnehmung an dem zu behandelnden Menschen oder Tier beruht (Fernbehandlung).

§ 10 [Werbeverbote für verschreibungspflichtige Arzneimittel und Psychopharmaka] (1) Für verschreibungspflichtige Arzneimittel darf nur bei Ärzten, Zahnärzten, Tierärzten, Apothekern und Personen, die mit diesen Arzneimitteln erlaubterweise Handel treiben, geworben werden.

(2) Für Arzneimittel, die psychotrope Wirkstoffe mit der Gefahr der Abhängigkeit enthalten und die dazu bestimmt sind, bei Menschen die Schlaflosigkeit oder psychische Störungen zu beseitigen oder die Stimmungslage zu beeinflussen, darf außerhalb der Fachkreise nicht geworben werden. Dies gilt auch für Arzneimittel, die zur Notfallkontrazeption zugelassen sind.

§ 11 [Verbote für Werbung außerhalb der Fachkreise] (1) Außerhalb der Fachkreise darf für Arzneimittel, Verfahren, Behandlungen, Gegenstände oder andere Mittel nicht geworben werden

1. (aufgehoben)
2. mit Angaben oder Darstellungen, die sich auf eine Empfehlung von Wissenschaftlern, von im Gesundheitswesen tätigen Personen, von im Bereich der Tiergesundheit tätigen Personen oder anderen Personen, die auf Grund ihrer Bekanntheit zum Arzneimittelverbrauch anregen können, beziehen,
3. mit der Wiedergabe von Krankengeschichten sowie mit Hinweisen darauf, wenn diese in missbräuchlicher, abstoßender oder irreführender Weise erfolgt oder durch eine ausführliche Beschreibung oder Darstellung zu einer falschen Selbstdiagnose verleiten kann,
4. (aufgehoben)
5. mit einer bildlichen Darstellung, die in missbräuchlicher, abstoßender oder irreführender Weise Veränderungen des menschlichen Körpers auf Grund von Krankheiten oder Schädigungen oder die Wirkung eines Arzneimittels im menschlichen Körper oder in Körperteilen verwendet,
6. (aufgehoben)
7. mit Werbeaussagen, die nahelegen, dass die Gesundheit durch die Nichtverwendung des Arzneimittels beeinträchtigt oder durch die Verwendung verbessert werden könnte,
8. durch Werbevorträge, mit denen ein Feilbieten oder eine Entgegennahme von Anschriften verbunden ist,
9. mit Veröffentlichungen, deren Werbezweck mißverständlich oder nicht deutlich erkennbar ist,
10. (aufgehoben)
11. mit Äußerungen Dritter, insbesondere mit Dank-, Anerkennungs- oder Empfehlungsschreiben, oder mit Hinweisen auf solche Äußerungen, wenn diese in missbräuchlicher abstoßender oder irreführender Weise erfolgen,
12. mit Werbemaßnahmen, die sich ausschließlich oder überwiegend an Kinder unter 14 Jahren richten,
13. mit Preisausschreiben, Verlosungen oder anderen Verfahren, deren Ergebnis vom Zufall abhängig ist, sofern diese Maßnahmen oder Verfahren einer unzweckmäßigen oder übermäßigen Verwendung von Arzneimitteln Vorschub leisten,
14. durch die Abgabe von Arzneimitteln, deren Muster oder Proben oder durch Gutscheine dafür,
15. durch die nicht verlangte Abgabe von Mustern oder Proben von anderen Mitteln oder Gegenständen oder durch Gutscheine dafür.

Für Medizinprodukte gilt Satz 1 Nr. 7 bis 9, 11 und 12 entsprechend. Ferner darf für die in § 1 Nummer 2 genannten operativen plastisch-chirurgischen Eingriffe nicht mit der Wirkung einer solchen Behandlung durch vergleichende Darstellung des Körperzustandes oder des Aussehens vor und nach dem Eingriff geworben werden.

(2) Außerhalb der Fachkreise darf für Arzneimittel zur Anwendung bei Menschen nicht mit Angaben geworben werden, die nahe legen, dass die Wirkung des Arzneimittels einem anderen Arzneimittel oder einer anderen Behandlung entspricht oder überlegen ist.

§ 12 [Weitere Werbeverbote] (1) Außerhalb der Fachkreise darf sich die Werbung für Arzneimittel und Medizinprodukte nicht auf die Erkennung, Verhütung, Beseitigung oder Linderung der in Abschnitt A der Anlage zu diesem Gesetz aufgeführten Krankheiten oder Leiden bei Menschen beziehen, die Werbung für Arzneimittel außerdem nicht auf die Erkennung, Verhütung, Beseitigung oder Linderung der in Abschnitt B dieser Anlage aufgeführten Krankheiten oder Leiden beim Tier. Abschnitt A Nr. 2 der Anlage findet keine Anwendung auf die Werbung für Medizinprodukte.

(2) Die Werbung für andere Mittel, Verfahren, Behandlungen oder Gegenstände außerhalb der Fachkreise darf sich nicht auf die Erkennung, Beseitigung oder Linderung dieser Krankheiten oder Leiden beziehen. Dies gilt nicht für die Werbung für Verfahren oder Behandlungen in Heilbädern, Kurorten und Kuranstalten.

§ 13 [Werbeverbote für ausländische Unternehmen] Die Werbung eines Unternehmens mit Sitz außerhalb des Geltungsbereichs dieses Gesetzes ist unzulässig, wenn nicht ein Unternehmen mit Sitz oder eine natürliche Person mit gewöhnlichem Aufenthalt im Geltungsbereich dieses Gesetzes oder in einem anderen Mitgliedstaat der Europäischen Union oder in einem anderen Vertragsstaat des Abkommens über den Europäischen Wirtschaftsraum, die nach diesem Gesetz unbeschränkt strafrechtlich verfolgt werden kann, ausdrücklich damit betraut ist, die sich aus diesem Gesetz ergebenden Pflichten zu übernehmen.

§ 14 [Straftaten] Wer dem Verbot der irreführenden Werbung (§ 3) zuwiderhandelt, wird mit Freiheitsstrafe bis zu einem Jahr oder mit Geldstrafe bestraft.

§ 15 [Ordnungswidrigkeiten] (1) Ordnungswidrig handelt, wer vorsätzlich oder fahrlässig

1. entgegen § 3a eine Werbung für ein Arzneimittel betreibt, das der Pflicht zur Zulassung unterliegt und das nicht nach den arzneimittelrechtlichen Vorschriften zugelassen ist oder als zugelassen gilt,
2. eine Werbung betreibt, die die nach § 4 vorgeschriebenen Angaben nicht enthält oder entgegen § 5 mit der Angabe von Anwendungsgebieten wirbt,
3. in einer nach § 6 unzulässigen Weise mit Gutachten, Zeugnissen oder Bezugnahmen auf Veröffentlichungen wirbt,
4. entgegen § 7 Abs. 1 und 3 eine mit Zuwendungen oder sonstigen Werbegaben verbundene Werbung betreibt,
5. entgegen § 7 Abs. 1 als Angehöriger der Fachkreise eine Zuwendung oder sonstige Werbegabe annimmt,
6. entgegen § 8 eine dort genannte Werbung betreibt,
7. entgegen § 9 für eine Fernbehandlung wirbt,
8. entgegen § 10 für die dort bezeichneten Arzneimittel wirbt,
9. auf eine durch § 11 verbotene Weise außerhalb der Fachkreise wirbt,
10. entgegen § 12 eine Werbung betreibt, die sich auf die in der Anlage zu § 12 aufgeführten Krankheiten oder Leiden bezieht,
11. eine nach § 13 unzulässige Werbung betreibt.

(2) Ordnungswidrig handelt ferner, wer fahrlässig dem Verbot der irreführenden Werbung (§ 3) zuwiderhandelt.

(3) Die Ordnungswidrigkeit nach Absatz 1 kann mit einer Geldbuße bis zu fünfzigtausend Euro, die Ordnungswidrigkeit nach Absatz 2 mit einer Geldbuße bis zu zwanzigtausend Euro geahndet werden.

§ 16 [Einziehung von verbotenem Werbematerial] Werbematerial und sonstige Gegenstände, auf die sich eine Straftat nach § 14 oder eine Ordnungswidrigkeit nach § 15 bezieht, können eingezogen werden. § 74a des Strafgesetzbuches und § 23 des Gesetzes über Ordnungswidrigkeiten sind anzuwenden.

§ 17 [Fortgeltung anderer Rechtsnormen] Das Gesetz gegen den unlauteren Wettbewerb bleibt unberührt.

§ 18 *(aufgehoben)*

Anlage
(zu § 12)

Krankheiten und Leiden, auf die sich die Werbung gemäß § 12 nicht beziehen darf

A. Krankheiten und Leiden beim Menschen

1. Nach dem Infektionsschutzgesetz vom 20. Juli 2000 (BGBl. I S. 1045) meldepflichtige Krankheiten oder durch meldepflichtige Krankheitserreger verursachte Infektionen,
2. bösartige Neubildungen,

3. Suchtkrankheiten, ausgenommen Nikotinabhängigkeit,
4. krankhafte Komplikationen der Schwangerschaft, der Entbindung und des Wochenbetts.

B. Krankheiten und Leiden beim Tier

1. Nach der Verordnung über anzeigepflichtige Tierseuchen und der Verordnung über meldepflichtige Tierkrankheiten in ihrer jeweils geltenden Fassung anzeige- oder meldepflichtige Seuchen oder Krankheiten,
2. bösartige Neubildungen,
3. bakterielle Eutererkrankungen bei Kühen, Ziegen und Schafen,
4. Kolik bei Pferden und Rindern.

4. Lebensmittel-, Bedarfsgegenstände- und Futtermittelgesetzbuch (Lebensmittel- und Futtermittelgesetzbuch – LFGB)

In der Fassung der Bekanntmachung vom 3. Juni 2013 (BGBl. I 1426),

zuletzt geändert durch Gesetz vom 26. Januar 2016 (BGBl. I 108)

– Auszug –

Abschnitt 1. Allgemeine Bestimmungen

§ 1 Zweck des Gesetzes. (1) Zweck des Gesetzes ist es,

1. vorbehaltlich des Absatzes 2 bei Lebensmitteln, Futtermitteln, kosmetischen Mitteln und Bedarfsgegenständen den Schutz der Verbraucherinnen und Verbraucher durch Vorbeugung gegen eine oder Abwehr einer Gefahr für die menschliche Gesundheit sicherzustellen,
2. beim Verkehr mit Lebensmitteln, Futtermitteln, kosmetischen Mitteln und Bedarfsgegenständen vor Täuschung zu schützen,
3. die Unterrichtung der Wirtschaftsbeteiligten und
   a) der Verbraucherinnen und Verbraucher beim Verkehr mit Lebensmitteln, kosmetischen Mitteln und Bedarfsgegenständen,
   b) der Verwenderinnen und Verwender beim Verkehr mit Futtermitteln

sicherzustellen,

4. a) bei Futtermitteln
      aa) den Schutz von Tieren durch Vorbeugung gegen eine oder Abwehr einer Gefahr für die tierische Gesundheit sicherzustellen,
      bb) vor einer Gefahr für den Naturhaushalt durch in tierischen Ausscheidungen vorhandene unerwünschte Stoffe, die ihrerseits bereits in Futtermitteln vorhanden gewesen sind, zu schützen,
   b) durch Futtermittel die tierische Erzeugung so zu fördern, dass
      aa) die Leistungsfähigkeit der Nutztiere erhalten und verbessert wird und
      bb) die von Nutztieren gewonnenen Lebensmittel und sonstigen Produkte den an sie gestellten qualitativen Anforderungen, auch im Hinblick auf ihre Unbedenklichkeit für die menschliche Gesundheit, entsprechen.

(1a) Absatz 1 Nummer 2 erfasst auch den Schutz

1. vor Täuschung im Falle zum Verzehr ungeeigneter Lebensmittel im Sinne des Artikels 14 Absatz 2 Buchstabe b und Absatz 5 der Verordnung (EG) Nr. 178/2002 des Europäischen Parlaments und des Rates vom 28. Januar 2002 zur Festlegung der allgemeinen Grundsätze und Anforderungen des Lebensmittelrechts, zur Errichtung der Europäischen Behörde für Lebensmittelsicherheit und zur Festlegung von Verfahren zur Lebensmittelsicherheit (ABl. L 31 vom 1.2.2002, S. 1), die zuletzt durch die Verordnung (EU) Nr. 652/2014 (ABl. L 189 vom 27.4.2014, S. 1) geändert worden ist, oder
2. vor Verwendung ungeeigneter Bedarfsgegenstände im Sinne des § 2 Absatz 6 Satz 1 Nummer 1.

(2) Zweck dieses Gesetzes ist es, den Schutz der menschlichen Gesundheit im privaten häuslichen Bereich durch Vorbeugung gegen eine oder Abwehr einer Gefahr, die von Erzeugnissen ausgeht oder ausgehen kann, sicherzustellen, soweit dies in diesem Gesetz angeordnet ist.

(3) Dieses Gesetz dient ferner der Umsetzung und Durchführung von Rechtsakten der Europäischen Gemeinschaft oder der Europäischen Union, die Sachbereiche dieses Gesetzes betreffen, wie durch ergänzende Regelungen zur Verordnung (EG) Nr. 178/2002.

§ 2 Begriffsbestimmungen. (1) Erzeugnisse sind Lebensmittel, einschließlich Lebensmittelzusatzstoffe, Futtermittel, kosmetische Mittel und Bedarfsgegenstände.

(2) Lebensmittel sind Lebensmittel im Sinne des Artikels 2 der Verordnung (EG) Nr. 178/2002.

(3) Lebensmittelzusatzstoffe sind Lebensmittelzusatzstoffe im Sinne des Artikels 3 Absatz 2 Buchstabe a in Verbindung mit Artikel 2 Absatz 2 der Verordnung (EG) Nr. 1333/2008 des Europäischen Parlaments und des Rates vom 16. Dezember 2008 über Lebensmittelzusatzstoffe (ABl. L 354 vom 31.12.2008, S. 16, L 105 vom 27.4.2010, S. 114, L 322 vom 21.11.2012, S. 8, L 123 vom 19.5.2015, S. 122), die zuletzt durch die Verordnung (EU) Nr. 2015/1832 (ABl. L 266 vom 13.10.2015, S. 27) geändert worden ist. Den Lebensmittelzusatzstoffen stehen gleich

1. Stoffe mit oder ohne Nährwert, die üblicherweise weder selbst als Lebensmittel verzehrt noch als charakteristische Zutat eines Lebensmittels verwendet werden und die einem Lebensmittel aus anderen als technologischen Gründen beim Herstellen oder Behandeln zugesetzt werden, wodurch sie selbst oder ihre Abbau- oder Reaktionsprodukte mittelbar oder unmittelbar zu einem Bestandteil des Lebensmittels werden oder werden können; ausgenommen sind Stoffe, die natürlicher Herkunft oder den natürlichen chemisch gleich sind und nach allgemeiner Verkehrsauffassung überwiegend wegen ihres Nähr-, Geruchs- oder Geschmackswertes oder als Genussmittel verwendet werden,
2. Mineralstoffe und Spurenelemente sowie deren Verbindungen außer Kochsalz,
3. Aminosäuren und deren Derivate,
4. Vitamine A und D sowie deren Derivate.

(4) Futtermittel sind Futtermittel im Sinne des Artikels 3 Nummer 4 der Verordnung (EG) Nr. 178/2002.

(5) Kosmetische Mittel sind Stoffe oder Gemische aus Stoffen, die ausschließlich oder überwiegend dazu bestimmt sind, äußerlich am Körper des Menschen oder in seiner Mundhöhle zur Reinigung, zum Schutz, zur Erhaltung eines guten Zustandes, zur Parfümierung, zur Veränderung des Aussehens oder dazu angewendet zu werden, den Körpergeruch zu beeinflussen. Als kosmetische Mittel gelten nicht Stoffe oder Gemische aus Stoffen, die zur Beeinflussung der Körperformen bestimmt sind.

(6) Bedarfsgegenstände sind

1. Materialien und Gegenstände im Sinne des Artikels 1 Absatz 2 der Verordnung (EG) Nr. 1935/2004 des Europäischen Parlaments und des Rates vom 27. Oktober 2004 über Materialien und Gegenstände, die dazu bestimmt sind, mit Lebensmitteln in Berührung zu kommen und zur Aufhebung der Richtlinien 80/590/EWG und 89/109/EWG (ABl. L 338 vom 13.11.2004, S. 4), die durch die Verordnung (EG) Nr. 596/2009 (ABl. L 188 vom 18.7.2009, S. 14) geändert worden ist,
2. Packungen, Behältnisse oder sonstige Umhüllungen, die dazu bestimmt sind, mit kosmetischen Mitteln in Berührung zu kommen,
3. Gegenstände, die dazu bestimmt sind, mit den Schleimhäuten des Mundes in Berührung zu kommen,
4. Gegenstände, die zur Körperpflege bestimmt sind,
5. Spielwaren und Scherzartikel,
6. Gegenstände, die dazu bestimmt sind, nicht nur vorübergehend mit dem menschlichen Körper in Berührung zu kommen, wie Bekleidungsgegenstände, Bettwäsche, Masken, Perücken, Haarteile, künstliche Wimpern, Armbänder,
7. Reinigungs- und Pflegemittel, die für den häuslichen Bedarf oder für Bedarfsgegenstände im Sinne der Nummer 1 bestimmt sind,
8. Imprägnierungsmittel und sonstige Ausrüstungsmittel für Bedarfsgegenstände im Sinne der Nummer 6, die für den häuslichen Bedarf bestimmt sind,
9. Mittel und Gegenstände zur Geruchsverbesserung in Räumen, die zum Aufenthalt von Menschen bestimmt sind.

Bedarfsgegenstände sind nicht Gegenstände, die nach § 2 Absatz 2 des Arzneimittelgesetzes als Arzneimittel gelten, nach § 3 des Medizinproduktegesetzes Medizinprodukte oder Zubehör für Medizinprodukte oder nach Artikel 3 Absatz 1 Buchstabe a der Verordnung (EU) Nr. 528/2012 des Europäischen Parlaments und des Rates vom 22. Mai 2012 über die Bereitstellung auf dem Markt und die Verwendung von Biozidprodukten (ABl. L 167 vom 27.6.2012, S. 1, die zuletzt durch die Verordnung (EU) Nr. 334/2014 (ABl. L 103 vom 5.4.2014, S. 22) geändert worden ist, Biozid-Produkte sind, sowie nicht die in Artikel 1 Absatz 3 der Verordnung (EG) Nr. 1935/2004 genannten Materialien und Gegenstände, Überzugs- und Beschichtungsmaterialien und Wasserversorgungsanlagen.

§ 3 Weitere Begriffsbestimmungen. Im Sinne dieses Gesetzes sind:

1. Inverkehrbringen: Inverkehrbringen im Sinne des Artikels 3 Nummer 8 der Verordnung (EG) Nr. 178/2002; für kosmetische Mittel, Bedarfsgegenstände und mit Lebensmitteln verwechselbare Produkte gilt Artikel 3 Nummer 8 der Verordnung (EG) Nr. 178/2002 entsprechend,
2. Herstellen: das Gewinnen, einschließlich des Schlachtens oder Erlegens lebender Tiere, deren Fleisch als Lebensmittel zu dienen bestimmt ist, das Herstellen, das Zubereiten, das Be- und Verarbeiten und das Mischen,
3. Behandeln: das Wiegen, Messen, Um- und Abfüllen, Stempeln, Bedrucken, Verpacken, Kühlen, Gefrieren, Tiefgefrieren, Auftauen, Lagern, Aufbewahren, Befördern sowie jede sonstige Tätigkeit, die nicht als Herstellen oder Inverkehrbringen anzusehen ist,

4. Verbraucherin oder Verbraucher: Endverbraucher im Sinne des Artikels 3 Nummer 18 der Verordnung (EG) Nr. 178/2002, im Übrigen diejenige, an die oder derjenige, an den ein kosmetisches Mittel oder ein Bedarfsgegenstand zur persönlichen Verwendung oder zur Verwendung im eigenen Haushalt abgegeben wird, wobei Gewerbetreibende, soweit sie ein kosmetisches Mittel oder einen Bedarfsgegenstand zum Verbrauch innerhalb ihrer Betriebsstätte beziehen, der Verbraucherin oder dem Verbraucher gleichstehen,
5. Verzehren: das Aufnehmen von Lebensmitteln durch den Menschen durch Essen, Kauen, Trinken sowie durch jede sonstige Zufuhr von Stoffen in den Magen,
6. Lebensmittelunternehmen: Lebensmittelunternehmen im Sinne des Artikels 3 Nummer 2 der Verordnung (EG) Nr. 178/2002,
7. Lebensmittelunternehmerin oder Lebensmittelunternehmer: Lebensmittelunternehmer im Sinne des Artikels 3 Nummer 3 der Verordnung (EG) Nr. 178/2002,
8. Information über Lebensmittel: Information über Lebensmittel im Sinne des Artikels 2 Absatz 2 Buchstabe a der Verordnung (EU) Nr. 1169/2011 des Europäischen Parlaments und des Rates vom 25. Oktober 2011 betreffend die Information der Verbraucher über Lebensmittel und zur Änderung der Verordnungen (EG) Nr. 1924/2006 und (EG) Nr. 1925/2006 des Europäischen Parlaments und des Rates und zur Aufhebung der Richtlinie 87/250/EWG der Kommission, der Richtlinie 90/496/EWG des Rates, der Richtlinie 1999/10/EG der Kommission, der Richtlinie 2000/13/EG des Europäischen Parlaments und des Rates, der Richtlinien 2002/67/EG und 2008/5/EG der Kommission und der Verordnung (EG) Nr. 608/2004 der Kommission (ABl. L 304 vom 22.11.2011, S. 18, L 33 vom 18.11.2014, S. 41, L 50 vom 21.2.2015, S. 48), die zuletzt durch die Verordnung (EU) Nr. 2015/2283 (ABl. L 327 vom 11.12.2015, S. 1) geändert worden ist,
9. Auslösewert: Grenzwert für den Gehalt an einem gesundheitlich nicht erwünschten Stoff, der in oder auf einem Lebensmittel enthalten ist, bei dessen Überschreitung Untersuchungen vorgenommen werden müssen, um die Ursachen für das Vorhandensein des jeweiligen Stoffs mit dem Ziel zu ermitteln, Maßnahmen zu seiner Verringerung oder Beseitigung einzuleiten,
10. mit Lebensmitteln verwechselbare Produkte: Produkte, die zwar keine Lebensmittel sind, bei denen jedoch aufgrund ihrer Form, ihres Geruchs, ihrer Farbe, ihres Aussehens, ihrer Aufmachung, ihrer Kennzeichnung, ihres Volumens oder ihrer Größe vorhersehbar ist, dass sie von den Verbraucherinnen und Verbrauchern, insbesondere von Kindern, mit Lebensmitteln verwechselt werden und deshalb zum Mund geführt, gelutscht oder geschluckt werden, wodurch insbesondere die Gefahr des Erstickens, der Vergiftung, der Perforation oder des Verschlusses des Verdauungskanals entstehen kann; ausgenommen sind Arzneimittel, die einem Zulassungs- oder Registrierungsverfahren unterliegen,
11. Futtermittelunternehmen: Futtermittelunternehmen im Sinne des Artikels 3 Nummer 5 der Verordnung (EG) Nr. 178/2002, auch soweit sich deren Tätigkeit auf Futtermittel bezieht, die zur oralen Tierfütterung von nicht der Lebensmittelgewinnung dienenden Tieren bestimmt sind,
12. Futtermittelunternehmerin oder Futtermittelunternehmer: Futtermittelunternehmer im Sinne des Artikels 3 Nummer 6 der Verordnung (EG) Nr. 178/2002, auch soweit sich deren Verantwortung auf Futtermittel bezieht, die zur oralen Tierfütterung von nicht der Lebensmittelgewinnung dienenden Tieren bestimmt sind,
13. Einzelfuttermittel: Einzelfuttermittel im Sinne des Artikels 3 Absatz 2 Buchstabe g der Verordnung (EG) Nr. 767/2009 des Europäischen Parlaments und des Rates vom 13. Juli 2009 über das Inverkehrbringen und die Verwendung von Futtermitteln, zur Änderung der Verordnung (EG) Nr. 1831/2003 des Europäischen Parlaments und des Rates und zur Aufhebung der Richtlinien 79/373/EWG des Rates, 80/511/EWG der Kommission, 82/471/EWG des Rates, 83/228/EWG des Rates, 93/74/EWG des Rates, 93/113/EG des Rates und 96/25/EG des Rates und der Entscheidung 2004/217/EG der Kommission (ABl. L 229 vom 1.9.2009, S. 1, L 192 vom 22.7.2011, S. 71), die zuletzt durch die Verordnung (EU) Nr. 939/2010 (ABl. L 277 vom 21.10.2010, S. 4) geändert worden ist,
14. Mischfuttermittel: Mischfuttermittel im Sinne des Artikels 3 Absatz 2 Buchstabe h der Verordnung (EG) Nr. 767/2009,
15. Diätfuttermittel: Mischfuttermittel, die dazu bestimmt sind, den besonderen Ernährungsbedarf der Tiere zu decken, bei denen insbesondere Verdauungs-, Resorptions- oder Stoffwechselstörungen vorliegen oder zu erwarten sind,
16. Futtermittelzusatzstoffe: Futtermittelzusatzstoffe im Sinne des Artikels 2 Absatz 2 Buchstabe a der Verordnung (EG) Nr. 1831/2003 des Europäischen Parlaments und des Rates vom 22. September 2003 über Zusatzstoffe zur Verwendung in der Tierernährung (ABl. L 268 vom 18.10.2003, S. 29, L 192 vom 29.5.2004, S. 34, L 98 vom 13.4.2007, S. 29), die zuletzt durch die Verordnung (EU) Nr. 2015/2294 (ABl. L 324 vom 10.12.2015, S. 3) geändert worden ist,
17. Vormischungen: Vormischungen im Sinne des Artikels 2 Absatz 2 Buchstabe e der Verordnung (EG) Nr. 1831/2003,
18. unerwünschte Stoffe: Stoffe – außer Tierseuchenerregern –, die in oder auf Futtermitteln enthalten sind und

a) als Rückstände in von Nutztieren gewonnenen Lebensmitteln oder sonstigen Produkten eine Gefahr für die menschliche Gesundheit darstellen,
b) eine Gefahr für die tierische Gesundheit darstellen,
c) vom Tier ausgeschieden werden und als solche eine Gefahr für den Naturhaushalt darstellen oder
d) die Leistung von Nutztieren oder als Rückstände in von Nutztieren gewonnenen Lebensmitteln oder sonstigen Produkten die Qualität dieser Lebensmittel oder Produkte nachteilig beeinflussen

können,

19. Mittelrückstände: Rückstände an Pflanzenschutzmitteln im Sinne des Pflanzenschutzgesetzes, Vorratsschutzmitteln oder Schädlingsbekämpfungsmitteln, soweit sie in Rechtsakten der Europäischen Gemeinschaft oder der Europäischen Union im Anwendungsbereich dieses Gesetzes aufgeführt sind und die in oder auf Futtermitteln vorhanden sind,
20. Naturhaushalt: seine Bestandteile Boden, Wasser, Luft, Klima, Tiere und Pflanzen sowie das Wirkungsgefüge zwischen ihnen,
21. Nutztiere: Tiere einer Art, die üblicherweise zum Zweck der Gewinnung von Lebensmitteln oder sonstigen Produkten gehalten wird, sowie Pferde,
22. Aktionsgrenzwert: Grenzwert für den Gehalt an einem unerwünschten Stoff, bei dessen Überschreitung Untersuchungen vorgenommen werden müssen, um die Ursachen für das Vorhandensein des unerwünschten Stoffs mit dem Ziel zu ermitteln, Maßnahmen zu seiner Verringerung oder Beseitigung einzuleiten.

§ 4 Vorschriften zum Geltungsbereich. (1) Die Vorschriften dieses Gesetzes

1. für Lebensmittel gelten auch für lebende Tiere, die der Gewinnung von Lebensmitteln dienen, soweit dieses Gesetz dies bestimmt,
2. für Lebensmittelzusatzstoffe gelten auch für die ihnen nach § 2 Absatz 3 Satz 2 oder aufgrund des Absatzes 3 Nummer 2 gleichgestellten Stoffe,
3. für kosmetische Mittel gelten auch für Mittel zum Tätowieren einschließlich vergleichbarer Stoffe und Gemische aus Stoffen, die dazu bestimmt sind, zur Beeinflussung des Aussehens in oder unter die menschliche Haut eingebracht zu werden und dort, auch vorübergehend, zu verbleiben,
4. und der aufgrund dieses Gesetzes erlassenen Rechtsverordnungen gelten nicht für Erzeugnisse im Sinne des Weingesetzes – ausgenommen die in § 1 Absatz 2 des Weingesetzes genannten Erzeugnisse –; sie gelten jedoch, soweit das Weingesetz oder aufgrund des Weingesetzes erlassene Rechtsverordnungen auf Vorschriften dieses Gesetzes oder der aufgrund dieses Gesetzes erlassenen Rechtsverordnungen verweisen.

(2) In Rechtsverordnungen nach diesem Gesetz können

1. Gaststätten, Einrichtungen zur Gemeinschaftsverpflegung sowie Gewerbetreibende, soweit sie in § 2 Absatz 2, 5 und 6 genannte Erzeugnisse zum Verbrauch innerhalb ihrer Betriebsstätte beziehen, der Verbraucherin oder dem Verbraucher gleichgestellt werden,
2. weitere als in den §§ 2 und 3 genannte Begriffsbestimmungen oder davon abweichende Begriffsbestimmungen vorgesehen werden, soweit dadurch der Anwendungsbereich dieses Gesetzes nicht erweitert wird.

(3) Das Bundesministerium für Ernährung und Landwirtschaft (Bundesministerium) wird ermächtigt, im Einvernehmen mit dem Bundesministerium für Wirtschaft und Energie durch Rechtsverordnung mit Zustimmung des Bundesrates, soweit es zur Erfüllung der in § 1 Absatz 1 Nummer 1, auch in Verbindung mit § 1 Absatz 3, genannten Zwecke erforderlich ist,

1. andere Gegenstände und Mittel des persönlichen oder häuslichen Bedarfs, von denen bei bestimmungsgemäßem oder vorauszusehendem Gebrauch aufgrund ihrer stofflichen Zusammensetzung, insbesondere durch toxikologisch wirksame Stoffe oder durch Verunreinigungen, gesundheitsgefährdende Einwirkungen auf den menschlichen Körper ausgehen können, den Bedarfsgegenständen,
2. bestimmte Stoffe oder Gruppen von Stoffen, auch nur für bestimmte Verwendungszwecke, den Lebensmittelzusatzstoffen

gleichzustellen.

Abschnitt 2. Verkehr mit Lebensmitteln

§ 5 Verbote zum Schutz der Gesundheit. (1) Es ist verboten, Lebensmittel für andere derart herzustellen oder zu behandeln, dass ihr Verzehr gesundheitsschädlich im Sinne des Artikels 14 Absatz 2 Buchstabe a der Verordnung (EG) Nr. 178/2002 ist. Unberührt bleiben

1. das Verbot des Artikels 14 Absatz 1 in Verbindung mit Absatz 2 Buchstabe a der Verordnung (EG) Nr. 178/2002 über das Inverkehrbringen gesundheitsschädlicher Lebensmittel und
2. Regelungen in Rechtsverordnungen aufgrund des § 13 Absatz 1 Nummer 3 und 4, soweit sie für den privaten häuslichen Bereich gelten.

(2) Es ist ferner verboten,

1. Stoffe, die keine Lebensmittel sind und deren Verzehr gesundheitsschädlich im Sinne des Artikels 14 Absatz 2 Buchstabe a der Verordnung (EG) Nr. 178/2002 ist, als Lebensmittel in den Verkehr zu bringen,
2. mit Lebensmitteln verwechselbare Produkte für andere herzustellen, zu behandeln oder in den Verkehr zu bringen.

§ 6 Verbote für Lebensmittelzusatzstoffe. (1) Es ist verboten

1. bei dem Herstellen oder Behandeln von Lebensmitteln, die dazu bestimmt sind, in den Verkehr gebracht zu werden,
   a) nicht zugelassene Lebensmittelzusatzstoffe unvermischt oder in Mischungen mit anderen Stoffen zu verwenden,
   b) Ionenaustauscher zu benutzen, soweit dadurch nicht zugelassene Lebensmittelzusatzstoffe in die Lebensmittel gelangen,
   c) Verfahren zu dem Zweck anzuwenden, nicht zugelassene Lebensmittelzusatzstoffe in den Lebensmitteln zu erzeugen,
2. Lebensmittel in den Verkehr zu bringen, die entgegen dem Verbot der Nummer 1 hergestellt oder behandelt sind oder einer nach § 7 Absatz 1 oder 2 Nummer 1 oder 5 erlassenen Rechtsverordnung nicht entsprechen,
3. Lebensmittelzusatzstoffe oder Ionenaustauscher, die bei dem Herstellen oder Behandeln von Lebensmitteln nicht verwendet werden dürfen, für eine solche Verwendung oder zur Verwendung bei dem Herstellen oder Behandeln von Lebensmitteln durch die Verbraucherin oder den Verbraucher in den Verkehr zu bringen.

(2) Absatz 1 Nummer 1 Buchstabe a findet keine Anwendung auf Enzyme und Mikroorganismenkulturen. Absatz 1 Nummer 1 Buchstabe c findet keine Anwendung auf Stoffe, die bei einer allgemein üblichen küchenmäßigen Zubereitung von Lebensmitteln entstehen.

(3) Die Verordnung (EG) Nr. 1333/2008 und die Verordnung (EG) Nr. 1332/2008 des Europäischen Parlaments und des Rates vom 16. Dezember 2008 über Lebensmittelenzyme und zur Änderung der Richtlinie 83/417/EWG des Rates, der Verordnung (EG) Nr. 1493/1999 des Rates, der Richtlinie 2000/13/EG des Rates und der Verordnung (EG) Nr. 258/97 (ABl. L 354 vom 31.12.2008, S. 7), die durch die Verordnung (EU) Nr. 1056/2012 (ABl. L 313 vom 13.11.2012, S. 9) bleiben unberührt.

§ 7 Ermächtigungen für Lebensmittelzusatzstoffe. (1) Das Bundesministerium wird ermächtigt, im Einvernehmen mit dem Bundesministerium für Wirtschaft und Energie durch Rechtsverordnung mit Zustimmung des Bundesrates, soweit es unter Berücksichtigung technologischer, ernährungsphysiologischer oder diätetischer Erfordernisse mit den in § 1 Absatz 1 Nummer 1 oder 2, jeweils auch in Verbindung mit § 1 Absatz 3, genannten Zwecken vereinbar ist,

1. Lebensmittelzusatzstoffe allgemein oder für bestimmte Lebensmittel oder für bestimmte Verwendungszwecke zuzulassen,
2. Ausnahmen von den Verboten des § 6 Absatz 1 zuzulassen.

(2) Das Bundesministerium wird ferner ermächtigt, im Einvernehmen mit dem Bundesministerium für Wirtschaft und Energie durch Rechtsverordnung mit Zustimmung des Bundesrates, soweit es zur Erfüllung der in § 1 Absatz 1 Nummer 1 oder 2, jeweils auch in Verbindung mit § 1 Absatz 3, genannten Zwecke erforderlich ist,

1. Höchstmengen für den Gehalt an Lebensmittelzusatzstoffen oder deren Umwandlungsprodukten in Lebensmitteln sowie Reinheitsanforderungen für Lebensmittelzusatzstoffe oder für Ionenaustauscher festzusetzen,
2. Mindestmengen für den Gehalt an Lebensmittelzusatzstoffen in Lebensmitteln festzusetzen,
3. Vorschriften über das Herstellen, das Behandeln oder das Inverkehrbringen von Ionenaustauschern zu erlassen,
4. bestimmte Enzyme oder Mikroorganismenkulturen von der Regelung des § 6 Absatz 2 Satz 1 auszunehmen,
5. die Verwendung bestimmter Ionenaustauscher bei dem Herstellen von Lebensmitteln zu verbieten oder zu beschränken.

§ 8 Bestrahlungsverbot und Zulassungsermächtigung. (1) Es ist verboten,

1. bei Lebensmitteln eine nicht zugelassene Bestrahlung mit ultravioletten oder ionisierenden Strahlen anzuwenden,
2. Lebensmittel in den Verkehr zu bringen, die entgegen dem Verbot der Nummer 1 oder einer nach Absatz 2 erlassenen Rechtsverordnung bestrahlt sind.

(2) Das Bundesministerium wird ermächtigt, im Einvernehmen mit den Bundesministerien für Bildung und Forschung und für Umwelt, Naturschutz, Bau und Reaktorsicherheit durch Rechtsverordnung mit Zustimmung des Bundesrates,

1. soweit es mit den Zwecken des § 1 Absatz 1 Nummer 1 oder 2, jeweils auch in Verbindung mit § 1 Absatz 3, vereinbar ist, eine solche Bestrahlung allgemein oder für bestimmte Lebensmittel oder für bestimmte Verwendungszwecke zuzulassen,
2. soweit es zur Erfüllung der in § 1 Absatz 1 Nummer 1 oder 2, jeweils auch in Verbindung mit § 1 Absatz 3, genannten Zwecke erforderlich ist, bestimmte technische Verfahren für zugelassene Bestrahlungen vorzuschreiben.

§ 9 Pflanzenschutz- oder sonstige Mittel. (1) Es ist verboten, Lebensmittel in den Verkehr zu bringen,
1. wenn in oder auf ihnen Pflanzenschutzmittel im Sinne des Pflanzenschutzgesetzes, Düngemittel im Sinne des Düngemittelgesetzes, andere Pflanzen- oder Bodenbehandlungsmittel, Biozid-Produkte im Sinne des Chemikaliengesetzes, soweit sie dem Vorratsschutz, der Schädlingsbekämpfung oder dem Schutz von Lebensmitteln dienen (Pflanzenschutz- oder sonstige Mittel) oder deren Umwandlungs- oder Reaktionsprodukte vorhanden sind, die nach Absatz 2 Nummer 1 Buchstabe a festgesetzte Höchstmengen überschreiten,
2. wenn in oder auf ihnen Pflanzenschutzmittel im Sinne des Pflanzenschutzgesetzes vorhanden sind, die nicht zugelassen sind oder die bei den Lebensmitteln oder deren Ausgangsstoffen nicht angewendet werden dürfen,
3. die den Anforderungen nach Artikel 18 Absatz 1, auch in Verbindung mit Artikel 20 Absatz 1, der Verordnung (EG) Nr. 396/2005 des Europäischen Parlaments und des Rates vom 23. Februar 2005 über Höchstgehalte an Pestizidrückständen in oder auf Lebens- und Futtermitteln pflanzlichen und tierischen Ursprungs und zur Änderung der Richtlinie 91/414/EWG des Rates (ABl. L 70 vom 16.3.2005, S. 1), die zuletzt durch die Verordnung (EU) Nr. 2016/1 (ABl. L 2 vom 5.1.2016, S. 1) geändert worden ist, nicht entsprechen.

Satz 1 Nummer 2 gilt nicht, soweit für die dort genannten Mittel Höchstmengen nach Absatz 2 Nummer 1 Buchstabe a festgesetzt sind.

(2) Das Bundesministerium wird ermächtigt, im Einvernehmen mit dem Bundesministerium für Wirtschaft und Energie durch Rechtsverordnung mit Zustimmung des Bundesrates,
1. soweit es zur Erfüllung der in § 1 Absatz 1 Nummer 1 oder 2, jeweils auch in Verbindung mit § 1 Absatz 3, genannten Zwecke erforderlich ist,
   a) für Pflanzenschutz- oder sonstige Mittel oder deren Umwandlungs- und Reaktionsprodukte Höchstmengen festzusetzen, die in oder auf Lebensmitteln beim Inverkehrbringen nicht überschritten sein dürfen,
   b) das Inverkehrbringen von Lebensmitteln, bei denen oder bei deren Ausgangsstoffen bestimmte Stoffe als Pflanzenschutz- oder sonstige Mittel angewendet worden sind, zu verbieten,
   c) Maßnahmen zur Entwesung, Entseuchung oder Entkeimung von Räumen oder Geräten, in denen oder mit denen Lebensmittel hergestellt, behandelt oder in den Verkehr gebracht werden, von einer Genehmigung oder Anzeige abhängig zu machen sowie die Anwendung bestimmter Mittel, Geräte oder Verfahren bei solchen Maßnahmen vorzuschreiben, zu verbieten oder zu beschränken,
2. soweit es mit den in § 1 Absatz 1 Nummer 1 oder Nummer 2, jeweils auch in Verbindung mit § 1 Absatz 3, genannten Zwecken vereinbar ist, Ausnahmen von dem Verbot
   a) des Absatzes 1 Satz 1 Nummer 2 oder
   b) des Absatzes 1 Satz 1 Nummer 3 oder des Artikels 18 Absatz 1 der Verordnung (EG) Nr. 396/2005

zuzulassen.

§ 10 Stoffe mit pharmakologischer Wirkung. (1) Es ist verboten, vom Tier gewonnene Lebensmittel in den Verkehr zu bringen, wenn in oder auf ihnen Stoffe mit pharmakologischer Wirkung oder deren Umwandlungsprodukte vorhanden sind. Satz 1 gilt nicht, wenn
1. die für die in Satz 1 bezeichneten Stoffe oder deren Umwandlungsprodukte in einem unmittelbar geltenden Rechtsakt der Europäischen Gemeinschaft oder der Europäischen Union, insbesondere
   a) im Anhang der Verordnung (EU) Nr. 37/2010 der Kommission vom 22. Dezember 2009 über pharmakologisch wirksame Stoffe und ihre Einstufung hinsichtlich der Rückstandshöchstmengen in Lebensmitteln tierischen Ursprungs (ABl. L 15 vom 20.1.2010, S. 1, L 293 vom 11.11.2010, S. 72), die zuletzt durch die Durchführungsverordnung (EU) Nr. 2015/2062 (ABl. L 301 vom 18.11.2015, S. 79) geändert worden ist,
   b) in einem auf Artikel 14 der Verordnung (EG) Nr. 470/2009 des Europäischen Parlaments und des Rates vom 6. Mai 2009 über die Schaffung eines Gemeinschaftsverfahrens für die Festsetzung von Höchstmengen für Rückstände pharmakologisch wirksamer Stoffe in Lebensmitteln tierischen Ursprungs, zur Aufhebung der Verordnung (EWG) Nr. 2377/90 des Rates und zur Änderung der Richtlinie 2001/82/EG des Europäischen Parlaments und des Rates und der Verordnung (EG) Nr. 726/2004 des Europäischen Parlaments und des Rates (ABl. L 152 vom 16.6.2009, S. 11, L 154 vom 19.6.2015, S. 28) gestützten unmittelbar geltenden Rechtsakt der Europäischen Union oder

c) in einem auf die Verordnung (EG) Nr. 1831/2003 gestützten unmittelbar geltenden Rechtsakt der Europäischen Gemeinschaft oder der Europäischen Union,

festgesetzten Höchstmengen nicht überschritten werden,

2. die in Satz 1 bezeichneten Stoffe oder deren Umwandlungsprodukte
   a) im Anhang der Verordnung (EU) Nr. 37/2010 oder
   b) in einem auf Artikel 14 der Verordnung (EG) Nr. 470/2009 gestützten unmittelbar geltenden Rechtsakt der Europäischen Union

   als Stoffe aufgeführt sind, für die eine Festlegung von Höchstmengen nicht erforderlich ist,
3. für die in Satz 1 bezeichneten Stoffe oder deren Umwandlungsprodukte Referenzwerte in einem auf Artikel 18 der Verordnung (EG) Nr. 470/2009 gestützten unmittelbar geltenden Rechtsakt der Europäischen Union festgelegt worden sind und diese unterschritten werden oder
4. nach Absatz 4 Nummer 1 Buchstabe a festgesetzte Höchstmengen nicht überschritten werden.

Die Verordnung (EG) Nr. 396/2005 bleibt unberührt.

(2) Es ist ferner verboten, lebende Tiere im Sinne des § 4 Absatz 1 Nummer 1 in den Verkehr zu bringen, wenn in oder auf ihnen Stoffe mit pharmakologischer Wirkung oder deren Umwandlungsprodukte vorhanden sind, die

1. im Anhang Tabelle 2 der Verordnung (EU) Nr. 37/2010 als verbotene Stoffe aufgeführt sind,
2. nicht als Arzneimittel zur Anwendung bei diesen Tieren zugelassen oder registriert sind oder, ohne entsprechende Zulassung oder Registrierung, nicht aufgrund sonstiger arzneimittelrechtlicher Vorschriften bei diesen Tieren angewendet werden dürfen oder
3. nicht als Futtermittelzusatzstoffe für diese Tiere zugelassen sind.

(3) Sind Stoffe mit pharmakologischer Wirkung, die als Arzneimittel zugelassen oder registriert sind oder als Futtermittelzusatzstoffe zugelassen sind, einem lebenden Tier zugeführt worden, so dürfen

1. von dem Tier Lebensmittel nur gewonnen werden,
2. von dem Tier gewonnene Lebensmittel nur in den Verkehr gebracht werden,

wenn die festgesetzten Wartezeiten eingehalten worden sind.

(4) Das Bundesministerium wird ermächtigt, durch Rechtsverordnung mit Zustimmung des Bundesrates,

1. soweit es zur Erfüllung der in § 1 Absatz 1 Nummer 1 oder 2, jeweils auch in Verbindung mit § 1 Absatz 3, genannten Zwecke erforderlich ist,
   a) für Stoffe mit pharmakologischer Wirkung oder deren Umwandlungsprodukte Höchstmengen festzusetzen, die in oder auf Lebensmitteln beim Inverkehrbringen nicht überschritten sein dürfen,
   b) bestimmte Stoffe mit pharmakologischer Wirkung, ausgenommen Stoffe, die als Futtermittel-Zusatzstoffe in den Verkehr gebracht oder verwendet werden dürfen, von der Anwendung bei Tieren ganz oder für bestimmte Verwendungszwecke oder innerhalb bestimmter Wartezeiten auszuschließen und zu verbieten, dass entgegen solchen Vorschriften gewonnene Lebensmittel oder für eine verbotene Anwendung bestimmte Stoffe in den Verkehr gebracht werden,
   c) bestimmte Stoffe oder Gruppen von Stoffen, ausgenommen Stoffe, die als Einzelfuttermittel oder Mischfuttermittel oder Futtermittel-Zusatzstoffe in den Verkehr gebracht oder verwendet werden dürfen, den Stoffen mit pharmakologischer Wirkung gleichzustellen, sofern Tatsachen die Annahme rechtfertigen, dass diese Stoffe in von Tieren gewonnene Lebensmittel übergehen,
   d) das Inverkehrbringen von Lebensmitteln, in oder auf denen Stoffe mit pharmakologischer Wirkung oder deren Umwandlungsprodukte vorhanden sind, zu verbieten oder zu beschränken,
   e) das Herstellen oder das Behandeln von in Buchstabe d bezeichneten Lebensmitteln zu verbieten oder zu beschränken,
2. soweit es zur Erfüllung der in § 1 Absatz 1 Nummer 1 oder 2, jeweils auch in Verbindung mit § 1 Absatz 3, genannten Zwecke erforderlich ist, die Regelungen des Absatzes 1 auf andere als die im einleitenden Satzteil des Absatzes 1 Satz 1 genannten Lebensmittel ganz oder teilweise zu erstrecken,
3. soweit es mit den in § 1 Absatz 1 Nummer 1 oder 2 genannten Zwecken vereinbar ist, Ausnahmen von dem Verbot des Absatzes 3 zuzulassen.

(5) Sobald und soweit ein Bescheid nach § 41 Absatz 2 Satz 1 oder 2, auch in Verbindung mit § 41 Absatz 4, ergangen ist, sind die Absätze 1 bis 3 nicht mehr anzuwenden.

§ 11 Vorschriften zum Schutz vor Täuschung. (1) Es ist verboten, als nach Artikel 8 Absatz 1 der Verordnung (EU) Nr. 1169/2011 verantwortlicher Lebensmittelunternehmer oder Importeur Lebensmittel mit Informationen über Lebensmittel, die den Anforderungen

1. des Artikels 7 Absatz 1, auch in Verbindung mit Absatz 4, der Verordnung (EU) Nr. 1169/2011,
2. des Artikels 7 Absatz 3, auch in Verbindung mit Absatz 4, der Verordnung (EU) Nr. 1169/2011 oder
3. des Artikels 36 Absatz 2 Buchstabe a in Verbindung mit Artikel 7 Absatz 1 oder Absatz 3, jeweils auch in Verbindung mit Artikel 7 Absatz 4, der Verordnung (EU) Nr. 1169/2011

nicht entsprechen, in den Verkehr zu bringen oder allgemein oder im Einzelfall dafür zu werben.

(2) Es ist ferner verboten,
1. andere als dem Verbot des Artikels 14 Absatz 1 in Verbindung mit Absatz 2 Buchstabe b der Verordnung (EG) Nr. 178/2002 unterliegende Lebensmittel, die für den Verzehr durch den Menschen ungeeignet sind, in den Verkehr zu bringen,
2. a) nachgemachte Lebensmittel,
   b) Lebensmittel, die hinsichtlich ihrer Beschaffenheit von der Verkehrsauffassung abweichen und dadurch in ihrem Wert, insbesondere in ihrem Nähr- oder Genusswert oder in ihrer Brauchbarkeit nicht unerheblich gemindert sind oder
   c) Lebensmittel, die geeignet sind, den Anschein einer besseren als der tatsächlichen Beschaffenheit zu erwecken,

ohne ausreichende Kenntlichmachung in den Verkehr zu bringen.

(3) Absatz 1 Nummer 2 gilt nicht für nach Artikel 14 Absatz 1 der Verordnung (EG) Nr. 1924/2006 des Europäischen Parlaments und des Rates vom 20. Dezember 2006 über nährwert- und gesundheitsbezogene Angaben über Lebensmittel (ABl. L 404 vom 30.12.2006, S. 9, L 12 vom 18.1.2007, S. 3, L 86 vom 28.3.2008, S. 34, L 198 vom 30.7.2009, S. 87, L 160 vom 12.6.2013, S. 15) die zuletzt durch die Verordnung (EU) Nr. 1047/2012 (ABl. L 310 vom 9.1.2012, S. 36 geändert worden ist, zugelassene Angaben.

§ 12 *(aufgehoben)*

§ 13 Ermächtigungen zum Schutz der Gesundheit und vor Täuschung. (1) Das Bundesministerium wird ermächtigt, in den Fällen der Nummern 1 und 2 im Einvernehmen mit dem Bundesministerium für Wirtschaft und Energie, durch Rechtsverordnung mit Zustimmung des Bundesrates, soweit es zur Erfüllung der in § 1 Absatz 1 Nummer 1, in den Fällen der Nummer 3, soweit diese zu Regelungen über das Herstellen oder Behandeln ermächtigt, und Nummer 4 auch zur Erfüllung der in § 1 Absatz 2, stets jeweils auch in Verbindung mit § 1 Absatz 3, genannten Zwecke erforderlich ist,
1. bei dem Herstellen oder Behandeln von Lebensmitteln
   a) die Verwendung bestimmter Stoffe, Gegenstände oder Verfahren zu verbieten oder zu beschränken,
   b) die Anwendung bestimmter Verfahren vorzuschreiben,
2. für bestimmte Lebensmittel Anforderungen an das Herstellen, das Behandeln oder das Inverkehrbringen zu stellen,
3. das Herstellen, das Behandeln oder das Inverkehrbringen von
   a) bestimmten Lebensmitteln,
   b) lebenden Tieren im Sinne des § 4 Absatz 1 Nummer 1

   von einer amtlichen Untersuchung abhängig zu machen,
4. vorzuschreiben, dass bestimmte Lebensmittel nach dem Gewinnen amtlich zu untersuchen sind,
5. das Herstellen oder das Behandeln von bestimmten Stoffen, die im Sinne des Artikels 14 Absatz 2 Buchstabe a der Verordnung (EG) Nr. 178/2002 gesundheitsschädlich sind, in Lebensmittelunternehmen sowie das Verbringen in diese zu verbieten oder zu beschränken,
6. für bestimmte Lebensmittel Warnhinweise, sonstige warnende Aufmachungen oder Sicherheitsvorkehrungen vorzuschreiben,
7. vorbehaltlich des Absatzes 5 Satz 1 Nummer 2 Auslösewerte für einen gesundheitlich nicht erwünschten Stoff, der in oder auf einem Lebensmittel enthalten ist, festzusetzen.

(2) Lebensmittel, die entgegen einer nach Absatz 1 Nummer 1 erlassenen Rechtsverordnung hergestellt oder behandelt sind, dürfen nicht in den Verkehr gebracht werden.

(3) Das Bundesministerium wird ferner ermächtigt, durch Rechtsverordnung mit Zustimmung des Bundesrates, soweit es zur Erfüllung der in § 1 Absatz 1 Nummer 1 oder 2, jeweils auch in Verbindung mit § 1 Absatz 3, genannten Zwecke erforderlich ist,
1. vorzuschreiben, dass der Gehalt der Lebensmittel an den in Rechtsverordnungen nach § 7 Absatz 1 Nummer 1 zugelassenen Zusatzstoffen und die Anwendung der in Rechtsverordnungen nach § 8 Absatz 2 Nummer 1 zugelassenen Behandlung oder Bestrahlung kenntlich zu machen sind und dabei die Art der Kenntlichmachung zu regeln,
2. Vorschriften über die Kenntlichmachung der in oder auf Lebensmitteln vorhandenen Stoffe im Sinne der §§ 9 und 10 zu erlassen.

Rechtsverordnungen nach Satz 1 Nummer 2 bedürfen des Einvernehmens mit dem Bundesministerium für Wirtschaft und Energie.

(4) Das Bundesministerium wird weiter ermächtigt, im Einvernehmen mit dem Bundesministerium für Wirtschaft und Energie durch Rechtsverordnung mit Zustimmung des Bundesrates, soweit es zur Erfüllung der in § 1 Absatz 1 Nummer 2, auch in Verbindung mit § 1 Absatz 3, genannten Zwecke erforderlich ist,
1. vorzuschreiben, dass
   a) Lebensmittel unter bestimmten Bezeichnungen nur in den Verkehr gebracht werden dürfen, wenn sie bestimmten Anforderungen an die Herstellung, Zusammensetzung oder Beschaffenheit entsprechen,

b) Lebensmittel, die bestimmten Anforderungen an die Herstellung, Zusammensetzung oder Beschaffenheit nicht entsprechen oder sonstige Lebensmittel von bestimmter Art oder Beschaffenheit nicht, nur unter ausreichender Kenntlichmachung oder nur unter bestimmten Bezeichnungen, sonstigen Angaben oder Aufmachungen in den Verkehr gebracht werden dürfen, und die Einzelheiten hierfür zu bestimmen,
c) Lebensmittel unter bestimmten zur Irreführung geeigneten Bezeichnungen, Angaben oder Aufmachungen nicht in den Verkehr gebracht werden dürfen und dass für sie mit bestimmten zur Irreführung geeigneten Darstellungen oder sonstigen Aussagen nicht geworben werden darf,
d) Lebensmittel, bei denen bestimmte Verfahren angewendet worden sind, nur unter bestimmten Voraussetzungen in den Verkehr gebracht werden dürfen,
e) Lebensmitteln zur vereinfachten Feststellung ihrer Beschaffenheit bestimmte Indikatoren zugesetzt werden müssen,
f) Lebensmittel nur in bestimmten Einheiten in den Verkehr gebracht werden dürfen,
g) bestimmten Lebensmitteln bestimmte Angaben, insbesondere über die Anwendung von Stoffen oder über die weitere Verarbeitung der Erzeugnisse, beizufügen sind,

2. zu verbieten, dass Gegenstände oder Stoffe, die bei dem Herstellen oder dem Behandeln von Lebensmitteln nicht verwendet werden dürfen, für diese Zwecke hergestellt oder in den Verkehr gebracht werden, auch wenn die Verwendung nur für den eigenen Bedarf des Abnehmers erfolgen soll.

(5) Das Bundesministerium für Umwelt, Naturschutz, Bau und Reaktorsicherheit wird ermächtigt, durch Rechtsverordnung mit Zustimmung des Bundesrates, soweit es zur Erfüllung der in § 1 Absatz 1 Nummer 1, auch in Verbindung mit § 1 Absatz 3, genannten Zwecke erforderlich ist,

1. das Inverkehrbringen von Lebensmitteln, die einer Einwirkung durch Verunreinigungen der Luft, des Wassers oder des Bodens ausgesetzt waren, zu verbieten oder zu beschränken,
2. Auslösewerte für einen gesundheitlich nicht erwünschten Stoff, der in oder auf einem Lebensmittel, das einer Einwirkung durch Verunreinigungen der Luft, des Wassers oder des Bodens ausgesetzt war, enthalten ist, festzusetzen.

Rechtsverordnungen nach Satz 1 bedürfen des Einvernehmens mit dem Bundesministerium und dem Bundesministerium für Wirtschaft und Energie.

§ 14 Weitere Ermächtigungen. (1) Das Bundesministerium wird ermächtigt, durch Rechtsverordnung mit Zustimmung des Bundesrates, soweit dies zur Erfüllung der in § 1 Absatz 1 Nummer 1 oder 2, in den Fällen der Nummern 3 und 6 auch zur Erfüllung der in Absatz 2, stets jeweils auch in Verbindung mit § 1 Absatz 3, genannten Zwecke erforderlich ist,

1. das Inverkehrbringen von vom Tier gewonnenen Lebensmitteln davon abhängig zu machen, dass sie von einer Genusstauglichkeitsbescheinigung, von einer vergleichbaren Urkunde oder von sonstigen Dokumenten begleitet werden sowie Inhalt, Form und Ausstellung dieser Urkunden oder Dokumente zu regeln,
2. das Herstellen, das Behandeln, das Inverkehrbringen oder das Erwerben von vom Tier gewonnenen Lebensmitteln von einer Kennzeichnung, amtlichen Kennzeichnung oder amtlichen Anerkennung oder das Inverkehrbringen von natürlichen Mineralwässern von einer amtlichen Anerkennung abhängig zu machen sowie Inhalt, Art und Weise und das Verfahren einer solchen Kennzeichnung, amtlichen Kennzeichnung oder amtlichen Anerkennung zu regeln,
3. die Voraussetzungen zu bestimmen, unter denen vom Tier gewonnene Lebensmittel als mit infektiösem Material verunreinigt anzusehen sind, sowie die erforderlichen Maßnahmen, insbesondere die Sicherstellung und unschädliche Beseitigung zu regeln,
4. zu bestimmen, unter welchen Voraussetzungen milchwirtschaftliche Unternehmen bestimmte Bezeichnungen führen dürfen,
5. vorzuschreiben, dass Sendungen bestimmter Lebensmittel aus anderen Mitgliedstaaten oder anderen Vertragsstaaten des Abkommens über den Europäischen Wirtschaftsraum, auch während der Beförderung, daraufhin überprüft oder untersucht werden können, ob sie von den vorgeschriebenen Urkunden begleitet werden und den Vorschriften dieses Gesetzes, der aufgrund dieses Gesetzes erlassenen Rechtsverordnungen oder der unmittelbar geltenden Rechtsakte der Europäischen Gemeinschaft oder der Europäischen Union im Anwendungsbereich dieses Gesetzes entsprechen,
6. das Verfahren für die amtliche Untersuchung nach § 13 Absatz 1 Nummer 3 und 4 zu regeln.

(2) Das Bundesministerium wird ferner ermächtigt, durch Rechtsverordnung mit Zustimmung des Bundesrates, soweit dies zur Erfüllung der in § 1 Absatz 1 Nummer 1, auch in Verbindung mit § 1 Absatz 3, genannten Zwecke erforderlich ist,

1. und sofern die Voraussetzungen für eine Regelung durch Rechtsverordnungen nach § 13 Absatz 1 oder § 34 Absatz 1 dieses Gesetzes oder nach § 38 des Infektionsschutzgesetzes nicht erfüllt sind, Vorschriften zu erlassen, die eine einwandfreie Beschaffenheit der Lebensmittel von ihrer Herstellung bis zur Abgabe an die Verbraucherin oder den Verbraucher sicherstellen und dabei auch zu bestimmen, welche gesundheitlichen oder hygienischen Anforderungen lebende Tiere im Sinne des § 4 Absatz 1 Nummer 1, die Lebensmittelunternehmen oder die dort beschäftigten Personen hinsichtlich der Ge-

winnung bestimmter Lebensmittel erfüllen müssen, um eine nachteilige Beeinflussung dieser Lebensmittel zu vermeiden,
2. und sofern die Voraussetzungen für eine Regelung durch Rechtsverordnung nach § 6 Absatz 1 Nummer 3 Buchstabe b oder § 38 Absatz 9 oder 10 des Tiergesundheitsgesetzes nicht erfüllt sind, vorzuschreiben, dass und in welcher Weise Räume, Anlagen oder Einrichtungen, in denen lebende Tiere im Sinne des § 4 Absatz 1 Nummer 1 gehalten werden, gereinigt, desinfiziert oder sonst im Hinblick auf die Einhaltung hygienischer Anforderungen behandelt werden müssen, sowie die Führung von Nachweisen zu regeln,[1]
3. vorzuschreiben, dass über die Reinigung, die Desinfektion oder sonstige Behandlungsmaßnahmen im Hinblick auf die Einhaltung der hygienischen Anforderungen von Räumen, Anlagen, Einrichtungen oder Beförderungsmitteln, in denen Lebensmittel hergestellt, behandelt oder in den Verkehr gebracht werden, Nachweise zu führen sind,
4. das Nähere über Art, Form und Inhalt der Nachweise nach den Nummern 2 und 3 sowie über die Dauer ihrer Aufbewahrung zu regeln,
5. das Verfahren für die Überwachung der Einhaltung der hygienischen Anforderungen nach Nummer 1 zu regeln.

(3) Das Bundesministerium wird weiter ermächtigt, im Einvernehmen mit dem Bundesministerium für Wirtschaft und Energie durch Rechtsverordnung mit Zustimmung des Bundesrates, soweit dies zur Erfüllung der in § 1 Absatz 1 Nummer 1, 2 oder 3 Buchstabe a, jeweils auch in Verbindung mit § 1 Absatz 3, genannten Zwecke erforderlich ist, Vorschriften über die Werbung für Säuglingsanfangsnahrung und Folgenahrung zu erlassen.

§ 15 Deutsches Lebensmittelbuch. (1) Das Deutsche Lebensmittelbuch ist eine Sammlung von Leitsätzen, in denen Herstellung, Beschaffenheit oder sonstige Merkmale von Lebensmitteln, die für die Verkehrsfähigkeit der Lebensmittel von Bedeutung sind, beschrieben werden.

(2) Die Leitsätze werden von der Deutschen Lebensmittelbuch-Kommission unter Berücksichtigung des von der Bundesregierung anerkannten internationalen Lebensmittelstandards beschlossen.

(3) Die Leitsätze werden vom Bundesministerium im Einvernehmen mit dem Bundesministerium für Wirtschaft und Energie veröffentlicht. Die Veröffentlichung von Leitsätzen kann aus rechtlichen oder fachlichen Gründen abgelehnt oder rückgängig gemacht werden.

§ 16 Deutsche Lebensmittelbuch-Kommission. (1) Die Deutsche Lebensmittelbuch-Kommission wird beim Bundesministerium gebildet.

(2) Das Bundesministerium beruft im Einvernehmen mit dem Bundesministerium für Wirtschaft und Energie die Mitglieder der Kommission aus den Kreisen der Wissenschaft, der Lebensmittelüberwachung, der Verbraucherschaft und der Lebensmittelwirtschaft in zahlenmäßig gleichem Verhältnis. Das Bundesministerium bestellt den Vorsitzenden der Kommission und seine Stellvertreter und erlässt nach Anhörung der Kommission eine Geschäftsordnung.

(3) Die Kommission soll über die Leitsätze grundsätzlich einstimmig beschließen. Beschlüsse, denen nicht mehr als drei Viertel der Mitglieder der Kommission zugestimmt haben, sind unwirksam. Das Nähere regelt die Geschäftsordnung.

Abschnitt 3. Verkehr mit Futtermitteln

§ 17 Verbote. (1) Es ist verboten, Futtermittel derart herzustellen oder zu behandeln, dass bei ihrer bestimmungsgemäßen und sachgerechten Verfütterung die von der Lebensmittelgewinnung dienenden Tieren[2] für andere gewonnenen Lebensmittel
1. die menschliche Gesundheit beeinträchtigen können,
2. für den Verzehr durch den Menschen ungeeignet sind.

Die Verbote des Artikels 15 Absatz 1 in Verbindung mit Absatz 2 der Verordnung (EG) Nr. 178/2002 über das
1. Inverkehrbringen,
2. Verfüttern an der Lebensmittelgewinnung dienende Tiere

von nicht sicheren Futtermitteln bleiben unberührt.

---

[1] **Amtl. Anm.:** Gemäß § 44 Absatz 3 in Verbindung mit § 45 Absatz 1 Satz 1 des Gesetzes vom 22. Mai 2013 (BGBl. I S. 1324) werden am 1. Mai 2014 in § 14 Absatz 2 Nummer 2 die Wörter „§ 79 Absatz 1 Nummer 1, Absatz 2 oder 3 in Verbindung mit § 17 Absatz 1 Nummer 11 und 14 und Absatz 3 Nummer 4 und 5 des Tierseuchengesetzes" durch die Wörter „§ 6 Absatz 1 Nummer 3 Buchstabe b oder § 38 Absatz 9 oder 10 des Tiergesundheitsgesetzes" ersetzt.

[2] Richtig wohl: „Tiere".

(2) Es ist ferner verboten,

1. Futtermittel
   a) für andere derart herzustellen oder zu behandeln, dass sie bei bestimmungsgemäßer und sachgerechter Verwendung geeignet sind, die tierische Gesundheit zu schädigen,
   b) derart herzustellen oder zu behandeln, dass sie bei bestimmungsgemäßer und sachgerechter Verwendung geeignet sind,
      aa) die Qualität der von Nutztieren gewonnenen Lebensmittel oder sonstigen Produkte zu beeinträchtigen,
      bb) durch in tierischen Ausscheidungen vorhandene unerwünschte Stoffe, die ihrerseits bereits in Futtermitteln enthalten gewesen sind, den Naturhaushalt zu gefährden,
2. Futtermittel in den Verkehr zu bringen, wenn sie bei bestimmungsgemäßer und sachgerechter Verwendung geeignet sind,
   a) die Qualität der von Nutztieren gewonnenen Lebensmittel oder sonstigen Produkte zu beeinträchtigen,
   b) durch in tierischen Ausscheidungen vorhandene unerwünschte Stoffe, die ihrerseits bereits in Futtermitteln enthalten gewesen sind, den Naturhaushalt zu gefährden,
3. Futtermittel zu verfüttern, die geeignet sind,
   a) die Qualität der von Nutztieren gewonnenen Lebensmittel oder sonstigen Produkte zu beeinträchtigen,
   b) durch in tierischen Ausscheidungen vorhandene unerwünschte Stoffe, die ihrerseits bereits in Futtermitteln enthalten gewesen sind, den Naturhaushalt zu gefährden.

§ 17a Versicherung. (1) Ein Futtermittelunternehmer mit mindestens einem im Inland zugelassenen oder registrierten Betrieb, der dort in einem Kalenderjahr voraussichtlich mehr als 500 Tonnen Mischfuttermittel für der Lebensmittelgewinnung dienende Tiere herstellt und diese ganz oder teilweise an andere abgibt, hat für den Fall, dass das Futtermittel den futtermittelrechtlichen Anforderungen nicht entspricht und seine Verfütterung deswegen Schäden verursacht, nach Maßgabe der Sätze 2 und 3 dafür Sorge zu tragen, dass eine Versicherung zur Deckung dieser Schäden besteht. Die Versicherung muss bei einem im Inland zum Geschäftsbetrieb zugelassenen Versicherungsunternehmen abgeschlossen worden sein. Die Mindestversicherungssumme beträgt

1. zwei Millionen Euro, wenn der Futtermittelunternehmer in einem Kalenderjahr voraussichtlich mehr als 500 Tonnen und nicht mehr als 5000 Tonnen Mischfuttermittel herstellt,
2. fünf Millionen Euro, wenn der Futtermittelunternehmer in einem Kalenderjahr voraussichtlich mehr als 5000 Tonnen und nicht mehr als 50 000 Tonnen Mischfuttermittel herstellt, und
3. zehn Millionen Euro, wenn der Futtermittelunternehmer in einem Kalenderjahr voraussichtlich mehr als 50 000 Tonnen Mischfuttermittel herstellt,

jeweils für alle Versicherungsfälle eines Versicherungsjahres.

(2) Vom Versicherungsschutz können Ersatzansprüche ausgeschlossen werden, deren Ausschluss im Rahmen bestehender Betriebs- und Produkthaftpflichtversicherungen im Mischfuttermittelbereich marktüblich ist.

(3) In den Fällen des Absatzes 1 Satz 3 Nummer 2 und 3 beträgt die Mindestversicherungssumme zwei Millionen Euro, wenn die abgeschlossene Versicherung durch eine andere Versicherung nach Maßgabe des Satzes 2 ergänzt wird. Die in der ergänzenden Versicherung vereinbarte Versicherungssumme muss für die Futtermittelunternehmer, zu deren Gunsten diese Versicherung besteht, insgesamt mindestens dreißig Millionen Euro für alle Versicherungsfälle eines Versicherungsjahres betragen.

(4) Absatz 1 Satz 1 gilt nicht für einen Betrieb, soweit er das Mischfuttermittel

1. ausschließlich aus selbst gewonnenen Erzeugnissen pflanzlichen Ursprungs ohne Verwendung von Futtermittelzusatzstoffen oder von Vormischungen herstellt und
2. an einen Betrieb abgibt, der
   a) Tiere mit dem Ziel hält, von ihnen Lebensmittel zu gewinnen, und
   b) dieses Mischfuttermittel im eigenen Betrieb verfüttert.

Ein Fall des Satzes 1 Nummer 1 liegt auch dann noch vor, wenn das Mischfuttermittel unter Verwendung von Ergänzungsfuttermitteln hergestellt worden ist.

(5) Der Versicherer hat der nach § 38 Absatz 1 Satz 1 zuständigen Behörde, in deren Bezirk der Versicherte seinen Sitz oder, soweit der Versicherte keinen Sitz im Inland hat, seinen Betrieb hat, den Beginn und die Beendigung oder Kündigung des Versicherungsvertrages sowie jede Änderung des Versicherungsvertrages, die den vorgeschriebenen Versicherungsschutz beeinträchtigt, unverzüglich mitzuteilen. Die zuständige Behörde nach Satz 1 erteilt Dritten zur Geltendmachung von Schadensersatzansprüchen auf Antrag Auskunft über den Namen und die Adresse der Versicherung des Futtermittelunternehmers sowie die Versicherungsnummer, soweit der Futtermittelunternehmer kein überwiegendes schutzwürdiges Interesse an der Nichterteilung der Auskunft hat.

(6) Zuständige Stelle im Sinne des § 117 Absatz 2 des Versicherungsvertragsgesetzes ist die in Absatz 5 Satz 1 bezeichnete Behörde.

§ 18 Verfütterungsverbot und Ermächtigungen. (1) Das Verfüttern von Fetten aus Gewebe warmblütiger Landtiere und von Fischen sowie von Mischfuttermitteln, die diese Einzelfuttermittel enthalten, an Nutztiere, soweit es sich um Wiederkäuer handelt, ist verboten. Das Verbot des Satzes 1 gilt nicht für Milch und Milcherzeugnisse. Vorschriften über die Verfütterung von Speise- und Küchenabfällen bleiben unberührt. Unberührt bleiben auch die Verfütterungsverbote nach der Verordnung (EG) Nr. 999/2001 des Europäischen Parlaments und des Rates vom 22. Mai 2001 mit Vorschriften zur Verhütung, Kontrolle und Tilgung bestimmter transmissibler spongiformer Enzephalopathien (ABl. L 147 vom 31.5.2001, S. 1) in der jeweils geltenden Fassung.

(2) Abweichend von tierseuchenrechtlichen Vorschriften über das innergemeinschaftliche Verbringen und die Ausfuhr dürfen Futtermittel im Sinne des Absatzes 1 nicht nach
1. anderen Mitgliedstaaten verbracht oder
2. Vertragsstaaten des Abkommens über den Europäischen Wirtschaftsraum oder andere Drittländer ausgeführt

werden.

(3) Das Bundesministerium wird ermächtigt, durch Rechtsverordnung mit Zustimmung des Bundesrates,
1. soweit es zur Erfüllung der in § 1 Absatz 1 Nummer 1 oder Nummer 4 oder Absatz 2, jeweils auch in Verbindung mit § 1Absatz 3, genannten Zwecke erforderlich ist, die Verbote der Absätze 1 und 2 auf andere als die in Absatz 1 Satz 1 genannten Futtermittel oder Tiere ganz oder teilweise zu erstrecken, oder
2. soweit es mit den in § 1 Absatz 1 Nummer 1 oder Nummer 4 oder Absatz 2, jeweils auch in Verbindung mit § 1 Absatz 3, genannten Zwecken vereinbar ist, Ausnahmen von den Verboten der Absätze 1 und 2 zuzulassen.

§ 19 Verbote zum Schutz vor Täuschung. Es ist verboten, Futtermittel, deren Kennzeichnung oder Aufmachung den Anforderungen des Artikels 11 Absatz 1 der Verordnung (EG) Nr. 767/2009 nicht entspricht, in den Verkehr zu bringen oder für solche Futtermittel allgemein oder im Einzelfall zu werben.

§ 20 Verbot der krankheitsbezogenen Werbung. (1) Es ist verboten, beim Verkehr mit Futtermittelzusatzstoffen oder Vormischungen oder in der Werbung für sie allgemein oder im Einzelfall Aussagen zu verwenden, die sich
1. auf die Beseitigung oder Linderung von Krankheiten oder
2. auf die Verhütung solcher Krankheiten, die nicht Folge mangelhafter Ernährung sind,

beziehen.

(2) Das Verbot nach Absatz 1 Nummer 2 bezieht sich nicht auf Aussagen über Futtermittelzusatzstoffe oder Vormischungen, soweit diese Aussagen der Zweckbestimmung dieser Stoffe entsprechen.

(3) Artikel 13 Absatz 3 der Verordnung (EG) Nr. 767/2009 bleibt unberührt.

§ 21 Weitere Verbote sowie Beschränkungen. (1) Vormischungen dürfen nicht in den Verkehr gebracht werden, wenn sie einer durch Rechtsverordnung aufgrund von Ermächtigungen nach diesem Abschnitt festgesetzten Anforderung nicht entsprechen.

(2) Einzelfuttermittel oder Mischfuttermittel dürfen nicht in den Verkehr gebracht werden, wenn sie einer durch Rechtsverordnung aufgrund von Ermächtigungen nach diesem Abschnitt festgesetzten Anforderung nicht entsprechen.

(3) Soweit in Satz 2 nichts anderes bestimmt ist, dürfen Futtermittel,
1. bei deren Herstellen oder Behandeln
   a) ein Futtermittelzusatzstoff der in Artikel 6 Absatz 1 Buchstabe e der Verordnung (EG) Nr. 1831/2003 genannten Kategorie der Kokzidiostatika und Histomonostatika oder
   b) ein Futtermittelzusatzstoff einer anderen als der in Artikel 6 Absatz 1 Buchstabe e der Verordnung (EG) Nr. 1831/2003 genannten Kategorie

   verwendet worden ist,
2. die einer durch
   a) eine Rechtsverordnung nach § 23 Nummer 1,
   b) eine Rechtsverordnung nach § 23a Nummer 1,
   c) eine Rechtsverordnung nach § 23a Nummer 3,
   d) eine Rechtsverordnung nach § 23a Nummer 11

   festgesetzten Anforderung nicht entsprechen, oder
3. die den Anforderungen nach Artikel 18 Absatz 1, auch in Verbindung mit Artikel 20 Absatz 1, der Verordnung (EG) Nr. 396/2005 nicht entsprechen,

nicht in Verkehr gebracht und nicht verfüttert werden. Satz 1 Nummer 1 gilt nicht, wenn der verwendete Futtermittelzusatzstoff durch einen unmittelbar geltenden Rechtsakt der Europäischen Gemeinschaft oder der Europäischen Union zugelassen ist und der verwendete Futtermittelzusatzstoff oder das Futtermittel einer im Rahmen dieses unmittelbar geltenden Rechtsaktes oder in der Verordnung (EG) Nr. 1831/2003 festgesetzten Anforderung entspricht, sofern eine solche Anforderung dort festgesetzt worden ist. Abweichend von Satz 1 dürfen Futtermittel in den Fällen des Satzes 1

1. Nummer 2 Buchstabe b und
2. Nummer 2 Buchstabe c, soweit ein nach § 23a Nummer 3 festgesetzter Mindestgehalt unterschritten wird,

verfüttert werden. Das Bundesministerium wird ermächtigt, durch Rechtsverordnung mit Zustimmung des Bundesrates, soweit es mit den in § 1 Absatz 1 Nummer 1, 2 oder Nummer 4, jeweils auch in Verbindung mit § 1 Absatz 3, genannten Zwecken vereinbar ist,

1. abweichend von Satz 1 Nummer 2 Buchstabe a und b die Abgabe von Futtermitteln in bestimmten Fällen oder zu bestimmten Zwecken zuzulassen und, soweit erforderlich, von einer Genehmigung abhängig zu machen,
2. Ausnahmen von dem Verbot des Satzes 1 Nummer 3 oder Artikels 18 Absatz 1 der Verordnung (EG) Nr. 396/2005 zuzulassen.

§ 22 Ermächtigungen zum Schutz der Gesundheit. Das Bundesministerium wird ermächtigt, durch Rechtsverordnung mit Zustimmung des Bundesrates, soweit es zur Erfüllung der in § 1 Absatz 1 Nummer 1, auch in Verbindung mit Absatz 3, genannten Zwecke erforderlich ist, bei dem Herstellen oder dem Behandeln von Futtermitteln die Verwendung bestimmter Stoffe oder Verfahren vorzuschreiben, zu verbieten oder zu beschränken.

§ 23 Weitere Ermächtigungen zum Schutz der Gesundheit. Das Bundesministerium wird ermächtigt, durch Rechtsverordnung mit Zustimmung des Bundesrates, soweit es zur Erfüllung der in § 1 Absatz 1 Nummer 1, 2, 3 Buchstabe b oder Nummer 4, jeweils auch in Verbindung mit § 1 Absatz 3, genannten Zwecke erforderlich ist,

1. den Höchstgehalt an unerwünschten Stoffen festzusetzen,
2. die hygienischen Anforderungen zu erlassen, die eine einwandfreie Beschaffenheit der Futtermittel von ihrer Herstellung bis zur Verfütterung sicherstellen,
3. Anforderungen an die Beschaffenheit und Ausstattung von Räumen, Anlagen und Behältnissen zu stellen, in denen Futtermittel hergestellt oder behandelt werden,
4. die Ausstattung, Reinigung oder Desinfektion der in Nummer 3 bezeichneten Räume, Anlagen oder Behältnisse, der zur Beförderung von Futtermitteln dienenden Transportmittel, der bei einer solchen Beförderung benutzten Behältnisse und Gerätschaften und der Ladeplätze sowie die Führung von Nachweisen über die Reinigung und Desinfektion zu regeln,
5. das Verwenden oder das Inverkehrbringen von Gegenständen zu verbieten oder zu beschränken, die dazu bestimmt sind, bei dem Herstellen, Behandeln, Inverkehrbringen oder Verfüttern von Futtermitteln verwendet zu werden und dabei mit Futtermitteln in Berührung kommen oder auf diese einwirken, wenn zu befürchten ist, dass gesundheitlich nicht unbedenkliche Anteile eines Stoffs in ein Futtermittel übergehen,
6. das Verwenden oder das Inverkehrbringen von Materialien oder Gegenständen zu verbieten oder zu beschränken, die dazu bestimmt sind, beim Halten von Tieren, die der Lebensmittelgewinnung dienen, verwendet zu werden und dabei mit diesen Tieren in Berührung zu kommen und bei denen nicht ausgeschlossen werden kann, dass sie von Tieren aufgenommen werden, wenn zu befürchten ist, dass gesundheitlich nicht unbedenkliche Anteile eines Stoffs
   a) in das Tier übergehen und dies für die von diesen Tieren gewonnenen Lebensmittel ein Verkehrsverbot zur Folge haben kann, oder
   b) auf das Tier einwirken und dies eine Schädigung der Gesundheit des Tieres zur Folge haben kann.

§ 23a Ermächtigungen zum Schutz der tierischen Gesundheit und zur Förderung der tierischen Erzeugung. Das Bundesministerium wird ermächtigt, durch Rechtsverordnung mit Zustimmung des Bundesrates, soweit es zur Erfüllung der in § 1 Absatz 1 Nummer 2, 3 Buchstabe b oder Nummer 4, jeweils auch in Verbindung mit § 1 Absatz 3, genannten Zwecke erforderlich ist,

1. den Höchstgehalt an Mittelrückständen festzusetzen,
2. Aktionsgrenzwerte für unerwünschte Stoffe festzusetzen,
3. den Gehalt oder den Höchstgehalt an Futtermittelzusatzstoffen in Einzelfuttermitteln oder Mischfuttermitteln festzusetzen,
4. Verwendungszwecke für Diätfuttermittel festzusetzen,
5. Futtermittelzusatzstoffe für bestimmte andere Futtermittel zuzulassen, soweit Futtermittelzusatzstoffe nach anderen Vorschriften einer Zulassung bedürfen,
6. Stoffe, die zur Verhütung bestimmter, verbreitet auftretender Krankheiten von Tieren bestimmt sind, als Futtermittelzusatzstoffe zuzulassen,
7. vorzuschreiben, dass bestimmte Stoffe als Einzelfuttermittel oder Mischfuttermittel nicht in den Verkehr gebracht und nicht verfüttert werden dürfen,

8. das Herstellen, das Verfüttern, das Inverkehrbringen oder die Verwendung von bestimmten Futtermitteln oder die Verwendung von Stoffen für die Herstellung von Futtermitteln
   a) zu verbieten,
   b) zu beschränken,
   c) von einer Zulassung abhängig zu machen sowie die Voraussetzungen und das Verfahren für die Zulassung einschließlich des Ruhens der Zulassung zu regeln,
   d) von Anforderungen an bestimmte Futtermittel hinsichtlich ihrer Auswirkungen auf andere Futtermittel und die tierische Erzeugung abhängig zu machen, insbesondere hinsichtlich ihrer Wirksamkeit, Reinheit, Haltbarkeit, Zusammensetzung und technologischen Beschaffenheit, ihres Gehaltes an bestimmten Inhaltsstoffen, ihres Energiewertes, ihrer Beschaffenheit oder ihrer Zusammensetzung,
9. für bestimmte Einzelfuttermittel oder Mischfuttermittel eine Wartezeit festzusetzen und vorzuschreiben, dass innerhalb dieser Wartezeit tierische Produkte als Lebensmittel nicht gewonnen werden dürfen,
10. Anforderungen an
    a) Futtermittelzusatzstoffe oder Vormischungen hinsichtlich ihrer Auswirkungen auf die Einzelfuttermittel oder Mischfuttermittel und die tierische Erzeugung, insbesondere hinsichtlich ihrer Wirksamkeit, Reinheit, Haltbarkeit, Zusammensetzung und technologischen Beschaffenheit,
    b) Einzelfuttermittel oder Mischfuttermittel hinsichtlich ihres Gehaltes an bestimmten Inhaltsstoffen, ihres Energiewertes, ihrer Beschaffenheit und ihrer Zusammensetzung

    festzusetzen,
11. bei dem Herstellen oder Behandeln von Futtermitteln die Verwendung bestimmter Stoffe oder Gegenstände oder die Anwendung bestimmter Verfahren vorzuschreiben, zu verbieten, zu beschränken oder von einer Zulassung abhängig zu machen.

§ 24 Gewähr für bestimmte Anforderungen. Der Verkäufer eines Futtermittels übernimmt die Gewähr dafür, dass das Futtermittel die in Artikel 4 Absatz 2 Unterabsatz 1 Buchstabe a der Verordnung (EG) Nr. 767/2009 bezeichneten Anforderungen erfüllt.

§ 25 Mitwirkung bestimmter Behörden. Das Bundesministerium wird ermächtigt, durch Rechtsverordnung, die nicht der Zustimmung des Bundesrates bedarf, soweit es zur Erfüllung der in § 1 Absatz 1 Nummer 1 oder 4, jeweils auch in Verbindung mit § 1 Absatz 3, genannten Zwecke erforderlich ist, die Mitwirkung des Bundesamtes für Verbraucherschutz und Lebensmittelsicherheit oder des Bundesinstitutes für Risikobewertung sowie Art und Umfang dieser Mitwirkung bei der in Rechtsakten der Europäischen Gemeinschaft oder der Europäischen Union vorgesehenen
1. Aufnahme eines Futtermittels in einen Anhang eines Rechtsaktes der Europäischen Gemeinschaft oder der Europäischen Union,
2. Festsetzung eines Verwendungszwecks für Futtermittel,
3. Durchführung gemeinschaftlicher oder unionsrechtlicher Untersuchungs- oder Erhebungsprogramme

zu regeln.

Abschnitt 4. Verkehr mit kosmetischen Mitteln

§ 26 Verbote zum Schutz der Gesundheit. Es ist verboten,
1. kosmetische Mittel für andere derart herzustellen oder zu behandeln, dass sie bei bestimmungsgemäßem oder vorauszusehendem Gebrauch geeignet sind, die Gesundheit zu schädigen,
2. Stoffe oder Gemische aus Stoffen, die bei bestimmungsgemäßem oder vorauszusehendem Gebrauch geeignet sind, die Gesundheit zu schädigen, als kosmetische Mittel in den Verkehr zu bringen.

Der bestimmungsgemäße oder vorauszusehende Gebrauch beurteilt sich insbesondere unter Heranziehung der Aufmachung der in Satz 1 genannten Mittel, Stoffe und Gemische aus Stoffen, ihrer Kennzeichnung, soweit erforderlich, der Hinweise für ihre Verwendung und der Anweisungen für ihre Entfernung sowie aller sonstigen, die Mittel, die Stoffe oder die Zubereitungen aus Stoffen begleitenden Angaben oder Informationen seitens des Herstellers oder des für das Inverkehrbringen der kosmetischen Mittel Verantwortlichen.

§ 27 Vorschriften zum Schutz vor Täuschung. (1) Es ist verboten, kosmetische Mittel unter irreführender Bezeichnung, Angabe oder Aufmachung in den Verkehr zu bringen oder für kosmetische Mittel allgemein oder im Einzelfall mit irreführenden Darstellungen oder sonstigen Aussagen zu werben. Eine Irreführung liegt insbesondere dann vor, wenn
1. einem kosmetischen Mittel Wirkungen beigelegt werden, die ihm nach den Erkenntnissen der Wissenschaft nicht zukommen oder die wissenschaftlich nicht hinreichend gesichert sind,
2. durch die Bezeichnung, Angabe, Aufmachung, Darstellung oder sonstige Aussage fälschlich der Eindruck erweckt wird, dass ein Erfolg mit Sicherheit erwartet werden kann,

3. zur Täuschung geeignete Bezeichnungen, Angaben, Aufmachungen, Darstellungen oder sonstige Aussagen über
   a) die Person, Vorbildung, Befähigung oder Erfolge des Herstellers, Erfinders oder der für sie tätigen Personen,
   b) Eigenschaften, insbesondere über Art, Beschaffenheit, Zusammensetzung, Menge, Haltbarkeit, Herkunft oder Art der Herstellung

   verwendet werden,
4. ein kosmetisches Mittel für die vorgesehene Verwendung nicht geeignet ist.

(2) Die Vorschriften des Gesetzes über die Werbung auf dem Gebiete des Heilwesens bleiben unberührt.

§ 28 Ermächtigungen zum Schutz der Gesundheit. (1) Das Bundesministerium wird ermächtigt, im Einvernehmen mit dem Bundesministerium für Wirtschaft und Energie durch Rechtsverordnung mit Zustimmung des Bundesrates, soweit es zur Erfüllung der in § 1 Absatz 1 Nummer 1, auch in Verbindung mit § 1 Absatz 3, genannten Zwecke erforderlich ist,
1. Anforderungen an die mikrobiologische Beschaffenheit bestimmter kosmetischer Mittel zu stellen,
2. für kosmetische Mittel Vorschriften zu erlassen, die den in § 32 Absatz 1 Nummer 1 bis 5 und 8 für Bedarfsgegenstände vorgesehenen Regelungen entsprechen.

(2) Kosmetische Mittel, die einer nach Absatz 1 Nummer 1 oder nach Absatz 1 Nummer 2 in Verbindung mit § 32 Absatz 1 Nummer 1 bis 4 Buchstabe a oder Nummer 5 erlassenen Rechtsverordnung nicht entsprechen, dürfen nicht in den Verkehr gebracht werden.

(3) Das Bundesministerium wird ermächtigt, im Einvernehmen mit dem Bundesministerium für Wirtschaft und Energie durch Rechtsverordnung mit Zustimmung des Bundesrates, soweit es für eine medizinische Behandlung bei gesundheitlichen Beeinträchtigungen, die auf die Einwirkung von kosmetischen Mitteln zurückgehen können, erforderlich ist,
1. vorzuschreiben, dass von dem Hersteller oder demjenigen, der das kosmetische Mittel in den Verkehr bringt, dem Bundesamt für Verbraucherschutz und Lebensmittelsicherheit bestimmte Angaben über das kosmetische Mittel, insbesondere Angaben zu seiner Identifizierung, über seine Verwendungszwecke, über die in dem kosmetischen Mittel enthaltenen Stoffe und deren Menge sowie jede Veränderung dieser Angaben mitzuteilen sind, und die Einzelheiten über Form, Inhalt, Ausgestaltung und Zeitpunkt der Mitteilungen zu bestimmen,
2. zu bestimmen, dass das Bundesamt für Verbraucherschutz und Lebensmittelsicherheit die Angaben nach Nummer 1 an die von den Ländern zu bezeichnenden medizinischen Einrichtungen, die Erkenntnisse über die gesundheitlichen Auswirkungen kosmetischer Mittel sammeln und auswerten und bei Stoff bezogenen gesundheitlichen Beeinträchtigungen durch Beratung und Behandlung Hilfe leisten (Informations- und Behandlungszentren für Vergiftungen), weiterleiten kann,
3. zu bestimmen, dass die Informations- und Behandlungszentren für Vergiftungen dem Bundesamt für Verbraucherschutz und Lebensmittelsicherheit über Erkenntnisse aufgrund ihrer Tätigkeit berichten, die für die Beratung bei und die Behandlung von Stoff bezogenen gesundheitlichen Beeinträchtigungen von allgemeiner Bedeutung sind.

Die Angaben nach Satz 1 Nummer 1 und 2 sind vertraulich zu behandeln und dürfen nur zu dem Zweck verwendet werden, Anfragen zur Behandlung von gesundheitlichen Beeinträchtigungen zu beantworten. In Rechtsverordnungen nach Satz 1 Nummer 1 und 2 können nähere Bestimmungen über die vertrauliche Behandlung und die Zweckbindung nach Satz 2 erlassen werden.

§ 29 Weitere Ermächtigungen. (1) Das Bundesministerium wird ermächtigt, im Einvernehmen mit dem Bundesministerium für Wirtschaft und Energie durch Rechtsverordnung mit Zustimmung des Bundesrates, soweit es zur Erfüllung der in § 1 Absatz 1 Nummer 1 oder 2, jeweils auch in Verbindung mit § 1 Absatz 3, genannten Zwecke erforderlich ist,
1. vorzuschreiben, dass von dem Hersteller oder dem Einführer bestimmte Angaben, insbesondere über das Herstellen, das Inverkehrbringen oder die Zusammensetzung kosmetischer Mittel, über die hierbei verwendeten Stoffe, über die Wirkungen von kosmetischen Mitteln sowie über die Bewertungen, aus denen sich die gesundheitliche Beurteilung kosmetischer Mittel ergibt, und über den für die Bewertung Verantwortlichen für die für die Überwachung des Verkehrs mit kosmetischen Mitteln zuständigen Behörden bereitgehalten werden müssen sowie den Ort und die Einzelheiten über die Art und Weise des Bereithaltens zu bestimmen,
2. vorzuschreiben, dass der Hersteller oder der Einführer den für die Überwachung des Verkehrs mit kosmetischen Mitteln zuständigen Behörden bestimmte Angaben nach Nummer 1 mitzuteilen hat,
3. bestimmte Anforderungen und Untersuchungsverfahren, nach denen die gesundheitliche Unbedenklichkeit kosmetischer Mittel zu bestimmen und zu beurteilen ist, festzulegen und das Herstellen, das Behandeln und das Inverkehrbringen von kosmetischen Mitteln hiervon abhängig zu machen,
4. vorzuschreiben, dass der Hersteller oder der Einführer bestimmte Angaben über
   a) die mengenmäßige oder inhaltliche Zusammensetzung kosmetischer Mittel oder

b) Nebenwirkungen kosmetischer Mittel auf die menschliche Gesundheit

auf geeignete Art und Weise der Öffentlichkeit leicht zugänglich zu machen hat, soweit die Angaben nicht Betriebs- oder Geschäftsgeheimnisse betreffen.

(2) Das Bundesministerium wird ferner ermächtigt, im Einvernehmen mit dem Bundesministerium für Wirtschaft und Energie durch Rechtsverordnung mit Zustimmung des Bundesrates, soweit es

1. zur Erfüllung der in § 1 Absatz 1 Nummer 2, auch in Verbindung mit § 1 Absatz 3, genannten Zwecke erforderlich ist, vorzuschreiben, dass kosmetische Mittel unter bestimmten zur Irreführung geeigneten Bezeichnungen, Angaben oder Aufmachungen nicht in den Verkehr gebracht werden dürfen und dass für sie mit bestimmten zur Irreführung geeigneten Darstellungen oder sonstigen Aussagen nicht geworben werden darf,
2. zur Erfüllung der in § 1 Absatz 1 Nummer 1, 2 oder 3 Buchstabe a, jeweils auch in Verbindung mit § 1 Absatz 3, genannten Zwecke erforderlich ist, das Inverkehrbringen von kosmetischen Mitteln zu verbieten oder zu beschränken.

Abschnitt 5. Verkehr mit sonstigen Bedarfsgegenständen

§ 30 Verbote zum Schutz der Gesundheit. Es ist verboten,

1. Bedarfsgegenstände für andere derart herzustellen oder zu behandeln, dass sie bei bestimmungsgemäßem oder vorauszusehendem Gebrauch geeignet sind, die Gesundheit durch ihre stoffliche Zusammensetzung, insbesondere durch toxikologisch wirksame Stoffe oder durch Verunreinigungen, zu schädigen,
2. Gegenstände oder Mittel, die bei bestimmungsgemäßem oder vorauszusehendem Gebrauch geeignet sind, die Gesundheit durch ihre stoffliche Zusammensetzung, insbesondere durch toxikologisch wirksame Stoffe oder durch Verunreinigungen, zu schädigen, als Bedarfsgegenstände in den Verkehr zu bringen,
3. Bedarfsgegenstände im Sinne des § 2 Absatz 6 Satz 1 Nummer 1 bei dem Herstellen oder Behandeln von Lebensmitteln so zu verwenden, dass die Bedarfsgegenstände geeignet sind, bei der Aufnahme der Lebensmittel die Gesundheit zu schädigen.

§ 31 Übergang von Stoffen auf Lebensmittel. (1) Es ist verboten, Materialien oder Gegenstände im Sinne des § 2 Absatz 6 Satz 1 Nummer 1, die den in Artikel 3 Absatz 1 der Verordnung (EG) Nr. 1935/2004 festgesetzten Anforderungen an ihre Herstellung nicht entsprechen, als Bedarfsgegenstände zu verwenden oder in den Verkehr zu bringen.

(2) Das Bundesministerium wird ermächtigt, durch Rechtsverordnung mit Zustimmung des Bundesrates, soweit es zur Erfüllung der in § 1 Absatz 1 Nummer 1 oder 2, jeweils auch in Verbindung mit § 1 Absatz 3, genannten Zwecke erforderlich ist,

1. vorzuschreiben, dass Materialien oder Gegenstände als Bedarfsgegenstände im Sinne des § 2 Absatz 6 Satz 1 Nummer 1 nur so hergestellt werden dürfen, dass sie unter den üblichen oder vorhersehbaren Bedingungen ihrer Verwendung keine Stoffe auf Lebensmittel oder deren Oberfläche in Mengen abgeben, die geeignet sind,
   a) die menschliche Gesundheit zu gefährden,
   b) die Zusammensetzung oder Geruch, Geschmack oder Aussehen der Lebensmittel zu beeinträchtigen,
2. für bestimmte Stoffe in Bedarfsgegenständen festzulegen, ob und in welchen bestimmten Anteilen die Stoffe auf Lebensmittel übergehen dürfen.

Materialien oder Gegenstände, die den Anforderungen des Satzes 1 Nummer 2 nicht entsprechen, dürfen nicht als Bedarfsgegenstände im Sinne des § 2 Absatz 6 Satz 1 Nummer 1 verwendet oder in den Verkehr gebracht werden.

(3) Es ist verboten, Lebensmittel, die unter Verwendung eines in Absatz 1 genannten Bedarfsgegenstandes hergestellt oder behandelt worden sind, als Lebensmittel in den Verkehr zu bringen.

§ 32 Ermächtigungen zum Schutz der Gesundheit. (1) Das Bundesministerium wird ermächtigt, im Einvernehmen mit dem Bundesministerium für Wirtschaft und Energie durch Rechtsverordnung mit Zustimmung des Bundesrates, soweit es zur Erfüllung der in § 1 Absatz 1 Nummer 1, auch in Verbindung mit § 1 Absatz 3, genannten Zwecke erforderlich ist,

1. die Verwendung bestimmter Stoffe, Stoffgruppen oder Stoffgemische bei dem Herstellen oder Behandeln von bestimmten Bedarfsgegenständen zu verbieten oder zu beschränken,
2. vorzuschreiben, dass für das Herstellen bestimmter Bedarfsgegenstände oder einzelner Teile von ihnen nur bestimmte Stoffe verwendet werden dürfen,
3. die Anwendung bestimmter Verfahren bei dem Herstellen von bestimmten Bedarfsgegenständen zu verbieten oder zu beschränken,

4. Höchstmengen für Stoffe festzusetzen, die
   a) aus bestimmten Bedarfsgegenständen auf Verbraucherinnen oder Verbraucher einwirken oder übergehen können oder
   b) die beim Herstellen, Behandeln oder Inverkehrbringen von bestimmten Bedarfsgegenständen in oder auf diesen vorhanden sein dürfen,
5. Reinheitsanforderungen für bestimmte Stoffe festzusetzen, die bei dem Herstellen bestimmter Bedarfsgegenstände verwendet werden,
6. Vorschriften über die Wirkungsweise von Bedarfsgegenständen im Sinne des § 2 Absatz 6 Satz 1 Nummer 1 zu erlassen,
7. vorzuschreiben, dass bestimmte Bedarfsgegenstände im Sinne des § 2 Absatz 6 Satz 1 Nummer 3 bis 6 nur in den Verkehr gebracht werden dürfen, wenn bestimmte Anforderungen an ihre mikrobiologische Beschaffenheit eingehalten werden,
8. beim Verkehr mit bestimmten Bedarfsgegenständen Warnhinweise, sonstige warnende Aufmachungen, Sicherheitsvorkehrungen oder Anweisungen für das Verhalten bei Unglücksfällen vorzuschreiben.

(2) Bedarfsgegenstände, die einer nach Absatz 1 Nummer 1 bis 4 Buchstabe a, Nummer 5 oder 6 erlassenen Rechtsverordnung nicht entsprechen, dürfen nicht in den Verkehr gebracht werden.

§ 33 Vorschriften zum Schutz vor Täuschung. (1) Es ist verboten, Materialien oder Gegenstände im Sinne des § 2 Absatz 6 Satz 1 Nummer 1 unter irreführender Bezeichnung, Angabe oder Aufmachung in den Verkehr zu bringen oder beim Verkehr mit solchen Bedarfsgegenständen hierfür allgemein oder im Einzelfall mit irreführenden Darstellungen oder sonstigen Aussagen zu werben.

(2) Das Bundesministerium wird ermächtigt, im Einvernehmen mit dem Bundesministerium für Wirtschaft und Energie durch Rechtsverordnung mit Zustimmung des Bundesrates, soweit es zur Erfüllung der in § 1 Absatz 1 Nummer 2, auch in Verbindung mit § 1 Absatz 3, genannten Zwecke erforderlich ist, vorzuschreiben, dass andere als in Absatz 1 genannte Bedarfsgegenstände nicht unter irreführender Bezeichnung, Angabe oder Aufmachung in den Verkehr gebracht werden dürfen oder für solche Bedarfsgegenstände allgemein oder im Einzelfall nicht mit irreführenden Darstellungen oder sonstigen Aussagen geworben werden darf und die Einzelheiten dafür zu bestimmen.

Abschnitt 6. Gemeinsame Vorschriften für alle Erzeugnisse

§ 34 Ermächtigungen zum Schutz der Gesundheit. Das Bundesministerium wird ermächtigt, im Einvernehmen mit dem Bundesministerium für Wirtschaft und Energie durch Rechtsverordnung mit Zustimmung des Bundesrates, soweit es zur Erfüllung der in § 1 Absatz 1 Nummer 1, auch in Verbindung mit § 1 Absatz 3, genannten Zwecke erforderlich ist, das Herstellen, das Behandeln, das Verwenden oder, vorbehaltlich des § 13 Absatz 5 Satz 1, das Inverkehrbringen von bestimmten Erzeugnissen
1. zu verbieten sowie die hierfür erforderlichen Maßnahmen, insbesondere die Sicherstellung und unschädliche Beseitigung, zu regeln,
2. zu beschränken sowie die hierfür erforderlichen Maßnahmen vorzuschreiben; hierbei kann insbesondere vorgeschrieben werden, dass die Erzeugnisse nur von bestimmten Betrieben oder unter Einhaltung bestimmter gesundheitlicher Anforderungen hergestellt, behandelt oder in den Verkehr gebracht werden dürfen,
3. von einer Zulassung, einer Registrierung oder einer Genehmigung abhängig zu machen,
4. von einer Anzeige abhängig zu machen,
5. die Voraussetzungen und das Verfahren für die Zulassung, die Registrierung und die Genehmigung nach Nummer 3 einschließlich des Ruhens der Zulassung, der Registrierung oder der Genehmigung zu regeln,
6. das Verfahren für die Anzeige nach Nummer 4 und für die Überprüfung bestimmter Anforderungen des Erzeugnisses zu regeln sowie die Maßnahmen zu regeln, die zu ergreifen sind, wenn das Erzeugnis den Anforderungen dieses Gesetzes oder der aufgrund dieses Gesetzes erlassenen Rechtsverordnungen nicht entspricht,
7. von dem Nachweis bestimmter Fachkenntnisse abhängig zu machen; dies gilt auch für die Durchführung von Bewertungen, aus denen sich die gesundheitliche Beurteilung eines Erzeugnisses ergibt.

In einer Rechtsverordnung nach Satz 1 Nummer 5 oder 6 kann bestimmt werden, dass die zuständige Behörde für die Durchführung eines Zulassungs-, Genehmigungs-, Registrierungs- oder Anzeigeverfahrens das Bundesamt für Verbraucherschutz und Lebensmittelsicherheit ist.

§ 35 Ermächtigungen zum Schutz vor Täuschung und zur Unterrichtung. Das Bundesministerium wird ermächtigt, im Einvernehmen mit dem Bundesministerium für Wirtschaft und Energie durch Rechtsverordnung mit Zustimmung des Bundesrates, soweit es zur Erfüllung der in § 1 Absatz 1 Nummer 2 oder 3, jeweils auch in Verbindung mit § 1 Absatz 3, genannten Zwecke erforderlich ist,

1. Inhalt, Art und Weise und Umfang der Kennzeichnung von Erzeugnissen bei deren Inverkehrbringen oder Behandeln zu regeln und dabei insbesondere
   a) die Angabe der Bezeichnung, der Masse oder des Volumens sowie
   b) Angaben über
      aa) den Inhalt, insbesondere über die Zusammensetzung, die Beschaffenheit, Inhaltsstoffe oder Energiewerte,
      bb) den Hersteller, den für das Inverkehrbringen Verantwortlichen, die Anwendung von Verfahren, den Zeitpunkt oder die Art und Weise der Herstellung, die Haltbarkeit, die Herkunft, die Zubereitung, den Verwendungszweck oder, für bestimmte Erzeugnisse, eine Wartezeit

   vorzuschreiben,
2. für bestimmte Erzeugnisse vorzuschreiben, dass
   a) sie nur in Packungen, Behältnissen oder sonstigen Umhüllungen, auch verschlossen oder von bestimmter Art, in den Verkehr gebracht werden dürfen und dabei die Art oder Sicherung eines Verschlusses zu regeln,
   b) an den Vorratsgefäßen oder ähnlichen Behältnissen, in denen Erzeugnisse feilgehalten oder sonst zum Verkauf vorrätig gehalten werden, der Inhalt anzugeben ist,
   c) für sie bestimmte Lagerungsbedingungen anzugeben sind,
3. für bestimmte Erzeugnisse Vorschriften über das Herstellen oder das Behandeln zu erlassen,
4. für bestimmte Erzeugnisse duldbare Abweichungen bei bestimmten vorgeschriebenen Angaben festzulegen,
5. vorzuschreiben, dass derjenige, der bestimmte Erzeugnisse herstellt, behandelt, einführt oder in den Verkehr bringt, bestimmte Informationen, insbesondere über die Verwendung der Erzeugnisse, bereitzuhalten oder der zuständigen Behörde auf Aufforderung zu übermitteln hat, sowie Inhalt, Art und Weise und Beschränkungen des Bereithaltens zu regeln.

§ 36 Ermächtigungen für betriebseigene Kontrollen und Maßnahmen. Das Bundesministerium wird ermächtigt, im Einvernehmen mit dem Bundesministerium für Wirtschaft und Energie durch Rechtsverordnung mit Zustimmung des Bundesrates, soweit es zur Erfüllung der in § 1 Absatz 1 Nummer 1 oder 4 Buchstabe a Doppelbuchstabe aa, auch in Verbindung mit § 1 Absatz 3, genannten Zwecke erforderlich ist,
1. vorzuschreiben, dass Betriebe, die bestimmte Erzeugnisse herstellen, behandeln oder in den Verkehr bringen, bestimmte betriebseigene Kontrollen und Maßnahmen sowie Unterrichtungen oder Schulungen von Personen in der erforderlichen Hygiene durchzuführen und darüber Nachweise zu führen haben, sowie dass Betriebe bestimmten Prüfungs- und Mitteilungspflichten unterliegen,
2. das Nähere über Art, Umfang und Häufigkeit der betriebseigenen Kontrollen und Maßnahmen nach Nummer 1 sowie die Auswertung und Mitteilung der Kontrollergebnisse zu regeln,
3. das Nähere über Art, Form und Inhalt der Nachweise nach Nummer 1 sowie über die Dauer ihrer Aufbewahrung zu regeln,
4. vorzuschreiben, dass Betriebe, die bestimmte Erzeugnisse herstellen, behandeln oder in den Verkehr bringen, oder von diesen Betrieben beauftragte Labors, bei der Durchführung mikrobiologischer Untersuchungen im Rahmen der betriebseigenen Kontrollen nach Nummer 1 bestimmtes Untersuchungsmaterial aufzubewahren und der zuständigen Behörde auf Verlangen auszuhändigen haben sowie die geeignete Art und Weise und die Dauer der Aufbewahrung und die Verwendung des ausgehändigten Untersuchungsmaterials zu regeln.

Satz 1 gilt entsprechend für Lebensmittelunternehmen, in denen lebende Tiere im Sinne des § 4 Absatz 1 Nummer 1 gehalten werden. Eine Mitteilung aufgrund einer Rechtsverordnung nach Satz 1 Nummer 2 oder eine Aushändigung von Untersuchungsmaterial aufgrund einer Rechtsverordnung nach Satz 1 Nummer 4 darf nicht zur strafrechtlichen Verfolgung des Mitteilenden oder Aushändigenden oder für ein Verfahren nach dem Gesetz über Ordnungswidrigkeiten gegen den Mitteilenden oder Aushändigenden verwendet werden.

§ 37 Weitere Ermächtigungen. (1) Das Bundesministerium wird ermächtigt, im Einvernehmen mit dem Bundesministerium für Wirtschaft und Energie durch Rechtsverordnung mit Zustimmung des Bundesrates, soweit es zur Erfüllung der in § 1 Absatz 1 Nummer 1, 2 oder 4, jeweils auch in Verbindung mit § 1 Absatz 3, genannten Zwecke erforderlich ist,
1. vorzuschreiben, dass Betriebe, die bestimmte Erzeugnisse herstellen, behandeln, in den Verkehr bringen oder verwenden, anerkannt, zugelassen oder registriert sein müssen sowie das Verfahren für die Anerkennung, Zulassung oder Registrierung einschließlich des Ruhens der Anerkennung oder Zulassung zu regeln,
2. die Voraussetzungen festzulegen, unter denen eine Anerkennung, Zulassung oder Registrierung zu erteilen ist.

(2) In der Rechtsverordnung nach Absatz 1 Nummer 2 können an das Herstellen, das Behandeln, das Inverkehrbringen oder das Verwenden des jeweiligen Erzeugnisses Anforderungen insbesondere über

1. die bauliche Gestaltung der Anlagen und Einrichtungen, insbesondere hinsichtlich der für die betroffene Tätigkeit einzuhaltenden hygienischen Anforderungen,
2. die Gewährleistung der von den betroffenen Betrieben nach der Anerkennung, Zulassung, Registrierung oder Zertifizierung einzuhaltenden Vorschriften dieses Gesetzes und der aufgrund dieses Gesetzes erlassenen Rechtsverordnungen,
3. die Einhaltung der Vorschriften über den Arbeitsschutz,
4. das Vorliegen der im Hinblick auf die betroffene Tätigkeit erforderlichen Zuverlässigkeit der Betriebsinhaberin oder des Betriebsinhabers oder der von der Betriebsinhaberin oder vom Betriebsinhaber bestellten verantwortlichen Person,
5. die im Hinblick auf die betroffene Tätigkeit erforderliche Sachkunde der Betriebsinhaberin oder des Betriebsinhabers oder der von der Betriebsinhaberin oder vom Betriebsinhaber bestellten verantwortlichen Person,
6. die Anfertigung von Aufzeichnungen und ihre Aufbewahrung

festgelegt werden.

Abschnitt 9. Verbringen in das und aus dem Inland

§ 53 Verbringungsverbote. (1) Erzeugnisse und mit Lebensmitteln verwechselbare Produkte, die nicht den im Inland geltenden Bestimmungen dieses Gesetzes, der aufgrund dieses Gesetzes erlassenen Rechtsverordnungen und der unmittelbar geltenden Rechtsakte der Europäischen Gemeinschaft oder der Europäischen Union im Anwendungsbereich dieses Gesetzes entsprechen, dürfen nicht in das Inland verbracht werden. Dies gilt nicht für die Durchfuhr unter zollamtlicher Überwachung. Das Verbot nach Satz 1 steht der zollamtlichen Abfertigung nicht entgegen, soweit sich aus den auf § 56 gestützten Rechtsverordnungen über das Verbringen der in Satz 1 genannten Erzeugnisse oder der mit Lebensmitteln verwechselbaren Produkte nichts anderes ergibt.

(2) Das Bundesministerium wird ermächtigt, im Einvernehmen mit dem Bundesministerium der Finanzen durch Rechtsverordnung mit Zustimmung des Bundesrates, soweit es zur Erfüllung der in § 1 genannten Zwecke erforderlich oder mit diesen Zwecken vereinbar ist, abweichend von Absatz 1 Satz 1 das Verbringen von bestimmten Erzeugnissen oder von mit Lebensmitteln verwechselbaren Produkten in das Inland zuzulassen sowie die Voraussetzungen und das Verfahren hierfür einschließlich der Festlegung mengenmäßiger Beschränkungen zu regeln und dabei Vorschriften nach § 56 Absatz 1 Satz 1 Nummer 2 und Satz 2 zu erlassen; § 56 Absatz 1 Satz 3 gilt entsprechend.

§ 54 Bestimmte Erzeugnisse aus anderen Mitgliedstaaten oder anderen Vertragsstaaten des Abkommens über den Europäischen Wirtschaftsraum. (1) Abweichend von § 53 Absatz 1 Satz 1 dürfen Lebensmittel, kosmetische Mittel oder Bedarfsgegenstände, die

1. in einem anderen Mitgliedstaat der Europäischen Union oder einem anderen Vertragsstaat des Abkommens über den Europäischen Wirtschaftsraum rechtmäßig hergestellt oder rechtmäßig in den Verkehr gebracht werden oder
2. aus einem Drittland stammen und sich in einem Mitgliedstaat der Europäischen Union oder einem anderen Vertragsstaat des Abkommens über den Europäischen Wirtschaftsraum rechtmäßig im Verkehr befinden,

in das Inland verbracht und hier in den Verkehr gebracht werden, auch wenn sie den in der Bundesrepublik Deutschland geltenden Vorschriften für Lebensmittel, kosmetische Mittel oder Bedarfsgegenstände nicht entsprechen. Satz 1 gilt nicht für die dort genannten Erzeugnisse, die

1. den Verboten des § 5 Absatz 1 Satz 1, des § 26 oder des § 30, des Artikels 14 Absatz 2 Buchstabe a der Verordnung (EG) Nr. 178/2002 oder des Artikels 3 Absatz 1 Buchstabe a der Verordnung (EG) Nr. 1935/2004 nicht entsprechen oder
2. anderen zum Zweck des § 1 Absatz 1 Nummer 1, auch in Verbindung mit § 1 Absatz 3, erlassenen Rechtsvorschriften nicht entsprechen, soweit nicht die Verkehrsfähigkeit der Erzeugnisse in der Bundesrepublik Deutschland nach Absatz 2 durch eine Allgemeinverfügung des Bundesamtes für Verbraucherschutz und Lebensmittelsicherheit im Bundesanzeiger bekannt gemacht worden ist.

(2) Allgemeinverfügungen nach Absatz 1 Satz 2 Nummer 2 werden vom Bundesamt für Verbraucherschutz und Lebensmittelsicherheit im Einvernehmen mit dem Bundesamt für Wirtschaft und Ausfuhrkontrolle erlassen, soweit nicht zwingende Gründe des Gesundheitsschutzes entgegenstehen. Sie sind von demjenigen zu beantragen, der als Erster die Erzeugnisse in das Inland zu verbringen beabsichtigt. Bei der Beurteilung der gesundheitlichen Gefahren eines Erzeugnisses sind die Erkenntnisse der internationalen Forschung sowie bei Lebensmitteln die Ernährungsgewohnheiten in der Bundesrepublik Deutschland zu berücksichtigen. Allgemeinverfügungen nach Satz 1 wirken zugunsten aller Einführer der betreffenden Erzeugnisse aus Mitgliedstaaten der Europäischen Union oder anderen Vertragsstaaten des Abkommens über den Europäischen Wirtschaftsraum.

(3) Dem Antrag sind eine genaue Beschreibung des Erzeugnisses sowie die für die Entscheidung erforderlichen verfügbaren Unterlagen beizufügen. Über den Antrag ist in angemessener Frist zu entscheiden.

Sofern innerhalb von 90 Tagen eine endgültige Entscheidung über den Antrag noch nicht möglich ist, ist der Antragsteller über die Gründe zu unterrichten.

(4) Weichen Lebensmittel von den Vorschriften dieses Gesetzes oder der aufgrund dieses Gesetzes erlassenen Rechtsverordnungen ab, sind die Abweichungen angemessen kenntlich zu machen, soweit dies zum Schutz der Verbraucherinnen oder Verbraucher erforderlich ist.

§ 55 Mitwirkung von Zollstellen. (1) Das Bundesministerium der Finanzen und die von ihm bestimmten Zollstellen wirken bei der Überwachung des Verbringens von Erzeugnissen und von mit Lebensmitteln verwechselbaren Produkten in das Inland oder die Europäische Union, aus dem Inland oder bei der Durchfuhr mit. Eine nach Satz 1 zuständige Behörde kann

1. Sendungen von Erzeugnissen und von mit Lebensmitteln verwechselbaren Produkten sowie deren Beförderungsmittel, Behälter, Lade- und Verpackungsmittel bei dem Verbringen in das oder aus dem Inland oder bei der Durchfuhr zur Überwachung anhalten,
2. den Verdacht von Verstößen gegen Verbote und Beschränkungen dieses Gesetzes, der nach diesem Gesetz erlassenen Rechtsverordnungen oder der unmittelbar geltenden Rechtsakte der Europäischen Gemeinschaft oder der Europäischen Union im Anwendungsbereich dieses Gesetzes, der sich bei der Abfertigung ergibt, den nach § 38 Absatz 1 Satz 1 zuständigen Behörden mitteilen,
3. in den Fällen der Nummer 2 anordnen, dass die Sendungen von Erzeugnissen und von mit Lebensmitteln verwechselbaren Produkten auf Kosten und Gefahr des Verfügungsberechtigten einer für die Überwachung jeweils zuständigen Behörde vorgeführt werden.

(2) Wird bei der Überwachung nach Absatz 1 festgestellt, dass ein Futtermittel nicht zum freien Verkehr abgefertigt werden soll, stellen die Zollstellen, soweit erforderlich im Benehmen mit den für die Futtermittelüberwachung zuständigen Behörden, dem Verfügungsberechtigten eine Bescheinigung mit Angaben über die Art der durchgeführten Kontrollen und deren Ergebnisse aus.

(3) Das Bundesministerium der Finanzen regelt im Einvernehmen mit dem Bundesministerium durch Rechtsverordnung ohne Zustimmung des Bundesrates die Einzelheiten des Verfahrens nach Absatz 1. Es kann dabei insbesondere Pflichten zu Anzeigen, Anmeldungen, Auskünften und zur Leistung von Hilfsdiensten bei der Durchführung von Überwachungsmaßnahmen sowie zur Duldung der Einsichtnahme in Geschäftspapiere und sonstige Unterlagen und zur Duldung von Besichtigungen und von Entnahmen unentgeltlicher Muster und Proben vorsehen. Soweit Rechtsverordnungen nach § 13 Absatz 5 Satz 1 betroffen sind, bedürfen die Rechtsverordnungen nach Satz 1 auch des Einvernehmens mit dem Bundesministerium für Umwelt, Naturschutz und Reaktorsicherheit.

§ 56 Ermächtigungen. (1) Das Bundesministerium wird ermächtigt, im Einvernehmen mit dem Bundesministerium der Finanzen durch Rechtsverordnung mit Zustimmung des Bundesrates, soweit es zur Erfüllung der in § 1 Absatz 1 Nummer 1 oder Nummer 4 oder Absatz 2, stets jeweils auch in Verbindung mit § 1 Absatz 3, genannten Zwecke erforderlich ist, das Verbringen von Erzeugnissen, einschließlich lebender Tiere im Sinne des § 4 Absatz 1 Nummer 1, in das Inland oder die Europäische Union, in eine Freizone, in ein Freilager oder in ein Zolllager

1. auf Dauer oder vorübergehend zu verbieten oder zu beschränken,
2. abhängig zu machen von
   a) der Tauglichkeit bestimmter Lebensmittel zum Genuss für den Menschen,
   b) der Registrierung, Erlaubnis, Anerkennung, Zulassung oder Bekanntgabe von Betrieben oder Ländern, in denen die Erzeugnisse hergestellt oder behandelt werden, und die Einzelheiten dafür festzulegen,
   c) einer Zulassung, einer Registrierung, einer Genehmigung oder einer Anzeige sowie die Voraussetzungen und das Verfahren für die Zulassung, die Registrierung, die Genehmigung und die Anzeige einschließlich des Ruhens der Zulassung, der Registrierung oder der Genehmigung zu regeln,
   d) der Anmeldung oder Vorführung bei der zuständigen Behörde und die Einzelheiten dafür festzulegen,
   e) einer Dokumenten- oder Nämlichkeitsprüfung oder einer Warenuntersuchung und deren Einzelheiten, insbesondere deren Häufigkeit und Verfahren, festzulegen sowie Vorschriften über die Beurteilung im Rahmen solcher Untersuchungen zu erlassen,
   f) der Begleitung durch
      aa) eine Genusstauglichkeitsbescheinigung oder durch eine vergleichbare Urkunde oder durch Vorlage zusätzlicher Bescheinigungen sowie Inhalt, Form, Ausstellung und Bekanntgabe dieser Bescheinigungen oder Urkunde zu regeln,
      bb) Nachweise über die Art des Herstellens, der Zusammensetzung oder der Beschaffenheit sowie das Nähere über Art, Form und Inhalt der Nachweise, über das Verfahren ihrer Erteilung oder die Dauer ihrer Geltung und Aufbewahrung zu regeln,
   g) einer Kennzeichnung, amtlichen Kennzeichnung oder amtlichen Anerkennung sowie Inhalt, Art und Weise und das Verfahren einer solchen Kennzeichnung, amtlichen Kennzeichnung oder amtlichen Anerkennung zu regeln,

h) der Beibringung eines amtlichen Untersuchungszeugnisses oder einer amtlichen Gesundheitsbescheinigung oder der Vorlage einer vergleichbaren Urkunde,
i) der Vorlage einer, auch amtlichen, oder der Begleitung durch eine, auch amtliche, Bescheinigung und deren Verwendung über Art, Umfang oder Ergebnis durchgeführter Überprüfungen und dabei das Nähere über Art, Form und Inhalt der Bescheinigung, über das Verfahren ihrer Erteilung oder die Dauer ihrer Geltung und Aufbewahrung zu regeln,
j) der Dauer einer Lagerung oder dem Verbot oder der Erlaubnis der zuständigen Behörde zur Beförderung zwischen zwei Lagerstätten sowie der Festlegung bestimmter Lagerungszeiten und von Mitteilungspflichten über deren Einhaltung sowie über den Verbleib der Erzeugnisse und dabei das Nähere über Art, Form und Inhalt der Mitteilungspflichten zu regeln.

In Rechtsverordnungen nach Satz 1 kann vorgeschrieben werden, dass
1. die Dokumenten- und Nämlichkeitsprüfung sowie die Warenuntersuchung in oder bei einer Grenzkontrollstelle oder Grenzeingangsstelle oder von einer oder unter Mitwirkung einer Zolldienststelle,
2. die Anmeldung oder Vorführung in oder bei einer Grenzkontrollstelle oder Grenzeingangsstelle

vorzunehmen sind. Soweit die Einhaltung von Rechtsverordnungen nach § 13 Absatz 5 Satz 1 betroffen ist, tritt an die Stelle des Bundesministeriums das Bundesministerium für Umwelt, Naturschutz und Reaktorsicherheit im Einvernehmen mit den in § 13 Absatz 5 Satz 2 genannten Bundesministerien.

(2) Das Bundesministerium wird ferner ermächtigt, im Einvernehmen mit dem Bundesministerium der Finanzen durch Rechtsverordnung mit Zustimmung des Bundesrates, soweit es zur Erfüllung der in § 1 genannten Zwecke erforderlich ist,
1. Vorschriften zu erlassen über die zollamtliche Überwachung von Erzeugnissen oder deren Überwachung durch die zuständige Behörde bei dem Verbringen in das Inland,
2. Vorschriften zu erlassen über die Maßnahmen, die zu ergreifen sind, wenn zum Verbringen in das Inland bestimmte Erzeugnisse unmittelbar geltenden Rechtsakten der Europäischen Gemeinschaft oder der Europäischen Union, diesem Gesetz oder einer aufgrund dieses Gesetzes erlassenen Rechtsverordnung nicht entsprechen,
3. die Anforderungen an die Beförderung von Erzeugnissen bei dem Verbringen in das Inland zu regeln,
4. vorzuschreiben, dass Betriebe, die bestimmte Erzeugnisse in das Inland verbringen, bestimmte betriebseigene Kontrollen und Maßnahmen sowie Unterrichtungen oder Schulungen von Personen in der Lebensmittelhygiene durchzuführen und darüber Nachweise zu führen haben, sowie bestimmten Prüfungs- und Mitteilungspflichten unterliegen,
5. vorzuschreiben, dass über das Verbringen bestimmter Erzeugnisse in das Inland oder über
   a) die Reinigung,
   b) die Desinfektion oder
   c) sonstige Behandlungsmaßnahmen im Hinblick auf die Einhaltung der hygienischen Anforderungen

   von Räumen, Anlagen, Einrichtungen oder Beförderungsmitteln, in denen Erzeugnisse in das Inland verbracht werden, Nachweise zu führen sind,
6. Vorschriften zu erlassen über Umfang und Häufigkeit der Kontrollen nach Nummer 4 sowie das Nähere über Art, Form und Inhalt der Nachweise nach Nummer 5 und über die Dauer ihrer Aufbewahrung zu regeln,
7. die hygienischen Anforderungen festzusetzen, unter denen bestimmte Lebensmittel in das Inland verbracht werden dürfen,
8. das Verfahren für die Überwachung der Einhaltung von gesundheitlichen, insbesondere hygienischen Anforderungen beim Verbringen von Lebensmitteln in das Inland zu regeln.

(3) In der Rechtsverordnung nach Absatz 1 Satz 1 kann angeordnet werden, dass bestimmte Erzeugnisse, einschließlich lebender Tiere im Sinne des § 4 Absatz 1 Nummer 1, nur über bestimmte Zollstellen, Grenzkontrollstellen, Grenzein- oder -übergangsstellen oder andere amtliche Stellen in das Inland verbracht werden dürfen und solche Stellen von einer wissenschaftlich ausgebildeten Person geleitet werden. Das Bundesamt für Verbraucherschutz und Lebensmittelsicherheit gibt die in Satz 1 genannten Stellen im Einvernehmen mit dem Bundesministerium der Finanzen im Bundesanzeiger bekannt, soweit diese Stellen nicht im Amtsblatt der Europäischen Union bekannt gegeben sind oder nicht in Rechtsakten der Europäischen Union eine Bekanntgabe durch die Europäische Kommission vorgesehen ist. Das Bundesministerium der Finanzen kann die Erteilung des Einvernehmens nach Satz 2 auf die Generalzolldirektion übertragen.

(4) Das Bundesministerium wird ferner ermächtigt, im Einvernehmen mit dem Bundesministerium der Finanzen durch Rechtsverordnung mit Zustimmung des Bundesrates, soweit es zur Erfüllung der in § 1 Absatz 1 Nummer 1 oder 4, jeweils auch in Verbindung mit § 1 Absatz 3, genannten Zwecke erforderlich ist,
1. die Durchfuhr von Erzeugnissen, einschließlich lebender Tiere im Sinne des § 4 Absatz 1 Nummer 1, oder von mit Lebensmitteln verwechselbaren Produkten sowie deren Lagerung in Freilagern, in Lagern in Freizonen oder in Zolllagern abhängig zu machen von
   a) einer Erlaubnis der zuständigen Behörde und dabei das Nähere über Art, Form und Inhalt der Erlaubnis, über das Verfahren ihrer Erteilung oder die Dauer ihrer Geltung und Aufbewahrung zu regeln,

b) Anforderungen an die Beförderung und Lagerung im Inland,
c) dem Verbringen aus dem Inland, auch innerhalb bestimmter Fristen, über bestimmte Grenzkontrollstellen und die Einzelheiten hierfür festzulegen,
d) einer Kontrolle bei dem Verbringen aus dem Inland unter Mitwirkung einer Zollstelle,
e) einer zollamtlichen Überwachung oder einer Überwachung durch die zuständige Behörde,
f) einer Anerkennung der Freilager, der Lager in Freizonen oder der Zolllager durch die zuständige Behörde dabei das Nähere über Art, Form und Inhalt der Anerkennung, über das Verfahren ihrer Erteilung oder die Dauer ihrer Geltung zu regeln,

2. für die Durchfuhr Vorschriften nach Absatz 1 oder 2 zu erlassen.

§ 57 Ausfuhr; sonstiges Verbringen aus dem Inland. (1) Für die Ausfuhr und Wiederausfuhr von kosmetischen Mitteln, Bedarfsgegenständen und mit Lebensmitteln verwechselbaren Produkten gilt Artikel 12 der Verordnung (EG) Nr. 178/2002 mit der Maßgabe, dass an die Stelle der dort genannten Anforderungen des Lebensmittelrechts die für diese Erzeugnisse und die für mit Lebensmitteln verwechselbaren Produkte geltenden Vorschriften dieses Gesetzes, der aufgrund dieses Gesetzes erlassenen Rechtsverordnungen und der unmittelbar geltenden Rechtsakte der Europäischen Gemeinschaft oder der Europäischen Union im Anwendungsbereich dieses Gesetzes treten.

(2) Es ist verboten, Futtermittel auszuführen, die
1. wegen ihres Gehalts an unerwünschten Stoffen nach § 17 nicht hergestellt, behandelt, in den Verkehr gebracht oder verfüttert werden dürfen,
2. einer durch Rechtsverordnung nach § 23 Nummer 1 festgesetzten Anforderung nicht entsprechen.

Abweichend von Satz 1 dürfen dort genannte Futtermittel, die eingeführt worden sind, nach Maßgabe des Artikels 12 der Verordnung (EG) Nr. 178/2002 wieder ausgeführt werden.

(3) Lebensmittel, Einzelfuttermittel oder Mischfuttermittel, die vor der Ausfuhr behandelt worden sind und im Fall von Lebensmitteln höhere Gehalte an Rückständen von Pflanzenschutz- oder sonstigen Mitteln als durch Rechtsverordnung nach § 9 Absatz 2 Nummer 1 Buchstabe a oder im Fall von Einzelfuttermitteln oder Mischfuttermitteln höhere Gehalte an Mittelrückständen als durch Rechtsverordnung nach § 23a Nummer 1 festgesetzt aufweisen, dürfen in einen Staat, der der Europäischen Union nicht angehört, nur verbracht werden, sofern nachgewiesen wird, dass
1. das Bestimmungsland eine besondere Behandlung mit den Mitteln verlangt, um die Einschleppung von Schadorganismen in seinem Hoheitsgebiet vorzubeugen, oder
2. die Behandlung notwendig ist, um die Erzeugnisse während des Transports nach dem Bestimmungsland und der Lagerung in diesem Land vor Schadorganismen zu schützen.

(4) Erzeugnisse und mit Lebensmitteln verwechselbare Produkte, die nach Maßgabe des Absatzes 1 oder 2 den Vorschriften dieses Gesetzes, der aufgrund dieses Gesetzes erlassenen Rechtsverordnungen oder der unmittelbar geltenden Rechtsakte der Europäischen Gemeinschaft oder der Europäischen Union im Anwendungsbereich dieses Gesetzes nicht entsprechen, müssen von Erzeugnissen, die für das Inverkehrbringen im Inland oder in anderen Mitgliedstaaten bestimmt sind, getrennt gehalten und kenntlich gemacht werden.

(5) Für Erzeugnisse und für mit Lebensmitteln verwechselbare Produkte, die zur Lieferung in einen anderen Mitgliedstaat bestimmt sind, gilt Artikel 12 der Verordnung (EG) Nr. 178/2002 mit der Maßgabe, dass an die Stelle der dort genannten Anforderungen des Lebensmittelrechts die für diese Erzeugnisse und die für mit Lebensmitteln verwechselbaren Produkte geltenden Vorschriften dieses Gesetzes, der aufgrund dieses Gesetzes erlassenen Rechtsverordnungen und der unmittelbar geltenden Rechtsakte der Europäischen Gemeinschaft oder der Europäischen Union im Anwendungsbereich dieses Gesetzes treten.

(6) Die Vorschriften dieses Gesetzes und der aufgrund dieses Gesetzes erlassenen Rechtsverordnungen finden mit Ausnahme der §§ 5 und 17 Absatz 1 Satz 1 Nummer 1 und der §§ 26 und 30 auf Erzeugnisse, die für die Ausrüstung von Seeschiffen bestimmt sind, keine Anwendung.

(7) Das Bundesministerium wird ermächtigt, durch Rechtsverordnung mit Zustimmung des Bundesrates
1. weitere Vorschriften dieses Gesetzes sowie aufgrund dieses Gesetzes erlassene Rechtsverordnungen auf Erzeugnisse, die für die Ausrüstung von Seeschiffen bestimmt sind, für anwendbar zu erklären, soweit es zur Erfüllung der in § 1 genannten Zwecke erforderlich ist,
2. abweichende oder zusätzliche Vorschriften für Erzeugnisse zu erlassen, die für die Ausrüstung von Seeschiffen bestimmt sind, soweit es mit den in § 1 genannten Zwecken vereinbar ist,
3. soweit es zur Erfüllung der in § 1 genannten Zwecke erforderlich ist,
   a) die Registrierung von Betrieben, die Seeschiffe ausrüsten, vorzuschreiben,
   b) die Lagerung von Erzeugnissen, die für die Ausrüstung von Seeschiffen bestimmt sind, in Freilagern, in Lagern in Freizonen oder in Zolllagern abhängig zu machen von
      aa) einer Erlaubnis der zuständigen Behörde und dabei das Nähere über Art, Form und Inhalt der Erlaubnis, über das Verfahren ihrer Erteilung oder die Dauer ihrer Geltung und Aufbewahrung zu regeln,

bb) Anforderungen an die Beförderung und Lagerung im Inland,
cc) dem Verbringen aus dem Inland, auch innerhalb bestimmter Fristen, über bestimmte Grenzkontrollstellen und die Einzelheiten hierfür festzulegen,
dd) einer Kontrolle bei dem Verbringen aus dem Inland unter Mitwirkung einer Zollstelle,
ee) einer zollamtlichen Überwachung oder einer Überwachung durch die zuständige Behörde,
ff) einer Anerkennung der Freilager, der Lager in Freizonen oder der Zolllager durch die zuständige Behörde und dabei das Nähere über Art, Form und Inhalt der Anerkennung, über das Verfahren ihrer Erteilung oder die Dauer ihrer Geltung zu regeln,
c) für Erzeugnisse, die für die Ausrüstung von Seeschiffen bestimmt sind, Vorschriften nach § 56 Absatz 1 oder 2 zu erlassen.

Soweit Rechtsverordnungen nach § 13 Absatz 5 Satz 1 betroffen sind, tritt an die Stelle des Bundesministeriums das Bundesministerium für Umwelt, Naturschutz und Reaktorsicherheit im Einvernehmen mit dem Bundesministerium.

(8) Das Bundesministerium wird ferner ermächtigt, durch Rechtsverordnung mit Zustimmung des Bundesrates,
1. soweit es zur Erfüllung der in § 1 genannten Zwecke erforderlich ist, das Verbringen von
   a) lebenden Tieren im Sinne des § 4 Absatz 1 Nummer 1,
   b) Erzeugnissen oder
   c) mit Lebensmitteln verwechselbaren Produkten

aus dem Inland zu verbieten oder zu beschränken,
2. soweit es zur Erleichterung des Handelsverkehrs beiträgt und die in § 1 genannten Zwecke nicht entgegenstehen, bei der Ausfuhr von Erzeugnissen bestimmten Betrieben auf Antrag eine besondere Kontrollnummer zu erteilen, wenn die Einfuhr vom Bestimmungsland von der Erteilung einer solchen Kontrollnummer abhängig gemacht wird und die zuständige Behörde den Betrieb für die Ausfuhr in dieses Land zugelassen hat, sowie die Voraussetzungen und das Verfahren für die Erteilung der besonderen Kontrollnummer zu regeln.

(9) Die Vorschrift des § 18 Absatz 2 bleibt unberührt.

Abschnitt 10. Straf- und Bußgeldvorschriften

§ 58 Strafvorschriften. (1) Mit Freiheitsstrafe bis zu drei Jahren oder mit Geldstrafe wird bestraft, wer
1. entgegen § 5 Absatz 1 Satz 1 ein Lebensmittel herstellt oder behandelt,
2. entgegen § 5 Absatz 2 Nummer 1 einen Stoff als Lebensmittel in den Verkehr bringt,
3. entgegen § 5 Absatz 2 Nummer 2 ein mit Lebensmitteln verwechselbares Produkt herstellt, behandelt oder in den Verkehr bringt,
4. entgegen § 10 Absatz 1 Satz 1, auch in Verbindung mit einer Rechtsverordnung nach § 10 Absatz 4 Nummer 2, oder entgegen § 10 Absatz 3 Nummer 2 ein Lebensmittel in den Verkehr bringt,
5. entgegen § 10 Absatz 2 ein Tier in den Verkehr bringt,
6. entgegen § 10 Absatz 3 Nummer 1 Lebensmittel von einem Tier gewinnt,
7. entgegen § 13 Absatz 2 in Verbindung mit einer Rechtsverordnung nach Absatz 1 Nummer 1 ein Lebensmittel in den Verkehr bringt,
8. entgegen § 17 Absatz 1 Satz 1 Nummer 1 ein Futtermittel herstellt oder behandelt,
9. entgegen § 18 Absatz 1 Satz 1, auch in Verbindung mit einer Rechtsverordnung nach Absatz 3 Nummer 1, ein Futtermittel verfüttert,
10. entgegen § 18 Absatz 2, auch in Verbindung mit einer Rechtsverordnung nach Absatz 3 Nummer 1, ein Futtermittel verbringt oder ausführt,
11. entgegen
    a) § 26 Satz 1 Nummer 1 ein kosmetisches Mittel herstellt oder behandelt oder
    b) § 26 Satz 1 Nummer 2 einen Stoff oder ein Gemisch aus Stoffen als kosmetisches Mittel in den Verkehr bringt,
12. entgegen § 28 Absatz 2 ein kosmetisches Mittel in den Verkehr bringt, das einer Rechtsverordnung nach § 28 Absatz 1 Nummer 2 in Verbindung mit § 32 Absatz 1 Nummer 1, 2 oder 3 nicht entspricht,
13. entgegen § 30 Nummer 1 einen Bedarfsgegenstand herstellt oder behandelt,
14. entgegen § 30 Nummer 2 einen Gegenstand oder ein Mittel als Bedarfsgegenstand in den Verkehr bringt,
15. entgegen § 30 Nummer 3 einen Bedarfsgegenstand verwendet,
16. entgegen § 32 Absatz 2 in Verbindung mit einer Rechtsverordnung nach Absatz 1 Nummer 1, 2 oder 3 einen Bedarfsgegenstand in den Verkehr bringt,
17. einer vollziehbaren Anordnung
    a) nach Artikel 54 Absatz 1 Satz 1 der Verordnung (EG) Nr. 882/2004 des Europäischen Parlaments und des Rates vom 29. April 2004 über amtliche Kontrollen zur Überprüfung der Einhaltung des

Lebensmittel- und Futtermittelrechts sowie der Bestimmungen über Tiergesundheit und Tierschutz (ABl. L 165 vom 30.4.2004, S. 1, L 191 vom 28.5.2004, S. 1, L 204 vom 4.8.2007, S. 29), die zuletzt durch die Verordnung (EU) Nr. 652/2014 (ABl. L 189 vom 27.6.2014, S. 1) geändert worden ist, die der Durchführung eines in § 39 Absatz 7 Nummer 1, 2 oder Nummer 3, soweit sich die Nummer 3 auf § 5 und § 17 Absatz 1 Satz 1 Nummer 1 bezieht, bezeichneten Verbots dient, oder

b) nach § 39 Absatz 2 Satz 1, die der Durchführung eines in § 39 Absatz 7 bezeichneten Verbots dient,

zuwiderhandelt oder

18. einer Rechtsverordnung nach § 10 Absatz 4 Nummer 1 Buchstabe b, d oder Buchstabe e, § 13 Absatz 1 Nummer 1 oder 2, § 22, § 32 Absatz 1 Nummer 1, 2 oder 3, jeweils auch in Verbindung mit § 28 Absatz 1 Nummer 2, oder § 34 Satz 1 Nummer 1 oder 2 oder einer vollziehbaren Anordnung aufgrund einer solchen Rechtsverordnung zuwiderhandelt, soweit die Rechtsverordnung für einen bestimmten Tatbestand auf diese Strafvorschrift verweist.

(2) Ebenso wird bestraft, wer gegen die Verordnung (EG) Nr. 178/2002 des Europäischen Parlaments und des Rates vom 28. Januar 2002 zur Festlegung der allgemeinen Grundsätze und Anforderungen des Lebensmittelrechts, zur Errichtung der Europäischen Behörde für Lebensmittelsicherheit und zur Festlegung von Verfahren zur Lebensmittelsicherheit (ABl. L 31 vom 1.2.2002, S. 1), die zuletzt durch die Verordnung (EU) Nr. 652/2014 (ABl. L 189 vom 27.6.2014, S. 1) geändert worden ist, verstößt, indem er

1. entgegen Artikel 14 Absatz 1 in Verbindung mit Absatz 2 Buchstabe a ein Lebensmittel in den Verkehr bringt oder
2. entgegen Artikel 15 Absatz 1 in Verbindung mit Absatz 2 Spiegelstrich 1, soweit sich dieser auf die Gesundheit des Menschen bezieht, jeweils auch in Verbindung mit Artikel 4 Absatz 1 Unterabsatz 2 der Verordnung (EG) Nr. 767/2009 des Europäischen Parlaments und des Rates vom 13. Juli 2009 über das Inverkehrbringen und die Verwendung von Futtermitteln, zur Änderung der Verordnung (EG) Nr. 1831/2003 des Europäischen Parlaments und des Rates und zur Aufhebung der Richtlinien 79/373/EWG des Rates, 80/511/EWG der Kommission, 82/471/EWG des Rates, 83/228/EWG des Rates, 93/74/EWG des Rates, 93/113/EG des Rates und 96/25/EG des Rates und der Entscheidung 2004/217/EG der Kommission (ABl. L 229 vom 1.9.2009, S. 1, L 192 vom 22.7.2011, S. 71), die zuletzt durch die Verordnung (EU) Nr. 939/2010 (ABl. L 277 vom 21.10.2010, S. 4) geändert worden ist, ein Futtermittel in den Verkehr bringt oder verfüttert.

(2a) Ebenso wird bestraft, wer

1. gegen die Verordnung (EG) Nr. 1334/2008 des Europäischen Parlaments und des Rates vom 16. Dezember 2008 über Aromen und bestimmte Lebensmittelzutaten mit Aromaeigenschaften zur Verwendung in und auf Lebensmitteln sowie zur Änderung der Verordnung (EWG) Nr. 1601/91 des Rates, der Verordnungen (EG) Nr. 2232/96 und (EG) Nr. 110/2008 und der Richtlinie 2000/13/EG (ABl. L 354 vom 31.12.2008, S. 34, L 105 vom 27.4.2010, S. 115), die zuletzt durch die Verordnung (EU) Nr. 2015/1760 (ABl. L 257 vom 2.10.2015, S. 278) geändert worden ist, verstößt, indem er
   a) entgegen Artikel 5 in Verbindung mit Anhang III oder Anhang IV ein Aroma oder ein Lebensmittel in den Verkehr bringt,
   b) entgegen Artikel 6 Absatz 1 einen dort bezeichneten Stoff zusetzt,
   c) entgegen Artikel 7 einen Ausgangsstoff, ein Aroma oder eine Lebensmittelzutat verwendet,
2. entgegen Artikel 1 Absatz 1 Unterabsatz 1 der Verordnung (EG) Nr. 124/2009 der Kommission vom 10. Februar 2009 zur Festlegung von Höchstgehalten an Kokzidiostatika und Histomonostatika, die in Lebensmitteln aufgrund unvermeidbarer Verschleppung in Futtermittel für Nichtzieltierarten vorhanden sind (ABl. L 40 vom 11.2.2009, S. 7), die durch die Verordnung (EU) Nr. 610/2012 (ABl. L 178 vom 10.7.2012, S. 1) geändert worden ist, ein Lebensmittel in Verkehr bringt oder
3. gegen die Verordnung (EU) Nr. 10/2011 der Kommission vom 14. Januar 2011 über Materialien und Gegenstände aus Kunststoff, die dazu bestimmt sind, mit Lebensmitteln in Berührung zu kommen (ABl. L 12 vom 15.1.2011, S. 1, L 278 vom 25.10.2011, S. 13), die zuletzt durch die Verordnung (EU) Nr. 2015/174 (ABl. L 30 vom 6.2.2015, S. 2) geändert worden ist, verstößt, indem er
   a) entgegen Artikel 4 Buchstabe e in Verbindung mit Artikel 5 Absatz 1 oder Artikel 9 Absatz 1 Buchstabe c, jeweils auch in Verbindung mit Artikel 13 Absatz 1 oder Artikel 14 Absatz 1, ein Material oder einen Gegenstand aus Kunststoff in Verkehr bringt oder
   b) entgegen Artikel 5 Absatz 1 in Verbindung mit Artikel 13 Absatz 1 oder Artikel 14 Absatz 1 bei der Herstellung einer Kunststoffschicht in einem Material oder einem Gegenstand aus Kunststoff einen nicht zugelassenen Stoff verwendet.

(3) Ebenso wird bestraft, wer

1. einer unmittelbar geltenden Vorschrift in Rechtsakten der Europäischen Gemeinschaft oder der Europäischen Union zuwiderhandelt, die inhaltlich einem in Absatz 1 Nummer 1 bis 17 genannten Gebot oder Verbot entspricht, soweit eine Rechtsverordnung nach § 62 Absatz 1 Nummer 1 für einen bestimmten Tatbestand auf diese Strafvorschrift verweist oder

2. einer anderen als in Absatz 2 genannten unmittelbar geltenden Vorschrift in Rechtsakten der Europäischen Gemeinschaft oder der Europäischen Union zuwiderhandelt, die inhaltlich einer Regelung entspricht, zu der die in Absatz 1 Nummer 18 genannten Vorschriften ermächtigen, soweit eine Rechtsverordnung nach § 62 Absatz 1 Nummer 1 für einen bestimmten Straftatbestand auf diese Strafvorschrift verweist.

(4) Der Versuch ist strafbar.

(5) In besonders schweren Fällen ist die Strafe Freiheitsstrafe von sechs Monaten bis zu fünf Jahren. Ein besonders schwerer Fall liegt in der Regel vor, wenn der Täter durch eine der in Absatz 1, 2 oder 3 bezeichneten Handlungen

1. die Gesundheit einer großen Zahl von Menschen gefährdet,
2. einen anderen in die Gefahr des Todes oder einer schweren Schädigung an Körper oder Gesundheit bringt oder
3. aus grobem Eigennutz für sich oder einen anderen Vermögensvorteile großen Ausmaßes erlangt.

(6) Wer eine der in Absatz 1, 2, 2a oder 3 bezeichneten Handlungen fahrlässig begeht, wird mit Freiheitsstrafe bis zu einem Jahr oder mit Geldstrafe bestraft.

§ 59 Strafvorschriften. (1) Mit Freiheitsstrafe bis zu einem Jahr oder mit Geldstrafe wird bestraft, wer

1. entgegen § 6 Absatz 1 Nummer 1 in Verbindung mit einer Rechtsverordnung nach § 7 Absatz 1 Nummer 1 einen nicht zugelassenen Lebensmittelzusatzstoff verwendet, Ionenaustauscher benutzt oder ein Verfahren anwendet,
2. entgegen § 6 Absatz 1 Nummer 2 in Verbindung mit einer Rechtsverordnung nach § 7 Absatz 1 Nummer 1 oder Absatz 2 Nummer 1 oder 5 ein Lebensmittel in den Verkehr bringt,
3. entgegen § 6 Absatz 1 Nummer 3 in Verbindung mit einer Rechtsverordnung nach § 7 Absatz 1 Nummer 1 oder Absatz 2 Nummer 5 einen Lebensmittelzusatzstoff oder Ionenaustauscher in den Verkehr bringt,
4. entgegen § 8 Absatz 1 Nummer 1 in Verbindung mit einer Rechtsverordnung nach Absatz 2 Nummer 1 eine nicht zugelassene Bestrahlung anwendet,
5. entgegen § 8 Absatz 1 Nummer 2 in Verbindung mit einer Rechtsverordnung nach Absatz 2 ein Lebensmittel in den Verkehr bringt,
6. entgegen § 9 Absatz 1 Satz 1 Nummer 1 in Verbindung mit einer Rechtsverordnung nach Absatz 2 Nummer 1 Buchstabe a oder entgegen § 9 Absatz 1 Satz 1 Nummer 2 oder Nummer 3 ein Lebensmittel in den Verkehr bringt,
7. entgegen § 11 Absatz 1 ein Lebensmittel in den Verkehr bringt oder für ein Lebensmittel wirbt,
8. entgegen § 11 Absatz 2 Nummer 1 ein Lebensmittel in den Verkehr bringt,
9. entgegen § 11 Absatz 2 Nummer 2 ein Lebensmittel ohne ausreichende Kenntlichmachung in den Verkehr bringt,
10. entgegen § 17 Absatz 1 Satz 1 Nummer 2 ein Futtermittel herstellt oder behandelt,

10a. entgegen § 17a Absatz 1 Satz 1 nicht dafür Sorge trägt, dass eine dort genannte Versicherung besteht,

11. entgegen § 19 ein Futtermittel in den Verkehr bringt oder für ein Futtermittel wirbt,
12. entgegen § 21 Absatz 3 Satz 1 Nummer 1 Buchstabe a ein Futtermittel in den Verkehr bringt oder verfüttert,
13. entgegen § 27 Absatz 1 Satz 1 ein kosmetisches Mittel unter einer irreführenden Bezeichnung, Angabe oder Aufmachung in den Verkehr bringt oder mit einer irreführenden Darstellung oder Aussage wirbt,
14. entgegen § 28 Absatz 2 ein kosmetisches Mittel in den Verkehr bringt, das einer Rechtsverordnung nach § 28 Absatz 1 Nummer 1 oder 2 in Verbindung mit § 32 Absatz 1 Nummer 4 Buchstabe a oder Nummer 5 nicht entspricht,
15. entgegen § 31 Absatz 1 oder 2 Satz 2 ein Material oder einen Gegenstand als Bedarfsgegenstand verwendet oder in den Verkehr bringt,
16. entgegen § 31 Absatz 3 ein Lebensmittel in den Verkehr bringt,
17. entgegen § 32 Absatz 2 in Verbindung mit einer Rechtsverordnung nach Absatz 1 Nummer 4 Buchstabe a oder Nummer 5 einen Bedarfsgegenstand in den Verkehr bringt,
18. entgegen § 33 Absatz 1 ein Material oder einen Gegenstand unter einer irreführenden Bezeichnung, Angabe oder Aufmachung in den Verkehr bringt oder mit einer irreführenden Darstellung oder Aussage wirbt,
19. entgegen § 53 Absatz 1 Satz 1 in Verbindung mit
    a) § 17 Absatz 1 Satz 1 Nummer 1 Futtermittel,
    b) § 26 Satz 1 ein kosmetisches Mittel, einen Stoff oder ein Gemisch,
    c) § 30 einen Bedarfsgegenstand, einen Gegenstand oder ein Mittel oder
    d) Artikel 14 Absatz 2 Buchstabe a der Verordnung (EG) Nr. 178/2002 ein gesundheitsschädliches Lebensmittel

    in das Inland verbringt,

20. einer vollziehbaren Anordnung nach § 41 Absatz 2 Satz 1, Absatz 3 oder 6 Satz 1 oder 3 zuwiderhandelt oder
21. einer Rechtsverordnung nach
    a) § 7 Absatz 2 Nummer 1, 2, 3 oder 5, § 8 Absatz 2 Nummer 2, § 9 Absatz 2 Nummer 1 Buchstabe b, § 13 Absatz 1 Nummer 4, 5 oder Nummer 6, Absatz 3 Satz 1 oder Absatz 4 Nummer 1 Buchstabe a, b oder c oder Nummer 2, § 29 Absatz 1 Nummer 3, § 31 Absatz 2 Satz 1, § 32 Absatz 1 Nummer 4 Buchstabe b, auch in Verbindung mit § 28 Absatz 1 Nummer 2, § 32 Absatz 1 Nummer 7, § 33 Absatz 2, § 34 Satz 1 Nummer 3 oder 4, § 56 Absatz 1 Satz 1 Nummer 1 oder Absatz 4 Nummer 2 in Verbindung mit Absatz 1 Satz 1 Nummer 1 oder § 57 Absatz 7 Satz 1 Nummer 3 Buchstabe c in Verbindung mit § 56 Absatz 1 Satz 1 Nummer 1 oder
    b) § 13 Absatz 5 Satz 1 Nummer 1

oder einer vollziehbaren Anordnung aufgrund einer solchen Rechtsverordnung zuwiderhandelt, soweit die Rechtsverordnung für einen bestimmten Tatbestand auf diese Strafvorschrift verweist.

(2) Ebenso wird bestraft, wer

1. gegen die Verordnung (EG) Nr. 178/2002 verstößt, indem er
    a) entgegen Artikel 14 Absatz 1 in Verbindung mit Absatz 2 Buchstabe b ein Lebensmittel in den Verkehr bringt,
    b) entgegen Artikel 15 Absatz 1 in Verbindung mit Absatz 2 Spiegelstrich 2 ein Futtermittel in den Verkehr bringt oder verfüttert,
    c) entgegen Artikel 19 Absatz 1 Satz 1 ein Verfahren nicht, nicht vollständig oder nicht rechtzeitig einleitet, um ein Lebensmittel vom Markt zu nehmen, oder
    d) entgegen Artikel 20 Absatz 1 Satz 1 ein Verfahren nicht, nicht vollständig oder nicht rechtzeitig einleitet, um ein Futtermittel für Tiere, die der Lebensmittelgewinnung dienen, vom Markt zu nehmen,
2. entgegen Artikel 19 der Verordnung (EG) Nr. 396/2005 des Europäischen Parlaments und des Rates vom 23. Februar 2005 über Höchstgehalte an Pestizidrückständen in oder auf Lebens- und Futtermitteln pflanzlichen und tierischen Ursprungs und zur Änderung der Richtlinie 91/414/EWG des Rates (ABl. L 70 vom 16.3.2005, S. 1), die zuletzt durch die Verordnung (EU) Nr. 2016/1 (ABl. L 2 vom 5.1.2016, S. 1) geändert worden ist, ein Erzeugnis, soweit es sich dabei um ein Lebensmittel handelt, verarbeitet oder mit einem anderen Erzeugnis, soweit es sich dabei um ein Lebensmittel handelt, mischt,
3. gegen die Verordnung (EG) Nr. 1924/2006 des Europäischen Parlaments und des Rates vom 20. Dezember 2006 über nährwert- und gesundheitsbezogene Angaben über Lebensmittel (ABl. L 404 vom 30.12.2006, S. 9, L 12 vom 18.1.2007, S. 3, L 86 vom 28.3.2008, S. 34, L 198 vom 30.7.2009, S. 87, L 160 vom 12.6.2013, S. 15), die zuletzt durch die Verordnung (EU) Nr. 1047/2012 (ABl. L 310 vom 9.11.2012, S. 36) geändert worden ist, verstößt, indem er entgegen Artikel 3 Unterabsatz 1 in Verbindung mit
    a) Artikel 3 Unterabsatz 2 Buchstabe a bis c, d Satz 1 oder Buchstabe e,
    b) Artikel 4 Absatz 3,
    c) Artikel 5 Absatz 1 Buchstabe a bis d oder Absatz 2,
    d) Artikel 8 Absatz 1,
    e) Artikel 9 Absatz 2,
    f) Artikel 10 Absatz 1, 2 oder Absatz 3 oder
    g) Artikel 12

    eine nährwert- oder gesundheitsbezogene Angabe bei der Kennzeichnung oder Aufmachung eines Lebensmittels oder bei der Werbung verwendet,
4. entgegen Artikel 4 der Verordnung (EG) Nr. 1332/2008 des Europäischen Parlaments und des Rates vom 16. Dezember 2008 über Lebensmittelenzyme und zur Änderung der Richtlinie 83/417/EWG des Rates, der Verordnung (EG) Nr. 1493/1999 des Rates, der Richtlinie 2000/13/EG des Rates sowie der Verordnung (EG) Nr. 258/97 (ABl. L 354 vom 31.12.2008, S. 7), die durch die Verordnung (EU) Nr. 1056/2012 (ABl. L 313 vom 13.11.2012, S. 9) geändert worden ist, ein Lebensmittelenzym als solches in den Verkehr bringt oder in Lebensmitteln verwendet,
5. gegen die Verordnung (EG) Nr. 1333/2008 des Europäischen Parlaments und des Rates vom 16. Dezember 2008 über Lebensmittelzusatzstoffe (ABl. L 354 vom 31.12.2008, S. 16, L 105 vom 27.4.2010, S. 114, L 322 vom 21.11.2012, S. 8, L 123 vom 19.5.2015, S. 122), die durch die die zuletzt durch die Verordnung (EU) Nr. 2015/1832 (ABl. L 266 vom 13.10.2015, S. 27 geändert worden ist, verstößt, indem er
    a) entgegen Artikel 4 Absatz 1 einen Lebensmittelzusatzstoff als solchen in den Verkehr bringt oder in Lebensmitteln verwendet,
    b) entgegen Artikel 4 Absatz 2 einen Lebensmittelzusatzstoff in Lebensmittelzusatzstoffen, -enzymen oder -aromen verwendet oder
    c) entgegen Artikel 5 in Verbindung mit
        aa) Artikel 15,
        bb) Artikel 16,

cc) Artikel 17 oder
dd) Artikel 18

einen Lebensmittelzusatzstoff oder ein Lebensmittel in den Verkehr bringt,

6. gegen die Verordnung (EG) Nr. 1334/2008 verstößt, indem er
   a) entgegen Artikel 5 in Verbindung mit Artikel 4 ein Aroma oder ein Lebensmittel in Verkehr bringt, wenn die Tat nicht in § 58 Absatz 2a Nummer 1 Buchstabe a mit Strafe bedroht ist, oder
   b) entgegen Artikel 10 ein Aroma oder einen Ausgangsstoff verwendet oder
7. gegen die Verordnung (EU) Nr. 10/2011 verstößt, indem er
   a) entgegen Artikel 4 Buchstabe e in Verbindung mit Artikel 10, auch in Verbindung mit Artikel 13 Absatz 1, ein Material oder einen Gegenstand aus Kunststoff in Verkehr bringt, oder
   b) entgegen Artikel 4 Buchstabe e in Verbindung mit Artikel 11 Absatz 1 Satz 1 oder Absatz 2 oder Artikel 12, jeweils auch in Verbindung mit Artikel 13 Absatz 1 oder Absatz 5, ein Material oder einen Gegenstand aus Kunststoff in Verkehr bringt.

(3) Ebenso wird bestraft, wer

1. einer unmittelbar geltenden Vorschrift in Rechtsakten der Europäischen Gemeinschaft oder der Europäischen Union zuwiderhandelt, die inhaltlich einem in Absatz 1 Nummer 1 bis 19 bezeichneten Gebot oder Verbot entspricht, soweit eine Rechtsverordnung nach § 62 Absatz 1 Nummer 1 für einen bestimmten Tatbestand auf diese Strafvorschrift verweist oder
2. einer anderen als in Absatz 2 genannten unmittelbar geltenden Vorschrift in Rechtsakten der Europäischen Gemeinschaft oder der Europäischen Union zuwiderhandelt, die inhaltlich einer Regelung entspricht, zu der die in
   a) Absatz 1 Nummer 21 Buchstabe a genannten Vorschriften ermächtigen, soweit eine Rechtsverordnung nach § 62 Absatz 1 Nummer 1 für einen bestimmten Straftatbestand auf diese Strafvorschrift verweist,
   b) Absatz 1 Nummer 21 Buchstabe b genannten Vorschriften ermächtigen, soweit eine Rechtsverordnung nach § 62 Absatz 2 für einen bestimmten Straftatbestand auf diese Strafvorschrift verweist.

(4) Mit Freiheitsstrafe bis zu zwei Jahren oder mit Geldstrafe wird bestraft, wer

1. durch eine in Absatz 1 Nummer 8 oder Nummer 10 oder in Absatz 2 Nummer 1 Buchstabe a oder Buchstabe b bezeichnete Handlung aus grobem Eigennutz für sich oder einen anderen Vermögensvorteile großen Ausmaßes erlangt oder
2. eine in Absatz 1 Nummer 8 oder Nummer 10 oder in Absatz 2 Nummer 1 Buchstabe a oder Buchstabe b bezeichnete Handlung beharrlich wiederholt.

§ 60 Bußgeldvorschriften. (1) Ordnungswidrig handelt, wer eine der in

1. § 59 Absatz 1 Nummer 8 oder Nummer 10 oder Absatz 2 Nummer 1 Buchstabe a oder Buchstabe b oder
2. § 59 Absatz 1 Nummer 1 bis 7, 9, 10a, 11 bis 20 oder Nummer 21, Absatz 2 Nummer 1 Buchstabe c oder Buchstabe d, Nummer 2 bis 6 oder Nummer 7 oder Absatz 3

bezeichneten Handlung fahrlässig begeht.

(2) Ordnungswidrig handelt, wer vorsätzlich oder fahrlässig

1. (aufgehoben),
2. entgegen § 17 Absatz 2 Nummer 1 Futtermittel herstellt oder behandelt,
3. entgegen § 17 Absatz 2 Nummer 2 Futtermittel in den Verkehr bringt,
4. entgegen § 17 Absatz 2 Nummer 3 Futtermittel verfüttert,
5. entgegen § 20 Absatz 1 eine dort genannte Angabe verwendet,
6. entgegen § 21 Absatz 1 in Verbindung mit einer Rechtsverordnung nach § 23a Nummer 10 Buchstabe a eine Vormischung in den Verkehr bringt,
7. entgegen § 21 Absatz 2 in Verbindung mit einer Rechtsverordnung nach § 23a Nummer 10 Buchstabe b Einzelfuttermittel oder Mischfuttermittel in den Verkehr bringt,
8. entgegen § 21 Absatz 3 Satz 1 Nummer 1 Buchstabe b Futtermittel in den Verkehr bringt oder verfüttert,
9. entgegen § 21 Absatz 3 Satz 1 Nummer 2 Buchstabe a in Verbindung mit einer Rechtsverordnung nach § 23 Nummer 1 Futtermittel in den Verkehr bringt oder verfüttert,
10. entgegen § 21 Absatz 3 Satz 1 Nummer 2 Buchstabe b in Verbindung mit einer Rechtsverordnung nach § 23a Nummer 1 Futtermittel in den Verkehr bringt,
11. entgegen § 21 Absatz 3 Satz 1 Nummer 2 Buchstabe c in Verbindung mit einer Rechtsverordnung nach § 23a Nummer 3 Futtermittel in den Verkehr bringt oder verfüttert,
12. entgegen § 21 Absatz 3 Satz 1 Nummer 2 Buchstabe d in Verbindung mit einer Rechtsverordnung nach § 23a Nummer 11 Futtermittel in den Verkehr bringt oder verfüttert,
13. entgegen § 21 Absatz 3 Satz 1 Nummer 3 Futtermittel in den Verkehr bringt oder verfüttert,
14. (weggefallen)
15. (weggefallen)
16. (weggefallen)

17. (weggefallen)
18. entgegen § 32 Absatz 2 in Verbindung mit einer Rechtsverordnung nach Absatz 1 Nummer 6 einen Bedarfsgegenstand in den Verkehr bringt,
19. entgegen § 44 Absatz 1 eine Maßnahme nach § 42 Absatz 2 Nummer 1 oder 2 oder eine Probenahme nach § 43 Absatz 1 Satz 1 nicht duldet oder eine in der Überwachung tätige Person nicht unterstützt,
20. entgegen § 44 Absatz 2 Satz 1 eine Auskunft nicht, nicht richtig, nicht vollständig oder nicht rechtzeitig erteilt,
21. entgegen § 44 Absatz 3 Satz 1 eine Information nicht, nicht richtig, nicht vollständig oder nicht rechtzeitig übermittelt,
22. entgegen § 44 Absatz 4 Satz 1 oder Satz 2, Absatz 4a oder Absatz 5 Satz 1 oder Satz 2 oder Absatz 5a die zuständige Behörde nicht, nicht richtig, nicht vollständig oder nicht rechtzeitig unterrichtet,

22a. entgegen § 44a Absatz 1 Satz 1 in Verbindung mit einer Rechtsverordnung nach § 44a Absatz 3 oder in Verbindung mit § 75 Absatz 4 Satz 1 Nummer 1 und 2 eine Mitteilung nicht, nicht richtig, nicht vollständig oder nicht rechtzeitig macht,

23. entgegen § 51 Absatz 3 Satz 2 eine dort genannte Maßnahme oder die Entnahme einer Probe nicht duldet oder eine in der Durchführung des Monitorings tätige Person nicht unterstützt,
24. in anderen als den in § 59 Absatz 1 Nummer 19 bezeichneten Fällen entgegen § 53 Absatz 1 Satz 1 ein Erzeugnis in das Inland verbringt,
25. entgegen § 57 Absatz 2 Satz 1 Nummer 2 in Verbindung mit einer Rechtsverordnung nach § 23 Nummer 1 ein Futtermittel ausführt,
26. einer Rechtsverordnung nach
    a) § 13 Absatz 1 Nummer 3 oder Absatz 4 Nummer 1 Buchstabe d, e, f oder Buchstabe g, § 14 Absatz 1 Nummer 1, 3 oder 5, Absatz 2 oder 3, § 23 Nummer 2 bis 6, § 23a Nummer 5 bis 9, § 28 Absatz 3 Satz 1 Nummer 1 oder 3, § 29 Absatz 1 Nummer 1, 2 oder 4 oder Absatz 2, § 32 Absatz 1 Nummer 8, auch in Verbindung mit § 28 Absatz 1 Nummer 2, § 34 Satz 1 Nummer 7, § 35 Nummer 1 oder Nummer 5, § 36 Satz 1, auch in Verbindung mit Satz 2, § 37 Absatz 1, § 46 Absatz 2 oder § 47 Absatz 1 Nummer 2 oder
    b) § 9 Absatz 2 Nummer 1 Buchstabe c, § 14 Absatz 1 Nummer 2 oder 4, § 35 Nummer 2 oder 3, § 46 Absatz 1 Satz 1 Nummer 5, § 55 Absatz 3 Satz 1 oder 2, § 56 Absatz 1 Satz 1 Nummer 2, Absatz 2, 3 Satz 1 oder Absatz 4 Nummer 1 oder 2 in Verbindung mit Absatz 1 Satz 1 Nummer 2 oder Absatz 2, oder § 57 Absatz 7 Satz 1 Nummer 1, 2 oder 3 Buchstabe a, b oder c in Verbindung mit § 56 Absatz 1 Satz 1 Nummer 2 oder Absatz 2, oder § 57 Absatz 8 Nummer 1

oder einer vollziehbaren Anordnung aufgrund einer solchen Rechtsverordnung zuwiderhandelt, soweit die Rechtsverordnung für einen bestimmten Tatbestand auf diese Bußgeldvorschrift verweist.

(3) Ordnungswidrig handelt, wer

1. gegen die Verordnung (EG) Nr. 178/2002 verstößt, indem er vorsätzlich oder fahrlässig
    a) entgegen Artikel 15 Absatz 1 in Verbindung mit Absatz 2 Spiegelstrich 1, soweit sich dieser auf die Gesundheit des Tieres bezieht, jeweils auch in Verbindung mit Artikel 4 Absatz 1 Unterabsatz 2 der Verordnung (EG) Nr. 767/2009, ein Futtermittel in den Verkehr bringt oder verfüttert,
    b) entgegen Artikel 18 Absatz 2 Unterabsatz 2 oder Absatz 3 Satz 1, jeweils auch in Verbindung mit Artikel 5 Absatz 1 der Verordnung (EG) Nr. 767/2009, ein System oder Verfahren nicht, nicht richtig oder nicht vollständig einrichtet,
    c) entgegen Artikel 18 Absatz 3 Satz 2, auch in Verbindung mit Artikel 5 Absatz 1 der Verordnung (EG) Nr. 767/2009, eine Information nicht, nicht richtig, nicht vollständig oder nicht rechtzeitig zur Verfügung stellt,
    d) entgegen Artikel 19 Absatz 1 Satz 1 ein Verfahren nicht, nicht vollständig oder nicht rechtzeitig einleitet, um die zuständigen Behörden zu unterrichten,
    e) entgegen Artikel 19 Absatz 1 Satz 2 einen Verbraucher nicht, nicht richtig, nicht vollständig oder nicht rechtzeitig unterrichtet,
    f) entgegen Artikel 19 Absatz 3 Satz 1 oder Artikel 20 Absatz 3 Satz 1, auch in Verbindung mit Artikel 5 Absatz 1 der Verordnung (EG) Nr. 767/2009, eine Mitteilung nicht, nicht richtig, nicht vollständig oder nicht rechtzeitig macht,
    g) entgegen Artikel 19 Absatz 3 Satz 2 oder Artikel 20 Absatz 3 Satz 2, auch in Verbindung mit Artikel 5 Absatz 1 der Verordnung (EG) Nr. 767/2009, die Behörde nicht, nicht richtig oder nicht vollständig unterrichtet,
    h) entgegen Artikel 20 Absatz 1 Satz 1 in Verbindung mit Artikel 5 Absatz 1 der Verordnung (EG) Nr. 767/2009 ein Verfahren nicht, nicht richtig oder nicht rechtzeitig einleitet, um ein Futtermittel für Tiere, die nicht der Lebensmittelgewinnung dienen, vom Markt zu nehmen oder
    i) entgegen Artikel 20 Absatz 1 Satz 1, auch in Verbindung mit Artikel 5 Absatz 1 der Verordnung (EG) Nr. 767/2009, die Behörde nicht, nicht richtig, nicht vollständig oder nicht rechtzeitig unterrichtet,

2. vorsätzlich oder fahrlässig entgegen Artikel 19 der Verordnung (EG) Nr. 396/2005 ein Erzeugnis, soweit es sich dabei um ein Futtermittel handelt, verarbeitet oder mit einem anderen Erzeugnis mischt oder
3. gegen die Verordnung (EU) Nr. 10/2011 verstößt, indem er
   a) vorsätzlich oder fahrlässig entgegen Artikel 4 Buchstabe e in Verbindung mit Artikel 15 Absatz 1 oder Absatz 2 ein Material oder einen Gegenstand aus Kunststoff, ein Produkt aus einer Zwischenstufe ihrer Herstellung oder einen zur Herstellung dieser Materialien und Gegenstände bestimmten Stoff in Verkehr bringt, ohne eine schriftliche Erklärung zur Verfügung zu stellen, oder
   b) entgegen Artikel 16 Absatz 1 eine Unterlage nicht, nicht richtig, nicht vollständig oder nicht rechtzeitig zur Verfügung stellt.

(4) Ordnungswidrig handelt, wer vorsätzlich oder fahrlässig
1. einer unmittelbar geltenden Vorschrift in Rechtsakten der Europäischen Gemeinschaft oder der Europäischen Union zuwiderhandelt, die inhaltlich einem in Absatz 2
   a) Nummer 1 bis 13, 18, 24 oder Nummer 25 bezeichneten Gebot oder Verbot entspricht, soweit eine Rechtsverordnung nach § 62 Absatz 1 Nummer 2 Buchstabe a für einen bestimmten Tatbestand auf diese Bußgeldvorschrift verweist,
   b) Nummer 19 bis 22a oder Nummer 23 bezeichneten Gebot oder Verbot entspricht, soweit eine Rechtsverordnung nach § 62 Absatz 1 Nummer 2 Buchstabe b für einen bestimmten Tatbestand auf diese Bußgeldvorschrift verweist, oder
2. einer anderen als in Absatz 3 genannten unmittelbar geltenden Vorschrift in Rechtsakten der Europäischen Gemeinschaft oder der Europäischen Union zuwiderhandelt, die inhaltlich einer Regelung entspricht, zu der die in Absatz 2
   a) Nummer 26 Buchstabe a genannten Vorschriften ermächtigen, soweit eine Rechtsverordnung nach § 62 Absatz 1 Nummer 2 Buchstabe a für einen bestimmten Tatbestand auf diese Bußgeldvorschrift verweist,
   b) Nummer 26 Buchstabe b genannten Vorschriften ermächtigen, soweit eine Rechtsverordnung nach § 62 Absatz 1 Nummer 2 Buchstabe b für einen bestimmten Tatbestand auf diese Bußgeldvorschrift verweist.

(5) Die Ordnungswidrigkeit kann
1. in den Fällen des Absatzes 1 Nummer 1 mit einer Geldbuße bis zu hunderttausend Euro,
2. in den Fällen des Absatzes 1 Nummer 2, des Absatzes 2 Nummer 1 bis 13, 18, 24, 25 und 26 Buchstabe a, des Absatzes 3 Nummer 1 und 3 sowie des Absatzes 4 Nummer 1 Buchstabe a und Nummer 2 Buchstabe a mit einer Geldbuße bis zu fünfzigtausend Euro,
3. in den übrigen Fällen mit einer Geldbuße bis zu zwanzigtausend Euro

geahndet werden.

§ 61 Einziehung. Gegenstände, auf die sich eine Straftat nach § 58 oder § 59 oder eine Ordnungswidrigkeit nach § 60 bezieht, können eingezogen werden. § 74a des Strafgesetzbuches und § 23 des Gesetzes über Ordnungswidrigkeiten sind anzuwenden.

§ 62 Ermächtigungen. (1) Das Bundesministerium wird ermächtigt, soweit dies zur Durchsetzung der Rechtsakte der Europäischen Gemeinschaft oder der Europäischen Union erforderlich ist, durch Rechtsverordnung ohne Zustimmung des Bundesrates die Tatbestände zu bezeichnen, die
1. als Straftat nach § 58 Absatz 3 oder § 59 Absatz 3 Nummer 1 oder 2 Buchstabe a zu ahnden sind oder
2. als Ordnungswidrigkeit nach
   a) § 60 Absatz 4 Nummer 1 Buchstabe a oder Nummer 2 Buchstabe a oder
   b) § 60 Absatz 4 Nummer 1 Buchstabe b oder Nummer 2 Buchstabe b

geahndet werden können.

(2) Das Bundesministerium für Umwelt, Naturschutz und Reaktorsicherheit wird ermächtigt, soweit dies zur Durchsetzung der Rechtsakte der Europäischen Gemeinschaft oder der Europäischen Union erforderlich ist, durch Rechtsverordnung ohne Zustimmung des Bundesrates die Tatbestände zu bezeichnen, die als Straftat nach § 59 Absatz 3 Nummer 2 Buchstabe b zu ahnden sind.

5. Richtlinie 2005/29/EG des Europäischen Parlaments und des Rates über unlautere Geschäftspraktiken von Unternehmen gegenüber Verbrauchern im Binnenmarkt

vom 11. Mai 2005 (ABl. EG 2005 Nr. L 149/22)
ber. durch ABl. 2009 Nr. L 253/18

DAS EUROPÄISCHE PARLAMENT UND DER RAT DER EUROPÄISCHEN UNION –

gestützt auf den Vertrag zur Gründung der Europäischen Gemeinschaft, insbesondere auf Artikel 95,
auf Vorschlag der Kommission,
nach Stellungnahme des Europäischen Wirtschafts- und Sozialausschusses,[1]
gemäß dem Verfahren des Artikels 251 des Vertrags,[2]
in Erwägung nachstehender Gründe:

(1) Nach Artikel 153 Absatz 1 und Absatz 3 Buchstabe a des Vertrags hat die Gemeinschaft durch Maßnahmen, die sie nach Artikel 95 erlässt, einen Beitrag zur Gewährleistung eines hohen Verbraucherschutzniveaus zu leisten.

(2) Gemäß Artikel 14 Absatz 2 des Vertrags umfasst der Binnenmarkt einen Raum ohne Binnengrenzen, in dem der freie Verkehr von Waren und Dienstleistungen sowie die Niederlassungsfreiheit gewährleistet sind. Die Entwicklung der Lauterkeit des Geschäftsverkehrs innerhalb dieses Raums ohne Binnengrenzen ist für die Förderung grenzüberschreitender Geschäftstätigkeiten wesentlich.

(3) Die Rechtsvorschriften der Mitgliedstaaten in Bezug auf unlautere Geschäftspraktiken unterscheiden sich deutlich voneinander, wodurch erhebliche Verzerrungen des Wettbewerbs und Hemmnisse für das ordnungsgemäße Funktionieren des Binnenmarktes entstehen können. Im Bereich der Werbung legt die Richtlinie 84/450/EWG des Rates vom 10. September 1984 über irreführende und vergleichende Werbung[3] Mindestkriterien für die Angleichung der Rechtsvorschriften im Bereich der irreführenden Werbung fest, hindert die Mitgliedstaaten jedoch nicht daran, Vorschriften aufrechtzuerhalten oder zu erlassen, die einen weiterreichenden Schutz der Verbraucher vorsehen. Deshalb unterscheiden sich die Rechtsvorschriften der Mitgliedstaaten im Bereich der irreführenden Werbung erheblich.

(4) Diese Unterschiede führen zu Unsicherheit darüber, welche nationalen Regeln für unlautere Geschäftspraktiken gelten, die die wirtschaftlichen Interessen der Verbraucher schädigen, und schaffen viele Hemmnisse für Unternehmen wie Verbraucher. Diese Hemmnisse verteuern für die Unternehmen die Ausübung der Freiheiten des Binnenmarkts, insbesondere, wenn Unternehmen grenzüberschreitend Marketing-, Werbe- oder Verkaufskampagnen betreiben wollen. Auch für Verbraucher schaffen solche Hemmnisse Unsicherheit hinsichtlich ihrer Rechte und untergraben ihr Vertrauen in den Binnenmarkt.

(5) In Ermangelung einheitlicher Regeln auf Gemeinschaftsebene könnten Hemmnisse für den grenzüberschreitenden Dienstleistungs- und Warenverkehr oder die Niederlassungsfreiheit im Lichte der Rechtsprechung des Gerichtshofs der Europäischen Gemeinschaften gerechtfertigt sein, sofern sie dem Schutz anerkannter Ziele des öffentlichen Interesses dienen und diesen Zielen angemessen sind. Angesichts der Ziele der Gemeinschaft, wie sie in den Bestimmungen des Vertrags und im sekundären Gemeinschaftsrecht über die Freizügigkeit niedergelegt sind, und in Übereinstimmung mit der in der Mitteilung der Kommission „Folgedokument zum Grünbuch über kommerzielle Kommunikationen im Binnenmarkt" genannten Politik der Kommission auf dem Gebiet der kommerziellen Kommunikation sollten solche Hemmnisse beseitigt werden. Diese Hemmnisse können nur beseitigt werden, indem in dem Maße, wie es für das ordnungsgemäße Funktionieren des Binnenmarktes und im Hinblick auf das Erfordernis der Rechtssicherheit notwendig ist, auf Gemeinschaftsebene einheitliche Regeln, die ein hohes Verbraucherschutzniveau gewährleisten, festgelegt und bestimmte Rechtskonzepte geklärt werden.

(6) Die vorliegende Richtlinie gleicht deshalb die Rechtsvorschriften der Mitgliedstaaten über unlautere Geschäftspraktiken einschließlich der unlauteren Werbung an, die die wirtschaftlichen Interessen der Verbraucher unmittelbar und dadurch die wirtschaftlichen Interessen rechtmäßig handelnder Mitbewerber mittelbar schädigen. Im Einklang mit dem Verhältnismäßigkeitsprinzip schützt diese Richtlinie die Verbraucher vor den Auswirkungen solcher unlauteren Geschäftspraktiken, soweit sie als wesentlich anzusehen sind, berücksichtigt jedoch, dass die Auswirkungen für den Verbraucher in manchen Fällen unerheb-

---

[1] **Amtl. Anm.:** ABl. C 108 vom 30.4.2004, S. 81.

[2] **Amtl. Anm.:** Stellungnahme des Europäischen Parlaments vom 20. April 2004 (ABl. C 104 E vom 30.4. 2004, S. 260), Gemeinsamer Standpunkt des Rates vom 15. November 2004 (ABl. C 38 E vom 15.2.2005, S. 1) und Standpunkt des Europäischen Parlaments vom 24. Februar 2005 (noch nicht im Amtsblatt veröffentlicht). Beschluss des Rates vom 12. April 2005.

[3] **Amtl. Anm.:** ABl. L 250 vom 19.9.1984, S. 17. Richtlinie geändert durch die Richtlinie 97/55/EG des Europäischen Parlaments und des Rates (ABl. L 290 vom 23.10.1997, S. 18).

lich sein können. Sie erfasst und berührt nicht die nationalen Rechtsvorschriften in Bezug auf unlautere Geschäftspraktiken, die lediglich die wirtschaftlichen Interessen von Mitbewerbern schädigen oder sich auf ein Rechtsgeschäft zwischen Gewerbetreibenden beziehen; die Mitgliedstaaten können solche Praktiken, falls sie es wünschen, unter uneingeschränkter Wahrung des Subsidiaritätsprinzips im Einklang mit dem Gemeinschaftsrecht weiterhin regeln. Diese Richtlinie erfasst und berührt auch nicht die Bestimmungen der Richtlinie 84/450/EWG über Werbung, die für Unternehmen, nicht aber für Verbraucher irreführend ist, noch die Bestimmungen über vergleichende Werbung. Darüber hinaus berührt diese Richtlinie auch nicht die anerkannten Werbe- und Marketingmethoden wie rechtmäßige Produktplatzierung, Markendifferenzierung oder Anreize, die auf rechtmäßige Weise die Wahrnehmung von Produkten durch den Verbraucher und sein Verhalten beeinflussen können, die jedoch seine Fähigkeit, eine informierte Entscheidung zu treffen, nicht beeinträchtigen.

(7) Diese Richtlinie bezieht sich auf Geschäftspraktiken, die in unmittelbarem Zusammenhang mit der Beeinflussung der geschäftlichen Entscheidungen des Verbrauchers in Bezug auf Produkte stehen. Sie bezieht sich nicht auf Geschäftspraktiken, die vorrangig anderen Zielen dienen, wie etwa bei kommerziellen, für Investoren gedachten Mitteilungen, wie Jahresberichten und Unternehmensprospekten. Sie bezieht sich nicht auf die gesetzlichen Anforderungen in Fragen der guten Sitten und des Anstands, die in den Mitgliedstaaten sehr unterschiedlich sind. Geschäftspraktiken wie beispielsweise das Ansprechen von Personen auf der Straße zu Verkaufszwecken können in manchen Mitgliedstaaten aus kulturellen Gründen unerwünscht sein. Die Mitgliedstaaten sollten daher im Einklang mit dem Gemeinschaftsrecht in ihrem Hoheitsgebiet weiterhin Geschäftspraktiken aus Gründen der guten Sitten und des Anstands verbieten können, auch wenn diese Praktiken die Wahlfreiheit des Verbrauchers nicht beeinträchtigen. Bei der Anwendung dieser Richtlinie, insbesondere der Generalklauseln, sollten die Umstände des Einzelfalles umfassend gewürdigt werden.

(8) Diese Richtlinie schützt unmittelbar die wirtschaftlichen Interessen der Verbraucher vor unlauteren Geschäftspraktiken im Geschäftsverkehr von Unternehmen gegenüber Verbrauchern. Sie schützt somit auch mittelbar rechtmäßig handelnde Unternehmen vor Mitbewerbern, die sich nicht an die Regeln dieser Richtlinie halten, und gewährleistet damit einen lauteren Wettbewerb in dem durch sie koordinierten Bereich. Selbstverständlich gibt es andere Geschäftspraktiken, die zwar nicht den Verbraucher schädigen, sich jedoch nachteilig für die Mitbewerber und gewerblichen Kunden auswirken können. Die Kommission sollte sorgfältig prüfen, ob auf dem Gebiet des unlauteren Wettbewerbs über den Regelungsbereich dieser Richtlinie hinausgehende gemeinschaftliche Maßnahmen erforderlich sind, und sollte gegebenenfalls einen Gesetzgebungsvorschlag zur Erfassung dieser anderen Aspekte des unlauteren Wettbewerbs vorlegen.

(9) Diese Richtlinie berührt nicht individuelle Klagen von Personen, die durch eine unlautere Geschäftspraxis geschädigt wurden. Sie berührt ferner nicht die gemeinschaftlichen und nationalen Vorschriften in den Bereichen Vertragsrecht, Schutz des geistigen Eigentums, Sicherheit und Gesundheitsschutz im Zusammenhang mit Produkten, Niederlassungsbedingungen und Genehmigungsregelungen, einschließlich solcher Vorschriften, die sich im Einklang mit dem Gemeinschaftsrecht auf Glücksspiele beziehen, sowie die Wettbewerbsregeln der Gemeinschaft und die nationalen Rechtsvorschriften zur Umsetzung derselben. Die Mitgliedstaaten können somit unabhängig davon, wo der Gewerbetreibende niedergelassen ist, unter Berufung auf den Schutz der Gesundheit und der Sicherheit der Verbraucher in ihrem Hoheitsgebiet für Geschäftspraktiken Beschränkungen aufrechterhalten oder einführen oder diese Praktiken verbieten, beispielsweise im Zusammenhang mit Spirituosen, Tabakwaren und Arzneimitteln. Für Finanzdienstleistungen und Immobilien sind aufgrund ihrer Komplexität und der ihnen inhärenten ernsten Risiken detaillierte Anforderungen erforderlich, einschließlich positiver Verpflichtungen für die betreffenden Gewerbetreibenden. Deshalb lässt diese Richtlinie im Bereich der Finanzdienstleistungen und Immobilien das Recht der Mitgliedstaaten unberührt, zum Schutz der wirtschaftlichen Interessen der Verbraucher über ihre Bestimmungen hinauszugehen. Es ist nicht angezeigt, in dieser Richtlinie die Zertifizierung und Angabe des Feingehalts von Artikeln aus Edelmetall zu regeln.

(10) Es muss sichergestellt werden, dass diese Richtlinie insbesondere in Fällen, in denen Einzelvorschriften über unlautere Geschäftspraktiken in speziellen Sektoren anwendbar sind auf das geltende Gemeinschaftsrecht abgestimmt ist. Diese Richtlinie ändert daher die Richtlinie 84/450/EWG, die Richtlinie 97/7/EG des Europäischen Parlaments und des Rates vom 20. Mai 1997 über den Verbraucherschutz bei Vertragsabschlüssen im Fernabsatz,[4] die Richtlinie 98/27/EG des Europäischen Parlaments und des Rates vom 19. Mai 1998 über Unterlassungsklagen zum Schutz der Verbraucherinteressen[5] und die Richtlinie 2002/65/EG des Europäischen Parlaments und des Rates vom 23. September 2002 über den Fernabsatz von Finanzdienstleistungen an Verbraucher.[6] Diese Richtlinie gilt dementsprechend nur inso-

---

[4] **Amtl. Anm.:** ABl. L 144 vom 4.6.1997, S. 19. Richtlinie geändert durch die Richtlinie 2002/65/EG (ABl. L 271 vom 9. 10. 2002, S. 16).

[5] **Amtl. Anm.:** ABl. L 166 vom 11.6.1998, S. 51. Richtlinie zuletzt geändert durch die Richtlinie 2002/65/EG.

[6] **Amtl. Anm.:** ABl. L 271 vom 9.10.2002, S. 16.

weit, als keine spezifischen Vorschriften des Gemeinschaftsrechts vorliegen, die spezielle Aspekte unlauterer Geschäftspraktiken regeln, wie etwa Informationsanforderungen oder Regeln darüber, wie dem Verbraucher Informationen zu vermitteln sind. Sie bietet den Verbrauchern in den Fällen Schutz, in denen es keine spezifischen sektoralen Vorschriften auf Gemeinschaftsebene gibt, und untersagt es Gewerbetreibenden, eine Fehlvorstellung von der Art ihrer Produkte zu wecken. Dies ist besonders wichtig bei komplexen Produkten mit einem hohen Risikograd für die Verbraucher, wie etwa bestimmten Finanzdienstleistungen. Diese Richtlinie ergänzt somit den gemeinschaftlichen Besitzstand in Bezug auf Geschäftspraktiken, die den wirtschaftlichen Interessen der Verbraucher schaden.

(11) Das hohe Maß an Konvergenz, das die Angleichung der nationalen Rechtsvorschriften durch diese Richtlinie hervorbringt, schafft ein hohes allgemeines Verbraucherschutzniveau. Diese Richtlinie stellt ein einziges generelles Verbot jener unlauteren Geschäftspraktiken auf, die das wirtschaftliche Verhalten des Verbrauchers beeinträchtigen. Sie stellt außerdem Regeln über aggressive Geschäftspraktiken auf, die gegenwärtig auf Gemeinschaftsebene nicht geregelt sind.

(12) Durch die Angleichung wird die Rechtssicherheit sowohl für Verbraucher als auch für Unternehmen beträchtlich erhöht. Sowohl die Verbraucher als auch die Unternehmen werden in die Lage versetzt, sich an einem einzigen Rechtsrahmen zu orientieren, der auf einem klar definierten Rechtskonzept beruht, das alle Aspekte unlauterer Geschäftspraktiken in der EU regelt. Dies wird zur Folge haben, dass die durch die Fragmentierung der Vorschriften über unlautere, die wirtschaftlichen Interessen der Verbraucher schädigende Geschäftspraktiken verursachten Handelshemmnisse beseitigt werden und die Verwirklichung des Binnenmarktes in diesem Bereich ermöglicht wird.

(13) Zur Erreichung der Ziele der Gemeinschaft durch die Beseitigung von Hemmnissen für den Binnenmarkt ist es notwendig, die in den Mitgliedstaaten existierenden unterschiedlichen Generalklauseln und Rechtsgrundsätze zu ersetzen. Das durch diese Richtlinie eingeführte einzige, gemeinsame generelle Verbot umfasst daher unlautere Geschäftspraktiken, die das wirtschaftliche Verhalten der Verbraucher beeinträchtigen. Zur Förderung des Verbrauchervertrauens sollte das generelle Verbot für unlautere Geschäftspraktiken sowohl außerhalb einer vertraglichen Beziehung zwischen Gewerbetreibenden und Verbrauchern als auch nach Abschluss eines Vertrags und während dessen Ausführung gelten. Das generelle Verbot wird durch Regeln über die beiden bei weitem am meisten verbreiteten Arten von Geschäftspraktiken konkretisiert, nämlich die irreführenden und die aggressiven Geschäftspraktiken.

(14) Es ist wünschenswert, dass der Begriff der irreführenden Praktiken auch Praktiken, einschließlich irreführender Werbung, umfasst, die den Verbraucher durch Täuschung davon abhalten, eine informierte und deshalb effektive Wahl zu treffen. In Übereinstimmung mit dem Recht und den Praktiken der Mitgliedstaaten zur irreführenden Werbung unterteilt diese Richtlinie irreführende Praktiken in irreführende Handlungen und irreführende Unterlassungen. Im Hinblick auf Unterlassungen legt diese Richtlinie eine bestimmte Anzahl von Basisinformationen fest, die der Verbraucher benötigt, um eine informierte geschäftliche Entscheidung treffen zu können. Solche Informationen müssen nicht notwendigerweise in jeder Werbung enthalten sein, sondern nur dann, wenn der Gewerbetreibende zum Kauf auffordert; dieses Konzept wird in dieser Richtlinie klar definiert. Die in dieser Richtlinie vorgesehene vollständige Angleichung hindert die Mitgliedstaaten nicht daran, in ihren nationalen Rechtsvorschriften für bestimmte Produkte, zum Beispiel Sammlungsstücke oder elektrische Geräte, die wesentlichen Kennzeichen festzulegen, deren Weglassen bei einer Aufforderung zum Kauf rechtserheblich wäre. Mit dieser Richtlinie wird nicht beabsichtigt, die Wahl für die Verbraucher einzuschränken, indem die Werbung für Produkte, die anderen Produkten ähneln, untersagt wird, es sei denn, dass diese Ähnlichkeit eine Verwechslungsgefahr für die Verbraucher hinsichtlich der kommerziellen Herkunft des Produkts begründet und daher irreführend ist. Diese Richtlinie sollte das bestehende Gemeinschaftsrecht unberührt lassen, das den Mitgliedstaaten ausdrücklich die Wahl zwischen mehreren Regelungsoptionen für den Verbraucherschutz auf dem Gebiet der Geschäftspraktiken lässt. Die vorliegende Richtlinie sollte insbesondere Artikel 13 Absatz 3 der Richtlinie 2002/58/EG des Europäischen Parlaments und des Rates vom 12. Juli 2002 über die Verarbeitung personenbezogener Daten und den Schutz der Privatsphäre in der elektronischen Kommunikation[7] unberührt lassen.

(15) Legt das Gemeinschaftsrecht Informationsanforderungen in Bezug auf Werbung, kommerzielle Kommunikation oder Marketing fest, so werden die betreffenden Informationen im Rahmen dieser Richtlinie als wesentlich angesehen. Die Mitgliedstaaten können die Informationsanforderungen in Bezug auf das Vertragsrecht oder mit vertragsrechtlichen Auswirkungen aufrechterhalten oder erweitern, wenn dies aufgrund der Mindestklauseln in den bestehenden gemeinschaftlichen Rechtsakten zulässig ist. Eine nicht erschöpfende Auflistung solcher im Besitzstand vorgesehenen Informationsanforderungen ist in Anhang II enthalten. Aufgrund der durch diese Richtlinie eingeführten vollständigen Angleichung werden nur die nach dem Gemeinschaftsrecht vorgeschriebenen Informationen als wesentlich für die Zwecke des Artikels 7 Absatz 5 dieser Richtlinie betrachtet. Haben die Mitgliedstaaten auf der Grundlage von Mindestklauseln Informationsanforderungen eingeführt, die über das hinausgehen, was im Gemeinschafts-

---

[7] **Amtl. Anm.:** ABl. L 201 vom 31.7.2002, S. 37.

recht geregelt ist, so kommt das Vorenthalten dieser Informationen einem irreführenden Unterlassen nach dieser Richtlinie nicht gleich. Die Mitgliedstaaten können demgegenüber, sofern dies nach den gemeinschaftsrechtlichen Mindestklauseln zulässig ist, im Einklang mit dem Gemeinschaftsrecht strengere Bestimmungen aufrechterhalten oder einführen, um ein höheres Schutzniveau für die individuellen vertraglichen Rechte der Verbraucher zu gewährleisten.

(16) Die Bestimmungen über aggressive Handelspraktiken sollten solche Praktiken einschließen, die die Wahlfreiheit des Verbrauchers wesentlich beeinträchtigen. Dabei handelt es sich um Praktiken, die sich der Belästigung, der Nötigung, einschließlich der Anwendung von Gewalt, und der unzulässigen Beeinflussung bedienen.

(17) Es ist wünschenswert, dass diejenigen Geschäftspraktiken, die unter allen Umständen unlauter sind, identifiziert werden, um größere Rechtssicherheit zu schaffen. Anhang I enthält daher eine umfassende Liste solcher Praktiken. Hierbei handelt es sich um die einzigen Geschäftspraktiken, die ohne eine Beurteilung des Einzelfalls anhand der Bestimmungen der Artikel 5 bis 9 als unlauter gelten können. Die Liste kann nur durch eine Änderung dieser Richtlinie abgeändert werden.

(18) Es ist angezeigt, alle Verbraucher vor unlauteren Geschäftspraktiken zu schützen; der Gerichtshof hat es allerdings bei seiner Rechtsprechung im Zusammenhang mit Werbung seit dem Erlass der Richtlinie 84/450/EWG für erforderlich gehalten, die Auswirkungen auf einen fiktiven typischen Verbraucher zu prüfen. Dem Verhältnismäßigkeitsprinzip entsprechend und um die wirksame Anwendung der vorgesehenen Schutzmaßnahmen zu ermöglichen, nimmt diese Richtlinie den Durchschnittsverbraucher, der angemessen gut unterrichtet und angemessen aufmerksam und kritisch ist, unter Berücksichtigung sozialer, kultureller und sprachlicher Faktoren in der Auslegung des Gerichtshofs als Maßstab, enthält aber auch Bestimmungen zur Vermeidung der Ausnutzung von Verbrauchern, deren Eigenschaften sie für unlautere Geschäftspraktiken besonders anfällig machen. Richtet sich eine Geschäftspraxis speziell an eine besondere Verbrauchergruppe wie z. B. Kinder, so sollte die Auswirkung der Geschäftspraxis aus der Sicht eines Durchschnittsmitglieds dieser Gruppe beurteilt werden. Es ist deshalb angezeigt, in die Liste der Geschäftspraktiken, die unter allen Umständen unlauter sind, eine Bestimmung aufzunehmen, mit der an Kinder gerichtete Werbung zwar nicht völlig untersagt wird, mit der Kinder aber vor unmittelbaren Kaufaufforderungen geschützt werden. Der Begriff des Durchschnittsverbrauchers beruht dabei nicht auf einer statistischen Grundlage. Die nationalen Gerichte und Verwaltungsbehörden müssen sich bei der Beurteilung der Frage, wie der Durchschnittsverbraucher in einem gegebenen Fall typischerweise reagieren würde, auf ihre eigene Urteilsfähigkeit unter Berücksichtigung der Rechtsprechung des Gerichtshofs verlassen.

(19) Sind Verbraucher aufgrund bestimmter Eigenschaften wie Alter, geistige oder körperliche Gebrechen oder Leichtgläubigkeit besonders für eine Geschäftspraxis oder das ihr zugrunde liegende Produkt anfällig und wird durch diese Praxis voraussichtlich das wirtschaftliche Verhalten nur dieser Verbraucher in einer für den Gewerbetreibenden vernünftigerweise vorhersehbaren Art und Weise wesentlich beeinflusst, muss sichergestellt werden, dass diese entsprechend geschützt werden, indem die Praxis aus der Sicht eines Durchschnittsmitglieds dieser Gruppe beurteilt wird.

(20) Es ist zweckmäßig, die Möglichkeit von Verhaltenskodizes vorzusehen, die es Gewerbetreibenden ermöglichen, die Grundsätze dieser Richtlinie in spezifischen Wirtschaftsbranchen wirksam anzuwenden. In Branchen, in denen es spezifische zwingende Vorschriften gibt, die das Verhalten von Gewerbetreibenden regeln, ist es zweckmäßig, dass aus diesen auch die Anforderungen an die berufliche Sorgfalt in dieser Branche ersichtlich sind. Die von den Urhebern der Kodizes auf nationaler oder auf Gemeinschaftsebene ausgeübte Kontrolle hinsichtlich der Beseitigung unlauterer Geschäftspraktiken könnte die Inanspruchnahme der Verwaltungsbehörden oder Gerichte unnötig machen und sollte daher gefördert werden. Mit dem Ziel, ein hohes Verbraucherschutzniveau zu erreichen, könnten Verbraucherverbände informiert und an der Ausarbeitung von Verhaltenskodizes beteiligt werden.

(21) Personen oder Organisationen, die nach dem nationalen Recht ein berechtigtes Interesse geltend machen können, müssen über Rechtsbehelfe verfügen, die es ihnen erlauben, vor Gericht oder bei einer Verwaltungsbehörde, die über Beschwerden entscheiden oder geeignete gerichtliche Schritte einleiten kann, gegen unlautere Geschäftspraktiken vorzugehen. Zwar wird die Beweislast vom nationalen Recht bestimmt, die Gerichte und Verwaltungsbehörden sollten aber in die Lage versetzt werden, von Gewerbetreibenden zu verlangen, dass sie den Beweis für die Richtigkeit der von ihnen behaupteten Tatsachen erbringen.

(22) Es ist notwendig, dass die Mitgliedstaaten Sanktionen für Verstöße gegen diese Richtlinie festlegen und für deren Durchsetzung sorgen. Die Sanktionen müssen wirksam, verhältnismäßig und abschreckend sein.

(23) Da die Ziele dieser Richtlinie, nämlich durch Angleichung der Rechts- und Verwaltungsvorschriften der Mitgliedstaaten über unlautere Geschäftspraktiken die durch derartige Vorschriften verursachten Handelshemmnisse zu beseitigen und ein hohes gemeinsames Verbraucherschutzniveau zu gewährleisten, auf Ebene der Mitgliedstaaten nicht ausreichend erreicht werden können und daher besser auf Gemeinschaftsebene zu erreichen sind, kann die Gemeinschaft im Einklang mit dem in Artikel 5 des Vertrags

niedergelegten Subsidiaritätsprinzip tätig werden. Entsprechend dem in demselben Artikel genannten Verhältnismäßigkeitsprinzip geht diese Richtlinie nicht über das für die Beseitigung der Handelshemmnisse und die Gewährleistung eines hohen gemeinsamen Verbraucherschutzniveaus erforderliche Maß hinaus.

(24) Diese Richtlinie sollte überprüft werden um sicherzustellen, dass Handelshemmnisse für den Binnenmarkt beseitigt und ein hohes Verbraucherschutzniveau erreicht wurden. Diese Überprüfung könnte zu einem Vorschlag der Kommission zur Änderung dieser Richtlinie führen, der eine begrenzte Verlängerung der Geltungsdauer der Ausnahmeregelung des Artikels 3 Absatz 5 vorsehen und/oder Änderungsvorschläge zu anderen Rechtsvorschriften über den Verbraucherschutz beinhalten könnte, in denen die von der Kommission im Rahmen der verbraucherpolitischen Strategie der Gemeinschaft eingegangene Verpflichtung zur Überprüfung des Besitzstands zur Erreichung eines hohen gemeinsamen Verbraucherschutzniveaus zum Ausdruck kommt.

(25) Diese Richtlinie achtet die insbesondere in der Charta der Grundrechte der Europäischen Union anerkannten Grundrechte und Grundsätze –

HABEN FOLGENDE RICHTLINIE ERLASSEN:

Kapitel 1. Allgemeine Bestimmungen

Art. 1 Zweck der Richtlinie. Zweck dieser Richtlinie ist es, durch Angleichung der Rechts- und Verwaltungsvorschriften der Mitgliedstaaten über unlautere Geschäftspraktiken, die die wirtschaftlichen Interessen der Verbraucher beeinträchtigen, zu einem reibungslosen Funktionieren des Binnenmarkts und zum Erreichen eines hohen Verbraucherschutzniveaus beizutragen.

Art. 2 Definitionen. Im Sinne dieser Richtlinie bezeichnet der Ausdruck

a) „Verbraucher" jede natürliche Person, die im Geschäftsverkehr im Sinne dieser Richtlinie zu Zwecken handelt, die nicht ihrer gewerblichen, handwerklichen oder beruflichen Tätigkeit zugerechnet werden können;
b) „Gewerbetreibender" jede natürliche oder juristische Person, die im Geschäftsverkehr im Sinne dieser Richtlinie im Rahmen ihrer gewerblichen, handwerklichen oder beruflichen Tätigkeit handelt, und jede Person, die im Namen oder Auftrag des Gewerbetreibenden handelt;
c) „Produkt" jede Ware oder Dienstleistung, einschließlich Immobilien, Rechte und Verpflichtungen;
d) „Geschäftspraktiken von Unternehmen gegenüber Verbrauchern" (nachstehend auch „Geschäftspraktiken" genannt) jede Handlung, Unterlassung, Verhaltensweise oder Erklärung, kommerzielle Mitteilung einschließlich Werbung und Marketing eines Gewerbetreibenden, die unmittelbar mit der Absatzförderung, dem Verkauf oder der Lieferung eines Produkts an Verbraucher zusammenhängt;
e) „wesentliche Beeinflussung des wirtschaftlichen Verhaltens des Verbrauchers" die Anwendung einer Geschäftspraxis, um die Fähigkeit des Verbrauchers, eine informierte Entscheidung zu treffen, spürbar zu beeinträchtigen und damit den Verbraucher zu einer geschäftlichen Entscheidung zu veranlassen, die er andernfalls nicht getroffen hätte;
f) „Verhaltenskodex" eine Vereinbarung oder ein Vorschriftenkatalog, die bzw. der nicht durch die Rechts- und Verwaltungsvorschriften eines Mitgliedstaates vorgeschrieben ist und das Verhalten der Gewerbetreibenden definiert, die sich in Bezug auf eine oder mehrere spezielle Geschäftspraktiken oder Wirtschaftszweige auf diesen Kodex verpflichten;
g) „Urheber eines Kodex" jede Rechtspersönlichkeit, einschließlich einzelner Gewerbetreibender oder Gruppen von Gewerbetreibenden, die für die Formulierung und Überarbeitung eines Verhaltenskodex und/oder für die Überwachung der Einhaltung dieses Kodex durch alle diejenigen, die sich darauf verpflichtet haben, zuständig ist;
h) „berufliche Sorgfalt" der Standard an Fachkenntnissen und Sorgfalt, bei denen billigerweise davon ausgegangen werden kann, dass der Gewerbetreibende sie gegenüber dem Verbraucher gemäß den anständigen Marktgepflogenheiten und/oder dem allgemeinen Grundsatz von Treu und Glauben in seinem Tätigkeitsbereich anwendet;
i) „Aufforderung zum Kauf" jede kommerzielle Kommunikation, die die Merkmale des Produkts und den Preis in einer Weise angibt, die den Mitteln der verwendeten kommerziellen Kommunikation angemessen ist und den Verbraucher dadurch in die Lage versetzt, einen Kauf zu tätigen;
j) „unzulässige Beeinflussung" die Ausnutzung einer Machtposition gegenüber dem Verbraucher zur Ausübung von Druck, auch ohne die Anwendung oder Androhung von körperlicher Gewalt, in einer Weise, die die Fähigkeit des Verbrauchers zu einer informierten Entscheidung wesentlich einschränkt;
k) „geschäftliche Entscheidung" jede Entscheidung eines Verbraucher darüber, ob, wie und unter welchen Bedingungen er einen Kauf tätigen, eine Zahlung insgesamt oder teilweise leisten, ein Produkt behalten oder abgeben oder ein vertragliches Recht im Zusammenhang mit dem Produkt ausüben

will, unabhängig davon, ob der Verbraucher beschließt, tätig zu werden oder ein Tätigwerden zu unterlassen;

l) „reglementierter Beruf“ eine berufliche Tätigkeit oder eine Reihe beruflicher Tätigkeiten, bei der die Aufnahme oder Ausübung oder eine der Arten der Ausübung direkt oder indirekt durch Rechts- oder Verwaltungsvorschriften an das Vorhandensein bestimmter Berufsqualifikationen gebunden ist.

Art. 3 Anwendungsbereich. (1) Diese Richtlinie gilt für unlautere Geschäftspraktiken im Sinne des Artikels 5 von Unternehmen gegenüber Verbrauchern vor, während und nach Abschluss eines auf ein Produkt bezogenen Handelsgeschäfts.

(2) Diese Richtlinie lässt das Vertragsrecht und insbesondere die Bestimmungen über die Wirksamkeit, das Zustandekommen oder die Wirkungen eines Vertrags unberührt.

(3) Diese Richtlinie lässt die Rechtsvorschriften der Gemeinschaft oder der Mitgliedstaaten in Bezug auf die Gesundheits- und Sicherheitsaspekte von Produkten unberührt.

(4) Kollidieren die Bestimmungen dieser Richtlinie mit anderen Rechtsvorschriften der Gemeinschaft, die besondere Aspekte unlauterer Geschäftspraktiken regeln, so gehen die Letzteren vor und sind für diese besonderen Aspekte maßgebend.

(5) Die Mitgliedstaaten können für einen Zeitraum von sechs Jahren ab dem 12. Juni 2007 in dem durch diese Richtlinie angeglichenen Bereich nationale Vorschriften beibehalten, die restriktiver oder strenger sind als diese Richtlinie und zur Umsetzung von Richtlinien erlassen wurden und die Klauseln über eine Mindestangleichung enthalten. Diese Maßnahmen müssen unbedingt erforderlich sein, um sicherzustellen, dass die Verbraucher auf geeignete Weise vor unlauteren Geschäftspraktiken geschützt werden und müssen zur Erreichung dieses Ziels verhältnismäßig sein. Im Rahmen der nach Artikel 18 vorgesehenen Überprüfung kann gegebenenfalls vorgeschlagen werden, die Geltungsdauer dieser Ausnahmeregelung um einen weiteren begrenzten Zeitraum zu verlängern.

(6) Die Mitgliedstaaten teilen der Kommission unverzüglich die auf der Grundlage von Absatz 5 angewandten nationalen Vorschriften mit.

(7) Diese Richtlinie lässt die Bestimmungen über die Zuständigkeit der Gerichte unberührt.

(8) Diese Richtlinie lässt alle Niederlassungs- oder Genehmigungsbedingungen, berufsständischen Verhaltenskodizes oder andere spezifische Regeln für reglementierte Berufe unberührt, damit die strengen Integritätsstandards, die die Mitgliedstaaten den in dem Beruf tätigen Personen nach Maßgabe des Gemeinschaftsrechts auferlegen können, gewährleistet bleiben.

(9) Im Zusammenhang mit „Finanzdienstleistungen“ im Sinne der Richtlinie 2002/65/EG und Immobilien können die Mitgliedstaaten Anforderungen stellen, die im Vergleich zu dem durch diese Richtlinie angeglichenen Bereich restriktiver und strenger sind.

(10) Diese Richtlinie gilt nicht für die Anwendung der Rechts- und Verwaltungsvorschriften der Mitgliedstaaten in Bezug auf die Zertifizierung und Angabe des Feingehalts von Artikeln aus Edelmetall.

Art. 4 Binnenmarkt. Die Mitgliedstaaten dürfen den freien Dienstleistungsverkehr und den freien Warenverkehr nicht aus Gründen, die mit dem durch diese Richtlinie angeglichenen Bereich zusammenhängen, einschränken.

Kapitel 2. Unlautere Geschäftspraktiken

Art. 5 Verbot unlauterer Geschäftspraktiken. (1) Unlautere Geschäftspraktiken sind verboten.

(2) Eine Geschäftspraxis ist unlauter, wenn

a) sie den Erfordernissen der beruflichen Sorgfaltspflicht widerspricht und

b) sie in Bezug auf das jeweilige Produkt das wirtschaftliche Verhalten des Durchschnittsverbrauchers, den sie erreicht oder an den sie sich richtet oder des durchschnittlichen Mitglieds einer Gruppe von Verbrauchern, wenn sich eine Geschäftspraxis an eine bestimmte Gruppe von Verbrauchern wendet, wesentlich beeinflusst oder dazu geeignet ist, es wesentlich zu beeinflussen.

(3) Geschäftspraktiken, die voraussichtlich in einer für den Gewerbetreibenden vernünftigerweise vorhersehbaren Art und Weise das wirtschaftliche Verhalten nur einer eindeutig identifizierbaren Gruppe von Verbrauchern wesentlich beeinflussen, die aufgrund von geistigen oder körperlichen Gebrechen, Alter oder Leichtgläubigkeit im Hinblick auf diese Praktiken oder die ihnen zugrunde liegenden Produkte besonders schutzbedürftig sind, werden aus der Perspektive eines durchschnittlichen Mitglieds dieser Gruppe beurteilt. Die übliche und rechtmäßige Werbepraxis, übertriebene Behauptungen oder nicht wörtlich zu nehmende Behauptungen aufzustellen, bleibt davon unberührt.

(4) Unlautere Geschäftspraktiken sind insbesondere solche, die
a) irreführend im Sinne der Artikel 6 und 7
oder
b) aggressiv im Sinne der Artikel 8 und 9 sind.

(5) Anhang I enthält eine Liste jener Geschäftspraktiken, die unter allen Umständen als unlauter anzusehen sind. Diese Liste gilt einheitlich in allen Mitgliedstaaten und kann nur durch eine Änderung dieser Richtlinie abgeändert werden.

Abschnitt 1. Irreführende Geschäftspraktiken

Art. 6 Irreführende Handlungen. (1) Eine Geschäftspraxis gilt als irreführend, wenn sie falsche Angaben enthält und somit unwahr ist oder wenn sie in irgendeiner Weise, einschließlich sämtlicher Umstände ihrer Präsentation, selbst mit sachlich richtigen Angaben den Durchschnittsverbraucher in Bezug auf einen oder mehrere der nachstehend aufgeführten Punkte täuscht oder ihn zu täuschen geeignet ist und ihn in jedem Fall tatsächlich oder voraussichtlich zu einer geschäftlichen Entscheidung veranlasst, die er ansonsten nicht getroffen hätte:
a) das Vorhandensein oder die Art des Produkts;
b) die wesentlichen Merkmale des Produkts wie Verfügbarkeit, Vorteile, Risiken, Ausführung, Zusammensetzung, Zubehör, Kundendienst und Beschwerdeverfahren, Verfahren und Zeitpunkt der Herstellung oder Erbringung, Lieferung, Zwecktauglichkeit, Verwendung, Menge, Beschaffenheit, geografische oder kommerzielle Herkunft oder die von der Verwendung zu erwartenden Ergebnisse oder die Ergebnisse und wesentlichen Merkmale von Tests oder Untersuchungen, denen das Produkt unterzogen wurde;
c) den Umfang der Verpflichtungen des Gewerbetreibenden, die Beweggründe für die Geschäftspraxis und die Art des Vertriebsverfahrens, die Aussagen oder Symbole jeder Art, die im Zusammenhang mit direktem oder indirektem Sponsoring stehen oder sich auf eine Zulassung des Gewerbetreibenden oder des Produkts beziehen;
d) der Preis, die Art der Preisberechnung oder das Vorhandensein eines besonderer Preisvorteils;
e) die Notwendigkeit einer Leistung, eines Ersatzteils, eines Austauschs oder einer Reparatur;
f) die Person, die Eigenschaften oder die Rechte des Gewerbetreibenden oder seines Vertreters, wie Identität und Vermögen, seine Befähigungen, seinen Status, seine Zulassung, Mitgliedschaften oder Beziehungen sowie gewerbliche oder kommerzielle Eigentumsrechte oder Rechte an geistigem Eigentum oder seine Auszeichnungen und Ehrungen;
g) die Rechte des Verbrauchers einschließlich des Rechts auf Ersatzlieferung oder Erstattung gemäß der Richtlinie 1999/44/EG des Europäischen Parlaments und des Rates vom 25. Mai 1999 zu bestimmten Aspekten des Verbrauchsgüterkaufs und der Garantien für Verbrauchsgüter[8] oder die Risiken, denen er sich möglicherweise aussetzt.

(2) Eine Geschäftspraxis gilt ferner als irreführend, wenn sie im konkreten Fall unter Berücksichtigung aller tatsächlichen Umstände einen Durchschnittsverbraucher zu einer geschäftlichen Entscheidung veranlasst oder zu veranlassen geeignet ist, die er ansonsten nicht getroffen hätte, und Folgendes beinhaltet:
a) jegliche Art der Vermarktung eines Produkts, einschließlich vergleichender Werbung, die eine Verwechslungsgefahr mit einem anderen Produkt, Warenzeichen, Warennamen oder anderen Kennzeichen eines Mitbewerbers begründet;
b) die Nichteinhaltung von Verpflichtungen, die der Gewerbetreibende im Rahmen von Verhaltenskodizes, auf die er sich verpflichtet hat, eingegangen ist, sofern
   i) es sich nicht um eine Absichtserklärung, sondern um eine eindeutige Verpflichtung handelt, deren Einhaltung nachprüfbar ist,
   und
   ii) der Gewerbetreibende im Rahmen einer Geschäftspraxis darauf hinweist, dass er durch den Kodex gebunden ist.

Art. 7 Irreführende Unterlassungen. (1) Eine Geschäftspraxis gilt als irreführend, wenn sie im konkreten Fall unter Berücksichtigung aller tatsächlichen Umstände und der Beschränkungen des Kommunikationsmediums wesentliche Informationen vorenthält, die der durchschnittliche Verbraucher je nach den Umständen benötigt, um eine informierte geschäftliche Entscheidung zu treffen, und die somit einen Durchschnittsverbraucher zu einer geschäftlichen Entscheidung veranlasst oder zu veranlassen geeignet ist, die er sonst nicht getroffen hätte.

(2) Als irreführende Unterlassung gilt es auch, wenn ein Gewerbetreibender wesentliche Informationen gemäß Absatz 1 unter Berücksichtigung der darin beschriebenen Einzelheiten verheimlicht oder auf unklare, unverständliche, zweideutige Weise oder nicht rechtzeitig bereitstellt oder wenn er den kommer-

---

[8] **Amtl. Anm.:** ABl. L 171 vom 7.7.1999, S. 12.

ziellen Zweck der Geschäftspraxis nicht kenntlich macht, sofern er sich nicht unmittelbar aus den Umständen ergibt, und dies jeweils einen Durchschnittsverbraucher zu einer geschäftlichen Entscheidung veranlasst oder zu veranlassen geeignet ist, die er ansonsten nicht getroffen hätte.

(3) Werden durch das für die Geschäftspraxis verwendete Kommunikationsmedium räumliche oder zeitliche Beschränkungen auferlegt, so werden diese Beschränkungen und alle Maßnahmen, die der Gewerbetreibende getroffen hat, um den Verbrauchern die Informationen anderweitig zur Verfügung zu stellen, bei der Entscheidung darüber, ob Informationen vorenthalten wurden, berücksichtigt.

(4) Im Falle der Aufforderung zum Kauf gelten folgende Informationen als wesentlich, sofern sie sich nicht unmittelbar aus den Umständen ergeben:
a) die wesentlichen Merkmale des Produkts in dem für das Medium und das Produkt angemessenen Umfang;
b) Anschrift und Identität des Gewerbetreibenden, wie sein Handelsname und gegebenenfalls Anschrift und Identität des Gewerbetreibenden, für den er handelt;
c) der Preis einschließlich aller Steuern und Abgaben oder in den Fällen, in denen der Preis aufgrund der Beschaffenheit des Produkts vernünftigerweise nicht im Voraus berechnet werden kann, die Art der Preisberechnung sowie gegebenenfalls alle zusätzlichen Fracht-, Liefer- oder Zustellkosten oder in den Fällen, in denen diese Kosten vernünftigerweise nicht im Voraus berechnet werden können, die Tatsache, dass solche zusätzliche Kosten anfallen können;
d) die Zahlungs-, Liefer- und Leistungsbedingungen sowie das Verfahren zum Umgang mit Beschwerden, falls sie von den Erfordernissen der beruflichen Sorgfalt abweichen;
e) für Produkte und Rechtsgeschäfte, die ein Rücktritts- oder Widerrufsrecht beinhalten, das Bestehen eines solchen Rechts.

(5) Die im Gemeinschaftsrecht festgelegten Informationsanforderungen in Bezug auf kommerzielle Kommunikation einschließlich Werbung oder Marketing, auf die in der nicht erschöpfenden Liste des Anhangs II verwiesen wird, gelten als wesentlich.

Abschnitt 2. Aggressive Geschäftspraktiken

Art. 8 Aggressive Geschäftspraktiken. Eine Geschäftspraxis gilt als aggressiv, wenn sie im konkreten Fall unter Berücksichtigung aller tatsächlichen Umstände die Entscheidungs- oder Verhaltensfreiheit des Durchschnittsverbrauchers in Bezug auf das Produkt durch Belästigung, Nötigung, einschließlich der Anwendung körperlicher Gewalt, oder durch unzulässige Beeinflussung tatsächlich oder voraussichtlich erheblich beeinträchtigt und dieser dadurch tatsächlich oder voraussichtlich dazu veranlasst wird, eine geschäftliche Entscheidung zu treffen, die er andernfalls nicht getroffen hätte.

Art. 9 Belästigung, Nötigung und unzulässige Beeinflussung. Bei der Feststellung, ob im Rahmen einer Geschäftspraxis die Mittel der Belästigung, der Nötigung, einschließlich der Anwendung körperlicher Gewalt, oder der unzulässigen Beeinflussung eingesetzt werden, ist abzustellen auf:
a) Zeitpunkt, Ort, Art oder Dauer des Einsatzes;
b) die Verwendung drohender oder beleidigender Formulierungen oder Verhaltensweisen;
c) die Ausnutzung durch den Gewerbetreibenden von konkreten Unglückssituationen oder Umständen von solcher Schwere, dass sie das Urteilsvermögen des Verbrauchers beeinträchtigen, worüber sich der Gewerbetreibende bewusst ist, um die Entscheidung des Verbrauchers in Bezug auf das Produkt zu beeinflussen;
d) belastende oder unverhältnismäßige Hindernisse nichtvertraglicher Art, mit denen der Gewerbetreibende den Verbraucher an der Ausübung seiner vertraglichen Rechte zu hindern versucht, wozu auch das Recht gehört, den Vertrag zu kündigen oder zu einem anderen Produkt oder einem anderen Gewerbetreibenden zu wechseln;
e) Drohungen mit rechtlich unzulässigen Handlungen.

Kapitel 3. Verhaltenskodizes

Art. 10 Verhaltenskodizes. Diese Richtlinie schließt die Kontrolle – die von den Mitgliedstaaten gefördert werden kann – unlauterer Geschäftspraktiken durch die Urheber von Kodizes und die Inanspruchnahme solcher Einrichtungen durch die in Artikel 11 genannten Personen oder Organisationen nicht aus, wenn entsprechende Verfahren vor solchen Einrichtungen zusätzlich zu den Gerichts- oder Verwaltungsverfahren gemäß dem genannten Artikel zur Verfügung stehen.

Die Inanspruchnahme derartiger Kontrolleinrichtungen bedeutet keineswegs einen Verzicht auf einen Rechtsbehelf vor einem Gericht oder einer Verwaltungsbehörde gemäß Artikel 11.

Kapitel 4. Schlussbestimmungen

Art. 11 Durchsetzung. (1) Die Mitgliedstaaten stellen im Interesse der Verbraucher sicher, dass geeignete und wirksame Mittel zur Bekämpfung unlauterer Geschäftspraktiken vorhanden sind, um die Einhaltung dieser Richtlinie durchzusetzen.

Diese Mittel umfassen Rechtsvorschriften, die es Personen oder Organisationen, die nach dem nationalen Recht ein berechtigtes Interesse an der Bekämpfung unlauterer Geschäftspraktiken haben, einschließlich Mitbewerbern, gestatten,

a) gerichtlich gegen solche unlauteren Geschäftspraktiken vorzugehen
und/oder

b) gegen solche unlauteren Geschäftspraktiken ein Verfahren bei einer Verwaltungsbehörde einzuleiten, die für die Entscheidung über Beschwerden oder für die Einleitung eines geeigneten gerichtlichen Verfahrens zuständig ist.

Jedem Mitgliedstaat bleibt es vorbehalten zu entscheiden, welcher dieser Rechtsbehelfe zur Verfügung stehen wird und ob das Gericht oder die Verwaltungsbehörde ermächtigt werden soll, vorab die Durchführung eines Verfahrens vor anderen bestehenden Einrichtungen zur Regelung von Beschwerden, einschließlich der in Artikel 10 genannten Einrichtungen, zu verlangen. Diese Rechtsbehelfe stehen unabhängig davon zur Verfügung, ob die Verbraucher sich im Hoheitsgebiet des Mitgliedstaats, in dem der Gewerbetreibende niedergelassen ist, oder in einem anderen Mitgliedstaat befinden.

Jedem Mitgliedstaat bleibt vorbehalten zu entscheiden,

a) ob sich diese Rechtsbehelfe getrennt oder gemeinsam gegen mehrere Gewerbetreibende desselben Wirtschaftssektors richten können
und

b) ob sich diese Rechtsbehelfe gegen den Urheber eines Verhaltenskodex richten können, wenn der betreffende Kodex der Nichteinhaltung rechtlicher Vorschriften Vorschub leistet.

(2) Im Rahmen der in Absatz 1 genannten Rechtsvorschriften übertragen die Mitgliedstaaten den Gerichten oder Verwaltungsbehörden Befugnisse, die sie ermächtigen, in Fällen, in denen sie diese Maßnahmen unter Berücksichtigung aller betroffenen Interessen und insbesondere des öffentlichen Interesses für erforderlich halten,

a) die Einstellung der unlauteren Geschäftspraktiken anzuordnen oder ein geeignetes gerichtliches Verfahren zur Anordnung der Einstellung der betreffenden unlauteren Geschäftspraxis einzuleiten,
oder

b) falls die unlautere Geschäftspraxis noch nicht angewandt wurde, ihre Anwendung jedoch bevorsteht, diese Praxis zu verbieten oder ein geeignetes gerichtliches Verfahren zur Anordnung des Verbots dieser Praxis einzuleiten,

auch wenn kein tatsächlicher Verlust oder Schaden bzw. Vorsatz oder Fahrlässigkeit seitens des Gewerbetreibenden nachweisbar ist.

Die Mitgliedstaaten sehen ferner vor, dass die in Unterabsatz 1 genannten Maßnahmen im Rahmen eines beschleunigten Verfahrens mit

– vorläufiger Wirkung
oder
– endgültiger Wirkung

getroffen werden können, wobei jedem Mitgliedstaat vorbehalten bleibt zu entscheiden, welche dieser beiden Möglichkeiten gewählt wird.

Außerdem können die Mitgliedstaaten den Gerichten oder Verwaltungsbehörden Befugnisse übertragen, die sie ermächtigen, zur Beseitigung der fortdauernden Wirkung unlauterer Geschäftspraktiken, deren Einstellung durch eine rechtskräftige Entscheidung angeordnet worden ist,

a) die Veröffentlichung dieser Entscheidung ganz oder auszugsweise und in der von ihnen für angemessen erachteten Form zu verlangen;

b) außerdem die Veröffentlichung einer berichtigenden Erklärung zu verlangen.

(3) Die in Absatz 1 genannten Verwaltungsbehörden müssen

a) so zusammengesetzt sein, dass ihre Unparteilichkeit nicht in Zweifel gezogen werden kann;

b) über ausreichende Befugnisse verfügen, um die Einhaltung ihrer Entscheidungen über Beschwerden wirksam überwachen und durchsetzen zu können;

c) in der Regel ihre Entscheidungen begründen.

Werden die in Absatz 2 genannten Befugnisse ausschließlich von einer Verwaltungsbehörde ausgeübt, so sind die Entscheidungen stets zu begründen. In diesem Fall sind ferner Verfahren vorzusehen, in denen eine fehlerhafte oder unsachgemäße Ausübung der Befugnisse durch die Verwaltungsbehörde oder eine fehlerhafte oder unsachgemäße Nichtausübung dieser Befugnisse von den Gerichten überprüft werden kann.

Art. 12 Gerichte und Verwaltungsbehörden: Begründung von Behauptungen. Die Mitgliedstaaten übertragen den Gerichten oder Verwaltungsbehörden Befugnisse, die sie ermächtigen, in den in Artikel 11 vorgesehenen Verfahren vor den Zivilgerichten oder Verwaltungsbehörden

a) vom Gewerbetreibenden den Beweis der Richtigkeit von Tatsachenbehauptungen im Zusammenhang mit einer Geschäftspraxis zu verlangen, wenn ein solches Verlangen unter Berücksichtigung der berechtigten Interessen des Gewerbetreibenden und anderer Verfahrensbeteiligter im Hinblick auf die Umstände des Einzelfalls angemessen erscheint,
und
b) Tatsachenbehauptungen als unrichtig anzusehen, wenn der gemäß Buchstabe a verlangte Beweis nicht angetreten wird oder wenn er von dem Gericht oder der Verwaltungsbehörde für unzureichend erachtet wird.

Art. 13 Sanktionen. Die Mitgliedstaaten legen die Sanktionen fest, die bei Verstößen gegen die nationalen Vorschriften zur Umsetzung dieser Richtlinie anzuwenden sind, und treffen alle geeigneten Maßnahmen, um ihre Durchsetzung sicherzustellen. Diese Sanktionen müssen wirksam, verhältnismäßig und abschreckend sein.

Art. 14 Änderung der Richtlinie 84/450/EWG. *(nicht abgedruckt)*

Art. 15 und 16. *(Änderungen anderer Richtlinien, nicht abgedruckt)*

Art. 17 Information. Die Mitgliedstaaten treffen angemessene Maßnahmen, um die Verbraucher über die nationalen Bestimmungen zur Umsetzung dieser Richtlinie zu informieren, und regen gegebenenfalls Gewerbetreibende und Urheber von Kodizes dazu an, die Verbraucher über ihre Verhaltenskodizes zu informieren.

Art. 18 Änderung. (1) Die Kommission legt dem Europäischen Parlament und dem Rat spätestens am 12. Juni 2011 einen umfassenden Bericht über die Anwendung dieser Richtlinie, insbesondere von Artikel 3 Absatz 9, Artikel 4 und Anhang 1, den Anwendungsbereich einer weiteren Angleichung und die Vereinfachung des Gemeinschaftsrechts zum Verbraucherschutz sowie, unter Berücksichtigung des Artikels 3 Absatz 5, über Maßnahmen vor, die auf Gemeinschaftsebene ergriffen werden müssen, um sicherzustellen, dass ein angemessenes Verbraucherschutzniveau beibehalten wird. Dem Bericht wird erforderlichenfalls ein Vorschlag zur Änderung dieser Richtlinie oder anderer einschlägiger Teile des Gemeinschaftsrechts beigefügt.

(2) Das Europäische Parlament und der Rat streben gemäß dem Vertrag danach, binnen zwei Jahren nach Vorlage eines Vorschlags der Kommission nach Absatz 1 geeignete Maßnahmen zu treffen.

Art. 19 Umsetzung. Die Mitgliedstaaten erlassen und veröffentlichen bis zum 12. Juni 2007 die Rechts- und Verwaltungsvorschriften, die erforderlich sind, um dieser Richtlinie nachzukommen. Sie setzen die Kommission davon und von allen späteren Änderungen unverzüglich in Kenntnis.

Sie wenden diese Vorschriften ab dem 12. Dezember 2007 an. Wenn die Mitgliedstaaten diese Vorschriften erlassen, nehmen sie in den Vorschriften selbst oder durch einen Hinweis bei der amtlichen Veröffentlichung auf diese Richtlinie Bezug. Die Mitgliedstaaten regeln die Einzelheiten der Bezugnahme.

Art. 20 Inkrafttreten. Diese Richtlinie tritt am Tag nach ihrer Veröffentlichung im Amtsblatt der Europäischen Union in Kraft.

Art. 21 Adressaten. Diese Richtlinie ist an die Mitgliedstaaten gerichtet.

Anhang I

Geschäftspraktiken, die unter allen Umständen als unlauter gelten

Irreführende Geschäftspraktiken

1. Die Behauptung eines Gewerbetreibenden, zu den Unterzeichnern eines Verhaltenskodex zu gehören, obgleich dies nicht der Fall ist.
2. Die Verwendung von Gütezeichen, Qualitätskennzeichen oder Ähnlichem ohne die erforderliche Genehmigung.
3. Die Behauptung, ein Verhaltenskodex sei von einer öffentlichen oder anderen Stelle gebilligt, obgleich dies nicht der Fall ist.
4. Die Behauptung, dass ein Gewerbetreibender (einschließlich seiner Geschäftspraktiken) oder ein Produkt von einer öffentlichen oder privaten Stelle bestätigt, gebilligt oder genehmigt worden sei, obwohl dies nicht der Fall ist, oder die Aufstellung einer solchen Behauptung, ohne dass den Bedingungen für die Bestätigung, Billigung oder Genehmigung entsprochen wird.

5. Aufforderung zum Kauf von Produkten zu einem bestimmten Preis, ohne dass darüber aufgeklärt wird, dass der Gewerbetreibende hinreichende Gründe für die Annahme hat, dass er nicht in der Lage sein wird, dieses oder ein gleichwertiges Produkt zu dem genannten Preis für einen Zeitraum und in einer Menge zur Lieferung bereitzustellen oder durch einen anderen Gewerbetreibenden bereitstellen zu lassen, wie es in Bezug auf das Produkt, den Umfang der für das Produkt eingesetzten Werbung und den Angebotspreis angemessen wäre (Lockangebote).
6. Aufforderung zum Kauf von Produkten zu einem bestimmten Preis und dann
   a) Weigerung, dem Verbraucher den beworbenen Artikel zu zeigen,
   oder
   b) Weigerung, Bestellungen dafür anzunehmen oder innerhalb einer vertretbaren Zeit zu liefern,
   oder
   c) Vorführung eines fehlerhaften Exemplars

   in der Absicht, stattdessen ein anderes Produkt abzusetzen („bait-and-switch"-Technik).
7. Falsche Behauptung, dass das Produkt nur eine sehr begrenzte Zeit oder nur eine sehr begrenzte Zeit zu bestimmten Bedingungen verfügbar sein werde, um so den Verbraucher zu einer sofortigen Entscheidung zu verleiten, so dass er weder Zeit noch Gelegenheit hat, eine informierte Entscheidung zu treffen.
8. Verbrauchern, mit denen der Gewerbetreibende vor Abschluss des Geschäfts in einer Sprache kommuniziert hat, bei der es sich nicht um eine Amtssprache des Mitgliedstaats handelt, in dem der Gewerbetreibende niedergelassen ist, wird eine nach Abschluss des Geschäfts zu erbringende Leistung zugesichert, diese Leistung wird anschließend aber nur in einer anderen Sprache erbracht, ohne dass der Verbraucher eindeutig hierüber aufgeklärt wird, bevor er das Geschäft tätigt.
9. Behauptung oder anderweitige Herbeiführung des Eindrucks, ein Produkt könne rechtmäßig verkauft werden, obgleich dies nicht der Fall ist.
10. Den Verbrauchern gesetzlich zugestandene Rechte werden als Besonderheit des Angebots des Gewerbetreibenden präsentiert.
11. Es werden redaktionelle Inhalte in Medien zu Zwecken der Verkaufsförderung eingesetzt und der Gewerbetreibende hat diese Verkaufsförderung bezahlt, ohne dass dies aus dem Inhalt oder aus für den Verbraucher klar erkennbaren Bildern und Tönen eindeutig hervorgehen würde (als Information getarnte Werbung). Die Richtlinie 89/552/EWG[9] bleibt davon unberührt.
12. Aufstellen einer sachlich falschen Behauptung über die Art und das Ausmaß der Gefahr für die persönliche Sicherheit des Verbrauchers oder seiner Familie für den Fall, dass er das Produkt nicht kauft.
13. Werbung für ein Produkt, das einem Produkt eines bestimmten Herstellers ähnlich ist, in einer Weise, die den Verbraucher absichtlich dazu verleitet, zu glauben, das Produkt sei von jenem Hersteller hergestellt worden, obwohl dies nicht der Fall ist.
14. Einführung, Betrieb oder Förderung eines Schneeballsystems zur Verkaufsförderung, bei dem der Verbraucher die Möglichkeit vor Augen hat, eine Vergütung zu erzielen, die hauptsächlich durch die Einführung neuer Verbraucher in ein solches System und weniger durch den Verkauf oder Verbrauch von Produkten zu erzielen ist.
15. Behauptung, der Gewerbetreibende werde demnächst sein Geschäft aufgeben oder seine Geschäftsräume verlegen, obwohl er dies keineswegs beabsichtigt.
16. Behauptung, Produkte könnten die Gewinnchancen bei Glücksspielen erhöhen.
17. Falsche Behauptung, ein Produkt könne Krankheiten, Funktionsstörungen oder Missbildungen heilen.
18. Erteilung sachlich falscher Informationen über die Marktbedingungen oder die Möglichkeit, das Produkt zu finden, mit dem Ziel, den Verbraucher dazu zu bewegen, das Produkt zu weniger günstigen Bedingungen als den normalen Marktbedingungen zu kaufen.
19. Es werden Wettbewerbe und Preisausschreiben angeboten, ohne dass die beschriebenen Preise oder ein angemessenes Äquivalent vergeben werden.
20. Ein Produkt wird als „gratis", „umsonst", „kostenfrei" oder Ähnliches beschrieben, obwohl der Verbraucher weitere Kosten als die Kosten zu tragen hat, die im Rahmen des Eingehens auf die Geschäftspraktik und für die Abholung oder Lieferung der Ware unvermeidbar sind.
21. Werbematerialien wird eine Rechnung oder ein ähnliches Dokument mit einer Zahlungsaufforderung beigefügt, die dem Verbraucher den Eindruck vermitteln, dass er das beworbene Produkt bereits bestellt hat, obwohl dies nicht der Fall ist.
22. Fälschliche Behauptung oder Erweckung des Eindrucks, dass der Händler nicht für die Zwecke seines Handels, Geschäfts, Gewerbes oder Berufs handelt, oder fälschliches Auftreten als Verbraucher.
23. Erwecken des fälschlichen Eindrucks, dass der Kundendienst im Zusammenhang mit einem Produkt in einem anderen Mitgliedstaat verfügbar sei als demjenigen, in dem das Produkt verkauft wird.

---

[9] **Amtl. Anm.:** Richtlinie 89/552/EWG des Rates vom 3. Oktober 1989 zur Koordinierung bestimmter Rechts- und Verwaltungsvorschriften der Mitgliedstaaten über die Ausübung der Fernsehtätigkeit (ABl. L 298 vom 17.10.1989, S. 23). Geändert durch die Richtlinie 97/36/EG des Europäischen Parlaments und des Rates (ABl. L 202 vom 30.7.1997, S. 60).

Aggressive Geschäftspraktiken

24. Erwecken des Eindrucks, der Verbraucher könne die Räumlichkeiten ohne Vertragsabschluss nicht verlassen.
25. Nichtbeachtung der Aufforderung des Verbrauchers bei persönlichen Besuchen in dessen Wohnung, diese zu verlassen bzw. nicht zurückzukehren, außer in Fällen und in den Grenzen, in denen dies nach dem nationalen Recht gerechtfertigt ist, um eine vertragliche Verpflichtung durchzusetzen.
26. Kunden werden durch hartnäckiges und unerwünschtes Ansprechen über Telefon, Fax, E-Mail oder sonstige für den Fernabsatz geeignete Medien geworben, außer in Fällen und in den Grenzen, in denen ein solches Verhalten nach den nationalen Rechtsvorschriften gerechtfertigt ist, um eine vertragliche Verpflichtung durchzusetzen. Dies gilt unbeschadet des Artikels 10 der Richtlinie 97/7/EG sowie der Richtlinien 95/46/EG[10]) und 2002/58/EG.
27. Aufforderung eines Verbrauchers, der eine Versicherungspolice in Anspruch nehmen möchte, Dokumente vorzulegen, die vernünftigerweise nicht als relevant für die Gültigkeit des Anspruchs anzusehen sind, oder systematische Nichtbeantwortung einschlägiger Schreiben, um so den Verbraucher von der Ausübung seiner vertraglichen Rechte abzuhalten.
28. Einbeziehung einer direkten Aufforderung an Kinder in eine Werbung, die beworbenen Produkte zu kaufen oder ihre Eltern oder andere Erwachsene zu überreden, die beworbenen Produkte für sie zu kaufen. Diese Bestimmung gilt unbeschadet des Artikels 16 der Richtlinie 89/552/EWG über die Ausübung der Fernsehtätigkeit.
29. Aufforderung des Verbrauchers zur sofortigen oder späteren Bezahlung oder zur Rücksendung oder Verwahrung von Produkten, die der Gewebetreibende geliefert, der Verbraucher aber nicht bestellt hat (unbestellte Waren oder Dienstleistungen); ausgenommen hiervon sind Produkte, bei denen es sich um Ersatzlieferungen gemäß Artikel 7 Absatz 3 der Richtlinie 97/7/EG handelt.
30. Ausdrücklicher Hinweis gegenüber dem Verbraucher, dass Arbeitsplatz oder Lebensunterhalt des Gewerbetreibenden gefährdet sind, falls der Verbraucher das Produkt oder die Dienstleistung nicht erwirbt.
31. Erwecken des fälschlichen Eindrucks, der Verbraucher habe bereits einen Preis gewonnen, werde einen Preis gewinnen oder werde durch eine bestimmte Handlung einen Preis oder einen sonstigen Vorteil gewinnen, obwohl:
    - es in Wirklichkeit keinen Preis oder sonstigen Vorteil gibt,

      oder
    - die Möglichkeit des Verbrauchers, Handlungen in Bezug auf die Inanspruchnahme des Preises oder eines sonstigen Vorteils vorzunehmen, in Wirklichkeit von der Zahlung eines Betrags oder der Übernahme von Kosten durch den Verbraucher abhängig gemacht wird.

6. Richtlinie 2006/114/EG des Europäischen Parlaments und des Rates über irreführende und vergleichende Werbung

vom 12. Dezember 2006

(ABl. EG vom 27. 12. 2006 Nr. L 376/21)

Das Europäische Parlament und der Rat der Europäischen Union – gestützt auf den Vertrag zur Gründung der Europäischen Gemeinschaft, insbesondere auf Artikel 95,
auf Vorschlag der Kommission,
nach Stellungnahme des Europäischen Wirtschafts- und Sozialausschusses,[1]
gemäß dem Verfahren des Artikels 251 des Vertrags,[2]
in Erwägung nachstehender Gründe:

(1) Die Richtlinie 84/450/EWG des Rates vom 10. September 1984 über irreführende und vergleichende Werbung[3] ist mehrfach und in wesentlichen Punkten geändert worden.[4] Aus Gründen der Übersichtlichkeit und Klarheit empfiehlt es sich, sie zu kodifizieren.

---

[10] **Amtl. Anm.:** Richtlinie 95/46/EG des Europäischen Parlaments und des Rates vom 24. Oktober 1995 zum Schutz natürlicher Personen bei der Verarbeitung personenbezogener Daten und zum freien Datenverkehr (ABl. L 281 vom 23.11.1995, S. 31). Geändert durch die Verordnung (EG) Nr. 1882/2003 (ABl. L 284 vom 31.10.2003, S. 1).

[1] **Amtl. Anm.:** Stellungnahme vom 26. Oktober 2006 (noch nicht im Amtsblatt veröffentlicht).

[2] **Amtl. Anm.:** Stellungnahme des Europäischen Parlaments vom 12. Oktober 2006 (noch nicht im Amtsblatt veröffentlicht) und Beschluss des Rates vom 30. November 2006.

[3] **Amtl. Anm.:** ABl. L 250 vom 19.9.1984, S. 17. Zuletzt geändert durch die Richtlinie 2005/29/EG des Europäischen Parlaments und des Rates (ABl. L 149 vom 11.6.2005, S. 22).

(2) Die in den Mitgliedstaaten geltenden Vorschriften gegen irreführende Werbung weichen stark voneinander ab. Da die Werbung über die Grenzen der einzelnen Mitgliedstaaten hinausreicht, wirkt sie sich unmittelbar auf das reibungslose Funktionieren des Binnenmarktes aus.

(3) Irreführende und unzulässige vergleichende Werbung ist geeignet, zur Verfälschung des Wettbewerbs im Binnenmarkt zu führen.

(4) Die Werbung berührt unabhängig davon, ob sie zum Abschluss eines Vertrags führt, die wirtschaftlichen Interessen der Verbraucher und der Gewerbetreibenden.

(5) Die Unterschiede zwischen den einzelstaatlichen Rechtsvorschriften über Werbung, die für Unternehmen irreführend ist, behindern die Durchführung von Werbekampagnen, die die Grenzen eines Staates überschreiten, und beeinflussen so den freien Verkehr von Waren und Dienstleistungen.

(6) Mit der Vollendung des Binnenmarktes ist das Angebot vielfältig. Da die Verbraucher und Gewerbetreibenden aus dem Binnenmarkt den größtmöglichen Vorteil ziehen können und sollen, und da die Werbung ein sehr wichtiges Instrument ist, mit dem überall in der Gemeinschaft wirksam Märkte für Erzeugnisse und Dienstleistungen erschlossen werden können, sollten die wesentlichen Vorschriften für Form und Inhalt der Werbung einheitlich sein und die Bedingungen für vergleichende Werbung in den Mitgliedstaaten harmonisiert werden. Unter diesen Umständen sollte dies dazu beitragen, die Vorteile der verschiedenen vergleichbaren Erzeugnisse objektiv herauszustellen. Vergleichende Werbung kann ferner den Wettbewerb zwischen den Anbietern von Waren und Dienstleistungen im Interesse der Verbraucher fördern.

(7) Es sollten objektive Mindestkriterien aufgestellt werden, nach denen beurteilt werden kann, ob eine Werbung irreführend ist.

(8) Vergleichende Werbung kann, wenn sie wesentliche, relevante, nachprüfbare und typische Eigenschaften vergleicht und nicht irreführend ist, ein zulässiges Mittel zur Unterrichtung der Verbraucher über ihre Vorteile darstellen. Der Begriff „vergleichende Werbung" sollte breit gefasst werden, so dass alle Arten der vergleichenden Werbung abgedeckt werden.

(9) Es sollten Bedingungen für zulässige vergleichende Werbung vorgesehen werden, soweit der vergleichende Aspekt betroffen ist, mit denen festgelegt wird, welche Praktiken der vergleichenden Werbung den Wettbewerb verzerren, die Mitbewerber schädigen und die Entscheidung der Verbraucher negativ beeinflussen können. Diese Bedingungen für zulässige vergleichende Werbung sollten Kriterien beinhalten, die einen objektiven Vergleich der Eigenschaften von Waren und Dienstleistungen ermöglichen.

(10) Werden in der vergleichenden Werbung die Ergebnisse der von Dritten durchgeführten vergleichenden Tests angeführt oder wiedergegeben, so sollten die internationalen Vereinbarungen zum Urheberrecht und die innerstaatlichen Bestimmungen über vertragliche und außervertragliche Haftung gelten.

(11) Die Bedingungen für vergleichende Werbung sollten kumulativ sein und uneingeschränkt eingehalten werden. Die Wahl der Form und der Mittel für die Umsetzung dieser Bedingungen sollte gemäß dem Vertrag den Mitgliedstaaten überlassen bleiben, sofern Form und Mittel noch nicht durch diese Richtlinie festgelegt sind.

(12) Zu diesen Bedingungen sollte insbesondere die Einhaltung der Vorschriften gehören, die sich aus der Verordnung (EG) Nr. 510/2006 des Rates vom 20. März 2006 zum Schutz von geographischen Angaben und Ursprungsbezeichnungen für Agrarerzeugnisse und Lebensmittel,[5] insbesondere aus Artikel 13 dieser Verordnung, und den übrigen Gemeinschaftsvorschriften im Bereich der Landwirtschaft ergeben.

(13) Gemäß Artikel 5 der Ersten Richtlinie 89/104/EWG des Rates vom 21. Dezember 1988 zur Angleichung der Rechtsvorschriften der Mitgliedstaaten über die Marken[6] steht dem Inhaber einer eingetragenen Marke ein Ausschließlichkeitsrecht zu, das insbesondere das Recht einschließt, Dritten im geschäftlichen Verkehr die Benutzung eines identischen oder ähnlichen Zeichens für identische Produkte oder Dienstleistungen, gegebenenfalls sogar für andere Produkte, zu untersagen.

(14) Indessen kann es für eine wirksame vergleichende Werbung unerlässlich sein, Waren oder Dienstleistungen eines Mitbewerbers dadurch erkennbar zu machen, dass auf eine ihm gehörende Marke oder auf seinen Handelsnamen Bezug genommen wird.

(15) Eine solche Benutzung von Marken, Handelsnamen oder anderen Unterscheidungszeichen eines Mitbewerbers verletzt nicht das Ausschließlichkeitsrecht Dritter, wenn sie unter Beachtung der in dieser Richtlinie aufgestellten Bedingungen erfolgt und nur eine Unterscheidung bezweckt, durch die Unterschiede objektiv herausgestellt werden sollen.

(16) Personen oder Organisationen, die nach dem nationalen Recht ein berechtigtes Interesse an der Angelegenheit haben, sollten die Möglichkeit besitzen, vor Gericht oder bei einer Verwaltungsbehörde,

---

[4] **Amtl. Anm.:** Siehe Anhang I Teil A.

[5] **Amtl. Anm.:** ABl. L 93 vom 31.3.2006, S. 12.

[6] **Amtl. Anm.:** ABl. L 40 vom 11.2.1989, S. 1. Geändert durch den Beschluss 92/10/EWG (ABl. L 6 vom 11.1.1992, S. 35).

die über Beschwerden entscheiden oder geeignete gerichtliche Schritte einleiten kann, gegen irreführende und unzulässige vergleichende Werbung vorzugehen.

(17) Die Gerichte oder Verwaltungsbehörden sollten die Befugnis haben, die Einstellung einer irreführenden oder einer unzulässigen vergleichenden Werbung anzuordnen oder zu erwirken. In bestimmten Fällen kann es zweckmäßig sein, irreführende und unzulässige vergleichende Werbung zu untersagen, noch ehe sie veröffentlicht worden ist. Das bedeutet jedoch nicht, dass die Mitgliedstaaten verpflichtet sind, eine Regelung einzuführen, die eine systematische Vorabkontrolle der Werbung vorsieht.

(18) Freiwillige Kontrollen, die durch Einrichtungen der Selbstverwaltung zur Unterbindung irreführender und unzulässiger vergleichender Werbung durchgeführt werden, können die Einleitung eines Verwaltungs- oder Gerichtsverfahrens entbehrlich machen und sollten deshalb gefördert werden.

(19) Zwar wird die Beweislast vom nationalen Recht bestimmt, die Gerichte und Verwaltungsbehörden sollten aber in die Lage versetzt werden, von Gewerbetreibenden zu verlangen, den Beweis für die Richtigkeit der von ihnen behaupteten Tatsachen zu erbringen.

(20) Die Regelung der vergleichenden Werbung ist für das reibungslose Funktionieren des Binnenmarktes erforderlich, und eine Aktion auf Gemeinschaftsebene ist daher notwendig. Eine Richtlinie ist das geeignete Instrument, da sie einheitliche allgemeine Prinzipien festlegt, es aber den Mitgliedstaaten überlässt, die Form und die geeignete Methode zu wählen, um diese Ziele zu erreichen. Sie entspricht dem Subsidiaritätsprinzip.

(21) Die vorliegende Richtlinie sollte die Verpflichtungen der Mitgliedstaaten hinsichtlich der in Anhang I Teil B genannten Fristen für die Umsetzung der dort genannten Richtlinien in innerstaatliches Recht und für die Anwendung dieser Richtlinien unberührt lassen –

HABEN FOLGENDE RICHTLINIE ERLASSEN:

Art. 1 [Zweck der Richtlinie] Zweck dieser Richtlinie ist der Schutz von Gewerbetreibenden vor irreführender Werbung und deren unlauteren Auswirkungen sowie die Festlegung der Bedingungen für zulässige vergleichende Werbung.

Art. 2 [Begriffsdefinitionen] Im Sinne dieser Richtlinie bedeutet

a) „Werbung" jede Äußerung bei der Ausübung eines Handels, Gewerbes, Handwerks oder freien Berufs mit dem Ziel, den Absatz von Waren oder die Erbringung von Dienstleistungen, einschließlich unbeweglicher Sachen, Rechte und Verpflichtungen, zu fördern;
b) „irreführende Werbung" jede Werbung, die in irgendeiner Weise – einschließlich ihrer Aufmachung – die Personen, an die sie sich richtet oder die von ihr erreicht werden, täuscht oder zu täuschen geeignet ist und die infolge der ihr innewohnenden Täuschung ihr wirtschaftliches Verhalten beeinflussen kann oder aus diesen Gründen einen Mitbewerber schädigt oder zu schädigen geeignet ist;
c) „vergleichende Werbung" jede Werbung, die unmittelbar oder mittelbar einen Mitbewerber oder die Erzeugnisse oder Dienstleistungen, die von einem Mitbewerber angeboten werden, erkennbar macht;
d) „Gewerbetreibender" jede natürliche oder juristische Person, die im Rahmen ihrer gewerblichen, handwerklichen oder beruflichen Tätigkeit handelt, und jede Person, die im Namen oder Auftrag des Gewerbetreibenden handelt;
e) „Urheber eines Kodex" jede Rechtspersönlichkeit, einschließlich einzelner Gewerbetreibender oder Gruppen von Gewerbetreibenden, die für die Formulierung und Überarbeitung eines Verhaltenskodex und/oder für die Überwachung der Einhaltung dieses Kodex durch alle diejenigen, die sich darauf verpflichtet haben, zuständig ist.

Art. 3 [Beurteilungsgrundlage] Bei der Beurteilung der Frage, ob eine Werbung irreführend ist, sind alle ihre Bestandteile zu berücksichtigen, insbesondere in ihr enthaltene Angaben über:

a) die Merkmale der Waren oder Dienstleistungen wie Verfügbarkeit, Art, Ausführung, Zusammensetzung, Verfahren und Zeitpunkt der Herstellung oder Erbringung, die Zwecktauglichkeit, Verwendungsmöglichkeit, Menge, Beschaffenheit, die geographische oder kommerzielle Herkunft oder die von der Verwendung zu erwartenden Ergebnisse oder die Ergebnisse und wesentlichen Bestandteile von Tests der Waren oder Dienstleistungen;
b) den Preis oder die Art und Weise, in der er berechnet wird, und die Bedingungen unter denen die Waren geliefert oder die Dienstleistungen erbracht werden;
c) die Art, die Eigenschaften und die Rechte des Werbenden, wie seine Identität und sein Vermögen, seine Befähigungen und seine gewerblichen, kommerziellen oder geistigen Eigentumsrechte oder seine Auszeichnungen oder Ehrungen.

Art. 4 [Vergleichende Werbung] Vergleichende Werbung gilt, was den Vergleich anbelangt, als zulässig, sofern folgende Bedingungen erfüllt sind:

a) Sie ist nicht irreführend im Sinne der Artikel 2 Buchstabe b, Artikel 3 und Artikel 8 Absatz 1 der vorliegenden Richtlinie oder im Sinne der Artikel 6 und 7 der Richtlinie 2005/29/EG des Europäischen

Parlaments und des Rates vom 11. Mai 2005 über unlautere Geschäftspraktiken im binnenmarktinternen Geschäftsverkehr zwischen Unternehmen und Verbrauchern (Richtlinie über unlautere Geschäftspraktiken);[7]

b) sie vergleicht Waren oder Dienstleistungen für den gleichen Bedarf oder dieselbe Zweckbestimmung;
c) sie vergleicht objektiv eine oder mehrere wesentliche, relevante, nachprüfbare und typische Eigenschaften dieser Waren und Dienstleistungen, zu denen auch der Preis gehören kann;
d) durch sie werden weder die Marken, die Handelsnamen oder andere Unterscheidungszeichen noch die Waren, die Dienstleistungen, die Tätigkeiten oder die Verhältnisse eines Mitbewerbers herabgesetzt oder verunglimpft;
e) bei Waren mit Ursprungsbezeichnung bezieht sie sich in jedem Fall auf Waren mit der gleichen Bezeichnung;
f) sie nutzt den Ruf einer Marke, eines Handelsnamens oder anderer Unterscheidungszeichen eines Mitbewerbers oder der Ursprungsbezeichnung von Konkurrenzerzeugnissen nicht in unlauterer Weise aus;
g) sie stellt nicht eine Ware oder eine Dienstleistung als Imitation oder Nachahmung einer Ware oder Dienstleistung mit geschützter Marke oder geschütztem Handelsnamen dar;
h) sie begründet keine Verwechslungsgefahr bei den Gewerbetreibenden, zwischen dem Werbenden und einem Mitbewerber oder zwischen den Warenzeichen, Warennamen, sonstigen Kennzeichen, Waren oder Dienstleistungen des Werbenden und denen eines Mitbewerbers.

Art. 5 [Sanktionsmittel; Regularien; Befugnisse] (1) Die Mitgliedstaaten stellen im Interesse der Gewerbetreibenden und ihrer Mitbewerber sicher, dass geeignete und wirksame Mittel zur Bekämpfung der irreführenden Werbung vorhanden sind, und gewährleisten die Einhaltung der Bestimmungen über vergleichende Werbung.

Diese Mittel umfassen Rechtsvorschriften, die es den Personen oder Organisationen, die nach dem nationalen Recht ein berechtigtes Interesse am Verbot irreführender Werbung oder an der Regelung vergleichender Werbung haben, gestatten,

a) gerichtlich gegen eine solche Werbung vorzugehen
oder
b) eine solche Werbung vor eine Verwaltungsbehörde zu bringen, die zuständig ist, über Beschwerden zu entscheiden oder geeignete gerichtliche Schritte einzuleiten.

(2) Es obliegt jedem Mitgliedstaat zu entscheiden, welches der in Absatz 1 Unterabsatz 2 genannten Mittel gegeben sein soll und ob das Gericht oder die Verwaltungsbehörden ermächtigt werden sollen, vorab die Durchführung eines Verfahrens vor anderen bestehenden Einrichtungen zur Regelung von Beschwerden, einschließlich der in Artikel 6 genannten Einrichtungen, zu verlangen.

Es obliegt jedem Mitgliedstaat zu entscheiden,

a) ob sich diese Rechtsbehelfe getrennt oder gemeinsam gegen mehrere Gewerbetreibende desselben Wirtschaftssektors richten können
und
b) ob sich diese Rechtsbehelfe gegen den Urheber eines Verhaltenskodex richten können, wenn der betreffende Kodex der Nichteinhaltung rechtlicher Vorschriften Vorschub leistet.

(3) Im Rahmen der in den Absätzen 1 und 2 genannten Vorschriften übertragen die Mitgliedstaaten den Gerichten oder Verwaltungsbehörden Befugnisse, die sie ermächtigen, in Fällen, in denen sie diese Maßnahmen unter Berücksichtigung aller betroffenen Interessen und insbesondere des Allgemeininteresses für erforderlich halten,

a) die Einstellung einer irreführenden oder unzulässigen vergleichenden Werbung anzuordnen oder geeignete gerichtliche Schritte zur Veranlassung der Einstellung dieser Werbung einzuleiten,
oder
b) sofern eine irreführende oder unzulässige vergleichende Werbung noch nicht veröffentlicht ist, die Veröffentlichung aber bevorsteht, die Veröffentlichung zu verbieten oder geeignete gerichtliche Schritte einzuleiten, um das Verbot dieser Veröffentlichung anzuordnen.

Unterabsatz 1 soll auch angewandt werden, wenn kein Beweis eines tatsächlichen Verlustes oder Schadens oder der Absicht oder Fahrlässigkeit seitens des Werbenden erbracht wird.

Die Mitgliedstaaten sehen vor, dass die in Unterabsatz 1 bezeichneten Maßnahmen nach ihrem Ermessen im Rahmen eines beschleunigten Verfahrens entweder mit vorläufiger oder mit endgültiger Wirkung getroffen werden.

(4) Die Mitgliedstaaten können den Gerichten oder Verwaltungsbehörden Befugnisse übertragen, die es diesen gestatten, zur Ausräumung der fortdauernden Wirkung einer irreführenden oder unzulässigen vergleichenden Werbung, deren Einstellung durch eine rechtskräftige Entscheidung angeordnet worden ist,

a) die Veröffentlichung dieser Entscheidung ganz oder auszugsweise und in der von ihnen für angemessen erachteten Form zu verlangen;
b) außerdem die Veröffentlichung einer berichtigenden Erklärung zu verlangen.

---

[7] **Amtl. Anm.:** ABl. L 149 vom 11.6.2005, S. 22.

(5) Die in Absatz 1 Unterabsatz 2 Buchstabe b genannten Verwaltungsbehörden müssen

a) so zusammengesetzt sein, dass ihre Unparteilichkeit nicht in Zweifel gezogen werden kann;
b) ausreichende Befugnisse haben, die Einhaltung ihrer Entscheidungen wirksam zu überwachen und durchzusetzen, sofern sie über die Beschwerden entscheiden;
c) in der Regel ihre Entscheidungen begründen.

(6) Werden die in den Absätzen 3 und 4 genannten Befugnisse ausschließlich von einer Verwaltungsbehörde ausgeübt, sind die Entscheidungen stets zu begründen. In diesem Fall sind Verfahren vorzusehen, in denen eine fehlerhafte oder unsachgemäße Ausübung der Befugnisse durch die Verwaltungsbehörde oder eine ungerechtfertigte oder unsachgemäße Unterlassung, diese Befugnisse auszuüben, von den Gerichten überprüft werden kann.

Art. 6 [Freiwillige Kontrolle] Diese Richtlinie schließt die freiwillige Kontrolle irreführender oder vergleichender Werbung durch Einrichtungen der Selbstverwaltung oder die Inanspruchnahme dieser Einrichtungen durch die in Artikel 5 Absatz 1 Unterabsatz 2 genannten Personen oder Organisationen nicht aus, unter der Bedingung, dass entsprechende Verfahren vor solchen Einrichtungen zusätzlich zu den in Artikel 5 Absatz 1 Unterabsatz 2 genannten Gerichts- oder Verwaltungsverfahren zur Verfügung stehen. Die Mitgliedstaaten können diese freiwillige Kontrolle fördern.

Art. 7 [Übertragung von Befugnissen] Die Mitgliedstaaten übertragen den Gerichten oder Verwaltungsbehörden Befugnisse, die sie ermächtigen, in den in Artikel 5 genannten Verfahren vor den Zivilgerichten oder Verwaltungsbehörden

a) vom Werbenden Beweise für die Richtigkeit von in der Werbung enthaltenen Tatsachenbehauptungen zu verlangen, wenn ein solches Verlangen unter Berücksichtigung der berechtigten Interessen des Werbenden und anderer Verfahrensbeteiligter im Hinblick auf die Umstände des Einzelfalls angemessen erscheint, und bei vergleichender Werbung vom Werbenden zu verlangen, die entsprechenden Beweise kurzfristig vorzulegen,
sowie
b) Tatsachenbehauptungen als unrichtig anzusehen, wenn der gemäß Buchstabe a verlangte Beweis nicht angetreten wird oder wenn er von dem Gericht oder der Verwaltungsbehörde für unzureichend erachtet wird.

Art. 8 [Geltungsbereich] (1) Diese Richtlinie hindert die Mitgliedstaaten nicht daran, Bestimmungen aufrechtzuerhalten oder zu erlassen, die bei irreführender Werbung einen weiterreichenden Schutz der Gewerbetreibenden und Mitbewerber vorsehen.

Unterabsatz 1 gilt nicht für vergleichende Werbung, soweit es sich um den Vergleich handelt.

(2) Diese Richtlinie gilt unbeschadet der Rechtsvorschriften der Gemeinschaft, die auf die Werbung für bestimmte Waren und/oder Dienstleistungen anwendbar sind, sowie unbeschadet der Beschränkungen oder Verbote für die Werbung in bestimmten Medien.

(3) Aus den die vergleichende Werbung betreffenden Bestimmungen dieser Richtlinie ergibt sich keine Verpflichtung für diejenigen Mitgliedstaaten, die unter Einhaltung der Vorschriften des Vertrags ein Werbeverbot für bestimmte Waren oder Dienstleistungen aufrechterhalten oder einführen, vergleichende Werbung für diese Waren oder Dienstleistungen zuzulassen; dies gilt sowohl für unmittelbar ausgesprochene Verbote als auch für Verbote durch eine Einrichtung oder Organisation, die gemäß den Rechtsvorschriften des Mitgliedstaats für die Regelung eines Handels, Gewerbes, Handwerks oder freien Berufs zuständig ist. Sind diese Verbote auf bestimmte Medien beschränkt, so gilt diese Richtlinie für diejenigen Medien, die nicht unter diese Verbote fallen.

(4) Diese Richtlinie hindert die Mitgliedstaaten nicht daran, unter Einhaltung der Bestimmungen des Vertrags Verbote oder Beschränkungen für die Verwendung von Vergleichen in der Werbung für Dienstleistungen freier Berufe aufrechtzuerhalten oder einzuführen, und zwar unabhängig davon, ob diese Verbote oder Beschränkungen unmittelbar auferlegt oder von einer Einrichtung oder Organisation verfügt werden, die nach dem Recht der Mitgliedstaaten für die Regelung der Ausübung einer beruflichen Tätigkeit zuständig ist.

Art. 9 [Mitteilung] Die Mitgliedstaaten teilen der Kommission den Wortlaut der wichtigsten innerstaatlichen Rechtsvorschriften mit, die sie auf dem unter diese Richtlinie fallenden Gebiet erlassen.

Art. 10 [Übergangsbestimmungen] Die Richtlinie 84/450/EWG wird unbeschadet der Verpflichtungen der Mitgliedstaaten hinsichtlich der in Anhang I Teil B genannten Fristen für die Umsetzung der dort genannten Richtlinien in innerstaatliches Recht und für die Anwendung dieser Richtlinien aufgehoben.

Verweisungen auf die aufgehobene Richtlinie gelten als Verweisungen auf die vorliegende Richtlinie und sind nach Maßgabe der Entsprechungstabelle in Anhang II zu lesen.

Art. 11 [In-Kraft-Treten] Diese Richtlinie tritt am 12. Dezember 2007 in Kraft.

Art. 12 [Geltungsbereich] Diese Richtlinie ist an alle Mitgliedstaaten gerichtet.

Anhang I

Teil A. Aufgehobene Richtlinie mit ihren nachfolgenden Änderungen

Richtlinie 84/450/EWG des Rates (ABl. L 250 vom 19. 9. 1984, S. 17)	
Richtlinie 97/55/EG des Europäischen Parlaments und des Rates (ABl. L 290 vom 23. 10. 1997, S. 18)	nur Artikel 14
Richtlinie 2005/29/EG des Europäischen Parlaments und des Rates (ABl. L 149 vom 11. 6. 2005, S. 22)	

Teil B. Fristen für die Umsetzung in innerstaatliches Recht und Anwendungsfristen
(gemäß Artikel 10)

Richtlinie	Umsetzungsfrist	Anpassungsdatum
84/450/EWG	1. Oktober 1986	–
97/55/EG	23. April 2000	–
2005/29/EG	12. Juni 2007	12. Dezember 2007

Anhang II. Entsprechungstabelle

Richtlinie 84/450/EWG	Vorliegende Richtlinie
Artikel 1	Artikel 1
Artikel 2 einleitende Worte	Artikel 2 einleitende Worte
Artikel 2 Nummer 1	Artikel 2 Buchstabe a)
Artikel 2 Nummer 2	Artikel 2 Buchstabe b)
Artikel 2 Nummer 2 a	Artikel 2 Buchstabe c)
Artikel 2 Nummer 3	Artikel 2 Buchstabe d)
Artikel 2 Nummer 4	Artikel 2 Buchstabe e)
Artikel 3	Artikel 3
Artikel 3 a Absatz 1	Artikel 4
Artikel 4 Absatz 1 Unterabsatz 1 Satz 1	Artikel 5 Absatz 1 Unterabsatz 1
Artikel 4 Absatz 1 Unterabsatz 1 Satz 2	Artikel 5 Absatz 1 Unterabsatz 2
Artikel 4 Absatz 1 Unterabsatz 2	Artikel 5 Absatz 2 Unterabsatz 1
Artikel 4 Absatz 1 Unterabsatz 3	Artikel 5 Absatz 2 Unterabsatz 2
Artikel 4 Absatz 2 Unterabsatz 1 einleitende Worte	Artikel 5 Absatz 3 Unterabsatz 1 einleitende Worte
Artikel 4 Absatz 2 Unterabsatz 1 erster Gedankenstrich	Artikel 5 Absatz 3 Unterabsatz 1 Buchstabe a
Artikel 4 Absatz 2 Unterabsatz 1 zweiter Gedankenstrich	Artikel 5 Absatz 3 Unterabsatz 1 Buchstabe b
Artikel 4 Absatz 2 Unterabsatz 1 letzte Worte	Artikel 5 Absatz 3 Unterabsatz 2
Artikel 4 Absatz 2 Unterabsatz 2 einleitende Worte	Artikel 5 Absatz 3 Unterabsatz 3
Artikel 4 Absatz 2 Unterabsatz 2 erster Gedankenstrich	Artikel 5 Absatz 3 Unterabsatz 3
Artikel 4 Absatz 2 Unterabsatz 2 zweiter Gedankenstrich	Artikel 5 Absatz 3 Unterabsatz 3
Artikel 4 Absatz 2 Unterabsatz 2 letzte Worte	Artikel 5 Absatz 3 Unterabsatz 3
Artikel 4 Absatz 2 Unterabsatz 3 einleitende Worte	Artikel 5 Absatz 4 einleitende Worte
Artikel 4 Absatz 2 Unterabsatz 3 erster Gedankenstrich	Artikel 5 Absatz 4 Buchstabe a
Artikel 4 Absatz 2 Unterabsatz 3 zweiter Gedankenstrich	Artikel 5 Absatz 4 Buchstabe b

Richtlinie 84/450/EWG	Vorliegende Richtlinie
Artikel 4 Absatz 3 Unterabsatz 1	Artikel 5 Absatz 5
Artikel 4 Absatz 3 Unterabsatz 2	Artikel 5 Absatz 6
Artikel 5	Artikel 6
Artikel 6	Artikel 7
Artikel 7 Absatz 1	Artikel 8 Absatz 1 Unterabsatz 1
Artikel 7 Absatz 2	Artikel 8 Absatz 1 Unterabsatz 2
Artikel 7 Absatz 3	Artikel 8 Absatz 2
Artikel 7 Absatz 4	Artikel 8 Absatz 3
Artikel 7 Absatz 5	Artikel 8 Absatz 4
Artikel 8 Absatz 1	–
Artikel 8 Absatz 2	Artikel 9
–	Artikel 10
–	Artikel 11
Artikel 9	Artikel 12
–	Anhang I
–	Anhang II

Anhang II. Materialien

1. Amtliche Begründung zum Entwurf eines Zweiten Gesetzes zur Änderung des Gesetzes gegen den unlauteren Wettbewerb

BT-Drucks. 18/4535

A. Problem und Ziel

Durch die Richtlinie 2005/29/EG des Europäischen Parlaments und des Rates vom 11. Mai 2005 über unlautere Geschäftspraktiken von Unternehmen gegenüber Verbrauchern im Binnenmarkt und zur Änderung der Richtlinie 84/450/EWG des Rates, der Richtlinien 97/7/EG, 98/27/EG und 2002/65/EG des Europäischen Parlaments und des Rates sowie der Verordnung (EG) Nr. 2006/2004 des Europäischen Parlaments und des Rates (Richtlinie über unlautere Geschäftspraktiken) (ABl. L 149 vom 11.6.2005, S. 22; L 253 vom 25.9.2009, S. 18) wurde das Lauterkeitsrecht im Verhältnis von Unternehmern zu Verbrauchern auf europäischer Ebene weitestgehend vollharmonisiert. Dies hat zur Folge, dass die Mitgliedstaaten im vollharmonisierten Bereich eine vollständige Rechtsangleichung vorzunehmen haben. Sie dürfen nicht hinter dem Schutzniveau der Richtlinie 2005/29/EG zurückbleiben. Die Mitgliedstaaten dürfen aber auch keine strengeren als die in der Richtlinie 2005/29/EG festgelegten Maßnahmen vorsehen; dies auch nicht, um ein höheres Verbraucherschutzniveau zu erreichen (Europäischer Gerichtshof [EuGH], Urteil vom 23. April 2009, Az.: C-261/07 und C-299/07 Rn. 52 sowie Urteil vom 14. Januar 2010, Az.: C-304/08 Rn. 41).

Die Umsetzung der Richtlinie 2005/29/EG in deutsches Recht erfolgte im Gesetz gegen den unlauteren Wettbewerb (UWG) durch das Erste Gesetz zur Änderung des Gesetzes gegen den unlauteren Wettbewerb vom 22. Dezember 2008 (BGBl. I S. 2949), das seit dem 30. Dezember 2008 in Kraft ist. Das Gesetz war von der Zielsetzung geleitet, in Deutschland ein möglichst einheitliches Lauterkeitsrecht hinsichtlich Mitbewerbern, Verbraucherinnen und Verbrauchern sowie sonstigen Marktteilnehmern beizubehalten.

Obgleich die Rechtsanwendung im Bereich des Lauterkeitsrechts in Deutschland den Vorgaben der Richtlinie 2005/29/EG entspricht, besteht bei einzelnen Punkten noch Klarstellungsbedarf gesetzessystematischer Art, um auch bereits im Wortlaut des UWG selbst eine vollständige Rechtsangleichung zu erzielen. Denn der EuGH hat festgestellt, dass allein eine Rechtsprechung, die innerstaatliche Rechtsvorschriften in einem Sinne auslegt, der den Anforderungen einer Richtlinie entspricht, nicht dem Erfordernis der Rechtssicherheit genügt. Dies gilt insbesondere im Bereich des Verbraucherschutzes (EuGH, Urteil vom 10. Mai 2001, Az.: C-144/99 Rn. 21).

B. Lösung

Mit dem Gesetzentwurf sollen die entsprechenden klarstellenden Anpassungen im UWG vorgenommen werden. Dadurch werden die in der Richtlinie 2005/29/EG enthaltenen Regelungen für den Anwender bereits aus dem Wortlaut des UWG ersichtlich.

C. Alternativen

Keine.

D. Haushaltsausgaben ohne Erfüllungsaufwand

Keine.

E. Erfüllungsaufwand

E.1 Erfüllungsaufwand für Bürgerinnen und Bürger
Keiner.
E.2 Erfüllungsaufwand für die Wirtschaft
Keiner.
Davon Bürokratiekosten aus Informationspflichten
Keine.
E.3 Erfüllungsaufwand der Verwaltung
Keiner.

F. Weitere Kosten

Kosten für die Wirtschaft und für soziale Sicherungssysteme werden nicht erwartet. Auch sind keine Auswirkungen auf das Preisniveau, insbesondere auf das Verbraucherpreisniveau, ersichtlich.

Anlage 1

Entwurf eines Zweiten Gesetzes zur Änderung des Gesetzes gegen den unlauteren Wettbewerb

Vom …

Der Bundestag hat das folgende Gesetz beschlossen:

Artikel 1. Änderung des Gesetzes gegen den unlauteren Wettbewerb

Das Gesetz gegen den unlauteren Wettbewerb in der Fassung der Bekanntmachung vom 3. März 2010 (BGBl. I S. 254), das zuletzt durch… geändert worden ist, wird wie folgt geändert:

1. § 2 Absatz 1 wird wie folgt geändert:
   a) In Nummer 7 wird vor dem Wort „Standard" das Wort „jeweilige" eingefügt und werden die Wörter „gegenüber Verbrauchern" durch die Wörter „jeweils gegenüber Verbrauchern, Mitbewerbern und sonstigen Marktteilnehmern" und wird der Punkt am Ende durch ein Semikolon ersetzt.
   b) Folgende Nummer 8 wird angefügt:
   „8. „wesentliche Beeinflussung des wirtschaftlichen Verhaltens des Verbrauchers" die Vornahme einer geschäftlichen Handlung, um die Fähigkeit des Verbrauchers, eine informierte Entscheidung zu treffen, spürbar zu beeinträchtigen und damit den Verbraucher zu einer geschäftlichen Entscheidung zu veranlassen, die er andernfalls nicht getroffen hätte."
2. § 3 wird wie folgt gefasst:
   „(1) Unlautere geschäftliche Handlungen sind unzulässig.
   (2) Geschäftliche Handlungen, die sich an Verbraucher richten oder diese erreichen, sind unlauter im Sinne des Absatzes 1, wenn sie nicht der für den Unternehmer jeweils geltenden fachlichen Sorgfalt entsprechen und dazu geeignet sind, das wirtschaftliche Verhalten des Verbrauchers wesentlich zu beeinflussen. Schädigen die geschäftlichen Handlungen jedoch ausschließlich die wirtschaftlichen Interessen von Mitbewerbern, so gilt Absatz 3 Satz 2.
   (3) Geschäftliche Handlungen, die sich weder an Verbraucher richten noch diese erreichen, sind unlauter im Sinne des Absatzes 1, wenn sie nicht der für den Unternehmer jeweils geltenden fachlichen Sorgfalt entsprechen und dazu geeignet sind, die Interessen von Mitbewerbern oder sonstigen Marktteilnehmern spürbar zu beeinträchtigen. Geschäftliche Handlungen, die sich zwar an Verbraucher richten oder diese erreichen, aber ausschließlich die wirtschaftlichen Interessen von Mitbewerbern schädigen, sind unlauter, wenn sie nicht der für den Unternehmer jeweils geltenden fachlichen Sorgfalt entsprechen.
   (4) Die im Anhang dieses Gesetzes aufgeführten geschäftlichen Handlungen gegenüber Verbrauchern sind stets unzulässig.
   (5) Bei der Beurteilung von geschäftlichen Handlungen gegenüber Verbrauchern ist auf den durchschnittlichen Verbraucher oder, wenn sich die geschäftliche Handlung an eine bestimmte Gruppe von Verbrauchern wendet, auf ein durchschnittliches Mitglied dieser Gruppe abzustellen. Auf die Sicht eines durchschnittlichen Mitglieds einer auf Grund von geistigen oder körperlichen Gebrechen, Alter oder Leichtgläubigkeit besonders schutzbedürftigen und eindeutig identifizierbaren Gruppe von Verbrauchern ist abzustellen, wenn für den Unternehmer vorhersehbar ist, dass seine geschäftliche Handlung nur diese Gruppe betrifft."
3. § 4 wird wie folgt geändert:
   a) Die Überschrift wird wie folgt gefasst:
   „§ 4 Beispiele von Verstößen gegen die fachliche Sorgfalt".
   b) In dem Satzteil vor Nummer 1 werden die Wörter „Unlauter handelt insbesondere," durch die Wörter „Es wird vermutet, dass gegen die für ihn jeweils geltende fachliche Sorgfalt verstößt," ersetzt.
   c) Nummer 6 wird aufgehoben.

4. Nach § 4 wird folgender § 4a eingefügt:
   „§ 4a Aggressive geschäftliche Handlungen gegenüber Verbrauchern
   (1) Unlauter im Sinne des § 3 Absatz 1 handelt, wer eine aggressive geschäftliche Handlung vornimmt, die geeignet ist, den Verbraucher zu einer geschäftlichen Entscheidung zu veranlassen, die er andernfalls nicht getroffen hätte. Eine geschäftliche Handlung ist aggressiv, wenn sie geeignet ist, die Entscheidungsfreiheit des Verbrauchers wesentlich zu beeinflussen durch
   1. Belästigung,
   2. Nötigung einschließlich der Anwendung körperlicher Gewalt oder
   3. Ausnutzung einer Machtposition zur Ausübung von Druck, auch ohne die Anwendung oder Androhung von körperlicher Gewalt.
   (2) Bei der Feststellung, ob eine geschäftliche Handlung aggressiv im Sinne des Absatzes 1 Satz 2 ist, ist abzustellen auf
   1. Zeitpunkt, Ort, Art oder Dauer der Handlung;
   2. die Verwendung drohender oder beleidigender Formulierungen oder Verhaltensweisen;
   3. die bewusste Ausnutzung von konkreten Unglückssituationen oder Umständen von solcher Schwere, dass sie das Urteilsvermögen des Verbrauchers beeinträchtigen, um dessen Entscheidung zu beeinflussen;
   4. belastende oder unverhältnismäßige Hindernisse nichtvertraglicher Art, mit denen der Unternehmer den Verbraucher an der Ausübung seiner vertraglichen Rechte zu hindern versucht, wozu auch das Recht gehört, den Vertrag zu kündigen oder zu einer anderen Ware oder Dienstleistung oder einem anderen Unternehmer zu wechseln;
   5. Drohungen mit rechtlich unzulässigen Handlungen."
5. In § 5 Absatz 1 Satz 1 werden nach dem Wort „Unlauter" die Wörter „im Sinne des § 3 Absatz 1" eingefügt und wird der Punkt am Ende durch ein Komma und die Wörter „die geeignet ist, den Verbraucher oder sonstigen Marktteilnehmer zu einer geschäftlichen Entscheidung zu veranlassen, die er andernfalls nicht getroffen hätte." ersetzt.
6. § 5a wird wie folgt geändert:
   a) Absatz 2 wird wie folgt gefasst:
      „(2) Unlauter im Sinne des § 3 Absatz 1 handelt, wer dem Verbraucher eine Information vorenthält,
      1. die im konkreten Fall unter Berücksichtigung aller Umstände wesentlich ist,
      2. die der Verbraucher je nach den Umständen benötigt, um eine informierte geschäftliche Entscheidung zu treffen und
      3. deren Vorenthalten geeignet ist, den Verbraucher zu einer geschäftlichen Entscheidung zu veranlassen, die er andernfalls nicht getroffen hätte.
      Als Vorenthalten gilt auch
      1. das Verheimlichen wesentlicher Informationen,
      2. die Bereitstellung wesentlicher Informationen in unklarer, unverständlicher oder zweideutiger Weise,
      3. die nicht rechtzeitige Bereitstellung wesentlicher Informationen oder
      4. die Bereitstellung wesentlicher Informationen in einer Weise, die den kommerziellen Zweck einer geschäftlichen Handlung nicht kenntlich macht, sofern sich dieser nicht unmittelbar aus den Umständen ergibt."
   b) In Absatz 3 werden die Wörter „im Sinne des Absatzes 2" durch die Wörter „im Sinne des Absatzes 2 Satz 1 Nummer 1" ersetzt.
   c) In Absatz 4 werden die Wörter „im Sinne des Absatzes 2" durch die Wörter „im Sinne des Absatzes 2 Satz 1 Nummer 1" ersetzt.
   d) Folgender Absatz 5 wird angefügt:
      „(5) Bei der Beurteilung, ob Informationen vorenthalten wurden, sind zu berücksichtigen:
      1. räumliche oder zeitliche Beschränkungen durch das für die geschäftliche Handlung gewählte Kommunikationsmittel sowie
      2. alle Maßnahmen des Unternehmers, um dem Verbraucher die Informationen auf andere Weise als durch das Kommunikationsmittel nach Nummer 1 zur Verfügung zu stellen."
7. In § 6 Absatz 2 werden in dem Satzteil vor Nummer 1 nach dem Wort „Unlauter" die Wörter „im Sinne des § 3 Absatz 1" eingefügt.
8. Der Anhang wird wie folgt geändert:
   a) In der Überschrift und in dem Satzteil vor Nummer 1 wird jeweils die Angabe „§ 3 Absatz 3" durch die Angabe „§ 3 Absatz 4" ersetzt.
   b) In Nummer 14 werden die Wörter „das den Eindruck vermittelt" durch die Wörter „bei dem vom Verbraucher ein finanzieller Beitrag für die Möglichkeit verlangt wird" ersetzt und werden die Wörter „könne eine Vergütung erlangt werden" durch die Wörter „eine Vergütung zu erlangen" ersetzt.

Artikel 2 Inkrafttreten

Dieses Gesetz tritt am Tag nach der Verkündung in Kraft.

Begründung

A. Allgemeiner Teil

I. Zielsetzung und Notwendigkeit der Regelungen

Durch die Richtlinie 2005/29/EG des Europäischen Parlaments und des Rates vom 11. Mai 2005 über unlautere Geschäftspraktiken von Unternehmen gegenüber Verbrauchern im Binnenmarkt und zur Änderung der Richtlinie 84/450/EWG des Rates, der Richtlinien 97/7/EG, 98/27/EG und 2002/65/EG des Europäischen Parlaments und des Rates sowie der Verordnung (EG) Nr. 2006/2004 des Europäischen Parlaments und des Rates (ABl. L 149 vom 11.6.2005, S. 22; L 253 vom 25.9.2009, S. 18) (Richtlinie über unlautere Geschäftspraktiken, im Folgenden: Richtlinie 2005/29/EG) wurde das Lauterkeitsrecht im Verhältnis von Unternehmern zu Verbrauchern auf europäischer Ebene weitestgehend vollharmonisiert (vgl. Artikel 3 der Richtlinie). Dies hat zur Folge, dass die Mitgliedstaaten im vollharmonisierten Bereich eine vollständige Rechtsangleichung vorzunehmen haben. Sie dürfen nicht hinter dem Schutzniveau der Richtlinie zurückbleiben. Die Mitgliedstaaten dürfen aber auch keine strengeren als die in der Richtlinie festgelegten Regelungen vorsehen. Dies auch nicht, um ein höheres Verbraucherschutzniveau zu erreichen (Europäischer Gerichtshof [EuGH], Urteil vom 23. April 2009, Az.: C-261/07 und C-299/07 Rn. 52 sowie Urteil vom 14. Januar 2010, Az.: C-304/08 Rn. 41). Die Regelungen müssen sich mit der erforderlichen Klarheit aus dem Gesetz selbst ergeben. Denn der EuGH hat festgestellt, dass allein eine Rechtsprechung, die innerstaatliche Rechtsvorschriften in einem Sinne auslegt, der den Anforderungen einer Richtlinie entspricht, nicht dem Erfordernis der Rechtssicherheit genügt. Dies gilt insbesondere im Bereich des Verbraucherschutzes (EuGH, Urteil vom 10. Mai 2001, Az.: C-144/99 Rn. 21).

Die Umsetzung der Richtlinie 2005/29/EG erfolgte durch das Erste Gesetz zur Änderung des Gesetzes gegen den unlauteren Wettbewerb vom 22. Dezember 2008 (BGBl. I S. 2949 ff.), das seit dem 30. Dezember 2008 in Kraft ist. Geleitet von der Zielsetzung, in Deutschland ein möglichst einheitliches Lauterkeitsrecht hinsichtlich Mitbewerbern, Verbrauchern und sonstigen Marktteilnehmern beizubehalten, erfolgte die Umsetzung im bereits bestehenden Gesetz gegen den unlauteren Wettbewerb (UWG). Obgleich die Rechtsanwendung im Bereich des Lauterkeitsrechts in Deutschland den Vorgaben der Richtlinie entspricht und insbesondere nicht über diese hinausgeht, besteht bei einzelnen Punkten noch Klarstellungsbedarf gesetzessystematischer Art, um eine vollständige Rechtsangleichung im Gesetzeswortlaut zu erzielen.

II. Wesentlicher Inhalt des Entwurfs

Da sich das UWG als ein das Lauterkeitsrecht einheitlich regelndes Gesetz bewährt hat, soll an dem Grundsatz festgehalten werden, dass sowohl der lauterkeitsrechtliche Schutz von Verbraucherinnen und Verbrauchern als auch derjenige von Mitbewerbern und sonstigen Marktteilnehmern in ein und demselben Gesetz geregelt ist.

Die wesentlichen Änderungen sind folgende:

In § 2 UWG (Definitionen) wird in Nummer 7 die fachliche Sorgfalt jeweils gegenüber Verbrauchern, sonstigen Marktteilnehmern und Mitbewerbern definiert. In einer neuen Nummer 8 wird die Definition der „wesentlichen Beeinflussung des wirtschaftlichen Verhaltens des Verbrauchers" aus der Richtlinie 2005/29/EG eingefügt, die sodann in § 3 UWG aufgegriffen wird.

Die Generalklausel in § 3 UWG (Verbot unlauterer geschäftlicher Handlungen) wird klarer gefasst. Dadurch werden die Maßstäbe für unlautere Geschäftspraktiken von Unternehmern gegenüber Verbrauchern (B2C) einerseits sowie im Verhältnis von Unternehmern zu anderen Unternehmern, d. h. Mitbewerbern bzw. zu sonstigen Marktteilnehmern (B2B), andererseits auch gesetzessystematisch klarer unterschieden. Dies hat zur Folge, dass nun auch der Begriff der Unlauterkeit für den Nichtverbraucherbereich in Absatz 3 definiert wird.

§ 4 UWG regelt nun Beispiele für Verstöße gegen die fachliche Sorgfalt. Dadurch wird klargestellt, dass es sich hier nicht um einen eigenständigen Katalog von Per-se-Verboten handelt, sondern die Anwendung unter dem Vorbehalt weiterer Voraussetzungen des § 3 Absatz 2 oder 3 steht. Die – aufgrund der Rechtsprechung des EuGH inzwischen ohnehin bedeutungslose – Regelung des § 4 Nummer 6 („Koppelungsverbot") wird gestrichen.

Mit § 4a UWG (Aggressive geschäftliche Handlungen gegenüber Verbrauchern) wird im Hinblick auf die ausführlichen Regelungen des Artikels 8 (Aggressive Geschäftspraktiken) und des Artikels 9 (Belästigung, Nötigung und unzulässige Beeinflussung) der Richtlinie 2005/29/EG eine eigene Regelung hinsichtlich aggressiver geschäftlicher Handlungen geschaffen.

In § 5 UWG (Irreführende geschäftliche Handlungen) wird deutlich gemacht, dass die jeweilige irreführende Handlung geeignet sein muss, die Entscheidungsfreiheit des Adressaten zu beeinträchtigen.

Die Regelung des § 5a UWG (Irreführung durch Unterlassen) wird in Absatz 2 für Verbraucher stärker an die Terminologie der Richtlinie 2005/29/EG angepasst und durch weitere, bisher nicht ausdrücklich genannte Merkmale ergänzt. Die bisher in Absatz 2 enthaltene Regelung zu Beschränkungen des Kommunikationsmittels wird hinsichtlich des Wortlauts der Richtlinie präzisiert und in einen eigenen Absatz verschoben.

Zudem erfolgt aufgrund des Urteils des EuGH vom 3. April 2014 in der Rechtssache C-515/12 eine Klarstellung zum Erfordernis eines finanziellen Beitrags des Verbrauchers in Schneeball- und Pyramidensystemen in Nummer 14 des Anhanges zu § 3 Absatz 4 (bisher Absatz 3) UWG.

Änderungen in der Rechtsanwendung sind durch die vorgeschlagenen Änderungen nicht zu erwarten, da das UWG auch bereits bisher durch die Gerichte richtlinienkonform ausgelegt wurde.

III. Alternativen

Keine.

IV. Gesetzgebungskompetenz

Für den Bereich des gewerblichen Rechtsschutzes besteht nach Artikel 73 Nummer 9 des Grundgesetzes eine ausschließliche Gesetzgebungskompetenz des Bundes.

V. Vereinbarkeit mit dem Recht der Europäischen Union und völkerrechtlichen Verträgen

Der Gesetzentwurf ist mit dem Recht der Europäischen Union und völkerrechtlichen Verträgen, die die Bundesrepublik Deutschland abgeschlossen hat, vereinbar.

VI. Gesetzesfolgen

1. Rechts- und Verwaltungsvereinfachung

Der Gesetzentwurf dient der Umsetzung europäischen Rechts, wobei die bisherige Regelungsstruktur des UWG so weit wie möglich beibehalten wird. Verwaltungsverfahren werden von diesem Gesetzentwurf nicht berührt, da die Durchsetzung des Lauterkeitsrechts im hier betroffenen Bereich zivilrechtlich ausgestaltet ist.

Der Gesetzentwurf trägt zur Rechtsvereinfachung bei, da sich der Regelungsgehalt der jeweiligen Normen in Zukunft klarer aus dem Gesetzeswortlaut selbst ergeben wird.

2. Nachhaltigkeitsaspekte

Der Gesetzentwurf dient der wirtschaftlichen Zukunftsvorsorge und somit einer nachhaltigen Entwicklung im Sinne der Nationalen Nachhaltigkeitsstrategie. Die engere Anpassung des UWG an die europarechtlichen Vorgaben des Lauterkeitsrechts im Bereich des Verbraucherschutzes verbessert die Investitionsbedingungen im grenzüberschreitenden Bereich, da der Rechtsrahmen auf europäischer Ebene weiter vereinheitlicht wird.

3. Haushaltsausgaben ohne Erfüllungsaufwand

Die Gesetzesänderungen und ihr Vollzug führen weder bei Bund und Ländern noch bei den Gemeinden zu Mehrausgaben oder Mindereinnahmen.

4. Erfüllungsaufwand

Mit einem Erfüllungsaufwand sind die Gesetzesänderungen nicht verbunden.

5. Weitere Kosten

Kosten für die Wirtschaft und für soziale Sicherungssysteme werden nicht erwartet. Auch sind keine Auswirkungen auf das Preisniveau, insbesondere auf das Verbraucherpreisniveau, ersichtlich.

6. Weitere Gesetzesfolgen

Weitere Gesetzesfolgen sind nicht zu erwarten. Unterschiedliche Auswirkungen der Gesetzesänderungen auf Männer und Frauen sind nicht ersichtlich.

VII. Befristung; Evaluation

Da bestehende Gesetze geändert werden, die unbefristet gelten und auch künftig in der geänderten Fassung auf noch unbestimmte Zeit erforderlich sein werden, ist eine Befristung nicht vorgesehen. Auch die Richtlinie 2005/29/EG – deren weiterer Umsetzung dieses Gesetz dient – gilt unbefristet. Eine Evaluation ist nicht erforderlich, da die Gesetzesänderungen den Wortlaut bestehender Regelungen weitestgehend lediglich im Hinblick auf die Richtlinie 2005/29/EG modifizieren, ohne grundlegende inhaltliche Änderungen herbeizuführen.

B. Besonderer Teil

Zu Artikel 1
(Änderung des Gesetzes gegen den unlauteren Wettbewerb)

Zu Nummer 1 (Änderung des § 2 Absatz 1)

Zu Buchstabe a (Änderung der Nummer 7)

Da der Begriff „fachliche Sorgfalt" nun auch als Maßstab für Wettbewerbshandlungen gegenüber Mitbewerbern und sonstigen Marktteilnehmern verwendet wird (vgl. § 3 Absatz 3 UWG-E), wird der Anwendungsbereich der Definition über den Verbraucherbereich hinaus erweitert. Die Betonung des „jeweiligen" Standards verdeutlicht, dass der Begriff je nach betroffenem Marktteilnehmer unterschiedlich auszulegen ist. Denn das nach Treu und Glauben unter Berücksichtigung der Marktgepflogenheiten an den Tag zu legende Verhalten kann je nach dem, ob es sich um eine geschäftliche Handlung gegenüber Verbrauchern oder gegenüber Unternehmern als Abnehmern (sogenannten sonstigen Marktteilnehmern) handelt, ein anderes sein. Zur Wahrung des Sorgfaltsmaßstabs gegenüber Unternehmern als Mitbewerbern wiederum gehört es insbesondere, deren wettbewerbliche Entfaltungsmöglichkeiten nicht in unangemessener Weise zu beeinträchtigen.

Soweit es sich um den gegenüber Verbrauchern zu berücksichtigenden Sorgfaltsmaßstab handelt, unterliegt der Begriff – aufgrund dessen Herkunft aus Artikel 2 Buchstabe h der Richtlinie 2005/29/EG – der Auslegung durch den EuGH. In den übrigen Anwendungsbereichen ist dies nicht der Fall.

Zu Buchstabe b (Nummer 8 – neu –)

Durch die neu in das Gesetz aufgenommene Nummer 8 wird der Definitionenkatalog des § 2 Absatz 1 um eine Definition des Begriffs „wesentliche Beeinflussung des wirtschaftlichen Verhaltens des Verbrauchers" ergänzt. Die Definition folgt Artikel 2 Buchstabe e der Richtlinie 2005/29/EG, verwendet jedoch – um die einheitliche Terminologie des UWG zu wahren – den Begriff „geschäftliche Handlung" anstelle des Begriffs „Geschäftspraxis". Eine inhaltliche Abweichung von Artikel 2 Buchstabe e der Richtlinie 2005/29/EG ist hiermit nicht verbunden. Die Definition wird sodann in der Generalklausel des § 3 Absatz 2 Satz 1 UWG-E verwendet.

Zu Nummer 2 (Änderung des § 3)

Die Regelung des § 3 wird dergestalt neu gefasst, dass eine systematisch eindeutigere Trennung der Anwendungsbereiche der bereits jetzt bestehenden unterschiedlichen Generalklauseln hinsichtlich der geschäftlichen Handlungen mit Verbraucherbezug auf der einen und hinsichtlich der geschäftlichen Handlungen mit Bezug auf Unternehmer als Mitbewerber und sonstige Marktteilnehmer auf der anderen Seite erfolgt. Auch für die – außerhalb des Anwendungsbereichs der Richtlinie 2005/29/EG liegende – Konstellation der geschäftlichen Handlung mit Verbraucherbezug, die aber einzig die Interessen von Mitbewerbern schädigt, wird eine eigene Generalklausel geschaffen.

Die Neufassung des § 3 ist erforderlich, da der lauterkeitsrechtliche Schutz im Verhältnis zwischen Unternehmern und Verbrauchern durch die Richtlinie 2005/29/EG weitestgehend vollharmonisiert wird, was zur Folge hat, dass die Mitgliedstaaten in diesem Bereich keine abweichenden und damit auch keine strengeren als die in der Richtlinie festgelegten Regelungen vorsehen dürfen (EuGH, Urteil vom 23. April 2009, Az.: C-261/07 und C-299/07 Rn. 52 sowie Urteil vom 14. Januar 2010, Az.: C-304/08 Rn. 41). Zugleich eignet sich der von der Richtlinie 2005/29/EG für den Verbraucherbereich vorgegebene Maßstab nicht stets in gleicher Weise für geschäftliche Handlungen, die ausschließlich Unternehmer als Abnehmer oder Mitbewerber betreffen.

Änderungsbedarf besteht auch deshalb, weil der Wortlaut der Generalklausel des § 3 Absatz 1 in ihrer bisherigen Fassung ein Verbot geschäftlicher Handlungen mit Verbraucherbezug auch dann ermöglichen würde, wenn die Voraussetzungen der Generalklausel bezüglich des Verbraucherbereichs in § 3 Absatz 2 nicht vorlägen. Denn § 3 Absatz 1 regelt, dass unlautere Handlungen gegenüber Mitbewerbern, Verbrauchern und sonstigen Marktteilnehmern unzulässig sind, wenn sie diese spürbar beeinträchtigen. § 3 Absatz 2 bestimmt sodann, dass geschäftliche Handlungen gegenüber Verbrauchern „jedenfalls" unter den dortigen Voraussetzungen unzulässig sind. Insofern könnte nach dem Gesetzeswortlaut für Verbraucher auch über § 3 Absatz 2 hinaus allein der Maßstab des § 3 Absatz 1 zur Anwendung kommen.

Zwar stellt die Rechtsprechung durch richtlinienkonforme Gesetzesauslegung bereits jetzt sicher, dass die auf der Richtlinie 2005/29/EG beruhenden Voraussetzungen des § 3 Absatz 2 für die Unzulässigkeit von Geschäftspraktiken gegenüber Verbrauchern nicht über eine Anwendung der Generalklausel des (bisherigen) § 3 Absatz 1 umgangen werden. Insbesondere wird so regelmäßig geprüft, ob die geschäftliche Handlung zur Beeinflussung des wirtschaftlichen Verbraucherverhaltens in dem Sinne geeignet ist, dass die Verbraucher zu geschäftlichen Entscheidungen veranlasst werden könnten, die sie sonst nicht getroffen hätten (vgl. Bundesgerichtshof [BGH], Urteil vom 5. Oktober 2010, Az.: I ZR 4/06 Rn. 15, 20). Auch wird regelmäßig ein Verstoß gegen die für den Unternehmer geltende Sorgfalt geprüft. Allerdings genügt – wie der EuGH festgestellt hat – eine Rechtsprechung, die innerstaatliche Rechtsvorschriften in einem

Sinne auslegt, der den Anforderungen der Richtlinie entspricht, nicht dem Erfordernis der Rechtssicherheit. Dies gilt insbesondere im Bereich des Verbraucherschutzes (EuGH, Urteil vom 10. Mai 2001, Az.: C-144/99 Rn. 21). Aufgrund der bereits jetzt erfolgenden richtlinienkonformen (einschränkenden) Gesetzesauslegung durch die Rechtsprechung sind von der diesbezüglichen gesetzessystematischen Umgestaltung des § 3 keine faktischen Änderungen für die Rechtsanwendung zu erwarten.

Zu Absatz 1

Unlautere geschäftliche Handlungen sind nach der Neufassung des Absatzes 1 nun schon von der Definition her unzulässig, ohne dass weitere Umstände hinzutreten müssen. Rechtssystematisch erlaubt die Neufassung des Absatzes 1 eine klarere Unterscheidung zwischen den Voraussetzungen der Unlauterkeit einerseits und der Rechtsfolge der Unzulässigkeit andererseits. Bislang hatte § 3 Absatz 1 eine Doppelfunktion zum einen als für sich stehende Generalklausel zur Unlauterkeit, zum anderen als Rechtsfolgenregelung für die speziellen Unlauterkeitstatbestände der §§ 4 ff. Nun wird diese Doppelfunktion aufgetrennt. Absatz 1 benennt nun nur noch die Rechtsfolge der Unlauterkeit. Ob eine geschäftliche Handlung im Einzelfall unlauter ist, ergibt sich nun entweder aus den Spezialtatbeständen der §§ 4a ff. oder aus den Generalklauseln der Absätze 2 und 3 des § 3. Hierdurch wird der Bedeutungsinhalt des Begriffs der Unlauterkeit an Artikel 5 Absatz 1 der Richtlinie 2005/29/EG angeglichen. Diese neue Terminologie des § 3 Absatz 1 gilt jedoch – im Interesse der Einheitlichkeit des Lauterkeitsrechts – nicht nur für den Bereich des Verbraucherschutzes, sondern – über den Anwendungsbereich der Richtlinie hinaus – für das Lauterkeitsrecht insgesamt.

Dies bringt keine Änderungen für die Rechtspraxis mit sich. Nach der bisherigen Systematik des Gesetzes waren unlautere geschäftliche Handlungen nach § 3 Absatz 1 (und in dessen Anwendungsbereich) unzulässig, wenn sie geeignet waren, die Interessen von Mitbewerbern, Verbrauchern oder sonstigen Marktteilnehmern spürbar zu beeinträchtigen. In Zukunft wird das Relevanz- bzw. Spürbarkeitskriterium nicht erst bei der Frage nach der Rechtsfolge der Unzulässigkeit einer unlauteren geschäftlichen Handlung, sondern bereits bei der Prüfung der Unlauterkeit einer geschäftlichen Handlung zu berücksichtigen sein. Das Relevanz- bzw. Spürbarkeitskriterium bleibt für geschäftliche Handlungen zwischen Unternehmern (B2B) unverändert erhalten (Absatz 3) und wird für geschäftliche Handlungen gegenüber Verbrauchern (B2C) richtlinienkonform präzisiert, indem in Absatz 2 das Relevanzkriterium des Absatzes 5 der Richtlinie 2005/29/EG (Eignung zur wesentlichen Beeinflussung des wirtschaftlichen Verhaltens des Verbrauchers) übernommen wird.

Zu Absatz 2

Wie bisher beinhaltet Absatz 2 die Generalklausel hinsichtlich geschäftlicher Handlungen mit Verbraucherbezug.

Bei der Neufassung des Satzes 1 werden die folgenden Änderungen vorgenommen: Dadurch, dass die Formulierung der geschäftlichen Handlungen „gegenüber Verbrauchern" in Satz 1 ersetzt wird durch die Formulierung der „geschäftlichen Handlungen, die sich an Verbraucher richten oder diese erreichen", wird die Terminologie des Artikels 5 Absatz 2 Buchstabe b der Richtlinie 2005/29/EG aufgegriffen und der Rechtsprechung des EuGH bezüglich des (weiten) Anwendungsbereichs der Richtlinie Rechnung getragen (vgl. EuGH, Urteil vom 9. November 2010, Az.: C-540/08 Rn. 21).

Die Streichung der Worte „jedenfalls dann" stellt klar, dass es sich bei der Generalklausel des Absatzes 2 nicht um einen Unterfall des Absatzes 1 handelt, sondern die neuen Generalklauseln (nun in den Absätzen 2 und 3) voneinander getrennte, jeweils eigene Anwendungsbereiche haben. Auch wird nun in der Verbrauchergeneralklausel des Absatzes 2 der Begriff der Unlauterkeit verwendet, deren Rechtsfolge sich aus Absatz 1 ergibt.

Die Verwendung des Begriffs „wesentliche Beeinflussung des wirtschaftlichen Verbraucherverhaltens" greift wiederum die Terminologie des Artikels 5 Absatz 2 der Richtlinie 2005/29/EG auf. Da dieser Begriff nun in § 2 Absatz 1 Nummer 8 entsprechend definiert wird, ist die eigene Erwähnung der Fähigkeit, sich auf Grund von Informationen zu entscheiden, sowie die Veranlassung zu einer geschäftlichen Entscheidung, die ansonsten nicht getroffen worden wäre, an dieser Stelle nicht mehr erforderlich.

Der Anwendungsbereich der Richtlinie 2005/29/EG umfasst allerdings nach deren Erwägungsgrund 6 diejenigen geschäftlichen Handlungen nicht, die lediglich die wirtschaftlichen Interessen von Mitbewerbern schädigen oder sich auf ein Rechtsgeschäft zwischen Gewerbetreibenden beziehen. Es bleibt den Mitgliedstaaten unbenommen, diese Bereiche unabhängig von den Vorgaben der Richtlinie zu regeln. Rechtsgeschäfte zwischen Unternehmern, von denen Verbraucher nicht tangiert werden, oder sonstige geschäftliche Handlungen ohne Verbraucherbezug – etwa Maßnahmen der Absatzförderung für Produkte, die zu gewerblichen Zwecken genutzt werden – sind bereits nach dem Wortlaut des § 3 Absatz 2 von dessen Anwendungsbereich ausgeschlossen, da sie sich nicht „an Verbraucher richten oder diese erreichen". Sie unterfallen § 3 Absatz 3 UWG. Es kann jedoch auch geschäftliche Handlungen geben, die sich zwar an Verbraucher richten oder diese erreichen, jedoch nicht diese, sondern allein Mitbewerber schädigen. Zu denken ist hier beispielsweise an bestimmte Fälle der Rufausbeutung (siehe etwa die Konstellation, die dem Urteil des BGH vom 8. November 1984, Az. I ZR 128/82 zugrunde lag – Imitation exklusiver Uhren, ohne dass der Verbraucher getäuscht würde). Es wäre nicht sachgerecht, diese

Konstellationen dem Anwendungsbereich und damit den Voraussetzungen der Verbrauchergeneralklausel zu unterstellen. Um hier eine Unterscheidung zu treffen, wurde der Satz „Schädigen die geschäftlichen Handlungen jedoch ausschließlich die wirtschaftlichen Interessen von Mitbewerbern, so gilt Absatz 3 Satz 2" ergänzt. Die Konstellation wird sodann entsprechend in Absatz 3 Satz 2 aufgegriffen.

Der Regelungsgehalt der bisherigen Sätze 2 und 3 wird in einen eigenen Absatz (Absatz 5) verschoben (siehe unten).

Zu Absatz 3

Absatz 3 enthält die lauterkeitsrechtlichen Generalklauseln für geschäftliche Handlungen ohne Verbraucherbezug bzw. den Schutz von Nichtverbrauchern. Dieser Bereich war bisher teilweise in Absatz 1 geregelt, der in Zukunft nicht mehr als Generalklausel, sondern als einheitliche Rechtsfolgenregelung dient. Daher findet sich das erforderliche Relevanz- bzw. Spürbarkeitskriterium nun auch in Absatz 3 und nicht mehr in Absatz 1.

Satz 1 regelt die Fälle, in denen ein Verbraucherbezug nicht besteht (Rechtsgeschäfte zwischen Unternehmern, von denen Verbraucher nicht tangiert werden oder sonstige geschäftliche Handlungen ohne Verbraucherbezug – etwa Maßnahmen der Absatzförderung für Produkte, die zu gewerblichen Zwecken genutzt werden). Durch die Formulierung „die sich weder an Verbraucher richten noch diese erreichen" wird klargestellt, dass im Falle geschäftlicher Handlungen, die sich an Verbraucher richten oder diese erreichen, als Generalklausel ausschließlich die Verbrauchergeneralklausel des Absatzes 2 Anwendung findet und Absatz 3 Satz 1 hier nicht anwendbar ist, auch nicht als Auffangtatbestand. Absatz 3 Satz 1 betrifft somit lediglich geschäftliche Handlungen zwischen Gewerbetreibenden ohne Verbraucherbezug.

Der Begriff „Unlauterkeit" war für Mitbewerber und sonstige Marktteilnehmer im UWG bisher nicht definiert. Eine Definition wird aufgrund der Unterscheidung zwischen Voraussetzung der Unlauterkeit und der Rechtsfolge der Unzulässigkeit jetzt jedoch erforderlich. § 3 Absatz 1 enthält nunmehr allein eine Rechtsfolge und bestimmt, dass unlautere geschäftliche Handlungen unzulässig sind. Voraussetzung für die Unlauterkeit von geschäftlichen Handlungen gegenüber Mitbewerbern und anderen Marktteilnehmern kann aber auch nicht ausschließlich sein, dass die Handlung diese „spürbar beeinträchtigt". Denn auch wettbewerbsrechtlich lautere Handlungen können zu einer – dann im Wettbewerb völlig legitimen – spürbaren Beeinträchtigung des Mitbewerbers führen. Zusätzlich wird daher auch im Absatz 3 auf einen Verstoß gegen die fachliche Sorgfalt im Sinne des § 2 Nummer 7 Bezug genommen. Dieser Umstand, dass nun auch für die Generalklauseln im B2B-Bereich auf einen Verstoß gegen die für den Unternehmer geltende fachliche Sorgfalt abgestellt wird, hat allerdings keine Änderungen für die Rechtspraxis zur Folge. Die Definition des § 2 Nummer 7, die auf Billigkeitserwägungen sowie den Grundsatz von Treu und Glauben abstellt, ermöglicht einen weiten Anwendungsspielraum. Der Rechtsprechung wird so ermöglicht, die bereits im Rahmen des bisherigen § 3 Absatz 1 UWG entwickelten angemessenen Anforderungen an lauteres Handeln von Unternehmern gegenüber Mitbewerbern und sonstigen Marktteilnehmern weiterhin zur Anwendung zu bringen. Die Betonung des „jeweiligen" Standards in der Definition des § 2 Nummer 7 verdeutlicht zudem, dass der Begriff im jeweiligen Kontext unterschiedlich auszulegen ist. Im B2B-Bereich können nach Treu und Glauben unter Berücksichtigung der Marktgepflogenheiten für die „fachliche Sorgfalt" daher andere Maßstäbe gelten als im B2C-Bereich. Zur Wahrung des Sorgfaltsmaßstabs gegenüber Mitbewerbern gehört es dabei insbesondere, deren wettbewerbliche Entfaltungsmöglichkeiten nicht in unangemessener Weise zu beeinträchtigen. Insbesondere § 4 Nummer 7 bis 10 enthalten insofern eine Konkretisierung der „fachlichen Sorgfalt" gegenüber Mitbewerbern.

Satz 2 regelt die Unlauterkeit derjenigen geschäftlichen Handlungen, die sich zwar an Verbraucher richten oder diese erreichen, jedoch ausschließlich die wirtschaftlichen Interessen von Mitbewerbern schädigen und somit Verbraucherinteressen überhaupt nicht berühren. Die Formulierung in Absatz 3 Satz 2 greift insofern spiegelbildlich die Formulierung in Absatz 2 auf (vgl. hierzu die Erläuterungen bei Absatz 2). Anders als bei Satz 1 ist hier die eigene Erwähnung einer spürbaren Beeinträchtigung der Interessen von Mitbewerbern als Relevanzkriterium nicht erforderlich, da diese bei einer Schädigung wirtschaftlicher Interessen stets vorliegt.

Zu Absatz 4

Absatz 4 ist der bisherige Absatz 3.

Zu Absatz 5

Hier handelt es sich im Wesentlichen unverändert um die bisher in Absatz 2 Satz 2 und 3 enthaltene Regelung. Sie bildet nun einen eigenen Absatz, um klarzustellen, dass es sich bei diesem – aus Artikel 5 Absatz 3 der Richtlinie 2005/29/EG folgenden – Grundsatz um einen allgemeinen Maßstab für die Bewertung geschäftlicher Handlungen im Verbraucherbereich handelt. Dieser findet nicht nur im Rahmen der Generalklausel, sondern auch für die Spezialtatbestände Anwendung.

Zu Nummer 3 (Änderung des § 4)

Die Regelung des § 4 beinhaltet nun Beispiele von Verstößen gegen die fachliche Sorgfalt und wird damit an die neue Struktur des § 3 angepasst. Insbesondere wird so klargestellt, dass es sich hier nicht um einen eigenständigen Katalog von Per-se-Verboten handelt, sondern die Anwendung unter dem Vorbehalt der Voraussetzungen des § 3 steht. Eine Ausgestaltung der Beispielstatbestände als Per-se-Verbote wäre aufgrund der vollharmonisierenden Wirkung der Richtlinie 2005/29/EG – so weit, wie sich deren Anwendungsbereich erstreckt – unzulässig. Dies war auch zu keiner Zeit die Absicht des Gesetzgebers, der bei früheren Änderungen des UWG stets davon ausgegangen ist, dass § 4 UWG lediglich unter den zusätzlichen Voraussetzungen des § 3 UWG Anwendung findet (vgl. Bundestagsdrucksache 15/1487, S. 17 und Bundestagsdrucksache 16/10145, S. 22). An dieser Systematik wird festgehalten, indem § 4 UWG nun über das Kriterium der „fachlichen Sorgfalt" mit § 3 Absatz 2 bzw. Absatz 3 UWG verzahnt wird.

Um zur Unlauterkeitsfolge des § 3 Absatz 1 zu gelangen, bedarf es eines Unwertkriteriums (im Rahmen der Generalklauseln des § 3 Absatz 2 bzw. Absatz 3 ein Verstoß gegen die jeweilige fachliche Sorgfalt) sowie eines Relevanzkriteriums (in § 3 Absatz 2 die Eignung zur wesentlichen Beeinflussung des wirtschaftlichen Verbraucherverhaltens, in § 3 Absatz 3 die spürbare Interessenbeeinträchtigung bzw. Schädigung wirtschaftlicher Interessen). Die einzelnen Tatbestände des § 4 werden nun – durch die Neuformulierung des Obersatzes – zu Beispielen von Verstößen gegen die fachliche Sorgfalt (d. h. des Unwertkriteriums) in Gestalt von Vermutungs- bzw. Beweislastregeln. Ist einer der Tatbestände erfüllt, wird ein Sorgfaltsverstoß (widerleglich) vermutet. Das jeweilige Relevanzkriterium ist sodann – wie bisher – zu prüfen und positiv festzustellen.

Nummer 6 (sogenanntes Koppelungsverbot) wird im Hinblick auf die Rechtsprechung des EuGH (Urteil vom 14. Januar 2010, Az.: C-304/08) und deren Auswirkungen auf die Praxis aufgehoben.

Zu Buchstabe a (Änderung der Überschrift)

Die neue Überschrift „Beispiele von Verstößen gegen die fachliche Sorgfalt" vollzieht die dargelegte Anpassung nach.

Zu Buchstabe b (Änderung des Satzteiles vor Nummer 1)

Wie dargelegt, wird bei Vorliegen eines der Tatbestände des § 4 ein Verstoß gegen die jeweilige fachliche Sorgfalt vermutet. Soll im Einzelfall ausnahmsweise ein solcher Sorgfaltsverstoß nicht vorliegen, obliegt die Vortrags- und Beweislast hierfür dem handelnden Unternehmer. Eine solche Beweislastregelung ist mit den Vorgaben der Richtlinie 2005/29/EG vereinbar. Wie sich aus Erwägungsgrund 21 ergibt, bestimmt sich die Beweislast nach dem Recht der Mitgliedstaaten.

Zu Buchstabe c (Aufhebung der Nummer 6)

Mit Urteil vom 14. Januar 2010 (Az.: C-304/08) hat der EuGH aus Anlass einer den § 4 Nummer 6 betreffenden Vorlagefrage festgestellt, dass Artikel 5 Absatz 2 der Richtlinie 2005/29/EG einer nationalen Regelung entgegenstehe, nach der eine Geschäftspraktik, bei der die Teilnahme von Verbrauchern an einem Preisausschreiben oder Gewinnspiel vom Erwerb einer Ware oder von der Inanspruchnahme einer Dienstleistung abhängig gemacht wird, grundsätzlich unzulässig ist, ohne dass es darauf ankomme, ob die Werbemaßnahme im Einzelfall Verbraucherinteressen beeinträchtige. Auch der BGH hat in Folge der Entscheidung festgestellt, dass die Kopplung von Gewinnspielen an ein Umsatzgeschäft nicht generell der fachlichen Sorgfalt widerspreche. In richtlinienkonformer Auslegung könne ein Koppelungsgeschäft daher nur dann untersagt werden, wenn im Einzelfall ein Sorgfaltsverstoß festzustellen oder der Irreführungstatbestand betroffen sei (Urteil vom 5. Oktober 2010, Az.: I ZR 4/06).

Die Regelung des § 4 Nummer 6 hat somit bei richtlinienkonformer Anwendung neben der Generalklausel des § 3 Absatz 2 bzw. den Irreführungstatbeständen (§§ 5, 5a) keine eigenständige Bedeutung mehr und wird entsprechend kaum noch angewandt. Sie wird daher aufgehoben.

Zu Nummer 4 (§ 4a – neu – Aggressive geschäftliche Handlungen gegenüber Verbrauchern)

Die Richtlinie 2005/29/EG unterscheidet bei den Spezialtatbeständen zwischen irreführenden (Artikel 6 und 7) sowie aggressiven Geschäftspraktiken (Artikel 8 und 9). Enthält das UWG mit den §§ 5 und 5a bereits jetzt gesonderte Bestimmungen zu irreführenden geschäftlichen Handlungen, waren aggressive geschäftliche Handlungen bislang lediglich in § 4 Nummer 1 und 2 als Unterfälle der Unlauterkeitstatbestände der Generalklausel geregelt.

Mit § 4a wird nun eine eigenständige Bestimmung hinsichtlich aggressiver geschäftlicher Handlungen gegenüber Verbrauchern in das UWG aufgenommen, durch welche die Vorgaben der relativ ausführlichen Artikel 8 und 9 der Richtlinie 2005/29/EG umfassend umgesetzt werden.

Absatz 1 setzt Artikel 8 der Richtlinie 2005/29/EG um, der die allgemeine Regelung hinsichtlich aggressiver Geschäftspraktiken enthält. Über den Begriff der Unlauterkeit ist die Norm hinsichtlich der Rechtsfolge an § 3 Absatz 1 UWG gebunden, wonach unlautere geschäftliche Handlungen unzulässig sind.

Satz 1 regelt, dass aggressive geschäftliche Handlungen, die die Entscheidungsfreiheit von Verbrauchern beeinträchtigen, unlauter im Sinne des § 3 Absatz 1 UWG und damit unzulässig sind. Die Formulierung „geeignet ist, den Verbraucher zu einer Entscheidung zu veranlassen, die er sonst nicht getroffen hätte" ist an Artikel 8 der Richtlinie angelehnt („tatsächlich oder voraussichtlich erheblich beeinträchtigt und dieser dadurch tatsächlich oder voraussichtlich dazu veranlasst wird, eine geschäftliche Entscheidung zu treffen, die er andernfalls nicht getroffen hätte") und entspricht der Formulierung in § 5 für irreführende geschäftliche Handlungen.

Anders als im Rahmen der Generalklauseln des § 3 ist ein Verstoß gegen die „fachliche Sorgfalt" bei aggressiven geschäftlichen Handlungen nicht zu prüfen (vgl. Urteil des EuGH vom 19. September 2013, Az.: C-435/11 Rn. 48). Wie in Artikel 8 der Richtlinie 2005/29/EG wird angenommen, dass die geschilderten aggressiven Handlungen stets unlauter und unzulässig sein sollen, wenn sie geeignet sind, eine geschäftliche Entscheidung zu beeinflussen.

Satz 2 definiert aggressive geschäftliche Handlungen in Übereinstimmung mit Artikel 8 der Richtlinie 2005/29/EG. Nummer 1 enthält nun entsprechend deren Artikel 8 den Aggressionstatbestand der Belästigung. Zwar untersagt auch § 7 belästigende geschäftliche Handlungen, jedoch haben die Normen unterschiedliche Schutzzwecke. Soll § 7 das Recht schützen, „in Ruhe gelassen" zu werden, schützt § 4a Absatz 1 Satz 2 Nummer 1 hingegen die freie und durch Belästigung unbeeinflusste geschäftliche Entscheidung des Verbrauchers. Der Schutz der Privatsphäre (§ 7) wird ergänzt durch den Schutz der wirtschaftlichen Interessen (§ 4a).

Absatz 2 setzt Artikel 9 der Richtlinie 2005/29/EG hinsichtlich Belästigung, Nötigung und unzulässiger Beeinflussung um. Er enthält verschiedene präzisierende Merkmale, die bei der Feststellung, ob eine geschäftliche Handlung als aggressiv anzusehen ist, zu berücksichtigen sind.

Folgeänderungen ergeben sich aus der Schaffung des neuen § 4a UWG nicht. Insbesondere ist keine Aufhebung der § 4 Nummern 1 und 2 UWG geboten. Zum einen schützt § 4 Nummer 1 – anders als § 4a – unmittelbar nicht nur Verbraucher, sondern auch sonstige Marktteilnehmer. Aber auch hinsichtlich des Verbraucherschutzes kommt § 4 Nummer 1 und 2 eine Bedeutung neben § 4a zu, da beide Tatbestandsalternativen einen Regelungsbereich über die aggressive Beeinflussung des Verbraucherverhaltens hinaus haben. Dies gilt zum einen in § 4 Nummer 1 für die Beeinträchtigung der Entscheidungsfreiheit des Verbrauchers in menschenverachtender Weise oder durch sonstigen unangemessen unsachlichen Einfluss, der nicht notwendigerweise aggressiv sein muss. Ein über die Aggressionstatbestände hinausgehender Anwendungsbereich besteht etwa dann, wenn einem Interessenwahrer eines Dritten ein Vorteil gewährt wird (wobei dieser Interessenwahrer auch ein Verbraucher sein kann, siehe etwa BGH, Urteil vom 8. November 2007, AZ.: I ZR 60/05 Rn. 14ff. – Regulierung von Versicherungsfällen). Zum anderen regelt § 4 Nummer 2 den Schutz von Verbrauchern, die durch Gebrechen, Alter, geschäftliche Unerfahrenheit, Leichtgläubigkeit, Angst oder eine Zwangslage besonders verletzlich sein können. Dieser Schutz besonders verletzlicher Verbrauchergruppen, der sowohl gegen aggressive als auch irreführende Ausnutzung gewährt wird, soll ausdrücklich beibehalten werden. Dies ist auch europarechtlich unbedenklich, da sich die Beweislast nach Erwägungsgrund 21 der Richtlinie 2005/29/EG nach dem Recht der Mitgliedstaaten bestimmt (vgl. im Einzelnen zu Nummer 3 [Änderung des § 4]).

Zu Nummer 5 (Änderung des § 5 Absatz 1 Satz 1)

Die Änderung verdeutlicht, dass die geschilderten irreführenden Handlungen unlauter im Sinne des § 3 Absatz 1 und somit ohne Prüfung weiterer Umstände außerhalb des § 5 unzulässig sind.

Irreführende geschäftliche Handlungen sind nur dann unlauter und somit unzulässig nach § 3 Absatz 1, wenn sie geeignet sind, die Entscheidungsfähigkeit von Verbrauchern oder sonstigen Marktteilnehmern zu beeinträchtigen. Für Verbraucher folgt diese Vorgabe aus Artikel 6 (Irreführende Handlungen) der Richtlinie 2005/29/EG. Wie bisher soll der Tatbestand des § 5 über irreführende Handlungen jedoch auch weiterhin sonstige Marktteilnehmer als Adressaten der irreführenden Handlung in den Schutzbereich mit einbeziehen. Die Anforderung im Hinblick auf die Beeinträchtigung der Entscheidungsfreiheit gilt daher auch für sie. Die Formulierung entspricht der in § 4 für die aggressiven geschäftlichen Handlungen gewählten Formulierung.

Anders als im Rahmen der Generalklauseln des § 3 und ebenso wie in § 4a ist auch für irreführende Handlungen ein Verstoß gegen die „fachliche Sorgfalt" nicht zu prüfen (vgl. Urteil des EuGH vom 19. September 2013, Az.: C-435/11 Rn. 48). Wie in Artikel 6 der Richtlinie 2005/29/EG wird angenommen, dass die geschilderten irreführenden Handlungen stets unzulässig sein sollen, wenn sie geeignet sind, eine geschäftliche Entscheidung zu beeinflussen. Die insoweit bisher zu prüfende „spürbare Beeinträchtigung" des § 3 Absatz 1 der bisherigen Fassung entfällt. Die irreführende geschäftliche Handlung muss jedoch, wie ausgeführt, geeignet sein, die geschäftliche Entscheidung von Verbrauchern oder sonstigen Marktteilnehmern zu beeinflussen. Für Verbraucher entspricht dies den Vorgaben des Artikels 6 der Richtlinie 2005/29/EG. Für Unternehmer als Abnehmer (sonstige Marktteilnehmer) wurde dasselbe Kriterium gewählt, da es bei einer Irreführung immer um die Beeinträchtigung der Entscheidungsfreiheit geht. Ist die Entscheidungsfreiheit beeinträchtigt, liegt auch stets eine spürbare Beeinträchtigung vor. Wesentliche inhaltliche Änderungen ergeben sich daher nicht.

Zu Nummer 6 (Änderung des § 5a)

Die Norm wird stärker an Artikel 7 der Richtlinie 2005/29/EG angepasst.

Zu Buchstabe a (Neufassung des Absatzes 2)

Absatz 2 regelt die Irreführung durch Unterlassen gegenüber Verbrauchern. Die Änderungen beruhen auf den Anforderungen des Artikels 7 (Irreführende Unterlassungen) der Richtlinie 2005/29/EG.

Die in Satz 1 vorgenommene Ergänzung „im Sinne des § 3 Absatz 1" verdeutlicht, dass die geschilderten irreführenden Unterlassungen unlauter im Sinne des § 3 Absatz 1 und somit ohne Prüfung weiterer Umstände außerhalb des § 5a unzulässig sind.

Satz 1 stellte bisher darauf ab, ob die irreführende Unterlassung die „Entscheidungsfähigkeit von Verbrauchern im Sinne des § 3 Absatz 2" beeinträchtigt. Im Einklang mit den Vorgaben des Artikels 7 Absatz 1 der Richtlinie 2005/29/EG wird diese Formulierung nun geändert zu „geeignet ist, den Verbraucher zu einer Entscheidung zu veranlassen, die er andernfalls nicht getroffen hätte." Dies entspricht auch der in § 4 für die aggressiven und in § 5 für die irreführenden geschäftlichen Handlungen gewählten Formulierung.

Aus Artikel 7 Absatz 1 der Richtlinie 2005/29/EG wurde zudem die einschränkende Formulierung übernommen, dass nur das Vorenthalten derjenigen wesentlichen Information zur Unlauterkeit führt, die der Verbraucher „je nach den Umständen benötigt, um eine informierte geschäftliche Entscheidung zu treffen". Dies verdeutlicht, dass auch in Fällen, in denen eine Information „wesentlich" ist, eine Abwägung dazu zu erfolgen hat, ob der Verbraucher dieses auch tatsächlich benötigt.

Die der Übersichtlichkeit halber in Gestalt einer Nummerierung gegliederten Kriterien des Satzes 1 haben kumulativen Charakter, was durch die Verwendung des Wortes „und" verdeutlicht wird.

Die Regelung zu „Beschränkungen des Kommunikationsmittels", die bisher in Satz 1 enthalten war, wurde in ergänzter Form in einen eigenen Absatz (Absatz 5) überführt.

Anders als in § 3 und ebenso wie in den §§ 4a und 5 ist ein Verstoß gegen die „fachliche Sorgfalt" nicht zu prüfen. Dies entspricht den Vorgaben der Richtlinie.

Absatz 2 regelte bisher ausdrücklich lediglich das „Vorenthalten" von Informationen. Der neue Satz 2 nennt nun weitere Fälle, die dem gleichstehen. Er stellt nun klar, dass – unter den zusätzlichen Voraussetzungen des Satzes 1 – eine Irreführung durch Unterlassen gegenüber Verbrauchern auch vornimmt, wer Informationen „verheimlicht" oder „auf unklare, unverständliche, zweideutige Weise oder nicht rechtzeitig bereitstellt". Dem ist weiterhin der Fall gleichgestellt, dass der „kommerzielle Zweck einer geschäftlichen Handlung nicht kenntlich" gemacht wird, sofern sich dieser „nicht unmittelbar aus den Umständen ergibt". Diese Klarstellung greift den Wortlaut des Artikels 7 Absatz 2 der Richtlinie 2005/29/EG auf. Wie dargestellt führen die in Satz 2 aufgeführten Alternativen des „Vorenthaltens" nur dann zur Unlauterkeit im Sinne des Satzes 1, wenn die Informationen nicht nur im Sinne des Satzes 1 Nummer 1 wesentlich sind, sondern auch jeweils die Voraussetzungen des Satzes 1 Nummern 2 und 3 vorliegen.

Zu Buchstabe b (Änderung des Absatzes 3)

Hier handelt es sich um eine Folgeänderung. Da in der Neufassung des Absatzes 2 nun neben der Wesentlichkeit der Information (jetzt Absatz 2 Satz 1 Nummer 1) weitere Kriterien gefordert werden, ist klarzustellen, dass sich der Verweis in Absatz 3 – wie aus Artikel 7 Absatz 4 der Richtlinie 2005/29/EG folgend – auf eben das Kriterium der Wesentlichkeit in Absatz 2 Satz 1 Nummer 1 bezieht.

Zu Buchstabe c (Änderung des Absatzes 4)

Ebenso wie in Absatz 3 ist hier durch eine Folgeänderung klarzustellen, dass sich der Verweis in Absatz 4 auf das Kriterium der Wesentlichkeit in Absatz 2 Satz 1 Nummer 1 bezieht (vgl. Artikel 7 Absatz 5 der Richtlinie 2005/29/EG).

Zu Buchstabe d (Absatz 5 – neu –)

Der neue Absatz 5 greift das bislang in Absatz 2 enthaltene Kriterium der „Beschränkungen des Kommunikationsmittels" auf und ergänzt dieses um weitere Aspekte entsprechend Artikel 7 Absatz 3 der Richtlinie 2005/29/EG. Insbesondere wird nun auch darauf hingewiesen, dass bei Beurteilung der Frage, ob Informationen im Sinne des Absatzes 2 „vorenthalten" werden, nicht nur die (räumlichen oder zeitlichen) Beschränkungen des Kommunikationsmittels, sondern auch alle Maßnahmen des Unternehmers zu berücksichtigen sind, die dieser getroffen hat, um dem Verbraucher die (wesentlichen) Informationen anderweitig zur Verfügung zu stellen.

Befindet sich eine nach Absatz 3 oder 4 wesentliche Information nicht auf dem Werbemittel selbst, benötigt der Verbraucher sie jedoch im Sinne des Absatzes 2, so sind bei der Entscheidung, ob es sich hier um ein unlauteres Vorenthalten handelt, jedenfalls die in Absatz 5 genannten Aspekte in die Abwägung einzubeziehen. Zu denken ist hier etwa an Konstellationen, dass Werbeanzeigen oder Werbezettel nicht über ausreichenden Platz verfügen, um sämtliche nach Absatz 3 und 4 wesentlichen Informationen dort unterzubringen, jedoch in deutlicher Weise etwa auf eine Internetseite verwiesen wird (siehe etwa Urteil des EuGH vom 12. Mai 2011, Az.: C-122/10, Rn. 56).

Zu Nummer 7 (Änderung des § 6 Absatz 2)

Im Einklang mit der neuen Systematik der Generalklausel des § 3 wird in § 6 klargestellt, dass die nach § 6 Absatz 2 unlauteren Arten vergleichender Werbung zugleich nach § 3 Absatz 1 unzulässig sind. § 6 dient nicht der Umsetzung der Richtlinie 2005/29/EG, sondern der Umsetzung der Richtlinie 2006/114/EG des Europäischen Parlaments und des Rates vom 12. Dezember 2006 über irreführende und vergleichende Werbung (ABl. L 376 vom 27.12.2006, S. 21). Der Prüfung eines besonderen Spürbarkeitserfordernisses bedarf es hier nicht, da die Richtlinie 2006/114/EG ein solches nicht erfordert.

Zu Nummer 8 (Änderung des Anhangs)

Zu Buchstabe a (Änderung der Überschrift und des Satzteiles vor Nummer 1)

Die Änderung der Überschrift sowie des Obersatzes vollzieht nach, dass sich die Regelung bezüglich der gegenüber Verbrauchern stets unzulässigen geschäftlichen Handlungen aufgrund der Neufassung des § 3 nun in dessen Absatz 4 befindet, statt bisher in Absatz 3.

Zu Buchstabe b (Änderung der Nummer 14 des Anhangs)

Nummer 14 des Anhangs zu § 3 Absatz 4 (bisher Absatz 3) setzt Nummer 14 des Anhangs I der Richtlinie 2005/29/EG in deutsches Recht um. Danach sind die dort beschriebenen Schneeball- und Pyramidensysteme gegenüber Verbrauchern stets verboten.

In seinem Urteil vom 3. April 2014 in der Rechtssache C-515/12 hat der EuGH im Leitsatz festgestellt: „[...] Anhang I Nummer 14 der Richtlinie 2005/29/EG [...] ist dahin auszulegen, dass ein Schneeballsystem nur dann unter allen Umständen eine unlautere Geschäftspraxis darstellt, wenn ein solches System vom Verbraucher einen finanziellen Beitrag gleich welcher Höhe im Austausch für die Möglichkeit verlangt, eine Vergütung zu erzielen, die hauptsächlich durch die Einführung neuer Verbraucher in ein solches System und weniger durch den Verkauf oder Verbrauch von Produkten zu erzielen ist."

Die bisherige Fassung der Nummer 14 des Anhangs stellte in ihrem Wortlaut jedoch nicht auf einen „finanziellen Beitrag" des Verbrauchers, sondern auf den „Eindruck" ab, durch Teilnahme an dem System könne eine Vergütung erlangt werden. Die Änderungen sollen den Wortlaut der Nummer 14 des Anhangs nun an die Rechtsprechung des EuGH zu Nummer 14 des Anhang I der Richtlinie 2005/29/EG angleichen.

Zu Artikel 2
(Inkrafttreten)

Die Vorschrift regelt das Inkrafttreten des Gesetzes am Tag nach der Verkündung.

Anlage 2
Stellungnahme des Bundesrates

Der Bundesrat hat in seiner 931. Sitzung am 6. März 2015 beschlossen, zu dem Gesetzentwurf gemäß Artikel 76 Absatz 2 des Grundgesetzes wie folgt Stellung zu nehmen:

1. **Zu Artikel 1 Nummer 2 (§ 3 Absatz 3 UWG)**

   Der Bundesrat bittet, im weiteren Gesetzgebungsverfahren zu prüfen, ob als Kriterium für die Unlauterkeit im Sinne des § 3 Absatz 3 UWG-E anstelle des Begriffs der „fachlichen Sorgfalt" ein geeigneterer Maßstab gewählt werden kann.

   Begründung:

   In dem Gesetzentwurf wird das Kriterium der „fachlichen Sorgfalt" in § 3 Absatz 3 UWG-E als Lauterkeitsmaßstab auch im Verhältnis von Unternehmern zu Mitbewerbern und sonstigen Marktteilnehmern (B2B) neu eingeführt. Dadurch entsteht die Gefahr von Rechtsunsicherheit und Abgrenzungsproblemen, da unklar ist, was unter „fachlicher Sorgfalt" im Verhältnis zu den Mitbewerbern und sonstigen Marktteilnehmern zu verstehen ist. Insbesondere im Verhältnis zu den Mitbewerbern geht es darum, deren wettbewerbliche Entfaltungsmöglichkeiten nicht unangemessen zu beeinträchtigen. Diesbezüglich stellt der Maßstab der „fachlichen Sorgfalt" kein geeignetes Wertungskriterium dar.

2. **Zu Artikel 1 Nummer 3 Buchstabe b (§ 4 UWG)**

   In Artikel 1 Nummer 3 ist Buchstabe b wie folgt zu fassen:

   ‚b) In dem Satzteil vor Nummer 1 werden die Wörter „Unlauter handelt insbesondere," durch die Wörter „Gegen die für ihn jeweils geltende fachliche Sorgfalt verstößt insbesondere," ersetzt.'

   Begründung:

   In Anpassung an die Systematik der Richtlinie 2005/29/EG erscheint es konsequent, in § 4 UWG künftig Beispiele für Verstöße gegen die fachliche Sorgfalt zu normieren. Im Gegensatz zur bisherigen Formulierung soll es sich bei den hier normierten Beispielen nun aber lediglich um widerlegliche Vermutungen handeln. Damit wird für Unternehmer die grundsätzliche Möglichkeit eröffnet, trotz Vorliegens der Tatbestandsvoraussetzungen eines gesetzlich normierten Beispiels, einen Verstoß gegen die fachliche Sorgfalt zu widerlegen und damit im Ergebnis auch die Rechtsfolge der Unlauterkeit seiner Handlungen abzuwenden. Eine solche Umgestaltung des § 4 UWG kann damit im Einzelfall u. a. zu einer Absenkung des bisherigen Verbraucherschutzniveaus führen. Eine solche Änderung wird jedoch weder von der Richtlinie 2005/29/EG vorausgesetzt, noch sind hierfür zwingende Gründe aus der bisherigen Rechtspraxis und Regelungshistorie ersichtlich. Im Interesse eines umfassenden Schutzes der Mitbewerber, der Verbraucherinnen und Verbraucher sowie der sonstigen Marktteilnehmer vor unlauteren geschäftlichen Handlungen ist von der Einführung einer solchen Beweislastregel abzusehen. Im Übrigen sind auch keine tragfähigen Gründe dafür ersichtlich, die Beispiele des § 4 UWG künftig als abschließende Aufzählung auszugestalten. Aus diesem Grund sollte das Wort „insbesondere" weiterhin im Satzteil vor Nummer 1 erhalten bleiben.

3. **Zu Artikel 1 Nummer 4 (§ 4a Absatz 2 Nummer 3 UWG)**
In Artikel 1 Nummer 4 ist § 4a Absatz 2 Nummer 3 wie folgt zu ändern:
a) Das Wort „bewusste“ ist zu streichen.
b) Nach dem Wort „beeinträchtigen,“ sind die Wörter „worüber sich der Unternehmer bewusst ist,“ einzufügen.
Begründung:
Das Wort „bewusste“ vor dem Wort „Ausnutzung“ erweist sich als entbehrlich. Unter dem Begriff des „Ausnutzens“ wird bereits ein rücksichtsloses, egoistisches Vorteilziehen aus einer Situation verstanden. Dieses beinhaltet daher für sich schon eine subjektive Komponente, die keiner zusätzlichen Hervorhebung im Gesetzestext bedarf.
Eine subjektive Komponente sieht die Richtlinie 2005/29/EG hinsichtlich der Beeinträchtigung des Urteilsvermögens des Verbrauchers vor. Der insofern relevante Artikel 9 Buchstabe c der Richtlinie 2005/29/EG lautet an dieser Stelle wörtlich: „(…) dass sie das Urteilsvermögen des Verbrauchers beeinträchtigen, worüber sich der Gewerbetreibende bewusst ist, (…)“. Mit der Einfügung des Relativsatzes „worüber sich der Unternehmer bewusst ist“ wird daher den Vorgaben in Artikel 9 Buchstabe c der Richtlinie 2005/29/EG genügt. Zugleich wird durch die nahezu wörtliche Übernahme des Richtlinientextes dem Ziel des Entwurfs des Änderungsgesetzes, den Regelungsgehalt der Richtlinie in den Gesetzestext zu inkorporieren, Rechnung getragen.

4. **Zu Artikel 1 Nummer 6 Buchstabe a (§ 5a Absatz 2 Satz 3 – neu – UWG)**
In Artikel 1 Nummer 6 Buchstabe a ist dem § 5a Absatz 2 folgender Satz anzufügen:
„Als Verheimlichen gilt auch die Bereitstellung wesentlicher Informationen in einer Weise, bei der mit einer Kenntnisnahme durch den Verbraucher nicht gerechnet werden kann.“
Begründung:
In der Praxis zeigt sich, dass bei unseriösen Geschäftspraktiken häufig die für den Verbraucher wesentlichen Informationen, wie beispielsweise die Entgeltlichkeit, Zusatzkosten oder erhebliche Leistungseinschränkungen, in den AGB versteckt werden und die Unternehmer bewusst darauf vertrauen, dass die Verbraucher diese Informationen nicht wahrnehmen. Dies gilt auch nach dem Rückgang der klassischen Abo-Fallen bzw. wird in der Praxis auch nicht durch die (auf Grund der Button-Lösung oder der im Zuge der Umsetzung der Verbraucherrechte-Richtlinie eingeführten) erweiterten Informationspflichten vollständig ausgeschlossen. In seiner Wirkung kommt das Verstecken dem Verheimlichen gleich. Daher ist es geboten, dies bei der Neugestaltung des § 5a UWG klarzustellen.

5. **Zu Artikel 1 Nummer 7a – neu – (§ 10 Absatz 1 Satz 1 und Satz 2 – neu – UWG)**
In Artikel 1 ist nach Nummer 7 folgende Nummer 7a einzufügen:
‚7a. § 10 Absatz 1 wird wie folgt geändert:
a) Im bisherigen Wortlaut wird das Wort „vorsätzlich“ gestrichen.
b) Folgender Satz wird angefügt:
„Dies gilt nicht, wenn die nach § 3 oder § 7 unzulässige geschäftliche Handlung nicht vorsätzlich vorgenommen wurde.“ ‘
Begründung:
Die im Gesetzentwurf vorgesehenen Änderungen sind, was die Frage der Gewinnabschöpfung angeht, nicht ausreichend. Bereits im Gesetzgebungsverfahren zum Entwurf eines Gesetzes zur Umsetzung der Verbraucherrechterichtlinie und zur Änderung des Gesetzes zur Regelung der Wohnungsvermittlung hat der Bundesrat mit Beschluss vom 1. Februar 2013, vgl. BR-Drucksache 817/12 (Beschluss), Ziffer 17, und im Gesetzgebungsverfahren zum Entwurf eines Gesetzes gegen unseriöse Geschäftspraktiken mit Beschluss vom 3. Mai 2013, vgl. BR-Drucksache 219/13 (Beschluss), Ziffer 18, die Bundesregierung aufgefordert, die Regelung des § 10 UWG im Hinblick auf die Regelung des Verschuldens zu ändern. Die in § 8 Absatz 3 Nummer 2 bis 4 UWG genannten rechtsfähigen Verbände, qualifizierten Einrichtungen sowie die Industrie- und Handelskammern oder die Handwerkskammern haben in der Praxis Schwierigkeiten, lauterkeitsrechtliche Rechtsinstrumente, insbesondere Gewinnabschöpfung gemäß § 10 UWG, erfolgreich geltend zu machen, so dass sie von der Möglichkeit der Gewinnabschöpfung bislang nur zurückhaltend Gebrauch machen.
Um die Rechtsdurchsetzung des Gewinnabschöpfungsanspruchs zu verbessern, ist folgende Änderung des § 10 UWG angezeigt:
§ 10 Absatz 1 UWG sollte zur Vereinfachung der Durchsetzung des Gewinnabschöpfungsanspruchs dahingehend geändert werden, dass künftig das Verschulden vermutet wird und nicht – wie bisher – vom Anspruchsteller darzulegen und zu beweisen ist. Hierzu ist im bisherigen Wortlaut das Wort vorsätzlich zu streichen und stattdessen in einem neuen Satz 2 eine Vermutungsregelung aufzunehmen: danach soll das Verschulden vermutet werden und der Schuldner den Entlastungsbeweis führen können, indem er dartut, dass er die nach § 3 oder § 7 unzulässige geschäftliche Handlung nicht vorsätzlich vorgenommen hat. An den Entlastungsbeweis sollten dabei keine zu hohen Anforderungen gestellt werden.
Nach geltender Rechtslage stellt der den Gläubigern obliegende Vorsatz-Nachweis die Anspruchsdurchsetzung vor sehr hohe Hürden beziehungsweise macht diese teils unmöglich. Nicht zu Unrecht steht dieser Umstand seit langem in der Kritik. Durch die vorgeschlagene Vermutungsregelung wird die Rechtsdurchsetzung für die Gläubiger erleichtert, gleichzeitig aber das Interesse der Schuldner dahingehend gewahrt, nur für schuldhaftes Handeln haften zu müssen. Die vollständige Streichung des Verschuldenserfordernisses in § 10 UWG wäre ebenso wenig wie die Herabsenkung des Verschuldensmaßstabes auf grobe Fahrlässigkeit eine Alternative. Würde man den Gewinnabschöpfungsanspruch auch in Fällen des nicht vorsätzlichen Handelns zuerkennen, so müsste jeder Unternehmer, der sich in einem Grenzbereich wettbewerbsrechtlicher

Zulässigkeit beziehungsweise Unzulässigkeit bewegt und deshalb mit einer abweichenden Beurteilung seines zumindest bedenklichen Verhaltens rechnen muss, davon ausgehen, den Gewinn zu verlieren. Der Unternehmer wäre hierdurch häufig einem nicht unerheblichen Prozessrisiko ausgesetzt. Ein solches Prozessrisiko ist in den Fällen, in denen ein Mitbewerber durch das wettbewerbswidrige Verhalten einen echten Schaden erleidet, gerechtfertigt. Dies gilt indes nicht beim Gewinnabschöpfungsanspruch. Im Gegensatz zum Schadensersatzanspruch dient der Gewinnabschöpfungsanspruch nicht dem individuellen Schadensausgleich. Der Abnehmer, der durch das wettbewerbswidrige Verhalten Nachteile erlitten hat, erhält den Anspruch gerade nicht. Vielmehr sollen die Fälle erfasst werden, in denen die Geschädigten den Anspruch nicht geltend machen. Der Anspruch dient demnach weniger dem Interessenausgleich, sondern vielmehr einer wirksamen Abschreckung. Es geht vielmehr um die wirtschaftliche Neutralisierung von schwerwiegenden Wettbewerbsverstößen. Um mit Blick auf das erwähnte Prozessrisiko unangemessene Belastungen für die Wirtschaft zu vermeiden, erscheint es gerechtfertigt, dass in den Fällen der nicht schuldhaften – auch fahrlässigen – Zuwiderhandlung der Abschreckungsgedanke zurücktritt (vgl. BT-Drucksache 15/1487, S. 23 f.; Köhler/Bornkamm, UWG, 33. Auflage 2015, § 10, Rn. 1 und 3).

6. **Zu Artikel 1 Nummer 7a – neu – (§ 10 Absatz 1 UWG)**
In Artikel 1 ist nach Nummer 7 folgende Nummer 7a einzufügen:
‚7a. In § 10 Absatz 1 werden die Wörter „und hierdurch zu Lasten einer Vielzahl von Abnehmern“ gestrichen.‘
Begründung:
Die Anspruchsvoraussetzung, wonach der Vorteil zu Lasten einer Vielzahl von Abnehmern erlangt sein muss, ist zu streichen. Bereits im Gesetzgebungsverfahren zum Entwurf eines Gesetzes gegen unlautere Geschäftspraktiken hat der Bundesrat die Bundesregierung aufgefordert, die Regelung des § 10 UWG im Hinblick auf dieses Tatbestandsmerkmal entsprechend zu ändern, BR-Drucksache 219/13 (Beschluss), dort Ziffer 18. Dieses Tatbestandsmerkmal wurde zur Umschreibung der Streuschäden verwendet und ist zu streichen, da die Streudelikte nur ein Anwendungsfall der Gewinnabschöpfung durch kollektiven Rechtsschutz sind, die Gewinnabschöpfung aber unabhängig vom Vorliegen eines konkreten Schadens der Verbraucher gerechtfertigt ist.

7. **Zu Artikel 1 Nummer 7a – neu – (§ 10 Absatz 1, Absatz 4 Satz 2 und 3, Absatz 5 und Absatz 6 – neu – UWG)**
In Artikel 1 ist nach Nummer 7 folgende Nummer 7a einzufügen:
‚7a § 10 wird wie folgt geändert:
a) In Absatz 1 werden die Wörter „den Bundeshaushalt“ durch die Wörter „ein Sondervermögen des Bundes“ ersetzt.
b) Absatz 4 Satz 2 und 3 werden aufgehoben.
c) In Absatz 5 werden die Wörter „Bundesamt für Justiz“ durch die Wörter „Bundesministerium der Justiz und für Verbraucherschutz“ ersetzt.
d) Folgender Absatz wird angefügt:
„(6) Die Bundesregierung errichtet ein zweckgebundenes Sondervermögen zur Verwaltung und zweckentsprechenden Verwendung der nach Absatz 1 abgeschöpften und an das Sondervermögen herausgegebenen Gewinne. Die an das Sondervermögen des Bundes herauszugebenden Gewinne sind zweckgebunden zur Finanzierung der Verbraucherarbeit der Verbraucherorganisationen und zur Erstattung von erforderlichen Aufwendungen, die den gemäß § 8 Absatz 3 Nummer 2 bis 4 Berechtigten bei der gerichtlichen Geltendmachung von Ansprüchen nach Satz 1 und § 8 Absatz 1 entstehen, zu verwenden. Das Bundesministerium der Justiz und für Verbraucherschutz wird ermächtigt, durch Rechtsverordnung die näheren Bestimmungen für das Organisationsstatut zur Verwaltung und zweckentsprechenden Verwendung des Sondervermögens des Bundes zu treffen.“ ‘
Begründung:
Die im Gesetzentwurf vorgesehenen Änderungen sind, was die Frage der Gewinnabschöpfung angeht, nicht ausreichend. Bereits im Gesetzgebungsverfahren zum Entwurf eines Gesetzes zur Umsetzung der Verbraucherrechterichtlinie und zur Änderung des Gesetzes zur Regelung der Wohnungsvermittlung hat der Bundesrat mit Beschluss vom 1. Februar 2013, vgl. BR-Drucksache 817/12 (Beschluss), Ziffer 17, und im Gesetzgebungsverfahren zum Entwurf eines Gesetzes gegen unseriöse Geschäftspraktiken mit Beschluss vom 3. Mai 2013, vgl. BR-Drucksache 219/13 (Beschluss), Ziffer 18, die Bundesregierung aufgefordert, die Regelung des § 10 UWG im Hinblick auf Abschöpfung der Unrechtserlöse an den Bundeshaushalt zu ändern.
Die in § 8 Absatz 3 Nummer 2 bis 4 UWG genannten rechtsfähigen Verbände, qualifizierten Einrichtungen sowie die Industrie- und Handelskammern oder die Handwerkskammern haben in der Praxis Schwierigkeiten, lauterkeitsrechtliche Rechtsinstrumente, insbesondere Gewinnabschöpfung gemäß § 10 UWG, erfolgreich geltend zu machen, so dass sie von der Möglichkeit der Gewinnabschöpfung bislang nur zurückhaltend Gebrauch machen.
Um die Rechtsdurchsetzung des Gewinnabschöpfungsanspruchs zu verbessern, sind folgende Änderungen des § 10 UWG angezeigt:
Eine Abschöpfung der Unrechtserlöse an den Bundeshaushalt ist nicht gerechtfertigt. Die gerechte Verteilung von Vorteilen und Lasten gebietet vielmehr die Abführung des durch die Aktivlegitimierten abgeschöpften Vorteils in ein Sondervermögen des Bundes.
Die dem Sondervermögen des Bundes zugewiesenen Mittel sollen unter anderem dafür verwandt werden, das Prozessrisiko der klagebefugten Einrichtungen und Verbände zu verringern, um Klagehemmnisse abzubauen.

Die Organisation und Verwaltung des Bundessondervermögens ist dem Bundesministerium der Justiz und für Verbraucherschutz als dem zuständigen Fachministerium zu übertragen und die Verwaltung des Bundessondervermögens in einer Verordnung zu normieren. Der Bundesrat hat sich für eine entsprechende Verwaltung der nach dem UWG abgeschöpften Gewinne bereits ausgesprochen, vgl. BR-Drucksache 219/13 (Beschluss), Ziffer 18. In der Gegenäußerung zum genannten Beschluss des Bundesrates, (vgl. BT-Drucksache 17/13429, S. 17f.) hat die Bundesregierung zu Bedenken gegeben, dass die Einrichtung eines zweckgebundenen Sondervermögens, an den die abgeschöpften Gewinne abgeführt werden sollen, zu neuem Bürokratieaufwand führen würde. Nach Ansicht des Bundesrates spricht dieser Bürokratieaufwand allerdings nicht gegen die Errichtung eines Bundessondervermögens. Der Bundesrat bittet zu bedenken, dass mit diesem Vorschlag auch behördliche Entlastungseffekte verbunden sein werden. Denn mit der Einrichtung des Bundessondervermögens wird das Bundesamt für Justiz nicht mehr über die Berechtigung eines Erstattungsanspruches gemäß § 10 Absatz 4 Satz 2 und 3 UWG entscheiden müssen. In der Folge können die derzeit bestehenden Regelungen in Absatz 4 aufgehoben werden. Im Übrigen ermöglicht die staatliche Verwaltung des Bundessondervermögens einen direkteren Einfluss auf die Verwendung der an die klagebefugten Einrichtungen und Verbände weitergeleiteten Mittel. So kann die Weiterleitung der Mittel mit der Zweckbindung verknüpft werden, diese zur Finanzierung der Verbraucherarbeit in der Organisation zu nutzen. Würde demgegenüber eine unmittelbare Herausgabe der abgeschöpften Gewinne an die klagenden Verbände und Einrichtungen erfolgen, wären die Möglichkeiten einer Einflussnahme auf die Mittelverwendung entsprechend geringer.

8. **Zu Artikel 1 Nummer 7a – neu – (§ 10 Absatz 1 Satz 2 – neu – UWG)**

In Artikel 1 ist nach Nummer 7 folgende Nummer 7a einzufügen:
‚7a. Dem § 10 Absatz 1 wird folgender Satz angefügt:
„Der Gewinn kann entsprechend § 287 der Zivilprozessordnung geschätzt werden.“ ‘

Begründung:

Die im Gesetzentwurf vorgesehenen Änderungen sind, was die Frage der Gewinnabschöpfung angeht, nicht ausreichend. Bereits im Gesetzgebungsverfahren zum Entwurf eines Gesetzes zur Umsetzung der Verbraucherrechterichtlinie und zur Änderung des Gesetzes zur Regelung der Wohnungsvermittlung hat der Bundesrat mit Beschluss vom 1. Februar 2013, vgl. BR-Drucksache 817/12 (Beschluss), Ziffer 17, und im Gesetzgebungsverfahren zum Entwurf eines Gesetzes gegen unseriöse Geschäftspraktiken mit Beschluss vom 3. Mai 2013, vgl. BR-Drucksache 219/13 (Beschluss), Ziffer 18, die Bundesregierung aufgefordert, die Regelung des § 10 UWG unter anderem im Hinblick auf die klarstellende Regelung der Möglichkeit der Gewinnschätzung zu ändern. Die in § 8 Absatz 3 Nummer 2 bis 4 UWG genannten rechtsfähigen Verbände, qualifizierten Einrichtungen sowie die Industrie- und Handelskammern oder die Handwerkskammern haben in der Praxis Schwierigkeiten, lauterkeitsrechtliche Rechtsinstrumente, insbesondere Gewinnabschöpfung gemäß § 10 UWG, erfolgreich geltend zu machen, so dass sie von der Möglichkeit der Gewinnabschöpfung bislang nur zurückhaltend Gebrauch machen.

Um die Rechtsdurchsetzung des Gewinnabschöpfungsanspruchs zu verbessern, ist folgende Änderungen des § 10 UWG angezeigt:

In § 10 Absatz 1 UWG sollte klarstellend geregelt werden, dass das Gericht künftig berechtigt sein soll, die Höhe des Gewinns entsprechend § 287 ZPO zu schätzen.

In Anbetracht der Komplexität der Gewinnberechnung ist es notwendig, auf § 287 ZPO zurückzugreifen, um das Instrument der Gewinnabschöpfung handhabbar zu machen. § 287 ZPO ermöglicht es einem Gericht, einen Schaden nach freier Überzeugung unter Berücksichtigung aller Umstände zu schätzen. Die Anwendung des § 287 ZPO auf den lauterkeitsrechtlichen Gewinnabschöpfungsanspruch nach § 10 UWG ist – auch ohne entsprechende gesetzliche Regelung – schon derzeit anerkannt (vgl. Köhler/Bornkamm, UWG, 33. Auflage 2015, § 10, Rn. 14; Münchener Kommentar, UWG, 1. Auflage, § 10, Rn. 151; Fezer, UWG, 2. Auflage, § 10, Rn. 217). Ebenfalls wurde bereits in der Begründung des Gesetzentwurfs zu § 10 Absatz 1 UWG auf die Geltung des § 287 ZPO zur Gewinnschätzung verwiesen (vgl. BT-Drucksache 15/1487, S. 24). Demnach dient die angeregte Änderung letztendlich der gesetzlichen Klarstellung.

Die Erlösermittlung durch Schätzung nach § 287 ZPO gilt ferner auch bei der zivilrechtlichen Vorteilsabschöpfung durch Verbände nach § 34a GWB, auch wenn die Parallelvorschrift zu § 10 UWG ebenfalls keine ausdrückliche Regelung dazu enthält (Fezer, Gutachten zur Zweckgebundene Verwendung von Unrechtserlösen und Kartellbußen zur Finanzierung der Verbraucherarbeit, S. 47). Darüber hinaus ist auch bei der verwaltungsrechtlichen Vorteilsabschöpfung durch die Kartellbehörde nach § 34 Absatz 4 Satz 1 GWB die Zulässigkeit einer Schätzung der Höhe des wirtschaftlichen Vorteils ausdrücklich geregelt.

9. **Zu Artikel 1 Nummer 7a – neu – (§ 14 Absatz 2 UWG)**

Der Bundesrat bittet, im weiteren Gesetzgebungsverfahren zu prüfen, ob die Möglichkeit des „fliegenden Gerichtsstands“ (§ 14 Absatz 2 UWG) aufgehoben oder eingeschränkt werden kann.

Begründung:

Die Regelung des § 14 Absatz 2 UWG ermöglicht es bislang, im Onlinehandel Gerichtsstände so auszuwählen, dass die Erfolgsaussichten verbessert und die Kosten für die Beklagten ohne sachlichen Grund erhöht werden. Die Regelung ist damit eine wichtige Ursache für die Durchsetzung ungerechtfertigter Abmahnforderungen („Abmahnmissbrauch“), unter denen gerade kleine und mittlere Handelsunternehmen im Onlinehandel besonders leiden. Damit wird die Entwicklung der kleinen und mittleren Unternehmen im Onlinehandel behindert.

Die Regelung stellt eine Durchbrechung des auf Grund allgemeiner Gerechtigkeitserwägungen geltenden Prinzips, nach dem die Klage am Wohn- und Geschäftssitz des Beklagten zu erheben ist, dar und führt zu

Nachteilen für den Beklagten, welche nicht mit Praktikabilitätserwägungen begründet werden können. Bei Wettbewerbsverstößen im Internet gibt es keinen physischen Ort der schädigenden Handlung. Dies kann aber kein Argument sein, den Gerichtsort ins Belieben des Klägers zu stellen.

10. **Zu Artikel 1 Nummer 7a – neu – (§ 20 UWG)**

In Artikel 1 ist nach Nummer 7 folgende Nummer 7a einzufügen:

‚7a. § 20 wird nach der Überschrift wie folgt gefasst:

„(1) Ordnungswidrig handelt, wer vorsätzlich oder fahrlässig

1. entgegen § 7 Absatz 1
   a) in Verbindung mit § 7 Absatz 2 Nummer 2 mit einem Telefonanruf oder
   b) in Verbindung mit § 7 Absatz 2 Nummer 3 unter Verwendung einer automatischen Anrufmaschine gegenüber einem Verbraucher ohne dessen vorherige ausdrückliche Einwilligung wirbt,
2. im elektronischen Geschäftsverkehr im Sinne des § 312i Absatz 1 Satz 1 des Bürgerlichen Gesetzbuchs entgegen § 3 Absatz 4 in Verbindung mit Nummer 28 des Anhangs eine in eine Werbung einbezogene unmittelbare Aufforderung an Kinder, selbst die beworbene Ware zu erwerben oder die beworbene Dienstleistung in Anspruch zu nehmen oder ihre Eltern oder andere Erwachsene dazu zu veranlassen, übermittelt.

(2) Die Ordnungswidrigkeit nach Absatz 1 Nummer 1 kann mit einer Geldbuße bis zu dreihunderttausend Euro geahndet werden, die Ordnungswidrigkeit nach Absatz 1 Nummer 2 mit einer Geldbuße bis zu einhunderttausend Euro.

(3) Verwaltungsbehörde im Sinne des § 36 Absatz 1 Nummer 1 des Gesetzes über Ordnungswidrigkeiten ist

1. für Ordnungswidrigkeiten nach Absatz 1 Nummer 1 die Bundesnetzagentur für Elektrizität, Gas, Telekommunikation, Post und Eisenbahnen,
2. für Ordnungswidrigkeiten nach Absatz 1 Nummer 2 die Bundesprüfstelle für jugendgefährdende Medien.“ ‘

Begründung:

Um den Schutz von Kindern vor versteckten Kosten bei digitalen Diensten wie Smartphone-Apps und Online-Spielen zu stärken, soll ein eigener Bußgeldtatbestand für Verstöße gegen das Verbot direkter Kaufaufforderungen gegenüber Kindern gemäß Nummer 28 des Anhangs zu § 3 UWG geschaffen werden.

Der Absatz von digitalen Spielen, vor allem über Smartphone-Apps, hat in den vergangenen Jahren erheblich zugenommen. Eine große Zielgruppe stellen dabei Kinder dar. Oftmals erfolgt der Einstieg über zunächst unentgeltliche Spiele, in deren Verlauf die Spieler motiviert werden, zusätzliche Leistungen wie eine bessere Ausstattung, Hilfsmittel oder Spielfiguren entgeltlich zu erwerben. Die Werbung und die Anreize zum Erwerb der Leistungen sind so gestaltet, dass sie die kindlichen Emotionen und Bedürfnisse direkt ansprechen. In zahlreichen Fällen (siehe u. a. BGH, Urteil vom 17.7.2013, Az. I ZR 34/12) verstoßen die eingesetzten Werbemethoden gegen das wettbewerbsrechtliche Verbot von unmittelbaren Kaufaufforderungen an Kinder (Nummer 28 des Anhangs zu § 3 UWG).

Für die Eltern, über deren Telefondienstleister die Entgelte der Spieleanbieter in der Regel abgerechnet werden, können dabei erhebliche Kosten entstehen. Die technischen Möglichkeiten, bestimmte Funktionen zu sperren, sind in der Praxis oftmals nur unzureichend bekannt, zumal sie den Nutzer regelmäßig auch von anderen entgeltlichen Diensten ausschließen. Auch wenn die Wirksamkeit der von den Minderjährigen abgeschlossenen Verträge im Einzelfall zweifelhaft sein kann, ist davon auszugehen, dass die geforderten Entgelte im Regelfall bezahlt werden.

Das wettbewerbsrechtliche Werbeverbot gemäß Nummer 28 des Anhangs zu § 3 UWG kann derzeit nur zivilrechtlich durch die nach § 8 Absatz 3 UWG anspruchsberechtigten Personen und Einrichtungen (im Wesentlichen nur privatrechtlich organisierte Vereinigungen wie die Verbraucherverbände oder die Wettbewerbszentrale) durchgesetzt werden. Dabei sind auch die Möglichkeiten der wirtschaftlichen Sanktion sehr begrenzt. Angesichts der großen Anzahl von Spielen und der erheblichen Umsatzzuwächse ist davon auszugehen, dass bislang nur in sehr eingeschränktem Maße auf Grundlage des Wettbewerbsrechts gegen unlautere Anbieter vorgegangen wird.

Um dem damit verbundenen Durchsetzungsdefizit mit effektiven Sanktionen, wie sie Artikel 13 der Richtlinie 2005/29/EG über unlautere Geschäftspraktiken (UGP-Richtlinie) verlangt, zu begegnen, soll neben den zivilrechtlichen Ansprüchen eine ordnungsrechtliche Sanktionsmöglichkeit für im elektronischen Geschäftsverkehr begangene Verstöße gegen das in Nummer 28 des Anhangs zu § 3 UWG verankerte Werbeverbot in Form eines Bußgeldtatbestandes geschaffen werden. Der Bußgeldrahmen soll mindestens 100 000 Euro betragen, um eine wirkungsvolle wirtschaftliche Sanktion zu ermöglichen.

Auch wenn viele digitale Spiele unter Umständen keine näheren Anhaltspunkte für eine Kinder- und Jugendgefährdung im engeren Sinne bieten (vgl. § 18 Absatz 1 JuSchG), kommt auf Grund ihres umfassenden Auftrags zum Jugendschutz in Bezug auf alle Medien mit Ausnahme des Rundfunks (vgl. BT-Drucksache 14/9013, S. 13) die Bundesprüfstelle für jugendgefährdende Medien (BPjM) als zuständige Behörde in Betracht.

11. **Zur Vorlage allgemein**

Der Bundesrat sieht mit Sorge den von Niedrigpreisstrategien geprägten Konkurrenzkampf der Handelsunternehmen im Bereich der Lebensmittel, insbesondere bei Milch und Milcherzeugnissen. Dieser führt zu einem erheblichen Druck auf die Erzeugerpreise und stellt letztendlich auf Dauer auch eine Gefahr für die Sicherung der heimischen Milcherzeugung, insbesondere an Standorten mit Produktionsnachteilen, sowie für die stärkere Ausrichtung der Erzeugung auf Verbraucherwünsche wie Regionalität und Tiergerechtheit dar.

Der Bundesrat bittet deshalb die Bundesregierung zu prüfen, wie die gesetzlichen Rahmenbedingungen des Wettbewerbsrechts, zum Beispiel im Gesetz gegen Wettbewerbsbeschränkungen (GWB) oder an anderen Stellen, geändert werden können, damit die berechtigten Interessen der Erzeuger eine stärkere Berücksichtigung finden.

Anlage 3
Gegenäußerung der Bundesregierung

Die Bundesregierung äußert sich zu der Stellungnahme des Bundesrates wie folgt:

Zu Nummer 1 (Artikel 1 Nummer 2 – § 3 Absatz 3 UWG)

Die Bundesregierung hat das Anliegen des Bundesrates geprüft und ist der Auffassung, dass der Begriff der „fachlichen Sorgfalt" auch im Verhältnis von Unternehmern zu Mitbewerbern und sonstigen Marktteilnehmern unproblematisch verwendet werden kann.

Dieser Begriff wird in § 2 Absatz 1 Nummer 7 des Gesetzes gegen den unlauteren Wettbewerb in der Entwurfsfassung (UWG-E) definiert als „der jeweilige Standard an Fachkenntnissen und Sorgfalt, von dem billigerweise angenommen werden kann, dass ein Unternehmer ihn jeweils gegenüber Verbrauchern, Mitbewerbern und sonstigen Marktteilnehmern nach Treu und Glauben unter Berücksichtigung der Marktgepflogenheiten einhält." Die Betonung des „jeweiligen" Standards zeigt, dass dieser Standard unterschiedlich sein kann, je nachdem, ob eine geschäftliche Handlung Verbraucher, Mitbewerber oder sonstige Marktteilnehmer betrifft. Entsprechend wird auch in der Begründung des Gesetzentwurfs der Bundesregierung (zu Artikel 1 Nummer 1 Buchstabe a) dargelegt, dass die Anforderungen an das Verhalten jeweils andere sein können, je nach dem, gegenüber welchem Adressaten die geschäftliche Handlungen vorgenommen wird. Zur Wahrung des Sorgfaltsmaßstabs gegenüber Unternehmern als Mitbewerbern gehört es wiederum, deren wettbewerbliche Entfaltungsmöglichkeiten nicht in unangemessener Weise zu beeinträchtigen.

Dies alles lässt sich nach Auffassung der Bundesregierung unter den offenen Begriff der „fachlichen Sorgfalt" subsumieren. Auch Begriffe wie „Treu und Glauben" oder der Begriff der „Unlauterkeit" im bisherigen UWG sind für unterschiedliche Lebenszusammenhänge offen und suggerieren nicht, dass es sich um einen starren, immer gleichen Maßstab handele. Dies trifft ebenfalls auf den Begriff der „fachlichen Sorgfalt" zu.

Konkretisiert wird der Begriff der fachlichen Sorgfalt etwa durch die Beispiele in § 4 UWG-E.

Zu Nummer 2 (Artikel 1 Nummer 3 Buchstabe b – § 4 UWG)

Die vom Bundesrat vorgeschlagene Änderung des Einleitungssatzes des § 4 UWG wird von der Bundesregierung nicht übernommen, da sie gegen die Richtlinie 2005/29/EG über unlautere Geschäftspraktiken verstößt.

Die Richtlinie 2005/29/EG ist in ihrem Anwendungsbereich vollharmonisierend. Einen Katalog von dem § 4 UWG vergleichbaren Fallkonstellationen enthält sie nicht. Die bisherige Regelung des § 4 UWG konnte als in der Richtlinie nicht vorgesehene, zusätzliche „Schwarze Liste" verbotener Handlungen verstanden werden, die unzulässigerweise über den vollharmonisierenden Regelungsgehalt der Richtlinie hinausging.

Die vom Gesetzentwurf der Bundesregierung vorgenommene Einordnung der in § 4 UWG aufgeführten Fallkonstellationen als Fälle von vermuteten Verstößen gegen die fachliche Sorgfalt im Sinne des § 3 Absatz 2 oder Absatz 3 UWG-E erhält die für die Praxis bedeutsame und gut eingeführte beispielhafte Aufzählung in richtlinienkonformer Weise. Für die so geschaffenen Beweislastregelungen besteht Handlungsspielraum des nationalen Gesetzgebers, vergleiche Erwägungsgrund 21 der Richtlinie 2005/29/EG.

Der Vorschlag des Bundesrates sieht – anders als die im Gesetzentwurf der Bundesregierung vorgesehene Beweislastregelung – keine Entlastungsmöglichkeit vor und ist daher nicht richtlinienkonform.

Zu Nummer 3 (Artikel 1 Nummer 4 – § 4a Absatz 2 Nummer 3 UWG)

Die Bundesregierung hat den Änderungsvorschlag des Bundesrates geprüft und hält im Ergebnis die vom Bundesrat vorgeschlagene Umformulierung nicht für erforderlich.

Zwar würde die vom Bundesrat vorgeschlagene Formulierung („die Ausnutzung von konkreten Unglückssituationen oder Umständen von solcher Schwere, dass sie das Urteilsvermögen des Verbrauchers beeinträchtigen, worüber sich der Unternehmer bewusst ist, um dessen Entscheidung zu beeinflussen;") den Wortlaut des § 4a Absatz 2 Nummer 3 UWG noch enger an den Wortlaut des Artikels 9 Buchstabe c der Richtlinie 2005/29/EG anpassen. Allerdings ist der Unterschied aus Sicht der Bundesregierung nur sprachlicher Natur, wobei die im Gesetzentwurf der Bundesregierung gewählte Formulierung („die bewusste Ausnutzung von konkreten Unglückssituationen oder Umständen von solcher Schwere, dass sie das Urteilsvermögen des Verbrauchers beeinträchtigen, um dessen Entscheidung zu beeinflussen;") prägnanter ist und den inhaltlichen Anforderungen der Richtlinie 2005/29/EG ebenfalls gerecht wird.

Ein inhaltlicher Unterschied ergibt sich zwischen der Formulierung des Gesetzentwurfs der Bundesregierung und dem Formulierungsvorschlag des Bundesrates nicht. Wenn von einem bewussten Ausnutzen bestimmter Umstände von solcher Schwere, dass sie das Urteilsvermögen beeinträchtigen, gesprochen wird, so bezieht sich nach Auffassung der Bundesregierung das Bewusstsein nicht nur auf die Ausnutzungshandlung, sondern auch auf die ausgenutzten Umstände und deren Auswirkungen.

Zu Nummer 4 (Artikel 1 Nummer 6 Buchstabe a – § 5a Absatz 2 Satz 3 – neu – UWG)

Die Bundesregierung kann sich dem Vorschlag des Bundesrates nicht anschließen.

Wie zu Nummer 2 dargelegt, wird der lauterkeitsrechtliche Verbraucherschutz in der Europäischen Union im Anwendungsbereich der Richtlinie 2005/29/EG über unlautere Geschäftspraktiken vollharmonisiert. Bei der

Umsetzung der Richtlinie 2005/29/EG in nationales Recht dürfen daher keine strengeren Regelungen eingefügt werden, als die Richtlinie dies vorsieht. Die Norm des § 5a UWG-E ist demgemäß dem Artikel 7 der Richtlinie 200/29/EG nachgebildet. Die vom Bundesrat vorgeschlagene Änderung wäre als strengere Regelung nicht europarechtskonform.

Nach Auffassung der Bundesregierung dürfte zudem auch die vom Bundesrat dargestellte Regelungs- oder Schutzlücke nicht bestehen, da das nach der Intention des Bundesrates zu sanktionierende Verstecken von Informationen durch die Rechtsprechung unter das im Gesetzentwurf ausdrücklich genannte „Verheimlichen" subsumiert werden kann.

Zu Nummer 5 (Artikel 1 Nummer 7a – neu – § 10 Absatz 1 Satz 1 und Satz 2 – neu – UWG)

Die Bundesregierung hält das Anliegen des Bundesrates für erwägenswert und wird es im weiteren Verlauf der Legislaturperiode prüfen.

Sie weist aber darauf hin, dass das laufende Gesetzgebungsvorhaben der weiteren Umsetzung der Richtlinie 2005/29/EG dient und aufgrund eines laufenden Vertragsverletzungsverfahrens der Europäischen Kommission Zeitdruck besteht.

Zu Nummer 6 (Artikel 1 Nummer 7a – neu – § 10 Absatz 1 UWG)

Die Bundesregierung möchte den Vorschlag des Bundesrates nicht aufgreifen.

Aus der bisherigen Rechtsprechungspraxis sind kaum Anwendungsfälle zum Merkmal „zu Lasten einer Vielzahl von Verbrauchern" bekannt geworden, so dass die Bundesregierung zum jetzigen Zeitpunkt keinen Anlass für eine Änderung zu diesem Punkt sieht.

Zu Nummer 7 (Artikel 1 Nummer 7a – neu – § 10 Absatz 1, Absatz 4 Satz 2 und 3, Absatz 5 und Absatz 6 – neu – UWG)

Die Bundesregierung wird das Anliegen des Bundesrates im weiteren Verlauf der Legislaturperiode prüfen.

Sie weist aber darauf hin, dass das laufende Gesetzgebungsvorhaben der weiteren Umsetzung der Richtlinie 2005/29/EG dient und aufgrund eines laufenden Vertragsverletzungsverfahrens der Europäischen Kommission Zeitdruck besteht.

Zu Nummer 8 (Artikel 1 Nummer 7a – neu – § 10 Absatz 1 Satz 2 – neu – UWG)

Die Bundesregierung hält das Anliegen des Bundesrates für erwägenswert und wird es im weiteren Verlauf der Legislaturperiode prüfen.

Sie weist aber darauf hin, dass das laufende Gesetzgebungsvorhaben der weiteren Umsetzung der Richtlinie 2005/29/EG dient und aufgrund eines laufenden Vertragsverletzungsverfahrens der Europäischen Kommission Zeitdruck besteht.

Zu Nummer 9 (Artikel 1 Nummer 7a – neu – § 14 Absatz 2 UWG)

Die Bundesregierung möchte das Anliegen des Bundesrates im vorliegenden Gesetzgebungsverfahren nicht aufgreifen.

Sie weist darauf hin, dass das laufende Gesetzgebungsvorhaben der weiteren Umsetzung der Richtlinie 2005/29/EG dient und aufgrund eines laufenden Vertragsverletzungsverfahrens der Europäischen Kommission Zeitdruck besteht.

Zu Nummer 10 (Artikel 1 Nummer 7a – neu – § 20 UWG)

Die Bundesregierung möchte das Anliegen des Bundesrates im vorliegenden Gesetzgebungsverfahren nicht aufgreifen.

Die Regelung der Nummer 28 des Anhangs I zu Richtlinie 2005/29/EG über unlautere Geschäftspraktiken (Verbot der unmittelbaren Kaufaufforderung an Kinder) ist mit Nummer 28 des Anhangs zu § 3 UWG in richtlinienkonformer Weise als zivilrechtlich durchzusetzende Verbotsnorm ausgestaltet. Hinsichtlich der Ausgestaltung von Sanktionen lässt die Richtlinie 2005/29/EG den Mitgliedstaaten Umsetzungsspielraum, insbesondere ist eine Ausgestaltung als Bußgeldtatbestand nicht durch die Richtlinie gefordert. Generell sind Verstöße gegen das UWG nur in Ausnahmefällen bußgeldbewehrt (so die unerlaubte Telefonwerbung gegenüber Verbrauchern).

Das Herausgreifen eines einzelnen der 30 Tatbestände aus der sogenannten „Schwarzen Liste" von stets verbotenen geschäftlichen Handlungen zur Sanktionierung eines Teilbereichs dieses Tatbestands (nämlich nur soweit der elektronische Geschäftsverkehr betroffen ist) erscheint nicht erforderlich. Diese neue Bußgeldsanktion bedürfte einer besonderen Rechtfertigung. Der Bundesregierung liegen jedoch keine Erkenntnisse dazu vor, ob gerade in diesem Teilbereich besonders viele Rechtsverstöße erfolgen und sich insoweit die zivilrechtliche Verbotsnorm als nicht ausreichend erwiesen hätte.

Zu Nummer 11 (Zur Vorlage allgemein)

Die Bundesregierung möchte das Anliegen des Bundesrates derzeit nicht aufgreifen.

Sie weist darauf hin, dass das laufende Gesetzgebungsvorhaben der weiteren Umsetzung der Richtlinie 2005/29/EG dient und aufgrund eines laufenden Vertragsverletzungsverfahrens der Europäischen Kommission Zeitdruck besteht.

Im Übrigen ist der Verkauf von Lebensmitteln unter Einstandspreis bereits jetzt nach dem Gesetz gegen Wettbewerbsbeschränkungen grundsätzlich verboten und lediglich in Ausnahmefällen zulässig, etwa um einen unmittelbar bevorstehenden Verderb oder die Unverkäuflichkeit der Ware (z.B. Saisonartikel) zu verhindern. Diese gesetzliche Regelung sieht die Bundesregierung derzeit als ausreichend an.

2. Amtliche Begründung zum Entwurf eines Zweiten Gesetzes zur Änderung des Gesetzes gegen den unlauteren Wettbewerb

BT-Drucks. 18/6571

A. Problem

Durch die Richtlinie 2005/29/EG des Europäischen Parlaments und des Rates vom 11. Mai 2005 über unlautere Geschäftspraktiken von Unternehmen gegenüber Verbrauchern im Binnenmarkt und zur Änderung der Richtlinie 84/450/EWG des Rates, der Richtlinien 97/7/EG, 98/27/EG und 2002/65/EG des Europäischen Parlaments und des Rates sowie der Verordnung (EG) Nr. 2006/2004 des Europäischen Parlaments und des Rates (Richtlinie über unlautere Geschäftspraktiken) (ABl. L 149 vom 11.6.2005, S. 22; L 253 vom 25.9.2009, S. 18) wurde das Lauterkeitsrecht im Verhältnis von Unternehmern zu Verbrauchern auf europäischer Ebene weitestgehend vollharmonisiert. Dies hat zur Folge, dass die Mitgliedstaaten im vollharmonisierten Bereich eine vollständige Rechtsangleichung vorzunehmen haben und insbesondere weder hinter dem Schutzniveau der Richtlinie zurückbleiben noch strengere Maßnahmen zugunsten eines höheren Verbraucherschutzniveaus vorsehen dürfen. Die Umsetzung der Richtlinie 2005/29/EG in deutsches Recht erfolgte im Gesetz über den unlauteren Wettbewerb (UWG) durch das Erste Gesetz zur Änderung des Gesetzes gegen den unlauteren Wettbewerb vom 22. Dezember 2008 (BGBl. I S. 2949), das seit dem 30. Dezember 2008 in Kraft ist. Das Gesetz war von der Zielsetzung geleitet, in Deutschland ein möglichst einheitliches Lauterkeitsrecht hinsichtlich Mitbewerbern, Verbraucherinnen und Verbrauchern sowie sonstigen Marktteilnehmern beizubehalten. Die Rechtsanwendung im Bereich des Lauterkeitsrechts in Deutschland entspricht den Vorgaben der Richtlinie 2005/29/EG. Der EuGH hat jedoch festgestellt, dass allein eine Rechtsprechung, die innerstaatliche Rechtsvorschriften in einem Sinne auslegt, die den Anforderungen einer Richtlinie entspricht, nicht dem Erfordernis der Rechtssicherheit genügt. Dies gilt insbesondere im Bereich des Verbraucherschutzes (EuGH, Urteil vom 10. Mai 2001, Az.: C-144/99 Rn. 21). Der Gesetzentwurf zielt darauf, gesetzessystematische Klarstellungen vorzunehmen, um eine vollständige Rechtsangleichung im Sinne der Richtlinie 2005/29/EG im Wortlaut des UWG zu erreichen.

B. Lösung

Annahme des Gesetzentwurfs in geänderter Fassung. Die im Ausschuss beschlossenen Änderungen enthalten insbesondere weitere Klarstellungen und Angleichungen an den Richtlinienwortlaut. Zudem soll der Anwendungsbereich des § 4a UWG-E auf sonstige Marktteilnehmer erweitert werden.

Annahme des Gesetzentwurfs in geänderter Fassung mit den Stimmen der Fraktionen der CDU/CSU und SPD gegen die Stimmen der Fraktion DIE LINKE. bei Stimmenthaltung der Fraktion BÜNDNIS 90/DIE GRÜNEN.

C. Alternativen

Keine.

D. Weitere Kosten

Wurden im Ausschuss nicht erörtert.

Zusammenstellung

Entwurf eines Zweiten Gesetzes zur Änderung des Gesetzes gegen den unlauteren Wettbewerb – Drucksache 18/4535 – mit den Beschlüssen des Ausschusses für Recht und Verbraucherschutz (6. Ausschuss)

Entwurf	Beschlüsse des 6. Ausschusses
Entwurf eines Zweiten Gesetzes zur Änderung des Gesetzes gegen den unlauteren Wettbewerb	**Entwurf eines Zweiten Gesetzes zur Änderung des Gesetzes gegen den unlauteren Wettbewerb**
Der Bundestag hat das folgende Gesetz beschlossen:	Der Bundestag hat das folgende Gesetz beschlossen:
Artikel 1 **Änderung des Gesetzes gegen den unlauteren Wettbewerb**	**Artikel 1** **Änderung des Gesetzes gegen den unlauteren Wettbewerb**
Das Gesetz gegen den unlauteren Wettbewerb in der Fassung der Bekanntmachung vom 3. März 2010 (BGBl. I S. 254), das zuletzt durch… geändert worden ist, wird wie folgt geändert:	Das Gesetz gegen den unlauteren Wettbewerb in der Fassung der Bekanntmachung vom 3. März 2010 (BGBl. I S. 254), das zuletzt durch … geändert worden ist, wird wie folgt geändert:
1. § 2 Absatz 1 wird wie folgt geändert:	1. § 2 Absatz 1 wird wie folgt geändert:
a) In Nummer 7 wird vor dem Wort „Standard" das Wort „jeweilige" eingefügt und werden die Wörter „gegenüber Verbrauchern" durch die Wörter „jeweils gegenüber Verbrauchern, Mitbewerbern und sonstigen Marktteilnehmern" sowie der Punkt am Ende durch ein Semikolon ersetzt.	a) In Nummer 7 wird das Wort **„fachliche" durch das Wort „unternehmerische" ersetzt, wird** vor dem Wort **„Marktgepflogenheiten"** das Wort **„anständigen"** eingefügt und **wird** der Punkt am Ende durch ein Semikolon ersetzt.
b) Folgende Nummer 8 wird angefügt:	b) **Die folgenden Nummern 8 und 9 werden** angefügt:
„8. „wesentliche Beeinflussung des wirtschaftlichen Verhaltens des Verbrauchers" die Vornahme einer geschäftlichen Handlung, um die Fähigkeit des Verbrauchers, eine informierte Entscheidung zu treffen, spürbar zu beeinträchtigen und damit den Verbraucher zu einer geschäftlichen Entscheidung zu veranlassen, die er andernfalls nicht getroffen hätte. "	„8. „wesentliche Beeinflussung des wirtschaftlichen Verhaltens des Verbrauchers" die Vornahme einer geschäftlichen Handlung, um die Fähigkeit des Verbrauchers, eine informierte Entscheidung zu treffen, spürbar zu beeinträchtigen und damit den Verbraucher zu einer geschäftlichen Entscheidung zu veranlassen, die er andernfalls nicht getroffen hätte;
	9. „geschäftliche Entscheidung" jede Entscheidung eines Verbrauchers oder sonstigen Marktteilnehmers darüber, ob, wie und unter welchen Bedingungen er ein Geschäft abschließen, eine Zahlung leisten, eine Ware oder Dienstleistung behalten oder abgeben oder ein vertragliches Recht im Zusammenhang mit einer Ware oder Dienstleistung ausüben will, unabhängig davon, ob der Verbraucher oder sonstige Marktteilnehmer sich entschließt, tätig zu werden."
2. § 3 wird wie folgt gefasst:	2. § 3 wird wie folgt gefasst:
„(1) Unlautere geschäftliche Handlungen sind unzulässig.	„(1) u n v e r ä n d e r t
(2) Geschäftliche Handlungen, die sich an Verbraucher richten oder diese erreichen, sind unlauter *im Sinne des Absatzes 1,* wenn sie nicht der *für den Unternehmer jeweils geltenden fachlichen* Sorgfalt entsprechen und dazu geeignet sind, das wirtschaftliche Verhalten des Verbrauchers wesentlich zu beeinflussen. *Schädigen die geschäftlichen Handlungen jedoch ausschließlich die wirtschaftlichen Interessen von Mitbewerbern, so gilt Absatz 3 Satz 2.*	(2) Geschäftliche Handlungen, die sich an Verbraucher richten oder diese erreichen, sind unlauter, wenn sie nicht der **unternehmerischen** Sorgfalt entsprechen und dazu geeignet sind, das wirtschaftliche Verhalten des Verbrauchers wesentlich zu beeinflussen.

Entwurf	Beschlüsse des 6. Ausschusses
(3) Geschäftliche Handlungen, die sich weder an Verbraucher richten noch diese erreichen, sind unlauter im Sinne des Absatzes 1, wenn sie nicht der für den Unternehmer jeweils geltenden fachlichen Sorgfalt entsprechen und dazu geeignet sind, die Interessen von Mitbewerbern oder sonstigen Marktteilnehmern spürbar zu beeinträchtigen. Geschäftliche Handlungen, die sich zwar an Verbraucher richten oder diese erreichen, aber ausschließlich die wirtschaftlichen Interessen von Mitbewerbern schädigen, sind unlauter, wenn sie nicht der für den Unternehmer jeweils geltenden fachlichen Sorgfalt entsprechen.	**entfällt**
(4) Die im Anhang dieses Gesetzes aufgeführten geschäftlichen Handlungen gegenüber Verbrauchern sind stets unzulässig.	(3) Die im Anhang dieses Gesetzes aufgeführten geschäftlichen Handlungen gegenüber Verbrauchern sind stets unzulässig.
(5) Bei der Beurteilung von geschäftlichen Handlungen gegenüber Verbrauchern ist auf den durchschnittlichen Verbraucher oder, wenn sich die geschäftliche Handlung an eine bestimmte Gruppe von Verbrauchern wendet, auf ein durchschnittliches Mitglied dieser Gruppe abzustellen. *Auf* die *Sicht eines durchschnittlichen Mitglieds* einer auf Grund von geistigen oder körperlichen *Gebrechen,* Alter oder Leichtgläubigkeit besonders *schutzbedürftigen und eindeutig identifizierbaren Gruppe von Verbrauchern ist abzustellen, wenn für den Unternehmer vorhersehbar ist, dass seine geschäftliche Handlung nur diese* Gruppe *betrifft.*“	(4) Bei der Beurteilung von geschäftlichen Handlungen gegenüber Verbrauchern ist auf den durchschnittlichen Verbraucher oder, wenn sich die geschäftliche Handlung an eine bestimmte Gruppe von Verbrauchern wendet, auf ein durchschnittliches Mitglied dieser Gruppe abzustellen. **Geschäftliche Handlungen,** die **für den Unternehmer vorhersehbar das wirtschaftliche Verhalten nur** einer **eindeutig identifizierbaren Gruppe von Verbrauchern wesentlich beeinflussen, die** auf Grund von geistigen oder körperlichen **Beeinträchtigungen,** Alter oder Leichtgläubigkeit **im Hinblick auf diese geschäftlichen Handlungen oder die diesen zugrunde liegenden Waren oder Dienstleistungen** besonders **schutzbedürftig sind, sind aus der Sicht eines durchschnittlichen Mitglieds dieser** Gruppe **zu beurteilen.**“
	3. Nach § 3 wird folgender § 3a eingefügt: **„§ 3a** **Rechtsbruch** **Unlauter handelt, wer einer gesetzlichen Vorschrift zuwiderhandelt, die auch dazu bestimmt ist, im Interesse der Marktteilnehmer das Marktverhalten zu regeln, und der Verstoß geeignet ist, die Interessen von Verbrauchern, sonstigen Marktteilnehmern oder Mitbewerbern spürbar zu beeinträchtigen.“**
3. § 4 wird wie folgt *geändert:*	4. § 4 wird wie folgt **gefasst:**
a) Die Überschrift wird wie folgt gefasst: *„§ 4* *Beispiele von Verstößen gegen die fachliche Sorgfalt“.*	**entfällt**
b) In dem Satzteil vor Nummer 1 werden die Wörter „Unlauter handelt insbesondere,“ durch die Wörter „Es wird vermutet, dass gegen die für ihn jeweils geltende fachliche Sorgfalt verstößt,“ ersetzt.	**entfällt**
c) Nummer 6 wird aufgehoben.	**entfällt**
	„§ 4 **Mitbewerberschutz** **Unlauter handelt, wer** **1. die Kennzeichen, Waren, Dienstleistungen, Tätigkeiten oder persönlichen oder geschäftlichen Verhältnisse eines Mitbewerbers herabsetzt oder verunglimpft;**

Entwurf	Beschlüsse des 6. Ausschusses
	2. **über die Waren, Dienstleistungen oder das Unternehmen eines Mitbewerbers oder über den Unternehmer oder ein Mitglied der Unternehmensleitung Tatsachen behauptet oder verbreitet, die geeignet sind, den Betrieb des Unternehmens oder den Kredit des Unternehmers zu schädigen, sofern die Tatsachen nicht erweislich wahr sind; handelt es sich um vertrauliche Mitteilungen und hat der Mitteilende oder der Empfänger der Mitteilung an ihr ein berechtigtes Interesse, so ist die Handlung nur dann unlauter, wenn die Tatsachen der Wahrheit zuwider behauptet oder verbreitet wurden;**
	3. **Waren oder Dienstleistungen anbietet, die eine Nachahmung der Waren oder Dienstleistungen eines Mitbewerbers sind, wenn er** **a) eine vermeidbare Täuschung der Abnehmer über die betriebliche Herkunft herbeiführt,** **b) die Wertschätzung der nachgeahmten Ware oder Dienstleistung unangemessen ausnutzt oder beeinträchtigt oder** **c) die für die Nachahmung erforderlichen Kenntnisse oder Unterlagen unredlich erlangt hat;**
	4. **Mitbewerber gezielt behindert.“**
4. Nach § 4 wird folgender § 4a eingefügt:	5. Nach § 4 wird folgender § 4a eingefügt:
„§ 4a	**„§ 4a**
Aggressive geschäftliche Handlungen ***gegenüber Verbrauchern***	**Aggressive geschäftliche Handlungen**
(1) Unlauter *im Sinne des § 3 Absatz 1* handelt, wer eine aggressive geschäftliche Handlung vornimmt, die geeignet ist, den Verbraucher zu einer geschäftlichen Entscheidung zu veranlassen, die *er* andernfalls nicht getroffen hätte. Eine geschäftliche Handlung ist aggressiv, wenn sie geeignet ist, die Entscheidungsfreiheit des Verbrauchers *wesentlich* zu *beeinflussen* durch	(1) Unlauter handelt, wer eine aggressive geschäftliche Handlung vornimmt, die geeignet ist, den Verbraucher **oder sonstigen Marktteilnehmer** zu einer geschäftlichen Entscheidung zu veranlassen, die dieser andernfalls nicht getroffen hätte. Eine geschäftliche Handlung ist aggressiv, wenn sie **im konkreten Fall unter Berücksichtigung aller Umstände** geeignet ist, die Entscheidungsfreiheit des Verbrauchers **oder sonstigen Marktteilnehmers erheblich** zu **beeinträchtigen** durch
1. Belästigung,	1. u n v e r ä n d e r t
2. Nötigung einschließlich der Anwendung körperlicher Gewalt oder	2. u n v e r ä n d e r t
3. *Ausnutzung einer Machtposition zur Ausübung von Druck, auch ohne die Anwendung oder Androhung von körperlicher Gewalt.*	3. **unzulässige Beeinflussung.**
	Eine unzulässige Beeinflussung liegt vor, wenn der Unternehmer eine Machtposition gegenüber dem Verbraucher oder sonstigen Marktteilnehmer zur Ausübung von Druck, auch ohne Anwendung oder Androhung von körperlicher Gewalt, in einer Weise ausnutzt, die die Fähigkeit des Verbrauchers oder sonstigen Marktteilnehmers zu einer informierten Entscheidung wesentlich einschränkt.
(2) Bei der Feststellung, ob eine geschäftliche Handlung aggressiv im Sinne des Absatzes 1 Satz 2 ist, ist abzustellen auf	(2) Bei der Feststellung, ob eine geschäftliche Handlung aggressiv im Sinne des Absatzes 1 Satz 2 ist, ist abzustellen auf

Entwurf	Beschlüsse des 6. Ausschusses
1. Zeitpunkt, Ort, Art oder Dauer der Handlung;	1. unverändert
2. die Verwendung drohender oder beleidigender Formulierungen oder Verhaltensweisen;	2. unverändert
3. die bewusste Ausnutzung von konkreten Unglückssituationen oder Umständen von solcher Schwere, dass sie das Urteilsvermögen des Verbrauchers beeinträchtigen, um dessen Entscheidung zu beeinflussen;	3. die bewusste Ausnutzung von konkreten Unglückssituationen oder Umständen von solcher Schwere, dass sie das Urteilsvermögen des Verbrauchers **oder sonstigen Marktteilnehmers** beeinträchtigen, um dessen Entscheidung zu beeinflussen;
4. belastende oder unverhältnismäßige Hindernisse nichtvertraglicher Art, mit denen der Unternehmer den Verbraucher an der Ausübung seiner vertraglichen Rechte zu hindern versucht, wozu auch das Recht gehört, den Vertrag zu kündigen oder zu einer anderen Ware oder Dienstleistung oder einem anderen Unternehmer zu wechseln;	4. belastende oder unverhältnismäßige Hindernisse nichtvertraglicher Art, mit denen der Unternehmer den Verbraucher **oder sonstigen Marktteilnehmer** an der Ausübung seiner vertraglichen Rechte zu hindern versucht, wozu auch das Recht gehört, den Vertrag zu kündigen oder zu einer anderen Ware oder Dienstleistung oder einem anderen Unternehmer zu wechseln;
5. Drohungen mit rechtlich unzulässigen Handlungen."	5. Drohungen mit rechtlich unzulässigen Handlungen.
	Zu den Umständen, die nach Nummer 3 zu berücksichtigen sind, zählen insbesondere geistige und körperliche Beeinträchtigungen, das Alter, die geschäftliche Unerfahrenheit, die Leichtgläubigkeit, die Angst und die Zwangslage von Verbrauchern."
5. In § 5 Absatz 1 Satz 1 *werden nach dem Wort „Unlauter" die Wörter „im Sinne des § 3 Absatz 1" eingefügt und* wird der Punkt am Ende durch ein Komma und die Wörter „die geeignet ist, den Verbraucher oder sonstigen Marktteilnehmer zu einer geschäftlichen Entscheidung zu veranlassen, die er andernfalls nicht getroffen hätte." ersetzt.	**6.** In § 5 Absatz 1 Satz 1 wird der Punkt am Ende durch ein Komma und die Wörter „die geeignet ist, den Verbraucher oder sonstigen Marktteilnehmer zu einer geschäftlichen Entscheidung zu veranlassen, die er andernfalls nicht getroffen hätte." ersetzt.
6. § 5a wird wie folgt geändert:	**7.** § 5a wird wie folgt geändert:
a) Absatz 2 wird wie folgt gefasst:	a) Absatz 2 wird wie folgt gefasst:
„(2) Unlauter *im Sinne des § 3 Absatz 1* handelt, wer dem Verbraucher eine Information vorenthält,	„(2) Unlauter handelt, wer im **konkreten Fall unter Berücksichtigung aller Umstände** dem Verbraucher eine **wesentliche** Information vorenthält,
1. die im konkreten Fall unter Berücksichtigung aller Umstände wesentlich ist,	**entfällt**
2. die der Verbraucher je nach den Umständen benötigt, um eine informierte geschäftliche Entscheidung zu treffen und	**1.** unverändert
3. deren Vorenthalten geeignet ist, den Verbraucher zu einer geschäftlichen Entscheidung zu veranlassen, die er andernfalls nicht getroffen hätte.	**2.** unverändert
Als Vorenthalten gilt auch	Als Vorenthalten gilt auch
1. das Verheimlichen wesentlicher Informationen,	1. unverändert
2. die Bereitstellung wesentlicher Informationen in unklarer, unverständlicher oder zweideutiger Weise,	2. unverändert
3. die nicht rechtzeitige Bereitstellung wesentlicher Informationen *oder*	3. die nicht rechtzeitige Bereitstellung wesentlicher Informationen."
4. die Bereitstellung wesentlicher Informationen in einer Weise, die den kommerziellen Zweck einer geschäftlichen Handlung nicht kenntlich macht, sofern sich dieser nicht unmittelbar aus den Umständen ergibt."	**entfällt**

Entwurf	Beschlüsse des 6. Ausschusses
b) In Absatz 3 *werden die Wörter „im Sinne des Absatzes 2“* durch *die Wörter „im Sinne des Absatzes 2 Satz 1 Nummer 1“* ersetzt	b) In Absatz 3 Nummer 4 wird das Wort „fachlichen“ durch das Wort „unternehmerischen“ ersetzt.
c) In Absatz 4 werden die Wörter *„im Sinne des Absatzes 2“* durch die Wörter *„im Sinne des Absatzes 2 Satz 1 Nummer 1“* ersetzt.	c) In Absatz 4 werden die Wörter **„gemeinschaftsrechtlicher Verordnungen“** durch die Wörter **„unionsrechtlicher Verordnungen“ sowie die Wörter „gemeinschaftsrechtlicher Richtlinien“ durch die Wörter „unionsrechtlicher Richtlinien“** ersetzt
d) *Folgender Absatz 5 wird* angefügt:	d) **Die folgenden Absätze 5 und 6 werden** angefügt:
„(5) Bei der Beurteilung, ob Informationen vorenthalten wurden, sind zu berücksichtigen:	„(5) Bei der Beurteilung, ob Informationen vorenthalten wurden, sind zu berücksichtigen:
1. räumliche oder zeitliche Beschränkungen durch das für die geschäftliche Handlung gewählte Kommunikationsmittel sowie	1. unverändert
2. alle Maßnahmen des Unternehmers, um dem Verbraucher die Informationen auf andere Weise als durch das Kommunikationsmittel nach Nummer 1 zur Verfügung zu stellen.“	2. alle Maßnahmen des Unternehmers, um dem Verbraucher die Informationen auf andere Weise als durch das Kommunikationsmittel nach Nummer 1 zur Verfügung zu stellen.
	(6) Unlauter handelt auch, wer den kommerziellen Zweck einer geschäftlichen Handlung nicht kenntlich macht, sofern sich dieser nicht unmittelbar aus den Umständen ergibt, und das Nichtkenntlichmachen geeignet ist, den Verbraucher zu einer geschäftlichen Entscheidung zu veranlassen, die er andernfalls nicht getroffen hätte.“
7. *In § 6 Absatz 2 werden in dem Satzteil vor Nummer 1 nach dem Wort „Unlauter“ die Wörter „im Sinne des § 3 Absatz 1“ eingefügt.*	**entfällt**
8. Der Anhang wird wie folgt geändert:	8. Der Anhang wird wie folgt geändert:
a) In der Überschrift und in dem Satzteil vor Nummer 1 wird jeweils die Angabe „§ 3 Absatz 3“ durch die Angabe „§ 3 Absatz 4“ ersetzt.	**entfällt**
	a) In Nummer 13 wird das Wort „Mitbewerbers“ durch die Wörter „bestimmten Herstellers“ ersetzt.
b) In Nummer 14 werden die Wörter „das den Eindruck vermittelt“ durch die Wörter „bei dem vom Verbraucher ein finanzieller Beitrag für die Möglichkeit verlangt wird“ ersetzt und werden die Wörter „könne eine Vergütung erlangt werden“ durch die Wörter „eine Vergütung zu erlangen“ ersetzt.	b) unverändert
	c) In Nummer 29 werden nach dem Wort „bestellter“ ein Komma und die Wörter „aber gelieferter“ und wird vor dem Wort „Dienstleistungen“ das Wort „erbrachter“ eingefügt.
Artikel 2 **Inkrafttreten**	**Artikel 2** **Inkrafttreten**
Dieses Gesetz tritt am Tag nach der Verkündung in Kraft.	Dieses Gesetz tritt am Tag nach der Verkündung in Kraft.

Bericht der Abgeordneten Dr. Jan-Marco Luczak, Christian Flisek, Caren Lay und Katja Keul

I. Überweisung

Der Deutsche Bundestag hat die Vorlage auf **Drucksache 18/4535** in seiner 100. Sitzung am 23. April 2015 beraten und an den Ausschuss für Recht und Verbraucherschutz zur federführenden Beratung sowie an den Ausschuss für Wirtschaft und Energie und an den Ausschuss für Kultur und Medien zur Mitberatung überwiesen.

II. Stellungnahmen der mitberatenden Ausschüsse

Der **Ausschuss für Wirtschaft und Energie** hat die Vorlage auf Drucksache 18/4535 in seiner 53. Sitzung am 4. November 2015 beraten und empfiehlt mit den Stimmen der Fraktionen der CDU/CSU und SPD gegen die Stimmen der Fraktion DIE LINKE. bei Stimmenthaltung der Fraktion BÜNDNIS 90/DIE GRÜNEN die Annahme des Gesetzentwurfs auf Drucksache 18/4535 in geänderter Fassung. Der Ausschuss hat zuvor mit den Stimmen der Fraktionen der CDU/CSU und SPD gegen die Stimmen der Fraktion DIE LINKE. bei Stimmenthaltung der Fraktion BÜNDNIS 90/DIE GRÜNEN den Änderungsantrag, der von den Fraktionen der CDU/CSU und SPD in den Ausschuss für Recht und Verbraucherschutz eingebracht wurde und der in der Beschlussempfehlung wiedergegeben ist, angenommen.

Der **Ausschuss für Kultur und Medien** hat die Vorlage auf Drucksache 18/4535 in seiner 43. Sitzung am 4. November 2015 beraten und empfiehlt Zustimmung zum Gesetzentwurf in geänderter Fassung mit den Stimmen der Fraktionen der CDU/CSU und SPD gegen die Stimmen der Fraktionen DIE LINKE. und BÜNDNIS 90/DIE GRÜNEN. Zuvor hat der Ausschuss für Kultur und Medien den Änderungsantrag, der von den Fraktionen der CDU/CSU und SPD in den Ausschuss für Recht und Verbraucherschutz eingebracht wurde und der in der Beschlussempfehlung wiedergegeben ist, mit den Stimmen der Fraktionen der CDU/CSU und SPD gegen die Stimmen der Fraktionen DIE LINKE. und BÜNDNIS 90/DIE GRÜNEN angenommen.

Der **Parlamentarische Beirat für nachhaltige Entwicklung** hat sich mit der Vorlage auf Bundesrats-Drucksache 26/15 (Bundestags-Drucksache 18/4535) in seiner 22. Sitzung am 25. Februar 2015 befasst und festgestellt, dass die Darstellung der Nachhaltigkeitsprüfung in der Begründung des Gesetzentwurfs zwar nicht umfänglich plausibel sei, das Vorhaben aber dennoch eine positive Nachhaltigkeitswirkung habe. Eine Prüfbitte sei deshalb nicht erforderlich.

III. Beratungsverlauf und Beratungsergebnisse im federführenden Ausschuss

Der **Ausschuss für Recht und Verbraucherschutz** hat die Vorlage auf Drucksache 18/4535 in seiner 73. Sitzung am 4. November 2015 beraten und empfiehlt die Annahme des Gesetzentwurfs in der aus der Beschlussempfehlung ersichtlichen Fassung mit den Stimmen der Fraktionen der CDU/CSU und SPD gegen die Stimmen der Fraktion DIE LINKE. bei Stimmenthaltung der Fraktion BÜNDNIS 90/DIE GRÜNEN. Die Änderungen in der Beschlussempfehlung entsprechen einem Änderungsantrag, der von den Fraktionen der CDU/CSU und SPD in den Ausschuss für Recht und Verbraucherschutz eingebracht und mit den Stimmen der Fraktionen der CDU/CSU und SPD gegen die Stimmen der Fraktion DIE LINKE. bei Stimmenthaltung der Fraktion BÜNDNIS 90/DIE GRÜNEN angenommen wurde.

Die **Fraktion der CDU/CSU** erläuterte, mit dem Gesetzentwurf werde auf ein Vertragsverletzungsverfahren gegen Deutschland reagiert. Ziel sei es, der Richtlinie 2005/29/EG stärker zu folgen, insbesondere im Hinblick auf die Systematik und den Wortlaut der Richtlinie. In diese Richtung zielten auch die im Änderungsantrag vorgesehenen sprachlichen und gesetzessystematischen Änderungen. Damit solle zudem sichergestellt werden, dass die materielle Rechtsanwendung im Lauterkeitsrecht grundsätzlich nicht verändert werde. So werde von einer eigenständigen Generalklausel für den unternehmerischen Bereich abgesehen, um Schutzlücken durch einen zu engen Anwendungsbereich zu verhindern; in der Begründung werde in diesem Zusammenhang klargestellt, dass § 3 Absatz 1 UWG-E als Auffangtatbestand für unlautere Handlungen, die nicht nach spezielleren Tatbeständen zu beurteilen seien, erhalten bleibe. Im Hinblick auf das in den vergangenen Tagen diskutierte Spürbarkeitserfordernis sei darauf hinzuweisen, dass dieses ausdrücklich in den Spezialtatbeständen geregelt sei. Zudem werde in der Begründung klargestellt, dass es beim Auffangtatbestand des § 3 Absatz 1 UWG-E nach wie vor der Rechtsprechung überlassen bleibe, angemessene Spürbarkeitserfordernisse aufzustellen.

Die **Fraktion der SPD** schloss sich dem an. Der Gesetzentwurf konzentriere sich auf die beanstandungsfreie Umsetzung der Richtlinie. Weitere Probleme des Wettbewerbsrechts seien zunächst außen vor gelassen worden. Sie betonte, entscheidend sei, dass das Gesetz praktisch anwendbar bleibe und systematisch stimmig sei.

Die **Fraktion DIE LINKE.** hielt den Gesetzentwurf unter anderem angesichts der Rechtsprechung des EuGH für überfällig. Dennoch sei der Entwurf für sie nicht zustimmungsfähig, da insbesondere auf konkrete Regelungsbeispiele zugunsten von allgemeinen Formulierungen verzichtet worden sei. Dies gelte beispielsweise für die §§ 4, 5 und 5a UWG-E. Auch der Verbraucherzentrale Bundesverband kritisiere, dass der Gesetzentwurf einige Aspekte des lauterkeitsrechtlichen Verbraucherschutzes verschlechtere. Des Weiteren hätte sie einen umfassenderen Gesetzentwurf zum UWG bevorzugt.

IV. Zur Begründung der Beschlussempfehlung

Im Folgenden werden lediglich die vom Ausschuss für Recht und Verbraucherschutz empfohlenen Änderungen gegenüber der ursprünglichen Fassung des Gesetzentwurfs erläutert. Soweit der Ausschuss die unveränderte Annahme des Gesetzentwurfs empfiehlt, wird auf die Begründung in Drucksache 18/4535 verwiesen.

Zu Artikel 1 (Änderung des Änderung des Gesetzes gegen den unlauteren Wettbewerb – UWG) Zu Nummer 1 (§ 2 Absatz 1 UWG-E)

Zu Buchstabe a

Der Ausschuss empfiehlt, den Begriff der „fachlichen Sorgfalt" durch den Begriff der „unternehmerischen Sorgfalt" zu ersetzen, da der Unternehmer Adressat dieser Sorgfaltspflicht ist.

Bezüglich des Begriffs der „Marktgepflogenheiten" wird vorgeschlagen, ihn durch den Begriff der „anständigen Marktgepflogenheiten" zu ersetzen, der in Artikel 2 Buchstabe h der Richtlinie 2005/29/EG des Europäischen Parlaments und des Rates vom 11. Mai 2005 über unlautere Geschäftspraktiken im binnenmarktinternen Geschäftsverkehr zwischen Unternehmen und Verbrauchern und zur Änderung der Richtlinie 84/450/EWG des Rates, der Richtlinien 97/7/EG, 98/27/EG und 2002/65/EG des Europäischen Parlaments und des Rates sowie der Verordnung (EG) Nr. 2006/2004 des Europäischen Parlaments und des Rates (Richtlinie über unlautere Geschäftspraktiken) – (ABl. L 149 vom 11.6.2005, S. 22; L 253 vom 25.9.2009, S. 18; im Folgenden: Richtlinie) verwendet wird.

Zu Buchstabe b

Der Ausschuss schlägt vor, den Begriff der „geschäftlichen Entscheidung" zu definieren, wobei die Definition aus Artikel 2 Buchstabe k der Richtlinie übernommen wird. Anstelle des Begriffs „Produkt" soll der Begriff „Waren oder Dienstleistungen" verwendet werden; dies entspricht Artikel 2 Buchstabe c der Richtlinie. Zudem wird empfohlen, anstelle des Begriffs „Kauf tätigen" den Begriff „Geschäft abschließen" zu verwenden, da die Richtlinie – wie sich an der Definition des Begriffs Produkt zeigt – eben nicht nur den Kauf betrifft. Der Begriff „Geschäft abschließen" statt „Kauf tätigen" wird auch bereits in der geltenden Fassung von § 5a Absatz 3 UWG (in Umsetzung von Artikel 7 Absatz 4 der Richtlinie) verwendet.

Zu Nummer 2 (§ 3 UWG-E)

Zu Absatz 1

Absatz 1 bleibt unverändert. Nach der Auffassung des Ausschusses enthält dieser Absatz für den Geltungsbereich der Richtlinie eine Rechtsfolgenregelung. Der Ausschuss ist weiterhin der Ansicht, dass Absatz 1 außerhalb des Anwendungsbereichs der Richtlinie über unlautere Geschäftspraktiken 2005/29/EG und der Richtlinie über irreführende oder vergleichende Werbung 2006/114/EG wie bisher als Auffangtatbestand für solche geschäftliche Handlungen dient, die von den nachfolgenden Bestimmungen nicht erfasst werden, aber einen vergleichbaren Unlauterkeitsgehalt aufweisen. Es sollte dabei, ebenfalls wie nach bisheriger Rechtslage, der Rechtsprechung überlassen bleiben, in Konkretisierung des Tatbestandsmerkmals der Unlauterkeit für die vom Auffangtatbestand erfassten Fälle gegebenenfalls angemessene Spürbarkeitserfordernisse aufzustellen, um insbesondere Abmahnungen von Bagatellverstößen zu verhindern. Soweit die Unlauterkeit einer geschäftlichen Handlung abschließend in der Richtlinie über unlautere Geschäftspraktiken 2005/29/EG oder in der Richtlinie über irreführende und vergleichende Werbung 2006/114/EG geregelt ist, sind jedoch ausschließlich die nachfolgenden Bestimmungen zu deren Umsetzung anzuwenden.

Zu Absatz 2

Es wird vorgeschlagen, dass in Absatz 2 der Zusatz „im Sinne des Absatzes 1" entfällt, da nach Ansicht des Ausschusses auch so deutlich ist, dass der Begriff „unlauter" auf die Rechtsfolge aus Absatz 1 verweist. Nach dem Vorschlag des Ausschusses wird der Begriff der „fachlichen Sorgfalt" durch den Begriff der „unternehmerischen Sorgfalt" ersetzt. Es handelt sich um eine Folgeänderung zu der Änderung des § 2 Absatz 1 Nummer 7. Satz 2 entfällt, da Absatz 3 entfällt.

Zu Absatz 3

Der im Gesetzentwurf der Bundesregierung vorgeschlagene Absatz 3 entfällt, weil nach der Auffassung des Ausschusses für das Verhältnis zu Mitbewerbern und sonstigen Marktteilnehmern § 3 Absatz 1 als Auffangtatbestand zur Verfügung steht. Damit entfällt auch die Notwendigkeit der Regelung in Absatz 3 Satz 2, die allein der nun nicht mehr erforderlichen Abgrenzung zu Absatz 2 diente.

Zu Absatz 4

Es handelt sich um eine Folgeänderung.

Absatz 4 des Gesetzentwurfs der Bundesregierung wird Absatz 3. Dies entspricht dem geltenden UWG.

Zu Absatz 5

Der Absatz 5 des Gesetzentwurfs der Bundesregierung wird Absatz 4. Im Übrigen empfiehlt der Ausschuss den Text von Satz 2 stärker an den Text von Artikel 5 Absatz 3 Satz 1 der Richtlinie anzunähern. Der sprachlich überholte Begriff der „Gebrechen" soll durch den moderneren Ausdruck „Beeinträchtigungen" ersetzt werden. Anstelle des Begriffs des „Produkts" wird die Verwendung der Worte „Waren oder Dienstleistungen" empfohlen (vgl. Artikel 2 Buchstabe c der Richtlinie).

Zu Nummer 3 (§ 3a UWG-E)

Der Ausschuss schlägt vor, in die Regelung des § 3a die bisherige Regelung des § 4 Nummer 11 UWG (Rechtsbruch) zu überführen. Diese betrifft ganz überwiegend Bestimmungen außerhalb des Geltungsbereichs der Richtlinie und ist im Übrigen im Einzelfall richtlinienkonform auszulegen.

Zu Nummer 4 (§ 4 UWG-E)

Nach dem Vorschlag des Ausschusses enthält § 4 nunmehr ausschließlich eine Regelung zum Mitbewerberschutz. Die Vorschrift fällt nicht in den Anwendungsbereich der Richtlinie, wie sich aus deren Erwägungsgrund 6 in der Auslegung durch den Europäischen Gerichtshof ergibt. Die vorgeschlagene Fassung von § 4 entspricht den bisherigen Regelungen in § 4 Nummern 7 bis 10 UWG.

§ 4 Nummer 1 entfällt, da der Regelungsgehalt sich nunmehr in § 4a findet und der Schutz vor menschenverachtenden geschäftlichen Handlungen außerhalb des Anwendungsbereichs der Richtlinie, wie nach bisheriger Rechtslage, durch § 3 Absatz 1 in seiner Funktion als Auffangtatbestand gewährleistet ist.

§ 4 Nummer 2 entfällt, da der wesentliche Regelungsgehalt sich nunmehr in § 4a findet. Insofern wurde in § 4a Abs. 2 Satz 2 eine Klarstellung aufgenommen.

§ 4 Nummer 3 entfällt, da der Regelungsgehalt sich nunmehr in § 5a und dort zum Schutz von Verbrauchern insbesondere in Absatz 6 findet.

§ 4 Nummern 4 und 5 entfallen, da diese Fälle durch die allgemeinen Irreführungstatbestände des § 5 und § 5a erfasst sind.

Zu Nummer 5 (§ 4a UWG-E)

Der Anwendungsbereich von § 4a soll auf sonstige Marktteilnehmer erweitert werden.

In Absatz 1 entfällt der Zusatz „im Sinne des § 3 Absatz 1", da auch so deutlich wird, dass der Begriff „unlauter" insofern auf die Rechtsfolge aus § 3 Absatz 1 verweist. Der weitere Text wird noch näher an den Wortlaut des Artikels 8 der Richtlinie angenähert. Der Begriff der „unzulässigen Beeinflussung" wird in Übereinstimmung mit Artikel 2 Buchstabe j der Richtlinie definiert.

Die Änderungen in Absatz 2 Satz 1 Nummer 3 und 4 beruhen auf der Einbeziehung sonstiger Marktteilnehmer in die Regelung des § 4a. Satz 2 stellt klar, dass die bisher in § 4 Nummer 2 gesondert geschützten besonders verletzbaren Verbraucher auch nach § 4a angemessen vor aggressiven geschäftlichen Handlungen geschützt sind.

Zu Nummer 6 (§ 5 UWG-E)

Es wird vorgeschlagen, in Absatz 1 den Zusatz „im Sinne des § 3 Absatz 1" entfallen zu lassen, da auch so deutlich wird, dass der Begriff „unlauter" insofern auf die Rechtsfolge aus § 3 Absatz 1 verweist.

Zu Nummer 7 (§ 5a UWG-E)

Der Ausschuss schlägt vor, in Absatz 2 Satz 1 den Zusatz „im Sinne des § 3 Absatz 1" entfallen zu lassen, da auch so deutlich wird, dass der Begriff „unlauter" insofern auf die Rechtsfolge aus § 3 Absatz 1 verweist. Der Text in Satz 1 wird nach dem Vorschlag des Ausschusses im Übrigen näher an den Wortlaut von Artikel 7 Absatz 1 der Richtlinie angenähert. Die Nummerierung dient der klaren und übersichtlichen Darstellung.

Absatz 2 Satz 2 Nummer 4 soll entfallen, da sich der Regelungsgehalt („fehlendes Kenntlichmachen des kommerziellen Zwecks") nunmehr in Absatz 6 findet.

In Absatz 3 wird der Begriff der „fachlichen Sorgfalt" wird durch den Begriff der „unternehmerischen Sorgfalt" ersetzt. Es handelt sich um eine Folgeänderung zu der Änderung des § 2 Abs. 1 Nummer 7.

In Absatz 4 wird in Satz 1 der Begriff „gemeinschaftsrechtlich" durch den Begriff „unionsrechtlich" ersetzt. Absatz 5 bleibt unverändert.

In Absatz 6 empfiehlt der Ausschuss, die fehlende Kenntlichmachung des kommerziellen Zwecks in einem eigenen Absatz zu regeln. Dadurch wird klargestellt, dass es sich insofern nicht um einen Unterfall des „Vorenthaltens von Informationen“ handelt.

Zu Nummer 7 (§ 6 UWG-E)

Auf die Begründung zu der Empfehlung des Ausschusses zu Nummer 6 (§ 5 UWG-E) wird verwiesen.

Zu Nummer 8 (Anhang I)

Zu Buchstabe a

Die Änderung der Überschrift entfällt, da der Anhang nach den vorgesehenen Änderungen des § 3 nunmehr wieder an § 3 Absatz 3 anknüpft.

Die Änderung in Nummer 13 entspricht dem Wortlaut von Anhang I Nummer 13 der Richtlinie.

Zu Buchstabe c

Die Änderung in Nummer 29 entspricht dem Wortlaut von Anhang I Nummer 29 der Richtlinie.

Anhang III. Fundstellenverzeichnis

1. Fundstellenverzeichnis für Entscheidungen des Europäischen Gerichtshofs (EuGH)

Dat.	RS	Slg	GRUR Int	GRUR	WRP	NJW	Name der Entscheidung	ECLI
1970								
18. 3.	43/69	70, 127					Bilger/Jehle	ECLI:EU: C:1970:20
1971								
25.11.	22/71	71, 949	72, 495				Béguelin/S. A. G. L. Import Export	ECLI:EU: C:1971:113
1973								
6. 2.	48/72	73, 77	73, 640				Brasserie de Haecht/Wilkin und Janssen	ECLI:EU: C:1973:11
1974								
11. 7.	8/74	74, 837	74, 467			75, 515	Staatswissenschaft/Dassonville	ECLI:EU: C:1974:82
1975								
20. 2.	12/74	75, 181	77, 25			75, 1622	Kommission/Deutschland (Sekt/Weinbrand)	ECLI:EU: C:1975:23
1976								
22. 6.	119/75	76, 1039	76, 402				Terrapin Overseas Ltd./Terranova Industrie	ECLI:EU: C:1976:94
30.11.	21/76	76, 1735				77, 493	Handelskwerkerij G. J. Bier/ Mines de Potasse d Alsace	ECLI:EU: C:1976:166
1977								
25.10.	26/76	77, 1875	78, 254				Metro SB-Großmärkte/ Kommission	ECLI:EU: C:1977:167
14.12.	59/77	77, 2359				78, 1106	Ets. A. de Bloos/Bouyer	ECLI:EU: C:1977:207
1978								
23. 5.	102/77	78, 1139	78, 291				Hoffmann La Roche/ Centrafarm	ECLI:EU: C:1978:108
1979								
13. 2.	85/76	79, 461					Hoffmann-La Roche/ Kommission	ECLI:EU: C:1979:36
20. 2.	120/78	79, 649	79, 468			79, 1766	Rewe/Bundesmonopol-verwaltung für Branntwein	ECLI:EU: C:1979:42
5. 4.	148/78	79, 1629					Ratti	ECLI:EU: C:1979:110
1980								
11.12.	31/80	80, 3775	81, 315				L'Oréal/De Nieuwe Amck	ECLI:EU: C:1980:289
16.12.	27/80	80, 3839				81, 1148	Fietje	ECLI:EU: C:1980:293
1981								
20. 1.	55/80, 57/80	81, 147	81, 229			81, 1143	Musik Vertrieb membran und K-tel, International/ GEMA	ECLI:EU: C:1981:10
17. 6.	113/80	81, 1625	82, 117			81, 2634	Kommission/Irland	ECLI:EU: C:1981:139
14. 7.	155/80	81, 1993				81, 1885	S. Oebel	ECLI:EU: C:1981:177
17.12.	279/80	81, 3305					J. Webb	ECLI:EU: C:1981:314

Dat.	RS	Slg	GRUR Int	GRUR	WRP	NJW	Name der Entscheidung	ECLI
1982								
2. 3.	6/81	82, 707	82, 439				Industrie Diensten/Beeler Handelmaatschappij	ECLI:EU: C:1982:72
5. 5.	15/81	82, 1409					Gaston Schul Duane Expediteur/Inspecteur der Invoerrechten en Accijnzen Roosendaal	ECLI:EU: C:1982:135
10.11.	261/81	82, 3961					Rau Lebensmittelwerke/ De Smedt	ECLI:EU: C:1982:382
6.10.	283/81					83, 1257	CILFIT und Lanificio di Gavardo/Ministero della Sanitá	ECLI:EU: C:1982:335
15.12.	286/81	82, 4575	83, 648			83, 1256	Oosthoek s Uitgeversmaatschappij	ECLI:EU: C:1982:438
1984								
7. 2.	238/82	84, 523				85, 542	Duphar/Niederlande	ECLI:EU: C:1984:45
13. 3.	16/83	84, 1299	84, 291	84, 343		84, 1291	Prantl	ECLI:EU: C:1984:101
6. 9.	177/83	84, 3651	85, 110		85, 141		Th. Kohl/Ringelhahn & ,Rennet und Ringelhahn	ECLI:EU: C:1984:334
1985								
7. 2.	240/83	85, 53					Procureur de la République/ Association de défense de brûleurs d huiles usagées	ECLI:EU: C:1985:59
7.11	60/84, 61/84	85, 2605	86, 194	86, 114		86, 1421	Cinéthèque/FNCF	ECLI:EU: C:1985:329
1986								
28. 1.	161/84	86, 353	86, 193				Pronuptia de Paris/Pronuptia de Paris I. Schillgalis	ECLI:EU: C:1986:41
26. 2.	152/84	86, 723				86, 2178	Marshall/Health Authority	ECLI:EU: C:1986:84
22.10.	75/84	86, 3021	88, 237				Metro SB-Großmärkte/ Kommission	ECLI:EU: C:1986:399
4.12.	179/85	86, 3879	87, 414				Kommission/Deutschland („pétillant de raisan")	ECLI:EU: C:1986:466
1987								
12. 3.	178/84	87, 1227	87, 404	87, 245		87, 1133	Kommission/Deutschland (Reinheitsgebot für Bier)	ECLI:EU: C:1987:126
21. 5.	249/85	87, 2345	87, 585			87, 2153	Albako/Bundesanstalt für landwirtschaftliche Marktordnung	ECLI:EU: C:1987:245
8.10.	80/86	87, 3969					K. Nijmegen	ECLI:EU: C:1987:431
1988								
14. 7.	407/85	88, 4233				88, 2169	3 Glocken und Kritzinger/ USL	ECLI:EU: C:1988:401
20. 9.	302/86	88, 4607				89, 3084	Kommission/Dänemark (Getränkepfandflaschen)	ECLI:EU: C:1988:421
1989								
2. 2.	247/87	89, 229				89, 1428	Kommission/Deutschland (Reinheitsgebot für Fleischerzeugnisse (Wurst))	ECLI:EU: C:1989:58
2. 2.	C-186/ 87	89, 195					Cowan/Trésor public	ECLI:EU: C:1989:47
7. 3.	217/87	89, 617				89, 2185	Schumacher/Hauptzollamt Frankfurt am Main-Ost	ECLI:EU: C:1988:425
11. 5.	76/86	89, 1021				89, 2184	Kommission/Deutschland (Verkehrsverbot für Milchersatzstoffe)	ECLI:EU: C:1989:184
22. 6.	103/88	89, 1839				90, 3071	Fratelli Constanzo/ Stadt Mailand	ECLI:EU: C:1989:256
13.12.	C-322/ 88	89, 4407					Salvatore Grimaldi/Fonds des maladies professionelles	ECLI:EU: C:1989:646

Dat.	RS	Slg	GRUR Int	GRUR	WRP	NJW	Name der Entscheidung	ECLI
1990								
7. 3.	C-326/88	90, I-667	90, 955		93, 578		GB-Inno-BM/Confédération des commerces luxemburgeois	ECLI:EU: C:1990:291
8.11.	C-231/89	90, I-4003					Gmurzynska-Bscher/ Oberfinanzdirektion Köln	ECLI:EU: C:1990:386
13.11.	C-269/89	90, I-4169					Bonfait	ECLI:EU: C:1990:399
13.12.	C-238/89	90, I-4827	91, 215		91, 562	91, 1406	Pall Corp/P. J. Dalhausen & Co.	ECLI:EU: C:1990:473
1991								
16. 4.	C-347/89	91, I-1763				91, 2951	Freistaat Bayern/Eurim Pharma	ECLI:EU: C:1991:148
19.11.	C-6/90, C-9/90	91, I-5357				92, 165	Francovich/Italien	ECLI:EU: C:1991:428
13.12.	C-18/88	91, I-5941					Régie des télégraphes et des téléphones/GB-Inno-BM	ECLI:EU: C:1991:474
1992								
16. 1.	C-373/90	92, I-131			92, 233		Ermittlungsverfahren gegen X	ECLI:EU: C:1992:17
4. 6.	C-13/91, C-113/90	92, I-3617					M. Debus	ECLI:EU: C:1992:247, ECLI:EU: C:1991:365
10.11.	C-3/91	92, I-5529	93, 76				Exportur SA/LOR und Confiserie du Tech	ECLI:EU: C:1992:420
1993								
18. 5.	C-126/91	93, I-2361	93, 763	93, 747	93, 615	93, 3187	Schutzverband/Yves Rocher	ECLI:EU: C:1993:191
13.10.	C-93/92	93, I-5009					CMC Motorradcenter/Pelin Baskiciogullari	ECLI:EU: C:1993:838
24.11.	C-267/91, C-268/91	93, I-6097	94, 56	94, 296	94, 99	94, 121	Keck und Mithouard	ECLI:EU: C:1993:905
30.11.	C-317/91	93, I-6227	94, 168	94, 286	94, 294		Deutsche Renault/Audi	ECLI:EU: C:1993:908
15.12.	C-292/92	93, I-6787	94, 170	94, 299	94, 297	94, 781	Hünermund/Landes-. apothekenkammer Baden-Württemberg	ECLI:EU: C:1993:932
1994								
13. 1.	C-376/92	94, I-15	94, 429	94, 300		94, 643	Metro SB-Großmärkte/Cartier	ECLI:EU: C:1994:5
2. 2.	C-315/92	94, I-317	94, 231	94, 303	94, 380	94, 1207	Verband sozialer Wettbe-werb/Clinique	ECLI:EU: C:1994:34
24. 3.	C-275/92	94, I-1039				94, 2013	Her Majesty s Customs und Exise/Schindler	ECLI:EU: C:1994:119
2. 6.	C-69/93, C-258/93	94, I-2355				94, 2141	Punto Casa/Sindaco del Comune di Capena	ECLI:EU: C:1994:226
2. 6.	C-401/92, C-402/92	94, I-2199				94, 2141	Tankstation t Heukskevof und J. B. E. Boermans	ECLI:EU: C:1994:220
22. 6.	C-9/93	94, I-2789	94, 614			95, 3244	IHT Internationale Heiztechnik und Danzinger/Ideal Standard und Wabco Standard GmbH	ECLI:EU: C:1994:261
14. 7.	C-91/92	94, I-3325	94, 954			94, 2473	Faccini Dori/Recrep	ECLI:EU: C:1994:292
10.11.	C-320/93	94, I-5243					Ortscheit/Eurim-Pharma Arzneimittel	ECLI:EU: C:1994:379
1995								
9. 2.	C-384/93	95, I-179	95, 496		95, 470		Société d Importation Edouard Leclerc- Siplex/TF 1 Publicité und MG Publicité	ECLI:EU: C:1995:126
10. 5.	C-384/93	95, I-1141	95, 900		95, 801	95, 2541	Alpine Investments/Minister van Financién	ECLI:EU: C:1995:126

Dat.	RS	Slg	GRUR Int	GRUR	WRP	NJW	Name der Entscheidung	ECLI
29. 6.	C-391/92	95, I-1621					Kommission/Griechenland (Säuglingsnahrung)	ECLI:EU: C:1995:199
29. 6.	C-456/93	95, I-1737	95, 903			WettbR 96, 39	Zentrale /Langguth	ECLI:EU: C:1995:206
6. 7.	C-470/93	95, I-1923	95, 804		95, 677	95, 3243	Verein gegen Unwesen im Handel und Gewerbe Köln/Mars	ECLI:EU: C:1995:224
11. 8.	C-63/94	95, I-2467				96, 1735	Groupement National des Négociants en Pomme de Terre de Belgique/ITM Belgium und Vocarex	ECLI:EU: C:1995:270
19.10.	C-128/94	95, I-3389				96, 113	Hönig/Stadt Stockach	ECLI:EU: C:1995:341
24.10.	C-70/93	95, I-3439	96, 147				BMW/ALD	ECLI:EU: C:1995:344
24.10.	C-266/93	95, I-3477	96, 150				Bundeskartellamt/Volkswagen und V. A. G. Leasing GmbH	ECLI:EU: C:1995:345
26.10.	C-51/94	95, I-3599					Kommission/Deutschland	ECLI:EU: C:1995:352
1996								
15. 2.	C-309/94	96, I-677					Nissan/Dupasquier	ECLI:EU: C:1996:57
5. 3.	C-46/93	96, I-1029				96, 1267	Brasserie du Pêcheur/Deutschland	ECLI:EU: C:1996:79
7. 3.	C-192/94	96, I-1281				96, 1401	El Corte Inglés/Blàzques Rivere	ECLI:EU: C:1996:88
11. 7.	C-71/94, C-72/94, C-73/94	96, I-3603	96, 311		96, 867	97, 1632	Eurim Pharm Arzneimittel/ Beiersdorf	ECLI:EU: C:1996:286
11. 7.	C-232/94	96, I-3671	96, 1151		96, 874			ECLI:EU: C:1996:289
11. 7.	C-427/93, C-429/93, C-436/93	96, I-3545	96, 1144		96, 880	97, 1627	Bristol-Myers Squibb/Paranova	ECLI:EU: C:1996:282
8.10.	C-178/94, C-179/94, C-188/94, C-189/94, C-190/94	96, I-4845				96, 3141	Dillenkofer/Deutschland	ECLI:EU: C:1996:375
17.10.	C-283/94, C-291/94, C-292/94	96, I-5063			97, 119		Denkavit Internatio-nal/Bundesamt für Finanzen	ECLI:EU: C:1996:387
26.11.	C-313/94	96, I-6039	97, 546		97, 546	WettbR 97, 154	Graffione/Fransa	ECLI:EU: C:1996:450
5.12.	C-267/95, C-268/95	96, I-6285	97, 250			WettbR 97, 135	Merck/Prime Crown und Bucham/Europharm	ECLI:EU: C:1996:468
2.12.	C-3/95	96, I-6511					Broede/Sandker	ECLI:EU: C:1996:487
1997								
5. 6.	C-41/96	97, I-3123	97, 907		97, 841	97, 2667	V. A. G. Händlerbeirat/ SYD-Consult	ECLI:EU: C:1997:283
26. 6.	C-368/95	97, I-3689	97, 829		97, 706	WettbR 97, 211	Vereinigte Familiapress/Bauer Verlag	ECLI:EU: C:1997:325
9. 7.	C-34/96, C-35/96, C-36/96	97, I-3843	97, 913		98, 145	WettbR 98, 1	Konsumentenombudsman-nen/De Agostini und TV-Shop	ECLI:EU: C:1998:303, ECLI:EU: C:1997:445
17. 7.	C-17/96	97, I-4617					Badische Erfrischungsgetränke/ Baden-Württemberg	ECLI:EU: C:1997:381
9.12.	C-265/95	97, I-6959				98, 1931	Kommission/Frankreich (Straßenblockade)	ECLI:EU: C:1997:595
18.12.	C-129/96	97, I-7411					Inter-Environnement Wallonie/ Région wallonne	ECLI:EU: C:1997:628

Dat.	RS	Slg	GRUR Int	GRUR	WRP	NJW	Name der Entscheidung	ECLI
1998								
28. 4.	C-158/96	98, I-1931				98, 1771	Kohl/Union des caisses de maladie	ECLI:EU: C:1998:171
14. 7.	C-385/96	98, I-4431	98, 793				H. J. Goerres	ECLI:EU: C:1998:356
14. 7.	C-389/96	98, I-4473				99, 203	Aher-Waggon/Deutschland	ECLI:EU: C:1998:357
16. 7.	C-210/96	98, I-4657	98, 795		98, 848	98, 3183	Gut Springenheide/OKD Steinfurt	ECLI:EU: C:1998:369
17.11.	C-70/97	98, I-7183	99, 257				Kruidvat/Kommission	ECLI:EU: C:1998:545
1999								
28. 1.	C-303/97	99, I-513	99, 345		99, 307	99, 2430	Verbraucherschutzver-ein/Sektkellerei Kessler	ECLI:EU: C:1999:35
4. 3.	C-87/97	99, I-1301	99, 443		99, 486	WettbR 99, 155	Gorgonzola/Cambozola	ECLI:EU: C:1999:115
28.10.	C-6/98	99, I-7599			99, 1260	00, 2657	ARD/PRO Sieben	ECLI:EU: C:1999:532
2000								
13. 1.	C-220/98		00, 354		00, 289	00, 1173	Estée Lauder/Lancaster	ECLI:EU: C:2000:8
13. 1.	C-254/98				00, 293		Schutzberband/TK Heimdienst Sass	ECLI:EU: C:2000:12
3. 2.	C-228/98	00, I-577					Charalampos Dounias/ Ypourgio Oikonomikon	ECLI:EU: C:2000:65
9. 3.	C-355/98	00, I-1221					Kommission/Belgien	ECLI:EU: C:2000:113
9. 3.	C-358/98	00, I-1255					Kommission/Italien	ECLI:EU: C:2000:114
23. 5.	C-58/99	00, I-3811					Kommission/Italien	ECLI:EU: C:2000:280
8. 6.	C-264/99	00, I-4417					Kommission/Italien	ECLI:EU: C:2000:311
11. 7.	C-473/98	00, I-5681					Kemikalieinspektionen/Toolex Alpha AB	ECLI:EU: C:2000:379
26. 9.	C-23/99	00, I-7653	01, 57				Kommission/Frankreich	ECLI:EU: C:2000:500
26. 9.	C-225/98	00, I-7445				00, 3629	Kommission/Frankreich	ECLI:EU: C:2000:494
12.10.	C-3/99	00, I-8749					Cidrerie Ruwet/Cidre Stassen	ECLI:EU: C:2000:560
12.10.	C-314/98	00, I-8633					Snellers Auto s/Algemeen Directeur van de Dienst Weg-verkeer	ECLI:EU: C:2000:557
16.11.	C-217/99	00, I-10251					Kommission/Belgien	ECLI:EU: C:2000:638
14.12.	C-55/99	00, I-11499					Kommission/Frankreich	ECLI:EU: C:2000:693
2001								
25. 1.	C-398/98	01, I-7915					Kommission/Griechenland	ECLI:EU: C:2001:565
8. 3.	C-405/98	01, I-1795	01, 553				Konsumentombudsmannen/ Gourmet International	ECLI:EU: C:2001:135
8. 3.	C-68/99	01, I-1865				02, 58	Kommission/Deutschland	ECLI:EU: C:2001:137
15. 3.	C-165/98	01, I-2189					Strafverfahren gegen André Mazzoleni	ECLI:EU: C:2001:162
31. 5.	C-283/99	01, I-4363					Kommission/Italien	ECLI:EU: C:2001:307
14. 6.	C-84/00	02, I-4553					Kommission/Frankreich	ECLI:EU: C:2001:339
21. 6.	C-30/99						Kommission/Irland	ECLI:EU: C:2001:346

Dat.	RS	Slg	GRUR Int	GRUR	WRP	NJW	Name der Entscheidung	ECLI
26. 6.	C-70/99	02, I-4845					Kommission/Portugal	ECLI:EU: C:2001:355
4. 7.	C-447/99	01, I-5203					Kommission/Italien	ECLI:EU: C:2001:382
12. 7.	C-368/98	01, I-5363					Vanbraekel	ECLI:EU: C:2001:400
12. 7.	C-157/99	01, I-5473				01, 3391	Smits und Peerbooms	ECLI:EU: C:2001:404
25.10.	C-493/99	01, I-8163					Kommission/Deutschland	ECLI:EU: C:2001:578
25.10.	C-49/98, C-50/98	01, I-7831				01, 3769	Kommission/Deutschland	ECLI:EU: C:2001:564
25.10.	C-112/99		02, 50				Toshiba/Katun	ECLI:EU: C:2001:566
22.11.	C-53/00	01, I-9067					Ferring/ACOSS	ECLI:EU: C:2001:627
29.11.	C-17/00	01, I-9445					François De Coster/Collège des bourgmestre et échevins de Watermael-Boitsfort	ECLI:EU: C:2001:651
2002								
24. 1.	C-164/99	02, I-787					Portugaia Construçöes Ld	ECLI:EU: C:2002:40
7. 2.	C-279/00	02, I-1425					Kommission/Italien	ECLI:EU: C:2002:89
19. 2.	C-295/00	02, I-1737					Kommission/Italien	ECLI:EU: C:2002:100
23. 4.	C-443/99	02, I-3703	02, 745		02, 673	02, 2858	Merck, Sharp & Dohme	ECLI:EU: C:2002:245
6. 6.	C-360/00	02, I-5089		02, 689	02, 816	02, 2858	Land Hessen/G. Ricordi & Co. Bühnen- und Musikverlag GmbH – La Bohème	ECLI:EU: C:2002:346
25. 6.	C-66/00	02, I-5917	02, 849	02, 1052	02, 932		Bigi (Parmesan)	ECLI:EU: C:2002:397
11. 7.	C-294/00	02, I-6515			02, 918		Gräbner/Paracelsus	ECLI:EU: C:2002:442
3.10.	C-136/00	02, I-8147					Rolf Dieter Danner	ECLI:EU: C:2002:558
8.10.	C-190/02	02, I-8300					Viacom Outdoor/Giotto Immobilier	ECLI:EU: C:2002:569
5.11.	C-325/00	02, I-9977	02, 1021		02, 1420	02, 3609	CMA-Gütezeichen	ECLI:EU: C:2002:633
12.11.	C-206/01	02, I-10273	03, 229	03, 55	02, 1415		Arsenal Football Club plc/Reed	ECLI:EU: C:2002:651
2003								
9. 1.	C-292/00	03, I-389	03, 353	03, 240	03, 370		Davidoff/Gofkid	ECLI:EU: C:2003:9
21. 1.	C-318/00	03, I-905	03, 453				Bacardi-Martini SAS und Cellier des Dauphins/ Football Company Ltd	ECLI:EU: C:2003:41
6. 2.	C-92/01	03, I-1291					Stylianakis/Dimosio	ECLI:EU: C:2003:72
6. 2.	C-245/00	03, I-1251	03, 529	03, 325		03, 3400	SENA/NOS	ECLI:EU: C:2003:68
13. 2.	C-131/01	03, I-1659	03, 629	04, 852			Kommission/Italienische Republik	ECLI:EU: C:2003:96
6. 3.	C-6/02	03, I-2389	03, 543				Kommission der EG/ Französische Republik	ECLI:EU: C:2003:136
11. 3.	C-40/01	03, I-2439		03, 425			Ansul/Ajax	ECLI:EU: C:2003:145
20. 3.	C-291/00	03, I-2799	03, 533	03, 422			Arthur/Arthur et Félicie	ECLI:EU: C:2003:169
8. 4.	C-244/00	03, I-3051	03, 643	03, 512	03, 623	03, 2895	Van Doren + Q. GmbH/Lifestyle sports + sportswear Handelsgesellschaft mbH – stüssy	ECLI:EU: C:2003:204

Dat.	RS	Slg	GRUR Int	GRUR	WRP	NJW	Name der Entscheidung	ECLI
8. 4.	C-53/01, C-54/01, C-55/01	03, I-3161	03, 632	03, 514	03, 627	03, 2597	Linde/Winward, Rado	ECLI:EU: C:2003:206
8. 4.	C-44/01	03, I-3095	03, 742	03, 533	03, 3095	03, 2443	Pippig Augenoptik/Harttauer	ECLI:EU: C:2003:205
10. 4.	C-305/00	03, I-3225		03, 868		03, 2895	Christian Schulin/Saatgut	ECLI:EU: C:2003:218
6. 5.	C-104/01	03, I-3793	04, 886	03, 604	03, 735	04, 354	Libertel/Benelux Merkenbureau	ECLI:EU: C:2003:244
13. 5.	C-385/99	03, I-4509				03, 2298	V. G. Müller-Fauré/Onderlinge Waarborgmaatschappij OZ Zorgverzekeringen UA und E. E. M. van Riet/Onderlinge Waarborgmaatschappij ZAO Zorgverzekeringen	ECLI:EU: C:2003:270
20. 5.	C-469/00	03, I-5033		03, 609		03, 3465	Grana padano – Ravil SARL/Belon import SARL	ECLI:EU: C:2003:295
20. 5.	C-108/01	03, I-5121		03, 616		03, 3465	Prosciutto di Parma/Asta Stores Ltd.	ECLI:EU: C:2003:296
12. 6.	C-234/01	03, I-5933					Gerritse/Finanzamt Neukölln-Nord	ECLI:EU: C:2003:340
17. 6.	C-383/01	03, I-6065					De Danske Bilimportører/Skatteministeriet, Told- og Skattestyrelsen	ECLI:EU: C:2003:352
19. 6.	C-420/01	03, L-6445	03, 826				Kommission/Italien	ECLI:EU: C:2003:363
26. 6.	C-234/01	03, I-6445					Försäkringsaktiebolaget Skandia (publ u. Ola)	ECLI:EU: C:2003:340
9. 9.	C-361/ 01P		04, 35				Christina Kik/HABM – „KIK"	ECLI:EU: C:2003:434
9. 9.	C-198/01		04, 40			04, 351	CONSOTEIO Industrie Fiammigeri/Autorità à Garante della Concorrenza e del Mercat – „CIF"	ECLI:EU: C:2003:430
18. 9.	C-292/01	03, I-9449					Ramstedt/Rikssskatteverket	ECLI:EU: C:2003:480
18. 9.	C-338/ 00P	03, I-9189	04, 45				Volkswagen/Kommission der EG	ECLI:EU: C:2003:473
18.10.	C-433/02	03, I-12191	03, 1011				Kommission/Belgien	ECLI:EU: C:2003:567
23.10.	C-191/ 01P	03, I-12447	04, 124	04, 146			Wrigley/HABM-„Doublemint"	ECLI:EU: C:2003:579
23.10.	C-408/01		04, 121	04, 58			Adidas/Fitnessworld	ECLI:EU: C:2003:582
23.10.	C-245/01	03, I-12489	04, 242				RTL/Niedersächsische Landesmedienanstalt für privaten Rundfunk	ECLI:EU: C:2003:580
23.10.	C-115/02	03, I-12705	04, 39			05, 167	Administration des douanes et droit indirect/Rioglass SA	ECLI:EU: C:2003:587
18.11.	C-216/01	03, I-13617	04, 131		04, 131		Budejovick Budvar/Ammersin-„American Bud"	ECLI:EU: C:2003:618
23.11.	C-221/00	03, I-1007	03, 536				Kommission/Österreich (Gesundheitsbezogene Angaben)	ECLI:EU: C:2003:44
23.11.	C-421/00, C-426/00, C-16/01	03, I-1065	03, 540				Sterbenz und Haug	ECLI:EU: C:2003:46
27.11.	C-283/01		04, 126	04, 54			Shield Mark/Kist	ECLI:EU: C:2003:641
27.11.	C-34/01-C-38/01	03, I-14243						ECLI:EU: C:2003:640
11.12.	C-322/01	03, I-14887	04, 418	04, 174	04, 205	04, 131	Deutscher Apothekenverband/Doc Morris	ECLI:EU: C:2003:664
11.12.	C-127/00	03, I-14781		04, 225			Hässle AB/ratiopharm „Omeprazd"	ECLI:EU: C:2003:661

Dat.	RS	Slg	GRUR Int	GRUR	WRP	NJW	Name der Entscheidung	ECLI
2004								
6. 1.	C-2/01P, C-3/01P	04, I-23	04, 508	04, 710			Bundesverband der Arzneimittel-Importeure/ Kommission	ECLI:EU: C:2004:2
7. 1.	C-100/02	04, I-691	04, 320	04, 234		04, 1441	Gerolsteiner/Putsch	ECLI:EU: C:2004:11
7. 1.	C-60/02	04, I-651	04, 317	04, 501			Landesgericht Eisenstadt/Strafverfahren gegen X/Straffreie Rolex-Plagiate	ECLI:EU: C:2004:10
12. 2.	C-218/01		04, 413	04, 428	04, 475		Henkel KG aA	ECLI:EU: C:2004:88
12. 2.	C-265/00		04, 410	04, 680			Campina Melkunie BV/Benelux-Merkenbureau – „BIOMILD"	ECLI:EU: C:2004:87
12. 2.	C-363/99	04, I-1619	04, 500	04, 674			Koninklijke UPN Nederland NV/Benelux-Merkenbureau – „Postkentoor"	ECLI:EU: C:2004:86
11. 3.	C-182/01	04, I-2263	04, 621	04, 587			Saatgut/Jäger	ECLI:EU: C:2004:135
25. 3.	C-71/02	04, I-3025	04, 626	04, 965	04, 599	04, 3550	Herbert Karner Industrie-Auktionen/Troostwijk – „Industrie Auktionen"	ECLI:EU: C:2004:181
28. 4.	C-3/03P	04, I-3657	04, 843	05, 597			Matratzen Concord/HABM	ECLI:EU: C:2004:233
29. 4.	C-473/01P, C-474/01P	04, I-5173	04, 639				Procter & Gamble/HABM-„Dreidimensionale Tablettenform III"	ECLI:EU: C:2004:260
29. 4.	C-456/01P, C-457/01P	04, I-5089	04, 631	04, 957	04, 722		Henkel/HABM – „Dreidimensionale Tablettenform I"	ECLI:EU: C:2004:258
29. 4.	C-418/01	04, I-5039	04, 644	04, 524	04, 717	04, 2725	IMS/Health	ECLI:EU: C:2004:257
29. 4.	C-468/01P- C-472/01P	04, I-5141	04, 635				Procter & Gamble/HABM – „Dreidimensionale Tablettenform II"	ECLI:EU: C:2004:259, ECLI:EU: C:2004:259
29. 4.	C-371/02	04, I-5791	04, 629	04, 682	04, 728		Björnekulla Fruktindustrier AB/Procordia Food AB – „Bostongurka"	ECLI:EU: C:2004:275
17. 6.	C-255/03		04, 849				Kommission/Belgien – „Wallonisches Qualitätszeichen"	ECLI:EU: C:2004:378
13. 7.	C-429/02	04, I-6613	04, 941	05, 268	04, 1156		Bacardi France/SI Télévision française	ECLI:EU: C:2004:432
13. 7.	C-262/02	04, I-6569	05, 39	05, 268		04, 2957	Kommission der Europäischen Gemeinschaften/Französische Republik	ECLI:EU: C:2004:431
15. 7.	C-239/02	04, I-7007	04, 1016				Douwe Egberts/Westrom Pharma	ECLI:EU: C:2004:445
16. 9.	C-329/02P	04, I-8317	05, 44	04, 943			SAT 1/HABM – „SAT 2"	ECLI:EU: C:2004:532
16. 9.	C-404/02	04, I-8499	05, 42	04, 946			Nichols/Registrar of Trade Marks	ECLI:EU: C:2004:538
7.10.	C-136/02P	04, I-9165	05, 135				Mag. Instrument/HABM – „Maglite"	ECLI:EU: C:2004:592
12.10.	C-106/03P	04, I-9573	05, 221	05, 516			Vedial SA/HABM	ECLI:EU: C:2004:611
14.10.	C-336/02	04, I-9801		05, 236			Saatgut/Brangewitz GmbH	ECLI:EU: C:2004:622
19.10.	C-31/03	04, I-1000	05, 219	05, 139			Pharmacia Italia SpA/DPMA	ECLI:EU: C:2004:641
21.10.	C-64/02P	04, I-10031	05, 224	04, 1027			HABM/Erpo Möbelwerk – „Prinzip der Bequemlichkeit"	ECLI:EU: C:2004:645
21.10.	C-447/02P	04, I-10107	05, 227	05, 597			KWA Saat/HABM	ECLI:EU: C:2004:649

Dat.	RS	Slg	GRUR Int	GRUR	WRP	NJW	Name der Entscheidung	ECLI
9.11.	C-203/02	04, I-10415	05, 247	05, 244			BHB Ltd/William Hill Organization Ltd – „BHB Pferdewetten"	ECLI:EU: C:2004:695
9.11.	C-46/02	04, I-10365	05, 244				Fixtures Marketing/ Oy Veikhaus Ab – „FIXTURES MARKETING III"	ECLI:EU: C:2004:694
9.11.	C-338/02	04, I-10497	05, 243	05, 252			Fixtures Marketing Ltd/ Svenska Spel AB – „Fixtures Fußballspielpläne I"	ECLI:EU: C:2004:696
9.11.	C-444/02	04, I-10549	05, 239	05, 254			Fixtures Marketing Ltd/ OPAP – „Fixtures Fußballspielpläne II"	ECLI:EU: C:2004:697
16.11.	C-245/02		05, 231	05, 153			Anheuser-Busch/Budvar	ECLI:EU: C:2004:717
30.11.	C-16/03	04, I-11313	05, 314	05, 507			Peak Holding	ECLI:EU: C:2004:759
2005								
13. 1.	C-145/02	05, I-51						ECLI:EU: C:2005:9
17. 2.	C-250/03	05, I-1267				05, 963	Giorgio Emanuele Mauri/ Ministero della Giustizia	ECLI:EU: C:2005:96
17. 2.	C-134/03	05, I-1167		05, 509		05, 1101	Gilette Company/LA-Laboratories Viacom Outdoor	ECLI:EU: C:2005:94
26. 5.	C-20/03	05, I-4133				05, 2977	Ambulanter Verkauf von Zeitschriftenabonnements	ECLI:EU: C:2005:307
2. 6.	C-89/04	05, I-4891				05, 3056	Mediakabel/Commissariaat voor de Media	ECLI:EU: C:2005:348
9. 6.	C-211/03, C-299/03, C-316/03, C-318/03	05, I-5141			05, 863		HLH Warenvertriebs GmbH, Orthica BV	ECLI:EU: C:2005:370
30. 6.	C-286/04	05, I-5797	05, 823	06, 352			Eurocermex SA/HABM – „Eurocermex"	ECLI:EU: C:2005:422
7. 7.	C-418/02	05, I-5873	05, 827	05, 764	05, 1154		Praktiker Bau- und Heimwerkermärkte AG	ECLI:EU: C:2005:425
12. 7.	C-154/04, C-155/04	05, I-6451			05, 1142		Alliance for Natural Health	ECLI:EU: C:2005:449, ECLI:EU: C:2004:848
14. 7.	C-40/03P	05, I-6811					Rica Foods	ECLI:EU: C:2005:455
21. 7.	C-231/03	05, I-7287					Consorzio Aziende Metano/Cingia de Botti	ECLI:EU: C:2005:487
8. 9.	C-40/04	05, I-7755				06, 204	Yonemoto	ECLI:EU: C:2005:519
6.10.	C-120/04	05, I-8551	06, 37	05, 1042	05, 1505		THOMSON LIFE	ECLI:EU: C:2005:594
18.10.	C-405/03	05, I-8735	06, 40	06, 146		06, 359	Class International/Colgate-Palmolive	ECLI:EU: C:2005:616
20.10.	C-264/03	05, I-8831					Kommission/Frankreich	ECLI:EU: C:2005:620
10.11.	C-432/03	05, I-9665					Kommission/Portugal	ECLI:EU: C:2005:669
24.11.	C-366/04	05, I-10139					Schwarz/Stadt Salzburg	ECLI:EU: C:2005:719
2006								
10. 1.	C-147/04	06, I-245					De Groot en Slot Allium/Ministre de l Économie, des Finances et de l'Industrie	ECLI:EU: C:2006:7
12. 1.	C-173/04P	06, I-551	06, 226	06, 233			Deutsche SiSi-Werke/HABM – Standbeutel	ECLI:EU: C:2006:20
12. 1.	C-361/04P	06, I-643	06, 229	06, 237			Claude Ruiz-Picasso/HABM PICASSO	ECLI:EU: C:2006:25

Dat.	RS	Slg	GRUR Int	GRUR	WRP	NJW	Name der Entscheidung	ECLI
23. 2.	C-59/05	06, I-2147	06, 399	06, 345			Siemens/VIPA	ECLI:EU: C:2006:147
9. 3.	C-421/04	06, I-2304	06, 502	06, 411			Matratzen Concord/Hukla	ECLI:EU: C:2006:164
23. 3.	C-206/ 04P	06, I-2717	06, 504	06, 413			Muelhens/HABM ZIRH/SIR	ECLI:EU: C:2006:194
30. 3.	C-259/04	06, I-3089	06, 594	06, 416			Elizabeth Florence Emanuel/ Continental Shèlf 128 Ltd. – ELIZABETH EMANUEL	ECLI:EU: C:2006:215
30. 3.	C-451/03	06, I-2941					Servizi Ausiliari Dottori Commercialisti/Calafiori	ECLI:EU: C:2006:208
6. 4.	C-410/04	06, I-3303				06, 1578	ANAV	ECLI:EU: C:2006:237
16. 5.	C-372/04	06, I-4326					Watts/Bedford Primary Care Trust	ECLI:EU: C:2006:325
14. 9.	C-386/04	06, I-8203				06, 3765	Centro di Musicologia Walter Stauffer/ Finanzamt München	ECLI:EU: C:2006:568
19. 9.	C-356/04	06, I-8501	07, 826	07, 69	06, 1348		LIDL Belgium/Colruyt	ECLI:EU: C:2006:585
2007								
6. 3.	C-338/04, C-359/04, C-360/04	07, I-1891			07, 525	07, 1515	Placanica	ECLI:EU: C:2007:133, ECLI:EU: C:2006:71
19. 4.	C-381/05	07, I-3115	07, 588	07, 511			De Landtsheer Emmanuel/ Comité Interprofessionnel du Vin de Champagne (CHAMPAGNERBIER)	ECLI:EU: C:2007:230
12. 6.	C-334/05	07, I-4529	07, 833	07, 700			HABM/Shaker – Limoncello/ LIMONCHELO	ECLI:EU: C:2007:333
14. 6.	C-246/05	07, I-4673	07, 836	07, 702	07, 939		Häupl/Lidl Stiftung & Co. KG – Le Chef DE CUSINE	ECLI:EU: C:2007:340
20. 9.	C-371/06	07, I-7709	08, 42	07, 970	07, 1331		Benetton/G-Star	ECLI:EU: C:2007:542
18.10.	C-195/06	07, I-8817	08, 132				KommAustria/ORF (Quiz-Express)	ECLI:EU: C:2007:613
8.11.	C-374/05	07, I-9517	08, 224	08, 267	08, 205		Gintec/VSW	ECLI:EU: C:2007:654
8.11.	C-143/06	07, I-9623		08, 264	08, 201		Ludwigs-Apotheke München/ Juers Pharma	ECLI:EU: C:2007:656
2008								
26. 2.	C-132/05	08, I-957	08, 731	08, 524			Kommission/Deutschland (Parmesan)	ECLI:EU: C:2008:117
13. 3.	C-285/06	08, I-1501	08, 737	08, 528			Schneider/Rheinland-Pfalz (Réserve)	ECLI:EU: C:2008:164
12. 6.	C-533/06	08, I-4231	08, 825	08, 698			O2/H3G	ECLI:EU: C:2008:339
11. 9.	C-141/07	08, I-6935				08, 3693	Kommission/Deutschland (deutsches ApoG)	ECLI:EU: C:2008:492
16. 9.	C-468/06, C-478/06	08, I-7139	09, 228				Sot. Lelos kai Sia EE/GlaxoSmithKline AEVE Farmakeftikon Proïonton	ECLI:EU: C:2008:504, ECLI:EU: C:2007:68
9.10.	C-304/07	08, I-7565	08, 1027	08, 1077			Directmedia/Albert-Ludwigs-Universität Freiburg	ECLI:EU: C:2008:552
16.10.	C-298/07	08, I-7841				08, 3553	vbz/ deutsche internet versicherung	ECLI:EU: C:2008:572
27.11.	C-252/07	08, I-8823	09, 319	09, 56			Intel Corporation/ CPM United Kingdom	ECLI:EU: C:2008:655
22.12.	C-276/05	08, I-10479		09, 154			Wellcome/Paranova	ECLI:EU: C:2008:756
9.12.	C-442/07	08, I-9223	09, 324	09, 156			Radetzky-Orden/BKFR	ECLI:EU: C:2008:696

Dat.	RS	Slg	GRUR Int	GRUR	WRP	NJW	Name der Entscheidung	ECLI
11.12.	C-52/07	08, I-9275	09, 316	09, 421			TV 4/STIM	ECLI:EU: C:2008:703
18.12.	C-16/06P	08, I-10053	09, 397				Les Editions Albert René Sàrl/ HABM – MOBELIX/ OBELIX	ECLI:EU: C:2008:739
2009								
15. 1.	C-495/07	09, I-137		09, 410			Silberquelle/Maselli	ECLI:EU: C:2009:10
15. 1.	C-140/07	09, I-41		09, 511			Hecht-Pharma/Gewerbeaufsichtsamt Lüneburg	ECLI:EU: C:2009:5
20. 1.	C-240/07	09, I-263	09, 404	09, 393			Sony Music Entertainment/ Falcon Neue Medien Vertrieb	ECLI:EU: C:2009:19
12. 2.	C-93/08	09, I-903	09, 407	09, 482			Schenker/Valsts ienemumu dienests	ECLI:EU: C:2009:93
12. 2.	C-39/08, C-43/08			09, 667			Bild.T-Online.de und ZVS	ECLI:EU: C:2009:91
19. 2.	C-557/07	09, I-1227	09, 711	09, 579		09, 2875	LSG/Tele2	ECLI:EU: C:2009:107
19. 2.	C-62/08	09, I-1279		09, 1156			UDV/Brandtraders	ECLI:EU: C:2009:111
5. 3.	C-545/07	09, I-1627	09, 501	09, 572			Apis-Hristovich/Lakorda	ECLI:EU: C:2009:132
23. 4.	C-59/08	09, I-3421	09, 716	09, 593	09, 938	09, 3709	Copad/Dior	ECLI:EU: C:2009:260
23. 4.	C-261/07, C-299/07	09, I-2949	09, 852	09, 599	09, 722	09, 3224	VTB/Total Belgium und Galatea/Sanoma	ECLI:EU: C:2009:244
23. 4.	C-533/07	09, I-3327	09, 848	09, 753		09, 1865	Falco Privatstiftung/ Weller Linhorst	ECLI:EU: C:2009:257
30. 4.	C-27/08	09, I-3785		09, 790	09, 728		BIOS Naturprodukte	ECLI:EU: C:2009:278
19. 5.	C-171/07, C-172/07	09, I-4174			09, 797	09, 2112	‚DocMorris'	ECLI:EU: C:2009:316, ECLI:EU: C:2007:311
11. 6.	C-529/07	09, I-4893	09, 914	09, 763			Lindt & Sprüngli/ Franz Hauswirth	ECLI:EU: C:2009:361
18. 6.	C-487/07	09, I-5185	09, 1010	09, 756	09, 930		L'Oréal/Bellure	ECLI:EU: C:2009:378
2. 7.	C-32/08	09, I-5611	09, 1018	09, 867			FEIA/Cul de Sac	ECLI:EU: C:2009:418
2. 7.	C-302/08	09, I-5671	09, 1017	09, 870			Davidoff/Bundesfinanzdirektion Südost	ECLI:EU: C:2009:422
2. 7.	C-343/07	09, I-5491		09, 961			Bavaria/Bayerischer Brauerbund – BAVARIA	ECLI:EU: C:2009:415
16. 7.	C-5/08	09, I-6569	10, 35	09, 1041		10, 753	Infopaq International A/S/ Danske Dagblades Forening I	ECLI:EU: C:2009:465
16. 7.	C-202/ 08P, C-208/08P	09, I-6933	10, 45				American Clothing Associates NV/HABM	ECLI:EU: C:2009:477, ECLI:EU: C:2009:80
3. 9.	C-498/07	09, I-7371	10, 129				Aceites del Sur-Coosur SA/Koipe Corporación SL	ECLI:EU: C:2009:503
3. 9.	C-489/07	09, I-7315					Pia Messner/Stefan Krüger	ECLI:EU: C:2009:502
8. 9.	C-42/07	09, I-7633				09, 3221	Bwin Int Ltd/Dep de Jogos da Santa Casa da Misericórdia de Lisboa	ECLI:EU: C:2009:519
8. 9.	C-478/07	09, I-7721	10, 401	10, 143			Budejovicky Budvar/Ammersin GmbH (American Bud II)	ECLI:EU: C:2009:521
10. 9.	C-366/08	09, I-8439			09, 1496		Zentrale/Darbo – „zuckerarme Konfitüre"	ECLI:EU: C:2009:546
10. 9.	C-446/07	09, I-8041	10, 410	10, 151			Alberto Severi/Regione Emilia-Romagna (Salami Felino-Art)	ECLI:EU: C:2009:530

Dat.	RS	Slg	GRUR Int	GRUR	WRP	NJW	Name der Entscheidung	ECLI
6.10.	C-301/07	09, I-9429	10, 134	09, 1158	10, 92		PAGO/Tirolmilch	ECLI:EU: C:2009:611
15.10.	C-324/08	09, I-10019	10, 135	09, 1159			Makro/Diesel	ECLI:EU: C:2009:633
9.12.	C-494/ 08P		10, 500	10, 534			PRANAHAUS	ECLI:EU: C:2009:759
2010								
14. 1.	C-304/08	10, I-217	10, 221	10, 244	10, 232	10, 1867	Plus Warenhandelsgesellschaft	ECLI:EU: C:2010:12
21. 1.	C-398/ 08P	10, I-535	10, 225	10, 228	10, 364		Audi – „Vorsprung durch Technik"	ECLI:EU: C:2010:29
25. 2.	C-408/ 08P	10, I-1347	10, 506	10, 931			Lancôme – COLOR EDI-TION	ECLI:EU: C:2010:92
23. 3.	C-236/08, C-238/08	10, I-2417	10, 385	10, 445		10, 2029	Google und Google France	ECLI:EU: C:2010:159, ECLI:EU: C:2008:389
25. 3.	C-278/08	10, I-2517	10, 398	10, 451			BergSpechte/trekking.at Reisen	ECLI:EU: C:2010:163
26. 3.	C-91/09		10, 859	10, 641			Eis.de/BBY Vertriebsgesell-schaft (Bananabay)	ECLI:EU: C:2010:174
15. 4.	C-511/08	10, I-3047				10, 1941	Heinrich Heine GmbH/ Verbraucherzentrale	ECLI:EU: C:2010:189
15. 4.	C-518/08	10, I-3091	10, 588	10, 526		11, 737	Gala-Salvador Dalí und VE-GAP/ADAGP	ECLI:EU: C:2010:191
3. 6.	C-127/09	10, I-4965	10, 713	10, 723	10, 865		Coty Prestige Lancaster Group/Simex Trading	ECLI:EU: C:2010:313
3. 6.	C-569/08	10, I-4871	10, 849	10, 733			Internetportal und Marketing/ Richard Schlicht	ECLI:EU: C:2010:311
24. 6.	C-51/09P	10, I-5803	10, 857	10, 933			BARBARA BECKER	ECLI:EU: C:2010:368
8. 7.	C-558/08	10, I-6959	10, 861	10, 841	10, 1350		Portakabin/Primakabin	ECLI:EU: C:2010:416
8. 7.	C-447/08, C-448/08	10, I-06921	10, 992				Sjöberg und Bergin	ECLI:EU: C:2010:415, ECLI:EU: C:2008:616
29. 7.	C-214/ 09P	10, I-7661	10, 869	10, 1012	10, 1131		Anheuser Busch/HABM (BUDWEISER)	ECLI:EU: C:2010:456
2. 9.	C-254/ 09P	10, I-7989	10, 978	10, 1098	10, 1368		Calvin Klein/„CK CREACIONES KENNYA"	ECLI:EU: C:2010:488
8. 9.	C-316/07, C-358/07, C-360/07, C-409/07, C-410/07	10, I-8069			10, 1338		Markus Stoß /Wetteraukreis	ECLI:EU: C:2010:504, ECLI:EU: C:2007:602
8. 9.	C-409/06	10, I-8015					Winner Wetten/Stadt Bergheim	ECLI:EU: C:2010:503
9. 9.	C-265/ 09P	10, I-8265	10, 982	10, 1096			HABM/BORCO (Buchstabe alpha)	ECLI:EU: C:2010:508
14. 9.	C-48/09P	10, I-8403	10, 985	10, 1008	10, 1359		Lego Juris/HABM (Roter Legostein)	ECLI:EU: C:2010:516
14. 9.	C-550/ 07P	10, I-8301			10, 1374	10, 3557	Akzo Nobel	ECLI:EU: C:2010:512
30. 9.	C-479/ 09P		11, 258				Evets Corp./HABM	ECLI:EU: C:2010:571
14.10.	C-280/ 08P	10, I-9555	11, 405				Deutsche Telekom AG/ Europäische Kommission	ECLI:EU: C:2010:603
21.10.	C-467/08	10, I-10055	10, 1043	11, 50			Padawan/SGAE	ECLI:EU: C:2010:620
28.10.	C-449/09	10, *I-10835*	11, 135	11, 147	11, 49		Canon/IPN Bulgaria	ECLI:EU: C:2010:651
9.11.	C-540/08	10, I-10909	11, 46	11, 76	11, 45		Mediaprint/„Österreich"-Zeitungsverlag	ECLI:EU: C:2010:660

Dat.	RS	Slg	GRUR Int	GRUR	WRP	NJW	Name der Entscheidung	ECLI
18.11.	C-159/09	10, I-11761	11, 50	11, 159	11, 195		Lidl/Vierzon	ECLI:EU: C:2010:696
25.11.	C-47/09		11, 152	-RR 11, 373			Europäische Kommission/ Italienische Republik (Reine Schokolade)	ECLI:EU: C:2010:714
7.12.	C-439/08	10, I-12083	11, 155				VEBIC	ECLI:EU: C:2010:739
9.12.	C-421/09	10, I-12869	11, 252				Humanplasma GmbH/ Republik Österreich	ECLI:EU: C:2010:760
16.12.	C-137/09	10, I-13019	11, 245				Marc Michel Josemans/ Burgemeester van Maastricht	ECLI:EU: C:2010:774
22.12.	C-120/08	10, I-13393	11, 137	11, 240	11, 189		Bavaria/Bayerischer Brauerbund	ECLI:EU: C:2010:798
22.12.	C-208/09	10, I-13693	11, 240				Ionka Sayn-Wittgenstein/ Landeshauptmann von Wien	ECLI:EU: C:2010:806
22.12.	C-393/09	10, I-13971	11, 148	11, 220			BSA/Kulturministerium	ECLI:EU: C:2010:816
2011								
13. 1.	C-92/10P		11, 255				Media-Saturn-Holding GmbH/HABM	ECLI:EU: C:2011:15
27. 1.	C-168/09	11, I-181	11, 235	11, 216			Flos SpA/ Semeraro Casa e Famiglia SpA	ECLI:EU: C:2011:29
10. 2.	C-260/ 09P	11, I-419	11, 320				Activision Blizzard Germany GmbH/ Europäische Kommission	ECLI:EU: C:2011:62
17. 2.	C-52/09	11, I-527	11, 413				Konkurrensverket/TeliaSonera Sverige AB	ECLI:EU: C:2011:83
3. 3.	C-161/09	11, I-915	11, 314				Kakavetsos/Nomarchiaki	ECLI:EU: C:2011:110
10. 3.	C-51/10P	11, I-1541	11, 400	11, 1035	11, 550		Agencja Wydawniciza/HABM	ECLI:EU: C:2011:139
24. 3.	C-552/ 09P	11, I-2063	11, 500				Ferrero SpA/HABM	ECLI:EU: C:2011:177
29. 3.	C-96/09P	11, I-2131	11, 506	11, 737			Anheuser Busch Inc./Budejovicky Budvar	ECLI:EU: C:2011:189
12. 4.	C-235/09	11, I-2801	11, 514	11, 518	11, 736		DHL Express Fran- ce/Chronopost	ECLI:EU: C:2011:238
3. 5.	C-375/09	11, I-3055	11, 606				Prezes/Tele2 Polska	ECLI:EU: C:2011:270
5. 5.	C-249/09	11, I-3155	11, 732				Novo Nordisk AS/Ravimiamet	ECLI:EU: C:2011:272
5. 5.	C-316/09	11, I-3249		11, 1160			MSD Sharp & Dohme GmbH/Merckle GmbH	ECLI:EU: C:2011:275
12. 5.	C-122/10	11, I-3903	11, 726	11, 930	12, 189		Konsumentombudsmann/Ving Sverige AB	ECLI:EU: C:2011:299
16. 5.	C-429/ 10P		11, 720				X Technology Swiss GmbH/HABM	ECLI:EU: C:2011:307
19. 5.	C-308/ 10P		11, 602				Union Investment Privatfonds GmbH/HABM	ECLI:EU: C:2011:327
9. 6.	C-52/10	11, I-4973	11, 733		11, 1052		ALTER CHANNEL	ECLI:EU: C:2011:374
16. 6.	C-462/09	11, I-5331	11, 716	11, 909			Stichting de Thuiskopie/Opus Supplies Deutschland GmbH	ECLI:EU: C:2011:397
16. 6.	C-317/ 10P	11, I-5471	11, 722	11, 915			Union Investment Privatfonds GmbH/UniCredito Italiano SpA	ECLI:EU: C:2011:405
30. 6.	C-212/08	11, I-5633	11, 947		11, 1294		Zeturf Ltd/Premier ministre	ECLI:EU: C:2011:437
30. 6.	C-271/10	11, I-5815	11, 850	11, 913			VEWA/Belgien	ECLI:EU: C:2011:442
30. 6.	C-288/10	11, I-5835	11, 853				Wamo BVBA/JBC NV, Modemakers Fashion NV	ECLI:EU: C:2011:443
5. 7.	C-263/ 09P	11, I-5853	11, 821	11, 1132			Edwin Co/HABM (ELIO FIORUCCI)	ECLI:EU: C:2011:452

Dat.	RS	Slg	GRUR Int	GRUR	WRP	NJW	Name der Entscheidung	ECLI
7. 7.	C-445/09	11, I-5917	11, 944				IMC Securities BV/ Stichting Autoriteit Financiele Markten	ECLI:EU: C:2011:459
12. 7.	C-324/09	11, I-6011	11, 839	11, 1025	11, 1129		L'Oréal/eBay	ECLI:EU: C:2011:474
14. 7.	C-46/10	11, I-6161	11, 827				Viking Gas/Kosan Gas	ECLI:EU: C:2011:485
14. 7.	C-4/10, C-27/10	11, I-6131	11, 834	11, 926			Bureau national interprofessionnel du Cognac	ECLI:EU: C:2011:484
28. 7.	C-400/09, C-207/10	11, I-7063	11/830	11, 814			Orifarm und Paranova/Merck Sharp & Dohme	ECLI:EU: C:2011:519, ECLI:EU: C:2011:38
28. 7.	C-195/09	11, I-07011	11, 934				Synthon BV/Merz Pharma GmbH	ECLI:EU: C:2011:518
6. 9.	C-442/09	11, I-7419			11, 1427		Bablok/Freistaat Bayern	ECLI:EU: C:2011:541
22. 9.	C-482/09	11, I-8701	11, 939	12, 519	11, 1559		Budejovicky Budvar, narodni podnik/ Anheuser-Busch Inc.	ECLI:EU: C:2011:605
22. 9.	C-323/09	11, I-8625	11, 1050	11, 1124	11, 1550		Interflora Inc./ Marks & Spencer plc	ECLI:EU: C:2011:604
22. 9.	C-244/10, C-245/10	11, I-8777	12, 53				Mesopotamia Broadcast A/S METV und Roj TV A/S/ Bundesrepublik Deutschland	ECLI:EU: C:2011:607, ECLI:EU: C:2010:465
22. 9.	C-426/10P	11, I-8849	12, 241				Bell & Ross BV/HABM	ECLI:EU: C:2011:612
4.10.	C-403/08, C-429/08	11, I-9083	11, 1063	12, 156	12, 434		Football Association Premier League Ltd./Leisure und Karen Murphy/Media Protection Services	ECLI:EU: C:2011:631
13.10.	C-439/09	11, I-9419	11, 1077	12, 844	11, 1577		Pierre Fabre Dermo-Cosmétique SAS/Präsident der Wettbewerbsbehörde und Minister für Wirtschaft, Industrie und Arbeit	ECLI:EU: C:2011:649
13.10.	C-431/09, C-432/09	11, I-9363	11, 1058				Airfield NV und Canal Digitaal BV/Belgische Vereniging van Auteurs	ECLI:EU: C:2011:648
18.10.	C-406/09	11, I-9773	12, 32	12, 848	11, 1582	11, 3568	Realchemie Nederland/ Bayer CropScience AG	ECLI:EU: C:2011:668
18.10.	C-344/10P, C-345/10P		12, 39	12, 610	11, 1566		Freixenet/HABM	ECLI:EU: C:2011:680, ECLI:EU: C:2010:667
18.10.	C-34/10	11, I-9821	11, 1045	11, 1104			Oliver Brüstle/Greenpeace e. V.	ECLI:EU: C:2011:669
20.10.	C-140/10	11, I-10075		12, 49			Greenstar-Kanzi Europe NV/Jean Hustin	ECLI:EU: C:2011:677
20.10.	C-281/10P	11, I-10153	12, 43	12, 506			PepsiCo, Inc/HABM	ECLI:EU: C:2011:679
25.10.	C-509/09, C-161/10	11, I-10269	12, 47	12, 300	11, 1571	12, 137	eDate Advertising GmbH/X, Oliver Martinez, Robert Martinez/MGN Limited	ECLI:EU: C:2011:685, ECLI:EU: C:2010:656
24.11.	C-70/10	11, I-11959	12, 153	12, 265			Scarlet/SABAM	ECLI:EU: C:2011:771
24.11.	C-322/10	11, I-12051	12, 140	12, 257			Medeva BV/Comptroller General of Patents, Designs and Trade Marks	ECLI:EU: C:2011:773
24.11.	C-422/10	11, I-12057	12, 144				Georgetown University ect./ Comptroller General of Patents, Designs and Trade Marks	ECLI:EU: C:2011:776

Dat.	RS	Slg	GRUR Int	GRUR	WRP	NJW	Name der Entscheidung	ECLI
24.11.	C-283/10	11, I-12031	12, 150				Circul Globus Bucuresti/ Uniunea Compoziotorilor si Muzicologilor din Romania	ECLI:EU: C:2011:772
25.11.	C-630/10	11, I-12231	12, 356				University of Queensland und CSL Ltd/Comptroller General of Patents, Designs and Trade Marks	ECLI:EU: C:2011:780
25.11.	C-518/10	11, I-12209	12, 356	12, 261			Yeda	ECLI:EU: C:2011:779
1.12.	C-145/10	11, I-12533	12, 158	12, 166			Eva-Maria Painer/Standard VerlagsGmbH	ECLI:EU: C:2013:138
1.12.	C-446/09, C-495/09	11; I-2435	12, 134	12, 828	12, 303	12, 1497	Koninklijke Philips Electronics NV/Luncheng Meijing Sourcing Ltd.; Nokia Corporation/Her Majesty's Commissioners of Revenue and Customs	ECLI:EU: C:2011:796, ECLI:EU: C:2011:9
7.12.	C-45/11P		12, 333				Deutsche Bahn AG/HABM	ECLI:EU: C:2011:808
8.12.	C-125/10	11, I-12987	12, 147				Merck Sharp & Dohme Corp./Deutsches Patent- und Markenamt	ECLI:EU: C:2011:812
15.12.	C-119/10	11, I-13179	12, 234	12, 268			Frisdranken Industrie Winters BV/Red Bull GmbH	ECLI:EU: C:2011:837
15.12.	C-126/11						INNO/UNIZO	ECLI:EU: C:2011:851
2012								
17. 1.	C-302/10		12, 336				Infopaq International/Danske Dagblades Forening II	ECLI:EU: C:2012:16
19. 1.	C-53/11		12, 236				HABM/Nike International Ltd	ECLI:EU: C:2012:27
9. 2.	C-442/11		12, 523				Novartis AG/Actavis UK Ltd	ECLI:EU: C:2012:66
9. 2.	C-277/10		12, 341	12, 489	12, 806		Martin Luksan/Petrus van der Let	ECLI:EU: C:2012:65
16. 2.	C-360/10		12, 350	12, 382	12, 429		SABAM/Netlog	ECLI:EU: C:2012:85
16. 2.	C-488/10		12, 353	12, 510			Celaya Emparanza y Galdos Internacional SA/Proyectos Integrales de Balizamiento SL/ Celaya Emparanza y Galdos Internacional	ECLI:EU: C:2012:88
1. 3.	C-604/10		12, 436	12, 386	12, 695		Football Dacato/Yahoo	ECLI:EU: C:2012:115
15. 3.	C-162/10		12, 448	12, 597			Phonographic Performance Ltd/Irland, Attorney (General)	ECLI:EU: C:2012:141
15. 3.	C-453/10		12, 551	12, 639	12, 547		Perenicová und Perenic/SOS	ECLI:EU: C:2012:144
15. 3.	C-135/10		12, 440	12, 593	12, 689		Società Consortile Fonografici (SCF)/Marco del Corso	ECLI:EU: C:2012:140
15. 3.	C-90/11, C-91/11		12, 428	12, 616			Alfred Strigl/Deutsches Patent- und Markenamt, Securvita Gesellschaft zur Entwicklung alternativer Versicherungs-konzepte mbH/Öko-Invest Verlagsgesellschaft mbH	ECLI:EU: C:2012:147
15. 3.	C-292/10		12, 544				G/Cornelius de Visser	ECLI:EU: C:2012:142
22. 3.	C-190/10		12, 431	12, 613			Génesis/Boy Toys SA	ECLI:EU: C:2012:157
27. 3.	C-209/10		12, 922				Post Danmark-	ECLI:EU: C:2012:172
29. 3.	C-334/ 11 P		12, 627				Lancome parfums et beauté & Cie/HABM	ECLI:EU: C:2012:198

Dat.	RS	Slg	GRUR Int	GRUR	WRP	NJW	Name der Entscheidung	ECLI
19. 4.	C-549/ 10 P				12, 680		Tomra Systems/Kommission	ECLI:EU: C:2012:221
19. 4.	C-523/10		12, 526	12, 654			Wintersteiger AG/ Products 4U Sondermaschinenbau GmbH	ECLI:EU: C:2012:220
19. 4.	C-461/10		12, 540	12, 703	12, 699		Bonnier Audio AB/Perfect Communication Sweden AB	ECLI:EU: C:2012:219
26. 4.	C-510/10		12, 529	12, 810			DR, TV2 Danmark AS/NCB	ECLI:EU: C:2012:244
26. 4.	C-472/10			12, 939			Invitel	ECLI:EU: C:2012:242
26. 4.	C-456/10		12, 356				ANETT	ECLI:EU: C:2012:241
26. 4.	C-307/ 11P		13, 134	13, 519			Deichmann/HABM	ECLI:EU: C:2012:254
2. 5.	C-406/10		12, 534	12, 814	12, 802		SAS Institute/ World Programming	ECLI:EU: C:2012:259
10. 5.	C-100/ 11 P		12, 630				Helena Rubinstein SNC, L'Oréal SA/HABM	ECLI:EU: C:2012:285
24. 5.	C-98/ 11 P		12, 637	12, 925			Chocoladefabriken Lindt & Sprüngli AG/HABM	ECLI:EU: C:2012:307
24. 5.	C-196/ 11P		12, 640	12, 825			Formula One Licensing BV/ HABM	ECLI:EU: C:2012:314
14. 6.	C-158/11		12, 769		12, 1371		Auto 24/Jaguar Land Rover France	ECLI:EU: C:2012:351
21. 6.	C-5/11		12, 766	12, 817	12, 927		Donner	ECLI:EU: C:2012:370
21. 6.	C-84/11		12, 103				Susisalo	ECLI:EU: C:2012:374
5. 7.	C-49/11					12, 2637	Content Servi-ces/Bundesarbeitskammer	ECLI:EU: C:2012:419
12. 7.	C-616/10		12, 1008	12, 1169			Solvay	ECLI:EU: C:2012:445
12. 7.	C-138/11		12, 1028	13, 191			Compass-Datenbank/Österreich	ECLI:EU: C:2012:449
12. 7.	C-176/11		12, 1032		12, 1071		HIT und HIT LARIX	ECLI:EU: C:2012:454
12. 7.	C-171/11						Fra.bo/DVGW	ECLI:EU: C:2012:453
19. 7.	C-112/11					12, 2867	ebookers.com	ECLI:EU: C:2012:487
19. 7.	C-376/11		12, 918	12, 937	12, 1376		Pie Optiek	ECLI:EU: C:2012:502
6. 9.	C-308/11		12, 1025	12, 1167	13, 175		Chemische Fabrik Kreussler	ECLI:EU: C:2012:548
6. 9.	C-38/10						Kommission/Portugal	ECLI:EU: C:2012:521
6. 9.	C-96/11P		12, 1017				August Storck KG/HABM	ECLI:EU: C:2012:537
6. 9.	C-190/11				12, 1373	12, 3225	Mühlleitner/Yusufi	ECLI:EU: C:2012:542
6. 9.	C-544/10		12, 1022	12, 1161	12, 1368		Deutsches Weintor	ECLI:EU: C:2012:526
18.10.	C-428/11		12, 1120	12, 1269	12, 1509		Purely Creative/ Office of Fair Trading	ECLI:EU: C:2012:651
18.10.	C-37/11		12, 1109				Kommission/ Tschechische Republik	ECLI:EU: C:2012:640
18.10.	C-101/ 11P, C-102/11P		12, 1116	13, 178			Neuman/Banea Grupo	ECLI:EU: C:2012:641 ECLI:EU: C:2011:236
25.10.	C-133/11		13, 173	13, 98	13, 177	13, 287	Folien Fischer/Ritrama	ECLI:EU: C:2012:664
6.11.	C-551/ 10P				13, 319		Éditions Odile Jacob/ Kommission	ECLI:EU: C:2012:681

Dat.	RS	Slg	GRUR Int	GRUR	WRP	NJW	Name der Entscheidung	ECLI
6.11.	C–199/11		13, 490		13, 52		Europäische Gemeinschaft/Otis	ECLI:EU: C:2012:684
7.11.	C-559/11						Pelckmans Turnhaut	ECLI:EU: C:2012:615
15.11.	C–180/11		13, 86	13, 203			Bericap	ECLI:EU: C:2012:717
22.11.	C–219/11			13, 82			Brain Products/BioSemi	ECLI:EU: C:2012:742
6.12.	C-457/ 10P						AstraZeneca/Kommission	ECLI :EU : C :2012 :770
13.12.	C-226/11		13, 285		13, 172		Expedia/ Autorité de la concurrence	ECLI :EU : C:2012:795
19.12.	C-149/11		13, 137	13, 182			Leno Merken/ Hagelkruis Beheer	ECLI:EU: C:2012:816
2013								
17. 1.	C-206/11		13, 267	13, 297	13, 460		Georg Köck/Schutzverband gegen unlauteren Wettbewerb	ECLI:EU: C:2013:14
22. 1.	C-283/11		13, 288				Sky Österreich GmbH/Österreichischer Rundfunk	ECLI:EU: C:2013:28
24. 1.	C–186/11, C–209/11			13, 524			Stanleybet Int. Ltd und Sportingbet plc/Ypourgos Oikonomias kai Oikonomikon und Ypourgos Politismou	ECLI:EU: C:2013:33
7. 2.	C-68/12				13, 462		Protimonopolný úrad Slovenskej republiky/ Slovenská sporiteľňa	ECLI:EU: C:2013:71
7. 2.	C-266/ 12P		13, 451				Majtczak/ Feng Shen Technology [FS]	ECLI:EU: C:2013:73
21. 2.	C–561/11		13, 337	13, 516	13, 614		Fédération Cynologique Int./Federación Canina Int.	ECLI:EU: C:2013:91
7. 3.	C-607/11		13, 380	13, 500	13, 618		ITV Broadcasting/TVCatchup	ECLI:EU: C:2013:147
7. 3.	C-343/12		13, 936				Euronics Belgium/ Kamera Express	ECLI:EU: C:2013:154
14. 3.	C-32/11				13, 610		Allianz Hungária Biztosító/ Gazdasági Versenyhivatal	ECLI:EU: C:2013:160
11. 4.	C-535/11		13, 538	13, 854	13, 892		Novartis Pharma/Apozyt	ECLI:EU: C:2013:226
11. 4.	C-636/11			13, 853	13, 896	13, 1725	Karl Berger/Freistaat Bayern	ECLI:EU: C:2013:227
18. 4.	C-12/12		13, 566	13, 722	13, 761		Colloseum/Levi Strauss	ECLI:EU: C:2013:253
14. 5.	C-294/ 12P		13, 921				You-Q/HABM	ECLI:EU: C:2013:300
30. 5.	C-357/ 12P		13, 924				Harald Wohlfahrt/HABM	ECLI:EU: C:2013:356
6. 6.	C-536/11		13, 696		13, 898		Bundeswettbewerbsbehörde/ Donau Chemie	ECLI:EU: C:2013:366
18. 6.	C-681/11		13, 837		13, 1019	13, 3083	Bundeswettbewerbsbehörde/ Schenker	ECLI:EU: C:2013:404
27. 6.	C-457/11, C-458/11, C-459/11, C-460/11		13, 821	13, 812	13, 1174	13, 2653	VG Wort/Kyocera, Fujitsu/ VG Wort	ECLI:EU: C:2013:426
27. 6.	C-320/12		13, 792	13, 919	13, 1166		Malaysia Dairy/ Ankenævnet for Patenter og Varemærker	ECLI:EU: C:2013:435
11. 7.	C-521/11		13, 949	13, 1025	13, 1169		Amazon.com International Sales/Austro-Mechana	ECLI:EU: C:2013:515
11. 7.	C-657/11		13, 937	13, 1049	13, 1161		Belgian Electronic Sorting Technology/	ECLI:EU: C:2013:516
18. 7.	C-265/12		13, 942	13, 1154	13, 1308		Citroen Belux/FvF	ECLI:EU: C:2013:498

Dat.	RS	Slg	GRUR Int	GRUR	WRP	NJW	Name der Entscheidung	ECLI
18. 7.	C-299/12		13, 946	13, 1061	13, 1311		Green Swan/Státní zemědělská a potravinářská inspekce	ECLI:EU: C:2013:501
18. 7.	C-252/12		13, 928	13, 922	13, 1314		Specsavers International Healthcare/Asda Stores	ECLI:EU: C:2013:497
18. 7.	C-501/ 11P				13, 1318		Schindler Holding/Kommission	ECLI:EU: C:2013:522
18. 7.	C-621/ 11P		13, 933				New Yorker SHK Jeans/HABM	ECLI:EU: C:2013:484
18. 7.	C-201/ 11P		13, 964				UEFA/Kommission	ECLI:EU: C:2013:519
18. 7.	C-234/12		13, 974				Sky Italia/AGCOM	ECLI:EU: C:2013:496
19. 9.	C-661/11		13, 1036	13, 1140	14, 41		Martin Y Paz/Gauquie	ECLI:EU: C:2013:577
19. 9.	C-435/11		13, 1060	13, 1157	14, 38		CHS Tour Services	ECLI:EU: C:2013:574
26. 9.	C-609/ 11P		13, 1041				Centrotherm Systemtechnik/ centrotherm Clean Solutions	ECLI:EU: C:2013:592
26. 9.	C-610/ 11P		13, 1047				Centrotherm Systemtechnik/ HABM	ECLI:EU: C:2013:593
3.10.	C-59/12		13, 1155	13, 1159	13, 1454	14, 288	BKK Mobil Oil/Zentrale	ECLI:EU: C:2013:634
3.10.	C-170/12		13, 1073		13, 1456		Pinckney/KDG Mediatech	ECLI:EU: C:2013:635
17.10.	C-391/12		13, 1158		13, 1575		RLvS Verlagsgesell-schaft/Stuttgarter Wochenblatt (GOOD NEWS)	ECLI:EU: C:2013:669
19.12.	C-281/12		14, 276	14, 196	14, 161		Trento Sviluppo	ECLI:EU: C:2013:859
2014								
6. 2.	C-98/13		14, 298	14, 283	14, 935		Blomqvist/Rolex	ECLI:EU: C:2014:55
13. 2.	C-479/12		14, 406	14, 368	14, 821		H. Gautzsch Großhandel	ECLI:EU: C:2014:75
13. 2.	C-466/12		14, 392	14, 360	14, 414	14, 759	Svensson u. a./ Retriever Sverige	ECLI:EU: C:2014:76
13. 3.	C-52/13		14, 467	14, 493	14, 933	14, 2706	Posteshop/Autorità della Concorrenza e del Mercato	ECLI:EU: C:2014:150
27. 3.	C-314/12		14, 469	14, 468	14, 540	14, 1577	UPC-Telekabel/Constantin Film	ECLI:EU: C:2014:192
3. 4.	C-515/12		14, 592	14, 680	14, 816		4finance	ECLI:EU: C:2014:211
3. 4.	C-319/13		14, 588		14, 681		Udo Rätzke / S+K	ECLI:EU: C:2014:210
10. 4.	C-609/12		14, 595	14, 587	14, 819		Ehrmann/Wettbewerbszentrale	ECLI:EU: C:2014:252
10. 4.	C-435/12		14, 605	14, 546	14, 682		ACI Adam ua/Thuiskopie ua	ECLI:EU: C:2014:254
8. 5.	C-35/13		14, 687	14, 674	14, 1044		Assica	ECLI:EU: C:2014:306
13. 5.	C-131/12		14, 719	14, 895	14, 805	14, 2257	Google Spain/AEPD	ECLI:EU: C:2014:317
5. 6.	C-360/12		14, 873	14, 806	14, 1047		Coty Germany/First Note	ECLI:EU: C:2014:1318
5. 6.	C-360/13		14, 694	14, 654	14, 825	14, 2562	PRCA/NLA	ECLI:EU: C:2014:1195
5. 6.	C-557/12		14, 864	14, 1018	14, 829		KONE ua/ÖBB-Infrastruktur	ECLI:EU: C:2014:1317
12. 6.	C-156/13		14, 854	14, 876	14, 1172	14, 3012	Digibet ua/ Westdeutsche Lotterie	ECLI:EU: C:2014:1756
19. 6.	C-217/13, C-218/13		14, 815	14, 776	14, 940		Sparkassen-Rot	ECLI:EU: C:2014:2012
19. 6.	C-345/13		14, 861	14, 774	14, 1042		Karen Millen Fashions Ltd/Dunnes Stores	ECLI:EU: C:2014:2013

Dat.	RS	Slg	GRUR Int	GRUR	WRP	NJW	Name der Entscheidung	ECLI
10. 7.	C-421/12		14, 964				Kommission/ Königreich Belgien	ECLI:EU: C:2014:2064
10. 7.	C-421/13		14, 945	14, 866	14, 937		Apple/DPMA	ECLI:EU: C:2014:2070
10. 7.	C-420/13		14, 948	14, 869	14, 1175		Netto-Marken-Discount/ DPMA	ECLI:EU: C:2014:2069
3. 9.	C-201/13		14,969	14, 972	14, 1181		Vrijheidsfonds//Vandersteen	ECLI:EU: C:2014:2132
10. 9.	C-34/13						Kušionovà	ECLI:EU: C:2014:2189
18. 9.	C-205/13		14, 1043	14, 1097	14, 1298		Hauck/Stokke ua	ECLI:EU: C:2014:2233
21.10.	C-348/13				14, 1441		BestWater Int./Mebes	ECLI:EU: C:2014:2315
23.10.	C-104/13		15, 267	15, 89	15, 49		Olainfarm/Lativijas	ECLI:EU: C:2014:2316
5.11.	C-137/13		15, 247	15, 86	15, 184		Herbaria Kräuterparadies	ECLI:EU: C:2014:2335
2015								
15. 1.	C-573/13		15, 253	15, 281	15, 326	15, 1081	Air Berlin	ECLI:EU: C:2015:11
15. 1.	C-537/13		15, 256		15, 442	15, 1289	Šiba/Devêna	ECLI:EU: C:2015:14
22. 1.	C-441/13		15, 288	15, 296	15, 332		Hejduk/EnergieAgentur.NRW	ECLI:EU: C:2015:28
22. 1.	C-419/13		15, 284	15, 256	15, 334		Art & Allposters/Stichting	ECLI:EU: C:2015:27
5. 3.	C-463/12		15, 367	15, 478	15, 706		Copydan Bandkopi/Nokia Danmark	ECLI:EU: C:2015:144
16. 4.	C-271/14, C-273/14		15, 597				LFB/Pierre Fabre	ECLI :EU : C :2015 :237
16. 4.	C-388/13		15, 572	15, 600	15, 698		UPC Magyarország	ECLI :EU : C :2015 :225
21. 5.	C-352/13		15, 1176				CDC Hydrogen Peroxide	ECLI:EU: C:2015:335
4. 6.	C-195/14		15, 732		15, 847		Teekanne	ECLI:EU: C:2015:361
16. 7.	C-580/13		15, 836	15, 894	15, 1078	15, 3158	Coty Germany/Stadtsparkasse Magdeburg	ECLI:EU: C:2015:485
16. 7.	C-544/13, C-545/13			15, 1028	15, 1206		Abcur/Apoteket Farmaci	ECLI:EU: C:2015:481
16. 7.	C-681/13			15, 1035			Diageo Brands	ECLI:EU: C:2015:471
3. 9.	C-125/14		15, 1129		15, 1212		Iron & Smith/Unilever	ECLI:EU: C:2015:539
3. 9.	C-321/14		15, 978				Colena/Karnevalservice Bastian	ECLI:EU: C:2015:540
9. 9.	C-160/14					16, 1295	Ferreira da Silva	ECLI:EU C:2015:565
16. 9.	C-215/14		15, 1028	15, 1198	15, 1455		Nestlé/Cadbury	ECLI:EU: C:2015:604
6.10.	C-362/14				15, 1319	15, 3151	Schrems/Data Protection Commissioner	ECLI:EU: C:2015:650
16.12.	C-476/14						Citroën Commerce	ECLI:EU: C:2015:814
17.12.	C-157/14						Neptune Distribution	ECLI:EU: C:2015:823
2016								
19. 4.	C-441/14						Dansk Industri	ECLI:EU: C:2016:278

2. Fundstellenverzeichnis für Entscheidungen des Bundesgerichtshofs

Dat.	AktZ	BGHZ	LM, Nr. zu §	GRUR	WRP	NJW	Schlagwort
1970							
7. 1.	I ZB 6/68		18, § 41p PatG	70, 311		70, 611	Samos
30. 1.	KZR 3/69		41, § 551 Nr. 1 ZPO	70, 200			Tonbandgeräte-Importeur
30. 1.	I ZR 48/68		14, § 16 WZG	70, 305	70, 178		Löscafé
13. 2.	I ZR 51/68		29, § 242 (Cc) BGB	70, 308			Duraflex
26. 2.	KZR 17/68		28, § 138 (Bb) BGB			70, 855	Tankstellenverwalter
26. 2.	KVR 2/69	53, 298		70, 374	70, 259	70, 1040	Tennisbälle
26. 2.	KZR 5/69	53, 304		70, 482	70, 256	70, 1139	Diskothek
27. 2.	I ZR 52/68			70, 416			Turpo
13. 3.	I ZR 108/68		99, § 3 UWG	70, 467		70, 1186	Vertragswerkstatt
17. 3.	VI ZR 151/68		38, § 847 BGB	70, 370		70, 1077	Nachtigall
20. 3.	I ZR 54/68		64, § 16 UWG	70, 479	70, 262	70, 1365	Treppchen
20. 3.	I ZR 7/69		43, § 15 WZG	70, 552			Felina-Britta
3. 4.	I ZR 117/68		101, § 3 UWG	70, 609	70, 267		regulärer Preis
3. 4.	I ZR 67/698		211, § 1 UWG	70, 422	70, 264		Tauchkühler
9. 4.	KZR 7/69	54, 145	29, § 138 (Bb) BGB	71, 42	70, 384	70, 2157	Biesenkate
9. 4.	KRB 2/69	23, 246 (St)		70, 572	70, 269	70, 1317	context
10. 4.	I ZR 121/68		38, § 12 BGB	70, 481	70, 271	70, 1270	Weserklause
24. 4.	I ZR 69/68		20, RabattG	70, 563	70, 310	70, 1365	Beiderseitige Rabattverstöße
24. 4.	I ZR 105/68		214, § 1 UWG	70, 510	70, 308		Fußstützen
29. 4.	I ZR 123/68		102, § 3 UWG	70, 425	70, 306		Melitta-Kaffee
29. 4.	I ZR 30/68	55, 1	40, § 823 (Ai) BGB	71, 46	70, 388	70, 2060	Bubi Scholz
8. 5.	I ZR 19/69		213, § 1 UWG	70, 513	70, 389		Mini-Car
15. 5.	I ZR 50/68		103, § 3 UWG	70, 515	70, 312	70, 1543	Selbstbedienung
22. 5.	I ZR 125/68		104, § 3 UWG	70, 517	70, 354		Kölsch-Bier
29. 5.	I ZR 49/68		215, § 1 UWG	70, 521	70, 435		gema-frei II
29. 5.	I ZR 25/69		216, § 1 UWG	70, 557	71, 66	70, 1457	Erotik in der Ehe
19. 6.	I ZR 72/68		105, § 3 UWG	71, 29	70, 357	70, 2105	Deutscher Sekt
19. 6.	I ZR 115/68	54, 188		70, 523	70, 305	70, 1738	Telefonwerbung I
26. 6.	I ZR 14/69		217, § 1 UWG	70, 558		70, 1967	Sanatorium I
8. 7.	KVR 1/70	54, 227		71, 230	71, 22	71, 35	Zigaretten-Automaten
16. 9.	VIII ZR 239/68		Nr. 30 zu § 138 (Bb) BGB			70, 2017	Kopplung
18. 9.	I ZR 123/69		219, § 1 UWG	71, 322	70, 437	70, 2245	Lichdi-Center
25. 9.	I ZR 47/69		220, § 1 UWG	71, 119	71, 67	70, 2294	Branchenverzeichnis
25. 9.	I ZR 72/69			71, 121	71, 24		Gummischutzmittelautomaten
30. 9.	I ZR 57/69			71, 361	71, 172		Vierfarbkugelschreiber
1.10.	KVR 2/70	54, 311		71, 125	71, 69	71, 37	Gummiartikel

Dat.	AktZ	BGHZ	LM, Nr. zu §	GRUR	WRP	NJW	Schlagwort
7.10.	VIII ZR 202/68		31, § 138 (Bb) BGB		71, 22	70, 2243	Zur Laterne
9.10.	I ZR 23/69		108, § 3 UWG	71, 255	71, 120		Plym-Gin
23.10.	I ZR 89/69		8, § 32 ZPO	71, 153	71, 26	71, 323	Tampax
28.10.	I ZR 51/69		221, § 1 UWG	71, 162	71, 29	71, 190	Diagnose-Zentrum
28.10.	I ZR 39/69		226, § 1 UWG	71, 223	71, 261		clix-Mann
29.10.	KZR 3/70		4, § 22 GWB	71, 171	71, 122		Hamburger Volksbühne
29.10.	KZR 9/69			71, 272			Blitzgeräte
13.11.	I ZR 49/69		224, § 1 UWG	71, 164		71, 378	Discount-Geschäft
16.11.	KVR 5/70	55, 40	2, §§ 62, 64 GWB	71, 273	71, 125	71, 510	Chamotte
27.11.	I ZR 89/68		225, § 1 UWG	71, 159	71, 173	71, 379	Motoryacht
4.12.	I ZR 96/69		203, § 1 UWG	71, 168	71, 219	71, 237	Ärztekammer
17.12.	KRB 1/70	55, 104 24, 54 (St)	1, § 1 GWB-StS	71, 276	71, 128		Teerfarben
1971							
22. 1.	I ZR 76/69		227, § 1 UWG	71, 259	71, 222	71, 804	W. A. Z.
26. 1.	VI ZR 95/70		41, § 847 BGB	72, 97		71, 698/80 1	Liebestropfen
30. 1.	I ZR 48/68		14, § 16 WZG				Löscafé
19. 2.	I ZR 97/69		228, § 1 UWG	71, 358	71, 224		Textilspitzen
26. 2.	I ZR 67/69		15, § 16 WZG	71, 251	71, 312	71, 458	Oldtimer
3. 3.	KZR 5/70	55, 381		71, 326	71, 315	71, 879	Ufa-Musikverlage
5. 3.	I ZR 101/69		67, § 24 ZWG	71, 305	71, 320		Konservenzeichen II
10. 3.	I ZR 73/69			71, 516	71, 264		Brockhaus Enzyklopädie
10. 3.	I ZR 109/69		3, HMWG	71, 585	71, 469	71, 1889	Spezialklinik
12. 3.	I ZR 119/69	56, 18	229, § 1 UWG	71, 317	71, 226	71, 1216	Grabsteinaufträge II
12. 3.	I ZR 115/69		110, § 3 UWG	71, 313	71, 266		Bocksbeutel-flasche
19. 3.	I ZR 102/69		47, § 25 WZG	72, 122	72, 314		Schablonen
26. 3.	I ZR 128/69		232, § 1 UWG	71, 477	71, 269	71, 2025	Stuttgarter Wochenblatt II
26. 3.	I ZR 84/69		15, § 11 WZG	71, 309			Zamek II
30. 3.	I ZR 130/69		231, § 1 UWG	71, 320	71, 272		Schlankheitskur
2. 4.	I ZR 22/70		111, § 3 UWG	71, 365	71, 274		Wörterbuch
2. 4.	I ZB 3/70		30, § 5 WZG	71, 577	71, 419		Raupentin
2. 4.	I ZR 41/70		66, § 16 UWG	71, 517	71, 323	71, 1522	Swops
27. 4.	VI ZR 171/69		113, § 1004 BGB	71, 417	71, 368	71, 1359	Haus auf Teneriffa
29. 4.	KVR 1/71	56, 155	1, § 68 GWB	71, 527	71, 421	71, 1937	Bankenverband
18. 5.	VI ZR 220/69			71, 591			Sabotage
28. 5.	I ZR 35/70		22, § 1 WZG	71, 409	71, 972		Stallmeister
16. 6.	I ZR 11/70		6, § 9a UWG	72, 125	72, 517		Sonderveranstaltung III
16. 6.	KZR 11/70		4, § 138 (Cc) BGB	72, 718	71, 422		Stromversorgung für US-Streitkräfte
19. 6.	I ZR 31/68			71, 355			Epigran II
21. 6.	KZR 8/70	56, 327	234, § 1 UWG; 19, § 26 GWB	72, 40	71, 472	71, 2027	Verbandszeitschrift (Feld und Wald I)
25. 6.	I ZR 68/70		3. Branntwein-monopolG	71, 580			Johannisbeersaft
1. 7.	KZR 16/70		12, § 315 BGB				Elektrizitäts-versorgung
2. 7.	I ZR 43/70		234a, § 1 UWG	71, 582	71, 369	71, 1749	Kopplung im Kaffeehandel
7. 7.	I ZR 23/70		116, § 3 UWG	72, 360	72, 77		Kunststoffglas
7. 7.	I ZR 38/70		9, § 8 WZG	71, 573		71,	Nocado

Dat.	AktZ	BGHZ	LM, Nr. zu §	GRUR	WRP	NJW	Schlagwort
						1936	
13. 7.	KZR 10/70		18, § 26 GWB	72, 44	71, 475		Ostmüller
17. 9.	I ZR 142/69		236, § 1 UWG	72, 127	72, 38		Formulare
30. 9.	KZR 13/70		21, § 26 UWG	72, 379	72, 131	72, 483	Leasing
30. 9.	KZR 12/70		20, § 26 UWG	72, 377	71, 517	72, 486	IATA
1.10.	I ZR 51/70		114, § 3 UWG	72, 129	71, 519	72, 104	Der meistgekaufte der Welt
8.10.	I ZR 12/70	57, 116	235, § 1 UWG	72, 189	71, 520	72, 102	Wandsteckdose II
8.10.	I ZR 143/69		4, HWG	72, 138	71, 523	72, 342	Präparat 28
15.10.	I ZR 25/70		48, § 25 WZG	72, 546	72, 193		Trainingsanzug
22.10.	I ZR 36/70		115, § 3 UWG	72, 132	71, 525		Spezialzucker
29.10.	I ZR 19/71	57, 217	1, § 6b UWG	72, 135	71, 527	72, 105	Kunden-Einkaufsdienst
5.11.	I ZR 85/69		5, HWG	72, 372	72, 79	72, 339	Pflanzensäfte
9.11.	VI ZR 57/70		115, § 1004 BGB	72, 435			Grundstücksgesellschaft
19.11.	I ZR 69/70		238, § 1 UWG	72, 364	72, 83	72, 291	Mehrwert-Fahrten
19.11.	I ZR 72/70		69, § 24 WZG	72, 180	72, 309	72, 198	Cheri
26.11.	I ZB 8/71		23, § 4 WZG	72, 357	72, 134	72, 255	euromarin
30.11.	VI ZR 115/70	57, 325	44, § 823 [Ah] BGB	72, 666		72, 431	Freispruch
3.12.	I ZR 46/69		237, § 1 UWG	72, 367	72, 85	72, 203	Besichtigungsreisen
3.12.	I ZR 137/69			72, 709			Patentmark
10.12.	I ZR 65/70		7, § 23 UWG	72, 550	72, 252		Spezialsalz II
17.12.	I ZR 79/70		74, § 31 WZG	72, 549	72, 313	72, 318	Messinetta
15.12.	2 StR 566/71	24, 272 (St)	5, § 4 UWG	72, 479	72, 136	72, 136	Vorführgeräte
1972							
4. 1.	I ZR 104/70					72, 1132	Optiker
10. 1.	III ZR 202/66		43, § 847 BGB	72, 383			Bundesbahn-Amtmann
12. 1.	I ZR 84/70		239, § 1 UWG	72, 555	72, 137		Kaufausweis I
12. 1.	I ZR 60/70		240, § 1 UWG	72, 553	72, 195		Statt Blumen Onko-Kaffee
14. 1.	I ZR 95/70			72, 427			Mitgliederwerbung
20. 1.	KZR 18/70	58, 93	6, § 18 GWB	72, 496	72, 197	72, 581	Güterumschlag
20. 1.	KZR 34/71		33, § 138 [Bb] BGB				Eiskremerzeugnisse
4. 2.	I ZR 104/70		3. HeilpraktikerG			72, 1132	Augenoptiker
18. 2.	I ZR 82/70		241, § 1 UWG	72, 558	72, 198		Teerspritzmaschinen
18. 2.	I ZB 6/70			73, 361			San Remo
3. 3.	I ZB 7/70		31, § 5 WZG	72, 600	72, 403		Lewapur
24. 3.	I ZR 130/70		24, § 1 ZugVO	72, 611	72, 254		Cognac-Portionierer
21. 4.	I ZR 100/70		4. Zahnheilkunde G			72, 1518	Zahnheilkunde
26. 4.	27 W (pat) 645/69				72, 371		Filigran
28. 4.	I ZR 140/69	58, 341	6, HWG	72, 663	72, 365	72, 1519	Vibrationsmassagekissen
5. 5.	I ZR 124/70		243, § 1 UWG	72, 603	72, 366	72, 1275	Kunden-Einzelbeförderung
26. 5.	I ZR 8/71		3, SteuerberatungsG	72, 607	72, 431	72, 1470	Steuerbevollmächtigter I
26. 5.	I ZR 123/70		21, RabattG	73, 272	72, 429	72, 1467	Fahrschul-Rabatt
26. 5.	I ZR 44/71			73, 363	72, 578	72, 2123	Baader
30. 5.	VI ZR 6/71	59, 30	42, § 823 [Ai]	73, 90		72, 1366	Demonstrationsschaden
30. 5.	VI ZR 174/72		18, § 824 BGB			72, 1571	
30. 5.	VI ZR 139/70		43, § 823 [Ai]				Memoiren

Dat.	AktZ	BGHZ	LM, Nr. zu §	GRUR	WRP	NJW	Schlagwort
			BGB				
31. 5.	KVR 2/71	59, 42		72, 715		72, 1369	Strom-Tarif
31. 5.	KZR 43/71		10, § 1041 Abs. 1 Ziff. 2 ZPO	73, 97	72, 522		Eiskonfekt
9. 6.	I ZR 27/71		2. LadenschlussG	72, 609	72, 369	72, 1469	Feierabend-Vergnügen
14. 6.	VIII ZR 14/71		34, § 138 [Bb] BGB			72, 1459	Bierbezugsvertrag
16. 6.	I ZR 154/70	59, 72	3, § 218 BGB	72, 721	73, 326	72, 1460	Kaffeewerbung
20. 6.	VI ZR 26/71	59, 76	16, § 824 BGB	72, 722	73, 327	72, 1658	Geschäftsaufgabe
21. 6.	I ZR 140/70			73, 201			Trollinger
26. 6.	KZR 64/71		7, § 18 GWB		72, 433	72, 1712	Großküchen-einrichtungen
30. 6.	I ZR 16/71		25, § 13 UWG	73, 78	72, 525	72, 1988	Verbraucherverband
30. 6.	I ZR 1/71		249, § 1 UWG	73, 203	73, 19	72, 2303	Badische Rundschau
7. 7.	I ZR 96/71		118, § 3 UWG	73, 206	73, 21	72, 2125	Skibindungen
7. 7.	I ZR 136/70		3. LadenschlussG	73, 144	72, 527	72, 2087	Mischbetrieb
7. 7.	I ZR 67/70			73, 265			Charme + Chic
22. 9.	I ZR 73/71			73, 530			Crailsheimer Stadtblatt
22. 9.	I ZR 19/72		250, § 1 UWG	73, 208	73, 23		Neues aus der Medizin
22. 9.	I ZR 104/71		247, § 1 UWG	73, 81	72, 529	72, 2124	Gewinnübermittlung
28. 9.	KVR 3/71	59, 294		73, 274	73, 24	73, 243	Original-VW-Ersatzteile
29. 9.	I ZR 101/71		252, § 1 UWG	73, 146	73, 27		Flughafen-Zubringerdienst
6.10.	I ZR 138/71		251, § 1 UWG	73, 212	73, 85		Minicar-Nummerierung
6.10.	I ZR 54/71	59, 317	254, § 1 UWG	73, 210	73, 29	73, 42	Telexwerbung
11.10.	I ZB 1/71		6, § 10 WZG	73, 523	73, 86		Fleischer-Fachgeschäft
11.10.	I ZR 142/71		253, § 1 UWG	73, 268	73, 31	73, 43	Verbraucher-Briefumfrage
11.10.	I ZR 38/71			73, 532			Millionen trinken …
13.10.	I ZR 68/71			74, 340			Privat-Handelsschule
20.10.	I ZR 125/71		4, LadSchlG	74, 31	73, 145	73, 246	Perserteppiche
20.10.	I ZR 147/71			73, 314			Gentry
25.10.	I ZA 1/72			73, 491			Akten-einsicht XIII
25.10.	I ZR 22/71		119, § 3 UWG	73, 534	73, 88	73, 93	Mehrwert II
26.10.	KZR 54/71		22, § 26 GWB	73, 277	73, 149	73, 280	Ersatzteile für Registrierkassen
3.11.	I ZR 106/71		9, Sonderveran-staltungsAO	73, 653	73, 466	73, 1607	Ferienpreis
6.11.	KZR 63/71		12, § 20 GWB	73, 331			Nahtverlegung
6.11.	KRB 1/72		5, § 25 GWB	73, 218	73, 32	73, 94	Wetterschutzanzüge
6.11.	KZR 65/71			78, 319			Gaststättengrund-stück
8.11.	I ZR 25/71		26, § 13 UWG	73, 370	73, 91		Tabac
10.11.	I ZR 60/71		120, § 3 UWG	73, 371	73, 93	73, 279	Gesamtverband
14.11.	VI ZR 102/71		46, § 823 [Ah] BGB	73, 550			„halbseiden“
17.11.	I ZR 71/71		256, § 1 UWG	73, 474	73, 152/208	73, 621	Preisausschreiben
17.11.	I ZB 15/71			73, 467			Praemix
24.11.	I ZR 94/71		8, Sonderver-anstaltungsAO	73, 416	73, 94		Porzellanumtausch

Dat.	AktZ	BGHZ	LM, Nr. zu §	GRUR	WRP	NJW	Schlagwort
24.11.	I ZR 157/71			73, 270			Der sanfte Bitter
14.12.	II ZR 141/71		17, § 138 [Cb] BGB	73, 382		73, 363	„Schiffsmakler"
15.12.	I ZR 45/71			73, 538			Idee-Kaffee II
20.12.	I ZR 34/71			73, 541			contact + graphic
20.12.	I ZR 1/72			73, 539			product-contact
1973							
12. 1.	I ZR 103/71			73, 477			Für den Osterkauf
19. 1.	I ZR 39/71	60, 168	257, § 1 UWG	73, 478		73, 800	Modeneuheit
19. 1.	I ZB 1/72	60, 159	32, § 5 WZG	73, 316	73, 399	73, 652	Smarty
26. 1.	I ZR 21/72		121, § 3 UWG	73, 418	73, 210	73, 652	Das goldene A
26. 1.	I ZR 152/71		122, § 3 UWG	73, 320	73, 212	73, 652	Buchhaltungskraft
2. 2.	I ZR 85/71	60, 185	44, § 15 WZG	73, 468	73, 401	73, 1079	Cinzano
16. 2.	I ZR 74/71	60, 206	67, § 16 UWG	73, 375	73, 213	73, 622	Miss Petite
16. 2.	I ZR 160/71	60, 296	48, § 823 [Ah] BGB	73, 552	73, 329	73, 1119	Briefwerbung
23. 2.	I ZR 117/71		40, § 767 ZPO	73, 429	73, 216	73, 803	Idee-Kaffee
23. 2.	I ZR 70/71			73, 426	73, 261	73, 802	Medizin-Duden
2. 3.	I ZR 5/72			73, 384	73, 263	73, 901	Goldene Armbänder
2. 3.	I ZR 16/72		25, § 1 Zugabe-VO	74, 402	73, 330		Service-Set
2. 3.	I ZR 11/73		33, § 5 WZG	73, 605	73, 405		Anginetten
7. 3.	I ZR 24/72		126, § 3 UWG	73, 481	73, 406		Weingeist
14. 3.	IV ZR 172/72						
15. 3.	KZR 11/72	60, 312	13, § 20 GWB	74, 40		73, 1238/2109	Bremsrolle
16. 3.	I ZR 154/71		260, § 1 UWG	73, 483	73, 335		Betriebsspionage
16. 3.	I ZR 20/72		259, § 1 UWG	73, 591	73, 333	73, 1972	Schatzjagd
23. 3.	I ZR 9/72			73, 486			Bayerische Bank
23. 3.	I ZR 33/72		125, § 3 UWG	73, 594	73, 407		Ski-Sicherheitsbindung
23. 3.	2 StR 390/72		2, EG OWiG 1, § 33 OWiG 1968			73, 1511	Laurentiuskapelle
4. 5.	I ZR 11/72		261, § 1 UWG	74, 97	73, 410		Spielautomaten II
11. 5.	I ZR 123/71		44, § 823 [C] BGB	74, 105		73, 1460	Kollo-Schlager
11. 5.	I ZB 2/71				73, 411		Gyromat
17. 5.	KVR 2/72	61, 1		73, 489	73, 415	73, 1236	Änderung gebundener Preise
18. 5.	I ZR 31/72		262, § 1 UWG	73, 655	73, 467	73, 1371	Möbelauszeichnung
18. 5.	I ZR 12/72		68, § 16 UWG	73, 661	73, 576	73, 2152	Metrix
23. 5.	VII ZR 12/72						Werbeagentur
25. 5.	VII ZR 49/71			74, 284			Bastel-Wettbewerb I
25. 5.	I ZR 94/72			74, 280			Divi-Einkaufszentren
25. 5.	I ZR 27/72		263, § 1 UWG	74, 156	74, 21	74, 45	Geld-Gewinnspiel
31. 5.	KZR 48/71		10, § 1041 I Ziff. 2 ZPO				
8. 6.	I ZR 6/72		71, § 24 WZG	74, 84			Trumpf
13. 6.	I ZR 61/72		10, Sonderveranstaltungs AO	73, 658	73, 470	73, 1608	Probierpreis
13. 6.	I ZR 65/72		22, RabattG	74, 345	74, 23	74, 46	Geballtes Bunt
4. 7.	VIII ZR 156/72						
5. 7.	KVR 3/72		4, § 99 GWB		73, 584		Fernost-Schifffahrts-konferenzen
5. 7.	VII ZR 12/73	61, 118		74, 286			Bastel-Wettbewerb II
6. 7.	I ZR 129/71			74, 162			„etirex"
12. 7.	KRB 2/72			74, 102			Rohrlieferungen
13. 7.	I ZR 30/72		49, § 25 WZG	74, 337	73, 471	73, 1840	Stonsdorfer

Dat.	AktZ	BGHZ	LM, Nr. zu §	GRUR	WRP	NJW	Schlagwort
13. 7.	I ZR 101/72			74, 53	73, 520	73, 1837	Nebelscheinwerfer
24. 9.	KZR 2/73						Platzschutz
28. 9.	I ZR 80/72		128, § 3 UWG	74, 225	74, 27		Lager-Hinweiswerbung
28. 9.	I ZR 136/71		3, § 21 UWG		74, 30	73, 2285	Brünova
28. 9.	I ZB 10/72			74, 93	74, 25	73, 2201	Räuber
16.10.	I ZR 112/72			74, 349			KKB/LKB
19.10.	I ZB 3/73		76, § 31 WZG	74, 220	74, 32	74, 143	Club-Pilsener
22.10.	KZR 22/72		24, § 26 GWB	74, 168	74, 36	74, 141	Büro-Maschinen
22.10.	KZR 3/73			74, 283		74, 901/1556	Rheinelektra
26.10.	I ZR 67/72		72, § 24 WZG	74, 276	74, 142	74, 142	King
26.10.	I ZR 112/72			74, 349			KKB
27.10.	KZR 9/71						Flughafenunternehmen
2.11.	I ZR 111/72		268, § 1 UWG	74, 729	74, 200		Sweepstake
2.11.	I ZR 13/72		127, § 3 UWG	74, 158	74, 38		Rhenodur II
6.11.	VI ZR 197/71				74, 38		
9.11.	I ZR 126/72			74, 158	74, 40	74, 140	Clipper
16.11.	I ZR 98/72		1, § 6a UWG	74, 474	74, 85	74, 460	Großhandelshaus
16.11.	I ZR 129/72						Füllanzeigen
19.11.	II ZR 52/72						Glashandel
23.11.	I ZR 59/72		2, § 414 ZPO				Provence
30.11.	I ZB 14/72		35, § 5 V WZG	74, 279	74, 144	74, 279	ERBA
11.12.	X ZR 14/70	62, 29	8, § 823 [Ag] BGB	74, 290	74, 145	74, 315	Maschinenfester Strumpf
14.12.	I ZR 36/72				74, 149	74, 461	Campagne
14.12.	I ZR 26/71		11, §§ 1, 2 Sonderveranstaltung-sAO	74, 341		74, 461	
21.12.	I ZR 37/73			74, 344	74, 264		Intermarkt
21.12.	I ZR 161/71		7, § 249 BGB	74, 351	74, 152		Frisiersalon
21.12.	I ZR 100/72			74, 394	74, 202		Verschlusskapsel-prämie
21.12.	IV ZR 158/72	62, 71					IATA
21.12.	I ZR 54/72						Probierprämie
1974							
18. 1.	I ZR 13/73		23, RBerG	74, 396	74, 204	74, 537	Unfallhelfer-Ring II
18. 1.	I ZR 3/73		36, § 5 WZG	74, 465	74, 266		Lomapect
23. 1.	I ZR 14/73		26, § 1 Zugabe-VO	75, 199	74, 617		Senf-Henkelglas
23. 1.	I ZB 12/72		9, PVÜ	74, 777	74, 267	74, 1049	Lemonsoda
8. 2.	I ZB 5/71		77, § 31 WZG	74, 467		74, 749	Sieben-Schwaben-Motiv
20. 2.	VIII ZR 198/72		2, PreisauszVO	74, 416	74, 270	74, 859	Tagespreis
22. 2.	I ZR 106/72		269, § 1 UWG	74, 477	74, 271		Hausagentur
5. 3.	VI ZR 89/73		51, § 847 BGB	75, 794			Todesgift
8. 3.	I ZB 6/73	62, 212	25, § 1 WZG	74, 657	74, 393	74, 1196	Concentra
8. 3.	I ZR 26/73						Brunnen
29. 3.	I ZR 15/73		27, § 13 UWG	75, 75	74, 394/547	74, 1141	Wirtschaftsanzeigen public-relations
18. 4.	KZR 6/73					74, 1903	Flughafen
26. 4.	I ZR 8/73		273, § 1 UWG	74, 733	74, 397	74, 1333	Schilderverkauf
26. 4.	I ZR 19/73		130, § 3 UWG	74, 665	74, 487	74, 1559	Germany

Dat.	AktZ	BGHZ	LM, Nr. zu §	GRUR	WRP	NJW	Schlagwort
3. 5.	I ZR 52/73		271, § 1 UWG	74, 666	74, 400	74, 1244	Reparatur-versicherung
3. 5.	I ZB 4/73			74, 659			Porotex
10. 5.	I ZR 46/73		272, § 1 UWG 25, § 1 Rechts-berG	75, 23		74, 1244	Ersatzwagen-vermietung
10. 5.	I ZR 80/73		69, § 16 UWG	74, 735	74, 403		Pharmamedan
10. 5.	I ZB 2/73		24, § 4 WZG	74, 661	74, 405		St. Pauli-Nachrichten
14. 5.	VI ZR 48/73		14, § 249 [D] BGB	75, 150	74, 489	74, 1503	Prüfzeichen
17. 5.	KZR 2/72						Elektrizitäts-genossenschaft
20. 5.	I ZR 107/72			75, 491	75, 150		Schräger Dienstag
30. 5.	VI ZR 174/72		18, § 824 BGB	75, 89		74, 1470	Brüning-Memoiren I
30. 5.	I ZR 199/72		85, § 546 Abs. 1 ZPO	75, 94		74, 1470	Brüning-Memoiren II
31. 5.	I ZR 28/73		74, § 24 WZG	75, 135	75, 151	75, 496	Kim-Mohr
31. 5.	I ZR 50/73		50, § 25 WZG	75, 67	74, 619	74, 1511	Kroatzbeere
4. 6.	VI ZR 68/73		35, Art. 5 GG	74, 797		74, 1371	Fiete Schulze
14. 6.	I ZR 77/73		1, § 26 WZG	74, 781	74, 550	74, 1708	Sweden
14. 6.	I ZR 104/73		274, § 1 UWG	75, 26	74, 547	74, 1559	Colgate
18. 6.	VI ZR 16/73		36, Art. 5 GG	75, 208	74, 547	74, 1762	Deutschland-Stiftung
19. 6.	I ZR 20/73				76, 370		Ovalpuderdose
28. 6.	I ZR 62/72		131, § 3 UWG	75, 78	74, 552	74, 1822	Preisgegen-überstellung
2. 7.	VI ZR 121/73		52, § 823 [Ah] BGB	75, 561		74, 1947	Nacktaufnahmen
3. 7.	I ZR 91/73		23, RabattG	75, 320	74, 623	74, 1906	Werbegeschenke
3. 7.	I ZR 65/73		2, § 14 GeschmMG	75, 85	74, 620		Clarissa
9. 7.	VI ZR 112/73		14, § 138 ZPO	75, 36		74, 1710	Arbeits-Realitäten
12. 7.	I ZR 92/73		132, § 3 UWG	75, 262	75, 34	75, 120	10-DM-Schein
19. 9.	KZR 14/73		25, § 26 GWB 7, § 38 GWB StS	75, 326	74, 673	74, 2236	Wartungsvertrag
4.10.	I ZR 75/73		31, § 242 [Cc] BGB	75, 69	74, 675	74, 2282	Marbon
4.10.	I ZR 81/73		70, § 16 UWG	75, 269	75, 35		Chepromin
10.10.	KZR 1/74		14, § 20 GWB	75, 206	75, 155		Kunststoffschaum-Bahnen
11.10.	I ZR 72/73		275, § 1 UWG	75, 375	75, 104	75, 119	Kaufausweis II
18.10.	I ZR 118/73			75, 257			Buddelei
25.10.	I ZR 94/73		134, § 3 UWG	75, 141	75, 39	75, 215	Unschlagbar
25.10.	I ZR 8/74		276, § 1 UWG	75, 553	75, 37		Preisgarantie
12.11.	I ZR 43/73			75, 144			Vorsaison-Preis
12.11.	I ZR 111/73		25, RabattG	75, 203	75, 105	75, 215	Buchbeteiligungs-zertifikate
22.11.	I ZR 23/74		278, § 1 UWG	75, 264	75, 212	75, 689	Werbung am Unfallort I
22.11.	I ZR 50/74		277, § 1 UWG	75, 266	75, 213	75, 691	Werbung am Unfallort II
29.11.	I ZR 117/73		135, § 3 UWG	75, 377	75, 215		Verleger von Tonträgern
2.12.	II ZR 78/72	63, 282		76, 43	75, 218	75, 771	Deutscher Sportbund
6.12.	I ZR 110/73			75, 434			BOUCHET
20.12.	I ZR 4/74			75, 442	75, 150		Vaasbüttel

Dat.	AktZ	BGHZ	LM, Nr. zu §	GRUR	WRP	NJW	Schlagwort
20.12.	I ZR 12/74			75, 441			Passion
1975							
17. 1.	I ZR 62/74		78, § 31 WZG	75, 312	75, 223		Bi Ba
24. 1.	I ZR 85/73		136, § 3 UWG	75, 380	75, 296		Die Oberhessische
29. 1.	KRB 4/74	63, 389 26, 56		76, 37	75, 225	75, 788	Aluminiumhalbzeug
31. 1.	I ZR 14/74		18, § 11 WZG	75, 258	75, 228		Importvermerk
7. 2.	I ZR 42/73						Bauhausverlosung
7. 2.	I ZR 103/73		279, § 1 UWG	75, 315	75, 231	75, 923	Metacolor
7. 2.	I ZB 1/74		7, § 10 WZG	75, 368	75, 234		Elzym
21. 2.	I ZR 18/74		79, § 31 WZG	75, 370	75, 298		Protesan
21. 2.	I ZR 46/74				76, 100		MARS
24. 2.	KZR 3/74		6, §§ 34, 18 GWB	75, 498		75, 1170	Werkstück-Verbindungsmaschinen
24. 2.	KZR 5/74		15, §§ 1, 18 GWB	75, 387	75, 354		Kundenschutzzusage
28. 2.	I ZR 101/73		1, UrhG/ÄndG	76, 317			Unsterbliche Stimmen
28. 2.	I ZR 42/74		4, § 6b UWG	75, 382	75, 299	75, 877	Kaufausweis III
14. 3.	I ZR 71/73		26, § 1 WZG	75, 487	75, 357	75, 1223	WMF-Mondmännchen
3. 4.	KVR 1/74		1, § 37a GWB	76, 266	75, 355	75, 1282	Polyester Grundstoffe
4. 4.	KZR 6/74	64, 232		76, 153	75, 525	75, 1223	Krankenhaus-Zuschuss-versicherung
4. 4.	KAR 1/75	64, 342		75, 610	75, 664	75, 1840	Abschleppaufträge
15. 4.	VI ZR 93/73	64, 178		75, 502		75, 1161	Porno-Schriften
21. 4.	II ZR 60/74						Flugasche
23. 4.	I ZR 3/74		280, § 1 UWG	76, 305	75, 436		Baumaschinen
16. 5.	I ZR 6/74		27, § 1 ZWG	75, 550	75, 439		Drahtbewehrter Gummischlauch
21. 5.	I ZR 43/74			75, 658			Sonnenhof
22. 5.	KZR 9/74	65, 147		76, 323	76, 37	76, 194	Thermalquelle
23. 5.	I ZR 39/74			75, 555	75, 441	75, 1361	Speiseeis
23. 5.	I ZR 56/74		13, SonderveranstaltungsAO	75, 661	75, 528		Strumpfhose
30. 5.	I ZR 37/74			75, 604	76, 35		Effecten-Spiegel
30. 5.	I ZR 45/74		28, § 1 Zugabe-VO	76, 314	75, 721		Büro-Service-Vertrag
3. 6.	VI ZR 123/74		137, § 1004 BGB	76, 210	76, 227	75, 1882	Der Geist von Oberzell
4. 6.	I ZR 58/74		282, § 1 UWG	76, 32	75, 530		Präsentation
11. 6.	I ZR 90/74		137, § 3 UWG	76, 96	75, 729	75, 107	Gelegenheits-anzeigen
19. 6.	KVR 2/74	65, 30		76, 40	75, 665	75, 1837	Zementverkauf Niedersachsen II
19. 6.	KVR 3/74				76, 550		Kabinettartikel
19. 6.	KZR 10/74					75, 2065	Grenzmengen-abkommen
27. 6.	I ZR 81/74		72, § 16 UWG	75, 606	75, 668	75, 1927	IFA
27. 6.	I ZR 97/74		283, § 1 UWG	76, 427	75, 724		Einfirmenvertreter
4. 7.	I ZR 115/73		7, § 17 UWG	76, 367	75, 727	76, 193	Ausschreibungs-unterlagen
4. 7.	I ZR 27/74	65, 68	284, § 1 UWG	76, 248	75, 672	76, 51	Vorspannangebot
11. 7.	I ZR 77/74		75, § 24 WZG	76, 353	75, 731		Colorboy
11. 7.	I ZR 78/74			75, 664	76, 40		Idee-Kaffee III
11. 7.	I ZR 95/74			76, 195			Treffpunkt Mocca Press
19. 9.	I ZB 3/74		82, § 31 WZG	76, 143	75, 723		Biovital

Dat.	AktZ	BGHZ	LM, Nr. zu §	GRUR	WRP	NJW	Schlagwort
23. 9.	KZR 11/74			76, 204			Eiskonfekt II
23. 9.	KZR 14/74			76, 101	75, 733		EDV-Zubehör
26. 9.	I ZR 72/74		138, § 3 UWG	76, 146	75, 735		Kaminisolierung
26. 9.	I ZB 4/74			75, 658		76, 107	Kim/KING
24.10.	I ZR 34/74		26, RabattG	76, 259	76, 42		3 Wochen reisen – 2 Wochen zahlen
24.10.	I ZR 59/74		139, § 3 UWG	76, 197	76, 44		Herstellung und Vertrieb
31.10.	I ZR 114/73			76, 145		76, 496	Terranova/Terrapin I
31.10.	I ZR 89/74		73, § 16 UWG	76, 254	76, 46		Management-Seminare
7.11.	I ZR 128/74		42, § 12 BGB	76, 379	76, 102		KSB
7.11.	I ZR 31/74		30, § 1 Zugabe-VO	76, 316	76, 155		Besichtigungsreisen II
7.11.	I ZR 84/74						Besichtigungsreisen III
14.11.	I ZB 9/74		28, § 1 WZG	76, 355	76, 231	76, 1027	P-tronics
14.11.	I ZR 48/75		1, § 9 UWG	76, 250	76, 104	76, 1262	Preisgegenüberstellung II
20.11.	KZR 1/75		27, § 26 WZG	76, 206	76, 156	76, 801	Rossignol
20.11.	KVR 1/75	65, 269	2, § 23 GWB	76, 327	76, 107	76, 243	Zementmahlanlage
5.12.	I ZR 122/74			76, 256	76, 162		Rechenscheibe
5.12.	I ZB 3/75			76, 587			Happy
9.12.	VI ZR 157/73	65, 325		76, 268	76, 166	76, 620	Warentest II
16.12.	VI ZR 53/74						
19.12.	I ZR 120/74		286, § 1 UWG		76, 172	76, 520	Versandhandels-Preisausschreiben
1976							
9. 1.	I ZR 71/74		43, § 12 BGB	76, 311			Sternhaus
9. 1.	I ZR 24/75		2, § 9 UWG	76, 702	76, 174		Sparpreis
16. 1.	I ZR 32/75		287, § 1 UWG	76, 308	76, 233	76, 753	Unicef-Grußkarten
23. 1.	I ZR 69/74			76, 356			Boxin
23. 1.	I ZR 95/75		29, § 13 UWG	76, 370	76, 235		Lohnsteuerhilfevereine I
30. 1.	I ZR 108/74		288, § 1 UWG	76, 372	76, 237		Möbelentwürfe
3. 2.	VI ZR 23/72			77, 114	76, 240	76, 799	VUS
6. 2.	I ZR 125/74			76, 430		76, 1154	Fencheltee
6. 2.	I ZR 127/74		289, § 1 UWG	76, 375	76, 304		Raziol
13. 2.	I ZR 1/75		35, § 242 [Be] BGB	78, 52	76, 306		Fernschreibverzeichnis
20. 2.	I ZR 64/74		290, § 1 UWG	76, 434	76, 308		Merkmalklötze
24. 2.	KZR 15/74		3, § 92 GWB	77, 267	76, 536		Fotokopiergerät
24. 2.	KVR 3/75		29, § 26 GWB	76, 711	76, 675		Bedienungsgroßhändler
12. 3.	I ZR 9/75						Globetrotter
12. 3.	I ZR 15/75			76, 698			MAHAG
22. 3.	GSZ 1/75	66, 229		76, 658	76, 463	76, 1797	Studentenversicherung
22. 3.	GSZ 2/75	67, 81		77, 51	76, 678	76, 1941	Auto-Analyzer
26. 3.	I ZR 65/74	66, 159	5, LadenschlussG	76, 438	76, 466	76, 964	Tag der offenen Tür
6. 4.	VI ZR 246/74	66, 182		76, 651		76, 1198	Der Fall Bittenbinder
7. 5.	I ZR 27/75		27, § 1 I RabattG	77, 264	76, 538		Miniaturgolf
12. 5.	KZR 14/75		28, § 26 II GWB	76, 600	76, 467	76, 2302	Augenoptiker
12. 5.	KZR 17/75		7, § 34 GWB	76, 603	76, 543	76, 1743	Automatenaufstellvertrag
14. 5.	I ZR 29/73			76, 643			Interglas
19. 5.	I ZR 35/75		292, § 1 UWG	76, 699	76, 606		Die 10 Gebote heute
19. 5.	I ZR 62/75		140, § 3 UWG	76, 596	76, 469	76, 2214	Aluminiumrolläden
19. 5.	I ZR 81/75		44, § 12 BGB	76, 644	76, 609		Kyffhäuser

Dat.	AktZ	BGHZ	LM, Nr. zu §	GRUR	WRP	NJW	Schlagwort
11. 6.	I ZR 55/75		293, § 1 UWG	76, 635	76, 546	76, 1635	Sonderberater in Bausachen
22. 6.	X ZR 44/74		10, § 823 [Ag] BGB	76, 715	76, 682	76, 2162	Spritzgießmaschine
24. 6.	I ZR 25/75		295, § 1 UWG	77, 157	76, 551	76, 1977	Filmzusendung
30. 6.	I ZR 86/74		31, § 1 Zugabe-VO	76, 704	76, 553	76, 2165	Messbecher
30. 6.	I ZR 119/74		294, § 1 UWG	76, 637	76, 555	76, 2013	Rustikale Brettchen
30. 6.	I ZR 10/75						Opalglasscheibe
30. 6.	I ZR 31/75		32, § 1 Zugabe-VO	77, 38	76, 685		Grüne Salatschale
30. 6.	I ZR 150/75		296, § 1 UWG	77, 110	76, 557	77, 1397	Kochbuch
30. 6.	VIII ZR 267/75				76, 611		Adressenmaterial
30. 6.	I ZR 82/74						Frühstückskörbchen
1. 7.	KZR 34/75			77, 49			BMW-Direkthändler
3. 7.	KVR 4/75	67, 104		77, 169	76, 688	76, 2259	Vitamin-B-12
7. 7.	I ZR 85/75		297, § 1 UWG	77, 36	76, 694	76, 2301	Arztpraxismiete
7. 7.	I ZR 113/75		74, § 16 UWG	77, 165	76, 695		Parkhotel
7. 7.	I ZR 17/75						Gabe
14.10.	KZR 36/75	68, 6			77, 330	77, 804	Fertigbeton
15.10.	I ZR 23/75			77, 159			Ostfriesische Tee-Gesellschaft
3.11.	I ZB 11/75		2, § 17 UWG	77, 488	77, 94		DIN-geprüft
12.11.	I ZR 45/75		75, § 16 I UWG	77, 226	77, 95		Wach und Schließ
19.11.	I ZR 46/75			77, 229			WSV-Kurier
26.11.	I ZR 86/75		143, § 3 UWG	77, 494	77, 173		Dermatex
30.11.	X ZR 81/72	68, 90				77, 1194	Kunststoffhohlprofil
3.12.	I ZR 34/75		298, § 1 UWG	77, 257	77, 177	77, 631	Schaufensteraktion
3.12.	I ZR 151/75		141, § 3 UWG	77, 503	77, 180		Datenzentrale
3.12.	I ZB 4/75		83, § 31 WZG	77, 218	77, 176		MERCOL
7.12.	VI ZR 272/75		32, § 823 [Eh] BGB			77, 626	Editorial I
8.12.	I ZR 18/75		57, § 253 ZPO	77, 260	77, 186	77, 1060	Friedrich Karl Sprudel
13.12.	I ZR 1/75		35, § 242 [Be] BGB				
16.12.	KVR 5/75		6, § 25 GWB		77, 480		Architektengebühren
16.12.	KVR 2/76	68, 23		77, 269	77, 253	77, 675	Valium
17.12.	I ZR 26/75		301, § 1 UWG	77, 608	77, 260	77, 1060	Feld und Wald II
17.12.	I ZR 77/75		299, § 1 UWG	77, 619	77, 183	77, 1242	Eintrittsgeld
1977							
14. 1.	I ZR 170/75		84, § 31 WZG	77, 491	77, 264		ALLSTAR
18. 1.	KZR 4/74					77, 1103	Autoanalyzer II
18. 1.	KVR 3/76		16, § 16 GWB	77, 506			Briefmarkenalben
21. 1.	I ZR 49/75			77, 602			Trockenrasierer
21. 1.	I ZR 68/75			77, 547			Kettenkerze
28. 1.	I ZR 109/75		302, § 1 UWG	77, 614			Gebäudefassade
1. 2.	VI ZR 204/74			77, 801			Halsabschneider
2. 2.	VIII ZR 320/75	67, 389		77, 498	77, 391	77, 714	Aussteuer-Sortimente
4. 2.	I ZR 129/75			80, 173			Martin
11. 2.	I ZR 39/75			77, 666	77, 484		Einbauleuchten
11. 2.	I ZR 17/76		308, § 1 UWG	77, 727	77, 566	77, 2075	Kaffee-Verlosung I
18. 2.	I ZR 112/75		8, § 17 UWG	77, 539	77, 332	77, 1062	Prozessrechner

Dat.	AktZ	BGHZ	LM, Nr. zu §	GRUR	WRP	NJW	Schlagwort
25. 2.	I ZR 165/75	68, 132	76, § 16 UWG	77, 543	77, 394	77, 951	Der 7. Sinn
4. 3.	I ZR 117/75			78, 54	77, 569		Preisauskunft
4. 3.	I ZR 122/75		14, SonderveranstaltungsAO	77, 791	77, 399		Filialeröffnung
11. 3.	I ZR 101/75		305, § 1 UWG	77, 668	77, 400		WAZ-Anzeiger
3. 5.	VI ZR 36/74	68, 331		77, 674		77, 1288	Abgeordnetenbestechung
3. 5.	VI ZR 24/75		9, § 32 ZPO		77, 487	77, 1590	„profil“
6. 5.	I ZR 114/75		146, § 3 UWG	78, 55	77, 570		Quellwasser
13. 5.	I ZR 115/75		19, § 5 VII WZG	77, 672	77, 572	77, 2211	Weltweit-Club
13. 5.	I ZR 177/75	68, 383	19, § 11 WZG		77, 490	77, 1453	Doppelkamp
20. 5.	I ZR 17/76		52, § 3 ZPO	77, 748	77, 568		Kaffee-Verlosung II
20. 5.	I ZB 6/76		8, § 10 WZG	77, 664	77, 574		CHURRASCO
1. 6.	KZR 3/76	69, 59	30, § 26 II GWB	77, 744	77, 700	77, 2121	Badebetrieb
1. 6.	KRB 3/76	69, 398 27, 196 (St)				77, 1784	Brotindustrie
3. 6.	I ZR 114/73		77, § 16 UWG	77, 719	77, 635	77, 1587	Terranova/ Terrapin II
3. 6.	I ZR 152/75		147, § 3 UWG	77, 729	77, 575		Synthetik-Wildleder
3. 6.	I ZB 8/76		26, § 4 II WZG	77, 717	77, 578		Cokies
3. 6.	I ZB 11/76		9, § 13 WZG	77, 789	77, 577		Tribol/Liebol
14. 6.	VI ZR 111/75	69, 181		77, 745		77, 1681	Heimstättengemeinschaft
24. 6.	I ZR 98/75						Modellwechsel
28. 6.	KVR 2/77						Autoruf-Genossenschaft
29. 6.	I ZR 186/76			77, 805	77, 704	77, 2313	Klarsichtverpackung
6. 7.	I ZR 174/75		15, SonderveranstaltungsAO	77, 794	77, 706		Geburtstagswerbung I
13. 7.	I ZR 136/75		76, §§ 24, 16 WZG	77, 789	77, 708		Tina-Spezialversand
23. 9.	I ZR 156/75		148, § 3 UWG	78, 57	77, 781		Förderanlagen
28. 9.	I ZB 4/76	70, 143	40, § 5 VII WZG	78, 294		78, 1198	Orbizin
14.10.	KRB 1/76			77, 739			Doppelmandat
14.10.	I ZB 10/76		85, § 31 WZG	78, 170	78, 41		FAN
14.10.	I ZR 160/75		33, § 1 ZugabeVO	78, 182	78, 119		Kinder-Freifahrt
14.10.	I ZR 119/76		21, § 339 BGB	78, 192	78, 38		Hamburger Brauch
14.10.	I ZR 143/75		150, § 3 UWG	78, 255	78, 874		Sanatoriumswerbung
18.10.	VI ZR 171/76		60, § 823 [Ah] BGB	78, 258			Schriftsachverständiger
21.10.	I ZR 8/76		31, §§ 1, 2 RabG	78, 315	78, 204		Auszeichnungspreis II
21.10.	I ZB 1/77		1, § 9 II WZG				Verlängerungsgebühr
25.10.	VI ZR 166/75						
26.10.	2 StR 432/77					78, 173	
4.11.	I ZR 39/76		7, § 9a UWG	78, 112	78, 382	78, 756	Inventur
4.11.	I ZR 11/76		30, §§ 1, 2 RabG	78, 185	78, 197	78, 542	Taschenrechnerpackung
4.11.	I ZR 24/76		32, §§ 1, 2 RabG	78, 375	78, 442		Spitzensportlernachlass
11.11.	I ZR 14/76			78, 180	78, 126		Lohnsteuerhilfevereine II
11.11.	I ZR 179/75	70, 18	2, § 6a UWG	78, 173	78, 43	78, 267	Metro
15.11.	VI ZR 101/76	70, 39	21, § 824 BGB	78, 187	78, 129		Alkoholtest
25.11.	I ZR 63/76		149, § 3 UWG	78, 252	78, 199		Kaffee-Hörfunk-Werbung
1.12.	KZR 5/76		9, § 34 GWB	78, 320	78, 207	78, 823	Belüftungsgitter
1.12.	KZR 6/76		8, § 34 GWB		78, 202	78, 822	Bierbezugsbindung

Dat.	AktZ	BGHZ	LM, Nr. zu §	GRUR	WRP	NJW	Schlagwort
							„Püff“
1.12.	KVR 4/76		11, § 18 GWB	78, 488	78, 799		Brauerei-Darlehen
2.12.	I ZR 143/75		150, § 3 UWG	78, 251	78, 209	78, 822	Euro-Sport
7.12.	VIII ZR 101/76	70, 79				78, 585	Praxisräume
9.12.	I ZR 21/76		5, § 6b UWG	78, 311		78, 1525	BSW III
9.12.	I ZR 59/76		6, § 6b UWG	78, 370			BSW IV
20.12.	I ZR 1/76		151, § 3 UWG	78, 249	78, 210		Kreditvermittlung
1978							
23. 1.	I ZR 104/76		152, § 3 UWG	78, 368	78, 362		Gemmologe DGemG
3. 2.	I ZR 163/76			78, 536	78, 535		B. u. W.-Spedition
10. 2.	I ZB 19/76						SPAR
10. 2.	I ZR 149/75		52, § 823 BGB	78, 364	78, 364	78, 2548	Golfrasenmäher
14. 2.	X ZR 19/76	71, 86	11, § 823 [Ag] BGB	78, 492		78, 1377	Fahrradgepäckträger II
15. 2.	I ZR 141/76		17, SonderveranstaltungsAO	78, 372	78, 368	78, 1055	Farbbilder
21. 2.	KVR 4/77	71, 102	5a, § 24 GWB	78, 439	78, 800	78, 1320	Kfz-Kupplungen
21. 2.	KZR 7/76		8, § 15 GWB	78, 445	78, 371	78, 2095	„4 zum Preis von 3“
21. 2.	KZR 6/77	70, 331		78, 378	78, 370	78, 1001	Gabelstaplerverleih
24. 2.	I ZR 79/76		34, § 1 ZugabeVO	78, 485	78, 443	78, 1856	Gruppenreisen
28. 2.	VI ZR 246/76		147, § 13 GVG	78, 448		78, 1860	Umgehungsgründung
10. 3.	I ZR 127/76		3, § 6a UWG	78, 477	78, 445		Groß- und Einzelhandel
6. 4.	I ZR 94/77			79, 804	78, 811		Falschmeldung
11. 4.	KRB 1/77	71, 348 28, 53 (St)					Labor-Inserat
11. 4.	KZR 1/77		12, § 18 GWB	78, 489	78, 447		Gaststättenverpachtung
21. 4.	I ZR 115/76		1, § 1 SpeiseVO	78, 605			Eiskalte Schlürfer
21. 4.	I ZR 165/76		35, § 1 ZugabeVO	78, 547	78, 537		Automatentruhe
28. 4.	I ZR 157/76		314, § 1 UWG	79, 55	78, 806	78, 2598	Tierbuch
30. 5.	VI ZR 117/76			78, 551	78, 715	78, 1797	Ungeist der Sympathie (Terroranschlag)
30. 5.	KZR 8/76						Fertighäuser
30. 5.	KZR 12/77	71, 367	6, § 87 GWB	78, 658		78, 2096	Pankreaplex I
2. 6.	I ZR 137/76		2, PreisangabenVO	79, 61	78, 877		Schäfer-Shop
7. 6.	I ZR 125/76		20, § 11 I Nr. 4 WZG	78, 647	78, 813		TIGRESS
9. 6.	I ZR 67/76		41, § 5 WZG	78, 642	78, 814		SILVA
13. 6.	KZR 14/77						BMW-Direkthändler III
20. 6.	VI ZR 66/77		62, §§ 823, 824 BGB			79, 265	Fehlmeldungen
23. 6.	I ZR 149/76				79, 193		Sanatorium II
23. 6.	I ZR 2/77		27, § 4 WZG	78, 591	78, 817		KABE
7. 7.	I ZR 169/76		155, § 3 UWG	78, 649	78, 658		Elbe-Markt
7. 7.	I ZR 38/77		156, §§ 3, 1 UWG	78, 652	78, 656		mini-Preis
18. 9.	KZR 17/77		31, § 26 II GWB	79, 69	79, 439	78, 107	Fassbierpflegekette
18. 9.	KZR 21/77			79, 124	79, 116		Objektschutz
25. 9.	X ZR 17/78			78, 726			Unterlassungsvollstreckung

Dat.	AktZ	BGHZ	LM, Nr. zu §	GRUR	WRP	NJW	Schlagwort
29. 9.	I ZR 122/76		158, § 3 UWG	79, 116	79, 881		Superhit
29. 9.	I ZR 107/77			79, 121	79, 883	79, 217	Verjährungsunterbrechung
10.10.	KZR 10/77		32, § 26 II GWB	79, 177	79, 35		Zeitschriften-Grossisten
20.10.	I ZR 160/76		316, § 1 UWG	79, 119	79, 443		Modeschmuck
20.10.	I ZR 5/77		20. Sonderveranstaltungs AO	79, 402	79, 753	79, 2561	direkt ab LKW
27.10.	I ZR 96/76						„Nur-Beleg"
31.10.	KVR 7/77		3, § 62 GWB	79, 180			Air-Conditioning
31.10.	KVR 3/77		4, § 24 GWB	79, 328		79, 2563	Weichschaum-Rohstoffe
31.10.	KZR 5/77					80, 183	Metzeler Schaum
3.11.	I ZR 90/77		311, § 1 UWG	79, 157	79, 117		Kindergarten-Malwettbewerb
14.11.	X ZR 11/75		6, § 406 ZPO	79, 271		79, 720	Schaumstoffe
14.11.	KZR 24/77	72, 371	2, § 100 GWB	79, 263		79, 490	Butaris
8.12.	I ZR 56/77		19, Sonderveranstaltungs AO	79, 406	79, 195	79, 1205	Mords-Preis-Gaudi
8.12.	I ZR 57/77			79, 474	79, 197		10-Jahres Jubiläum
12.12.	KZR 15/77		12, § 34 GWB				Genossenschaftsinstitut
12.12.	KVR 6/77	73, 65	3, § 24 GWB	79, 256		79, 918	Strom und Gas
12.12.	KZR 16/77					79, 1208	Bundeswehrheime
15.12.	I ZR 40/77		319, § 1 UWG	79, 409	79, 360		Lippische Rundschau
19.12.	VI ZR 137/77			79, 418		79, 647	Telefongespräch
1979							
17. 1.	KZR 1/78		34, § 26 II 2 GWB	79, 560	79, 445	79, 2152	Fernsehgeräte I (Nordmende)
17. 1.	VIII ZR 262/77		44, § 138 [Bb] BGB			72, 865	Tanzcafé
19. 1.	I ZR 166/76		12, § 823 [Ag] BGB	79, 332	79, 361	79, 916	Brombeerleuchte
19. 1.	I ZR 152/76						Fettglasur
24. 1.	VIII ZR 56/78		17, § 536 BGB	79, 431	79, 365	79, 1404	Konkurrenzschutz
26. 1.	I ZR 18/77		7, § 6b UWG	79, 411	79, 298	79, 1890	Metro II
26. 1.	I ZR 112/78		159, § 3 UWG	79, 415	79, 448	79, 1166	Cantil-Flasche
31. 1.	I ZR 21/77		318, § 1 UWG	79, 321	79, 300	79, 2611	Verkauf unter Einstandspreis (Mineralwasser)
6. 2.	VI ZR 46/77		53, § 823 [Ai] BGB	79, 425	79, 536	79, 2203	Fußballspieler
7. 2.	VIII ZR 279/77	73, 259				79, 1206	Barsortimenter
9. 2.	I ZB 23/77						Torch I
12. 2.	KVR 3/79						Valium II
16. 2.	I ZB 8/77		43, § 5 WZG	79, 468	79, 450		audio 1
23. 2.	I ZR 27/77			79, 637	79, 705	79, 2610	White Christmas
2. 3.	I ZB 3/77		44, § 5 VII WZG	79, 551	79, 451		lamod
2. 3.	I ZR 29/77			79, 568			Feuerlöschgerät
2. 3.	I ZR 46/77		79, § 16 UWG	79, 642	79, 629		Billich
6. 3.	KZR 12/78		11, § 34 GWB	79, 488	79, 453	79, 2247	Püff II
6. 3.	KZR 4/78			79, 650		80, 185	Erbauseinandersetzung
6. 3.	KRB 2/78			79, 649	79, 709		Möbelpreis
7. 3.	I ZR 45/77	74, 1	78, § 16 UWG	79, 470	79, 534	79, 2311	RBB/RBT
7. 3.	I ZR 89/79		36, § 1 Zugabe-	79, 482	79, 456	80, 884	Briefmarken-

Dat.	AktZ	BGHZ	LM, Nr. zu §	GRUR	WRP	NJW	Schlagwort
			VO				Auktion
13. 3.	KVR 1/77		7, § 17 GWB	79, 490		79, 1411	Sammelrevers 74
13. 3.	KVR 8/77	74, 172		79, 653		79, 2105	Pfaff
13. 3.	KZR 23/77			79, 657		79, 1605	Ausscheidungs-vereinbarung
13. 3.	KZR 25/77						IATA
13. 3.	KZR 4/77		33, § 26 GWB	79, 493	79, 458	79, 1412	Bücherbeschaffung
16. 3.	I ZR 39/77		320, § 1 UWG	79, 553	79, 460		Luxus-Ferienhäuser
23. 3.	I ZB 18/77		14, PVÜ	79, 549	79, 462	80, 521	Mepiral
23. 3.	I ZR 50/70		46, § 12 BGB	79, 564	79, 462	80, 280	Metallzeitung
6. 4.	I ZR 35/77		160, § 3 UWG	79, 716	79, 639		Kontinent-Möbel
6. 4.	I ZR 94/77		23, § 824 BGB	79, 804	79, 636	79, 2197	Falschmeldung
11. 4.	I ZR 118/77	74, 215	8, § 6b UWG	79, 644	79, 539	79, 1889	Kaufscheinwerbung
7. 5.	II ZB 3/79					80, 127	Henrich
8. 5.	KVR 1/78	74, 359		79, 796	79, 707	79, 2401	Paritätische Beteiligung
8. 5.	KVR 13/78		35, § 26 II GWB	79, 792	79, 642	79, 2515	Modelbauartikel II
21. 5.	I ZR 117/77		17, § 1 GeschmMG	79, 705			Notizklötze
21. 5.	I ZR 109/77		7, HWG	79, 646		79, 1937	Klosterfrau-Melissengeist
25. 5.	I ZR 132/77	75, 7	46, § 15 WZG 52, § 25 WZG	79, 853	79, 780	79, 2400	Lila
25. 5.	I ZB 13/76		45, § 5 VII WZG	79, 707	79, 647		Haller I
29. 5.	KVR 2/78	74, 322		79, 790	79, 709	79, 2613	Organische Pigmente
29. 5.	KVR 4/78	79, 327			80, 35	79, 2517	Wohnanlage
1. 6.	I ZR 48/77						HSB
22. 6.	I ZR 70/77		322, § 1 UWG	79, 779	79, 711		Wert-Coupons
26. 6.	KZR 7/78		36, § 26 GWB	79, 731		79, 2154	Markt-Renner
26. 6.	KZR 25/78		7, § 38 BGB	79, 788	79, 782	80, 186	Anwaltverein
26. 6.	VI ZR 108/78		7, § 18 GWB	79, 732		79, 2205	Fußballtor
26. 6.	KZR 15/78						Metallhütte
29. 6.	I ZB 24/77	75, 150	47, § 5 WZG	80, 52		80, 593	Contiflex
29. 6.	I ZR 65/76						Münzautomaten-hersteller
6. 7.	I ZR 55/79			79, 807			Schlumpfserie
6. 7.	I ZR 96/77		163, § 3 UWG	80, 60	79, 853	80, 886	„10 Häuser erwarten Sie“
13. 7.	I ZR 128/77		161, § 3 UWG	79, 781	79, 715	79, 2245	„radikal gesenkte Preise“
13. 7.	I ZR 138/77		323, § 1 UWG	79, 859	79, 784	80, 700	Hausverbot II
13. 7.	I ZB 25/77		46, § 5 WZG	79, 856	79, 782		Flexiole
18. 9.	VI ZR 140/78			80, 67	80, 68		Verfolgungsschicksal
24. 9.	KZR 14/78		32, § 9 PatG		80, 196		Fullplastverfahren
24. 9.	KZR 16/78						„robbe-Modellsport“
24. 9.	KZR 20/78		37, § 26 GWB	80, 125			Modellbauartikel II
28. 9.	I ZB 2/78		29, § 4 WZG	80, 173	79, 855	80, 1279	Fürstenthaler
28. 9.	I ZR 69/77		164, § 3 UWG	80, 108	80, 72	80, 288	„... unter empf. Preis“
28. 9.	I ZR 125/75		325, § 1 UWG	80, 110	80, 74		Torch
28. 9.	I ZR 139/77		22, Sonderve-ranstaltungsAO	80, 112		80, 342	Sensationelle Preissenkungen
28. 9.	I ZR 146/77	75, 172	80, § 16 UWG	80, 114	80, 70	80, 522	Concordia
5.10.	I ZR 133/77		8, HMWG	80, 119	80, 76	80, 639	Ginseng
5.10.	I ZR 140/77		13, § 14 UWG	80, 116		80, 941	Textildrucke

Dat.	AktZ	BGHZ	LM, Nr. zu §	GRUR	WRP	NJW	Schlagwort
19.10.	I ZB 5/78		30, § 4 II 1 WZG	80, 106		80, 1391	Prazepamin
23.10.	KZR 19/78		38, § 266 BGB	80, 180	80, 78	80, 941	Fernsehgeräte II
23.10.	KZR 21/78		10, § 32 ZPO	80, 130		80, 1224	BMW-Importe
23.10.	KVR 3/78		5, § 24 GWB	80, 253	80, 136	80, 1389	Zementmahlanlage II
23.10.	KZR 22/78		10, § 15 GWB	80, 249		80, 1046	Berliner Musikschule
9.11.	I ZR 24/78		329, § 1 UWG	80, 241	80, 253	80, 1843	Rechtsschutz-bedürfnis
9.11.	I ZR 162/77		327, § 1 UWG	80, 176	80, 139		Fährbetrieb
13.11.	KZR 1/79		326, § 1 UWG	80, 242	80, 200		Denkzettel-Aktion
23.11.	I ZR 60/77		328, § 1 UWG	80, 296	80, 325		Konfektions-Stylist
27.11.	VI ZR 148/78		67, § 823 (AH)	80, 259		80, 994	Wahlkampfillustrierte
30.11.	I ZR 148/77		166, § 3 UWG	80, 299	80, 327		Keller-Geister
30.11.	I ZR 1/78			80, 302	80, 483		Rohstoffgehalts-angabe in Versand-handelsanzeige
7.12.	I ZR 157/77		4, § 2 UrhG				
11.12.	KZR 25/79			80, 329			Rote Liste
14.12.	I ZR 29/78		332, § 1 UWG	80, 790	80, 392	80, 1690	Werbung am Unfallort III
14.12.	I ZR 36/78		331, § 1 UWG	80, 246		80, 1337	Praxiseigenes Zahnersatzlabor
14.12.	I ZR 44/78		82, § 16 UWG	80, 247	80, 537		Capital-Service
18.12.	KVR 2/79	76, 55		80, 734	80, 394	80, 1381	Anzeigenmarkt
18.12.	KZR 16/79						Vertriebsbindung
19.12.	I ZR 130/77			80, 235	80, 141		Play-family
19.12.	I ZB 4/78		48, § 5 WZG	80, 289			Trend
1980							
16. 1.	I ZR 25/78		335, § 1 UWG	80, 304	80, 328	80, 1388	Effektiver Jahreszins
23. 1.	II ZR 30/79			81, 428			Unternehmens-betreuung
25. 1.	I ZR 10/78		167, § 3 UWG	80, 307	80, 330		Preisgegenüber-stellung III
5. 2.	VI ZR 174/78		69, § 823 [Ah] BGB	80, 309	80, 401	80, 1685	Straßen- und Autolobby
5. 2.	KZR 13/79		12, § 140 BGB	80, 807	80, 538	80, 2517	Spielautomat
8. 2.	I ZR 145/76		333, § 1 UWG	80, 793	80, 485		Wein-Wiege Aktion
8. 2.	I ZR 159/77						Dugena/Eduscho
8. 2.	I ZR 22/78		23, Sonderver-anstaltungsAO	80, 724	80, 255	80, 1793	Grand Prix
8. 2.	I ZR 58/78		24, Sonderveran-staltungsAO	80, 722	80, 540		Einmalige Gelegenheit
8. 2.	X ZR 46/78			81, 422			Orion Swiss
12. 2.	KVR 3/79	76, 142	10, § 22 GWB	80, 742	80, 259	80, 1164	Valium II
12. 2.	KZR 7/79		17, § 20 GWB	80, 750	80, 403	80, 1338	Pankreaplex II
12. 2.	KZR 8/79	77, 1	15, § 34 GWB	80, 747	80, 485	80, 1529	Preisblätter II
27. 2.	I ZR 155/77		334, § 1 UWG	80, 800	80, 404	80, 2354	Schwerbeschädig-tenhilfe e. V.
27. 2.	I ZR 8/78		337, § 1 UWG	80, 797	80, 541		Topfit Boonekamp
27. 2.	I ZR 41/78		336, § 1 UWG	80, 855		80, 910	Innenarchitektur
27. 2.	I ZR 64/78		168, § 3 UWG	80, 794	80, 406		Bundeszentrale für Fälschungs-bekämpfung
24. 3.	*KZR 17/79*		14, § 34 GWB	80, 809	80, 547	81, 343	Schlossbrauerei
25. 3.	KZR 9/79		1, § 38a GWB	80, 805	80, 545	81, 2574	Probier-Preis-Aktion

Dat.	AktZ	BGHZ	LM, Nr. zu §	GRUR	WRP	NJW	Schlagwort
25. 3.	KZR 10/79		2, § 273 ZPO	80, 875	80, 544	80, 1848	Beweisantritt
26. 3.	I ZR 1/80		34, § 719 ZPO	80, 755	80, 551		Acrylstern
15. 4.	VI ZR 76/79		68, § 823 [Ah] BGB	80, 813		80, 1790	Familienname
22. 4.	KZR 20/79		22, § 1 GWB	80, 866	80, 616		Sortimentsabgrenzung
22. 4.	KZR 4/79		23, § 1 GWB	80, 940	80, 551	80, 2813	Taxi-Besitzer-Vereinigung
9. 5.	I ZR 76/78		339, § 1 UWG	80, 858	80, 617	80, 2018	Asbestimporte
6. 6.	I ZR 97/78		171, § 3 UWG	81, 71	81, 18		Lübecker Marzipan
13. 6.	I ZR 96/78		24, § 91 ZPO	80, 1074		81, 224	Aufwendungsersatz
18. 6.	VIII ZR 185/79		55, § 459 BGB			80, 2127	„fabrikneu“
24. 6.	KVR 6/79	77, 366	6, § 3 GWB	80, 1080	80, 689	81, 119	Kanalguss
24. 6.	KVR 5/79	77, 279	11, § 22 GWB	80, 1012	80, 686	80, 2583	Hydrostatischer Antrieb
24. 6.	KZR 12/79		8, § 554b ZPO			81, 55	
27. 6.	I ZB 5/79		49, § 5 WZG	80, 1075		81, 637 L	Frisium
27. 6.	I ZR 123/78		1, Bäckerei ArbeitszeitG		81, 138		Backwaren-Nachttransporte
27. 6.	I ZR 70/78			81, 66			„MAN/G-mann“
4. 7.	I ZR 56/78		9, § 6 WZG	81, 53			Arthrexforte
4. 7.	I ZR 120/78		8, § 9a UWG	80, 1000	80, 621		10-Jahres-Jubiläum II
8. 7.	VI ZR 177/78	78, 24		80, 1090		80, 2807	Das Medizin-Syndikat I
8. 7.	VI ZR 158/78		70, § 823 (A) BGB	80, 1099		80, 2810	Das Medizin-Syndikat II
8. 7.	VI ZR 159/78	78, 9		80, 1105		80, 2801	Das Medizin-Syndikat III
8. 7.	VI ZR 176/78	78, 22		81, 80		80, 2813	Das Medizin-Syndikat IV
10. 7.	III ZR 160/78	78, 41		80, 1007	81, 27	80, 270	Innerörtliche reine Reklamefahrten
11. 7.	I ZR 105/78		170, § 3 UWG	81, 69	81, 21		Alterswerbung für Filialen
14. 7.	KRB 6/79						markt-intern Informationsdienste
26. 9.	I ZR 19/78		23, § 11 WZG	81, 57		81, 233 L	„Jena“
26. 9.	I ZR 69/78		17, § 16 WZG	81, 60			Sitex
1.10.	I ZR 142/78		172, § 3 VWG	81, 137	81, 86		Tapetenpreisempfehlung
1.10.	I ZR 174/78		18, § 16 GWB	81, 277			Biene Maja
7.10.	KZR 25/79	78, 190	7, § 25 GWB	81, 208	81, 88	81, 634	Rote Liste
7.10.	KZR 8/80				81, 202		Stellenanzeige
10.10.	I ZR 121/78		343, § 1 UWG	81, 202	81, 91		RAMA-Mädchen
10.10.	I ZR 108/78		26, SonderveranstaltungsAO	81, 284	81, 141		Pelz-Festival
17.10.	I ZR 132/78		340, § 1 UWG	81, 140	81, 23		Flughafengebühr
17.10.	I ZR 8/79		344, § 1 UWG	81, 282	81, 203		Apothekenbotin
17.10.	I ZR 185/79		345, § 1 UWG	81, 280	81, 205		Apothekenbegünstigung
24.10.	I ZR 74/78		173, § 3 UWG	81, 206	81, 93		4 Monate Preisschutz
24.10.	I ZR 114/78		27, SonderveranstaltungsAO	81, 279	81, 143		„Nur drei Tage“
4.11.	KRB 3/80						ARA
7.11.	I ZR 160/78	79, 99	7, LadenschlussG	81, 424	81, 207	81, 1514	Tag der offenen Tür II
14.11.	I ZR 134/78			81, 142			Kräutermeister

Dat.	AktZ	BGHZ	LM, Nr. zu §	GRUR	WRP	NJW	Schlagwort
14.11.	I ZR 138/78		341, § 1 UWG	81, 286	81, 265		Goldene Karte I
14.11.	I ZR 181/78		34, § 1 II RabattG	81, 290	81, 267		Goldene Karte II
14.11.	I ZR 23/79		346, § 1 UWG	81, 289	81, 209	81, 1272	Kilopreise
28.11.	I ZR 182/78		17, § 945 ZPO	81, 295	81, 269	81, 2579	Fotoartikel
2.12.	KVR 1/80	79, 62	12, § 22 GWB	81, 365	81, 310	81, 1786	Strebausbauanlagen
2.12.	KZR 5/80		36, § 839 [K] BGB	81, 292	81, 270	81, 636	Heil- und Kostenpläne
5.12.	I ZR 179/78		13, § 242 (Cb) BGB	81, 447	81, 319	81, 1955	Abschlussschreiben
12.12.	I ZR 158/78		354, §§ 1, 3 UWG	81, 654	81, 454	81, 2413	Testpreiswerbung
19.12.	I ZR 157/78			81, 435			„56 Pfund abgenommen"
1981							
16. 1.	I ZR 29/79	79, 390	11, StberG	81, 596	81, 380	81, 2519	Apotheken-Steuerberatungsgesellschaft
16. 1.	I ZR 140/78		19, § 16 WZG	81, 362			Aus der Kurfürst-Quelle
20. 1.	VI ZR 162/79		65, Art. 5 GG	81, 437		81, 1089	Der Aufmacher I
20. 1.	VI ZR 163/79		73, § 823 (Ak) BGB	81, 441		81, 1366	Der Aufmacher II
23. 1.	I ZR 30/79	79, 239	342, § 1 UWG	81, 428	81, 317	81, 873	Unternehmensbetreuung
23. 1.	I ZR 48/79		351, § 1 UWG	81, 517	81, 514	81, 2252	Rollhocker
27. 1.	KVR 4/80	80, 43	11, § 15 GWB	81, 605	81, 314	81, 2052	Garant-Lieferprogramm
28. 1.	IV b ZR 581/80	79, 265				81, 914	Vierte Partei
30. 1.	I ZR 144/79		1, KaffeeVO	81, 433	81, 384		Monte-Maro
13. 2.	I ZR 63/79		31, § 13 I UWG	81, 529	81, 385	81, 1616	Rechtsberatungsanschein
13. 2.	I ZR 111/78			81, 535			Wirtschaftsprüfervorbehalt
27. 2.	I ZR 75/79		347, § 1 UWG	81, 655	81, 456		Laienwerbung für Makleraufträge
27. 2.	I ZR 78/79		83, § 16 UWG	81, 591	81, 517		Gigi-Modelle
13. 3.	V ZR 35/80						Vertragsbruch
20. 3.	I ZR 1/79		174, § 3 UWG	81, 656			Schlangenzeichen
20. 3.	I ZR 10/79		352, § 1 UWG	81, 658	81, 457	81, 2304	Preisvergleich
24. 3.	KZR 2/80		43, § 26 II GWB	81, 610		81, 2355	SB-Verbrauchermarkt
24. 3.	KZR 18/80			81, 612	81, 460		Fernsicht
3. 4.	I ZR 72/79		20, § 16 WZG	81, 592			Championne du Monde
3. 4.	I ZR 41/80		348, § 1 UWG	81, 665	81, 573	81, 2008	Knochenbrecherin
10. 4.	I ZR 162/79		175, § 3 UWG	81, 666	81, 518		Ungarische Salami
28. 4.	VI ZR 80/79		2, Bay. BerufsO f. Ärzte			81, 2017	Orthopäde
5. 5.	VI ZR 184/79			81, 616		81, 2117	Abgeordnetenprivileg
5. 5.	KZR 9/80						Ganser-Dahlke
13. 5.	I ZR 144/79		176, § 3 UWG	81, 670	81, 575		Gemeinnützig
22. 5.	I ZR 85/79		349, § 1 UWG	81, 746	81, 576		Ein-Groschen-Werbeaktion
22. 5.	I ZB 3/80		32, § 4 II Nr. 1 WZG	82, 49			Insulin-Semitard

Dat.	AktZ	BGHZ	LM, Nr. zu §	GRUR	WRP	NJW	Schlagwort
22. 5.	I ZB 7/80		31, § 4 WZG	81, 910			Der größte Biermark der Welt
26. 5.	KZR 16/80		12, § 15 GWB	81, 836	82, 87		Bundeswehrheime
26. 5.	KZR 22/80	80, 371	44, § 26 GWB	81, 752	81, 520	81, 2701	Privatgleisanschluss
26. 5.	KZR 25/80			81, 675			Brunnenhof
26. 5.	KZR 26/80		6, § 99 GWB	81, 838	82, 145		Gruppenpauschalreise
26. 5.	KRB 1/81						Ölbrenner II
26. 5.	KZR 31/80						Pilskate
15. 6.	VIII ZR 166/80	81, 46	6, § 549 BGB			81, 2246	Tankstelle
16. 6.	KVZ 3/80	81, 53	1, § 74 GWB	81, 640	81, 578	81, 2460	Levis Jeans-Supermarkt
19. 6.	I ZR 100/79			81, 823	82, 207	81, 2811	Ecclesia-Versicherungsdienst
19. 6.	I ZR 107/79		350, § 1 UWG	81, 748	81, 580		Leserstrukturanalyse
22. 6.	KVR 5/80						Tonolli-Blei- und Silberhütte Braubach
22. 6.	KVR 7/80	81, 56	1, § 44 GWB	81, 762	81, 633	81, 2699	Transportbeton – Sauerland
26. 6.	I ZR 71/79		355, § 1 UWG	81, 827	81, 636	81, 2752	Vertragswidriger Testkauf
26. 6.	I ZR 73/79	81, 75	32, Art. 9 GG	81, 846		81, 2402	Rennsport-Gemeinschaft
30. 6.	KZR 11/80		26, § 26 II GWB	81, 767 82, 744	81, 638	81, 2357	Belieferungsunwürdige Verkaufsstätten I
30. 6.	KZR 19/80			81, 917			adidas
3. 7.	I ZR 84/79	81, 291	358, § 1 UWG	82, 53	82, 17	82, 335	Bäckerfachzeitschrift
3. 7.	I ZR 127/79	81, 130	357, § 1 UWG	81, 831	82, 19	81, 2517	Grippewerbung
10. 7.	I ZR 77/79		3, § 9 UWG	81, 833	81, 643	81, 2754	Alles 20 % billiger
10. 7.	I ZR 96/79	81, 247	356, § 1 UWG	81, 835	81, 642	81, 2573	Getarnte Werbung I
10. 7.	I ZR 124/79		53, § 3 UWG	82, 51			Rote-Punkt-Garantie
16. 9.	VIII ZR 161/80			81, 919			Vertraglich vereinbarter Konkurrenzschutz
18. 9.	I ZR 11/80		80, § 24 WZG	82, 111	82, 214		Original-Maraschino
22. 9.	KVR 8/80	81, 322	45, § 26 GWB	82, 60	82, 147	82, 46	Original-VW-Ersatzteile II
29. 9.	KVR 2/80	82, 1	10, §§ 24 I, 22 I GWB	82, 126	82, 203	82, 337	Straßenverkaufszeitungen
2.10.	I ZR 116/79		28, SonderveranstaltungsAO	82, 56	82, 22		Sommerpreis
7.10.	III ZR 229/80	82, 21					Tagespreis
16.10.	I ZB 10/80 (BPatG)		33, § 4 II Nr. 1 WZG				Zahl 17
16.10.	I ZR 45/80		11, HWG	82, 124	82, 211	82, 702	Vegetative Dystonie
23.10.	I ZR 62/79		11, § 2 UrhG	82, 305			Büromöbelprogramm
30.10.	I ZR 93/79		56, Art 5 GG	82, 234	82, 259	82, 637	Großbanken-Restquoten
30.10.	I ZR 149/77		181, § 3 UWG	82, 423	82, 405		Schlossdoktor/Klosterdoktor
30.10.	I ZR 156/79	82, 138	359, § 1 UWG	82, 118	82, 88	82, 236	Kippdeckeldose
30.10.	I ZR 7/80	82, 152	48, §§ 15, 24 WZG	82, 115	82, 217 L		Öffnungshinweis
3.11.	KZR 33/80					82, 2000	Holzpaneele
6.11.	I ZR 164/69		182, § 3 UWG	82, 374	82, 266		Ski-Auslaufmodelle
6.11.	I ZR 158/79		363, § 1 UWG	82, 311	82, 264	82, 1331	Berufsordnung für Heilpraktiker

Dat.	AktZ	BGHZ	LM, Nr. zu §	GRUR	WRP	NJW	Schlagwort
13.11.	I ZR 2/80		364, § 1 UWG	82, 239	82, 319		Allgemeine Deutsche Steuerberatungsgesellschaft
13.11.	I ZR 40/80		365, § 1 UWG	82, 236	82, 268	82, 825	Realkredite
24.11.	X ZR 7/80	82, 299		82, 301		82, 1154	Kunststoffhohlprofil II
24.11.	VI ZR 164/79			82, 181			Tonbandaufnahme II
24.11.	X ZR 36/80	82, 310		82, 286			Fersenabstützvorrichtung
27.11.	I ZR 194/79			82, 417	82, 321		Ranger
1.12.	KRB 3/79		25, § 1 GWB	82, 244			Mixbeton
1.12.	KRB 5/79	82, 332 30, 270 (St)	24, § 1 GWB	82, 248	82, 322	82, 938	Baustoffhändler
1.12.	VI ZR 200/80		76, § 823 (Ah) BGB	82, 183		82, 635	Rudimente der Fäulnis
1.12.	KZR 37/80	82, 238	47, § 26 GWB	82, 187	82, 324	82, 644	Dispositionsrecht
4.12.	I ZR 9/80		4, § 9 UWG	82, 241	82, 218	82, 1393	Sonderangebot in der Karenzzeit
11.12.	I ZR 150/79		366, § 1 UWG	82, 313	82, 326	82, 1330	Rezeptsammlung für Apotheker
17.12.	X ZR 71/80	82, 369	5, § 18 UWG	82, 225		82, 937	Straßendecke II
18.12.	I ZR 198/79		184, § 3 UWG	82, 242	82, 270		Anforderungsschecks für Barauszahlungen
18.12.	I ZR 34/80	82, 375	154, § 13 GVG	82, 425		82, 2117	Brillen-Selbstabgabestellen I
18.12.	I ZR 116/80						Brillen-Selbstabgabestellen II
1982							
9. 1.	I ZR 180/79			82, 229			Klix/Klick
15. 1.	V ZR 50/81	83, 12	25, § 91 ZPO			82, 1598	Erledigung der Hauptsache
27. 1.	I ZR 61/80	83, 52	84, § 16 UWG	82, 431	82, 407	82, 2255	POINT
9. 2.	VI ZR 123/80		77, § 823 (Ah) BGB	82, 318		82, 1805	Schwarzer Filz
10. 2.	I ZR 65/80		185, § 3 UWG	82, 491	82, 409		Möbel-Haus
16. 2.	KVR 1/81			82, 439	82, 456		Münchener Anzeigenblätter
18. 2.	I ZR 23/80			82, 563	82, 459		Betonklinker
25. 2.	I ZR 175/79			82, 433	82, 460	82, 2125	Kinderbeiträge
25. 2.	I ZR 4/80			82, 419			Noris
4. 3.	I ZR 30/80			82, 493	82, 411	82, 1877	Sonnenring
4. 3.	I ZR 19/80			82, 489	82, 518	82, 2774	Korrekturflüssigkeit
11. 3.	I ZR 39/78			82, 495	82, 463		Domgarten-Brand
11. 3.	I ZR 71/80		186, § 3 UWG	82, 437	82, 413	82, 1596	Test Gut
11. 3.	I ZR 58/80		89, § 31 WZG	82, 420			BBC/DDC
23. 3.	KZR 18/81	82, 234	13, § 15 GWB		82, 578	82, 2067	Mendener Hof
23. 3.	KZR 5/81	83, 251	1, § 15 PatG				Veräußerungsmittel
23. 3.	KZR 28/80	83, 238	48, § 26 GWB	82, 576	82, 520	82, 1759	Meierei-Zentrale
22. 4.	I ZR 66/80			82, 677	82, 632	83, 171	Unentgeltliche Übernahme der Preisauszeichnung
29. 4.	I ZR 111/80			82, 564	82, 570		Elsässer Nudeln
29. 4.	I ZR 70/80			82, 613	82, 573	82, 2317	Buchgemeinschafts-Mitgliedsausweis
6. 5.	I ZR 94/80			82, 672			Aufmachung von Qualitätsseifen
6. 5.	I ZR 102/80			82, 679	82, 575	83, 45	Planungsbüro

Dat.	AktZ	BGHZ	LM, Nr. zu §	GRUR	WRP	NJW	Schlagwort
13. 5.	I ZR 40/80						Form-Möbel
13. 5.	I ZR 205/80			82, 688	82, 634	83, 167	Seniorenpass
18. 5.	KZR 15/81	84, 125	19, § 34 GWB	82, 635	82, 640	82, 2871	Vertragszweck
18. 5.	KVR 6/81	84, 118	7, § 3 GWB	82, 585	82, 524	82, 2319	RUV
18. 5.	KVR 3/81		4, § 5 GWB	82, 581	82, 637		Steinbruchunternehmen
19. 5.	I ZR 122/80	84, 130		82, 615	82, 526	82, 2502	Flughafen-Verkaufsstellen
27. 5.	I ZR 49/80			82, 618	82, 576	82, 2605	Klinik-Prospekt
27. 5.	I ZR 35/80			82, 681	82, 642		Skistiefel
8. 6.	VI ZR 139/80	84, 237		82, 627	83, 14	83, 1194	Satirisches Gedicht
9. 6.	I ZR 87/80			82, 684	82, 645	82, 2606	Arzneimittel-Preisangaben
9. 6.	I ZR 96/80			82, 737	83,16	83, 169	Eröffnungsrabatt
22. 6.	VI ZR 251/80		78, § 823 (Ah) BGB	82, 631		82, 2246	Klinikdirektoren
22. 6.	VI ZR 225/80		79, § 823 (Ah) BGB	82, 633	83, 21	82, 2248	Geschäftsführer
24. 6.	I ZR 62/80		49, § 31 WZG	82, 611			Prodont
24. 6.	I ZR 108/80			82, 685	82, 648		Ungarische Salami II
29. 6.	KVR 5/81	84, 320	2, § 72 GWB	82, 691	83, 88	82, 2775	Anzeigenraum
29. 6.	KZR 19/81	84, 322	20, § 34 GWB	82, 638		82, 2872	Laterne
29. 6.	KVR 7/81						Braun/Almo
8. 7.	I ZR 110/80		84, § 24 WZG	83, 177			Aqua King
22. 9.	VIII ZR 215/79			83, 41			Butterreinfett
28. 9.	KVR 8/81		9, § 23 GWB	83, 38	83, 89	83, 818	Zeitungsverlag
29. 9.	I ZR 88/80	85, 84	380, § 1 UWG	83, 120	83, 145	83, 569	ADAC-Verkehrsrechtsschutz
29. 9.	I ZR 25/80		194, § 3 UWG	83, 32	83, 203		Stangenglas I
7.10.	I ZR 93/80		378, § 1 UWG	83, 34	83, 205		Bestellschreiben
7.10.	I ZR 120/80		38, § 1 Zugabe-VO	83, 127	83, 91	83, 941	Vertragsstrafeversprechen
14.10.	I ZR 81/81			83, 129	83, 207	83, 1061	Mischverband
19.10.	KZR 31/81		3, § 100 GWB	83, 78	83, 93		Erzeugerbetrieb
9.11.	KZR 5/82					83, 2261	Insertionsverträge
9.11.	KZR 26/81		22, § 34 GWB	83, 138	83, 152	83, 1493	Ingenieur-Vertrag
11.11.	I ZR 126/80		381, § 1 UWG	83, 130	83, 154	83, 993	Lohnsteuerhilfe-Bundesverband
11.11.	I ZB 15/81		34, § 4 WZG	83, 243			BEKA Robusta
19.11.	I ZR 99/80		383, § 1 UWG	83, 179	83, 209	84, 239	Stapel-Automat
25.11.	I ZR 130/80			83, 182	83, 261	83, 2382	Concordia-Uhren
25.11.	I ZR 145/80		195, § 3 UWG	83, 245	83, 260		„naturrot"
2.12.	I ZR 121/80		12, § 9a UWG	83, 186	83, 264	83, 1060	Wiederholte Unterwerfung I
2.12.	I ZR 106/80		379, § 1 UWG	83, 184	83, 266		Eine Fülle von Sonderangeboten
9.12.	I ZR 133/80	86, 90	385, § 1 UWG	83, 247	83, 268	83, 1431	Rolls-Royce
16.12.	I ZR 163/80		387, § 1 UWG	83, 374	83, 387	83, 1737	Spendenbitte
16.12.	I ZR 155/80			83, 443	83, 385	83, 1558	Kfz-Endpreis
1983							
20. 1.	I ZR 13/81		384, § 1 UWG	83, 249	83, 328	83,	Apothekenwerbung

Dat.	AktZ	BGHZ	LM, Nr. zu §	GRUR	WRP	NJW	Schlagwort
						2085	
20. 1.	I ZR 183/80	86, 277	388, § 1 UWG	83, 333	83, 337	83, 2087	Grippewerbung II
20. 1.	I ZR 167/80		386, § 1 UWG	83, 332	83, 330	83, 1431	Hausfrauenkredite
25. 1.	KVZ 1/82			83, 198		83, 1911	Auskunftsbescheid
27. 1.	I ZR 141/80		39, § 1 Zugabe-VO	83, 252	83, 335	83, 1328	Diners-Club
27. 1.	I ZR 160/80			83, 262	83, 339	83, 1184	UWE
27. 1.	I ZR 177/80		390, § 1 UWG	83, 377	83, 484		Brombeer Muster
27. 1.	I ZR 179/80		196, § 3 UWG	83, 335			Trainingsgerät
2. 2.	I ZR 191/80		199, § 3 UWG	83, 254	83, 390	83, 1327	Nachhilfeunterricht
2. 2.	I ZR 199/80		197, § 3 UWG	83, 256	83, 389		Sauerteig
10. 2.	I ZR 170/80		382, § 1 UWG	83, 257	83, 391		bis zu 40 %
17. 2.	I ZR 194/80		38, § 13 UWG	83, 379	83, 395	83, 1559	Geldmafiosi
17. 2.	I ZR 203/80		395, § 1 UWG	83, 393	83, 393	83, 2634	Novodigal/temagin
24. 2.	I ZR 16/81		7, Schlussverkaufs VO	83, 383	83, 400	84, 176	Stündlich neue Angebote
24. 2.	I ZR 207/80			83, 467	83, 398	83, 2195	Photokina
8. 3.	KZR 1/82		50, § 26 GWB	83, 396	83, 401		Modellbauartikel III
17. 3.	I ZR 198/80		397, § 1 UWG	83, 448	83, 487	84, 175	Sonderangebote außerhalb der Karenzzeit
14. 4.	I ZR 173/80		16, HWG	83, 595	83, 551	83, 2633	Grippewerbung III
21. 4.	I ZR 15/81		203, § 3 UWG	83, 582	83, 553	83, 2505	Tonbandgerät
21. 4.	I ZR 28/81		17, HWG	83, 597	83, 608	83, 2636	Kneipp-Pflanzensaft
21. 4.	I ZR 30/81		391, § 1 UWG	83, 451	83, 403	83, 2447	Ausschank unter Eichstrich I
21. 4.	I ZR 201/80			83, 602	83, 609	83, 2143	Vertragsstraferückzahlung
28. 4.	I ZR 202/80		392, § 1 UWG	83, 585	83, 611		Gewindeschneidemaschine
28. 4.	I ZR 52/81			83, 764			Haller II
5. 5.	I ZR 46/81		205, § 3 UWG	83, 650	83, 613		Kamera
5. 5.	I ZR 47/81		393, § 1 UWG	83, 651	83, 615	83, 2381 (L)	Feingoldgehalt
5. 5.	I ZR 49/81		204, § 3 UWG	83, 512	83, 489		Heilpraktikerkolleg
11. 5.	I ZR 64/81		210, § 3 UWG	84, 467	84, 62		Das unmögliche Möbelhaus
11. 5.	I ZR 68/81		394, § 1 UWG	83, 587	83, 663	83, 2144	Letzte Auftragsbestätigung
19. 5.	I ZR 55/81		211, § 3 UWG	83, 588	83, 555	84, 1106	Überall Westfalenblatt
19. 5.	I ZR 77/81		212, § 3 UWG	83, 777	83, 665	84, 52	Möbelkatalog
1. 6.	I ZR 103/81		18, HWG	83, 599	83, 617	83, 2637	Ginseng-Präparate
1. 6.	I ZR 78/81		79, § 242 (Ba) BGB	84, 72	84, 14		Vertragsstrafe für versuchte Vertreterabwerbung
9. 6.	I ZR 73/81		12, § 239 ZPO	83, 775	83, 667	84, 668	Ärztlicher Arbeitskreis
9. 6.	I ZR 106/81		207, § 3 UWG	83, 654	83, 668		Kofferschaden
23. 6.	I ZR 75/81		400, § 1 UWG	83, 658	83, 556	83, 2705	Hersteller – Preisempfehlung in Kfz-Händlerwerbung
23. 6.	I ZR 109/81		208, § 3 UWG	83, 661	83, 559	83, 2703	Sie sparen 4000,– DM

Dat.	AktZ	BGHZ	LM, Nr. zu §	GRUR	WRP	NJW	Schlagwort
30. 6.	I ZR 164/80			83, 682	83, 672		Fach-Tonband-Kassetten
30. 6.	I ZR 96/81			83, 768			Capri-Sonne
7. 7.	I ZR 113/81		401, § 1 UWG	83, 665	83, 674	83, 2707	qm-Preisangaben
7. 7.	I ZR 119/81		213, § 3 UWG	83, 779	83, 675	84, 174 (L)	Schuhmarkt
14. 7.	I ZR 67/81		402, § 1 UWG	83, 781	83, 619	84, 51	Buchklub-Vorspannangebot
22. 9.	I ZR 166/81		403, § 1 UWG	84, 129	84, 134		shop-in-the-shop I
22. 9.	I ZR 108/81		405, § 1 UWG	84, 376	84, 254		Johannisbeer-Konzentrat
4.10.	KVR 2/82	88, 273	12, §§ 23, 24, 70 GWB	84, 227	84, 17	84, 2886	Elbe-Wochenblatt
4.10.	KVR 3/82	88, 284	14, §§ 22 II, 24 GWG	84, 150	84, 64, 192	84, 2700	Gemeinschaftsunternehmen für Mineralölprodukte
6.10.	I ZR 39/83		409, § 1 UWG	84, 204	84, 136	84, 1618	Verkauf unter Einstandspreis II
13.10.	I ZB 3/82		35, § 4 WZG				„Msi" Data Corp
13.10.	I ZR 138/81		406, § 1 UWG	84, 282	84, 256		Telekonverter
20.10.	I ZR 130/81		412, § 1 UWG	84, 283	84, 258		Erbenberatung
25.10.	KZR 27/82		4, § 91 GWB	84, 296	84, 193	84, 1355	Vereins-Schiedsklausel
27.10.	I ZR 146/81		404, § 1 UWG	84, 210	84, 194		AROSTAR
27.10.	I ZR 148/81			84, 378	84, 376		Hotel Krone
27.10.	I ZR 151/81		214, § 3 UWG	84, 212	84, 139		unechter Einzelpreis
27.10.	III ZR 126/82	89, 1		84, 473		84, 2220	Abwrackfonds
8.11.	I BvR 1249/81			84, 276	84, 128		PrAngVO
10.11.	I ZR 107/81		9, Schlussverkaufs VO	84, 285	84, 196	84, 1687	WSV
10.11.	I ZR 125/81		51, § 15 WZG	84, 530		84, 1295 84, 2036 (Anm. Reich)	Valium-Roche
10.11.	I ZR 158/81		407, § 1 UWG	84, 453	84, 259		Hemdblusenkleid
15.11.	VI ZR 251/82		83, § 823 (Ah) BGB	84, 231		84, 1102	Wahlkampfrede
17.11.	I ZR 5/81	89, 78	408, § 1 UWG	84, 291	84, 261	84, 1406	Heilpraktikerwerbung III
17.11.	I ZR 168/81		52, § 15 WZG	84, 352		84, 1298	Ceramix
22.11.	KVR 2/83		12, § 38 GWB	84, 230	84, 142	84, 1354	Freistellungsmissbrauch
22.11.	KZR 22/82	89, 88	12, § 96 GWB	84, 295	84, 198	84, 1464	Stangenlademagazine
22.11.	KZR 29/83						Geschäftsraum Miete
23.11.	VIII ZR 333/82			84, 298			Bierlieferungs-Nachfolgerklausel
24.11.	I ZR 192/81		410, § 1 UWG	84, 214	84, 199	85, 62	Copy-Charge
24.11.	I ZR 124/81		50, § 15 WZG	84, 354			Tina Spezial Versand II
1.12.	I ZR 164/81		411, § 1 UWG	84, 292	84, 262	84, 1407	„THX"-Injektionen
8.12.	I ZR 118/81		216, § 3 UWG	84, 455	84, 316		Französischer Brandy
8.12.	I ZR 183/81	89, 178		84, 382	84, 264	84, 791	Anwaltsberatung
8.12.	I ZR 189/81		9, LSchlG	84, 361	84, 202	84, 872	Hausfrauen-Info-Abend
13.12.	KRB 3/83		10, § 38 GWB-StS	84, 379	84, 318		Bieter- und Arbeitsgemeinschaft
20.12.	VI ZR 94/82	89, 198		84, 301	84, 377	84, 1104	Aktionärversammlung

Dat.	AktZ	BGHZ	LM, Nr. zu §	GRUR	WRP	NJW	Schlagwort
1984							
19. 1.	I ZR 194/81		89, § 16 UWG	84, 545	84, 380	86, 56	Schamotte-Einsätze
26. 1.	I ZR 195/81		15, § 198 BGB	84, 820	84, 678	85, 1023	Intermarkt II
26. 1.	I ZR 227/81		222, 223, 224, § 3 UWG	84, 457	84, 382		„Deutsche Heilpraktikerschaft"
2. 2.	I ZR 4/82		414, § 1 UWG	84, 461	84, 321	85, 60	Kundenboykott
2. 2.	I ZR 190/81		413, § 1 UWG	84, 463	84, 386	85, 327	Mitmacher-Tour
2. 2.	I ZR 219/81			84, 465			Natursaft
7. 2.	VI ZR 193/82	90, 114	85, § 823 (Ah) BGB	84, 474		84, 1607	Bundesbahnplanungsvorhaben
9. 2.	I ZR 11/82		88, § 16 UWG	84, 471	84, 323		Gabor/Caber
16. 2.	I ZR 22/82				84, 388		Werbung eines Immobilienhändlers
22. 2.	I ZR 13/82		1, AMPreisVO	84, 748	84, 538	86, 1544	Apothekerspannen
22. 2.	I ZR 202/81		14, § 9a UWG	84, 590	84, 389	85, 3075	„Sonderangebote auf 3000 qm"
1. 3.	I ZR 8/82	90, 232	24, SteuerberatG	84, 540	84, 391	84, 2705	Lohnsteuerberatung I
1. 3.	I ZR 48/82		217, § 3 UWG	84, 737	84, 540		Ziegelfertigstürze
15. 3.	I ZR 74/82		218, § 3 UWG	84, 593	84, 394		adidas-Sportartikel
20. 3.	KVR 12/83		2, § 37a GWB	84, 680	84, 463		Kaufmarkt
20. 3.	KZR 11/83						Strohgau-Wochenjournal
29. 3.	I ZR 41/82		15, § 9a UWG	84, 664	84, 396		Winterpreis
29. 3.	I ZR 69/82		219, § 3 UWG	84, 596	84, 398		Vorratskauf
29. 3.	KZR 28/83			84, 753			Heizkessel-Nachbau
4. 4.	I ZR 25/82			84, 597			vitra programm
4. 4.	I ZR 9/82		416, § 1 UWG	84, 665	84, 399	85, 1623	Werbung in Schulen
4. 4.	I ZR 222/81			84, 823			Charterfluggesellschaften
10. 4.	KZR 6/83		23, § 24 GWB	84, 610	84, 401		Kalktransporte
10. 4.	KZR 14/83						Korkschrot
10. 4.	KVR 8/83		4, § 62 II GWB	84, 607			Coop/Supermagazin
12. 4.	I ZR 45/82		42, § 683 BGB	84, 691	84, 405	84, 2525	Anwaltsabmahnung
12. 4.	I ZR 14/82						Steuerberaterkammer/Gemeinschaftswerbung
17. 4.	VI ZR 246/82	91, 117	63, § 823 (Ai) BGB	84, 684	84, 465	84, 1956	Mordoro
15. 5.	KVR 11/83	91, 178	3, § 11 GWB	84, 682	84, 468	84, 2697	Wettbewerbsregeln
17. 5.	I ZR 5/82		52, § 5 WZG	84, 813			Ski-Delial
17. 5.	I ZR 73/82		36, Art 1 GG	84, 907	84, 681		Frischzellenkosmetik
22. 5.	VI ZR 105/82	91, 233	164, § 1004 BGB	84, 688	84, 470	84, 1886	AEG-Aktionär
23. 5.	I ZB 6/83	91, 262	9, § 10 WZG	84, 815		85, 2760	Indorektal
23. 5.	I ZR 140/82		220, § 3 UWG	84, 740	84, 542	84, 2365	Anerkannter Kfz-Sachverständiger
29. 5.	KZR 28/83						Stadler Kessel
20. 6.	I ZR 61/82		30, § 1 WZG	85, 41			REHAB
20. 6.	I ZR 60/82			84, 872			Wurstmühle
26. 6.	I ZR 73/79		32, Art 1 GG				Rennsportgemeinschaft
28. 6.	I ZR 93/82	92, 30	5, HdwO	85, 56	84, 684	84, 2883	Bestellter Kfz-Sachverständiger
5. 7.	I ZR 88/82		221, § 3 UWG	84, 741	84, 601		patented
9. 7.	KRB 1/84	92, 84	2, § 31 OWiG 75	84, 753	84, 544	84, 2372	Submissionsabsprache
12. 7.	I ZR 2/82		26, § 11 WZG	85, 46			IDEE-Kaffee
12. 7.	I ZR 123/82		32, § 315 BGB	85, 155		85, 191	Vertragsstrafe bis zu

Dat.	AktZ	BGHZ	LM, Nr. zu §	GRUR	WRP	NJW	Schlagwort
12. 7.	I ZR 37/82		418, § 1 UWG	85, 58	85, 274	85, 1032	Mischverband II
12. 7.	I ZR 49/82		90, § 16 UWG	85, 72	84, 1549	85, 741	Consilia
20. 9.	I ZB 9/83		37, § 4 WZG	85, 383			BMW-Niere
2.10.	KVR 5/83	92, 223	15, § 22 GWB	85, 311	85, 327	85, 1626	Gruner + Jahr-Zeit
2.10.	KZR 17/82						Leichtmetallheizkörper
11.10.	I ZB 14/83		53, § 5 WZG	85, 385			FLUOSOL
11.10.	I ZR 137/82		11, § 6b UWG	85, 292	85, 296	85, 916	Codekarte
17.10.	I ZR 187/82		227, § 3 UWG	85, 140			Größtes Teppichhaus der Welt
25.10.	I ZR 129/82		38, RabattG	85, 392		85, 975	Sparpackung
6.11.	KVR 13/83		16, § 22 GWB	85, 318	85, 490	86, 846	Favorit
6.11.	KZR 20/83		51, § 26 GWB	85, 321		86, 49	Kreditvermittlung
8.11.	I ZR 206/80			85, 396			5 Sterne Programm
8.11.	I ZR 128/82		424, § 1 UWG	85, 876		86, 381	Tchibo/Rolex I
22.11.	I ZR 164/82		420, § 1 UWG	85, 305		85, 1397	THX-Krebsvorsorge
22.11.	I ZR 101/82		91, § 16 UWG	85, 389	85, 550	86, 57	Familienname
22.11.	I ZR 98/82		422, § 1 UWG	85, 881		85, 1624	Bliestal-Spiegel
29.11.	I ZR 158/82	93, 96	423, § 1 UWG	85, 550		86, 379	Dimple
13.12.	I ZR 107/82		135, § 256 ZPO	85, 571		86, 1815	Feststellungsinteresse
13.12.	I ZR 71/83		425, § 1 UWG	85, 555			Abschleppseile
19.12.	I ZR 148/82		19, § 945 ZPO	85, 397			Fotoartikel II
19.12.	I ZR 133/82		10, § 17 UWG	85, 294	85, 365		Füllanlage
19.12.	I ZR 79/83		421, § 1 UWG	85, 445			Amazonas
19.12.	I ZR 181/82	93, 177	426, § 1 UWG	85, 447		85, 3018	Provisionsweitergabe

Dat.	AktZ	BGHZ	GRUR	WRP	NJW	NJW-RR	Schlagwort
1985							
15. 1.	KZR 17/83		85, 986				Guten Tag Apotheke
17. 1.	I ZR 107/83		85, 926		85, 2762		topfitz/topfit
17. 1.	I ZR 172/82		85, 461	85, 338			Gefa/Gewa
22. 1.	KZR 4/84		85, 468	85, 340			Ideal-Standard
22. 1.	KZR 35/83		85, 394	85, 264	85, 2135		Technics
22. 1.	VI ZR 28/83		85, 398		85, 1617		Nacktfoto
24. 1.	I ZR 22/83		85, 973	85, 546			„DIN 2093"
24. 1.	I ZR 173/81		85, 450	85, 342			Benzinverbrauch
24. 1.	I ZR 16/83		85, 929	85, 690	85, 2949		Späterer Preis
29. 1.	VI ZR 130/83		85, 470		85, 1620		Mietboykott
29. 1.	X ZR 54/83	93, 327	85, 472		85, 1693		Thermotransformator
1. 2.	V ZR 244/83				85, 2423		Unterwerfungserklärung
12. 2.	VI ZR 225/83		86, 188		85, 1621		Türkeiflug
14. 2.	I ZR 20/83		85, 937	85, 404	85, 2021		Vertragsstrafe bis zu II
28. 2.	I ZR 7/83		85, 886	85, 406 85, 482 (Anm)			Cocktail-Getränk
28. 2.	I ZR 174/82		85, 883	85, 691			Abwehrblatt
7. 3.	I ZR 34/83		85, 975	85, 693	86, 318		Sparkassenverkaufsaktion
12. 3.	X ZR 3/84		85, 520	85, 407			Konterhauben-Schrumpfsystem
21. 3.	I ZR 190/82		85, 566	85, 410			Hydair
28. 3.	I ZR 111/82	94, 218	85, 970	85, 621, 626	86, 432		Shamrock I
28. 3.	I ZR 127/82		85, 978	85, 624, 626	86, 434		Shamrock II
28. 3.	I ZR 42/83		85, 936	85, 483	85, 2194		Sanatorium II

Dat.	AktZ	BGHZ	GRUR	WRP	NJW	NJW-RR	Schlagwort
					(LS)		
3. 4.	I ZR 101/83		86, 325	85, 548			Peters
3. 4.	I ZB 17/84		85, 1052				LECO
3. 4.	I ZR 29/83		86, 79				Mietrechtsberatung
18. 4.	I ZR 155/83		85, 980	85, 484	85, 2333		Tennisschuhe
18. 4.	I ZB 4/84		85, 1053				ROAL
18. 4.	I ZR 220/83		85, 983	85, 628	85, 2950		Kraftfahrzeug-Rabatt
23. 4.	KRB 7/84						Sportartikelhandel
23. 4.	KVR 4/84		85, 933	85, 552	86, 1256		Schulbuch-Preisbindung
23. 4.	KRB 8/84						Nordmende
23. 4.	KRB 6/84						
24. 4.	I ZR 130/84		86, 93				Berufungssumme
2. 5.	I ZR 200/83		85, 932	85, 486	85, 2332		Veralteter Test
2. 5.	I ZB 8/84		85, 1055			86, 219	Datenverarbeitungsprogramm als „Ware"
2. 5.	I ZR 47/83		85, 939	85, 1118	86, 2701		Kalkulationshilfe
9. 5.	I ZR 52/83	94, 276	85, 1041		86, 192		Inkasso-Programm
9. 5.	I ZR 99/83		85, 1059	85, 555	85, 2895		Vertriebsbindung
5. 5.	I ZR 25/83		85, 1065	86, 141	86, 127		Erfüllungsgehilfe
23. 5.	I ZR 31/83		86, 81				Hilfsdienst für Rechtsanwälte
23. 5.	I ZR 18/83		85, 1063	85, 694		86, 33	Landesinnungsmeister
5. 6.	I ZR 127/83		86, 245				India-Gewürze
5. 6.	I ZR 77/83		86, 72				Tabacco d Harar
5. 6.	I ZR 151/83		86, 168				Darcy
25. 6.	KVR 3/84		86, 180	86, 26		86, 525	Edelstahlbestecke
25. 6.	KZR 31/84		86, 91	85, 705	86, 58		Preisabstandsklausel
4. 7.	I ZR 54/83		86, 316	85, 696			Urselters
4. 7.	I ZR 147/83		85, 1064	85, 698			Heilpraktikerbezeichnung
9. 7.	KZR 7/84		86, 87	85, 700			Preisbindungs-Treuhänder-Empfehlung
9. 7.	KZR 8/84		85, 988	85, 631		86, 336	Heizwerk
9. 7.	VI ZR 214/83	95, 212	86, 190		85, 2644		Wehrmachtsoffizier
11. 7.	I ZR 63/83		85, 982	85, 704	86, 319		Großer Werbeaufwand
11. 7.	I ZR 145/83		85, 1066		86, 133		Ausschlussfrist
26. 9.	I ZR 85/83		86, 252				Sportschuhe
26. 9.	I ZR 86/83		86, 248		87, 127		Sporthosen
26. 9.	I ZR 181/83		86, 253	86, 82		86, 196	Zentis/Säntis
1.10.	KVR 6/84	96, 69	86, 556	86, 192	86, 1874		Mischwerke
1.10.	I ZR 240/83		86, 318	86, 146		86, 395	Verkaufsfahrten
10.10.	I ZR 135/83		86, 74	86, 142	86, 435 (LS)		Shamrock III
10.10.	I ZR 170/83				86, 1432		
24.10.	I ZR 209/83		86, 315			86, 396	COMBURTEST
29.10.	KVR 1/84		86, 393	86, 198			Philip Morris/Rothmans
7.11.	I ZR 105/83		86, 320	86, 201	86, 1347		Wettbewerbsverein I
7.11.	I ZB 12/84		86, 380			86, 914	RE-WA-MAT
14.11.	I ZR 168/83		86, 322	86, 202		86, 526	Unterschiedliche Preisankündigung
28.11.	I ZR 152/83		86, 538			86, 783	Ola
1.12.	KVR 2/84						Schwarzbuntzüchter
3.12.	VI ZR 160/84		86, 330		86, 981		Wartentest III
5.12.	I ZR 161/83		86, 322	86, 203		86, 584	Modemacher
10.12.	KZR 2/85		86, 332	86, 204		86, 583	AIKIDO-Verband
10.12.	KZR 22/85	96, 337	86, 397	86, 261	86, 1877	86, 589	Abwehrblatt II
12.12.	I ZR 1/84		86, 402	86, 265	86, 2761		Fürstenberg
18.12.	I ZR 122/83		86, 475	86, 267			Fernschreibkennung
18.12.	I ZR 216/83		86, 469	86, 322	86, 2575		Stangenglas II
1986							
30. 1.	I ZR 170/83		86, 545	86, 373	86, 1432		Weichwährungsflugscheine

Dat.	AktZ	BGHZ	GRUR	WRP	NJW	NJW-RR	Schlagwort
4. 2.	KZR 18/84				86, 2210 (L)		Schaumstoffplatten
4. 2.	KZR 33/84		86, 478	86, 375			Herstellerpreiswerbung
4. 2.	KRB 11/85		86, 561	86, 464	87, 266		Brancheninformationsdienst Augenoptik
6. 2.	I ZR 243/83		86, 673	86, 377		86, 1041	Beschlagprogramm
6. 2.	I ZR 98/84		86, 895	86, 541		87, 160	Notenstichbilder
20. 2.	I ZR 153/83		86, 668		86, 3025		Gebührendifferenz IV
20. 2.	I ZR 202/83		86, 618	86, 465		86, 973	Vorsatz-Fensterflügel
20. 2.	I ZR 149/83		86, 615	86, 324	86, 2836		Reimportierte Kraftfahrzeuge
20. 2.	I ZR 153/83				86, 3025		Gebührendifferenz II
27. 2.	I ZR 210/83		86, 547	86, 379	86, 2053		Handzettelwerbung
27. 2.	I ZR 7/84		86, 548	86, 654		86, 841	Dachsteinwerbung
6. 3.	I ZR 218/83		86, 621	86, 380		86, 840	Taxen-Farbanstrich
6. 3.	I ZR 14/84		86, 676	86, 467		86, 972	Bekleidungswerk
11. 3.	KVR 2/85		86, 743	86, 543			Kaufhof/Metro
11. 3.	KRB 7/85						Aktenvermerke
11. 3.	KRB 8/85						Bußgeldhaftung
11. 3.	KZR 28/84						Rassehunde-Zuchtverband
11. 3.	KRB 10/85						Angebotsliste
11. 3.	KZR 26/84						Verband für Deutsches Hundewesen
13. 3.	I ZR 27/84		86, 678	86, 469	86, 1041		Wettbewerbsverein II
20. 3.	I ZR 13/84		86, 812	86, 547	87, 1082		Gastrokritiker
20. 3.	I ZR 10/84		86, 542		86, 3139		King II
20. 3.	I ZR 228/83		86, 622	86, 381			Umgekehrte Versteigerung
10. 4.	GemS OGB 1/85	97, 312	86, 685		86, 2359		Orthopädische Hilfsmittel
15. 4.	KVR 3/85	97, 317	86, 750	86, 596	86, 2954		E-H-Partner Vertrag
15. 4.	KVR 6/85		86, 755	86, 600		86, 880	Wegenutzungsrecht
15. 4.	KVR 1/85		86, 747	86, 550		86, 1298	Taxigenossenschaft
17. 4.	I ZR 18/84		86, 892				Gaucho
17. 4.	I ZR 213/83		86, 739				Anwaltsschriftsatz
24. 4.	I ZR 56/84		87, 45	86, 603			Sommerpreiswerbung
24. 4.	I ZR 127/84		86, 814				Whisky-Mischgetränke
28. 4.	II ZR 254/85		86, 763	86, 606	86, 2944		Praxisverkauf
7. 5.	I ZB 9/85		86, 893				Stelzer-Motor
7. 5.	I ZR 119/84		86, 819		87, 124		Zeitungsbestellkarte
7. 5.	I ZR 95/84		86, 816	86, 660	87, 125		Widerrufsbelehrung bei Teilzahlungskauf
7. 5.	VIII ZR 238/85		86, 679	86, 663	86, 2435		Adressenverlag
15. 5.	I ZR 25/84		86, 820			86, 1428	Probe-Jahrbuch
15. 5.	I ZR 32/85	98, 65	86, 822	86, 608	86, 3084		Lakritz-Konfekt
22. 5.	I ZR 11/85		87, 49	87, 166	87, 437		Cola-Test
22. 5.	I ZR 72/84		86, 898			86, 1484	Frank der Tat
27. 5.	KZR 38/85		86, 758	86, 665		86, 1300	Annahmeerklärung
27. 5.	VI ZR 169/85		86, 683		86, 2503		Ostkontakte
27. 5.	KZR 8/83						Pronuptia
27. 5.	KZR 32/84		86, 910	86, 666			Spielkarten
27. 5.	KVR 7/84		86, 826				Donau-Kurier
3. 6.	VI ZR 102/85	98, 94	86, 759	86, 669	86, 2951		BMW
4. 6.	I ZR 43/84		87, 52	87, 101		87, 102	Tomatenmark
4. 6.	I ZR 29/85		86, 823		86, 3201		Fernsehzuschauer-Forschung
4. 6.	I ZB 5/85		86, 895				OCM
10. 6.	VI ZR 154/84			87, 381			Zeugenaussage
12. 6.	I ZR 52/84		86, 902	87, 21		87, 163	Angstwerbung
12. 6.	I ZR 70/84		88, 319	86, 671	87, 438		Video-Rent
19. 6.	I ZR 54/84		87, 116	87, 22	87, 60		Kommunaler Bestattungswirtschaftsbetrieb I
19. 6.	I ZR 53/84		87, 119	87, 25	87, 62		Kommunaler Bestattungswirtschaftsbetrieb II

Dat.	AktZ	BGHZ	GRUR	WRP	NJW	NJW-RR	Schlagwort
19. 6.	I ZR 65/84		87, 54	86, 672			Aufklärungspflicht des Abgemahnten
26. 6.	I ZR 103/84		86, 903	86, 674	87, 63		Küchencenter
3. 7.	I ZR 77/85		87, 182	87, 30		87, 230	Stoll
9. 7.	GSZ 1/86				87, 50		
10. 7.	I ZR 203/84		87, 63	87, 103	87, 324		Kfz-Preisgestaltung
10. 7.	I ZR 59/84		86, 905		87, 329		Innungskrankenkassenwesen
18. 9.	I ZR 179/84			87, 105	87, 1200		Aussageprotokollierung
18. 9.	I ZR 82/84		87, 124	87, 168	87, 324		„echt versilbert“
1.10.	I ZR 126/84		87, 171	87, 242			Schlussverkaufswerbung
1.10.	I ZR 80/84		87, 185	87, 239		87, 352	Rabattkarte
9.10.	I ZR 158/84		87, 125	87, 169		87, 288	Berühmung
9.10.	I ZR 138/84	98, 330	87, 172	87, 446	87, 1323		Unternehmungsberatungsgesellschaft I
9.10.	I ZR 16/85	98, 337	87, 176	87, 450	87, 1326		Unternehmungsberatungsgesellschaft II
14.10.	VI ZR 10/86		87, 128				NENA
16.10.	I ZR 157/84		87, 365	87, 375		87, 735	Gemologisches Institut
21.10.	KZR 28/85		87, 178	87, 310		87, 485	Guten Tag Apotheke II
21.10.	I ZR 169/84						Busreise nach London
23.10.	I ZR 169/84						Verstöße gegen PersonenbeförderungsG
6.11.	I ZR 208/84	99, 69	87, 302	87, 313	87, 956		Unternehmeridentität I
6.11.	I ZR 196/84		87, 292				KLINT
18.11.	KVR 1/86			87, 316			Baumarkt-Statistik
18.11.	KZR 41/85		87, 304	87, 106	87, 954		Aktion Rabattverstoß
20.11.	I ZR 156/84		87, 241	87, 318			Arztinterview
20.11.	I ZR 160/84		87, 360			87, 750	Werbepläne
25.11.	VI ZR 269/85		87, 187	87, 376			ANTISEPTICA
25.11.	VI ZR 57/86		87, 189		87, 1400		Veröffentlichungsbefugnis beim Ehrenschutz
4.12.	I ZR 170/84		87, 243	87, 320	87, 908		Alles frisch
10.12.	I ZR 136/84		87, 180	87, 379	87, 1021		Ausschank unter Eichstrich II
10.12.	I ZR 213/84		87, 301	87, 378			6 Punkt Schrift
10.12.	I ZR 15/85		87, 903		87, 2678		Le Corbusier-Möbel
16.12.	KZR 25/85		87, 459	87, 381			Belieferungsunwürdige Verkaufsstätten II
18.12.	I ZR 111/84	99, 244	87, 520				Chanel No. 5 I
18.12.	I ZR 67/85		87, 524				Chanel No. 5 II
1987							
13. 1.	VI ZR 45/86		87, 316				Türkeiflug II
15. 1.	I ZR 112/84	99, 314	87, 367	87, 455	87, 1084		Einrichtungs-Pass
15. 1.	I ZR 215/84		87, 532	87, 606		87, 932	Zollabfertigung
22. 1.	I ZR 211/84		87, 371	87, 461		87, 877	Kabinettwein
22. 1.	I ZR 230/85	99, 340	87, 402	87, 459	87, 2680		Parallelverfahren
5. 2.	I ZR 100/86		87, 373	87, 462	87, 1834		Rentenberechnungsaktion
5. 2.	I ZR 56/85	100, 26	87, 525		87, 2164		Litaflex
10. 2.	KZR 43/85	100, 51	87, 438		87, 2016		Handtuchspender
10. 2.	KZR 31/85		88, 73	87, 608	87, 2931		Importvereinbarung
10. 2.	KZR 6/86		87, 393	87, 612	87, 3197		Freundschaftswerbung
12. 2.	I ZR 70/85		87, 364	87, 466			Vier-Streifen-Schuh
12. 2.	I ZR 54/85		87, 444	87, 463	87, 2087		Laufende Buchführung
16. 2.	II ZR 285/86	100, 75	87, 747		87, 2081		Gleichnamigkeit mit Firmenstifter
17. 2.	VI ZR 77/86		87, 397	87, 550		87, 754	Insiderwissen
10. 3.	VI ZR 244/85		87, 464		87, 2667		BND-Interna
10. 3.	VI ZR 144/86		87, 468	87, 616	87, 2223		Warentest IV
12. 3.	I ZR 71/85		87, 704			87, 1081	Warenzeichenlexika
12. 3.	*I ZR 40/85*		87, 534	87, 553		87, 991	McHappy-Tag
12. 3.	I ZR 31/85		87, 710	87, 620	87, 3005		Schutzrechtsüberwachung

Dat.	AktZ	BGHZ	GRUR	WRP	NJW	NJW-RR	Schlagwort
19. 3.	I ZR 98/85		87, 647	87, 554		87, 1521	Briefentwürfe
19. 3.	I ZR 23/85		87, 822			87, 1147	Panda Bär
24. 3.	KVR 10/85		87, 745	87, 722	87, 2868		Frischemärkte
24. 3.	VI ZR 217/86				87, 3120		Verjährungshemmung
24. 3.	KZR 39/85		88, 159				SABA-Primus
25. 3.	I ZR 61/85		87, 835	87, 622		87, 1445	Lieferbereitschaft
26. 3.	VII ZR 70/86						Vertragsstrafenklausel
2. 4.	I ZR 27/85		87, 711	87, 667		87, 1389	Camel-Tours
2. 4.	I ZR 220/85					87, 1118	Leasing
9. 4.	I ZR 201/84		87, 535	87, 625		87, 1059	Wodka Woronoff
9. 4.	I ZR 44/85		87, 568	87, 627	87, 3138		Gegenangriff
30. 4.	I ZR 39/85		87, 707			87, 1442	Ankündigungsrecht I
30. 4.	I ZR 237/85		87, 823			87, 1443	Ankündigungsrecht II
30. 4.	I ZR 8/85		87, 648	87, 555		87, 3253	Anwalts-Eilbrief
30. 4.	I ZR 95/85		88, 311	87, 670		87, 1179	Beilagen-Werbung
7. 5.	I ZR 250/85		88, 396			88, 332	Archivvertrag
7. 5.	I ZR 195/85		88, 318			87, 1117	Verbreitungsgebiet
7. 5.	I ZR 141/85		87, 638	87, 629	87, 2929		Deutsche Heilpraktiker
7. 5.	I ZR 112/85					87, 1447	Aktion Heizung 83
12. 5.	VI ZR 195/86				87, 2225		
13. 5.	I ZR 68/85		88, 68		88, 767		Lesbarkeit I
13. 5.	I ZR 86/85		88, 70	88, 96	88, 768		Lesbarkeit II
13. 5.	I ZR 85/85		88, 71				Lesbarkeit III
13. 5.	I ZR 75/85		87, 938			87, 1522	Videorechte
13. 5.	I ZR 79/85		87, 640/919	87, 557	87, 3251		Wiederholte Unterwerfung II
26. 5.	KVR 3/86		88, 226	88, 157		88, 227	[Niederrheinische] Anzeigenblätter
26. 5.	KZR 13/85	101, 72	87, 829		88, 772		Krankentransporte
26. 5.	KVR 4/86	101, 100	87, 928		87, 3007		Gekoppelter Kartenverkauf
27. 5.	I ZR 153/85		87, 748	87, 724	87, 3196		Getarnte Werbung II
27. 5.	I ZR 121/85		87, 839	88, 591	87, 2930		Professorentitel in der Arzneimittelwerbung
4. 6.	I ZR 117/85				88, 1022		Kabelfernsehen II
4. 6.	I ZR 109/85		88, 453	88, 25	88, 644		Ein Champagner unter den Mineralwässern
24. 6.	I ZR 74/85		87, 714	87, 726	87, 3003		Schuldenregulierung
30. 6.	KZR 12/86		87, 926	88, 97		88, 50	Taxi-Preisgestaltung
30. 6.	KZR 7/86					88, 39	Gas-Zug
2. 7.	I ZR 167/85		88, 38	88, 99		88, 99	Leichenaufbewahrung
9. 7.	I ZR 147/85		87, 825	87, 28		87, 1444	Helopyrin
9. 7.	I ZR 120/85		87, 916	88, 28	87, 3006		Gratis-Sehtest
9. 7.	I ZR 161/85		87, 834		88, 262		Data-Tax-Control
9. 7.	I ZR 140/85		87, 832	88, 593	87, 3132		Konkurrenzschutzklausel
13. 7.	II ZR 188/86		87, 850		87, 3081		US-Broker
22. 9.	KZR 21/86						Interfunk
22. 9.	KVR 5/86		88, 323	88, 160		88, 484	Gruner + Jahr/Zeit II
8.10.	I ZR 182/85		88, 382	88, 356		88, 620	Schelmenmarkt
8.10.	I ZB 2/86		88, 820			88, 166	OIL OF OLAZ
8.10.	I ZR 184/85		88, 130	88, 101		88, 225	Verkaufsreisen I
8.10.	I ZR 44/86		88, 321	88, 236	88, 492		Zeitwertgarantie
13.10.	VI ZR 83/87		88, 399		88, 1016		Tonbandmitschnitt
15.10.	I ZR 96/85		88, 296		88, 1847		„Gema-Vermutung IV“
15.10.	I ZR 180/85			88, 237		88, 677	In unserem Haus muss alles schmecken
15.10.	I ZR 212/86						Bau-Kommerz
19.10.	II ZR 43/87				88, 552		Gewerkschaftsfremde Liste
22.10.	I ZB 9/86		88, 211		88, 1674		Wie hammas denn
22.10.	I ZB 8/86	102, 88	88, 377		88, 1672		Apropos Film I
22.10.	I ZR 247/85		88, 402	88, 358	88, 1589		Mit Verlogenheit zum Geld
28.10.	I ZR 165/85		88, 635	88, 440		88, 553	Grundcommerz
28.10.	I ZR 5/86		88, 213		88, 1388		Griffband

Dat.	AktZ	BGHZ	GRUR	WRP	NJW	NJW-RR	Schlagwort
5.11.	I ZR 186/85		88, 315	88, 295		88, 676	Pelzausverkauf
5.11.	I ZB 11/86	102, 163	88, 306		88, 913		Hörzeichen
5.11.	I ZR 212/85		88, 313	88, 359		88, 554	Auto F. GmbH
10.11.	KZR 18/86						Abrechnungsstelle für Apotheken-leistungen
10.11.	KZR 15/86	101, 100	88, 327	88, 296	88, 2175		Cartier-Uhren
10.11.	KVR 7/86	102, 180	88, 392	88, 361	88, 1850		Singener Wochenblatt
12.11.	I ZR 200/85		88, 316	88, 299		88, 552	Räumungsverkaufs-unterlagen
12.11.	I ZR 19/86		88, 638			88, 877	Hauers-Auto-Zeitung
12.11.	I ZR 97/86		88, 316	88, 365	88, 1847		Fertighaus
26.11.	I ZR 178/85		88, 310	88, 239	88, 2243		Sonntagsvertrieb
26.11.	I ZR 123/85		88, 307			88, 676	Gaby
26.11.	I ZB 1/87		88, 379/821			88, 1124	RIGIDITE
10.12.	I ZR 213/85		88, 384				Immobilien-Anzeige
10.12.	I ZR 221/85		88, 308	88, 366		88, 809	Informationsdienst
17.12.	I ZR 190/85		88, 459	88, 368		88, 810	Teilzahlungs-ankündigung
17.12.	I ZR 206/85		88, 458			89, 235	Ärztehaus
1988							
28. 1.	I ZR 219/86		88, 461	88, 369		88, 1000	Radio-Recorder
28. 1.	I ZB 2/87		88, 542			88, 932	ROYALE
28. 1.	I ZR 21/86	103, 171	88, 560	88, 443	88, 1912		Christophorus-Stiftung
28. 1.	I ZR 34/86		88, 385	88, 371		88, 876	Wäsche-Kenn-zeichnungsbänder
3. 2.	I ZR 222/85	103, 203	88, 614	88, 522	88, 1670		Btx-Werbung
3. 2.	I ZR 183/85		88, 764	88, 525			Krankenkassen-Frage-bogen
11. 2.	I ZR 201/86		88, 483	88, 446	88, 1466		„AGIAV"/Gerichts-stand
11. 2.	I ZR 24/86		88, 545			88, 808	Ansprechpartner
11. 2.	I ZR 117/86		88, 623	88, 527		89, 550	Betriebsärztlicher Dienst
23. 2.	KVR 2/87		88, 640	88, 533	89, 226		Reparaturbetrieb
23. 2.	KZR 17/86		89, 142			88, 1069	Sonderungsverfahren
23. 2.	KZR 20/86		88, 642	88, 529		88, 1502	Opel-Blitz
25. 2.	I ZR 116/85				88, 1752		AOK-Mitglieder-werbung
3. 3.	I ZR 69/86	103, 349	88, 838	88, 598	88, 2244		Kfz-Versteigerung
10. 3.	I ZR 217/85	103, 355	88, 624	88, 601	88, 2538		Buchführungs- und Steuerstelle
10. 3.	I ZR 72/86		88, 636	88, 604		88, 1068	Golddarm
17. 3.	I ZR 98/86		88, 619	88, 605		88, 1067	Lieferantenwechsel
30. 3.	I ZR 40/86		88, 561	88, 608	88, 1907		Verlagsverschulden
30. 3.	I ZR 101/86		88, 629	89, 11	88, 1978		Konfitüre
30. 3.	I ZR 209/86		88, 699	88, 652	88, 2471		qm-Preisangaben II
30. 3.	I ZR 17/86		88, 767	88, 607		89, 429	Ernährungsbroschüre
14. 4.	I ZR 99/86		88, 690		89, 383		Kristallfiguren
14. 4.	I ZR 35/86		88, 620	88, 654		88, 1122	Vespa-Roller
21. 4.	I ZR 136/86	104, 185	88, 823	88, 722	88, 3152		Entfernung von Kon-trollnummern I
21. 4.	I ZR 82/86		88, 700	89, 13	88, 2468		Messpuffer
21. 4.	I ZR 129/86		88, 787	89, 16	89, 106		Nichtigkeitsfolgen der PreisangabenVO
28. 4.	I ZR 27/87		88, 785	89, 84	88, 3267		Örtliche Zuständigkeit
3. 5.	KZR 17/87	104, 246	88, 779	88, 657	88, 2737		neuform-Bereich
3. 5.	KZR 4/87		88, 782	89, 85		88, 1187	Gema-Wertungs-verfahren
5. 5.	I ZR 179/86		88, 826	88, 725	88, 3154		Entfernung von Kontrollnummern II
5. 5.	I ZR 151/86		88, 716	89, 90		88, 1066	Aufklärungspflicht gegenüber Verbänden
5. 5.	I ZR 124/86		88, 831	88, 660			Rückkehrpflicht
19. 5.	I ZR 170/86		88, 832	88, 663		88, 1443	Benzinwerbung

Dat.	AktZ	BGHZ	GRUR	WRP	NJW	NJW-RR	Schlagwort
19. 5.	I ZR 52/86		88, 918	88, 662		88, 1444	Wettbewerbsverein III
26. 5.	I ZR 227/86		88, 776	88, 665	88, 2469		„PPC“
26. 5.	I ZR 238/86			89, 366			Entfernung von Kontrollnummern IV
1. 6.	I ZR 22/86		88, 907				Hufeisen-Uhren
1. 6.	I ZR 49/87	104, 316	90, 385	88, 728	88, 2953		Frischzellenbehandlungen
1. 6.	I ZR 83/87			89, 369		89, 360	Entfernung von Kontrollnummern III
15. 6.	I ZR 51/87	104, 384	88, 841	88, 730	88, 2954		Fachkrankenhaus
15. 6.	I ZR 211/86		90, 218	89, 91	89, 391		Verschenktexte
7. 7.	I ZR 36/87		88, 829	88, 668		88, 1309	Verkaufsfahrten II
7. 7.	I ZR 230/87	105, 89	88, 834	88, 609	88, 3156		Schilderwald
14. 7.	I ZR 140/87		88, 836	88, 733	88, 3157		Durchgestrichener Preis
14. 7.	I ZR 184/86		88, 916	88, 734		88, 1441	Pkw-Schleichbezug
29. 9.	I ZR 57/87		89, 110	89, 155		89, 357	Synthesizer
29. 9.	I ZR 218/86					89, 101	Brillenpreise
6.10.	III ZR 94/87				89, 584		Haustürgeschäft
13.10.	I ZR 15/87		89, 106		89, 384		Oberammergauer Passionsspiele II
20.10.	I ZR 238/87		91, 546	89, 163	89, 712		… aus Altpapier
20.10.	I ZR 5/88		89, 59	89, 159		89, 233	Anfängl. effekt. Jahreszinssatz
20.10.	I ZR 219/87	105, 277	91, 548	89, 160		89, 711	Umweltengel
25.10.	KVR 1/87		89, 220	89, 229		89, 485	Lüsterbehangsteine
25.10.	KRB 4/88						markt-intern-Dienst
27.10.	I ZR 29/87		90, 371	89, 468		89, 356	Preiskampf
27.10.	I ZR 47/87		89, 211	89, 471		89, 301	shop in the shop II
3.11.	X ZB 12/86		89, 103				Verschlussvorrichtung für Gießpfannen
3.11.	I ZR 12/87		89, 116	89, 472		89, 297	Nachtbackverbot
3.11.	I ZR 242/86	105, 374	89, 68	89, 476	89, 456		Präsentbücher
3.11.	I ZR 231/86		89, 113	89, 232		89, 428	Mietwagen – Testfahrt
9.11.	I ZR 96/86					89, 299	St. Petersquelle
9.11.	I ZR 230/86		89, 115	89, 480		89, 426	Mietwagen – Mitfahrt
24.11.	I ZR 118/87		89, 213	89, 375		89, 618	Gesamtes Angebot
24.11.	I ZR 144/86		93, 53	89, 482		89, 301	Lesbarkeit IV
24.11.	I ZR 200/87		93, 60	89, 304		89, 425	Komplettpreis
1.12.	I ZR 190/87					89, 746	Künstlerverträge
1.12.	I ZB 10/87		89, 420			89, 870	„KSÜD“
1.12.	I ZR 160/86	106, 101	89, 440	89, 377	89, 1804		Dresdner Stollen I
1.12.	I ZB 5/87		89, 264			89, 695	REYNOLDS R1/EREINTZ
14.12.	I ZR 131/86		89, 218	89, 484		89, 484	Werbeteam-Rabatt
14.12.	I ZR 235/86					89, 481	
14.12.	I ZB 6/87		89, 349			89, 691	Roth-Händle – Kentucky/Cenduggy
20.12.	VI ZR 95/88		89, 222	89, 305			Filmbesprechung
20.12.	VI ZR 182/88	106, 229	89, 225	89, 308	89, 902		Handzettel – Wurfsendung
1989							
19. 1.	I ZR 223/86		89, 350			89, 692	Abbo/Abo
19. 1.	I ZR 217/86		90, 361			89, 690	Kronenthaler
26. 1.	I ZR 18/88		89, 446	89, 486	89, 2063		Preisauszeichnung
26. 1.	I ZB 8/88		89, 425			89, 703	Superplanar
26. 1.	I ZB 4/88		89, 421		89, 264		Conductor
2. 2.	I ZR 150/86		89, 425			89, 941	Herzsymbol
2. 2.	I ZR 183/86		89, 449	89, 717		89, 808	Maritim
16. 2.	I ZR 72/87		89, 516	89, 488		89, 937	Vermögensberater
16. 2.	I ZR 76/87		89, 445	89, 491	89, 1545		Professorenbezeichnung in der Arztwerbung
21. 2.	KZR 3/88		89, 701	89, 722		89, 1310	Frankiermaschine
21. 2.	VI ZR 18/88		89, 539	89, 789	89, 1923		Warentest V
21. 2.	KZR 7/88	107, 40	89, 430	89, 493	89, 2325		Krankentransportbestellung

Dat.	AktZ	BGHZ	GRUR	WRP	NJW	NJW-RR	Schlagwort
23. 2.	I ZR 18/87		89, 432	89, 496		89, 941	Kachelofenbauer
23. 2.	I ZB 11/87	107, 71	89, 347		89, 1931		Microtonic
23. 2.	I ZR 138/86		89, 366	90, 28		89, 744	Wirtschaftsmagazin
2. 3.	I ZR 7/87		89, 422			89, 1126	FLASH
2. 3.	I ZR 70/87		89, 606	89, 501		89, 939	Unverbindliche Preisempfehlung
2. 3.	I ZR 234/86		89, 447	89, 500		89, 943	Geschäftsfortführung nach Ausverkauf
9. 3.	I ZR 189/86	107, 117	90, 221		90, 52		Forschungskosten
9. 3.	I ZR 153/86		89, 510			89, 1000	Teekanne II
9. 3.	I ZR 54/87		90, 390				Friesenhaus
15. 3.	VIII ZR 62/88		89, 534				Reinigungsbetrieb
16. 3.	I ZR 30/87		89, 437	89, 508	89, 2125		Erbensucher
16. 3.	I ZR 241/86		89, 434	89, 504		89, 811	Gewinnspiel
16. 3.	I ZR 56/87		89, 673	89, 568		89, 1060	Zahnpasta
30. 3.	I ZR 85/87	107, 136		89, 572	89, 2327		Bioäquivalenz-Werbung
30. 3.	I ZR 21/87		89, 668	89, 513	89, 2326		Generikum Preisvergleich
30. 3.	I ZB 6/88	107, 129	89, 506				Widerspruchsunterzeichnung
30. 3.	I ZR 33/87		89, 609	89, 570		89, 1122	Fotoapparate
6. 4.	I ZR 43/87		89, 508			89, 1002	CAMPIONE del MONDO
6. 4.	I ZR 59/87		89, 602	89, 577		89, 1261	Die echte Alternative
13. 4.	I ZR 62/87		89, 624	89, 579	89, 2329		Kuranstalt
13. 4.	I ZR 147/87		89, 612	89, 582		89, 1125	Nur wenige Tage im SB-Warenhaus
20. 4.	I ZR 40/87			90, 97			Konkurrenzverbot
20. 4.	I ZR 26/88		89, 848	89, 519		89, 1124	Kaffeepreise
26. 4.	I ZR 125/87		89, 608	89, 584		89, 1123	Raumausstattung
26. 4.	I ZR 172/87		89, 601	89, 585	89, 2324		Institutswerbung
26. 4.	I ZR 105/87		90, 49	90, 99		89, 1437	Rückkehrpflicht II
11. 5.	I ZR 132/87		89, 697	89, 654		89, 1314	Vertrauensgarantie
11. 5.	I ZR 141/87			89, 655		89, 1263	Konkursvermerk
11. 5.	I ZR 91/87		89, 603	89, 587		89, 1120	Kommunaler Bestattungswirtschaftsbetrieb III
17. 5.	I ZR 181/87		89, 626	89, 590		89, 1201	Festival Europäischer Musik
17. 5.	I ZR 151/87		89, 669	90, 165		89, 1306	Zahl nach Wahl
1. 6.	I ZR 152/87		89, 856	90, 229		89, 1388	Commerzbau
1. 6.	I ZR 81/87		89, 773	89, 657		89, 1312	Mitarbeitervertretung
1. 6.	I ZR 60/87		89, 611	89, 591	89, 2256		Bearbeitungsgebühr
8. 6.	I ZR 135/87	107, 384	95, 668	90, 231	90, 1986		Emil Nolde
8. 6.	I ZR 178/87		89, 753	90, 169	89, 2820		Telefonwerbung II
8. 6.	I ZR 233/87		89, 855	90, 235		89, 1382	Teilzahlungskauf II
8. 6.	I ZB 17/88		89, 666			89, 1128	Sleepover
15. 6.	I ZR 183/87	108, 39	89, 762/836	90, 239	89, 3016		Stundungsangebote
15. 6.	I ZR 158/87		89, 838	90, 237		89, 1515	Lohnsteuerhilfeverein III
22. 6.	I ZR 126/87		89, 832	90, 321		89, 1383	Schweizer Außenseiter
22. 6.	I ZR 171/87		89, 835	90, 245		89, 1438	Rückkehrpflicht III
22. 6.	I ZR 39/87	108, 89	89, 760	90, 242	89, 3014		Titelschutzanzeige
22. 6.	I ZR 120/87		89, 758	90, 319		89, 1313	Gruppenprofil
29. 6.	I ZR 88/87		89, 754	89, 794		89, 1308	Markenqualität
29. 6.	I ZR 180/87		89, 757	89, 799	89, 3013		Haustürgeschäft Mc Bacon
29. 6.	I ZR 166/87		89, 827	90, 246		89, 1385	Werbeverbot für Heilpraktiker
6. 7.	I ZR 111/87		89, 828	90, 248	90, 185		Maklerzuschrift auf Chiffreanzeige
6. 7.	I ZR 234/87		90, 274			89, 1516	Klettverschluss
11. 7.	VI ZR 255/88		89, 781			90, 1058	Wassersuche
13. 7.	I ZR 157/87		90, 39				Taurus
13. 7.	I ZR 160/87		89, 830	90, 250	90, 1991		Impressumspflicht

Dat.	AktZ	BGHZ	GRUR	WRP	NJW	NJW-RR	Schlagwort
21. 9.	I ZR 34/88		90, 37	90, 170		90, 295	Quelle
21. 9.	I ZR 27/88		90, 463	90, 254		90, 534	Firmenrufnummer
5.10.	I ZR 89/89		90, 50	90, 260	90, 1046		Widerrufsbelehrung bei Vorauszahlung
5.10.	I ZR 201/87					90, 173	Beförderungsauftrag
5.10.	I ZR 119/88		90, 282	90, 102		90, 480	REVUE-Carat
5.10.	I ZR 56/89		90, 282	90, 255		90, 102	Wettbewerbsverein IV
10.10.	KZR 22/88		90, 474	90, 263	90, 1531		Neugeborenen-transporte
12.10.	I ZR 29/88		90, 373	90, 270	90, 1529		Schönheits-Chirurgie
12.10.	I ZR 155/87		90, 44	90, 266		90, 296	Annoncen-Avis
12.10.	I ZR 80/88						N-Spray
12.10.	I ZR 228/87		90, 1010	90, 268		90, 360	Klinikpackung
19.10.	I ZR 22/88		90, 68	90, 274		90, 480	VOGUE-Ski
19.10.	I ZR 193/87		90, 52	90, 273		90, 228	Ortsbezeichnung
19.10.	I ZR 63/88		90, 381	90, 276	90, 1905		Antwortpflicht des Abgemahnten
25.10.	VIII ZR 345/88	109, 127	90, 46	90, 278	90, 181		Heizgeräte-Vertrieb
26.10.	I ZR 242/87	109, 153		90, 282	90, 578		Anwaltswahl durch Mieterverein
26.10.	I ZR 216/87					90, 361	Programmbearbeitung
26.10.	I ZR 13/88		93, 63	90, 286		90, 424	Bonusring
3.11.	I ZB 20/88		90, 360			90, 503	Apropos Film II
8.11.	I ZR 55/88		90, 280	90, 288		90, 359	Telefonwerbung III
8.11.	I ZR 102/88		90, 367			90, 335	alpi/Alba Moda
8.11.	I ZR 255/88		90, 378	90, 327	90, 1179		Meister-Aktuell
16.11.	I ZR 107/87		90, 377	90, 409		90, 423	RDM
30.11.	I ZR 170/83		90, 459				Weichwährungsflug-scheine II
30.11.	I ZR 55/87		90, 617	90, 488	90, 1294		Metro III
30.11.	I ZR 191/87		92, 329	90, 613		90, 538	AjS-Schriftenreihe
7.12.	I ZR 3/88		90, 375	90, 624		90, 479	Steuersparmodell
7.12.	I ZR 62/88		90, 542	90, 670	90, 1906		Aufklärungspflicht des Unterwerfungs-schuldners
7.12.	I ZR 237/87		90, 534	90, 622		90, 561	Abruf-Coupon
7.12.	I ZR 139/87		90, 50			90, 562	Widerrufsbelehrung bei Vorauszahlung
14.12.	I ZR 17/88	109, 364	90, 601	90, 500	90, 1605		Benner
14.12.	I ZR 37/88				90, 1366		Rückkehrpflicht IV
14.12.	I ZR 1/88		90, 364			90, 618	Baelz
1990							
25. 1.	I ZR 83/88		90, 453			90, 1192	L-Thyroxin
25. 1.	I ZR 19/87	110, 156	90, 522	90, 672	91, 287		HBV-Familien- und Wohnungsrechtsschutz
25. 1.	I ZR 182/88					90, 678	Buchführungshelfer
25. 1.	I ZR 133/88		90, 465	90, 414		90, 807	mehr als ...% sparen
1. 2.	I ZR 108/88		90, 461	90, 411		90, 744	Dresdner Stollen II
1. 2.	I ZR 45/88		90, 609	90, 680		90, 757	Monatlicher Ratenzu-schlag
1. 2.	I ZR 161/87		90, 532	90, 701		90, 1186	Notarieller Festpreis
22. 2.	I ZR 201/88		90, 1028	90, 819		90, 1255	incl MwSt II
22. 2.	I ZR 146/88		90, 1027	90, 818		90, 1254	incl MwSt I
22. 2.	I ZR 50/88		90, 528	90, 683		90, 1128	Rollen-Clips
22. 2.	I ZR 78/88	110, 278	90, 611	90, 626	90, 3199		Werbung im Programm
1. 3.	VII ZR 159/89	110, 308			90, 1732		Haustürgeschäft
8. 3.	I ZR 65/88		90, 681			90, 1194	Schwarzer Krauser
8. 3.	I ZR 239/87		90, 1032	90, 688		91, 494	Krankengymnastik
8. 3.	I ZR 116/88		90, 530	90, 685	90, 3147		Unterwerfung durch Fernschreiben
15. 3.	KVR 4/88	110, 371	90, 702	90, 821	90, 2815		Sportübertragungen
15. 3.	I ZR 95/88		90, 1018	90, 694		90, 1130	Fernmeldeanlagen
15. 3.	I ZR 53/88		90, 1016	90, 692		90, 1011	Sprachkurs
15. 3.	I ZR 120/88					90, 1257	Mietkauf
22. 3.	I ZB 2/89		90, 517			90, 1254	SMARTWARE

Dat.	AktZ	BGHZ	GRUR	WRP	NJW	NJW-RR	Schlagwort
22. 3.	I ZR 43/88		90, 711	90, 696		90, 1127	Telefonnummer 4711
29. 3.	I ZR 74/88		90, 607	90, 699		90, 1376	Meister-Kaffee
29. 3.	I ZR 76/88		90, 606	90, 750	90, 2317		Belegkrankenhaus
5. 4.	I ZB 7/89	111, 134	91, 838		90, 3083		IR-Marke FE
5. 4.	I ZR 41/88		90, 693	90, 754		90, 1189	Fahrrad-Schlussverkaufswerbung
5. 4.	I ZR 19/88		90, 604	90, 752	91, 752		Dr. S.-Arzneimittel
26. 4.	I ZR 198/88	111, 182	90, 678			91, 38	Herstellerkennzeichen auf Unfallwagen
26. 4.	I ZR 99/88		90, 687	91, 16	90, 2469		Anzeigenpreis II
26. 4.	I ZR 71/88	111, 188	90, 685	90, 830	90, 2468		Anzeigenpreis I
26. 4.	I ZR 58/89		90, 1052			90, 1322	Streitwertbemessung
26. 4.	I ZR 127/88		90, 1012	91, 19		90, 1184	Pressehaftung I
8. 5.	KZR 23/88		90, 1047	91, 23		90, 1190	Nora-Kunden-Rückvergütung
10. 5.	I ZR 218/88		90, 1026	91, 26		90, 1317	Keine WSV-Angebote
14. 5.	AnwZ (B) 12/90				90, 2130		Eigenmächtige Fachanwaltsbezeichnung
23. 5.	I ZR 211/88		90, 1022			90, 1374	Importeurwerbung
23. 5.	I ZR 176/88		90, 1035	91, 76		90, 1187	Urselters II
31. 5.	I ZR 285/88		90, 1051	91, 27	90, 1390		Vertragsstrafe ohne Obergrenze
31. 5.	I ZB 6/89		91, 535				IR-Marke ST
31. 5.	I ZR 228/88		90, 1039	91, 79	90, 3204		Anzeigenauftrag
7. 6.	I ZR 207/88		90, 1015	91, 82	90, 3144		Order-Karte
7. 6.	I ZR 206/88		91, 859		90, 2316		Leserichtung bei Pflichtangaben
7. 6.	I ZR 298/88		90, 1042	91, 83		90, 1318	Datacolor
21. 6.	I ZR 303/88		90, 1020	91, 94	90, 3265		Freizeitveranstaltung
21. 6.	I ZR 258/88		90, 1024	91, 92			Lohnsteuerhilfeverein IV
21. 6.	I ZB 11/89		91, 136		91, 1424		NEW MAN
21. 6.	I ZR 240/88		90, 1041	91, 90		91, 1451	Fortbildungskassetten
28. 6.	I ZR 287/88		90, 1038		90, 3149		Haustürgeschäft
5. 7.	I ZR 148/88		91, 76	91, 97	91, 297		Abschlusserklärung
5. 7.	I ZR 217/88		90, 1029	91, 29		90, 1256	incl MwSt III
5. 7.	I ZR 164/88		90, 1053	91, 100	91, 493		Versäumte Meinungsumfrage
12. 7.	I ZR 236/88		91, 138		91, 296		Flacon
12. 7.	I ZR 237/88		91, 139			91, 112	Duft-Flacon
12. 7.	I ZR 62/89		91, 53	91, 102	91, 1759		Kreishandwerkerschaft I
12. 7.	I ZR 278/88				91, 1759		Kreishandwerkerschaft II
7. 9.	I ZR 220/90		91, 159		90, 1117		Zwangsvollstreckungseinstellung
27. 9.	I ZR 213/89		91, 150	91, 154		91, 426	Laienwerbung für Kreditkarten
27. 9.	I ZR 87/89		91, 153	91, 151	91, 1350		Pizza & Pasta
4.10.	I ZR 39/89		91, 550	91, 159	91, 1229		Zaunlasur
4.10.	I ZR 106/88		91, 215			91, 298	Emilio Adani
4.10.	I ZR 299/88		91, 540	91, 157		91, 363	Gebührenausschreibung
11.10.	I ZR 8/89		91, 155	91, 162		91, 364	Rialto
11.10.	I ZR 10/89		91, 552	91, 163		91, 428	TÜV-Prüfzeichen
11.10.	I ZR 35/89		91, 254	91, 216	91, 1114		Unbestimmter Unterlassungsantrag
18.10.	I ZR 292/88	112, 317	91, 459		91, 1355		Silenta
18.10.	I ZR 113/89	112, 311	91, 542	91, 219	91, 701		Biowerbung mit Fahrpreiserstattung
18.10.	I ZR 283/88		91, 223		91, 1485		Finnischer Schmuck
24.10.	XII ZR 112/89		91, 157			91, 934	Johanniter-Bier
8.11.	I ZR 48/89		91, 462			91, 809	Wettbewerbsrichtlinien der Privatwirtschaft
15.11.	I ZR 30/89		91, 323	91, 221		91, 680	incl MwSt IV
15.11.	I ZR 254/88		91, 332		91, 1109		Lizenzmangel
15.11.	I ZR 245/88		91, 319			91, 558	HURRICANE
15.11.	I ZR 22/89	113, 11	91, 462	91, 294	91, 1054		Kauf im Ausland

Dat.	AktZ	BGHZ	GRUR	WRP	NJW	NJW-RR	Schlagwort
22.11.	I ZR 14/89		91, 393	91, 222	91, 1353		Ott International
22.11.	I ZR 50/89		91, 329	91, 225		91, 560	Family-Karte
29.11.	I ZR 13/89	113, 82	91, 464	91, 228	91, 3212		Salomon
29.11.	I ZR 241/88		91, 545	91, 227	91, 1228		Tageseinnahme für Mitarbeiter
6.12.	I ZR 27/89		91, 331	91, 383	91, 1352		Ärztliche Allgemeine
6.12.	I ZR 297/88	113, 115	91, 609	91, 295	91, 3214		SL
6.12.	I ZR 249/88		91, 317	91, 231		91, 539	MEDICE
6.12.	I ZR 25/89		91, 401	91, 381	91, 1183		Erneute Vernehmung
13.12.	I ZR 103/89		91, 554	91, 385		91, 751	Bilanzbuchhalter
13.12.	I ZR 31/89		91, 324	91, 236		91, 561	Finanz- und Vermögensberater
13.12.	I ZB 9/89		91, 521				La PERLA
1991							
17. 1.	I ZR 117/89		91, 472	91, 387		91, 752	Germania
24. 1.	I ZR 133/89	113, 282	91, 764	91, 470		91, 2087	Telefonwerbung IV
24. 1.	I ZR 60/89		91, 607			91, 863	VISPER
31. 1.	I ZR 71/89		92, 48			91, 1321	frei Öl
7. 2.	I ZR 140/89		91, 468	91, 564		91, 1060	Preisgarantie II
7. 2.	I ZR 104/89		91, 614	91, 391		91, 1257	Eigenvertriebssystem
21. 2.	I ZR 106/89		92, 66	91, 473		91, 1061	Königl-Bayerische Weisse
28. 2.	I ZR 94/89		91, 680			91, 1136	Porzellanmanufaktur
28. 2.	I ZR 110/89		91, 475	91, 477		91, 1063	Caren Pfleger
7. 3.	I ZR 148/89		91, 556	91, 482		91, 1190	Leasing Partner
7. 3.	I ZR 127/89		91, 848			91, 1391	Rheumalind II
12. 3.	KVR 1/90	114,40			91, 3152		Verbandszeichen
12. 3.	KZR 26/89		91, 868				Einzelkostenerstattung
14. 3.	I ZR 55/89	114, 82	91, 616	91, 484	91, 2151		Motorboot-Fachzeitschrift
21. 3.	I ZR 111/89	114, 105	91, 863	91, 568	91, 3218		Avon
21. 3.	I ZR 151/89		91, 679	91, 573		91, 1135	Fundstellenangabe
21. 3.	I ZR 158/89		92, 523	91, 575	91, 2211		Betonsteinelemente
8. 4.	II ZR 259/90				91, 2023		„A“
11. 4.	I ZR 131/89		91, 556	91, 486			Yves Rocher
11. 4.	I ZR 82/89		91, 684			91, 1138	Verbandsausstattung I
11. 4.	I ZR 166/89		91, 685	91, 578		91, 1192	Zirka-Preisangabe
11. 4.	I ZR 175/89		91, 682	91, 579	91, 2636		Kaffeekauf
11. 4.	I ZR 196/89		91, 768	91, 581		91, 1139	Fahrschulunterricht
18. 4.	I ZR 176/89		91, 760			91, 1066	Jenny/Jennifer
25. 4.	I ZR 283/89		91, 843			91, 1512	Testfotos
25. 4.	I ZR 134/90		91, 772		91, 3029		Anzeigenrubrik I
25. 4.	I ZR 192/89		91, 774		91, 3030		Anzeigenrubrik II
25. 4.	I ZR 232/89				91, 3038		Fehlender Tatbestand
2. 5.	I ZR 184/89		91, 112			91, 1266	pulpwash
2. 5.	I ZR 227/89		91, 769			91, 1258	Honoraranfrage
2. 5.	I ZR 258/89		92, 70	91, 642		91, 1392	„40 % weniger Fett“
16. 5.	I ZR 207/89		91, 701	93, 465	92, 747		Fachliche Empfehlung I
16. 5.	I ZR 218/89		91, 929	93, 467	92, 749		Fachliche Empfehlung II
16. 5.	I ZR 1/90		91, 780	91, 645		91, 1260	TRANSATLANTISCHE
23. 5.	I ZR 286/89		91, 914	93, 91		92, 232	Kastanienmuster
23. 5.	I ZR 172/89		91, 933	91, 648		91, 1324	One for Two
23. 5.	I ZR 265/89		91, 847	91, 759		91, 1511	Kilopreise II
23. 5.	I ZR 294/89		91, 862	91, 649		91, 1191	Rückfahrkarte
29. 5.	I ZR 204/89		91, 852	93, 95		91, 1512	Aquavit
29. 5.	I ZR 284/89	114, 354	91, 860	93, 469	92, 751		Katovit
6. 6.	I ZR 234/89		91, 921	91, 708		91, 1445	Sahnesiphon
6. 6.	I ZR 291/89		91, 847	91, 652	91, 2706		Nebenkosten
12. 6.	VIII ZR 178/90			92, 27		91, 1524	Freizeitveranstaltung II
20. 6.	I ZR 277/89		92, 61	91, 654		91, 1318	Preisvergleichsliste
20. 6.	I ZR 13/90		91, 873	91, 777		91, 1467	Eidesstattliche Versicherung
27. 6.	I ZR 279/89	115, 57	91, 936	91, 711	92, 42		Goldene Kundenkarte

Dat.	AktZ	BGHZ	GRUR	WRP	NJW	NJW-RR	Schlagwort
27. 6.	I ZR 22/90	115, 62	91, 901	91, 779	92, 3150		Horoskop-Kalender
4. 7.	I ZB 9/90		91, 839		92, 629		Z-TECH
4. 7.	I ZR 16/90			91, 715	92, 750		Chelat-Infusions-therapie
4. 7.	I ZR 2/90	115, 105	91, 917	91, 660	91, 2641		Anwaltswerbung
11. 7.	I ZR 33/90		92, 117	91, 789	92, 369		IEC-Publikation
11. 7.	I ZR 31/90		92, 116	91, 719		92, 37	Topfgucker-Scheck
11. 7.	I ZR 23/90		92, 123	91, 785			Kachelofenbauer
11. 7.	I ZR 5/90		91, 850	91, 717		92, 38	Spielzeug-Autorenn-bahn
8. 8.	I ZR 141/91		91, 943	91, 721	92, 376		Einstellungsbegründung
26. 9.	I ZR 177/89		92, 45	92, 29		92, 172	Cranpool
26. 9.	I ZR 149/89	115, 210	92, 176	92, 93	92, 429		Abmahnkostenver-jährung
26. 9.	I ZR 189/91		92, 65	92, 32		92, 189	Fehlender Vollstre-ckungsschutzantrag I
10.10.	I ZR 136/89		92, 130	92, 96		92, 175	Bally/BALL
24.10.	I ZR 287/89		92, 106			92, 174	Barbarossa
24.10.	I ZR 271/89		92, 121	92, 101		92, 367	Dr. Stein … GmbH
7.11.	I ZR 180/89				92, 838		Frachtprüfer
7.11.	I ZR 272/89		92, 108			92, 431	Oxygenol
12.11.	KZR 18/90		92, 191	92, 237			Amtsanzeiger
14.11.	I ZR 24/90		92, 110	92, 309	92, 695		dipa/dib
14.11.	I ZR 15/91				92, 983		Greifbare Gesetz-widrigkeit I
21.11.	I ZR 263/89		92, 72	92, 103	92, 648		quattro
28.11.	I ZR 297/89		92, 203			92, 998	Roter mit Genever
5.12.	I ZR 53/90		92, 316	92, 309	92, 1109		Postwurfsendung
5.12.	I ZR 63/90		92, 171	92, 165		92, 427	Vorgetäuschter Vermittlungsauftrag
5.12.	I ZR 11/90		92, 175	92, 307		92, 430	Ausübung der Heil-kunde
1992							
16. 1.	I ZR 20/90		92, 404	92, 311		92, 618	Systemunterschiede
16. 1.	I ZR 84/90		92, 318	92, 314		92, 617	Jubiläumsverkauf
23. 1.	I ZR 62/90		92, 320	92, 376		92, 1894	„R. S. A.„/„Cape“
23. 1.	I ZR 129/90		92, 463	92, 378		92, 807	Anzeigenplazierung
30. 1.	I ZR 54/90		92, 314			92, 806	Opium
30. 1.	I ZR 113/90	117, 115	92, 448	92, 466	92, 2700		Pullovermuster
13. 2.	I ZR 79/90		92, 450	92, 380	92, 2231		Beitragsrechnung
20. 2.	I ZR 68/90	117, 230	92, 465	92, 472	92, 1689		Rent-o-mat
20. 2.	I ZR 32/90		92, 406	92, 409		92, 804	Beschädigte Ver-packung I
27. 2.	I ZR 103/90		92, 547	92, 759		92, 1128	Morgenpost
27. 2.	I ZR 35/90		92, 474	92, 757	92, 2235		Btx-Werbung II
12. 3.	I ZR 58/90		92, 527	92, 474		92, 936	Plagiatsvorwurf II
12. 3.	I ZR 110/90		92, 550	92, 474		92, 935	ac-pharma II
19. 3.	I ZR 64/90	117, 353	92, 518	92, 550	92, 2089		Ereignis-Sponsor-werbung
19. 3.	I ZR 104/90		92, 521	92, 480	92, 1889		Grüne Woche
19. 3.	I ZR 122/90		92, 627	92, 557		92, 1065	Pajero
26. 3.	I ZR 166/90		93, 53		92, 3093		Ausländischer Inserent
2. 4.	I ZR 131/90	118, 1		92, 482			Ortspreis
2. 4.	I ZR 146/90		92, 552	92, 557		92, 1069	Stundung ohne Aufpreis
2. 4.	I ZR 217/90		92, 860	93, 765		92, 1392	Bauausschreibungen
9. 4.	I ZR 171/90		92, 561	92, 560		92, 1068	Unbestimmter Unter-lassungsantrag II
9. 4.	I ZR 240/90	118, 53	92, 525	92, 561	92, 2358		Professorenbezeichnung in der Arztwerbung
9. 4.	I ZR 173/90		92, 855	92, 692	92, 3040		Gutscheinübersendung
30. 4.	I ZR 287/90		92, 617	92, 638	92, 1958		Briefkastenwerbung
7. 5.	I ZR 176/90		92, 621	92, 644		92, 1192	Glücksball-Festival
7. 5.	I ZR 119/90		92, 618	92, 640	92, 2765		Pressehaftung II
7. 5.	I ZR 163/90		92, 619	92, 642		92, 1067	Klemmbausteine II
14. 5.	I ZR 204/90		92, 622	92, 646	92, 2419		Verdeckte Laien-

Dat.	AktZ	BGHZ	GRUR	WRP	NJW	NJW-RR	Schlagwort
							werbung
14. 5.	I ZB 12/90		93, 43	93, 9		92, 1255	Römigberg
21. 5.	I ZR 9/91		93, 62	92, 693		92, 1453	Kilopreise III
21. 5.	I ZR 141/90		92, 856	92, 695	92, 1318		Kilopreise IV
11. 6.	I ZR 161/90		92, 857	92, 696		92, 1394	Teilzahlungspreis I
11. 6.	I ZR 226/90		92, 625	92, 697	92, 2969		Therapeutische Äquivalenz
17. 6.	I ZR 177/90		92, 871		92, 2967		Femovan
17. 6.	I ZR 221/90		92, 873	93, 473	92, 2964		Pharma-Werbespot
17. 6.	I ZR 107/90	119, 20	93, 55	92, 700	92, 2753		Tchibo/Rolex II
25. 6.	I ZR 136/90		92, 858	92, 768		92, 1318	Clementinen
25. 6.	I ZR 60/91		92, 707	92, 770	92, 3304		Erdgassteuer
25. 6.	I ZR 120/90			92, 706	92, 3037		Haftungsbeschränkung bei Anwälten
2. 7.	I ZR 215/90		92, 874	92, 773	92, 2965		Hyanit
2. 7.	I ZR 250/90		92, 865	92, 776		92, 1454	Volksbank
23. 9.	I ZR 150/90	119, 225	93, 399	93, 234	93, 196		Überörtliche Anwaltssozietät
23. 9.	I ZR 224/90		93, 157	93, 99	93, 333		„Dauernd billig“
23. 9.	I ZR 248/90		93, 156		93, 667		Vertragsauslegung
23. 9.	I ZR 251/90	119, 237	93, 151	93, 101	93, 918		Universitätsemblem
23. 9.	I ZB 3/92	119, 246	93, 420	93, 382	93, 148		Rechtswegprüfung I
6.10.	KZR 21/91		93, 137			93, 550	Zinssubvention
8.10.	I ZR 205/90			93, 106		93, 225	EWG-Baumusterprüfung
8.10.	I ZR 220/90		93, 572			93, 746	Fehlende Lieferfähigkeit
15.10.	I ZR 259/90		93, 118		93, 787		Corvaton/Corvasal
22.10.	I ZR 284/90		93, 127	93, 108		93, 226	Teilzahlungspreis II
22.10.	IX ZR 36/92		93, 415	93, 308			Straßenverengung
29.10.	I ZR 264/90	120, 103	93, 404	93, 175	93, 459		Columbus
29.10.	I ZR 306/90		93, 397	93, 178	93, 363		Trockenbau
29.10.	I ZR 89/91		93, 403		93, 787		Bronchocedin
10.11.	KVR 26/91			93, 474			Taxigenossenschaft II
19.11.	I ZR 254/90	120, 228	93, 692	93, 383	93, 852		Guldenburg
19.11.	I ZR 61/91		93, 483	93, 312		93, 496	Unentgeltliche Partnervermittlung
19.11.	I ZR 63, 191		93, 569	93, 388	93, 1709		Camcorder
26.11.	I ZR 108/91		93, 563	93, 390		93, 870	Neu nach Umbau
26.11.	I ZR 261/90		93, 837		93, 1135		Lohnsteuerberatung II
3.12.	I ZR 276/90	120, 320	93, 980	93, 314	93, 1010		Tariflohn-Unterschreitung
3.12.	I ZR 132/91			93, 239	93, 1069		Sofortige Beziehbarkeit
10.12.	I ZR 262/90		93, 488	93, 318	93, 1466		Verschenktexte II
10.12.	I ZR 19/91			93, 694		93, 553	apetito/apitta
10.12.	I ZR 186/90	121, 13		93, 240	93, 721		Fortsetzungszusammenhang
17.12.	I ZR 3/91	121, 58	93, 476		93, 1714		Zustellungswesen
17.12.	I ZR 61/91			93, 243		93, 423	Versandhandelspreis I
17.12.	I ZR 73/91	121, 52		93, 392	93, 1013		Widerrufsbelehrung
1993							
14. 1.	I ZR 301/90		93, 756	93, 697		93, 617	Mild-Abkommen
14. 1.	I ZB 24/91	121, 126	93, 667	93, 394	93, 1659		Rechtswegprüfung II
19. 1.	KZR 1/92		93, 696		93, 1653		Flaschenkästen
19. 1.	KVR 95/91		93, 592		93, 1944		Herstellerleasing
20. 1.	I ZR 250/91			94, 310	94, 1224		Anzeigen-Einführungspreis
21. 1.	I ZR 25/91	121, 157	93, 767	93, 701	93, 1465		Zappelfisch
21. 1.	I ZR 43/91		93, 675	93, 703	93, 1331		Kooperationspartner
4. 2.	I ZR 319/90			93, 396	93, 1991		Maschinenbeseitigung
4. 2.	I ZR 42/91	121, 242	93, 556	93, 399	93, 2873		TRIANGLE
18. 2.	I ZR 14/91		93, 561	93, 476		93, 868	Produktinformation
18. 2.	I ZR 219/91		93, 565	93, 478		93, 936	Faltenglätter
4. 3.	I ZR 15/91		93, 679	94, 167	93, 1993		PS-Werbung I
4. 3.	I ZR 65/91		93, 576			93, 1129	Datatel
11. 3.	I ZR 264/91		94, 191			93, 1002	Asterix-Persiflagen

Dat.	AktZ	BGHZ	GRUR	WRP	NJW	NJW-RR	Schlagwort
18. 3.	I ZR 178/91	122, 71	93, 574		93, 2236		Decker
1. 4.	I ZR 70/91	122, 172	93, 998	93, 764	93, 2685		Verfügungskosten
1. 4.	I ZR 85/91		93, 579			93, 934	Römer GmbH
1. 4.	I ZR 136/91		93, 677	93, 480		93, 1000	Bedingte Unterwerfung
22. 4.	I ZR 52/91	122, 262	93, 757	93, 625	93, 1989		Kollektion „Holiday“
22. 4.	I ZR 75/91		93, 761	93, 619		93, 1063	Makler-Privatangebot
29. 4.	I ZR 92/91		93, 774	93, 758	93, 2937		Hotelgutschein
6. 5.	I ZR 123/91		93, 923	93, 705		93, 1065	Pic Nic
6. 5.	I ZR 183/91		93, 837	93, 745	93, 2938		Lohnsteuerberatung II
6. 5.	I ZR 144/92		93, 926	93, 762	93, 2993		Apothekenzeitschriften
13. 5.	I ZB 8/91		93, 744			93, 1131	MICRO CHANNEL
13. 5.	I ZR 113/91		93, 769	93, 755		93, 1319	Radio Stuttgart
27. 5.	I ZR 115/91		93, 920	93, 752		93, 1263	Emilio Adani II
27. 5.	I ZB 7/91		93, 746	94, 385		93, 1512	Premiere
3. 6.	I ZR 147/91		93, 760	93, 623		93, 1194	Provisionsfreies Maklerangebot
3. 6.	I ZB 6/91		93, 832	93, 769		93, 1389	Piesporter Goldtröpfchen
3. 6.	I ZB 9/91		93, 825		93, 3139		DOS
16. 6.	I ZR 140/91				93, 1322		Funkzentrale
16. 6.	I ZR 167/91		93, 912			93, 1451	BINA
16. 6.	I ZB 14/91	123, 30	93, 969		93, 2942		Indorektal II
24. 6.	I ZR 187/91		93, 913			93, 1387	KOWOG
1. 7.	I ZR 194/91		93, 972			93, 1452	Sana/Schosana
1. 7.	I ZR 299/91		93, 984	93, 761	93, 2869		Geschäftsraumwerbung
8. 7.	I ZR 174/91	123, 157	93, 917	93, 741	93, 2680		Abrechnungssoftware für Zahnärzte
8. 7.	I ZR 202/91		94, 59	93, 747	93, 2868		Empfangsbestätigung
14. 7.	I ZR 189/91		94, 57	93, 749	93, 3060		Geld-zurück-Garantie
30. 9.	I ZR 54/91		94, 146	94, 37	94, 45		Vertragsstrafebemessung
30. 9.	I ZB 16/91		94, 120		94, 196		EUROCONSULT
30. 9.	I ZB 17/91						EUROINVEST
7.10.	I ZR 284/91		94, 638	94, 31	94, 53		Fehlende Planmäßigkeit
7.10.	I ZR 293/91	123, 330	94, 126	94, 28	93, 3329		Folgeverträge I
7.10.	I ZR 317/91			94, 34	94, 194		Geschäftsfortführung nach Ausverkauf II
14.10.	I ZR 131/89		94, 306	94, 33		94, 232	Yves Rocher II
14.10.	I ZR 218/91		94, 222	94, 101		94, 301	Flaschenpfand
14.10.	I ZR 40/93		94, 220	94, 104	94, 456		PS-Werbung II
28.10.	I ZR 246/91		94, 230	94, 108	94, 388		Euroscheck-Differenzzahlung
28.10.	I ZR 247/91		94, 228	94, 106		94, 362	Importwerbung
4.11.	I ZR 320/91		94, 224	94, 179	94, 584		Teilzahlungspreis III
11.11.	I ZR 225/91		94, 527	94, 169	94, 728		Werbeagent
11.11.	I ZR 315/91		94, 311	94, 177		94, 302	Finanzkaufpreis „ohne Mehrkosten“
25.11.	I ZR 259/91	124, 230	94, 219	94, 175	94, 730		Warnhinweis
25.11.	I ZR 281/91	124, 224		94, 172	94, 786		GmbH-Zahnbehandlungsangebot
9.12.	I ZR 276/91		94, 304	94, 181	94, 751		Zigarettenwerbung in Jugendzeitschriften
9.12.	I ZB 23/91	124, 289	94, 366	94, 245		94, 693	rigidite II
9.12.	I ZB 1/92		94, 370	94, 249	94, 1218		rigidite III
16.12.	I ZR 277/91		94, 307	94, 256		94, 619	Mozzarella I
16.12.	I ZR 210/91		94, 310	94, 260		94, 622	Mozzarella II
16.12.	I ZR 231/91		94, 288	94, 252	94, 1068		Malibu
16.12.	I ZR 285/91		94, 380	94, 262	94, 1071		Lexikothek (Telefonwerbung III)
1994							
20. 1.	I ZR 250/91		94, 390	94, 310	94, 1224		Anzeigen-Einführungspreis
20. 1.	I ZR 267/91		94, 363	94, 299	94, 1216		Holzhandelsprogramm
20. 1.	I ZR 283/91	125, 1	94, 383	94, 303	94, 1658		Genossenschaftsprivileg
20. 1.	I ZR 10/92		94, 389	94, 311		94, 501	Versandhandelspreis II
27. 1.	I ZR 191/91		94, 374	94, 237	94, 3040		Kerlone VB

Dat.	AktZ	BGHZ	GRUR	WRP	NJW	NJW-RR	Schlagwort
27. 1.	I ZR 234/91		94, 376	94, 240	94, 3040		Mexitil
27. 1.	I ZR 276/91		94, 385	94, 305		95, 255	Streitwertherabsetzung
27. 1.	I ZR 326/91			94, 387	94, 2289		Indizienkette
27. 1.	I ZR 1/92		94, 387	94, 313		94, 814	Back-Frites
27. 1.	I ZR 65/92		94, 372	94, 242	94, 3040		Sermion
3. 2.	I ZR 282/91		94, 519	94, 533	94, 2030		Grand Marnier
3. 2.	I ZR 321/91		94, 441	94, 398		94, 872	Kosmetikstudio
3. 2.	I ZR 54/92		94, 456	94, 393		94, 871	Prescriptives
8. 2.	VI ZR 286/93		94, 394		94, 1281		Bilanzanalyse
10. 2.	I ZR 316/91		94, 454	94, 529		94, 874	Schlankheitswerbung
10. 2.	I ZR 16/92		94, 443	94, 504	94, 2096		Versicherungsvermittlung im öffentlichen Dienst
10. 2.	I ZR 79/92	125, 91	94, 808	94, 495	94, 1954		Markenverunglimpfung I
24. 2.	I ZR 230/91		94, 905	94, 616		94, 1255	Schwarzwald-Sprudel
24. 2.	I ZR 59/92		94, 516	94, 506		94, 1001	Auskunft über Notdienste
24. 2.	I ZR 74/92		94, 447	94, 511		94, 728	Sistierung von Aufträgen
10. 3.	I ZR 36/92		94, 639	94, 515		94, 941	Pinguin-Apotheke
10. 3.	I ZR 51/92		94, 445	94, 400	94, 1536		Beipackzettel
10. 3.	I ZR 166/92	125, 54	94, 656	94, 540		94, 942	Stofftragetasche
17. 3.	I ZR 304/91		94, 530	94, 543	94, 3248		Beta
24. 3.	I ZR 62/92		94, 523	94, 531		94, 941	Ölbrennermodelle
24. 3.	I ZR 152/92		94, 635	94, 516		94, 944	Pulloverbeschriftung
24. 3.	I ZR 42/93	125, 322	94, 630	94, 519	94, 1958		Cartier-Armreif
14. 4.	I ZR 12/92			94, 859	95, 785		GmbH-Werbung für ambulante ärztliche Leistungen
14. 4.	I ZR 123/92		94, 640	94, 524		94, 1196	Ziegelvorhangfassade
21. 4.	I ZR 271/91		94, 642	94, 527		94, 1067	Chargennummer
21. 4.	I ZR 291/91		94, 512	94, 621		94, 1070	Simmenthal
21. 4.	I ZR 22/92		94, 652	94, 536	94, 2765		Virion
21. 4.	I ZR 31/92	125, 382	94, 794	94, 750	94, 2607		Rolling Stones
28. 4.	I ZR 68/92		94, 743	94, 610	94, 2152		Zinsgünstige Finanzierung durch Herstellerbank
28. 4.	I ZR 107/92		94, 839	94, 605			Kontraindikationen
28. 4.	I ZR 5/92		94, 730	94, 747		94, 1127	VALUE
5. 5.	I ZR 57/92		94, 736	94, 613	94, 2288		Intraurbane Sozietät
5. 5.	I ZR 168/92		94, 818	94, 597	94, 2028		Schriftliche Voranmeldung
26. 5.	I ZR 33/92		94, 908	94, 743		94, 1460	WIR IM SÜDWESTEN
26. 5.	I ZR 85/92	126, 145	94, 831	94, 737	94, 2548		Verbandsausstattung II
26. 5.	I ZR 108/92			94, 862		95, 42	Bio-Tabletten
26. 5.	I ZB 4/94			94, 763	94, 2363		Greifbare Gesetzwidrigkeit II
9. 6.	I ZR 272/91	126, 208	94, 732	94, 599		94, 1323	McLaren
9. 6.	I ZR 91/92		94, 830	94, 732		94, 1327	Zielfernrohr
9. 6.	I ZR 116/62		94, 828	94, 615		94, 1126	Unipor-Ziegel
16. 6.	I ZR 66/92		95, 422			94, 1480	Kanzleieröffnungsanzeige
16. 6.	I ZR 67/92		94, 825	94, 608	94, 2284		Strafverteidigungen
23. 6.	I ZR 15/92	126, 287	94, 844	94, 822	94, 2820		Rotes Kreuz
23. 6.	I ZR 73/92	126, 270	94, 832	94, 818	95, 137		Zulassungsnummer
23. 6.	I ZR 106/92	126, 266		94, 765	94, 2298		Vollmachtsnachweis
23. 6.	I ZB 7/92		94, 805			94, 1531	Alphaferon
30. 6.	I ZR 40/92		94, 841	94, 739	94, 2827		Suchwort
30. 6.	I ZR 56/92		94, 827	94, 730		94, 1326	Tageszulassungen
30. 6.	I ZR 167/92		94, 820	94, 728		94, 1385	Produktinformation II
7. 7.	I ZR 30/92		94, 846	94, 810	94, 3107		Parallelverfahren II
7. 7.	I ZR 63/92	126, 368	94, 849	94, 733	94, 2765		Fortsetzungsverbot II
7. 7.	I ZR 104/93		94, 821	94, 814	94, 2953		Preisrätselgewinnauslobung I

Dat.	AktZ	BGHZ	GRUR	WRP	NJW	NJW-RR	Schlagwort
7. 7.	I ZR 162/92		94, 823	94, 816	94, 2954		Preisrätselgewinnauslobung II
27. 9.	I ZR 156/93		96, 70	96, 11	96, 317		Sozialversicherungsfreigrenze
29. 9.	I ZR 114/84		95, 50			95, 424	Indorektal/Indohexal
29. 9.	I ZR 76/92		95, 60	95, 9		95, 306	Napoléon IV
29. 9.	I ZR 138/92		95, 122	95, 104	95, 724		Laienwerbung für Augenoptiker
29. 9.	I ZR 172/92		95, 68	95, 89	95, 324		Schlüssel-Funddienst
13.10.	I ZR 96/92		95, 65	95, 11		95, 493	Produktionsstätte
13.10.	I ZR 99/92		95, 54	95, 13		95, 358	Nicoline
19.10.	I ZR 130/92		95, 57	95, 92	95, 871		Markenverunglimpfung II
19.10.	I ZR 156/92		95, 47	95, 18		95, 306	Rosaroter Elefant
19.10.	I ZR 187/92		95, 169	95, 290		95, 495	Kosten des Verfügungsverfahrens bei Antragsrücknahme
19.10.	I ZB 10/92		95, 48			95, 494	Metoproloc
3.11.	I ZR 71/92	127, 262	95, 117	95, 96	95, 2724		NEUTREX
3.11.	I ZR 82/92		95, 163	95, 102	95, 462		Fahrtkostenerstattung
3.11.	I ZR 122/92		95, 62			95, 304	Betonerhaltung
10.11.	I ZR 147/92		95, 751	95, 302	95, 870		Schlussverkaufswerbung II
10.11.	I ZR 201/92		95, 125	95, 183	95, 873		Editorial
10.11.	I ZR 216/92		95, 270	95, 186		95, 301	Dubioses Geschäftsgebaren
17.11.	I ZR 136/92		95, 505	95, 600		95, 873	APISERUM
17.11.	I ZR 193/92		95, 165	95, 192		95, 428	Kosmetikset
1.12.	I ZR 128/92		95, 127	95, 304			Schornsteinaufsätze
1.12.	I ZR 139/92		95, 167	95, 300	95, 715		Kosten bei unbegründeter Abmahnung
8.12.	I ZR 189/92		95, 220/492			95, 613	Telefonwerbung V
8.12.	I ZR 192/92		95, 156	95, 307		95, 357	Garant-Möbel
15.12.	I ZR 121/92		95, 216	95, 320	95, 1677		Oxygenol II
15.12.	I ZR 154/92		95, 223	95, 310	95, 1617		Pharma-Hörfunkwerbung
1995							
19. 1.	I ZR 197/92		95, 354	95, 398		95, 676	Rügenwalder Teewurst II
19. 1.	I ZR 209/92		95, 419	95, 386	95, 1615		Knoblauchkapseln
19. 1.	I ZR 41/93		96, 213	95, 475	95, 2352		Sterbegeldversicherung
26. 1.	I ZR 39/93		95, 358	95, 389		95, 1361	Folgeverträge II
2. 2.	I ZR 13/93		95, 274	95, 392	95, 1893		Dollar-Preisangaben
2. 2.	I ZR 16/93		95, 349	95, 393	95, 1420		Objektive Schadensberechnung
2. 2.	I ZR 31/93			95, 591		95, 808	Gewinnspiel II
9. 2.	I ZR 35/93		95, 353	95, 485	95, 1755		Super-Spar-Fahrkarten
9. 2.	I ZR 44/93		95, 742	95, 487	95, 1964		Arbeitsplätze bei uns
9. 2.	I ZB 21/92		97, 366		95, 1752		quattro II
21. 2.	I ZR 33/93		95, 765				Kfz-Vertragshändler
23. 2.	I ZR 15/93		95, 424	95, 489		95, 810	Abnehmerverwarnung
23. 2.	I ZR 75/93		95, 427	95, 493	95, 1965		Schwarze Liste
23. 2.	I ZR 36/94		95, 427	95, 495	95, 1756		Zollangaben
9. 3.	I ZR 157/93		95, 494	95, 594	95, 2358		Pressemitteilung über Lohnsteuerberatung
23. 3.	I ZR 221/92		95, 515	95, 605		95, 871	2 für 1-Vorteil
23. 3.	I ZR 92/93		95, 601	95, 691	95, 2168		Bahnhofs-Verkaufsstellen
30. 3.	I ZR 23/93		95, 763	95, 810	95, 2925		30 % Ermäßigung
30. 3.	I ZR 60/93		95, 507	95, 615		95, 1002	City-Hotel
30. 3.	I ZR 84/93		95, 603	95, 693	95, 2558		Räumungsverkauf an Sonntagen
4. 4.	KZR 34/93		95, 690	95, 624	95, 2293		Hitlisten-Platten

Dat.	AktZ	BGHZ	GRUR	WRP	NJW	NJW-RR	Schlagwort
5. 4.	I ZR 59/93		95, 610	95, 596	95, 3124		Neues Informations-system
5. 4.	I ZR 67/93		95, 518	95, 608	95, 2170		Versäumte Klagen-häufung
5. 4.	I ZR 133/93		95, 605	95, 696	95, 2355		Franchise-Nehmer
25. 4.	VI ZR 272/94		95, 621		95, 1956		Grundstücksnachbarn
27. 4.	I ZR 11/93		95, 608	95, 603		95, 1069	Beschädigte Verpackung II
27. 4.	I ZR 77/93		95, 616	95, 699	95, 2561		Fahrtkostenerstattung II
27. 4.	I ZR 116/93		95, 612	95, 701	95, 3054		Sauerstoff-Mehrschritt-Therapie
11. 5.	I ZR 107/93		95, 604	95, 695	95, 2588		Vergoldete Visiten-karten
18. 5.	I ZR 91/93		95, 592	95, 688	95, 2486		Busengrapscher
18. 5.	I ZR 178/93						Anhängigkeit des Berufungsverfahrens
18. 5.	I ZR 99/93		95, 583	95, 706		95, 1251	MONTANA
18. 5.	I ZB 22/94				95, 2295		Remailing I
22. 6.	I ZR 153/93		95, 760	95, 824	95, 2988		Frischkäsezubereitung
22. 6.	I ZR 198/94			96, 194		WettbR 96, 18	Goldkrone
23. 6.	I ZR 161/93		95, 761	95, 813			Paketpunktsystem
25. 6.	I ZR 137/93		95, 892	95, 1026	95, 3187		Verbraucherservice
29. 6.	I ZR 24/93		95, 754	95, 910			Altenburger Spielkarten
6. 7.	I ZR 4/93	130, 182	95, 817	96, 6	96, 122		Legehennenhaltung
6. 7.	I ZR 58/93	130, 205	95, 744	95, 923	95, 3177		Feuer, Eis & Dynamit I
6. 7.	I ZR 2/94		95, 750	95, 930	95, 3182		Feuer, Eis & Dynamit II
6. 7.	I ZR 110/93		95, 595	95, 682	95, 2490		Kinderarbeit
6. 7.	I ZR 239/93	130, 196	95, 598	95, 679	95, 2488		Ölverschmutzte Ente
6. 7.	I ZR 180/94		95, 600	95, 686	95, 2492		H. I. V. POSITIVE
12. 7.	I ZR 85/93		95, 697	95, 815	96, 122		FUNNY PAPER
12. 7.	I ZR 140/93	130, 276	95, 825	95, 918	95, 2985		Torres
12. 7.	I ZR 176/93	130, 288	95, 678	95, 820	95, 2788		Kurze Verjährungsfrist
27. 9.	I ZR 156/93		96, 70	96, 11	96, 317		Sozialversicherungs-freigrenze
12.10.	I ZR 191/93			96, 13	96, 260		Spielzeugautos
18.10.	I ZR 126/93	131, 90	96, 217	96, 197	96, 391		Anonymisierte Mitglie-derliste
18.10.	I ZR 227/93		96, 71	96, 98		96, 162	Produktinformation III
18.10.	I ZR 4/94		96, 292	96, 194		96, 362	Aknemittel
24.10.	KVR 17/94			96, 295	96, 595		Backofenmarkt
25.10.	I ZR 255/93		96, 208	96, 100	96, 660		Telefax-Werbung
2.11.	IX ZR 141/94		96, 104				Unterlassungsverfügung ohne Strafandrohung
9.11.	I ZR 212/93		96, 290	96, 199	96, 723		Wegfall der Wieder-holungsgefahr I
9.11.	I ZR 220/95		96, 78	96, 107	96, 78		Umgehungsprogramm
16.11.	I ZR 175/93			96, 202			Widerrufsbelehrung II
16.11.	I ZR 25/94			96, 204			Widerrufsbelehrung III
16.11.	I ZR 177/93			96, 292	96, 457		Ausbildungsverträge
16.11.	I ZR 229/93		96, 379	96, 284		96, 554	Wegfall der Wieder-holungsgefahr II
16.11.	I ZB 14/95				96, 25		Remailing II
30.11.	I ZR 194/93		96, 372	96, 210		96, 419	Zulassungsnummer II
30.11.	I ZR 233/93		96, 363	96, 286		96, 616	Saustarke Angebote
30.11.	IX ZR 115/94		96, 812		96, 397		Unterlassungsurteil ge-gen Sicherheitsleistung
14.12.	I ZR 213/93			96, 290	96, 1135		Umweltfreundliches Bauen
14.12.	I ZR 240/93		96, 210/368	96, 279		96, 616	Vakuumpumpen
1996							
16. 1.	XI ZR 57/95	132, 1	96, 375	96, 426	96, 929		Telefonwerbung als Haustürgeschäft
16. 1.	XI ZR 116/95	131, 385		96, 422	96, 926		Widerruf bei Darlehens-vertrag

Dat.	AktZ	BGHZ	GRUR	WRP	NJW	NJW-RR	Schlagwort
18. 1.	I ZR 15/94		96, 365,	96, 288	96, 852		Tätigkeitsschwerpunkte
1. 2.	I ZR 50/94		96, 502	96, 721		96, 1190	Energiekosten-Preisvergleich
8. 2.	I ZR 216/93		96, 422	96, 541	96, 1672		J. C. Winter
8. 2.	I ZR 147/94		96, 421	96, 720	96, 1759		Effektivzins
15. 2.	I ZR 1/94		96, 778	96, 889		96, 1188	Stumme Verkäufer
15. 2.	I ZR 9/94		96, 910	96, 729	96, 2161		Der meistverkaufte Rasierer Europas
15. 2.	I ZR 10/94		96, 510	96, 737	96, 1965		Unfallersatzwagentarife
29. 2.	I ZR 6/94		96, 796	96, 734	96, 3341		Setpreis
7. 3.	I ZR 33/94		96, 798	96, 894		96, 1320	Lohnentwesungen
14. 3.	I ZR 53/94		96, 791	96, 892	96, 2580		Editorial II
19. 3.	KZR 1/95		96, 808	96, 905	96, 2656		Pay-TV-Durchleitung
28. 3.	I ZR 11/94		96, 508	96, 710		96, 805	Uhren-Applikation
28. 3.	I ZR 39/94		96, 781	96, 713		96, 1196	Verbrauchsmaterialien
28. 3.	I ZR 14/96		96, 512	96, 743	96, 1970		Fehlender Vollstreckungsschutzantrag II
25. 4.	I ZR 58/94		96, 995	97, 328	96, 2866		Übergang des Vertragsstrafeversprechens
25. 4.	I ZR 82/94			96, 1102	96, 3280		Großimporteur
25. 4.	I ZR 106/94		96, 917	96, 897	96, 2308		Internationale Sozietät
2. 5.	I ZR 99/94		96, 806	96, 1018	96, 3077		HerzASS
2. 5.	I ZR 108/94		96, 983	97, 549			Dauertiefpreise
2. 5.	I ZR 152/94		96, 983	96, 1097	96, 3153		Preistest
9. 5.	I ZR 107/94		96, 800	96, 899	96, 2729		EDV-Geräte
23. 5.	I ZR 76/94		96, 985	96, 1156	96, 3419		PVC-frei
23. 5.	I ZR 122/94			96, 1099		97, 104	Testfotos II
7. 6.	I ZR 103/94		96, 802	96, 1032	96, 3083		Klinik
7. 6.	I ZR 114/94		96, 786	96, 1020	96, 2577		Blumenverkauf an Tankstellen
13. 6.	I ZR 114/93		96, 789	96, 1024	96, 3081		Laborbotendienst
13. 6.	I ZR 102/94		97, 136	96, 1149	96, 799		Laborärzte
20. 6.	I ZR 113/94		96, 793	96, 1027	96, 3078		Fertiglesebrillen
24. 6.	NotZ 35/95		96, 908	96, 1105	96, 2733		Notarwerbung mit Logo
2. 7.	KZR 20/91		96, 920	96, 1038	96, 3212		Fremdleasingboykott II
11. 7.	I ZR 183/93		97, 145	96, 1153	96, 3278		Preisrätselgewinnauslobung IV
11. 7.	I ZR 79/94		96, 804	96, 1034	96, 3276		Preisrätselgewinnauslobung III
19. 9.	I ZR 72/94		97, 304	97, 179		97, 424	Energiekostenpreisvergleich II
19. 9.	I ZR 124/94		97, 229	97, 183	97, 464		Beratungskompetenz
19. 9.	I ZR 130/94		97, 139	97, 24		97, 235	Organgenhaut
19. 9.	I ZR 76/95		97, 141	97, 83	97, 588		Kompetenter Fachhändler
26. 9.	I ZR 265/95	133, 316	97, 382	97, 312	97, 1702		Altunterwerfung I
26. 9.	I ZR 194/95	133, 331	97, 386	97, 318	97, 1706		Altunterwerfung II
1.10.	VI ZR 206/95		97, 125		97, 1152		Bob Dylan
10.10.	I ZR 129/94		97, 313	97, 325	97, 2180		Architektenwettbewerb
17.10.	I ZR 153/94		97, 308	97, 306		97, 741	Wärme fürs Leben
17.10.	I ZR 159/94		97, 306	97, 302		97, 680	Naturkind
22.10.	KZR 19/95	134, 1	97, 774	97, 186	97, 574		Stromeinspeisung II
24.10.	III ZR 127/91	134, 30		97, 27	97, 123		Brasserie du Pêcheur
7.11.	I ZR 138/94		97, 472	97, 429	97, 1780		Irrtum vorbehalten
7.11.	I ZR 183/94		97, 227	97, 182		97, 423	Aussehen mit Brille
14.11.	I ZR 162/94		97, 479	97, 431	97, 1782		Münzangebot
14.11.	I ZR 164/4		97, 476	97, 439		97, 800	Geburtstagswerbung II
21.11.	I ZR 149/94		97, 468	97, 1093	97, 1928		NetCom
28.11.	I ZR 184/94		97, 473	97, 434	97, 1304		Versierter Ansprechpartner
28.11.	I ZR 197/94		97, 767	97, 735		97, 1133	Brillenpreise II
5.12.	I ZR 140/94		97, 666	97, 724		97, 1192	Umweltfreundliche Reinigungsmittel
5.12.	I ZR 157/94		97, 311	97, 310		97, 614	Yellow Phone
5.12.	I ZR 203/94		97, 539	97, 709		97, 1130	Kfz-Waschanlagen

Dat.	AktZ	BGHZ	GRUR	WRP	NJW	NJW-RR	Schlagwort
12.12.	I ZR 7/94		97, 537	97, 721		97, 931	Lifting-Creme
1997							
14. 1.	KZR 36/96		97, 543	97, 776	97, 2182		Kölsch-Vertrag
16. 1.	I ZR 225/94		97, 669	97, 731	97, 2817		Euromint
16. 1.	I ZR 9/95	134, 250	97, 459		97, 1363		CB-infobank I
20. 1.	II ZR 105/96				97, 1069		Genossenschaftsmodell
23. 1.	I ZR 238/93		97, 541	97, 711		97, 934	Produktinterview
23. 1.	I ZR 29/94		97, 681	97, 715	97, 2757		Produktwerbung
23. 1.	I ZR 226/94		97, 380	97, 437	97, 1370		Füllanzeigen
30. 1.	I ZR 20/94		97, 927	97, 846		WettbR 98, 25	Selbsthilfeeinrichtung der Beamten
6. 2.	I ZR 234/94		97, 758	97, 946		97, 1193	Selbsternannter Sachverständiger
20. 2.	I ZR 187/94		97, 903	97, 1081	97, 2952		GARONOR
20. 2.	I ZR 12/95		97, 907	97, 843		97, 1401	Emil-Grünbär-Club
27. 2.	I ZR 217/94		97, 478	97, 441		97, 801	Haustürgeschäft II
27. 2.	I ZR 5/95		97, 933			WettbR 97, 229	EP
11. 3.	KZR 44/95		97, 482	97, 555	97, 2954		Magic Print
11. 3.	KVR 39/95	135, 74	97, 677	97, 771	97, 1911		NJW auf CD-ROM
11. 3.	KZR 2/96		97, 770	97, 779	97, 2200		Gasdurchleitung
13. 3.	I ZR 34/95		97, 665	97, 719		97, 950	Schwerpunktgebiete
20. 3.	I ZR 241/94		97, 672	97, 727		97, 1131	Sonderpostenhändler
20. 3.	I ZR 246/94		97, 754	97, 748	97, 2739		grau/magenta
10. 4.	I ZR 65/92		97, 629	97, 742	97, 2449		Sermion II
10. 4.	I ZR 178/94		97, 661	97, 751			B. Z./Berliner Zeitung
10. 4.	I ZR 242/94	135, 183	97, 899	97, 1189	97, 3443		Vernichtungsanspruch
10. 4.	I ZR 3/95		97, 909	97, 1059		97, 1468	Branchenbuch-Nomenklatur
17. 4.	I ZR 219/94		97, 925	97, 1064	97, 3236		Ausgeschiedener Sozius
22. 4.	XI ZR 191/96			97, 783	97, 2314		Sittenwidriges Schneeballsystem
24. 4.	I ZR 210/94		97, 920	97, 1176	98, 76		Automatenaufsteller
24. 4.	I ZR 233/94		97, 902	97, 1181	97, 3315		FTOS
24. 4.	I ZR 44/95	135, 278	98, 155	97, 1184	97, 3313		POWER POINT
30. 4.	I ZR 196/94		97, 912	97, 1048	97, 2679		Die Besten I
30. 4.	I ZR 154/95		97, 914	97, 1051	97, 2681		Die Besten II
30. 4.	I ZR 30/95		97, 934	97, 1179			50 % Sonder-AfA
6. 5.	KVR 9/96	135, 323	97, 784	97, 964	97, 3173		Gaspreis
15. 5.	I ZR 10/95		97, 761	97, 940	97, 604		Politikerschelte
26. 5.	AnwZ (B) 64/96			97, 1074	97, 2682		Forderungseinzug
26. 5.	AnwZ (B) 65/96			97, 1072	97, 2842		Versicherungsberatung
5. 6.	I ZR 38/95	136, 11	97, 749	97, 952	97, 2948		L Orange
5. 6.	I ZR 69/95		98, 489	98, 42		98, 835	Unbestimmter Unterlassungsantrag III
12. 6.	I ZR 39/95		97, 922	97, 1075	97, 3238		Rechtsanwalt als Minister
12. 6.	I ZR 36/95		98, 167	98, 48	98, 1078		Restaurantführer
17. 6.	VI ZR 114/96		97, 942	98, 391	97, 2593		PC-Drucker-Test
19. 6.	I ZR 16/95	136, 111	97, 916	97, 1054	97, 3302		Kaffeebohne
19. 6.	I ZR 46/95		97, 929	97, 1062	97, 3376		Herstellergarantie
19. 6.	I ZR 72/95		98, 170	97, 1070		98, 111	Händlervereinigung
26. 6.	I ZR 192/94		97, 756	97, 983			Kessler-Hochgewächs
26. 6.	I ZR 14/95		98, 165	98, 51		98, 253	RBB
26. 6.	I ZR 53/95		98, 498	98, 117	98, 815		Fachliche Empfehlung III
26. 6.	I ZR 56/95		97, 845	97, 1091		97, 1402	Immo-Data
10. 7.	I ZR 42/95		97, 896	97, 1079		97, 1404	Mecki-Igel III
10. 7.	I ZR 51/95			98, 181	98, 818		Warentests für Arzneimittel
10. 7.	I ZR 62/95		98, 483	98, 296		98, 617	Der M.-Marktpackt aus
10. 7.	I ZR 201/95		98, 486	98, 301		98, 616	Geburtstags-Angebot
17. 7.	I ZR 40/95		97, 937	97, 1067	97, 3087		Sekundenschnell

Dat.	AktZ	BGHZ	GRUR	WRP	NJW	NJW-RR	Schlagwort
17. 7.	I ZR 77/95		97, 936	97, 1175	98, 1796		Naturheilmittel
17. 7.	I ZR 58/95		98, 407	98, 306	98, 1792		TIAPRIDAL
23. 7.	VIII ZR 130/96	136, 295		97, 1096	97, 3304		Benetton I
23. 7.	VIII ZR 134/96				97, 3309		Benetton II
18. 9.	I ZR 71/95		98, 471	98, 164	98, 1144		Modenschau im Salvatorkeller
18. 9.	I ZR 119/95		98, 475	98, 162		98, 401	Erstcoloration
25. 9.	I ZR 84/95		98, 500	98, 388		98, 1201	Skibindungsmontage
2.10.	I ZR 94/95		98, 961	98, 312	98, 820		Lebertran I
2.10.	I ZR 130/95		98, 495	98, 499	98, 1797		Lebertran II
9.10.	I ZR 92/95		98, 487	98, 172	98, 822		Professorenbezeichnung in der Arztwerbung III
9.10.	I ZR 95/95		98, 412	98, 373		98, 694	Analgin
9.10.	I ZR 122/95		98, 417	98, 175	98, 1148		Verbandsklage in Prozessstandschaft
23.10.	I ZR 98/95		98, 1043	98, 294		98, 1198	GS-Zeichen
23.10.	I ZR 123/95		98, 169			98, 833	Auto ’94
30.10.	I ZR 185/95		98, 591	98, 502		98, 693	Monopräparate
30.10.	I ZR 127/95		98, 949	98, 598	98, 1953		D-Netz-Handtelefon
6.11.	I ZR 102/95		98, 477	98, 377		98, 1048	Trachtenjanker
6.11.	I ZB 17/95			98, 495		98, 1261	Today
13.11.	I ZR 159/95		98, 943	98, 381		98, 1119	Farbkennnummern
26.11.	I ZR 109/95		98, 415	98, 383		WettbR 98, 241	Wirtschaftsregister
26.11.	I ZR 148/95		98, 419	98, 386	98, 1227		Gewinnspiel im Ausland
4.12.	I ZR 125/96		98, 493	98, 505		98, 691	Gelenknahrung
4.12.	I ZR 143/95		98, 502	98, 489	98, 1152		Umtauschrecht I
18.12.	I ZR 79/95		98, 568		98, 2144		Beatles-Doppel-CD
1998							
15. 1.	I ZB 20/97		98, 744	98, 624	98, 2743		Kassenrechtsstreit über Mitgliederwerbung
15. 1.	I ZR 244/95		98, 585	98, 487		98, 1118	Lagerverkauf
15. 1.	I ZR 282/95		98, 1010	98, 877		98, 1651	WINCAD
22. 1.	I ZR 177/95		98, 587	98, 512	98, 1399		Bilanzanalyse Pro 7
22. 1.	I ZR 18/96		98, 963	98, 864	98, 3342		Verlagsverschulden II
5. 2.	I ZR 151/95		98, 735	98, 724		98, 1199	Rubbelaktion
5. 2.	I ZR 211/95	138, 55	98, 824	98, 718	98, 2208		Testpreis-Angebot
12. 2.	I ZR 110/96		98, 951	98, 861	98, 3349		Die große deutsche Tages- und Wirtschaftszeitung
12. 2.	I ZR 241/95		98, 696	98, 604	98, 2045		Rolex-Uhr mit Diamanten
12. 2.	I ZR 5/96				98, 3205		Gewillkürte Prozessstandschaft
19. 2.	I ZR 120/95		98, 947	98, 595		98, 831	AZUBI 94
19. 2.	I ZR 138/95		98, 1034	98, 978		98, 1499	Makalu
5. 3.	I ZR 13/96	138, 143	98, 830	98, 732	98, 3773		Les-Paul-Gitarren
5. 3.	I ZR 185/95		98, 958	98, 741		98, 1421	Verbandsinteresse
5. 3.	I ZR 202/95		98, 953	98, 743	98, 2439		Altunterwerfung III
5. 3.	I ZR 229/95		98, 1039	98, 973	98, 3203		Fotovergrößerungen
17. 3.	KZR 30/96		98, 1049	98, 783		98, 1730	Bahnhofsbuchhandel
19. 3.	I ZR 173/95		98, 959	98, 983	98, 3412		Neurotrat forte
19. 3.	I ZR 264/95		98, 1045	98, 739		98, 1571	Brennwertkessel
26. 3.	I ZR 222/95		99, 256	98, 857		98, 1497	1000,– DM Umwelt-Bonus
26. 3.	I ZR 231/95		98, 1037	98, 727		98, 1420	Schmuck-Set
2. 4.	I ZR 4/96		98, 835	98, 729	98, 2553		Zweigstellenverbot
23. 4.	I ZR 2/96		99, 69	98, 1065	98, 3561		Preisvergleichsliste II
30. 4.	I ZR 268/95	138, 349	99, 161	98, 1181	98, 3781		MAC Dog
30. 4.	I ZR 40/96		98, 955	98, 867		98, 1574	Flaschenpfand II
7. 5.	I ZR 214/95		99, 177	98, 1168	99, 137		umgelenkte Auktionskunden
7. 5.	I ZR 85/96		98, 1041	98, 1068	98, 3350		Verkaufsveranstaltung in Aussiedlerwohnheim

Dat.	AktZ	BGHZ	GRUR	WRP	NJW	NJW-RR	Schlagwort
12. 5.	KZR 23/96		99, 276	99, 101		99, 189	Depotkosmetik
12. 5.	KZR 25/96			99, 203			Hochwertige Kosmetikartikel
12. 5.	KZR 18/97		98, 1047	98, 777		98, 1508	Subunternehmervertrag
14. 5.	I ZR 10/96		98, 945	98, 854	98, 2531		Co-Verlagsvereinbarung
14. 5.	I ZR 116/96		99, 259	99, 98	99, 497		Klärung vermögensrechtlicher Ansprüche
14. 5.	I ZB 17/98		99, 88	98, 1076	98, 3418		Ersatzkassen-Telefonwerbung
28. 5.	I ZR 275/95		99, 183	98, 1171	99, 287		Ha-Ra/HARIVA
25. 6.	I ZR 62/96		98, 956	98, 976	98, 3563		Titelschutzanzeigen für Dritte
25. 6.	I ZR 75/96		98, 1046	98, 982		98, 1573	Geburtstagswerbung III
2. 7.	I ZR 54/96		99, 251	98, 998			Warsteiner I
2. 7.	I ZR 55/96	139, 138	99, 252	98, 1002	98, 3489		Warsteiner II
2. 7.	I ZR 66/96		99, 270	99, 181	99, 217		Umtauschrecht II
2. 7.	I ZR 77/96		99, 272	99, 183		99, 404	Die Luxusklasse zum Nulltarif
9. 7.	I ZR 72/96		99, 179	98, 1071	98, 3414		Patientenwerbung
20. 8.	I ZB 38/98				98, 3784		
17. 9.	I ZR 117/96		99, 515	99, 424	99, 1398		Bonusmeilen
8.10.	I ZR 187/97	139, 368	99, 264	99, 90	99, 214		Handy für 0,00 DM
8.10.	I ZR 7/97		99, 261	99, 94	99, 211		Handy-Endpreis
8.10.	I ZR 72/97			99, 505			Nur 1 Pfennig
8.10.	I ZR 94/97			99, 509		WettbR 99, 25	Handy für 1 DM
8.10.	I ZR 107/97			99, 512			Aktivierungskosten
8.10.	I ZR 147/97			99, 517			„Am Telefon nicht süß sein?“
15.10.	I ZR 69/96	139, 378	99, 501	99, 414	99, 948		Vergleichen Sie
29.10.	I ZR 163/96		99, 507	99, 657		99, 982	Teppichpreiswerbung
5.11.	I ZB 50/98		99, 520	99, 439	99, 1786		Abrechnungsprüfung
12.11.	I ZR 105/96		99, 267	99, 176		99, 767	Verwaltungsstellenleiter
12.11.	I ZR 173/96		99, 594	99, 650		99, 1490	Holsteiner Pferd
26.11.	I ZR 179/96		99, 504	99, 501	99, 1784		Implantatbehandlungen
3.12.	I ZR 119/96	140, 134	99, 1128	99, 643	99, 2737		Hormonpräparate
3.12.	I ZR 63/96		99, 757	99, 839	99, 2190		Auslaufmodelle I
3.12.	I ZR 74/96		99, 760	99, 842	99, 2193		Auslaufmodelle II
3.12.	I ZR 112/96		99, 748	99, 824	99, 2444		Steuerberaterwerbung auf Fachmessen
10.12.	I ZR 100/96	140, 183	99, 325	99, 417	99, 1964		Elektronische Pressearchive
10.12.	I ZR 137/96		99, 512	99, 315	99, 865		Optometrische Leistungen
10.12.	I ZR 141/96		99, 509	99, 421	99, 1332		Vorratslücken
1999							
14. 1.	I ZR 149/96		99, 992	99, 931		99, 1344	BIG PACK
14. 1.	I ZR 203/96		99, 751	99, 816		99, 984	Güllepumpen
14. 1.	I ZR 2/97		99, 934	99, 912		99, 1131	Weinberater
21. 1.	I ZR 135/96		99, 522	99, 544	99, 1337		Datenbankabgleich
28. 1.	I ZR 192/96		99, 755	99, 828		00, 117	Altkleider W ertgutscheine
4. 2.	I ZR 71/97		99, 1011	99, 924		00, 340	Werbebeilage
11. 2.	I ZR 18/97		99, 1014	99, 920	99, 3406		Verkaufsschütten vor Apotheken
25. 2.	I ZR 4/97		99, 762	99, 845	99, 2195		Herabgesetzte Schlussverkaufspreise
16. 3.	I ZR 76/98			99, 660			Einverständnis mit Telefonwerbung
18. 3.	I ZR 33/97		99, 936	99, 918		99, 1418	Hypotonietee
25. 3.	I ZR 190/96		99, 600	99, 821			Haarfärbemittel
25. 3.	I ZR 77/97		99, 1100	99, 1141		00, 631	Generika-Werbung
15. 4.	I ZR 83/97		99, 1097	99, 1133		99, 1563	Preissturz ohne Ende
22. 4.	I ZR 159/96		99, 1007	99, 915		99, 1565	Vitalkost
22. 4.	I ZR 108/97		00, 73	99, 1145	00, 870		Tierheilpraktiker

Dat.	AktZ	BGHZ	GRUR	WRP	NJW	NJW-RR	Schlagwort
27. 4.	KZR 35/97		00, 95	99, 1175		00, 733	Feuerwehrgeräte
27. 4.	KZR 54/97		99, 1031	99, 941			Sitzender Krankentransport
6. 5.	I ZR 199/96	141, 329	99, 923	99, 831	99, 2898		Tele-Info-CD
6. 5.	I ZR 5/97					WettbR 99, 249	Telfonbuch-CD
20. 5.	I ZR 31/97		99, 1119	99, 1159		00, 634	RUMMS!
20. 5.	I ZR 40/97		99, 1009	99, 1136	99, 3414		Notfalldienst für Privatpatienten
20. 5.	I ZR 42/97		99, 1102				Privatärztlicher Bereitschaftsdienst
20. 5.	I ZR 54/97		99, 1104	99, 1139	99, 3416		ärztlicher Hotelservice
20. 5.	I ZR 66/97		99, 1116	99, 1163	00, 73		Wir dürfen nicht feiern
17. 6.	I ZR 213/96		99, 1106	99, 1031		00, 338	Rollstuhlnachbau
17. 6.	I ZR 149/97		00, 239	00, 92	00, 588		Last-Minute-Reise
24. 6.	I ZR 164/97				99, 3269		
8. 7.	I ZR 118/97		00, 235	00, 168	00, 586		Werbung am Unfallort IV
15. 7.	I ZR 130/96		99, 1113	99, 1022		WettbR 99, 217	Außenseiteranspruch I
15. 7.	I ZR 204/96		99, 1017	99, 1035	99, 3638		Kontrollnummernbeseitigung
15. 7.	I ZR 14/97	142, 192	99, 1109	99, 1026	99, 3034		Entfernung der Herstellungsnummer
15. 7.	I ZR 44/97		99, 1122	99, 1151	99, 3267		EG-Neuwagen I
22. 7.	KZR 13/97		00, 340	99, 1283	00, 866		Kartenlesegerät
19. 8.	I ZR 225/97		99, 1125	99, 1155	99, 3491		EG-Neuwagen II
19. 8.	I ZR 145/98						
15. 7.	I ZR 204/96		99, 1017	99, 1035	99, 3638		Kontrollnummernbeseitigung
15. 9.	I ZR 131/97		00, 436	00, 383		00, 1417	Ehemalige Herstellerpreisempfehlung
28.9.	KZR 18/98		00, 344	00, 89	00, 206		Beteiligungsverbot für Schilderpräger
6.10.	I ZR 46/97		00, 237	00, 170	00, 864		Giftnotruf-Box
6.10.	I ZR 92/97		00, 616	00, 514		00, 1204	Auslaufmodelle III
6.10.	I ZR 242/97					WettbR 00, 232	Handy „fast geschenkt" für 0,49 DM
20.10.	I ZR 86/97		00, 727	00, 628		00, 1138	Lorch Premium
20.10.	I ZR 95/97			00, 546		00, 922	Stülpkarton
20.10.	I ZR 167/97		00, 619	00, 517		00, 1490	Orient-Teppichmuster
10.11.	I ZR 121/97		00, 613	00, 506	00, 1789		Klinik Sanssouci
10.11.	I ZR 212/97		00, 546	00, 502	00, 2742		Johanniskraut-Präparat
24.11.	I ZR 171/97		00, 731	00, 633	00, 1639		Sicherungsschein
24.11.	I ZR 189/97		00, 438	00, 389	00, 1792		Gesetzeswiederholende Unterlassungsanträge
1.12.	I ZR 130/96	143, 232	00, 724	00, 734	00, 2504		Außenseiteranspruch II
1.12.	I ZR 49/97	143/214	00, 709	00, 746	00, 2195		Marlene Dietrich
1.12.	I ZR 226/97		00, 715	00, 754	00, 2201		Der blaue Engel
8.12.	I ZR 101/97		00, 521	00, 493			Modulgerüst
8.12.	I ZR 254/95					01, 48	
15.12.	I ZR 159/97		00, 337	00, 386		00, 704	Preisknaller
2000							
13. 1.	I ZR 253/97		00, 914	00, 1129	00, 2821		Tageszulassung II
13. 1.	I ZR 271/97		00, 918	00, 1138		00, 1351	Null-Tarif
13. 1.	I ZR 223/97		00, 506	00, 535		00, 856	ATTACHE/TISSERAND
18. 1.	KVR 23/98			00, 397	00, 1288		Tariftreueerklärung II
20. 1.	I ZR 196/97			00, 1135		00, 1290	Ambulanter Schlussverkauf
20. 1.	I ZB 50/97		00, 894	00, 1166		01, 38	Micro-PUR
20. 1.	I ZB 32/97		00, 883	00, 1152		01, 116	PAPAGALLO
27. 1.	I ZR 241/97		00, 818	00, 722	00, 2677		Telefonwerbung VI
27. 1.	I ZB 47/97		00, 895	00, 1301		00, 1427	EWING
27. 1.	I ZB 39/97		00, 892	00, 1299		01, 181	MTS

Dat.	AktZ	BGHZ	GRUR	WRP	NJW	NJW-RR	Schlagwort
10. 2.	I ZR 97/98		00, 528	00, 510		00, 1284	L-Carnitin
10. 2.	I ZB 37/97		00, 720	00, 739		00, 1484	Unter Uns
17. 2.	I ZR 239/97		00, 820	00, 724		00, 1136	Space Fidelity Peep Show
17. 2.	I ZR 254/97		00, 911	00, 1248	00, 3001		Computerwerbung
17. 2.	I ZB 33/97		00, 882	00, 1140	00, 3355	00, 1647	Bücher für eine bessere Welt
24. 2.	I ZB 13/98		00, 722	00, 741		00, 1352	LOGO
24. 2.	I ZR 168/97		00, 1028	00, 1148		01, 114	Ballermann
14. 3.	KZR 15/98			00, 759	00, 3426		Zahnersatz aus Manila
14. 3.	KZB 34/99		00, 736	00, 636	00, 2749		Hörgeräteakustik
14. 3.	KZR 8/99						
16. 3.	I ZR 214/97		00, 734	00, 730	00, 2277		Rechtsbetreuende Verwaltungshilfe
16. 3.	I ZR 229/97			00, 1131			Lieferstörung
16. 3.	I ZB 43/97		00, 886	01, 37		01, 1049	Bayer/BeiChem
30. 3.	I ZR 289/97		00, 729	00, 727	00, 2108		Sachverständigenbeauftragung
30. 3.	I ZB 41/97		00, 1038	00, 1161		00, 1708	Kornkammer
6. 4.	I ZR 294/97		01, 178	00, 1397	01, 896		Impfstoffversand an Ärzte
6. 4.	I ZR 67/98		01, 82	00, 1263	01, 441	00, 1710	Neu in Bielefeld I
6. 4.	I ZR 76/98	144, 165	00, 1089	00, 1269	00, 3566		Missbräuchliche Mehrfachverfolgung
6. 4.	I ZR 114/98		01, 84	00, 1266		00, 1644	Neu in Bielefeld II
6. 4.	I ZR 75/98						
13. 4.	I ZB 6/98		01, 56	00, 1290			Likörflasche
13. 4.	I ZR 282/97		00, 703	00, 1243			Mattscheibe
13. 4.	I ZR 290/97					00, 1633	
13. 4.	I ZR 220/97		01, 54	00, 1296	00, 3716		SUBWAY/Subwear
27. 4.	I ZR 236/97		00, 875	00, 1142			Davidoff
27. 4.	I ZR 292/97		00, 822	00, 1127	00, 3000		Steuerberateranzeige
27. 4.	I ZR 287/97		00, 1093	00, 1275		01, 36	Fachverband
4. 5.	I ZR 256/97	144, 232	01, 51	00, 1407	00, 3783		Parfumflakon
9. 5.	KZR 1/99			00, 757			Aussetzungszwang
9. 5.	KZR 28/98		00, 1108	00, 762		00, 1286	Designer-Polstermöbel
11. 5.	I ZR 28/98	144, 255	00, 1076	00, 1116	00, 3351	01, 184	Abgasemissionen
11. 5.	I ZB 22/98		01, 162	01, 35		01, 253	Rational Software Corporation
11. 5.	I ZR 193/97		00, 879	00, 1280			stüssy
24. 5.	I ZR 222/97		01, 78	00, 1402	01, 73		Falsche Herstellerpreisempfehlung
24. 5.	I ZR 80/98					01, 170	Internationaler Straßengüterverkehr
8. 6.	I ZB 12/98		00, 1031	00, 1155		00, 1707	Carl Link
8. 6.	I ZR 269/97		01, 181	01, 28	01, 1791		Dentalästhetika
15. 6.	I ZB 4/98		01, 161	01, 33		01, 255	Buchstabe „K"
15. 6.	I ZR 90/98		01, 251	01, 153		01, 405	Messerkennzeichnung
15. 6.	I ZR 231/97		00, 872		01, 228		Schiedsstellenanrufung
15. 6.	I ZR 202/98						
15. 6.	I ZR 193/98						
29. 6.	I ZR 122/98		01, 256	01, 144	01, 753		Gebührenvereinbarung
29. 6.	I ZR 128/98		01, 80	00, 1394		01, 327	ad-hoc-Meldung
29. 6.	I ZR 155/98		00, 1106	00, 1278	01, 153		Möbel-Umtauschrecht
29. 6.	I ZR 29/98		00, 907	00, 1258		01, 620	Filialleiterfehler
29. 6.	I ZR 59/98		00, 1080	00, 1121	00, 2745		Verkürzter Versorgungsweg
29. 6.	I ZR 155/98			00, 1278			Möbel-Umtauschrecht
6. 7.	I ZR 21/98		01, 158	01, 41			Drei-Streifen-Kennzeichnung
6. 7.	I ZR 243/97		01, 85	00, 1404	00, 3645		Altunterwerfung IV
6. 7.	I ZR 244/97	145, 7	01, 153	00, 1309	00, 3571		OEM-Version
13. 7.	I ZR 49/98				01, 448	01, 681	Haftungsumfang des Frachtführers
13. 7.	I ZR 156/98					00, 1631	
13. 7.	I ZR 219/98		00, 1023	00, 1312		01, 182	3-Speichen-Felgenrad

Dat.	AktZ	BGHZ	GRUR	WRP	NJW	NJW-RR	Schlagwort
13. 7.	I ZR 203/97		00, 1084	00, 1253		01, 32	Unternehmenskennzeichnung
10. 8.	I ZR 126/98		01, 73	00, 1284		00, 1640	Stich den Buben
10. 8.	I ZR 283/97		00, 1032	00, 1293		01, 179	EQUI 00
8. 9.	I ZB 21/99		01, 87	00, 1303			Sondenernährung
21. 9.	I ZR 216/98		01, 352	01, 394	01, 3411		Kompressionsstrümpfe
21. 9.	I ZR 143/98		01, 164	01, 165		01, 1192	Wintergarten
21. 9.	I ZB 35/98		01, 240	01, 157		01, 252	SWISS ARMY
21. 9.	I ZR 12/98		01, 176	00, 1410	01, 1794		Myalgien
28. 9.	I ZR 201/98		01, 358	01, 258		01, 624	Rückgaberecht I
28. 9.	I ZR 141/98		01, 255	01, 151		01, 407	Augenarztanschreiben
5.10.	I ZR 1/98		01, 448	01, 539	01, 3192	01, 1188	Kontrollnummernbeseitigung II
5.10.	I ZR 166/98	145, 279	01, 344	01, 273	01, 1868		DB Immobilienfonds
5.10.	I ZR 224/98		01, 354	01, 255	01, 2089		Verbandsklage gegen Vielfachabnehmer
5.10.	I ZR 210/98		01, 258	01, 146	01, 522		Immobilienpreisangaben
5.10.	I ZR 237/98		01, 260	01, 148	01, 371		Vielfachabmahner
19.10.	I ZR 89/98		01, 422	01, 549		01, 978	ZOCOR
19.10.	I ZR 225/98		01, 443	01, 534		01, 824	Viennetta
19.10.	I ZB 62/98		01, 337	01, 408		01, 1050	EASYPRESS
19.10.	I ZR 176/00				01, 230		
26.10.	I ZR 117/98						
26.10.	I ZR 144/98						
26.10.	I ZR 180/98		01, 453	01, 400	01, 3414	01, 684	TCM-Zentrum
26.10.	I ZB 3/98		01, 239	01, 31			Zahnpastastrang
2.11.	I ZR 154/98						
2.11.	I ZR 246/98	145, 366	01, 329	01, 276	01, 2173		Gemeinkostenanteil
9.11.	I ZR 167/98		01, 529	01, 531		01, 1406	Herz-Kreislauf-Studie
9.11.	I ZR 185/98		01, 348	01, 397		01, 851	Beratungsstelle im Nahbereich
16.11.	I ZB 36/98		01, 734	01, 690			Jeanshosentasche
16.11.	I ZR 34/98		01, 507	01, 694		01, 827	EVIAN/REVIAN
16.11.	I ZR 186/98		01, 446	01, 392		01, 686	1-Pfennig-Farbbild
21.11.	KVR 21/99			01, 410			Treuhanderwerb
21.11.	KVR 16/99		01, 364	01, 280		01, 762	Minderheitsbeteiligung im Zeitschriftenhandel
21.11.	KVZ 28/99		01, 367				Einspeisesperre
23.11.	I ZR 78/98						
23.11.	I ZR 195/98		01, 350				OP-Lampen
23.11.	I ZR 130/98						
23.11.	I ZB 34/98		01, 735	01, 692			Test it
23.11.	I ZB 15/98		01, 334	01, 261			Gabelstapler
23.11.	I ZB 46/98			01, 269			Rado-Uhr
23.11.	I ZB 18/98		Int 01, 462	01, 265			Stabtaschenlampen
23.11.	I ZR 93/98		01, 242	01, 160		01, 975	Classe E
7.12.	I ZR 260/98			01, 1171			Eusovit
7.12.	I ZR 146/98		01, 755	01, 804			Telefonkarte
7.12.	I ZR 179/98			01, 699	01, 2548		Impfstoffe
7.12.	I ZR 158/98		01, 450	01, 542	01, 3414	01, 1329	Franzbranntwein-Gel
14.12.	I ZR 181/99		01, 846	01, 926	01, 3707		Metro V
14.12.	I ZB 39/98		01, 732	01, 807			BAUMEISTER-HAUS
14.12.	I ZB 25/98		01, 418				Montre
14.12.	I ZR 147/98		01, 752	01, 688			Eröffnungswerbung
14.12.	I ZB 27/98			01, 405		01, 980	SWATCH
14.12.	I ZB 26/98		01, 416	01, 403		01, 980	OMEGA
19.12.	X ZB 14/00	146, 202			01, 1492		Divergenzvorlage
2001							
18. 1.	I ZR 175/98		01, 1164	01, 931			Buendgens
25. 1.	I ZR 53/99		01, 1181	01, 1068		02, 326	Telefonwerbung für Blindenwaren
25. 1.	I ZR 287/98		01, 764	01, 809	01, 2878		Musikproduktionsvertrag

Dat.	AktZ	BGHZ	GRUR	WRP	NJW	NJW-RR	Schlagwort
25. 1.	I ZR 323/98	146, 318	01, 758	01, 702	01, 2622		Trainingsvertrag
25. 1.	I ZR 120/98		01, 420	01, 546		01, 1047	SPA
1. 2.	I ZB 51/98		01, 1046	01, 1084			GENESCAN
1. 2.	I ZB 55/98		01, 1047	01, 1080			LOCAL PRESENCE, GLOBAL POWER
15. 2.	I ZR 232/98		01, 1161	01, 1207			CompuNet/ComNet
15. 2.	I ZR 333/98		01, 503	01, 946		01, 1119	Sitz-Liegemöbel
22. 2.	I ZR 227/00		01, 754				Zentrum für Implantologie
22. 2.	I ZR 194/98		01, 1158	02, 1160			Dorf MÜNSTERLAND I
1. 3.	I ZR 211/98	147, 56	01, 1050	01, 1188	02, 372		Tagesschau
1. 3.	I ZR 205/98		01, 1054	01, 1193			Tagesreport
1. 3.	I ZB 54/98		01, 1042	01, 1205			REICH UND SCHOEN
1. 3.	I ZB 57/98		01, 1154	01, 1198			Farbmarke violettfarben
1. 3.	I ZB 42/98		01, 1151	01, 1082			marktfrisch
1. 3.	I ZR 300/98	147, 71	02, 84	01, 923	01, 2087		Anwaltswerbung II
5. 3.	I ZR 58/00						
6. 3.	KZR 32/98		01, 849				Remailing-Angebot
6. 3.	KVR 18/99		01, 861	01, 935		01, 1261	Werra Rundschau
6. 3.	KZR 37/99	147, 81	01, 857	01, 812	01, 2541		Kabel-Hausverteilanlagen
6. 3.	KVZ 20/00						
15. 3.	I ZR 163/98		01, 1156	01, 1312			Der Grüne Punkt
15. 3.	I ZR 337/98			02, 71	01, 2886		Anwaltsrundschreiben
15. 3.	5 StR 454/00				01, 2102		
21. 3.	KVR 16/99		01, 364	01, 280		01, 762	Minderheitsbeteiligung im Zeitschriftenhandel
29. 3.	I ZR 263/98		02, 57	01, 1326	02, 221		Adalat
5. 4.	I ZR 32/99						
5. 4.	I ZR 78/00			01, 1359			Packungsbeilage
5. 4.	I ZR 168/98		02, 171	01, 1315			Marlboro-Dach
5. 4.	I ZR 132/98		01, 1139	01, 1345	02, 603		Gesamtvertrag privater Rundfunk
5. 4.	I ZR 39/99		01, 851	01, 1185		02, 1191	Rückgaberecht II
19. 4.	I ZR 238/98		02, 190			02, 612	DIE PROFIS
19. 4.	I ZR 46/99		02, 81	02, 81	01, 3193		Anwalts- und Steuerkanzlei
19. 4.	I ZR 283/98	147, 244	01, 826	01, 940	01, 2402		Barfuß ins Bett
25. 4.	X ZR 50/99						
26. 4.	I ZR 212/98		02, 167	01, 1320			Bit/Bud
26. 4.	I ZR 314/98	147, 296	01, 1178	01, 1073		01, 1547	Gewinn-Zertifikat
3. 5.	I ZR 18/99		02, 65	01, 1447			Ichthyol
3. 5.	I ZR 153/99		02, 91	01, 1174			Spritzgießwerkzeuge
3. 5.	I ZR 318/98		02, 182	02, 74		02, 329	Das Beste jeden Morgen
8. 5.	KVZ 23/00						
8. 5.	KVR 12/99	147, 325	02, 99	01, 1218	01, 3782		Ost-Fleisch
17. 5.	I ZR 251/99	148, 13	01, 1038	01, 1305	01, 3265		ambiente.de
17. 5.	I ZR 216/99	148, 1	01, 1061	01, 1286	01, 3262		Mitwohnzentrale.de
17. 5.	I ZR 189/99		01, 1177	01, 1164		02, 834	Feststellungsinteresse II
17. 5.	I ZB 60/98		01, 1043	01, 1202			Gute Zeiten – Schlechte Zeiten
17. 5.	I ZR 187/98		02, 59	01, 1211			ISCO
17. 5.	I ZR 291/98	148, 26	01, 841	01, 918			Entfernung der Herstellungsnummer II
31. 5.	I ZR 82/99		02, 180	01, 1179		02, 608	Weit-Vor-Winter-Schlussverkauf
31. 5.	I ZR 106/99		01, 1174	01, 1076	02, 66	01, 1483	Berühmungsaufgabe
7. 6.	I ZR 198/98						
7. 6.	I ZR 210/97						
7. 6.	I ZR 81/98						
7. 6.	I ZR 157/98		02, 287	02, 94	02, 442		Widerruf der Erledigungserklärung
7. 6.	I ZB 20/99		01, 1150	01, 1310			LOOK

Dat.	AktZ	BGHZ	GRUR	WRP	NJW	NJW-RR	Schlagwort
7. 6.	I ZR 115/99		02, 177	01, 1182	01, 3710		Jubiläumsschnäppchen
7. 6.	I ZR 21/99		01, 1036	01, 1231	01, 3789	02, 617	Kauf auf Probe
12. 6.	X ZB 10/01	148, 55		01, 1227			Ehrenamtlicher Beisitzer
21. 6.	I ZR 27/99		02, 176	02, 89			Auto Magazin
21. 6.	I ZR 245/98		02, 153	02, 96	02, 1053	02, 255	Kinderhörspiele
21. 6.	I ZR 69/99		02, 75	01, 1291		02, 38	„SOOOO … BILLIG!“?
21. 6.	I ZR 197/00		01, 1170	01, 1166	01, 3408		Optometrische Leistungen II
28. 6.	I ZA 2/00						
28. 6.	I ZB 1/99		02, 64	01, 1445			INDIVIDUELLE
28. 6.	I ZR 121/99		02, 95	01, 1300		02, 249	Preisempfehlung bei Alleinvertrieb
28. 6.	I ZB 58/98		01, 1153	01, 1201			anti KALK
3. 7.	KZR 11/00						
3. 7.	KZR 31/99		02, 554	01, 1331			Festbeträge
3. 7.	KZR 10/00		02, 97	01, 1224		02, 180	Nachvertragliche Konzessionsabgabe II
5. 7.	I ZR 311/98	148, 221	02, 248	02, 214	02, 896		SPIEGEL-CD-ROM
5. 7.	I ZR 335/98		02, 246	02, 219	02, 964		Scanner
5. 7.	I ZB 8/99		02, 261	02, 91			AC
5. 7.	I ZR 104/99		01, 1166	01, 1301		01, 1693	Fernflugpreise
11. 7.	1 StR 576//00				01, 3718		
11. 7.	1 StR 576/00				01, 3718		
12. 7.	I ZR 100/99		02, 340	02, 330		02, 467	Fabergé
12. 7.	I ZR 89/99		02, 72	01, 1441	02, 376		Preisgegenüberstellung im Schaufenster
12. 7.	I ZR 40/99		02, 86	01, 1294			Laubhefter
12. 7.	I ZR 261/98		02, 77	02, 85	02, 964	02, 108	Rechenzentrum
19. 9.	I ZB 6/99		02, 538	02, 452			Grün eingefärbte Prozessorengehäuse
19. 9.	I ZB 3/99		02, 427	02, 450			Farbmarke gelb/grün
19. 9.	I ZR 343/98		02, 282	02, 105			Bildagentur
19. 9.	I ZR 54/96		02, 160	01, 1450			Warsteiner III
11.10.	I ZR 168/99		02, 616	02, 544			Verbandsausstattungs-recht
11.10.	I ZB 5/99		02, 540	02, 455			OMEPRAZOK
11.10.	I ZR 172/99		02, 269	02, 323	02, 1500	02, 395	Sportwetten-Genehmigung
18.10.	I ZR 22/99		02, 618	02, 532		02, 832	Meißner Dekor
18.10.	I ZR 193/99		02, 550	02, 527	02, 1718		Elternbriefe
18.10.	I ZR 91/99		02, 280	02, 221	02, 669		Rücktrittsfrist
25.10.	I ZR 51/99						
25.10.	I ZR 29/99		02, 717	02, 679	02, 2039		Vertretung der Anwalts-GmbH
8.11.	I ZR 139/99		02, 626	02, 705		02, 1407	IMS
8.11.	I ZR 124/99		02, 548	02, 524		02, 1193	Mietwagenkostenersatz
8.11.	I ZR 199/99		02, 275	02, 207			Noppenbahnen
15.11.	I ZR 74/99						
15.11.	I ZR 75/99					02, 1075	
15.11.	I ZR 275/99		02, 271	02, 211	02, 962		Hörgeräteversorgung
22.11.	I ZR 138/99	149, 191	02, 622	02, 694	02, 2031		shell.de
22.11.	I ZR 111/99		02, 542	02, 534			BIG
6.12.	I ZR 136/99		02, 814	02, 987			Festspielhaus
6.12.	I ZR 316/98		02, 996	02, 964	02, 2877		Bürgeranwalt
6.12.	I ZR 101/99		02, 993	02, 970	02, 2879		Wie bitte?!
6.12.	I ZR 214/99		02, 985	02, 952	02, 2880		WISO
6.12.	I ZR 14/99		02, 987	02, 956	02, 2882		Wir Schuldenmacher
6.12.	I ZR 284/00	149, 247	02, 360	02, 434	02, 1200		„H. I. V. POSITIVE“ II
6.12.	I ZR 11/99				02, 2884		ohne Gewähr
11.12.	KZR 13/00		02, 647	02, 550		02, 1405	Sabet/Massa
11.12.	KZR 5/00		02, 461	02, 457	02, 2952	02, 763	Privater Pflegedienst
11.12.	KZB 12/01		02, 464	02, 333	02, 1351		LDL-Behandlung
13.12.	I ZR 164/99		02, 722	02, 684		02, 1039	Haflinger Hengstfohlen
13.12.	I ZR 44/99		02, 602	02, 715			Musikfragmente

Dat.	AktZ	BGHZ	GRUR	WRP	NJW	NJW-RR	Schlagwort
13.12.	I ZR 41/99		02, 332	02, 442	02, 1713		Klausurerfordernis
20.12.	I ZR 80/99						
20.12.	I ZR 188/98						
20.12.	I ZR 60/99		02, 809	02, 982		02, 1617	FRÜHSTÜCKS-DRINK I
20.12.	I ZR 135/99		02, 812	02, 985		02, 1617	FRÜHSTÜCKS-DRINK II
20.12.	I ZR 15/98		02, 713	02, 980	02, 2250		Zeitlich versetzte Mehrfachverfolgung
20.12.	I ZR 215/98		02, 715	02, 977	02, 3473	02, 1122	Scanner-Werbung
20.12.	I ZR 227/99		02, 637	02, 676	02, 2038		Werbefinanzierte Telefongespräche
20.12.	I ZR 78/99		02, 342	02, 326		02, 610	ASTRA/ESTRA-PUREN
2002							
17. 1.	I ZR 290/99		02, 426	02, 542		02, 685	Champagner bekommen, Sekt bezahlen
17. 1.	I ZR 215/99		02, 828	02, 973	02, 2781		Lottoschein
17. 1.	I ZR 161/99		02, 633	02, 828		02, 982	Hormonersatztherapie
17. 1.	I ZR 241/99	149, 371	02, 357	02, 320	02, 1494		Missbräuchliche Mehrfachabmahnung
24. 1.	I ZR 102/99	150, 6	02, 605	02, 712	02, 2394		Verhüllter Reichstag
24. 1.	I ZR 156/99		02, 544	02, 537		02, 829	BANK 24
5. 2.	KZR 3/01	149, 391	02, 644	02, 709	02, 2176		Jugendnachtfahrten
7. 2.	I ZR 289/99		02, 820	02, 1054		02, 1332	Bremszangen
7. 2.	I ZR 304/99	150, 32	02, 532	02, 552	02, 3248		Unikatrahmen
7. 2.	I ZR 258/98		02, 613	02, 547	02, 2584		GERRI/KERRY Spring
21. 2.	I ZR 230/99		02, 898	02, 1066	02, 3551		defacto
21. 2.	I ZR 281/99		02, 902	02, 1050	02, 2642		Vanity-Nummer
21. 2.	I ZR 140/99		02, 709	02, 947	02, 3175	02, 1119	Entfernung der Herstellungsnummer III
21. 2.	I ZR 265/99		02, 629	02, 1058		02, 1261	Blendsegel
27. 2.	I ZB 23/01					02, 1070	
28. 2.	I ZR 177/99	150, 82	02, 967	02, 1148	02, 3332		Hotel Adlon
28. 2.	I ZB 10/99		02, 816	02, 1073		02, 1617	BONUS II
28. 2.	I ZR 195/99		02, 703	02, 700	02, 2093		VOSSIUS & PARTNER
28. 2.	I ZR 318/99			02, 839	02, 2312		Videofilmverwertung
14. 3.	I ZB 16/99		02, 884	02, 1069			B-2 alloy
14. 3.	I ZR 238/99		02, 901	02, 1064	02, 3174		Domicil
14. 3.	I ZR 279/99		02, 636	02, 688	02, 2175		Sportwetten
28. 3.	I ZR 235/99		02, 917	02, 1169	02, 3539	02, 1401	Düsseldorfer Stadtwappen
28. 3.	I ZR 283/99		02, 725	02, 682		02, 1041	Haar-Transplantationen
11. 4.	I ZR 231/99		02, 958	02, 1177		02, 1568	Technische Lieferbedingungen
11. 4.	I ZR 225/99		02, 1003	02, 1136		02, 1466	Gewinnspiel im Radio
11. 4.	I ZR 306/99		02, 720	02, 832	02, 2391		Postfachanschrift
11. 4.	I ZR 317/99		02, 706	02, 691	02, 2096		vossius.de
11. 4.	I ZB 6/02						
11. 4.	I ZR 185/99						
16. 4.	KZR 5/01		02, 915	02, 1082			Wettbewerbsverbot im Realteilungsvertrag
18. 4.	I ZR 72/99		02, 1074	02, 1286			Original Oettinger
18. 4.	I ZB 23/99		02, 970	02, 1071			Zahl „1"
18. 4.	I ZB 22/99						
25. 4.	I ZR 272/99		02, 982	02, 1138	02, 3399		„DIE STEINZEIT IST VORBEI!"
25. 4.	I ZR 296/99		02, 824	02, 1075		02, 1613	Teilunterwerfung
25. 4.	I ZR 250/00	150, 343	02, 825	02, 943	02, 2645		Elektroarbeiten
2. 5.	I ZR 250/00		02, 1079	02, 1293			TIFFANY II
2. 5.	I ZR 45/01	150, 377	02, 1046	02, 1173		02, 1617	Faxkarte
2. 5.	I ZR 300/99		02, 972	02, 1156			FROMMIA
8. 5.	I ZB 4/00		02, 1067	02, 1152			DKV/OKV

Dat.	AktZ	BGHZ	GRUR	WRP	NJW	NJW-RR	Schlagwort
8. 5.	I ZR 28/00			02, 1077		02, 1433	„Vergleichsverhandlungen“
8. 5.	I ZR 98/00	151, 15	02, 799	02, 990	02, 3246		Stadtbahnfahrzeug
6. 6.	I ZR 108/00		02, 1083	02, 1279		02, 1563	1, 2, 3 im Sauseschritt
6. 6.	I ZR 307/99		02, 1091	02, 1267		02, 1615	Bodensee-Tafelwasser
6. 6.	I ZR 45/00		02, 1000	02, 1133	02, 3401		Testbestellung
6. 6.	I ZR 79/00		02, 795	02, 993		02, 1565	Titelexklusivität
13. 6.	I ZB 1/00		02, 1070	02, 1281			Bar jeder Vernunft
13. 6.	I ZR 71/01		02, 979	02, 1259	02, 3405		Kopplungsangebot II
13. 6.	I ZR 312/99		02, 1072	02, 1284		02, 1562	SYLT-Kuh
13. 6.	I ZR 173/0	151, 84	02, 976	02, 1256	02, 3403		Kopplungsangebot I
13. 6.	I ZR 1/00	151, 92	02, 961	02, 1181	02, 3549		Mischtonmeister
13. 6.	I ZR 72/01						
27. 6.	I ZR 19/00		02, 1095	02, 1430		02, 1686	Telefonische Vorratsanfrage
27. 6.	I ZR 103/00		03, 436	03, 384		03, 623	Feldenkrais
27. 6.	I ZR 86/00		02, 1093		02, 3408	02, 1560	Kontostandsauskunft
4. 7.	I ZR 81/00						
4. 7.	I ZR 313/99		03, 982	02, 1304	02, 3541		Hotelvideoanlagen
4. 7.	I ZR 38/00		02, 1088	02, 1269			Zugabenbündel
4. 7.	I ZR 55/00		02, 1085	02, 1263	02, 3396		Belehrungszusatz
9. 7.	KZR 30/00	151, 274	03, 77	02, 1426	02, 3779		Fernwärme für Börnsen
9. 7.	KVR 1/01	151, 260	02, 1005		02, 3545		Stellenmarkt für Deutschland
9. 7.	KZR 13/01						
11. 7.	I ZR 35/00		02, 1053	02, 1273		02, 1687	Aspirin
11. 7.	I ZB 24/99		02, 1077	02, 1290			BWC
11. 7.	I ZR 285/99		02, 1050	02, 1302	02, 3473		Zeitungsbericht als Tagesereignis
11. 7.	I ZR 255/00	151, 300	02, 963	02, 1296	02, 3393		Elektronischer Pressespiegel
11. 7.	I ZR 219/99		02, 1059	02, 1163		02, 1685	Zantac/Zantic
11. 7.	I ZR 34/01	151, 286	02, 910	02, 1141	02, 3469		Muskelaufbaupräparate
11. 7.	I ZR 273/99						
11. 7.	I ZR 219/01				03, 589		
11. 7.	I ZR 198/99						
15. 8.	I ZA 1/01				02, 3410		
15. 8.	3 StR 11/02			02, 1432	02, 3415		Kaffeefahrten
15. 8.	I ZB 14/00						
24. 9.	KZR 38/99		03, 542	03, 1244		03, 834	Vorleistungspflicht
24. 9.	KZR 34/01		03, 257	03, 277			Wertgutscheine für Asylbewerber
24. 9.	KZR 4/01		03, 167	03, 73	03, 752		Kommunaler Schilderprägebetrieb
24. 9.	KVR 15/01	152, 84	03, 169	03, 77	03, 748		Fährhafen Puttgarden
24. 9.	KZR 10/01			03, 86	03, 347		Salvatorische Klausel
24. 9.	KVR 8/01	152, 97	03, 80	02, 1436	03, 205		Konditionenanpassung
26. 9.	I ZR 44/00	152, 153	03, 349	03, 374	03, 819		Anwalts-Hotline
26. 9.	I ZR 101/00		03, 255	03, 389		03, 478	Anlagebedingter Haarausfall
26. 9.	I ZR 89/00		03, 247	03, 275		03, 260	THERMAL BAD
26. 9.	I ZR 293/99		03, 164	03, 262	03, 586		Altautoverwertung
26. 9.	I ZR 102/00						
2.10.	I ZR 90/00		03, 444	03, 637	03, 2680		„Ersetzt“
2.10.	I ZB 27/00		03, 546	03, 655		03, 1042	TURBO-TABS
2.10.	I ZR 177/00		03, 162	03, 72		03, 174	Progona
10.10.	I ZR 16/00						
10.10.	I ZR 235/00		03, 428	03, 647			BIG BERTHA
10.10.	I ZR 180/00		03, 234	03, 393		03, 917	EROC III
10.10.	I ZR 193/00		03, 173	03, 83	03, 664		Filmauswertungspflicht
10.10.	I ZB 7/02						
16.10.	IV ZR 307/01			03, 76		03, 103	Ersetzung unwirksamer Versicherungsbedingungen
24.10.	I ZR 3/00	152, 233	03, 416	03, 758	03, 2014		CPU-Klausel
24.10.	I ZR 100/00		03, 361	03, 1224		03, 1039	Sparvorwahl

Dat.	AktZ	BGHZ	GRUR	WRP	NJW	NJW-RR	Schlagwort
24.10.	I ZR 50/00		03, 163	03, 273	03, 894		Computerwerbung II
31.10.	I ZR 138/00		03, 519	03, 751		03, 914	Knabberbärchen
31.10.	I ZR 60/00		03, 353	03, 505		03, 544	Klinik mit Belegärzten
31.10.	I ZR 207/00	152, 268	03, 242	03, 380			Dresdner Christstollen
31.10.	I ZR 132/00		03, 252	03, 266			Widerrufsbelehrung IV
7.11.	I ZR 276/99		03, 628	03, 747			Klosterbrauerei
7.11.	I ZR 64/00		03, 356	03, 500		03, 618	Präzisionsmessgeräte
7.11.	I ZR 202/00		03, 340	03, 534		03, 1403	Mitsubishi
7.11.	I ZR 175/00	152, 316	03, 328		03, 1609	03, 549	Sender Felsberg
12.11.	KZR 11/01	152, 347	03, 633	03, 765			Ausrüstungsgegenstände für Feuerlöschzüge
12.11.	KVR 5/02	152, 361	03, 363	03, 770	03, 1736		Wal*Mart
12.11.	KZR 16/00		03, 250	03, 270		03, 1622	Massenbriefsendungen aus dem Ausland
14.11.	I ZR 137/00		03, 446	03, 509			Preisempfehlung für Sondermodelle
14.11.	I ZR 134/00		03, 243	03, 268		03, 327	Zulassungsnummer III
14.11.	I ZR 199/00		03, 231	03, 279	03, 665		Staatsbibliothek
28.11.	I ZR 204/00		03, 712	03, 889		03, 1040	Goldbarren
28.11.	I ZR 110/00		03, 249	03, 379		03, 404	Preis ohne Monitor
28.11.	I ZR 168/00	153, 69	03, 228		03, 668		P-Vermerk
5.12.	I ZR 115/00		03, 540	03, 745	03, 1814		Stellenanzeige
5.12.	I ZB 19/00		03, 342	03, 519	03, 1867		Winnetou
5.12.	I ZR 91/00	153, 131	03, 332	03, 521	03, 1669	03, 620	Abschlusstück
5.12.	I ZB 25/02				03, 1127		
12.12.	I ZR 124/00		03, 447	03, 503	03, 2989	03, 1038	Bricanyl II
12.12.	I ZR 141/00		03, 434	03, 531		03, 911	Pulmicort
12.12.	I ZR 133/00		03, 336	03, 528		03, 475	Beloc
12.12.	I ZR 131/00		03, 338	03, 526		03, 477	Bricanyl I
12.12.	I ZR 221/00		03, 359	03, 496			Pflegebett
12.12.	I ZB 29/02			03, 391	03, 901		Auswärtiger Rechtsanwalt I
19.12.	I ZR 297/99		03, 699	03, 994			Eterna
19.12.	I ZB 24/02		03, 549		03, 1194		Arzneimittelversandhandel
19.12.	I ZR 119/00		03, 453	03, 642		03, 833	Verwertung von Kundenlisten
19.12.	I ZR 160/00		03, 450	03, 511		03, 984	Begrenzte Preissenkung
19.12.	I ZB 21/00		03, 343	03, 517			Buchstabe „Z"
2003							
16. 1.	I ZR 51/02		03, 454	03, 514		03, 831	Sammelmitgliedschaft
16. 1.	I ZB 34/02					03, 645	
16. 1.	I ZR 18/00		03, 786	03, 998	03, 3708	03, 1279	Innungsprogramm
16. 1.	I ZR 130/02						Innungsprogramm
23. 1.	I ZR 171/00		03, 440	03, 644	03, 1869		Winnetous Rückkehr
23. 1.	I ZR 18/01		03, 433	03, 653		03, 910	Cartier-Ring
30. 1.	I ZR 136/99		03, 792				Festspielhaus II
30. 1.	I ZR 142/00		03, 624	03, 886			Kleidersack
13. 2.	I ZR 41/00		03, 800	03, 1111		03, 1267	Schachcomputerkatalog
13. 2.	I ZR 281/01		03, 545	03, 756		03, 916	Hotelfoto
13. 2.	I ZB 23/02		03, 456	03, 516	03, 1257		Kosten einer Schutzschrift
18. 2.	KVR 24/01	154, 21		03, 1131	03, 3055		Verbundnetz II
18. 2.	X ZB 43/02	154, 32					
18. 2.	X ZB 44/02						
24. 2.	X ZB 12/02	154, 95					
27. 2.	I ZR 253/00	154, 105	03, 538	03, 743	03, 1671		Gesamtpreisangebot
27. 2.	I ZR 25/01		03, 448	03, 640			Gemeinnützige Wohnungsgesellschaft
27. 2.	I ZB 22/02	154, 102	03, 548	03, 658	03, 1531		Rechtsbeschwerde I
13. 3.	I ZR 122/00		03, 880	03, 1228	03, 3562		City Plus
13. 3.	I ZR 143/00		03, 886	03, 1103	03, 3046		Erbenermittler
13. 3.	I ZR 290/00		03, 622	03, 891	03, 1932		Abonnementvertrag
13. 3.	I ZR 212/00		03, 626	03, 742	03, 2096		Umgekehrte Versteigerung II

Dat.	AktZ	BGHZ	GRUR	WRP	NJW	NJW-RR	Schlagwort
13. 3.	I ZR 146/00						
20. 3.	I ZR 60/01		03, 963	03, 1353		03, 1483	AntiVir/AntiVirus
20. 3.	I ZR 117/00	154, 260	03, 956	03, 1235	03, 3633		Gies-Adler
20. 3.	I ZB 1/02		03, 708				Schlüsselanhänger
20. 3.	I ZB 2/02						
20. 3.	I ZB 29/01		03, 705	03, 992	03, 2534		Euro-Billy
20. 3.	I ZB 27/01		03, 707	03, 990	03, 2535		DM-Tassen
20. 3.	I ZR 225/00			03, 981		03, 1056	Kommissionsagenturvertrag
3. 4.	I ZR 222/00		03, 889	03, 1222	03, 3055		Internet-Reservierungssystem
3. 4.	I ZR 1/01	154, 342	03, 716	03, 896	03, 2317		Reinigungsarbeiten
3. 4.	I ZR 203/00		03, 631	03, 883		03, 1123	L-Glutamin
3. 4.	I ZB 37/02		03, 639	03, 755		03, 913	Kosten des Patentanwalts
8. 4.	KZR 39/99		03, 809	03, 988	03, 2684		Konkurrenzschutz für Schilderpräger
8. 4.	KZR 3/02		03, 637	03, 899	03, 2682		„1 Riegel extra"
10. 4.	I ZR 276/00		03, 973	03, 1338		03, 1551	Tupperwareparty
10. 4.	I ZR 291/00		03, 890	03, 1217	03, 3197		Buchclub-Kopplungsangebot
10. 4.	I ZB 36/02		03, 725	03, 894	03, 2027		Auswärtiger Rechtsanwalt II
8. 5.	I ZB 40/02		03, 724	03, 895		03, 1075	Rechtsbeschwerde II
8. 5.	I ZR 287/02		03, 973	03, 1111		03, 1687	Lohnsteuerhilfeverein
15. 5.	I ZR 292/00		03, 969	03, 1350		03, 1685	Ausschreibung von Vermessungsleistungen
15. 5.	I ZR 277/00		03, 900	03, 1238	03, 3274		Feststellungsinteresse III
15. 5.	I ZR 214/00		03, 892	03, 1220		03, 1482	Alt Luxemburg
15. 5.	I ZR 217/00		03, 798	03, 1107		03, 1288	Sanfte Schönheitschirurgie
20. 5.	KZR 29/02						
20. 5.	KZR 19/02			03, 1448		03, 1635	Apollo-Optik
20. 5.	KZR 27/02		03, 1062	03, 1454		03, 1624	Preisbindung durch Franchisegeber II
22. 5.	I ZR 8/01		03, 1057	03, 1428	03, 3632		Einkaufsgutschein
22. 5.	I ZB 32/02						
22. 5.	I ZR 185/00		03, 804	03, 1101	03, 2988		Foto-Aktion
22. 5.	I ZB 38/02			03, 1000		03, 1293	Prozessgebühr beim Kostenwiderspruch
3. 6.	X ZR 215/01		03, 896	03, 1129			Chirurgische Instrumente
5. 6.	I ZR 192/00		03, 1035	03, 1460	04, 594		Hundertwasser-Haus
5. 6.	I ZB 43/02						
24. 6.	KVR 14/01	155, 214		03, 1248	03, 3776		HABET/Lekkerland
24. 6.	KZR 32/01		03, 893	03, 1122	03, 3345	03, 1348	Schülertransporte
24. 6.	KZR 32/02	155, 189	03, 807	03, 1118	03, 2525		Buchpreisbindung
24. 6.	KZR 18/01		03, 979	03, 1125			Wiederverwendbare Hilfsmittel
26. 6.	I ZB 11/03						
26. 6.	I ZR 296/00	155, 273	03, 897	03, 1215	03, 2978		maxem.de
26. 6.	I ZR 269/00				03, 3058		
26. 6.	I ZR 176/01	155, 257	03, 876	03, 1135	03, 2828		Sendeformat
3. 7.	I ZB 21/01		04, 331	04, 351		04, 477	Westie-Kopf
3. 7.	I ZR 66/01						
3. 7.	I ZR 211/01	155, 301	03, 971	03, 1347	03, 3343		Telefonischer Auskunftsdienst
3. 7.	I ZB 36/00		03, 901	03, 1233			MAZ
3. 7.	I ZR 297/00		03, 899	03, 1116	03, 3270	03, 1278	Olympiasiegerin
3. 7.	I ZR 30/00		03, 903	03, 1115			Katzenstreu
3. 7.	I ZR 270/01		03, 903	03, 1138	03, 2834	03, 3202	ABC der Naturheilkunde
17. 7.	I ZB 13/03					03, 1507	
17. 7.	I ZR 295/00	156, 1		03, 1458			Hinreichende Individualisierung
17. 7.	I ZR 259/00		03, 985	03, 1341	03, 3406	04, 639	Paperboy

Dat.	AktZ	BGHZ	GRUR	WRP	NJW	NJW-RR	Schlagwort
17. 7.	I ZR 256/00		03, 878	03, 1231		03, 1402	Vier Ringe über Audi
17. 7.	I ZB 10/01		03, 882	03, 1226			Lichtenstein
17. 7.	I ZB 42/00						
28. 8.	I ZB 5/03		04, 76	04, 103			turkey & corn
28. 8.	I ZB 26/01		04, 77	03, 1445			PARK & BIKE
28. 8.	I ZR 257/00	156, 112	03, 1040	03, 1431		04, 130	Kinder
28. 8.	I ZB 6/03		03, 1050	03, 1429			Cityservice
28. 8.	I ZB 1/03		03, 1068	03, 1443		04, 41	Computerfax
28. 8.	I ZB 5/00		03, 1067	03, 1444			BachBlüten Ohrkerze
28. 8.	I ZR 9/01		03, 1044	03, 1436		03, 1546	Kelly
28. 8.	I ZR 293/00		03, 1047	03, 1439		03, 1548	Kellogg's/Kelly's
4. 9.	I ZR 32/01		04, 72				Coenzym Q 10
4. 9.	I ZR 23/01	156, 126	04, 151	04, 227		04, 251	Farbmarkenverletzung I
4. 9.	I ZR 44/01		04, 154	04, 232		04, 256	Farbmarkenverletzung II
16. 9.	X ZB 12/03				04, 292		
24. 9.	X ZR 234/00		04, 73				Filterstäube
2.10.	I ZR 150/01	156, 250	04, 244	04, 339	04, 1163		Marktführerschaft
2.10.	I ZR 76/01		04, 70		04, 290	04, 335	Preisbrecher
2.10.	I ZR 252/01		04, 162	04, 225	04, 439		Mindestverzinsung
2.10.	I ZR 117/01		04, 247	04, 337		04, 547	Krankenkassenzulassung
9.10.	I ZR 65/00		04, 512	04, 610		04, 1112	Leysieffer
9.10.	I ZR 167/01		04, 164	04, 221	04, 440		Arztwerbung im Internet
21.10.	X ZB 10/03						
23.10.	I ZR 64/01		04, 346	04, 485	04, 1099		Rechtsanwaltsgesell-schaft
23.10.	I ZB 45/02	156, 335	04, 264	04, 235	04, 506		Euro-Einführungsrabatt
23.10.	I ZR 193/97		04, 156	04, 243		04, 254	stüssy II
30.10.	I ZR 176/01		04, 271				Tatbestandsberichtigung
30.10.	I ZR 236/97		04, 235	04, 360	04, 600		Davidoff II
30.10.	I ZR 59/00					04, 935	Produktvermarktung
30.10.	I ZB 9/01		04, 510	04, 766			S 100
30.10.	I ZB 8/01						
4.11.	KZB 8/03						
4.11.	KRB 20/03			04, 625	04, 1539		Frankfurter Kabelkartell
4.11.	KZR 16/02	156, 379	04, 255	04, 376	04, 1875	04, 1178	Strom und Telefon I
4.11.	KZR 38/02		04, 259	04, 382	04, 1875		Strom und Telefon II
4.11.	KZR 2/02		04, 351	04, 374		04, 689	Depotkosmetik im Internet
13.11.	I ZR 187/01		04, 420	04, 615		04, 916	Kontrollbesuch
13.11.	I ZR 141/02		04, 251	04, 348	04, 854		Hamburger Auktiona-toren
13.11.	I ZR 40/01		04, 249	04, 345	04, 852		Umgekehrte Versteige-rung im Internet
13.11.	I ZR 103/01		04, 241	04, 357		04, 765	GeDIOS
13.11.	I ZR 184/01		04, 240	04, 355		04, 548	MIDAS/medAS
20.11.	I ZR 104/01		04, 253	04, 487	04, 847		Rechtsberatung durch Automobilclub
20.11.	I ZR 151/01	157, 55	04, 602	04, 896	04, 2083		20 Minuten Köln
20.11.	I ZR 120/00			04, 746			Zeitung zum Sonntag
20.11.	I ZB 15/98		04, 502	04, 752			Gabelstapler II
20.11.	I ZB 18/98		04, 506	04, 755			Stabtaschenlampen II
20.11.	I ZB 46/98		04, 505	04, 761			Rado-Uhr II
20.11.	I ZB 48/98		04, 507	04, 749			Transformatorengehäuse
27.11.	I ZR 79/01		04, 514	04, 758			Telekom
27.11.	I ZR 148/01		04, 239	04, 353		04, 550	DONLINE
27.11.	I ZR 94/01		04, 246	04, 343		04, 616	Mondpreise?
4.12.	I ZB 19/03		04, 444	04, 619		04, 119	Arzneimittelsubstitu-tion?
4.12.	I ZB 38/00		04, 329	04, 492		04, 617	Käse in Blütenform
9.12.	X ZB 14/03			04, 503			Kosten des Nach-prüfungsverfahrens
11.12.	I ZR 68/01		04, 350	04, 350			Pyrex
11.12.	I ZR 74/01		04, 344	04, 481		04, 687	Treue-Punkte
11.12.	I ZR 83/01		04, 343	04, 483		04, 615	Playstation

Dat.	AktZ	BGHZ	GRUR	WRP	NJW	NJW-RR	Schlagwort
11.12.	I ZR 50/01		04, 605	04, 735	04, 2235		Dauertiefpreise
18.12.	I ZB 18/03		04, 448	04, 495		04, 856	Auswärtiger Rechtsanwalt IV
18.12.	I ZR 84/01		04, 349	04, 496			Einkaufsgutschein II
18.12.	I ZB 21/03		04, 447			04, 855	Auswärtiger Rechtsanwalt III
2004							
15. 1.	I ZR 121/01		04, 600	04, 763		04, 1116	d-c-fix/CD-FIX
15. 1.	I ZR 160/01						
15. 1.	I ZR 180/01		04, 435	04, 490		04, 906	FrühlingsgeFlüge
15. 1.	I ZR 135/00		04, 669	04, 1057			Musikmehrkanaldienst
29. 1.	I ZR 132/01		04, 437	04, 606		04, 980	Fortfall einer Herstellerpreisempfehlung
29. 1.	I ZR 163/01		04, 427	04, 613		04, 1118	Computergehäuse
5. 2.	I ZR 90/01		04, 522	04, 608	05, 66	04, 841	Zeitschriftenabonnement im Internet
5. 2.	I ZR 87/02		04, 520	04, 603		04, 978	Telefonwerbung für Zusatzeintrag
5. 2.	I ZR 171/01	158, 26	04, 607	04, 739	04, 1951		Genealogie der Düfte
9. 2.	X ZB 44/03	158, 43		04, 498	04, 2092		„Hochdruck-Wassernebellöschanlage"
10. 2.	KZR 14/02		04, 527	04, 621	04, 2237	04, 839	Galopprennübertragung
10. 2.	KZR 7/02						Verbindung von Telefonnetzen
19. 2.	I ZR 76/02		04, 613	04, 904	04, 2521		Schlauchbeutel
19. 2.	I ZR 172/01		04, 594	04, 909		04, 1042	Ferrari-Pferd
19. 2.	I ZR 82/01		04, 967	04, 769	04, 1793		kurt-biedenkopf.de
4. 3.	I ZR 221/01	158, 174	04, 696	04, 1017	04, 2080		Direktansprache am Arbeitsplatz I
4. 3.	I ZR 50/03		04, 622				ritter.de
4. 3.	I ZR 244/01		04, 767	04, 1184			Verteilung des Vergütungsaufkommens
11. 3.	I ZR 161/01						
11. 3.	I ZR 304/01	158, 236	04, 860	04, 1287	04, 3102		Internet-Versteigerung
11. 3.	I ZR 62/01		04, 615	04, 775	04, 1651		Partnerschafts-Kurzbezeichnung
11. 3.	I ZR 81/01		04, 517	04, 731	04, 1655		E-Mail-Werbung
25. 3.	I ZB 28/03		04, 623	04, 777		04, 857	Unterbevollmächtigter I
25. 3.	I ZR 130/01		04, 775	04, 1037		04, 1268	EURO 2000
25. 3.	I ZR 289/01		04, 598	04, 907		04, 1114	Kleiner Feigling
25. 3.	I ZR 23/02		04, 623	04, 777		04, 857	Unterbevollmächtigter
30. 3.	KZR 24/02		04, 616	04, 778		04, 1185	Wegfall der Freistellung
30. 3.	KZR 1/03	158, 334	04, 706	04, 1181	04, 2375		Der Oberhammer
1. 4.	I ZR 23/02		04, 947	04, 1364		04, 1687	Gazoz
1. 4.	I ZR 227/01		04, 699	04, 1160	04, 2593		Ansprechen in der Öffentlichkeit
1. 4.	I ZR 317/01	158, 343	04, 693	04, 899	04, 2158		Schöner Wetten
22. 4.	I ZR 189/01		04, 778	04, 1173		04, 1412	URLAUB DIREKT
22. 4.	I ZB 16/03		04, 771	04, 1179			Ersttagssammelblätter
22. 4.	I ZB 15/03		04, 770	04, 1177			Abgewandelte Verkehrszeichen
22. 4.	I ZR 303/01		04, 704	04, 1021	04, 2385		Verabschiedungsschreiben
22. 4.	I ZR 21/02		04, 701	04, 1029		04, 1619	Klinikpackung II
22. 4.	I ZR 174/01		04, 938	04, 1497	05, 151		Comic-Übersetzungen III
29. 4.	I ZR 233/01		04, 790	04, 1032			Gegenabmahnung
29. 4.	I ZB 26/02	159, 57	04, 683	04, 1040			Farbige Arzneimittelkapsel
29. 4.	I ZR 191/01		04, 779	04, 1046			Zwilling/Zweibrüder
6. 5.	I ZR 265/01		04, 799	04, 1163		04, 1267	Lebertrankapseln
6. 5.	I ZB 27/03		04, 886	04, 1169		04, 1500	Auswärtiger Rechtsanwalt im Berufungsverfahren
6. 5.	I ZR 223/01		04, 783	04, 1043		04, 1413	NEURO-VIBOLEX/

Dat.	AktZ	BGHZ	GRUR	WRP	NJW	NJW-RR	Schlagwort
6. 5.	I ZR 275/01		04, 793	04, 1024	04, 3122		NEURO-FIBRAFLEX
6. 5.	I ZR 197/03		04, 712	04, 1051	04, 3188		Sportlernahrung II
6. 5.	I ZR 2/03		04, 789	04, 903	04, 2448		PEE-WEE
11. 5.	KZR 37/02		04, 763	04, 1053			Selbstauftrag
13. 5.	I ZR 261/01		04, 882	04, 1277			Nachbauvergütung
13. 5.	I ZR 264/00		04, 1035	04, 1484			Honigwein
18. 5.	X ZB 7/04	159, 186					Rotpreis-Revolution
9. 6.	I ZR 31/02		04, 868	04, 1361			Dorf MÜNSTER-LAND II
9. 6.	I ZR 70/02		04, 939	04, 1175			Klemmhebel
9. 6.	I ZR 187/02		04, 960	04, 1359		04, 1557	500 DM-Gutschein für Autokauf
9. 6.	I ZR 13/02		05, 160	05, 106		05, 123	SIM-Lock I
17. 6.	I ZR 284/01		04, 786	04, 1165		04, 1487	Größter Online-Dienst
17. 6.	I ZR 136/01		05, 148	05, 230	05, 596		Oceano Mare
24. 6.	I ZR 308/01		04, 949	04, 1285			Regiopost/Regional Post
24. 6.	I ZR 26/02		04, 877	04, 1272	04, 3032		Werbeblocker
24. 6.	I ZR 44/02		05, 162	05, 222			SodaStream
8. 7.	I ZR 25/02		04, 855	04, 1293		04, 1629	Hundefigur
8. 7.	I ZR 142/02		04, 961	04, 1479	05, 67		Grundeintrag Online
13. 7.	KZR 17/03		05, 177	05, 109		05, 49	Sparberaterin I
13. 7.	KZR 40/02	160, 67	04, 966	04, 1372		05, 269	Standard-Spundfass
13. 7.	KZR 10/03		05, 62	04, 1378			CITROËN
13. 7.	KVR 2/03		04, 1048	04, 1369			Sanacorp/ANZAG
15. 7.	I ZR 37/01		05, 163	05, 219		05, 548	Aluminiumräder
15. 7.	I ZR 142/01		04, 941	04, 1498			Metallbett
22. 7.	I ZR 204/01		04, 865	04, 1281		04, 1491	Mustang
22. 7.	I ZR 288/01		04, 1037	04, 1481			Johanniskraut
22. 7.	I ZR 135/01		05, 262	05, 338	05, 1198		soco.de
12. 8.	I ZB 6/04		04, 1062	04, 1490			Mitwirkender Patentanwalt
12. 8.	I ZR 98/02		04, 958	04, 1366	04, 3322		Verwarnung aus Kennzeichenrecht
12. 8.	I ZB 1/04		05, 257	05, 217		05, 685	Bürogebäude
12. 8.	I ZB 19/01		05, 158	05, 211			Stabtaschenlampe „MAGLITE“
9. 9.	I ZR 93/02		05, 443	05, 485	05, 1050		Ansprechen in der Öffentlichkeit II
9. 9.	I ZR 65/02		05, 430	05, 488	05, 1196		mho.de
9. 9.	I ZB 5/04		05, 84	04, 1492		04, 1724	Unterbevollmächtigter II
30. 9.	I ZR 261/02		05, 433	05, 598	05, 1266		Telekanzlei
30. 9.	I ZR 89/02		05, 436	05, 602	05, 1268		Steuerberater-Hotline
30. 9.	I ZR 30/04			05/126			„Erledigung der Hauptsache in der Rechtsmittelinstanz“
30. 9.	I ZR 14/02		05, 172	05, 207		05, 342	Stresstest
30. 9.	I ZR 207/02		05, 52			05, 121	Topinasaal
5.10.	KVR 14/03	160, 321	04, 1045	04, 1502	04, 3711		Staubsaugerbeutelmarkt
7.10.	I ZB 20/04				05, 513		Zuständigkeit nach Rücknahme des Mahnantrags
7.10.	I ZR 91/02		05, 427	05, 616		05, 631	Lila-Schokolade
13.10.	I ZR 163/02		05, 431	05, 493	05, 1435		HOTEL MARITIME
13.10.	I ZR 277/01		04, 1039	04, 1486	05, 603	05, 46	SB-Beschriftung
13.10.	I ZR 181/02		05, 264	05, 213	05, 601		Das Telefon-Sparbuch
13.10.	I ZR 66/02		05, 61	05, 97		05, 185	CompuNet/ComNet II
13.10.	I ZB 10/02		05, 258	05, 99			Roximycin
13.10.	I ZB 4/02		05, 326				il Padrone/Il Portone
13.10.	I ZR 49/03		05, 48	05, 112		05, 191	man spricht deutsch
13.10.	I ZR 245/01		05, 55	05, 104			GEDIOS Corporation
28.10.	I ZR 326/01		05, 166	05, 88		05, 685	Puppenausstattungen
28.10.	I ZR 59/02		05, 176	05, 94			Nur bei Lotto
11.11.	I ZR 72/02		05, 522	05/742		05, 839	Sammelmitgliedschaft II

Dat.	AktZ	BGHZ	GRUR	WRP	NJW	NJW-RR	Schlagwort
11.11.	I ZR 182/02		05, 355	05, 330	05, 968		Testamentsvollstreckung durch Steuerberater
11.11.	I ZR 213/01		05, 353	05, 333	05, 969		Testamentsvollstreckung durch Banken
11.11.	I ZR 156/02		05, 171	05, 205			Ausschreibung von Ingenieurleistungen
25.11.	I ZB 16/04		05, 272	05, 1015		05, 363	Umsatzsteuererstattung
25.11.	I ZR 145/02	161, 161	05, 502	05, 624	05, 1656		Götterdämmerung
25.11.	I ZR 49/02		05, 320	05, 359			Kehraus
2.12.	I ZR 92/02		05, 357	05, 500	05, 978		Pro Fide Catholica
2.12.	I ZR 30/02	161, 204	05, 349	05, 476		05, 983	Klemmbausteine III
2.12.	I ZR 273/01		05, 348	05, 336	05, 1888		Bestellnummernübernahme
2.12.	I ZB 4/04		05, 271	05, 224			Unterbevollmächtigter III
2.12.	I ZR 207/01		05, 687	05, 893	05, 2315		weltonline.de
2.12.	I ZB 8/04		05, 578	05, 889			LOKMAUS
16.12.	I ZB 12/02		05, 417	05, 490			BerlinCard
16.12.	I ZR 69/02		05, 517	05, 614	05, 1503		Literaturhaus
16.12.	I ZR 222/02		05, 438	05, 480			Epson-Tinte
16.12.	I ZR 177/02		05, 419	05, 605		05, 915	Räucherkate
16.12.	I ZB 23/04			05, 505	05, 2017	05, 725	Baseball-Caps
21.12.	KVR 26/03			05, 302		05, 474	Deutsche Post/trans-o-flex
21.12.	KVZ 3/04		05, 524			05, 769	Fristverlängerung
2005							
20. 1.	I ZR 29/02		05, 581	05, 881		05, 914	The Colour of Elegance
20. 1.	I ZR 96/02		05, 442	05, 474		05, 684	Direkt ab Werk
20. 1.	I ZR 34/02		05, 423	05, 496			Staubsaugerfiltertüten
20. 1.	I ZB 31/03		05, 515	05, 620			FERROSIL
20. 1.	I ZR 255/02		05, 448	05, 508		05, 650	SIM-Lock II
27. 1.	I ZR 202/02		05, 520	05, 738	05, 1644		Optimale Interessenvertretung
27. 1.	I ZR 146/02		05, 689	05, 1007		05, 1128	Sammelmitgliedschaft III
27. 1.	I ZR 119/02		05, 670	05, 1018	05, 2698		WirtschaftsWoche
3. 2.	I ZR 45/03		05, 414	05, 610			Russisches Schaumgebäck
3. 2.	I ZR 159/02		05, 583	05, 896	05, 2856		Lila-Postkarte
22. 2.	KZR 28/03			05, 628	05, 1660		Bezugsbindung
22. 2.	KZR 2/04		05, 609	05, 747	05, 2014		Sparberaterin II
24. 2.	I ZR 128/02		05, 604	05, 739	05, 2458		Fördermittelberatung
24. 2.	I ZR 101/02	162, 246	05, 519	05, 735	05, 1788		Vitamin-Zell-Komplex
24. 2.	I ZB 2/04		05, 513	05, 744			MEY/Ella May
24. 2.	I ZR 161/02		05, 871	05, 1164		05, 1350	Seicom
3. 3.	I ZR 117/02		05, 599	05, 876	05, 2085		Traumcabrio
3. 3.	I ZB 24/04			05, 753		05, 922	Zweigniederlassung
3. 3.	I ZR 111/02		05, 860	05, 1263		05, 1403	Fash 2000
3. 3.	I ZR 133/02		05, 505	05, 622	05, 1581		Atlanta
24. 3.	I ZR 131/02		05, 600	05, 878		05, 1126	Handtuchklemmen
7. 4.	I ZR 314/02		05, 690	05, 886	05, 2229		Internet-Versandhandel
7. 4.	I ZR 140/02		05, 603	05, 874	05, 2012		Kündigungshilfe
7. 4.	I ZR 221/02		05, 864	05, 1248	05, 3357	05, 1489	Meißner Dekor II
21. 4.	I ZR 190/02		05, 607	05, 884	05, 2707		Optometrische Leistungen III
21. 4.	I ZR 1/02		05, 940	05, 1538		05, 1707	Marktstudien
21. 4.	I ZR 201/02		05, 1059	05, 1508	05, 3718		Quersubventionierung von Laborgemeinschaften
4. 5.	I ZR 127/02		05, 692	05, 1009	05, 2550		„statt"-Preis
19. 5.	I ZR 262/02		05, 957	05, 1530		06, 326	Champagner Bratbirne
19. 5.	I ZR 285/02	163, 109	05, 937	05, 1542	05, 3354		Der Zauberberg
19. 5.	I ZR 299/02	163, 119	05, 757	05, 1177	05, 2708		PRO-Verfahren
2. 6.	I ZR 252/02		06, 164	06, 84		06, 257	Aktivierungskosten II
2. 6.	I ZR 215/02		05, 875	05, 1240	05, 3422		Diabetesteststreifen

Dat.	AktZ	BGHZ	GRUR	WRP	NJW	NJW-RR	Schlagwort
2. 6.	I ZR 246/02		05, 768	05, 1011			DIESEL
9. 6.	I ZR 279/02		05, 1061	05, 1511	05, 3716		Telefonische Gewinn-auskunft
9. 6.	I ZR 231/01		06, 158	06, 90	06, 146		segnitz.de
23. 6.	I ZR 263/02		06, 143	06, 117		06, 184	Catwalk
23. 6.	I ZR 288/02		06, 159	06, 238		06, 412	hufeland.de
23. 6.	I ZR 227/02		05, 854	05, 1173	05, 3576		Karten-Grundsubstanz
23. 6.	I ZR 194/02	163, 265	05, 778	05, 1161	05, 2705		Atemtest I
7. 7.	I ZB 35/04		05, 971	05, 1250		06, 48	Schutzfristüberwachung
7. 7.	I ZR 253/02		05, 877	05, 1242	05, 3287		Werbung mit Tester-gebnis
7. 7.	I ZR 115/01		05, 959	05, 1525	06, 617	05, 1703	FACTS II
15. 7.	GSZ 1/04	164/1	05, 882	05,1408, 1550	05, 3141		Unberechtigte Schutz-rechtsverwarnung
21. 7.	I ZR 293/02		05, 1047	05, 1527		05, 1628	OTTO
21. 7.	I ZR 312/02		06, 56	06, 96		06, 117	BOSS-Club
21. 7.	I ZR 170/02		05, 960	05, 1412		05, 1562	Friedhofsruhe
21. 7.	I ZR 94/02		05, 1067	05, 1515	06, 800		Konsumentenbefragung
21. 7.	I ZR 318/02		05, 873	05, 1246			Star Entertainment
21. 7.	I ZR 172/04		05, 886	05, 1251		06, 356	Glücksbon-Tage
21. 7.	I ZR 290/02	164, 37	05, 857	05, 1267	05, 3216		HIT BILANZ
28. 7.	I ZB 20/05		05, 1041	05, 1532			Altmuster
13. 9.	X ZB 30/04		05, 1072	05, 1546		05, 1662	Auswärtiger Rechts-anwalt V
15. 9.	I ZB 10/03		06, 150	06, 241			NORMA
15. 9.	I ZR 151/02		06, 346	06, 467	06, 1978		Jeans II
22. 9.	I ZR 28/03		06, 161	06, 69		06, 409	Zeitschrift mit Sonnen-brille
22. 9.	I ZR 55/02	164, 153	06, 75	06, 67	06, 149		Artenschutz
22. 9.	I ZB 40/03		06, 60	06, 92			coccodrillo
22. 9.	I ZR 266/02		06, 136	06, 274	06, 615		Pressefotos
22. 9.	I ZR 188/02	164, 139	05, 1044	05, 1521		06, 114	Dentale Abformmasse
6.10.	I ZB 20/03		06, 152	06, 102		06, 260	GALLUP
6.10.	I ZB 37/05		06, 168	06, 106	06, 775		Unberechtigte Abmahnung
6.10.	I ZR 266/02		06, 136	06, 274	06, 615		Pressefotos
6.10.	I ZR 322/02		06, 419	06, 587		06, 834	Noblesse
20.10.	I ZB 21/05		06, 439	06, 237		06, 501	Geltendmachung der Abmahnkosten
20.10.	I ZR 10/03		06, 82	06, 79	06, 381		Betonstahl
20.10.	I ZR 112/03		06, 77	06, 72	06, 225		Schulfotoaktion
3.11.	I ZR 29/03		06, 329	06, 470		06, 691	Gewinnfahrzeug mit Fremdemblem
3.11.	I ZR 311/02		06, 493	05, 765		06, 1132	Michel-Nummern
17.11.	I ZR 300/02		06, 243	06, 354		06, 474	MEGA SALE
2006							
19. 1.	I ZR 217/03		06, 433	06, 579	06, 1432		Unbegründete Abnehmerverwarnung
19. 1.	I ZR 5/03		06, 319	06, 476	07, 679		Alpensinfonie
19. 1.	I ZR 151/02		06, 346	06, 467	06, 1978		Jeans II
19. 1.	I ZR 98/02		06, 432	06, 468		06, 832	Verwarnung aus Kenn-zeichenrecht II
26. 1.	I ZR 121/03		06, 429	06, 584	06, 2630	06, 1044	Schlank-Kapseln
26. 1.	I ZR 83/03		06, 428	06, 741	06, 1804		Abschleppkosten-Inkasso
7. 2.	KZR 33/04	166, 154	06, 773	06, 1113	06, 2627		Probeabonnement
9. 2.	I ZR 73/02		06, 426	06, 577	06, 1665		Direktansprache am Arbeitsplatz II
9. 2.	I ZR 124/03		06, 875	06, 1109	06, 2764		Rechtsanwalts-Ranglisten
23. 2.	I ZR 245/02		06, 511	06, 582	06, 1739		Umsatzsteuererstat-tungs-Modell
23. 2.	I ZR 164/03		06, 517	06, 747		06, 1046	Blutdruckmessungen
23. 2.	I ZR 27/03	166, 233	06, 504	06, 749		06, 1048	Parfümtestkäufe
23. 2.	I ZR 272/02	166, 253	06, 421	06, 590		06, 1118	Markenparfümverkäufe

Dat.	AktZ	BGHZ	GRUR	WRP	NJW	NJW-RR	Schlagwort
16. 3.	I ZR 103/03		06, 778	06, 1023			Sammelmitgliedschaft IV
16. 3.	I ZR 92/03		06, 879	06, 1027		06, 1378	Flüssiggastank
30. 3.	I ZR 24/03	167, 91	06, 513	06, 736	06, 2630		Arzneimittelwerbung im Internet
30. 3.	I ZR 144/03		06, 596	06, 888	06, 2120		10 % billiger
6. 4.	I ZR 272/03		06, 598	06, 891	06, 2481		Zahnarztbriefbogen
6. 4.	I ZR 125/03		06, 776	06, 885	06, 2479		Werbung für Klingeltöne
27. 4.	I ZR 126/03		06, 1044	06, 1511	06, 3424		Kundendatenprogramm
27. 4.	I ZR 109/03		06, 594	06, 898		06, 982	SmartKey
27. 4.	I ZR 162/03		06, 863	06, 1233			ex works
11. 5.	I ZR 206/02		06, 780	06, 882		06, 1273	Insolvenzwarenverkauf
11. 5.	I ZR 250/03		06, 872	06, 1117	06, 3358		Kraftfahrzeuganhänger mit Werbeschildern
18. 5.	I ZR 116/03		06, 873	06, 1118			Brillenwerbung
18. 5.	I ZR 183/03	168, 28	07, 65	06, 1513	07, 153		Impuls
1. 6.	I ZR 268/03		06, 955	06, 1221	06, 3569		Gebührenvereinbarung II
1. 6.	I ZR 167/03		07, 164	07, 67	06, 3781		Telefax-Werbung II
1. 6.	I ZR 143/03		07, 165	06, 1223	06, 3568		Erbenermittler als Rechtsbeistand
23. 6.	I ZR 288/02		06, 159	06, 238		06, 412	hufeland.de
29. 6.	I ZR 171/03		07, 162	07, 177		07, 335	Mengenausgleich in Selbstentsorgergemeinschaft
6. 7.	I ZR 145/03		06, 949	06, 1370	06, 3203		Kunden werben Kunden
6. 7.	I ZR 175/03	168, 266	06, 848	06, 1243	06, 3644		Vergaberichtlinien
13. 7.	I ZR 241/03		06, 1042	06, 1502	06, 3490		Kontaktanzeigen
13. 7.	I ZR 234/03		06, 953	06, 1505		07, 36	Warnhinweis II
13. 7.	I ZR 222/03		07, 161	07, 66		07, 337	dentalästhetika II
20. 7.	I ZR 185/03		07, 137	07, 88		07, 342	Bodenrichtwertsammlung
20. 7.	I ZR 228/03		07, 159	06, 1507	06, 3633		Anbieterkennzeichnung im Internet
21. 9.	I ZR 201/03		07, 259	07, 76	07, 682		solingen.info
21. 9.	I ZR 270/03		07, 339	07, 313			Stufenleitern
21. 9.	I ZR 6/04		07, 431	07, 533	07, 1524		Steckverbindergehäuse
28. 9.	I ZR 261/03		07, 500	07, 663	07, 1712		Sächsischer Ausschreibungsdienst
5.10.	I ZR 277/03	169, 193	07, 168	07, 78	07, 684		kinski-klaus.de
5.10.	I ZR 7/04		07, 245	07, 174	07, 569		Schulden Hulp
26.10.	I ZR 182/04	169, 340	07, 139	07, 83	07, 689		Rücktritt des Finanzministers
26.10.	I ZR 33/04		07, 247	07, 303	07, 919		Regenwaldprojekt I
26.10.	I ZR 97/04		07, 251	07, 308	07, 922		Regenwaldprojekt II
26.10.	I ZR 37/04	169, 295	07, 235	07, 186			Goldhase
9.11.	I ZB 28/06		07, 535	07, 641	07, 1819		Gesamtzufriedenheit
16.11.	I ZR 191/03		07, 607	07, 775			Telefonwerbung für „Individualverträge"
16.11.	I ZR 218/03		07, 610	07, 778			Sammelmitgliedschaft V
23.11.	I ZR 276/03		07, 631	07, 783	07, 3645		Abmahnaktion
7.12.	I ZR 271/03		07, 603	07, 769			UVP
7.12.	I ZR 166/03		07, 605	07, 772		07, 1522	Umsatzzuwachs
14.12.	I ZR 34/04		07, 693	07, 986		07, 1530	Archivfotos
14.12.	I ZR 11/04		07, 705	07, 960			Aufarbeitung von Fahrzeugkomponenten
21.12.	I ZB 17/06		07, 629	07, 781	07, 3645		Zugang des Abmahnschreibens
2007							
11. 1.	I ZR 96/04	171, 73	07, 800	07, 951	07, 2999		Außendienstmitarbeiter
11. 1.	I ZR 198/04		07, 795	07, 1076		08, 124	Handtaschen
11. 1.	I ZR 87/04		07, 805	07, 1085	07, 3002		Irreführender Kontoauszug

Dat.	AktZ	BGHZ	GRUR	WRP	NJW	NJW-RR	Schlagwort
23. 1.	I ZB 42/06		07, 726	07, 957		07, 1561	Auswärtiger Rechtsanwalt VI
25. 1.	I ZR 22/04	171, 89	07, 780	07, 1090		07, 1637	Pralinenform
25. 1.	I ZR 133/04		07, 802	07, 1082		07, 1335	Testfotos III
25. 1.	I ZB 58/06			07, 1104		07, 863	Verputzarbeiten
8. 2.	I ZR 71/04		07, 592	07, 958			bodo Blue Night
8. 2.	I ZR 77/04		07, 784	07, 1095		07, 1262	AIDOL
8. 2.	I ZR 59/04	171, 104	07, 811	07, 1207	07, 2633		grundke.de
15. 2.	I ZR 63/04		07, 882	07, 1197			Parfümtester
15. 2.	I ZR 114/04	171, 151	07, 871	07, 1219	08, 757		Wagenfeld-Leuchte
1. 3.	I ZR 51/04		07, 809	07, 1088		07, 1338	Krankenhauswerbung
21. 3.	I ZR 184/03		07, 896	07, 1181			Eigenpreisvergleich
21. 3.	I ZR 66/04		07, 875	07, 1184			Durchfuhr von Originalware
29. 3.	I ZR 80/04		07, 502	07, 665 07, 1108			Tonträger aus Drittstaaten
29. 3.	I ZR 152/04		07, 807	07, 955	07, 2334		Fachanwälte
29. 3.	I ZR 164/04		07, 987	07, 1341			Änderung der Voreinstellung I
29. 3.	I ZR 122/04		07, 1079	07, 1346			Bundesdruckerei
19. 4.	I ZR 35/04	172, 119	07, 708	07, 964	07, 2636		Internet-Versteigerung II
19. 4.	I ZR 57/05		07, 981	07, 1337	08, 231		150 % Zinsbonus
19. 4.	I ZR 92/04		07, 994	07, 1356	08, 300		Gefälligkeit
26. 4.	I ZR 190/04		07, 723	07, 797			Internet-Versicherung
26. 4.	I ZR 34/05	172, 165	07, 995	07, 1354	08, 301		Schuldnachfolge
26. 4.	I ZR 120/04		07, 991	07, 1351	07, 3573		Weltreiterspiele
3. 5.	I ZR 19/05		07, 978	07, 1334	07, 3570		Rechtsberatung durch Haftpflichtversicherer
24. 5.	I ZR 130/04	172, 268	07, 685	07, 989	08, 755		Gedichttitelliste I
24. 5.	I ZR 130/04		07, 688	07, 993			Gedichttitelliste II
24. 5.	I ZR 42/04		07, 691	07, 996	08, 757		Staatsgeschenk
24. 5.	I ZR 104/04		07, 984	07, 1455			Gartenliege
24. 5.	I ZB 37/04		08, 71	08, 107			Fronthaube
24. 5.	I ZB 66/06		07, 973	07, 1459			Rado-Uhr III
14. 6.	I ZR 173/04		07, 1075	07, 1472			STILNOX
28. 6.	I ZR 49/04	173, 57	07, 884	07, 1200		08, 57	Cambridge Institute
28. 6.	I ZR 153/04		08, 186	08, 220			Telefonaktion
28. 6.	I ZR 132/04		08, 258	08, 232			INTERCONNECT/T-InterConnect
12. 7.	I ZR 18/04	173, 188	07, 890	07, 1173	08, 758		Jugendgefährdende Medien bei eBay
12. 7.	I ZR 147/04	173, 217	08, 156	08, 102			Aspirin II
12. 7.	I ZR 148/04	173, 230	08, 160	08, 226			CORDARONE
12. 7.	I ZR 82/05		08, 183	08, 214			Tony Taler
19. 7.	I ZR 93/04	173, 269	07, 877	07, 1187			Windsor Estate
19. 7.	I ZR 137/04		07, 888	07, 1193			Euro Telekom
19. 7.	I ZR 191/04		08, 263	08, 355	08, 1236		SMS-Werbung
13. 9.	I ZR 33/05		08, 254	08, 236			THE HOME STORE
20. 9.	I ZR 88/05		08, 189	08, 224			Suchmaschineneintrag
20. 9.	I ZR 94/04		07, 1066	07, 1466			Kinderzeit
20. 9.	I ZR 6/05		07, 1071	07, 1461		08, 1140	Kinder II
20. 9.	I ZR 88/05		08, 189	08, 224			Suchmaschineneintrag
20. 9.	I ZR 171/04		08, 443	08, 666		08, 851	Saugeinlagen
4.10.	I ZR 22/05		08, 532	08, 782	08, 1595		Umsatzsteuerhinweis
4.10.	I ZR 143/04		08, 84	08, 98	08, 1384		Versandkosten
4.10.	I ZR 182/05		08, 442	08, 659	08, 1388		Fehlerhafte Preisauszeichnung
18.10.	I ZR 162/04		08, 616	08, 802			AKZENTA
18.10.	I ZR 24/05		08, 614	08, 794			ACERBON
18.10.	I ZR 102/05		08, 534	08, 771	08, 1882		ueber18.de
25.10.	I ZR 18/05		08, 505	08, 797			TUC-Salzcracker
25.10.	I ZB 22/04		08, 510	08, 791		08, 854	Milchschnitte
8.11.	I ZR 172/05		08, 360	08, 249	08, 1001		EURO und Schwarzgeld

Dat.	AktZ	BGHZ	GRUR	WRP	NJW	NJW-RR	Schlagwort
8.11.	I ZR 60/05		08, 530	08, 777	08, 1888		Nachlass bei der Selbstbeteiligung
8.11.	I ZR 192/06			08, 780			Hagelschaden
22.11.	I ZR 183/04		08, 262	08, 219	08, 855		Direktansprache am Arbeitsplatz III
22.11.	I ZR 77/05		08, 625	08, 924			Fruchtextrakt
6.12.	I ZR 169/04		08, 628	08, 930			Imitationswerbung
6.12.	I ZR 184/05		08, 726	08, 936		08, 1212	Duftvergleich mit Markenparfüm
6.12.	I ZB 16/07		08, 639	08, 947	08, 2040		Kosten eines Abwehrschreibens
13.12.	I ZR 89/05		08, 707	08, 944		08, 1215	Micardis
13.12.	I ZR 71/05		08, 727	08, 1085		08, 1214	Schweißmodulgenerator
13.12.	I ZB 26/05		08, 714	08, 1092			idw
13.12.	I ZB 39/05		08, 719	08, 1098			Idw Informationsdienst Wissenschaft
20.12.	I ZR 205/04		08, 275	08, 356			Versandhandel mit Arzneimitteln
20.12.	I ZR 51/05		08, 729	08, 928			Werbung für Telefondienstleistungen
20.12.	I ZR 42/05	175, 135	08, 693	08, 1121	08, 2345		TV-Total
2008							
10. 1.	I ZR 38/05		08, 621	08, 785			AKADEMIKS
10. 1.	I ZR 196/05		08, 724	08, 1069	08, 2509		Urlaubsgewinnspiel
10. 1.	I ZR 67/05		08, 790	08, 1234			Baugruppe
30. 1.	I ZB 8/07		08, 447	08, 675	08, 1389		Treuebonus
30. 1.	I ZR 134/05		08, 801	08, 1189	08, 2923		Hansen-Bau
30. 1.	I ZR 131/05		08, 786	08, 1229			Mulitfunktionsgeräte
14. 2.	I ZR 207/05	175, 238	08, 438	08, 661	08, 2044		ODDSET
14. 2.	I ZR 69/04		08, 413	08, 669		08, 711	Bayerisches Bier
14. 2.	I ZR 162/05		08, 803	08, 1192			HEITEC
14. 2.	I ZR 55/05		08, 796	08, 1200		08, 1364	Hollister
14. 2.	I ZR 135/05		08, 933	08, 1227	08, 2716		Schmiermittel
21. 2.	I ZB 24/05		08, 710	08, 1087			VISAGE
21. 2.	I ZR 142/05		08, 815	08, 1180	08, 2590		Buchführungsbüro
4. 3.	KZR 36/05			08, 1376		08, 1491	Post-Wettannahmestelle
4. 3.	KVR 21/07	176, 1		08, 823		08, 996	Soda-Club II
13. 3.	I ZB 20/07		08, 640	08, 951		08, 1093	Kosten der Schutzschrift III
13. 3.	I ZR 95/05		08, 1014	08, 1335			Amlodipin
13. 3.	I ZB 53/05		08, 900	08, 1338			SPA II
13. 3.	I ZR 151/05		08, 912	08, 1353		09, 184	Metrosex
19. 3.	I ZR 225/06			08, 938			Entwendete Datensätze
19. 3.	I ZR 166/05		08, 984	08, 1440	08, 3784		St. Gottfried
3. 4.	I ZB 46/05		08, 1000	08, 1432			Käse in Blütenform II
3. 4.	I ZB 73/07		08, 837	08, 1112			Münchner Weißwurst
3. 4.	I ZB 61/07		08, 903	08, 1342			SIERRA ANTIGUO
3. 4.	I ZR 49/05		08, 1002	08, 1434		09, 536	Schuhpark
10. 4.	I ZB 98/07		08, 1027	08, 1438			Cigarettenpackung
10. 4.	I ZB 14/07		08, 1029	08, 1454	08, 3220		Nachweis der Sicherheitsleistung
10. 4.	I ZR 167/05		09, 60	08, 1544		09, 53	LOTTOCARD
10. 4.	I ZR 227/05		08, 1097	08, 1517	08, 3714	09, 120	Namensklau im Internet
10. 4.	I ZR 164/05	176, 116	08, 611	08, 940			audison
24. 4.	I ZB 21/06		08, 1093	08, 1428		08, 1569	Marlene-Dietrich-Bildnis
24. 4.	I ZR 159/05		08, 1099	08, 1520	08, 3716		afilias.de
24. 4.	I ZB 72/07		08, 1126	08, 1550			Weisse Flotte
24. 4.	I ZR 30/05		08, 1087	08, 1557		09, 338	Lefax/Lefaxin
30. 4.	I ZR 73/05		08, 702	08, 1104		08, 1136	Internet-Versteigerung III
30. 4.	I ZB 4/07		08, 731	08, 1110			alphaCAM
30. 4.	I ZB 25/08		08, 732	08, 1113			Tegeler Floristik
30. 4.	I ZR 123/05		08, 793	08, 1196			Rillenkoffer

Dat.	AktZ	BGHZ	GRUR	WRP	NJW	NJW-RR	Schlagwort
8. 5.	I ZR 83/06		08, 928	08, 1188	08, 2651		Abmahnkostenersatz
8. 5.	I ZR 88/06		08, 929	08, 1225	08, 2849		Vertragsstrafenein-forderung
29. 5.	I ZR 75/05		08, 816	08, 1178	08, 2850		Ernährungsberatung
29. 5.	I ZB 55/05		08, 909	08, 1345			Pantogast
29. 5.	I ZB 54/05		08, 905	08, 1349			Pantohexal
29. 5.	I ZR 189/05		08, 1121	08, 1560	08, 3711		Freundschaftswerbung im Internet
30. 5.	1 StR 166/07	52, 227 (St)	08, 818	08, 1071			Strafbare Werbung im Versandhandel
5. 6.	I ZR 4/06		08, 807	08, 1175	08, 2672		Millionen-Chance I
5. 6.	I ZR 169/05		08, 798	08, 1202	08, 2653		POST I
5. 6.	I ZR 108/05			08, 1206			City Post
5. 6.	I ZR 96/07		08, 1124	08, 1524	08, 3782	09, 82	Zerknitterte Zigaretten-schachtel
5. 6.	I ZR 223/05			08, 1527			Schau mal Dieter
5. 6.	I ZR 208/05		08, 1089	08, 1554		09, 335	KLACID PRO
26. 6.	I ZR 112/05		08, 834	08, 1209		08, 1255	HMB-Kapseln
26. 6.	I ZR 61/05		08, 830	08, 1213			L-Carnitin II
26. 6.	I ZR 190/05		08, 917	08, 1319		09, 114	EROS
26. 6.	I ZR 221/05		08, 915	08, 1326	08, 2995		40 Jahre Garantie
26. 6.	I ZR 170/05		08, 1115	08, 1510		08, 1726	ICON
3. 7.	I ZR 145/05	177, 150	08, 810	08, 1182			Kommunalversicherer
3. 7.	I ZR 204/05		08, 1081	08, 1565		09, 764	Musical Starlights
16. 7.	VIII ZR 348/06	177, 253	08, 1010	09, 56	08, 3055		PayBack
17. 7.	I ZR 75/06		08, 923	08, 1328	08, 2997		Faxanfrage im Auto-handel
17. 7.	I ZR 197/05		08, 925	08, 1330	08, 2999		FC Troschenreuth
17. 7.	I ZR 133/07		08, 922	08, 1333		08, 1623	In-vitro-Diagnostika
17. 7.	I ZR 109/05	177, 319	08, 989	08, 1371	09, 765		Sammlung Ahlers
17. 7.	I ZR 206/05		08, 993	08, 1445		08, 1574	Kopierstationen
17. 7.	I ZR 219/05		08, 996	08, 1449	08, 3565		Clone-CD
17. 7.	I ZR 160/05		09, 71	09, 45			Sammelaktion für Schoko-Riegel
17. 7.	I ZR 139/05		09, 73	09, 48			Telefonieren für 0 Cent!
17. 7.	I ZR 168/05		09, 181	09, 182	09, 1882		Kinderwärmekissen
31. 7.	I ZR 158/05		08, 1102 09, 413	08, 1530 09, 334			Haus & Grund I
31. 7.	I ZR 171/05		08, 1104 09, 413	08, 1532 09, 334			Haus & Grund II
31. 7.	I ZR 21/06		08, 1108	08, 1537			Haus & Grund III
14. 8.	KVR 54/07			08, 1456			Lottoblock
11. 9.	I ZR 120/06		08, 1114	08, 1508			Räumungsfinale
11. 9.	I ZR 74/06	178, 63	09, 173	09, 177	09, 1504		bundesligakarten.de
11. 9.	I ZR 58/06		09, 418	09, 304		09, 470	Fußpilz
2.10.	I ZR 227/05		08, 1097	08, 1517	08, 3714	09, 120	Namensklau im Internet
2.10.	I ZR 51/06		09, 75	09, 51		09, 110	Priorin
2.10.	I ZR 48/06		09, 416	09, 432			Küchentiefstpreis-Garantie
2.10.	I ZR 6/06		09, 407	09, 319		09, 542	Whistling for a train
2.10.	I ZB 96/07		09, 191	09, 67		09, 556	Auswärtiger Rechts-anwalt VII
2.10.	I ZB 111/07		09, 523	09, 69		09, 859	Zurückweisungsantrag nach Rechtsmittel-begründung
2.10.	I ZR 220/05		08, 1118	08, 1513		09, 50	MobilPlus-Kapseln
2.10.	I ZR 18/06		09, 53	09, 80		09, 274	PC
2.10.	I ZB 30/08			09, 75			Kürzung der Verfahrensgebühr
9.10.	I ZR 126/06		09, 79	09, 76			Gebäckpresse
9.10.	I ZR 100/04		09, 509	09, 625		09, 620	Schoenenberger Artischockensaft
14.10.	KVR 30/08	178, 203		09, 330	09, 1611		Faber/Basalt
23.10.	I ZB 48/07		09, 669	09, 815			POST II
23.10.	I ZR 11/06		09, 608	09, 734	09, 1756		raule.de

Dat.	AktZ	BGHZ	GRUR	WRP	NJW	NJW-RR	Schlagwort
23.10.	I ZR 197/06		09, 692	09, 811	09, 1886		Sammelmitgliedschaft VI
23.10.	I ZR 121/07			09, 435			Edelmetallankauf
5.11.	I ZR 55/06		09, 690	09, 809		09, 1135	XtraPac
5.11.	I ZR 39/06		09, 766	09, 831			Stofffähnchen
11.11.	KVR 18/08			09, 455		09, 694	Werhahn/Norddeutsche Mischwerke
11.11.	KZR 43/07			09, 746			Neue Trift
11.11.	KVR 17/08		09, 424	09, 208	09, 1753		Bau und Hobby
20.11.	I ZR 94/02		09, 179	09, 187		09, 473	Konsumentenbefragung II
20.11.	I ZR 122/06		09, 788	09, 951	09, 2541		20 % auf alles
20.11.	I ZR 112/06		09, 403	09, 308	09, 770		Metall auf Metall
20.11.	I ZR 62/06		09, 480	09, 462	09, 1353		Kopierläden II
26.11.	VIII ZR 200/05	179, 27			09, 427		Quelle
4.12.	I ZB 31/08		09, 700	09, 846			Integrierte Versorgung
4.12.	I ZR 100/06		09, 413	09, 300		09, 531	Erfokol-Kapseln
4.12.	I ZB 48/08		09, 778	09, 813			Willkommen im Leben
4.12.	I ZR 3/06		09, 871	09, 967			Ohrclips
4.12.	I ZR 49/06		09, 939	09, 1008		09, 1499	Mambo No. 5
10.12.	KZR 54/08		09, 698		09, 1751		Subunternehmervertrag II
18.12.	I ZR 23/06		09, 395	09, 313	09, 774		Klingeltöne für Mobiltelefone
18.12.	I ZR 63/06		09, 515	09, 445			Motorradreiniger
18.12.	I ZB 83/08		09, 427	09, 307			ATOZ II
18.12.	I ZB 32/06		09, 427	09, 637	09, 921		Mehrfachverstoß gegen Unterlassungstitel
18.12.	I ZB 118/07		09, 519	09, 634		09, 995	Hohlfasermembranspinnanlage
18.12.	I ZR 200/06		09, 772	09, 971			Augsburger Puppenkiste
18.12.	I ZB 68/08		09, 794	09, 996	09, 2308		Auskunft über Tintenpatronen
2009							
15. 1.	I ZB 30/06		09, 411	09, 439		09, 534	STREETBALL
15. 1.	I ZR 123/06		09, 878	09, 1082		09, 1496	Fräsautomat
15. 1.	I ZR 141/06		09, 881	09, 1089			Überregionaler Krankentransport
15. 1.	I ZR 57/07		09, 841	09, 1139			Cybersky
22. 1.	I ZR 125/07		09, 498	09, 451	09, 2400		Bananabay I
22. 1.	I ZR 30/07		09, 500	09, 435	09, 2382		Beta Layout
22. 1.	I ZR 139/07		09, 502	09, 441	09, 2384		pcb
22. 1.	I ZR 31/06		09, 875	09, 950	09, 2749		Jeder 100. Einkauf gratis
22. 1.	I ZB 52/08		09, 952	09, 960			DeutschlandCard
22. 1.	I ZB 34/08		09, 949	09, 963			My World
22. 1.	I ZB 115/07	180, 72	09, 890	09, 999			Ordnungsmittelandrohung Urteilsverfügung
22. 1.	I ZR 247/03		09, 840	09, 1127	09, 2960		Le-Corbusier-Möbel II
22. 1.	I ZR 19/07		09, 942	09, 1274			Motezuma
4. 2.	VIII ZR 32/08	179, 319	09, 506	09, 628	09, 1337		Mobiltelefon
5. 2.	I ZR 167/06		09, 484	09, 616		09, 757	METROBUS
5. 2.	I ZR 119/06		09, 876	09, 1086		09,1493	Änderung der Voreinstellung II
5. 2.	I ZR 124/07		09, 990	09, 1098			Metoprolol
10. 2.	KVR 67/07	180, 323				09, 1635	Gaslieferverträge
19. 2.	I ZR 135/06		09, 685	09, 803	09, 2388		ahd.de
19. 2.	I ZR 195/06	180, 77	09, 783	09, 956			UHU
26. 2.	I ZR 106/06		09, 606	09, 611		09, 691	Buchgeschenk vom Standesamt
26. 2.	I ZR 28/06		09, 603	09, 613	09, 1420		Versicherungsuntervertreter
26. 2.	I ZR 219/06		09, 888	09, 1080	09, 2747		Thermoroll
26. 2.	I ZR 222/06		09, 883	09, 1092		09, 1553	MacDent
26. 2.	I ZR 163/06		09, 982	09, 1247	09, 3095		Dr. Clauder's Hufpflege

Dat.	AktZ	BGHZ	GRUR	WRP	NJW	NJW-RR	Schlagwort
26. 2.	I ZR 142/06		09, 1046	09, 1404			Kranhäuser
3. 3.	KZR 82/07			09, 1254		10, 392	Reisestellenkarte
11. 3.	I ZR 114/06	180, 134	09, 597	09, 730	09, 1960		Halzband
11. 3.	I ZR 194/06		09, 1064	09, 1229	10, 612		Geld-zurück-Garantie II
11. 3.	I ZR 8/07		09, 1085	09, 1269	09, 3032		Wer wird Millionär?
26. 3.	I ZR 44/06		09, 660	09, 847		09, 1053	Resellervertrag
26. 3.	I ZR 213/06	180, 355	09, 984	09, 1240		10, 181	Festbetragsfestsetzung
26. 3.	I ZR 153/06	180, 344	09, 946	09, 1278		10,186	Reifen Progressiv
26. 3.	I ZR 99/07		09, 1082	09, 1385		10, 397	DeguSmiles & more
2. 4.	I ZR 78/06		09, 672	09, 824		09, 1130	OSTSEE-POST
2. 4.	I ZR 209/06		09, 678	09, 839			POST/RegioPost
2. 4.	I ZB 8/06		09, 780	09, 820		09, 1126	Ivadal
2. 4.	I ZB 94/06		09, 954	09, 1250			Kinder III
2. 4.	I ZR 144/06		09, 1069	09, 1374 09, 1509		09,1703	Knoblauchwürste
2. 4.	I ZR 199/06		09, 1073	09, 1372		10, 53	Ausbeinmesser
7. 4.	KVR 34/08			09, 1391		10, 51	Versicherergemeinschaft
22. 4.	I ZR 216/06		09, 845	09, 1001	09, 3511		Internet-Videorecorder
22. 4.	I ZR 176/06		09, 1080	09, 1369	09, 3365		Auskunft der IHK
22. 4.	I ZR 5/07	181, 1	09, 1052	09, 1412		10, 612	Seeing is Believing
22. 4.	I ZR 14/07		09, 1180	09, 1510			0,00 Grundgebühr
30. 4.	I ZR 191/05		09, 852			09, 1558	Elektronischer Zolltarif
30. 4.	I ZR 45/07		09, 972	09, 1235			Lorch Premium II
30. 4.	I ZR 42/07	181, 77	09, 1162	09, 1526		10, 960	DAX
30. 4.	I ZR 66/07		09, 1183	09, 1501			Räumungsverkauf wegen Umbau
30. 4.	I ZR 68/07		09, 1185	09, 1503		10, 923	Totalausverkauf
30. 4.	I ZR 117/07		09, 1189	09, 1517		10, 399	Blutspendedienst
6. 5.	KZR 39/06	180, 312	09, 694	09, 858		09, 1047	Orange-Book-Standard
14. 5.	I ZR 98/06	181, 98	09, 856	09, 1129	09, 3722		Tripp-Trapp-Stuhl
14. 5.	I ZR 231/06		09, 1055	09, 1533			airdsl
14. 5.	I ZR 82/07		09, 1186	09, 1505			Mecklenburger Obstbrände
14. 5.	I ZR 179/07		09, 886	09, 1513	09, 3368		Die clevere Alternative
20. 5.	I ZR 220/06		09, 970	09, 1095		09, 1650	Versicherungsberater
20. 5.	I ZB 107/08		09, 994	09, 1102			Vierlinden
20. 5.	I ZB 53/08		09, 992	09, 1104			Schuhverzierung
20. 5.	I ZR 239/06		09, 864	09, 1143	09, 3509		CAD-Software
20. 5.	I ZR 218/07		09, 980	09, 1246	09, 2958		E-Mail-Werbung II
28. 5.	I ZR 124/06		10, 80	10, 94		10, 339	LIKEaBIKE
10. 6.	I ZR 37/07		10, 167	10, 100			Unrichtige Aufsichtsbehörde
10. 6.	I ZR 226/06		10, 62	10, 120		10, 620	Nutzung von Musik für Werbezwecke
18. 6.	I ZR 47/07		10, 156	10, 266		10, 462	EIFEL-ZEITUNG
18. 6.	I ZR 224/06		10, 247	10, 237	10, 618		Solange der Vorrat reicht
23. 6.	KZR 21/08			09, 1402		10, 618	Entega
23. 6.	KZR 58/07		10, 84	09, 1551		10, 615	Gratiszeitung Hallo
2. 7.	I ZR 147/06		09, 969	09, 1227	09, 3097		Winteraktion
2. 7.	I ZR 146/07	181, 373	09, 1096	09, 1388	09, 3303		Mescher weis
9. 7.	I ZR 13/07		09, 977	09, 1076	09, 3097		Brillenversorgung
9. 7.	I ZB 88/07		10, 138	10, 260			ROCHER-Kugel
9. 7.	I ZR 64/07		10, 158	10, 238	10, 616		FIFA-WM-Gewinnspiel
9. 7.	I ZR 193/06		10, 169	10, 247			CE-Kennzeichnung
16. 7.	I ZR 223/06		09, 988	09, 1100			Arzneimittelpräsentation im Internet
16. 7.	I ZR 56/07		09, 1075	09, 1377		09, 1633	Betriebsbeobachtung
16. 7.	I ZR 140/07		10, 251	10, 245		10, 1051	Versandkosten bei Froogle I
16. 7.	I ZR 50/07		10, 248	10, 370		10, 915	Kamerakauf im Internet
16. 7.	I ZB 53/07	182, 325	10, 231	10, 377			Legostein
29. 7.	I ZR 166/06		09, 1077	09, 1380	09, 3242		Finanz-Sanierung
29. 7.	I ZB 83/08		10, 270	10, 269			ATOZ III

Dat.	AktZ	BGHZ	GRUR	WRP	NJW	NJW-RR	Schlagwort
29. 7.	I ZR 102/07		10, 235	10, 381		10, 966	AIDA/AIDU
29. 7.	I ZR 169/07		10, 239	10, 384			BTK
29. 7.	I ZR 87/07		10, 237	10, 390			Zoladex
29. 7.	I ZR 77/07		10, 349	10, 518	10, 1968		EKW-Steuerberater
13. 8.	I ZB 43/08			09, 1559		10, 279	Erstellung eines Buchauszuges
17. 9.	Xa ZR 2/08	182, 245	09, 1142	09, 1394		10, 110	MP3-Player-Import
17. 9.	I ZR 217/07		10, 355	10, 649		10, 1127	Testfundstelle
17. 9.	I ZR 103/07		10, 365	10, 531		10, 1059	Quersubventionierung von Laborgemeinschaften II
1.10.	I ZR 134/07		10, 161	10, 252			Gib mal Zeitung
1.10.	I ZR 94/07		10, 343	10, 527	10, 2213		Oracle
7.10.	I ZR 216/07		10, 257	10, 258		10, 1130	Schubladenverfügung
7.10.	I ZR 38/07	182, 337	09, 1148	09, 1561	10, 771		Talking to Addison
7.10.	I ZR 109/06		09, 1167	09, 1520			Partnerprogramm
7.10.	I ZR 150/07		10, 346	10, 644			Rufumleitung
22.10.	I ZR 73/07		10, 352	10, 636			Hier spiegelt sich Erfahrung
22.10.	I ZR 58/07		10, 454	10, 640			Klassenlotterie
29.10.	I ZR 168/06		10, 57	10, 123		10, 1135	Scannertarif
29.10.	I ZR 180/07		10, 455	10, 746		10, 917	Stumme Verkäufer II
29.10.	I ZR 65/07		10, 546	10, 780		10, 855	Der strauchelnde Liebling
12.11.	I ZR 160/07		10, 530	10, 784		10, 1414	Regio-Vertrag
12.11.	I ZR 210/07		10, 542	10, 761	10, 2139		Tierarzneimittelversand
12.11.	I ZB 101/08		10, 367	10, 657	10, 1882		Auswärtiger Rechtsanwalt VIII
12.11.	I ZR 183/07		10, 642	10, 764		10, 851	WM-Marken
12.11.	I ZR 166/07		10, 616	10, 922		10, 1276	marions-kochbuch.de
19.11.	I ZR 186/07		10, 160	10, 250		10, 767	Quizalofop
19.11.	I ZR 141/07		10, 658	10, 757		10, 1191	Paketpreisvergleich
19.11.	I ZR 128/07		10, 620	10, 933		10, 1280	Film-Einzelbilder
19.11.	I ZB 76/08		10, 637	10, 888			Farbe gelb
19.11.	I ZR 142/07		10, 729	10, 1046			MIXI
2.12.	I ZR 44/07		10, 646	10, 893			OFFROAD
2.12.	I ZR 152/07		10, 654	10, 876			Zweckbetrieb
10.12.	I ZR 46/07	183, 309	10, 253	10, 241		10, 554	Fischdosendeckel
10.12.	I ZR 195/07		10, 649	10, 1017			Preisnachlass nur für Vorratsware
10.12.	I ZR 189/07		10, 754	10, 869			Golly Telly
			10, 864				
10.12.	I ZR 149/07		10, 744	10, 1023			Sondernewsletter
2010							
14. 1.	I ZR 138/07		10, 259	10, 374			Zimtkapseln
14. 1.	I ZB 32/09		10, 640	10, 891			hey!
14. 1.	I ZR 88/08		10, 726	10, 1039			Opel-Blitz II
14. 1.	I ZR 92/08		10, 838	10, 1043			DDR-Logo
14. 1.	I ZR 82/08						CCCP
21. 1.	I ZR 23/07		10, 359	10, 522		10, 610	Vorbeugen mit Coffein!
21. 1.	I ZR 47/09		10, 354	10, 525	10, 1208		Kräutertee
21. 1.	I ZR 176/07		10, 418	10, 539		10, 1410	Neues vom Wixxer
21. 1.	I ZR 206/07		10, 828	10, 1154			DiSC
4. 2.	I ZR 66/09		10, 852	10, 1143		10, 1560	Gallardo Spyder
4. 2.	I ZR 51/08		10, 835	10, 1165		10, 1273	POWER BALL
4. 2.	I ZR 30/08		10, 1038	10, 1169			Kosten für Abschlussschreiben
11. 2.	I ZR 154/08			10, 759			Bundesdruckerei
11. 2.	I ZR 85/08	185, 66	10, 847	10, 1146	10, 3780		Ausschreibung in Bulgarien
11. 2.	I ZR 178/08		10, 822	10, 1174	10, 2661		Half-Life 2
25. 2.	I ZB 19/08		10, 833	10, 1159			Malteserkreuz II
25. 2.	I ZB 18/08		10, 859	10, 1162			Malteserkreuz III
11. 3.	I ZR 123/08		10, 936	10, 1246			Espressomaschine
11. 3.	I ZR 27/08		10, 939	10, 1249	10, 3239		Telefonwerbung nach

Dat.	AktZ	BGHZ	GRUR	WRP	NJW	NJW-RR	Schlagwort
							Unternehmenswechsel
11. 3.	I ZR 18/08		10, 920	10, 1268			Klingeltöne für Mobiltelefone II
18. 3.	I ZR 158/07	185, 11	10, 536	10, 750		10, 1053	Modulgerüst II
18. 3.	I ZR 203/08			10, 761			Darstellung als Imitation
18. 3.	I ZB 37/09		10, 1037	10, 776			Unzuständigkeitsrüge
18. 3.	I ZR 172/08		10, 1024	10, 1390		10, 1628	Master of Science Kieferorthopädie
18. 3.	I ZR 16/08		10, 1110	10, 1498			Versandkosten bei Froogle II
25. 3.	I ZB 116/08	185, 124	10, 662	10, 777	10, 1883		„Vollstreckung von Ordnungsmittelbeschlüssen im Ausland“
25. 3.	I ZR 197/08		10, 944	10, 1401			braunkohle-nein.de
25. 3.	I ZR 47/08		10, 1004	10, 1403		10, 1633	Autobahnmaut
25. 3.	I ZR 68/09		10, 1115	10, 1489		11, 43	Freier Architekt
25. 3.	I ZR 122/08		10, 1090	10, 1520	11, 758		Werbung des Nachrichtensenders
31. 3.	I ZR 174/07		10, 738	10, 880			Peek & Cloppenburg I
31. 3.	I ZR 27/09			10, 902			Streitwert eines Besichtigungsanspruchs
31. 3.	I ZB 62/09	185, 152	10, 825	10, 1149		10, 1563	Marlene-Dietrich Bildnis II
31. 3.	I ZR 75/08		10, 1022	10, 1388	10, 3306		Ohne 19 % Mehrwertsteuer
31. 3.	I ZR 36/08		10, 1020	10, 1397		10, 1631	Verbraucherzentrale
31. 3.	I ZR 34/08		10, 1117	10, 1475	11, 76		Gewährleistungsausschluss im Internet
15. 4.	I ZR 145/08		10, 1125	10, 1465		11, 45	Femur-Teil
22. 4.	I ZR 29/09		10, 1113	10, 1502	11, 79		Grabmalwerbung
22. 4.	I ZR 17/05		10, 1103	10, 1508			Pralinenform II
22. 4.	I ZR 17/09		10, 952	10, 880		10, 1478	Simply the Best!
22. 4.	I ZR 89/08	185, 224	10, 718	10, 896			Verlängerte Limousinen
22. 4.	I ZR 197/07		10, 1093	10, 1523	11, 775		Concierto de Aranjuez
29. 4.	I ZR 68/08		10, 623	10, 927	10, 2354		Restwertbörse
29. 4.	I ZR 69/08	185, 291	10, 628	10, 916	10, 2731		Vorschaubilder I
29. 4.	I ZR 23/08		10, 652	10, 872	10, 2521		Costa del Sol
29. 4.	I ZR 202/07		10, 749	10, 1030		10, 1343	Erinnerungswerbung im Internet
29. 4.	I ZR 66/08		10, 1142	10, 1517	10, 3566		Holzhocker
29. 4.	I ZR 3/09		10, 1107	10, 1512			JOOP!
29. 4.	I ZR 99/08		11, 82	11, 55			Preiswerbung ohne Umsatzsteuer
29. 4.	I ZR 39/08		11, 56	11, 88	11, 769		Session-ID
12. 5.	I ZR 121/08	185, 330	10, 633	10, 912	10, 2061		Sommer unseres Lebens
12. 5.	I ZR 185/07		10, 756	10, 1020		10, 1478	One Touch Ultra
12. 5.	I ZR 214/07		11, 166	11, 59			Rote Briefkästen
12. 5.	I ZR 209/07		11, 59	11, 92			Lärmschutzwand
19. 5.	I ZR 177/07		10, 855	10, 1035			Folienrollos
19. 5.	I ZR 140/08		10, 1120	10, 1495		11, 335	Vollmachtsnachweis
19. 5.	I ZR 71/08		11, 142	11, 100			Untersetzer
19. 5.	I ZR 158/08		11, 79	11, 51			Markenheftchen
10. 6.	I ZR 42/08		11, 85	11, 63		11, 401	Praxis Aktuell
10. 6.	I ZB 39/09		11, 65	11, 65			Buchstabe T mit Strich
24. 6.	I ZR 182/08		10, 850	10, 1139		11, 260	Brillenversorgung II
24. 6.	I ZR 166/08		10, 1026	10, 1393		10, 1705	Photodynamische Therapie
24. 6.	I ZB 40/09		10, 1034	10, 1399			LIMES LOGISTIK
24. 6.	I ZB 115/08		10, 1100	10, 1504			TOOOR!
1. 7.	I ZR 19/08		10, 942	10, 1243		10, 1407	Ginkgo-Extrakt
1. 7.	I ZB 35/09		10, 935	10, 1254			Die Vision
1. 7.	I ZR 161/09		11, 163	11, 210			Flappe
1. 7.	I ZB 68/09		11, 158	11, 235			Hefteinband
5. 7.	I ZR 99/09		11, 355	11, 220			Gelenknahrung II
15. 7.	I ZR 57/08		11, 148	11, 230		11, 331	Goldhase II

Dat.	AktZ	BGHZ	GRUR	WRP	NJW	NJW-RR	Schlagwort
22. 7.	I ZR 139/08		11, 152	11, 223			Kinderhochstühle im Internet
17. 8.	I ZB 59/09		11, 230	11, 347			SUPERgirl
17. 8.	I ZB 61/09			11, 349			FREIZEIT Rätsel Woche
17. 8.	I ZR 97/09		11, 423				Baugruppe II
1. 9.	StbSt (R) 2/10		RR 11, 7			11, 210	Steuerberater-suedniedersachsen.de
9. 9.	I ZR 193/07		10, 1136	10, 1482	10, 3721		UNSER DANKE-SCHÖN FÜR SIE
9. 9.	I ZR 72/08		10, 1130	10, 1485	10, 3724		Sparen Sie beim Medikamentenkauf!
9. 9.	I ZR 98/08		10, 1133	10, 1471			Bonuspunkte
9. 9.	I ZR 26/08		10, 1122	10, 1491			Gas-Heizkessel
9. 9.	I ZR 157/08		11, 431	11, 444			FSA-Kodex
9. 9.	I ZR 107/09		11, 453	11, 446			Handlanger
9. 9.	I ZB 81/09		11, 654	11, 753			Yoghurt-Gums
5.10.	I ZR 90/08		10, 1140	10, 1479		11, 49	Mundspüllösung
5.10.	I ZR 127/09		11, 415	11, 609			Kunstausstellung im Online-Archiv
5.10.	I ZR 46/09		11, 433	11, 576			Verbotsantrag bei Telefonwerbung
5.10.	I ZR 4/06	187, 231	11, 532	11, 557			Millionen-Chance II
14.10.	I ZR 11/08		11, 61	11, 95		11, 343	Gesamtvertrag-Musikabrufdienste
14.10.	I ZR 191/08	187, 240	11, 513	11, 762	11, 2436		AnyDVD
14.10.	I ZR 5/09		11, 535	11, 747			Lohnsteuerhilfeverein Preußen
14.10.	I ZR 95/09		11, 537	11, 569			Anwerbung selbständiger Buchhalter
14.10.	I ZR 212/08		11, 546	11, 758	11, 2138		Mega-Kasten-Gewinnspiel
28.10.	I ZR 18/09		11, 714	11, 913			Der Frosch mit der Maske
28.10.	I ZR 60/09	187, 255	11, 436	11, 561	11, 1811		Hartplatzhelden.de
28.10.	I ZR 174/08		11, 543	11, 749			Änderung der Voreinstellung III
4.11.	I ZR 118/09		11, 539	11, 742			Rechtsberatung durch Lebensmittelchemiker
4.11.	I ZR 139/09		11, 633	11, 858		11, 1125	BIO TABAK
18.11.	I ZR 168/07		11, 169	11, 213			Lotterien und Kasinospiele
18.11.	I ZR 137/09		11, 631	11, 870		11, 1130	Unser wichtigstes Cigarettenpapier
18.11.	I ZR 155/09		11, 617	11, 881			Sedo
18.11.	I ZR 119/08		11, 647	11, 921		11, 1132	Markt & Leute
1.12.	I ZR 12/08		11, 134	11, 249	11, 761		Perlentaucher
1.12.	I ZR 55/08		11, 343	11, 449	11, 2207		Zweite Zahnarztmeinung I
1.12.	I ZR 196/08		11, 724	11, 927			Zweite Zahnarztmeinung II
1.12.	I ZR 70/09		11, 720	11, 1076			Mulitmediashow
10.12.	1 StR 213/10		11, 227				Italienische Bauhausmöbel I
16.12.	I ZR 161/08		11, 459	11, 467	11, 1513		Satan der Rache
16.12.	I ZR 149/08		11, 440	11, 565			Spiel mit
2011							
13. 1.	I ZR 22/09		11, 246	11, 344			Gurktaler Kräuterlikör
13. 1.	I ZR 111/08		11, 345	11, 451	11, 2211		Hörgeräteversorgung II
13. 1.	I ZR 125/07		11, 828	11, 1160	11, 3032		Bananabay II
20. 1.	I ZR 122/09		11, 352	11, 463	11, 929		Makler als Vertreter im Zwangsversteigerungsverfahren
20. 1.	I ZR 19/09		11, 328	11, 470			Destructive Emotions

Dat.	AktZ	BGHZ	GRUR	WRP	NJW	NJW-RR	Schlagwort
20. 1.	I ZR 31/09		11, 824	11, 1157			Kappa
20. 1.	I ZR 10/09		11, 831	11, 1174			BCC
20. 1.	I ZR 28/09		11, 846	11, 1149	11, 2972		Kein TelekomAnschluss nötig
3. 2.	I ZR 129/08		11, 418	11, 480			UsedSoft
3. 2.	I ZR 134/08		11, 810	11, 1197	11, 2732		World's End
3. 2.	I ZR 26/10		11, 820	11, 1180			Kuchenbesteck-Set
10. 2.	I ZR 183/09		11, 340	11, 459		11, 398	Irische Butter
10. 2.	I ZR 136/09	188, 326	11, 444	11, 596			Flughafen Frankfurt-Hahn
10. 2.	I ZB 63/09		11, 557	11, 900		11, 907	Parallelverwender
10. 2.	I ZR 172/09		11, 817	11, 1164			RENNIE
10. 2.	I ZR 164/09		11, 936	11, 1153	11, 2657		Double-opt-in-Verfahren
24. 2.	5 StR 514/09	56, 174(St)	11, 941	11, 572	11, 1236		Schneeballseminare
24. 2.	I ZR 181/09		11, 754	11, 1057			Kosten des Patentanwalts II
10. 2.	I ZR 8/09		11, 842	11, 1144			RC-Netzmittel
24. 2.	I ZR 154/09		11, 826	11, 1168			Enzymax/Enzymix
3. 3.	I ZR 167/09		11, 747	11, 1054	11, 3159		Kreditkartenübersendung
17. 3.	I ZR 183/09		11, 560	11, 752		11, 909	Streitwertherabsetzung II
17. 3.	I ZR 93/09		11, 946	11, 1302			KD
17. 3.	I ZR 170/08		11, 1050	11, 1444		11, 1408	Ford-Vertragspartner
17. 3.	I ZR 81/09		11, 1151	11, 1587			Original Kanchipur
24. 3.	I ZR 108/09	189, 56	11, 521	11, 878			TÜV I
24. 3.	I ZR 211/08		11, 1112	11, 1621			Schreibgeräte
30. 3.	KZR 6/09	189, 94	11, 943	11, 909	11, 2730		MAN-Vertragswerkstatt
7. 4.	I ZR 53/09		11, 544	11, 902			Messgerät
7. 4.	I ZR 34/09		11, 742	11, 873	11, 2787		Leistungspakete im Preisvergleich
7. 4.	I ZR 56/09		11, 1117	11, 1463			ICE
14. 4.	I ZR 50/09		11, 629	11, 863			Einwilligungserklärung für Werbeanrufe
14. 4.	I ZR 133/09		11, 638	11, 866	11, 2653		Werbung mit Garantie
14. 4.	I ZR 41/08		11, 623	11, 886		11, 1337	Peek & Cloppenburg II
14. 4.	I ZR 129/09		11, 1165	11, 1450	11, 3363		Injektionslösung
14. 4.	I ZR 33/10		11, 1135	11, 1602			GROSSE INSPEKTION FÜR ALLE
5. 5.	I ZR 157/09		11, 1153	11, 1593			Creation Lamis
12. 5.	I ZR 20/10		11, 1140	11, 1606			Schaumstoff Lübke
12. 5.	I ZR 119/10		12, 81	12, 962			Innerhalb 24 Stunden
12. 5.	I ZR 53/10		12, 58				Seilzirkus
12. 6.	I ZR 147/09		12, 74	12, 77			Coaching-Newsletter
1. 6.	I ZR 80/09			11, 1064			Klageverzicht als Prozesshandlung
1. 6.	I ZR 140/09		11, 803	11, 1070		12, 174	Lernspiele
1. 6.	I ZR 25/10		11, 843	11, 1146			Vorrichtung zur Schädlingsbekämpfung
1. 6.	I ZB 52/09		12, 64	12, 83			Maalox/Melox-GRY
9. 6.	I ZR 58/10		12, 79	12, 964			Rechtsberatung durch Einzelhandelsverband
9. 6.	I ZR 41/10		12, 180	12, 980			Werbegeschenke
9. 6.	I ZR 113/10		12, 215	12, 75	12, 235		Zertifizierter Testamentsvollstrecker
9. 6.	I ZR 17/10		12, 188	12, 975			Computer-Bild
22. 6.	I ZB 64/10		11, 808	11, 1196		11, 1343	Aussetzung eines Schlichtungsverfahrens
22. 6.	I ZB 9/10		12, 89	11, 1461			Stahlschluessel
22. 6.	I ZR 159/10		11, 1018	11, 1469	11, 3443		Automobil-Onlinebörse
22. 6.	I ZB 78/10		12, 272	12, 321			Rheinpark-Center Neuss
28. 6.	KZR 75/10	190, 145	12, 291	12, 209	12, 928		ORWI
30. 6.	I ZR 157/10		12, 184	12, 194	12, 1449		Branchenbuch Berg

Dat.	AktZ	BGHZ	GRUR	WRP	NJW	NJW-RR	Schlagwort
7. 7.	I ZR 207/08		11, 835	11, 1171		11, 1488	Gartencenter Pötschke
7. 7.	I ZR 173/09		12, 208	12, 311			10 % Geburtstags-Rabatt
7. 7.	I ZR 181/10		12, 213	12, 316			Frühlings-Special
7. 7.	I ZB 68/10		12, 314				Medicus.log
21. 7.	I ZR 30/11		11, 1012	11, 1483			PC II
21. 7.	I ZR 28/11		11, 1007	11, 1478			Drucker und Plotter II
21. 7.	I ZR 192/09		12, 402	12, 450			Treppenlift
17. 8.	I ZR 108/09		11, 1043	11, 1454			TÜV II
17. 8.	I ZR 134/10		12, 82	12, 198			Auftragsbestätigung
17. 8.	I ZR 57/09	191, 19	11, 1038	11, 1609			Stiftparfüm
17. 8.	I ZR 13/10		11, 1163	11, 1590		11, 1606	Arzneimitteldatenbank
17. 8.	I ZR 84/09		11, 1142	11, 1615			PROTI
17. 8.	I ZB 20/11		12, 427		11, 3791		Aufschiebende Wirkung
17. 8.	I ZB 7/11		12, 94	11, 3651			Radiologisch-diagnostische Untersuchungen
17. 8.	I ZB 70/10		12, 276	12, 472			Institut der Norddeutschen Wirtschaft e. V.
17. 8.	I ZB 98/10		12, 315	12, 474			akustilon
17. 8.	I ZR 148/10		12, 411	12, 453	12, 1514		Glücksspielverband
22. 9.	I ZR 127/10		12, 496	12, 565			Das Boot
22. 9.	I ZR 69/04		12, 394	12, 550		12, 618	Bayerisches Bier II
22. 9.	I ZR 229/10		12, 415	12, 467	12, 1812		Überregionale Klagebefugnis
28. 9.	I ZR 48/10		11, 1158	12, 318		12, 39	Teddybär
28. 9.	I ZR 188/09		12, 534	12, 1271			Landgut Borsig
28. 9.	I ZR 92/09		12, 193	12, 201			Sportwetten im Internet II
28. 9.	I ZR 93/10		12, 201	12, 966			Poker im Internet
28. 9.	I ZB 97/09		12, 319		12, 938		Ausländischer Verkehrsanwalt
28. 9.	I ZR 23/10		12, 512	12, 558			Kinderwagen
28. 9.	I ZR 191/10		12, 539	12, 1116			Freie Wähler
28. 9.	I ZR 96/10		12, 647	12, 705			INJECTIO
6.10.	I ZR 6/10		12, 392	12, 469		12, 616	Echtheitszertifikat
6.10.	I ZR 42/10		12, 286	12, 464		12, 499	Falsche Suchrubrik
6.10.	I ZR 54/10		12, 405	12, 461	12, 1589		Kreditkontrolle
6.10.	I ZR 117/10		12, 407	12, 456			Delan
19.10.	I ZR 140/10		12, 602	12, 721	12, 1886		Vorschaubilder II
19.10.	I ZR 223/06		RR 12, 259				
27.10.	I ZR 131/10		12, 651	12, 1118	12, 2279		regierung-oberfranken.de
27.10.	I ZB 23/11		12, 429	12, 555			Simca
9.10.	I ZR 150/09		12,304	12, 330			Basler Haar-Kosmetik
9.11.	I ZR 216/10		12, 172				Stuttgart 21
9.11.	I ZR 123/10		12, 643	12, 710	12, 1814		Überschrift zur Widerrufsbelehrung
24.11.	I ZR 206/10		12, 177	12, 326			Stofffähnchen II
24.11.	I ZR 175/09		12, 618	12, 813			Medusa
24.11.	I ZR 154/10		12, 645	12, 817	12, 1963		Mietwagenwerbung
30.11.	I ZB 56/11		12, 317	12, 339			Schokoladenstäbchen
30.11.	I ZR 8/11		12, 734	12, 1099			Glucosamin Naturell
30.11.	I ZR 212/10		12, 819	12, 1418			Blühende Landschaften
15.12.	I ZR 129/10		12, 728	12, 935			Einkauf Aktuell
15.12.	I ZR 174/10		12, 730	12, 930			Bauheizgerät
21.12.	I ZB 56/09		12, 270	12, 337			Link economy
21.12.	I ZB 87/09		12, 401				Thüringer Klöße
21.12.	I ZR 196/10		12, 756				Kosten des Patentanwalts III
21.12.	I ZR 190/10		12, 842	12, 1096	12, 2276		Neue Personenkraftwagen
2012							
12. 1.	I ZB 43/11		12, 541				Titelschuldner im

Dat.	AktZ	BGHZ	GRUR	WRP	NJW	NJW-RR	Schlagwort
							Zwangsvollstreckungsverfahren
12. 1.	I ZR 211/10		12, 954	12, 1101			Europa-Apotheke Budapest
18. 1.	I ZR 170/10		12, 288	12, 309			Betriebskrankenkasse
18. 1.	I ZR 187/10	192, 204	12, 417	12, 1265	12, 2034		gewinn.de
18. 1.	I ZR 83/11		12, 1058	12, 1091			Euminz
18. 1.	I ZR 17/11		12, 928	12, 1104			Honda-Grauimport
18. 1.	I ZR 104/10		12, 942	12, 1094		12, 1066	Neurologisch/Vaskuläres Zentrum
2. 2.	I ZR 162/09	192, 285	12, 910	12, 1405	12, 3512		Delcantos Hits
2. 2.	I ZR 81/10		12, 945	12, 1222			Tribenuronmethyl
2. 2.	I ZR 50/11		12, 930	12, 1234			Bogner B/Barbie B
9. 2.	I ZR 100/10		12, 1040	12, 1241			pjur/pure
9. 2.	I ZR 178/10		12, 943	12, 1083			Call-by-Call
23. 2.	I ZB 28/11			12, 829			Ordnungsmittelfestsetzung nach einseitiger Erledigungserklärung
23. 2.	I ZR 231/10		12, 1050	12, 1226			Dentallaborleistungen
23. 2.	I ZR 136/10		12, 1048	12, 1230			MOVICOL-Zulassungsantrag
8. 3.	I ZR 75/10		12, 621	12, 716		12, 943	OSCAR
8. 3.	I ZR 202/10		12, 1053	12, 1216			Marktführer Sport
8. 3.	I ZR 85/10		12, 1153	12, 1390	12, 3241		Unfallersatzgeschäft
8. 3.	I ZR 124/10		12, 1139	12, 1540			Weinkaraffe
15. 3.	I ZR 52/10		12, 626	12, 819			CONVERSE I
15. 3.	I ZR 137/10		12, 630	12, 824			CONVERSE II
15. 3.	I ZR 44/11		12, 1164	12, 1386			ARTROSTAR
15. 3.	I ZR 128/10		RR 12, 475				
22. 3.	I ZR 55/10		12, 635	12, 712			METRO/ROLLER's Metro
22. 3.	I ZR 102/11		12, 1265	12, 1526			Stimmt's?
22. 3.	I ZR 21/11		12, 1155	12, 1379			Sandmalkasten
22. 3.	I ZR 111/11		12, 1159	12, 1384			Preisverzeichnis bei Mietwagenangebot
19. 4.	I ZR 86/10		12, 1145	12, 1392		12, 1506	Pelikan
19. 4.	I ZR 173/11			12, 1233			Bester Preis der Stadt
19. 4.	I ZB 80/11	195, 257	12, 1026	12, 1250	12, 2958		Alles kann besser werden
25. 4.	I ZR 105/10		12, 1279	12, 1517			DAS GROSSE RÄTSELHEFT
25. 4.	I ZR 235/10		12, 1263	12, 1530		13, 48	Clinique happy
25. 4.	I ZR 156/10		12, 1261	12, 1533			Orion
10. 5.	I ZR 70/11		12, 759				Kosten des Patentanwalts IV
10. 5.	I ZR 145/11		12, 1248	13, 65			Fluch der Karibik
16. 5.	I ZR 158/11			12, 938			Keine Werbung
16. 5.	I ZR 74/11		12, 1275	13, 57	13, 314		Zweigstellenbriefbogen
31. 5.	I ZR 135/10		12, 832	12, 940			ZAPPA
31. 5.	I ZR 198/11						Kundenschutzklausel II
31. 5.	I ZR 45/11		12, 949	12, 1086			Missbräuchliche Vertragsstrafe
31. 5.	I ZR 112/10		13, 68	13, 61			Castell/VIN CASTEL
31. 5.	I ZR 106/10		13, 176	13, 336	13, 787		Ferienluxuswohnung
31. 5.	I ZR 234/10		13, 196	13, 184	13, 793		Playboy am Sonntag
19. 7.	I ZR 2/11		12, 1056	12, 1219			GOOD NEWS I
13. 6.	I ZR 228/10		12, 1273	12, 1523			Stadtwerke Wolfsburg
28. 6.	I ZR 35/11		12, 1069	12, 1421			Hi Hotel
28. 6.	I ZR 1/11		12, 1065	12, 1246			Parfumflakon II
28. 6.	I ZR 110/11		13, 186	13, 182		13, 287	Traum-Kombi
12. 7.	I ZR 54/11		13, 301	13, 491			Solarinitiative
12. 7.	I ZR 102/11		13, 285	13, 341			Kinderwagen II
12. 7.	I ZR 18/11	194, 339	13, 370	13, 332	13, 784		Alone in the Dark
12. 7.	AnwZ (Brfg) 37/11	194, 79			12, 3102		Sozietät

Dat.	AktZ	BGHZ	GRUR	WRP	NJW	NJW-RR	Schlagwort
19. 7.	I ZR 24/11		12, 914	12, 1257		12, 1127	Take Five
19. 7.	I ZR 70/10	194, 136	12, 916	12, 1259	12, 3301		M2Trade
19. 7.	I ZR 105/11		13, 305	13, 327			Honorarkürzung
19. 7.	I ZR 199/10		13, 307	13, 329		13, 369	Unbedenkliche Mehrfachabmahnung
19. 7.	I ZR 40/11		13, 421	13, 479			Pharmazeutische Beratung über Call-Center
16. 8.	I ZR 200/11			12, 1526			Über 400 Jahre Brautradition
16. 8.	I ZR 74/10		12, 1253	12, 1536			Gartenpavillon
13. 9.	I ZR 230/11	194, 314	13, 401	13, 472			Biomineralwasser
20. 9.	I ZR 116/11		13, 88		13, 72		Fraktionszeitung
20. 9.	I ZR 90/09		13, 509	13, 808		13, 878	UniBasic-IDOS
2.10.	I ZB 89/11		13, 729	13, 626			READY TO FUCK
2.10.	I ZR 82/11		13, 638	13, 785			Völkl
11.10.	1 StR 213/10	St 58, 15	13, 62				Italienische Bauhausmöbel II
18.10.	I ZR 137/11		13, 409	13, 496	13, 1373		Steuerbüro
18.10.	I ZR 191/11		13, 412	13, 486		13, 606	Taxibestellung
25.10.	I ZR 169/10		13, 531	13, 767	13, 2683		Einwilligung in Werbeanrufe II
25.10.	I ZR 162/11		13, 717	13, 911		13, 1057	Covermount
31.10.	I ZR 205/11		13, 644	13, 764		13, 817	Preisrätselgewinnauslobung V
15.11.	I ZR 74/12		13, 511	13, 799	13, 1441		Morpheus
15.11.	I ZR 128/11		13, 647	13, 770			Rechtsmissbräuchlicher Zuschlagsbeschluss
22.11.	I ZR 72/11		13, 739	13, 902			Barilla
22.11.	I ZB 72/11		13, 731	13, 909			Kaleido
5.12.	I ZR 36/11		13, 189	13, 180			Monsterbacke
5.12.	I ZB 7/12		13, 535			13, 490	Nebenintervention
5.12.	I ZR 135/11		13, 725	13, 1034		13, 987	Duff Beer
5.12.	I ZR 85/11		13, 833	13, 1038			Culinaria/Villa Culinaria
5.12.	I ZB 48/12		13, 536	13, 628		13, 751	Heiligtümer des Todes
5.12.	I ZR 146/11		13, 851	13, 1029			Herstellergarantie II
5.12.	I ZR 92/11	196, 254					CEPS-Pipeline
13.12.	I ZR 217/10		13, 290	13, 505		13, 555	MOST-Pralinen
13.12.	I ZR 150/11		13, 294	13, 338		13, 487	dlg.de
13.12.	I ZR 182/11		13, 614	13, 804	13, 1885		Metall auf Metall II
13.12.	I ZR 161/11		13, 857	13, 1024			Voltaren
13.12.	I ZR 23/12		13, 830	13, 1050			Bolerojäckchen
2013							
10. 1.	I ZR 190/11		13, 945	13, 1183	13, 2756		Standardisierte Mandatsbearbeitung
17. 1.	I ZR 187/09		13, 414	13, 488		13, 681	Flonicamid
17. 1.	I ZR 5/12		13, 958	13, 1179		13, 1262	Vitalpilze
24. 1.	I ZR 171/10		13, 527	13, 515			Digibet
24. 1.	I ZR 60/11		13, 397	13, 499		13, 748	Peek & Cloppenburg III
24. 1.	I ZR 51/11		13, 956			13, 1197	Glückspäckchen im Osternest
24. 1.	I ZR 136/11		13, 951	13, 1188			Regalsystem
24. 1.	I ZR 174/11		13, 1067	13, 1364			Beschwer des Unterlassungsschuldners
6. 2.	I ZR 61/11		13, 649	13, 772			Basisinsulin mit Gewichtsvorteil
6. 2.	I ZR 13/12		13, 1069	13, 1362			Basis3
6. 2.	I ZR 106/11		13, 925	13, 1198			VOODOO
6. 2.	I ZB 79/11		13, 1071	13, 1485			Umsatzangaben
6. 2.	I ZR 124/11		13, 1035	13, 1355			Videospiel–Konsolen
20. 2.	I ZR 146/12		13, 950	13, 1332	13, 2671		auch zugelassen am OLG Frankfurt
20. 2.	I ZR 175/11		13, 1058	13, 1333			Kostenvergleich bei Honorarfactoring

Dat.	AktZ	BGHZ	GRUR	WRP	NJW	NJW-RR	Schlagwort
20. 2.	I ZR 172/11		13, 1044	13, 1343			Beate Uhse
28. 2.	I ZR 237/11		13, 917	13, 1196	13, 2760		Vorbeugende Unterwerfungserklärung
7. 3.	I ZR 30/12		13, 850	13, 1022			Grundpreisangabe im Supermarkt
20. 3.	I ZR 209/11		13, 1170	13, 1461			Telefonwerbung für DSL-Produkte
27. 3.	I ZR 100/11		13, 631	13, 778			AMARULA/Marulablu
27. 3.	I ZR 9/12			13, 1620			SUMO
27. 3.	I ZR 93/12		13, 1150	13, 1473			Baumann
11. 4.	I ZR 152/11		13, 618	13, 793			Internet-Videorecorder II
11. 4.	I ZR 214/11		13, 1239	13, 1601			VOLKSWAGEN/ Volks. Inspektion
11. 4.	I ZR 91/11		13, 1137	13, 1480			Marcel-Breuer-Möbel
18. 4.	I ZR 180/12		13, 1169	13, 1459			Brandneu von der IFA
18. 4.	I ZR 53/09		13, 1261	13, 1592		14, 46	Messgerät II
8. 5.	I ZR 98/12		13, 1264	13, 1587			RezeptBonus
8. 5.	I ZR 90/12		13, 1262	13, 1590		14, 303	Rezept-Prämie
16. 5.	I ZR 46/12		13, 818	13, 1047			Die Realität
16. 5.	I ZR 216/11		13, 1229	13, 1613			Kinderhochstühle im Internet II
16. 5.	I ZR 28/12		14, 65	13, 3789			Beuys-Aktion
16. 5.	I ZR 175/12		14, 91			14, 476	Treuepunkte-Aktion
6. 6.	I ZR 2/12		14, 94	14, 1012			Pflichtangaben im Internet
20. 6.	I ZR 201/11		13, 1268	13, 1483			Markenheftchen II
17. 7.	I ZR 21/12		13, 1052	13, 1339		13, 1377	Einkaufswagen III
17. 7.	I ZR 222/11		13, 1056	13, 1336			Meisterpräsenz
17. 7.	I ZR 129/08		14, 264	14, 308		14, 360	UsedSoft II
17. 7.	I ZR 52/12		14, 258	14, 178	14, 771		Pippi-Langstrumpf-Kostüm
14. 8.	I ZB 76/10				13, 2906		Zwangsmittelfestsetzung
15. 8.	I ZR 80/12		13, 1030	13, 1348	13, 3245		File-Hosting-Dienst
15. 8.	I ZR 188/11	198, 159	13, 1161	13, 1465		14, 479	Hard Rock Cafe
15. 8.	I ZB 68/12		13,1286	13, 1484	13, 3104		
12. 9.	I ZR 208/12		13, 1259	13, 1579			Empfehlungs–E-Mail
12. 9.	I ZR 123/12		14, 403	14, 435			DER NEUE
12. 9.	I ZB 39/13		14, 607	14, 583		14, 886	Klageerhebung an einem dritten Ort
18. 9.	I ZR 183/12		13, 1250	13, 1585			Krankenzusatzversicherung
18. 9.	I ZR 29/12		13, 1247	13, 1593			Buchungssystem
18. 9.	I ZR 65/12		14, 494	14, 559			Diplomierte Trainerin
24. 9.	I ZR 89/12		13, 1254	13, 1596		14, 153	Matratzen Factory Outlet
24. 9.	I ZR 219/12		13, 1252	13, 1582			Medizinische Fußpflege
24. 9.	I ZR 73/12		14, 405	14, 429			Atemtest II
24. 9.	I ZR 133/12		14, 407	14, 849		14, 1304	„abmahnsicher"
9.10.	I ZR 24/12		14, 580	14, 545		14, 817	Alpenpanorama im Heißluftballon
9.10.	I ZR 99/12						Micardis
17.10.	I ZR 51/12		13, 1237	13, 1611			Davidoff Hot Water
17.10.	I ZB 65/12		14, 438	14, 483			test
17.10.	I ZR 41/12		14, 556	14, 716		14, 1949	Rechteeinräumung Synchronsprecher
17.10.	I ZR 173/12		14, 573	14,552			Werbung für Fremdprodukte
31.10.	I ZR 139/12		14,576	14, 689			2 Flaschen GRATIS
31.10.	I ZR 49/12		14,378	14, 445			OTTO CAP
6.11.	I ZR 104/12		14, 88	14, 57		14, 669	Vermittlung von Netto-Policen
6.11.	I ZR 147/12		14, 496	14, 557		14, 611	Kooperation mit Wirtschaftsprüfer
6.11.	I ZR 153/12		14, 506	14, 584		14, 611	sr.de
6.11.	KZR 58/11	199, 1		14, 185			VBL-Gegenwert

Dat.	AktZ	BGHZ	GRUR	WRP	NJW	NJW-RR	Schlagwort
13.11	I ZR 143/12	199, 52	14, 175	14, 172	14, 469		Geburtstagszug
13.11	I ZR 77/12		14,595	14, 587	14, 2180		Vertragsstrafenklausel
13.11.	I ZR 15/12	199, 43	14, 86	13, 2349	14, 554		Kommanditistenbrief
28.11.	I ZR 34/13		14, 498	14, 556			Kostenlose Schätzung
28.11.	I ZR 7/13		14, 398	14, 431			Online-Versicherungs-vermittlung
28.11.	I ZR 76/12		14, 549	14, 699	14, 2117		Meilensteine der Psychologie
12.12.	I ZR 83/12		14, 689	14, 847			Testen Sie Ihr Fachwissen
12.12.	I ZR 192/12		14, 686	14, 831	14, 2279		Goldbärenbarren
12.12.	I ZR 131/12		14, 601	14, 548	14, 2504		Englischsprachige Pressemitteilung
2014							
8. 1.	I ZR 38/13		14, 662	14, 856			Probiotik
8. 1.	I ZR 169/12	200, 76	14, 657	14, 851	14, 2360		BearShare
22. 1.	I ZR 218/12		14, 682	14, 835	14, 2282		Nordjob-Messe
22. 1.	I ZR 71/12		14, 382	14, 452			REAL-Chips
22. 1.	I ZR 164/12		14, 393	14, 424	14, 1534		wetteronline.de
30. 1.	I ZR 19/13		14, 794	14, 945			Gebundener Versicherungsvermittler
30. 1.	I ZR 107/10		14, 385	14, 443		14, 557	H 15
6. 2.	I ZR 2/11		14, 879	14, 1058			GOOD NEWS II
6. 2.	I ZR 75/13		14, 904	14, 1067		14, 1508	Aufruf zur Kontokündigung
19. 2.	I ZR 230/12		14, 578	14, 697	14, 3033		Umweltengel für Tragetasche
19. 2.	I ZR 17/13		14, 584	14, 686		14, 860	Typenbezeichnung
19. 2.	I ZR 86/12		14,363	14, 455	14, 1888		Peter Fechter
26. 2.	I ZR 45/13		14, 588	14, 694			Himbeer-Vanille-Abenteuer
26. 2.	I ZR 79/10		14, 593	14, 692	14, 3245		Sofort-Bonus
26. 2.	I ZR 178/12		14, 500	14, 562		14, 1129	Praebiotik
26. 2.	I ZR 77/09		14, 591	14, 566	14, 3243		Holland-Preise
5. 3.	2 StR 616/12		14, 886	14, 1189	14, 2595		Routenplaner
13. 3.	I ZR 120/13		14, 1009	14, 1056			Kooperationsapotheke
19. 3.	I ZR 185/12		14, 1007	14, 1054	14, 3095		Geld-Zurück-Garantie III
3. 4.	I ZR 96/13		14, 1117	14, 1301	14, 3373		Zeugnisaktion
3. 4.	I ZB 3/12		14, 909	14, 861			Ordnungsmittelandrohung nach Prozessvergleich
8. 4.	KZR 53/12			14, 956			VBL-Versicherungspflicht
10. 4.	I ZR 43/13		14, 1114	14, 1307			nickelfrei
10. 4.	I ZR 46/12						Die Realität II
30. 4.	I ZR 245/12		14, 1122	14, 1311			Abwerbeverbot
30. 4.	I ZR 170/10		14, 1120	14, 1304			Betriebskrankenkasse II
30. 4.	I ZR 224/12		14, 785	14, 839	14, 3307		Flugvermittlung im Internet
8. 5.	I ZR 210/12		14, 797	14, 948			fishtailparka
15. 5.	I ZR 137/12		14, 791	14, 844		14, 1188	Teil-Berufsausübungsgemeinschaft
15. 5.	I ZR 131/13		14, 1215	14, 1458		15, 235	Olympia-Rabatt
15. 5.	I ZB 71/13		14, 1239	14, 1468	15, 70		Deus Ex
12. 6.	I ZB 37/13				15, 494	15, 58	Eidesstattliche Versicherung
18. 6.	I ZR 242/12		14, 883	14, 1050		14, 1382	Geschäftsführerhaftung
3. 7.	I ZR 84/13		15, 186	15, 191	15, 1249		Wir zahlen Höchstpreise
3. 7.	I ZR 28/11		14, 979	14, 1211	15, 344		Drucker und Plotter II
3. 7.	I ZR 30/11		14, 984	14, 1203	15, 349	15, 171	PC III
10. 7.	I ZR 188/12		15, 289	15, 455		15, 492	Werbeschreiben bei Kapitalanlagen
22. 7.	KZR 27/13			14, 1323	14, 3089		Stromnetznutzungsentgelt VI

Dat.	AktZ	BGHZ	GRUR	WRP	NJW	NJW-RR	Schlagwort
22. 7.	KZR 13/13			14, 1327	14, 3092		Stromnetznutzungsentgelt VII
24. 7.	I ZR 53/13		15, 286	15, 340	15, 704		Spezialist für Familienrecht
24. 7.	I ZR 221/12		14, 1013	14, 1184			Original Bach-Blüten
24. 7.	I ZR 119/13		15, 393	15, 450			Der neue SLK
24. 7.	I ZR 68/13		15, 283	15, 344			Hörgeräteversorgung III
18. 9.	I ZR 34/12		14, 1211	14, 1447	15, 485		Runes of Magic II
18. 9.	I ZR 76/13		15, 258	15, 356			CT-Paradies
18. 9.	I ZR 201/12		14, 1208				Preis zuzüglich Überführung
18. 9.	I ZR 228/12		14, 1101	14, 1314			Gelbe Wörterbücher
18. 9.	I ZR 138/12		14, 1197	14, 1465	15, 816		TK 50
24. 9.	I ZR 35/11		15, 264	15, 347	15, 1690		Hi Hotel II
9.10.	I ZR 167/12		14, 1224	14, 1453	15, 166		ENERGY & VODKA
9.10.	I ZR 162/13		15, 498	15, 569			Combiotik
23.10.	I ZR 133/13		15, 603	15, 717			Keksstangen
6.11.	I ZR 26/13		15, 504	15, 565	15, 1960		Kostenlose Zweitbrille
6.11.	I ZB 38/14		15, 509	15, 753		15, 761	Flugkosten
17.11.	I ZR 97/13		15, 187	15, 198			Zuwiderhandlung während Schwebezeit
27.11.	I ZR 1/11		15, 689	15, 735			Parfumflakon III
27.11.	I ZR 67/11		15, 692	15, 854	15, 2192		Hohlkammerprofilplatten
27.11.	I ZR 124/11		15, 672	15, 739	15, 2265		Videospiel-Konsolen II
27.11.	I ZR 16/14			15, 452			KONDOME – Made in Germany
11.12.	I ZR 113/13		15,694	15, 856			Bezugsquellen für Bachblüten
16.12.	VI ZR 39/14				15, 773		Hochleistungsmagneten
18.12.	I ZR 129/13		15, 698	15, 851	15, 2263		Schlafzimmer komplett
2015							
8. 1.	I ZR 129/13		15, 916	15, 1095		15, 1315	Abgabe ohne Rezept
8. 1.	I ZR 141/13		15, 811	15, 969			Mundspüllösung II
15. 1.	I ZR 148/13		15, 780	15, 972	15. 3165		Motorradteile
20. 1.	II ZR 369/13			15, 457	15, 1012		Kundenschutzklausel
22. 1.	I ZR 107/13		15, 909	15, 1090			Extenterzähne
22. 1.	I ZR 59/14		15, 822	15, 979	15, 3244		Kosten für Abschlussschreiben II
22. 1.	I ZR 95/14			15, 454			Regelstreitwert
5. 2.	I ZR 240/12		15, 485	15, 577	15, 2122		Kinderhochstühle im Internet III
5. 2.	I ZR 136/13		15, 906	15, 1098	15, 3377		TIP der Woche
12. 2.	I ZR 36/11		15, 403	15, 444	15, 1453		Monsterbacke II
12. 2.	I ZR 213/13		15, 813	15, 966			Fahrdienst zur Augenklinik
19. 2.	I ZB 55/13		15, 511	15, 590	15, 1829		Kostenquote bei beziffertem Ordnungsmittelantrag
5. 3.	I ZR 164/13		15, 1017	15, 1087	15, 3309		Neue Personenkraftwagen II
5. 3.	I ZR 185/13		15, 1033	15, 1105	16,74	15, 1388	Patientenindividuell zusammengestellter Arzneimittelblister
5. 3.	I ZR 161/13		15, 1004				IPS/ISP
12. 3.	I ZR 29/13		15, 611	15, 721			RESCUE-Produkte
12. 3.	I ZR 84/14		15, 1025	15, 1085			TV-Wartezimmer
12. 3.	I ZR 99/14			15, 590			Abmahnkosten als Nebenforderung
12. 3.	I ZR 188/13			15, 607	15, 714		Uhrenkauf im Internet
13. 3.	I ZR 4/14		15, 1108	15, 1367	15, 3576		Green-IT
19. 3.	I ZR 157/13		15, 1134	15, 1341	15, 3508		Schufa-Hinweis
19. 3.	I ZR 94/13		15, 1129	15, 1326	14, 3443		Hotelbewertungsportal
2. 4.	I ZR 59/13		15, 1114	15, 1343			Springender Pudel
2. 4.	I ZR 167/13		15, 1136	15, 1336			Staubsaugerbeutel im Internet

Dat.	AktZ	BGHZ	GRUR	WRP	NJW	NJW-RR	Schlagwort
16. 4.	I ZR 130/13		15, 705	15, 863			Weihrauch-Extrakt-Kapseln
16. 4.	I ZR 27/14		15, 1140	15, 1332			Bohnengewächsextrakt
30. 4.	I ZR 153/13		15, 703	15, 860			Teststreifen zur Blutzuckerkontrolle
30. 4.	I ZR 13/14		15, 1228	15, 1468		16, 557	Tagesschau-App
30. 4.	I ZR 196/13		15, 1235	15, 1461		16, 363	Rückkehrpflicht V
30. 4.	I ZR 127/14		16, 93	16, 48	16, 66		Abschlagspflicht
7. 5.	I ZR 158/14		15, 1240	15, 1464			Der Zauber des Nordens
7. 5.	I ZR 29/14		15, 1244	16, 44		16, 417	Äquipotenzangabe in Fachinformation
21. 5.	I ZR 183/13		15, 1237	16, 41			Erfolgsprämie für die Kundengewinnung
11. 6.	I ZR 226/13		16, 88	16, 35			Deltamethrin
16. 6.	KZR 83/13				16, 74		Einspeiseentgelt
18. 6.	I ZR 26/14		16, 213	16, 193			Zuweisung von Verschreibungen
18. 6.	I ZR 74/14		16, 209	16, 187	16, 804		Haftung für Hyperlink
25. 6.	I ZR 205/13		16, 302	16, 191			Mundspüllösung III
25. 6.	I ZR 145/14		15, 1019	15, 1102			Mobiler Buchhaltungsservice
9. 7.	I ZR 224/13		15, 1021	15, 1214	16, 574	16, 155	Kopfhörer-Kennzeichnung
23. 7.	I ZR 83/14		16, 298	16, 323			Gutscheinaktion beim Buchankauf
23. 7.	I ZR 143/14		16, 295	16, 327		16, 491	Preisangabe für Telekommunikationsleistung
28. 7.	VI ZR 340/14		16, 104		16, 56		Internetportal „recht§billig“
30. 7.	I ZR 29/12		16, 392	16, 467	16, 1015		Buchungssystem II
30. 7.	I ZR 104/14		15, 1223	15, 1501		16, 673	Poster-Lounge
30. 7.	I ZR 250/12		16, 404	16, 331		16, 485	Piadina-Rückruf
17. 9.	I ZR 47/14		16, 526	16, 489			Irreführende Lieferantenangabe
17. 9.	I ZR 92/14		16, 395	16, 454			Smartphone-Werbung
23. 9.	I ZR 15/14		16, 83	16, 213			Amplidect/Ampliteq
23. 9.	I ZR 78/14		15, 1201	15, 1487			Sparkassen-Rot/Santander-Rot
23. 9.	I ZR 105/14		15, 1214	15, 1477			Goldbären
8.10.	I ZR 225/13		16, 513	16, 586			Eizellspende
15.10.	I ZR 260/14		16, 207	16, 184	16, 814		All Net Flat
21.10.	I ZR 51/12		16, 497	16, 707			Davidoff/Hot Water II
5.11.	I ZR 50/14						ConText
5.11.	I ZR 76/11		16, 487	16, 599			Wagenfeld-Leuchte II
5.11.	I ZR 88/13		16, 493	16, 603			Al Di Meola
5.11.	I ZR 91/11		16, 490	16, 596			Marcel-Bruner-Möbel II
11.11.	I ZR 151/14						Verurteilung zur Löschung
12.11.	I ZR 211/14					16, 693	Prüfauftrag Rechtsschutzpaket
19.11.	I ZR 149/14						Pippi-Langstrumpf-Kostüm II
26.11.	I ZR 174/14		16, 268	16, 341	16, 794		Störerhaftung des Access-Providers
2.12.	I ZR 45/13						Himbeer-Vanille-Abenteuer II
2.12.	I ZR 50/15						Videoclips zum Kraftstoffverbrauch
3.12.	VII ZR 100/15				16, 401		Wettbewerbsverbotsklausel in Vermögensberater-Vertrag
10.12.	I ZR 222/13		16, 412	16, 471			Lernstark
15.12.	X ZR 30/14		16, 257				Glasfasern II
15.12.	VI ZR 134/15		16, 530	16, 493	16, 870		Unverlangte Werbung in automatisierter Mail-Eingangsbestätigung

Dat.	AktZ	BGHZ	GRUR	WRP	NJW	NJW-RR	Schlagwort
2016							
14. 1.	I ZR 61/14		16, 516	16, 581			Wir helfen im Trauerfall
14. 1.	I ZR 65/14						Facebook-„Freunde Finden“
20. 1.	I ZB 102/14		16, 421	16, 477			Erledigterklärung nach Gesetzesänderung
21. 1.	I ZR 90/14						Deltamethrin II
28. 1.	I ZR 36/14			16, 463			Feuchtigkeitsspendendes Gel-Reservoir
28. 1.	I ZR 231/14		16, 399	16, 459			MeinPaket.de
4. 2.	I ZR 194/14		16, 403				Fressnapf
31. 3.	I ZR 86/13						Himalaya Salz
31. 3.	I ZR 160/14						Im Immobiliensumpf
21. 4.	I ZR 276/14						Lebens-Kost

Sachregister

Die halbfetten Zahlen beziffern den jeweiligen Teil/§, die mageren die jeweilige Randnummer.

„1. Hand“
– irreführende geschäftliche Handlung **5 C** 70c

Abfangen von Kunden
– allgemein **4 Nr. 4** 80 ff.
– im Internet **4 Nr. 4** 88
Abgabemenge
– „Abgabe nur in haushaltsüblicher Menge“ **5 C** 10
– allgemein **5 C** 9
Abmahnkosten
– Geltendmachung **14** 19
– Verjährung **11** 23 f.; **12** 89, 100
– Verjährungsbeginn **11** 86 f.
Abmahnung
– Abmahnpauschale **12** 86, 96
– Abmahnung eines Dritten **12** 10
– Abmahnverhältnis **12** 37, 67 ff., 231
– allgemein **Vor 12** 64, 256; **12** 2, 59
– Androhung gerichtlicher Schritte **12** 61
– Annehmerverwarnung **12** 108
– Anwaltskosten **9** 118 ff.
– Aufklärungspflicht **12** 37, 53, 70 ff., 103
– Auslauffall **12** 13
– Auslegung **12** 62
– berechtigte **12** 77, 81
– Berühmung **12** 12
– Beweislast **12** 28, 65
– Drittunterwerfung **12** 71, 102
– Durchsetzung **12** 87
– Entbehrlichkeit **12** 6 ff., 63
– erneuter Vorstoß **12** 13
– fehlende Erfolgsaussicht **12** 8 ff., 37, 44 f., 61
– Form **12** 16, 21 f.
– Fristsetzung **12** 7, 47 ff.
– Fristüberschreitung **12** 58 ff.
– Fristverlängerung **12** 51, 57, 58
– Fristwahrung **12** 55 ff.
– Funktion **12** 3 ff.
– Gegenabmahnung **Vor 12** 259; **12** 107, 111, 113
– GoA **12** 90 ff., 110, 112 f.
– Inhalt **12** 35 ff.
– Kosten **Vor 12** 268; **12** 77 ff.
– Kosten einer fiktiven **12** 63
– mehrere **12** 83, 97
– Nachfragepflicht des Abgemahnten **12** 40, 62
– Nachfragepflicht des Abmahners **12** 46, 66, 72, 75
– Notwendigkeit der Aufwendung **12** 84 ff., 98, 101
– Rechtsanwaltskosten **12** 85
– Rechtsfolgen **12** 63 ff.
– Rechtsnatur **12** 3 ff.
– Risiko des Verlustes/der Verzögerung **12** 26, 29 f., 51, 65, 82
– Schadensersatz **12** 101, 109 f., 112
– Sequestration **12** 17
– späteres Verhalten des Gläubigers **12** 61, 82
– späteres Verhalten des Schuldners **12** 14, 19, 82
– unbegründete **12** 104 ff.
– Unterwerfungserklärung **12** 43 ff.
– Unzumutbarkeit **12** 15 ff.
– Vertretung **12** 31 ff.
– Vollmachtsurkunde **12** 31 ff.
– Zugang **12** 23 ff.
– siehe auch „Abmahnung, unberechtigte“
Abmahnung, unberechtigte
– allgemein **4 Nr. 4** 180 ff.
– Eingriff in den Gewerbebetrieb **4 Nr. 4** 186
– Kostenerstattung **4 Nr. 4** 184 ff.
– wegen Rechtsmissbrauchs **4 Nr. 4** 183
– Schadensersatz **4 Nr. 4** 184 ff.
– sittenwidrige Schädigung **4 Nr. 4** 187
Abnehmerverwarnung 4 Nr. 4 188, 194, 202, 208, 211
„Ab-Preis“
– Gesamtpreisangabe **PAngV 1** 25
– irreführende geschäftliche Handlung **Einl B** 340, 344; **5 D** 30 f., 38
Absatzbehinderung 4 Nr. 4 69
Absatzförderung
– Allgemeines **2** 49
– Aufgabe der Wettbewerbsabsicht **2** 50
– Außergeschäftliche Tätigkeit **2** 88
– Äußerungen im rechtlich geordneten Verfahren **2** 78
– Förderung fremder Unternehmen **2** 70, 77
– Kasuistik Absatzförderungszusammenhang/frühere Wettbewerbsförderungsabsicht **2** 73
– Medien **2** 80
– mittelbare Absatzförderung **2** 69
– nachvertragliches Handeln **2** 67
– objektiv erkennbarer Absatzförderungszweck **2** 63
– objektive Eignung zur Absatz- bzw. Bezugsförderung **2** 56
– öffentliche Hand **2** 68, 87
– Regel-Annahme **2** 72
– verfassungskonforme Beurteilung **2** 91
– vorrangiger Absatzförderungszusammenhang **2** 61
– Wissenschaftliche Tätigkeit **2** 89
Absatzort Einl C 142

Abschlusserklärung
- Adressat **12** 643
- allgemein **Vor 12** 260; **12** 64, 115, 171, 213
- Form **12** 645
- Inhalt **12** 635 ff.
- Umfang **12** 644
- Wegfall der Wiederholungsgefahr **8** 62
- Wirkung **12** 647 ff.
- Zugangsbedürftigkeit **12** 646

Abschlussschreiben
- Adressat **12** 657
- allgemein **Vor 12** 257; **12** 77
- Entbehrlichkeit, erneutes Abschlussschreiben **12** 658 ff.
- Form **12** 653
- Inhalt **12** 654 ff.
- Kosten **12** 662 ff.
- Zugangsbedürftigkeit **12** 661

Absichtserklärung
- Verhaltenskodex **Anh zu § 3 Abs. 3 Nr. 1** 8; **Anh zu § 3 Abs. 3 Nr. 3** 7

Abtretung
- von Abwehransprüchen **8** 263 ff.

Abwehransprüche
- Abtretung **8** 263 ff.
- Klagebefugnis **8** 242 ff.
- Passivlegitimation **8** 350 ff.
- Schuldner **8** 350 ff.

Abwehreinwand
- Abwehrlage **Vor 8** 215
- Abwehrzweck **Vor 8** 216
- Bedeutung im UWG **Vor 8** 209 ff.
- Begriff **Vor 8** 205
- Putativabwehr **Vor 8** 221
- Rechtsgrundlage **Vor 8** 207
- Tatbestandsausschluss **Vor 8** 208
- Verhältnismäßigkeit **Vor 8** 217 ff.
- Voraussetzungen **Vor 8** 212 ff.

Abwerbung von Kunden
- allgemein **4 Nr. 4** 93 ff.
- Ausnutzung eines Vertragsbruchs **4 Nr. 4** 95
- Ausnutzung eines Vertrauensverhältnisses **4 Nr. 4** 96
- durch einen Coup **4 Nr. 4** 100
- über Inzahlungnahme/Kostenübernahme **4 Nr. 4** 101
- Kündigungshilfe **4 Nr. 4** 102
- Kündigungszwang **4 Nr. 4** 103 f.
- durch Mitarbeiter **4 Nr. 4** 97
- mithilfe interner Kenntnisse **4 Nr. 4** 97 f.
- Rechtsfolgen **4 Nr. 4** 106
- Rückwerbung **4 Nr. 4** 105
- unter Übernahme von Warenbeständen **4 Nr. 4** 101
- durch unlautere Mittel **4 Nr. 4** 99
- Verleitung zum Vertragsbruch **4 Nr. 4** 94
- durch Vertragsbruch **4 Nr. 4** 95 ff.
- Wettbewerbsrichtlinien **4 Nr. 4** 105

Abwerbung von Mitarbeitern
- aleatorische Anreize **4 Nr. 4** 36
- allgemein **4 Nr. 4** 26 ff.
- durch Ausnutzung eines Vertragsbruchs **4 Nr. 4** 39
- durch Ausnutzung eines Vertrauensverhältnisses **4 Nr. 4** 43
- Beschäftigungsverbot **4 Nr. 4** 49 ff.
- Direktansprache am Arbeitsplatz **4 Nr. 4** 41
- Einsatz abgeworbener Mitarbeiter **4 Nr. 4** 46
- Einsatz unlauterer Mittel **4 Nr. 4** 34 ff.
- Existenzbedrohung **4 Nr. 4** 45
- über Kollegen **4 Nr. 4** 37
- Kündigungshilfe **4 Nr. 4** 35
- mithilfe interner Kenntnisse **4 Nr. 4** 37, 40
- Planmäßigkeit **4 Nr. 4** 30
- Privatsphäre **4 Nr. 4** 42
- putschartige Übernahme **4 Nr. 4** 32
- Rechtsfolgen **4 Nr. 4** 48
- Rückwerbung **4 Nr. 4** 47
- Schlüsselkräfte **4 Nr. 4** 30, 33
- Spionage **4 Nr. 4** 31, 40
- telefonisch **4 Nr. 4** 41 f.
- durch Verleitung zum Vertragsbruch **4 Nr. 4** 38
- durch Vertragspartner **4 Nr. 4** 43
- Wettbewerbsrichtlinien **4 Nr. 4** 44
- Zweckrichtung **4 Nr. 4** 29

Abwertung
- pauschale **4 Nr. 1** 20, 26

Access-Provider
- Haftung **8** 520

Acte-clair Doktrin
- Anwendungsbereich **Einl C** 192
- UGP-Richtlinie **Einl B** 211
- Vorlagepflicht **Einl B** 277; **Einl G** 17

Actor sequitur forum rei
- EuGVVO **Einl C** 15

Actus contrarius
- Wegfall der Erstbegehungsgefahr **8** 107 ff.
- Wegfall der Wiederholungsgefahr **8** 72

„Advertorial“ 5a 243; **Anh zu § 3 Abs. 3 Nr. 11** 9, 17

Adwords 4 Nr. 4 88; **8** 516 f.

Affiliate Programm
- Begriff **Einl H** 36

After-Sales-Maßnahme
- geschäftliche Handlung **Anh zu § 3 Abs. 3 Nr. 6** 6
- UGP-Richtlinie **Einl B** 259

Aggressive geschäftliche Handlungen
- Allgemein zum Begriff „aggressiv“ **4a** 5
- Ausnutzen besonderer Schutzbedürftigkeit **4a** 124 ff.
- Ausnutzen des Alters **4a** 133 ff.
- Ausnutzen geistiger und körperlicher Beeinträchtigungen **4a** 132
- Ausnutzen geschäftlicher Unerfahrenheit **4a** 145 f.
- Ausnutzen von Angst- oder Zwangslagen **4a** 148 ff.
- Ausnutzen von Leichtgläubigkeit **4a** 147

– Autoritäts- und Vertrauensmissbrauch **4a** 105 ff.
– nur B2C **4a** 3
– Beeinflussung der Entschließung **4a** 21
– Beeinträchtigung der Entscheidungsfreiheit **4a** 22
– Beeinträchtigungsmittel **4a** 6
– Binnenstruktur **4a** 13
– Druck auf Lieferanten **4a** 15a
– Druckausübung **4a** 27 ff.
– Durchschnittsadressat **4a** 23
– Eignung zur Beeinflussung der geschäftlichen Entscheidung **4a** 5a
– Erheblichkeitsstandard **4a** 24 ff.
– Europarechtskonformität **4a** 3
– Fallgruppen **4a** 31 ff.
– gefühlsbetonte Werbung **4a** 91 ff.
– Kopplungsgeschäfte **4a** 37 ff.
– Kriterien zur Charakterisierung e. geschäftlichen Handlung als aggressiv **4a** 125
– Laienwerbung **4a** 99 ff.
– marktbezogene Verstöße **9** 92f
– psychologischer Kaufzwang **4a** 26
– Rabatte **4a** 81 ff.
– richtlinienkonforme Auslegung **4a** 4
– Sachverhalte B2B **4a** 3
– übertriebenes Anlocken **4a** 26
– unbestellte Waren und Dienstleistungen **Anh zu § 3 Abs. 3 Nr. 29** 9
– ungekoppelte Zuwendungen **4a** 66 ff.
– Verhältnis zu §§ 5, 5a UWG **4a** 17, 19
– Verhältnis zu § 7 UWG **4a** 17 ff.
– Verhältnis zur Generalklausel **4a** 15
– Verharmlosung von Sicherheits- und Gesundheitsrisiken **4a** 123
– keine Verwirkung **Vor 8** 166
– Wertreklame **4a** 32
– „wesentliche" Einschränkung d. Fähigkeit zur informierten Entscheidung **4a** 22a
– s. auch Verkaufsförderung

Aleatorische Reize
– Begriff **4a** 73
– Eingreifen des Lauterkeitsrecht im Ausnahmefall **4a** 76 ff.
– Gewinnabschöpfungsanspruch **10** 50
– Kopplungsgeschäfte **4a** 46, 55
– Schutzbedürftigkeit **4a** 137, 139
– Zulässigkeit **4a** 74

Alleinstellungsbehauptung
– Arten **5** 170 ff., 190 ff.
– Darlegungs- und Beweislast **Vor 12** 211
– Domains **4** 90; **5 B** 69, 154; **5 C** 169, 195, 235; **5 J** 50
– „Erkennbarmachen" **6** 64
– Markenschutz **4** 147
– Rechtsprechung **12** 918, 925
– „Testsieger" **5 C** 252, 259
– „Tiefstpreise" **5 D** 78 ff.
– vergleichende Werbung **6** 110
– Zweck **1** 8

Allgemeine Geschäftsbedingungen
– Abgrenzung AGB-Kontrolle und UWG **3** 139
– Herausstellen/Präsentieren als Besonderheit **Anh zu § 3 Abs. 3 Nr. 10** 8
– Verhältnis zum Wettbewerbsrecht **Einl G** 176 f.; **5 A** 90; **5 D** 104 ff.; **5 E** 104

Allgemeines Persönlichkeitsrecht
– Eingriff durch unerbetene Werbung **7** 176
– Konkurrenz deliktischer und lauterkeitsrechtlicher Ansprüche **Einl C** 91
– Verletzung von Individualrechtsgütern **Einl B** 506
– im Zusammenhang mit der Autonomie des Wettbewerbs **Einl B** 492

Allgemeininteresse
– im Prozess **1** 88 ff.
– als Schutzobjekt des UWG **1** 3 f., 20, 71 ff.; **3** 148 f.

„Alpine Investments" Entscheidung **Einl B** 38 ff.; **7** 153 f.

Ambush-Marketing **4 Nr. 4** 72; **5 F** 7

Amicus curiae
– im UWG-Verfahren **1** 105

Angabe
– Geographische **Einl B** 36; **Einl G** 234; **Einl I** 27; **4 Nr. 1** 31 f.; **4 Nr. 4** 77; **6** 169 ff., 228
– Gesundheit **Einl B** 82 ff.; **Einl I** 18
– Herkunftsangaben **Einl B** 128, 140, 159 ff.; **Einl C** 75; **Einl G** 29, 37, 193, 234
– Irreführung **Einl B** 330 ff., 375, 462 ff.; **4 Nr. 4** 33, 70; **5 A–M;** **8** 7, 160, 162 ff.; **9** 25 ff., 92; **10** 85
– Lebensmittel **Einl B** 82
– Nährwerte **Einl I** 17
– Preis **Einl B** 344
– Prospektangaben **Einl G** 158 ff.
– Streitwert **12** 821 ff.
– Tatsachen **Einl B** 154; **Einl C** 175; **Einl G** 172
– Täuschung **Einl A** 40 ff.
– Telefonnummer **7** 248 ff.
– Werbeangaben **Vor 12** 25 ff., 92 ff., 180 ff., 350
– siehe auch Preisangabenverordnung

Anlockende Wirkung
– Gewinn- und Glücksspiele **3** 89 ff.
– PreisangabenVO **PAngV Einf** 7

Anrufmaschinen
– Werbung **Einl B** 381 f.

Anschwärzung
– Begriff **4 Nr. 2** 4
– Behauptung **4 Nr. 2** 25 ff.
– berechtigtes Interesse **4 Nr. 2** 43 ff.
– eingeschränkter Widerruf **4 Nr. 2** 36
– Geschäftsehre **4 Nr. 2** 6, 9
– Medienäußerung **4 Nr. 2** 14
– Meinungsäußerung **4 Nr. 2** 18
– von Mitbewerbern **4 Nr. 2** 7
– Mitbewerberschutz **4 Nr. 2** 4
– mittelbare Erkennbarkeit **4 Nr. 2** 24
– nicht erweislich wahre Tatsachen **4 Nr. 2** 32 ff.
– Prognose **4 Nr. 2** 21b

– Schlussfolgerungen und Bewertungen **4 Nr. 2** 21
– Schutzrechtsverwarnung, unbegründete **4 Nr. 2** 20
– Stolpe-Entscheidung **4 Nr. 2** 16
– Tatsachenbehauptung **4 Nr. 2** 5, 16 ff.
– Verbreitung **4 Nr. 2** 25 ff.
– vertrauliche Mitteilungen **4 Nr. 2** 40 ff.
– Vertraulichkeit **4 Nr. 2** 41 f.
– Wettbewerbsabsicht **4 Nr. 2** 14
Anspruchsmehrheit
– Unterlassungsanspruch **8** 252 ff.
„Anti Aging"
– irreführende geschäftliche Handlung **5 C** 156
Anwaltskosten
– der Abmahnung **9** 118 ff.
– sonstige **9** 123
– Umfang des Ersatzes **9** 124 f.
Anwendungsbereich des UWG 1 37
Apotheken
– Apothekenbetriebsordnung **3a** 45
– Apothekengesetz **3a** 43
– Rechtsbruch **3a** 42 ff.
Apotheker
– als Vertrauensperson **4a** 53
Äquivalenzbehauptung Einl B 141
Arbeitnehmer
– geschäftliche Handlung **2** 31
– Schutzvorschriften **3a** 32
– Verbraucher **2** 240
Arbeitszeitgesetze
– Rechtsbruch **3a** 52
Architekt 5 E 132 f.
Arzneimittel
– allgemein **Einl I** 44 ff.
Arzneimittelgesetz
– Rechtsbruch **3a** 48
Ärzte
– allgemein **Einl J** 19; **5 E** 139
– Berufsordnung des Deutschen Ärztetages **3a** 55
– Tierärzte **3a** 59
– verbotene Werbemaßnahmen **Einl J** 25
– als Vertrauensperson **4a** 52
– Zahnärzte **3a** 58
Aufbrauchfrist
– Dauer **8** 137
– einstweilige Verfügung **12** 323, 386
– Interessenabwägung **8** 134 ff.
– Umfang **8** 138
– Unterlassungsanspruch **8** 132 ff.
Auktion
– „ebay" **5 I** 24
– Internet **2** 38; **4 Nr. 4** 177; **16** 71
– online **Einl H** 45 ff.; **5 B** 41, 151; **5 C** 106
Ausbeutung
– allgemein **Einl B** 96, 228; **2** 91a, 115
– Rufausbeutung **Einl B** 145, 154, 167; **Einl G** 101, 216 f., 229; **Einl H** 17; **3** 183 ff.; **4 Nr. 3** 135 ff.
Auskunftserteilungs- und Rechnungslegungsanspruch/-klage
– Abwägung beiderseitiger Interessen **Vor 8** 50
– Aktivlegitimation **Vor 8** 42
– Akzessorietät **Vor 8** 39, 45
– allgemein **Vor 8** 41 ff.; **Vor 12** 152 ff.
– Anspruch auf Ergänzung **Vor 12** 156
– Antragsformulierung **Vor 12** 158
– Auskunft während eines Rechtsstreits **Vor 12** 153
– Bestimmtheitsgebot **Vor 12** 154
– Drittauskunftsanspruch **4 Nr. 3** 232; **Vor 8** 38, 57, 95 f.
– Durchsetzung **Vor 8** 94
– eidesstattliche Versicherung **Vor 8** 90; **Vor 12** 157; **12** 881
– Erfüllung **Vor 8** 90
– Geheimhaltungsinteresse **Vor 8** 55 f.
– als Hilfsanspruch **Vor 8** 35 f., 41, 63 ff., 76 ff., 80 ff., 84 ff., 87 ff.
– kerngleiche Handlungen **Vor 8** 64, 76, 84
– Konkretisierungsgebot **Vor 12** 154
– „Kontrolltatsachen" **Vor 8** 53
– Kosten **Vor 8** 93
– Lizenzanalogie **Vor 8** 70
– objektive Schadensberechnung **Vor 8** 60, 69 ff.
– Passivlegitimation **Vor 8** 43
– Rechnungslegung **Vor 8** 58 ff., 79, 83
– Schadensschätzung **Vor 8** 72 ff.
– Schriftform **Vor 8** 51
– Schuldnermehrheit **Vor 8** 92
– Sonderverbindung **Vor 8** 44 f.
– unverschuldete Unkenntnis **Vor 8** 46 f.
– unvertretbare Handlung **Vor 8** 51
– Verjährung **Vor 8** 91; **11** 25 ff.
– Vollstreckung **Vor 8** 51, 94
– Wirtschaftsprüfervorbehalt **Vor 8** 56 f., 99; **Vor 12** 155
Ausländisches Recht
– Bedeutung **Einl A** 56
– Länderberichte **Einl F** 1 ff.
Ausschöpfungsgebot 3 13, 107
Auswirkungsprinzip Einl B 264; **Einl C** 49, 100, 103 f., 112, 148

B2B
– Black List **Anh zu § 3 Abs. 3 Vorb** 18 f.
– unlautere geschäftliche Handlungen **3** 3, 10
B2C
– allgemein **3** 9, 24; **5 E** 22; **5a** 81
– UGP-Richtlinie **1** 5, 23, 25; **7** 3
– Verbrauchergeneralklausel **3** 4, 31, 50 ff., 70 ff.
Bagatellschwelle 3 30, 37 f., 95, 196 ff.; **3a** 38, 63, 74, 103, 121 ff.
Bärenfang-Doktrin 5 M 32
Bannerwerbung Einl H 34 f.
Beauftragte
– Auftrag **2** 23, 31
– Begriff **2** 20, 251; **8** 592 ff.

– Haftung **8** 542 ff.
– Kasuistik **8** 600 ff.
– selbstständige Dritte **8** 597 ff.
– unselbständige Dritte **8** 595 f.
Beeinflussungsverbot
– RStV **5a** 305
Begehungsgefahr
– Erkenntnisverfahren **Vor 12** 106
Behavioral economics Einl B 497
Behinderung
– allgemein **4 Nr. 4** 1, 13
– durch Ausschließlichkeitsrechte **4 Nr. 4** 53, 111, 113 ff.
– Einkauf **4 Nr. 4** 22
– „gezielt" **4 Nr. 4** 15 ff.
– Verhältnis zu anderen UWG-Tatbeständen **4 Nr. 4** 6 ff.
– Verhältnis zum Kartellrecht **4 Nr. 4** 9 ff.
– siehe auch „Mitbewerberbehinderung"
Behinderungsabsicht
– Gegenabmahnungen **8** 705 ff.
– Gerichtsstandswahl **8** 714 ff.
– Kostenbelastungsinteresse **8** 683 ff.
– persönliches Vorgehen gegen Mitarbeiter und Beauftragte **8** 713
Behinderungswettbewerb
– durch Domain Grabbing **Einl C** 121
– Nachahmung **4 Nr. 3** 178
– unberechtigte Schutzrechtsverwarnung **4 Nr. 4** 197
Beibringungsgrundsatz
– ausländisches Recht **Einl C** 132
Beihilfen
– Behinderung **4 Nr. 4** 156
Belästigungen, unzumutbare
– Absatzwerbung **7** 295 f.
– Adressat **7** 186
– Aktivlegitimation **7** 340
– Bagatellschwelle **7** 47 ff.
– Belästigung (Begriff) **7** 45 f.
– Briefkastenwerbung **7** 187 ff.
– Darlegungs- und Beweislast **7** 306 ff.
– Durchschnittsadressat **7** 50
– Einwilligung **7** 234 ff., 298 ff.
– entgegenstehender Wille der Marktteilnehmers **7** 53 ff., 183 f., 210
– Fernabsatzkommunikation **7** 140 ff.
– Fernkommunikationsmittel **7** 180 ff., 297
– Generalklausel (§ 7 Abs. 1 S. 1 UWG) **7** 56, 361
– geschäftliche Handlung (Begriff) **7** 15, 42 ff.
– Hartnäckigkeit **7** 185
– Haustürwerbung **7** 85 ff.
– Interstitials (Pop-Up-Fenster, Werbebanner, Werbefenster) **7** 131
– Konkurrenzen **7** 362
– marktbezogene Verstöße **9** 92f
– Metatags **7** 132
– Nachfragewerbung **7** 295 f.
– öffentliches Ansprechen **7** 58 ff.
– Ping-Anrufe **7** 134, 223
– Schutzbereich **7** 37 ff.
– Schutzzwecktrias **7** 37
– Slamming **7** 133
– Telefonwerbung **7** 217 ff.
– Transparenzgebot **7** 342
– Unzumutbarkeit **7** 47 ff.
– Verbote ohne Wertungsmöglichkeit (§ 7 Abs. 2 UWG) **7** 136 ff.
– Verhältnis zu § 4a UWG **4a** 17 ff.
– Verhältnis zur EK-DSRL **7** 2 f.
– Verhältnis zur UGP-Richtlinie **7** 3 ff.
– keine Verwirkung **Vor 8** 166
– Werbung im Zusammenhang mit einem Todesfall **7** 127
– Zusendung unbestellter Waren **7** 104 ff.
Belgien Einl F 1 ff.
Benetton-Rechtsprechung
– Meinungsäußerungsfreiheit **Einl G** 68 ff., 83, 94 ff.
Bereicherungsanspruch
– allgemein **Vor 8** 13
– Auskunftserteilungsanspruch als Hilfsanspruch **Vor 8** 76 ff.
– Eingriffskondiktion **Vor 8** 15
– Entreicherung **Vor 8** 30 f.
– erlangtes Etwas **Vor 8** 21
– Gläubiger **Vor 8** 20
– Konkurrenzen **Vor 8** 16
– auf Kosten des Gläubigers **Vor 8** 22 ff.
– praktische Bedeutung **Vor 8** 17
– ohne Rechtsgrund **Vor 8** 27
– Schuldner **Vor 8** 18 f.
– in sonstiger Weise **Vor 8** 26
– Umfang des Anspruches **Vor 8** 28 ff.
– Verjährung **Vor 8** 34; **11** 20
– Verwirkung **Vor 8** 136
– Vorrang der Leistungskondiktion **Vor 8** 26
– Wertersatz **Vor 8** 29
– Zuweisungsgehalt **Vor 8** 22 ff.
Berufliche Sorgfaltspflicht
– UGP-Richtlinie **Einl B** 265 ff., 279 ff.
– s. auch „unternehmerische Sorgfalt" – **2** Nr. 7
Berufsfreiheit
– Grundrecht **Einl G** 38 ff.
– Grundrechtecharta **Einl G** 46
Berufsrechtliche Regelungen
– berufsspezifische Regelung **Einl J**
– Rechtsbruch **3a** 53
Berufungsverfahren
– einstweilige Einstellung der Zwangsvollstreckung **12** 497 f.
– Prüfungsumfang **12** 495
Berühmung
– Abmahnung **12** 12
– Berufungsgründe **12** 499 ff.
– Entscheidung **12** 502
– Erstbegehungsgefahr **8** 87, 109
Beschäftigungsverbot
– Behinderung **4 Nr. 4** 49 ff.

Beschränkungsverbot Einl B 38
Beseitigungsanspruch
– allgemeiner **8** 159 f.
– Aufhebung eines Verbots **8** 179
– Auskunft **8** 180
– Auskunftserteilungsanspruch als Hilfsanspruch **Vor 8** 84 ff.
– Belieferungsverbot **8** 181
– berichtigende Aufklärung **8** 182 f.
– berichtigende Werbung **8** 184
– Beschäftigungsverbot **8** 186
– Duldung **8** 189
– Eigenmaßnahmen des Gläubigers **8** 189
– einstweiliger Rechtsschutz **8** 239 ff.
– Entfernen von Werbung **8** 196
– Erledigung der Hauptsache **8** 232
– Gegendarstellung **8** 199
– Geheimnisverrat **17** 58, 62
– Inhalt und Umfang **8** 172 ff.
– Klageanträge **8** 226 ff.
– Kontrahierungszwang **8** 205
– Kündigung von Verträgen **8** 207
– Prozessuales **8** 226 ff.
– Rechtsschutzbedürfnis **8** 230 f.
– Rechtswidrigkeit **8** 171
– Rückrufpflichten **8** 19
– Störungszustand **8** 154, 159 ff.
– Streitgegenstand **8** 229
– Übermaßverbot **8** 173
– Unkenntlichmachung **8** 218
– unzulässige geschäftliche Handlung **8** 155 ff.
– Verhältnis zum Schadensersatzanspruch **8** 153
– Verhältnis zum Unterlassungsanspruch **8** 21 ff., 151 f.
– Verhältnismäßigkeit **8** 173, 176 f.
– Verjährung **11** 11
– Vernichtung **8** 220
– Veröffentlichung einer Unterwerfungserklärung **8** 221
– Verwirkung **Vor 8** 132, 150 ff.
– Voraussetzungen **8** 154 ff.
– kein vorbeugender **8** 166
– Wesen und Bedeutung **8** 148 f.
– Widerrufsanspruch **8** 149, 161 ff., 174 f.
– Zwangsvollstreckung **8** 233 ff.
– siehe auch „Störungszustand"; „Widerrufsanspruch"
Beseitigungsklage
– allgemein **Vor 12** 135 ff.
– Bestimmtheitsgebot **Vor 12** 138 ff.
– Konkretisierungsgebot **Vor 12** 141
– Rechtsschutzbedürfnis **Vor 12** 137
– vorbeugende Beseitigungsklage **Vor 12** 136
– Widerruf **Vor 12** 140
Betriebliche Herkunft
– allgemein **5 C** 208 ff.
– Beispiele **5 C** 231 ff.
– Fehleinordnung **Einl B** 94
– Täuschung **Anh zu § 3 Abs. 3 Nr. 13** 10 ff.
Betriebsinterne Vorgänge
– geschäftliche Handlung **2** 28, 39
Betriebsspionage
– Ausspähungshandlung **17** 18
– subjektive Beweggründe **17** 25
– Täter **17** 19
– „unbefugt" **17** 25
– Vorsatz **17** 25
– Wirtschaftsspionage **17** 18
Betriebsstörung
– Behinderung **4 Nr. 4** 25 ff., 40, 52
Bevorratung, angemessene
– Aufklärung, unzureichende **Anh zu § 3 Abs. 3 Nr. 5** 5, 43 ff.
– Beweislast **Anh zu § 3 Abs. 3 Nr. 5** 35 ff.
– Black List **Anh zu § 3 Abs. 3 Nr. 5** 5 ff.
– Entlastung des Unternehmers **Anh zu § 3 Abs. 3 Nr. 5** 21 ff.
– Kapazität **Anh zu § 3 Abs. 3 Nr. 5** 25
– Lieferunfähigkeit **Anh zu § 3 Abs. 3 Nr. 5** 15 ff.
– Restposten **Anh zu § 3 Abs. 3 Nr. 5** 44
– „solange der Vorrat reicht" **Anh zu § 3 Abs. 3 Nr. 5** 45
– Testkäufer **Anh zu § 3 Abs. 3 Nr. 5** 51
Beweisverfahren
– Ablehnung der Beweisaufnahme **Vor 12** 168
– allgemein **Vor 12** 159 ff.
– Beweisbedürftigkeit **Vor 12** 159 ff.
– Beweiserhebung **Vor 12** 163 ff.
– Beweismittel **Vor 12** 161 f.
– erneute Beweisaufnahme **Vor 12** 169
– Verkehrsauffassung, Auskünfte **Vor 12** 180 f.
– Verkehrsauffassung, eigene Sachkunde **Vor 12** 174 ff.
– Verwertung von Beweismitteln **Vor 12** 170 ff.
– siehe auch „Meinungsumfrage"
Beweisverwertungsverbot
– Behinderung **4 Nr. 4** 63
Bewertungsplattform
– Haftung **8** 518
Bietagent
– Behinderung **4 Nr. 4** 108, 278
Binnenmarkt
– allgemein **Einl B** 11 ff.; **Einl C** 69
– Binnenmarktziel **Einl C** 70
Binnenmarktbezug
– Tabakwerbung **Einl B** 80
„bio"
– Bio-Siegel **5 C** 296
– genetisch veränderte Organismen (GVO) **5 C** 163
– irreführende geschäftliche Handlung **5 C** 161 ff.
Bioäquivalenznachweis 5 C 146
Black List
– Absicht **Anh zu § 3 Abs. 3 Nr. 13** 19 ff.; **Anh zu § 3 Abs. 3 Nr. 19** 15

– aggressive geschäftliche Handlung **Anh zu § 3 Abs. 3 Nr. 29** 9
– „als Information getarnte Werbung" **Anh zu § 3 Abs. 3 Nr. 11** 10
– analoge Anwendung, keine **Anh zu § 3 Abs. 3 Vorb** 16
– Angabe **Anh zu § 3 Abs. 3 Nr. 16** 9
– Äquivalent, angemessenes **Anh zu § 3 Abs. 3 Nr. 20** 11 f.
– Argumentation e contrario? **Anh zu § 3 Abs. 3 Vorb** 20 f.
– Aufforderung zum Verlassen der Wohnung **Anh zu § 3 Abs. 3 Nr. 26** 8
– Aufmerksamkeitswerbung **Anh zu § 3 Abs. 3 Nr. 10** 11
– Auslegung anhand der UGP-Richtlinie **Anh zu § 3 Abs. 3 Vorb** 10 ff.
– B2B-Verhältnis, Auswirkungen **Anh zu § 3 Abs. 3 Vorb** 18 f.
– Besonderheit, Herausstellen/Präsentieren als **Anh zu § 3 Abs. 3 Nr. 10** 8 ff.
– betriebliche Herkunftstäuschung **Anh zu § 3 Abs. 3 Nr. 13** 10 ff.
– Bevorratung, angemessene **Anh zu § 3 Abs. 3 Nr. 5** 5 ff.
– Bezugsquellen **Anh zu § 3 Abs. 3 Nr. 19** 12 f.
– CE-Zeichen **Anh zu § 3 Abs. 3 Nr. 2** 8; **Anh zu § 3 Abs. 3 Nr. 4** 17
– Darlegungs- und Beweislast **Anh zu § 3 Abs. 3 Nr. 5** 49 ff.
– Gefährdung des Arbeitsplatzes oder Lebensunterhalts des Unternehmers, Angabe **Anh zu § 3 Abs. 3 Nr. 30** 5 ff.
– Geschäftsaufgabe **Anh zu § 3 Abs. 3 Nr. 15** 10 ff.
– Geschäftsraumverlegung **Anh zu § 3 Abs. 3 Nr. 15** 15
– Gewinn eines Preises **Anh zu § 3 Abs. 3 Nr. 17** 14 ff.
– Gewinnchance **Anh zu § 3 Abs. 3 Nr. 16** 17 ff.; **Anh zu § 3 Abs. 3 Nr. 17** 9; **Anh zu § 3 Abs. 3 Nr. 20** 3
– Gewinnspiel **Anh zu § 3 Abs. 3 Nr. 16** 5; **Anh zu § 3 Abs. 3 Nr. 17** 7
– gleichwertiger Ersatz **Anh zu § 3 Abs. 3 Nr. 2** 4
– Glücksspiel **Anh zu § 3 Abs. 3 Nr. 14** 5; **Anh zu § 3 Abs. 3 Nr. 16** 4, 12 ff.
– „gratis"/„kostenfrei"/„umsonst" **Anh zu § 3 Abs. 3 Nr. 21** 5
– GS-*Zeichen* **Anh zu § 3 Abs. 3 Nr. 2** 9
– Gütesiegel **Anh zu § 3 Abs. 3 Nr. 2** 6
– Gütezeichen **Anh zu § 3 Abs. 3 Nr. 2** 2 ff.
– Heilen **Anh zu § 3 Abs. 3 Nr. 18** 13
– In-Aussichtstellen besonderer Vorteile **Anh zu § 3 Abs. 3 Nr. 14** 6 ff.
– Kinder **Anh zu § 3 Abs. 3 Nr. 28** 3 ff.
– Kopplung **Anh zu § 3 Abs. 3 Nr. 17** 19 ff.
– Krankheiten/Funktionsstörungen/Missbildungen **Anh zu § 3 Abs. 3 Nr. 18** 10 ff.
– krankheitsbezogene Werbung **Anh zu § 3 Abs. 3 Nr. 18** 3 ff.
– Kundendienst , Verfügbarkeit **Anh zu § 3 Abs. 3 Nr. 24** 7 ff.
– Kundendienstleistung, anderssprachige **Anh zu § 3 Abs. 3 Nr. 8** 3 ff.
– Liefer-/Abholkosten **Anh zu § 3 Abs. 3 Nr. 21** 10
– Liefer-/Leistungsunfähigkeit **Anh zu § 3 Abs. 3 Nr. 5** 13 ff., 34 ff.
– Lizenz **Anh zu § 3 Abs. 3 Nr. 13** 16
– Lockvogelwerbung **Anh zu § 3 Abs. 3 Nr. 6** 3 ff.
– Marktbedingungen **Anh zu § 3 Abs. 3 Nr. 19** 4, 9 ff.
– moralischer Druck **Anh zu § 3 Abs. 3 Nr. 30** 5
– Nachahmung **Anh zu § 3 Abs. 3 Nr. 13** 7
– nachvertragliches Verhalten **Anh zu § 3 Abs. 3 Nr. 27** 4
– Nichtbeantwortung, systematische **Anh zu § 3 Abs. 3 Nr. 27** 11
– persönliches Aufsuchen in der Wohnung **Anh zu § 3 Abs. 3 Nr. 25** 6 f.
– physischer Druck **Anh zu § 3 Abs. 3 Nr. 25** 2 ff.
– Preisausschreiben **Anh zu § 3 Abs. 3 Nr. 16** 5; **Anh zu § 3 Abs. 3 Nr. 20** 7 ff.
– product placement **Anh zu § 3 Abs. 3 Nr. 11** 5
– Produktähnlichkeit **Anh zu § 3 Abs. 3 Nr. 13** 13 ff.
– Prüfzeichen **Anh zu § 3 Abs. 3 Nr. 2** 6
– psychologischer Kaufzwang/Druck **Anh zu § 3 Abs. 3 Nr. 7** 3 ff.; **Anh zu § 3 Abs. 3 Nr. 25** 2 ff.
– Pyramidensysteme **Anh zu § 3 Abs. 3 Nr. 14** 8
– Qualitätskennzeichen **Anh zu § 3 Abs. 3 Nr. 2** 2 ff.
– Räumungsverkauf **Anh zu § 3 Abs. 3 Nr. 15** 3
– Rechnungsähnlichkeit **Anh zu § 3 Abs. 3 Nr. 22** 2 ff.
– redaktioneller Inhalt **Anh zu § 3 Abs. 3 Nr. 11** 4, 17, 21, 25
– restriktive Interpretation? **Anh zu § 3 Abs. 3 Vorb** 17
– Scheinrechnung **Anh zu § 3 Abs. 3 Nr. 22** 4, 9
– Schleichwerbung **2** 83
– Schneeballsystem **Anh zu § 3 Abs. 3 Nr. 14** 3 ff.
– Schutzbedürftigkeit **Anh zu § 3 Abs. 3 Nr. 28** 3 ff.
– Selbstverpflichtung **Anh zu § 3 Abs. 3 Nr. 1** 9 ff.

– Spendenaufforderung
Anh zu § 3 Abs. 3 Nr. 1 11
– Sprachabweichung, Aufklärung über
Anh zu § 3 Abs. 3 Nr. 8 10
– Stellung des Anhangs im UWG
Anh zu § 3 Abs. 3 Vorb 1 ff.
– UGP-Richtlinie **Einl B** 224, 320, 360 ff.
– unbestellte Waren und Dienstleistungen
Anh zu § 3 Abs. 3 Nr. 22 4;
Anh zu § 3 Abs. 3 Nr. 29 2 ff.
– Unter-Druck-Setzen
Anh zu § 3 Abs. 3 Nr. 26 5;
Anh zu § 3 Abs. 3 Nr. 28 11
– „Unverhältnismäßigkeit"
Anh zu § 3 Abs. 3 Vorb 22 ff.
– unwahre Angaben
Anh zu § 3 Abs. 3 Nr. 4 7 ff.;
Anh zu § 3 Abs. 3 Nr. 17 12;
Anh zu § 3 Abs. 3 Nr. 18 8 ff.;
Anh zu § 3 Abs. 3 Nr. 19 3 ff.;
Anh zu § 3 Abs. 3 Nr. 23 11 ff.;
Anh zu § 3 Abs. 3 Nr. 24 6
– unzutreffender Eindruck
Anh zu § 3 Abs. 3 Nr. 17 12;
Anh zu § 3 Abs. 3 Nr. 23 11 ff.
– Verhaltenskodex **2** 164, 167;
Anh zu § 3 Abs. 3 Nr. 1 1 ff.;
Anh zu § 3 Abs. 3 Nr. 3 3 ff.
– Verkaufsförderungsabsicht
Anh zu § 3 Abs. 3 Nr. 11 22, 27
– Verkaufsverbot **Anh zu § 3 Abs. 3 Nr. 9** 11
– Verkehrsfähigkeit
Anh zu § 3 Abs. 3 Nr. 9 4 ff.
– Versicherungsverhältnis
Anh zu § 3 Abs. 3 Nr. 27 3 ff.
– Weigerung **Anh zu § 3 Abs. 3 Nr. 6** 9 ff.
– Werbematerial **Anh zu § 3 Abs. 3 Nr. 22** 8 ff.
– Wettbewerbsangebot
Anh zu § 3 Abs. 3 Nr. 20 7 ff.
– Zahlungsaufforderung
Anh zu § 3 Abs. 3 Nr. 22 11 ff.
– Zugaben **Anh zu § 3 Abs. 3 Nr. 21** 8
„Botanicals"
– gesundheitsbezogene Angaben **5 C** 142
Boykott
– Abwehrverhalten **4 Nr. 4** 247
– allgemein **4 Nr. 4** 226 ff.
– Aufforderung **4 Nr. 4** 238 ff.
– Ausschließlichkeitsvereinbarungen **4 Nr. 4** 241
– Beteiligte **4 Nr. 4** 227, 230 ff.
– boykottähnliche Maßnahmen **4 Nr. 4** 250
– Einflussnahme, Eignung **4 Nr. 4** 245
– Einflussnahme, Versuch **4 Nr. 4** 244
– Einzelfälle **4 Nr. 4** 242 f.
– Interessenverbände **4 Nr. 4** 249
– im Kartellrecht **4 Nr. 4** 228
– Meinungsfreiheit **4 Nr. 4** 236, 248
– Pressefreiheit **4 Nr. 4** 237, 248
– Rechtswidrigkeit **4 Nr. 4** 246 ff.
– Wettbewerbshandlung **4 Nr. 4** 235 f.

Briefkastenwerbung
– Begriff **2** 3
Brüssel (I)-Verordnung
– siehe „EuGVÜ"
Bulgarien Einl F 36 ff.
Bundesamt für Justiz
– zuständige Behörde **10** 169
Bundeskartellamt Einl B 421
Bundesministerium der Justiz und für Verbraucherschutz
– zuständige Behörde **Einl B** 421
Bundesnetzagentur
– Sanktionsverhängung **20** 1, 8
Bürgerliches Gesetzbuch
– Rechtsbruch **3a** 68
– Verhältnis des Deliktsrechts zum Wettbewerbsrecht **Einl G** 121 ff.; **Vor 8** 112 ff.
Business Ethics 3 129
Bußgeldvorschrift (§ 20 UWG)
– Sanktionen **20** 7 f.
– Täter **20** 3
– Vorsatz oder Fahrlässigkeit **20** 4 ff.

„Cassis de Dijon" Entscheidung Einl B 14, 31, 428; **Einl C** 22 f.; **7** 144
CE-Zeichen
– allgemein **5 C** 283, 292 ff.
– Black List **Anh zu § 3 Abs. 3 Nr. 2** 8;
Anh zu § 3 Abs. 3 Nr. 4 17
Champagnerklausel 6 115
Cheapest cost avoider Einl B 457
Cheapest risk avoider Einl B 470
Clickspamming
– allgemein **Einl H** 30 ff.
Cold calling
– Unionsrecht **Einl B** 38 f., 415
– als unzumutbare Belästigung **7** 35, 153 f.
„competitive impact assessment" 1 96
Concurrence déloyale Einl A 1
Confident Consumer Einl B 434
Corporate Social Responsibility 3 129
Coup
– Behinderung **4 Nr. 4** 100

Dänemark Einl F 77 ff.
– EuGVVO **Einl D** 9
Darlegungs- und Beweislast
– Abmahnung **12** 28, 65
– Allein- und Spitzenstellung **Vor 12** 211
– Anscheinsbeweis **Vor 12** 206
– Black List **Anh zu § 3 Abs. 3 Nr. 5** 35 ff., 49 ff.
– Erleichterung **Vor 12** 207
– fachlich umstrittene Angaben **Vor 12** 212
– Grundsätze **Vor 12** 205, 208
– innerbetriebliche Vorgänge **Vor 12** 209 f.
– Spürbarkeitserfordernis **3** 205 f.
– Unterlassungsanspruch **8** 35
– Unterwerfungserklärung **12** 65, 133
– vergleichende Werbung **Vor 12** 213

– Verjährung **11** 128
– Zuwiderhandlung **12** 190
„Dassonville" Entscheidung Einl B 14; **7** 143
Datenschutzbestimmungen 3a 33
Datenschutzrichtlinie für elektronische Kommunikation Einl B 55 ff.; **7** 2 f., 156 ff.
„Davidoff" Entscheidung Einl B 96
„De Agostini" Entscheidung Einl B 27 ff.; **Einl C** 30
Deep-Links Einl H 21
„De Landtsheer" Entscheidung Einl B 159 ff., 171
DEKRA-Prüfsiegel 5 E 355
De-minimis Regel
– Spürbarkeitserfordernis **Einl C** 150
– UWG **Einl B** 316
Denaturierung
– irreführende geschäftliche Handlung **5 C** 103
Dienstleistungen
– Dienstleistungstest **6** 62
– vergleichende Werbung **6** 56
Dienstleistungsfreiheit
– allgemein **Einl B** 37 ff.
– Alpine Investments Entscheidungen **Einl B** 38 ff.; **7** 153 f.
– Beschränkungsverbot **Einl B** 38
– Definition **7** 151
– Gebhard Entscheidung **Einl B** 38, 43
– passive **Einl B** 42
– Viacom Outdoor Entscheidung **Einl B** 41
Dienstleistungsrichtlinie
– allgemein **Einl B** 40, 106 ff.
– Informationspflichten **Einl B** 106
– Verwaltungsvereinfachung **Einl B** 109
Diplom/Dipl.-Ing. 5 E 127 ff.
Direct mailing Einl C 177
Disclaimer
– Begriff **Einl C** 7, 141, 166
Diskriminierende Maßnahmen Einl B 13
Diskriminierungsverbot Einl B 10; **Einl G** 119; **4 Nr. 4** 127 ff.; **14** 59, 69
dolo agit
– Markenrecht **Vor 8** 202
Domain
– Behinderung **4 Nr. 4** 85, 87
– Domain Grabbing **Einl C** 121; **Einl H** 17; **3** 193; **4 Nr. 4** 88
– Domainblockade **Einl C** 121
– Domainnamen **8** 521
– Domain-Name-System **Einl H** 4 ff., 18
– Domainvermarktung **Einl C** 121
– ENUM **Einl H** 14
– generische **Einl H** 8 ff.; **5 B** 154
– Irreführung **Einl B** 50; **5 B** 152 ff.; **5 C** 235; **5 E** 29, 200 ff.
– länderspezifische **Einl H** 7, 11
– Second Level **Einl H** 13
– Streitigkeiten über Domain-Namen **Einl H** 15 ff.
– Top Level **Einl C** 168; **Einl H** 7 ff.
– UDRP Rules **Einl H** 10
Domaine réservé Einl B 35
Doppelblindstudie 5 C 146
Dringlichkeit
– Rechtsprechungsübersicht **12** 917 ff.
Dr.-Titel 5 E 119 ff.
Druckausübung
– allgemein **4a** 27 ff.
– durch Androhung rechtmäßigen Verhaltens **4a** 29
– durch Androhung unlauteren Verhaltens **4a** 30
– „Beeinflussung" **4a** 27
– durch Gewalt **4a** 28
– durch moralischen Druck **4a** 30
– „Nötigung" **4a** 27
– Relevanz **4a** 27
– durch unsachliche Drohung **4a** 28
– durch wirtschaftlichen Druck **4a** 30
DSL-Anschluss
– Verfügbarkeit **5 C** 12
Durchführungsverbote
– wettbewerbsrechtliche **Einl G** 179 ff.
Durchschnittsadressat/Verbraucher 4a 23; **Einl B** 488 ff.; **Einl G** 87, 100, 157 f.; **Einl I** 6, 41; **3** 5, 55, 94 ff., 101 ff.; **5 A** 50, 87 f.; **5 B** 18 ff.
Durchsetzungsrichtlinie
– einstweilige Verfügung **12** 260
– objektive Schadensberechnung **9** 144 ff.

EBay
– Haftung des Accountinhabers **8** 524
„echt"
– irreführende geschäftliche Handlung **5 C** 47, 104
E-Commerce-Richtlinie Einl B 426; **7** 167 ff.
Effektiver Jahreszins
– PreisangabenVO **5 D** 34; **PAngV 6** 13 ff.; **PAngV 6a** 16; **PAngV 10** 18 f.
EG-Konformitätserklärung 5 C 154
EG-Öko-Basisverordnung 5 C 56, 163
Eigentumsschutz
– Grundrecht **Einl G** 37
„Einführungspreis"
– irreführende geschäftliche Handlung **5 D** 11, 41, 69
Einigungsstellen
– kein Anwaltszwang **14** 21
– Befangenheit **14** 11
– Kostenerstattung **14** 51 ff.
– persönliches Erscheinen **14** 27 ff.
– Verjährungshemmung **14** 38
Einstweilige Verfügung
– Abgabe einer Willenserklärung **12** 281 f.
– Abschlussschreiben und Abschlusserklärung **12** 634 ff.
– Amtsgericht der belegenen Sache **12** 362
– Anhörungsrüge, § 321a ZPO **12** 506
– Anordnung der Klageerhebung **12** 545 ff.

– Anordnung der mündlichen Verhandlung **12** 400 f.
– Anordnungsschaden **12** 693
– Anschlussberufung **12** 329a
– Antragsänderung, -erweiterung **12** 457 f.
– Antragsrücknahme **12** 460 f.
– anwaltliche Vertretung **12** 439
– Anwendung ausländischen Rechts **12** 435 ff.
– Anwendungsbereich der Schadensersatzpflicht **12** 668 f.
– Anwendungsbereich von § 12 Abs. 2 UWG **12** 334 ff.
– Aufhebung **12** 690 f.
– Aufhebung gegen Sicherheitsleistung **12** 466
– Aufhebung wegen veränderter Umstände **12** 572 ff.
– Aufhebungsverfahren (§ 926 Abs. 2 ZPO) **12** 557 ff., 865 f.
– Auskunft **12** 276 ff.
– Auslandszustellung **12** 526
– Aussetzung **12** 444 ff.
– Bedeutung des § 12 Abs. 2 UWG **12** 301 ff.
– Bedeutung des § 937 Abs. 2 ZPO **12** 374 ff.
– Befriedigungsverfügung **12** 263
– Belieferungsansprüche **12** 267
– Berufungsentscheidung **12** 502
– Berufungsgründe **12** 499 ff.
– Berufungsverfahren **12** 494 ff.
– Beschleunigungsgrundsatz **12** 415
– Beschlussentscheidung, Inhalt **12** 380 ff.
– Beseitigung **12** 268 ff.
– Besichtigung **12** 284 ff.
– Bestimmtheitserfordernis **12** 367
– Bindung an den Antrag **12** 368
– Dringlichkeitsfrist **12** 305 ff.
– Drittauskunft **12** 251
– Eignung der Verfahrensart **12** 343 ff.
– Einführung eines weiteren Streitgegenstandes **12** 322
– Einrede der Prozesskostensicherheit **12** 462 ff.
– einstweilige Einstellung der Zwangsvollstreckung **12** 397 f.
– Entscheidung durch den Vorsitzenden **12** 398 ff.
– Erledigung der Hauptsache **12** 450 ff.
– ersatzfähiger Schaden **12** 700 ff.
– Erstbegehungsgefahr **12** 315
– Feststellung **12** 283
– forum shopping **12** 323
– Fristen **12** 440 ff.
– Fristsetzung zur Erhebung der Hauptsacheklage **12** 547
– Gegenverfügung **12** 461
– Gericht der Hauptsache **12** 351 ff.
– Glaubhaftmachung **12** 416 ff.
– Glaubhaftmachungsmittel **12** 423 ff.
– Haftung wegen ungerechtfertigter Anordnung **12** 672 ff.
– Heilung von Zustellungsmängeln, § 189 ZPO **12** 537
– Hinweispflicht **12** 449
– Kostenwiderspruch **12** 480 ff.
– Leistungsverfügung **12** 263
– Marktbeobachtungspflicht **12** 310
– Parteiwechsel,-erweiterung **12** 459
– Prozesskostenhilfe **12** 465a
– Prüfungsmaßstab **12** 434
– Rechtfertigungsverfahren **12** 490 ff.
– Rechtsbeschwerde **12** 505
– Rechtshängigkeit **12** 369 ff.
– Rechtskraftwirkung **12** 404 ff.
– Rechtsschutzbedürfnis **12** 344
– Rechtswegverweisung **12** 366
– Regelungsverfügung **12** 261 f.
– Revision **12** 503 f.
– Schaden **12** 692 ff.
– Schadensersatzpflicht, § 945 ZPO **12** 667 ff.
– schriftsatzfristen **12** 441
– Schutzschrift **12** 606 ff.
– Sicherungsverfügung **12** 261 f.
– sofortige Beschwerde **12** 394
– stattgegebene Entscheidung **12** 380 ff.
– Streitgegenstand des Verfügungsverfahren **12** 287
– Unterlassung **12** 264 ff.
– Unterlassungsanspruch **8** 2
– „Unterwerfungswiderspruch" **12** 488 f.
– Verfahrensgrundsätze **12** 415 ff.
– Verfassungsbeschwerde **12** 507
– Verfügungsgrund als Zulässigkeitsvoraussetzung **12** 299 f.
– Verhalten im Rechtsmittelverfahren **12** 327 ff.
– Verhältnis zum Hauptsacheverfahren **12** 288 ff.
– Verjährung **12** 409 ff.
– Vertragung **12** 442
– Verweisung **12** 364 ff.
– Vollziehungserfordernis **12** 508 ff.
– Vollziehungsform **12** 519 ff.
– Vollziehungsfrist **12** 516 ff.
– Vollziehungsschaden **12** 697 ff.
– Vorlage an den EuGH **12** 445
– Wegfall der Wiederholungsgefahr **8** 62
– Widerlegung der Vermutung **12** 304 ff.
– Widerspruch **12** 467
– „Wiederaufleben" der Dringlichkeit **12** 331
– Wiedereröffnung der mündlichen Verhandlung **12** 443
– „Wissensvertreter" **12** 313
– zeitgebundene Ereignisse **12** 333
– Zurückweisung durch Beschluss **12** 392 ff.
– Zustellung von Anwalt zu Anwalt **12** 531
– Zustellungsadressat **12** 527 f.
– Zustellungsgegenstand **12** 532

Einwirkungsprinzip Einl C 101 ff.

„Einzelposten"
– irreführende geschäftliche Handlung **5 C** 66

Elektrizität
– PreisangabenVO **PAngV 3** 1 ff.

Elektronische Post
– Begriff **7** 288 ff.
– Spam **7** 291 f.

E-Mail
– Werbung **Einl B** 82, 87, 153 ff., 383; **Einl H** 39 ff.; **5 E** 22, 29; **5 J** 45 ff.; **5a** 363; **7** 318 ff.
EMAS-Zeichen 5 C 164
Entgangener Gewinn
– Faktoren für die Schätzung durch das Gericht **9** 138a ff.
– sachgerechte Schätzung durch das Gericht **9** 132 ff.
– Schadensberechnung **9** 142a
„Entscheidungsfreiheit" 4a 5b
Erfinderrecht Einl B 98
Erfüllungsgehilfe
– Haftung **8** 555
Erfüllungsort
– Kartellrecht **Einl C** 142
Erheblichkeitsstandard 4a 24
Erkenntnisverfahren
– Hilfsantrag **Vor 12** 114 ff.
– Unterbrechung/Aussetzung **Vor 12** 214 ff.
Erledigung der Hauptsache
– Beschwerde **Vor 12** 69
– Beweisaufnahme **Vor 12** 57, 60
– erledigendes Ereignis **Vor 12** 43 ff.
– Erledigungserklärung **Vor 12** 49 ff.
– Kostenentscheidung **Vor 12** 55 ff., 252
– örtliche Zuständigkeit **Vor 12** 63
– Streitwert **Vor 12** 51
– Teilerledigung **Vor 12** 49
– Unterwerfungserklärung **Vor 12** 45, 61
– verdeckte Klagerücknahme **Vor 12** 62
– Verfügungsverfahren **Vor 12** 44, 47, 50, 58, 67
– Verjährung **Vor 12** 46, 66
– Zeitpunkt **Vor 12** 43, 48 f., 65, 68
Erörterungs- und Hinweispflicht des Gerichts Vor 12 29, 82 ff., 103
Erstbegehungsgefahr
– Ankündigungen **8** 94
– Anmeldung eines Domainnames **8** 99
– Anweisungen an Mitarbeiter **8** 95
– Berühmung **8** 87
– betriebsinterne Vorgänge **2** 39
– Drohen einer Zuwiderhandlung **8** 83
– Erklärungen im Rahmen der Rechtsverteidigung **8** 88 ff.
– innerbehördliche Maßnahmen **2** 43
– Markenanmeldung **8** 97 f.
– Messeauftritte **8** 101 ff.
– Rechtsnachfolge **8** 105
– Reichweise **8** 123
– keine tatsächliche Vermutung **8** 86
– Titelschutzanzeige **8** 100
– Verjährung **8** 104
– Vorbereitungshandlungen **8** 94 ff.
– Werbung **8** 96
Erstbegehungsgefahr, Wegfall
– actus contrarius **8** 107 ff.
– allgemein **8** 106
– Berühmung **8** 109
– Markenanmeldung **8** 110
– Rücknahme **8** 110
– Verzicht **8** 110
– Werbung **8** 108
Estland Einl F 112 ff.
Etikettierungsrechtsprechung Einl B 437
EuGVÜ
– Lauterkeitsrecht **Einl D** 5 ff.
EUGVVO
– internationale Zuständigkeit **14** 90 ff.
– Lauterkeitsrecht **Einl D** 4 ff.
„EURO 6"
– irreführende geschäftliche Handlung **5 C** 78
Europaratskonvention über grenzüberschreitendes Fernsehen Einl B 62; **Einl C** 178
Exequatur Einl D 42b
Experimentelle Ökonomik
– UGP-Richtlinie **Einl B** 207
„Experte" 5 E 161
„Extra"
– irreführende geschäftliche Handlung **5 C** 50

Fachliche Sorgfalt 2 180; s. auch unternehmerische Sorgfalt
Fahrlässigkeit
– Definition **9** 52
– Kasuistik **9** 57 f.
– Schutzrechtsverwarnung **9** 70a f.
– Sorgfaltsmaßstab **9** 59 f.
– Sorgfaltspflichterfüllung und -verletzung **9** 61 ff.
– Sorgfaltsverstoß bei Unkenntnis der Tatumstände **9** 53 ff.
– Sorgfaltsverstoß und rechtliche Bewertung **9** 59 ff.
– Tatsachenunkenntnis **9** 55 f.
Federal Trade Commission Einl B 416; **5a** 367
Fernabsatzrichtlinie Einl B 57
Fernabsatzvertrag
– allgemein **Einl A** 45; **Einl B** 1, 55 ff., 382, 398, 421; **Einl G** 152
– PreisangabenVO **PAngV 1** 52 ff.; **PAngV 9** 19; **PAngV 10** 11, 26
Fernsehrichtlinie Einl B 62
Fernsehsender 4 Nr. 1 14
Feststellungsklage
– allgemein **Vor 12** 72, 122 ff.; **12** 113
– Gewinnabschöpfungsanspruch **10** 153
– negative – Bestimmtheitsgebot **Vor 12** 124
– negative – Feststellungsinteresse **Vor 12** 121 ff., 130 ff., 145; **12** 113
– negative – Gegenabmahnung **12** 113
– negative – Unterwerfung unter auflösende Bedingung **Vor 12** 133
– negative – Vorrang der Leistungsklage **Vor 12** 126 f.
– örtliche Zuständigkeit **14** 28 f.
– positive – Antragsformulierung **Vor 12** 151
– positive – Bezifferung während des Rechtsstreits **Vor 12** 148

– positive – Feststellungsinteresse **Vor 12** 121, 128 f., 145
– positive – Rechtskraftwirkung **Vor 12** 250
– positive – Schadensersatz **Vor 12** 129, 145 ff.
– positive – Teilbezifferung **Vor 12** 146
– positive – Unterlassungsanspruch **Vor 12** 128 f., 133
– positive – Unterwerfung unter auflösende Bedingung **Vor 12** 133
– positive – Vorrang der Stufenklage? **Vor 12** 146
– Streitwert **12** 874 f.
Finnland Einl F 133 ff.
Formalbeleidigung 4 Nr. 1 12, 20
„Forte"
– irreführende geschäftliche Handlung **5 C** 50
forum non conveniens
– internationales Lauterkeitsprozessrecht **Einl D** 2 ff., 15
forum shopping
– internationales Lauterkeitsprozessrecht **Einl D** 25 f.
– Rom II-Verordnung **Einl C** 154a
– Streitgegenstand **12** 323
Frames
– allgemein **Einl H** 23 f.
Frankreich Einl F 160 ff.
Freie Berufe
– geschäftliche Handlung **2** 20
„frisch"
– irreführende geschäftliche Handlung **5 C** 63, 116

Garantenstellung
– allgemein **8** 383
– aus Gesetz **8** 390 f., 537
– aus Inanspruchnahme von Vertrauen **8** 393, 539
– Ingerenz **8** 384 ff., 476 ff., 538
– aus Vertrag **8** 392, 539
Gebhard Entscheidung Einl B 37, 43
Gebührenklage
– sachliche Zuständigkeit **13** 11 f.
Gefühlsbetonte Werbung
– aggressive geschäftliche Handlungen **4a** 91 ff.
– Irreführung **4a** 93
– Unionsrecht **Einl B** 501
Geheimhaltungsmaßnahmen Vor 17–19 1, 10b
Geheimnisschutz
– arbeitsvertragliche Geheimhaltungspflicht **17** 52 f.
– Einfluss des europäischen Rechts **Vor 17–19** 10 ff.
– Entwicklung **Vor 17–19** 6 ff.
– Geheimhaltungspflicht Dritter **17** 57 f.
– Geheimhaltungspflicht im Dienstverhältnis **17** 51
– Geheimhaltungspflicht nach Ende des Dienstverhältnisses **17** 52 ff.
– Geheimhaltungsvereinbarung **17** 56
– Geheimnisbegriff **Vor 17–19** 10a
– in gerichtlichen und behördlichen Verfahren **Vor 17–19** 9
– Güter- und Interessenabwägung zur Bestimmung der Reichweite zivilrechtl. Schutzes **17** 48
– Normadressat **17** 8
– Rechtsbehelfe und Verfahren **Vor 17–19** 10a
– richtlinienkonforme Auslegung **Vor 17–19** 10a
– Rücksichtnahmepflicht **17** 51
– Spezialnormen **Vor 17–19** 9 f.
– Treuepflicht **17** 51
– Verhältnis zum Immaterialgüterrecht **Vor 17–19** 2a
– Verhältnismäßigkeit **Vor 17–19** 10 f., 10a
– Verschwiegenheitspflicht **17** 53
– vertragliche Erweiterung **17** 43a
– Vollharmonisierung **Vor 17–19** 10a
– zivilrechtlicher Art **17** 43 ff.
Geheimnisschutzgesetz Vor 17–19 8
Geheimnisschutz-Richtlinie Vor 17–19 2a, 4, 8, 10 ff.
– Auswirkungen **17** 49a
– Geheimnisbegriff **17** 1b, 2a, 3
– Geheimniserwerb **17** 44
– zivilrechtlicher Geheimnisschutz **17** 43a ff.
Geheimnisverrat
– Absicht der Schadenszufügung **17** 17
– Ansprüche **17** 58 ff.
– Antragsberechtigung **17** 40
– Antragsdelikt **17** 39 f.
– Anvertrautheit **17** 9
– Auskunft **17** 64
– Auslandstaten **17** 41
– Besichtigungsanspruch **17** 65
– besonderes öffentliches Interesse **17** 39
– besonders schwere Fälle **17** 38
– Diensterfindung **17** 9
– Dienstverhältnis **17** 9, 12
– Eigennutz **17** 15
– Erbieten/Verabreden zum Verrat **19** 2
– fristlose Kündigung des Dienstvertrages **17** 12
– gewerbsmäßiges Handeln **17** 38
– Konkurrenzen **17** 42
– Nebenklage **17** 40
– Privatklage **17** 40
– rechtfertigender Notstand **17** 11
– Rechtfertigung **17** 11
– Schadensersatzanspruch **8** 18
– Strafantrag **17** 39
– Strafprozess **17** 11a
– Täter **17** 8
– Tatobjekt **17** 9
– unbefugte Mitteilung **17** 10 ff.
– unmittelbar Verletzter **17** 40
– Verfall und Einziehung als Nebenfolge **17** 42
– Verjährung **17** 42
– Verschwiegenheitspflicht **17** 11
– Versuch **17** 37
– versuchte Verleitung **19** 1 ff.
– Vorsatz **17** 13

– Zeugnisverweigerungsrecht **17** 11a
– Zivilprozess **17** 11a
– zu Gunsten eines Dritten **17** 16
– Zugänglichkeit **17** 9
– zu Zwecken des Wettbewerbs **17** 14
Geheimnisverwertung
– besondere Beweggründe **17** 36
– durch Betreibsspionage erlangtes Geheimnis **17** 30
– „Geheimnishehlerei" **17** 26
– Interessenabwägung **17** 32
– Rückgriff auf schriftliche Unterlagen **17** 32
– auf sonstige unbefugte Weise erlangtes Geheimnis **17** 31 ff.
– Täter **17** 27
– Tatobjekt **17** 28 ff.
– unbefugte Geheimniserlangung **17** 26, 31
– unredlicher Erwerb **17** 32 f.
– durch Verrat erlangtes Geheimnis **17** 29
– Verwertung **17** 35
– Zeitpunkt des Kenntniserwerbs **17** 34
Geistiges Eigentum
– Begriff **Einl G** 193 ff.
– Wesensmerkmale **Einl G** 199 ff.
– in der Wettbewerbsordnung **Einl G** 192
Geld-zurück-Garantie
– Black List **Anh zu § 3 Abs. 3 Nr. 10** 13
Generalklausel
– Auffangtatbestand **3** 107 ff.
– Entstehungsgeschichte **3** 15 ff.
– große Generalklausel **3** 2, 11 ff.
– Plausibilitätsfrage **3** 48
– Regelungstechnik **3** 42 ff.
– Straftatbestände **3** 108 f.
– als ultima ratio **3** 110
– bis zur UWG-Reform 2004 **1** 10; **3** 19 ff.
– UWG-Reform 2015 **3** 15 ff.
– Verhältnis zu § 6 UWG **6** 253 f.
Geografische Herkunft
– allgemein **5 C** 177 ff.
– Beispiele **5 C** 195 ff.
– Kennzeichenbegriff **6** 169 f., 228
– Konkurrenzen **5 C** 178 ff.
– regionale Verkehrsauffassung **5 C** 190
– unwahre oder täuschende Angaben **5 C** 182 ff.
– Verkehrsauffassung **5 C** 38
– wettbewerbsrechtliche Relevanz **5 A** 76; **5 B** 235; **5 C** 193
Gerichtliches Verfahren
– Äußerungen/geschäftliche Handlungen **2** 78
Gesamtharmonisierung Einl B 1, 8 f., 47
Gesamtpreisangabe
– allgemein **PAngV 1** 1, 3 ff., 10 ff., 24 ff.
– Ausnahmen **PAngV 1** 31 ff., 64
– Definition **PAngV 1** 24
– Eckpreise **PAngV 1** 25
– einheitliches Leistungsangebot **PAngV 1** 26 ff.
– Hervorhebung **PAngV 1** 96 f.
– Kopplungsgeschäfte **PAngV 1** 26 ff.
– Nebenleistungen **PAngV 1** 29 f.
– Preismargen **PAngV 1** 25
– Preisnachlässe **PAngV 1** 42 f.
– sonstige Preisbestandteile **PAngV 1** 38 ff.
– Umsatzsteuer **PAngV 1** 37
Geschäftliche Handlung
– Anknüpfung an die Verhaltensweise **3** 60
– Auslegung **2** 14
– Äußerungen im rechtlich geordneten Verfahren **2** 78
– Begriff **1** 37; **2** 1 ff.; **3** 62 ff.
– geschäftliches Verhalten **2** 21
– irreführende geschäftliche Handlung **5 B** 1 ff.
– Markt- und Unternehmensbezogenheit **2** 22, 27 f.
– objektive Absatz- oder Bezugsförderung **2** 50
– Passivlegitimation **2** 18
– Sonderdeliktsrecht **2** 3
– Unionsrecht **Einl B** 3, 88, 127, 174, 236, 251 ff., 288, 312 f., 367 f., 488
– Unterlassungen **5 B** 4
– Verhalten nach Vertragsschluss **5 B** 5
– Vertragsverletzung **2** 101
– Vorgaben der UGP-Richtlinie **2** 8
– keine Wettbewerbsförderungsabsicht **2** 15
– Wettbewerbshandlung **2** 1
– Zeitpunkt **2** 92
Geschäftliche Unerfahrenheit 4a 9, 129, 133 ff., 145 f.; **Anh zu § 3 Abs. 3 Nr. 28** 4
Geschäftliche Verhaltensweise
– Prüfung, systematische **3** 37 ff.
Geschäftsanbahnung
– Irreführung **5 E** 369
Geschäftsaufgabe
– Black List **Anh zu § 3 Abs. 3 Nr. 15** 10 ff.
Geschäftsehrverletzung 4 Nr. 1 1
Geschäftsentscheidungsrelevanz
– UGP-Richtlinie **Einl B** 360 ff., 474 ff.
– UWG **Einl B** 371
– s. auch Relevanz
Geschäftsgeheimnis
– Anwendung technischer Mittel **17** 22
– Auswirkung auf die Wettbewerbsfähigkeit **17** 6
– Begriff **Vor 17–19** 10b; **17** 1 ff.
– Beispiele **17** 7
– Betriebsspionage siehe „Betriebsspionage"
– Beziehung zum Unternehmen **17** 2
– Compliance-Regeln **17** 1a
– Geheimhaltungsinteresse **17** 6
– Geheimhaltungswille **17** 5
– Geheimnisschutz siehe „Geheimnisschutz"
– Geheimnisschutz-RL **17** 1b, 2a, 3
– Geheimnisverrat siehe „Geheimnisverrat"
– Geheimnisverwertung siehe „Geheimnisverwertung"
– Maßnahmen zur Geheimhaltung **17** 1a
– Offenkundigkeit **17** 1, 2a, 3 ff.
– Patentrecht **17** 4
– Personenkreis **17** 4
– Rechtswidrigkeit des Erwerbs, der Nutzung und der Offenlegung **Vor 17–19** 10d

– „Reverse Engineering“ **17** 2a
– Rückwärtsanalyse **17** 2a, 3a
– Schutz durch die EU **Vor 17–19** 2a
– Schutzmaßnahmen **17** 4
– Schweigepflicht **17** 4
– Sichverschaffen/Sichern **17** 20 f.
– strafrechtlicher Schutz **Vor 17–19** 3
– unbefugte Handlung **17** 3a, 21
– Verjährung **Vor 17–19** 10f
– Verkörperung **17** 23
– Verletzlichkeit **Vor 17–19** 2
– Verlust des Geheimnischarakters **17** 4
– Vertraulichkeitswahrung im Gerichtsverfahren **Vor 17–19** 10f
– vorläufige und vorbeugende Maßnahmen **Vor 17–19** 10g
– Vorzugsstellung im Wettbewerb **17** 4
– Wegnahme einer Sache **17** 24
– Zugänglichkeit **17** 4
Geschenk
– s. Verkaufsförderung
Gesellschafterhaftung, persönliche 8 550 f.
Gesetzesgeschichte 5 A 4
Gesetzlich bestehendes Recht
– Black List **Anh zu § 3 Abs. 3 Nr. 10** 6 f.
gesundheitsbezogene Angaben Einl B 82 ff.
Gewährleistungsrechte
– Herausstellen/Präsentieren als Besonderheit **Anh zu § 3 Abs. 3 Nr. 10** 6
Gewerbebetrieb
– Recht am eingerichteten und ausgeübten Gewerbebetrieb **Vor 8** 115 ff.
Gewerbeordnung (GewO)
– Rechtsbruch **3a** 78
Gewerbetreibender
– als Beklagter **14** 38
Gewerkschaft 2 40
Gewinn
– Abgrenzung zum Mehrerlös **10** 112 ff.
– Gewinnabschöpfungsanspruch **10** 111 ff.
– Kostendeckungsbeitrag **10** 111a
Gewinnabschöpfungsanspruch
– Abnehmer **10** 100 ff.
– Anwendungsfälle **10** 42 ff.
– Auskunftserteilungsanspruch als Hilfsanspruch **Vor 8** 80 ff.
– Bedeutung in der Praxis **10** 5 f.
– Drittbegünstigung **10** 27
– Durchsetzungsdefizite **10** 13
– Feststellungsklage **10** 153
– Gesetzeszweck **10** 12 ff.
– Gewinn **10** 111 ff.
– Gläubiger **10** 25
– Irreführung durch Werbung **10** 53 ff.
– Leistungsklage **10** 150
– mittelbare Benachteiligung der Verbraucher? **10** 51 ff.
– Nutznießer **10** 26 f.
– objektive Bedingung **10** 69
– ordre public **10** 37 ff.
– Sanktionscharakter **10** 17 ff.
– Schadensberechnung **9** 142c f.
– Schuldner **10** 24
– Streuschaden **10** 13, 95 ff.
– Stufenklage **10** 152
– unlauteres und belästigendes Direktmarketing **10** 59 ff.
– unmittelbare Benachteiligung der Verbraucher **10** 43 ff.
– unzulässige geschäftliche Handlung **10** 41
– verfassungsrechtliche Fragen **10** 28 ff.
– Verhältnis zu individuellen zivilrechtl. Rechtsbehelfen der Abnehmer **10** 91 f.
– Verjährung **11** 21 f.
– Verjährungsbeginn **11** 85
– Vermögensnachteil **10** 83 ff.
– Verschuldenszurechnung **10** 71 ff.
– Vielzahl **10** 93 ff.
– Vorläuferkonzepte **10** 7 ff.
– Vorsatz **10** 62 ff.
– wirtschaftliche Schlechterstellung **10** 83 ff., 92
– „zu Lasten“ **10** 82 ff.
Gewinnberechnung
– Abzugsposten **10** 137 ff.
– Grundsätze **10** 133
– sachgerechte Schätzung durch das Gericht **10** 145 ff.
– Umsatzerlöse **10** 134 ff.
Gewinnchance
– Black List **Anh zu § 3 Abs. 3 Nr. 16** 17 ff.; **Anh zu § 3 Abs. 3 Nr. 17** 9; **Anh zu § 3 Abs. 3 Nr. 20** 3
– s. auch Verkaufsförderung
Gewinnerzielungsabsicht
– Erzielung von Vertragsstrafen **8** 669 ff.
– Gebührenerzielungsinteressen **8** 646 ff.
Gewinnspiele
– Black List **Anh zu § 3 Abs. 3 Nr. 16** 5; **Anh zu § 3 Abs. 3 Nr. 17** 7
– Verbrauchergeneralklausel **3** 89 f.
– s. auch Verkaufsförderung
Gewohnheitsrecht 3a 15
Gläubigermehrheit
– Aktivlegitimation **8** 251
Glücksspiel
– Black List **Anh zu § 3 Abs. 3 Nr. 14** 5; **Anh zu § 3 Abs. 3 Nr. 16** 4, 12 ff.
– Erfordernis eines geldwerten Einsatzes **Anh zu § 3 Abs. 3 Nr. 16** 14
– Verbrauchergeneralklausel **3** 89 f.
– s. auch Verkaufsförderung
GmbH-Gesetz
– Rechtsbruch **3a** 74
„good governance“ 3 130
„Gourmet“ Entscheidung Einl B 21 ff.
„Gran Canaria-Fälle“ Einl C 128, 139 ff., 143
„gratis“
– Behinderung **4 Nr. 4** 265 f.
– Black List **Anh zu § 3 Abs. 3 Nr. 21** 5
– irreführende geschäftliche Handlung **5 D** 17

Griechenland Einl F 199 ff.
Großbritannien Einl F 229 ff.
Grünbuch zum Verbraucherschutz Einl B 102 ff.
Grundfreiheiten
– allgemein **Einl B** 10 ff., 440
– Dienstleistungsfreiheit **Einl B** 37 ff.
– Warenverkehrsfreiheit **Einl B** 12 ff.
Grundpreisangabe
– allgemein **PAngV 2** 1 ff.
– Berechnungsmethode **PAngV 2** 9
– betroffene Produkte **PAngV 2** 4 ff.
– Definition **PAngV 2** 9
– Identität mit Gesamtpreis **PAngV 2** 13
– Mengeneinheiten **PAngV 2** 17 ff.
– unmittelbare Nähe des Gesamtpreises **PAngV 2** 10
Grundrechte
– Beachtung bei der Abwägung im Wettbewerbsrecht **1** 110 ff.
– Einwirkung auf wettbewerbsrechtliche Normen **Einl G** 59 ff.
– Vorgaben bei der Auslegung des UWG **3** 159 f.
Grundrechtecharta
– allgemein **Einl G** 45 ff.
– Handlungsfreiheit **1** 40
– Horizontalwirkung **1** 112
– Vorgaben bei der Auslegung des UWG **3** 158
– Wirkung **Einl G** 104 ff.
GS-Zeichen
– allgemein **5 C** 292 ff.
– Black List **Anh zu § 3 Abs. 3 Nr. 2** 9
Günstigkeitsprinzip
– allgemein **Einl B** 152, 164 ff.; **Einl C** 22, 77
– Meinungsäußerungsfreiheit **Einl G** 84 ff.
Gütesiegel
– Black List **Anh zu § 3 Abs. 3 Nr. 2** 6
Gütezeichen
– allgemein **5 C** 250, 279 f., 284; **5 E** 344
– Black List **Anh zu § 3 Abs. 3 Nr. 2** 2 ff.

Hacker
– Behinderung **4 Nr. 4** 55, 108
Haftung für eigenes Verhalten
– von Gesellschaftern **8** 550 f.
– Inhaber eines eBay-Accounts **8** 524 ff.
– von Mitarbeitern und Beauftragten **8** 542 ff.
– von Organen **8** 530 ff.; **9** 72 f.
– Störerhaftung **8** 419 ff.
– Täterschaft **8** 357 ff.
– Teilnahme **8** 398 ff.
– Verletzung wettbewerbsrechtlicher Verkehrspflichten **8** 433 ff.
Haftung für fremdes Verhalten
– von Erfüllungsgehilfen **8** 555
– von Organen **8** 553 f.
– von Verrichtungsgehilfen **8** 556; **9** 79 ff.
– von Vertretern **9** 74 ff.
Handlungsfreiheit
– Schutzbereich **1** 40
Handwerk
– irreführende geschäftliche Handlung **5 C** 93, 100 ff.
„Hard Rock Café“ Entscheidung
– Verwirkung **Vor 8** 133, 141, 177 ff.
Headhunting
– Behinderung **4 Nr. 4** 41 f.
Health Claims Verordnung 5 C 152 f.
– allgemein **Einl I** 15 ff.
– gesundheitsbezogene Angaben **Einl I** 18
– nähwertbezogene Angaben **Einl I** 17
– vergleichende Werbung **6** 295
Heilberufe
– allgemein **Einl J** 18
– Apotheker **Einl J** 35
– Ärzte **Einl J** 19
– Heilpraktiker **Einl J** 33; **5 E** 144
– Physiotherapeuten **Einl J** 34
– Tierärzte **Einl J** 32
– Zahnärzte **Einl J** 29
Heilmittelwerbung
– HeilmittelwerbeG **Einl I** 45; **6** 293
– Irreführungsverbot **Einl I** 51 ff.
Herabsetzung 4 Nr. 1 1, 17; **6** 205 ff.; s. auch Anschwärzung
Herkunftslandprinzip
– allgemein **Einl B** 15, 55, 110, 272 ff., 426; **Einl C** 3, 22 ff., 25 ff., 190
– gegenseitige Anerkennung **Einl C** 46
– Kollisionsrecht **Einl C** 188
– Konsultationsverfahren **Einl C** 44 f.
– örtliche und internationale Zuständigkeit **14** 108 ff.
– PreisangabenVO **PAngV Einf** 2 f.
– als Sonderregelung zum Marktortprinzip **Einl C** 28 ff., 178
– TMG **Einl C** 42
Herkunftstäuschung
– allgemein **4 Nr. 3** 102 ff.
– betriebliche **Anh zu § 3 Abs. 3 Nr. 13** 10 ff.
– Herkunftsverwechslung i. w. S. **4 Nr. 3** 112
– identisches Nachmachen **4 Nr. 3** 108
– mittelbare Herkunftsverwechslung **4 Nr. 3** 111
– unmittelbare Übernahme **4 Nr. 3** 108
– unvollkommenes Erinnerungsbild **4 Nr. 3** 114
– Vermeidbarkeit **4 Nr. 3** 76 ff., 120 ff.
– Warenverwechslung **4 Nr. 3** 113, 153
Herstellerverwarnung 4 Nr. 4 188, 194, 202, 211
Hoheitliches Handeln
– Absatzförderung **2** 68
– geschäftliche Handlung **2** 42
„Hot Sox“ Entscheidung 8 18
Humanarzneimittelrichtlinie Einl B 69
Humor 4 Nr. 1 20, 26; **6** 163, 220 f.; s. auch Ironie
Hyperlinks
– allgemein **Einl B** 60; **5 E** 151

– Begriff **Einl H** 19
– Deep Links **Einl H** 21
– Haftung **8** 523
– Hotlinks **Einl H** 22
– Irreführung **5 B** 73 f., 157 ff.
– Surface Links **Einl H** 20
– Trennungsgebot **5a** 359 ff.

Idealvereine
– geschäftliche Handlung **2** 32, 41
Image 4 Nr. 3 160 f.
Immaterialgüterrecht
– Rom II-Verordnung **Einl C** 93
– Territorialitätsprinzip **Einl C** 90
– Verhältnis zum UWG **Einl G** 192 ff., 202 ff., 215, 230; **Einl H** 45
– s. auch Geistiges Eigentum
Industrie- und Handelskammern, Handwerkskammern
– Klagebefugnis **8** 246, 349
Informationsfreiheit
– Geschäftsgeheimnisse **Vor 17–19** 10e; **17** 11
– passive **Einl B** 42
Informationsgesellschaft Vor 17–19 1
„Informationsparadigma" Einl B 202, 455
„Ingenieur" 5 E 146
Inländerdiskriminierung Einl C 50
Inländerwettbewerb
– im Ausland **Einl C** 124
Inline Links Einl H 22
Interessenabwägung
– Abwägungsvorgang **3** 146
– allgemein **5 A** 24 ff.
– Einzelfallwürdigung **3** 161
– Methode **1** 2, 101 ff.; **3** 37, 144 ff.
– richtlinienkonforme Auslegung **3** 147
– Summeneffekt, mittelfristiger **3** 148
– Unlauterkeit **5 B** 237 ff.
– Unterlassungsanspruch **8** 134 ff.
– Unternehmereigenschaften **5 E** 281 ff.
– wettbewerbliche Interessen **3** 165
Interessenwürdigung, umfassende
– im Rahmen des § 1 UWG **1** 7
Internationales Privatrecht
– internationales Lauterkeitsrecht **Einl C** 1, 5
– s. auch ROM II
Internationales Recht des unlauteren Wettbewerbs Einl E 1 ff.
Internet
– Auktion **Einl H** 45 f.; **5 B** 151; **5 C** 106
– bestimmungsgemäße Abrufbarkeit **14** 77
– geschäftliche Handlung **Einl C** 156; **2** 38
– Haftung von Plattformbetreibern **8** 511 ff.
– Handlungsort **14** 75 ff.
– Internetportal **4 Nr. 1** 14
– Irreführungsverbot **5 B** 149
– Nachricht **2** 162
– Preisvergleichsportale/Preissuchmaschinen **5 D** 50a
– Versandhandel **5 B** 161
– Verschleierung **5a** 349 ff.
– Wettbewerbsverhältnis **2** 137
– Wettbewerbsverletzung **Einl C** 141
Interstitials
– unzumutbare Belästigung **7** 131
Interventionsrecht
– Lauterkeitsrecht **1** 40
Intranet
– Nachricht **2** 163
Intrige
– Behinderung **4 Nr. 4** 68
„Irische Butter" Entscheidung 8 544 ff.
Irland Einl F 268 ff.
Ironie 4 Nr. 1 27; **6** 163, 221; s. auch Humor
Irreführende geschäftliche Handlungen
– Abgabebereitschaft **5 C** 13
– Abgrenzung zu § 5a UWG **5 B** 77 ff.; **5a** 39 ff.
– AGB **5 A** 90
– Anlass des Verkaufs **5 D** 1 ff.
– Auslegung anhand des Unionsrechts **Einl B** 330 ff.
– Berufsrecht **5 A** 121 ff.
– Beschwerdeverfahren **5 C** 171 ff.
– Beweislast für Aussagen über gesundheitsbezogene Wirkungen **5 C** 143 ff.
– Bezugspunkt der Irreführung **5 B** 256 ff.
– Darlegungs- und Beweislast **5 M** 5 ff., 42 ff.
– Eigenschaften des Unternehmers **5 E** 1 ff.
– europäischer Kontext **5 A** 17 ff.
– Fehlen einer Vorstellung beim Adressat **5 C** 39 ff.
– geschäftliche Handlung **5 B** 1 ff.
– gesetzlich verpflichtende Angaben **5 B** 113
– Herbeiführung einer Verwechslungsgefahr **5 J** 1 ff.
– Interessenabwägung **5 B** 237 ff.
– Klageantrag **5 M** 1 ff.
– Konkurrenzverhältnis (Unionsebene) **5 A** 33 ff., 49 ff.
– Kundendienst **5 C** 171 ff.
– Liefermöglichkeit von Waren **5 C** 15
– von Minderjährigen **4a** 140
– Mitbewerber **5 B** 8
– Mitnahmemöglichkeit von Waren **5 C** 15
– nationaler Kontext **5 A** 69 ff.
– Normzweck **5 A** 9
– Notwendigkeit einer Leistung (§ 5 I 2 Nr. 5 UWG) **5 G** 1 ff.
– objektiv wahre Aussagen **5 C** 35
– PreisangabenVO **5 A** 110 ff.
– preisbezogene Angaben **5 D** 15 ff.
– Prozessuales **5 M** 1 ff.
– Rabatt **4a** 86
– Relevanzerfordernis **5 B** 182, 192 ff.; **5 M** 42 ff.
– Scheinverkäufe **5 D** 7 f.
– Sonderverkäufe **5 D** 8a ff.
– Streitgegenstand **5 M** 4
– Systematik **5 A** 10
– täuschungsgeeignete Angaben **5 B** 49 ff.
– UGP-Richtlinie **5 A** 25, 29 ff.

– unbestellte Waren oder Dienstleistungen **Anh zu § 3 Abs. 3 Nr. 29** 9
– unbestimmte Rechtsbegriffe **5 A** 24, 74
– unionskonforme Auslegung **5 A** 25
– unwahre Angaben **5 B** 174 ff.
– Verfügbarkeit von Waren und Dienstleistungen **5 C** 11, 16
– Verhältnis zu § 4a UWG **4a** 17, 19
– Verhältnis zu § 6 UWG **6** 255 ff.
– Verhältnis zu sonstigem Recht **5 A** 76
– Verhältnismäßigkeit **5 B** 246 ff.
– Verkehrsauffassung **5 B** 13 ff.
– Vermutung der Irreführung **5 L** 6 ff.
– Versandkosten **5 D** 27
– Vollharmonisierung **5 A** 29
– Warenmenge **5 C** 1 ff.
– weitere Irreführungsverbote **5 A** 60 ff., 95 ff.
– Werberichtlinie **5 A** 25, 28

Irreführung durch Unterlassen
– Abgrenzung zu § 5 UWG **5 B** 77 ff.; **5a** 39 ff.
– Auslegung anhand des Unionsrechts **Einl B** 330 ff.
– Gesetzeszweck **5a** 24 f.
– Indizwirkung **5a** 251
– Informationspflichten **5a** 26
– Nichtkenntlichmachung (§ 5a Abs. 6 UWG) **5a** 237 ff.
– Richtung der Handlung an eine bestimmte Verbrauchergruppe **5a** 267 ff.
– Schutzzweck **5a** 252 ff.
– subliminale Werbung **5a** 262
– Systematik **5a** 4 ff.
– unionsrechtliche Informationsanforderungen **5a** 183 ff.
– Verhältnis zu § 4a UWG **4a** 17, 19
– Verkehrsauffassung **5a** 271 f.
– Verschleierung im Bereich der Presse **5a** 277 ff.
– Verschleierung im Bereich des Films **5a** 339 ff.
– Verschleierung im Bereich des Internets **5a** 349 ff.
– Verschleierung im Bereich des Rundfunks **5a** 303 ff.
– Vorenthalten wesentlicher Informationen **5a** 74 ff.
– Wesentlichkeitsvermutung **5a** 30 ff.

Irreführungsrichtlinie
– allgemein **Einl B** 47 ff.
– Eignungstest (fitness check) **Einl B** 49a
– Irreführungsstandard **Einl B** 51
– Schutzzweck **Einl B** 50
– Verhältnis zur UGP-Richtlinie **Einl B** 445

Irreführungsverbote
– siehe Irreführende geschäftliche Handlungen (§ 5 UWG); UGP-Richtlinie; Werberichtlinie

Italien Einl F 300 ff.

„iura novit curia“ Grundsatz Einl C 130, 186

Judicial self-restraint
– UGP-Richtlinie **Einl B** 214

„Jugendgefährdende Medien bei eBay“ Entscheidung 3 168 ff.; **8** 422, 433, 444, 451

Jugendlicher
– geschäftliche Unerfahrenheit **4a** 145

Jugendschutz
– Rechtsbruch **3a** 82
– als Verbraucherschutz **1** 67

Kammer für Handelssachen
– funktionelle Zuständigkeit **13** 15 ff.
– Klagehäufung **13** 32
– mehrere Anspruchsgrundlagen **13** 35
– mehrere Streitgegenstände **13** 34
– Zuständigkeit **13** 14 ff.

Kammern
– Klagebefugnis **8** 242 ff.

Kapazität
– Black List **Anh zu § 3 Abs. 3** 25

Kapitalmarktinformationen
– geschäftliche Handlung **2** 33

Kartellrecht
– Abgrenzung zum Lauterkeitsrecht **3** 61
– allgemein **Einl G** 108 ff.
– Boykott **4 Nr. 4** 228
– more economic approach **Einl B** 487; **1** 80
– Unterwerfungsvertrag **12** 151, 156

Kaufzwang, psychologischer
– aggressive geschäftliche Handlung **4a** 26
– Black List **Anh zu § 3 Abs. 3 Nr. 7** 3 ff.; **Anh zu § 3 Abs. 3 Nr. 25** 8
– ungekoppelte Zuwendung **4a** 67 f.

„Keck“ Entscheidung Einl B 17 ff.; **7** 145 ff.

Kennzeichen
– Entfernung **4 Nr. 4** 76
– Verunglimpfung **4 Nr. 1** 31 ff.
– Verwässerung **4 Nr. 4** 77

Kerntheorie Vor 12 78, 87, 102, 243, 295; **12** 41, 45, 145 ff., 186

Keywords 4 Nr. 4 88

Keyword-Search Advertising
– allgemein **Einl H** 37 f.

Kinder
– als Adressat **3** 5, 105, 134; **3a** 82
– Black List **Anh zu § 3 Abs. 3 Nr. 28** 1 ff.
– geschäftliche Unerfahrenheit **4a** 145

Kinderhochstühle im Internet I Entscheidung 8 422 ff.

Klageänderung
– Änderung des Klageantrags **Vor 12** 32 ff.
– Änderung des Klagegrundes **Vor 12** 35 f.
– Zulässigkeit **Vor 12** 37 ff.

Klagehäufung
– objektive **Vor 12** 30
– subjektive **Vor 12** 31

Klagerücknahme Vor 12 40 ff., 62, 113

Know-how
– Bedeutung **Vor 17–19** 1 ff.
– im Kontext des § 18 UWG **18** 1

Kognitives Element
– Abgrenzung zur Fahrlässigkeit **9** 40a f.
– bedingter Vorsatz **9** 28, 39

– bewusste Ignoranz **9** 29, 40
– Indizien und Erfahrungstatsachen **9** 30 ff., 42 ff.
– Kenntnis der Tatumstände **9** 25 f.
– sachgedankliches Mitbewusstsein **9** 27a
– sicheres Wissen **9** 27, 38
– Unrechtsbewusstsein **9** 35 ff.
– Wissen um Tatbestand und Erfolg **9** 24 f.
„Kohärente Auslegung"
– von Unionsgrundrechten **Einl B** 448
Kohärenzvorbehalt (hypocrisy test) Einl B 32 f.
Kollektive Rechtsdurchsetzung
– Grundlagen **8** 243 ff.
– sachliche Grenzen **8** 248 f.
Kollektiver Rechtsschutz Einl B 385
Kollisionsrecht
– fakultatives **Einl C** 22, 106, 185
– Herkunftslandprinzip **Einl B** 220, 276
Kompatibilitätsbehauptung Einl B 141
Komplott
– Behinderung **4 Nr. 4** 68
Konkordanzlisten Einl B 136, 141, 166
Konsumentenindividualklage Einl B 392
Kopplungsangebote
– Behinderung **4 Nr. 4** 278
Kopplungsgeschäfte
– abstrakte Gefahr **4a** 48
– aleatorische Anreize **4a** 46, 55
– aufgedrängte Kopplungsangebote **4a** 42
– Begriff **4a** 38 ff.
– Begünstigungen für den Handel **4a** 59 ff.
– Dreieckskopplungen **4a** 50 ff.
– Grundsätze lauterkeitsrechtlicher Behandlung **4a** 41 ff.
– Irreführung **4a** 43
– kick-backs **4a** 54
– Kundenbindungssysteme **4a** 47
– öffentliche Hand **4a** 57
– PreisangabenVO **PAngV 1** 26 ff.
– Preisausschreiben und Gewinnspiele **4a** 46
– richtlinienkonforme Auslegung **4a** 48
– Schutzbedürftigkeit **4a** 139
– spezialgesetzliche Kopplungsverbote **4a** 48
– Verkaufsförderungsmaßnahmen **4a** 49
– s. auch Zugabe, Verkaufsförderung
Kosmetische Mittel
– allgemein **Einl I** 40 ff.
Kosten des Rechtsstreits
– Abmahnkosten **Vor 12** 268
– Abschlusserklärung **Vor 12** 260
– Detektiv **Vor 12** 276
– Kostenentscheidung **Vor 12** 251 ff.
– Kostenwiderspruch **Vor 12** 260, 262
– mehrere Parteien **Vor 12** 265 ff.
– Meinungsumfrage **Vor 12** 204, 273
– neues Vorbringen **Vor 12** 264
– Patentanwalt **Vor 12** 269
– Rechtsgutachten **Vor 12** 274
– Reisekosten **Vor 12** 271
– Schutzschrift **Vor 12** 272
– sofortiges Anerkenntnis **Vor 12** 253 ff.; **12** 63
– Teilunterliegen **Vor 12** 251
– Testkäufer **Vor 12** 275
– Unterwerfungserklärung **Vor 12** 261
– Veranlassung zur Klageerhebung **Vor 12** 256 ff.
– Verfügungsverfahren **Vor 12** 260 ff.
– Verkehrsanwalt **Vor 12** 270
– siehe auch „Erledigung der Hauptsache"
Kostenerstattungsanspruch 9 130
Krankheitsbezogene Werbung
– Verbot **Einl I** 14
Kroatien Einl F 331
Kundenbefragung
– Behinderung **4 Nr. 4** 62
Kundenbeziehungen
– Behinderung **4 Nr. 4** 80 ff.
Kundenbindungsmodelle Einl H 51
Kundendienst, Verfügbarkeit
– Black List **Anh zu § 3 Abs. 3 Nr. 24** 7 ff.
Kundendienstleistung, anderssprachige
– Bedienungsanleitung **Anh zu § 3 Abs. 3 Nr. 8** 9
– Black List **Anh zu § 3 Abs. 3 Nr. 8** 3 ff.
– Telefon-Hotline **Anh zu § 3 Abs. 3 Nr. 8** 9
Kündigungshilfe
– Behinderung **4 Nr. 4** 35, 102
„Kunst"
– irreführende geschäftliche Handlung **5 C** 44
Kunstfreiheit
– Grundrecht **Einl G** 43

Labelling approach 5 B 42, 46; **5 C** 223; **5 E** 11
Labelling doctrine Einl B 428, 455, 461; **5 B** 42; **5a** 107, 233
Ladenschlussgesetz
– Rechtsbruch **3a** 86
Ladenschlusszeit
– Abgabebereitschaft **5 C** 13
Laienwerbung
– Begriff **4a** 99
– Nachahmungsgefahr **4a** 103
– offene Laienwerbung **4a** 100
– progressive Kundenwerbung **4a** 100, 104
– übertriebenes Anlocken **4a** 100
– verdeckte Laienwerbung **4a** 101 ff.
„Last Minute"
– irreführende geschäftliche Handlung **5 C** 117
Lauterkeitsprozessrecht, internationales
– internationale Zuständigkeit **Einl D** 1
– jursidiction **Einl D** 2
– örtliche Zuständigkeit **Einl D** 1
– Vollstreckung **Einl D** 42a ff.
Lauterkeitsrecht
– Durchsetzung **Vor 8** 2
– Entstehung **Einl A** 1
– Handelsverkehr **Einl B** 15, 46
– Kollisionsrecht **Einl C** 75
– Lauterkeitsbehörde **Vor 8** 3
– Reform durch das UWG 2004 **Einl A** 11
– Verbraucherschutz **Einl B** 15, 46

– siehe auch „Lauterkeitsrecht, internationales"; „Lauterkeitsprozessrecht, internationales"
Lauterkeitsrecht, internationales
– internationales Privatrecht **Einl C** 1, 5
– Lauterkeitskollisionsrecht **Einl C** 75
– Rechtsvergleichung **Einl C** 89
– Rom II-Verordnung **Einl C** 2, 10 ff.
– Verhältnis zum internationalen Deliktsrecht **Einl C** 95, 99
Lebensmittel
– für besondere Ernährung **Einl I** 35
– Bezeichnungsschutzvorschriften **Einl I** 24 ff.
– Deutsches Lebensmittelbuch **5 C** 33
– diätische **5 C** 135
– Europäische Behörde für Lebensmittelsicherheit (EFSA) **Einl B** 88
– gentechnisch modifizierte **Einl I** 23
– nähwertbezogene Angaben **5 C** 138
– neuartige **Einl I** 35a
– Novel Food **5 C** 136
– produktspezifische Regelungen **Einl I** 2 ff.
– Rechtsbruch **3a** 89
Lebensmittelinformationsverordnung **Einl B** 86, 92; **Einl I** 31 ff.
Leistungen
– PreisangabenVO **PAngV 1** 9
Leistungsklage
– Gewinnabschöpfungsanspruch **10** 150
Leistungsschutz
– Aktivlegitimation **4 Nr. 3** 205 ff.
– „ergänzender (wettbewerbsrechtlicher" **4 Nr. 3** 4
– Passivlegitimation **4 Nr. 3** 210
– unmittelbarer **3** 177 ff.; **4 Nr. 3** 56 ff.
Leistungsunfähigkeit
– Black List **Anh zu § 3 Abs. 3 Nr. 5** 13 ff., 34 ff.
Leistungsverweigerungsrecht
– Verjährung **11** 120 f.
Leistungswettbewerb
– allgemein **3** 141
– konkrete Gefährdung **4 Nr. 1** 11
– als Schutzgut des UWG **1** 11, 91
Lettland Einl F 331 ff.
Level playing field Einl B 391
lex causae Einl C 86
lex fori
– allgemein **Einl C** 83, 130 ff.
– Prozessrecht **Einl D** 2
lex loci damni Einl C 15
lex loci delicti commissi Einl C 77
lex loci protectionis Einl C 90
Liberalisierung Einl A 9
Liberalisierungsgebot 3 113
Liefersperre
– Behinderung **4 Nr. 4** 23
Lieferunfähigkeit
– Black List **Anh zu § 3 Abs. 3 Nr. 5** 15 ff.
Lissabon-Vertrag
– EuGVVO **Einl D** 12 ff.
Litauen Einl F 354
Lizenzanalogie
– Geheimnisschutz **17** 63
– Nachahmung **4 Nr. 3** 224 f.
– Schadensberechnung **9** 142b, 143, 151 ff.
– wettbewerbsrechtlicher Nachahmungsschutz **Vor 8** 70
Lockvogelangebote
– Behinderung **4 Nr. 4** 178
– Irreführung **5 C** 2; **5 D** 92; **Anh zu § 3 Abs. 3 Nr. 5** 42; **Anh zu § 3 Abs. 3 Nr. 6** 3
Lockvogelwerbung
– Black List **Anh zu § 3 Abs. 3 Nr. 6** 3 ff.
„-look"
– irreführende geschäftliche Handlung **5 C** 44
L'Oréal Entscheidung Einl B 165; **6** 190
Luxemburg Einl F 377

Maastrichter Vertrag Einl B 9
Machtposition
– als Tatbestandsmerkmal **4a** 13b
Malta Einl F 412 ff.
„Manufaktur"
– irreführende geschäftliche Handlung **5 C** 102
Marken
– Beseitigung **4 Nr. 4** 76
– „in Markenqualität" **5 C** 57; **5 E** 62
– irreführende geschäftliche Handlung **5 C** 55 ff.
– Markenschutz **5 E** 71
– Parodie **4 Nr. 1** 37
Markenrecht
– allgemein **Einl B** 94 ff., 445 ff.; **Einl G**
– dolo agit **Vor 8** 202
– Einreden **6** 278 ff.
– Markenanmeldung als Erstbegehungsgefahr **8** 97 f., 110
– Markenanmeldung als unzulässige Rechtsausübung **Vor 8** 201
– Verhältnis zu § 4 Nr. 3 UWG **4 Nr. 3** 6 f.
– Verhältnis zu § 5 Abs. 2 UWG **Vor 8** 105
– Verhältnis zu § 6 UWG **6** 264 ff.
– Verhältnis zum UWG allgemein **Einl G** 37; **Vor 8** 102 ff.
– Verhältnis zur UGP-Richtlinie **Einl B** 327 f., 446 ff.
– Verwechslungsgefahr **6** 178
– Vorrangthese **Einl G** 78, 84 ff., 123 ff.; **4 Nr. 3** 8 ff.; **6** 115, 274, 286
– Warenkodierung **4 Nr. 4** 147
Marketing
– Direktmarketing **10** 59 ff.
– multi-level **16** 72 f.; **Anh zu § 3 Abs. 3 Nr. 14** 6
– online **Einl C** 179
– off shore **Einl C** 48, 55 ff.
– virales **Einl H** 55; **5a** 369
Marktabgrenzung Einl B 130; **Einl G** 108 ff.

Marktbedingungen
– Black List **Anh zu § 3 Abs. 3 Nr. 19** 4, 9ff.
Marktbehinderung, allgemeine 4 Nr. 4 251ff.; siehe auch „Marktstörung"
Marktbeobachtungspflicht
– einstweilige Verfügung **12** 310
Marktbezogenes geschäftliches Verhalten
– Außenwirkung **2** 95
– Definition **2** 19
– Marktbezug **2** 28
– Regel-Annahme **2** 48
– keine subjektiven Erfordernisse **2** 47
Marktergebnisse 3 60f.
Marktgepflogenheiten
– „anständige" **Einl B** 266f., 280
– unternehmerische Sorgfalt **2** 187; **3** 137
Marktintegration Einl B 9
Marktkommunikation Einl B 199
Marktkommunikationsrecht
– Kollisionsnormen **Einl C** 98
Marktneutralität Einl B 20, 22, 29, 40
Marktordnungsanspruch
– des Wettbewerbsrechts **3** 60
Marktortprinzip Einl B 38, 405; **Einl C** 80, 106, 136, 140, 153
Marktstörung
– allgemein **4 Nr. 4** 8, 171f., 251ff.
– allgemeine **3** 181
– Einzelfälle **4 Nr. 4** 263
– Erprobungszwecke **4 Nr. 4** 268
– Gefährdung des Wettbewerbsbestands **4 Nr. 4** 267
– Gesamtwürdigung **4 Nr. 4** 255, 260f.
– Marktverhältnisse **4 Nr. 4** 266
– Marktverstopfung **4 Nr. 4** 269
– Nachahmungsgefahr **4 Nr. 4** 268
– Pressewesen **4 Nr. 4** 264, 270
– Schutzobjekt **4 Nr. 4** 252f.
– Verschenken von Waren oder Dienstleistungen **4 Nr. 4** 264ff., 275
Marktteilnehmer
– Interesse **3a** 23
– Mitbewerber **2** 111
– Sonstige **1** 68; **2** 112; **4a** 11; **5 A** 8
– Verbraucher **2** 110
Marktverhalten
– der öffentlichen Hand **Einl G** 56ff.
– Rechtsbruch **3a** 22ff.
Marktverhaltensregeln
– allgemeine **Einl C** 86
– besondere **Einl C** 86
Marktverstopfung 4 Nr. 4 269
Marktverwirrungsschaden 9 113ff.
Marktzugangsbehinderung Einl B 22; **4 Nr. 4** 123
Marktzugangsbeschränkung Einl B 38
Marktzugangserschwerung Einl B 21
Marktzutritt Einl B 44, 92; **3a** 27
– Mitbewerberschutz **1** 46
Maßnahmen gleicher Wirkung Einl B 13
Medien Einl B 62; **2** 66
Medienfreiheit
– Geschäftsgeheimnisse **Vor 17–19** 10e
„Medizinprodukt"
– irreführende geschäftliche Handlung **5 C** 124
Mehrerlösabschöpfung
– Gewinnabschöpfungsanspruch **10** 113ff.
Meinungsäußerungsfreiheit
– Absatzförderung **2** 91
– Anschwärzung **4 Nr. 2** 18
– Boykott **4 Nr. 4** 236, 248
– Geschäftsgeheimnisse **Vor 17–19** 10e; **17** 11
– Grundrecht **Einl G** 41
– Grundrechtecharta **Einl G** 46
– Günstigkeitsprinzip **Einl G** 84ff.
– Herabsetzung **4 Nr. 1** 8ff.
– Konkurrenz zu UWG-Normen **Einl G** 77
– Schutzbereichserweiterung auf Wirtschaftswerbung **Einl G** 68ff.
– auf Unionsebene **Einl B** 153ff., 440
– vergleichende Werbung **6** 242
– Warentest **4 Nr. 2** 21
– s. auch Grundrechte
Meinungsforum
– Haftung **8** 518
Meinungsumfrage
– Beweiswürdigung **Vor 12** 199ff.
– Fragebogen **Vor 12** 187ff.
– Frageformulierung **Vor 12** 191
– Fragen, gestützte **Vor 12** 195f.
– Fragen, umgestützte **Vor 12** 192ff.
– Gutachten **Vor 12** 198
– Kosten **Vor 12** 202ff.
– private **Vor 12** 201
– Umfragesplits **Vor 12** 197
– unzumutbare Belästigung **7** 82
– Verkehrskreis **Vor 12** 189f.
– Zulässigkeit **Vor 12** 182f.
„Meister" 5 E 136
Metatags
– allgemein **Einl B** 50; **5 E** 200
– Begriff **Einl H** 28
– Behinderung **4 Nr. 4** 88
– unzumutbare Belästigung **7** 132
Micklitz-Studie
– Ko-Regulierung **Einl B** 101
– mandatory requirements **Einl B** 101
– marketing standards **Einl B** 101
„Miles & More" Einl H 51
Mindesthaltbarkeitsdatum 5 C 63ff.
Mindestharmonisierung
– bei unionsrechtlichen Sonderregelungen **Einl B** 453
Mindestklauseln
– Unionsrecht **5 A** 53; **5a** 11
Mindestschutz Einl B 1
Mineralwasser
– Irreführungsverbot **Einl I** 10
– Kennzeichnung **Einl I** 36l

Missbrauch anvertrauter Vorlagen Vor 17–19 10d
Missbräuchliche Geltendmachung von Ansprüchen
– Anwendungsbereich, personeller **8** 633
– Anwendungsbereich, sachlicher **8** 634 f.
– Bedeutung vergangenen Missbrauchs **8** 720 f.
– Behinderungsabsicht **8** 682 ff.
– Darlegungs- und Beweislast **8** 724 ff.
– Fallgruppen **8** 645 ff.
– Gewinnerzielungsabsicht **8** 646 ff.
– maßgeblicher Zeitpunkt **8** 723
– Rechtsnatur **8** 632
– sachfremde Motive **8** 640 f.
– selektives Vorgehen **8** 717 ff.
– Vorgehen in Drittinteresse **8** 719
– Wesen des Missbrauchs **8** 639 ff.
Missbrauchsprinzip Einl B 150
Mitarbeiter
– „Angestellte" **8** 588 ff.
– Ausweitung auf „freie" Mitarbeiter? **8** 591
– Begriff **8** 587
– persönliche Haftung **8** 542 ff.
Mitbewerber
– Aktivlegitimation **2** 113; **8** 242 ff., 255
– Anschwärzung siehe Anschwärzung (§ 4 Nr. 2 UWG)
– Begriff **1** 43; **8** 274 ff.
– elektronischer Kommunikationsdienst **2** 162
– Europarecht **Einl B** 129 f.; **2** 121
– früheres Recht **2** 114
– gespaltener Mitbewerberbegriff **6** 51
– Irreführung **5 B** 8, 53
– Klagebefugnis **8** 242 ff.
– Marktteilnehmer **2** 111
– Mitbewerbereigenschaft **8** 277
– Mitbewerberinteressen **1** 45
– Mitbewerberleitbild **1** 45
– Prozessstandschaft **8** 266 ff.
– vergleichende Werbung **2** 128; **6** 43 ff.
Mitbewerberbehinderung
– Absatzbehinderung **4 Nr. 4** 69
– Beschäftigungsverbot **4 Nr. 4** 49 ff.
– Boykott **4 Nr. 4** 226 ff.
– Diskriminierung **4 Nr. 4** 130
– Hacker **4 Nr. 4** 55
– Headhunting **4 Nr. 4** 41 f.
– Intrige **4 Nr. 4** 68
– Komplott **4 Nr. 4** 68
– Kundenabwerbung **4 Nr. 4** 93 ff.
– Kündigungshilfe **4 Nr. 4** 35, 102
– Leistungsstörung **4 Nr. 4** 86, 112
– Liefersperre **4 Nr. 4** 23
– Marktstörung **4 Nr. 4** 171 f., 251 ff.
– Mitarbeiterabwerbung **4 Nr. 4** 26 ff.
– Preisgestaltung **4 Nr. 4** 153 ff.
– Preiskampf **4 Nr. 4** 165, 272
– Preistreiberei **4 Nr. 4** 22
– Preisverfall **4 Nr. 4** 162
– Putsch **4 Nr. 4** 32
– Sabotage **4 Nr. 4** 52, 74 f.
– Schmarotzen **4 Nr. 4** 27, 108
– Schwarzarbeit **4 Nr. 4** 157
– telefonische Abwerbung **4 Nr. 4** 41 f.
– unberechtigte Schutzrechtsverwarnung **4 Nr. 4** 196 ff.
– Verdrängungswettbewerb **4 Nr. 4** 166 ff.
– Verschenken **4 Nr. 4** 264 ff., 275
– Vertragsbruch, Ausnutzung **4 Nr. 4** 39, 95, 112
– Vertragsbruch, Verleitung **4 Nr. 4** 38, 94, 112
– Vertriebsbehinderung **4 Nr. 4** 69
– Warenkodierung **4 Nr. 4** 136 ff.
– Werbebehinderung **4 Nr. 4** 71
– s. auch Behinderung
Mitbewerberschutz
– branchenspezifische Ausgestaltung **1** 46
– Preisunterbietung **1** 51
– Schutzrichtung und Schutzhöhe **1** 43, 47
– durch UGP-Richtlinie **Einl B** 367; **1** 25
– unternehmerische Handlungsfreiheit **1** 44
– Verhältnis zu § 6 UWG **6** 269 ff.
– Vermögens- und Eigentumsschutz **1** 44
– wettbewerbliche Entfaltungsfreiheit **1** 46
– Wettbewerbsbewährung **1** 49
– Wettbewerbsrivalität **1** 50
– Wettbewerbszugang **1** 48
Mitverschulden
– Einzelfälle **9** 98 ff.
– des Geschädigten beim Wettbewerbsverstoß **9** 86 f.
MMS
– elektronische Post **2** 158; **7** 293 f.
– Werbung **7** 338 f.
Mogelpackung 5 C 4, 7; **10** 45
„Mondpreise"
– Irreführung **4a** 43, 87
More economic approach
– Kartellrecht **Einl B** 487, 498; **1** 80; **3** 143
„Multistate-Problematik"
– internationales Lauterkeitsprozessrecht **Einl D** 25
– internationales Privatrecht **Einl C** 153 ff.
– s. auch IPR

Nachahmung
– Ansprüche **4 Nr. 3** 211 ff.
– Black List **Anh zu § 3 Abs. 3 Nr. 13** 7
– Erschleichen als Form der Kenntniserlangung **4 Nr. 3** 174
– kein Ideenschutz **4 Nr. 3** 49
– identisches Nachschaffen **4 Nr. 3** 192 ff.
– Nachahmungsfreiheit **4 Nr. 3** 21
– Preisunterbietung **4 Nr. 3** 196
– Sonderschutzrechte **4 Nr. 3** 25 f.
– systematisches Nachahmen **4 Nr. 3** 180 ff.
– unmittelbare Übernahme **4 Nr. 3** 38, 192 ff.
– Vertrauensbruch **4 Nr. 3** 175 ff.
– Vorrang des Markenrechts **4 Nr. 3** 6
– von Waren oder Dienstleistungen **4 Nr. 3** 36 ff.

Nachfragewettbewerb 2 150; **5 B** 7
Nachricht
– Austausch zw. endlicher Zahl von Beteiligten **2** 161
– Begriff **2** 157
– Datenschutzrichtlinie **2** 155
– elektronische Post **2** 158
– öffentliche Zugänglichkeit **2** 163
Nährwertkennzeichnung Einl I 34
Nährwert-Kennzeichnungsverordnung 5 C 153
„natriumhaltig"/„natriumarm"
– irreführende geschäftliche Handlung **5 C** 81
„Natur"
– irreführende geschäftliche Handlung **5 C** 51
Naturalrestitution
– allgemein **9** 103 f.
– durch Auskunft **9** 106a
– Ersetzungsbefugnis **9** 107 ff.
– durch Handlungsverbote **9** 104 ff.
– durch Widerruf **9** 106b
Ne bis in idem
– Gewinnabschöpfungsanspruch **10** 32 ff.
Negativ-Integration Einl B 10
Netzeinspeisung
– Ort **Einl C** 156
„Neue Strategie" Einl B 11; **Einl C** 42
Neuro economics Einl B 497
Niederlande Einl F 424
Niederlassung
– Begriff und Gerichtsstand **14** 39 ff.
– internationale Zuständigkeit **14** 100 ff.
Notar
– Berufsrecht **Einl J** 14
– Rechtsbruch **3a** 65
Nulla poena sine culpa 10 72 ff.
Nulla poena sine dolo 10 75
„Nussbaumsche Regel" Einl C 79, 124

Obligation de résultat Einl C 58
Offene Marktwirtschaft
– unionales Verständnis **Einl B** 500
Öffentliche Auseinandersetzung 4 Nr. 1 9
Öffentliche Hand
– Absatzförderung **2** 68, 87
– Behinderung **4 Nr. 4** 123 f., 273 ff.
– geschäftliche Handlung **2** 42
– als Handelnder oder Mitbewerber **1** 42
– Marktverhalten **Einl G** 56 ff.
– als sonstiger Marktteilnehmer **1** 69
– als Unternehmer **Einl G** 47 ff.; **2** 249a
– Wettbewerbseingriff **3** 13, 185 ff.
– Wettbewerbsverhältnis **2** 142
Öffentliche Zuschüsse
– Behinderung **4 Nr. 4** 156
Offshore-Marketing Einl C 48, 55 ff.
Offshore-Wettbewerb Einl C 3, 50 ff., 56 ff.
„ohne"
– irreführende geschäftliche Handlung **5 C** 53, 70 ff., 127, 138

Öko-Kennzeichen Einl I 26; **5 C** 164
Ökologischer Anbau Einl I 26
Online-Auktionen Einl H 45 f.
Opt-in/opt-out
– Begriff **Einl B** 55 ff., 382 f.
– EK-DSRL **7** 2
– Fernabsatzrichtlinie **7** 10
– unzumutbare Belästigung **7** 161, 183
Ordre Public
– Gewinnabschöpfungsanspruch **10** 35 ff.
Organhaftung
– für aktives Tun **8** 532 ff.
– allgemein **8** 530 f.
– beim Gewinnabschöpfungsanspruch **10** 76 ff.
– mehrere Organe **8** 540 f.
– für Unterlassen **8** 535 ff.
– Zurechnung von Verschulden **9** 72 f.
Organisationsmangel/-verschulden
– Haftung **8** 396 f.
„Original"
– irreführende geschäftliche Handlung **5 C** 47 f., 79, 104
„Örtlichkeitsprinzip" Einl G 50
Österreich Einl F 458 ff.

Par condicio concurrentium Grundregel Einl C 50 f.
Parfümklausel Einl B 165; **6** 115, 224
Pariser Verbandsübereinkunft Einl E 1
Passivlegitimation
– geschäftliche Handlung **2** 18
– Insolvenzverwalter **8** 129
– bei redaktioneller Werbung **5a** 380 ff.
– Schuldner **Vor 8** 18, 43; **8** 350
Patentberühmung 5 D 78; **5 E** 58, 181, 292 ff.
Patente 5 E 67
– Geheimnisbegriff **17** 4
Patentrecht Einl G 37, 204 ff., 223
Peacemeal approach Einl B 9
Persönlicher Anwendungsbereich 2 11
Piadina Rückruf Entscheidung 8 17
„Ping-Anrufe"
– Telefonwerbung **5a** 351
– unzumutbare Belästigung **7** 134, 223
Polen Einl F 495
Pop Up Banner Einl H 35
Portugal Einl F 523 ff.
Positivharmonisierung Einl B 10 f.
Powershopping 4a 73
Preisangabenrichtlinie Einl B 49a
– Verhältnis zur PreisangabenVO **PAngV Einf** 14; **PAngV 1** 4, 11 ff.
Preisangabenverordnung (PAngV)
– allgemein **PAngV 1** 1 ff.
– allgemeine Verkehrsauffassung **PAngV 1** 49, 79, 88
– Anbieten, Anbieter **PAngV 1** 10 ff.
– Anbieterseite **PAngV Einf** 5; **PAngV 1** 7
– Änderungsvorbehalte **PAngV 1** 75 ff.
– Angabe neben dem Preis **PAngV 1** 74

– Angebot nach Gewicht, Volumen, Länge, Fläche **PAngV 2** 7, 15
– Anlockeffekt **PAngV Einf** 7
– Arbeitspreis **PAngV 3** 2
– Arbeitswerte **PAngV 1** 69
– audiovisuelle Mediendienste **PAngV Einf** 3
– Ausnahmekatalog **PAngV 9** 1 ff.
– Auszeichnungspflicht **PAngV 4** 11
– Bauspardarlehen **PAngV 6** 37 ff.
– Bearbeitungskosten **PAngV 1** 38
– bebaute Immobilien **PAngV 1** 34
– Bedienungsgeld **PAngV 7** 15
– Beherbergungsbetriebe **PAngV 7** 12 f.
– behördliche/dienstliche Tätigkeit **PAngV 9** 7
– „bei Erbringung einer Dienstleistung" **PAngV 9** 30
– Beteiligung **PAngV 9** 6
– Bildschirmanzeigen **PAngV 5** 10 ff.
– Blumen, Pflanzen **PAngV 9** 50
– Community Shopping **PAngV 1** 80
– Dauerschuldverhältnisse **PAngV 1** 77
– deutlich lesbar **PAngV 1** 93 f.
– Direktvermarkter, kleine **PAngV 9** 26
– doppelte Lauterkeitsprüfung **PAngV Einf** 21
– Eckpreise **PAngV 1** 25
– effektiver Jahreszins **PAngV 6** 13 ff.; **PAngV 6a** 16; **PAngV 10** 18 f.
– einheitliches Leistungsangebot **PAngV 1** 26 ff.
– Einzelhändler, kleine **PAngV 9** 27
– Elektrizität **PAngV 3** 1 ff.
– fakultative Zusatzleistungen **PAngV 1** 29
– Fernabsatzverträge **PAngV 1** 52 ff.; **PAngV 9** 19; **PAngV 10** 11, 26
– Fernwärme **PAngV 3** 1 ff.
– Fertigpackungen **PAngV 1** 35; **PAngV 2** 4; **PAngV 9** 23, 42 f.
– Finanzierungshilfe, entgeltliche **PAngV 6c** 1 ff.
– Flugpreise **PAngV Einf** 12, 14; **PAngV 1** 5a, 31
– Form der Präsentation **PAngV 4** 12 f.
– Form der Preisangabe **PAngV 1** 89 ff.; **PAngV 4** 14 ff., 20
– Form der Preisauszeichnung **PAngV 4** 1 ff.
– Form des Warenangebots **PAngV 4** 18 f.
– Fracht- und Lieferkosten **PAngV 1** 61 ff.
– Garagen **PAngV 8** 8
– Gas **PAngV 3** 1 ff.
– Gaststätten **PAngV 7** 1 ff.
– Gebietskörperschaften **PAngV 13** 13
– Gebot der eindeutigen Zuordnung **PAngV 1** 90 f.
– Gebührenregelungspreise **PAngV 4** 21
– Gesamtkosten **PAngV 6** 17 ff.
– Gesamtpreisangabe **PAngV 1** 1, 3 ff., 10 ff., 24 ff.
– Gesamtpreisangabe, Ausnahmen **PAngV 1** 31 ff., 64
– Gesamtpreisangabe, Hervorhebung **PAngV 1** 96 f.; **PAngV 10** 14
– geschäftsmäßiges Handeln **PAngV 1** 7
– Getränke- und Verpflegungsautomaten **PAngV 9** 31
– gewerbsmäßiges Handeln **PAngV 1** 7
– gezieltes Ansprechen **PAngV 1** 14
– Grundpreisangabe **PAngV 2** 1 ff.; **PAngV 10** 15
– Gütebezeichnung **PAngV 1** 46, 48
– Handelsbetriebe, Fachabteilungen **PAngV 5** 17
– herabgesetzter Preis **PAngV 1** 86
– Herkunftslandprinzip **PAngV Einf** 2 f.
– „im Rahmen eines Vertriebssystem" **PAngV 9** 29
– Immobiliar-Verbraucherdarlehensverträge **PAngV 6a** 24
– Individualangebote, schriftliche **PAngV 9** 52
– Inlandsgeltungsbereich **PAngV Einf** 2 ff.
– Internet **PAngV Einf** 6; **PAngV 1** 60, 63
– invitatio ad offerendum **PAngV 1** 13
– Irreführungsverbot **PAngV Einf** 8
– Kau- und Schnupftabak **PAngV 9** 33
– Kilometersätze **PAngV 1** 68; **PAngV 10** 12
– Kilopreise **PAngV 1** 83
– Kioske **PAngV 9** 28
– Kombinationsangebote **PAngV 9** 24
– Kommunikation **PAngV 1** 12
– Konditionenwerbung **PAngV 6a** 7 ff.
– Kontrollpflicht der Handelsbetriebe **PAngV 9** 11 f.
– Kopplungsangebote **PAngV 1** 82
– Kopplungsgeschäfte **PAngV 1** 26 ff.
– kosmetische Mittel **PAngV 9** 34 f.
– Kostenfallen **PAngV 1** 84
– Kraftfahrzeugskosten **PAngV 1** 40
– kreditunabhängige Kosten **PAngV 6** 25
– Kunstgegenstände, Sammlungsstücke, Antiquitäten **PAngV 9** 45
– künstlerische/wissenschaftliche/pädagogische Leistungen **PAngV 9** 53
– leichte Erkennbarkeit **PAngV 1** 92
– Leistungen **PAngV 1** 9
– leistungsabhängiger Preis **PAngV 3** 3
– „Leistungseinheit" **PAngV 1** 46 f.; **PAngV 10** 10
– Leistungselemente **PAngV 1** 70
– „Letztverbraucher" **PAngV 1** 6; **PAngV 9** 3 f.
– Liefer- und Leistungsfristen von mehr als vier Monaten **PAngV 1** 76
– lose Ware **PAngV 2** 6, 14 ff.
– Materialkosten **PAngV 1** 71
– „Mehrwertdienste" **PAngV 1** 33
– Mengenangaben **PAngV 2** 17 ff.
– Mengenpreis **PAngV 3** 2
– Meterware **PAngV 1** 83
– mündliche Angebote ohne Preisangabe **PAngV 9** 15
– mündliche und fernmündliche Angebote **PAngV 1** 12
– Musterbücher **PAngV 4** 17
– Nachfrageseite **PAngV Einf** 6
– Nebenleistungen **PAngV 1** 29 f.

– Nettodarlehensbetrag **PAngV 6a** 14
– nichtprivate Tätigkeit **PAngV 9** 8
– Normadressaten **PAngV 10** 5
– Notarkosten **PAngV 6** 27
– offene Packungen **PAngV 2** 5
– Ordnungswidrigkeiten **PAngV 10** 1 ff.
– Ort des Leistungsangebots **PAngV 5** 8 ff.
– Parfüms **PAngV 9** 36
– Parkplätze **PAngV 8** 8
– persönlicher Anwendungsbereich **PAngV Einf** 5 f.
– Pflichtangaben **PAngV 1** 90
– Plakate **PAngV 1** 15
– Powershopping **PAngV 1** 80
– präsentes Warenangebot **PAngV 4** 12 ff.
– Preisänderungen **PAngV 1** 75
– Preisdifferenzierungen **PAngV 1** 80
– Preisersparnisangabe **PAngV 1** 23
– Preisklarheit **PAngV Einf** 1; **PAngV 1** 79 ff.
– Preismargen **PAngV 1** 25
– Preisnachlässe **PAngV 1** 42 f.; **PAngV 9** 17 f.
– Preisschilder **PAngV 4** 9
– Preissuchmaschinen **PAngV 1** 63
– Preisvergleich **PAngV 1** 81
– Preisverzeichnisse **PAngV 4** 16; **PAngV 5** 6 f.; **PAngV 7** 5 ff.; **PAngV 10** 25
– Preisverzeichnisse, umfassende **PAngV 5** 14 ff.
– Preiswahrheit **PAngV Einf** 1; **PAngV 1** 79, 86 f.
– Prospekte **PAngV 1** 15, 78
– räumlicher Geltungsbereich **PAngV Einf** 2 ff.
– Rechtsbruch **3a** 101
– Regalwaren **PAngV 3** 7
– „regelmäßig in sonstiger Weise" **PAngV 1** 7
– repräsentatives Beispiel **PAngV 6a** 20 f.
– richtlinienkonforme Auslegung **PAngV Einf** 14, 18
– rückerstattbare Sicherheiten **PAngV 1** 72 ff.; **PAngV 10** 13
– Rundfunk- und Fernsehspots **PAngV 1** 15
– sachlicher Anwendungsbereich **PAngV Einf** 5 f.
– Saisonzuschläge **PAngV 1** 29
– Schaufenster, Schaukästen **PAngV 4** 6
– selbständige berufliche Tätigkeit **PAngV 9** 5
– selbständige gewerbliche Tätigkeit **PAngV 9** 6
– „Selbstzahlerpreis" **PAngV 1** 36
– „Serviceentgelt" **PAngV 1** 30
– Sicht des Verbrauchers **PAngV 1** 14
– sichtbar ausgestellte Waren **PAngV 4** 5 ff.
– „sonst gut wahrnehmbar" **PAngV 1** 95
– sonstige Preisbestandteile **PAngV 1** 38 ff.
– spezialgesetzl. Preisangabenregelung **PAngV 9** 54
– Spürbarkeitserfordernis **PAngV Einf** 7
– Sternchenhinweis **PAngV 1** 31 f., 91
– Stundensätze **PAngV 1** 67; **PAngV 10** 12
– Sukzessivlieferungsverträge **PAngV 1** 77
– Tankstellen **PAngV 8** 4 ff.; **PAngV 10** 24
– Tarifspreise **PAngV 4** 21
– Täterschaft **PAngV 10** 5
– als Teil des Preisordnungsrecht/formellen Preisrechts **PAngV Einf** 9
– Teilzahlungsgeschäfte **PAngV 6a** 25
– Telekommunikationsanlagen **PAngV 7** 14
– Telekommunikationsdienstleistungen **PAngV Einf** 12
– Telemedienwerbung **PAngV Einf** 2
– Tourismusabgaben/Bettensteuern **PAngV 1** 29
– Überziehungsmöglichkeiten **PAngV 6b** 3
– Umsatzsteuer **PAngV 1** 37, 59 f.
– ungleiche Nennquantität **PAngV 9** 38 ff.
– Unklarheiten bei Preiskomponenten **PAngV 1** 39
– unverbindliche Preisempfehlung **PAngV 1** 22, 81
– unverpackte Ware **PAngV 2** 6, 14 ff.
– Verbraucher **PAngV Einf** 6; **PAngV 1** 6; **PAngV 9** 3 ff.
– Verbraucherdarlehen **PAngV 6** 6 ff.; **PAngV 10** 19
– Verbraucherdarlehen, Werbung **PAngV 6a** 4 ff.; **PAngV 10** 20
– verbrauchsabhängige Preise **PAngV 3** 1 ff.
– verbrauchsunabhängige feste Entgelte **PAngV 1** 32
– verbrauchsunabhängige Preise **PAngV 1** 32; **PAngV 3** 4
– verderbliche Lebensmittel **PAngV 9** 42 f.
– Verhältnis zu §§ 5, 5a UWG **5 A** 110 ff.
– Verhältnis zum Strafrecht **PAngV Einf** 13
– Verhältnis zum Unionsrecht **PAngV Einf** 14 ff.; **PAngV 1** 4 ff., 44 ff., 52 ff., 65 f.; **PAngV 4** 1 ff.; **PAngV 5** 1 ff.; **PAngV 7** 1 ff.; **PAngV 8** 1 ff.
– Verhältnis zum Wettbewerbsrecht **PAngV Einf** 7 f.
– Verhältnis zum Zivilrecht **PAngV Einf** 9 ff.
– Verhältnis zur Preisangabenrichtlinie **PAngV Einf** 14; **PAngV 1** 4, 11 ff.
– Verhältnis zur UGP-Richtlinie **PAngV Einf** 14; **PAngV 1** 4 ff., 11 ff., 65 f.
– Verhandlungsbereitschaft über den Preis **PAngV 1** 50 f.
– Verjährung **PAngV 10** 8
– „Verkaufseinheit" **PAngV 1** 45, 47, 49; **PAngV 10** 10
– Verkaufsstände **PAngV 4** 6
– Vermittler **PAngV 1** 18
– Verrechnungssätze **PAngV 1** 64 ff.; **PAngV 10** 12
– Versandhandelswaren **PAngV 4** 18 ff.
– Versandkosten **PAngV 1** 41, 61 ff.; **PAngV 10** 26
– Versicherungsverträge **PAngV 9** 20
– Versteigerungen **PAngV 9** 16
– Vertreter **PAngV 1** 18
– Währung **PAngV 1** 87

– Waren **PAngV 1** 8
– Warenbeschriftung **PAngV 4** 10
– Wasch- und Reinigungsmittel **PAngV 2** 24 ff.
– Wasser **PAngV 3** 1 ff.
– Werbeverbot **PAngV 9** 14
– Werbevorführungen **PAngV 9** 46 ff.
– Werbung unter Preisangabe **PAngV 1** 10, 11, 19 ff.
– wesentliche Leistungen **PAngV 5** 5
– Wesentlichkeitsschwelle **PAngV Einf** 7
– Wiederkehrschuldverhältnisse **PAngV 1** 77
– Zeit- und Verbrauchsabhängigkeit **PAngV 1** 31
– Zeitungen und Zeitschriften **PAngV 1** 15
– Ziele **PAngV Einf** 1
– zusätzliche Angaben **PAngV 1** 44 ff.
– Zusatzverträge **PAngV 6a** 21 ff.
Preisausschreiben
– Black List **Anh zu § 3 Abs. 3 Nr. 16** 5; **Anh zu § 3 Abs. 3 Nr. 20** 7 ff.
– Kopplungsgeschäfte **4a** 46
Preisgestaltung
– allgemein **4 Nr. 4** 153 ff.
– Einstandspreis/Selbstkosten **4 Nr. 4** 162 ff.
– Kampfpreise **4 Nr. 4** 175
– Lockvogelangebote **4 Nr. 4** 178
– bei Markenware **4 Nr. 4** 176 f.
– von marktbeherrschenden Unternehmen **4 Nr. 4** 170 f., 175
– durch Rechtsverstöße **4 Nr. 4** 157 ff.
– Schleuderpreise **4 Nr. 4** 176
Preisherabsetzung
– Irreführungsvermutung **5 B** 240; **5a** 1 ff., 15, 75
– s. auch Rabatt
Preislisten
– irreführende geschäftliche Handlung **5 D** 32
Preistreiberei
– Behinderung **4 Nr. 4** 22
Preisvergleich
– irreführende geschäftliche Handlung **5 D** 36 ff.
Preisverzeichnis
– PreisangabenVO **PAngV 4** 16; **PAngV 5** 1 ff.; **PAngV 7** 5 ff.; **PAngV 10** 26
Presseäußerungen
– Absatzförderung **2** 80, 91a
– Kasuistik zur früheren Wettbewerbsförderungsabsicht **2** 84
– Wettbewerbsverhältnis **2** 142
Presseerklärung 4 Nr. 1 16
Pressefreiheit 4 Nr. 1 14
– Boykott **4 Nr. 4** 237, 248
– Grundrecht **Einl G** 41
Pressehaftung 8 508 ff.
Presseinformant 4 Nr. 1 16, 23
Presseprivileg
– Herabsetzung **4 Nr. 1** 14 f.
– privilegierter Personenkreis **9** 210 ff.
– Reichweite **9** 212
Primärrecht Einl B 439 ff.
Prinzip der begrenzten Einzelermächtigung
– UGP-Richtlinie **Einl B** 241
Private enforcement Einl C 104; **1** 3
Private
– allgemein **1** 3, 11, 72, 107; **2** 5, 22 ff., 38 ff.
Privilegium germanicum Einl C 77
Product Placement
– Black List **Anh zu § 3 Abs. 3 Nr. 11** 5
– Fernsehrichtlinie **Einl B** 64
– RStV **5a** 332 ff.
– Verschleierung des Werbecharakters **5 B** 61
Produktähnlichkeit
– betriebliche Herkunftstäuschung **Anh zu § 3 Abs. 3 Nr. 13** 13 ff.
Produktnachahmung
– Geheimnisverrat **17** 58
– Rom II-VO **Einl C** 123
– Rufausbeutung und Rufbeeinträchtigung **4 Nr. 3** 151 ff.
– Verhältnis zu IP-Rechten **Einl G** 213 ff.; **4 Nr. 3** 14, 36 ff., 64 ff., 132 ff.
Produktpiraterie Einl B 401
Profisport
– geschäftliche Handlung **2** 35
Prof.-Titel 5 E 125 ff.
Progressive Kundenwerbung
– Kettenbriefe **16** 60, 68
– Konkurrenzen **16** 77 f.
– lawinenähnliche Absatzstruktur **16** 47
– multi-level-Marketing **16** 72 f.
– Ponzi-Schemes **16** 73a
– Powershopping **16** 70
– Pyramidenspiele **16** 66 f.
– reverse auction **16** 71
– Schenkkreise **16** 69
– Schneeballsystem **16** 66
– Vorteilsversprechen **16** 56 ff.
Prominenter
– allgemein **2** 2, 45, 81 ff., 91a
Promotional Games
– s. Preisausschreiben, Verkaufsförderung
Protestaktion 4 Nr. 1 9
Prozessführungsbefugnis
– Beseitigungs- und Unterlassungsanspruch **8** 257 ff.
Prozessstandschaft
– für Mitbewerber **8** 266 ff.
– örtliche Zuständigkeit **14** 33
– für Verbände **8** 269 f.
Prozessvergleich
– Wegfall der Wiederholungsgefahr **8** 60
Prüfzeichen
– Black List **Anh zu § 3 Abs. 3 Nr. 2** 6
– Irreführung **5 C** 250, 278; **5 E** 344
Public private partnerships
– geschäftliche Handlung **2** 42
Pull-Dienste Einl B 79
„Purely Creative“ Entscheidung Anh zu § 3 Abs. 3 Nr. 17 2

Putsch
– Behinderung **4 Nr. 4** 32
Pyramidensysteme
– Black List **Anh zu § 3 Abs. 3 Nr. 14** 7
– progressive Kundenwerbung **16** 66 f.

Qualitätsangaben
– irreführende geschäftliche Handlung **5 C** 58 ff.
– „Qualitätsware" **5 C** 61a
Qualitätskennzeichen
– Black List **Anh zu § 3 Abs. 3 Nr. 2** 2 ff.
Qualitätsmanagementsysteme 5 C 288

Rabatte
– Begriff **4a** 82
– Erzeugung besonderen Zeitdrucks **4a** 89
– Geldrabatt **4a** 82
– Irreführung **4a** 86
– Kundenbindungssysteme **4a** 85
– Neutral- oder Mengenrabatt **4a** 82
– Regelungssystem vor Aufhebung des RabattG **4a** 81
– Unlauterkeit im Einzelfall **4a** 86 ff.
– Warenrabatt **4a** 82
– Zulässigkeit **4a** 83 ff.
– s. auch Preisherabsetzung
Rabattgesetz Einl A 3; **4a** 81
Radiosender 4 Nr. 1 14
RAL-Grundsätze 5 C 285
Ratenkauf
– irreführende geschäftliche Handlung **5 D** 33 ff.
Räumungsverkauf
– Black List **Anh zu § 3 Abs. 3 Nr. 15** 3
Rechnungsähnlichkeit
– Black List **Anh zu § 3 Abs. 3 Nr. 22** 2 ff.
Recht am eingerichteten und ausgeübten Gewerbebetrieb
– Konkurrenz deliktischer und lauterkeitsrechtlicher Ansprüche **Einl C** 91
Rechtsanwalt
– allgemein **5 E** 158
– Äußerungsfreiheit **2** 79
– Berufsrecht **Einl J** 4
– Bundesrechtsanwaltsordnung **3a** 63
– als Verrichtungsgehilfe **9** 80c
– als Vertrauensperson **4a** 52
Rechtsberatende Berufe Einl J 3; **4a** 145
Rechtsberater
– Berufsrecht **Einl J** 15
– Rechtsbruch **3a** 66
Rechtsbruch
– abgabenrechtliche Vorschriften **3a** 31
– Arbeitnehmerschutzvorschriften **3a** 32
– Bagatellfälle **3a** 38
– Datenschutzbestimmungen **3a** 33
– Geheimnisverrat **17** 58
– gesetzliche Vorschriften/Beispiele **3a** 12, 42 ff.
– Gewohnheitsrecht **3a** 15
– Marktverhalten **3a** 22
– Marktzutritt **3a** 27
– Planmäßigkeit **3a** 39
– Produktionsvorschriften **3a** 34
– Sekundäre wettbewerbsbezogene Schutzfunktion **3a** 29
– spürbare Beeinträchtigung **3a** 37
– Straßenrecht/Verkehrsvorschriften **3a** 35
– subjektive Voraussetzungen **3a** 36
– Verhältnis zur UGP-Richtlinie **Einl B** 367 ff.
– Verstoß gegen staatsvertragliche Verbote **5a** 304
– Vertragsbruch **3a** 129
Rechtsschutzbedürfnis
– Beseitigungsklage **Vor 12** 137
– Unterlassungsklage **Vor 12** 70 ff.
Rechtsverfolgungskosten
– Anwaltskosten **9** 118 ff.
– außergerichtliche Mühewaltung **9** 128
– Detektivkosten **9** 117
– als ersatzfähiger Schaden **9** 116
– Gutachten **9** 126
– Prozessfinanzierung **9** 127
– Testkäufe **9** 117
– Vorsorgeaufwendungen **9** 129
Rechtsverteidigung
– Erstbegehungsgefahr **8** 88 ff.
Rechtsweg
– arbeitsrechtliche Streitigkeit **Vor 12** 3 f.
– bürgerliche Rechtsstreitigkeit **Vor 12** 2
– Heranziehung des § 1 UWG **1** 6
– öffentlich-rechtliche Streitigkeit **Vor 12** 5 ff.
– Prüfung des Rechtswegs **Vor 12** 12
– Schiedsgericht **Vor 12** 13
Reform
– durch das UWG 2004 **Einl A** 11
– durch das UWG 2008 **Einl A** 16
– durch das UWG 2015 **Einl A** 26; **5 A** 8
Regelungsverfügung
– einstweilige Verfügung **12** 261 f.
Relevanzerfordernis
– Feststellung im Prozess **5 M** 42 ff.
– im Rahmen des § 5 UWG **5 B** 182, 192 ff.
Relevanzkriterium 3 66, 92 ff.
Religionsfreiheit
– Grundrecht **Einl G** 44
Repräsentantenhaftung 8 554
Restposten
– Black List **Anh zu § 3 Abs. 3 Nr. 5** 44
– irreführende geschäftliche Handlung **5 C** 66
„Reverse Engineering" Vor 17–19 10c; **17** 2a, 11
Richtlinie über audiovisuelle Mediendienste
– allgemein **Einl B** 62 ff.
– Herkunftslandprinzip **Einl C** 25 ff.
– PreisangabenVO **PAngV Einf** 3
– Sendestaatsprinzip **Einl C** 3, 27 ff.
– als Sonderregelung auf Unionsebene **Einl C** 178
Richtlinie über den elektronischen Geschäftsverkehr
– allgemein **Einl B** 59

– Herkunftslandprinzip **Einl C** 32 ff.
– „Kontrolle an der Quelle“ **Einl C** 3, 46 ff., 55
Richtlinie über Fernabsatz von Finanzdienstleistungen Einl B 57 ff.
Richtlinie über Preisangaben Einl B 340
Richtlinie über irreführende und vergleichende Werbung Einl B 1, 47
Richtlinie über unlautere Geschäftspraktiken
– allgemein **Einl B** 48, 105; **7** 165 f.
– Verhältnis zum Vertragsrecht **Einl G** 166
Richtlinie über Unterlassungsklagen
– allgemein **Einl B** 394 ff.
– grenzüberschreitender Verstoß **Einl B** 397
– kollektive Verbraucherinteressen **Einl C** 137
– „qualifizierte Einrichtung“ **Einl B** 396 f.
Richtlinie über vergleichende Werbung
– allgemein **Einl B** 1, 48, 118 ff.
– Missbrauchsprinzip **Einl B** 54
– Totalharmonisierung **Einl B** 120
– zeitlicher Anwendungsbereich **Einl B** 146
Richtlinie zur Durchsetzung der Rechte des Geistigen Eigentums Einl B 400 ff.
Richtlinienkonforme Auslegung
– des UWG **1** 21 ff.
Risk Reduction Claims 5 C 136
Robinson-Liste Einl B 55 ff.; **7** 54
Rom I-Verordnung Einl C 24
Rom II-Verordnung
– allgemein **Einl C** 2, 10 ff.
– Auswirkungsprinzip **Einl C** 112
– Geltungsbereich **Einl C** 10 ff.
– Heimatrecht **Einl C** 125
– Inkrafttreten **Einl C** 21
– Kollisionsnormen **Einl C** 12 f., 130
– Konkurrenzen **Einl C** 90 ff.
– lex loci protectionis **Einl C** 90
– sachlicher Anwendungsbereich **Einl C** 82
– Unmittelbarkeitserfordernis **Einl C** 114
– Verfügungsverfahren **Einl C** 131
Rufausbeutung
– allgemein **3** 183; **4 Nr. 3** 135 ff.; **6** 73, 195, 199
– durch Kennzeichennachmachung **4 Nr. 3** 144
– durch Produktnachmachung **4 Nr. 3** 151 ff.
– im Rahmen von § 3 Abs. 1 UWG **3** 183
– Vorgaben an die Bekanntheit **Vor 8** 109
Rufbeeinträchtigung
– allgemein **4 Nr. 3** 135 ff.
– durch Produktnachmachung **4 Nr. 3** 151 ff.
Rufnummerunterdrückung
– Sanktion **20** 8
Rufschädigung 4 Nr. 1 1; **4 Nr. 4** 68
– Vorgaben an die Bekanntheit **Vor 8** 109
Rumänien Einl F 557 ff.
Rundfunkfreiheit
– Grundrecht **Einl G** 41
Rundfunkstaatsvertrag (RStV)
– Beeinflussungsverbot **5a** 305
– Dauerwerbesendung **Einl H** 72
– Fernsehen **5a** 311 ff.
– Hörfunk **5a** 306 ff.
– Produktplatzierung **5a** 332 ff.
– Rechtsbruch **3a** 113
– Sponsoring **5a** 318 ff.
– subliminale Werbung **5a** 354
– Trennungsgebot **5a** 303 ff.
– Verstoß gegen staatsvertragliche Verbote **5a** 304

Sabotage
– Behinderung **4 Nr. 4** 52, 74 f.
Salvatorische Klausel 5 B 134
Satire 4 Nr. 1 27; s. auch Ironie, Humor
Schadensberechnung, objektive
– Abgrenzung zur Schadensschätzung **9** 143a
– Ausnahmecharakter **9** 149
– Berücksichtigung des Verletzergewinns **9** 166 ff.
– „dreifache Schadensberechnung“ **9** 141 ff.
– Durchsetzungsrichtlinie **9** 144 ff., 166 ff.
– elektive Konkurrenz **9** 182
– Vermengungsverbot **9** 185 ff.
– Wahlmöglichkeit des Geschädigten **9** 142 ff.
– Wechsel der Berechnungsart im Prozess **9** 183 f.
Schadensersatzanspruch
– Adäquanztheorie **9** 94 f.
– Auskunftserteilungsanspruch als Hilfsanspruch **Vor 8** 63 ff.
– Bedeutung **9** 7 ff.
– Berechnungsschwierigkeiten **9** 87
– Differenzhypothese **9** 87a
– einstweilige Verfügung **12** 667 ff.
– entgangener Gewinn **9** 131 ff.
– Geheimnisverrat **9** 18; **17** 58, 63
– haftungsausfüllende Kausalität **9** 93 ff.
– haftungsbegründende Kausalität **9** 93a
– marktbezogene Verstöße **9** 91 ff.
– Marktverwirrungsschaden **9** 113 ff.
– maßgeblicher Zeitpunkt **9** 19
– mehrere Verletzer **9** 190 ff.
– mitbewerberbezogene Verstöße **9** 89 f.
– Mitverschulden **9** 97 ff.
– Nachahmung **4 Nr. 3** 212 ff.
– Naturalrestitution **9** 103 ff.
– Rechtsverfolgungskosten **9** 116 ff.
– Schadensberechnung, objektive **9** 141 ff.
– Schadenseintritt **9** 88
– Schuldner **9** 14 ff.
– Schutzrechtsverwarnung **4 Nr. 4** 222 ff.
– Schutzzweck **9** 95 f.
– unberechtigte Abmahnung **4 Nr. 4** 184 ff.
– „unmittelbar Verletzter“ **9** 11
– UWG **Vor 8** 11
– Verhältnis zum Beseitigungsanspruch **8** 153
– Verjährung **11** 19, 40
– Verjährungsbeginn **11** 80 ff.
– Verwirkung **Vor 8** 134 f.
Schadensersatzklage
– Feststellungsklage **Vor 12** 142 ff.
– Leistungsklage **Vor 12** 145 ff.
– Wahrscheinlichkeit des Schadens **Vor 12** 150
Scheinrechnung
– Black List **Anh zu § 3 Abs. 3 Nr. 22** 4, 9

Schimpfwörter 4 Nr. 1 20
Schmähkritik 4 Nr. 1 12
Schmarotzen
– Behinderung **4 Nr. 4** 27, 108
Schneeballsystem
– Black List **Anh zu § 3 Abs. 3 Nr. 14** 3 ff.
– progressive Kundenwerbung **16** 66
– Werbung **Einl B** 365
Schranken-Schranke
– unionsrechtliche Irreführungsverbote **Einl B** 440
Schutzgesetzcharakter des UWG 1 53
Schutzkonzept des UWG
– traditionelles **1** 9
Schutzlandprinzip
– siehe „lex loci protectionis"
Schutzniveau des UWG
– allgemein **1** 20, 39 ff.
– geschützte Personenkreise **1** 39 ff.
– Handelnder **1** 40 ff.
Schutzobjekt 1 3
Schutzrechtsverwarnung
– Fahrlässigkeit **9** 70a f.
– formale und inhaltliche Anforderungen **4 Nr. 4** 186 ff.
– siehe auch „Schutzrechtsverwarnung, unberechtigte"
Schutzrechtsverwarnung, unberechtigte
– Abnehmerverwarnung **4 Nr. 4** 202, 208, 211
– allgemein **4 Nr. 4** 196 ff.
– Behinderungswettbewerb **4 Nr. 4** 197
– Eingriff in den Gewerbebetrieb **4 Nr. 4** 201 ff.
– gerichtliche Geltendmachung **4 Nr. 4** 198, 204
– Herstellerverwarnung **4 Nr. 4** 203, 211
– Mitverschulden **4 Nr. 4** 211
– Rechtsansprüche **4 Nr. 4** 220 ff.
– Rechtswidrigkeit **4 Nr. 4** 205 f.
– Rücknahmepflicht **4 Nr. 4** 203
– Schadensersatz **4 Nr. 4** 222 ff.
– Tatsachenbehauptung **4 Nr. 4** 199
– Verjährung **4 Nr. 4** 212 ff.
– Verschulden **4 Nr. 4** 207 ff.
Schutzschrift
– Adressat **12** 613 ff.
– allgemein **12** 606 ff.
– Behandlung bei Gericht **12** 614 ff.
– elektronisches Schutzschriftenregister **12** 613 ff.
– Form und Inhalt **12** 610 ff.
– Kosten **12** 625 ff.
– zentrales Schutzschriftenregister **12** 613a
Schutzsubjekte 1 2, 39
Schutzzweck
– Konflikt mit der UGP-Richtlinie? **1** 27
– des UWG **1** 10, 12 f., 18 f.
Schutzzwecktrias Einl B 48; **1** 11, 25
Schwarzarbeit
– Behinderung **4 Nr. 4** 157
Schwarze Liste
– siehe „Black List"
Schweden Einl F 589 ff.
Sekundäre wettbewerbsbezogene Schutzfunktion 3a 29
Selbstverpflichtung
– Verhaltenskodex **Anh zu § 3 Abs. 3 Nr. 1** 9 ff.
Sicherungsverfügung
– einstweilige Verfügung **12** 261 f.
Slamming
– Behinderung **4 Nr. 4** 84
– unzumutbare Belästigung **7** 133
Slowakische Republik Einl F 635 ff.
Slowenien Einl F 669 ff.
SMS
– elektronische Post **2** 158; **7** 293
– Werbung **7** 338 f.; **10** 61
Sniper-Software
– Begriff **Einl G** 46, **Einl H** 46
Social media
– Begriff **Einl H** 52
– Schleichwerbung **5a** 365 ff.
Software 4 Nr. 4 92
„Solange der Vorrat reicht"
– Black List **Anh zu § 3 Abs. 3 Nr. 5** 45
– irreführende Werbung **5 C** 9, 23
Sonderdeliktsrecht
– geschäftliche Handlung **2** 3
Soziale Medien Einl H 52 ff.
Spamdexing
– Begriff **Einl H** 29
Spamming
– Begriff **Einl H** 39
Spanien Einl F 689
Spendenaufforderung Anh zu § 3 Abs. 3 Nr. 22 11
Sperrmarken
– Behinderung **4 Nr. 4** 113 ff.
„Spezial"
– irreführende geschäftliche Handlung **5 C** 50, 62
„Spezialist" 5 E 161
Spezialitätsgrundsatz
– Rom II-VO **Einl C** 92
„Spillover"
– Lauterkeitsrecht **Einl C** 145 ff.
Spionage
– Behinderung **4 Nr. 4** 31, 40, 66
„Spitzenerzeugnis"
– irreführende geschäftliche Handlung **5 C** 58
Sponsoring
– allgemein **Einl B** 64
– Begriff und Abgrenzung **5 F** 1 ff.
– RStV **5a** 318 ff.
– social sponsoring **Einl G** 97; **4a** 45, 97
Spürbarkeitserfordernis
– im AEUV **Einl C** 114a
– Bestimmung **3** 207 ff.
– Darlegungs- und Beweislast **3** 205 f.
– als Interessenbeeinträchtigung **3** 211 ff.
– Irreführungsverbot **5 B** 196, 219
– im Lauterkeitsrecht **Einl C** 145 ff., 158 ff.
– niedrige Relevanzschwelle **3** 207 ff.

– PreisangabenVO **PAngV Einf** 7
– Tatbestände **3** 225
– in der UGP-Richtlinie **Einl B** 264, 316
– im UWG **3** 27, 30, 35 f., 197, 199 ff.; **6** 9a
– bei vergleichender Werbung **Einl B** 168; **6** 237 ff.
Sternchenhinweis
– irreführende geschäftliche Handlung **5 B** 130 ff.
– PreisangabenVO **PAngV 1** 31 f., 91
– s. Disclaimer
Sterne 5 E 350
Steuerberater Einl J 16
– Rechtsbruch **3a** 67
– als Vertrauensperson **4a** 52
Steuerbevollmächtigter Einl J 16
Störerhaftung
– allgemein **3** 172 ff.; **8** 419 f.
– Aufgabe für das UWG **8** 422
– Beschränkung **8** 421
– Rechtsfolge **8** 432
– Unterschied zur Haftung wegen wettbewerblicher Verkehrspflichten **8** 437 ff.
– Voraussetzungen **8** 428 ff.
Störungszustand
– beim allgemeinen Beseitigungsanspruch **8** 159 f.
– beim Anspruch auf Widerruf **8** 161 ff.
– bei Äußerungen **8** 168 f.
– Bestehen **8** 166 ff.
– Erledigung **8** 170
– Fortdauer **8** 159, 167 ff.
– Kasuistik **8** 160
– physischer **8** 167
Strafbare Werbung
– Absichtserfordernis **16** 31 ff.
– Einfluss des europäischen Rechts **16** 1 ff.
– Handzettelwerbung **16** 24
– Konkurrenzen **16** 36 f.
– Netzwerke **16** 24
– öffentliche Bekanntmachung/größerer Personenkreis als Adressat **16** 20 ff.
– progressive Kundenwerbung **16** 46 ff.
– Strafverfolgung **16** 45
– unionskonforme Auslegung **16** 4
– unwahre/täuschende Angaben **16** 14 ff.
– Verfall und Einziehung **16** 41 ff.
– Verjährung **16** 45
– Verschweigen **16** 18 f.
– siehe auch „Progressive Kundenwerbung"
Streaming
– Verfügbarkeit **5 C** 12
Streitgegenstand
– allgemein **Vor 12** 18 ff., 33 ff.
– Hilfsantrag **Vor 12** 114, 116 f.
– Klageantrag **Vor 12** 18
– konkrete Verletzungsform **Vor 12** 21 ff.
– konkrete Verletzungshandlung **Vor 12** 19 ff., 288
– mehrere Anspruchsgrundlagen **Vor 12** 26 ff., 117
– Zusätze im Antrag **Vor 12** 111
Streitwertbemessung
– Beschwer **12** 787, 790
– Gebührenstreitwert **12** 784
– Rechtsmittelstreitwert **12** 785 ff.
– Sicherheitsleistung **12** 792
– Wert des Beschwerdegegenstands **12** 787
– Zuständigkeitsstreitwert **12** 783, 814
Streitwertfestsetzungsverfahren
– Änderung des Streitwerts **12** 796
– Beschwerdeberechtigung **12** 801 ff.
– „endgültige" Festsetzung **12** 795
– Kostenerstattung **12** 811
– Streitwertangaben der Parteien **12** 799, 821 ff.
– Streitwertbeschwerde **12** 800 ff.
– vorläufige Festsetzung **12** 793 f.
Streitwertschätzung
– allgemein **12** 815 ff.
– Angreiferinteresse **12** 818 ff.
– „Angriffsfaktor" **12** 829
– Auffangstreitwert **12** 825
– Beseitigungsinteresse **12** 882
– Eventualklagehäufung **12** 868a
– kumulative Klagehäufung **12** 868b
– objektive Klagehäufung **12** 866 ff.
– Regelstreitwert **12** 824
– Streitwert der Feststellungsklage **12** 874 f.
– Streitwert der Stufenklage **12** 896
– Streitwert der Unterlassungsklage **12** 826 ff.
– Streitwert der Widerklage **12** 873
– Streitwert des Aufhebungsverfahrens **12** 865 f.
– Streitwert des einstweiligen Verfügungsverfahren **12** 841 ff.
– Streitwert des Kostenwiderspruchs **12** 864
– Streitwert für das Ordnungsmittelverfahren **12** 885
– subjektive Klagehäufung **12** 871 ff.
– Wert der Klage auf eidesstattliche Versicherung **12** 881
– Wert des Hilfsanspruchs **12** 877
– wirtschaftliche Identität **12** 871
Struktur-Verhaltens-Ergebnis-Paradigma 3 61
Stufenklage
– Gewinnabschöpfungsanspruch **10** 152
– Streitwert **12** 869
Subsidiaritätsprinzip Einl B 9
Subventionen
– Behinderung **4 Nr. 4** 156
Suchmaschinen
– Begriff **Einl H** 25 ff.
– Haftung **8** 522
– irreführende geschäftliche Handlung **5 C** 70c
Superlativbehauptung
– s. Alleinstellung
Super-Wettbewerbsgericht
– EuGH **Einl B** 170 ff.
Surface Links Einl H 20
Systemvergleich 4 Nr. 1 28

Tabakerzeugnisse
– Kennzeichnung **Einl I** 38 f.
– Werbeverbote **Einl I** 37
Tabakwerbungsrichtlinie Einl B 80 ff.; **Einl C** 37, 72
„Taste and decency“ Einl B 248
Täterschaft
– Abgrenzung zur Teilnahme **8** 357 ff.
– allgemein **8** 351 f., 357 ff.
– Mittäter **8** 370 ff.
– mittelbarer Täter **8** 367 ff.
– Nebentäter **8** 366
– „Täter hinter dem Täter“ **8** 368
– Tatmittler **8** 369
– unmittelbarer Alleintäter **8** 362 ff.
– Unterlassen **8** 373 ff.
Tatsachenbehauptungen
– unwahre **4 Nr. 1** 6
– wahre **4 Nr. 1** 21
Täuschungseignung
– im Rahmen des § 5 UWG **5 B** 123 ff., 181 f.
Teekanne Entscheidung Einl B 458 f.
Teilharmonisierung
– durch Sekundärrecht **Einl B** 439
Teilnahme
– Abgrenzung zur Täterschaft **8** 357 ff.
– allgemein **8** 351 f., 357 ff., 398 ff.
– Anstifter **8** 401 f.
– doppelter Teilnehmervorsatz **8** 408 ff.
– Gehilfe **8** 403 ff.
– Unterlassen **8** 373 ff., 406, 417
Teledienstegesetz (TDG) Einl C 40
Telefax
– elektronische Post **2** 159
– unzumutbare Belästigung **7** 287, 311 ff.
– Werbung **Einl B** 381 f.; **10** 60
Telekommunikation
– Behinderung **4 Nr. 4** 86
– medienspezifische Besonderheiten **Einl H** 82 ff.
– PreisangabenVO **PAngV Einf** 12
Telekommunikationsgesetz 7 179
Telemarketing Einl B 38, 40, 506
Telemediengesetz (TMG)
– Begriff **Einl C** 40 ff.
– Belästigungen **7** 178
– E-Mail Spamming **Einl H** 41
– Schleichwerbung **5a** 248, 353
Territorialitätsprinzip
– Immaterialgüterrecht **Einl C** 90
Testimonial Werbung
– s. Private, Prominente
Testkäufer
– Abgabebereitschaft **5 C** 13
– Bevorratung **Anh zu § 3 Abs. 3 Nr. 5** 51
Testmaßnahmen
– allgemein **4 Nr. 4** 54 ff., 59 ff.
– Kundenbefragungen **4 Nr. 4** 62
– Rechtsmissbrauch **4 Nr. 4** 63
– Testfotos **4 Nr. 4** 60 f.
– Testkosten **4 Nr. 4** 64 f.
– Verhinderung **4 Nr. 4** 58
Testpreise
– irreführende geschäftliche Handlung **5 D** 49
Tests
– Aktualität **5 C** 270 f.
– Begriff **5 C** 249
– irreführende Aussagen **Anh zu § 3 Abs. 3 Nr. 2** 4
– Konsumententests **5 C** 258
– Repräsentativität **5 C** 269
– Testhinweis-/ergebniswerbung **5 C** 256 ff.
– Testinstitut **Anh zu § 3 Abs. 3 Nr. 2** 4
– „Testsieger“ **5 C** 252, 265
– s. Warentest
Theorie der Doppelnatur 8 256
„Tiefpreisgarantie“
– irreführende geschäftliche Handlung **5 D** 78
Totalharmonisierung Einl B 58, 112 ff., 173, 178, 227, 247, 272, 379, 458 ff.
Transparenzrichtlinie Einl B 60
Trennungsgebot
– allgemein **Einl H** 59 ff.
– E-Mail-Werbung **5a** 363
– Hyperlinks **5a** 359 ff.
– Passivlegitimation **5a** 380 ff.
– Rundfunk und Fernsehen **Einl H** 69 ff.; **5a** 303 ff.
Treu und Glauben
– im UWG **Vor 8** 190
TRIPs-Abkommen Einl B 401 f.; **Einl E** 4 f.; **Einl G** 193; **Vor 17–19** 1
Tschechische Republik Einl F 716 ff.
TÜV
– Black List **Anh zu § 3 Abs. 3 Nr. 4** 15
– Testergebniswerbung **5 C** 258
– TÜV-Plakette **5 C** 286
Typenbezeichnung
– irreführende geschäftliche Handlung **5 C** 69a

Übertragungsgeschwindigkeit
– irreführende geschäftliche Handlung **5 C** 12
Ubiquitätsprinzip Einl C 153
UGP-Richtlinie
– Absatz- oder Bezugsförderungszusammenhang **2** 51
– aggressive Geschäftspraktiken **Einl B** 223, 236, 346 ff.
– allgemein **Einl A** 17 ff.; **Einl B** 2; **5 A** 29 ff.
– Anwendungsbereich **Einl B** 226 ff., 373; **5 A** 29 ff.; **7** 3
– B2C **1** 5, 23, 25
– Basisschutz **5 A** 58 f.
– belästigende Geschäftspraktiken **Einl B** 353 ff.
– berufliche Sorgfaltspflicht **Einl B** 265 ff., 279 ff.
– Einfluss auf den Anhang zu § 3 Abs. 3 UWG **Anh zu § 3 Abs. 3 Vorb** 10 ff.
– fachliche Sorgfalt **2** 180
– Finalität **Einl B** 256
– Generalklausel **Einl B** 178, 191, 221, 278 ff.

– geschäftliche Handlung **2** 8, 93; **3** 43
– Geschäftsentscheidungsrelevanz **Einl B** 360 ff.
– Grundsatz der gegenseitigen Anerkennung **Einl B** 272
– Grundsatz der praktischen Wirksamkeit **Einl B** 374
– Haftung der Medien **Einl B** 257
– Haustürwerbung **7** 86
– Informationspflichten **Einl B** 202 ff., 334
– irreführende Handlungen/Unterlassen **Einl B** 222, 236, 330 ff.
– Irreführungsgefahr **Einl B** 324 ff.
– Konflikt mit dem UWG-Schutzzweck? **1** 27
– Konkurrenzverhältnis **5 A** 33
– Leitlinien zur Umsetzung und Anwendung **Einl B** 172
– Mitbewerberschutz **1** 25
– Nicht-Information **Einl B** 289, 331
– objektiver Zusammenhang **Einl B** 256
– Paradigmenwechsel **Einl B** 197
– Probleme bei der Umsetzung in deutsches Recht **3** 58 ff.
– Regelungsinhalt **Einl A** 21
– Relevanzkriterium **3** 94
– richtlinienkonforme Auslegung **Einl B** 180, 208, 217
– sachlicher Anwendungsbereich **Einl A** 20
– „Schwarze Liste“ **Einl B** 224, 320, 360 ff.
– Sondertatbestände **Einl B** 188
– Sperrwirkung **5 A** 33 ff., 50 ff.
– Spürbarkeitserfordernis **Einl B** 264, 316
– überschießende Umsetzung **Einl B** 3
– Umsetzungsspielraum **Einl B** 184 f.
– unionsrechtliche Informationspflichten **5 A** 50 ff.
– Unlauterkeit **3** 126
– unmittelbare Anwendung **Einl B** 215
– „Unternehmer zu Unternehmer“ **2** 232, 247
– Unternehmerdefinition **Einl B** 250
– Verbraucherdefinition **Einl B** 250
– Verbraucherleitbild **Einl B** 299, 318; **2** 244
– Verbraucherschutz- und Binnenmarktziel **Einl A** 18; **1** 23 f.
– Verhaltenskodex **2** 168
– Verhältnis § 7 UWG **7** 3 ff.
– Verhältnis zum Markenrecht **Einl B** 327 f., 446 ff.
– Verhältnis zur Irreführungsrichtlinie **Einl B** 445
– Verhältnis zur PreisangabenVO **PAngV Einf** 14; **PAngV 1** 4 ff., 11 ff., 65 f.
– Vollharmonisierung **Einl A** 19; **Einl B** 173, 178, 227, 247, 379, 458 ff.; **1** 23; **5 A** 29
– s. auch Unionsrecht

Umwelt
– irreführende geschäftliche Handlung **5 C** 157 ff.
– Öko-Bilanz **5 C** 160
– „umweltfreundlich“ **5 C** 159
– Umweltverträglichkeit **5 C** 158
– Umweltzeichen **5 C** 165

„Unclean hands“
– Begriff **Vor 8** 194

Ungarn Einl F 755 ff.

Ungekoppelte Zuwendungen
– „aggressive Begleitumstände“ **4a** 69
– allgemein **4a** 66 ff.
– Ausnahmen **4a** 69 ff.
– Begriff **4a** 67
– Dreieckszuwendung **4a** 72
– Grundsatz **4a** 68
– Irreführung **4a** 70
– psychologischer Kaufzwang **4a** 67 f.
– kein rechtlicher Kaufzwang **4a** 67
– Schutzbedürftigkeit **4a** 139
– Verkehrsgewöhnung an Formen der Wertereklame **4a** 68
– wettbewerbsimmantenter Reflex **4a** 68
– Zulässigkeit **4a** 68

Unionsgrundrechte Einl B 153, 363, 440

Unionsrecht
– allgemein **Einl A** 54
– Einfluss auf das UWG **1** 5, 21 ff.
– Rechtsquellen **Einl G** 5 ff.
– Staatshaftung **Einl G** 21 ff.
– Verbindlichkeit **Einl G** 1 ff.
– Verhältnis zur PreisangabenVO **PAngV Einf** 14 ff.; **PAngV 1** 4 ff., 44 ff., 52 ff., 65 f.; **PAngV 4** 1 ff.; **PAngV 5** 1 ff.; **PAngV 7** 1 ff.; **PAngV 8** 1 ff.
– Vorlage zum EuGH **Einl G** 15 ff.
– s. auch UGP-Richtlinie

Unionsrechtskonforme Auslegung
– Irreführung **5 A** 25
– des nationalen Rechts **Einl B** 36, 92, 112 ff., 175, 187, 445; **Einl G** 24 ff.

Unlautere geschäftliche Handlungen
– allgemein **1** 37 f.; **3** 1 ff.
– ansteigende Unzulässigkeit **3** 7
– Anwendbarkeit **3** 116
– Auffangtatbestand **3** 12 f., 107 ff.
– auslegungsbedürftige Norm **3** 2
– Ausnutzung einer amtlichen Stellung **3** 185 ff.
– B2B **3** 3, 10, 39
– B2C **3** 4, 9
– Bagatellschwelle **3** 196 ff.
– Bedeutung, praktische **3** 8 ff.
– keine Definition „lauteren“ Verhaltens **3** 3
– DIN-Normen **3** 135
– dynamischer Verweis in Abs. 3 **3** 56
– Generalklausel, große **3** 2, 11 f., 107 ff.
– Generalklausel, Regelungstechnik **3** 42 ff.
– Marktstörung **3** 181
– Menschenverachtung **3** 188
– Mindeststandard **3** 54
– nicht an Verbraucher gerichtet oder diese erreichend **3** 116 ff.
– originärer Anwendungsbereich **3** 3, 39, 203
– Rufausbeutung **3** 183
– Spürbarkeit **3** 197, 199 ff.
– Störung von Vertriebsbindungssystemen **3** 184

– unberechtigte Schutzrechtsverwarnung **3** 182
– Unlauterkeit siehe „Unlauterkeit“
– unmittelbarer Leistungsschutz **3** 177 ff.
– Unzulässigkeit **3** 1, 3
– Verbotstatbestand **3** 38
– Verbrauchergeneralklausel **3** 4, 31, 50 ff., 66 ff.
– Verbraucherleitbild **3** 5, 55, 101 ff.
– verbraucherrechtliche Schutzrichtung **3** 4 ff.
– Verhaltenskodex, Verstoß **3** 132
– Vorhersehbarkeit **3** 105
– Wesentlichkeitsschwelle **3** 198 ff.
– wettbewerbliche Verkehrspflichten **3** 168 ff.

Unlautere Verhaltensweisen
– Abwerben **3a** 137 f.
– allgemein **3a** 131 ff.
– Ausnutzen fremden Vertragsbruchs **3a** 142
– Schleichbezug **3a** 148
– systematische Täuschung **3a** 136
– Verleitung zum Vertragsbruch **3a** 141
– vertragliche Werbeverbote **3a** 135
– vertragliche Wettbewerbsverbote **3a** 134
– siehe auch „irreführende geschäftliche Handlungen“

Unlauterkeit
– Begriff **1** 27; **3** 2, 19, 121 ff., 162 ff.
– Definition der UGP-Richtlinie **3** 126
– differierende Unlauterkeitsbegriffe **3** 121, 162 ff.
– DIN-Normen **3** 135
– als Einschränkung wettbewerblicher Entfaltungsmöglichkeiten **3** 140 ff.
– Einzelfallentscheidung **3** 122
– funktionale Interessenabwägung **3** 123
– Interessenabwägung **3** 144 ff.
– als Rechtsfrage **3** 127 ff.
– Selbstverpflichtungsmaßnahmen **3** 130
– „Sittenwidrigkeit“ **3** 123
– subjektive Elemente **3** 153 ff.
– als Verstoß gegen unternehmerische Sorgfalt? **3** 136 ff.
– Verstoß gegen Verhaltenskodizes **3** 132
– Verstoß gegen wettbewerbliche Regelwerke und „business ethics“? **3** 129 ff.
– Wettbewerbsfunktionalität **3** 163

Unmittelbar mitbewerbergerichtetes Verhalten Einl B 4

Unterlassen
– Bedeutung der Unterscheidung zum Tun **8** 373 ff.
– Garantenstellung **8** 383 ff.
– geschäftliche Handlung **2** 19
– Möglichkeit der Erfolgsabwendung **8** 394
– Schwerpunkt der Vorwerfbarkeit **8** 378 ff.
– Zumutbarkeit der Erfolgsabwendung **8** 395

Unterlassungsanspruch
– Abwehr drohender Gefahren **8** 24 ff.
– Abwehr künftiger Wettbewerbsversstöße **8** 24
– Aktives Tun als Anspruchsinhalt **8** 7 ff.
– Aktivlegitimation **8** 242 ff., 255 ff.
– Anspruchsmehrheit **8** 252 ff.
– Auskunftserteilungsanspruch als Hilfsanspruch **Vor 8** 87 ff.
– Bedeutung **8** 1 f.
– Begehungsgefahr **8** 5, 24 f., 111
– Begehungsgefahr, Wegfall **8** 29
– Darlegungs- und Beweislast **8** 35
– Dauerhandlungen **8** 8
– Einzelhandlungen **8** 9
– Erledigung **8** 33
– Erstbegehungsgefahr **8** 5, 24, 27, 78 ff.
– Geheimnisverrat **17** 58 ff.
– Gläubigermehrheit **8** 251
– maßgeblicher Zeitpunkt **8** 30 ff., 723
– materielle Voraussetzung **8** 24
– Nichtbegehung der Zuwiderhandlung **8** 6
– Passivlegitimation **8** 350 ff.
– persönliche Betroffenheit **8** 278 ff.
– positive Handlungen **8** 7 ff.
– Prozessführungsbefugnis **8** 257 ff.
– Rechtsnachfolge **8** 272 f., 558 f.
– Rechtsschutzbedürfnis **8** 67
– Rückruf als Inhalt der Unterlassungsanspruchs? **8** 17 ff.
– Rückrufpflicht **8** 18 f.
– Tatsachenfrage **8** 34
– Unterbleiben eines Rückrufs **8** 20
– Verhältnis zum Beseitigungsanspruch **8** 21 ff., 151 ff.
– Verjährung **8** 144 f.; **11** 12 ff.
– Verjährungsbeginn **11** 79
– Verletzungsunterlassungsanspruch **8** 25 f., 36 ff.
– vertragliche Verpflichtung zur Unterlassung **8** 12
– Verwirkung **Vor 8** 132, 150 ff., 173 ff.
– vorbeugender Unterlassungsanspruch **8** 27, 78 ff.
– als wettbewerbsrechtlicher Fundamentalanspruch **8** 2
– wiederholte Handlungen **8** 28
– Wiederholungsgefahr **8** 5, 24 f., 36 ff.
– Zielrichtung **8** 6 ff.
– siehe auch „Erstbegehungsgefahr“; „Erstbegehungsgefahr, Wegfall“; „Wiederholungsgefahr“; „Wiederholungsgefahr, Wegfall“

Unterlassungsanspruch, Reichweite
– Aufbrauchfrist **8** 132 ff.
– der Begehungsgefahr **8** 111
– E-Mail Werbung **8** 119
– der Erstbegehungsgefahr **8** 123
– identische Handlungen **8** 112
– Insolvenzverwalter **8** 129
– Interessenabwägung **8** 134 ff.
– irreführende Werbung **8** 117 f.
– kerngleiche Handlungen **8** 113 ff.
– materielle **8** 111
– persönliche **8** 124 ff.
– räumlicher Umfang **8** 130
– Rechtsnachfolge **8** 125 ff.
– sachliche **8** 111 ff.
– Verjährung **8** 144 f.; **11** 12 ff.
– Werbeanruf **8** 119

– der Wiederholungsgefahr **8** 112 ff.
– zeitlicher Umfang **8** 131

Unterlassungsanspruch, vorbeugender
– Erstbegehungsgefahr **8** 78, 83 ff.
– Verhältnis zum Verletzungsunterlassungsanspruch **8** 79 ff.
– siehe auch „Erstbegehungsgefahr", „Erstbegehungsgefahr, Wegfall"

Unterlassungsantrag
– Auslegung **Vor 12** 81 f., 86, 94, 110, 113
– Begriffe mit unstreitiger Bedeutung **Vor 12** 89
– Begriffe ohne eindeutigen Inhalt **Vor 12** 85 ff.
– Beispiele im Antrag **Vor 12** 87, 95, 100, 107
– Beispiele von Bestimmtheit **Vor 12** 91
– Beispiele von Unbestimmtheit **Vor 12** 91
– Bestimmtheitsgebot **Vor 12** 75 ff.
– Bezugnahme auf Anlagen **Vor 12** 95, 100, 107
– Geheimhaltungsinteresse **Vor 12** 96
– Gesetzeswortlaut im Antrag **Vor 12** 92 ff.
– Hilfsantrag **Vor 12** 104, 112, 114 ff.
– Konkretisierungsgebot **Vor 12** 97 ff.
– Mehrheit von Verletzern **Vor 12** 101
– minus/aliud **Vor 12** 104, 110, 112, 114 ff.
– Verallgemeinerungen **Vor 12** 79, 98, 102 ff., 120
– Zusätze **Vor 12** 108 ff.

Unterlassungserklärung
– sachliche Zuständigkeit **13** 9

Unterlassungsklage
– gegen Abmahnungen **Vor 12** 74, 125; **12** 107
– allgemein **Vor 12** 70 ff.
– gegen Äußerungen vor Gericht **Vor 12** 74
– Ordnungsmittelantrag **Vor 12** 118 f.
– Rechtsschutzbedürfnis **Vor 12** 70 ff.
– Streitwert **12** 826 ff.

Unterlassungsklagenrichtlinie Einl B 49a; **8** 337

Unterlassungsurteil
– Androhung von Ordnungsmitteln **Vor 12** 237 ff.
– Aufbrauchsfrist **Vor 12** 234, 236; **12** 140
– Auslegung **Vor 12** 224 ff., 226 ff.
– Bestimmtheitsgebot **Vor 12** 76, 224 f.
– Bindung an den Antrag **Vor 12** 24, 75, 83, 230 f.
– Bindungswirkung **Vor 12** 245 ff.
– Rechtskraft **Vor 12** 229, 243 ff.; **12** 213
– Umstellungsfrist **Vor 12** 235 f.
– zeitliche Begrenzung **Vor 12** 232 f.
– siehe auch „Zwangsvollstreckung"

Unternehmensgeheimnisse
– geheimes betriebliches Know-How **Vor 17–19** 1 ff.
– als Immaterialgüter **Vor 17–19** 2a

Unternehmensinhaber
– Begriff **8** 577 ff.

Unternehmensinhaberhaftung für Mitarbeiter und Beauftragte
– Arbeitsplatzwechsel **8** 627
– Erfolgshaftung **8** 563
– beim Gewinnabschöpfungsanspruch **10** 71 ff.
– Inhaberwechsel **8** 623 ff.
– Mitarbeiter **8** 587 ff.
– Rechtfertigung **8** 569 f.
– Rechtscharakter **8** 571
– Unternehmensbezug **8** 606 ff.
– Unternehmensinhaber **8** 577 ff.
– Urteilstenor **8** 616
– Verschuldensunabhängigkeit **8** 569
– Zurechnung **8** 564, 576 ff.
– Zuwiderhandlung **8** 603 ff.

Unternehmerische Sorgfalt
– allgemein **Einl B** 268; **3** 4
– Beispiele **2** 196
– Definition **3** 78
– Konkretisierung **2** 183
– Marktgepflogenheiten **2** 187
– Unlauterkeit **3** 136 ff.
– s. auch Berufliche Sorgfaltspflicht

Unternehmer/Unternehmen
– als Adressat von Werbeanrufen **7** 259 ff.
– Befähigung **5 E** 115 ff.
– Begriff **Einl B** 250; **2** 246 ff.
– Eigenschaften **5 E** 1 ff.
– geschäftliche Handlung **2** 12, 20
– gewerbliche/selbständige berufliche Tätigkeit **2** 250
– handelnde Personen/im Auftrag von **2** 251
– Identität **5 C** 2 ff.
– juristische Person **2** 249
– Leitbild **2** 252
– Marktteilnehmer **2** 111
– Mitbewerber **2** 125
– natürliche Person **2** 249
– öffentliche Hand **Einl G** 47 ff.; **2** 249a
– Personengesellschaften **2** 249
– UGP-Richtlinie **2** 244, 247
– Umfang der Verpflichtungen **5 E** 95 ff.
– Unternehmensalter und -tradition **5 E** 249 ff.
– Unternehmensgröße und -bedeutung **5 E** 211 ff.
– Unternehmensziele **5 E** 206 ff.
– Vertriebsart **5 E** 376 ff.
– Zulassung **5 E** 9 ff., 273 ff.

Unterwerfungserklärung
– Abmahnung **12** 43 ff.
– allgemein **12** 2, 114 f., 170
– auflösende Bedingung **Vor 12** 133; **12** 166 f.
– Auslegung **12** 185 ff., 189
– Bedeutung für Kostenentscheidung **Vor 12** 61; **12** 88
– Bedingung **Vor 12** 133; **12** 139, 166 f.
– Befristung **12** 139 f., 168
– Bestimmtheit **12** 138, 170
– Beweislast **12** 65, 133, 190, 192
– Drittunterwerfung **8** 53; **12** 71, 102
– eingeschränkte Unterwerfung **12** 127, 146
– einseitige Unterwerfung **12** 128
– Erfüllungsgehilfen **12** 188 f., 192

– ernstlicher Verpflichtungswille **12** 137, 140, 146, 170ff.
– Geschäftsführer **12** 187
– kerngleiche Handlung **12** 45, 145ff., 186
– konkrete Verletzungsform **12** 145ff.
– notarielle Unterwerfung **8** 66ff.
– Rechtsfolgen einer Zuwiderhandlung **12** 191f.
– Schadensersatz **12** 192
– Teilunterwerfung **12** 139, 170, 176
– ungesicherte **12** 44, 118, 122
– Vertretenmüssen **12** 188
– Wegfall der Wiederholungsgefahr **8** 51ff.
– Zuwiderhandlung **12** 185ff.

Unterwerfungsvertrag
– AGB **12** 144, 152, 216
– allgemein **12** 117, 119
– Anfechtung **12** 153
– Angebot des Gläubigers **12** 125
– Angebot des Schuldners **12** 127f., 141
– Annahme des Gläubigers **12** 127, 129
– Annahme des Schuldners **12** 126
– Aufgabe des Geschäftsbetriebs **12** 160, 169
– Auskunftspflicht **12** 150
– Auslegung **12** 142f., 185
– Beendigung **12** 156ff.
– Einschränkungen **12** 139
– Fehlen/Wegfall des Klagebefugnis **12** 153, 157ff.
– Fehlen/Wegfall eines Verstoßes **12** 154f., 162ff.
– Form **12** 130ff.
– Inhalt **12** 136
– Kartellrecht **12** 151, 156
– Kündigung **12** 158f., 162f.
– Prozessvergleich **12** 153
– Rechtsfolgen für gesetzliche Ansprüche **12** 173ff.
– Rechtsmissbrauch **12** 160, 164
– Rechtsnachfolge **12** 178ff.
– Rechtsnatur **12** 120f., 123, 174
– Vertretung **12** 134
– Wirksamkeit **12** 151ff.
– Zustandekommen **12** 124ff.

Unverbindliche Preisempfehlung
– irreführende geschäftliche Handlung **5 D** 51ff.
– PreisangabenVO **PAngV 1** 22

Unverfälschter Wettbewerb **1** 71, 73, 78; **3** 144, 146

Unwahre Angaben
– Black List **Anh zu § 3 Abs. 3 Nr. 4** 7ff.; **Anh zu § 3 Abs. 3 Nr. 17** 12; **Anh zu § 3 Abs. 3 Nr. 18** 8ff.; **Anh zu § 3 Abs. 3 Nr. 19** 3ff.; **Anh zu § 3 Abs. 3 Nr. 23** 11ff.; **Anh zu § 3 Abs. 3 Nr. 24** 6
– kein Erfordernis der Täuschungseignung **5 B** 181
– Irreführung **5 B** 97, 140ff., 174ff.
– objektiv unwahr **5 B** 174ff.
– Relevanzerfordernis **5 B** 182, 204f.

Unzulässig Beeinflussung
– im Rahmen des § 4a UWG **4a** 7, 13a

Urheberrecht
– allgemein **Einl G** 37, 109ff., 193ff., 223ff.
– Entstehung **5 E** 56
– sondergesetzliche Grundlage **Einl B** 98
– Sonderzeichen **5 E** 62, 71ff.
– Verhältnis zum Wettbewerbsrecht **5 A** 76
– Welturheberrechtsabkommen **5 E** 56

Urkundenvernichtung
– Behinderung **4 Nr. 4** 148

Ursprungsbezeichnung
– allgemein **Einl B** 160ff.
– Kennzeichenbegriff **6** 169ff., 201
– vergleichende Werbung **6** 234f.

Urteil
– Auskunft und Rechnungslegung **Vor 12** 241, 248
– Bindungswirkung **Vor 12** 245ff.
– Feststellung der Schadensersatzpflicht **Vor 12** 242, 249
– Prozessurteil **Vor 12** 223
– Rechtskraft **Vor 12** 243ff.
– siehe auch „Unterlassungsurteil"

User generated content
– Schleichwerbung **5a** 365ff.
– social media **Einl H** 52

UWG-Reform 2004 **3** 23f.
– Schutzzweckbestimmung **1** 9, 12ff.

UWG-Reform 2008
– allgemein **1** 15f.
– Umsetzung der UGP-Richtlinie **3** 57

UWG-Reform 2015
– Abgrenzung § 3 Abs. 1 UWG zur UGP-Richtlinie **3** 116
– allgemein **Einl A** 26; **1** 17; **5 A** 8
– Anknüpfung an die UGP-Richtlinie **3** 57
– Definitionen (§ 2 UWG) **Einl A** 30
– entfallene Tatbestände des Beispielkatalogs des § 4 UWG a. F. **Einl A** 38
– Generalklausel (§ 3 UWG) **Einl A** 32; **3** 15ff., 25ff.
– gesetzgeberische Intention **3** 25
– Irreführungsverbote (§§ 5 und 5a UWG) **Einl A** 40
– Mitbewerberschutz (§ 4 UWG) **Einl A** 37
– Normzweckklausel (§ 1UWG) **Einl A** 29
– Rechtsbruch (§ 3a UWG) **Einl A** 36
– Spürbarkeit **3** 199ff.
– stets unzulässige geschäftliche Handlungen gem. Anhg. § 3 („Black List") **Einl A** 45
– unternehmerische Sorgfalt **3** 78
– unzumutbare Belästigung (§ 7 UWG) **Einl A** 44; **7** 34
– Verbot aggressiver geschäftlicher Handlungen (§ 4a UWG) **Einl A** 39
– Verbrauchergeneralklausel **3** 51
– Verbraucherleitbild **3** 104
– Vereinbarkeit mit Unionsrecht **1** 21
– verfahrensrechtliche Regelungen (§§ 8ff. UWG) **Einl A** 48
– vergleichende Werbung (§ 6 UWG) **Einl A** 43

– Ziel der richtlinienkonformen Formulierung **3** 25

Vanity-Nummer 4 Nr. 4 85
venire contra factum proprium
– Rechtsmissbräuchlichkeit **Vor 8** 203
– Verwirkung **Vor 8** 130
Verbände
– Aktivlegitimation **8** 256 ff.
– Klagebefugnis **8** 242 ff.
– Prozessstandschaft **8** 269 f.
Verbot der Marktmanipulation
– WpHG **5a** 346
Verbraucher
– Arbeitnehmer **2** 240
– Begriff **Einl B** 250; **1** 52, 59; **2** 238 ff.; **3** 71
– Darlehen **PAngV 6** 6 ff.; **PAngV 6a** 1 ff.; **PAngV 10** 19 f.
– Durchschnittsverbraucher **Einl B** 318, 482; **1** 54, 59; **3** 101 ff.; **5 B** 14, 28 ff.
– Existenzgründung **2** 240
– freie und informierte Entscheidung **3** 4, 98
– geschäftliche Handlung **2** 12
– keine gewerbliche/selbständige berufliche Tätigkeit **2** 240
– Informationsmodell des Verbraucherschutzes **Einl B** 201
– als Marktteilnehmer **1** 52, 61; **2** 110; **3** 4
– natürliche Person **2** 239
– PreisangabenVO **PAngV Einf** 6; **PAngV 1** 6
– spezifische Verbraucherkreise **2** 245
Verbrauchergeneralklausel
– allgemein **3** 4, 31, 50 ff., 66 ff.
– „an Verbraucher gerichtet oder diese erreichend" **3** 70 ff.
– Anwendbarkeit **3** 66, 70 ff.
– Aufforderung zur Schädigung Dritter **3** 85
– als Auslegungsregel? **3** 50, 68
– Eignung zur wesentlichen Beeinflussung **3** 92 ff.
– Erheblichkeitsschwelle **3** 97
– Finanzprodukte **3** 88
– Gewinn- und Glücksspiele **3** 89 f.
– lauterkeitsrechtliche Verhaltenspflichten **3** 91a
– Relevanz, praktische **3** 53, 67
– Relevanzkriterium **3** 66, 92 ff.
– Unterlassen **3** 75
– Unwertkriterium **3** 66, 82 f.
– unwirksame Vertragsklauseln **3** 91
– als Verbotstatbestand **3** 50
– Verharmlosung von Gesundheitsgefahren **3** 87
– Verkaufsfördermaßnahmen **3** 90
– Werbung mit Testergebnissen **3** 86
Verbraucherinteresse
– Ermittlung **1** 59 f.
– kollektive Verbraucherinteressen **Einl B** 392 ff.; **Einl C** 126, 136 ff.
– typisierte Verbraucherinteressen **1** 60 f.
– wirtschaftliches Interesse **1** 52
Verbraucherleitbild
– Begriff **Einl B** 31 ff., 423 ff.; **1** 54 ff.
– Entwicklung, im UWG **Einl A** 10; **1** 54
– bei Irreführungstatbeständen **Einl B** 432
– normatives Verbraucherleitbild **Einl B** 31 ff., 423 ff.; **3** 103; **5 C** 31; **5 K** 9; **5a** 89; **6** 16
– bei speziellen Verbrauchergruppen **1** 57; **5 B** 13 f., 48, 112, 160, 240; **5 C** 31
– UGP-Richtlinie **Einl B** 299, 318; **2** 244
– unionsrechtliche Vorgaben **Einl B** 1; **3** 5, 55, 101 ff.
– vergleichende Werbung **6** 16
Verbraucherrechte 5 I 1 ff.
– allgemein **5 I** 15
– Garantie **5 I** 17 ff.
– Unionsrecht **Einl B** 49a, 57 f., 100 f., 201, 293, 398
– Widerrufsrecht **5 I** 15, 23 ff.; **Anh zu § 3 Abs. 3 Nr. 10** 6
Verbraucherrechterichtlinie Einl B 57; **Einl C** 24; **7** 172 f.; **PAngV Einf** 14
Verbraucherschutz
– allgemein **Einl B** 15, 235; **1** 26 ff., 30 ff.
– Auswahl- und Abschlussfreiheit **1** 64
– Bedeutung im UWG **3** 148
– Entscheidungsfreiheit **1** 61 f.
– kein individuelles Klagerecht für Verbraucher **Einl B** 392; **1** 53; **2** 236; **Vor 8** 4; **8** 250
– kollektiver Schutz **1** 53
– Konsumentensouveränität **1** 52
Verbraucherschutzorganistationen, ausländische
– Aktivlegitimation **8** 344 ff.
Verbraucherverband
– Aktivlegitimation **8** 256 ff., 340 ff.
– allgemein **Einl B** 392 ff.
– Eintragung **8** 340 ff.
– Klagebefugnis **8** 242 ff.
Verbrauchsdatum 5 C 63
Verdrängungswettbewerb 4 Nr. 4 166 ff.
Vereinigungsfreiheit
– Grundrecht **Einl G** 42
Verfahrensgrundsätze
– Beschleunigungsgrundsatz **12** 415
– Glaubhaftmachung **12** 416 ff.
Verfassungsrecht
– allgemein **Einl A** 58; **Einl G** 32 ff.
– Gewinnabschöpfungsanspruch **10** 28 ff.
– Vorgaben zur Auslegung des UWG **3** 158 ff.
– wettbewerbsrechtliche Verbote **5 A** 69 ff.
Verfügungsverfahren
– Streitgegenstand **12** 287
– Streitwert **12** 841 ff.
– Verhältnis zum Hauptsacheverfahren **12** 288 ff.
Vergleich
– allgemein **Vor 12** 277 f.
– außergerichtlicher **Vor 12** 283, 337
– Kostenvergleich **Vor 12** 280 f.
– Prozessvergleich **Vor 12** 279 ff., 337; **12** 135, 211 ff.
– Vertragsstrafenabrede **Vor 12** 282

Vergleichende Werbung
– abschließende Regelung zulässiger Verbote **6** 13
– allgemein **4 Nr. 1** 5, 28; **6** 1 ff.
– anlehnend vergleichende Werbung **Einl B** 154; **6** 12 ff., 35 ff., 81 ff., 234 ff.
– Begriffsauslegung **6** 118
– Beweislast **6** 250 f.
– Bezugspunkt des Vergleiches **6** 143 ff.
– Darlegungs- und Beweislast **Vor 12** 213
– Definition **Einl B** 123; **6** 35 ff.
– Eigenschaften **6** 143 ff., 152 ff.
– „erkennbar machen" **6** 63 ff.
– Ersatzteil- und Zubehörwerbung **6** 58, 137, 165, 232 f.
– Funktionsidentität **6** 127
– Generika **6** 232 f.
– Gesundheitsbezug **6** 293 ff.
– Health Claims-VO **6** 295
– HeilmittelwerbeG **Einl I** 45; **6** 293
– Herabsetzung (§ 6 Abs. 2 Nr. 5 UWG) **6** 205 ff.
– Imitationswerbung (§ 6 Abs. 2 Nr. 6 UWG) **6** 224 ff.
– implizite Vergleiche **6** 118
– individuelle Verkaufskommunikation **6** 41
– Informationszweck **6** 123, 141
– Interessenabwägung **6** 193 ff., 204, 209 ff., 247
– Irreführung **5 A** 35; **5 B** 121; **5 K** 1 ff.; **5a** 13
– Irreführungsschutz **6** 123, 141 f.
– Kennzeichenbegriff **6** 166 ff., 187
– Klagebefugnis **6** 252
– Konkurrenzen **6** 253 ff.
– kritisierende vergleichende Werbung **6** 207
– kumulativ zu erfüllende Voraussetzungen **6** 17, 140
– Lebensmittel- und Futtermittelgesetzbuch **6** 294
– Mitbewerber **2** 128; **6** 43 ff.
– Nachprüfbarkeit **6** 147 ff.
– Objektivität des Vergleiches **6** 161 ff.
– OEM-Nummern **6** 185, 197, 233
– persönlich vergleichende Werbung **Einl B** 154; **6** 124, 138
– Preise **6** 143 ff.
– Preisvergleich **6** 211, 218
– Rechtsprechungsentwicklung **6** 1 ff.
– richtlinienkonforme Auslegung **6** 10 f.
– „Ruf" **6** 188 ff.
– Rufausnutzung **6** 191
– Rufbeeinträchtigung (§ 6 Abs. 2 Nr. 4 UWG) **6** 202 ff.
– sachlich vergleichende Werbung **Einl B** 155
– Sachlichkeitsgrundsatz **6** 123
– Spürbarkeitserfordernis **Einl B** 168; **6** 237 ff.
– Substituierbarkeit **6** 43 f., 126
– teleologische Reduktion des § 6 Abs. 2 Nr. 1 UWG **6** 137 ff.
– teleologische Reduktion des § 6 Abs. 2 Nr. 2 UWG **6** 165 ff.
– Unternehmensbezug **Einl B** 156; **6** 81, 84, 116, 124, 139
– Verbotskatalog **Einl B** 149; **6** 19 ff.
– Verbraucherleitbild **6** 16
– ohne Vergleich **6** 81 ff.
– Vergleichserfordernis **Einl B** 136; **6** 108 ff.
– Verhältnismäßigkeitsgrundsatz **6** 123, 237 ff.
– Verunglimpfung **6** 205 ff.
– Verwechslungsgefahr **6** 9, 166 ff., 175 ff.
– Vorgaben des Unionsrechts **Einl B** 126
– „Wertschätzung" **6** 188 ff.
– Wesentlichkeit **6** 154 ff.
– Zulässigkeit **Einl B** 124
– Zulässigkeitskatalog **Einl B** 149; **6** 18 ff.

„Verhaltensfreiheit" 4a 5b

Verhaltenskodex
– Anforderungen **2** 168
– Anschein besonderer Qualität oder Ausgewogenheit **Anh zu § 3 Abs. 3 Nr. 3** 10
– Begriff **Anh zu § 3 Abs. 3 Nr. 1** 7; **Anh zu § 3 Abs. 3 Nr. 3** 6 f.
– Beispiele **2** 173
– Black List **2** 164, 167; **Anh zu § 3 Abs. 3 Nr. 1** 1 ff.; **Anh zu § 3 Abs. 3 Nr. 3** 3 ff.
– Kartellrecht **2** 166, 172
– Konkretisierung des Lauterkeitsgebots **2** 168
– UGP-Richtlinie **3** 131
– Verstoß **3** 132

Verhaltensweisen
– gegenüber Wettbewerbern **4a** 14

Verhältnismäßigkeitsgrundsatz Einl B 440, 472
– vergleichende Werbung **6** 123, 237 ff.

Verjährung
– Abmahnkosten **11** 23 f.; **12** 89, 100
– allgemein **11** 1 ff.
– Anwendbarkeit der BGB-Verjährungsvorschriften **11** 64
– Auskunftsanspruch **11** 25 ff.
– Beginn **11** 65 ff.
– Bereicherungsansprüche **11** 20
– Beseitigungsanspruch **11** 11
– Beweislast **11** 128
– Dauerhandlungen **11** 72 ff.
– als Einrede **11** 122
– einstweilige Verfügung **12** 409 ff.
– Erledigung der Hauptsache **Vor 12** 46, 66
– Erstbegehungsgefahr **8** 104
– fortgesetzte Handlungen **11** 77 f.
– Fristen **11** 37 ff.
– Gewinnabschöpfungsanspruch **11** 21 f.
– Hemmung **11** 100 ff.
– Kenntnis **11** 88 ff.
– Konkurrenzen **11** 52 ff.
– Leistungsverweigerungsrecht **11** 120 f.
– Neubeginn **11** 117 ff.
– Prozessuales **11** 122 ff.
– Schadensersatzanspruch **11** 19
– des Strafanspruchs **11** 35 f.
– Unterlassungsanspruch **11** 12 ff.
– Vereinbarung **11** 129 f.

– vertraglicher Ansprüche **11** 29ff.
– Vertragsstrafe **11** 34; **12** 233
– Wiederholungsgefahr **8** 77
– Wirkung **11** 120ff.
Verjährungsfristen
– Fristberechnung in der Praxis **11** 47ff.
– Höchstfristen **11** 39ff.
– Konkurrenzen **11** 42ff.
– kurze **11** 38
Verkaufsfördermaßnahmen
– als agressive geschäftliche Praktik **4 Nr. 2** 4; **4 Nr. 4** 153, 170f.; **4a** 1ff.
– Änderung durch UWG-Reform 2015 **Einl A** 1; **4a** 32ff.
– Begriff und Erscheinungsformen **4a** 1ff.
– Behinderung **4 Nr. 3** 178ff.; **4 Nr. 4** 1ff.
– Black List Tatbestand **Anh zu § 3 Nr. 11, 15 und 20** 1ff.
– geschäftliche Handlung **1** 15, 25ff., 37ff.; **2** 1ff.
– Irreführung **5 und 5a** 1ff.
– Kopplungsgeschäfte **4 Nr. 4** 103; **4a** 278
– Kundenbindungssysteme **4 a** 47
– Preisreduzierung **5 B** 109; **5 C** 117; **5 D** 8ff.
– Verbrauchergeneralklausel **3** 50ff., 66ff.
– Verstoß gegen Generalklausel **3** 19ff. 66ff.
– Vorgaben der UGP-RL **Einl B** 95ff.
– Zugaben **Einl B** 109; **4 Nr. 4** 34
Verkaufsmodalitäten Einl B 17ff.
Verkaufsverbot
– Black List **Anh zu § 3 Abs. 3 Nr. 9** 11
Verkehrsauffassung
– Abgrenzung der Verkehrskreise **5 B** 38
– allgemein **5 B** 13ff.
– Durchschnittsverbraucher **5 B** 14, 28ff.
– gespaltene Verkehrsauffassung **5 B** 16f.; **6** 255
– regionale Verkehrsauffassung **5 B** 37
– Situationsbedingtheit **5 B** 40
– Veränderung **5 B** 114; **5 C** 37ff.
– Verkehrsverständnis (normativ vs. empirisch) **5 B** 18ff.; **5 M** 24ff.
– Zielgruppen **5 B** 34ff.
Verkehrsfähigkeit
– Black List **Anh zu § 3 Abs. 3 Nr. 9** 4ff.
Verkehrsgeltungsanwartschaft
– Schutz **Vor 8** 106
Verleger 4 Nr. 1 14
Verletzungsform
– konkrete **Vor 12** 21ff., 36, 98f., 102, 104, 106f., 110, 113, 295; **12** 41, 45f., 145ff., 174, 186
Verletzungshandlung
– konkrete **Vor 12** 19ff., 98f., 225
Verletzungsunterlassungsanspruch
– Verhältnis zum vorbeugenden Unterlassungsanspruch **8** 79ff.
– Verjährungsbeginn **11** 70ff.
– Wiederholungsgefahr **8** 36, 42
– siehe auch „Unterlassungsanspruch“
Veröffentlichungsbefugnis
– Art und Umfang der Bekanntmachung **12** 760ff.
– Bekanntmachung von Zivilurteilen **12** 724ff.
– Gegendarstellungsanspruch **12** 730
– Kosten **12** 770f.
– materiell-rechtlicher Veröffentlichungsanspruch **12** 728, 776ff.
– Urteilsveröffentlichung **12** 754
– Widerruf **12** 728
Verrichtungsgehilfe
– in Ausführung der Verrichtung **9** 81
– Begriff **9** 80ff.
– dezentralisierter Entlastungsbeweis und Organisationsverschulden **9** 85
– Exkulpation **9** 82ff.
– Haftung **8** 556; **9** 79ff.
Versari in re illicita 10 130
Verschenken von Waren oder DL **4 Nr. 4** 264ff., 275; s. auch Verkaufsförderung
„Verschulden gegen sich selbst“ 9 86, 97
Versicherungsverhältnis
– Black List **Anh zu § 3 Abs. 3 Nr. 27** 3ff.
Vertragsbruch
– allgemein **3a** 129
– Ausnutzung **3a** 142; **4 Nr. 4** 39, 95, 112
– Verleitung **3a** 141; **4 Nr. 4** 38, 94, 112
Vertragsrecht
– Verhältnis zum UWG **Einl G** 147ff.
– Verhältnis zur PreisangabenVO **PAngV Einf** 9
Vertragsstrafe
– örtliche Zuständigkeit **14** 18
– sachliche Zuständigkeit **13** 9, 31
– als unzulässige Rechtsausübung **Vor 8** 193
– Verjährung **11** 34; **12** 233
Vertragsstrafenabrede
– Abmahnung **12** 43
– allgemein **12** 116, 193
– Auslegung **12** 185, 207ff., 214, 217ff.
– Doppelsanktion **Vor 12** 282, 314; **12** 212, 243
– Einwendungen, Einreden **12** 225ff.
– Erfüllungsgehilfen **12** 210
– erneuter Verstoß **12** 175, 201, 206
– fester Betrag **12** 198ff., 215, 235, 243
– Geschäftsführer **12** 209
– „Hamburger Brauch“ **Vor 12** 296, 321; **12** 202ff., 215, 235ff., 243
– Handlungseinheit **12** 215ff.
– Herabsetzung **12** 239ff., 243
– Höhe **12** 197ff., 235ff.
– Inhalt der Anordnung **12** 195ff.
– mehrere Zuwiderhandlungen **12** 215
– Mindestbetrag **12** 201, 203, 206
– Obergrenze **12** 203
– Prozessvergleich **12** 211f.
– Rechtsmissbrauch **12** 225ff.
– Schadensersatz **12** 237, 244
– Verjährung **12** 233
– Verschulden **12** 210, 224
– Vertragsstrafe an einen Dritten **12** 196

– Verwirkung **12** 234
– Wirksamkeit **12** 194
– Zuwiderhandlung **12** 214 ff.
Vertragsverletzung
– Behinderung **4 Nr. 4** 94 ff.
Vertreterhandeln
– Haftung **9** 74 ff.
Vertrieb
– Begriff **8** 320 ff.
Vertriebsart
– irreführende geschäftliche Handlung **5 C** 105
Vertriebsbehinderung 4 Nr. 4 69
Vertriebsbindungssysteme
– Behinderung **4 Nr. 4** 125 ff.
Vertriebsstörung
– Behinderung **4 Nr. 4** 107 ff.
Verunglimpfung 4 Nr. 1 1, 17; **6** 205 ff.; s. auch Herabsetzung
„Verwässerungsgefahr" 6 115, 202; **Vor 8** 109
Verwechslungsgefahr
– Begriff **5 J** 35
– Beispiele **5 J** 44 ff.
– Konkurrenzen **5 J** 1 ff.
– Markenrecht **6** 178
– durch Produktvermarktung **5 J** 29 ff.
– Unionsrecht **Einl B** 96, 376, 449; **5 J** 1 ff.
– bei Verbrauchern (B2C) **5 J** 22
– vergleichende Werbung **6** 9, 166 ff., 175 ff.
Verweisende Verkehrsvorstellung 5 C 40
Verwendungsbeschränkungen Einl B 24
Verwirkung
– Bedeutung im UWG **Vor 8** 127 ff.
– Belange der Allgemeinheit als Grenze **Vor 8** 165 ff.
– Besitzstand **Vor 8** 150 ff.
– Dauerhandlungen **Vor 8** 174
– Duldungsanschein **Vor 8** 142 ff., 180
– Gegensätzlichkeit zum Rechtsinstitut der Verjährung **Vor 8** 178
– Marktbeobachtungsobliegenheit **Vor 8** 146 f.
– maßgeblicher Zeitpunkt **Vor 8** 188
– Prüfung von Amts wegen **Vor 8** 187
– rechtsbeschränkende (rechtshemmende) Einwendung **Vor 8** 171
– Rechtsgrundlage **Vor 8** 130
– Redlichkeit **Vor 8** 158 ff.
– Revisibilität **Vor 8** 189
– status quo **Vor 8** 182 ff.
– Subsidiarität **Vor 8** 168 ff.
– Vertragsstrafe **12** 234
– Vertrauenstatbestand **Vor 8** 138 ff.
– Voraussetzungen **Vor 8** 138 ff.
– Zeit- und Umstandsmoment **Vor 8** 130
„Viacom Outdoor" Entscheidung Einl B 41
Videoportal
– Haftung **8** 519
Vis absoluta Einl B 352, 498
Vis compulsiva Einl B 498
Vollharmonisierung
– Verbraucherschutz **1** 26
– Verhältnis zur Schuttzweckbestimmung des UWG **1** 20
Voluntatives Element
– bewusste Indifferenz **9** 48
– billigende Inkaufnahme **9** 47
– Erfahrungstatsachen und objektive Indizien **9** 49 ff.
– zielgerichtetes Wollen **9** 46
Vorlagenmissbrauch
– Antragsdelikt **18** 9
– Anvertrautheit **18** 5
– Anwendungsbereich **18** 1a
– Auslandstaten **18** 10
– Freibeuterei **18** 1
– Offenkundigkeit **18** 5
– Täter **18** 2
– Tatobjekt **18** 3 ff.
– unbefugte Verwertung/unbefugte Mitteilung **18** 7
– Versuch **18** 8
– Vorschriften technischer Art **18** 4
– zivilrechtlicher Schutz **18** 11 f.
Vorrangthese 4 Nr. 1 33 ff.; **6** 115, 274, 286; s. auch Markenrecht
Vorratsmenge
– irreführende Angaben **5 C** 1, 9 ff.
– „solange der Vorrat reicht" **5 C** 9, 23
– „staatlich limitiert" **5 C** 9
– subjektiver Vorratsmangel **5 C** 26
Vorsatz
– Begriff **9** 20 ff.; **10** 62 ff.
– Inhalt **9** 21; **10** 68 f.
– kognitives Element **9** 23 ff.
– Unrechtsbewusstsein **9** 35 ff.
– Verschuldenszurechnung beim Gewinnabschöpfungsanspruch **10** 71 ff.
– voluntatives Element **9** 45 ff.
– „Vorsatztheorie" **9** 35

Waren
– PreisangabenVO **PAngV 1** 8
– unbestellte **Anh zu § 3 Abs. 3 Nr. 22** 4; **Anh zu § 3 Abs. 3 Nr. 29** 2 ff.
– vergleichende Werbung **6** 54 f.
– Warentest **4 Nr. 2** 21; **4 Nr. 4** 54 ff., 67; **6** 62
– Zugaben **Anh zu § 3 Abs. 3 Nr. 21** 8
Warenähnlichkeitsbereich Einl B 97
Warenartenvergleich 4 Nr. 1 28
Warenkodierung
– allgemein **4 Nr. 4** 136 ff.
– Austausch **4 Nr. 4** 141
– Entfernung oder Beschädigung **4 Nr. 1** 25; **4 Nr. 4** 136 ff.
– zur Gefahrenabwehr **4 Nr. 4** 139
– Irreführung über Entfernung **4 Nr. 4** 145 f.
– Markenrecht **4 Nr. 4** 147
– obligatorische **4 Nr. 4** 140

– zur Qualitätskontrolle **4 Nr. 4** 139
– zur Rechtewahrung **4 Nr. 4** 144
– zur Vertriebskontrolle **4 Nr. 4** 136f.
Warenmenge
– Füllmenge **5 C** 4
– Grundpreis **5 C** 8
– irreführende Angaben **5 C** 1ff.
– Kontoüberziehung **5 C** 10a
Warenverkehrsfreiheit
– allgemein **Einl B** 12ff.
– Binnenmarktbezug **Einl B** 20
– Cassis de Dijon Entscheidung **Einl B** 14, 31; **Einl C** 22f.
– Dassonville Entscheidung **Einl B** 14
– diskriminierende Maßnahme **Einl B** 13
– Herkunftslandprinzip **Einl B** 15
– Keck Entscheidung **Einl B** 17
– Kohärenzvorbehalt (hypocrisy test) **Einl B** 32f.
– Konkretisierungsspielraum **Einl B** 36
– Marktneutralität **Einl B** 20, 22, 29, 40
– Maßnahmen gleicher Wirkung **Einl B** 13
– Rechtfertigungsgründe **Einl B** 15, 35
– Verhältnismäßigkeitsvorbehalt **Einl B** 36
– Verkaufsmodalitäten **Einl B** 17ff.
– Verwendungsbeschränkungen **Einl B** 24
– zwingende Erfordernisse **Einl B** 15
Wein
– Irreführungsverbot **Einl I** 9
– Kennzeichnung **Einl I** 36m
Werbebehinderung 4 Nr. 4 71
Werbeblocker
– Behinderung **4 Nr. 4** 75, 108, 278
Werberichtlinie 5 A 28
Werbung
– Abonnentenwerbung **Einl H** 67
– Absatzförderung **2** 59ff.
– Absatzwerbung **7** 295f.
– Alleinstellungswerbung **5 E** 173; **6** 77
– Alterswerbung **5 C** 109
– Angstwerbung **Einl G** 100
– anonyme Direktwerbung **7** 341ff.
– per Anrufmaschine **Einl B** 381f.; **7** 11
– Arzneimittelwerbung **4a** 48; **5 A** 65
– Aufmerksamkeitswerbung **Einl B** 345; **Anh zu § 3 Abs. 3 Nr. 10** 11
– Ausnutzung fremder Werbung **4 Nr. 4** 72
– Autoritäts- und Vertrauenswerbung **4a** 105ff.
– durch Banner (Internet) **Einl H** 34
– Begriff **Einl B** 127; **2** 17; **7** 180
– Berufsrecht **5 A** 121ff.
– Beseitigung **4 Nr. 4** 73
– besondere Werbeformen **5a** 374ff.
– Blockierung **4 Nr. 4** 75
– Briefkastenwerbung **Einl B** 384; **7** 187ff.
– CIC-Haftung **Einl G** 163f.
– Dauerwerbesendung **Einl H** 72
– Definition (Irreführungsrichtlinie) **Einl B** 50
– Direktwerbung **Einl B** 385
– per E-Mail **Einl B** 383; **Einl C** 32; **5a** 363; **7** 318ff.; **8** 119
– Ersatzteil- und Zubehörwerbung **6** 81, 83, 115f., 137
– Erstbegehungsgefahr **8** 96, 108
– über Facebook **7** 335ff.
– Fangwerbung **4 Nr. 4** 82
– mittels Fernabsatzkommunikation **7** 140ff.
– mit Fernkommunikationsmitteln **7** 180ff.
– Fernsehrichtlinie **Einl B** 62ff.
– Fernsehwerbung **Einl C** 178
– Gebot redaktioneller Trennung **Einl B** 68; **Einl C** 177; **5a** 285, 303ff.
– gefühlsbetonte **Einl B** 501; **Einl G** 99; **4a** 91ff.
– Gesundheitsbezug **4a** 56f.; **5 C** 129f., 137
– Gesundheitswesen **Einl B** 74
– getarnte Werbung **Einl B** 258
– Gratis-Werbung **4a** 70; **Anh zu § 3 Abs. 3 Nr. 21** 5ff.
– Handzettelwerbung **16** 24
– Haustürwerbung **7** 85ff.
– Imitationswerbung **Einl B** 165ff.; **6** 224ff.
– In-Game-Advertising **5a** 337
– irreführende Werbung **8** 116f.; **10** 53ff.; **16** 9ff.
– Key Word Advertising **Einl H** 30, 37f.; **5a** 362f.
– an Kinder gerichtete **Anh zu § 3 Abs. 3 Nr. 28** 3ff.
– Komparative **5 E** 195ff.
– Kosmetik-Claims-Verordnung **5 A** 66
– Kosmetikverordnung **5 C** 89
– krankheitsbezogene **Einl I** 14; **Anh zu § 3 Abs. 3 Nr. 18** 3ff.
– Laienwerbung **4a** 99ff.
– Lockvogelwerbung **5 D** 92; **Anh zu § 3 Abs. 3 Nr. 6** 3ff.
– Medizinproduktswerbung **5 A** 65a
– Mitleidswerbung **Einl G** 98
– per MMS **7** 338f.
– Nachahmung **4 Nr. 4** 71
– Nachfragewerbung **7** 295f.
– Neuheitswerbung **5 C** 110
– Öffentlichkeitswerbung **Einl B** 69ff.
– „ohne"-Werbung **5 C** 70
– persönliche **6** 84, 116, 124, 138
– Pop-Up-Fenster **Einl H** 35; **7** 131
– mit Preisherabsetzung **5 L** 1ff.
– in Presseerzeugnissen **Einl C** 178
– product placement **Einl B** 64; **5a** 332ff.
– mit Scheininsolvenzen oder -räumungsverkäufen **5 C** 2; **5 E** 362
– Schlankheitsmittel **5 C** 152ff.
– Schleichwerbung **Einl B** 64, 210; **Einl H** 76; **5a** 245, 248ff., 306
– Schneeballwerbung **Einl B** 365
– Schönheitsmittel **5 C** 156ff.
– mit Selbstverständlichkeiten **5 C** 53; **5 D** 91; **Anh zu § 3 Abs. 3 Nr. 10** 3
– per SMS **7** 338f.; **10** 61
– Spitzengruppenwerbung **5 E** 174, 203f.
– Splitscreen-Werbung **Einl H** 73; **5a** 312
– strafbare Werbung **16** 1ff.

– subliminale Werbung **Einl B** 210; **5 B** 61; **5a** 262, 312, 354
– Superlative **5 E** 191 ff.
– Tabak **Einl I** 37
– per Telefax **Einl B** 381 f.; **10** 60
– Telefonwerbung **Einl B** 56; **5a** 351; **7** 217 ff.; **20** 1 f., 4
– Testhinweis-/ergebniswerbung **3** 86; **5 C** 256 ff.
– Testimonial **Einl H** 75
– todesfallbezogene **7** 127
– umweltbezogene **5 C** 93, 157 ff.
– unionsrechtliche Werberegelungen **Einl B** 61 ff.
– unternehmensbezogene **6** 81, 84, 116, 124, 139
– für Verbraucherdarlehen **PAngV 6a** 1 ff.
– vergleichende Werbung (siehe unter „Vergleichende Werbung")
– verhaltensbezogene **Einl H** 42 f.
– Verschleierung des Werbecharakters **5 B** 55; **5a** 237
– vertragliche Verbote **3a** 135
– virales Marketing **5a** 369
– Werbebanner **5a** 356 ff.; **7** 131
– Werbedienstleistung **Einl B** 40
– mit Werbeprospekten **Einl C** 177
– Werbung mit Selbstverständlichkeiten **5 B** 91 ff.
– Wirtschaftswerbung **Einl B** 153
– wissenschaftliche Stellungnahme **2** 89

Wertreklame
– aggressive geschäftliche Handlungen **4a** 32
– Aleatorische Reize **4a** 74
– Lauterkeitsrecht **Einl B** 507 ff.
– s. auch Verkaufsförderung

Werturteile 4 Nr. 1 1, 19 ff.

Wettbewerb
– Begriff **1** 76 ff., 91

Wettbewerbliche Eigenart 4 Nr. 3 15, 79 ff.

Wettbewerbliche Entfaltungsmöglichkeiten
– Einschränkung durch Unlauterkeit **3** 140 ff.

Wettbewerbliche Verkehrspflichten
– allgemein **3** 168 ff.
– Fallgruppen **8** 507 ff.
– Haftung – allgemein **8** 433 ff.
– Haftung – Rechtsgrundlage **8** 442 ff.
– Haftung – täterschaftliche des Ingerenzgaranten **8** 435 f.
– Haftung – Unterschied zur Störerhaftung **8** 437 ff.
– Haftung – Voraussetzungen **8** 474 ff.
– Inhalt **8** 440 f., 480 ff.
– Verhältnis zu §§ 7–10 TMG **8** 460 ff.
– Verletzung **8** 502 ff.

Wettbewerbsfreiheit
– Verfassungsrecht **Einl G** 35 f.
– wettbewerbliche Entfaltungsmöglichkeit **3** 142

Wettbewerbshandlung 4 Nr. 1 9, 15

Wettbewerbsleitbild 1 76 ff.

Wettbewerbsmäßige Interessenkollision
– Begriff **Einl C** 95
– kollektive Verbraucherinteressen **Einl C** 136
– im Zusammenhang mit dem Auswirkungsprinzip **Einl C** 104

Wettbewerbsprinzip
– Mitbewerberschutz **1** 44
– Verbraucherschutz **1** 52

Wettbewerbsrechtliche Ansprüche
– Abwehranspruch **Vor 8** 8
– Auskunftserteilungsanspruch **Vor 8** 35 ff.
– Bereicherungsanspruch **Vor 8** 13 ff.
– Beseitigungsanspruch **Vor 8** 10
– Gewinnabschöpfungsanspruch **Vor 8** 12; **10** 1 ff.
– Konkurrenzen **Vor 8** 100 ff.
– Rechnungslegungsanspruch **Vor 8** 35 ff.
– Rechtsdurchsetzung **Vor 8** 1 ff.
– Schadensersatzanspruch **Vor 8** 11
– Unterlassungsanspruch **Vor 8** 9
– Verhältnis von UWG-Normen untereinander **Vor 8** 100
– Verhältnis zum BGB **Vor 8** 112 ff.
– Verhältnis zum GWB **Vor 8** 101
– Verhältnis zum MarkenG **Vor 8** 102 ff.
– Verletzungsunterlassungsanspruch **Vor 8** 9
– vorbeugender Unterlassungsanspruch **Vor 8** 9

Wettbewerbsrechtliche Einwendungen
– Abwehreinwand **Vor 8** 205 ff.
– allgemein **Vor 8** 121
– Aufbrauchsfrist **Vor 8** 124
– Einwilligung **Vor 8** 122
– Üblichkeit **Vor 8** 123
– Umstellungsfrist **Vor 8** 124
– Verwirkung **Vor 8** 125 ff.
– Wahrnehmung berechtigter Interessen **Vor 8** 224 ff.

Wettbewerbsrechtliche Verkehrspflicht
– geschäftliche Handlung **2** 19

Wettbewerbsschutz Einl B 95; **1** 71 ff.

Wettbewerbs-Test
– durch das Gericht **1** 3

Wettbewerbsverbote
– vertragliche **Einl G** 187 f.; **3a** 134

Wettbewerbsverhältnis 2 129 ff.
– abstrakte Betroffenheit **2** 116
– Beeinträchtigungsmöglichkeit **2** 130
– Branchenungleiche Unternehmen **2** 145
– fehlende Beeinträchtigungsmöglichkeit **2** 154
– fehlende Klageberechtigung **2** 153
– Förderung fremder Unternehmensinteressen **2** 141
– Handlungsbezogenheit **2** 130
– Kasuistik **2** 147
– konkretes Wettbewerbsverhältnis **1** 43; **2** 132, 142
– mittelbares Wettbewerbsverhältnis **2** 118, 44
– Möglichkeit konkreter Beeinträchtigung **2** 133
– Nachfragewettbewerb **2** 150; **5 B** 7; **6** 52
– potentieller Wettbewerb **2** 151
– räumliches Gebiet **2** 136

– Sachverhaltliche Feststellung **2** 131
– Stufenwettbewerb **6** 52
– Substituierbarkeit **2** 121, 137; **6** 43 f.
– Substitutionsmöglichkeit **2** 145
– verbraucherbezogene geschäftliche Handlungen **2** 135
– Vertriebswege **2** 137
– Wettbewerb „als Entdeckungsverfahren" **Einl B** 283
Whistleblowing
– Geschäftsgeheimnisse **Vor 17–19** 10e; **17** 11
Widerklage
– örtliche Zuständigkeit **14** 32
Widerrufsanspruch
– Inhalt und Umfang **8** 174 f.
– Störungszustand **8** 161 ff.
– als Unterfall des Beseitigungsanspruchs **8** 149
– Verhältnismäßigkeit **8** 176 f.
Widerspruch
– Begründung **12** 472 f.
– Einstellung der Zwangsvollstreckung **12** 477 f.
– Form **12** 471
– Frist **12** 469
– Kostenwiderspruch **12** 480 ff., 864
– mündliche Verhandlung **12** 473 ff.
– Rechtfertigungsverfahren **12** 490 ff.
– „Unterwerfungswiderspruch" **12** 488 f.
– Zuständigkeit **12** 470
Wiederholungsgefahr
– anfängliches Fehlen der Wiederholungsgefahr **8** 45 ff.
– Begriff **8** 36
– denknotwendig unwiederholbare Handlungen **8** 47
– kerngleiche Handlungen **8** 46
– Rechtswidrigkeit im Zeitpunkt der Begehung **8** 38, 42
– Reichweite **8** 112 ff.
– tatsächliche Vermutung **8** 43
– nur in der Theorie nachholbare Handlungen **8** 48
– Titel eines Dritten **Vor 12** 72; **12** 213
– Zuwiderhandlung **8** 37 ff.
Wiederholungsgefahr, Wegfall
– actus contrarius **8** 72
– allgemein **8** 49 f.
– ausdrückliche Legalisierung **8** 64
– ausdrückliches Verbot **8** 63
– bessere Einsicht nach Richterspruch **8** 76
– Beteuerungen und Versprechen des Verletzers **8** 71
– Drittunterwerfung **8** 53
– einstweilige Verfügung und Abschlusserklärung **8** 62
– erneuter Wettbewerbsverstoß **8** 57 ff.
– gesetzliche Klärung der Rechtslage **8** 63 f.
– Prozessvergleich **8** 60
– rechtskräftiger Hauptsachetitel **8** 61
– Tod **8** 65
– Unterwerfung **8** 51 ff.
– Unterwerfung, notarielle **8** 66 ff.
– Unterwerfungserklärung **8** 51
– Veränderung der Umstände **8** 73 ff.
– Verjährung **8** 77
Wirtschafts- und Berufsverbände
– berufsständige Kammern **8** 302 ff.
– Berührung von Mitgliederinteressen **8** 335 f.
– auf demselben Markt **8** 328
– erhebliche Zahl von Unternehmern **8** 305, 309 ff.
– finanzielle Ausstattung **8** 334
– gleicher oder verwandter Art **8** 323 ff.
– mittelbare Mitgliedschaft **8** 312 ff.
– personelle Ausstattung **8** 330 ff.
– Rechtsfähigkeit **8** 288 ff.
– sachliche Ausstattung **8** 333
– Satzungszweck **8** 294 ff.
– Verbandszweck **8** 293
– Vertrieb **8** 320 ff.
– Waren oder Dienstleistungen **8** 319
Wirtschaftsprüfer
– als Vertrauensperson **4a** 52
Wissenschaftliche Tätigkeit
– Absatzförderungszusammenhang **2** 89
Wissenschaftsfreiheit
– Grundrecht **Einl G** 43
Wohlfahrtstheorem 1 92, 99
workable competition Einl B 283, 497

Yves Rocher Entscheidung Einl B 16

Zahlungsaufforderung
– Black List **Anh zu § 3 Abs. 3 Nr. 22** 11 ff.
Zeitungen und Zeitschriften 4 Nr. 1 14
– gebundene Preise **4 Nr. 4** 155
– PreisangabenVO **PAngV 1** 15
Zubehör
– irreführende geschäftliche Handlung **5 C** 68
Zugaben
– Allgemeine Beurteilung **4 Nr. 4** 35; **4a** 38
– Black List **Anh zu § 3 Abs. 3 Nr. 7** 11; **Nr. 21** 4 ff.
– Irreführung **5 B** 93; **5 C** 23; **5a** 167
– s. auch Kopplungsgeschäfte, Verkaufsförderungsmaßnahmen
Zugabeverordnung Einl A 3
„Zulassung"
– Abgrenzung **5 F** 5
Zuständigkeit, internationale
– Begehungsort **14** 93 ff.
– Distanz- und Streudelikte **14** 89, 97
– Erfolgsort **14** 97
– EUGVVO/LGÜ **14** 90 ff.
– Handlungsort **14** 97
– Niederlassungsort **14** 100 ff.
– „Ort, an dem das schädigende Ereignis eingetreten ist" **14** 97
– als Prozessvoraussetzung **14** 81 ff.
– rügeloses Einlassen **14** 106
– Streitgenossenschaft **14** 103

– „Torpedo“ **14** 95
– Wahlgerichtsstand **14** 93
– Widerklage **14** 104

Zuständigkeit, örtliche
– Aufenthaltsort als Hilfsgerichtsstand **14** 50
– ausschließlicher Gerichtsstand **14** 16
– Erfolgsort **14** 67
– Feststellungsklage **14** 28
– „fliegender Gerichtsstand“ **14** 65 f.
– Gerichtsstand des Begehungsorts **14** 51 ff.
– Gerichtsstand gegenüber Mittätern und Teilnehmern **14** 57
– Handlungsort **14** 60 ff.
– Herkunftslandprinzip **14** 108 ff.
– internationale Zuständigkeit **14** 81 ff.
– Internet **14** 75 ff.
– Klagehäufung **14** 30 f.
– Marktort **14** 64
– mehrere Anspruchsgrundlagen **14** 20 f.
– mehrere Streitgegenstände **14** 22 ff.
– Niederlassung **14** 32 ff.
– Prozessstandschaft **14** 33
– als Prozessvoraussetzung **14** 14
– vertragliche Ansprüche **14** 18 f.
– Widerklage **14** 32
– Wohnsitz als Hilfsgerichtsstand **14** 47 ff.
– siehe auch „Zuständigkeit, internationale“

Zuständigkeit, sachliche
– Anwaltszwang **13** 1
– Arbeitsgericht **13** 3 f.
– Gebührenklage **13** 11 f.
– Kammer für Handelssachen **13** 14 ff.
– Landgericht **13** 1
– Sozial- und Verwaltungsgericht **13** 5 f.
– vertragliche Ansprüche **13** 9
– Zuständigkeitskonzentration **13** 48 ff.

Zwangsvollstreckung
– Abgabe einer Willenserklärung **8** 237; **Vor 12** 349, 353
– Androhung von Ordnungsmitteln **Vor 12** 292 f.
– Herausgabe von Sachen **8** 236
– aus einem Titel auf Beseitigung **8** 233 ff.
– vertretbare und unvertretbare Handlungen **8** 234 f.
– Widerruf von Äußerungen **8** 238

Zweigliedrigkeit
– anwaltlicher Rat **Vor 12** 303
– Belehrung Dritter **Vor 12** 306 ff.
– Beweisaufnahme **Vor 12** 316
– Beweislast **Vor 12** 312 f.
– Doppelsanktion **Vor 12** 282, 314; **12** 217, 243
– einstweilige Einstellung **Vor 12** 340 f.
– Einwendungen, Einreden **Vor 12** 287
– Ersatzordnungshaft **Vor 12** 324
– Festsetzungsverfahren **Vor 12** 314 ff.
– Fortfall des Titels **Vor 12** 329 ff.
– Gebotstitel **Vor 12** 345
– Handlungseinheit **Vor 12** 296 f.
– Höhe des Ordnungsgeldes **Vor 12** 320 ff.
– Insolvenzverfahren **Vor 12** 318
– Kosten **Vor 12** 342
– mehrere Schuldner **Vor 12** 319
– Nachfolge-GmbH **Vor 12** 300
– Ordnungsgeld in parallelen Verfahren **Vor 12** 323
– Ordnungsgeld und Vertragsstrafe **Vor 12** 323
– Ordnungshaft **Vor 12** 324
– Ordnungsmittel **Vor 12** 285
– Ordnungsmittelantrag **Vor 12** 314 f., 317
– Organe einer juristischen Person **Vor 12** 300 f.
– positives Tun **Vor 12** 298
– Rechtsmittel **Vor 12** 326 ff.
– Sicherheitsmittel **Vor 12** 291, 293
– Sorgfaltsmaßstab **Vor 12** 305 ff.
– Unterbrechung **Vor 12** 318
– Unterlassungstitel **Vor 12** 284 ff.
– Verjährung **Vor 12** 344
– Verschulden **Vor 12** 302 ff.
– Versuch **Vor 12** 299
– Vollstreckungsklausel **Vor 12** 284, 290
– Vollstreckungstitel **Vor 12** 286
– Zeitpunkt des Verstoßes **Vor 12** 289 f., 293
– Zustellung **Vor 12** 284
– Zuwiderhandlung **Vor 12** 294 ff.

Zypern Einl F 784a ff.